今注本二十四史

舊五代史

一

梁書〔一〕

宋　薛居正等　撰

陳智超　紀雪娟　主持校注

中国社会科学出版社

圖書在版編目（CIP）數據

舊五代史／（宋）薛居正等撰；陳智超，紀雪娟主持校注.—北京：中國社會科學出版社，2021.12
（今注本二十四史）
ISBN 978-7-5203-8360-8

Ⅰ.①舊… Ⅱ.①薛… ②陳… ③紀… Ⅲ.①中國歷史—五代（907-960）—紀傳體 ②《舊五代史》—注釋 Ⅳ.①K243.104.2

中國版本圖書館 CIP 數據核字（2021）第 267328 號

出 版 人　趙劍英
項目統籌　王　茵
責任編輯　李凱凱　顧世寶　韓國茹　郝玉明　趙　威
特約編輯　徐林平　韓　悦　彭　麗　高文川　崔芝妹　紀雪娟
　　　　　丁坤麗
責任校對　鮑有情　劉艷强　王仁霞　許微微　王思桐
封面設計　蔡易達
責任印製　王　超

出　版	中国社会科学出版社		
社　址	北京鼓樓西大街甲 158 號	郵　編	100720
網　址	http://www.csspw.cn		
發 行 部	010-84083685	門 市 部	010-84029450
經　銷	新華書店及其他書店	印刷裝訂	三河弘翰印務有限公司
版　次	2021 年 12 月第 1 版	印　次	2021 年 12 月第 1 次印刷
開　本	1/16	成品尺寸	228mm×152mm
印　張	421	字　數	5120 千字
定　價	1660.00 元（全 22 册）		

凡購買中國社會科學出版社圖書，如有質量問題請與本社營銷中心聯繫調换
電話：010-84083683

《今注本二十四史》工作委員會

《今注本二十四史》編纂委員會

《今注本二十四史》編輯部

《今注本二十四史·舊五代史》項目組

主持人 陳智超　紀雪娟

成　員（按姓氏筆畫排列）

丁坤麗　王　舒　王榮彬　朱義群　李　森　周永傑

周東平　周沙沙　紀雪娟　郭清霞　張吉寅　陳智超

孫方圓　孫景超　孫靖國　黄曉巍　游自勇　熊光照

《今注本二十四史》出版説明

二十四史，是中國古代二十四部史書的統稱，包括《史記》《漢書》《後漢書》《三國志》《晉書》《宋書》《南齊書》《梁書》《陳書》《南史》《魏書》《北齊書》《周書》《北史》《隋書》《舊唐書》《新唐書》《舊五代史》《新五代史》《宋史》《遼史》《金史》《元史》和《明史》。其成書時間自公元前二世紀下半葉至十八世紀中葉，前後相距約兩千年，總卷帙（不含複卷）達 3213 卷，共 4000 餘萬字。它們採用本紀、列傳、表、志等形式，構成了一個完整地記述清朝以前中國古代社會的著作體系。二十四史上起傳説時代的黄帝，下迄明朝滅亡，包容了我國古代的政治、軍事、經濟、思想、文化、天文、地理、民風、民俗等廣闊的社會內容，形成了一套展現中華民族起源和發展的最重要的核心典籍，被後人稱爲“正史”。世界上没有任何一個國家有如此内容涵蓋宏富、時間接續綿延、體例基本統一的歷史記載。

共同的歷史文化是一個民族賴以整體維繫的基本條件之一。而對歷史著作的不斷整合和續修，顯然有利於促進國家的統一、民族的團結、社會的進步。從《史記》到《明史》，不同地位、不同民族的史家和政治家，以同一體例連續不斷地編纂我們祖國發展演進的歷史，本質上反映了我國人民尋求構建多民族國家共同歷史的强烈願望。歷史上隨時把正史歸爲“三史”“十三史”“十七史”“廿一史”“廿二史”“廿四史”，不僅反映了人們對正史的認同，更重要的是反映了對共同歷史文化的認同，即民族的認同。而對正史進行大規模的整理，在另一個層面上，更有利於妥善保存民族文化遺産，豐富民族文化内涵，陶鑄民族文化精神，從而强化民族的尊嚴與自信心，提升國家的榮譽和國人對國家的歸屬感。

對二十四史進行整理，在此次之前規模較大的有三次。第一次是清朝乾隆年間，其成果是殿本；第二次是二十世紀三十年代張元濟先生組織的整理，其成果是百衲本；第三次即毛澤東同志倡議，由中華書局出面進行的整理，其成果是中華書局標點本。這一次是由張政烺先生等史學家倡議，由中華文化促進會主持編纂的今注，其成果是《今注本二十四史》。應當充分地注意到，這四次整理的發動，都有與其所處時代社會歷史息息相關的背景。乾隆朝的武英殿大量刊刻文化典籍，尤其是對二十四史的選本、校勘都經“欽定”，絶不是僅僅要製造盛世氣象；張元濟先生奔走於國難深重的二十世紀初的中國，“當中華文化存亡絶續之交”，有更深刻的原動力；毛澤東同志指示標點正史，倡議於中華人民共和國成立、百廢待舉之初；而我們如今正在進行的今注，則發軔於改革開放、萬象更新之時。這絶不是歷史的偶然。可以説，每每針對二十四史的重大舉措，都是應社會對具有主體性的統一的歷史文化需求而展開的。

當今世界，文化的融合過程逐漸加快，在共生的基礎上融合，在融合中保持共生，互補互融直至趨一。因此，各種文化都面臨着選擇。面臨選擇，充分展示本民族的歷史文化是學者們義不容辭的職責。而作爲歷史文化直接守護者的歷史學者，有責任爲世界提供對本民族歷史文化文本的正確詮釋，有責任努力爲民衆争取對民族歷史文化解讀的話語權。

《今注本二十四史》1994 年 8 月由中華人民共和國文化部批准立項，2005 年被中華人民共和國新聞出版總署列入“十一五”期間（2006—2010）“國家重點圖書出版規劃”。自 1994 年起，迄今已經進行了二十餘年。

《今注本二十四史》總編纂張政烺先生爲本書做了奠基性的工作。在他學術生命的最後時期，不僅親自審訂了最初的《今注本二十四史編纂總則》，還逐一遴選了各史主編。

《今注本二十四史》編纂委員會主要由各史主編與相關同仁組成。張政烺先生逝世後，根據多位主編的建議，我們陸續邀請了何兹全、林甘泉、伍傑、陳高華、陳祖武、卜憲群、趙劍英七位編委成立領導小組，全面指導編纂出版工作。他們爲本項目的編纂出版，付出了大量心血與智慧，没有他們的支持，本項目難以玉成。

本項目動員了全國三十餘所科研機構和高等學府的中國古史專家共襄其事。全書設總編纂一人，執行總編纂二人，各史設主編一人或二人；某些特殊的“志（書）”如律曆、天文、五行（靈徵）等歸類單列，各設主編一人。各史主編自選作者，全書作者總計約三百人。多年來，他們薄利求義、任勞任怨、兢兢翼翼，惟敬業畢功是務，繼承和發揚了我國史學家捨身務實的優良傳統，爲本書的完成做出了不可磨滅的貢獻！

本項目啓動之初，老一輩的歷史學家王玉哲、王毓銓、陳可畏、張博泉、萬繩楠、楊志玖、楊翼驤、漆俠、薄樹人、韓國磐等先生不僅從道義上給予全力支援，而且主動承擔各史（志）主編。何兹全、林甘泉先生更是不厭其煩，爲編纂工作提出具體建議，爲項目立項奔走呼籲。執行總編纂賴長揚先生鞠躬盡瘁，承擔了大量繁雜的組織工作。現在，雖然以上先生已經辭世，但他們學術生涯的最後抉擇所表現出的對民族、對國家的崇高責任感，永遠值得我們銘記和學習！

本項目自動議始就得到了中華文化促進會及社會各界的回應與傾力支持。中華文化促進會主席王石先生、副主席段先念先生及前任領導人蕭秧先生在本項目立項、推動、經費籌措等方面辛勤奔走，起到了關鍵作用。

香港企業家黄丕通、劉國平先生在項目前期曾給予慷慨資助。

國家出版基金與中國社會科學院也給予本項目一定的出版資助。

四川省出版集團及巴蜀書社曾在編纂和出版方面起了重要的推動作用，已出版今注本《三國志》《梁書》。

《今注本二十四史》編纂出版工作，自1994年立項以來，一波三折、幾經沉浮。2017年深圳華僑城集團予以鼎力襄助，全面解決了編纂出版經費拮据的問題，編纂出版工作方步入正軌。在此，編委會全體成員向深圳華僑城集團謹表達深深敬意和感謝！

鑒古知今，學史明智。中國社會科學出版社歷來重視歷史學及中國古代典籍的整理與出版工作，爲本項目組織專門團隊，秉持專業、嚴謹、高效的原則，爲項目整體的最終出版提供了重要保障。中國社會科學出版社將與各相關單位通力協作，努力將《今注本二十四史》打造成一部具有思想穿透力與廣泛影響力的精品力作，從而爲講好中國歷史、推動中國歷史研究做出貢獻。

謹以本書紀念爲弘揚中華文化而做出貢獻的歷史學家們！
謹以本書感謝爲傳承中華文化而支援和幫助我們的人們！

《今注本二十四史》編纂委員會
中國社會科學出版社
2020年6月

《今注本二十四史》凡例

《今注本二十四史》在編纂過程中一共産生了四個總體規範性質的文件。這就是：《今注本二十四史編纂總則》(1995年，2005年4月修改，2017年8月修訂)、《關於〈編纂總則〉的修改和補充意見》(2006年3月)、《關於編纂工作若干問題的決定》(2007年1月)、《關於〈今注本二十四史編纂總則〉幾點重要的補充説明》(2017年10月)。它們確定了全書編纂的目的、特點及具體操作規則。綜其要概述如下。

本書的基本特點是史家注史。工作主要集中在三個方面：版本的改誤糾謬；史實的正義疏通；史料的補充增益。由各史主編撰寫《前言》，扼要介紹該史所涉及的時代背景、作者生平、寫作過程、著作特點、史料價值、在史學史上的地位和研究概況。

本書的學術目標有兩個。一個是通過校勘，得到一套善本；另一個是通過今注，得到一套最佳的注釋本。即完成由史家校勘並加以注釋的二十四史的新校勘新注釋本。它從史家的角度出發，集數百年以來學界的研究成果，采取有圖有文的注釋形式，力圖以新的角度、新的内容、新的形式，爲二十四史創造出一套代表當代學術水準的、權威的現代善本。

一　校勘

1. 底本：原則上以商務印書館百衲本爲底本；因百衲本並非善本的另行確定底本。

2. 校勘：充分吸收包括中華書局標點本在内的前人的校勘成果，全面參校，以形成一個全新的校勘本。

各史採用的底本和參校本，在各史序言中寫出全稱和簡稱。整套書統一規定的簡稱有六個：武英殿本簡稱“殿本”；國子監本，相應簡稱“南監本”“北監本”；毛氏汲古閣本簡稱“汲古閣本”；同治五書局本簡稱“局本”；商務印書館百衲本簡稱“百衲本”。

校勘成果反映在原文中，即依據有充分把握的校勘結果，將底本中的衍、脱、誤、倒之處全部改正；刊正底本的理由，全部在相應注釋中加以説明。對無十分把握之處，不改原文，衹出校勘記質疑。

採用中華書局標點本爲工作本的史書，不録入原校勘記。直接吸收其校勘成果者則加以説明，對其提出商榷者在相應注釋中加以辨證。

二　注釋

1. 對有古注並已與原書集合行世的前四史，原則上保留古注，視同原文並加注。

2. 注釋程度：以幫助具有大專文化水準以上的讀者讀懂爲限；以給研究者提供簡要索隱爲限。注文力求做到：準確、質樸、簡練、嚴謹、規範。

3. 出注（除一些專志外）以卷（篇）爲單位。即對應當加注者，在每卷（篇）第一次出現時加注。此後即使該卷（篇）中再出現，如意義完全等同者，不再加注；而在别卷（篇）再出現時，仍另行加注。有多卷的同類志書出注時視爲同卷，即同類志書對應當加注者在首次出現時加注，其後再現如意義完全等同，亦不再加注。

4. 注釋範圍：冷僻的字音、字義、詞義，成語典故；不易理解的名物制度、地名、人名、别號、謚號、廟號；有争議或原作記述有歧誤的史實等。

（1）字音、字義、詞義的注釋衹限於生僻字、異體字、避諱字、破讀和易生歧義及晦澀難懂的語辭。對多音字，在文中必讀某音的，以漢語拼音出注。避諱字的注文應説明避諱原因，原文原則上不改，出注。字音標注採用漢語拼音。

（2）對原文中的古體、通假、異體字的處理：古體、通假字不作改動，對其中罕見或疑難者，在注中説明其今體或正體字。全書原文和古注保留異體字，今注除人名、地名、書名和職官（署）名之外，原則上不使用異體字。

（3）成語典故，出注衹限於冷僻的成語典故，注文僅簡單説明成語典故來源、内容和意義。常見的詞語一般不出注，包括常見的古漢語虚詞與實詞，但某些不注會産生歧義者除外。

(4) 人名、别號、謚號等，凡係本部書中没有專傳(或紀) 的人物一般出注説明係何時、何地之人，姓、氏、名、字一般不出注，有特殊來源者，可出注。常見的歷史人物名號與某些不注無礙於全文理解者不必出注；對暫不可考者則説明未詳。

(5) 地名注釋：一般僅注明今地；如須説明沿革方可解讀者，則簡述其沿革。本史有《地理志》者，地名出注從簡；若古今地名相同，所治地區大致相同者，則不出注。

(6) 官名、官署名及職官制度和爵位制度名稱出注，遵循以下三個原則：常見者（如丞相、太尉、太守、縣令等)，若其意義與通常理解無顯著變化，一般不出注；不常見者（如太阿、決曹、次等司等)，應説明品秩、職掌範圍，需敘述沿革等方能理解原文意義者，則説明沿革變化、上下級關係、置廢時間；若本史有相應專志者，此類出注即從簡略；無相應專志者，可稍詳盡。

(7) 原文與史實不符處，前後文不符處，則予以辨明。考證力求言之有據，簡明扼要。

(8) 紀、傳注文以疏通原文爲目的，一般不採取補注、匯注形式。力求不枝不蔓，緊扣原文。各志（書）注文可採取補注、匯注形式，以求内容豐富、全面。

(9) 對有爭議的問題，客觀公允地羅列諸説，反映歧見；同時指出帶傾向性的意見。盡量不作價值評論性質的分析。

（10）今注出注各有重點："紀"（"世家""載記"）着重歷史事件；"傳"着重人物事迹及人際關係；"志"着重制度内容及沿革；"表"着重疏理時序。除《史記》外，注文内容貫徹詳本朝略前代的原則。

（11）注釋以段爲單位，統一順次編碼。出注（校）標碼與注文標碼一致，均採用［1］［2］［3］……標示。

校注側重學術性，努力吸收前人的研究成果，尤其是現代學者的研究成果，充分準確地反映當代二十四史學術研究現狀；爲相關專業的學者提供足資利用的準確原文和内容索引，亦爲一般文史讀者搭建起提高水準的階梯。

《今注本二十四史》編纂委員會

2017年10月

目　録

前　言 …………………………………………………………………… (1)
《輯補舊五代史》前言 ………………………………………………… (1)
例　言 …………………………………………………………………… (1)
主要參考文獻 …………………………………………………………… (1)

梁　書

卷一　梁書一
太祖朱温紀第一 ………………………………………………………… (1)

卷二　梁書二
太祖紀第二 …………………………………………………………… (65)

卷三 梁書三

太祖紀第三 …………………………………………………（127）

卷四 梁書四

太祖紀第四 …………………………………………………（171）

卷五 梁書五

太祖紀第五 …………………………………………………（229）

卷六 梁書六

太祖紀第六 …………………………………………………（269）

卷七 梁書七

太祖紀第七 …………………………………………………（309）

卷八 梁書八

末帝朱友貞紀上 ……………………………………………（343）

卷九 梁書九

末帝紀中……………………………………………………（379）

卷一〇 梁書十

末帝紀下……………………………………………………（413）

卷一一　梁書十一

后妃列傳第一 …… (445)
文惠王太后 …… (445)
元貞張皇后 …… (449)
張德妃 …… (452)
郭次妃 …… (454)

卷一二　梁書十二

宗室列傳第二 …… (457)
廣王全昱 …… (457)
子友諒 …… (461)
友能 …… (463)
友誨 …… (465)
朗王存 …… (467)
子友寧 …… (468)
友倫 …… (473)
太祖諸子 …… (477)
郴王友裕 …… (477)
博王友文 …… (482)
庶人友珪 …… (485)
福王友璋 …… (487)
賀王友雍 …… (487)
建王友徽 …… (487)
康王友孜 …… (489)

卷一三　梁書十三

列傳第三…………………………………………（491）
朱瑄 ……………………………………………（491）
朱瑾 ……………………………………………（499）
時溥 ……………………………………………（510）
王師範……………………………………………（524）
劉知俊……………………………………………（534）
族子鄩彬 ………………………………………（545）
楊崇本……………………………………………（547）
蔣殷 ……………………………………………（552）
張萬進……………………………………………（555）

卷一四　梁書十四

列傳第四…………………………………………（561）
羅紹威……………………………………………（561）
趙犨 ……………………………………………（576）
子麓……………………………………………（584）
霖……………………………………………（585）
弟昶……………………………………………（588）
珝……………………………………………（591）
王珂 ……………………………………………（595）
從兄珙 ………………………………………（604）

卷一五　梁書十五

列傳第五…………………………………………（607）

韓建　……………………………………（607）
李罕之……………………………………（632）
馮行襲……………………………………（648）
孫德昭……………………………………（654）
趙克裕……………………………………（662）
張慎思……………………………………（663）

卷一六　梁書十六

列傳第六……………………………………（667）
葛從周……………………………………（667）
謝彦章……………………………………（687）
胡真　……………………………………（691）
張歸霸……………………………………（693）
張歸厚……………………………………（707）
張歸弁……………………………………（713）

卷一七　梁書十七

列傳第七……………………………………（717）
成汭　……………………………………（717）
杜洪　鍾傳 ………………………………（722）
田頵　朱延壽 ……………………………（729）
趙匡凝……………………………………（736）
弟匡明 ……………………………………（743）
張佶　……………………………………（744）
雷滿　……………………………………（748）

卷一八　梁書十八

列傳第八……………………………………………（753）
張文蔚……………………………………………（753）
楊涉　……………………………………………（761）
薛貽矩……………………………………………（768）
張策　……………………………………………（774）
于兢　……………………………………………（780）
杜曉　……………………………………………（784）
敬翔　……………………………………………（788）
李振　……………………………………………（805）

卷一九　梁書十九

列傳第九……………………………………………（821）
氏叔琮……………………………………………（821）
朱友恭……………………………………………（831）
王重師……………………………………………（837）
朱珍　……………………………………………（841）
李思安……………………………………………（853）
鄧季筠……………………………………………（859）
黃文靖……………………………………………（861）
胡規　……………………………………………（864）
李讜　……………………………………………（867）
李重胤……………………………………………（870）
范居實……………………………………………（872）

卷二〇　梁書二十

列傳第十……………………………………………………（877）

謝瞳　………………………………………………（877）

司馬鄴……………………………………………………（881）

劉捍　………………………………………………（885）

王敬蕘……………………………………………………（892）

高劭　………………………………………………（895）

馬嗣勳……………………………………………………（896）

張存敬……………………………………………………（901）

寇彦卿……………………………………………………（910）

卷二一　梁書二十一

列傳第十一…………………………………………………（917）

龐師古……………………………………………………（917）

霍存　………………………………………………（927）

符道昭……………………………………………………（933）

徐懷玉……………………………………………………（939）

郭言　………………………………………………（943）

李唐賓……………………………………………………（947）

王虔裕……………………………………………………（951）

劉康乂……………………………………………………（954）

王彦章……………………………………………………（955）

賀德倫……………………………………………………（967）

卷二二　梁書二十二

列傳第十二 ……………………………………………… (977)
楊師厚……………………………………………… (977)
牛存節 …………………………………………… (1000)
王檀 ……………………………………………… (1015)

卷二三　梁書二十三

列傳第十三 ……………………………………………… (1027)
劉鄩 ……………………………………………… (1027)
賀瓌 ……………………………………………… (1052)
康懷英 …………………………………………… (1061)
王景仁 …………………………………………… (1072)

卷二四　梁書二十四

列傳第十四 ……………………………………………… (1079)
李珽 ……………………………………………… (1079)
盧曾 ……………………………………………… (1087)
孫騭 ……………………………………………… (1089)
張儁 ……………………………………………… (1091)
張衍 ……………………………………………… (1093)
杜荀鶴 …………………………………………… (1095)
羅隱 ……………………………………………… (1096)
仇殷 ……………………………………………… (1100)
段深 ……………………………………………… (1103)

唐　書

卷二五　唐書一
武皇李克用紀上 …………………………………… (1105)

卷二六　唐書二
武皇紀下 …………………………………………… (1147)

卷二七　唐書三
莊宗李存勗紀第一 ………………………………… (1187)

卷二八　唐書四
莊宗紀第二 ………………………………………… (1215)

卷二九　唐書五
莊宗紀第三 ………………………………………… (1251)

卷三〇　唐書六
莊宗紀第四 ………………………………………… (1291)

卷三一　唐書七
莊宗紀第五 ………………………………………… (1331)

卷三二　唐書八

莊宗紀第六 …………………………………… (1363)

卷三三　唐書九

莊宗紀第七 …………………………………… (1409)

卷三四　唐書十

莊宗紀第八 …………………………………… (1445)

卷三五　唐書十一

明宗李嗣源紀第一 …………………………………… (1475)

卷三六　唐書十二

明宗紀第二 …………………………………… (1503)

卷三七　唐書十三

明宗紀第三 …………………………………… (1533)

卷三八　唐書十四

明宗紀第四 …………………………………… (1557)

卷三九　唐書十五

明宗紀第五 …………………………………… (1603)

卷四〇　唐書十六
明宗紀第六 ……………………………………… (1645)

卷四一　唐書十七
明宗紀第七 ……………………………………… (1677)

卷四二　唐書十八
明宗紀第八 ……………………………………… (1715)

卷四三　唐書十九
明宗紀第九 ……………………………………… (1751)

卷四四　唐書二十
明宗紀第十 ……………………………………… (1787)

卷四五　唐書二十一
閔帝李從厚紀 …………………………………… (1821)

卷四六　唐書二十二
末帝李從珂紀上 ………………………………… (1855)

卷四七　唐書二十三
末帝紀中 ………………………………………… (1899)

卷四八　唐書二十四

末帝紀下 …………………………………… (1939)

卷四九　唐書二十五

后妃列傳第一 ………………………………… (1973)
貞簡曹太后 ………………………………… (1973)
劉太妃 ……………………………………… (1980)
魏國夫人陳氏……………………………… (1983)
神閔劉皇后 ………………………………… (1985)
韓淑妃　伊德妃…………………………… (1993)
昭懿夏皇后 ………………………………… (1995)
虢國夫人夏氏……………………………… (1996)
和武曹皇后 ………………………………… (1997)
宣憲魏太后 ………………………………… (1999)
王淑妃 ……………………………………… (2002)
孔皇后 ……………………………………… (2010)
劉皇后 ……………………………………… (2012)

卷五〇　唐書二十六

宗室列傳第二 ………………………………… (2017)
克讓 ………………………………………… (2017)
克修 ………………………………………… (2022)
子嗣弼 ……………………………………… (2028)
嗣肱 ………………………………………… (2029)
克恭 ………………………………………… (2033)

克寧 ……………………………………………… (2037)

卷五一　唐書二十七

宗室列傳第三 ………………………………… (2045)
武皇諸子 …………………………………… (2045)
永王存霸 ………………………………… (2045)
邕王存美 ………………………………… (2049)
薛王存禮 ………………………………… (2049)
申王存渥 ………………………………… (2050)
睦王存乂 ………………………………… (2051)
通王存確 ………………………………… (2052)
雅王存紀 ………………………………… (2052)
莊宗諸子 …………………………………… (2053)
魏王繼岌 ………………………………… (2053)
弟繼潼 ………………………………… (2068)
繼嵩 ………………………………… (2068)
繼蟾 ………………………………… (2068)
繼嶢 ………………………………… (2068)
明宗諸子 …………………………………… (2069)
從璟 ……………………………………… (2069)
秦王從榮 ………………………………… (2071)
從璨 ……………………………………… (2079)
許王從益 ………………………………… (2080)
末帝諸子 …………………………………… (2084)
重吉 ……………………………………… (2084)

雍王重美 …………………………… (2086)

卷五二　唐書二十八

列傳第四 ………………………………… (2089)
李嗣昭 ………………………………… (2089)
子繼韜 ……………………………… (2114)
附裴約 ……………………………… (2120)
李嗣本 ………………………………… (2123)
李嗣恩 ………………………………… (2128)

卷五三　唐書二十九

列傳第五 ………………………………… (2133)
李存信 ………………………………… (2133)
李存孝 ………………………………… (2141)
李存進 ………………………………… (2153)
子漢韶 ……………………………… (2161)
李存璋 ………………………………… (2164)
李存賢 ………………………………… (2169)

卷五四　唐書三十

列傳第六 ………………………………… (2175)
王鎔 ……………………………………… (2175)
子昭祚 ……………………………… (2190)
昭誨 ……………………………… (2190)
王處直 ………………………………… (2191)

子都 …………………………………………（2192）
郁 …………………………………………（2194）
兄處存 ……………………………………（2201）
附李繼陶……………………………………（2207）

卷五五　唐書三十一

列傳第七 …………………………………（2209）
康君立 ……………………………………（2209）
薛志勤 ……………………………………（2217）
史建瑭 ……………………………………（2220）
李承嗣 ……………………………………（2226）
史儼 …………………………………………（2232）
蓋寓 …………………………………………（2234）
伊廣 …………………………………………（2238）
附李承勳……………………………………（2239）
史敬鎔 ……………………………………（2240）

卷五六　唐書三十二

列傳第八 …………………………………（2243）
周德威 ……………………………………（2243）
符存審 ……………………………………（2260）
子彥超等……………………………………（2276）

卷五七　唐書三十三

列傳第九 …………………………………（2281）

郭崇韜 …………………………………………… (2281)

卷五八　唐書三十四

列傳第十 …………………………………………… (2307)
趙光逢 …………………………………………… (2307)
弟光胤 …………………………………………… (2314)
鄭珏 …………………………………………… (2319)
崔協 …………………………………………… (2323)
李琪 …………………………………………… (2331)
蕭頃 …………………………………………… (2345)

卷五九　唐書三十五

列傳第十一 …………………………………………… (2349)
丁會 …………………………………………… (2349)
閻寶 …………………………………………… (2356)
符習 …………………………………………… (2364)
烏震 …………………………………………… (2371)
王瓚 …………………………………………… (2375)
袁象先 …………………………………………… (2380)
張温 …………………………………………… (2391)
李紹文 …………………………………………… (2394)

卷六〇　唐書三十六

列傳第十二 …………………………………………… (2399)
李襲吉 …………………………………………… (2399)

王緘 …………………………………………………………… (2409)
李敬義 ………………………………………………………… (2412)
盧汝弼 ………………………………………………………… (2418)
李德休 ………………………………………………………… (2421)
蘇循 …………………………………………………………… (2423)
子楷 ………………………………………………………… (2426)

卷六一　唐書三十七

列傳第十三 ………………………………………………… (2433)
安金全 ………………………………………………………… (2433)
猶子審通 ……………………………………………………… (2438)
安元信 ………………………………………………………… (2441)
安重霸 ………………………………………………………… (2449)
弟道進 ………………………………………………………… (2454)
劉訓 …………………………………………………………… (2456)
張敬詢 ………………………………………………………… (2460)
劉彦琮 ………………………………………………………… (2463)
袁建豐 ………………………………………………………… (2464)
西方鄴 ………………………………………………………… (2467)
張遵誨 ………………………………………………………… (2470)
孫璋 …………………………………………………………… (2473)

卷六二　唐書三十八

列傳第十四 ………………………………………………… (2475)
孟方立 ………………………………………………………… (2475)

從弟還 …… (2484)
張文禮 …… (2485)
董璋 …… (2496)

卷六三　唐書三十九

列傳第十五 …… (2511)
張全義 …… (2511)
朱友謙 …… (2527)

卷六四　唐書四十

列傳第十六 …… (2539)
霍彦威 …… (2539)
王晏球 …… (2547)
戴思遠 …… (2557)
朱漢賓 …… (2561)
孔勍 …… (2567)
劉玘 …… (2569)
周知裕 …… (2571)

卷六五　唐書四十一

列傳第十七 …… (2575)
李建及 …… (2575)
石君立 …… (2582)
高行珪 …… (2585)
張廷裕 …… (2589)

王思同 ……………………………………………… (2590)
索自通 ……………………………………………… (2600)

卷六六　唐書四十二
列傳第十八 ………………………………………… (2605)
安重誨 ……………………………………………… (2605)
朱弘昭 ……………………………………………… (2628)
朱洪實 ……………………………………………… (2632)
康義誠 ……………………………………………… (2636)
藥彦稠 ……………………………………………… (2640)
宋令詢 ……………………………………………… (2642)

卷六七　唐書四十三
列傳第十九 ………………………………………… (2645)
豆盧革 ……………………………………………… (2645)
韋説 ………………………………………………… (2652)
盧程 ………………………………………………… (2657)
趙鳳 ………………………………………………… (2663)
李愚 ………………………………………………… (2671)
任圜 ………………………………………………… (2684)

卷六八　唐書四十四
列傳第二十 ………………………………………… (2691)
薛廷珪 ……………………………………………… (2691)
崔沂 ………………………………………………… (2694)

劉岳 …… (2699)
封舜卿 …… (2703)
竇夢徵 …… (2706)
李保殷 …… (2708)
歸藹 …… (2710)
孔邈 …… (2711)
張文寶 …… (2714)
陳乂 …… (2716)
劉贊 …… (2718)

卷六九　唐書四十五
列傳第二十一 …… (2723)
張憲 …… (2723)
王正言 …… (2732)
胡裝 …… (2735)
孔循 …… (2738)
崔貽孫 …… (2744)
孟鵠 …… (2747)
孫岳 …… (2749)
張延朗 …… (2751)
劉延皓 …… (2761)
劉延朗 …… (2763)

卷七〇　唐書四十六
列傳第二十二 …… (2765)

元行欽 …………………………………………… (2765)
夏魯奇 …………………………………………… (2772)
姚洪 ……………………………………………… (2776)
李嚴 ……………………………………………… (2777)
李仁矩 …………………………………………… (2783)
康思立 …………………………………………… (2785)
張敬達 …………………………………………… (2788)

卷七一　唐書四十七

列傳第二十三 …………………………………… (2795)
馬郁 ……………………………………………… (2795)
司空頲 …………………………………………… (2802)
曹廷隱 …………………………………………… (2806)
蕭希甫 …………………………………………… (2808)
藥縱之 …………………………………………… (2812)
賈馥 ……………………………………………… (2814)
馬縞 ……………………………………………… (2815)
羅貫 ……………………………………………… (2822)
淳于晏 …………………………………………… (2824)
張格 ……………………………………………… (2826)
許寂 ……………………………………………… (2828)
附誠惠 …………………………………………… (2830)
周玄豹 …………………………………………… (2832)

卷七二　唐書四十八

列傳第二十四 …………………………………… (2837)
張承業 …………………………………… (2837)
張居翰 …………………………………… (2848)
馬紹宏 …………………………………… (2852)
孟漢瓊 …………………………………… (2856)

卷七三　唐書四十九

列傳第二十五 …………………………………… (2859)
毛璋 …………………………………… (2859)
聶嶼 …………………………………… (2863)
温韜 …………………………………… (2866)
段凝 …………………………………… (2871)
孔謙 …………………………………… (2877)
李鄴 …………………………………… (2884)

卷七四　唐書五十

列傳第二十六 …………………………………… (2887)
康延孝 …………………………………… (2887)
朱守殷 …………………………………… (2898)
楊立 …………………………………… (2907)
竇廷琬 …………………………………… (2908)
張虔釗 …………………………………… (2909)
楊彦温 …………………………………… (2913)

晋　書

卷七五　晋書一

高祖石敬瑭紀第一 …………………………… (2917)

卷七六　晋書二

高祖紀第二 ………………………………… (2949)

卷七七　晋書三

高祖紀第三 ………………………………… (3011)

卷七八　晋書四

高祖紀第四 ………………………………… (3049)

卷七九　晋書五

高祖紀第五 ………………………………… (3083)

卷八〇　晋書六

高祖紀第六 ………………………………… (3123)

卷八一　晋書七

少帝石重貴紀第一 …………………………… (3165)

卷八二　晋書八

少帝紀第二 …………………………………（3201）

卷八三　晋書九

少帝紀第三 …………………………………（3233）

卷八四　晋書十

少帝紀第四 …………………………………（3267）

卷八五　晋書十一

少帝紀第五 …………………………………（3305）

卷八六　晋書十二

后妃列傳第一 ………………………………（3325）
李皇后 ………………………………………（3325）
安太妃 ………………………………………（3334）
張皇后 ………………………………………（3335）
馮皇后 ………………………………………（3336）

卷八七　晋書十三

宗室列傳第二 ………………………………（3339）
廣王敬威 ……………………………………（3339）
弟贇 …………………………………………（3342）
韓王暉 ………………………………………（3344）

高祖諸子 ……………………………… (3346)
剡王重胤 ……………………………… (3346)
虢王重英 ……………………………… (3347)
楚王重信 ……………………………… (3349)
壽王重乂 ……………………………… (3352)
夔王重進 ……………………………… (3355)
陳王重杲 ……………………………… (3355)
重睿 ……………………………… (3356)
少帝諸子 ……………………………… (3356)
延煦 ……………………………… (3356)
延寶 ……………………………… (3356)

卷八八　晉書十四

列傳第三 ……………………………… (3361)
景延廣 ……………………………… (3361)
李彥韜 ……………………………… (3374)
張希崇 ……………………………… (3378)
王廷胤 ……………………………… (3385)
史匡翰 ……………………………… (3389)
梁漢顒 ……………………………… (3393)
楊思權 ……………………………… (3396)
尹暉 ……………………………… (3400)
李從璋 ……………………………… (3403)
子重俊 ……………………………… (3407)
李從温 ……………………………… (3409)

張萬進 …………………………………………… (3412)

卷八九　晉書十五

列傳第四 …………………………………………… (3417)

桑維翰 …………………………………………… (3417)

趙瑩 …………………………………………… (3442)

劉昫 …………………………………………… (3450)

馮玉 …………………………………………… (3461)

殷鵬 …………………………………………… (3467)

卷九〇　晉書十六

列傳第五 …………………………………………… (3471)

趙在禮 …………………………………………… (3471)

馬全節 …………………………………………… (3483)

張筠 …………………………………………… (3492)

弟籛 …………………………………………… (3499)

華温琪 …………………………………………… (3502)

安崇阮 …………………………………………… (3508)

楊彦詢 …………………………………………… (3512)

李承約 …………………………………………… (3515)

陸思鐸 …………………………………………… (3518)

安元信 …………………………………………… (3520)

張朗 …………………………………………… (3522)

李德琉 …………………………………………… (3525)

田武 …………………………………………… (3527)

李承福 …………………………………… (3529)
相里金 …………………………………… (3530)

卷九一　晉書十七

列傳第六 …………………………………… (3535)
房知温 …………………………………… (3535)
王建立 …………………………………… (3546)
康福 …………………………………… (3554)
安彦威 …………………………………… (3561)
李周 …………………………………… (3565)
張從訓 …………………………………… (3570)
李繼忠 …………………………………… (3574)
李頃 …………………………………… (3576)
周光輔 …………………………………… (3579)
符彦饒 …………………………………… (3580)
羅周敬 …………………………………… (3584)
鄭琮 …………………………………… (3587)

卷九二　晉書十八

列傳第七 …………………………………… (3589)
姚顗 …………………………………… (3589)
吕琦 …………………………………… (3595)
梁文矩 …………………………………… (3613)
史圭 …………………………………… (3617)
裴皞 …………………………………… (3621)

吴承範 …………………………………… (3625)
盧導 …………………………………… (3628)
鄭韜光 …………………………………… (3631)
王權 …………………………………… (3634)
韓惲 …………………………………… (3637)
符蒙 …………………………………… (3640)
李懌 …………………………………… (3643)

卷九三　晉書十九

列傳第八 …………………………………… (3647)
盧質 …………………………………… (3647)
李專美 …………………………………… (3655)
盧詹 …………………………………… (3660)
崔棁 …………………………………… (3663)
兄棆 …………………………………… (3666)
薛融 …………………………………… (3667)
曹國珍 …………………………………… (3670)
張仁愿 …………………………………… (3672)
趙熙 …………………………………… (3675)
李遐 …………………………………… (3678)
尹玉羽 …………………………………… (3680)
鄭雲叟 …………………………………… (3682)

卷九四　晉書二十

列傳第九 …………………………………… (3689)

萇從簡 …… (3689)
潘環 …… (3695)
方太 …… (3701)
何建 …… (3705)
張廷藴 …… (3709)
郭延魯 …… (3714)
郭金海 …… (3716)
劉處讓 …… (3719)
李瓊 …… (3726)
高漢筠 …… (3730)
孫彦韜 …… (3733)
王傳拯 …… (3735)
祕瓊 …… (3737)
李彦珣 …… (3739)

卷九五　晋書二十一
列傳第十 …… (3743)
皇甫遇 …… (3743)
王清 …… (3753)
梁漢璋 …… (3758)
弟漢瑭 …… (3761)
白奉進 …… (3761)
盧順密 …… (3765)
周瓌 …… (3767)
沈斌 …… (3769)

吴巒 …………………………………………… (3772)
翟璋 …………………………………………… (3776)
程福贇 …………………………………………… (3777)
郭璘 …………………………………………… (3779)

卷九六　晉書二十二

列傳第十一 ………………………………… (3781)
孔崇弼 …………………………………………… (3781)
程遜 …………………………………………… (3785)
陳保極 …………………………………………… (3792)
王瑜 …………………………………………… (3794)
張繼祚 …………………………………………… (3798)
鄭阮 …………………………………………… (3800)
胡饒 …………………………………………… (3802)
劉遂清 …………………………………………… (3804)
劉遂雍 …………………………………………… (3808)
房暠 …………………………………………… (3811)
孟承誨 …………………………………………… (3814)
劉繼勳 …………………………………………… (3816)
鄭受益 …………………………………………… (3818)
李郁 …………………………………………… (3821)
鄭玄素 …………………………………………… (3822)
馬重績 …………………………………………… (3823)
陳玄 …………………………………………… (3827)

卷九七　晉書二十三

列傳第十二 ………………………………………… (3829)
范延光 ………………………………………… (3829)
張從賓 ………………………………………… (3848)
附張延播 ………………………………………… (3852)
楊光遠 ………………………………………… (3853)
子承勳 ………………………………………… (3868)
盧文進 ………………………………………… (3869)
李金全 ………………………………………… (3878)

卷九八　晉書二十四

列傳第十三 ………………………………………… (3887)
安重榮 ………………………………………… (3887)
安從進 ………………………………………… (3900)
附王令謙　潘知麟 ………………………………… (3907)
張彦澤 ………………………………………… (3908)
趙德鈞 ………………………………………… (3921)
子延壽 ………………………………………… (3931)
張礪 ………………………………………… (3940)
附蕭翰 ………………………………………… (3946)
劉晞 ………………………………………… (3949)
崔廷勳 ………………………………………… (3951)

漢　書

卷九九　漢書一
高祖劉知遠紀上 …………………………………… (3955)

卷一〇〇　漢書二
高祖紀下 …………………………………… (3985)

卷一〇一　漢書三
隱帝劉承祐紀上 …………………………………… (4019)

卷一〇二　漢書四
隱帝紀中 …………………………………… (4049)

卷一〇三　漢書五
隱帝紀下 …………………………………… (4077)

卷一〇四　漢書六
后妃列傳第一 …………………………………… (4113)
李皇后 …………………………………… (4113)

卷一〇五　漢書七
宗室列傳第二 …………………………………… (4117)

高祖諸子 …………………………………………… (4117)
魏王承訓 …………………………………………… (4117)
陳王承勳 …………………………………………… (4119)
蔡王信 …………………………………………… (4121)
湘陰公贇 …………………………………………… (4125)

卷一〇六　漢書八

列傳第三 …………………………………………… (4133)
王周 …………………………………………… (4133)
劉審交 …………………………………………… (4138)
武漢球 …………………………………………… (4144)
張瓘 …………………………………………… (4146)
李殷 …………………………………………… (4147)
劉在明 …………………………………………… (4150)
馬萬 …………………………………………… (4153)
李彦從 …………………………………………… (4155)
郭謹 …………………………………………… (4157)
皇甫立 …………………………………………… (4160)
白再榮 …………………………………………… (4162)
張鵬 …………………………………………… (4166)

卷一〇七　漢書九

列傳第四 …………………………………………… (4169)
史弘肇 …………………………………………… (4169)
子德琉 …………………………………………… (4184)

弟福 …………………………………… (4185)
楊邠 …………………………………… (4186)
王章 …………………………………… (4196)
李洪建 ………………………………… (4202)
弟業 …………………………………… (4203)
閻晋卿 ………………………………… (4204)
聶文進 ………………………………… (4206)
後贊 …………………………………… (4208)
郭允明 ………………………………… (4210)
劉銖 …………………………………… (4212)

卷一〇八　漢書十

列傳第五 ……………………………… (4219)
李崧 …………………………………… (4219)
蘇逢吉 ………………………………… (4233)
李鏻 …………………………………… (4243)
龍敏 …………………………………… (4249)
劉鼎 …………………………………… (4257)
子衮 …………………………………… (4259)
張允 …………………………………… (4259)
任延皓 ………………………………… (4265)

卷一〇九　漢書十一

列傳第六 ……………………………… (4269)
杜重威 ………………………………… (4269)

李守貞 ……………………………………………（4287）
趙思綰 ……………………………………………（4301）

周　書

卷一一〇　周書一

太祖郭威紀第一 ……………………………………（4309）

卷一一一　周書二

太祖紀第二 ………………………………………（4359）

卷一一二　周書三

太祖紀第三 ………………………………………（4391）

卷一一三　周書四

太祖紀第四 ………………………………………（4433）

卷一一四　周書五

世宗柴榮紀第一 ……………………………………（4465）

卷一一五　周書六

世宗紀第二 ………………………………………（4505）

卷一一六　周書七

世宗紀第三 ……………………………… (4533)

卷一一七　周書八

世宗紀第四 ……………………………… (4569)

卷一一八　周書九

世宗紀第五 ……………………………… (4599)

卷一一九　周書十

世宗紀第六 ……………………………… (4627)

卷一二〇　周書十一

恭帝柴宗訓紀 ……………………………… (4651)

卷一二一　周書十二

后妃列傳第一 ……………………………… (4679)
聖穆柴皇后 ……………………………… (4679)
楊淑妃 ……………………………… (4682)
張貴妃 ……………………………… (4685)
董德妃 ……………………………… (4688)
貞惠劉皇后 ……………………………… (4691)
宣懿符皇后 ……………………………… (4692)

卷一二二　周書十三

宗室列傳第二 ……………………………………… (4697)
柴守禮 ……………………………………… (4697)
太祖諸子 ……………………………………… (4699)
剡王侗 ……………………………………… (4699)
杞王信 ……………………………………… (4699)
世宗諸子 ……………………………………… (4701)
越王宗誼 ……………………………………… (4701)
曹王宗讓 ……………………………………… (4702)
紀王熙謹 ……………………………………… (4703)
蘄王熙誨 ……………………………………… (4703)

卷一二三　周書十四

列傳第三 ……………………………………… (4705)
高行周 ……………………………………… (4705)
安審琦 ……………………………………… (4724)
兄審暉 ……………………………………… (4732)
從兄審信 ……………………………………… (4736)
李從敏 ……………………………………… (4740)
鄭仁誨 ……………………………………… (4746)
張彥成 ……………………………………… (4751)
安叔千 ……………………………………… (4754)
宋彥筠 ……………………………………… (4758)

卷一二四　周書十五

列傳第四 ……………………………… (4765)
王殷 ……………………………… (4765)
何福進 ……………………………… (4773)
劉詞 ……………………………… (4776)
王進 ……………………………… (4783)
史彥超 ……………………………… (4785)
史懿 ……………………………… (4788)
王令温 ……………………………… (4791)
周密 ……………………………… (4794)
李懷忠 ……………………………… (4797)
白文珂 ……………………………… (4799)
白延遇 ……………………………… (4803)
唐景思 ……………………………… (4806)

卷一二五　周書十六

列傳第五 ……………………………… (4811)
趙暉 ……………………………… (4811)
王守恩 ……………………………… (4816)
孔知濬 ……………………………… (4820)
王繼弘 ……………………………… (4823)
馮暉 ……………………………… (4827)
高允權 ……………………………… (4834)
折從阮 ……………………………… (4838)
王饒 ……………………………… (4841)

孫方諫 …………………………………………… (4844)

卷一二六　周書十七
列傳第六 …………………………………………… (4849)
馮道 ……………………………………………… (4849)

卷一二七　周書十八
列傳第七 …………………………………………… (4885)
盧文紀 …………………………………………… (4885)
馬裔孫 …………………………………………… (4907)
和凝 ……………………………………………… (4915)
蘇禹珪 …………………………………………… (4925)
景範 ……………………………………………… (4929)

卷一二八　周書十九
列傳第八 …………………………………………… (4935)
王朴 ……………………………………………… (4935)
楊凝式 …………………………………………… (4944)
薛仁謙 …………………………………………… (4953)
蕭愿 ……………………………………………… (4957)
盧損 ……………………………………………… (4960)
王仁裕 …………………………………………… (4966)
裴羽 ……………………………………………… (4971)
段希堯 …………………………………………… (4973)
司徒詡 …………………………………………… (4977)

邊蔚 …………………………………… (4981)
王敏 …………………………………… (4985)

卷一二九　周書二十

列傳第九 …………………………………… (4989)
常思 …………………………………… (4989)
翟光鄴 …………………………………… (4995)
曹英 …………………………………… (5001)
李彦頵 …………………………………… (5005)
李暉 …………………………………… (5006)
李建崇 …………………………………… (5009)
王重裔 …………………………………… (5012)
孫漢英 …………………………………… (5015)
許遷 …………………………………… (5016)
趙鳳 …………………………………… (5019)
齊藏珍 …………………………………… (5023)
王環 …………………………………… (5026)
張彦超 …………………………………… (5028)
張穎 …………………………………… (5031)
劉仁贍 …………………………………… (5033)

卷一三〇　周書二十一

列傳第十 …………………………………… (5039)
王峻 …………………………………… (5039)
慕容彦超 …………………………………… (5059)

附閻弘魯……………………………………………（5072）
崔周度……………………………………………（5073）

卷一三一　周書二十二

列傳第十一　……………………………………（5077）
劉皞　……………………………………………（5077）
張沆　……………………………………………（5084）
張可復　…………………………………………（5089）
于德辰　…………………………………………（5092）
王延　……………………………………………（5094）
申文炳　…………………………………………（5098）
扈載　……………………………………………（5101）
賈緯　……………………………………………（5103）
趙延乂　…………………………………………（5113）
沈遘　……………………………………………（5118）
李知損　…………………………………………（5119）
孫晟　……………………………………………（5123）
劉遂凝　…………………………………………（5129）

列　傳

卷一三二　承襲列傳第一…………………………（5135）
李茂貞　…………………………………………（5135）
子從曮　…………………………………………（5159）
從昶　……………………………………………（5166）

從弟茂勳……（5169）
高萬興……（5171）
子允韜……（5175）
韓遜……（5176）
子洙……（5178）
李仁福……（5180）
子彝超……（5183）
彝興……（5187）

卷一三三　承襲列傳第二……（5191）
錢鏐……（5191）
子元瓘……（5212）
元瓘子佐……（5218）
倧……（5221）
俶……（5222）
馬殷……（5225）
子希聲……（5234）
希範……（5235）
希杲……（5240）
希範母弟希廣……（5241）
庶子希萼……（5247）
子希崇……（5250）
馬殷弟賨……（5253）
存……（5254）
附楊昭惲……（5256）

劉言 …………………………………………… (5256)
高季興 …………………………………………… (5264)
子從誨 …………………………………………… (5271)
從誨子保勗 …………………………………………… (5280)

卷一三四　僭僞列傳第一…………………………… (5285)
楊行密 …………………………………………… (5285)
子渥 …………………………………………… (5306)
渭 …………………………………………… (5310)
溥 …………………………………………… (5313)
李昪 …………………………………………… (5322)
子景 …………………………………………… (5337)
王審知 …………………………………………… (5355)
子延鈞 …………………………………………… (5361)
延鈞子昶 …………………………………………… (5364)
子延羲 …………………………………………… (5367)
延政 …………………………………………… (5370)

卷一三五　僭僞列傳第二…………………………… (5377)
劉守光 …………………………………………… (5377)
劉陟 …………………………………………… (5404)
子玢 …………………………………………… (5416)
晟 …………………………………………… (5417)
晟子鋹 …………………………………………… (5420)
劉崇 …………………………………………… (5423)

卷一三六　僭僞列傳第三……………………………（5437）
王建 ………………………………………………（5437）
子衍 ……………………………………………（5476）
養子宗弼……………………………………………（5484）
宗壽……………………………………………（5491）
孟知祥 ……………………………………………（5494）
子昶 ……………………………………………（5530）

卷一三七　外國列傳第一……………………………（5537）
契丹 ………………………………………………（5537）

卷一三八　外國列傳第二……………………………（5607）
吐蕃 ………………………………………………（5607）
吐谷渾 ……………………………………………（5621）
回鶻 ………………………………………………（5628）
高麗 ………………………………………………（5640）
渤海靺鞨 …………………………………………（5654）
黑水靺鞨 …………………………………………（5664）
新羅 ………………………………………………（5666）
党項 ………………………………………………（5669）
昆明部落 …………………………………………（5673）
于闐 ………………………………………………（5674）
占城 ………………………………………………（5683）
牂牁蠻 ……………………………………………（5685）

志

卷一三九　禮志上……………………………… (5689)
吉禮 ……………………………………… (5689)
郊祀 ……………………………………… (5689)
宗廟 ……………………………………… (5698)
禘祫 ……………………………………… (5728)
緣祀裁制 ………………………………… (5738)
廟制度 …………………………………… (5746)

卷一四〇　禮志下……………………………… (5755)
賓禮 ……………………………………… (5755)
二王三恪 ………………………………… (5755)
軍禮 ……………………………………… (5758)
講武 ……………………………………… (5758)
獻俘 ……………………………………… (5760)
嘉禮 ……………………………………… (5764)
婚 ………………………………………… (5764)
册命 ……………………………………… (5767)
受朝賀 …………………………………… (5770)
朔望朝參 ………………………………… (5775)
常朝 ……………………………………… (5778)
凶禮 ……………………………………… (5782)
服紀 ……………………………………… (5782)

喪葬 ……………………………………………… (5788)

卷一四一　樂志上……………………………………… (5799)

卷一四二　樂志下……………………………………… (5821)

卷一四三　曆志………………………………………… (5841)

卷一四四　天文志……………………………………… (5871)
日食 ……………………………………………… (5871)
月食 ……………………………………………… (5880)
月暈 ……………………………………………… (5883)
彗孛 ……………………………………………… (5884)
五星淩犯 ………………………………………… (5886)
星晝見 …………………………………………… (5900)
流星 ……………………………………………… (5903)
雲氣 ……………………………………………… (5906)

卷一四五　五行志……………………………………… (5911)
水淹風雨 ………………………………………… (5914)
地震 ……………………………………………… (5926)
蟲魚禽獸 ………………………………………… (5932)
蝗 ………………………………………………… (5937)
火 ………………………………………………… (5940)

草木石冰 …………………………………… (5944)

卷一四六　食貨志…………………………………… (5951)
租稅 …………………………………… (5952)
泉貨 …………………………………… (5966)
鹽 …………………………………… (5976)
漕運 …………………………………… (5984)
麴錢 …………………………………… (5989)

卷一四七　刑法志…………………………………… (5995)
定格令 …………………………………… (5995)
慎刑 …………………………………… (6023)
當贖 …………………………………… (6053)
定贓 …………………………………… (6059)
徒流 …………………………………… (6063)

卷一四八　選舉志…………………………………… (6065)
貢舉之政 …………………………………… (6066)
選授之制 …………………………………… (6079)

卷一四九　職官志…………………………………… (6091)

卷一五〇　地理志…………………………………… (6141)
兩京 …………………………………… (6144)

十道 …………………………………… (6149)
河南道 …………………………………… (6149)
關西道 …………………………………… (6165)
河東道 …………………………………… (6182)
河北道 …………………………………… (6192)
劍南道 …………………………………… (6208)
江南道 …………………………………… (6210)
淮南道 …………………………………… (6222)
山南道 …………………………………… (6227)
隴右道 …………………………………… (6237)
嶺南道 …………………………………… (6241)

附録一　不能確定位置之增傳與補傳…………… (6247)
劉行琮 …………………………………… (6247)
張源德 …………………………………… (6248)
張漢傑 …………………………………… (6254)
從兄漢倫…………………………………… (6259)
漢融…………………………………… (6260)
撒剌阿撥 …………………………………… (6261)
張希逸 …………………………………… (6265)
朱珪 …………………………………… (6266)
裴迪 …………………………………… (6270)
盧匪躬 …………………………………… (6276)
王班 …………………………………… (6276)
尹皓 …………………………………… (6279)

韋震 ……………………………………………（6282）
司空圖 ……………………………………………（6287）
李存矩 ……………………………………………（6296）
李燕 ……………………………………………（6298）
薄文 ……………………………………………（6301）
陳皋 ……………………………………………（6301）
仇暉 ……………………………………………（6303）
李宏元 ……………………………………………（6303）
楊漢章 ……………………………………………（6303）
馮贇 ……………………………………………（6305）
楊仁矩 ……………………………………………（6313）
高輅 ……………………………………………（6313）
趙敬怡 ……………………………………………（6314）
王公儼 ……………………………………………（6314）
高輦 ……………………………………………（6316）
范延策 ……………………………………………（6317）
米君立 ……………………………………………（6318）
烏昭遇 ……………………………………………（6319）
趙頎 ……………………………………………（6321）
朱守素 ……………………………………………（6322）
李昭 ……………………………………………（6322）
韋寂 ……………………………………………（6323）
于鄴 ……………………………………………（6324）
陳延福 ……………………………………………（6325）
史彦瓊 ……………………………………………（6326）

陶玘 ……………………………………………… (6329)
成景弘 …………………………………………… (6331)
石知訥 …………………………………………… (6331)
郭從謙 …………………………………………… (6332)
李匡儔 …………………………………………… (6335)
孟昇 ……………………………………………… (6336)
曹義金 …………………………………………… (6337)
崔居儉 …………………………………………… (6340)
何澤 ……………………………………………… (6343)
孔昭序 …………………………………………… (6348)
劉頎 ……………………………………………… (6349)
聶延祚 …………………………………………… (6349)
王岯 ……………………………………………… (6351)
于嶠 ……………………………………………… (6351)
翟進宗 …………………………………………… (6354)
李文謙 …………………………………………… (6355)
衛審峹 …………………………………………… (6356)
張薦明 …………………………………………… (6357)
王弘贄 …………………………………………… (6358)
韓昭裔 …………………………………………… (6360)
王緒 ……………………………………………… (6364)
王彥璘 …………………………………………… (6365)
韋濤 ……………………………………………… (6365)
楊漢賓 …………………………………………… (6366)
王暉 ……………………………………………… (6367)

王謙 …………………………………………… (6370)
張萬迪 …………………………………………… (6370)
劉景巖 …………………………………………… (6371)
附熊曒 …………………………………………… (6372)
高唐英 …………………………………………… (6375)
劉鐸 …………………………………………… (6378)
梁暉 …………………………………………… (6379)
王瓊 …………………………………………… (6380)
王益 …………………………………………… (6381)
王松 …………………………………………… (6382)
史萬山 …………………………………………… (6385)
謝攀 …………………………………………… (6386)
王景崇 …………………………………………… (6387)
葉仁魯 …………………………………………… (6395)
申師厚 …………………………………………… (6397)
史佺 …………………………………………… (6400)
樊愛能 …………………………………………… (6401)
何徽 …………………………………………… (6404)
李蕘 …………………………………………… (6407)
郭令圖 …………………………………………… (6410)
皇甫暉 …………………………………………… (6410)
徐台符 …………………………………………… (6418)
錢鐸 …………………………………………… (6425)
鮑君福 …………………………………………… (6425)
陸仁章 …………………………………………… (6427)

姚彦章 …………………………………………… (6429)

附録二　《舊五代史》諸版本序跋 ……………… (6431)
進《舊五代史》表　永瑢等………………………… (6431)
《舊五代史》提要　陸錫熊等 …………………… (6433)
編定《舊五代史》凡例 ………………………… (6436)
請照殿版各史例刊刻《舊五代史》奏章　紀昀等
……………………………………… (6440)
《舊五代史》鈔本題跋　彭元瑞 ……………… (6442)
孔葒谷校薛居正《五代史》跋　章鈺 ………… (6443)
孔葒谷校《舊五代史》跋　鄧邦述 …………… (6447)
重輯《舊五代史》原稿跋　陸心源 …………… (6449)
影庫本《舊五代史》跋　熊羅宿 ……………… (6451)
影印内鈔《舊五代史》緣起　熊羅宿 ………… (6453)
嘉業堂刊本《舊五代史》跋　劉承幹 ………… (6457)
百衲本《舊五代史》跋　張元濟 ……………… (6459)

附録三　陳垣《舊五代史》文稿 ……………… (6463)
《舊五代史》作業題 ………………………… (6463)
《舊五代史》札記…………………………… (6464)
以《册府》校《薛史》計畫 ………………… (6465)
《舊五代史》輯本發覆 ……………………… (6467)
《舊五代史》輯本引書卷數多誤例………… (6521)
標點《舊五代史》問題 ……………………… (6538)

前　言

一

《舊五代史》由北宋薛居正等奉敕編修，記載了後梁太祖開平元年（907）至後周世宗顯德七年（960）共五十餘年的歷史。是書初名《五代史》，或《梁唐晋漢周書》，後人爲區别於後出的歐陽脩《五代史記》，故稱《歐史》爲《新五代史》，《薛史》爲《舊五代史》。《舊五代史》以五代斷代爲序，一朝一史，全書共一百五十卷，其中《梁書》二十四卷、《唐書》五十卷、《晋書》二十四卷、《漢書》十一卷、《周書》二十二卷，又有《承襲列傳》二卷、《僭僞列傳》三卷，《外國列傳》二卷，志書十二卷。

現存《舊五代史》是二十四史中唯一的輯本。開寶六年（973）四月，宋太祖“詔参知政事薛居正監修梁、後唐、晋、漢、周五代史”，盧多遜、扈蒙、張澹、李昉、劉兼、李穆、李九齡等同修。① 開寶七年閏十月，“監修國史薛居正等上新修《五代史》百五十卷”。② 薛居正《舊五代史》一年有餘即已成書，本之實録者居多，而各實録亦多係五代之人所修，必多虚美，粉飾附會。③ 鑒於《舊五代史》“繁猥失實”“義例無次”，歐陽脩決心重新編修五代史，並命名爲《五代史記》。宋神宗熙寧五年（1072），歐陽脩去世後，其家人將《五代史記》奏上，不久即付國子監刊刻。熙寧十年五月，“詔以歐陽脩《五代史》藏秘閣”。④ 《新五代史》成書後不久即流行於世，《舊五代史》的地位漸趨下降。金章宗於泰和七年（1207）十一月，詔“新定學令内削去薛居正《五代史》，止用歐陽脩所撰”。⑤ 明代以降，《舊五代史》已罕有流傳，僅明内府有藏本，《永樂大典》收録《舊五代史》，多載其文，然正文因《永樂大典》體例割裂分述，已非《薛史》原貌。清乾隆三十七年（1772），爲編纂《四庫全書》，下令在全國徵書，但没有徵集到《舊五代史》。邵晋涵等館臣以《永樂大典》所收《舊五代史》爲基礎，同時補校《册府元龜》《資治通鑑考異》《資治通鑑注》《太平御覽》等

① 李燾：《續資治通鑑長編》卷一四，中華書局 2004 年版。
② 《續資治通鑑長編》卷一五。
③ 王鳴盛：《十七史商榷》卷九三，中華書局 2010 年版。
④ 《續資治通鑑長編》卷二八二。
⑤ 《金史》卷一二，中華書局 1975 年版。

書所引《舊五代史》相關内容，將其輯出。乾隆四十年，邵晉涵等將編成的輯本《舊五代史》進呈乾隆皇帝，輯本中標明原文輯録的出處，補充和考證史實的注文亦附在每段有關正文之下，部分文字考訂則另附黄色粘籤（參見中華書局1975年版《舊五代史》出版説明）。輯本《舊五代史》奏進不久，即被收入《四庫全書》，被刊印於世。又經乾隆皇帝批准，將這部輯本《舊五代史》與自《史記》至《明史》的其他二十三部正史並列爲二十四史。此後，新、舊《五代史》並行於世。

二

自輯本《舊五代史》誕生之後，陸續衍生出以下幾個版本支系：[①]

（一）清乾隆四十九年（1784）繕寫的文津閣《四庫全書》本以及隨後的武英殿刊本（殿本）。

（二）民國十年（1921）南昌熊氏影印乾隆四十年四庫館繕寫進呈本（影庫本）。

（三）抱經樓盧氏鈔本（盧本）以及隨後的民國十四年吴興劉承幹嘉業堂刊本（劉本）。商務印書館“百衲本二十四史”之《舊五代史》，即據劉本影印。

（四）臺北“中央圖書館”藏孔葒谷舊藏鈔本（孔本）。又有章鈺過録本（章本），係源出孔本。

（五）日本静嘉堂文庫藏邵晉涵舊藏鈔本（邵本）。

（六）上海圖書館藏彭元瑞校鈔本（彭本）。

---

① 參考2015年中華書局點校本《舊五代史》修訂前言。

1975年，中華書局出版《舊五代史》點校本（中華點校本）。此本以熊氏影印乾隆四十年四庫館繕寫進呈本爲底本，同時以殿本、劉本及其他三種抄本參校，並適當吸收了邵晋涵的批校及孔葒谷、彭元瑞等人的校勘成果，同時參校了殘《宋本册府元龜》影印底樣、復旦大學藏舊抄本《五代會要》、周星詒過録的《顧廣圻校五代史補五代史闕文》、《永樂大典》殘卷膠卷及照片。2015年，中華書局修訂本《舊五代史》出版（中華書局本），由陳尚君負責修訂，仍以熊氏影印乾隆四十年四庫館繕寫進呈本爲底本，並以殿本、劉本、孔本、邵本爲通校本，以彭本爲參校本，又據《永樂大典》殘卷，《册府元龜》《太平御覽》《五代會要》等傳世文獻作了他校，同時參酌相關碑碣墓誌。

2021年，陳智超主持編纂《輯補舊五代史》出版（輯補本），是《舊五代史》的最新版本，也是突破清輯本框架的全新輯本。

有關《舊五代史》的版本流傳可參考“《舊五代史》版本流傳圖”（見下頁）。

三

今注本《舊五代史》有以下特點：

第一，今注本《舊五代史》選取了全新的底本——《輯補舊五代史》（巴蜀書社2021年版）。此本充分吸收前人成果，運用科學方法重新加以輯、補、校、證，是一個更接近《舊五代史》原本、更能體現其正史地位的新輯

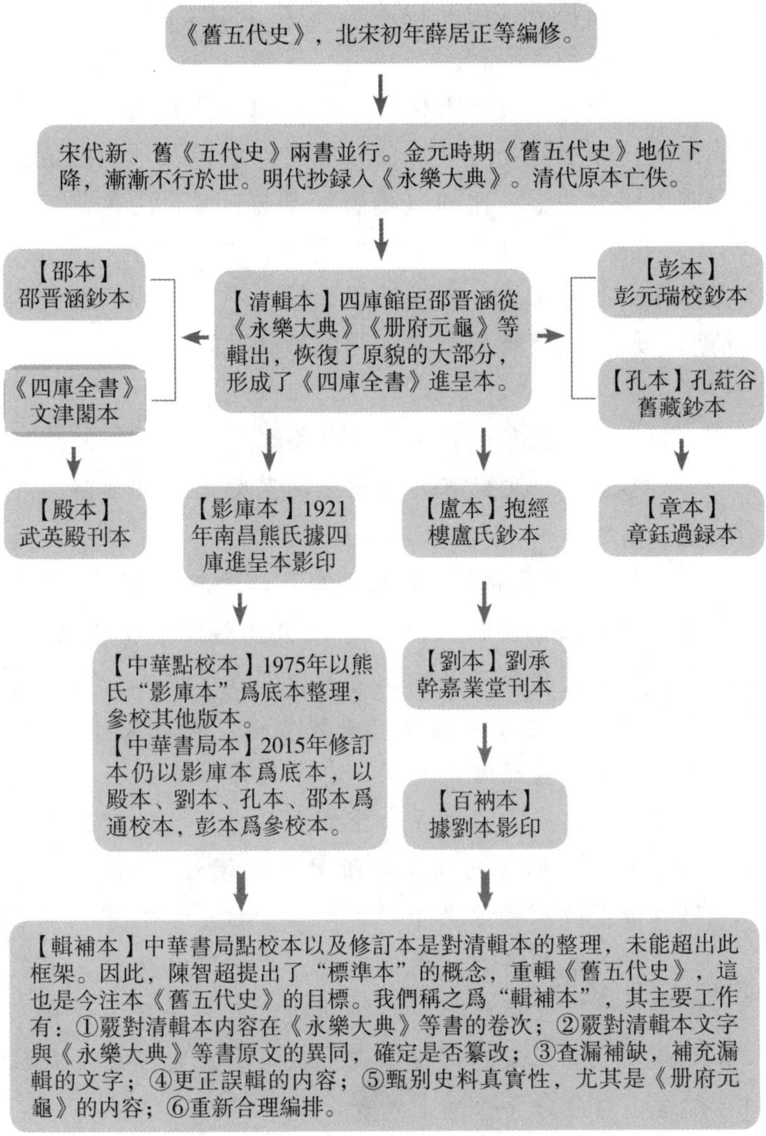
《舊五代史》，北宋初年薛居正等編修。
宋代新、舊《五代史》兩書並行。金元時期《舊五代史》地位下降，漸漸不行於世。明代抄録入《永樂大典》。清代原本亡佚。
【邵本】邵晉涵鈔本
《四庫全書》文津閣本
【清輯本】四庫館臣邵晉涵從《永樂大典》《册府元龜》等輯出，恢復了原貌的大部分，形成了《四庫全書》進呈本。
【彭本】彭元瑞校鈔本
【孔本】孔葒谷舊藏鈔本
【殿本】武英殿刊本
【影庫本】1921年南昌熊氏據四庫進呈本影印
【盧本】抱經樓盧氏鈔本
【章本】章鈺過録本
【中華點校本】1975年以熊氏"影庫本"爲底本整理，參校其他版本。
【中華書局本】2015年修訂本仍以影庫本爲底本，以殿本、劉本、孔本、邵本爲通校本，彭本爲參校本。
【劉本】劉承幹嘉業堂刊本
【百衲本】據劉本影印
【輯補本】中華書局點校本以及修訂本是對清輯本的整理，未能超出此框架。因此，陳智超提出了"標準本"的概念，重輯《舊五代史》，這也是今注本《舊五代史》的目標。我們稱之爲"輯補本"，其主要工作有：①覈對清輯本内容在《永樂大典》等書的卷次；②覈對清輯本文字與《永樂大典》等書原文的異同，確定是否篡改；③查漏補缺，補充漏輯的文字；④更正誤輯的内容；⑤甄别史料真實性，尤其是《册府元龜》的内容；⑥重新合理編排。

《舊五代史》版本流傳圖

本。今注本《舊五代史》以此爲底本，將輯本校勘記與注文統合，方便讀者閱讀。

第二，今注本《舊五代史》在《輯補舊五代史》的基礎上作注，並根據今注本《舊五代史》體例及項目組成員研究成果作出調整。比如《禮志》部分，《五代會要》是《輯補舊五代史·禮志》的主要史源，然而《五代會要》本身存在文本的錯訛，直接據以輯補，不免出現因襲其誤的情形。如《五代會要》卷五受朝賀條記載：

> 唐天成三年十月壬戌，中書奏：
>
> 冬至日，文武百寮詣東上閤門拜表稱賀儀注……宜按舊章，以光令節。冬至日望准本朝前後明敕處分。奉敕："宜依。"又七年四月二十八日敕："昔者聖賢仰觀法象，因天地交會之次，爲父子相親之儀，沿襲成風，古今不易。王者制事，在于因人，酌其情而用中，順其俗以爲禮。咸覿之禮，既行父子之間；資事之情，豈隔君臣之際。自今後每年五月一日御宣政殿，與文武百寮相見。京官九品已上，外官因朝奏在京者，並聽就列。宜令所司量定儀注，頒示天下，仍編禮式，永著常規者。"
>
> 伏以本朝舊典，近代不行，方當開泰之朝，難曠會同之禮，宜興墜典，以耀明廷。五月一日，應在京九品以上官，及諸道進奉使，並准貞元七年敕，就位起居。自此每年永爲常式者。
>
> 奉敕："宜依。"

《輯補舊五代史·禮志下》照録了這一段文字。但是我們發現,“又七年四月二十八日敕”以下,論述的是准貞元七年(791)敕恢復五月朔大朝會一事,與上文天成三年(928)中書奏冬至拜表稱賀儀注並不相干,其間當存在文本的錯訛。今注本《舊五代史》項目組檢覈文獻,找到了《册府元龜》卷一〇八《帝王部·朝會門二》的記載:

(天成四年)四月,中書門下奏:“五月一日入閤起居,准貞元七年四月二十八日敕:‘昔者聖賢觀象,因天地交會之次,爲父子相見之儀……’五月一日,應在京九品以上官及諸進奉使,並准貞元七年敕,就位起居。自此每年,永爲常式者。”奉敕:“宜依。”

又《舊五代史》卷四〇《唐書·明宗紀六》記載:

(天成四年四月)戊辰,中書奏:“五月一日,應在京九品已上官及諸道進奉使,請准貞元七年敕,就位起居,永爲恒式。”從之。

據此,我們判定《五代會要》漏略了“四年四月戊辰中書門下奏五月一日入閤起居准貞元”等字樣,誤以“又”字將不相干的兩條記載連綴爲一。今注本遂據《舊五代史》《册府元龜》的記載,對此兩則記載作了切分、校正。

根據我們對於《禮志》的理解，今注本《禮志》對新輯本《禮志》的篇目次序、目名、具體内容也作了一定的調整、增補和删改。譬如改《朝賀》爲《受朝賀》，改《朝參》爲《朔望朝參》，並調整其次序，將《朔望朝參》移至《受朝賀》之後，力求使之更爲合理、直觀。另外，今注本《曆志》《天文志》亦根據我們的理解，對新輯本相應内容作了調整和删改。

第三，今注本《舊五代史》對正文内容，尤其是中華書局本未出校的部分進行了據實訂補。如本書卷七九《晋書·高祖紀五》天福五年五月丙戌，“安州節度使李金全叛，詔新授安州節度使馬全節以洛、汴、汝、鄭、鄆、宋、陳、蔡、曹、濮十州之兵討之，以前鄜州節度使安審暉爲副，以内客省使李守貞爲都監，仍遣供奉官劉彦瑶奉詔以諭金全。命麾下齊謙以詔送於淮夷，雲夢人齊峴斬謙，歸其詔於闕”。末句“命麾下齊謙以詔送於淮夷，雲夢人齊峴斬謙，歸其詔於闕”缺失主語。《册府元龜》卷一二三《帝王部·征討門三》記載：“仍遣供奉官劉彦瑶馳詔以諭金全。彦瑶既至，金全麾下齊謙以詔送於淮南，雲夢人齊峴斬謙，歸其詔於闕。”則齊謙爲李金全麾下，受金全之命送詔於淮南(南唐)。兹據《册府元龜》於“命麾下齊謙以詔送於淮夷”句前補“金全”二字爲主語。又如本書卷一二八《周書·楊凝式傳》“唐末帝按兵於覃懷，凝式在扈從之列”。“覃懷”，中華書局本作“懷覃”，然本書卷四八載“及乎駐革輅於覃懷之日”，卷八八載“明公昔刺覃懷，與徹主客道至”，今注本據此改卷一二八中“懷覃”爲“覃懷”。覃懷，地名，位於今河南沁陽市。又如卷一三九《禮志上》記載：“左僕射劉昫等再奏議曰：‘臣等今月十三日，再於尚書省集百官詳議……請依唐朝追尊獻祖宣皇帝、懿祖光皇帝、太祖景皇帝、代祖元皇帝故事，追尊四廟爲定。’從之。”“代祖元皇帝”，即唐高祖李淵之父李昺，然《舊唐書》卷一、《新唐書》卷一皆作“世祖”。《唐會要》卷一《帝系》記載：“世祖元皇帝諱昺，武德元年六月二十二日追尊元皇帝，廟號代祖，葬興寧陵。”世祖、代祖混用，引人懷疑。檢覈文獻，可以確定唐高祖武德元年（618）追尊四廟時，李昺的廟號爲“世祖”，此後未見更改廟號的記載。其作“代祖”，或因避唐太宗李世民諱，改“世”爲“代”的結果。今注本在注文中特別作了說明。

第四，今注本《舊五代史》對文意不當之處提出了質疑與修改意見。如本書卷一二三《周書·安審信傳》，後周廣順“三年夏四月，太祖御乾元殿入閤，審信不赴班位，爲御史所彈，詔釋之”。此處乾元殿似爲“崇元殿”之誤。據本書卷一一一《周書·太祖紀二》，廣順元年（951）正月丁卯，“帝自皋門入大内，御崇元殿，即皇帝位”；本書卷一一三《周書·太祖紀四》，廣順“（三年）五月己卯朔，帝御崇元殿受朝，仗衛如儀”。可見後周都城正殿爲崇元殿，而非乾元殿。又如本書卷一三九《禮志上》“今後凡小祠”，中華書局本有校勘記：“‘小祠’，原作‘小事’，據殿本、本書卷四〇《唐明宗紀六》、《册府》（宋本）卷五九三、《五代會要》卷四改。”然卷四〇校勘記又云：“‘小祠’二字原闕，據本書卷一四三《禮志下》、《五代會要》卷四、《册府》（宋本）卷五九三補。”涉嫌互引同改，似不當。以上皆出注説明。

第五，今注本《舊五代史》工作重點爲名物典章制度的疏解注釋與史實的糾謬補闕。本書對五代時期人名、地名、職官、禮制、風俗等專有名詞作出注解，特别是對於過去未有注釋、難以理解、極易出錯的名詞進行了箋注考證。在此過程中，參考了《中國官制大辭典》《中國歷代職官辭典》《中國歷代官制大辭典》《中國歷史大辭典》《資治通鑑大辭典》《宋代官制辭典》《中國歷史地名大辭典》《中國古今地名大詞典》等大型工具書，[①] 並吸收了學界對《舊五代史》的校勘和研究成果，特别是近四十年的國内外五代史研究成果，在保證校注學術性的同時，爲讀者提供了閲讀與研究的學

① 俞鹿年編著：《中國官制大辭典》，黑龍江人民出版社 1992 年版。邱樹森主編：《中國歷代職官辭典》，江西教育出版社 1991 年版。吕宗力主編：《中國歷代官制大辭典》，北京出版社 1994 年版。鄭天挺、譚其驤主編：《中國歷史大辭典》，上海辭書出版社 2010 年版。施丁、沈志華主編：《資治通鑑大辭典》，吉林人民出版社 1994 年版。龔延明編著：《宋代官制辭典（增補本）》，中華書局 2017 年版。史爲樂主編：《中國歷史地名大辭典（增訂本）》，中國社會科學出版社 2017 年版。臧勵龢等編：《中國古今地名大辭典》，上海書店出版社 2015 年版。

術索引。

四

今注本《舊五代史》具體任務分工如下：

本書由陳智超、紀雪娟擔任主編，主持校注工作，朱義群、孫方圓、黄曉巍、張吉寅、周永傑、王榮彬、周東平、王舒、游自勇、孫靖國、孫景超、丁坤麗等共襄其事。

陳智超，研究員，曾任職於中國社會科學院古代史研究所，歷史文獻學專業博士生導師。研究方向爲宋至明代歷史、歷史文獻學等。主要著作有《解開〈宋會要〉之謎》（社會科學文獻出版社 1995 年版）、《美國哈佛大學哈佛燕京圖書館藏明代徽州方氏親友手札七百通考釋》（安徽大學出版社 2001 年版）、《宋史十二講》（清華大學出版社 2010 年版）等。陳智超曾負責審訂今注本《新五代史》（中國社會科學出版社 2020 年版）。在本書中任主編，負責全書的審訂工作。

紀雪娟，博士，任職於中國社會科學院古代史研究所。研究方向爲宋史、域外漢籍，已點校出版《鐔津文集》（西南師範大學出版社 2016 年版）、《北磵文集》（西南師範大學出版社 2016 年版），並發表相關學術論文十餘篇。紀雪娟曾主持今注本《新五代史》的校注工作。在本書中承擔的部分爲：《唐書·明宗本紀十》（卷四四）、《唐書·列傳》（卷五七至七四）、《周書·本紀》（卷一一〇至一一六、卷一一八至一二〇）、《周書·列傳》（卷一二一至一三一）、《外國列傳》（卷一三七至一三八）、《選舉志》(卷一四八)、《附録一》，共44卷。同時負責全書的統稿工作。

朱義群，博士，任職於福建師範大學社會歷史學院。研究方向爲宋史，已在《中國史研究》《文獻》《中華文史論叢》《國學研究》等學術刊物上發表論文數篇。朱義群曾參與今注本《新五代史》的校注。在本書中承擔的部分爲:《唐書・武皇本紀》(卷二五至二六)、《唐書・列傳》(卷四九至五六)、《漢書・本紀》(卷九九至一〇三)、《漢書・列傳》(卷一〇四至一〇九)、《職官志》(卷一四九)，共22卷。

孫方圓，博士，任職於中國社會科學院中國邊疆研究所。研究方向爲宋史、環境史、海疆史，已在《中國史研究》《史學月刊》《史學集刊》《軍事歷史》《理論學刊》等學術期刊上發表多篇論文。孫方圓曾參與今注本《新五代史》的校注。在本書中承擔的部分爲:《梁書・太祖本紀》(卷二、卷三)、《晋書・本紀》(卷八一至卷八五)、《晋書・列傳》(卷八六至卷九八)、《周書・世宗本紀四》(卷一一七)，共21卷。

黄曉巍，博士，任職於湖南大學嶽麓書院。研究方向爲宋史、唐宋禮制史，已在《中國史研究》《史學月刊》《中國經濟史研究》等期刊上發表論文數篇。黄曉巍曾參與今注本《新五代史》的校注。在本書中承擔的部分爲:《唐書・明宗本紀九》(卷四三)、《晋書・高祖本紀》(卷七五至八〇)、《禮志》(卷一三九至卷一四〇)、《樂志》(卷一四一至卷一四二)、《食貨志》(卷一四六)，共

12 卷。

張吉寅，博士，副教授，任職於山西大學歷史文化學院。研究方向爲宋史，已在《文獻》《北京社會科學》等期刊上發表論文數篇。在本書中承擔的部分爲：《梁書・太祖本紀一》（卷一）、《梁書・本紀》（卷五至卷一〇）、《梁書・列傳》（卷一一至卷二四）、《承襲列傳》（卷一三二至卷一三三）、《僭僞列傳》（卷一三四至卷一三六），共 26 卷。

周永傑，博士，任職於寧夏大學西夏學研究院。研究方向爲西夏史、宋史，已在《歷史教學》《元史及民族與邊疆研究集刊》等期刊上發表論文數篇。在本書中承擔的部分爲：《梁書・太祖本紀四》（卷四）、《唐書・本紀》（卷二七至卷四二、卷四五至卷四八），共 21 卷。

王榮彬，博士，研究員，任職於中國民主同盟中央委員會。研究方向爲中國古代數理天文學史。王榮彬曾參與今注本《新五代史》的校注。在本書中承擔的部分爲：《曆志》（卷一四三）、《天文志》（卷一四四），共 2 卷。

王舒，厦門大學法學院法律史學博士研究生。周東平，博士，教授，任職於厦門大學法學院。研究方向爲中國法律史、魏晋隋唐史。獨著《中國中古法史論衡》《中國茶文化史》《犯罪學新論》，合著《論佛教對中國傳統法律之影響》《二十世紀唐研究》《東アジアの死刑》（《東亞的死刑》）等，主編《〈晋書・刑法志〉譯注》及連續出版物《法律史譯評》。兩人在本書中共同承擔的部分爲：《刑法志》（卷一四七），共 1 卷。

游自勇，博士，教授，任職於首都師範大學歷史學院。研究方向爲隋唐史、敦煌吐魯番學研究，已出版《英藏敦煌社會歷史文獻釋録》（8—18 卷，合著）等。在本書中承擔的部分爲：《五行志》（卷一四五），共 1 卷。

孫靖國，博士，副研究員，任職於中國社會科學院古代史研究所。研究方向爲歷史地理學，已出版專著：《輿圖指要——中國科學院圖書館藏中國古地圖敘録》（中國地圖出版社 2012 年版）、《桑乾河流域歷史城市地理研究》（中國社會科學出版社 2015 年版）等，發表論文數十篇。孫景超，博士，任職於中國社會科學院古代史研究所。研究方向爲歷史地理學，已出版《宋代以來江南的水利、環境與社會》（齊魯書社 2020 年版），並發表學術論文數篇。二人在本書中共同承擔的部分爲：《地理志》（卷一五〇），共 1 卷。

丁坤麗，中國社科院大學（研究生院）博士研究生。研究方向爲中國古代史。在本書中負責文獻覈對、底本校勘等工作。

同時，感謝李森、熊光照、周沙沙、郭清霞，他們所做的校對勞動對本書稿的完善十分重要。感謝《今注本二十四史》編委會及參與此書稿編輯出版工作的諸位同仁們。

今注本《舊五代史》項目組

2021 年 10 月

《輯補舊五代史》前言

陳智超

一 緣 起

(一)《舊五代史》的編修及其厄運

作爲中國的基本史籍，二十四史儘管有這樣或那樣的問題，但因其系統性（兩千多年没有中斷的歷史）、全面性（涵蓋政治、經濟、文化、軍事、外交等方面）以及相對的權威性（材料一般源自國史、實録等）而有其不可替代的地位。

現在流傳的《二十四史》，其中的二十三部都是有原本流傳下來的（儘管有幾部在流傳過程中有闕失，摻入了後人增補的内容，但基本上仍是原本的框架），唯獨有一部是後人的輯本。這就是北宋初年薛居正領銜編修的《舊五代史》。

開寶六年（973）四月戊申，宋太祖“詔參知政事薛居正監修梁、後唐、晋、漢、周五代史”①。次年閏十月甲子，“監修國史薛居正等上新修《五代史》百五十卷”。太祖當天就加以閱讀，第二天他對宰相説：“昨觀新史，見梁太祖暴亂醜穢之迹，乃至如此，宜其旋被賊虐也。”②

薛居正《五代史》一百五十卷從開始編修到成書，時間不過一年半，在當時有他的便利條件。其修書時離五代最後一個王朝周朝的滅亡不過十三年，參與編修的人員都親身經歷過五代這一段歷史，還有五代各朝實録可供利用。

薛居正《五代史》修成以後七八十年，歐陽脩因不滿意《薛史》，私人重修五代史，書名《五代史記》。這部書歐陽脩在世的時候没有公佈，他死後不久，神宗熙寧五年（1072）八月，“詔其家上之”，十年五月，“詔藏祕閣”，又“付國子監刊行”。③ 後人稱薛著者爲《舊五代史》，歐著者爲《新五代史》，兩者並行於世。

北宋滅亡以後，《薛史》日衰。在北方，金章宗於泰和七年（1207）十一月癸酉，詔“新定學令内削去薛居正《五代史》，止用歐陽脩所撰”。④ 張元濟據《宋史·選舉志》所載朱熹上議設各科取士時，所列《五代史》已不包

① 《續資治通鑑長編》卷一四，中華書局 1979 年版。

② 《續資治通鑑長編》卷一五。

③ 王應麟：《玉海》卷四六《藝文·正史》，江蘇古籍出版社、上海書店 1987 年版；晁公武：《郡齋讀書志》卷二上，史部·正史類，《四部叢刊三編》本。

④ 《金史》卷一二《章宗紀》，中華書局 1976 年版。

括《舊史》，證明在南宋統治區域，也是《歐史》獨盛。①

到明初，《舊五代史》留存已經很少。幸運的是，《永樂大典》還將它收入。而大約同時的《歷代名臣奏議》就没有利用《舊五代史》。

乾隆三十七年（1772），爲準備編纂《四庫全書》，下令在全國徵書，所收者衆，但没有徵集到《舊五代史》。邵晋涵等館臣，遂以《永樂大典》爲基礎，將《舊五代史》輯出。②

20 世紀 20 年代末，上海涵芬樓影印《百衲本二十四史》，曾重金懸購《舊五代史》。當時有報導説，徽州人汪德淵原藏有金承安四年（1199）南京路轉運司刊本，與輯本相校，“不但篇第異同甚多，即文字亦十增三四，至《梁太祖紀》一篇，今《舊五代史》與《薛史》全然不同”云云。③ 但這部傳説中的金刊本《舊五代史》，始終没有露面，其下落至今仍是一個不解之謎。

（二）《新五代史》不能取代《舊五代史》

《舊五代史》誠然有不少問題，《新五代史》也確有許多優點，但從歷史學的角度看，《新史》不能取代《舊史》。這一點，已爲歷史所證明，最有説服力的證據就是《資治通鑑》。

---

① 張元濟：《校史隨筆》，上海古籍出版社 1998 年版。

② 邵晋涵輯《舊五代史》的緣起，可參閲劉一《邵晋涵研究》，花木蘭文化事業有限公司 2019 年版。

③ 見黄雲眉《邵二雲年譜》，收入《史學雜稿訂存》，齊魯書社 1980 年版。

司馬光修《通鑑》時，《新史》已經出世，他曾加以參考。但衹要留意《通鑑》的五代部分，閱讀他的《通鑑考異》，就可見在新舊兩部《五代史》中，他取材更多的是《舊史》而非《新史》。

四庫館臣在《進〈舊五代史〉表》中説："有《薛史》以綜事跡之備，有《歐史》以昭筆削之嚴，相輔而行，偏廢不可。"① 近人柴德賡説，《薛史》"長處是材料較多，敘事較詳。短處是文辭繁冗，議論平庸"②。這些都是公允的評價。

（三）《輯本舊史》的得失

既然《新史》不能取代《舊史》，乾隆時輯出《舊史》就有其必要；既然輯本《舊五代史》有相當大的問題，深入而不是表面、全面而不是零碎地對它進行清理，也就有其必要。

1. 徹底分解《輯本舊史》

輯本《舊五代史》就像是一部由不同工廠生産的零部件組裝而成的機器。

爲了徹底清理它，第一步，我採取了最笨拙、最費力，然而我認爲是唯一有效的辦法，就是把它徹底分解至最基本的構成單位——條。所謂條，就是在輯本《舊五代史》中引自同一部書的相連貫的文字，它在輯本中的標誌就是在條末注有出處，如第一卷開首的"《永樂大典》卷

---

① 《舊五代史·附録》，中華書局 1976 年版。

② 柴德賡：《論歐陽脩的〈新五代史〉》，《史學叢考》，中華書局 1982 年版。

八千六百八十七”“《册府元龜》卷一百八十二”。需要説明的是，各條的分量不一，有的長達整卷，甚至數卷，有的衹是一句話，相差很遠。分解以後，我把所有條文按它的出處歸類。

通過這樣的分解、歸類，可以得到對輯本《舊五代史》的初步認識。

輯本《舊五代史》取材於六部書，其中採自《永樂大典》者八百二十二條，《册府元龜》三百一十八條，司馬光《通鑑考異》六條，胡三省《通鑑注》十二條，《太平御覽》二條，洪邁《容齋隨筆》一條，未注出處者七條。其中所引《大典》的條數雖然衹占總條數的70%，但是，包括整卷的長條絶大多數出自《大典》，如果按分量（字數）計算，輯本内容的95%左右採自《大典》。《永樂大典》的引文構成了輯本《舊五代史》的主體。

作了以上的初步分析之後，我們就可以知道邵晋涵等人做了哪些編纂工作，並可以推斷出他們的工作程序：

（1）從《永樂大典》等六部書中輯出引自（或他們認爲是引自）《舊五代史》的條文。

（2）將這些引文編排成書。上引六部書各有自己的體例，《舊五代史》引文在《大典》等書中的位置與它們在原書中的位置完全不同，所以必須加以編排。因引文情況的不同，這種編排工作可分爲三個層次：第一，有些引文一條就是整卷，這種編排比較簡單，主要是確定該卷在全書中的位置（次序）；第二，有些引文一條就是全傳（或基本上是全傳），這種主要是將同卷各傳歸類，並確定各傳在該卷中的位置，以及該卷在全書中的位置；第三，有些引文比較零碎，首先要將它們連綴成篇（本紀、傳、志），然後再按以上程序連篇成卷，連卷成書。

（3）作注與考異。有些本紀、列傳，雖經連綴，仍然殘闕，需引他書作注，文章始完整。如卷七《梁太祖本紀》，太祖結局爲朱友珪所殺，但輯文無此内容，輯本以《通鑑》有關記載作注。此外，輯者發現《薛史》記載有誤時，也做了些考證工作，亦以注的形式表現。

通過上述三部分工作，邵晋涵等人編成輯本《舊五代史》，使這部失傳了幾百年的一百五十卷的史書，大部分内容得以保存，並成爲基本可讀之書。如果我們轉换一個角度加以考察，更能體會邵晋涵等人的歷史功績。我們可以設想，如果他們當年不做這項工作，結果將會如何？輯本《舊五代史》出世不到百年，發生了英法聯軍侵華之役，以後又爆發了八國聯軍之役，《永樂大典》絶大部分被毁，各地殘存者不過八百卷，不到全書的4%。後人不可能在《大典》殘本的基礎上重輯《舊五代史》。可以説，邵晋涵等人利用了他們編修《四庫全書》可以充分利用《永樂大典》的客觀條件，不失時機地做了一項對史學極爲有益的工作，功不可没。如果我們考慮到他當時不過三十三歲，按今天的標準來説還是年輕人，就更覺難能可貴了。

乾隆四十年（1775），邵晋涵等將編成的輯本《舊五代史》進呈乾隆，經乾隆批准，將這部輯本與自《史記》至《明史》的其他二十三部正史並列。

2. 覈對輯本《舊史》所注引書卷數

我所做的第二步工作，就是逐條覈對輯本所注《永樂大典》和《册府元龜》兩書的卷數，也就是覈對引此兩書的出處。在輯本的初次定稿中，輯自以上兩書的條文，每條下都注有卷數，後來定本及殿本將出處盡行删去。好在豐城熊氏本、吴興劉氏本以及百衲本保留了原出處。但輯本所注卷數多誤，陳垣先生曾有長文《舊五代史輯本引書卷數多誤例》指出其誤。①

可能有些讀者會提出疑問：引書卷數正確與否，並不影響對輯本《舊五代史》的閱讀，何必深究？如果衹是閱讀輯本，並準備把它當作原本來接受，確實如此。但如果要徹底清理輯本的問題，弄清楚輯本所引《大典》和《册府》的卷數，是必要的一步。

陳垣先生的文章主要是指出輯本在這方面存在問題並分析産生問題的原因，所以題目以“例”爲名。現在要徹底清理輯本的問題，就要將輯本全部引文逐條審查、覈對，對卷數錯注的條文，還要儘量確定正確的卷數。我們有陳垣先生工作的基礎，再加上現有的便利條件，特别是《大典》殘本先後兩次影印出版以及《大典目録》全本的影印，都有助於我們找出絶大部分正確的答案。這項審查的結果，是我編成了《輯本〈薛史〉所引〈永樂大典〉一覽表》和《輯本〈薛史〉所引〈册府元龜〉一覽表》。限於篇幅，本文不能將這兩份極有用處的表文列出，但可以

---

① 原載《文史》第三輯（1963），後收入《陳垣學術論文集》第二集，中華書局1982年版。

報告讀者，陳垣先生當年“知其誤而不知爲何誤者”，相當一部分現已知爲何誤。如卷五九《王瓚傳》，注引《大典》卷六六八〇，查《大典目録》，該卷係“江”字韻“鎮江府”事目，知其爲誤。陳垣先生説：“或應作卷六八六〇，‘王’字韻。但《大典》‘王’字韻姓氏有一〇二卷，自卷六八一六至六九一七，不知在何卷。”① 現在《大典》卷六八五〇已影印出版，《王瓚傳》就在該卷中。同時，通過深入的覈對，也有一些過去不知其誤者被發現。

本文要着重論述的是，經過對輯本所引書卷數的覈對、改正後，在哪些方面加深了對輯本的認識？主要是以下四方面：

第一，《永樂大典》分韻的大小直接關係到它收録文獻的完整程度。《大典》收録文字的基本單位是“事目”。事目内涵有大有小，對《舊五代史》來説，《大典》有的事目相當於它的某一帝的本紀、某一人的全傳或某一志的全文；有的事目則祇收録了紀、傳、志的片斷，有時甚至祇是其中的一句話。對於輯者來説，分韻越大，越便於輯録。客觀地説，《永樂大典》收録的《舊五代史》完整者居多，爲輯《舊五代史》提供了良好的基礎。

在現存的《大典》殘本中，上述各種分韻的類型都有實例。《大典》一個事目收録《舊史》一帝本紀的，如卷八九八〇“周”字韻“五代周太祖”事目，它收録了《舊史》完整的《周太祖本紀》，在輯本中共分爲四卷（卷一

① 陳智超主編：《陳垣全集》第七册，安徽大學出版社 2009 年版，第 606 頁。

一〇至卷一一三)。《大典》一個事目收録《舊史》一人全傳的，如卷六八五一，“王”字韻“姓氏”事目，收録了完整的“《王敏傳》”，在輯本卷一二八。《大典》一個事目衹收録《舊史》片斷的，如卷四八九，“終”字韻“無疾而終”事目，衹收録了《武漢球傳》的一段，《武傳》全傳見輯本卷一〇六。

第二，《永樂大典》收録《舊五代史》，有時會出現複文。一種是全傳的複文，即同一傳分别收入不同事目。如殘本《大典》卷六八五一，“王”字韻“姓氏”事目收録了《王周傳》，而輯本卷一〇六的《王周傳》則採自《大典》卷一八一三二，“將”字韻“五代將”事目。另一種是片斷的複文，如上舉“無疾而終”事目收録了“《武漢球傳》”的片斷，輯本卷一〇六所輯者是全傳，也是採自《大典》卷一八一三二“將”字韻“五代將”事目。

第三，輯本收録《册府元龜》都出現在如下情況，即:《大典》所收《舊史》的紀、傳衹是片斷，更準確地説，輯者所看到的《大典》某卷，收録《舊史》的紀、傳衹有片斷。這時，輯者即以《册府》有關此帝、此人的記載作補充。輯本收録《大典》的《舊史》紀、傳，完整者居多，所以輯本收録《册府》，衹分佈在少數卷中。

第四，我們分析輯本收録《册府》的情況時，不僅要知道採自《册府》的某卷，還應更進一步知道採自《册府》的何部何門。《册府》的一卷有時包括若干門，而《册府》不同的門有時也會收録《舊史》的同一段文字。

下面再從輯本的本紀、列傳、志這樣一個角度進行考察。

（1）關於本紀

輯本《舊五代史》的本紀部分問題較少。除《梁太祖本紀》外，各帝本紀基本保存完整。這是因爲有關帝紀的內容，在《大典》中分韻較大，一個事目就將一帝的本紀全文收録了。如《梁末帝紀》採自卷六六〇五，“梁”字韻“末帝”事目；《唐莊宗紀》採自卷七一五五至七一五八，“唐”字韻“後唐莊宗”事目。我們衹要對照一下《大典》卷一二二六九至一二九六八中現存的“宋”字韻“文帝”“太祖”“仁宗”“神宗”“寧宗”事目各卷，就可以知道凡是類似的事目，都會將各史本紀全文收入。以此類推，可知完整的《梁太祖本紀》應在《大典》卷六五九九至六六〇四“梁”字韻“五代後梁太祖”事目中。但這幾卷《大典》在邵晉涵輯《薛史》時已經遺失。現在輯本《薛史》的《梁太祖本紀》分爲七卷，輯自《大典》各散韻以及《册府》閏位部各卷，而以《册府》爲主。

（2）關於列傳

輯本列傳的情況也同本紀一樣，採自《大典》的引文分三種類型：第一種完整或比較完整地收録了《舊五代史》某人的傳記，這一種在輯本中占多數，但仍需要經過細緻的校勘以消除文字上的差錯。收録全傳的事目主要是卷一八一二六至一八一三三，“將”字韻“五代將”事目；一七九一〇至一七九一一，“相”字韻“五代相”事目。第二種是各字韻的姓氏事目，如卷一〇三八六至一〇三九一，“李”字韻“姓氏”事目；六八四九至六八五一，

"王"字韻"姓氏"事目等等。其中卷六八五〇、六八五一兩卷現存。第三種則衹是摘引了《舊史》某傳的片斷。《大典》事目分韻較小，衹摘引《薛史》片斷的，在《大典目録》中主要表現爲某字韻、事韻。在《大典》引文爲《舊史》片斷時，輯本再從《册府》中補輯有關此人材料。如輯本卷七一《馬郁傳》，在《大典》中僅輯到兩個片斷，輯本又從《册府》中補採兩條。

（3）關於志

《中興書目》僅載《舊五代史》有志十二卷，並未列出各志名稱及卷數。現在輯本有《天文志》《曆志》《五行志》《食貨志》《刑法志》《選舉志》《職官志》《郡縣志》各一卷，《禮志》《樂志》各二卷。

將輯本各志内容及所注引《大典》卷數與《大典目録》比較對照，《曆志》《樂志》《職官志》問題較少；《地理志》竟誤作《郡縣志》，而且絶大部分内容用《五代會要》充數，問題最多；其他各志的問題也很多，闕漏、誤輯的情況相當嚴重。

3. 覈對《輯本舊史》所引原書

我所做的第三步工作，仍然是最笨拙、最費力但也是最基本的工作。這就是把已經分解、歸類、排序的全部輯本《舊五代史》的條文，與所引原書覈對。各書情況不同，可分爲三類。

第一類：《永樂大典》。《大典》是輯本《舊史》的主要來源，但《大典》正文兩萬兩千九百三十七卷，現存者不到八百卷，不到《大典》總數的 4%。我覈對輯本與

《大典》，首先是從《大典》殘本中檢出全部《舊五代史》引文，計得七十二條，以此與輯本比較；同時還以《大典目録》與輯本對照。

第二類：《太平御覽》《通鑑考異》《通鑑注》《容齋隨筆》。這些書現在都保存完整。我的工作方法，不是按輯本現有的引文去查對這些書，而是首先將這些書中所有徵引《舊五代史》的文字全部録出，再與輯本對照。實踐證明，這樣做很有必要。例如，輯本引自《太平御覽》的不過二條，但《太平御覽》所收《舊五代史》引文就有七十六條之多。

第三類：《册府元龜》。輯本所引《册府》的條文數量及分量，僅次於《大典》。但使用過《册府》的人都知道，它收録文字不注出處。輯本《舊史》中注明引自《册府》的條文，在《册府》中同樣並未注明録自《舊五代史》。所以，我將《册府》中所有五代史料全部檢出，然後研究輯本採用哪些，不採用哪些，原因何在，根據何在。

4.《輯本舊史》的主要問題

在作了這樣的對照、比較、研究以後，對輯本《舊五代史》的問題就有了比較透徹的了解。

（1）輯本内容之問題

作爲一部書的輯本，從内容方面要求：第一，應把當時條件下能收集到的内容收集齊全，避免遺漏；第二，應該慎重甄别，不把非本書的内容摻雜進來。以這樣的標準衡量輯本《舊五代史》，問題不少。

①漏輯

A.《永樂大典》。《大典》在引文出處中有的明確注明是“五代薛史”或“五代歐史”，有的僅籠統注“《五代史》”。因爲《大典》也有誤注出處的情況，所以我對上述三種引文，首先都檢查是否爲《歐史》。經過檢驗，如果確非《歐史》，再進一步判斷是否爲《薛史》。檢查結果，《大典》殘本中注明引自“五代薛史”的四十七段，都確非《歐史》，可以肯定是《薛史》。《大典》注明引自“五代歐史”的都確爲《歐史》，並非《薛史》。《大典》僅注明引自“五代史”的，經查確非《歐史》而且可以確定爲《薛史》的，共二十五段。這樣，《大典》殘本中可以確定爲《薛史》的共有七十二段。在這七十二段中，輯本採用了六十段，失收者竟有十二段，失收比例高達20%!

《大典》殘本中還有兩段注明引自“五代史”而情況不明的。第一段爲卷一一六一六“老”字韻“養老”事目，注引“五代史”，正文爲“唐莊宗紀”“明宗紀”等。第二段爲卷一四四六三“禦”字韻“備禦”事目，注引“五代史”，正文甚長，記事自唐莊宗至周世宗。這兩段，確非《歐史》，也不見於輯本《薛史》的本紀，但與《册府元龜》相對應的《帝王部·養老門》（卷五五）和《外臣部·備禦門》（卷九九四）内容完全相同。輯本《薛史》各帝本紀，除《梁太祖本紀》外，基本是完整的。這兩段，應是《大典》採自《册府》而因屬於五代，所以誤標

“五代史”。①

B.《太平御覽》。輯本《薛史》衹在《郡縣志》（按：志名誤，見下文）中採用了《太平御覽·州郡部》的兩條，而《太平御覽》所收《舊五代史》實不止此。雖然其中有些條文也爲《永樂大典》收入，輯本採用了《大典》，但輯本失收的《御覽》也不少。如卷六四《州郡部》中還有耀州一條，輯本就没有引用。

C.《通鑑考異》與《通鑑注》。兩書提及《薛史》時大致可分兩種情況：一是直接引用《薛史》，一是考證時作爲證據或予以批駁。這兩方面輯本都没有充分利用。如《通鑑》卷二五五中和三年（883）十月條，《考異》引了薛史《孟方立傳》的一段，輯本卷六二《孟方立傳》失收。

D. 輯本所引六種書之外的文獻，也有引用《舊五代史》的，但輯本未曾加以利用，如有些文章中提及的《五代史闕文》《通歷》等。

②誤輯

例如輯本卷五《梁太祖本紀》開平三年（909）十一月己亥條，注“通鑑考異引薛史”。此條見《通鑑》卷二六七，《考異》明言《薛史》同《梁功臣列傳》，而《實録》有誤。輯本不採《考異》所引《薛史》，却將《考異》所引《實録》當作《薛史》引用，大誤。

輯本卷一五〇《郡縣志》的後半部，直接採用《五代會要》，輯者加的按語是：“今考《薛史》諸志多本《五代

① 張凡《〈舊五代史〉輯補》據此以補《薛史·本紀》，恐誤。

會要》，謹採《五代會要》附載於後。”斷言《薛史》諸志多本《五代會要》，闕乏堅實的證據。即使採用《五代會要》，按輯本體例，也衹能用小字作爲注文，不能作大字正文。

③甄別

輯本採自《册府元龜》的文字，全部需經嚴格的甄别。前面已經提到，《册府》與《大典》不同，它的所有條文都没有注明出處。那麽，輯本《舊五代史》如何確定它所引用的《册府》條文就是《舊五代史》呢？對這樣一個影響輯本質量的必須回答的重要問題，輯者並没有作明確的交代。他衹是在卷一引《大典》卷一六〇一九“旱”（按：應爲卷八六八七“騰”）條後，加一按語：“以上亦見《册府元龜》卷一百八十二。以此推之，知《册府元龜》引五代事蹟多本《薛史》。”輯者以偏概全，僅根據這樣一個《大典》和《册府》條文相同的例子，就推而廣之至全體。這樣的論證不合邏輯。我們也可以舉出《册府》所收有關五代條文確實不是《舊五代史》的例證。《册府》所收有關五代條文，包括輯本《薛史》已收和未收的，既有確是引自《舊五代史》的，也有並非引自《舊五代史》的。必須經過嚴格的甄别，將非者删去，是者補入。

（2）輯本編排之問題

輯書者如果掌握了原書的目録，編排時可收事半功倍之效。徐松當年從《永樂大典》中分别輯出《中興禮書》和《宋會要》，兩者編排的效果大不相同，《中興禮書》遠勝《宋會要》。其重要原因之一，就是《大典》收録了

《中興禮書》的目録而没有收録《宋會要》的目録。

《永樂大典》卷一〇一三九極有可能收録了《舊五代史》的詳目，可惜輯本没有利用。這一卷《大典》現已不存，何以知道它的内容？據《大典目録》，此卷爲“史”字韻“歷代諸史·五代史”事目。它的前三卷，即卷一〇一三六“歷代諸史·唐書”事目現存。這一卷就是《新唐書》的詳目，將它與《新唐書》對照，各卷内容、各傳順序、各志名稱，盡在目前。如果輯本能利用《大典》卷一〇一三九，目前存在的許多問題都可以避免。至於輯本爲何没有利用，一種原因可能是没有發現這個秘密，另一種可能是當時此卷《大典》已佚。目前看來，後一種可能性更大。

這樣，邵晉涵所能掌握的《舊五代史》的總體情況，同我們一樣，主要依據就是《玉海》所引《中興書目》的記載：“其事凡記十四帝五十三年，爲紀六十一，志十二，傳七十七。”①

從編排的角度分析，紀、傳、志三者中，本紀的問題最簡單，因爲十四帝是誰非常明確，不會混淆；而且除《梁太祖本紀》外，其他各帝本紀的内容也是基本完整的。主要是將本紀輯文釐定爲六十一卷。四庫館臣在《編定舊五代史凡例》中説，原書本紀的分卷“爲《永樂大典》所割裂，已不可考。詳覈原文，有一年再紀元者，如上有同光元年春正月，下復書同光元年秋七月，知當於七月以後别爲一卷。……今釐定編次爲本紀六十一卷，與《玉海》

① 《玉海》卷四六《藝文·正史》。

所載卷數符合”。這種分卷標準是科學的，方法是可行的。

列傳的編排有三個層次的問題：第一，有些列傳是由數處引文拼湊而成的，各段引文的次序如何排列？如何銜接？第二，每卷列傳由哪幾篇傳記構成？次序如何排列？如果是類傳，類傳的名稱是什麽？第三，各卷的先後次序如何排列？

第一個層次屬於微觀方面的問題，限於篇幅，不詳論。

第二個層次的問題不少。首先是類傳的名稱。輯本共有五種類傳，《后妃列傳》《宗室列傳》和《外國列傳》這三種類傳，各史多有，可不論。其他兩種爲《世襲傳》和《僭僞傳》。據前引《凡例》：“如李茂貞等稱《世襲傳》，見於《永樂大典》原文；其楊行密等稱《僭僞傳》，則見於《通鑑考異》。”後者經復查屬實，而前者所引《大典》，現在已不可見，《通歷》卷一五及《通鑑》卷二九二顯德三年（956）二月條《考異》則作《承襲傳》。今從《通歷》及《通鑑考異》作《承襲傳》。又《通歷》之《僭僞傳》卷一三五劉守光等與卷一三六王建等互乙。

至於其他各卷列傳的構成和次序，《凡例》所作的説明是：“諸臣列傳，其有史臣原論者，俱依論中次第排比；若原論已佚，則考其人之事蹟，以類分編。”所謂“史臣原論”，或稱論贊，在《舊五代史》中是以“史臣曰”的形式載於每卷列傳之末。輯本《薛史》共收録論贊六十四段，本紀的十三段，歸屬無問題；五十一段列傳論贊，有四段連同傳文保留在《大典》殘本中。對比《大典》同卷中《歐史》的議論（以“嗚呼”發端），就可以推知，這些與史臣論贊相連的列傳多在卷末，但在論贊的次第中却並不一定排在最後。由此可以知道，各卷論贊的次第並不一定對應於卷中傳文的次第，而附有論贊的列傳，多在該卷之末。以此檢查輯本，有些卷的編排肯定有誤。

第三個層次的問題，由於没有掌握《薛史》詳目，列傳的論贊也闕少三分之一，要求輯本全面正確地解決這個問題，是不切實際的。

志的問題最大。《薛史》原本究竟有哪幾個志？各志的順序如何？輯本各志的名稱及順序根據是什麼？關於這些問題，輯本《凡例》衹是説："《薛史》諸志多本《五代會要》"；"《薛史》諸志，《永樂大典》内偶有殘闕。今俱采《太平御覽》所引《薛史》增補"。前一句話根據不足，後一句話與輯本實際相差很遠。輯本《薛史》各志，不是"偶有殘闕"，而是殘闕甚多；而且輯本僅在所謂"郡縣志"中引了《太平御覽》，總共不過兩條數十字；即使採用了《太平御覽》所引全部《薛史》，也不可能將各志補全。據《册府元龜》《通鑑考異》《通鑑注》《職官分紀》《群書考索》《玉海》《永樂大典》等書，《薛史》各志中名稱可以確定的有《曆志》《五行志》《禮志》《職官志》《地理志》。輯本没有提出任何根據就把《地理志》擅改爲《郡縣志》。除上述五志外，輯本其他各志的名稱也有待證明。與本紀、列傳相比，志的輯録、編排，難度更大，也是今後整理的重點。

(3) 輯本對文字之竄改

輯本對《舊五代史》文字之竄改，大致可分三種情況：一是如輯本《凡例》所説的，改譯紀、傳中所載遼代人名、地名，如阿保機改爲安巴堅之類。二是避清諱，如玄改元之類。三是館臣因忌諱而改竄，如忌虜、忌戎、忌胡等，並將虜改爲敵、契丹等，因改文字，有時甚至將文意改動。

陳垣先生《舊五代史輯本發覆》已對此詳加論證。他還撰寫了《以册府校薛史計劃》，設想通過這樣的校勘，儘量消除輯本對《薛史》文字之竄改，還《薛史》以本來面目。① 我們今天有更優越的條件，可以實現他的未竟之志，並且可以超過他原來的預想。

（四）《輯補舊五代史》工作的啓動

1994 年文化部正式將《今注本二十四史》批准立項。總編纂張政烺先生審訂了最初的《編纂總則》，逐一遴選了各史主編，大量具體工作都是由執行總編纂賴長揚、孫曉兩位操作的。當時賴、孫兩先生同我商定，我除了承擔新、舊《五代史》的今注之外，因爲通行的《舊五代史》是《二十四史》中唯一的全輯本，先由我作出《輯補舊五代史》，由巴蜀書社出版，然後在此基礎上再作今注。這部《輯補舊五代史》是以通行的輯本《舊五代史》爲基礎，運用科學的方法，作出一個比通行本更接近原本《舊五代史》進而將取代它的新輯本。

從 1994 年到現在，已經過去了二十多年。在此期間，我始終堅持《輯補舊五代史》的工作，陸續發表了多篇有關論文，它們是：1.《〈舊五代史〉輯本的得失》（1997）；

① 原載陳垣《勵耘書屋叢刻》，後收入《陳垣學術論文集》第二集。

2.《論重新整理〈舊五代史〉輯本的必要與可能》（1999年刪節本，2000年全文）；3.《〈輯補舊五代史·梁太祖本紀〉導言》（2010）；4.《〈輯補舊五代史·梁太祖本紀〉導言（續）》（2013年，與張龍合作）；5.《〈輯補舊五代史〉列傳導言（上）》（2012）；6.〈《輯補舊五代史〉列傳導言（中）》（2013）；7.《〈輯補舊五代史〉列傳導言（下）》（2014）；8.《〈舊五代史〉諸志標準本的論證》（2012年，與鄭慶寰合作）；9.《關於歷史文獻學的幾點思考》（2016）。2012年起，我開始組織團隊進行輯補、校證《舊五代史》的工作，團隊成員大多是熱衷於唐宋歷史研究、具有文獻學功底的青年才俊，先後參加者有二十餘人，至今還有多人堅持這項工作。

2016年，原國家新聞出版廣電總局又以第（2016）33號文發出關於實施《"十三五"國家重點圖書、音像、電子出版物出版規劃》的通知，將《輯補舊五代史》列入"古籍出版規劃"。2017年，全國古籍整理出版領導小組辦公室又將《輯補舊五代史》列入"2017年度國家古籍整理出版事項經費資助項目"。這項榮譽的取得，更增强了我們的責任感。

（五）陳垣先生點校《舊五代史》

輯本《舊五代史》問世以來的兩百多年間，絶大多數閱讀、使用者都把它作爲原本加以接受。但自20世紀以來，一些研究者發現這部輯本存在不少問題。1933年温廷敬在廣州《中山大學文史學研究所月刊》第一卷第二期發表《〈舊五代史校補〉序》，批評這部輯本"疏忽苟且，鹵莽滅裂，其紕繆脱漏，乃不可僂指數也”。可惜他的《舊五代史校補》始終未見出版，也不知道他的批評根據何在。

1937年陳垣先生《舊五代史輯本發覆》刊行，《舊五代史》輯本的問題更引起學術界的重視。

《發覆》首先分析了輯本《舊史》三種印本（殿本、熊本、劉本即百衲本）的不同特點及産生這些特點的原因，重點則是用《册府元龜》校以上三本，不但校出它們的傳寫脱誤及廟諱改字，特别是發現輯者因忌清諱，對胡、虜、夷狄等字，或改易或删除，甚至竄改文義，應有根有據地恢復所引《舊五代史》條文的原貌。

1963年，陳垣先生又在《文史》第三輯上發表《舊五代史輯本引書卷數多誤例》。這篇長文，始作於1937年，以後又經過六次重訂。他着重分析了輯本《舊史》誤注所引《大典》卷數的情況，有可知或不可知爲何誤者。該文對後人最重要的啓示是，凡採用《大典》所録文獻必須檢查它所注《大典》卷數是否正確，誤注者應儘可能恢復其正確卷數。

1961年2月，陳垣先生正式承擔了點校舊、新兩部《五代史》的工作，並分别由劉迺龢（《舊史》）及從蘇州借調而來的柴德賡（《新史》）來協助。這是他晚年認爲最適合自己做的工作，繼續編輯了各種索引和目録，並在1963年11月把四易其稿的《標點舊五代史問題》交中華書局編輯部。該文提到“有人主張補輯……標點與補輯不同，凡可以不動者即應不動，庶可保存四庫館輯本《薛史》之舊。至於補輯，乃另一回事”。[①] 這項工作一直進行到 1966 年春。當年 3 月 17 日中華書局趙守儼先生還到他家瞭解兩史點校的進度，説中宣部正在催促，中華書局擬把它作爲 1969 年國慶獻禮項目，各史標點工作需在 1967 年底交稿。但隨着“文化大革命”爆發，形勢大變。1967 年 5 月 15 日、16 日，12 月 11 日，中華書局“造反派”三次來人取走了所有材料，帶到上海，另找上海高等學校的教師點校。不能由他自己完成這項工作，是陳垣先生晚年最大的遺憾。但我們也可以知道，他的目標是“保存四庫館臣輯本《薛史》之舊”，在此基礎上標點校勘。“至於補輯，乃另一回事”。

（六）中華書局點校本的出版

1976 年 5 月，當時“文化大革命”尚未結束，中華書局出版了由上海復旦大學中文、歷史兩系教師完成的輯本《舊五代史》點校本。這是該書的第一個完整的點校本，三十多年來重印了多次。這部點校本整合了輯本三個系統的資源，並做了相當數量的校記，有它的歷史地位。它的不足之處及失誤，也爲後來者提供了教訓。這裏需要説明的是，該書 1987 年第三次印刷時，中華書局編輯部在原出版説明中特别加了一句話：“本書先在陳垣同志的指導下，由劉迺龢同志點校，‘文化大革命’前已經完成大部分工作。”他們的好意是不抹殺陳、劉兩先生的貢獻。但是陳、劉的點校成果運到上海後，點校者並没有看到。雖經多次

① 陳智超主編：《陳垣全集》第七册，安徽大學出版社 2009 年版，第 615—617 頁。

清查，這批材料至今下落不明。

（七）《五代史輯本證補》和《五代史料探源》

中國臺灣輔仁大學郭武雄教授於 1976 年 8 月出版了《五代史輯本證補》一書，1996 年 5 月又將 1987 年 6 月初版的《五代史料探源》修改補充後再次發行。

《五代史輯本證補》在本校和他校上有所發明。如輯本《舊五代史》卷一二《梁賀王友雍傳》引《容齋四筆》卷一六所引薛居正《五代史》作“皇第五男”，而輯本《舊五代史》作“太祖第六子”。又如卷一三《張萬進傳》，輯本作“貞明四年冬，據城叛命”，而《通鑑考異》所引《薛史·萬進傳》作“四年七月叛”，指出《考異》所見《薛史》異於輯本。其成果多爲陳尚君《舊五代史新輯會證》所吸收。卷一六《葛從周傳》，輯本作“與朱珍擊蔡賊於陳、亳間，獲都將石璠。文德元年，魏博軍亂”。郭氏加案語：“同書太祖紀，朱珍擊蔡賊在文德元年三月，魏博軍亂在同年四月。如據從周傳所載，則朱珍擊蔡賊在文德元年以前矣。”但郭氏未注意到輯本《梁太祖本紀》僅有少數條文引自《大典》散韻，大多引自《册府元龜》。此處所引《太祖紀》正引自《册府元龜》而非《大典》。

《五代史料探源》一書重點研究原書現已不存的五代實録。第一，據《玉海》卷四八《建隆五代通録》所載《五代實録》共三百六十卷，而據《册府元龜》等書記載，五代史籍之名爲實録，及雖無實録之名但有實録之實者，僅得二百八十五卷，尚差七十五卷。再加《大梁編遺録》及《梁功臣列傳》《唐莊宗功臣列傳》，正合三百六十卷之數。可爲一家之言。第二，探討宋代《太平御覽》《册府元龜》兩大類書，薛、歐兩《五代史》，以及《五代會要》、《北夢瑣言》與《五代實録》的關係，並指出利用以上各書時應深入瞭解其特點。此可供參考。

（八）《舊五代史新輯會證》

2005 年 12 月，陳尚君教授的《舊五代史新輯會證》由復旦大學出版社出版，它與中華書局 1976 年點校本有什麽區别？特點何在？陳尚君並没有説明。我抽查了幾卷，可知此書的特點。

第一，增輯了若干中華點校本没有的傳記，如卷十二的《朗王存傳》。第二，調整了中華點校本列傳部分同卷各傳的次序，如卷六七的《趙鳳傳》、卷六八的《崔沂傳》均移前。第三，調整了某些列傳的歸屬，如將《馬郁傳》自卷七一移至卷六〇。第四，修正、補充、增加了中華點校本的校記，如卷八《梁末帝紀》上，首段末加了校記（六），引《鑑誡録》卷三《落韻貶》條，言貶户部侍郎李如實一事。同卷次段開首“乾化二年六月三日庶人友珪弑逆”後加校記（一）：“三日，殿本作二日，按《新五代史》卷二《梁本紀》載梁太祖崩於六月戊寅，是月丁丑朔，戊寅爲初二。”同卷次段：“（楊）師厚曰：‘吾於郢王君臣之分已定。’”加校記（三）：“《資治通鑑》卷二六八作‘方郢王弑逆，吾不能即討，今君臣之分已定。’”卷一四《王珂傳》首段，中華點校本原作“父重榮河東節度使”，陳尚君書改“河東”爲“河中”，出校記（一）：“‘河中’，影庫本作‘河東’，據《册府》卷八六三、卷九四三改。”第一、第二、第三點，應該就是陳尚君書名中的“新輯”；第四點各條，就是書名中的“會證”。此書綜合利用了相關史料，對原文做了不少考證。

這裏還要説明一點，陳尚君在前言中説，爲表達對陳垣先生的敬意，“並紀念他對《舊五代史》研究的成就，本書特選録《勵耘書屋叢刻》中其手書《舊五代史輯本發覆》中書名四字，以作題簽”。其實收入《勵耘書屋叢刻》之各書題簽者均非陳垣先生本人手書。

（九）中華書局新修訂本《舊五代史》的出版

2015 年 8 月，中華書局新修訂本《舊五代史》出版，修訂主持人爲陳尚君。除去兩書因性質不同而產生的差異不論，此本和他的《舊五代史新輯會證》又有什麽區别？

第一，前述《新輯會證》增輯各傳以及各傳次序、歸屬的調整均未採用。第二，在校記方面，又分爲四種情況。一爲未採用，如卷八《梁末帝紀上》，首段之末，《新輯會證》加一校記（六），引《鑑誡録》卷三落韻貶條，記貶户部侍郎李如實事。我認爲新修訂本的處理是妥當的，因爲類似的事件不少，採不勝採。二爲雖未採用，但似應採用，如卷八次段：“（楊）師厚曰：‘吾與郢王君臣之分已定。’”加校記（三）：“《資治通鑑》卷二六八作‘方郢王弑逆，吾不能即討，今君臣之分已定。’”對讀者理解楊師厚之意甚有幫助，我意應採用。三爲採用，如卷八次段開首：“乾化二年六月三日庶人友珪弑逆。”加校記（一）：“‘三日’，殿本作‘二日’，按《新五代史》卷二《梁本紀》載梁太祖崩於六月戊寅，是月丁丑朔，戊寅爲初二。”但不改正文。四爲在原校記之上又加新證，如卷一四《王珂傳》首段：“父重榮，河中節度使。”《新輯會證》加校記（一）：“‘河中’，影庫本作‘河東’，據《册府》卷八六三、卷九四三改。”改了正文，新修訂本在校記（一）“卷九四三”後又加“《新五代史》卷四二《王珂傳》”，增一書證。

二　思　路

《輯補舊五代史》的總目標是，以清輯本爲基礎，充分吸收前人研究成果，運用科學的方法重新加以輯、補、校、證，以期做成一個更接近《舊五代史》原本、更能體現正史地位的新輯本。

所謂“輯”，即按照輯佚學的規範，對清輯本進行徹底清理，以其中確屬《舊五代史》原本的内容爲基礎，並從群書中補輯、增輯原書的佚文，重新加以編排，使之更接近《舊五代史》的原本。

所謂“補”，指經重輯後猶有殘缺的各篇紀、傳、志，補之以接近《舊五代史》原本或與其史源相同的文字，使各篇大致首尾完具。我們之所以這樣處理，充分借鑒了古人的做法。早在宋初，一百三十卷的《魏書》已殘闕二十九卷，五十卷的《北齊書》僅十七卷爲原本，宋人據《北史》等書補其殘闕，於目録中相關各卷下注曰“補”，成爲今日通行的本子。

所謂“校”，指對輯、補的文字加以校勘，消除其脱訛衍倒，特别是糾正清人諱改的文字。經過前人的整理，清輯本幾個主要版本的異同得失已經梳理得比較清晰，故本書以本校和他校爲主，兼顧對校和理校。

所謂“證”，指對輯、補的文字加以考證，就其中所涉史實，誤者正之，略者詳之，闕者補之，希望通過全面、深入的考證，使本書在一定程度上成爲五代史研究的基礎文獻。

科學研究，包括古籍整理、研究，思路是否正確，關係到工作的成敗；思路是否有開創性，決定着成果的大小。研究開展以後還要不斷在實踐過程中總結經驗教訓，提出新概念，以指導後續的工作。

（一）“標準本”的提出以及讀懂並充分利用《永樂大典目録》

我補輯《舊五代史》提出的第一個新概念就是“標準本”，這也是第一個節點。自此開始，我的工作就與以往一切整理《舊五代史》的工作分道揚鑣。所謂“標準本”，就是完全符合《舊五代史》原本的一篇完整的本紀、列傳和志。我在現存的《永樂大典》中發現了本紀和列傳的標準本，也通過嚴密的論證，發現了志的標準本。現分述如下：

1. 本紀部分的標準本及其特徵

輯本《舊五代史》的《周太祖本紀》就是本紀部分的標準本。

輯本《舊五代史》的《周太祖本紀》共有四卷，從卷一一〇至一一三，每卷末注的出處均爲《永樂大典》卷八九八〇。幸運的是，此卷及下一卷八九八一現存。

《永樂大典》卷八九八〇共收三種文獻：一爲《事林廣記》所載《五代周傳統圖》，衹有一頁。二爲《新五代史》的《周太祖本紀》，分量也不大。第三部分就是《舊五代史》的《周太祖本紀》，也就是輯本《舊五代史·周太祖本紀》的史源。衹是它在《永樂大典》衹占一卷的大部分篇幅，而在輯本《舊五代史》中却析爲四卷。《永樂大典》的下一卷即卷八九八一，全卷衹有一種内容，就是《資治通鑑》的《後周紀》之一，爲廣順元年（951）全年記事。

《新五代史》和《資治通鑑》現存。將《永樂大典》卷八九八〇、八九八一所載與《新五代史》及《通鑑》相關部分對比，知道《永樂大典》全録《新五代史》及《通鑑》，没有删節，儘管兩者内容有重疊之處。

由此可以證明，輯本《舊五代史》的《周太祖本紀》的史源《永樂大典》卷八九八〇，全録《舊五代史·周太祖本紀》，没有删節。因此輯本《舊五代史》的《周太祖本紀》可以作爲《舊五代史》本紀部分的標準本。

我們還可以提出有力的旁證。現存的《永樂大典》卷一二二六九至卷一二二七六，卷一二三〇六至卷一二三〇八，卷一二三九九至卷一二四〇〇，卷一二四二八至卷一二四二九，卷一二五〇六至卷一二五〇七，卷一二九六〇至卷一二九七一，所收録的有關劉宋文帝、宋太祖、宋仁宗、宋神宗、宋寧宗記事，與所引的《資治通鑑》《資治通鑑綱目》《續資治通鑑長編》《兩朝綱目備要》《宋史全文》《宋中興大事記講義》《宋宰輔編年録》相關部分對比，也都没有删節。以上事實，支持了我的上述論斷。

所謂“標準本”，就是一把尺子。我們要用這把尺子去丈量輯本《舊五代史》的其他本紀，看哪些是符合《舊五代史》原本的，哪些是不符合的。而要正確運用這把尺子，就要準確概括出它的特徵，這需要借助《永樂大典目録》，前提是讀懂並充分利用它。

《永樂大典》本文現在殘留的雖然不到原書的4%，但六十卷的《永樂大典目録》有《連筠簃叢書》刻本流傳。刻本《永樂大典目録》有少數闕頁，中華書局影印本《永樂大典》已據國家圖書館所藏内府抄本補全了。[①]

《永樂大典》編纂的原則是“用韻以統字，用字以繫事”。這裏所説的“事”就是“事目”，類似我們今天所説的“詞”，它是《永樂大典》收録文獻的基本單位。《永樂大典》編者將各種文獻按其内容劃分爲若干事目，如山、水、郊祀、食貨、宋太祖等。再將不同文獻關於同一事目的記載，按各書成書先後或所記事實發生先後收録。然後又按各個事目的關鍵字，如“郊祀”的“郊”，“食貨”的“貨”，“宋太祖”的“宋”，將該事目歸入該字中。這就是“用字以繫事”。所謂“用韻以統字”，就是各“字”的編排次序，按《洪武正韻》這部官定韻書的順序。换言之，《永樂大典》編者根據《洪武正韻》的順序排列各字，每一字又列出以它爲關鍵字的各個事目，每一事目又按時間先後收入各文獻的有關記載。

《永樂大典目録》看似簡單，它衹是記載《永樂大典》

① 《永樂大典》(影印本)，中華書局1986年版。

每卷所收的字韻，字韻下加上各種小字注文，如姓氏、詩文、事韻等，也有少數字韻下没有注文。

要讀懂《永樂大典目録》，懂得各種小注的含義，必須對照殘存的《永樂大典》各卷正文。舉例如下：

何謂“姓氏”?《永樂大典目録》下注“姓氏”，表示《永樂大典》此卷收録了以該字爲姓的人物傳記。如卷四八九“終”字《目録》下有小注“姓氏”，該卷就收録了漢朝人終軍的傳記。

何謂“詩文”? 指收録了有關該字的詩、文。同上卷，《目録》下有小注“文”，該卷就收録了宋朝葉適《水心集》中的《終論》。

爲何小注是地名? 有的小注直接標出地名，如同上卷，《目録》下還有小注“無終縣”，正文收録了《漢書》及《隋書》地理志中有關無終縣的記載。由此可知《永樂大典》有些字韻收録了以末字爲該字韻的地方的地志材料。

何謂“切要事目”?《永樂大典》凡例中提到有“切要事目”，這些“切要事目”在《永樂大典目録》中是怎樣體現的呢? 在《永樂大典目録》的小注中，有些既非姓氏也非詩文，也非地名的小注，會直接標出事目的名稱，這些就是以此字爲關鍵字而又比較重要、分量較多的事目，如前面提到的郊祀、食貨等。它們就是“切要事目”。不僅如此，有些特别重要或分量特多的事目，在“事目”下還分“子目”，而這些“子目”在目録的小注中有時也會標出。如“郊祀”這個事目在《永樂大典》中共占七十八卷的篇幅，“郊祀”事目下的“御札”“神位”等子目的名稱也著録在《永樂大典目録》下的小注中。

何謂事韻？《永樂大典目録》在某些卷下注“事韻”兩字，一般情況下，表明該卷包含了若干個以該字爲關鍵字的事目，這些事目所收的内容不多，因而事目的數量較大，不能一一在目録下標明。仍以卷四八九“終”字韻爲例，《目録》下有小注“事韻”，正文中收録了十幾個帶“終”字的事目，包括“有始無終”“慎終”“臨終”等。

爲何没有注文？表明此字爲一生僻字，《永樂大典》没有收録以此字爲關鍵字的事目。

這樣，我們就可以概括出本紀標準本的特徵。它表現在兩個方面：第一，它在《永樂大典》中歸入什麽字韻？什麽事目？查《永樂大典目録》，卷八九八〇至卷八九八三共四卷都歸入“周”字韻“五代周太祖”事目。收録《新五代史》及《舊五代史·周太祖本紀》的卷八九八〇是該事目的第一卷，收録《資治通鑑·後周紀》之一的卷八九八一是該事目的第二卷，再後兩卷主要内容應當是《資治通鑑》後周紀的其餘部分。由此可知，符合原本《舊五代史》的各帝本紀，在《永樂大典》中，字韻爲其朝代名，事目爲其廟號。第二，它應該包括哪些要件？各帝情況不同，各帝本紀的具體内容自然有異，但有些要件是各帝本紀都必須具備的。一般來説，在即位前，包括廟號、謚號、姓氏、家世、誕辰，開國皇帝的創業，繼承者的繼統，還有所謂徵應、感應等；在即位後，包括立制度、興教化、發號令、命相、委任、慶賜、赦宥等。記事應自始至終完整，最後必載有史臣論贊。

根據上述標準本的特徵，去比較輯本《舊五代史》的其他十三帝本紀，分三種情況：

第一種情況，所引《永樂大典》的字韻、事目，完全符合標準本的特徵，即字韻爲其朝代名，事目爲其廟號；同時，本紀要件齊全，記事自始至終。可以確定，這些帝紀都符合原本《舊五代史》。他們是梁末帝、唐莊宗、唐明宗、唐閔帝、唐末帝、晋高祖、晋少帝、漢高祖、漢隱帝、周世宗、周恭帝共十一帝的本紀，占了輯本《舊五代史》本紀的大部分。需要説明的是，輯本《舊史》的《唐閔帝本紀》，取其謚號，所引《大典》卷七一七四，《大典目録》作"愍帝"；輯本《舊史》的《唐末帝本紀》，所引《大典》亦爲卷七一七四，《大典目録》作"廢帝潞王"。

第二種情況爲《唐武皇本紀》。如果按照標準本的特徵，應引自《永樂大典》"唐"字韻"後唐武皇"事目，但它的上下兩卷却分别引自《永樂大典》"將"字韻"唐將"事目的最末一卷和"唐"字韻"後唐莊宗"事目的開首，與標準本的特徵不符。但作爲本紀，它的要件齊全，記事自始至終。怎樣解釋這個矛盾呢？《永樂大典》卷八九八〇"五代周太祖"事目，後出的《新五代史》反而置於《舊五代史》之前，可見，《大典》爲五代各帝所設置的事目，是以《新五代史》爲準的。後唐武皇李克用，雖然死後被兒子莊宗追謚爲武皇帝，生前並未稱帝，仍奉已被後梁滅掉的唐朝的正朔。《新五代史》以梁爲正統，不爲後唐武皇立本紀，所以《永樂大典》中也不設“後唐武皇”這樣一個事目，而把《舊五代史》的《唐武皇本紀》分收在唐末和後唐初的兩個事目中。如果没有什麽有力的反證，可以認爲輯本《舊五代史》的《唐武皇本紀》也符合原本。

第三種情況就是《梁太祖本紀》。如果按照標準本的特徵，完整的《梁太祖本紀》應引自《永樂大典》卷六五九九至卷六六〇四“梁”字韻“五代後梁太祖”事目中，而且應該是該事目的開首一兩卷。但邵晋涵等人並未引用這兩卷《永樂大典》中現成的完整的《梁太祖本紀》，却費力地從《永樂大典》的各個散韻中收録《梁太祖本紀》的片斷，再加上《册府元龜》中他們認爲與《永樂大典》相同的條目，拼湊成現在這樣七卷殘闕不全、大部未經甄別的輯本《梁太祖本紀》。爲什麽會出現這種情況？衹能有一種解釋，就是當時這幾卷《永樂大典》已經遺失了。1932 年，袁同禮以《永樂大典存目》爲題在《國立北平圖書館館刊》第六卷第一號上公佈了館藏乾隆時寫本《大典》目録一册，上注當時存佚各卷，在“十八陽”中，正注明“原闕六千五百八十五至六千六百二共十八卷”。①

正是基於上述分析，我把輯補《舊五代史·梁太祖本紀》作爲本紀部分的工作重點，同時也認識到這是一項難度頗大的工作。

① 此文已收入《永樂大典研究資料輯刊》，北京圖書館出版社 2005 年版，第 390 頁。

2. 列傳部分的標準本及其特徵

王延、王檀、崔協、崔沂等二十八傳就是列傳部分的標準本，分别録自現存的《永樂大典》卷二七四〇、卷六八五〇、卷六八五一。

我們先來分析《大典》卷六八五〇、卷六八五一。《大典》卷六八五〇、卷六八五一在《大典目録》中注明爲“王”字韻“姓氏（三十五、三十六）”事目（下文將用“王/姓氏（三十五、三十六）”的形式來表示《大典》某一卷所屬的字韻及事目）。這説明，在卷六八五〇之前，《大典》還有三十四卷都是收録王姓人氏的傳記。

《大典》卷六八五〇共收録了自王敬蕘至王延鈞共二十四名五代人物的傳記，其中前二十人的傳記《大典》分别注明出自《五代歐史》或《五代薛史》，後四人則出自《通鑑綱目》，計十國中的前蜀三人，閩一人。《大典》卷六八五一收録了自王弘贄至王二共三十四名五代人物的傳記，其中前十九人的傳記《大典》分别注明出自《五代歐史》或《五代薛史》，後十五人則爲兩部《南唐書》、地方志等所記十國的人物。

第一，我將《大典》注明出自《五代歐史》的十六篇傳記與《新五代史》相應的傳記比對，證明兩者符合，而且《大典》所録爲全文。

第二，爲了防止《大典》編者誤將録自《新五代史》的傳記注爲《舊五代史》，我又將《大典》注明出自《五代薛史》的二十二篇傳記與《新五代史》相應的傳記比對，證明兩者並不相同，有的《新五代史》根本没有此人的傳記，甚至没有任何此人事跡的記載。

這樣，我們得出的第一個結論、取得的第一批成果就是：《大典》卷六八五〇、卷六八五一兩卷所録注明出自《五代薛史》的二十四人的傳記，確是《舊五代史》原文，可作爲傳記部分的標準本。他們是：王延，王檀，王令謙、潘知麟（爲附傳），王都，王緘，王正言，王瓚，王建及，王思同，王令温，王清，王傳拯（以上在卷六八五〇）；王周，王權，王瑜，王廷胤，王章，王繼弘，王守恩，王殷，王重裔，王敏，王饒（以上在卷六八五一）。

《大典》卷六八五〇、卷六八五一兩卷所藴含的信息，遠不止此。

第三，我注意到，上述二十四人的傳記中，王檀、王都兩傳之後，都附有以"史臣曰"開首的史論。此外，《大典》卷六八五〇在收録的《新五代史·王景仁傳》之後，還收録了《舊五代史》卷末的史論。從同卷《大典》所收《新五代史》之《王建立傳》連帶及傳末歐陽脩的史論（以"嗚呼"發端）的形式，可知連帶史論的《舊五代史》王檀、王都、王景仁傳，應位各自該卷的卷末。而每卷的史論，還可以在輯補中起到提示該卷各傳主類屬的作用。

第四，《大典》卷六八五一收録了《新五代史》的《王弘贄傳》全文，而以《舊五代史·王弘贄傳》的末段作補充。由此可知，《舊五代史》有《王弘贄傳》。但輯本《舊五代史》無王弘贄傳，應補輯。又，《大典》卷六八五〇收録了《舊五代史》的《王令謙》《潘知麟傳》，開首説“皆從進帳下之牙校也”，不提“從進”之姓，對照《新五代史》的《安從進傳》可知，王、潘兩傳應是《舊五代史·安從進傳》的附傳。但輯本《舊五代史》的《安從進傳》衹録了《大典》散韻一條，殘闕不全，應補輯，同時還應將王、潘兩人傳附後。

第五，《大典》卷六八五〇、卷六八五一有二十四人的傳記採《舊五代史》而不採《新五代史》，原因何在？一是《新五代史》無此人傳記，計有十一人。由此可知，《舊史》有傳者，《新史》不一定也有傳。二是《新五代史》雖有此人傳記，但較《舊史》簡略，此種情況有十人。由此可知，《新史》有些傳記衹是對《舊史》作文字上的刪簡、修飾而無新史料。在評價《新史》的史料價值或引用《新史》時，應注意此點。三是《舊五代史》爲此人立專傳，而《新史》作附傳，計一人。四是《舊史》作附傳，而《新史》僅附見者，計二人。

第六，《大典》此兩卷有十六人的傳記，採《新五代史》而不採《舊史》，或主要採《新史》而補以《舊史》。因爲我已經利用標準本對比過輯本《舊五代史》的全部傳記，可以分析其中的原因：一是《新五代史》此人傳記較《舊史》詳細，即歐陽脩補充了新史料，此爲《王環傳》。二是《新五代史》此人傳記雖較《舊史》詳細，但《舊史》仍有《新史》所無的内容，即以《舊史》補其闕。計有五傳，包括歐陽脩着力最多的《王彦章傳》。三是《新史》與《舊史》略同者，計三傳。四是《舊史》有傳且爲《新史》所據，但《新史》有歐陽脩史論者，計一傳。五是《舊史》有傳且比《新史》詳者，計二傳。六是《新史》有傳而輯本《舊史》無傳者，計四傳。其中《王仁裕傳》，輯本《舊史》雖"有"傳，採自《册府元龜》而非《大典》。但也不能由此推斷，《舊史》必無此四人傳記。

第七，此兩卷《大典》所收《舊史》王建及、王庭胤、王周、王令温四人的傳記，輯本《舊史》雖有傳，但並非採自《大典》此兩卷，而是分别採自《大典》卷一八一二九、卷一八一三一、卷一八一三二、卷一八一三三，它們的字韻及事目分别是"將/後唐將（二）""將/後晋將（二）""將/後漢將""將/後周將（二）"。其中的《王建及傳》，輯本《舊史》引《大典》卷一八一二九作李建及，與此相對應，比《大典》卷六八五〇多"本姓王"一句。這四例説明，《大典》有時會出現複文，即同一内容（此處是同一傳記）歸入不同的事目中。[1]《王建及（李建及）傳》，一取本姓，一取後唐王朝賜姓，更説明可能有不同來源，或《大典》編者做了加工。

《永樂大典》卷二七四〇崔/姓氏（八）相對而言比較簡單。此卷共收崔姓人物傳記三十五篇，其中唐人傳記十八篇，分别録自《舊唐書》《新唐書》《唐才子傳》等書；五代人物傳記六篇；苻秦人物傳記一篇（録自唐末、五代人著作《桂苑叢談》）；宋人傳記十篇（均録自《宋史》）。

與《大典》卷六八五〇、卷六八五一不同，此卷《大

① 參見陳智超《論〈宋會要〉輯本的複文》，《陳智超自選集》，安徽大學出版社 2003 年版，第 483—484 頁。

典》編者所收五代人物崔棁、崔協、崔沂、崔貽孫、崔居儉、崔廷勳的六篇傳記，衹注明引自《五代史》而没有區别是《舊史》還是《新史》。

第一，與分析《大典》卷六八五〇、卷六八五一相同，仍然是將這六篇傳記和《新史》比對。結果是，崔棁和崔居儉兩傳確爲《新史》，而且《大典》所録爲《新史》全文。同卷《大典》所收的唐、宋人傳記，與所注出處一一對比，也是全文。崔協、崔沂、崔貽孫、崔廷勳四人，《新史》無傳，崔貽孫在《新史》中甚至没有任何記載，崔沂、崔廷勳也僅有一兩條記載。由此可以確定，這四人傳記均爲《舊史》相關列傳，而且是全文。

第二，《大典》卷二七四〇所録《新史·崔棁傳》末，以小注形式録"《新修五代史》"的"《崔棁傳》"兩段。輯本《舊五代史》有《崔棁傳》，此兩段正是該傳的首尾兩段。由此可知，《大典》編者所説的"新修五代史"，在這裏其實是指《舊五代史》；而輯本《舊五代史》所收《崔棁傳》，確實是《舊史》原本。但輯本《舊史》誤注《崔棁傳》出處爲《大典》卷二七四〇，現存的卷二七四〇衹有首尾兩段，和前述王建及、王廷胤、王周三人的情况相似，輯本《舊史》的《崔棁傳》肯定另有出處，出處待考。

第三，《新史·崔棁傳》内容爲《舊史·崔棁傳》所無者僅爲天福五年（940）制樂事，而此段記事詳見輯本《舊史》的《樂志》。可見《新史》此傳並没有增添新内容；《新史》無志，有時將相關内容載入有關人物傳記中。

第四，崔居儉在輯本《舊史》中雖無傳，但紀、傳、志中有關記載頗多。

第五，《大典》卷二七四〇編者在崔協、崔沂兩傳之後雖連帶録入該兩卷史論，但不能按上述《大典》卷六八五〇的例子，推斷崔協、崔沂兩傳必在該卷之末。因爲本卷《大典》所收《宋史·崔彦進傳》，也連帶録入該卷的史論，但查《宋史》卷二五九，《崔彦進傳》並不在卷末，而是在史論中首先提及崔彦進。又本卷所收《宋史·崔翰傳》，查《宋史》卷二六〇《崔翰傳》，傳在卷末，但《大典》並未連帶收入該卷史論。由此可知，《大典》凡例雖然規定了編纂的總原則，但因爲卷帙浩繁，在具體實施時，各卷編者會有差異。

第六，我們從《大典》卷二七四〇可以得到《舊五代史》列傳部分的四個標準本，即崔協、崔沂、崔貽孫、崔廷勳四傳，並可知《舊史》必有《崔棁傳》。

什麽是列傳標準本的基本特徵？《永樂大典》凡例中有兩條談到《大典》收録人物傳記的原則。一條説："古今姓氏，其出不一。……今以《元和姓纂》《姓氏辯證》諸書，詳著本末，隨字收載。以世次繫諸史列傳及碑志雜説，先儒議論附之。"另一條説："世家、列傳、表、志，則各從所重者收（如……《蕭何傳》入"蕭"字之類）。"現存的《大典》卷四八九，爲"終"字韻。如前所述，在"姓氏"事目中，先據《通志》等書説明"終"姓的來源。在收録"終"姓人物傳記時，祇有終軍一人。《大典》先收《漢書》的《終軍傳》，然後是南宋劉克莊《後村集》中兩句涉及終軍的詩，符合《大典》凡例的原則。

我們從現存的三卷《大典》中發掘出二十八個標準本。從卷二七四〇取得的是四篇崔姓人物傳記，而這一卷在《大典》中屬於“崔”字韻“姓氏”事目；從卷六八五〇、卷六八五一兩卷中取得的是二十四個人物的傳記，這兩卷在《大典》中屬於“王”字韻“姓氏”事目。根據《大典》凡例規定的原則，對照檢對三卷殘存《大典》的結果，我們可以概括出列傳標準本的第一個基本特徵是：某姓人物的傳記在《大典》中應收入該姓字韻（如周姓人物即在“周”字韻）的“姓氏”事目中。

標準本的第二個基本特徵是從内容方面概括出來的，用最簡單的話來説就是敘事有始有終。所謂“有始”，包括該人的姓氏、家世、籍貫、字號。有些人家世、籍貫不明，在一篇完整的傳記中也會用“不知何許人也”來表述。所謂“有終”，指該人的結局。有些人結局不明，也會用“不知所終”來表述。

根據上述列傳標準本的特徵去檢驗輯本《舊五代史》的全部列傳，可分爲四種情況。

第一種，完全符合兩項基本特徵，即在《大典》中收入該姓的字韻，並爲“姓氏”事目，且敘事有始有終。可以斷定，這些傳記符合《舊五代史》原本。它們共有二百九十一篇二百九十三人的傳記。如果再加上作爲標準本的二十八人的傳記，總共爲三百二十一人。

第二種，與上段所舉的二百九十一篇傳記不同，雖然符合第一項基本特徵，但不符合第二項基本特徵，即在

《大典》中收入該姓的字韻，並爲"姓氏"事目，但敘事並非"有始有終"。輯本《舊史》中屬於這種情況的傳記有八篇，既然它們録自《大典》"姓/姓氏事目"，因此可以確定原本《舊五代史》有此八人的傳記。但這八篇傳記都殘缺不全，需要補輯。

第三種，不符合第一項基本特徵，但符合第二項基本特徵，即在《大典》中並非收入該姓的字韻，但敘事有始有終，是一篇完整的人物傳記。也就是説，在《大典》的其他事目中，也收入了《舊五代史》的完整的人物傳記。什麼樣的事目纔有可能完整收入《舊五代史》的一篇完整的傳記呢？五代戰争頻仍，因此《舊五代史》中將領的傳記也較多，其中一部分收入《大典》"姓/姓氏事目"中，除此之外，很大一部分收入《大典》卷一八一二六至卷一八一三三"將"字韻相關各事目中。據《大典目録》，《大典》卷一八一二六至卷一八一三三共八卷，爲"將"字韻五代後梁將至後周將事目，卷一八一二五則爲"唐將（十七）"事目。輯本《舊史》從上述九卷中共輯出五代各朝將領傳記一百二十三篇。我一一檢閲了這一百二十三篇傳記，記事完整，有始有終，應是完整無闕的傳記。但在計算已知完整的人物傳記時，應扣除第一種中的王建及等四人。

《大典》卷六八五〇、卷六八五一（王/姓氏）也提供了"將"字韻能够完整收録《舊史》列傳的有力證據。卷六八五〇收録了《舊史》王建及、王令温兩傳全文，卷六八五一收録了王廷胤、王周兩傳全文，但現在輯本《舊史》此四傳所注《大典》出處不是卷六八五〇、卷六八五一而是“將”字韻。《王廷胤傳》注《大典》卷一八一三一,《王周傳》注卷一八一三二,《王令温傳》注卷一八一三三,其事目分别是“將/後晋將（二）”“將/後漢將”“將/後周將（二）”。《王建及傳》注出自卷一八〇二九,爲“將/列國鄭衛燕楚將（一）”,應是卷一八一二九“將/後唐將（二）”之誤。這四例説明,《舊史》列傳,由於《大典》可能同時收入不同的事目而出現複文;也説明,《大典》“將”字韻完整收録《舊史》列傳全文。可能會有人提出疑問,輯本《舊史》此四人列傳是否原本録自《大典》卷六八五〇、卷六八五一,而輯者誤注爲出自“將”字韻?《王建及傳》否定了這種可能。王建及在唐末爲李克用典義兒軍,賜姓李。《大典》卷六八五〇作《王建及傳》,而輯本《舊史》則作《李建及傳》,並比《大典》卷六八五〇多了“本姓王”一句。可見兩傳史源不同。

這樣,我們可以斷定,輯本《舊史》從《大典》“將”字韻所録一百一十八篇五代將領傳記,全都符合原本。

《大典》卷一九三〇四爲“后”字韻“五代后”事目,輯本《舊史》從中録出《唐武皇曹后》、《末帝劉后》兩傳及卷末史論一則（卷四九）。《大典》卷二九六九爲“人”字韻“夫人（二）”事目,輯本從中録出《唐武皇陳夫人傳》一篇（卷四九）。《大典》卷一二六六爲“妃”字韻“淑妃”等事目,輯本從中録出《周太祖楊淑妃傳》

一篇（卷一二一），曹后、劉后、楊淑妃《新五代史》雖有傳，但前兩傳較輯本《舊史》簡略。

《新五代史》有《家人傳》，因此《大典》卷八九八九“周”字韻設“周家人傳”事目。輯本《舊史》從該事目中輯出《周太祖柴后》、《張貴妃》、《董德妃》及《世宗劉后》、《前符后》五傳及史論一則（卷一二一）。此五人《新史》也有傳，除《世宗前符后》傳外，都較輯本《舊史》簡略。

《大典》卷六七六〇爲“王”字韻“宗室封王（二四）五代”事目，輯本《舊史》從該卷中輯出唐《李從益》，晋《石敬威》《石暉》《石重信》《石重乂》，漢《劉承訓》《劉承勳》《劉信》八傳，有始有終，且均較《新史》相關人物傳記詳細，應爲全傳。

《大典》卷一六四五〇爲“宦”字韻“宦官（五）”事目。輯本《舊史》從中録出《張承業》《張居翰》兩傳（卷七二）。此兩人《新史》均有傳，前者爲《舊史》之改寫，後者較《舊史》簡。

輯本《舊史》從“五代后”“夫人”“淑妃”“周家人傳”“宗室封王”“宦官”五事目所録十九傳，應視爲符合原本。

此外，輯本《舊史》還有二十六篇完整的人物傳記，輯者所注出處均爲《大典》，但所注《大典》卷數，或有疑問，或明知其有誤而不能確定爲何誤。

例如輯本《舊史》卷二四有《仇殷傳》，所注出處爲《大典》卷一四八〇四。查《大典目録》，該卷爲“數/事韻（一）”。《大典目録》注某字韻事韻，表明以該字爲關鍵字的事目數量很多，每一事目涵蓋的範圍很小，所以不能在《目録》中一一列出事目的名稱。這樣的事目能否包含一篇完整的傳記呢？查輯本《舊史·仇殷傳》，開首有“明於象緯曆數”這樣牽涉“數”字的一句，該事目的名稱應是“曆數”或“象緯曆數”。全傳敘述仇殷所占屢中的事跡，並有始有終。輯者是否誤將《新史》當作《舊史》呢？查《新史》，無《仇殷傳》。故可認定它符合原本《舊史》。

又如輯本《舊史》卷九二《裴皞傳》，雖然簡短，但有始有終，是一篇完整的人物傳記。輯本所注出處爲《大典》卷五三〇五，“昭”字韻“春秋昭公（二三）”事目，肯定有誤。但此傳也不可能出自卷二八九三至二九〇〇“裴”字韻“姓氏”事目，因此八卷在修《四庫全書》時已佚。我們雖不能確定此卷出於《大典》何卷，但比對《新史》卷五七《裴皞傳》可知僅爲此傳的改寫，並對“中眷”一詞加以解釋，没有增添任何新材料，但也不同於此傳，故可以認定輯本此傳符合原本《舊史》。

其他二十四篇傳記分屬於以上兩種情況，我也將《新史》相關記載與之一一比對，證明它們並非《新史》，因此都可以認定它們符合原本《舊史》。

輯本《舊史》還有四篇收入“外國列傳”的傳記，一爲《契丹傳》（輯本注《大典》出處爲卷四五五八天/應天，誤，應爲卷四三五八丹/契丹），一爲《吐蕃傳》（卷四二五七蕃/吐蕃），一爲《回鶻傳》（卷二一一九九鶻/回鶻)，一爲《党項傳》（原注卷一八二八五“項/姓氏”，誤，應爲一八二八三項/項國)。後三傳與《新史》收入“《四夷附録》”的相應傳記，部分或大部相同。既然有部分不同，就不能斷言輯本《舊史》誤將《新史》作爲《舊史》。相反，另一種可能性更大，即《新史》此三傳大部抄自《舊史》。因爲這種純記事的傳記，歐陽脩改寫文字的餘地很小。

綜上所述，用標準本檢驗的第三種結果是，輯本《舊史》除姓/姓氏類型外，還有一百六十六篇傳記符合《舊五代史》原本。

我用列傳標準本的特徵檢驗輯本《舊史》列傳的第四種結果是：不符合標準本的兩項基本特征，即出處並非《大典》該姓字韻，敘事也非有始有終。但這種情況還需分爲兩類。

第一類，出處雖非《大典》該姓字韻，但確實出自《大典》的其他事目。

五代的后妃，在輯本《舊史》中，除上節所舉的唐武皇曹后等九人爲全傳外，還有十二人的傳記，輯本録自《大典》其他各事韻，但殘闕不全。她們是：梁太祖王皇后、太祖張皇后、末帝張德妃；唐莊宗劉太妃、劉皇后、韓淑妃、伊德妃，明宗夏皇后、曹皇后、魏皇后，閔帝孔皇后；漢高祖李皇后。此十二人，《新史》均有詳略不等的傳記。

五代各朝的宗室，輯本《舊史》在“將”字韻中收梁朱友寧、友倫、友裕，唐李嗣肱四人，“李”字韻中收唐李克讓、克脩、克恭、克寧四人，以及“王”字韻“宗室封王（五代）”事目中收唐李從益，晋石敬威、石暉、石重信、石重乂，漢劉承訓、劉承勳、劉信八人傳記，此十六人爲全傳。除此之外，還有三十三人的傳記，輯本録自《大典》其他各字韻，但殘闕不全。他們是：梁朱全昱、朱友諒、朱友能、朱友誨、朱友文、朱友珪、朱友璋、朱友雍、朱友徽、朱友孜十人；唐李存霸、李存美、李存禮、李存渥、李存乂、李存確、李存紀、李繼岌、李繼潼、李繼嵩、李繼蟾、李繼嶢、李從榮、李重吉、李重美十五人；晋石贇一人；漢的劉贇一人；周郭侗、郭信、柴宗誼、柴宗讓、柴熙謹、柴熙誨六人。

五代各朝宰相的傳記，輯本《舊史》除在對應該相的“姓/姓氏”事目中收録他們的全傳，以及馮道、張延朗兩個特例（因爲對應的馮姓及張姓的姓/姓氏事目，衹保留了兩人任相前的記載，故需再加上“相”字韻“五代相”事目兩人任相後的事跡）之外，還在“相”字韻“五代相”事目中收録了韋説、趙鳳、盧文紀、馬裔孫、景範五人的傳記，但這五傳都不完整，並非全傳。爲什麽《大典》“將”字韻可以收録《舊史》的全傳而“相”字韻不能呢？這是因爲某人何時爲將，界限不是很清晰的，而何時爲相，則有明確的起點，因此，《大典》“相”字韻所收的衹是某人爲相以後的記事，闕傳主任相以前的敘事。

除此之外，輯本《舊史》有一批傳記，録自《大典》的散韻，均殘闕不全。傳主分别是成汭、盧汝弼、安重誨、封舜卿、孔邈、馬郁、司空頲、馬縞、誠惠、馬紹宏、聶嶼、温韜、孔謙、馮玉、尹玉羽、孔崇弼、程遜、安從進、後贊、慕容彦超、于德辰、扈載、馬希範、王審知以及輯本《舊史》列入“外國列傳”的高麗、渤海靺鞨、黑水靺鞨、新羅、于闐、占城、牂牁蠻，均需補輯。

在《大典》卷六八五一王/姓氏事目中，收録了《新史》的《王弘贄傳》，但以《舊史·王弘贄傳》的末段作補充，可見《舊史》有《王弘贄傳》，需要補輯。

輯本《舊史》孟方立、孟遷兩人殘傳，雖然不是録自《大典》，但録自《通鑑考異》所引《舊史》孟方立及孟遷兩傳，也可以確定《舊史》原本確有此兩人傳記，亦需補輯。

第二類傳記出處雖並非《大典》，甚至未注出處，其中多數録自《册府元龜》。這一類的傳主計有時溥、李從璟、李從璨、淳于晏、聶文進、王仁裕、劉衮、王延鈞、王昶、王延義、王延政、王建、孟知祥以及輯本《舊史》列入“外國列傳”的昆明部落，它們都有各自的根據，亦需補輯。這樣全書需補輯的共有九十八傳。

3. 志的標準本及其特徵

《樂志》和《五行志》是志的標準本，分别録自《永樂大典》卷二一六七八和卷八六一九。

（1）證輯本《樂志》爲標準本

輯本《舊五代史》各條之末絶大多數都注有出處。輯本卷一四四和卷一四五分别爲《樂志》上、下，在全志之末注出處爲《永樂大典》卷二一六七八。

《永樂大典》凡例曰：“正史、編年、綱目諸史，並於史字收載其名，並附作者姓氏、先儒序論。其各朝帝紀之類，則依次編入國號之下（如‘漢’字收‘漢高祖’，先《帝紀》，次《通鑑》，次《綱目》諸史），世家、列傳、表、志，則各從所重者收（如后、妃、諸王、公主收入后、妃、王、主字，《諸侯王表》入王字，《天文志》入天字，《蕭何傳》入蕭字之類）。”所謂“各從所重者收”，從志的方面來説，如志名爲兩字，即從關鍵之字，如《天文志》從“天”字，《五行志》從“行”字。單名的志，如《禮志》《樂志》就没有這個問題，《樂志》就應收在“樂”字韻下。查《永樂大典目録》“樂”字韻，從卷二一六六五至卷二一六九五爲“歷代樂”，其中卷二一六七八爲“五代樂”。按《永樂大典》凡例，《永樂大典》卷二一六七八收録的應是《五代史・樂志》，由於《新五代史》並無《樂志》，所以衹能是《舊五代史》的《樂志》。但《永樂大典》卷二一六七八已不存，所以我們還要通過其他證據來證明。

證據一：《永樂大典目録》卷二一六七九至卷二一六九二爲“宋樂”，按《永樂大典》凡例，《宋史・樂志》應全部收録其中。但由於《永樂大典》卷二一六七九至卷二一六九二也不存，可以通過什麼方法來證明這個論斷呢？這可以從現存的《宋會要輯稿》中找到答案。清人徐松借修《全唐文》的機會，把《永樂大典》所引《宋會要》一併輯出。《宋會要》有樂類，類名與《永樂大典》“樂”字韻“宋樂”事目相同，與《宋史・樂志》同收入這一事目中。但《大典》編者在“宋樂”事目中是以《宋史·樂志》作爲正文，而把《宋會要》的樂類作爲注文。先收録一段《宋史·樂志》，再録一段《宋會要》樂類作爲注文。徐松雖然注意到了這一點，但具體抄録《宋會要》樂類的書吏没有採取統一的體例，出現了四種不同的抄録方式，以致《宋會要輯稿》中出現了《宋史·樂志》的文字，極易被誤認，但它確實證明了《大典》卷二一六七九至卷二一六九二收録了《宋史·樂志》全文。① 這是第一個證據。

證據二：據輯本《舊五代史》卷七九《晋高祖紀五》載，天福五年（940）八月“己亥，詳定院以先奉詔詳定冬、正朝會禮節、樂章、二舞行列等事上之，事具《樂志》”。如前所言，《晋高祖紀五》是已經證明符合原本的，它是可以作爲證據的。又查輯本《舊五代史》卷一四四《樂志上》，後晋天福“五年，始議重興二舞，詔曰：‘正、冬二節朝會舊儀，廢於離亂之時，興自和平之代。將期備物，全繫用心；須議擇人，同爲定制。其正、冬朝會禮節、樂章、二舞行列等事宜，差太常卿崔棁、御史中丞竇貞固、刑部侍郎吕琦、禮部侍郎張允與太常寺官一一詳定。禮從新意，道在舊章，庶知治世之和，漸見移風之善。’其年秋，棁等具述制度上奏云（下略）”。《樂志》所敘述事件的時間、人物、内容等要素與《晋高祖紀五》相同，且較本紀更爲詳細，記録了《本紀》中詳定院所奉詔書的内容和執行情況。

---

① 陳智超：《解開〈宋會要〉之謎》，社會科學文獻出版社 1995 年版，第 175—180 頁。

證據三：據輯本《舊五代史》卷一一一《周太祖紀二》載，後周廣順元年（951）秋七月己丑，“太常卿邊蔚奏，議改郊廟舞名，事具《樂志》”。《周太祖本紀》就是本紀部分的標準本，當然可以作爲證據。查輯本《舊五代史》卷一四五《樂志下》所載：“周廣順元年，太祖初即大位，惟新庶政，時太常卿邊蔚上疏請改舞名，其略云（下略）”可知兩者所述爲同一事件，《周太祖紀二》記録了此事的時間、人物、内容等，詳細内容則記録在《樂志》中。

證據四：據輯本《舊五代史》卷一一九《周世宗紀六》所載，後周顯德六年（959）春正月，“樞密使王朴詳定雅樂十二律旋相爲宫之法，並造律準，上之。詔尚書省集百官詳議，亦以爲可。語在《樂志》”。《周世宗紀》也是已經證明符合原本的。查輯本《舊五代史》卷一四五《樂志下》載，後周顯德六年“春正月，樞密使王朴奉詔詳定雅樂十二律旋相爲宫之法，並造律準，上之。其奏疏略曰（下略）”《本紀》中略説的事件在《樂志》中一一對應，《樂志》還收録了樞密使王朴的奏疏。

通過上述四條證據，我們可以確定：一是原本《舊五代史》有《樂志》；二是輯本《舊五代史·樂志》符合原本；三是輯本《舊五代史·樂志》可作爲標準本。

（2）證輯本《五行志》爲標準本

輯本《舊五代史》卷一四一爲《五行志》。卷末注出處爲《永樂大典》卷八六一九。查《永樂大典目録》，卷八六〇六至卷八六二三爲“行”字韻，事目爲“《前漢書·五行志》”至“《元史·五行志》”,“《五代史·五行志》”也應在其中。但從《永樂大典目録》上看,卷八六一九爲《唐書·五行志二》,卷八六二〇爲《宋史·五行志》,其中並没有看到“《五代史·五行志》”。這是爲什麼呢?答案衹有兩種可能:一是《永樂大典》中根本没有收録“《五代史·五行志》”;二是由於《永樂大典目録》編者的失誤,没有將“《五代史·五行志》”在目録中列出。究竟哪種可能是事實,還需要進一步證明。

證據一:《永樂大典》殘本卷二三四五引用了《五代史·五行志》中的内容。《永樂大典目録》卷二三四五爲“烏”字韻,小注爲“事韻”。所謂“事韻”,如前所述,是指該卷包含了若干個以該字爲關鍵字的事目,這些事目所收的内容不多,因而事目數量較大,不能一一在《目録》中標明,所以用“事韻”來概括。[1] 翻檢《永樂大典》卷二三四五,可以找到“白烏”“赤烏”“烏集墳廬”“烏集林木”等八十幾個事目,其中“烏集林木”事目下云:“《五代史·五行志》:‘周廣順三年六月,河北諸州旬日内無烏,既而聚澤潞之間山谷中,集于林木,壓樹枝皆折。是年,人疾疫死者甚衆。至顯德元年,河東劉崇爲周師所敗,伏屍流血,故先萌其兆。’”[2] 與輯本《舊五代史·五行志》“蟲魚禽獸”一節所載文字完全相同。《永樂大典》殘本中關於這段内容已經標明出處爲《五代史·五

① 陳智超:《論重新整理〈舊五代史〉輯本的必要與可能——〈舊五代史〉輯本及其點校本》,《陳智超自選集》,第699頁。

② 《永樂大典》卷一三〇八二,中華書局1960年版,第14頁。

行志》，由於《新五代史》没有《五行志》，所以衹能是《舊五代史·五行志》。

證據二：《永樂大典》殘本卷一三〇八二爲“動”字韻，小注爲“事韻”，查該卷有“動静”“言動”“無動”“不動居士”“物自動”等九十餘個事目，其中“物自動”事目云：“《五代薛史·五行志》：‘清泰末年，末帝先人墳側古佛刹中石像忽然摇動不已。觀者咸訝焉。’”這段引文與輯本《舊五代史·五行志》“草木石冰”一節後晋清泰條所載完全相同。《永樂大典》殘本已注明出自《五代薛史·五行志》。

證據三：司馬光的《資治通鑑》及其《考異》也引用了《舊五代史·五行志》。該書卷二八二《後晋紀三》高祖天福六年（941）九月辛酉條云：“滑州言河決。”《考異》曰：“《薛史·紀》載九月辛酉滑州河決而不載庚午濮州決；《高祖實録》載庚午濮州奏河決而不載辛酉滑州決。《五代會要》及《志》皆云：‘天福六年九月決滑州，兖、濮州界皆爲水漂溺。’《史匡翰傳》亦云：‘天福六年白馬河決。’按辛酉滑州河已決，則下流皆涸，濮州無庚午再決之理，蓋滑州河決，漂浸及濮州矣。”天福六年九月戊午朔，辛酉爲初四，庚午爲十三。這段考異所徵引的材料分别出自《薛史·紀》《高祖實録》《五代會要》《志》《史匡翰傳》，其中《薛史·紀》爲輯本《舊五代史》卷八〇《晋高祖紀六》，《史匡翰傳》爲輯本《舊五代史》卷八八《史匡翰傳》，都是已證實符合原本的。所以這裏的“志”衹能是《舊五代史》的《五行志》。查輯本《舊五代史·五行志》“水淹風雨”一節載，天福六年九月“河決於滑州……兖州、濮州界皆爲水所漂溺”，與司馬光《考異》所引内容相同。

通過上述三條證據，我們可以確定：一是原本《舊五代史》有《五行志》；二是輯本《舊五代史·五行志》符合原本；三是輯本《舊五代史·五行志》可作爲志的標準本；四是《永樂大典目録》卷八六二〇所注事目“《唐書·五行志二》”下漏列“《五代史·五行志》”。

（3）諸志標準本的特徵

什麽是志的標準本的特徵呢？第一，志末所注《大典》卷數，如志名爲單字，字韻即爲志名，事目爲五代加志名，如《樂志》即爲“樂”字韻“五代樂”事目；如志名爲兩字，則從所重者收，如《五行志》即爲“行”字韻“《五代史·五行志》”事目。第二，有完整的、可以概括梁、唐、晋、漢、周五朝的序言及内容。

根據上述兩個志的標準本的特徵去檢驗輯本《舊五代史》的其他八志，可分爲三種情況：一是《曆志》《選舉志》《職官志》，它們符合《舊五代史》原本；二是《禮志》《天文志》《食貨志》《刑法志》，它們所引爲《大典》散韻，殘闕不全，需要補輯；三是《地理志》，輯本《舊五代史》竟誤稱《郡縣志》，需要重輯。

（二）《册府元龜》的“條主”和“條前語”

從輯本《舊五代史》中找出《舊五代史》本紀、列傳和志作爲標準本，不但要同輯本《舊五代史》的其他本紀、列傳、志做比較，還要同《册府元龜》相關條文做比較。《册府》是保存五代史料最多的古籍，而它又不注明出處。我們就是要借助這些標準本去鑒別《册府》條文的出處，特别是要分辨出何者引自《舊五代史》的本紀、列傳和志，何者引自實録。這必須通過大量、充分的實例來證明。這就要引入我的第二個新概念，就是"《册府元龜》的條主和條前語"。

1.《册府元龜》的編纂宗旨

《册府元龜》有一千卷，分爲三十一部，一千一百零四門，實際字數約爲九百一十六萬。在《四庫全書》中是僅次於《佩文韻府》的第二部大書。

《册府元龜》雖然署名王欽若等編纂，但實際總主編是宋真宗。他從景德二年（1005）開始確定項目、調集編修人員，在修撰中不斷檢查，發現問題，及時發出指示；到最後歷時八年，於大中祥符六年（1013）完成，他都親力親爲，定名《册府元龜》。編修大臣呈進稿本，真宗每天審閲三卷，"遇事簡則從容省覽，事多或至夜漏二鼓乃終卷"。他對修這部大書的目的做過説明，是要使"君臣善迹，邦家美政，禮樂沿革，法令寬猛，官師論議，多士名行，靡不具載，用存典刑（同"型"）"；是要"垂爲典法"，盡"誠勸之理"。① 宋真宗這些指示，對《册府元龜》如何收録紀傳體史籍的傳記，包括《舊五代史》的傳記，有決定意義。其主要有以下兩點：第一，《册府元龜》必定對這些傳記進行删節。前已指出，一篇完整傳記的特

① 王應麟：《玉海》卷五四《藝文·承詔撰述·類書》"景德册府元龜"條，江蘇古籍出版社、上海書店 1987 年版，第 1032 頁。

徵之一，是“敘事有始有終”，“所謂‘有終’，指該人的結局”。這些與傳主有密切關係的傳記要件，和勸誡、垂法無關，《册府元龜》必定要加以删削。第二，《册府元龜》既然要對傳記進行删節，在收録傳記條文的時候，就需要對“條主”的情況作必要的交代。“條主”是我參考傳主的提法取的名字。《册府元龜》各門下的條是它的基本單位。條的編次可分爲三種形式：一爲編年體，一日一條；二爲傳記體，一人一條；三爲紀事本末體，一事一條。每條都有“條主”。編年體的條主一般爲君主，傳記體的條主一般爲傳主，紀事本末體因歷時多日、牽涉多人而難以確定單一的條主。

2. 五代各朝實録的編修情況

因爲我們要將《册府元龜》的條文同已驗證的輯本《舊史》列傳及實録相關條文做比較，所以就要了解五代各朝實録的編修情況。

五代各朝實録表

名稱	卷數	成書時間或起修時間	監修	修撰	《通鑑考異》引用情況	同條引用其他文獻
《梁太祖實録》	30	貞明中(915—921)		李琪、張衮、郗殷象，馮錫嘉	《通鑑》266/8674 開平元年（907）四月戊辰	《編遺録》《薛史》《唐餘録》《歐陽史》
《大梁編遺録》	30	貞明龍德間(915—923)		敬翔	《通鑑》266/8682 開平元年（907）六月	《薛史·梁紀》《十國紀年》

（續表）

名稱	卷數	成書時間或起修時間	監修	修撰	《通鑑考異》引用情況	同條引用其他文獻
《唐懿祖紀年録》	1	天成四年（929）十一月	趙鳳	張昭遠、吕咸休	《通鑑》237/7651 元和三年（808）六月	《德宗實録》《舊·范希朝傳》《新唐書》
《唐獻祖紀年録》	2	天成四年（929）十一月	趙鳳	張昭遠、吕咸休	《通鑑》251/8149 咸通十年（869）八月庚申	《彭門紀亂》
《唐太祖紀年録》	17	天成四年（929）十一月	趙鳳	張昭遠、吕咸休	《通鑑》266/8678 開平元年（907）五月	《歐陽史》《莊宗列傳》《薛史》
《唐莊宗實録》	30	天成四年（929）十一月	趙鳳	張昭遠、吕咸休	《通鑑》272/8898 同光元年（923）十月丁丑、己卯	《莊宗列傳》《薛史》
《唐明宗實録》	30	清泰三年（936）二月	姚顗	張昭遠、李詳、吴承範、楊昭儉	《通鑑》274/8956 天成元年（926）三月壬戌	《莊宗實録》《薛史·莊宗紀》《薛史·明宗紀》
《唐閔帝實録》	3	顯德四年（957）正月起		張昭、尹拙、劉温叟	《通鑑》279/9114 清泰元年（934）四月庚午	《晋高祖實録》《漢高祖實録》《南唐烈祖實録》
《唐廢帝實録》	17	顯德四年（957）正月起		張昭、尹拙、劉温叟	《通鑑》279/9116 清泰元年（934）四月癸酉	《閔帝實録》
《晋高祖實録》	30	廣順元年（951）七月	竇貞固	賈緯、竇儼、王伸	《通鑑》280/9154 天福元年（936）十一月丁酉	《廢帝實録》《薛史》《契丹册文》

（續表）

名稱	卷數	成書時間或起修時間	監修	修撰	《通鑑考異》引用情況	同條引用其他文獻
《晋少帝實録》	20	廣順元年（951）七月	竇貞固	賈緯、竇儼、王伸	《通鑑》286/9238 天福十二年（947）正月丁亥	《漢高祖實録》《陷蕃記》《薛史·帝紀》《五代通録》
《漢高祖實録》	20	乾祐二年（949）十月	蘇逢吉	賈緯、王伸	《通鑑》266/8677 開平元年（907）五月	《莊宗列傳》《唐餘録》《賈緯備史》《趙志忠虜庭雜紀》《新唐書》《編遺録》
《漢隱帝實録》	15	顯德四年（957）正月起		張昭、尹拙、劉温叟	《通鑑》288/9396 乾祐元年（948）八月壬午	《薛史·周太祖紀》《周太祖實録》
《周太祖實録》	30	顯德五年（958）六月		張昭、尹拙、劉温叟	《通鑑》289/9434 乾祐三年（950）十一月己卯	《漢隱帝實録》《薛史·隱帝紀》《薛史·周太祖紀》
《周世宗實録》	40	建隆二年（961）八月	王溥	扈蒙	《通鑑》292/9542 顯德三年（956）二月癸巳	《湖湘故事》《廣本》《薛史·承襲傳》《馬氏行事紀》《十國紀年》

以上十五部《實録》，共三百一十五卷，修於本朝者，計有梁修《梁太祖紀年録》和《大梁編遺録》，唐修《懿

祖》《獻祖》《太祖紀年録》及《唐莊宗實録》《唐明宗實録》，漢修《漢高祖實録》，周修《周太祖實録》，共九部。修於周朝者，有《唐閔帝實録》《唐廢帝實録》《晋高祖實録》《晋少帝實録》《漢隱帝實録》，共五部。修於宋初者爲《周世宗實録》。

必須注意，《實録》都是有傾向性的。同一件事，叙述時必然維護在位帝王的利益，或誇大功績，或爲其錯誤掩飾，甚至顛倒是非。《册府元龜》如收録《實録》或《舊五代史》本紀，一般都在帝王部或閏位部中；如收録《實録》附傳或《舊五代史》列傳，一般都在以該人爲條主的條文中，條前語則爲該條内容的背景；如收録《實録》或《舊五代史》的志，一般都在《帝王部》或《閏位部》以及對應的部，如《食貨志》在《邦計部》，《禮志》在《掌禮部》，《刑法志》在《刑法部》等。

3.《舊史》與《册府》文本比對結果舉例

下一步就是將輯本《舊史》已驗證的本紀、列傳與志同《册府》相關條文作比較，以確定何者確爲實録。比較是認識事物的重要手段，但必須遵循一定的規則：必須是同類事物，必須是全面的比較。否則會陷入認識的誤區，得到相反的“效果”。此外，還要檢查是否還有其他史源，如《五代會要》等。

（1）《唐莊宗紀》同光元年（923）夏四月己巳條

輯本《舊五代史》卷二九《唐莊宗紀三》是已經驗證符合《舊五代史》原本的。它的同光元年夏四月己巳條載莊宗即位制，與它對應的《册府》共有十一條：卷三四

《帝王部·崇祭祀門三》、卷五九《帝王部·興教化門》、卷六五《帝王部·發號令門》、卷八一《帝王部·慶賜門三》、卷九二《帝王部·赦宥門一一》、卷一〇三《帝王部·招諫門二》、卷一二八《帝王部·明賞門》、卷一四〇《帝王部·旌表門四》、卷一四七《帝王部·恤下門二》、卷一六六《帝王部·招懷門四》、卷四九一《邦計部·蠲復門三》。其中衹有卷九二《帝王部·赦宥門一一》所載爲全文，其餘都衹是片段。雖然這些片段也可以校證輯本《舊史》的《唐莊宗紀》，但全面的比較衹能用卷九二的《帝王部·赦宥門一一》。通過比較可以發現，《册府》卷九二遠比輯本《舊史·莊宗紀》詳細，應爲《實録》。《舊史·莊宗紀》雖源出實録，但删去了不少浮詞，保留了少數最重要的内容。

(2)《盧損傳》

輯本《舊五代史》卷一二八《盧損傳》，也是已經驗證符合《舊五代史》原本的。此傳可分爲六節：①家世及籍貫；②梁開平初舉進士，與同年任贊等相訴；③《册府元龜》用“附勢”一詞表述他與左丞李琪之關係；④唐明宗、末帝時，爲諫議大夫、御史中丞，條奏多爲士人嗤鄙，因誤詳赦書，失出罪人，停任；⑤晋天福中，轉秘書監，大失所望，拜章辭位，致仕；⑥晚年養生有方，享壽八十餘歲。《册府元龜》有關盧損者有十九條之多，其中十四條以盧損爲條主。關於第一節，盧損之家世及籍貫，《册府》條文完全没有記載，這是因爲在《舊史》列傳中必須交代的傳主的家世和籍貫，不屬於宋真宗所規定的

《册府》“用存典型“及“盡誡勸之理”的範疇。這也可以證明，《册府》不可能全部收録《舊史》列傳的内容。

關於第二節，盧損在梁開平初舉進士，與同年相訴等早年經歷，《册府》卷八一一《總録部·遊學門》、卷九三九同部《譏誚門》、卷九五四同部《寡學門》可與《舊史》本傳相校補，應採自《舊史》。

關於第三節，盧損與左丞李琪之關係，《册府》卷九四五《總録部·附勢門》與《舊史》本傳同，應採自《舊史》。

關於第四節，盧損在唐明宗及唐末帝時之任職、條奏及因失出罪人而停任，《册府》有多條記載，有些與《舊史》相差甚多，如《册府》卷五二一《憲官部·不稱門》和卷五二二《憲官部·譴讓門》有以盧損爲條主的兩條。卷五二一載：“末帝清泰中爲御史中丞（超按：此爲條前語，交代條文背景）。時有赦放繫囚。白文審者，延安之劇賊也，繫於臺囹圄久之，是日釋放。翌日，衆知之，大駭，乃重詳赦文，比不該放者。賴臺司復捕獲文審，損與知雜韋棁、本推御史魏遜皆停任。”卷五二二載：“末帝清泰三年爲御史中丞（超按：此爲條前語）。初，延州保安鎮將白文審，郡之劇賊。高行周作鎮時差人往替，不受代。屬前年春擾亂，文審專殺郡人趙思謙等十餘人，後經赦放罪。去年春，思謙弟思誨詣闕訴兄之冤，帝亦素知文審之兇惡，密令本道捕之下獄，遣殿中少監張仁願於鄜州置獄推鞫文審伏殺十平人罪，未盡疑，乃追赴京師，連坐者二十八人，繫臺獄。方按鞫，屬五月十二日御札：‘自今年五月十二日已前，除五逆十惡、放火劫舍、持杖殺人外，並委長吏，如已得事情或未見贓驗，不在追窮枝蔓，以所招疾速斷遣。’損爲人輕易，即破械釋文審。後奏，帝大怒，復收文審誅之。堂帖勘臺公文云：‘奉德音釋放，不得追領祇證。’中書詰云：‘御札云“不在追窮枝蔓”，無“不得追領祇證”六字，擅添改敕語。’詔責授右贊善大夫，知雜御史韋棁責授太僕寺丞，侍御史魏遜責授太府寺主簿，王岳責授司農寺主簿。”輯本《舊史》本傳，關於此事，衹有“及末帝即位，用爲御史中丞。……有頃，誤詳赦書，失出罪人，停任”短短數語。他書亦無有關内容的記載。由此可知，《册府》此兩條均録自《周世宗實録》之《盧損傳》。由此亦可知，實録之傳内容不一定比《舊史》之傳少。《册府》此兩條以及卷四七五《臺省部·奏議門六》、卷四七六同上門、卷五〇三《邦計部·屯田門》、卷六一三《刑法部·定律令門五》、卷六三三《銓選部·條制門五》、卷六四二《貢舉部·條制門四》，再有非以盧損爲條主之卷一〇八《帝王部·朝會門二》、卷三三五之《宰輔部·不稱門》、卷九三九《總録部·譏誚門》均對應本傳之第四節，内容遠較《舊史》爲詳，且可在注中補本傳仕履之闕載。除《册府》外，輯本《舊史》已驗證之《唐莊宗》、《唐末帝》、《周太祖本紀》及《唐武皇貞簡曹后傳》《周盧文紀傳》，及《通鑑》有關記載，亦可補本傳仕履之闕。本書作注以補《舊史》本傳之闕及糾本傳之誤。

關於第五節，盧損在晋天福中拜章辭位並致仕一節，

《册府》無有關記載，情況同第一節。

關於第六節，盧損晚年養生有方，享高壽一節，《册府》卷七八四《總録部・壽考門》及卷八三六同部《養生門》所載與盧損本傳同，應採自《舊史》，可互校文字之少許差異。

（3）石君立傳

石君立，後唐將，在晋（當時唐莊宗尚未建唐稱帝，時爲晋王）梁楊村砦之役中伏被俘，後被梁末帝處死。在《册府元龜》卷四一四《將帥部・赴援門》中，有兩條同記天祐十三年（916）石君立奉命赴晋陽解圍事。一條條主爲石君立之别名石嘉才，另一條條主爲石君立。後一條所載與已經驗證的輯本《舊五代史》之《石君立傳》全同，而前一條則與《舊史・石君立傳》多異，此條顯然源自《唐莊宗實録》之《石嘉才（即石君立）傳》，兩者不同在於：

《實録・石傳》	天祐十三年	梁將劉鄩遣别將王檀率衆五萬寇我晋陽	昭義李嗣昭遣嘉才率騎三百赴援
《舊史・石傳》	（無）	王檀逼晋陽	（李）嗣昭遣君立率五百騎自上黨
《實録・石傳》		賊方至，營壘未成，城中有故將安金全率驍騎夜出薄之，賊衆大潰，俘斬而還。	
《舊史・石傳》	朝發暮至	王檀游軍扼汾橋，君立一戰敗之……是夜入城，與安金全等分出諸門擊殺於外。	

（續表）

《實録·石傳》	（無）		
《舊史·石傳》	遲明，梁軍敗走		

對比兩者，主要不同在於：①《實録·石傳》用石君立之别名嘉才，顯然不知嘉才即君立。②《實録·石傳》稱梁"寇我晋陽"，又稱梁軍爲"賊"，而《舊史·石傳》則稱梁軍"逼晋陽"。③《實録·石傳》稱晋陽解圍，主要因"城中故將"安金全夜出擊敵軍，石君立（嘉才）祇起聲援作用；而《舊史·石傳》則載石先敗梁軍於城外之汾橋，然後入城與安金全會合，分出諸門"殺敵於（城）外"，梁軍敗走。

這是我對《舊史·石傳》及《册府》有關石之全部材料進行了細緻的分析研究後的結果。

（4）李存進傳

李存進，原名孫重進，早年追隨李克用，唐昭宗景福年間（892—893）賜姓名李存進，爲義兒軍使。莊宗即位後，屢立戰功。天祐十九年（梁龍德二年，922），在與鎮州王處球之戰中陣亡。《通鑑》卷二六九梁貞明元年（915）六月庚寅條《考異》，既引《莊宗實録》之《李存進傳》，亦引《舊史》之《李存進傳》，記晋王李存勖（唐莊宗）入魏州，因銀槍效節都驕横，以李存進爲天雄都指揮使以鎮壓之。《考異》云，《莊宗實録》云李爲"軍城使"，《實録·李傳》云"都部署"，《莊宗列傳》及《舊史·存進傳》皆云"天雄軍都巡按使"，《通鑑》從後者。循此綫索，我在《册府》中檢索到兩條條文，均以李存進爲條主，以魏州事爲内容，分别與《考異》所稱對應。《册府》卷四一八《將帥部·嚴整門》，稱李爲“天雄軍都部署”，應出自《莊宗實録·李傳》；卷三八七《將帥部·褒異門》則稱李爲“天雄軍巡按使”，應出自《舊史·李傳》，但此條對《舊史》節略較多，我們可以用已經驗證的《舊史》卷五三李傳與《莊宗實録·李傳》比對。兩者不同在於：

《實録·李傳》	爲泌州刺史。（超按：應爲沁州）	天祐十三年（超按：應爲十二），從定魏州，授天雄軍都部署。	時鄴初歸我，人情難貳，銀槍效節諸軍强桀難制，訛言竊議，摇扇群情。
《舊史·李傳》	授慈、沁二州刺史。	十二年，定魏博，授天雄軍都巡按使。	時魏人初附，有銀槍效節都，强傑難制，專謀騷動。
《實録·李傳》	存進沉厚果斷，犯令者梟首於市，强右豪斷暴掠人物者，必磔裂曝屍於路。鄴人視之，無不惕息，由是軍民靡然從化。		
《舊史·李傳》	存進沉厚果斷，犯令者梟首屍於市，諸軍無不惕息，靡然向風。		

通過這樣的對比，可知：第一，《實録》稱治所，作“魏州”，《舊史》稱軍號，作“魏博”。第二，《實録》稱“鄴人”，《舊史》稱“魏人”。“鄴都”之稱，始見於莊宗同光三年（925）。第三，《實録》作“初歸我”，《舊史》

作“初附”,《實録》表達的歸屬感更强。第四，關於李存進治魏的效果,《實録》所述更完整，可知《舊史》之誤。

因爲我通過標準本共確定輯本《舊史》有 484 篇傳記符合原本，用這些傳記與《册府》有關條文對比得出的結論是堅實可靠的。

（三）《舊史》及其他正史本紀的記時法

現在我們可以回過頭來論述輯本《舊史》的本紀，特別是我提出的第三個新概念：《舊史》及其他正史本紀的記時法。

《梁末帝本紀》是輯本《舊史》中已證明符合原本《舊史》的第一個本紀，翻開輯本《舊史》卷八《梁末帝紀上》，在乾化三年（913）二月末帝即位之後，有當年夏四月癸未、秋九月甲辰、貞明元年三月辛酉朔等條記事，根據此三條記事以及以後各條及各朝本紀的記時方法，可以歸納《舊史》本紀的記時法是：朝代—皇帝廟號—年號—四時（春夏秋冬）—月—朔—日。如已經驗證符合原本的輯本《舊史》卷四一的《唐明宗紀七》，記朝代爲“唐”，皇帝廟號爲“明宗”，年號爲“長興”。實際情況是天成五年（930）二月乙卯始改元長興。由此可知，凡年中改元者，該年按後改元之年號紀元。該卷有長興元年（930）春正月丙辰朔，夏四月甲午朔，十一月庚申朔記事，由此可知，四時之首月，在月前加四時。該月初一日如有記事，則在該日下加“朔”字。如輯本《舊史》本紀中記時有誤者，本書改正文，並在校記中説明原誤在何處，其根據則統一在凡例中説明。

（四）一篇完整傳記必須具備的要素

需要補輯的列傳，怎樣纔能做到盡可能完善並且有根有據呢？這就需要運用我提出的第四個新概念：一篇完整傳記必須具備的要素。現從輯本《舊史》中已驗證符合原本《舊史》的列傳中，選出不同時期的七篇，舉例如下：

1. 朱瑄（姓名）。宋州下邑人（籍貫）。父慶，里之豪右（家世）。一生主要事跡（事跡）。斬於汴橋下（結局）。録自《永樂大典》卷二〇三三，朱/姓氏（七）。收入輯本《舊史》卷一三。

2. 劉捍（姓名）。開封人（籍貫）。父行仙，宣武軍大將（家世）。一生主要事跡（事跡）。爲李茂貞所害。開平四年贈太傅云云（結局）。捍便習賓贊，善於將迎云云（傳後之論）。録自《大典》卷九〇九八，劉/姓氏（二六）。收入輯本《舊史》卷二〇。

3. 郭崇韜（姓名）。字安時（字號）。代州雁門人（籍貫）。父弘正（家世）。一生主要事跡（事跡）。魏王繼岌左右撾殺之（結局）。崇韜服勤盡節，佐佑王家云云（轉後之論）。録自《大典》卷二二一六〇，郭/姓氏（五）。收入輯本《舊史》卷五七。

4. 史匡翰（姓名）。字元輔（字號）。雁内人（籍貫）。父建瑭（家世）。一生主要事跡（事跡）。遘疾而卒（結局）。子彦容（附見）。録自大典卷一〇一八三，史/姓氏（一）。收入輯本《舊史》卷八八。

5. 蘇逢吉（姓名）。長安人（籍貫）。父悦（家世）。一生主要事跡（事跡）。自殺（結局）。録自《大典》卷二三九二，蘇/姓氏（三）。收入輯本《舊史》卷一〇八。

6. 安叔千（姓名）。沙陀三部落之種也（族屬）。父懷盛（家世）。一生主要事跡（事跡）。卒年七十二（結局）。原注録自《大典》卷一八一四四，將/宋將（七），誤，疑爲卷一八一三二，將/後周將（一）。收入輯本《舊史》卷一二三。

7. 李昪（姓名）。海州人（籍貫）。徐温之養子也（家世）。一生主要事跡（事跡）。僭位凡七年卒（結局）。録自《大典》卷一〇三九一，李/姓氏（三十六）。收入輯本《舊史》卷一三四《僭僞列傳一》。

從上述七例可以看出，姓名、籍貫或族屬、家世、事跡、結局五項，是一篇完整傳記的必具要素，因此也是我們補輯列傳時必須補全的。小名，字號，傳後之論及附見等則並非必具要素，有記載則補。

（五）破解《舊五代史》收録人物列傳的四組密碼

怎樣才能無遺漏地録出《舊五代史》原本確有的人物傳記清單呢？除了前述的運用“標準本”等概念外，還需要運用我提出的第五個新概念：破解《舊五代史》收録人物列傳的四組密碼。

1. 從《通鑑》中破解前三組密碼

《通鑑》是編年體史書。歷史活動的主體是人，人們在一定的空間和時間内的活動構成了歷史。《通鑑》在正史中當然是從同是編年體的本紀中取材，但本紀究竟衹是一個綱；而要生動地呈現出歷史豐富多彩的圖畫，《通鑑》還需要從人物列傳中取材。那麽，《通鑑》從正史列傳

（包括《舊五代史》列傳）中取材時是否有些特殊的標誌呢？答案是肯定的，而且是三種，我稱之爲《通鑑》收録人物列傳的三組密碼，並且已經破解了這些密碼。

第一、第二組密碼都是指明該人的籍貫，表現形式是“某某，某地人也”，例如“安重榮，朔州人也”；或者是“某地某人”，如“華陰趙瑩”。第三組密碼則是指明某人的家世，表現形式是“某人，某某之子（或孫或侄等）也”，如“趙光逢，隱之子也”。我查閲了《通鑑》的許多卷，凡是有上述三種標誌者，該人必定在《舊五代史》《新五代史》或《宋史》等書中有傳記，現舉兩卷爲例。文中所説的“輯本《舊史》有其傳”，除特别説明者外，都是經驗證符合《舊史》原本，因此可作爲證據者。

例 1：《通鑑》卷二六八。該卷起自梁太祖乾化元年（911）三月至均王（末帝）乾化三年（913）十一月，現取太祖乾化元年、二年記事。①“景城馮道”，輯本《舊五代史》卷一二六有《馮道傳》。②“開封段明遠”，即段凝，輯本《舊史》卷七三有傳。③“劉去非、趙鳳皆幽州人也”，劉去非即王保義，輯本《舊史》卷一三三有傳；趙鳳，輯本《舊史》卷六七有傳，但由三條《永樂大典》散韻拼成，證明《舊史》確有其傳，但需儘量補全。④“張衍，宗奭之侄也”，輯本《舊史》卷二四有《張衍傳》，《新史》無其傳。⑤“賀德倫，河西胡人；袁象先，下邑人也”，輯本《舊史》卷二一、卷五九分别有此二人傳。⑥“符習，趙州人也”，輯本《舊史》卷五九有《符習傳》。⑦“李嚴，幽州人也”，輯本《舊史》卷七〇有

《李嚴傳》。⑧“孟知祥，遷之弟子”，輯本《舊史》卷一三六有《孟知祥傳》，由三條《册府元龜》條文拼成，不能作確證。但其後之孟昶（知祥之子）及該卷史論均録自《大典》卷一三一六一，孟/姓氏（五），已經驗證，可證《舊史》有孟知祥傳，需增輯。⑨“馬仁裕，彭城人；周宗，漣水人也”，馬、周二人爲徐知誥之腹心。輯本《舊史》無兩人傳，馬令《南唐書》卷一一有兩人傳，陸游《南唐書·列傳》卷二、卷三亦有周、馬兩人傳。司馬光當然不可能取材此兩書，但他必定可以看到並利用許多宋初修《舊五代史》時不能看到的材料。⑩“李嗣恩，本駱氏子也”，輯本《舊史》卷五二有《李嗣恩傳》，該卷末史論亦提到有李傳。⑪“劉威幕客黄訥，蘇州人也”，輯本《舊史》無劉威及黄訥之任何記載，《新史》雖無此二人傳，但有關劉威記事六條，劉威爲與楊行密同起事之人，號“三十六英雄”。歐陽脩也可以看到並利用許多修《舊五代史》時不能看到的材料。⑫“劉訓，永和人也”，輯本《舊史》卷六一有《劉訓傳》，《新史》無劉傳。

例2：《通鑑》卷二七五。記事起自唐明宗天成元年（926）四月，至次年六月止。①“李彦卿，存審之子”，李彦卿即符彦卿，入宋，《宋史》卷二五一有其傳。②“何福進、王全斌皆太原人也”，何福進，輯本《舊史》卷一二四有傳，《新史》無傳；王全斌入宋，《宋史》卷二五五有其傳。③“平遥侯益”，侯益入宋，《宋史》卷二五四有傳。④“李彦超，彦卿之兄也”，李彦超即符彦超，輯本《舊史》卷五六有其傳。⑤“河間張昭遠”，張昭遠即張昭，入宋，《宋史》卷二六三有其傳。⑥“張延朗，開封人也”，輯本《舊史》卷六九有其傳，但由兩條《永樂大典》散韻拼成，證明《舊史》確有其傳，但需補輯。《新史》亦有其傳。⑦“貴平孫光憲”，《新史》卷六九《高繼沖傳》載：乾德元年，高繼沖朝於京師，孫光憲“拜黄州刺史，其後事具國史。”《宋史》卷四八三有其傳。⑧“萇從簡，陳州人也；王晏球本王氏子，畜于杜氏，故請復姓王”。輯本《舊史》卷九四、卷六四有此二人傳。⑨“李從温，帝之侄也”。輯本《舊史》卷八八有其傳。⑩“李彦饒，彦超之弟也”，李彦饒即符彦饒，輯本《舊史》卷九一有其傳，傳中並有“父存審《唐書》有傳”及“事具《白奉進傳》”等語。白奉進，輯本《舊史》卷九五有傳，《新史》無白傳。⑪“北海韓叔嗣，汝陰進士李穀”，李穀入宋，《宋史》卷二六二有其傳。韓叔嗣爲韓熙載父，輯本《舊史》無其父子兩人記載，《新史》有熙載材料四條，提及其“爲北海將家子。明宗時南奔吴”。吴任臣《十國春秋》卷二八有《熙載傳》，言其父光嗣爲後唐平盧（青州）節度副使，軍中逐其帥符習，推光嗣爲留後，明宗即位，光嗣坐死，熙載懼罪南奔。並引徐鉉《昌黎韓公（熙載）墓銘》“考光嗣”。⑫“趙延壽，本劉邟之子也”，輯本《舊史》卷九八有《趙傳》，《新史》無其傳。⑬“崔協，邠之曾孫也”，輯本《舊史》卷五八有其傳，録自《大典》卷二七四〇，此卷現存。《新史》無其傳。⑭“平州人趙思温”，此人爲契丹將，輯本《舊史》及《新史》均有此人材料，但無傳。⑮“文水武漳”，輯本《舊史》及《新史》均無此人記載，路振《九國志》卷七有其傳，“字巨川，太原文水人”，後入後蜀。⑯“孟鵠，魏州人也”，輯本《舊史》卷六九有其傳，《新史》無其傳。

通過對《通鑑》上述兩卷的分析，可以證明《通鑑》的三組密碼確實可以作爲證明《舊五代史》有某人傳記的證據，其中有提及而《舊史》無傳者，不外入宋、入十國及爲契丹（遼）人三者，衹要注意是可以分辨的。

2. 從《舊史》本紀中破解第四組密碼

後來我又破解了第四組密碼，它就是：如果《舊五代史》本紀中記載了其人卒時及死因，在列傳部分一般會收録該人的傳記。我的根據是：第一，《舊五代史》所以能在一年八個月的時間内完成，很重要的一個原因是可以大量取材於五代各朝的實録。《舊五代史》列傳占了全書一百五十卷中的七十七卷，收録人物傳記在七百篇以上，工作量很大。實録在記載某人死亡時，又都附載該人的傳記，是《舊五代史》傳記部分最主要、最方便的來源。第二，我覈對了已經驗證的《舊五代史》十四部本紀中除《梁太祖本紀》外的十三部，凡在本紀中記其卒時及死因者，除個别例外（如身份較低），一般都有傳記，並且已經驗證。因此，我又開出了一張自王班、盧匪躬至史佺、李蕚共七十一人的增輯列傳名單，並在輯補《舊五代史》列傳時增輯。

3. 根據四組密碼開出增輯列傳清單

增輯列傳如何做到準確、有據？那就要回到我提出的第四個新概念：一篇完整傳記必需具備的要素。我們在增輯時一定採用確鑿的記載，來充實這些要素。

（六）《通鑑》無考異的條文意味着諸家有關記載史源相同

《通鑑》是本書引用最多的文獻之一。《通鑑》有關唐末、五代條文的考異固然是我們的依據，經過多方檢驗，證明《通鑑》無考異的條文並非無史源，而是各種史料來源相同，其中也包括《舊五代史》，所以本書也利用了這些條文。

以上就是本書的思路，我們就是按照這樣的思路完成了本書的工作。我要在這裏重申，本書的目的是要在輯本《舊五代史》的基礎上作出一個比它更接近原本、因而將取代它的新本。《輯補舊五代史》的出版，將經受歷史的檢驗，我對此充滿信心。

《輯補舊五代史》的編撰工作，大致經歷三個階段：

一、編撰初稿。全面清理、檢驗清輯本，對其中確屬《舊五代史》原本的、完整的各篇紀、傳、志，予以校證；對確屬《舊五代史》原本但殘闕不全的各篇紀、傳、志，予以補輯、校證；對清輯本漏輯的各篇列傳，予以增輯、校證。共有二十餘人參與初稿編撰工作，具體情況詳見各編末尾的署名。

二、復核修訂。全部書稿完成後，編纂委員會對其進行了嚴格審查，發現若干問題；出版社和相關專家在審稿過程中，也提出了不少中肯的建議；2015 年 8 月，中華書局出版修訂本《舊五代史》，對其相關成果，本書亦有必要予以吸收、回應。爲此，編委會組織全部編委和部分核心作者，對各篇書稿進行全面復核、修訂。共有十餘人參與此項工作，具體情況詳見各篇末尾的署名。其中未注明“復核者”的各篇，表示該篇的初稿編撰者和復核者爲同一人。

三、統稿出版。在全書出版前，由編委對各卷進行集中統稿，主要工作爲校訂正文、統一體例和表述、查漏補闕等。各編委統稿分工如下：

張龍：《梁本紀》10 卷（卷一至十），《唐本紀》24 卷（卷二十五至四十八），《晋本紀》11 卷（卷七十五至八十五），《漢本紀》5 卷（卷九十九至一百三），《周本紀》7 卷（卷一百一十四至一百二十）。

劉一：《唐列傳》5 卷（卷五十四至五十八），《周本紀》4 卷（卷一百一十至一百一十三），《周列傳》11 卷（卷一百二十一至一百三十一），《承襲》及《僭僞列傳》5 卷（卷一百三十二至一百三十六）。

郭玉春：《梁列傳》14 卷（卷十一至二十四），《唐列傳》11 卷（卷六十四至七十四）。

張弩：《唐列傳》10 卷（卷四十九至五十三，卷五十九至六十三），《晋列傳》13 卷（卷八十六至九十八），《漢列傳》6 卷（卷一百四至一百九），《外國列傳》2 卷（卷一百三十七至一百三十八）。

鄭慶寰等：志 12 卷（卷一百三十九至一百五十）。

以上三個階段的工作，均由陳智超總其成，並負責各編紀、傳、志的最終審定。《導言》《凡例》的撰寫，《主要參考文獻》《目録》《附録》的審定，亦由陳智超負責。編撰助理張龍、劉一，做了大量的統籌、協調工作。

在本書完稿之際，我要感謝所有參與及支持本書工作的機構和人員。

我衷心感謝編纂團隊的所有成員，他們中除了個别成員有特殊原因而不得不中途停止外，都努力投入本書的工作，完成他們擔負的任務。我還支持他們在本書總的要求下，百花齊放，保持個人的風格。

我衷心感謝巴蜀書社一直支持此項工作，並密切溝通，特别是侯安國總編輯、周田青主任、王雷編輯。

我衷心感謝《今注本二十四史》的執行總編纂賴長揚先生，多年以來他一直關心、支持本書的工作。但深爲遺憾的是，他未能親眼看見本書的出版便辭世。

我衷心感謝曾慶瑛教授，她在身體欠佳的情況下全力支持此項工作，這是團隊成員有目共睹的。還有許多是團隊成員不知道的，就是她對這項工作提出過許多建議，做了許多具體工作。她是項目名符其實的“不管部長”，但她堅持不讓我在本書中提及她，但我要尊重事實，這次我衹好違背她的囑託了。

二〇一七年二月初稿，二〇一九年七月改定

例　言

一、今注本《舊五代史》嚴格遵照執行今注本二十四史編輯委員會制定的《〈今注本二十四史〉編纂手册》(2017) 所提出的各項要求，本校注例言是對《〈今注本二十四史〉編纂凡例》的補充規定。

二、今注本《舊五代史》以陳智超《輯補舊五代史》(巴蜀書社 2021 年版) 爲底本，並在此基礎上進行校注。部分注文參考引用今注本《新五代史》（中國社會科學出版社 2020 年版)。

三、今注本《舊五代史》正文與《輯補舊五代史》正文保持一致，《輯補舊五代史》校勘記内容保持不變，與今注注文合併。爲方便操作，必要時拆分校勘記。

四、重要的書籍名稱在今注中簡稱如下:

凡引及《輯本舊五代史》原文者（包括影庫本、殿本、劉本、中華本等)，今注本《舊五代史》作“輯本舊史”。若單獨引用2015年出版中華書局點校修訂本則簡稱“中華書局本”。

《宋本册府元龜》，中華書局1989年版，今注本作“《宋本册府》”。

《册府元龜》，中華書局1960年影印明本，今注本作“明本《册府》”。

《五代會要》，上海古籍出版社2006年版，今注本作“《會要》”。

《資治通鑑》，中華書局1956年版，今注本作“《通鑑》”。

《太平御覽》，中華書局1960年版，今注本作“《御覽》”。

《續資治通鑑長編》，中華書局2004年版，今注本作“《長編》”。

陳尚君《舊五代史新輯會證》，復旦大學出版社2005年版，今注本作“《新輯會證》”。

《永樂大典》，今注本注文作“《大典》”。

五、注文以卷爲單位，編碼的位置一律標於標點符號之後的右上角，采用[1][2][3]……標示。對應當加注者，在每卷的第一次出現時出注。此後如在該卷中再次出現，不再出注。如在别卷出現，則另行出注。

六、注釋的範圍包括冷僻的字音、字義、詞義，成語典故；人名、地名、職官、年號；有争議或原作記述有歧義的史實。注釋由概括部、説明部、羅列部、校勘部組成。概括部一般爲“人名”“地名”“職官名”“年號”等。儘量以逗號爲一單位出注。

（一）人名。人名有《紀》《傳》者，注明某書某卷有《紀》《傳》（如《新唐書》《舊唐書》《舊五代史》《新五代史》，以及碑刻）。無傳者，儘可能注明籍貫、官職、大致生平事跡，事見某書某卷。本書僅此一見者，予以注明。如：

唐僖宗：人名。即李儇。唐朝第十八位皇帝，873 年至 888 年在位。紀見《舊唐書》卷一九下、《新唐書》卷九。

張策：人名。河西敦煌（今甘肅敦煌市）人。後梁宰相。傳見本書卷一八、《新五代史》卷三五。

黄鄴：人名。曹州冤句（今山東菏澤市）人。黄巢堂弟，爲黄巢部將。事見本書卷一、卷一二、卷二五。

師遂：人名。即劉師遂。幽州文安（今河北文安縣）人。劉審交之父。本書僅此一見。

（二）地名。地名、山名、水名，注明位於今某地、某山、某水，或大體方位。説法不一者，摘其要者列舉。如須説明沿革方可解讀者，則簡述其沿革。今地名及行政區劃，以 2017 年中國地圖出版社《中華人民共和國行政區劃簡册》爲準。今地名中的“某某省（自治區）”之“省（自治區）”字，若不産生歧義則一律不用。地名如未書州、縣、關隘、山水者，則需注明州名、縣名、關隘名、山名、水名等。如：

陝州：州名。治所在今河南三門峽市陝州區。

鎮國軍：方鎮名。後梁改保義軍爲鎮國軍，後唐復舊。治所在陝州（今河南三門峽市陝州區）。

漠谷：地名。一作“幕谷”。位於今陝西乾縣西北。

石門關：關隘名。位於今寧夏固原市原州區。

渒（pài）河：水名。流經今安徽壽縣、長豐縣一帶，注入淮河。

（三）封爵中的地名，如“晋王”之“晋”、“建平郡公”之“建平”，不出注。

（四）官名、官署名、職官制度，需出注説明品秩、職掌範圍，須敘述沿革等方能理解原文文義者，則説明沿革變化、上下級關係、廢置時間等。官品參照新、舊《唐書》，《五代會要》等記載。使職、檢校官等一律不注官品。如：

行營招討使：官名。唐始置。戰時任命，兵罷則省。常以大臣、將帥或地方軍政長官兼任。掌招撫討伐等事務。

中書侍郎：官名。中書省副長官。唐後期三省長官漸爲榮銜，中書、門下侍郎却因參議朝政而職位漸重，常用爲以“同三品”或“同平章事”任宰相者的本官。正三品。

（五）年號。需注明年號屬何帝以及相應的公元紀年。注文中若具體到某一年，公元紀年須標阿拉伯數字，不必加“公元”“年”等字。如：

乾化：五代後梁太祖朱温年號（911—912）。

（六）生僻字，如：

堞（dié）：城墻上如齒狀的矮墻。

（七）引用古籍一般標書名、卷次、篇名，不標作者。書目信息詳見“主要參考文獻”。卷次數字一律使用中文。

（八）引用今人學術成果時，以卷爲單位，首次引用時須標明著者（編者、譯者）姓名、書名（篇名）、出版社（期刊名）、出版年（出刊日期）。同卷之後的引用，衹需標明著者（編者、譯者）姓名、書名（篇名）即可。

主要參考文獻

一、古籍

漢·司馬遷:《史記》, 中華書局 1959 年版。
漢·班固:《漢書》, 中華書局 1962 年版。
晉·陳壽:《三國志》, 中華書局 1959 年版。
南朝宋·范曄撰, 唐·李賢等注:《後漢書》, 中華書局 1965 年版。
北齊·魏收:《魏書》, 中華書局 1974 年版。
南朝梁·沈約:《宋書》, 中華書局 1974 年版。
唐·房玄齡等:《晉書》, 中華書局 1974 年版。
唐·李延壽:《北史》, 中華書局 1974 年版。
後晉·劉昫等:《舊唐書》, 中華書局 1975 年版。
宋·歐陽脩、宋祁:《新唐書》, 中華書局 1975 年版。
宋·薛居正等:《舊五代史》, 中華書局 2015 年版。
宋·歐陽脩撰, 宋·徐無黨注:《新五代史》, 中華書局 2015

年版。
元・脱脱等：《宋史》，中華書局 1977 年版。
元・脱脱等：《遼史》，中華書局 1974 年版。

唐・李林甫等撰，陳仲夫點校：《唐六典》，中華書局 1992 年版。
唐・馬總、宋・佚名撰，周征松點校：《通歷》，山西人民出版社 1992 年版。
五代・王仁裕撰，陳尚君輯校：《玉堂閒話》，傅璇琮、徐海榮、徐吉軍主編《五代史書彙編》，杭州出版社 2004 年版。
宋・洪邁撰，孔凡禮點校：《容齋隨筆》，中華書局 2005 年版。
宋・李昉等編：《太平廣記》，中華書局 1961 年版。
宋・李昉等編：《太平御覽》，中華書局 1960 年版。
宋・李燾：《續資治通鑑長編》，中華書局 2004 年版。
宋・馬令、宋・陸游撰，濮小南、胡阿祥點校：《南唐書》，南京出版社 2010 年版。
宋・路振撰，吴在慶、吴嘉騏校點：《九國志》，傅璇琮、徐海榮、徐吉軍主編《五代史書彙編》，杭州出版社 2004 年版。
宋・錢儼撰，李最欣校點：《吴越備史》，傅璇琮、徐海榮、徐吉軍主編《五代史書彙編》，杭州出版社 2004 年版。
宋・錢易撰，黄壽成點校：《南部新書》，中華書局 2002 年版。
宋・司馬光編著，元・胡三省音注：《資治通鑑》，中華書局 1956 年版。
宋・宋敏求：《長安志》，國家圖書館出版社 2012 年版。
宋・孫逢吉：《職官分紀》，中華書局 1988 年版。
五代・孫光憲撰，賈二强點校：《北夢瑣言》，中華書局 2002 年版。

宋・陶岳撰，顧薇薇校點：《五代史補》，傅璇琮、徐海榮、徐吉軍主編《五代史書彙編》，杭州出版社 2004 年版。

宋・王溥：《唐會要》，上海古籍出版社 1991 年版。

宋・王溥：《五代會要》，上海古籍出版社 2006 年版。

宋・王欽若等編纂，周勛初等校訂：《册府元龜（校訂本）》，鳳凰出版社 2006 年版。

宋・王象之：《輿地紀勝》，中華書局 1992 年版。

宋・王應麟著，傅林祥點校：《通鑑地理通釋》，中華書局 2013 年版。

宋・王應麟：《玉海》，江蘇古籍出版社、上海書店 1987 年版。

宋・王禹偁撰，顧薇薇校點：《五代史闕文》，傅璇琮、徐海榮、徐吉軍主編《五代史書彙編》，杭州出版社 2004 年版。

宋・葉隆禮撰，賈敬顏、林榮貴點校：《契丹國志》，中華書局 2014 年版。

宋・葉夢得撰，宋・宇文紹奕考異，侯忠義點校：《石林燕語》，中華書局 1984 年版。

宋・尹洙撰，羅筱玉校點：《五代春秋》，傅璇琮、徐海榮、徐吉軍主編《五代史書彙編》，杭州出版社 2004 年版。

宋・樂史撰，王文楚等點校：《太平寰宇記》，中華書局 2007 年版。

宋・祝穆撰，宋・祝洙增訂，施和金點校：《方輿勝覽》，中華書局 2003 年版。

宋・曾鞏撰，王瑞來校證：《隆平集校證》，中華書局 2012 年版。

元・辛文房撰，傅璇琮主編：《唐才子傳校箋》，中華書局 1987 年版。

清・顧祖禹撰，賀次君、施和金點校：《讀史方輿紀要》，中華書局 2005 年版。
清・錢大昕著，方詩銘、周殿傑校點：《廿二史考異》，上海古籍出版社 2004 年版。
清・阮元校刻：《十三經注疏（清嘉慶刊本）》，中華書局 2009 年版。
清・王昶輯：《金石萃編》，上海古籍出版社 2020 年版。
清・王鳴盛撰，黄曙輝點校：《十七史商榷》，上海古籍出版社 2013 年版。
清・吴任臣撰，徐敏霞、周瑩點校：《十國春秋》，中華書局 1983 年版。
清・徐松輯，劉琳等校點：《宋會要輯稿》，上海古籍出版社 2014 年版。
清・趙翼著，王樹民校證：《廿二史劄記校證》，中華書局 2013 年版。
陳尚君輯纂：《舊五代史新輯會證》，復旦大學出版社 2005 年版。
賈敬顔：《五代宋金元人邊疆行記十三種疏證稿》，中華書局 2004 年版。
王文才、王炎校箋：《蜀檮杌校箋》，巴蜀書社 1999 年版。
［朝］鄭麟趾等著，孫曉主編：《高麗史》（標點校勘本），西南師範大學出版社、人民出版社 2014 年版。

二、學術專著

白玉冬：《九姓達靼遊牧王國史研究（8—11 世紀）》，中國社會科學出版社 2017 年版。
畢德廣：《奚族文化研究》，科學出版社 2016 年版。
卞孝萱、鄭學檬：《五代史話》，北京出版社 1985 年版。

才讓：《吐蕃史稿》，人民出版社 2010 年版。
岑仲勉：《突厥集史》，中華書局 2004 年版。
陳長安主編：《隋唐五代墓誌匯編（洛陽卷）》，天津古籍出版社 1991 年版。
陳序經：《匈奴史稿》，中國人民大學出版社 2007 年版。
戴欽祥等：《中國古代服飾》，商務印書館 1998 年版。
［日］渡邊信一郎：《天空の玉座：中國古代帝國の朝政と儀禮》，柏書房 1996 年版。
杜文玉：《南唐史略》，陝西人民教育出版社 2001 年版。
杜文玉：《五代十國制度研究》，人民出版社 2006 年版。
杜文玉：《五代十國經濟史》，學苑出版社 2011 年版。
段連勤：《丁零、高車與鐵勒》，廣西師範大學出版社 2006 年版。
段連勤：《隋唐時期的薛延陀》，三秦出版社 1988 年版。
馮漢驥：《前蜀王建墓發掘報告》，文物出版社 2002 年版。
龔延明：《中國歷代職官別名大辭典》，上海辭書出版社 2006 年版。
郭聲波：《中國行政區劃通史（唐代卷）》，復旦大學出版社 2017 年版。
郭武雄：《五代史輯本證補》，臺灣商務印書館 1976 年版。
郭武雄：《五代史料探源》，臺灣商務印書館 1987 年版。
黄一農：《制天命而用：星占、術數與中國古代社會》，四川人民出版社 2018 年版。
金瀅坤：《中國科舉制度通史（隋唐五代卷）》，上海人民出版社 2015 年版。
［日］金子修一著，肖聖中、吴思思、王曹傑譯：《古代中國與皇帝祭祀》，復旦大學出版社 2017 年版。

李大龍:《都護制度研究》，黑龍江教育出版社 2003 年版。
李桂芝:《遼金簡史》，福建人民出版社 1996 年版。
李全德:《唐宋變革期樞密院研究》，國家圖書館出版社 2009 年版。
李曉杰:《中華行政區劃通史（五代十國卷）》，復旦大學出版社 2017 年版。
林劍鳴、吴永琪主編:《秦漢文化史大辭典》，漢語大詞典出版社 2002 年版。
劉次沅:《諸史天象記録考證》，中華書局 2015 年版。
劉後濱:《唐代中書門下體制研究——公文形態·政務運行與制度變遷》，齊魯書社 2004 年版。
劉浦江:《松漠之間：遼金契丹女真史研究》，中華書局 2008 年版。
劉一:《邵晋涵研究》，花木蘭文化事業有限公司 2019 年版。
馬一虹:《鞅鞨、渤海與周邊國家、部族關係史研究》，中國社會科學出版社 2011 年版。
邱志誠:《國家、身體、社會：宋代身體史研究》，科學出版社 2018 年版。
榮新江:《歸義軍史研究：唐宋時代敦煌歷史考索》，上海古籍出版社 2015 年版。
沈從文:《中國古代服飾研究》，上海書店出版社 2005 年版。
孫進己、孫泓:《契丹民族史》，廣西師範大學出版社 2010 年版。
湯開建:《党項西夏史探微》，商務印書館 2013 年版。
田餘慶:《拓跋史探（修訂本）》，生活·讀書·新知三聯書店 2011 年版。
［日］尾崎康著，［日］喬秀岩、王鏗編譯:《正史宋元版之研

究》，中華書局 2018 年版。
吴玉貴：《突厥汗國與隋唐關係史研究》，中國社會科學出版社 2007 年版。
辛德勇：《古代交通與地理文獻研究》，商務印書館 2018 年版。
徐振韜主編：《中國古代天文學詞典》，中國科學技術出版社 2013 年版。
閻步克：《服周之冕：〈周禮〉六冕禮制的興衰變異》，中華書局 2009 年版。
顔品忠等主編：《中華文化制度辭典》，中國國際廣播出版社 1998 年版。
楊鴻年：《隋唐宫廷建築考》，陝西人民出版社 1992 年版。
楊軍：《高句麗民族與國家的形成和演變》，中國社會科學出版社 2006 年版。
楊蕤：《回鶻時代：10—13 世紀陸上絲綢之路貿易研究》，中國社會科學出版社 2015 年版。
楊若薇：《契丹王朝政治軍事制度研究》，中國社會科學出版社 1991 年版。
余蔚：《中國行政區劃通史（遼金卷）》，復旦大學出版社 2012 年版。
張廣達、榮新江：《于闐史叢考（增訂本）》，中國人民大學出版社 2008 年版。
張久和：《原蒙古人的歷史：室韋—達怛研究》，高等教育出版社 1998 年版。
張培瑜：《三千五百年曆日天象》，大象出版社 1997 年版。
張文昌：《制禮以教天下：唐宋禮書與國家社會》，臺大出版中心 2012 年版。
趙冬梅：《文武之間：北宋武選官研究》，北京大學出版社 2010

年版。
趙貞：《唐宋天文星占與帝王政治》，北京師範大學出版社 2016 年版。
鄭學檬：《五代十國史研究》，上海人民出版社 1991 年版。
周偉洲：《吐谷渾資料輯録》，商務印書館 2017 年版。
朱和平：《中國服飾史稿》，中州古籍出版社 2001 年版。
朱玉龍：《五代十國方鎮年表》，中華書局 2005 年版。
《北京圖書館藏中國歷代石刻拓本匯編》，中州古籍出版社 1989 年版。
《洛陽出土歷代墓誌輯繩》，中國社會科學出版社 1991 年版。
《山西省考古學會論文集（二）》，山西人民出版社 1994 年版。

三、學術論文

畢德廣：《唐代奚族居地的變遷》，《中國歷史地理論叢》2014 年第 1 期。
畢德廣：《遼代奚境變遷考論》，《中國歷史地理論叢》2014 年第 3 期。
蔡家藝：《沙陀族歷史雜探》，《民族研究》2001 年第 1 期。
陳俊達：《〈新五代史〉校正一則》，《黑河學院學報》2016 年第 6 期。
陳曉偉：《捺鉢與行國政治中心論——遼初“四樓”問題真相發覆》，《歷史研究》2016 年第 6 期。
陳垣：《舊五代史輯本引書卷數多誤例》，《陳垣學術論文集（第二集）》，中華書局 1982 年版。
陳垣：《舊五代史輯本發覆》，《陳垣學術論文集（第二集）》，中華書局 1982 年版。
陳智超、張龍：《輯補〈舊五代史·梁太祖本紀〉導言》，《史學集刊》2013 年第 5 期。
陳智超、鄭慶寰：《〈舊五代史〉諸志標準本的論證》，《江西社會科學》2012 年第 8 期。
崔世平：《唐五代時期的凶肆與喪葬行業組織考論》，《暨南史學（第八輯）》，廣西師範大學出版社 2013 年版。
鄺又銘（鄧廣銘）：《遼史兵衛志“御帳親軍”“大首領部族軍”兩事目考源辨誤》，《北京大學學報》1956 年第 2 期。
杜凱月：《野蠻與文明：金國牽羊獻俘禮管窺》，《地方文化研究》2020 年第 2 期。
杜文玉：《唐五代的助禮錢與諸司禮錢》，《陝西師範大學學報》2004 年第 2 期。
杜文玉：《五代起居制度的變化及其特點》，《陝西師範大學學報》2005 年第 3 期。
杜文玉：《晚唐五代都指揮使考》，《學術界》1995 年第 1 期。
杜文玉、王鳳翔：《唐宋時期牢城使考述》，《陝西師範大學學報》2006 年第 2 期。
樊文禮：《沙陀的族源及其早期歷史》，《民族研究》1999 年第 6 期。
馮永謙：《遼史地理志考補——上京道、東京道失載之州軍》，《社會科學戰綫》1998 年第 4 期。
龔延明：《高麗國初與唐宋官制之比較——關於唐宋官制對高麗官制影響研究之一》，《韓國研究（第一輯）》，杭州大學出版社 1994 年版。
何天明：《唐代單于大都護府探討》，《北方文物》2001 年第 2 期。
侯旭東：《从朝宿之舍到商鋪——漢代郡國邸與六朝邸店考論》，《清華大學學報》2011 年第 5 期。

黄純艷：《宋代水上信仰的神靈體系及其新變》，《史學集刊》2016 年第 6 期。
黄曉巍：《宋代賑貸初探》，《中國經濟史研究》2014 年第 3 期。
黄曉巍：《唐大明宫入閤考》，《唐史論叢》2021 年第 2 期。
金雷：《嗢末新考》，《西藏研究》2007 年第 4 期。
金霞：《論兩漢魏晉南北朝時期祥瑞災異事務的管理》，《山東師範大學學報》2009 年第 2 期。
［日］津田左右吉著，王國維譯：《遼代烏古敵烈考》，《觀堂譯稿》（下），《王國維遺書》（十四），上海古籍書店 1983 年版。
鞠賀：《遼朝惕隱研究》，《西北民族大學學報》2019 年第 1 期。
來可泓：《五代十國牙兵制度初探》，《學術月刊》1995 年第 11 期。
黎國韜：《唐五代參軍戲演出形態轉變考》，《民族藝術》2008 年第 4 期。
李全德：《通進銀臺司與宋代的文書運行》，《中國史研究》2008 年第 2 期。
李樹輝：《突厥原居地“金山”考辨》，《中國邊疆史地研究》2009 年第 3 期。
李永康：《康縣境内的八處縣治》，《康縣文史（第四輯）》，甘肅文化出版社 2018 年版。
林鵠：《遼世宗朝史事考》，《中華文史論叢》2012 年第 4 期。
林鵠：《遼穆宗草原本位政策辨——兼評宋太祖“先南後北”戰略》，《中國史研究》2016 年第 1 期。
劉安志：《唐五代押牙（衙）考略》，《魏晉南北朝隋唐史資料（第十六輯）》，武漢大學出版社 1998 年版。
劉復生：《“雲南八國”辨析——兼談北宋與大理國的關係》，

《四川大學學報》2002 年第 6 期。
劉凱:《九錫淵源考辨》,《中國史研究》2018 年第 1 期。
劉茂真:《南漢時邕州未改誠州》,《廣西地方志》1997 年第 1 期。
劉起釪:《〈洪範〉這篇統治大法的形成過程》,氏著《古史續辨》,中國社會科學出版社 1991 年版。
劉喆:《五代十國時期藩鎮制的變化及特點》,《唐史論叢(第二十一輯)》,三秦出版社 2015 年版。
魯明:《點校本〈新五代史〉修訂本初稿芻議》,《中國典籍與文化》2019 年第 2 期。
羅火金:《五代時期盧價墓誌考》,《中國歷史文物》2009 年第 2 期。
羅亮:《草妖或祥瑞:"枯樹再生"與前蜀建國》,《中國史研究》2021 年第 1 期。
馬小紅:《簡析五代的立法狀況》,《上海師範大學學報》2008 年第 2 期。
墨默:《鄜畤所在考》,《延安大學學報》1984 年第 2 期。
錢宗武、楊飛:《蜀岡得名新解》,《揚州大學學報》2006 年第 3 期。
邱靖嘉:《遼太宗朝的"皇太子"名號問題——兼論遼代政治文化的特徵》,《歷史研究》2010 年第 6 期。
蘇乾英:《〈舊五代史・党項傳〉族性蕃名考》,《復旦學報》1985 年第 1 期。
孫方圓:《兵道尚詭:試説宋代的軍用蠟丸》,《軍事歷史》2018 年第 2 期。
孫正軍:《中古良吏書寫的兩種模式》,《歷史研究》2014 年第 3 期。

譚蟬雪：《襤褴探析》，《敦煌研究》2006 年第 3 期。
譚其驤：《〈遼史〉訂補三種》，《長水集（上）》，人民出版社 1987 年版。
唐雯：《〈新五代史〉宋元本溯源》，《文史》2017 年第 2 期。
唐長孺：《唐代的内諸司使及其演變》，《山居存稿》，中華書局 1989 年版。
王春陽、周國林：《“騶虞”考》，《古籍整理研究學刊》2014 年第 1 期。
王静、李青分：《鐵勒拔野古部研究》，《内蒙古大學學報》2016 年第 2 期。
王凱：《20 世紀 80 年代以來奚族研究綜述》，《東北史地》2011 年第 1 期。
王麗娟：《奚族文獻史料探究》，《宋史研究論叢（第十七輯）》，河北大學出版社 2015 年版。
王銘：《五代文書〈安審琦請射田莊宣頭〉探微》，《浙江大學學報》2010 年第 6 期。
王素：《唐五代的禁衛軍獄》，《中華文史論叢》1986 年第 2 輯。
王孫盈政：《再論唐代的宣徽使》，《中華文史論叢》2018 年第 3 期。
王軼英：《中國古代排陣使述論》，《西北大學學報》2010 年第 6 期。
王永平：《論唐代宣徽使》，《中國史研究》1995 年第 1 期。
吴麗娱：《試論晚唐五代的客將、客司與客省》，《中國史研究》2002 年第 4 期。
吴麗娱、趙晶：《唐五代格、敕編纂之演變再探》，《中華文史論叢》2015 年第 2 期。
謝元魯：《隋唐五代的特殊貴族——二王三恪》，《中國史研究》1994 年第 2 期。

徐三見：《江瀆、淮瀆封號考》，《社會科學戰綫》1989 年第 2 期。
嚴國榮、劉昌安：《“騶虞” 考辨》，《西北大學學報》2004 年第 6 期。
閆建飛：《唐後期五代宋初知州制的實施過程》，《文史》2019 年第 1 期。
楊富學：《僕固部的興起及其與突厥、回鶻的關係》，《西域研究》2000 年第 3 期。
楊連民、馬曉雪：《“歸寧父母” 與 “歸寧” 制度考略》，《聊城大學學報》2003 年第 6 期。
楊曙明：《秦漢雍畤考》，《西安財經大學學報》2021 年第 3 期。
楊智：《參軍戲探源》，《社科縱橫》1991 年第 6 期。
揚之水：《幡與牙旗》，《中國歷史文物》2002 年第 1 期。
袁本海：《沙陀的形成及其與北方民族關係探究》，博士學位論文，中央民族大學，2010 年。
袁剛：《延英奏對制度初探》，《北京大學學報》1989 年第 5 期。
曾育榮：《五代宋初侍衛親軍制度三題》，張其凡、李裕民主編《徐規教授九十華誕紀念文集》，浙江大學出版社 2009 年版。
曾昭燏、張彬：《南唐二陵發掘簡略報告》，《文物參考資料》1951 年第 7 期。
詹堅固：《試論蜑名變遷與蜑民族屬》，《民族研究》2012 年第 1 期。
張方：《鐵勒同羅部的盛衰和遷徙》，《河南教育學院學報》2006 年第 1 期。
趙雨樂：《從武德司到皇城司——唐宋政治變革的個案研究》，《唐研究（第六卷）》，北京大學出版社 2000 年版。
鄭慶寰：《輯本〈舊五代史・地理志〉所收 “十道” 内容辨析》，

《唐史論叢（第二十三輯）》，三秦出版社 2016 年版。
周慶彰:《後梁遥改汶州考》,《歷史地理（第二十六輯）》，上海人民出版社 2012 年版。
朱東根：《唐参軍戲蒼鶻角色考論》，《戲曲藝術》2003 年第 3 期。
朱玉龍:《舊五代史考證》,《安徽史學》1989 年第 2 期。

舊五代史　卷一

梁書一

太祖紀第一[1]

[1]《輯本舊史》之案語："《薛史》本紀，《永樂大典》所載俱全，獨《梁太祖紀》原帙已佚，其散見於各韻者，僅得六十八條，参以《通鑑考異》《通鑑注》所徵引者，又得二十一條，本末不具，未能綴輯成篇。考《册府元龜·閏位部》所録朱梁事蹟，皆本之《薛史》原文，首尾頗詳，按條採掇，尚可彙萃。謹依前人取《魏澹書》《高氏小史》補《北魏書》闕篇之例，採《册府元龜》梁太祖事，編年繫日，次第編排，以補其闕，庶幾畧還《薛史》之舊。仍于各條下注明原書卷第，以備参核焉。"完整之《梁太祖本紀》，應收入乾隆修《四庫全書》時已缺失之《大典》卷六五九九、卷六六〇〇"梁"字韻"五代後梁太祖"事目中。《輯本舊史》之案語所云"《册府元龜·閏位部》所録朱梁事蹟，皆本之《薛史》原文"，以偏概全，不確。

有關朱温之稱呼，不同史籍記載不同，尤其是《資治通鑑》。《通鑑》在朱温所處的不同歷史階段，分别稱之爲朱温、朱全忠、梁王、魏王、帝等。據正史本紀體例，本書《梁本紀》一律稱朱温爲"帝"。

太祖神武元聖孝皇帝，姓朱氏，諱晃，本名温，[1]宋州碭山人。[2]其先舜司徒虎之後，高祖嫣州府君黯追尊爲宣元皇帝，廟號肅祖，陵號興極；祖妣高平縣君范氏追謚宣僖皇后。曾祖宣惠王茂琳追尊爲光獻皇帝，廟號敬祖，陵號永安；祖妣秦國夫人楊氏追謚光孝皇后。祖武元王信追尊爲昭武皇帝，廟號憲祖，陵號光天；祖妣吴國夫人劉氏追謚昭懿皇后。皇考文明王父誠追尊爲文穆皇帝，廟號烈祖，陵號咸寧。[3]世皆微賤，誠粗通《五經》大義，以教授爲業。[4]帝即誠之第三子，母曰文惠王皇后。[5]以唐大中六年歲在壬申十月二十一日夜，生於碭山縣午溝里。是夕，所居廬舍之上有赤氣上騰，里人望之，皆驚奔而來，曰："朱家火發矣。"及至，則廬舍儼然。既而鄰人以誕孩告，衆咸異之。[6]帝昆仲三人，俱未冠而孤，母携養寄於蕭縣人劉崇之家。帝既壯，不事生業，以雄勇自負，里人多厭之。崇以其慵惰，每加譴杖。唯崇母自幼憐之，親爲櫛髮，嘗誡家人曰："朱三非常人也，汝輩當善待之。"家人問其故，答曰："我嘗見其熟寐之次，化爲一赤蛇。"然衆亦未之信也。[7]帝山庭月角，舜目堯眉，鸞鳳之姿自然也。[8]

[1]太祖神武元聖孝皇帝，姓朱氏，諱晃，本名温：《輯本舊史》原注録自《大典》卷八六八七，爲"騰"字韻，與本條内容無關，所注《大典》卷數誤。《宋本册府》卷一八二《閏位部・氏號門》作"太祖神武元聖孝皇帝，姓朱氏"；《宋本册府》卷一八七《閏位部・勳業門五》作"梁太祖神武元聖孝皇帝"；《通曆》卷一二梁太祖條作"太祖皇帝諱晃，本名温"。

[2]宋州：州名。治所在今河南商丘市睢陽區。　碭（dàng）山：縣名。治所在今安徽碭山縣。　宋州碭山人：《通曆》卷一二梁太祖條。《宋本册府》卷一八二、卷一八七同，《新五代史》卷一《梁太祖紀上》作："宋州碭山午溝里人也。"

[3]司徒：官名。周始設。掌土地、人民、教化等。東漢以後爲三公之一。唐以後多爲加官。正一品。　虎：人名。即朱虎。相傳爲舜的大臣。事見《尚書·舜典》。　嬀（guī）州：州名。治所在今河北懷來縣。　府君：太守尊稱。　黯：人名。即朱黯。朱温高祖。本書僅此一見。　高平縣君：命婦封號。唐朝對五品外官之母或妻封縣君。　茂琳：人名。即朱茂琳。朱温曾祖。本書僅此一見。　信：人名。即朱信。朱温祖父。本書僅此一見。　誠：人名。即朱誠。朱温父親。事見本書本卷。　"其先舜司徒虎之後"至"陵號咸寧"：《宋本册府》卷一八二《閏位部·氏號門》、卷一八九《閏位部·奉先門》。《輯本舊史》卷三五《唐明宗紀一》、卷七五《晋高祖紀一》等，有關追尊先祖詳細列出謚號、廟號、陵號名稱者基本位於本紀起首，故補此條。《舊五代史考異》："案《五代會要》：梁肅祖宣元皇帝諱黯，舜司徒虎四十二代孫，開平元年七月，追尊宣元皇帝，廟號肅祖，葬興極陵。敬祖光獻皇帝諱茂琳，宣元皇帝長子，母曰宣僖皇后范氏，開平元年七月，追尊光獻皇帝，廟號敬祖，葬永安陵。憲祖昭武皇帝諱信，光獻皇帝長子，母曰光孝皇后楊氏，開平元年七月，追尊昭武皇帝，廟號憲祖，葬光天陵。烈祖文穆皇帝諱誠，昭武皇帝長子，母曰昭懿皇后劉氏，開平元年七月，追尊文穆皇帝，廟號烈祖，葬咸寧陵。"見《會要》卷一追謚皇帝條。《通曆》卷一二爲節文："祖信，父誠。"

[4]五經：儒家《詩》《書》《禮》《易》《春秋》五部經典。泛指儒家經典。　世皆微賤，誠粗通五經大義，以教授爲業：《通曆》卷一二。《新五代史》卷一："其父誠以五經教授鄉里。"

[5]文惠王皇后：朱温母親。傳見本書卷一三。　帝即誠之第三子，母曰文惠王皇后：《宋本册府》卷一八二。《新五代史》卷

一："（誠）生三子，曰全昱、存、温。"

［6］大中：唐宣宗李忱年號（847—859），懿宗李漼沿用不改（859—860）。　"以唐大中六年"至"衆咸異之"：《大典》卷八六八七"騰"字韻。中華書局本沿《輯本舊史》注録自《大典》卷一六〇一九"旱"字韻，與内容無關，誤。但條中有"赤氣上騰"之語，而本段第一條輯者注出自《大典》卷八六八七"騰"字韻"事韻"，應係輯者將本條大典出處誤植於前，故改。亦見《宋本册府》卷一八二《閏位部·誕生門》、卷二〇三《閏位部·徵應門》、《通曆》卷一二。"既而鄰人以誕孩告"，中華書局本有校勘記："'而'，原作'入'，據《册府》卷一八二、卷二〇三、《通曆》卷一二改。"今據改。又，"誕孩告"，《通曆》卷一二作"誕娩告"。在此條下，有《輯本舊史》之案語："以上亦見《册府元龜》卷一百八十二。以此推之，知《册府元龜》引五代事蹟多本《薛史》。"此乃以偏概全，不足據。《册府》每條均需甄别。

［7］蕭縣：縣名。治所在今安徽蕭縣。　劉崇：人名。蕭縣（今安徽蕭縣）人。事見本書本卷、卷一一。　"帝昆仲三人"至"然衆亦未之信也"：原注録自《大典》卷五九四九"蛇"字韻"事韻三"，應爲"赤蛇"事目。亦見《宋本册府》卷二〇三《閏位部·徵應門》。"帝昆仲三人"，中華書局本沿《輯本舊史》作"昆仲三人"，並有校勘記："句上《册府》卷二〇三有'帝'字。"今據《册府》補。《通鑑》卷二五四廣明元年（880）十二月壬辰條胡注引五代史爲節文："温兇悍無賴，崇患太祖慵惰不作業，數笞責之。獨崇母憐之，時時自爲櫛沐，戒家人曰：'朱三非常人也，宜善遇之。'"《宋本册府》卷二〇三《閏位部·徵應門》："未冠而孤，母王氏携養寄於蕭縣人劉崇之家。帝既壯，不事生業，以雄勇自負。"

［8］山庭：鼻子。　月角：人的右額，在天庭的右邊。　帝山庭月角，舜目堯眉，鸞鳳之姿自然也：《宋本册府》卷一九〇《閏位部·姿表門》。《輯本舊史》創業諸帝本紀中多有記載帝王容貌

之內容，如卷二七《唐莊宗紀一》、卷四六《唐末帝紀上》、卷九九《漢高祖紀上》、卷一一〇《周太祖紀一》。亦見《宋本册府》卷四四《帝王部·奇表門》，故補。

唐僖宗乾符中，關東薦饑，群賊嘯聚。[1]黄巢因之起於曹、濮，饑民願附者凡數萬。[2]帝乃辭崇家，與仲兄存俱入巢軍，以力戰屢捷，得補爲隊長。[3]

[1]唐僖宗：即李儇。唐朝第十八位皇帝，873 年至 888 年在位。紀見《舊唐書》卷一九下、《新唐書》卷九。　乾符：唐僖宗李儇年號（874—879）。　關東：指潼關、函谷關以東地區。　薦饑：連年饑荒。

[2]黄巢：人名。曹州冤句（今山東曹縣）人。唐末農民起義領袖。傳見《舊唐書》卷二〇〇下、《新唐書》卷二二五下。　曹：州名。治所在今山東曹縣。　濮：州名。治所在今山東鄄城縣。

[3]存：人名。即朱存，朱温的兄長。傳見《新五代史》卷一三。　“唐僖宗乾符中”至“得補爲隊長”：《宋本册府》卷一八七《閏位部·勳業門五》。《新五代史》卷一《梁太祖紀上》載：“唐僖宗乾符四年，黄巢起曹、濮，存、温亡入賊中。巢攻嶺南，存戰死。”

廣明元年十二月甲申，黄巢陷長安，遣帝領兵屯于東渭橋。[1]是時，夏州節度使諸葛爽率所部屯於櫟陽，巢命帝招諭爽，爽遂降於巢。[2]

[1]廣明：唐僖宗李儇年號（880—881）。　東渭橋：橋名。

位於今西安市灞河入渭口東側。

[2]夏州：州名。治所今陝西靖邊縣。　節度使：官名。唐時在重要地區所設掌握一州或數州軍事、民事、財政的長官。　諸葛爽：人名。青州博昌（今山東博興縣）人。唐末軍閥，後爲河陽節度使。傳見《舊唐書》卷一八二、《新唐書》卷一八七。　櫟陽：縣名。治所在今陝西省西安市臨潼區櫟陽鎮。　"廣明元年十二月甲申"至"爽遂降於巢"：《宋本册府》卷一八七《閏位部·勳業門五》。《通鑑》卷二五四廣明元年（880）十二月壬辰條："諸葛爽以代北行營兵屯櫟陽，黃巢將碭山朱温屯東渭橋，巢使温誘説之，爽遂降於巢。"

中和元年二月，黃巢以帝爲東南面行營都虞候，將兵攻鄧州；[1]三月，辛亥，陷之，執刺史趙戒，因戍鄧州以扼荆、襄。[2]

[1]中和：唐僖宗李儇年號（881—885）。　東南面行營都虞候：官名。唐末、五代時期出征軍隊的高級統率官。　鄧州：州名。治所在今河南鄧州市。

[2]刺史：官名。漢武帝始置。州一級行政長官。總掌考覈官吏、勸課農桑、地方教化等事。唐中期以後，節度使、觀察使轄州而設，刺史爲其屬官，職任漸輕。從三品至正四品下。　趙戒：人名。籍貫不詳。本書僅此一見。　荆：州名。治所在今湖北荆州市。　襄：州名。治所在今湖北襄陽市。　"中和元年二月"至"因戍鄧州以扼荆、襄"：《通鑑》卷二五四中和元年（881）二月及三月辛亥條。《宋本册府》卷一八七《閏位部·勳業門五》作："巢以帝爲東南面行營先鋒使，令攻南陽，下之。"《册府》原繫於"中和二年"，然其下有完整中和二年記事。

六月，帝歸長安，巢親勞於灞上。[1]

[1]灞上：地名。位於今陝西西安市東北。　六月，帝歸長安，巢親勞於灞上：《宋本册府》卷一八七《閏位部·勳業門五》。

七月，巢遣帝西拒邠、岐、鄜、夏之師於興平，所至皆立功。[1]

[1]邠：州名。治所在今陝西彬縣。　岐：唐州名。治雍縣（今陝西鳳翔縣）。唐中後期稱鳳翔府，五代因之。此爲舊稱。　鄜：州名。治所在今陝西富縣。　興平：縣名。治所在今陝西興平市。　"七月"至"所至皆立功"：《宋本册府》卷一八七《閏位部·勳業門五》。《通曆》卷一二："中和元年，西拒邠、岐、鄜、夏之師於興平，所嚮皆立功。"

二年二月，巢以帝爲同州防禦使，使自攻取。[1]帝乃自丹州南行以擊左馮翊，拔之，遂據其郡。[2]時河中節度使王重榮屯兵數萬，糾合諸侯，以圖興復。[3]帝時與之鄰封，屢爲重榮所敗，遂請濟師于巢。表章十上，爲僞軍使孟楷所蔽，不達。又聞巢軍勢蹙，諸校離心，帝知其必敗。[4]

[1]同州：州名。治所在今陝西大荔縣。　防禦使：官名。唐代始置，設有都防禦使、州防禦使兩種。常由刺史或觀察使兼任，實際上爲唐代後期州或方鎮的軍政長官。　同州防禦使：《通鑑》卷二五五中和二年（882）八月條同，卷二五四中和二年正月條作"同州刺史"。

［2］丹州：州名。治所在今陝西宜川縣。　左馮（píng）翊：地名。西漢太初元年（前104）改左内史置。因在京兆尹之左（東），故稱。治長安縣（今陝西西安市西北）。三國魏改置馮翊郡，移治臨晋（今陝西大荔縣）。隋唐改同州爲馮翊郡，後又改回同州。此左馮翊當指同州。“左馮翊”，《輯本舊史》之影庫本粘籤：“左馮翊，原本缺‘翊’字，今據《通鑑》增入。”檢《通鑑》此處未見。然，《通鑑》卷二六三天復二年（901）二月條《考異》引《編遺録》亦見有“左馮”之稱。

［3］河中：方鎮名。治所在河中府（今山西永濟市西南蒲州鎮）。　王重榮：人名。太原祁（今山西祁縣）人，一説河中人。唐末藩鎮將領。傳見《舊唐書》卷一八二、《新唐書》卷一八七。　糾合諸侯：中華書局本有校勘記：“‘合’，原作‘兵’，據《册府》卷一八七改。”

［4］軍使：官名。掌領本軍軍務，或兼理地方政務。《新唐書》卷五〇《兵志》：“唐初，兵之戍邊者，大曰軍，小曰守捉，曰城，曰鎮……武德至天寶以前邊防之制，其軍、城、鎮、守捉皆有使。”　孟楷：人名。籍貫不詳。唐末黄巢起義軍將領。事見《舊唐書》卷二〇〇下、《新唐書》卷二二五下。　爲僞軍使孟楷所蔽：中華書局本有校勘記：“‘軍使’，原作‘左軍使’，據《册府》卷一八七改。”《新五代史》卷一《梁太祖紀上》載：“温數爲河中王重榮所敗，屢請益兵於巢，巢中尉孟楷抑而不通。温客謝瞳説温曰：‘黄家起於草莽，幸唐衰亂，直投其隙而取之爾，非有功德興王之業也，此豈足與共成事哉！今天子在蜀，諸鎮之兵日集，以謀興復，是唐德未厭於人也。且將軍力戰於外，而庸人制之於内，此章邯所以背秦而歸楚也。’温以爲然。”　“二年二月”至“帝知其必敗”：《宋本册府》卷一八七《閏位部·勳業門五》。

九月，帝遂與左右定計，斬僞監軍使嚴實，舉郡降於重榮。[1]重榮即日飛章上奏，時僖宗在蜀，覽表而喜曰："是天賜予也。"乃詔授帝左金吾衛大將軍，充河中行營副招討使，[2]仍賜名全忠。自是帥所部與河中兵士偕行，所向無不克捷。[3]

[1]嚴實：人名。黄巢軍將領。本書僅此一見。　斬僞監軍使嚴實：《輯本舊史》之影庫本粘籤："原本作'嚴貴'，考《歐陽史》及《通鑑》俱作嚴實，疑原本傳寫之訛，今改正。"見《新五代史》卷一《梁太祖紀上》及《通鑑》卷二五五中和二年（882）九月丙戌條。　舉郡降於重榮：《舊五代史考異》："案《舊唐書·僖宗紀》：'八月庚子，賊同州防禦使朱温殺其監軍嚴實，與大將胡真、謝瞳等來降。'《薛史》作九月，與《舊唐書》異。考《新唐書》：'九月丙戌，黄巢將朱温以同州降。'《通鑑》亦作'九月丙戌，朱温殺其監軍嚴實，舉州降'。皆與《薛史》同。是朱温之降，實在九月，《舊唐書》誤。"見《舊唐書》卷一九下《僖宗紀》、《新唐書》卷九《僖宗紀》、《通鑑》卷二五五。

[2]左金吾衛大將軍：官名。原爲左候衛，唐高宗龍朔二年（662），採用漢執金吾舊名，改稱左金吾衛，設大將軍、將軍及長史、諸曹參軍，與其他各衛相同。以後又增設上將軍，掌宫中及京城日夜巡查警戒，隨從皇帝出行。正三品。　副招討使：官名。爲招討使副將，多以大臣、將帥或地方軍政長官兼任，掌管鎮壓起義、抗禦外敵、討伐叛亂等事。　乃詔授帝左金吾衛大將軍，充河中行營副招討使：《舊五代史考異》："案《歐陽史》云：王鐸承制拜温左金吾衛大將軍、河中行營招討副使。《薛史》以爲僖宗詔授，與《歐陽史》異。考《舊唐書》：王鐸承制拜温爲華州刺史、潼關防禦、鎮國軍等使。《通鑑》作王鐸承制以温爲同華節度使。是王鐸承制所拜之官，非如《歐陽史》所載也，至謝瞳奉表行在，乃詔授金吾衛大將軍、河中行營招討副使耳。當以《薛史》爲得其

實。”《舊五代史考異》所引之“王鐸承制拜温左金吾衛大將軍”，中華書局本有校勘記：“‘左’字原闕，據《新五代史》卷一《梁本紀》補。”又見《舊唐書》卷一九下《僖宗紀》、《通鑑》卷二五五。《舊五代史考異》所謂之《薛史》，實乃《册府》。

[3]仍賜名全忠：《舊五代史考異》：“案：是書及《舊唐書》《通鑑》皆作僖宗賜名，惟《鑑戒録》云：朱太祖統四鎮，除中令日，名温。與崔相國連搆大事，崔每奏太祖忠赤，委之關東，國無患矣。昭宗遽敕太祖改名全忠，議者謂‘全’字，人王也，又在‘中心’，甚不可也，上方悔焉。其説與諸史異，蓋傳聞之不同爾。”《舊五代史考異》所引之“委之關東，國無患矣”，中華書局本有校勘記：“原作‘遷之關無患矣’，據《鑑戒録》卷二改。殿本《考證》作‘遷之關東國無患矣。’”　“九月”至“所向無不克捷”：《宋本册府》卷一八七《閏位部·勳業門五》。《通曆》卷一二梁太祖條爲節文。《通鑑》卷二五五載：“黄巢所署同州防禦使朱温屢請益兵以扞河中，知右軍事孟楷抑之，不報。温見巢兵勢日蹙，知其將亡，親將胡真、謝瞳勸温歸國；九月，丙戌，温殺其監軍嚴實，舉州降王重榮。温以舅事重榮（胡注：温母王氏，以與重榮同姓，故以舅事重榮）。王鐸承制以温爲同華節度使，使瞳奉表詣行在。瞳，福州人也……（十月）以朱温爲右金吾大將軍、河中行營招討副使，賜名全忠。”

三年三月，僖宗制授帝宣武軍節度使，依前充河中行營副招討使，仍令候收復京闕，即得赴鎮。[1]

[1]制授：唐朝任命三品以下五品以上的官職稱爲“制授”。《新唐書》卷四六《百官志一》：“五品以上，以名上而聽制授；六品以下，量資而任之。”　宣武軍：方鎮名。治所在汴州（今河南開封市）。時爲朱温的根據地。　“三年三月”至“即得赴鎮”：

《宋本册府》卷一八七《閏位部·勳業門五》，又見《通鑑》卷二五五中和三年（883）三月己丑條。《舊五代史考異》："案《舊唐書》：中和三年五月，以檢校尚書右僕射、華州刺史、潼關防禦等使朱温檢校司空、兼汴州刺史，充宣武節度觀察等使，仍賜名全忠。據《薛史》則全忠授宣武節度在三月，非五月也；由河中行營招討副使遷授，非由潼關防禦等使也；賜名全忠在二年九月，亦非三年五月也。《通鑑》所敘年月、官爵、名號，皆以《薛史》爲據。"見《舊唐書》卷二〇上《昭宗紀》，《舊五代史考異》所云《薛史》，實爲《册府》。《新五代史》卷一《梁太祖紀上》："中和三年三月，拜全忠汴州刺史、宣武軍節度使。"

四月，巢軍自藍關南走，帝與諸侯之師俱收長安，乃率部下一旅之衆，仗節東下。[1]

[1]藍關：地名。即藍田關。位於今陝西藍田縣。　仗節：手執符節。大臣出使或大將出師，皇帝授予符節，作爲憑證及權力的象徵。　"四月"至"仗節東下"：《宋本册府》卷一八七《閏位部·勳業門五》。《新五代史》卷一《梁太祖紀上》："四月，諸鎮兵破巢，復京師，巢走藍田。"

七月丁卯，入於梁苑，是時帝年三十有二。[1]時蔡州刺史秦宗權與黄巢餘孽合從肆虐，共圍陳州，久之，僖宗乃命帝爲東北面都招討使。[2]時汴、宋連年阻饑，公私俱困，帑廪皆虚，外爲大敵所攻，内則驕軍難制，交鋒接戰，日甚一日。[3]人皆危之，惟帝鋭氣益振。是歲十二月，帝領兵於鹿邑，與巢衆相遇，縱兵擊之，斬首二千餘級，乃引兵入亳州，因是兼有譙郡之地。[4]

[1]梁苑：地名。西漢梁孝王在大梁所建的東苑。代指大梁（今河南開封市）。

[2]蔡州：州名。治所在今河南汝南縣。　秦宗權：人名。許州（今河南許昌市）人。唐末軍閥。傳見《舊唐書》卷二〇〇下、《新唐書》卷二二五下。　陳州：州名。治所在今河南淮陽縣。　東北面都招討使：官名。不常置，爲一路或數路地區統兵官。掌招撫討伐等事務。兵罷則省。

[3]汴：州名。治所在今河南開封市。　阻饑：饑荒。　帑（tǎng）廩：國庫與糧倉。

[4]鹿邑：縣名。治所在今河南鹿邑縣。　亳州：州名。治所在今安徽亳州市。　譙郡：地名。位於今安徽亳州市。　“七月丁卯”至“因是兼有譙郡之地”：《宋本册府》卷一八七《閏位部·勳業門五》。亦見《通鑑》卷二五五中和三年（883）六月、七月丁卯、十二月諸條。《新五代史》卷一《梁太祖紀上》作：“七月丁卯，全忠歸於宣武。是歲，黄巢出藍田關，陷蔡州，節度使秦宗權叛附於巢，遂圍陳州。徐州時溥爲東南面行營兵馬都統，會東諸鎮兵以救陳。陳州刺史趙犨亦乞兵於全忠。溥雖爲都統而不親兵。”《通曆》卷一二爲節文。

四年春，帝與許州田從異下諸軍同收瓦子寨，殺賊數萬衆。是時，陳州四面，賊寨相望，驅虜編氓，殺以充食，號爲“舂磨寨”。帝分兵翦撲，大小凡四十戰。[1]

[1]許州：州名。治所在今河南許昌市。　田從異：人名。籍貫不詳。唐末將領。事見本書本卷、卷二五。　瓦子寨：地名。位於陳州。今地不詳。瓦子寨，《舊五代史考異》：“原本作‘瓦于寨’，考《通鑑注》，黄巢撤民居以爲寨屋，謂之瓦子寨，則‘于’字形近刊訛耳，今改正。”查《册府》本作“瓦子寨”。　“四年

春”至“大小凡四十戰”：《宋本册府》卷一八七《閏位部·勳業門五》。亦見《通鑑》卷二五五繫於中和四年（884）三月。

四月丁巳，收西華寨，賊將黄鄴單騎奔陳。帝乘勝追之，鼓譟而進。會黄巢遁去，遂入陳州，刺史趙犨迎於馬前。[1]俄聞巢黨尚在陳北故陽壘，帝遂逕歸大梁。是時，河東節度使李克用奉僖宗詔，統騎軍數千同謀破賊，與帝合勢於中牟北邀擊之，賊衆大敗於王滿渡，多束手來降。[2]時賊將霍存、葛從周、張歸厚、張歸霸皆匍匐於馬前，[3]悉宥而納之，遂逐殘寇，東至於冤句。[4]

[1]西華寨：地名。今地不詳。　黄鄴：人名。曹州冤句（山東曹縣）人。黄巢堂弟，爲黄巢部將。事見本書本卷、卷一二、卷二五。　趙犨（chōu）：人名。陳州宛丘（今河南淮陽縣）人。唐末將領，鎮守陳州，抵禦了黄巢起義軍。傳見《新唐書》卷一八九。

[2]故陽壘：地名。位於陳州北部。今地不詳。　河東：方鎮名。治所在太原（今山西太原市西南晋源鎮）。　李克用：人名。沙陀部人，生於神武川新城（一説是今山西朔州市朔城區之梵王寺村，一説是今山西應縣縣城，一説在今山西懷仁縣之日中城）。唐末軍閥，五代後唐太祖。紀見本書卷二五至卷二六、《新五代史》卷四。　中牟：縣名。治所在今河南中牟縣。　王滿渡：汴河渡口。位於今河南中牟縣。“王滿渡”，《輯本舊史》之影庫本粘籤：“原本作‘王蒲’，今據《通鑑》改正。”見《通鑑》卷二五五中和四年（884）五月戊辰條。該條胡注：“按《舊書·帝紀》，王滿渡乃汴河所經津濟之地。”五代王滿渡數見，無王蒲渡，乃形近而誤。

[3]霍存：人名。洺州曲周（今河北曲周縣東北）人。唐末、

五代將領。傳見本書卷二一、《新五代史》卷二一。　葛從周：人名。濮州鄄城（今山東鄄城縣）人。唐末、五代將領。傳見本書卷一六、《新五代史》卷二一。　張歸厚：人名。清河（今河北清河縣）人。唐末、五代將領。傳見本書卷一六。　張歸霸：人名。清河（今河北清河縣）人。唐末、五代將領。傳見本書卷一六、《新五代史》卷二二。

[4]冤句：縣名。治所在今山東曹縣。　"四月丁巳"至"東至於冤句"：《宋本册府》卷一八七《閏位部·勳業門五》。《通曆》卷一二稍簡。《新五代史》卷一《梁太祖紀上》作："全忠乃自將救犨，率諸鎮兵擊敗巢將黄鄴、尚讓等。犨以全忠爲德，始附屬焉。是時，河東李克用下兵太行，度河，出洛陽，與東兵會擊巢。巢已敗去，全忠及克用追敗之于郾城。巢走中牟，又敗之于王滿。巢走封丘，又大敗之。巢挺身東走，至泰山狼虎谷，爲時溥追兵所殺。"亦見《通鑑》卷二五五中和四年四月癸巳、五月癸亥、丙寅、戊辰、己巳、辛未諸條。

五月甲戌，帝與晋軍振旅歸汴，館克用於上源驛。[1]既而備犒宴之禮，克用乘醉任氣，帝不平之。是夜，命甲士圍而攻之。會大雨雷電，克用因得於電光中踰垣遁去，惟殺其部下數百人而已。[2]

[1]上源驛：地名。位於今河南開封市。

[2]命甲士圍而攻之：《舊五代史考異》："案：自'五月甲戌'至此，又見《通鑑考異》所引《薛史·梁紀》，與《册府元龜》所引符合。"見《通鑑》卷二五五中和四年（884）五月甲戌條《考異》引薛居正《五代史·梁太祖紀》，至"是夜，命甲士圍而攻之"止，《册府》與之全同。《新五代史》卷四《唐莊宗紀上》："（李克用）過汴州，休軍封禪寺，朱全忠饗克用於上源驛。夜，

酒罷，克用醉卧，伏兵發，火起，侍者郭景銖滅燭，匿克用牀下，以水醒面而告以難。會天大雨滅火，克用得從者薛鐵山、賀回鶻等，隨電光，縋尉氏門出還軍中。” “五月甲戌”至“惟殺其部下數百人而已”：《宋本册府》卷一八七《閏位部·勳業門五》。

六月，陳人感解圍之惠，爲帝建生祠堂於其郡。[1]

[1]六月，陳人感解圍之惠，爲帝建生祠堂於其郡：《宋本册府》卷一八七《閏位部·勳業門五》。

七月，遂與陳人共攻蔡賊於溵水，[1]殺數千人。[2]

[1]溵水：河流名。自汝水别出，東北流經西華、商水二縣，至周口市西北入潁水（今沙河）。

[2]七月，遂與陳人共攻蔡賊於溵水，殺數千人：《宋本册府》卷一八七《閏位部·勳業門五》。《通鑑》卷二五六中和四年(884)六月：“蔡州節度使秦宗權縱兵四出，侵噬鄰道；天平節度使朱瑄，有衆三萬，從父弟瑾，勇冠軍中。宣武節度使朱全忠爲宗權所攻，勢甚窘，求救於瑄，瑄遣瑾將兵救之，敗宗權於合鄉。”七月：“朱全忠擊秦宗權，敗宗權於溵水。”

九月己未，僖宗就加帝檢校司徒、同平章事，[1]封沛郡侯，食邑千户。[2]

[1]檢校司徒：官名。爲散官或加官，以示恩寵，無實際執掌。同平章事：官名。“同中書門下平章事”的簡稱。唐高宗以後，凡實際任宰相之職者，常在其本官後加同平章事的職銜。後成爲宰

相專稱。後晋天福五年（940），升中書門下平章事爲正二品。

［2］食邑：即封地、封邑。食邑之名，蓋取受封者不之國，僅食其租税之意。　“九月己未”至“食邑千户”：《宋本册府》卷一八七《閏位部·勳業門五》。《新五代史》卷一《梁太祖紀上》同，《通鑑》卷二五六中和四年（884）九月己未條作“加朱全忠同平章事”。

是歲，黄巢雖没，而蔡州秦宗權繼爲巨孽，有衆數萬，攻陷鄰郡，殺掠吏民，屠害之酷，更甚巢賊，帝患之。[1]

［1］“是歲”至“帝患之”：《宋本册府》卷一八七《閏位部·勳業門五》。亦見《通鑑》卷二五六中和四年（884）歲末條。《通曆》卷一二略簡。

光啓元年春，蔡賊掠亳、潁二郡，[1]帝帥師以救之，遂東至於焦夷，[2]敗賊衆數千，生擒賊將殷鐵林，梟首以徇于軍而還。[3]

［1］光啓：唐僖宗李儇年號（885—888）。　潁：州名。治所在今安徽阜陽市。

［2］焦夷：縣名。治所在今安徽亳州市東南城父鄉。

［3］殷鐵林：人名。籍貫不詳。唐末將領。事見本書本卷、卷二一。　“光啓元年春”至“梟首以徇于軍而還”：《宋本册府》卷一八七《閏位部·勳業門五》。《通鑑》卷二五六光啓元年（885）正月條稍簡，作：“秦宗權寇潁、亳，朱全忠敗之於焦夷。”“梟首以徇于軍而還”，中華書局本沿《輯本舊史》未録“于軍”

之“于”字,“徇”作“狥”。

三月，僖宗自蜀還長安，改元光啓。[1]

[1]三月，僖宗自蜀還長安，改元光啓：《宋本册府》卷一八七《閏位部·勳業門五》。《通鑑》卷二五六光啓元年（885）條：“三月丁卯，至京師。己巳，赦天下，改元。”

四月戊辰，就加帝檢校太保，增食邑千五百户。[1]

[1]四月戊辰，就加帝檢校太保，增食邑千五百户：《宋本册府》卷一八七《閏位部·勳業門五》。

十月癸丑，秦宗權敗帝于八角。[1]

[1]八角：地名。即八角鎮。位於今河南開封市西南八角店。 十月癸丑，秦宗權敗帝于八角：《通鑑》卷二五六光啓元年（885）十月癸丑條。

十二月，癸酉，合戰，朱玫、李昌符大敗，各走還本鎮，潰軍所過焚掠。[1]李克用進逼京城，乙亥夜，田令孜奉天子自開遠門出幸鳳翔。[2]

[1]朱玫：人名。邠州（今陝西彬縣）人。唐末軍閥。傳見《舊唐書》卷一七五、《新唐書》卷二二四下。 李昌符：人名。籍貫不詳。唐末軍閥，接替其兄李昌言任鳳翔軍節度使。事見《舊唐書》卷一九下、《通鑑》卷二五六。

[2]田令孜：人名。本姓陳。蜀人。唐末宦官。傳見《舊唐書》卷一八四、《新唐書》卷二〇八。　開遠門：城門名。位於今陝西西安市。　鳳翔：方鎮名。治所在鳳翔府（今陝西鳳翔縣）。“十二月”至“田令孜奉天子自開遠門出幸鳳翔”：《通鑑》卷二五六光啓元年（885）十二月癸酉、乙亥條。《宋本册府》卷一八七《閏位部·勳業門五》作：“十二月，河中、太原之師逼長安，觀軍容使田令孜奉僖宗出幸鳳翔。”

二年春，蔡賊益熾。時唐室微弱，諸道州兵不爲王室所用，故宗權得以縱毒，連陷汝、洛、懷、孟、唐、鄧、許、鄭，[1]圜幅數千里，殆絶人煙，惟宋、亳、滑、潁僅能閉壘而已。帝累出兵與之交戰，然或勝或負，人甚危之。[2]

[1]汝：州名。治所在今河南汝州市。　洛：府名。指河南府（今河南洛陽市）。　懷：州名。治所在今河南沁陽市。　孟：州名。治所在今河南孟州市。　唐：州名。治所在今河南泌陽縣。　鄭：州名。治所在今河南鄭州市。

[2]滑：州名。治所在今河南滑縣。　“二年春”至“人甚危之”：《宋本册府》卷一八七《閏位部·勳業門五》。

三月庚辰，僖宗降制就封帝爲沛郡王。[1]丙申，車駕至興元。[2]

[1]三月庚辰，僖宗降制就封帝爲沛郡王：《宋本册府》卷一八七《閏位部·勳業門五》。《舊五代史考異》：“案《舊唐書》：光啓元年三月，以汴州刺史朱全忠爲沛郡王，充蔡州西北面行營都

統。據《薛史》則元年惟增食邑，至二年三月乃進封爲王也，與《舊唐書》異。《歐陽史》从《薛史》。”見《舊唐書》卷一九下《僖宗紀》、《新五代史》卷一《梁太祖紀上》光啓二年（886）三月條。《舊五代史考異》中所云《薛史》實爲《册府》。

[2]興元：府名。治所在今陝西漢中市。 丙申，車駕至興元：《通鑑》卷二五六繫於三月丙申（十七日）條。《宋本册府》卷一八七作："是月，僖宗移幸興元。"

五月，嗣襄王熅僭即帝位於長安，[1]改元爲建貞。遣使賚僞詔至汴，帝命焚之於庭。未幾，襄王果敗。[2]

[1]襄王熅（yūn）：即李熅。唐肅宗曾孫，受封襄王。朱玫擁之稱帝，改元建貞，兩個月後各路節度使攻入長安，李熅被廢爲庶人，後爲王重榮所殺。傳見《舊唐書》卷一七五。

[2]“五月”至“襄王果敗”：《宋本册府》卷一八七《閏位部·勳業門五》。《通鑑》卷二五六光啓二年（886）五月戊戌條《考異》云："《編遺録》：'二年，春正月壬午，唐室有襄王之亂，僖宗駐蹕梁、洋，襄王遂下僞命以檢校太傅，令邸吏左環賚所授僞官告一通。左環至，具事以聞。上怒，切責環，將加其罪，久乃赦之，遂令焚毁於庭。'按正月，朱玫未立襄王。《編遺録》亦誤也。今從薛居正《五代史·梁紀》。"

七月，蔡人逼許州，節度使鹿晏弘使來求救，帝遣葛從周等率師赴援。師未至而城陷，晏弘爲蔡賊所害。[1]

[1]七月：《通鑑》卷二五六光啓二年（886）七月條作："秦

宗權陷許州，殺節度使鹿晏弘。”《新唐書》卷九下《僖宗紀》繫於九月。　許州：中華書局本有校勘記：“原作‘司州’，據《册府》（宋本）卷一八七、《舊唐書》卷一九下《僖宗紀》、《新唐書》卷九《僖宗紀》、《通鑑》卷二五六改。按《通鑑》卷二五六胡注：‘中和四年，晏弘據許州，至是敗亡。’”　鹿晏弘：人名。籍貫不詳。唐末軍閥。事見《舊唐書》卷一九下。“鹿晏弘”，中華書局本有校勘記：“原作‘鹿宴弘’，據本書卷一三六《王建傳》、《册府》（宋本）卷一八七、《新五代史》卷四〇《韓建傳》、《舊唐書》卷一九下《僖宗紀》、《新唐書》卷九《僖宗紀》、《通鑑》卷二五四改。本卷下一處同。”本卷下文無鹿晏弘。　“七月”至“晏弘爲蔡賊所害”：《宋本册府》卷一八七《閏位部·勳業門五》。

十一月，滑州節度使安師儒以怠於軍政，[1]爲部下所殺。[2]帝聞之，乃遣朱珍、李唐賓襲而取之，由是遂有滑臺之地。[3]

[1]安師儒：人名。籍貫不詳。唐末軍閥。事見本書本卷、卷一三、卷一九。

[2]爲部下所殺：此句後，《舊五代史考異》：“案《舊唐書》云：十月壬子朔，滑州軍亂，逐其帥安師儒，推衙將張驍主留後軍務，師儒奔汴，朱全忠殺之。《新唐書》云：十月，朱全忠陷滑州，執義成軍節度使安師儒。《歐陽史》從《舊唐書》作奔汴，《通鑑》從《新唐書》作被擄，據《薛史》則師儒自爲部下所殺，與新、舊《唐書》異。又新、舊《唐書》俱作十月，而《薛史》作十一月，《通鑑》仍從《薛史》。”見《舊唐書》卷一九下《僖宗紀》、《新唐書》卷九《僖宗紀》、《通鑑》卷二五六光啓二年（886）十一月條。

[3]朱珍：人名。徐州豐縣（今江蘇豐縣）人，朱温部將。傳

見本書卷一九、《新五代史》卷二一。　李唐賓：人名。陝州（河南三門峽市）人。朱溫部將。傳見本書卷二一、《新五代史》卷二一。《册府》誤“李唐賓”爲“李唐實”。　滑臺：地名。位於今河南滑縣。　由是遂有滑臺之地：此句後，《舊五代史考異》：“案《舊唐書》云：朝廷以汴帥朱全忠兼領義成軍節度使。據《薛史·胡真傳》云：真以奇兵襲取滑州，乃署爲滑州節度留後。蓋全忠雖嘗兼領義成，而不之鎮，故署其將胡真爲留後。”見《舊唐書》卷一九下《僖宗紀》、《輯本舊史》卷一六《胡真傳》。《舊五代史考異》所引“蓋全忠雖嘗兼領義成，而不之鎮，故署其將胡真爲留後”，中華書局本有校勘記：“孔本作‘是全忠未嘗兼領義成軍也。《歐陽史》亦作胡真爲留後’。”見《新五代史》卷一《梁太祖紀上》。關于此月記事諸家記載不同。《新五代史》卷一：“義成軍亂，逐其節度使安師儒，推牙將張驍爲留後，師儒來奔，殺之。遣朱珍、李唐賓陷滑州，以胡真爲留後。”繫於三月之後，十二月之前。《通鑑》卷二五六光啓二年十一月條較詳：“義成節度使安師儒委政於兩廂都虞候夏侯晏、杜標，二人驕恣，軍中忿之；小校張驍潛出，聚衆二千攻州城，師儒斬晏、標首諭之，軍中稍息。天平節度使朱瑄謀取滑州，遣濮州刺史朱裕將兵誘張驍，殺之。朱全忠先遣其將朱珍、李唐賓襲滑州，入境，遇大雪，珍等一夕馳至壁下，百梯並升，遂克之，虜師儒以歸。”　“十一月”至“由是遂有滑臺之地”：《宋本册府》卷一八七《閏位部·勳業門五》。

十二月，僖宗降制就加帝檢校太傅，改封吴興郡王，食邑三千户。[1]

[1]“十二月”至“食邑三千户”：《宋本册府》卷一八七《閏位部·勳業門五》。《新五代史》卷一《梁太祖紀上》作：“十二月，徙封吴興郡王。”

是歲，鄭州爲蔡賊所陷，刺史李璠單騎來奔，帝宥而納之，以爲行軍司馬。[1]宗權既得鄭，益驕，帝遣裨將邏於金隄驛，與賊相遇，因擊之，賊衆大敗，追至武陽橋，斬首千餘級。[2]帝每與蔡人戰於四郊，既以少擊衆，常出奇以制之，但患師少，未快其旨。宗權又以己衆十倍於帝，耻於頻敗，乃誓衆堅決以攻夷門。[3]既而獲蔡之諜者，備知其事，遂謀濟師焉。[4]

[1]李璠（fán）：人名。籍貫不詳。唐末將領。事見本書本卷。　行軍司馬：官名。出征將領及節度使的屬官。掌軍籍符伍、號令印信，是藩鎮重要的軍政官員。

[2]金隄驛：地名。今地不詳。　武陽橋：橋名。今地不詳。中華書局本有校勘記："《册府》卷一八七同，《册府》卷一八七下文及本卷下文作'陽武橋'。按《通鑑》卷二五七胡注：'陽武橋在鄭州陽武縣，縣在汴州西北九十里。'"見《通鑑》卷二五七光啓三年（887）五月辛巳條胡注。

[3]夷門：地名。原指戰國魏都大梁城東門，故址在今河南開封城内東北隅。夷門位於夷山，夷山因山勢平夷而得名，故門亦以山爲名。此處代指開封。

[4]"是歲"至"遂謀濟師焉"：《宋本册府》卷一八七《閏位部·勳業門五》。《通鑑》卷二五六光啓三年二月條："秦宗權自以兵力十倍於朱全忠，而數爲所敗，耻之，欲悉力以攻汴州。"

三年春二月乙巳，使朱珍募兵於東道，懼蔡人暴其麥，期以夏首回歸。[1]珍既至淄、棣，[2]旬日之内，應募者萬餘人。又潛襲青州，[3]獲馬千匹，鎧甲稱是，乃鼓行而歸。[4]

[1]“三年春二月乙巳”至“期以夏首回歸”：《通鑑》卷二五六光啓三年（887）二月條胡注引薛居正《五代史》。《宋本册府》卷一八七《閏位部·勳業門五》作：“承制以朱珍爲淄州刺史，俾募兵於東道，且慮蔡人暴其麥苗，期以夏首回歸。”中華書局本沿《輯本舊史》從《册府》文字，《輯本舊史》之案語：“案：自‘募兵於東道’至此，亦見《通鑑注》，與《册府元龜》同。”但《通鑑注》文字與《册府》並不完全相同，《輯本舊史》案語不確。

[2]淄：州名。治所在今山東淄博市淄川區。　棣：州名。治所在今山東惠民縣。

[3]青州：州名。治所在今山東青州市。

[4]“珍既至淄、棣”至“乃鼓行而歸”：《宋本册府》卷一八七。《新五代史》卷一《梁太祖紀上》作：“自黄巢死，秦宗權稱帝，陷陝、洛、懷、孟、唐、許、汝、鄭州，遣其將秦賢、盧瑭、張晊攻汴。賢軍板橋、晊軍北郊、瑭軍萬勝，環汴爲三十六柵。王顧兵少，不敢出。乃遣朱珍募兵於東方，而求救於兖、鄆。”

四月辛亥，達於夷門。帝喜曰：“吾事濟矣。”是時，賊將張晊屯於北郊，秦賢屯於板橋，各有衆數萬，樹柵相連二十餘里，其勢甚盛。[1]帝謂諸將曰：“此賊方今息師蓄鋭，以俟其時必來攻我。況宗權度我兵少，又未知珍來，謂吾畏懼，止於堅守而已。今出不意，不如先擊之。”乃親引兵攻秦賢寨，將士踴躍争先，賊果不備，連拔四寨，斬首萬餘級，時賊衆以爲神助。庚午，[2]賊將盧瑭領萬餘人於圃田北萬勝戍夾汴水爲營，[3]跨河爲梁，以扼運路。[4]帝擇精鋭以襲之。是日，昏霧四合，兵及賊壘方覺，遂突入掩殺，赴水死者甚衆，盧瑭自投於河。河南諸賊連敗，不敢復駐，皆併在張晊寨。自是蔡寇皆懷震讋，往往軍中自相驚亂。帝旋師休息，大行犒賞，繇是軍士各懷憤激，每遇敵無不奮勇。[5]

[1]張晊：人名。籍貫不詳。秦宗權部將。事見本書本卷、卷一六。　秦賢：人名。籍貫不詳。秦宗權部將。事見本書本卷、卷一六。　板橋：地名。位於開封城西。　秦賢屯於板橋：中華書局本有校勘記："'板橋'，原作'版橋'，據《通鑑》卷二五七、《新五代史》卷一《梁本紀》、《新唐書》卷二二五下《秦宗權傳》、《武經總要後集》卷一一改。按《通鑑》胡注：'據《舊五代史》，板橋在汴州城西。'"見《通鑑》卷二五七光啓三年（887）四月辛亥條胡注。

[2]庚午：《舊五代史考異》："案《通鑑考異》云：長曆四月甲辰朔，無庚午，《薛史》誤。今考《舊唐書》，光啓三年四月正作甲辰朔，以日數計之，庚午乃四月二十七日也。此非《薛史》之誤，乃《通鑑考異》之誤耳。"見《通鑑》卷二五七光啓三年四月條《考異》。

[3]盧瑭：人名。籍貫不詳。秦宗權部將。事見本書本卷、卷一六。　圃田：地名。位於今鄭州、開封之間。　萬勝：地名。位於今河南中牟縣北二十四里萬勝村。

[4]以扼運路：《舊五代史考異》："案《通鑑注》引《薛史·梁紀》曰：'盧瑭於圃田北夾汴水爲梁，以扼運路。'視《册府元龜》所引稍有删節。"《舊五代史考異》所引"盧瑭於圃田北夾汴水爲梁"，中華書局本有校勘記："'水'字原闕，據《通鑑》卷二五七胡注引《薛史·梁紀》補。"見《通鑑》卷二五七光啓三年四月庚午條胡注。

[5]"四月辛亥"至"每遇敵無不奮勇"：《宋本册府》卷一八七《閏位部·勳業門五》。

五月丙子，出酸棗門，自卯至未，短兵相接，賊衆大敗，追斬二十餘里，僵仆相枕。宗權耻敗，益縱其虐，乃自鄭州親領突將數人，逕入張晊寨。[1]其日晚，大星殞於賊壘，有聲如雷。[2]辛巳，兖、鄆、滑軍士皆來赴援，乃陳兵於汴水之上，旌旗器甲甚盛。蔡人望之，不敢出寨。翌日，分布諸軍，齊攻賊寨，自寅至申，斬首二萬餘級。會夜收軍，獲牛馬、輜重、生口、器甲不可勝計。是夜，宗權、晊遁去，遲明追之，至陽武橋而還。宗權至鄭州，乃盡焚其廬舍，屠其郡人而去。始蔡人分兵寇陜、洛、孟、懷、許、汝，皆先據之，因是敗也，賊衆恐懼，咸棄之而遁。帝乃慎選將佐，俾完緝壁壘，爲戰守之備，於是遠近流亡復歸者衆矣。[3]是時，揚州節度使高駢爲裨將畢師鐸所害，[4]復有孫儒、楊行密互相攻伐，[5]朝廷不能制。[6]

[1]酸棗門：城門名。位於今河南開封市。　僵仆相枕：中華書局本有校勘記："'相'，原作'就'，據彭校、《册府》卷一八七改。"　"五月丙子"至"逕入張晊寨"：《宋本册府》卷一八七《閏位部·勳業門五》。《通鑑》卷二五七光啓三年（887）五月丙子條："朱全忠出擊張晊，大破之。秦宗權聞之，自鄭州引精兵會之。"

[2]大星殞：大的流星在經過地球大氣層時没有完全燒毁的部分掉在地面上的叫作殞星。古代星占學多將其與重要人物的死亡相關聯。　其日晚，大星殞於賊壘，有聲如雷：《輯本舊史》注出處爲《大典》卷三二七一，中華書局本有校勘記："檢《永樂大典目録》，卷三二七一爲'軍'字韻'事韻一'，與本則内容不符，恐有誤記。疑出自卷三二二二'隕'字韻。"或可出自"雷"（卷二

七一九至二七二一）或“星”（卷七八七五）字韻。亦見《宋本册府》卷一八七。

[3]兖：州名。治所在今山東濟寧市兖州區。　鄆：州名。治所在今山東東平縣。　陝：州名。治所在今河南三門峽市陝州區。

[4]揚州：州名。治所在今江蘇揚州市。　高駢：人名。幽州（今北京市）人。唐末軍閥。傳見《舊唐書》卷一八二、《新唐書》卷二二四下。　畢師鐸：人名。曹州冤句（今山東曹縣）人。唐末將領。傳見《舊唐書》卷一八二。

[5]孫儒：人名。河南府（今河南洛陽市）人。唐末軍閥。傳見《新唐書》卷一八八。　楊行密：人名。廬州合淝（今安徽合肥市）人。唐末軍閥，五代十國南吴政權奠基人，後被追尊爲吴國太祖。傳見《新唐書》卷一八八、本書卷一三四、《新五代史》卷六一。

[6]“辛巳”至“朝廷不能制”：《宋本册府》卷一八七。《新五代史》卷一《梁太祖紀上》所載甚詳：“五月，兖州朱瑾、鄆州朱宣來赴援。王置酒軍中，中席，王陽起如厠，以輕兵出北門襲晊，而樂聲不輟。晊不意兵之至也，兖、鄆之兵又從而合擊，遂大敗之，斬首二萬餘級。宗權與晊夜走，過鄭，屠其城而去。宗權至蔡，復遣張晊攻汴。王聞晊復來，登封禪寺後岡，望晊兵過，遣朱珍躡之，戒曰：‘晊見吾兵必止。望其止，當速返，毋與之鬬也。’已而晊見珍在後，果止。珍即馳還。王令珍引兵蔽大林，而自率精騎出其東，伏大冢間。晊止而食，食畢，拔旗幟，馳擊珍。珍兵小却，王引伏兵横出，斷晊軍爲三而擊之。晊大敗，脱身走。宗權怒，斬晊。而河陽、陝、洛之兵爲宗權守者，聞蔡精兵皆已殲於汴，因各潰去。故諸葛爽將李罕之取河陽、張全義取洛陽以來附。”《通鑑》卷二五七光啓三年（887）五月丙子、辛巳條，事同文異。

八月，[1]乃就加帝檢校太尉、兼領淮南節度使。[2]

[1]八月：二字中華書局本沿《輯本舊史》無，但《通鑑》卷二五七光啓三年（887）閏十一月條《考異》引薛居正《五代史·梁太祖紀》云朝廷就加帝兼領淮南節度，在八月，據補。《通鑑》從《實録》繫於閏十一月。本條後原有《舊五代史考異》："案《舊唐書》：光啓三年十一月，楊行密遣使求援於朱全忠，制授全忠檢校太尉、侍中、兼揚州大都督府長史，充淮南節度觀察等使、行營兵馬都統。《歐陽史》作十二月，《通鑑》作閏十一月，據《薛史》則全忠兼領淮南自在九月以前，與諸書異。又《薛史》下文作閏十二月，而《通鑑》作閏十一月，亦有互異。"其中，"光啓三年十一月"，中華書局本有校勘記："'光啓'，原作'光化'，據殿本《考證》、《舊唐書》卷一九下《僖宗紀》改。按光啓爲唐僖宗年號，光化爲唐昭宗年號。""而《通鑑》作閏十一月"，中華書局本有校勘記："'閏十一月'，原作'閏十二月'，據劉本、孔本、彭本、殿本考證、《舊五代史考異》卷一、《通鑑》卷二五七考異改。按《通鑑》本文作十二月。"《通鑑》本文實作閏（十一）月。"充淮南節度觀察等使"，中華書局本有校勘記："'等'字原闕，據《舊唐書》卷一九下《僖宗紀》補。"

[2]檢校太尉：官名。爲散官或加官，以示恩寵加此官，無實際執掌。太尉，與司徒、司空並爲三公。　淮南：方鎮名。治所在揚州（今江蘇揚州市）。　八月，乃就加帝檢校太尉，兼領淮南節度使：《宋本册府》卷一八七《閏位部·勳業門五》。

九月，亳州裨將謝殷逐刺史宋衮，[1]自據其郡，帝親領軍屯於太清宫，遣霍存討平之。[2]帝之禦蔡寇也，鄆州朱瑄、兖州朱瑾皆領兵來援。[3]及宗權既敗，帝以瑄、瑾宗人也，又有力於己，皆厚禮以歸之。瑄、瑾以帝軍士勇悍，私心愛之，乃密於曹、濮界上懸金帛以誘之，帝軍利其貨而赴者甚衆，帝乃移檄以讓之。自朱瑄來詞不遜，乃命朱珍侵曹伐濮，以懲其姦。未幾，珍拔曹州，執刺史丘弘禮以獻，遂移兵圍濮州。兗、鄆之釁，自兹而始矣。[4]

[1]裨將：官名。即副將的統稱，相對主將而言。亦稱裨將軍。　謝殷：人名。籍貫不詳。唐末將領。事見《新唐書》卷九、《通鑑》卷二五七、本書本卷。　宋衮：人名。籍貫不詳。唐末官員。事見《新唐書》卷九、《通鑑》卷二五七、本書本卷。

[2]太清宫：宫觀名。主神爲老子。此處太清宫位於亳州（今安徽亳州市）。　“九月”至“遣霍存討平之”：《宋本册府》卷一八七《閏位部·勳業門五》。《舊五代史考異》：“案《新唐書》云：光啓三年六月壬戌，亳州將謝殷逐其刺史宋衮。八月壬寅，謝殷伏誅。《通鑑》從《新唐書》，《薛史》作九月，與《新唐書》異。”見《新唐書》卷九《僖宗紀》，《通鑑》卷二五七光啓三年（887）六月壬戌條。《舊五代史考異》所云《薛史》實爲《册府》卷一八七。

[3]朱瑄：人名。一作朱宣。宋州下邑（今河南夏邑縣）人。唐末軍閥，後爲天平軍節度使。傳見《舊唐書》卷一八二、《新唐書》卷一八八、本書卷一三、《新五代史》卷四二。　鄆州朱瑄：《舊五代史考異》：“案《歐陽史》作朱宣，《薛史》前後皆作‘瑄’，《舊唐書》《通鑑》並同《薛史》。”《輯本舊史》之影庫本粘籤：“朱瑄，《歐陽史》作朱宣。曾三異云：流俗本‘宣’傍加‘玉’，非也。今考《舊唐書》及《通鑑》皆作‘瑄’，蓋朱瑾、朱瑄兄弟命名皆從‘玉’，今仍從《薛史》原文，加案聲明。”見《舊唐書》卷一九下《僖宗紀》、《新五代史》卷一《梁太祖紀上》、《通鑑》卷二五七光啓三年八月條。　朱瑾：人名。宋州下邑（今河南夏邑縣）人。朱瑄之弟。唐末、五代將領。傳見《舊唐書》卷一八二、本書卷一三、《新五代史》卷四二。

[4]朱瑄來詞不遜：《舊五代史考異》："案《通鑑考異》引高若拙《後史補》曰：梁太祖皇帝到梁園，深有大志，然兵力不足，常欲外掠，又虞四境之難，每有鬱然之狀。時有薦敬秀才於門下，乃白梁祖曰：'明公方欲圖大事，輕重必爲四境所侵，但令麾下將士詐爲叛者而逃，即明公奏於主上及告四鄰，以自襲叛徒爲名。'梁祖曰：'天降奇人，以佐於吾。'初從其議，一出而致衆十倍。今案高若拙所紀，深得敬翔與梁祖陰謀情狀。《薛史》止據《梁實録》原辭，未及改正。《歐史》作移檄兖、鄆，誣其誘汴亡卒以東，亦未詳考。"其中，"輕重必爲四境所侵"，中華書局本有校勘記："'輕'，原作'輜'，據孔本、《通鑑》卷二五七《考異》引高若拙《後史補》改。"見《新五代史》卷九《僖宗紀》、《通鑑》卷二五七光啓三年八月條《考異》。《舊五代史考異》所云《薛史》實爲《册府》。　丘弘禮：人名。籍貫不詳。事見本書本卷、卷一六、《通鑑》卷二五七。"丘弘禮"，《册府》原作"丘禮"，乃避宋太祖父趙弘殷諱删，《輯本舊史》卷一六《葛從周傳》及《新五代史》卷二一《朱珍傳》皆作"丘弘禮"。《通鑑》卷二五七光啓三年八月壬子條亦作"丘弘禮"。今據以回改，下文不再出注。"帝之禦蔡寇也"至"自兹而始矣"：《宋本册府》卷一八七《閏位部·勳業門五》。

十月，僖宗命水部郎中王贊撰紀功碑以賜帝。[1]是月，帝親帥騎數千，巡師於濮上，因破朱瑄援師於范縣。丁未，攻陷濮州，刺史朱裕單騎奔鄆。[2]尋爲鄆人所敗，踰月乃還。[3]

[1]水部郎中：官名。尚書省工部水部司長官。掌水利等政令。從五品上。　王贊：人名。籍貫不詳。唐昭宗朝官兵部侍郎。事見《舊唐書》卷二〇下。　十月，僖宗命水部郎中王贊撰紀功碑以賜

帝：《宋本册府》卷一八七《閏位部·勳業門五》。《新五代史》卷一《梁太祖紀上》作："十月，天子使來，賜王紀功碑。"

［2］帝親帥騎數千：中華書局本沿《輯本舊史》原作"帝親騎數千"，並有校勘記："殿本、劉本作'帝親帥騎數千'。影庫本粘籤：'帝親騎數千，以文義求之，"親"字上疑脱"帥"字，今無别本可校，姑仍其舊，附識於此。'"但未補。今據補。　范縣：縣名。治所在今河南范縣。　朱裕：人名。籍貫不詳。事見本書本卷。

［3］"是月"至"踰月乃還"：《宋本册府》卷一八七《閏位部·勳業門五》。《通鑑》卷二五七光啓三年（887）九月辛卯、十月丁未條載此戰過程，稱"朱全忠逆擊（朱瑄弟）罕於范，擒斬之"，今據殿本、劉本補。

閏十一月甲寅，帝請行軍司馬李璠權知淮南留後，[1]乃遣大將郭言領兵援送以赴揚州。[2]李璠、郭言行至淮上，爲徐戎所扼，不克進而迴。帝怒，遂謀伐徐。[3]

［1］行軍司馬：《輯本舊史》原作"行營司馬"，中華書局本有校勘記："'行軍司馬'原作'行營司馬'，據本書卷一三四《楊行密傳》、《册府》卷一八七、《新五代史》卷一《梁本紀》、《通鑑》卷二五七及本卷下文改。"　權：官員任用類别之一。與"攝"相近，是一種暫時的委任。唐、五代時，知、判、兼等類的任用，往往冠以"權"字，稱爲權知、權判、權兼，以表示其爲暫任。　留後：官名。唐、五代節度使多以子弟或親信爲留後，以代行節度使職務，亦有軍士、叛將自立爲留後者。掌一州或數州軍政。

［2］郭言：人名。太原（今山西太原市）人。唐末將領。傳見本書卷二一。　"閏十一月甲寅"至"乃遣大將郭言領兵援送以

赴揚州”：《宋本册府》卷一八七《閏位部·勳業門五》，《册府》原繫此事於“閏月甲寅”，在十二月條後，即以爲閏十二月甲寅。中華書局本沿《輯本舊史》亦從《册府》。《通鑑》卷二五七光啓三年（887）十二月癸巳條《考異》云：“《長曆》，閏十一月庚子朔，十二月己巳朔。新、舊《唐書·紀》閏月無事，不見。《新唐書·紀》十二月癸巳在此月，是亦以十一月爲閏。《妖亂志》有後十一月。《十國紀年》亦閏十一月，惟薛居正《五代史·梁紀》十二月後有閏月。”光啓三年十二月己巳朔，是月無甲寅；閏十一月庚子朔，甲寅爲十五。是知《册府》與《薛史·梁紀》同誤，故改。“閏月”爲“閏十一月”，故將此條移於十二月條前。

[3]徐：州名。治所在今江蘇徐州市。　“李璠、郭言行至淮上”至“帝怒，遂謀伐徐”：《宋本册府》卷一八七《閏位部·勳業門五》。中華書局本沿《輯本舊史》繫於文德元年（888）正月，據《通鑑》卷二五七光啓三年閏十一月條改。《舊五代史考異》：“案《歐陽史》云：璠之揚州，行密不納。據《通鑑》云：李璠至泗州，時溥以兵襲之，郭言力戰得免而還。是李璠未嘗得至揚州也，當以《薛史》爲實録。”見《新五代史》卷一《梁太祖紀上》文德元年正月條追述，《通鑑》卷二五七光啓三年閏十一月條。《舊五代史考異》所云《薛史》實爲《册府》卷一八七。

十二月，僖宗遣使賜帝鐵券，[1]又命翰林承旨劉崇望撰德政碑以賜帝。[2]

[1]鐵券：皇帝頒賜給功臣的鐵制詔令文書，功臣本人及後世如有犯罪，以此券爲證，即可推念其功而予以赦減。

[2]翰林承旨：官名。唐玄宗時設翰林院，翰林學士承旨爲翰林學士之首，簡稱翰林承旨。掌拜免將相、號令征伐等詔令的起草。　劉崇望：人名。洛陽（今河南洛陽市）人。唐末大臣。傳見

《舊唐書》卷一七九、《新唐書》卷九〇。　十二月，僖宗遣使賜帝鐵券，又命翰林承旨劉崇望撰德政碑以賜帝：《宋本册府》卷一八七《閏位部·勳業門五》。

文德元年正月，帝率師東赴淮海，行次宋州，聞楊行密已拔揚州，遂還。[1]癸亥，[2]僖宗制以帝爲蔡州四面行營都統，由是諸鎮之師皆受帝之制度。[3]

[1]文德：唐僖宗李儇年號（888）。　淮海：地名。指揚州。　“文德元年正月”至“遂還”：《宋本册府》卷一八七《閏位部·勳業門五》。

[2]癸亥：《册府》卷一八七繫其事於“二月丙戌”，《輯本舊史》同。《通鑑》卷二五七文德元年（888）正月癸亥條《考異》引《新唐書·紀》及《編遺録》指出，《薛史》誤以受詔之日（二月丙戌）爲制命之日（正月癸亥），據改。《舊五代史考異》：“案《新唐書》：正月癸亥，朱全忠爲蔡州四面行營都統。《舊唐書》作五月，與《薛史》異。《通鑑》從《新唐書》。”見《舊唐書》卷二〇上《昭宗紀》、《新唐書》卷九《僖宗紀》、《通鑑》卷二五七文德元年正月癸亥條。《新五代史》卷一《梁太祖紀上》文德元年正月條作：“天子因以王爲蔡州四面行營都統。”

[3]行營都統：官名。唐末設置，作爲各道出征兵士的統帥。　“癸亥”至“由是諸鎮之師皆受帝之制度”：《宋本册府》卷一八七《閏位部·勳業門五》。

二月，帝奏以楊行密爲淮南留後。[1]

[1]二月，帝奏以楊行密爲淮南留後：《通鑑》卷二五七文德元年（888）二月條。

三月庚子，昭宗即位。[1]是月，蔡人石璠領萬衆以剽陳、亳，帝遣朱珍率精騎數千擒璠以獻。[2]

[1]昭宗：即唐昭宗李曄，888 年至 904 年在位。紀見《舊唐書》卷二〇上、《新唐書》卷一〇。　三月庚子，昭宗即位：《宋本册府》卷一八七《閏位部·勳業門五》。

[2]石璠：人名。事見本書本卷。　是月，蔡人石璠領萬衆以剽陳、亳，帝遣朱珍率精騎數千擒璠以獻：《宋本册府》卷一八七《閏位部·勳業門五》。《通鑑》卷二五七文德元年（888）正月癸亥條云："蔡將石璠將萬餘人寇陳、亳，朱全忠遣朱珍、葛從周將數千騎擊擒之。"

四月戊辰，魏博樂彦禎失律，其子從訓出奔相州，使來乞師。[1]帝遣朱珍領上軍濟河，連收黎陽、臨河二邑。[2]既而魏軍推小校羅弘信爲帥。弘信既立，遣使送款於汴，帝優而納之，遂命班師。[3]是月，河南尹張全義襲李罕之於河陽，克之。[4]罕之單騎出奔，因乞師於太原，李克用爲發萬騎以援之。罕之遂收其餘衆，與晉軍合勢，急攻河陽。[5]全義危急，遣使求救於汴，帝遣丁會、牛存節、葛從周領兵赴之，大戰於温縣，晉人與罕之俱敗。[6]於是河橋解圍，全義歸於洛陽，因以丁會爲河陽留後。[7]

[1]魏博：方鎮名。治所在魏州貴鄉縣（今河北大名縣）。樂彦禎：人名。又作樂彦貞、樂彦真。魏州（今河北大名縣）人，唐末軍閥。傳見《舊唐書》卷一八一、《新唐書》卷二一〇。　從訓：人名。即樂從訓。樂彦禎之子，唐末軍閥。傳見《舊唐書》卷

一八一、《新唐書》卷二一〇。　相州：州名。治所在今河南安陽市。

［2］黎陽：縣名。治所在今河南浚縣。　臨河：縣名。治所在今河南浚縣東北。

［3］羅弘信：人名。魏州貴鄉（今河北大名縣）人。唐末軍閥。傳見《舊唐書》卷一八一、《新唐書》卷二一〇。　“四月戊辰”至“遂命班師”：《宋本册府》卷一八七《閏位部·勳業門五》。《新五代史》卷一《梁太祖紀上》略簡，《通鑑》卷二五七文德元年（888）三月、四月諸條載之頗詳。《通鑑》卷二五七文德元年三月條《考異》：“《薛史》紀、傳皆云太祖遣朱珍等救從訓，獨從周傳云從太祖，恐誤也。”

［4］河南尹：官名。唐開元元年（713）改洛州爲河南府，治所在今河南洛陽市，河南府尹總其政務。從三品。　張全義：人名。濮州臨濮（今山東鄄城縣）人。唐末將領，後降於諸葛爽。傳見本書卷六三、《新五代史》卷四五。　李罕之：人名。陳州項城（今河南沈丘縣）人。唐末軍閥，後依附於諸葛爽。傳見《新唐書》卷一八七、本書卷一五、《新五代史》卷四二。

［5］太原：府名。治所在今山西太原市。　河陽：縣名。治所在今河南孟州市。

［6］丁會：人名。壽州壽春（今安徽壽縣）人。唐末、五代將領。傳見本書卷五九、《新五代史》卷四四。　牛存節：人名。青州博昌（今山東博興縣）人。唐末、五代將領。傳見本書卷二二、《新五代史》卷二二。　温縣：縣名。治所在今河南温縣。

［7］河橋：橋名。位於今河南孟州市西南、洛陽市孟津區東北黄河上。　全義歸於洛陽：中華書局本有校勘記：“‘洛陽’，原作‘河陽’，據《册府》（宋本）卷一八七改。按本卷上文記全義爲河南尹，本書卷六三《張全義傳》敘其事作‘梁祖以丁會守河陽，全義復爲河南尹’。”又，明本作“河陽”，張全義爲河南尹，當歸於洛陽，明本《册府》誤。　“是月”至“因以丁會爲河陽留

後"：《宋本册府》卷一八七《閏位部·勳業門五》。《通鑑》卷二五七文德元年三月、四月諸條記載更詳。

五月己亥，昭宗制以帝檢校侍中，增食邑三千户。戊辰，詔改帝鄉曰衣錦鄉，里曰沛王里。[1]是月，帝以兼有洛、孟之地，無西顧之患，將大整師徒，畢力誅蔡。會蔡人趙德諲舉漢南之地以歸於朝廷，且遣使送款於帝，仍誓戮力同討宗權。[2]帝表其事，朝廷因以德諲爲蔡州四面副都統，又以河陽、保義、義昌三節度爲帝行軍司馬，兼糧料應接使。[3]至是，帝領諸侯之師會德諲以伐蔡，敗蔡賊於汝水之上，遂薄其城。五日之内，樹二十八寨以環之，蓋象列宿之數也。[4]時帝親臨矢石，一日，飛矢中其左腋，血漬單衣，顧謂左右曰："勿洩。"[5]

[1]詔改帝鄉曰衣錦鄉：中華書局本有校勘記："原作'詔改帝鄉錦衣'，據《册府》卷一八七改。"

[2]趙德諲（yīn）：人名。蔡州（今河南汝南縣）人。唐末軍閥。傳見《新唐書》卷一八六。　會蔡人趙德諲舉漢南之地以歸於朝廷：此句後有《舊五代史考異》："案《新唐書·昭宗紀》：五月壬寅，趙德諲以襄州降。《舊唐書》及《通鑑》皆作五月，與《薛史》同。《歐陽史》敘其事於三月以前，疑有舛誤。"見《舊唐書》卷二〇上《昭宗紀》、《新唐書》卷一〇《昭宗紀》、《新五代史》卷一《梁太祖紀上》、《通鑑》卷二五七文德元年（888）五月條。

[3]副都統：官名。掌轄下兵馬戰事之軍事副官。爲臨時性軍事副統帥，事畢即罷。　保義：方鎮名。即横海軍。治所在陝州（今河南三門峽市陝州區）。　義昌：方鎮名。治所在滄州（今河

北滄縣舊州鎮）。　糧料應接使：官名。唐末、五代轉運使的一種。於戰時設置，或由軍中將領充任，或以地方文臣充任，負責軍需物資的籌集、調運、供給。“兼糧料應接使”，中華書局本有校勘記：“‘使’字原闕，據彭校、《册府》卷一八七補。”　“五月己亥”至“兼糧料應接使”：《宋本册府》卷一八七《閏位部·勳業門五》。《通鑑》卷二五七文德元年五月壬寅條略同。

[4]汝水：河流名。即汝河。淮河支流，位於今河南境内。　敗蔡賊於汝水之上：中華書局本有校勘記：“‘敗蔡’二字原闕，據《册府》卷一八七補。”　遂薄其城：“薄”，《册府》作“傳”，誤。《通鑑》卷二五七文德元年五月條略同。　“至是”至“蓋象列宿之數也”：《大典》卷一五一二〇“寨”字韻“事韻”，應爲“二十八寨”事目。亦見《册府》卷一八七。

[5]時帝親臨矢石，一日，飛矢中其左腋，血漬單衣，顧謂左右曰：“勿洩”：原注録自《大典》卷二〇七一二“易”字韻，誤。中華書局本有校勘記：“檢《永樂大典目録》，卷二〇七一二爲‘易’字韻‘易書一百五十六’，與本則内容不符，恐有誤記。疑出自卷二〇五五三‘腋’字韻。”更可能出自卷一〇一九三或一〇一九四“矢”字韻“飛矢”事目。亦見《宋本册府》卷一八七《閏位部·勳業門五》。

八月戊辰，帝拔蔡州南城。[1]

[1]八月戊辰，帝拔蔡州南城：《通鑑》卷二五七文德元年（888）八月條。

九月，以糧運不繼，遂班師。是時，帝知宗權殘孽不足爲患，遂移兵以伐徐。[1]

［1］“九月”至“帝知宗權孽不足爲患，遂移兵以伐徐”：《宋本册府》卷一八七《閏位部·勳業門五》。《通鑑》卷二五七文德元年（888）作：“九月，朱全忠以饋運不繼，且秦宗權殘破不足憂，引兵還。丙申，遣朱珍將兵五千送楚州刺史劉瓚之官。”“殘孽”之“孽”字，《輯本舊史》作“孼”，中華書局本從之，兹從《册府》。

十月，先遣朱珍領兵與時溥戰於吴康鎮，[1]徐人大敗，連收豐、蕭二邑，溥携散騎馳入彭門。[2]帝命分兵以攻宿州，刺史張友携符印以降。既而徐人閉壁堅守，遂命龐師古屯兵守之而還。[3]是月，蔡賊孫儒攻陷揚州，自稱淮南節度使。[4]

［1］時溥：人名。徐州彭城（今江蘇徐州市）人。唐末地方武裝割據勢力首領之一，平定了黄巢之亂，後割據徐州。傳見《舊唐書》卷一八二、《新唐書》卷一八八。　吴康鎮：古鎮名。位於今江蘇豐縣南。

［2］豐：縣名。治所在今江蘇豐縣。　蕭：縣名。治所在今安徽蕭縣。　彭門：指徐州。

［3］宿州：州名。治所在今安徽宿州市。　張友：人名。籍貫不詳。本書僅此一見。　龐師古：人名。曹州（今山東曹縣）人。唐末將領。傳見本書卷二一、《新五代史》卷二一。

［4］“十月”至“自稱淮南節度使”：《宋本册府》卷一八七《閏位部·勳業門五》。《通鑑》卷二五七文德元年（888）十一月條略同：“時溥自將步騎七萬屯吴康鎮，朱珍與戰，大破之。朱全忠又遣别將攻宿州，刺史張友降之。”該條胡注引《薛史》曰：“朱珍攻豐，下之。時溥以全師會戰豐南吴康里。”《新五代史》卷一《梁太祖紀上》作：“珍戰于吴康，大敗之，取其豐、蕭二縣。遂攻

宿州，下之。”

龍紀元年正月，龐師古攻下宿遷縣，進軍於吕梁。[1]時溥領軍二萬，晨壓師古之軍而陣，師古促戰，敗之，斬首二千餘級，溥復入於彭門。[2]

[1]龍紀：唐昭宗李曄年號（889）。　宿遷：縣名。唐代宗寶應元年（762），爲避代宗李豫之諱，改宿豫縣爲宿遷縣。治所在今江蘇宿遷市。　吕梁：古鎮名。位於今江蘇徐州市東南。

[2]“龍紀元年正月”至“溥復入於彭門”：《宋本册府》卷一八七《閏位部·勳業門五》。《通鑑》卷二五八龍紀元年（889）正月條載：“汴將龐師古拔宿遷，軍于吕梁。時溥逆戰，大敗，還保彭城。”

二月，蔡將申叢遣使來告，縛秦宗權於帳下，折其足而囚之矣。帝即日承制以叢爲淮西留後。[1]未幾，叢復爲都將郭璠所殺。[2]帝以璠爲淮西留後。[3]是月，璠執宗權來獻，帝遣行軍司馬李璠、牙校朱克讓檻進於長安。既至，昭宗御延喜樓受俘，即斬宗權於獨柳樹下。蔡州平。昭宗詔加帝食實封一百户，賜莊宅各一區。[4]

[1]申叢：人名。籍貫不詳。事見本書本卷、卷二〇。　淮西：方鎮名。治所在蔡州（今河南汝南縣）。

[2]郭璠：人名。籍貫不詳。事見本書本卷。　“二月”至“叢復爲都將郭璠所殺”：《宋本册府》卷一八七《閏位部·勳業門五》。《通曆》卷一二爲節文。縛秦宗權一事，《舊五代史考異》：“案《舊唐書》：文德元年十二月甲子朔，蔡州牙將申叢執秦宗權。

《新唐書》作十一月辛酉，與《舊唐書》月日互異。《薛史》作龍紀元年二月，蓋即其遣使來告之月而書之也。《歐陽史》作正月，誤。”見《舊唐書》卷二〇上《昭宗紀》、《新唐書》卷一〇《昭宗紀》、《新五代史》卷一《梁太祖紀上》。對《舊五代史考異》所引之“文德元年十二月甲子朔”，中華書局本有校勘記：“‘十二月’，原作‘十一月’，據殿本《考證》、《舊唐書》卷二〇上《昭宗紀》改。”“《新唐書》作十一月辛酉”，中華書局本有校勘記：“‘十一月’，原作‘十二月’，據殿本《考證》、《新唐書》卷一〇《昭宗紀》改。”《通鑑》卷二五八龍紀元年（889）正月壬子條《考異》：“新、舊《紀》《五代紀》《傳》皆云郭璠殺申叢。”申叢縛秦宗權事《通鑑》繫於文德元年（888）十二月。“郭璠殺申叢”，《通鑑》繫於龍紀元年正月壬子條。朱全忠送秦宗權至京師受斬一事，《通鑑》繫於龍紀元年二月條。《通鑑》卷二五八龍紀元年正月壬子條《考異》又引薛居正《舊五代史》：“初，申叢縛宗權，折足而囚之，雖納款於太祖，欲自獻於長安以邀旄鉞。及姦謀不就，乃欲復奉宗權以接取其柄，爲其將郭璠所殺，縶宗權送於太祖，即以璠爲留後。太祖遣都統判官韋震奏事，且疏時溥之罪，願委討伐，仍請降滄、兖二帥之命。”

[3]帝以璠爲淮西留後：《通鑑》卷二五七龍紀元年正月壬子條。

[4]牙校：低級武職。　朱克讓：人名。籍貫不詳。事見本書本卷。　延喜樓：唐長安皇城東面偏北門樓。　“是月”至“賜莊宅各一區”：《宋本册府》卷一八七《閏位部·勳業門五》。《通曆》卷一二爲節文。

三月，又加帝檢校太尉兼中書令，進封東平王，賞平蔡之功也。[1]

[1]中書令：官名。漢代始置。隋、唐前期爲中書省長官，屬宰相之職；唐後期多爲授予元勳大臣的虛銜。正二品。　"三月"至"賞平蔡之功"也：《宋本册府》卷一八七《閏位部·勳業門五》。《通曆》卷一二較簡。《舊五代史考異》："案《舊唐書》：四月壬戌朔，以宣武淮南等節度副大使、知節度事、管内營田觀察處置等使、開府儀同三司、檢校太傅、兼侍中、揚州大都督府長史、汴州刺史、充蔡州四面行營都統、上柱國、沛郡王、食邑四千户朱全忠爲檢校太尉、中書令，進封東平王，仍賜賞軍錢十萬貫。《薛史》及《歐陽史》俱作三月，與《舊唐書》異。"見《舊唐書》卷二〇上《昭宗紀》、《新五代史》卷一《梁太祖紀上》。《通鑑》卷二五八龍紀元年（889）三月條略同，"東平王"作"東平郡王"，且無"檢校太尉"。

六月，李克用遣李罕之、李存孝軍拔磁、洺二州，[1]攝洺州刺史孟遷求援于帝，帝假道於魏博，羅弘信不許，帝乃遣大將王虔裕將精甲數百，間道入邢州共守。[2]

[1]李存孝：人名。本名安敬思。代州飛狐（今河北淶源縣）人。唐末李克用養子、部將。傳見本書卷五三、《新五代史》卷三六。　磁：州名。治所在今河北磁縣。　洺：州名。治所在今河北邯鄲市永年區。

[2]孟遷：人名。邢州（今河北邢臺市）人。唐末將領。傳見《新唐書》卷一八七。　王虔裕：人名。琅琊臨沂（今山東臨沂市）人。唐末將領。傳見本書卷二一、《新五代史》卷二三。　邢州：州名。治所在今河北邢臺市。　"六月"至"間道入邢州共守"：《通鑑》卷二五八龍紀元年（889）六月條。

七月，帝如蕭縣，未至，（朱）珍出迎。命武士執之，責以專殺而誅之。諸將霍存等數十人叩頭爲之請，帝怒，以牀擲之，乃退。丁未，至蕭縣，以龐師古代珍爲都指揮使。[1]

[1]都指揮使：官名。唐末、五代行軍統兵主帥。參見杜文玉《晚唐五代都指揮使考》，《學術界》1995年第1期。 "七月"至"以龐師古代珍爲都指揮使"：《通鑑》卷二五八龍紀元年（889）七月條。

八月丙子，帝進攻時溥壁，會大雨，引兵還。[1]

[1]八月丙子，帝進攻時溥壁，會大雨，引兵還：《通鑑》卷二五八龍紀元年（889）八月丙子條。

大順元年正月戊子朔，改元。李克用急攻邢州，孟遷食竭力盡，執王虔裕及汴兵以降。[1]

[1]大順：唐昭宗李曄年號（890—891）。 "大順元年正月戊子朔"至"執王虔裕及汴兵以降"：《通鑑》卷二五八大順元年（890）正月戊子條。該條《考異》引《（唐）太祖紀年録》及《薛史·（唐）太祖紀》，皆曰："大順元年，李存孝攻邢州急，邢帥孟遷以邢、洺、磁三州歸于我，執朱温之將王虔裕等三百人以獻。"

四月丙辰，宿州小將張筠逐刺史張紹光，擁衆以朋時溥。[1]帝率親軍討之，殺千餘人，筠遂堅守。時溥出兵暴碭山縣，帝遣朱友裕以兵襲之，敗徐軍三千餘衆，獲沙陁援軍石君和等三十人，[2]斬於宿州城下。[3]

[1]張筠：人名。海州（今江蘇連雲港市海州區）人。唐末軍閥。傳見本書卷九〇、《新五代史》卷四七。　張紹光：人名。籍貫不詳。本書僅此一見。

[2]朱友裕：人名。朱温長子。傳見本書卷一二。　沙陁：部族名。即沙陀。原意爲沙漠。沙陀部源出西突厥。隋文帝開皇二年（582），突厥汗國分裂爲東、西突厥。處月部爲西突厥所屬部落，朱邪是處月的别部。唐初，處月部居於金莎山（今尼赤金山）之南，蒲類海（今新疆巴里坤湖）之東，其境内有大磧（今古爾班通古特沙漠），因稱沙陀突厥。唐中期時西突厥、處月部均已衰落，朱邪部遂自號沙陀，其首領以朱邪爲姓。事見《新唐書》卷二一八《沙陀列傳》、本書卷二五、《新五代史》卷四末歐陽修考證。參見樊文禮《沙陀的族源及其早期歷史》，《民族研究》1999年第6期。　石君和：人名。沙陀部人。時溥部將。事見本書本卷、卷二一、卷二五。

[3]“四月丙辰”至“斬於宿州城下”：《宋本册府》卷一八七《閏位部·勳業門五》。“時溥出兵”前原有“乙卯”二字，乙卯爲三月晦日，故删。《通鑑》卷二五八大順元年（890）四月條略同，無“沙陁援軍”四字。“獲沙陁援軍石君和等三十人”，中華書局本有校勘記：“‘三十’，《册府》卷一八七同，本書卷二一《霍存傳》、《新五代史》卷二一《霍存傳》、《册府》卷三四六作‘五十’。”見明本《册府》卷三四六《將帥部·佐命門》。

五月，昭義都將馮霸殺沙陁所署節度使李克恭來降。[1]帝請以河陽節度使朱崇節爲潞州留後。[2]以帝爲南面招討使。[3]

[1]昭義：方鎮名。又稱澤潞。治所在潞州（今山西長治市）。都將：官名。唐、五代時節度使屬將。　馮霸：人名。籍貫不詳。唐末軍閥。事見本書本卷、卷二五、卷五〇、卷五三。　李克恭：人名。沙陀部人。李克用之弟。唐末將領。傳見本書卷五〇、《新五代史》卷一四。　五月，昭義都將馮霸殺沙陁所署節度使李克恭來降：《宋本册府》卷一八七《閏位部·勳業門五》。《册府》原繫於八月甲寅，中華書局本沿《輯本舊史》繫於八月甲寅，今據《輯本舊史》卷五〇《李克恭傳》、《通鑑》卷二五八大順元年（890）五月庚子條《考異》改。

[2]朱崇節：人名。籍貫不詳。五代後梁官員。事見本書本卷、卷八一。　潞州：州名。治所在今山西長治市。　帝請以河陽節度使朱崇節爲潞州留後：《通鑑》卷二五八大順元年五月庚子條《考異》及七月條胡注引《五代史·梁太祖紀》。又見《宋本册府》卷一八七。《舊五代史考異》："案《舊唐書》：五月，潞州軍亂，殺其帥李克恭。七月，朱全忠遣大將葛從周率千騎入潞州。《薛史》統作八月，蓋據入潞之月而追言之也。"見《舊唐書》卷二〇上《昭宗紀》大順元年五月丙午、七月乙酉條。

[3]以帝爲南面招討使：《通鑑》卷二五八大順元年五月條。

六月辛酉，淮南孫儒遣使修好於帝，帝表其事，請以淮南節度授于儒焉。辛未，昭宗命帝爲宣義軍節度使，充河東東面行營招討使，時朝廷宰臣張濬將兵討太原故也。[1]

[1]宣義軍：方鎮名。治所在滑州（今河南滑縣）。　張濬：人名。河間（今河北河間市）人。唐僖宗時任户部侍郎、同中書門下平章事，唐昭宗時爲尚書右僕射。後爲朱温所殺。傳見《舊唐書》卷一七九、《新唐書》卷一八五。　"六月辛酉"至"時朝廷

宰臣張濬將兵討太原故也”：《宋本册府》卷一八七《閏位部·勳業門五》。《舊五代史考異》："案《舊唐書》：五月，以宣武軍節度使朱全忠爲太原東南面招討使。《歐陽史》從《舊唐書》作東南面，《通鑑》作南面，與《舊唐書》異。考《新唐書》云：五月，以朱全忠爲南面招討使。六月辛未，朱全忠爲河東東面行營招討使。蓋先爲南面招討使，後改東面也。又六月，全忠兼領宣義軍，新、舊《唐書》皆不載，《通鑑》用《薛史》。”見《舊唐書》卷二〇上《昭宗紀》、《新五代史》卷一《梁太祖紀上》大順元年（890）五月條、《通鑑》卷二五八大順元年六月辛未條。

八月戊辰，李克用自率蕃漢步騎數萬以圍潞州，帝遣葛從周率驍勇之士，夜中銜枚犯圍而入於潞。[1]

[1]銜枚：古代行軍時，常令士兵橫銜枚於口中，以防喧嘩或叫喊。枚，形如筷子，兩端有帶，可繫於頸上。　“八月戊辰”至“夜中銜枚犯圍而入於潞”：《宋本册府》卷一八七《閏位部·勳業門五》。

九月壬寅，帝至河陽，遣都將李讜引軍趨澤、潞，行至馬牢川，爲晉人所敗。[1]帝又遣朱友裕、張全義率精兵至澤州北以爲應援。既而崇節、從周棄潞來歸。戊申，帝廷責諸將敗軍之罪，斬李重胤以徇，遂班師焉。[2]

[1]李讜：人名。河中臨晋（今山西臨猗縣）人。五代後梁將領。傳見本書卷一九。　澤：州名。治所在今山西澤州縣。　馬牢川：地名。位於今山西晋城市南二十里。

[2]李重胤：人名。宋州下邑（今河南夏邑縣）人。唐末將領。傳見本書卷一九。　“九月壬寅”至“遂班師焉”：《通鑑》二五八大順元年（890）九月戊申條《考異》引薛居正《五代史·梁太祖紀》，又見同卷大順元年七月條《考異》引薛居正《五代史·梁太祖紀》，但“帝”作“上”，“李重胤”作“李重裔”。《宋本册府》卷一八七《閏位部·勳業門五》基本相同。惟“斬李重胤以徇”，《册府》作“斬李讜、李重裔以徇”。《輯本舊史》此處據《册府》，“澤州”，中華書局本有校勘記：“原作‘渾州’，據《册府》（宋本）卷一八七、《通鑑》卷二五八《考異》引《薛史》改。”又《舊五代史考異》：“案：自‘九月壬寅’至此，又見《通鑑考異》，與《册府元龜》同。”兩者並非全同。

十月乙酉，帝自河陽赴滑臺。時奉詔將討太原，先遣使假道於魏，魏人不從。先是，帝遣行人雷鄴告糴于魏，既而爲牙軍所殺。羅弘信懼，故不敢從命，遂通好於太原。[1]

[1]雷鄴：人名。籍貫不詳。本書僅此一見。　“十月乙酉”至“遂通好於太原”：《宋本册府》卷一八七《閏位部·勳業門五》。討魏一事《通鑑》卷二五八大順元年（890）十月乙酉條稍詳。

十二月辛丑，丁會、葛從周擊魏，渡河，取黎陽、臨河，龐師古、霍存下淇門、衛縣，帝自以大軍繼之。[1]

[1]淇門：地名。位於今河南浚縣。是衛河與淇河的交匯處。

衛縣：縣名。治所在今河南淇縣。　“十二月辛丑”至“帝自以大軍繼之”：《通鑑》卷二五八大順元年（890）十二月辛丑條。《宋本册府》卷一八七《閏位部・勳業門五》略同，云：“十二月辛丑，帝遣丁會、葛從周率衆渡河取黎陽、臨河，又令龐師古、霍存下淇門、衛縣，帝徐以大軍繼其後。”

二年春正月，羅弘信軍於内黄。丙辰，帝擊之，五戰皆捷，至永定橋，斬首萬餘級。弘信懼，遣使厚幣請和。帝命止焚掠，歸其俘，還軍河上。魏博自是服於汴。[1]

[1]内黄：縣名。治所在今河南内黄縣。　永定橋：橋名。位於今河南内黄縣西南衛河北。　“二年春正月”至“魏博自是服於汴”：《通鑑》卷二五八大順二年（891）正月條。《宋本册府》卷一八七《閏位部・勳業門五》略同，云：“二年春正月，魏軍屯於内黄。丙辰，帝與之接戰，自内黄至永定橋，魏軍五敗，斬首萬餘級。羅弘信懼，遣使持厚幣請和。帝命止其焚掠而歸其俘，弘信由是感悦而聽命焉，乃收軍屯於河上。”

八月己丑，帝遣丁會急攻宿州，刺史張筠堅守其壁，會乃率衆於州東築堰，壅汴水以浸其城。[1]

[1]汴水：水名。隋開通濟渠，因自滎陽至開封一段即原來的汴水，故唐、宋人遂將出自河至入淮之通濟渠東段全流統稱爲汴水或汴渠。　“八月己丑”至“壅汴水以浸其城”：《宋本册府》卷一八七《閏位部・勳業門五》。

十月壬午，筠遂降，宿州平。[1]

[1]十月壬午，筠遂降，宿州平：《宋本册府》卷一八七《閏位部·勳業門五》。《舊五代史考異》：“案：《舊唐書》作十一月，汴軍陷宿州，與《薛史》異。《歐陽史》及《新唐書》《通鑑》俱從《薛史》作十月。”見《舊唐書》卷二〇上《昭宗紀》、《新唐書》卷一〇《昭宗紀》、《新五代史》卷一《梁太祖紀上》、《通鑑》卷二五八大順二年（891）十月壬午條。

十一月丁未，曹州裨將郭紹賓殺刺史郭饒，舉郡來降。[1]乙丑，徐將劉知俊率衆二千來降，自是徐軍不振。[2]

[1]郭紹賓：人名。籍貫不詳。唐末將領。事見本書本卷、卷九、卷一六、卷二一。　郭饒：人名。籍貫不詳。本書僅此一見。十一月丁未，曹州裨將郭紹賓殺刺史郭饒，舉郡來降：《宋本册府》卷一八七《閏位部·勳業門五》。《舊五代史考異》：“案《新唐書》：十一月己未，曹州將郭銖殺其刺史郭詞，叛附於全忠。《通鑑》從《新唐書》，與《薛史》異。《歐陽史》仍從《薛史》。”見《新唐書》卷一〇《昭宗紀》、《新五代史》卷一《梁太祖紀上》、《通鑑》卷二五八大順二年（891）十一月條。《通鑑》卷二五八從《新唐書》，“曹州裨將郭紹賓”作“曹州都將郭銖”，“郭饒”作“郭詞”。

[2]劉知俊：人名。徐州沛縣（今江蘇沛縣）人。唐末、五代將領。先後隸時溥、朱温、李茂貞、王建。傳見本書卷一三、《新五代史》卷四四。　乙丑，徐將劉知俊率衆二千來降，自是徐軍不振：《宋本册府》卷一八七《閏位部·勳業門五》。“乙丑”，《册府》作“是月”，據《通鑑》卷二五八大順二年十一月乙丑條改。

十二月，兖州朱瑾領軍三萬寇單父，[1]帝遣丁會領大軍襲之，敗於金鄉界，殺二萬餘衆，瑾單馬遁去。[2]

[1]單父：縣名。治所在今山東單縣。　兖州朱瑾領軍三萬寇單父：《通鑑》卷二五八大順二年（891）十一月條、十二月乙酉條，然文字略異。其中，"兖州朱瑾"，《通鑑》作"泰寧節度使朱瑾"，"單父"，《通鑑》作"單州"。

[2]金鄉：縣名。治所在今山東金鄉縣。　帝遣丁會領大軍襲之，敗於金鄉界：中華書局本有校勘記："'襲之，敗於金鄉界'，《册府》卷一八七同，殿本作'襲敗之於金鄉界'。""丁會"後《通鑑》有"張歸霸"。　"十二月"至"瑾單馬遁去"：《宋本册府》卷一八七《閏位部·勳業門五》。

景福元年正月，遣丁會於兖州界徙其民數千户於許州。[1]

[1]景福：唐昭宗李曄年號（892—893）。　景福元年正月，遣丁會於兖州界徙其民數千户於許州：《宋本册府》卷一八七《閏位部·勳業門五》。

二月戊寅，帝親征鄆，先遣朱友裕屯軍於斗門。甲申，次衛南，有飛鳥止於峻堞之上，鳴噪甚厲，副使李璠曰："將有不如意之事。"[1]是夜，鄆州朱瑄率步騎萬人襲朱友裕於斗門，友裕拔軍南去。乙酉，帝晨救斗門，不知友裕之退，前至斗門者皆爲鄆人所殺。帝追襲鄆人至瓠河，不及，遂頓兵於村落間。[2]時朱瑄尚在濮州。丁亥，遇朱瑄率兵將歸於鄆，遂來衝擊。帝策馬南馳，爲賊所追甚急，前有浚溝，躍馬而過，張歸厚援矟力戰於其後，乃免。時李璠與都將數人皆爲鄆軍所殺。[3]帝奏貶河陽節度使趙克裕。[4]

[1]斗門：地名。位於今河南濮陽市東南。　衛：州名。治所在今河南衛輝市。　堞（dié）：城墻上如齒狀的矮墻。

[2]瓠河：地名。位於今山東鄄城縣。　遂頓兵於村落間：中華書局本有校勘記："'領'，《册府》卷一八七同，殿本作'頓'。《舊五代史考異》卷一：'案"領"字考文義應是"頓"字之譌，今改。'"但未改，今改。

[3]前有浚溝：中華書局本有校勘記："'有'，原作'後'，據彭校、《册府》卷一八七改。"　"二月戊寅"至"時李璠與都將數人皆爲鄆軍所殺"：《宋本册府》卷一八七《閏位部·勳業門五》。《通鑑》卷二五九景福元年（892）二月戊寅、甲申、乙酉、丁亥條略同。

[4]趙克裕：人名。河陽（今河南孟州市）人。唐末軍閥。傳見本書卷一五。　帝奏貶河陽節度使趙克裕：《通鑑》卷二五九景福元年二月丁亥條。

五月丙午，遣朱克讓率衆暴兖、鄆之麥。[1]

[1]五月丙午，遣朱克讓率衆暴兖、鄆之麥：《宋本册府》卷一八七《閏位部·勳業門五》。

十一月，時溥濠州刺史張璲、泗州刺史張諫以州附于帝。[1]乙未，遣朱友裕率兵攻濮州，下之，擒刺史邵儒以獻，濮州平。遂命移軍伐徐州。[2]

[1]濠州：州名。治所在今安徽鳳陽縣。　張璲：人名。籍貫不詳。唐末官員。事見《新唐書》卷一〇。　泗州：州名。治所在今江蘇泗洪縣東南。　張諫：人名。唐末官員。事見《新唐書》卷一〇、卷一八八。　十一月，時溥濠州刺史張璲、泗州刺史張諫以州附于帝：《通鑑》卷二五九景福元年（892）十一月條。

[2]邵儒：人名。籍貫不詳。唐末官員。事見本書本卷、卷一六。"邵儒"，《通鑑》作"邵倫"。　"乙未"至"遂命移軍伐徐州"：《宋本册府》卷一八七《閏位部·勳業門五》，但無"乙未"，《通鑑》卷二五九景福元年十一月乙未條略同，據該條補。《通曆》卷一二爲節文。

二年二月，時溥求救於朱瑾，帝遣其將霍存將騎兵三千軍曹州以備之。瑾將兵二萬救徐州，存引兵赴之，與朱友裕合擊徐、兖兵于石佛山下，大破之，瑾遁歸兖州。[1]辛卯，徐兵復出，存戰死。朱友裕圍彭城，時溥數出兵，友裕閉壁不戰。[2]

[1]石佛山：山名。即今江蘇省徐州市南雲龍山。其東南嶺有大石佛，故名。

[2]"二年二月"至"友裕閉壁不戰"：《通鑑》卷二五九景福二年（892）二月辛卯、甲午條。

四月丁亥，[1]師古下彭門，梟溥首以獻。[2]

[1]丁亥：中華書局本有校勘記："原作'丁丑'，據《通鑑》卷二五九《考異》引《薛史》改。按是月己巳朔，丁丑爲初九，丁亥爲十九日。《通鑑》卷二五九：'戊子，龐師古拔彭城，時溥舉

族登燕子樓自焚死。’戊子爲四月二十日，則此當作丁亥。”

［2］四月丁亥，師古下彭門，梟溥首以獻：《通鑑》卷二五九景福二年（893）四月戊子條《考異》引薛居正《五代史·梁紀》。《宋本册府》卷一八七《閏位部·勳業門五》略同。《舊五代史考異》：“案：《册府元龜》引《薛史》，於景福二年事多所删節。考是年春有石佛山之戰，今不載。《通鑑注》引《薛史》云：‘石佛山在彭門南。’疑即此處闕文也。”《通曆》卷一二較簡：“梟徐州時溥之首。”

八月，帝命龐師古移兵攻兗州，與朱瑾戰，屢破之。[1]

［1］八月，帝命龐師古移兵攻兗州，與朱瑾戰，屢破之：《通鑑》卷二五九景福二年（893）八月條。《宋本册府》卷一八七《閏位部·勳業門五》略同，作：“八月，帝遣龐師古移兵攻兗，駐於曲阜，與朱瑾屢戰，皆敗之。”

十二月，帝請徙鹽鐵於汴州以便供軍。[1]葛從周攻齊州刺史朱威，朱瑄、朱瑾引兵救之。[2]

［1］十二月，帝請徙鹽鐵於汴州以便供軍：《通鑑》卷二五九景福二年（893）十二月條。

［2］齊州：州名。治所在今山東濟南市。　朱威：人名。籍貫不詳。本書僅此一見。　葛從周攻齊州刺史朱威，朱瑄、朱瑾引兵救之：《通鑑》卷二五九景福二年十二月條。《宋本册府》卷一八七《閏位部·勳業門五》略同，作：“師古遣先鋒葛從周引軍以攻齊州，刺史朱威告急于兗、鄆。既而朱瑄以援兵至，遂固其壘。”

乾寧元年二月，帝親領大軍由鄆州東路北次於魚山。[1]朱瑄覘知，即以兵逕至，且圖速戰。帝整軍出寨，時瑄、瑾已陣於前。須臾，東南風大起，我軍旌旗失次，甚有懼色，帝即令騎士揚鞭呼嘯。[2]俄而西北風驟發，時兩軍皆在草莽中，帝因令縱火。既而煙焰亘天，乘勢以攻賊陣，瑄、瑾大敗，[3]殺萬餘人，餘衆擁入清河，因築京觀於魚山之下，駐軍數日而還。[4]

[1]乾寧：唐昭宗李曄年號（894—898）。　魚山：山名。位於今山東東阿縣西南。　次於魚山：此句後，《舊五代史考異》："《歐陽史》作漁山，考《通鑑》亦作魚山，今仍其舊。"見《新五代史》卷一《梁太祖紀上》乾寧元年（894）二月條、《通鑑》卷二五九乾寧元年二月條。

[2]帝即令騎士揚鞭呼嘯：中華書局本有校勘記："'帝'字原闕，據《册府》卷一八七補。"今據補。

[3]"乾寧元年二月"至"瑄、瑾大敗"：《大典》卷一五一二〇"寨"字韻"出寨"事目。亦見《宋本册府》卷一八七《閏位部·勳業門五》，個别字稍有差異。

[4]清河：河流名。濟水自巨野澤以下，"因水色清深"，别名清水。位於今山東境内。　京觀：戰争中勝者爲了炫耀武功，收集敵人屍首，封土而成的高冢。《左傳·宣公十二年》："君盍築武軍，而收晋尸以爲京觀。"杜預注："積尸封土其上，謂之京觀。"　殺萬餘人，餘衆擁入清河，因築京觀於魚山之下，駐軍數日而還：《宋本册府》卷一八七《閏位部·勳業門五》。《通鑑》卷二五九乾寧元年二月條較簡。

二年正月癸亥，帝遣其將朱友恭圍兖州，朱瑄自鄆以兵糧救之，友恭設伏，敗之於高梧，[1]盡奪其餉，擒河東將安福順、安福慶。[2]

[1]朱友恭：人名。壽春（今安徽壽縣）人。本姓李，朱温養子。傳見《新唐書》卷二二三下、本書卷一九。　高梧：地名。在今山東鄆城縣北。"高梧"，中華書局本沿《輯本舊史》引《册府》作"高吴"，《舊五代史考異》："案：《通鑑》作高梧，考《薛史》前後俱作高吴，今仍其舊。"《輯本舊史》卷一六、《新五代史》卷二一《葛從周傳》均作"高吴"。

[2]安福順：人名。籍貫不詳。唐末將領。事見本書本卷、卷二六。　安福慶：人名。籍貫不詳。唐末將領。事見本書本卷、《新唐書》卷一〇。　"二年正月癸亥"至"擒河東將安福順、安福慶"：《通鑑》卷二六〇乾寧二年（895）正月癸亥條。《宋本册府》卷一八七《閏位部·勳業門五》略同，作："二年正月癸亥，遣朱友恭帥師復伐兖，遂塹而圍之。未幾，朱瑄自鄆率步騎援糧欲入於兖，友恭設伏以敗之，盡奪其餉於高吴，因擒蕃將安福順、安福慶。"

二月己酉，帝領親軍屯於單父，以爲友恭之援。[1]會寒食，帝乃親拜文穆皇帝陵於碭山縣午溝里。[2]

[1]二月己酉，帝領親軍屯於單父，以爲友恭之援：《宋本册府》卷一八七《閏位部·勳業門五》。《通鑑》卷二六〇乾寧二年（895）二月己酉條略同，作："朱全忠軍于單父，爲朱友恭聲援。"中華書局本沿《輯本舊史》仍繫此條於三年二月，有校勘記："《册府》卷一八九繫其事於乾寧二年二月，本書誤繫於三年。"但未復位，且未補"以爲友恭之援"，今復位，並補。

[2]寒食：節令名。時間多在清明節前一至三日，農曆三月之

中。寒食日禁火寒食，故名。　文穆皇帝：即朱温之父朱誠。　會寒食，帝乃親拜文穆皇帝陵於碭山縣午溝里：《宋本册府》卷一八九《閏位部·奉先門》。中華書局本沿《輯本舊史》亦繫於三年二月，亦有與上條校勘記相同文字之校記，但未復位，今復位。

四月，濠、壽二州復爲楊行密所陷。是時，太原遣將史儼兒、李承嗣以萬騎馳入於鄆，[1] 朱友恭遂歸於汴。[2]

[1] 壽：州名。治所在今安徽壽縣。　史儼兒：人名。籍貫不詳。唐末、五代將領。事見本書本卷、卷二一、卷二五。　李承嗣：人名。代州雁門（今山西代縣）人。唐末、五代將領。傳見本書卷五五。

[2] “四月”至“朱友恭遂歸於汴”：《宋本册府》卷一八七《閏位部·勳業門五》。《舊五代史考異》：“《通鑑》：乾寧二年四月，河東遣其將史儼、李承嗣以萬人馳入於鄆。此據《薛史·梁紀》原文，惟史儼兒作史儼，爲微異耳。下又云：七月，克用遣史儼將三千騎詣石門侍衛。十二月，李克用遣大將史儼、李承嗣假道於魏以救之。前後複互，且其時汴、鄆日有戰争，道路阻隔，史儼既於四月入鄆，不應七月已在石門，十二月又過魏也。考《舊唐書》云：初，兗、鄆求援於太原，克用令蕃將史完府、何懷寶等千騎赴之。不言其赴鄆爲何時。據此篇下云：八月，獲蕃將史完府。十一月，擒何懷寶。然則四月馳入於鄆者，當是史完府、何懷寶，非史儼、李承嗣也。參考《薛史·唐武皇紀》及《李承嗣傳》，承嗣等入鄆定在二年之冬，《梁紀》似有舛誤。《通鑑》並採梁、唐《帝紀》，亦未能考定畫一。”其中，“十一月”，中華書局本有校勘記：“‘原作十月’，據殿本《考證》及本卷下文改。”見《舊唐書》卷二〇上《昭宗紀》。《通鑑》卷二六〇乾寧二年（895）四月庚寅

等條更詳。兩書“史儼兒”均作“史儼”。

八月，帝領親軍伐鄆，至大仇，遣前軍挑戰，設伏於梁山以待之。[1]既而獲蕃將史完府，奪馬數百匹。朱瑄脱身遁去，復入于鄆。[2]

[1]大仇：地名。今地不詳。　梁山：山名。位於今山東梁山縣東南。

[2]史完府：人名。籍貫不詳。李克用部將。事見本書本卷。“八月”至“復入于鄆”：《宋本册府》卷一八七《閏位部·勳業門五》。《舊五代史考異》：“案《通鑑》：九月辛未，朱全忠自將擊朱瑄，戰於梁山，瑄敗走還鄆。與《薛史》異。《歐陽史》仍從《薛史》作八月。”見《新五代史》卷一《梁太祖紀上》乾寧二年（895）八月條、《通鑑》卷二六〇繫於乾寧二年九月辛未。

十月，帝駐軍於鄆，齊州刺史朱瓊遣使請降，瓊即瑾之從父兄也。[1]帝因移軍至兖，瓊果來降。未幾，瓊爲朱瑾所紿，掠而殺之。帝即以其弟玭爲齊州防禦使。[2]

[1]朱瓊：人名。宋州下邑（今河南夏邑縣）人。唐末將領。事見本書本卷。

[2]玭：人名。即朱玭。宋州下邑（今河南夏邑縣）人。唐末將領。本書僅此一見。　“十月”至“帝即以其弟玭爲齊州防禦使”：《宋本册府》卷一八七《閏位部·勳業門五》。《舊五代史考異》：“案《新唐書·昭宗紀》：十一月壬申，齊州刺史朱瓊叛降於朱全忠。據《薛史》則朱瓊自請降至見殺皆在十月，與《新唐書》

異。《通鑑》從《新唐書》。”見《新唐書》卷一〇《昭宗紀》、《通鑑》卷二六〇乾寧二年（895）十一月丁巳條。《通鑑》該條《考異》引《薛史·梁紀》云“瓊降及死皆在十月”。

十一月，朱瑄復遣將賀瓌、柳存及蕃將何懷寶等萬餘人以襲曹州，庶解兖州之圍也。[1]帝知之，自兖領軍策馬先路至鉅野南，追而敗之，殺戮將盡，生擒賀瓌、柳存、何懷寶及賊黨三千餘人。是日申時，狂風暴起，塵沙沸湧，帝曰：“此乃殺人未足耳！”遂下令盡殺所獲囚俘，風亦止焉。翌日，縶賀瓌等以示于兖，帝素知瓌名，乃釋之，惟斬何懷寶於兖城之下，乃班師。[2]

[1]賀瓌：人名。濮州濮陽（今河南濮陽市）人。唐末、五代將領。傳見本書卷二三、《新五代史》卷二三。　柳存：人名。籍貫不詳。唐末、五代將領。事見本書本卷。　何懷寶：人名。籍貫不詳。唐末將領。事見本書本卷、卷一三、卷二三。“何懷寶”，《舊五代史考異》：“案：《通鑑》作薛懷寶，考《舊唐書》亦作何懷寶，今仍之。”見《舊唐書》卷二〇上《昭宗紀》。《通鑑》卷二六〇乾寧二年（895）十一月辛巳條引章注，云十二行本作“何”，張校則作“薛”。

[2]鉅野：縣名。治所在今山東巨野縣。　“十一月”至“乃班師”：《宋本册府》卷一八七《閏位部·勳業門五》。

十二月，葛從周領兵復伐兖。既至，與朱瑾戰於壘下，殺千餘衆，擒其將孫漢筠已下二十人，[1]遂旋師。[2]

[1]孫漢筠：人名。籍貫不詳。唐末將領。事見本書本卷、卷

一六。

［2］“十二月”至“遂旋師”：《宋本册府》卷一八七《閏位部·勳業門五》。《舊五代史考異》：“案《通鑑》云：朱全忠之去兖州也，留葛從周將兵守之，與《薛史·梁紀》異。又《薛史·葛從周傳》作十月事。”《通鑑》卷二六〇乾寧二年（895）十二月條較詳，云：“朱全忠之去兖州也，留葛從周將兵守之，朱瑾閉城不復出。從周將還，乃揚言‘天平、河東救兵至，引兵西北邀之’，夜半，潛歸故寨。瑾以從周精兵悉出，果出兵攻寨。從周突出奮擊，殺千餘人，擒其都將孫漢筠而還。”《舊五代史考異》所云《薛史·梁紀》實爲《册府》。

三年正月，河東李克用既破邠州，欲謀争霸，乃遣蕃將張污落以萬騎寨於河北之莘縣，聲言欲救兖、鄆。魏博節度使羅弘信患之，使來求援。[1]

［1］張污落：人名。即李存信。回鶻人。唐末將領。傳見本書卷五三、《新五代史》卷三六。“蕃將張污落”，《通鑑》卷二六〇乾寧三年（896）閏正月條作“蕃、漢都指揮使李存信”，張污落乃賜姓前之原名。　莘縣：縣名。治所在今山東莘縣。　“三年正月”至“使來求援”：《宋本册府》卷一八七《閏位部·勳業門五》。《通鑑》卷二六〇繫於乾寧三年閏正月條，稍詳。

三月，帝遣龐師古將兵伐鄆州，敗鄆兵於馬頰，遂抵其城下。[1]

［1］馬頰：地名。位於今山東東平縣。　“三月”至“遂抵其城下”：《通鑑》卷二六〇乾寧三年（896）三月條。

四月辛酉，河漲，將毁滑州城，帝命決爲二河，夾滑城而東，爲害滋甚。錢鏐、鍾傳、杜洪畏楊行密之强，皆求援於帝。[1]帝遣許州刺史朱友恭將兵萬人渡淮，聽以便宜從事。[2]

[1]錢鏐：人名。杭州臨安（今浙江杭州市）人。五代時期吴越國的建立者。傳見本書卷一三三、《新五代史》卷六七。　鍾傳：人名。洪州高安（今江西高安市）人。唐末軍閥。傳見《新唐書》卷一九〇、本書卷一七、《新五代史》卷四一。　杜洪：人名。江夏（今湖北武漢市）人。伶人出身，唐末軍閥。傳見《新唐書》卷一九〇、本書卷一七。

[2]“四月辛酉”至“聽以便宜從事”：《通鑑》卷二六〇乾寧三年（896）四月條。《宋本册府》卷一八七《閏位部·勳業門五》稍詳，作：“四月辛酉，河東泛漲，將壞滑城，帝令決隄岸以分其勢爲二河，夾滑城而東，爲害滋甚。是月，帝遣許州刺史朱友恭領兵萬人渡淮，以便宜從事。時黄、鄂二州累遣使求援，故有是行。”中華書局本沿《輯本舊史》引《册府》“河東泛漲”，有校勘記：“《册府》卷一八七同，劉本作‘河東水泛漲’，邵本校作‘河水泛漲’，《通鑑》卷二六〇作‘河漲’。”本書從《通鑑》。

五月，命葛從周統軍屯于洹水，以備蕃軍。[1]

[1]洹水：縣名。治所在今河北魏縣。因境有洹水，故名。　五月，命葛從周統軍屯于洹水，以備蕃軍：《宋本册府》卷一八七《閏位部·勳業門五》。《通鑑》卷二六〇乾寧三年（896）五月條稍詳。

六月，李克用帥蕃漢諸軍營于斥丘，遣其男落落將鐵林小兒三千騎薄于洹水。[1]從周與戰，大敗之，生擒落落以獻。克用悲駭，請修舊好以贖其子，帝不許，遂執落落送于羅弘信，斬之。越七日，我軍還屯楊留以伐鄆。[2]

[1]斥丘：縣名。治所在今河北成安縣。　落落：人名。即李落落，李克用之子。事見本書卷一、卷二六。　鐵林：部隊番號。

[2]楊留：地名。位於今山東東阿縣楊柳鄉。唐、五代時爲黄河下游重鎮。　“六月”至“我軍還屯楊留以伐鄆”：《宋本册府》卷一八七《閏位部·勳業門五》。《通鑑》卷二六〇乾寧三年（896）六月條略同，“楊留”作“楊劉”。本書亦多處用“楊劉”，地名通用。

八月，復壁于洹水。是時，昭宗幸華州。遣使就加帝檢校太師、守中書令。[1]

[1]華州：州名。治所在今陝西渭南市華州區。　守：官制用語。官階低於官職加“守”字。爲加官，榮譽頭銜。　“八月”至“守中書令”：《宋本册府》卷一八七《閏位部·勳業門五》。“檢校太師、守中書令”事，《舊唐書》卷二〇上《昭宗紀》繫於天復元年（901）二月。“復壁于洹水”事，《通鑑》卷二六〇繫於乾寧三年（896）十月條。

十一月，帝還大梁，復遣葛從周東會龐師古，攻鄆州。[1]

[1]十一月，帝還大梁，復遣葛從周東會龐師古，攻鄆州：《通鑑》卷二六〇乾寧三年（896）十一月條。

四年正月，帝以洹水之師大舉伐鄆。[1]辛卯，營于濟水之次，龐師古令諸將撤木爲橋。乙未夜，師古以中軍先濟，朱瑄棄壁夜走，葛從周擒瑄并妻男以獻。[2]己亥，帝入于鄆，以朱友裕爲鄆州兵馬留後。[3]時帝聞朱瑾與史儼兒在豐沛間搜索糧餽，[4]惟留康懷英以守兖州，帝因乘勝遣葛從周以大軍襲兖。[5]懷英聞鄆失守，俄又我軍大至，乃出降。朱瑾、史儼兒遂奔淮南。兖、海、沂、密等州並平。乃以葛從周爲兖州留後。[6]

[1]四年正月，帝以洹水之師大舉伐鄆：《宋本册府》卷一八七《閏位部·勳業門五》。

[2]濟水：河名。源出今河南省，流經山東省入渤海。　擒瑄并妻男以獻：《舊五代史考異》："案：自'辛卯營于濟水之次'至此，又見《通鑑考異》，惟中少數字，蓋引書間有删節也。"見《通鑑》卷二六一乾寧四年（897）正月丙申條《考異》引《薛史·梁太祖紀》。　"辛卯"至"葛從周擒瑄并妻男以獻"：《通鑑》卷二六一乾寧四年正月丙申條《考異》引《薛史·梁太祖紀》。《宋本册府》卷一八七記載略同，作："辛卯，營于濟水之次，龐師古令諸將撤木爲橋。乙未夜，師古以中軍先濟，聲振于鄆，朱瑄聞之，棄壁夜走。葛從周逐之至中都北，擒瑄并其妻男以獻，尋斬汴橋下，鄆州平。"《輯本舊史》引《册府》。其中，"濟水"，《舊五代史考異》："案胡三省云：漢以後無濟水，此濟水蓋即鄆城清河水也。"

[3]己亥：中華書局本有校勘記："原作'乙亥'，據《册府》

（宋本）卷一八七改。按《通鑑》卷二六一繫朱温入鄆事於己亥。是月丁丑朔，無乙亥，己亥爲二十三日。”　朱友裕爲鄆州兵馬留後：《舊五代史考異》：“案《通鑑》：正月，以龐師古爲天平軍留後。三月，表朱友裕爲天平軍留後。據《薛史·郴王友裕傳》，四年，帝下東平，即爲天平留後。與《通鑑》異。”見《輯本舊史》卷一二《郴王友裕傳》。《通鑑》卷二六一乾寧四年正月條《考異》：“《舊·紀》、《梁太祖實録》、薛居正《五代史·師古傳》皆云師古爲鄆州留後。《編遺録》《薛史·梁紀》皆云‘友裕’。案《編遺録》，‘三月丙子，以友裕爲鄆州留後，師古爲徐州留後。’蓋初以師古守鄆州，後以友裕代之，而徙師古於徐州也。”

[4]沛：縣名。治所在今江蘇沛縣。　豐沛：《輯本舊史》之影庫本粘籤：“原本作‘澧沛’，今據文改正。”《册府》此處本作“豐沛”，粘籤誤。

[5]康懷英：人名。兖州（今山東濟寧市兖州區）人。唐末、五代將領。本名懷貞，避後梁末帝朱友貞諱改懷英。傳見本書卷二三、《新五代史》卷二二。

[6]海：州名。治所在今江蘇連雲港市海州區。　沂：州名。治所在今山東臨沂市。　密：州名。治所在今山東諸城市。　兖、海、沂、密等州並平：《舊五代史考異》：“案《新唐書·昭宗紀》：四年正月丙申，朱全忠陷鄆州，天平軍節度朱宣死之。二月，朱全忠寇兖州，泰寧軍節度使朱瑾奔於淮南。《舊唐書》：正月癸未，汴將龐師古陷鄆州。二月戊申，汴將葛從周陷兖州，與《薛史》月日前後不同，詳見《通鑑考異》。”見《新唐書》卷一〇《昭宗紀》、《舊唐書》卷二〇上《昭宗紀》、《通鑑》卷二六一乾寧四年正月條略同，奔淮南事，繫於二月條，略同。“朱瑾、史儼兒”原作“朱瑾、朱儼兒”，據上下文改。　“己亥”至“兖州留後”：《宋本册府》卷一八七《閏位部·勳業門五》。

三月丙子，帝表曹州刺史葛從周爲泰寧留後，朱友裕爲天平留後，龐師古爲武寧留後。[1]

[1]泰寧：方鎮名。治所在兖州（今山東濟寧市兖州區）。　天平：方鎮名。治所在鄆州（今山東東平縣）。　武寧：方鎮名。治所在徐州（今江蘇徐州市）。　"三月丙子"至"龐師古爲武寧留後"：《通鑑》卷二六一乾寧四年（897）三月丙子條。

五月，朱友恭遣使上言，大破淮寇於武昌，收復黄、鄂二州。[1]

[1]武昌：方鎮名。治所在鄂州（今湖北武漢市武昌區）。　黄州：州名。治所在今湖北黄岡市黄州區。　鄂：州名。治所在今湖北武漢市武昌區。　"五月"至"收復黄、鄂二州"：《通鑑》卷二六一乾寧四年（897）五月壬午條《考異》引薛居正《五代史·梁紀》。原作"五月丁丑"，據《通鑑》卷二六一，乾寧四年五月辛巳（初七）起浮梁，壬午（初八）取黄州，丁丑（初三）在壬午前，誤，故删"丁丑"二字。

八月，陝州節度使王珙遣使來乞師。是時，珙弟珂實爲蒲帥，迭相憤怒，日尋干戈，而珙兵寡，故來求援。[1]帝遣張存敬、楊師厚等領兵赴陝，既而與蒲人戰于猗氏，大敗之。[2]

[1]王珙：人名。太原祁（今山西祁縣）人。河中節度使王重盈之子。唐末軍閥。傳見本書卷一四。　珂：人名。即王珂。河中（今山西永濟市）人。王重榮兄王重簡之子，出繼王重榮。唐末軍

閥。傳見《舊唐書》卷一八二、《新唐書》卷一八七、本書卷一四、《新五代史》卷四二。“珂”，《舊五代史考異》：“案：原本訛作‘琦’，今據《新唐書·王重榮傳》改正。”見《新唐書》卷一八七《王重榮傳》。案，《宋本册府》此處本作“珂”，明本作“琦”。《舊五代史考異》見明本而未查宋本。　蒲：蒲州。此處當指護國軍，治所在蒲州（今山西永濟市）。

[2]張存敬：人名。譙郡（治今安徽亳州市）人。唐末將領。傳見本書卷二〇、《新五代史》卷二一。　楊師厚：人名。潁州斤溝（今安徽太和縣阮橋鎮斤溝村）人。唐末、五代將領。傳見本書卷二二、《新五代史》卷二三。　猗氏：縣名。治所在今山西臨猗縣。　“八月”至“大敗之”：《宋本册府》卷一八七《閏位部·勳業門五》。《通鑑》卷二六一繫王乞師事於乾寧四年（897）三月。

九月，帝以兖、鄆既平，將士雄勇，遂大舉南征。[1]命龐師古以徐、宿、宋、滑之師直趨清口，葛從周以兖、鄆、曹、濮之衆徑赴安豐。[2]

[1]大舉南征：此句後，《舊五代史考異》：“案《舊唐書·昭宗紀》：師古渡淮在十月，而清口之敗在十一月，《薛史》繫於九月，蓋舉南征之議實始於九月，其後遂終言之耳。《歐陽史》改作九月，攻淮南。則清口之役乃因雨雪而敗，有《九國志》可據，斷非九月事也。”見《舊唐書》卷二〇上《昭宗紀》、《新五代史》卷一《梁太祖紀上》乾寧四年（897）正月條。

[2]清口：地名。原爲泗水入淮之口，位於今江蘇淮安市淮陰區。　安豐：地名。位於今江蘇興化市安豐鎮。　“九月”至“從周以兖、鄆、曹、濮之衆徑赴安豐”：《宋本册府》卷一八七《閏位部·勳業門五》。此事《通鑑》卷二六一亦繫於乾寧四年九

月條，云："朱全忠既得兖、鄆，甲兵益盛，乃大舉擊楊行密，遣龐師古以徐、宿、宋、滑之兵七萬壁清口，將趨揚州，葛從周以兖、鄆、曹、濮之兵壁安豐，將趨壽州，全忠自將屯宿州；淮南震恐。"

十一月，淮人遣朱瑾領兵以拒師古，因決水以浸軍，遂爲淮人所敗，師古殁焉。葛從周行及濠梁，聞師古之敗，亦命班師。[1]

[1]濠梁：濠水之上。濠，水名。在今安徽鳳陽縣，北流至臨淮關入淮河。梁，橋梁。　"十一月"至"亦命班師"：《宋本册府》卷一八七《閏位部·勳業門五》，原繫於九月，據《通鑑》卷二六一乾寧四年（897）十一月癸酉條改。

舊五代史　卷二

梁書二

太祖紀第二

光化元年正月，兩浙、江西、武昌、淄青各遣使詣闕，請以帝爲都統，討楊行密；詔不許。[1]帝遣葛從周統諸將略地於山東，遂次于邢洺。[2]

[1]光化：唐昭宗李曄年號（898—901）。　兩浙：地區名。浙東、浙西的合稱。泛指今浙江全省及江蘇南部一角。　江西：地區名。即江南西道，治所在洪州（今江西南昌市）。　武昌：方鎮名。治所在鄂州（今湖北武漢市）。　淄青：方鎮名。即平盧軍，治所在青州（今山東青州市）。　都統：官名。此處指諸道行營都統。唐末設此職，作爲各道出征兵士的統帥。屬臨時性軍事長官。　楊行密：人名。廬州合淝（今安徽合肥市）人。唐末軍閥，五代十國南吴政權奠基者，後被追尊爲吴國太祖。傳見《新唐書》卷一八八、本書卷一三四、《新五代史》卷六一。　“光化元年正月”至“詔不許”：《通鑑》卷二六一光化元年（898）正月條。

[2]葛從周：人名。濮州鄄城（今山東鄄城縣）人。唐末、五

代將領。傳見本書卷一六、《新五代史》卷二一。　邢：州名。治所在今河北邢臺市。　洺：州名。治所在今河北邯鄲市永年區。　“帝遣葛從周”至“次于邢洺”：《宋本册府》卷一八七《閏位部·勳業門五》。

三月，昭宗以帝兼領天平軍節度使，餘如故。[1]滄州節度使盧彦威爲燕軍所攻，棄城奔於魏，魏人送於汴。[2]

[1]昭宗：即唐昭宗李曄，888 年至 904 年在位。紀見《舊唐書》卷二〇上、《新唐書》卷一〇。　天平軍：方鎮名。治所在鄆州（今山東東平縣）。　節度使：官名。唐時在重要地區所設掌握一州或數州軍事、民事、財政的長官。　三月，昭宗以帝兼領天平軍節度使，餘如故：《宋本册府》卷一八七《閏位部·勳業門五》。《舊五代史考異》：“案《舊唐書》：光化元年正月，朱全忠遣判官韋震奏事，求兼領鄆州。《薛史》作三月事，蓋奏事在正月，制下在三月也。《歐陽史》及《通鑑》俱從《薛史》。”見《舊唐書》卷二〇上《昭宗紀》光化元年（898）正月辛未條、《新五代史》卷一《梁太祖紀上》光化元年三月條、《通鑑》卷二六一光化元年三月條。

[2]滄州：州名。治所在今河北滄縣舊州鎮。　盧彦威：人名。籍貫不詳。唐末軍閥。事見《舊唐書》卷一九下至卷二〇下、《通鑑》卷二六七。中華書局本沿《輯本舊史》作“盧廷彦”，並有校勘記：“本書卷九〇《趙在禮傳》、卷一三五《劉守光傳》、《新五代史》卷三九《劉守光傳》、《舊唐書》卷二〇上《昭宗紀》、《新唐書》卷一〇《昭宗紀》、《通鑑》卷二六一作‘盧彦威’。”但未改。《輯本舊史》卷二六《唐武皇紀下》乾化元年（911）十二月條、卷六七《李愚傳》、卷一四一《五行志·草木石冰條》亦作

“盧彦威”。今據上述諸書改。　燕：封國名。此處指唐末河北方鎮盧龍軍，治所在幽州（今北京城西南）。劉仁恭、劉守光父子先後爲盧龍節度使、燕王。　魏：州名。又稱鄴都。治所在今河北大名縣。　汴：州名。治所在今河南開封市。　滄州節度使盧彦威爲燕軍所攻，棄城奔於魏，魏人送於汴：《宋本册府》卷一八七，原繫於“四月”，據《通鑑》卷二六一光化元年（898）三月條改。

四月丁未，帝至鉅鹿城下，敗河東兵萬餘人，逐北至青山口。[1]丁卯，帝遣葛從周分兵攻洺州，戊辰，拔之，斬刺史邢善益。[2]

[1]鉅鹿：縣名。治所在今河北巨鹿縣。　河東：方鎮名。治所在太原（今山西太原市西南晋源鎮）。　青山口：地名。位於今河北邢臺市西北。

[2]邢善益：人名。籍貫不詳。唐末將領。事見本書本卷，《通鑑》卷二五八、卷二六一。　“四月”至“斬刺史邢善益”：《通鑑》卷二六一光化元年（898）四月丁未、丁卯、戊辰條。《宋本册府》卷一八七《閏位部·勳業門五》略同，云：夏四月，“帝以大軍至鉅鹿，屯於城下，敗晋軍萬餘衆於青山口，俘馬千餘匹。丁卯，遣從周分兵攻洺州，斬刺史邢善益，擒將五十餘人。”

五月己巳朔，赦天下。葛從周攻邢州，刺史馬師素棄城走。[1]辛未，磁州刺史袁奉滔自剄。[2]帝以從周爲昭義留後，守邢、洺、磁三州而還。[3]

[1]刺史：官名。漢武帝始置。州一級行政長官，總掌考核官吏、勸課農桑、地方教化等事。唐中期以後，節度使、觀察使轄州

而設，刺史爲其屬官，職任漸輕。從三品至正四品下。　馬師素：人名。籍貫不詳。唐末將領。事見本書本卷、卷二六，《通鑑》卷二五九、卷二六一。

[2]磁州：州名。治所在今河北磁縣。　袁奉滔：人名。籍貫不詳。唐末將領。事見本書本卷、《通鑑》卷二六一。

[3]昭義：方鎮名。治所在潞州（今山西長治市）。　留後：官名。唐、五代節度使多以子弟或親信爲留後，以代行節度使職務，亦有軍士、叛將自立爲留後者。掌一州或數州軍政。　“五月己巳朔”至“守邢、洺、磁三州而還”：《通鑑》卷二六一光化元年（898）五月己巳、辛未條。《宋本册府》卷一八七《閏位部·勳業門五》略同，云：“五月己巳，邢州刺史馬師素棄城遁去。辛未，磁州刺史袁奉滔自剄而死。五日之内，連下三州。因以葛從周兼邢州昭義軍節度留後，帝遂班師。”其中“磁州”，《輯本舊史》之影庫本粘籤：“磁州，原本作‘惠州’，今從《新唐書》及《通鑑》改正。”檢《新唐書》未獲，見《通鑑》卷二六一光化元年五月辛未條、《新五代史》卷二一《葛從周傳》。在本條《册府》文字後，有《舊五代史考異》：“案《通鑑》，朱全忠陷洺州在四月，陷邢州、磁州在五月，俱以《薛史》爲據。新、舊《唐書》總繫於五月，《歐陽史》總繫於四月，皆非實録。”見《舊唐書》卷二〇上《昭宗紀》、《新唐書》卷一〇《昭宗紀》、《新五代史》卷一《梁太祖紀上》。

七月，忠義節度使趙匡凝聞帝有清口之敗，陰附於楊行密。[1]帝遣宿州刺史尉氏氏叔琮將兵伐之，[2]丙申，拔唐州，擒隨州刺史趙匡璘，敗襄州兵於鄧城。[3]

[1]趙匡凝：人名。蔡州（今河南汝南縣）人。唐末軍閥。傳見本書卷一七、《新五代史》卷四一。　清口：地名。原爲泗水入

淮之口，位於今江蘇淮安市淮陰區。

［2］宿州：州名。治所在今安徽宿州市。　尉氏：縣名。治所在今河南尉氏縣。　氏叔琮：人名。河南尉氏（今河南尉氏縣）人。唐末將領。傳見本書卷一九、《新五代史》卷四三。

［3］唐州：州名。治所在今河南唐河縣。　隨州：州名。治所在今湖北隨州市。　趙匡璘：人名。籍貫不詳。唐末軍閥。事見本書卷一七。中華書局本沿《輯本舊史》作“趙璘”，有校勘記：“原作‘趙琳’，據《册府》（宋本）卷一八七改。本書卷一七《趙匡凝傳》、《新唐書》卷一八六《趙匡凝傳》、卷一〇《昭宗紀》、《通鑑》卷二六一作‘趙匡璘’。按‘匡’字避宋諱省。”中華書局本未補。今補。　襄州：州名。治所在今湖北襄陽市。　鄧城：地名。即鄧州。治所在今河南鄧州市。　“七月”至“敗襄州兵於鄧城”：《通鑑》卷二六一光化元年（898）七月條。《宋本册府》卷一八七《閏位部·勳業門五》略同，云：“是時，襄州節度使趙凝聞帝軍有清口之敗，密附於淮夷。七月，帝遣氏叔琮率師伐之。未幾，其泌州刺史趙璠越墉來降，隨州刺史趙璘臨陣就擒。”其中，“襄州節度使趙匡凝聞帝軍有清口之敗，密附於淮夷”，《册府》繫於五月。《舊五代史考異》：“案：趙匡凝，原本避宋諱作趙凝，今從新、舊《唐書》及《歐陽史》增‘匡’字，後倣此。”又，“帝遣氏叔琮率師伐之”至“隨州刺史趙匡琳臨陣就擒”，《舊五代史考異》：“案《新唐書》：七月丙申，朱全忠陷唐州，又陷隨州，執刺史趙匡璘。八月戊午，陷鄧州，執刺史國湘。《通鑑》從《新唐書》，與《薛史》詳畧不同。《舊唐書》俱作七月。《歐陽史》以唐州爲泌州，尚仍《薛史》之舊。”見《舊唐書》卷二〇上《昭宗紀》、《新唐書》卷一〇《昭宗紀》、《新五代史》卷一《梁太祖紀上》、《通鑑》卷二六一光化元年七月條，《舊五代史考異》所云《薛史》實爲《册府》卷一八七。

九月，魏博節度使羅弘信薨，軍中推其子節度副使紹威知留後。[1]

[1]魏博：方鎮名。治所在魏州貴鄉縣（今河北大名縣）。　羅弘信：人名。魏州貴鄉（今河北大名縣）人。唐末軍閥。傳見《舊唐書》卷一八一、《新唐書》卷二一〇。　節度副使：官名。唐、五代方鎮屬官。位於行軍司馬之下、判官之上。　紹威：人名。即羅紹威。魏州貴鄉（今河北大名縣）人。唐末軍閥。傳見本書卷一四、《新五代史》卷三九。《輯本舊史》之影庫本粘籤："羅紹威，原本作昭威，今據《歐陽史》改正。"見《新五代史》卷一《梁太祖紀上》。　"九月"至"知留後"：《通鑑》卷二六一光化元年（898）九月條。《通鑑》該條《考異》："薛居正《五代史·梁紀》《弘信傳》《太祖紀年録》皆云弘信八月卒，按八月昭宗還京，弘信猶加官。"

十二月，李罕之以潞州來降。[1]

[1]李罕之：人名。陳州項城（今河南沈丘縣）人。唐末軍閥，後依附於諸葛爽。傳見《新唐書》卷一八七、本書卷一五、《新五代史》卷四二。　潞州：州名。治所在今山西長治市。　"十二月"至"來降"：《新五代史》卷一《梁太祖紀上》光化元年（898）十二月條。

二年正月，楊行密與朱瑾將兵數萬攻徐州，軍於吕梁，帝遣騎將張歸厚救之。[1]劉仁恭發幽、滄等十二州兵十萬，欲兼河朔；[2]攻貝州，拔之，城中萬餘户，盡屠之，投屍清水。[3]由是諸城各堅守不下。仁恭進攻魏州，營於城北；魏博節度使羅紹威求救於帝。

[1]朱瑾：人名。宋州下邑（今河南夏邑縣）人。唐末軍閥。傳見《舊唐書》卷一八二、本書卷一三、《新五代史》卷四二。　徐州：州名。治所在今江蘇徐州市。　吕梁：古鎮名。位於今江蘇徐州市東南。　張歸厚：人名。清河（今河北清河縣）人。唐末、五代將領。傳見本書卷一六、《新五代史》卷二二。

[2]劉仁恭：人名。深州（今河北深州市）人。唐末、五代軍閥。傳見《新唐書》卷二一二。　幽：州名。治所在今北京市。　滄：州名。治所在今河北滄州市。　河朔：地區名。泛指黄河下游以北地區。

[3]貝州：州名。治所在今河北清河縣。　清水：水名。發源於五台縣東北 80 公里華嚴嶺，南流合滹陽河後，又合滹滹河入滹沱河。　"二年正月" 至 "求救於帝"：《通鑑》卷二六一光化二年（899）正月條。《宋本册府》卷一八七《閏位部·勳業門五》云："淮南楊行密舉全吴之衆，精甲五萬，以伐徐州，帝領大軍禦之。行密聞帝親征，乃收軍而退。時幽州節度使劉仁恭大舉蕃漢兵號十萬以伐魏，遂攻陷貝州，州民萬餘户，無少長悉屠之。進攻魏州，魏人來乞師。"《册府》所載楊行密退兵、劉仁恭出兵魏博及魏人求救於朱全忠皆在正月。

二月，帝自將救徐州，楊行密聞之，引兵去。汴人追及之於下邳，殺千餘人。[1]帝行至輝州，聞淮南兵已退，乃還。[2]

[1]下邳：縣名。治所在今江蘇睢寧縣古邳鎮。

[2]輝州：州名。治所在今山東單縣。　"二月" 至 "乃還"：《通鑑》卷二六一光化二年（899）二月條。

三月，帝遣朱友倫、張存敬、李思安等先屯於内黄，帝遂親征。[1]與燕軍戰於内黄北，燕軍大敗，殺二萬餘衆，奪馬二千餘匹，擒都將單無敵已下七十餘人。[2]是月，葛從周自山東領其部衆，馳以救魏。翌日乘勝，諸將張存敬已下連破八寨，遂逐燕軍，北至於臨清，擁其殘寇於御河，溺死者甚衆，仁恭奔於滄州。[3]丁巳，帝遣河陽節度使丁會攻澤州，下之。[4]

[1]朱友倫：人名。朱温之侄。傳見本書卷一二、《新五代史》卷一三。　張存敬：人名。譙郡（今安徽亳州市）人。唐末將領。傳見本書卷二〇、《新五代史》卷二一。　李思安：人名。河南陳留（今河南開封市陳留鎮）人。唐末、五代將領。傳見本書卷一九。　内黄：縣名。治所在今河南内黄縣。　“三月”至“帝遂親征”：《宋本册府》卷一八七《閏位部·勳業門五》。中華書局本沿《輯本舊史》繫於正月，據《通鑑》卷二六一光化二年（899）三月條改，《通鑑》本條作：“三月，朱全忠遣其將李思安、張存敬將兵救魏博，屯于内黄。”《舊五代史考異》：“案：《舊唐書》及《通鑑》俱以屯内黄爲三月事，與《薛史》異。”見《舊唐書》卷二〇上《昭宗紀》。

[2]都將：官名。唐、五代時方鎮屬將。　單無敵：人名。即單可及。籍貫不詳。唐末藩鎮將領。事見本書卷一四、卷二六，《通鑑》卷二六一。《舊五代史考異》：“案《通鑑》：單可及，幽州驍將，號‘單無敵’。《舊唐書》作生擒單可及，《薛史·梁紀》作單無敵，蓋仍當時軍檄之文也。”見《舊唐書》卷二〇上《昭宗紀》。　“與燕軍戰於内黄北”至“擒都將單無敵已下七十餘人”：《宋本册府》卷一八七。《通鑑》卷二六一光化二年三月條略詳，云：“癸卯，（朱）全忠以中軍軍於滑州。劉仁恭謂其子守文曰：‘汝勇十倍于（李）思安，當先虜鼠輩，後擒（羅）紹威耳！’乃

遣守文及其妹婿單可及將精兵五萬擊思安于内黄。丁未，思安使其將袁象先伏兵於清水之右，思安逆戰於繁陽，陽不勝而却，守文逐之。及内黄之北，思安勒兵還戰，伏兵發，夾擊之。幽州兵大敗，斬可及，殺獲三萬人，守文僅以身免。可及，幽州驍將，號‘單無敵’，燕軍失之喪氣。思安，陳留人也。”

[3]臨清：縣名。治所在今河北臨西縣。　御河：水名。今河北、河南境内的衛河，即隋所開的永濟渠的一部分。　“是月”至“仁恭奔於滄州”：《宋本册府》卷一八七《閏位部·勳業門五》，《通鑑》卷二六一光化二年三月戊申、己酉條略詳。

[4]河陽：方鎮名。全稱“河陽三城”。治所在孟州（今河南孟州市）。　丁會：人名。壽州壽春（今安徽壽縣）人。唐末、五代將領。傳見本書卷五九、《新五代史》卷四四。　澤州：州名。治所在今山西澤州縣。　丁巳，帝遣河陽節度使丁會攻澤州，下之：《通鑑》卷二六一光化二年三月丁巳條。

六月，帝表丁會爲潞州節度使，以李罕之疾亟故也。又遣葛從周由固鎮路入於潞州，以援丁會。[1]

[1]固鎮：地名。位於今山西沁水縣西北固鎮村。　“六月”至“以援丁會”：《通鑑》卷二六一光化二年（899）六月丁卯條《考異》引薛居正《五代史·梁紀》。又見《宋本册府》卷一八七《閏位部·勳業門五》。《輯本舊史》之案語：“自‘六月帝表丁會’至此，又見《通鑑考異》。”

七月壬辰朔，海州陳漢賓擁所部三千奔於淮南。[1]戊戌，晋人陷澤州。帝遣召葛從周於潞，留賀德倫以守之。未幾，德倫爲晋人所逼，遂棄潞而歸，繇是潞州復爲晉人所有。[2]

[1]海州：州名。治所在今江蘇連雲港市海州區。《册府》原闕“州”字，據《通鑑》卷二六一光化二年（899）七月條補。　陳漢賓：人名。籍貫不詳。唐末藩鎮軍閥。曾任海州戍將、青州將領。事見《新唐書》卷一〇、卷一八八。

[2]賀德倫：人名。唐末、五代將領。其先係河西部落人，後居滑州（今河南滑縣）。傳見本書卷二一、《新五代史》卷四四。　“七月壬辰朔”至“潞州復爲晉人所有”：《宋本册府》卷一八七《閏位部·勳業門五》。《舊五代史考異》：“案《新唐書》：八月，李克用陷澤、潞、懷三州。與《薛史》異。《通鑑》從《新唐書》作八月，《歐陽史》從《薛史》作七月。”見《新唐書》卷一〇《昭宗紀》、《新五代史》卷一《梁太祖紀上》光化二年七月條、《通鑑》卷二六一光化二年七月條。　“未幾”至“繇是潞州復爲晉人所有”：《通鑑》卷二六一繫於光化二年八月丙寅、己巳、乙酉條。

十一月，陝州都將朱簡殺李璠，自稱留後，附帝，仍請更名友謙，預於子侄。[1]

[1]陝州：州名。治所在今河南三門峽市陝州區。　朱簡：人名。即朱友謙。河南許州（今河南許昌市）人。朱温養子，唐末、五代軍閥。傳見本書卷六三、《新五代史》卷四五。　李璠：人名。籍貫不詳。唐末將領。事見本書本卷、《新五代史》卷一三。　“十一月”至“預於子侄”：《通鑑》卷二六一光化二年（899）十一月條。《宋本册府》卷一八七《閏位部·勳業門五》稍簡，云：“十一月，陝州都將朱簡殺留後李璠，自稱留後，送款於帝。”

三年四月，帝遣葛從周帥兖、鄆、滑、魏四鎮兵十萬擊劉仁恭。[1]

[1]兖（yǎn）：州名。治所在今山東濟寧市兖州區。　鄆（yùn）：州名。治所在今山東東平縣。　滑：州名。治所在今河南滑縣。　“三年四月”至“擊劉仁恭”：《通鑑》卷二六二光化三年（900）四月條。《宋本册府》卷一八七《閏位部・勳業門五》略同，云：“三年四月，遣葛從周以兖、鄆、滑、魏之師伐滄州。”

五月庚寅，拔德州，斬刺史傅公和。[1]己亥，圍劉守文於滄州。[2]

[1]德州：州名。治所在今山東德州市陵城區。　傅公和：人名。籍貫不詳。唐末地方官員。本書僅此一見。

[2]劉守文：人名。深州（今河北深州市）人。唐末盧龍節度使劉仁恭長子。唐末、五代軍閥。後梁開平三年（909），被其弟劉守光殺死。事見本書本卷、卷四、卷九八及《新五代史》卷五六、卷七二。　“五月庚寅”至“圍劉守文於滄州”：《通鑑》卷二六二光化三年（900）五月庚寅、己亥條。《宋本册府》卷一八七《閏位部・勳業門五》略同，云：“五月庚寅，攻德州，拔之，梟刺史傅公和於城上。己亥，進攻浮陽。”

六月，劉仁恭將幽州兵五萬救滄州，營於乾寧軍。[1]葛從周留張存敬、氏叔琮守滄州寨，自將精兵逆戰於老鴉堤，大破仁恭，斬首三萬級，仁恭走保瓦橋。[2]

[1]乾寧軍：方鎮名。治所在永安縣（今河北青縣）。

[2]老鵶堤：地名。位於今河北青縣東南。　瓦橋：地名。《通鑑》胡注："瓦橋，在涿州歸義縣南"。位於今河北雄縣。　"六月"至"仁恭走保瓦橋"：《通鑑》卷二六二光化三年（900）六月條。《宋本册府》卷一八七《閏位部·勳業門五》亦載，云："六月，燕帥劉仁恭大舉來援，從周與諸將逆戰於乾寧軍老鵶隄，大破之，殺萬餘衆，俘其將佐馬慎交已下百餘人。既而以連雨，遂班師。"其中，葛從周班師事，《通鑑》載於七月。

七月，李克用復遣都指揮使李嗣昭將兵五萬攻邢、洺以救仁恭，敗汴軍於内丘。[1]王鎔遣使和解幽、汴，會久雨，帝召從周還。[2]

[1]李克用：人名。沙陀部人，生於神武川新城（一説是今山西朔州市朔城區之梵王寺村，一説是今山西應縣縣城，一説在今山西懷仁縣之日中城）。唐末軍閥，受封晋王。五代後唐太祖。紀見本書卷二五、《新五代史》卷四。　都指揮使：官名。五代軍隊編制，五百人爲一指揮，設指揮使、副指揮使；十指揮爲一軍，設都指揮使、副都指揮使。　李嗣昭：人名。汾州（今山西汾陽市）人。李克用義子、部將。傳見本書卷五二、《新五代史》卷三六。　内丘：縣名。治所在今河北内丘縣。

[2]王鎔：人名。回鶻人。唐末、五代軍閥，朱温後封趙王。傳見本書卷五四、《新五代史》卷三九。　"七月"至"帝召從周還"：《通鑑》卷二六二光化三年（900）七月條。

八月，河東遣李進通襲陷洺州，帝遣葛從周屯黄龍鎮，親領中軍涉洺而寨，晋人懼而宵遁，洺州復平。[1]

[1]李進通：人名。籍貫不詳。唐末、五代藩鎮將領。事見本書卷四。　黄龍鎮：地名。位於今河北邯鄲市永年區。　“八月”至“洺州復平”：《通鑑》卷二六二光化三年（900）八月條及九月條《考異》引《舊史·梁紀》。《宋本册府》卷一八七《閏位部·勳業門五》亦載，云：“八月，河東遣李進通襲陷洺州，執刺史朱紹宗。帝遣葛從周自鄴縣渡漳水，屯于黄龍鎮，親領中軍涉洺而寨。晉人懼而宵遁，洺州復平。”《舊五代史考異》：“案：收復洺州，《通鑑》作九月，《舊唐書》及《歐陽史》俱作八月。”《通鑑》本條明言八月“洺州復平”，非九月。又見《舊唐書》卷二〇上《昭宗紀》、《新五代史》卷一《梁太祖紀上》。《通鑑》八月條、九月條《考異》引《梁紀》均爲節文。“帝遣葛從周”事，《通鑑》卷二六二光化三年九月條《考異》引《唐末見聞録》《後唐紀》《實録》，皆繫於九月。

九月，帝以仁恭、進通之入寇也，皆由鎮、定爲其囊橐，即以葛從周爲上將以伐鎮州。[1]遂攻下臨城，渡滹沱以環其城。[2]帝領親軍繼至，鎮帥王鎔懼，納質請盟，仍獻文繒二十萬以犒戎士，帝許之。[3]

[1]鎮：州名。治所在今河北正定縣。　定：州名。治所在今河北定州市。

[2]臨城：縣名。治所在今河北臨城縣。　滹（hū）沱：河流名。發源於今山西繁峙縣，東流入今河北省，過正定縣，向東流入渤海。

[3]“九月”至“帝許之”：《宋本册府》卷一八七《閏位部·勳業門五》。《通鑑》卷二六二光化三年（900）九月條更詳。

十月，晉人以帝宿兵於趙，遂南下太行，急攻河陽。[1]留後侯言與都將閻寶力戰固守，僅而獲全。[2]

[1]趙：州名。治所在今河北趙縣。　太行：即太行山。

[2]侯言：人名。籍貫不詳。唐末將領。事見本書本卷及卷二一。　閻寶：人名。鄆州（今山東東平縣）人。唐末、五代將領。傳見本書卷五九、《新五代史》卷四四。　“十月”至“僅而獲全”：《宋本册府》卷一八七《閏位部·勳業門五》。《通鑑》卷二六二光化三年（900）十月條略詳，云：“先是王郜告急於河東，李克用遣李嗣昭將步騎三萬下太行，攻懷州，拔之，進攻河陽。河陽留後侯言不意其至，狼狽失據，嗣昭壞其羊馬城。會佑國軍將閻寶引兵救之，力戰於壕外，河東兵乃退。”

十一月，以張存敬爲上將，自甘陵發軍，北侵幽薊，連拔瀛、莫二郡，遂移軍以攻中山。[1]定帥王郜以精甲二萬戰於懷德亭，盡殪之。[2]郜懼，奔於太原。遲明，大軍集於城下，郜季父處直持印鑰乞降，亦以繒帛三十萬爲獻，帝即以處直代郜領其鎮焉。[3]是月，燕人劉守光赴援中山，寨於易水之上，繼爲康懷英、張存敬等所敗，斬獲甚衆。由是河朔知懼，皆弭伏焉。[4]

[1]甘陵：地名。指代貝州，治所在今河北清河縣。　幽薊：地區名。即今河北北部、北京市、天津市一帶。　瀛：州名。治所在今河北河間市。　莫：州名。治所在今河北任丘市。　瀛、莫二郡：《舊五代史考異》：“案《新唐書·昭宗紀》：九月甲寅，朱全忠陷瀛州。十月丙寅，陷景州。辛酉，陷莫州。辛巳，陷祁州。《通鑑》與《新唐書》同，《舊唐書》俱作九月事，《薛史》又俱作十一月事，前後互異。”見《舊唐書》卷二〇上《昭宗紀》、《新唐

書》卷一〇《昭宗紀》、《通鑑》卷二六二光化三年（900）九月、十月條。　中山：地名。此處代指唐末河北方鎮義武軍（治所在今河北定州市）。

[2]王郜：人名。京兆萬年（今陝西西安市長安區）人。唐末軍閥。事見本書卷二六、卷五二。　懷德亭：地名。位於今河北定州市懷德村。

[3]季父：即叔父。　處直：人名。即王處直。京兆萬年（今陝西西安市長安區）人。唐末、五代軍閥，長期爲義武節度使。傳見本書卷五四、《新五代史》卷三九。　亦以繒帛三十萬爲獻：中華書局本有校勘記："'繒帛'，原作'繪帛'，據殿本、劉本、孔本、邵本校、彭校改。"《册府》原作"繒帛"，不誤。

[4]易水：水名。即今河北西部的易水河，有北、中、南三股。　康懷英：人名。兖州（今山東濟寧市兖州區）人。唐末、五代將領。本名懷貞，避後梁末帝朱友貞諱改懷英。傳見本書卷二三、《新五代史》卷二二。　"十一月"至"皆弭伏焉"：《宋本册府》卷一八七《閏位部·勳業門五》。

劉季述幽昭宗，立德王裕爲帝，仍遣其養子希度來言，願以唐之神器輸於帝。[1]時帝方在河朔，聞之，遽還於汴，大計未決。會李振自長安使回，因言於帝云云。帝悟，因請振復使于長安，與時宰潛謀返正。[2]

[1]劉季述：人名。籍貫不詳。唐末宦官。顯於僖宗、昭宗時期，累遷至樞密使。傳見《新唐書》卷二〇八。　德王裕：即李裕，唐昭宗太子，劉季述軟禁昭宗，擁李裕爲帝，昭宗復位後，李裕復降爲德王。傳見《新唐書》卷八二。　希度：人名。即劉希度。籍貫不詳。劉季述養子。事見《新唐書》卷二〇八、本書本卷。

[2]李振：人名。河西（今甘肅武威市）人。五代後梁大臣。祖居西域，唐潞州節度使李抱真曾孫。祖、父在唐皆官郡守。傳見本書卷一八、《新五代史》卷四三。　“劉季述幽昭宗”至“與時宰潛謀返正”：《通鑑》卷二六二光化三年十二月條《考異》引《薛史·梁紀》。《宋本册府》卷一八七《閏位部·勳業門五》略詳，作：“是歲，唐左軍中尉劉季述幽昭宗於東宫内，立皇子德王裕爲帝，仍遣其養子希度來言，願以唐之神器輸於帝。時帝方在河朔，聞之，遽還於汴，大計未決。會李振自長安使迴，因言於帝曰：‘夫豎刁、伊戾之亂，所以資霸者之事也。今閹豎幽辱天子，王不能討，無以令諸侯。’帝悟，因請振復使於長安，與時宰潛謀反正。”其中，“是歲”至“無以令諸侯”，亦見《通曆》卷一二。“唐左軍中尉劉季述幽昭宗於東宫内”，中華書局本改“東宫内”爲“東内”，並有校勘記：“‘東内’，原作‘東宫内’，據《宋本册府》卷一八七改。按《舊唐書》卷二〇上《昭宗紀》：‘左右軍中尉劉季述、王仲先廢昭宗，幽于東内問安宫。’本卷下文：‘即時迎昭宗於東内，御樓反正。’”“大計未決”後，《舊五代史》《考異》：“案：《通鑑考異》引《唐補紀》，謂全忠初與季述通謀，後乃改計。今考新、舊《唐書》皆不載此事，《薛史》亦不取。”“與時宰潛謀反正”後，《輯本舊史》之案語：“自‘季述幽昭宗’至此，亦見《通鑑考異》，惟字句稍有删節。”

天復元年正月甲申朔，唐宰相崔胤潛使人以帝密旨告於侍衛將軍孫德昭已下，[1]令誅左右中尉劉季述、王仲先等，即時迎昭宗於東内，御樓反正。[2]癸巳，降制進封帝爲梁王，酬反正之功也。昭宗之廢也，汴之邸吏程巖牽昭宗衣下殿。[3]帝聞之，召巖至汴，折其足，送於長安，杖殺之。是時，河中節度使王珂結援於太原，帝怒，遣大將張存敬率將涉河，由含山路鼓行而進。[4]

戊申，攻下絳州。[5]壬子，晉州刺史張漢瑜舉郡來降，帝即以大將侯言權領晉州、何絪權領絳州，晉、絳平。[6]

[1]天復：唐昭宗李曄年號（901—904）。 甲申朔：原作“乙酉朔”，《舊五代史考異》：“案：天復元年正月，當從《舊唐書》作甲申朔。考光化三年十二月爲乙卯朔，天復元年二月爲甲寅朔。《舊唐書》作癸未夜，孫德昭等以兵攻劉季述、王仲先。《通鑑》作德昭等謀以除夜伏兵俟之。以癸未爲除夜，則正朔斷爲甲申也。《通鑑》從《薛史》作乙酉朔，疑誤。”今據《二十史朔閏表》改。 崔胤：人名。清河武城（今山東武城縣）人。唐末宰相。傳見《舊唐書》卷一七七、《新唐書》卷二二三下。原作“裔”，爲《册府》避諱所改，今回改。 孫德昭：人名。鹽州五原（今陝西定邊縣）人。唐末、五代將領。傳見本書卷一五、《新五代史》卷四三。

[2]左右中尉：官名。指神策軍中尉。唐德宗朝以後，左右神策軍各置護軍中尉一人，由宦官充任，統領禁軍。 王仲先：人名。籍貫不詳。唐末宦官。曾掌神策軍。事見《舊唐書》卷二〇上、本書本卷。

[3]制：帝王命令的一種。唐制，凡行大賞罰、授大官爵、厘革舊政、赦宥慮囚，皆用制書。由中書舍人起草擬定。禮儀等級較高。 邸吏：泛指守邸官吏。 程巖：人名。籍貫不詳。唐末梁國派駐京師的進奏院官，參與謀廢唐昭宗，後被朱温杖殺。事見《舊唐書》卷二〇、本書卷一八。

[4]河中：方鎮名。治所在河中府（今山西永濟市西南蒲州鎮）。 王珂：人名。王重榮兄王重簡之子，出繼王重榮。唐末軍閥。傳見《舊唐書》卷一八二、《新唐書》卷一八七、本書卷一四、《新五代史》卷四二。 含山：又作崟山、唫山。在今山西聞

喜縣東南。

[5]絳州：州名。治所在今山西新絳縣。

[6]晉州：州名。治所在今山西臨汾市。　張漢瑜：人名。籍貫不詳。唐末、五代地方官員。事見《舊唐書》卷二〇上、本書本卷。　權：官員任用類别之一。與“攝”相近，是一種暫時的委任。　“天復元年正月甲申朔”至“晉、絳平”：《宋本册府》卷一八七《閏位部·勳業門五》。“侍衛將軍孫德昭”至“酬反正之功也”，亦見《通曆》卷一二。“昭宗之廢也”至“殺之”，亦見《通鑑》卷二六二天復元年（901）正月己丑條《考異》引《薛史·梁紀》。“癸巳”至“酬反正之功也”，亦見《通鑑》卷二六二天復元年正月癸巳條《考異》引《薛史·梁紀》。“酬反正之功也”，《舊五代史考異》：“案《舊唐書》：二月，制以全忠檢校太師、守中書令，進封梁王。《新唐書》：二月辛未，封全忠爲梁王。與《薛史》月日先後不同，詳見《通鑑考異》。”見《舊唐書》卷二〇上《昭宗紀》、《新唐書》卷一〇《昭宗紀》。

二月己未，大軍至河中，存敬命繚其垣而攻之。壬戌，蒲人颺素幡以請降。[1]庚午，帝至河中，以張存敬權領河中軍府事，河中平，帝乃東還。[2]是月，李克用遣牙將張特來聘，帝亦遣使報命。[3]

[1]蒲：州名。治所在今山西永濟市。

[2]“二月己未”至“帝乃東還”：《宋本册府》卷一八七《閏位部·勳業門五》。“二月己未”，中華書局本有校勘記：“‘二月’二字原闕，據《通鑑》卷二六二《考異》引薛居正《五代史補》。按是月甲寅朔，己未爲初六。”

[3]牙將：官名。古代軍隊中的中低級軍官。　張特：人名。籍貫不詳。李克用麾下官員。事見本書本卷。　“是月”至“帝

亦遣使報命"：《通鑑》卷二六二天復元年（901）二月條《考異》引《薛史·梁紀》，亦見《宋本册府》卷一八七，"李克用遣牙將張特來聘"後，《册府》有"請尋舊好"四字。《册府》蒙上文似爲"正月"，據《考異》所引《薛史·梁紀》當爲"二月"。

三月癸未朔，帝歸自河中。[1]是月，遣大將賀德倫、氏叔琮領大軍以伐太原，[2]叔琮等自太行路入，魏博都將張文恭自磁州新口入，葛從周以兗、鄆之衆自土門路入，洺州刺史張歸厚以本軍自馬嶺入，定州刺史王處直以本軍自飛狐入，晋州侯言自陰地入。[3]澤州刺史李存璋棄郡奔歸太原。[4]叔琮引軍逼潞州，節度使孟遷乞降。[5]河東屯將李審建、王周領步軍一萬、騎二千詣叔琮歸命，乃進軍趨太原。[6]

[1]三月癸未朔，帝歸自河中：《宋本册府》卷一八七《閏位部·勳業門五》。《通鑑》卷二六二天復元年（901）三月癸未條略同，云："三月癸未朔，朱全忠至大梁。"

[2]氏叔琮：《輯本舊史》之影庫本粘籤："氏叔琮，原本作'氐叔琮'，今據列傳改正。"見《輯本舊史》卷一九《氏叔琮傳》。

[3]新口：地名。位於今河北武安市。　土門：關隘名。即井陘關。位於今河北井陘縣北井陘山上。　馬嶺：地名。位於今山西晋中市太谷區東南。　飛狐：古道名。北起今山西大同市，南抵今河北定州市。　陰地：關隘名。位於今山西靈石縣西南。　定州刺史王處直以本軍自飛狐入：《輯本舊史》有案語："原本闕'王處直'三字，今據《通鑑》增入。"

[4]李存璋：人名。雲中（今山西大同市）人。五代後唐將領。傳見本書卷五三、《新五代史》卷三六。

[5]孟遷：人名。邢州（今河北邢臺市）人。唐末將領。傳見《新唐書》卷一八七。

[6]屯將：官名。三國始置，軍事將領。　李審建：人名。籍貫不詳。唐末、五代藩鎮將領。事見本書本卷、卷二六。　王周：人名。魏州（今河北大名縣）人。五代後唐、後晋、後漢將領。傳見本書卷一〇六、《新五代史》卷四八。　"是月"至"乃進軍趨太原"：《宋本册府》卷一八七《閏位部·勳業門五》。《通鑑》卷二六二天復元年三月諸條更詳，云："癸卯，遣氏叔琮等將兵五萬攻李克用，入自太行，魏博都將張文恭入自磁州新口，葛從周以兖、鄆兵會成德兵入自土門，洺州刺史張歸厚入自馬嶺，義武節度使王處直入自飛狐，權知晋州侯言以慈、隰、晋、絳兵入自陰地。叔琮入天井關，進軍昂車。辛亥，沁州刺史蔡訓以城降。河東都將蓋璋詣侯言降，即令權知沁州。壬子，叔琮拔澤州，李存璋棄城走。叔琮進攻潞州，昭義節度使孟遷降之。河東屯將李審建、王周將步軍一萬、騎二千詣叔琮降。叔琮進趣晋陽。"

四月乙卯，大軍出石會關，營於洞渦驛。[1]都將白奉國自井陘入，收承天軍。[2]張歸厚引兵至遼州，丁巳，刺史張鄂迎降。[3]氏叔琮即日與諸軍至晋陽城下，[4]城中雖時出精騎來戰，然危蹙至甚，將謀遁矣。會叔琮以芻糧不給，遂班師。[5]

[1]石會關：關隘名。位於今山西榆社縣西北。爲澤、潞和太原間交通要扼之地。　洞渦驛：地名。位於今山西清徐縣。

[2]白奉國：人名。籍貫不詳。唐末將領。事見《新五代史》卷五。　井陘：關隘名。位於今河北井陘縣。　承天軍：方鎮名。治所在今山西平定縣。

[3]丁巳：中華書局本沿《輯本舊史》闕，據《通鑑》卷二六

二天復元年四月丁巳條補。　遼州：州名。治所在今山西左權縣。　張鄂：人名。籍貫不詳。唐末李克用部將，遼州刺史，後投降朱温。事見本書本卷。

［4］氏叔琮即日與諸軍至晋陽城下：中華書局本有校勘記："'晋'字原闕，據劉本、邵本校、彭校、本書卷一六《葛從周傳》、《通鑑》卷二六二補。"見《輯本舊史》卷一六《葛從周傳》天復元年（901）三月條、《通鑑》天復元年四月條。

［5］遂班師：中華書局本沿《輯本舊史》作"遂班師"，據《通鑑》五月條《考異》引《編遺録》《後唐太祖紀》，命班師在四月，班師在五月。《舊五代史考異》："案《舊唐書》：四月癸丑朔，汴軍大舉攻太原。據《薛史》，則汴人伐太原自在三月也。《新唐書》云：三月辛亥，昭義軍節度使孟遷叛附於朱全忠。四月壬子，全忠陷沁、澤二州。丁巳，儀州刺史張鄂叛附於全忠。大畧與《薛史》同，惟旋師之期，《薛史・梁紀》作四月，《唐紀》作五月，微有互異。《歐陽史》作三月旋師，誤。"見《舊唐書》卷二〇上《昭宗紀》、《新唐書》卷一〇《昭宗紀》、《新五代史》卷一《梁太祖紀上》天復元年三月條。　"四月乙卯"至"遂班師"：《宋本册府》卷一八七《閏位部・勳業門五》。

五月癸卯，昭宗以帝兼領護國軍節度使、河中尹。[1]是月，氏叔琮等自石會關歸，諸道軍亦退。[2]

［1］護國軍：方鎮名。治所在河中府（今山西永濟市西南蒲州鎮）。　尹：官名。唐、五代時府的長官稱尹。　"五月癸卯"至"河中尹"：《宋本册府》卷一八七《閏位部・勳業門五》。《通鑑》卷二六二天復元年（901）五月癸卯條略詳："朱全忠奏乞除河中節度使而諷吏民請己爲帥；癸卯，以全忠爲宣武、宣義、天平、護國四鎮節度使。"

[2]是月，氏叔琮等自石會關歸，諸道軍亦退：《通鑑》卷二六二天復元年五月條。

六月庚申，帝發自大梁。[1]丁卯，視事於河中。以素服出郊，拜故節度使王重榮墓。[2]尋辟其子瓚爲節度判官，請故相張濬爲重榮撰碑。[3]帝自中和初歸唐，首依重榮，至是思其舊德，故恩禮若是。[4]

[1]六月庚申，帝發自大梁：《通鑑》卷二六二天復元年（901）六月癸亥條《考異》引《薛史·梁紀》。亦見《宋本册府》卷一八七《閏位部·勳業門五》。“發”字，《册府》作“廢”。

[2]王重榮：人名。太原祁（今山西祁縣）人。唐末軍閥。傳見《舊唐書》卷一八二、《新唐書》卷一八七。

[3]瓚：王瓚。人名。河中節度使王重榮之子。傳見本書卷五九。　節度判官：官名。唐末、五代藩鎮僚佐，位行軍司馬下。　張濬：人名。河間（今河北河間市）人。唐僖宗時任户部侍郎、同中書門下平章事，唐昭宗時任尚書右僕射，後被朱温所殺。傳見《舊唐書》卷一七九、《新唐書》卷一八五。

[4]中和：唐僖宗李儇年號（881—885）。　“丁卯”至“故恩禮若是”：《輯本舊史》原注録自《大典》卷二七九五“碑”字韻“撰碑”事目。又見明本《册府》卷二一一《閏位部·求舊門》，文字稍異。“丁卯”，《册府》作“丁丑”。

七月甲寅，帝東還梁邸。[1]

[1]七月甲寅，帝東還梁邸：《宋本册府》卷一八七《閏位部·勳業門五》。《通鑑》卷二六二天復元年（901）七月甲寅條

云:“秋七月甲寅，遽歸大梁發兵。”

十月戊戌，奉密詔赴長安。是時朝廷軍國大政，專委崔胤，崔每事裁抑宦官，宦官側目。崔一日於便殿奏，欲盡去之，全誨等屬垣聞之。[1]中官視崔眥裂，以重賂甘言誘藩臣，以爲城社，時因讌聚，則相向流涕。時崔專掌三司貨泉，[2]全誨等教禁兵於昭宗前訴之；昭宗不得已，罷崔知政事。崔急召帝，請以兵入輔，故有是行。[3]戊申，行次河中。同州留後司馬鄴，華之幕吏也，舉郡來降。[4]

[1]全誨：韓全誨。人名。籍貫不詳。唐末宦官。傳見《新唐書》卷二〇八。　崔一日於便殿奏：中華書局本沿《輯本舊史》作“胤一日於便殿奏”，並有校勘記：“‘胤’，《册府》卷一八七、《通鑑》卷二六二《考異》引薛居正《五代史》作‘崔’。本段下文‘胤’字，《册府》卷一八七皆作‘崔’。”

[2]貨泉：泛指錢幣。　時崔專掌三司貨泉：中華書局本有校勘記：“‘掌’，《通鑑》卷二六二《考異》引薛居正《五代史》作‘專掌’。”《舊五代史考異》：“案《舊唐書》：十一月壬子，出幸鳳翔。甲戌，崔胤責授朝散大夫、守工部尚書。《新唐書》亦作十一月甲戌，崔胤罷。是未幸鳳翔以前，崔胤未罷知政事也，與《薛史》異。”見《舊唐書》卷二〇上《昭宗紀》、《新唐書》卷一〇《昭宗紀》、《新五代史》卷一《梁太祖紀上》天復元年（901）十月條。

[3]“十月戊戌”至“故有是行”：《通鑑》卷二六二天復元年十月戊戌條《考異》引《薛史·梁紀》。《宋本册府》卷一八七《閏位部·勳業門五》記載較詳，云：“十月戊戌，奉密詔赴長安。

是時朝廷既誅劉季述，以韓全誨、張弘彦爲兩軍中尉，袁易簡、周敬容爲樞密使。是時軍國大政專委宰相崔胤，崔每事裁抑宦官，宦官側目。崔一日於便殿奏，欲盡去之，全誨等屬垣聞之，嘗於昭宗前祈哀自訴。自是昭宗敕崔，每有密奏，令進囊封。全誨等乃訪京城美婦人十數以進，使求宫中陰事，昭宗不悟，崔謀漸泄。中官視崔眥裂，以重賂甘言誘藩臣以爲城社，時因讌聚，則相向流涕。時崔掌三司貨泉，全誨等教禁兵伺崔出，聚而呼譟，訴以冬衣減損，又於昭宗前訴之，昭宗不得已罷崔知政事。崔怒，急召帝，請以兵入輔，故有是行。"

[4]同州：州名。治所在今陝西大荔縣。　司馬鄴：人名。河内温（今河南温縣）人。唐末、五代大臣。傳見本書卷二〇。"戊申"至"舉郡來降"：《宋本册府》卷一八七《閏位部·勳業門五》。

十一月辛亥，駐軍於渭濱，華帥韓建遣使奉牋納款，又以銀三萬兩助軍。[1]是日，行次零口。[2]癸丑，聞長安亂，昭宗爲閹官韓全誨等劫遷，西幸鳳翔，蓋避帝之兵鋒也。[3]翼日，遂命旋師，夕次于赤水。[4]乙卯，大軍集于華州城下，韓建惶駭失措，即以城降。丙辰，帝表建權知忠武軍事，促令赴任，同、華二州平。[5]是時，唐太子太師盧知猷等二百六十三人列狀請帝速謀迎奉。[6]己未，遂帥諸軍發自赤水。壬戌，次于咸陽。[7]偵者云："天子昨暮至岐山，旦日宋文通扈蹕入其闉矣。"[8]是時，岐人遣大將符道昭領兵萬人屯於武功以拒帝，帝遣康懷英敗之，虜甲士六千餘衆。[9]乙丑，次于岐山，文通遣使奉書自陳其失，[10]請帝入覲。戊辰，[11]及岐闉，文通渝約，閉壁不獲通，復次于岐山。是時，昭宗累遣使賫朱書御札賜帝，遣帝收軍速還本道，帝診之曰："此必文通、全誨之謀也。"皆不奉詔。癸酉，飛章奉辭，且移軍北伐。乙亥，至邠州，節度使李繼徽舉城降。繼徽因請去文通所賜李姓，復本宗楊氏，又請納其孥以爲質，帝皆從之，仍易其名曰崇本，邠州平。[12]

[1]渭：河流名。即渭河。　華：州名。治所在今陝西渭南市華州區。　韓建：人名。許州長社（今河南許昌市）人。唐末、五代軍閥。傳見本書卷一五、《新五代史》卷四〇。　華帥韓建遣使奉牋納款：《輯本舊史》之影庫本粘籤："華帥，原本作'華師'，今據文改正。"韓建爲華州節度使，見《輯本舊史》卷一五《韓建傳》，此爲書證。

[2]零口：地名。又名泠口，因泠水至此入渭而得名，位於今陝西西安市臨潼區東北。

[3]鳳翔：方鎮名。治所在鳳翔府（今陝西鳳翔縣）。

[4]赤水：水名。即竹水，渭河支流。位於今陝西渭南市華州區。　"十一月辛亥"至"夕次于赤水"：《宋本册府》卷一八七《閏位部·勳業門五》。《輯本舊史》原無"辛亥"，中華書局本有校勘記："《舊唐書》卷二〇上《昭宗紀》、《通鑑》卷二六二皆繫其事於十一月，按十一月己酉朔，辛亥爲初三，'辛亥'前疑脱'十一月'三字。"但未補。見《通鑑》卷二六二天復元年（901）十一月條。十月則爲己卯朔，無辛亥，今據補。

[5]忠武軍：方鎮名。原治所在許州（今河南許昌市），天復元年（901），徙治陳州（今河南淮陽縣）。　"丙辰"至"促令赴任"：《輯本舊史》之案語："案：自'丙辰'至'促令赴任'，又見《通鑑考異》，與《册府元龜》同。"見《通鑑》天復元年十一月丁巳條《考異》。

[6]太子太師：官名。與太子太傅、太子太保統稱太子三師。

隋唐以後多作加官或贈官。從一品。　盧知猷：人名。范陽（今北京市）人。唐末大臣，歷仕僖、昭二朝。尤以書法、文辭而著稱。傳見《舊唐書》卷一六三、《新唐書》卷一七七。　速謀迎奉：中華書局本有校勘記："'謀'，原作'請'，據《册府》（宋本）卷一八七改。"

[7]咸陽：縣名。治所在今陝西咸陽市。

[8]岐山：山名。位於今陝西岐山縣東北。　宋文通：人名。即李茂貞。深州博野（今河北蠡縣）人。唐末、五代軍閥。傳見本書卷一三二、《新五代史》卷四〇。

[9]符道昭：人名。蔡州（今河南汝南縣）人。唐末、五代後梁將領。傳見本書卷二一、《新五代史》卷二一。　武功：縣名。治所在今陝西武功縣。

[10]文通遣使奉書自陳其失：《輯本舊史》之影庫本粘籤："文通，原本作'文帝'，今據文改正。"此據前既有宋文通云云，此爲書證。

[11]戊辰：《册府》原作"丙辰"，中華書局本有校勘記："《册府》卷一八七同，《通鑑》卷二六二、《新唐書》卷一〇《昭宗紀》作'戊辰'。按本卷上文已有丙辰，此處不當復見，此事繫於乙丑、乙亥間，疑爲戊辰。"但未改。《新唐書》卷一〇《昭宗紀》、《通鑑》卷二六二天復元年（901）十一月作"戊辰"，戊辰爲二十日，前文之乙丑爲十七日，後之癸酉爲二十五日，今據改。《輯本舊史》之案語："案：自'丙辰'至'促令赴任'，又見《通鑑考異》，與《册府元龜》同。"見《通鑑》天復元年十一月丁巳條《考異》。

[12]邠州：州名。治所在今陝西彬縣。　李繼徽：人名。即楊崇本。籍貫不詳。李茂貞義子，唐末、五代軍閥。傳見本書卷一三、《新五代史》卷四〇。　又請納其孥以爲質：中華書局本有校勘記："'孥'，原作'帑'，據邵本校、《册府》（宋本）卷一八七改。"　"乙卯"至"邠州平"：《宋本册府》卷一八七。原繫於十

月，是月無乙卯、己未等，據《通鑑》卷二六二天復元年十一月條改。《通曆》卷一二爲節文。

十二月己丑，唐丞相崔胤、京兆尹鄭元規至自華州，以速迎奉爲請，許之。[1]

[1]己丑：中華書局本有校勘記："《舊唐書》卷二〇上《昭宗紀》、《通鑑》卷二六二皆繫其事於十二月，按十二月己卯朔，己丑爲十一日，'己丑'前疑脱'十二月'三字。"但未補。今據《通鑑》卷二六二天復元年（901）十二月癸未條補。　鄭元規：人名。籍貫不詳。唐末官員。事見《舊唐書》卷二〇上、卷一七七，《新唐書》卷一八三、卷二〇八。　唐丞相崔胤、京兆尹鄭元規至自華州：中華書局本有校勘記："'自'字原闕，據《册府》（宋本）卷一八七補。按《新唐書》卷二二三下《崔胤傳》：'以工部尚書罷知政事，胤出居華州。'"《舊五代史考異》："案《舊唐書》：十二月己卯，崔胤至三原砦，與全忠謀攻鳳翔。《通鑑》作癸未，至三原。《薛史》又作己丑，與《舊唐書》異。"見《舊唐書》卷二〇上《昭宗紀》、《通鑑》卷二六二天復元年十二月癸未條。　"十二月己丑"至"許之"：《宋本册府》卷一八七《閏位部·勳業門五》。

二年正月癸丑，帝復屯三原，又移軍武功。[1]

[1]三原：縣名。治所在今陝西三原縣。　二年正月癸丑，帝復屯三原，又移軍武功：《通鑑》卷二六三天復二年（902）正月癸丑條，《宋本册府》卷一八七《閏位部·勳業門五》略同，云："二年正月，帝復次于武功。"

二月，岐人堅壁不下，乃迴軍於河中。[1]聞晉軍大舉南下，聲言來援鳳翔，帝遣朱友寧帥師會晉州刺史氏叔琮以禦之，帝以大軍繼其後。[2]

[1]“二月”至“乃迴軍於河中”：《宋本册府》卷一八七《閏位部·勳業門五》。原繫於正月，據《通鑑》卷二六三天復二年（902）二月戊寅條改。

[2]朱友寧：人名。朱温侄子，唐末將領。傳見本書卷一三。“聞晉軍大舉南下”至“帝以大軍繼其後”：《宋本册府》卷一八七《閏位部·勳業門五》。《通鑑》卷二六三天復二年二月己丑條略詳。

三月，友寧、叔琮與晉軍戰於晉州之北，大敗之，生擒克用男廷鸞以獻。帝喜，謂左右曰：“此岐人之所恃也，今既如此，岐之變不久矣。”[1]壬戌，帝還河中，遣朱友寧將兵西擊李茂貞軍于興平、武功之間。[2]李嗣昭、李嗣源數將敢死士夜入氏叔琮營，斬首捕虜，汴軍驚擾，備禦不暇。[3]會大疫，丁卯，叔琮引兵還。嗣昭與周德威將兵追之，及石會關，叔琮留數馬及旌旗於高岡之巔。[4]嗣昭等以爲有伏兵，乃引去，復取慈、隰、汾三州。自是克用不敢與帝争者累年。[5]

[1]廷鸞：人名。即李廷鸞。沙陀部人，李克用之子。事見本書本卷。　生擒克用男廷鸞以獻：中華書局本有校勘記：“‘以獻’二字原闕，據《宋本册府》卷一八七補。”　“三月”至“岐之變不久矣”：《宋本册府》卷一八七《閏位部·勳業門五》。《通鑑》卷二六三繫於天復二年（902）三月戊午條，略簡。

[2]李茂貞：人名。深州博野（今河北蠡縣）人。唐末、五代軍閥。傳見本書卷一三二、《新五代史》卷四〇。　興平：縣名。治所在今陝西興平市。

[3]李嗣源：人名。沙陀部人。原名邈佶烈，李克用養子。五代後唐明宗，926年至933年在位。紀見本書卷三五至卷四四、《新五代史》卷六。

[4]周德威：人名。朔州馬邑（今山西朔州市朔城區東北）人。唐末、五代河東將領。傳見本書卷五六、《新五代史》卷二五。

[5]慈：州名。治所在今山西吉縣。　隰（xí）：州名。治所在今山西隰縣。　汾：州名。治所在今山西汾陽市。　"壬戌"至"復取慈、隰、汾三州"：《通鑑》卷二六三天復二年三月壬戌、丁卯條。

四月，岐人遣符道昭領大軍屯於虢縣，康懷英帥驍騎敗之。[1]丁酉，崔胤自華州詣河中，泣訴于帝，恐李茂貞劫天子幸蜀，宜以時迎奉，勢不可緩。帝與之宴，胤親執板，爲帝歌以侑酒。[2]

[1]虢縣：縣名。治所在今陝西寶鷄市。　"四月"至"康懷英帥驍騎敗之"：《宋本册府》卷一八七《閏位部·勳業門五》。"康懷英"，《輯本舊史》之影庫本粘籤："原本脱'英'字，今據文增入。"查《册府》本無脱漏。《通鑑》卷二六三天復二年（902）四月條略同。

[2]"丁酉"至"爲帝歌以侑酒"：《通鑑》卷二六三天復二年四月丁酉條。《宋本册府》卷一八七略詳，云："丁酉，唐丞相崔胤自華來謁帝，屢述艱運危急，事不可緩，又慮羣閹擁昭宗幸蜀，且告帝，爲之動容。崔將辭，啓宴于府署，帝舉酒，崔情激於衷，因自持樂版，聲曲以侑酒。帝甚悦，座中以良馬珍玩答之，既行，命

諸將繕戎具。”“座中以良馬珍玩答之”，中華書局本有校勘記：“‘答之’，原作‘之物賫’，據《册府》（宋本）卷一八七改。明本《册府》作‘賫之’，彭校作‘之物賫之’。”

五月丁巳，帝復西征。[1]至東渭横橋，遇霖雨，留旬日。[2]

［1］五月丁巳，帝復西征：《宋本册府》卷一八七《閏位部·勳業門五》。《通鑑》卷二六三繫於天復二年（902）五月己未條。

［2］至東渭横橋，遇霖雨，留旬日：《通鑑》卷二六三天復二年五月己未條。

六月丁丑，次于虢縣。癸未，[1]與岐軍大戰，自辰至午，殺萬餘衆，擒其將校數百人，乘勝遂逼其壘。[2]

［1］癸未：《通鑑》卷二六三繫於天復二年（902）六月甲申，云：“甲申，李茂貞大出兵，自將之，與朱全忠戰於虢縣之北，大敗而還，死者萬餘人。”天復二年六月乙亥朔，丁丑三日，癸未九日，甲申十日。《舊五代史考異》：“案《舊唐書》：五月，岐軍出戰，大敗於武功南之漠谷。《新唐書》：五月丙申，李茂貞及朱全忠戰於武功，敗績。與《薛史》異。”見《舊唐書》卷二〇上《昭宗紀》、《新唐書》卷一〇《昭宗紀》。天復二年五月丙午朔，無丙申，新、舊《唐書》繫五月，皆誤。

［2］“六月丁丑”至“遂逼其壘”：《宋本册府》卷一八七《閏位部·勳業門五》。《通曆》卷一二爲節文。

七月丙午，岐軍復出求戰，帝軍不利。是月，遣孔勍帥師取鳳、隴、成三州，皆下之。[1]是時，岐人相率結寨於諸山，以避帝軍，帝分兵以討之，[2]浹旬之内，并平之。[3]

[1]孔勍：人名。兖州（今山東濟寧市兖州區）人。唐末、五代藩鎮軍閥。傳見本書卷六四。　鳳：州名。治所在今陝西鳳縣。　隴：州名。治所在今陝西隴縣。　成：州名。治所在今甘肅成縣。

[2]帝分兵以討之：中華書局本有校勘記："'之'字原闕，據《册府》卷一八七補。"

[3]"七月丙午"至"并平之"：《宋本册府》卷一八七《閏位部·勳業門五》，《通鑑》卷二六三天復二年（902）七月、八月條略詳，云："七月，孔勍取成、隴二州，士卒無鬬者。至秦州，州人城守，乃自故關歸……（八月）保大節度使李茂勳將兵屯三原，救李茂貞。朱全忠遣其將康懷貞（英）、孔勍擊之，茂勳遁去。"

九月甲辰，帝以岐軍諸寨連結稍盛，因親統千騎登高診之。時秋空澄霽，煙靄四絶，忽有紫雲如繖蓋，凝於龍旌之上，久之方散，觀者咸訝之。[1]是時，帝以岐人堅壁不戰，且慮師老，思欲旋旆以歸河中，因密召上將數人語其事。時親從指揮使高季昌獨前出抗言曰："天下雄傑，窺此舉者一歲矣，今岐人已困，願少俟之。"[2]帝嘉其言，因曰："兵法貴以正理，以奇勝，奇者詐也。[3]乘機集事，必由是乎。"乃命季昌密募人入岐以紿之。尋有騎士馬景堅願應命，[4]且曰："是行也，必無生理，願録其孥。"[5]帝悽然止其行，景固請，乃許之。明日軍出，[6]諸寨屏匿如無人，景因躍馬西走，直叩岐闉，詐以軍怨東遁爲告，且言列寨尚留萬餘人，俟夕將遁矣，宜速掩之。李茂貞信其言，[7]遽啓二扉，悉衆來寇。時諸軍已介馬待之，中軍一鼓，百營俱進，又分遣數百騎以據其闉。[8]岐人進不能駐其趾，退不能入其壘，殺戮蹂踐，不知其數。茂貞由是喪膽，但閉壁而已。[9]

[1]甲辰：中華書局本有校勘記，"'甲辰'，原作'甲戌'，據《册府》卷二〇三改。按是月甲辰朔，無甲戌。"　"九月甲辰"至"觀者咸訝之"：《輯本舊史》原注録自《大典》卷三二〇八，應爲"雲"字韻"紫雲"事目。亦見《宋本册府》卷一八七《閏位部・勳業門五》及卷二〇三《閏位部・徵應門》，文字稍異。

[2]親從指揮使：官名。所部統兵將領。　高季昌：人名。陝州硤石（今河南三門峽市陝州區硤石鄉）人。五代十國南平（荆南）開國君主。傳見本書卷一三三、《新五代史》卷六九。

[3]兵法貴以正理，以奇勝，奇者詐也：中華書局本有校勘記："下一'奇'字原闕，據《册府》卷一八七補。《武經總要後集》卷一敘其事作'兵法以正合，以奇勝，奇者詐也'。"

[4]馬景：人名。籍貫不詳。朱温麾下軍士。本書僅此一見。

[5]願録其孥：《輯本舊史》之影庫本粘籤："原本作'願戮其孥'，今參考《通鑑》及《北夢瑣言》，據文改正。"《宋本册府》卷一八七作"願戮其孥"。

[6]明日軍出：《舊五代史考異》："案《北夢瑣言》：時因朱友倫總騎軍且至，將大出兵迓之。"見《北夢瑣言》卷一六馬景設詐條。

[7]李茂貞信其言：《輯本舊史》之影庫本粘籤："考李茂貞即宋文通，《薛史》前後分見，似未畫一。據《通鑑》亦以李茂貞、

宋文通前後互載，蓋仍當日軍書赴告之文也。今仍其舊，附識於此。”

［8］又分遣數百騎以據其闉：《輯本舊史》原作“數騎”，中華書局本有校勘記：“‘數騎’，《通曆》卷一二、《通鑑》卷二六三、《武經總要後集》卷一作‘數百騎’。”但未改，今據上述諸書改。

［9］“是時”至“但閉壁而已”：《宋本册府》卷一八七《閏位部·勳業門五》，《通曆》卷一二略簡。《通鑑》卷二六三天復二年（902）九月乙巳條略同。

十月庚辰，帝遣幕僚司馬鄴奉表入城；甲申，又遣使獻熊白；[1]自是獻食物、繒帛相繼。上皆先以示李茂貞，使啓視之，茂貞亦不敢啓。丙戌，復遣使請與茂貞議連和，民出城樵采者皆不抄掠。丁亥，帝表請脩宫闕及迎車駕。己丑，遣國子司業薛昌祚、内使王延續齎詔賜帝。[2]

［1］熊白：熊背上的脂肪，色白，故名，古代的珍貴食材。

［2］國子司業：官名。隋始置。國子監次官。佐祭酒掌監事。從四品下。　薛昌祚：人名。籍貫不詳。唐末官員。本書僅此一見。　王延續：人名。籍貫不詳。唐末宦官。本書僅此一見。“十月庚辰”至“内使王延續齎詔賜帝”：《通鑑》卷二六三天復二年（902）十月各條。

十一月癸卯朔，鄜帥李周彝統兵萬餘人屯于岐之北原，與城中舉烽以相應。[1]翌日，帝以周彝既離本部，鄜時必無守備，因命孔勍乘虚襲下之。甲寅，鄜州平。周彝聞之，收軍而遁。[2]茂貞既失鄜州之援，愕然有瓦解之懼，由是議還警蹕，誅閹寺以自贖焉。[3]

[1]十一月癸卯朔：中華書局本有校勘記："'朔'字原闕，據《大事記續編》卷七〇引《舊五代史本紀》補。按是月癸卯朔。"又，《通鑑》亦作"十一月癸卯朔"。　鄜（fū）：州名。治所在今陝西富縣。　李周彝：人名。籍貫不詳。唐末軍閥。事見本書本卷及《新五代史》卷二一、卷二二、卷四〇。

[2]收軍而遁：此句後，《舊五代史考異》："案《舊唐書》：十二月癸酉，汴將孔勍乘虚襲下鄜州，獲周彝妻子，周彝即以兵士來降。《新唐書》：十二月己亥，朱全忠陷鄜州，保大軍節度李茂勳叛附於全忠。考茂勳即周彝也。《薛史》統作十一月事，與新、舊《唐書》異。"見《舊唐書》卷二〇上《昭宗紀》、《新唐書》卷一〇《昭宗紀》。

[3]"十一月癸卯朔"至"誅閹寺以自贖焉"：《宋本册府》卷一八七《閏位部·勳業門五》。《通曆》卷一二爲節文，《通鑑》卷二六三天復二年（902）十一月條略詳。

三年正月甲寅，岐人啓壁，昭宗降使宣問慰勞，兼傳密旨。尋又命翰林學士韓偓、趙國夫人寵顔齎詔押賜帝紫金酒器、御衣玉帶。[1]丙辰，華州留後李存遣飛騎來告，青州節度使王師範遣牙將張厚輦甲胄弓槊，詐言來獻，欲盜據州城，事覺，已擒之矣。[2]是日，師範又遣其將劉鄩盜據兖州。[3]丁巳，昭宗遣中使押送軍容使韓全誨已下二十餘人首級以示帝。[4]甲子，昭宗發離鳳翔，幸左劍寨，權駐蹕焉。[5]帝素服待罪，昭宗命學士傳宣免之，帝即入見稱罪，拜伏者數四。既而促召升殿，密邇御座，且曰："宗廟社稷是卿再造，朕與親屬是卿再生。”因解所御玉帶面以賜，帝亦以玉鞍勒馬、金器、紋錦、御饌酒果等躬自拜進焉。[6]及翠華東行，[7]帝匹馬前導十餘里，宣令止之。己巳，昭宗至長安，謁太廟，御長樂樓。[8]禮畢，謂帝曰："朕生入舊京，是卿之力也。自古救君之危，曾無有如是者。況今日再及清廟，得親奉觴酒，奠於先皇帝室前，卿之德，朕知不能報矣。”即召帝執手，聲淚俱發者久之。翌日，誅宦官第五可範等五百餘人于内侍省。[9]

[1]翰林學士：官名。由南北朝始設之學士發展而來，唐玄宗改翰林供奉爲翰林學士，備顧問，代王言，掌拜免將相、號令征伐等詔令的起草。　韓偓：人名。京兆萬年（今陝西西安市長安區）人。唐末官員。傳見《新唐書》卷一八三。中華書局本有校勘記："原作‘韓渥’，據彭校、《舊唐書》卷二〇上《昭宗紀》、《通鑑》卷二六三改。按《新唐書》卷一八三有《韓偓傳》。”　趙國夫人寵顔：《輯本舊史》之影庫本粘籤："原本作‘龍顔’，考《舊唐書》作寵顔，《舊唐書》又有内夫人可證，蓋寵顔、可證皆其名也，今改正。”《册府》本作"寵顔"。　"三年正月甲寅"至"御衣玉帶"：《輯本舊史》原注録自《大典》卷一四四〇七"器"字韻"酒器"事目。《宋本册府》卷一八七《閏位部·勳業門五》同。《通鑑》卷二六三天復三年（903）正月各條略同。

[2]李存：人名。籍貫不詳。唐末、五代藩鎮將領。事見本書卷九。"李存"，中華書局本有校勘記："原作‘李存審’，據《册府》（宋本）卷一八七改。按《通鑑》卷二六二‘以前商州刺史李存權知華州’，即其人。本書卷五六《符存審傳》，存審未嘗任華州，且時在雲州討王敬暉。《舊五代史考異》卷一：‘按"李存審"三字疑有舛誤，考《王師範傳》作崔胤在華州。’”見《通鑑》卷

二六二天復元年十一月丁巳條，載“以前商州刺史李存權之華州”。又，《輯本舊史》卷九《梁末帝紀中》貞明四年八月戊申條：“以武寧軍節度副使李存權知宿州事。”亦此人。　青州：方鎮名。此處指平盧軍節度，治所在青州（今山東青州市）。　王師範：人名。青州（今山東青州市）人。唐末、五代軍閥。傳見本書卷一三、《新五代史》卷四二。　張厚：人名。籍貫不詳。唐末、五代藩鎮將領。事見本書本卷、卷一五。

[3]劉鄩：人名。密州安丘（今山東安丘市）人。唐末、五代將領。傳見本書卷二三、《新五代史》卷二二。“劉鄩盜據兖州”下，《舊五代史考異》：“案：劉鄩陷兖州，新、舊《唐書》俱作丙午，《薛史》作丙辰，與《唐書》異。”見《舊唐書》卷二〇上《昭宗紀》、《新唐書》卷一〇《昭宗紀》。

[4]軍容使：官名。“天下觀軍容宣慰處置使”之省稱。唐代後期禁軍的最高軍職，以宦官充任。原爲節制、監察出征軍隊而設，後專掌神策軍。　昭宗遣中使押送軍容使韓全誨已下二十餘人首級以示帝：中華書局本有校勘記：“‘二十餘人’，原作‘三千餘人’，據《册府》（宋本）卷一八七、《通曆》卷一二、《通鑑》卷二六二改。”見《通鑑》卷二六三天復三年正月己酉條，非卷二六二。

[5]左劍寨：今地不詳。

[6]“既而促召升殿”至“躬自拜進焉”：《輯本舊史》原注録自《大典》卷一五〇一六“帶”字韻“玉帶”事目。《通曆》卷一二爲節文。

[7]翠華：皇帝及其車駕的代稱。

[8]長樂樓：長安東門樓。

[9]第五可範：人名。籍貫不詳。唐末宦官。事見《新唐書》卷二〇八。　内侍省：官署名。隋唐時掌内廷服務。　“丙辰”至“誅宦官第五可範等五百餘人于内侍省”：《宋本册府》卷一八七《閏位部·勳業門五》。

二月戊寅，賜帝號回天再造竭忠守正功臣，賜其僚佐敬翔等號迎鑾協贊功臣，諸將朱友寧等號迎鑾果毅功臣，都頭以下號四鎮静難功臣。[1]二月庚辰，[2]制以帝爲守太尉兼中書令、宣武、宣義、天平、護國等軍節度使、諸道兵馬副元帥，加食邑三千户、實封四百户，仍賜回天再造竭忠守正功臣。[3]戊戌，帝建旆東還，昭宗御延喜樓送之。[4]既辭，遣内臣賜帝御製《楊柳詞》五首。[5]

[1]敬翔：人名。同州馮翊（今陝西大荔縣）人。後梁大臣。傳見本書卷一八、《新五代史》卷二一。　都頭：官名。都將的别稱。唐末、五代時，"都"爲指揮以下的軍事編制。《武經總要》卷二："凡五百人爲一指揮，其别有五都，都一百人，統以一營居之。"都的長官稱爲都頭。　"二月戊寅"至"都頭以下號四鎮静難功臣"：《通鑑》卷二六四天復三年（903）二月戊寅條。

[2]二月庚辰：中華書局本有校勘記："'二月'，原作'三月'，據劉本、《册府》（宋本）卷一八七、《通鑑》卷二六四及本卷下文改。按三月壬寅朔，無庚辰；二月壬申朔，庚辰爲初九。"《宋本册府》原作"二月庚辰"。

[3]太尉：官名。與司徒、司空並爲三公，唐後期、五代多爲大臣、勳貴加官。正一品。　中書令：官名。漢代始置。隋、唐前期爲中書省長官，屬宰相之職；唐後期多爲授予元勳大臣的虚銜。正二品。　宣武：方鎮名。中和三年（883），唐廷任朱温爲汴州刺史、宣武軍節度使，宣武軍成爲朱温的根據地。治所在汴州（今河南開封市）。　宣義：方鎮名。治所在滑州（今河南滑縣）。　天平：方鎮名。治所在今鄆州（今山東東平縣）。　護國：方鎮名。唐光啓元年（885）以河中節度使號爲護國軍，治所在河中府（今

山西永濟市西南蒲州鎮)。　諸道兵馬副元帥：官名。唐末臨時設置的高級軍事指揮官。　食邑：即封地、封邑。食邑之名，蓋取“受封者不之國，僅食其租稅”之意。

[4]延喜樓：唐長安皇城東面偏北門樓。《舊五代史考異》：“喜，原本訛‘熹’，今據《通鑑》改正。”見《通鑑》卷二六四天復三年二月戊戌條。

[5]既辭：中華書局本有校勘記：“原作‘既醉’，據《册府》(宋本)卷一八七改。按《舊唐書》卷二〇上《昭宗紀》：‘上臨軒泣別，又令中使走送御制《楊柳枝詞》五首賜之。’《通鑑》卷二六四略同。”《宋本册府》卷一八七本作“既辭”。　“二月庚辰”至“遣内臣賜帝御製《楊柳詞》五首”：《宋本册府》卷一八七《閏位部·勳業門五》，《通鑑》卷二六四天復三年二月庚辰條略同，並云“進爵梁王”。

三月戊午，至大梁。時以青州未平，命軍士休澣，以俟東征。[1]

[1]“三月戊午”至“以俟東征”：《宋本册府》卷一八七《閏位部·勳業門五》。《通鑑》卷二六四天復三年（903）三月戊午條略詳，云：“三月，戊午，朱全忠至大梁。王師範弟師魯圍齊州，朱友寧引兵擊走之。師範遣兵益劉鄩軍，友寧擊取之。由是兖州援絶，葛從周引兵圍之。友寧進攻青州；戊辰，全忠引四鎮及魏博兵十萬繼之。”

四月己卯，以帝判元帥府事。[1]

[1]己卯，以帝判元帥府事：《通鑑》卷二六四天復三年（903）四月己卯條。

五月，帝表潁州刺史朱友恭爲武寧節度使。[1]

[1]潁州：州名。治所在今安徽阜陽市。　朱友恭：人名。壽春（今安徽壽縣）人。本姓李，朱温養子。傳見《新唐書》卷二二三下、本書卷一九。　武寧：方鎮名。唐元和二年（807）置，治所在徐州（今江蘇徐州市）。　五月，帝表潁州刺史朱友恭爲武寧節度使：《通鑑》卷二六四天復三年（903）五月條。

六月乙亥，汴兵拔登州。[1]師範帥登、萊兵拒朱友寧於石樓，爲兩栅。[2]丙子，夜，友寧擊登州栅，栅中告急，師範趣茂章出戰，茂章按兵不動。[3]友寧破登州栅，進攻萊州栅。比明，茂章度其兵力已疲，乃與師範合兵出戰，大破之。友寧旁自峻阜馳騎赴敵，馬仆，青州將張土梟斬之，傳首淮南。[4]兩鎮兵逐北至米河，[5]俘斬萬計，魏博之兵殆盡。帝聞友寧死，自將兵二十萬晝夜兼行赴之。[6]

[1]登州：州名。治所在今山東蓬萊市。

[2]萊：州名。治所在今山東萊州市。　石樓：地名。位於今山東青州市西。

[3]茂章：人名。即王茂章。廬州合淝（今安徽合肥市）人。唐末、五代將領。事見本書本卷。

[4]張土：人名。籍貫不詳。唐末、五代藩鎮將領。本書僅此一見。

[5]米河：水名。又名米溝河。位於今山東淄博市北。

[6]“六月”至“自將兵二十萬晝夜兼行赴之”：《通鑑》卷二六四天復三年（903）六月乙亥、丙子條。

七月壬子，帝巡師於臨朐，[1]亟命逼其城，與青州兵戰于城下，大敗之。是夕，淮將王景仁以所部援軍宵遁，帝遣楊師厚追及輔唐，殺千人，乘勝攻下密州。[2]

[1]臨朐：縣名。治所在今山東臨朐縣。

[2]王景仁：人名。合淝（今安徽合肥市）人。五代後梁將領。傳見本書卷二三、《新五代史》卷二三。　楊師厚：人名。潁州斤溝（今安徽太和縣阮橋鎮斤溝村）人。唐末、五代將領。傳見本書卷二二、《新五代史》卷二三。　輔唐：縣名。治所在今山東安丘市。　密州：州名。治所在今山東諸城市。　“七月壬子”至“乘勝攻下密州”：《宋本册府》卷一八七《閏位部·勳業門五》。原繫於四月丙子，據《通鑑》卷二六四天復三年（903）七月壬子條改。

八月戊辰，帝留齊州刺史楊師厚攻青州，身歸大梁。[1]

[1]齊州：州名。治所在今山東濟南市。　“八月戊辰”至“身歸大梁”：《通鑑》卷二六四天復三年（903）八月戊辰條，《宋本册府》卷一八七《閏位部·勳業門五》略同，云：“八月戊辰，以伐叛之柄委于楊師厚，帝乃東還。”

九月癸卯，師厚率大軍與王師範戰于臨朐，青軍大敗，殺萬餘人，并擒師範弟師克，卯時，徙寨以逼其城。[1]辛亥，偏將劉重霸擒棣州刺史邵播來獻。[2]播，師範之謀主也，帝命斃之。戊午，師範舉城請降，青州平。[3]翌日，分命將校略地於登、萊、淄、棣等州，皆下之，由是東漸至海，皆爲梁土也。帝復命師範權知青州軍州事，師範乃請以錢二十萬貫犒軍，帝許之。[4]

[1]師克：人名。即王師克。王師範之弟。事見本書本卷。

[2]偏將：即副將，泛指將佐等武官。　劉重霸：人名。籍貫不詳。唐末、五代將領。事見本書本卷及卷四、卷六、卷九、卷一三。　棣州：州名。治所在今山東惠民縣。　邵播：人名。籍貫不詳。唐末藩鎮軍閥。事見本書本卷。

[3]師範舉城請降：《舊五代史考異》："案：王師範之降，《舊唐書》作十一月丁酉朔，《新唐書》從《薛史》作九月戊午。"見《舊唐書》卷二〇上《昭宗紀》、《新唐書》卷一〇《昭宗紀》。對《舊五代史考異》所引之"《新唐書》從《薛史》作九月戊午"，中華書局本有校勘記："'九月'，原作'十月'，據《新唐書》卷一〇《昭宗紀》及本卷上文改。"

[4]"九月癸卯"至"帝許之"：《宋本册府》卷一八七《閏位部·勳業門五》。《通曆》卷一二爲節文。

十月丁丑，青將劉鄩舉兖州來降。鄩，王師範之將也。師範令竊據兖州久之，及聞師範降，鄩乃歸命。帝以鄩善事其主，待之甚優，尋署爲元帥府都押牙，權知鄜州留後。[1]辛巳，護駕都指揮使朱友倫因擊鞠墮馬，卒于長安。[2]節至，帝大怒，以爲唐室大臣欲謀叛己，致友倫暴死。[3]甲午，有大聲出於梁邸之聽事，帝甚驚駭。占者曰："當有大慶。"後封魏王。[4]

[1]都押牙：官名。"押牙"即"押衙"。唐、五代時期節度使辟署的屬官，有稱左、右都押衙或都押衙者。掌領方鎮儀仗侍衛、

統率軍隊。参見劉安志《唐五代押牙（衙）考略》，武漢大學歷史系魏晋南北朝隋唐史研究室編《魏晋南北朝隋唐史資料》第16輯，武漢大學出版社1998年版。　“十月丁丑”至“權知鄜州留後”：《宋本册府》卷一八七《閏位部・勳業門五》。原繫於“十一月丁酉”，《通鑑》卷二六四天復三年（903）十月丁丑條《考異》引薛居正《五代史・梁紀》作“十一月丁酉，鄩降”。《舊五代史考異》：“劉鄩降于全忠，《新唐書》作十一月丁丑，與《薛史》異。”《新唐書》卷一〇《昭宗紀》繫於十月丁丑，《通鑑》從《新唐書》亦繫於十月丁丑條，天復三年十月丁卯朔，丁丑十一，辛巳十五，甲午二八；十一月丁酉朔，無丁丑、辛巳、甲午。今據改。

［2］擊鞠：古代一種騎馬以杖擊球的運動項目。

［3］“辛巳”至“致友倫暴死”：《宋本册府》卷一八七。《舊五代史考異》：“案《九國志・趙庭隱傳》云：庭隱始事梁祖子友亮，因擊鞠墮馬死，庭隱、董璋等十數人皆追赴汴州，知其無過，竟釋不問。考《歐陽史》及《通鑑》並作友倫，而《九國志》以爲友亮，蓋傳聞之訛。”見《九國志》卷七《趙庭隱傳》。與《通鑑》卷二六四天復三年十月辛巳條略同，“護駕都指揮使”作“宿衛都指揮使”。

［4］“甲午”至“後封魏王”：《宋本册府》卷二〇三《閏位部・徵應門》。《通曆》卷一二梁太祖條略同，無“甲午”，“後封魏王”作“三年，帝果即位於此”。

天祐元年正月己酉，帝發自大梁，西赴河中，京師聞之，爲之震懼。[1]是時，將議迎駕東幸洛陽，慮唐室大臣異議，帝乃密令護駕都指揮使朱友諒矯昭宗命，收宰相崔胤、京兆尹鄭元規等殺之。時又邠、岐兵士侵逼京畿，帝因是上表堅請昭宗幸洛，昭宗不得已而從之。帝乃率諸道丁匠財力，同構洛陽宫，不數月而成。[2]

［1］天祐：唐昭宗李曄開始使用的年號（904）。天祐元年八月，唐哀帝李柷即位，沿用此年號四年（904—907）。五代十國時，前蜀、南漢、南吴、後唐、吴越等割據政權仍行天祐年號。碑刻中有用至天祐二十年（923）。

［2］“將議迎駕東幸洛陽”至“昭宗不得已而從之”：《通曆》卷一二同。殺崔胤、鄭元規事，《舊五代史考異》：“案《歐陽史》云：遣朱友諒殺胤於京師，其與友倫擊鞠者皆殺之。據《薛史》則殺崔胤者乃友諒，非友謙也。《歐陽史·家人傳》亦作友諒，與《梁本紀》不同，曾三異嘗校正其誤。”見《新五代史》卷一《梁太祖紀上》天復三年（903）九月條、卷一三《朱友倫傳》。“天祐元年正月己酉”至“不數月而成”：《宋本册府》卷一八七《閏位部·勳業門五》。“天祐元年正月己酉”，中華書局本有校勘記：“‘己酉’，《通鑑》卷二六四《考異》引薛居正《五代史·梁紀》作‘辛酉’。按是月丁酉朔，己酉爲十三日，辛酉爲二十五日。”

二月乙亥，昭宗駐蹕於陝，帝自河中來覲，謁見行宫，[1]因灑涕而言曰：“李茂貞等竊謀禍亂，將迫乘輿，老臣無狀，請陛下東遷，爲社稷大計也。”昭宗延命於寢室見何皇后，面賜酒器及衣物。[2]何后謂帝曰：“此後大家夫婦委身於全忠矣。”因歔欷泣下。後數日，帝開宴於陝之私第，請駕臨幸。翌日，帝辭歸洛陽，昭宗開内宴，時有宫人與昭宗附耳而語，韓建躡帝之足，帝遽出，以爲圖己，因連上章請車駕幸洛。[3]

［1］謁見行宫：中華書局本有校勘記：“‘行宫’，原作‘行營’，據《册府》（宋本）卷一八七改。”

［2］何皇后：人名。梓州（今四川三臺縣）人。唐昭宗皇后。傳見《新唐書》卷七七。

［3］“二月乙亥”至“因連上章請車駕幸洛”：《宋本册府》卷一八七《閏位部·勳業門五》。《通曆》卷一二同。《通鑑》卷二六四天祐元年（904）二月諸條略簡，云：“二月，乙亥，車駕至陝，以東都宮室未成，駐留於陝。丙子，全忠自河中來朝，上延全忠入寢室見何后，后泣曰：‘自今大家夫婦委身全忠矣！’”段末有《舊五代史考異》：“案《十國春秋·吳世家》：三月丁巳，唐帝遣間使以絹詔告難于我及西川、河東等，令糾率藩鎮，以圖匡復。詔有云：‘朕至洛陽，則爲全忠所幽閉，詔敕皆出其手，朕意不得復通矣。’”見《十國春秋》卷一《吳世家》。“三月丁巳”，中華書局本有校勘記：“原作‘二月丁酉’，據《十國春秋》卷一改。按二月丙寅朔，無丁酉；三月丙申朔，丁巳爲二十二日。”

三月丁未，昭宗制以帝兼判左、右神策及六軍諸衛事。[1]是時，昭宗累遣中使及内夫人傳宣，[2]謂帝曰：“皇后方在草蓐，未任就路，欲以十月幸洛。”帝以陝州小藩，非萬乘久留之地，請以四月内東幸。[3]

［1］左、右神策：即左右神策軍。唐後期禁軍之一，以宦官爲統帥，並由其控制的軍隊。天寶十三載（754），唐王朝爲防吐蕃内擾而設。唐朝末年，神策軍大都捲入宦官集團與朝官的鬥爭，唐亡即廢。　六軍諸衛事：官名。即判六軍諸衛事。後梁沿唐代舊制，置六軍諸衛，以判六軍諸衛事爲禁軍六軍與諸衛的最高統帥。　丁未，昭宗制以帝兼判左右神策及六軍諸衛事：《宋本册府》卷一八七《閏位部·勳業門五》。

［2］内夫人：官名。古代宮廷女官，掌記皇帝起居。

［3］“是時”至“請以四月内東幸”：《宋本册府》卷一八七

《閏位部·勳業門五》，“請”，《册府》作“而”，據《通曆》卷一二改。

四月辛巳，帝奏洛陽宮室已成，請車駕早發，表章相繼。[1]

[1]“四月辛巳”至“表章相繼”：《通鑑》卷二六四天祐元年（904）四月辛巳條。

閏月丁酉，昭宗發自陜郡。壬寅，次于穀水。[1]是時，昭宗左右唯小黄門及打毬供奉、内園小兒共二百餘人，帝猶忌之。[2]是日，密令醫官許昭遠告變，乃設饌於別幄，召而盡殺之，皆坑于幕下。[3]先是，選二百餘人，形貌大小一如内園人物之狀，至是使一人擒一人，縊於坑所，即蒙其衣及戎具自飾。昭宗初不能辨，久而方察。自是昭宗左右前後皆梁人矣。甲辰，車駕至洛都，帝與宰相百官導駕入宮。[4]乙巳，改元天祐。[5]乙卯，昭宗以帝爲宣武、宣義、護國、忠武四鎮節度使。時帝請以鄆州授張全義，故有此命。[6]

[1]穀水：水名。即今河南澠池縣南澠水及其下游澗水。東流至洛陽市，西注入洛河。

[2]小黄門：官名。東漢始置，由宦官擔任，掌侍皇帝左右。打毬供奉：官名。專侍擊毬、玩樂的人員。　内園小兒：唐代宫廷中負責侍奉的差役人員。

[3]許昭遠：人名。籍貫不詳。本書僅此一見。

[4]“閏月丁酉”至“帝與宰相百官導駕入宮”：《宋本册府》

卷一八七《閏位部·勳業門五》。《通曆》卷一二同。“至是使一人擒一人”，後“一人”，《册府》原作“二人”，據《通曆》改。《通鑑》卷二六四天祐元年（904）閏四月條略簡。此條《輯本舊史》原繫於三月條後，因增四月辛巳一條，此年閏四月，故改。壬寅條，《通鑑》卷二六四繫於天祐元年閏四月癸卯條。“蒙其衣及戎具自飾”，“蒙”原作“笴”，今據明本《册府》卷一八七改。

[5]乙巳，改元天祐：《舊唐書》卷二〇上《昭宗紀》、《通鑑》卷二六四天祐元年閏四月乙巳條。

[6]忠武：方鎮名。貞元十年（794）以陳許節度使爲忠武軍，治所在許州（今河南許昌市）。天復元年（901）移治陳州（今河南淮陽縣）。　鄆州：州名。治所在今山東東平縣。　張全義：人名。濮州臨濮（今山東鄄城縣）人。唐末、五代將領。傳見本書卷六三、《新五代史》卷四五。　“乙卯”至“故有此命”：《宋本册府》卷一八七《閏位部·勳業門五》。《通鑑》卷二六四天祐元年（904）閏四月乙卯條略同，該條胡注：“以張全義有積年葺理洛陽之功，今洛陽建都，不爲節鎮，故以天平授全義，而己兼忠武爲四鎮。”《舊五代史考異》：“案《洛陽縉紳舊聞記》：梁祖之初兼四鎮也，英威剛狠，視之若乳虎，左右少忤其旨，立殺之。梁之職吏，每日先與家人辭訣而入，歸必相賀。”見宋人張齊賢《洛陽縉紳舊聞記》卷一梁太祖優待文士條。

五月丙寅，昭宗宴群臣，曰：“昨來御樓前一夜亡失赦書，賴梁王收得副本，不然誤事，宰執不得無過矣。”是日宴次，昭宗入内，召帝於内殿曲宴。[1]帝不測其事，不敢奉詔。又曰：“卿不欲來，即令敬翔入來。”帝密遣翔出，乃止。己巳，奉辭東歸，乙亥，至大梁。[2]

[1]曲宴：多指舉辦於宫廷中的具有一定私人性質的君臣宴飲活動。

[2]“五月丙寅”至“至大梁”：《宋本册府》卷一八七《閏位部·勳業門五》。《通鑑》卷二六五天祐元年（904）五月條略同，己巳（五日）東歸事繫於“辛未”（七日）。

六月，帝遣都將朱友裕率師討邠州，時節度使楊崇本叛故也。癸丑，帝西征，遂朝於洛陽。[1]

[1]朱友裕：人名。朱温長子。傳見本書卷一二。 楊崇本：人名。籍貫不詳。李茂貞義子，唐末、五代軍閥。傳見本書卷一三、《新五代史》卷四〇。 “六月”至“遂朝於洛陽”：《宋本册府》卷一八七《閏位部·勳業門五》。《通鑑》卷二六五天祐元年（904）六月條略詳。

七月甲子，昭宗宴帝於文思鞠場。[1]乙丑，帝發東都。壬申，至河中。[2]

[1]鞠場：蹴鞠場地。

[2]“七月甲子”至“至河中”：《宋本册府》卷一八七《閏位部·勳業門五》。《通鑑》卷二六五天祐元年（904）七月條略簡。

八月壬寅，昭宗遇弑於大内，遺制以輝王柷爲嗣。[1]乙巳，帝自河中引軍而西。癸丑，次於永壽，邠軍不出。九月辛未，班師。[2]

[1]輝王柷：人名。即唐哀帝李柷。唐朝末代皇帝，904 年至 907 年在位。　“八月壬寅”至“遺制以輝王柷爲嗣”：《宋本册府》卷一八七《閏位部·勳業門五》。昭宗遇弑事，《通曆》卷一二同。《通鑑》卷二六五天祐元年（904）八月壬寅條略詳。

[2]永壽：縣名。治所在今陝西永壽縣。　“乙巳”至“班師”：《宋本册府》卷一八七《閏位部·勳業門五》。《通鑑》卷二六五繫於天祐元年九月條。

十月癸巳，至洛陽，詣西内，臨於梓宫前，畢，祗見于嗣君。辛丑，制以帝至自西征。[1]丁酉，復以帝爲宣武、護國、宣義、天平節度使，以全義爲河南尹兼忠武節度使、判六軍諸衛事。乙巳，帝辭赴鎮，庚戌，至大梁。[2]

[1]畢：中華書局本有校勘記：“此字原闕，據《册府》卷一八七補。”　制以：《輯本舊史》之案語：“原本有闕文。”　“十月癸巳”至“制以帝至自西征”：《宋本册府》卷一八七《閏位部·勳業門五》。

[2]“丁酉”至“至大梁”：《通鑑》卷二六五天祐元年（904）十月丁酉條。

十一月辛酉，光州遣使來求援。[1]時光州歸款於帝，尋爲淮人所攻，故來乞師。戊寅，帝南征度淮，次于霍丘，大掠廬、壽之境，淮人乃棄光州而去。[2]

[1]光州：州名。治所在今河南潢川縣。

[2]戊寅：中華書局本有校勘記：“《通鑑》卷二六五作‘戊

辰'。按是月辛酉朔，戊辰爲初八，戊寅爲十八日。" 霍丘：縣名。治所在今安徽霍邱縣。 廬：州名。治所在今安徽合肥市。 壽：州名。治所在今安徽壽縣。 "十一月辛酉"至"淮人乃棄光州而去"：《宋本册府》卷一八七《閏位部·勳業門五》。

二年正月庚申，進攻壽州，壽人堅壁不出。丁亥，帝自霍丘班師。[1]是月，有彗出于北河，貫文昌，其長三丈餘。[2]

[1]帝自霍丘班師：中華書局本有校勘記："《通鑑》卷二六五胡注引薛居正《五代史》：'是年正月甲辰，有彗出于北河，貫文昌，其長三丈餘。五月乙丑，復出軒轅、大角，及于天市垣，光耀嚴猛。'按此則係《舊五代史》佚文，清人失輯，姑附於此。" "二年正月庚申"至"帝自霍丘班師"：《宋本册府》卷一八七《閏位部·勳業門五》。《通鑑》卷二六五天祐二年（905）正月條略詳。

[2]北河：星名。亦稱"北戍""北宫""陰門""胡門"或"衡星"。共三星，位於天河之北，屬井宿。 文昌：星名。斗魁上六星的總稱。 是月，有彗出于北河，貫文昌，其長三丈餘：《通鑑》卷二六五天祐二年五月乙丑條胡注引薛居正《五代史》，原作"正月甲辰"，查正月庚申朔，無甲辰，故删"甲辰"二字。胡注"彗所以除舊布新，易姓之徵也"，故補。

二月辛卯，帝至自南征。甲午，青州節度使王師範至大梁，帝待以賓禮，尋表授河陽節度。[1]

[1]"二月辛卯"至"河陽節度"：《宋本册府》卷一八七

《閏位部·勳業門五》，個別文字版壞，據明本《册府》及《通鑑》補。天祐二年（905）二月辛卯、甲午記事，《通鑑》卷二六五繫於三月庚午，略同。“表授爲河陽節度”，《通鑑》卷二六五繫於天祐二年三月庚午條。

四月庚子，有彗星出西北。[1]

[1]四月庚子，有彗星出西北：《通鑑》卷二六五天祐二年（905）四月庚子條。

五月乙丑，彗星復出軒轅、大角，及于天市垣，光耀嚴猛。[1]

[1]軒轅：星名。共十七星，屬於二十八宿之星宿。　大角：星名。亦作“太角”“天棟”或“棟星”。一星，屬亢宿。　天市垣：天區名。亦稱“天市”或“天旗庭”。古代三垣之下垣。“五月乙丑”至“光耀嚴猛”：《通鑑》卷二六五天祐二年（905）五月乙丑條胡注引薛居正《五代史》。胡注“彗所以除舊布新，易姓之徵也”，故補。

七月辛酉，天子賜帝迎鑾紀功碑，樹於洛陽。[1]庚午，遣大將軍楊師厚帥前軍討趙匡凝於襄州。辛未，帝南征。[2]

[1]“七月辛酉”至“樹於洛陽”：《宋本册府》卷一八七《閏位部·勳業門五》。《新五代史》卷一《梁太祖紀上》天祐二年（905）七月略同。

［2］“庚午”至“帝南征”：《通鑑》卷二六五天祐二年八月己亥條《考異》引《梁太祖實録》及《薛史·梁太祖紀》，兩者相同。《通鑑》從《編遺録》繫於八月。《宋本册府》卷一八七記載稍詳，個别文字宋本版壞，據明本《册府》及《通鑑》補，云：“庚午，遣大將軍楊師厚率前軍討趙凝于襄州。辛未，帝南征，表趙凝罪狀，請削奪官爵。”《舊五代史考異》：“案《舊唐書》：八月丁未，制削奪荆襄節度使趙匡凝在身官爵，十一月，削奪荆南留後趙匡明官爵。蓋匡凝官爵因全忠表奏而削奪，匡明官爵至奔蜀後始追奪也。”見《舊唐書》卷二〇上《昭宗紀》。

八月，楊師厚攻下唐、鄧、復、郢、隨、均、房七州，帝軍於漢北。[1]

［1］鄧：州名。治所在今河南鄧州市。　復：州名。治所在今湖北天門市。　郢：州名。治所在今湖北鍾祥市。　均：州名。治所在今湖北丹江口市。　房：州名。治所在今湖北房縣。　“八月”至“帝軍於漢北”：《通鑑》卷二六五天祐二年（905）八月條。《宋本册府》卷一八七《閏位部·勳業門五》略詳，云：“楊師厚進收唐、鄧、復、郢、隨、均、房等七州。帝駐軍漢江北，自循江干，經度濟師之所。”“自循”，宋本版壞，據明本《册府》及《通鑑》補。“帝駐軍”至句尾，《通鑑》卷二六五繫於天祐二年九月癸亥條。

九月甲子，師厚於陰谷江口造梁以濟師，趙匡凝率兵二萬振于江湄。[1]師厚麾兵進擊，襄人大敗，殺萬餘衆。乙丑，趙匡凝焚其州，率親軍載輕舸沿漢而遁。[2]丙寅，帝濟漢，[3]至中流，舟壞，將没者數四，比及岸，舟沉。是日入襄州，帝因周視府署，其帑藏悉空。惟於西廡下有一亭，窗户儼然，扃鎖甚密，遂令破鑠啓扉，中有一大匱，緘鐍甚至。又令破其匱，内有金銀數百鋌，[4]帝因歎曰："亂兵既入，公私財貨，固無孑遺矣。此帑當有陰物主之，不令常人所得，俟我以有之邪！"遂以百餘鋌賜楊師厚。襲荆州，留後趙匡明并城上峽奔蜀，荆、襄二州平。[5]帝以都將賀瓌權領荆州，楊師厚權領襄州，即表其事。[6]

[1]陰谷：地名。《舊唐書》卷二〇下："楊師厚於襄州西六十里陰谷江口伐竹木爲浮梁。"當位於今湖北襄陽市附近。　江湄：泛指長江岸邊。

[2]漢：河流名。長江支流，即今漢江。源出今陝西西南部，在今湖北武漢市匯入長江。

[3]帝濟漢：中華書局本有校勘記："'漢'，原作'江'，據《册府》（宋本）卷一八七改。"

[4]内有金銀數百鋌：中華書局本有校勘記："'鋌'，原作'錠'，據《册府》（宋本）卷一八七及本卷下文改。"

[5]趙匡明：人名。趙匡凝之弟，蔡州（今河南汝南縣）人。唐末、五代藩鎮將領。傳見本書卷一七。　峽：州名。即硤州。治所在今湖北宜昌市夷陵區。　留後趙匡明并城上峽奔蜀：《輯本舊史》之影庫本粘籤載："棄城上峽，原本作'并城'，今據文改正。"

[6]賀瓌：人名。濮州濮陽（今河南濮陽市）人。唐末、五代將領。傳見本書卷二三、《新五代史》卷二三。　"九月甲子"至"即表其事"：《宋本册府》卷一八七《閏位部·勳業門五》。《通鑑》卷二六五天祐二年（905）九月條略簡，無入襄州以後事。

十月丙戌朔，天子以帝爲諸道兵馬元帥。[1]辛卯，帝自襄州引軍，由光州路趨淮南。將發，敬翔切諫，請班師以全軍勢，帝不聽。壬辰，次于棗陽，[2]遇大雨，頗阻師行之勢。軍至壽春，壽人堅壁清野以待帝，帝乃退，舍於正陽。[3]

[1]諸道兵馬元帥：官名。唐末臨時設置的高級軍事指揮官。

[2]棗陽：縣名。治所在今湖北棗陽市。

[3]壽春：縣名。治所在今安徽壽縣。　正陽：地名。位於今安徽壽縣西南、淮河南岸正陽關。　“十月丙戌朔”至“舍於正陽”：《宋本册府》卷一八七《閏位部·勳業門五》，《通鑑》卷二六五天祐二年（905）十月條略詳。

十一月丙辰，大軍北濟。[1]帝至汝陰，[2]深悔淮南之行，躁撓尤甚。[3]丁卯，帝至自南征。辛巳，天子命帝爲相國，總百揆。以宣武、宣義、天平、護國、天雄、武順、佑國、河陽、義武、昭義、保義、武昭、武定、泰寧、平盧、匡國、武寧、忠義、荆南等二十一道爲魏國，[4]進封帝爲魏王，入朝不趨，劍履上殿，贊拜不名，兼備九錫之命。[5]癸未，唐中書門下奏：“中書印已送相國。中書公事權用中書省印。”[6]甲申，中書門下奏：“天下州縣名與相國魏王家諱同者，請易之。”[7]

[1]大軍北濟：此句後，《舊五代史考異》載：“案《十國春秋》：柴再用抄其後軍，斬首三千級，獲輜重萬計。”

[2]汝陰：縣名。治所在今安徽阜陽市。

［3］躁撓尤甚：中華書局本沿《輯本舊史》作“躁煩尤甚”。其後《舊五代史考異》載：“案《師友雜志》：朱全忠嘗與僚佐及遊客坐于大柳之下，全忠獨言曰：‘此樹宜爲車轂。’衆莫應。有遊客數人起應曰：‘宜爲車轂。’全忠勃然厲聲曰：‘書生輩好順口玩人，皆此類也。車須用夾轂，柳木豈可爲之！’顧左右曰：‘尚何待！’左右數十人捽言爲車轂者，悉撲殺之。”

［4］天雄：方鎮名。治所在魏州（今河北大名縣）。　武順：方鎮名。唐天祐二年（905）改成德軍置，治所在恒州（今河北正定縣）。　佑國：方鎮名。唐文德元年（888）置，治所在河南府（今河南洛陽市）。天祐元年徙治京兆府（今陝西西安市）。　義武：方鎮名。唐建中三年（782）置，治所在定州（今河北定州市）。　保義：方鎮名。唐龍紀元年（889）以陜虢節度使爲保義軍，治所在陜州（今河南三門峽市陜州區）。　武昭：方鎮名。唐代無武昭軍，《舊唐書》卷二〇下《哀帝紀》、《通鑑》卷二六五作“戎昭”。中華書局本改爲“戎昭”，有校勘記：“原作‘武昭’，據《舊唐書》卷二〇下《哀帝紀》、《通鑑》卷二六五改。按戎昭軍治金州，原名昭信軍，避朱全忠祖諱改，唐代無武昭軍。影庫本粘籤：‘“武昭”，原本脱“武”字，“匡國”，原本作“章國”，今俱從《歐陽史》增改。’”戎昭軍，唐光化元年（898）升昭信軍防禦使爲節度使，初治所在金州（今陝西安康市）。天祐二年以昭信軍改名，治所在均州（今湖北丹江口市西北）。同年改名“武定軍”。　武定：方鎮名。唐光啓元年（885）置，治所在洋州（今陝西洋縣）。　泰寧：方鎮名。唐乾寧四年（897）以沂海節度使號泰寧軍，治所在兖州（今山東濟寧市兖州區）。　平盧：方鎮名。唐開元七年（719）升平盧軍置，治所在青州（今山東青州市）。　匡國：方鎮名。唐乾寧二年升同州爲匡國軍節度使，治所在同州（今陝西大荔縣）。　忠義：方鎮名。唐至德二載（757）升襄陽防禦使爲山南東道節度使，文德元年號爲忠義軍，治所在襄州（今湖北襄陽市）。　荆南：方鎮名。唐至德二載置。治所在荆州（今湖

北荆州市)。　“二十一道爲魏國”:《舊五代史考異》:“案:以二十一道爲魏國,《薛史》止載十九道,據《舊唐書》尚有忠武、鎮國二道,《薛史》闕載。”見《舊唐書》卷二〇上《昭宗紀》。

[5]入朝不趨,劍履上殿,贊拜不名:大臣上朝可不必急行,可佩劍踏靴,禮官稱呼其官職而非本名,是皇帝給予大臣的特殊禮遇。　九錫之命:中國古代皇帝賜給有功諸侯、大臣的九種禮器,是最高禮遇的表示。參見劉凱《九錫淵源考辨》,《中國史研究》2018 年第 1 期。

[6]中書門下:官署名。唐代以來爲宰相處理政務的機構。參見劉後濱《唐代中書門下體制研究——公文形態·政務運行與制度變遷》,齊魯書社 2004 年版。

[7]“十一月丙辰”至“請易之”:《宋本册府》卷一八七《閏位部·勳業門五》。《通曆》卷一二爲節文。《通鑑》卷二六五天祐二年(905)十一月丙辰、丁卯、辛巳、十二月戊子條略同。

十二月乙酉朔,帝讓相國、魏王、九錫之命。丙戌,京百司各差官齎本司須知孔目并印赴魏國送納。甲午,天子以帝堅讓九錫之命,乃命宰相柳璨來使,[1]且述揖讓之意焉。丁酉,帝又讓九錫之命。詔略曰:“但以鴻名難掩,懿實須彰,宜且徇於奏陳,未便行於典册。”又改諸道兵馬元帥爲天下兵馬元帥。[2]是時,帝以唐朝百官服飾多闕,乃製造逐色衣服,請朝廷等第賜之。其所給俸錢,仍請自來年正月全支。[3]

[1]柳璨:人名。河東(今山西永濟市)人。唐末宰相、文學家、史學家。傳見《舊唐書》卷一七九、《新唐書》卷二二三下。中華書局本有校勘記:“原作‘柳燦’,據邵本校、《册府》卷一八

七改。按《舊唐書》卷一七九、《新唐書》卷二二三下有《柳璨傳》。”

[2]天下兵馬元帥：官名。唐代朝廷有重大軍事行動則置，統率天下軍隊。

[3]“十二月乙酉朔”至“仍請自來年正月全支”：《宋本册府》卷一八七《閏位部·勳業門五》。《通曆》卷一二爲節文，僅“爲天下兵馬元帥”一句。《通鑑》卷二六五天祐二年（905）十二月略詳。

三年正月，幽、滄稱兵，將寇于魏。魏人來乞師，且以牙軍驕悍，謀欲誅之，遣親吏臧延範密告于帝，帝陰許之。[1]乙丑，北征。先是帝之愛女適羅氏，是月卒於鄴城，[2]因以兵仗數千事實於槖中，遣客將馬嗣勳領長直軍千人，[3]雜以工匠、丁夫，肩其槖而入于魏，聲言爲帝女以設祭，魏人信而不疑。庚午夜，嗣勳率其衆與羅紹威親軍數百人同攻牙軍，遲明盡殺之，死者七千餘人，洎于嬰孺，亦無留者。是日，[4]帝次于内黄，聞之，馳騎至魏。時魏之大軍方與帝軍同伐滄州，聞牙軍之死，即時奔還。帝之軍追及歷亭，殺賊幾半，[5]餘衆乃擁大將史仁遇保于高唐，帝遣兵圍之。[6]是月，天子詔河南尹張全義部署修制相國魏王法物。[7]

[1]臧延範：人名。籍貫不詳。唐末、五代藩鎮官員。事見本書卷二二、《新五代史》卷二三。

[2]鄴城：地名。位於今河北臨漳縣。

[3]客將：官名。亦稱典客。唐末、五代藩鎮負責接待使節、賓客、出使等外交職責的武官。參見吴麗娱《試論晚唐五代的客

將、客司與客省》，《中國史研究》2002 年第 4 期。　馬嗣勳：人名。濠州鍾離（今安徽鳳陽縣）人。後梁將領。傳見本書卷二〇、《新五代史》卷二三。

[4]是日：中華書局本有校勘記："原作'是月'，據劉本、《册府》卷一八七改。"

[5]歷亭：縣名。治所在今山東武城縣東。　殺賊幾半：中華書局本有校勘記："'半'，原作'千'，據《册府》（宋本）卷一八七改。本書卷二一《符道昭傳》敘其事作'殺四萬餘人'。"

[6]史仁遇：人名。籍貫不詳。唐末藩鎮將領。事見本書本卷及卷一四、卷二一、卷二六。　高唐：縣名。治所在今山東高唐縣。

[7]"三年正月"至"魏王法物"：《宋本册府》卷一八七《閏位部·勳業門五》。《通鑑》卷二六五天祐三年（906）正月條略同，追及歷亭事繫於四月。

三月甲寅，以帝爲鹽鐵、度支、户部三司都制置使。三司之名始於此。帝辭不受。[1]

[1]三月甲寅：中華書局本有校勘記："'甲寅'，《舊唐書》卷二〇下《哀帝紀》、《通鑑》卷二六五作'戊寅'。按是月甲寅朔，戊寅爲二十五日。"今據改。　三司都制置使：官名。即三司使。五代後唐明宗天成元年（926）將晚唐以來的户部、度支、鹽鐵三部合爲一職，設三司使統之。主管國家財政。　"三月甲寅"至"帝辭不受"：《通鑑》卷二六五天祐三年（906）三月戊寅條。《宋本册府》卷一八七《閏位部·勳業門五》云："三月甲寅，天子命帝總判鹽鐵、度支、户部等三司事。帝再上章切讓之，乃止。"

四月癸未，攻下高唐，軍民無少長皆殺之，生擒逆首史仁遇以獻，命支解之。未幾，又攻下澶、博、貝、衛等州，[1]皆謂魏軍殘黨所據故也。是時晋人圍邢州，刺史牛存節堅壁固守，帝遣符道昭帥師救之，晋人乃遁去。[2]

[1]澶：州名。治所在今河南濮陽市。　博：州名。治所在今山東聊城市。　衛：州名。治所在今河南衛輝市。

[2]牛存節：人名。青州博昌（今山東博興縣）人。唐末、五代將領。傳見本書卷二二、本書卷二二。　“四月癸未”至“晋人乃遁去”：《宋本册府》卷一八七《閏位部·勳業門五》。“命支解之”，《宋本册府》“命”字殘，據明本補。《通鑑》卷二六五天祐三年（906）四月條略同。

五月丁巳，帝如洺州，遂巡北邊，視戎備，還，入于魏。[1]

[1]“五月丁巳”至“入于魏”：《通鑑》卷二六五天祐三年（906）五月丁巳條，《宋本册府》卷一八七《閏位部·勳業門五》略同，云：“五月，帝略地于洺州，既而復入于魏。”

七月己未，自魏班師。是日，收復相州，自是魏境悉平。壬申，帝歸自魏。[1]

[1]自魏班師：此句後，《舊五代史考異》載：“案：《通鑑考異》引《編遺録》作七月癸未，上起兵離魏都。七月壬子朔，無癸未，《編遺録》誤也。今考‘癸未’乃‘己未’傳寫之誤。”“七月己未”至“帝歸自魏”：《宋本册府》卷一八七《閏位部·勳

業門五》。《通鑑》卷二六五天祐三年（906）七月條略詳。

八月甲辰，以滄州未平，復命北征。[1]

[1]八月甲辰，以滄州未平，復命北征：《宋本册府》卷一八七《閏位部·勳業門五》，《通鑑》卷二六五天祐三年（906）八月條略詳。

九月辛亥朔，帝自白馬渡河，丁卯，至滄州，軍于長蘆。[1]一夕，帝夢白龍附于兩肩，左右瞻顧可畏，怳然驚悟。[2]

[1]白馬：縣名。治所在今河南滑縣。　長蘆：縣名。治所在今河北滄州市。　軍于長蘆：《宋本册府》卷一八七《閏位部·勳業門五》作“營于長蘆”。　“九月辛亥朔”至“軍于長蘆”：《通鑑》卷二六五天祐三年（906）九月辛亥、丁卯條。

[2]“一夕”至“怳然驚悟”：《大典》卷一三一三九“夢”字韻“事韻七”。中華書局本有校勘記：“‘一萬三千一百三十九’，原作‘一萬五千二百七’，今檢《永樂大典目録》，卷一五二〇七爲‘歲’字韻‘王充論衡’等，與本則内容不符。按此則實出《永樂大典》卷一三一三九，據改。”亦見《宋本册府》卷一八七。

十月辛巳，邠州楊崇本以鳳翔、邠寧、涇、鄜、秦、隴之衆合五六萬來寇，屯于美原，列十五寨，其勢甚盛。[1]帝命同州節度使劉知俊、都將康懷英帥師禦之。[2]知俊等大破邠寇，殺二萬餘衆，奪馬三千餘匹，擒其列校百餘人，楊崇本、胡章僅以身免。[3]

［1］美原：縣名。位於今陝西富平縣美原鎮。

［2］劉知俊：人名。徐州沛縣（今江蘇沛縣）人。唐末、五代將領。先後隸時溥、朱温、李茂貞、王建。傳見本書卷一三、《新五代史》卷四四。

［3］胡章：人名。籍貫不詳。唐末、五代藩鎮將領。事見本書卷一三、卷七六。　“十月辛巳”至“楊崇本、胡章僅以身免”：《宋本册府》卷一八七《閏位部·勳業門五》。《通鑑》卷二六五繫於天祐三年（906）十月條略簡。《舊五代史考異》：“案《新唐書》：九月乙亥，匡國軍節度使劉知俊陷坊州。十月辛巳，楊崇本戰于美原，敗績。與《薛史》互有詳略。”見《新唐書》卷一〇《哀帝紀》。

十一月庚戌，康懷英乘勝進軍，遂收鄜州。[1]

［1］十一月庚戌，康懷英乘勝進軍，遂收鄜州：《宋本册府》卷一八七《閏位部·勳業門五》。《通鑑》卷二六五天祐三年（906）十一月條略詳。

十二月己丑，帝以文武常參官每月一、五、九日赴朝，奏請備廊飡，詔從之。[1]

［1］十二月己丑：中華書局本有校勘記：“‘己丑’，原作‘乙丑’，據《舊唐書》卷二〇下《哀帝紀》改。按是月己卯朔，無乙丑，己丑爲十一日。”　常參官：官名。唐制，文官五品以上及兩省供奉官、監察御史、員外郎、太常博士，每日朝參，稱爲常參官。　“十二月己丑”至“詔從之”：《宋本册府》卷一八七《閏位部·勳業門五》。

閏月，晋人、燕人同攻潞帥，丁會舉城降于太原，帝聞之，遂自長蘆班師。時寨内糧糗山積，帝命焚之。滄帥劉守文以城中絶食，因致書于帝，乞留餘糧以救饑民，帝爲留十餘囷以與之。[1]

［1］“閏月”至“帝聞之”：中華書局本有校勘記：“以上二十一字原闕，據《册府》卷一八七補。下文‘遂自長蘆班師’句下注‘案：以上疑有闕文’，彭校：‘《册府元龜》原文不闕，此案應删。’”“遂自長蘆班師”後，《舊五代史考異》：“案：以上疑有闕文。據《舊唐書·哀帝紀》：戊辰，李克用與幽州之衆同攻潞州，全忠守將丁會以澤、潞降太原，克用以其子嗣昭爲留後。甲戌，全忠燒長蘆營旋軍，聞潞州陷故也。”“帝爲留十餘囷以與之”後，《舊五代史考異》：“案《容齋續筆》：滄州還師，悉焚諸營資糧，在舟中者鑿而沉之。劉守文遺全忠書曰：‘城中數萬口，不食數月矣，與其焚之爲煙，沉之爲泥，願乞其所餘以救之。’全忠爲之留數囷，滄人賴以濟。洪氏所述與《册府元龜》略同，惟‘留十餘囷’與‘留數囷’微異。”見《容齋續筆》卷六。　“閏月”至“帝爲留十餘囷以與之”：《宋本册府》卷一八七《閏位部·勳業門五》，《通鑑》卷二六五天祐三年閏十二月略同。

舊五代史　卷三

梁書三

太祖紀第三

開平元年春正月辛巳，帝休兵于貝州。[1]丁亥，帝迴自長蘆，次于魏州。[2]節度使羅紹威以帝迴軍，慮有不測之患，由是供億甚至，因密以天人之望切陳之。[3]帝雖拒而不納，然心德之。[4]壬寅，帝至大梁。是日，有五彩雲覆于府署之上，士庶靡不覩者。[5]又軍庫前有苦井，嘗以備灑滌之用。一旦，其味忽變甘美若飴，冠於他井，今見在焉。[6]甲辰，天子遣御史大夫薛貽矩來傳禪代之意。[7]貽矩謁帝，陳北面之禮，[8]帝揖之升階，貽矩曰："殿下功德及人，三靈所卜已定。皇帝方議裁詔，行舜、禹之事，臣安敢違。"既而拜伏於砌下，帝側躬以避之。[9]

[1]開平：後梁太祖朱温年號（907—911）。　貝州：州名。治所在今河北清河縣。　開平元年春正月辛巳，帝休兵于貝州：

《通鑑》卷二六六開平元年（907）春正月辛巳（初四）條。《通鑑》書法，朱全忠開平元年四月甲子（十八）即帝位前均稱“王”，按本書體例改爲“帝”，下同。

［2］長蘆：縣名。治所在今河北滄州市。　魏州：州名。治所在今河北大名縣。

［3］節度使：官名。唐時在重要地區所設掌握一州或數州軍事、民事、財政的長官。　羅紹威：人名。魏州貴鄉（今河北大名縣）人。唐末軍閥。傳見本書卷一四、《新五代史》卷三九。《輯本舊史》之影庫本粘籤：“羅紹威，原本作昭威，今據《歐陽史》改正。”見《新五代史》卷一《梁太祖紀上》。

［4］“丁亥”至“然心德之”：《宋本册府》卷一八七《閏位部·勳業門五》。丁亥，正月初十。

［5］“壬寅”至“士庶靡不覩者”：《宋本册府》卷二〇三《閏位部·徵應門》。中華書局本沿《輯本舊史》作：“壬寅，帝至自長蘆。是日，有慶雲覆於府署之上”，並有兩條校勘記。其一，“有慶雲覆於府署之上”，中華書局本有校勘記：“‘慶雲’，《册府》卷二〇二、卷二〇三（宋本）作‘五色雲’。”其二，中華書局本所引本條的《輯本舊史》出處作“《册府元龜》卷二百三”，有校勘記：“按此則實出《册府》卷二〇二。《册府》卷二〇三敘其事云：‘壬寅，至梁。是日，有五彩雲覆於府署之上，士庶靡不覩者。’”“壬寅，帝至自長蘆”，據《宋本册府》卷一八七、卷二〇二《閏位部·祥瑞門二》，《通鑑》卷二六六作：“壬寅，至大梁”。壬寅，正月二十五。“五彩雲”，據《宋本册府》卷二〇二、卷二〇三。又，《新五代史》卷二《梁太祖紀下》作：“壬寅，天子使御史大夫薛貽矩來勞軍。宰相張文蔚率百官來勸進。”《新五代史》之記載不見他書。

［6］“又軍庫前有苦井”至“今見在焉”：《宋本册府》卷二〇三。《通曆》卷一二《梁太祖》作：“又府第前舊有苦井，是日忽變爲甘，其味如醴。”

［7］御史大夫：官名。秦始置，與丞相、太尉合稱三公。至唐代，在御史中丞之上設御史大夫一人，爲御史臺長官，專掌監察、執法。正三品。　薛貽矩：人名。河東聞喜（今山西聞喜縣）人。唐末、後梁大臣。傳見本書卷一八、《新五代史》卷三五。　甲辰，天子遣御史大夫薛貽矩來傳禪代之意：《大典》卷五一四九“元”字韻“改元”事目。又見《通曆》卷一二《梁太祖》、《宋本册府》卷一八七。中華書局本此句做小字注文。

［8］北面之禮：中國古代君主面南而坐，大臣朝見君主需面朝北，故而有此説法。

［9］“貽矩謁帝”至“帝側躬以避之”：《宋本册府》卷一八七。又見《通鑑》卷二六六開平元年正月甲辰條，“功德及人”“三靈所卜已定”“拜伏於砌下”，《通鑑》分别作“功德在人”“三靈改卜”“北面拜舞於庭”。甲辰，正月二十七。

二月戊申朔，帝之家廟棟間有五色芝生焉，狀若芙蓉，紫煙蒙護，數日不散。[1]是日，福建帥遣吏持箋幣通好，仍以白鸚鵡一同至爾。自旬朔之内，諸州郡繼以白烏、白雀、白兔洎白蓮之並蒂者相次來獻。上覩之，謙畏彌極，咸命具表歸天朝。[2]又，是月，家廟第一室神主上有五色衣自然而生，識者知梁運之興矣。[3]唐大臣共奏請昭宣帝遜位。[4]壬子，詔宰相帥百官詣元帥府勸進，帝遣使却之。於是朝臣、藩鎮，乃至湖南、嶺南上箋勸進者相繼。[5]

［1］二月戊申朔：中華書局本有校勘記：“‘朔’字原闕，據《册府》卷二〇三補。按是月戊申朔。”據編年體史書計時法，凡該月朔日有記事者，均應在干支記日下加“朔”字。　“二月戊

申朔”至“數日不散”：《大典》卷一七一六七“廟”字韻“家廟”事目。《宋本册府》卷二〇三《閏位部·徵應門》作：“二月戊申朔，家廟主者言：‘廟之左棟，産五色芝，狀如芙蓉，紫煙蒙護，數日不散。’”《通曆》卷一二《梁太祖》作：“帝家廟棟間生五色芝，狀如芙蓉，紫煙蒙護，數日不散。”

［2］“是日”至“咸命具表歸天朝”：《宋本册府》卷二〇三《閏位部·徵應門》。《通曆》卷一二作：“福建道使持箋幣來聘，仍以白鸚鵡一同獻。自是旬浹之内，諸州郡繼以白烏、白兔洎白蓮並蒂者相次來上，皆金行應運之兆也。”

［3］“又，是月”至“識者知梁運之興矣”：《大典》卷一七一六七。又見《通曆》卷一二。

［4］昭宣帝：即唐哀帝李柷。唐朝最後一位皇帝，904年至907年在位。紀見《舊唐書》卷二〇下、《新唐書》卷一〇。

［5］湖南：方鎮名。又稱武安軍節度。治所在潭州（今湖南長沙市）。　嶺南：地區名。亦謂嶺外、嶺表。指五嶺以南地區，故名。包括今廣東、廣西、海南及越南北部地區。　“唐大臣共奏請昭宣帝遜位”至“乃至湖南、嶺南上箋勸進者相繼”：《通鑑》卷二六六開平元年（907）二月壬子條。

三月癸未，帝以亳州刺史李思安爲北路行軍都統，將兵擊幽州。[1]庚寅，唐帝詔薛貽矩再詣大梁諭禪位之意，又詔禮部尚書蘇循齎百官牋詣大梁。[2]甲辰，唐帝降御札禪位于梁，以攝中書令張文蔚爲册禮使，禮部尚書蘇循副之；[3]攝侍中楊涉爲押傳國寶使，翰林學士張策副之；[4]御史大夫薛貽矩爲押金寶使，尚書左丞趙光逢副之；[5]帥百官備法駕詣大梁。[6]

[1]亳州：州名。治所在今安徽亳州市。　刺史：官名。漢武帝時始置。州一級行政長官，總掌考核官吏、勸課農桑、地方教化等事。唐中期以後，節度使、觀察使轄州而設，刺史爲其屬官，職任漸輕。從三品至正四品下。　李思安：人名。河南陳留（今河南開封市陳留鎮）人。後梁將領。傳見本書卷一九。　都統：官名。此處指諸道行營都統。唐末設此職，作爲各道出征兵士的統帥。屬臨時性軍事長官。　幽州：州名。治所在今北京市。

[2]禮部尚書：官名。尚書省禮部主官。掌禮儀、祭享、貢舉之政。正三品。　蘇循：人名。籍貫不詳。唐末進士。唐、五代後梁、後唐官員。傳見本書卷六〇、《新五代史》卷三五。

[3]攝：官員任用類别之一。爲代理、兼職。　中書令：官名。漢代始置，隋、唐前期爲中書省長官，屬宰相之職，唐後期多爲授予元勳大臣的虚銜。正二品。　張文蔚：人名。瀛洲河間（今河北河間市）人。唐末、後梁大臣。傳見本書卷一八、《新五代史》卷三五。　册禮使：官名。舉行重大典禮時臨時任命。負責組織、主持各項禮儀儀式。

[4]侍中：官名。秦始置。隋、唐前期爲門下省長官。唐後期多爲大臣加銜，不參與政務，實際職務由門下侍郎執行。正二品。　楊涉：人名。同州馮翊（今陝西大荔縣）人。唐宰相楊收之孫，吏部尚書楊嚴之子。唐哀帝時拜中書侍郎、同中書門下平章事。傳見《新五代史》卷三五。　押傳國寶使：官名。在禪讓典禮中臨時設置之職，負責在典禮中護送印璽。　翰林學士：官名。由南北朝始設之學士發展而來，唐玄宗改翰林供奉爲翰林學士，備顧問、代王言。掌拜免將相、號令征伐等詔令的起草。　張策：人名。河西敦煌（今甘肅敦煌市）人。後梁宰相。傳見本書卷一八、《新五代史》卷三五。

[5]押金寶使：官名。在禪讓典禮中臨時設置之職，負責在典禮中護送印璽。　尚書左丞：官名。尚書省佐貳官。唐中期以後，與尚書右丞實際主持尚書省日常政務，權任甚重。正四品上。後梁

開平二年（908）改爲左司侍郎，後唐同光元年（923）復舊爲左丞。正四品。　趙光逢：人名。京兆奉天（今陝西乾縣）人。後梁大臣。傳見本書卷五八、《新五代史》卷三五。

［6］“三月癸未”至“帥百官備法駕詣大梁”：《通鑑》卷二六六開平元年（907）三月癸未、庚寅、甲辰條。其中，“唐帝”原作“唐昭宣帝”，據本紀書寫體例改。

四月，唐帝御札敕宰臣張文蔚等備法駕奉迎梁朝。[1]庚戌，帝始御金祥殿，受百官稱臣，下書稱教令，自稱曰寡人。辛亥，令諸牋、表、簿、籍皆去唐年號，但稱月、日。[2]丙辰，唐宰臣張文蔚正押傳國寶、玉册、金寶及文武群官、諸司儀仗法物及金吾左右三軍達上源驛。[3]是日，慶云見。[4]丁巳，宋州刺史王皋進赤烏一雙。[5]己未，將受唐禪，賜文武百官一百九十六人各本色衣一副。[6]壬戌，宰臣百官各押本司法物，於正殿前習儀。乃下教令曰：“王者創業興邦，立名傳世，必難知而示訓，從易避以便人。或稽其符命，應彼開基之義，垂諸象德之言。爰考簡書，求於往代，周王昌、發之稱，漢帝詢、衎之文，[7]或崇一德以徽稱，或爲二名而更易。先王令典，布在縑緗。[8]寡人本名，兼于二字，且異帝王之稱，仍兼避易之難，郡職縣官，多須改换。況宗廟不遷之業，憲章百世之規，事叶典儀，豈憚革易。寡人今改名晃，是以天意雅符於明德，日光顯契於瑞文，昭融萬邦，理斯在（是）。庶順玄穹之意，永臻康濟之期。宜令有司分告天地宗廟。其舊名，中外章疏不得更有迴避。”[9]甲子，張文蔚、楊涉乘輅自上源驛從册寶，諸司各備儀衛、鹵簿前導，導引文武百官，新羅、渤海質子及親王隨寶册列於殿前。[10]帝卯時被衮冕，升御座受册。司天監仇殷奏符瑞之驗，[11]張文蔚、蘇循奉册升殿進讀，楊涉、張策、薛貽矩、趙光逢以次奉寶升殿，讀已，降，帥百官舞蹈稱賀。帝遂與文蔚等宴於玄德殿。[12]帝舉酒曰："朕輔政未久，此皆諸公推戴之力。"文蔚等慚懼，俯伏不能對，獨蘇循、薛貽矩及刑部尚書張禕盛稱帝功德，宜應天順人。[13]《握升樞記》曰：[14]"黑衣神孫披天裳，免子持函上天牀。"黑衣神則北方之神，北方主水，火爲水之孫，王南方。南爲朱方，朱，帝之姓也。帝復以丁卯火年夏四月受唐禪。又讖曰："承唐祚者，坐在龜頭號初年，中有一市在臣邊。"坐在龜頭，是"元"字，號初年，亦"元"字也。市在臣邊，是"師"字，故帝自元師踐天子之位。[15]唐乾符中，木星入南斗，[16]數夕不退，諸道都統、晉國公王鐸觀之，[17]問諸知星者："吉凶安在？"咸曰："金、火、土犯斗，即爲災，唯木當應爲福耳。"或亦然之。時有術士邊岡者，洞曉天文，博通陰陽曆數之妙，窮天下之奇祕，有先見之明，雖京房、管輅不能過也。[18]鐸召而質之，岡曰："惟木爲福神，當以帝王占之。然則非福於今，必當有驗於後。未敢言之，請他日證其所驗。"一日，又密召岡，因堅請語其祥，至于三四。岡辭不獲，鐸乃屏去左右。岡曰："木星入斗，帝王之兆也。木在斗中，'朱'字也。以此觀之，將來當有朱氏爲君者也，天戒之矣。且木之數三，其禎也應在三紀之内乎。”鐸聞之，不復有言。[19]天后朝有讖辭云：“首尾三鱗六十年，兩角犢子自狂顛，龍蛇相鬭血成川。”[20]當時好事者解云：“兩角犢子，牛也，必有牛姓干唐祚。”故周子諒彈牛仙客，李德裕謗牛僧孺，[21]皆以應圖讖爲辭。然“朱”字“牛”下安“八”，八即角之象也，故朱滔、朱泚構喪亂之禍，[22]冀無妄之福，豈知應之帝也。[23]乙丑，命有司告天地、宗廟、社稷。[24]潁州刺史張實進白兔一。[25]丁卯，遣使宣諭州、鎮。[26]

[1]御札：又作“御劄”。皇帝手札、手詔。　敕：又稱“敕命”或“敕令”。皇帝頒布的命令的一種。漢朝時，天子告誡臣下、官長告諭僚屬或尊長勸説子孫，均可稱敕。南北朝以後始專指皇帝之命。内容涉及國家行政諸多方面。　四月，唐帝御札敕宰臣張文蔚等備法駕奉迎梁朝：《輯本舊史》之案語：“《通鑑考異》引《薛史》”，見《通鑑》卷二六六開平元年（907）三月甲辰條《考異》引薛居正《五代史》。《通鑑》本條作：“甲辰，唐昭宣帝降御札禪位于梁。以攝中書令張文蔚爲册禮使，禮部尚書蘇循副之；攝侍中楊涉爲押傳國寶使，翰林學士張策副之；御史大夫薛貽矩爲押金寶使，尚書左丞趙光逢副之；帥百官備法駕詣大梁。”

[2]“庚戌”至“但稱月、日”：《通鑑》卷二六六開平元年四月庚戌、辛亥條。自“庚戌”至“下書稱教令”，《通曆》卷一二《梁太祖》同。庚戌爲初四，辛亥爲初五。

[3]金吾左右三軍：唐代禁衛軍。高宗龍朔二年（662），由左、右候衛改名。掌車駕護衛、巡察捕奸、巡警道路等。設大將軍一人，將軍二人。　上源驛：地名。位於今河南開封市内。　“唐宰臣張文蔚正押傳國寶”至“達上源驛”：《宋本册府》卷二〇三《閏位部・徵應門》。《通曆》卷一二作：“降御札傳禪于帝，出傳國

寶、玉册、受禪寶及文物儀仗，朝於梁國。”又，“三軍”，《輯本舊史》作“二軍”。丙辰爲初十。

[4]是日，慶雲見：《册府》卷二〇三。

[5]宋州：州名。治所在今河南商丘市睢陽區。　王皋：人名。籍貫不詳。唐末、五代軍閥。事見本書本卷。　丁巳，宋州刺史王皋進赤烏一雙：《宋本册府》卷二〇三《閏位部·徵應門》。《宋本册府》卷二〇二《閏位部·祥瑞門二》，亦載此條及上條内容，但將其置於正月。正月戊寅朔，無丁巳，《册府》卷二〇二誤。四月丁巳爲四月十一。

[6]一百九十六人：中華書局本沿《輯本舊史》作“一百六十人”，並有校勘記：“‘一百六十人’，《册府》（宋本）卷一九七作‘一百九十六人’。”但未改。中華書局本從明本，今從《宋本册府》。　各本色衣一副：《宋本册府》作“各□本色衣”，而明本《册府》無“□”，從明本。　“己未”至“各本色衣一副”：《宋本册府》卷一九七《閏位部·慶賜門》。己未爲十三。

[7]周：即周朝。一般認爲存在於公元前1046年至公元前256年，傳國32代37王，延續791年。分爲西周（前1046—前771）和東周（前770—前256）兩個時期，前者定都於鎬京（今陝西西安市）而爲犬戎所滅，後者定都於洛邑（今河南洛陽市）却因諸侯紛争漸至天子失勢，最終爲秦國所滅。　昌：人名。即周文王姬昌。岐周（今陝西岐山縣）人。商朝受封爲西伯，周朝的奠基者。以勤政賢明而著稱。紀見《史記》卷四。　發：人名。即周武王姬發。岐周（今陝西岐山縣）人。周朝開國君主。聯合諸部在牧野之戰中擊敗商軍，紂王自焚而商朝滅，周朝由是得以建立。紀見《史記》卷四。　詢：人名。即漢宣帝劉詢，原名劉病已。京兆長安（今陝西西安市）人。在位期間政治穩定、社會發展，史稱“孝宣中興”。紀見《漢書》卷八。　衎（kàn）：人名。即漢平帝劉衎，原名劉箕子。生於中山國（今河北定州市）。爲王莽所立之傀儡，九歲即皇帝位，十四歲去世，隨後王莽建立新朝。紀見《漢書》卷

一二。

［8］縑緗：用於書寫的淺黃色絹帛，後代指書籍册簿之類。

［9］“壬戌”至“中外章疏不得更有迴避”：《通曆》卷一二《梁太祖》。教令内容見《宋本册府》卷一八二《閏位部·名諱門》。　從易避以便人：《輯本舊史》有案語：“原本有闕文。”　漢帝詢、衎之文：中華書局本有校勘記：“‘衎’，原作‘衍’，據《册府》（宋本）卷一八二、《漢書》卷一二《平帝紀》顔師古注改。”　或崇一德以徽稱：中華書局本有校勘記：“‘崇’，原作‘從’，據《册府》卷一八二改。”　《通鑑》卷二六六開平元年（907）三月壬戌條“梁王更名晃”後，胡注引《薛史》曰：“時將受禪，下教以本名二字異帝王之稱，故改名。”“全忠”非帝王之稱也。壬戌爲十六。

［10］新羅：朝鮮半島古國名。4世紀以後逐漸强大。935年爲王氏高麗所取代。傳見本書卷一三八、《新五代史》卷七四。　渤海：古國名。武周聖曆元年（698），粟末靺鞨首領大祚榮建立政權。唐玄宗先天二年（713），唐朝册封大祚榮爲渤海郡王，其國遂以渤海爲名。後亡於遼。傳見本書卷一三八、《新五代史》卷七四。

［11］司天監：官署名。其長官稱司天監，掌天文、曆法以及占候等事。參見趙貞《唐宋天文星占與帝王政治》，北京師範大學出版社2016年版。　仇殷：人名。籍貫不詳。五代司天監官員，精於天象曆法。傳見本書卷二四。

［12］玄德殿：宫殿名。位於今河南開封市。

［13］刑部尚書：官名。尚書省刑部主官。掌天下刑法及徒隸、勾覆、關禁之政令。正三品。　張禕：人名。籍貫不詳。唐末刑部尚書、太子太保。事見《舊唐書》卷二〇下。　“甲子”至“應天順人”：《通鑑》卷二六六開平元年四月甲子條。其中，“導引文武百官”至“司天監仇殷奏符瑞之驗”，據《通歷》卷一二補。甲子爲十八。

［14］《握升樞記》：書名。今已失傳。

［15］“《握升樞記》”至“天子之位”：《通曆》卷一二。

［16］乾符：唐僖宗李儇年號（874—879）。

［17］王鐸：人名。太原晋陽（今山西太原市）人。官至唐朝宰相。傳見《舊唐書》卷一六四、《新唐書》卷一八五。

［18］邊岡：人名。唐末、五代術士。長於曆算數術之學。事見《新唐書》卷三〇下、卷三一、卷五九及本書本卷。　京房：人名。本姓李，字君明，東郡頓丘（今河南清丰縣）人，西漢經學家。長於樂律、數術、灾異之説。傳見《漢書》卷七五。　管輅：人名。字公明，平原（今山東平原縣）人。三國術士。傳見《三國志》卷二九。

［19］“唐乾符中”至“不復有言”：《宋本册府》卷二〇三《閏位部·徵應門》，又見《通曆》卷一二，記載略簡。

［20］天后：即則天武后。自名曌。并州文水（今山西文水縣）人。中國歷史上唯一的女皇。自唐高宗時參與朝政，與唐高宗並稱“二聖”，後一度建立武周王朝，但最終歸政於李唐。其統治期間國力發展、社會穩定。紀見《舊唐書》卷六、《新唐書》卷四。

［21］周子諒：人名。京兆（今陝西西安市）人。唐朝官員，官至監察御史。後爲唐玄宗杖殺。事見《舊唐書》卷九九、卷一〇三。　牛仙客：人名。鶉觚（今甘肅靈臺縣）人。唐朝官員，官至宰相。傳見《舊唐書》卷一〇三、《新唐書》卷一三三。　李德裕：人名。趙郡（今河北趙縣）人。李吉甫之子。唐武宗朝宰相。唐朝“牛李黨争”中的李黨領袖。傳見《舊唐書》卷一七四、《新唐書》卷一八〇。　牛僧孺：人名。鶉觚（今甘肅靈臺縣）人。唐朝官員，官至宰相。唐朝中後期“牛李黨争”中的牛黨領袖。傳見《舊唐書》卷一七二、《新唐書》卷一七四。

［22］朱滔：人名。幽州（今北京市）人。唐後期藩鎮軍閥。曾發動兵變，後復歸唐朝。傳見《舊唐書》卷一四三、《新唐書》卷二一二。　朱泚（cǐ）：人名。幽州（今北京市）人。唐後期藩鎮軍閥，曾發動兵變、僭位稱帝，後兵敗而亡。傳見《舊唐書》卷

二〇〇下、《新唐書》卷二二五中。　“牛”下安“八”：《輯本舊史》之影庫本粘籤：“原本作‘牛不安八’，今據文改正。”《通曆》卷一二本作“牛下安八”，可據改。

［23］“天后朝”至“豈知應之帝也”：《大典》卷一九三九六“讖”字韻“圖讖”或“讖辭”事目。又見《通曆》卷一二。

［24］乙丑，命有司告天地、宗廟、社稷：《通鑑》卷二六六開平元年四月乙丑條。乙丑爲十九日。

［25］潁州：州名。治所在今安徽阜陽市。　張實：人名。籍貫不詳。唐末、五代將領。事見本書本卷。　潁州刺史張實進白兔一：《宋本册府》卷二〇二。明本《册府》同卷“白兔一”作“白兔”。

［26］遣使宣諭州、鎮：《通鑑》卷二六六開平元年四月丁卯條。胡注：“皆言受禪於唐也。”丁卯爲二一。

戊辰，即位。[1]制曰：“王者受命於天，光宅四海，祗事上帝，寵綏下民。革故鼎新，諒曆數而先定；創業垂統，知圖籙以無差。神器所歸，祥符合應。是以三正互用，[2]五運相生，前朝道消，中原政散，瞻烏莫定，失鹿難追。朕經緯風雷，沐浴霜露，四征七伐，垂三十年，糾合齊盟，翼戴唐室。隨山刊木，罔憚胼胝；[3]投袂揮戈，不遑寢處。洎玄穹之所贊，知唐運之不興，莫諧輔漢之謀，徒罄事殷之禮。[4]唐主知英華已竭，算祀有終，釋龜鼎以如遺，推劍紱而相授。朕懼德弗嗣，執謙允恭，避駿命於南河，眷清風於潁水。[5]而乃列嶽羣后，盈廷庶官，東西南北之人，斑白緇黄之衆，謂朕功蓋上下，澤被幽深，宜應天以順時，俾化家而爲國。拒彼億兆，至於再三。且曰七政已齊，萬幾難曠。[6]勉遵令典，爰正鴻名，告天地神祇，建宗廟社稷。顧惟凉德，曷副樂推，慄若履冰，懔如馭朽。金行啓祚，玉曆建元，方弘經始之規，宜布惟新之令。可改唐天祐四年爲開平元年，[7]國號大梁。《書》載虞賓，斯爲令範；《詩》稱周客，蓋有明文。[8]是用先封，以禮後嗣，宜以曹州濟陰之邑奉唐主，[9]封爲濟陰王。凡曰軌儀，並遵故實。姬庭多士，比是殷臣；楚國羣材，終爲晋用。[10]歷觀前載，自有通規，但遵故事之文，勿替在公之効。應是唐朝中外文武舊臣，見任前資官爵，一切仍舊。凡百有位，無易厥章，陳力濟時，盡瘁事我。古者興王之地，受命之邦，集大勳有異庶方，霑慶澤所宜加等。故豐、沛著啓祚之美，穰、鄧有建都之榮。[11]用壯鴻基，且旌故里。爰遵令典，先示殊恩。宜升汴州爲開封府，建名東都。其東都改爲西都，仍廢京兆府爲雍州佑國軍節度使。"[12]是日大酺，[13]賞賜有差。[14]宋州刺史王皋進兩歧麥，陳州袁象先進白兔一，[15]付史館編録，兼示百官。[16]辛未，武安軍節度使馬殷進封楚王。[17]以太府卿敬翔知崇政院，翔與帷幄之謀，故首擢焉。[18]追尊四代廟號。[19]以宣武節度副使皇子友文爲開封尹，判建昌院事。友文，本康氏子也，帝養以爲子。[20]乙亥，下制削奪李克用官爵。[21]詔在京百司及諸軍州縣印，一例鑄换，其篆文則各如舊。[22]是月，制宫殿門及都門名額：正殿爲崇元殿，東殿爲玄德殿，内殿爲金祥殿，萬歲堂爲萬歲殿，門如殿名。[23]帝自謂以金德王，以爲金行應運之兆，故名殿曰金祥。[24]以大内正門爲元化門，皇牆南門爲建國門，滴漏門爲啓運門，下馬門爲昇龍門，玄德殿前門爲崇明門，正殿東門爲金烏門，西門爲玉兔門，正衙東門爲崇禮門，東偏門爲銀臺門，宴堂門爲德陽門，天王門爲賓天門，皇牆東門爲寬仁門，浚儀門爲厚載門，皇牆西門爲神獸門，望京門爲金鳳門，宋門爲觀化門，尉氏門爲高明門，鄭門爲開明門，梁門爲乾象門，酸棗門爲興和門，封丘門爲含耀門，曹門爲建陽門。升開封、浚儀爲赤縣，尉氏、封丘、雍丘、陳留爲畿縣。[25]契丹首領袍笏梅老來朝貢方物。[26]改左右長直爲左右龍虎軍，左右内衙爲左右羽林軍，左右堅鋭、夾馬、突將爲左右神武軍，左右親隨軍將馬軍爲左右龍驤軍。[27]

[1]戊辰，即位：中華書局本有校勘記："《新唐書》卷一〇《昭宗紀》、《新五代史》卷二《梁本紀》、《通鑑》卷二六六敘其事作'甲子即位'。《五代會要》卷一作四月十八日，按是日即甲子。《新五代史》《通鑑》又云：'戊辰，大赦。'"見《會要》卷一帝號條。戊辰爲二二。

[2]三正：指我國古代曾使用的三種曆法。夏朝以農曆正月爲歲首，商朝以農曆十二月爲歲首，周朝以農曆十一月爲歲首，合稱"三正"。

[3]胼（pián）胝（zhī）：手掌脚掌的老繭，多指辛勤工作。

[4]漢：即漢朝。公元前 202 年劉邦建立西漢，定都長安（今陝西西安市），至公元 8 年爲王莽所代，西漢滅亡；公元 25 年劉秀建立東漢，定都洛陽（今河南洛陽市），至公元 220 年爲曹丕所代，東漢滅亡。　殷：即商朝。一般認爲存在於公元前 1600 年至公元前 1046 年，據載傳 17 世 31 王。因曾定都於殷（今河南安陽市）而又稱殷商。　事殷：《輯本舊史》之影庫本粘籤："原本作'事

般’，今據文改正。”

［5］南河：水名。古時稱黄河自今潼關以上、自北向南河段爲“西河”，潼關以下、自西向東河段爲“南河”。　潁水：水名。源自河南嵩山，至安徽入淮河，淮河主要支流之一。

［6］七政：星名。同“七曜”。指日、月及金、木、水、火、土共七個星體。　萬幾：《輯本舊史》之影庫本粘籤：“原本作‘萬機’，今據文改正。”

［7］天祐：唐昭宗李曄開始使用的年號（904）。唐哀帝李柷即位後沿用（904—907）。唐亡後，河東李克用、李存勗仍稱天祐，沿用至天祐二十年（923）。五代其他政權亦有行此年號者，如南吴、吴越等，使用時間長短不等。

［8］《書》：書名。又稱《尚書》或《書經》。上古政治歷史文獻彙編，儒家經典之一，後位列“五經”。記事内容上起上古時代虞舜時期，下至春秋時代秦穆公爲止。　虞賓：相傳虞舜以賓禮待堯之子丹朱，故而以“虞賓”代指丹朱。丹朱不肖而國亡，後人遂以此喻失位之君。　《詩》：書名。又稱《詩經》。中國最早的詩歌總集，儒家經典之一，後位列“五經”。編成於春秋時代，共305篇。分風、雅、頌三類，多爲周初至春秋中期作品。　周客：周代宋國始祖。名啓，商紂王之兄。紂王無道而數諫不從，遂出走。後降於周武王。受封於宋以續殷祀。遂稱“周客”。

［9］曹州：州名。治所在今山東曹縣。　濟陰：地名。位於今山東曹縣。

［10］凡曰軌儀：中華書局本有校勘記：“彭校作‘凡百軌儀’。”　楚：國名。春秋戰國時期的諸侯國，國君芈姓。周初受封，後領地囊括今湖北、湖南及河南、安徽的部分地區。公元前223年爲秦國所滅。　晋：國名。春秋戰國時期的諸侯國，國君姬姓。周初受封，後領地囊括中原大部地區，公元前403年，韓、趙、魏“三家分晋”，晋國消亡。

［11］豐：縣名。治所在今江蘇豐縣。　沛：縣名。治所在今江

蘇沛縣。　穰：地名。位於今河南鄧州市。曾在此建立穰國。　鄧：地名。位於今河南鄧州市。曾在此建立鄧國。

［12］京兆府：府名。治所在今陝西西安市。　雍州：州名。治所在今陝西西安市。　佑國軍：方鎮名。治所在雍州（今陝西西安市）。　仍廢京兆府爲雍州佑國軍節度使：此句後，《舊五代史考異》："案《五代會要》：四月，改京兆府爲大安府，長安縣爲大安縣，萬年縣爲大年縣，仍置佑國軍節度使額。始命韓建爲佑國軍節度使。"對《舊五代史考異》所引之"長安縣爲大安縣"，中華書局本有校勘記："'爲大安縣'四字原闕，據殿本、劉本、《五代會要》卷一九補。"見《會要》卷一九京兆府條。

［13］大酺（pú）：古代皇帝因特殊事宜而准許民間聚飲的慶祝活動。　是日大酺：《宋本册府》卷一九七《閏位部·慶賜門》繫於"丁卯"。

［14］"制曰"至"賞賜有差"：《大典》卷五一四九"元"字韻"改元"事目。本段末有《舊五代史考異》："案《通鑑》：（三月）甲辰，唐昭宣帝降御札禪位於梁。以攝中書令張文蔚爲册禮使，禮部尚書蘇循副之；攝侍中楊涉爲押傳國寶使，翰林院學士張策副之；御史大夫薛貽矩爲押金寶使，尚書左丞趙光逢副之。帥百官備法駕詣大梁。（四月）甲子，張文蔚、楊涉乘輅自上源驛從册寶，諸司各備儀衛鹵簿前導，百官從其後，至金祥殿前陳之。王被衮冕，即皇帝位。張文蔚、蘇循奉册升殿進讀，楊涉、張策、薛貽矩、趙光逢以次奉寶升殿，讀已，降，帥百官舞蹈稱賀。帝遂與文蔚等宴於玄德殿。帝舉酒曰：'朕輔政未久，此皆諸公推戴之力。'文蔚等慚懼，俯伏不能對，獨蘇循、薛貽矩及刑部尚書張褘盛稱帝功德，宜應天順人。案：朱梁篡位之事，《薛史》應爲詳載，今全篇不可得見，謹附録《通鑑》於此。"對《舊五代史考異》所引之"張文蔚、楊涉乘輅自上源驛從册寶"，中華書局本有校勘記："'驛'下原有'至'字，據《通鑑》卷二六六删。"對《舊五代史考異》所引之"張褘"，中華書局本有校勘記："原作'張禕'，

據殿本、劉本、《通鑑》卷二六六改。”

［15］陳州：州名。治所在今河南淮陽縣。　袁象先：人名。宋州下邑（今河南夏邑縣）人。五代後梁將領，後投後唐。傳見本書卷五九、《新五代史》卷四五。

［16］“宋州刺史”至“兼示百官”：明本《册府》卷二〇二《閏位部·祥瑞門二》。中華書局本有校勘記：“‘白兔’，《册府》（宋本）卷二〇二作‘白鹿’。”今據明本改。

［17］武安軍：方鎮名。治所在潭州（今湖南長沙市）。　馬殷：人名。許州鄢陵（今河南鄢陵縣）人。五代十國南楚開國君主。傳見本書卷一三三、《新五代史》卷六六。　辛未，武安節度使馬殷進封楚王：《通鑑》卷二六六開平元年（907）四月辛未條。胡注：“馬殷不由郡王，徑封國王，即位之初特恩也。”《宋本册府》卷一九六《閏位部·封建門》未記日。辛未爲二十五。

［18］太府卿：官名。南朝梁始置。太府寺長官。掌國家財帛庫藏出納、關市稅收等務。從三品。　敬翔：人名。同州馮翊（今陝西大荔縣）人。後梁大臣。傳見本書卷一八、《新五代史》卷二一。　崇政院：官署名。唐代宗曾設樞密使，以宦官充任；後梁時改崇政院，改用士人，掌軍國大政；後唐改稱樞密院，與中書分理朝政。　“以太府卿”至“故首擢焉”：《輯本舊史》作《大典》卷一二一一三，中華書局本有校勘記：“檢《永樂大典目録》，卷一二一一三爲‘柳’字韻‘事韻二’，與本則内容不符，恐有誤記。疑出自卷一六六四三‘院’字韻‘樞密院二’。本卷下三則引《永樂大典》卷一萬二千一百十三同。”

［19］廟號：中國古代皇帝去世後被供奉於太廟時所使用的名號，起源於商代，秦代一度廢止，漢代恢復，清代滅亡時隨之終結。　追尊四代廟號：《宋本册府》卷一八九《閏位部·奉先門》詳載其高祖、曾祖、祖、考四代廟號、謚號、陵號等。《新五代史》卷二載此事於七月，而《通鑑》及《册府》均繫於四月，今從《册府》及《通鑑》。

［20］節度副使：官名。唐、五代方鎮屬官。位在行軍司馬之下、判官之上。　友文：人名。朱温養子，本姓康名勤。因長於財政軍需而受朱温器重，後被朱友珪所殺。傳見本書卷一二、《新五代史》卷一三。　開封尹：官名。五代除後唐外均定都開封，因置開封府尹。執掌京師政務。從三品。　判：官制用語。即以他官兼代某職，稱判某職或判某職事。始於北齊。唐、五代以高官兼掌低職曰判。　建昌院：官署名。五代后梁置，掌財政、賦税、軍需諸事。以判院事一人爲長官，不久改爲建昌宫使。乾化二年（912）罷。　"以宣武節度副使"至"帝養以爲子"：《輯本舊史》作《大典》卷一二一一三，該卷爲"柳"字韻"事韻二"，誤。似應爲"院"字韻，卷一六六四二、卷一六六六九。《輯本舊史》之影庫本粘籤："判建昌院事，原本缺'昌'字，今據文增入。"《通鑑》卷二六六開平元年四月辛未條明言以友文判建昌院事，可據增。

［21］李克用：人名。沙陀部人，生於神武川新城（一説今山西朔州市朔城區之梵王寺村，一説今山西應縣縣城，一説今山西懷仁縣之日中城）。五代後唐奠基者。紀見本書卷二五至卷二六、《新五代史》卷四。　乙亥，下制削奪李克用官爵：《通鑑》卷二六六開平元年四月乙亥條。乙亥爲二九日。

［22］"詔在京百司"至"其篆文則各如舊"：《宋本册府》卷一九一《閏位部·立法制門》。

［23］"是月"至"門如殿名"：《宋本册府》卷一九六《閏位部·建都門》。對本條之出處"《册府》卷一百九十六"，中華書局本有校勘記："'一百九十六'，原作'一百八十六'，按此則實出《册府》卷一九六，據改。"

［24］"帝自謂"至"殿曰金祥"：《通鑑》卷二六六開平元年四月辛亥條胡注引《薛史》。

［25］浚儀：縣名。治所在今河南開封市。　赤縣：中國古代王朝都城直轄之縣。　尉氏：縣名。治所在今河南尉氏縣。　封丘：

縣名。治所在今河南封丘縣。　雍丘：縣名。治所在今河南杞縣。　陳留：縣名。治所在今河南開封市陳留鎮。　畿縣：中國古代王朝都城周邊之縣。　“以大内正門”至“陳留爲畿縣”：《大典》卷三五二〇“門”字韻“唐宫門”事目。《大典》卷三五二一爲“宋遼金元宫門”事目等。《大典目録》在此兩卷中可能漏列“五代宫門”事目。此條内容全見《宋本册府》卷一九六《閏位部·建都門》。

［26］契丹：古部族、政權名。公元4世紀中葉宇文部爲前燕攻破，始分離而成單獨的部落，自號契丹。唐貞觀中，置松漠都督府，以其首領爲都督。唐末强盛，916年迭剌部耶律阿保機建立契丹國（遼）。先後與五代、北宋並立，保大五年（1125）爲金所滅。參見張正明《契丹史略》，中華書局1979年版。　袍笏梅老：人名。契丹使者。事見本書卷七二、《契丹國志》卷一、《通鑑》卷二六六、《册府》卷九七二。梅老，官名。遥輦時有官稱“梅録”，也作“梅落”“梅老”，此即回鶻的“媚禄”“密禄”，不同時期不同民族轉寫方式不同，職掌也有變化，或總兵爲指揮官，或爲“皇家總管”。參見李桂芝《遼金簡史》，福建人民出版社1996年版，第19—20頁。　契丹首領袍笏梅老來朝貢方物：《宋本册府》卷九七二《外臣部·朝貢門五》。

［27］“改左右長直”至“左右龍驤軍”：《舊五代史考異》引《會要》卷一二京城諸軍條引《職官分紀》卷三五左右羽林軍條引《五代史》。左右龍虎軍、左右羽林軍、左右神武軍、左右龍驤軍均爲禁軍名。

五月丁丑朔，以唐朝宰臣張文蔚、楊涉並爲門下侍郎、平章事，以御史大夫薛貽矩爲中書侍郎、平章事。[1]加武順節度使、趙王王鎔守太師，天雄節度使、鄴王羅紹威守太傅，義武節度使王處直兼侍中。[2]戊寅，渤海王子大昭順貢海東物産。[3]契丹首領袍笏課哥、梅老等來朝。契丹久不通中華，聞帝威聲，乃率所部來貢。[4]帝遣太府少卿高頎報之。[5]己卯，河南尹兼河陽節度使張全義進封魏王，兩浙節度使錢鏐進封吴越王。[6]加清海節度使劉隱、威武節度王審知兼侍中，仍以隱爲大彭王。[7]辛巳，有司奏，以降誕之日爲大明節，休假前後各一日。[8]壬午，保義軍節度使朱友謙進百官衣二百副。[9]廢雍州太清宫，改西都太微宫、亳州太清宫皆爲觀，諸州紫極宫皆爲老君廟。[10]泉州僧智宣自西域回，進辟支佛骨及梵夾經律。[11]癸未，以權知荆南留後高季昌爲節度使。[12]乙酉，立皇兄全昱爲廣王，皇子友文爲博王，友珪爲郢王，友璋爲福王，友雍爲賀王，友徽爲建王，友貞爲均王，從子友謙爲冀王，姪友諒爲衡王、友能爲惠王、友誨爲邵王。[13]丙戌，荆南高季昌進瑞橘數十顆。質狀百味，倍勝常貢，且橘當冬熟，今方仲夏，時人咸異其事，因稱爲瑞。[14]辛卯，以東都舊第爲建昌宫，改判建昌院事爲建昌宫使。[15]初，帝創業之時，以四鎮兵馬倉庫籍繁總，因置建昌院以領之，至是改爲宫。[16]壬辰，命保平節度使康懷貞將兵八萬會魏博兵攻潞州。[17]甲午，詔天下管屬及州縣官名犯廟諱者各宜改换。城門郎改爲門扃郎，茂州改爲汶州，桂州慕化縣改爲歸化縣，潘州茂名縣改爲越裳縣。[18]詔樞密院宜改爲崇政院，以知院事敬翔爲院使。[19]丙申，御玄德殿，宴犒諸軍使劉捍、符道昭已下，賜物有差。[20]戊戌，詔禮部尚書蘇循及刑部尚書張禕等十五人並勒致仕，起居郎蘇楷斥歸田里。[21]己亥，帝御崇元殿，内出追尊四廟上謚號玉册寶共八副，宰臣、文武百官儀仗鼓吹導引至太廟行事。[22]癸卯，司天監奏："日辰内有戊字，請改爲武。"從之。[23]是月，青州、許州、定州三鎮節度使請開内宴，各進方物。[24]改文思院爲乾文院，同和院改爲儀鸞院，以西都水北宅爲大昌宫。[25]御食使爲司膳使，小馬坊使爲天驥使。[26]廣州進奇寶名藥，品類甚多。河南尹張全義進開平元年已前羡餘錢十萬貫、紬六千疋、綿三十萬兩，仍請每年上供定額，每歲貢絹三萬疋，以爲常式。[27]宿州刺史王儒進白兔一。濮州刺史圖嘉禾瑞麥以進。[28]帝初受禪，求理尤切，委宰臣搜訪賢良："或有在下位抱負器業久不得伸者，特加擢用；有明政理得失之道規救時病者，可陳章疏，當親鑒擇利害施行，然後賞以爵秩；有晦跡丘園不求聞達者，令彼長吏備禮邀致，冀無遺逸之恨。"[29]潞州行營都指揮使李思安及晋人戰，敗績。[30]中書門下奏："請廢同州長春宫使。"從之。[31]湖南節度使馬殷奏克袁州，[32]大破淮寇，畫圖以進，宣示宰臣。先是，淮夷襲陷洪州，並有宜春，[33]袁民厭淮夷苛政，且忿其屠戮，而征賦煩重，乃有邊界酋首，潛以人情利害導湖南之兵取袁州。淮夷賊寇失守，與郡皆没，殺傷甚衆。馬殷屯兵戍守，以捷來奏。[34]

[1]丁丑朔：據《新五代史》卷二《梁太祖紀下》、《通鑑》卷二六六補。　門下侍郎：官名。門下省副長官。唐後期三省長官漸爲榮銜，中書侍郎、門下侍郎却因參議朝政而職位漸重，常常用爲

以“同三品”或“同平章事”任宰相者的本官。正三品。　平章事：官名。簡稱“同平章事”。唐高宗以後，凡實際任宰相之職者，常在其本官後加同平章事的職銜。後成爲宰相專稱。後晋天福五年(940)，升中書門下平章事爲正二品。　中書侍郎：官名。中書省副長官。正三品。　“五月丁丑朔”至“平章事”：《宋本册府》卷一九九《閏位部·命相門》。

[2]武順：方鎮名。治所在鎮州（今河北正定縣）。　王鎔：人名。回鶻人。唐末、五代軍閥。傳見本書卷五四、《新五代史》卷三九。　太師：官名。與太傅、太保合稱三師，唐後期、五代多爲大臣、勳貴加官。正一品。　天雄：方鎮名。治所在魏州（今河北大名縣）。　太傅：官名。與太師、太保並爲三師。唐後期、五代多爲大臣、勳貴加官。正一品。　義武：方鎮名。治所在定州(今河北定州市)。　王處直：人名。京兆萬年（今陝西西安市長安區）人。唐末、五代軍閥。傳見本書卷五四、《新五代史》卷三九。　“加武順節度使”至“義武節度使王處直兼侍中”：《通鑑》卷二六六開平元年（907）五月丁丑條。

[3]大昭順：人名。渤海國末王之子。事見本書本卷。

[4]“戊寅”至“乃率所部來貢”：《宋本册府》卷九七二《外臣部·朝貢門五》。“戊寅”，據《新五代史》卷二補。《通鑑》有關契丹遣使的記載，見於四月與五月。如《通鑑》卷二六六《後梁紀一》太祖開平元年五月條：“契丹遣其臣袍笏梅老來通好，帝遣太府少卿高頎報之。”

[5]太府少卿：官名。北魏始置。太府寺副長官。佐太府卿掌國家財帛庫藏出納、關市税收等務。從四品上。　高頎：人名。籍貫不詳。唐末、五代官員。事見本書本卷。　帝遣太府少卿高頎報之：《通鑑》卷二六六開平元年五月條。

[6]河陽：縣名。治所在今河南孟州市。　張全義：人名。濮州臨濮（今山東鄄城縣）人。唐末、五代將領。傳見本書卷六三、《新五代史》卷四五。　錢鏐：人名。杭州臨安（今浙江杭州市）

人。五代時期吴越國建立者。傳見本書卷一三三、《新五代史》卷六七。　“己卯”至“兩浙節度使錢鏐進封吴越王”：《宋本册府》卷一九六《閏位部·封建門》。“己卯”，據《通鑑》卷二六六補。

[7]劉隱：人名。上蔡（今河南上蔡縣）人。五代十國南漢奠基者。傳見本書卷一三五、《新五代史》卷六五。　王審知：人名。光州固始（今河南固始縣）人。五代十國閩開國君主。909年至925年在位。傳見本書卷一三四、《新五代史》卷六八。　“加清海節度使劉隱”至“仍以隱爲大彭王”：《通鑑》卷二六六開平元年五月己卯條。

[8]辛巳，有司奏，以降誕之日爲大明節，休假前後各一日：《輯本舊史》作引自《大典》卷一六一八七，中華書局本有校勘記：“檢《永樂大典目録》，卷一六一八七爲‘漢’字韻‘兩漢蒙求一’，與本則内容不符，恐有誤記。疑出自卷一六四八七‘誕’字韻。”本條應出自《大典》卷一六四八七“誕”字韻“帝王降誕”事目。今據改。又見《宋本册府》卷一八二《閏位部·誕生門》。

[9]保義軍：方鎮名。治所在陝州（今河南三門峽市陝州區）。　朱友謙：人名。河南許州（今河南許昌市）人。朱温養子，唐末、五代軍閥。傳見本書卷六三、《新五代史》卷四五。　壬午，保義軍節度使朱友謙進百官衣二百副：《宋本册府》卷一九七《閏位部·納貢獻門》。對本條之出處“《册府元龜》卷一百九十七”，中華書局本有校勘記：“‘一百九十七’，原作‘一百六十七’，按此則實出《册府》卷一九七。”

[10]太清宫：宫殿名。唐朝所建道教宗教場所。本句有兩處太清宫，一處位於長安（今陝西西安市），另一處位於亳州（今安徽亳州市）。　太微宫：宫殿名。唐朝所建道教宗教場所。位於洛陽（今河南洛陽市）。　紫極宫：宫殿名。唐朝所建道教宗教場所。　“廢雍州太清宫”至“諸州紫極宫皆爲老君廟”：《宋本册府》卷一九四《閏位部·崇釋老門》。本條原無記日，據《會要》卷一二觀

條載此條内容爲“六日”，即干支記日之“壬午”。

［11］泉州：州名。治所在今福建泉州市。　智宣：人名。籍貫不詳。唐末、五代佛教僧侶。事見本書本卷。　辟支佛：佛教語。未逢佛而獨自覺悟的聖者，又稱緣覺，與聲聞、菩薩合稱“三乘”。　梵夾：佛經裝幀形式。亦稱“經夾”或“梵筴”。因早期佛經多刻於貝多羅葉，夾以厚板，以繩結之，故有是名。　泉州僧智宣自西域回，進辟支佛骨及梵夾經律：《大典》卷二一一七五“佛”字韻“佛骨”事目。又見《宋本册府》卷一九四，較本條末多一句。

［12］留後：官名。唐、五代節度使多以子弟或親信爲留後，以代行節度使職務，亦有軍士、叛將自立爲留後者。掌一州或數州軍政。　高季昌：人名。陝州硤石（今河南三門峽市陝州區）人。五代十國南平（荆南）開國君主。傳見本書卷一三三、《新五代史》卷六九。　癸未，以權知荆南留後高季昌爲節度使：《通鑑》卷二六六開平元年五月癸未條。

［13］全昱：人名。即朱全昱，朱温的兄長。傳見本書卷一二、《新五代史》卷一三。　友珪：人名。即朱友珪。朱温次子，後勾結韓勍殺朱温。傳見本書卷一二、《新五代史》卷一三。　友璋：人名。即朱友璋。朱温第五子。傳見本書卷一二。　友雍：人名。即朱友雍。朱温第六子。事見《新五代史》卷一三。　友徽：人名。即朱友徽。朱温第七子。事見本書卷一二、《新五代史》卷一三。　“乙酉”至“友徽爲建王”：《大典》卷一六六二八“建”字韻“封建（一一）”事目。　友貞：人名。即後梁末帝朱友貞，朱温第三子。913年至923年在位。紀見本書卷八至卷一〇、《新五代史》卷三。　友貞爲均王：據《通曆》卷一二《梁太祖》、《新五代史》卷二、《通鑑》卷二六六。　從子友謙爲冀王：據《會要》卷一一封建條。　友諒：人名。即朱友諒。朱全昱之子，朱温之侄。傳見本書卷一二、《新五代史》卷一三。　友能：人名。即朱友能。朱全昱之子，朱温之侄。傳見本書卷一二、《新五代史》卷一三。　友誨：人名。即朱友誨。朱全昱之子，朱温之侄。後梁

末帝時因舉兵反叛被囚。後唐入汴時被殺。傳見本書卷一二、《新五代史》卷一三。　姪友諒爲衡王、友能爲惠王、友誨爲邵王：《新五代史》卷二。

［14］“丙戌”至“因稱爲瑞”：《宋本册府》卷一九七。另，《册府》卷二〇二《閏位部·祥瑞門二》記載爲：“丙戌，荆州高季昌進瑞橘七十顆。”兩者記載不同，前者詳，後者略，且文字有差異。前者作“荆南”，後者作“荆州”；前者作“數十顆”，後者作“七十顆”。《輯本舊史》之影庫本粘籤：“‘百味’二字，以文義求之當作‘甘味’，《五代會要》亦作‘百味’，今姑仍其舊。”未見《會要》記載。

［15］建昌院：中華書局本有校勘記：“原作‘建昌宮’，據殿本、本書卷一四九《職官志》、《五代會要》卷二四、《通鑑》卷二六六及本卷下文改。”見《會要》卷二四建昌宮使條。　辛卯，以東都舊第爲建昌宮，改判建昌院事爲建昌宮使：《輯本舊史》作《大典》卷一二一一三爲“柳”字韻，誤。似應爲“院”字韻，卷一六六四二至卷一六六六九。

［16］“初”至“至是改爲宮”：《通鑑》卷二六六開平元年五月辛卯條胡注引《薛史》。本條内容應屬於舊史《梁太祖本紀》，但恐非原文，尤其最末一句“蓋重其事也”，似胡三省之語，故删去。

［17］保平：方鎮名。治所在陝州（今河南三門峽市陝州區）。　康懷貞：人名。即康懷英。兖州（今山東濟寧市兖州區）人。唐末、五代將領。避後梁末帝朱友貞諱改懷英。傳見本書卷二三、《新五代史》卷二二。　潞州：州名。治所在今山西長治市。　壬辰，命陝州節度使康懷貞將兵八萬會魏博兵攻潞州：《通鑑》卷二六六開平元年五月壬辰條。

［18］城門郎：官名。掌管京師城門屯兵的武官。漢朝稱“城門校尉”，隋改“城門郎”，唐因之。　茂州：州名。治所在今四川茂縣。　桂州：州名。治所在今廣西鹿寨縣北。　慕化縣：縣

名。治所在今廣西桂林市。　潘州：州名。治所在今廣東高州市。　茂名縣：縣名。治所在今廣東茂名市。　“甲午”至“潘州茂名縣改爲越裳縣”：《宋本册府》卷一八九《閏位部·奉先門》。《舊五代史考異》：“案魏泰《東軒筆録》：‘京師呼城外爲州東、州西、州南、州北，而韋城、相城、胙城等縣，但呼韋縣、相縣、胙縣。’蓋沿梁時避諱之舊也。”

[19]詔樞密院宜改爲崇政院，以知院事敬翔爲院使：《輯本舊史》作《大典》卷一二一一三“柳”字韻，誤。似應爲“院”字韻，卷一六六四二至卷一六六六九。“詔樞密院宜改爲崇政院”，中華書局本有校勘記：“‘改’原作‘加’，據殿本、本書卷一四九《職官志》、《通鑑》卷二六六《考異》引《實録》、《五代會要》卷二四、《新五代史》卷二《梁本紀》改。”見《會要》卷二四崇政院使條、《通鑑》卷二六六開平元年五月甲午條。

[20]劉捍：人名。開封（今河南開封市）人。後梁將領。傳見本書卷二〇、《新五代史》卷二一。　符道昭：人名。蔡州（今河南汝南縣）人。唐末、五代後梁將領。傳見本書卷二一、《新五代史》卷二一。　丙申，御玄德殿、宴犒諸軍使劉捍、符道昭已下，賜物有差：《大典》卷一六七四六“宴”字韻“宴享（三）”事目。又見《宋本册府》卷一九七《閏位部·宴會門》。

[21]致仕：官員告老辭官。　起居郎：官名。唐代始置，屬門下省。與中書省起居舍人同掌起居注，記皇帝言行。從六品上。　蘇楷：人名。籍貫不詳。唐末、五代官員。事見本書卷六〇。　“戊戌”至“起居郎蘇楷斥歸田里”：《通鑑》卷二六六開平元年五月戊戌條。

[22]太廟：又稱大廟。祭祀帝王祖宗之廟，省稱祖廟。　“己亥”至“宰臣、文武百官儀仗鼓吹導引至太廟行事”：《宋本册府》卷一八九。本條內容，《册府》原記於“六月己亥”，《輯本舊史》亦記於六月。由於五月丁丑朔，六月丙午朔，己亥爲二十三日，六月無己亥，今移入五月。

［23］癸卯，司天監奏："日辰内有戊字，請改爲武。"從之：《宋本册府》卷一八九。《輯本舊史》列此條於六月，《册府》記於五月。中華書局本從《輯本舊史》，並有校勘記："《册府》卷一八九繫其事於五月。按六月丙午朔，無癸卯；五月丁丑朔，癸卯爲二十七日。"又，《舊五代史考異》："案：《容齋續筆》以爲'戊'類'成'字，故司天諂之。殊不知'戊'字乃避梁祖曾祖茂琳諱，非以其類'成'字也。《雲谷雜記》嘗辨正之。今《崇福侯廟碑》立於開平二年，正作武辰，可見當時避諱之體。"對《舊五代史考異》所引之《容齋續筆》，中華書局本有校勘記："原作《容齋三筆》。按此事見《容齋續筆》卷六'戊爲武'條，據改。"對《舊五代史考異》所引之"武辰"，中華書局本亦有校勘記："原作'武寅'。按《金石萃編》卷一一九《崇福侯廟碑》碑文有'開平二年，歲在武辰'句，據改。'戊'避朱温曾祖茂琳諱改'武'。"

［24］青州：州名。治所在今山東青州市。　許州：州名。治所在今河南許昌市。　方物：古時指地方特産。　各進方物：中華書局本有校勘記："'進'，原作'賜'，據《册府》（宋本）卷一九七改。"　是月，青州、許州、定州三鎮節度使請開内宴，各進方物：《大典》卷一六七四六"宴"字韻"宴享（三）"事目。

［25］文思院：官署名。掌造宫廷所需之物。唐代置文思院，以宦官爲文思使。五代後梁時改文思院爲乾文院，文思使改稱乾文院使。後唐時恢復舊稱。　同和院：官署名。唐代所置，掌供應皇帝祭祀、朝會、巡幸、宴享之陳設用度，後梁時改稱儀鸞院。"儀鸞院"，中華書局本有校勘記："原作'佐鸞院'，據殿本、劉本、本書卷一四九《職官志》、晏殊《類要》引《五代史太祖紀》、《五代會要》卷二四改。"見《會要》卷二四儀鸞院條、《類要》卷一九引《太祖紀》。　改文思院爲乾文院，同和院改爲儀鸞院，以西都水北宅爲大昌宫：《宋本册府》卷一九六《閏位部·建都門》。

［26］御食使：官名。唐朝末期置，爲内諸司使之一，掌御膳。後梁時改稱司膳使。　小馬坊使：官名。唐朝末期置，爲内諸司使

之一，掌御膳。後梁時改稱天驥使。　改御食使爲司膳使，小馬坊使爲天驥使：《會要》卷二四諸使雜録條、《類要》卷一九引《太祖紀》。

［27］“廣州進奇寶名藥”至“以爲常式”：《宋本册府》卷一九七。名藥，中華書局本有校勘記：“原作‘名樂’，據殿本、《册府》（宋本）卷一九七改。按本卷下文亦有廣州進藥事，數見於《册府》卷一九七其他各條。”

［28］濮州：州名。治所在今山東鄄城縣。　宿州刺史王儒進白兔一，濮州刺史圖嘉禾瑞麥以進：《宋本册府》卷二〇二。

［29］“帝初受禪”至“冀無遺逸之恨”：明本《册府》卷二一三《閏位部·求賢門》。

［30］行營都指揮使：官名。唐末、五代統兵將領，掌行營兵馬。　潞州行營都指揮使李思安及晋人戰，敗績：《新五代史》卷二。

［31］同州：州名。治所在今陝西大荔縣。　長春宫：北周、隋、唐行宫名。位於今陝西大荔縣東北。唐時同州刺史多帶長春宫使。　中書門下奏：“請廢同州長春宫使。”從之：《會要》卷五長春宫條。

［32］袁州：州名。治所在今江西宜春市袁州區。

［33］洪州：州名。治所在今江西南昌市。　宜春：代指袁州。

［34］“湖南節度使馬殷奏克袁州”至“以捷來奏”：明本《册府》卷四三五《將帥部·獻捷門二》。

六月，康懷貞至潞州，晋昭義節度使李嗣昭、副使李嗣弼閉城拒守。[1]懷貞晝夜攻之，半月不克，乃築壘穿蚰蜒塹而守之，内外斷絶。晋王以蕃漢都指揮使周德威爲行營都指揮使，帥馬軍都指揮使李嗣本、馬步都虞候李存璋、先鋒指揮使史建瑭、鐵林都指揮使安元信、橫衝指揮使李嗣源、騎將安金全救潞州。[2]晉兵攻澤州，帝遣左神勇軍使范居實將兵救之。[3]甲寅，以青州節度使韓建守司徒、平章事。[4]武貞節度使雷彥恭會楚兵攻江陵，荆南節度使高季昌引兵屯公安，絶其糧道；彥恭敗，楚兵亦走。[5]丙辰，静海軍節度使曲裕卒。[6]癸亥，詔以前朝官僚譴逐南荒，積年未經昭雪，其間有懷抱材器爲時所嫉者，深負冤抑。仍令録其名姓，盡復官資，兼告諭諸道，令津致赴闕。如已亡殁，並許歸葬，以明恩蕩。[7]改耀州報恩禪院爲興國寺。[8]詔："近年諸道貢舉人，當藩方秋薦之時，不親試者號爲拔解，非所以責實也。"帝因知之，乃下令止絶。[9]以西都徽安門北路逼近大内宫垣，兼非民便，令移自榆林直趣端門之南。[10]封丘境内蟲蝗爲災最甚，帝令近界撲滅，下明敕以懸賞罰之戒。以縮不恭，罰金仍免官。[11]戊戌，兩浙節度使錢鏐奏："四月十六日於蘇州大破淮賊，擒獲數千人、戰船數百隻、器甲二十餘萬。"[12]己亥，以久雨，命官祈禱於神祠靈迹。[13]丁未，靈武節度使韓遜奏："收復鹽州，擒僞刺史李繼直以下六十二人，並處斬訖。"[14]庚戌，同州節度使劉知俊據本郡反。制令削奪劉知俊在身官爵，仍徵發諸軍，速令進討。[15]以山南東道節度使楊師厚爲西路行營招討使，帥侍衛馬步軍都指揮使劉鄩等討之。[16]辛亥，駕幸蒲、陝，夜半發大内。[17]乙卯，冀王友謙爲同州東面行營招討使。[18]丹州馬軍都頭王行思等作亂，刺史宋知誨逃歸。庚申，以劉鄩權佑國留後。[19]劉知俊弟内直右保勝指揮使知浣自洛奔至潼關，右龍虎軍十將張温以上二十二人於潼關擒獲劉知浣，送至行在。敕："知浣，逆黨之中最爲頭角；龍虎軍，親兵之内實冠爪牙。昨者攻取潼關，率先用命；尋則擒獲知浣，最上立功。頗壯軍威，將除國難。所懸賞格，便可支分；許賜官階，固須除授。"[20]劉知俊奔鳳翔，同州平。[21]劉守光遣使上表告捷，且言"俟滄德事畢，爲陛下掃平并寇。"[22]以司門郎中季文矩爲開封縣令，司勳員外郎孫拙爲浚儀縣令。先是，二邑皆吏部注授，今昇爲赤縣，故命二省郎理。[23]

[1]昭義：方鎮名。又稱澤潞。治所在潞州（今山西長治市）。　李嗣昭：人名。汾州（今山西汾陽市）人。李克用養子、部將。傳見本書卷五二、《新五代史》卷三六。　李嗣弼：人名。李克用弟李克修之子。後與契丹交戰時戰没。事見《新五代史》卷一四。

[2]周德威：人名。朔州馬邑（今山西朔州市朔城區東北）人。唐末、五代河東將領。傳見本書卷五六、《新五代史》卷二五。　馬軍都指揮使：官名。五代始置。爲侍衛親軍馬軍統兵將領。　李嗣本：人名。雁門（今山西代縣）人。李克用養子、部將。傳見本書卷五二、《新五代史》卷三六。　馬步都虞候：官名。五代侍衛親軍馬步軍統兵官，僅次於馬步軍都指揮使、副都指揮使。　李存璋：人名。雲中（今山西大同市）人。李克用養子、部將。傳見本書卷五三、《新五代史》卷三六。　先鋒指揮使：官名。先鋒，即先鋒部隊。指揮使，爲所部統兵將領。　史建瑭：人名。雁門（今山西代縣）人。五代將領。傳見本書卷五五、《新五代史》卷二五。　鐵林都指揮使：官名。所部統兵將領。"鐵林"爲部隊番號。　安元信：人名。代北（今山西代縣）人。五代後唐、後晉將領。事見本書卷三二。　横衝指揮使：官名。所部統兵將領。"横

衝”爲部隊番號。　李嗣源：人名。沙陀部人。原名邈佶烈，李克用養子。五代後唐明宗，926年至933年在位。紀見本書卷三五至卷四四、《新五代史》卷六。　安金全：人名。代北（今山西代縣）人。唐末、五代將領。傳見本書卷六一、《新五代史》卷二五。

[3]左神勇軍使：官名。掌領本軍軍務，或兼理地方政務。《新唐書》卷五〇《兵志》載："唐初，兵之戍邊者，大曰軍，小曰守捉，曰城，曰鎮……武德至天寶以前邊防之制，其軍、城、鎮、守捉皆有使。"　范居實：人名。絳州翼城（今山西翼城縣）人。後梁將領。傳見本書卷一九。　"六月"至"帝遣左神勇軍使范居實將兵救之"：《通鑑》卷二六六開平元年（907）六月條。

[4]韓建：人名。許州長社（今河南許昌市）人。唐末、五代軍閥。傳見本書卷一五、《新五代史》卷四〇。　司徒：官名。與太尉、司空並爲三公。唐後期、五代多爲大臣、勳貴加官。正一品。　甲寅，以青州節度使韓建守司徒、平章事：《宋本册府》卷一九九《閏位部·命相門》。《册府》作："（五月）是月，以青州節度使韓建守司徒、平章事。帝以建有文武材，且詳於稼穡利害，軍旅之事、籌度經費，欲盡詢焉，恩澤特異，于時罕有比者，遂拜爲上相，錫賚甚厚。"《輯本舊史》從《册府》，並有訂正。"青州"，《輯本舊史》之影庫本粘籤："青州，原本誤作'清州'，今據文改正。"中華書局本沿《輯本舊史》從《册府》。"遂拜爲上相"，中華書局本有校勘記："'遂'，原作'隨'，據《册府》（宋本）卷一九九改。"韓建受命之日在"六月甲寅"，據《通鑑》卷二六六、《新五代史》卷二《梁太祖紀下》補。

[5]武貞：方鎮名。治所在朗州（今湖南常德市）。　雷彦恭：人名。武陵（今湖南常德市）人。唐末、五代地方豪族。事見本書卷一三三。　公安：縣名。治所在今湖北公安縣。　"武貞節度使雷彦恭會楚兵攻江陵"至"楚兵亦走"：《通鑑》卷二六六開平元年六月條。

[6]丙辰：中華書局本有校勘記："以上二字原闕，據《通鑑》

卷二六六《考異》引《薛史》補。”《考異》引《薛史》原文作：“六月，丙辰，裕卒。”　静海軍：方鎮名。治所在交州（今越南河内市）。静海軍節度使管理交州等十二州（今越南北部）。　曲裕：人名。即曲承裕。安南鴻州（今越南海陽寧江縣）人。唐末、五代軍閥。爲越南獨立建國打下基礎。事見本書本卷。　丙辰静海軍節度使曲裕卒：《通鑑》卷二六六開平元年六月丙辰條《考異》引《薛史》。

［7］“癸亥”至“以明恩蕩”：《宋本册府》卷一九一《閏位部・政令門》。

［8］耀州：州名。治所在今陝西銅川市耀州區。　改耀州報恩禪院爲興國寺：《宋本册府》卷一九四《閏位部・崇釋老門》。

［9］“詔”至“乃下令止絶”：《宋本册府》卷六四一《貢舉部・條制門三》。《會要》卷二三緣舉雜録條記於七月。

［10］“以西都”至“端門之南”：《宋本册府》卷一九六《閏位部・建都門》。

［11］綰：人名。即高綰。籍貫不詳。封丘縣令。本書僅此一見。　“封丘境内蟲蝗爲災最甚”至“罰金仍免官”：《宋本册府》卷七〇七《令長部・黜責門》。

［12］蘇州：州名。治所在今江蘇蘇州市。　“六月戊戌”至“器甲二十餘萬”：明本《册府》卷四三五《將帥部・獻捷門二》。

［13］己亥，以久雨，命官祈禱於神祠靈迹：《宋本册府》卷一九三《閏位部・弭災門》。

［14］韓遜：人名。籍貫不詳。唐末、五代軍閥。傳見本書卷一三二、《新五代史》卷四〇。　鹽州：州名。治所在今陝西定邊縣。　李繼直：人名。籍貫不詳。本書僅此一見。　“丁未”至“並處斬訖”：明本《册府》卷四三五。《通鑑》卷二六七略簡。

［15］劉知俊：人名。徐州沛縣（今江蘇沛縣）人。唐末、五代將領。先後隸時溥、朱温、李茂貞、王建。傳見本書卷一三、《新五代史》卷四四。　“庚戌”至“速令進討”：明本《册府》

卷二一六《閏位部·征伐門》。《通鑑》卷二六七開平三年六月乙未朔條，《考異》所引《實録》："六月庚戌，知俊據本郡反，削奪官爵，興師討伐。"

[16]山南東道：方鎮名。治所在襄州（今湖北襄陽市）。　楊師厚：人名。潁州斤溝（今安徽太和縣阮橋鎮斤溝村）人。唐末、五代後梁將領。傳見本書卷二二、《新五代史》卷二三。　西路行營招討使：官名。唐始置。戰時任命，兵罷則省。常以大臣、將帥或地方軍政長官兼任。掌招撫、討伐等事務。　侍衛馬步軍都指揮使：官名。五代時侍衛親軍長官，多由皇帝親信擔任。　劉鄩：人名。密州安丘（今山東安丘市）人。後梁將領。傳見本書二三、《新五代史》卷二二。　以山南東道節度使楊師厚爲西路行營招討使，帥侍衛馬步軍都指揮使劉鄩等討之：《通鑑》卷二六七開平三年六月條。

[17]蒲：州名。治所在今山西永濟市。　辛亥，駕幸蒲、陝，夜半發大内：明本《册府》卷二〇五《閏位部·巡幸門》。《舊五代史考異》："案：通鑑作癸丑，帝至陝，與《薛史》前後異。"見《通鑑》卷二六七開平三年六月癸丑條。

[18]乙卯，冀王友謙爲同州東面行營招討使：《新五代史》卷二《梁太祖紀下》。

[19]丹州：州名。治所在今陝西宜川縣。　馬軍都頭：官名。唐末、五代時，"都"爲指揮以下的軍事編制。《武經總要》卷二："凡五百人爲一指揮，其别有五都，都一百人，統以一營居之。"馬軍"都"的長官稱爲馬軍都頭。　王行思：人名。籍貫不詳。事見本書本卷。　宋知誨：人名。籍貫不詳。本書僅此一見，事見《通鑑》卷二六七。　"丹州馬軍都頭王行思等作亂"至"以劉鄩權佑國留後"：《通鑑》卷二六七開平三年六月庚申條。

[20]右保勝指揮使：官名。右保勝軍統領。保勝爲軍隊番號。　知浣：人名。即劉知浣。徐州沛縣（今江蘇沛縣）人。唐末、五代將領。劉知俊之弟。事見本書本卷、卷一三、卷一九、卷二二、

卷二三，《新五代史》卷四四。　潼關：關隘名。位於今陝西潼關縣東北。　右龍虎軍十將：官名。五代後梁禁衛部隊右龍虎軍低級軍職。　張温：人名。魏州魏縣（在今河北大名縣）人。五代將領。傳見本書卷五九。　“劉知俊弟内直右保勝指揮使知浣自洛奔至潼”至“固須除授”：明本《册府》卷二一〇《閏位部·明賞門》。

[21]鳳翔：方鎮名。治所在鳳翔府（今陝西鳳翔縣）。　劉知俊奔鳳翔，同州平：中華書局本沿《輯本舊史》作《大典》卷三五一三，並有校勘記：“檢《永樂大典目録》，卷三五一三爲‘坤’字‘坤卦十’，與本則内容不符，恐有誤記。陳垣《舊五代史輯本引書卷數多誤例》謂應作卷三五一六‘奔’字韻。”又見明本《册府》卷二一六《閏位部·征伐門》。

[22]滄：州名。治所在今河北滄縣。　德：州名。即德州，治所在今山東德州市陵城區。　并：州名。治所在今山西太原市。此處指晋王沙陀政權。　劉守光遣使上表告捷，且言“俟滄德事畢，爲陛下掃平并寇”：《通鑑》卷二六七開平三年六月條。

[23]司門郎中：官名。唐始置。尚書省邢部司門司長官。掌天下諸門及關出入往來之籍賦，而審其政。正五品上。　季文矩：人名。籍貫不詳。本書僅此一見。　開封縣：縣名。治所在今河南開封市。　司勳員外郎：官名。唐始置。吏部司勳司次官。佐理邦國官人之勳級。從六品上。　孫拙：人名。籍貫不詳。本書僅此一見。　浚儀縣：縣名。治所在今河南開封市。　縣令：官名。縣行政長官，掌治本縣。唐制縣令有京（赤）、畿（望）、上、中、中下、下六等之差，品級不同。　吏部：官署。尚書省六部之一。負責六品以下文官選授、勳封、考課之政。　“以司門郎中季文矩爲開封縣令”至“故命二省郎理”：《宋本册府》卷七〇一《令長部·選任門》。

秋七月戊寅，幸乾元院，宴召宰臣、學士及諸道入貢陪臣。[1]甲午，以劉守光爲盧龍節度使、同平章事。[2]丙申，以静海軍行營司馬權知留後曲顥起復爲安南都護，充節度使。[3]己亥，追尊皇妣爲皇太后。[4]敕："宜以關東爲内，仍以潼關隸陜州。"是月，又改武牢關爲虎牢關。[5]

[1]乾元院：官署名。唐玄宗開元五年（717）置，掌校書事宜。　秋七月戊寅，幸乾元院，宴召宰臣、學士及諸道入貢陪臣：《大典》卷一六七四六"宴"字韻"宴享（三）"事目。《宋本册府》卷一九七《閏位部·宴會門》記於"六月戊寅"，然六月無戊寅，戊寅爲七月初二，據補。"秋"字據本紀四時記載規則補。

[2]劉守光：人名。深州樂壽（今河北獻縣）人。唐末盧龍節度使劉仁恭之子。囚父殺兄自立，後號大燕皇帝，爲晋王李存勗俘殺。傳見本書卷一三五、《新五代史》卷三九。　盧龍：方鎮名。治所在幽州（今北京市）。　甲午，以劉守光爲盧龍節度使、同平章事：《通鑑》卷二六六開平元年（907）七月甲午條。

[3]行營司馬：官名。出征將領及節度使的屬官。掌軍籍符伍、號令印信，是藩鎮重要的軍政官員。　曲顥：人名。即曲承顥。安南鴻州（今越南海陽寧江縣）人。曲裕之子。五代十國軍閥。事見《新五代史》卷六五。　起復：官吏服喪未滿而再起用。　安南都護：官名。唐代所設安南都護府長官，負責管理今中國南疆及中南半島北部部分地區之軍民政務。　"丙申"至"充節度使"：《通鑑》卷二六六開平元年七月丙申條《考異》引《薛史》。《考異》云："'行營'當作'行軍'。"

[4]妣：對已去世的母親的敬稱。　己亥，追尊皇妣爲皇太后：《大典》卷一七二九六"號"字韻"后妃尊號"事目。《舊五代史考異》："案《長曆》，七月不得有己亥，今考《通鑑》亦作七月己

亥，當是引《薛史》原文，今仍之。"《新五代史》卷二亦載七月己亥追尊四祖、妣之謚號、廟號。七月無"己亥"，有"乙亥"，爲七月二十九日。

[5]潼關：地名。關隘重地。位於今陝西潼關縣東北。　武牢關：地名。關隘重地。位於今河南滎陽市西北。　"敕"至"又改武牢關爲虎牢關"：明本《册府》卷五〇四《邦計部·關市門》。《舊五代史考異》："案《五代會要》：七月，敕云：'建國遷都，俾新其制，況山河之險，表裏爲防。今二京俱在關東以内，仍以潼關隸陝州，復置河潼軍使，命虢州刺史兼領之。'其月，敕改虎牢關爲軍，仍置虎牢關軍使。"然，《會要》作"今二京俱在，關東爲内"，見卷二六"關"條。

八月丙午，賜河南尹張全義名宗奭。辛亥，以吴越王錢鏐兼淮南節度使，楚王馬殷兼武昌節度使，各充本道招討制置使。[1]丁巳，以潞州軍前屯師旅，壁壘未收，乃别議戎帥，於是以亳州刺史李思安充潞州行營都統。[2]甲子，平明前，老人星見於南極。[3]丁卯，同州蝝蛸蟲生。[4]壬申，密州進嘉禾，又有合歡榆樹，並圖形以獻。[5]敕："朝廷之儀，封册爲重，用報勳烈，以隆恩榮。固合親臨，式光典禮，舊章久缺，自我復行。今後每封册大臣，宜令有司備臨軒之禮。"[6]是月，隰州奏，大寧縣至固鎮上下二百里，今月八日，黄河清，至十日如故。[7]

[1]招討制置使：官名。唐後期臨時差遣官，用兵時爲控制地方秩序而設。　"八月丙午"至"各充本道招討制置使"：《通鑑》卷二六六開平元年（907）八月丙午、辛亥條。

［2］“丁巳”至“於是以亳州刺史李思安充潞州行營都統”：《宋本册府》卷一九九《閏位部・選將門》。“丁巳”，據《通鑑》卷二六六補。“乃別議戎帥”，中華書局本有校勘記：“‘帥’原作‘師’，據殿本、劉本、邵本校、彭校、《册府》（宋本）卷一九九改。影庫本批校：‘别議戎師之“師”，疑“帥”字之訛。’”

［3］老人星：星名。古時對南極星的別稱。　甲子，平明前，老人星見於南極：《宋本册府》卷二〇二《閏位部・祥瑞門二》。

［4］蚜蚄：一種吃莊稼葉的害蟲，今稱“黏蟲”。　丁卯，同州蚜蚄蟲生：《新五代史》卷二《梁太祖紀下》。

［5］密州：州名。治所在今山東諸城市。　壬申，密州進嘉禾，又有合歡榆樹，並圖形以獻：《宋本册府》卷二〇二。

［6］“敕”至“宜令有司備臨軒之禮”：《大典》卷一六七五一“宴”字韻。《舊五代史考異》：“案《五代會要》：八月，敕云‘諸道所有軍事申奏，令直至右銀臺門，委客省使畫時引進，尋常公事依前四方館收接’。”對《舊五代史考異》所引之“委客省使畫時引進”，中華書局本有校勘記：“‘畫’，原作‘晝’，據《五代會要》卷五改。”見《會要》卷五雜録條。

［7］隰州：州名。治所在今山西隰縣。　大寧縣：縣名。治所在今山西大寧縣。　固鎮：地名。位於今山西沁水縣西北固鎮村。　“是月”至“至十日如故”：《宋本册府》卷二〇二。《舊五代史考異》：“案前後多作李固鎮，疑原本有脱字，考《通鑑》亦間作固鎮，蓋當時奏牘省文也，今仍之。”“至十日如故”，中華書局本有校勘記：“‘日’，原作‘月’，據《册府》（宋本）卷二〇二改。”

九月丙申，詔削雷彥恭官爵，命高季昌與楚王馬殷討之。[1]己亥，王建即皇帝位，國號大蜀，年號武成。[2]辛丑，西京大内放出西宮内人及前朝宮人，任其所適。[3]敕：“以近年文武官諸道奉使，皆於所在分外停住，踰年涉歲，未聞歸闕。非唯勞費州郡，抑且侮慢國經。臣節既虧，憲章安在？自今後，兩浙、福建、廣州、安南、邕、容等道使到發，許住一月，湖南、洪、鄂、黔、桂許住二十日，荆、襄、同、雍、鎮、定、青、滄許住十日，其餘側近不過三五日。[4]凡往來道路，據遠近里數，日行兩驛。如遇疾患及江河阻隔，委所在長吏具事由奏聞。如或有違，當行朝典，命御史點檢糾察，以儆慢官。"[5]詔："先以討伐北虜，因索公私馬以濟戎事，至是虜有騷擾，復罷前令，如有力者，任畜馬。"[6]兩浙錢鏐奏："鎮東軍神祠頗有靈驗，救災祈福，人民賴之，特請封崇。"賜號爲崇福侯。[7]浙西奏，道門威儀鄭章、道士夏隱言，焚修精志，妙達希夷，推諸輩流，實有道業。[8]鄭章宜賜號貞一大師，仍名玄章；隱言賜紫衣。[9]

[1]九月丙申，詔削雷彦恭官爵，命高季昌與楚王馬殷討之：《通鑑》卷二六六開平元年（907）九月丙申條。

[2]王建：人名。許州舞陽（今河南舞陽縣）人。唐末軍閥，前蜀開國皇帝。傳見本書卷一三六、《新五代史》卷六三。　大蜀：五代十國之前蜀。　武成：前蜀高祖王建年號（908—910）。"己亥"至"年號武成"：《通鑑》卷二六六開平元年九月己亥條及《考異》引《薛史》《唐餘録》。

[3]内人：古代對宫女的别稱。　宫人：古代對宫廷女官的别稱。　辛丑，西京大内放出西宫内人及前朝宫人：中華書局本有校勘記："'西宫'，原作'兩宫'，據《册府》（宋本）卷一九五、《五代會要》卷一改。"見《會要》卷一出宫人條、《宋本册府》卷一九五《閏位部·仁愛門》。

[4]邕：州名。治所在今廣西南寧市。　容：州名。治所在今廣西容縣。　鄂：州名。治所在今湖北武漢市武昌區。　黔：州名。治所在今重慶彭水縣。　荆：州名。治所在今湖北荆州市。　襄：州名。治所在今湖北襄陽市。　滄：州名。治所在今河北滄縣舊州鎮。

[5]御史：御史臺執掌監察官員的泛稱。　“自今後”至“許住一月”：中華書局本有校勘記：“‘安南’，原作‘南安’，據殿本、《册府》（宋本）卷一九一、《五代會要》卷二四改。按南安屬福建，安南屬廣府，《舊唐書》卷四一《地理志四》：‘永徽後，以廣、桂、容、邕、安南府，皆隸廣府都督統攝。’　‘住’，原作‘任’，據殿本、劉本、彭校、《五代會要》卷二四改。本卷下文‘許住二十日’‘許住十日’中同。影庫本批校：‘許任之“任”疑“住”字之訛。’”見《會要》卷二四諸使雜録條。　其餘側近不過三五日：“不過”，《會要》卷二四作“歇泊”，明本《册府》卷一九一作“不過”。　“敕”至“以儆慢官”：《宋本册府》卷一九一《閏位部·立法制門》。

[6]“詔”至“任畜馬”：《宋本册府》卷六二一《卿監部·監牧門》。

[7]鎮東軍：方鎮名。治所在越州（今浙江紹興市）。　“兩浙錢鏐奏”至“賜號爲崇福侯”：《宋本册府》卷一九三《閏位部·崇祀門》。

[8]鄭章：人名。籍貫不詳。唐末、五代道士。事見本書本卷。　夏隱言：人名。籍貫不詳。唐末、五代道士。事見本書本卷。

[9]紫衣：朝廷或皇帝賜予高僧的一種高級服飾，以示禮遇。　“浙西奏”至“隱言賜紫衣”：《宋本册府》卷一九四《閏位部·崇釋老門》。“浙西奏”，中華書局本有校勘記：“《册府》卷一九四同，句上殿本、劉本有‘封鎮東軍神祠爲崇福侯’十字，見《五代會要》卷一一。”《會要》卷一一封嶽瀆條。《舊五代史考異》：“案《五代會要》：九月，置左右天興、左右廣勝軍，仍以親

王爲軍使。”見《會要》卷一二京城諸軍條。

冬十月，帝以用軍，未暇西幸，文武百官等久居東京，漸及疑訝，令就便各許歸安，只留宰臣韓建、薛貽矩，翰林學士張策、韋郊、杜曉，中書舍人封舜卿、張衮，并左右御史、司天監、宗正寺，兼要當諸司節級外，其宰臣張文蔚已下文武百官，並先於西京祇候。[1]庚午，大明節，内外臣僚各以奇貨良馬上壽。[2]故事，内殿開宴，召釋、道二教對御談論，宣旨罷之。命閤門使以香合賜宰臣佛寺行香。[3]己未，駕幸繁臺講武。[4]癸酉，御史司憲薛廷珪奏請文武百官仍舊朝參。[5]先是，帝欲親征北虜，命朝臣先赴洛都，至是緩其期，乃允所奏。宰臣請每月初入閣，望日延英聽政，永爲常式。[6]山南東道節度使楊師厚進納趙匡凝東第書籍。[7]先是，收復襄、漢，帝閱其圖書，至是命師厚進焉。[8]廣州進獻助軍錢二十萬，又進龍腦、腰帶、珍珠枕、玳瑁、香藥等。[9]

[1]韋郊：人名。京兆杜陵（今陝西西安市）人。唐末、五代官員。事見本書本卷。　杜曉：人名。京兆杜陵（今陝西西安市）人。祖、父皆爲唐宰相。傳見本書卷一八、《新五代史》卷三五。　中書舍人：官名。中書省屬官。掌起草文書、呈遞奏章、傳宣詔命等。正五品上。　封舜卿：人名。渤海蓨縣（今河北景縣）人。五代後梁、後唐官員。傳見本書卷六八。　張衮：人名。籍貫不詳。五代官員。事見本書本卷、卷一四七。　宗正寺：官署名。秦置宗正，南北朝改宗正寺，掌管皇族譜牒籍屬等事務。　“冬十

月”至“並先於西京祇候”：明本《册府》卷二〇五《閏位部·巡幸門》。“冬”字據本紀四時記載之規則補。

[2]大明節：後梁爲慶祝朱温生日而設之節日。 庚午，大明節：中華書局本有校勘記：“本書卷一《梁太祖紀一》、《五代會要》卷一皆記朱温生於十月二十一日，《五代會要》注：‘以其日爲大明節。’本卷上文開平元年（907）五月辛巳，有司奏以降誕之日爲大明節。按是月乙巳朔，庚午爲二十六日，二十一日當爲乙丑。”見《會要》卷一帝號條。

[3]閤門使：官名。唐代中期始置，掌供朝會、贊引百官。初以宦官充任，五代改用武階。 “庚午”至“命閤門使以香合賜宰臣佛寺行香”：《大典》卷一六四八七“誕”字韻“帝王降誕”事目。

[4]繁臺：地名。又稱禹王臺。位於今河南開封市。 己未，駕幸繁臺講武：《大典》卷一六八〇三“戰”字韻。“己未”，據《新五代史》卷二《梁太祖紀下》補。

[5]薛廷珪：人名。蒲州河東（今山西永濟市西南蒲州鎮）人。唐末、五代官員。傳見本書卷六八。

[6]“癸酉”至“永爲常式”：明本《册府》卷一九七《閏位部·朝會門》。

[7]趙匡凝：人名。蔡州（今河南汝南縣）人。唐末、五代軍閥。傳見本書卷一七、《新五代史》卷四一。

[8]“山南東道節度使”至“至是命師厚進焉”：《宋本册府》卷一九四《閏位部·崇儒門》。

[9]龍腦：一種名貴香料。多産於中國南海及東南亞地區。玳瑁：一種海龜科海洋生物。主要分佈於亞熱帶海域中。其背甲常被用來製造名貴裝飾品。 廣州進獻助軍錢二十萬，又進龍腦、腰帶、珍珠枕、玳瑁、香藥等：《宋本册府》卷一九七《閏位部·納貢獻門》。

十一月甲申，夾馬指揮使尹皓攻晉江猪嶺寨，拔之。[1]戊子，滄州節度使劉守文遣使請降，以子延祐爲質，加守文中書令，撫納之。[2]壬寅，帝以征討未罷，調補爲先，遂命盡赦逃亡背役髡黥之人，各許歸鄉里。[3]廣州進龍形通犀腰帶、金托裹含稜玳瑁器百餘副，香藥珍巧甚多。[4]廣南管内獲白鹿，並圖形來獻，耳有兩缺。按《符瑞圖》，鹿壽千歲變白，耳一缺。今驗此鹿耳有二缺，其獸與色皆應金行，實表嘉瑞。[5]福建王審知奏："閩縣界砧碕里古廟，祈禱有靈，鄉閭父老皆有陳請，望賜封崇。"遂名之曰昭福廟。[6]同州劉知俊奏："華陰令陳知古因抽選軍丁，藏匿富户，以受其賂，闔縣訴論，今已按驗罪狀。"[7]帝惡其貪猾，委本道以法誅之。[8]

[1]尹皓：人名。籍貫不詳。後梁將領。傳見本書附録。　江猪嶺：地名。位於今山西長子縣。

[2]劉守文：人名。深州（今河北深州市）人。唐末盧龍節度使劉仁恭長子。唐末軍閥。後梁開平三年（909），被其弟劉守光殺死。事見本書卷二、卷四、卷九八及《新五代史》卷五六、卷七二。　延祐：人名。即劉延祐。劉守文之子。事見本書本卷。　"十一月甲申"至"撫納之"：《通鑑》卷二六六開平元年十一月甲申、戊子條。

[3]髡黥：古代刑罰。即剃髮、刺面。　"壬寅"至"各許歸鄉里"：《宋本册府》卷一九五《閏位部·仁愛門》。又見《新五代史》卷二《梁太祖紀下》、《通鑑》卷二六六。

[4]廣州進龍形通犀腰帶、金托裹含稜玳瑁器百餘副，香藥珍巧甚多：《宋本册府》卷一九七《閏位部·納貢獻門》。

[5]“廣南管内獲白鹿”至“實表嘉瑞”:《宋本册府》卷二〇二《閏位部·祥瑞門二》。

[6]閩縣:縣名。治所在今福建福州市。　砧碕里:地名。位於今福建福州市。　“福建王審知奏”至“遂名之曰昭福廟”:《宋本册府》卷一九三《閏位部·崇祀門》。

[7]華陰:縣名。治所在今陝西華陰市。　陳知古:人名。籍貫不詳。唐末、五代官員。事見本書本卷。

[8]“同州劉知俊奏”至“委本道以法誅之”:《宋本册府》卷七〇七《令長部·貪瀆門》。

十二月辛亥,詔曰:“潞寇未平,王師在野。攻戰之勢,難緩於寇圍;飛輓之勤,實勞於人力。永言輟耒,深用軫懷。宜令長吏丁寧布告,期以兵罷之日,給復賦租。”於是人户聞之,皆忘其倦。[1]晉王命李存璋攻晉州,以分上黨兵勢。[2]壬戌,詔河中、陝州發兵救之。甲子,詔發步騎五千救潁州,米志誠等引去。丁卯,晉兵寇洺州。[3]故荆南節度使、守中書令、上谷王周汭贈太師,故武昌軍節度使、兼中書令、西平王杜洪贈太傅。[4]棣州蒲臺縣百姓王知嚴妹,以亂離併失怙恃,因舉哀追感,自截兩指以祭父母。[5]帝以遺體之重,不合毁傷,言念村閭,何知禮教。自今後所在郡縣,如有截指割股,不用奏聞。是年,諸道多奏軍人百姓割股,青、齊、河朔尤多。帝曰:“此若因心,亦足爲孝。但苟免徭役,自殘肌膚,欲以庇身,何能瘳疾?並宜止絶。”[6]

［1］“十二月辛亥”至“皆忘其倦”：《宋本册府》卷一九五《閏位部·恤征役門》。

［2］上黨：即潞州。治所在今山西長治市。

［3］米志誠：人名。籍貫不詳。唐末、五代藩鎮將領。事見《新唐書》卷一八九。　洺州：州名。治所在今河北邯鄲市永年區。　“晋王命李存璋攻晋州”至“晋兵寇洺州”：《通鑑》卷二六六開平元年（907）十二月條。

［4］周汭：人名。即成汭。淮西（今江淮地區）人。唐末軍閥。與楊行密交戰而死。傳見本書卷一七。　杜洪：人名。江夏（今湖北武漢市）人。伶人出身，唐末軍閥。傳見《新唐書》卷一九〇、本書卷一七。　“故荆南節度使”至“贈太傅”：明本《册府》卷二一〇《閏位部·旌表門》。

［5］棣州：州名。治所在今山東惠民縣。　蒲臺縣：縣名。治所在今山東濱州市東南。　王知嚴：人名。籍貫不詳。事見本書本卷。

［6］“棣州蒲臺縣百姓王知嚴妹”至“並宜止絶”：《宋本册府》卷一九一《閏位部·政令門》。

今注本二十四史

舊五代史

二

梁書〔二〕

宋 薛居正等 撰

陳智超 紀雪娟 主持校注

中國社會科學出版社

舊五代史　卷四

梁書四

太祖紀第四

開平二年春正月癸酉朔,[1]帝御金祥殿,[2]受宰臣文武百官及諸藩屏陪臣稱賀。諸道貢舉一百五十七人，見于崇元門。[3]幽州劉守光進海東鷹鶻、蕃馬、氈罽、方物。[4]丁酉，渤海國朝貢使、殿中少令崔禮光以下各加爵秩,[5]並賜金帛有差。[6]己亥，宰臣上表請郊天、謁太廟，命有司擇日備儀，因先布告嶽牧方伯。於是太常禮院選用四月二十四日有事于南郊。[7]壬寅，應郊祀大禮儀仗車輅鹵簿、法物、祭器、樂懸，各令所司修飾。[8]以河南尹張宗奭充都點集諸司法物使。[9]荊州奏開白小河。[10]此河環遶州郭，以導大江，近年壅塞，舟楫不通。是時疏之，頗爲民便，運漕商賈之利，復如曩歲。[11]改臨安縣爲安國縣，廣義鄉爲衣錦鄉。[12]吐蕃遣使嗢末朝貢。[13]改正觀殿爲文明殿，含元殿爲朝元殿。[14]追封皇從子友寧爲安王，友倫爲密王。[15]河東節度使李克用薨，帝聞之，喜，詔諭中外。[16]其略曰："楊行密方命討除，不經年而自滅；李克用纔引削奪，未逾歲而云亡。暫憑天命之誅，不假兵威之勢。"[17]

［1］開平：後梁太祖朱温年號（907—911）。

［2］金祥殿：五代都城開封府宫城中内殿名。位於今河南開封市。

［3］崇元門：城門名。五代都城開封府宫城城門。位於今河南開封市。　"開平二年春正月癸酉朔"至"見于崇元門"：《宋本册府》卷一九七《閏位部·朝會門》。"春"，據本紀四時記載規則補；"朔"字，據《通鑑》卷二六六補。"見于崇元門"，中華書局本有校勘記："《册府》卷一九七同，句下殿本、劉本有'封從子友寧爲安王，友倫爲密王'十三字，事見《五代會要》卷一一。"見《會要》卷一一封建條。

［4］幽州：州名。治所在今北京市。　劉守光：人名。深州樂壽（今河北獻縣）人。唐末盧龍節度使劉仁恭之子。劉守光囚父自立，後號大燕皇帝，爲晋王李存勗俘殺。傳見本書卷一三五、《新五代史》卷三九。　幽州劉守光進海東鷹鶻、蕃馬、氈罽、方物：《宋本册府》卷一九七《閏位部·納貢獻門》。"劉守光"，中華書局本沿《輯本舊史》作"劉守文"，並有校勘記："《册府》卷一九七同，劉本作'劉守光'。據本書卷一三五《劉守光傳》，天祐四年四月，守光自爲幽州節度，其兄守文在滄州。"今從《輯本舊史》卷一三五《劉守光傳》改。本條之後，《舊五代史考異》："案《五代春秋》：正月，晋王克用薨。"

［5］渤海國：古國名。武周聖曆元年（698），粟末靺鞨首領大祚榮建立政權。唐玄宗先天二年（713），唐朝册封大祚榮爲渤海郡王，其國遂以渤海爲名。傳見本書卷一三八、《新五代史》卷七四。　殿中少令：渤海國官職。　崔禮光：人名。渤海國使者。本書僅

此一見。

[6]“丁酉”至“並賜金帛有差”：《宋本册府》卷九七六《外臣部·褒異門三》。“丁酉”，據《新五代史》卷二《梁太祖紀下》補。

[7]太常禮院：官署名。即太常寺。北齊始置，掌禮樂祭祀活動之機構。隋唐兩代下設郊廟、太廟、諸陵、太樂、鼓吹、太醫、太卜、廩犧等八署，長官爲太常寺卿，正三品。唐高宗龍朔年間曾改稱奉常，武則天光宅年間又曾稱爲司禮，後均復舊。歷代沿置。 南郊：意爲都城南面之郊。代指南面郊區之祭天場所（圜丘），亦指祭天之禮（郊天）。古人用“郊”“南郊”“有事於南郊”指代在南郊之圜丘舉行的郊天典禮。 “己亥”至“於是太常禮院選用四月二十四日有事于南郊”：《宋本册府》卷一九三《閏位部·崇祀門》。“己亥”，據《新五代史》卷二補。

[8]鹵簿：帝后出行時的儀仗。蔡邕《獨斷》卷下：“天子出，車駕次第謂之鹵簿。” 樂懸：鐘磬的懸掛制度。此處指大祭所用之樂器。

[9]河南尹：官名。唐開元元年（713）改洛州爲河南府，治所在今河南洛陽市。以河南府尹總其政務。從三品。 張宗奭：人名。濮州臨濮（今山東鄄城縣臨濮鎮）人。唐末、五代將領。傳見本書卷六三、《新五代史》卷四五。 都點集諸司法物使：官名。爲使職，臨時設置，負責統籌禮儀所需法物諸事項。 “壬寅”至“以河南尹張宗奭充都點集諸司法物使”：《宋本册府》卷一九三《閏位部·崇祀門》。

[10]荆州：州名。治所在今湖北荆州市。 白小河：水名。流經今湖北荆州市，注入長江。

[11]大江：水名。指今長江。 “荆州奏開白小河”至“復如曩歲”：明本《册府》卷四九七《邦計部·河渠門》。

[12]臨安縣（安國縣）：縣名。治所在今浙江杭州市臨安區。 廣義鄉（衣錦鄉）：鄉名。臨安縣（安國縣）所轄鄉。位於今浙

江杭州市臨安區。　改臨安縣爲安國縣，廣義鄉爲衣錦鄉：《通鑑》卷二六八乾化三年（913）三月條胡注引《薛史》。“爲安國縣”四字，據《吴越備史》卷一《武肅王下》補，並據以繫此條於本月。

[13]吐蕃：唐朝時藏族先民在青藏高原建立的政權。自7至9世紀，共歷九主，二百餘年。五代時，吐蕃政權已經瓦解，此處指回鶻西面的吐蕃一部。參見才讓《吐蕃史稿》，人民出版社2010年版。　嗢末：人名。吐蕃使者，本書僅此一見。另外，晚唐五代河隴地區吐蕃奴部亦被稱爲嗢末。　吐蕃遣使嗢末朝貢：《宋本册府》卷九七二《外臣部·朝貢門五》。

[14]正觀殿：宫殿名。後梁改爲文明殿。爲五代洛陽宫城的正殿，大朝會、大册拜等禮儀活動在此舉行。位於今河南洛陽市。　含元殿：宫殿名。後梁改爲朝元殿。五代洛陽宫城中大殿。後唐同光二年（924），改名明堂殿。位於今河南洛陽市。　改正觀殿爲文明殿，含元殿爲朝元殿：《會要》卷五大内條。

[15]友寧：人名。即朱友寧。朱温之侄，唐末將領。傳見本書卷一三。　友倫：人名。即朱友倫。朱温之侄，唐末將領。傳見本書卷一二、《新五代史》卷一三。　追封皇從子友寧爲安王，友倫爲密王：《會要》卷一一封建條。

[16]河東：方鎮名。治所在太原（今山西太原市西南晋源鎮）。　李克用：人名。沙陀部人，生於神武川新城（一説是今山西朔州市朔城區之梵王寺村，一説是今山西應縣縣城，一説在今山西懷仁縣之日中城）。唐末軍閥，受封晋王。五代後唐太祖。紀見本書卷二五、卷二六，《新五代史》卷四。

[17]楊行密：人名。廬州合淝（今安徽合肥市）人。唐末軍閥，五代十國南吴政權奠基人，後被追爲吴國太祖。傳見本書卷一三四、《新五代史》卷六一、《新唐書》卷一八八。　“河東節度使李克用薨”至“不假兵威之勢”：《通曆》卷一二《梁太祖》。

二月癸亥，濟陰王殁於曹州，追謚曰唐哀皇帝。[1]辛未，帝以上黨未收，因議撫巡，便往西都赴郊禋之禮。[2]乃下令曉告中外，取三月一日離東京，[3]以宰臣韓建權判建昌宫事，[4]兵部侍郎姚洎爲鹵簿使，[5]開封尹、博王友文爲東都留守。[6]契丹王阿保機遣使貢良馬、方物。[7]自去冬少雪，春深農事方興，久無時雨，兼慮有災疾，帝深軫下民，遂命庶官遍祀於羣望，掩瘞暴露，令近鎮案古法以禳祈，旬日乃雨。[8]李思安等攻潞州，[9]久不下，士卒疲弊，多逃亡。晋兵猶屯余吾寨，帝疑晋王克用詐死，欲召兵還，恐晋人躡之，乃議自至澤州應接歸師，且召匡國節度使劉知俊將兵趣澤州。[10]

[1]濟陰王：即唐末帝李柷，昭宗第九子。天祐元年（904）即位，天祐四年朱全忠建後梁，奉爲濟陰王。開平二年（908），爲朱全忠所害，謚曰哀皇帝。後唐明宗時謚曰昭宣光烈孝皇帝，廟號“景宗”。紀見《舊唐書》卷二〇下、《新唐書》卷一〇。　曹州：州名。治所在今山東曹縣。　二月癸亥，濟陰王，殁於曹州，追謚曰唐哀皇帝：《通鑑》卷二六六開平二年二月癸亥條。“濟陰王殁於曹州”，原作“酖殺濟陰王於曹州”，據本紀書寫體例改。《舊五代史考異》：“案《通鑑》：二月癸亥，酖殺濟陰王於曹州。《新唐書·昭宣帝紀》亦云二月遇弑。《歐陽史》作正月己亥，卜郊于西都，弑濟陰王，與諸書異。”見《新唐書》卷一〇《昭帝紀》、《新五代史》卷二《梁太祖紀下》。

[2]上黨：即潞州。治所在今山西長治市。　西都：地名。指洛陽，治所在今河南洛陽市。後梁升汴州爲開封府，建爲東都。以唐東都洛陽爲西都。廢京兆府爲雍州。

[3]東京：地名。又稱東都，即開封府。治所在今河南開封市。

［4］韓建：人名。許州長社（今河南許昌市）人。唐末、五代軍閥。傳見本書卷一五、《新五代史》卷四〇。　判：官制用語。即以他官兼代某職，稱判職或判某職事。始於北齊。唐、五代以高官兼掌低職曰判。　建昌宮：宮殿名。開平元年以朱温在藩時管領兵車、税賦、諸色課利的建昌院建置。位於今河南開封市。

［5］兵部侍郎：官名。隋始置。尚書省兵部次官。協助兵部尚書掌武官銓選、勳階考課之政。正四品下。　姚洎：人名。籍貫不詳。後梁宰相。事見本書本卷、卷八、《新五代史》卷三。　鹵簿使：官名。掌帝后出行車駕儀仗。

［6］開封尹：官名。五代除後唐外均定都開封，因置開封府尹。執掌京師政務。從三品。　友文：人名。朱温養子，本姓康名勤。封爵博王。因長於財政軍需而受朱温器重，後被朱友珪所殺。傳見本書卷一二、《新五代史》卷一三。　東都留守：官名。後梁以開封爲東都，皇帝不在時設置，例由開封府尹兼。　“辛未”至“開封尹、博王友文爲東都留守”：明本《册府》卷二〇五《閏位部·巡幸門》。“辛未”，據《通鑑》卷二六六補。“以宰臣韓建權判建昌宫事”，《舊五代史考異》：“案《五代會要》：十月，以尚書兵部侍郎李皎爲建昌宮副使。”見《會要》卷二四建昌宮使條。“兵部侍郎姚洎爲鹵簿使”，“姚洎”，中華書局本有校勘記：“原作‘姚泊’，據殿本、劉本改。按本書卷八《梁末帝紀上》、卷一四八《選舉志》有姚洎。”見《輯本舊史》卷八《梁末帝紀上》乾化三年九月甲辰條、卷一四八《選舉志》開平元年四月條。“開封尹、博王友文爲東都留守”，中華書局本有校勘記：“《册府》卷二〇五同，句下殿本、劉本有‘辛未契丹主安巴堅遣使貢良馬’十三字。殿本《考證》：‘安巴堅舊作阿保機，今改。’本書下文出現‘安巴堅’，均係輯録《舊五代史》時所改，今一律恢復爲原文，不另出校。”

［7］契丹：古部族、政權名。公元4世紀中葉宇文部爲前燕攻破，始分離而成單獨的部落，自號契丹。唐貞觀中，置松漠都督

府，以其首領爲都督。唐末强盛，916年迭剌部耶律阿保機建立契丹國（遼）。先後與五代、北宋並立，保大五年（1125）爲金所滅。參見張正明《契丹史略》，中華書局1979年版。　阿保機：人名。姓耶律。契丹迭剌部人。唐末契丹族首領、遼開國皇帝。紀見《遼史》卷一、卷二。　契丹王阿保機遣使貢良馬、方物：《宋本册府》卷九七二《外臣部·朝貢門五》。本條之日期亦爲“辛未”，《册府》無，據殿本、《新五代史》卷二補。

［8］瘞（yì）：埋葬。　“自去冬少雪”至“旬日乃雨”：《大典》卷二六三一至二六三三“災”字韻。《輯本舊史》作卷二六三〇，中華書局本有校勘記：“檢《永樂大典目録》，卷二六三〇爲‘萊’字等韻，與本則内容不符，恐有誤記。陳垣《舊五代史輯本引書卷數多誤例》謂應作卷二六三一‘災’字韻。本卷以下三則引《永樂大典》卷二六三〇同。”

［9］李思安：人名。河南陳留（今河南開封市陳留鎮）人。後梁將領。傳見本書卷一九。　潞州：州名。治所在今山西長治市。

［10］澤州：州名。治所在今山西澤州縣。　節度使：官名。唐時在重要地區所設掌握一州或數州軍事、民事、財政的長官。　劉知俊：人名。徐州沛縣（今江蘇沛縣）人。唐末、五代將領。先後隸時溥、朱温、李茂貞、王建。傳見本書卷一三、《新五代史》卷四四。　“李思安等攻潞州”至“且召匡國節度使劉知俊將兵趣澤州”：《通鑑》卷二六六開平二年二月條。

三月壬申朔，帝親統六軍，巡幸澤潞。是日寅時，車駕西幸，宰臣并要切司局皆扈從，晚次中牟。[1]丙子，幸懷州。[2]丁丑，幸澤州。[3]戊寅，以鴻臚卿李嵸唐室宗屬，爲二王後，封萊國公。[4]辛巳，以同州節度使劉知俊爲潞州行營招討使。[5]壬午，宴扈駕羣臣并勞知俊，賜以金帶、戰袍、寶劍、茶藥。[6]甲申，登東北隅逍遥樓，蒐閲騎乘，旌甲滿野。[7]癸巳，帝以魏博、鎮定助修西都宫内工役方興，禮容未備，其郊天謁廟，宜於秋冬别選良日。[8]門下侍郎、同平章事張文蔚卒。帝以李思安久無功，亡將校四十餘人，士卒以萬計，更閉壁自守，遣使召詣行在。甲午，削思安官爵，勒歸本貫充役。斬監押楊敏貞。[9]丙申，招討使劉知俊上章請車駕還東京，蓋小郡湫隘，非久駐蹕之所。達覽，帝俞其請。[10]長子令劉群率人户來見，且言久在山谷，保護親族，每與軍前潛探報蕃賊行止，時亦供餽芻粟，遞相告報。帝嘉其忠節，乃賜群章服，百姓賑而遣之。[11]下詔，以去年六月後，昭義行營陣殁都將吏卒死于王事，追念忠赤，乃録其名氏，各下本軍，令給養妻孥，三年内官給糧賜。[12]

[1]中牟：縣名。治所在今河南中牟縣。　“三月壬申朔”至“晚次中牟”：明本《册府》卷二〇五《閏位部·巡幸門》。“朔”字，據《新五代史》卷二《梁太祖紀下》補。

[2]懷州：州名。治所在今河南沁陽市。　丙子，幸懷州：《新五代史》卷二。本條之記載，僅見於《新五代史》，《册府》《通鑑》《大典》均未載。

[3]丁丑，幸澤州：《大典》卷一六七四六“宴”字韻“宴享（三）”事目。又見《宋本册府》卷一九七《閏位部·宴會門》。

[4]鴻臚卿：官名。秦稱典客，漢初改大行令，漢武帝時改大鴻臚，北齊置鴻臚寺，以鴻臚寺卿爲主官，後代沿置。掌四夷朝貢、宴飲賞賜、送迎外使等禮儀活動。從三品。　李嵸：人名。唐朝宗室。事見本書本卷。　二王後：新王朝成立後，封賜前兩個王朝的後裔王爵，以示尊崇。　戊寅，以鴻臚卿李嵸唐室宗屬，爲二

王後，封萊國公：《通曆》卷一二《梁太祖》。本條記日據《新五代史》卷二補。又見明本《册府》卷二一一《閏位部·繼絶門》亦載，較《通曆》詳。

[5]辛巳，以同州節度使劉知俊爲潞州行營招討使：《大典》卷一六七四六。"辛巳"，《舊五代史考異》："案：辛巳，《歐陽史》《通鑑》俱作壬午。"見《新五代史》卷二、《通鑑》卷二六六。

[6]壬午，宴扈駕羣臣并勞知俊，賜以金帶、戰袍、寶劍、茶藥：《大典》卷一六七四六。

[7]甲申，登東北隅逍遥樓，蒐閲騎乘，旌甲滿野：明本《册府》卷二一四《閏位部·訓兵門》。

[8]魏博：方鎮名。亦稱"天雄軍"。唐天祐元年（904）以魏博節度使號爲天雄軍，治所在魏州貴鄉縣（今河北大名縣）。　鎮定：州名。此處代指節度使。"鎮"代指成德軍節度使，治所在鎮州（今河北正定縣）。"定"代指義武軍節度使，治所在定州（今河北定州市）。　"癸巳"至"宜於秋冬别選良日"：《宋本册府》卷一九三《閏位部·崇祀門》。"癸巳"，據《新五代史》卷二補。

[9]門下侍郎：官名。門下省副長官。唐後期三省長官漸爲榮銜，中書侍郎、門下侍郎却因參議朝政而職位漸重，常常用爲以"同三品"或"同平章事"任宰相者的本官。正三品。　同平章事：官名。全稱"同中書門下平章事"。唐高宗以後，凡實際任宰相之職者，常在其本官後加同平章事的職銜，後成爲宰相專稱。後梁沿置。後晋天福五年（940），升中書門下平章事爲正二品。　張文蔚：人名。瀛洲河間（今河北河間市）人。唐末、後梁大臣。傳見本書卷一八、《新五代史》卷三五。　楊敏貞：人名。籍貫不詳。本書僅此一見。　"門下侍郎"至"斬監押楊敏貞"：《通鑑》卷二六六開平二年（908）三月癸巳、甲午條。

[10]"丙申"至"帝俞其請"：《明本册府》卷二〇五《閏位部·巡幸門》。

[11]長（zhǎng）子：縣名。治所在今山西長子縣。　劉群：

人名。籍貫不詳。本書僅此一見。　“長子令劉群率人户來見”至“百姓賑而遣之”：《宋本册府》卷七〇一《令長部·褒異門》。

[12]昭義：方鎮名。又稱澤潞。治所在潞州（今山西長治市）。　“下詔”至“三年内官給糧賜”：《宋本册府》卷一九五《閏位部·恤征役》。

夏四月癸卯，門下侍郎、同平章事楊涉罷爲右僕射；[1]以吏部侍郎于兢爲中書侍郎，[2]翰林學士奉旨張策爲刑部侍郎，並同平章事。[3]丙午，車駕離澤州。丁未，駐蹕于懷州，宴宰臣文武百官。辛亥，至鄭州。壬子，幸東京。[4]甲寅，淮寇侵軼潭、岳邊境，欲援朗州，以戰艦百餘艘揚帆西上，泊鼎口。湖南馬殷遣水軍都將黄瑀率樓船遮擊之，賊衆沿流宵遁，追至鹿角鎮。[5]丙寅，車駕幸繁臺觀稼。[6]鄢陵居人程震以兩歧麥穗并畫圖來進。[7]以户部尚書致仕裴迪復爲右僕射。[8]

[1]楊涉：人名。同州馮翊（今陝西大荔縣）人。唐宰相楊收之孫，吏部尚書楊嚴之子。唐哀帝時拜中書侍郎、同中書門下平章事。傳見《新五代史》卷三五。　右僕射：官名。秦始置。隋唐前期以左、右僕射佐尚書令總理六官，綱紀庶務；如不置尚書令，則總判省事，爲宰相之職。唐後期多爲大臣加銜。從二品。

[2]吏部侍郎：官名。尚書省吏部次官。協助吏部尚書掌文選、勳封、考課之政。正四品上。　于兢：人名。河南洛陽人。唐宰相于志寧之後，後梁宰相。善畫牡丹。事見本書本卷、卷八，《新五代史》卷三。　中書侍郎：官名。中書省副長官，唐後期三省長官漸爲榮銜，中書侍郎、門下侍郎却因參議朝政而職位漸重，常常用爲以“同三品”或“同平章事”任宰相者的本官。正三品。

［3］翰林學士奉旨：官名。爲翰林學士之首。掌拜免將相、號令征伐等詔令的起草。《舊唐書》卷四三《職官志二》翰林院條："例置學士六人，内擇年深德重者一人爲承旨，所以獨承密命故也。"後梁避朱温之父朱誠諱，改"承旨"爲"奉旨"。　張策：人名。河西敦煌（今甘肅敦煌市）人。後梁宰相。傳見本書卷一八、《新五代史》卷三五。　刑部侍郎：官名。尚書省刑部次官。協助刑部尚書掌天下刑法及徒隸、勾覆、關禁之政令。正四品下。

"夏四月癸卯"至"並同平章事"：《通鑑》卷二六六開平二年（908）四月癸卯條。"夏"字據本紀四時記載規則補。《册府》卷一九九《閏位部·命相門》作："以吏部侍郎于兢爲中書侍郎、平章事，以翰林奉旨學士張策爲刑部侍郎、平章事。時帝在澤州，拜二相於行在。"《新五代史》卷二亦載。《舊五代史考異》："案《通鑑》：癸巳，門下侍郎、同平章事張文蔚卒。癸卯，門下侍郎、同平章事楊涉罷爲右僕射。是拜二相於行在，所以代張文蔚、楊涉也。梁代避諱，改'承旨'爲'奉旨'，《通鑑》誤作'承旨'。"

［4］鄭州：州名。治所在今河南鄭州市。　"丙午，車駕離澤州"至"壬子，幸東京"：明本《册府》卷二〇五《閏位部·巡幸門》。《舊五代史考異》："案：《五代春秋》作丙午，帝還東都。《歐陽史》作壬子，至澤州。惟《通鑑》與《薛史》同。"《通鑑》作"丙午，自澤州南還；壬子，至大梁"。本條所載之梁太祖之起止行程與《通鑑》同。

［5］淮：此處指淮南。方鎮名。治所在揚州（今江蘇揚州市）。　潭：州名。即潭州，治所在今湖南長沙市。　岳：州名。即岳州，治所在今湖南岳陽市。　朗州：州名。治所在今湖南常德市。　鼎口：水名。在今湖南常德市漢壽縣東北一百二十里。《太平寰宇記》卷一一八《武陵縣》："有水名鼎口，則沅、澧二江最深之處，尤多魚。"　湖南：方鎮名。又稱武安軍節度。治所在潭州（今湖南長沙市）。　馬殷：人名。許州鄢陵（今河南鄢陵縣）人。五代十國南楚開國君主。傳見本書卷一三三、《新五代史》卷六六。

黄瑀：人名。籍貫不詳。湖南節度使將領。本書僅此一見。　鹿角鎮：鎮名。在今湖南岳陽市。　“甲寅”至“追至鹿角鎮”：明本《册府》卷二一七《閏位部·交侵門》。《輯本舊史》之影庫本粘籤：“‘侵軼’，原本作‘侵軹’，今據文改正。”又，此條内容，中華書局本沿《輯本舊史》在“丙寅”條之後，並有校勘記：“是月辛丑朔，甲寅爲十四日，上文丙寅爲二十六日，甲寅不當在丙寅後。按本卷輯自各處，疑原本綴置失序。”但未改，今據此調整條目順序。

[6]繁（pó）臺：古臺名。相傳爲春秋時師曠吹樂之臺，漢梁孝王增筑。五代後梁曾作爲講武臺。位於今河南開封市東南禹王臺公園内。　丙寅，車駕幸繁臺觀稼：明本《册府》卷二〇五《閏位部·巡幸門》。

[7]鄢陵：縣名。治所在今河南鄢陵縣。　鄢陵居人程震以兩歧麥穗并畫圖來進：《宋本册府》卷二〇二《閏位部·祥瑞門二》。

[8]户部尚書：官名。户部長官。掌管全國土地、户籍、賦税、財政收支諸事。正三品。　裴迪：人名。河東聞喜（今山西聞喜縣）人。後梁大臣。傳見本書附録、《新五代史》卷四三。　以户部尚書致仕裴迪復爲右僕射：明本《册府》卷二一一《閏位部·求舊門》。

五月壬申，更以許州忠武軍爲匡國軍，同州匡國軍爲忠武軍，陝州保義軍爲鎮國軍。[1]丁丑，王師圍潞州將及二年，李進通窮危旦夕，不俟攻擊，當自降。太原李存勗以厚幣誘結北蕃諸部，並其境内丁壯，悉驅南征決戰，以救上黨之急。部落帳族，馳馬甲兵，數路齊進，於銅鞮樹寨，旗壘相望。[2]癸未，淮賊寇荆州石首縣，襄陽舉舟師沿灨港襲敗之。[3]己丑，王師敗于潞州。[4]令下諸州：“去年有蝗蟲下子處，蓋前冬無雪，至今春亢陽，致爲災沴，實傷隴畝。必慮今秋重困稼穡，自知多在荒陂榛蕪之内，所在長吏各須分配地界，精加翦撲，以絶根本。”[5]契丹遣使貢方物。[6]壬辰，軍前行營都將康懷英、孫海金已下主將四十三人，於右銀臺門進狀待罪。帝以去年發軍之日不利，有違兵法，並釋放，兼各賜分物酒食勞問。[7]夜，火星犯月。太史奏：“災合在荊楚。”乃令設武備，寬刑罰，恤人禁暴以禳之。[8]帝賞牛存節全澤州之功，以爲六軍馬步都指揮使。[9]丁酉，朗州軍前奏捷，雷彦恭没溺於江。[10]朗州奪得淮賊舟船大小共四十隻，斬首百餘級，以捷來告。[11]制：義昌軍節度使劉守文加中書令，封大彭郡王；盧龍軍節度使劉守光封河間郡王；許州節度使馮行襲封長樂郡王。[12]戊戌，立唐三廟。[13]静江節度使、同平章事李瓊卒，楚王馬殷以其弟永州刺史存知桂州事。[14]

[1]許州：州名。治所在今河南許昌市。　忠武軍：方鎮名。後梁改爲匡國軍。治所在許州（今河南許昌市）。　同州：州名。治所在今陝西大荔縣。　匡國軍：方鎮名。治所在同州（今陝西大荔縣）。唐時設置。後梁開平二年（908），改名忠武軍。後唐復改匡國軍。後周顯德五年（958）廢。　陝州：州名。治所在今河南三門峽市陝州區。　保義軍：方鎮名。治所在陝州（今河南三門峽市陝州區）。唐時設置。後梁開平二年，改名鎮國軍。後唐同光元年（923）復改爲保義軍。　鎮國軍：方鎮名。後梁開平二年，改保義軍爲鎮國軍，治所在陝州（今河南三門峽市陝州區）。後唐同

光元年改感化軍爲鎮國軍，治所在華州（今陝西渭南市華州區）。　“五月壬申”至“陝州保義軍爲鎮國軍”：《通鑑》卷二六六開平二年五月壬申條。

［2］李進通：人名。籍貫不詳。後唐將領。事見本書本卷、卷二。　太原：府名。治所在今山西太原市。　李存勗：人名。代北沙陀部人。李克用子。五代後唐開國皇帝。923 年至 926 年在位。紀見本書卷二七至卷三四、《新五代史》卷四、卷五。　銅鞮：古邑名。位於今山西沁縣南。　“丁丑”至“旗壘相望”：明本《册府》卷二一七《閏位部·交侵門》。

［3］石首縣：縣名。治所在今湖北石首市。　襄陽：縣名。治所在今湖北襄陽市。　癸未，淮賊寇荆州石首縣，襄陽舉舟師沿瀺港襲敗之：《册府》卷二一七。

［4］己丑，王師敗于潞州：《大典》卷一四二一二。本條所載之《大典》卷次爲“地”字韻“相地（三）”事目，恐誤。又見明本《册府》卷二〇九《閏位部·寬恕門》。“己丑”，《大典》本條不載，據《新五代史》卷二《梁太祖紀下》補。又，《舊五代史考異》：“案：潞州之敗，《歐陽史》作五月己丑，《通鑑》作壬申。”

［5］“令下諸州”至“以絶根本”：《大典》卷二六三一至二六三三“災”字韻。本條原載之卷次爲卷二六三〇爲“萊”字韻，誤。又見《宋本册府》卷一九三《閏位部·弭災門》。

［6］契丹遣使貢方物：《宋本册府》卷九七二《外臣部·朝貢門五》。

［7］康懷英：人名。兖州（今山東濟寧市兖州區）人。唐末、五代將領。本名懷貞，避後梁末帝朱友貞諱改懷英。傳見本書卷二三、《新五代史》卷二二。　孫海金：人名。籍貫不詳。本書僅此一見。　銀臺門：宮門名。開封府宮城之門。位於今河南開封市。　“壬辰”至“兼各賜分物酒食勞問”：《大典》卷一四二一二。本條所載之卷次爲“地”字韻“相地（三）”事目，恐誤。“壬

辰”，據明本《册府》卷二〇九《閏位部·宥過門》補。

[8]“夜”至“恤人禁暴以禳之”：《大典》卷二六三一至二六三三“災”字韻。本條原載之卷次爲“萊”字韻，誤。又，“災合在荆楚”，中華書局本有校勘記：“《册府》卷一九三作‘災分合在荆楚’。”

[9]牛存節：人名。青州博昌（今山東博興縣）人。唐末、五代將領。傳見本書卷二二、《新五代史》卷二二。　馬步都指揮使：官名。即馬步軍都指揮使。五代時侍衛親軍長官，多爲皇帝親信。　帝賞牛存節全澤州之功，以爲六軍馬步都指揮使：《通鑑》卷二六六開平二年五月壬辰條。

[10]雷彦恭：人名。武陵（今湖南常德市）人。唐末、五代軍閥，領朗州節度使。事見本書卷一三三。　丁酉，朗州軍前奏捷，雷彦恭没溺於江：《通鑑》卷二六六開平二年五月丁酉條之《考異》引《梁太祖實録》。

[11]朗州奪得淮賊舟船大小共四十隻，斬首百餘級，以捷來告：明本《册府》卷四三五《將帥部·獻捷門二》。

[12]義昌軍：方鎮名。即横海軍。治所在滄州（今河北滄縣舊州鎮）。　劉守文：人名。深州樂壽（今河北獻縣）人。唐末盧龍節度使劉仁恭長子。唐末、五代軍閥。後梁開平三年，被其弟劉守光殺死。事見本書本卷、卷二、卷九八及《新五代史》卷五六、卷七二。　中書令：官名。漢代始置，隋、唐前期爲中書省長官，屬宰相之職；唐後期多爲授予元勳大臣的虚銜。正二品。　郡王：勛爵名。唐制從一品。　盧龍軍：方鎮名。治所在幽州（今北京市）。　劉守光：人名。深州樂壽（今河北獻縣）人。唐末盧龍節度使劉仁恭之子。唐末、五代軍閥。囚父殺兄自立。後自稱大燕皇帝，年號應天。被李存勗擊敗，俘後被斬。傳見本書卷一三五、《新五代史》卷三九。　馮行襲：人名。均州（今湖北丹江口市）人。唐末、五代軍閥。傳見本書卷一五、《新唐書》卷一八六、《新五代史》卷四二。　“制”至“許州節度使馮行襲封長樂郡

王”：《宋本册府》卷一九六《閏位部·封建門》。“制”，中華書局本有校勘記：“原作‘封’，據殿本改。”又，劉守文、馮行襲所封之王號，原均無“郡”字，據《會要》卷一一封建條補。又，《輯本舊史》之影庫本粘籤：“河間，原本作‘河澗’，今據文改正。”

[13]戊戌，立唐三廟：《新五代史》卷二。

[14]静江：方鎮名。即静江軍。治所在桂州（今廣西桂林市）。　李瓊：人名。籍貫不詳。本書僅此一見。　永州：州名。治所在今湖南永州市。　刺史：官名。漢武帝始置。州一級行政長官。總掌考核官吏、勸課農桑、地方教化等事。唐中期以後，節度使、觀察使轄州而設，刺史爲其屬官，職任漸輕。從三品至正四品下。　存：人名。即馬存。籍貫不詳。南楚開國君主馬殷之弟。本書僅此一見。　桂州：州名。治所在今廣西桂林市。　知：官制用語。主持、掌管之義。亦稱權知、掌知、知某事等。唐以佐官代理長官亦用此稱。　静江節度使、同平章事李瓊卒，楚王馬殷以其弟永州刺史存知桂州事：《通鑑》卷二六六開平二年五月條。本條内容在《通鑑》中位於本月“壬申”條前，但由於無具體日期，故仍將其列於月末。

六月壬寅，同州節度使劉知俊爲西路行營招討使，以伐岐。己酉，殺右金吾衛上將軍王師範，滅其族。[1]辛亥，以亢陽，慮時政之闕，乃詔曰：“邇者下民喪禮，法吏舞文，銓衡既失於選求，州鎮又無其舉刺，風俗未厚，獄訟實繁，職此之由，上遭天譴。”至是，決遣囚徒及戒勵中外。[2]丙辰，邠、岐來寇雍西，編户因于逃避，且芟害禾稼，結營自固。踰月，同州劉知俊領所部兵擊退，襲至幕谷，大破之，俘斬千計，收其生器甲，宋文通僅以身免。[3]壬戌，岳州爲淮寇所據。上以此郡五嶺、三湘水流會合之地，委輸商賈，靡不由斯，遂令荆襄、湖南皆舉舟師，悉力攻討。王師既集，淮夷毁壁焚俘郭而遁。[4]丙寅，月犯角宿。帝以其分野在兖州，乃令長吏治戎事，設武備，省獄訟，恤疲病，祈福禳災，以順天戒。[5]帝欲自將擊潞州，丁卯，詔會諸道兵。[6]詔曰："敦尚儉素，抑有前聞，斥去浮華，期臻至理。如聞近日貢奉，競務奢淫，或奇巧蕩心，或雕鐫溢目，徒殫資用，有費工庸。此後應諸道進獻，不得以金寶裝飾戈甲劍戟，至於鞍勒，不用塗金及雕刻龍鳳。如有此色，所司不得引進。"[7]邕州奏，鏌鎁山僧法通、道璘有道行，各賜紫衣。[8]授王檀邢州保義軍節度使、檢校司徒。[9]

[1]行營招討使：官名。唐始置。戰時任命，兵罷則省。常以大臣、將帥或地方軍政長官兼任。掌招撫討伐等事務。　岐：封國名。時鳳翔節度使李茂貞爲岐王，故稱。　右金吾衛上將軍：官名。唐置，掌宫禁宿衛。唐代置十六衛，即左右衛、左右驍衛、左右武衛、左右威衛、左右領軍衛、左右金吾衛、左右監門衛、左右千牛衛，各置上將軍，從二品；大將軍，正三品；將軍，從三品。　王師範：人名。青州（今山東青州市）人。唐末、五代軍閥。傳見本書卷一三、《新五代史》卷四二。　"六月壬寅"至"滅其族"：《新五代史》卷二《梁太祖紀下》。

[2]"辛亥"至"決遣囚徒及戒勵中外"：原作《大典》卷二六三〇"萊"字韻，誤。似應爲卷二六三一至卷二六三三"災"字韻。又見《宋本册府》卷一九三《閏位部·弭災門》。"上遭天譴"，中華書局本有校勘記："'遭'，《册府》卷一九三作'貽'。"

[3]邠：方鎮名。即邠寧軍，治所在邠州（今陝西彬縣）。

幕谷：地名。一作“漠谷”。位於今陝西乾縣西北。《舊五代史考異》：“案：《歐陽史》作漠谷，《五代春秋》仍作幕谷。”　宋文通：人名。即李茂貞之本名。深州博野（今河北蠡縣）人。唐末、五代軍閥。傳見本書卷一三二、《新五代史》卷四〇。　“丙辰”至“宋文通僅以身免”：明本《册府》卷二一七《閏位部·交侵門》。《通鑑》卷二六六開平二年（908）六月丙辰條、《新五代史》卷二亦載。此條内容，中華書局本沿《輯本舊史》繫於丙寅條後，並有校勘記：“是月庚子朔，丙辰爲十六日，上文丙寅爲二十六日，丙辰不當在丙寅後。按本卷輯自各處，疑原本綴置失序。”但未改，今據此調整。

[4]岳州：州名。治所在今湖南岳陽市。　五嶺：山名。今湖南、江西和廣東、廣西邊境上大庾、騎田、都龐、萌渚、越城五嶺的總稱。　三湘：湖泊名。洞庭在古謂之三湘，謂瀟湘、沅湘、資湘。　荆襄：方鎮名。即山南東道，治所在襄州（今湖北襄陽市）。“壬戌”至“淮夷毁壁焚郛郭而遁”：明本《册府》卷二一六《閏位部·征伐門》。《輯本舊史》之影庫本粘籤：“此郡，原本作‘北郡’，今據文改正。”“靡不由斯”，《册府》卷二一六作“靡由於斯”，據同書卷二一七改。“遂令荆襄、湖南皆舉舟師，悉力致討”，中華書局本有校勘記：“‘襄’，原作‘湘’；‘皆’，原作‘北’，據《册府》卷二一六改。”

[5]角宿：星宿名。二十八宿中東宫蒼龍七宿的首宿。共兩星。星次屬壽星，分野主鄭地兖州。　兖州：此處指九州之一，在今山東西部、河南東北部、河北東南部，在古黄河與古濟水之間。“丙寅”至“以順天戒”：原作《大典》卷二六三〇“萊”字韻，誤。似應爲卷二六三一至卷二六三三“災”字韻。又見宋本《册府》卷一九三。

[6]帝欲自將擊潞州，丁卯，詔會諸道兵：《通鑑》卷二六六開平二年六月丁卯條。

[7]“詔曰”至“所司不得引進”：本條出處，中華書局本沿

《輯本舊史》作《大典》卷一九五九九，並有校勘記："檢《永樂大典目録》，卷一九五九九爲'屋'字'事韻一'，與本則内容不符，恐有誤記。按此則又見《册府》卷一九八。"見《宋本册府》卷一九八《閏位部·節儉門》。

[8]邕州：州名。治所在今廣西南寧市。　鏌鋣山：山名。即今廣西南寧市武鳴區東北大明山。　法通：僧人法名。籍貫不詳。本書僅此一見。　道璘：僧人法名。籍貫不詳。本書僅此一見。　紫衣：古代皇帝賜予僧道紫色袈裟，以表榮貴，始於唐代法朗。　邕州奏，鏌鋣山僧法通、道璘有道行，各賜紫衣：《宋本册府》卷一九四《閏位部·崇釋老門》。

[9]王檀：人名。京兆（今陝西西安市）人。後梁將領。傳見本書卷二二、《新五代史》卷二三。　邢州：州名。治所在今河北邢臺市。　保義軍：方鎮名。後梁開平二年（908）改昭義軍置，貞明二年（916）併歸晋，改名安國軍。治所在邢州（今河北邢臺市）。　檢校司徒：官名。爲散官或加官，以示恩寵加此官，無實際執掌。司徒，與太尉、司空並爲三公。　授王檀邢州保義軍節度使、檢校司徒：《宋本册府》卷三八六《將帥部·褒異門一二》。

秋七月，楚王馬殷奏於汴、荆、襄、唐、郢、復州置回圖務，運茶於河南、北，賣之亦易繒纊、戰馬而歸，仍歲貢茶二十五萬斤，詔許之。[1]湖南由是富贍。壬申，淮南將吏請於李儼，承制授楊隆演淮南節度使、東面諸道行營都統、同平章事、弘農王。[2]甲戌，大霖雨，陂澤泛溢，頗傷稼穡，帝幸右天武軍河亭觀水。[3]癸巳，以禪代已來，思求賢哲，乃下令搜訪牢籠之，期以好爵，待以優榮，各隨其材，咸使登用。宜令所在長吏切加搜訪，每得其人，則疏姓名以聞。如在下位不能自振者，有司薦導之；如任使後顯立功勞，別加遷陟。[4]甲午，以高明門外繁臺爲講武臺。是臺，西漢梁孝王之時，嘗按歌閲樂於此，當時因名曰吹臺。其後有繁氏居於其側，里人乃以姓呼之。時代綿寢，雖官吏亦從俗焉。帝每登眺，蒐乘訓戎，宰臣以是事奏而名之。[5]幸高僧臺，閲禁衛六軍。[6]詔曰："車服以庸，古之制也；貴賤無别，罪莫大焉。應内外將相，許以銀飾鞍勒，其刺史、都將、内諸司使以降，祇許用銅飾。冀定尊卑，永爲條制，仍令執法官糾察之。"[7]敕禁屠宰兩月。[8]湖南節度使馬殷奏，天軍先與本道兵士同收復朗州，進賞犒將士錢十萬貫。魏博節度使羅紹威進絹三萬匹。時虜寇臨汾，諸將征討，日聞其捷，紹威進以備犒師之用。[9]詔曰："祀祭之典，有國之大事也。如聞官吏慢於展敬，禮容牲饌，有異精虔，宜令御史疏其條件以聞。"詳定禮儀使奏："得太常禮院狀，選用今年十一月己丑冬至有事於南郊。"奉敕："西都宫内修造，尚未畢功，過此一冬，方當絶手。宜令于來年正月内選日申奏。"[10]河陽節度使、檢校太保，同平章事張歸霸卒。[11]青州北海令尹崇規殘虐於民，賄賂彰顯。委本道長吏斃之。[12]

[1]汴：州名。即汴州，治所在今河南開封市。　襄：州名。即襄州，治所在今湖北襄陽市。　唐：州名。即唐州，治所在今河南泌陽縣。　郢：州名。即郢州，治所在今湖北鍾祥市。　復州：州名。治所在今湖北天門市。　回圖務：機構名。又稱博易務、回易務。爲五代時江南諸國設在中原地區的官方貿易機構。

[2]李儼：人名。籍貫不詳。後爲徐知誥所殺。事見《新五代史》卷六一。　楊隆演：人名。廬州合淝（今安徽合肥市）人。楊行密之子，楊渥之弟。五代十國吴國國主。908年至920年在位。傳見《新五代史》卷六一。　行營都統：官名。唐末設置，作爲各道出征兵士的統帥。　“秋七月”至“弘農王”：《通鑑》卷二六六開平二年（908）七月條。

[3]右天武軍：軍名。後梁京城駐軍之一。《五代會要》卷一二：“開平元年四月，改左、右長直爲左、右龍虎軍，左、右内衙爲左、右羽林軍，左、右堅鋭夾馬突將爲左、右神武軍，左、右親隨軍將馬軍爲左、右龍驤軍。其年九月，置左、右天興，左、右廣勝軍，仍以親王爲軍使。二年十月，置左、右神捷軍。十二月，改左、右天武爲左、右龍虎軍，左、右龍虎爲左、右天武軍，左、右天威爲左、右羽林軍，左、右羽林爲左、右天威軍，左、右英武爲左、右神武軍，左、右神武爲左、右英武軍。前朝置神虎等六軍，謂之衛士，至是以天武、天威、英武等六軍易其軍號，而任勳舊焉。”　“甲戌”至“帝幸右天武軍河亭觀水”：明本《册府》卷二〇五《閏位部·巡幸門》。

[4]“癸巳”至“别加遷陟”：明本《册府》卷二一三《閏位部·求賢門》。

[5]高明門：城門名。開封府南門。始建於唐，原名尉氏門，後梁改稱高明門。　西漢梁孝王：即劉武。封梁王，漢文帝劉恒嫡次子。傳見《漢書》卷四七。　“甲午”至“宰臣以是事奏而名之”：《宋本册府》卷一九六《閏位部·建都門》。《舊五代史考異》：“案：綿寢，原作‘綿浸’，今據《通鑑》注改正。”“案：以上又見《通鑑》注所引《薛史》，與《册府元龜》相符，惟字句稍有異同。”《通鑑》卷二八七天福十二年（947）十一月丙辰條追記，胡注引《薛史》云：“繁臺，即梁王吹臺，其後有繁氏居其側，里人乃以姓呼之。”

[6]高僧臺：古臺名。位於後梁開封（今河南開封市）開明門

外。　禁衛六軍：禁衛軍總稱。《五代會要》卷一二所記開平二年七月前京城諸軍有：左、右龍虎軍，左、右羽林軍，左、右神武軍，左、右龍驤軍，左、右天興，左、右廣勝軍等。　幸高僧臺，閱禁衛六軍：明本《册府》卷二一四《閏位部·訓兵門》。

[7]都將：官名。唐五代時節度使屬將。　内諸司使：内諸司長官群體。内諸司爲唐宋禁内各官署的統稱。　"詔曰"至"仍令執法官糾察之"：《宋本册府》卷一九一《閏位部·立法制門》。"詔曰"，《册府》作"帝曰"，《會要》卷六内外官章服雜録條作"敕"，此據影庫本。"祇許用銅"，中華書局本有校勘記："'許'原作'取'，據彭校、《册府》卷一九一、《五代會要》卷六改。'銅'下《五代會要》有'飾'字。"據《會要》卷六補"飾"字。《舊五代史考異》："案《五代會要》載七月敕曰：祭祀之儀，有國大事，如聞官吏慢于恪恭，牲具禮容有異精審，宜令御史臺疏其條件奏聞。"《會要》卷三牲牢條文字與此記載有差異，備列於此："祭祀之典，有國大事，如聞官吏慢於恪敬，禮容牲選，有異精虔。宜令御史臺疏其條件聞奏。"

[8]敕禁屠宰兩月：《宋本册府》卷一九五《閏位部·仁愛門》。

[9]朗州：州名。治所在今湖南常德市。　羅紹威：人名。魏州貴鄉（今河北大名縣）人。唐末、五代軍閥。傳見本書卷一四、《新五代史》卷三九。　臨汾：州名。即晋州，治所在今山西臨汾市。　"湖南節度使馬殷奏"至"紹威進以備犒師之用"：《宋本册府》卷四八五《邦計部·濟軍門》。

[10]御史臺：官署名。東漢始置。古代國家的中央監察機構。掌糾察官吏違法、肅正朝廷綱紀。大事廷辨，小事奏彈。　詳定禮儀使：官名。有重大禮儀事務則臨時置使，掌禮儀事務，事畢即停。　"詔曰"至"宜令于來年正月内選日申奏"：《宋本册府》卷一九三《閏位部·崇祀門》。

[11]河陽：方鎮名。全稱"河陽三城"。治所在孟州（今河南孟州市）。　檢校太保：官名。爲散官或加官，以示恩寵，無實際

執掌。　張歸霸：人名。清河（今河北清河縣）人。唐末、後梁將領。傳見本書卷一六。　河陽節度使、檢校太保、同平章事張歸霸卒：《大典》卷六三五〇“張”字韻“姓氏（二〇）”事目，見《輯本舊史》卷一六《張歸霸傳》。

[12]青州：州名。治所在今山東青州市。　北海：縣名。治所在今山東濰坊市。　尹崇規：人名。籍貫不詳。本書僅此一見。　青州北海令尹崇規殘虐於民，賄賂彰顯。委本道長吏斃之：《宋本册府》卷七〇七《令長部·貪瀆門》。

八月辛亥，敕：“應有暴露骸骨，各委差人埋瘞。”[1]甲寅，太史奏：壽星見於南方。[2]甲子，廣州上言，白龍見，圖形以進。[3]甲子夜，東方有大流星，光明燭地，有聲如裂帛。[4]詔禁戢諸軍節級兵士及供奉官受旨殿直已下各修禮敬。[5]兩浙錢鏐奏，請重鑄换諸州新印。[6]兩浙錢鏐奏，改管内紫極宫爲真聖觀，[7]改杭州唐山縣爲吴昌縣，台州唐興縣爲天台縣。是月，又敕升杭、越等州爲大都督府。[8]吴越王錢鏐遣寧國節度使王景仁奉表詣大梁，陳取淮南之策。景仁即茂章也，避梁諱改焉。[9]

[1]“八月辛亥”至“各委差人埋瘞”：《宋本册府》卷一九五《閏位部·仁愛門》。

[2]太史：官名。西周始設，初掌起草文書、修撰史籍、校訂曆法。後職位漸低、事權漸分，隋唐時專掌天文曆法。　壽星：星名。又名“老人星”。十二星次之一。在十二支爲辰，在二十八宿則起於軫宿十二度，跨角、亢二宿而至氐宿四度。《七緯》：“老人星見，則主安；不見，則兵起。王者安静，則老人星見。”　甲寅，太史奏：

壽星見於南方：《宋本册府》卷二〇二《閏位部・祥瑞門二》。

[3]廣州：州名。治所在今廣東廣州市。　甲子，廣州上言，白龍見，圖形以進：《大典》卷五二〇“龍”字韻“事韻”，應爲“白龍”事目。“廣州”，中華書局本有校勘記：“原作‘唐州’，據《册府》卷二〇二改。按《新唐書》卷四〇《地理志四》，天祐三年，朱全忠表請唐州更名泌州。”

[4]甲子夜，東方有大流星，光明燭地，有聲如裂帛：《大典》卷七八六六“星”字韻“流星”事目。

[5]供奉官：官名。泛指侍奉皇帝左右的臣僚，亦爲東、西頭供奉官通稱。　殿直：官名。五代禁軍低級軍官。爲皇帝侍從人員，前朝未見，當是後梁始置。　詔禁戢諸軍節級兵士及供奉官受旨殿直已下各修禮敬：《宋本册府》卷一九一《閏位部・政令門》。《册府》僅列此條於二年之下，《輯本舊史》繫於八月，但無所據，暫存之。

[6]兩浙：地區名。浙東、浙西的合稱。泛指今浙江全省及江蘇南部一角。　錢鏐：人名。杭州臨安（今浙江杭州市）人。五代時期吴越國的建立者。傳見本書卷一三三、《新五代史》卷六七。　兩浙錢鏐奏，請重鑄换諸州新印：《宋本册府》卷一九一《閏位部・立法制門》。

[7]紫極宫：道教宫觀名。唐朝諸州建紫極宫，供奉道教祖師李耳。後梁開平元年（907），詔改諸州紫極宫爲老君廟。兩浙特奏改轄區諸州紫極宫爲真聖觀。　兩浙錢鏐奏，改管内紫極宫爲真聖觀：《宋本册府》卷一九四《閏位部・崇釋老門》。

[8]杭州：州名。治所在今浙江杭州市。　唐山縣：縣名。唐置，後梁開平二年改名吴昌縣。治所在今浙江杭州市臨安區昌化鎮。　台州：州名。治所在今浙江台州市。　唐興縣：縣名。唐上元二年（675），改始豐縣爲唐興縣，後梁開平二年爲天台縣，治所在今浙江天臺縣。　越：州名。即越州。治所在今浙江紹興市。　大都督府：地方高級軍政機構。唐時部分府、州置都督府，分大都

督府、中都督府和下都督府三等。　“改杭州唐山縣爲吴昌縣”至“又敕升杭、越等州爲大都督府”：《吴越備史》卷一《武肅王下》。《舊五代史考異》：“案《十國春秋·吴越世家》：八月，梁敕改唐山縣爲吴昌縣，唐興縣爲天台縣。又敕升杭、越等州爲大都督府。復改新城縣曰新登，長城縣曰長興，樂成縣曰樂清，避梁諱也。”對《舊五代史考異》所引之“梁敕改唐山縣爲吴昌縣”，中華書局本有校勘記：“‘改’，原作‘封’，據《十國春秋》卷七八改。”見《十國春秋》卷七八《吴越武肅王世家》。

[9]吴越：五代時十國之一。後梁開平元年封鎮海節度使錢鏐爲吴越王，建都杭州，領有今浙江之地、江蘇南部及福建北部。北宋太平興國三年（978），錢弘俶向北宋納土，吴越亡。　寧國：方鎮名。治所在宣州（治今安徽宣城市）。　王景仁：人名。合淝（今安徽合肥市）人。唐末、五代將領。傳見本書卷二三、《新五代史》卷二三。　大梁：都城名。本爲戰國時魏國都城。此處代指後梁都城開封，在今河南開封市。　“吴越王錢鏐遣寧國節度使王景仁奉表詣大梁”至“避梁諱改焉”：《通鑑》卷二六七開平二年八月條。

九月丙子，太原軍出陰地關南牧，寇掠郡縣，晋、絳有備。[1]帝慮諸將翫寇，乃下詔親議巡幸，命有司備行。[2]丁丑，翠華西狩，宰臣、翰林學士、崇政院使、金吾仗及諸司要切官皆扈從，餘文武百官並在東京。[3]壬午，達洛陽。帝御文思殿受朝參，許、汝、孟、懷牧守來朝，澤州刺史劉重霸面陳破敵之策。[4]癸未，西幸宿新安。[5]丙戌，至陝州駐蹕，蒲、雍、同、華牧守皆進鎧甲、騎馬、戈戟、食味、方物。[6]丁亥，至陝州，賜宴扈從官。[7]己丑，六軍統軍牛存節、黄文靖各領所部將士赴行在。[8]戊子，延州賊軍寇上平關，又太原軍攻平陽，烽火羽書，晝夜繼至。[9]甲午，太原步騎數萬攻逼晋、絳，踰旬不克，知天軍至，乃自焚其寨，至夕而遁。[10]幽州都將康君紹等十人自蕃賊寨内來投。[11]又幽州騎將高彦章八十人騎先在并州，乃於晋州軍前來降。[12]至是到行在，皆賜分物衣服，放歸本道，以示懷服。[13]福州貢玳瑁、琉璃、犀象器并珍玩香藥，奇品海味，色類良多，價累千萬。[14]同州劉知俊以鄜、延歸降將健十人并捷表來獻。[15]

[1]陰地關：關隘名。位於今山西靈石縣西南。　晋：州名。即晋州。治所在今山西臨汾市。　絳：州名。即絳州。治所在今山西新絳縣。

[2]翫（wán）：同“玩”。翫寇，指消極抵抗。

[3]翠華：天子儀仗中以翠羽爲飾的旗幟或車蓋。此處代指後梁皇帝朱温。　翰林學士：官名。由南北朝始設之學士發展而來，唐玄宗改翰林供奉爲翰林學士，備顧問、代王言。掌拜免將相、號令征伐等詔令的起草。　崇政院使：官名。爲崇政院長官。備顧問，參謀議。五代後梁開平元年（907）改樞密院置崇政院，設院使、副使各一人。後唐同光元年（923）復改崇政院爲樞密院，崇政院使亦改爲樞密使。　金吾仗：禁衛軍指揮機構。亦稱金吾仗衛、金吾衛。分置左右，掌宫禁宿衛、京城巡警、大禮儀仗等。

[4]文思殿：宫殿名。位於今河南洛陽市。　孟：州名。即孟州，治所在今河南孟州市。　懷：州名。即懷州，治所在今河南沁陽市。《輯本舊史》之影庫本粘籤：“孟、懷，原本作‘孟懷’，今據文改正。”　劉重霸：人名。籍貫不詳。五代將領。事見本書本卷、卷六、卷九、卷一三。

［5］新安：縣名。治所在今河南新安縣。

［6］蒲：州名。即蒲州，治所在今山西永濟市。　雍：州名。即雍州，治所在今陝西西安市。　華：州名。即華州，治所在今陝西渭南市華州區。　“九月丙子”至“方物”：《大典》卷一六七四六“宴”字韻“宴享（三）”事目。又見明本《册府》卷二〇五《閏位部·巡幸門》。“丙戌，至陝州駐蹕”，《舊五代史考異》：“案：《通鑑》作乙酉”。“駐蹕”之“蹕”，中華書局本有校勘記：“‘蹕’字原闕，據《册府》卷二〇五補”。

［7］陳州：州名。治所在今河南淮陽縣。　“丁亥”至“賜宴扈從官”：《大典》卷一六七四六。中華書局本有校勘記：“《册府》卷二〇五無‘至陳州’三字，《册府》卷一九七作‘丁亥，西幸陳州，錫宴扈從官’。按本卷上文有‘丙戌，至陝州駐蹕’，丙戌、丁亥差一日，由陝州至陳州，非一日可達，下文又有‘十月己亥，上在陝’，‘至陳州’三字疑誤。”見《宋本册府》卷一九七《閏位部·宴會門》、明本《册府》卷二〇五《閏位部·巡幸門》。

［8］黄文靖：人名。單州金鄉（今山東金鄉縣）人。唐末、五代將領。傳見本書卷一九。　己丑，六軍統軍牛存節、黄文靖各領所部將士赴行在：明本《册府》卷二〇五《閏位部·巡幸門》。“己丑”，《册府》《輯本舊史》及中華書局本皆作“乙丑”，中華書局本有校勘記：“按是月己丑朔，無乙丑，此則繫於戊子、甲午間，或爲己丑之訛。”今據干支記日先後順序改。

［9］延州：州名。治所在今陝西延安市。　上平關：關隘名。位於今山西柳林縣。　平陽：地名。位於今山西臨汾市。　“戊子”至“晝夜繼至”：明本《册府》卷二〇五《閏位部·巡幸門》。《通鑑》卷二六七亦載：“戊子，岐王所署延州節度使胡敬璋寇上平關，劉知俊擊破之。”

［10］“甲午”至“至夕而遁”：明本《册府》卷二〇五《閏位部·巡幸門》。“至夕而遁”，《輯本舊史》之影庫本粘籤：“原本作‘至久’，今參考《通鑑》改正。”《通鑑》相關内容不詳。

［11］康君紹：人名。籍貫不詳。本書僅此一見。

［12］高彦章：人名。籍貫不詳。本書僅此一見。　并州：州名。治所在今山西太原市。

［13］“幽州都將康君紹等十人自蕃賊寨内來投”至“以示懷服”：明本《册府》卷二一五《閏位部·招懷門》。

［14］福州：州名。治所在今福建福州市。　福州貢玳瑁、琉璃、犀象器并珍玩香藥，奇品海味，色類良多，價累千萬：《宋本册府》卷一九七《閏位部·納貢獻門》。

［15］鄜：州名。即鄜州，治所在今陝西富縣。　同州劉知俊以鄜、延歸降將健十人并捷表來獻：明本《册府》卷四三五《將帥部·獻捷門二》。

冬十月己亥朔，上在陝。兩浙節度使奏，於常州東洲鎮殺淮賊萬餘人，獲戰船一百二隻。[1]乙巳，御内殿，宴宰臣、扈從官共四十五人。丙午，御毬場殿，宣夾馬都指揮使尹皓、韓瑭以下將士五百人，賜酒食。[2]以行營左厢步軍指揮使賀瓌爲左龍虎統軍，以左天武軍夾馬指揮使尹皓爲輝州刺史，以右天武都頭韓瑭爲神捷指揮使，左天武第三都頭胡賞爲右神捷指揮使，仍賜帛有差，以解晋州圍之功也。[3]以尹皓部下五百人爲神捷軍。[4]庚戌，至西都，御文思殿。辛亥，宰臣百僚起居於殿前，遂宣赴内宴，賜分物有差。丁巳，至東都。[5]己未，大明節，諸道節度、刺史各進獻鞍馬、銀器、綾帛以祝壽，宰臣、百官設齋於相國寺。[6]辛酉，以劉隱爲清海、静海節度使，以膳部郎中趙光裔、右補闕李殷衡充官告使，隱皆留之。[7]壬戌，御宣和殿，宴宰臣、文武百官。[8]敕：“省諸道州府六曹掾屬，只留户曹參軍一員，通判六曹。”[9]帝從吴越王錢鏐之請，以亳州團練使寇彦卿爲東南面行營都指揮使，擊淮南。[10]以尚書兵部侍郎李皎爲建昌宫副使。[11]

［1］常州：州名。治所在今江蘇常州市。　東洲鎮：鎮名。位於今江蘇常州市武進區。　“冬十月己亥朔”至“獲戰船一百二隻”：明本《册府》卷二一七《閏位部·交侵門》。“冬”字據本紀四時記載規則補。中華書局本有校勘記：“‘東州鎮’，邵本校、《册府》卷四三五作‘東洲鎮’。”中華本未改，今據改。“‘一百二隻’，《册府》卷四三五作‘一百二十隻’。”見明本《册府》卷四三五《將帥部·獻捷門二》。

［2］夾馬都指揮使：官名。係所部統兵將領，“夾馬”爲部隊番號。　尹皓：人名。籍貫不詳。後梁將領。傳見本書附録。　韓瑭：人名。籍貫不詳。後梁將領。事見本書本卷。　“乙巳”至“賜酒食”：《大典》卷一六七四六“宴”字韻“宴享（三）”事目。又見《宋本册府》卷一九七《閏位部·宴會門》。

［3］行營左厢步軍指揮使：官名。行營屬官，掌領出征步軍。兵罷則省。　賀瓌：人名。濮州濮陽（今河南濮陽市）人。唐末、後梁將領。傳見本書卷二三、《新五代史》卷二三。　左龍虎統軍：官名。五代後梁禁衛部隊左龍虎軍統兵官。　左天武軍：禁軍名。後梁京城駐軍之一。　輝州：州名。治所在今山東單縣。　都頭：官名。都將的别稱。唐末、五代時，“都”爲指揮以下的軍事編制。《武經總要》卷二：“凡五百人爲一指揮，其别有五都，都一百人，統以一營居之。”都的長官稱爲都頭。　神捷指揮使：官名。開平二年（908）後梁置左、右神捷軍，爲禁軍中的兩軍，由指揮使統領。　胡賞：人名。籍貫不詳。本書僅此一見。　“以行營左厢步軍指揮使賀瓌爲左龍虎統軍”至“以解晋州圍之功也”：明本《册府》卷二一〇《閏位部·明賞門》。

［4］以尹皓部下五百人爲神捷軍：《通鑑》卷二六七乾化元年正月條胡注引《薛史》，然胡注將“開平二年”誤作“開成二年”。

［5］“庚戌”至“至東都”：《大典》卷一六七四六。又見《宋本册府》卷一九七《閏位部·宴會門》、明本《册府》卷二〇五《閏位部·巡幸門》。“文思殿”，中華書局本有校勘記：“原作‘文明殿’，據《册府》卷一九七改。影庫本粘籤：‘文明殿，原本脱“明”字，今據《五代會要》增入。’按《册府》卷一九六記開平三年正月始改西京貞觀殿爲文明殿，此時尚無‘文明殿’之名。”見《會要》卷五大内條。本條所採之“文思殿”，據《册府》卷一九七改。“賜分物有差”，中華書局本有校勘記：“‘分物’，原作‘方物’，據《册府》（宋本）卷一九七改。”又，“丁巳”，《舊五代史考異》：“案：《通鑑考異》引《編遺録》作乙卯，《實録》作丁巳。今考《五代春秋》作丁巳，與《薛史》同。《歐陽史》作丁未，與《薛史》異。”《資治通鑑》從《實録》《薛史》作“丁巳”。

［6］大明節：後梁爲慶祝朱温生日而設之節日。按本書卷一、《會要》卷一皆云朱温生於十月二十一日。　相國寺：寺院名。又名大相國寺。位於今河南開封市内。　“己未”至“百官設齋於相國寺”：《大典》卷一六四八七“誕”字韻“帝王降誕”事目。又見《宋本册府》卷一八二《閏位部·誕生門》。“設齋於相國寺”之“於”，據《宋本册府》卷一八二補。

［7］劉隱：人名。上蔡（今河南上蔡縣）人。五代十國南漢奠基者。傳見本書卷一三五、《新五代史》卷六五。　清海軍：方鎮名。治所在廣州（今廣東廣州市）。　膳部郎中：官名。尚書省屬官。位在侍郎之下、員外郎之上。六部的郎中主持各司事務。膳部郎中主持尚書省禮部膳部司事務。從五品上。　趙光裔：人名。一説京兆奉天（今陝西乾縣）人，一説洛陽（今河南洛陽）人。唐末、後梁、南漢官員。事見本書本卷、《新五代史》卷六五。　補闕：官名。唐武則天時始置。分爲左、右，左補闕隸於門下省，右

補闕隸於中書省。掌規諫諷諭，大事可以廷議，小事則上封奏。從七品上。　李殷衡：人名。籍貫不詳。書僅此一見。　官告使：官名。唐置專送封官告身的使者。五代後梁沿置。《五代會要》卷二四："巡撫、黜陟、册命、賑卹、弔贈、入蕃等使，選朝臣爲之，其宣慰、加官、送旌節，即以中官爲之。"　"辛酉"至"隱皆留之"：《通鑑》卷二六七開平二年十月辛酉條。

[8]宣和殿：宫殿名。位於今河南開封市。　壬戌，御宣和殿，宴宰臣、文武百官：《大典》卷一六七四六。又見《宋本册府》卷一九七《閏位部·宴會門》。

[9]六曹掾屬：府、州六曹官吏總稱。唐末州府官員，府有司録參軍事，置工曹、倉曹、户曹、法曹、兵曹、士曹六員；州有録事參軍，亦置六曹。户曹參軍總判户曹，掌管錢糧、簿籍等事務。　"敕"至"通判六曹"：《宋本册府》卷六三二《銓選部·條制門四》。

[10]亳州：州名。治所在今安徽亳州市。　團練使：官名。唐代中期以後，於不設節度使的地區設團練使，掌本區各州軍事。　寇彦卿：人名。開封（今河南開封市）人。後梁將領。傳見本書卷二〇、《新五代史》卷二一。　行營都指揮使：官名。唐末、五代統兵將領，掌行營兵馬。　"帝從吴越王錢鏐之請"至"擊淮南"：《通鑑》卷二六七開平二年十月條。

[11]尚書兵部侍郎：官名。尚書省兵部副長官。與兵部尚書分掌武官銓選、勳階、考課之政。正四品下。　李皎：人名。籍貫不詳。後梁官員。事見本書本卷、卷七。　建昌宫副使：官名。判建昌宫事。　以尚書兵部侍郎李皎爲建昌宫副使：《會要》卷二四建昌宫使條。

十一月辛未，御宣和殿，宴宰臣、文武百官，以大駕還京故也。[1]定難軍節度使李思諫卒。甲戌，其子彝昌自爲留後。[2]庚辰，御宣和殿，宴宰臣、文武百官。[3]戊子，賜文武百官帛。[4]癸巳，中書侍郎、同平章事張策以刑部尚書致仕；以左僕射楊涉同平章事。[5]乙未，又宴宰臣、文武百官於宣和殿。[6]保塞節度使胡敬璋卒，静難節度使李繼徽以其將劉萬子代鎮延州。[7]出開明門，登高僧臺閲兵。[8]諸道節度、刺史各進賀冬田器、鞍馬、綾羅等。[9]太常禮院奏："選用來年正月二十四日辛卯親祭南郊。"可之。詔以左千牛衛上將軍胡規充南郊儀仗使，金吾衛將軍趙麓充車路法物使。時以執儀仗將軍輅皆武士，故分二將以董之。是月冬至，命宰臣祀昊天上帝于圜丘。[10]兩浙節度使奏："差使押茶貨往青州，迴變供軍布衫段送納。"[11]置崇政院直學士二員，選有政術、文學者爲之。始以尚書吏部郎中吴藹、尚書兵部郎中李珽充選。其後又改爲直崇政院。[12]

[1]十一月辛未，御宣和殿，宴宰臣、文武百官，以大駕還京故也：《大典》卷一六七四六"宴"字韻"宴享（三）"事目。

[2]定難軍：方鎮名。治所在夏州（今陝西靖邊縣）。　李思諫：人名。党項族。唐末軍閥。拓拔思恭之弟。事見《新唐書》卷二二一上、本書卷一三二。　彝昌：人名。即李彝昌。党項族。唐末軍閥。李思諫之子。事見本書卷一三二。　留後：官名。唐、五代節度使多以子弟或親信爲留後，以代行節度使職務，亦有軍士、叛將自立爲留後者。掌一州或數州軍政。　定難軍節度使李思諫卒。甲戌，其子彝昌自爲留後：《通鑑》卷二六七開平二年（908）十一月甲戌條。

[3]庚辰，御宣和殿，宴宰臣、文武百官：《大典》卷一六七四六。又見《宋本册府》卷一九七《閏位部·宴會門》。

［4］戊子，賜文武百官帛：《宋本册府》卷一九七《閏位部·慶賜門》。

［5］刑部尚書：官名。尚書省刑部主官。掌天下刑法及徒隸、勾覆、關禁之政令。正三品。　左僕射：官名。秦始置。隋唐前期，以左、右僕射佐尚書令總理六官、綱紀庶務；如不置尚書令，則總判省事，爲宰相之職。唐後期多爲大臣加銜。從二品。　“癸巳”至“以左僕射楊涉同平章事”：《通鑑》卷二六七。《舊五代史考異》：“案《歐陽史》：癸巳，張策罷，左僕射楊涉同中書門下平章事。”見《新五代史》卷二《梁太祖紀下》。

［6］乙未，又宴宰臣、文武百官於宣和殿：《大典》卷一六七四六。又見《宋本册府》卷一九七《閏位部·宴會門》。“乙未”，中華書局本有校勘記：“原作‘己未’，據殿本、《册府》卷一九七改。按是月己巳朔，無己未，乙未爲二十七日。”今據改。

［7］保塞：方鎮名。治所在延州（今陝西延安市）。　胡敬璋：人名。籍貫不詳。李茂貞部將。事見本書卷一三二、《新五代史》卷四〇。　静難：方鎮名。治所在邠州（今陝西彬縣）。　李繼徽：人名。本名楊崇本。籍貫不詳。李茂貞義子。唐末、五代軍閥。傳見本書卷一三、《新五代史》卷四〇。　劉萬子：人名。五代將領。事見本書卷一三二、《新五代史》卷四〇。　延州節度使胡敬璋卒，邠州節度使李繼徽以其將劉萬子代鎮延州：《通鑑》卷二六七開平二年十一月條。

［8］開明門：城門名。後梁開封城門之一。位於今河南開封市。　出開明門，登高僧臺閲兵：明本《册府》卷二一四《閏位部·訓兵門》。

［9］諸道節度、刺史各進賀冬田器、鞍馬、綾羅等：《宋本册府》卷一九七《閏位部·納貢獻門》。

［10］左千牛衛上將軍：官名。唐置，唐十六衛之一。掌宫禁宿衛。從二品。　胡規：人名。兖州（今山東濟寧市兖州區）人。唐末、五代將領。傳見本書卷一九。　南郊儀仗使：官名。南郊祭祀

時設置。非常設官，均由他官兼領。掌總儀仗事務。　金吾衛將軍：官名。唐置，掌宮禁宿衛。唐代十六衛之一。從三品。　趙麓：人名。籍貫不詳。後梁將領。本書僅此一見。　車路法物使：官名。臨時設置，均由他官兼領。掌總南郊祭祀車仗法物等事。　昊天上帝：昊天爲天之總神。上帝爲南郊所祭受命帝。《周禮·春官·大宗伯》："以禋祀祀昊天上帝。"鄭玄注："昊天上帝，冬至於圜丘所祀天皇大帝。"　圜丘：又名圓丘。古代帝王祭天的祭壇。《周禮·春官·大司樂》："冬日至，於地上之圜丘奏之。"賈公彦疏："案《爾雅》：土之高者曰丘。取自然之丘，圜象天圜。"　"太常禮院奏"至"命宰臣祀昊天上帝于圜丘"：《宋本册府》卷一九三《閏位部·崇祀門》。

［11］"兩浙節度使奏"至"迴變供軍布衫段送納"：《宋本册府》卷四八四《邦計部·經費門》。

［12］崇政院直學士：官名。五代後梁置，選有政術、文學者充任。後改爲直崇政院。後唐同光元年（923），改樞密院直學士。充皇帝侍從，備顧問應對。　尚書吏部郎中：官名。尚書省吏部頭司吏部司長官。掌文官階品、朝集、禄賜，給其告身、假使以及選補流外官等事。《新唐書》記正五品上。　吴藹：人名。籍貫不詳。本書僅此一見。　尚書兵部郎中：官名。尚書省兵部頭司兵部司長官。唐高祖改兵曹郎置，員二人，一掌武官階品、衛府名數、校考、給告身之事，一掌軍籍、軍隊調遣名數、朝集、禄賜、告假等事。高宗、武則天、玄宗時，一度隨本部改名司戎大夫、夏官郎中、武部郎中。五代因之。從五品上。　李珽：人名。燉煌（在今甘肅敦煌市）人。唐末、後梁文臣。傳見本書卷二四。　"置崇政院直學士二員"至"其後又改爲直崇政院"：《會要》卷二四樞密使條。

十二月己亥，立二王三恪。南郊禮儀使狀："伏以

《詩》稱有客，《書》載虞賓，實因禪代之初，必行興繼之命。俾之助祭，式表推恩，兼垂恪敬之文，别示優崇之典。徵於歷代，襲用舊章。謹案唐朝以後魏元氏子孫韓國公爲三恪，以周宇文氏子孫爲介國公，隋朝楊氏子孫爲酅國公，爲二王後。今伏以國家受禪，封唐朝子孫李嵷爲萊國公。今參詳合以介國公爲三恪，酅國公、萊國公爲二王後。"[1] 癸丑，獵畋于含耀門外。[2] 帝將還都洛陽。[3] 改左右天武爲左右龍虎軍，左右龍虎爲左右天武軍，左右天威爲左右羽林軍，左右羽林爲左右天威軍，左右英武爲左右神武軍，左右神武爲左右英武軍。前朝置龍虎等六軍，謂之衛士，至是以天威、天武、英武等六軍易其軍號，而任勳舊焉。[4] 詔禁戢諸軍節級兵士及供奉官受旨殿直已下各修禮敬。[5]

[1] 二王三恪：魏晋南北朝到隋唐五代時期封前朝的皇室後裔，給以爵位，以示敬重。參見謝元魯《隋唐五代的特殊貴族——二王三恪》，《中國史研究》1994 年第 2 期。　南郊禮儀使：官名。南郊祭祀臨時置使，掌禮儀事務，事畢即罷。　"十二月己亥"至"酅國公、萊國公爲二王後"：明本《册府》卷二一一《閏位部·繼絶門》。"己亥"，《册府》無，據《新五代史》卷二《梁太祖紀下》補。

[2] 含耀門：城門名。後梁開封城門之一。位於河南開封市。　癸丑，獵畋于含耀門外：明本《册府》卷二〇五《閏位部·畋遊門》。

[3] 帝將還都洛陽：《通鑑》卷二六七開平二年（908）十二月條。

[4] 羽林、龍虎、神武、天武、天威、英武：禁軍番號。龍虎、

羽林、神武爲唐時禁軍番號，天武、天威、英武爲後梁新置番號。

“改左右天武爲左右龍虎軍”至“而任勳舊焉”：《職官分紀》卷三五引《五代史》，又見《會要》卷一二京城諸軍條。

[5]詔禁戢諸軍節級兵士及供奉官受旨殿直以下各修禮敬：《宋本册府》卷一九一《閏位部·政令門》。

開平三年春正月戊辰朔，帝御金祥殿，受宰臣、翰林學士稱賀，文武百官拜表於東上閤門。[1]己巳，奉遷太廟四室神主赴西京，太常儀仗鼓吹導引齋車，文武百官奉辭於開明門外。[2]壬申，以博王友文爲東都留守。[3]甲戌，發東都，百官扈從，次中牟縣。乙亥，次鄭州。丙子，次汜水縣，河南尹張宗奭、河陽節度使張歸霸並來朝。戊寅，次偃師縣。己卯，備法駕六軍儀仗入西都。是日，御文明殿受朝賀。[4]詔曰：“近年以來，風俗未泰，兵革且繁，正月燃燈，廢停已久。今屬創開鴻業，初建洛都，方在上春，務達陽氣，宜以正月十四、十五、十六日夜，開坊市門，一任公私燃燈祈福。”[5]乙酉，詔曰：“初宅洛都，將行郊祀，應嶽瀆名山大川及諸州有靈迹封崇神祠，各宜差官吏精虔祭告。”是日，禮儀使奏請皇帝宿齋三日。[6]庚寅，親享太廟。[7]辛卯，親祀昊天上帝於圜丘。是日，降雪盈尺，帝昇壇而雪霽。禮畢，御五鳳樓，宣制大赦天下。[8]賜南郊行事官禮儀使趙光逢以下分物。甲午，上御文思殿宴羣臣，賜金帛有差。丙申，賜文武官帛有差。命宣徽使王殷押絹一萬匹并茵褥圖帟二百六十件賜張宗奭。[9]羣臣上尊號曰睿文聖武廣孝皇帝。[10]詔曰：“秩俸所以養賢而勵奉公也，兵車未戢，貢賦莫充，朝謁甚勤，禄廪蓋寡。朕今肇建都市，已畢郊禋，職采至多，費用差少，其百官逐月俸料，委左藏庫依前例全給。”[11]改西京貞觀殿爲文明殿，含元殿爲朝元殿。[12]

［1］閤門：宫門名。原作“閣門”。唐代大明宫之正殿（宣政殿）、内殿（紫宸殿）以東、西上閤門相連，閤門遂爲外朝、内朝之分界。五代宫殿承唐制，亦設閤門。　“開平三年春正月戊辰朔”至“文武百官拜表於東上閤門”：明本《册府》卷一九七《閏位部・朝會門》。

［2］太廟：又稱大廟。祭祀帝王祖宗之廟，省稱祖廟。　神主：爲已死的君主、諸侯製作的牌位。　西京：地名。治所在今河南洛陽市。　齋車：指運載太廟四室神主的車輛。　“己巳”至“文武百官奉辭於開明門外”：《宋本册府》卷一八九《閏位部・奉先門》。又見《通鑑》卷二六七，《通鑑》不及《宋本册府》詳細。

［3］壬申，以博王友文爲東都留守：《通鑑》卷二六七開平三年（909）正月壬申條。

［4］汜水縣：縣名。治所在今河南滎陽市汜水鎮。　偃師縣：縣名。治所在今河南偃師市。　法駕：天子車駕。也稱“法車”。　六軍：泛指皇帝的禁衛軍。《周禮・夏官・司馬》：“凡制軍，萬有二千五百人爲軍。王六軍。”　文明殿：宫殿名。位於今河南洛陽市。　“甲戌”至“御文明殿受朝賀”：明本《册府》卷二〇五《閏位部・巡幸門》。

［5］洛都：指西都洛陽。　“詔曰”至“一任公私燃燈祈福”：《大典》卷八六六六“燈”字韻“燃燈”事目。“洛都”，中華書局本有校勘記：“原作‘洛陽’，據《册府》卷一九一改。”見《宋本册府》卷一九一《閏位部・政令門》。本條中華書局本沿《輯本舊史》作《大典》卷六六六六，並有校勘記：“檢《永樂大典目録》，

卷六六六六六爲‘江’字韻‘鎮江府三’，與本則内容不符，恐有誤記。陳垣《舊五代史輯本引書卷數多誤例》謂應作卷八六六六‘燈’字韻。”

［6］禮儀使：官名。掌五禮。凡國有大禮，皆任命大臣掌其事。“乙酉”至“禮儀使奏請皇帝宿齋三日”：《宋本册府》卷一九三《閏位部·崇祀門》。《册府》原文在乙酉日詔書後爲“是月，禮儀使奏請皇帝宿齋三日”，之後繼載庚寅日享太廟，故“是月”當爲“是日”。

［7］庚寅，親享太廟：《宋本册府》卷一八九《閏位部·奉先門》。《新五代史》卷二《梁太祖紀下》、《通鑑》卷二六七亦載。又，中華書局本有校勘記：“本則原在上文‘詔曰近年以來’前，據殿本移此。按是月戊辰朔，庚寅爲二十三日，上文詔中有‘宜以正月十四、十五、十六日夜’之語，應在‘庚寅’之前。”

［8］五鳳樓：樓名。隋唐時在洛陽宫門正門應天門，後梁太祖朱温重修。位於今河南洛陽市。是宫門正門形制。《輯本舊史》之影庫本粘籤：“‘五鳳樓’下原本衍一‘于’字，今據文删去。”“辛卯”至“宣制大赦天下”：《大典》卷四三七五“壇”字韻。本條原作卷四三七六，中華書局本有校勘記：“檢《永樂大典目録》，卷四三七六爲‘檀’字韻，與本則内容不符，恐有誤記。陳垣《舊五代史輯本引書卷數多誤例》謂應作卷四三七五‘壇’字韻。”“辛卯”，《通鑑》卷二六七作“辛巳”，誤。“親祀昊天上帝”，《大典》作“祀昊天上帝”。“親”，據《宋本册府》卷一九三《閏位部·崇祀門》補。“是日”，《册府》卷一九三作“是月”。

［9］趙光逢：人名。京兆奉天（今陝西乾縣）人。後梁大臣。傳見本書卷五八、《新五代史》卷三五。　宣徽使：官名。唐後期置。宣徽院長官，初用宦官，五代以後改用士人。掌内諸司及三班内侍之名籍，郊祀、朝會、宴享供帳之儀，應内外進奉，悉檢視名物，用其印。參見王永平《論唐代宣徽使》，《中國史研究》1995年第1期；王孫盈政《再論唐代的宣徽使》，《中華文史論叢》2018

年第3期。　王殷：人名。本名蔣殷。河中節度使王重盈養子。後梁太祖時官至宣徽院使。朱友珪篡位稱帝，被任爲徐州節度使。末帝時拒不免官，兵敗自殺。傳見本書卷一三、《新五代史》卷四三。

“賜南郊行事官禮儀使趙光逢以下分物”至“命宣徽使王殷押絹一萬匹并茵褥圖帟二百六十件賜張宗奭”：《大典》卷一三七一九“賜”字韻“慶賜（一）”事目。全條見《宋本册府》卷一九七《閏位部·慶賜門》。其中，“丙申”，《册府》作“甲申”，誤。“圖帟”，中華書局本有校勘記：“原作‘圖帣’，據《册府》（宋本）卷一九七改。殿本作‘帷帟’，劉本作‘圍帟’。按帣，帶也；帟，幕之小者，所以承塵。‘圖帟’當爲有圍之帟，與‘茵褥’相對成文。”甲午條，又見《宋本册府》卷一九七《閏位部·宴會門》。

[10]羣臣上尊號曰睿文聖武廣孝皇帝：《新五代史》卷二。

[11]左藏庫：官署名。後梁置。負責收納各地所輸財賦，以供官吏、軍兵俸給及賞賜等費用。　“詔曰”至“委左藏庫依前例全給”：《宋本册府》卷五〇八《邦計部·俸禄門四》。《會要》卷二七諸色料錢上條，亦載此條内容，但爲節文。“職采”，《宋本册府》作“職來”。

[12]貞觀殿：宫殿名。爲隋唐洛陽城宫城三大殿之一。後梁改爲文明殿。位於今河南洛陽市。爲五代洛陽宫城的正殿，大朝會、大册拜等禮儀活動在此舉行。　改西京貞觀殿爲文明殿，含元殿爲朝元殿：《宋本册府》卷一九六《閏位部·建都門》。《通鑑》卷二七八長興四年（933）五月甲申條胡注：“《薛史》，梁開平三年改西京貞觀殿爲文明殿。”《會要》卷五大内條記此事於開平二年元年，“貞觀殿”作“正觀殿”。

二月丁酉朔，日有食之。[1]宴群臣於崇勳殿。[2]甲辰，又宴群臣於崇勳殿，蓋藩臣進賀，勉而從之。[3]丙午，宗正寺請修興極、永安、光天、咸寧陵，並合添修上下宮殿，栽植松柏。制可。[4]壬戌，講武于西杏園。[5]癸亥，敕："豐沛之基，寢園所在，悽愴動關於情理，充奉自繫於國章。宜設陵臺，兼升縣望。其輝州碭山縣宜陞爲赤縣，仍以本縣令兼四陵臺令。"[6]甲子，同州節度使劉知俊奏，延州都指揮使高萬興部領節級家累三十八人來降。[7]改思政殿爲金鑾殿。敕東都曰："自昇州作府，建邑爲都，未廣邦畿，頗虧國體。其以滑州酸棗縣、長垣縣，鄭州中牟縣、陽武縣，宋州襄邑縣，曹州戴邑縣，許州扶溝縣、鄢陵縣，陳州太康縣等九縣，宜並割屬開封府，仍昇爲畿縣。"[8]

[1]二月丁酉朔，日有食之：《通鑑》卷二六七開平三年（909）二月丁酉條。《吴越備史》卷一《武肅王下》："二月朔，日有蝕之。敕選王子兩浙副使傳瑛爲駙馬都尉。"《遼史》卷一《太祖紀》："二月丁酉朔，梁遣郎公遠來聘。"

[2]崇勳殿：宮殿名。原係唐東都洛陽城内朝殿名，後梁以洛陽爲西京，沿襲舊稱。　宴群臣於崇勳殿：《大典》卷一六七四八"宴"字韻"宴享（五）"事目。又見《宋本册府》卷一九七《閏位部·宴會門》。

[3]甲辰，又宴群臣於崇勳殿，蓋藩臣進賀，勉而從之：《大典》卷一六七四八。又見《宋本册府》卷一九七。又，丁酉、甲辰條後，中華書局本有校勘記："本條原在下文'丙午'條後，據殿本移此。按是月丁酉朔，甲辰爲初八，丙午爲初十。"

[4]宗正寺：官署名。北齊始置。隋唐五代相沿，爲九寺之一。掌管皇室宗族、外戚譜牒、皇室陵廟等事務。　興極：後梁肅祖宣元皇帝朱黯陵名。開平元年（907）追封尊號。位於單州碭山縣

（今安徽碭山縣）。　永安：後梁敬祖光獻皇帝朱茂琳陵名。開平元年追封尊號。位於單州碭山縣（今安徽碭山縣）。　光天：後梁憲祖昭武皇帝朱信陵名。開平元年追封尊號。位於單州碭山縣（今安徽碭山縣）。　咸寧：後梁烈祖文穆皇帝朱誠陵名。開平元年追封尊號。位於單州碭山縣（今安徽碭山縣）。　"丙午"至"制可"：《宋本册府》卷一八九《閏位部·奉先門》。"合"，中華書局本有校勘記："原作'令'，據《册府》卷一八九改。"

［5］西杏園：地名。位於今河南洛陽市。　壬戌，講武于西杏園：《新五代史》卷二《梁太祖紀下》。

［6］陵臺令：官名。唐置陵臺，掌守衛皇陵事務。五代沿用。長官爲陵臺令，从五品上。　"癸亥"至"仍以本縣令兼四陵臺令"：《宋本册府》卷一八九《閏位部·奉先門》。"陞"字，輯本原闕，今補。

［7］都指揮使：官名。唐末、五代行軍統兵主帥。參見杜文玉《晚唐五代都指揮使考》，《學術界》1995年第1期。　高萬興：人名。河西（今甘肅武威市）人。五代將領，高懷遷之子。傳見本書卷一三二、《新五代史》卷四〇。　"甲子"至"延州都指揮使高萬興部領節級家累三十八人來降"：明本《册府》卷二一五《閏位部·招懷門》。本條之日期，據《新五代史》卷二《梁太祖紀下》補。

［8］思政殿：宫殿名。位於河南洛陽市。　滑州：州名。治所在今河南滑縣。　酸棗縣：縣名。治所在今河南延津縣西南。　長垣縣：縣名。治所在今河南長垣縣。　陽武縣：縣名。治所在今河南原陽縣。　宋州：州名。治所在今河南商丘市睢陽區。　襄邑縣：縣名。治所在今河南睢縣。　曹州：州名。治所在今山東曹縣。　戴邑縣：縣名。後梁開平元年以考城更名戴邑。治所在今河南民權縣。　扶溝縣：縣名。治所在今河南扶溝縣。　太康縣：縣名。治所在今河南太康縣。　開封府：府名。治所在今河南開封市。　畿縣：等第名。唐宋時，京城所治之縣爲赤縣，京之旁邑爲

畿縣。唐縣分京（赤）、畿（望）、上、中、中下、下六等，畿縣是第二等，也稱次赤縣。　“改思政殿爲金鑾殿”至“仍昇爲畿縣”：《宋本册府》卷一九六《閏位部·建都門》。“改思政殿爲金鑾殿”，《會要》卷一三金鑾殿學士條繫於正月。“金鑾殿”，中華書局本有校勘記：“原作‘金鸞殿’，據殿本、《册府》卷一九六、《五代會要》卷一三改。本卷下一處同。按本書卷一四九《職官志》云：‘前朝因金巒坡以爲門名……梁氏因之以爲殿名。仍改“巒”爲“鑾”，從美名也。’”“扶溝縣”，中華書局本有校勘記：“‘縣’字原闕，據殿本、劉本、邵本校補。殿本考證云：‘案“扶溝”下脱“縣”字，今據文增入。’”

三月丙寅朔，御崇勳殿視朝，遂宴群臣。[1]以高萬興檢校司徒，爲丹、延等州安撫招誘等使。[2]辛未，詔曰：“同州邊隅，纔有士衆歸化，暫思巡撫，兼要指揮。今幸蒲、陝，取九日進發。”[3]渤海國遣使朝貢。[4]甲戌，車駕發西都，百官奉辭于師子門外。[5]以山南東道節度使楊師厚兼潞州四面行營招討使。[6]丁丑，次陝州。己卯，次解縣，河中節度使、冀王友謙來奉迎。庚辰，至河中府。[7]分命群臣告祭山川靈跡。[8]發步騎會高萬興兵取丹、延。[9]丙戌，以朔方節度使、兼中書令、潁川郡公韓遜爲潁川郡王。遜本靈州牙校，唐末據本鎮，朝廷因而授以節鉞。[10]辛卯，丹州刺史崔公實請降。[11]遣宰臣薛貽矩以孟夏雩祀昊天上帝，宰臣于兢薦饗太廟，並赴西都。[12]幸右軍舊杏園講武。[13]尚書户部奏：“請詔天下州府，準舊章申送户口帳籍。”從之。[14]

[1]三月丙寅朔，御崇勳殿視朝，遂宴群臣：《宋本册府》卷

一九七《閏位部·宴會門》。明本《册府》作“丙辰朔”，此據宋本。

［2］丹：州名。即丹州，治所在今陝西宜川縣。　安撫招誘等使：官名。安撫使，隋代以安撫大使爲行軍主帥的兼職。唐貞觀初遣大使十三人巡省天下諸州水旱，有安撫、巡察、存撫等名，多爲安民賑恤而設。中唐以後，或以節度使兼任，合軍政民政於一人。以高萬興檢校司徒，爲丹、延等州安撫招誘等使：明本《册府》卷二一五《閏位部·招懷門》。

［3］“辛未”至“取九日進發”：明本《册府》卷二〇五《閏位部·巡幸門》。“今幸蒲、陝”，《輯本舊史》之影庫本粘籤：“原本作‘今宰’，今據文改正。”

［4］渤海國遣使朝貢：《宋本册府》卷九七二《外臣部·朝貢門五》。《新五代史》卷二《梁太祖紀下》亦載。

［5］師子門：城門名。位於今河南洛陽市。　甲戌，車駕發西都，百官奉辭于師子門外：明本《册府》卷二〇五。《通鑑》卷二六七亦載“甲戌，帝發洛陽”，《新五代史》卷二作“甲戌，如河中”。

［6］山南東道：方鎮名。至德二載（757）升襄陽防禦使爲山南東道節度使，文德元年（888）號爲忠義軍，治所在襄州（今湖北襄陽市）。　楊師厚：人名。潁州斤溝（今安徽太和縣阮橋鎮斤溝村）人。唐末、五代將領。傳見本書卷二二、《新五代史》卷二三。　以山南東道節度使楊師厚兼潞州四面行營招討使：《通鑑》卷二六七開平三年（909）三月甲戌條。

［7］解縣：縣名。治所在今山西運城市解州鎮。　河中：方鎮名。治所在河中府（今山西永濟市西南蒲州鎮）。　友謙：人名。即朱友謙。河南許州（今河南許昌市）人。朱温養子，唐末、五代軍閥。傳見本書卷六三、《新五代史》卷四五。　河中府：府名。治所在今山西永濟市西南蒲州鎮。　“丁丑”至“至河中府”：明本《册府》卷二〇五。

［8］分命群臣告祭山川靈跡：《宋本册府》卷一九三《閏位

部・崇祀門》。

[9]發步騎會高萬興兵取丹、延：《通鑑》卷二六七開平三年三月庚辰條。

[10]朔方：方鎮名。治所在靈州（今寧夏吴忠市）。　郡公：勛爵名。魏晋始置。唐制爲正二品。　韓遜：人名。籍貫不詳。唐末、五代軍閥。傳見本書卷一三二、《新五代史》卷四〇。　靈州：州名。治所在今寧夏吴忠市。　牙校：即節度使府軍校，爲低級武職。　“丙戌”至“朝廷因而授以節鉞”：中華書局本沿《輯本舊史》作《大典》卷一九八一七，並有校勘記：“檢《永樂大典目録》，卷一九八一七爲‘服’字韻‘事韻一’，與本則内容不符，恐有誤記。又此則全同《通鑑》卷二六七，疑係誤輯。”“潁川郡公”據明本《册府》卷一九六《閏位部・封建門》補。“潁川郡公”，中華書局本沿《輯本舊史》作“潁川王”，並有校勘記：“《册府》卷一九六敘其事作‘進封朔方節度使、潁川郡公韓遜爲潁川郡王’，本書卷一三二《韓遜傳》、《五代會要》卷一一亦作‘潁川郡王’。”但未改，今據明本《册府》卷一九六及《會要》卷一一封建條改。

[11]崔公實：人名。籍貫不詳。唐末、五代將領。本書僅此一見。　辛卯，丹州刺史崔公實請降：《通鑑》卷二六七開平三年三月辛卯條。

[12]薛貽矩：人名。河東聞喜（今山西聞喜縣）人。唐末、後梁大臣。傳見本書卷一八、《新五代史》卷三五。　雩（yú）祀：古代祈雨的祭祀。《周禮・春官》：“若國大旱，則帥巫而舞雩。”《公羊傳・桓公五年》云：“大雩者何？旱祭也。”何注云：“雩，旱請雨祭名。使童男女各八人，舞而呼雩，故謂之雩。”《禮記・月令》：“仲夏之月，命有司爲民祈祀山川百源，大雩帝，用盛樂。”　遣宰臣薛貽矩以孟夏雩祀昊天上帝，宰臣于兢薦饗太廟，並赴西都：《宋本册府》卷一九三《閏位部・崇祀門》。《册府》本條記載於本月甲戌日之前，但時間不確，故列於本月之末。

［13］幸右軍舊杏園講武：明本《册府》卷二一四《閏位部·訓兵門》。

［14］“尚書户部奏”至“從之”：《會要》卷二五帳籍條。

夏四月丙申朔，駐蹕河中。[1]劉知俊移軍攻延州，李延實嬰城自守。知俊遣白水鎮使劉儒分兵圍坊州。[2]己亥，御前殿，宴宰臣及冀王友謙扈從官。[3]庚子，制：易定節度使王處直進封北平王，福建節度使王審知封閩王，廣州節度使劉隱封南平王，同州節度使劉知俊封大彭郡王，山南東道節度使楊師厚封弘農郡王。[4]壬寅辰時，駕巡于朝邑縣界焦黎店，冀王友謙及崇政内諸司使扈從，至申時迴。[5]丙午，劉知俊克延、鄜、坊三州。[6]甲寅，宴宰臣及扈從官於内殿。[7]岐王所署保大節度使李彦博、坊州刺史李彦昱皆棄城奔鳳翔，鄜州都將嚴弘倚舉城降。己未，以高萬興爲保塞節度使，以絳州刺史牛存節爲保大節度使。[8]翰林學士鄭珏、盧文度以書詔漏略王言，罰兩月俸。[9]幽州節度使劉守光進蕃中生異馬一匹，鞍後毛長五寸，名烏龍。兩浙節度使錢鏐進睦州大茶三百一十籠、洞牙弩百枝、桐木槍二千條，賜進奉使紀君武銀帛有差。[10]追封故河中節度使王重榮爲晋王。[11]敕：“賜劉斤同進士及第，仍編入今年榜内第八人。”[12]制授兩浙節度使錢鏐守太保，增食邑二千户、實封二百户。[13]

［1］夏四月丙申朔，駐蹕河中：明本《册府》卷二〇五《閏位部·巡幸門》。“夏”字據本紀四時記載之體例補。

［2］李延實：人名。籍貫不詳。本書僅此一見。　白水：縣名。治所在今陝西白水縣。　鎮使：官名。唐制，軍隊戍守之地，大者爲軍，其次爲城、鎮。每鎮置一鎮使。　劉儒：人名。籍貫不詳。劉知俊部將，后從劉投降李茂貞。事見本書本卷。　坊州：州名。治所在今陝西黄陵縣。　“劉知俊移軍攻延州”至“分兵圍坊州”：《通鑑》卷二六七開平三年（909）四月條。

［3］己亥，御前殿，宴宰臣及冀王友謙扈從官：《大典》卷一六七四八“宴”字韻“宴享（五）”事目。又見《宋本册府》卷一九七《閏位部·宴會門》。

［4］易定：方鎮名。又名義武。治所在定州（今河北定州市）。　王處直：人名。京兆萬年（今陝西西安市長安區）人。唐末、五代軍閥。傳見本書卷五四、《新五代史》卷三九。　福建：方鎮名。治所在福州（今福建福州市）。　王審知：人名。光州固始（今河南固始縣）人。五代十國閩國建立者。909年至925年在位。傳見本書卷一三四、《新五代史》卷六八。　廣州：方鎮名。治所在廣州（今廣東廣州市）。　劉隱：人名。上蔡（今河南上蔡縣）人。五代十國南漢奠基者。傳見本書卷一三五、《新五代史》卷六五。　“庚子”至“山南東道節度使楊師厚封弘農郡王”：《宋本册府》卷一九六《閏位部·封建門》。《通鑑》亦載，爲節文。“庚子”據《通鑑》卷二六七補。

［5］朝邑縣：縣名。治所在今陝西大荔縣。　焦黎店：地名。位於今陝西大荔縣。　内諸司使：内諸司長官群體。内諸司爲唐宋禁内各官署的統稱。　“壬寅辰時”至“至申時迴”：明本《册府》卷二〇五。

［6］丙午，劉知俊克延、鄜、坊三州：《新五代史》卷二《梁太祖紀下》。《五代春秋》卷上《梁太祖》作“克鄜、坊、丹、延四州”。

［7］甲寅，宴宰臣及扈從官於内殿：《大典》卷一六七四八。又見《宋本册府》卷一九七《閏位部·宴會門》。

[8]岐王：即鳳翔節度使李茂貞。深州博野（今河北蠡縣）人。唐末、五代軍閥。傳見本書卷一三二、《新五代史》卷四〇。　保大：方鎮名。治所在鄜州（在今陝西富縣）。　李彦博：人名。籍貫不詳。本書僅此一見。　李彦昱：人名。籍貫不詳。本書僅此一見。　鳳翔：方鎮名。治所在鳳翔府（今陝西鳳翔縣）。　都將：官名。唐、五代時節度使屬將。　嚴弘倚：人名。籍貫不詳。本書僅此一見。　保塞：方鎮名。治所在延州（今陝西延安市）。　"岐王所署保大節度使李彦博"至"以絳州刺史牛存節爲保大節度使"：《通鑑》卷二六七開平三年四月己未條。

[9]鄭珏：人名。籍貫不詳。後梁大臣。傳見本書卷五八。　盧文度：人名。五代官員。事見本書本卷、卷七。　翰林學士鄭珏、盧文度以書詔漏略王言，罰兩月俸：《宋本册府》卷五五三《詞臣部·謬誤門》。

[10]睦州：州名。治所在今浙江建德市。　進奉使：官名。五代諸道、外藩押送進奉物的官員。　紀君武：人名。籍貫不詳。本書僅此一見。　"幽州節度使劉守光進蕃中生異馬一匹"至"賜進奉使紀君武銀帛有差"：《宋本册府》卷一九七《閏位部·納貢獻門》。

[11]王重榮：人名。太原祁（今山西祁縣）人，一説河中人。唐末軍閥。傳見《舊唐書》卷一八二、《新唐書》卷一八七。　追封故河中節度使王重榮爲晋王：《會要》卷一一封建條。

[12]劉斤：人名。籍貫不詳。本書僅此一見。　敕：賜劉斤同進士及第，仍編入今年榜内第八人：《會要》卷二二進士條。

[13]太保：官名。與太師、太傅並爲三師。唐後期、五代多爲大臣、勳貴加官。正一品。　制授兩浙節度使錢鏐守太保，增食邑二千户、實封二百户：《吴越備史》卷一《武肅王下》。

五月乙丑朔，視朝，遂命宰臣及文武百官宴於内殿。[1]丁卯，帝命劉知俊乘勝取邠州；知俊難之，辭以闕食，乃召還。己巳，召佑國軍節度使重師入朝，以左龍虎統軍劉捍爲佑國留後。[2]癸酉，駕三更一點發河中。[3]己卯，車駕至西京。癸未，御崇勳殿，宴宰臣及文武官四品以上。[4]甲申，貶王重師溪州刺史，尋賜自盡，夷其族。[5]己丑，復御崇勳殿，宴宰臣、文武官四品以上。[6]升宋州爲宣武軍節鎮，仍以亳、輝、潁爲屬郡。[7]敕："禮部所放進士薛鈞是左司侍郎薛廷珪男，方持省轄，固合避嫌，其薛鈞宜令所司落下。"[8]賜迴紇朝貢使阿福引分物。[9]

[1]五月乙丑朔，視朝，遂命宰臣及文武百官宴於内殿：《宋本册府》卷一九七《閏位部·宴會門》。中華書局本有校勘記："'視'字原闕，據《册府》卷一九七補。"

[2]邠州：州名。治所在今陝西彬縣。　佑國軍：方鎮名。治所在京兆府（今陝西西安市）。　重師：人名。即王重師。許州長社（今河南許昌市）人。唐末、後梁將領。傳見本書卷一九、《新五代史》卷二二。　劉捍：人名。開封（今河南開封市）人。唐末、後梁將領。傳見本書卷二〇、《新五代史》卷二一。　"丁卯"至"以左龍虎統軍劉捍爲佑國留後"：《通鑑》卷二六七開平三年（909）五月丁卯條。己巳條前，原有"佑國節度使王重師鎮長安數年，帝在河中，怒其貢奉不時"一句，王重師的官職據此補。

[3]癸酉，駕三更一點發河中：明本《册府》卷二〇五《閏位部·巡幸門》。

[4]"己卯"至"宴宰臣及文武官四品以上"：《大典》卷一六七四八"宴"字韻"宴享（五）"事目。"車駕至西京"，中華書

局本有校勘記："'車駕'原作'車馬'，據殿本、劉本、彭校、《册府》卷一九七改。"

[5]溪州：州名。治所在今湖南永順縣。　"甲申"至"夷其族"：《通鑑》卷二六七開平三年五月甲申條。

[6]己丑，復御崇勳殿，宴宰臣、文武官四品以上：《大典》卷一六七四八。又見《宋本册府》卷一九七《閏位部·宴會門》。

[7]宣武軍：方鎮名。治所在宋州（今河南商丘市睢陽區）。　潁：州名。治所在今安徽阜陽市。　升宋州爲宣武軍節鎮，仍以亳、輝、潁爲屬郡：《通鑑》卷二六七開平三年五月條胡注引《薛史》。

[8]禮部：官署。掌禮儀、祭享、貢舉之政。　薛鈞：人名。河東（今山西）人。薛廷珪之子。與任贊、劉昌素、高總同年擢第，所在相詬，時人謂之"相駡榜"。事見本書卷一二八。　左司侍郎：官名。即尚書左丞，五代后梁太祖開平二年（908）因避諱改。爲尚書省佐貳官。唐中期以後，與尚書右丞實際主持尚書省日常政務，權任甚重。正四品上。　薛廷珪：人名。蒲州河東（今山西永濟市西南蒲州鎮）人。唐末、五代官員。傳見本書卷六八。　"敕"至"其薛鈞宜令所司落下"：《宋本册府》卷六五一《貢舉部·謬濫門》。"薛鈞"，《會要》卷二二進士條作"薛均"。

[9]迴紇：部族、政權名。又作回鶻。原係突厥鐵勒部的一支。唐天寶三載（744）建立回紇汗國，8世紀末、9世紀初，回鶻與吐蕃争奪北庭和安西並最終取勝，統治西域。9世紀中葉，回鶻汗國瓦解。參見楊蕤《回鶻時代：10—13世紀陸上絲綢之路貿易研究》，中國社會科學出版社2015年版。　朝貢使：官名。並立政權間，或藩屬向宗主政權派遣的外交使團長官。　阿福：人名。回紇人。本書僅此一見。　賜迴紇朝貢使阿福引分物：《宋本册府》卷九七二《外臣部·朝貢門五》。

秋七月甲子，幽州節度使、河間郡王劉守光進封燕王。[1]商州刺史李稠棄郡西奔，本州將吏以都牙校李玟權知州事。[2]乙丑，克丹州，執其首惡王行思。[3]敕："行營將士陣殁者，咸令所在給櫕櫝，津置歸鄉里。"戰卒聞之悉感涕。[4]丙寅，命宰臣楊涉赴西都，以孟秋享太廟。[5]庚午，改佑國軍曰永平。[6]癸酉，帝發陝州。[7]甲戌，詔曰："朕自膺眷佑，勉副樂推，三載于兹，多難未弭。但蒙靈貺，每竊休徵，致稼穡之有年，乃陰陽之克敘。昨者以災興右地，叛結左馮，連邠、鳳之兇狂，據關、河之險固，王師纔進，逆黨生擒，寸刃未施，重門盡啓，以致元凶自遁，道壘皆降，賊除不出於浹旬，兵罷匪逾於一月。而況時當炎暑，路涉惡山，風迎馬以納凉，雲隨車而不雨，功因捷速，而免滯留，非眇質之敢當，賴上玄之垂祐，合申告謝，用表精虔。宜令所司擇日親拜郊祀。"[8]乙亥，至自陝，文武百官於新安縣奉迎。[9]寢疾。[10]甲申，襄州軍亂，殺山南東道節度留後王班。房州刺史楊虔叛附于蜀。[11]己丑夕，寢殿棟折。詰旦，召近臣諸王視棟折之跡，帝慘然曰："幾與卿等不相見。"君臣對泣久之。遂詔有司釋放禁人，從八月朔日後減膳，進素食，禁屠宰，避正殿，修佛事，以禳其咎。[12]敕："大内皇牆使諸門，素來未得嚴謹，將令整肅，須示條章。宜令控鶴指揮使，應於諸門各添差控鶴官兩人，守怗把門。其諸司使并諸司諸色人，並勒於左、右銀臺門外下馬，不得將領行官一人輒入門裏。其逐日諸道奉進客省使，於千秋門外排當訖，勒控鶴官舁擡至内門前，準例令黄門殿直以下舁進，輒不得令諸色一人到千秋門内。其章善門仍令長關鎖，不用逐日開閉。”是日，又敕：“皇牆大内，本尚深嚴，宫禁諸門，豈宜輕易。未當條制，交下因循，苟出入之無常，且公私之不便。須加鈐轄，用戒門閭。宜令宣徽院使等切准此處分。”[13]改章善門爲左、右銀臺門，其左、右銀臺門却改爲左、右興善門。[14]

［1］秋七月甲子，幽州節度使、河間郡王劉守光進封燕王：《宋本册府》卷一九六《閏位部·封建門》。“秋”字，據本紀四時記載之體例補。“甲子”，據《通鑑》卷二六七補，内容較《册府》簡。

［2］商州：州名。治所在今陝西商洛市商州區。　李稠：人名。籍貫不詳。本書僅此一見。　李玟：人名。籍貫不詳。本書僅此一見。　權知州事：官名。簡稱“知州”。州級行政長官。參見閆建飛《唐後期五代宋初知州制的實施過程》，《文史》2019年第1期。　商州刺史李稠棄郡西奔，本州將吏以都牙校李玟權知州事：《通鑑》卷二六七開平三年（909）七月條《考異》引《薛史》。《新五代史》《梁實録》亦載此事。原本作胡注引《薛史》，誤。又，“李玟”，中華書局本有校勘記：“原作‘李玫’，據《通鑑》卷二六七《考異》所引《薛史》改。”

［3］乙丑，克丹州，執其首惡王行思：《新五代史》卷二《梁太祖紀下》。《通鑑》卷二六七略同。

［4］“敕”至“戰卒聞之悉感涕”：《宋本册府》卷一九五《閏位部·恤征役門》。“敕行營將士陣殁者”，中華書局本有校勘記：“‘行營’原作‘行宫’，據劉本、《册府》（宋本）卷一九五改。”

［5］丙寅，命宰臣楊涉赴西都，以孟秋享太廟：《宋本册府》

卷一八九《閏位部·奉先門》。

[6]庚午，改佑國軍曰永平：《通鑑》卷二六七開平三年七月庚午條。

[7]癸酉，帝發陝州：《通鑑》卷二六七開平三年七月癸酉條。明本《册府》卷二〇五《閏位部·巡幸門》作“癸酉，駕幸陝”，誤。

[8]左馮：政區名。即左馮翊，爲漢代三輔之一，轄區相當於一郡，地屬畿輔，故不稱郡，所轄之地相當於今陝西渭河以北、涇河以東、洛河中下游地區。　“甲戌”至“宜令所司擇日親拜郊祀”：《宋本册府》卷一九三《閏位部·崇祀門》。

[9]乙亥，至自陝，文武百官於新安縣奉迎：明本《册府》卷二〇五《閏位部·巡幸門》。

[10]寢疾：《通鑑》卷二六七開平三年七月條。

[11]王班：人名。籍貫不詳。故河陽將領，累以軍功爲郡守，主留事於襄陽，被小將王求所殺。傳見本書附録。　房州：州名。治所在今湖北房縣。　楊虔：人名。籍貫不詳。事見本書卷五。　蜀：五代十國之前蜀。由王建所建，都於成都。《王建傳》見本書卷一三六、《新五代史》卷六三。　“甲申”至“房州刺史楊虔叛附于蜀”：《新五代史》卷二。《通鑑》卷二六七亦載。

[12]“己丑夕”至“以禳其咎”：《大典》卷一六五七一“殿”字韻“事韻”。

[13]控鶴：禁軍番號。後梁稱侍衛親軍爲控鶴軍。由左右控鶴都指揮使統領。　客省使：官名。唐代宗時始置，五代沿置。客省長官，掌接待四方奏計及外族使者。　千秋門：宫門名。位於今河南開封市。　黄門殿直：官名。宫中内侍低級軍官。　章善門：宫門名。位於今河南開封市。　宣徽院使：官名。即宣徽使。　“敕”至“宜令宣徽院使等切准此處分”：《宋本册府》卷一九一《閏位部·立法制門》。“奉進”，《會要》卷二四皇城使條作“進奉”。“排當訖”，中華書局本有校勘記：“‘訖’原作‘抗’，據

《册府》（宋本）卷一九一、《五代會要》卷二四改。”“其章善門仍令長關鎖”，中華書局本有校勘記：“‘章善門’，原作‘興善門’，據《五代會要》卷二四、《册府》卷一九一改。《舊五代史考異》卷一：‘案：“興善”原作“章善”，今據上文及《五代會要》改正。“長關鎖”，原作“長官關鎖”，據《册府》（宋本）卷一九一改。’‘且公私之不便’之‘不便’，《册府》（宋本）卷一九作‘何辨’。”

[14]興善門：宫門名。原名銀臺門。　改章善門爲左、右銀臺門，其左右銀臺門却改爲左、右興善門：《宋本册府》卷一九六《閏位部·建都門》。《會要》卷五大内條，記於十月。

八月甲午，以秋稼將登，霖雨特甚，命宰臣以下禱於社稷諸祠。[1]敕：“朕以干戈尚熾，華夏未寧，宜循卑菲之言，用致雍熙之化。起八月一日，常朝不御金鑾、崇勳兩殿，只於便殿聽政。”[2]丁酉，賜劉玘、王廷順物，以其違逆將之難來歸。[3]辛亥，制：“諸都如有陣歿將士，仰逐都安存家屬，如有弟兄兒姪，便給與衣糧充役。”[4]降死罪囚。[5]加兩浙節度使錢鏐守太尉，加實封二百户，餘並如故。[6]甲寅，上疾小瘳，始復視朝。以鎮國節度使康懷貞爲西路行營副招討使。[7]辛酉，均州刺史張敬方既定其郡，又移兵尅房陵。[8]晉王引兵南下，先遣周德威等將兵出陰地關攻晉州，刺史邊繼威悉力固守。詔楊師厚將兵救晉州，周德威以騎扼蒙阬之險，師厚擊破之，殺戮生禽賊將蕭萬通等，賊由是棄寨而遁。[9]李洪寇荆南，高季昌遣其將倪可福擊敗之。詔馬步都指揮使陳暉將兵會荆南兵討洪。[10]敕：“建國之初，用兵之罷，諸道章表，皆繫軍機，不欲滯留，用防緩急。其諸道所有軍事申奏，令宜至右銀臺門委客省畫時引進。諸道公事，即依前四方館准例收接。”[11]故山南東道節度使留後王珏贈太保，故同州觀察判官盧匪躬贈工部尚書。[12]司天臺奏：“今月二十七日平明前，東南丙上去山高三尺已來，老人星見，測在井宿十一度，其色光明潤大。”[13]詔曰：“封嶽告功，前王重事；祭天肆覲，有國恒規。朕以眇身，恭臨大寶，既功德未敷於天下，而災祥互降於域中。慮於告謝之儀，有缺齋虔之禮，爰修昭報，用契幽通。宜令中書侍郎、同平章事于兢往東嶽祭拜禱祀訖聞奏。”[14]敕：“所在長吏放雜差役，兩税外不得妄有科配。自今後州府鎮縣，凡使命經過，若不執敕文券，並不得妄差人驢及取索一物已上。又今歲秋田，皆期大稔，仰所在切如條流，本分納税及加耗外，勿令更有科率。切戒所由人吏不得於鄉村乞託擾人。”[15]制：“左馮背叛，元惡遁逃，如聞相濟之徒，多是脅從之輩，若能迴心向國，轉禍全身，當與加恩，必不問罪。仍令同、華、雍等州切加招諭，如能梟斬温韜，或以鎮寨歸化，必加厚賞，仍奬官班，兼委本界招復人户，切加安存。”[16]

[1]八月甲午，以秋稼將登，霖雨特甚，命宰臣以下禱於社稷諸祠：《大典》卷二六三一至二六三三“災”字韻。《輯本舊史》原作卷二六三〇“萊”字等韻，與本條内容不符，誤。又見《宋本册府》卷一九三《閏位部·弭災門》。

[2]“敕”至“只於便殿聽政”：《宋本册府》卷一九七《閏

位部・朝會門》。

[3]劉玘：人名。汴州雍丘（今河南杞縣）人。五代將領。傳見本書卷六四，《新五代史》卷四五。　王廷順：人名。籍貫不詳。本書僅此一見。　丁酉，賜劉玘、王廷順物，以其違逆將之難來歸：《通鑑》卷二六七開平三年（909）八月丁酉條《考異》引《梁太祖實録》。

[4]"辛亥"至"便給與衣糧充役"：《宋本册府》卷一九五《閏位部・恤征役門》。"諸都如有陣歿將士"，中華書局本有校勘記："'諸都'，原作'諸郡'，據《册府》（宋本）卷一九五改。"

[5]降死罪囚：《新五代史》卷二《梁太祖紀下》。

[6]加兩浙節度使錢鏐守太尉，加實封二百户，餘並如故：《吴越備史》卷一《武肅王下》。又見《全唐文紀事》卷一二所收《授武肅王守太尉加實封制》。

[7]"甲寅"至"以鎮國軍節度使康懷貞爲西路行營副招討使"：《通鑑》卷二六七開平三年八月甲寅條。

[8]均州：州名。治所在今湖北丹江口市。　張敬方：人名。籍貫不詳。本書僅此一見。　房陵：州名。即房州。治所在今湖北房縣。　辛酉，均州刺史張敬方既定其郡，又移兵尅房陵：明本《册府》卷四三五《將帥部・獻捷門二》。"均州"，《册府》作"城州"，據《通鑑》卷二六七及《新五代史》卷二《梁太祖紀下》改。

[9]晋王：此處指李存勗。五代後唐王朝的建立者。紀見本書卷二七至卷三四、《新五代史》卷五。　周德威：人名。朔州馬邑（今山西朔州市朔城區東北）人。唐末、五代河東將領。傳見本書卷五六、《新五代史》卷二五。　蕭萬通：人名。籍貫不詳。五代後唐將領。事見本書卷二二、卷二七。　"晋王引兵南下，先遣周德威等將兵出陰地關攻晋州"至"賊由是棄寨而遁"：《通鑑》卷二六七開平三年八月條。

[10]李洪：人名。籍貫不詳。事見本書本卷、卷五。　荆南：

又稱南平。五代十國之一。後梁開平元年（907）朱温命高季興爲荆南節度使，梁末帝時封季興爲渤海王。同光二年（924）受後唐封爲南平王。　高季昌：人名。又名高季興，陝州硤石（今河南三門峽市陝州區硤石鄉）人。南平（即荆南）開國君主。傳見本書卷一三三、《新五代史》卷六九。　倪可福：人名。五代南平國將領。事見本書卷一七、《新五代史》卷六九。　陳暉：人名。籍貫不詳。唐末、五代將領。事見本書卷五、卷六、卷四五、卷七四，《新五代史》卷二、卷四五、卷四八。　“李洪寇荆南”至“詔馬步都指揮使陳暉將兵會荆南兵討洪”：《通鑑》卷二六七開平三年八月條。

［11］四方館：官署名。隋始置四方館，以通事謁者爲主官。唐、五代沿置，以通事舍人或判四方館事爲主官。掌四方往來及互市事務。　“敕”至“即依前四方館准例收接”：《宋本册府》卷一九一《閏位部·立法制門》。

［12］王珏：人名。籍貫不詳。即上文所説“王班”。　觀察判官：官名。即觀察使判官。唐肅宗以後置，五代沿置。觀察使屬官，參理田賦事，用觀察使印、署狀。　盧匪躬：人名。籍貫不詳。本書僅此一見。　工部尚書：官名。隋始置。尚書省工部主官。掌百工、屯田、山澤之政令。唐中葉後漸成虚銜，部務由侍郎主持。正三品。　故山南東道節度使留後王珏贈太保，故同州觀察判官盧匪躬贈工部尚書：明本《册府》卷二一〇《閏位部·旌表門》。“山南東道節度使留後王珏”，中華書局本作“山南東道節度使留後王班”，並有校勘記：“‘南’字原闕，據彭校、《通鑑》卷二六七補。‘王班’，《册府》卷二一〇同，殿本、劉本作‘王珏’。按《通鑑》卷二六七作《考異》：‘《薛史》作王珏，今從《實録》。’”今從《薛史》，“王珏”是。

［13］司天臺：官署名。主管觀察天象、考定曆數以及預測天象。　井宿：星宿名。係中國古代天文學中二十八宿之一，爲南方“朱雀”七宿之首，轄有八星。　“司天臺奏”至“其色光明潤

大”：《宋本册府》卷二〇二《閏位部·祥瑞門二》。“光明潤大”，中華書局本有校勘記：“‘潤’，原作‘闊’，據《册府》（宋本）卷二〇二改。”

［14］東嶽：山名。即今泰山。　“詔曰”至“禱祀訖聞奏”：《大典》卷一六九五八“詔”字韻“災異”事目。又見《宋本册府》卷一九三《閏位部·崇祀門》。“災祥互降於域中”，中華書局本有校勘記：“‘互’原作‘訝’，據殿本、《册府》卷一九三、《五代會要》卷三改。‘域’原作‘城’，據彭校、《册府》卷一九三改。”見《會要》卷三嶽瀆條。“同平章事于兢”之“同”，據《册府》卷一九三補。《輯本舊史》之影庫本粘籤：“于兢，原本作‘於兢’，今據《歐陽史》改正。”見《新五代史》卷二。

［15］“敕”至“切戒所由人更不得於鄉村乞託擾人”：《宋本册府》卷一九一《閏位部·政令門》。“仰所在切如條流”，中華書局本有校勘記：“‘切如’，《册府》（四庫本）卷一九一作‘切加’。”“勿令更有科率”，中華書局本沿《輯本舊史》作“勿令更有科索”，並有校勘記：“‘科索’，《册府》（宋本）卷一九一作‘科率’。”

［16］“制”至“切加安存”：明本《册府》卷二一五《閏位部·招懷門》。“左馮”，《輯本舊史》之影庫本粘籤：“原本作‘左憑’，今據文改正。”

閏八月癸酉，鴻臚寺引進契丹阿保機差首領葛鹿等，進金鍍鐵甲、金鍍銀甲及水精玉裝鞍轡等物，馬一百疋。其阿保機母、妻各進雲霞錦一疋。[1]戊寅，御文明殿，召契丹朝貢使葛鹿等五十人對見，群臣以遠蕃朝貢稱賀。罷，賜葛鹿已下酒食於客省，賚銀帛有差。[2]己卯，幸西苑觀稼。[3]襄陽叛將李洪差小將進表，帝示以含弘，特賜敕書慰諭。[4]是月，敕置蘇州吴江縣、明州静安縣，從錢鏐之請也。[5]

［1］葛鹿：人名。契丹人。本書僅此一見。　“閏八月癸酉”至“其阿保機母、妻各進雲霞錦一疋”：《宋本册府》卷九七二《外臣部·朝貢門五》。“癸酉”，《册府》無，據《新五代史》卷二《梁太祖紀下》，補。“葛鹿”，《會要》卷二九契丹條作“葛禄”。

［2］“戊寅”至“賚銀帛有差”：《宋本册府》卷九七六《外臣部·褒異門三》。“文明殿”之“明”，《册府》缺，據《會要》卷二九契丹條補。又，“葛鹿”，《册府》本卷兩次徵引，前作“昌鹿”，又作“曷鹿”，今從《宋本册府》卷九七二，統改。

［3］西苑：皇家苑囿。位於今河南開封市。　己卯，幸西苑觀稼：明本《册府》卷二〇五《閏位部·巡幸門》。又，《宋本册府》卷一九八《閏位部·務農門》載於八月，而八月無“己卯”，故應爲閏八月。

［4］襄陽叛將李洪差小將進表，帝示以含弘，特賜敕書慰諭：明本《册府》卷二一五《閏位部·招懷門》。

［5］吴江縣：縣名。治所在今江蘇蘇州吴江區。　静安縣：縣名。治所在今浙江寧波鎮海區。　“是月”至“從錢鏐之請也”：《吴越備史》卷一《武肅王下》。

舊五代史　卷五

梁書五

太祖紀第五

開平三年九月癸巳朔，[1]御崇勳殿，[2]宴群臣文武百官。賜張宗奭、楊師厚白綾各三百疋，銀鞍轡馬。[3]甲午，宴百官於崇勳殿。[4]丁酉，上幸崇政院宴内臣，賜院使敬翔、直學士李珽等繒綵有差。[5]以門下侍郎、平章事薛貽矩判建昌宫事兼延資庫使。[6]庚子，殿直王唐福自襄州走馬，以天軍勝捷逆將李洪歸降事上聞。賜唐福絹銀有加，宰臣百官上表稱賀。[7]壬寅，開封府虞候李繼業齎襄州都指揮使陳暉奏狀，以今月五日，殺戮逆黨千人，并生擒都指揮使傅霸以下節級共五百人，收復襄州人户歸業事。[8]癸卯，帝御文明殿，以收復襄漢，受宰臣已下稱賀。[9]賜契丹朝貢使曷魯、押進將軍污鹿、副使夫達、通事王梅落及首領等銀絹有差。[10]丁未，以保義節度使王檀爲潞州東面行營招討使。[11]劉守光奏遣其子中軍兵馬使繼威安撫滄州吏民；戊申，以繼威爲義昌留後。[12]辛亥，侍中韓建罷守太保，左僕射、同平章事楊涉罷守本官。以太常卿趙光逢爲中書侍郎，翰林奉旨、工部侍郎杜曉爲户部侍郎，並同平章事。[13]丙辰，御崇勳殿，召韓建、楊涉、薛貽矩、趙光逢、杜曉、河南尹張宗奭、襄州節度使楊師厚、宣州節度使王景仁等賜食，賜宰臣銀鞍轡馬、方物、銀器、細茶等。[14]庚申，御崇勳殿，宴宰臣及文武百官。[15]辛酉，李洪、楊虔伏誅。[16]制："内外使臣復命未見便歸私第者，朝廷命使，臣下奉行，唯於辭見之儀，合守敬恭之道。近者凡差出使，往復皆越常規，或已辭而尚在本家，或未見而先歸私第，但從己便，莫禀王程。在禮敬而殊乖，置典章而私舉。宜令御史臺别具條流事件具黜罰等奏聞。"[17]詔曰："秋冬之際，陰雨相仍，所司擇日拜郊，或慮臨時妨事，宜令别更擇日聞奏。"是月，禮儀使奏："今據所司申奏，晝日内十一月二日冬至，祀昊天上帝于圜丘。今參詳十月十七日已後入十一月節，十一月二日冬至一陽生之辰，宜行親告之禮。"從之。[18]河中奏，准宣，詔使有銅牌者，所至即易騎以遣。[19]淮南遣使者張知遠脩好於福建；知遠倨慢，閩王王審知斬之，表上其書，始與淮南絶。[20]

[1]開平：後梁太祖朱温年號（907—911）。　開平三年九月癸巳朔：中華書局本沿《輯本舊史》作"開平三年九月"並有校勘記："殿本作'九月癸巳朔'，《册府》卷一九七繫其事於'九月甲午'。"據殿本補"癸巳朔"，亦見《宋本册府》卷一九七《閏位部・慶賜門》。

[2]崇勳殿：宫殿名。唐東都洛陽内朝殿名，後梁以洛陽爲西京，沿襲舊稱。

[3]張宗奭：人名。濮州臨濮（今山東鄄城縣臨濮鎮）人。唐末、五代將領。傳見本書卷六三、《新五代史》卷四五。　楊師厚：人名。潁州斤溝（今安徽太和縣阮橋鎮斤溝村）人。唐末、五代將領。傳見本書卷二二、《新五代史》卷二三。　“開平三年九月癸巳朔”至“銀鞍轡馬”：《大典》卷一六七四六“宴”字韻“宴享（三）”事目。

[4]甲午，宴百官於崇勳殿：《宋本册府》卷一九七《閏位部·宴會門》。

[5]崇政院：官署名。後梁開平元年（907），改唐樞密院爲崇政院，設院使、副使各一人。名爲出納王命，實爲中樞決策機構。　敬翔：人名。同州馮翊（今陝西大荔縣）人。後梁大臣。傳見本書卷一八、《新五代史》卷二一。　直學士：官名。此處指崇政院直學士。後梁開平二年於崇政院置，選有政術、文學者爲之，其後又改爲直崇政院。後唐同光元年（923），改樞密院直學士。充皇帝侍從，備顧問應對。　李珽：人名。隴西燉煌（今甘肅敦煌市）人。唐末、後梁文臣。傳見本書卷二四。“李珽”，據中華書局本有校勘記：“原作‘李班’，據邵本校改。按本書卷二四《李珽傳》、《通鑑》卷二六七均記時任崇政院直學士者爲李珽。”見《通鑑》卷二六七開平四年六月庚戌條。　繒（zēng）綵：亦作“繒采”“繒彩”，指彩色絲織品。　丁酉，上幸崇政院宴内臣，賜院使敬翔、直學士李珽等繒綵有差：《大典》卷一六七四六。

[6]門下侍郎：官名。唐三省之一的門下省副長官。唐後期三省長官漸爲榮銜，中書侍郎、門下侍郎却因參議朝政而職位漸重，常常用爲以“同三品”或“同平章事”任宰相者的本官。正三品。　平章事：官名。全稱“同中書門下平章事”。唐高宗以後，凡實際任宰相之職者，常在其本官後加同平章事的職銜。後成爲宰相專稱。後梁沿置。後晋天福五年（940），升中書門下平章事爲正二

品。　薛貽矩：人名。河東聞喜（今山西聞喜縣）人。唐末、後梁大臣。傳見本書卷一八、《新五代史》卷三五。　判：官制用語。即以他官兼代某職，稱判職或判某職事。始於北齊。唐、五代以高官兼掌低職曰判。　建昌宫：宫室名。五代後梁太祖建國時設建昌院，後改稱建昌宫，掌管所轄境内財賦收入軍需諸事。位於今河南開封市。　延資庫使：官名。唐宣宗大中三年（849）改備邊庫爲延資庫，專門儲備全國軍費。長官稱延資庫使，以宰相兼任。後梁延續這一制度。參見杜文玉《五代十國制度研究》，人民出版社2006年版，第146—147頁。　以門下侍郎、平章事薛貽矩判建昌宫事兼延資庫使：中華書局本有校勘記："以上二十一字原闕，據殿本補。按本書卷一四九《職官志》、《册府》卷三二九、卷四八三、《五代會要》卷一五、卷二四皆繫其事於開平三年九月。"見明本《册府》卷三二九《宰輔部·兼領門》、《宋本册府》卷四八三《邦計部·總序門》、《會要》卷一五延資庫使、卷二四建昌宫使條。

[7]殿直：官名。五代禁軍低級軍官。爲皇帝侍從人員，前朝未見，當是後梁始置，有受旨殿直、黄門殿直等。　王唐福：人名。籍貫不詳。本書僅此一見。　襄州：州名。治所在今湖北襄陽市。　走馬：指馳馬稟報軍情或傳遞文書，或者指擔當此職的人。　李洪：人名。籍貫不詳。事見本書本卷、卷四，《通鑑》卷二六七。　"庚子"至"宰臣百官上表稱賀"：明本《册府》卷四三五《將帥部·獻捷門二》。"殿直王唐福自襄州走馬"，據中華書局本有校勘記："'襄州'，原作'襄城'，據《册府》卷四三五改。按本書卷四《梁太祖紀四》、《通鑑》卷二六七《考異》引《梁太祖實録》均記李洪據襄州叛，而襄城屬汝州。"見《通鑑》卷二六七開平三年九月庚子條《考異》引《梁太祖實録》。

[8]開封府：府名。治所在今河南開封市。　虞候：官名。唐、五代方鎮、州府衙前之職，爲低階武官。另，後周、宋的殿前司、侍衛司置都虞候、虞候，爲禁衛官。　李繼業：人名。籍貫不詳。

本書僅此一見。　都指揮使：唐末、五代行軍統兵主帥。參見杜文玉《晚唐五代都指揮使考》，《學術界》1995年第1期。　陳暉：人名。籍貫不詳。曾任襄州都指揮使。事見本書卷六、卷四五。“陳暉”，中華書局本作“程暉”，並有校勘記：“《册府》卷四三五同，殿本、《舊五代史考異》卷一引文、《新五代史》卷二《梁本紀》、《通鑑》卷二六七作‘陳暉’。《舊五代史考異》卷一：‘案《歐陽史》作行營招討使、左衛上將軍陳暉。’”見《新五代史》卷二《梁太祖紀》下、《通鑑》卷二六七開平三年九月丁酉條。《舊五代史考異》：“案《歐陽史》：九月壬寅，陳暉克襄州。據《薛史》則陳暉以壬寅奏捷，非以是日克城。考《通鑑》克城繫九月丁酉，與《薛史》‘今月五日’正合。《歐陽史》蓋據奏捷之日而書之耳。”中華書局本引殿本：“《通鑑》：八月，陳暉軍至襄州，李洪逆戰，大敗，王求死。九月丁酉，拔其城，斬叛兵千人，執李洪、楊虔等送洛陽，斬之。”對殿本所引之“王求”，據中華書局本有校勘記：“原作‘士求’，據《通鑑》卷二六七改。”　傅霸：人名。籍貫不詳。本書僅此一見。　“壬寅”至“收復襄州人户歸業事”：明本《册府》卷四三五《將帥部·獻捷門二》。

［9］文明殿：宫殿名。位於今河南洛陽市。爲五代洛陽宫城的正殿，大朝會、大册拜等禮儀活動在此舉行。　襄漢：襄水和漢水交叉流域，指今天湖北襄陽地區。　癸卯，帝御文明殿，以收復襄漢，受宰臣已下稱賀：明本《册府》卷四三五《將帥部·獻捷門二》。《輯本舊史》之影庫本粘籤：“襄漢下原本衍‘收’字，今據文删去。”

［10］契丹：古部族、政權名。公元4世紀中葉宇文部爲前燕攻破，始分離而成單獨的部落，自號契丹。唐貞觀中，置松漠都督府，以其首領爲都督。唐末强盛，916年迭剌部耶律阿保機建立契丹國（遼）。先後與五代、北宋並立，保大五年（1125）爲金所滅。參見張正明《契丹史略》，中華書局1979年版。　朝貢使：官名。並立政權之間，或藩屬向宗主政權派遣的外交使團長官。　曷

魯：人名。即耶律曷魯。契丹迭剌部人，遼太祖阿保機密友，曾總領契丹國軍事。傳見《遼史》卷七三。　押進將軍：契丹官名。　污鹿：人名。籍貫不詳。契丹使者。本書僅此一見。　副使：官名。此指朝貢副使，契丹外交使團副職。　夫達：人名。籍貫不詳。契丹使者。本書僅此一見。　通事：官名。掌翻譯。五代時契丹置，以熟習漢俗、精通漢語之人爲之。　王梅落：人名。籍貫不詳。契丹使者。本書僅此一見。　賜契丹朝貢使曷魯、押進將軍污鹿、副使夫達、通事王梅落及首領等銀絹有差：《宋本册府》卷九七六《外臣部·褒異門三》。

[11]保義：方鎮名。治所在陝州（今河南三門峽市陝州區）。　節度使：官名。唐時在重要地區所設掌握一州或數州軍事、民事、財政的長官。　王檀：人名。京兆（今陝西西安市）人。後梁將領。傳見本書卷二二、《新五代史》卷二三。　潞州：州名。治所在今山西長治市。　行營招討使：官名。唐始置。戰時任命，兵罷則省。常以大臣、將帥或地方軍政長官兼任。掌招撫討伐等事務。　丁未，以保義節度使王檀爲潞州東面行營招討使：《通鑑》卷二六七開平三年九月丁未條。

[12]劉守光：人名。深州樂壽（今河北獻縣）人。唐末盧龍節度使劉仁恭之子。囚父殺兄自立，後號大燕皇帝，爲晋王李存勗俘殺。傳見本書卷一三五、《新五代史》卷三九。　中軍兵馬使：官名。唐朝元帥、都統、招討使屬官之一，出征則置一員。　繼威：人名。即劉繼威。深州樂壽（今河北獻縣）人。劉守光之子。五代將領。事見本書卷一三《張萬進傳》，《通鑑》卷二六七、卷二六八。　滄州：州名。治所在今河北滄縣舊州鎮。　義昌：方鎮名。即横海軍。治所在滄州（今河北滄縣舊州鎮）。　留後：官名。唐、五代節度使多以子弟或親信爲留後，以代行節度使職務，亦有軍士、叛將自立爲留後者。掌一州或數州軍政。　劉守光奏遣其子中軍兵馬使繼威安撫滄州吏民；戊申，以繼威爲義昌留後：《通鑑》卷二六七開平三年九月戊申條。

［13］侍中：官名。秦始置。隋、唐前期爲門下省長官。唐後期多爲大臣加銜，不參與政務，實際職務由門下侍郎執行。正二品。　韓建：人名。許州長社（今河南許昌市）人。唐末、五代軍閥。傳見本書卷一五、《新五代史》卷四〇。　太保：官名。與太傅、太師合稱三師，唐後期、五代多爲大臣、勳貴加官。正一品。　左僕射：官名。秦始置。隋、唐前期，以左、右僕射佐尚書令總理六官、綱紀庶務；如不置尚書令，則總判省事，爲宰相之職。唐後期多爲大臣加銜。從二品。　同平章事：官名。或稱“同中書門下平章事”。　楊涉：人名。同州馮翊（今陝西大荔縣）人。唐宰相楊收之孫，吏部尚書楊嚴之子。唐哀帝時拜中書侍郎、同中書門下平章事。傳見《新五代史》卷三五。　太常卿：官名。太常寺長官。掌祭祀禮儀等事。正三品。　趙光逢：人名。京兆奉天（今陝西乾縣）人。後梁大臣。傳見本書卷五八、《新五代史》卷三五。　中書侍郎：官名。中書省副長官，唐後期三省長官漸爲榮銜，中書侍郎、門下侍郎却因參議朝政而職位漸重，常常用爲以“同三品”或“同平章事”任宰相者的本官。正三品。　翰林奉旨：官名。唐玄宗時設翰林院，翰林學士承旨爲翰林學士之首。簡稱翰林承旨。《通鑑》卷二六七《後梁紀二》胡注：“梁改翰林承旨爲翰林奉旨，以廟諱誠，避嫌諱也。”掌拜免將相、號令征伐等詔令的起草。“奉旨”，《新五代史》卷二作“承旨”。　工部侍郎：官名。尚書省工部次官。協助工部尚書掌管百工、山澤、水土之政令，考其功以詔賞罰。正四品下。　杜曉：人名。京兆杜陵（今陝西西安市）人。祖、父皆爲唐宰相。傳見本書卷一八、《新五代史》卷三五。　尚書户部侍郎：官名。尚書省户部次官。協助户部尚書掌天下田户、均輸、錢穀之政令。正四品下。　“辛亥”至“並同平章事”：《通鑑》卷二六七開平三年九月辛亥條。

［14］河南尹：官名。唐開元元年（713）改洛州爲河南府，治所在今河南洛陽市，河南府尹總其政務。從三品。　宣州：州名。治所在今安徽宣城市。　王景仁：人名。合淝（今安徽合肥市）

人。唐末、五代將領。傳見本書卷二三、《新五代史》卷二三。　“丙辰”至“賜宰臣銀鞍轡馬、方物、銀器、細茶等”：《宋本册府》卷一九七《閏位部·宴會門》。

[15]庚申，御崇勳殿，宴宰臣及文武百官：《宋本册府》卷一九七《閏位部·宴會門》。

[16]楊虔：人名。籍貫不詳。仕後梁爲房州刺史，叛附於蜀，兵敗被執。事見本書本卷。　辛酉，李洪、楊虔伏誅：《新五代史》卷二。

[17]制：帝王命令的一種。唐制，凡行大賞罰、授大官爵、釐革舊政、赦宥慮囚，皆用制書。由中書舍人起草擬定。禮儀等級較高。　使臣：奉命出使的官員。　御史臺：官署名。東漢始置。爲古代國家的中央監察機構。掌糾察官吏違法、肅正朝廷綱紀。大事廷辯，小事奏彈。　條流：條例。　“制”至“宜令御史臺別具條流事件具黜罰等奏聞”：《宋本册府》卷一九一《閏位部·政令門》。

[18]拜郊：指行郊禮。在圜丘舉行的祭天典禮。　禮儀使：官名。有重大禮儀事務則臨時置使，掌禮儀事務，事畢即罷。　昊天上帝：昊天爲天之總神。上帝爲南郊所祭受命帝。《周禮·春官·大宗伯》：“以禋祀祀昊天上帝。”鄭玄注：“昊天上帝，冬至於圜丘所祀天皇大帝。”　圜丘：又名圓丘。古代帝王祭天的祭壇。《周禮·春官·大司樂》：“冬日至，於地上之圜丘奏之。”賈公彦疏：“案《爾雅》：土之高者曰丘。取自然之丘，圜，象天圜。”　“詔曰”至“從之”：《宋本册府》卷一九三《閏位部·崇祀門》。“十一月二日冬至”：據中華書局本有校勘記：“‘十一月’，原作‘十月’，據《册府》卷一九三、《通鑑》卷二六七及本卷下文改。句上《册府》卷一九三有‘晝日内’三字，按‘晝日’疑爲‘晝日’之訛。”

[19]河中：方鎮名。治所在河中府（今山西永濟市西南蒲州鎮）。　宣：皇帝命令或傳達皇帝的命令。　銅牌：與官印配合使

用的銅鑄符契。　“河中奏”至“所至即易騎以遣”：《宋本册府》卷一九一《閏位部·政令門》。

[20]淮南：原爲唐方鎮，治所在揚州（今江蘇揚州市）。後爲割據政權，景福元年（892）爲楊行密所據，天復二年（902）封吴王，子孫世有其地，入五代爲吴國。經歷幾次更替，後發展爲南唐。　張知遠：人名。籍貫不詳。本書僅此一見。　福建：原爲唐方鎮，治所在福州（今福建福州市）。後成爲五代十國的閩國。閩：閩國。　王審知：人名。光州固始（今河南固始縣）人。五代十國閩國建立者。909年至925年在位。傳見本書卷一三四、《新五代史》卷六八。　“淮南遣使者張知遠脩好於福建”至“始與淮南絶”：《通鑑》卷二六七開平三年九月條。

冬十月癸未，大明節，帝御文明殿，設齋僧道，召宰臣、翰林學士預之，諸道節度、刺史及内外諸司使咸有進獻。[1]詔以寇盜未平，凡諸給過所，並令司門郎中、員外郎出給，以杜姦詐。[2]詔曰：“太保韓建，每月旦、十五日入閤稱賀，即令赴朝參，餘時勿用入見。”示優禮也。[3]置左右軍巡使，以段明遠爲左軍巡使，鄧成爲右軍巡使。時以遷都之始，凡吾河南尹侍衛諸軍，雖合差人巡警，京都往往濫發，分曹異職，多擾於民。乃置左軍巡管水北，右軍巡管水南，各置巡院，罷諸軍巡檢人員，仍令判六軍諸衛張宗奭都管轄。[4]

[1]大明節：後梁爲慶祝太祖朱温降誕之日而設之節日。　翰林學士：官名。由南北朝始設之學士發展而來，唐玄宗改翰林供奉爲翰林學士，備顧問、代王言。掌拜免將相、號令征伐等詔令的起草。　刺史：官名。漢武帝始置。州一級行政長官。總掌考核官

吏、勸課農桑、地方教化等事。唐中期以後，節度使、觀察使轄州而設，刺史爲其屬官，職任漸輕。從三品至正四品下。　諸司使：官名。宮廷服務機構官員的統稱。唐後期始置，多以宦官充任。五代改用武官。宋初尚有實任者，後多不領本職，僅爲遷轉之階。“冬十月癸未”至“諸道節度、刺史及内外諸司使咸有進獻”：《大典》卷一六四八七“誕”字韻“帝王降誕”事目。又見《宋本册府》卷一八二《閏位部・誕生門》。“冬”字據本紀四時記載之體例補。

[2]過所：古代用於關卡通行證明的官文書。　司門郎中：官名。唐初改司門郎而置，爲尚書省刑部司門司長官，掌門關出入之籍及道路遺失之物。正五品上。“司門郎中”，《舊五代史考異》：“案：司門，原本作‘司關’，考《五代會要》有司門郎中，今改正。”見《會要》卷一六司門條。亦可參看《宋本册府》卷一九一《閏位部・法制門》。　員外郎：官名。此處指司門員外郎。刑部司門司副職。從六品上。　“詔以寇盜未平”至“以杜姦詐”：《輯本舊史》作《大典》卷六九二〇，中華書局本有校勘記：“檢《永樂大典目録》，卷六九二〇爲‘匡’字韻‘《管子・大匡篇》’等，與本則内容不符，恐有誤記。疑出自卷一六九二〇‘詔’字韻‘詔式、詔語、詔儀’。”“凡諸給過所，並令司門郎中、員外郎出給”，中華書局本有校勘記：“《五代會要》卷一六敘其事云：‘十月敕：過所先是司門郎中、員外郎出給，今寇盜未平，恐漏姦詐，宜令宰臣趙光逢專判。凡出給過所，先具狀經中書點檢，判下，即本司判郎中據狀出給。’《册府》卷一九一略同。”

[3]閤：指閤門。唐代大明宮之正殿（宣政殿）、内殿（紫宸殿）以東、西上閤門相連，閤門遂爲外朝、内朝之分界。因設閤門使，掌内外通報、宣旨。五代、宋朝相沿設置閤門、閤門使。　朝參：官員上朝參拜君主。　“詔曰”至“示優禮也”：《會要》卷一一功臣條。

[4]左右軍巡使：官名。即後文之左軍巡使、右軍巡使。五代

梁太祖開平三年（909）置，掌京都巡警之事。　段明遠：即段凝。後梁、後唐官員。傳見本書卷七三、《新五代史》卷四五。　鄧成：其人不詳。　侍衛諸軍：侍衛親軍的統稱，分别有控鶴、廳子都、龍驤、神捷、廣勝、天興、神威、拱宸、捉生都、神勇等諸多名目，爲後梁主力軍隊，既守衛宫城、京師，又可派駐地方，戰鬥力强，爲精鋭所在。參見杜文玉《五代十國制度研究》，人民出版社2006年版，第379—389頁。　巡院：官署名。後梁設置。掌巡警捕盗諸事。下設左右軍巡獄，羈押所屬範圍内之囚犯。　判六軍諸衛：官名。又稱"判六軍諸衛事"。後梁沿唐代舊制，置六軍諸衛，以判六軍諸衛事爲禁軍六軍與諸衛的最高統帥。　"置左右軍巡使"至"仍令判六軍諸衛張宗奭都管轄"：《會要》卷二四諸使雜録條。

十一月癸巳朔，帝齋於内殿，不視朝。[1]甲午，日長至，五更一點自大内出，於文明殿受宰臣已下起居，自五鳳樓出南郊，左右金吾、太常、兵部等司儀仗法駕鹵簿及左右内直、控鶴等引從赴壇，文武百官太保韓建已下班以俟至，帝昇壇告謝。[2]司天臺奏：冬至日，自夜半後，祥風微扇，帝座澄明，至曉，黄雲捧日。[3]丙申，畋于上東門外。[4]戊戌，制曰："夫嚴祀報本，所以通神明；流澤覃休，所以惠黎庶。[5]斯蓋邦家不易之道，皇王自昔之規，敢斁大猷，兹唯古義。[6]粤朕受命，于今三年，何嘗不寅畏晨興，焦勞夕惕。師唐虞之典，上則於乾功；挹殷夏之源，下涵於民極。欲使萬方有裕，六辨無愆。[7]然而志有所未孚，理有所未達，致奸宄作釁，霖霪爲災。驕將守邊，擁牙旗而背義；積陰馭氣，淩玉燭以干和。載考休徵，式昭至警。[8]朕是以仰高俯厚，靡惜於責躬；履薄臨淵，冀昭于玄鑒。兢兢慄慄，夙夜匪寧。及夫動干戈而必契靈誅，陳犧齋而克彰善應，苟非天垂丕佑，神贊殊休，則安可致夷兇渠，就不戰之功，變沴戾氣，作有年之慶。[9]況靈旗北指，喪犬羊于亂轍之間；飛騎西臨，下鄜、翟若走丸之易。息一隅之煙燧，復千里之封疆。而又掃蕩左馮，討除峴首。[10]故得外戎内夏，益知天命之攸歸；喙息蚑行，共識皇基之永固。仰懷昭應，欲報無階。爰因南至之扆，親展圜丘之禮。兹惟大慶，必及下民，乃弘涣汗之私，以錫疲羸之幸。所冀漸臻蘇息，亟致和平。[11]噫！朕自臨御已來，歲時尚爾，氛昏未殄，討伐猶頻，甲兵須議於餽糧，飛輓頻勞於編户，事非獲已，慮若納隍。宜所在長吏，倍切撫綏，明加勉諭，每官中抽差徭役，禁猾吏廣斂貪求。免至流散靡依，凋獘不濟。[12]宜令河南府、開封府及諸道觀察使切加鈐轄，刺史、縣令不得因緣賦斂，分外擾人。凡關庶獄，每尚輕刑。只候纔罷用軍，必當便議優給。德音節文内有未該者，宜令所司類例條件奏聞。”[13]己亥，以司門郎中羅廷規充魏博節度副使、知府事，仍改名周翰。時鄴王紹威病日甚，慮以後事，故奏請焉。[14]辛丑，幸穀水。[15]己酉，搜訪賢良。鎮國軍節度使康懷英伐岐。[16]戊午，御文明殿，册太傅張宗奭爲太保，韓建受册畢，金吾仗引昇輅車，儀仗導謁太廟訖，赴尚書省上。[17]幸榆林坡閲兵，教諸都馬步兵。[18]敕改乾文院爲文思院，行從殿爲興安殿，毬場爲興安毬場，又改弓箭庫殿爲宣威殿。[19]靈州奏，鳳翔賊將劉知俊率邠、岐、秦、涇之師侵迫州城。帝遣陝州康懷英、華州寇彥卿率兵攻迫邠寧，以緩朔方之寇。[20]敕許諸道州府百姓自造麴，官中不禁。[21]詔太常卿李燕、御史司憲蕭頃、中書舍人張衮、户部侍郎崔沂、大理卿王鄯、刑部郎中崔誥共删定律令格式。[22]

[1]齋：指齋戒。祭祀前沐浴更衣、整潔身心，以示虔誠。　内殿：皇帝召見大臣和處理國事之處。因在皇宫内進，故稱。　不視朝：不臨朝聽政。

[2]日長至：一般指夏至，有時指冬至。此處指冬至。　五更一點：古代將黄昏到次日拂曉的夜晚（今十九時至次日五時）分爲五個時段，稱五更。每更又分爲五點。　大内：皇宫。　起居：指大臣入宫朝見皇帝。　五鳳樓：樓名。隋唐時在洛陽宫門正門應天門，後梁太祖朱温重修。位於今河南洛陽市。　南郊：意爲都城南面之郊。代指南面郊區之祭天場所（圜丘），亦指祭天之禮（郊天）。　左右金吾：官署名。即"左右金吾衛"。唐龍朔二年(662)，採用漢執金吾舊名，改左右候衛稱左右金吾衛。主管宫中及京城日夜巡查警戒，隨從皇帝出行。　太常：官署名。即太常寺。掌管宗廟祭祀的機構。北齊始設，隋、唐以後因之。　兵部：官署名。六部之一，專掌兵籍、徵兵、儀仗等軍事行政。中唐以後，軍權被侵奪，本部權任日輕，掌儀仗等。　法駕：天子車駕。也稱"法車"。　鹵簿：指帝后出行時的儀仗隊。　左右内直：官名。屬於宣徽院。　控鶴：禁軍番號。即控鶴軍。後梁侍衛親軍之一。　引從：引導跟從。　"十一月癸巳朔"至"帝昇壇告謝"：《宋本册府》卷一九三《閏位部·崇祀門》。"文武百官太保韓建已下班以俟至"，中華書局本有校勘記："'俟'，原作'候'，據《册府》（宋本）卷一九三改。'至'字原闕，據《册府》卷一九三補。"

[3]司天臺：官署名。唐肅宗乾元元年（758）由太史監改名，隸秘書省。掌察天文，稽曆數；觀測風雲氣色之變化，預測天象。　黄雲：指日出時黄色的雲氣。意謂祥瑞的天子之氣。《古微書·洛書緯》："黄帝起，黄雲扶日。"　"司天臺奏"至"黄雲捧日"：《宋本册府》卷二〇二《閏位部·祥瑞門二》。

[4]畋：打獵遊樂。《廣韻》："畋，取禽獸也。"　上東門：城門名。位於今河南洛陽市。　丙申，畋于上東門外：明本《册府》卷二〇五《閏位部·巡幸門》。

[5]報本：亦作"報本反始"。受恩思報，不忘本源。　流澤：流布恩德。

[6]邦家：國家。　皇王：指古聖王。後亦泛指皇帝。　斁（yì）：懈怠、放棄。　大猷：謂治國大道。

[7]寅畏：敬畏，恭敬戒懼。　晨興：早起。　夕愓：謂至夜晚仍懷憂懼，工作不懈。　唐虞：唐堯與虞舜的並稱。亦指堯與舜的時代，古人以之爲太平盛世。　挹（yì）：汲取。　萬方：萬邦，各方諸侯。引申指全國各地。

[8]奸兇：中華書局本作"奸宄"。　霖霪：久雨。　牙旗：旗竿上飾有象牙的大旗。多爲主將主帥所用，亦用作儀仗。　玉燭：謂四時之氣和暢。形容太平盛世。《爾雅·釋天》："四氣和謂之玉燭。"　休徵：吉祥的徵兆。　式昭：彰顯。

[9]玄鑒：明察。　靈誅：天子的征討或殺戮。　犧：古代稱做祭品用的純色牲畜。泛指祭祀。　齋：齋戒。　兇渠：兇徒的首領；元兇。　"則安可致夷兇渠"，《輯本舊史》之影庫本粘籤："'致'字疑有脱誤，蓋《册府元龜》引《薛史》原文偶有舛誤也。今無别本可校，姑仍其舊。"　沴（lì）戾：因氣不和而生之災害。可引申爲自然災害、妖邪或瘟疫。　有年：豐年。《穀梁傳》曰："五穀皆熟爲有年。"

[10]靈旗：戰旗。出征前必祭禱之，以求旗開得勝，故稱。　鄜：州名。即鄜州。治所在今陝西富縣。　翟：州名。即翟州。治

所在今陝西洛川縣東南鄜城。　走丸：比喻事勢發展順利而快速。　左馮：地區名。即左馮翊。西漢太初元年（前 104）改左内史置。爲拱衛首都長安的三輔之一。治所在長安（今陝西西安西北）。轄境約今陝西渭河以北、涇河以東洛河中下游地區。　峴首：山名。即湖北襄陽南之峴山。

[11]喙息：喘息。　南至：指冬至。　涣汗：喻帝王的聖旨、號令。　疲羸：困苦窮乏之民。　"内夏"，《輯本舊史》之影庫本粘籤："原本作'内憂'，今據文改正。"

[12]歲時：歲月，時間。　氛昏：雲霧。喻指惑亂之人。　殄：盡，絶。　餽糧：軍糧。　飛輓：飛芻輓粟的省稱。謂迅速運送糧草。　納隍：謂推入城池中。指出民於水火的迫切心情。張衡《東京賦》："人或不得其所，若己納之於隍。"

[13]觀察使：官名。又稱觀察處置使。唐肅宗乾元元年（758）停諸道採訪處置使、黜陟使而置，掌考察州縣官吏政績，後兼理民事、軍事，並兼刺史。　鈐轄：節制管轄。　縣令：官名。縣行政長官，掌治本縣。唐制縣令有赤（京）、畿（望）、上、中、中下、下六等之差，但品級不同。　庶獄：刑獄訴訟之事。　德音：用以指帝王的詔書。唐、宋詔敕之外，别有德音一體，用於施惠寬恤之事，猶言恩詔。　"戊戌"至"宜令所司類例條件奏聞"：《宋本册府》卷一九一《閏位部·政令門》。

[14]羅廷規：人名。魏州貴鄉（今河北大名縣）人。羅紹威之子，後梁太祖朱温之婿。事見本書本卷、卷一四。　魏博：方鎮名。治所在魏州貴鄉縣（今河北大名縣）。　節度副使：官名。唐、五代方鎮屬官。位於行軍司馬之下、判官之上。　知：官制用語。主持、掌管之義。唐以後佐官代理長官用此稱。此處指羅廷規爲魏博實際長官。　紹威：人名。即羅紹威。魏州貴鄉（今河北大名縣）人。唐末、五代軍閥。傳見本書卷一四、《新五代史》卷三九。　"己亥"至"故奏請焉"：《通鑑》卷二六七開平三年十一月己亥條《考異》引《梁太祖實録》。據中華書局本有校勘記："殿

本作‘以羅周翰爲天雄軍節度副使、知府事，從鄴王紹威請也’。按本書卷一四《羅紹威傳》、《新五代史》卷三九《羅紹威傳》、《通鑑》卷二六七《考異》引《梁功臣列傳》均云紹威有三子：廷規、周翰、周敬。《羅周敬墓誌》（拓片刊《北京圖書館藏中國歷代石刻拓本匯編》第三十六册）云羅紹威有子四人：廷規、周翰、周敬、周允。與本書所云廷規改名周翰不符。《通鑑》卷二六七《考異》：‘廷規更名周翰，亦恐《實録》之誤。’”

[15]穀水：水名。即今河南澠池縣南澠河及其下游澗水。源出澠池縣東北廣陽山，東流至洛陽市西注入洛河。　辛丑，幸穀水：明本《册府》卷二〇五《閏位部・巡幸門》。

[16]陜州：州名。治所在今河南三門峽市陜州區。　康懷英：人名。兖州（今山東濟寧市兖州區）人。唐末、五代將領。本名懷貞，避後梁末帝朱友貞諱改懷英。傳見本書卷二三、《新五代史》卷二二。　岐：封國名。時鳳翔節度使李茂貞爲岐王，故稱。　己酉，搜訪賢良。陜州節度使康懷英伐岐：《新五代史》卷二《梁太祖紀下》。

[17]册：文書名。屬命令體文書。凡皇帝上尊號、追謚，帝與皇后發訃告，立后妃，封親王、皇子、大長公主，拜三師、三公、三省長官等等，均用册。　輅車：天子車駕。可分爲大輅、玉輅、金輅、象輅、革輅、木輅等。　“戊午”至“赴尚書省上”：《宋本册府》卷一九九《閏位部・命相門》。“册太傅張宗奭爲太保韓建受册畢”，中華書局本有校勘記：“《册府》（宋本）卷一九九‘太保’與‘韓建’間有空闕，殿本無‘爲’字。按本書卷一五《韓建傳》謂韓建‘九月册拜太保’。此處疑有脱誤。”《輯本舊史》之案語：“按：原本疑有脱訛。”

[18]榆林坡：地名。位於今河南洛陽市一帶。　都：軍隊編制單位。唐、五代、宋均設，以百人或千人爲都。　幸榆林坡閲兵，教諸都馬步兵：明本《册府》卷二一四《閏位部・訓兵門》。

[19]乾文院、文思院：官署名。唐代置文思院，以宦官爲文思

使。掌造宫廷所需之物。後梁開平元年（907），改乾文院。開平三年改回文思院。　行從殿、興安殿：宫殿名。位於今河南洛陽市。　毬場：古代進行擊毬游戲的場地。軍中的毬場，亦作屯兵、習武、集結之用。　弓箭庫殿、宣威殿：宫殿名。位於今河南洛陽市。　“敕改乾文院爲文思院”至“又改弓箭庫殿爲宣威殿”：《宋本册府》卷一九六《閏位部・建都門》。“行從殿爲興安殿”，中華書局本有校勘記：“‘興安殿’，原作‘興宅殿’，據殿本、《五代會要》卷五改。”　“毬場爲興安毬場”，中華書局本有校勘記：“‘興安毬場’原作‘安毬場’，據殿本、《五代會要》卷五改。”“又改弓箭庫殿爲宣威殿”，中華書局本有校勘記：“‘宣威殿’，原作‘宣武殿’，據《册府》（宋本）卷一九六、《五代會要》卷五改。”事見《會要》卷五大内條。

[20]靈州：州名。治所在今寧夏吴忠市。　鳳翔：方鎮名。治所在鳳翔府（今陝西鳳翔縣）。　劉知俊：人名。徐州沛縣（今江蘇沛縣）人。唐末、五代軍閥。傳見本書卷一三、《新五代史》卷四四。　邠：州名。即邠州。治所在今陝西彬縣。　秦：州名。即秦州。治所在今甘肅天水市。　涇：州名。即涇州。治所在今甘肅涇川縣。　華州：州名。治所在今陝西渭南市華州區。　寇彦卿：人名。後梁將領。傳見本書卷二〇、《新五代史》卷二一。　邠寧：方鎮名。治所在邠州（今陝西彬縣）。　朔方：方鎮名。治所在靈州（今寧夏吴忠市）。　“靈州奏”至“以緩朔方之寇”：明本《册府》卷二一六《閏位部・征伐門》。《舊五代史考異》：“案《五代春秋》：十一月，秦人來侵靈州。陝州康懷英侵秦，克寧、慶、衍三州。秦人來襲，懷英師敗于昇平。”對《舊五代史考異》所引之“十一月”，中華書局本有校勘記：“《五代春秋》卷上作‘十月’。”見《五代春秋》卷上梁太祖條。

[21]麴：指酒母，釀酒或製醬用的發酵物。　敕許諸道州府百姓自造麴，官中不禁：明本《册府》卷五〇四《邦計部・榷酤門》。

[22]李燕：人名。籍貫不詳。後梁、後唐大臣。事見本書本卷、卷八、卷三二、卷一四七。　御史司憲：官名。後梁置，掌監察百官。“御史司憲”之“司”，《册府》闕，據《會要》卷九定格令條補。　蕭頃：人名。京兆萬年（今陝西西安市長安區）人。後梁、後唐大臣。傳見本書卷五八。　中書舍人：官名。中書省屬官。掌起草文書、呈遞奏章、傳宣詔命等。正五品上。　張衮：人名。後梁大臣。事見本書本卷、卷三、卷一八。　崔沂：人名。博州（今山東聊城市）人。唐宰相崔鉉之子，後梁大臣。傳見本書卷六八。　大理卿：官名。爲大理寺長官。負責大理寺的具體事務，掌邦國折獄詳刑之事。從三品。　王鄯：人名。籍貫不詳。後梁大臣。事見本書本卷、卷一四七。　刑部郎中：官名。尚書省刑部頭司刑部司長官。掌司法及審覈大理寺及州府刑獄。從五品上。　崔誥：人名。籍貫不詳。後梁大臣。事見本書本卷、卷一四七。“詔太常卿李燕”至“刑部郎中崔誥共删定律令格式”：《宋本册府》卷六一三《刑法部·定律令門五》。

十二月乙丑，臘，校獵于甘泉驛。[1]以蒲州肇迹之地，且因經略鄜、延，于是巡幸數月。暇日游豫至焦梨店，頗述前事，念王重榮舊功，下詔褒奬而封崇之。[2]國子監奏：“創造文宣王廟，仍請率在朝及天下見任官僚俸錢，每貫每月剋一十五文，充土木之直。”允之。是歲，以所率官僚俸錢修文宣王廟。[3]福建節度使王審知奏，捨錢造寺一所，請賜寺額。敕名大梁萬歲之寺，仍許度僧四十九人。[4]中書侍郎、同平章事、判户部事于兢奏：“伏乞降詔天下州府，各準舊章申送户口籍帳。”允之。[5]贈牢牆使王仁嗣司空，故同州押衙史肇右僕射，押衙王彦洪、高漢詮、丘奉言、仇瓊並刑部尚書，王筠御史司憲。初，知俊將叛，謀會諸將詢所宜，仁嗣等持正不撓，悉罹其酷，至是褒贈之。[6]開平三年，制："自開創已來，凡有赦書德音，節文内皆委諸道搜訪賢良。尚慮所在長吏未切薦揚。其有卓犖不羈，沉潛用晦，負王霸之業，蘊經濟之謀，究古今刑政之源，達禮樂質文之奥，機籌可以制變，經術可以辨疑，一事軼群，一才拔俗，並令招聘，旋具奏聞。然後試其所長，待以不次。所貴牢籠俊傑，採摭英翹。"[7]敕：條流禮部貢院，每年放明經及第，不得過二十人。[8]制："斷曹州煎小鹽糶貨。"[9]康懷英克寧、慶、衍三州。及劉知俊戰於升平，敗績。[10]以前進士鄭致雍爲翰林學士，非常例也。[11]詔升尚書令爲正一品。按《唐典》，尚書令正二品，至是以將授趙王鎔此官，故升之。[12]制："國之大事，唯祀與戎，祭法所標，禮經尤重，其齋心必至，備物精臻，方感召於神祇，乃降通於福祐。近者所司祠祭，或聞官吏因循，虚破支供，動多虧闕，致陰陽之失序，仍水旱以爲災。每一念思，空多凜若，宜加提舉，用復敬恭，須委元臣，以專重事。自今後，應在京四時大小祀及諸色祠祭，並委宰臣貽矩專判，躬親點檢，無令怠墮，有失典常。"又詔以所率官僚俸錢修文宣王廟，分一半修武明王廟。[13]

[1]臘：以臘禮合祭神祇的日子。《説文解字》："臘，冬至後三戌，臘祭百神。"　校獵：又作"較獵"。比賽誰打獵收獲多。較，通"角"。　甘泉驛：地名。今地不詳。　十二月乙丑，臘，校獵于甘泉驛：明本《册府》卷二〇五《閏位部·畋遊門》。

［2］蒲州：州名。治所在今山西永濟市。　延：州名。即延州。治所在今陝西延安市。　焦梨店：地名。今地不詳。　王重榮：人名。太原祁（今山西祁縣）人，一説河中人。唐末軍閥。傳見《舊唐書》卷一八二、《新唐書》一八七。　"以蒲州肇迹之地"至"下詔褒獎而封崇之"：明本《册府》卷二一一《閏位部·求舊門》。

［3］國子監：官署名。隋煬帝大業三年（607）置，主管國子學、太學等官學。　文宣王：唐朝追謚孔子的尊號。　"國子監奏"至"以所率官僚俸錢修文宣王廟"：《宋本册府》卷一九四《閏位部·崇儒門》。"充土木之直"，中華書局本作"充土木之值"，並有校勘記："'值'，原作'植'，據劉本、邵本校改。《册府》卷一九六作'直'。"《册府》應爲卷一九四，非一九六，中華書局本有校勘記誤。

［4］"福建節度使王審知奏"至"仍許度僧四十九人"：《宋本册府》卷一九四《閏位部·崇釋老門》。

［5］判户部事：官名。尚書省户部長官。　于兢：人名。洛陽（今河南洛陽市）人。唐宰相于志寧之後，後梁宰相。善畫牡丹。事見本書卷四、《新五代史》卷三。　"中書侍郎、同平章事、判户部事于兢奏"至"允之"：明本《册府》卷四八六《邦計部·户籍門》。

［6］牢牆使：官名。原爲牢城使，避後梁太祖父朱誠諱改。唐及五代前期州鎮的統兵軍官，後兼管配隸罪囚場所。參見杜文玉、王鳳翔《唐宋時期牢城使考述》，《陝西師範大學學報》2006年第2期。　王仁嗣：人名。籍貫不詳。事見本書本卷。　司空：官名。與太尉、司徒並爲三公，唐後期、五代多爲大臣、勳貴加官。正一品。　同州：州名。治所在今陝西大荔縣。　押衙：官名。即押牙。唐、五代時期節度使辟署的屬官，有稱左、右都押衙或都押衙者。爲衙署内部親信武職。掌領方鎮儀仗侍衛、統率軍隊。參見劉安志《唐五代押牙（衙）考略》，武漢大學歷史系魏晋南北朝隋唐

史研究室編《魏晋南北朝隋唐史資料》第16輯，武漢大學出版社1998年版。　史肇：人名。籍貫不詳。本書僅此一見。　右僕射：官名。秦始置。隋、唐前期以左、右僕射佐尚書令總理六官，綱紀庶務，如不置尚書令，則總判省事，爲宰相之職。唐後期多爲大臣加銜。從二品。　王彦洪：人名。籍貫不詳。本書僅此一見。　高漢詮：人名。籍貫不詳。本書僅此一見。　丘奉言：人名。籍貫不詳。本書僅此一見。　仇瓊：人名。籍貫不詳。本書僅此一見。　刑部尚書：官名。尚書省刑部主官。掌天下刑法及徒隸、勾覆、關禁之政令。正三品。　王筠：人名。籍貫不詳。本書僅此一見。　"贈牢牆使王仁嗣司空"至"至是褒贈之"：明本《册府》卷二一〇《閏位部·旌表門》。

[7]赦書：頒布赦令的文告。　卓犖（luò）：超絶出衆。　用晦：不顯露才能。　"開平三年，制"至"採摭英翹"：明本《册府》卷二一三《閏位部·求賢門》。"其有卓犖不羈……待以不次"，又見《宋本册府》卷六四五《貢舉部·科目門》。

[8]禮部貢院：科舉考試場所。唐玄宗開元二十四年（736）始置禮部貢院，爲禮部主管省試的機構和場所。　明經：唐代明經與進士二科爲科舉之基本科目，旨在考察學子對儒家經典的熟悉情況。　敕：條流禮部貢院，每年放明經及第，不得過二十人：《宋本册府》卷六四一《貢舉部·條制門三》。

[9]曹州：州名。治所在今山東曹縣。　煎小鹽：民間從土中煎製的鹽。　糶貨：買賣。　制：斷曹州煎小鹽糶貨：《宋本册府》卷四九四《邦計部·山澤門二》。

[10]寧：州名。治所在今甘肅寧縣。　慶：州名。治所在今甘肅慶陽市。　衍：州名。治所在今甘肅寧縣南六十里政平鄉。　升平：縣名。治所在今陝西宜君縣西北三十五里。　康懷英克寧、慶、衍三州。及劉知俊戰於升平，敗績：《新五代史》卷二《梁太祖紀下》。

[11]鄭致雍：人名。籍貫不詳。事見本書本卷、卷六八。　以

前進士鄭致雍爲翰林學士，非常例也：《會要》卷一三翰林院條。

[12]尚書令：官名。秦始置。隋、唐前期爲尚書省長官，與中書令、侍中並爲宰相。唐後期多爲大臣加銜，不參與政務。正二品。　《唐典》：書名。即《唐六典》。唐玄宗時編修，以三師、三公、三省、九寺、五監、十二衛等爲目，述職司、官佐、品秩。　鎔：人名。即王鎔。回鶻人。唐末、五代軍閥，朱温封趙王。傳見本書卷五四、《新五代史》卷三九。　“詔升尚書令爲正一品”至“故升之”：《御覽》卷二一〇《職官部八》尚書令條引《五代史·梁書》。

[13]國之大事，唯祀與戎：語出《左傳·成公十三年》。　元臣：重臣。　武明王：人名。即武成王。避梁太祖父朱誠之諱改。周太公望的封號。　“制”至“分一半修武明王廟”：《宋本册府》卷一九三《閏位部·崇祀門》。

開平四年春正月壬辰朔，帝御朝元殿，受百官稱賀，始用禮樂也。[1]辛丑，以盧光稠爲鎮南留後。[2]壬寅，幸保寧毬場，錫宴宰臣及文武百官。賜宰臣張宗奭已下分物有加，賜廣王分物。[3]燕王劉守光爲其父仁恭請致仕，丙午，以仁恭爲太師致仕。守光尋使人殺其兄守文，歸罪於殺者而誅之。[4]丁未，帝出師子門，至榆林坡下閲教。[5]敕：“公事難於稽遲，居處悉皆遥遠。其逐日當直中書舍人及吏部司封知印郎官、少府監及篆印文兼書寫告身人吏等，並宜輪次于中書側近宿止。”[6]賜湖南開元寺禪長老可復號慧光大師，仍賜紫衣。[7]邕州節度使葉廣略進如洪洞生獠爨蠻一十人，赴闕朝見。前朝末，道路梗塞，遠夷進貢罕有至者。帝即位，威略柔遠，東南蠻貊相繼來庭。[8]

[1]朝元殿：宫殿名。位於今河南洛陽市。　開平四年春正月壬辰朔，帝御朝元殿，受百官稱賀，始用禮樂也：《宋本册府》卷一九七《閏位部·朝會門》。“春”字據本紀四時記載之體例補。“始用禮樂也”，中華書局本作“用禮樂也”，並有校勘記：“《册府》卷一九七同，殿本作‘始用禮樂也’。按《新五代史》卷二《梁本紀》：‘壬辰朔，始用樂。’”今據殿本、《新五代史》卷二補。

[2]盧光稠：人名。南康（今江西贛州市南康區）人。唐末、五代十國軍閥。傳見《新唐書》卷一九〇、《新五代史》卷四一。　鎮南：方鎮名。治所在洪州（今江西南昌市）。　辛丑，以盧光稠爲鎮南留後：《通鑑》卷二六七開平四年（910）正月辛丑條。

[3]廣王：封爵名。即朱全昱。朱温兄長。傳見本書卷一二、《新五代史》卷一三。　“壬寅”至“賜廣王分物”：《大典》卷一六七四六“宴”字韻“宴享（三）”事目。又見《宋本册府》卷一九七《閏位部·慶賜門》。

[4]仁恭：人名。即劉仁恭。深州（今河北深州市）人。唐末、五代軍閥。傳見《新唐書》卷二一二。　太師：官名。與太傅、太保合稱三師，唐後期、五代多爲大臣、勳貴加官。正一品。　守文：人名。即劉守文。深州（今河北深州市）人。唐末盧龍節度使劉仁恭長子。唐末軍閥。後梁開平三年，被其弟劉守光殺死。事見本書卷二、卷四、卷九八，《新五代史》卷五六、卷七二。　“燕王劉守光爲其父仁恭請致仕”至“歸罪於殺者而誅之”：《通鑑》卷二六七開平四年正月丙午條。

[5]師子門：城門名。位於今河南洛陽市。　丁未，帝出師子門，至榆林坡下閱教：明本《册府》卷二一四《閏位部·訓兵門》。“帝出師子門”，中華書局本有校勘記：“《册府》卷二一四同，句上殿本有‘乙未’二字，《新五代史》卷二《梁本紀》繫其事於丁未。”今據《新五代史》補“丁未”二字。

[6]吏部司封知印郎官：官名。尚書省吏部司封司，掌封爵、

命婦、朝會及賜予等政。知印郎官指掌印的司封郎中或員外郎。少府監：官名。少府監長官。隋初置，唐初廢，太宗時復置。掌百工技巧之事。從三品。　告身：授官的文憑。唐沿北朝之制，凡任命官員，不論流内、流外，均給以告身。　“敕”至“並宜輪次于中書側近宿止”：《宋本册府》卷一九一《閏位部·立法制門》。“吏部司封”，《會要》卷一二當道條作“吏部兵部司敕”。

[7]慧光大師：五代僧人。本書僅此一見。　紫衣：紫色袈裟。武則天時始賜僧人紫袈裟。　賜湖南開元寺禪長老可復號慧光大師，仍賜紫衣：《宋本册府》卷一九四《閏位部·崇釋老門》。“慧光”，原本從明本《册府》作“惠光”，今從宋本。

[8]邕州：州名。治所在今廣西南寧市。　葉廣略：人名。籍貫不詳。唐末、五代軍閥。事見本書本卷、卷一三五。　如洪洞：地名。當在今廣西，位置不詳。　生獠：僚爲中國古族名，分佈於南方地區。生獠是古代對未入編户定居的僚人的蔑稱。　爨（cuàn）：中國古族名。分佈於雲南東部地區。　蠻貊：古代稱南方和北方落後部族。亦泛指四方落後部族。　“邕州節度使葉廣略進如洪洞生獠爨蠻一十人”至“東南蠻貊相繼來庭”：《宋本册府》卷九七二《外臣部·朝貢門五》。中華書局本在正月條末引《舊五代史考異》：“案《五代春秋》：正月，燕王守光克滄州。”又引《輯本舊史》之影庫本粘籤：“《通鑑》引《薛史》劉守光生擒守文在三年十二月，《五代春秋》作正月克滄州，與《薛史》前後互異。今附録《五代春秋》于正月末，以備參考。”《通鑑》引《薛史》，劉守光生擒守文在開平三年十二月，克滄州在四年正月，《五代春秋》是，影庫本粘籤誤。

二月乙丑，幸甘水亭。[1]戊辰，宴於金鑾殿。甲戌，以春時無事，頻命宰臣及勳烈宴於河南府池亭。辛巳，楊師厚赴鎮于陜。寒食假，諸道節度使、郡守、勳臣競以春服賀。又連清明宴，以鞍轡馬及金銀器、羅錦進者迨千萬，乃御宣威殿，宴宰臣及文武官四品已上。[2]己丑，出光政門，至穀水觀麥。[3]帝出師子門，幸榆林東北坡，教諸軍兵事。[4]賜潞州投歸軍使張行恭錦服、銀帶并食。[5]

[1]甘水亭：地名。位於今河南洛陽市。　二月乙丑，幸甘水亭：明本《册府》卷二〇五《閏位部·巡幸門》。

[2]金鑾殿：宮殿名。後梁開平三年（909）正月，改思政殿爲金鑾殿。位於今河南洛陽市。　河南府：府名。唐開元元年（713）改洛州爲河南府，治所在今河南洛陽市。　寒食：節令名。時間多在清明節前一日或二日，農曆三月之中。寒食日禁火寒食，故名。　郡守：官名。郡級行政機構最高長官，掌治其郡。此處指地方長官。　宣威殿：宮殿名。位於今河南洛陽市。　“戊辰”至“宴宰臣及文武官四品已上”：《大典》卷一六七四六“宴”字韻“宴享（三）”事目。又見《宋本册府》卷一九七《閏位部·宴會門》。

[3]光政門：宮城門名。唐、五代洛陽宮城南面三門之一。位於今河南洛陽市。　己丑，出光政門，至穀水觀麥：《宋本册府》卷一九八《閏位部·務農門》。又見卷二〇五《閏位部·巡幸門》。中華書局本有校勘記：“‘己丑’原作‘丁卯’，據殿本、《册府》卷一九八、卷二〇五、《新五代史》卷二《梁本紀》改。本條原在上文‘戊辰，宴於金鑾殿’前，據殿本移此。按是月辛酉朔，戊辰爲初八，己丑爲二十九日。另本卷上文‘戊辰……宴宰臣及文武官四品已上’，輯自《永樂大典》卷一萬六千七百四十六。”

[4]帝出師子門，幸榆林東北坡，教諸軍兵事：明本《册府》卷二一四《閏位部·訓兵門》。

[5]軍使：官名。掌領本軍軍務，或兼理地方政務。　張行恭：人名。籍貫不詳。事見本書本卷、卷二五、卷五三。　賜潞州投歸

軍使張行恭錦服、銀帶并食：明本《册府》卷二一五《閏位部·招懷門》。

三月壬辰，幸崇政院，宴勳臣。己亥，幸天驥院，宴侍臣。壬寅，幸甘水亭，宴宰臣、勳戚、翰林學士。辛亥，宴宰臣於内殿。[1]夏州都指揮使高宗益作亂，殺節度使李彝昌。將吏共誅宗益，推彝昌族父蕃漢都指揮使李仁福爲帥，癸丑，仁福以聞。[2]丙辰，於興安毬場大饗六軍，樂春時也。[3]

[1]天驥院：官署名。唐置小馬坊，後梁改爲天驥院。掌管御馬。　"三月壬辰"至"宴宰臣於内殿"：《大典》卷一六七四六"宴"字韻"宴享（三）"事目。"宴宰臣"，《輯本舊史》之影庫本粘籤："原本脱'宴'字，今據文增入。"又見《宋本册府》卷一九七《閏位部·宴會門》。

[2]夏州：州名。治所在今陝西靖邊縣。　高宗益：人名。籍貫不詳。五代將領。事見本書本卷、卷一三二。　李彝昌：人名。党項族。唐末、五代軍閥。李思諫之子。事見《舊五代史》卷一三二。　李仁福：人名。党項族。五代党項首領。傳見本書卷一三二、《新五代史》卷四〇。　"夏州都指揮使高宗益作亂"至"仁福以聞"：《通鑑》卷二六七開平四年（910）三月癸丑條。

[3]六軍：既泛指皇帝的禁衛軍，又指唐代所置左、右神武天騎，左、右羽林，左、右龍武等六軍，稱"北衙六軍"。《周禮·夏官·司馬》："凡制軍，萬有二千五百人爲軍。王六軍。"　丙辰，於興安毬場大饗六軍，樂春時也：《大典》卷一六七四六。又見《宋本册府》卷一九七《閏位部·宴會門》。

夏四月壬戌，詔曰：“追養以禄，王者推歸厚之恩；欲静而風，人子抱終身之感。其以刑部尚書致仕張策及三品、四品常參官二十二人先世，各追贈一等。”[1]甲子，以李仁福爲定難節度使。[2]乙丑，宴崇政院。帝在藩及踐阼，勵精求理，深戒逸樂，未嘗命堂上歌舞，是日止令内妓昇階，擊鼓弄曲甚歡，至午而罷。[3]丁卯，宋州節度使、衡王友諒進瑞麥，一莖三穗。[4]帝覽奏不懌，曰：“古來上瑞，惟在豐年，合穎兩岐，皆是虚事。”乃停穀熟縣令田光裔官，仍追毁歷任官牒，以瑞麥故也。[5]以兖海留後、惠王友能代爲宋州留後。[6]壬申，以晋、絳、沁三州爲定昌軍，以温琪爲節度使。[7]辛巳，責授寇彦卿遊擊將軍、左衛中郎將。[8]丙戌，幸建春門，閲新樓，至七里屯觀麥，召從官食于樓。河南張昌孫及蒲、同主事吏，賜物各有差。[9]帝過朝邑，見鎮將位在縣令上，問左右，或對曰：“宿官秩高。”帝曰：“令長字人也，鎮使捕盜耳。且鎮將多是邑民，奈何得居民父母上，是無禮也。”至是，敕天下諸州鎮使，官秩無高卑，位在邑令下。[10]葉縣鎮遏使馮德武於蔡州西平縣界殺戮山賊，擒首領張瀆等七人以獻。[11]鎮海軍節度使錢鏐擊高澧於湖州，大敗之，梟夷擒殺萬人，拔其郡，湖州平。先是，澧以州叛入淮南，故詔鏐討之也。[12]進封廣州節度使劉隱爲南海王。追封皇兄存爲朗王。[13]

[1]追養：謂祭祀死者，繼盡孝養之道。　張策：人名。河西敦煌（今甘肅敦煌市）人。後梁宰相。傳見本書卷一八、《新五代

史》卷三五。　常參官：官名。唐制，文官五品以上及兩省供奉官、監察御史、員外郎、太常博士，每日朝參，稱爲常參官。　“夏四月壬戌”至“各追贈一等”：明本《册府》卷二一〇《閏位部·延賞門》。“夏”字據本紀四時記載之體例補。“先世”，《輯本舊史》之影庫本粘籤：“原本作‘先正’，今據文改正。”

［2］定難：方鎮名。治所在夏州（今陝西靖邊縣）。　甲子，以李仁福爲定難軍節度使：《通鑑》卷二六七開平四年（910）四月甲子條。

［3］踐阼：即登極。《禮記·曲禮下》：“踐阼，臨祭祀。”孔穎達疏：“踐，履也；阼，主人階也。天子祭祀升阼階……履主階行事，故云踐阼也。”　“乙丑”至“至午而罷”：《宋本册府》卷一九七《閏位部·宴會門》。

［4］宋州：州名。治所在今河南商丘市睢陽區。　友諒：人名。即朱友諒。朱全昱之子，後梁太祖朱温之侄。後梁建國，初封衡王，後襲封廣王。傳見本書卷一二、《新五代史》卷一三。　丁卯，宋州節度使、衡王友諒進瑞麥，一莖三穗：《宋本册府》卷二〇二《閏位部·祥瑞門二》。《舊五代史考異》：“案《通鑑》云：友諒獻瑞麥，帝曰：‘豐年爲上瑞，今宋州大水，安用此爲！’詔除本縣令名，遣使詰責友諒。《容齋續筆》亦載此事，疑皆採《薛史》原文，而《册府元龜》徵引《梁書》有所删節也，謹附載于此。”見《通鑑》卷二六七開平四年丁卯條。

［5］合穎：謂禾苗一莖生二穗。古代以之爲祥瑞。　兩岐：亦作兩歧。指兩個分岔。禾苗有兩個分岔，借之稱頌地方官吏重農有方，民樂年豐。　穀熟縣：縣名。治所在今河南虞城縣穀熟鎮。　田光裔：人名。籍貫不詳。本書僅此一見。　官牒：授官的文書。　“帝覽奏不懌”至“以瑞麥故也”：《宋本册府》卷七〇七《閏位部·黜責門》。

［6］兖海：方鎮名。治所在沂州（今山東臨沂市）。　友能：人名。即朱友能。朱全昱之子。朱温之侄。封惠王。傳見本書卷一

二、《新五代史》卷一三。　以兖海留後、惠王友能代爲宋州留後：《通鑑》卷二六七開平四年四月條。

[7]晋：州名。治所在今山西臨汾市。　絳：州名。治所在今山西新絳縣。　沁：州名。治所在今山西沁源縣。　定昌軍：方鎮名。治所在晋州（今山西臨汾市）。　温琪：人名。即華温琪。後梁大臣，傳見本書卷九〇、《新五代史》卷四七。　壬申，以晋、絳、沁三州爲定昌軍，以温琪爲節度使：《通鑑》卷二六七開平四年四月壬申條。

[8]遊擊將軍：官名。漢朝始置，統兵出征。魏晋爲禁軍將領。唐代爲武散官。從五品下。　左衛中郎將：官名。唐置，掌宫禁宿衛。十六衛之一。將軍缺員，中郎將則代之，掌貳上將軍事。正四品下。　辛巳，責授寇彦卿遊擊將軍、左衛中郎將：《通鑑》卷二六七開平四年四月辛巳條。

[9]建春門：城門名。位於今河南洛陽市。　七里屯：地名。位於今河南洛陽市。　張昌孫：人名。籍貫不詳。後梁大臣。事見本書本卷、卷九。　“丙戌”至“賜物各有差”：明本《册府》卷二〇五《閏位部·巡幸門》。

[10]朝邑：縣名。治所在今陝西大荔縣。　字人：撫治百姓。　“帝過朝邑”至“位在邑令下”：《宋本册府》卷一九一《閏位部·立法制門》。“敕天下諸州鎮使”，中華書局本沿《輯本舊史》作“敕天下鎮使”，並有校勘記：“‘鎮使’，《册府》卷一九一同，本書卷一四九《職官志》、《五代會要》卷一九作‘諸州鎮使’。”“諸州”二字據《輯本舊史》卷一四九《職官志》、《會要》卷一九縣令上條補。

[11]葉縣：縣名。治所在今河南葉縣。　鎮遏使：官名。軍鎮長官，掌軍鎮防守工作。　馮德武：人名。籍貫不詳。本書僅此一見。　蔡州：州名。治所在今河南汝南縣。　西平縣：縣名。治所在今河南西平縣。　張濆：人名。籍貫不詳。本書僅此一見。　葉縣鎮遏使馮德武於蔡州西平縣界殺戮山賊，擒首領張濆等七人以

獻：明本《册府》卷四三五《將帥部·獻捷門二》。

[12]鎮海軍：方鎮名。治所在潤州（今江蘇鎮江市）。　錢鏐：人名。杭州臨安（今浙江杭州市）人。五代時期吴越國的建立者。傳見本書卷一三三、《新五代史》卷六七。　高澧：人名。籍貫不詳。曾任湖州刺史。事見本書本卷。　湖州：州名。治所在今浙江湖州市。　"兩浙節度使錢鏐擊高澧於湖州"至"故詔鏐討之也"：明本《册府》卷二一六《閏位部·征伐門》。《舊五代史考異》："案《九國志》：高澧以三年十月叛，四年二月奔吴。《薛史》繫于四月，蓋以奏聞之日爲據。"又，"高澧"，中華書局本有校勘記："原作'高灃'，據劉本《考證》、《九國志》卷二及本卷正文改。"見《九國志》卷二《高澧傳》。

[13]廣州：州名。治所在今廣東廣州市。　劉隱：人名。上蔡（今河南上蔡縣）人。五代十國南漢奠基者。傳見本書卷一三五、《新五代史》卷六五。　存：人名。即朱存。朱温的兄長。傳見《新五代史》卷一三。　進封廣州節度使劉隱爲南海王。追封皇兄存爲朗王：《會要》卷一一封建條。

五月己丑朔，以連雨不止，至壬辰，御文明殿，命宰臣分拜祠廟。[1]己亥，以劉繼威爲義昌節度使。[2]自朔旦至癸巳，内外以午日奉獻巨萬計，馬三千蹄，餘稱是，復相率助修内壘。[3]甲辰，詔曰："奇邪亂正，假僞奪真，既刑典之不容，宜犯違而勿赦。應東、西兩京及諸道州府制造假犀玉真珠腰帶、璧珥并諸色售用等，一切禁斷，不得輒更造作。如公私人家先已有者，所在送納長吏，對面毁棄。如行敕後有人故違，必當極法，仍委所在州府差人檢察收捕，明行處斷。"[4]癸丑，魏博節度使、守太師、兼中書令、鄴王羅紹威薨。帝哀慟曰：

"天不使我一海内，何奪忠臣之速也！"詔贈尚書令。[5]詔以其子周翰爲天雄留後。[6]敕補開封府及河南、河北倉吏，非舊典也。[7]

[1]五月己丑朔，以連雨不止，至壬辰，御文明殿，命宰臣分拜祠廟：《大典》卷二六三二"災"字韻"弭災（二）"事目。又見《宋本册府》卷一九三《閏位部·弭災門》。

[2]己亥，以劉繼威爲義昌節度使：《通鑑》卷二六七開平四年（910）五月己亥條。

[3]午日：節日名。指端午。　壘：壁壘。軍營圍墻。　"自朔旦至癸巳"至"復相率助修内壘"：《宋本册府》卷一九七《閏位部·納貢獻門》。

[4]東、西兩京：指後梁東京開封、西京洛陽。　"甲辰"至"明行處斷"：《宋本册府》卷一九一《閏位部·政令門》。"璧珥"，《會要》卷六内外官章服雜録條作"簪珥"。

[5]"癸丑"至"詔贈尚書令"：明本《册府》卷二〇四《閏位部·念良臣門》。"癸丑"，《册府》闕，據《通鑑》卷二六七補。

[6]詔以其子周翰爲天雄留後：《通鑑》卷二六七開平四年五月條。

[7]倉吏：官名。爲掌管倉庫的小吏。　敕補開封府及河南、河北倉吏，非舊典也：《會要》卷二七倉條。

六月己未朔，詔軍鎮勿起土功。[1]庚辰，匡國軍節度使馮行襲卒。甲申，以李珽權知匡國留後。楚王馬殷求爲天策上將，詔加天策上將軍。殷始開天策府，以弟賓爲左相，存爲右相。[2]追封皇伯義方爲潁王，皇叔義譚爲韶王。[3]

［1］土功：指土木工程。　六月己未朔，詔軍鎮勿起土功：《宋本册府》卷一九一《閏位部·政令門》。

［2］匡國軍：方鎮名。治所在許州（今河南許昌市）。　馮行襲：人名。均州（今湖北丹江口市）人。唐末、五代軍閥。傳見《新唐書》卷一八六、本書卷一五、《新五代史》卷四二。　馬殷：人名。許州鄢陵（今河南鄢陵縣）人。五代十國南楚開國君主。傳見本書卷一三三、《新五代史》卷六六。　天策上將軍：官名。唐高祖爲酬秦王李世民平洛陽大功而特置，掌全國征討軍事，開府置屬僚，武德九年（626）省。五代後梁時，楚馬殷亦依此故事，拜天策上將軍。　天策府：官署名。唐高祖李淵因李世民功高而爲其專設，位在王公之上，可自置官署。武德九年廢。馬殷亦仿此故事，設天策府。　賨：人名。即馬賨。許州鄢陵（今河南鄢陵縣）人。馬殷弟。事見《新唐書》卷一九〇、《新五代史》卷九六。　存：人名。即馬存。許州鄢陵（今河南鄢陵縣）人。馬殷弟。事見本書卷三二、卷四四、卷四七。　"庚辰"至"存爲右相"：《通鑑》卷二六七開平四年（910）六月庚辰、甲申條。

［3］義方、義譚：皆爲朱誠之兄弟，朱温之伯叔。　追封皇伯義方爲潁王，皇叔義譚爲韶王：《會要》卷一一封建條。

七月壬子，宴宰臣、河南尹、翰林學士、兩街使于甘水亭。丙辰，宴群臣於宣威殿。[1]福州貢方物，獻桐皮扇。廣州貢犀玉，獻舶上薔薇水。[2]時陳、許、汝、蔡、潁五州境内有蝝爲災。俄而許州上言，有野禽群飛蔽空，旬日之間，食蝝皆盡。是歲，乃大有秋。[3]吴越王錢鏐表"宦者周延誥等二十五人，唐末避禍至此，非劉、韓之黨，乞原之。"上曰："此屬吾知其無罪，但今革弊之初，不欲置之禁掖，可且留於彼，諭以此意。"[4]

劉知俊攻逼夏州。以宣化軍留後李思安爲東北面行營都指揮使，陝州節度使楊師厚爲西路行營招討使。[5]改繁臺爲講武臺。[6]

[1]兩街使：官名。即左右街使。唐制，左右金吾衛所屬有左右街使各一人，佐助本衛翊府中郎將分察六街巡警，每日按鼓聲啓閉坊市之門。　“七月壬子”至“宴群臣於宣威殿”：《宋本册府》卷一九七《閏位部·宴會門》。

[2]福州：州名。治所在今福建福州市。　福州貢方物，獻桐皮扇。廣州貢犀玉，獻舶上薔薇水：《宋本册府》卷一九七《閏位部·納貢獻門》。

[3]陳：州名。治所在今河南淮陽縣。　許：州名。治所在今河南許昌市。　汝：州名。治所在今河南汝州市。　潁：州名。治所在今安徽阜陽市。　蝝（yuán）：蝗的幼蟲。　大有秋：大豐收。　“時陳、許、汝、蔡、潁五州境内有蝝爲災”至“乃大有秋”：《大典》卷五一〇九“蝝”字韻“事韻”。

[4]周延誥：人名。籍貫不詳。唐末、五代宦官。本書僅此一見。　劉、韓之黨：《通鑑》卷二六七胡注曰：“劉、韓，謂劉季述、韓全誨也。”劉、韓二人爲唐末宦官。　“吴越王錢鏐表”至“諭以此意”：《通鑑》卷二六七開平四年（910）七月條。又見《吴越備史》卷一《武肅王下》，文字略異，但梁太祖語全同。“周延誥”，《吴越備史》作“周廷誥”。

[5]宣化軍：方鎮名。治所在鄧州（今河南鄧州市）。　李思安：人名。河南陳留（今河南開封市陳留鎮）人。後梁將領。傳見本書卷一九。　“劉知俊攻逼夏州”至“陝州節度使楊師厚爲西路行營招討使”：明本《册府》卷二一六《閏位部·征伐門》。有關李思安及楊師厚的任命，《通鑑》卷二六七載於開平四年八月。《輯本舊史》之影庫本粘籤：“西路行營，原本作‘兩路’，今從

《通鑑》改正。"《舊五代史考異》："案《通鑑》：岐王與邠、涇二帥各遣使告晉，請合兵攻定難節度使李仁福，晉王遣振武節度使周德威將兵會之，合五萬衆圍夏州。案《五代春秋》：八月，晉人、秦人侵夏州，與《薛史》及《通鑑》異。"對《舊五代史考異》所引之"岐王與邠涇二帥各遣使告晉"，中華書局本有校勘記："'邠'，原作'汾'，據《通鑑》卷二六七改。"事見《通鑑》卷二六七開平四年七月條、《五代春秋》卷上梁太祖條。

[6]繁臺：地名。又稱禹王臺。位於今河南開封市。　改繁臺爲講武臺：《會要》卷四講武條。

八月，以劉守光兼義昌節度使。壬戌，夏州節度使李仁福來告急。[1]甲子，以河南尹兼中書令張全義爲西京留守。[2]丙寅，車駕西征。[3]己巳，次陝府。是時憫雨，旦命宰臣從官分禱靈跡，日中而雨，翌日止，帝大悦。[4]辛未，老人星見。[5]是日，宴本府節度使楊師厚及扈從官于行宫，賜師厚帛千匹，仍授西路行營招討使。丙子，宴文武從官軍使已下，設龜兹樂。[6]

[1]"八月"至"夏州節度使李仁福來告急"：《通鑑》卷二六七開平四年（910）八月條。

[2]甲子，以河南尹兼中書令張全義爲西京留守：《通鑑》卷二六七開平四年八月甲子條。

[3]丙寅，車駕西征：《大典》卷二六三二"災"字韻"弭災（二）"事目。"丙寅"，中華書局本沿《輯本舊史》闕，據《新五代史》卷二《梁太祖紀下》、《通鑑》卷二六七補。又見《宋本册府》卷一九三《閏位部·崇祀門》、卷一九七《閏位部·慶賜門》。

[4]陝府：府名。治所在今河南三門峽市陝州區。　"己巳"

至“帝大悦”：《大典》卷二六三二。“旦命宰臣從官分禱靈跡”，中華書局本有校勘記：“‘旦’，原作‘且’，據《册府》(宋本)卷一九三改。”見《宋本册府》卷一九三《閏位部·弭災門》。“日中”，《册府》卷一九三作“既中”。

[5]老人星：星名。古時對南極星的别稱。又名“壽星”。《史記·天官書》：“狼比地有大星，曰南極老人。老人見，治安；不見，兵起。”張守節正義：“老人一星，在弧南，一曰南極，爲人主占壽命延長之應。”　辛未，老人星見：《宋本册府》卷二〇二《閏位部·祥瑞門二》。

[6]龜兹樂：樂名。《通典》卷一四六《樂六》：“龜兹樂者，起自吕光破龜兹，因得其聲……自周、隋以來，管弦雜曲將數百曲，多用西凉樂，鼓舞曲多用龜兹樂。”　“是日”至“設龜兹樂”：《宋本册府》卷一九七《閏位部·宴會門》。

九月丁亥朔，命宰臣于兢赴西都，祀昊天上帝於圜丘。[1]己丑，上發陝。[2]甲午，至西京，疾復作。[3]辛丑，以久雨，命宰臣薛貽矩禜定鼎門，趙光逢祠嵩岳。[4]乙巳，王師敗蕃寇於夏州。初，劉知俊誘沙陁振武賊帥周德威、涇原賊帥李繼鸞合步騎五萬大舉，欲俯拾夏臺，節度使李仁福兵力俱乏，以急來告。先是，供奉官張漢玫宣諭在壁，國禮使杜廷隱賜幣于夏，及石堡寨，聞賊至，以防卒三百人馳入州。既而大兵圍合，廷隱、漢玫與指揮使張初、李君用率州民防卒，與仁福部分固守，晝夜戮力。踰月，及鄜、延援至，天軍奮擊，敗之。河東、邠、岐賊分路逃遁，夏州圍解。[5]丙午，詔曰：“劉知俊貴爲方伯，尊極郡王，而乃背誕朝恩，竄投賊壘，固人神之共怒，諒天地所不容。雖命討除，尚稽擒戮，宜懸爵賞，以大功名，必有忠貞，咸思憤發。有生擒劉知俊者，賞錢千萬，授節度使，首級次之；得孟審登者，錢百萬，除刺史；得將孫坑、卓瓌、劉儒、張鄰等，賞有差。”[6]辛亥，下詔曰：“朕聞歷代帝王，首推堯舜；爲人父母，孰比禹湯。睿謀高出於古先，聖德普聞於天下，尚或卑躬待士，屈己求賢。俯仰星雲，慮一民之遺逸；網羅巖穴，恐片善之韜藏。延爵禄以徵求，設丹青而訪召，使其爲政，樂在進賢。蓋繇國有萬幾，朝稱百揆，非才不治，得士則昌。自朕光宅中區，迄今三載，宵分輟寐，日旰忘食，思共力於廟謀，庶永清於王道。而乃朝廷之内，或未盡於昌言；軍旅之間，亦罕聞於奇策。眷言方岳，下及山林，豈無英奇，副我延佇。諸道都督、觀察、防禦使等，或勳高翊世，或才號知人，必於塗巷之賢，備察蒭蕘之士。詔到，可精搜郡邑，博訪賢良，喻之以千載一時，約之以高官美秩，諒無求備，唯在得人。如有卓犖不羈，沉潛自負，通霸王之上略，達文武之大綱，究古今刑政之源，識禮樂質文之變，朕則待之不次，委以非常，用佐經綸，豈勞階級。如或一言拔俗，一事出群，亦當舍短從長，隨才授任。大小方圓之器，寧限九流；温良恭儉之人，難誣十室。勉思薦舉，勿至因循，俟爾發揚，慰予翹渴。仍從别敕處分。”[7]乙卯，宴會群臣於宣威殿。[8]敕：“魏博管内刺史，比來州務，並委督郵，遂使曹官擅其威權，州牧同于閑冗，俾循通制，宜塞異端。並宜依河南諸州例，刺史得以專達。”[9]

［1］西都：地名。即洛陽。　九月丁亥朔，命宰臣于兢赴西都，祀昊天上帝於圜丘：《宋本册府》卷一九三《閏位部·崇祀門》。

［2］陝：府名。即上文之陝府。　己丑，上發陝：《通鑑》卷二六七開平四年（910）九月己丑條。

［3］甲午，至西京，疾復作：《宋本册府》卷一九七《閏位部·宴會門》。《舊五代史考異》："案：《五代春秋》作九月己丑，帝還西都，《歐陽史》同。《通鑑》作己丑，上發陝。甲午，至洛陽。""疾復作"據《通鑑》卷二六七補。

［4］禜（yíng）：祭祀名。古代一種祈求神靈消除災禍的祭祀。《説文解字》："設綿蕝（jué）爲營，以禳風雨、雪霜、水旱、癘疫於日月星辰山川也。"　定鼎門：城門名。位於今河南洛陽市。　嵩岳：山名。即嵩山。　"辛丑"至"趙光逢祠嵩岳"：《大典》二五二一"齋"字韻。本條《大典》原作卷一五二一，中華書局本有校勘記："檢《永樂大典目録》，卷一五二一爲'齊'字韻，與本則内容不符，恐有誤記。陳垣《舊五代史輯本引書卷數多誤例》謂應作卷二五二一'齋'字韻。"今從陳垣之意見。又見《宋本册府》卷一九三《閏位部·弭災門》。

［5］沙陁：部族名。即沙陀。原意爲沙漠。沙陀部源出西突厥。隋文帝開皇二年（582），突厥汗國分裂爲東、西突厥。處月部爲西突厥所屬部落，朱邪是處月的别部。唐初，處月部居於金莎山（今尼赤金山）之南，蒲類海（今新疆巴里坤湖）之東，其境内有大磧（今古爾班通古特沙漠），因稱沙陀突厥。唐中期時西突厥、處月部均已衰落，朱邪部遂自號沙陀，其首領以朱邪爲姓。事見《新唐書》卷二一八《沙陀列傳》、本書卷二五、《新五代史》卷四末歐陽修考證。參見樊文禮《沙陀的族源及其早期歷史》，《民族研究》1999 年第 6 期。　振武：方鎮名。治所在朔州（今山西朔州市朔城區）。　周德威：人名。朔州馬邑（今山西朔州市朔城區東北）人。唐末、五代河東將領。傳見本書卷五六、《新五代史》卷二五。　涇原：方鎮名。治所在涇州（今甘肅涇川縣）。　李繼鸞：

人名。即張從訓。回鶻人，後徙居太原（今山西太原市）。後唐莊宗賜名繼鸞，後改回。傳見本書卷九一。　夏臺：地名。位於夏州（治所在今陝西靖邊縣）。　張漢玫：人名。籍貫不詳。本書僅此一見。　國禮使：官名。　杜廷隱：人名。籍貫不詳。五代後梁將領。事見本書本卷、卷二七、《新五代史》卷三九、《通鑑》卷二六七。　石堡寨：寨名。位於延州（治所在今陝西延安市）。　張初：人名。籍貫不詳。本書僅此一見。　李君用：人名。籍貫不詳。本書僅此一見。　“乙巳”至“夏州圍解”：明本《册府》卷二一六《閏位部·征伐門》。“涇原賊帥李繼鸞”，據中華書局本有校勘記：“按李繼鸞本名張從訓，傳見本書卷九一，未記其嘗歷涇原。本書卷一三二《李從曮傳》記從曮自天復中鎮涇州，至同光中方代歸。按從曮原名繼曮，唐莊宗即位後賜名從曮，疑‘李繼鸞’爲‘李繼曮’之訛。”“杜廷隱賜幣于夏”，《舊五代史考異》：“案：廷隱，原本作‘定隱’，下仍作廷隱，今據《九國志》改正。”本條後，《輯本舊史》有《舊五代史考異》：“案《通鑑》：甲申，遣夾馬指揮使李遇、劉綰自鄜、延趨銀、夏。李遇等至夏州，岐、晋兵皆解去。”

[6]孟審登：人名。籍貫不詳。本書僅此一見。　孫坑：人名。籍貫不詳。本書僅此一見。　卓瓌：人名。籍貫不詳。事見本書本卷、卷三三。　劉儒：人名。籍貫不詳。事見本書本卷、卷一六。　張鄰：人名。籍貫不詳。本書僅此一見。　“丙午”至“賞有差”：明本《册府》卷二一六《閏位部·征伐門》。

[7]萬幾：《尚書·皋陶謨》：“無教逸欲有邦，兢兢業業，一日二日萬幾。”孔傳：“幾，微也，言當戒懼萬事之微。”後以“萬幾”指帝王日常處理的紛繁政務。　百揆：指各種政務。　中區：指中原。　昌言：謂直言不諱。　延佇：引頸盼望。　都督：官名。全稱都督諸州軍事。魏晋以後，多兼任駐地州刺史，爲該地區的軍政長官。北周和隋改稱總管，唐朝又稱都督，根據州的等級設大、中、下都督府，各設都督，後多以節度使、觀察使爲地方軍政長

官，都督多名存實亡。　防禦使：官名。唐代始置，設有都防禦使、州防禦使兩種。常由刺史或觀察使兼任，實際上爲唐代後期州或方鎮的軍政長官。　塗巷：里巷。　蒭（chú）蕘（ráo）：指草野之人。　十室：此處指普通人家。　“辛亥”至“仍從别敕處分”：明本《册府》卷二一三《閏位部·求賢門》。“辛亥”，《册府》缺，據《新五代史》卷二《梁太祖紀下》補。

[8]乙卯，宴會群臣於宣威殿：《宋本册府》卷一九七《閏位部·宴會門》。

[9]督郵：官名。漢始置，郡府屬吏。本名督郵書掾（或謂督郵曹掾），省稱督郵掾、督郵。主要職掌除督送郵書外，又代表郡守督察諸縣、宣達教令，兼及案擊盜賊、點録囚徒、催繳租賦等。守相自辟，其權甚重，有“督郵功曹，郡之極位”之説。三國、魏、晋、南北朝等多沿置，唐以後廢。　曹官：唐五代府州諸曹官省稱。　“敕”至“刺史得以專達”：《宋本册府》卷一九一《閏位部·立法制門》。“宜依河南諸州例”，中華書局本有校勘記：“‘宜’字原闕，據孔本、本書卷一四九《職官志》、《册府》卷一九一補。”

舊五代史　卷六

梁書六

太祖紀第六

開平四年冬十月己巳夜，月有蒼白暈，鎮與胃、昴在環中，絡奎、畢、天船、卷舌。司天監仇殷不時奏，罰兩月俸。[1]乙亥，東京留守、博王友文入覲，召之也。[2]戊寅，頒《奪馬令》。先是，王師擊賊獲馬，皆令上獻，至是乃止之，蓋欲邀其奮擊之効也。[3]己卯，以新修天驥院，開宴落之，内外並獻馬，而魏博進絹四萬匹爲駔價。[4]壬午，以冬設禁軍，幸興安鞠場，召文武百官宴。[5]幸開化門，大閲軍實。[6]以檢校司徒、郢王友珪充左右控鶴都指揮使兼管四蕃將軍。[7]遣鎮國節度使楊師厚、相州刺史李思安將兵屯澤州，以圖上黨。[8]青、宋、冀、亳水，詔令本州以省倉粟、麥等賑貸。[9]

[1]開平：後梁太祖朱温年號（907—911）。　月有蒼白暈：即月亮旁邊有蒼白云氣。月暈是地球大氣上層的結冰晶體折射月光

所産生的現象，古人却認爲月暈是“月旁有氣”而由月亮直接産生的異象，並由此衍生出不同的占候内容，而占辭又與月暈所在星宿有關。參見黄一農《制天命而用：星占、術數與中國古代社會》，四川人民出版社 2018 年版，第 61 頁。　天船：古星官名。屬胃宿。位於現代星座劃分的英仙座和鹿豹座，含有九顆恒星。　卷舌：古星官名。屬昴宿，在昴北。位於現代星座劃分的英仙座，含有六顆恒星。　司天監：官署名。其長官稱司天監，掌天文、曆法以及占候等事。參見趙貞《唐宋天文星占與帝王政治》，北京師範大學出版社 2016 年版。　仇殷：人名。籍貫不詳。五代司天監官員，精於天象曆法。傳見本書卷二四。　“開平四年冬十月己巳夜”至“罰兩月俸”：《宋本册府》卷六二五《卿監部・廢黜門》。“冬”字據本紀四時記載之體例補。

［2］東京：指開封。　留守：官名。在陪都或軍事重鎮所設留守，由地方行政長官兼任。　博王友文：人名。即朱友文。朱温養子，後被朱友珪所殺。傳見本書卷一二、《新五代史》卷一三。　乙亥，東京留守、博王友文入覲，召之也：明本《册府》卷二六八《宗室部・來朝門》。

［3］“戊寅”至“蓋欲邀其奮擊之効也”：《宋本册府》卷一九一《閏位部・政令門》。《册府》本卷繫事於九月，然九月無戊寅。據《宋本册府》卷六二一《卿監部・監牧門》及《會要》卷一二馬條，繫於十月。

［4］天驥院：官署名。唐置小馬坊，後梁改爲天驥院。掌管御馬。　魏博：方鎮名。治所在魏州貴鄉縣（今河北大名縣）。　駔（zǎng）：駿馬。　“己卯”至“而魏博進絹四萬匹爲駔價”：《宋本册府》卷一九七《閏位部・宴會門》。

［5］壬午，以冬設禁軍，幸興安鞠場，召文武百官宴：《宋本册府》卷一九七《閏位部・宴會門》。

［6］開化門：地名。今地不詳。　幸開化門，大閲軍實：明本《册府》卷二一四《閏位部・訓兵門》。

[7]檢校司徒：官名。爲散官或加官，以示恩寵，無實際執掌。　友珪：人名。即朱友珪。朱温次子，後勾結韓勍殺朱温。傳見本書卷一二、《新五代史》卷一三。　左右控鶴都指揮使：官名。控鶴軍主帥。控鶴爲禁軍番號，後梁稱侍衛親軍爲控鶴。主要職責爲防守宫城。　以檢校司徒、郢王友珪充左右控鶴都指揮使兼管四蕃將軍：明本《册府》卷二六九《宗室部·將兵門》。

[8]鎮國：方鎮名。唐上元二年（761）置，治所在華州（今陜西渭南市華州區）。　節度使：官名。唐時在重要地區所設掌握一州或數州軍事、民事、財政的長官。　楊師厚：人名。潁州斤溝（今安徽太和縣阮橋鎮斤溝村）人。唐末、五代將領。傳見本書卷二二、《新五代史》卷二三。　相州：州名。治所在今河南安陽市。　刺史：官名。漢武帝始置。州一級行政長官。總掌考核官吏、勸課農桑、地方教化等事。唐中期以後，節度使、觀察使轄州而設，刺史爲其屬官，職任漸輕。從三品至正四品下。　李思安：人名。河南陳留（今河南開封市陳留鎮）人。後梁將領。傳見本書卷一九。　澤州：州名。治所在今山西澤州縣。　上黨：即潞州。治所在今山西長治市。　遣鎮國節度使楊師厚、相州刺史李思安將兵屯澤州，以圖上黨：《通鑑》卷二六七開平四年（910）十月條。

[9]青：州名。治所在今山東青州市。　宋：州名。治所在今河南商丘市睢陽區。　冀：州名。治所在今河北衡水市冀州區。　亳：州名。治所在今安徽亳州市。　省倉：地方繫省（尚書省）倉儲的概稱。　賑貸：政府借錢或物給需要的百姓。　青、宋、冀、亳水，詔令本州以省倉粟、麥等賑貸：《會要》卷一一水溢條。

十一月丁亥朔，幸廣王第作樂。[1]己丑，以寧國軍節度使王景仁充北面行營都招討使，潞州副招討使韓勍爲副，相州刺史李思安爲先鋒使。時鎮州王鎔、定州王處直叛，結連晋人，故遣將討之。[2]辛卯，宴文武四品已上於宣威殿。[3]戊戌，詔曰："自朔至今，暴風未息，諒惟不德，致此咎徵。皇天動威，罔敢不懼，宜徧命祈禱，副朕意焉。"差官分往祠所止風。[4]己亥，日南至，帝被衮冕御朝元殿，列細仗，奏樂於庭，群臣稱賀。[5]帝畋於伊水。[6]乙巳，詔曰："關防者，所以譏異服、察異言也。況天下未息，兵民多姦，改形易衣，覘我戎事。比者有諜皆以詐敗，而未嘗罪所過地；叛將逃卒竊其妻孥而影附使者，亦未嘗詰其所經。今海内未同，而緩法弛禁，非所以息姦詐、止奔亡也。應在京諸司，不得擅給公驗。如有出外須執憑由者，其司門過所，先須經中書門下點檢，宜委宰臣趙光逢專判出給，俾由顯重，冀絶姦源。仍下兩京、河陽及六軍諸衛、御史臺，各加鈐轄。公私行李，復不得帶挾家口向西。其襄、鄧、鄜、延等道，並同處分。"[7]庚戌，幸左龍虎軍，宴群臣。[8]上疾小愈，辛亥，校獵於伊、洛之間。[9]甲寅，幸右龍虎軍，宴群臣。[10]司天言："來月太陰虧，不利宿兵於外。"上召王景仁等還洛陽。[11]

[1]廣王：封爵名。即朱全昱。朱温兄長。傳見本書卷一二、《新五代史》卷一三。　十一月丁亥朔，幸廣王第作樂：明本《册府》卷二〇五《閏位部·巡幸門》。《輯本舊史》之影庫本粘籤："幸廣王第，原本'幸'作'辛'，今據文改正。"

[2]寧國軍：方鎮名。治所在宣州（今安徽宣城市）。　王景仁：人名。合淝（今安徽合肥市）人。唐末、後梁將領。傳見本書卷二三、《新五代史》卷二三。　行營都招討使：官名。自後梁至後周均設此職，掌同招討使，負責某一路、某一道或某一方征討招

撫之事。掌管區域較大而且主官資深者，則委以諸道行營都招討使和副都招討使職，否則爲行營招討使和副招討使。 潞州：州名。治所在今山西長治市。 副招討使：官名。行營統兵官。位次行營都統、招討使。掌招撫討伐事務。 韓勍：人名。籍貫不詳。後梁將領。事見本書卷七、《新五代史》卷四五。 先鋒使：官名。負責打探敵情、勘測地形、衝鋒陷陣等。 鎮州：州名。治所在今河北正定縣。 王鎔：人名。回鶻人。唐末、五代軍閥，朱温封趙王。傳見本書卷五四、《新五代史》卷三九。 定州：州名。治所在今河北定州市。 王處直：人名。京兆萬年（今陝西西安市長安區）人。唐末、五代軍閥。傳見本書卷五四、《新五代史》卷三九。 晋：指李克用之子李存勗政權。 “己丑”至“故遣將討之”：明本《册府》卷二一六《閏位部·征伐門》。“相州刺史李思安爲先鋒使”，《舊五代史考異》：“案：原本訛‘湘州’，今據《通鑑》改正。”見《通鑑》卷二六七開平四年（910）十月條。

[3]宣威殿：宫殿名。位於今河南洛陽市。 辛卯，宴文武四品已上於宣威殿：《宋本册府》卷一九七《閏位部·宴會門》。

[4]咎徵：不祥之兆，多指災異。 “戊戌”至“差官分往祠所止風”：《大典》卷二六三二“災”字韻“弭災（二）”事目。又見《宋本册府》卷一九三《閏位部·弭災門》。

[5]日南至：指冬至日。夏至以後，日躔自北而南；冬至以後，又自南而北。故冬至日又稱“日南至”。 朝元殿：宫殿名。位於今河南洛陽市。 細仗：儀仗名。皇帝出巡或朝會時所用。 “己亥”至“群臣稱賀”：《宋本册府》卷一九七《閏位部·朝會門》。

[6]伊水：即伊河。流入洛河。 帝畋於伊水：明本《册府》卷二〇五《閏位部·畋遊門》。

[7]公驗：政府開具的證明。 過所：古代用於關卡通行證明的官文書。 中書門下：官署名。唐玄宗時改政事堂置，設於中書省，爲宰相議政辦公之所，下設吏、樞機、兵、户、刑禮五房分主衆務。 趙光逢：人名。京兆奉天（今陝西乾縣）人。後梁大臣。

傳見本書卷五八、《新五代史》卷三五。　兩京：即東京開封府與西京河南府。　河陽：方鎮名。全稱“河陽三城”。治所在孟州（今河南孟州市）。　六軍：泛指皇帝的禁衛軍。《周禮·夏官·司馬》：“凡制軍，萬有二千五百人爲軍。王六軍。”　諸衛：唐代置十六衛，即左右衛、左右驍騎、左右武衛、左右威衛、左右領軍衛、左右金吾衛、左右監門衛、左右千牛衛。總稱諸衛。　御史臺：官署名。爲中央監察機構。　鈐轄：節制管轄。　襄：州名。治所在今湖北襄陽市。　鄧：州名。治所在今河南鄧州市。　鄜：州名。治所在今陝西富縣。　延：州名。治所在今陝西延安市。“乙巳”至“並同處分”：《宋本册府》卷一九一《閏位部·立法制門》。《輯本舊史》之影庫本粘籤：“鄜、延，原本作‘鹿延’，今據文改正。”

[8]左龍虎軍：禁軍名。據《五代會要·京城諸軍》，後梁開平元年四月，“改左、右長直爲左、右龍虎軍”。　庚戌，幸左龍虎軍，宴群臣：《宋本册府》卷一九七《閏位部·宴會門》。

[9]伊、洛之間：泛指伊河、洛河流域。　上疾小愈，辛亥，校獵於伊、洛之間：《通鑑》卷二六七開平四年十一月條。

[10]右龍虎軍：禁軍名。與左龍虎軍類似。　甲寅，幸右龍虎軍，宴群臣：《宋本册府》卷一九七《閏位部·宴會門》。

[11]司天：即司天監。　“司天言”至“上召王景仁等還洛陽”：《通鑑》卷二六七開平四年十一月條。中華書局本沿《輯本舊史》於本月段末有《舊五代史考異》：“案《五代會要》：十一月十四日，司天奏：‘月蝕，不宜用兵。’時王景仁方總大軍北伐，追之不及。至五年正月二日，果爲後唐莊宗大敗于柏鄉。”見《會要》卷一〇月蝕條。

十二月辛酉，宴文武四品已上於宣威殿。[1]親閲禁軍，命格鬬於教馬亭。[2]己未，上聞趙與晋合，晋兵已屯趙州，乃命王景仁等將兵擊之。庚申，景仁等自河陽渡河，會羅周翰兵，合四萬，軍於邢、洺。[3]己巳，詔曰：“滑、宋、輝、亳等州，水潦敗傷，人户愁歎，朕爲父母，良用疚心。其令本州各等給賑貸，所在長吏監臨周給，務令存濟。”[4]壬辰，賑貸東都畿内，如宋、滑制。[5]癸酉，宰臣薛貽矩奏：“太常卿李燕等重刊定到《令》三十卷、《式》二十卷、《格》一十卷、《律》並目録一十三卷、《律疏》三十卷，凡五部一十帙，共一百三卷。勒中書舍人李仁儉詣閤門奉進，伏請目爲《大梁新定格式律令》，仍頒下施行。”從之。是時，大理卿李保殷撰《刑律總要》十二卷。[6]虔州刺史盧光稠疾病，欲以位授譚全播，全播不受。光稠卒，其子韶州刺史延昌來奔喪，全播立而事之。丙寅，以延昌爲鎮南留後。延昌表其將廖爽爲韶州刺史。[7]丁丑，王景仁等進軍柏鄉。[8]兵部尚書、知貢舉姚洎奏曰：“近代設詞科，選胄子，蓋所以網維名教，崇樹邦本者也。曩時進士不下千人，嶺徼海隅，偃風嚮化，近歲觀光之士，人數不多，加以在位臣僚，罕有子弟，就其寡少，復避嫌疑，實恐因循，漸爲廢墜。今在朝公卿親屬、將相子孫，有文行可取者，請許所在州府薦送，以廣毓材之義。”從之。[9]右諫議大夫盧協詣閤上表，以夏麥不稔，請勿徵，至秋熟折輸粟。帝聖武嚴毅，宸斷不測，故諫官未嘗敢言事，協奏而果俞其請，物論嘉之。[10]晉州汾西縣百姓蔡奉言論本州遊奕將軍李建不法一十二事。帝覽奏曰：“李建職司防察，事極重難，若循愛憎，便罹刑網，則何以委用邊吏!”因命奉言移貫内地。[11]以李振爲建昌宫副使。[12]

[1]十二月辛酉，宴文武四品已上於宣威殿：《宋本册府》卷一九七《閏位部·宴會門》。

[2]教馬亭：地名。位於今河南洛陽市。　親閲禁軍，命格鬬於教馬亭：明本《册府》卷二一四《閏位部·訓兵門》。

[3]趙：封國名。梁太祖朱温封王鎔爲趙王，故稱。　趙州：州名。治所在今河北趙縣。　羅周翰：人名。魏州貴鄉（今河北大名縣）人。羅紹威次子。事見本書卷八、卷二七。　邢：州名。治所在今河北邢臺市。　洺：州名。治所在今河北邯鄲市永年區。　“己未”至“軍於邢、洺”：《通鑑》卷二六七開平四年（910）十二月己未、庚申條。

[4]滑：州名。治所在今河南滑縣。　輝：州名。治所在今山東單縣。　“己巳”至“務令存濟”：《宋本册府》卷一九五《閏位部·惠民門》。“其令本州各等給賑貸”，中華書局本有校勘記：“‘各等給’，原作‘分等級’，據《册府》（宋本）卷一九五改。孔本、《册府》（明本）卷一九五作‘各等級’。”

[5]壬辰，賑貸東都畿内，如宋、滑制：《宋本册府》卷一九五。“壬辰”，本月丁巳朔，無壬辰，似當爲壬申。“賑貸東都畿内”，中華書局本有校勘記：“原作‘東郡’，據劉本、《册府》卷一九五改。”

[6]薛貽矩：人名。河東聞喜（今山西聞喜縣）人。唐末、後梁大臣。傳見本書卷一八、《新五代史》卷三五。　太常卿：官名。太常寺長官。掌祭祀禮儀等事。正三品。　李燕：人名。籍貫不詳。後梁、後唐大臣。事見本書卷五、卷八、卷三二、卷一四七。　中書舍人：官名。中書省屬官。掌起草文書、呈遞奏章、傳宣詔命等。正五品上。　李仁儉：人名。籍貫不詳。後梁大臣。事見本

書本卷、卷一四七。　閤門：宫門名。原作“閣門”。唐代大明宫之正殿（宣政殿）、内殿（紫宸殿）以東、西上閤門相連，閤門遂爲外朝、内朝之分界。因設閤門使，掌内外通報、宣旨。五代、宋相沿設置閤門、閤門使。　大理卿：官名。爲大理寺長官。負責大理寺的具體事務，掌邦國折獄詳刑之事。從三品。　李保殷：人名。河南洛陽人。後梁、後唐大臣。傳見本書卷六八。　“癸酉”至“大理卿李保殷撰《刑律總要》十二卷”：《宋本册府》卷六一三《刑法部·定律令門五》。“癸酉”，《册府》缺，據《新五代史》卷二《梁太祖紀下》、《通鑑》卷二六七補。又，“是時”以下内容，《册府》中似爲注，“李保殷”之“殷”字據《輯本舊史》卷一四七《刑法志》補。

［7］虔州：州名。治所在今江西贛州市。　盧光稠：人名。南康（今江西贛州市南康區）人。唐末、五代軍閥。傳見《新唐書》卷一九〇、《新五代史》卷四一。　譚全播：人名。南康（今江西贛州市南康區）人。唐末、五代地方豪强。傳見《新五代史》卷四一。　韶州：州名。治所在今廣東韶關市。　延昌：人名。盧光稠之子。後爲叛將所殺。事見本書本卷。　鎮南：方鎮名。治所在洪州（今江西南昌市）。　留後：官名。爲節度使的子弟或親信，處理本藩鎮的軍政。　廖爽：人名。籍貫不詳。事見《通鑑》卷二六七、卷二六八。　“虔州刺史盧光稠疾病”至“延昌表其將廖爽爲韶州刺史”：《通鑑》卷二六七開平四年十二月丙寅條。

［8］柏鄉：縣名。治所即今河北柏鄉縣。　丁丑，王景仁等進軍柏鄉：《通鑑》卷二六七開平四年十二月丁丑條。

［9］兵部尚書：官名。尚書省兵部主官。掌兵衛、武選、車輦、甲械、厩牧之政令。正三品。　知貢舉：官名。唐始置，爲主持禮部會試的考官。　姚洎：人名。籍貫不詳。後梁宰相。事見本書卷四、卷八、《新五代史》卷三。　詞科：科舉名。指博學宏詞科。意在選拔博學、好文辭之人才。　“兵部尚書、知貢舉姚洎奏曰”至“從之”：《宋本册府》卷六四一《貢舉部·條制門三》。

［10］右諫議大夫：官名。隸中書省。唐代置左、右諫議大夫各四人，分隸門下省、中書省。掌諫諭得失、侍從贊相。正四品下。　盧協：人名。籍貫不詳。後梁大臣。事見本書本卷、卷一〇。　宸斷：皇帝的裁決、決斷。　“右諫議大夫盧協詣閤上表”至“物論嘉之”：《宋本册府》卷四六〇《臺省部·正直門》。

［11］晉州：州名。治所在今山西臨汾市。　汾西縣：縣名。治所在今山西汾西縣。　蔡奉言：人名。晉州汾西縣（今山西汾西縣）人。本書僅此一見。　李建：人名。籍貫不詳。事見本書本卷。　移貫：改變原先籍貫。　“晉州汾西縣百姓蔡奉言論本州遊奕將軍李建不法一十二事”至“因命奉言移貫内地”：《宋本册府》卷一九〇《閏位部·聰察門》。

［12］李振：人名。河西（甘肅武威市）人。後梁大臣。祖居西域，唐潞州節度使李抱真曾孫。祖、父在唐皆官郡守。傳見本書卷一八、《新五代史》卷四三。　建昌宫副使：官名。五代後梁太祖建國時設建昌院，後改稱建昌宫，掌管所轄境内財賦收入。其長官稱使，以宰相任之。副使即其副職。　以李振爲建昌宫副使：《會要》卷二四建昌宫使條。

乾化元年春正月丙戌朔，日有蝕之，帝素服避殿，百官守司以恭天事，明復而止。[1]制曰：“兩漢以來，日蝕地震，百官各上封事，指陳得失。蓋欲周知時病，盡達物情，用緝國章，以奉天誡。朕每思逆耳，罔忌觸鱗，將洽政經，庶開言路。況兹謫見，當有咎徵。其在列辟群臣，危言正諫，極萬邦之利害，致六合之殷昌。毗予一人，永建皇極。”[2]二日，日旁有祲氣，向背若環耳，崇政使敬翔望之曰：“兵可憂矣。”帝爲之旰食。是日，果爲晉軍及鎮、定之師所敗，都將十餘人被擒，餘衆奔潰。[3]王景仁及晋人戰于柏鄉，敗績。[4]庚寅，制曰："扈氏不恭，固難去戰；鬼方未服，尚或勞師。其蟻聚餘妖，狐鳴醜類，棄天常而拒命，據地險以偷生，言事討除，將期戡定。問罪止誅於元惡，挻災可憫於遺黎，每念傷痍，良深愧歎。應天兵所至之地，宜令將帥節級嚴戒軍伍，不得焚燒廬舍，開發丘墟，毀廢農桑，驅掠士女。使其背叛之俗，知予弔伐之心。"又制曰："戎機方切，國用未殷，養兵須藉於賦租，輓粟尚煩於力役。所在長吏，不得因緣徵發，自務貪求，苟有固違，必行重典。立法垂制，詳刑定科，傳之無窮，守而勿失。中書門下所奏新定格式律令，已頒下中外，各委所在長吏，切務遵行。盡革煩苛，皆除枉濫，用副哀矜之旨，無違欽恤之言。"[5]癸巳，詔徵陝州鎮國軍節度使楊師厚至京，見於崇勳殿。帝指授方畧，依前充北面都招討使，恩賚甚厚，使督軍進發。[6]己亥，晋王遣周德威、史建瑭將三千騎趣澶、魏，張承業、李存璋以步兵攻邢州，自以大軍繼之，移檄河北州縣，諭以利害。帝遣別將徐仁溥將兵千人，自西山夜入邢州，助王檀城守。己酉，罷王景仁招討使，落平章事。[7]以天文變異，司天監仇殷不時奏，罰兩月俸。[8]敕："許昌雄鎮，太保韓建，朕用之布政，民耕盗止，久居其位，庶可勝殘矣。宜令中書門下不計年月，勿議替移。"[9]

[1]乾化：後梁太祖朱温年號（911—912）。　素服：本色或白色的衣服。居喪或遭遇凶事時所穿。　避殿：皇帝離開正殿，多見於災異祈禳。　"乾化元年春正月丙戌朔"至"明復而止"：

《大典》卷二六三二爲“災”字韻“弭災（二）”事目。又見《册府》卷一九三《閏位部·弭災門》。“春”字據本紀四時記載之體例補。

[2]皇極：帝王統治天下的准則。即大中至正之道。語出《尚書·洪範》：“皇極，皇建其有極。”孔穎達疏：“皇，大也；極，中也。施政教，治下民，當使大得其中，無有邪僻。”　“制曰”至“永建皇極”：《大典》卷一六三七八“諫”字韻“求諫（三）”事目。“其在列辟群臣”，據中華書局本有校勘記：“‘在’，《册府》卷一九三作‘令’。‘臣’，《册府》卷一九三作‘僚’。”

[3]祲（jìn）氣：不祥之氣。　崇政使：官名。爲崇政院長官。備顧問，參謀議。五代後梁開平元年（907）改樞密院置崇政院，設院使、副使各一人。後唐同光元年（923）復改崇政院爲樞密院，崇政院使亦改爲樞密使。　敬翔：人名。同州馮翊（今陝西大荔縣）人。後梁大臣。傳見本書卷一八、《新五代史》卷二一。　旰食：指事務繁忙不能按時吃飯。　“二日”至“帝爲之旰食”：《大典》卷九三二四爲“祲”字韻。“向背若環耳”，《舊五代史考異》：“案：原本訛‘環爾’，今據《五代會要》改正。”

[4]王景仁及晋人戰于柏鄉，敗績：《新五代史》卷二《梁太祖紀下》。

[5]扈氏：族名。即有扈氏。相傳爲夏之諸侯。姒姓，啓之庶兄所封。禹傳位與啓，有扈氏不服，與啓戰於甘（今陝西西安市鄠邑區境），戰敗被滅。　鬼方：族名。殷周西北民族。《易·既濟》：“高宗伐鬼方，三年克之。”　挻（shān）災：招引災禍。　遺黎：苦難中的人民。　弔伐：吊民伐罪。指撫慰受害的百姓，討伐有罪的統治者。　戎機：戰事。　輓粟：飛芻輓粟的省稱。謂迅速運送糧草。　“庚寅”至“無違欽恤之言”：《宋本册府》卷一九一《閏位部·政令門》。“挻災可憫於遺黎”，中華書局本有校勘記：“‘挻’，原作‘挺’，據彭校、《册府》卷一九一改。”“輓粟尚煩於力役”，中華書局本有校勘記：“‘輓’，原作‘稅’，據《册

府》卷一九一改。”

[6]陝州：州名。治所在今河南三門峽市陝州區。　“癸巳”至“使督軍進發”：《宋本册府》卷一九九《閏位部·選將門》。“癸巳”，《册府》缺，據《新五代史》卷二、《通鑑》卷二六七補。

[7]晋王：封爵名。指李克用之子李存勗。　周德威：人名。朔州馬邑（今山西朔州市朔城區東北）人。唐末、五代河東將領。傳見本書卷五六、《新五代史》卷二五。　史建瑭：人名。雁門（今山西代縣）人。唐末、五代將領。傳見本書卷五五、《新五代史》卷二五。　澶：州名。唐、五代初，治所在今河南清豐縣。後晋天福四年（939），移治於今河南濮陽市。　魏：州名。治所在今河北大名縣。　張承業：人名。同州（今陝西大荔縣）人。唐末、五代宦官，河東監軍。傳見本書卷七二、《新五代史》卷三八。　李存璋：人名。雲中（今山西大同市）人。後唐將領。傳見本書卷五三、《新五代史》卷三六。　徐仁溥：人名。籍貫不詳。後梁將領。本書僅此一見。　王檀：人名。京兆（今陝西西安市）人。後梁將領。傳見本書卷二二、《新五代史》卷二三。　平章事：官名。即同中書門下平章事。唐高宗以後，凡實際任宰相之職者，常在其本官後加同平章事的職銜。後成爲宰相專稱。後梁沿置。　“己亥”至“落平章事”：《通鑑》卷二六七乾化元年（911）正月己亥、己酉條。

[8]以天文變異，司天監仇殷不時奏，罰兩月俸：《宋本册府》卷六二五《卿監部·廢黜門》。

[9]許昌：方鎮名。指忠武軍。治所在許州（今河南許昌市）。　韓建：人名。許州長社（今河南許昌市）人。唐末、五代軍閥。傳見本書卷一五、《新五代史》卷四〇。　“敕”至“勿議替移”：《會要》卷一一功臣條。《舊五代史考異》：“案《五代春秋》：二月，晋師侵魏州，楊師厚帥師援邢州，晋人還師。”

二月丙辰朔，帝御文明殿，群臣入閤。[1]己未，晋王至魏州，攻之，不克。庚申，以户部尚書李振爲天雄節度副使，命杜廷隱將兵千人衛之，自楊劉濟河，間道夜入魏州，助周翰城守。[2]壬戌，詔曰："東京舊邦，久不巡幸，宜以今月九日幸東都，扈從文武官委中書門下量閑劇處分。"宰臣上言曰："龍興天府，久望法駕，但陛下始康愈，未宜涉寒，願少留清蹕。"從之。[3]甲子，幸曜村民舍閲農事。[4]以蔡州順化軍指揮使王存儼權知軍州事。蔡人士習叛逆，刺史張慎思又哀斂無狀，帝追慎思至京，而久未命代。右厢指揮使劉行琮乘虚作亂，因縱火驅擁，爲渡淮計。存儼誅行琮而撫遏其衆，都將鄭遵與其下奉存儼爲主，而以衆情馳奏。時東京留守博王友文不先請，遂討其亂，兵至鄢陵，上聞之曰："誅行琮，功也，然存儼方懼，若臨之以兵，蔡必速飛矣。"遂馳使還軍，而擢授存儼，蔡人安之。[5]乙丑，周德威自臨清攻貝州，拔夏津、高唐；攻博州，拔東武、朝城。攻澶州，刺史張可臻棄城走，帝斬之。[6]庚午，幸白馬坡。[7]武安軍節度使馬殷進呈虔州刺史盧延昌牋表。虔州北支郡也，兵甚鋭，自得韶州，益强大，昇爲百勝軍使。始洪州之陷，盧光稠願收復使府，立功自效，上因兼授江西觀察留後。光稠卒，復命延昌領州事，方伯亦頗慰薦。楊渭遣人爲署爵秩，延昌佯受官牒，禮遣其使，因湖南自表其事曰："郡小寇迫，欲緩其奸謀，且開導貢路，非敢貳也。"以其僞制來自陳。上覽奏曰："我方有北事，不可不爾甚加撫卹。"尋兼授鎮南將軍節度使觀察留後，命使慰勞。[8]詔左右金吾大將軍、待制官各奏事。[9]泌州置善護寺。[10]敕："食人之食者憂人之事，況丞相尊位，參决大政，而堂封未給，且無餐錢，朕甚愧之。宜令日食萬錢之半。"[11]

[1]文明殿：宮殿名。位於今河南洛陽市。爲五代洛陽宮城的正殿，大朝會、大册拜等禮儀活動在此舉行。　二月丙辰朔，帝御文明殿，群臣入閤：《宋本册府》卷一九七《閏位部·朝會門》。

[2]魏州：州名。治所在今河北大名縣。　節度副使：官名。唐、五代方鎮屬官。位於行軍司馬之下、判官之上。　杜廷隱：人名。籍貫不詳。後梁將領。事見《通鑑》卷二六七。　楊劉：地名。黄河渡口。位於今山東東阿縣。唐、五代時爲黄河下游重鎮。　周翰：人名。即羅周翰。　"己未"至"助周翰城守"：《通鑑》卷二六七乾化元年（911）二月己未、庚申條。《宋本册府》卷四一四《將帥部·赴援門》亦載，文字略異。但《册府》僅載"戊午，晋軍圍魏州，軍於南門"，而未載己未事。

[3]清蹕：指帝王的車輦。　"壬戌"至"從之"：明本《册府》卷二〇五《閏位部·巡幸門》。《舊五代史考異》："案《五代會要》：二月，敕：'食人之食者憂人之事，況丞相尊位，參决大政，而堂封未給，且無餐錢，朕甚愧之。宜令日食萬錢之半。'"對《舊五代史考異》所引之"宜令日食萬錢之半"，中華書局本有校勘記："'日'字原闕，據《五代會要》卷一三補。"見《會要》卷一三中書門下條。

[4]曜村：地名。今地不詳。　甲子，幸曜村民舍閱農事：《宋本册府》卷一九八《閏位部·務農門》。又見同書卷二〇五《閏位部·巡幸門》。

[5]蔡州順化軍：州軍名。治所在今河南汝南縣。　指揮使：官名。唐末、五代軍隊、州軍多置都指揮使、指揮使，爲統兵將領。

王存儼：人名。後梁將領。事見《通鑑》卷二六七。　權知軍州事：官名。州軍級行政長官。　張慎思：人名。清河（今河北清河縣）人。唐末、五代將領。傳見本書卷一五。　右厢指揮使：官名。指揮使的屬官。　劉行琮：籍貫不詳。五代將領。本書僅此一見。　鄭遵：人名。籍貫不詳。本書僅此一見。　鄢陵：縣名。治所在今河南鄢陵縣。　"以蔡州順化軍"至"蔡人安之"：明本《册府》卷二一四《閏位部·權略門》。"右厢指揮使劉行琮乘虚作亂"，《輯本舊史》之影庫本粘籤："行琮，原本作'行踪'，今據《通鑑》改正。"見《通鑑》卷二六七乾化元年二月條。"都將鄭遵與其下奉存儼爲主"，中華書局本有校勘記："'都將'，原作'諸將'，據殿本、孔本、《册府》卷二一四改。"

[6]臨清：縣名。治所在今河北臨西縣。　貝州：州名。治所在今河北清河縣。　夏津：縣名。治所在今山東夏津縣。　高唐：縣名。治所在今山東高唐縣。　博州：州名。治所在今山東聊城市。　東武：地名。位於朝城縣（今山東莘縣）境内。　朝城：縣名。治所在今山東莘縣。　張可臻：人名。籍貫不詳。本書僅此一見。　"乙丑"至"帝斬之"：《通鑑》卷二六七乾化元年二月乙丑條。

[7]白馬坡：地名。位於今河南洛陽市。　庚午，幸白馬坡：明本《册府》卷二〇五《閏位部·巡幸門》。"白馬坡"，中華書局本有校勘記："《册府》卷二〇五同，本書卷三八《唐明宗紀》四作'白司馬陂'。《通鑑》卷一八二有'白司馬坂'，胡注：'白司馬坂在邙山北，邙山在洛城北，阪音反。'王鳴盛《商榷》卷九八云：'坡當作坂，唐酷吏侯思止傳：思止鞫誣告人反者，輒云急承白司馬。此因洛有白司馬坂，故用歇後語誘令承反也。'"

[8]武安軍：方鎮名。治所在潭州（今湖南長沙市）。　馬殷：人名。許州鄢陵（今河南鄢陵縣）人。五代十國南楚開國君主。傳見本書卷一三三、《新五代史》卷六六。　牋表：箋記、表章。　楊渭：人名。即楊隆演。廬州合淝（今安徽合肥市）人。楊行密之

子，楊渥之弟。五代時期吴國主。908 年至 920 年在位。傳見本書卷六一。　“武安軍節度使馬殷進呈虔州刺史盧延昌牋表”至“命使慰勞”：明本《册府》卷二一五《閏位部・招懷門》。“以其僞制來自陳”，《舊五代史考異》：“案：原本‘僞’訛‘爲’，今改正。”“尋兼授鎮南將軍節度使觀察留後”，中華書局本有校勘記：“《通鑑》卷二六七敘其事作‘以延昌爲鎮南留後’。按鎮南軍治洪州，此句疑衍‘將’‘使’二字。”

[9]左右金吾大將軍：官名。唐置，掌宫禁宿衛。正三品。待制官：唐代以文官六品以上更直待制，備顧問。　詔左右金吾大將軍、待制官各奏事：《宋本册府》卷一九一《閏位部・立法制門》。

[10]泌州：州名。治所在今河南唐河縣。　泌州置善護寺：《宋本册府》卷一九四《閏位部・崇釋老門》。

[11]堂封：宰相的封邑。　“敕”至“宜令日食萬錢之半”：《會要》卷一三中書門下條。中華書局本於本月條末附《舊五代史考異》：“案《九國志》：盧延昌歸命于吴，僞乞命于梁。”

三月乙酉朔，以天雄留後羅周翰爲節度使。[1]清海、静海節度使兼中書令南平襄王劉隱病亟，表其弟節度副使巖權知留後；丁亥卒，巖襲位。[2]辛卯，以久旱，令宰臣分禱靈跡，翌日，大澍雨。[3]丙申，幸甘水亭，召宰臣、翰林學士、尚書侍郎孔績已下八人扈從，宴樂甚歡。[4]戊戌，幸右龍虎軍，召文武官四品已上宴於新殿。[5]甲辰，幸左龍虎軍新殿，宴文武官四品已上。[6]岐王募華原賊帥温韜以爲假子，以華原爲耀州，美原爲鼎州。置義勝軍，以韜爲節度使，使帥邠、岐兵寇長安。詔感化節度使康懷貞、忠武節度使牛存節以同華、河中兵討之。己酉，懷貞等奏擊韜於車度，走之。[7]宗正卿朱遜、圖譜官朱損之進所撰《述天潢源派》二軸，各賜帛。[8]

[1]三月乙酉朔，以天雄留後羅周翰爲節度使：《通鑑》卷二六八乾化元年（911）三月乙酉條。

[2]清海：方鎮名。治所在廣州（今廣東廣州市）。　静海：方鎮名。治所在交州（今越南河内市）。　中書令：官名。漢代始置。隋、唐前期爲中書省長官，屬宰相之職；唐後期多爲授予元勳大臣的虚銜。正二品。　劉隱：人名。上蔡（今河南上蔡縣）人。五代十國南漢奠基者。傳見本書卷一三五、《新五代史》卷六五。　巖：人名。即劉巖，又名劉龑。上蔡（今河南上蔡縣）人。劉謙之子，劉隱之弟。五代十國南漢國建立者。傳見本書卷一三五、《新五代史》卷六五。　“清海、静海節度使兼中書令南平襄王劉隱病亟”至“巖襲位”：《通鑑》卷二六八乾化元年三月丁亥條。中華書局本沿《輯本舊史》記劉隱卒於五月末，作：“清海軍節度使、守侍中、兼中書令劉隱薨，輟朝三日，百僚詣閤門奉慰。”並引《舊五代史考異》：“案：劉隱卒，《五代會要》《五代春秋》俱作五月，惟《通鑑》作三月，與《薛史》異。”針對“清海軍節度使……百僚詣閤門奉慰”，中華書局本有校勘記：“以上二十七字原闕，據殿本補。按《册府》卷二一五無此句，事見《五代會要》卷六。”見《會要》卷六輟朝條。

[3]大澍雨：大暴雨。　“辛卯”至“大澍雨”：《大典》卷二五二一爲“齋”字韻。《大典》本條原作卷一五二一爲“齊”字韻，與内容不符，誤。又見《宋本册府》卷一九三《閏位部·弭災門》。

[4]甘水亭：地名。位於今河南洛陽市。　翰林學士：官名。由南北朝始設之學士發展而來，唐玄宗改翰林供奉爲翰林學士，備

顧問，代王言。掌拜免將相、號令征伐等詔令的起草。　尚書侍郎：官名。掌文書起草。　孔續：人名。籍貫不詳。後梁大臣。事見本書本卷、卷七。　“丙申”至“宴樂甚歡”：《宋本册府》卷一九七《閏位部·宴會門》。

[5]戊戌，幸右龍虎軍，召文武官四品已上宴於新殿：《宋本册府》卷一九七《閏位部·宴會門》。

[6]甲辰，幸左龍虎軍新殿，宴文武官四品已上：《宋本册府》卷一九七《閏位部·宴會門》。

[7]岐王：即李茂貞。深州博野（今河北蠡縣）人。唐末、五代軍閥。傳見本書卷一三二、《新五代史》卷四〇。　華原：縣名。治所在今陝西銅川市耀州區。　温韜：人名。京兆華原（今陝西銅川市耀州區）人。唐末李茂貞部將，五代後梁、後唐將領。傳見本書卷七三、《新五代史》卷四〇。　美原：縣名。位於今陝西富平縣美原鎮。　義勝軍：方鎮名。治所在耀州（今陝西銅川市耀州區）。　邠：州名。治所在今陝西彬縣。　岐：唐州名。治雍縣（今陝西鳳翔縣）。唐中後期稱鳳翔府，五代因之。此爲舊稱。　感化：方鎮名。後梁置。治所在華州（今陝西渭南市華州區）。　康懷貞：人名。兖州（今山東濟寧市兖州區）人。唐末、五代將領。後避後梁末帝朱友貞諱改懷英。傳見本書卷二三、《新五代史》卷二二。　忠武：方鎮名。治所在許州（今河南許昌市）。　牛存節：人名。青州博昌（今山東博興縣）人。唐末、五代將領。傳見本書卷二二、《新五代史》卷二二。　同華：方鎮名。治所在華州（今陝西渭南市華州區）。　河中：方鎮名。治所在河中府（今山西永濟市西南蒲州鎮）。　車度：地名。在今陝西蒲城縣東南四十里車杜村。　“岐王募華原賊帥温韜以爲假子”至“走之”：《通鑑》卷二六八乾化元年三月己酉條。

[8]宗正卿：官名。秦始置宗正，南朝梁始有宗正卿之官。由宗室充任。掌皇族外戚屬籍。正三品。　朱遜：人名。籍貫不詳。本書僅此一見。　圖譜官：官名。唐宗正寺置，掌官修氏族譜牒和

皇室宗譜，亦稱知圖譜官、修圖譜官。　朱損之：人名。籍貫不詳。本書僅此一見。　宗正卿朱遜、圖譜官朱損之進所撰《述天潢源派》二軸，各賜帛：《宋本册府》卷六二一《卿監部·司宗門》。

夏四月丁卯，幸龍門，召宰臣、學士、金吾上將軍、大將軍侍宴廣化寺。[1]壬申，契丹遣使朝貢。[2]丙子，復憫雨，命宰臣分往嵩、華祈禱。[3]丁丑，幸宣威殿，宴文武官四品已上及軍使、蕃客。己卯，又幸左龍虎軍，宴羣臣。[4]詔曰："邠、岐未滅，關隴多虞，宜擇親賢，總兹戎重。應關西同、雍、華、鄜、延、夏等六道兵馬，并委冀王收管指揮。凡有抽差，先申西面都招討使，仍别奏聞，庶合機權，以寧邊鄙。"[5]制命兩浙節度使錢鏐守尚書令兼淮南宣歙等道四面行營都統，增食邑二千户、實封一百户。[6]

[1]龍門：地名。位於今河南洛陽市。　金吾上將軍：官名。即金吾衛上將軍。唐置，掌宫禁宿衛。十六衛之一。從二品。　大將軍：官名。指金吾衛大將軍。唐置，掌宫禁宿衛。正三品。　"夏四月丁卯"至"賜物有差"：《宋本册府》卷一九七《閏位部·宴會門》《慶賜門》。明本《册府》卷二〇五《閏位部·巡幸門》亦載，文字略異。"夏"字據本紀四時記載體例補。"龍門"，《輯本舊史》原作"龍虎門"，中華書局本有校勘記："據《册府》（宋本）卷一九七改。"

[2]契丹：古部族、政權名。公元4世紀中葉宇文部爲前燕攻破，始分離而成單獨的部落，自號契丹。唐貞觀中，置松漠都督府，以其首領爲都督。唐末强盛，916年迭剌部耶律阿保機建立契丹國（遼）。先後與五代、北宋並立，保大五年（1125）爲金所

滅。參見張正明《契丹史略》，中華書局 1979 年版。　壬申，契丹遣使朝貢：《宋本册府》卷九七二《外臣部·朝貢門五》。“壬申”據《新五代史》卷二《梁太祖紀下》補。

[3]嵩：山名。即嵩山。　華：山名。即華山。　丙子，復憫雨，命宰臣分往嵩、華祈禱：《宋本册府》卷一九三《閏位部·弭災門》。

[4]軍使：官名。掌領本軍軍務，兼理地方政務。　蕃客：古代對外國商旅的泛稱。　“丁丑”至“又幸左龍虎軍，宴羣臣”：《宋本册府》卷一九七《閏位部·宴會門》。

[5]關隴：地區名。指關中和甘肅東部一帶地區。　關西：潼關以西。　雍：州名。治所在今陝西西安市。　夏州：州名。治所在今陝西靖邊縣。　冀王：封爵名。即朱友謙。許州（今河南許昌市）人。朱温養子，唐末、五代軍閥。傳見本書卷六三、《新五代史》卷四五。　“詔曰”至“以寧邊鄙”：明本《册府》卷二六九《宗室部·將兵門》。

[6]兩浙：地區名。浙東、浙西的合稱。泛指今浙江全省及江蘇南部一角。　錢鏐：人名。臨安（今浙江杭州市）人。五代時期吴越國的建立者。傳見本書卷一三三、《新五代史》卷六七。　淮南：方鎮名。治所在揚州（今江蘇揚州市）。　宣：州名。治所在今安徽宣城市。　歙：州名。治所在今安徽歙縣。　行營都統：官名。唐末設諸道行營都統、副都統，作爲各道出征兵士的正、副統帥。　食邑：即封地、封邑。食邑之名，蓋取受封者不之國，僅食其租税之意。　實封：古代名義上封賜給功臣貴戚食邑的户數與實際封賞數往往不符，實際上賜與的封户叫實封。　“制命兩浙節度使錢鏐”至“實封一百户”：《吴越備史》卷一《武肅王下》。

五月甲申朔，帝被冕旒御朝元殿視朝，仗衛如式。制改開平五年爲乾化元年，大赦天下。[1]制曰：“諸道節度使錢鏐、張宗奭、馬殷、王審知、劉隱各賜一子六品正員官，高季昌賜一子八品正員官，賀德倫賜一子九品正員官。”[2]詔方伯州牧，近未加恩者并遷爵秩。復大賚軍旅，溥宴于宣威殿，賜帛各有差。[3]壬辰，宴河南尹、翰林學士、軍使於宣威殿。[4]癸巳，觀稼於伊水，登建春門，幸會節坊張宗奭私第，臨亭皋視物色，賞賜甚厚。[5]甲辰，以清海節度副使劉陟爲節度使。[6]制封延州節度使高萬興爲渤海郡王。[7]詔左、右銀臺門朝參，諸司使庫使已下，不得帶從人出入，親王許一二人執條床、手簡，餘悉止門外，闌入者抵律。閽守不禁，與所犯同。先時，通内無門籍，且多勳戚，車騎衆者，尤不敢呵察。至是有以客星淩犯上言者，遂令止隔。[8]詔曰："闈是正門也，宜以時開閉，用達陽氣。委皇城使準例檢校啓門，車駕出則闔扉。"[9]

[1]冕旒：古代天子、諸侯及卿大夫的禮冠。相傳爲周制。東漢定其形制：天子之冕十二旒，三公、諸侯九旒，卿、大夫五旒。大祭祀時服。南北朝後，爲皇帝專用。參見林劍鳴、吴永琪主編《秦漢文化史大辭典》，漢語大詞典出版社 2002 年版，第 706 頁。　"五月甲申朔"至"大赦天下"：《大典》卷五一四九爲"元"字韻"改元（二）"事目。

[2]張宗奭：人名。濮州臨濮（今山東鄄城縣臨濮鎮）人。唐末、五代將領。傳見本書卷六三、《新五代史》卷四五。　王審知：人名。光州固始（今河南固始縣）人。五代十國閩國建立者。909 年至 925 年在位。傳見本書卷一三四、《新五代史》卷六八。　高季昌：人名。陜州硤石（今河南三門峽市陝州區硤石鄉）人。五代十國南平（荆南）開國君主。傳見本書卷一三三、《新五代史》卷

六九。　賀德倫：人名。唐末、五代將領。其先係河西部落人，後居滑州（今河南滑縣）。傳見本書卷二一、《舊五代史》卷四四。　“制曰”至“賀德倫賜一子九品正員官”：明本《册府》卷二一〇《閏位部·延賞門》。

［3］“詔方伯州牧”至“賜帛各有差”：《宋本册府》卷一九七《閏位部·慶賜門》。

［4］河南尹：官名。唐開元元年（713）改洛州爲河南府，治所在今河南洛陽市，河南府尹總其政務。從三品。　壬辰，宴河南尹、翰林學士、軍使於宣威殿：《宋本册府》卷一九七《閏位部·宴會門》。

［5］建春門：城門名。位於今河南洛陽市。　會節坊：坊名。位於今河南洛陽市。　“癸巳”至“賞賜甚厚”：明本《册府》卷二〇五《閏位部·巡幸門》。

［6］劉陟：人名。初名劉巖，後改名劉龑。五代十國南漢建立者。傳見本書卷一三五、《新五代史》卷六五。　甲辰，以清海節度副使劉陟爲節度使：《通鑑》卷二六八乾化元年（911）五月甲辰條。

［7］高萬興：人名。河西（今甘肅武威市）人。五代將領，高懷遷之子。傳見本書卷一三二、《新五代史》卷四〇。　制封延州節度使高萬興爲渤海郡王：《宋本册府》卷一九六《閏位部·封建門》。

［8］左、右銀臺門：宫墻門。據《唐六典》，大明宫宣政殿東墻有左銀臺門，西墻有右銀臺門。此處指洛陽後梁禁中的宫墻門。參見楊鴻年《隋唐宫廷建築考》，陝西人民出版社 1992 年版，第 377 頁。　諸司使庫使：官名。宫廷服務機構官員的統稱。唐後期始置，多以宦官充任。五代改用武官。宋初尚有實任者，後多不領本職，僅爲遷轉之階。　手簡：書牘；手書。　客星淩犯：又稱客星犯。兩個天體之間的距離很近，其光芒可以相及時稱“犯”。《晋書·天文志》：“客星犯紫宫中坐，大臣犯主。”參見徐振韜主編《中國古代天文學詞典》，中國科學技術出版社 2009 年版，第 124

頁。　“詔”至“遂令止隔”：《宋本册府》卷一九一《閏位部·立法制門》。“左右銀臺門”，中華書局本有校勘記：“‘右’字原闕，據《册府》卷一九一、《五代會要》卷五補。”見《會要》卷五雜録條。“不得帶從人出入”，中華書局本有校勘記：“‘出入’，原作‘入城’，據《册府》卷一九一、《五代會要》卷五改。”“通内無門籍”，中華書局本有校勘記：“‘通’上原有‘門’字，據《册府》（宋本）卷一九一删。”

[9]闈：皇宫的正門。　“詔曰”至“車駕出則闔扉”：《會要》卷二四皇城使條。

六月乙卯，命北面都招討使、鎮國軍節度使楊師厚出屯邢、洺。[1]丁巳，鎮、定鈔我湯陰，詔曰：“常山背義，易水傚尤，誘其蕃戎，動我邊鄙，南侵相、魏，東出邢、洺，是用遣將徂征，爲人除害。但初頒赦令，不欲食言，宥而伐之，諒非獲已。況聞謀始，不自帥臣，致此厲階，並繇姦佞。密通人使，潛結犬戎，既懼罪誅，乃生離叛。今雖行討伐，已舉師徒，亦開詔諭之門，不阻歸降之路。矧又王鎔、處直未曾削爵除名，若翻然改圖，不遠而復，必仍舊貫，當保前功。如有率衆向明，拔州效順，亦行殊賞，冀狥來情，免令受弊於疲民，用示惟新於污俗。宜令行營都招討使及陳暉軍前，准此敕文，散加招諭。將安衆懼，特舉明恩。鎮州只罪李弘規一人，其餘一切不問。”[2]詔修天宫佛寺。又湖南奏，潭州僧法思、桂州僧歸真並乞賜紫衣。可之。[3]以劉守光爲河北道採訪使，遣閤門使王曈、受旨史彦群，册命之。命楊師厚將兵三萬屯邢州。[4]

[1]六月乙卯，命北面都招討使、鎮國軍節度使楊師厚出屯邢、洺：明本《册府》卷二一五《閏位部·招懷門》。“邢洺”，《册府》原作“邢雒”，“雒”即“洛”，但據文意應爲“洺”。

[2]湯陰：縣名。治所在今河南湯陰縣東。　常山：古郡名。鎮州之别稱。此處借指位於鎮州的王鎔。　易水：河流名。發源於河北易縣，流入白洋淀。此處借指位於定州的王處直。　厲階：禍端。　犬戎：古族名。戎人的一支。舊時對少數民族的蔑稱。此處指沙陀李存勗勢力。　陳暉：人名。籍貫不詳。唐末、五代將領。事見本書本卷、卷五。　李弘規：人名。籍貫不詳。唐末、五代宦官。事見本書卷五四、卷六二。　“丁巳”至“其餘一切不問”：《宋本册府》卷二一五《閏位部·招懷門》。“湯陰”，《舊五代史考異》：“案：原本作‘蕩陰’，今從《通鑑》及《歐陽史》改正。”“潛結犬戎”，中華書局本沿《輯本舊史》作“潛結沙陁”。“當保前功”，中華書局本有校勘記：“‘前’，原作‘全’，據彭校、《册府》卷二一五改。”

[3]潭州：州名。治所在今湖南長沙市。　法思：人名。五代僧人。本書僅此一見。　桂州：州名。治所在今廣西桂林市。　歸真：人名。五代僧人。本書僅此一見。　紫衣：紫色袈裟或上衣。朝廷賜僧人紫色僧衣，以示寵貴。　“詔修天宫佛寺”至“可之”：《宋本册府》卷一九四《閏位部·崇釋道門》。“可之”，中華書局本沿《輯本舊史》作“從之”。

[4]劉守光：人名。深州樂壽（今河北獻縣）人。唐末盧龍節度使劉仁恭之子。劉守光囚父殺兄自立，後號大燕皇帝，爲晋王李存勗俘殺。傳見本書卷一三五、《新五代史》卷三九。　河北道：道名。唐貞觀十道、開元十五道之一。開元以後治魏州（今河北大名縣）。轄境相當於今北京、天津，河北、遼寧大部，河南、山東古黄河以北地區。　採訪使：官名。唐玄宗開元二十一年（733）置十五道採訪使，唐肅宗乾元元年（758）改爲觀察使。無旌節，故地位低於節度使。掌一道州縣官的考績及民政。　閤門使：官

名。唐代中期始置，掌供朝會、贊引百官。初以宦官充任，五代改用武階。　王瞳：人名。籍貫不詳。五代官員。事見本書本卷。　史彦群：人名。籍貫不詳。五代官員。事見本書本卷。　“以劉守光爲河北道採訪使”至“命楊師厚將兵三萬屯邢州”：《通鑑》卷二六八乾化元年（911）六月條。

秋七月，帝不豫，稍厭秋暑。自辛丑幸會節坊張宗奭私第，宰臣視事於歸仁亭子，崇政使、内諸司及翰林院並止於河南令廨署，至甲辰，復歸大内。[1]光禄卿李翼坐進廟胙色敗，有詔罰兩月俸。[2]封保義節度使王檀爲瑯琊郡王。[3]

[1]内諸司：官署名。唐宋禁内各官署機構的統稱，長官統稱諸司使。參見顔品忠等主編《中華文化制度辭典》，中國國際廣播出版社 1998 年版，第 147 頁；唐長孺《唐代的内諸司使及其演變》，《山居存稿》，中華書局 1989 年版。　翰林院：官署名。始創於唐朝。主要集結各類文學、醫卜、方伎、書畫方面的人才，伴隨皇帝，爲非正式官署。唐玄宗分出翰林學士院，負責爲皇帝起草詔旨，爲機要之司。前者主要爲内廷供奉機構。五代因之。　“秋七月”至“復歸大内”：明本《册府》卷二〇五《閏位部·巡幸門》。《五代史闕文》引《梁史》：“上不豫，厭秋暑，幸宗奭私第數日，宰臣視事於仁岐亭，崇政使諸司並止于河南令廨署。”與《册府》略同。“秋”字據本紀四時記載之體例補。

[2]光禄卿：官名。南朝梁天監七年（508）改光禄勳置，隋唐沿置。掌宫殿門户、帳幕器物、百官朝會膳食等。從三品。　李翼：人名。籍貫不詳。五代大臣。事見本書本卷。　胙（zuò）：祭祀時供的肉。　光禄卿李翼坐進廟胙色敗，有詔罰兩月俸：《宋本册府》卷六二五《卿監部·廢黜門》。

[3]保義：方鎮名。治所在陝州（今河南三門峽市陝州區）。封保義軍節度使王檀爲瑯琊郡王：《宋本册府》卷一九六《閏位部·封建門》。

八月庚申，幸保寧殿，閱天興、控鶴兵事，軍使、將校各有賜。[1]癸亥，詔宰臣、文武百寮宴於河南府。[2]老人星見。[3]甲子，劉守光即皇帝位，國號大燕，改元應天。以梁使王瞳爲左相，盧龍判官齊涉爲右相，史彦群爲御史大夫。[4]戊辰，幸故上陽宫，至於榆林觀稼。[5]渤海國遣使朝賀，且獻方物。[6]丙子，閱四蕃將軍及親衛兵士於天津橋，南至龍門廣化寺。[7]戊寅，幸興安鞠場大教閱，帝自指麾，無不踴抃，坐作進退，聲振宫掖。右神武統軍丁審衢對御，以紅帛囊劍，擬乘輿物，帝曰："宿將也。"恕之，以劉重霸代其任。[8]

[1]天興：禁軍名。後梁置。《五代會要》卷一二京城諸軍條記後梁開平元年（907）九月置左右天興軍，以親王爲軍使。"八月庚申"至"軍使、將校各有賜"：明本《册府》卷二一四《閏位部·訓兵門》。

[2]癸亥，詔宰臣、文武百寮宴於河南府：《宋本册府》卷一九七《閏位部·宴會門》。

[3]老人星：南部天空一顆光度較亮的二等星。又名"壽星"。現代天文學稱船底座α星，亮度在恒星中僅次於天狼星。《史記·天官書》："狼比地有大星，曰南極老人。老人見，治安；不見，兵起。"張守節正義："老人一星，在弧南，一曰南極，爲人主占壽命延長之應。"　老人星見：《宋本册府》卷二〇二《閏位部·祥瑞門二》。

[4]盧龍：方鎮名。治所在幽州（今北京市）。　判官：官名。爲長官的佐吏，協理政事，或備差遣。　齊涉：人名。籍貫不詳。劉守光僚屬。本書僅此一見。　御史大夫：官名。秦始置，與丞相、太尉合稱三公。至唐代，在御史中丞之上設御史大夫一人，爲御史臺長官，專掌監察、執法。正三品。　"甲子"至"史彦群爲御史大夫"：《通鑑》卷二六八乾化元年（911）八月甲子條。

[5]上陽宫：宫城名。位於今河南洛陽市。　榆林：地名。即榆林坡。位於今河南洛陽市一帶。　戊辰，幸故上陽宫，至於榆林觀稼：明本《册府》卷二〇五《閏位部·巡幸門》。又見《宋本册府》卷一九八《閏位部·務農門》。

[6]渤海：唐時靺鞨等族所建政權名。武則天聖曆元年（698）粟末靺鞨首領大祚榮建立政權。唐玄宗先天二年（713），唐派崔忻封大祚榮爲左驍衛大將軍、渤海郡王，設置忽汗州，加授大祚榮爲忽汗州都督，從此其政權即以渤海爲號。傳見本書卷一三八、《新五代史》卷七四。　渤海國遣使朝賀，且獻方物：《宋本册府》卷九七二《外臣部·朝貢門五》。

[7]天津橋：橋名。位於今河南洛陽市。　"丙子"至"南至龍門廣化寺"：《册府》卷二一四《閏位部·訓兵門》。"閱四蕃將軍及親衛兵士於天津橋"，中華書局本有校勘記："'及親衛'，原作'屯衛'，據《册府》卷二一四改。"

[8]右神武統軍：官名。唐、五代右神武軍統兵官。至德二載（757）唐肅宗置禁軍，也叫神武天騎，分爲左、右神武天騎及左、右羽林，左、右龍武等六軍，稱"北衙六軍"。從二品。　丁審衢：人名。籍貫不詳。五代將領。事見本書本卷、卷七。　劉重霸：人名。籍貫不詳。五代將領。事見本書本卷、卷四、卷九、卷一三。　"戊寅"至"以劉重霸代其任"：明本《册府》卷二〇九《閏位部·寬恕門》。《輯本舊史》之影庫本粘籤："右神武統軍，原本'右'作'立'，今據《通鑑》改正。"《通鑑》未見。

九月辛巳朔，帝御文明殿，群臣入閤，刑法待制官各奏事。[1]己丑，宴群臣於興安殿。[2]帝疾稍愈，聞晋、趙謀入寇，自將拒之。戊戌，以張宗奭爲西都留守。[3]庚子，親御六師，次於河陽。[4]甲辰，至於衛州。乙巳，至於宜溝，幸民劉達墅。[5]丙午，至相州。[6]賞左親騎指揮使張仙、右雲騎指揮使宋鐸，嘗身先陷陣，各賜帛。[7]相州刺史李思安不意帝猝至，落然無具，坐削官爵。[8]

[1]九月辛巳朔，帝御文明殿，群臣入閤，刑法待制官各奏事：《宋本册府》卷一九七《閏位部·朝會門》。

[2]己丑，宴群臣於興安殿：《宋本册府》卷一九七《閏位部·宴會門》。

[3]“帝疾稍愈”至“以張宗奭爲西都留守”：《通鑑》卷二六八乾化元年（911）九月戊戌條。

[4]庚子，親御六師，次於河陽：明本《册府》卷二〇五《閏位部·巡幸門》。

[5]衛州：州名。治所在今河南衛輝市。　宜溝：地名。位於今河南湯陰縣宜溝鎮。　劉達：人名。籍貫不詳。本書僅此一見。“甲辰”至“幸民劉達墅”：明本《册府》卷二〇五《閏位部·巡幸門》。

[6]丙午，至相州：明本《册府》卷二〇五《閏位部·巡幸門》。

[7]左親騎指揮使：官名。禁軍統兵官。　張仙：人名。後梁將領。籍貫不詳。事見本書本卷。　右雲騎指揮使：官名。禁軍統兵官。　宋鐸：人名。後梁將領。籍貫不詳。事見本書本卷。“賞左親騎指揮使張仙”至“各賜帛”：明本《册府》卷二一〇

《閏位部·明賞門》。

[8]落然：荒廢。　相州刺史李思安不意帝猝至，落然無具，坐削官爵：《通鑑》卷二六八乾化元年九月丙午條。

冬十月辛亥朔，駐蹕於相州，宰臣洎文武從官並詣行宫起居。户部郎中孔昌序齎留都百官冬朔起居表至自西京，諸道節度使、刺史、諸藩府留後各以冬朔起居表來上。制以郢王友珪充控鶴指揮使，諸軍都虞候閻寶爲御營使。[1]有司以立冬太廟薦饗上言，詔丞相杜曉赴西都攝祭行事。[2]左龍驤都教練使鄧季筠、魏博馬軍都指揮使何令稠、右廂馬軍都指揮使陳令勳，以部下馬瘦，並腰斬於軍門。[3]癸丑，閲武於州闉之南樓。[4]甲寅，將以其夕幸魏縣，命閤門使李郁報宰臣，兼敕内外。是夜，車駕發軔於都署。乙卯，次洹水。丙辰，至魏縣。[5]先鋒指揮使黄文靖伏誅。[6]己未，帝御朝元門，以回鶻、吐蕃二大國首領入覲故也。[7]癸亥，令諸軍指揮使及四蕃將軍賜食於行宫之外廡。[8]戊辰，幸邑西之白龍潭以觀魚焉。既而漁人獲巨魚以獻，帝命放之中流，從臣以帝有仁惻之心，皆相顧欣然，是日名其潭曰萬歲潭。[9]丙子，帝御城東教場閲兵，諸軍都指揮、北面招討使、太尉楊師厚總領鐵馬步甲十萬，廣亘十數里陳焉。士卒之雄鋭，部隊之嚴肅，旌旗之雜遝，戈甲之照耀，屹若山嶽，勢動天地，帝甚悦焉。即命丞相洎文武從臣列侍賜食，逮晚方歸。[10]密州奏助軍絹二千匹，青州節度使進絹五千匹，兖州進絹三千匹。[11]

[1]起居：指大臣朝見皇帝。　户部郎中：官名。唐始置。即尚書省户部頭司户部司長官。掌户口、土田、賦役、貢獻、優復、婚姻、繼嗣等事。從五品上。　孔昌序：人名。籍貫不詳。後梁官員。事見本書本卷。　諸軍都虞候：官名。唐、五代禁軍高級統兵官。　閻寶：人名。鄆州（今山東東平縣）人。後梁、後唐將領。傳見本書卷五九、《新五代史》卷四四。　御營使：官名。五代皇帝多親自率兵征戰，故設御營使負責行營守衛，多由親信將領、寵臣充任。　"冬十月辛亥朔"至"諸軍都虞候閻寶爲御營使"：明本《册府》卷二〇五《閏位部·巡幸門》。《輯本舊史》之影庫本粘籤："相州，原本作'湘州'，今據《歐陽史》改正。"見《新五代史》卷二《梁太祖紀下》。"冬"字據本紀四時記載之體例補。

[2]太廟：又稱大廟。祭祀帝王祖宗之廟，即祖廟。　薦饗：祭獻。　杜曉：人名。京兆杜陵（今陜西西安市）人。祖、父皆爲唐宰相。傳見本書卷一八、《新五代史》卷三五。　有司以立冬太廟薦饗上言，詔丞相杜曉赴西都攝祭行事：《宋本册府》卷一八九《閏位部·奉先門》。

[3]左龍驤都教練使：官名。掌禁軍左龍驤軍之軍事訓練。　鄧季筠：人名。宋州下邑（今河南夏邑縣）人。後梁將領。傳見本書卷一九。　魏博馬軍都指揮使：官名。魏博軍鎮馬軍統兵官。　何令稠：人名。籍貫不詳。後梁將領。事見本書本卷。　右厢馬軍都指揮使：官名。禁軍右厢馬軍統兵官。　陳令勳：籍貫不詳。後梁將領。事見本書本卷。　"左龍驤都教練使鄧季筠"至"並腰斬於軍門"：《通鑑》卷二六八乾化元年（911）十月條胡注引《薛史》。

[4]闉（yīn）：甕城的門。　癸丑，閱武於州闉之南樓：明本《册府》卷二一四《閏位部·訓兵門》。

[5]魏縣：縣名。治所在今河北魏縣。　李郁：人名。籍貫不詳。五代官員。傳見本書卷九六。　洹水：縣名。治所在今河北魏縣西南。因境有洹水，故名。　"甲寅"至"至魏縣"：明本《册

府》卷二〇五《閏位部·巡幸門》。“命閤門使李郁報宰臣”，《舊五代史考異》：“案：原本李郁下衍‘寶’，今據《列傳》刪正。”見《輯本舊史》卷九六《李郁傳》。“是夜”，中華書局本有校勘記：“原作‘丙寅夜’，據殿本改。按是月辛亥朔，甲寅爲初四，丙寅爲十六日，乙卯爲初五，丙寅不應在乙卯前。上文云‘甲寅，將以其夕幸魏縣’，則此當即是日之夜。”

［6］先鋒指揮使：官名。先鋒，即先鋒部隊。指揮使，爲所部統兵將領。　黄文靖：人名。單州金鄉（今山東金鄉縣）人。唐末、五代將領。傳見本書卷一九。　先鋒指揮使黄文靖伏誅：《通鑑》卷二六八乾化元年十月條胡注引《薛史》。“先鋒指揮使”，中華書局本有校勘記：“原作‘先鋒將’，據《通鑑》卷二六八胡注引《薛史·本紀》改。”

［7］朝元門：城門名。位於今河北魏縣。　回鶻：部族、政權名。又作回紇。原係突厥鐵勒部的一支。唐天寶三載（744）建立回紇汗國，8世紀末、9世紀初，回鶻與吐蕃争奪北庭和安西並最終取勝，統治西域。9世紀中葉，回鶻汗國瓦解。參見楊蕤《回鶻時代：10—13世紀陸上絲綢之路貿易研究》，中國社會科學出版社2015年版。　吐蕃：唐時青藏高原地區的藏族部落政權。參見才讓《吐蕃史稿》，人民出版社2010年版。　己未，帝御朝元門，以回鶻、吐蕃二大國首領入覲故也：《宋本册府》卷一九七《閏位部·朝會門》。據中華書局本有校勘記：“《册府》卷一九七作‘十月乙未’。《新五代史》卷二《梁太祖紀》繫其事於十一月乙未，《册府》（宋本）卷九七二、《五代會要》卷二八、卷三〇均繫其事於十一月。按十月辛亥朔，無乙未；十一月辛巳朔，乙未爲十五日。《舊五代史考異》卷一：‘案己未，《歐陽史》作乙未。’”見《宋本册府》卷九七二《外臣部·朝貢門五》、《會要》卷二八回鶻條、卷三〇吐蕃條。

［8］癸亥，令諸軍指揮使及四蕃將軍賜食於行宫之外廡：《宋本册府》卷一九七《閏位部·宴會門》。

[9]白龍潭：湖泊名。位於今河北魏縣。　“戊辰”至“名其潭曰萬歲潭”：《大典》卷一六一二爲“魚”字韻“魚異”事目。

[10]北面招討使：官名。不常置，爲一路或數路地區統兵官。掌招撫討伐等事務。兵罷則省。　太尉：官名。與司徒、司空並爲三公，唐後期、五代多爲大臣、勳貴加官。正一品。　“丙子”至“逮晚方歸”：明本《册府》卷二一四《閏位部·訓兵門》。

[11]密州：州名。治所在今山東諸城市。　兖州：州名。治所在今山東濟寧市兖州區。　密州奏助軍絹二千匹，青州節度使進絹五千匹，兖州進絹三千匹：《宋本册府》卷四八五《邦計部·濟軍門》。

十一月辛巳朔，上駐蹕魏縣，從官自丞相而下並詣行宫起居，留都文武百官及諸道節度使、防禦使、刺史、諸藩府留後，各奉表起居。壬午，帝以邊事稍息，宣命還京師。車駕發自行闕，夕次洹水縣。癸未，(至)内黄縣。甲申，至黎陽縣。乙酉，命從官丞相而下宴於行次。丁亥，次衛州。戊子晨，次新鄉，夕止獲嘉。己丑，次武陟。庚寅，次温縣。[1]延州節度使高萬興奏，當軍都指揮使高萬金統領兵士，今月五日收鹽州，僞刺史高行存泥首來降。丞相及文武百官各上表稱賀。[2]辛卯，次孟州，留都文武官左僕射楊涉洎孟州守李周彝等，皆匍匐東郊迎拜，其文武官並令先還。[3]命散騎常侍孫騭、右諫議大夫張衍、光禄卿李翼各齎香合、祝版，告祭於孟津之望祠。[4]壬辰，詰旦離孟州，晚至都，疾復作。[5]宣宰臣各赴望祠禱雨。故事，皆以兩省無功職事爲之，帝憂民重農，尤以足食足兵爲念，爰自御極，每愆陽積陰，多命丞相躬其事。辛丑，大雨雪，宰臣及文武師長各奉表賀焉。[6]丙午，以回鶻都督周易言爲右監門大將軍同正，弟略李麥之、石壽兒、石論斯並左千牛將軍同正；李屋列殊、安鹽山並右千牛將軍同正。吐蕃嗢末首領杜論没悉伽、杜論心並左領軍衛將軍同正；嗢末蘇論乞禄右領軍衛將軍同正。[7]

[1]内黄縣：縣名。治所在今河南内黄縣。　黎陽縣：縣名。治所在今河南浚縣東北。　新鄉：縣名。治所在今河南新鄉市。　獲嘉：縣名。治所在今河南獲嘉縣。　武陟：縣名。治所在今河南武陟縣。　温縣：縣名。治所在今河南温縣。　"十一月辛巳朔"至"次温縣"：明本《册府》卷二〇五《閏位部·巡幸門》。《舊五代史考異》："案《通鑑》：帝以夾寨、柏鄉屢失利，故力疾北巡，思一雪其耻，意鬱鬱，多躁忿，功臣宿將往往以小過被誅，衆心益懼。既而晋、趙兵不出。十一月壬午，帝南還。"

[2]高萬金：人名。河西（今甘肅武威市）人。高萬興之弟。事見本書卷一三二。　鹽州：州名。治所在今陝西定邊縣。　高行存：人名。籍貫不詳。五代將領。本書僅此一見。　"延州節度使高萬興奏"至"丞相及文武百官各上表稱賀"：明本《册府》卷四三五《將帥部·獻捷門二》。

[3]孟州：州名。治所在今河南孟州市。　左僕射：官名。秦始置。隋、唐前期，以左、右僕射佐尚書令總理六官、綱紀庶務；如不置尚書令，則總判省事，爲宰相之職。唐後期多爲大臣加銜。從二品。　楊涉：人名。同州馮翊（今陝西大荔縣）人。唐宰相楊收之孫，吏部尚書楊嚴之子。唐哀帝時拜中書侍郎、同中書門下平章事。傳見《新五代史》卷三五。　李周彝：人名。籍貫不詳。唐末、五代將領。事見本書本卷、卷二、卷九、卷一九、卷二一、卷二三。　"辛卯"至"其文武官並令先還"：明本《册府》卷二〇

五《閏位部·巡幸門》。

[4]散騎常侍：官名。曹魏始置。唐宋散騎常侍分左右，左屬門下省，右屬中書省。掌侍奉規諷，備顧問應對。正三品下。　孫騭：人名。滑臺（今河南滑縣）人。唐末、後梁官員。傳見本書卷二四。　張衍：人名。濮州臨濮（今山東鄄城縣臨濮鎮）人。張宗奭之子。唐末、後梁官員。傳見本書卷二四。　香合：盛香之盒。　祝版：書寫祝文的木版、紙版等，祭祀時所用。　孟津：地名。位於今河南洛陽市孟津縣。　"命散騎常侍孫騭"至"告祭於孟津之望祠"：《宋本册府》卷一九三《閏位部·崇祀門》。中華書局本有校勘記："'合'字原闕，據《册府》卷一九三補。"

[5]壬辰，詰旦離孟州，晚至都，疾復作：明本《册府》卷二〇五。"疾復作"據《通鑑》卷二六八補。

[6]"宣宰臣各赴望祠禱雨"至"宰臣及文武師長各奉表賀焉"：《宋本册府》卷一九三《閏位部·弭災門》。《輯本舊史》之影庫本粘籤："望祠，原本作'望詞'，據文改正。"

[7]周易言：人名。甘州回鶻人。甘州回鶻都督。事見本書本卷、卷一三八。　右監門大將軍：官名。唐置，掌宫禁宿衛。唐代置十六衛，即左右衛、左右驍衛、左右武衛、左右威衛、左右領軍衛、左右金吾衛、左右監門衛、左右千牛衛，各置上將軍，從二品；大將軍，正三品；將軍，從三品。　同正：又稱同正員。唐朝正員官以外所添置的員外官中，可與正員官享受同等俸禄待遇者。始置於唐高宗永徽（650—655）年間。　略李麥之：人名。甘州回鶻人。周易言之弟。事見本書本卷。　石壽兒：人名。甘州回鶻人。周易言之弟。事見本書本卷、卷一三八。　石論斯：人名。甘州回鶻人。周易言之弟。事見本書本卷、卷一三八。　李屋列殊：人名。甘州回鶻人。事見本書本卷、卷一三八。　安鹽山：人名。甘州回鶻人。事見本書本卷、卷一三八。　嗢（wà）末：部族名。又稱温末、渾末。原從屬於吐蕃，後趁吐蕃政權崩潰脱離吐蕃統治，是唐末五代西北地區的一支重要勢力。參見金雷《嗢末新考》，

《西藏研究》2007 年第 4 期。　杜論没悉伽：人名。吐蕃人。事見本書本卷、卷一三八。　杜論心：人名。吐蕃人。事見本書本卷、卷一三八。　蘇論乞禄：人名。吐蕃人。事見本書本卷、卷一三八。　"丙午"至"嗢末蘇論乞禄右領軍衛將軍同正"：《宋本册府》卷九七六《外臣部·褒異門三》。文字據《會要》卷二八回鶻條校補。

十二月，詔以時雪稍愆，命丞相及三省官各詣望祠祈禱。[1]乙卯，以朗州留後馬賨爲永順節度使、同平章事。丙辰，以黎球爲虔州防禦使。戊午，以静海留後曲美爲節度使。癸亥，以静江行軍司馬姚彦章爲寧遠節度副使，權知容州，從楚王殷之請也。[2]癸酉，臘假，詔諸王與河南尹、左右金吾、六統軍等較獵於近苑。[3]癸未，回鶻入朝僧凝盧、宜李思、宜延錢等，並賜紫衣還蕃。[4]以尚書左僕射楊涉知禮部貢舉，非常例也。[5]延州節度使高萬興奏，領軍於邠州界蒿子谷韋家寨，殺戮寧、慶兩州賊軍約二千餘人，並生擒都頭指揮使及奪馬器甲等事。其入奏軍將使宣召赴内殿略對，詫以銀器綵物錫之，宰臣及文武官各奉表賀。是月，魏博節度上言，於涇縣北戮殺鎮州王鎔兵士七千餘人，奪馬二千餘匹，戈甲未知其數，并擒都將以下四十餘人。[6]兩浙進大方茶二萬斤，琢畫宫衣五百副。廣州貢犀象奇貨及金銀等，其估數千萬。安南兩使留後曲美進筒中蕉五百匹，龍腦、鬱金各五瓶，他海貨等有差。又進南蠻通好金器六物、銀器十二并乾陁綾花、緤越毦等雜織奇巧者合三十件。福建進户部度支榷課葛三萬五千匹。[7]命大理卿王鄯使于安南，左散騎常侍吴藹使於朗州，皆以旌節官告錫之也。又命將作少監姜弘道爲朗州旌節官告使副。[8]鄜州以回紇可汗所與書來上，制以左監門衛上將軍楊沼爲右驍衛上將軍押領回紇等還蕃。又河中奏，回紇宣慰諭使楊沼押領二蕃酋長一百二十人歸本國。[9]以權知輝州事、前鄆州支使、檢校金部郎中段知新爲輝州刺史，仍進階超至銀青光禄大夫，進官超至檢校工部尚書、武威郡開國男、食邑三百户。[10]以檢校兵部尚書、邵王友誨充控鶴二指揮使。[11]

[1]十二月，詔以時雪稍愆，命丞相及三省官各詣望祠祈禱：《大典》卷二六三二爲“災”字韻“弭災（二）”事目。又見《宋本册府》卷一九三《閏位部·弭災門》。

[2]朗州：州名。治所在今湖南常德市。　馬賨：人名。許州鄢陵（今河南鄢陵縣）人。馬殷弟。事見《新唐書》卷一九〇、《新五代史》卷九六。　永順：方鎮名。治所在朗州（今湖南常德市）。　黎球：人名。一作黎求。籍貫不詳。盧延昌部將。事見《通鑑》卷二六八、本書本卷。　静海：方鎮名。治所在交州（今越南河内市）。　曲美：人名。即曲承美。安南鴻州（今越南海陽寧江縣）人。曲承顥之子。五代軍閥。事見本書本卷、卷九。　静江：方鎮名。治所在桂州（今廣西桂林市）。　行軍司馬：官名。出征將領及節度使的屬官。掌軍籍符伍、號令印信，是藩鎮重要的軍政官員。　姚彦章：人名。五代將領。傳見本書附録。　寧遠：方鎮名。治所在容州（今廣西容縣）。　容州：州名。治所在今廣西容縣。　“乙卯”至“從楚王殷之請也”：《通鑑》卷二六八乾化元年（911）十二月乙卯、丙辰、戊午、癸亥條。

[3]六統軍：官名。唐朝六軍統軍。唐德宗興元元年（784）始

置，以處節度使罷鎮者。左右神策、左右龍武、左右神武六軍。参見龔延明《中國歷代職官别名大辭典》，上海辭書出版社2006年版，第153頁。　癸酉，臘假，詔諸王與河南尹、左右金吾、六統軍等較獵於近苑：明本《册府》卷二〇五《閏位部·畋遊門》。

[4]凝盧：人名。籍貫不詳。回鶻僧人。本書僅此一見。　宜李思：人名。籍貫不詳。回鶻僧人。本書僅此一見。　宜延錢：人名。籍貫不詳。回鶻僧人。本書僅此一見。　癸未，回鶻入朝僧凝盧、宜李思、宜延錢等，並賜紫衣還蕃：《宋本册府》卷九七六《外臣部·褒異門三》。"宜延錢"之"錢"，《會要》卷二八回鶻條作"籛"。

[5]以尚書左僕射楊涉知禮部貢舉，非常例也：《宋本册府》卷六四一《貢舉部·條制門三》。

[6]"延州節度使高萬興奏"至"并擒都將以下四十餘人"：明本《册府》卷四三五《將帥部·獻捷門二》。"高萬興"，中華書局本有校勘記："原作'高萬行'，據殿本、劉本、邵本校、彭校及本卷上文改。按本書卷一三二、《新五代史》卷四〇有《高萬興傳》改。"　邠州：州名。治所在今陝西彬縣。　寧：州名。治所在今甘肅寧縣。　慶：州名。治所在今甘肅慶城縣。　都頭：官名。都將的别稱。唐末、五代時，"都"爲指揮以下的軍事編制。《武經總要》卷二："凡五百人爲一指揮，其别有五都，都一百人，統以一營居之。"都的長官稱爲都頭。　"宰臣及文武官各奉表賀"，據中華書局本有校勘記："'奉'，原作'奏'，據殿本、孔本、《册府》卷四三五改。"　涇縣：縣名。治所在今安徽涇縣。此處當非此涇縣，地點當在今河北地區。　"於涇縣北戮殺鎮州王鎔兵士七千餘人"，中華書局本有校勘記："本書卷六二《張文禮傳》云'文禮領趙兵三萬夜掠經、宗'，按《舊唐書》卷三九《地理志二》、《新唐書》卷三九《地理志三》，貝州下有經城。朱玉龍《舊五代史考證》（《安徽史學》1989年第2期）疑避梁廟諱改'城'爲'縣'，復訛'經'爲'涇'。"

［7］安南：都護府名。唐代所設安南都護府，負責管理今中國南疆及中南半島北部部分地區之軍民政務。　鬱金：多年生草本植物，薑科。中醫以塊根入藥，亦用作香料，泡製郁鬯，或浸水作染料。　陁（tuó）綾花：花名。其他不詳。　縓（zuǒ）越：一種絲織品。　户部度支：官署名。即尚書省户部度支司。掌判天下租賦、財利收入總額，計度和供給國家支出。“户部度支”原作“户部所支”，據《宋本册府》卷一九七改。　葛：表面有花紋的紡織品。　“兩浙進大方茶二萬斤”至“福建進户部度支榷課葛三萬五千匹”：《宋本册府》卷一九七《閏位部·納貢獻門》。　“奇貨”，明本《册府》卷一九七作“奇珍”。“合三十件”，明本《册府》作“各三十件”。

［8］王鄯：人名。籍貫不詳。五代大臣。事見本書本卷、卷一四七。　吴藹：人名。籍貫不詳。五代官員。事見本書本卷、卷九。　將作少監：官名。將作監副長官。協助將作監管理中央官署及都城土木工程。從四品下。　姜弘道：人名。籍貫不詳。五代官員。本書謹此一見。　“命大理卿王鄯使於安南”至“又命將作少監姜弘道爲朗州旌節官告使副”：明本《册府》卷二一三《閏位部·命使門》。中華書局本有校勘記：“‘告’字原闕，據彭校、《册府》卷二一三補。”《舊五代史考異》：“案《五代會要》：舊制，巡撫、黜陟、册命、弔贈、入蕃等使，選朝臣爲之；其宣慰、加官、送旌節，即以中官爲之。今以三品送旌節，新例也。”見《會要》卷二四諸使雜録條，所引《會要》不完整，“册命”後缺“賑恤”二字。

［9］楊沼：人名。籍貫不詳。五代官員。事見本書本卷、卷七四、卷一三八。　河中：方鎮名。治所在河中府（今山西永濟市）。　回紇宣慰諭使：官名。取宣撫、慰問之意，爲臨時特遣之使。掌巡視回紇諸部落、宣揚政令、慰撫各部。　“鄜州以回紇可汗所與書來上”至“回紇宣慰諭使楊沼押領二蕃酋長一百二十人歸本國”：《宋本册府》卷九八〇《外臣部·通好門》。

［10］輝州：州名。治所在今山東單縣。　鄆州：州名。治所在

今山東東平縣。　支使：官名。唐、五代節度使、觀察使等下屬官員，其職與掌書記同。位在副使、判官之下，推官之上。掌表奏書檄等。　檢校金部郎中：官名。爲散官或加官，以示恩寵，無實際執掌。　段知新：人名。籍貫不詳。五代大臣。事見本書本卷。　銀青光禄大夫：官名。唐、五代散官。從三品。　武威郡開國男：封爵名。開國男爲唐九等爵最末等。武威郡爲所封地名。從五品上。　"以權知輝州事"至"食邑三百户"：明本《册府》卷二一四《閏位部·權略門》。

[11]友誨：人名。即朱友誨。朱温長兄朱全昱之子。後梁太祖時封邵王，曾任控鶴指揮使、陝州節度使。末帝時因舉兵反叛被囚。後唐入汴時被殺。傳見本書卷一二、《新五代史》卷一三。　以檢校兵部尚書、邵王友誨充控鶴二指揮使：明本《册府》卷二六九《宗室部·將兵門》。

舊五代史　卷七

梁書七

太祖紀第七

乾化二年春正月庚辰朔，有司以南郊上辛祈穀，命丞相趙光逢攝太尉行事。[1]甲申，以時雪久愆，命丞相及三省官群望祈禱。[2]丙戌，有司以孟春太廟薦饗上言，命丞相杜曉攝祭行事。[3]宣："上元夜，任諸寺及坊市各點影燈，金吾不用禁夜。"近年已來，以都下聚兵太廣，未嘗令坊市點燈故也。[4]丙申夕，熒惑犯房第二星。[5]詔曰："謗木求規，集囊貢事，將裨理道，豈限側言。應內外文武百官及草澤，並許上封事，極言得失。"[6]命供奉官朱嶠於河南府宣取先收禁定州進奉官崔騰並傔從一十四人，並釋放，仍命押領送至貝。騰，唐户部侍郎潔之子也，廣明喪亂，客於北諸侯，爲定州節度使王處存所辟，去載領貢獻至闕，未幾，其帥稱兵，遂縶之。至是，帝念賓介之來，又已出境，特命縱而歸焉。[7]以丁審衢爲陳州刺史，而審衢厚以鞍馬、金帛爲謝恩之獻，帝慮其漁民，復其獻而停之。[8]開封尹以開封令李濟美、浚儀令薛昭文課最來上，請未除替。敕曰："李濟美等宰邑浩穰，有及物之政，朕甚嘉之，宜量留一年。"[9]吳藹自右散騎常侍遷刑部侍郎，與宣徽副使、左散騎常侍李珽並充侍讀學士。[10]御史臺奏："准堂帖，送到臘饗行事官秘書監苗曎等五人狀，稱十二月二十六日臘祭百神，十九日早於都省受誓戒，至午時，監察御史鄭觀方到，有乖恭恪，合具申聞。堂判送御史臺分析，得監察御史鄭觀狀，稱其日泥雪稍深，所乘驢畜瘦劣，墜車數四，遂至遲違者。"奉敕："國之重典，祀事爲先。御史監臨，本虞不恪，今則衆官晨興已到，御史日晏方來，既紊國章，難虧朝典。其鄭觀宜停見任。"[11]

[1]乾化：後梁太祖朱温年號（911—912）。　南郊：意爲都城南面之郊。代指南面郊區之祭天場所（圜丘），亦指祭天之禮（郊天）。　上辛：每月上旬的辛日。　趙光逢：人名。京兆奉天（今陝西乾縣）人。後梁大臣。傳見本書卷五八、《新五代史》卷三五。　攝：官員任用類别之一。與權相近，是一種暫時的委任。唐、五代時，知、判、兼等類的任用，往往冠以"攝"字，以表示其爲暫任。　太尉：官名。與司徒、司空並爲三公，唐後期、五代多爲大臣、勳貴加官。正一品。　乾化二年春正月庚辰朔，有司以南郊上辛祈穀，命丞相趙光逢攝太尉行事：《宋本册府》卷一九三《閏位部·崇祀門》。"春"字據本紀四時記載之體例補。

[2]三省：指中書省、門下省與尚書省。　甲申，以時雪久愆，命丞相及三省官群望祈禱：《大典》卷二六三二爲"災"字韻"弭災（二）"事目。又見《宋本册府》卷一九三《閏位部·弭災門》。《輯本舊史》之影庫本粘籤："三省，原本作'五有'，今

改正。”

[3]太廟：帝王的祖廟。用以供奉、祭祀皇帝先祖。　薦饗：祭獻。　杜曉：人名。京兆杜陵（今陝西西安市）人。祖、父皆爲唐宰相。傳見本書卷一八、《新五代史》卷三五。　丙戌，有司以孟春太廟薦饗上言，命丞相杜曉攝祭行事：《宋本册府》卷一八九《閏位部·奉先門》。

[4]金吾：官署名。即左右金吾衛。唐高宗龍朔二年（662），採用漢執金吾舊名，改稱左右金吾衛，設大將軍、將軍及長史、諸曹參軍，與其他各衛相同。後又增設上將軍，掌宫中及京城日夜巡查警戒，隨從皇帝出行。　“宣”至“未嘗令坊市點燈故也”：《宋本册府》卷一九一《閏位部·政令門》。

[5]熒惑犯房第二星：熒惑指火星。犯房第二星，指火星運行到肉眼所見房宿第二顆恒星處。中國古代星占學視熒惑爲災星。如《晋書·天文志》：“（魏）明帝太和五年五月，熒惑犯房。占曰：‘房四星，股肱臣將相位也，月、五星犯守之，將相有憂。’”　丙申夕，熒惑犯房第二星：《大典》卷二二五一六爲“惑”字韻“螢惑星（一）”事目。中華書局本有校勘記：“按劉次沅《考證》，所犯者爲房北第一星。”

[6]草澤：没有官職的平民。　“詔曰”至“極言得失”：明本《册府》卷二一二《閏位部·招諫門》。

[7]供奉官：官名。泛指侍奉皇帝左右的臣僚，亦爲東、西頭供奉官通稱。　朱嶠：人名。籍貫不詳。五代官員。本書僅此一見。　河南府：府名。治所在今河南洛陽市。　定州：州名。治所在今河北定州市。　進奉官：官名。掌管進獻事宜。　崔騰：人名。籍貫不詳。五代官員。事見本書本卷。　傔從：侍從；僕役。　貝：州名。治所在今河北清河縣。　仍命押領送至貝：中華書局本有校勘記：“《册府》卷二〇九作‘仍命押領漢送至貝’，疑‘漢’是‘津’之訛。按‘津送’，唐宋習語，照料護送之意。《舊五代史考異》卷一：‘案原本“貝”訛“具”，今據《通鑑》改

正。’”　戶部侍郎：官名。尚書省戶部次官。協助戶部尚書掌天下田戶、均輸、錢穀之政令。正四品下。　潔：人名。即崔潔。籍貫不詳。唐朝大臣。本書僅此一見。　廣明：唐僖宗李儇的年號(880—881)。　節度使：官名。唐時在重要地區所設掌握一州或數州軍事、民事、財政的長官。　王處存：人名。京兆萬年（今陝西西安市長安區）人。唐末將領、軍閥。傳見《舊唐書》卷一八二、《新唐書》卷一八六。　其帥稱兵：《輯本舊史》之影庫本粘籤："其帥，原本作‘其師’，今據文改正。"　"命供奉官朱嶠於河南府宣取先收禁定州進奉官崔騰並傔從一十四人"至"特命縱而歸焉"：明本《册府》卷二〇九《閏位部·寬恕門》。

[8]丁審衢：人名。籍貫不詳。五代將領。事見本書本卷、卷六。　陳州：州名。治所在今河南淮陽縣。　刺史：官名。漢武帝始置。州一級行政長官。總掌考覈官吏、勸課農桑、地方教化等事。唐中期以後，節度使、觀察使轄州而設，刺史爲其屬官，職任漸輕。從三品至正四品下。　"以丁審衢爲陳州刺史"至"復其獻而停之"：明本《册府》卷二一五《閏位部·却貢獻門》。

[9]保義：方鎮名。治所在陝州（今河南三門峽市陝州區）。　王檀：人名。京兆（今陝西西安市）人。後梁將領。傳見本書卷二二、《新五代史》卷二三。　封保義節度王檀爲瑯琊郡王：明本《册府》卷三八六《將帥部·褒異門十二》。　開封尹：官名。五代除後唐外均定都開封，因置開封府尹。執掌京師政務。從三品。　李濟美：人名。籍貫不詳。五代官員。事見本書本卷。　浚儀：縣名。治所在今河南開封市。　薛昭文：人名。籍貫不詳。五代官員。事見本書本卷、《新五代史》卷六一。　"開封尹以開封令李濟美"至"宜量留一年"：《宋本册府》卷七〇一《令長部·褒異門》。

[10]吴藹：人名。籍貫不詳。五代大臣。事見本書本卷、卷六、卷九。　右散騎常侍：官名。中書省屬官。掌侍奉規諷，備顧問應對。正三品下。　刑部侍郎：官名。尚書省刑部副長官。協助

刑部尚書掌天下刑法及徒隸、勾覆、關禁之政令。正四品下。　宣徽副使：官名。宣徽院的副長官。　左散騎常侍：官名。門下省屬官。掌侍奉規諷，備顧問應對。正三品下。　李珽：人名。隴西敦煌（今甘肅省敦煌市）人。唐末、後梁大臣。傳見本書卷二四。　侍讀學士：官名。唐玄宗時置集賢殿侍讀學士，伴隨皇帝讀書，撰集文章等。北宋改稱翰林侍讀學士。　吴藹自右散騎常侍遷刑部侍郎，與宣徽副使、左散騎常侍李珽並充侍讀學士：《宋本册府》卷五九九《學校部·侍講門》。

[11]御史臺：官署名。爲中央監察機構。　堂帖：文書名。唐朝宰相簽押下達的文書。李肇《唐國史補》卷下："宰相判四方之事有堂案，處分百司有堂帖。"　秘書監：官名。秘書省長官。掌圖書秘記等。從三品。　苗暐：人名。籍貫不詳。後梁大臣。本書僅此一見。　監察御史：官名。唐代屬御史臺之察院，爲御史臺各種御史之一。掌監察中央機構、州縣長官及祭祀、庫藏、軍旅等事。唐中期以後，亦作爲外官所帶之銜。正八品下。　鄭觀：人名。籍貫不詳。五代大臣。事見本書本卷。　堂判：唐、五代宰相對各類行政事務的判决命令。　日晏：天色已晚。　"御史臺奏"至"其鄭觀宜停見任"：《宋本册府》卷五二二《憲官部·譴讓門》。

二月庚戌，中和節，御崇勳殿，召丞相、六學士、河南尹，略對訖，於萬春門外廡賜以酒食。[1]癸丑，敕曰："今載春寒頗甚，雨澤仍愆，司天監占以夏秋必多霖潦，宜令所在郡縣告喻百姓，備淫雨之患。"[2]丁巳，光禄卿盧玭使于蜀。[3]庚申，御宣威殿開宴，丞相洎文武官屬咸被召列侍，竟日而罷。[4]辛酉，遣光禄卿盧玭等使于蜀，遺蜀主書，呼之爲兄。[5]壬戌，帝將巡按北境，中外戒嚴，詔以河南尹、守中書令、判六軍事張宗奭爲大内留守。中書門下奏，差定文武官領務尤切宜扈駕者三十八人。詔工部尚書李皎、左散騎常侍孫騭、右諫議大夫張衍、兵部侍郎劉邈、兵部郎中張儁、光禄少卿盧秉彝，竝令扈蹕。[6]甲子，發自洛師，夕次河陽。[7]殺左散騎常侍孫騭、右諫議大夫張衍、兵部郎中張儁。[8]乙丑，次温縣。丙寅，次武陟。懷州刺史段明遠迎拜於境上，其内外所備，咸豐霈焉。丁卯，次獲嘉。[9]帝追思李思安去歲供饋有闕，貶柳州司户，告辭稱明遠之能曰："觀明遠之忠勤如此，見思安之悖慢何如！"尋長流思安於崖州，賜死。[10]戊辰，次衛州之新鄉。己巳，晨發衛州，夕止淇門，内衙十將使以十指揮兵士至于行在。辛未，駐蹕黎陽。癸酉，發自黎陽，夕次内黄縣。甲戌，次昌樂縣。[11]乙亥，帝至魏州，命都招討使、宣義節度使楊師厚，副使、前河陽節度使李周彝圍棗强，招討應接使、平盧節度使賀德倫，副使、天平留後袁象先圍蓨縣。[12]丁丑，次于永濟縣。青州節度使賀德倫奏，統領兵士赴歷亭軍前。戊寅，至貝州，命四丞相及學士李琪、盧文度、知制誥竇賞等十五人扈從，其左常侍韋戩等二十三人止焉。己卯，發自貝州，夕駐蹕于野落。[13]追封故魏博節度使羅弘敬爲趙王。[14]

[1]中和節：唐德宗時以二月初一日爲中和節。　崇勳殿：宫殿名。位於今河南洛陽市。　河南尹：官名。唐開元元年（713）改洛州爲河南府，治所在今河南洛陽市，河南府尹總其政務。從三品。　萬春門：宫城門。洛陽皇宫東門。　"二月庚戌"至"於萬春門外廡賜以酒食"：《宋本册府》卷一九七《閏位部·宴會

門》。"六學士"，中華書局本有校勘記："'六'，原作'大'，據《册府》卷一九七改。按本卷下文：'（四月己酉）幸魏州金波亭，賜宴宰臣、文武官及六學士。'《玉堂雜記》卷上引錢惟演《金坡遺事》：'舊規，學士六人。'" "略對訖"，中華書局本有校勘記："'對'，原作'封'，據邵本校、彭校、《册府》（宋本）卷一九七改。《舊五代史考異》卷一：'案：下疑有闕文，今無可校，姑仍之。'"

[2]司天監：官（署）名。其長官稱司天監，掌天文、曆法以及占候等事。參見趙貞《唐宋天文星占與帝王政治》，北京師範大學出版社 2016 年版。 "癸丑"至"備淫雨之患"：《大典》卷二六三二爲"災"字韻"弭災（二）"事目。又見《册府》卷一九三《閏位部・弭災門》。

[3]光禄卿：官名。南朝梁天監七年（508）改光禄勳置，隋唐沿置。掌宫殿門户、帳幕器物、百官朝會膳食等。從三品。 盧玭：人名。籍貫不詳。唐末、五代官員。事見本書本卷。 蜀：指前蜀政權。 丁巳，光禄卿盧玭使于蜀：《新五代史》卷二《梁太祖紀下》。

[4]宣威殿：宫殿名。位於今河南洛陽市。 "庚申"至"竟日而罷"：《宋本册府》卷一九七《閏位部・宴會門》。

[5]蜀主：指王建。 "辛酉"至"呼之爲兄"：《通鑑》卷二六八乾化二年（912）二月辛酉條。

[6]守中書令：官名。官階低於官職加"守"字。爲加官，榮譽頭銜。 判六軍事：官名。即判六軍諸衛事。後梁沿唐代舊制，置六軍諸衛，以判六軍諸衛事爲禁軍六軍與諸衛的最高統帥。 張宗奭：人名。濮州臨濮（今山東鄄城縣臨濮鎮）人。唐末、五代將領。傳見本書卷六三、《新五代史》卷四五。 中書門下：官署名。唐玄宗時改"政事堂"置，設於中書省，爲宰相議政辦公之所，下設吏、樞機、兵、户、刑禮五房分主衆務。 工部尚書：官名。隋始置。尚書省工部主官。掌百工、屯田、山澤之政令。唐中葉後漸

成虚銜，部務由侍郎主持。正三品。　李皎：人名。籍貫不詳。五代大臣。事見本書本卷、卷四、卷一一。　孫騭：人名。滑臺（今河南滑縣）人。唐末、後梁大臣。傳見本書卷二四。　右諫議大夫：官名。唐置左右諫議大夫，左屬門下省，右屬中書省。掌諫諭得失、侍從贊相。正四品下。“右諫議大夫”之“右”，《册府》作“左”。中華書局本據殿本、《通鑑》卷二六八及《輯本舊史》卷二四《張衍傳》改。　張衍：人名。濮州臨濮（今山東鄄城縣臨濮鎮）人。張宗奭之子。唐末、後梁大臣。傳見本書卷二四。　兵部侍郎：官名。尚書省兵部副長官。協助兵部尚書掌武官銓選、勳階、考課之政。正四品下。　劉邈：人名。籍貫不詳。五代大臣。事見本書本卷。　兵部郎中：官名。唐高祖改兵曹郎置，二人，一掌武官階品、衛府名數、校考、給告身之事；一掌軍籍、軍隊調遣名數、朝集、禄賜、告假等事。高宗、武則天、玄宗時，一度隨本部改名司戎大夫、夏官郎中、武部郎中。五代因之。從五品上。　張儁：人名。籍貫不詳。唐末、後梁官員。傳見本書卷二四。　光禄少卿：官名。北齊始置，光禄寺副長官。從四品上。　盧秉彝：人名。籍貫不詳。五代官員。事見本書本卷。　“壬戌”至“竝令扈蹕”：明本《册府》卷二〇五《閏位部・巡幸門》。

［7］河陽：縣名。治所在今河南孟州市。　甲子，發自洛師，夕次河陽：明本《册府》卷二〇五。《舊五代史考異》：“案《通鑑》云：至白馬頓，賜從官食，多未至，遣騎趣之於路。左散騎常侍孫騭、右諫議大夫張衍、兵部郎中張儁最後至，帝命撲殺之。”見《通鑑》卷二六八。

［8］殺左散騎常侍孫騭、右諫議大夫張衍、兵部郎中張儁：《新五代史》卷二。《通鑑》卷二六八載之更詳。“右諫議大夫張衍”，中華書局本有校勘記：“‘右’，原作‘左’，據殿本、本書卷二四《張衍傳》、《新五代史》卷二《梁本紀》、《通鑑》卷二六八改。”

［9］温縣：縣名。治所在今河南温縣。　武陟：縣名。治所在

今河南武陟縣。　懷州：州名。治所在今河南沁陽市。　段明遠：人名。籍貫不詳。五代官員。事見本書本卷、卷五三。　獲嘉：縣名。治所在今河南獲嘉縣。　“乙丑”至“次獲嘉”：明本《册府》卷二〇五《閏位部·巡幸門》。

[10]李思安：人名。河南陳留（今河南開封市陳留鎮）人。後梁將領。傳見本書卷一九。　柳州：州名。治所在今廣西柳州市。　司户：官名。司户參軍的簡稱。州級政府僚佐。掌本州屬縣之户籍、賦税、倉庫受納等事。上州從七品下，中州正八品下，下州從八品下。　崖州：州名。治所在今海南瓊山市。　“帝追思李思安去歲供饋有闕”至“賜死”：《通鑑》卷二六八乾化二年二月條。

[11]衛州：州名。治所在今河南衛輝市。　新鄉：縣名。治所在今河南新鄉市。　淇門：地名。位於今河南浚縣。衛河與淇河的交匯處。　黎陽：縣名。治所在今河南浚縣。　内黄縣：縣名。治所在今河南内黄縣。　昌樂縣：縣名。治所在今河南南樂縣。　“戊辰”至“次昌樂縣”：明本《册府》卷二〇五《閏位部·巡幸門》。　晨發衛州：《舊五代史考異》：“案：原本脱‘發’字，今據文增入。”

[12]魏州：州名。治所在今河北大名縣。　都招討使：官名。唐始置。戰時任命，兵罷則省。常以大臣、將帥或地方軍政長官兼任。掌招撫討伐等事務。　宣義：方鎮名。治所在滑州（今河南滑縣）。　楊師厚：人名。潁州斤溝（今安徽太和縣阮橋鎮斤溝村）人。唐末、五代將領。傳見本書卷二二、《新五代史》卷二三。　副使：官名。即節度副使。唐、五代方鎮屬官。位於行軍司馬之下、判官之上。　李周彝：人名。籍貫不詳。唐末、五代軍閥。事見本書卷二、卷六、卷九、卷一九、卷二一、卷二三。　棗强：縣名。治所在今河北棗强縣。　招討應接使：官名。戰時任命，兵罷則省。掌應接諸軍。　平盧：方鎮名。治所在青州（今山東青州市）。　賀德倫：人名。先世爲河西部落人，後居滑州（今河南滑

縣）。唐末、五代將領。傳見本書卷二一、《新五代史》卷四四。　天平：方鎮名。治所在鄆州（今山東東平縣）。　留後：官名。唐、五代節度使多以子弟或親信爲留後，以代行節度使職務，亦有軍士、叛將自立爲留後者。掌一州或數州軍政。　袁象先：人名。宋州下邑（今河南夏邑縣）人。後梁將領，後投後唐。傳見本書卷五九、《新五代史》卷四五。　蓨縣：縣名。治所在今河北景縣。　“乙亥”至“天平軍留後袁象先圍蓨縣”：《通鑑》卷二六八乾化二年二月乙亥條。

[13]永濟縣：縣名。治所在今山東冠縣。　青州：州名。治所在今山東青州市。此處指平盧軍。　歷亭：縣名。治所在今山東武城縣。　李琪：人名。河西敦煌（今甘肅敦煌市）人。五代大臣。傳見本書卷五八、《新五代史》卷五四。　盧文度：人名。籍貫不詳。五代大臣。事見本書本卷、卷三〇。　知制誥：官名。掌起草皇帝的詔、誥之事，原爲中書舍人之職。唐開元末置學士院，翰林學士入院一年，則加知制誥銜，專掌任免宰相、册立太子、宣布征伐等特殊詔令，稱爲内制。而中書舍人所撰擬的詔敕稱爲外制。兩種官員總稱兩制。　竇賞：人名。籍貫不詳。五代大臣。事見本書本卷。　左常侍：左散騎常侍的簡稱。　韋戩：人名。籍貫不詳。五代大臣。事見本書本卷。　“丁丑”至“夕駐蹕于野落”：明本《册府》卷二〇五《閏位部·巡幸門》。

[14]魏博：方鎮名。治所在魏州貴鄉縣（今河北大名縣）。羅弘敬：人名。籍貫不詳。本書僅此一見。　追封故魏博節度使羅弘敬爲趙王：《會要》卷一一封建條。

三月庚辰朔，次于棗强縣之西縣。丙戌，鎮、定諸軍招討使楊師厚奏下棗强縣，車駕即日疾馳南還。丁亥，復至貝州。庚寅，楊師厚與副招討李周彝等准詔來朝。[1]敕以攻下棗强縣有功將校杜暉等一十一人竝超加檢校官，銜官宋彦等二十五人竝超授軍職。[2]辛卯，詔丞相、翰林六學士、文武從官、都招討使及諸軍統軍、指揮使等，賜食於行殿。壬辰，命以羊酒等各賜從官。[3]甲午，幸貝州之東闉閲武。乙未，帝復幸東闉閲騎軍。[4]丙申，詔曰："夫興隆邦國，必本於人民；惠養疲羸，允資於令長。苟選求之踰濫，固撫理之乖違。如聞吏部擬官、中書除授，或緣親舊處約，或爲勢要力干，姑徇私情，靡求才實，念兹蠹弊，宜舉條章。自今已後，應中書用人及吏部注擬，並宜省藩身之才業，驗爲政之否臧，必有可觀，方可任用。如或尚行請託，猶假貨財，其所司人吏等必當推窮，重加懲斷。有司官長，別有處分。"[5]辛丑，以張萬進爲義昌留後。甲辰，改義昌爲順化軍，以萬進爲節度使。[6]乙巳，發貝州，夕次臨清縣。[7]丙午，次濟源縣。詔曰："淑律將遷，亢陽頗甚，宜令魏州差官祈禱龍潭。"[8]丁未，至魏州。[9]戊申，詔曰："雨澤愆期，祈禱未應，宜令宰臣各於魏州靈祠精加祈禱。"[10]

[1]鎮：州名。治所在今河北正定縣。　"三月庚辰朔"至"楊師厚與副招討李周彝等准詔來朝"：明本《册府》卷二〇五《閏位部·巡幸門》。"西縣"，中華書局本有校勘記："殿本、劉本、《舊五代史考異》卷一引文作'西原'，《册府》卷二〇五作'西縣'。"《舊五代史考異》："案《通鑑》：辛巳，至下博南，登觀津冢。趙將符習引數百騎巡邏，不知是帝，遽前逼之。或告曰'晋兵大至矣！'帝棄行幄，亟引兵趣棗强，與楊師厚軍合。""丁亥，復至貝州"後，有《舊五代史考異》："案《通鑑》：帝以蓨縣未下，

引兵攻之。丁亥，始至縣西。戊子，至冀州。與《薛史》異地。又案《五代春秋》：二月，侵趙，克棗强。與《薛史》異月。”“庚寅，楊師厚與副招討李周彝等准詔來朝”條後，有《舊五代史考異》：“案《五代春秋》：二月，侵趙，克棗强，進次蓨縣，圍之。晉人救蓨，帝還師。滄州張萬進以地來歸。”

[2]杜暉：人名。籍貫不詳。五代將領。事見本書本卷。　檢校官：唐中後期逐漸確立，五代沿用。多作爲使府或方鎮僚佐秩階、升遷的階官，非正式官銜。參見賴瑞和《論唐代的檢校官制》，《漢學研究》2006年第24卷第1期。　宋彦：人名。籍貫不詳。五代將領。事見本書本卷。　敕以攻下棗强縣有功將校杜暉等一十一人竝超加檢校官，衙官宋彦等二十五人竝超授軍職：明本《册府》卷二一〇《閏位部·明賞門》。

[3]指揮使：官名。禁軍或地方統兵將領。　“辛卯”至“命以羊酒等各賜從官”：《宋本册府》卷一九七《閏位部·宴會門》。“翰林六學士”，中華書局本有校勘記：“‘六’，原作‘大’，據殿本、《册府》（宋本）卷一九七改。”“都招討使及諸軍統軍”，中華書局本有校勘記：“下一‘軍’字原闕，據《册府》（宋本）卷一九七補。”

[4]闉（yīn）：指甕城的門。　“甲午”至“帝復幸東闉閱騎軍”：明本《册府》卷二一四《閏位部·訓兵門》。

[5]注擬：唐、五代應試待選的官員，先在尚書省吏部注録個人履歷等情況，經面試合格後授予官職。　“丙申”至“别有處分”：《宋本册府》卷六三二《銓選部·條制門四》。《舊五代史考異》：“案《五代會要》：三月，詔曰：‘夫隆興邦國，必本于人民；惠養疲羸，尤資于令長。苟選求之踰濫，固撫理之乖違。如聞吏部擬官，中書除授，或緣親舊所請，或爲勢要所干，姑徇私情，靡求才實，兹念蠹弊，宜舉條章。今後應中書用人及吏部注擬，並宜省藩身之才業，驗爲政之否臧，必有可觀，方可任用。如或尚行請説，猶假貨財，其所司人吏，必當推窮，重加懲斷。’”對《舊五

代史考異》所引之“尤資于令長”，中華書局本有校勘記：“‘尤’，原作‘凡’，據《五代會要》卷一九改。”對《舊五代史考異》所引之“中書除授”，中華書局本有校勘記：“‘除’，原作‘降’，據《五代會要》卷一九改。”對《舊五代史考異》所引之“念兹蠹弊”，中華書局本有校勘記：“‘念兹’，原作‘兹念’，據《五代會要》卷一九乙正。”

[6]張萬進：人名。又名張守進。雲州（今山西大同市）人。唐末、五代將領。傳見本書卷一三。　“辛丑”至“以萬進爲節度使”：《通鑑》卷二六八乾化二年（912）三月條。

[7]臨清縣：縣名。治所在今河北臨西縣。　乙巳，發貝州，夕次臨清縣：明本《册府》卷二〇五《閏位部·巡幸門》。

[8]濟源縣：明本《册府》卷二〇五作“永濟”。永濟縣，治所在今山東冠縣北。　“丙午”至“宜令魏州差官祈禱龍潭”：《大典》卷二六三二爲“災”字韻“弭災（二）”事目。“祈禱龍潭”，中華書局本有校勘記：“孔本、《册府》卷一九三作‘攪龍祈禱’。按《方輿勝覽》卷三：‘白龍潭……淳熙中用《太平廣記》所載‘攪龍法’，以長繩繫虎骨頭投之，即雨。’”

[9]丁未，至魏州：明本《册府》卷二〇五《閏位部·巡幸門》。

[10]“戊申”至“宜令宰臣各於魏州靈祠精加祈禱”：《大典》卷二六三二。又見《宋本册府》卷一九三《閏位部·弭災門》。

夏四月己酉，幸魏州金波亭。[1]賜宰臣、文武官及六學士羊酒有差。[2]癸丑，以楚王馬殷爲武安、武昌、静江、寧遠節度使，洪、鄂四面行營都統。[3]甲寅夕，月掩心大星。[4]乙卯，博王友文來朝，請帝還東都。[5]丙辰，敕：“近者星辰違度，式在修禳，宜令兩京及宋州、魏州取此月至五月禁斷屠宰。仍各於佛寺開建道場，以迎福應。”[6]丁巳，發魏州，夕次昌樂。戊午，次内黄縣。己未，次黎陽駐馬。[7]以疾淹留。[8]東都留守官吏奉表起居，賜丞相、從官酒食有差。[9]乙丑，發自黎陽，夕次滑州。將吏耆老竝於州之南津歡噪迎拜，本州節度使進馬十匹、銀器一千兩、備宴錢二千貫。丙寅，離滑州，夕次常樂頓。丁卯，次長垣縣。戊辰，次封丘縣。己巳，至東京，開封尹博王友文總留都文武奉迎于北郊，帝入自含耀門。[10]博王友文以新創食殿上言，并進准備内宴錢三千貫、銀器一千五百兩。[11]辛未，宴於食殿，召丞相及文武從官等侍焉。[12]帝泛九曲池，御舟傾，帝墮溺於池中，宫女侍官扶持登岸，驚悸久之。[13]制加建昌宫使、金紫光禄大夫、檢校司徒、守開封尹、博王友文爲特進、檢校太保，使開封尹，依前建昌宫使，充東都留守。[14]帝聞嶺南與楚相攻，甲戌，以右散騎常侍韋戬等爲潭、廣和叶使，往解之。[15]戊寅，車駕發自東京，夕次中牟縣。[16]廣州獻金銀犀牙、雜寶貨及名香等，合估數千萬。是月，客省引進使韋堅使廣州迴，以銀茶上獻，其估凡五百餘萬。福建進供御金花銀食器一百件，各五千兩。是年，天下郡國各下助郊天及賀正獻，相次而至。[17]敕：開封府司録參軍及六曹掾屬，宜各置一員；兩畿赤縣，置令、簿、尉各一員。[18]

[1]夏四月己酉，幸魏州金波亭：明本《册府》卷二〇五《閏位部·巡幸門》。“夏”字據本紀四時記載之體例補。《舊五代史考異》：“案《通鑑》：乙巳，帝發貝州。丁未，至魏州。俱在三月，與《薛史》異。”

［2］賜宰臣、文武官及六學士羊酒有差：《宋本册府》卷一九七《閏位部·慶賜門》。

［3］馬殷：人名。許州鄢陵（今河南鄢陵縣）人，一説上蔡（今河南上蔡縣）人。五代十國時期南楚開國君主。傳見本書卷一三三、《新五代史》卷六六。　武安：方鎮名。治所在潭州（今湖南長沙市）。　武昌：方鎮名。治所在鄂州（今湖北武漢市武昌區）。　静江：方鎮名。治所在桂州（今廣西桂林市）。　寧遠：方鎮名。治所在容州（今廣西北流市）。　洪：州名。治所在今江西南昌市。　鄂：州名。治所在今湖北武漢市武昌區。　行營都統：官名。唐末設諸道行營都統，作爲各道出征兵士的統帥。　癸丑，以楚王馬殷爲武安、武昌、静江、寧遠節度使，洪、鄂四面行營都統：《通鑑》卷二六八乾化二年（912）四月癸丑條。

［4］月掩心大星：月亮擋住了心宿大星。不祥之兆。心大星，是天蝎座α星（天蝎座主星），又稱大火，屬心宿。　甲寅夕，月掩心大星：《大典》卷二六三二爲“災”字韻“弭災（二）”事目。又見《宋本册府》卷一九三《閏位部·弭災門》。

［5］博王友文：人名。即朱友文。朱温養子，後被朱友珪所殺。傳見本書卷一二、《新五代史》卷一三。　東都：開封府。　乙卯，博王友文來朝，請帝還東都：《通鑑》卷二六八乾化二年四月乙卯條。

［6］宋州：州名。治所在今河南商丘市睢陽區。　“丙辰”至“以迎福應”：《大典》卷二六三二。又見《宋本册府》卷一九三《閏位部·弭災門》。

［7］“丁巳”至“次黎陽駐馬”：明本《册府》卷二〇五。“黎陽縣”之“縣”，據《册府》卷一九七《閏位部·慶賜門》補。《舊五代史考異》：“案《通鑑》：乙卯，博王友文來朝，請帝還東都。丁巳，發魏州。己未，至黎陽，以疾淹留。”

［8］以疾淹留：《通鑑》卷二六八乾化二年四月條。

［9］東都留守官吏奉表起居，賜丞相、從官酒食有差：《宋本

册府》卷一九七《閏位部·慶賜門》。

[10]滑州：州名。治所在今河南滑縣。　常樂頓：地名。今地不詳。　長垣縣：縣名。治所在今河南長垣縣。　封丘縣：縣名。治所在今河南封丘縣。　含耀門：城門名。位於今河南開封市。　"乙丑"至"帝入自含耀門"：明本《册府》卷二〇五《閏位部·巡幸門》。

[11]食殿：宫殿名。位於今河南開封市。　博王友文以新創食殿上言，并進準備内宴錢三千貫，銀器一千五百兩：《宋本册府》卷一九七《閏位部·宴會門》。《輯本舊史》之影庫本粘籤："内宴，原本作'内安'，今據文改正。"

[12]辛未，宴於食殿，召丞相及文武從官等侍焉：《宋本册府》卷一九七《閏位部·宴會門》。中華書局本有校勘記："'及'字原闕，據殿本、孔本、《册府》卷一九七補。"

[13]"帝泛九曲池"至"驚悸久之"：《大典》卷一〇五二爲"池"字韻"池名（一）"事目。《通曆》卷一二梁太祖條繫此事於開平四年（910）。

[14]建昌宫使：官名。五代後梁太祖建國時設建昌院，後改稱建昌宫，掌管所轄境内財賦收入。　金紫光禄大夫：官名。本兩漢光禄大夫。魏晋以後，光禄大夫之位重者，加金章紫綬，因稱金紫光禄大夫。北周、隋爲散官。唐貞觀後列入文散官。正三品。　檢校司徒：官名。爲散官或加官，以示恩寵加此官，無實際執掌。　特進：官名。西漢末期始置，授給列侯中地位較特殊者。隋唐時期，特進爲散官，授給有聲望的文官。正二品。　留守：官名。皇帝出巡或親征時指定親王或大臣留守京城，綜理軍事、行政、民事、財政等事務，稱京城留守。在陪都或軍事重鎮也常設留守，以地方長官兼任。　"制加建昌宫使"至"充東都留守"：明本《册府》卷二六九《宗室部·委任門》。

[15]嶺南：指南漢政權。　楚：指南楚政權。　潭：州名。治所在今湖南長沙市。此處借指南楚政權。　廣：州名。治所在今廣

東廣州市。此處借指南漢政權。“帝聞嶺南與楚相攻”至“往解之”：《通鑑》卷二六八乾化二年四月甲戌條。

［16］中牟縣：縣名。治所在今河南中牟縣。戊寅，車駕發自東京，夕次中牟縣：明本《册府》卷二〇五《閏位部·巡幸門》。

［17］客省引進使：官名。客省，掌接待四方奏計及外族使者，主官爲客省使。引進司，掌臣僚及外國與少數民族進奉禮物諸事，主官爲引進使。二者職能、官員有所交叉。韋堅：人名。籍貫不詳。五代大臣。事見本書本卷、卷九。福建：指閩國。郊天：指祭天之禮。古人用“郊”“南郊”“有事於南郊”指代在南郊之圜丘舉行的郊天典禮。正獻：祭祀時向受祭者行獻爵獻帛之禮。“廣州獻金銀犀牙”至“相次而至”：《宋本册府》卷一九七《閏位部·納貢獻門》。

［18］司録參軍：官名。即司録參軍事。唐玄宗開元元年(713)改京兆府録事參軍事置。其后諸府并置。掌符印，參議府政得失。正七品上。六曹掾屬：唐朝府州佐治之官分六曹，即工曹、倉曹、户曹、兵曹、法曹、士曹。每曹設參軍。六曹掾屬即六曹參軍。赤縣：中國古代王朝都城直轄之縣。《通典·職官》：“京都所治爲赤縣，京之旁邑爲畿縣。”令簿尉：指縣令、主簿和縣尉。“敕”至“置令、簿、尉各一員”：《宋本册府》卷六三二《銓選部·條制門四》。

五月己卯朔，從官文武自丞相而下竝詣行殿起居，親王及諸道藩帥咸奉表來上。庚辰，發自鄭州，至滎陽縣，河南尹、魏王宗奭望塵迎拜，河陽留後邵贊、懷州刺史段明遠等邐迤來迎。夕次汜水縣，帝召魏王宗奭入對，便於御前賜食，數刻乃退。[1]壬午，駐蹕於汜水，宰臣、河南尹、六學士竝於内殿起居，敕以建昌宫事委宰臣于兢領之。癸未，帝發自汜水，宣令邵贊、段明遠各歸所理。午憩任村頓，夕次孝義宫。留都文武禮部尚書孔續而下道左迎拜。次偃師。甲申，至都，文武官奉迎於東郊。[2]宰臣薛貽矩抱恙在假，不克扈從，宣問旁午，仍命且駐東京以俟良愈。及薨，帝震悼頗久，命洛苑使曹守璫往弔祭之，又命輟六日、七日、八日朝參，丞相、文武並詣西上閤門進名奉慰。[3]丁亥，以彗星謫見，詔兩京見禁囚徒大辟罪以下，遞減一等，限三日内疏理訖聞奏。[4]詔曰："生育之仁，爰當暑月；乳哺之愛，方及薫風。儻肆意於刲屠，豈推恩於字養，俾無暴殄，以助發生。宜令兩京及諸州府，夏季内禁斷屠宰及採捕。天民之窮，諒由賦分；國章所載，亦務興仁。所在鰥寡孤獨、廢疾不濟者，委長吏量加賑卹。史載葬枯，用彰軫惻；禮稱掩骼，將致和平。應兵戈之地，有暴露骸骨，委所在長吏差人專功收瘞。國癘之文，尚標七祀；良藥之效，亦載三醫。用憐無告之人，宜徵有喜之術。凡有疫之處，委長吏檢尋醫方，於要路曉示。如其家無骨肉兼困窮不濟者，即仰長吏差醫給藥救療之。"[5]辛卯，詔曰："亢陽滋甚，農事已傷，宜令宰臣于兢赴中嶽，杜曉赴西嶽，精切祈禱。其近京靈廟，宜委河南尹；五帝壇、風師雨師、九宫貴神，委中書各差官祈之。"[6]詔曰："共理庶民，是資牧宰，克勤厥職，必選端良，儻徇私以滅公，則興災而斂怨，豈遵條教，實蠹風猷。其所在長吏，不得因緣差役，分外誅求，律令所施，典刑具在，寧容殘忍，合務哀矜。宜令所在長吏不得淫刑酷法，須臻有道，免致無辜。"[7]渤海王大諲譔差王子大光贊景帝表，并進方物。[8]以門下侍郎、平章（事）于兢判建昌宮事。[9]

[1]鄭州：州名。治所在今河南鄭州市。　發自鄭州：《輯本舊史》之影庫本粘籤："原本'發'作'鄧'，今據文改正。"　滎陽縣：地名。治所在今河南滎陽市。　邵贊：人名。籍貫不詳。後梁大臣。事見本書本卷、卷八。　汜水縣：縣名。治所在今河南滎陽市汜水鎮。

[2]六學士並於内殿起居：中華書局本有校勘記："'六'，原作'大'，據殿本、孔本、《册府》卷二〇五改。"　于兢：人名。河南洛陽人。唐宰相于志寧之後，後梁宰相。善畫牡丹。事見本書本卷、卷五、卷八、卷一四九。　敕以建昌宮事委宰臣于兢領之：文後，《舊五代史考異》："案《五代會要》：其年六月，廢建昌宮，以河南尹、魏王張宗奭爲國計使，凡天下金穀兵戎舊隸建昌宮者，悉主之。"見《會要》卷二四建昌宮使條。　任村頓：地名。今地不詳。　孝義宮：行宮名。今地不詳。　禮部尚書：官名。尚書省禮部主官。掌禮儀、祭享、貢舉之政。正三品。　孔續：人名。籍貫不詳。後梁大臣。事見本書本卷、卷六。　偃師：縣名。治所在今河南偃師市。　文武官奉迎於東郊：中華書局本有校勘記："'東郊'下殿本有'渤海遣使朝貢'六字，按《册府》卷二〇五均無此句，事見《新五代史》卷二《梁本紀》。"　"五月己卯朔"至"文武官奉迎於東郊"：明本《册府》卷二〇五《閏位部·巡幸門》。

[3]薛貽矩：人名。河東聞喜（今山西聞喜縣）人。唐末、後梁大臣。傳見本書卷一八、《新五代史》卷三五。　洛苑使：官名。唐、五代時期主管洛陽地區的宮苑。職事與宮苑使類似。初由宦官出任，後改士人。　曹守瓚：人名。籍貫不詳。五代官員。本書僅此一見。　輟……朝參：又稱輟朝、廢朝。帝王遇親喪或文武大臣

病故，停止視朝數日，以示哀悼。　閤門：唐代大明宫之正殿（宣政殿）、内殿（紫宸殿）以東、西上閤門相連，閤門遂爲外朝、内朝之分界。因設閤門使，掌内外通報、宣旨。五代、宋朝相沿設置閤門、閤門使。　“宰臣薛貽矩抱恙在假”至“丞相、文武並詣西上閤門進名奉慰”：明本《册府》卷三一九《宰輔部·褒寵門二》。

[4]彗星：星名。中國古代星占學多視爲不祥之天象。　大辟：死刑的通稱。　“丁亥”至“限三日内疏理訖聞奏”：《大典》卷二六三二爲“災”字韻“弭災（二）”事目。又見《宋本册府》卷一九三《閏位部·弭災門》。　《舊五代史考異》：“案《五代會要》：彗星見于靈臺之西，至五月始降赦宥罪，以答天譴。又云：五月壬戌夜，熒惑犯心大星，去心四度，順行。司天奏：‘大星爲帝王之星，宜修省以答天譴。’”見《會要》卷一〇彗孛條、卷一一五星淩犯條。

[5]刲（kuī）屠：屠殺。　長養：養育。　軫卹：憐憫。　掩骼：掩埋暴露的屍骨。　瘞（yì）：埋葬。　癘：瘟疫。　七祀：周代設立的七種祭祀，即司令、中霤、國門、國行、泰厲、户、灶。　三醫：指古名醫矯氏、俞氏、盧氏。泛指名醫。　“宜徵有喜之術”：《舊五代史考異》：“案：原本‘有喜’訛‘有嘉’，今改正。”　“詔曰”至“即仰長吏差醫給藥救療之”：《宋本册府》卷一九五《閏位部·仁愛門》。

[6]中嶽：即嵩山。　西嶽：即華山。　五帝壇：祭壇名。五帝指白、青、黄、赤、黑五帝。漢文帝始置，用以祭祀、祈禳。　九宫貴神：神祇名。唐玄宗始設，主司風雨、水旱、雹疫、災害諸事。九神名稱分别爲：太一、天一、招摇、軒轅、咸池、青龍、太陰、天符、攝提。“九宫貴神”，《舊五代史考異》：“案：原本‘貴神’訛‘降神’，今據《通典》及《新唐書·禮志》改正。”《通典》不見記載，見《舊唐書》卷二四《禮儀志四》及《新唐書》卷五《玄宗紀》天寶三載（744）十二月癸丑條。　中書：官署

名。即中書門下。　“辛卯”至“委中書各差官祈之”：《大典》卷二六三二。又見《宋本册府》卷一九三《閏位部·弭災門》。

［7］風猷：風教道德。　“詔曰”至“免致無辜”：明本《册府》卷一九六《閏位部·誡勵門》。

［8］渤海：古國名。唐時靺鞨等族所建政權。武則天聖曆元年（698）粟末靺鞨首領大祚榮建立政權。唐玄宗先天二年（713），唐派崔忻封大祚榮爲左驍衛大將軍、渤海郡王，設置忽汗州，加授大祚榮爲忽汗州都督，從此其政權即以渤海爲號。傳見本書卷一三八、《新五代史》卷七四。　大諲譔：人名。唐渤海第十五代王（即末王）。906年至926年在位。曾多次遣使朝後梁、後唐，並遣使朝契丹、日本。天顯元年（926），契丹攻克扶餘，進圍渤海上京，大諲譔出降，其國被改爲東丹，凡百有三城皆被占，渤海亡。事見本書本卷、卷一二。　大光贊：人名。大諲譔之子。事見本書本卷。　渤海王大諲譔差王子大光贊景帝表并進方物：明本《册府》卷九七二《外臣部·朝貢門五》。

［9］門下侍郎：官名。門下省副長官。唐後期三省長官漸爲榮銜，中書侍郎、門下侍郎却因參議朝政而職位漸重，常常用爲以“同三品”或“同平章事”任宰相者的本官。正三品。　平章（事）：官名。即同中書門下平章事。唐高宗以後，凡實際任宰相之職者，常在其本官後加同平章事的職銜。後成爲宰相專稱。　以門下侍郎、平章事于兢判建昌宫事：明本《册府》卷三二九《宰輔部·兼領門》。又見《會要》卷二四建昌宫使條。

閏五月戊申朔，詔以分物銀器賜渤海進貢首領以下，遣還其國。庚申，嗢末首領熱逋鉢督、崔延没相等，並授銀青光禄大夫、檢校太子賓客，遣還本部。[1]文武官並詣佛寺，爲皇帝設齋，命閤門使李元持香合賜之。又中書奏爲皇帝於長壽寺啓消災道場。[2]壬戌夜，熒惑犯心大星，去心四度，順行。司天奏："大星爲帝王之星，宜乎修德以答天譴。"[3]時帝疾大漸，因謂近臣曰："我三十年經營王業，不意太原餘孽復此譸張，我觀所爲，其志不小，天復使我短命，身後必無奈何。我料諸兒咸非彼敵，吾死，其無葬地矣！"言次氣絶，久而方蘇。[4]

[1]嗢（wà）末：部族名。又稱温末、渾末。原從屬於吐蕃，後趁吐蕃政權崩潰脱離吐蕃統治，是唐末五代西北地區的一股重要勢力。參見金雷《嗢末新考》，《西藏研究》2007年第4期。　熱逋鉢督：人名。嗢末首領。本書僅此一見。　崔延没相：人名。嗢末首領。本書僅此一見。　銀青光禄大夫：官名。唐、五代散官。從三品。　檢校太子賓客：官名。爲榮譽加官，無實職。　"閏五月戊申朔"至"遣還本部"：《宋本册府》卷九七六《外臣部・褒異門三》。

[2]閤門使：官名。唐代中期始置，掌供朝會、贊引百官。初以宦官充任，五代改用武階。　李元：人名。籍貫不詳。後梁官員。本書僅此一見。　長壽寺：寺名。位於今河南洛陽市。　"文武官並詣佛寺"至"又中書奏爲皇帝於長壽寺啓消災道場"：《宋本册府》卷一九四《閏位部・崇釋老門》。

[3]熒惑犯心大星、去心四度：火星運行到心宿，距離大星四度。　順行：日月五星在恒星間通常都是由西向東運動，故天體按此方向運動稱順行；反之，逆行。參見徐振韜主編《中國古代天文學詞典》，中國科學技術出版社2009年版，第209頁。　"壬戌夜"至"宜乎修德以答天譴"：《會要》卷一一五星淩犯條。

[4]大漸：病危。　太原餘孽：指李克用之子李存勗。　譸（zhōu）張：欺誑。　"時帝疾大漸"至"久而方蘇"：《通曆》卷一二梁太祖條。

帝疾甚，命王氏召友文於東都，欲與之訣，且付以後事。友珪婦張氏亦朝夕侍帝側，知之，密告友珪曰："大家以傳國寶付王氏懷往東都，吾屬死無日矣！"夫婦相泣。左右或説之曰："事急計生，何不改圖？時不可失！"六月，丁丑朔，帝命敬翔出友珪爲萊州刺史，即令之官。已宣旨，未行敕。時左遷者多追賜死，友珪益恐。[1]戊寅，友珪易服微行入左龍虎軍。見統軍韓勍，以情告之。勍亦見功臣宿將多以小過被誅，懼不自保，遂相與合謀。勍以牙兵五百人從友珪雜控鶴士入，伏於禁中，中夜斬關入，至寢殿，侍疾者皆散走。帝驚起，問："反者爲誰？"友珪曰："非他人也。"帝曰："我固疑此賊，恨不早殺之。汝悖逆如此，天地豈容汝乎！"友珪曰："老賊萬段！"友珪僕夫馮廷諤刺帝腹，刃出於背。友珪自以敗氈裹之，瘞於寢殿，秘不發喪。[2]遣供奉官丁昭溥馳詣東都，命均王友貞殺友文。己卯，矯詔稱："博王友文謀逆，遣兵突入殿中，賴郢王友珪忠孝，將兵誅之，保全朕躬。然疾因震驚，彌致危殆，宜令友珪權主軍國之務。"韓勍爲友珪謀，多出府庫金帛賜諸軍及百官以取悦。辛巳，丁昭溥還，聞友文已死，乃發喪，宣遺制，友珪即皇帝位。[3]友珪葬太祖於伊闕縣，號宣陵。[4]

[1]友珪：人名。即朱友珪。朱温次子，勾結韓勍殺朱温。後追廢爲庶人。傳見本書卷一二、《新五代史》卷一三。　敬翔：人名。同州馮翊（今陕西大荔縣）人。後梁大臣。傳見本書卷一八、《新五代史》卷二一。　萊州：州名。治所在今山東萊州市。　行

敕：指形成正式敕書。

[2]左龍虎軍：禁軍名。唐朝的禁衛軍，也是唐朝最爲精鋭的軍隊之一。後梁沿置。　統軍：官名。唐德宗時於左右龍武、神武、神策各軍大將軍之下，各置統軍一或二人。正三品。　韓勍：人名。籍貫不詳。後梁將領。事見本書本卷、《新五代史》卷四五。　牙兵：五代時期藩鎮親兵。參見來可泓《五代十國牙兵制度初探》，《學術月刊》1995年第11期。　控鶴：部隊番號。五代後梁始置，爲禁軍之一部。　馮廷諤：人名。籍貫不詳。後梁將領。事見本書本卷。

[3]丁昭溥：人名。籍貫不詳。唐末宦官，時爲供奉官。事見本書本卷、卷八。　友貞：人名。即朱友貞。朱温第三子。後梁末帝，913年至923年在位。紀見本書卷八、《新五代史》卷三。　“帝疾甚”至“友珪即皇帝位”：《通鑑》卷二六八乾化二年（912）五月條。

[4]伊闕縣：縣名。治所在今河南伊川縣。　友珪葬太祖於伊闕縣，號宣陵：《大典》卷一八三一四“葬”字韻“山陵葬禮（二）”事目。

梁太祖多大略，恢弘遠度，合於霸王之道。[1]太祖性孝愿，奉太后未嘗小失色，朝夕視膳，爲士君子之規范。帝嚴察用法，無纖毫假貸，太后言之，帝頗爲省刑。[2]梁祖之開國也，屬黄巢大亂之餘，以夷門一鎮，外嚴烽候，内辟汙萊，厲以耕桑，薄其租賦，士雖苦戰，民則樂輸，二紀之間，俄成霸業。及末帝與莊宗對壘于河上，河南之民，雖困於輦運，亦未至流亡，其義無他，蓋賦斂輕而丘園可戀故也。及莊宗平定梁室，任吏人孔謙爲租庸使，峻法以剥下，厚斂以奉上，民產雖竭，軍食尚虧。加之以兵革，因之以饑饉，不四三年，以致顛隕，其義無他，蓋賦役重而寰區失望故也。[3]初，元貞張皇后嚴整多智，帝敬憚之。后殂，帝縱意聲色，諸子雖在外，常徵其婦入侍，帝往往亂之。友文婦王氏色美，帝尤寵之，雖未以友文爲太子，帝意常屬之。友珪心不平。友珪嘗有過，帝撻之，友珪益不自安。[4]

[1]梁太祖多大略，恢弘遠度，合於霸王之道：《宋本册府》卷一九〇《閏位部·器度門》。

[2]“太祖性孝愿”至“帝頗爲省刑”：《大典》卷一七一七〇“孝”字韵“帝王之孝”事目，又見明本《册府》卷一八九《閏位部·孝德門》。

[3]黄巢：人名。曹州冤句（今山東曹縣）人。唐末農民起義領袖。傳見《舊唐書》卷二〇〇下、《新唐書》卷二二五下。　夷門：地名。原指戰國魏都大梁城東門，故址在今河南開封城内東北隅。夷門位於夷山，夷山因山勢平夷而得名，故門亦以山爲名。此處代指開封。　汙萊：指荒地。　末帝：即朱友貞。　莊宗：即李存勗。代北沙陀部人。後唐開國皇帝。923至926年在位。紀見本書卷二七至卷三四、《新五代史》卷四至卷五。　孔謙：人名。魏州（今河北大名縣）人。後唐大臣，善聚斂錢財，爲李存勗籌劃軍需。傳見本書卷七三、《新五代史》卷二六。　租庸使：官名。唐代爲主持催徵租庸地税的財政官員。後梁、後唐時，租庸使取代鹽鐵、度支、户部，爲中央財政長官。　顛隕：覆滅。　“梁祖之開國也”至“蓋賦役重而寰區失望故也”：《容齋隨筆·三筆》卷一〇朱梁輕賦税條引《薛史》。《輯本舊史》引原輯者案語：“以上見《容齋三筆》所引《薛史》，繹其文意，當係《食貨志序》，今録於卷首。”此條僅爲梁晋租賦輕重之比較，無論時間及内容，均不足以概括五代之食貨，似爲《太祖紀》史論之一段。

[4]元貞張皇后：即張惠。宋州碭山（今安徽碭山縣）人。梁太祖朱温之妻。傳見本書卷一一、《新五代史》卷一三。　"初"至"友珪益不自安"：《通鑑》卷二六八乾化元年（911）五月條。

郢王諱友珪，太祖第二子。母亳州之營妓。唐光啓中，太祖徇地于亳州，召而侍寢。娠及期，妓以生男告，故太祖字之曰"遥喜"。[1]開平元年五月乙酉，封郢王。[2]四年十月，檢校司徒，充左右控鶴都指揮使，兼管四蕃將軍。[3]

[1]亳州：州名。治所在今安徽亳州市。　光啓：唐僖宗李儇年號（885—888）。　"郢王諱友珪"至"故太祖字之曰遥喜"：《通曆》卷一二梁太祖條。

[2]開平：後梁太祖朱温年號（907—911）。　開平元年五月乙酉，封郢王：《大典》卷一六六二八"建"字韻"封建（一一唐五代）"事目。

[3]左右控鶴指揮使：官名。控鶴軍主帥。控鶴爲禁軍番號，主要職責爲防守宫城。　"四年十月"至"兼管四蕃將軍"：明本《册府》卷二六九《宗室部·將兵門》。

太祖不豫，動多躁撓，友珪因事遭杖，心不自安。時東京留守博王友文者，太祖之養子，其妻王氏甚有姿色，太祖潛亂之。太祖未遇弑前旬日，謂王氏曰："吾終不起此疾，召友文來，吾與之决。"蓋意有所屬。且友珪妻張氏容色冠代，太祖亦嬖之，皆廉知其事，乃告友珪曰："大家以傳國璽授王氏，令懷往東京，公將及禍矣！"友珪憂恐，知不保全，夕乃易服微行，入左龍虎軍，見統軍韓勍備告。太祖末年，勳臣宿將多以非罪見誅，勍亦懼死，乃共晝弑逆之謀。是夜，勍以牙兵五百人，雜控鶴軍士伏禁中。夜三鼓，斬關及萬春門，至太祖寢殿，侍疾者皆驚走。太祖惶駭而起，曰："我疑此賊久矣，恨不早殺爾！"友珪之親信馮廷諤刺太祖，遂崩於内，年六十一。友珪自以茵褥裹之，瘞於寢室。翌日，遣受旨丁昭溥賫僞詔赴東京，誅博王友文。發喪，友珪矯遺制於柩前即位。改乾化三年爲鳳曆元年。[1]既望，拜韓勍忠武軍節度使，以末帝爲汴州留後，河中朱友謙爲中書令。友謙不受命。[2]時朝廷新有内難，中外人情恟恟。許州軍士更相告變，匡國節度使韓建皆不之省，亦不爲備。丙申，馬步都指揮使張厚作亂，殺建，友珪不敢詰。甲辰，以厚爲陳州刺史。[3]

[1]躁撓：動亂，騷擾。　鳳曆：後梁郢王朱友珪年號(913)。　"太祖不豫"至"改乾化三年爲鳳曆元年"：《通曆》卷一二梁太祖條。

[2]忠武軍：方鎮名。治所在陳州（今河南淮陽縣）。　汴州：州名。治所在今河南開封市。　河中：府名。治所在今山西永濟市蒲州鎮。　朱友謙：人名。本名朱簡。河南許州（今河南許昌市）人。朱温養子。唐末、五代大臣。傳見本書卷六三、《新五代史》卷四五。　中書令：官名。漢代始置。隋唐前期爲中書省長官，屬宰相之職；唐後期多爲授予元勳大臣的虚銜。正二品。　"既望"至"友謙不受命"：《新五代史》卷一三《博王友文傳》。

[3]許州：州名。治所在今河南許昌市。　匡國：方鎮名。後梁改忠武軍置，治所在許州（今河南許昌市）。　韓建：人名。許州長社（今河南許昌市）人。唐末、五代軍閥。傳見本書卷一五、

《新五代史》卷四〇。　馬步都指揮使：官名。即馬步軍都指揮使。五代時侍衛親軍之長官。多爲皇帝親信。　張厚：人名。籍貫不詳。後梁將領。事見本書本卷。　“時朝廷新有内難”至“以厚爲陳州刺史”：《通鑑》卷二六八乾化二年（912）六月甲辰條。

七月丁未，大赦。[1]北面都招討使、宣義軍節度使楊師厚乘間殺魏牙將潘晏、臧延範等，逐出節度使羅周翰，以師厚爲天雄軍節度使。[2]以侍衛諸軍使韓勍領匡國軍節度使。甲寅，册尊吴越王錢鏐尚父。甲子，以均王友貞爲開封尹、東都留守。[3]丙寅，廢建昌宫使，以張全義爲守太尉、河南尹、宋亳節度使兼國計使。[4]應諸道茶鹽酒麯商税，悉還州郡。[5]加清海軍節度使劉巖檢校太傅。[6]

[1]七月丁未，大赦：《通鑑》卷二六八乾化二年（912）七月丁未條。

[2]北面都招討使：官名。即北面行營都招討使。自後梁至後周均設此職，掌同招討使，負責某一路、某一道或某一方征討招撫之事。掌管區域較大而且主官資深者，則委以諸道行營都招討使和副都招討使之職，否則爲行營招討使和副招討使。　魏：指魏博軍。　牙將：官名。古代軍隊中的中低級軍官。　潘晏：人名。籍貫不詳。後梁將領。事見本書本卷、卷二二。　臧延範：人名。籍貫不詳。後梁將領。事見本書本卷、卷二、卷二二。　羅周翰：人名。魏州貴鄉（今河北大名縣）人。羅紹威次子。事見本書卷八、卷二七。　天雄軍：方鎮名。亦稱“魏博軍”，唐天祐元年（904）以魏博節度使號爲天雄軍，治所在魏州（今河北大名縣）。　“北面都招討使”至“以師厚爲天雄軍節度使”：《新五代史》卷二三

《楊師厚傳》。

[3]錢鏐：人名。杭州臨安（今浙江杭州市）人。五代時期吴越國的建立者。傳見本書卷一三三、《新五代史》卷六七。　“以侍衛諸軍使韓勍領匡國軍節度使”至“以均王友貞爲開封尹、東都留守”：《通鑑》卷二六八乾化二年七月條。

[4]張全義：人名。濮州臨濮（今山東鄄城縣）人。唐末、五代後梁、後唐將領。傳見本書卷六三、《新五代史》卷四五。　守太尉：官名。與司徒、司空並爲三公，唐後期、五代多爲大臣、勳貴加官。正一品。官階低於官職加“守”字。　國計使：官名。五代始置，後梁、後唐及閩國皆有設置，掌財賦税收、錢穀用度。“丙寅”至“以張全義爲守太尉、河南尹、宋亳節度使兼國計使”：《大典》卷六三五〇“張”字韻“姓氏（二〇）”事目。

[5]應諸道茶鹽酒麯商税，悉還州郡：《大事記續編》卷七一引《舊史·本紀》。

[6]清海軍：方鎮名。治所在廣州（今廣東廣州市）。　劉巖：人名。又名劉龑。上蔡（今河南上蔡縣）人。劉謙之子，劉隱之弟。五代十國南漢國建立者。傳見本書卷一三五、《新五代史》卷六五。　加清海軍節度使劉巖檢校太傅：《通鑑》卷二六八乾化二年七月條《考異》引《梁太祖實録》。

八月，龍驤軍三千人戍懷州者，潰亂東走，所過剽掠；戊子，遣東京馬步軍都指揮使霍彦威、左耀武指揮使杜晏球討之，庚寅，擊破亂軍，執其都將劉重遇於鄢陵，甲午，斬之。戊戌，以侍衛諸軍使韓勍爲西面行營招討使，督諸軍討河中節度冀王友謙。友謙以河中附於晋以求救。[1]

[1]龍驤軍：後梁禁軍之一部。　霍彦威：人名。洺州曲周

(今河北曲周縣）人。五代將領。傳見本書卷六四。　杜晏球：人名。又名王晏球。籍貫不詳。五代將領。傳見本書卷六四。　劉重遇：人名。籍貫不詳。五代後梁將領。事見本書卷八、卷六四。　鄜陵：縣名。治所在今河南鄜陵縣。　侍衛諸軍使：官名。五代後梁侍衛親軍最高統帥。參見曾育榮《五代宋初侍衛親軍制度三題》，張其凡、李裕民主編《徐規教授九十華誕紀念文集》，浙江大學出版社 2009 年版，第 96 頁。　"八月"至"友謙以河中附於晋以求救"：《通鑑》卷二六八乾化二年（912）八月各條。

九月丁未，以感化節度使康懷貞爲河中都招討使，更以韓勍副之。[1]友謙遣兵襲鄜州，節度使徐懷玉無備，尋爲河中所擄，囚於公館。及康懷英率師圍河中，友謙慮懷玉有變，遂害之。[2]庚午，以敬翔爲中書侍郎、同平章事；壬申，以户部尚書李振充崇政院使。翔多稱疾不預事。[3]

[1]感化：方鎮名。治所在華州（今陝西渭南市華州區）。　康懷貞：人名。兖州（今山東濟寧市兖州區）人。唐末、五代將領。又名懷英，因避後梁末帝朱友貞諱改。傳見本書卷二三、《新五代史》卷二二。　"九月丁未"至"更以韓勍副之"：《通鑑》卷二六八乾化二年（912）九月丁未條。

[2]鄜州：州名。治所在今陝西富縣。　徐懷玉：人名。亳州焦夷（今安徽亳州市）人。後梁將領。傳見本書卷二一、《新五代史》卷二二。　"友謙遣兵襲鄜州"至"遂害之"：《大典》卷一八一二七"將"字韻"後梁將（二）"事目。

[3]李振：人名。河西（今甘肅武威市）人。唐潞州節度使李抱真曾孫。五代後梁大臣。傳見本書卷一八、《新五代史》卷四三。　崇政院使：官名。後梁置，爲崇政院長官。五代後梁開平元年

（907）改樞密院置崇政院，設院使、副使各一人，備顧問，參謀議，於禁中承皇帝旨意，宣於宰相而行之。宰相非進對時有所奏請，已受旨應復請者，皆具記事，因崇政院使以聞；崇政院使得旨，則復宣於宰相。敬翔曾爲後梁首任崇政院使。次年又設直學士二人，選有政術文學者爲之，後改爲直崇政院。後唐同光元年（923）復改爲樞密院。　“庚午”至“翔多稱疾不預事”：《通鑑》卷二六八乾化二年九月條。

冬十月，晉王自將自澤、潞而西，遇康懷貞於解縣，大破之，斬首千級，追至白徑嶺而還。梁兵解圍，退保陝州。[1]契丹蜀括梅老等朝貢。[2]加宰相俸至二百千，命豐德庫逐月以見錢給之。[3]

［1］晉王：指李存勗。　澤：州名。治所在今山西澤州縣。潞：州名。治所在今山西長治市。　解縣：縣名。治所在今山西運城市解州鎮。　白逕嶺：地名。位於今山西平陸縣。　陝州：州名。治所在今河南三門峽市陝州區。　“冬十月”至“退保陝州”：《通鑑》卷二六八乾化二年（912）十月條。

［2］蜀括梅老：人名。契丹大臣。本書僅此一見。　契丹蜀括梅老等朝貢：《宋本册府》卷九七二《外臣部·朝貢門五》。

［3］豐德庫：唐、五代内廷庫藏之一。　加宰相俸至二百千，命豐德庫逐月以見錢給之：《會要》卷一三中書門下條。

十一月甲寅，葬神武元聖孝皇帝于宣陵，廟號太祖。[1]回鶻遣都督周易言等入朝進貢。[2]虔州防禦使李彦圖卒，州人奉譚全播知州事，遣使内附，詔以全播爲百勝防禦使、虔韶二州節度開通使。[3]

[1]十一月甲寅，葬神武元聖孝皇帝于宣陵，廟號太祖：《通鑑》卷二六八乾化二年（912）十一月甲寅條。

[2]周易言：人名。甘州回鶻都督。事見本書本卷、卷六、卷一三八。　回鶻遣都督周易言等入朝進貢：《宋本册府》卷九七二《外臣部·朝貢門五》。

[3]虔州：州名。治所在今江西贛州市。　防禦使：官名。唐代始置，設有都防禦使、州防禦使兩種。常由刺史或觀察使兼任，實際上爲唐代後期州或方鎮的軍政長官。　李彦圖：人名。一作“李圖”。籍貫不詳。五代將領。事見《新唐書》卷一〇、卷一六六、卷一九〇以及本書本卷。　譚全播：人名。南康（今江西贛州市南康區）人。唐末、五代地方豪强。傳見《新五代史》卷四一。　韶：州名。治所在今廣東韶關市。　虔韶二州節度開通使：官名。統管虔、韶二州。　“虔州防禦使李彦圖卒”至“詔以全播爲百勝防禦使、虔韶二州節度開通使”：《通鑑》卷二六八乾化二年十一月條。

乾化三年春正月癸亥，朝享太廟；甲子，祀圜丘，大赦，改元鳳曆。[1]授王彦章濮州刺史、本州馬步軍都指揮使，依前左先鋒馬軍使。[2]檢校太傅劉鄩丁内艱，命起復視事。[3]

[1]祀圜丘：在南面郊區之圜丘祭天。又稱南郊、郊天。　乾化三年春正月癸亥，朝享太廟；甲子，祀圜丘，大赦，改元鳳曆：《通鑑》卷二六八乾化三年（913）正月條。

[2]王彦章：人名。鄆州壽張（今山東梁山縣壽張集）人。五代後梁將領。傳見本書卷二一、《新五代史》卷三二。　濮州：州名。治所在今山東鄄城縣。　左先鋒馬軍使：官名。左先鋒馬軍統兵官。　授王彦章濮州刺史、本州馬步軍都指揮使，依前左先鋒馬軍使：

《大典》卷一八一二七“將”字韻“後梁將（二）”事目。

[3]劉鄩：人名。密州安丘（今山東安丘市）人。唐末、五代將領。傳見本書卷二三、《新五代史》卷二二。　丁内艱：丁母憂。檢校太傅劉鄩丁内艱，命起復視事：《大典》卷一八一二六“將”字韻“五代後梁將（一）”事目。

郢王既得志，遽爲荒淫，内外憤怒，友珪雖啗以金繒，終莫之附。駙馬都尉趙巖，犫之子，太祖之婿也；左龍虎統軍、侍衛親軍都指揮使袁象先，太祖之甥也。[1]巖奉使至大梁，均王友貞密與之謀誅友珪，巖曰：“此事成敗，在招討楊令公耳。得其一言諭禁軍，吾事立辦。”均王乃遣腹心馬慎交之魏州説楊師厚曰：“郢王篡弒，人望屬在大梁，公若因而成之，此不世之功也。”且許事成之日賜犒軍錢五十萬緡。師厚與將佐謀之，曰：“方郢王弒逆，吾不能即討；今君臣之分已定，無故改圖，可乎？”或曰：“郢王親弒君父，賊也；均王舉兵復讎，義也。奉義討賊，何君臣之有！彼若一朝破賊，公將何以自處乎？”師厚曰：“吾幾誤計。”乃遣其將王舜賢至洛陽，陰與袁象先謀，遣招討馬步都虞候譙人朱漢賓將兵屯滑州爲外應。趙巖歸洛陽，亦與象先密定計。友珪治龍驤軍潰亂者，搜捕其黨，獲者族之，經年不已。時龍驤軍有戍大梁者，友珪徵之，均王因使人激怒其衆曰：“天子以懷州屯兵叛，追汝輩欲盡阬之。”其衆皆懼，莫知所爲。丙戌，均王奏龍驤軍疑懼，未肯前發。戊子，龍驤將校見均王，泣請可生之路，王曰：“先帝與汝輩三十餘年征戰，經營王業。今先帝尚爲人所弑，汝輩安所逃死乎！”因出太祖畫像示之而泣曰：“汝能自趣洛陽雪讎恥，則轉禍爲福矣。”衆皆踊躍呼萬歲，請兵仗，王給之。庚寅旦，袁象先等帥禁兵數千人突入宫中。[2]友珪聞亂，引妻張氏及親校馮廷諤趨北垣樓下。知事不濟，令廷諤先刃其妻及己，廷諤亦自剄焉。友珪年二十八。末帝即位，乃貶友珪爲庶人。[3]

[1]駙馬都尉：漢武帝始置，魏、晋以後公主夫婿多加此稱號。從五品下。　趙巖：人名。陳州宛丘（今河南淮陽縣）人。唐忠武軍節度使趙犨之子。五代後梁大臣。事見本書卷一四、《新五代史》卷四二。　犨（chōu）：人名。即趙犨。陳州宛丘（今河南淮陽縣）人。唐末將領，鎮守陳州，抵禦了黄巢起義軍。傳見本書卷一四、《新五代史》卷四二。　左龍虎統軍：官名。五代後梁禁衛部隊左龍虎軍統兵官。　袁象先：人名。宋州下邑（今河南夏邑縣）人。五代後梁將領，後投後唐。傳見本書卷五九、《新五代史》卷四五。

[2]大梁：指開封。　馬慎交：人名。籍貫不詳。五代將領。事見本書本卷、卷二、卷八、卷一六、卷二〇。　王舜賢：人名。籍貫不詳。楊師厚牙將。事見本書本卷、卷八、卷三五。　馬步都虞候：官名。五代侍衛親軍馬步軍統兵官，僅次於馬步軍都指揮使、副都指揮使。　譙：縣名。治所在今安徽亳州市。　朱漢賓：人名。亳州譙縣（今安徽亳州市）人。五代後梁、後唐將領。傳見本書卷六四、《新五代史》卷四五。　“郢王既得志”至“袁象先等帥禁兵數千人突入宫中”：《通鑑》卷二六八乾化三年（913）二月條。

[3]“友珪聞亂”至“乃貶友珪爲庶人”：《通曆》卷一二。

舊五代史　卷八

梁書八

末帝紀上

末帝諱瑱，[1]初名友貞，及即位，改名鍠，貞明中又改今諱。[2]太祖第四子也。[3]母曰元貞皇后張氏，以唐文德元年戊申歲九月十二日生於東京。帝美容儀，性沉厚寡言，[4]雅好儒士。唐光化三年，授河南府參軍。太祖受禪，封均王。時太祖初置天興軍，最爲親衛，以帝爲左天興軍使。[5]開平四年夏，進位檢校司空，依前天興軍使，充東京馬步軍都指揮使。[6]

[1]末帝：即朱友貞。後梁皇帝，913 年至 923 年在位。紀見本書本卷、卷九、卷一〇，《新五代史》卷三。　末帝諱瑱：《舊五代史考異》："案：《永樂大典》原本誤作'瑱'，《册府元龜》誤作'頊'，今從《歐陽史》校正。"見《新五代史》卷三《梁末帝紀》，又見《會要》卷一帝號條。

[2]貞明：後梁末帝朱友貞年號（915—921）。　"初名友貞"

至“貞明中又改今諱”：《通鑑》卷二六八繫於乾化三年（913）三月丁未條：“丁未，帝更名鍠；久之，又名瑱。”《考異》曰：“《薛史》云，貞明中更名瑱。諸書皆無年月，今因名鍠終言之。”

[3]太祖：即後梁太祖朱温。紀見本書卷一至卷七。　太祖第四子也：《舊五代史考異》：“案：《歐陽史》作第三子，《五代會要》與《薛史》同，蓋并假子博王友文而數之也。”見《新五代史》卷三《梁末帝紀》，又見《會要》卷一帝號條。

[4]文德：唐僖宗李儇年號（888）。　東京：地名。位於今河南開封市。　性沉厚寡言：《輯本舊史》之影庫本粘籤：“‘沉厚’，原本作‘沉原’，今據文改正。”《新五代史》卷三《梁末帝紀》本作“沈厚寡言”。

[5]光化：唐昭宗李曄年號（898—901）。　河南府：府名。唐開元元年（713）改洛州爲河南府，治所在今河南洛陽市。　參軍：官名。州府屬官，總掌諸曹事務。官品爲從六品至從八品不等。　天興軍：禁軍名，後梁置。《五代會要》卷一二京城諸軍條記後梁開平元年（907）九月置左右天興軍，爲禁軍中的兩軍，以親王爲軍使。　以帝爲左天興軍使：《舊五代史考異》：“案：原本脱‘使’字，今據《歐陽史》增入。”見《新五代史》卷三《梁末帝紀》。

[6]開平：後梁太祖朱温年號（907—911）。　檢校司空：官名。爲散官或加官，以示恩寵加此官，無實際執掌。司空，與太尉、司徒並爲三公。　馬步軍都指揮使：官名。五代時侍衛親軍之長官。多爲皇帝親信。　充東京馬步軍都指揮使：《宋本册府》卷一八八《閏位部·紹位門》亦繫於開平四年，《通鑑》卷二六八則於乾化二年閏五月條追溯，作“東都馬步都指揮使”。

乾化二年六月二日，[1]庶人友珪弑逆，矯太祖詔，遣供奉官丁昭溥馳至東京，[2]密令帝害博王友文。友珪即位，以帝爲東京留守、行開封府尹、檢校司徒。[3]友珪以簒逆居位，群情不附。會趙巖至東京，從帝私讌，[4]因言及社稷事，帝以誠款謀之，巖曰："此事易如反掌，成敗在招討楊令公之手，但得一言諭禁軍，其事立辦。"巖時典禁軍，洎還洛，以謀告侍衛親軍袁象先。帝令腹心馬慎交之魏州見師厚，且言成事之日，賜勞軍錢五十萬緡，仍許兼鎮。慎交，燕人也，素有膽辨，乃説師厚曰：[5]"郢王殺君害父，簒居大位，宫中荒淫，靡所不至。洛下人情已去，東京物望所歸，公若因而成之，則有輔立之功，討賊之効。"師厚猶豫未決，謂從事曰："吾於郢王，君臣之分已定，無故改圖，人謂我何！"慎交曰："郢王以子弑父，是曰元凶。均王爲君爲親，正名仗義。彼若一朝事成，令公何情自處！"師厚驚曰："幾悮計耳！"乃令小校王舜賢至洛，密與趙巖、袁象先圖議。時有左右龍驤都在東京，帝僞作友珪詔，遣還洛下。先是，劉重遇部下龍驤一指揮于懷州叛，經年搜捕其黨，帝因遣人激怒其衆曰："郢王以龍驤軍嘗叛，追汝等洛下，將盡坑之。"翌日，乃以僞詔示之，[6]諸軍憂恐，將校垂泣告帝，乞指生路。帝諭之曰："先帝三十餘年經營社稷，千征萬戰，爾等皆曾從行。今日先帝尚落人奸計，爾等安所逃避。"因出梁祖御容以示諸將，[7]帝歔欷而泣曰："郢王賊害君父，違天逆地，復欲屠滅親軍，爾等苟能自趨洛陽，擒取逆豎，告謝先帝，即轉禍爲福矣。"衆踴躍曰："王言是也。"皆呼萬歲，請帝爲主，時友珪改元之二月十五日也。[8]

［1］乾化：後梁太祖朱温年號（911—912）。　乾化二年六月二日："六月二日"，中華書局本沿《輯本舊史》作"六月三日"，並有校勘記："'三日'，殿本作'二日'。按《新五代史》卷二《梁本紀》載梁太祖崩於六月戊寅，是月丁丑朔，戊寅爲初二。"但未改，今據《新五代史》改。

［2］友珪：人名。即朱友珪。朱温次子，後勾結韓勍殺朱温。傳見本書卷一二、《新五代史》卷一三。　供奉官：官名。泛指侍奉皇帝左右的臣僚，亦爲東、西頭供奉官通稱。　丁昭溥：人名。籍貫不詳。唐末宦官。事見本書本卷、卷七。　遣供奉官丁昭溥馳至東京："丁昭溥"，中華書局本沿《輯本舊史》作"丁昭浦"，並有校勘記："殿本、《通曆》卷一二、《通鑑》卷二六八作'丁昭溥'。"但未改，今據《通曆》及《通鑑》卷二六八乾化二年（912）六月戊寅條改。

［3］友文：人名。即朱友文。朱温養子，後被朱友珪所殺。傳見本書卷一二、《新五代史》卷一三。　留守：官名。皇帝出巡或親征時指定親王或大臣留守京城，綜理軍事、行政、民事、財政等事務，稱京城留守。在陪都或軍事重鎮也常設留守，以地方長官兼任。　開封府尹：官名。五代除後唐外均定都開封，因置開封府尹。執掌京師政務。從三品。　檢校司徒：官名。爲散官或加官，以示恩寵加此官，無實際執掌。司徒，與太尉、司空並爲三公。

［4］趙巖：人名。陳州宛丘（今河南淮陽縣）人。唐忠武軍節度使趙犨之子。五代後梁大臣。事見本書卷一四、《新五代史》卷四二。　從帝私讌：《輯本舊史》之影庫本粘籤："從帝私讌，原本作'從常'，今從《通鑑》改正。"《通鑑》未見此條記事。

［5］楊令公：即楊師厚。潁州斤溝（今安徽太和縣阮橋鎮斤溝村）人。唐末、五代將領。傳見本書卷二二、《新五代史》卷二三。　侍衛親軍：後梁宫城守衛軍隊。此處當指侍衛親軍將領。　袁象先：人名。宋州下邑（今河南夏邑縣）人。五代後梁將領，後投後唐。傳見本書卷五九、《新五代史》卷四五。　馬慎交：人名。

籍貫不詳。五代將領。事見本書本卷、卷二、卷七、卷一六、卷二〇。　魏州：州名。治所在今河北大名縣。　乃説師厚曰：《輯本舊史》之影庫本粘籤："乃説師厚，原本衍'既'字，今據文删去。"

[6]王舜賢：人名。籍貫不詳。楊師厚牙將。事見本書本卷、卷七、卷三五。　左右龍驤：禁軍部隊番號。　劉重遇：人名。籍貫不詳。五代後梁將領。事見本書本卷、卷六四。　懷州：州名。治所在今河南沁陽市。　乃以僞詔示之：《舊五代史考異》："案《通鑑考異》云：《梁太祖實録》：'丙戌，東京言龍驤軍准詔追赴西京，軍情不肯進發。'實友珪徵之，非友貞僞作，但激怒言坑之耳。"見《通鑑》卷二六八乾化三年二月丙戌條《考異》。

[7]因出梁祖御容以示諸將：中華書局本有校勘記："'御容'，原作'御像'，據殿本、孔本改。"

[8]時友珪改元之二月十五日也：中華書局本有校勘記："'友珪改元之'，殿本、孔本作'僞鳳曆元年'。"《通鑑》卷二六八從《薛史》繫此事於乾化三年正月甲子條。

帝乃遣人告趙巖、袁象先、傅暉、朱珪等。[1]十七日，象先引禁軍千人突入宫城，遂誅友珪。事定，象先遣趙巖賫傳國寶至東京，請帝即位於洛陽。帝報之曰："夷門，太祖創業之地，居天下之衝，北拒并、汾，東至淮海，國家藩鎮，多在厥東，命將出師，利於便近，若都洛下，非良圖也。公等如堅推戴，册禮宜在東京，賊平之日，即謁洛陽陵廟。"是月，帝即位於東京，乃去友珪僞號，[2]稱乾化三年。詔曰：

我國家賞功罰罪，必叶朝章；報德伸冤，敢欺天道。苟顯違于法制，雖暫滯於歲時，終振大綱，須歸至理。重念太祖皇帝，嘗開霸府，有事四方。迨建皇朝，載遷都邑，每以主留重務，居守難才，慎擇親賢，方膺寄任。[3]故博王友文，才兼文武，識達古今，俾分憂於在浚之郊，亦共理於興王之地，一心無易，二紀于兹，嘗施惠於士民，實有勞於家國。去歲郢王友珪，常懷逆節，已露凶鋒，將不利於君親，欲竊窺於神器。此際值先皇寢疾，大漸日臻，博王乃密上封章，請嚴宫禁，因以萊州刺史授於郢王友珪，纔覩宣頭，俄行大逆。[4]豈有自縱兵於内殿，却翻事於東都。又矯詔書，枉加刑戮，仍奪博王封爵，又改姓名，冤耻兩深，欺誣何極。伏賴上玄垂祐，宗社降靈，俾中外以叶謀，致遐邇之共怒，尋平内難，獲剿元凶，既雪耻于同天，且免譏於共國。朕方期遁世，敢竊臨人，遽迫推崇，爰膺纘嗣。冤憤既伸於幽顯，霈澤宜及於下泉。博王宜復官爵，仍令有司擇日歸葬云。

[1]傅暉：人名。籍貫不詳。後梁將領。本書僅此一見。　朱珪：人名。籍貫不詳。五代後梁將領，時爲後梁檢校太傅、匡國軍節度觀察留後、行營諸軍馬步都虞候。傳見本書附録。　帝乃遣人告趙巖、袁象先、傅暉、朱珪等："傅暉"，《舊五代史考異》："案：原本脱'暉'字，今據《通鑑》增入。"《通鑑》未見有關記事。

[2]夷門：地名。原指戰國魏都大梁城東門，故址在今河南開封城内東北隅。夷門位於夷山，夷山因山勢平夷而得名，故門亦以山爲名。此處代指開封。　并：州名。治所在今山西太原市。　汾：州名。治所在今山西汾陽市。　乃去友珪僞號：中華書局本有

校勘記："'友珪僞號'，殿本、孔本、《通曆》卷一二、《册府》卷一八八作'鳳曆之號'。"見《宋本册府》卷一八八《閏位部·紹位門》。

[3]方膺寄任：《輯本舊史》之影庫本粘籤："'寄任'，原本作'奇任'，今據文改正。"《宋本册府》卷二九五《宗室部·復爵門》作"寄任"。

[4]浚之郊：即浚郊，開封别稱。　萊州：州名。治所在今山東萊州市。　刺史：官名。漢武帝始置。州一級行政長官。總掌考覈官吏、勸課農桑、地方教化等事。唐中期以後，節度使、觀察使轄州而設，刺史爲其屬官，職任漸輕。從三品至正四品下。　宣頭：文書名。此處指皇帝任命詔書。參見王銘《五代文書〈安審琦請射田莊宣頭〉探微》，《浙江大學學報》2010年第6期。

三月丁未，制曰："朕仰膺天睠，近雪家讎，[1]旋聞將相之謀，請紹祖宗之業。群情見迫，三讓莫從，祗受推崇，懼不負荷。方欲烝嘗寢廟，[2]禋類郊丘，[3]合徵定體之辭，[4]用表事神之敬。其或於文尚淺，在理未周，亦冀隨時，别圖制義。雖臣子行孝，重更名於已孤；而君父稱尊，貴難知而易避。今則虔遵古典，詳考前聞，允諧龜筮之占，庶合帝王之道。載惟涼德，[5]尤愧嘉名，中外群僚，當體朕意。宜改名鍠。"庚戌，以天雄軍節度使、[6]充潞州行營都招討使、[7]開府儀同三司、[8]檢校太尉、兼侍中、[9]弘農郡王楊師厚爲檢校太師、兼中書令，進封鄴王。[10]壬戌，以夏州節度使、檢校太尉、同平章事李仁福爲檢校太師，進封隴西郡王。[11]戊辰，以邢州保義軍留後、檢校太保戴思遠爲檢校太傅，充邢州節度使。[12]庚午，以鎮東軍節度副使、[13]充兩浙西面都指揮使、行睦州刺史馬綽爲檢校太傅、同平章事，領秦州雄武軍節度使，進封開國侯。[14]是月，文武百官上言，請以九月十二日帝降誕日爲明聖節，休假三日。從之。

[1]近雪家讎：《舊五代史考異》："案：原本脱'家'字，今據《册府元龜》增入。"見《宋本册府》卷一八二《閏位部·名諱門》。

[2]烝嘗：原指秋、冬祭祀。後亦泛稱祭祀。《詩·小雅》："絜爾牛羊，以往烝嘗。"鄭玄箋："冬祭曰烝，秋祭曰嘗。"　寢廟：宗廟的正殿稱廟，後殿稱寢，合稱寢廟。

[3]禋（yīn）：祭天禮。　郊丘：在圜丘舉行的祭天禮。

[4]合徵定體之辭：中華書局本有校勘記："'定'，原作'文'，據《册府》卷一八二改。"

[5]凉德：薄德，缺少仁義。多用爲帝王的自謙之詞。

[6]天雄軍：方鎮名。亦稱"魏博軍"，唐天祐元年（904）以魏博節度使號爲天雄軍，治所在魏州（今河北大名縣）。　節度使：官名。唐時在重要地區所設掌握一州或數州軍事、民事、財政的長官。

[7]潞州：州名。治所在今山西長治市。　行營都招討使：官名。五代時掌一方招撫討伐等事務。戰時任命，兵罷則省。常以大臣、將帥或地方軍政長官兼任。

[8]開府儀同三司：官名。魏晋始置，隋唐時爲文散官之最高官階。多授功勳重臣。從一品。

[9]檢校太尉：官名。爲散官或加官，以示恩寵，無實際執掌。太尉，與司徒、司空並爲三公。　侍中：官名。秦始置。隋、唐前期爲門下省長官。唐後期多爲大臣加銜，不參與政務，實際職務由門下侍郎執行。正二品。

[10]中書令：官名。漢代始置，隋、唐前期爲中書省長官，屬宰相之職，唐後期多爲授予元勳大臣的虚銜。正二品。

[11]夏州：州名。治所在今陝西靖邊縣。　同平章事：官名。“同中書門下平章事”的簡稱。唐高宗以後，凡實際任宰相之職者，常在其本官後加同平章事的職銜。後成爲宰相專稱。或爲使相加銜。　李仁福：人名。党項族。五代党項首領。傳見本書卷一三二、《新五代史》卷四〇。

[12]保義軍：方鎮名。後梁開平二年（908）改昭義軍置。治所在邢州（今河北邢臺市）。　留後：官名。唐、五代節度使多以子弟或親信爲留後，以代行節度使職務，亦有軍士、叛將自立爲留後者。掌一州或數州軍政。　戴思遠：人名。籍貫不詳。後梁、後唐將領。傳見本書卷六四。

[13]鎮東軍：方鎮名。唐乾寧三年（896）以威勝軍改置。治所在越州（今浙江紹興市）。　節度副使：官名。唐、五代方鎮屬官。位於行軍司馬之下、判官之上。

[14]兩浙：地區名。浙東、浙西的合稱。泛指今浙江全省及江蘇南部一角。　都指揮使：官名。唐末、五代行軍統兵主帥。參見杜文玉《晚唐五代都指揮使考》，《學術界》1995年第1期。　睦州：州名。治所在今浙江建德市。　馬綽：人名。余杭（今浙江杭州市）人。五代十國藩鎮將領。事見本書本卷、卷九。　雄武軍：方鎮名。治所在秦州（今甘肅天水市）。

夏四月癸未，以西京内外諸軍馬步軍都指揮使、[1]檢校司徒、左龍虎統軍、濮陽郡開國侯袁象先爲特進、檢校太保、同平章事，[2]充鎮南軍節度、江南西道觀察處置等使、[3]開封尹、判在京馬步諸軍事，進封開國公，增食邑一千户。[4]丁酉，宣義軍節度副大使、知節度事、[5]鄭滑濮等州觀察使、[6]檢校太傅、長沙郡開國公羅周翰加特進、駙馬都尉。[7]

[1]西京：地名。後晉天福三年（938）以洛陽爲西京。治所在今河南洛陽市。　馬步軍都指揮使：官名。五代時侍衛親軍之長官。多爲皇帝親信。

[2]左龍虎統軍：官名。五代後梁禁衛部隊左龍虎軍統兵官。　特進：官名。西漢末期始置，授給列侯中地位較特殊者。隋唐時期，特進爲文散官，授給有聲望的官員。正二品。　濮陽郡開國侯袁象先爲特進、檢校太保、同平章事：中華書局本有校勘記："'郡'字原闕，據殿本、孔本、《舊五代史考異》卷一引文補。《舊五代史考異》：'案原本"濮陽"作"博陽"，今據象先本傳改正。'按本書卷五九《袁象先傳》記象先初封汝南縣男，后進封至開國公。"

[3]鎮南軍：方鎮名。治所在洪州（今江西南昌市）。　江南西道：道名。治所在洪州（今江西南昌市）。乾元元年（758）廢，但作爲地理區劃直至五代仍沿用。　觀察處置：官名。即觀察處置使。簡稱觀察使。唐玄宗以後，採訪、觀察、都統等使加"處置"，賦予處理、决斷權。開元二十二年（734）初置採訪處置使，以御史中丞盧絢等爲之，乾元元年改爲觀察處置使。掌一道州縣官的考績及民政。

[4]開封尹：官名。五代除後唐外均定都開封，因置開封府尹。執掌京師政務。從三品。　判在京馬步諸軍事：官名。京師馬步軍長官。　開國公：封爵名。　食邑：即封地、封邑。食邑之名，蓋取受封者不之國，僅食其租税之意。

[5]宣義軍：方鎮名。治所在滑州（今河南滑縣）。　節度副大使：官名。方鎮中僅次於節度使之使職，如持節，則位同於節度使。　知節度事：官名。方鎮實際掌權者。

[6]鄭：州名。治所在今河南鄭州市。　滑：州名。治所在今

河南滑縣。　濮：州名。治所在今山東鄄城縣。

[7]羅周翰：人名。魏州貴鄉（今河北大名縣）人。羅紹威次子。事見本書本卷、卷二七。　駙馬都尉：漢武帝始置，魏、晋以後公主夫婿多加此稱號。從五品下。

五月乙巳，天雄軍節度使楊師厚及劉守奇率魏博、邢、洺、徐、兗、鄆、滑之衆十萬討鎮州。[1]庚戌，營於鎮之南門外。壬子，晋將史建瑭自趙州領騎五百入于鎮州，師厚知其有備，自九門移軍於下博。[2]劉守奇以一軍自貝州掠冀州衡水、阜城，陷下博。[3]師厚自弓高渡御河，迫滄州，張萬進懼，送款于師厚，師厚表請以萬進爲青州節度使，[4]以劉守奇爲滄州節度使。詔曰："太祖皇帝六月二日大忌。朕聞姬周已還，並用通喪之禮；炎漢之後，方行易月之儀。[5]歷代相沿，萬幾斯重，遂爲故實，難遽改更。朕頃遘家冤，近平内難，倏臨祥制，[6]俯迫忌辰，音容永遠而莫追，號感彌深而難抑。將欲表宅憂於中禁，是宜輟聽政於外朝，雖異常儀，願申罔極。宜輟五月二十二日至六月二十九日朝參，軍機急切公事，即不得留滯，並仰晝時聞奏施行。"[7]宰臣文武百官三上表，以國忌廢務多日，請依舊制。詔報曰："朕聞禮非天降，固可酌於人情；事繫孝思，諒無妨於國體。今以甫臨忌日，暫輟視朝，冀全哀感之情，[8]用表始終之節。宰臣等累陳章表，備述古今，慮以萬幾之繁，議以五日之請。[9]雖兹懇切，難盡允俞。況保身方荷於洪基，敢言過毁；而權制獲申於至性，必在得中。宜自今月二十九日輟至六月七日，無煩抑請，深體朕懷。”

[1]劉守奇：人名。深州樂壽（今河北獻縣）人。唐末幽州節度使、燕王劉仁恭之子，劉守光之弟。唐末、五代將領。事見本書卷一三三。　魏博：方鎮名。治所在魏州貴鄉縣（今河北大名縣）。　邢：州名。治所在今河北邢臺市。　洺：州名。治所在今河北邯鄲市永年區。　徐：州名。治所在今江蘇徐州市。　兗：州名。治所在今山東濟寧市兗州區。　鄆：州名。治所在今山東東平縣。　鎮州：州名。治所在今河北正定縣。　天雄軍節度使楊師厚及劉守奇率魏博、邢、洺、徐、兗、鄆、滑之衆十萬討鎮州："魏博、邢、洺、徐、兗、鄆、滑"，《通鑑》卷二六八乾化三年（913）五月庚戌條作"汴、滑、徐、兗、魏、博、邢、洺"。

[2]史建瑭：人名。雁門（今山西代縣）人。五代將領。傳見本書卷五五、《新五代史》卷二五。　趙州：州名。治所在今河北趙縣。　九門：地名。位於今河北石家莊市藁城區。　下博：縣名。治所在今河北深州市。

[3]貝州：州名。治所在今河北清河縣。　冀州：州名。治所在今河北衡水市冀州區。　衡水：縣名。治所在今河北衡水市。　阜城：縣名。治所在今河北阜城縣。

[4]弓高：縣名。治所在今河北阜城縣。　滄州：州名。治所在今河北滄縣舊州鎮。　張萬進：人名。又名張守進。雲州（今山西大同市）人。唐末、五代將領。傳見本書卷一三。　青州：州名。治所在今山東青州市。　"迫滄州"至"青州節度使"：《舊五代史考異》："案：原本滄州作'涼州'，考《歐陽史·劉守光傳》，張萬進乃滄州守將，今改。"《新五代史》卷三九《劉守光傳》未言張萬進爲滄州守將，"滄州"，見於明本《册府》卷二一七《閏位部·交侵門》、《新五代史》卷三《梁末帝紀》乾化三年五月條、《通鑑》卷二六八乾化三年五月丙子條。"送款于師厚"，中華

書局本沿《輯本舊史》作“送款”，並有校勘記：“《册府》卷二一七作‘送款於師厚’。”但未補，今據明本《册府》卷二一七補。

[5]通喪：通行喪禮。　炎漢：西漢。　易月：古喪禮，父母之喪，服喪三年，自漢文帝始以日易月，縮短喪期，謂之“易月”。

[6]遘：遭遇。　倏（shū）：忽然。　祥：古時父母喪後周年爲小祥，兩周年爲大祥。

[7]宅憂：處在父母喪事期間。　中禁：禁中。皇帝居所。　輟聽政於外朝：指輟朝。帝王遇親喪或文武大臣病故，停止視朝數日，以示哀悼。　罔極：指父母恩德無窮。　宜輟五月二十二日至六月二十九日朝參：輟朝參，又稱輟朝。

[8]國忌：此處指後梁太祖朱温的忌日。　冀全哀感之情：中華書局本有校勘記：“‘感’，殿本作‘戚’。按《孝經·喪親》：‘孝子之喪親也……聞樂不樂，食旨不甘，此哀戚之情也。’”

[9]議以五日之請：中華書局本有校勘記：“‘日’，原作‘月’，據殿本、劉本改。”

六月戊子，以滄州順化軍節度使、并潞鎮定副招討使、檢校太傅、同平章事張萬進爲青州節度使。[1]

[1]順化軍：方鎮名。治所在滄州（今河北滄縣舊州鎮）。　定：州名。治所在今河北定州市。　“以滄州順化軍節度使”至“青州節度使”：《舊五代史考異》：“案：原本順化作‘順侯’，今據《通鑑》注滄州爲順化軍改正。又青州，《通鑑》作平盧，考後文，是時賀德倫爲平盧節度使，當從《薛史》作青州爲是。”見《通鑑》卷二六八乾化三年（913）五月壬子條胡注。平盧節度使治青州，乃軍號與治所之不同稱謂。

秋九月甲辰，以光禄大夫、守御史大夫、[1]吴興郡開國侯姚洎爲中書侍郎、平章事。[2]

[1]光禄大夫：官名。西漢始設，掌論議。唐、五代爲散官。從二品。　守御史大夫：官名。秦始置，與丞相、太尉合稱三公。至唐代，在御史中丞之上設御史大夫一人，爲御史臺長官，專掌監察、執法。正三品。官階低於官職加“守”字。

[2]姚洎：人名。籍貫不詳。後梁宰相。事見本書本卷、卷四。　中書侍郎：官名。中書省副長官，唐後期三省長官漸爲榮銜，中書侍郎、門下侍郎却因參議朝政而職位漸重，常常用爲以“同三品”或“同平章事”任宰相者的本官。正三品。

十二月庚午，以前鄆州節度、檢校司徒、食邑二千户、福王友璋爲許州節度使、檢校太保。[1]是月，晋王收幽州，執僞燕主劉守光及其父仁恭歸晋陽。[2]

[1]友璋：人名。即朱友璋。宋州碭山（今安徽碭山縣）人。後梁太祖朱温第五子，封福王。傳見本書卷一二。　許州：州名。治所在今河南許昌市。

[2]晋王：指李存勗。代北沙陀部人。後唐開國皇帝。紀見本書卷二七至卷三四、《新五代史》卷四、卷五。　幽州：州名。治所在今北京市。　仁恭：人名。即劉仁恭。深州（今河北深州市）人。唐末、五代軍閥。傳見《新唐書》卷二一二。　晋陽：縣名。治所在今山西太原市。

乾化四年春正月壬寅，以青州節度使張萬進爲兖州節度使、檢校太尉。

二月甲戌，以感化軍節度使、華商等州觀察使、檢校太傅、同平章事、太原郡開國公康懷英爲大安尹，[1]充永平軍節度使、大安金棣等州觀察處置使。[2]

[1]感化軍：方鎮名。後梁置。治所在華州（今陝西渭南市華州區）。　華：州名。治所今陝西渭南市華州區。　商：州名。治所在今陝西商洛市商州區。　康懷英：人名。兖州（今山東濟寧市兖州區）人。唐末、五代將領。本名懷貞，避後梁末帝朱友貞諱改懷英。傳見本書卷二三、《新五代史》卷二二。　大安尹：府名。五代後梁改京兆府（今陝西西安市）爲大安府。長官爲大安府尹。

[2]金：州名。治所在今陝西安康市。　棣：州名。治所在今山東惠民縣。　"以感化軍節度使"至"大安金棣等州觀察處置使"：《通鑑》卷二六九乾化四年（914）二月條："徙感化節度使康懷英爲永平節度使，鎮長安。""鎮長安"下胡注："感化軍，陝州。梁初徙佑國軍於長安，尋改爲永平軍。"

夏四月丁丑，以守司空、平章事于兢爲工部侍郎，[1]尋貶萊州司馬，以其挾私與軍校遷改故也。[2]是日，以行營左先鋒馬軍使、濮州刺史王彦章爲澶州刺史，[3]充行營先鋒步軍都指揮使，加光禄大夫、檢校太保，封開國伯。以永平軍節度使、檢校太傅、同平章事劉鄩爲開封尹，遥領鎮南軍節度使。[4]

[1]于兢：人名。洛陽（今河南洛陽市）人。唐宰相于志寧之後，後梁宰相。善畫牡丹。事見本書本卷、卷四、《新五代史》卷三。　工部侍郎：官名。尚書省工部次官。協助工部尚書掌管百工、山澤、水土之政令，考其功以詔賞罰。正四品下。　以守司空、平章事于兢爲工部侍郎："守司空、平章事"，《通鑑》卷二六

九乾化四年（914）四月丁丑條作“司空兼門下侍郎、同平章事”。

[2]司馬：官名。州郡佐官，名義上紀綱衆務，通判列曹，品高俸厚，實際上無具體職事，多用以安置貶謫官員，或用作遷轉官階。上州從五品下，中州正六品下，下州從六品上。　遷改：改官、升官。　以其挾私與軍校遷改故也：中華書局本有校勘記：“‘遷改’，《册府》卷三三七作‘還往’。”見明本《册府》卷三三七《宰輔部·徇私門》。

[3]左先鋒馬軍使：官名。左先鋒馬軍統兵官。　王彦章：人名。鄆州壽張（今山東梁山縣壽張集）人。五代後梁將領。傳見本書卷二一、《新五代史》卷三二。　澶州：州名。唐、五代初，治所在今河南清豐縣。後晉天福四年（939），移治於今河南濮陽市。

[4]先鋒步軍都指揮使：官名。左先鋒步軍統兵官。　永平軍：方鎮名。後梁改佑國軍置。治所在大安府（今陝西西安市）。　劉鄩：人名。密州安丘（今山東安丘市）人。唐末、五代將領。傳見本書卷二三、《新五代史》卷二二。　遥領：不親往任職，在他處遥遠監督之。

五月癸丑，朔方軍留後、檢校司徒韓洙起復，授朔方軍節度使、檢校太保。[1]

[1]朔方軍：方鎮名。又稱靈武、靈州、靈鹽。治所在靈州（今寧夏吴忠市）。　韓洙：人名。籍貫不詳。五代軍閥。韓遜之子。事見本書卷一三二《韓遜傳》。　起復：父母喪未滿或革職官員重被起用。　授朔方軍節度使、檢校太保：“檢校太保”，中華書局本有校勘記：“本書卷九《梁末帝紀》中、卷一三二《韓洙傳》作‘檢校太傅’。”見《輯本舊史》卷九《梁末帝紀》中貞明四年（918）四月己未條。

秋七月，晋王率師自黄澤嶺東下，寇邢洺，[1]魏博節度使楊師厚軍於漳水之東。晋將曹進金來奔，晋軍遂退。[2]

[1]黄澤嶺：山名。在今山西省左權縣東南、河北省武安市西北。爲歷代穿越太行山主要通道之一。　寇邢洺：《舊五代史考異》："案：原本'邢'作'鄘'，今據《五代春秋》'七月來侵邢州'改正。"見《五代春秋》卷上梁末帝乾化四年（914）七月條，又見《通鑑》卷二六九乾化四年七月條。

[2]漳水：水名。有清漳水、濁漳水二源，均出山西東南部，在河北南部邊境匯合後稱漳河。　曹進金：人名。籍貫不詳。五代將領。事見本書本卷、卷二八。

九月，徐州節度使王殷反。[1]時朝廷以福王友璋鎮徐方，殷不受代，乃下詔削奪殷在身官爵，仍令却還本姓蔣，便委友璋及天平軍節度使牛存節、開封尹劉鄩等進軍攻討。[2]是時，蔣殷求救於淮南，楊溥遣大將朱瑾率衆來援，存節等逆擊，敗之。[3]

[1]徐州：州名。治所在今江蘇徐州市。　王殷：人名。即蔣殷。河中節度使王重盈養子。後梁太祖時官至宣徽院使。朱友珪篡位稱帝，被任爲徐州節度使。末帝時拒不免官，兵敗自殺。傳見本書卷一三、《新五代史》卷四三。

[2]徐方：指徐州。　牛存節：人名。青州博昌（今山東博興縣）人。唐末、五代將領。傳見本書卷二二、《新五代史》卷二二。

[3]淮南：方鎮名。治所在揚州（今江蘇揚州市）。　楊溥：五代十國吴睿帝，後禪位於徐知誥。傳見《新五代史》卷六一。

朱瑾：人名。宋州下邑（今河南夏邑縣）人。唐末、五代將領。傳見本書卷一三、《舊唐書》卷一八二、《新五代史》卷四二。

貞明元年春，牛存節、劉鄩拔徐州，[1]逆賊蔣殷舉族自燔而死，於火中得其屍，梟首以獻。詔福王友璋赴鎮。

[1]貞明：後梁末帝朱友貞年號（915—921）。　貞明元年春，牛存節、劉鄩拔徐州：《舊五代史考異》："案：牛存節等克徐州，《薛史》本紀及《蔣殷傳》俱不書月，《五代春秋》及《歐陽史》皆作正月，《通鑑》作二月，據《通鑑考異》引《朱友貞傳》又作乾化四年十一月，疑皆屬傳聞之辭，當以《薛史》爲正。"見《輯本舊史》卷一三《蔣殷傳》、《新五代史》卷三《梁末帝紀》、《通鑑》卷二六九貞明元年（915）二月條。

閏二月甲午，延州節度使、太原西面招討應接使、檢校太師、兼中書令、渤海郡王高萬興進封渤海王。[1]

[1]延州：州名。治所在今陝西延安市。　太原：府名。治所在今山西太原市。　招討應接使：官名。戰時任命，兵罷則省。掌應接諸軍。　高萬興：人名。河西（今甘肅武威市）人。唐末、五代將領，高懷遷之子。傳見本書卷一三二、《新五代史》卷四〇。

三月辛酉朔，以天平軍節度副大使、知節度事、兼淮南西北面行營招討應接等使、檢校太傅、同平章事牛存節爲檢校太尉，加食邑一千户，賞平徐之功也。丁卯，以右僕射兼門下侍郎、同平章事、監修國史、[1]判度支趙光逢爲太子太保致仕。[2]魏博節度使楊師厚薨，輟視朝三日。初，師厚握强兵、據重鎮，每邀朝廷姑息，及薨，輟視朝三日，或者以爲天意。租庸使趙巖、租庸判官邵贊獻議於帝曰："魏博六州，精兵數萬，蠹害唐室百有餘年。[3]羅紹威前恭後倨，太祖每深含怒。太祖尸未屬纊，師厚即肆陰謀。蓋以地廣兵强，得肆其志，不如分削，使如身使臂，即無不從也。陛下不以此時制之，寧知後人之不爲楊師厚耶！若分割相、魏爲兩鎮，則朝廷無北顧之患矣。"[4]帝曰："善。"即以平盧軍節度使賀德倫爲天雄軍節度使，遣劉鄩率兵六萬屯河朔。[5]詔曰："分疆裂土，雖賞勳勞；建節屯師，亦從機便。比者魏博一鎮，巡屬六州，爲河朔之大藩，實國家之巨鎮。[6]所分憂寄，允謂重難；將叶事機，須期通濟。但緣鎮、定賊境，最爲魏、博親鄰；其次相、衛兩州，皆控澤潞山口。兩道並連於晋土，[7]分頭常寇於魏封。既須日有枝梧，[8]未若俱分節制。免勞兵力，困奔命於兩途；[9]稍泰人心，俾安居於終日。其相州宜建節度爲昭德軍，[10]以澶、衛兩州爲屬郡，以張筠爲相州節度使。"[11]己丑，魏博軍亂，囚節度使賀德倫。是時，朝廷既分魏博六州爲兩鎮，命劉鄩統大軍屯于南樂，以討王鎔爲名，遣澶州刺史、行營先鋒步軍都指揮使王彦章領龍驤五百騎先入於魏州，屯於金波亭。[12]詔以魏州軍兵之半隸于相州，并徙其家焉。又遣主者檢察魏之帑廩。既而德倫促諸軍上路，姻族辭决，哭聲盈巷。其徒乃相聚而謀曰："朝廷以我軍府强盛，故設法殘破。況我六州，歷代藩府，軍門父子，姻族相連，未嘗遠出河門，離親去族，一旦遷於外郡，生不如死。”三月二十九日夜，魏軍乃作亂，放火大掠，首攻龍驤軍，王彦章斬關而遁。遲明，殺德倫親軍五百餘人於牙城，執德倫置之樓上。有効節軍校張彦者，最爲粗暴，膽氣伏人，乃率無賴輩數百，止其剽掠。[13]是日，魏之士庶被屠戮者不可勝紀。

[1]右僕射：官名。秦始置。隋、唐前期以左、右僕射佐尚書令總理六官，綱紀庶務；如不置尚書令，則總判省事，爲宰相之職。唐後期多爲大臣加銜。從二品。　門下侍郎：官名。門下省副長官。唐後期三省長官漸爲榮銜，中書侍郎、門下侍郎却因參議朝政而職位漸重，常常用爲以“同三品”或“同平章事”任宰相者的本官。正三品。　監修國史：官名。北齊始置史館，以宰相爲之。唐史館沿置，爲宰相兼職。

[2]判度支：官名。度支本爲户部的一司，唐中期以後特派大臣判度支，後來獨立於户部之外，稱度支使或知度支事，或稱勾當支使。與判户部及鹽鐵轉運使合稱三司。至五代後唐，合爲一職，稱三司使。　趙光逢：人名。京兆奉天（今陝西乾縣）人。後梁大臣。傳見本書卷五八、《新五代史》卷三五。　太子太保：官名。與太子太師、太子太傅統稱太子三師。隋唐以後多作加官或贈官。從一品。　以右僕射兼門下侍郎、同平章事、監修國史、判度支趙光逢爲太子太保致仕：“趙光逢”，《舊五代史考異》：“案：原本‘逢’作‘逯’，今據《唐書》列傳改正。”見《輯本舊史》卷五八《趙光逢傳》，又見《新五代史》卷三《梁末帝紀》貞明元年(915) 三月丁卯條，《通鑑》卷二六九貞明元年三月丁卯條。

[3]租庸使：官名。唐代爲主持催徵租庸地税的財政官員。後梁、後唐時，租庸使取代鹽鐵、度支、户部，爲主管中央財政的長

官。　租庸判官：官名。租庸使屬官。　邵贊：人名。籍貫不詳。後梁官員。事見本書本卷、卷七。

［4］羅紹威：人名。魏州貴鄉（今河北大名縣）人。唐末、五代軍閥。傳見本書卷一四、《新五代史》卷三九。　相：州名。治所在今河南安陽市。　"租庸使趙巖"至"無北顧之患矣"：《舊五代史考異》："案《通鑑考異》引《莊宗列傳》，宰相敬翔與趙巖、邵贊同議。《薛史》無敬翔名，《通鑑》從《薛史》。"見《通鑑》卷二六九貞明元年三月丁卯條。

［5］平盧軍：方鎮名。治所在青州（今山東青州市）。　賀德倫：人名。唐末、五代將領。其先係河西部落人，後居滑州（今河南滑縣）。傳見本書卷二一、《新五代史》卷四四。　河朔：古地區名。泛指黄河下游以北地區。

［6］建節：唐朝節度使或經略使受任，皆賜旌節。　實國家之巨鎮：中華書局本有校勘記："'鎮'，《册府》卷二一四作'屏'。"見明本《册府》卷二一四《閏位部·權略門》。

［7］博：州名。治所在今山東聊城市。　衛：州名。治所在今河南衛輝市。　澤：州名。治所在今山西澤州縣。　兩道並連於晋土：中華書局本有校勘記："'晋土'，《大事記續編》卷七二引《舊史》《册府》卷二一四作'并晋'。"

［8］既須日有枝梧：中華書局本有校勘記："'枝梧'，原作'戰争'，據《大事記續編》卷七二引《舊史》《册府》卷二一四改。《舊五代史考異》卷一：'案原本脱"戰争"二字，今據《册府元龜》增入。'按今檢《册府》引文無'戰争'二字。"

［9］困奔命於兩途：中華書局本有校勘記："'困'，原作'因'，據《册府》卷二一四改。"

［10］昭德軍：方鎮名。治所在相州（今河南安陽市）。　其相州宜建節度爲昭德軍："昭德軍"，中華書局本有校勘記："'軍'字原闕，據殿本、彭校、《册府》卷二一四補。"

［11］張筠：人名。海州（今江蘇連雲港市海州區）人。五代

將領。傳見本書卷九〇、《新五代史》卷四七。

[12]南樂：縣名。治所在今河南南樂縣。　王鎔：人名。回鶻人。唐末、五代軍閥。傳見本書卷五四、《新五代史》卷三九。　金波亭：亭名。位於魏州城（今河北大名縣東）内。

[13]河門：地名。位於今河北大名縣東北。　張彦：人名。籍貫不詳。五代後梁軍校。事見本書本卷。

夏四月，[1]帝聞之，遣使齎詔安撫，仍許張彦除郡厚賜，將士優賞。彦等不遜，投詔於地，侮罵詔使，因迫德倫飛奏，請却復相、衛，抽退劉鄩軍。帝復遣諭曰："制置已定，不可改易。"如是者三。彦等奮臂南向而罵曰："傭保兒，敢如是也！"復迫德倫列其事。時有文吏司空頲者，[2]甚有筆才，彦召見，謂曰："爲我更草一狀，詞宜抵突，如更敢違，則渡河擄之。"乃奏曰："臣累拜封章，上聞天聽，在軍衆無非共切，何朝廷皆以爲閑。半月三軍切切，而戈矛未息；一城生聚皇皇，而控告無門。惟希俯鑒丹衷，苟從衆欲，須垂聖允，斷在不疑。如或四向取謀，但慮六州俱失，言非意外，事在目前。"張彦又以楊師厚先兼招討使，請朝廷依例授之，故復逼德倫奏曰："臣當道兵甲素精，貔貅極鋭，[3]下視并汾之敵，平吞鎮、定之人。特乞委臣招討之權，試臣湯火之節，苟無顯効，任賜明誅。"詔報曰："魏博寇敵接連，封疆懸遠，凡於應赴，須在師徒。是以别建節旄，各令捍禦，并、鎮則委魏博控制，澤潞則遣相衛枝梧。咸逐便安，貴均勞逸，已定不移之制，宜從畫一之規。至於征伐事權，亦無定例。且臨清王領鎮之日，[4]羅紹威守藩以來，所領事銜，本無招討。祇自楊師厚先除陝、滑二帥，皆以招討兼權，因兹帶過鄴中，原本不曾落下。苟循事體，寧吝施行。況今劉鄩指鎮、定出征，康懷英往邠、岐進討，祇令統帥師旅，亦無招討使銜。切宜徧諭群情，勿興浮議，倚注之意，卿宜體之。"[5]詔至，張彥壞裂，抵之於地，謂德倫曰："梁主不達時機，聽人穿鼻，城中擾攘，未有所依。我甲兵雖多，須資勢援，河東晋王統兵十萬，匡復唐朝，世與大梁仇讎，若與我同力，事無不濟。請相公改圖，以求多福。"德倫不得已而從之，乃遣牙將曹廷隱奉書求援於太原。[6]彥使德倫告諭軍城曰："可依河東稱天祐十二年，[7]此後如有人將文字於河南往來，便仰所在處置。"是月，邠州留後李保衡以城歸順。[8]保衡，楊崇本養子也。崇本乃李茂貞養子，任邠州二十餘年，去歲爲其子彥魯所毒。[9]彥魯領知州事五十餘日，保衡殺彥魯送款於帝，即以保衡爲華州節度使，以河陽留後霍彥威爲邠州節度使。[10]

[1]夏四月：《舊五代史考異》："案《通鑑》：夏四月，帝遣供奉官扈異撫諭魏軍。""夏四月"三字原闕，據《通鑑》卷二六九貞明元年四月條補。

[2]司空頲：人名。貝州清陽（今河北清河縣）人。五代官員。傳見本書卷七一、《新五代史》卷五四。

[3]貔（pí）貅（xiū）：傳説中的猛獸。多比喻勇猛的戰士。

[4]臨清王：即羅弘信。魏州貴鄉（今河北大名縣）人。唐末軍閥。傳見《舊唐書》卷一八一、《新唐書》卷二一〇。　且臨清

王領鎮之日：《輯本舊史》之影庫本粘籤："臨清王，原本作'臨清生'，考《舊唐書》：魏博節度使羅弘信封臨清王，今改正。"見《舊唐書》卷一八一《羅弘信傳》，又見《宋本册府》卷一二九《帝王部·封建門》唐昭宗光化元年（898）九月條。

[5]鄴中：即鄴城。治所在今河北大名縣。　邠：州名。治所在今陝西彬縣。　岐：唐州名。治雍縣（今陝西鳳翔縣）。唐中後期稱鳳翔府，五代因之。此爲舊稱。

[6]穿鼻：比喻操縱、控制。　曹廷隱：人名。魏州（今河北大名縣）人。五代將領。傳見本書卷七一。　乃遣牙將曹廷隱奉書求援於太原：《輯本舊史》之影庫本粘籤："廷隱，原本作'延隱'，今據曹廷隱本傳改正。"見《輯本舊史》卷七一《曹廷隱傳》，又見《宋本册府》卷七六六《總録部·攀附門二》。

[7]天祐：唐昭宗李曄開始使用的年號（904）。唐哀帝李柷即位後沿用（904—907）。唐亡後，河東李克用、李存勗仍稱天祐，沿用至天祐二十年（923）。五代其他政權亦有行此年號者，如南吴、吴越等，使用時間長短不等。　可依河東稱天祐十二年：中華書局本有校勘記："'十二年'，原作'十三年'，據劉本改。按唐天祐四年爲梁所代，晋沿用天祐年號，至此時當爲天祐十二年。"

[8]李保衡：人名。楊崇本養子。事見本書本卷、卷一三、卷六四。　是月，邠州留後李保衡以城歸順："是月"，中華書局本有校勘記："《册府》卷二一七繫其事於四月。按本卷上文云'帝聞之，遣使齎詔安撫'，據注文引《通鑑》，已是夏四月間事，則此'是月'當指四月。"見明本《册府》卷二一七《閏位部·交侵門》。"邠州留後李保衡以城歸順"，《舊五代史考異》："案：《通鑑考異》引《蜀書·劉知俊傳》，保衡作彦康，蓋保衡爲楊崇本養子，故名彦康，迨殺其子彦魯而降梁，始復其本姓名也。《五代春秋》《歐陽史》《通鑑》俱從《薛史》作保衡。"見明本《册府》卷二一五《閏位部·招懷門》、《通鑑》卷二六九貞明元年四月條《考異》、《新五代史》卷三《梁末帝紀》、《五代春秋》末帝貞明元

年三月條。

[9]楊崇本：人名。籍貫不詳。李茂貞養子，唐末、五代軍閥。傳見本書卷一三、《新五代史》卷四〇。　李茂貞：人名。深州博野（今河北蠡縣）人。唐末、五代軍閥。傳見本書卷一三二、《新五代史》卷四〇。　彦魯：人名。即楊彦魯。籍貫不詳。楊崇本之子。事見本書本卷、卷一三。

[10]河陽：方鎮名。全稱“河陽三城”。治所在孟州（今河南孟州市）。　霍彦威：人名。洺州曲周（今河北曲周縣）人。霍存養子。後梁、後唐將領。傳見本書卷六四、《新五代史》卷四六。

五月，晋王率師赴魏州。鄆州節度使牛存節薨。[1]是月，鳳翔李茂貞遣僞署涇州節度使劉知俊率師攻邠州，以李保衡歸順故也。[2]自是凡攻圍十四月，節度使霍彦威、諸軍都指揮使黄貴堅守捍寇，會救軍至，岐人乃退。[3]

[1]鄆州節度使牛存節薨：中華書局本有校勘記：“‘鄆州’二字原闕，據邵本校補。另牛存節墓誌（拓片刊《河洛墓刻拾零》）記其卒於六月。”見《河洛墓刻拾零》四八〇。

[2]鳳翔：方鎮名。治所在鳳翔府（今陕西鳳翔縣）。　涇州：州名。治所在今甘肅涇川縣。　劉知俊：人名。徐州沛縣（今江蘇沛縣）人。唐末、五代軍閥。傳見本書卷一三、《新五代史》卷四四。

[3]黄貴：人名。籍貫不詳。五代將領。事見本書本卷、卷九。

六月庚寅，晋王入魏州，以賀德倫爲大同軍節度使，舉族遷於晋陽。是月，晋人陷德州。[1]

[1]大同軍：方鎮名。治所在雲州（今山西大同市）。　德州：州名。治所在今山東德州市陵城區。

秋七月，又陷澶州，刺史王彦章棄城來奔。[1]是月，劉鄩自洹水潛師由黄澤路西趨晋陽，至樂平縣，值霖雨積旬，乃班師還。[2]次宗城，遂至貝州，軍於堂邑。遇晋軍，轉鬬數十里，晋軍稍退。翌日，鄩移軍于莘。[3]

[1]又陷澶州，刺史王彦章棄城來奔：《舊五代史考異》："案《通鑑》：晋人夜襲澶州，刺史王彦章在劉鄩營，晋人獲其妻子。《薛史·王彦章傳》亦云：晋人攻陷澶州，彦章舉家陷没。是澶州陷時，彦章未嘗在城也。"見《通鑑》卷二六九貞明元年（915）七月條、《輯本舊史》卷二一《王彦章傳》。

[2]洹水：河流名。即今河南北部安陽河。源出山西，北入衛河。　黄澤：地名。位於今山西左權縣東南。　樂平縣：縣名。治所在今山西昔陽縣。

[3]宗城：縣名。治所在今河北威縣。　堂邑：縣名。治所在今山東冠縣。　莘：縣名。治所在今山東莘縣。

八月，賀瓌收復澶州。[1]

[1]賀瓌：人名。濮陽（今河南濮陽市）人。後梁將領。傳見本書卷二三、《新五代史》卷二三。

九月，以行營先鋒步軍都指揮使、行澶州刺史、檢校太保王彦章爲汝州防禦使，[1]依前行營先鋒步軍都指揮使。壬午，正衙命使册德妃張氏。是夕，妃薨。[2]

［1］防禦使：官名。唐代始置，設有都防禦使、州防禦使兩種。常由刺史或觀察使兼任，實際上爲唐代後期州或方鎮的軍政長官。　以行營先鋒步軍都指揮使、行澶州刺史、檢校太保王彦章爲汝州防禦使：《舊五代史考異》："案：原本汝州作'許州'，今據《通鑑》改正。"檢《通鑑》卷二六九貞明元年（915）七月條未見，見本書卷二一《王彦章傳》。

［2］正衙：即正殿。唐代以大明宫宣政殿爲正衙。唐後期以來，在正衙舉行的每日朝參，亦稱正衙。　德妃張氏：人名。後梁末帝之妃。傳見本書卷一一、《新五代史》卷一三。

冬十月辛亥，康王友孜謀反，[1]伏誅。是夕，帝於寢殿熟寐，忽聞御榻上寶劍有聲，帝遽起視之，而友孜之黨已入於宫中，帝揮之獲免。[2]壬子，[3]葬德妃張氏。

［1］友孜：人名。即朱友孜。朱温第八子。傳見本書卷一二、《新五代史》卷一三。　康王友孜謀反：《舊五代史考異》："案：《通鑑》友孜作友敬，與《薛史》異。"見《通鑑》卷二六九貞明元年（915）十月辛亥條。《新五代史》卷三《梁末帝紀》、卷一三《梁家人傳》與《薛史》同。

［2］"是夕"至"帝揮之獲免"：《舊五代史考異》："案《清異録》：末帝夜于寢間擒刺客，乃康王友孜所遣，帝自戮之，造雲母匣貯所用劍，名匣曰'護聖將軍之館'。"見《清異録》卷四聖將軍條。

［3］壬子：中華書局本有校勘記："原作'壬午'，據殿本改。按是月戊子朔，無壬午，壬子爲二十五日。"

十一月乙丑，改乾化五年爲貞明元年。[1]

[1]十一月乙丑，改乾化五年爲貞明元年：《舊五代史考異》："案：《吴越備史》作正月壬辰朔，改元大赦。《歐陽史》《五代春秋》及《通鑑》俱從《薛史》作十一月。"見《新五代史》卷三《梁末帝紀》、《通鑑》卷二六九貞明元年（915）十一月乙丑條。

十二月乙未，詔昇華原縣爲崇州靜勝軍，以美原縣爲裕州，以爲屬郡。[1]以僞命義勝軍節度使、鼎耀等州觀察使、[2]特進、檢校太保、同平章事李彦韜爲特進、檢校太傅、同平章事，充靜勝軍節度使、崇裕等州觀察使、河内郡開國侯，仍復本姓温，名昭圖。[3]昭圖，華原賊帥也。李茂貞以爲養子，以華原爲耀州、美原爲鼎州，僞命昭圖爲節度使。至是歸款，故有是命。

[1]華原縣：縣名。治所在今陝西銅川市耀州區。　崇州：州名。治所在今陝西銅川市耀州區。　美原縣：縣名。治所在今陝西富平縣美原鎮。

[2]義勝軍：方鎮名。治所在耀州（今陝西銅川市耀州區）。　鼎：州名。治所在今陝西富平縣美原鎮。　耀：州名。治所在今陝西銅川市耀州區。

[3]河内郡：地名。治所在懷州（今河南沁陽市）。　昭圖：人名。即温昭圖。本名温韜。華原（今陝西銅川市耀州區）人。後梁、後唐將領。傳見本書卷七三、《新五代史》卷四〇。

貞明二年春正月庚申，以皇伯父宋州節度使、開府儀同三司、檢校太師、兼中書令、廣王全昱爲守中書令，餘如故。[1]以浙江東道營田副使、檢校太傅、前常州刺史杜建徽遥領涇州節度使。[2]

[1]全昱：人名。即朱全昱，朱温的兄長。傳見本書卷一二、《新五代史》卷一三。　“貞明二年春”至“餘如故”：《舊五代史考異》：“案《通鑑》：二年春正月，宣武節度使、守中書令、廣德靖王全昱卒。”見《通鑑》卷二六九貞明二年（916）正月條。

[2]浙江東道：方鎮名。治所在越州（今浙江紹興市）。　營田副使：官名。唐、五代軍屯州設營田使，由節度使兼任。副使協理。　常州：州名。治所在今江蘇常州市。　杜建徽：人名。新城（今浙江杭州市富陽區新登鎮）人。曾任吴越宰相。事見本書本卷、卷九、卷四四、卷八二。

二月丙申，右僕射、門下侍郎、平章事、諸道鹽鐵轉運等使楊涉罷相，守左僕射。[1]涉累上章以疾辭位，故有是命。是月，命許州節度使王檀、河陽節度使謝彦章、汝州防禦使王彦章率師自陰地關抵晋陽，[2]急攻其壘，不克而旋。

[1]諸道鹽鐵轉運使：官名。主管漕運、鹽鐵專賣等政務。唐末、五代常由宰相兼任。　楊涉：人名。同州馮翊（今陝西大荔縣）人。唐宰相楊收之孫，吏部尚書楊嚴之子。唐哀帝時拜中書侍郎、同中書門下平章事。傳見《新五代史》卷三五。

[2]王檀：人名。京兆（今陝西西安市）人。後梁將領。傳見本書卷二二、《新五代史》卷二三。　謝彦章：人名。許州（今河南許昌市）人。後梁將領。傳見本書卷一六、《新五代史》卷二三。　陰地關：關隘名。位於今山西靈石縣西南。　汝州防禦使王彦章率師自陰地關抵晋陽：中華書局本有校勘記：“‘汝州’原作‘鄭州’，據殿本改。按本書卷二一《王彦章傳》及本卷上下文，彦章貞明元年八月爲汝州防禦使，至貞明二年四月方改鄭州防禦使。”

三月，劉鄩率師與晉王大戰於故元城，[1]鄩軍敗績。先是，鄩駐於莘，帝以河朔危急，師老於外，餉饋不充，遣使賜鄩詔，微有責讓。鄩奏以寇勢方盛，未可輕動。帝又問鄩決勝之策，鄩奏曰："但人給粮十斛，盡則破敵。"帝不悦，復遣促戰。鄩召諸將會議，諸將欲戰，鄩默然。一日，鄩引軍攻鎮定之營，[2]彼衆大駭，上下騰亂，俘斬甚衆。時帝遣偏將楊延直領軍萬餘人屯澶州以應鄩，[3]既而晉王詐言歸太原，劉鄩以爲信。是月，召楊延直會于魏城下，鄩自莘率軍亦至，與延直會。既而晉王自貝州至，鄩引軍漸退，至故元城西，與晉人決戰，大爲其所敗。追襲至河上，軍士赴水死者甚衆，鄩自黎陽濟河奔滑州。己巳，制以鄩爲滑州宣義軍節度副大使、知節度事。晉人攻衛州，陷之，又陷惠州。[4]

[1]元城：縣名。治所在今河北大名縣。　劉鄩率師與晉王大戰於故元城：中華書局本有校勘記："'故'字原闕，據殿本、本書卷二三《劉鄩傳》、《册府》卷四四三、《新五代史》卷三《梁本紀》及本卷下文補。"見明本《册府》卷四四三《將帥部·敗衄門三》。

[2]鄩引軍攻鎮定之營：中華書局本有校勘記："'鄩'字原闕，據《册府》卷二一七、卷四四三補。"見明本《册府》卷二一七《閏位部·交侵門》。

[3]楊延直：人名。籍貫不詳。五代後梁將領。事見本書本卷、卷九、卷二八。　時帝遣偏將楊延直領軍萬餘人屯澶州以應鄩：《輯本舊史》之影庫本粘籤："楊延直，原本作'廷直'，今據《歐陽史》改正。"見《新五代史》卷三《梁末帝紀》，又見《通鑑》

卷二六九貞明二年（916）二月條。

［4］魏城：地名。位於今河北魏縣。　黎陽：縣名。治所在今河南浚縣。　惠州：州名。唐天祐三年（906）改磁州置，治所在今河北磁縣。

夏四月乙酉朔，威武軍節度使、守太傅、兼中書令、閩王王審知賜號忠勤保安興國功臣，[1]餘如故。晋人陷洺州。癸卯夜，捉生都將李霸作亂，龍驤都將杜晏球討平之。[2]時遣捉生軍千人戍楊劉，軍出宋門外。是夜，由水門復入，二鼓大譟，火發爝城，李霸與其徒燔建國門，不克。[3]龍驤都將杜晏球屯鞠場，聞亂兵至，率騎擊之，亂軍退，走馬登建國門。晏球奏曰："亂者惟李霸一軍，但守宫城，遲明臣必破之。"未明，晏球誅霸及其同惡，京師方定。是月，以行營先鋒步軍都指揮使、汝州防禦使王彦章爲鄭州防禦使，依前先鋒步軍都指揮使。

［1］威武軍：方鎮名。治所在福州（今福建福州市）。　王審知：人名。光州固始（今河南固始縣）人。五代十國閩國建立者。909年至925年在位。傳見本書卷一三四、《新五代史》卷六八。

［2］捉生：部隊番號。　都將：官名。唐、五代時節度使屬將。　李霸：人名。籍貫不詳。後梁將領。事見本書本卷、卷六四。　杜晏球：人名。又名王晏球。籍貫不詳。五代將領。傳見本書卷六四。

［3］楊劉：地名。黄河渡口。位於今山東東阿縣。　宋門：城門名。位於今河南開封市。　建國門：宫城門。爲開封皇城南門。

五月，晋軍還太原。六月，晋人急攻邢州，帝遣捉生都將張温率步騎五百人入于邢州，[1]至内黄，[2]温率衆降於晋人。

[1]張温：人名。魏州魏縣（今河北魏縣）人。後梁、後唐將領。傳見本書卷五九。　帝遣捉生都將張温率步騎五百人入于邢州：《輯本舊史》之影庫本粘籤："張温，原本作‘章温’，今據《歐陽史》及《通鑑》改正。"見《新五代史》卷三《梁末帝紀》貞明二年（916）六月條、《通鑑》卷二六九貞明二年六月條，"捉生都將"，《通鑑》作"捉生都指揮使"。

[2]内黄：縣名。治所在今河南内黄縣。

秋七月甲寅朔，晋王自太原至魏州，相州節度使張筠棄城奔京師，[1]邢州節度使閻寶以城降於晋王。[2]壬戌，以淮南鎮海鎮東等軍節度使、[3]充淮南宣潤等道四面行營都統、[4]開府儀同三司、尚父、守尚書令、吴越王錢鏐爲諸道兵馬元帥，餘如故。以左僕射楊涉爲太子太傅致仕。[5]

[1]相州節度使張筠棄城奔京師：中華書局本有校勘記："‘相州’二字原闕，據邵本校補。按本卷上文‘以張筠爲相州節度使’。"

[2]閻寶：人名。鄆州（今山東東平縣）人。五代後梁、後唐將領。傳見本書卷五九、《新五代史》卷四四。

[3]鎮海：方鎮名。治所在潤州（今江蘇鎮江市）。　鎮東：方鎮名。治所在越州（今浙江紹興市）。　行營都統：官名。唐末、五代設諸道行營都統，作爲各道出徵兵士的統帥。

［4］宣：州名。治所在今安徽宣城市。　潤：州名。治所在今江蘇鎮江市。

［5］尚父：尊號名。意爲可尊尚的父輩。　錢鏐：人名。杭州臨安（今浙江杭州市）人。五代時期吴越國的建立者。傳見本書卷一三三、《新五代史》卷六七。　諸道兵馬元帥：官名。唐末、五代臨時設置的高級軍事指揮官。

八月丁酉，以開府儀同三司、太子太保致仕趙光逢爲司空兼門下侍郎、同平章事、弘文館大學士、延資庫使，充諸道鹽鐵轉運使。[1]

［1］弘文館大學士：官名。唐初設弘文館，後設學士、大學士。大學士常由次相兼任。　延資庫使：官名。唐宣宗大中三年（849）改備邊庫爲延資庫，專門儲備全國軍費。長官稱延資庫使，以宰相兼任。後梁延續這一制度。參見杜文玉《五代十國制度研究》，人民出版社2006年版，第146—147頁。　以開府儀同三司、太子太保致仕趙光逢爲司空兼門下侍郎、同平章事、弘文館大學士、延資庫使："同平章事"，中華書局本沿《輯本舊史》原作"平章事"，據《新五代史》卷三《梁末帝紀》貞明二年（916）八月丁酉條、《通鑑》卷二六九貞明二年八月丁酉條補。《輯本舊史》之影庫本粘籤："延資庫使，原本作'延貨'，考《五代會要》，五代承唐制，多以宰相兼領延資庫使，今改正。"見《會要》卷一五延資庫使條。

九月，晉王還太原。滄州節度使戴思遠棄城來奔。晉人陷貝州。[1]己卯，天平軍節度副大使、知節度事、檢校太師、兼中書令、瑯琊郡王王檀薨。[2]

[1]晋人陷貝州：《舊五代史考異》："案：《歐陽史》作晋人克貝州，守將張源德死之。又《死事傳》云：貝人勸源德出降，源德不從，遂見殺。《通鑑考異》引《莊宗實録》：源德聞河北皆平，有翻然之志，謀於衆，衆懼其歸罪，因殺源德。是源德之死，傳聞異詞，故《薛史》不取。"中華書局本引殿本："《歐陽史》本紀：二年九月，晋人克貝州，守將張源德死之。又《死事傳》略云：太祖時，源德自金吾衛將軍爲蔡州刺史。貞明元年，魏博節度使楊師厚卒，末帝分魏、相等六州爲兩鎮，遣劉鄩將兵萬人屯于魏。魏軍叛降晋，源德爲鄩守貝州。晋王入魏，諸將欲先擊貝州，晋王曰：'貝城小而堅，攻之難卒下。'乃先襲破德州，然後以兵五千攻源德，源德堅守不下，晋軍塹而圍之。已而劉鄩大敗于故元城，南走黎陽，六鎮數十州之地皆歸晋，獨貝一州，圍之踰年不可下。源德守既堅，而貝人聞晋已盡有河北，城中食且盡，乃勸源德出降，源德不從，遂見殺。"中華書局本引孔本："《通鑑考異》引《莊宗實録》云：賊將張源德固守貝州，既聞河北皆平，而有翻然之志，詢謀於衆。群賊皆河南人，懼其歸罪，不從，因殺源德，噉人爲糧，因守其城。王師歷年攻圍，賊既食竭，呼我大將曰：'今欲請罪，懼晋王不我赦，請衿甲持兵而見，已即解之，如何？'報曰：'無便於此者。'賊衆三千，衿甲出降。我將甘言喻之，俱釋兵解甲。既而四面陳兵殺之。與《歐陽史》異。今考《歐陽史》，多前後互異。如魏博軍亂，《本紀》作元年，《傳》作三年；張源德死，《紀》作二年，據《傳》當在四年。《紀》《傳》自相矛盾，恐不足據。《薛史》不載張源德事，附識於此。"見《新五代史》卷三《梁末帝紀》、卷三三《張源德傳》、《通鑑》卷二六九貞明二年(916)九月條《考異》。

[2]天平軍：方鎮名。治所在鄆州（今山東東平縣）。　瑯琊郡王王檀薨：《舊五代史考異》："案：《五代春秋》作盜殺鄆州王檀。"見《五代春秋·末帝》，又《通鑑》卷二六九貞明二年九月條"瑯琊郡王"作"瑯琊忠毅郡王"。

十月丁酉，[1]以開府儀同三司、中書侍郎兼吏部尚書、同平章事、集賢殿大學士、判户部敬翔爲右僕射兼門下侍郎、平章事、監修國史，判度支。[2]以光禄大夫、中書侍郎、同平章事鄭珏爲特進、兼刑部尚書、平章事、集賢殿大學士，判户部。[3]十月，晋王自太原至魏州。是月，前昭義軍節度使、檢校太師、兼侍中、陳留郡王葛從周薨。[4]

[1]十月丁酉："十月"，中華書局本有校勘記："原作'八月'，據彭校、《通鑑》卷二六九《考異》引《薛史》、《册府》卷一九九改。"見《宋本册府》卷一九九《閏位部·命相門》、《通鑑》卷二六九貞明二年（916）十月丁酉條《考異》。但《通鑑考異》只言鄭珏，未言敬翔。

[2]吏部尚書：官名。尚書省吏部最高長官，與二侍郎分掌六品以下文官選授、勳封、考課之政令。正三品。　集賢殿大學士：官名。唐中葉置，位在學士之上，以宰相兼。掌修書之事。　判户部：官名。即判户部事。尚書省户部長官。　敬翔：人名。同州馮翊（今陝西大荔縣）人。後梁大臣。傳見本書卷一八、《新五代史》卷二一。

[3]鄭珏：人名。滎陽（今河南滎陽）人。後梁、後唐宰相。傳見本書卷五八、《新五代史》卷五四。　刑部尚書：官名。尚書省刑部主官。掌天下刑法及徒隸、勾覆、關禁之政令。正三品。

[4]昭義軍：方鎮名。治所在潞州（今山西長治市）。　葛從周：人名。濮州甄城（今山東鄄城縣）人。唐末、五代將領。傳見本書卷一六、《新五代史》卷二一。

是歲，河北諸州悉入於晋。[1]

[1]是歲，河北諸州悉入於晉：《大典》卷六六〇五“梁”字韻“末帝（一）”事目。

舊五代史　卷九

梁書九

末帝紀中

貞明三年春正月戊午，以前淄州刺史高允奇爲右羽林統軍。[1]癸亥，以前天平軍馬步軍都指揮使、檢校太保朱勍爲懷州刺史。[2]癸酉，以右天武軍使石釗爲密州刺史。[3]戊寅，以前懷州刺史李建爲安州刺史，仍賜名知節。[4]己卯，以宣義軍節度副大使、知節度事、北面行營副招討等使、特進、檢校太傅霍彦威爲天平軍節度副大使，知節度事。[5]

[1]貞明：後梁末帝朱友貞年號（915—921）。　淄州：州名。治所在今山東淄博市淄川區。　刺史：官名。漢武帝始置。州一級行政長官。總掌考覈官吏、勸課農桑、地方教化等事。唐中期以後，節度使、觀察使轄州而設，刺史爲其屬官，職任漸輕。從三品至正四品下。　高允奇：人名。籍貫不詳。五代後梁將領。本書僅此一見。　右羽林統軍：官名。唐、五代右羽林軍統兵官。至德二

載（757）唐肅宗置禁軍，也叫神武天騎，分爲左右神武天騎、左右羽林、左右龍武等六軍，稱“北衙六軍”。從二品。

［2］天平軍：方鎮名。治所在鄆州（今山東東平縣）。　馬步軍都指揮使：官名。五代時侍衛親軍長官。多爲皇帝親信。　檢校太保：官名。爲散官或加官，以示恩寵，無實際執掌。　朱勍：人名。籍貫不詳。後梁、後唐將領。事見本書本卷。　懷州：州名。治所在今河南沁陽市。

［3］右天武軍使：官名。右天武軍，禁軍名。《五代會要·京城諸軍》記梁開平二年（908）十二月，改左右天武爲左右龍虎軍，左右龍虎軍爲左右天武軍，與左右天威軍、左右英武軍合稱六軍，以勳戚舊臣領之。統兵官爲軍使。　石釗：人名。籍貫不詳。後梁將領。本書僅此一見。　密州：州名。治所在今山東諸城市。

［4］李建：人名。籍貫不詳。後梁將領。本書僅此一見。　安州：州名。治所在今湖北安陸市。

［5］宣義軍：方鎮名。治所在滑州（今河南滑縣）。　節度副大使：官名。方鎮中僅次於節度使之使職，如持節，則位同於節度使。　知節度事：官名。方鎮實際掌權者。“以宣義軍節度副大使、知節度事”，《舊五代史考異》：“案：原本脱‘副’字，考《新唐書·百官志》及《五代會要》，副大使爲藩鎮官爵，今增入。”見《新唐書》卷四九《百官志四》。《會要》卷二四雜録條云：“（天成）二年七月敕：頃因本朝親王，遥領方鎮，其在鎮者遂云副大使知節度事。”但此爲後唐時事。　北面行營副招討使：官名。不常置，爲一路或數路地區統兵官。掌招撫討伐等事務。兵罷則省。位於招討使下。　特進：官名。西漢末期始置，授給列侯中地位較特殊者。隋唐時期，特進爲文散官，授給有聲望的官員。正二品。　霍彦威：人名。洺州曲周（今河北曲周縣）人。五代後梁將領霍存養子。後梁、後唐將領。傳見本書卷六四、《新五代史》卷四六。

二月甲申，晋王攻我黎陽，劉鄩拒之而退。[1]乙酉，前蔡州刺史董璋權知宣義軍軍州事。[2]丁亥，以前右羽林軍統軍梁繼業爲左衛上將軍。[3]壬辰，以租庸判官、檢校司徒張紹珪爲光禄卿，依前充租庸判官。[4]癸巳，以權知平盧軍軍州事、客省使、知銀臺事元湘爲檢校司空。[5]甲午，以飛龍使婁繼英爲左武衛大將軍。[6]

[1]晋王：指李存勗。代北沙陀部人。後唐開國皇帝。紀見本書卷二七至卷三四、《新五代史》卷四、卷五。　黎陽：縣名。治所在今河南浚縣。　劉鄩：人名。密州安丘（今山東安丘市）人。唐末、五代將領。傳見本書卷二三、《新五代史》卷二二。

[2]蔡州：州名。治所在今河南汝南縣。　董璋：人名。籍貫不詳。五代後梁、後唐將領。傳見本書卷六二、《新五代史》卷五一。　宣義軍：方鎮名。治所在滑州（今河南滑縣）。　權知軍州事：官名。簡稱知州。州級軍政長官。權代表暫時委任的差遣。

[3]梁繼業：人名。籍貫不詳。五代將領。本書僅此一見。左衛上將軍：官名。唐置，掌宫禁宿衛。唐代置十六衛，即左右衛、左右驍衛、左右武衛、左右威衛、左右領軍衛、左右金吾衛、左右監門衛、左右千牛衛，各置上將軍，從二品；大將軍，正三品；將軍，從三品。

[4]租庸判官：官名。租庸使屬官。租庸使，唐代爲主持催徵租庸地税的財政官員。後梁、後唐時，租庸使取代鹽鐵、度支、户部的長官，主管中央財政。　檢校司徒：官名。爲散官或加官，以示恩寵，無實際執掌。　張紹珪：人名。籍貫不詳。五代後梁、後唐官員。事見本書本卷、卷一〇、卷三一。　光禄卿：官名。南朝梁天監七年（508）改光禄勳置，隋唐沿置。掌宫殿門户、帳幕器物、百官朝會膳食等。從三品。

[5]平盧軍：方鎮名。治所在青州（今山東青州市）。　客省

使：官名。唐代宗時始置，五代沿置。客省長官，掌接待四方奏計及外族使者。　知銀臺事：官名。掌部分文書的傳達。到宋代成爲專設機構銀臺司。參見李全德《通進銀臺司與宋代的文書運行》，《中國史研究》2008 年第 2 期。　元湘：人名。籍貫不詳。五代官員。本書僅此一見。

[6]飛龍使：官名。唐武則天時始置，初以宦官爲之，掌仗内飛龍厩馬，玄宗天寶時猶屬閑厩使，代宗以後閑厩御馬皆歸之。其長官爲飛龍使。　婁繼英：人名。籍貫不詳。五代後梁、後唐、後晋將領。傳見《新五代史》卷五一。　左武衛大將軍：官名。唐置，掌宫禁宿衛。唐代十六衛之一。正三品。

三月庚申，以前平戎軍使、檢校司徒郭紹賓爲禧州刺史。[1]辛酉，以前天平軍節度副使裴彦爲隨州刺史。[2]戊寅，湖州刺史錢傳璟、蘇州刺史錢傳瑑、[3]鎮海軍節度副使錢傳瓘、温州刺史錢傳璲、[4]睦州刺史錢傳璹、[5]賨州刺史錢傳瓘、[6]明州刺史錢傳球、義州刺史錢傳琈、[7]峯州刺史錢傳珦、[8]巒州刺史錢傳琰、鎮海軍都知兵馬使錢傳璛等凡一十一人，[9]並加官勳階爵，[10]從吴越王錢鏐之請也。[11]

[1]平戎軍：禁軍番號。　郭紹賓：人名。籍貫不詳。唐末、五代將領。事見本書本卷、卷一六、卷二一。　禧州：州名。五代後梁開平三年（909）改翟州置，治所在今陝西洛川縣。

[2]節度副使：官名。唐、五代方鎮屬官。位於行軍司馬之下、判官之上。　裴彦：人名。籍貫不詳。五代後梁官員。事見本書卷二二。　隨州：州名。治所在今湖北隨州市。

[3]湖州：州名。治所在今浙江湖州市。　錢傳璟：人名。吴

越大臣。事見本書本卷、卷一〇。　蘇州：州名。治所在今江蘇蘇州市。　錢傳璙：人名。吴越官員。事見本書本卷。錢傳璙，《舊五代史考異》："原本作'傳珏'，今據《十國春秋》改正。"《十國春秋》爲清人吴任臣撰，傳璙之名，見《吴越備史》卷一貞明三年（917）三月條，又見《通鑑》卷二六六開平元年三月、四月戊午等條。

［4］鎮海軍：方鎮名。治所在潤州（今江蘇鎮江市）。　錢傳瓘：人名。吴越官員。事見《通鑑》卷二六四、卷二六六、卷二六八、卷二七〇。　温州：州名。治所在今浙江温州市。　錢傳璲：人名。吴越官員。本書僅此一見。

［5］睦州：州名。治所在今浙江建德市。　錢傳璹：人名。吴越官員。本書僅此一見。"睦州刺史錢傳璹"，中華書局本有校勘記："原作'錢傳琇'，據邵本校、《舊五代史考異》卷一引文改。按《十國春秋》卷八三：'元懿，字秉徽，初名傳璹，已又名傳懿，後更今名。'《通鑑》卷二七六於後唐天成三年仍稱'傳璹'，時後梁貞明三年，其應尚未改名傳懿。"見《通鑑》卷二七六天成三年（928）閏八月丁未條。

［6］竇州：州名。治所在今廣東信宜市。中華書局本有校勘記："'竇州'，原作'寶州'，據邵本校、《舊五代史考異》卷一引文、《吴越備史》卷一改。"又見《十國春秋》卷七八《吴越世家》及卷八三《餘姚侯傳瓘傳》，又據《新唐書》卷四三下《地理志七》，竇州隸黔州都督府，《新唐書》卷四三上《地理志六》，竇州隸嶺南。　錢傳瓘：人名。吴越官員。本書僅此一見。

［7］明州：州名。治所在今浙江寧波市。　錢傳球：人名。吴越官員。事見《通鑑》卷二七〇。　義州：州名。治所在今浙江義烏市。　錢傳琗：人名。吴越官員。本書僅此一見。

［8］峯州：州名。治所在今浙江省嵊州市。　錢傳珦：人名。吴越官員。事見《通鑑》卷二六九。"峯州刺史錢傳珦"，《舊五代史考異》："案：《歐陽史·職方志》有封州而無峯州，《薛史》前

後俱作峯州，未知何據，今仍其舊。”傳珣守峯州刺史見《吴越備史》卷一。據《新唐書》卷四三上《地理志六》，峯州承化郡隸安南，峯州不誤。

[9]巒州：州名。治所在今廣西横州市。　錢傳琰：人名。吴越官員。本書僅此一見。　都知兵馬使：官名。唐、五代方鎮自置之部隊統率官，稱兵馬使，其權尤重者稱兵馬大使或都知兵馬使。掌兵馬訓練、指揮。　錢傳璛：吴越官員。本書僅此一見。

[10]“巒州刺史錢傳琰”至“並加官勳階爵”：《舊五代史考異》：“案：《吴越備史》載錢鏐諸子所加官勳階爵，失載傳璟，故十一人僅存其十。又其名間有異同，當以《薛史》爲得實。”見《吴越備史》卷一。

[11]錢鏐：人名。杭州臨安（今浙江杭州市）人。五代時期吴越國的建立者。傳見本書卷一三三、《新五代史》卷六七。

夏四月庚辰，以前行左武衛大將軍蔡敬思爲右武衛上將軍。辛巳，以前安州刺史劉玘權知晉州軍州事。[1]以前密州刺史張實爲潁州刺史，充本州團練使。[2]癸未，以六軍押牙、充左天武軍使劉彦珪爲澶州刺史。[3]辛卯，以右千牛衛大將軍劉璩充契丹宣諭使。[4]詔諸道兵馬元帥開幕除吏，一同天策上將府故事。[5]辛丑，以清海軍元從都押牙、隴州刺史吴鍔爲檢校司空。[6]癸卯，以兩浙衙内先鋒指揮使、守峯州刺史錢傳珣爲泗州刺史。[7]

[1]蔡敬思：人名。籍貫不詳。五代後梁將領。事見本書本卷、卷一三。　劉玘：人名。汴州雍丘（今河南杞縣）人。五代後梁、後唐將領。傳見本書卷六四、《新五代史》卷四五。　晉州：州名。治所在今山西臨汾市。

[2]張實：人名。籍貫不詳。五代後梁、後唐將領。事見本書本卷、卷三六。　潁州：州名。治所在今安徽阜陽市。　團練使：官名。唐代中期以後，於不設節度使的地區設團練使。掌本區各州軍事。

[3]六軍：泛指皇帝的禁衛軍。《周禮・夏官・司馬》："凡制軍，萬有二千五百人爲軍。王六軍。"　押牙：官名。即"押衙"。唐、五代時期節度使、元帥府等官署辟署的屬官。掌領儀仗侍衛、統率軍隊。參見劉安志《唐五代押牙（衙）考略》，武漢大學歷史系魏晉南北朝隋唐史研究室編《魏晉南北朝隋唐史資料》第 16 輯，武漢大學出版社 1998 年版。　劉彥珪：人名。籍貫不詳。五代後梁將領。本書僅此一見。　澶州：州名。唐、五代初，治所在今河南清豐縣。後晉天福四年（939），移治於今河南濮陽市。

[4]右千牛衛大將軍：官名。唐龍朔二年（662），改右奉宸衛大將軍而置，一員，掌侍衛宮禁及供御兵器儀仗，皇帝受朝之日，領備身左右升殿列侍，親射則率屬以從。貞元二年（786）添置上將軍前，爲右千牛衛長官。正三品。　劉璩：人名。籍貫不詳。後梁將領。本書僅此一見。　契丹宣諭使：官名。掌奉使宣諭朝廷旨意。

[5]諸道兵馬元帥：官名。唐末、五代臨時設置的高級軍事指揮官。　天策上將府：官署名。唐高祖李淵因李世民功高而爲其專設，位在王公之上，可自置官署。

[6]清海軍：方鎮名。治所在廣州（今廣東廣州市）。　隴州：州名。治所在今陝西隴縣。中華書局本有校勘記："'隴州'，吴存鍔墓誌（拓片刊《文物》一九九四年第八期）作'瀧州'。按墓誌云'公諱存鍔'，開平元年'加兵部尚書，守瀧州刺史'，貞明三年'加檢校司空'。吴存鍔，即吴鍔。"《輯本舊史》及《新五代史》均無瀧州之記載，墓誌誤，不取。　吴鍔：人名。籍貫不詳。本書僅此一見。

[7]兩浙：地區名。浙東、浙西的合稱。泛指今浙江全省及江

蘇南部一角。　衙内先鋒指揮使：官名。節度使府衙内先鋒部隊統兵將領。　泗州：州名。治所在今江蘇泗洪縣東南。

六月庚辰，以前東京馬步都指揮使兼左天武軍使雷景從爲汝州刺史，充本州防禦使。[1]辛卯，以租庸判官、光禄大夫、檢校司徒、行光禄卿張紹珪爲申州刺史。[2]壬辰，以權知晉州建寧軍軍州事、前安州刺史劉玘爲建寧軍節度觀察留後。[3]

[1]東京：地名。即後梁都城東京開封府（今河南開封市）。　馬步都指揮使：官名。即馬步軍都指揮使。　雷景從：人名。籍貫不詳。後梁將領。本書僅此一見。　汝州：州名。治所在今河南汝州市。　防禦使：官名。唐代始置，設有都防禦使、州防禦使兩種。常由刺史或觀察使兼任，實際上爲唐代後期州或方鎮的軍政長官。

[2]光禄大夫：官名。西漢始設，掌論議。唐、五代爲散官。從二品。　申州：州名。治所在今河南信陽市。

[3]晉州建寧軍：方鎮名。治所在晉州（今山西臨汾市）。　觀察留後：官名。唐、五代時，代行方鎮長官之職者稱留後，代行觀察使之職者即爲觀察留後。掌一州或數州軍政。

秋七月丁巳，以淄州刺史陳洪爲棣州刺史。[1]乙丑，以刑部員外郎封翹爲翰林學士。[2]丙寅，以汝州刺史楊延直爲左衛大將軍，以前左衛上將軍劉重霸爲起復雲麾將軍、右驍衛上將軍。[3]庚午，以六軍諸衛副使、起復雲麾將軍、檢校太保張業爲淄州刺史。[4]

［1］陳洪：人名。籍貫不詳。後梁官員。本書僅此一見。　棣州：州名。治所在今山東惠民縣。

［2］刑部員外郎：官名。隋始置。尚書省刑部頭司長官刑部郎中的副職。掌刑法及按覆刑獄等事。從六品上。　封翹：人名。籍貫不詳。後梁、後唐官員。事見本書本卷、卷三〇、卷四二。《輯本舊史》之影庫本粘籤："封翹，原本作'封薨'，今據《封舜卿傳》改正。"見《輯本舊史》卷六八《封舜卿傳》引《宋本册府》卷七七一《總録部·世官門》，又見《宋本册府》卷七八二《總録部·榮遇門》。　翰林學士：官名。由南北朝始設之學士發展而來，唐玄宗改翰林供奉爲翰林學士，備顧問、代王言。掌拜免將相、號令征伐等詔令的起草。

［3］楊延直：人名。籍貫不詳。後梁將領。事見本書卷二八。　劉重霸：人名。籍貫不詳。後梁將領。事見本書本卷、卷四、卷六、卷一三。　雲麾將軍：官名。南朝梁始置，唐、五代爲武散官。從三品。

［4］六軍諸衛副使：官名。後唐沿唐代舊制，置六軍、諸衛。以判六軍諸衛事爲禁軍六軍與諸衛的最高統帥，六軍諸衛副使爲其貳。　張業：人名。即張繼業。籍貫不詳。後梁、後唐將領。事見本書本卷、卷三〇、卷三二。中華書局本有校勘記："《張繼業墓誌》（拓片刊《洛陽新獲墓誌》）：'奪情授六軍副使，出爲淄沂二州牧'，本書卷三〇《唐莊宗紀四》：'以權河陽留後、檢校太保張繼業依前權知河陽留後'，即其人。"見本書卷三〇同光元年（923）十一月辛酉條。又據《五代史闕文》張全義條："晚年保證明宗，欲爲子孫之福，師方渡河，鄴都兵亂，全義憂恨不食，終以餓死。未死前，其子繼業訟弟汝州防禦使繼孫，莊宗貶房州司户，賜自盡。"明本《册府》卷九三四《總録部·告訐門》："後唐張繼業爲河陽兩使留後。莊宗同光三年六月，繼業上疏稱：'弟繼孫本姓郝，有母尚在，父全義養爲假子，令官衙内兵士。自皇帝到京，繼孫私藏兵甲，招置部曲，欲圖不軌……'敕：'……宜竄逐於遐

方，仍歸還於姓氏……可貶房州司户參軍同正，兼勤復本姓。’尋賜自盡，仍籍没資産。”知張繼業爲張全義之子，先隨父歸後梁，后又隨父歸後唐。

八月辛巳，以左神武軍統軍周武爲寧州刺史，[1]以左崇安指揮使、前申州刺史劉仁鐸爲衍州刺史。[2]戊子，泰寧軍節度使張萬進賜名守進。[3]

[1]左神武軍統軍：官名。唐、五代禁軍左神武軍統兵官。從二品。　周武：人名。籍貫不詳。五代後梁將領。事見本書本卷。　寧州：州名。治所在今甘肅寧縣。

[2]劉仁鐸：人名。籍貫不詳。後梁官員。本書僅此一見。　衍州：州名。治所在今甘肅寧縣南六十里政平鄉。

[3]泰寧軍：方鎮名。唐乾寧四年（897）以沂海節度使號泰寧軍，治所在兖州（今山東濟寧市兖州區）。　張萬進：人名。又名張守進。雲州（今山西大同市）人。唐末、五代將領。傳見本書卷一三。《輯本舊史》之影庫本粘籤：“案：吴縝《纂誤》云：‘《末帝本紀》前作張萬進，後作守進，必有一誤。’”《輯本舊史》之影庫本批校：“案：《歐陽史》不載賜名守進，吴縝《纂誤》云：‘《紀》作張守進，《劉鄩》《劉處讓傳》作張萬進，《紀》《傳》不同，未知孰是。’蓋吴氏亦未詳考《薛史》也。”見《新五代史》卷三《梁末帝紀》、吴縝《五代史纂誤》卷上《梁本紀》。

九月庚申，以遥領常州刺史張昌孫遥領壽州刺史，充本州團練使。[1]

[1]遥領：不親往任職，在他處遥遠監督之。　常州：州名。

治所在今江蘇常州市。　張昌孫：人名。籍貫不詳。五代後梁官員。事見本書本卷、卷五。　壽州：州名。治所在今安徽壽縣。

冬十月壬午，以權西面行營都監、右武衛上將軍張筠權知商州軍州事。[1]戊子，詔曰："太子太傅李戬，多因釋教，誑惑群情，此後不得出入無恒。"[2]癸巳，以前崇德軍使張思綰爲左武衛上將軍。[3]己亥，以啓聖匡運同德功臣、諸道兵馬元帥、淮南鎮海鎮東等軍節度使、充淮南宣潤等四面行營都統、開府儀同三司、尚書令、吴越王錢鏐爲天下兵馬元帥。[4]壬寅，以尚書左丞吴藹爲工部尚書，充兩浙官告使。[5]是月，晉王自魏州還太原。[6]

[1]都監：官名。唐代中葉命將出征，常以宦官爲監軍、都監。後爲臨時委任的統兵官，稱都監、兵馬都監。掌屯戍、邊防、訓練之政令。　右武衛上將軍：中華書局本有校勘記："'右'原作'左'，據劉本、彭本改。按本卷下文貞明四年三月壬午，以前右武衛上將軍張筠爲左衛上將軍。"　張筠：人名。海州（今江蘇連雲港市海州區）人。唐末、五代將領。傳見本書卷九〇、《新五代史》卷四七。　商州：州名。治所在今陝西商洛市商州區。

[2]太子太傅：官名。與太子太師、太子太保統稱太子三師。隋唐以後多作加官或贈官。從一品。　李戬：人名。籍貫不詳。五代後梁官員。本書僅此一見。　無恒：不正常。

[3]崇德軍使：官名。禁軍崇德軍之統兵官。　張思綰：人名。籍貫不詳。後梁將領。本書僅此一見。

[4]淮南：方鎮名。治所在揚州（今江蘇揚州市）。　鎮東：方鎮名。治所在越州（今浙江紹興市）。　宣：州名。治所在今安

徽宣城市。　潤：州名。治所在今江蘇鎮江市。　行營都統：官名。唐末、五代設諸道行營都統，作爲各道出征兵士的統帥。　開府儀同三司：官名。魏晋始置，隋唐時爲文散官之最高官階。多授功勳重臣。從一品。　尚書令：官名。秦始置。隋、唐前期爲尚書省長官，與中書令、侍中並爲宰相。因以李世民爲之，後皆不授，唐高宗廢其職。唐後期以李適、郭子儀有功而特授此職，爲大臣榮銜，不參與政務。五代因之。唐時爲正二品，後梁開平三年（909）升爲正一品。

[5]尚書左丞：官名。尚書省佐貳官。唐中期以後，與尚書右丞實際主持尚書省日常政務，權任甚重。正四品上。　吴藹：人名。籍貫不詳。五代大臣。事見本書本卷、卷六。　工部尚書：官名。隋始置。尚書省工部主官。掌百工、屯田、山澤之政令。唐中葉後漸成虚銜，部務由侍郎主持。正三品。　官告使：官名。唐末、五代設置，爲朝廷專送封官告身之使者。《輯本舊史》之影庫本粘籤："官告使不見于《五代會要》，疑有舛誤。考《册府元龜》亦作官告，今姑仍其舊。"《九國志》卷七《後蜀》"授檢校户部尚書爲西川官告使"，明本《册府》卷二一三《閏位部·命使門》"又命將作少監姜弘道爲朗州旌節官告使副"。

[6]魏州：州名。治所在今河北大名縣。

閏十月丁卯，以前商州刺史徐瑠爲左驍衛上將軍，充西都大内皇墻使。[1]

[1]徐瑠：人名。籍貫不詳。五代後梁官員。本書僅此一見。　西都：指洛陽。　皇墻使：官名。原爲皇城使，避後梁太祖朱温父朱誠諱改。唐末始置，爲皇城司長官，一般由君主的親信充任，以拱衛皇城。

十一月壬午，以中書侍郎、平章事鄭珏權判户部事。[1]戊子，以寧州刺史周武爲武静軍防禦使，守慶州刺史。[2]以河潼軍使竇廷琬爲寧州刺史。[3]

[1]中書侍郎：官名。中書省副長官，唐後期三省長官漸爲榮銜，中書侍郎、門下侍郎却因參議朝政而職位漸重，常常用爲以“同三品”或“同平章事”任宰相者的本官。正三品。　平章事：官名。“同中書門下平章事”的簡稱。唐高宗以後，凡實際任宰相之職者，常在其本官後加同平章事的職銜。後成爲宰相專稱。後晋天福五年（940），升中書門下平章事爲正二品。　鄭珏：人名。滎陽（今河南滎陽市）人。五代後梁、後唐宰相。傳見本書卷五八、《新五代史》卷五四。　判户部事：官名。尚書户部長官。

[2]武静軍：方鎮名。治所在慶州（今甘肅慶陽市）。

[3]河潼軍：方鎮名。治所在虢州（今河南靈寶市）。　竇廷琬：人名。籍貫不詳，世爲青州（今山東青州市）牙將。五代後梁、後唐將領。傳見本書卷七四。

十二月，晋王自太原復至魏州。庚申，以左金吾衛大將軍、充街使華温琪爲右龍虎軍統軍，[1]以右龍虎軍統軍張彦勳爲商州刺史，以前西京大内皇墻使李項爲右威衛上將軍，以左金吾衛上將軍李周彝權兼左街使。[2]壬戌，以守太尉、兼中書令、河南尹、判六軍諸衛事、魏王張宗奭爲天下兵馬副元帥。[3]丙寅，以西面行營馬軍都指揮使、檢校太保、鄭州刺史、充本州防禦使王彦章爲檢校太傅。[4]丁卯，以西面行營馬步都指揮使、左龍虎軍統軍賀瓌爲檢校太傅、同中書門下平章事，充宣義軍節度使、鄭滑濮等州觀察處置等使。[5]己巳，帝幸洛陽，爲來年有事於南郊也。遂幸伊闕，親拜宣陵。[6]時租庸使趙巖勸帝郊天，且言："帝王受命，須行此禮，願陛下力行之。"宰臣敬翔奏曰："國家自劉鄩失律已來，府藏殫竭，箕斂百姓，供軍不暇，郊祀之禮，頒行賞賚，所謂取虚名而受實弊也。況晉人壓境，車駕未可輕動。"[7]帝不聽，遂行。是月，晉人陷楊劉城，帝聞之懼，遂停郊禮，車駕急歸東京。[8]癸酉，詔文武兩班，除元隨駕人數外，其餘並令御史司憲張衮部署，候車駕離京後一兩日，發赴東京。[9]甲戌，以天下兵馬副元帥、太尉、兼中書令、河南尹、魏王張宗奭爲西都留守。[10]

[1]左金吾衛大將軍：官名。原爲左候衛，唐高宗龍朔二年(662)，採用漢執金吾舊名，改稱左金吾衛，設大將軍、將軍及長史、諸曹參軍，與其他各衛相同。以後又增設上將軍，掌宫中及京城日夜巡查警戒，隨從皇帝出行。正三品。　街使：官名。即左右街使。唐制，左右金吾衛所屬有左右街使各一人，佐助本衛翊府中郎將分察六街巡警，每日按鼓聲啓閉坊市之門。　華温琪：人名。唐末、五代將領。傳見本書卷九〇、《新五代史》卷四七。　右龍虎軍統軍：官名。禁軍右龍虎軍統兵官。

[2]張彦勳：人名。籍貫不詳。五代後梁將領。本書僅此一見。　李項：人名。籍貫不詳。後梁官員。本書僅此一見。　李周彝：人名。籍貫不詳。後梁將領。事見本書卷二、卷六。

[3]守太尉：官名。太尉與司徒、司空並爲三公，唐後期、五代多爲大臣、勳貴加官。正一品。官階低於官職加"守"字。　河南尹：官名。唐開元元年（713）改洛州爲河南府，治所在今河南洛陽市，河南府尹總其政務。從三品。　判六軍諸衛事：官名。五代沿唐代舊制，置六軍諸衛，以判六軍諸衛事爲禁軍六軍與諸衛的

最高統帥。　張宗奭：人名。濮州臨濮（今山東鄄城縣臨濮鎮）人。唐末、五代將領。傳見本書卷六三、《新五代史》卷四五。　天下兵馬副元帥：唐、五代朝廷有重大軍事行動，則置元帥，統率天下軍隊。副元帥爲元帥之副。

［4］行營馬軍都指揮使：官名。行營馬軍長官。　檢校太保：官名。爲散官或加官，以示恩寵，無實際執掌。　鄭州：州名。治所在今河南鄭州市。　王彦章：人名。鄆州壽張（今山東梁山縣壽張集）人。後梁將領。傳見本書卷二一、《新五代史》卷三二。

［5］以西面行營馬步都指揮使：中華書局本有校勘記："'西面'原作'東面'，據殿本、本書卷二三《賀瓌傳》、《通鑑》卷二六九改。"見《輯本舊史》卷二三、《通鑑》卷二六九貞明二年（916）條《考異》引《薛史·賀瓌傳》。《舊五代史考異》："案《通鑑》：時論平慶州功，故賀瓌進秩。"見《通鑑》卷二六九貞明三年十二月丁卯條。　賀瓌：人名。濮陽（今河南濮陽市）人。唐末、五代將領。傳見本書卷二三、《新五代史》卷二三。　滑州：州名。治所在今河南滑縣。　濮：州名。治所在今山東鄄城縣。

［6］南郊：意爲都城南面之郊。代指南面郊區之祭天場所（圜丘），亦指祭天之禮（郊天）。　伊闕：縣名。治所在今河南伊川縣。　宣陵：後梁太祖朱温的陵墓，位於今河南伊川縣東十公里常嶺村北的高臺地上。

［7］趙巖：人名。陳州宛丘（今河南淮陽縣）人。唐忠武軍節度使趙犨之子。五代後梁大臣。事見本書本卷、卷一四、《新五代史》卷四二。　敬翔：人名。同州馮翊（今陝西大荔縣）人。後梁大臣。傳見本書卷一八、《新五代史》卷二一。　箕斂：謂苛斂民財。

［8］楊劉：地名。黄河渡口。位於今山東東阿縣。唐、五代時爲黄河下游重鎮。　"是月"至"車駕急歸東京"：《舊五代史考異》："案《通鑑》云：道路訛言晋軍已入大梁，扼汜水矣。從官皆憂其家，相顧涕泣，帝惶駭失圖，遂罷郊祀。"見《通鑑》卷

二七〇貞明三年十二月己巳條。

[9]御史司憲：官名。後梁置，掌監察百官。　張衮：人名。後梁大臣。事見本書卷三、卷五、卷一八。

[10]留守：官名。在陪都或軍事重鎮所設留守，由地方行政長官兼任。

貞明四年春正月，晉人寇鄆、濮之境。車駕至自洛陽。[1]庚辰，以蔡州刺史姚勍權知感化軍節度觀察留後。[2]乙酉，以前静難軍馬步軍都指揮使黄貴爲蔡州刺史。[3]甲午，以右領軍衛上將軍齊奉國爲左金吾衛大將軍，[4]充街使。

[1]鄆：州名。治所在今山東東平縣。　車駕至自洛陽：《舊五代史考異》："案：《五代春秋》作己卯，帝還東都。"見《五代春秋》卷上《梁末帝》。

[2]姚勍：人名。籍貫不詳。五代後梁官員。事見本書本卷。　感化軍：方鎮名。後梁置。治所在華州（今陝西渭南市華州區）。　節度觀察留後：官名。唐、五代時，代行方鎮長官之職者稱留後，代行觀察使之職者即爲觀察留後。掌一州或數州軍政。

[3]静難軍：方鎮名。治所在邠州（今陝西彬縣）。　黄貴：人名。籍貫不詳。唐末、五代將領。事見本書本卷、卷八。

[4]右領軍衛上將軍：官名。十六衛之一，唐置，掌宫禁宿衛。從二品。　齊奉國：人名。籍貫不詳。唐末、五代將領。事見本書本卷、卷一〇、卷一九。

二月，遣將謝彦章帥衆數萬迫楊劉城。[1]甲子，晉王來援楊劉城，彦章之軍不利而退。

[1]謝彦章：人名。許州（今河南許昌市）人。後梁將領。傳見本書卷一六、《新五代史》卷二三。

三月壬午，以前右武衛上將軍張筠爲左衛上將軍。癸巳，以鎮國軍節度押衙、充本道馬步軍都指揮使江可復爲衍州刺史。[1]壬寅，鎮海鎮東等軍節度行軍司馬、秦州節度使、檢校太傅、同平章事馬綽加檢校太尉、同平章事，[2]依前鎮海鎮東等軍節度行軍司馬，餘如故，從錢鏐之請也。

[1]鎮國軍：方鎮名。後梁開平二年（908），改保義軍爲鎮國軍，治所在陝州（今河南三門峽市陝州區）。　江可復：人名。籍貫不詳。五代後梁將領。本書僅此一見。

[2]行軍司馬：官名。出征將領及節度使的屬官。掌軍籍符伍、號令印信，是藩鎮重要的軍政官員。　秦州：州名。治所在今甘肅天水市。此處代指雄武軍。　馬綽：人名。餘杭（今浙江杭州市）人。五代十國藩鎮將領。事見本書本卷、卷八。

夏四月丁未，以宣徽院使、[1]右衛上將軍趙縠權知青州軍州事，以宣徽院副使韋堅權知本院事。[2]己酉，以銀青光禄大夫、行中書侍郎、同中書門下平章事、權判户部鄭珏爲金紫光禄大夫、[3]中書侍郎、兼刑部尚書、平章事、集賢殿大學士、判户部、上柱國，[4]仍進封滎陽郡開國侯，加食邑五百户。[5]以金紫光禄大夫、行尚書吏部侍郎、上柱國、蘭陵縣開國男、食邑三百户蕭頃爲中書侍郎、同平章事，仍進封蘭陵縣開國伯，加食邑四百户。[6]庚戌，以前崇德軍使、前右武衛大將軍杜存爲右領軍衛上將軍。[7]甲寅，以刑部郎中、充史館修撰竇專爲翰林學士。[8]初，學士竇夢徵草錢鏐麻，貶蓬萊尉，[9]帝召專入翰林，遣崇政使李振問宰相云："專是宰臣蕭頃女婿，令中書商量可否。"[10]中書奏曰："宰相親情，不居清顯，避嫌之道，雖著舊規，若蒙特恩，亦有近例，固不妨事。"帝乃可之。己未，靈武節度使韓洙落起復，[11]授開府儀同三司，依前檢校太傅、同平章事。癸亥，以延州忠義軍節度使、太原西面招討應接使、檢校太師、兼中書令、渤海王高萬興兼鄜延兩道都制置使，餘如故。[12]時萬興弟鄜州節度使萬金卒，故有是命。[13]己巳，以開府儀同三司、守司空、兼門下侍郎、同平章事趙光逢爲司徒致仕，兼加食邑五百户，以光逢累上章請老故也。[14]辛未，詔宰臣敬翔權判諸道鹽鐵使務。[15]壬申，以太子賓客趙光胤爲吏部侍郎。[16]

[1]宣徽院使：官名。唐後期置。宣徽院的長官，初用宦官，五代以後改用士人。掌内諸司及三班内侍之名籍，郊祀、朝會、宴享供帳之儀，應内外進奉，悉檢視名物，用其印。《輯本舊史》之影庫本粘籤："宣徽院，原本作'宣嶽院'，考《五代會要》，宣徽院次于樞密院，今改正。"見《會要》卷二四宣徽使條。《通鑑》卷二四三長慶三年（823）四月丙申條胡注："唐中世以後，置宣徽院，以宦者主之。其大朝賀及聖節上壽，則宣徽使宣答。"

[2]趙縠：人名。籍貫不詳。五代後梁、後唐將領。事見本書本卷、卷五九。　青州：州名。治所在今山東青州市。　宣徽院副使：官名。宣徽院使副職。　韋堅：人名。籍貫不詳。五代大臣。事見本書本卷、卷七。

[3]銀青光禄大夫：官名。唐、五代散官。從三品。　金紫光禄大夫：官名。本兩漢光禄大夫。魏晋以後，光禄大夫之位重者，加金章紫綬，因稱金紫光禄大夫。北周、隋爲散官。唐貞觀後列入文散官。正三品。

[4]集賢殿大學士：官名。唐中葉置，位在學士之上，以宰相兼。掌修書之事。　上柱國：官名。北周武帝建德四年（575），置上柱國爲最高級勛官。隋唐沿置。五代後唐明宗天成三年（928）詔，今後凡加勛，先自武騎尉，經十二轉方授予上柱國。正二品。"以銀青光禄大夫"至"上柱國"：《通鑑》卷二六九繫於貞明二年（916）十月丁酉條，《考異》云："《薛史·梁末帝紀》無珏初拜相年月。此年十月丁酉，以中書侍郎、平章事鄭珏兼刑部尚書、平章事，至貞明四年四月己酉，又云以中書侍郎、平章事鄭珏兼刑部尚書。疑貞明二年拜相，四年轉刑部尚書也。本傳云：'累遷禮部侍郎，貞明中拜平章事。'《唐餘録·均帝紀》：'貞明二年十月丁酉，禮部侍郎鄭珏爲中書侍郎、平章事。'今從之。又高若拙《後史補》云：'珏應一十九舉，方捷，姓名爲第十九人，第行亦同；自登第凡十九年爲宰相。'今按珏光化三年及第，自光化三年至此年纔十七年矣，又不可合。"

[5]滎陽郡開國侯：封爵名。　食邑：即封地、封邑。食邑之名，蓋取受封者不之國，僅食其租税之意。

[6]蕭頃：人名。京兆萬年（今陝西西安市長安區）人。後梁、後唐大臣。傳見本書卷五八。　中書侍郎、同平章事：中華書局本有校勘記："原作'中書門下平章事'，據《册府》卷一九九、《通鑑》卷二七〇改。按本書卷一〇《梁末帝紀下》：'（貞明六年四月乙巳）以中書侍郎、平章事蕭頃爲集賢殿大學士、判户部事。'"見《宋本册府》卷一九九《閏位部·命相門》、《通鑑》卷二七〇貞明四年三月己酉條。《册府》卷一九九"頃"作"頎"。

[7]杜存：人名。籍貫不詳。五代後梁將領。本書僅此一見。

[8]刑部郎中：官名。尚書省刑部頭司刑部司長官。掌司法及

審核大理寺及州府刑獄。從五品上。　史館修撰：官名。唐天寶以後，他官兼領史職者，稱史館修撰。　竇專：人名。籍貫不詳。五代後梁、後唐大臣。事見本書本卷、卷二〇上、卷三一、卷三二。《舊五代史考異》："案：專，同州白水人，貞固之父也。貞固，《宋史》有傳。"見《宋史》卷二六二《竇貞固傳》。

[9]竇夢徵：人名。同州（今陝西大荔縣）人，一作棣州（今山東惠民縣）人。唐末進士，五代後梁、後唐官員。傳見本書卷六八。　草麻：唐宋任命宰相等高級大臣的詔令，由翰林學士草擬，用黄白麻紙書寫，稱草麻。後在朝堂或正殿宣讀，是爲宣麻。　蓬萊尉：官名。即蓬萊縣尉。

[10]崇政使：官名。爲崇政院長官。備顧問，參謀議。五代後梁開平元年（907）改樞密院置崇政院，設院使、副使各一人。後唐同光元年（923）復改崇政院爲樞密院，崇政院使亦改爲樞密使。　李振：人名。河西（今甘肅武威市）人。五代後梁大臣。唐潞州節度使李抱真曾孫。祖、父在唐皆官郡守。傳見本書卷一八、《新五代史》卷四三。　中書：官署名。即中書門下。唐玄宗時改政事堂置，設於中書省，爲宰相議政辦公之所，下設吏、樞機、兵、户、刑禮五房分主衆務。

[11]靈武：郡名。治所在今寧夏吴忠市。唐乾元元年（758），改名靈州。此處代指治所在靈州的方鎮朔方軍。　韓洙：人名。籍貫不詳。五代將領。韓遜之子。事見本書卷一三二。《舊五代史考異》："案：原本作'韓殊'，考《韓遜傳》，洙即遜之子，《歐陽史》雜傳亦作'洙'，今改正。"見《新五代史》卷四六《康福傳》。

[12]延州：州名。治所在今陝西西安市。　忠義軍：方鎮名。後梁改衛國軍置，治所在延州（今陝西延安市）。　招討應接使：官名。戰時任命，兵罷則省。掌應接諸軍。　高萬興：人名。河西（今甘肅武威市）人。五代將領，高懷遷之子。傳見本書卷一三二、《新五代史》卷四〇。　鄜：州名。治所在今陝西富縣。　都制置使：官名。唐後期臨時差遣官，用兵時爲控制地方秩序而設。同時

任兩道或以上，稱都制置使。

[13]萬金：人名。即高萬金。河西（今甘肅武威市）人。高萬興之弟。事見《舊五代史》卷一三二。

[14]門下侍郎：官名。唐三省之一的門下省副長官。唐後期三省長官漸爲榮銜，中書侍郎、門下侍郎却因參議朝政而職位漸重，常常用爲以“同三品”或“同平章事”任宰相者的本官。正三品。　趙光逢：人名。京兆奉天（今陝西乾縣）人。唐末大臣，後梁宰相。傳見本書卷五八、《新五代史》卷三五。

[15]諸道鹽鐵使：官名。全稱爲“諸道鹽鐵轉運使”。主管漕運、鹽鐵專賣等政務。唐末、五代常由宰相兼任。

[16]太子賓客：官名。爲太子屬官。唐高宗顯慶元年（656）始置。掌侍從規諫、贊相禮儀。正三品。　趙光胤：人名。京兆奉天（今陝西乾縣）人。趙光逢之弟。唐末進士，五代後梁大臣、後唐宰相。傳見本書卷五八。　吏部侍郎：官名。尚書省吏部副長官，協助吏部尚書掌文選、勳封、考課之政。正四品上。

五月甲戌，以荆南衙内馬步軍都指揮使、檢校司徒高從誨領濠州刺史。[1]乙亥，以特進、檢校太傅、前潁州團練使張實爲起復雲麾將軍，依前潁州團練使。庚辰，以工部尚書致仕孔拯爲國子祭酒。己丑，以太常少卿韋彖爲右諫議大夫。[2]

[1]荆南：方鎮名。唐至德二載（757）置。治所在荆州（今湖北荆州市荆州區）。後梁開平元年（907）朱温命高季興爲荆南節度使，末帝時封季興爲渤海王。後唐同光三年（925）受封爲南平王。稱南平國或荆南國。十國之一。　高從誨：人名。陝州硖石（今河南三門峽市陝州區）人，南平國主高季興長子。傳見本書卷一三三、《新五代史》卷六九。　濠州：州名。治所在今安徽鳳

陽縣。

[2]孔拯：人名。籍貫不詳。後梁官員。本書僅此一見。　國子祭酒：官名。國子監長官。主管全國教育行政，總領中央及地方學校。從三品。　太常少卿：官名。太常寺次官。協助太常卿管理禮樂、宗廟、祭祀事務。從四品。　韋彖：人名。籍貫不詳。後梁官員。本書僅此一見。　右諫議大夫：官名。隸中書省。唐代置左、右諫議大夫各四人，分隸門下省、中書省。掌諫諭得失、侍從贊相。正四品下。

六月甲辰，以金紫光禄大夫、檢校司徒、歙州刺史朱令德爲忠武軍節度觀察留後。[1]己酉，以權知感化軍兩使留後、特進、檢校太保姚勍爲感化軍節度觀察留後。庚戌，上以秘書少監王翺爲將作監，以其父名秘故也。[2]丙辰，以左監門衛將軍康贊美爲商州刺史，以左衛上將軍張筠爲權知永平軍節度觀察留後，兼判大安府事。[3]戊午，以前景州刺史衛審符爲右衛大將軍。[4]庚申，以河陽節度、充北面行營排陣、兩京馬軍都軍使、光禄大夫、檢校太保謝彦章爲匡國軍節度、[5]陳許蔡等州觀察處置等使，以宣徽院副使韋堅權知河陽軍州事。

[1]歙州：州名。治所在今安徽歙縣。　朱令德：人名。籍貫不詳。五代後梁將領。事見本書本卷、卷二九。　忠武軍：方鎮名。治所在陳州（今河南淮陽縣）。

[2]秘書少監：官名。唐承隋制，置秘書省，設秘書少監二人協助秘書監工作。從四品上。　王翺：人名。籍貫不詳。後梁官員。本書僅此一見。

[3]左監門衛將軍：官名。唐置，掌宫禁宿衛。唐代置十六衛

之一。從三品。 康贊美：人名。籍貫不詳。後梁將領。事見本書本卷。 永平軍：方鎮名。治所在大安府（今陝西西安市）。 判大安府事：官名。五代後梁改京兆府（今陝西西安市）爲大安府。判大安府事爲其長官。

[4]景州：州名。治所在今河北東光縣。 衛審符：人名。籍貫不詳。後梁將領。本書僅此一見。

[5]河陽：方鎮名。全稱“河陽三城”。治所在孟州（今河南孟州市）。 排陣：官名。即排陣使。唐節度使所屬武官中有排陣使，五代後梁以後設於諸軍，爲先鋒之職。參見王軼英《中國古代排陣使述論》，《西北大學學報》2010年第6期。 兩京馬軍都軍使：中華書局本沿《輯本舊史》作“兩京馬軍都軍節度等使”，並有校勘記：“本書卷一六《謝彦章傳》、《謝彦璋墓誌》（拓片刊《隋唐五代墓誌匯編·洛陽卷》第十五册）作‘兩京馬軍都軍使’，按‘節度’二字疑衍。”“等”字亦衍，今删“節度等”三字。 匡國軍：方鎮名。治所在同州（今陝西大荔縣）。

秋七月庚辰，以商州刺史康贊美爲起復雲麾將軍，依前商州刺史。辛卯，以前左驍衛上將軍楊詔爲右武衛上將軍。[1]戊戌，以前匡國軍節度使、檢校尚書左僕射羅周敬爲檢校司空、[2]守殿中監、駙馬都尉。[3]

[1]楊詔：人名。籍貫不詳。五代後梁將領。本書僅此一見。 以前左驍衛上將軍楊詔爲右武衛上將軍：中華書局本有校勘記：“《五代會要》卷二八：‘（乾化元年十一月）仍以左監門衛上將軍楊沼爲左驍衛上將軍，充押領迴鶻還番使。’疑即其人。”見《會要》卷二八迴鶻條。

[2]羅周敬：人名。魏州貴鄉（今河北大名縣）人。五代軍閥。傳見本書卷九一。“周敬”，《舊五代史考異》：“案：原本作

‘用敬’，考《薛史·晋列傳》作周敬，《歐陽史·羅紹威傳》亦作子周敬，今改正。”見《輯本舊史》卷一四《羅紹威附周敬傳》、《新五代史》卷三九《羅紹威附周敬傳》。

[3]殿中監：官名。殿中省長官。掌宫廷供奉之事。從三品。　駙馬都尉：漢武帝始置，魏、晋以後公主夫婿多加此稱號。從五品下。

八月丙午，以右廣勝軍使劉君鐸爲虢州刺史。[1]戊申，以武寧軍節度副使李存權知宿州事。[2]辛亥，涇原節度使杜建徽加檢校太傅、[3]同平章事。建徽，[4]吴越王錢鏐之將也，遥領涇原節制，至是以其上請加恩，故有是命。乙卯，以蔡州刺史黄貴爲絳州刺史。[5]辛酉，以絳州刺史尹皓爲感化軍節度觀察留後。癸亥，以前永平軍節度副使張正己爲房州刺史。[6]乙丑，以宿州團練使趙麓權知河陽節度觀察留後，以左驍衛將軍劉去非爲郢州刺史。[7]戊辰，以權知永平軍節度觀察留後、兼判大安府事張筠爲永平軍節度觀察留後，依前兼判大安府事。是月，晋王率師次楊劉口，遂軍於麻家渡，北面招討使賀瓌以兵屯濮州北行臺村，對壘百餘日。[8]晋王以輕騎來覘，許州節度使謝彦章發伏兵掩擊，圍之數重，會救軍至，晋王僅以身免。

[1]右廣勝軍使：官名。禁軍右廣勝軍統兵官。　劉君鐸：人名。籍貫不詳。五代後梁、後唐將領。事見本書本卷、卷四一。　虢州：州名。治所在今河南靈寶市。

[2]武寧軍：方鎮名。治所在徐州（今江蘇徐州市）。　李存：人名。籍貫不詳。五代後梁將領。本書僅此一見。　宿州：州名。

治所在今安徽宿州市。

[3]涇原：方鎮名。治所在涇州（今甘肅涇川縣）。　杜建徽：人名。新城（今浙江杭州富陽區新登鎮）人。曾任吳越宰相。事見本書本卷、卷八、卷四四、卷八二。

[4]建徽：《舊五代史考異》："案：原本訛作'達徽'，今據《十國春秋》改正。"《十國春秋》爲清人吴任臣撰，今據本書卷四四《唐明宗紀十》長興四年十一月辛巳條、卷八二《晋少帝紀二》天福八年十一月辛丑條改。

[5]黄貴：人名。籍貫不詳。唐末、五代將領。事見本書本卷、卷八。　絳州：州名。治所在今山西新絳縣。

[6]尹皓：人名。籍貫不詳。後梁將領。傳見本書附録。　張正己：人名。籍貫不詳。後梁官員。本書僅此一見。　房州：州名。治所在今湖北房縣。

[7]趙麓：人名。籍貫不詳。後梁將領。本書僅此一見。　劉去非：人名。籍貫不詳。後梁將領。事見本書本卷、卷一三一。　郢州：州名。治所在今湖北鍾祥市。

[8]麻家渡：地名。五代黄河渡口。位於今山東鄄（juàn）城縣。　濮州：州名。治所在今山東鄄城縣。

九月丁丑，静勝軍節度、崇裕等州觀察處置等使、特進、檢校太傅、同平章事温昭圖加檢校太尉。[1]甲午，崇政院副使張希逸加金紫光禄大夫，行秘書少監。乙未，起復雲麾將軍、檢校太保，壽州團練使張昌孫落起復，授光禄大夫、檢校太傅。[2]

[1]静勝軍：方鎮名。治所在崇州（今陝西銅川市耀州區）。崇：州名。治所在今陝西銅川市耀州區。　裕：州名。治所在今陝西富平縣美原鎮。　温昭圖：人名。華原（今陝西銅川市耀州

區）人。後梁、後唐將領。傳見本書卷七三、《新五代史》卷四〇。

[2]張希逸：人名。籍貫不詳。後梁將領。事見本書本卷、卷三〇。

冬十月辛丑朔，以前感化軍節度觀察留後、特進、檢校太保姚勍爲左龍虎統軍，充西都内外馬步軍都指揮使。以洛苑使、金紫光禄大夫、檢校司徒、守左威衛大將軍董璋爲右龍虎統軍。[1]己酉，以安南静海節度使、檢校司徒曲美爲檢校太保、同平章事。[2]庚戌，以商州刺史康贇美爲蔡州刺史。

[1]洛苑使：官名。唐、五代時期主管洛陽地區的宫苑。職事與宫苑使類似。初由宦官出任，後改用士人。

[2]静海：方鎮名。治所在交州（今越南河内市）。　曲美：人名。即曲承美。安南鴻州（今越南海陽寧江縣）人。五代軍閥。事見本書本卷、卷六。

十一月壬辰，前懷州刺史朱勍授起復雲麾將軍，依前懷州刺史。十二月庚子朔，晋王領軍迫行臺寨，距寨十里結營而止。[1]北面招討使賀瓌殺許州節度使謝彦章、濮州刺史孟審澄、别將侯温裕等於軍，以謀叛聞，爲行營馬步都虞候朱珪搆之也。晋王聞之，喜曰："彼將帥不和，亡無日矣。"[2]丁未，以行營諸軍馬步都虞候、光禄大夫、檢校太保、曹州刺史朱珪爲檢校太傅，充匡國軍節度觀察留後，依前行營諸軍馬步都虞候。癸丑，詔曰："行營諸軍馬步都虞候、匡國軍節度觀察留後朱珪，昨以寇戎未滅，兵革方嚴，所期朝夕之間，克弭烟塵之患，每於將帥，别注憂勞。而謝彦章、孟審澄、侯温裕忽搆異圖，將萌逆節，賴朱珪挺施貞節，密運沈機，果致梟擒，免資讎敵。特加異殊之命，用旌忠孝之謀，便委雄藩，俾荷隆渥。可檢校太傅，充平盧軍節度、淄青登萊等州觀察處置、[3]押新羅渤海兩番等使、[4]兼行營諸軍馬步軍副都指揮使，仍進封沛國郡開國侯。”乙巳，起復雲麾將軍、檢校太保、陳州刺史、惠王友能，[5]鎮國軍節度、陝虢等州觀察處置等使、起復雲麾將軍、檢校太保、邵王友誨，[6]並落起復，加檢校太傅。以前房州刺史牛知業爲右羽林軍統軍。[7]癸亥，北面招討使賀瓌率大軍與晋人戰於胡柳陂，[8]晋人敗績。是日既晡，復爲晋人所敗。初，晋人起軍將襲東京，乃下令軍中老弱悉歸於鄴。[9]是月二十二日，晋王次臨濮，賀瓌、王彦章自行臺寨率軍躡之。二十四日，至胡柳陂，晋王領軍出戰，瓌軍已成列，晋王以騎突之，王彦章一軍先敗，彦章走濮陽。晋人輜重在陣西，瓌領軍薄之，晋人大奔，自相蹈籍，死者不可勝紀，晋大將周德威殁於陣。[10]瓌軍乃登土山，列陣於山之下，晋王復領兵來戰，[11]瓌軍遂敗。翌日，晋人攻濮陽，陷之，京師戒嚴。

[1]行臺寨：地名。今地不詳。　結營：駐扎兵營。

[2]孟審澄：人名。籍貫不詳。五代後梁將領。事見本書本卷、卷一六、卷二三。　别將：官名。一般也作偏將代稱。唐軍設有别將一職，各折衝府亦設别將。　侯温裕：人名。籍貫不詳。後梁將

領。事見本書本卷、卷一六、卷二三。　朱珪：人名。籍貫不詳。五代後梁將領，時爲後梁檢校太傅、匡國軍節度觀察留後、行營諸軍馬步都虞候。傳見本書附録。　“北面招討使賀瓌殺許州節度使謝彦章”至“亡無日矣”：《舊五代史考異》：“案《通鑑》：賀瓌密譖謝彦章于帝，因與朱珪伏甲以殺彦章。蓋賀瓌密奉帝旨也。《五代春秋》《歐陽史》皆以賀瓌專殺爲文，恐非事實。”見《五代春秋》卷上《梁末帝》、《新五代史》卷三《梁末帝紀》，亦見《通鑑》卷二七〇貞明四年（918）十二月丁未條。

[3]登：州名。治所在今山東蓬萊市。　萊：州名。治所在今山東萊州市。

[4]新羅：朝鮮古國。4世紀以後逐漸强大。935年爲王氏高麗所取代。傳見本書卷一三八、《新五代史》卷七四。　渤海：古國名。武周聖曆元年（698），粟末靺鞨首領大祚榮建立政權。唐玄宗先天二年（713），唐朝册封大祚榮爲渤海郡王，其國遂以渤海爲名。傳見本書卷一三八、《新五代史》卷七四。　押新羅渤海兩番等使：官名。唐、五代主管與新羅、渤海等東亞政權的部分外交、貿易等事務。

[5]惠王友能：“友能”，人名。即朱友能。朱温長兄朱全昱之子。傳見本書卷一二、《新五代史》卷一三。“惠王”，《輯本舊史》之影庫本粘籤：“惠王，原本作‘忠王’，今據《歐陽史》改正。”見《新五代史》卷三《梁末帝紀》、卷一三《廣王全昱傳》，又見《輯本舊史》卷一二《宗室列傳》，《宋本册府》卷四九一《邦計部·蠲復門》。

[6]友誨：人名。即朱友誨。朱温長兄朱全昱之子。傳見本書卷一二、《新五代史》卷一三。

[7]牛知業：人名。籍貫不詳。後梁將領。本書僅此一見。

[8]胡柳陂：地名。位於今河南濮陽市。

[9]鄴：地名。即鄴都。治所在今河北大名縣。

[10]周德威：人名。朔州馬邑（今山西朔州市朔城區東北）

人。唐末、五代河東將領。傳見本書卷五六、《新五代史》卷二五。

[11]晋王復領兵來戰："兵"，明本《册府》卷二一七《閏位部·交侵門》作"軍"。

貞明五年春正月，晋人城德勝，[1]夾河爲栅。

[1]德勝：地名。原爲德勝渡，黄河重要渡口之一。位於今河南濮陽市。

二月乙巳，以宣徽院副使韋堅權知徐州軍事。[1]

[1]徐州：州名。治所在今江蘇徐州市。

三月己卯，以華州感化軍留後尹皓爲華州節度使，加檢校太保、同平章事。癸未，制削奪兖州節度使張守進在身官爵，以其叛故也。仍命劉鄩爲兖州管内安撫制置使，[1]領兵以攻之。[2]

[1]兖州：州名。治所在今山東濟寧市兖州區。　安撫制置使：官名。唐後期臨時差遣官，用兵時爲控制地方秩序而設。

[2]"制削奪兖州節度使張守進"至"領兵以攻之"：《舊五代史考異》："案：張守進歸晋，《本紀》繫於五年三月，《張萬進傳》作四年七月，《劉鄩傳》仍作五年。《通鑑考異》嘗並舉《紀》《傳》之互文以明《薛史》之難據，因定從《莊宗實録》作四年八月。今以當日事勢考之，藩鎮反覆，向背無常，陰謀詭秘，姑示含容，討罪遣師，須有顯迹。蓋守進潛附于晋，自在四年秋，至削奪官爵，聲罪致討，則五年春事也。《薛史》採用舊聞，不加修飾，

故語必徵實。若《五代春秋》以守進叛爲五年事，《歐陽史》又以劉鄩討之爲四年事，皆删改成文，自爲臆斷，不如《薛史》之存其實也。"《輯本舊史》卷一三《張萬進傳》載萬進於"貞明四年冬據城叛命，遣使送款於晋王"，卷二三《劉鄩傳》載貞明五年"張萬進反，北結晋人爲援，末帝遣鄩攻之"，《通鑑》卷二七〇貞明四年（918）八月己酉條據《莊宗實録·莊宗列傳》定該日萬進遣使附晋且求援。

夏四月壬寅，以永平軍留後、兼判大安府事張筠爲永平軍節度使、檢校太保，行大安尹。庚戌，以鎮海軍北面水陸都指揮使、湖州刺史、檢校太傅錢傳璟遥領宣州寧國軍節度使，加同平章事。[1]是月，賀瓌攻德勝南城，以艨艟戰艦横於河，以扼津濟之路。[2]晋人斷其艨艟，濟軍以援南城，瓌等退軍。

[1]北面水陸都指揮使：官名。吴越國在湖州設立，職掌不詳，當是北面水陸兩軍統兵官。　"以鎮海軍北面水陸都指揮使"至"加同平章事"：《吴越備史》卷一貞明三年（917）春三月載傳璟結銜云："王子贊正安國功臣、鎮海軍北面水陸都指揮使、金紫光禄大夫、檢校太保、守湖州刺史、大彭縣開國子食邑五百户。"

[2]德勝南城：德勝沿黄河設城，河北岸爲北城，南岸爲南城。艨（méng）艟（chōng）：亦作"艨衝"。古代戰船。

五月己巳，山南東道節度使、檢校太傅孔勍加同平章事。[1]丁亥，以延州節度使、鄜延兩道都制置、太原西面招討應接等使、渤海王高萬興爲檢校太師、兼中書令，[2]充保大忠義等軍節度、[3]鄜延管内觀察等使。是月，以行營諸軍左厢馬軍都指揮使、鄭州防禦使王彦章爲許州匡國軍節度觀察留後，依前行營諸軍左厢馬軍都指揮使。

[1]山南東道：方鎮名。治所在襄州（今湖北襄陽市）。　孔勍：人名。兖州（今山東濟寧市兖州區）人。唐末、五代藩鎮軍閥。傳見本書卷六四。

[2]渤海王：中華書局本沿《輯本舊史》作“渤海郡王”，並有校勘記：“本卷上文作‘渤海王’。按本書卷八《梁末帝紀上》：‘（貞明元年）延州節度使、太原西面招討應接使、檢校太師、兼中書令、渤海郡王高萬興進封渤海王。’”但未改，現改。又據《宋本册府》卷一九六《閏位部·封建門》知貞明元年（915）二月高萬興已由渤海郡王進封爲渤海王。

[3]保大：方鎮名。治所在鄜州（今陝西富縣）。

六月壬戌，以天驥院使李隨權知登州軍州事。[1]

[1]天驥院使：官名。唐置小馬坊，後梁改爲天驥院。掌管御馬。長官爲天驥院使。　李隨：人名。籍貫不詳。五代後梁官員。本書僅此一見。

秋七月，晋王自魏州還太原。

八月乙未朔，滑州節度使賀瓌卒，輟視朝三日，詔贈侍中。是月，命開封尹王瓚爲北面行營招討使。[1]瓚乃與許州留後王彦章等率大軍自黎陽濟，營於楊村，[2]造浮梁以通津路。

[1]開封尹：官名。五代除後唐外均定都開封，因置開封府尹。執掌京師政務。從三品。　王瓚：人名。太原祁（今山西祁縣）人。唐河中節度使王重盈之子。五代後梁將領，官至開封尹。傳見本書卷五九。

[2]楊村：地名。位於今河南濮陽市西南。

九月丙寅，制削奪廣州節度使、南平王劉巖在身官爵，[1]以其將謀僭號故也。仍詔天下兵馬元帥錢鏐指揮攻討。

[1]廣州：州名。治所在今廣東廣州市。　劉巖：人名。又名劉龑。上蔡（今河南上蔡縣）人。劉謙之子，劉隱之弟。五代十國南漢國建立者。傳見本書卷一三五、《新五代史》卷六五。

冬十月，晉王復至魏州。是月，劉鄩攻下兖州，擒張守進，夷其族。

十一月丁丑，以兖州安撫制置使、特進、檢校太傅、大彭郡開國公劉鄩爲兖州節度使、開府儀同三司、檢校太尉、同平章事，賞平兖之功也。辛卯，王瓚帥師至戚城，[1]遇晉軍，交綏而退。

[1]戚城：地名。位於今河南濮陽市。

十二月戊戌，晉王領軍迫河南寨，王瓚率師禦之，獲晉將石家才。[1]既而瓚軍不利，瓚退保楊村寨，晉人陷濮陽。[2]《永樂大典》卷六千六百五。[3]

[1]石家才：人名。又名石君立。趙州昭慶（今河北隆堯縣）人。五代將領。傳見本書卷六五。《舊五代史考異》："案：《通鑑》石家才作石君立。考《薛史》列傳，君立一名家才。"中華書局本沿《輯本舊史》作"家才"，並有校勘記："'家才'，原作'家財'，據彭校、《舊五代史考異》卷一引文、本書卷二二《王檀傳》、《册府》卷二一七、卷三六九改。"石家才共有四個名字：《輯本舊史》卷六四本傳爲已驗證符合原本者，稱："石君立，亦謂之石家財。"《宋本册府》卷四一四《將帥部·赴援門》一條條主爲石君立，録自《輯本舊史》本傳；另一條條主爲石嘉才，録自《唐莊宗實録》，《册府》編者不知兩人實爲同一人。《宋本册府》卷三六九《將帥部·攻取門》王檀條，稱石家才爲"蕃將"。明本《册府》卷二一七《閏位部·交侵門》貞明五年（919）十二月戊戌條言"獲晋將石家才"。

[2]晋人陷濮陽：《舊五代史考異》："案：上文四年十二月已云晋人攻濮陽，陷之，至此復云晋人陷濮陽，前後重複。《通鑑考異》歷引《薛史》《閭寶》《李嗣昭傳》及《莊宗實録》而斷之曰：去冬唐雖得濮陽，棄而不守，今年復攻拔之也。參考事勢，當得其實。"見《通鑑》卷二七一貞明五年十二月戊戌條《考異》。

[3]《大典》卷六六〇五"梁"字韻"末帝（一）"事目。

舊五代史　卷一〇

梁書十

末帝紀下

貞明六年春正月戊子，以曹州刺史朱漢賓爲安州宣威軍節度使。[1]以許州匡國軍節度觀察留後、[2]充散指揮都軍使、檢校太傅王彦章爲匡國軍節度使，[3]進封開國侯，[4]軍職如故。

[1]貞明：後梁末帝朱友貞年號（915—921）。　曹州：州名。治所在今山東曹縣西北。　刺史：官名。漢武帝始置。州一級行政長官。總掌考核官吏、勸課農桑、地方教化等事。唐中期以後，節度使、觀察使轄州而設，刺史爲其屬官，職任漸輕。從三品至正四品下。　朱漢賓：人名。亳州譙縣（今安徽亳州市）人。五代後梁、後唐將領。傳見本書卷六四、《新五代史》卷四五。　安州：州名。治所在今湖北安陸市。　宣威軍：方鎮名。治所在安州（今湖北安陸市）。　節度使：官名。唐時在重要地區所設掌握一州或數州軍事、民事、財政的長官。

[2]許州：州名。治所在今河南許昌市。　匡國軍：方鎮名。

後梁改忠武軍置，治所在許州（今河南許昌市）。　節度觀察留後：官名。唐、五代時，代行方鎮長官之職者稱留後，代行觀察使之職者即爲觀察留後。掌一州或數州軍政。

[3]檢校太傅：官名。爲散官或加官，以示恩寵，無實際執掌。　王彦章：人名。鄆州壽張（今山東梁山縣壽張集）人。五代後梁將領。傳見本書卷二一、《新五代史》卷三二。

[4]開國侯：封爵名。

二月癸丑，宣州節度使錢傳璟起復，[1]依前檢校太傅、同平章事、[2]宣州節度使，以其丁内艱故也。

[1]宣州：州名。治所在今安徽宣城市。此處代指寧國軍。《舊五代史考異》："案：原本宣州訛作'亘州'，今據《十國春秋》改正。"《十國春秋》爲清人吴任臣撰。今據《吴越備史》卷一貞明六年二月條改。　錢傳璟：人名。錢鏐之子。事見本書本卷、卷九。

[2]同平章事：官名。"同中書門下平章事"的簡稱。唐高宗以後，凡實際任宰相之職者，常在其本官後加同平章事的職銜。後成爲宰相專稱。後晋天福五年（940），升中書門下平章事爲正二品。

三月丁亥，以前申州刺史張紹珪爲大理卿。[1]

[1]申州：州名。治所在今河南信陽市。　張紹珪：人名。籍貫不詳。五代後梁、後唐官員。事見本書本卷、卷九、卷三一。　大理卿：官名。大理寺長官。掌邦國折獄詳刑之事。從三品。

夏四月己亥，制曰：[1]

王者愛育萬方，慈養百姓，恨不驅之仁壽，撫之以淳和。[2]而炎黄有戰伐之師，堯舜有干戈之用，諒不獲已，其猶病諸。然則去害除妖，興兵動衆，殺黑龍而濟中土，[3]刑白馬而誓諸侯。[4]終能永逸暫勞，以至同文共軌，古今無異，方册具存。朕以眇末之身，託億兆之上，四海未乂，八年于兹，業業兢兢，日慎一日。雖踰山越海，肅慎方來；[5]而召雨徵風，蚩尤尚在。[6]顧兹殘孽，勞我大邦，將士久於戰征，黎庶疲於力役。木牛暫息，則師人有乏爨之憂；流馬盡行，則丁壯有無聊之苦。況青春告謝，朱夏已臨，妨我農時，迫我戎事。永言大計，思致小康，宜覃在宥之恩，稍示殷憂之旨。用兵之地，賦役實煩，不有蠲除，何使存濟。除兩京已放免外，應宋、亳、輝、[7]潁、鄆、齊、[8]棣、滑、鄭、[9]濮、沂、密、[10]青、登、萊、[11]淄、陳、許、[12]均、房、襄、[13]鄧、泌、[14]隨、陝、華、[15]雍、晋、絳、[16]懷、汝、商等三十二州，[17]應欠貞明四年終以前夏秋兩稅，并鄆、齊、滑、濮、襄、晋、輝等七州，兼欠貞明四年已前營田課利物色等，並委租庸使逐州據其名額數目矜放。[18]所在官吏，不得淹停制命，徵督下民，致恩澤不及於鄉閭，租税虚捐於帳籍。其有衷私遠年債負，[19]生利過倍，自違格條，所在州縣，不在更與徵理之限。兖州城内，自張守進違背朝廷，[20]結連蕃寇，久勞攻討，頗困生靈，言念傷殘，尋加給復。應天下見禁罪人，如犯大辟合抵極刑者，[21]宜示好生，特令減死。除準格律常赦不原外，徒流已下，[22]遞減一等。左降官未經量移者與量移，[23]已量移者便與復資云。

[1]夏四月己亥，制曰：中華書局本有校勘記："'己亥'，原作'丁亥'，據《册府》卷二〇八、卷四九一、《新五代史》卷三《梁本紀》改。按是月癸巳朔，無丁亥，己亥爲初七。"見明本《册府》卷二〇八《閏位部·恩宥門二》、《宋本册府》卷四九一《邦計部·蠲復門三》、《新五代史》卷三《梁末帝紀》。制文全文亦見於《册府》卷四九一。

[2]恨不驅之仁壽，撫之以淳和：中華書局本有校勘記："原作'恨不驅之仁壽撫以淳和'，據《永樂大典》卷一三四九七引《五代《薛史》、《册府》卷四九一改。"《大典》卷一三四九七爲"制"字韻"事韻"。

[3]殺黑龍而濟中土：傳説水中黑龍興風作浪，女媧殺之以拯救冀州百姓。《淮南子·覽冥訓》："於是女媧鍊五色石以補蒼天，斷鼇足以立四極，殺黑龍以濟冀州。"

[4]刑白馬而誓諸侯：指白馬之盟。西漢建立後，漢高祖劉邦剪除異姓諸侯王，封劉氏子弟爲王，殺白馬歃血爲誓："非劉氏而王者，天下共擊之。"

[5]肅慎：民族名。古有肅慎國，傳説在今山東一帶，向舜朝貢，後遷往東北。三國時有挹婁之名，北魏稱勿吉。三者關係複雜，不一定是同一民族。隋唐時稱靺鞨，遼稱女真。參見孫進己、孫泓《女真民族史》，廣西師範大學出版社 2010 年版。

[6]蚩尤尚在：《輯本舊史》之影庫本粘籤："'蚩'字下原本脱'尤'字，今據文增入。"《册府》卷四九一不脱"尤"字，可

據補。

[7]宋：州名。治所在今河南商丘市睢陽區。　亳：州名。治所在今安徽亳州市。　輝：州名。治所在今山東單縣。“輝”，中華書局本有校勘記：“此字原闕，據《册府》卷四九一補。”

[8]潁：州名。治所在今安徽阜陽市。　鄆：州名。治所在今山東東平縣。　齊：州名。治所在今山東濟南市。

[9]棣：州名。治所在今山東惠民縣。“棣”，中華書局本有校勘記：“原作‘魏’，據《册府》卷四九一改。《永樂大典》卷一三四九七引五代《薛史》此字係墨釘，疑係避朱棣諱改。《舊五代史考異》卷一：‘原本脱“魏”字，今據《册府元龜》增入。’”《宋本册府》卷四九一作“棣”。　滑：州名。治所在今河南滑縣。

[10]濮：州名。治所在今山東鄄城縣。　沂：州名。治所在今山東臨沂市。　密：州名。治所在今山東諸城市。

[11]青：州名。治所在今山東青州市。　登：州名。治所在今山東蓬萊市。　萊：州名。治所在今山東萊州市。

[12]淄：州名。治所在今山東淄博市淄川區。　陳：州名。治所在今河南淮陽縣。

[13]均：州名。治所在今湖北丹江口市。　房：州名。治所在今湖北房縣。　襄：州名。治所在今湖北襄陽市。

[14]鄧：州名。治所在今河南鄧州市。　泌：州名。治所在今河南唐河縣。“泌”，中華書局本有校勘記：“原作‘沁’，據劉本、《册府》（明本）卷四九一改。按《新唐書》卷四〇《地理志四》：‘泌州淮安郡……武德五年以唐城山更名唐州……天祐三年朱全忠徙治泌陽，表更名。’本書卷一五〇《郡縣志》有唐州，與上文襄州、鄧州，下文隨州同屬山南道。”《舊五代史》之《地理志》，《輯本舊史》誤作《郡縣志》。唐州屬山南道，所據者爲《大典》卷一七三八二爲“道”字韻“地理事韻”，尚需證其是否出自《舊五代史·地理志》。

[15]隨：州名。治所在今湖北隨州市。　陝：州名。治所在今

河南三門峽市陝州區。　華：州名。治所在今陝西渭南市華州區。

［16］雍：州名。治所在今陝西西安市。　晋：州名。治所在今山西臨汾市。　絳：州名。治所在今山西新絳縣。

［17］懷：州名。治所在今河南沁陽市。　汝：州名。治所在今河南汝州市。　商：州名。治所在今陝西商洛市商州區。

［18］營田：指屯田。政府組織士兵或召募流民種田。　租庸使：官名。唐代爲主持催徵租庸地税的財政官員。後梁、後唐時，租庸使取代鹽鐵、度支、户部長官，掌中央財政。

［19］其有裒私遠年債負：中華書局本有校勘記："'裒私'，原作'私放'，據《永樂大典》卷一三四九七引五代《薛史》、《册府》卷四九一改。"

［20］兖州：州名。治所在今山東濟寧市兖州區。　張守進：人名。又名張萬進。雲州（今山西大同市）人。唐末、五代將領。傳見本書卷一三。

［21］大辟：死刑的通稱。

［22］徒：强制犯人勞役。　流：將犯人流放。

［23］左降：又稱左遷。貶官。　量移：將被貶謫到邊遠地區的官員，調到近處任職。　左降官未經量移者與量移：中華書局本有校勘記："'左'原作'除'，據《永樂大典》卷一三四九七引五代《薛史》改。"

庚子，宗正卿朱守素上言：[1]"請依前朝置匭院，令諫議大夫專判。"[2]從之，乃以右諫議大夫鄭韜光充知匭使。[3]乙巳，以右僕射兼門下侍郎、同平章事、[4]監修國史、判度支、[5]開國公敬翔爲弘文館大學士、[6]延資庫使、諸道鹽鐵轉運等使，[7]餘如故。以中書侍郎兼刑部尚書、[8]平章事、集賢殿大學士、判户部事鄭珏爲監修國史、[9]判度支。以中書侍郎、平章事蕭頃爲集賢殿大學士、[10]判户部事。以尚書左丞李琪爲中書侍郎、平章事。[11]丙午，吏部侍郎趙光胤爲尚書左丞。[12]己酉，以河中護國軍節度副大使、[13]知節度事、制置度支解縣池場等使、[14]開府儀同三司、守太保、兼中書令、[15]冀王友謙依前守太保、兼中書令、兼同州節度使，[16]餘如故。癸丑，鄜延節度使兼西面招討接應等使、[17]檢校太師、[18]兼中書令、渤海王高萬興進封延安王，[19]賜號匡時定節功臣。前衡州長史劉鷟進所撰《地理手鏡》十卷。[20]己未，以租庸判官、尚書工部郎中張鋭爲户部郎中，充崇政院學士。[21]辛酉，以前吏部侍郎盧協爲禮部侍郎。[22]

[1]宗正卿：官名。秦始置宗正，南朝梁始有宗正卿之官。由宗室充任。掌皇族外戚屬籍。正三品。　朱守素：人名。籍貫不詳。五代後梁、後唐官員。事見本書本卷、卷三九。

[2]匭（guǐ）院：官署名。匭使院的簡稱。唐睿宗（實爲武則天執政）垂拱元年（685）始設，隸屬中書省，以諫議大夫及補闕、拾遺一人爲知匭使。署門外設有方函，有自薦、申冤、舉報等事宜者，分類投匭。　諫議大夫：官名。秦始置，掌朝政議論。隋唐仍置，有左、右諫議大夫四人，分屬門下、中書二省。掌諫諭得失，侍從贊相。唐後期、五代多以本官領他職。唐初爲正五品上，會昌二年（842）升爲正四品下。後晋天福五年（940）爲正四品，後周顯德五年（958）復改爲正五品上。

[3]鄭韜光：人名。洛京河清（今河南濟源市）人。唐宣宗外孫，唐末、五代官員。傳見本書卷九二。　知匭使：官名。匭使院長官。《舊五代史考異》："案：原本'知匭'作'知匱'，考《通典》唐三省官有知匭使，今改正。"見《通典》卷二一《職官三》

門下省條、又見《舊唐書》卷四三《職官志二》。

[4]右僕射：官名。秦始置。隋、唐前期以左、右僕射佐尚書令總理六官，綱紀庶務；如不置尚書令，則總判省事，爲宰相之職。唐後期多爲大臣加銜。從二品。　門下侍郎：官名。門下省副長官。唐後期三省長官漸爲榮銜，中書侍郎、門下侍郎却因參議朝政而職位漸重，常常用爲以“同三品”或“同平章事”任宰相者的本官。正三品。

[5]監修國史：官名。北齊始置史館，以宰相爲之。唐史館沿置，爲宰相兼職。　判度支：官名。度支本爲户部的一司，唐中期以後特派大臣判度支，後來獨立於户部之外，稱度支使或知度支事，或稱勾當度支使。後判度支、判户部及鹽鐵轉運使所在官署合稱三司。至五代後唐，合爲一職，稱三司使。

[6]開國公：封爵名。　敬翔：人名。同州馮翊（今陝西大荔縣）人。後梁大臣。傳見本書卷一八、《新五代史》卷二一。　弘文館大學士：官名。唐初設弘文館，後設學士、大學士。大學士常由次相兼任。

[7]延資庫使：官名。唐宣宗大中三年（849）改備邊庫爲延資庫，專門儲備全國軍費。長官稱延資庫使，以宰相兼任。後梁延續這一制度。參見杜文玉《五代十國制度研究》，人民出版社 2006 年版，第 146—147 頁。　諸道鹽鐵轉運使：官名。主管漕運、鹽鐵專賣等政務。唐末、五代常由宰相兼任。

[8]中書侍郎：官名。中書省副長官，唐後期三省長官漸爲榮銜，中書侍郎、門下侍郎却因參議朝政而職位漸重，常常用爲以“同三品”或“同平章事”任宰相者的本官。正三品。　刑部尚書：官名。尚書省刑部主官。掌天下刑法及徒隸、勾覆、關禁之政令。正三品。

[9]集賢殿大學士：官名。唐中葉置，位在學士之上，以宰相兼。掌修書之事。　判户部事：官名。尚書户部長官。　鄭珏：人名。滎陽（今河南滎陽市）人。五代後梁、後唐宰相。傳見本書卷

五八、《新五代史》卷五四。

[10]蕭頃：人名。京兆萬年（今陝西西安市長安區）人。後梁、後唐大臣。傳見本書卷五八。

[11]尚書左丞：官名。尚書省佐貳官。唐中期以後，與尚書右丞實際主持尚書省日常政務，權任甚重。正四品上。　李琪：人名。河西敦煌（今甘肅敦煌市）人。五代大臣。傳見本書卷五八、《新五代史》卷五四。　以尚書左丞李琪爲中書侍郎、平章事：《通鑑》卷二七一繫於貞明六年（920）四月乙亥條。

[12]吏部侍郎：官名。尚書省吏部副長官，協助吏部尚書掌文選、勳封、考課之政。正四品上。　趙光胤：人名。京兆奉天（今陝西乾縣）人。趙光逢之弟。唐末進士，五代後梁大臣、後唐宰相。傳見本書卷五八。

[13]河中護國軍：方鎮名。護國軍原爲河中軍。治所在河中府（今山西永濟市西南蒲州鎮）。　節度副大使：官名。方鎮中僅次於節度使之使職，如持節，則位同於節度使。

[14]知節度事：官名。方鎮實際掌權者。　制置度支解縣池場使：官名。主管解縣（今山西運城市鹽湖區）鹽池。

[15]開府儀同三司：官名。魏晉始置，隋唐時爲文散官之最高官階。多授功勳重臣。從一品。　守太保：官名。太保與太師、太傅並爲三師。唐後期、五代多爲大臣、勳貴加官。加“守”字，説明地位低於太保。　中書令：官名。漢代始置。隋、唐前期爲中書省長官，屬宰相之職；唐後期多爲授予元勳大臣的虛銜。正二品。

[16]友謙：即朱友謙。許州（今河南許昌市）人。朱溫養子，唐末、五代軍閥。傳見本書卷六三、《新五代史》卷四五。　同州：州名。治所在今陝西大荔縣。

[17]鄜延：方鎮名。治所在鄜州（今陝西富縣）。　招討接應使：官名。戰時任命，兵罷則省。常以大臣、將帥或地方軍政長官兼任。掌招撫討伐、接應等事務。

[18]檢校太師：官名。爲散官或加官，以示恩寵，無實際執

掌。太師，與太傅、太保並爲三師。中華書局本沿《輯本舊史》作“檢校太保”，並有校勘記：“‘檢校太保’，本書卷九《梁末帝紀中》、卷三〇《唐莊宗紀四》作‘檢校太師’。”

[19]渤海王高萬興：人名。河西（今甘肅武威）人。唐末、五代將領，高懷遷之子。傳見本書卷一三二、《新五代史》卷四〇。“渤海王”，中華書局本沿《輯本舊史》作“渤海郡王”，並有校勘記：“‘渤海郡王’，本書卷八《梁末帝紀上》作‘渤海王’。按《册府》卷一九六：‘貞明元年二月，進封延州節度使、渤海郡王高萬興爲渤海王。六年四月，進封延安王。’”但未改。今據本書三本紀及《宋本册府》卷一九六《閏位部·封建門》改。

[20]衡州：州名。治所在今湖南衡陽市。　長史：官名。州府屬官。協助處理州府公務。正四品上至正六品上。　劉鷺：人名。籍貫不詳。唐末、五代官員。本書僅此一見。

[21]租庸判官：官名。租庸使屬官。租庸使，唐代爲主持催徵租庸地税的財政官員。後梁、後唐時，租庸使取代鹽鐵、度支、户部長官，爲主管中央財政的長官。　尚書工部郎中：官名。唐始置。尚書省工部之工部司長官，位在侍郎之下、員外郎之上。主持工部司事務。掌城池土木之工役程式。從五品上。　張鋭：人名。籍貫不詳。五代後梁官員。本書僅此一見。　户部郎中：官名。即尚書省户部頭司户部司長官。掌户口、土田、賦役、貢獻、優復、婚姻、繼嗣等事。從五品上。　崇政院學士：官名。此處當指崇政院直學士。後梁開平二年（908）於崇政院置，選有政術、文學者爲之，其後又改爲直崇政院。

[22]盧協：人名。籍貫不詳。後梁大臣。事見本書本卷、卷六。　禮部侍郎：官名。尚書省禮部次官。協助禮部尚書掌禮儀、祭享、貢舉之政。正四品下。　以前吏部侍郎盧協爲禮部侍郎：中華書局本有校勘記：“下一‘吏部侍郎’，殿本、孔本作‘禮部侍郎’。”

五月乙丑，故左衛上將軍齊奉國贈太傅。[1]詔曰："應文武朝官，或有替罷多年，漂流在外者，宜令中書門下量才除授，[2]勿使栖遲。或有進士策名，累年未釋褐者，[3]與初任一官；已釋褐者，依前資敘用。"乙酉，升宋州爲大都督府，[4]其餘廢大都督府額。

[1]左衛上將軍：官名。唐置，掌宫禁宿衛。唐代置十六衛，即左右衛、左右驍衛、左右武衛、左右威衛、左右領軍衛、左右金吾衛、左右監門衛、左右千牛衛，各置上將軍，從二品；大將軍，正三品；將軍，從三品。　齊奉國：人名。籍貫不詳。五代後梁將領。事見本書本卷、卷九、卷一九。　太傅：官名。與太師、太保並爲三師。唐後期、五代多爲大臣、勳貴加官。正一品。

[2]中書門下：官署名。唐玄宗時改"政事堂"置，設於中書省，爲宰相議政辦公之所，下設吏、樞機、兵、户、刑禮五房分主衆務。

[3]策名：指進士及第。　釋褐：指進士及第授官。

[4]大都督府：地方高級軍政機構。始設於三國時期。唐、五代爲某些重要府州的軍政機構。

六月，遣兖州節度使劉鄩帥華州節度使尹皓、[1]崇州節度使温昭圖、莊宅使段凝領軍攻同州。[2]先是，河中朱友謙襲陷同州，節度使程全暉單騎奔京師。[3]友謙以其子令德爲同州留後，表求節旄，不允。[4]既而帝慮友謙怨望，遂命兼鎮同州。制命將下而友謙已叛，遣使求援於晉，故命將討之。

[1]劉鄩：人名。密州安丘（今山東安丘市）人。唐末、五代

將領。傳見本書卷二三、《新五代史》卷二二。“遣兖州節度使劉鄩”下之“帥”字原無，據《通鑑》卷二七一貞明六年（920）六月條補。　尹皓：人名。籍貫不詳。後梁將領。傳見本書附録。

[2]崇州：州名。治所在今陝西銅川市耀州區。　温昭圖：人名。華原（今陝西銅川市耀州區）人。後梁、後唐將領。傳見本書卷七三、《新五代史》卷四〇。　莊宅使：官名。唐始置。掌管兩京地區官府掌握的莊田、磨坊、店鋪、菜園、車坊等産業。　段凝：人名。開封（今河南開封市）人。其妹爲朱温美人，因其妹而爲朱温親信。後梁將領。傳見本書卷七三、《新五代史》卷四五。

[3]程全暉：人名。籍貫不詳。後梁將領。事見本書本卷。“程全暉單騎奔京師”，《舊五代史考異》：“案《歐陽史》本紀：河中節度使朱友謙襲同州，殺其節度程全暉。據《薛史》，則程全暉奔還京師，未嘗見殺也。《歐陽史》列傳仍同《薛史》。《五代春秋》又作六年春事。”《五代春秋》卷上於梁末帝貞明六年春載朱友謙襲陷同州。《通鑑》卷二七一繫程全暉單騎奔京師事於貞明六年四月己卯條，係追述前事。

[4]令德：人名。即朱令德。許州（今河南許昌市）人。朱友謙之子。事見本書卷六三。　留後：官名。唐、五代節度使多以子弟或親信爲留後，以代行節度使職務，亦有軍士、叛將自立爲留後者。掌一州或數州軍政。　節旄：亦作“節髦”。古代符節上所飾的旄牛尾。此處代指節度使。

九月庚寅，以供奉官郎公遠充契丹歡好使。[1]晋王遣都將李嗣昭、李存審、王建及率師來援同州，[2]戰于城下。我師敗績，諸將以餘衆退保華州羅文寨。

[1]供奉官：官名。泛指侍奉皇帝左右的臣僚，亦爲東、西頭供奉官通稱。　郎公遠：人名。籍貫不詳。五代後梁官員。本書僅

此一見。　九月庚寅，以供奉官郎公遠充契丹歡好使：《舊五代史考異》：“案《遼史》：神册五年九月，梁遣郎公遠來聘，即是年事也。《遼史》載神册元年，梁遣郎公遠來賀，《薛史》失載。”《輯本舊史》孔本案語：“案《遼史》：神册五年九月己丑朔，梁遣郎公遠來聘。與《薛史》合。又天贊二年四月，梁遣使來聘，即龍德三年也，《薛史》不載。”見《遼史》卷二《太祖本紀下》，又見《新五代史》卷三《梁末帝紀》貞明六年（920）九月庚寅記事。

[2]李嗣昭：人名。汾州（今山西汾陽市）人。唐末、五代李克用義子、部將。傳見本書卷五二、《新五代史》卷三六。　李存審：人名。陳州宛丘（今河南淮陽縣）人。原姓符名存。後唐將領。傳見本書卷五六、《新五代史》卷二五。　王建及：人名。許州（今河南許昌市）人。後唐將領。傳見《新五代史》卷二五。

冬十月，陳州妖賊毋乙、董乙伏誅。[1]陳州里俗之人，喜習左道，依浮圖氏之教，[1]自立一宗，號曰“上乘”。不食葷茹，誘化庸民，揉雜淫穢，宵聚晝散，州縣因循，遂致滋蔓。時刺史惠王友能恃戚藩之寵，[3]動多不法，故奸慝之徒，望風影附。毋乙數輩，漸及千人，攻掠鄉社，長吏不能詰。是歲秋，其衆益盛，南通淮夷，朝廷累發州兵討捕，反爲賊所敗，陳、潁、蔡三州大被其毒。[4]羣賊乃立毋乙爲天子，其餘豪首，各有樹置。至是發禁軍及數郡兵合勢追擊，賊潰，生擒毋乙等首領八十餘人，械送闕下，並斬於都市。

[1]毋乙、董乙：人名。籍貫不詳。事見本書本卷。

[2]浮圖：梵語音譯，又作佛陀。泛指佛教。

[3]友能：人名。即朱友能。朱温長兄朱全昱之子。傳見本書

卷一二、《新五代史》卷一三。

［4］陳、潁、蔡三州大被其毒：《輯本舊史》之影庫本粘籤："潁、蔡，原本訛作'穎葵'，今據文改正。"五代無葵州，陳州、潁州、蔡州三州相鄰。

龍德元年春正月癸巳，詔諸道入奏判官，[1]宜令御史臺點檢，合從正衙退後，[2]便於中書門下公參辭謝，如有違越，具名銜聞奏。應面賜章服，仍令閤門使取本官狀申中書門下，受敕牒後，方可結入新銜。[3]甲辰，以河東道行營西面應接使、前静勝軍節度、[4]崇裕等州觀察處置等使、[5]特進、檢校太尉、同平章事温昭圖爲匡國軍節度、[6]陳許蔡等州觀察處置等使。以北面行營副招討使、匡國軍節度、陳許蔡等州觀察處置等使、光禄大夫、檢校太傅王彦章爲宣義軍節度副大使，[7]知節度事、鄭滑濮等州觀察處置等使，依前北面副招討使。

［1］龍德：後梁末帝朱友貞年號（921—923）。　判官：官名。爲長官的佐吏，協理政事，或備差遣。

［2］御史臺：官署名。東漢始置。古代國家的中央監察機構。掌糾察官吏違法、肅正朝廷綱紀。大事廷辨，小事奏彈。　正衙：即正殿。唐代以大明宫宣政殿爲正衙。唐後期以來，在正衙舉行的每日朝參，亦稱正衙。

［3］章服：綉有日月星辰圖案的禮服，每圖一章，天子十二章，大臣依品級遞減。　閤門使：官名。唐代中期始設，掌扈從乘輿、朝會禮儀、大宴引贊、引接朝見等事務。初以宦官充任，五代改用武將。　敕牒：委任官吏的任命文書。　結銜：官員在正式文書和著述上具名時，將所帶的各類官銜按一定順序聯結起來，也稱"繫

銜”。

［4］河東道：道名。唐太宗貞觀元年（627）設，位於黄河以東、太行山以西，大致相當於今山西和河北西北部。 静勝軍：方鎮名。治所在崇州（今陝西銅川市耀州區）。

［5］裕：州名。治所在今陝西富平縣美原鎮。 觀察處置使：官名。唐肅宗乾元元年（758）停諸道採訪處置使、黜陟使而置，掌考察州縣官吏政績，後兼理民事、軍事，並兼刺史。宋朝諸州沿置，有實任與遥領之别，後多用爲武臣及宗室寄禄官。

［6］特進：官名。西漢末期始置，授給列侯中地位較特殊者。隋唐時期，特進爲文散官，授給有聲望的文官。正二品。

［7］副招討使：官名。行營統兵官。位次行營都統、招討使。掌招撫討伐事務。 光禄大夫：官名。西漢始設，掌論議。唐、五代爲散官。從二品。 宣義軍：方鎮名。治所在滑州（今河南滑縣）。

二月己未，以權知静勝軍節度觀察留後、前汝州防禦使華温琪爲静勝軍節度觀察留後，[1]依前檢校太傅。丙寅，以荆南節度使、檢校太師、兼中書令、渤海郡王高季昌爲守中書令，[2]依前荆南節度使。庚午，以晋州建寧軍節度觀察留後劉玘爲晋州節度使、檢校太保。[3]壬申，史館上言：“伏見北齊文士魏收著《後魏書》，[4]于時自魏太武之初，[5]至于北齊，書不獲就，乃大徵百官家傳，刊總斟酌，隨條甄舉，搜訪遺亡，數年之間，勒爲一代典籍，編在北史，固非虚言。臣今請明下制，勅内外百官及前資士子、帝戚勳家，並各納家傳，具述父祖事行源流及才術德業灼然可考者，並纂述送史館。如記得前朝會昌已後公私，[6]亦任抄録送官，皆須直書，不用文藻。兼以兵火之後，簡牘罕存，應内外臣僚，曾有奏行公事，關涉制置，或討論沿革，或章疏文詞，有可採者，並許編録送納。候史館修撰之日，考其所上公事，與中書門下文案事相符會，或格言正辭詢訪不謬者，並與編載。所冀忠臣名士，共流家國之耿光；孝子順孫，獲記祖先之丕烈。而且周德見乎殷紀，舜典存乎禹功，非唯十世可知，庶成一朝大典。臣叨廂委任，獲領監修，將牘素湌，輒干玄覽。”詔從之。鹽鐵轉運使敬翔奏：“請於雍州、河陽、徐州三處重置場院税茶。”[7]從之。己卯，禮部尚書、充西都副留守兼判尚書省事崔沂奏：“西京都省，凡有公事奏聞，常須借印施行，伏請鑄尚書省分司印一面。”[8]從之。是月，鎮州大將王德明殺其帥王鎔，[9]自稱留後，遣使來求援。宰臣敬翔請許之，租庸使趙巖等以爲不可，[10]乃止。

[1]華温琪：人名。後梁大臣，傳見本書卷九〇、《新五代史》卷四七。　“以權知静勝軍”至“静勝軍節度觀察留後”：《舊五代史考異》：“案：《通鑑》作貞明六年事，與《薛史》繫龍德元年異。”見《通鑑》卷二七一貞明六年（920）九月條。

[2]荆南：後梁開平元年（907）朱温命高季昌爲荆南節度使，梁末帝時封季昌爲渤海王。後唐同光三年（925）受封爲南平王。稱南平國或荆南國。十國之一。　高季昌：人名。後改名高季興，陝州硤石（今河南三門峽市陝州區硤石鄉）人。南平（即荆南）開國君主。傳見本書卷一三三、《新五代史》卷六九。《輯本舊史》之影庫本粘籤：“季昌，原本訛作‘杳昌’，今據《十國春秋》改正。”見《十國春秋》卷一〇〇《武信王世家》。《十國春秋》爲清人吴任臣撰。高季昌之名在《輯本舊史》中多見。卷一三三爲其本

傳，言其本名季昌，唐莊宗即位，避其廟諱改名季興。

［3］建寧軍：方鎮名。五代後梁貞明三年（917）改定昌軍置，治所在晉州（今山西臨汾市）。　劉玘：人名。汴州雍丘（今河南杞縣）人。五代後梁、後唐將領。傳見本書卷六四、《新五代史》卷四五。

［4］史館：官署名。官修史書之機構。北齊始置。唐初隸秘書省著作局。唐貞觀三年（629）移於禁中，隸門下省。修本朝史由史官負責，修前代史多由他官編纂，宰相監修，正式確立史館修史、宰相監修之制。開元二十五年（737），徙史館於中書省。天寶後，他官兼領史職者，謂之史館修撰，初入者爲直館。五代沿置。　北齊：朝代名。公元 550 年，高洋取代東魏，自立爲帝，國號齊，都鄴（今河北臨漳西）。577 年爲北周所滅。　魏收：人名。北齊鉅鹿郡下曲陽（今河北晉州市）人。撰有《魏書》。傳見《北齊書》卷三七。　《後魏書》：書名。即《魏書》。北齊魏收編撰，記北魏之史的紀傳體史書，現存一百一十四卷。

［5］太武：即北魏太武帝拓跋燾，廟號世祖。紀見《魏書》卷四上、卷四下。

［6］會昌：唐武宗李炎的年號（841—846）。

［7］河陽：縣名。治所在今河南孟州市。　場院：政府設立的專賣、征税場所。

［8］禮部尚書：官名。尚書省禮部主官。掌禮儀、祭享、貢舉之政。正三品。　西都、西京：地名。治所在今河南洛陽市。　副留守：官名。古代皇帝出巡或親征時指定親王或大臣留守京城，綜理國家軍事、行政、民事、財政，稱京城留守。在陪都或軍事重鎮也常設留守，以地方長官兼任。副留守即其副貳。　判尚書省事：官名。此處指西京尚書省長官。　崔沂：人名。博州（今山東聊城市）人。唐宰相崔鉉之子，後梁大臣。傳見本書卷六八。　都省：官署名。指西京尚書省。　分司：唐代職官制度之一。中央官員分在陪都執行職務的，稱爲分司。

[9]鎮州：州名。治所在今河北正定縣。　王德明：人名。即張文禮。被王鎔收爲義子，賜姓王，名德明。燕（今河北北部）人。五代將領。傳見本書卷六二。　王鎔：人名。回鶻人。唐末、五代軍閥，朱温封趙王。傳見本書卷五四、《新五代史》卷三九。

"是月"至"王鎔"：《舊五代史考異》："案《五代春秋》：三月，趙人張文禮弑其君鎔。《薛史》及《通鑑》作二月。"見《通鑑》卷二七一龍德元年（921）二月條："德明復姓名曰張文禮，盡滅王氏之族。"

[10]趙巖：人名。陳州宛丘（今河南淮陽縣）人。唐忠武軍節度使趙犨之子。後梁大臣。事見本書卷九、卷一四。

三月丁亥朔，祠部員外郎李樞上言："請禁天下私度僧尼，及不許妄求師號、紫衣。如願出家受戒者，皆須赴闕比試藝業施行，願歸俗者，一聽自便。"[1]詔曰："兩都左右街賜紫衣及師號僧，委功德使具名聞奏。今後有闕，方得奏薦，仍須道行精至，夏臘高深，方得補填。[2]每遇明聖節，兩街各許官壇度七人。[3]諸道如要度僧，亦仰就京官壇，仍令祠部給牒。今後只兩街置僧録，諸道僧正並廢。"[4]己丑，以前兵部郎中杜光乂爲左諫議大夫致仕。[5]壬寅，改襄州鄀縣爲沿夏縣，亳州焦夷縣爲夷父縣，密州漢諸縣爲膠源縣，[6]從中書舍人馬縞請也。[7]

[1]祠部員外郎：官名。禮部祠部司副職，與祠部郎中共掌祭祀、占卜、醫藥、僧尼簿籍等。從六品上。　李樞：人名。籍貫不詳。五代後梁官員。本書僅此一見。　師號：朝廷對道行出衆僧人賜予的稱號。　紫衣：紫色袈裟。武則天時始賜僧人紫袈裟。　一

聽自便：《輯本舊史》之影庫本粘籤：“自便，原本作‘自使’，今據文改正。”

［2］左右街：官署名。指左右街僧録司，唐朝始置，屬鴻臚寺。主管僧尼帳籍及僧官補授。　夏臘：僧尼出家的年數。佛教以七月十六日爲歲首，七月十五日爲除夕。以夏臘計算年歲。

［3］明聖節：後梁末帝朱友貞誕辰，爲九月十二日。　壇度：指臨壇。僧尼登臨戒壇，舉行授戒儀式，完畢後稱臨壇大德。

［4］諸道僧正並廢：中華書局本有校勘記：“‘諸道’，原作‘道録’，據彭校、《册府》卷一九四改。”見《宋本册府》卷一九四《閏位部·崇釋老門》。

［5］兵部郎中：官名。尚書省兵部頭司兵部司長官。唐高祖改兵曹郎置，員二人：一掌武官階品、衛府名數、校考、給告身之事；一掌軍籍、軍隊調遣名數、朝集、録賜、告假等事。高宗、武則天、玄宗時，一度隨本部改名司戎大夫、夏官郎中、武部郎中。五代因之。從五品上。　杜光乂：人名。籍貫不詳。後梁官員。本書僅此一見。　左諫議大夫：官名。隸門下省。唐代置左、右諫議大夫各四人，分隸門下省、中書省。掌諫諭得失，侍從贊相。正四品下。

［6］鄢縣、沿夏縣：縣名。治所在今湖北省宜城市東南。　焦夷縣、夷父縣：縣名。治所在今安徽亳州市東南。　漢諸縣、膠源縣：縣名。治所在今山東諸城市。

［7］中書舍人：官名。中書省屬官。掌起草文書、呈遞奏章、傳宣詔命等。正五品上。　馬縞：籍貫不詳。後梁、後唐官員。傳見本書卷七一、《新五代史》卷五五。

夏四月，陳州刺史惠王友能反，[1]舉兵向闕，帝命將出師逆擊，敗之。友能走保陳州。詔張漢傑率兵進討。[2]敕開封府太康、襄邑、雍丘三縣，[3]遭陳州賊軍奔衝，其夏稅只據見苗輸納。[4]

[1]夏四月，陳州刺史惠王友能反：《舊五代史考異》："案：《歐陽史》作三月，與《薛史》異。"見《新五代史》卷三《梁末帝紀》，又《通鑑》卷二七一繫於龍德元年（921）四月條。

[2]張漢傑：人名。清河（今河北清河縣）人。張歸霸之子。五代後梁將領。傳見本書附録、《新五代史》卷二二。《舊五代史考異》："案：原本漢傑作'衡傑'，今據《通鑑》改正。"見《通鑑》卷二七一龍德元年四月條。

[3]太康：縣名。治所在今河南太康縣。　襄邑：縣名。治所在今河南睢縣。　雍丘：縣名。治所在今河南杞縣。

[4]"敕開封府"至"見苗輸納"：敕文見《宋本册府》卷四九一《邦計部·蠲復門三》，但繫於七月。

五月丙戌朔，制曰：

朕聞惟辟動天，惟聖時憲，[1]故君爲善則天降之以福，爲不善則降之以灾。朕以眇末之身，託於王公之上，不能荷先帝艱難之運，所以致蒼生塗炭之危。兵革荐興，灾害仍集，内省厥咎，蓋由朕躬。故北有犬戎猾夏之師，[2]西有蒲、同亂常之旅，連年戰伐，積歲轉輸，虔劉我士民，侵據我郡邑。師無宿飽之饋，家無擔石之儲。而又水潦爲灾，蟲蝗作沴，[3]戒譴作於上，怨咨聞於下。而況骨肉之内，竊弄干戈，畿甸之中，輒爲陵暴。但責躬而罪己，敢怨天以尤人。蓋朕無德以事上玄，[4]無功以及兆庶，不便於時者未能去，有益於民者未能行，處事昧於酌中，發令乖於至當，招致灾患，引翼禍殃。罪在朕躬，不敢自赦。夙夜是懼，寢食靡寧，將勵己以息灾，爰布澤而從欲。今以薫風方扇，[5]旭日初昇，朔既視於正陽，[6]曆宜更於嘉號。庶惟新之令，敷華夏以同歡；期克念之心，與皇王而合道。其貞明七年，宜改爲龍德元年。應天下見禁罪人，除大辟罪外，遞減一等。德音到後，[7]三日内疏理訖奏。應欠貞明三年、四年諸色殘欠，五年、六年夏秋殘税，[8]並放。侍衛親軍及諸道行營將士等第頒賜優賞，[9]已從别敕處分。左降官與量移，已經量移者與復資。長流人各移近地，已經移者許歸鄉里。前資朝官寄寓遠方，仰長吏津置赴闕。[10]内外文武常參官、節度使、留後、刺史，父母亡殁者並與封贈。[11]公私債負，納利及一倍已上者，不得利上生利。先經陣殁將校，各與追贈云。

以宣和庫使、守右領衛將軍李嚴權知兖州軍州事。[12]丁亥，詔曰："郊禋大禮，[13]舊有渥恩；御殿改元，比無賞給。今則不循舊例，别示特恩。其行營將士賞賚已給付本家，宜令招討使霍彦威、[14]副招討使王彦章、陳州行營都指揮使張漢傑曉示諸軍知委。"

[1]時憲：依據天道建立法令。《尚書·説命中》："惟天聰明，惟聖時憲。"僞《孔安國傳》："憲，法也。言聖王法天以立教。"

[2]犬戎：戎人的一支。多指少數民族。此處指沙陀李存勗勢力。

[3]蟲蝗作沴：中華書局本有校勘記："'沴'，原作'殄'，據殿本改。"

[4]上玄：上天。

[5]薰風：指初夏的暖風。　今以薰風方扇：《輯本舊史》之影庫本粘籤："方扇，原本作'方羽'，今據文改正。"

[6]正陽：夏曆的四月。《左傳·莊公二十五年》："唯正月之朔，慝未作。"晉·杜預注："正月，夏之四月，周之六月，謂正陽之月。"

[7]德音：用以指帝王的詔書。唐、宋詔敕之外，別有德音一體，用於施惠寬恤之事，猶言恩詔。

[8]五年、六年夏秋殘稅：中華書局本有校勘記："'夏秋殘稅'，原作'夏稅殘稅'，據劉本、彭本、《册府》卷四九一改。"見《宋本册府》卷四九一《邦計部·蠲復門三》龍德元年（921）五月丙戌條。

[9]侍衛親軍：後梁宫城守衛部隊。

[10]前資朝官：五代時朝代更替頻繁，凡前朝所授常參官官資稱前資朝官。　津置：資助路費。

[11]常參官：唐制，文官五品以上及兩省供奉官、監察御史、員外郎、太常博士，每日朝參，稱爲常參官。　封贈：皇帝賜予官員父母、祖先與妻室以爵位名號，存者稱封，已死稱贈。

[12]宣和庫使：官名。唐、五代内諸司使之一，掌内庫之宣和庫。　右領衛將軍：官名。即右領軍衛將軍。唐置，掌宫禁宿衛。唐代置十六衛，右領衛爲其一，掌宫禁侍衛。從三品。　李嚴：人名。後梁官員。本書僅此一見。

[13]郊禋（yīn）：在南郊圜丘舉行祭天禮。

[14]霍彦威：人名。洺州曲周（今河北曲周縣）人。後梁、後唐將領。傳見本書卷六四、《新五代史》卷四六。

是月，兗州節度使、充河東道行營都招討使劉鄩卒。[1]

[1]“是月”至“劉鄩卒”：《通鑑》卷二七一龍德元年(921)五月丁亥條：“鄩既敗歸，以疾請解兵柄，詔聽於西都就醫，密令留守張宗奭酖之，丁亥，卒。”

六月己亥，以都點檢諸司法物使、檢校司徒、行左驍衛大將軍李肅爲右威衛上將軍。[1]

[1]都點檢諸司法物使：官名。疑主管法物，即皇帝儀仗隊所用器物。　行左驍衛大將軍：官名。唐代置十六衛，左驍衛爲其一，掌宫禁宿衛。正三品。文散官高於職事官，稱行。　李肅：人名。籍貫不詳。五代將領。事見本書本卷、卷三四、卷四二、卷一〇九等。　右威衛上將軍：官名。唐代置十六衛，右威衛爲其一，掌宫禁宿衛。從二品。

秋七月，陳州朱友能降。庚子，詔曰：“朕君臨四海，子育兆民，唯持不黨之心，庶叶無私之運。其有齒予戚屬，雖深敦敘之情；干我國經，難固含弘之旨。[1]須遵常憲，以示至公。特進、檢校太傅、使持節陳州刺史、兼御史大夫、上柱國、食邑三千户惠王友能，列爵爲王，頒條治郡，受元戎之寄任，[2]處千里之封疆。就進官資，已登崇貴，時加錫賚，以表優隆。宜切知恩，合思盡節，撫俗當申於仁政，佐時期効於忠規。而狎彼小人，納其邪説，忽稱兵而向闕，敢越境以殘民，侵犯郊畿，驚撓輦轂，[3]遠邇咸嫉，謀畫交陳。及興問罪之師，旋驗知非之狀，瀝懇繼陳於章表，束身願赴於闕庭，備述艱危，覬加寬恕。朕得不自爲屈己，姑務安仁，特施貸法之恩，蓋舉議親之律。詢於事體，抑有朝章，止行退責之文，用塞衆多之論。可降封房陵侯。於戲！君臣之體，彼有不恭；伯仲之恩，予垂立愛。顧兹輕典，豈稱羣情，凡在臣僚，當體朕意。”甲辰，制以特進、檢校太傅、衡王友諒可封嗣廣王。[4]

[1]敦敘：親厚，和睦。　國經：國家綱紀。　含弘：包容。

[2]元戎：統帥，主將。　寄任：託付重任。

[3]輦轂：皇帝的車輿。代指皇帝或京城。

[4]友諒：人名。即朱友諒。朱全昱之子，後梁太祖朱溫之侄。後梁建國，初封衡王，後襲封廣王。傳見本書卷一二、《新五代史》卷一三。

冬十月，北面招討使戴思遠攻德勝寨之北城，晉人來援，思遠敗於戚城。[1]

[1]戴思遠：人名。籍貫不詳。後梁、後唐將領。傳見本書卷六四。　德勝寨：地名。原爲德勝渡，黄河重要渡口之一。位於今河南濮陽市。　北城：德勝沿黄河設城，河北岸爲北城，南岸爲南城。　戚城：地名。位於今河南濮陽市。

龍德二年春正月，戴思遠率師襲魏州。[1]時晉王方攻鎮州，故思遠乘虚以襲之，陷成安而還，思遠遂急攻德勝北城，[2]晉將李存審極力拒守。[3]

[1]魏州：州名。治所在今河北大名縣。

[2]成安：縣名。治所在今河北成安縣。　陷成安而還，思遠

遂急攻德勝北城：中華書局本有校勘記："'還'字原闕，據《册府》卷二一七補。按《通鑑》卷二七一：'拔成安，大掠而還。'"見明本《册府》卷二一七《閏位部·交侵門》、《通鑑》卷二七一龍德二年（922）二月條之追述。《册府》誤作龍德元年。

[3]晉將李存審極力拒守：《輯本舊史》之影庫本粘籤："李存審，原本脱'存'字，今據文增入。"李存審之名即見上引《通鑑》卷二七一。

二月，晉王以兵至，思遠收軍而退，復保楊村。[1]

[1]楊村：地名。位於今河南濮陽市西南。　"二月"至"復保楊村"：明本《册府》卷二一七《閏位部·交侵門》。《通鑑》卷二七一龍德二年（922）二月條："晉王聞德勝勢危，二月，自幽州赴之，五日至魏州。思遠聞之，燒營遁還楊村。"

八月，段凝、張朗攻衛州，下之，獲刺史李存儒以獻。[1]戴思遠又下淇門、共城、新鄉等三縣。[2]自是澶州之西、相州之南，[3]皆爲梁有，晉人失軍儲三分之一焉。

[1]張朗：人名。徐州蕭縣（今安徽蕭縣）人。五代後梁、後唐、後晉將領。傳見本書卷九〇。　衛州：州名。治所在今河南衛輝市。　李存儒：人名。籍貫不詳。李存勗部將。李存儒本俳優，李存勗以其有膂力，故用爲衛州刺史，既而誅斂無度，人皆怨之，故爲後梁所襲。事見本書本卷、卷二九。

[2]淇門：地名。位於今河南浚縣。　共城：縣名。治所在今河南輝縣市。　新鄉：縣名。治所在今河南新鄉市。

[3]澶州：州名。唐、五代初，治所在今河南清豐縣。後晉天福四年（939）移治於今河南濮陽市。　相州：州名。治所在今河

南安陽市。

龍德三年春三月，晉潞州節度留後李繼韜遣使以城歸順。[1]先是，繼韜父嗣昭爲潞州節度使，戰歿於鎮州城下，晉王欲以嗣昭長子繼儔襲父位。[2]繼韜在潞州，即執繼儔囚之，遣使來送款，仍以二幼子爲質。澤州刺史裴約不從繼韜之謀，帝命董璋爲澤州刺史，[3]令將兵攻之。

[1]潞州：州名。治所在今山西長治市。　李繼韜：人名。汾州（今山西汾陽市）人。李嗣昭之子。五代後唐將領。傳見本書卷五二、《新五代史》卷三六。

[2]繼儔：人名。即李繼儔。汾州（今山西汾陽市）人。李嗣昭之子，李繼韜之兄。事見本書卷五二、《新五代史》卷三六。

[3]澤州：州名。治所在今山西澤州縣。　裴約：人名。籍貫不詳。初爲潞州牙將，五代後唐將領。傳見本書卷五二、《新五代史》卷三二。　董璋：人名。籍貫不詳。五代後梁、後唐將領。傳見本書卷六二、《新五代史》卷五一。

夏四月己巳，晉王即唐帝位於魏州，改天祐二十年爲同光元年。[1]

[1]天祐：唐昭宗李曄開始使用的年號（904）。唐哀帝李柷即位後沿用（904—907）。唐亡後，河東李克用、李存勗仍稱天祐，沿用至天祐二十年（923）。五代其他政權亦有行此年號者，如南吳、吴越等，使用時間長短不等。　同光：後唐莊宗李存勗年號（923—926）。

閏月壬寅，唐軍襲鄆州，[1]陷之，巡檢使前陳州刺史劉遂嚴、[2]本州都指揮使燕顒奔歸京師，[3]皆斬於都市。

[1]鄆州：州名。治所在今山東東平縣。

[2]巡檢使：官名。五代始設巡檢，設於京師、陪都、重要的州及邊防重鎮。設於都城的稱京城巡檢使、都巡檢、都巡檢使。掌治安。　劉遂嚴：人名。籍貫不詳。五代後梁將領。本書僅此一見。

[3]都指揮使：官名。唐末、五代行軍統兵主帥。參見杜文玉《晚唐五代都指揮使考》，《學術界》1995年第1期。　燕顒：人名。籍貫不詳。後梁將領。本書僅此一見。

五月，以滑州節度使王彦章爲北面行營招討使。[1]辛酉，王彦章率舟師自楊村寨浮河而下，[2]斷德勝之浮梁，攻南城，下之，殺數千人。唐帝棄德勝之北城，併軍保楊劉。[3]己巳，王彦章、段凝圍楊劉城。

[1]滑州：州名。治所在今河南滑縣。

[2]王彦章率舟師自楊村寨浮河而下：《舊五代史考異》："案：原本舟師訛'州師'，今據《通鑑》改正。"《通鑑》卷二七二同光元年（即龍德三年，923）五月辛酉條載彦章具舟於楊村，乘流而下。又見《宋本册府》卷三六九《將帥部·攻取門二》。

[3]楊劉：地名。唐宋時期黄河渡口。位於今山東東阿縣。

六月乙亥，唐帝引軍援楊劉，潛軍至博州，築壘於河東岸。[1]戊子，王彦章、杜晏球率兵急攻博州之新壘，[2]不克，遂退保于鄒家口。[3]

[1]博州：州名。治所在今山東聊城市。

[2]杜晏球：人名。又名王晏球。籍貫不詳。五代將領。傳見本書卷六四。　新壘：地名。位於今山東聊城市。

[3]鄒家口：地名。位於今山東東平縣西。此處與下文，中華書局本沿《輯本舊史》作“鄒口”。《通鑑》卷二七二同光元年(923)六月戊子條云“彦章解圍，退保鄒家口”。胡注：“麻家口、馬家口、鄒家口，皆沿河津渡之口，亦因其土人所居之姓以爲地名。”據補。

秋七月丁未，唐帝引軍沿河而南，王彦章棄鄒家口復至楊劉。己未，自楊劉拔營退保楊村寨。八月，以段凝代王彦章爲北面行營招討使。戊子，段凝營於王村，引軍自高陵渡河，略臨河而還。[1]董璋攻澤州，下之。庚寅，唐帝軍於朝城，[2]先鋒將康延孝率百騎奔於唐，盡洩其軍機。[3]命滑州節度使王彦章率兵屯守鄆之東境。

[1]王村：地名。位於今河南濮陽市。《通鑑》卷二七二胡注：“王村，亦因土人王氏聚居之地爲名。”　高陵：地名。即高陵津。黄河渡口。位於今河南濮陽市。《通鑑》卷二七二胡注：“《新唐書·地理志》，澶州臨黄縣東南有盧津關，一名高陵津。”　略臨河而還：中華書局本有校勘記：“‘略’，原作‘復’，據《册府》卷二一七改。”見明本《册府》卷二一七《閏位部·交侵門》。

[2]唐帝軍於朝城：中華書局本有校勘記：“原作‘胡城’，據本書卷二九《唐莊宗紀三》、《册府》卷五七、卷一二六、《通鑑》卷二七二改。按《新唐書》卷三九《地理志三》，朝城屬河北道魏

州。”見《輯本舊史》卷二九《唐莊宗紀三》同光元年（923）八月庚寅條、《宋本册府》卷五七《帝王部·英斷門》、明本《册府》卷一二六《帝王部·納降門》，《通鑑》卷二七二同光元年八月庚寅條。

[3]康延孝：人名。代（今山西代縣）人。後梁、後唐將領。傳見本書卷七四、《新五代史》卷四四。　“先鋒將”至“盡洩其軍機”：明本《册府》卷一二六、《通鑑》卷二七二均繫此事於同光元年八月戊戌條。

九月戊辰，彦章以衆渡汶，與唐軍遇於遞公鎮，[1]彦章不利，退保中都。[2]

[1]汶：河流名。即今山東大汶河。　遞公鎮：地名。又名遞坊鎮。在今山東東平縣南。中華書局本有校勘記：“原作‘遞防鎮’，據《通鑑》卷二七二《考異》引《薛史》、《大事記續編》卷七二引《舊史》改。《册府》卷二〇、卷五七、卷二一七、卷四二五、卷四四三、《通鑑》卷二七二作‘遞坊鎮’，按《通鑑》卷二七二《考異》：‘《薛史》作“遞公鎮”，今從實録。’”見明本《册府》卷二〇《帝王部·功業門二》、《宋本册府》卷五七《帝王部·英斷門》、明本《册府》卷二一七《閏位部·交侵門》、卷四二五《將帥部·死事門二》、卷四四三《將帥部·敗衄門三》、《通鑑》卷二七二同光元年（923）九月戊辰條。

[2]中都：縣名。治所在今山東汶上縣。

冬十月辛未朔，日有食之。甲戌，唐帝引師襲中都，王彦章兵潰，於是彦章與監軍張漢傑及趙廷隱、劉嗣彬、李知節、康文通、王山興等皆爲唐人所獲。[1]翌日，彦章死于任城。[2]帝聞中都之敗，唐軍長驅將至，遣張漢倫馳驛召段凝於河上，[3]漢倫墜馬傷足，復限水潦，不能進。時禁軍尚有四千人，朱珪請以拒唐軍，帝不從，登建國門召開封尹王瓚，謂之曰："段凝未至，社稷繫卿方略。"[4]瓚即驅軍民登城爲備。或勸帝西奔洛陽，趙巖曰："勢已如是，一下此樓，誰心可保。"乃止。俄報曰："晋軍過曹州矣。"帝置傳國寶於卧内，俄失其所在，已爲左右所竊迎唐帝矣。帝召控鶴都將皇甫麟，[5]謂之曰："吾與晋人世讎，不可俟彼刀鋸。卿可盡我命，無令落讎人之手。"麟不忍，帝曰："卿不忍，將賣我耶!"麟舉刀將自剄，帝持之，因相對大慟。戊寅夕，麟進刃於建國樓之廊下，帝崩。[6]麟即時自剄。遲明，唐軍攻封丘門，[7]王瓚迎降。唐帝入宫，妃郭氏號泣迎拜。[8]初，許州獻緑毛龜，宫中造室以蓄之，命曰"龜堂"。帝嘗市珠於市，既而曰："珠數足矣。"衆皆以爲不祥之言。帝末年改名"瑱"，"字一十一，十月一八日"，[9]果以一十一年至十月九日亡。唐帝初入東京，聞帝殂，憮然歎曰："敵惠敵怨，不在後嗣。朕與梁主十年對壘，恨不生見其面。"[10]尋詔河南尹張全義收葬之，其首藏於太社。[11]晋天福二年五月，詔太社先藏唐朝罪人首級，許親屬及舊僚收葬。時右衛上將軍婁繼英請之，會繼英得罪，乃詔右衛上將軍安崇阮收葬焉。[12]《永樂大典》卷六千六百五。[13]

[1]監軍：官名。爲臨時差遣，代表朝廷協理軍務、督察將帥。五代時常以宦官爲監軍。　趙廷隱、劉嗣彬、李知節、康文通、王

山興：人名。籍貫不詳。五代後梁將領。事見本書本卷、卷三〇。

［2］任城：縣名。治所在今山東濟寧市。

［3］張漢倫：人名。清河（今河北清河縣）人。張漢傑之兄。後梁大臣。事見本書本卷、卷三〇。

［4］朱珪：人名。籍貫不詳。五代後梁將領，時爲後梁檢校太傅、匡國軍節度觀察留後、行營諸軍馬步都虞候。傳見本書附録。　建國門：宮城門。爲開封皇城南門。　王瓚：人名。太原祁（今山西祁縣）人。唐河中節度使王重盈之子。後梁將領，官至開封尹。傳見本書卷五九。

［5］控鶴都將：控鶴軍統兵官。控鶴爲部隊番號，後梁侍衛親軍之一。　皇甫麟：人名。籍貫不詳。後梁將領。事見本書本卷、卷三〇。《舊五代史考異》："案：《通鑑考異》引《莊宗實録》作皇甫鏻，《歐陽史》從《薛史》作'麟'。"《通鑑》從《薛史》見卷二七二同光元年（923）十月條。

［6］建國樓：五代後梁都城開封宮城正南門樓。位於今河南開封市。　帝崩：《舊五代史考異》："案《五代會要》：末帝年三十六。"見《會要》卷一帝號條。

［7］封丘門：城門名。位於今河南開封市。

［8］妃郭氏：梁末帝朱友貞之妃。籍貫不詳。傳見《新五代史》卷一三。

［9］帝末年改名"瑱"，"字一十一，十月一八日"：《舊五代史考異》："案：此句疑有脱衍，蓋當時傳會者析'王'字爲'一十一'，析'真'字爲'十月一八'也。《册府元龜》作'或解云"瑱"字"一十一，十月一八"'，知此句'日'字因下文有'日'字而衍，今姑仍其舊。"對《舊五代史考異》所引之"《册府元龜》作'或解云"瑱"字"一十一"'"，中華書局本有校勘記："'瑱'，原作'瑱'，據殿本、劉本、彭校及本卷正文改。《册府》（宋本）卷一八二作'瑱''瑱'不一。"

［10］恨不生見其面：《通鑑》卷二七二同光元年十月己卯條

《考異》引《實録》作"恨不生識其面"。

［11］太社：皇帝爲祈福、報功而設立的祭祀土神、穀神的場所。　尋詔河南尹張全義收葬之，其首藏於太社：《舊五代史考異》："案《通鑑·後唐紀》：辛巳，詔王瓚收朱友貞尸，殯于佛寺，漆其首函之，藏于太社。《薛史》作張全義，當别有據。"見《通鑑》卷二七二同光元年十月辛巳條。

［12］天福：五代後晋高祖石敬瑭年號（936—942）。出帝石重貴沿用至九年（944）。後漢高祖劉知遠繼位後沿用一年，稱天福十二年（947）。　婁繼英：人名。籍貫不詳。五代後梁、後唐、後晋將領。傳見《新五代史》卷五一。　安崇阮：人名。一作安重阮。潞州上黨（今山西長治市）人。唐、五代將領。傳見本書卷九〇。　乃詔右衛上將軍安崇阮收葬焉："右"，中華書局本沿《輯本舊史》原作"左"，並有校勘記："'左'，《新五代史》卷一三《梁家人傳》、《通鑑》卷二八一作'右'。按本書卷七六《晋高祖紀二》：'（天福二年九月）以右龍武統軍安崇阮爲右衛上將軍。'"但未改。現據上述諸書改。

［13］《大典》卷六六〇五"梁"字韻"末帝（一）"事目。

史臣曰：末帝仁而無武，明不照姦，上無積德之基可乘，下有弄權之臣爲輔，卒使勁敵奄至，大運俄終。雖天命之有歸，亦人謀之所誤也。惜哉！《永樂大典》卷六千六百五。

舊五代史　卷一一

梁書十一

后妃列傳第一[1]

[1]《輯本舊史》之原輯者案語："《梁后妃傳》，《永樂大典》闕全篇，其散見者僅得四條。今採《北夢瑣言》《五代會要》諸書分注於下，以存當日之事蹟。"

文惠王太后

文惠皇太后王氏，開平初追謚，[1]梁太祖母，單州單父人也。[2]其生三子：長曰廣王全昱，次曰朗王存，其次太祖。[3]

[1]開平：後梁太祖朱温年號（907—911）。　文惠皇太后王氏，開平初追謚：《大典》卷一三三五二"謚"字韻"歷代皇后謚（一）"事目。

[2]梁太祖：即後梁太祖朱温。紀見本書卷一至卷七、《新五代史》卷一至卷二。　單州：州名。治所在今山東單縣。　單父：縣名。治所在今山東單縣。

[3]廣王全昱：人名。即朱全昱。朱温的兄長。傳見本書卷一二、《新五代史》卷一三。　朗王存：人名。即朱存。朱温的兄長。傳見《新五代史》卷一三。　“梁太祖母”至“其次太祖”：《新五代史》卷一三《文惠皇后王氏傳》。

梁祖家世爲儒，祖信，父誠，皆以教授爲業。[1]誠蚤卒，有三子俱幼。母王氏，携養寄於同縣人劉崇家。[2]昆弟之中，唯温狡猾無行。崇母撫養之，崇弟兄嘗加譴杖。一日，偷崇家釜而竄，爲崇追回，崇母遮護，以免撲責。善逐走鹿，往往及而獲之。[3]

[1]信：人名。即朱信。朱温的祖父。事見本書卷一。　誠：人名。即朱誠。朱温的父親。事見本書卷一。

[2]劉崇：人名。單州單父（今山東單縣）人。事見本書卷一、本卷。

[3]“梁祖家世爲儒”至“往往及而獲之”：《北夢瑣言》卷一七梁祖爲傭保條。《輯本舊史》本傳引之爲注文。“崇弟兄嘗加譴杖”，《輯本舊史》注引《北夢瑣言》“弟兄”作“兄弟”，意同。《新五代史》卷一三《文惠皇后王氏傳》：“太祖壯而無賴，縣中皆厭苦之。崇患太祖慵墮不作業，數加笞責，獨崇母憐之，時時自爲櫛沐，戒家人曰：‘朱三非常人也，宜善遇之！’”

又崇母常見其有龍蛇之異。它日，與仲兄存入黄巢中作賊，[1]伯兄昱與母王氏尚依劉家。温既辭去，不知存亡。及温領鎮於汴，[2]盛飾輿馬，使人迎母於崇家。王氏皇恐，辭避深藏，不之信，謂人曰：“朱三落拓無行，何處作賊送死，焉能自致富貴？汴帥非吾子也。”

使者具陳離鄉去里之由，歸國立功之事，王氏方泣而信。是日，與崇母並迎歸汴，温盛禮郊迎，人士改觀。崇以舊恩，位至列卿，爲商州刺史。[3]王氏以温貴，封晉國太夫人。[4]

[1]黄巢：人名。曹州冤句（今山東菏澤市）人。唐末農民起義領袖。傳見《舊唐書》卷二〇〇下、《新唐書》卷二二五下。

[2]汴：州名。治所在今河南開封市。

[3]商州：州名。治所在今陝西商洛市商州區。　刺史：官名。漢武帝始置。州一級行政長官。總掌考核官吏、勸課農桑、地方教化等事。唐中期以後，節度、觀察使轄州而設，刺史爲其屬官，職任漸輕。從三品至正四品下。

[4]“又崇母常見其有龍蛇之異”至“封晉國太夫人”：《北夢瑣言》卷一七梁祖爲傭保條。《新五代史》卷一三《文惠皇后王氏傳》：“黄巢起，太祖與存俱亡爲盜，從黄巢攻廣州，存戰死。”

仲兄存於賊中爲矢石所中而卒。温致酒於母，歡甚，語及家事，謂母曰：“朱五經辛苦業儒，不登一命，今有子爲節度使，無忝先人矣。”母不懌，良久，謂温曰：“汝致身及此，信謂英特，行義未必如先人。朱二與汝同入賊軍，身死蠻徼，孤男稚女，艱食無告。汝未有恤孤之心，英特即有，諸無取也。”温垂涕謝罪，即令召諸兄子皆至汴，友寧、友倫皆立軍功，[1]位至方鎮。[2]

[1]友寧：人名。即朱友寧。朱温之侄，唐末、五代將領。傳見本書卷一二、《新五代史》卷一三。　友倫：人名。即朱友倫。

朱温之侄。傳見本書卷一二、《新五代史》卷一三。

[2]“仲兄存於賊中爲矢石所中而卒”至“位至方鎮”:《北夢瑣言》卷一七梁祖爲傭保條。

太祖性孝愿，奉太后未嘗小失色，朝夕視膳，爲士君子之規範。帝嚴察用法，無纖毫假貸，太后言之，帝頗爲省刑。[1]

[1]“太祖性孝愿”至“帝頗爲省刑”:《大典》卷一七一七〇“孝”字韻“帝王之孝（一）”事目。“帝頗爲省刑”，《宋本册府》卷一八九《閏位部·孝德門》作“常頗爲省刑”。《新五代史》卷一三《文惠皇后王氏傳》:“太祖剛暴多殺戮，后每誡之，多賴以全活。”

大順二年秋,[1]后疾，卜者曰:“宜還故鄉。”乃歸。卒於午溝。[2]太祖即位，立四廟，追尊皇考爲穆皇帝，后曰文惠皇后。[3]

[1]大順：唐昭宗李曄年號（890—891）。

[2]午溝：地名。位於今安徽碭山縣。

[3]“大順二年秋”至“后曰文惠皇后”:《新五代史》卷一三《文惠皇后王氏傳》。《新五代史》卷二《梁太祖紀下》開平元年(907)七月己亥條：追尊“妣王氏謚曰文惠”。《通鑑》卷二六六繫此事於開平元年四月辛未。《宋本册府》卷一八九《閏位部·奉先門》繫於開平元年四月，不書日。

元貞張皇后

元貞皇后張氏，乾化中追謚。[1]碭山富室女，父蕤，曾爲宋州刺史。[2]温時聞張有姿色，私心傾慕，有麗華之歎。[3]及温在同州，[4]得張於兵間，因以婦禮納之。温以其宿款，深加敬異。[5]生末帝。[6]太祖貴，封魏國夫人。[7]

[1]乾化：後梁太祖朱温年號（911—912），末帝沿用（913—915）。　元貞皇后張氏，乾化中追謚：《大典》卷一三三五二"謚"字韻"歷代皇后謚（一）"事目。

[2]碭（dàng）山：縣名。治所在今安徽碭山縣。　蕤：人名。即張蕤。碭山人，張皇后之父。本書僅此一見。　宋州：州名。治所在今河南商丘市睢陽區。

[3]麗華：人名。即張麗華。籍貫不詳。陳後主陳叔寶之貴妃。傳見《陳書》卷七。

[4]同州：州名。治所在今陝西大荔縣。

[5]"碭山富室女"至"深加敬異"：《北夢瑣言》卷一七梁祖張夫人條。"碭山富室女"，《新五代史》卷一三《元貞皇后張氏傳》作"單州碭山縣渠亭里富家子"。"敬異"，《輯本舊史》卷一一引《北夢瑣言》作"禮異"。

[6]末帝：即朱友貞。後梁皇帝，913年至923年在位。乾化三年（913）發動政變，誅殺朱友珪，即皇帝位。後唐軍渡河進逼開封，末帝勢窮自殺。後梁遂亡。紀見本書卷八至卷一〇、《新五代史》卷三。

[7]"生末帝"至"封魏國夫人"：《新五代史》卷一三《元貞皇后張氏傳》。

張賢明有禮，温雖虎狼其心，亦所景伏。每謀軍國計，必先延訪，或已出師，中途有所不可，張氏一介請旋，如期而至。其信重如此。[1]太祖時時暴怒殺戮，后嘗救護，人賴以獲全。[2]

［1］“張賢明有禮”至“其信重如此”：《北夢瑣言》卷一七梁祖張夫人條。“每謀軍國計”，《輯本舊史》卷一一引《北夢瑣言》作“每軍謀國計”。

［2］“太祖時時暴怒殺戮”至“人賴以獲全”：《新五代史》卷一三《元貞皇后張氏傳》。

郴王友裕攻徐州，破朱瑾於石佛山，[1]瑾走，友裕不追，太祖大怒，奪其兵。友裕惶恐，與數騎亡山中，久之，自匿於廣王。后陰使人教友裕脱身自歸，友裕晨馳入見太祖，拜伏庭中，泣涕請死，太祖怒甚，使左右捽出，將斬之。后聞之，不及履，走庭中持友裕泣曰：“汝束身歸罪，豈不欲明非反乎？”太祖意解，乃免。[2]

［1］郴王友裕：人名。即朱友裕。朱温長子。傳見本書卷一二、《新五代史》卷一三。　徐州：州名。治所在今江蘇徐州市。　朱瑾：人名。宋州下邑（今河南夏邑縣）人。朱瑄之弟。唐末將領。傳見《舊唐書》卷一八二、本書卷一三、《新五代史》卷四二。　石佛山：山名。即今江蘇徐州市南雲龍山。其東南嶺有大石佛，故名。

［2］“郴王友裕攻徐州”至“乃免”：《新五代史》卷一三《元貞皇后張氏傳》。《通鑑》卷二五九景福二年（893）二月條：“（友裕）以二千騎逃入山中。”胡注：“《薛史·元貞張后傳》作

‘二十騎’，《朱友裕傳》作‘數騎’。二千騎太多，當以二十騎爲是。”則原本《舊五代史·元貞皇后張氏傳》確有此事。

初收兖、鄆，[1]得朱瑾妻，温告之云：“彼既無依，寓於輜車。”張氏遣人召之，瑾妻再拜，張氏答拜泣下，謂之曰：“兖、鄆與司空，同姓之國，昆仲之間，以小故尋干戈，致吾姒如此。設不幸汴州失守，妾亦似吾姒之今日也。”又泣下，乃度爲尼，張恒給其費。[2]司空，太祖時檢校官也。[3]

[1]兖：州名。治所在今山東濟寧市兖州區。　鄆：州名。治所在今山東東平縣。

[2]“初收兖、鄆”至“張恒給其費”：《北夢瑣言》卷一七梁祖張夫人條。“乃度爲尼”，《新五代史》卷一三《元貞皇后張氏傳》作“太祖爲之感動，乃送瑾妻爲尼”。

[3]檢校司空：官名。爲散官或加官，加此官以示恩寵，無實際職掌。司空，與太尉、司徒並爲三公。　司空太祖時檢校官也：《新五代史》卷一三《元貞皇后張氏傳》。

天祐元年，[1]后以疾卒。太祖即位，追册爲賢妃。初葬開封縣潤色鄉。[2]末帝立，追謚曰元貞皇后，[3]祔于宣陵。[4]

[1]天祐元年：中華書局本《新五代史》校勘記：“宗文本作‘天復元年’。《通鑑》卷二六二：‘（天復元年）全忠聞張夫人疾亟，遽自河中東歸。’吴蘭庭《纂誤補》卷二以爲張氏當卒於此時。”見《通鑑》卷二六二天復元年（902）二月戊辰條。

［2］開封縣：縣名。治所在今河南開封市祥符區。

［3］追謚曰元貞皇后：原作“追謚曰元貞皇太后”，中華書局本《新五代史》校勘記：“‘皇太后’，《五代會要》卷一作‘皇后’。錢大昕《考異》卷六二謂‘太’字衍。”見《會要》卷一皇后條，繫於乾化二年（912）十一月二十三日。按，《新五代史》卷一三《文惠皇后王氏傳》云：“追尊皇考爲文穆皇帝，后曰文惠皇后。”無“太”字，錢説是，據此删。

［4］宣陵：朱溫的陵墓，位於今河南伊川縣東十公里常嶺村北的高臺地上。　“天祐元年”至“祔于宣陵”：《新五代史》卷一三《元貞皇后張氏傳》。

張既卒，繼寵者非人。及僭號後，大縱朋淫，骨肉聚麀，帷薄荒穢，以致友珪之禍，起於婦人。始能以柔婉之德，制豺虎之心，如張氏者，不亦賢乎？[1]

［1］“張既卒”至“不亦賢乎”：《北夢瑣言》卷一七梁祖張夫人條。《輯本舊史》之原輯者案語：“《五代會要》所載，内職有梁太祖昭儀陳氏、昭容李氏，《歐陽史》並見《家人傳》。”見《會要》卷一内職條、《新五代史》卷一三《昭儀陳氏、昭容李氏傳》。

張德妃

末帝德妃張氏，[1]其父歸霸，[2]事太祖爲梁功臣。帝爲王時，以婦聘之。帝即位，將册妃爲后，妃請待帝郊天，[3]而帝卒不得郊。貞明元年，妃病甚，帝遽册爲德妃，其夕薨，年二十四。[4]

［1］末帝德妃張氏：《大典》卷一二六六“妃”字韻“德妃”事目。《輯本舊史》之原輯者案語：“《五代會要》：少帝妃張氏，乾化五年九月二十四日册爲德妃，其夕薨。又案《歐陽史·次妃郭氏傳》云：晋天福三年，詔太社先藏罪人首級，許親屬收葬，乃出末帝首，遣右衛將軍安崇阮與妃同葬之。妃卒洛陽。龐元英《文昌雜録》云：梁均王，晋天福中始葬，故妃張氏獨存。考功員外商鵬爲誌文曰：‘七月有期，不見望陵之妾；九疑無色，空餘泣竹之妃。’今案：末帝德妃張氏早薨，後與末帝同葬，而次妃郭氏，天福中尚存。《歐陽史》不明言同葬者爲何妃，《文昌雜録》誤以尚存者爲故妃張氏，蓋傳聞之失實也。今《薛史·梁后妃傳》雖闕，參考《梁末帝紀》及《晋高祖紀》，定爲德妃張氏同葬云。又案：《五代史》無《外戚傳》。《五代會要》云：梁太祖長女安陽公主，降羅廷規，開平三年八月追封。長樂公主，降趙巖，開平元年五月十一日封。普寧公主，降昭祚王氏，開平元年五月十一日封。金華公主，開平二年十月封。真寧公主，乾化三年十月五日封。少帝長女壽春公主，乾化三年四月五日封。第二女壽昌公主，貞明元年九月二十三日封。今考《通鑑考異》引《梁功臣列傳》云：羅廷規尚安陽公主，又尚金華公主。《薛史·羅紹威傳》亦載開平四年，詔金華公主出家爲尼。是金華公主實歸羅氏，而《五代會要》不載，亦闕文也。”

［2］歸霸：人名。即張歸霸。清河（今河北清河縣）人。唐末、五代將領。傳見本書卷一六、《新五代史》卷二二。

［3］郊天：又稱南郊。指南面郊區之祭天場所（圜丘），亦指祭天之禮。古人用“郊”“南郊”“有事於南郊”指代在南郊之圜丘舉行的郊天典禮。

［4］貞明：後梁末帝朱友貞年號（915—921）。 貞明元年：中華書局本《新五代史》原作“貞明五年”，有校勘記：“本卷下文《康王友孜傳》、《舊五代史》卷八《梁末帝紀一》、《通鑑》卷二八九皆繫其事於貞明元年。《五代會要》卷一：‘少帝妃張氏，乾化五年九月二十四日册爲德妃，其夕薨。’按乾化五年即貞明元年。”但

未改，今據改。　“其父歸霸”至“年二十四”：《新五代史》卷一三《德妃張氏傳》。

郭次妃

次妃郭氏，父歸厚，事梁爲登州刺史。[1]妃少以色進，梁亡，唐莊宗入汴，梁故妃妾，皆號泣迎拜。[2]賀王友雍妃石氏有色，[3]莊宗召之，石氏慢駡，莊宗殺之。次以召妃，妃懼而聽命。已而度爲尼，賜名誓正，[4]居于洛陽。初，莊宗之入汴也，末帝登建國樓，謂控鶴指揮使皇甫麟曰：“晋，吾世讎也，不可俟彼刀鋸，卿可盡我命，無使我落讎人之手！”[5]麟與帝相持慟哭。是夕，進刃於帝，麟亦自剄。莊宗入汴，命河南張全義葬其尸，藏其首於太社。[6]晋天福三年，[7]詔太社先藏罪人首級，許親屬收葬，乃出末帝首，遣右衛將軍安崇阮與妃同葬之。[8]妃卒洛陽。[9]

[1]歸厚：人名。即郭歸厚。籍貫不詳。本書僅此一見。　登州：州名。治所在今山東蓬萊市。

[2]唐莊宗：即李存勗。代北沙陀部人。後唐開國皇帝。紀見本書卷二七至卷三四、《新五代史》卷四至卷五。　汴：中華書局本《新五代史》校勘記：“‘汴’宗文本作‘宫’。”

[3]賀王友雍：人名。即朱友雍。朱温之子。傳見本書卷一二。

[4]賜名誓正：中華書局本《新五代史》校勘記：“錢大昕《考異》卷六二：‘“誓”當作“䛒”，即“辯”字，六朝俗體，所謂巧言爲辯也。’”

[5]建國樓：後梁都城開封宫城正南門樓，位於今河南開封市。

控鶴指揮使：官名。控鶴軍統兵官，分左右。控鶴爲禁軍番號，主要職責爲防守宫城。　皇甫麟：人名。籍貫不詳。五代後梁將領。事見本書卷一〇、卷三〇。　晋，吾世讎也：中華書局本《新五代史》校勘記："原作'吾晋世讎也'，據宋甲本、宗文本改；'晋天福三年'，《舊五代史》卷一〇《梁末帝紀下》、卷七六《晋高祖紀二》、《通鑑》卷二八一、《册府》卷四二皆繫其事於天福二年。"

[6]張全義：人名。濮州臨濮（今山東鄄城縣）人。唐末將領，後降於諸葛爽。傳見本書卷六三、《新五代史》卷四五。　太社：皇帝爲祈福、報功而設立的祭祀土神、穀神的場所。

[7]天福：五代後晋高祖石敬瑭年號（936—942）。出帝石重貴沿用至九年（944）。後漢高祖劉知遠繼位後沿用一年，稱天福十二年（947）。

[8]遣右衛將軍安崇阮與妃同葬之：龐元英《文昌雜録》卷六："梁均王，晋天福中始葬。故妃張氏獨存，考功員外商鵬爲誌文曰：'七月有期，不見望陵之妾；九疑無色，空餘泣竹之妃。'"據《輯本舊史》卷一一《末帝德妃張氏傳》之原輯者案語，與末帝同葬者乃張德妃，而次妃郭氏天福中尚存。則此商鵬之誌文當屬郭氏。右衛將軍，官名。本書卷九〇《安崇阮傳》記安崇阮以右衛上將軍致仕，疑此處脱"上"字。右衛上將軍，官名。唐置，掌宫禁宿衛。唐代置十六衛，即左右衛、左右驍衛、左右武衛、左右威衛、左右領軍衛、左右金吾衛、左右監門衛、左右千牛衛，各置上將軍，從二品；大將軍，正三品；將軍，從三品。安崇阮，人名。一作"安重阮"。潞州上黨（今山西長治市）人。唐代將領。傳見本書卷九〇。

[9]"次妃郭氏"至"妃卒洛陽"：《新五代史》卷一三《次妃郭氏傳》。

今注本二十四史

舊五代史

三

梁書〔三〕

宋　薛居正等　撰

陳智超　紀雪娟　主持校注

中国社会科学出版社

舊五代史　卷一二

梁書十二

宗室列傳第二[1]

[1]《輯本舊史》之原輯者案語："《梁宗室傳》，《永樂大典》唯友寧、友倫、友裕三傳有全篇，餘多殘闕。今彙其散見者十五條，《通鑑注》引一條，其見《册府元龜》者又得六條，謹考其事蹟前後，敘次如左。"

廣王全昱 子友諒　友能　友誨

廣王全昱，太祖長兄，受禪後封。[1]太祖與仲兄存俱亡爲盜，全昱獨與其母猶寄食劉崇家。[2]太祖已貴，乃與其母俱歸宣武，領嶺南西道節度使。[3]天祐二年二月戊戌，以安南節度使、同平章事朱全昱爲太師，致仕。[4]全昱戇樸無能，先領安南，全忠自請罷之。[5]

[1]太祖：即後梁太祖朱温。紀見本書卷一至卷七、《新五代史》卷一至卷二。　"廣王全昱"至"受禪後封"：《大典》卷一

六六二八“建”字韻“封建（一一）唐五代”事目。

[2]存：人名。即朱存。朱温的兄長。傳見《新五代史》卷一三。　劉崇：人名。單州單父（今山東單縣）人。事見本書卷一、本卷。

[3]宣武：方鎮名。治所在汴州（今河南開封市）。　嶺南西道：道名。方鎮名。唐懿宗咸通三年（862）分嶺南節度使西部地置，治邕州（今廣西南寧市南）。後號建武軍。中華書局本原作“山南西道”，有校勘記：“‘山南西道’，宋丙本、宗文本作‘嶺南西道’。”但未改。唐山南西道爲今陝南、川渝地區，嶺南西道爲今兩廣地區。《通鑑》卷二六五云全昱爲“安南節度使”，則當以“嶺南”爲是，據改。　節度使：官名。唐時在重要地區所設掌握一州或數州軍、民、財政的長官。　“太祖與仲兄存俱亡爲盜”至“領嶺南西道節度使”：《新五代史》卷一三《廣王全昱傳》。

[4]天祐：唐昭宗李曄開始使用的年號（904）。唐哀帝李柷即位後沿用（904—907）。唐亡後，河東李克用、李存勗仍稱天祐，沿用至天祐二十年（923）。五代其他政權亦有行此年號者，如南吴、吴越等，使用時間長短不等。　安南：都護府名。唐代設安南都護府，負責管理南部邊疆及中南半島北部部分地區之軍民政務。治所在今越南河内市西北。　同平章事：官名。“同中書門下平章事”的簡稱。唐高宗以後，凡實際任宰相之職者，常在其本官後加同平章事的職銜。後成爲宰相專稱。或爲使相加銜。後晋天福五年（940），升中書門下平章事爲正二品。　太師：官名。與太傅、太保並爲三師。唐後期、五代多爲大臣、勳貴加官。正一品。

[5]“天祐二年二月戊戌”至“全忠自請罷之”：《通鑑》卷二六五天祐二年（905）二月戊戌條。

太祖將受禪，有司備禮前殿，全昱視之，顧太祖曰：“朱三，爾作得否？”[1]昱樸野，常呼帝爲“三”。宫中博戲之事諱之。太祖既受禪，宮中閒宴，惟親王得與。因爲博戲，全昱酒酣，忽起取骰子擊盆迸散，大呼梁祖曰："朱三，汝碭山一民，因天下饑荒，入黄巢作賊，天子用汝爲四鎮節度使，富貴足矣，何故滅他李家三百年社稷，稱王稱朕。我不忍見汝血吾族矣，安用博爲！"梁祖不悦而罷。[2]全昱亦不樂在京師，常居碭山故里。[3]開平元年五月乙酉，封兄全昱爲廣王。[4]

[1]前殿：即正殿，此處指朝元殿。位於今河南洛陽市。"太祖將受禪"至"爾作得否"：《新五代史》卷一三《廣王全昱傳》。

[2]"昱樸野"至"梁祖不悦而罷"：《五代史闕文》。下有王禹偁論："臣謹按《梁史·廣王全昱傳》曰：昱樸野，常呼帝爲'三'。宮中博戲之事諱之。夫梁祖弒二君（昭宗、濟陰王），弒一皇后（何皇后），名臣被害者不可勝紀。及莊宗即位，盡誅朱氏，惟全昱先令終。至道初，知單州有稱廣王之後與尼訟田者，豈以一言之善，獨存其嗣耶！"其中，"昱樸野常呼帝爲三宮中博戲之事諱之"一句，當爲《舊五代史》原文，今補入正文。《舊五代史考異》："按《通鑑考異》引王仁裕《玉堂閑話》曰：骰子數匝，廣王全昱忽駐不擲，顧而向梁祖再呼朱三，梁祖動容。廣王曰：'你受它爾許大官職，久遠家族得安否！'於是大怒，擲戲具於階下，抵其盆而碎之，喑嗚眦睢，數日不止。與王禹偁所述微異。"見《通鑑》卷二六六開平元年（907）四月甲子條《考異》。

[3]碭（dàng）山：縣名。治所在今安徽碭山縣。　全昱亦不樂在京師，常居碭山故里：《新五代史》卷一三《廣王全昱傳》。

[4]開平：後梁太祖朱温年號（907—911）。　開平元年五月乙酉，封兄全昱爲廣王：《新五代史》卷二《梁太祖紀下》。

庶人篡位，授宋州節度使。[1]乾化元年，還睢陽，命内臣拜餞都外。[2]親王出宿，至於偃師，仍詔其子衡王友諒侍從以歸。[3]

［1］庶人：即朱友珪。朱温次子，勾結韓勍殺朱温。後追廢爲庶人。傳見本書本卷、《新五代史》卷一三。　宋州：州名。治所在今河南商丘市睢陽區。　庶人篡位授宋州節度使：明本《册府》卷二八一《宗室部·領鎮門四》。

［2］乾化：後梁太祖朱温年號（911—912）。　睢陽：即宋州。

［3］偃師：縣名。治所在今河南偃師市。　衡王友諒：人名。即朱友諒。朱全昱之子，後梁太祖朱温之侄。後梁建國，初封衡王，後襲封廣王。傳見本書本卷、《新五代史》卷一三。　“乾化元年”至“仍詔其子衡王友諒侍從以歸”：明本《册府》卷二七七《宗室部·褒寵門三》。《新五代史》卷一三《廣王全昱傳》：“乾化元年，升宋州爲宣武軍，以友諒爲節度使。友諒進瑞麥，一莖三穗。太祖怒曰：‘今年宋州大水，何用此爲！’乃罷友諒，居京師。太祖卧病，全昱來視疾，與太祖相持慟哭，太祖爲釋友諒，使與東歸。”

貞明二年卒，[1]徙衡王友諒嗣封廣王。[2]贈尚書令，謚德靖。[3]

［1］貞明：後梁末帝朱友貞年號（915—921）。　貞明二年卒：《大典》卷一六六二八“建”字韻“封建（一一）唐五代”事目。

［2］徙衡王友諒嗣封廣王：《新五代史》卷一三《廣王全昱傳》。

［3］尚書令：官名。秦始置。隋、唐前期爲尚書省長官，與中書令、侍中並爲宰相。唐後期多爲大臣加銜，不參與政務。正二

品。　贈尚書令謚德靖：《五代會要》卷一二謚條。

友諒，全昱子，初封衡王，後嗣廣王。[1]

[1]“友諒”至“後嗣廣王”：《大典》卷一六六二八“建”字韻“封建（一一）唐五代”事目。

天復三年十月辛巳，宿衛都指揮使朱友倫與客擊毬於左軍，墜馬而卒。[1]全忠悲怒，疑崔胤故爲之，凡與同戲者十餘人盡殺之，遣其兄子友諒代典宿衛。[2]

[1]天復：唐昭宗李曄年號（901—904）。　宿衛都指揮使：官名。掌都城宿衛。　朱友倫：人名。朱温之侄。傳見本書本卷、《新五代史》卷一三。

[2]崔胤：人名。清河武城（今山東武城縣）。唐末宰相。傳見《舊唐書》卷一七七、《新唐書》卷二二三下。　“天復三年十月辛巳”至“遣其兄子友諒代典宿衛”：《通鑑》卷二六四天復三年（903）十月辛巳條。《通鑑》該條《考異》：“《編遺録》：‘丁亥，趙廷隱自長安馳來告，今月十四日，朱友倫墜馬而卒。’十四日，則庚辰也。《後唐紀年録》、薛居正《五代史》、《昭宗實録》皆云辛巳，今從之。”

天祐元年正月戊申，朱全忠密令宿衛都指揮使朱友諒以兵圍崔胤第，殺胤及鄭元規、陳班并胤所親厚者數人。[1]

[1]鄭元規：人名。籍貫不詳。唐末將領。事見《舊唐書》卷

二〇上、卷一七七，《新唐書》卷一八三、卷二〇八。　陳班：人名。籍貫不詳。唐末大臣。事見《舊唐書》卷二〇上、《新唐書》卷二二三下。　“天祐元年正月戊申”至“殺胤及鄭元規、陳班并胤所親厚者數人”：《通鑑》卷二六四天祐元年（904）正月戊申條。

開平元年五月乙酉，封姪友諒衡王。[1]四年四月丁卯，宋州節度使衡王友諒獻瑞麥，一莖三穗。帝曰：“豐年爲上瑞。今宋州大水，安用此爲！”詔除本縣令名，遣使詰責友諒，以兗海留後惠王友能代爲宋州留後。[2]

[1]開平元年五月乙酉，封姪友諒衡王：《新五代史》卷二《梁太祖紀下》。

[2]兗海：方鎮名。治所在沂州（今山東臨沂市）。　留後：官名。唐、五代節度使多以子弟或親信爲留後，以代行節度使職務，亦有軍士、叛將自立爲留後者。掌一州或數州軍政。　“四年四月丁卯”至“以兗海留後惠王友能代爲宋州留後”：《通鑑》卷二六七開平四年（910）四月丁卯條。胡注：“《歐陽史·職方考》：梁都大梁，徙宣武節度使於宋州。《薛史》：開平三年五月，升宋州爲宣武軍節鎮，仍以亳、輝、潁爲屬郡。”《新五代史》卷一三《廣王全昱傳》：“乾化元年，升宋州爲宣武軍，以友諒爲節度使。”

太祖臥病，全昱來視疾，與太祖相持慟哭，太祖爲釋友諒，使與東歸。貞明二年，全昱以疾薨。徙衡王友諒嗣封廣王。[1]

[1]“太祖卧病”至“徙衡王友諒嗣封廣王”:《新五代史》卷一三《廣王全昱傳》。《輯本舊史》卷一〇《梁末帝紀下》龍德元年(921)七月甲辰條:“制以特進、檢校太傅、衡王友諒可封嗣廣王。”

友諒繼歷藩郡,多行不法。[1]坐弟友能反,[2]廢囚京師。唐師入汴,與友能、友誨同日遇害。[3]

[1]友諒繼歷藩郡,多行不法:明本《册府》卷二九九《宗室部·專恣門》。

[2]友能:人名。朱全昱之子。傳見本書本卷、《新五代史》卷一三。

[3]汴:即開封。 “坐弟友能反”至“與友能友誨同日遇害”:《大典》卷一六六二八“建”字韻“封建(一一)唐五代”事目。

友能,全昱子,封惠王,後爲宋、滑二州留後。[1]

[1]滑:州名。治所在今河南滑縣。 “友能”至“後爲宋滑二州留後”:《大典》卷一六六二八“建”字韻“封建(一一)唐五代”事目。明本《册府》卷二八一《宗室部·領鎮門四》:“惠王友能,全昱第二子也。末帝時鎮陳州。”《新五代史》卷二《梁太祖紀下》開平元年(907)五月乙酉條:“封姪友能惠王。”

開平四年四月丁卯,宋州節度使衡王友諒獻瑞麥,一莖三穗。帝曰:“豐年爲上瑞。今宋州大水,安用此爲!”詔除本縣令名,遣使詰責友諒,以兖海留後惠王友能代爲宋州留後。[1]

[1]“開平四年四月丁卯”至“以兖海留後惠王友能代爲宋州留後”：《通鑑》卷二六七開平四年（910）四月丁卯條。

友能爲宋、滑二州留後，陳州刺史，[1]所至爲不法，姦人多依倚之。而陳俗好淫祠左道，其學佛者，自立一法，號曰“上乘”，晝伏夜聚，男女雜亂。妖人母乙、董乙聚衆稱天子，建置官屬。友能初縱之，乙等攻劫州縣，末帝發兵擊滅之。[2]

[1]陳州：州名。治所在今河南淮陽縣。　刺史：官名。漢武帝始置。州一級行政長官。總掌考核官吏、勸課農桑、地方教化等事。唐中期以後，節度、觀察使轄州而設，刺史爲其屬官，職任漸輕。從三品至正四品下。

[2]母乙、董乙：人名。籍貫不詳。事見本書本卷。　末帝：即朱友貞。朱温第三子。鳳曆元年（913）殺其兄友珪自立。即位後連年與河東李存勗争戰，龍德三年（923），後唐軍陷洛陽，友貞自殺，後梁亡。紀見本書卷八至卷一〇、《新五代史》卷三。“友能爲宋滑二州留後”至“末帝發兵擊滅之”：《新五代史》卷一三《朱友能傳》。《輯本舊史》卷九《梁末帝紀中》貞明四年（918）十二月乙巳條：“起復雲麾將軍、檢校太保、陳州刺史、惠王友能，鎮國軍節度、陜虢等州觀察處置等使、起復雲麾將軍、檢校太保、邵王友誨，並落起復，加檢校太傅。”

龍德元年四月，[1]陳州刺史惠王友能反，舉兵趣大梁，詔陝州留後霍彦威、[2]宣義節度使王彦章、[3]控鶴指揮使張漢傑將兵討之。[4]友能至陳留，兵敗，走還陳州，諸軍圍之。[5]七月，惠王友能降；庚子，詔赦其死，降封房陵侯。[6]

[1]龍德：後梁末帝朱友貞年號（921—923）。

[2]陝州：州名。治所在今河南三門峽市陝州區。　霍彦威：人名。洺州曲周（今河北曲周縣）人。五代將領。傳見本書卷六四。

[3]宣義：方鎮名。治所在滑州（今河南滑縣）。　王彦章：人名。鄆州壽張（今山東梁山縣壽張集）人。後梁將領。傳見本書卷二一、《新五代史》卷三二。

[4]控鶴指揮使：官名。所部統兵將領。控鶴爲禁軍番號。張漢傑：人名。清河（今河北清河縣）人。張歸霸之子。後梁將領。傳見本書附録、《新五代史》卷二二。

[5]陳留：縣名。治所在今河南開封市陳留鎮。　“龍德元年四月”至“諸軍圍之”：《通鑑》卷二七一龍德元年（921）四月條。《新五代史》卷一三《廣王全昱傳》繫此事於貞明四年（918）。

[6]“七月”至“降封房陵侯”：《通鑑》卷二七一龍德元年七月庚子條。《輯本舊史》卷一〇《梁末帝紀下》龍德元年七月庚子條載末帝詔書。《大典》卷一六六二八“建”字韻“封建（一一）唐五代”事目友諒條：“唐師入汴，與友能、友誨同日遇害。”

友誨，全昱子，封邵王。[1]

[1]友誨，全昱子，封邵王：《大典》卷一六六二八“建”字韻“封建（一一）唐五代”事目。明本《册府》卷二八一《宗室部·領鎮門四》：“邵王友誨，全昱第三子也。末帝時鎮陝州。”《新

五代史》卷二《梁太祖紀下》開平元年（907）五月乙酉條："封姪友誨邵王。"

乾化元年，以檢校兵部尚書充控鶴二指揮使。[1]

[1]檢校兵部尚書：官名。爲散官或加官，以示恩寵，無實際執掌。　乾化元年，以檢校兵部尚書充控鶴二指揮使：明本《册府》卷二六九《宗室部·將兵門》。《輯本舊史》卷九《梁末帝紀中》貞明四年（918）十二月乙巳條："起復雲麾將軍、檢校太保、陳州刺史、惠王友能，鎮國軍節度、陝虢等州觀察處置等使、起復雲麾將軍、檢校太保、邵王友誨，並落起復，加檢校太傅。"

坐友能反廢，後爲唐兵所殺。[1]

[1]坐友能反廢，後爲唐兵所殺：《大典》卷一六六二六"建"字韻"封建（九）後魏北齊"事目。中華書局本有校勘記："檢《永樂大典目録》，卷一六六二六爲'建'字韻'封建（九）後魏北齊'，與本則内容不符，恐有誤記，疑出自卷一六六二八'封建（一一）唐五代'。"《大典》該卷友諒條："唐師入汴，與友能、友誨同日遇害。"《通鑑》卷二七二同光元年（923）十月丁丑條："初，梁陝州節度使邵王友誨，全昱之子也，性穎悟，人心多向之。或言其誘致禁軍欲爲亂，梁主召還，與其兄友諒、友能並幽于別第。及唐師將至，梁主疑諸兄弟乘危謀亂，并皇弟賀王友雍、建王友徽盡殺之。"《通鑑考異》："《薛史》云：'友諒、友能、友誨，莊宗入汴，同日遇害。'按中都既敗，均王親弟猶疑而殺之，況其從弟嘗爲亂者，豈得獨存！故附於此。"《輯本舊史》之原輯者案語："考《通鑑》以友諒等爲末帝自殺，《考異》祇以事理度之，而不言所據何書。《歐陽史》仍從《薛史》。王禹偁《五代史闕文》亦

云莊宗即位，盡誅朱氏。度當日事勢，梁末帝自中都告敗，救死不遑，未必遽誅兄弟，當以《薛史》爲得其實。《通鑑》所載，恐未足據也。”

朗王存　子友寧　友倫

朗王存，太祖仲兄。唐乾符中，與太祖俱逐黄巢嶺表，[1]中流矢而卒。開平四年四月追封。[2]子友寧、友倫。[3]

［1］乾符：唐僖宗李儇年號（874—879）。　黄巢：人名。曹州冤句（今山東菏澤市）人。唐末農民起義領袖。傳見《舊唐書》卷二〇〇下、《新唐書》卷二二五下。

［2］“朗王存”至“開平四年四月追封”：明本《册府》卷二九六《宗室部・追封門》。《會要》卷一一封建條：“開平四年四月，追封皇兄存爲朗王。”《新五代史》卷一三《朗王存傳》：“太祖即位，已封宗室，中書上議，故皇兄存、皇姪建武軍節度使友寧、寧遠軍節度使友倫，皆當封。於是追封存朗王、友寧安王、友倫密王。”“太祖仲兄”，原作“太祖從兄”，《北夢瑣言》卷一七梁祖爲傭保條云：“仲兄存於賊中爲矢石所中而卒”；《新五代史》卷一三《梁文惠皇后王氏傳》云：“梁太祖母曰文惠皇后王氏，單州單父人也。其生三子：長曰廣王全昱，次曰朗王存，其次太祖”；明本《册府》卷二六六《宗室部・材藝門》、卷二六九《宗室部・將兵門》朱友倫條，均言友倫爲太祖仲兄存次子，據改。“嶺表”，《新輯會證》：“嶺表，册府元龜缺‘嶺’字。《新五代史》卷一三《梁家人傳》云‘初與太祖俱從黄巢攻廣州，存戰死’，謹據以酌補。”按，嶺表即指廣州，《晋書》卷五七《滕脩傳》：“廣州部曲督郭馬等爲亂，（孫）晧以脩宿有威惠，爲嶺表所伏，以爲使持節、都督

廣州軍事、鎮南將軍、廣州牧以討之。”

［3］子友寧友倫：《新五代史·朗王存傳》。

安王友寧，字安仁。[1]少習詩禮，長喜兵法，有倜儻之風。[2]太祖鎮汴，累署軍職，每因出師，多命統驍果以從。[3]及擒秦宗權，太祖令友寧轞送宗權西獻於長安，詔加檢校右散騎常侍、行右監門衛將軍。[4]自是繼立軍功，累官至檢校司空兼龔、柳二州刺史。[5]太祖駐軍岐下，遣友寧領所部兵先歸梁苑，以備守禦。[6]屬青帥王師範搆亂，[7]以關東諸鎮兵悉在岐隴，[8]欲乘虛竊發，自齊魯至於華下，羅布姦黨，皆詐以委輸貢奉爲名，陰與淮夷、并門結好。[9]會有青人詣裴迪言其狀，[10]迪以事告，友寧不俟命，乃率兵萬餘人東討。師範遣其弟將兵圍齊州，友寧引兵救之，青寇大敗，奪馬四千蹄，斬首數千級。[11]及昭宗歸長安，朝廷議迎駕功，友寧授嶺南西道節度使，[12]加特進、檢校司徒，[13]賜號迎鑾毅勇功臣。[14]時青寇數千，越險潛伏，欲入兗州。[15]友寧知之，伏兵於兗南邀之，大破賊衆，無得免者。自是兗壁危窘，友寧督諸軍進逼營丘，首攻博昌縣，月餘未能拔。[16]太祖怒，遣劉捍督戰。[17]友寧乃下俘民衆十餘萬，各領負木石，牽牛驢，於城南爲土山。既至，合人畜木石排而築之，冤枉之聲，聞數十里。俄而城陷，盡屠其邑人，清河爲之不流。[18]及進迫寇壘，與青人戰於石樓，[19]王師小却，友寧旁自峻阜馳騎以赴敵，所乘馬蹶而仆，遂没於陣。友寧將戰之前一日，有大白蛇蟠於帳中，友寧心惡之，既而果遇禍焉。[20]《永樂大典》卷一萬八千一百二十六。[21]

[1]安王友寧，字安仁：句下明本《册府》卷二六九《宗室部·將兵門》有“太祖從子”四字。明本《册府》卷二九六《宗室部·追封門》：“安王友寧，太祖兄子。唐末遥領邕州節度使。昭宗自奉鳳翔還，降詔書，以青寇未殄，委之攻討。友寧進師逼青州，青人悉出，大戰于石樓。王師少却，友寧自峻阜騎馳殿軍，馬蹶仆，爲敵人所及而薨。開平三年追封。”《新五代史》卷一三《朗王存傳》：“太祖即位，已封宗室，中書上議，故皇兄存，皇姪建武軍節度使友寧、寧遠軍節度使友倫，皆當封。於是追封存朗王、友寧安王、友倫密王。”

[2]少習詩禮，長喜兵法，有倜儻之風：亦見明本《册府》卷二六九《宗室部·將兵門》。《新五代史》卷一三《朱友寧傳》：“友寧字安仁，幼聰敏，喜愠不形於色。”

[3]驍果：勇猛果敢之士。　多命統驍果以從：亦見明本《册府》卷二六九《宗室部·將兵門》，無“統”字。

[4]秦宗權：人名。河南許州（今河南許昌市）人。唐末軍閥。傳見《舊唐書》卷二〇〇下、《新唐書》卷二二五下。　右監門衛將軍：官名。唐置，掌宫禁宿衛。唐代置十六衛，即左右衛、左右驍衛、左右武衛、左右威衛、左右領軍衛、左右金吾衛、左右監門衛、左右千牛衛，各置上將軍，從二品；大將軍，正三品；將軍，從三品。

[5]龔：州名。治所在今廣西平南縣。　柳：州名。治所在今廣西柳州市。　自是繼立軍功，累官至檢校司空兼龔、柳二州刺史：《宋本册府》卷二九一《宗室部·立功門二》：“從太祖征討，繼立軍功，爲柳州刺史。”《新五代史·朱友寧傳》：“太祖以爲軍校，善用弓劍。遷衙内制勝都指揮使、龔州刺史。”

[6]岐下：岐山以下。此指鳳翔（治所在今陝西鳳翔縣）。

梁苑：地名。西漢梁孝王在大梁所建的東苑。代指大梁（今河南開封市）。

［7］青：州名。治所在今山東青州市。　王師範：人名。青州（今山東青州市）人。唐末、五代軍閥。傳見本書卷一三、《新五代史》卷四二。

［8］關東：指潼關、函谷關以東地區。　岐：唐州名。治雍縣（今陝西鳳翔縣）。唐中後期稱鳳翔府，五代因之。此爲舊稱。　隴：州名。治所在今陝西隴縣。

［9］華下：指華州。治所在今陝西渭南市華州區。　淮夷：指淮南。治所在揚州（今江蘇揚州市）。　并門：指并州。治所在今山西太原市。

［10］裴迪：人名。河東聞喜（今山西聞喜縣）人。後梁大臣。傳見本書附録、《新五代史》卷四三。

［11］齊州：州名。治所在今山東濟南市。　"太祖駐軍岐下"至"斬首數千級"：亦見《宋本册府》卷二九一《宗室部·立功門二》。"太祖駐軍岐下，遣友寧領所部兵先歸梁苑"，《宋本册府》卷二九一作："太祖迎昭宗於歧下，遣友寧部兵先歸於梁。""關東諸鎮兵"，中華書局本有校勘記："'鎮'字原闕，據《册府》卷二九一補。""岐隴"，《宋本册府》卷二九一作"歧隴"，《輯本舊史》之影庫本粘籤："岐隴，原本作'岐寵'，今據文改正。""皆詐以委輸貢奉爲名"，《宋本册府》卷二九一無"皆"字。"淮夷"，《宋本册府》卷二九一作"淮南"。明本《册府》卷七二一《幕府部·謀畫門二》："裴迪爲太祖節度判官。唐天復中，太祖駐軍于岐下，忽有青州健步苗公立者，齎其帥王師範書問至府，迪召之，詢以東事，微覺色動，因去左右，密徵其説，公立乃具述師範稱兵之狀。時太祖猶子友寧爲馬步軍指揮使，迪不俟命，遽請友寧統在府諸軍至兖、鄆巡警，以示軍威。"《新五代史》卷四三《裴迪傳》："太祖用兵四方，常留迪以調兵賦。太祖乃牓院門，以兵事自處，而以貨財獄訟一切任迪。太祖西攻岐，王師範謀襲汴，遣健卒苗公

立持書至汴，陰伺虛實。迪召公立問東事，公立色動，乃屏人密詰之，具得其事。迪不暇啓，遣朱友寧以兵巡兖、鄆，以故師範雖竊發而事卒不成。”《通鑑》卷二六三天復三年（903）正月丙午條：“全忠留節度判官裴迪守大梁，師範遣走卒齎書至大梁，迪問以東方事，走卒色動。迪察其有變，屏人問之，走卒具以實告。迪不暇白全忠，亟請馬步都指揮使朱友寧將兵萬餘人東巡兖、鄆。友寧召葛從周於邢州，共攻師範。全忠聞變，亦分兵先歸，使友寧并將之。”同書卷二六四天復三年三月戊午、戊辰條：“戊午，朱全忠至大梁。王師範弟師魯圍齊州，朱友寧引兵擊走之。師範遣兵益劉鄩軍，友寧擊取之。由是兖州援絶，葛從周引兵圍之。友寧進攻青州；戊辰，全忠引四鎮及魏博兵十萬繼之。”

［12］昭宗：即唐昭宗李曄。888 年至 904 年在位。紀見《舊唐書》卷二〇上、《新唐書》卷一〇。

［13］特進：官名。西漢末期始置，授給列侯中地位較特殊者。隋唐時期，特進爲散官，授給有聲望的文武官員。正二品。　檢校司徒：官名。爲散官或加官，以示恩寵，無實際執掌。

［14］“及昭宗歸長安”至“賜號迎鑾毅勇功臣”：明本《册府》卷二九九《宗室部・禍敗門》載：“梁友寧，太祖之姪也，爲嶺南西道節度使。”《新五代史・朱友寧傳》：“太祖奉昭宗還京師，拜友寧建武軍節度使，賜號迎鑾毅勇功臣。”《通鑑》卷二六四天復三年二月戊寅條：賜“諸將朱友寧等號迎鑾果毅功臣”，以“朱友寧領寧遠節度使”。

［15］兖州：州名。治所在今山東濟寧市兖州區。

［16］營丘：指淄州。治所在今山東淄博市淄川區。中華書局本有校勘記：“原作‘營兵’，據《册府》卷二九九改。”見明本《册府》卷二九九《宗室部・禍敗門》。　博昌縣：縣名。治所在今山東博興縣。

［17］太祖怒遣劉捍督戰：《舊五代史考異》：“案：《通鑑考異》引《紀年録》作‘朱温自至，拔其城’。據《編遺録》，則劉捍自

請督戰，温未嘗親至博昌也。《通鑑》從《薛史》。”見《通鑑》卷二六四天復三年五月條《考異》。劉捍，人名。開封（今河南開封市）人。後梁將領。傳見本書卷二〇、《新五代史》卷二一。

［18］清河：河流名。濟水自巨野澤以下，因水色清深，别名清水。位於今山東境内。　“自是兖壁危窘”至“清河爲之不流”：《通鑑》卷二六四天復三年五月條：“朱友寧攻博昌，月餘不拔；朱全忠怒，遣客將劉捍往督之。捍至，友寧驅民丁十餘萬，負木石，牽牛驢，詣城南築土山，既成，并人畜木石排而築之，冤號聲聞數十里。俄而城陷，盡屠之。”築之，《輯本舊史》之影庫本粘籤：“築之，原本作‘業之’，今據《册府元龜》改正。”檢《册府》，未見此記載。

［19］石樓：地名。治所在今山東青州市西。

［20］友寧將戰之前一日：“一”字原闕，據明本《册府》卷二九九《宗室部·禍敗門》、《宋本册府》卷九五一《總録部·咎徵門二》補。　“及進迫寇壘”至“既而果遇禍焉”：明本《册府》卷二九九《宗室部·禍敗門》：“友寧督諸軍進逼營丘，月餘不能拔。與青人戰于石樓，王師小卻，友寧旁自峻阜馳騎以赴敵，所乘馬蹶而仆，遂没於陣。友寧將戰之前一日，有大白蛇磻於帳中，友寧心惡之，遇害焉。”同書卷四二五《將帥部·死事門二》：“（天復三年）六月丙子，友寧復進逼青州及石樓，與賊相遇決戰，我師未振，友寧馳騎督軍，薨於陣。”《宋本册府》卷九五一《總録部·咎徵門二》：“與青州王師範戰于石樓，王師小却，友寧旁自峻阜馳騎以赴敵，所乘馬蹶而仆，遂没於陣。友寧將戰之前一日，有大白蛇蟠於帳中，友寧心惡之，既而果遇禍焉。”《新五代史》卷一《梁太祖紀上》天復三年四月條：“王已還梁，四月，如鄆州，遣朱友寧攻青州。師範敗之于石樓，友寧死。”同書卷一三《朱友寧傳》：“戰於石樓，兵敗，友寧墮馬見殺。”同書卷二三《王景仁傳》：“梁太祖遣子友寧攻王師範于青州，師範乞兵於行密，行密遣景仁以步騎七千救師範。師範以兵背城爲兩栅，友寧夜擊其一栅，

栅中告急，趣景仁出戰，景仁按兵不動。友寧已破一栅，連戰不已。遲明，景仁度友寧兵已困，乃出戰，大敗之，遂斬友寧，以其首報行密。”《通鑑》卷二六四天復三年六月乙亥、丙子條：“乙亥，汴兵拔登州。師範帥登、萊兵拒朱友寧於石樓，爲兩栅。丙子，夜，友寧擊登州栅，栅中告急，師範趣茂章出戰，茂章按兵不動。友寧破登州栅，進攻萊州栅。比明，茂章度其兵力已疲，乃與師範合兵出戰，大破之。友寧旁自峻阜馳騎赴敵，馬仆，青州將張土梟斬之，傳首淮南。”

［21］《大典》卷一八一二六“將”字韻“五代後梁將（一）”事目。

密王友倫，[1]幼聰悟，喜筆札，曉聲律。及長，好騎射，有經度之智，太祖每奇之，曰：“吾家千里駒也。”[2]年十九，爲宣武軍校。景福初，充元從騎軍都將，尋表爲右武衛將軍，漸委戎事。[3]太祖征兖、鄆，[4]友倫勒所部兵收聚糧穀，以濟軍須。幽、滄軍至内黄，[5]友倫以前鋒夜渡河擊賊，奪馬千匹，擒斬甚衆。因引兵往八議關，卒逢晋軍萬餘騎，友倫乃分布兵士，多設疑軍，因聲鼓誓衆，士伍奮躍，追斬數十里。[6]其後李罕之請以上黨來歸，[7]爲晋軍所圍。太祖遣友倫總步騎數萬，越險救應，遂大破晋軍。唐朝加檢校司空、守藤州刺史。[8]天復元年，岐、隴用兵，晋人乘虚侵於北鄙。友倫率徒兵三萬，徑往礬山，[9]晋人望塵奔逸。友倫與氏叔琮等躡其轍，追至太原，摩壘挑戰，獲牛馬萬餘。[10]二年，領所部兵西赴鳳翔，前後累接戰。[11]三年，昭宗歸長安，制授友倫寧遠軍節度使、檢校司徒，賜號迎鑾毅勇功臣。[12]及太祖東歸，留友倫宿衛京師。[13]歲餘，因會賓擊鞠，墜馬而卒。[14]昭宗輟視朝一日，詔贈太傅，歸葬於碭山縣。[15]

[1]密王友倫：明本《册府》卷二六六《宗室部·材藝門》："梁朱友倫，太祖仲兄存次子。"同書卷二六九《宗室部·將兵門》："友倫，太祖仲兄存次子也，帝愛其才氣，録爲皇子，署軍職，領騎卒。"同書卷二九六《宗室部·追封門》："密王友倫，太祖兄子。"

[2]"幼聰悟"至"吾家千里駒也"：明本《册府》卷二六六《宗室部·材藝門》："幼歲從師讀書，稍長，學歐陽詢筆迹，甚得其體勢。弱冠有壯志，嘗侍立帝側。陳自試之請，帝笑曰：'昔之東阿，今復爾耳。'"《新五代史》卷一三《朱友倫傳》："友倫，幼亦明敏，通《論語》、小學，曉音律。"

[3]景福：唐昭宗李曄年號（892—893）。　元從騎軍都將：官名。所部統兵將領。元從，自初始即追隨在側的部屬。

[4]鄆：州名。治所在今山東東平縣。

[5]幽：州名。治所在今北京市。　滄：州名。治所在今河北滄縣舊州鎮。　内黄：縣名。治所在今河南内黄縣。

[6]友倫以前鋒夜渡河擊賊：中華書局本有校勘記："'以'字原闕，據《册府》卷二九一、卷三六七補。"　因引兵往八議關：明本《册府》卷三六七《將帥部·機略門七》同，卷二九一《宗室部·立功門二》作"因引軍往八議關"。八議關，地名。位於今山西高平市以北。《輯本舊史》之影庫本粘籤："八議關，原本作'八識'，今據《通鑑》改正。"查《通鑑》，未見此記載。　"太祖征兖鄆"至"追斬數十里"：亦見《宋本册府》卷二九一《宗室部·立功門二》、卷三六七《將帥部·機略門七》。

[7]李罕之：人名。陳州項城（今河南沈丘縣）人。唐末軍

閥，後依附於諸葛爽。傳見《新唐書》卷一八七、本書卷一五、《新五代史》卷四二。　上黨：即潞州。治所在今山西長治市。　其後李罕之請以上黨來歸：《宋本册府》卷二九一《宗室部·立功門二》無"其""請"字。

[8]唐朝加檢校司空、守藤州刺史：藤州，中華書局本有校勘記："原作'滕州'，據劉本、《新五代史》卷一三《梁家人傳》改。按《太平寰宇記》卷一五，滕時爲縣名；又據同書卷一五八，藤州屬嶺南道。"

[9]礬（fán）山：山名。位於今河北涿鹿縣東南。

[10]氏叔琮：人名。河南尉氏（今河南尉氏縣）人。唐末將領。傳見本書卷一九、《新五代史》卷四三。

[11]鳳翔：府名。治所在今陝西鳳翔縣。　"天復元年"至"前後累接戰"：亦見《宋本册府》卷二九一《宗室部·立功門二》，下有"以功爲寧遠軍節度使"九字。

[12]制授：授官方式。唐制，封授三品以上官用册，爲册授，五品以上制授，六品以下敕授。　寧遠軍：方鎮名。治所在容州（今廣西容縣）。　"三年昭宗歸長安"至"賜號迎鑾毅勇功臣"：《新五代史·朱友倫傳》："昭宗還長安，拜友倫寧遠軍節度使。"

[13]及太祖東歸，留友倫宿衛京師：《輯本舊史》卷九一《李頊傳》："天復中，梁祖自鳳翔送唐昭宗歸長安，留軍萬人，命姪友倫與頊總之，以宿衛爲名。"《新五代史》卷一《梁太祖紀上》天復三年（903）二月甲戌條："王乃留子友倫爲護駕指揮使，以爲天子衛，引兵東歸。"《新五代史·朱友倫傳》："太祖東歸，留友倫宿衛，伺察昭宗所爲。"《通鑑》卷二六三天復三年正月甲子條："全忠乃令朱友倫將兵扈從，自留部分後隊，焚撤諸寨。"同書卷二六四天復三年二月乙未條："乙未，全忠奏留步騎萬人於故兩軍，以朱友倫爲左軍宿衛都指揮使。"

[14]歲餘，因會賓擊鞠，墜馬而卒：《舊唐書》卷一七七《崔胤傳》："其年（天復三年）十月，全忠子友倫宿衛京師，因擊鞠墜

馬而卒。全忠愛之，殺會鞠者十餘人。”《輯本舊史》卷二《梁太祖紀二》天復三年十月辛巳條：“護駕都指揮使朱友倫因擊鞠墮馬，卒於長安。訃至，帝大怒，以爲唐室大臣欲謀叛己，致友倫暴死。”《宋本册府》卷一八七《閏位部·勳業門五》載，天復三年十月辛巳，“護駕都指揮使朱友倫因擊鞠墮馬，卒于長安。節至，帝大怒，以爲唐室大臣欲謀背己，致友倫暴死”。明本《册府》卷二九六：“（友倫）唐末爲宿衛都指揮使，遥領容州節度使。因會客擊鞠，馬逸墜車而薨。”《新五代史·梁太祖紀上》天復三年條：“友倫擊鞠，墮馬死。王怒，以爲崔胤殺之，遣朱友謙殺胤于京師。其與友倫擊鞠者，皆殺之。”《新五代史·朱友倫傳》：“友倫擊鞠墜馬死，太祖大怒，以兵七萬至河中。昭宗涕泣，不知所爲，將奔太原，不果。宰相崔胤遣人止太祖，太祖以爲友倫胤等殺之，奏請誅胤等，昭宗未從，乃遣友諒至京師，以兵圍開化坊，殺胤及京兆尹鄭元規、皇城使王建勳、飛龍使陳班、閤門使王建襲、客省使王建乂、前左僕射張濬。”《通鑑》卷二六四天復三年十月丁丑條後：“宿衛都指揮使朱友倫與客擊球於左軍，墜馬而卒。全忠悲怒，疑崔胤故爲之，凡與同戲者十餘人盡殺之，遣其兄子友諒代典宿衛。”該條《考異》曰：“《編遺録》：‘丁亥，趙廷隱自長安馳來告，今月十四日，朱友倫墜馬而卒。’十四日，則庚辰也。《後唐紀年録》、薛居正《五代史》、《昭宗實録》皆云辛巳，今從之。”

[15]輟視朝：又稱輟朝、廢朝。古代帝王遇親喪或文武大臣病故，停止視朝數日，以示哀悼。

開平初，有司上言曰：“東漢受命，伯升預其始謀；[1]西周尚親，叔虞荷其封邑。[2]故皇兄存，凋零霜露，綿歷歲時，恩莫逮於陟岡，禮方弘於事日。皇姪故邕州節度使友寧、故容州節度使友倫，[3]頃因締搆，俱習韜鈐，[4]並以戰功，歿於王事，永言帶礪，合議封崇。”於是存追封朗王，友寧追封安王，友倫追封密王。[5]《永樂大典》卷一萬八千一百二十六。[6]

[1]伯升：即劉縯，字伯升。南陽蔡陽（今湖北棗陽市西）人。光武帝劉秀之兄。傳見《後漢書》卷一四。

[2]叔虞：人名。周成王之弟，受封於唐，又名唐叔虞。事見《史記》卷三九。

[3]邕州：州名。治所在今廣西南寧市。　容州：州名。治所在今廣西北流市。

[4]締搆：指帝王創業。　韜鈐：古兵書《六韜》《玉鈐篇》的並稱，代指兵書、兵法。

[5]“開平初”至“友倫追封密王”：《輯本舊史》之原輯者案語：“《五代會要》：開平二年正月，追封皇從子友寧爲安王、友倫爲密王。四年四月，追封皇兄存爲朗王。是朗王之封，實在安王、密王之後，據《薛史》有司上言，又似一時並封，未詳孰是。又《會要》載：四年六月，追封皇伯義方爲潁王，皇叔義譚爲韶王，《薛史》闕載。”見《會要》卷一一封建條。明本《册府》卷二九六《宗室部·追封門》：“（友倫）開平三年追封。”《新五代史》卷一三《朗王存傳》：“太祖即位，已封宗室，中書上議，故皇兄存皇姪建武軍節度使友寧、寧遠軍節度使友倫，皆當封。於是追封存朗王、友寧安王、友倫密王。”

[6]《大典》卷一八一二六“將”字韻“五代後梁將（一）”事目。

太祖諸子

郴王友裕，字端夫，太祖長子也。幼善射御，從太祖征伐，性寬厚，頗得士心。[1]唐中和中，太祖會并帥李克用攻圍華州，賊將黄鄴固守甚堅。[2]俄有一人登陴大詈，克用令蕃騎連射，終不能中，命友裕射之，應弦而斃。大軍喜噪，聲震山谷，克用因以良弓百矢遺焉。[3]太祖鎮汴，表爲宣武軍牙校。及蔡賊殄滅，朝廷議功，加檢校左僕射，尋爲牙内馬步都指揮使。[4]景福元年，總大軍伐徐。時朱瑾領兗、鄆之衆，爲徐戎外援，陣於彭門南石佛山下。[5]友裕縱兵擊之，斬獲甚衆，瑾領殘黨宵遁。[6]時都虞候朱友恭羽書聞於太祖，誣友裕按兵不追賊，太祖大怒，因驛騎傳符，令裨將龐師古代友裕爲帥，仍令按劾其事。[7]會使人誤致書於友裕，友裕懼，遂以數騎遁於山中。[8]尋詣廣王於輝州，[9]以訴其冤。賴元貞皇后聞而召之，令束身歸汴，力爲營救，太祖乃捨之，令權知許州。[10]乾寧二年，加檢校司空，尋爲武寧軍節度留後。[11]四年，太祖下東平，改天平軍留後，加檢校司徒。[12]光化元年，再領許州。[13]天復初，爲奉國軍節度留後。[14]太祖兼鎮河中，以友裕爲護國軍節度留後，尋遷華州節度使，加檢校太保、興德尹。[15]天祐元年七月，兼行營都統，領步騎數萬，經略邠、岐。[16]十月，友裕有疾，將校乃謀旋師，尋卒於梨園，[17]歸葬東京。開平初，追贈郴王。[18]乾化三年，又贈太師。《永樂大典》卷一萬八千一百二十六。[19]

[1]“郴王友裕”至“頗得士心”：《宋本册府》卷二七一《宗室部·武勇門》：“梁郴王友裕，太祖之長子也。氣貌雄傑，幼即明敏，常從征伐，破黄巢於陳，又破賊於冤句。後討蔡寇於溵

水，又戰於斤溝。秦宗權來寇也，領馬軍翼帝於府西板橋，大勝之。又從破張晊於封丘南，破鄆之范縣寨，擒都將尹萬榮，敗魏卒於黎陽臨河。"《新五代史》卷一三《郴王友裕傳》："郴王友裕，字端夫。幼善騎射，從太祖征伐，能以寬厚得士卒心。"同卷《次妃郭氏傳》：太祖"八子：長曰友裕"。

[2]中和：唐僖宗李儇年號（881—885）。　并：州名。治所在今山西太原市。　李克用：人名。沙陀部人，生於神武川新城（一説是今山西朔州市朔城區之梵王寺村，一説是今山西應縣縣城，一説在今山西懷仁縣之日中城）。唐末軍閥。紀見本書卷二五、卷二六，《新五代史》卷四。　黃鄴：人名。曹州冤句（今山東菏澤市）人。黃巢堂弟，爲黃巢部將。事見本書本卷、卷一、卷二五。

[3]陴（pí）：城上的矮墻。　"唐中和中"至"克用因以良弓百矢遺焉"：《新五代史·郴王友裕傳》："太祖與晋圍黃鄴於西華，鄴卒荷稍登城罵敵，晋王使胡騎連射不能中。太祖顧友裕，一發中之，軍中皆大讙呼，晋王喜，遺友裕良弓百矢。"

[4]蔡：州名。治所在今河南汝南縣。　牙内馬步都指揮使：官名。又稱衙内馬步都指揮使。唐、五代節度使府衙内之牙將，統最親近衛兵。　"太祖鎮汴"至"尋爲牙内馬步都指揮使"：《通鑑》卷二五八大順元年（890）四月條："夏，四月，宿州將張筠逐刺史張紹光，附于時溥；朱全忠帥諸軍討之。溥出兵掠碭山，全忠遣牙内都指揮使朱友裕擊之，殺三千餘人，擒石君和。"同年七月條："秋，七月，官軍至陰地關，朱全忠遣驍將葛從周將千騎潛自壺關夜抵潞州，犯圍入城。又遣別將李讜、李重胤、鄧季筠將兵攻李罕之於澤州，又遣張全義、朱友裕軍於澤州之北，爲從周應援。"

[5]朱瑾：人名。宋州下邑（今河南夏邑縣）人。朱瑄之弟。唐末將領。傳見《舊唐書》卷一八二、本書卷一三、《新五代史》卷四二。　彭門：指徐州。　石佛山：山名。即今江蘇徐州市南雲龍山。其東南嶺有大石佛，故名。

[6]"景福元年"至"瑾領殘黨宵遁"：亦見《宋本册府》卷

二九一《宗室部・立功門二》，"彭門""縱兵"，《册府》卷二九一分别作"鼓門""進兵"；《輯本舊史》之原輯者案語："《通鑑》：朱友裕圍彭城，時溥數出兵，友裕閉壁不戰。朱瑾宵遁，友裕不追。據《薛史》則友裕擊破朱瑾援師，斬獲甚衆，未嘗閉壁，與《通鑑》異。《歐陽史》從《薛史》。"《新五代史・郴王友裕傳》："冬，友裕取濮州，遂圍時溥於徐州。朱瑾以兵二萬救溥，友裕敗瑾于石佛山，瑾走。都虞候朱友恭讒之太祖，以爲瑾可追而友裕不追。太祖大怒，奪其兵屬龐師古，以友裕屬吏。"《通鑑》卷二五九景福元年（892）二月戊寅條："戊寅，朱全忠出兵擊朱瑄，遣其子友裕將兵前行，軍于斗門。"同月甲申、乙酉、丁亥條："甲申，朱全忠至衛南，朱瑄將步騎萬人襲斗門，朱友裕棄營走，瑄據其營。全忠不知，乙酉，引兵趣斗門，至者皆爲鄆人所殺。全忠退軍瓠河，丁亥，瑄擊全忠，大破之，全忠走。"同年十一月乙未條："朱全忠遣其子友裕將兵十萬攻濮州，拔之，執其刺史邵倫，遂令友裕移兵擊時溥。"同卷景福二年二月辛卯條："時溥求救於朱瑾，朱全忠遣其將霍存將騎兵三千軍曹州以備之。瑾將兵二萬救徐州，存引兵赴之，與朱友裕合擊徐、兖兵於石佛山下，大破之，瑾遁歸兖州。"

［7］羽書：古代軍中文書，上插鳥羽以示緊急。　龐師古：人名。曹州（今山東曹縣）人。唐末將領。傳見本書卷二一、《新五代史》卷二一。

［8］遂以數騎遁於山中：《輯本舊史》之原輯者案語："《通鑑》作以二千騎逃入山中，《歐陽史》從《薛史》作數騎。"《新五代史》卷一三《元貞皇后張氏傳》："郴王友裕攻徐州，破朱瑾於石佛山，瑾走，友裕不追，太祖大怒，奪其兵。友裕惶恐，與數騎亡山中，久之，自匿於廣王。后陰使人教友裕脱身自歸，友裕晨馳入見太祖，拜伏庭中，泣涕請死，太祖怒甚，使左右捽出，將斬之。后聞之，不及履，走庭中持友裕泣曰：'汝束身歸罪，豈不欲明非反乎？'太祖意解，乃免。"《通鑑》卷二五九景福二年二月甲午條

後："朱友裕圍彭城，時溥數出兵，友裕閉壁不戰。朱瑾宵遁，友裕不追，都虞候朱友恭以書譖友裕於全忠，全忠怒，驛書下都指揮使龐師古，使代之將，且按其事。書誤達於友裕，友裕大懼，以二千騎逃入山中，潛詣碭山，匿於伯父全昱之所。全忠夫人張氏聞之，使友裕單騎詣汴州見全忠，泣涕拜伏於庭；全忠命左右捽抑，將斬之，夫人趨就抱之，泣曰：'汝捨兵衆，束身歸罪，無異志明矣。'全忠悟而捨之，使權知許州。"

[9]輝州：州名。治所在今山東單縣。　元貞皇后：人名。單州碭山縣（今安徽碭山縣）人。梁太祖朱温之妻。傳見本書卷一一、《新五代史》卷一三。　"景福元年"至"太祖乃捨之"：亦見明本《册府》卷二九八《宗室部·不悌門》。

[10]許州：州名。治所在今河南許昌市。　令權知許州：明本《册府》卷二八一《宗室部·領鎮門四》："唐昭宗景福中，太祖令權知許州。"《通鑑》卷二五九繫於景福二年二月甲午條後。

[11]乾寧：唐昭宗李曄年號（894—898）。　武寧軍：方鎮名。治所在徐州（今江蘇徐州市）。

[12]天平軍留後：明本《册府》卷二八一《宗室部·領鎮門四》作"天平留後"。天平軍，方鎮名。治所在鄆州（今山東東平縣）。

[13]光化：唐昭宗李曄年號（898—901）。明本《册府》卷二八一《宗室部·領鎮門四》作"光啓"，中華書局本有校勘記："'光化'，原作'光啓'，據《通鑑》卷二六一及本卷上下文改。按光啓爲唐僖宗年號，此敘唐昭宗時事，當作光化。"檢《通鑑》卷二六一，未見光化元年（898）友裕領許州刺史之記載，僅於光化二年二月條有："全忠命許州刺史朱友裕守蔡州。"《宋本册府》卷一八七《閏位部·勳業門五》乾寧四年正月乙亥："帝入于鄆，以朱友裕爲鄆州兵馬留後。"《新五代史》卷一《梁太祖紀上》乾寧四年正月條："龐師古克鄆州，王如鄆州，以朱友裕爲留後。"《通鑑》卷二六一乾寧四年（897）三月丙子條載，朱全忠表"朱

友裕爲天平留後”。同書卷二六四天復三年（903）二月壬辰條：“壬辰，以朱友裕爲鎮國節度使。”

[14]奉國軍：方鎮名。治所在蔡州（今河南汝南縣）。

[15]河中：府名。治所在今山西永濟市。　護國軍：方鎮名。治所在河中府（今山西永濟市）。　興德：府名。乾寧四年升華州置，治鄭縣（今陝西渭南市華州區）。光化元年復爲華州。　“乾寧二年”至“加檢校太保興德尹”：亦見明本《册府》卷二八一《宗室部·領鎮門四》。

[16]行營都統：官名。唐末設諸道行營都統，作爲各道出征兵士的統帥。　邠：州名。治所在今陝西彬縣。　“天祐元年七月”至“經略邠岐”：《通鑑》卷二六五天祐元年六月、七月條：“六月，李茂貞、王建、李繼徽傳檄合兵以討朱全忠；全忠以鎮國節度使朱友裕爲行營都統，將步騎擊之；命保大節度使劉鄩棄鄜州，引兵屯同州。癸丑，全忠引兵自大梁西討茂貞等；秋，七月，甲子，過東都入見；壬申，至河中。”

[17]尋卒於梨園：《通鑑》卷二六五天祐元年十月庚戌條後：“鎮國節度使朱友裕薨於梨園。”梨園，地名。位於今陝西淳化縣。

[18]開平初，追贈郴王：明本《册府》卷二九六《宗室部·追封門》：“彬王友裕……天祐元年卒，開平五年追封。”《新五代史·次妃郭氏傳》：“友裕前即位卒，追封郴王。”

[19]《大典》卷一八一二六“將”字韻“五代後梁將（一）”事目。

博王友文，本姓康，名勤，太祖養以爲子，受禪後封爲王。[1]字德明。幼美風姿，好學，善談論，頗能爲詩。[2]

[1]“博王友文”至“受禪後封爲王”：《大典》卷一六六二

八。《輯本舊史》原注《大典》卷一六六二六。中華書局本有校勘記："檢《永樂大典目録》，卷一六六二六爲'建'字韻'封建（九）後魏北齊'，與本則内容不符，恐有誤記。疑出自卷一六六二八'封建（一一）唐五代'。"但未改。今改。《輯本舊史》在其後有原輯者案語："下有闕文。"

[2]"字德明"至"頗能爲詩"：《新五代史》卷一三《博王友文傳》。

太祖領四鎮，以友文爲度支鹽鐵制置使。[1]太祖用兵四方，友文征賦聚斂以供軍實。太祖即位，以故所領宣武、宣義、天平、護國四鎮征賦，置建昌宫總之，[2]以友文爲使，封博王。太祖幸西都，友文留守東京。[3]嗜酒，頗怠於爲政。[4]

[1]度支鹽鐵制置使：官名。時朱友文掌四鎮財政、軍需事務。

[2]建昌宫：官署名。五代梁太祖建國時設建昌院，後改稱建昌宫，掌管所轄境内財賦收入。

[3]"太祖領四鎮"至"友文留守東京"：《新五代史》卷一三《博王友文傳》。明本《册府》卷二六九《宗室部·委任門》："梁太祖幸西京，制加建昌宫使、金紫光禄大夫、檢校司徒、守開封尹、博王友文爲特進，檢校太保，使開封尹，依前建昌宫使，充東都留守。"

[4]嗜酒，頗怠於爲政：明本《册府》卷二九八《宗室部·躭溺門》。

開平元年四月，以宣武節度副使皇子友文爲開封尹，判建昌院事。[1]五月乙酉，立皇子友文爲博王。[2]

［1］判建昌院事：官名。建昌院長官。五代梁太祖建國時設建昌院，後改稱建昌宫，掌管所轄境内財賦收入。　“開平元年四月”至“判建昌院事”：《大典》卷一二一一三“柳”字韻“事韻（二）”事目，與本傳無涉。此句《輯本舊史》收入卷三《梁太祖紀三》開平元年（907）四月條。

［2］五月乙酉，立皇子友文爲博王：《大典》卷一六六二八“建”字韻“封建（一一）唐五代”事目。此句《輯本舊史》收入《梁太祖紀三》開平元年五月乙酉條。

四年十月乙亥，東京博王友文入覲，召之也。[1]

［1］“四年十月乙亥”至“召之也”：明本《册府》卷二六八《宗室部·來朝門》。

乾化元年二月，帝召蔡州刺史張慎思至洛陽，久未除代。[1]蔡州右廂指揮使劉行琮作亂，縱兵焚掠，將奔淮南；[2]順化指揮使王存儼誅行琮，[3]撫遏其衆，自領州事，以衆情馳奏。時東京留守博王友文不先請，遽發兵討之，兵至鄢陵，[4]帝曰：“存儼方懼，若臨之以兵，則飛去矣。”馳使召還。甲子，授存儼權知蔡州事。[5]

［1］張慎思：人名。清河（今河北清河縣）人。唐末、五代軍閥。傳見本書卷一五。

［2］右廂指揮使：官名。指揮使的屬官。　劉行琮：延州（今陝西延安市）人。五代將領。本書僅此一見。　淮南：方鎮名。治所在揚州（今江蘇揚州市）。此處代指楊吴政權。

［3］順化：方鎮名。治所在楚州（今江蘇淮安市）。　王存儼：

人名。籍貫不詳。後梁將領。事見《通鑑》卷二六七。

[4]鄢陵：縣名。治所在今河南鄢陵縣。

[5]“乾化元年二月”至“授存儼權知蔡州事”：《通鑑》卷二六七乾化元年（911）二月甲子條。亦見明本《册府》卷二一四《閏位部·權略門》開平五年（即乾化元年，五月改元）二月條。

友珪弒逆，並殺友文。末帝即位，盡復官爵。[1]

[1]“友珪弒逆”至“盡復官爵”：《大典》卷一六六二八“建”字韻“封建（一一）唐五代”事目。可參見《新五代史》卷一三《博王友文傳》、《輯本舊史》卷八《梁末帝紀上》、明本《册府》卷二九五《宗室部·復爵門》之詔書。

友珪，小字遥喜。母失其姓，本亳州營妓也。[1]唐光啓中，[2]帝徇地亳州，召而侍寢。月餘，將捨之而去，以娠告。是時元貞張后賢而有寵，帝素憚之，由是不果攜歸大梁，因留亳州，以别宅貯之。及期，妓以生男來告，帝喜，故字之曰遥喜。後迎歸汴。[3]受禪後封郢王。[4]

[1]亳州：州名。治所在今安徽亳州市。　營妓：軍中官妓。

[2]光啓：唐僖宗李儇年號（885—888）。

[3]“友珪”至“後迎歸汴”：《通鑑》卷二六八乾化二年（912）閏五月條注引《薛史》。

[4]受禪後封郢王：《大典》卷一六六二八“建”字韻“封建（一一）唐五代”事目。《輯本舊史》卷三《梁太祖紀三》開平元年（907）五月乙酉條收録《大典》卷一六六二八“建”字韻“封

建（一一）唐五代”事目作“立皇子友珪爲郢王”。

開平四年十月，檢校司徒，充左右控鶴都指揮使，兼管四蕃將軍。乾化元年，充諸軍都虞候。[1]二年，弑太祖簒位，均王以兵討之，自殺，追廢爲庶人。[2]

［1］左右控鶴都指揮使：官名。控鶴軍主帥。控鶴爲禁軍番號，主要職責爲防守宫城。　諸軍都虞候：官名。唐、五代禁軍高級統兵官。　“開平四年十月”至“充諸軍都虞候”：明本《册府》卷二六九《宗室部·將兵門》。

［2］“二年”至“追廢爲庶人”：《大典》卷一六六二八“建”字韻“封建（一一）唐五代”事目。《新五代史》卷一三《朱友珪傳》：“（友珪）長而辯黠多智。博王友文多材藝，太祖愛之，而年又長。太祖即位，嫡嗣未立，心嘗獨屬友文。太祖自張皇后崩，無繼室，諸子在鎮，皆邀其婦入侍。友文妻王氏有色，尤寵之。太祖病久，王氏與友珪妻張氏，常專房侍疾。太祖病少間，謂王氏曰：‘吾知終不起，汝之東都，召友文來，吾與之決。’蓋心欲以後事屬之。乃謂敬翔曰：‘友珪可與一郡，趣使之任。’乃以友珪爲萊州刺史。太祖素剛暴，既病而喜怒難測。是時，左降者必有後命，友珪大懼。其妻張氏曰：‘大家以傳國寶與王氏，使如東都召友文，君今受禍矣！’夫婦相對而泣。左右勸友珪曰：‘事急計生，何不早自爲圖？’友珪乃易衣服，微行入左龍虎軍，見統軍韓勍計事，勍夜以牙兵五百隨友珪，雜控鶴衛士而入。夜三鼓，斬關入萬春門，至寢中，侍疾者皆走。太祖惶駭起呼曰：‘我疑此賊久矣，恨不早殺之，逆賊忍殺父乎？’友珪親吏馮廷諤以劍犯太祖，太祖旋柱而走，劍擊柱者三，太祖憊，仆于牀，廷諤以劍中之，洞其腹，腸胃皆流。友珪以裀褥裹之，瘞之寢中，祕喪四日。乃出府庫，大賚群臣及諸軍。遣受旨丁昭浦矯詔馳至東都，殺友文。又下詔曰：‘朕艱

難創業，踰三十年。託于人上，忽焉六載，中外叶力，期于小康。豈意友文陰畜異圖，將行大逆。昨二日夜，甲士突入大内，賴郢王友珪忠孝，領兵剿戮，保全朕躬。然而疾恙震驚，彌所危殆。友珪克平兇逆，厥功靡倫，宜委權主軍國。’然後發喪。乾化二年六月既望，友珪於柩前即皇帝位，拜韓勍忠武軍節度使，以末帝爲汴州留後，河中朱友謙爲中書令。友謙不受命。而懷州龍驤軍三千，劫其將劉重霸，據懷州，自言討賊。三年正月，友珪祀天於洛陽南郊，改元曰鳳曆。太祖外孫袁象先與駙馬都尉趙巖等，謀與末帝討賊。二月，象先以禁兵入宫，友珪與妻張氏趨北垣樓下，將踰城以走，不果，使馮廷諤進刃其妻及己，廷諤亦自殺。末帝即位，復友文官爵，廢友珪爲庶人。”《會要》卷二諸王條：“梁太祖第三子友珪，郢王，開平元年五月九日封，至乾化二年六月三日簒位，僞改鳳曆元年。二月十七日，京城軍亂，侍衛都將袁象先率兵入宫，友珪自殺。少帝即位，追削爲庶人。”卷十八修國史條顯德四年（957）正月，兵部尚書張昭奏：“梁末主之上，有郢王友珪，簒弑居位，未有紀録，請依《宋書》劉劭例，書爲‘元兇友珪’。其末帝請依古義，書曰《後梁實録》。”《輯本舊史》之原輯者案語繫此條於“周廣順中”，誤；又云：“《梁實録》今無考。”

福王友璋，太祖第五子；賀王友雍，太祖第六子；建王友徽，太祖第七子。受禪後封。[1]

[1]“福王友璋”至“受禪後封”：《大典》卷一六六二八“建”字韻“封建（一一）唐五代”事目。《輯本舊史》卷三《梁太祖紀三》開平元年（907）五月乙酉條收録《大典》卷一六六二八“建”字韻“封建（一一）唐五代”事目：“立皇子友璋爲福王，皇子友雍爲賀王，皇子友徽爲建王。”《舊五代史考異》：“《洛陽縉紳舊聞記》：梁祖爲福王納齊王張全義之女。”見《洛陽縉紳

舊聞記》卷二《齊王張令公外傳》。《輯本舊史》卷八《梁末帝紀上》乾化三年（913）十二月庚午條："以前鄆州節度、檢校司徒、食邑二千户、福王友璋爲許州節度使、檢校太保。"

友璋好接賓客。[1]初爲壽州團練使、押左右番殿直、監豐德庫。[2]友珪時，爲鄆州留後，末帝時，爲忠武軍節度使，徙鎮武寧，及友雍、友徽皆不知其所終。[3]

[1]友璋好接賓客：《輯本舊史》卷九二《梁文矩傳》："文矩少遊其門，初試太子校書，轉祕書郎。友璋領鄆州，奏爲項城令，及移鎮徐方，辟爲從事。"

[2]壽州：州名。治所在今安徽壽縣。　團練使：官名。唐代中期以後，於不設節度使的地區設團練使，掌本區各州軍事。　殿直：官名。皇帝侍從人員，前朝未見，當是後梁始置，有受旨殿直、黄門殿直等。　豐德庫：唐、五代内廷庫藏之一。

[3]"初爲壽州團練使"至"及友雍、友徽皆不知其所終"：《新五代史》卷一三《梁家人傳》。《通鑑》卷二六九乾化四年（914）九月條："帝以福王友璋爲武寧節度使。"《輯本舊史》卷八《梁末帝紀上》貞明元年春："詔福王友璋赴鎮。"《通鑑》卷二七二同光元年（923）十月丁丑條："及唐師將至，梁主疑諸兄弟乘危謀亂，并皇弟賀王友雍、建王友徽盡殺之。"該條《考異》："《薛史》云：'友諒、友能、友誨，莊宗入汴，同日遇害。'按中都既敗，均王親弟猶疑而殺之，況其從弟嘗爲亂者，豈得獨存！故附於此。"《輯本舊史》卷一二《邵王友誨傳》之原輯者案語："考《通鑑》以友諒等爲末帝自殺，《考異》祇以事理度之，而不言所據何書。《歐陽史》仍從《薛史》。王禹偁《五代史闕文》亦云莊宗即位，盡誅朱氏。度當日事勢，梁末帝自中都告敗，救死不遑，未必遽誅兄弟，當以《薛史》爲得其實。《通鑑》所載，恐未足據也。"

康王友孜，太祖第八子，末帝即位後封，後以反誅。[1]

[1]“康王友孜”至“後以反誅”：《大典》卷一六六二八“建”字韻“封建（一一）唐五代”事目。《通鑑》卷二六八乾化三年（913）三月丙辰條：“立皇弟友敬爲康王。”“友敬”應爲“友孜”，形近之訛。

友孜目重瞳子，自謂當爲天子，遂謀作亂。冬，十月，辛亥夜，德妃將出葬，友敬使腹心數人匿於寢殿；帝覺之，跣足踰垣而出，召宿衛兵索殿中，得而手刃之。壬子，捕友敬，誅之。[1]

[1]德妃：即德妃張氏。後梁末帝朱友貞之妃。傳見本書本卷、《新五代史》卷一三。“友孜目重瞳子”至“誅之”：《通鑑》卷二六九貞明元年（915）十月條。《舊五代史考異》引此條，且云：“友孜，《通鑑》及《五代會要》俱作‘友敬’。……《歐陽史》作‘友孜’，與《薛史》同。”見《會要》卷二諸王條。

舊五代史　卷一三

梁書十三

列傳第三

朱瑄

朱瑄，[1]宋州下邑人也。[2]父慶，里之豪右，以攻剽販鹽爲事，吏捕之伏法。瑄坐父罪，以笞免，因入王敬武軍爲小校。[3]唐中和二年，[4]諫議大夫張濬徵兵於青州，[5]敬武遣將曹全晸率軍赴之，[6]以瑄隸焉。以戰功累遷列校。賊敗出關，[7]全晸以本軍還鎮。會鄆帥薛崇卒，[8]部將崔君預據城叛，[9]全晸攻之，殺君預，自爲留後。[10]瑄以功授濮州刺史、鄆州馬步軍都將。[11]光啓初，[12]魏博韓允中攻鄆，[13]全晸爲其所害。[14]瑄據城自固，三軍推爲留後。[15]允中敗，[16]朝廷以瑄爲天平軍節度使，[17]累加官至檢校太尉、同平章事。[18]

[1]朱瑄：《舊唐書》《通鑑》同，《新五代史》《新唐書》作

“朱宣”。

［2］宋州：州名。治所在今河南商丘市睢陽區。　下邑：縣名。治所在今河南夏邑縣。

［3］王敬武：人名。青州（今山東青州市）人。唐末將領。傳見《新唐書》卷一八七。　因入王敬武軍爲小校：《舊唐書》卷一八二《朱瑄傳》：“瑄逃於青州，爲王敬武牙卒。”《新五代史》卷四二《朱宣傳》：“宣乃去事青州節度使王敬武爲軍校。”《新唐書》卷一八八《朱宣傳》：“宣亡命去青州，爲王敬武牙軍。”

［4］中和：唐僖宗李儇年號（881—885）。

［5］諫議大夫：官名。秦始置，掌朝政議論。隋唐仍置，有左、右諫議大夫各四人，分屬門下、中書二省。掌諫諭得失，侍從贊相。唐後期、五代多以本官領他職。正四品下。　張濬：人名。籍貫不詳。唐末高級官員。事見《舊唐書》卷二〇上。　青州：州名。治所在今山東青州市。

［6］曹全晸：人名。亦作曹全晟。籍貫不詳。唐末將領。事見《通鑑》卷二五二、卷二五三、卷二五四、卷二五五。《輯本舊史》之原輯者案語：“《新唐書》及《通鑑》俱作曹存實，《舊唐書》、《歐陽史》與《薛史》同。”見《新唐書·朱宣傳》、《通鑑》卷二五五中和二年（882）五月條、《舊唐書·朱瑄傳》、《新五代史·朱宣傳》。

［7］關：地名。此處指潼關。位於今陝西潼關縣東北。

［8］鄆：州名。治所在今山東東平縣。此處代指天平軍。　薛崇：人名。籍貫不詳。唐末將領。事見《通鑑》卷二五三。

［9］崔君預：人名。籍貫不詳。唐末將領。事見《通鑑》卷二五五。《輯本舊史》之原輯者案語：“《舊唐書》作‘崔君裕’。”見《舊唐書·朱瑄傳》，《新唐書·朱宣傳》亦作“崔君裕”。

［10］留後：官名。唐、五代節度使多以子弟或親信爲留後，以代行節度使職務，亦有軍士、叛將自立爲留後者。掌一州或數州軍政。　“會鄆帥薛崇卒”至“自爲留後”：《新五代史·朱宣傳》：

"中和二年，敬武遣全晟入關與破黃巢。還過鄆州，鄆州節度使薛崇卒，其將崔君預自稱留後。全晟攻殺君預，遂據鄆州。"

[11]濮州：州名。治所在今山東鄄城縣。　刺史：官名。漢武帝時始置。州一級行政長官，總掌考核官吏、勸課農桑、地方教化等事。唐中期以後，節度、觀察使轄州而設，刺史爲其屬官，職任漸輕。從三品至正四品下。　都將：官名。即軍將。唐、五代時節度使屬將。

[12]光啓：唐僖宗李儇年號（885—888）。　光啓初：《輯本舊史》之原輯者案語："《新唐書》作'中和初，魏博、韓簡東窺曹、鄆'，與《薛史》異。考《舊唐書·韓允忠傳》，乾符元年十一月，卒，子簡起復爲節度觀察留後。《新唐書·本紀》亦云，韓允中卒，其子簡自稱留後。是東窺曹、鄆實韓簡，非允中也。《薛史》似微誤。《通鑑》作中和二年，韓簡擊鄆州，當得其實。"見《新唐書·朱宣傳》、《舊唐書》卷一八一《韓允忠傳》、《新唐書》卷九《僖宗紀》乾符元年（874）十一月條、《通鑑》卷二五五中和二年十月癸丑條後。

[13]魏博：方鎮名。治所在魏州（今河北大名縣）。　韓允中：人名。亦作"韓允忠"。魏州人。唐末軍閥。傳見《舊唐書》卷一八一、《新唐書》卷二一〇。《舊唐書·韓允忠傳》作"韓允忠"，《新唐書》卷二一〇《韓允中傳》，云其原名韓君雄，僖宗即位，賜名允中。

[14]全晸爲其所害：《輯本舊史》之原輯者案語："《舊唐書·韓簡傳》云：移軍攻鄆，鄆帥曹全晸出戰，爲簡所敗，死之。鄆將崔君裕收合殘衆，保鄆州，簡進攻其城，半年不下。《朱瑄傳》云：崔君裕權知州事，全晸知其兵寡，襲殺君裕。據《韓簡傳》，全晸死而君裕保其城，據《朱瑄傳》，則君裕爲全晸所殺，二傳自相矛盾。《新唐書·本紀》作韓簡寇鄆州，天平軍節度使曹全晸死之，部將崔用自稱留後，與《舊書·韓簡傳》同，惟崔用之名有異耳。《薛史》定從《舊書·朱瑄傳》，《通鑑》與《薛史》同。"見《舊

唐書》卷八一《韓簡傳》、《舊唐書·朱瑄傳》、《新唐書·僖宗紀》中和二年十月條、《通鑑》卷二五五中和二年十月癸丑條後。《通鑑》卷二五四中和元年十月條載："天平節度使、南面招討使曹全晸與賊戰死，軍中立其兄子存實爲留後。"

[15]瑄據城自固，三軍推爲留後：中華書局本有校勘記："'固'，原作'若'，據《通鑑》卷二五五《考異》引《薛史》改。"見《通鑑》卷二五五中和二年十月癸丑條後考異。《通鑑》卷二五五中和二年十月癸丑條後："詔以瑄權知天平留後。"

[16]允中敗：《輯本舊史》之原輯者案語："《舊唐書·韓簡傳》云：簡以憂憤，疽發背而卒，時中和元年十一月也。《諸葛爽傳》云：中和元年十一月，簡鄉兵八萬大敗。明年正月，簡爲牙將所殺。《新唐書·本紀》云：中和三年二月，魏博軍亂，殺其節度使韓簡。《通鑑》與《新唐書》同，《薛史》誤作'允中'。歷考諸書，年月參差，姓名舛異，無可依據，蓋唐末典章散佚，故傳聞失實如此。"見《舊唐書·韓簡傳》、卷一八二《諸葛爽傳》，《新唐書·僖宗紀》中和三年二月條，《通鑑》卷二五五中和三年二月己未條。

[17]天平軍：方鎮名。治所在鄆州（今山東東平縣）。　節度使：官名。唐時在重要地區所設掌握一州或數州軍、民、財政的長官。　朝廷以瑄爲天平軍節度使：《通鑑》卷二五五中和三年正月條："以天平留後朱瑄爲節度使。"

[18]檢校太尉：官名。爲散官或加官，加此官以示恩寵，無實際執掌。太尉，與司徒、司空並爲三公。　同平章事：官名。全稱"同中書門下平章事"。唐高宗以後，凡實際任宰相之職者，常在其本官後加同平章事的職銜。後成爲宰相專稱。或爲節度使加銜。後晉天福五年（940），升中書門下平章事爲正二品。

太祖初鎮大梁，[1]兵威未振，連歲爲秦宗權所圍，[2]

士不解甲，危殆日數四。太祖以瑄同宗，早兄事之，乃遣使求援於瑄。[3]光啓末，宗權急攻大梁，瑄與弟瑾率兖、鄆之師來援，[4]大敗蔡賊，[5]解圍而遁。太祖感其力，厚禮以歸之。[6]先是，瑄、瑾駐於大梁，覩太祖軍士驍勇，私心愛之。及歸，厚懸金帛於界上以誘焉。諸軍貪其厚利，私遁者甚衆，太祖移牒以讓之，[7]瑄來詞不遜，由是始搆隙焉。[8]

[1]太祖：指後梁太祖朱温。　大梁：地名。指開封，位於今河南開封市。

[2]秦宗權：人名。河南郡許州（今河南許昌市）人。唐末軍閥。傳見《舊唐書》卷二〇〇下、《新唐書》卷二二五下。

[3]“太祖初鎮大梁”至“乃遣使求援於瑄”：《新五代史》卷四二《朱宣傳》：“梁太祖鎮宣武，以兄事宣。太祖新就鎮，兵力尚少，數爲秦宗權所困，太祖乞兵於宣。”《通鑑》卷二五六中和四年（884）六月丙午條後：“蔡州節度使秦宗權縱兵四出，侵噬鄰道；天平節度使朱瑄，有衆三萬，從父弟瑾，勇冠軍中。宣武節度使朱全忠爲宗權所攻，勢甚窘，求救於瑄，瑄遣瑾將兵救之，敗宗權於合鄉。全忠德之，與瑄約爲兄弟。”

[4]瑾：人名。即朱瑾。宋州下邑（今河南夏邑縣）人。朱瑄之弟。唐末將領。傳見《舊唐書》卷一八二、本書本卷、《新五代史》卷四二。　兖：州名。治所在今山東濟寧市兖州區。

[5]蔡：州名。治所在今河南汝南縣。蔡州是秦宗權的根據地。

[6]“光啓末”至“厚禮以歸之”：《宋本册府》卷一八七《閏位部·勳業門五》光啓三年（887）九月條：“帝之禦蔡寇也，鄆州朱瑄、兖州朱瑾皆領兵來援。及宗權既敗，帝以瑄、瑾宗人也，又有力於己，皆厚禮以歸之。”《通鑑》卷二五七光啓三年五月辛巳條：“朱全忠求救於兖、鄆，朱瑄、朱瑾皆引兵赴之，義成

軍亦至。辛巳，全忠以四鎮兵攻秦宗權於邊孝村，大破之，斬首二萬餘級；宗權宵遁，全忠追之，至陽武橋而還。全忠深德朱瑄，兄事之。"

［7］移牒：同級之間的公文傳遞。

［8］"先是"至"由是始搆隙焉"：《宋本册府》卷一八七光啓三年九月條："瑄、瑾以帝軍士勇悍，私心愛之，乃密於曹、濮界上，懸金帛以誘之，帝軍利其貨而赴者甚衆，帝乃移檄以讓之。自朱瑄來詞不遜，乃命朱珍侵曹伐濮，以懲其姦。未幾，珍拔曹州，執刺史丘禮以獻，遂移兵圍濮。兖、鄆之釁，自兹而始矣。"《通鑑》卷二五七光啓三年八月壬子條："朱全忠欲兼兖、鄆，而以朱瑄兄弟有功於己，攻之無名，乃誣瑄招誘宣武軍士，移書誚讓。瑄復書不遜，全忠遣其將朱珍、葛從周襲曹州，壬子，拔之，殺刺史丘弘禮。又攻濮州，與兖、鄆兵戰於劉橋，殺數萬人，朱瑄、朱瑾僅以身免。全忠與兖、鄆始有隙。"

及秦宗權敗，太祖移軍攻時溥於徐州。[1]時瑄方右溥，乃遣使來告太祖曰："巢、權繼爲蛇虺，[2]毒螫中原，[3]與君把臂同盟，輔車相依。今賊已平殄，人粗聊生，吾弟宜念遠圖，不可自相魚肉。或行人之失辭，疆吏之踰法，可以理遣，未得便睽和好。投鼠忌器，弟幸思之。"太祖方怒時溥通於孫儒，[4]不從其言。及龐師古攻徐州，[5]瑄出師來援，太祖深銜之。徐既平，太祖併兵以攻鄆，自景福元年冬遣朱友裕領軍渡濟，[6]至乾寧三年宿軍齊、鄆間，[7]大小凡數十戰，語在《太祖紀》中。[8]自是野無人耕，屬城悉爲我有。瑄乃遣人求救於太原，[9]李克用遣其將李承嗣、史儼等援之。[10]尋爲羅弘信所扼，[11]援路既絶，瑄、瑾竟敗。[12]乾寧四年正月，龐師古攻陷鄆州，遁至中都北，[13]匿於民家，爲其所簦，并妻榮氏禽之來獻，俱斬於汴橋下。[14]《永樂大典》卷二千三十三。[15]

[1]時溥：人名。徐州彭城（今江蘇徐州市）人。唐末軍閥，平定黄巢之亂後割據徐州。傳見《舊唐書》卷一八二、《新唐書》卷一八八。　徐州：州名。治所在今江蘇徐州市。

[2]巢：人名。即黄巢。曹州冤句（今山東菏澤市）人。唐末農民起義領袖。傳見《舊唐書》卷二〇〇下、《新唐書》卷二二五下。　蛇虺（huǐ）：泛指蛇類。　巢權繼爲蛇虺：《輯本舊史》之影庫本粘籤："巢、權，原本脱'權'字，今據《通鑑》注增入。"朱全忠攻時溥於徐州，《通鑑》繫於卷二五九景福元年（892）十一月條至景福二年四月戊子條時溥舉族自焚，檢該時《通鑑》胡注，未見此記載。

[3]螫（shì）：毒蟲或毒蛇咬。

[4]孫儒：人名。河南府（今河南洛陽市）人。唐末軍閥。傳見《新唐書》卷一八八。

[5]龐師古：人名。曹州（今山東曹縣）人。唐末將領。傳見本書卷二一、《新五代史》卷二一。

[6]景福：唐昭宗李曄年號（892—893）。　朱友裕：人名。朱温長子。傳見本書卷一二、《新五代史》卷一三。　濟：水名。發源於今河南境内，經山東入渤海。今黄河下游河道即濟水故道。

[7]乾寧：唐昭宗李曄年號（894—898）。　齊：州名。治所在今山東濟南市。

[8]"自景福元年冬遣朱友裕領軍渡濟"至"語在《太祖紀》中"：詳見《輯本舊史》卷一《梁太祖紀一》景福元年條至乾寧三年（896）條，輯自《宋本册府》卷一八七《閏位部·勳業門五》。

[9]太原：府名。治所在今山西太原市。此處代指河東李克用

勢力。

［10］李克用：人名。沙陀部人，生於神武川新城（一説是今山西朔州市朔城區之梵王寺村，一説是今山西應縣縣城，一説在今山西懷仁縣之日中城）。唐末軍閥，後唐太祖。紀見本書卷二五。　李承嗣：人名。代州雁門（今山西代縣）人。唐末、五代將領。傳見本書卷五五。　史儼：人名。代州雁門（今山西代縣）人。李克用部將。傳見本書卷五五。

［11］羅弘信：人名。魏州貴鄉（今河北大名縣）人。唐末、五代軍閥。傳見《舊唐書》卷一八一、《新唐書》卷二一〇。

［12］“瑄乃遣人求救於太原”至“瑄瑾竟敗”：《宋本册府》卷一六六《帝王部·招懷門四》：“乾寧元年五月，鄆州節度使朱瑄爲汴軍所攻，遣使來乞師，武皇遣騎將安福順、安福應、安福遷督精騎五百，假道於魏州以應之。三年正月，汴人大舉以攻兖、鄆，朱瑄、朱瑾再乞師於武皇。武皇假道於魏州，羅弘信許之。乃令都指揮使李存信將步騎三萬，與李承嗣、史儼會軍以拒汴人。存信軍於莘，與朱瑾合勢頻挫汴軍。”明本《册府》卷三四七《將帥部·佐命門八》李承嗣條：“昭宗乾寧二年，兖、鄆爲汴人所攻，勢漸危蹙，遣使乞師於武皇，武皇遣承嗣帥三千騎假道於魏，度河援之。時李存信屯于莘縣，既而羅弘信背盟，掩擊王師，因玆隔絶。及朱瑄、朱瑾失守，承嗣、朱瑾、史儼同入淮南。”《通鑑》卷二六〇乾寧二年十二月條：“朱瑄、朱瑾屢爲朱全忠所攻，民失耕稼，財力俱弊。告急於河東，李克用遣大將史儼、李承嗣將數千騎假道於魏以救之。”

［13］中都：縣名。治所在今山東汶上縣。

［14］汴橋：橋名。位於今河南開封市。　“乾寧四年正月”至“倶斬於汴橋下”：《輯本舊史》傳末之案語：“《舊唐書》云：瑄與妻榮氏出奔至中都，爲野人所害，傳首汴州，榮氏至汴州爲尼。與《薛史》異。”見《舊唐書》卷一八二《朱瑄傳》。《宋本册府》卷一八七乾寧四年正月：“帝以洹水之師大舉伐鄆。辛卯，營

于濟水之次，龐師古令諸將撤木爲橋。乙未夜，師古以中軍先濟，聲振于鄆。朱瑄聞之，棄壁夜走。葛從周逐之，至中都北，擒瑄并其妻男以獻，尋斬汴橋下，鄆州平。”《通鑑》卷二六一乾寧四年正月辛卯、癸巳、丙申條：“龐師古、葛從周併兵攻鄆州，朱瑄兵少食盡，不復出戰，但引水爲深壕以自固。辛卯，師古等營於水西南，命爲浮梁。癸巳，潛決濠水。丙申，浮梁成，師古夜以中軍先濟。瑄聞之，棄城奔中都，葛從周逐之，野人執瑄及妻子以獻。”同年二月戊申條：“全忠乃送瑾妻於佛寺爲尼，斬朱瑄於汴橋。”

[15]《大典》卷二〇三三“朱”字韻“姓氏（七）”事目。

朱瑾

朱瑾，瑄從父弟。[1]雄武絶倫，性頗殘忍。光啓中，瑾與兗州節度使齊克讓婚，[2]瑾自鄆盛飾車服，私藏兵甲，以赴禮會。親迎之夜，甲士竊發，擄克讓，自稱留後。及蔡賊鴟張，瑾與太祖連衡，同討宗權，前後屢捷，以功正授兗州節度使。[3]既得士心，有兼并天下之意，太祖亦忌之。瑾以厚利招誘太祖軍士，[4]以爲間諜。及太祖攻鄆，瑾出師來援，累與太祖接戰。

[1]朱瑾，瑄從父弟：《新五代史》卷四二《朱瑾傳》同，《舊唐書》卷一八二《朱瑾傳》云“朱瑾，瑄之母弟”，《新唐書》卷一八八《朱宣傳》則作“弟瑾”。

[2]兗州：此處代指泰寧軍。　齊克讓：人名。籍貫不詳。唐末將領。事見《通鑑》卷二五三、卷二五四、卷二五六。

[3]“光啓中”至“以功正授兗州節度使”：《舊唐書·朱瑾傳》載：“初乾符末，朝廷以將軍齊克讓爲兗州節度。瑾將襲取之，

乃求婚於克讓。及親迎，瑾選勇士衛從，禮會之夜竊發，逐克讓，遂據城稱留後。”《宋本册府》卷四一三《將帥部·召募門》：“朱瑾爲兖州節度使，募驍勇數百人，黥雙雁於其頰，立爲雁子都。”《新五代史》卷一《梁太祖紀上》光啓三年（887）十月條：“朱宣、朱瑾兵助汴，已破宗權東歸。”《通鑑》卷二五六光啓二年是歲條：“是歲，天平牙將朱瑾逐泰寧節度使齊克讓，自稱留後。瑾將襲兖州，求婚於克讓，乃自鄆盛飾車服，私藏兵甲以赴之。親迎之夕，甲士竊發，逐克讓而代之。朝廷因以瑾爲泰寧節度使。”朱玉龍《五代十國方鎮年表》：“泰寧軍節度使、兖州刺史、管内觀察處置等使，唐舊鎮，梁、唐、晋、漢因之，後周廣順二年五月降爲防禦州。”（中華書局1997年版，第24頁）

［4］瑾以厚利招誘太祖軍士：《輯本舊史》卷一三《朱瑄傳》：“先是，瑄、瑾駐於大梁，覩太祖軍士驍勇，私心愛之。及歸，厚懸金帛於界上以誘焉。”《宋本册府》卷一八七《閏位部·勳業門五》光啓三年九月條：“帝之禦蔡寇也，鄆州朱瑄、兖州朱瑾皆領兵來援。及宗權既敗，帝以瑄、瑾宗人也，又有力於己，皆厚禮以歸之。瑄、瑾以帝軍士勇悍，私心愛之，乃密於曹、濮界上，懸金帛以誘之，帝軍利其貨而赴者甚衆，帝乃移檄以讓之。”

乾寧二年春，太祖令大將朱友恭攻瑾，[1]掘塹栅以環之。朱瑄遣將賀瓌及蕃將何懷寶赴援，[2]爲友恭所擒。[3]十一月，瑾從兄齊州刺史瓊以州降，[4]太祖令執賀瓌、懷寶及瓊以狗於城下，[5]語曰：[6]“卿兄已敗，早宜效順。”瑾僞遣牙將胡規持書幣送降。[7]太祖自至延壽門外，[8]與瑾交語。瑾謂太祖曰：“欲令大將送符印，願得兄瓊來押領，所貴骨肉，盡布腹心也。”太祖遣瓊與客將劉捍取符筩，[9]瑾單馬立於橋上，揮手謂捍曰：“可令兄來，余有密款。”即令瓊往。瑾先令騎士董懷進伏于橋下，[10]及瓊至，懷進突出，擒瓊而入，俄而斬瓊首投於城外，太祖乃班師。[11]

[1]朱友恭：人名。壽春（今安徽壽縣）人。本姓李，朱温養子。傳見《新唐書》卷二二三下、本書卷一九、《新五代史》卷四三。

[2]賀瓌：人名。濮陽（今河南濮陽市）人。後梁將領。傳見本書卷二三、《新五代史》卷二三。　何懷寶：人名。籍貫不詳。後梁將領。事見本書本卷、卷一、卷二三。

[3]“乾寧二年春”至“爲友恭所擒”：亦見明本《册府》卷九四三《總録部·不誼門》。《輯本舊史》卷二三《賀瓌傳》：“乾寧二年十月，太祖親征兖、鄆。十一月，瑄遣瓌與太原將何懷寶率兵萬餘人以援朱瑾，師次待賓館，斷我糧運。太祖偵知之，自中都引軍夜馳百餘里，遲明至鉅野東，與瓌等接戰，兖人大敗。瓌竄於棘塚之上，大呼曰：‘我是鄆州都將賀瓌，願就擒，幸勿傷也。’太祖聞之，馳騎至塚前，遂擒之。并獲何懷寶及將吏數十人。”《新五代史》卷二三《賀瓌傳》：“事鄆州朱宣爲都指揮使。梁太祖攻朱瑾于兖州，宣遣瓌與何懷寶、柳存等以兵萬人救兖州，瓌趨待賓館，欲絶梁餉道。梁太祖略地至中都，得降卒，言瓌等兵趨待賓館矣！以六壬占之，得‘斬關’，以爲吉，乃選精兵夜疾馳百里，期先至待賓以逆瓌，而夜黑，兵失道，旦至鉅野東，遇瓌兵，擊之，瓌等大敗。瓌走，梁兵急追之，瓌顧路窮，登塚上大呼曰：‘我賀瓌也，可勿殺我！’太祖馳騎取之，并取懷寶等數十人，降其卒三千餘人。”

[4]齊州刺史：《舊五代史考異》：“案：原本齊州作‘濟州’，據《通鑑》及《北夢瑣言》改正。”見《通鑑》卷二六〇乾寧二年（895）十一月丁巳條後、《北夢瑣言》卷一六朱瑾殺兄條。　瓊：

人名。即朱瓊。宋州下邑（今河南夏邑縣）人。唐末將領。事見本書卷一、《通鑑》卷二六〇。

［5］太祖令執賀瓌懷寶及瓊以狥於城下：明本《册府》卷九四三無“以”字。

［6］語曰：明本《册府》卷九四三作“謂瑾曰。”

［7］牙將：官名。古代軍隊中的中低級軍官。　胡規：人名。兖州（今山東濟寧市兖州區）人。唐末、五代將領。傳見本書卷一九。中華書局本有校勘記：“原作‘瑚兒’，據《册府》卷九四三、《北夢瑣言》卷一六、《新五代史》卷四二《朱瑾傳》改。按本書卷五九有《胡規傳》。”　書幣：泛指修好通聘問的書劄禮單及禮品。

［8］延壽門：兖州城門之一。《通鑑》卷二六〇胡注：“延壽門，蓋兖州城門也。”

［9］客將：官名。亦稱典客。唐末、五代藩鎮負責接待賓客、出使等外交職責的武官。品秩詳見吴麗娱《試論晚唐五代的客將、客司與客省》，《中國史研究》2002 年第 4 期。　劉捍：人名。開封（今河南開封市）人。後梁將領。傳見本書卷二〇、《新五代史》卷二一。　符笥：明本《册府》卷九四三作“符印”。

［10］董懷進：人名。籍貫不詳。五代將領。本書僅此一見。　騎士董懷進：明本《册府》卷九四三作“驍果董懷進。”

［11］“十一月”至“太祖乃班師”：亦見明本《册府》卷九四三。《宋本册府》卷一八七《閏位部·勳業門五》乾寧二年：“十月，帝駐軍於鄆，齊州刺史朱瓊遣使請降，瓊即瑾之從父兄也。帝因移軍至兖，瓊果來降，未幾，瓊爲朱瑾所紿，掠而殺之。”《通鑑》卷二六〇乾寧二年十一月辛巳條：“朱瑾僞遣使請降於朱全忠，全忠自就延壽門下與瑾語。瑾曰：‘欲送符印，願使兄瓊來領之。’辛巳，全忠使瓊往，瑾立馬橋上，述驍果董懷進於橋下，瓊至，懷進突出，擒之以入，須臾，擲首城外。”

及鄆州陷，龐師古乘勝攻兖，瑾與李承嗣方出兵求芻粟於豐、沛間，[1]瑾之二子及大將康懷英、判官辛綰、小校閻寶以城降師古。[2]瑾無歸路，即與承嗣將麾下士將保沂州，[3]刺史尹處賓拒關不納，[4]乃保海州。[5]爲師古所逼，遂擁州民渡淮依楊行密，[6]行密表瑾領徐州節度使。[7]龐師古渡淮，行密令瑾率師以禦之，清口之敗，[8]瑾有力焉。[9]自是瑾率淮軍連歲北寇徐、宿，大爲東南之患。[10]

[1]豐：縣名。治所在今江蘇豐縣。　沛：縣名。治所在今江蘇沛縣。

[2]瑾之二子：《輯本舊史》之原輯者案語："《新唐書》作'子用貞'。"見《新唐書》卷一〇《昭宗紀》乾寧四年（897）二月條。　康懷英：人名。兖州（今山東濟寧市兖州區）人。唐末、五代將領。本名懷貞，避後梁末帝朱友貞諱改懷英。傳見本書卷二三、《新五代史》卷二二。　判官：官名。爲長官的佐吏，協理政事，或備差遣。　辛綰：人名。籍貫不詳。唐末官員。本書僅此一見。　閻寶：人名。鄆州（今山東東平縣）人。五代後唐將領。傳見本書卷五九、《新五代史》卷四四。中華書局本有校勘記："原作'閻實'，據殿本、劉本、邵本校改。按本書卷五九、《新五代史》卷四四有《閻寶傳》。"　"及鄆州陷"至"以城降師古"：《輯本舊史》卷二三《康懷英傳》："唐乾寧四年春，太祖既平鄆，命葛從周乘勝急攻兖州，時朱瑾在豐、沛間搜索糧餉，留懷英守其城，及從周軍至，懷英聞鄆失守，乃出降。"《宋本册府》卷一八七《閏位部·勳業門五》乾寧四年正月："己亥，帝入于鄆，以朱友裕爲鄆州兵馬留後。時帝聞朱瑾與朱儼兒在豐、沛間搜索糧饋，惟留康懷英以守兖州，帝因承勝遣葛從周以大軍襲兖。懷英聞鄆失守，俄

又我軍大至，乃出降。朱瑾、史儼兒遂奔淮南，兗、海、沂、密等州並平。”明本《册府》卷四三八《將帥部·奔亡門》：“梁朱瑾，唐末爲兗州節度使。兄瑄在鄆州。及龐師古陷鄆州，與李承嗣方出兵，求芻粟于豐、沛間。瑾之二子及大將康懷英、判官辛綰、小校閻寶以城降于師古。”《新五代史·康懷英傳》：“事朱瑾爲牙將，梁兵攻瑾，瑾出略食豐、沛間，留懷英守城，懷英即以城降梁，瑾遂奔于吴。”同書卷四四《閻寶傳》：“少爲朱瑾牙將，瑾走淮南，寶降於梁。”《通鑑》卷二六一乾寧四年二月戊申條：“朱瑾留大將康懷貞守兗州，與河東將史儼、李承嗣掠徐州之境以給軍食。全忠聞之，遣葛從周將兵襲兗州。懷貞聞鄆州已失守，汴兵奄至，遂降。”

[3]瑾無歸路：中華書局本有校勘記：“‘路’字原闕，據《册府》卷四三八補。”見明本《册府》卷四三八《將帥部·奔亡門》。沂州：州名。治所在今山東臨沂市。

[4]尹處賓：人名。籍貫不詳。唐末將領。本書僅此一見。《輯本舊史》之原輯者案語：“《新唐書》作‘尹懷賓’。”見《新唐書》卷一八八《朱宣傳》。

[5]海州：州名。治所在今江蘇連雲港市海州區。

[6]楊行密：人名。廬州合淝（今安徽合肥市）人。唐末軍閥，後追爲五代十國時期吴國太祖。傳見《新唐書》卷一八八、本書卷一三四、《新五代史》卷六一。　遂擁州民渡淮依楊行密：《輯本舊史》之原輯者案語：“《新唐書》：刺史朱用芝以其衆與瑾奔楊行密。”見《新唐書》卷一八八《朱宣傳》。

[7]“瑾無歸路”至“行密表瑾領徐州節度使”：亦見明本《册府》卷四三八《將帥部·奔亡門》，表述略異：“瑾無歸路，即與承嗣將麾下兵走沂州。沂州刺史尹處賓拒關不納，乃走海州，爲師古所迫，遂擁州民渡淮，依楊行密，表瑾領徐州節度使。”《輯本舊史》卷二六《唐武皇紀下》乾寧四年正月條：“乾寧四年正月，汴軍陷兗、鄆，騎將李承嗣、史儼與朱瑾同奔於淮南。”同書卷五五《李承嗣傳》：“及瑄、瑾失守，承嗣與朱瑾、史嚴同入淮南。承

嗣、史儼皆驍將也，淮人得之，軍聲大振。”同卷《史儼傳》：“及朱瑾失守，與李承嗣等奔淮南。淮人比善水軍，不閑騎射，既得儼等，軍聲大振。尋挫汴軍於清口，其後併鍾傳，擒杜洪，削錢鏐，成行密之霸迹者，皆儼與承嗣之力也。”明本《册府》卷二三〇《僭僞部・懷附門》：“唐乾寧四年，梁祖平兗、鄆，朱瑾及沙陀將李承嗣、史儼等皆奔淮南，行密待之優厚，任爲將，瑾與承嗣皆位至方伯。”《新五代史》卷一《梁太祖紀上》乾寧四年正月條：“龐師古克鄆州，王如鄆州，以朱友裕爲留後。遂攻兗州。朱瑾奔于淮南。”同年九月條：“攻淮南，龐師古出清口，葛從周出安豐，王軍屯于宿州。楊行密遣朱瑾先擊清口，師古敗死。從周亟返兵，至于淠河，瑾又敗之。王懼，馳歸。”《通鑑》卷二六一乾寧四年條二月戊申條：“二月，戊申，從周入兗州，獲瑾妻子。朱瑾還，無所歸，帥其衆趨沂州，刺史尹處賓不納，走保海州，爲汴兵所逼，與史儼、李承嗣擁州民渡淮，奔楊行密。行密逆之於高郵，表瑾領武寧節度使。”

[8]清口：地名。原爲泗水入淮之口，位於今江蘇淮安市淮陰區。

[9]“龐師古渡淮”至“瑾有力焉”：《輯本舊史》卷五五《李承嗣傳》：“其年九月，汴將龐師古、葛從周出師，將收淮南，朱瑾率淮南軍三萬，與承嗣設伏於清口，大敗汴人，生獲龐師古。”《宋本册府》卷一八七乾寧四年：“九月，帝以兗、鄆既平，士雄勇，遂大舉南征伐。命龐師古以徐、宿、宋、滑之師進趨清口，葛從周以兗、鄆、曹、濮之衆徑赴安豐，淮人遣朱瑾領兵以拒師古，因決水以浸軍，遂爲淮人所敗。師古歿焉，葛從周行及濠、梁，聞師古之敗，亦命班師。”《通鑑》卷二六一乾寧四年十一月癸酉條：“楊行密與朱瑾將兵三萬拒汴軍於楚州，別將張訓自漣水引兵會之，行密以爲前鋒。龐師古營於清口，或曰：‘營地汙下，不可久處。’不聽。師古恃衆輕敵，居常弈棊。朱瑾壅淮上流，欲灌之；或以告師古，師古以爲惑衆，斬之。十一月，癸酉，瑾與淮南將侯瓚將五千

騎潛渡淮，用汴人旗幟，自北來趣其中軍，張訓踰柵而入；士卒蒼黄拒戰，淮水大至，汴軍駭亂。行密引大軍濟淮，與瑾等夾攻之，汴軍大敗，斬師古及將士首萬餘級，餘衆皆潰。葛從周營於壽州西北，壽州團練使朱延壽擊破之，退屯濠州，聞師古敗，奔還。行密、瑾、延壽乘勝追之，及於渒水。從周半濟，淮南兵擊之，殺溺殆盡，從周走免。遏後都指揮使牛存節棄馬步鬬，諸軍稍得濟淮，凡四日不食，會大雪，汴卒緣道凍餒死，還者不滿千人；全忠聞敗，亦奔還。行密遺全忠書曰：'龐師古、葛從周，非敵也，公宜自來淮上決戰。'"

[10]自是瑾率淮軍連歲北寇徐、宿，大爲東南之患：《九國志》卷二《朱瑾傳》："光化二年春，從行密攻彭門，移師侵宋。梁祖屯睢陽以禦瑾，會天大雨，與瑾交綏而退。天復三年，授瑾東面諸道行營都統、平盧軍節度使、同中書平章事。"《通鑑》卷二六三天復三年（906）正月條："楊行密承制加朱瑾東面諸道行營副都統、同平章事。"

及行密卒，子渭繼立，[1]以徐温子知訓爲行軍副使，[2]寵遇頗深。後楊溥僭號，[3]知訓爲樞密使，[4]知政事，以瑾爲同平章事，仍督親軍。時徐温父子恃寵專政，慮瑾不附己，[5]貞明四年六月，[6]出瑾爲淮寧軍節度使。[7]知訓設家宴以餞瑾，瑾事之逾遜。翌日，詣知訓第謝，留門久之，知訓家僮私謂瑾曰："政事相公此夕在白牡丹妓院，侍者無得往。"瑾謂典謁曰：[8]"吾不奈朝饑，且歸。"既而知訓聞之，愕然曰："晚當過瑾。"瑾厚備供帳。瑾有所乘名馬，冬以錦帳貯之，夏以羅幬護之。愛妓桃氏有絶色，[9]善歌舞。及知訓至，奉卮酒爲壽，初以名馬奉，知訓喜而言曰："相公出鎮，與吾暫别，離恨可知，願此盡歡。”瑾即延知訓於中堂，出桃氏。酒既醉，瑾斬知訓首，[10]示其部下。因以其衆急趨衙城，[11]知訓之黨已闔門矣，唯瑾得獨入，與衙兵戰。[12]復踰城而出，傷足，求馬不獲，遂自刎。[13]暴其屍於市，盛夏無蠅蛆，徐温令投之于江，部人竊收葬之。温疾亟，夢瑾被髮引滿將射之。温乃爲之禮葬，立祠以祭之。[14]《永樂大典》卷二千三十一。[15]

[1]渭：人名。即楊渭、楊隆演。廬州合淝（今安徽合肥市）人。楊行密之子，楊渥之弟。五代十國時期吴國國主。908年至920年在位。傳見本書卷一三四、《新五代史》卷六一。

[2]徐温：人名。海州朐山（今江蘇連雲港市海州區）人。五代十國時期吴國大臣，南唐政權的實際奠基者。傳見《新五代史》卷六一。　知訓：人名。即徐知訓。徐温之子。曾藉徐温專權之勢欺侮吴主楊隆演，後爲朱瑾所殺。事見《新五代史》卷六一。　行軍副使：官名。當爲執掌部隊調度、作戰之軍事副官。

[3]楊溥：五代十國南吴睿帝，後禪位於徐知誥。傳見本書卷一三四、《新五代史》卷六一。

[4]樞密使：官名。樞密院長官。五代時以士人爲之，備顧問，參謀議，出納詔奏，權侔宰相。参見李全德《唐宋變革期樞密院研究》，國家圖書館出版社2009年版。

[5]時徐温父子恃寵專政，慮瑾不附己：《舊五代史考異》：“案陳彭年《江南别録》云：徐知訓初學兵法于朱瑾，瑾悉心教之。後與瑾有隙，夜遣壯士殺瑾，瑾手刃數人，埋于舍後。”

[6]貞明：後梁末帝朱友貞年號（915—921）。

[7]淮寧軍：方鎮名。治所在蔡州（今河南汝南縣）。中華書局本有校勘記：“‘淮寧軍’，《通鑑》卷二七〇、《新五代史》卷三〇《朱瑾傳》、馬令《南唐書》卷八、《九國志》卷二作‘静淮

軍’。《舊五代史考異》卷一：‘案原本“淮寧”作“懷寧”，今據《九國志》改正。’按今檢《九國志》卷二作‘静淮軍’。”見《通鑑》卷二七〇貞明四年（918）六月條後、《新五代史》卷四二《朱瑾傳》、《南唐書》卷八《徐知訓傳》、《九國志》卷二《朱瑾傳》。

［8］典謁：官名。東宫屬官。掌引見賓客。從九品下。

［9］愛妓桃氏有絶色：《輯本舊史》之原輯者案語：“《九國志》作‘妻陶氏’。《五國故事》作‘愛姬姚氏’。”見《九國志·朱瑾傳》、《五國故事》卷上《僞吴楊氏》。

［10］瑾斬知訓首：《舊五代史考異》：“案：《五國故事》作以手板擊殺之。馬令《南唐書》云：知訓因求馬於瑾，瑾不與，遂有隙。俄出瑾爲静淮節度使，瑾詣知訓别，且願獻前馬。知訓喜，往謁瑾家。瑾妻出拜，知訓答拜，瑾以笏擊踣，遂斬知訓。”見《五國故事·僞吴楊氏》《南唐書·徐知訓傳》。

［11］衙城：州府署衙垣墻。

［12］唯瑾得獨入，與衙兵戰：《輯本舊史》之案語：“《九國志·翟虔傳》云：虔驅率散卒共閉關，瑾以是不得出。”見《九國志》卷二《翟虔傳》。

［13］遂自刎：《輯本舊史》之原輯者案語：“《九國志·米志誠傳》：志誠被甲親從十餘騎至天興門，問瑾所向，聞瑾已死，乃歸。”見《九國志》卷二《米志誠傳》。按“志誠被甲親從十餘騎”，《九國志》作：“志誠聞之，被甲引其子並親從十餘騎。”

“及知訓至”至“遂自刎”：《新五代史》卷六一《吴世家》天祐十五年（918）四月條：“夏四月，副都統朱瑾殺徐知訓，瑾自殺。……知訓又與朱瑾有隙，瑾已殺知訓，攜其首馳府中示隆演，曰：‘今日爲吴除患矣！’隆演曰：‘此事非吾敢知。’遽起入内。瑾忿然，以首擊柱，提劍而出，府門已闔，踰垣，折其足，遂自刎死。米志誠聞瑾殺知訓，被甲率其家兵至天興門問瑾所在，聞瑾死，乃還。徐温疑志誠助瑾，遣使殺之。”《通鑑》卷二七〇貞明四年六月乙卯條後：“平盧節度使、同平章事、諸道副都統朱瑾遣家妓通候問於知訓，知訓强欲私之，瑾已不平。知訓惡瑾位加己上，置静淮軍於泗州，出瑾爲静淮節度使，瑾益恨之，然外事知訓愈謹。瑾有所愛馬，冬貯於幄，夏貯於幬；寵妓有絶色；知訓過别瑾，瑾置酒，自捧觴，出寵妓使歌，以所愛馬爲壽，知訓大喜。瑾因延之中堂，伏壯士於户内，出妻陶氏拜之，知訓答拜，瑾以笏自後擊之踣地，呼壯士出斬之。瑾先繫二悍馬於廡下，將圖知訓，密令人解縱之，馬相蹄齧，聲甚厲，以是外人莫之聞。瑾提知訓首出，知訓從者數百人皆散走。瑾馳入府，以首示吴王曰：‘僕已爲大王除害。’王懼，以衣障面，走入内，曰：‘舅自爲之，我不敢知！’瑾曰：‘婢子不足與成大事！’以知訓首擊柱，挺劍將出，子城使翟虔等已闔府門勒兵討之，乃自後踰城，墜而折足，顧追者曰：‘吾爲萬人除害，以一身任患。’遂自剄。……瑾已死，因撫定軍府。時徐温諸子皆弱，温乃以知誥代知訓執吴政，沈朱瑾尸於雷塘而滅其族。”

[14]温乃爲之禮葬，立祠以祭之：《通鑑》卷二七〇貞明四年七月戊戌條：“吴徐温入朝于廣陵，疑諸將皆預朱瑾之謀，欲大行誅戮。徐知誥、嚴可求具陳徐知訓過惡，所以致禍之由，温怒稍解，乃命網瑾骨於雷塘而葬之。”

[15]《大典》卷二〇三一“朱”字韻“姓氏（五）”事目。《舊五代史考異》：“按，馬令《南唐書》云：初，宿衛將李球、馬謙挾楊隆演登樓，取庫兵以誅知訓，陣于門橋。知訓與戰，頻却。朱瑾適自外來，以一騎前視其陣，曰：‘不足爲也。’因反顧一麾，外兵争進，遂斬球、謙，亂兵皆潰。瑾嘗有德於知訓者也，及其凶終，吴人皆謂曲在知訓。”見《南唐書·徐知訓傳》。《輯本舊史》於傳末引《五代史補》：“瑾之奔淮南也，時行密方圖霸，其爲禮待，有加于諸將數等。瑾感行密見知，欲立奇功爲報，但恨無入陣馬，忽忽不樂。一日晝寢，夢老叟，眉髮皓然，謂瑾曰：‘君長恨無入陣馬，今馬生矣。’及厩隸報，適退槽馬生一駒，見卧未能起。

瑾驚曰：‘何應之速也！’行往視之，見骨目皆非常馬，大喜曰：‘事辦矣。’其後破杜洪，取鍾傳，未嘗不得力焉。初，瑾之來也，徐温覩其英烈，深忌之，故瑾不敢預政。及行密死，子溥嗣位，温與張鎬争權（《輯本舊史》之影庫本粘籤：‘張鎬，《九國志》作張灝，與《五代史補》異，今姑仍其舊。’按，《九國志》卷三《徐温傳》實作‘張顥’），襲殺鎬，自是事無大小，皆決于温。既而温復爲自安之計，乃以子知訓自代，然後引兵出居金陵，實欲控制中外。知訓尤恣横，瑾居常嫉之。一旦知訓欲得瑾所乘馬，瑾怒，遂擊殺知訓，提其首請溥起兵誅温。溥素怯懦，見之掩面而走。瑾曰：‘老婢兒不足爲計。’亦自殺，中外大駭且懼。温至，遽以瑾屍暴之市中。時盛暑，肌肉累日不壞，至青蠅無敢輒泊。人有病者，或于暴屍處取土煎而服之，無不愈。”

時溥[1]

［1］《時溥傳》，《輯本舊史》之原輯者案語：“《薛史·時溥傳》，《永樂大典》原闕。今考《册府元龜》引梁時溥一條，當係《薛史》原文，謹爲補入。”所録者爲《宋本册府》卷四一二《將帥部·得士心門》，不能證明其録自《薛史·時溥傳》。後又録《舊唐書》卷一八二《時溥傳》文字。中華書局本沿之。

時溥，徐州彭城人，爲州牙將。[1]黄巢據長安，詔徵天下兵進討。[2]

［1］彭城：縣名。治所在今江蘇徐州市。　時溥，徐州彭城人，爲州牙將：《新唐書》卷一八八《時溥傳》。

［2］黄巢據長安，詔徵天下兵進討：《舊唐書》卷一八二《時溥傳》。

中和二年，武寧軍節度使支詳遣溥與副將陳璠率師五千赴難。[1]行至河陰，[2]軍亂，剽河陰縣迴。溥招合撫諭，其衆復集，懼罪，屯于境上。詳遣人迎犒，悉恕之，溥乃移軍向徐州。既入，軍人大呼，推溥爲留後，送詳於大彭館。[3]溥大出資裝，遣陳璠援詳歸京。詳宿七里亭，[4]其夜爲璠所殺，舉家屠害。溥以璠爲宿州刺史，[5]竟以違命殺詳，溥誅璠，又令别將帥軍三千赴難京師。天子還宫，授之節鉞。[6]

[1]武寧軍：方鎮名。治所在徐州（今江蘇徐州市）。據《通鑑》卷二五四胡注，此處當爲"感化軍"。　支詳：人名。籍貫不詳。唐末將領。事見《新唐書》卷二二二中、《通鑑》卷二五二。　副將：官名。相對主將而言。亦稱裨將軍。　陳璠：人名。籍貫不詳。唐末將領。事見本書本卷。

[2]河陰：縣名。治所在今河南滎陽市。

[3]大彭館：地名。位於今江蘇徐州市西南。

[4]七里亭：地名。位於今江蘇徐州市西北。在彭城以西七里，故名。

[5]宿州：州名。治所在今安徽宿州市。

[6]"中和二年"至"授之節鉞"：《舊唐書》卷一八二《時溥傳》。按時溥逐支詳，諸書記載不一。《舊唐書·時溥傳》繫於中和二年（882）。《舊唐書》卷一九下《僖宗紀》繫於廣明元年（880）九月："徐軍已至河陰，聞許軍亂，徐將時溥亦以戍兵還徐，逐節度使支詳。"《宋本册府》卷五一五《憲官部·剛正門二》王華條："廣明中，徐之偏將時溥逐支詳，擅稱留後。中和中，朝廷加節制。"《新唐書》卷九《僖宗紀》繫於中和元年八月："感化軍將時溥逐其節度使支詳，自稱留後。"《通鑑》卷二五四繫於中和

元年八月："武寧節度使支詳遣牙將時溥、陳璠將兵五千入關討黄巢，二人皆詳所獎拔也。溥至東都，矯稱詳命，召師還與璠合兵，屠河陰，掠鄭州而東。及彭城，詳迎勞，犒賞甚厚。溥遣所親説詳曰：'衆心見迫，請公解印以相授。'詳不能制，出居大彭館，溥自知留務。璠謂溥曰：'支僕射有惠於徐人；不殺，必成後悔。'溥不許，送詳歸朝。璠伏甲於七里亭，并其家屬殺之。詔以溥爲武寧留後。溥表璠爲宿州刺史，璠到官貪虐，溥以都將張友代還，殺之。"該條胡注："按《新書·方鎮表》，懿宗咸通十一年，復徐州節鎮，賜號感化軍。自此迄於天復，未嘗復武寧舊額。以下文以感化留後時溥爲節度使證之，武寧誤也，當作'感化'。"同年十二月條："以感化留後時溥爲節度使。"同卷中和二年正月辛未條："以時溥爲催遣綱運租賦防遏使。"《宋本册府》卷四一二《將帥部·得士心門》："時溥，徐州人。初爲州之驍將。唐中和初，秦宗權據蔡州，侵寇藩隣，節度使支詳命溥率師以討之，徐軍屢捷，軍情歸溥，詳即以旄節授之。"據《新唐書》卷九，秦宗權據蔡州爲廣明元年九月事。

三年九月，感化節度使時溥營於溵水；[1]加溥東面兵馬都統。[2]武寧節度使時溥因食中毒，[3]疑判官李凝古而殺之。[4]凝古父損，爲右散騎常侍，[5]在成都，[6]溥奏凝古與父同謀；田令孜受溥賂，[7]令御史臺鞫之。[8]侍御史王華爲損論冤，[9]令孜矯詔移損下神策獄，[10]華拒而不遣。蕭遘奏：[11]"李凝古行毒，事出曖昧，已爲溥所殺，父損相别數年，聲問不通，安得誣以同謀！溥恃功亂法，陵蔑朝廷，欲殺天子侍臣；若徇其欲，行及臣輩，朝廷何以自立！"由是損得免死，歸田里。[12]趙犨遣人間道求救於鄰道，[13]於是周岌、時溥、朱全忠皆引兵救之。[14]

[1]感化：方鎮名。治所在徐州（今江蘇徐州市）。　溵水：水名。自汝水别出，東北流經今西華、商水二縣，至周口市西北入潁水（今沙河）。

[2]兵馬都統：官名。唐朝中後期所置總諸道兵馬專征伐之最高長官，不賜旌節，兵罷則省。　“三年九月”至“加溥東面兵馬都統”：《通鑑》卷二五五中和三年（883）九月條。

[3]武寧：當作“感化”。《通鑑》卷二五五載溥爲武寧節度使，胡注曰：“‘武寧’，當作‘蹙化’。”

[4]李凝古：人名。籍貫不詳。唐末官員。事見本書本卷。

[5]右散騎常侍：官名。中書省屬官。掌侍奉規諷，備顧問應對。正三品下。

[6]成都：府名。治所在今四川成都市。

[7]田令孜：人名。本姓陳。蜀人。唐末宦官。傳見《舊唐書》卷一八四、《新唐書》卷二〇八。

[8]御史臺：官署名。秦、漢始置。古代國家的監察機構。掌糾察官吏違法，肅正朝廷綱紀。大事廷辨，小事奏彈。　鞫（jū）：審問、查詢。

[9]侍御史：官名。秦始置。掌糾舉百官，推鞫獄訟。從六品下。　王華：人名。籍貫不詳。唐末官員。事見本書本卷。

[10]神策獄：指中晚唐的神策軍獄。由宦官專掌。参見王素《唐五代的禁衛軍獄》，《中華文史論叢》1986年第2輯。

[11]蕭遘：人名。蘭陵（今江蘇常州市武進區）人。唐末宰相。傳見《舊唐書》卷一七九。

[12]“武寧節度使溥因食中毒”至“歸田里”：《通鑑》卷二五五中和三年十二月條。

[13]趙犫（chōu）：人名。陳州宛丘（今河南淮陽縣）人。唐

末將領，鎮守陳州，抵禦了黄巢起義軍。傳見本書卷一四、《新五代史》卷四二。

［14］周岌：人名。籍貫不詳。唐末軍閥。事見《舊唐書》卷一九下。　朱全忠：人名。即後梁太祖朱温。紀見本書卷一至卷七、《新五代史》卷一至卷二。　“趙犨遣人間道求救於鄰道”至“皆引兵救之”：《通鑑》卷二五五中和三年條。《舊唐書》卷一九下《僖宗紀》繫於六月。

四年二月，黄巢兵尚强，周岌、時溥、朱全忠不能支，共求救於河東節度使李克用。[1]五月庚辰，時溥遣其將李師悦將兵萬人追黄巢。[2]六月丙午，巢甥林言斬巢兄弟妻子首，[3]將詣溥；遇沙陀博野軍，[4]奪之，并斬言首以獻於溥。[5]七月壬午，時溥遣使獻黄巢及家人首并姬妾，上御大玄樓受之。[6]溥功居第一，[7]加檢校司徒、同中書門下平章事，進檢校太尉、兼中書令、鉅鹿郡王。[8]制曰：[9]“天用日月，司之以晦明；帝賴股肱，寄之以休戚。念其功，則報無所吝；厚其賞，則誡在可危。爾勿徇於驕盈，吾靡勞於姑息也。時溥爲時傑出，臨難慨然，用禮樂爲身基，知德刑爲戰器，文惟附衆，武足取威，萬旅無譁，一方底定。朕以彭門，[10]人兼滄楚，[11]地控淮河，[12]因命專征，果聞善訓，公忠所化，氣俗自平。極將相之崇高，作藩宣之軌則。[13]噫！成功未易，持禄尤難，倚伏相循，安危是繫。朕嘗覽祖宗之紀，每欽兼濟之圖，尚父、汾陽王，[14]太尉、武穆王，[15]皆道合中興，勳高往烈。然子儀以恢弘體國，保富貴於永年；而光弼雖剛正奉公，積猜嫌於晚節。蓋坦懷未至，則全美或虧。言念大臣，足爲前鑒。惟爾竭誠保奉，著節始終，疇咨雖顯於上台，制爵宜加於異姓，彼邦遺事，故老當傳，勿忘銘鼎之恭，用永紳河之誓，服兹休寵，慎乃令圖，庶俾君臣，永於竹帛也。”[16]

[1]河東：方鎮名。治所在太原（今山西太原市）。　“四年二月”至“共求救於河東節度使李克用”：《通鑑》卷二五五中和四年二月條。

[2]李師悦：人名。籍貫不詳。唐末軍閥。事見本書本卷。　五月庚辰，時溥遣其將李師悦將兵萬人追黄巢：《通鑑》卷二五五中和四年（884）五月庚辰條。

[3]林言：人名。籍貫不詳。黄巢之甥。事見《舊唐書》卷二〇〇下。

[4]沙陀：古部族名。原意爲沙漠。沙陀部源出西突厥。隋文帝開皇二年（582），突厥汗國分裂爲東、西突厥。處月部爲西突厥所屬部落，朱邪是處月的别部。唐初，處月部居於大磧（今古爾班通古特沙漠），因稱沙陀突厥。唐中期時西突厥、處月部均已衰落，朱邪部遂自號沙陀，其首領以朱邪爲姓。事詳見《新唐書》卷二一八《沙陀傳》、本書卷二五、《新五代史》卷四末歐陽修考證。參見樊文禮《沙陀的族源及其早期歷史》，《民族研究》1999年第6期。　博野軍：部隊番號。

[5]“六月丙午”至“并斬言首以獻於溥”：《通鑑》卷二五六中和四年六月丙午條。《考異》曰：“《續寶運録》曰：‘尚讓降徐州，黄巢走至碭山，路被諸軍趂逼甚，乃謂外甥朱彦之云云。外甥再三不忍下手，黄巢乃自刎過與外甥。外甥將至，路被沙陀博野奪卻，兼外甥首級一時送都統軍中。’《舊·紀》：‘七月，癸酉，賊將林言斬黄巢、黄揆、黄秉三人首級降。’《舊·傳》：‘巢入泰山，徐帥時溥遣將張友與尚讓之衆掩捕之。至狼虎谷，巢將林言斬巢及二

弟鄴、揆等七人首并妻子函送徐州。'《新·紀》：'七月壬午，黄巢伏誅。'《新·傳》：'巢計蹙，謂林言曰："汝取吾首獻天子，可得富貴，毋爲他人利。"言，巢甥也，不忍。巢乃自刎，不殊，言因斬之，函首將詣時溥，而太原博野軍殺言與巢首俱上。'今從《新·傳》。"見《舊唐書》卷一九下、卷二〇〇下，《新唐書》卷九、卷二二五下。《舊唐書》卷一八二《時溥傳》："及黄巢攻陳州，秦宗權據蔡州，與賊連結。徐、蔡相近，溥出師討之，軍鋒益盛，每戰屢捷。黄巢之敗也，其將尚讓以數千人降溥，後林言又斬黄巢首歸徐州。"

[6]大玄樓：樓名。位於今四川成都市。《通鑑》卷二五六胡注："大玄樓，成都羅城正南門樓。高駢之築成都羅城，既訖功，以《周易》筮之，得《大畜》。駢曰：'畜者，養也。濟以剛健篤實，輝光日新，吉孰大焉！文宜去下存上。'因名大玄城。""七月壬午"至"上御大玄樓受之"：《通鑑》卷二五六中和四年七月壬午條。

[7]溥功居第一：《舊唐書·時溥傳》。

[8]"加檢校司徒"至"鉅鹿郡王"：《新唐書》卷一八八《時溥傳》。《舊唐書》卷一九下《僖宗紀》繫此事於光啓元年（885）三月。光啓元年即中和五年，是年三月改元。

[9]制：帝王命令的一種。唐制，凡行大賞罰，授大官爵，釐革舊政，赦宥慮囚，皆用制書。由中書舍人起草擬定。禮儀等級較高。

[10]彭門：地名。指時溥所據之徐州。

[11]滄楚：指南北。

[12]淮河：河流名。源自今河南桐柏山，流經河南、安徽，從江蘇入洪澤湖。

[13]藩宣：比喻衛國重臣。

[14]尚父、汾陽王：指郭子儀。華州鄭縣（今陝西渭南市華州區）人。唐代大將，平定安史之亂的功臣。後被封汾陽郡王，尊

爲尚父。傳見《舊唐書》卷一二〇、《新唐書》卷一三七。

[15]太尉、武穆王：指李光弼。營州柳城（今遼寧朝陽市）人。唐代大將，平定安史之亂的功臣。後被封臨淮郡王，死後謚“武穆”。傳見《舊唐書》卷一一〇、《新唐書》卷一三六。

[16]“制曰”至“永於竹帛也”：《宋本册府》卷一七八《帝王部·姑息門三》光啓元年三月條。

光啓元年三月，秦宗權稱帝，置百官，詔以武寧節度使時溥爲蔡州四面行營兵馬都統以討之。[1]

[1]“光啓元年三月”至“以討之”：《通鑑》卷二五六光啓元年（885）三月條。該條《考異》曰：“《舊·宗權傳》，但云巢賊既誅，僭稱帝號。《實録》：‘明年十月，襄王即位，宗權已稱帝。不從。’《新舊·紀》皆無之，不知宗權以何年月稱帝，今因時溥爲都統書之。”見《舊唐書》卷二〇〇下《秦宗權傳》。《新唐書》卷九《僖宗紀》光啓元年三月己巳條：“時溥爲蔡州四面行營兵馬都統，蕭遘爲司徒，韋昭度爲司空。”

三年閏十一月，感化節度使時溥自以於全忠爲先進，官爲都統，顧不得領淮南，[1]而全忠得之，意甚恨望。全忠以書假道於溥，溥不許。（李）璠至泗州，[2]溥以兵襲之，郭言力戰得免而還，[3]徐、汴始構怨。[4]

[1]淮南：方鎮名。治所在揚州（今江蘇揚州市）。

[2]泗州：州名。治所在今江蘇泗洪縣東南。

[3]郭言：人名。籍貫不詳。唐末、五代將領。傳見本書卷二一。

[4]“三年閏十一月”至“徐、汴始構怨”:《通鑑》卷二五七光啓三年(887)閏十一月條。

文德元年正月,[1]蔡將石璠將萬餘人寇陳、亳,[2]朱全忠遣朱珍、葛從周將數千騎擊擒之。[3]癸亥,以全忠爲蔡州四面行營都統,代時溥,諸鎮兵皆受全忠節度。[4]十一月,時溥自將步騎七萬屯吴康鎮,[5]朱珍與戰,大破之。朱全忠又遣别將攻宿州,刺史張友降之。[6]

[1]文德:唐僖宗李儇年號(888)。

[2]石璠:人名。籍貫不詳。唐末將領。事見本書本卷。　陳:州名。治所在今河南淮陽縣。　亳:州名。治所在今安徽亳州市。

[3]朱珍:人名。徐州豐(今江蘇豐縣)人。後梁朱温部將。傳見本書卷一九、《新五代史》卷二一。　葛從周:人名。濮州鄄城(今山東鄄城縣)人。唐末、五代將領。傳見本書卷一六、《新五代史》卷二一。

[4]“文德元年正月”至“諸鎮兵皆受全忠節度”:《通鑑》卷二五七文德元年(888)正月條。該條《考異》曰:“《新·紀》:‘正月癸亥,全忠爲蔡州都統。’《編遺録》:‘二月癸未,上以時溥阻我兼鎮,具事奏聞。丙戌,上奉唐帝正月二十五日制命,授蔡州四面行營都統。’則丙戌乃全忠受詔之日。《實録》、薛居正《五代史》皆云二月丙戌,因此而誤也。《舊·紀》:‘五月丁酉朔,制以全忠爲蔡州都統。’月日尤誤。今從《編遺録》《新·紀》。”見《新唐書》卷九、《舊唐書》卷二〇上。

[5]吴康鎮:地名。治所在今江蘇豐縣。

[6]張友:人名。籍貫不詳。本書僅此一見。　“十一月”至“刺史張友降之”:《通鑑》卷二五七文德元年十一月條。該條胡注

云：“薛居正《五代史》，朱珍攻豐，下之。時溥以全師會戰豐南吴康里。”見《輯本舊史》卷一九《朱珍傳》。

龍紀元年正月，[1]汴將龐師古拔宿遷，[2]軍于吕梁。[3]時溥逆戰，大敗，還保彭城。[4]朱珍拔蕭縣，[5]據之，與時溥相拒，朱全忠欲自往臨之。七月丁未，至蕭縣，以龐師古代珍爲都指揮使。八月，丙子，全忠進攻時溥壁，會大雨，引兵還。[6]

[1]龍紀：唐昭宗李曄年號（889）。

[2]宿遷：縣名。唐代宗寶應元年（762），爲避代宗李豫之諱，改宿豫縣爲宿遷縣。治所在今江蘇宿遷市。

[3]吕梁：地名。位於今江蘇徐州市。

[4]“龍紀元年正月”至“還保彭城”：《通鑑》卷二五八龍紀元年（889）正月條。

[5]蕭縣：縣名。治所在今江蘇蕭縣。

[6]“朱珍拔蕭縣”至“引兵還”：《通鑑》卷二五八龍紀元年七月丁未、八月丙子條。

大順元年二月，[1]時溥求救於河東，李克用遣其將石君和將五百騎赴之。[2]四月，宿州將張筠逐刺史張紹光，[3]附于時溥；朱全忠帥諸軍討之。溥出兵掠碭山，[4]全忠遣牙内都指揮使朱友裕擊之，[5]殺三千餘人，擒石君和。[6]

[1]大順：唐昭宗李曄年號（890—891）。

[2]石君和：人名。沙陀部人。唐末李克用部將。事見本書卷

一。　“大順元年二月”至“將五百騎赴之”：《通鑑》卷二五八大順元年（890）二月條。

［3］張筠：人名。海州（今江蘇連雲港市海州區）人。唐末軍閥。傳見本書卷九〇、《新五代史》卷四七。　張紹光：人名。籍貫不詳。本書僅此一見。

［4］碭（dàng）山：縣名。治所在今安徽碭山縣。

［5］牙内都指揮使：官名。又稱衙内都指揮使。節度使府衙内部隊統兵將領。

［6］“四月”至“擒石君和”：《通鑑》卷二五八大順元年四月條。該條《考異》曰：“郗象《梁太祖實録》，前云四月丙辰，後云乙卯溥出兵。按《長曆》，乙卯，三月晦日。《實録》誤也。”

二年十一月乙丑，時溥將劉知俊帥衆二千降於朱全忠。[1]溥軍自是不振。[2]

［1］劉知俊：人名。徐州沛縣（今江蘇沛縣）人。五代將領。傳見本書本卷、《新五代史》卷四四。

［2］“二年十一月乙丑”至“溥軍自是不振”：《通鑑》卷二五八大順二年（891）十一月條。《舊唐書》卷二〇上《昭宗紀》大順二年十一月條：“朱全忠上表，請移時溥節鎮。是月，汴軍陷宿州，乃授溥太子太師。溥將劉知俊降汴軍。”

景福元年二月丁亥，朱全忠連年攻時溥，徐、泗、濠三州民不得耕穫，[1]兖、鄆、河東兵救之，皆無功，復值水災，人死者什六七。溥困甚，請和於全忠，全忠曰：“必移鎮乃可。”溥許之。全忠乃奏請移溥他鎮，仍命大臣鎮徐州。詔以門下侍郎、同平章事劉崇望同平章事，[2]充感化節度使，以溥爲太子太師。[3]溥恐全忠詐而殺之，據城不奉詔，崇望及華陰而還。[4]四月，時溥遣兵南侵，至楚州，[5]楊行密將張訓、李德誠敗之于壽河，[6]遂取楚州，執其刺史劉瓚。[7]時溥迫監軍奏稱將士留己，[8]冬，十月，復以溥爲侍中、感化節度。[9]朱全忠奏請追溥新命；詔諭解之。[10]十一月，時溥、濠州刺史張璲、泗州刺史張諫以州附于朱全忠。[11]乙未，朱全忠遣其子友裕將兵十萬攻濮州，拔之，執其刺史邵倫，[12]遂令友裕移兵擊時溥。[13]

[1]濠：州名。治所在今安徽鳳陽縣。

[2]門下侍郎：官名。門下省次官，常加“同中書門下平章事”銜爲宰相。正二品。　劉崇望：人名。洛陽（今河南洛陽市）人。唐末宰相。傳見《舊唐書》卷一七九、《新唐書》卷九〇。

[3]太子太師：官名。與太子太傅、太子太保統稱太子三師。隋、唐以後多作加官或贈官。從一品。

[4]華陰：縣名。治所在今陝西華陰市。　“朱全忠連年攻時溥”至“崇望及華陰而還”：《通鑑》卷二五九景福元年（892）二月丁亥條。

[5]楚州：州名。治所在今江蘇淮安市。

[6]張訓：人名。籍貫不詳。唐末將領。事見《新唐書》卷一八八。　李德誠：人名。廣陵（今江蘇揚州市）人。唐末、五代軍閥、大臣。在南唐建立過程中發揮過重要作用。事見《新唐書》卷一八八、卷一八九。　壽河：水名。即今江蘇淮安市東南大溪河。

[7]劉瓚：人名。籍貫不詳。唐末將領。事見本書卷一九。“四月，時溥遣兵南侵”至“執其刺史劉瓚”：《通鑑》卷二五九景福元年四月條。

[8]監軍：官名。爲臨時差遣，代表朝廷協理軍務，督察將帥。五代時常以宦官爲監軍。

[9]侍中：官名。秦始置。隋、唐前期爲門下省長官。唐後期多爲大臣加銜，不參與政務，實際職務由門下侍郎執行。正二品。

[10]“時溥迫監軍奏稱將士留己”至“詔諭解之”：《通鑑》卷二五九景福元年十月條。

[11]張璲、張諫：人名。籍貫不詳。唐末官員。事見《新唐書》卷一〇。

[12]邵倫：人名。籍貫不詳。唐末官員。事見本書卷一、卷一六。《輯本舊史》卷一六《張歸霸傳》、《宋本册府》卷一八七《閏位部·勳業門五》均作邵儒。

[13]“十一月”至“遂令友裕移兵擊時溥”：《通鑑》卷二五九景福元年十一月乙未條。

景福二年正月，時溥遣兵攻宿州，刺史郭言戰死。[1]二月，時溥求救於朱瑾，朱全忠遣其將霍存將騎兵三千軍曹州以備之。[2]瑾將兵二萬救徐州，存引兵赴之，與朱友裕合擊徐、兗兵於石佛山下，[3]大破之，瑾遁歸兗州。辛卯，徐兵復出，存戰死。[4]四月，汴軍攻徐州，累月不克。通事官張濤以書白朱全忠云：[5]“進軍時日非良，故無功。”全忠以爲然。敬翔曰：[6]“今攻城累月，所費甚多，徐人已困，旦夕且下，使將士聞此言，則懈於攻取矣。”全忠乃焚其書。癸未，全忠自將如徐州；戊子，龐師古拔彭城，時溥舉族登燕子樓自焚死。[7]

[1]“景福二年正月”至“刺史郭言戰死”：《通鑑》卷二五九

景福二年正月條。

[2]霍存：人名。洺州曲周（今河北曲周縣東北）人。唐末、五代將領。傳見本書卷二一、《新五代史》卷二一。　曹州：州名。治所在今山東曹縣西北。

[3]石佛山：山名。即今江蘇徐州市南雲龍山。其東南嶺有大石佛，故名。

[4]“二月，時溥求救於朱瑾”至“存戰死”：《通鑑》卷二五九景福二年二月辛卯條。

[5]張濤：人名。籍貫不詳。本書僅此一見。

[6]敬翔：人名。同州馮翊（今陝西大荔縣）人。後梁大臣。傳見本書卷一八、《新五代史》卷二一。

[7]燕子樓：樓名。位於今江蘇徐州市。　“四月，汴軍攻徐州”至“時溥舉族登燕子樓自焚死”：《通鑑》卷二五九景福二年(893)四月癸未、戊子條。此兩條之《考異》曰：“《實録》：‘五月，汴州奏拔徐州。’《舊·紀》：‘四月，汴將王重師、牛存節陷徐州。’《舊·傳》：‘溥求援于兖州朱瑾，出兵救之，值大雪，糧盡而還。汴將王重師、牛存節夜乘梯而入，溥與妻子登樓自焚而卒。景福二年也。’《新·紀》：‘四月，戊子，朱全忠陷徐州，時溥死之。’薛居正《五代史·梁紀》：‘丁亥，師古下彭門，梟溥首以獻。’《唐太祖紀年録》：‘四月，澤州李罕之上言：“懷孟降人報汴將龐師古於今月八日攻陷徐州，徐帥時溥舉族皆没。”’温既下徐，方詐請朝廷命帥，昭宗乃以兵部尚書孫儲爲徐帥，既而温以他詞斥去，自以其將鎮之。四月八日，蓋河東傳聞之誤。今從《編遺録》、《新·紀》。”見《舊唐書》卷二〇上、卷一八二，《新唐書》卷一〇。《新唐書》卷一八八《時溥傳》：“朱友裕率軍攻溥，嬰城不出。有語全忠曰：‘軍行非吉日，故師無功。’全忠遣參謀徐璠至軍責諭，友裕答曰：‘溥困且破，乃徇妖辭，士心惰矣。’焚其書，督餫饋，急攻之，溥將徐汶出降。溥求救於朱瑾。全忠自以兵屯曹，將去，留精騎數千授霍存曰：‘事急，可倍道趨之。’瑾兵二萬與溥合攻友

裕，存引兵疾戰，瑾、溥還壁。明日復戰，霍存敗，死之。進逼友裕，友裕堅營不出，瑾食盡，還兗州。全忠使龐師古代友裕，溥分兵固保石佛山，師古攻拔之。自是完壘不戰。王重師、牛存節等梯其堞以入，溥徙金玉與妻子登燕子樓，自焚死，實景福二年。全忠遂有其地，私置守焉。”

王師範

王師範，青州人。父敬武，[1]初爲平盧牙將。[2]唐廣明元年，[3]無棣人洪霸郎合群盜於齊、棣間，[4]節度使安師儒遣敬武討平之。[5]及巢賊犯長安，諸藩擅易主帥，敬武乃逐師儒，自爲留後，[6]王鐸承制授以節鉞。[7]後以出師勤王功，加太尉、平章事。

[1]父敬武：《宋本册府》卷一七八《帝王部·姑息門三》曰：“敬武本青州無棣人。”

[2]平盧：方鎮名。治所在青州（今山東青州市）。

[3]廣明：唐僖宗李儇年號（880—881）。

[4]無棣：縣名。治所在今山東無棣縣。　洪霸郎：人名。無棣（今山東慶雲縣）人。唐末叛亂勢力首領。本書僅此一見。《宋本册府》卷三六〇《將帥部·立功門一三》作“弘霸郎”。　齊：州名。治所在今山東濟南市。　棣：州名。治所在今山東惠民縣。

[5]安師儒：人名。籍貫不詳。唐末軍閥。事見本書本卷、卷一、卷一九。　“唐廣明元年”至“節度使安師儒遣敬武討平之”：《新五代史》卷四二《王師範傳》繫於廣明元年（880）。《新唐書》卷一八七《王敬武傳》繫於中和中。

[6]“及巢賊犯長安”至“自爲留後”：敬武逐師儒，《新唐

書》卷九《僖宗紀》繫於中和二年（882）九月條；同書《王敬武傳》作中和中事。

[7]王鐸：人名。太原（今山西太原市）人。唐末軍閥，曾積極參與平定黃巢起義。傳見《新唐書》卷一八五。　承制：秉承皇帝旨意。有時非出自帝命，爲一種假藉的名義或政治待遇。兩晉、南北朝或後世權臣多有此種名義，以此得自行處置政務、任免官吏，雖稱“承制行事”，但不必取得皇帝同意。

龍紀中，敬武卒，師範年幼，三軍推之爲帥。[1]棣州刺史張蟾叛於師範，[2]不受節度，朝廷乃以崔安潛爲平盧帥，[3]師範拒命。張蟾迎安潛至郡，同討師範。[4]師範遣將盧弘將兵攻蟾，[5]弘復叛，與蟾通謀，僞旋軍，將襲青州。師範知之，遣重賂迎弘，謂之曰：“吾以先人之故，爲軍府所推，年方幼少，未能幹事。如公以先人之故，令不乏祀，公之仁也。如以爲難與成事，乞保首領，以守先人墳墓，亦唯命。”弘以師範年幼，必無能爲，不爲之備。師範伏兵要路，迎而享之，預謂紀綱劉鄩曰：[6]“翌日盧弘至，爾即斬之，酬爾以軍校。”鄩如其言，斬弘於座上，及同亂者數人。因戒厲士衆，大行頒賞，與之誓約，自率之以攻棣州，擒張蟾，斬之。安潛遁還長安。[7]師範雅好儒術，少負縱横之學，故安民禁暴，各有方略，當時藩翰咸稱之。[8]

[1]“龍紀中”至“三軍推之爲帥”：《舊唐書》卷二〇上《昭宗紀》繫於龍紀元年（889）十月己未朔條。《宋本册府》卷一七八《帝王部·姑息門三》繫於大順元年（890）。《新唐書》卷一〇《昭宗紀》、《通鑑》卷二五八繫此事於龍紀元年十月，未書

日。《新唐書》卷一八七《王師範傳》、《通鑑》卷二五八皆曰師範年十六爲留後。

［2］張蟾：人名。籍貫不詳。唐末將領。事見本書本卷、卷二三。《舊五代史考異》："案：原本作'張儋'，今據《新唐書》改正。"《舊唐書·昭宗紀》、卷一七七《崔安潛傳》，《輯本舊史》卷二三《劉鄩傳》，《宋本册府》卷一七八，《新五代史》卷二二《劉鄩傳》，《新唐書·昭宗紀》、《王師範傳》，《通鑑》卷二五八，均作"張蟾"。

［3］崔安潛：人名。清河武城（今山東武城縣）人。唐末大臣。傳見《舊唐書》卷一七七、《新唐書》卷一一四。

［4］"棣州刺史張蟾叛於師範"至"同討師範"：《舊唐書·崔安潛傳》繫上述事於龍紀初。《通鑑》卷二五八繫於龍紀元年十月條。

［5］盧弘：人名。籍貫不詳。唐末將領。事見本書本卷。《輯本舊史》之影庫本粘籤曰："盧弘，《歐陽史》作'盧洪'，蓋避宣祖諱，今仍《薛史》之舊。"見《新五代史·劉鄩傳》、卷四二《王師範傳》。《輯本舊史·劉鄩傳》、《宋本册府》卷一七八、《新唐書·王師範傳》、《通鑑》卷二五八，亦均作"盧弘"。

［6］享：宴請，招待。　紀綱：指僕人。語出《左傳·僖公二十四年》："秦伯送衛於晋三千人，實紀綱之僕。"　劉鄩：人名。密州安丘（今山東安丘市）人。後梁將領。傳見本書卷二三、《新五代史》卷二二。　紀綱劉鄩：《新五代史·王師範傳》作"其僕劉鄩"。

［7］"師範伏兵要路"至"安潛遁還長安"：《舊唐書·昭宗紀》大順二年二月辛巳條："棣州刺史張蟾爲青州將王師範所敗。新授平盧節度使崔安潛自棣州歸朝，復授太子少師。"同年三月辛亥條："三月辛亥朔，以青州權知兵馬留後王師範檢校兵部尚書，兼青州刺史、御史大夫，充平盧軍節度觀察、押新羅渤海兩蕃等使。"《新唐書·王師範傳》曰："蟾請救於朱全忠，全忠馳使諭解，師範拔其城，斬蟾，而安潛不敢入。"《通鑑》卷二五八大順二年

三月乙亥條："師範密謂小校安丘劉鄩曰：'汝能殺弘，吾以汝爲大將。'弘入城，師範伏甲而享之，鄩殺弘於座及其黨數人。師範慰諭士卒，厚賞重誓，自將以攻棣州，執張蟾，斬之；崔安潛逃歸京師。師範以鄩爲馬步副都指揮使。詔以師範爲平盧節度使。"《新五代史·劉鄩傳》："師範表鄩登州刺史，以爲行軍司馬。"

[8]"師範雅好儒術"至"當時藩翰咸稱之"：《宋本册府》卷六七七《牧守部·能政門》作："梁王師範，自昭宗龍紀中爲青州節度使十五年，甚有殊政。縣令、刺史，皆奏儒雅之士爲之，野無閑田，路無拾遺。"《新唐書·王師範傳》："師範喜儒學，謹孝，于法無所私。舅醉殺人，其家訴之，師範厚賂謝，訴者不置，師範曰：'法非我敢亂。'乃抵舅罪。母恚之，師範立堂下，日三四至，不得見三年，拜省户外不敢懈。以青州父母所籍，每縣令至，具威儀入謁，令固辭，師範遣吏挾坐，拜廷中乃出。或諫不可，答曰：'吾恭先世，且示子孫不忘本也。'"

及太祖平兖、鄆，遣朱友恭攻之，師範乞盟，遂與通好。[1]天復元年冬，[2]李茂貞劫遷車駕幸鳳翔，[3]韓全誨矯詔加罪於太祖，[4]令方鎮出師赴難。詔至青州，師範承詔泣下曰："吾輩爲天子藩籬，[5]君父有難，略無奮力者，皆强兵自衛，縱賊如此，使上失守宗祧，危而不持，是誰之過，吾今日成敗以之！"乃發使通楊行密，[6]遣將劉鄩襲兖州，别將襲齊、棣。[7]時太祖方圍鳳翔，師範遣將張居厚部輿夫二百，[8]言有獻於太祖。至華州東城，[9]華將婁敬思疑其有異，[10]剖輿視之，乃兵仗也。居厚等因大呼，[11]殺敬思，聚衆攻西城。時崔胤在華州，[12]遣部下閉關距之，遂遁去。[13]是日，劉鄩下兖州，河南數十郡同日發。[14]太祖怒，遣朱友寧率軍討之。[15]

既而友寧爲青軍所敗，臨陣被擒，傳首於淮南。[16]

［1］“及太祖平兖、鄆”至“遂與通好”：《舊唐書》卷二〇上《昭宗紀》、《通鑑》卷二六一皆繫於乾寧四年（897）二月戊申條。《通鑑》卷二六一光化元年（898）正月條後：“加平盧節度使王師範同平章事。”同卷光化二年十月條：“淄青節度使王師範以沂、密内叛，乞師于楊行密。冬，十月，行密遣海州刺史臺濛、副使王綰將兵助之，拔密州，歸于師範；將攻沂州，先使覘之，曰：‘城中皆偃旗息鼓。’綰曰：‘此必有備，而救兵近，不可擊也。’諸將曰：‘密已下矣，沂何能爲！’綰不能止，乃伏兵林中以待之。諸將攻沂州不克，救兵至，引退；州兵乘之，綰發伏擊敗之。”

［2］天復：唐昭宗李曄年號（901—904）。

［3］李茂貞：人名。深州博野（今河北蠡縣）人。唐末、五代軍閥。傳見本書卷一三二、《新五代史》卷四〇。　鳳翔：方鎮名。治所在鳳翔府（今陝西鳳翔縣）。

［4］韓全誨：人名。籍貫不詳。唐末宦官。傳見《新唐書》卷二〇八。

［5］吾輩爲天子藩籬：《宋本册府》卷三七四《將帥部・忠門五》無“爲”字。

［6］“天復元年冬”至“乃發使通楊行密”：《輯本舊史》之原輯者案語：“《新唐書》：全忠圍鳳翔，昭宗詔方鎮赴難，以師範附全忠，命楊行密部將朱瑾攻青州，且欲代爲平盧軍節度使。師範聞之，哭曰：‘吾爲國守藩，君危不持，可乎！’乃與行密連盟。是師範之通行密，因其將謀見代而始遣使也。《歐陽史》作因乞兵于楊行密，殊失事實，而《薛史》亦未詳載。”見《新唐書》卷一八七《王師範傳》。《通鑑》卷二六三天復三年（903）正月丙午條：“會張濬自長水亦遺之書，勸舉義兵。師範曰：‘張公言正會吾意，夫復何疑！雖力不足，當死生以之。’”

［7］別將襲齊、棣："棣"字原闕，據《宋本册府》卷三七四補。《輯本舊史》卷一六《張歸弁傳》載，歸弁時爲齊州指揮使，"屬青帥王師範叛，遣將詐爲賈人，挽車數十乘，匿兵器於其中，將謀竊發，歸弁察而擒之，州城以寧"。

［8］張居厚：人名。籍貫不詳。唐末王師範牙將。事見《通鑑》卷二六三。《舊唐書·昭宗紀》、《宋本册府》卷一八七《閏位部·勳業門五》、《通鑑》卷二六三天復三年正月丙午條《考異》引《唐太祖紀年録》，均作"張厚"。　師範遣將張居厚部輿夫二百：《通鑑》卷二六三天復三年正月丙午條則作："是日，青州牙將張居厚帥壯士二百將小車至華州東城。"

［9］華州：州名。治所在今陝西渭南市華州區。　至華州東城：中華書局本有校勘記："'東城'，原作'城東'，據《册府》卷三七四、《新五代史》卷四二《王師範傳》、《通鑑》卷二六三乙正。"

［10］婁敬思：人名。籍貫不詳。朱温部將。事見《新唐書》卷一六七《王敬武傳》、《通鑑》卷二六三。

［11］居厚等因大呼：中華書局本有校勘記："'大'字原闕，據《册府》卷三七四補。《通鑑》卷二六三敘其事作'其徒大呼'。"

［12］崔胤：人名。清河武城（今山東武城縣）人。唐末宰相。傳見《舊唐書》卷一七七、《新唐書》卷二二三下。《宋本册府》卷三七四作"崔裔"，爲避宋太祖諱改。

［13］"時崔胤在華州"至"遂遁去"：《新唐書》卷一八七《王師範傳》："遣將張居厚、李彦威以甲槊二百輿紿爲獻者，及華州，先内十輿，閽人覺，衆擐甲譟，殺全忠守將婁敬思。是時崔胤方在華，閉門拒戰，執居厚還全忠。"《宋本册府》卷一八七記載有異，曰：天復三年正月丙辰，"華州留後李存審遣飛騎來告，青州節度使王師範遣牙將張厚輦甲冑弓槊，詐言來獻，欲盜據州城，事覺，已擒之矣"。

［14］河南：泛指黄河以南。　"是日"至"河南數十郡同日發"：《宋本册府》卷一八七繫於唐昭宗天復三年正月丙辰。《新唐

書》卷一〇《昭宗紀》、《通鑑》卷二六三繫於丙午。《通鑑》卷二六三天復三年正月條："時關東兵多從全忠在鳳翔，師範分遣諸將詐爲貢獻及商販，包束兵仗，載以小車，入汴、徐、兖、鄆、齊、沂、河南、孟、滑、河中、陝、虢、華等州，期以同日俱發，討全忠。適諸州者多事泄被擒，獨行軍司馬劉鄩取兖州。時泰寧節度使葛從周悉將其兵屯邢州，鄩先遣人爲販油者入城，詗其虚實及兵所從入；丙午，鄩將精兵五百夜自水竇入，比明，軍城悉定，市人皆不知。"

[15]朱友寧：人名。朱温之侄，唐末、五代將領。傳見本書卷一二、《新五代史》卷一三。

[16]"太祖怒"至"傳首於淮南"：《通鑑》卷二六三天復三年正月丙午條："全忠留節度判官裴迪守大梁，師範遣走卒齎書至大梁，迪問以東方事，走卒色動。迪察其有變，屏人問之，走卒具以實告。迪不暇白全忠，亟請馬步都指揮使朱友寧將兵萬餘人東巡兖、鄆。友寧召葛從周於邢州，共攻師範。全忠聞變，亦分兵先歸，使友寧并將之。"事亦見明本《册府》卷七二一《幕府部·謀畫門二》、《新五代史》卷四三《裴迪傳》。《通鑑》卷二六三天復三年正月庚午條後："王師範遣使以起兵告李克用，克用貽書褒贊之。河東監軍張承業亦勸克用發兵救鳳翔，克用攻晋州，聞車駕東歸，乃罷。"同書卷二六四天復三年三月戊午、戊辰兩條曰："戊午，朱全忠至大梁。王師範弟師魯圍齊州，朱友寧引兵擊走之。師範遣兵益劉鄩軍，友寧擊取之。由是兖州援絶，葛從周引兵圍之。友寧進攻青州；戊辰，全忠引四鎮及魏博兵十萬繼之。"《舊唐書·昭宗紀》記載有異，曰："三月壬寅朔，全忠引四鎮之兵征王師範。先是，大將朱友寧、楊師厚前軍臨淄、青，師範求援于淮南，楊行密遣將王景仁帥衆萬人赴之。"《通鑑》卷二六四天復三年四月乙未條："王師範求救於淮南，乙未，楊行密遣其將王茂章以步騎七千救之，又遣别將將兵數萬攻宿州。全忠遣其將康懷英救宿州，淮南兵遁去。"同年五月丁未條後："朱友寧攻博昌，月餘不拔；朱全忠怒，遣客將劉捍往督之。捍至，友寧驅民丁十餘萬，負木石，牽

牛驢，詣城南築土山，既成，并人畜木石排而築之，冤號聲聞數十里。俄而城陷，盡屠之。進拔臨淄，抵青州城下，遣别將攻登、萊。淮南將王茂章會王師範弟萊州刺史師誨攻密州，拔之。”同年六月乙亥、丙子條：“乙亥，汴兵拔登州。師範帥登、萊兵拒朱友寧於石樓，爲兩栅。丙子，夜，友寧擊登州栅，栅中告急，師範趣茂章出戰，茂章按兵不動。友寧破登州栅，進攻萊州栅。比明，茂章度其兵力已疲，乃與師範合兵出戰，大破之。友寧旁自峻阜馳騎赴敵，馬仆，青州將張土梟斬之，傳首淮南。兩鎮兵逐北至米河，俘斬萬計，魏博之兵殆盡。”

天復三年七月，太祖復令楊師厚進攻，屯于臨朐。[1]師厚累敗青軍，遂進寨於城下。[2]師範懼，乃令副使李嗣業詣師厚乞降，[3]太祖許之。[4]歲餘，遣李振權典青州事，[5]因令師範舉家徙汴。師範將至，縞素乘驢，請罪於太祖。太祖以禮待之，尋表爲河陽節度使。[6]會韓建移鎮青州，[7]太祖帳餞於郊，[8]師範預焉。太祖謂建曰：“公頃在華陰，政事之暇，省覽經籍，此亦士君子之大務。今之青土，政簡務暇，可復修華陰之故事。”建撝謙而已。太祖又曰：“公讀書必須精意，勿錯用心。”太祖以師範好儒，前以青州叛，故以此言譏之。及太祖即位，徵爲金吾上將軍。[9]

[1]楊師厚：人名。潁州斤溝（今安徽太和縣阮橋鎮斤溝村）人。唐末、五代將領。傳見本書卷二二、《新五代史》卷二三。臨朐：縣名。治所在今山東臨朐縣。

[2]“天復三年七月”至“遂進寨於城下”：《通鑑》卷二六四天復三年（907）七月壬子條：“全忠聞友寧死，自將兵二十萬晝夜

兼行赴之。秋，七月，壬子，至臨朐，命諸將攻青州。王師範出戰，汴兵大破之。……茂章度衆寡不敵，是夕，引軍還。全忠遣曹州刺史楊師厚追之，及於輔唐。茂章命先鋒指揮使李虔裕將五百騎爲殿，虔裕殊死戰，師厚擒而殺之。”事亦見《宋本册府》卷一八七《閏位部·勳業門五》，繫於四月丙子。《通鑑》卷二六四天復三年八月戊辰條：“朱全忠留齊州刺史楊師厚攻青州，身歸大梁。”同年九月癸卯條：“楊師厚屯臨朐，聲言將之密州，留輜重於臨朐。九月，癸卯，王師範出兵攻臨朐，師厚伏兵奮擊，大破之，殺萬餘人，獲師範弟師克。明日，萊州兵五千救青州，師厚邀擊之，殺獲殆盡，遂徙寨抵其城下。”《宋本册府》卷一八七作癸卯卯時，徙寨以逼其城。

［3］副使：官名。指節度副使。唐五代方鎮屬官。位於行軍司馬之下、判官之上。　李嗣業：人名。籍貫不詳。唐末將領。本書僅此一見。

［4］“師範懼”至“太祖許之”：《輯本舊史》之原輯者案語：“師範之降，《薛史》與《新唐書》異，《薛史》則以爲兵臨城下而始降也。《新唐書》云：師厚圍青州，敗師範兵于臨朐，執諸將，又獲其弟師克。是時，師範衆尚十餘萬，諸將請決戰，而師範以弟故，乃請降。《歐陽史》云：弟師魯大敗，遂傅其城，而梁別將劉重霸下其棣州，師範乃請降。亦微有不同。”見《輯本舊史·楊師厚傳》、《新唐書》卷一八七《王師範傳》。王師範降全忠，《宋本册府》卷一八七、《新唐書》卷一〇《昭宗紀》、《通鑑》卷二六四，皆繫於天復三年九月戊午條。《通鑑》卷二六四：“王師範遣副使李嗣業及弟師悦請降於楊師厚，曰：‘師範非敢背德，韓全誨、李茂貞以朱書御札使之舉兵，師範不敢違。’仍請以其弟師魯爲質。時朱全忠聞李茂貞、楊崇本將起兵逼京畿，恐其復劫天子西去，欲迎車駕都洛陽，乃受師範降，選諸將使守登、萊、淄、棣等州，即以師範權淄青留後。師範仍言先遣行軍司馬劉鄩將兵五千據兗州，非其自專，願釋其罪；亦遣使語鄩。”《宋本册府》卷一八七：“帝

復命師範權知青州軍州事，師範乃請以錢二十萬貫犒軍，帝許之。”《舊唐書》卷二〇上《昭宗紀》天復三年十一月丁酉條：“十一月丁酉朔，王師範以青州降楊師厚，全忠復令師範知青州事。”

[5]李振：人名。後梁大臣。祖居西域，祖、父在唐皆官郡守。傳見本書卷一八、《新五代史》卷四三。

[6]河陽：方鎮名。全稱“河陽三城”。治所在孟州（今河南孟州市）。 “歲餘”至“尋表爲河陽節度使”：《舊唐書》卷二〇下《哀帝紀》天祐二年（905）三月壬戌條，制以“王師範爲孟州刺史、河陽三城懷孟節度觀察等使，從全忠奏也”。《通鑑》卷二六五天祐二年正月至三月庚午條：“（正月）庚午，朱全忠命李振知青州事，代王師範。……二月辛卯，（全忠）至大梁。李振至青州，王師範舉族西遷，至濮陽，素服乘驢而進；至大梁，全忠客之。表李振爲青州留後。……三月，庚午，以王師範爲河陽節度使。”王師範至大梁，《宋本册府》卷一八七繫於天祐二年二月甲午。《輯本舊史》卷一八《李振傳》：“天祐二年春正月，太祖召振謂曰：‘王師範來降易歲，尚處故藩，今將奏請徙授方面，其爲我馳騎，以玆意達之。’振至青州，師範即日出公府，以節度、觀察二印及文簿管鑰授於振。師範雖已受代，而疑撓特甚，屢揮泣求貸其族，振因以切理諭之。……師範洒然大悟，翌日以其族西遷。太祖乃表振爲青州留後，未幾，徵還。”亦見《宋本册府》卷六六〇《奉使部·敏辯門二》、《新五代史·李振傳》。《宋本册府》卷六六〇作天祐初事。

[7]韓建：人名。許州長社（今河南許昌市）人。唐末、五代軍閥。傳見本書卷一五、《新五代史》卷四〇。

[8]帳餞：設帳置酒踐行。

[9]金吾上將軍：官名。即金吾衛上將軍。唐置，掌宫禁宿衛。唐代十六衛之一。從二品。《新五代史》卷二《梁太祖紀下》開平二年（908）六月己酉條、卷四二《王師範傳》作“右金吾衛上將軍”。

開平初，[1]太祖封諸子爲王，友寧妻號訴於太祖曰：“陛下化家爲國，人人皆得崇封。妾夫早預艱難，粗立勞効，不幸師範反逆，亡夫横屍疆埸。冤讎尚在朝廷，受陛下恩澤，亡夫何罪！”太祖淒然泣下曰：“幾忘此賊。”即遣人族師範於洛陽。先掘坑於第側，乃告之，其弟師誨、兄師悦及兒姪二百口，咸盡戮焉。時使者宣詔訖，師範盛啓宴席，令昆仲子弟列座，謂使者曰：“死者，人所不能免，況有罪乎！然予懼坑屍於下，少長失序，恐有愧於先人。”行酒之次，令少長依次於坑所受戮，人士痛之。[2]後唐同光三年三月，詔贈太尉。[3]《永樂大典》卷一萬八千一百二十七。[4]

[1]開平：後梁太祖朱温年號（907—911）。

[2]“開平初”至“人士痛之”：太祖族師範，《新五代史》卷二《梁太祖紀下》、《通鑑》卷二六六繫於開平二年（908）六月己酉條。

[3]同光：後唐莊宗李存勗年號（923—926）。　後唐同光三年三月詔贈太尉：《輯本舊史》卷三一《唐莊宗紀五》繫於同光三年（923）三月甲辰條。

[4]《大典》卷一八一二七“將”字韻“後梁將（二）”事目。

劉知俊　族子嗣彬

劉知俊，字希賢，徐州沛縣人也。姿貌雄傑，倜儻有大志。始事徐帥時溥，爲列校，溥甚器之，後以勇略見忌。唐大順二年冬，率所部二千人來降，即署爲軍校。知俊被甲上馬，輪劍入敵，勇冠諸將。太祖命左右義勝兩軍隸之，尋用爲左開道指揮使，[1]故當時人謂之“劉開道”。從討秦宗權及攻徐州皆有功，尋補徐州馬步軍都指揮使。攻海州下之，遂奏授刺史。天復初，歷典懷、鄭二州，[2]從平青州，以功奏授同州節度使。[3]天祐三年冬，[4]以兵五千破岐軍六萬於美原。[5]自是連克鄜、延等五州，[6]乃加檢校太傅、平章事。[7]開平二年春三月，命爲潞州行營招討使。[8]知俊未至潞，夾寨已陷，晋人引軍方攻澤州，[9]聞知俊至，乃退。尋改西路招討使。[10]六月，大破岐軍於幕谷，[11]俘斬千計，李茂貞僅以身免。三年五月，加檢校太尉、兼侍中，封大彭郡王。[12]

[1]義勝：部隊番號。　左開道指揮使：官名。所部統兵將領。左開道爲部隊番號。開道，《舊五代史考異》：“案：原本作‘關道’，今據《歐陽史》改正。”見《新五代史》卷四四《劉知俊傳》。《宋本册府》卷三九六《將帥部・勇敢門三》亦作“開道”。　尋用爲左開道指揮使：《通鑑》卷二五八繫此事於大順二年(891)十一月乙丑條：“時溥將劉知俊帥衆二千降於朱全忠。知俊，沛人，徐之驍將也，溥軍自是不振。全忠以知俊爲左右開道指揮使。”

[2]懷：州名。治所在今河南沁陽市。　鄭：州名。治所在今河南鄭州市。

[3]同州：州名，治所在今陝西大荔縣。此處指匡國軍。“從討秦宗權及攻徐州皆有功”至“以功奏授同州節度使”：劉知俊於大順二年十一月率所部降梁，秦宗權則在此前之龍紀元年

（889）二月已被處死，見《宋本册府》卷一八七《閏位部·勳業門五》及《通鑑》卷二五八龍紀元年二月條，知俊何能從討秦宗權？本傳誤。梁太祖平青州王師範自天復三年（903）三月至九月，見《宋本册府》卷一八七及《通鑑》卷二六四，但無劉知俊從平青州之記載。梁太祖奏以鄭州刺史劉知俊爲同州（匡國軍）節度使，在天祐元年（904）三月乙卯，見《通鑑》卷二六四。《輯本舊史》卷一六《張歸霸傳》及明本《册府》卷三四六《將帥部·佐命門七》又載，天祐初（應爲元年），"其秋，（歸霸）加檢校司徒，副劉知俊禦邠、鳳之寇，敗之"。本傳未載。

［4］天祐：唐昭宗李曄開始使用的年號（904）。唐哀帝李柷即位後沿用（904—907）。唐亡後，河東李克用、李存勗仍稱天祐，沿用至天祐二十年（923）。五代其他政權亦有行此年號者，如南吳、吳越等，使用時間長短不等。

［5］岐軍：指岐王李存勗軍。　美原：縣名。治所在今陝西富平縣。

［6］鄜：州名。治所在今陝西富縣。　延：州名。治所在今陝西延安市。

［7］"天祐三年冬"至"乃加檢校太傅平章事"：《輯本舊史》卷二三《康懷英傳》（懷英本名懷貞，後避後梁末帝名朱友貞諱改名）："天祐三年冬，佐劉知俊破邠、鳳之衆五萬於美原，收十五餘寨，乘勝引軍攻下鄜州，以功授陝州節度使。"《通鑑》卷二六五天祐三年九月條："静難節度使楊崇本以鳳翔、保塞、彰義、保義之兵攻夏州，匡國節度使劉知俊邀擊坊州之兵，斬首三千餘級，擒坊州刺史劉彦暉。"同年十月戊戌條："夏州告急於朱全忠；戊戌，全忠遣劉知俊及其將康懷英救之。楊崇本將六鎮之兵五萬，軍于美原。知俊等擊之，崇本大敗，歸于邠州。"同年十一月條："劉知俊、康懷貞乘勝攻鄜、延等五州，下之。加知俊同平章事，以懷貞爲保義節度使。"《宋本册府》卷七〇七《令長部·貪黷門》載："梁陳知古爲華陰縣令，太祖開平元年十一月，同州劉知俊奏：'知

古因抽選軍丁，藏匿富户，以受其賂。闔縣訴論，今已按驗罪狀。’帝惡其貪猾，委本道以法誅之。”本傳未載此事。

［8］潞州：州名。治所在今山西長治市。　行營招討使：武官名。自後梁至後周均設行營招討使，負責地方征討招撫之事。掌管區域較大而且主官資深者，則委以諸道行營都招討使和副都招討使，否則爲行營招討使和副招討使。

［9］晋人：指晋王李克用軍。　澤州：州名。治所在今山西澤州縣。

［10］“開平二年春三月”至“尋改西路招討使”：《通鑑》卷二六六開平二年（908）三月壬申至壬午條：“李思安等攻潞州，久不下，士卒疲弊，多逃亡。晋兵猶屯余吾寨，帝疑晋王克用詐死，欲召兵還，恐晋人躡之，乃議自至澤州應接歸師，且召匡國節度使劉知俊將兵趣澤州。三月，壬申朔，帝發大梁；丁丑，次澤州；辛巳，劉知俊至。壬午，以知俊爲潞州行營招討使。”同年甲午條：“帝留澤州旬餘。……劉知俊將精兵萬餘人擊晋軍，斬獲甚衆，表請自留攻上黨，車駕宜還京師。帝以關中空虚，慮岐人侵同、華，命知俊休兵長子旬日，退屯晋州，俟五月歸鎮。”同年五月辛未條：“五月，辛未朔，晋王伏兵三垂岡下，詰旦大霧，進兵直抵夾寨。梁軍無斥候，不意晋兵之至。……梁兵大潰，南走，招討使符道昭馬倒，爲晋人所殺；失亡將校士卒以萬計，委棄資糧、器械山積……周德威、李存璋乘勝進趣澤州……劉知俊自晋州引兵救之，德威焚攻具，退保高平。”同年六月條：“蜀主遣將將兵會岐兵五萬攻雍州，晋張承業亦將兵應之。六月，壬寅，以劉知俊爲西路行營都招討使以拒之。”

［11］幕谷：地名。一作“漠谷”。位於今陝西乾縣西北。

［12］“六月”至“封大彭郡王”：《通鑑》卷二六六開平二年六月丙辰條：“劉知俊及佑國（雍州）節度使王重師大破岐兵于幕谷，晋、蜀兵皆引歸。”同書卷二六七開平二年八月戊子條：“岐王所署延州節度使胡敬璋寇上平關，劉知俊擊破之。”同卷開平三年

二月條載，延州牙將李延實攻保塞（延州）節度使劉萬子而殺之，“遂據延州。馬軍都指揮使河西高萬興與其弟萬金聞變，以其衆數千人詣劉知俊降。岐王置翟州於鄜城，其守將亦降”。同年四月丙申、庚子條：“四月，丙申朔，劉知俊移軍攻延州，李延實嬰城自守，知俊遣白水鎮使劉儒分兵圍坊州。庚子……劉知俊克延州，李延實降。”同年五月丁卯條：“帝命劉知俊乘勝取邠州，知俊難之，辭以闕食，乃召還。”

時知俊威望益隆，太祖雄猜日甚，會佑國軍節度使王重師無罪見誅，[1]知俊居不自安，乃據同州叛，送款於李茂貞。又分兵以襲雍、華，雍州節度使劉捍被擒，[2]送鳳翔害之，華州蔡敬思被傷獲免。[3]太祖聞知俊叛，遣近臣諭之曰：“朕待卿甚厚，何相負耶？”知俊報曰：“臣非背德，但畏死耳！王重師不負陛下，而致族滅。”太祖復遣使謂知俊曰：“朕不料卿爲此。昨重師得罪，蓋劉捍言陰結邠、鳳，[4]終不爲國家用。我今雖知枉濫，悔不可追，致卿如斯，我心恨恨，蓋劉捍悞予事也，捍一死固未塞責。”知俊不報，遂分兵以守潼關。[5]太祖命劉鄩率兵進討，攻潼關，下之。時知俊弟知浣爲親衛指揮使，[6]聞知俊叛，自洛奔至潼關，爲鄩所擒，害之。尋而王師繼至，知俊乃舉族奔於鳳翔，[7]李茂貞厚待之，僞加檢校太尉、兼中書令，以土疆不廣，無藩鎮以處之，但厚給俸禄而已。尋命率兵攻圍靈武，[8]且圖牧圉之地。靈武節度使韓遜遣使來告急，[9]太祖令康懷英率師救之，師次邠州長城嶺，[10]爲知俊邀擊，懷英敗歸。茂貞悦，署爲涇州節度使。[11]復命率衆攻興元，進圍西縣,[12]會蜀軍救至，乃退。[13]

[1]佑國軍：方鎮名。治所在河南府（今河南洛陽市）。　王重師：人名。潁州長社（今河南許昌市）人。後梁將領。傳見本書卷一九、《新五代史》卷二二。

[2]雍州：州名。治所在今陝西西安市。此處指晋昌軍。　劉捍：人名。開封（今河南開封市）人。後梁將領。傳見本書卷二〇、《新五代史》卷二一。

[3]蔡敬思：人名。籍貫不詳。後梁將領。事見本書本卷、卷九。　“時知俊威望益隆”至“華州蔡敬思被傷獲免”：《舊五代史考異》：“按《鑒戒録》云：彭城王劉知俊鎮同州日，因築營牆，掘得一物，重八十餘斤，狀若油囊，召賓幕將校問之。劉源曰：‘此是冤氣所結，古來囹圄之地或有焉。昔王充據洛陽，修河南府獄，亦獲此物。源聞酒能忘憂，奠以醇醪，或可消釋耳。然此物之出，亦非吉徵也。’知俊命具酒饌祝酹，復瘞之。尋有叛城背主之事。”見《鑒戒録》卷九《鑒冤辱》，此文與原文略有異，爲小説家言，僅録於此，以供參考。《通鑑》卷二六七開平三年（909）六月乙未條：“忠武節度使兼侍中劉知俊，功名浸盛，以帝猜忍日甚，内不自安；及王重師誅，知俊益懼。帝將伐河東，急徵知俊入朝，欲以爲河東西面行營都統；且以知俊有丹、延之功，厚賜之。知俊弟右保勝指揮使知浣從帝在洛陽，密使人語知俊云：‘入必死’！又白帝，請帥弟姪往迎知俊，帝許之。六月，乙未朔，知俊奏‘爲軍民所留’，遂以同州附於岐。執監軍及將佐之不從者，皆械送於岐。遣兵襲華州，逐刺史蔡敬思，以兵守潼關。潛遣人以重利啗長安諸將，執劉捍送於岐，殺之。知俊遣使請兵於岐，亦遣使請晋人出兵攻晋、絳，遺晋王書曰：‘不過旬日，可取兩京，復唐社稷。’”

[4]邠：州名。治所在今陝西彬縣。　鳳：州名。治所在今陝

西鳳縣。

[5]潼關：關隘名。位於今陝西潼關縣。

[6]知浣：《輯本舊史》之影庫本粘籤："'知浣'，原本作'知院'，今據《本紀》及《劉鄩傳》改正。"見《輯本舊史》卷四《梁太祖紀四》開平三年六月庚戌條、卷二三《劉鄩傳》。　親衛指揮使：官名。掌宿衛。

[7]"太祖聞知俊叛"至"知俊乃舉族奔於鳳翔"：《通鑑》卷二六七開平三年六月庚戌條："帝遣近臣諭劉知俊曰：'朕待卿甚厚，何忽相負？'對曰：'臣不背德，但畏族滅如王重師耳。'帝復使謂之曰：'劉捍言重師陰結邠、岐，朕今悔之無及，捍死不足塞責。'知俊不報。庚戌，詔削知俊官爵，以山南東道節度使楊師厚爲西路行營招討使，帥侍衛馬步軍都指揮使劉鄩等討之。"同月癸丑條："劉鄩至潼關東，獲劉知俊伏路兵藺如海等三十人，釋之使爲前導。劉知浣迷失道，盤桓數日，乃至關下，關吏納之。如海等繼至，關吏不知其已被擒，亦納之。鄩兵乘門開直進，遂克潼關，追及知浣，擒之。癸丑，帝至陝。"同月乙卯、庚申條："帝遣劉知俊姪嗣業持詔詣同州招諭知俊；知俊欲輕騎詣行在謝罪，弟知偃止之。楊師厚等至華州，知俊將聶賞開門降。知俊聞潼關不守，官軍繼至，蒼黄失圖，乙卯，舉族奔岐。楊師厚至長安，岐兵已據城，師厚以奇兵並南山急趨，自西門入，遂克之。庚申，以劉鄩權佑國留後。岐王厚禮劉知俊，以爲中書令。地狹，無藩鎮處之，但厚給俸祿而已。"《輯本舊史》卷四《梁太祖紀四》此條，引自《册府》，非《舊史》原文。

[8]靈武：方鎮名。又稱朔方、靈州、靈鹽。治所在靈州（今寧夏吴忠市）。

[9]韓遜：人名。籍貫不詳。唐末、五代軍閥。傳見本書卷一三二、《新五代史》卷四〇。

[10]長城嶺：地名。又名馬嶺山。位於今陝西旬邑縣西。

[11]涇州：州名。治所在今甘肅涇川縣。此處指代彰義軍。

“李茂貞厚待之”至“署爲涇州節度使”：《舊五代史考異》：“《九國志》云：李彥琦、劉知俊自靈武班師，塗經長城嶺，梁師率精鋭數萬躡其後，彥琦與知俊同設方略，擊敗之。”見《九國志》卷七《李彥琦傳》。《通鑑》卷二六七開平三年八月辛酉條後：“岐王欲遣劉知俊將兵攻靈、夏，且約晋王使攻晋、絳。晋王引兵南下，先遣周德威等將兵出陰地關攻晋州。……詔楊師厚將兵救晋州晋兵解圍遁去。”同年十二月己丑條：“岐王欲取靈州以處劉知俊，且以爲牧馬之地，使知俊自將兵攻之。朔方節度使韓遜告急；詔鎮國節度使康懷貞、感化節度使寇彥卿將兵攻邠、寧以救之。懷貞等所向皆捷……遊兵侵掠至涇州之境，劉知俊聞之，十二月己丑，解靈州圍，引兵還。帝急召懷貞等還，……至三水，知俊遣兵據險邀之……至昇平，劉知俊伏兵山口，懷貞大敗，僅以身免。……岐王以知俊爲彰義節度使，鎮涇州。”

[12]興元：府名。治所在今陝西漢中市。　西縣：縣名。治所在今陝西勉縣。

[13]“復命率衆攻興元”至“乃退”：《舊五代史考異》：“《九國志·王宗鐬傳》云：岐將劉知俊等領大軍分路來攻，由階、成路奪固鎮糧，王宗侃、唐襲等禦之，至青泥嶺，爲知俊所敗，退保西縣。會大雨，漢江漲，宗鐬自羅村得鄉導，緣山而行數百里，與宗播遇於鐵谷，合軍出湯頭。時知俊自斜谷山南直抵興州，圍西縣，軍人散掠巴中，宗鐬與宗播襲之。會王建亦至，遂解西縣之圍。”見《九國志》卷六《王宗鐬傳》。《通鑑》卷二六八乾化元年(911)八月乙亥條：“岐王使劉知俊、李繼崇將兵擊蜀，乙亥，王宗侃、王宗賀、唐道襲、王宗紹與之戰於青泥嶺，蜀兵大敗。……先是，步軍都指揮使王宗綰城西縣，號安遠軍，宗侃、宗賀等收散兵走保之，知俊、繼崇追圍之。衆議欲棄興元，道襲曰：‘無興元則無安遠，利州遂爲敵境矣。吾必以死守之。’蜀主以昌王宗鐬爲應援招討使，定戎團練使王宗播爲四招討馬步都指揮使，將兵救安遠軍，壁於廉、讓之間，與唐道襲合擊岐兵……大破之於明珠曲。

明日又戰於梟口，斬其成州刺史李彦琛。”同年十月乙卯條：“蜀主如利州，命太子監國。決雲軍虞候王琮敗岐兵……俘斬三千五百級。乙卯，捉生將彭君集破岐二寨，俘斬三千級……蜀主命開道都指揮使王宗弼將兵救安遠，及劉知俊戰于斜谷，破之。”同年十一月丙申等條：“蜀王宗弼敗岐兵於金牛，拔十六寨，俘斬六千餘級……丙申，王宗鐬、王宗播敗岐兵於黄牛川。丁酉，蜀主自利州如興元……王宗侃等鼓譟而出，與援軍夾攻岐兵，大破之，拔二十一寨……己亥，岐兵解圍遁去。唐道襲先伏兵於斜谷邀擊，又破之。庚子，蜀主西還。”《通鑑》所記與劉知俊同將岐兵擊蜀之李繼崇，疑即前引《九國志》之李彦琦。《九國志·李彦琦傳》云，彦琦本姓楊，岐王李茂貞委以心腹之任，易姓李氏，齒於諸子。茂貞假子，均以“繼”字排行，如李繼徽（楊崇本）、李繼鵬（閻珪）等。本傳下文亦言李繼崇爲茂貞猶子。

既而爲茂貞左右石簡顒等間之，[1]免其軍政，寓於岐下，[2]掩關歷年。茂貞猶子繼崇鎮秦州，[3]因來寧覲，[4]言知俊途窮至此，不宜以讒嫉見疑，茂貞乃誅簡顒等以安其心。繼崇又請令知俊挈家居秦州，以就豐給，茂貞從之。[5]未幾，邠州亂，茂貞命知俊討之。時邠州都校李保衡納款于朝廷，[6]末帝遣霍彦威率衆先入于邠，[7]知俊遂圍其城，半載不能下。會李繼崇以秦州降于蜀，知俊妻孥皆遷於成都，遂解邠州之圍而歸岐陽。[8]知俊以舉家入蜀，終慮猜忌，因與親信百餘人夜斬關奔蜀。[9]

[1]石簡顒：人名。籍貫不詳。唐末官員。事見本書本卷。

[2]岐下：指鳳翔。位於今陝西鳳翔縣。

［3］猶子：侄子。　繼崇：人名。即李繼崇。李茂貞之侄。事見本書本卷。　秦州：州名。治所在今甘肅天水市。

［4］寧覲：省親。

［5］“既而爲茂貞左右石簡顒等間之”至“茂貞從之”：明本《册府》卷四三八《將帥部·奔亡門》較傳稍簡。《通鑑》卷二六八乾化元年（911）十一月庚子條記：蜀主西還後，“岐王左右石簡顒譖劉知俊於岐王，王奪其兵。李繼崇言於王曰：‘知俊壯士，窮來歸我，不宜以讒廢之。’王爲之誅簡顒以安之。繼崇召知俊舉族居于秦州”。

［6］李保衡：人名。楊崇本養子，五代將領。事見本書本卷、卷八、卷六四。

［7］末帝：即後梁末帝朱友貞。913年至923年在位。乾化三年發動政變，誅殺朱友珪，即皇帝位。後唐軍渡河進逼開封，末帝勢窮自殺。後梁遂亡。紀見本書卷八至卷一〇、《新五代史》卷三。　霍彦威：人名。洺州曲周（今河北曲周縣）人。五代將領。傳見本書卷六四、《新五代史》卷四六。

［8］蜀：五代十國之前蜀。　岐陽：縣名。治所在今陝西岐山縣。

［9］“未幾邠州亂”至“因與親信百餘人夜斬關奔蜀”：明本《册府》卷四三八《將帥部·奔亡門》與傳同，“以舉家入蜀”前之“知俊”據《册府》補。《通鑑》卷二六九乾化四年十二月甲申條後：“岐静難（邠州）節度使李繼徽（楊崇本）爲其子彦魯所毒而死，彦魯自爲留後。”同卷貞明元年四月條：“李繼徽假子保衡殺李彦魯，自稱静難留後，舉邠、寧二州來附。詔以保衡爲感化節度使，以河陽留後霍彦威爲静難節度使。”同年五月條：“岐王遣彰義節度使劉知俊圍邠州，霍彦威固守拒之。”同年十一月甲戌、庚辰兩條：“甲戌，王宗綰克成州……蜀軍至上染坊，秦州節度使李繼崇遣其子彦秀奉牌印迎降。……劉知俊攻霍彦威於邠州，半歲不克，聞秦州降蜀，知俊妻子皆遷成都；知俊解圍還鳳翔，終懼及

禍，夜帥親兵七十人，斬關而出，庚辰，奔于蜀軍。”

王建待之甚至，[1]即授僞武信軍節度使。[2]尋命將兵伐岐，不克，班師，因圍隴州，[3]獲其帥桑弘志以歸。[4]久之，復命爲都統，再領軍伐岐。[5]時部將皆王建舊人，多違節度，不成功而還，蜀人因而毁之。先是，王建雖加寵待，然亦忌之，嘗謂近侍曰：“吾漸衰耗，恒思身後。劉知俊非爾輩能駕馭，不如早爲之所。”又嫉其名者於里巷間作謡言云：“黑牛出圈椶繩斷。”[6]知俊色黔而丑生，椶繩者，王氏子孫皆以“宗”“承”爲名，故以此搆之。僞蜀天漢元年冬十二月，[7]建遣人捕知俊，斬於成都府之炭市。[8]及王衍嗣僞位，[9]以其子嗣禋尚僞峨眉長公主，拜駙馬都尉。[10]後唐同光末，隨例遷於洛，卒。

[1]王建：人名。許州舞陽（今河南舞陽縣）人。五代十國前蜀開國君主。傳見本書卷一三六、《新五代史》卷六三。

[2]武信軍：方鎮名。治所在遂州（今四川遂寧市）。

[3]隴州：州名。治所在今陜西隴縣。

[4]桑弘志：人名。籍貫不詳。五代將領。事見《通鑑》卷二六九、二七一。《輯本舊史》之影庫本粘籤：“桑弘志，原本‘桑’作‘欒’，今據《十國春秋》改正。”見《十國春秋》卷四二《桑宏志傳》。《通鑑》言桑弘志因畏岐王猜忌而奔蜀，非爲知俊所獲，與《舊史》異。　“王建待之甚至”至“獲其帥桑弘志以歸”：《通鑑》卷二六九貞明二年（916）八月丙午條載，蜀主命將將兵二十二萬出鳳州、秦州西路以伐岐，劉知俊以武信軍（遂州）節度使爲西北面第一招討。十月己丑等條：“己丑，王宗播（蜀西北面

都招討）等出故關，至隴州。丙寅（誤，應爲丙申），保勝（隴州）節度使兼侍中李繼岌畏岐王猜忌，帥其衆二萬，棄隴州奔于蜀軍。蜀兵進攻隴州，以繼岌爲西北面行營第四招討。劉知俊會王宗綰（蜀東北面都招討）等圍鳳翔，岐兵不出。會大雪，蜀主召軍還。復李繼岌姓名曰桑弘志。弘志，黎陽人也。”

[5]都統：官名。南北朝時期前秦始設之武官，掌領兵作戰。久之復命爲都統再領軍伐岐：《通鑑》卷二七〇貞明三年七月己未條：“以兼中書令王宗侃爲東北面都招討，武信節度使劉知俊爲西北面都招討。”

[6]椶：同“棕”。

[7]天漢：前蜀高祖王建年號（917）。

[8]“時部將皆王建舊人”至“斬於成都府之炭市”：《通鑑》卷二七〇貞明三年十二月辛亥條：“蜀主以劉知俊爲都招討使，諸將皆舊功臣，多不用其命，且疾之，故無成功。唐文扆數毁之；蜀主亦忌其才，嘗謂所親曰：‘吾老矣，知俊非爾輩所能馭也。’十二月辛亥，收知俊，稱其謀叛，斬於炭市。”

[9]王衍：人名。許州舞陽（今河南舞陽縣）人。前蜀君主，後爲後唐莊宗李存勗所殺。傳見本書卷一三六、《新五代史》卷六三。

[10]峨眉長公主：前蜀公主。事跡不詳。　駙馬都尉：官名。漢武帝時始置，魏晋以後，公主夫婿多加此稱號。從五品下。

知俊族子嗣彬，幼從知俊征行，累遷爲軍校。及知俊叛，以不預其謀，得不坐。貞明末，大軍與晋王對壘於德勝，[1]久之，嗣彬率數騎奔于晋，具言朝廷軍機得失，又以家世讎怨，將以報之。晋王深信之，即厚給田宅，仍賜錦衣玉帶，[2]軍中目爲“劉二哥”。居一年，復來奔，當時晋人謂是刺客，以晋王恩澤之厚，故不竊發。[3]龍德三年冬，[4]從王彦章戰于中都，[5]軍敗，爲晋人所擒。晋王見之，笑謂嗣彬曰："爾可還予玉帶。"嗣彬惶恐請死，遂誅之。[6]《永樂大典》卷九千九十八。[7]

[1]晋王：指後唐莊宗李存勗。　德勝：地名。原爲德勝渡，黄河重要渡口之一。李存勗部將李存審築於黄河津要處德勝口，有南、北二城。南城在今河南濮陽市東南五里，北城在今河南濮陽市區。

[2]玉帶：通常指由玉質構件裝飾的革制腰帶，裝飾精美，風格多樣，多佩於正式禮服或官服之外。

[3]竊發：《輯本舊史》之影庫本粘籤："竊發，原本作'竊法'，今據文改正。"明本《册府》卷四三八《將帥部・奔亡門》亦作"竊發"。

[4]龍德：後梁末帝朱友貞年號（921—923）。

[5]王彦章：人名。鄆州壽張（今山東梁山縣壽張集）人。後梁將領。傳見本書卷二一、《新五代史》卷三二。

[6]"知俊族子嗣彬"至"遂誅之"：《輯本舊史》卷一〇《梁末帝紀下》龍德三年（923）十月甲戌條："唐帝引師襲中都，王彦章兵潰，於是彦章與監軍張漢傑及趙廷隱、劉嗣彬、李知節、康文通、王山興等皆爲唐人所獲。"同書卷三〇《唐莊宗紀四》同光元年（923）十月甲戌條："帝攻之，中都素無城守，師既雲合，梁衆自潰。是日，擒梁將王彦章及都監張漢傑、趙廷隱、劉嗣彬、李知節、康文通、王山興等將吏二百餘人，斬馘二萬，奪馬千匹。"此條亦見明本《册府》卷四三八、卷四五三《將帥部・翻覆門》，卷四五三文字較略。《通鑑》卷二七二同光元年十月甲戌條："旦，遇梁兵，一戰敗之，追至中都，圍其城。城無守備，少頃，梁兵潰圍出，追擊，破之。王彦章以數十騎走……遂擒之，并擒都監張漢傑、曹州刺史李知節、裨將趙廷隱、劉嗣彬等二百餘人，斬首數千

級。嗣彬，知俊之族子也。”

［7］《大典》卷九〇九八“劉”字韻“姓氏（二六）”事目。

楊崇本

楊崇本，不知何許人，幼爲李茂貞之假子，因冒姓李氏，名繼徽。[1]唐光化中，[2]茂貞表爲邠州節度使。[3]天復元年冬，太祖自鳳翔移軍北伐，駐旆於邠郊，[4]命諸軍攻其城。崇本懼，出城請降。太祖復置爲邠州節度使，仍令復其本姓名焉。及師還，遷其族於河中。[5]

［1］“楊崇本”至“名繼徽”：《通鑑》卷二五九景福元年（892）七月己巳條：“李茂貞克鳳州，感義節度使滿存奔興元。茂貞又取興、洋二州；皆表其子弟鎮之。”該條《考異》曰：“薛居正《五代史·茂貞傳》曰：‘大順二年，楊復恭得罪奔山南，與楊守亮據興元叛，茂貞與王行瑜討平之。詔以徐彦若鎮興元。茂貞違詔，表其假子繼徽爲留後，堅請旄鉞，昭宗不得已而授之。……’云大順二年，誤也。今從《新紀》。”考《新唐書》卷一〇《昭宗紀》，僅言景福元年六月己巳，李茂貞陷興元，未言表繼徽鎮之；且六月無己巳，當爲七月己巳。《新五代史》卷四〇《李茂貞傳》亦繫於大順二年（891），但茂貞所表爲繼密，非繼徽。《通鑑》同書卷二六〇乾寧三年（896）三月條：“以天雄留後李繼徽爲節度使。”同書卷二六一乾寧四年二月戊午條：“王建遣邛州刺史華洪、彭州刺史王宗祐將兵五萬攻東川，以戎州刺史王宗謹爲鳳翔西面行營先鋒使，敗鳳翔將李繼徽等於玄武。”

［2］光化：唐昭宗李曄年號（898—901）。

［3］唐光化中茂貞表爲邠州節度使：《通鑑》卷二六一繫於乾

寧四年七月條，與《輯本舊史》異。按，《通鑑》載："以天雄節度使李繼徽爲静難節度使。"胡注："李繼徽自秦州徙邠州，邠寧亦爲李茂貞有矣。"静難軍即治邠州，《通鑑》卷二五六中和四年（884）十二月壬寅條後："賜邠寧軍號曰静難。"

[4]駐旆（pèi）：駐扎。旆，泛指旌旗。

[5]河中：府名。治所在今山西永濟市。"天復元年冬"至"遷其族於河中"：《輯本舊史》之案語："《舊唐書》：十一月乙亥，邠州節度使李繼徽以城降，全忠乃舍其孥于河中，以繼徽從軍。《新唐書》作'辛未'，與《舊唐書》異。"見《舊唐書》卷二〇上《昭宗紀》、《新唐書·昭宗紀》。《通鑑》卷二六二作丁丑。《宋本册府》卷一八七《閏位部·勳業門五》作十月乙亥，誤，當爲十一月乙亥。《新五代史》卷一《梁太祖紀上》天復元年（901）十月條："邠州節度使楊崇本以邠、寧、慶、衍四州降。"《新唐書》卷二〇八《韓全誨傳》："全誨等知胤必除己乃已，因諷茂貞留選士四千宿衛，以李繼筠、繼徽總之。胤亦諷朱全忠内兵三千居南司，以婁敬思領之。"

其後太祖因統戎往來由於蒲津，[1]以崇本妻素有姿色，嬖之於别館。其婦素剛烈，私懷愧耻，遣侍者讓崇本曰："丈夫擁旄仗鉞，不能庇其伉儷，我已爲朱公婦，今生無面目對卿，期於刀繩而已。"崇本聞之，但灑淚含怒。及昭宗自鳳翔回京，[2]崇本之家得歸邠州，崇本耻其妻見辱，因兹復貳於太祖。乃遣使告茂貞曰："朱氏兆亂，謀危唐祚，父爲國家磐石，不可坐觀其禍，宜於此時畢命興復，事苟不濟，死爲社稷可也。"茂貞乃遣使會兵於太原。時西川王建亦令大將出師以助之，岐、蜀連兵以攻雍、華，關西大震。[3]太祖遣郴王友裕帥師禦之，會友裕卒於行，乃班師。[4]天祐三年冬十月，崇本復領鳳翔、邠、涇、秦、隴之師，[5]會延州胡章之衆，[6]合五六萬，屯于美原，列栅十五，[7]其勢甚盛。太祖命同州節度使劉知俊及康懷英帥師拒之，崇本大敗，復歸於邠州，自是垂翅久之。[8]乾化四年冬，[9]爲其子彦魯所毒而死。[10]

[1]蒲津：渡口名。又稱蒲坂津。位於今山西永濟市蒲州鎮黄河岸邊。

[2]昭宗：即唐昭宗李曄。888年至904年在位。紀見《舊唐書》卷二〇上、《新唐書》卷一〇。

[3]關西：泛指函谷關或潼關以西地區。

[4]"其後太祖因統戎往來由於蒲津"至"乃班師"：《通鑑》卷二六四、卷二六五所載較詳。《通鑑》卷二六四天復三年（903）十一月條："鳳翔、邠州屢出兵近京畿，朱全忠疑其復有劫遷之謀，十一月，發騎兵屯河中。"同卷天祐元年正月己酉等條："崇本妻美，全忠私焉，既而歸之。崇本怒，使謂李茂貞曰：'唐室將滅，父何忍坐視之乎！'遂相與連兵侵逼京畿，復姓名爲李繼徽。……（閏四月乙巳）詔討李茂貞、楊崇本。"同書卷二六五天祐元年（904）六月、七月條："六月，李茂貞、王建、李繼徽傳檄合兵以討朱全忠；全忠以鎮國節度使朱友裕爲行營都統，將步騎擊之；命保大節度使劉鄩棄鄜州，引兵屯同州。癸丑，全忠引兵自大梁西討茂貞等；秋，七月甲子，過東都入見；壬申，至河中。"同年九月辛未條："朱全忠引兵北屯永壽，南至駱谷，鳳翔、邠寧兵竟不出。辛未，東還。"同年十月乙巳條後："鎮國節度使朱友裕薨於梨園。"《舊唐書》卷二〇上《昭宗紀》天祐元年六月甲午條："六月甲午朔，邠州楊崇本侵掠關内，全忠遣朱友裕屯軍於百仁村。"《宋本册府》卷一八七《閏位部·勳業門五》，亦作九月辛未班師。《輯本

舊史》卷一二《郴王友裕傳》："十月，友裕有疾，將校乃謀旋師，尋卒於梨園，歸葬東京。"則友裕卒於十月，在全忠班師之後。

［5］涇：州名。治所在今甘肅涇川縣。

［6］胡章：人名。籍貫不詳。唐末將領。事見本書本卷、卷二。胡章爲延州節度使，見《宋本册府》卷一八七、《輯本舊史》卷二三《康懷英傳》；《輯本舊史》卷一三二《高萬興傳》、《新五代史》卷四〇《高萬興傳》、《通鑑》卷二六七，俱作"胡敬璋"。

［7］栅：營寨。　列栅十五：明本《册府》卷三四六《將帥部·佐命門七》、《宋本册府》卷三六〇《將帥部·立功門一三》、卷三六九《將帥部·攻取門二》、卷三八六《將帥部·褒異門一二》，均作"十五餘寨"。

［8］"天祐三年冬十月"至"自是垂翅久之"：《通鑑》卷二六五天祐三年九月丁卯條後："静難節度使楊崇本以鳳翔、保塞、彰義、保義之兵攻夏州，匡國節度使劉知俊邀擊坊州之兵，斬首三千餘級，擒坊州刺史劉彦暉。"同年十月戊戌條："夏州告急於朱全忠；戊戌，全忠遣劉知俊及其將康懷英救之。楊崇本將六鎮之兵五萬，軍于美原。知俊等擊之，崇本大敗，歸于邠州。"美原之戰，《宋本册府》卷一八七、《新唐書》卷一〇《哀帝紀》，均作十月辛巳。《宋本册府》卷一八七："（辛巳）知俊等大破邠寇，殺二萬餘衆，奪馬三千餘匹，擒其列校百餘人，楊崇本、胡章僅以身免。十一月庚戌，康懷英乘勝進軍，遂收鄜州。"《宋本册府》卷四一四《將帥部·赴援門》："天祐五年六月，鳳翔李茂貞、邠州楊崇本，會西川王建之師五萬，攻長安。汴將同州刺史劉知俊，僞西京尹王重師，以兵逆戰於漠谷，邠岐不利而退。時岐州會兵於我，莊宗及承業會之。"《新五代史》卷五《唐莊宗紀下》天祐五年九月條："九月，蜀王王建、岐王李茂貞及楊崇本攻梁大安，晋亦遣周德威攻其晋州，敗梁軍于神山。"《通鑑》卷二六七開平二年（908）十一月癸巳條："保塞節度使胡敬璋卒，静難節度使李繼徽以其將劉萬子代鎮延州。"同卷開平三年二月丁酉條後："保塞節度使劉萬子

暴虐，失衆心，且謀貳於梁，李繼徽使延州牙將李延實圖之。延實因萬子葬胡敬璋，攻而殺之，遂據延州。馬軍都指揮使河西高萬興與其弟萬金聞變，以其衆數千人詣劉知俊降。岐王置翟州於鄜城，其守將亦降。”《輯本舊史》卷一三二《高萬興傳》，與《通鑑》異，以劉萬子爲李繼徽愛將，天祐六年二月，“萬子葬敬璋，將佐皆集於葬所，萬興、萬金因會縱兵攻萬子，殺之，歸款於汴。梁祖以萬興爲鄜延招撫使，與劉知俊合兵攻收鄜、坊、丹、延等州，梁祖乃分四州爲二鎮，以萬興、萬金皆爲帥”。《通鑑》卷二六七開平三年五月丁卯條：“帝命劉知俊乘勝取邠州；知俊難之，辭以闕食，乃召還。”《輯本舊史》卷二七《唐莊宗紀一》：“天祐六年秋七月，邠、岐二帥及梁之叛將劉知俊俱遣使來告，將大舉以伐靈、夏，兼收關輔，請出兵晋、绛，以張兵勢。……天祐七年秋七月，鳳翔李茂貞、邠州楊崇本皆遣師來會兵，同討靈、夏。且言劉知俊三敗汴軍於寧州，靈、夏危蹙，岐、隴之師大舉，决取河西。帝令周德威將兵萬人，西渡河以應之。是役也，劉知俊爲岐人所搆，乃自退。”

[9]乾化：後梁太祖朱温年號（911—912）。末帝朱友貞沿用（913—915）。　乾化四年冬：中華書局本作“乾化元年冬”，並引《輯本舊史》之案語：“原本作‘乾化四年’，今從《歐陽史》校正。”又有校勘記：“《新五代史》卷四〇《楊崇本傳》、《通鑑》卷二六九繫其事於乾化四年。按本書卷八《梁末帝紀上》：‘（貞明元年）邠州留後李保衡以城歸順。保衡，楊崇本養子也。崇本乃李茂貞養子，任邠州二十餘年，去歲爲其子彦魯所毒。’貞明元年前一年即乾化四年。”檢《新五代史》言及彦魯弑楊崇本僅在卷四〇《楊崇本傳》，知原輯者誤，當回改。《通鑑》卷二六九繫其事於乾化四年（914）十二月甲申條。

[10]彦魯：人名。即楊彦魯。籍貫不詳。楊崇本之子。事見本書本卷、卷八。

彦魯自稱留後，領其軍事，凡五十餘日，爲崇本養子李保衡所殺。[1]保衡舉其城來降，末帝命霍彦威爲邠帥，由是邠寧復爲末帝所有。[2]《永樂大典》卷一萬八千一百二十七。[3]

[1]李保衡：人名。楊崇本養子。事見本書本卷、卷八、卷六四。

[2]“彦魯自稱留後”至“由是邠寧復爲末帝所有”：《輯本舊史》卷八《梁末帝紀上》貞明元年（915）四月條：“彦魯領知州事五十餘日，保衡殺彦魯送款於帝，即以保衡爲華州節度使，以河陽留後霍彦威爲邠州節度使。”同書卷六四《霍彦威傳》則繫於乾化末。《新五代史》卷三《梁末帝紀》繫於貞明元年三月己丑條。《通鑑》卷二六九貞明元年四月條：“李繼徽假子保衡殺李彦魯，自稱静難留後，舉邠、寧二州來附。詔以保衡爲感化節度使，以河陽留後霍彦威爲静難節度使。”

[3]《大典》卷一八一二七“將”字韻“後梁將（二）”事目。

蔣殷

蔣殷，不知何許人。幼孤，隨其母適于河中節度使王重盈之家，[1]重盈憐之，畜爲己子。唐天復初，太祖既平蒲、陝，[2]殷與從兄珂舉族遷于大梁。[3]太祖感王重榮之舊恩，凡王氏諸子，皆録用焉，殷由是繼歷内職，累遷至宣徽北院使。[4]殷素與庶人友珪善，[5]友珪篡立，命爲徐州節度使。乾化四年秋，末帝以福王友璋鎮徐方，[6]殷自以爲友珪之黨，懼不受代，遂堅壁以拒命。時華州節度使王瓚，[7]殷之從弟也，懼其連坐，上章言殷本姓蔣，非王氏之子也。末帝乃下詔削奪殷在身官爵，仍令却還本姓，命牛存節、劉鄩等帥軍討之。[8]是時，殷求救于淮南，楊溥遣朱瑾率衆來援，存節等逆擊，敗之。[9]貞明元年春，存節、劉鄩攻下徐州，[10]殷舉族自燔而死。于火中得其屍，梟首以獻之。《永樂大典》卷一萬一千八百三十一。[11]

[1]王重盈：人名。太原祁（今山西祁縣）人。河中節度使王重榮之兄。唐末軍閥。事見《舊唐書》卷一八二、《新唐書》卷一八七。

[2]蒲：州名。唐開元八年（720）改蒲州爲河中府。治所在今山西永濟市西南蒲州鎮。　陝：州名。治所在今河南三門峽市陝州區。

[3]珂：人名。即王珂。王重榮兄王重簡之子，出繼王重榮。唐末、五代軍閥。傳見《舊唐書》卷一八二、《新唐書》卷一八七、本書卷一四、《新五代史》卷四二。

[4]宣徽北院使：官名。唐始置。宣徽北院的長官。初用宦官，五代以後改用士人。與宣徽南院使通掌内諸司及三班内侍之名籍，郊祀、朝會、宴享供帳之儀，檢視内外進奉名物。參見王永平《論唐代宣徽使》，《中國史研究》1995年第1期；王孫盈政《再論唐代的宣徽使》，《中華文史論叢》2018年第3期。“北”字原闕，據《新五代史》卷四三《蔣殷傳》及《通鑑》卷二六四補。《新五代史·蔣殷傳》：“梁太祖取河中，以王氏舊恩録其子孫，表殷牙將，太祖尤愛之。唐遷洛陽，殷爲宣徽北院使。”　“唐天復初”至“累遷至宣徽北院使”：《通鑑》卷二六四天復三年（903）二月乙未條：全忠“以汴將張廷範爲宫苑使，王殷爲皇城使，蔣玄暉充街使”。同年四月條：“王建出兵攻秦、隴，乘李茂貞之弱也；遣判官韋莊入貢，亦脩好於朱全忠。全忠遣押牙王殷報聘，建與之宴。殷

言：‘蜀甲兵誠多，但乏馬耳。’建作色曰：‘當道江山險阻，騎兵無所施；然馬亦不乏，押牙少留，當共閲之。’乃集諸州馬，大閲於星宿山，官馬八千，私馬四千，部隊甚整。殷歎服。”同卷天祐元年（904）四月戊申條：“以蔣玄暉爲宣徽南院使兼樞密使，王殷爲宣徽北院使兼皇城使，張廷範爲金吾將軍、充街使……皆全忠之腹心也。”《舊五代史考異》：“案：蔣殷在唐末，爲宣徽副使，譖殺蔣元（應爲‘玄’，避清聖祖玄燁諱改）暉；遷宣徽使，誣害何太后。其罪與孔循等，《薛史》未及詳載。”譖殺蔣玄暉、柳璨及誣害何太后事，詳見《舊唐書》卷二〇下《哀帝紀》、卷一七九《柳璨傳》，《新唐書》卷二二三下《柳璨傳》，《新五代史》卷四三《蔣殷傳》《孔循傳》，以及《通鑑》卷二六五。

[5]友珪：人名。即朱友珪。朱温次子。勾結韓勍殺朱温。後追廢爲庶人。傳見本書卷一二、《新五代史》卷一三。

[6]福王友璋：人名。即朱友璋。宋州碭山（今安徽碭山縣）人。後梁太祖朱温第五子，封福王。傳見本書卷一二。《輯本舊史》之影庫本粘籤：“福王，原本作‘福爲’，今據文改正。”　徐方：指徐州。

[7]王瓚：人名。太原祁（今山西祁縣）人。唐河中節度使王重盈之子。後梁將領，官至開封尹。傳見本書卷五九、《新五代史》卷四二。

[8]牛存節：人名。青州博昌（今山東博興縣）人。唐末將領。傳見本書卷二二、《新五代史》卷二二。

[9]“乾化四年秋”至“敗之”：蔣殷據徐州反，《輯本舊史》本傳繫於乾化四年（914）秋，不書月，《輯本舊史》卷八《梁末帝紀上》、卷二三《劉鄩傳》均繫於九月，《梁末帝紀上》曰：“徐州節度使王殷反，時朝廷以福王友璋鎮徐方，殷不受代，乃下詔削奪殷在身官爵，仍令却還本姓蔣，便委友璋及天平軍節度使牛存節、開封尹劉鄩等進軍攻討。”《輯本舊史》卷二二《牛存節傳》繫於乾化四年冬，曰：“蔣殷據徐州逆命，存節方以大衆戍潁州，

得殷逆謀，密以上聞，遽奉詔與劉鄩同討之，頓於埇上。淮賊朱瑾以兵救殷，距宿之兩舍，聞存節兵大至，即委糧棄甲而遁，竟平徐州。”《宋本册府》卷三八六《將帥部·褒異門一二》亦繫於乾化四年冬，曰：“其冬，蔣殷據徐州逆命，（牛存節）奉詔與劉鄩同討之。殷棄甲而遁，平徐州。”《通鑑》卷二六九繫於乾化四年九月、十月條：“帝以福王友璋爲武寧節度使。前節度使王殷，友珪所置也，懼不受代，叛附於吴；九月，命淮南西北面招討應接使牛存節及開封尹劉鄩將兵討之。冬，十月，存節等軍于宿州。吴平盧節度使朱瑾等將兵救徐州，存節等逆擊，破之，吴兵引歸。”

[10]貞明元年春，有節劉鄩攻下徐州：牛存節等克徐州，《輯本舊史·梁末帝紀上》、卷一三《蔣殷傳》、卷二三《劉鄩傳》均繫於貞明元年（915）春，不書月；《五代春秋》及《新五代史》卷三《梁末帝紀》皆作正月，《通鑑》卷二六九作二月。《通鑑》卷二六九貞明元年二月條《考異》曰：“《莊宗列傳·朱友貞傳》云：‘乾化四年十一月拔徐州，殷自燔死。’《五代通録》、《薛史·紀》及《王殷傳》皆云貞明元年春，今從之。”

[11]中華書局本有校勘記：“檢《永樂大典目録》，卷一〇八三一爲‘補’字韻，與本則内容不符，恐有誤記。陳垣《〈舊五代史〉輯本引書卷數多誤例》謂應作卷一一八三一‘蔣’字韻。”據陳垣説改，大典卷一一八三一爲“蔣”字韻“姓氏（二）”事目。

張萬進

張萬進，雲州人。[1]初爲本州小校，亡命投幽州，[2]劉守光厚遇之，[3]任爲裨將。[4]滄州劉守文，[5]以弟守光囚父而竊據其位，自領兵問罪，尋敗於雞蘇。[6]守光遂兼有滄景之地，[7]令其子繼威主留務。[8]繼威年幼，未能政事，以萬進佐之，凡關軍政，一皆委任。[9]繼威兇虐類父，嘗淫亂於萬進之家，萬進怒而殺之，又遣使歸於晋。[10]既而末帝遣楊師厚、劉守奇潛兵掠鎮冀，[11]因東攻滄州，萬進懼，[12]乞降。師厚表青州節度使，俄遷兖州，仍賜名守進。[13]萬進性既輕險，專圖反側，貞明四年冬，[14]據城叛命，遣使送款於晋王。末帝降制削其官爵，仍復其本名，遣劉鄩討之，晋人不能救。五年冬，萬進危蹙，小將邢師遇潛謀内應，[15]開門以納王師，遂拔其城，萬進族誅。[16]《永樂大典》卷六千三百五十。[17]

[1]雲州：州名。治所在今山西大同市。

[2]幽州：州名。治所在今北京市。

[3]劉守光：人名。深州樂壽（今河北獻縣）人。唐末幽州節度使劉仁恭之子。劉守光囚父自立，後號大燕皇帝，爲晋王李存勗俘殺。傳見本書卷一三五、《新五代史》卷三九。

[4]裨將：亦稱裨將軍。副將的統稱，相對主將而言。

[5]劉守文：人名。深州（今河北深州市）人。唐末盧龍節度使劉仁恭長子。唐末軍閥。後梁開平三年（909），被其弟劉守光殺死。事見本書卷二、卷四、卷九八，《新五代史》卷五六、卷七二。

[6]雞蘇：地名。位於今天津市薊州區。

[7]滄景：方鎮名。即横海軍。治所在滄州（今河北滄縣舊州鎮）。

[8]繼威：人名。深州樂壽（今河北獻縣）人。劉守光之子。五代將領。事見本書本卷及《通鑑》卷二六七、卷二六八。

[9]“滄州劉守文”至“一皆委任”：《輯本舊史》卷六四《周知裕傳》繫此事於天祐四年（907），即梁開平元年，云：“天祐四年，劉守光既平滄州，乃以其幼子繼威爲留後，大將張萬進與知裕佐之。”《新五代史》卷四五《周知裕傳》則云：“守光又攻殺守

文，乃與張萬進立守文子延祚而事之。守光又殺延祚，以其子繼威代之。”未言其時。《通鑑》卷二六七開平三年五月條則云：“（守光擒守文），滄、德兵皆潰，守光囚之別室……乘勝進攻滄州。滄州節度判官呂兗、孫鶴推守文子延祚爲帥，乘城拒守。”同年六月條載：“劉守光遣使上表告捷……亦致書晋王（後唐莊宗李存勗），云欲與之同破僞梁。”同年七月甲子條：“以劉守光爲燕王。”同年九月戊申條：“劉守光奏遣其子中軍兵馬使繼威安撫滄州吏民，戊申，以繼威爲義昌留後。”同卷開平四年正月乙未條載：“劉延祚力盡出降。時劉繼威尚幼，守光使大將張萬進、周知裕輔之鎮滄州，以延祚及其將佐歸幽州。”《通鑑》載此事經過甚詳，故可定此事應繫於梁開平四年，即天祐七年。

[10]“繼威兇虐類父”至“又遣使歸於晋”：《舊五代史考異》：“案：《通鑑》云：乾化二年九月庚子，萬進遣使奉表降於梁。辛丑，以萬進爲義昌留後。甲辰，改義昌爲順化軍，以萬進爲節度使。此傳疑有闕文。”《舊五代史考異》所云“九月”誤，考《通鑑》卷二六八，上述三事皆繫於乾化二年（912）三月。《通鑑》卷二六八乾化二年三月庚子、辛丑、甲辰條：“義昌節度使劉繼威年少，淫虐類其父，淫於都指揮使張萬進家，萬進怒，殺之。詰旦，召大將周知裕，告其故。萬進自稱留後，以知裕爲左都押牙。庚子，遣使奉表請降，亦遣使降于晋；晋王命周德威安撫之，知裕心不自安，遂來奔，帝爲之置歸化軍，以知裕爲指揮使，凡軍士自河朔來者皆隸之。辛丑，以萬進爲義昌留後。甲辰，改義昌爲順化軍，以萬進爲節度使。”又，《輯本舊史》卷二八《唐莊宗紀二》天祐九年三月辛丑條載：“滄州都將張萬進殺留後劉繼威，自爲滄帥，遣人送款于梁，亦乞降于帝。”天祐九年與乾化二年爲同一年。

[11]劉守奇：人名。深州樂壽（今河北獻縣）人。唐末幽州節度使、燕王劉仁恭之子，劉守光之弟。唐末、五代將領。事見本書卷一三三。　鎮冀：方鎮名。即成德軍。治所在鎮州（今河北正定縣）。

［12］萬進懼：中華書局本有校勘記："'懼'字原闕，據殿本、孔本、本書卷八《梁末帝紀上》、《册府》卷二一七、《通鑑》卷二六八補。"見明本《册府》卷二一七《閏位部·交侵門》、《通鑑》卷二六八，均繫於乾化三年五月壬子條。

［13］守進：《舊五代史考異》："原本作'方進'，今據本紀改正。"《輯本舊史》卷九《梁末帝紀中》貞明三年八月戊子載："泰寧軍（兖州）節度使張萬進賜名守進。"　"師厚表青州節度使"至"仍賜名守進"：《輯本舊史》卷八《梁末帝紀上》及《通鑑》卷二六八均載，乾化三年六月戊子，以萬進爲青州（平盧）節度使，《輯本舊史》並記張之原結銜爲"滄州順化軍節度使、并潞鎮定副招討使、檢校太傅、同平章事"。《輯本舊史·梁末帝紀上》又載，乾化四年正月壬寅，以張萬進爲兖州節度使、檢校太尉。

［14］貞明四年冬：中華書局本有校勘記："《通鑑》卷二七〇《考異》引《薛史》作'貞明四年七月'。"見《通鑑》卷二七〇貞明四年（918）八月己酉條《考異》。

［15］邢師遇：人名。籍貫不詳。五代將領。本書僅此一見。

［16］"據城叛命"至"萬進族誅"：張萬進據城叛命，送款於晉，《通鑑》卷二七〇繫於貞明四年（天祐十五年）八月己酉。梁末帝削其官爵，復其本名，遣劉鄩討之，《輯本舊史·梁末帝紀中》繫於貞明五年三月癸未。劉鄩攻下兖州，族萬進，《輯本舊史·梁末帝紀中》及《新五代史》卷三《梁末帝紀》均繫於貞明五年十月，《輯本舊史》卷九四《劉處讓傳》及《通鑑》卷二七一貞明五年十月條並載，萬進遣親校劉處讓乞師於晉，莊宗將爲出兵渡河，聞城陷而止。

［17］《大典》卷六三五〇"張"字韻"姓氏（二〇）"事目。

史臣曰：夫雲雷搆屯，龍蛇起陸，勢均者交鬭，力敗者先亡，故瑄、瑾、時溥之流，皆梁之吞噬，斯亦理之常也。唯瑾始以竊發有土，終以竊發亡身，傳所謂“君以此始，必以此終”者乎！師範屬衰季之運，以興復爲謀，事雖不成，忠則可尚，雖貽族滅之禍，亦可以與臧洪遊於地下矣。[1]知俊驍武有餘，奔亡不暇，六合雖大，無所容身，夫如是則豈若義以爲勇者乎！崇本而下，俱以叛滅，又何足以道哉！《永樂大典》卷六千三百五十。[2]

[1]臧洪：人名。東漢末年廣陵射陽（今江蘇寶應縣）人。先臣屬袁紹，後叛被殺。傳見《後漢書》卷五八。

[2]《大典》卷六三五〇“張”字韻“姓氏（二〇）”事目。

舊五代史　卷一四

梁書十四

列傳第四

羅紹威

羅紹威，魏州貴鄉人，[1]字端己，其先長沙人。[2]祖讓，北遷爲魏州貴鄉人。[3]

[1]魏州：州名。治所在今河北大名縣。　貴鄉：縣名。治所在今河北大名縣。　羅紹威，魏州貴鄉人：《大典》卷一八一二六“將”字韻“五代後梁將（一）”事目。《輯本舊史》之原輯者案語：“《舊唐書》：紹威，字端己。”《舊唐書》卷一八一作“羅威”。唐肅宗曾名紹，因避其諱。《新唐書》卷二一〇未避此諱。《太平廣記》卷二〇〇作“羅昭威”。

[2]長沙：郡名。治所在今湖南長沙市。

[3]“字端己”至“北遷爲魏州貴鄉人”：《新五代史》卷三九《羅紹威傳》。

父弘信，[1]本名宗弁，初爲馬牧監，[2]事節度使樂彦貞。[3]光啓末，彦貞子從訓驕盈太横，[4]招聚兵甲，欲誅牙軍。[5]牙軍怒，聚譟攻之，從訓出據相州。[6]牙軍廢彦貞，囚于龍興寺，逼令爲僧，尋殺之，推小校趙文建爲留後。[7]先是，弘信自言，於所居遇一白鬚翁，謂之曰："爾當爲土地主。"如是者再，心竊異之。既而文建不洽軍情，牙軍聚呼曰："孰願爲節度使者？"弘信即應曰："白鬚翁早以命我，可以君長爾曹。"唐文德元年四月，[8]牙軍推弘信爲留後。朝廷聞之，即正授節旄。[9]

[1]弘信：人名。即羅弘信。魏州貴鄉（今河北大名縣）人。唐末、五代軍閥。傳見《舊唐書》卷一八一、《新唐書》卷二一〇。

[2]馬牧監：官署名。隸太僕寺，掌群牧孳課。

[3]節度使：官名。唐時在重要地區所設掌握一州或數州軍、民、財政的長官。　樂彦貞：人名。又作"樂彦禎""樂彦真"。魏州（今河北大名縣）人。唐末軍閥。傳見《舊唐書》卷一八一、《新唐書》卷二一〇。

[4]光啓：唐僖宗李儇年號（885—888）。　從訓：人名。即樂從訓。唐末軍閥。傳見《舊唐書》卷一八一、《新唐書》卷二一〇。

[5]牙軍：又稱牙兵。五代時期藩鎮親兵。參見來可泓《五代十國牙兵制度初探》，《學術月刊》1995年第11期。

[6]相州：州名。治所在今河南安陽市。

[7]趙文建：人名。籍貫不詳。唐末軍閥。事見本書本卷。中華書局本有校勘記："《舊唐書》卷一八一《樂彦禎傳》、《羅弘信傳》、《新唐書》卷二一〇《樂彦禎傳》、《羅讓神道碑》（拓片藏中國國家圖書館）作'趙文玣'。本卷下一處同。"《通鑑》卷二五七

文德元年二月條亦作“趙文玠”。《輯本舊史》之原輯者案語：“弘信遇白鬚翁，本篝火狐鳴之故智，《舊唐書》作鄰人相告，《新唐書》作巫者傳言，疑皆屬傳聞之誤。《薛史》以爲弘信自言，當得其實。”見《舊唐書》卷一八一、《新唐書》卷二一〇。　留後：官名。唐、五代節度使多以子弟或親信爲留後，以代行節度使職務，亦有軍士、叛將自立爲留後者。掌一州或數州軍政。

[8]文德：唐僖宗李儇年號（888）。

[9]“父弘信”至“即正授節旄”：《大典》卷一八一二六“將”字韻“五代後梁將（一）”事目。　節旄：亦作“節髦”。古代符節上所飾的旄牛尾。此處代指節度使。

乾寧中，[1]太祖急攻兖、鄆，[2]朱瑄求援於太原，[3]時李克用遣大將李存信率師赴之，[4]假道於魏，屯於莘縣。[5]存信御軍無法，稍侵魏之芻牧，弘信不平之。太祖因遣使謂弘信曰：“太原志吞河朔，[6]迴戈之日，貴道堪憂。”弘信懼，乃歸款於太祖，仍出師三萬攻李存信，敗之。未幾，李克用領兵攻魏，營於觀音門外，[7]屬邑多拔。太祖遣葛從周援之，[8]戰於洹水，[9]擒克用男落落以獻，[10]太祖令送於弘信，斬之，晋軍乃退。是時太祖方圖兖、鄆，慮弘信離貳，每歲時賂遺，必卑辭厚禮。弘信每有答貺，太祖必對魏使北面拜而受之，曰：“六兄比予有倍年之長，兄弟之國，安得以常鄰遇之。”故弘信以爲厚己。其後弘信累官至檢校太尉，[11]封臨清王。光化元年八月，[12]薨於位。[13]

[1]乾寧：唐昭宗李曄年號（894—898）。

[2]兖：州名。治所在今山東濟寧市兖州區。　鄆：州名。治

所在今山東東平縣。

［3］朱瑄：人名。一作“朱宣”。宋州下邑（今河南夏邑縣）人。唐末、五代軍閥。傳見《舊唐書》卷一八二、《新唐書》卷一八八、本書卷一三、《新五代史》卷四二。　太原：府名。治所在今山西太原市。

［4］李克用：人名。沙陀部人。生於神武川新城（一説是今山西朔州市朔城區之梵王寺村，一説是今山西應縣縣城，一説在今山西懷仁縣之日中城）。唐末軍閥，受封晋王。後唐太祖。紀見本書卷二五至卷二六、《新五代史》卷四。　李存信：人名。本姓張。回鶻人。唐末、後唐將領。傳見本書卷五三、《新五代史》卷三六。

［5］莘縣：縣名。治所在今山東莘縣。

［6］河朔：泛指黄河以北地區。

［7］觀音門：城門名。爲魏州城羅城西門。位於今河北大名縣。

［8］葛從周：人名。濮州鄄城（今山東鄄城縣）人。唐末、五代將領。傳見本書卷一六、《新五代史》卷二一。

［9］洹水：縣名。治所在今河北魏縣。因境有洹水，故名。

［10］落落：人名。即落落。李克用之子。事見本書卷一、卷二六。

［11］檢校太尉：官名。爲散官或加官，以示恩寵，無實際執掌。

［12］光化：唐昭宗李曄年號（898—901）。

［13］“乾寧中”至“薨於位”：《大典》卷一八一二六“將”字韻“五代後梁將（一）”事目。《輯本舊史》之原輯者案語：“弘信攻李存信，《舊唐書》與《薛史》同。《新唐書》則云：李存信侵魏芻牧，弘信已不平，既而李瑭復壁莘，弘信厭其暴，及聞梁王遣使相告，乃廻戈攻瑭也。與《薛史》異。”對《輯本舊史》案語中“《舊唐書》：弘信先封豫章郡公，進封北平王”，中華書局本有校勘記：“‘進封’，《舊唐書》卷一八一《羅弘信傳》作‘追封’。”《通鑑》卷二六一光化元年（898）九月條：“魏博節度使羅

弘信薨，軍中推其子節度副使紹威知留後。”該條《考異》：“薛居正《五代史·梁紀》《弘信傳》、《太祖紀年録》皆云弘信八月卒。按八月昭宗還京，弘信猶加官。《舊·紀》《傳》九月卒，今從之。《實録》十月，約奏到也。”

紹威襲父位爲留後，朝廷因而命之，尋正授旄鉞，累加檢校太尉、兼侍中，[1]封長沙郡王。昭宗東遷，[2]命諸道修洛邑，[3]紹威獨營太廟，制加守侍中，進封鄴王。[4]

[1]侍中：官名。秦始置。隋、唐前期爲門下省長官。唐後期多爲大臣加銜，不參與政務，實際職務由門下侍郎執行。正二品。

[2]昭宗：即唐昭宗李曄。888年至904年在位。紀見《舊唐書》卷二〇上、《新唐書》卷一〇。

[3]洛邑：地名。即洛陽。位於今河南洛陽市。

[4]“紹威襲父位爲留後”至“進封鄴王”：《大典》卷一八一二六“將”字韻“五代後梁將（一）”事目。《輯本舊史》之原輯者案語：“《舊唐書》：紹威自文德初授左散騎常侍，充天雄軍節度副使，自龍紀至乾寧，十年之中，累加官爵。”見《舊唐書》卷一八一《羅紹威傳》。《通鑑》卷二六一光化元年（898）十月癸卯條：“以羅紹威知魏博留後。”同年十一月條：“以魏博留後羅紹威爲節度使。”

初，至德中，[1]田承嗣盜據相、魏、澶、博、衛、貝等六州，[2]召募軍中子弟，置之部下，號曰牙軍，皆豐給厚賜，不勝驕寵。年代寖遠，父子相襲，親黨膠固，其凶戾者，强買豪奪，踰法犯令，長吏不能禁。變易主帥，有同兒戲，自田氏已後，垂二百年，主帥廢置，出於其手，如史憲誠、何全皞、韓君雄、樂彦貞，[3]皆爲其所立。優獎小不如意，則舉族被誅。紹威懲其往弊，雖以貨賂姑息，而心銜之。[4]

[1]至德：唐肅宗李亨年號（756—758）。

[2]田承嗣：人名。平州盧龍（今河北盧龍縣）人。唐後期軍閥。傳見《舊唐書》卷一四一、《新唐書》卷二一〇。　澶：州名。唐、五代初，治所在今河南清豐縣。後晋天福四年（939）移治於今河南濮陽縣。　博：州名。治所在今山東聊城市。　衛：州名。治所在今河南衛輝市。　貝：州名。治所在今河北清河縣。

[3]史憲誠：人名。靈武建康（今甘肅高臺縣）人。唐後期軍閥。傳見《舊唐書》卷一八一、《新唐書》卷二一〇。　何全皞：人名。靈武（今寧夏吴忠市）人。唐後期軍閥。傳見《新唐書》卷二一〇。　韓君雄：人名。魏州（今河北大名縣）人。唐後期軍閥。事見《通鑑》卷二五二。

[4]“初，至德中”至“而心銜之”：《大典》卷一八一二六“將”字韻“五代後梁將（一）”事目。《舊五代史考異》：“吴縝《歐陽史纂誤》云：魏博自田承嗣專據，至羅紹威時，共一百五十餘年，《歐陽史》作二百年，誤。蓋《歐陽史》仍《薛史》之誤也。”見《新五代史》卷三九《羅紹威傳》。

紹威嗣世之明年正月，幽州劉仁恭擁兵十萬，[1]謀亂河朔，進陷貝州，長驅攻魏。紹威求援於太祖，太祖遣李思安援之，[2]屯於洹水，葛從周自邢洺引軍入魏州。[3]燕將劉守文、單可及與王師戰於内黄，[4]大敗之，乘勝追躡。會從周亦出軍掩擊，又敗燕軍，斬首三萬餘級。三年，紹威遣使會軍，同攻滄州以報之。[5]自是紹威感太祖援助之恩，深加景附。[6]

[1]幽州：州名。治所在今北京市。　劉仁恭：人名。深州（今河北深州市）人。唐末、五代軍閥。傳見《新唐書》卷二一二。

[2]李思安：人名。河南陳留（今河南開封市陳留鎮）人。後梁將領。傳見本書卷一九。

[3]邢洺：方鎮名。治所在邢州（今河北邢臺市）。

[4]劉守文：人名。深州（今河北深州市）人。唐末盧龍節度使劉仁恭長子。唐末軍閥。後梁開平三年（909），被其弟劉守光殺死。事見本書卷二、卷四、卷九八，《新五代史》卷五六、卷七二。　單可及：人名。籍貫不詳。唐末、五代將領。事見本書卷二。　内黄：縣名。治所在今河南内黄縣。

[5]滄州：州名。治所在今河北滄縣舊州鎮。

[6]"紹威嗣世之明年正月"至"深加景附"：《大典》卷一八一二六"將"字韻"五代後梁將（一）"事目。《輯本舊史》之影庫本粘籤："洹水，原本作'桓水'，今據《通鑑》改正。"檢《通鑑》未見。五代"洹水"多見，無"桓水"。《舊唐書》卷二〇上《昭宗紀》光化二年（899）二月條："幽州節度使劉仁恭驅燕軍十萬，將兼趙、魏。是月陷貝州，人無少長皆屠之，投尸清水，爲之不流。遂進攻魏州。羅紹威求救于汴。"《通鑑》卷二六一光化二年正月條："（劉仁恭）攻貝州，拔之，城中萬餘户盡屠之，投尸清水。由是諸城各堅守不下。仁恭進攻魏州，營于城北；魏博節度使羅紹威求救於朱全忠。"

紹威見唐祚衰陵，群雄交亂，太祖兵强天下，必知有禪代之志，[1]故傾心附結，贊成其事，每慮牙軍變易，心不自安。天祐初,[2]州城地無故自陷，俄而小校李公佺謀變,[3]紹威愈懼，乃定計圖牙軍，遣使告太祖求爲外援。太祖許之，遣李思安會魏博軍再攻滄州。先是，安陽公主薨於魏,[4]太祖因之遣長直軍校馬嗣勳選兵千人,[5]伏兵仗於巨橐中，肩舁以入魏州，言助女葬事。天祐三年正月五日，太祖親率大軍濟河，聲言視行營於滄景,[6]牙軍頗疑其事。是月十六日，紹威率奴客數百與嗣勳同攻之，時宿於牙城者千餘人，遲明盡誅之，凡八千家，皆赤其族，州城爲之一空。翌日，太祖自内黄馳至鄴。[7]時魏軍二萬，方與王師同圍滄州，聞城中有變，乃擁大將史仁遇保於高唐,[8]六州之内，皆爲勍敵，太祖遣諸將分討之，半歲方平。自是紹威雖除其逼，然尋有自弱之悔。[9]

[1]必知有禪代之志：中華書局本有校勘記："'必知'，殿本作'知必'。"

[2]天祐：唐昭宗李曄開始使用的年號（904）。唐哀帝李柷即位後沿用（904—907）。唐亡後，河東李克用、李存勗仍稱天祐，沿用至天祐二十年（923）。五代其他政權亦有行此年號者，如南吴、吴越等，使用時間長短不等。

[3]李公佺：人名。籍貫不詳。唐末魏博軍牙校。事見本書本卷。

[4]安陽公主：後梁太祖朱温之女，羅廷規之妻。事見本書卷一一。

[5]長直：部隊番號。　馬嗣勳：人名。濠州鍾離（今安徽鳳陽縣）人。後梁將領。傳見本書卷二〇、《新五代史》卷二三。

[6]滄景：方鎮名。即横海軍。治所在滄州（今河北滄縣舊州

鎮）。

［7］鄴：地名。即鄴都。治所在今河北大名縣。　太祖自内黄馳至鄴：《舊五代史考異》："原本作'至葉'，今據《歐陽史》改正。"《新五代史》卷三九《羅紹威傳》作"太祖自内黄馳至魏"。

［8］史仁遇：人名。籍貫不詳。唐末軍閥。事見本書本卷、卷二、卷二一、卷二六。　高唐：縣名。治所在今山東高唐縣。

［9］"紹威見唐祚衰陵"至"然尋有自弱之悔"：《大典》卷一八一二六"將"字韻"五代後梁將（一）"事目。

不數月，復有浮陽之役，[1]紹威飛輓饋運，自鄴至長蘆五百里，[2]疊跡重軌，不絶於路。又於魏州建元帥府署，沿道置亭候，供牲牢、酒備、軍幕、什器，[3]上下數十萬人，一無闕者。及太祖迴自長蘆，復過魏州，紹威乘間謂太祖曰："邠、岐、太原終有狂譎之志，[4]各以興復唐室爲詞，王宜自取神器，以絶人望，天與不取，古人所非。"太祖深感之。及登極，加守太傅、兼中書令，[5]賜號扶天啓運竭節功臣。車駕將入洛，奉詔重修五鳳樓、朝元殿，[6]巨木良匠非當時所有，倏架於地，泝流西立於舊址之上，張設綈繡，皆有副焉。太祖甚喜，以寶帶、名馬賜之。[7]

［1］浮陽：地名。位於今河北滄縣。　復有浮陽之役：中華書局本有校勘記："原作'孚陽'，據殿本、劉本改。按《太平寰宇記》卷六五記滄州清池縣，本漢浮陽，以在浮水之陽，故名。"五代亦無"孚陽"之地名。

［2］長蘆：縣名。治所在今河北滄州市。

［3］牲牢：祭祀所用牲畜。　軍幕：行軍宿營的帳幕。　什器：

指各類生産和生活器物。《史記》卷一《五帝本紀》："舜耕歷山，漁雷澤，陶河濱，作什器於壽丘，就時於負夏。"司馬貞索隱："什器，什，數也。蓋人家常用之器非一，故以十爲數，猶今云'什物'也。"

[4]邠：州名。治所在今陝西彬縣。指邠寧軍李繼徽（楊崇本）勢力。　岐：唐州名。治雍縣（今陝西鳳翔縣）。唐中後期稱鳳翔府，五代因之。此爲舊稱。亦指岐王李茂貞勢力。　太原：指河東晋王李克用勢力。

[5]守太傅：官名。官階低于官職加"守"字。爲加官，榮譽頭銜。　中書令：官名。漢代始置，隋、唐前期爲中書省長官，屬宰相之職；唐後期多爲授予元勳大臣的虚銜。正二品。

[6]五鳳樓：樓名。唐始建，後梁太祖朱温重修。位於今河南洛陽市。　朝元殿：宮殿名。位於今河南洛陽市。

[7]"不數月"至"以寶帶、名馬賜之"：《大典》卷一八一二六"將"字韻"五代後梁將（一）"事目。

燕王劉守光因其父仁恭，[1]與其弟守文有隙，[2]紹威馳書勸守光等降梁。太祖聞之，笑曰："吾常攻燕不能下，今紹威折簡，乃勝用兵十萬。"太祖每有大事，多遣使者問之，紹威時亦馳簡入白，使者相遇道中，其事往往相合。[3]

[1]燕王劉守光：人名。深州樂壽（今河北獻縣）人。唐末幽州節度使劉仁恭之子。劉守光囚父自立，後號大燕皇帝，爲晋王李存勗俘殺。傳見本書卷一三五、《新五代史》卷三九。　仁恭：人名。即劉仁恭。深州（今河北深州市）人。唐末、五代軍閥。傳見《新唐書》卷二一二。

[2]守文：人名。即劉守文。深州（今河北深州市）人。唐末

盧龍節度使劉仁恭長子。唐末軍閥。後梁開平三年（909），被其弟劉守光殺死。事見本書卷二、卷四、卷九八，《新五代史》卷五六、卷七二。

［3］“燕王劉守光囚其父仁恭”至“其事往往相合”：《新五代史》卷三九《羅紹威傳》。

唐哀帝即位，[1]紹威進救接百官絹千疋，綿三千兩。[2]

［1］唐哀帝：即少帝李柷。唐昭宗之子。904年至907年在位，年號天祐。爲朱温所殺。紀見《舊唐書》卷二〇下、《新唐書》卷一〇。

［2］“唐哀帝即位”至“綿三千兩”：明本《册府》卷四八五《邦計部·輸財門》。亦見《舊唐書》卷二〇下《哀帝紀》天祐元年（904）十月條。同卷天祐三年正月己巳條：“夜，魏博節度使羅紹威殺其衙内親軍八千人。”同年二月甲申條：“魏博節度使羅紹威宜許於本鎮置三代私廟。”同年四月戊申條：“魏博羅紹威奏：‘臣當管博州聊城縣、武陽莘縣武水博平高堂等五縣，皆於黄河東岸，其鄉村百姓渡河輸税不便，與天平軍管界接連，請割屬鄆。’從之。”

先是，河朔三鎮司管鑰、[1]備洒掃皆有閹人，紹威曰：“此類皆宫禁指使，豈人臣家所宜畜也。”因搜獲三十餘輩，盡以來獻，太祖嘉之。開平中，[2]加守太師、兼中書令，邑萬户。[3]

［1］河朔三鎮：安史之亂後黄河以北成德、魏博、盧龍三個藩

鎮的合稱。

[2]開平：後梁太祖朱温年號（907—911）。

[3]“先是”至“邑萬户”：《大典》卷一八一二六“將”字韻“五代後梁將（一）”事目。

紹威嘗以臨淄、海岱罷兵歲久，[1]儲庾山積，唯京師軍民多而食益寡，願於太行伐木，下安陽、淇門，[2]斵船三百艘，置水運自大河入洛口，[3]歲漕百萬石，以給宿衛，太祖深然之。會紹威遘疾，革，遣使上章乞骸骨，太祖撫案動容，顧使者曰：“亟行語而主，爲我强飯，如有不可諱，當世世貴爾子孫以相報也。”仍命其子周翰監總軍府。[4]及訃至，輟朝三日，册贈尚書令。紹威在鎮凡十七年，年三十四薨。[5]帝哀慟曰：“天不使我一海内，何奪忠臣之速也！”[6]

[1]臨淄：縣名。治所在今山東淄博市臨淄區。　海岱：地區名。指今山東渤海至泰山之間的地區。

[2]安陽：縣名。治所在今河南安陽市。　淇門：地名。位於今河南浚縣。

[3]洛口：地名。爲洛水入淮河之口。位於今安徽淮南市東。

[4]周翰：人名。即羅周翰。魏州貴鄉（今河北大名縣）人。羅紹威次子。事見本書卷八、卷二七。

[5]紹威在鎮凡十七年：中華書局本有校勘記：“《舊唐書》卷二〇上《昭宗紀》、《新唐書》卷一〇《昭宗紀》、《通鑑》卷二六一及本卷上文皆記羅紹威光化元年襲魏博節度使，至開平四年卒，凡十二年。”　“紹威嘗以臨淄、海岱罷兵歲久”至“年三十四薨”：《大典》卷一八一二六“將”字韻“五代後梁將（一）”事

目。《通鑑》卷二六七開平四年（910）五月癸丑條："天雄節度使兼中書令鄴貞莊王羅紹威卒。詔以其子周翰爲天雄留後。"殿本《考證》："《通鑑考異》引《梁功臣傳》云：紹威馳簡獻替，意互合者十得五六，太祖嘆曰：'竭忠力一人而已！'又引《莊宗實録》曰：紹威陰有覆温之志，而賂温益厚。温怪其曲事，慮蓄奸謀而莫之察，乃賜紹威妓妾數人，未半歲召還，以此得其陰事。其紀載互異如此。竊謂紹威有謀慮，得梁主信任宜也。然以梁主雄險，而紹威又因盡誅牙軍有自弱之悔，則此時猜忌，諒亦有之，未可偏廢其説。"《舊五代史考異》："《通鑑考異》云：紹威厚率重斂，傾府庫以奉温，小有違忤，温即遣人詬辱。紹威方懷愧恥，悔自弱之謀，乃潛收兵市馬，陰有覆温之志，而賂温益厚。温怪其曲事，慮蓄奸謀而莫之察，乃賜紹威妓妾數人，皆承嬖愛。未半歲，温却召還，以此得其陰事，内相矛盾。案：梁祖性多猜忌，使妓妾爲間，乃作賊之故智。厥後恩禮不衰，特因紹威已死，外示包容耳。"《通鑑》卷二六七開平三年十一月："鄴王羅紹威得風痺病，上表稱：'魏故大鎮，多外兵，願得有功重臣鎮之，臣乞骸骨歸第。'帝聞之，撫案動容。己亥，以其子周翰爲天雄節度副使，知府事。謂使者曰：'亟歸語而主：爲我强飯！如有不可諱，當世世貴爾子孫以相報也。今使周翰領軍府，尚冀爾復愈耳。'"上引殿本《考證》引《通鑑考異》見此。《宋本册府》卷三八六《將帥部·褒異門一二》："開平元年十月，帝以紹威近年已來貢輸極頻，且倍於諸道，帝慮其殫於事力以及於民，遂勞而止之，賜以南越所貢真珠枕、龍腦帶。"卷四八五《邦計部·濟軍門》開平二年七月條："魏博節度使羅紹威進絹三萬匹。時虜寇臨汾，諸將征討，日聞其捷。紹威進以備犒師之用。"

［6］"帝哀慟曰"至"何奪忠臣之速也"：《宋本册府》卷二〇四《閏位部·念良臣門》梁太祖開平四年五月條。

紹威形貌魁偉，有英傑氣，攻筆札，曉音律。性復精悍明敏，服膺儒術，明達吏理。好招延文士，聚書萬卷，開學館，置書樓，每歌酒宴會，與賓佐賦詩，頗有情致。江東人羅隱者，[1]佐錢鏐軍幕，[2]有詩名於天下。紹威遣使賂遺，敘南巷之敬，隱乃聚其所爲詩投寄之。紹威酷嗜其作，因目己之所爲曰《偷江東集》，至今鄴中人士諷詠之。紹威嘗有公讌詩云："簾前淡泊雲頭日，座上蕭騷雨脚風。"[3]雖深於詩者，亦所歎伏。[4]

[1]江東：地區名。長江在今安徽蕪湖市、江蘇南京市之間作西南、東北流向，習慣上將自此而下的長江南岸地區稱爲江東。羅隱：人名。新城（今浙江杭州市富陽區）人。五代十國吴越官員。事見本書卷二四。

[2]錢鏐：人名。臨安（今浙江杭州市）人。五代十國吴越開國君主。傳見本書卷一三三、《新五代史》卷六七。

[3]兩脚：《輯本舊史》之影庫本粘籤："雨脚，原本作'兩脚'，今據文改正。"

[4]"紹威形貌魁偉"至"亦所歎伏"：《大典》卷五六七八"羅"字韻"姓氏（一）"事目。《太平廣記》卷二〇〇注云録自《羅昭威傳》："梁鄴王羅昭威世爲武人，有膽決，喜尚文學，雅好儒生。於廳所之側，别立學舍，招延四方遊士，置於其間，待以恩禮。每旦視事之暇，則與諸儒講論經義。聚書萬餘卷，於學舍之側，建置書樓，縱儒士隨意觀覽，己亦孜孜諷誦。當時藩牧之中，最獲文章之譽。每命幕客作四方書檄，小不稱旨，壞裂抵棄，自襞牋起草，下筆成文，雖無藻麗之風，幕客多所不及。又僻於七言詩，每歌酒讌會，池亭遊覽，靡不賦詠，題之屋壁。江南有羅隱者，爲兩浙錢鏐幕客，有文學，昭威特遣使幣交聘，申南阮之敬。

隱悉以所著文章詩賦，酬寄昭威，昭大傾慕之，乃目其所爲詩曰羅江東。今鄴中人士，有諷誦者，嘗自爲大廳記，亦微有可觀。”此段引文不見於兩《唐書》及《輯本舊史》《新五代史》。

紹威子三人：長曰廷規，[1]位至司農卿，[2]尚太祖女安陽公主，[3]又尚金華公主，[4]早卒。次曰周翰，繼爲魏博節度使，亦早卒。季曰周敬，[5]歷滑州節度使，[6]别有傳。開平四年夏，詔金華公主出家爲尼，居於宋州玄静寺，[7]蓋太祖推恩於羅氏，令終其婦節也。[8]

[1]廷規：人名。即羅廷規。魏州貴鄉（今河北大名縣）人。羅紹威長子，後梁太祖朱温之婿。事見本書本卷、卷五。

[2]司農卿：官名。司農寺長官。佐司農卿掌管倉廪、籍田、苑囿諸事。從三品上。

[3]安陽公主：後梁太祖朱温之女，羅廷規之妻。事見本書卷一一。

[4]金華公主：後梁太祖朱温之女，羅廷規之妻。事見本書卷一一。

[5]周敬：人名。即羅周敬。魏州貴鄉（今河北大名縣）人。五代軍閥。傳見本書卷九一。

[6]滑州：州名。治所在今河南滑縣。此處代指宣義軍。

[7]宋州：州名。治所在今河南商丘市睢陽區。

[8]“紹威子三人”至“令終其婦節也”：《大典》卷五六七八“羅”字韻“姓氏（一）”事目。羅周敬，《輯本舊史》卷九一有傳。《舊五代史考異》：“《通鑑考異》引《梁功臣傳》云：周翰起復雲麾將軍，充天雄軍節度留後，尋檢校司徒，正授魏博節度使。”見《通鑑》卷二六七開平三年（909）十一月己亥條《考異》。《輯本舊史》傳後録《五代史補》：“羅鄴王紹威，俊邁有詞學，尤好戲

判。常有人向官街中鞴驢，置鞍於地，值牛車過，急行碾破其鞍，驢主怒，毆駕車者，爲廂司所擒。紹威更不按問，遂判其狀云：'鄴城大道甚寬，何故駕車碾鞍？領鞴驢漢子科決，待駕車漢子喜歡。'詞雖俳諧，理甚切當，論者許之。"

趙犨　子麓　霖　弟昶　珝

趙犨，其先天水人，[1]代爲忠武牙將。[2]曾祖賓，祖英奇，父叔文，[3]皆歷故職。犨幼有奇智，齠齔之時，與鄰里小兒戲於道左，恒分布行列爲部伍戰陣之狀，自爲董帥，指顧有節，如夙習焉，群兒皆稟而從之，無敢亂其行者。其父目而異之，曰："吾家千里駒也，必大吾門矣。"[4]及赴鄉校，誦讀之性出於同輩。弱冠有壯節，好功名，妙於弓劍，氣義勇果。郡守聞之，擢爲牙校。唐會昌中，[5]壺關作亂，[6]隨父北征，收天井關。[7]未幾，從王師征蠻，浹月方克，惟忠武將士轉戰溪洞之間，斬獲甚衆。本道録其勳，陟爲馬步都虞候。[8]

[1]犨（chōu）：本義指牛鳴。　天水：地名。位於今甘肅天水市。　趙犨，其先天水人：《舊五代史考異》："案：《歐陽史》作其先青州人。"見《新五代史》卷四二《趙犨傳》。《新唐書》卷一八九《趙犨傳》："趙犨，陳州宛丘人。"

[2]忠武：方鎮名。貞元十年（794）以陳許節度使爲忠武軍，治所在許州（今河南許昌市）。天復元年（901）移治陳州（今河南淮陽縣）。　牙將：官名。古代軍隊中的中低級軍官。　代爲忠武牙將：《宋本册府》卷三六〇《將帥部·立功門一三》："梁趙犨，初仕唐爲忠武軍牙校。"《新五代史·趙犨傳》："世爲陳州牙將。"

《新唐書·趙犨傳》："世爲忠武軍牙將。"《舊唐書》卷三八《地理志一》："忠武軍節度使，治許州，管許、陳、蔡三州。"

[3]叔文：《舊五代史考異》："原本訛'叔乂'，今據《新唐書》改正。"見《新唐書·趙犨傳》，《宋本册府》卷三六〇亦作"叔文"。

[4]"齠齔之時"至"必大吾門矣"：亦見《宋本册府》卷七七二《總録部·志節門》，惟"恒分布行列""必大吾門矣"，《册府》作"常分布行列""必大吾門耳"。

[5]會昌：唐武宗李炎年號（841—846）。

[6]壺關作亂：指會昌三年（843），昭義軍節度使劉從諫之侄劉稹發動的割據叛亂，次年被平定，又稱澤潞之亂。壺關，地名。位於今山西壺關縣。

[7]天井關：關隘名。又稱太行關。位於今山西晋城市南太行山頂。

[8]馬步都虞候：官名。五代侍衛親軍馬步軍統兵官，僅次於馬步軍都指揮使、副都指揮使。　"唐會昌中"至"陟爲馬步都虞候"：亦見《宋本册府》卷三六〇。

乾符中，[1]王僊芝起於曹、濮，[2]大縱其徒，侵掠汝、鄭，[3]犨乃率步騎數千襲之，賊黨南奔。[4]及黄巢陷長安，[5]天子幸蜀，[6]中原無主，人心騷動。於是陳州數百人相率告許州連帥，[7]願得犨知軍州事。[8]其帥即以狀聞，於是天子下詔，以犨守陳州刺史。[9]既視事，乃謂將吏曰："賊巢之虐，徧於四方，苟不爲長安市人所誅，則必驅殘黨以東下。況與忠武久爲仇讎，凌我土疆，勢必然也。"乃遣增垣墉，[10]濬溝洫，實倉廪，積薪芻。凡四門之外，兩舍之内，[11]民有資糧者，悉令輓入郡中。繕甲兵，利劍矟，弓弩矢石無不畢備。又招召勁勇，置之麾下。以仲弟昶爲防遏都指揮使，[12]以季弟珝爲親從都知兵馬使，[13]長子麓、次子霖，[14]皆分領鋭兵。黄巢在長安，果爲王師四面扼束，食盡人饑，謀東奔之計，先遣驍將孟楷擁徒萬人，[15]直入項縣，[16]犨引兵擊之，賊衆大潰，斬獲略盡，生擒孟楷。[17]

[1]乾符：唐僖宗李儇年號（874—879）。

[2]王遷芝：人名。濮州（今山東鄄城縣）人。唐末農民軍領袖。事見《舊唐書》卷一九下及《新唐書》卷九、卷二二五下。“僊芝”，《舊五代史考異》：“案：原本作‘僊芘’，今據新、舊《唐書》改正。”見《舊唐書》卷二〇〇下《黄巢傳》、《新唐書》卷二二五下《黄巢傳》。　曹：州名。治所在今山東曹縣西北。　濮：州名。治所在今山東鄄城縣。

[3]汝：州名。治所在今河南汝州市。　鄭：州名。治所在今河南鄭州市。

[4]“乾符中”至“賊黨南奔”：亦見《宋本册府》卷三六〇《將帥部·立功門一三》、卷四〇〇《將帥部·固守門二》，惟“犨乃率步騎數千襲之”《册府》卷三六〇無“乃”字。

[5]黄巢：人名。曹州冤句（今山東菏澤市）人。唐末農民起義領袖。傳見《舊唐書》卷二〇〇下、《新唐書》卷二二五下。

[6]天子幸蜀：黄巢起義後，於唐廣明元年（880）攻占洛陽，逼近長安，唐僖宗及少數宗室逃離京城，逃至四川。

[7]陳州：州名。治所在今河南淮陽縣。　許州：州名。治所在今河南許昌市。　連帥：泛指地方高級長官。唐朝多指觀察使、按察使。

[8]知軍州事：官名。州級行政長官。

[9]刺史：官名。漢武帝時始置。州一級行政長官，總掌考核

官吏、勸課農桑、地方教化等事。唐中期以後，節度、觀察使轄州而設，刺史爲其屬官，職任漸輕。從三品至正四品下。 “及黄巢陷長安”至“以犨守陳州刺史”：亦見《宋本册府》卷四〇〇，惟“陳州數百人”“於是天子下詔”《册府》作“陳民數百人”“於是下詔”。同書卷三六〇：“廣明初，以犨爲陳州刺史。”

[10]垣墉：墻。

[11]兩舍：《新五代史》卷四二《趙犨傳》、《通鑑》卷二五五中和三年（883）六月條作“六十里”。古代行軍三十里爲一舍。

[12]昶：人名。即趙昶。傳見本書本卷。 防遏都指揮使：官名。統兵將領。

[13]珝：人名。即趙珝。傳見本書本卷。 都知兵馬使：官名。唐、五代方鎮自置之部隊統率官，稱兵馬使，其權尤重者稱兵馬大使或都知兵馬使。掌兵馬訓練、指揮。

[14]霖：《宋本册府》卷四〇〇、卷六九六《牧守部·修武備門》同，《通鑑》卷二五五中和三年六月條作“林”。

[15]孟楷：人名。籍貫不詳。唐末黄巢起義軍將領。事見《舊唐書》卷二〇〇下、《新唐書》卷二二五下。

[16]項縣：縣名。治所在今河南沈丘縣。《新五代史·趙犨傳》作“項城”。

[17]“既視事”至“生擒孟楷”：亦見《宋本册府》卷四〇〇、卷六九六，惟“積薪芻”“招召勁勇”“親從都知兵馬使”《册府》卷四〇〇分别作“薪芻”“招召勁卒”“親從都兵馬使”。《舊唐書》卷一九下《僖宗紀下》中和三年六月條：“是月，黄巢圍陳州，營於州北五里。初，賊出藍田關，遣前鋒將孟楷攻蔡州，刺史秦宗權以兵逆戰，爲楷所敗，宗權勢窘，與賊通和。孟楷移兵攻陳州，刺史趙犨示弱，伏兵擊之，臨陣斬楷。”《宋本册府》卷三六〇：“中和中，黄巢東奔，先遣驍將孟楷擁徒萬人直入項縣，犨引兵擊之，衆大潰，斬獲略盡，生擒孟楷。”同書卷三八六《將帥部·褒異門一二》：“賊巢驍將孟楷擁徒入項縣，犨引兵擊之，賊衆

大潰，生擒孟楷。”

中和三年，[1]朝廷聞其功，就加檢校兵部尚書，俄轉右僕射。[2]不數月，加司空，[3]進封潁川縣伯。[4]巢黨知孟楷爲陳所擒，大驚憤，乃悉衆東來，先據溵水，[5]後與蔡州秦宗權合勢以攻宛丘，[6]陳人懼焉。犨恐衆心攜離，乃於衆中揚言曰："忠武素稱義勇，淮陽亦爲勁兵，是宜戮力同心，捍禦群寇，建功立節，去危就安，諸君宜圖之，況吾家食陳禄久矣！今賊衆圍逼，衆寡不均，男子當於死中求生，又何懼也。且死於爲國，不猶愈於生而爲賊之伍耶！汝但觀吾之破賊，敢有異議者斬之！"由是衆心靡不踴躍。無何，開門與賊接戰，每戰皆捷，賊衆益怒。巢於郡北三四里起八僊營，[7]如宮闕之狀，又修百司廨署，[8]儲蓄山峙，蔡人濟以甲胄，軍無所闕焉。凡圍陳三百日，大小數百戰，雖兵食將盡，然人心益固。[9]犨因令間道奉羽書乞師於太祖，太祖素多犨之勇果，乃許之。四年四月，太祖引大軍與諸軍會於陳之西北，陳人望其旗鼓，[10]出軍縱火，急攻巢寨，賊衆大潰，重圍遂解，獻捷於行在。[11]

[1]中和：唐僖宗李儇年號（881—885）。

[2]檢校兵部尚書：官名。爲散官或加官，以示恩寵，無實際執掌。　右僕射：官名。秦始置。隋、唐前期以左、右僕射佐尚書令總理六官，綱紀庶務，如不置尚書令，則總判省事，爲宰相之職。唐後期多爲大臣加銜。從二品。

[3]司空：官名。與太尉、司徒並爲三公，唐後期、五代多爲

大臣、勳貴加官。正一品。

[4]進封潁川縣伯：中華書局本有校勘記："'封'字原闕，據《册府》卷三八六補。" "中和三年"至"進封潁川縣伯"：亦見《宋本册府》卷三八六《將帥部·褒異門一二》。同書卷三六〇《將帥部·立功門一三》："以功累加檢校兵部尚書、右僕射、司空，封潁川縣伯。"

[5]溵水：水名。在今河南漯河市郾城區東由汝水分出，從今周口市西北流入潁水。《輯本舊史》之影庫本粘籤："溵水，原本作'瀫水'，今據《通鑑》改正。"見《通鑑》卷二五五中和三年(883)六月條，《宋本册府》卷三六〇亦作"溵水"。

[6]蔡州：州名。治所在今河南汝南縣。 秦宗權：人名。河南郡許州（今河南許昌市）人。唐末軍閥。傳見《舊唐書》卷二〇〇下、《新唐書》卷二二五下。 宛丘：縣名。治所在今河南淮陽縣。

[7]三四里：《新五代史》卷四二《趙犨傳》作"三里"。

[8]廨署：官署。

[9]"巢黨知孟楷爲陳所擒"至"然人心益固"：亦見《宋本册府》卷四〇〇《將帥部·固守門二》，惟"淮陽亦爲勁兵""捍禦群寇""諸君宜圖之""不猶愈於生而爲賊之伍耶""無何開門與賊接戰每戰皆捷""儲蓄山峙"，《册府》分别作"淮陽亦謂勁兵""捍禦狂寇""願君宜圖之""不猶愈於生而爲賊之伍耳""開門與賊接戰皆捷""糧械山峙"。《舊唐書》卷一九下《僖宗紀下》中和三年六月條："楷，賊之愛將，深惜之。黄巢怒，悉衆攻陳州。時黄巢與宗權合從，縱兵四掠，遠近皆罹其酷。時仍歲大饑，民無積聚，賊俘人爲食，其炮炙處謂之'舂磨寨'，白骨山積，喪亂之極，無甚於斯。賊攻城急，徐州節度使時溥、許州周岌、汴州朱全忠皆出師護援之。"《宋本册府》卷三六〇："巢黨知孟楷爲陳所擒，大驚憤，悉衆東來，先據溵水，後與蔡州秦宗權合勢以攻宛丘，犨因乞師于太祖。"同書卷三八六："巢黨後與蔡州秦宗權合勢以攻宛

丘，犨乞師於太祖。”

[10]陳人望其旗鼓：中華書局本有校勘記：“‘其’字原闕，據《册府》卷四〇〇補。”

[11]“犨因令間道奉羽書乞師於太祖”至“獻捷於行在”：《舊唐書》卷二〇〇下《黄巢傳》：“趙犨求援於太原。四年二月，李克用率山西諸軍，由蒲、陜濟河，會關東諸侯，赴援陳州。三月，諸侯之師復集。四月，官軍敗賊於太康，俘斬萬計，拔其四壁。又敗賊將黄鄴於西華，拔其壁。巢賊大恐，收軍營於故陽里，官軍進攻之。”《宋本册府》卷一八七《閏位部·勳業門五》中和四年：“是時，陳州四面，賊寨相望，驅虜編氓，殺以充食，號爲‘舂磨寨’。帝分兵翦撲，大小凡四十戰。四月丁巳，收西華寨，賊將黄鄴單騎奔陳。帝乘勝追之，鼓譟而進。會黄巢遁去，遂入陳州，刺史趙犨迎於馬前。俄聞巢黨尚在陳北故陽壘，帝遂徑歸大梁。是時，河東節度使李克用奉僖宗詔，統騎軍數千同謀破賊，與帝合勢於中牟北邀擊之，賊衆大敗於王滿渡，多束手來降。”同書卷三六〇：“太祖引大軍與諸軍會於陳之西北，急攻巢寨，賊衆大潰。”同書卷三八六：“太祖引大軍會於陳之西北，陳人急攻巢寨，重圍遂解，獻捷于行在。”同書卷四〇〇：“犨因令間道奉羽書乞師於太祖，太祖素多犨之勇果，乃引大軍與諸軍會於陳之西北，陳人望其旗鼓，出軍縱火，急攻巢寨，賊衆大潰，重圍遂解。”

五年八月，除犨爲蔡州節度使。[1]於時巢黨雖敗，宗權益熾，六七年間，屠膾中原，陷二十餘郡，唯陳去蔡百餘里，兵少力微，日與争鋒，終不能屈。[2]文德元年，蔡州平，朝廷議勳，以犨檢校司徒，充泰寧軍節度使，又改授浙西節度使，[3]不離宛丘，兼領二鎮。[4]龍紀元年三月，[5]又以平巢、蔡功，就加平章事，[6]充忠武軍節度使，仍以陳州爲理所。[7]由是中原塵静，唐帝復歸長安，陳許流亡之民，襁負歸業，犨設法招撫，人皆感之。犨兄弟三人，時稱雍睦。一日，念仲弟昶同心王事，共立軍功，乃下令盡以軍州事付於昶，遂上表乞骸。[8]後數月，寢疾，卒於陳州官舍，[9]年六十六，葬於宛丘縣之先域，累贈太尉。[10]

[1]五年八月，除犨爲蔡州節度使：亦見《宋本册府》卷三八六《將帥部·褒異門一二》。

[2]“於時巢黨雖敗”至“終不能屈”：亦見《宋本册府》卷三六〇《將帥部·立功門一三》。同書卷三八六：“于時巢黨雖敗，宗權益熾，唯陳去蔡百餘里，兵少力微，日與争鋒，終不能屈。”

[3]文德：《舊五代史考異》：“原本作‘大德’，今改正。” 泰寧軍：方鎮名。治所在兖州（今山東濟寧市兖州區）。 浙西：方鎮名。全稱浙江西道。治所在潤州（今江蘇鎮江市）。

[4]“文德元年”至“兼領二鎮”：亦見《宋本册府》卷三八六，惟《册府》無“不離宛丘”四字。同書卷三六〇：“文德元年，蔡州平，朝廷議勳，累加檢校司徒、同平章事，充忠武軍節度使。”

[5]龍紀：唐昭宗李曄年號（889）。

[6]平章事：官名。“同中書門下平章事”的簡稱。唐高宗以後，凡實際任宰相之職者，常在其本官後加同平章事的職銜。後成爲宰相專稱。或爲使相加銜。後晋天福五年（940），升中書門下平章事爲正二品。

[7]“龍紀元年三月”至“仍以陳州爲理所”：亦見《宋本册府》卷三八六。

[8]乞骸：又稱乞骸骨，指致仕（退休）。 “一日”至“遂上表乞骸”：明本《册府》卷四三六《將帥部·繼襲門》：“初，犨以仲弟昶爲防遏都指揮使，同心王事，共力軍功，乃下令盡以軍州事付於昶，遂上表乞骸。詔授昶兵馬留後。”

[9]卒於陳州官舍：明本《册府》卷四三六謂其卒在大順中。

[10]先域：祖先的墳塋。　太尉：官名。與司徒、司空並爲三公，唐後期、五代多爲大臣、勳貴加官。正一品。

犨雖盡忠唐室，保全陳州，然默識太祖雄傑，每降心託跡，爲子孫之計，故因解圍之後，以愛子結親。又請爲太祖立生祠於陳州，[1]朝夕拜謁。數年之間，悉力委輸，凡所徵調，無不率先，故能保其功名。[2]

[1]生祠：爲生者建立的祠廟。

[2]“犨雖盡忠唐室”至“故能保其功名”：亦見《宋本册府》卷七九六《總録部·先見門二》，惟“又請爲太祖立生祠於陳州”《册府》無“州”字。《輯本舊史》之孔本案語：“張方平《樂全集·陳州祭太尉趙公文》云：‘有唐之季，大盜移國，封豕長蛇，踐食區夏，生民塗炭，城邑丘墟。公於爾時，獨保孤壘，攻圍幾年，洛中百戰，陳之遺黎，竟脱賊口。兄弟三人，繼登將相，並有功德，著於此邦。而其像貌，晦於闇壁，邦人不知，久不克享。某祗膺朝命，再來領藩，惟公忠烈，能捍大患，寫之繪素，神氣凜然。乃建祠堂，式薦時事。’蓋陳州故有趙犨畫像，至方平時復修之也。”見《樂全集》卷三五《陳州祭唐贈太尉趙公文》，按“洛中”《樂全集》原作“浴血”。

長子麓，位至列卿。[1]

[1]列卿：指九卿。　長子麓位至列卿：《輯本舊史》卷九《梁末帝紀中》貞明四年（918）八月乙丑條：“乙丑，以宿州團練使趙麓權知河陽節度觀察留後。”《宋本册府》卷一九三《閏位

部·崇祀門》："（開平二年）十一月，太常禮院奏選用來年正月二十四日辛卯親拜南郊，可之。詔以左千牛衛上將軍胡規充南郊儀仗使，金吾衛將軍趙麓充車路法物使。時以執儀仗將軍畧皆武士，故分二將以董之。"

次子霖，改名巖，尚太祖女長樂公主。[1]開平初，授衛尉卿、駙馬都尉。[2]二年九月，權知洺州軍州事，俄轉天威軍使。[3]十二月，授右羽林統軍，改右衛上將軍，[4]充大内皇牆使。[5]三年七月，出爲宿州團練使，旋棣州刺史。[6]其後累歷近職，連典禁軍。預誅庶人友珪有功，[7]末帝即位，[8]用爲租庸使、守户部尚書。[9]巖以勳戚自負，貨賂公行，天下之賄，半入其門。又以身尚公主，聞唐朝駙馬都尉杜悰位極將相，[10]以服御飲饌自奉，務極華侈，巖恥其不及。由是豐其飲膳，嘉羞法饌，動費萬錢，僦斂綱商，[11]其徒如市，[12]權勢熏灼，人皆阿附。及唐莊宗滅梁室，[13]巖踰垣而逸。素與許州温韜相善，[14]巖往依之。[15]既至，韜斬巖首送京師。[16]
《永樂大典》卷一萬六千九百九十。[17]

[1]長樂公主：即後梁太祖朱温之女，趙犨子趙巖之妻。事見本書卷一一。　次子霖，改名巖，尚太祖女長樂公主：《舊唐書》卷二〇上《昭宗紀》光化三年（900）七月甲午條："以左武衛將軍趙霖檢校左僕射，爲許州刺史。"明本《册府》卷三〇〇《外戚部·選尚門》："趙巖，忠武軍節度犨之子，尚太祖女長樂公主。"

[2]衛尉卿：官名。漢始置，爲衛尉長官。北齊置衛尉寺，衛尉卿爲長官。掌供宫廷、祭祀、朝會之儀仗帷幕。從三品。　駙馬都尉：漢武帝時始置，魏、晋以後公主夫婿多加此稱號。從五

品下。

［3］洺州：州名。治所在今河北邯鄲市永年區。　天威：部隊番號。　軍使：官名。掌領本軍軍務，或兼理地方政務。《新唐書》卷五〇《兵志》："唐初，兵之戍邊者，大曰軍，小曰守捉，曰城，曰鎮……武德至天寶以前邊防之制，其軍、城、鎮、守捉皆有使。"

［4］右羽林統軍：官名。唐置六軍，分左右羽林、左右龍武、左右神武，即"北衙六軍"。興元元年（784），六軍各置統軍，以寵勳臣。五代沿之。其品秩，《唐會要》卷七一、《舊唐書》卷一二記載爲從二品，《通鑑》卷二二九記載爲從三品。　右衛上將軍：官名。唐置，掌宫禁宿衛。唐代置十六衛，即左右衛、左右驍衛、左右武衛、左右威衛、左右領軍衛、左右金吾衛、左右監門衛、左右千牛衛，各置上將軍，從二品；大將軍，正三品；將軍，從三品。

［5］皇牆使：官名。原爲皇城使，避後梁太祖朱温父朱誠諱改。唐末始置，爲皇城司長官，一般由君主的親信充任，以拱衛皇城。　充大内皇牆使：《舊五代史考異》："案：原本作'皇城'，考《五代會要》，梁時避諱，改皇城使爲皇牆使，今改正。"《會要》卷一追謚皇帝條："烈祖文穆皇帝諱誠，開平元年（907）七月追尊文穆皇帝，廟號烈祖，葬咸寧陵。"又，同書卷二四有皇城使條。

［6］宿州：州名。治所在今安徽宿州市。　團練使：官名。唐代中期以後，於不設節度使的地區設團練使，掌本區各州軍事。　旋棣州刺史："棣"字原闕，中華書局本沿《輯本舊史》未補，但有校勘記："'州'，邵本校作'棣州'。"按，本傳輯自《大典》卷一六九九〇，《大典》爲避明成祖朱棣諱而省"棣"字，今據邵本校補。

［7］友珪：人名。即朱友珪。朱温次子勾結韓勍殺朱温，後追廢爲庶人。傳見本書卷一二、《新五代史》卷一三。　預誅庶人友珪有功：誅友珪事詳見《通鑑》卷二六八乾化三年二月丙戌、戊子、庚寅條。

[8]末帝：即後梁末帝朱友貞。後梁太祖朱温之子。913年至923年在位。紀見本書卷八至一〇、《新五代史》卷三。

[9]租庸使：官名。唐代爲主持催徵租庸地税的財政官員。後梁、後唐時，租庸使取代鹽鐵、度支、户部，爲中央財政長官。户部尚書：官名。户部最高長官。掌管全國土地、户籍、賦税、財政收支諸事。正三品。

[10]杜悰：人名。京兆萬年（今陝西西安市長安區）人。杜佑之孫。唐武宗朝宰相。娶唐憲宗長女岐陽公主。傳見《舊唐書》卷一四七、《新唐書》卷一六六。

[11]綱商：指運送大批貨物的商人。　僦斂綱商：中華書局本有校勘記："'綱'，原作'網'，據彭校、《册府》卷三〇六、卷三〇七（宋本）改。"見明本《册府》卷三〇六《外戚部·奢縱門》、《宋本册府》卷三〇七《外戚部·貪黷門》。《宋本册府》卷五一一《邦計部·貪污門》："梁趙巖爲租庸使。天下貨賂半入其門，奢侈不法，自古無比，每日之費破錢數萬，僦斂商販，其徒如市，天下良田美宅可有千計。"

[12]其徒如市：中華書局本有校勘記："'徒'，原作'徙'，據殿本、劉本、《册府》卷三〇六、卷三〇七、卷五一一改。"

[13]唐莊宗：即李存勗。923年至926年在位。紀見本書卷二七至卷三四、《新五代史》卷四至卷五。

[14]許州：中華書局本有校勘記："'許州'，原作'徐州'，據本書卷七三《温韜傳》、《册府》卷三〇六改。按本書卷三〇《唐莊宗紀四》、《新五代史》卷四〇《温韜傳》皆記其爲許州節度使。"《輯本舊史》卷三〇《唐莊宗紀四》同光元年（923）十一月乙巳條："以許州匡國軍節度使、檢校太尉、同平章事温韜依前許州節度使，仍賜姓，名紹冲。"明本《册府》卷九四三《總録部·不誼門》："温韜初事梁爲許州節度使，累官至檢校太尉、平章事。韜素善趙巖，每依附之。"　温韜：人名。京兆華原（今陝西銅川市耀州區）人。唐末李茂貞部將，後梁、後唐將領。傳見本書卷七

三、《新五代史》卷四〇。

［15］素與許州温韜相善巖往依之：《通鑑》卷二七二同光元年十月戊寅條："戊寅，或告唐軍已過曹州，塵埃漲天，趙巖謂從者曰：'吾待温許州厚，必不負我。'遂奔許州。"

［16］既至韜斬巖首送京師：《輯本舊史·唐莊宗紀四》同光元年十月丙戌條："梁將段凝上疏奏：'梁朝權臣趙巖等，並助成虐政，結怨於人，聖政惟新，宜誅首惡。'乃下詔曰：'……其朱氏近親，趙鵠正身，趙巖家屬，仰嚴加擒捕。……'是日，趙巖……并其妻孥，皆斬於汴橋下。"《通鑑》卷二七二同光元年十月庚辰條："趙巖至許州，温昭圖迎謁歸第，斬首來獻，盡没巖所齎之貨。"

［17］《大典》卷一六九九〇"趙"字韻"姓氏（六）"事目。

昶，字大東，犨仲弟也。弱冠習兵機，沈默大度，神形灑落，臨事有通變之才。[1]及兄犨爲陳州刺史，以昶爲防遏都指揮使。[2]未幾，巢將孟楷擁衆萬餘據項城縣，[3]昶與兄犨領兵擊破之，擒楷以歸。不數月，巢黨悉衆攻陳，以報孟楷之役，又與蔡寇合從，[4]凶醜百萬，棲於陳郊，[5]陳人大恐。一夕，昶因巡警，假寐於闉闍，[6]恍惚間如有陰助，昶異而待之。遲明，開門決戰，人心兵勢，勇不可遏，[7]若有陰兵前導。是日，擒賊將數人，斬首千餘級，[8]群凶氣沮。其後連日交戰，無不應機俘斬，未嘗小衄，以至重圍數月，士心如一。及賊敗圍解，朝廷紀勳，昶一門之中，疊加爵秩。當時方鎮之内，言忠勇者、言守禦者、言功勳者、言政事者，皆以犨、昶爲首焉。[9]及犨遥領泰寧軍節度使，[10]以昶爲本州刺史、檢校右僕射。俄而犨有疾，遂以軍州盡付於昶。詔授兵馬留後，旋遷忠武軍節度使，亦以陳州爲理所。[11]

[1]神形灑落，臨事有通變之才：亦見《宋本册府》卷八八三《總録部·形貌門》。

[2]以昶爲防遏都指揮使：中華書局本有校勘記："'防遏'，原作'防禦'，據本卷《趙犨傳》、《册府》卷三六〇、卷三九八改。"見《宋本册府》卷三六〇《將帥部·立功門一三》、卷三九八《將帥部·冥助門》，明本《册府》卷四三六《將帥部·繼襲門》亦作"防遏"。

[3]項城縣：縣名。治所在今河南沈丘縣。

[4]又與蔡寇合從：《宋本册府》卷三六〇《將帥部·立功門一三》作"又與蔡寇合徒"。中華書局本有校勘記："'與'字原闕，據《册府》卷三六〇補。"

[5]"巢將孟楷擁衆萬餘據項城縣"至"棲於陳郊"：亦見《宋本册府》卷三六〇。

[6]闉（yīn）闍（dū）：城門。《輯本舊史》之影庫本粘籤："闉闍，原本作'闞闍'，今據文改正。"《宋本册府》卷三九八亦作"闉闍"。

[7]勇：《宋本册府》卷三九八亦作"又"。

[8]斬首千於級：《宋本册府》卷三九八《將帥部·冥助門》無"斬"字。

[9]"擒賊將數人"至"皆以犨昶爲首焉"：亦見《宋本册府》卷三六〇，惟"士心如一""方鎮之内"《册府》作"志心如一""征鎮之内"。

[10]及犨遥領泰寧軍節度使：中華書局本有校勘記："'使'字原闕，據《通鑑》卷二五八《考異》引《薛史》補。"見《通鑑》卷二五八龍紀元年（889）三月條《考異》。

［11］“及犨遥領泰寧軍節度使”至“亦以陳州爲理所”：《宋本册府》卷三六〇：“昶累加檢校右僕射，代犨爲忠武節度使，亦以陳州爲理所。”

時宗權未滅，中原方受其毒。陳、蔡封疆相接，昶每選精鋭，深入蔡境。蔡賊雖衆，終不能抗，以至宗權敗焉。朝廷賞勳，加檢校司徒。[1]昶以大寇削平之後，益留心於政事，勸課農桑，大布恩惠。景福元年秋，陳、許將吏耆老録其功，詣闕以聞，天子嘉之，命文臣撰德政碑植於通衢，以旌其功。[2]俄加同平章事。昶自圍解之後，恒曰：“梁王之恩，不敢忘也。”是後太祖每有征伐，昶訓練兵甲，饋輓供億，無有不至。乾寧二年寢疾，[3]薨於鎮，年五十三。追贈太尉。《永樂大典》卷一萬六千九百九十。[4]

［1］“時宗權未滅”至“加檢校司徒”：亦見《宋本册府》卷三六〇《將帥部·立功門一三》。《宋本册府》卷三八六《將帥部·褒異門一二》：“時秦宗權未滅，昶每選精鋭深入，蔡賊雖衆，終不能抗，以至宗權敗焉。朝廷賞勳，加檢校司徒。”《輯本舊史》之案語：“上篇《趙犨傳》云：蔡州平，以犨爲忠武軍節度使。據此傳，則昶爲忠武節度使，宗權未滅，二傳自相矛盾。見《通鑑考異》。”見《通鑑》卷二五八龍紀元年（889）三月條《考異》。

［2］景福：唐昭宗李曄年號（892—893）。“昶以大寇削平之後”至“以旌其功”：亦見《宋本册府》卷六七七《牧守部·能政門》，惟“以旌其功”《册府》作“以旌厥功”。同書卷六七三《牧守部·褒寵門二》：“昶以大寇削平之後，留心政事，勸課農桑，大布恩惠。昭宗嘉之，命撰德政碑，以旌厥功。”

[3]二年：中華書局本有校勘記："'二年'，《册府》卷四三六作'三年'。"

[4]《大典》卷一六九九〇"趙"字韻"姓氏（六）"事目。

珝，字有節，[1]犨季弟也。[2]幼而剛毅，器宇深沉。既冠，好書籍。及壯，工騎射，尤精《三略》。[3]及犨爲陳州刺史，以珝爲親從都知兵馬使。時巢黨東出商、鄧，[4]與蔡賊會，衆至百餘萬，掘長壕五百道攻陳，陳人大懼。珝與二兄堅心誓衆，激勵將校，約以死節。[5]珝以祖先松楸去郭數里，[6]慮爲群盜穿發，乃夜縋心膂之士，[7]遷柩入城。府庫舊有巨弩數百枝，機牙皆缺，工人咸謂不可用，珝即創意制度，自調弦筈，置之雉堞間，[8]矢激五百餘步，凡中人馬，皆洞達胸腋，群賊畏之，不敢逼近。自仲秋至於首夏，軍食將竭，士雖不飽，而堅拒之志不移。會太祖率大軍解其圍，珝兄弟拉泣感謝。[9]其後朝廷議功，加檢校右僕射，遥領處州刺史。[10]犨薨，昶爲忠武軍節度使，珝遷爲行軍司馬、[11]檢校司空。昶薨，珝知忠武軍留後。

[1]珝，字有節：明本《册府》卷三九一《將帥部・習兵法門》作："趙珝，字有郎。"疑爲傳寫之誤。

[2]犨季弟也：《輯本舊史》之案語："《新唐書》以珝爲犨子，據《歐陽史》及《通鑑》皆以珝爲犨弟，與《薛史》同，《新唐書》誤。"見《新唐書》卷一八九《趙珝傳》，《新五代史》卷四二《趙犨傳》，《通鑑》卷二六一光化元年（898）六月條。《宋本册府》卷三八六《將帥部・褒異門一二》作："犨之季弟也。"同書卷六九〇《牧守部・强明門》作："趙犨季弟。"

［3］《三略》：也稱《黄石書記》。爲古代兵書。相傳爲秦末黄石公撰。　“幼而剛毅”至“尤精三略”：亦見明本《册府》卷三九一，惟“深沉”“尤精”《册府》作“沉深”“元精”。

［4］商：州名。治所在今陝西商洛市商州區。　鄧：州名。治所在今河南鄧州市。

［5］“及犨爲陳州刺史”至“約以死節”：《宋本册府》卷三八六：“犨爲陳州刺史，以珝爲親從都知兵馬使。時巢黨東出商、鄧，與蔡賊會，衆至百餘萬攻陳，陳人大懼。珝與二兄堅心誓衆，約以死節。”

［6］松楸：墓地多植松樹和楸樹，代指墳墓。

［7］乃夜縋心膂之士：中華書局本有校勘記：“‘縋’，原作‘縱’，據《册府》卷四〇〇改。”見《宋本册府》卷四〇〇《將帥部·固守門二》趙犨條注。

［8］雉堞：指城墻。

［9］抆（wěn）泣：擦淚。“抆”，《宋本册府》卷四〇〇作“流”。

［10］遥領：雖居此官職，然實際上並不赴任。　處州：州名。治所在今浙江麗水市。

［11］行軍司馬：官名。出征將領及節度使的屬官。掌軍籍符伍，號令印信，是藩鎮重要的軍政官員。

珝公幹之才，播於遠邇，至於符籍虚實，財穀耗登，備閲其根本，民之利病，無不洞知。庶事簡廉，公私俱濟，太祖深加慰薦。尋加特進、檢校司徒，[1]充忠武軍節度使。[2]陳州土壤卑疎，每歲壁壘摧圮，工役不暇，[3]珝遂營度力用，俾以甓周砌四墉，[4]自是無霖潦之虞。[5]光化二年，加檢校太保、平章事。明年，檢校侍中，進封天水郡公。珝博通前古，以陳州本伏羲所都，[6]南頓乃光武舊地，[7]遂稽考古制，崇飾廟貌，爲四民祈福之所。又詢鄧艾故址，[8]決翟王河以溉稻粱，[9]大實倉廩，民獲其利。珝兄弟節制陳許，繼擁旌鉞，共二十餘年，陳人愛戴，風化大行。

[1]特進：官名。西漢末期始置，授給列侯中地位較特殊者。隋唐時期，特進爲散官，授給有聲望的文武官員。正二品。　“珝公幹之才”至“尋加特進、檢校司徒”：亦見《宋本册府》卷六九〇《牧守部·强明門》。

[2]充忠武軍節度使：《通鑑》卷二六一光化元年（898）六月條：“以濠州刺史趙珝爲忠武節度使。”趙珝何時爲濠州刺史，不詳。

[3]暇：明本《册府》卷四一〇《將帥部·壁壘門》作“逮”。

[4]俾以甓周砌四墉：明本《册府》卷四一〇無“俾”字。

[5]霖：明本《册府》卷四一〇作“淋”。

[6]伏羲：傳説中的三皇之一。相傳其始畫八卦、教民漁獵畜牧。

[7]南頓：縣名。治所在今河南項城市南頓鎮。　光武：即漢光武帝劉秀。南陽郡蔡陽（今湖北棗陽市）人。東漢王朝建立者。紀見《後漢書》卷一。

[8]鄧艾：人名。義陽棘陽（今河南新野縣）人。三國時魏名將。傳見《三國志》卷二八。《輯本舊史》之影庫本粘籤：“鄧艾，原本作‘鄧義’，今據《歐陽史》改正。”見《新五代史》卷四二《趙犨傳》。

[9]翟王河：水名。位於今河南西華縣。

天復元年冬，[1]韓建爲忠武軍節度使，[2]乃徵珝知同州匡國軍節度留後。[3]時太祖統軍岐下，珝在馮翊，[4]輸輓調發，旁午道途。俄而昭宗還長安，詔徵入覲，錫迎鑾功臣之號。珝因堅辭藩鎮，遂加檢校太傅、右金吾衛上將軍。及扈從東遷，歲餘，以痼疾免官，遂歸淮陽。[5]未幾，薨於私第，年五十五。詔贈侍中，陳人爲之罷市。

[1]天復：唐昭宗李曄年號（901—904）。

[2]韓建：人名。許州長社（今河南許昌市）人。唐末、五代軍閥。傳見本書卷一五、《新五代史》卷四〇。

[3]匡國軍：方鎮名。治所在同州（今陝西大荔縣）。　“天復元年冬”至“乃徵珝知同州匡國軍節度留後”：《宋本册府》卷四八五《邦計部·濟軍門》：“唐昭宗天復元年，徵爲同州節度留後。”《通鑑》卷二六二天復元年（901）十一月丁巳條：“以（韓）建爲忠武節度使，理陳州。……徙忠武節度使趙珝爲匡國節度使。”該條胡注：“趙珝徙節同州，亦非天子出命。”

[4]岐下：此指鳳翔。治所在今陝西鳳翔縣。　馮翊：縣名。治所在今陝西大荔縣。　珝在馮翊：“在馮翊”三字原闕，據《宋本册府》卷四八五《邦計部·濟軍門》補。按，馮翊爲同州治所。《舊唐書》卷三八《地理志一》云同州爲隋馮翊郡，武德元年（618）改爲同州，領馮翊等八縣。《新唐書》卷六四《方鎮表一》，乾寧二年（894），升同州爲匡國軍節度。

[5]淮陽：地名。即陳州。陳州舊爲淮陽郡。

子榖，仕至左驍衛大將軍、宣徽北院使。[1]唐莊宗入汴，與從兄巖皆族誅。[2]《永樂大典》卷一萬六千九百九十。[3]

[1]宣徽北院使：官名。唐始置。宣徽北院的長官。初用宦官，五代以後改用士人。與宣徽南院使通掌内諸司及三班内侍之名籍，郊祀、朝會、宴享供帳之儀，檢視内外進奉名物。參見王永平《論唐代宣徽使》，《中國史研究》1995 年第 1 期；王孫盈政《再論唐代的宣徽使》，《中華文史論叢》2018 年第 3 期。　子穀仕至左驍衛大將軍宣徽北院使：《輯本舊史》卷九《梁末帝紀中》貞明四年（918）四月丁未條："夏四月丁未，以宣徽院使、右衛上將軍趙穀權知青州軍州事。"

[2]汴：州名。治所在今河南開封市。　唐莊宗入汴，與從兄巖皆族誅：《宋本册府》卷九二七《總録部·讒佞門》段凝條："莊宗以爲滑州兵馬留後。凝上疏奏：'梁朝掌事權者趙巖等，並助成虐政，結怨於人，聖政惟新，宜誅首惡，以謝天下。'於是張漢傑、張漢融、張漢倫、張希逸、趙穀、朱珪等並族誅，家財籍没。"其事亦見《輯本舊史》卷五九《王瓚傳》，《通鑑》卷二七二繫於同光元年（923）十月丙戌條。趙穀，《輯本舊史》卷二九《唐莊宗紀三》同光元年八月戊戌條、卷三〇《唐莊宗紀四》同光元年十月丙戌條，明本《册府》卷一二六《帝王部·納降門》同光元年八月條注，《宋本册府》卷一五四《帝王部·明罰門三》同光元年十月條，作"趙鵠"。

[3]《大典》卷一六九九〇"趙"字韻"姓氏（六）"事目。

王珂　從兄珙

王珂，河中人。[1]祖縱，鹽州刺史。[2]父重榮，[3]河中節度使，[4]破黄巢有大功，封瑯琊郡王。珂本重榮兄重簡之子，[5]出繼重榮。唐僖宗光啓三年，[6]重榮爲部將常行儒所害，[7]推重榮弟重盈爲蒲帥，[8]以珂爲行軍司馬。及重盈卒，軍府推珂爲留後。[9]時重盈子珙爲陝州節度使、瑶爲絳州刺史，[10]由是争爲蒲帥，瑶、珙連上章論列，又與太祖書云："珂非吾兄弟，蓋余家之蒼頭也，[11]小字忠兒，安得繼嗣！"[12]珂亦上章云："亡父有興復之功。"又遣使求援於太原，李克用爲保薦於朝，昭宗可之。既而珙厚結王行瑜、李茂貞、韓建爲援，[13]三鎮互相表薦，昭宗詔諭之曰："吾以太原與重榮有再造之功，已俞其奏矣。"[14]乾寧二年五月，三鎮率兵入覲，賊害時政，請以河中授珙，[15]珙、瑶又連兵以攻河中。[16]克用聞之，出師以討三鎮，瑶、珙兵退，晋師拔絳州，擒瑶斬之。及克用駐軍於渭北，昭宗以珂爲河中節度使，正授旄鉞，克用因以女妻珂。珂至太原謝婚成禮，克用令李嗣昭將兵助珂，[17]攻珙於陜焉。[18]

[1]河中：府名。治所在今山西永濟市。

[2]縱：人名。即王縱。本書僅此一見。　鹽州：州名。治所在今陝西定邊縣。

[3]重榮：人名。即王重榮。太原祁（今山西祁縣）人。唐末藩鎮將領。傳見《舊唐書》卷一八二、《新唐書》卷一八七。

[4]河中節度使：中華書局本有校勘記："'河中'，原作'河東'，據《册府》卷八六三、卷九四三、《新五代史》卷四二《王珂傳》改。"見《宋本册府》卷八六三《總録部·爲人後門》、明本《册府》卷九四三《總録部·不誼門》。又，《舊唐書》卷一八二《王重榮傳》、《新唐書》卷一八七《王重榮傳》亦云重榮曾任河中節度使。

[5]重簡：人名。即王重簡。本書僅此一見。

[6]唐僖宗：即李儇。873 年至 888 年在位。紀見《舊唐書》卷一九下、《新唐書》卷九。

[7]常行儒：人名。籍貫不詳。唐末將領。事見《舊唐書》卷一八二、《新唐書》卷一八七。

[8]重盈：人名。即王重盈。太原祁（今山西祁縣）人。唐末軍閥。事見《舊唐書》卷一八二、《新唐書》卷一八七。　蒲：州名。唐開元八年（720）改蒲州爲河中府。治所在今山西永濟市。此處指護國軍。　"唐僖宗光啓三年"至"推重榮弟重盈爲蒲帥"：《舊唐書·王重榮傳》，《輯本舊史》卷二五《唐武皇紀上》，明本《册府》卷七《帝王部·創業門三》、卷四三六《將帥部·繼襲門》，均繫此事於光啓三年六月，未書日；《舊唐書》卷一九下《僖宗紀》繫於六月甲寅條；《新唐書》卷九《僖宗紀》繫於六月丁巳條。"重榮弟重盈"，明本《册府》卷四三六、《新五代史》卷四二《王珂傳》，以重盈爲弟；《舊唐書·僖宗紀》《王重榮傳》，《輯本舊史·唐武皇紀上》，明本《册府》卷七，《新唐書·僖宗紀》《王重榮傳》，《通鑑》卷二五四中和二年（882）正月辛亥條，均以重盈爲兄。

[9]及重盈卒軍府推珂爲留後：《舊唐書》卷二〇上《昭宗紀》繫於乾寧二年（895）正月己未朔條。《新唐書》卷一〇《昭宗紀》、《通鑑》卷二六〇繫於壬申條。《舊唐書》卷一八二《王珂傳》、明本《册府》卷四三六繫於乾寧初。《新五代史》卷四《唐莊宗紀上》、《新唐書》卷一八七《王珂傳》繫於乾寧二年，未書月。

[10]珙：人名。即王珙。太原祁縣（今山西祁縣）人。唐末、五代軍閥。傳見《新唐書》卷一八七。　陝州：州名。治所在今河南三門峽市陝州區。此處指保義軍。　時重盈子珙爲陝州節度使：據《新唐書·王重榮傳》，珙爲重盈長子。　瑶：人名。即王瑶。太原祁（今山西祁縣）人。王重盈之子。唐末、五代將領。事見本書卷二六。　絳州：州名。治所在今山西新絳縣。

[11]蒼頭：即奴僕。

[12]忠兒：《輯本舊史》之案語："《舊唐書》'忠'作'蟲'。"

見《舊唐書·王珂傳》。　“瑶、珙連上章論列”至“安得繼嗣”：《舊唐書·昭宗紀》：乾寧二年二月己丑條：“二月己丑朔，王重盈子陝州節度使珙、絳州刺史瑶舉兵討王珂，兼上章訴珂冒姓，非重榮子。珂、珙争爲蒲帥，上遣中使慰勞”。《通鑑》卷二六〇繫於二月辛卯條後，曰：“（珙、瑶）與朱全忠書，言：‘珂本吾家蒼頭，不應爲嗣。’”

［13］王行瑜：人名。邠州（今陝西彬縣）人。唐末軍閥。傳見《舊唐書》卷一七五、《新唐書》卷二二四下。　李茂貞：人名。深州博野（今河北蠡縣）人。唐末、五代軍閥。傳見本書卷一三二、《新五代史》卷四〇。

［14］“珂亦上章云”至“已俞其奏矣”：《舊唐書·昭宗紀》、《通鑑》卷二六〇皆繫於乾寧二年三月條；《輯本舊史》卷二六《唐武皇紀下》繫於乾寧二年六月條。《新唐書·王珂傳》：“珂急，乃遣使請婚於李克用。克用薦之天子，許嗣鎮，然猶以崔胤爲河中節度使。”昭宗以崔胤爲河中節度使，《通鑑》繫於乾寧二年三月。《舊唐書·昭宗紀》、《通鑑》卷二六〇皆言三鎮請以王珂爲陝州，王珙爲河中。《新唐書·王重榮傳》載，昭宗却三鎮之請，“行瑜怒，使其弟行約攻珂，克用遣李嗣昭援之，敗珙於猗氏，獲其將李璠”。

［15］請以河中授珙：中華書局本有校勘記：“‘珙’字原闕，據《舊唐書》卷一八二《王珂傳》補。《新唐書》卷一八七《王珙傳》敘其事作‘固請授珙河中’。”

［16］“乾寧二年五月”至“珙、瑶又連兵以攻河中”：三鎮率兵入覲，《舊唐書·王珂傳》、明本《册府》卷九四三亦繫於乾寧二年五月，未書日；《舊唐書·昭宗紀》、《通鑑》卷二六〇繫於五月甲子。

［17］李嗣昭：人名。汾州（今山西汾陽市）人。唐末、五代李克用義子、部將。傳見本書卷五二、《新五代史》卷三六。

［18］“克用聞之”至“攻珙於陝焉”：詳見《舊唐書·昭宗

紀》、《新五代史·唐莊宗紀上》、《新唐書·王珂傳》、《通鑑》卷二六〇。《通鑑》卷二六〇載：乾寧二年七月條，“李克用大舉蕃、漢兵南下，上表稱王行瑜、李茂貞、韓建稱兵犯闕，賊害大臣，請討之，又移檄三鎮，行瑜等大懼。克用軍至絳州，刺史王瑶閉城拒之；克用進攻，旬日，拔之，斬瑶於軍門，殺城中違拒者千餘人。秋，七月，丙辰朔，克用至河中，王珂迎謁於路。匡國節度使王行約敗於朝邑，戊午，行約棄同州走，己未，至京師。辛酉，（上）出啓夏門，趣南山。……壬戌，李克用入同州。……甲子，上徙幸石門鎮。……丙寅，李克用遣節度判官王瓌奉表問起居。丁卯，上遣内侍郗廷昱齎詔詣李克用軍，令與王珂各發萬騎同赴新平。……李克用遣兵攻華州……會郗廷昱至，言李茂貞將兵三萬至盩厔，王行瑜將兵至興平，皆欲迎車駕，克用乃釋華州之圍，移兵營渭橋……上遣延王戒丕詣河中，趣李克用令進兵。……（八月）己丑，克用進軍渭橋……辛卯，拔永壽，又遣史儼將三千騎詣石門侍衛。癸巳，遣李存信、李存審會保大節度使李思孝攻王行瑜梨園寨，擒其將王令陶等，獻於行在。……李茂貞懼……上表請罪，且遣使求和於克用。上復遣延王戒丕、丹王允諭克用，令且赦茂貞，併力討行瑜，俟其殄平，當更與卿議之。……以前河中節度使崔胤爲中書侍郎、同平章事。戊戌，削奪王行瑜官爵。癸卯，以李克用爲邠寧四面行營都招討使。……辛亥，車駕還京師。壬子……以護國留後王珂、盧龍留後劉仁恭各爲本鎮節度使。”同卷乾寧三年十月條：“加河中節度使王珂同平章事。”具體時日，各書記載不同。克用陷絳州，斬王瑶，《輯本舊史·唐武皇紀下》、《新五代史·唐莊宗紀上》、《通鑑》卷二六〇繫於乾寧二年六月條。克用次河中，王珂迎謁於路，《輯本舊史·唐武皇紀下》、明本《册府》卷七、《新五代史·唐莊宗紀上》，繫於乾寧二年七月條，未書日；《通鑑》卷二六〇繫於七月丙辰朔條。克用駐軍於渭北，《新五代史·唐莊宗紀上》繫於乾寧二年八月條，未書日；《舊唐書·昭宗紀》、《通鑑》卷二六〇繫於乾寧二年八月己丑條。李克用爲邠寧四面行營都招討使，王珂充行營供軍糧料使，《舊唐書·昭宗紀》繫於乾寧二年八月丁酉條，《通鑑》卷二六〇繫於八月癸卯條。昭宗以王珂爲河中節度使，《舊唐書·昭宗紀》、《通鑑》卷二六〇均繫於乾寧二年八月壬子條，《舊唐書·昭宗紀》乾寧二年八月壬子條曰："壬子，以河中兵馬留後王珂檢校司空，兼河中尹、御史大夫，充護國軍節度、河中晋絳慈隰觀察等使。"《新唐書·昭宗紀》載，乾寧四年二月，"保義軍節度使王珙寇河中"。《輯本舊史·唐武皇紀下》載，乾寧四年三月，"陜帥王珙攻河中，王珂來告難，武皇遣李嗣昭率二千騎赴之，破陜軍於猗氏，乃解河中之圍"。《通鑑》卷二六一乾寧四年三月條："保義節度使王珙攻護國節度使王珂，珂求援於李克用，珙求援於朱全忠。宣武將張存敬、楊師厚敗河中兵於猗氏南；河東將李嗣昭敗陜兵於猗氏，又敗之於張店，遂解河中之圍。"《宋本册府》卷一八七《閏位部·勳業門五》載，乾寧四年八月，"陜州節度使王珙遣使來乞師。是時珙弟珂實爲蒲帥，迭相憤怒，日尋干戈，而珙兵寡，故來求援。帝遣張存敬、楊師厚等領兵赴陜，既而與蒲人戰于猗氏，大敗之"。同書卷一六六《帝王部·招懷門四》載，乾寧四年九月，"河中王珂來告急，言王珙引汴軍來寇。武皇遣李嗣昭將兵三千以援之，屯於胡壁堡。汴軍萬餘人來拒戰，嗣昭擊退之"。《輯本舊史·唐武皇紀下》，光化元年(898)十月條，"河中王珂來告急，言王珙引汴軍來寇，武皇遣李嗣昭將兵三千以援之，屯於胡壁堡。汴軍萬餘人來拒戰，嗣昭擊退之"。《通鑑》卷二六一光化元年正月壬辰條："河中節度使王珂親迎於晋陽，李克用遣其將李嗣昭守河中。"同年四月丁未條："以護國節度使王珂兼侍中。"同年十月條："王珙引汴兵寇河中，王珂告急於李克用；克用遣李嗣昭救之，敗汴兵於胡壁，汴人走。"

光化末，太祖謂張存敬曰：[1]"珂恃太原之勢，侮慢鄰封，爾爲我持一繩以縛之。"[2]天復元年春，存敬兵下晉、絳，[3]令何絪守晉州以扼太原援師。[4]二月，大軍逼河中，珂妻書告太原曰："敵勢攻逼，朝夕爲俘囚，乞食於大梁矣，[5]大人安忍不救！"克用曰："前途既阻，衆寡不敵，救則與爾兩亡。可與王郎歸朝廷。"[6]珂復求救於李茂貞，茂貞不答。[7]珂勢窮蹙，[8]即登城謂存敬曰："吾與汴王有家世事分，公宜退舍，俟汴王至，吾自聽命。"存敬即日退舍。三月，太祖自洛陽至，先哭於重榮之墓，[9]蒲人聞之感悦。珂欲面縛牽羊以見，太祖曰："太師阿舅之恩，[10]何時可忘，郎君若以亡國之禮相見，黄泉其謂我何！"及珂出迎於路，握手歔欷，聯轡而入。乃以存敬守河中，[11]珂舉家徙於汴。後入覲，被殺於華州傳舍。[12]《永樂大典》卷六千八百四十九。[13]

[1]張存敬：人名。譙郡（今安徽亳州市）人。唐末、五代將領。傳見本書卷二〇、《新五代史》卷二一。《舊唐書》卷一八二《王珂傳》、《新五代史》卷四二《王珂傳》作"張存敬、侯言"。

[2]"光化末"至"爾爲我持一繩以縛之"：《通鑑》卷二六二繫於天復元年（901）正月己亥條。《新唐書》卷一八七《王珂傳》："始，全忠擊楊行密不能克，諷荆、襄、青、徐等道請己爲都統以討行密，帝猶違未報；而珂與太原、鎮定等道亦請加行密都統，以討全忠。繇是兩罷之，全忠怨珂不忘也。帝爲劉季述所廢，珂憤見言色，屢陳討賊謀。既反正，首獻方物，帝甚倚之。而全忠以克用方彊，不敢加兵。及王鎔詘服，拔定州，而克用兵折，乃謂其將張存敬曰：'珂恃太原侮慢我，爾持一繩縛之。'"

[3]晉州：州名。治所在今山西臨汾市。

[4]何絪：人名。籍貫不詳。唐末、五代將領。事見本書本卷、卷二、卷二二。《舊五代史考異》："案：原本作'何緯'，今據

《通鑑》改正。”何絪，見於《舊唐書·王珂傳》、《宋本册府》卷一八七《閏位部·勳業門五》、《新唐書·王珂傳》、《通鑑》卷二六二。　“天復元年春”至“令何絪守晋州以扼太原援師”：《宋本册府》卷一八七載，天復元年正月，“是時，河中節度使王珂結援於太原，帝怒，遣大將張存敬率將涉河，由含山路鼓行而進。戊申，攻下絳州。壬子，晋州刺史張漢瑜舉郡來降，帝即以大將侯言權領晋州，何絪權領絳州，晋、絳平。”“己未，大軍至河中，存敬命繚其垣而攻之。”《通鑑》卷二六二天復元年正月條：“庚子，（朱全忠）遣張存敬將兵三萬自汜水渡河出含山路以襲之，全忠以中軍繼其後；戊申，存敬至絳州。晋、絳不意其至，皆無守備，庚戌，絳州刺史陶建釗降之。壬子，晋州刺史張漢瑜降之。全忠遣其將侯言守晋州，何絪守絳州，屯兵二萬以扼河東援兵之路。朝廷恐全忠西入關，急賜詔和解之；全忠不從。”

[5]大梁：地名。指開封，位於今河南開封市。

[6]“二月”至“可與王郎歸朝廷”：《通鑑》卷二六二天復元年正月條：“珂遣間使告急於李克用，道路相繼，克用以汴兵先據晋、絳，兵不得進。珂妻遺李克用書曰：‘兒旦暮爲俘虜，大人何忍不救！’克用報曰：‘今賊兵塞晋、絳，衆寡不敵，進則與汝兩亡，不若與王郎舉族歸朝。’”

[7]珂復求救於李茂貞，茂貞不答：王珂與李茂貞書，詳見《舊唐書·王珂傳》、《新唐書·王珂傳》、《新五代史·王珂傳》、《通鑑》卷二六二天復元年正月壬子條。《舊唐書·王珂傳》曰：“聖上初返正，詔藩鎮無相侵伐，同匡王室。朱公不顧國家約束，卒遣賊臣，急攻敝邑，則朱公之心可見矣。敝邑若亡，則同、華、邠、岐非諸君所能保也。天子神器，拱手而授人矣，此自然之勢也。公可與華州令公早出精鋭固潼關，以應敝邑。僕自量不武，請於公之西偏求爲鎮守，此地請公有之。關西安危，國祚延促，繫公此舉也。”

[8]珂勢窮蹙：《新唐書·王珂傳》曰：“珂益蹙，會橋毁，潜

具舟將遁，夜諭守兵，無肯爲用者。牙將劉訓叩寢門，珂疑有變，叱之，訓自袒其衣曰：‘苟有它，請斷臂自明。’珂出，問計所宜，答曰：‘若夜出，人將争舟，一夫鴟張，禍繫其手。如旦日，以情諗軍中，宜有樂從者，可則濟，否則召諸將行成以緩敵，徐圖所向，上策也。’珂然之。明日，登城語存敬曰：‘吾於朱公有父子讙，君姑退舍，須公至，吾自聽命。’乃執太原諸將并奉節印内存敬軍，豎大幡城上，遣兄璘與諸將樊洪等見存敬。存敬解圍而戍以兵。”

[9]先哭於重榮之墓：《舊五代史考異》：“案《新唐書》：全忠，王出也，始背賊事重榮，約爲甥舅，德其全己，指日月曰：‘我得志，凡氏王者皆事之。’至是念誓言，過重榮墓，爲哭而祭。”見《新唐書·王珂傳》，按，“念誓言”，《新唐書·王珂傳》作“忘誓言”；“爲哭而祭”，《新唐書·王珂傳》作“僞哭而祭”。

[10]太師阿舅之恩：《輯本舊史》之案語：“《歐陽史》云：梁太祖自同州降唐，即依重榮，以母王氏，故事重榮爲舅。”見《新五代史·王珂傳》。

[11]乃以存敬守河中：中華書局本有校勘記：“存敬，原作‘居敬’，據《舊唐書》卷一八二《王珂傳》、《新唐書》卷一八七《王珂傳》及本卷上文改。”梁太祖至河中，王珂降，《舊唐書》卷二〇上《昭宗紀》、《新唐書》卷一〇《昭宗紀》、《通鑑》卷二六二均繫於天復元年二月戊辰；《宋本册府》卷一八七繫於天復元年二月庚午；《輯本舊史》卷二六《唐武皇紀下》則繫於天復元年三月條，不書日。

[12]傳舍：古代設於交通綫上之旅舍、客舍，供官員和行人休息之所。 後入覲被殺於華州傳舍：《舊唐書·王珂傳》：“自重榮初帥河中，傳至珂二十年。”

[13]《大典》卷六八四九“王”字韻“姓氏（三四）”事目。

珙，[1]少有俊氣，才兼文武，性甚驕虐。屬世多故，遂代伯父重霸爲陝州節度使。[2]爲政苛暴，且多猜忌，殘忍好殺，不以生命爲意，内至妻孥宗屬，外則賓幕將吏，一言不合，則五毒將施，[3]鞭笞刳斮，無日無之。奢縱聚斂，民不堪命，由是左右惕懼，憂在不測。唐光化二年夏六月，爲部將李璠所殺。[4]璠自稱留後，因是陝州不復爲王氏所有。《永樂大典》卷六千八百四十九。[5]

[1]珙：王珙爲王珂之從兄，《珙傳》在《舊史》爲《王珂傳》之附傳，故不著姓。

[2]重霸：人名。即王重霸。本書僅此一見。　遂代伯父重霸爲陝州節度使：據《新唐書》卷一八七《王重榮傳》，王重盈爲陝虢觀察使，及代重榮，留長子珙領節度事。

[3]“爲政苛暴”至“則五毒將施”：《舊唐書》卷一八二《王珂傳》：“珙性慘刻，人有踰犯，必斬首置於座前，言笑自若，部下咸苦之。”《新唐書》卷一八七《王珙傳》：“珙殺給事中王柷等十餘人，幕府遭戮辱甚衆，人有罪輒刳斮以逞。柷者，故爲常州刺史，避難江湖，帝聞剛鯁，以給事中召，道出陝，珙謂且柄任，厚禮之。柷鄙其武暴，不降意。既宴，盛列珍器音樂，珙請於柷曰：‘僕今日得在子弟列，大賜也。’三請，柷不答。珙勃然曰：‘天子召公，公不可留此。’遂罷，遣吏就道殺之，族其家，投諸河，以溺死聞。帝不能詰。”

[4]李璠（fán）：人名。籍貫不詳。唐末將領。事見本書卷一、《新五代史》卷一。　唐光化二年夏六月，爲部將李璠所殺：《舊唐書》卷一八二《王珂傳》，亦繫於唐昭宗光化二年（899）六月，不書日。《舊唐書》卷二〇上《昭宗紀》、《新唐書》卷一〇《昭宗紀》繫於六月丁丑條。《新五代史》卷四五《朱友謙傳》：“陝州節度使王珙，爲人嚴酷，與其弟珂爭河中，戰敗，其牙將李

璠與友謙謀，共殺珙，附于梁，太祖表璠代珙。”《新唐書》卷一八七《王珙傳》：“珙死，贈太師。”

[5]《大典》卷六八四九“王”字韻“姓氏（三四）”事目。

史臣曰：紹威始爲唐雄，據魏地，當土德之季運，倡梁祖以强禪，在梁則爲佐命也，在唐則豈得爲忠臣乎！趙犨以淮陽咫尺之地，[1]抗黄巢百萬之衆，功成事立，有足多者。巖、縠非賢，遽泯其嗣，惜哉！王珂奕世山河，勢危被擄，乃魏豹之徒與！[2]《永樂大典》卷六千八百四十九。[3]

[1]淮陽：中華書局本有校勘記：“‘淮陽’”，原作‘淮揚’，據邵本校改，按《新唐書》卷三八《地理志二》，陳州舊爲淮陽郡。”

[2]魏豹：人名。戰國末期魏國公子。秦末，被項羽封爲西魏王。後降於劉邦，被漢將周苛所殺。傳見《史記》卷九〇、《漢書》卷三三。

[3]《大典》卷六八四九“王”字韻“姓氏（三四）”事目。

舊五代史　卷一五

梁書十五

列傳第五

韓建

韓建，字佐時，許州長社人。[1]父叔豐，世爲牙校。[2]初，秦宗權之據蔡州，[3]招合亡命，建隸爲軍士，累轉至小校。唐中和初，[4]忠武監軍楊復光起兵於蔡，[5]宗權遣其將鹿晏弘赴之，[6]建與里人王建俱隸晏弘軍，[7]入援京師。[8]賊平，復光暴卒。時僖宗在蜀，[9]晏弘率所部赴行在，[10]路出山南，[11]因攻剽郡邑，據有興元，[12]晏弘自爲留後，[13]以建爲屬郡刺史。[14]唐軍容使田令孜密遣人誘建，[15]啗以厚利，建時懼爲晏弘所併，乃率所部歸行在，令孜補爲神策都校、金吾將軍，[16]出爲潼關防禦使、兼華州刺史。[17]河、潼經大寇之後，[18]户口流散，建披荆棘，闢污萊，勸課農事，樹植蔬果，出入閭里，親問疾苦，不數年，流亡畢復，軍民充實。[19]建比不知書，治郡之暇，日課學習，遣人於器皿、牀榻之上各題其名，建視之既熟，乃漸通文字。[20]俄遷華商節度、潼關守捉等使，[21]累加檢校太尉、平章事。[22]

[1]許州：州名。治所在今河南許昌市。　長社：縣名。治所在今河南許昌市。

[2]叔豐：人名。即韓叔豐。許州長社（今河南許昌市）人。韓建之父。本書僅此一見。　牙校：低級武職。

[3]秦宗權：人名。河南郡許州（今河南許昌市）人。唐末軍閥。傳見《舊唐書》卷二〇〇下、《新唐書》卷二二五下。　蔡州：州名。治所在今河南汝南縣。

[4]中和：唐僖宗李儇年號（881—885）。

[5]忠武：方鎮名。貞元十年（794）以陳許節度使爲忠武軍，治所在許州（今河南許昌市）。　監軍：官名。爲臨時差遣，代表朝廷協理軍務，督察將帥。五代時常以宦官爲監軍。　楊復光：人名。閩（今福建）人。唐末宦官。傳見《舊唐書》卷一八四、《新唐書》卷二〇七。

[6]鹿晏弘：人名。籍貫不詳。唐末軍閥。事見《舊唐書》卷一九下。中華書局本有校勘記："'晏'，原作'宴'，據殿本、孔本、《通曆》卷一五、《册府》卷二二三、卷二三三、《通鑑》卷二五四改。"見明本《册府》卷二二三《僭僞部·勳伐門三》、卷二三三《僭僞部·矜大門》王建條。按，《新唐書》卷二〇七《楊復光傳》作"鹿宴弘"，《新唐書》卷二〇八《田令孜傳》、《舊唐書》卷一九下《僖宗紀》、《舊唐書·楊復光傳》、《新五代史》卷四〇《韓建傳》、《新五代史》卷六三《前蜀世家》、《册府》等均作"鹿晏弘"，據改。

[7]王建：人名。許州舞陽（今河南舞陽縣）人。唐末軍閥，前蜀開國皇帝。傳見本書卷一三六、《新五代史》卷六三。

［8］“唐中和初”至“入援京師”：《舊唐書》卷一八四《楊復光傳》：“次鄧州，王淑逗留不進，復光斬之，併其軍，分爲八都。鹿晏弘、晋暉、李師泰、王建、韓建等，皆八都之大將也。進攻南陽，賊將朱温、何勤來逆戰，復光敗之，進收鄧州，獻捷行在，中和元年五月也。”事亦見《宋本册府》卷六六七《内臣部·立功門》。《通鑑》卷二五四中和元年（881）五月甲子條後：“（秦）宗權遣其將王淑將兵三千從（楊）復光擊鄧州，逗留不進，復光斬之，併其軍，分忠武八千人爲八都，遣牙將鹿晏弘、晋暉、王建、韓建、張造、李師泰、龐從等八人將之。”

［9］僖宗：即李儇。873年至888年在位。紀見《舊唐書》卷一九下、《新唐書》卷九。

［10］行在：即行在所。指帝王行幸所在之地。

［11］山南：地名。此處指山南東道。唐開元二十一年（733）分山南道置，爲十五道之一。治所在襄州（今湖北襄陽市）。乾元元年（758）廢。但作爲地區名直至五代還在使用。中華書局本有校勘記：“‘山南’，原作‘南山’，據殿本乙正。按本書卷一三五《王建傳》、《册府》卷二二三：‘晏弘率八都迎扈行在至山南。’”

［12］興元：府名。治所在今陝西漢中市。《輯本舊史》之影庫本粘籤：“興元，原本作‘興亦’，今據《通鑑》改正。”

［13］留後：官名。唐、五代節度使多以子弟或親信爲留後，以代行節度使職務，亦有軍士、叛將自立爲留後者。掌一州或數州軍政。

［14］刺史：官名。漢武帝時始置。州一級行政長官，總掌考核官吏、勸課農桑、地方教化等事。唐中期以後，節度、觀察使轄州而設，刺史爲其屬官，職任漸輕。從三品至正四品下。　以建爲屬郡刺史：中華書局本有校勘記：“‘屬’，原作‘蜀’，據劉本改。按《通鑑》卷二五六敘其事云：‘及據興元，以建等爲巡内刺史。’”

［15］軍容使：官名。即觀軍容使。唐朝始設，負責監視出征將帥之高級軍職，多以掌權宦官擔任。　田令孜：人名。蜀（今四

川）人。唐末宦官首領。傳見《舊唐書》卷一八四、《新唐書》卷二〇八。

[16]神策：指神策軍。唐後期禁軍之一，以宦官爲統帥，並由其控制的軍隊。天寶十三載（754），唐王朝爲防吐蕃内擾而設。唐朝末年，神策軍捲入宦官集團與朝官的鬥争，唐亡即廢。　金吾將軍：官名。指金吾衛將軍。唐置，掌宫禁宿衛。唐代置十六衛，即左右衛、左右驍衛、左右武衛、左右威衛、左右領軍衛、左右金吾衛、左右監門衛、左右千牛衛。各置上將軍，從二品；大將軍，正三品；將軍，從三品。　"時僖宗在蜀"至"金吾將軍"：《舊唐書·僖宗紀》中和三年六月甲子條："楊復光卒於河中，其部下忠武八都都頭鹿晏弘、晋暉、王建、韓建等各以其衆散去。"同卷中和四年九月條："山南西道節度使鹿晏弘爲禁軍所討，棄城擁衆東出襄、鄧，大掠許州。晏弘大將王建、韓建、張造、晋暉、李師泰各率本軍歸朝，田令孜以建等楊復光故將，薄之，皆授諸衛將軍，惟以王建爲壁州刺史。"事亦見《宋本册府》卷六六九《内臣部·譴責門》。明本《册府》卷二二三："復光死，晏弘率八都迎扈行在，至山南，乃攻剽金、商諸郡縣，得兵數萬，進逼興元，節度使牛叢棄城而去。晏弘因自爲留後，以（王）建等屬郡刺史，不令之任。俄而晏弘正授節旄，恐部下謀己，多行忍虐，由是部衆離心。建與别將韓建友善，晏弘益猜二建。僞待之厚，引入卧内，二建懼，夜登城慰守牌者，因月下共謀所向，謂韓建曰：'僕射甘言厚德，意疑我也，禍難無日矣。早宜擇利而行。'韓曰：'善。'因率三千人趨行在，僖宗嘉之，賜與巨萬，分其兵爲五都，仍以舊校主之，即晋暉、李師泰、張造與二建也，因號曰隨駕五都。田令孜皆録爲假子。及僖宗還宫，建等分典神策軍，皆遥領刺史。"亦見明本《册府》卷二三三王建條。《新五代史·韓建傳》："從楊復光攻黄巢於長安，巢已破，復光亦死，晏弘與建等無所屬，乃以麾下兵西迎僖宗於蜀，所過攻劫。行至興元，逐牛叢，據山南。已而不能守，晏弘東走許州，建乃奔于蜀，拜金吾衛將軍。"《新五代史·前

蜀世家》："已而晏弘擁衆東歸，陷陳、許，（王）建與晋暉、韓建、張造、李師泰等各率一都，西奔于蜀。僖宗得之大喜，號'隨駕五都'，以屬十軍觀軍容使田令孜，令孜以建等爲養子。"《通鑑》卷二五六中和四年十一月條："鹿晏弘之去河中，王建、韓建、張造、晋暉、李師泰各帥其衆與之俱；及據興元，以建等爲巡内刺史，不遣之官。晏弘猜忌，衆心不附，王建、韓建素相親善，晏弘尤忌之，數引入卧内，待之加厚，二建相謂曰：'僕射甘言厚意，疑我也，禍將至矣！'田令孜密遣人以厚利誘之，十一月，二建與張造、晋暉、李師泰帥衆數千逃奔行在，令孜皆養爲假子，賜與巨萬，拜諸衛將軍，使各將其衆，號'隨駕五都'。"

[17]潼關：地名。關隘重地。位於今陝西潼關縣東北。　防禦使：官名。唐代始置，設有都防禦使、州防禦使兩種。常由刺史或觀察使兼任，實際上爲唐代後期州或方鎮的軍政長官。　華州：州名。治所在今陝西渭南市華州區。　出爲潼關防禦使兼華州刺史：《新五代史·韓建傳》："僖宗還長安，建爲潼關防禦使、華州刺史。"

[18]河：水名。即黄河。　潼：地名。即潼關。位於今陝西潼關縣。

[19]"河潼經大寇之後"至"軍民充實"：亦見《宋本册府》卷六九二《牧守部·招輯門》。《宋本册府》卷六七八《牧守部·勸課門》："梁韓建，唐末爲華州刺史。建少勤農穡，尤於勸課，曲盡其能。在華數年，軍民饒衍。"《新五代史·韓建傳》："華州數經大兵，户口流散，建少賤，習農事，乃披荆棘，督民耕植，出入閭里，問其疾苦。……是時，天下已亂，諸鎮皆武夫，獨建撫緝兵民，又好學。荆南成汭時冒姓郭，亦善緝荆楚，當時號爲'北韓南郭'。"亦見《新唐書》卷一九〇《成汭傳》。《通鑑》卷二五七文德元年（888）四月癸巳條後："時藩鎮各務兵力相殘，莫以養民爲事，獨華州刺史韓建招撫流散，勸課農桑，數年之間，民富軍贍。時人謂之'北韓南郭'。"

［20］“建比不知書”至“乃漸通文字”：亦見《宋本册府》卷八一一《總録部·晚學門》。《新五代史·韓建傳》：“建初不知書，乃使人題其所服器皿牀榻，爲其名目以視之，久乃漸通文字。見《玉篇》，喜曰：‘吾以類求之，何所不得也。’因以通音韻聲偶，暇則課學書史。”

［21］華商：方鎮名。治所在華州（今陝西渭南市華州區）。　節度：官名。即節度使。唐時在重要地區所設掌握一州或數州軍、民、財政的長官。　守捉等使：官名。唐代邊防區守捉一級的主官。掌領本軍軍務。

［22］檢校太尉：官名。爲散官或加官，加此官以示恩寵，無實際執掌。太尉，與司徒、司空並爲三公。　平章事：官名。即“同中書門下平章事”。唐高宗以後，凡實際任宰相之職者，常在其本官後加同平章事的職銜。後成爲宰相專稱。或爲節度使加銜。後晋天福五年（940），升中書門下平章事爲正二品。　俄遷華商節度、潼關守捉等使，累加檢校太尉、平章事：《舊唐書》卷二〇上《昭宗紀》大順元年（890）五月條：“以華州節度使韓建爲北面行營招討都虞候、供軍等使。”同書卷一七九《張濬傳》：“華州韓建爲供軍使。”《輯本舊史》卷二五《唐武皇紀上》大順元年六月條：以“華州韓建爲行營都虞候”。明本《册府》卷一二三《帝王部·征討門三》繫於大順元年五月：“以華州韓建、成德軍王鎔、幽州李康、威雲州赫連鐸及朱全忠分爲太原四路招討使”。《新五代史》卷四《唐莊宗紀上》大順元年條：昭宗“以濬爲太原四面行營兵馬都統，韓建爲副使”。《新唐書》卷一八五《張濬傳》：詔“韓建爲供軍使”。同書卷二一八《沙陀傳》：以“華州節度使韓建爲行營馬步都虞候兼供軍糧料使”。《通鑑》卷二五八大順元年五月條：“以鎮國節度使韓建爲都虞候兼供軍糧料使。”

乾寧二年，[1]建與鳳翔李茂貞、[2]邠州王行瑜舉兵赴闕，[3]迫昭宗，[4]請以王珙爲河中帥，[5]害大臣於都下。[6]河中王珂召晋軍以爲援，[7]及晋軍渡河，昭宗幸石門。[8]三年四月，昭宗遣延王、通王率禁兵討李茂貞，[9]爲茂貞所敗，車駕幸渭橋，[10]翊日，次富平，[11]將幸河中。建奉表迎駕，俄自至渭北，[12]懇乞東幸，許之。七月十五日，昭宗至華下，[13]百官士庶相繼而至。建尋加兼中書令，[14]充京畿安撫制置等使，[15]又兼京兆尹、京城把截使。[16]昭宗久在華州，思還宫掖，每花朝月夕，遊宴西谿，[17]與群臣屬詠歌詩，歔欷流涕。建每從容奏曰："臣爲陛下修營大内，結信諸侯，一二年間，必期興復。"乃以建兼領修創京城使，[18]建自華督役輦運工作，復治大明宫。[19]

[1]乾寧：唐昭宗李曄年號（894—898）。

[2]李茂貞：人名。深州博野（今河北蠡縣）人。唐末、五代軍閥。傳見本書卷一三二、《新五代史》卷四〇。

[3]邠州：州名。治所在今陝西彬縣。此處代指邠寧軍。　王行瑜：人名。邠州（今陝西彬縣）人。唐末軍閥。傳見《舊唐書》卷一七五、《新唐書》卷二二四下。

[4]昭宗：即唐昭宗李曄。888年至904年在位。紀見《舊唐書》卷二〇上、《新唐書》卷一〇。

[5]王珙：人名。太原祁（今山西祁縣）人。王重盈之子。唐末、五代軍閥。傳見本書卷一四。　河中：方鎮名。治所在河中府（今山西永濟市）。

[6]"乾寧二年"至"害大臣於都下"：《舊唐書》卷二〇上《昭宗紀》乾寧二年（895）三月條："太原李克用上章言王重榮有功於國，其子珂宜承襲，請賜節鉞。邠州王行瑜、鳳翔李茂貞、華

州韓建各上章，言珂螟蛉，不宜纘襲，請以王珂爲陝州，王珙爲河中。天子以先允克用之奏，久之不下。”同年五月條：“五月丁巳朔。甲子，李茂貞、王行瑜、韓建等各率精甲數千人入覲，京師大恐，人皆亡竄，吏不能止。昭宗御安福門以俟之，三帥既至，拜舞樓下，昭宗臨軒自諭之曰：‘卿等藩侯，宜存臣節，稱兵入朝，不由奏請，意在何也？’茂貞、行瑜汗流浹背，不能對，唯韓建陳敘入覲之由。上並召升樓，賜之巵酒，宴之於同文殿。茂貞、行瑜極言南北司相傾，深蠹時政，請誅其太甚者。乃貶宰相韋昭度、李磎，尋殺之於都亭驛，殺内官數人而去。王行瑜留弟行約，茂貞留假子閻圭，各以兵二千人宿衛。時三帥同謀廢昭宗立吉王，聞太原起軍乃止，留兵宿衛而還。”王珂、王珙争立事，亦見《舊唐書》卷一八二《王珂傳》、《輯本舊史》卷一四《王珂傳》、明本《册府》卷九四三《總録部·不誼門》、《新五代史》卷四《唐莊宗紀上》、《新五代史》卷四〇《韓建傳》、《新五代史》卷四〇《李茂貞傳》、《新五代史》卷四二《王珂傳》、《新唐書》卷一八七《王重榮傳》、《通鑑》卷二六〇，不具録。《輯本舊史》卷二六《唐武皇紀下》乾寧二年六月條：“六月，武皇率蕃漢之師自晋陽趨三輔，討鳳翔李茂貞、邠州王行瑜、華州韓建之亂。”明本《册府》卷四五四《將帥部·專恣門》：“昭宗乾寧二年，茂貞與邠州王行瑜、華州韓建、同州王行約、秦州李茂莊等上表，疏興元楊守亮納叛臣楊復恭，請同出本軍討伐，兼自備供軍糧料，不取給于度支，祇請加茂貞山南招討使名。”《新唐書》卷一〇《昭宗紀》乾寧二年五月甲子條：“静難軍節度使王行瑜、鎮國軍節度使韓建及李茂貞犯京師，殺太保致仕韋昭度、太子少師李磎。”

[7]王珂：人名。王重榮兄王重簡之子，出繼王重榮。唐末、五代軍閥。傳見《舊唐書》卷一八二、《新唐書》卷一八七、本書卷一四、《新五代史》卷四二。　晋軍：指河東晋王李克用軍。

[8]石門：地名。位於今陝西三原縣。

[9]延王：即李戒丕。唐末宗室。事見《舊唐書》卷二〇上、

卷一七五及《通鑑》卷二六〇。　通王：即李滋。唐末宗室。傳見《新唐書》卷八二。

［10］渭橋：橋梁名。漢、唐時長安渭水上所建橋梁。參見辛德勇《古代交通與地理文獻研究》，商務印書館2018年版。

［11］富平：縣名。治所在今陝西富平縣。

［12］渭北：地名。即渭河以北地區。

［13］華下：地名。即華州。治所在今陝西渭南市華州區。

［14］中書令：官名。漢代始置，隋、唐前期爲中書省長官，屬宰相之職；唐後期多爲授予元勳大臣的虛銜。正二品。

［15］安撫制置等使：官名。唐後期臨時差遣官，爲地方用兵時控制當地秩序而設。

［16］京兆尹：官名。唐開元元年（713）改雍州置京兆府，治所在今陝西西安市。以京兆尹總其政務。從三品。　把截使：官名。唐末臨時差遣官，爲堵截西來之兵。　"三年四月"至"又兼京兆尹、京城把截使"：《舊唐書·昭宗紀》乾寧三年（896）七月條："壬辰，岐軍逼京師，諸王率禁兵奉車駕將幸太原。癸巳，次渭北。華州韓建遣子充奉表起居，請駐蹕華州，乃授建京畿都指揮、安撫制置、催促諸道綱運等使。詔諭建曰：'啓途之行，已在河東，今且幸鄜畤。'甲午，次富平。韓建來朝，泣奏曰：'藩臣倔强，非止茂貞。雖太原勤王，無宜巡幸。臣之鎮守，控扼關畿，兵力雖微，足以自固。陛下若輕捨近畿，遠巡極塞，去園陵宗廟，寧不痛心；失魏闕金湯，又非良算。若輿駕渡河，必難再復，謀苟不臧，悔之寧及。願陛下且駐三峯，以圖恢復。'上亦泣下曰：'朕難奈茂貞，忿不思難。卿言是也。'乙未，次下邽。"同年九月丙午條："制以鎮國軍節度使韓建檢校太尉，兼中書令，充修復宫闕、京畿制置、催促諸道綱運等使。"同年十月戊午條："李茂貞上表章請罪，願改事君之禮，繼修職貢，仍獻錢十五萬，助修京闕。韓建左右之，師遂不行。"同年十一月丁丑條："十一月丁丑朔，以韓建兼領京兆尹、京城把截使。"《宋本册府》卷一七八《帝王部·姑

息門三》："乾寧三年，鳳翔李茂貞逼京師，諸王率禁兵奉車駕將幸太原，次渭北，華州韓建遣子充奉表請蹕駐華州。乃詔曰：'鎮國軍節度使韓建，忠貫雪霜，義堅金石，十陳章表，備竭憂國之誠；一詣行宮，愈驗愛君之志。況華州城壘牢固，糧儲贍豐，兵士又免遠行，車輿且絕他慮。'時詔下之後，信宿而至華，以華之公署爲行宮。八月，又付韓建詔曰：'卿武抱七德，瑞應四靈，挺生德門，佐我丕祚。綵衣就養，深知百行之原；布被奉家，不似三公之貴。朕聞卿高節，獎卿崇勳，遷幸已來，社稷是託。卿宜每關朝政，莫惜揣摩，既位列大臣，亦不爲越分。至于道路警候，晨夜隄防，皆佇良籌，用致高枕，無令奔軼，以慰焦勞。諸道節度使知卿至忠，服卿威望，卿宜各移書檄，告以安危，使有兵者，陳勤王赴難之謀；豐財者，展急病上供之効。合成忠孝，同濟艱難；啓我中興，允屬上將；山河爲誓，不在他人。'初，帝在富平，以人情阻撓，召建議之。建既至，跣露首罪，言發涕流。帝亦爲之色動，竟未知其心也。及入華，公卿近侍皆與建膠固，不敢專行，制令故下，詔使建揣摩時政得失，及告諭藩鎮。時建乃上言云：'昔先皇帝幸蜀都之日，陳敬瑄守鎮錦城，過恃寵私，多所參預，所以遠方觀聽，物論諠然。臣豈敢遵彼覆車，同其濫吹。至于隄防道路，拱衛乘輿，夙夜在心，是臣之職。'"《新五代史·韓建傳》："乾寧三年，李茂貞復犯京師，昭宗將奔太原，次渭北，建遣子允請幸華州。昭宗又欲如鄜州，建追及昭宗於富平，泣曰：'藩臣倔彊，非止茂貞，若捨近畿而巡極塞，乘輿渡河，不可復矣！'昭宗亦泣，遂幸華州。"《新唐書·昭宗紀》乾寧三年七月甲午條："甲午，韓建來朝，次華州。"《通鑑》卷二六〇乾寧三年六月丙寅條："初，李克用屯渭北，李茂貞、韓建憚之，事朝廷禮甚恭。克用去，二鎮貢獻漸疏，表章驕慢。"同年七月條："秋，七月，茂貞進逼京師。延王戒丕曰：'今關中藩鎮無可依者，不若自鄜州濟河，幸太原，臣請先往告之。'辛卯，詔幸鄜州；壬辰，上出至渭北；韓建遣其子從允奉表請幸華州，上不許。以建爲京畿都指揮、安撫制置及開通四面道路、催促諸道綱運等使。而建奉表相繼，上及從官亦憚遠去，癸巳，至富平，遣宣徽使元公訊召建，面議去留。甲午，建詣富平見上，頓首涕泣言：'方今藩臣跋扈者，非止茂貞。陛下若去宗廟園陵，遠巡邊鄙，臣恐車駕濟河，無復還期。今華州兵力雖微，控帶關輔，亦足自固。臣積聚訓厲，十五年矣，西距長安不遠……"（上）以府署爲行宫；建視事於龍興寺。茂貞遂入長安，自中和以來所葺宫室、市肆，燔燒俱盡。"同年八月丙辰、丙寅條："宰相畏韓建，不敢專决政事。八月，丙辰，詔建關議朝政；建上表固辭，乃止。韓建移檄諸道，令共輸資糧詣行在。李克用聞之，歎曰：'去歲從余言，豈有今日之患！'又曰：'韓建天下癡物，爲賊臣，弱帝室，是不爲李茂貞所擒，則爲朱全忠所虜耳！'因奏將與鄰道發兵入援。……丙寅，加韓建兼中書令。"同年九月乙未條："崔胤出鎮湖南，韓建之志也。胤密求援於朱全忠，且教之營東都宫闕，表迎車駕。全忠與河南尹張全義表請上遷都洛陽，全忠仍請以兵二萬迎車駕，且言崔胤忠臣，不宜出外。韓建懼，復奏召胤爲相，遣使諭全忠以且宜安静，全忠乃止。"同年十月丁巳、戊午條："丁巳，以韓建權知京兆尹，兼把截使。戊午，李茂貞上表請罪，願得自新，仍獻助脩宫室錢；韓建復佐佑之，竟不出師。"

[17]西谿：水名。爲渭水南岸之流，位於今陝西渭南市華州區西南。

[18]修創京城使：官名。爲唐末臨時差遣，主管長安宫室修葺。

[19]大明宫：宫殿名。與太極宫、興慶宫並爲唐代"三内"。位於今陝西西安市。

四年二月，有詣建告睦王已下八王謀殺建，[1]建囚八王於别宅，放散隨駕殿後軍二萬人，[2]殺捧日都頭李筠，[3]自是天子益微，宿衛之士盡矣。八月，建以兵圍十六宅，[4]通王以下十一王並遇害於石堤谷，[5]以謀逆聞。又害太子詹事馬道殷、將作監許巖士，[6]貶宰相朱朴，[7]皆昭宗寵昵者也。[8]建尋兼同州節度使。[9]光化元年，[10]升華州爲興德府，以建爲尹。[11]八月，車駕還京。九月，册拜太傅，[12]進封許國公，并賜鐵券。[13]

[1]睦王：即李倚。唐懿宗李漼之子。事見《舊唐書》卷二〇上、卷一七五及《通鑑》卷二六一、卷二六二。　有詣建告睦王已下八王謀殺建：《輯本舊史》之案語："《通鑑》作防城將張行思等來告，建惡諸王典兵，故使行思等告之。"《舊唐書》卷一七五《德王裕傳》："時駕在華州，韓建畏諸王主兵，誘防城卒張行思、花重武相次告通王以下欲殺建。建他日又造訛言云：諸王欲劫遷車駕，別幸藩鎮。諸王懼，詣建自陳，建乃延入卧内。"

[2]殿後軍：又稱殿後四軍。唐昭宗所置侍衛部隊，即安聖、捧宸、保寧、宣化四軍。

[3]捧日：部隊番號。　都頭：官名。唐、五代時節度使屬將。　李筠：人名。籍貫不詳。唐末侍衛軍將領。事見《舊唐書》卷二〇上。

[4]十六宅：地名。亦稱十六王宅。本名入苑坊，唐玄宗開元時期，因慶、忠等十六王子分院居於此坊，故名。位於今陝西西安市。

[5]石堤谷：地名。位於今陝西渭南市華州區西。

[6]太子詹事：官名。掌領太子之詹事府，爲太子官屬之長。正三品。　馬道殷：人名。籍貫不詳。唐末官員。事見本書本卷。　將作監：官名。秦代設將作少府，唐代改將作監，其長官即爲將作監。掌宫廷器物置辦及宫室修建事宜。從三品。　許巖士：人名。籍貫不詳。唐末官員。事見本書本卷。

[7]朱朴：人名。襄州襄陽（今湖北襄陽市）人。唐末宰相。

傳見《舊唐書》卷一七九、《新唐書》卷一八三。

［8］“四年二月”至“皆昭宗寵昵者也”：《輯本舊史》之案語：“《新唐書·昭宗紀》：正月乙酉，韓建以兵圍行宫，殺扈蹕都將李筠。二月，韓建殺太子詹事馬道殷、將作監許巖士。八月，韓建殺通王滋、沂王禋、韶王、彭王、嗣韓王、嗣陳王、嗣覃王嗣周、嗣延王戒丕、嗣丹王允。《通鑑》與《新唐書》同。《薛史》以殺李筠爲二月事，以殺馬道殷、許巖士爲八月事，蓋本於《舊唐書·昭宗紀》，宜可徵信云。”《舊唐書》卷二〇上《昭宗紀》乾寧四年（897）二月條：“甲寅，華州防城將花重武告睦王已下八王欲謀殺韓建，移車駕幸河中。帝聞之駭然，召韓建諭之，建辭疾不敢行。帝即令通王已下詣建治所自陳。建奏曰：‘今日未時，睦王、濟王、韶王、通王、彭王、韓王、儀王、陳王等八人到臣治所，不測事由。臣酌量事體，不合與諸王相見，兼恐久在臣所，於事非宜。况睦王等與臣中外事殊，尊卑禮隔，至於事柄，未有相侵，忽然及門，意不可測。’又引晋室八王撓亂天下事，‘請依舊制，令諸王在十六宅，不合典兵。其殿後捧日、扈蹕等軍人，皆坊市無賴之徒，不堪侍衛，伏乞放散，以寧衆心。’昭宗不得已，皆從之。是日，囚八王於别第，殿後侍衛四軍二萬餘人皆放散，殺捧日都頭李筠於大雲橋下，自是天子之衛士盡矣。丙辰，韓建上表，請封拜皇太子、親王，以爲維城之計。己未，制德王裕宜册爲皇太子。辛酉，制第八男祕可封景王，第九男祚可封輝王，第十男祺可封祁王，第十一男禛可封雅王，第十二男祥可封瓊王。”同年三月戊寅條：“戊寅，制韓建進封昌黎郡王，改賜‘資忠靖國功臣’。”同年四月丙午條：“四月丙午朔，就加福建節度使王潮檢校尚書右僕射。韓建獻封事十條，其三，太子、諸王請置師傅教導。乃以太子賓客王牘爲諸王侍讀。”同年八月甲辰條：“八月甲辰朔，以工部尚書陸扆爲兵部尚書。韓建與邠、岐三鎮素有無君之迹，及李克用誅行瑜，心常切齒。去歲車駕將幸河東，乃令延王戒丕使太原，見克用，陳省方之意。是月，延王自太原還。韓建奏曰：‘自陛下即位

已來，與近輔交惡，皆因諸王典兵，兇徒樂禍，遂致輿駕不安。比者臣奏罷兵權，實慮有不測之變。今聞延王、覃王尚苞陰計，願陛下宸斷不疑，制於未亂，即社稷之福也。’上曰：‘豈至是耶！’居數日，以上無報，乃與知樞密劉季述矯制發兵，圍十六宅。諸王懼，披髮沿垣而呼曰：‘官家救兒命！’或登屋沿樹。是日，通王、覃王已下十一王并其侍者，皆爲建兵所擁，至石堤谷，無長少皆殺之，而建以謀逆聞。尋殺太子詹事馬道殷、將作監許巖士，貶平章事朱朴，皆上所寵昵者。”建殺諸王事，亦見《舊唐書·德王裕傳》、《新唐書》卷八二《德王裕傳》。《宋本册府》卷一二九《帝王部·封建門》：“昭宗乾寧四年三月，制封鎮國軍節度韓建爲昌黎郡王。”同書卷一七八《帝王部·姑息門三》：“（乾寧）四年三月丙子，制賜韓建資忠靖國功臣，封昌黎郡王。五月乙亥，以建八表讓昌黎郡王，詔曰：‘卿始以勤儉鎮關輔，爲列岳準繩；近以忠赤扈和鑾，立大朝綱紀。誠敬備盡，豐省中規，下有慰於孝思，上無累於供億，創行廟之功也。群后在廷，盛典咸舉，復累朝之廢墜，崇萬代之本根，建儲宫之効也。而又請散兵甲，大斥奸邪，忠言屢聞，成績可數，以身許國，其心動天，雖仲尼興微管之言，漢祖有必勃之謂，用方經濟，殊曰寂寥。永言茂恩，詎非異數！但念成人之美，君子所先；執德不回，格言斯尚。是用寢美號重封之澤，就謙光崇讓之規，足以警勵貪夫，教化疲俗，已議依允，尤切歎加。’九月癸酉，詔以太子太師盧知猷撰韓建德政碑文，前户部侍郎司空圖爲頌，建累表堅讓，從之。初，是歲春，華人表請爲建立碑，時建上第三表讓。至是，知猷與圖詞成，帝令琢其二碑，建又面奏，堅乞寢敕，其碑竟不立。十月癸卯，制韓建兼輔國軍節度、長春宫使。初，李瑭領同州，瑭，茂貞之養子也。時帝自播遷已來，怒茂貞未已，將遣宰臣孫偓理駕下軍，及率諸鎮討之。韓建累諫，故未果行。瑭知之，故逃歸鳳翔。至是命建兼之，時建亦陳讓。詔曰：‘卿才本濟時，道惟師古，致君不期於辱市，憂國每至於忘家。自朕薄狩近關，倏踰周歲，備見忠勤之効，莫非傾盡之心。允謂良臣，宜膺重寄。會同州元戎失職，軍旅不安，況接行朝，尤思得帥，是用資爾兼領，鎮乎危邦，冀疲瘵之漸蘇，而煙塵之撤警。何乃遽陳章表，過有撝冲？方藉當仁，豈宜多讓？固難依允，無至再三！'尋遣供奉官祁彦祥宣賜旌節官告，至建理所尋授焉。建已兼判京尹，有跋扈之志，而致瑭之去鎮，人亦意建所摇動也。"同書卷八一七《總録部·訓子門二》："韓叔豐，華州節度使建之父。乾寧末，建逼昭宗殺中山都將李筠，教近衛諸軍害其八王，册德王爲皇太子。及李塘奔入鳳翔，兼領同州，乃修南莊，起樓觀，欲爲南内，行廢立之事。叔豐見其跋扈，謂建曰：'汝陳、許間一白丁，乘時危亂，位至方牧。不能感君父之恩，欲以同、華兩州百里之地，行其廢立，覆族在旦暮矣。吾不如先自裁，免爲爾所累。'由是，建稍稍而弭其志。"《新五代史》卷四〇《韓建傳》："是時，天子孤弱，獨有殿後軍及定州三都將李筠等兵千餘人爲衛，以諸王將之。建已得昭宗幸其鎮，遂欲制之，因請罷諸王將兵，散去殿後諸軍，累表不報。昭宗登齊雲樓，西北顧望京師，作《菩薩蠻辭》三章以思歸，其卒章曰：'野煙生碧樹，陌上行人去。安得有英雄，迎歸大内中？'酒酣，與從臣悲歌泣下，建與諸王皆屬和之。建心尤不悦，因遣人告諸王謀殺建、劫天子幸佗鎮。昭宗召建，將辨之，建稱疾不出，乃遣諸王自詣，建不見，請送諸王十六宅，昭宗難之。建乃率精兵數千圍行宫，請誅李筠。昭宗大懼，遽詔斬筠，悉散殿後及三都衛兵，幽諸王於十六宅。昭宗益悔幸華，遣延王戒丕使于晋，以謀興復。戒丕還，建與中尉劉季述誣諸王謀反，以兵圍十六宅，諸王皆登屋叫呼，遂見殺。昭宗無如之何，爲建立德政碑以慰安之。"明本《册府》卷二五七《儲宫部·建立門二》："昭宗乾寧四年二月丙辰，帝在華州，節度使韓建表請立太子。己未，制德王裕宜册爲皇太子。"《宋本册府》卷七〇八《宫臣部·選任門》僅餘一葉，遂據明本："王牘爲太子賓客，昭宗乾寧四年，韓建獻封事十條。其三：'太子諸王請置師傅教導。'乃以牘爲諸王侍讀。"《新唐書》卷一〇《昭宗紀》乾寧四年正月乙酉條："四年正月乙酉，韓建以兵圍行宫，殺扈蹕都將李筠。”同年二月條：“韓建殺太子詹事馬道殷、將作監許巖士。”同年八月條：“八月，韓建殺通王滋、沂王禋、韶王、彭王、嗣韓王、嗣陳王、嗣覃王嗣周、嗣延王戒丕、嗣丹王允。”《新唐書》卷八二《彭王惕傳》：“彭王惕，乾寧中，韓建殺之石隄谷。”《新唐書》卷八二《通王滋傳》：“天子將狩太原，韓建道迎之，留次華州。建畏王等有兵，遣人上急變，告諸王欲殺建，脅帝幸河中。帝驚，召建諭之，稱疾不肯入。敕滋與睦王、濟王、韶王、彭王、韓王、沂王、陳王謁建自解，建留軍中，奏言：‘中外異體，臣不可以私見。’又言：‘晋八王擅權，卒敗天下。請歸十六宅，悉罷所領兵。’帝不許。建以兵環行在，請誅大將李筠。帝懼，斬筠以謝。建盡逐衛兵，自是天子孤弱矣。”《通鑑》卷二六一乾寧四年正月條：“春，正月，甲申，韓建奏：‘防城將張行思等告睦、濟、韶、通、彭、韓、儀、陳八王謀殺臣，劫車駕幸河中。’建惡諸王典兵，故使行思等告之。上大驚，召建諭之；建稱疾不入。令諸王詣建自陳，建表稱：‘諸王忽詣臣理所，不測事端。臣詳酌事體，不應與諸王相見。’又稱：‘諸王當自避嫌疑，不可輕爲舉措。陛下若以友愛含容，請依舊制，令歸十六宅，妙選師傅，教以詩書，不令典兵預政。’且曰：‘乞散彼烏合之兵，用光麟趾之化。’建慮上不從，引麾下精兵圍行宫，表疏連上。上不得已，是夕，詔諸王所領軍士並縱歸田里，諸王勒歸十六宅，其甲兵並委韓建收掌。建又奏：‘陛下選賢任能，足清禍亂，何必别置殿後四軍！顯有厚薄之恩，乖無偏無黨之道。且所聚皆坊市無賴姦猾之徒，平居猶思禍變，臨難必不爲用，而使之張弓挾刃，密邇皇輿，臣竊寒心，乞皆罷。’詔亦從之。於是殿後四軍二萬餘人悉散，天子之親軍盡矣。捧日都頭李筠，石門扈從功第一，建復奏斬於大雲橋。建又奏：‘玄宗之末，永王璘暫出江南，遽謀不軌。代宗時吐蕃入寇，光啓中朱玫亂常，皆援立宗支以繫人望。今諸王銜命四方者，乞皆召還。’又奏：‘諸方士出入禁庭，眩惑聖聽，宜皆禁止，無得入宫。’詔悉從之。建既幽諸王於别第，知上意不悦，乃奏請立德王爲太子，欲以解之。丁亥，詔立德王祐爲皇太子，仍更名裕。”同年二月乙亥條：“太子詹事馬道殷以天文，將作監許巖士以醫得幸於上，韓建誣二人以罪而殺之，且言偓、朴與二人交通，故罷相。”同年四月甲戌條後：“韓建惡刑部尚書張禕等數人，皆誣奏，貶之。”同年七月條：“韓建移書李茂貞；茂貞解奉天之圍，覃王歸華州。”同年八月條：“延王戒丕還自晋陽，韓建奏：‘自陛下即位以來，與近輔交惡，皆因諸王典兵，兇徒樂禍，致鑾輿不安。比者臣奏罷兵權，實慮不測之變。今聞延王、覃王尚苞陰計，願陛下聖斷不疑，制於未亂，則社稷之福。’上曰：‘何至於是！’數日不報。建乃與知樞密劉季述矯制發兵圍十六宅，諸王被髮，或緣垣，或升屋，呼曰：‘宅家救兒！’建擁通、沂、睦、濟、韶、彭、韓、陳、覃、延、丹十一王至石隄谷，盡殺之，以謀反聞。”同年十月條：“匡國節度使李繼瑭聞朝廷討李茂貞而懼，韓建復從而摇之，繼瑭奔鳳翔。冬十月，以建爲鎮國、匡國兩軍節度使。”

［9］同州：州名。治所在今陝西大荔縣。此處代指匡國軍。建尋兼同州節度使：《舊唐書·昭宗紀》乾寧四年十月癸卯條：“癸卯朔，以華州節度使韓建兼同州刺史、匡國軍節度使。”《宋本册府》卷四八四《邦計部·經費門》：“昭宗乾寧四年，同州節度使、長春宫使韓建奏：‘以京兆府於每年見徵賦内，減四十萬貫，充上供。’”

［10］光化：唐昭宗李曄年號（898—901）。

［11］“光化元年”至“以建爲尹”：《舊唐書·昭宗紀》光化元年（898）正月辛未條：“辛未朔，車駕在華州。以兵部侍郎崔遠爲户部侍郎、同平章事。諸道貢修宫闕錢，命京兆尹韓建入京城計度。”同年四月庚子條：“制淑妃何氏宜册爲皇后。上幸陟屺寺，宴從官於韓建所獻御莊。”《輯本舊史·唐武皇紀下》光化元年正月條：“鳳翔李茂貞、華州韓建皆致書於武皇，乞修和好，同獎王室，兼乞助丁匠修繕秦宫，武皇許之。”明本《册府》卷一四《帝王

部·都邑門二》:"昭宗光化元年正月，車駕在華州，詔以韓建脩京師宫闕。是月，李茂貞與諸道相次進表，助營宫苑。詔遣建自華至京，經度宫室，開構橋道。"同書卷一一四《帝王部·巡幸門三》:"昭宗乾寧五年三月庚午，車駕幸韓建南莊。"《通鑑》卷二六一光化元年正月壬辰條:"李茂貞、韓建皆致書於李克用，言大駕出幸累年，乞脩和好，同獎王室，兼乞丁匠助脩宫室；克用許之。"同年二月條:"初，王建攻東川，顧彦暉求救於李茂貞，茂貞命將出兵救之，不暇東逼乘輿，詐稱改過，與韓建共翼戴天子。及聞朱全忠營洛陽宫，累表迎車駕，茂貞、韓建懼，請脩復宫闕，奉上歸長安。詔以韓建爲脩宫闕使。諸道皆助錢及工材；建使都將蔡敬思督其役。既成，二月，建自往視之。"

[12]册：文書名。屬命令體文書。凡皇帝上尊號、追謚，帝與皇后發訃告，立后妃，封親王、皇子、大長公主，拜三師、三公、三省長官等，用册。　太傅：官名。與太師、太保並爲三師。唐後期、五代多爲大臣、勳貴加官。正一品。

[13]鐵券：皇帝頒賜給功臣的鐵製詔令文書，功臣本人及後世如有犯罪，以此券爲證，即可推念其功而予以赦減。　"八月"至"并賜鐵券":《舊唐書·昭宗紀》光化元年九月戊辰朔條:"制以鎮國、匡國等軍節度使韓建守太傅、中書令、興德尹，封潁川郡王，賜鐵券，并御寫'忠貞'以遺之。建累上表辭王爵，乃改封許國公。"《宋本册府》卷一七八《帝王部·姑息門三》:"光化元年九月戊辰，制加韓建守太傅兼中書令、興德尹、潁川郡王，并賜鐵券，仍令所司擇日備禮册命。十月丁酉，改封潁川郡王韓建爲許國公，又賜鐵券。"《新五代史·韓建傳》:"光化元年，昭宗還長安，自爲建畫像，封建潁川郡王，賜以鐵券。建辭王爵，乃封建許國公。"《通鑑》卷二六一光化元年九月乙亥條:"九月，乙亥，加韓建守太傅、興德尹。"

天復元年十一月，[1]宦官韓全誨迫天子幸鳳翔，[2]建亦預其謀。太祖聞之，自河中引軍而西。前鋒至同州，建判官司馬鄴以城降，[3]遂移軍迫華州，建懼乞降。[4]太祖責以脅君之罪，建拜伏稱從事李巨川之謀也，[5]太祖即誅巨川。[6]太祖與建素有軍中昆弟之契，及見，其怒驟息，尋表建爲許州節度使。昭宗東遷，以建爲佑國軍節度使、京兆尹。[7]車駕至陝，[8]召太祖與建侍宴，宮妓奏樂，何皇后舉觴以賜太祖，[9]建躡足，[10]太祖遽起曰："臣醉不任。"僞若顛仆即去。建私謂太祖曰："上與宮人附耳而語，幕下有兵仗聲，恐圖王爾。"[11]天祐三年，[12]改青州節度使。[13]

[1]天復：唐昭宗李曄年號（901—904）。

[2]韓全誨：人名。籍貫不詳。唐末宦官。傳見《新唐書》卷二〇八。

[3]判官：官名。唐、五代方鎮僚屬，位在行軍司馬下。分掌使衙內各曹事，並協助使職官員通判衙事。　司馬鄴：人名。河內温（今河南温縣）人。唐末、五代大臣。傳見本書卷二〇。

[4]"天復元年十一月"至"建懼乞降"：《舊唐書》卷二〇上《昭宗紀》天復元年（901）十一月壬子、甲寅、乙卯條："壬子……汴軍陷同州，執州將司馬鄴，華州節度使韓建遣判官李巨川送款。甲寅，汴軍駐靈口。乙卯，全忠知帝出幸，乃迴兵攻華州。大軍駐赤水，全忠以親兵駐西溪。韓建出降，乃署爲忠武軍節度使，以陳州爲理所。"《舊唐書》卷一九〇下《李巨川傳》："巨川時從（楊）守亮，亦被械繫。在途，巨川題詩於樹葉以遺華帥韓建，詞情哀鳴，建欣然解縛。守亮誅，即命爲掌書記。俄而李茂貞犯京師，天子駐蹕於華。韓建以一州之力，供億萬乘，慮其不濟，

遣巨川傳檄天下，請助轉餉，同匡王室，完葺京城。四方書檄，酬報輻湊，巨川灑翰陳敘，文理俱愜，昭宗深重之，即時巨川之名聞于天下。昭宗還京，特授諫議大夫，仍留佐建。”事亦見《宋本册府》卷七一八《幕府部·才學門》。《宋本册府》卷一八七《閏位部·勳業門五》載天復元年十月：“辛亥，（全忠）駐軍於渭濱，華帥韓建遣使奉牋納款，又以銀三萬兩助軍。……丙辰，帝表建權知忠武軍事，促令赴任，同、華二州平。”《新五代史》卷二三《馬嗣勳傳》：“太祖西攻鳳翔，行至華州，遣嗣勳入説韓建，建即時出降。”同書卷一《梁太祖紀上》天復元年十月條：“十月，王以宣武、宣義、天平、護國兵七萬，至于河中，取同州，遂攻華州，韓建出降。”《新唐書·昭宗紀》繫於天復元年十一月丁巳：“朱全忠陷華州，鎮國軍節度使韓建叛附于全忠。”《通鑑》卷二六二天復元年十一月條：“十一月，己酉朔，李繼筠等勒兵闕下，禁人出入，諸軍大掠。士兵衣紙及布襦者，滿街極目。韓建以幕僚司馬鄴知匡國留後。朱全忠引四鎮兵七萬趣同州，鄴迎降。……壬子……朱全忠遣司馬鄴入華州，謂韓建曰：‘公不早知過自歸，又煩此軍少留城下矣。’是日，全忠自故市引兵南渡渭，韓建遣節度副使李巨川請降，獻銀三萬兩助軍；全忠乃西南趣赤水。”

［5］從事：泛指一般屬官。　李巨川：人名。隴右（今甘肅地區）人。唐末大臣、文學家。傳見《舊唐書》卷一九〇下、《新唐書》卷二二四下。

［6］“太祖責以脅君之罪”至“太祖即誅巨川”：《輯本舊史》之案語：“《北夢瑣言》：韓建曰：‘某不識字，凡朝廷章奏、鄰封書檄，皆巨川爲之。’因斬之。《通鑑》所採即本於《北夢瑣言》，與《薛史》同。《新唐書·李巨川傳》云：巨川詣軍門納款，因言當世利害。全忠屬官敬翔以文翰事左右，疑巨川用則全忠待己或衰，乃詭説曰：‘巨川誠奇才，顧不利主人，若何！’是日，全忠殺之。是巨川之死，亦由于敬翔之譖，不僅爲韓建所賣也。”見《北夢瑣言》卷一五韓建賣李巨川條。《通鑑》卷二六二天復元年十一月丁

巳條："朱全忠至零口西，聞車駕西幸，與僚佐議，復引兵還赤水。左僕射致仕張濬説全忠曰：'韓建，茂貞之黨，不先取之，必爲後患。'全忠聞建有表勸天子幸鳳翔，乃引兵逼其城。建單騎迎謁，全忠責之，對曰：'建目不知書，凡表章書檄，皆李巨川所爲。'全忠以巨川常爲建畫策，斬之軍門。謂建曰：'公許人，可即往衣錦。'丁巳，以建爲忠武節度使，理陳州，以兵援送之。以前商州刺史李存權知華州，徙忠武節度使趙珝爲匡國節度使。車駕之在華州也，商賈輻湊，韓建重征之，二年，得錢九百萬緡。至是，全忠盡取之。"

［7］佑國軍：方鎮名。治所在河南府（今河南洛陽市）。

［8］陜：州名。治所在今河南三門峽市陜州區。

［9］何皇后：人名。梓州（今四川三臺縣）人。唐昭宗皇后。傳見《舊唐書》卷五二、《新唐書》卷七七。

［10］躡足：踩别人的脚，以示提醒。

［11］"昭宗東遷"至"恐圖王爾"：《宋本册府》卷一八七載天祐元年（904）二月："帝辭歸洛陽，昭宗開内宴。時有宫人與昭宗附耳而語，韓建躡帝之足，帝遽出，以爲圖己。因連上章，請車駕幸洛。"《新五代史》卷四〇《韓建傳》："昭宗東遷，建從至洛，昭宗舉酒屬太祖與建曰：'遷都之後，國步小康，社稷安危，繫卿兩人。'次何皇后舉觴，建躡太祖足，太祖乃陽醉去。建出，謂太祖曰：'天子與宫人眼語，幕下有兵仗聲，恐公不免也！'太祖以故尤德之，表建平盧軍節度使。"《通鑑》卷二六四天祐元年三月乙卯條："乙卯，全忠辭上，先赴洛陽督脩宫室。上與之宴群臣，既罷，上獨留全忠及忠武節度使韓建飲，皇后出，自捧玉卮以飲全忠，晋國夫人可證附上耳語。建躡全忠足，全忠以爲圖己，不飲，陽醉而出。全忠奏以長安爲佑國軍，以韓建爲佑國節度使。"

［12］天祐：唐昭宗李曄開始使用的年號（904）。唐哀帝李柷即位後沿用（904—907）。唐亡後，河東李克用、李存勗仍稱天祐，沿用至天祐二十年（923）。五代其他政權亦有行此年號者，如南

吴、吴越等，使用時間長短不等。

[13]青州：州名。治所在今山東青州市。此處代指平盧軍（或稱淄青軍）。　天祐三年改青州節度使：《舊唐書》卷二〇下《哀帝紀》天祐三年六月己亥條："制以京兆尹、佑國軍節度使韓建爲青州節度使，代王重師；以重師代建爲京兆尹。"《輯本舊史》卷一三《王師範傳》："會韓建移鎮青州，太祖帳餞於郊，師範預焉。太祖謂建曰：'公頃在華陰，政事之暇，省覽經籍，此亦士君子之大務。今之青土，政簡務暇，可復修華陰之故事。'建撝謙而已。太祖又曰：'公讀書必須精意，勿錯用心。'太祖以師範好儒，前以青州叛，故以此言譏之。"《通鑑》卷二六五天祐三年六月甲申條後："朱全忠以長安鄰於邠、岐，數有戰争，奏徙佑國節度使韓建於淄青，以淄青節度使長社王重師爲佑國節度使。"

及受禪，徵爲司徒、平章事，充諸道鹽鐵轉運使。[1]開平二年，[2]加侍中，充建昌宫使。[3]三年，郊祀于洛，[4]以建爲大禮使。[5]建爲上宰，每謁見，時有直言。太祖爲性剛嚴，群下將迎不暇，待建稍異，故優容之。九月，册拜太保，[6]罷知政事。[7]四年三月，除匡國軍節度使、陳許蔡觀察使，[8]仍令中書不議除替。[9]乾化二年六月，[10]朝廷新有内難，人心動揺，部將張厚因作亂，[11]害建于衙署，時年五十八。[12]

[1]諸道鹽鐵轉運使：官名。主管漕運、鹽鐵專賣等政務。唐末、五代常由宰相兼任。　"及受禪"至"充諸道鹽鐵轉運使"：《宋本册府》卷一九九《閏位部・命相門》載梁太祖開平元年（907）五月："以青州節度使韓建守司徒、平章事。帝以建有文武材，且詳於稼穡利害、軍旅之事，籌度經費，欲盡詢焉。恩澤特異

于時，罕有比者。遂拜爲上相，錫賚甚厚。”明本《册府》卷二〇五《閏位部・巡幸門》：“梁太祖開平元年十月，帝以用軍，未暇西幸，文武百官等久居東京，漸及疑訝，令就便各許歸安，只留宰臣韓建、薛貽矩，翰林學士張策、韋郊、杜曉，中書舍人封舜卿、張衮，并左右御史、司天監、宗正寺，兼要當諸司節級外，其宰臣張文蔚已下文武百官，並先於西京祗侯。”《新五代史》卷二《梁太祖紀下》開平元年六月甲寅條：“平盧軍節度使韓建守司徒，同中書門下平章事。”《新五代史》卷四〇《韓建傳》：“太祖即位，拜司徒同中書門下平章事。”

[2]開平：後梁太祖朱温年號（907—911）。

[3]建昌宫使：官名。後梁太祖建國時設建昌院，後改稱建昌宫，長官爲建昌使，常由宰相兼任，掌管財賦收入。　開平二年加侍中充建昌宫使：《宋本册府》卷四八三《邦計部・總序門》：“（開平）二年，以侍中韓建判建昌宫事，又以尚書兵部侍郎李皎爲建昌宫副使。”

[4]郊祀：指中國古代帝王於南郊祭天之禮。因祭天之圜丘位於都城南面之郊外，故名。

[5]大禮使：官名。非常設。帝王舉行南郊等大禮時設，參掌大禮。

[6]太保：官名。與太師、太傅並爲三師。唐後期、五代多爲大臣、勳貴加官。正一品。

[7]“三年”至“罷知政事”：《輯本舊史》之案語：“《五代會要》：開平三年十月，詔曰：太保韓建，每月旦、十五日入閤稱賀，即令赴朝參，餘時弗入見。示優禮也。”見《五代會要》卷一一功臣條。《宋本册府》卷一九三《閏位部・崇祀門》載梁太祖開平三年：“十一月癸巳朔，帝齋於内殿，不視朝。甲午，日長至。五更一點，自大内出，於文明殿受宰臣已下起居。自五鳳樓出南郊，左右金吾、太常、兵部等司儀仗、法駕、鹵簿及左右内直、控鶴等引從赴壇，文武百官太保韓建已下班以俟至，帝昇壇告謝。”同書卷

一九七《閏位部·宴會門》梁太祖開平三年九月："丙辰，御崇勳殿，召韓建、楊涉、薛貽矩、趙光逢、杜曉、河南尹張宗奭、襄州節度使楊師厚、宣州節度使王景仁等賜食，賜宰臣銀鞍轡馬、分物、銀器、細茶等。"同書卷一九九《閏位部·命相門》："（開平三年）十一月戊午，御文明殿，册太傅張宗奭爲太保。韓建受册畢，金吾仗引昇輅車，儀仗導謁太廟訖，赴尚書省上。"明本《册府》卷三一九《宰輔部·褒寵門二》："梁韓建，爲太保、門下侍郎平章事。開平三年六月，太祖以建及薛貽矩每於案前有所敷奏，頗協事機，深加奬毅，各以贈帛錫之。三年，宣旨太保韓建每月旦十五日入閤稱賀，即令赴朝，餘時不用入。示優禮也。"《新五代史·梁太祖紀下》開平三年九月辛亥條："辛亥，韓建、楊涉罷。"《新五代史·韓建傳》："罷相，出鎮許州。"

[8]陳：州名。治所在今河南淮陽縣。　觀察使：官名。唐代後期出現的地方軍政長官。唐玄宗開元二十一年（733）置十五道採訪使，唐肅宗乾元元年（758）改爲觀察使。無旌節，故地位低於節度使。掌一道州縣官的考績及民政。

[9]中書：指中書門下，唐代宰相辦公和處理政事的機構。"四年三月"至"仍令中書不議除替"：《輯本舊史》之案語："《五代會要》：乾化元年正月，敕：許昌雄鎮，太保韓建，朕用以布政，民耕盜止，久居其位，庶可勝殘矣。宜令中書門下不計年月，勿議替。"按，《會要》卷一一功臣條末句作"勿議替移"。明本《册府》卷三二二《宰輔部·出鎮門》："梁韓建，開平元年爲司徒、平章事，累加侍中、太保。四年三月，除陳許節度使，仍令中書，不議除替。"

[10]乾化：後梁太祖朱温年號（911—912），末帝朱友貞沿用（913—915）。

[11]張厚：人名。籍貫不詳。唐末將領。事見本書本卷。

[12]"乾化二年六月"至"時年五十八"：亦見《宋本册府》卷九三一《總録部·枉横門》。《輯本舊史》之案語："《通鑑考異》

引《莊宗實録》：九月，建遇害。《通鑑》從《薛史》。”見《通鑑》卷二六八乾化二年（912）六月丙申條《考異》。《新五代史·韓建傳》：“太祖崩，許州軍亂，見殺，年五十八。”

子從訓，昭宗在華時授太子侍學，[1]賜名文禮，尋拜屯田員外郎。[2]國初爲都官郎中，[3]賜紫，[4]年未弱冠。時朝廷命從訓告國哀于陳、許，至許二日軍亂，[5]與建併命。

[1]子從訓，昭宗在華時授太子侍學：中華書局本有校勘記：“‘太子侍學’，《册府》卷九三一作‘太子文學’。”見《宋本册府》卷九三一《總録部·枉横門》。

[2]屯田員外郎：官名。屯田郎中的副職。與郎中共掌屯田政令等。從六品上。

[3]都官郎中：官名。尚書省刑部都官司的主官。掌監獄事務。從五品上。

[4]賜紫：輿服制度。皇帝頒賜紫色官服。唐代官員三品以上服紫。特殊情況下，京官散階未及三品者可以賜紫，以示尊寵。

[5]至許二日軍亂：“許”字原闕，據《宋本册府》卷九三一補。

乾化三年，追贈太師。《永樂大典》卷三千六百七十五。[1]

[1]《大典》卷三六七五“韓”字韻“姓氏（一一）”事目。

李罕之

李罕之，陳州項城人。[1]父文，世田家。罕之拳勇趫捷，力兼數人。少學爲儒，不成，又落髮爲僧，以其無賴，所至不容。曾乞食於酸棗縣，[2]自旦至晡，無與之者，乃擲鉢于地，毀棄僧衣，亡命爲盜。[3]會黄巢起曹、濮，[4]罕之因合徒作剽，漸至魁首。及賊巢渡江，罕之因以兵將背賊歸于唐，[5]高駢録其功，[6]表爲光州刺史。[7]歲餘，爲蔡賊秦宗權寇迫，不能守，乃棄郡歸項城，收合餘衆，依河陽諸葛爽，[8]爽署爲懷州刺史。[9]中和初，僖宗以爽爲東南面招討使，[10]以擊宗權，爽乃表罕之爲副，令將兵屯宋州，[11]蔡寇兇餤日熾，兵鋒不敵。中和四年，爽表罕之爲河南尹、東都留守。[12]

[1]項城：縣名。治所在今河南項城市。

[2]酸棗縣：縣名。治所在今河南延津縣西南。　曾乞食於酸棗縣：《新五代史》卷四二《李罕之傳》作“乞食酸棗市中”。

[3]毀棄僧衣亡命爲盜：《輯本舊史》之案語：“《北夢瑣言》云：罕之即其僧名。”見《北夢瑣言》卷一五李摩雲擲鉢從事條。

[4]黄巢：人名。曹州冤句（今山東菏澤市）人。唐末農民起義領袖。傳見《舊唐書》卷二〇〇下、《新唐書》卷二二五下。　曹：州名。治所在今山東曹縣。　濮：州名。治所在今山東鄄城縣。

[5]及賊巢渡江，罕之因以兵將背賊歸于唐：《舊唐書》卷一九下《僖宗紀》廣明元年（880）三月條：“朝廷以王鐸統衆無功，乃授淮南節度使高駢爲諸道兵馬行營都統。駢令大將張璘渡江討賊，屢捷。賊衆疫癘，其將李罕之以一軍投淮南，其衆稍沮。”《新

唐書》卷二二五下《黄巢傳》：廣明元年，“李罕之犯申、光、潁、宋、徐、兖等州，吏皆亡”。《通鑑》卷二五三乾符六年（879）正月條：“鎮海節度使高駢遣其將張璘、梁纘分道擊黄巢，屢破之，降其將秦彦、畢師鐸、李罕之、許勍等數十人。”

[6]高駢：人名。幽州（今北京市）人。唐末軍閥。傳見《舊唐書》卷一八二、《新唐書》卷二二四下。

[7]光州：州名。治所在今河南潢川縣。

[8]河陽：縣名。治所在今河南孟州市。　諸葛爽：人名。青州博昌（今山東博興縣）人。唐末軍閥，時爲河陽節度使。傳見《舊唐書》卷一八二、《新唐書》卷一八七。

[9]懷州：州名。治所在今河南沁陽市。　“歲餘”至“爽署爲懷州刺史”：《舊唐書·僖宗紀》中和三年（883）二月條：“魏博節度使韓簡再興兵討河陽，諸葛爽遣大將李罕之拒之於武陟，逆擊之，魏軍大敗而還。”《通鑑》卷二五五中和三年二月己未條：“初，光州刺史李罕之爲秦宗權所攻，棄州奔項城，帥餘衆歸諸葛爽，爽以爲懷州刺史。韓簡攻鄆州，半年，不能下；爽復襲取河陽，朱瑄請和，簡乃捨之，引兵擊河陽。爽遣罕之逆戰於武陟，魏軍大敗而還。”

[10]中和：原作“光啓”，《新唐書》卷一八七《諸葛爽傳》繫於中和三年，據改。　招討使：官名。唐始置。戰時任命，兵罷則省。常以大臣、將帥或地方軍政長官兼任。掌招撫討伐等事務。“使”字原闕，據《新五代史·李罕之傳》《新唐書·諸葛爽傳》補。

[11]宋州：州名。治所在今河南商丘市睢陽區。

[12]河南尹：官名。唐開元元年（713）改洛州爲河南府，治所在今河南洛陽市。以河南府尹總其政務。從三品。　東都：即洛陽。位於今河南洛陽市。　留守：官名。在陪都或軍事重鎮所設留守，由地方行政長官兼任。

是歲，李克用脱上源之難，[1]斂軍西歸，路由洛陽，罕之迎謁，供帳館待甚優，因與克用厚相結託。時罕之有衆三千，以聖善寺爲府。[2]光啓元年，[3]蔡賊秦宗權遣將孫儒來攻，[4]罕之對壘數月，以兵少備竭，委城而遁，西保于澠池。[5]蔡賊據京城月餘，焚燒宫闕，剽剥居民。賊既退去，鞠爲灰燼，寂無雞犬之音，罕之復引其衆，築壘於市西。[6]

[1]李克用：人名。沙陀部人，生於神武川新城（一説是今山西朔州市朔城區之梵王寺村，一説是今山西應縣縣城，一説在今山西懷仁縣之日中城）。唐末軍閥，後唐太祖。紀見本書卷二五至卷二六、《新五代史》卷四。　上源：地名。位於今河南開封市内。

[2]以聖善寺爲府：《輯本舊史》之影庫本粘籤："聖善寺，原本作'聖喜'，今據《新唐書》改正。"《新唐書》卷一八七《李罕之傳》未載聖善寺事，卷三四《五行志一》載："乾符四年十月，東都聖善寺火"；卷三五《五行志二》載：景龍中……時又謡曰："可憐聖善寺，身著緑毛衣，牽來河裏飲，踏殺鯉魚兒。"《輯本舊史》卷六三《張全義傳》："罕之敗經於聖善寺。"

[3]光啓：唐僖宗李儇年號（885—888）。

[4]孫儒：人名。河南府（今河南洛陽市）人。唐末軍閥。傳見《新唐書》卷一八八。

[5]澠池：縣名。治所在今河南澠池縣。

[6]築壘於市西：《新五代史》卷四二《李罕之傳》："罕之壁澠池。"　"光啓元年"至"築壘於市西"：《新唐書》卷一八八《孫儒傳》："光啓初，宗權遣儒攻東都，留守李罕之出奔，儒焚宫闕，屠居人。"《通鑑》卷二五六光啓元年（885）六月條："東都留守李罕之與秦宗權將孫儒相拒數月；罕之兵少食盡，棄城，西保澠池，宗權陷東都。"同年七月條："孫儒據東都月餘，燒宫室、官

寺、民居，大掠席卷而去，城中寂無雞犬。李罕之復引其衆入東都，築壘於市西而居之。”

明年冬，諸葛爽死，其將劉經推爽子仲方爲帥，[1]經懼罕之難制，自引兵鎮洛陽。罕之部曲有李瑭、郭璆者，[2]情不相叶，欲相圖害。罕之怒，誅璆，軍情由是不睦。劉經因其有間，掩擊罕之於澠池，軍亂，保乾壕。[3]經急攻之，爲罕之所敗，罕之乘勝追至洛陽。時經保敬愛寺，罕之保苑中飛龍厩，罕之激勵其衆攻敬愛寺，數日，因風縱火，盡燔之，經衆奔竄，追斬殆盡。罕之進逼河陽，營於鞏縣，[4]陳舟于汜水，[5]將渡，諸葛仲方遣將張言率師拒于河上。[6]時仲方年幼，政在劉經，諸將心多不附。張言密與罕之修好，經知其謀，言懼，引衆渡河歸罕之，因合勢攻河陽，爲經所敗，罕之與言退保懷州。冬，蔡將孫儒陷河陽。仲方汎輕舟來奔，孫儒遂自稱節度使。[7]俄而蔡賊爲我軍所敗，孫儒棄河陽歸蔡。罕之與言收合其衆，求援于太原，李克用遣澤州刺史安金俊率騎助之，[8]遂收河陽。克用表罕之爲節度、同平章事，又表言爲河南尹、東都留守。[9]

[1]劉經：人名。籍貫不詳。諸葛爽部將。事見本書本卷、《通鑑》卷二五六。　仲方：人名。即諸葛仲方。青州博昌（今山東博興縣）人。唐末軍閥。事見《通鑑》卷二五六。

[2]部曲：此處指部下。　李瑭：人名。籍貫不詳。唐末李克用部將，後投降朱温，爲李嗣昭擒斬。事見本書卷二六。　郭璆：人名。籍貫不詳。唐末將領。事見本書本卷。

［3］乾壕：地名。位於今河南三門峽市陝州區東。

［4］鞏縣：縣名。治所在今河南鞏義市。

［5］汜水：水名。源於今河南鞏義市東南，北經滎陽市汜水鎮西，向北注入黄河。

［6］張言：人名。後名張全義。濮州臨濮（今山東鄄城縣）人。唐末將領，後降於諸葛爽，後梁、後唐將領。傳見本書卷六三、《新五代史》卷四五。《輯本舊史》之案語："張言後名全義。"《輯本舊史》卷六三《張全義傳》："張全義，字國維，濮州臨濮人。初名居言，賜名全義，梁祖改爲宗奭，莊宗定河南，復名全義。"

［7］"明年冬"至"孫儒遂自稱節度使"：《舊唐書》卷一九下《僖宗紀》光啓二年（886）十二月條："蔡賊孫儒陷河陽，諸葛仲方奔歸汴州，别將李罕之出據澤州，張全義據懷州。"《輯本舊史·張全義傳》："光啓初，（諸葛）爽卒，其子仲方爲留後。部將劉經與李罕之争據洛陽，罕之敗經於聖善寺，乘勝欲攻河陽，營於洛口。經遣全義拒之，全義乃與罕之同盟結義，返攻經於河陽，爲經所敗，收合餘衆，與罕之據懷州，乞師於武皇。"《通鑑》卷二五六光啓二年十二月條："河陽大將劉經，畏李罕之難制，自引兵鎮洛陽，襲罕之於澠池，爲罕之所敗；經棄洛陽走，罕之追殺殆盡。罕之軍于鞏，將渡河，經遣張全義將兵拒之。時諸葛仲方幼弱，政在劉經，諸將多不附，全義遂與罕之合兵攻河陽，爲經所敗，罕之、全義走保懷州。"

［8］澤州：州名。治所在今山西澤州縣。　安金俊：人名。籍貫不詳。唐末李克用部將。事見《舊唐書》卷二〇上、卷一八七，本書卷二五。

［9］"孫儒棄河陽歸蔡"至"東都留守"：《舊唐書·僖宗紀》光啓三年五月條："諸葛爽舊將李罕之自澤州收河陽，懷州刺史張全義收洛陽。"《輯本舊史》卷二五《唐武皇紀上》光啓三年七月條："七月，武皇以安金俊爲澤州刺史。時張全義自河陽據澤州，及李罕之收復河陽，召全義，令守洛陽，全義乃棄澤州而去，故以

金俊守之。”同書《張全義傳》：“武皇遣澤州刺史安金俊助之，進攻河陽，劉經、仲方委城奔汴，罕之遂自領河陽，表全義爲河南尹。”《新五代史》卷一《梁太祖紀上》光啓三年五月條：“故諸葛爽將李罕之取河陽、張全義取洛陽以來附。”同書卷四二《李罕之傳》：“梁兵擊走儒，罕之襲取河陽，言取河南，皆附于梁。”《新唐書》卷九《僖宗紀》光啓三年六月條：“河陽將李罕之入于孟州，張全義入于東都。”同書卷一八七《李罕之傳》：“克用表罕之爲節度使、同中書門下平章事。”《通鑑》卷二五七光啓三年六月壬戌條：“孫儒既去河陽，李罕之召張全義於澤州，與之收合餘衆。罕之據河陽，全義據東都，共求援於河東；李克用以其將安金俊爲澤州刺史，將騎助之，表罕之爲河陽節度使，全義爲河南尹。”

罕之既與言患難交契，刻臂爲盟，永同休戚，如張耳、陳餘之義也。[1]罕之雖有膽決，雄猜翻覆，而撫民御衆無方略，率多苛暴，性復貪冒，不得士心。既得河陽，出兵攻晋、絳。[2]時大亂之後，野無耕稼，罕之部下以俘剽爲資，啖人作食。絳州刺史王友遇以城降，[3]罕之乃進攻晋州，河中王重盈遣使求援於太祖。[4]時張言治軍有法，善積聚，勤於播植，軍儲不乏。言輸粟於罕之，以給其軍，罕之求索無限，言頗苦之，力不能應，罕之則録河南府吏笞責之。東諸侯修貢行在，多爲罕之邀留，王重盈苦其侵削，密結張言請圖之。[5]

[1]張耳：人名。大梁（今河南開封市）人。與陳餘作刎頸之交，先共同復趙抗秦，後反目成仇。傳見《史記》卷八九、《漢書》卷三二。　陳餘：人名。大梁（今河南開封市）人。傳見《史記》卷八九、《漢書》卷三二。

[2]晋：州名。治所在今山西臨汾市。　絳：州名。治所在今山西新絳縣。

[3]王友遇：人名。籍貫不詳。本書僅此一見。

[4]王重盈：人名。太原祁（今山西祁縣）人。唐末軍閥。事見《舊唐書》卷一八二、《新唐書》卷一八七。

[5]“罕之既與言患難交契”至“密結張言請圖之”：事亦見《輯本舊史》卷六三《張全義傳》、《新五代史》卷四五《張全義傳》。《通鑑》卷二五七文德元年（888）二月條：“初，河陽節度使李罕之與張全義刻臂爲盟，相得歡甚。罕之勇而無謀，性復貪暴，意輕全義，聞其勤儉力穡，笑曰：‘此田舍一夫耳！’全義聞之，不以爲忤。罕之屢求穀帛，全義皆與之；而罕之徵求無厭，河南不能給，小不如所欲，輒械河南主吏至河陽杖之，河南將佐皆憤怒。全義曰：‘李太尉所求，柰何不與！’竭力奉之，狀若畏之者，罕之益驕。罕之所部不耕稼，專以剽掠爲資，啗人爲糧，至是悉其衆攻絳州，絳州刺史王友遇降之；進攻晋州，護國節度使王重盈密結全義以圖之。”

文德元年春，[1]會罕之盡出其衆攻平陽，[2]言夜出師掩擊河陽，罕之無備，單步僅免，舉族爲言所俘。罕之奔于太原，李克用表爲澤州刺史，仍領河陽節度使。[3]三月，克用遣其將李存孝率師三萬助之，[4]來攻懷、孟。[5]城中食盡，備禦皆竭，張言遣其孥入質，且求救於太祖。太祖遣葛從周、牛存節赴之，[6]逆戰於沇河店。[7]會晋將安休休以一軍奔于蔡，[8]存孝引軍而退，罕之保于澤州。自是罕之日以兵寇鈔懷孟、晋絳，數百里内，郡邑無長吏，閭里無居民。河内百姓，[9]相結屯寨，或出樵汲，即爲俘馘。[10]雖奇峯絶磴，梯危架險，亦爲罕之部衆攻取。先是，蒲、絳之間有山曰摩雲，[11]邑人立柵於上以避寇亂，罕之以百餘人攻下之，軍中因號罕之爲“李摩雲”。[12]自是數州之民，屠啖殆盡，荆棘蔽野，烟火斷絶，凡十餘年。

[1]文德：唐僖宗李儇年號（888）。

[2]平陽：地名。位於今山西臨汾市。

[3]“文德元年春”至“仍領河陽節度使”：《舊唐書》卷二〇上《昭宗紀》文德元年（888）四月乙亥條：“乙亥，河南尹張全義以兵襲李罕之於河陽，罕之出據澤州。”《輯本舊史》卷二五《唐武皇紀上》文德元年三月條：“河南尹張全義潜兵夜襲李罕之於河陽，城陷，舉族爲全義所擄，罕之踰垣獲免，遂來歸於武皇。遣李存孝、薛阿檀、史儼兒、安金俊、安休休將七千騎送罕之至河陽。汴將丁會、牛存節、葛從周將兵赴援，李存孝率精騎逆戰於温縣。汴人既扼太行之路，存孝殿軍而退。騎將安休休以戰不利，奔於蔡。武皇以罕之爲澤州刺史，遥領河陽節度使。”同書卷一《梁太祖紀一》文德元年四月條：“河南尹張全義襲李罕之於河陽，克之。罕之單騎出奔，因乞師於太原，李克用爲發萬騎以援之。罕之遂收其衆，偕晋軍合勢，急攻河陽。全義危急，遣使求救於汴，帝遣丁會、牛存節、葛從周領兵赴之，大戰於温縣，晋人與罕之俱敗。於是河橋解圍，全義歸於河陽，因以丁會爲河陽留後。”事亦見《宋本册府》卷一八七《閏位部·勳業門五》。《輯本舊史》卷一六《葛從周傳》：文德元年，“李罕之引并人圍張全義於河陽，從周與丁會、張存敬、牛存節率兵赴援，大破并軍，殺蕃漢二萬人，解河陽之圍”。同書卷二〇《張存敬傳》：“光啓中，李罕之會晋軍圍張宗奭于盟津，太祖遣丁會、葛從周、存敬同往馳救。”亦見明本《册府》卷三四六《將帥部·佐命門七》。《輯本舊史》卷二二《牛存節傳》：“文德元年夏，李罕之以并軍圍張宗奭於河陽，太祖遣存

節率軍赴之。屬歲歉，饟餽不至，村民有儲乾椹者，存節以器用、錢帛易之，以給軍食。大破賊於沇河，罕之引衆北走。”亦見《宋本册府》卷四一四《將帥部・赴援門》。《輯本舊史》卷五〇《李克修傳》：“及李罕之來歸，武皇授以澤州刺史，與克修合勢進攻河陽，連歲出師，以苦懷孟。”同書卷五三《李存孝傳》：“張濬之加兵於太原也，潞州小校馮霸殺其帥李克恭以城叛，時汴將朱崇節入潞州，梁祖令張全義攻澤州。李罕之告急於武皇，武皇遣存孝率騎五千援之。初，汴人攻澤州，呼罕之曰：‘相公常恃太原，輕絶大國，今張相公圍太原，葛司空已入潞府，旬日之内，沙陀無穴自處，相公何路求生耶！’”事亦見《宋本册府》卷三九六《將帥部・勇敢門三》、《新五代史》卷三六《李存孝傳》。《宋本册府》卷三八七《將帥部・褒異門一三》：“文德初，李罕之既失河陽，來歸於武皇，且求授焉。”《新五代史》卷二一《張存敬傳》：“李罕之與晋人攻張全義於河陽，太祖遣存敬與丁會等救之，罕之解圍去。”同書卷二二《牛存節傳》：“李罕之圍張全義於河陽，全義乞兵於梁，太祖以存節故事河陽，知其間道，使以兵爲前鋒。是時歲饑，兵行乏食，存節以金帛就民易乾葚以食軍，擊走罕之。”同書卷四四《丁會傳》：“光啓四年，東都張全義襲破河陽，逐李罕之，罕之召晋兵圍河陽，全義告急。是時，梁軍在魏，乃遣會及葛從周等將萬人救之。會等行至河陰，謀曰：‘罕之料吾不敢渡九鼎，以吾兵少而來遠，且不虞吾之速至也。出其不意，掩其不備者，兵家之勝策也。’乃渡九鼎，直趨河陽，戰于沇水，罕之大敗，河陽圍解。”《新唐書》卷一〇《昭宗紀》文德元年四月乙亥條：“張全義陷孟州，李罕之奔于河東。”《通鑑》卷二五七文德元年二月條：罕之進攻晋州，“全義潛發屯兵，夜，乘虚襲河陽，黎明，入三城，罕之踰垣步走，全義悉俘其家，遂兼領河陽節度使。罕之奔澤州，求救於李克用”。

［4］李存孝：人名。本名安敬思。代州飛狐（今河北淶源縣）人。唐末李克用養子、部將。傳見本書卷五三、《新五代史》卷

三六。

[5]孟：州名。治所在今河南孟州市。

[6]葛從周：人名。濮州鄄城（今山東鄄城縣）人。唐末、五代將領。傳見本書卷一六、《新五代史》卷二一。　牛存節：人名。青州博昌（今山東博興縣）人。唐末將領。傳見本書卷二二、《新五代史》卷二二。

[7]沇河店：地名。今地不詳。中華書局本有校勘記："原作'流河店'，據劉本、邵本校改。按本書卷五五《康君立傳》、《新五代史》卷一《梁本紀》、卷二一《葛從周傳》、卷四二《李罕之傳》、卷四四《丁會傳》、卷四五《張全義傳》、《册府》卷三四七敍其事皆作'沇河店'。"見明本《册府》卷三四七《將帥部·佐命門八》。

[8]安休休：人名。籍貫不詳。後唐將領。事見本書卷二五、卷五五。

[9]河内：縣名。治所在今河南沁陽市。

[10]樵汲：打柴汲水。　俘馘（guó）：俘虜。

[11]摩雲：山名。位於今山西新絳縣。

[12]"三月"至"軍中因號罕之爲李摩雲"：《舊五代史考異》："案：《洛陽縉紳舊聞記》云：罕之亦嘗置寨於洛城中，至今民呼其寨地爲李摩雲寨。"見《洛陽搢紳舊聞記》卷二《齊王張令公外傳》。李摩雲事，亦見明本《册府》卷四四八《將帥部·殘酷門》、《通鑑》卷二五七文德元年（888）四月壬午條後。明本《册府》卷三九三《將帥部·威名門二》："李罕之，僖宗末爲河南尹。每討賊，無不擒之。曾縱兵于蒲、絳之地，有山曰摩雲，土人設堡於上，號'摩雲寨'。前後不能攻取，罕之至，則下焉。自此目爲'李摩雲'。"《新唐書》卷一八七《李罕之傳》："初爲浮屠，行丐市，窮日無得者，抵鉢褫袛衱去，聚衆攻剽五臺下。先是，蒲、絳民壁摩雲山避亂，群賊往攻不克，罕之以百人徑拔之，衆號'李摩雲'。"《舊唐書·昭宗紀》文德元年七月丙申條："七月丙申朔，澤

州刺史李罕之引太原之師攻河陽，爲汴將丁會所敗，退還高平。”《輯本舊史·唐武皇紀上》龍紀元年（889）五月、六月條：“龍紀元年五月，遣李罕之、李存孝攻邢州。六月，下磁州。邢將馬溉率兵數萬來拒戰，罕之敗之於琉璃陂，生擒馬溉，狥於城下。孟方立恚恨，飲酖而死。三軍立其姪遷爲留後，使求援於汴。汴將王虔裕率精甲數百入於邢州，罕之等班師。”事亦見《新唐書》卷一八七《孟方立傳》。《通鑑》卷二五七文德元年三月條：“李克用以其將康君立爲南面招討使，督李存孝、薛阿檀、史儼、安金俊、安休休五將、騎七千，助李罕之攻河陽。張全義嬰城自守，城中食盡，求救於朱全忠，以妻子爲質。”同年四月壬午條後：“朱全忠遣其將丁會、葛從周、牛存節將兵數萬救河陽。李存孝令李罕之以步兵攻城，自帥騎兵逆戰於温，河東軍敗，安休休懼罪，奔蔡州。”同年七月條：“秋，七月，李罕之引河東兵寇河陽，丁會擊卻之。”同書卷二五八龍紀元年六月條：“李克用大發兵，遣李罕之、李存孝攻孟方立，六月，拔磁、洺二州。”同卷大順元年（890）六月癸丑條：“癸丑，削奪李罕之官爵；六月，以孫揆爲昭義節度使，充招討副使。”同年七月條：“秋，七月，官軍至陰地關，朱全忠遣驍將葛從周將千騎潛自壺關夜抵潞州，犯圍入城。又遣別將李讜、李重胤、鄧季筠將兵攻李罕之於澤州，又遣張全義、朱友裕軍於澤州之北，爲從周應援。”同年八月條：“李罕之告急於李克用，克用遣李存孝將五千騎救之。”同年九月壬寅條：“九月，壬寅，朱全忠軍于河陽。汴軍之初圍澤州也，呼李罕之曰：‘相公每恃河東，輕絶當道；今張相公圍太原，葛僕射入潞府，旬月之間，沙陀無穴自藏，相公何路求生邪！’……是夕，李讜、李重胤收衆遁去，存孝、罕之隨而擊之，至馬牢山，大破之，斬獲萬計，追至懷州而還。”同卷大順二年二月條：“復李罕之官爵。”

乾寧二年，李克用出師以拒邠、鳳，營于渭北，天子以克用爲邠州行營四面都統,[1]克用乃表罕之爲副。[2]及誅王行瑜，罕之以功授檢校太尉，食邑千户。[3]罕之自以功多，私謂晋將蓋寓曰:[4]“余自河陽失守，來依巨廕，歲月滋久，功效未施。比年以來，倦於師旅，所謂老夫耄矣，無能爲也。望吾王仁愍，太傅哀憐，與一小鎮，休兵養疾，一二年間即歸老菟裘,[5]幸也。”寓爲言之，克用不對。每藩鎮缺帥，議所不及，罕之私心鬱鬱，蓋寓懼其佗圖，亟爲論之。克用曰:“吾於罕之，豈惜一鎮，吾有罕之，亦如董卓之有吕布,[6]雄則雄矣，鷹鳥之性，飽則颺去，實懼翻覆毒余也。”[7]

[1]行營四面都統：官名。唐末設諸道行營都統，作爲各道出征兵士的統帥。

[2]“乾寧二年”至“克用乃表罕之爲副”:《輯本舊史》卷二六《唐武皇紀下》乾寧二年(895)八月條:“表李罕之爲副都統。”同年十月條:“王行瑜因敗衄之後，閉壁自固，武皇令李罕之晝夜急攻，賊軍乏食，拔營而去。李存信與罕之等先伏軍於阨路，俟賊軍之至，縱兵擊之，殺戮萬計。是日，收梨園等三寨，生擒行瑜之子知進，並母丘氏、大將李天福等二百人，送赴闕庭。庚寅，王行約、王行實燒劫寧州遁走，寧州守將徐景乞降。”同年十一月丁巳條:“十一月丁巳，收龍泉寨。時行瑜以精甲五千守之，李茂貞出兵來援，爲李罕之所敗，邠賊遂棄龍泉寨而去。”《新唐書》卷一〇《昭宗紀》乾寧二年九月條:“前昭義軍節度使李罕之爲邠寧四面行營副都統。”同書卷二一八《沙陀傳》:“(李)茂貞以兵援龍泉，克用使李罕之、李存審夜引兵劫其餉，援兵亡，行瑜潰而走，追殺萬計。”《通鑑》卷二六〇乾寧二年九月辛未條:“以昭義節度使李罕之檢校侍中，充邠寧四面行營副都統。”同年十月條:

“克用令李罕之、李存信等急攻梨園；城中食盡，棄城走。罕之等邀擊之，所殺萬餘人，克梨園等三寨，獲王行瑜子知進及大將李元福等；克用進屯梨園。庚寅，王行約、王行實燒寧州遁去。”同年十一月丁巳條：“王行瑜以精甲五千守龍泉寨，李克用攻之；李茂貞以兵五千救之，營於鎮西。李罕之擊鳳翔兵，走之，十一月，丁巳，拔龍泉寨。”

[3]檢校太尉：官名。爲散官或加官，以示恩寵，無實際執掌。　食邑：即採邑，官員可以收其賦税自用的封地。　“及誅王行瑜”至“食邑千户”：《輯本舊史》之案語：“《新唐書》：克用討王行瑜，表罕之副都統、檢校侍中。行瑜誅，封隴西郡王、檢校太尉、兼侍中。所載爵位，較《薛史》爲詳。《歐陽史》仍《薛史》之舊。”見《新唐書》卷一八七《李罕之傳》。《新五代史》卷四二《李罕之傳》作“破王行瑜，加檢校太尉，食邑千户”。《通鑑》卷二六〇乾寧二年十二月乙未條：“加李罕之兼侍中。”

[4]蓋寓：人名。蔚州（今河北蔚縣）人。唐末、五代李克用部將。傳見本書卷五五。

[5]菟（tù）裘：原爲春秋魯地。《左傳》隱公十一年：“使營菟裘，吾將老焉。”後世以“菟裘”指代告老退隱處。

[6]董卓：人名。隴西臨洮（今甘肅岷縣）人。東漢末年軍閥。傳見《後漢書》卷七二。　吕布：人名。五原九原（今内蒙古包頭市西）人。東漢末年將領。傳見《後漢書》卷七五。

[7]毒余：《輯本舊史》之影庫本粘籤：“毒余，原本作‘毒餘’，今據文改正。”　“罕之自以功多”至“實懼翻覆毒余也”：《通鑑》卷二六一光化元年（898）十二月條：“李克用之平王行瑜也，李罕之求邠寧於克用。克用曰：‘行瑜恃功邀君，故吾與公討而誅之。昨破賊之日，吾首奏趣蘇文建赴鎮。今纔達天聽，遽復二三，朝野之論，必喧然謂吾輩復如行瑜所爲也。吾與公情如同體，固無所愛，俟還鎮，當更爲公論功賞耳。’罕之不悦而退，私於蓋寓曰：‘罕之自河陽失守，依託大庇，歲月已深。比來衰老，倦於

軍旅，若蒙吾王與太傅哀愍，賜一小鎮，使數年之間休兵養疾，然後歸老閭閻，幸矣。’寓爲之言，克用不應。每藩鎮缺，議不及罕之，罕之甚鬱鬱。寓恐其有他志，亟爲之言，克用曰：‘吾於罕之豈愛一鎮，但罕之，鷹也，飢則爲用，飽則背飛！’”

光化元年十二月，晋之潞帥薛志勤卒，[1]罕之乘其喪，自澤州率衆徑入潞州，自稱留後，以狀聞於克用曰：“聞志勤之喪，新帥未至，慮爲佗盜所窺，不俟命已屯于潞矣。”克用怒，遣李嗣昭討之，[2]罕之執其守將馬溉、伊鐸、何萬友，[3]沁州刺史傅瑶等，[4]遣其子顥拘送于太祖以求援焉。[5]會罕之暴病，不能視事。明年六月，病篤，太祖令丁會代之，[6]移罕之爲河陽節度使，行至懷州，卒於傳舍，[7]時年五十八。[8]其子顥以舟載柩，歸葬河陰縣。[9]開平二年春，詔贈中書令。《永樂大典》卷一萬三百八十七。[10]

[1]潞：州名。治所在今山西長治市。此處代指昭義軍。　薛志勤：人名。蔚州奉誠（今河北蔚縣）人。唐末李克用部將。傳見本書卷五五。

[2]李嗣昭：人名。汾州（今山西汾陽市）人。唐末、五代李克用義子、部將。傳見本書卷五二、《新五代史》卷三六。

[3]馬溉：人名。籍貫不詳。李克用部將。事見本書本卷、卷二五。　伊鐸：人名。一作“伊鐸”。籍貫不詳。李克用部將。事見本書本卷。《輯本舊史》之案語：“伊鐸，《歐陽史》作伊鐸。”見《新五代史》卷四二《李罕之傳》。　何萬友：人名。籍貫不詳。李克用部將。本書僅此一見。

[4]沁州：州名。治所在今山西沁源縣。　傅瑶：人名。籍貫

不詳。李克用部將。本書僅此一見。

［5］顥：人名。即李顥。陳州項城（今河南沈丘縣）人。李罕之之子。事見本書本卷。　遣其子顥：《輯本舊史》之案語："《歐陽史》作遣子頎。"按《新五代史·李罕之傳》作"遣子顥送于梁以乞兵"，罕之子頎實事莊宗。　"光化元年十二月"至"遣其子顥拘送于太祖以求援焉"：《輯本舊史》之案語："《新唐書》：全忠表罕之昭義軍節度使。"見《新唐書》卷一八七《李罕之傳》。《舊唐書》卷二〇上《昭宗紀》光化元年（898）十二月丙寅條："十二月丙寅，李克用將潞州節度使薛志勤死，澤州刺史李罕之乘其無帥，襲潞取之，遣其子顥乞降于汴，全忠表罕之爲節度使。"《輯本舊史》卷二六《唐武皇紀下》光化元年十二月條："十二月，潞州節度使薛志勤卒，澤州刺史李罕之以本軍夜入潞州，據城以叛。罕之報武皇曰：'薛鐵山新死，潞民無主，慮軍城有變，輒專命鎮撫。'武皇令人讓之，罕之乃歸於汴。武皇遣李嗣昭將兵討之，下澤州，收罕之家屬，拘送晉陽。光化二年春正月，李罕之陷沁州。"同書卷一二《朱友倫傳》："李罕之請以上黨來歸，爲晉軍所圍。太祖遣友倫總步騎數萬，越險救應，遂大破晉軍。"亦見《册府》卷二九一《宗室部·立功門二》。《輯本舊史》卷一六《葛從周傳》："（光化二年）五月，并人討李罕之於潞州，太祖以丁會代罕之，令從周馳入上黨。"亦見明本《册府》卷三四六《將帥部·佐命門七》。《輯本舊史》卷五二《李嗣昭傳》："李罕之襲我潞州也，嗣昭率師攻潞州，與汴將丁會戰於含口，俘獲三千，執其將蔡延恭，代李君慶爲蕃漢馬步行營都將。"事亦見《新五代史》卷三六《李嗣昭傳》、明本《册府》卷三四七《將帥部·佐命門八》。《新五代史》卷一《梁太祖紀上》："（光化元年）十二月，李罕之以潞州來降。"同書卷四四《丁會傳》："光化二年，李罕之叛晉，以潞州降梁。"同書卷一三《朱友倫傳》："李罕之以潞州降梁，晉人攻潞，友倫以兵入潞州，取罕之以歸。"同書卷四《唐莊宗紀上》光化元年冬條："冬，潞州守將薛志勤卒，李罕之據潞州，叛附于朱全

忠。”《新唐書·昭宗紀》光化元年十二月癸未條：“十二月癸未，李罕之陷潞州，自稱節度留後。”同卷光化二年正月條：“李罕之陷沁州。”《通鑑》卷二六一光化元年十二月條：昭義節度使薛志勤薨，“旬日無帥，罕之擅引澤州兵夜入潞州，據之，以狀白克用，曰：‘薛鐵山死，州民無主，慮不逞者爲變，故罕之專命鎮撫，取王裁旨。’克用怒，遣人讓之。罕之遂遣其子請降於朱全忠，執河東將馬溉等及沁州刺史傅瑶送汴州。克用遣李嗣昭將兵討之，嗣昭先取澤州，收罕之家屬送晋陽”。同卷光化二年正月丁未條後：“朱全忠表李罕之爲昭義節度使。”同年五月己亥條：“李克用遣蕃漢馬步都指揮使李君慶將兵攻李罕之，己亥，圍潞州。”

[6]丁會：人名。壽春（今安徽壽縣）人。唐末將領。傳見本書卷五九、《新五代史》卷四四。

[7]傳舍：古代官府設立的供行旅食宿之所。遍布於交通要道上。主要招待往來官員；持有傳符的一般旅客，可以在偏房旁舍寄宿。

[8]“明年六月”至“時年五十八”：《舊唐書·昭宗紀》光化二年六月丁丑條：“六月，制以昭義節度使、檢校太尉、兼太師、侍中、潞州大都督府長史、隴西郡開國公、食邑三千户李罕之爲孟州刺史，充河陽三城節度、孟懷觀察等使。……丁丑，李罕之至懷州，卒于傳舍。”《宋本册府》卷一八七《閏位部·勳業門五》：“（光化二年）六月，帝表丁會爲潞州節度使，以李罕之疾亟故也。”《通鑑》卷二六一光化二年六月乙丑、丁卯、丁丑條：“乙丑，李罕之疾亟。丁卯，全忠表罕之爲河陽節度使，以丁會爲昭義節度使。……丁丑，李罕之薨于懷州。”

[9]河陰縣：縣名。治所在今河南滎陽市。

[10]《大典》卷一〇三八七“李”字韻“姓氏（三二）”事目。

馮行襲

馮行襲，字正臣，武當人也。[1]歷職爲本郡都校。中和中，僖宗在蜀，有賊首孫喜者，[2]聚徒數千人欲入武當，刺史吕燁惶駭無策略。[3]行襲伏勇士於江南，乘小舟逆喜，謂喜曰："郡人得良牧，衆心歸矣，但緣兵多，民懼擄掠。若駐軍江北，領肘腋以赴之，使某前導，以慰安士民，可立定也。"喜然之。既渡江，軍吏迎謁，伏甲奮起，行襲擊喜仆地，仗劍斬之，[4]其黨盡殪，賊衆在江北者悉奔潰。[5]山南節度使劉巨容以功上言，[6]尋授均州刺史。[7]

[1]武當：縣名。治所在今湖北丹江口市西北。

[2]孫喜：人名。均州（今湖北丹江口市）人。唐末叛亂勢力首領。事見《新唐書》卷一八六、《通鑑》卷二五六。

[3]吕燁：人名。籍貫不詳。唐末將領。事見《新唐書》卷一八六、《通鑑》卷二五六。中華書局本有校勘記："原作'吕曄'，據《册府》卷八七九、《新五代史》卷四二《馮行襲傳》、《新唐書》卷九《僖宗紀》、卷一八六《馮行襲傳》、《通鑑》卷二五六改。"見《新唐書》卷九《僖宗紀》光啓元年（885）四月條、《通鑑》卷二五六中和四年（884）條。

[4]仗劍斬之：中華書局本有校勘記："'仗'，《册府》卷八七九作'拔'。"

[5]賊衆在江北者悉奔潰：《輯本舊史》之案語："《新唐書·本紀》：光啓元年四月，武當賊馮行襲陷均州，逐其刺史吕燁。蓋行襲既殪孫喜，遂自據其郡也。《薛史》作中和間事，與《唐書》異。《歐陽史》仍從《薛史》。"見《新唐書·僖宗紀》光啓元年四

月條、《新五代史》卷四二《馮行襲傳》。

[6]劉巨容：人名。徐州（今江蘇徐州市）人。唐末將領。傳見《新唐書》卷一八六。

[7]均州：州名。治所在今湖北丹江口市。　“馮行襲”至“尋授均州刺史”：亦見《宋本册府》卷八七九《總録部·計策門二》。《通鑑》卷二六一光化元年（898）正月條後：“以昭信防禦使馮行襲爲昭信節度使。”《新唐書》卷一八六《劉巨容附馮行襲傳》作中和初事：“行襲乘勝逐刺史吕燁，據均州，巨容因表爲刺史。”

州西有長山，[1]當襄、漢入蜀路，[2]群賊屯據，以邀劫貢奉，行襲又破之。洋州節度使葛佐奏辟爲行軍司馬，[3]請將兵鎮谷口，[4]通秦、蜀道，由是益知名。[5]李茂貞遣養子繼臻竊據金州，[6]行襲攻下之，因授金州防禦使。時興元楊守亮將襲京師，[7]道出金、商，[8]行襲逆擊，大破之。詔升金州爲節鎮，以戎昭軍爲額，即以行襲爲節度使。[9]

[1]長山：山名。位於今湖北丹江口市西南。

[2]襄：水名。指襄水，位於今湖北襄陽市。　漢：水名。指漢水。長江支流，即今漢江。源出今陝西西南部，在湖北武漢市匯入長江。　當襄漢入蜀路：中華書局本有校勘記：“‘入’字原闕，據《册府》卷八七九補。”《新唐書》卷一八六《劉巨容附馮行襲傳》：“帝在蜀，均之右有長山，當襄、漢貢道。”

[3]洋州：州名。治所在今陝西洋縣。此處代指武定軍。　葛佐：人名。籍貫不詳。唐末將領。事見本書本卷。　行軍司馬：官名。出征將領及節度使的屬官。掌軍籍符伍，號令印信，是藩鎮重

要的軍政官員。　洋州節度使葛佐奏辟爲行軍司馬：《新唐書·劉巨容附馮行襲傳》作："武定節度使楊守忠表爲行軍司馬。"

[4]谷口：地名。位於今陝西禮泉縣東北，因地當涇水出山谷處得名。

[5]"州西有長山"至"由是益知名"：亦見《宋本册府》卷八七九《總録部·計策門二》。

[6]繼臻：人名。即李繼臻。籍貫不詳。李茂貞養子。唐末將領。事見本書本卷、《通鑑》卷二五八。　金州：州名。治所在今陝西安康市。

[7]楊守亮：人名。曹州（今山東菏澤市）人。唐末軍閥。傳見《新唐書》卷一八六。

[8]商：州名。治所在今陝西商洛市商州區。

[9]"時興元楊守亮將襲京師"至"即以行襲爲節度使"：亦見《宋本册府》卷三六〇《將帥部·立功門一三》、卷三八六《將帥部·褒異門一二》，唯《册府》卷三六〇無"詔"字。《輯本舊史》之案語："《舊唐書·哀帝紀》：天祐二年，金州馮行襲奏，當道昭信軍額内一字與元帥全忠諱字同，乃賜號戎昭軍。是金州初賜軍額本名昭信，至哀帝時，避朱全忠祖諱，乃改稱戎昭也。《薛史》於金州初賜軍額即作戎昭，蓋仍《梁實録》之舊，未及考正。"見《舊唐書》卷二〇下《哀帝紀》天祐二年（905）十月丙戌條，按此處爲避諱全忠祖信，《會要》卷一追謚皇帝條有："憲祖昭武皇帝諱信，開平元年七月追尊昭武皇帝，廟號憲祖，葬光天陵。"《宋本册府》卷三六〇《牧守部·邪佞門》："馮行襲，哀帝時爲金州節度使，奏當道昭信軍額内一字與元帥梁王諱字同，乃賜號戎昭軍。"《通鑑》卷二五八大順二年（890）十二月甲辰條："初，李茂貞養子繼臻據金州，均州刺史馮行襲攻下之，詔以行襲爲昭信防禦使，治金州。"該條胡注："《方鎮表》：僖宗光啓元年，置昭信防禦於金州。《考異》曰：薛居正《五代史》：'行襲破楊守亮兵，詔升金州節鎮，以戎昭爲軍額，即以行襲爲節度使。'按《實録》，光化元

年正月，始以昭信防禦使馮行襲爲昭信節度使。《新·方鎮表》，光啓元年，升金商都防禦使爲節度使，是年，罷節度，置昭信軍防禦使，治金州。光化元年，始升昭信軍防禦使爲節度使；天祐二年，賜號戎昭軍。《薛史》誤也。”見《新唐書》卷六七《方鎮表四》。

及太祖義旗西征，行襲遣副使魯崇矩稟受制令。[1]會唐昭宗幸鳳翔，太祖帥師奉迎，久之未出。中尉韓全誨遣中官郄文晏等二十餘人分命矯詔，[2]欲徵江淮兵屯於金州，以脅太祖之軍，行襲定策盡殺之，收其詔敕送於太祖。天祐元年，兼領洋州節度使。太祖之伐荆襄，行襲令其子勗以舟師會於均、房，[3]預收復功，[4]遷匡國軍節度使。[5]到任，誅大吏張澄，[6]暴其罪，州人莫不惴慴。[7]在許三年，上供外，別進助軍羨糧二十萬石。及太祖郊禋，[8]行襲請入覲，貢獻巨萬，恩禮殊厚。[9]尋詔翰林學士杜曉撰德政碑以賜之，[10]累官至兼中書令，册拜司空。[11]開平中卒，[12]輟朝一日，[13]贈太傅，謚曰忠敬。

[1]魯崇矩：人名。籍貫不詳。唐末將領。本書僅此一見。　行襲遣副使魯崇矩稟受制令：《通鑑》卷二六二天復元年（901）十二月戊戌條後：“朱全忠之入關也，戎昭節度使馮行襲遣副使魯崇矩聽命於全忠。”

[2]中尉：官名。指神策軍中尉。唐德宗朝以後，左、右神策軍各置護軍中尉一人，由宦官充任，統領禁軍。　中官：即宦官。　郄文晏：人名。籍貫不詳。唐末宦官。本書僅此一見。

[3]勗：人名。即馮勗。均州（今湖北丹江口市）人。馮行襲長子。唐末將領。事見本書本卷。　房：州名。治所在今湖北

房縣。

［4］“太祖之伐荆襄”至“預收復功”：《輯本舊史》之案語：“《新唐書·昭宣帝紀》：二年五月，王建陷金州，戎昭軍節度使馮行襲奔於均州。六月，行襲克金州。《舊唐書·哀帝紀》：二年十二月，戎昭軍奏，收復金州，兵火之後，井邑殘破，請移理所於均州。從之，仍改爲武定軍。是行襲因金州嘗被陷，乃改治均州也。《薛史》不載。”見《新唐書》卷一〇《哀帝紀》天祐二年（905）五月、六月條，《舊唐書》卷二〇下《哀帝紀》天祐二年十二月壬寅條。《新唐書》卷一八六《劉巨容附馮行襲傳》：“天祐二年，王建遣將王思綰攻行襲，敗其兵，州大將金行全出降，行襲奔均州。全忠以行襲不足禦建，遣别將屯金州。行襲議徙戎昭軍於均州，以金、房爲隸。全忠以金人不樂行襲，以馮恭領州，罷防禦使而廢戎昭軍。”《通鑑》卷二六五天祐二年八月條：“王建遣前山南西道節度使王宗賀等將兵擊昭信節度使馮行襲於金州。”同年九月丙子條：“王宗賀等攻馮行襲，所向皆捷。丙子，行襲棄金州，奔均州；其將全師朗以城降。”同年十二月甲寅條後：“西川將王宗朗不能守金州，焚其城邑，奔成都。戎昭節度使馮行襲復取金州，奏請‘金州荒殘，乞徙理均州’，從之。更以行襲領武安軍。”

［5］匡國軍：方鎮名。後梁改忠武軍置。治所在許州（今河南許昌市）。　遷匡國軍節度使：《輯本舊史》之案語：“《舊唐書·哀帝紀》：三年四月（按：《舊唐書》實作五月）丙申，敕曰：天祐二年九月二十日，於金州置戎昭軍，割均、房二州爲屬郡。比因馮行襲叶贊元勳，克宣丕績，用獎濟師之效，遂行割地之權。今命帥得人，酬庸有秩，其戎昭軍額宜停，其均、房二州却還山南東道收管。據此則戎昭軍額廢于天祐三年，故行襲改鎮許州也。”見《舊唐書·哀帝紀》天祐三年五月丙申條。《通鑑》卷二六五天祐三年五月丙子條：“丙子，廢戎昭軍，并均、房隸忠義軍；以武定節度使馮行襲爲匡國節度使。”

［6］大吏：地方官。　張澄：人名。籍貫不詳。唐末官員。事

見本書本卷。

［7］“到任，誅大吏張澄”至“州人莫不惴慴”：亦見《宋本册府》卷六八九《牧守部·威嚴門》。

［8］郊禋（yīn）：指祭天之禮（郊天）。

［9］恩禮殊厚：《輯本舊史》之影庫本粘籤：“殊厚，原本作‘殊學’，今據文改正。”

［10］翰林學士：官名。由南北朝始設之學士發展而來，唐玄宗改翰林供奉爲翰林學士，備顧問、代王言。掌拜免將相、號令征伐等詔令的起草。　杜曉：人名。京兆杜陵（今陝西西安市）人。祖、父皆爲唐宰相。傳見本書卷一八、《新五代史》卷三五。　德政碑：表彰官吏政績的碑刻。　尋詔翰林學士杜曉撰德政碑以賜之：《宋本册府》卷八二〇《總録部·立祠門》：“梁馮行襲爲許州節度使。開平二年，本州官吏百姓詣四方館進狀，請與行襲立德政碑，太祖允之。”

［11］累官至兼中書令，册拜司空：《宋本册府》卷一九六《閏位部·封建門》：開平二年（908）五月，“許州節度使馮行襲封長樂王”。

［12］開平中卒：《通鑑》卷二六七開平四年六月庚戌、庚辰、甲申條：“匡國節度使長樂忠敬王馮行襲疾篤，表請代者。許州牙兵二千，皆秦宗權餘黨，帝深以爲憂。六月，庚戌，命崇政院直學士李珽馳往視行襲病，曰：‘善諭朕意，勿使亂我近鎮。’珽至許州，謂將吏曰：‘天子握百萬兵，去此數舍；馮公忠純，勿使上有所疑。汝曹赤心奉國，何憂不富貴！’由是衆莫敢異議。行襲欲使人代受詔，珽曰：‘東首加朝服，禮也。’乃即卧内宣詔，謂行襲曰：‘公善自輔養，勿視事，此子孫之福也。’行襲泣謝，遂解兩使印授珽，使代掌軍府。帝聞之曰：‘予固知珽能辦事，馮族亦不亡矣。’庚辰，行襲卒。甲申，以李珽權知匡國留後，悉以行襲兵分隸諸校，冒馮姓者皆還宗。”

［13］輟朝：又稱廢朝。古代帝王遇親喪或文武大臣病故，停止

視朝數日，以示哀悼。

行襲性嚴烈，爲政深刻，然所至有天幸，境内嘗大蝗，尋有群烏啄食，不爲害；民或艱食，必有穭穀，[1]出於壟畝。雖威福在己，而恒竭力以奉於王室，故能保其功名。行襲魁岸雄壯，面有青誌，當時目爲“馮青面”。[2]

[1]穭（lǚ）穀：野生稻穀。《輯本舊史》之影庫本粘籤：“穭穀，原本作‘魯穀’，據《廣韻》云：穭，禾自生也。今改正。”

[2]面有青誌，當時目爲“馮青面”：亦見《宋本册府》卷八三五《總録部·醜陋門》。

長子勗，歷蘄、沁二州刺史。[1]次子德晏，仕至金吾將軍。《永樂大典》卷四百三。[2]

[1]蘄：州名。治所在今湖北蘄春縣。

[2]《大典》卷四〇三“馮”字韻“姓氏（六）”事目。

孫德昭

孫德昭，鹽州五原縣人，[1]世爲州校。父惟晸，[2]有功於唐朝，遥領荆南節度，[3]分判右神策軍事。[4]德昭藉父蔭，累職爲右神策軍都指揮使。[5]光化三年，唐昭宗爲閹官所廢，矯立德王，[6]時中外以權在禁闈，[7]莫能致討，近藩朋附，章表繼有至者。丞相崔胤，[8]外與太祖申結輔佐之好，内遣心腹密購忠義。有以事諭德昭者，[9]德昭感慨，乃與本軍孫承誨、董從實三人，[10]奮發應命，誓圖返正，崔又割衣手筆以通其志。[11]天復元年正月一日未旦，[12]逆豎左軍容劉季述早入，[13]德昭伏甲要路以俟，逗其前驅，[14]邀其輿而斬之，[15]孫承誨等分捕右軍容王仲先黨伍。[16]唐昭宗方幽辱東内，[17]聞外喧，大恐。德昭馳至，扣閤曰："逆賊劉季述伏誅矣，請上皇開鑰復皇帝位。"皇后何氏呼曰：[18]"汝可進逆人首，門乃可開。"俄而承誨、從實俱以馘獻，昭宗悲而嘉之。[19]於是丞相崔胤奉迎御丹鳳樓，[20]率百辟待罪，[21]泣且奏曰："臣居大位，不能討姦，賴東平王全忠首奮忠貞，[22]誅殺邸吏，遂致德昭等擒戮妖逆，再清禁闈。"[23]即日議功，以德昭爲檢校太保、静海軍節度使，[24]承誨邕州節度使，[25]從實容州節度使，[26]並同平章事，錫姓李，賜號扶傾濟難忠烈功臣，圖形凌煙閣，[27]俱留京師。[28]錫賚宴賞之厚，恩寵權倖之勢，近代罕比。[29]

[1]鹽州：州名。治所在今陝西定邊縣。　五原：縣名。治所在今陝西定邊縣。

[2]惟晟：《舊五代史考異》："案：《歐陽史》作'惟勗'，考《新唐書》亦作'惟晟'，今仍其舊。"見《新五代史》卷四三《孫德昭傳》，似作"惟最"。《舊唐書》卷二〇上《昭宗紀》、卷四六《經籍志上》，《宋本册府》卷一七八《帝王部·姑息門三》，《新唐書》卷五七《藝文志一》，《通鑑》卷二五九，俱作"惟晟"。

[3]遥領：雖居此官職，然實際上並不赴任。　荆南：方鎮名。

治所在荆州（今湖北荆州市）。

［4］判右神策軍事：官名。右神策軍長官。　“父惟晸”至“分判右神策軍事”：《舊唐書·昭宗紀》景福二年（893）三月庚子條：制以“宣威都頭孫惟晸爲江陵尹、荆南節度使，並加特進、同平章事”。《新唐書·藝文志一》：“昭宗播遷，京城制置使孫惟晸斂書本軍，寓教坊於祕閣。”《通鑑》卷二五九景福二年閏五月條：以“宣威都頭孫惟晸爲荆南節度使”。

［5］右神策軍都指揮使：官名。唐朝右神策軍統兵將領。《宋本册府》卷六二七《環衛部·忠節門》同。《輯本舊史》之案語：“《通鑑》：德昭由雄毅軍使爲左神策指揮使。”見《通鑑》卷二六二光化三年十二月條。《新唐書》卷一〇《昭宗紀》天復元年正月乙酉條作“左神策軍將孫德昭”。《新五代史·孫德昭傳》作“神策軍指揮使”。

［6］德王：即李裕。唐昭宗太子。劉季述軟禁唐昭宗，擁李裕爲帝。昭宗復位後，李裕復降爲德王。傳見《新唐書》卷八二。

［7］禁闥：《宋本册府》卷六二七《環衛部·忠節門》作“禁闈”。

［8］崔胤：人名。清河武城（今山東武城縣）人。唐末宰相。傳見《舊唐書》卷一七七、《新唐書》卷二二三下。

［9］有以事諭德昭者：《輯本舊史》之案語：“《通鑑》云：德昭常憤惋不平，崔胤聞之，遣判官石戩與之遊。德昭每酒酣必泣，戩知其誠，乃密以胤意説之。”見《通鑑》卷二六二光化三年（900）十二月條。

［10］孫承誨：人名。一作“周承誨”。籍貫不詳。唐末將領。助宰相崔胤奉唐昭宗復位，以功拜使相。事見本書本卷、《通鑑》卷二六二。　董從實：人名。又名董彦弼。籍貫不詳。唐末將領。助宰相崔胤奉唐昭宗復位，以功拜使相。事見本書本卷、《通鑑》卷二六二。　三人：《宋本册府》卷六二七《環衛部·忠節門》同《輯本舊史》作“三人”，明本《册府》作“二人”。　乃與本軍孫

承誨董從實三人：《輯本舊史》之案語："新、舊《唐書》俱作周承誨、董彦弼，據《薛史》則承誨自姓孫，彦弼乃從實後改之名也。《通鑑》從《唐書》，《歐陽史》從《薛史》。"《舊唐書·昭宗紀》光化三年十二月癸未條、《新唐書·昭宗紀》天復元年（901）正月乙酉條、《通鑑》卷二六二光化三年十二月條作周承誨、董彦弼。《新五代史·孫德昭傳》作孫承誨、董從實。《新唐書》卷二〇八《劉季述傳》作董從實。

[11]崔又割衣手筆以通其志：《新唐書·劉季述傳》作"割帶内蜜丸通意"。

[12]天復元年正月一日未旦：《舊唐書·昭宗紀》、《舊唐書》卷一七七《崔胤傳》作光化三年十二月晦癸未。《舊唐書·昭宗紀》作天復元年正月甲申朔。《宋本册府》卷一八七《閏位部·勳業門五》、《通鑑》卷二六二作天復元年正月乙酉朔。《新五代史·孫德昭傳》《新唐書·劉季述傳》作天復元年正月朔未旦。《新唐書·昭宗紀》作天復元年正月乙酉。

[13]左軍容：官名。即左神策觀軍容使。左神策軍監軍。　劉季述：人名。籍貫不詳。唐末宦官。顯於唐僖宗、唐昭宗時期，累遷至樞密使。傳見《新唐書》卷二〇八。

[14]逗其前驅：中華書局本有校勘記："'逗'，原作'追'，據《册府》卷六二七改。"

[15]邀其輿而斬之："其輿"二字原闕，據《宋本册府》卷六二七《環衛部·忠節門》、《新五代史·孫德昭傳》補。

[16]右軍容：官名。即右神策觀軍容使。右神策軍監軍。　王仲先：人名。籍貫不詳。唐末宦官。事見《舊唐書》卷二〇上。

[17]東内：大明宫别稱。

[18]皇后何氏：即唐昭宗皇后何氏。梓州（今四川三臺縣）人。唐哀帝李柷之母。被朱温所殺。傳見《舊唐書》卷五二、《新唐書》卷七七。

[19]"逆豎左軍容劉季述早入"至"昭宗悲而嘉之"：《舊唐

書·昭宗紀》光化三年十二月癸未條："癸未夜，護駕鹽州都將孫德昭、周承誨、董彦弼以兵攻劉季述、王仲先，殺仲先，攜其首詣東宫門，呼曰：'逆賊王仲先已斬首訖，請陛下出宫慰諭兵士。'宫人破鑰，帝與皇后方得出。"同卷天復元年正月甲申條："天復元年春正月甲申朔，昭宗反正，登長樂門樓，受朝賀。班未退，孫德昭執劉季述至樓前，上方詰責，已爲亂棒擊死，乃尸之於市。"《舊唐書·崔胤傳》：光化三年，"十二月晦，德昭伏兵誅季述"。《宋本册府》卷五六九《掌禮部·作樂門五》："光化四年，正月，宴於保寧殿，帝自制曲，名曰《讚成功》。"注曰："時中官劉季述幽帝於西内，監州雄毅軍使孫德昭等殺季述，昭宗反正，乃製曲以褒之。又作《樊噲排難》戲以樂焉。"《新五代史》卷一《梁太祖紀上》天復元年正月條："唐宦者劉季述作亂，天子幽于東宫。天復元年正月，護駕都頭孫德昭誅季述，天子復位。"《新五代史·孫德昭傳》："天復元年正月朔，未旦，季述將朝，德昭伏甲士道旁，邀其輿斬之，承誨等分索餘黨皆盡。昭宗聞外諠譁，大恐。德昭馳至，扣門曰：'季述誅矣，皇帝當反正！'何皇后呼曰：'汝可進逆首！'德昭擲其首入。已而承誨等悉取餘黨首以獻，昭宗信之。"

[20]丹鳳樓：樓名。唐長安大明宫丹鳳門門樓，位於今陝西西安市。

[21]百辟：百官。

[22]全忠：人名。即後梁太祖朱全忠（朱温）。曾被封爲東平王。

[23]"於是丞相崔胤奉迎御丹鳳樓"至"再清禁闈"：《新唐書·劉季述傳》："（昭宗）出御長樂門，群臣稱賀。承誨馳入左軍，執季述、彦範至樓前，胤先戒京兆尹鄭元規集萬人持大梃，帝詰季述未已，萬梃皆進，二人同死梃下，遂尸之。兩軍支黨死者數十人。"《通鑑》卷二六二天復元年正月乙酉條："崔胤迎上御長樂門樓，帥百官稱賀。周承誨擒劉季述、王彦範繼至，方詰責，已爲亂梃所斃。"

［24］檢校太保：官名。爲散官或加官，以示恩寵，無實際執掌。　静海軍：方鎮名。治所在今江蘇南通市。

［25］邕州：州名。治所在今廣西南寧市。

［26］容州：州名。治所在今廣西北流市。

［27］凌煙閣：樓名。唐太宗爲表彰功臣所建樓閣，位於今陝西西安市。

［28］“即日議功”至“俱留京師”：《舊唐書·昭宗紀》天復元年正月乙酉、庚寅條：“乙酉，制以孫德昭檢校司空，充静海軍節度使。……庚寅，制以孫德昭爲安南節度、檢校太保。以周承誨爲邕州刺史、邕管節度經略使，以董彦弼爲容州刺史、容管節度等使，並檢校太保、同平章事。”《新唐書·劉季述傳》：“以德昭檢校太保、静海軍節度使，從實檢校司徒、容管節度使，並同中書門下平章事，賜氏李，曰繼昭，曰彦弼。承誨亦檢校司徒、邕管節度使，視宰相秩。皆號‘扶傾濟難忠烈功臣’，圖形凌煙閣，留宿衛凡十日乃休，竭内庫珍寶賜之。當時號‘三使相’，人臣無比。”《通鑑》卷二六二天復元年正月丙戌、庚寅條：“丙戌，以孫德昭同平章事，充静海節度使，賜姓名李繼昭。……庚寅，以周承誨爲嶺南西道節度使，賜姓名李繼誨，董彦弼爲寧遠節度，賜姓李，並同平章事；與李繼昭俱留宿衛，十日乃出還家，賞賜傾府庫，時人謂之‘三使相’。”

［29］“錫賚宴賞之厚”至“近代罕比”：《新唐書》卷一八三《韓偓傳》：“初，李繼昭等以功皆進同中書門下平章事，時謂‘三使相’，後稍稍更附韓全誨、周敬容，皆忌胤。……李彦弼見帝倨甚，帝不平，偓請逐之，赦其黨許自新，則狂謀自破，帝不用。彦弼譖偓及涣漏禁省語，不可與圖政，帝怒曰：‘卿有官屬，日夕議事，奈何不欲我見學士邪？’繼昭等飲殿中自如，帝怒，偓曰：‘三使相有功，不如厚與金帛官爵，毋使豫政事。今宰相不得顓决事，繼昭輩所奏必聽。它日遽改，則人人生怨。初以衛兵檢中人，今敕使、衛兵爲一，臣竊寒心，願詔茂貞還其衛軍。不然，兩鎮兵鬬闕

下，朝廷危矣。’”同書卷二〇八《韓全誨張彦弘傳》：劉季述之誅，崔胤請以己主神策左軍，陸扆以扆主右，“昭宗意不决。李茂貞語人曰：‘崔胤奪軍權未及手，志滅藩鎮矣。’帝聞，召李繼昭等問以胤所請奈何，對曰：‘臣世世在軍，不聞書生主衛兵。且罪人已得，持軍還北司便。’帝謂胤曰：‘議者不同，勿庸主軍。’乃以全誨爲左神策中尉，彦弘爲右，皆拜驃騎大將軍，袁易簡、周敬容爲樞密使。”事亦見《通鑑》卷二六二天復元年正月丙午條後。

其年十一月，[1]閹官韓全誨縱火脅昭宗西幸鳳翔，承誨、從實並變節，爲中官所誘，始欲驅擁百僚，將圖出令。而德昭獨按兵，與太祖親吏婁敬思叶力衛丞相及文武百官，[2]與長安吏民保於街東，免爲所劫。[3]太祖遣從事相繼勞問，遺以龍鳳劍、鬭雞紗，委令制輯。於是百官次華州，連狀請太祖迎奉。及大旆入關，德昭以軍禮上謁，立道左，太祖命左右扶騎控至長安，賜與甚厚，署權知同州節度留後。將赴任，復徇民請，留充兩街制置使，[4]賜錢百萬。德昭以本部兵八千人獻于太祖，[5]由是愈見賞重，又賜甲第一區，俾先還洛陽。及昭宗東遷，奏授左威衛上將軍，[6]以疾免，歸於别墅。太祖受禪，以左領衛上將軍徵赴闕。開平四年，拜左金吾大將軍，充街使。[7]末帝即位，[8]俾將命于兩浙，[9]對見失儀，不果行。尋改授右武衛上將軍，俄復左金吾大將軍。卒於官。詔贈太傅，輟視朝一日。

[1]其年十一月：《新五代史》卷四三《孫德昭傳》作十月，《新唐書》卷二〇八《韓全誨張彦弘傳》、《通鑑》卷二六二均作天

復元年（901）十一月壬子。

［2］婁敬思：人名。籍貫不詳。朱溫部將。事見《新唐書》卷一六七、《通鑑》卷二六三。

［3］“而德昭獨按兵”至“免爲所劫”：《通鑑》卷二六二天復元年十一月庚戌條：“韓全誨等以李繼昭不與之同，遏絶不令見上。時崔胤居第在開化坊，繼昭帥所部六十餘人及關東諸道兵在京師者共守衛之；百官及士民避亂者，皆往依之。”

［4］制置使：官名。唐後期臨時差遣官，爲地方用兵時控制該地秩序而設。

［5］“署權知同州節度留後”至“德昭以本部兵八千人獻于太祖”：《通鑑》卷二六二繫於天復元年十一月癸亥條。

［6］左威衛上將軍：官名。唐置十六衛之一，掌宫禁宿衛。從二品。

［7］街使：官名。掌巡查京城六街。

［8］末帝：即後梁末帝朱友貞。後梁太祖朱溫之子。913 年至 923 年在位。紀見本書卷八至卷一〇、《新五代史》卷三。

［9］兩浙：地區名。浙東、浙西的合稱。泛指今浙江全省及江蘇南部一角。

天復初，德昭與孫承誨、董從實以返正功，時人呼爲“三使相”，恩澤俱冠世。及承誨至鳳翔，易名繼誨，從實改名彦弼，皆爲李茂貞所養，後閹官之敗，俱戮于京師。唯德昭克全終始，有所稱云。《永樂大典》卷一萬八千一百二十六。[1]

［1］《大典》卷一八一二六“將”字韻“五代後梁將（一）”事目。

趙克裕

趙克裕，河陽人也。祖、父皆爲軍吏。克裕少爲牙將，好讀書，謹儀範，牧伯皆奇待之。[1]累居右職，[2]擢爲虎牢關使。[3]光啓中，蔡寇陷河陽，[4]克裕率所部歸於太祖，隸于宣義軍。[5]太祖東征徐、鄆，[6]克裕屢受指顧，無不如意。數年之内，繼領亳、鄭二州刺史。[7]時關東藩鎮方爲蔡寇所毒，黎元流散，不能相保，克裕妙有農戰之備，復善於綏懷，民賴而獲安者衆。太祖表爲河陽節度使、檢校右僕射，尋移理許田，[8]入爲金吾衛大將軍、檢校司空。及太祖爲元帥，[9]以克裕爲元帥府左都押衙，[10]復統六軍。[11]兖州平，[12]命權知泰寧軍留後。[13]數月，暴疾而卒。開平初，追贈太保。《永樂大典》卷一萬八千一百二十六。[14]

[1]牧伯：州郡長官。

[2]右職：要職。

[3]虎牢關使：官名。主管虎牢關防衛。虎牢關，關隘名。位於今河南滎陽市汜水鎮。

[4]光啓中蔡寇陷河陽：《通鑑》卷二五六繫於光啓二年(886)十二月甲寅條。

[5]宣義軍：方鎮名。治所在滑州（今河南滑縣)。

[6]鄆：州名。治所在今山東東平縣。

[7]亳：州名。治所在今安徽亳州市。　鄭：州名。治所在今河南鄭州市。

[8]許田：地名。指許州。治所在今河南許昌市。　太祖表爲河陽節度使、檢校右僕射，尋移理許田：《輯本舊史》之案語：

"《新唐書·本紀》：景福元年正月己未，朱全忠陷孟州，逐河陽節度使趙克裕。據《通鑑》則克裕之移鎮，因梁祖欲以張全義領河陽也。《新唐書》所紀，疑非事實。"全忠陷孟州，逐趙克裕，《新唐書》卷一〇《昭宗紀》繫於景福元年（892）正月己未；《通鑑》卷二五九則繫於二月甲申條後。《輯本舊史》卷二五《唐武皇紀上》大順二年（891）八月條："大蒐於晋陽，遂南巡澤潞，略地懷孟，河陽趙克裕望風送款，請修鄰好。"亦見《宋本册府》卷七《帝王部·創業門三》。克裕遭貶逐，或因此事。

[9]及太祖爲元帥：《通鑑》卷二六四繫於天復三年（903）四月己卯。

[10]左都押衙：官名。"押衙"即"押牙"。唐、五代時期節度使辟署的屬官，有稱左、右都押衙或都押衙者。掌領方鎮儀仗侍衛、統率軍隊。參見劉安志《唐五代押牙（衙）考略》，武漢大學歷史系魏晋南北朝隋唐史研究室編《魏晋南北朝隋唐史資料》第16輯，武漢大學出版社1998年版。

[11]六軍：唐置六軍，分左、右羽林，左、右龍武，左、右神武，即"北衙六軍"。

[12]兖州平：事在天復三年十月丁丑，從《新唐書》卷一〇《昭宗紀》及《通鑑》卷二六四。《通鑑》卷二六四《考異》考證較詳。

[13]泰寧軍：方鎮名。治所在兖州（今山東濟寧市兖州區）。

[14]《大典》卷一八一二六"將"字韻"五代後梁將（一）"事目。

張慎思

張慎思，清河人。[1]自黄巢軍來歸，累授軍職，歷諸軍都指揮使。[2]從平巢、蔡、兖、鄆，皆著軍功，[3]表授檢校工部尚書兼宋州長史。[4]光化中，加檢校右僕射，權知亳州。天復三年，昭宗還長安，以從太祖迎駕功，賜號迎鑾毅勇功臣，尋除汝州防禦使。天祐元年，授左龍武統軍。[5]其冬，除許州匡國軍節度使。明年十一月，[6]權知徐州武寧軍兩使留後。[7]太祖受禪，入爲左金吾大將軍。開平二年，除宋州刺史，未幾，復拜左金吾大將軍。三年冬，除蔡州刺史，[8]以貪貨大失民情，詔追赴闕。未幾，扈從北征還，[9]以疾卧洛陽之私第。馭家不肅，爲其子所弑。《永樂大典》卷六千三百五十。[10]

[1]清河：縣名。治所在今河北清河縣。

[2]都指揮使：官名。唐末、五代軍隊多置都指揮使、指揮使，爲統兵將領。

[3]皆著軍功："軍"字原闕，據《宋本册府》卷三六〇《將帥部·立功門一三》補。

[4]長史：官名。州府屬官。協助處理州府公務。正四品上至正六品上。

[5]左龍武統軍：官名。唐興元元年（784），六軍各置統軍，以寵勳臣。其品秩，《唐會要》卷七一、《舊唐書》卷一二記載爲從二品，《通鑑》卷二二九記載爲從三品。

[6]明年十一月：《舊唐書》卷二〇下《哀帝紀》繫此事於天祐二年（905）十一月辛巳。

[7]徐州武寧軍：方鎮名。治所在徐州（今江蘇徐州市）。

[8]除蔡州刺史：《輯本舊史》之影庫本粘籤："蔡州，原本作'孽州'，今據《通鑑》改正。"《通鑑》追述此事於卷二六七乾化元年（911）二月甲子條。明本《册府》卷二一四《閏位部·權略門》："開平五年二月，以蔡州順化軍指揮使王存儼權知軍州事。蔡

人士習叛逆，刺史張慎思又裒斂無狀，帝追慎思至京，而久未命代。右厢指揮使劉行琮乘虚作亂，因縱火驅擁，爲度淮計。存儼誅行琮，而撫遏其衆，都將鄭遵與其下奉存儼爲主，而以衆情馳奏。時東京留守博王友文不先請，遂討其亂，兵至鄢陵，上聞之，曰：‘誅行琮，功也。然存儼方懼，若臨之以兵，蔡必速飛矣。’遂馳使還軍，而擢授存儼，蔡人安之。”亦見《通鑑》卷二六七乾化元年二月條，開平五年與乾化元年爲同一年。

[9]扈從北征還：在乾化元年十一月及乾化二年四月，見《新五代史》卷二《梁太祖紀下》、《通鑑》卷二六八。

[10]《大典》卷六三五〇“張”字韻“姓氏（二〇）”事目。

史臣曰：韓建遇唐朝之衰運，據潼關之要地，不能藩屏王室，翻務斵喪宗枝，雖有皐俗之能，何補不臣之咎。罕之負驍雄之氣，蓄嚮背之謀，武皇比之吕布，[1]斯知人矣。行襲勵納忠之節，德昭立反正之功，俱善其終，固其宜矣。克裕而下，無譏可也。《永樂大典》卷六千三百五十。[2]

[1]吕布：人名。五原九原（今内蒙古包頭市西北）人。東漢末將領。傳見《後漢書》卷七五。

[2]《大典》卷六三五〇“張”字韻“姓氏（二〇）”事目。

舊五代史　卷一六

梁書十六

列傳第六

葛從周

葛從周，字通美，濮州鄄城人也。[1]曾祖阮，祖遇賢，父簡，累贈兵部尚書。[2]從周少豁達，有智略，初入黄巢軍，[3]漸至軍校。唐中和四年三月，[4]太祖大破巢軍於王滿渡，[5]從周與霍存、張歸霸昆弟相率來降。[6]七月，從太祖屯兵於西華，[7]破蔡賊王夏寨。[8]太祖臨陣馬踣，[9]賊衆來追甚急，從周扶太祖上馬，與賊軍格鬬，傷面，矢中於肱，身被數槍，奮命以衛太祖。賴張延壽迴馬轉鬬，[10]從周與太祖俱免，退軍溵水。[11]諸將並削職，唯擢從周、延壽爲大校。其從入長葛、靈井，[12]大敗蔡賊，至斤溝、淝河，[13]殺鐵林三千人，[14]獲九寨都虞候王涓。[15]

[1]濮州：州名。治鄄城縣。　鄄城：縣名。治所在今山東鄄城縣。　葛從周，字通美，濮州鄄城人也：《全唐文》卷八三八《贈太尉葛從周神道碑》："公諱從周，字通美，其先濮州鄄縣秦邱里人也。"《舊五代史考異》："案：《玉堂閒話》作葛周。"見《玉堂閒話》卷二葛周條、卷三葛氏婦條。《九國志》卷一《侯瓚傳》亦作"葛從周"。

[2]兵部尚書：官名。尚書省兵部主官。掌兵衛、武選、車輦、甲械、厩牧之政令。正三品。

[3]黄巢：人名。曹州冤句（今山東菏澤市）人。唐末農民起義領袖。傳見《舊唐書》卷二〇〇下、《新唐書》卷二二五下。

[4]中和：唐僖宗李儇年號（881—885）。

[5]巢軍：明本《册府》卷三四六《將帥部·佐命門七》作"黄巢"。　王滿渡：地名。汴河渡口。位於今河南中牟縣。

[6]霍存：人名。洺州曲周（今河北曲周縣東北）人。唐末、五代將領。傳見本書卷二一、《新五代史》卷二一。　張歸霸：人名。清河（今河北清河縣）人。唐末、五代將領。傳見本書本卷、《新五代史》卷二二。　"唐中和四年三月"至"從周與霍存、張歸霸昆弟相率來降"：從周等歸降朱全忠，《舊唐書》卷一九下《僖宗紀》繫於中和四年（884）五月戊辰條，同書卷二〇〇下《黄巢傳》繫於中和四年五月；《輯本舊史》卷一六《葛從周傳》繫於中和四年三月，《宋本册府》卷一八七《閏位部·勳業門五》繫於中和四年四月丁巳條，《新唐書》卷二二五下《黄巢傳》繫於中和四年五月，《通鑑》卷二五五中和四年五月戊辰條。

[7]西華：縣名。治所在今河南西華縣。

[8]蔡：州名。治所在今河南汝南縣。此處指蔡州秦宗權勢力。王夏寨：《舊五代史考異》："案：原本作'五夏'，今據《通鑑》改正。"檢《通鑑》卷二五六中和四年七月諸條，未見王夏寨；明本《册府》卷三四六作"王夏寨"。

[9]踣（bó）：跌倒。

[10]張延壽：人名。籍貫不詳。唐末將領。事見本書本卷、《新五代史》卷二一。

[11]溵水：水名。自汝水別出，東北流經今西華、商水二縣，至周口市西北入潁水（今沙河）。

[12]長葛：縣名。治所在今河南長葛縣老城鎮。　靈井：地名。位於今河南許昌市建安區靈井鎮。　其從入長葛、靈井：中華書局本有校勘記："'從'，殿本、劉本、《册府》卷三四六作'後'。"見明本《册府》卷三四六。

[13]斤溝：地名。位於今安徽太和縣斤溝鎮。　淝河：水名。今安徽北部之北淝河。

[14]鐵林：部隊番號。

[15]都虞候：官名。唐、五代方鎮高級軍官。　王涓：人名。唐末將領。籍貫不詳。事見本書本卷、《新五代史》卷二一。

太祖遣郭言募兵於陜州，[1]有黄花子賊據於温谷，[2]從周擊破之。又破秦賢之衆於滎陽，[3]尋佐朱珍收兵於淄、青間。[4]時兗州齊克讓軍於任城，[5]從周敗之，[6]擒其將吕全真。[7]淄人不受制，復與之戰，獲其驍將鞏約。[8]會青州以步騎萬餘人列三寨于金嶺，[9]以阨要害，從周與朱珍大殲其衆，[10]擄其將楊昭範五人而還。[11]至大梁，[12]不解甲，徑至板橋擊蔡賊，[13]破盧瑭寨；[14]瑭自溺而死，又於赤堈殺蔡軍二萬餘人。[15]從討謝殷於亳州，[16]擒之。迴襲曹州，[17]擄刺史丘弘禮以歸。[18]與兗、鄆軍遇於臨濮之劉橋，[19]殺數萬人，朱瑄、朱瑾僅以身免，[20]擒都將鄒務卿已下五十人。[21]從太祖至范縣，[22]復與朱瑄戰，擄尹萬榮等三人，[23]遂平濮州。未幾，與朱珍擊蔡賊於陳、亳間，[24]獲都將石璠。[25]

［1］郭言：人名。太原（今山西太原市）人。唐末將領。傳見本書卷二一。　陝州：州名。治所在今河南三門峽市陝州區。

［2］黄花子：人名。籍貫不詳。事見本書本卷。　温谷：地名。位於今河南盧氏縣南。

［3］秦賢：人名。籍貫不詳。秦宗權部將。事見《新五代史》卷二一。　滎陽：縣名。治所在今河南滎陽市。

［4］朱珍：人名。徐州豐（今江蘇豐縣）人。朱温部將。傳見本書卷一九、《新五代史》卷二一。　淄：州名。治所在今山東淄博市。　青：州名。治所在今山東青州市。

［5］兖州：州名。治所在今山東濟寧市兖州區。此處代指泰寧軍。　齊克讓：人名。籍貫不詳。唐末將領。事見《通鑑》卷二五三、卷二五四、卷二五六。　任城：縣名。治所在今山東濟寧市。

［6］敗：明本《册府》卷三四六《將帥部·佐命門七》作“破”。

［7］吕全真：人名。籍貫不詳。唐末將領。事見本書本卷。

［8］鞏約：人名。籍貫不詳。唐末將領。事見本書本卷。

［9］金嶺：地名。位於今山東招遠市金嶺鎮。

［10］從周與朱珍大殲其衆：“朱珍”下明本《册府》卷三四六有“戰”字。

［11］楊昭範：人名。籍貫不詳。唐末將領。事見本書本卷。

［12］大梁：地名。即開封。位於今河南開封市。　至大梁：明本《册府》卷三四六作“至太原”。

［13］板橋：地名。位於河南開封城南。

［14］盧瑭：人名。籍貫不詳。秦宗權部將。事見《新五代史》卷二一。

［15］赤堈：地名。今名霍赤岡。位於今河南開封市東北。《輯本舊史》之影庫本粘籤：“赤堈，《通鑑》作赤岡，考《薛史》前後皆作‘堈’，今仍其舊。”明本《册府》卷三四六亦作“赤岡”。

［16］謝殷：人名。籍貫不詳。唐末將領。事見《新唐書》卷

九、《通鑑》卷二五七。　亳州：州名。治所在今安徽亳州市。

[17]曹州：州名。治所在今山東曹縣西北。

[18]刺史：官名。漢武帝始置。州一級行政長官，總掌考核官吏、勸課農桑、地方教化等事。唐中期以後，節度、觀察使轄州而設，刺史爲其屬官，職任漸輕。從三品至正四品下。　丘弘禮：人名。籍貫不詳。事見本書本卷、卷一，《通鑑》卷二五七。　迴襲曹州，擄刺史丘弘禮以歸：《通鑑》卷二五七光啓三年（887）八月壬子條："全忠遣其將朱珍、葛從周襲曹州，壬子，拔之，殺刺史丘弘禮。"

[19]鄆：州名。治所在今山東東平縣。　臨濮：縣名。治所在今山東鄄城縣。　劉橋：橋名。位於今山東鄄城縣西南。　與兖、鄆軍遇於臨濮之劉橋：句下明本《册府》卷三四六有"間"字。《通鑑》卷二五七光啓三年八月壬子條："又攻濮州，與兖、鄆兵戰於劉橋，殺數萬人，朱瑄、朱瑾僅以身免。"

[20]朱瑄：人名。一作朱宣。宋州下邑（今河南夏邑縣）人。唐末、五代軍閥。傳見《舊唐書》卷一八二、《新唐書》卷一八八、本書卷一三、《新五代史》卷四二。　朱瑾：人名。宋州下邑（今河南夏邑縣）人。唐末、五代軍閥。傳見《新五代史》卷四二。

[21]都將：官名。唐、五代時節度使屬將。　鄒務卿：人名。籍貫不詳。唐末將領。事見本書本卷。　五十：明本《册府》卷三四六作"五千"。

[22]范縣：縣名。治所在今河南范縣。

[23]尹萬榮：人名。籍貫不詳。唐末將領。事見本書本卷。

[24]陳：州名。治所在今河南淮陽縣。

[25]石璠：人名。籍貫不詳。唐末將領。事見本書卷二一。"未幾"至"獲都將石璠"：《通鑑》卷二五七文德元年（888）正月癸亥條："蔡將石璠將萬餘人寇陳、亳，朱全忠遣朱珍、葛從周將數千騎擊擒之。"

文德元年，[1]魏博軍亂，[2]樂從訓來告急，[3]從太祖渡河，拔黎陽、李固、臨河等鎮，[4]至内黄，[5]破魏軍萬餘衆，獲其將周儒等十人。[6]李罕之引并人圍張全義於河陽，[7]從周與丁會、張存敬、牛存節率兵赴援，[8]大破并軍，殺蕃漢二萬人，解河陽之圍，以功表授檢校工部尚書。[9]從朱珍討徐州，[10]拔豐縣，[11]敗時溥於吴康，[12]得其輜重，加檢校刑部尚書。佐龐師古討孫儒於淮南，[13]略地至廬、壽、滁等州，[14]下天長、高郵，[15]破邵伯堰。[16]回軍攻濠州，[17]殺刺史魏勳，[18]得餉船十艘。

[1]文德：唐僖宗李儇年號（888）。

[2]魏博：方鎮名。治所在魏州貴鄉縣（今河北大名縣）。

[3]樂從訓：人名。樂彦禎之子，唐末軍閥。傳見《舊唐書》卷一八一、《新唐書》卷二一〇。

[4]黎陽：縣名。治所在今河南浚縣。　李固：地名。位於今河北魏縣。　臨河：縣名。治所在今河南浚縣東北。

[5]内黄：縣名。治所在今河南内黄縣。

[6]周儒：人名。籍貫不詳。唐末、五代將領。事見本書本卷。“文德元年”至“獲其將周儒等十人”：《輯本舊史》之孔本案語：“《梁祖本紀》作帝遣朱珍領大軍渡河，此《傳》作從周從太祖濟河，與《本紀》異。”見《輯本舊史》卷一《梁太祖紀一》文德元年（888）四月戊辰條，該條引自《宋本册府》卷一八七《閏位部・勳業門五》。明本《册府》卷七《帝王部・創業門三》文德二年正月條：“是月，魏博爲汴將葛從周所寇，節度使羅弘信遣使來求援，帝出師以赴之。”《通鑑》卷二五七文德元年三月壬寅條後：“朱全忠裹糧於宋州，將攻秦宗權；會樂從訓來告急，乃移軍屯滑州，遣都押牙李唐賓等將步騎三萬攻蔡州，遣都指揮使朱珍等分兵

救樂從訓。自白馬濟河，下黎陽、臨河、李固三鎮；進至内黄，敗魏軍萬餘人，獲其將周儒等十人。”

[7]李罕之：人名。陳州項城（今河南沈丘縣）人。唐末軍閥，後依附於諸葛爽。傳見《新唐書》卷一八七、本書卷一五、《新五代史》卷四二。　并：州名。治所在今山西太原市。并人指河東李克用軍。　張全義：人名。濮州臨濮（今山東鄄城縣）人。唐末、後梁、後唐將領。傳見本書卷六三、《新五代史》卷四五。　河陽：縣名。治所在今河南孟州市。

[8]丁會：人名。壽春（今安徽壽縣）人。唐末將領。傳見本書卷五九、《新五代史》卷四四。　張存敬：人名。譙郡（治今安徽亳州市）人。唐末、五代將領。傳見本書卷二〇、《新五代史》卷二一。　牛存節：人名。青州博昌（今山東博興縣）人。唐末將領。傳見本書卷二二、《新五代史》卷二二。

[9]以功：《輯本舊史》之影庫本粘籤：“以功，原本作‘以助’，今據文改正。”明本《册府》卷三四六《將帥部·佐命門七》、《宋本册府》卷三八六《將帥部·褒異門一二》作“以功”。　檢校工部尚書：官名。爲散官或加官，以示恩寵，無實際執掌。　“李罕之引并人圍張全義於河陽”至“以功表授檢校工部尚書”：《通鑑》卷二五七文德元年四月壬午條：“朱全忠遣其將丁會、葛從周、牛存節將兵數萬救河陽。李存孝令李罕之以步兵攻城，自帥騎兵逆戰於温，河東軍敗，安休休懼罪，奔蔡州。汴人分兵欲斷太行路，康君立等懼，引兵還。”

[10]徐州：州名。治所在今江蘇徐州市。

[11]豐縣：縣名。治所在今江蘇豐縣。

[12]時溥：人名。徐州彭城（今江蘇徐州市）人。唐末地方割據武裝，平定了黄巢之亂，後割據徐州。傳見《舊唐書》卷一八二、《新唐書》卷一八八。　吴康：地名。位於今江蘇豐縣。

[13]龐師古：人名。曹州南華（今山東菏澤市）人。唐末將領。傳見本書卷二一、《新五代史》卷二一。　孫儒：人名。河南

（今河南洛陽市）人。唐末軍閥。傳見《新唐書》卷一八八。　淮南：今淮河以南、長江以北地區。

［14］廬：州名。治所在今安徽合肥市。　壽：州名。治所在今安徽壽縣。　滁：州名。治所在今安徽滁州市。

［15］天長：縣名。治所在今安徽天長市。　高郵：縣名。治所在今江蘇高郵市。

［16］邵伯堰：地名。位於今江蘇揚州市。

［17］濠州：州名。治所在今安徽鳳陽縣。

［18］魏勳：人名。籍貫不詳。本書僅此一見。

大順元年八月，[1]并帥圍潞州，[2]太祖遣從周率敢死之士，夜銜枚犯圍而入，[3]會王師不利於馬牢川，[4]即棄上黨而歸。[5]其年十二月，與丁會諸將討魏州，連收十邑。[6]明年正月，大破魏軍於永定橋，[7]魏軍五敗，斬首萬餘級。十月，佐丁會攻宿州，[8]從周壅水灌其城，刺史張筠以郡降。[9]從討兗州，破朱瑾之軍於馬溝。[10]景福二年二月，[11]與諸將大破徐、兗之兵於石佛山。[12]八月，與龐師古同攻兗州。[13]

［1］大順：唐昭宗李曄年號（890—891）。

［2］帥：明本《册府》卷三四六《將帥部·佐命門七》作“師”。　潞州：州名。治所在今山西長治市。

［3］銜枚：横銜枚於口中，以防喧嘩或叫喊。指閉口不言。枚，形如筷子，兩端有帶，可繫於頸上。

［4］馬牢川：地名。位於今山西澤州縣。

［5］上黨：即潞州。治所在今山西長治市。　“大順元年八月”至“即棄上黨而歸”：《通鑑》卷二五八大順元年（890）九月

壬寅、戊申條："九月，壬寅，朱全忠軍于河陽。汴軍之初圍澤州也，呼李罕之曰：'相公每恃河東，輕絶當道；今張相公圍太原，葛僕射入潞府，旬月之間，沙陀無穴自藏，相公何路求生邪！'及李存孝至，選精騎五百，繞汴寨呼曰：'我，沙陀之求穴者也，欲得爾肉以飽士卒；可令肥者出鬭！'汴將鄧季筠，亦驍將也，引兵出戰，存孝生擒之。是夕，李讜、李重胤收衆遁去，存孝、罕之隨而擊之，至馬牢山，大破之，斬獲萬計，追至懷州而還。存孝復引兵攻潞州，葛從周、朱崇節棄潞州而歸。戊申，全忠庭責諸將橈敗之罪，斬李讜、李重胤而還。"

[6]"其年十二月"至"連收十邑"：《通鑑》卷二五八大順元年十二月辛丑條："辛丑，汴將丁會、葛從周擊魏，渡河，取黎陽、臨河，龐師古、霍存下淇門、衛縣，朱全忠自以大軍繼之。"

[7]永定橋：橋名。位於今河南安陽縣。

[8]宿州：州名。治所在今安徽宿州市。

[9]張筠：人名。海州（今江蘇連雲港市海州區）人。唐末軍閥。傳見本書卷九〇、《新五代史》卷四七。

[10]馬溝：地名。今地不詳。

[11]景福：唐昭宗李曄年號（892—893）。

[12]石佛山：山名。即今江蘇徐州市南雲龍山。其東南嶺有大石佛，故名。

[13]八月與龐師古同攻兗州：《通鑑》卷二五九景福二年（893）十二月條："汴將葛從周攻齊州刺史朱威，朱瑄、朱瑾引兵救之。"

乾寧元年三月，[1]軍至新泰縣，[2]朱瑾令都將張約、李胡椒率三千人來拒戰，[3]師古遣從周、張存敬掩襲，生擒張約、李胡椒等都將數十人。二年十月，圍兗州，兗人不出，從周詐揚言并人、鄆人來救，即引軍趨高吴，[4]夜半却潛歸寨。[5]朱瑾果出兵攻外壕，我軍士突出，掩殺千餘人，生擒都將孫漢筠。[6]從周累立戰功，自懷州刺史歷曹、宿二州刺史，[7]累遷檢校左僕射。[8]

[1]乾寧：唐昭宗李曄年號（894—898）。

[2]新泰縣：縣名。治所在今山東新泰市。

[3]張約：人名。籍貫不詳。朱瑾部將。事見本書本卷。　李胡椒：人名。籍貫不詳。朱瑾部將。事見本書本卷。

[4]高吴：地名。即高魚。位於今山東鄆城縣北。

[5]却潛：明本《册府》卷三四六《將帥部·佐命門七》、《武經總要後集》卷三《權奇門》作“潛却”。

[6]孫漢筠：人名。籍貫不詳。唐末將領。事見本書本卷、卷一。　“二年十月”至“生擒都將孫漢筠”：《輯本舊史》之案語：“《通鑑》：十二月，朱瑄、朱瑾告急於河東，李克用遣大將史儼、李承嗣將數千騎假道於魏以救之。是河東實遣師來援，非從周詐言也。此蓋覘知兖人告急，乘并師尚未至，乃揚言已至，多方以誤之耳。又《本紀》作十二月，此作十月，辨正見《本紀》。”見《通鑑》卷二六〇乾寧二年（895）十二月戊戌條。《通鑑》卷二六〇乾寧二年十月癸卯條：“朱全忠遣都將葛從周擊兖州，自以大軍繼之。癸卯，圍兖州。”同年十二月戊戌條：“朱全忠之去兖州也，留葛從周將兵守之，朱瑾閉城不復出。從周將還，乃揚言‘天平、河東救兵至，引兵西北邀之’，夜半，潛歸故寨。瑾以從周精兵悉出，果出兵攻寨。從周突出奮擊，殺千餘人，擒其都將孫漢筠而還。”

[7]懷州：州名。治所在今河南沁陽市。

[8]左：《宋本册府》卷三八六《將帥部·褒異門一二》作“右”。

三年五月，[1]并帥以大軍侵魏，遣其子落落率二千騎屯洹水，[2]從周以馬步二千人擊之，殺戮殆盡，[3]擒落落於陣，并帥號泣而去。遂自洹水與龐師古渡河擊鄆。[4]四年正月，下之。[5]從周乘勝伐兖，會朱瑾出師在徐境，[6]其將康懷英以城降，[7]以功授兖州留後、檢校司空。[8]復領兵萬餘人渡淮討楊行密，[9]至濠州，聞龐師古清口之敗，[10]遽班師。[11]

[1]三年五月：《通鑑》卷二六〇繫於乾寧三年（896）六月條。

[2]落落：人名。即李落落。李克用之子。時爲鐵林軍使，將鐵林小兒三千騎薄於洹水，與葛從周部作戰失敗，爲葛從周部將張歸霸所擒，朱温命將落落送於羅弘信斬之。事見《舊唐書》卷一八一、本書卷二六、《新五代史》卷二二。　洹水：縣名。治所在今河北魏縣。因境有洹水，故名。《輯本舊史》之影庫本粘籤："洹水，原本作'洹水'，今據《歐陽史》改正。"見《新五代史》卷二一《葛從周傳》。《宋本册府》卷一八七《閏位部·勳業門五》乾寧三年五月條、明本《册府》卷三四六《將帥部·佐命門七》、《通鑑》卷二六〇乾寧三年六月條亦作"洹水"。

[3]殺戮殆盡：《宋本册府》卷三八六《將帥部·褒異門一二》同，明本《册府》卷三四六作"殺戮大盡"。

[4]遂自洹水與龐師古渡河擊鄆：《通鑑》卷二六〇乾寧三年十月丙子條後："李克用自將攻魏州，敗魏兵於白龍潭，追至觀音門。朱全忠復遣葛從周救之，屯于洹水，全忠以大軍繼之，克用乃還。"同年十一月條："朱全忠還大梁，復遣葛從周東會龐師古，攻鄆州。"

[5]四年正月下之：《通鑑》卷二六一乾寧四年正月辛卯等條："龐師古、葛從周併兵攻鄆州，朱瑄兵少食盡，不復出戰，但引水爲深壕以自固。辛卯，師古等營於水西南，命爲浮梁。癸巳，潛決

濠水。丙申，浮梁成，師古夜以中軍先濟。瑄聞之，棄城奔中都，葛從周逐之，野人執瑄及妻子以獻。"

[6]會：明本《册府》卷三四六作"州"。

[7]康懷英：人名。兖州（今山東濟寧市兖州區）人。唐末、五代將領。本名懷貞，避後梁末帝朱友貞諱改懷英。傳見本書卷二三、《新五代史》卷二二。

[8]留後：官名。唐、五代節度使多以子弟或親信爲留後，以代行節度使職務，亦有軍士、叛將自立爲留後者。掌一州或數州軍政。　"從周乘勝伐兖"至"以功授兖州留後檢校司空"：《通鑑》卷二六一乾寧四年二月戊申條："朱瑾留大將康懷貞守兖州，與河東將史儼、李承嗣掠徐州之境以給軍食。全忠聞之，遣葛從周將兵襲兖州。懷貞聞鄆州已失守，汴兵奄至，遂降。二月，戊申，從周入兖州，獲瑾妻子。"同年三月丙子條："朱全忠表曹州刺史葛從周爲泰寧留後。"

[9]楊行密：人名。廬州合淝（今安徽合肥市）人。唐末軍閥，後追爲五代十國時期吴國太祖。傳見《新唐書》卷一八八、本書卷一三四、《新五代史》卷六一。

[10]清口：地名。原爲泗水入淮之口，位於今江蘇淮安市淮陰區。

[11]"復領兵萬餘人渡淮討楊行密"至"遽班師"：亦見明本《册府》卷三四六。《輯本舊史》之案語："《九國志·侯瓚傳》云：破葛從周於壽陽，沉其卒萬餘人於淠河。與《薛史》異。《歐陽史》兼採《九國志》。"見《九國志》卷一《侯瓚傳》、《新五代史》卷二一《葛從周傳》。《通鑑》卷二六一乾寧四年九月辛巳條後："朱全忠既得兖、鄆，甲兵益盛，乃大舉擊楊行密，遣龐師古以徐、宿、宋、滑之兵七萬壁清口，將趨揚州，葛從周以兖、鄆、曹、濮之兵壁安豐，將趨壽州，全忠自將屯宿州；淮南震恐。"同年十一月癸酉條："楊行密與朱瑾將兵三萬拒汴軍於楚州，别將張訓自漣水引兵會之，行密以爲前鋒。龐師古營於清口，或曰：'營

地汙下，不可久處。’不聽。師古恃衆輕敵，居常弈棋。朱瑾壅淮上流，欲灌之；或以告師古，師古以爲惑衆，斬之。十一月，癸酉，瑾與淮南將侯瓚將五千騎潛渡淮，用汴人旗幟，自北來趣其中軍，張訓踰栅而入；士卒蒼黄拒戰，淮水大至，汴軍駭亂。行密引大軍濟淮，與瑾等夾攻之，汴軍大敗，斬師古及將士首萬餘級，餘衆皆潰。葛從周營於壽州西北，壽州團練使朱延壽擊破之，退屯濠州，聞師古敗，奔還。行密、瑾、延壽乘勝追之，及於淠水。從周半濟，淮南兵擊之，殺溺殆盡，從周走免。遏後都指揮使牛存節棄馬步鬭，諸軍稍得濟淮，凡四日不食，會大雪，汴卒緣道凍餒死，還者不滿千人；全忠聞敗，亦奔還。行密遺全忠書曰：‘龐師古、葛從周，非敵也，公宜自來淮上決戰。’”

光化元年四月，[1]率師經略山東，[2]時并帥以大軍屯邢、洺，[3]從周至鉅鹿，[4]與并軍遇，[5]大破之，并帥遁走。我軍追襲至青山口，[6]數日之内，邢、洺、磁三州連下，[7]斬首二萬級，獲將吏一百五十人，即以從周兼領邢州留後。[8]十月，復破并軍五千騎於張公橋。[9]晋將李嗣昭急攻邢州，[10]陣於城門外，[11]從周大破之，擒蕃將賁金鐵、慕容騰等百餘人。[12]

[1]光化：唐昭宗李曄年號（898—901）。

[2]山東：太行山以東。昭義軍所管五州，澤、潞二州在太行山以西，邢、洺、磁三州在太行山以東。

[3]邢：州名。治所在今河北邢臺市。　洺：州名。治所在今河北邯鄲市永年區。

[4]鉅鹿：縣名。治所在今河北巨鹿縣。

[5]與并軍遇：明本《册府》卷三四六作“與并軍相遇”。

［6］青山口：地名。位於今河北邢臺市西南。

［7］磁：州名。治所在今河北磁縣。

［8］“光化元年四月”至“即以從周兼領邢州留後”：明本《册府》卷七《帝王部·創業門三》光化元年（898）四月條：“四月，汴將葛從周寇邢、洺、磁等州，旬日之内，三州連陷。”《宋本册府》卷一八七《閏位部·勳業門五》光化元年正月條：“帝遣葛從周統諸將略地於山東，遂次于邢、洺。”同書卷四一四《將帥部·赴援門》：“光化元年正月，淮南楊行密舉全吴之師寇徐州。”《通鑑》卷二六一光化元年四月丁卯、戊辰條：“丁卯，朱全忠遣葛從周分兵攻洺州，戊辰，拔之，斬刺史邢善益。”同年五月辛未條：“葛從周攻邢州，刺史馬師素棄城走。辛未，磁州刺史袁奉滔自刭。全忠以從周爲昭義留後，守邢、洺、磁三州而還。”

［9］張公橋：地名。位於今河北邢臺市西北。

［10］李嗣昭：人名。汾州（今山西汾陽市）人。唐末、五代李克用義子、部將。傳見本書卷五二、《新五代史》卷三六。

［11］陣於城門外：明本《册府》卷三四六無“門”字。

［12］賁金鐵：人名。籍貫不詳。五代李克用部將。事見本書本卷。　慕容騰：人名。籍貫不詳。五代李克用部將。事見本書本卷。　等百餘人：中華書局本有校勘記：“‘等’字原闕，據《册府》卷三四六補。”見明本《册府》卷三四六。　“十月”至“擒蕃將賁金鐵慕容騰等百餘人”：《通鑑》卷二六一光化元年十月壬寅條：“李克用遣其將李嗣昭、周德威將步騎二萬出青山，將復山東三州。壬寅，進攻邢州；葛從周出戰，大破之。嗣昭等引兵退入青山，從周追之，將扼其歸路；步兵自潰，嗣昭不能制。會横衝都將李嗣源以所部兵至，謂嗣昭曰：‘吾輩亦去，則勢不可支矣，我試爲公擊之。’嗣昭曰：‘善！我請從公後。’嗣源乃解鞍厲鏃，乘高布陳，左右指畫，邢人莫之測。嗣源直前奮擊，嗣昭繼之，從周乃退。”

二年春，幽州劉仁恭率軍十萬寇魏州，[1]屠貝郡。[2]從周自邢臺馳入魏州，燕軍突上水關，[3]攻館陶門。[4]從周與賀德倫率五百騎出戰，[5]謂門者曰："前有敵，[6]不可返顧！"命闔其門。[7]從周等極力死戰，大敗燕人，擒都將薛突厥、王鄶郎等。[8]翊日，破其八寨，追擊至臨清，[9]劉仁恭走滄州，[10]從周授宣義軍行軍司馬。[11]五月，并人討李罕之於潞州，太祖以丁會代罕之，令從周馳入上黨。七月，并人陷澤州，太祖召從周，令賀德倫守潞州，德倫等尋棄城而歸。三年四月，領軍討滄州，先攻德州，下之。[12]及進攻浮陽，[13]幽州劉仁恭大舉來援。時都監蔣玄暉謂諸將曰：[14]"吾王命我護軍，志在攻取，[15]今燕帥來赴，不可外戰，當縱其入壁，聚食囷廩，力屈糧盡，必可取也。"[16]從周對曰："兵在機，機在上將，非督護所言也。"乃令張存敬、氏叔琮守其寨。[17]從周逆戰於乾寧軍老鴉堤，[18]大破燕軍，斬首三萬，獲將佐馬慎交已下百餘人，[19]奪馬三千匹。[20]八月，并人攻邢、洺，從太祖破之。[21]從周追襲至青山口，斬首五千級，[22]獲其將王部郎、楊師悦等，[23]得馬千匹，表授檢校太保兼徐州兩使留後，尋爲兖州節度使。[24]

[1]幽州：州名。治所在今北京市。　劉仁恭：人名。深州樂壽（今河北獻縣）人。唐末方鎮將領、軍閥，割據幽州，受封燕王。傳見《新唐書》卷二一二。

[2]貝郡：即貝州。州名。治所在今河北清河縣。《宋本册府》卷三九六《將帥部·勇敢門三》、卷四一四《將帥部·赴援門》同，明本《册府》卷三四六《將帥部·佐命門七》作"其郡"。

《新五代史》卷二一《葛從周傳》、《通鑑》卷二六一光化二年(899)正月丁未條後載仁恭屠貝州。

[3]上水關：關隘名。位於今河北大名縣北。

[4]館陶門：門名。魏州城北門。由此門出，可至館陶縣，由此得名。《輯本舊史》之影庫本粘籤："館陶，原本作'館姚'，今據《通鑑》改正。"見《通鑑》卷二六一光化二年三月戊申條。明本《册府》卷三四六，《宋本册府》卷三九六、卷四一四，《新五代史·葛從周傳》亦作"館陶"。

[5]賀德倫：人名。後梁將領。其先係河西部落人，後居滑州(今河南滑縣)。傳見本書卷二一、《新五代史》卷四四。　從周與賀德倫率五百騎出戰：《宋本册府》卷四一四："從周與賀德綸、李暉、馬言騎五六百人出壁外。"

[6]前有敵：《宋本册府》卷四一四、《通鑑》卷二六一光化二年三月戊申條作"前有大敵"，《新五代史·葛從周傳》作"大敵在前"。

[7]命闔其門：《宋本册府》卷三九六同，明本《册府》卷三四六作"令闔其門"，《通鑑》卷二六一光化二年三月戊申條作"命闔其扉"。

[8]薛突厥：人名。籍貫不詳。劉仁恭部將。事見本書本卷。　王鄶郎：人名。籍貫不詳。劉仁恭部將。事見本書本卷。

[9]臨清：縣名。治所在今河北臨西縣。

[10]"翊日"至"劉仁恭走滄州"：《宋本册府》卷四一四："翌日，乘勢統諸將張存敬、齊奉國、程暉等連破八寨，襲至臨清，擁其師于御河，溺死甚衆，恭走滄州。"

[11]宣義軍：方鎮名。治所在滑州（今河南滑縣）。　行軍司馬：官名。出征將領及節度使的屬官。掌軍籍符伍、號令印信，是藩鎮重要的軍政官員。　從周授宣義軍行軍司馬：明本《册府》卷三四六、《宋本册府》卷三八六《將帥部·褒異門一二》云從周授宣義軍司馬。

［12］“三年四月”至“下之”：《通鑑》卷二六二光化三年五月庚寅條：“朱全忠遣葛從周帥兗、鄆、滑、魏四鎮兵十萬擊劉仁恭，五月，庚寅，拔德州，斬刺史傅公和。”

［13］浮陽：地名。位於今河北滄縣。中華書局本有校勘記：“原作‘孚陽’，據殿本、劉本、彭校、《册府》卷三四六改。”見明本《册府》卷三四六。

［14］都監：官名。唐代中葉命將出征，常以宦官爲監軍、都監。後爲臨時委任的統兵官，稱都監、兵馬都監。掌屯戍、邊防、訓練之政令。　蔣玄暉：人名。籍貫不詳。唐末大臣。傳見《新唐書》卷二二三下。

［15］志在攻取：明本《册府》卷三四六作“志存攻取”。

［16］必可取也：明本《册府》卷三四六無“必”字。

［17］氏叔琮：人名。河南尉氏（今河南尉氏縣）人。唐末將領。傳見本書卷一九、《新五代史》卷四三。

［18］乾寧軍：方鎮名。治所在今河北青縣。　老鴉堤：地名。位於今河北青縣東南。

［19］馬慎交：人名。籍貫不詳。唐末將領。事見本書本卷、卷二、卷八、卷二〇。

［20］“及進攻浮陽”至“奪馬三千匹”：《通鑑》卷二六二光化三年七月條：“劉仁恭將幽州兵五萬救滄州，營於乾寧軍，葛從周留張存敬、氏叔琮守滄州寨，自將精兵逆戰於老鴉堤，大破仁恭，斬首三萬級，仁恭走保瓦橋。秋，七月，李克用復遣都指揮使李嗣昭將兵五萬攻邢、洺以救仁恭，敗汴軍於内丘。王鎔遣使和解幽、汴，會久雨，朱全忠召從周還。”

［21］“八月”至“從太祖破之”：《通鑑》卷二六二光化三年八月乙丑條：“八月，李嗣昭又敗汴軍于沙門河，進攻洺州。乙丑，朱全忠引兵救之，未至，嗣昭拔洺州，擒刺史朱紹宗。全忠命葛從周將兵擊嗣昭。”

［22］斬首五千級：《舊五代史考異》：“案：《玉堂閒話》云：

葛公威名著于敵中，河北諺云：‘山東一條葛，無事莫撩撥。’云。”見《玉堂閒話》卷二葛周條。

［23］王部郎：人名。籍貫不詳。劉仁恭部將。事見本書本卷。楊師悦：人名。籍貫不詳。劉仁恭部將。事見本書本卷。

［24］節度使：官名。唐時在重要地區所設掌握一州或數州軍、民、財政的長官。　“從周追襲至青山口”至“尋爲兖州節度使”：《通鑑》卷二六二光化三年九月條：“九月，葛從周自鄴縣渡漳水，營於黄龍鎮；朱全忠自將中軍三萬涉洺水置營。李嗣昭棄城走，從周設伏於青山口，邀擊，大破之。”

天復元年三月，[1]與氏叔琮討太原，[2]從周以兖、鄆之衆，自土門路入，[3]與諸軍會於晉陽城下，[4]以糧運不給，班師。[5]頃之，從周染疾，會青州將劉鄩陷兖州，[6]太祖命討之，[7]遂力疾臨戎。三年十一月，鄩舉城降，以功授檢校太傅。[8]太祖以從周抱疾既久，命康懷英代之，授左金吾上將軍，[9]以風恙不任朝謁，[10]改右衛上將軍致仕，養疾偃師縣亳邑鄉之别墅。[11]頃之，授太子太師，[12]依前致仕。末帝即位，[13]制授潞州節度使，[14]令坐食其俸，加開府儀同三司、檢校太師、兼侍中，[15]封陳留郡王，累食邑至七千户，[16]命近臣齎旌節就别墅以賜之。[17]貞明初，卒於家。[18]册贈太尉。[19]《永樂大典》卷二萬一千二百九。[20]

［1］天復：唐昭宗李曄年號（901—904）。

［2］太原：府名。治所在今山西太原市。

［3］土門：關隘名。即井陘關。位於今河北井陘縣北井陘山上。

［4］晉陽：縣名。治所在今山西太原市。

［5］“天復元年三月”至“班師”：《通鑑》卷二六二天復元年（901）三月癸卯條云遣葛從周以兗、鄆兵會成德兵入自土門。

［6］劉鄩：人名。密州安丘（今山東安丘市）人。唐末、五代將領。傳見本書卷二三、《新五代史》卷二二。

［7］太祖命討之：《宋本册府》卷三八六《將帥部·褒異門一二》同，明本《册府》卷三四六《將帥部·佐命門七》作“太祖命從周討之”。

［8］“頃之”至“以功授檢校太傅”：明本《册府》卷四五〇《將帥部·失守門》：“梁葛從周，仕唐爲兗州節度使。昭宗天復三年，青帥王師範遣將劉鄩陷兗州。初，從周方統州兵在外，青人知其虚來攻，逐之。”《通鑑》繫於卷二六三天復三年正月丙午條，卷二六四天復三年三月戊午條、十月丁丑條。

［9］左金吾上將軍：官名。唐置，掌宫禁宿衛。從二品。

［10］風恙：中醫上指由風邪引起的疾病。

［11］偃師縣：縣名。治所在今河南偃師市。　亳邑：地名。位於今河南偃師市。　别墅：《舊五代史考異》：“案：原本作‘别埅’，今改正。”　“太祖以從周抱疾既久”至“養疾偃師縣亳邑鄉之别墅”：《舊唐書》卷二〇下《哀帝紀》天祐二年（905）二月壬子條：“泰寧軍節度、檢校司空、兗州刺史、御史大夫葛從周檢校司徒、兼右金吾上將軍致仕，從周病風，不任朝謁故也。”《宋本册府》卷八九九《總録部·致政門》：“梁葛從周，以前泰寧軍節度使除檢校司徒兼左金吾上將軍致仕。從周病風，不任朝謁故也。”《通鑑》卷二六三天復三年十月丁丑條：“葛從周久病，全忠以康懷英爲泰寧節度使代之。”

［12］太子太師：官名。與太子太傅、太子太保統稱太子三師。隋唐以後多作加官或贈官。從一品。

［13］末帝：即後梁末帝朱友貞。朱温第四子，殺其兄朱友珪而自立。爲李存勗大軍包圍後自殺身死，後梁由是滅亡。紀見本書卷八至卷一〇、《新五代史》卷三。

［14］制授：帝王命令的發佈方式。唐制，封授三品以上官用册，爲册授，五品以上制授，六品以下敕授。册授、制授有相應的禮儀，敕授則宣而授之。

［15］開府儀同三司：官名。魏晋始置，隋唐時爲散官之最高官階。多授功勳重臣。從一品。　檢校太師：官名。爲散官或加官，以示恩寵，無實際執掌。　侍中：官名。秦始置。隋、唐前期爲門下省長官。唐後期多爲大臣加銜，不參與政務，實際職務由門下侍郎執行。正二品。

［16］食邑：即採邑，官員可以收其賦税自用的封地。

［17］“頃之”至“命近臣齎旌節就别墅以賜之”：亦見《宋本册府》卷三八六，唯“命近臣齎旌節就别墅以賜之”《册府》作“命近臣旌節就别墅賜之”。同書卷一九六《閏位部·封建門》：“末帝以乾化三年二月即位，尋以太子太師致仕。葛從周爲潞州節度使，封陳留郡王。”

［18］貞明：後梁末帝朱友貞年號（915—921）。　貞明初卒於家：亦見《宋本册府》卷三八六。《輯本舊史》卷八《末帝紀上》貞明二年（916）十月條：“前昭義軍節度使、檢校太師、兼侍中、陳留郡王葛從周薨。”《舊五代史考異》：“案：偃師縣有《葛從周神道碑》云：十月三日，歸葬於偃師縣亳邑鄉。碑以貞明二年十一月十二日建。”見《全唐文》卷八三八《贈太尉葛從周神道碑》。

［19］太尉：官名。與司徒、司空並爲三公，唐後期、五代多爲大臣、勳貴加官。正一品。　册贈太尉：《贈太尉葛從周神道碑》載從周有五子，碑有闕文，存名者僅二人：次曰彦勳，金紫光禄大夫、檢校兵部尚書、前守洪州别駕，不□；次曰彦浦，殿前受旨銀青光禄大夫、檢校太子賓客，篤……

［20］《大典》卷二一二〇九“葛”字韻“姓氏（一）”事目。

謝彦章

謝彦章，[1]許州人。幼事葛從周爲養父，[2]從周憐其敏慧，教以兵法，常以千錢於大盤中，布其行陣偏伍之狀，[3]示以出没進退之節，彦章盡得其訣。及壯，事太祖爲騎將。末帝嗣位，用爲兩京馬軍都軍使，[4]累與晋軍接戰有功，尋領河陽節度使。[5]及從周卒，[6]臨喪行服，躬預葬事，時人義之。彦章後爲許州節度使、檢校太傅。[7]貞明四年冬，滑州節度使賀瓌爲北面招討使，[8]彦章爲排陣使，[9]同領大軍，駐於行臺寨，與晋人對壘。彦章時領騎軍與之挑戰，晋人或望我軍行陣整肅，則相謂曰："必兩京太傅在此也。"[10]不敢以名呼，其爲敵人所憚如此。

[1]謝彦章：中華書局本有校勘記："《册府》（宋本）卷一六六、《通鑑》卷二七〇同，《册府》（明本）卷一六六、《太平廣記》卷三五四引《玉堂閑話》作'謝彦璋'。《謝彦璋墓誌》（拓片刊《隋唐五代墓誌匯編·洛陽卷》第十五册）：'公諱彦璋。'本書各處同。"見《宋本册府》卷一六六《帝王部·招懷門四》。

[2]幼事葛從周爲養父：中華書局本有校勘記："'葛'字原闕，據《册府》卷三九一、卷八〇四補。據史例當有'葛'字。"見明本《册府》卷三九一《將帥部·習兵法門》、《宋本册府》卷八〇四《總録部·義門四》。

[3]偏伍：春秋戰國車戰編制單位。二十五乘爲偏，步兵五人爲伍。後泛指軍隊編制。

[4]兩京：時以開封府爲東京、河南府爲西京，合稱兩京，分别指今河南開封市和洛陽市。　馬軍都軍使：官名。所部統兵將

領，位次於都指揮使。

[5]尋領河陽節度使：明本《册府》卷二一七《閏位部·交侵門》：貞明二年（916），"二月，命許州節度使王檀、河陽節度使謝彦章、鄭州防禦使王彦章率師自陰地關抵晋陽，急攻其壘，不克而旋"。

[6]及從周卒：《輯本舊史》卷八《梁末帝紀下》繫於貞明二年十月條。

[7]彦章後爲許州節度使檢校太傅：《輯本舊史》卷九《梁末帝紀中》貞明四年二月甲子條："二月，遣將謝彦章帥衆數萬迫楊劉城。甲子，晋王來援楊劉城，彦章之軍不利而退。"同書卷二八《唐莊宗紀二》天祐十五年（918）二月條："二月，梁將謝彦章帥衆數萬來迫楊劉，築壘以自固，又決河水，瀰漫數里，以限帝軍。"《新五代史》卷五《唐莊宗紀下》：天祐十四年，"冬，梁謝彦章軍于楊劉。十二月，攻楊劉，王自負芻以堙塹，遂破之"。天祐十五年正月條："十五年正月，梁、晋相距于楊劉，彦章決河水以隔晋軍。"《通鑑》卷二七〇貞明四年二月甲子條："河陽節度使、北面行營排陳使謝彦章將兵數萬攻楊劉城。甲子，晋王自魏州輕騎詣河上；彦章築壘自固，決河水，瀰浸數里，以限晋兵，晋兵不得進。"《輯本舊史·梁末帝紀中》貞明四年六月條："庚申，以河陽節度、充北面行營排陣、兩京馬軍都軍節度等使、光禄大夫、檢校太保謝彦章爲匡國軍節度、陳許蔡等州觀察處置等使。"同書《唐莊宗紀二》天祐十五年六月條："壬戌，帝自魏州復至楊劉。甲子，率諸軍涉水而進，梁人臨水拒戰，帝軍小却。俄而鼓譟復進，梁軍漸退，因乘勢而擊之，交鬬於中流，梁軍大敗，殺傷甚衆，河水如絳，謝彦章僅得免去。"《新五代史·唐莊宗紀下》：天祐十五年，"六月，渡水擊彦章，破其四寨"。《通鑑》卷二七〇貞明四年六月壬戌、甲子條："晋王自魏州勞軍於楊劉，自泛舟測河水，其深没槍。王謂諸將曰：'梁軍非有戰意，但欲阻水以老我師，當涉水攻之。'甲子，王引親軍先涉，諸軍隨之，褰甲横槍，結陳而進。是

日水落，深纔及膝。匡國節度使、北面行營排陳使謝彦章帥衆臨岸拒之，晋兵不得進，乃稍引卻，梁兵從之。及中流，鼓譟復進，彦章不能支，稍退登岸；晋兵因而乘之，梁兵大敗，死傷不可勝紀，河水爲之赤，彦章僅以身免。是日，晋人遂陷濱河四寨。"《輯本舊史·唐莊宗紀二》天祐十五年八月條："帝自魏州率師次於楊劉，略地至鄆、濮而還，遂營於麻家渡，諸鎮列營十數。梁將賀瓌、謝彦章以軍屯濮州行臺村，結壘相持百餘日。帝嘗以數百騎摩壘求戰，謝彦章帥精兵五千伏於堤下，帝以十餘騎登堤，伏兵發，圍帝十數重。俄而帝之騎軍繼至，攻於圍外，帝於圍中躍馬奮擊，決圍而出。李存審兵至，梁軍方退。"亦見《宋本册府》卷四四《帝王部·神武門》、明本《册府》卷二一七《閏位部·交侵門》、《通鑑》卷二七〇貞明四年八月乙丑條後。

[8]賀瓌：人名。濮陽（今河南濮陽市）人。後梁將領。傳見本書卷二三、《新五代史》卷二三。《輯本舊史》之影庫本粘籤："賀瓌，原本作'賀懷'，今據《歐陽史》改正。"見《新五代史》卷二三《謝彦章傳》。　招討使：官名。唐始置。戰時任命，兵罷則省。常以大臣、將帥或地方軍政長官兼任。掌招撫討伐等事務。

[9]排陣使：官名。唐節度使所屬武官中有排陣使，五代後梁以後設於諸軍，爲先鋒之職。參見王軼英《中國古代排陣使述論》，《西北大學學報》2010年第6期。

[10]必兩京太傅在此也：《舊五代史考異》："案：原本作'西京'，今據《通鑑》改正。"《通鑑》未見此説。

是時，咸謂賀瓌能將步軍，彦章能領騎士，既名聲相軋，故瓌衷心忌之。[1]一日，與瓌同設伏於郊外，瓌指一方地謂彦章曰："此地岡阜隆起，中央坦夷，好列栅之所。"尋而晋人舍之，故瓌疑彦章與晋人通。又瓌欲速戰，彦章欲持重以老敵人，瓌益疑之。會爲行營馬步都虞候朱珪所誣，[2]瓌遂與珪協謀，因享士伏甲以殺彦章及濮州刺史孟審澄、别將侯温裕等於軍，[3]以謀叛聞。[4]晋王聞之喜曰："彼將帥如是，亡無日矣。"

[1]故瓌衷心忌之："衷"字原闕，據明本《册府》卷四四〇《將帥部·忌害門》、《宋本册府》卷四五六《將帥部·不和門》補。

[2]馬步都虞候：官名。五代侍衛親軍馬步軍統兵官，僅次於馬步軍都指揮使、副都指揮使。　朱珪：人名。籍貫不詳。五代後梁將領，時爲後梁檢校太傅、匡國軍節度觀察留後、行營諸軍馬步都虞候。傳見本書附録。

[3]濮州：州名。治所在今山東鄄城縣。　孟審澄：人名。籍貫不詳。後梁將領。事見本書本卷、卷九、卷二三。　别將：官名。一般也作偏將代稱。唐軍設有别將一職，各折衝府亦設别將。　侯温裕：人名。籍貫不詳。後梁將領。事見本書本卷、卷九、卷二三。

[4]"一日"至"以謀叛聞"：《輯本舊史》卷九《梁末帝紀中》貞明四年十二月庚子、丁未條："十二月庚子朔，晋王領軍迫行臺寨，距寨十里結營而止。北面招討使賀瓌殺許州節度使謝彦章、濮州刺史孟審澄、别將侯温裕等於軍，以謀叛聞，爲行營馬步都虞候朱珪搆之也。晋王聞之，喜曰：'彼將帥不和，亡無日矣。'丁未，以行營諸軍馬步都虞候、光禄大夫、檢校太保、曹州刺史朱珪爲檢校太傅，充匡國軍節度觀察留後，依前行營諸軍馬步都虞候。"賀瓌殺彦章，《輯本舊史》卷二八《唐莊宗紀二》、《新五代史》卷三《梁末帝紀》亦繫於十二月庚子條。《通鑑》卷二七〇貞明四年十二月條："初，北面行營招討使賀瓌善將步兵，排陳使謝彦章善將騎兵，瓌惡其與己齊名。一日，瓌與彦章治兵於野，瓌指一高地曰：'此可以立柵。'至是，晋軍適置柵於其上，瓌疑彦章與

晋通謀。瓌屢欲戰，謂彦章曰：‘主上悉以國兵授吾二人，社稷是賴。今强寇壓吾門，而逗遛不戰，可乎！’彦章曰：‘强寇憑陵，利在速戰。今深溝高壘，據其津要，彼安敢深入！若輕與之戰，萬一蹉跌，則大事去矣。’瓌益疑之，密譖之於帝，與行營馬步都虞候曹州刺史朱珪謀，因享士，伏甲，殺彦章及濮州刺史孟審澄、别將侯温裕，以謀叛聞。”

審澄、温裕亦善將騎軍，然所領不過三千騎，多而益辦，唯彦章有焉。將略之外，好優禮儒士。與晋人對壘於河上，恒褒衣博帶，動皆由禮，或臨敵御衆，則肅然有上將之威。每敦陣整旅，左旋右抽，雖風馳雨驟，亦無以喻其迅捷也，故當時騎士咸樂爲用。及其遇害，人皆惜之。《永樂大典》卷一萬八千一百二十六。[1]

[1]《大典》卷一八一二六“將”字韻“五代後梁將（一）”事目。

胡真

胡真，[1]江陵人也。[2]體貌洪壯，長七尺，善騎射，少爲縣吏。及在巢寇中，寇推爲名將，[3]隨巢涉淮、浙，陷許、洛，入長安。及太祖以衆歸唐，真時爲元從都將，[4]從至梁苑，[5]表授檢校刑部尚書，頻從破巢、蔡於陳、鄭間。尋以奇兵襲取滑州，乃署爲滑州節度留後，復表爲鄭滑節度使、檢校右僕射。[6]數年，徵爲右金吾衛大將軍，俄拜寧遠軍節度使、容州刺史、[7]檢校太保。

卒，贈太傅。《永樂大典》卷一萬八千一百二十六。[8]

[1]胡真：明本《册府》卷八四六《總録部·善射門》、《舊唐書》卷一九下《僖宗紀》作"胡貞"。

[2]江陵：地名。荆州别稱，治所在今湖北荆州市。

[3]寇推爲名將：明本《册府》卷八四六無"寇"字。

[4]元從：自初始即追隨在側的部屬。　及太祖以衆歸唐真時爲元從都將：《輯本舊史》之案語："《舊唐書》：中和二年，朱温與大將胡真、謝瞳來降。《通鑑》云：温見巢兵勢日蹙，知其將亡，親將胡真、謝瞳勸温歸國。《薛史·謝瞳傳》載瞳説温之辭，《胡真傳》不言其勸温歸國，與《通鑑》異。"見《舊唐書·僖宗紀》、《通鑑》卷二五五、《輯本舊史》卷二〇《謝瞳傳》。朱温之降，《舊唐書·僖宗紀》繫於中和二年（882）八月庚子條；《宋本册府》卷一八七《閏位部·勳業門五》繫於九月，未書日；《新唐書》卷九《僖宗紀》、《通鑑》卷二五五均繫於九月丙戌。當以九月爲是。

[5]梁苑：地名。開封别稱。

[6]鄭滑：方鎮名。即義成軍。治所在滑州（今河南滑縣）。"從至梁苑"至"檢校右僕射"：《輯本舊史》卷二二《王檀傳》："光啓二年，（王檀）從胡真擊淮西之衆，解河陽之圍。……胡真至陝州，開通貢路，遣檀攻玉山寨，降賊帥石令殷。"同書卷一九《李重胤傳》：重胤"爲先鋒步軍都頭，與胡真援河陽，逼懷州"。亦見《宋本册府》卷三六〇《將帥部·立功門一三》。朱全忠陷滑州，《舊唐書·僖宗紀》《新唐書·僖宗紀》，俱作光啓二年（886）十月；《宋本册府》卷一八七、《通鑑》卷二五六，俱作十一月。《宋本册府》卷三六〇，同《輯本舊史》卷一六《胡真傳》，作胡真"尋以奇兵襲取滑州，乃署爲滑州節度留後"。《宋本册府》卷一八七、《新五代史》卷一《梁太祖紀》、《通鑑》卷二五六，則

俱以取滑州者爲朱珍、李唐賓。《舊唐書·僖宗紀》:“(全忠)以兵攻滑……朝廷以汴帥全忠兼領義成軍節度使。”《新五代史》卷一《梁太祖紀上》:光啓二年,“(全忠)遣朱珍、李唐賓陷滑州,以胡真爲留後”。《通鑑》卷二五六光啓二年十一月丙戌條後:“朱全忠先遣其將朱珍、李唐賓襲滑州,入境,遇大雪,珍等一夕馳至壁下,百梯並升,遂克之,虜師儒以歸。全忠以牙將江陵胡真知義成留後。”《通鑑考異》曰:“《實録》:‘告於行在,命全忠兼領義成節度使。’按大順元年始以全忠兼宣義節度使,全忠猶辭,以授胡真,此際未也。《實録》誤。”《通鑑》卷二五八大順元年(890)六月辛未條:“更命義成軍曰宣義;辛未,以朱全忠爲宣武、宣義節度使。全忠以方有事徐、楊,徵兵遣戍,殊爲遼闊,乃辭宣義,請以胡真爲節度使,從之;然兵賦出入,皆制於全忠,一如巡屬。及胡真入爲統軍,竟以全忠爲兩鎮節度使,罷淮南不領焉。”

[7]寧遠軍:方鎮名。治所在容州(今廣西北流市)。 容州:州名。治所在今廣西北流市。

[8]《大典》卷一八一二六“將”字韻“五代後梁將(一)”事目。

張歸霸

張歸霸,字正臣,清河人。[1]祖進言,陽穀令。[2]父實,亦有宦緒。少倜儻,好兵術。唐乾符中,[3]寇盜蜂起,歸霸率昆弟三人棄家投黄巢,頗以勇略聞。巢陷長安,遂署爲左番功臣。[4]中和中,巢領徒走宛丘。[5]時太祖在汴,奉詔南討,巢黨日窘,[6]歸霸昆仲與葛從周、李讜等相率來降,[7]尋補宣武軍劇職。[8]

［1］清河人：《通鑑》卷二五五中和四年（884）五月戊辰條謂“冤句張歸霸”。

［2］陽穀：縣名。治所在今山東陽穀縣東北。

［3］乾符：唐僖宗李儇年號（874—879）。

［4］番：明本《册府》卷三四六《將帥部·佐命門七》作“蕃”。

［5］宛丘：縣名。治所在今河南淮陽縣。

［6］巢黨日窘：明本《册府》卷三四六作“巢黨日尅”。

［7］李讜：人名。河中臨晋（今山西臨猗縣）人。後梁將領。傳見本書卷一九。　“中和中”至“歸霸昆仲與葛從周李讜等相率來降”：亦見明本《册府》卷三四六。《舊唐書》卷一九下《僖宗紀》中和四年五月戊辰條：“别將楊能、李讜、霍存、葛從周、張歸霸等降朱全忠。”同書卷二〇〇下《黄巢傳》載中和四年五月，“李讜、楊能、霍存、葛從周、張歸厚、張歸霸各率部下降于大梁”；《新唐書》卷二二五下《黄巢傳》亦繫張歸霸等於中和四年五月降全忠。《輯本舊史》卷一六《葛從周傳》：“唐中和四年三月，太祖大破巢軍於王滿渡，從周與霍存、張歸霸昆弟相率來降。”《宋本册府》卷一八七《閏位部·勳業門五》中和四年：“四月丁巳，收西華寨，賊將黄鄴單騎奔陳。……是時，河東節度使李克用奉僖宗詔，統騎軍數千同謀破賊，與帝合勢於中牟北邀擊之，賊衆大敗於王滿渡，多束手來降。時賊將霍存、葛從周、張歸厚、張歸霸皆匍匐於馬前，悉宥而納之，遂逐殘寇，東至於冤句。”《通鑑》卷二五五中和四年五月戊辰條：“戊辰，追及黄巢於中牟北王滿渡，乘其半濟，奮擊，大破之，殺萬餘人，賊遂潰。尚讓帥其衆降時溥，别將臨晋李讜、曲周霍存、甄城葛從周、冤句張歸霸及弟歸厚帥其衆降朱全忠。”

［8］宣武軍：方鎮名。治所在汴州（今河南開封市）。

光啓二年,[1]與蔡將張存戰于盧氏。[2]三年夏,又與蔡將盧瑭戰於雙丘,[3]復與秦宗賢戰于萬勝,[4]皆敗而殲之。翌日,[5]秦宗權遣將張晊來寇,[6]列寨于赤堈。[7]一日,出騎將較勝,歸霸爲飛戈所中,[8]即拔馬却逸,控弦一發,賊洞頸而墜,遂兼騎而還。太祖時於高丘下瞰,備見其狀,面加賞激,厚以金帛及所獲馬錫之。[9]又嘗被命以控弦之士五百人伏於壕内,太祖統數百騎稍逼其寨,蔡人果以鋭士摩壘來追,[10]歸霸發伏兵,掩殺千餘人,奪馬數十匹,尋奏授檢校左散騎常侍。其後從太祖伐鄆,副李唐賓渡淮,[11]咸著奇績。

[1]光啓:唐僖宗李儇年號(885—888)。

[2]張存:人名。籍貫不詳。秦宗權部將。事見本書本卷。　盧氏:縣名。治所在今河南盧氏縣。

[3]盧瑭:《輯本舊史》卷一六《葛從周傳》、卷二一《霍存傳》,《新五代史》卷一《梁太祖紀上》中和三年(883)春條、卷二一《朱珍傳》,《新唐書》卷二二五下《秦宗權傳》,《通鑑》卷二五六中和四年是歲條後、卷二五七光啓三年(887)四月庚午條後同。《宋本册府》卷一八七《閏位部・勳業門五》、明本《册府》卷三四六《將帥部・佐命門七》、《舊唐書》卷二〇〇下《秦宗權傳》作“盧塘”。　雙丘:地名。今地不詳。　又與蔡將盧瑭戰於雙丘:《宋本册府》卷一八七繫其殁於光啓三年四月:“庚午,賊將盧塘領萬餘人於圃田北萬勝戍夾汴水爲營,跨河爲梁,以扼運路。帝擇精鋭以襲之。是日,昏霧四合,兵及賊壘方覺,遂突入掩殺,赴水死者甚衆,盧塘自投于河。”

[4]秦宗賢:人名。籍貫不詳。唐末將領。事見本書本卷、卷二〇、卷二一。　萬勝:地名。位於今河南中牟縣北二十四里萬

勝村。

[5]翌日：《宋本册府》卷三九六作“翌月”，明本則作“翼日”。

[6]秦宗權：人名。河南郡許州（今河南許昌市）人。唐末軍閥。傳見《舊唐書》卷二〇〇下、《新唐書》卷二二五下。　張晊：人名。籍貫不詳。秦宗權部將。事見本書本卷、卷一、卷二一。　翌日秦宗權遣將張晊來寇：中華書局本有校勘記：“‘秦’字原闕，據《册府》卷三四六、卷三九六補。據史例當有‘秦’字。‘張晊’，殿本、孔本、《册府》卷三四六、卷三八六、卷三九六作‘張郅’。”見明本《册府》卷三四六，《宋本册府》卷三八六《將帥部·褒異門一二》、卷三九六《將帥部·勇敢門三》。《宋本册府》卷三八六繫其事於光啓二年。

[7]赤堈：《新五代史》卷二二《張歸霸傳》作“赤岡”。

[8]歸霸爲飛戈所中：《輯本舊史》之案語：“飛戈，《歐陽史》作飛矢。”見《新五代史·張歸霸傳》，《宋本册府》卷三九六作“飛戈”。中華書局本有校勘記：“‘戈’，《册府》卷三四六作‘弋’。《新五代史》卷二二《張歸霸傳》敘其事作‘矢中歸霸’。”

[9]厚以金帛及所獲馬錫之：“厚”《宋本册府》卷三九六作“賞”。

[10]摩壘：《宋本册府》卷三九六同，明本《册府》卷三四六則作“麾壘”。

[11]李唐賓：人名。陝州陝縣（今河南三門峽市陝州區）人。後梁將領。傳見本書卷二一、《新五代史》卷二一。

文德初，大軍臨蔡州，賊將蕭顥來斫寨，[1]歸霸與徐懷玉各以所領兵自東、南二扉分出，[2]合勢殺賊，蔡人大敗。及太祖整衆離營，[3]寇塵已息。太祖召至，賞之曰：“昔耿弇不俟光武擊張步，[4]言不以賊遺君父，弇之功，爾其二焉。”大順中，郭紹賓拔曹州，[5]歸霸率兵數千守之。俄而朱瑾統大軍自至，歸霸與丁會逆擊之於金鄉，[6]瑾大敗，[7]擒賊將宗江等七十餘人，[8]曹州以寧。明年，破濮州，生擒刺史邵儒。[9]又佐葛從周與晋軍戰於洹水，生獲克用愛子落落。復與燕人戰於内黄，殺劉仁恭兵三萬餘衆。[10]戎績超特，居諸將之右，累官至檢校左僕射。[11]

[1]蕭顥：人名。籍貫不詳。唐末將領。事見本書本卷。

[2]徐懷玉：人名。亳州焦夷（今安徽亳州市）人。後梁將領。傳見本書卷二一、《新五代史》卷二二。

[3]太祖：明本《册府》卷三四六《將帥部·佐命門七》作“高祖”。

[4]耿弇：人名。扶風茂陵（今陝西興平市）人。東漢光武帝部將。傳見《後漢書》卷一九。　光武：即光武帝劉秀。南陽蔡陽（今湖北棗陽市）人。東漢王朝建立者。紀見《後漢書》卷一。　張步：人名。琅邪不其（今山東青島市）人。東漢初年軍閥。傳見《後漢書》卷一二。

[5]郭紹賓：人名。籍貫不詳。唐末將領。事見本書本卷、卷九、卷二一。

[6]金鄉：縣名。治所在今山東金鄉縣。

[7]“大順中”至“瑾大敗”：《通鑑》卷二五八大順二年(891)十二月乙酉條：“十二月，乙酉，汴將丁會、張歸霸與朱瑾戰於金鄉，大破之，殺獲殆盡，瑾單騎走免。”

[8]宗江：人名。籍貫不詳。唐末將領。事見本書本卷。中華書局本有校勘記：“《册府》卷三四六、卷三八六作‘宋江’。”見明本《册府》卷三四六。《宋本册府》卷三八六《將帥部·褒異門一二》張歸霸條未見此説。

[9]邵儒：人名。籍貫不詳。唐末官員。事見本書本卷、卷一。

[10]殺劉仁恭兵三萬餘衆："劉"字原闕，據《宋本册府》卷三八六、《新五代史》卷二二《張歸霸傳》補。

[11]左：《宋本册府》卷三八六作"右"。

光化二年，權知邢州事。[1]明年春，李嗣昭以蕃漢五萬來寇，歸霸堅壁設備，晋軍不敢顧其城，遂移軍攻洺州，[2]陷焉。時太祖在滑，頗慮邢之失守。及葛從周復洺水，[3]嗣昭北遁，歸霸出兵襲之，殺二萬餘衆。捷至，賞錫殊等，旋以功奏加檢校司空。天祐初，遷萊州刺史，[4]秩滿授左衛上將軍，又除曹州刺史。其秋，加檢校司徒，副劉知俊禦邠、鳳之寇，[5]敗之。太祖受禪，拜右龍虎統軍，[6]改左驍衛上將軍，[7]充河陽諸軍都指揮使。[8]明年夏六月，就除河陽節度使、檢校太保，尋加同平章事。[9]二年秋七月，卒於位。[10]詔贈太傅。

[1]光化二年權知邢州事：《通鑑》卷二六一光化二年（899）六月丁卯條："以其將張歸霸守邢州。"

[2]遂移軍攻洺州：《宋本册府》卷三八六《將帥部·褒異門一二》無"軍"字。

[3]洺水：縣名。治所在今河北曲周縣。因縣西近洺河，故名。中華書局本有校勘記："'水'字原闕，據《册府》卷三四六、卷三八六補。"見明本《册府》卷三四六《將帥部·佐命門七》、《宋本册府》卷三八六。

[4]萊州：州名。治所在今山東萊州市。

[5]劉知俊：人名。徐州沛縣（今江蘇沛縣）人。唐末、五代將領。先後隸時溥、朱温、李茂貞、王建。傳見本書卷一三、《新

五代史》卷四四。　邠：州名。治所在今陝西彬縣。　鳳：州名。治所在今陝西鳳縣。　副劉知俊禦邠鳳之寇：《輯本舊史》之影庫本粘籤："邠、鳳，原本作'汾鳳'，今據《通鑑》改正。"檢《通鑑》，未見此説，明本《册府》卷三四六、《宋本册府》卷三八六則作"邠鳳"。

[6]右龍虎統軍：官名。後梁禁衛部隊右龍虎軍統兵官。

[7]左驍衛上將軍：官名。唐德宗貞元二年（786）初置一員，爲左驍衛長官，位大將軍上，掌宫禁宿衛。從二品。"驍"，《新五代史》卷二二《張歸霸傳》同，《宋本册府》卷三八六作"騎"。

[8]都指揮使：官名。唐末、五代軍隊編制，五百人爲一指揮，設指揮使、副指揮使；十指揮爲一軍，設都指揮使、副都指揮使。

[9]同平章事：官名。"同中書門下平章事"的簡稱。唐高宗以後，凡實際任宰相之職者，常在其本官後加同平章事的職銜。後成爲宰相專稱。或爲節度使加銜。後晋天福五年（940），升中書門下平章事爲正二品。

[10]二年秋七月卒於位：中華書局本有校勘記："《册府》卷三八六無'二年秋'三字。按本卷上文已敘'太祖受禪'及'明年夏六月'，此處不當復出二年。另本書卷四《梁太祖紀四》記開平三年正月張歸霸來朝，則其似卒於開平二年後。"《輯本舊史》卷四《梁太祖紀四》開平三年（909）正月丙子條，輯自明本《册府》卷二〇五《閏位部·巡幸門》開平三年正月："丙子，次汜水縣。河南尹張宗奭、河陽節度使張歸霸並來朝。"《新五代史·張歸霸傳》："二年，拜河陽節度使，以疾卒。"

梁末帝德妃張氏，[1]即歸霸女也。[2]末帝嗣位，以歸霸子漢鼎、漢傑並爲近職。[3]漢鼎早亡，漢傑貞明中爲控鶴指揮使，[4]領兵討惠王於陳州，[5]擒之。當貞明、龍德之際，[6]漢傑昆仲分掌權要，藩鎮除拜多出其門，段凝因之遂竊兵柄。[7]及莊宗入汴，[8]漢傑與兄漢倫、弟漢融同日族誅於汴橋下。[9]《永樂大典》卷六千三百五十。[10]

[1]德妃張氏：後梁末帝朱友貞之妃，張歸霸之女。傳見本書卷一一、《新五代史》卷一三。

[2]梁末帝德妃張氏，即歸霸女也：《會要》卷一皇后條："少帝妃張氏，乾化五年九月二十四日册爲德妃，其夕薨。"《輯本舊史》卷八梁《末帝紀上》貞明元年（915）九月壬午條："壬午，正衙命使册德妃張氏。是夕，妃薨。"明本《册府》卷三〇一《外戚部·封拜門》："梁張歸霸者，末帝德妃之父也。"《通鑑》卷二六九貞明元年九月壬午條："初，帝爲均王，娶河陽節度使張歸霸女爲妃，即位，欲立爲后；后以帝未南郊，固辭。九月，壬午，妃疾甚，册爲德妃，是夕，卒。"

[3]漢鼎：人名。即張漢鼎。張歸霸之子。事見本書本卷。　漢傑：即張漢傑。張歸霸之子。傳見本書本卷。　末帝嗣位以歸霸子漢鼎漢傑並爲近職：明本《册府》卷三〇一《外戚部·封拜門》："歸霸子漢傑、漢倫、漢融皆以外戚之故，咸居大任掌大權。"《通鑑》卷二六九貞明元年十月壬子條："帝由是疏忌宗室，專任趙巖及德妃兄弟漢鼎、漢傑、從兄弟漢倫、漢融，咸居近職。"

[4]控鶴指揮使：官名。所部統兵將領。控鶴爲禁軍番號。

[5]惠王：即朱友能。朱温兄朱全昱之子。傳見本書卷一二、《新五代史》卷一三。　陳州：州名。治所在今河南淮陽縣。

[6]龍德：後梁末帝朱友貞年號（921—923）。

[7]段凝：人名。開封（今河南開封市）人。其妹爲朱温美人，因其妹而爲朱温親信。後梁將領。傳見本書卷七三、《新五代史》卷四五。

[8]莊宗：即後唐莊宗李存勗。923年至926年在位。紀見本書卷二七至卷三四、《新五代史》卷四至卷五。

[9]漢倫：人名。即張漢倫。傳見本書本卷。　漢融：人名。即張漢融。張歸弁之子。傳見本書本卷。　汴橋：橋名。位於今河南開封市。　漢傑與兄漢倫弟漢融同日族誅於汴橋下：《宋本册府》卷九二七《總録部·讒佞門》段凝條："莊宗以爲滑州兵馬留後。凝上疏奏：'梁朝掌事權者趙巖等，並助成虐政，結怨於人，聖政惟新，宜誅首惡，以謝天下。'於是張漢傑、張漢融、張漢倫、張希逸、趙縠、朱珪等並族誅，家財籍没。"其事亦見《輯本舊史》卷五九《王瓚傳》。《通鑑》卷二七二繫於同光元年十月丙戌條。

[10]《大典》卷六三五〇"張"字韻"姓氏（二〇）"事目。

漢傑、漢倫、漢融

張漢傑，末帝德妃之兄，歸霸之子也。[1]漢倫，漢傑之從兄也。[2]漢融，歸霸弟歸弁之子也。[3]貞明元年，康王友孜作亂，[4]末帝由是疏忌宗室，專任趙巖及德妃兄弟漢鼎、漢傑、從兄弟漢倫、漢融，[5]咸居近職，參預謀議，每出兵必使之監護。巖等依勢弄權，賣官鬻獄，離間舊將相，敬翔、李振雖爲執政，[6]所言多不用。振每稱疾不預事，以避趙、張之族，政事日紊。[7]

[1]張漢傑，末帝德妃之兄，歸霸之子也：明本《册府》卷三〇六《外戚部·專恣門》。

[2]漢倫，漢傑之從兄也：《通鑑》卷二六九貞明元年（915）十月壬子條、明本《册府》卷三〇六《外戚部·專恣門》。

[3]歸弁：人名。即張歸弁。清河（今河北清河縣）人。唐末將領。傳見本書本卷。　漢融歸霸弟歸弁之子也：《輯本舊史》卷

一六《張歸弁傳》。

[4]友孜：人名。即朱友孜。朱温第八子。傳見本書卷一二、《新五代史》卷一三。"友孜"，《通鑑》及《會要》卷二諸王條作"友敬"，《輯本舊史》卷一二有《康王友孜傳》、《新五代史》卷一三有《康王友孜傳》，今從《輯本舊史》改。

[5]趙巖：人名。陳州宛丘（今河南淮陽縣）人。唐忠武軍節度使趙犨之子。後梁大臣。事見本書卷九、卷一四，《新五代史》卷四二。

[6]敬翔：人名。同州馮翊（今陝西大荔縣）人。後梁大臣。傳見本書卷一八、《新五代史》卷二一。　李振：人名。後梁大臣。祖居西域，祖、父在唐皆官郡守。傳見本書卷一八、《新五代史》卷四三。

[7]"貞明元年"至"政事日紊"：《通鑑》卷二六九貞明元年十月辛亥、壬子條。《輯本舊史》卷一六《張歸霸傳》、明本《册府》卷三〇六《外戚部·專恣門》："當貞明、龍德之際，漢傑昆仲分掌權要，藩鎮除拜多出其門，段凝因之遂竊兵柄。"明本《册府》卷三〇一《外戚部·封拜門》："梁張歸霸者，末帝德妃之父也。歸霸子漢傑、漢倫、漢融，皆以外戚之故，咸居大任，掌大權。"《新五代史·康王友孜傳》："康王友孜，目重瞳子，嘗竊自負，以爲當爲天子。貞明元年，末帝德妃薨，將葬，友孜使刺客夜入寢中。末帝方寐，夢人害己，既寤，聞榻上寶劍鎗然有聲，躍起，抽劍曰：'將有變邪！'乃索寢中，得刺客，手殺之，遂誅友孜。明日，謂趙巖、張漢傑曰：'幾與卿輩不相見。'由此遂疎弱宗室，而信任趙、張，以至於敗亡。"

龍德元年夏四月，陳州刺史惠王友能反，舉兵趣大梁，詔漢傑與陝州留後霍彦威、宣義節度使王彦章將兵討之。[1]友能至陳留，[2]兵敗，走還陳州，諸軍圍之。[3]

三年，末帝命王彦章將保鑾騎士及他兵合萬人，屯兖、鄆之境，謀復鄆州，以漢傑監其軍。[4]十月，晋主至鄆州，擒彦章、漢傑、曹州刺史李知節、裨將趙廷隱、劉嗣彬等二百餘人，[5]斬首數千級。[6]末帝遣漢倫馳騎追段凝軍，漢倫至滑州，墜馬傷足，復限水不能進。[7]段凝、杜晏球上言：[8]“僞梁要人趙巖、趙鵠、張希逸、張漢倫、張漢傑、張漢融、朱珪等，[9]竊弄威福，殘蠹群生，不可不誅。”[10]詔曰：“其張漢傑昨于中都與王彦章同時俘獲，[11]此際未詳行止，偶示哀矜。今既上將陳詞，群情激怒，往日既彰於僭濫，此時難漏于網羅，宜置國刑，以塞群論。除妻兒骨肉外，其他疎屬僕使，並從釋放。”是日，趙巖、張希逸、張漢傑、張漢倫、張漢融、朱珪、敬翔、李振及契丹撒剌阿撥等并其妻孥，[12]皆斬於汴橋下。[13]

[1]霍彦威：人名。洺州曲周（今河北曲周縣）人。五代將領。傳見本書卷六四、《新五代史》卷四六。　王彦章：人名。鄆州壽張（今山東梁山縣壽張集）人。後梁將領。傳見本書卷二一、《新五代史》卷三二。

[2]陳留：縣名。治所在今河南開封市陳留鎮。

[3]“龍德元年夏四月”至“諸軍圍之”：《通鑑》卷二七一龍德元年（921）四月條。《輯本舊史》卷一〇《梁末帝紀下》龍德元年四月條：“夏四月，陳州刺史惠王友能反，舉兵向闕，帝命將出師逆擊，敗之。友能走保陳州。詔張漢傑率兵進討。”同年五月丁亥條：“丁亥，詔曰：‘郊禋大禮，舊有渥恩；御殿改元，比無賞給。今則不循舊例，别示特恩。其行營將士賞賚已給付本家，宜令招討使霍彦威、副招討使王彦章、陳州行營都指揮使張漢傑曉示諸

軍知委。’”詔書亦見《宋本册府》卷一九七《閏位部·慶賜門》。

［4］“三年”至“以漢傑監其軍”：《通鑑》卷二七二同光元年（923）八月戊子條。按，同光元年即梁末帝龍德三年；“末帝”，原作“梁主”，據《舊史》體例改。《輯本舊史》卷二一《王彦章傳》：“是歲秋九月，朝廷聞晋人將自兖州路出師，末帝急遣彦章領保鑾騎士數千於東路守捉，且以鄆州爲敵人所據，因圖進取，令張漢傑爲監軍。”同書卷二九《唐莊宗紀三》同光元年八月戊戌條：“戊戌，梁左右先鋒指揮使康延孝領百騎來奔，帝虚懷引見，賜御衣玉帶，屏人問之。對曰：‘臣竊觀汴人兵衆不少，論其君臣將校，則終見敗亡。趙巖、趙鵠、張漢傑居中專政，締結宫掖，賄賂公行。段凝素無武略，一朝便見大用，霍彦威、王彦章皆宿將有名，翻出其下。自彦章獲德勝南城，梁主亦稍獎使。彦章立性剛暴，不耐淩制，梁主每一發軍，即令近臣監護，進止可否，悉取監軍處分，彦章悒悒，形於顔色。自河津失利，段凝、彦章又獻謀，欲數道舉軍，令董璋以陝虢、澤潞之衆，趨石會關以寇太原。霍彦威統關西、汝洛之衆自相衛以寇鎮定，段凝、杜晏球領大軍以當陛下，令王彦章、張漢傑統禁軍以攻鄆州，決取十月内大舉。又自滑州南決破河堤，使水東注，曹、濮之間至於汶陽，瀰漫不絶，以陷北軍。臣在軍側聞此議。臣惟汴人兵力，聚則不少，分則無餘。陛下但待分兵，領鐵騎五千，自鄆州兼程直抵于汴，不旬日，天下事定矣。’帝懌然壯之。”同書卷七三《段凝傳》：“梁末帝以戴思遠爲北面招討使，行師不利，用王彦章代之，受任之翌日，取德勝之南城，軍聲大振。張漢倫等推功於凝，凝掎摭彦章之失以間之。”《宋本册府》卷四四三《將帥部·敗衄門三》王彦章條：“王彦章爲北面招討使。及晋王至楊劉，彦章軍不利，遂罷彦章兵權。朝廷聞晋人將自兖州路出師，末帝急遣彦章領保鑾騎士數千於東路守捉，且以鄆州爲敵人所據，因圖進取，令張漢傑爲監軍。”《通鑑》卷二七二同光元年七月甲子條：“王彦章疾趙、張亂政，及爲招討使，謂所親曰：‘待我成功還，當盡誅姦臣以謝天下！’趙、張聞之，私

相謂曰：'我輩寧死於沙陀，不可爲彦章所殺。'相與協力傾之。段凝素疾彦章之能而諂附趙、張，在軍中與彦章動相違戾，百方沮橈之，惟恐其有功，潛伺彦章過失以聞於梁主。每捷奏至，趙、張悉歸功於凝，由是彦章功竟無成。及歸楊村，梁主信讒，猶恐彦章旦夕成功難制，徵還大梁。使將兵會董璋攻澤州。"同年八月戊子條："初，梁主遣段凝監大軍於河上，敬翔、李振屢請罷之，梁主曰：'凝未有過。'振曰：'俟其有過，則社稷危矣。'至是，凝厚賂趙、張求爲招討使，翔、振力争以爲不可；趙、張主之，竟代王彦章爲北面招討使，於是宿將憤怒，士卒亦不服。天下兵馬副元帥張宗奭言於梁主曰：'臣爲副元帥，雖衰朽，猶足爲陛下扞禦北方。段凝晚進，功名未能服人，衆議詾詾，恐貽國家深憂。'敬翔曰：'將帥繫國安危，今國勢已爾，陛下豈可尚不留意邪！'梁主皆不聽。"同月戊戌條："戊戌，康延孝帥百餘騎來奔，帝解所御錦袍玉帶賜之，以爲南面招討都指揮使，領博州刺史。帝屏人問延孝以梁事，對曰：'梁朝地不爲狹，兵不爲少；然迹其行事，終必敗亡。何則？主既暗懦，趙、張兄弟擅權，内結宫掖，外納貨賂，官之高下唯視賂之多少，不擇才德，不校勳勞。段凝智勇俱無，一旦居王彦章、霍彦威之右，自將兵以來，專率斂行伍以奉權貴。每出一軍，不能專任將帥，常以近臣監之，進止可否動爲所制。近又聞欲數道出兵，令董璋引陜虢、澤潞之兵自石會關趣太原，霍彦威以汝、洛之兵自相衛、邢洺寇鎮定，王彦章、張漢傑以禁軍攻鄆州，段凝、杜晏球以大軍當陛下，決以十月大舉。臣竊觀梁兵聚則不少，分則不多。願陛下養勇蓄力以待其分兵，帥精騎五千自鄆州直抵大梁，擒其僞主，旬月之間，天下定矣。'帝大悦。"

[5]李知節：人名。籍貫不詳。五代將領。事見本書本卷、卷一〇。　趙廷隱：人名。籍貫不詳。五代將領。事見本書本卷、卷一〇。　劉嗣彬：人名。籍貫不詳。五代將領。事見本書本卷、卷一〇。

[6]"十月"至"斬首數千級"：《通鑑》卷二七二同光元年十

月壬申、癸酉、甲戌條，原作："壬申，帝以大軍自楊劉濟河。癸酉，至鄆州，中夜進軍踰汶，以李嗣源爲前鋒。甲戌旦，遇梁兵，一戰敗之，追至中都，圍其城。城無守備，少頃，梁兵潰圍出，追擊，破之。王彦章以數十騎走，龍武大將軍李紹奇單騎追之，識其聲，曰：'王鐵槍也！'拔矟刺之，彦章重傷，馬躓，遂擒之，并擒都監張漢傑、曹州刺史李知節、裨將趙廷隱、劉嗣彬等二百餘人，斬首數千級。"《輯本舊史》卷三〇《唐莊宗紀四》同光元年十月甲戌條："甲戌，帝攻之，中都素無城守，師既雲合，梁衆自潰。是日，擒梁將王彦章及都監張漢傑、趙廷隱、劉嗣彬、李知節、康文通、王山興等將吏二百餘人，斬馘二萬，奪馬千匹。"明本《册府》卷二〇《帝王部·功業門二》：同光元年，"十月癸酉，莊宗親御六師至鄆州。是夜，命帝以騎軍爲前鋒大將繼進。詰朝，遇賊軍，一戰敗之，追至中都。俄而大圍合，城無所備，賊潰圍而出，擊之，大破，生擒大將王彦章及監軍張漢傑、趙廷隱等"。《新五代史》卷六《唐明宗紀》同光元年條："梁軍攻破德勝南栅，莊宗退保楊劉，王彦章急攻鄆州，莊宗悉軍救之，嗣源爲前鋒擊梁軍，追至中都，擒彦章及梁監軍張漢傑。"

［7］"末帝遣漢倫馳騎追段凝軍"至"復限水不能進"：《通鑑》卷二七二同光元年十月丁丑條。《輯本舊史·梁末帝紀下》龍德三年十月甲戌條："甲戌，唐帝引師襲中都，王彦章兵潰，於是彦章與監軍張漢傑及趙廷隱、劉嗣彬、李知節、康文通、王山興等皆爲唐人所獲。翌日，彦章死于任城。帝聞中都之敗，唐軍長驅將至，遣張漢倫馳驛召段凝於河上，漢倫墜馬傷足，復限水潦，不能進。"

［8］杜晏球：人名。又名王晏球。籍貫不詳。五代將領。傳見本書卷六四、《新五代史》卷四六。

［9］趙鵠：人名。一作趙縠。籍貫不詳。後梁、後唐將領。事見本書卷九、卷五九。　張希逸：人名。籍貫不詳。後梁將領。事見本書卷九、卷三〇。　朱珪：人名。籍貫不詳。五代後梁將領，

時爲後梁檢校太傅、匡國軍節度觀察留後、行營諸軍馬步都虞候。傳見本書附録。

［10］“段凝杜晏球上言”至“不可不誅”：《通鑑》卷二七二同光元年十月丙戌條。

［11］中都：縣名。治所在今山東汶上縣。

［12］撒剌阿撥：人名。契丹人。又名剌葛。耶律阿保機之弟。謀亂於契丹，後奔晋。晋王厚遇之，養爲假子，任爲刺史。胡柳之戰，携妻子投於後梁。傳見本書附録。

［13］“詔曰”至“皆斬於汴橋下”：《宋本册府》卷一五四《帝王部·明罰門三》。此事亦見《輯本舊史·唐莊宗紀四》同光元年十月丙戌條、卷五九《王瓚傳》，《宋本册府》卷九二七《總録部·讒佞門》段凝條，《新五代史》卷五《唐莊宗紀下》同光元年十月丙戌條。

張歸厚

張歸厚，字德坤，[1]少驍勇，有機略，尤長於弓槊之用。中和末，與兄歸霸自巢軍相率來降，太祖署爲軍校。[2]時淮西兵力方壯，[3]太祖之師尚寡，歸厚以少擊衆，往無不捷。[4]光啓三年春，與秦宗賢戰于萬勝，大破之。[5]其夏，蔡將張晊以數萬衆屯於赤堈，[6]歸厚嘗與晊單騎鬬於陣，晊不能支而奔，師徒乘此大捷。太祖大悦，立署爲騎軍長，仍以鞍馬器幣錫之。及佐朱珍討時溥，寨于豐、蕭之間，[7]歸厚乘徐壘如行坦途，甚爲諸將歎伏。龍紀初，[8]奏遷檢校工部尚書。[9]其年冬，復伐徐，歸厚以偏師徑進，至九里山下與徐兵遇。[10]時我之叛將陳璠在賊陣中，[11]歸厚忽見之，因瞋目大罵，單馬直往，期于必取，會飛矢中左目而退。徐戎甚衆，莫敢追之。[12]

[1]張歸厚，字德坤：《輯本舊史》之案語："《通鑑考異》引《梁功臣列傳》云：歸厚祖興，父處讓。《薛史·歸厚傳》不言其父、祖名號，當是歸霸從弟。"見《通鑑》卷二五五中和四年（884）五月戊辰條《考異》。《宋本册府》卷三八六《將帥部·褒異門一二》云："張歸厚，歸霸之弟也。"

[2]"中和末"至"太祖署爲軍校"：其事見於《舊唐書》卷二〇〇下《黄巢傳》、《宋本册府》卷一八七《閏位部·勳業門五》中和四年四月丁巳條、《新唐書》卷二二五下《黄巢傳》、《通鑑》卷二五五中和四年五月戊辰條。

[3]淮西：地區名。唐中後期指淮河以西及以南一帶。

[4]"時淮西兵力方壯"至"往無不捷"：亦見《宋本册府》卷三九六《將帥部·勇敢門三》。

[5]秦宗賢：《宋本册府》卷三九六作"秦賢"。　光啓三年春與秦宗賢戰于萬勝大破之：亦見《宋本册府》卷三六〇《將帥部·立功門一三》。

[6]赤堈：《新五代史》卷二二《張歸霸傳》附《張歸厚傳》作"赤岡"。

[7]蕭：縣名。治所在今江蘇蕭縣。

[8]龍紀：唐昭宗李曄年號（889）。

[9]"其夏"至"奏遷檢校工部尚書"：亦見《宋本册府》卷三八六、卷三九六。唯"歸厚嘗與晊單騎鬬於陣""歸厚乘徐壘如行坦途""歎伏"，《册府》卷三九六分别作"歸厚常晊單騎鬬於陣""歸厚來往徐壘如行坦途""嘆服"。

[10]九里山：山名。又名九嶷山、象山。位於今江蘇徐州市西北。

[11]陳璠：人名。籍貫不詳。唐末、五代將領。事見本書本卷、卷一三、卷五九。

[12]“其年冬”至“莫敢追之”：亦見《宋本册府》卷三九六；唯“九里山”“陳璠”“因瞋目大罵”，《册府》分别作“九黑山”“陳嶓”“瞋目大駡”。

大順元年，奏加檢校兵部尚書，又命統親軍。是歲，郴王遷寨，[1]未知所往，忽逢兖、鄆賊寇甚衆，太祖亟登道左高阜以觀之，命歸厚領所部廳子馬直突之。[2]出没二十餘合，賊大敗將北，[3]而救軍雲至，歸厚即綴賊苦戰，請太祖以數十騎先還。[4]時歸厚所乘馬中流矢而踣，乃持槊步鬬漸退，賊不敢逼。太祖至寨，亟命張筠、劉儒飛騎來迎，[5]然謂已歿矣。歸厚體被二十餘箭，尚復拒戰，筠等既至，賊解乃歸。太祖見之，撫背泣下曰：“得歸厚身全，縱廣喪戎馬，何足計乎！”便令肩舁歸汴，[6]日降問賚，恩旨甚厚，尋遷中軍指揮使。[7]

[1]郴王：即朱友裕。朱温長子。傳見本書卷一二、《新五代史》卷一三。　是歲郴王遷寨：中華書局本有校勘記：“按此處疑有闕文，《册府》卷三六〇作‘是歲，郴王友裕領諸軍屯於濮州之境。十一月，太祖率親從騎士將合大軍，會郴王遷寨’。自‘友裕’至‘會郴王’爲二十八字，檢今存本《永樂大典》每行二十八字，疑清人輯録時涉兩‘郴王’而脱行。”見《宋本册府》卷三六〇《將帥部·立功門一三》。

[2]命歸厚領所部廳子馬直突之：“廳子馬”，《宋本册府》卷三六〇同，《舊五代史考異》：“案：原本作‘厲子馬’，考《通鑑》

注，廳子都係當時軍旅之名，今改正。”見《通鑑》卷二六七乾化元年（911）二月庚午條注。

[3]賊大敗將北：“大”，《宋本册府》卷三六〇作“戰”。

[4]請太祖以數十騎先還：《宋本册府》卷三六〇無“太祖”二字。

[5]劉儒：人名。籍貫不詳。五代將領。事見本書本卷、卷五。

[6]肩舁（yú）：亦作“肩輿”。由人抬着走。

[7]中軍：戰鬥時編成中位居中軍者。

景福初，從太祖伐鄆，帝軍不利，太祖爲寇所逼，歸厚殿馬翼衛，左右馳射，矢發如雨，賊騎千百，披靡而退。[1]明年，與葛從周禦晋軍於洹水，[2]殊績尤著。詔加檢校右僕射。[3]其後討滄州，復洺州，咸以功聞，太祖録其勳，命權知洺州事。[4]是郡嘗兩爲晋人所陷，井邑蕭條，歸厚撫之，數月之内，民庶翕然。太祖自鎮、定還，覩其緝理之政，大喜，賞之。[5]

[1]“景福初”至“披靡而退”：亦見《宋本册府》卷三六〇《將帥部·立功門一三》。《宋本册府》卷一八七《閏位部·勳業門五》繫於景福元年（892）二月丁亥條，《通鑑》卷二五九繫於景福元年二月甲申條。

[2]葛從周：《舊五代史考異》：“案：原本作‘郭從周’，今據《通鑑》改正。”　晋軍：《輯本舊史》之影庫本粘籤：“晋軍，原本作‘晋君’，今據《通鑑》改正。”　明年與葛從周禦晋軍於洹水：《宋本册府》卷三六〇同。同書卷三八六《將帥部·褒異門一二》作“大順二年，與葛從周禦晋軍於洹水”。按，朱全忠兩次召葛從周於洹水以禦晋軍，分别繫於《通鑑》卷二六〇乾寧三年

(896) 六月條及十月丙子條後，則此“明年”當爲乾寧三年。

[3]詔加檢校右僕射：《宋本册府》卷三八六同，卷三六〇無“加”字。

[4]“其後討滄州”至“命權知洺州事”：亦見《宋本册府》卷三八六。

[5]大喜賞之：中華書局本有校勘記：“《册府》卷六九二作‘大嘉賞之’。”見《宋本册府》卷六九二《牧守部·招輯門》。《輯本舊史》卷二六《唐武皇紀下》光化二年（898）八月條：“時汴將賀德倫、張歸厚等守潞州。是月，德倫等棄城而遁，潞州平。”此事亦見同書卷五二《李嗣昭傳》。《通鑑》卷二六一光化二年正月丁未條後：“楊行密與朱瑾將兵數萬攻徐州，軍于吕梁，朱全忠遣騎將張歸厚救之。”

天復元年冬，真拜洺州刺史，加檢校左僕射，尋授絳州刺史。[1]三年秋，改晋州刺史，[2]仍檢校司空。唐帝遷都洛陽，[3]除右神武統軍。[4]天祐二年，改左羽林統軍，與徐懷玉同守澤州。[5]時晋軍五萬來攻，郡中戎士甚寡，歸厚極力拒守，并軍乃還。[6]太祖受禪，加檢校司徒。[7]開平二年夏，[8]劉知俊以同州叛，[9]歸厚副楊師厚、劉鄩等討平之。[10]秋，軍還，授亳州團練使。[11]乾化元年，[12]拜鎮國軍節度使、陝虢等州觀察處置等使。[13]明年夏，以疾卒於位。[14]詔贈太師。子漢卿。《永樂大典》卷一萬八千一百二十六。[15]

[1]絳州：州名。治所在今山西新絳縣。　“天復元年冬”至“尋授絳州刺史”：《輯本舊史》卷二六《唐武皇紀下》天復元年(901) 四月條：“四月，汴將氏叔琮率兵五萬自太行路寇澤潞，魏博

大將張文恭領軍自新口入，葛從周領兖、鄆之衆自土門入，張歸厚以邢洺之衆自馬嶺入，定州王處直之衆自飛狐入，侯言以晋、絳之兵自陰地入。"《宋本册府》卷一八七《閏位部·勳業門五》天復元年三月條："是月，遣大將賀德倫、氏叔琮領大軍以伐太原，叔琮等自太行路入，魏博都將張文恭自磁州新口入，葛從周以兖、鄆之衆自土門路入，洺州刺史張歸厚以本軍自馬嶺入，定州以本軍自飛狐入，晋州侯言自陰地入。"同卷乙卯條："張歸厚引兵至遼州，刺史張鄂迎降。"《新五代史》卷一《梁太祖紀上》天復元年三月條："三月，大舉攻晋。氏叔琮出太行，取澤潞。葛從周、張存敬、侯言、張歸厚及鎮、定之兵，皆會于太原，圍之，不克，遇雨而還。"《通鑑》卷二六二天復元年三月癸卯條："癸卯，遣氏叔琮等將兵五萬攻李克用，入自太行，魏博都將張文恭入自磁州新口，葛從周以兖、鄆兵會成德兵入自土門，洺州刺史張歸厚入自馬嶺，義武節度使王處直入自飛狐，權知晋州侯言以慈、隰、晋、絳兵入自陰地。"同年四月乙卯、丁巳條："夏，四月，乙卯，叔琮出石會關，營於洞渦驛。張歸厚引兵至遼州，丁巳，遼州刺史張鄂降。"

［2］晋州：州名。治所在今山西臨汾市。

［3］唐帝：指唐昭宗。

［4］右神武統軍：官名。唐置六軍，分左、右羽林，左、右龍武，左、右神武，即"北衙六軍"。興元元年（784），六軍各置統軍，以寵勳臣。五代沿之。其品秩，《唐會要》卷七一、《舊唐書》卷一二記載爲"從二品"，《通鑑》卷二二九記載爲"從三品"。

［5］澤州：州名。治所在今山西澤州縣。

［6］"唐帝還都洛陽"至"并軍乃還"：《宋本册府》卷三八六《將帥部·褒異門一二》："昭宗還都洛陽，除右神武統軍。天祐二年，改左羽林統軍，與徐懷玉同守澤州，拒退并軍乃還。"

［7］加檢校司徒：中華書局本有校勘記："'司徒'，原作'司空'，據《册府》卷三八六改。按本卷上文：'三年秋，改晋州刺史，仍檢校司空。'"見《宋本册府》卷三八六。

[8]開平：後梁太祖朱温年號（907—911）。　開平二年夏：中華書局本有校勘記："《册府》卷三八六同，本書卷四《梁太祖紀四》、卷一三《劉知俊傳》、卷二三《劉鄩傳》，《通鑑》卷二六七皆繫其事於開平三年。"見《宋本册府》卷三八六。

[9]同州：州名。治所在今陝西大荔縣。

[10]楊師厚：人名。潁州斤溝（今安徽太和縣阮橋鎮斤溝村）人。唐末、五代將領。傳見本書卷二二、《新五代史》卷二三。

[11]團練使：官名。唐代中期以後，於不設節度使的地區設團練使，掌本區各州軍事。

[12]乾化：後梁太祖朱温年號（911—912），後梁末帝朱友貞沿用（913—915）。

[13]鎮國軍：方鎮名。後梁開平二年（908），改保義軍爲鎮國軍，治所在陝州（今河南三門峽市陝州區）。　虢：州名。治所在今河南靈寶市。　拜鎮國軍節度使陝虢等州觀察處置等使：《宋本册府》卷三八六作"拜鎮國軍節度使"。

[14]明年夏以疾卒於位：《宋本册府》卷三八六作："明年，以疾卒。"

[15]《大典》卷一八一二六"將"字韻"五代後梁將（一）"事目。

張歸弁

張歸弁，字從晃。始與兄歸霸、歸厚同歸於太祖，得署爲牙校。時太祖初鎮宣武，屢命歸弁結好於近境，頗得行人之儀。[1]乾寧中，以偏師佐葛從周禦并軍於洹水。光化中，[2]又佐張存敬與燕人戰於内黄，積前後功，表授檢校工部尚書。大順初，攻討兖、鄆，命歸弁佐衡王友諒屯單父，[3]軍聲甚振，尋爲齊州指揮使。[4]屬青帥王師範叛，[5]遣將詐爲賈人，[6]挽車數十乘，匿兵器於其中，將謀竊發，歸弁察而擒之，州城以寧。明年春，青寇大舉來伐，州兵既寡，[7]民意頗摇，有本郡都將康文爽等三人欲謀外應，[8]即時擒獲誅之，人心遂定。歸弁又罄發私帑，賞給士伍，青人遂遁。青州平，超加檢校右僕射，遥領愛州刺史。[9]從征荆、襄迴，[10]轉檢校左僕射。

[1]頗得行人之儀：《宋本册府》卷六五三《奉使部·稱旨門》作“頗得行人之禮”。

[2]光化中：中華書局本有校勘記：“‘光化’，原作‘光啓’，據《册府》卷三六〇改。按本書卷二《梁太祖紀二》記梁敗燕軍於内黄爲光化二年事。此傳先敘乾寧事，又敘光化事，後敘大順事，前後舛亂。”見《宋本册府》卷三六〇《將帥部·立功門一三》、《輯本舊史》卷二《梁太祖紀二》光化二年（899）三月條。《宋本册府》卷三八六《將帥部·褒異門一二》作“光啓中”。

[3]友諒：人名。即朱友諒。朱全昱之子，朱温之侄。後梁建國，初封衡王，後襲封廣王。傳見本書卷一二、《新五代史》卷一三。中華書局本有校勘記：“‘友諒’，原作‘友謙’，據劉本、《册府》卷三六〇改。按本書卷一二《梁宗室傳》：‘友諒，全昱子，初封衡王，後嗣廣王。’”見《宋本册府》卷三六〇、《輯本舊史》卷一二《朱友諒傳》。　單父：縣名。治所在今山東單縣。

[4]齊州：州名。治所在今山東濟南市。　尋爲齊州指揮使：《宋本册府》卷三八六作：“大順初，爲齊州刺史。”

[5]王師範：人名。青州（今山東青州市）人。唐末、五代軍閥。傳見本書卷一三、《新五代史》卷四二。

[6]賈人：《宋本册府》卷三六〇作“估人”。

[7]州兵既寡：《宋本册府》卷三八六作“時州兵既寡”。

[8]康文爽：人名。籍貫不詳。五代將領。事見本書本卷。　有本郡都將康文爽等三人欲謀外應：《輯本舊史》之影庫本粘籤：“都將，原本作‘郁將’，今據文改正。”《宋本册府》卷三六〇亦作“都將”。

[9]愛州：州名。治所在今越南清化市。

[10]荆：州名。治所在今湖北荆州市。　襄：州名。治所在今湖北襄陽市。

天祐三年春，太祖入魏誅牙軍，魏之郡邑多叛，歸弁與諸將等分布攻討，封境悉平。而歸弁於高唐攻賊太猛，[1]飛矢中於臆，[2]太祖嘉之，命賜銀鞍勒馬一疋、金帶一條。[3]夏五月，命權知晉州。冬十一月，真授晉州刺史，加檢校司空。[4]太祖受禪，改滑州長劍指揮使。[5]開平二年秋九月，并軍圍平陽，[6]詔歸弁統兵救之。軍至，解其圍，加檢校司徒。三年春三月，寢疾，卒於滑州之私第。子漢融。[7]《永樂大典》卷六千三百五十。[8]

[1]高唐：縣名。治所在今山東高唐縣。《輯本舊史》之影庫本粘籤：“高唐，原本作‘高堂’，今據《通鑑》改正。”見《通鑑》卷二六五天祐三年（906）四月丙午條。　而歸弁於高唐攻賊太猛：《宋本册府》卷三六〇《將帥部・立功門一三》、卷三八六《將帥部・褒異門一二》作“而歸弁於高堂入賊太猛”。

[2]臆：胸。

[3]命賜銀鞍勒馬一疋金帶一條：中華書局本有校勘記：“‘銀’字原闕，據《册府》卷三六〇、卷三八六補。”見《宋本册府》卷

三六〇、卷三八六。

[4]“夏五月”至“加檢校司空”：《宋本册府》卷三八六同，卷三六〇則作：“夏五月，命權知晋州刺史，加檢校司空。”

[5]長劍指揮使：官名。所部統兵將領。長劍爲部隊番號。

[6]平陽：地名。位於今山西臨汾市。

[7]漢融：人名。即張漢融。張歸弁之子。事見本書卷三〇、卷五九。　子漢融：《新五代史》卷二二《張歸霸》附《張歸弁傳》：“歸弁，爲將亦善戰，開平初爲滑州長劍指揮使。子漢融。梁亡，皆族誅。”漢融被誅於後唐同光元年（923）十月，見《輯本舊史》卷三〇《唐莊宗紀四》同光元年十月丙戌條、卷五九《王瓚傳》，《宋本册府》卷一五四《帝王部·明罰門三》、卷九二七《總録部·讒佞門》段凝條，《新五代史》卷五《唐莊宗紀下》同光元年十月丙戌條。

[8]《大典》卷六三五〇“張”字韻“姓氏（二〇）”事目。

史臣曰：從周以驍武之才，事雄猜之主，而能取功名於馬上，啓手足於牖下，[1]静而言之，斯爲賢矣。彦章蔚有將才，死於讒口，身既歿矣，國亦隨之，惜哉！歸霸昆仲，皆脱身於巨盜之流，宣力於興王之運，由介胄而析圭爵，[2]可不謂壯夫歟！《永樂大典》卷六千三百五十。[3]

[1]啓手足於牖（yǒu）下：牖下，借指壽終正寢。户牖間之前。

[2]介胄：披甲和頭盔。借指軍隊。　圭爵：官爵。

[3]《大典》卷六三五〇“張”字韻“姓氏（二〇）”事目。

舊五代史　卷一七

梁書十七

列傳第七

成汭

成汭，淮西人。[1]少年任俠，乘醉殺人，爲讎家所捕，因落髮爲僧，冒姓郭氏，亡匿久之，及貴，方復本姓。[2]

[1]淮西：方鎮名。淮南西道的簡稱。治所在蔡州（今河南汝南縣）。

[2]“成汭”至“方復本姓”：《輯本舊史》卷一七《成汭傳》原注録自《大典》卷一八八二〇“姓”字韻“事韵”，應爲“冒姓”或“本姓”事目。《輯本舊史》之原輯者案語：“《新唐書》云：入蔡賊中，爲賊帥假子，更姓名爲郭禹。”見《新唐書》卷一九〇《成汭傳》。

唐僖宗朝，[1]爲蔡州軍校，領本郡兵戍荆南，[2]帥以其凶暴，欲害之，遂棄本軍奔於秭歸。[3]一夕，巨蛇繞其身，幾至於殞，乃祝曰："苟有所負，死生唯命。"逡巡，蛇亦解去。後據歸州，[4]招輯流亡，練士伍，得兵千餘人，沿流以襲荆南，遂據其地，朝廷即以旄鉞授之。[5]

[1]唐僖宗：即李儇。873 年至 888 年在位。紀見《舊唐書》卷一九下、《新唐書》卷九。

[2]荆南：方鎮名。治所在荆州（今湖北荆州市）。

[3]秭歸：縣名。治所在今湖北秭歸縣。

[4]歸州：州名。治所在今湖北秭歸縣。

[5]"唐僖宗朝"至"朝廷即以旄鉞授之"：《輯本舊史》卷一七《成汭傳》原注録自《大典》卷五九四〇"車"字韻"事韻"，與内容無涉，誤。中華書局本改作卷五九四九，有校勘記："原作'《永樂大典》卷五千九百四十'，據孔本改。檢《永樂大典目録》，卷五九四〇爲'車'字韻，與本則内容不符，卷五九四九爲'蛇'字韻。"其實陳垣先生在一九六三年《文史》第三輯發表之《〈舊五代史〉輯本引書卷數多誤例》一文中已指出："卷一七《成汭傳》巨蛇繞身條，引《大典》五九四〇，係車字韻，誤。應作五九五〇，蛇字韻。"（《文史》第三輯，中華書局 1963 年版，第 198 頁）應爲"巨蛇"事目。

是時，荆州經巨盜之後，居民才一十七家，汭撫輯凋殘，勵精爲理，通商訓農，勤於惠養，比及末年，僅及萬户。[1]

[1]“是時”至“僅及萬户”：《輯本舊史》卷一七《成汭傳》原注録自《大典》卷一一八二七，爲“養”字韻“事韻（二）”，應爲“惠養”或“勤於惠養”事目。

汭性豪暴，事皆意斷，又好自矜伐，騁辯淩人，深爲識者所鄙。[1]

[1]“汭性豪暴”至“深爲識者所鄙”：《輯本舊史》卷一七《成汭傳》原注録自《大典》卷二九九八，爲“人”字韻“事韻（十八）”，應爲“淩人”事目。

初，澧、朗二州，[1]本屬荆南，乾寧中，[2]爲土豪雷滿所據。[3]汭奏請割隸，唐宰相徐彦若執而不行，[4]汭由是銜之。及彦若出鎮南海，[5]路過江陵，[6]汭雖加延接，而猶怏怏。嘗因對酒，語及其事，彦若曰：“令公位尊方面，[7]自比桓、文，[8]雷滿者，偏州一草賊爾，令公何不加兵，而反怨朝廷乎！”汭赧然而屈。[9]

[1]澧（lǐ）：州名。治所在今湖南澧縣。　朗：州名。治所在今湖南常德市。

[2]乾寧：唐昭宗李曄年號（894—898）。

[3]雷滿：人名。武陵（今湖南常德市武陵區）人。唐末軍閥。傳見《新唐書》卷一八六、本書本卷、《新五代史》卷四一。

[4]徐彦若：人名。新鄭（今河南新鄭市）人。唐末宰相、軍閥。傳見《舊唐書》卷一七九、《新唐書》卷一一三。《輯本舊史》之影庫本粘籤：“徐彦若，原本作‘産若’，今據《新唐書》改正。”

[5]南海：縣名。治所在今廣東廣州市。

[6]江陵：地名。荆州别稱，位於今湖北荆州市。

[7]令公位尊方面：中華書局本有校勘記："'令公'，原作'今公'，據殿本、劉本、邵本校、彭校、《北夢瑣言》卷五、《通鑑》卷二六二改。本卷下一處同。"

[8]桓、文：指齊桓公、晋文公。

[9]赧然：羞愧。　"初澧朗二州"至"汭赧然而屈"：《輯本舊史》卷一七《成汭傳》原注録自《大典》卷二一一二八，爲"屈"字韻"事韻"，應爲"赧然而屈"事目。

因思嶺外有黄茅瘴，[1]患者皆落髮，乃謂彦若曰："黄茅瘴，望相公保重。"彦若應聲答曰："南海黄茅瘴，不死成和尚。"蓋譏汭曾爲僧也。汭終席慚耻。[2]

[1]黄茅瘴：每年夏秋之際，南方茅草枯黄時，瘴氣興盛，稱爲"黄茅瘴"。

[2]"因思嶺外有黄茅瘴"至"汭終席慚耻"：明本《册府》卷九三九《總録部·譏誚門》。

累官至檢校太尉，[1]封上谷郡王。楊行密以兵圍鄂州，[2]汭出師以援鄂，汭未至鄂渚，[3]江陵已陷，將士亡其家，皆無鬭志。淮寇乘之，以火焚其艦，汭投江而死。[4]天祐三年夏，[5]太祖以汭没於王事，上表於唐帝，請爲汭立廟於荆門，[6]優詔可之。[7]

[1]檢校太尉：官名。爲散官或加官，加此官以示恩寵，無實際執掌。

[2]楊行密：人名。廬州合淝（今安徽合肥市）人。唐末軍

閥，後被追爲五代十國吴國太祖。傳見《新唐書》卷一八八、本書卷一三四、《新五代史》卷六一。　鄂州：州名。治所在今湖北武漢市武昌區。

［3］鄂渚：位於今湖北武漢市武昌區西長江中。代指鄂州。

［4］“楊行密以兵圍鄂州”至“汭投江而死”：中華書局本有校勘記：“《通鑑》卷二六四《考異》引《薛史》：‘汭未至鄂渚，江陵已陷，將士亡其家，皆無鬭志。’按此則係《舊五代史》佚文，清人失輯，姑附於此。”但未補入正文。見《通鑑》卷二六四天復三年（903）五月壬子條《考異》。此則不但爲《舊史》佚文，更爲《舊史·成汭傳》佚文，有此句文意始完整，故補入正文中。《宋本册府》卷九五一《總録部·咎徵門二》成汭條載：“唐末爲荆南節度使。時鄂州杜洪爲淮南楊行密所襲，汭出師援之，造一巨艦，三年而成，號曰‘和州載’。艦上列廳所司局，有若府署之制；又有齊山截海之名，其宏廓可知矣。及沿流東下，未及鄂渚而澧朗之軍突入江陵，俘掠殆盡。汭之兵士咸顧其家，皆無鬭志，而淮寇乘之，縱火以燔其艦，汭投江而死。”

［5］天祐：唐昭宗李曄開始使用的年號（904）。唐哀帝李柷即位後沿用（904—907）。唐亡後，河東李克用、李存勗仍稱天祐，沿用至天祐二十年（923）。五代其他政權亦有行此年號者，如南吴、吴越等，使用時間長短不等。

［6］荆門：州名。治所在今湖北荆門市。

［7］“天祐三年夏”至“優詔可之”：《舊唐書》卷二〇下《哀帝紀》天祐二年（905）五月：“丁卯，荆襄節度使趙匡凝奏爲故使成汭立祠宇，從之。”同卷天祐三年：“五月癸酉朔，追贈故荆南節度使成汭、鄂岳節度使杜洪官爵，仍於本州立祠廟，從全忠奏也。”《輯本舊史》在傳末有原輯者案語：“《成汭傳》，《永樂大典》闕全篇，今就散見六條，編次如右。”又録《五代史補》：“鄭準，不知何許人。性諒直，能爲文章，長于箋奏。成汭鎮荆南，辟爲推官。汭嘗讎殺人，懼爲吏所捕，改姓郭氏，及爲荆南節度使，命準爲表

乞歸本姓，準援筆而成。其略云：‘臣門非冠蓋，家本軍戎。親朋之内，盱睢爲人報怨；昆弟之間，點染無處求生。背故國以狐疑，望鄰封而鼠竄。名非霸越，乘舟難效于陶朱；志切投秦，出境遂稱于張禄。’又云：‘成爲本姓，郭乃冒稱。本避犯禁之辜，敢歸司寇；別族受封之典，誠愧諸侯。伏乞聖慈，許歸本姓’云云。其表甚爲朝廷所重。後因汭生辰，淮南楊行密遣使致禮幣之外，仍貺《初學記》一部，準忿然以爲不可，謂汭曰：‘夫《初學記》，蓋訓童之書爾，今敵國交聘，以此書爲貺，得非相輕之甚耶！宜書責讓。’汭不納，準自嘆曰：‘若然，見輕敵國，足彰幕府之無人也。參佐無狀，安可久！’遽請解職。汭怒其去，潛使人于途中殺之。”此所録《五代史補》之“成爲本姓”，中華書局本有校勘記：“‘姓’，原作‘性’，據殿本、劉本、孔本、《舊五代史考異》卷一、《五代史補》卷二改。”“宜致書責讓”，中華書局本有校勘記：“‘致’字原闕，據《五代史補》（顧校）卷一補。”　“累官至檢校太尉”至“優詔可之”：《輯本舊史》卷一七《成汭傳》原注録自《大典》卷一一八三七“仰”字韻“事韻”。此段文字無有關“仰”字之詞，此注誤。但至今未查出應爲何字韻，存疑。中華書局本有校勘記：“疑與本卷上文同出自卷一一八二七‘養’字韻‘事韻二’。”但此兩段相隔甚遠，無此可能。《舊唐書》卷二〇上《昭宗紀》光化三年（900）八月：“壬午，制荊南節度、忠萬歸夔涪峽等州觀察處置水陸催運等使、開府儀同三司、檢校太尉、兼中書令、江陵尹、上柱國、上谷郡王、食邑三千户成汭可檢校太師、中書令，餘如故。”《舊唐書》所載“光化三年七月”至“上谷郡王”，亦見《宋本册府》卷一二九《帝王部·封建門》。

杜洪　鍾傳

杜洪者，江夏伶人。[1]鍾傳者，豫章小校。[2]唐光啓中，[3]秦宗權凶焰飈起，[4]屢擾江淮，[5]郡將不能城守。洪、傳各爲部校，因戰立威，逐其廉使，自稱留後，朝廷因而命之。[6]及爲楊行密所攻，洪、傳首尾相應，皆遣求援於太祖，太祖遣朱友恭赴之，[7]大破淮寇于武昌，二鎮稍寧。[8]及行密乘勝急攻洪、鄂，[9]洪復乞師于太祖，太祖命荆南成汭率荆襄舟師以赴之。[10]未至夏口，[11]汭敗溺死，淮人遂陷鄂州，洪爲其所擒，被害于廣陵市，[12]時唐天復二年也。[13]天祐三年夏，太祖表請爲洪立廟于其鎮，優詔可之。太祖即位，詔贈太傅。[14]先是，鍾傳卒於江西，[15]其子繼之，[16]尋爲楊行密所敗，其地亦入于淮夷。《永樂大典》卷四百九十一。[17]

[1]江夏：縣名。治所在今湖北武漢市武昌區。　伶人：即樂官。　杜洪者，江夏伶人：《輯本舊史》之案語："《新唐書》：洪，鄂州人。"見《新唐書》卷一九〇《杜洪傳》。《新五代史》卷四一《鍾傳傳》："江夏伶人杜洪者，亦據鄂州。"《新唐書》卷九《僖宗紀》中和四年（884）："武昌軍將杜洪陷岳州。"《通鑑》卷二五五中和四年三月條："武昌牙將杜洪亦逐岳州刺史而代之。"

[2]豫章：地名。位於今江西南昌市。　鍾傳者豫章小校：《輯本舊史》之案語："《新唐書》：傳，洪州高安人。"見《新唐書》卷一九〇《鍾傳傳》。《太平廣記》卷二九二《驍勇類》引《耳目記》鍾傳條云傳本豫章人，並記其年少搏虎事，其事亦見於《新唐書·鍾傳傳》。《新五代史·鍾傳傳》："鍾傳，洪州高安人也。"《通鑑》卷二五五中和二年七月己巳條："以鍾傳爲江西觀察使，從高駢之請也。傳既去撫州，南城人危全諷復據之，又遣其弟仔倡據信州。"

[3]光啓：唐僖宗李儇年號（885—888）。

[4]秦宗權：人名。許州（今河南許昌市）人。唐末軍閥。傳見《舊唐書》卷二〇〇下、《新唐書》卷二二五下。

[5]江淮：泛指淮河以南、長江下游一帶。

[6]"唐光啓中"至"朝廷因而命之"：《輯本舊史》之案語："《新唐書》：光啓二年，洪乘虛入鄂，自爲節度留後，僖宗即拜本軍節度使。中和三年，傳逐江西觀察使高茂卿，遂有洪州。僖宗擢傳江西團練使，俄拜鎮南節度使。"見《新唐書·杜洪傳》。《新唐書·僖宗紀》光啓二年（886）條："杜洪陷鄂州，自稱武昌軍節度留後。"《通鑑》卷二五六光啓二年條："安陸賊帥周通攻鄂州，路審中亡去；岳州刺史杜洪乘虛入鄂，自稱武昌留後，朝廷因以授之。"

[7]朱友恭：人名。壽春（今安徽壽縣）人。本姓李，朱温養子。傳見《新唐書》卷二二三下、本書卷一九。

[8]"及爲楊行密所攻"至"二鎮稍寧"：《輯本舊史》卷一九《朱友恭傳》："光化初，淮夷侵鄂渚，武昌帥杜洪來乞師，太祖遣友恭將兵萬餘，濟江應援，引兵至龍沙、九江而還，軍聲大振。"《輯本舊史》卷一三四《楊行密傳》：乾寧四年（897），"行密縱兵侵掠鄰部，兩浙錢鏐、江西鍾傳、鄂州杜洪皆遣使求救於梁。梁祖遣朱友恭率步騎萬人渡江，取便討伐。行密先令都將瞿章據黄州，及梁師至，即棄郡南渡，固守武昌寨。行密遣將馬珣以精兵五千助之，友恭與杜洪大破其衆，遂拔武昌寨，擒瞿章并淮軍三千餘人，獲馬五百疋，淮夷大恐"。《新唐書》卷一八八《楊行密傳》乾寧三年："帝惡武昌節度使杜洪與全忠合，手詔授行密江南諸道行營都統，討洪。"光化二年："行密壁黄、鄂間，杜洪寘鴆于酒、于井，棄城去，行密知，不入。"同書卷二二三下《朱友恭傳》："乾寧中，授汝州刺史，檢校司空。楊行密侵鄂州，友恭將兵萬餘援杜洪，至江州，還攻黄州，入之，獲行密將，俘斬萬計。"亦見《宋本册府》卷三六〇《將帥部·立功門一三》、卷三八六《將帥部·褒異門一二》。《通鑑》卷二五九乾寧元年五月辛卯後："武昌節度

使杜洪攻黄州，楊行密遣行營都指揮使朱延壽等救之。”同年十二月丙辰條後：“吴討畏杜洪之逼，納印請代于楊行密，行密以先鋒指揮使瞿章權知黄州。”同書卷二六〇乾寧三年四月辛酉條後：“錢鏐、鍾傳、杜洪畏楊行密之强，皆求援於朱全忠；全忠遣許州刺史朱友恭將兵萬人渡淮，聽以便宜從事。”同書卷二六一乾寧四年二月乙亥條後：“詔以楊行密爲江南諸道行營都統，以討武昌節度使杜洪。”同年四月己未條後：“杜洪爲楊行密所攻，求救於朱全忠，全忠遣其將聶金掠泗州，朱友恭攻黄州。行密遣右黑雲都指揮使馬珣等救黄州。黄州刺史瞿章聞友恭至，棄城，擁衆南保武昌寨。”同年八月條：“鍾傳欲討吉州刺史襄陽周琲，琲帥其衆奔廣陵。”同卷光化元年（898）七月條：“加鎮南節度使鍾傳兼侍中。”同書卷二六二天復元年十二月條：“江西節度使鍾傳將兵圍撫州刺史危全諷，天火燒其城，士民讙驚。諸將請急攻之，傳曰：‘乘人之危，非仁也。’乃祝曰：‘全諷之罪，無爲害民。’火尋止。全諷聞之，謝罪聽命，以女妻傳子匡時。傳少時嘗獵，醉遇虎，與鬭，虎搏其肩，而傳亦持虎腰不置，旁人共殺虎，乃得免。既貴，悔之，常戒諸子曰：‘士處世貴智謀，勿效吾暴虎也。’”

[9]洪：州名。治所在今江西南昌市。

[10]荆襄：方鎮名。即山南東道，治所在襄州（今湖北襄陽市）。

[11]夏口：地名。位於今湖北武漢市漢水下游長江口地區，因古時漢水自沔陽（今湖北仙桃市）以下稱夏水，故而得名。

[12]廣陵：地名。位於今江蘇揚州市。

[13]天復：唐昭宗李曄年號（901—904）。　時唐天復二年也：中華書局本有校勘記：“本書卷一三四《楊行密傳》、《舊唐書》卷二〇下《哀帝紀》、《通鑑》卷二六五皆繫其事於天祐二年。”“及行密乘勝急攻洪鄂”至“時唐天復二年也”：《輯本舊史》之案語：“《九國志·劉存傳》：存急焚鄂州城樓，梁援兵將突圍而出，諸將欲急擊之，存曰：‘擊之賊必復入，復入則城愈固矣，不若聽

其遁去。’諸將皆曰：‘善。’是日城陷，擒杜洪父子，斬于廣陵市。”見《九國志》卷一《劉存傳》。《舊唐書》卷二〇上《昭宗紀》天祐元年七月己卯條：“制武昌軍節度、鄂岳蘄黄等州觀察處置兼三司水陸發運淮南西面行營招討等使、開府儀同三司、檢校太師、中書令、西平王、食邑三千户杜洪加食邑一千户，實封二百户。”《舊唐書》卷二〇下《哀帝紀》天祐元年十一月癸酉條：“楊行密攻光州，又急攻鄂州，杜洪遣使求援，全忠率師五萬自潁州渡淮，至霍丘大掠以紓之，行密分兵來拒。”天祐二年正月庚申條：“春正月庚申朔，楊行密陷鄂州，執節度使杜洪，斬於揚州市。”事亦見《輯本舊史·楊行密傳》。《輯本舊史·楊行密傳》：天祐二年正月，“行密攻陷鄂州，擒節度使杜洪，戮於揚州市”。《新五代史》卷六一《吴世家》：“（天復）三年，以李神福爲鄂岳招討使以攻杜洪，荆南成汭救洪，神福敗之于君山。……天祐二年，遣劉存攻鄂州，焚其城，城中兵突圍而出，諸將請急擊之，存曰：‘擊之復入，則城愈固，聽其去，城可取也。’是日城破，執杜洪，斬于廣陵。”同書卷六六《楚世家》：“行密遣將劉存等攻杜洪，圍鄂州，（馬）殷遣秦彦暉、許德勳以舟兵救之，已而杜洪敗死。”《新唐書》卷一〇《哀帝紀》繫杜洪被戮於天祐二年二月：“二月，楊行密陷鄂州，武昌軍節度使杜洪死之。”《新唐書·楊行密傳》天復二年：“行密討杜洪、馬殷，以分全忠勢。”“杜洪戰屢敗，嬰城，請救於全忠。全忠使韓勍率步兵萬人屯灄口，荆南節度使成汭亦悉衆救洪。神福逆戰，敗之，汭溺死，勍引衆走。泠業屯平江，爲三壁。殷將許德勳以鋭卒號‘定南刀’夜襲業，擊三壁皆破，禽業，掠上高、唐年而去。是時，杜洪困甚，且禽。會田頵、安仁義絶行密，行密召神福、存還計事，洪復振。”《通鑑》卷二六三天復三年正月條：“（楊行密）以昇州刺史李神福爲淮南行軍司馬、鄂岳行營招討使，舒州團練使劉存副之，將兵擊杜洪。洪將駱殷戍永興，棄城走，縣民方詔據城降。”同書卷二六四天復三年三月戊辰條後：“淮南將李神福圍鄂州，望城中積荻，謂監軍尹建峯曰：‘今夕爲公焚之。’建峯未之信。時杜洪求救於朱全忠，神福遣部將秦皋乘輕舟至灄口，舉火炬於樹杪；洪以爲救兵至，果焚荻以應之。”同年四月乙未條後：“杜洪求救於朱全忠，全忠遣其將韓勍將萬人屯灄口，遣使語荆南節度使成汭、武安節度使馬殷、武貞節度使雷彦威，令出兵救洪。汭畏全忠之强，且欲侵江、淮之地以自廣，發舟師十萬，沿江東下。汭作巨艦，三年而成，制度如府署，謂之‘和舟載’，其餘謂之‘齊山’‘截海’‘劈浪’之類甚衆。掌書記李珽諫曰：‘今每艦載甲士千人，稻米倍之，緩急不可動也。吴兵剽輕，難與角逐；武陵、長沙，皆吾讎也；豈得不爲反顧之慮乎！不若遣驍將屯巴陵，大軍與之對岸，堅壁勿戰，不過一月，吴兵食盡自遁，鄂圍解矣。’汭不聽。”同卷天祐元年三月丁巳條後：“（楊行密）以淮南行軍司馬李神福爲鄂岳招討使，復將兵擊杜洪。朱全忠遣使詣行密，請捨鄂岳，復脩舊好。行密報曰：‘俟天子還長安，然後罷兵脩好。’”同書卷二六五天祐二年二月庚子條：“朱全忠遣其將曹延祚將兵與杜洪共守鄂州，庚子，淮南將劉存攻拔之，執洪、延祚及汴兵千餘人送廣陵，悉誅之。”成汭援杜洪事亦見明本《册府》卷四二〇《將帥部·掩襲門》、卷四三〇《將帥部·乞師門》、卷九五一《總録部·咎徵門二》。

[14]太傅：官名。與太師、太保合稱三師，唐後期、五代多爲大臣、勳貴加官。正一品。　“天祐三年夏”至“詔贈太傅”：《舊唐書·哀帝紀》天祐三年五月癸酉朔條：“追贈故荆南節度使成汭、鄂岳節度使杜洪官爵，仍於本州立祠廟，從全忠奏也。”《新唐書》卷一九〇《成汭傳》：“天祐中，全忠表汭死國事，請與杜洪皆立廟云。”明本《册府》卷二一〇《閏位部·旌表門》：“梁太祖開平元年十二月，詔故荆南節度使、守中書令、上谷王周汭贈太師，故武昌軍節度使、兼中書令、西平王杜洪贈太傅。”“此二鎮也，皆以忠節歿於王事，帝每言諸藩屏豫經綸之業，必有首痛汭、洪之薨，至是追贈之。”《宋本册府》卷八二〇《總録部·立祠門》：“杜洪爲鄂州節度，薨。梁王奏請與洪於本道置立祠廟，哀帝

從之。”

［15］江西：唐代地方監察區名。即江南西道，治所在洪州（今江西南昌市）。　先是鍾傳卒於江西：《輯本舊史·楊行密傳》繫於天祐二年正月杜洪被戮後：“其後，江西鍾傳、宣州田頵俱爲行密所併。”《新唐書·鍾傳傳》作“天祐三年卒”。

［16］其子繼之：《輯本舊史》之案語：“《九國志·秦裴傳》：天祐三年，洪州鍾傳卒，州人立其子匡時。江州刺史延規，傳之養子，忿不得立，以其郡納款，因授裴西南面行營招討，使攻匡時，城陷，擒匡時以獻。《歐陽史》採用《九國志》，《新唐書》延規作匡範，與《九國志》異。”見《九國志》卷一《秦裴傳》，《新五代史·鍾傳傳》《吴世家》，《新唐書·鍾傳傳》。《通鑑》卷二六五天祐三年四月丙午條後：“鎮南節度使鍾傳以養子延規爲江州刺史。傳薨，軍中立其子匡時爲留後。延規恨不得立，遣使降淮南。”同年九月丁卯條後：“秦裴拔洪州，虜鍾匡時等五千人以歸。”

［17］《大典》卷四九一“鍾”字韻“姓氏（一）”事目。《輯本舊史》於傳末引《五代史補》：“鍾傳雖起于商販，尤好學重士，時江西士流有名第者，多因傳薦，四遠騰然，謂之曰英明。諸葛浩素有詞學，嘗爲泗州管驛巡官，仰傳之風，因擇其所行事赫赫可稱者十條，列于啟事以投之。十啟凡五千字，皆文理典贍。傳覽之驚嘆，謂賓佐曰：‘此啟事每一字可以千錢酬之。’遂以五千貫贈，仍辟在幕下，其激勸如此。上藍和尚，失其名，居于洪州上藍院，精究術數，大爲鍾傳所禮。一旦疾篤，往省之，且曰：‘老夫于和尚可謂無間矣，和尚或不諱，得無一言相付耶？’上藍强起，索筆作偈以授，其末云：‘但看來年二三月，柳條堪作打鍾槌。’偈終而卒。傳得之，不能測。洎明年春，淮帥引兵奄至，洪州陷，江南遂爲楊氏有。‘打鍾’之偈，人始悟焉。”見《五代史補》卷一鍾傳重士條、上藍遺鍾傳偈條。《太平廣記》卷二二四《相四》引《北夢瑣言》僧處弘條：“江西鍾傳微時，亦以販鹺爲事。遇上藍和尚，教其作賊而尅洪井，自是加敬。至於軍府大事，此僧皆得參

之也。”

田頵　朱延壽

田頵，本揚府之大校也。[1]朱延壽，不知何許人。[2]唐天祐初，楊行密雄據淮海，[3]時頵爲宣州節度使，[4]延壽爲壽州刺史。[5]頵以行密專恣跋扈，嘗移書諷之曰："侯王守方，以奉天子，古之制也。其或踰越者，譬如百川不朝于海，雖狂奔猛注，澶漫遐廣，終爲涸土，不若恬然順流，淼茫無窮也。况東南之鎮揚爲大，塵賤刀布，阜積金玉，願公上恒賦，頵將悉儲峙，具單車從。"行密怒曰："今財賦之行，必由於汴，[6]適足以資于敵也。"不從。時延壽方守壽春，[7]直頵之事，密遣人告于頵曰："公有所欲爲者，願爲公執鞭。"頵聞之，頗會其志，乃召進士杜荀鶴具述其意，[8]復語曰："昌本朝，奉盟主，在斯一舉矣。"即遣荀鶴具述密議，自間道至大梁。[9]太祖大悦，遽屯兵于宿州以會其變。[10]不數月，事微洩，行密乃先以公牒徵延壽，[11]次悉兵攻宣城。[12]頵戎力寡薄，棄壁走，不能越境，爲行密軍所得。[13]延壽飛騎赴命，邇揚州一舍，行密使人殺之。[14]

[1]揚府：地名。即揚州。　大校：統兵官的泛稱。　田頵本揚府之大校也：《輯本舊史》之案語："《九國志》：頵字德臣，廬州合肥人。"見《九國志》卷三《田頵傳》。《新唐書》卷一八八《楊行密傳》云田頵爲楊行密里人，即廬州合淝人。《新唐書》卷一八九《田頵傳》："田頵字德臣，廬州合肥人。略通書傳，沈果有大

志。與楊行密同里，約爲兄弟。應州募屯邊，還主將。行密據廬州，頵謀爲多。攻趙鍠於宣州，鍠出東溪，乘暴流以逸，阻水解甲，謂追騎不能及。頵乘輕舠追之，鍠驚，遂見禽。行密表頵爲馬步軍都虞候。"

[2]朱延壽不知何許人：《輯本舊史》之案語："《九國志》：延壽，廬州舒城人，與《新唐書》同。"見《九國志》卷三《朱延壽傳》、《新唐書》卷一八九《朱延壽傳》。《通鑑》卷二五八大順二年（891）五月條："延壽，舒城人也。"

[3]淮海：指揚州。

[4]宣州：州名。治所在今安徽宣城市。此處代指寧國軍。　節度使：官名。唐時在重要地區所設掌握一州或數州軍、民、財政的長官。　時頵爲宣州節度使：《輯本舊史》卷一三三《錢鏐傳》："天復中，鏐大將許再思、徐綰叛，引宣州節度使田頵謀襲杭州。田頵等率師掩至城下，鏐激厲軍士，一戰敗之，生擒徐綰，田頵遁走。"事亦見《新唐書》卷一八六《周寶傳》、《通鑑》卷二六三天復二年（902）九月至十二月。《新唐書》卷一九〇《張雄傳》："時行密大將田頵在宣州，陰圖弘鐸，募工治艦。工曰：'上元爲舟，市木遠方，堅緻可勝數十歲。'頵曰：'我爲舟於一用，不計其久，取木於境可也。'弘鐸介宣、揚間，不自安，而州數有怪。天復二年，大風發屋，巨木飛舞，州人駭曰：'州且易主。'大將馮暉等勸弘鐸悉軍南嚮，聲言討鍾傳，實襲頵。行密知之，遣客說止，不聽。頵逆擊於曷山，弘鐸大敗，收殘士欲入海。"《通鑑》卷二六三天復二年六月條："武寧節度使馮弘鐸介居宣、揚之間，常不自安；然自恃樓船之强，不事兩道。寧國節度使田頵欲圖之，募弘鐸工人造戰艦，工人曰：'馮公遠求堅木，故其船堪久用，今此無之。'頵曰：'第爲之，吾止須一用耳。'弘鐸將馮暉、顏建說弘鐸先擊頵，弘鐸從之，帥衆南上，聲言攻洪州，實襲宣州也。楊行密使人止之；不從。辛巳，頵帥舟師逆擊于葛山，大破之。"

[5]壽州：州名。治所在今安徽壽縣。　刺史：官名。漢武帝

時始置。州一級行政長官，總掌考核官吏、勸課農桑、地方教化等事。唐中期以後，節度、觀察使轄州而設，刺史爲其屬官，職任漸輕。從三品至正四品下。　延壽爲壽州刺史：《通鑑》卷二五八大順二年五月條："楊行密遣其將劉威、朱延壽將兵三萬擊孫儒于黄池，威等大敗。"同書卷二五九乾寧元年五月條："武昌節度使杜洪攻黄州，楊行密遣行營都指揮使朱延壽等救之。"同年六月甲午條後："蘄州刺史馮敬章邀擊淮南軍，朱延壽攻蘄州，不克。"同書卷二六〇乾寧二年四月條："楊行密圍壽州，不克，將還；庚寅，其將朱延壽請試往更攻，一鼓拔之，執刺史江從勗。行密以延壽權知壽州團練使。"乾寧三年五月癸未條後："淮南將朱延壽奄至蘄州，圍其城。大將賈公鐸方獵，不得還，伏兵林中，命勇士二人衣羊皮夜入延壽所掠羊群，潛入城，約夜半開門舉火爲應，復衣皮反命。公鐸如期引兵至城南，門中火舉，力戰，突圍而入。延壽驚曰：'吾常恐其潰圍而出，反潰圍而入，如此，城安可猝拔！'乃白行密，求軍中與公鐸有舊者持誓書金帛往説之，許以婚。壽州團練副使柴再用請行，臨城與語，爲陳利害。數日，公鐸及刺史馮敬章請降。以敬章爲左都押牙，公鐸爲右監門衛將軍。延壽進拔光州，殺刺史劉存。"同書卷二六一乾寧四年十一月癸酉條："葛從周營於壽州西北，壽州團練使朱延壽擊破之，退屯濠州，聞師古敗，奔還。行密、瑾、延壽乘勝追之，及於渒水。"同書卷二六三天復二年三月壬戌條後云"朱延壽爲奉國節度使"，奉國軍治蔡州，延壽此時爲遥領節度。

[6]汴：州名。治所在今河南開封市。

[7]壽春：縣名。治所在今安徽壽縣。

[8]杜荀鶴：人名。池州（今安徽池州市）人。唐末、五代官員。傳見本書卷二四。

[9]大梁：指開封。

[10]宿州：州名。治所在今安徽宿州市。　"時延壽方守壽春"至"遽屯兵于宿州以會其變"：《輯本舊史》之案語："《九國

志》：天復初，北司擁駕西幸，昭宗聞延壽有武幹，遣李儼間道齎詔授延壽蔡州節度使。”見《九國志·朱延壽傳》。《通鑑》卷二六四天復三年八月條：“初，寧國節度使田頵破馮弘鐸，詣廣陵謝楊行密，因求池、歙爲巡屬，行密不許。行密左右下及獄吏，皆求賂於頵，頵怒曰：‘吏知吾將下獄邪！’及還，指廣陵南門曰：‘吾不可復入此矣！’頵兵强財富，好攻取；行密既定淮南，欲保境息民，每抑止之，頵不從。及解釋錢鏐，頵尤恨之，陰有叛志。李神福言於行密曰：‘頵必反，宜早圖之。’行密曰：‘頵有大功，反狀未露，今殺之，諸將人人自危矣！’頵有良將曰康儒，與頵謀議多不合，行密知之，擢儒爲廬州刺史。頵以儒爲貳於己，族之。儒曰：‘吾死，田公亡無日矣！’頵遂與潤州團練使安仁義同舉兵，仁義悉焚東塘戰艦。頵遣二使詐爲商人，詣壽州約奉國節度使朱延壽，行密將尚公迺遇之，曰：‘非商人也。’殺一人，得其書，以告行密。行密召李神福於鄂州，神福恐杜洪邀之，宣言奉命攻荆南，勒兵具舟楫；及暮，遂沿江東下，始告將士以討田頵。”“行密夫人，朱延壽之姊也。行密狎侮延壽，延壽怨怒，陰與田頵通謀。頵遣前進士杜荀鶴至壽州，與延壽相結；又遣至大梁告朱全忠，全忠大喜，遣兵屯宿州以應之。”同年九月丁未、戊申條：“田頵襲昇州，得李神福妻子，善遇之。神福自鄂州東下，頵遣使謂之曰：‘公見機，與公分地而王；不然，妻子無遺！’神福曰：‘吾以卒伍事吴王，今爲上將，義不以妻子易其志。頵有老母，不顧而反，三綱且不知，烏足與言乎！’斬使者而進，士卒皆感勵。頵遣其將王壇、汪建將水軍逆戰。丁未，神福至吉陽磯，與壇、建遇，壇、建執其子承鼎示之，神福命左右射之。神福謂諸將曰：‘彼衆我寡，當以奇取勝。’及暮，合戰，神福佯敗，引舟泝流而上；壇、建追之，神福復還，順流擊之。壇、建樓船大列火炬，神福令軍中曰：‘望火炬輒擊之。’壇、建軍皆滅火，旗幟交雜，神福因風縱火，焚其艦，壇、建大敗，士卒焚溺死者甚衆；戊申，又戰于皖口，壇、建僅以身免。獲徐綰，行密以檻車載之，遺錢鏐；鏐剖其心以祭高渭。頵聞壇、建敗，自將水軍逆戰。神福曰：‘賊棄城而來，此天亡也！’臨江堅壁不戰，遣使告行密，請發步兵斷其歸路；行密遣漣水制置使臺濛將兵應之。王茂章攻潤州，久未下，行密命茂章引兵會濛擊頵。”“田頵聞臺濛將至，自將步騎逆戰，留其將郭行悰以精兵二萬及王壇、汪建水軍屯蕪湖，以拒李神福。覘者言：‘濛營寨褊小，纔容二千人。’頵易之，不召外兵。濛入頵境，番陳而進，軍中笑其怯，濛曰：‘頵宿將多謀，不可不備。’”同年十月戊辰條：“冬，十月，戊辰，與頵遇於廣德，濛先以楊行密書徧賜頵將，皆下馬拜受；濛因其挫伏，縱兵擊之，頵兵遂敗。又戰于黃池，兵交，濛僞走；頵追之，遇伏，大敗，奔還宣州城守，濛引兵圍之。頵亟召蕪湖兵還，不得入。郭行悰、王壇、汪建及當塗、廣德諸戍皆帥其衆降。行密以臺濛已破田頵，命王茂章復引兵攻潤州。”

[11]公牒：官方文書。　行密乃先以公牒徵延壽：《輯本舊史》之案語：“《新唐書》：行密妻，延壽姊也。遣辯士召延壽，疑不肯赴，姊遣婢報，故延壽疾走揚州。”見《新唐書·朱延壽傳》。

[12]宣城：縣名。治所在今安徽宣城市。

[13]“頵戎力寡薄”至“爲行密軍所得”：《輯本舊史》之案語：“《九國志》：行密別遣臺濛、王茂章率步騎以往，頵委舟師于汪建、王壇，自出廣德迎戰，大爲濛所敗，遂率殘衆遁保宛陵。壇、建聞其敗，因盡以舟師歸款于行密。十二月，頵出外州柵疾戰，橋陷馬墜，爲外軍所殺。”見《九國志·田頵傳》。《新唐書》卷一〇《昭宗紀》天復三年十二月條：“楊行密陷宣州，寧國軍節度使田頵死之。”《通鑑》卷二六四天復三年十二月乙亥條：“田頵帥死士數百出戰，臺濛陽退以示弱。頵兵踰濠而鬬，濛急擊之；頵不勝，還走城，橋陷墜馬，斬之。其衆猶戰，以頵首示之，乃潰，濛遂克宣州。初，行密與頵同閭里，少相善，約爲兄弟，及頵首至廣陵，行密視之泣下，赦其母殷氏，行密與諸子皆以子孫禮事之。”

[14]“延壽飛騎赴命”至“行密使人殺之”：《舊五代史考異》：“案《五國故事》云：延壽既至，行密處正廳，潛兵以見之。

俄而開目曰：'數年不見舅，今日果相覩！'延壽惶駭。遂叱壯士執而殺之。"又，《輯本舊史》之案語："《九國志》：行密迎至寢門，使人刺殺之。《新唐書》從《九國志》，當得其實。《薛史》以爲邇揚州一舍而見殺，《五代史補》又以爲行密自奮鐵槌殺之，疑皆屬傳聞之誤。"見《九國志·朱延壽傳》。《新唐書·昭宗紀》天復三年九月條："楊行密殺奉國軍節度使朱延壽。"《通鑑》卷二六四天復三年九月癸卯條後："朱延壽謀頗泄，楊行密詐爲目疾，對延壽使者多錯亂所見，或觸柱仆地。謂夫人曰：'吾不幸失明，諸子皆幼，軍府事當悉以授三舅。'夫人屢以書報延壽；行密又自遣召之，陰令徐温爲之備。延壽至廣陵，行密迎及寢門，執而殺之；部兵驚擾，徐温諭之，皆聽命，遂斬延壽兄弟，黜朱夫人。"

其後延壽部曲有逸境至者，具言其事。又云：延壽之將行也，其室王氏勉延壽曰："今若得兵柄，果成大志，是吉凶繫乎時，非繫於吾家也。然願日致一介，以寧所懷。"一日，介不至，王氏曰："事可知矣。"乃部分家僕，悉授兵器，遽闔中扉，而捕騎已至，不得入。遂集愛屬，[1]阜私帑，發百燎，合州廨焚之。既而稽首上告曰："妾誓不以皎然之軀，爲讎者所辱。"乃投火而死。[2]《永樂大典》卷四千八百五。[3]

[1]遂集愛屬：中華書局本有校勘記："'愛'，殿本、劉本、孔本作'家'。"

[2]"延壽之將行也"至"乃投火而死"：《輯本舊史》引《五代史補》："楊行密據淮南，以妻弟朱氏衆謂之朱三郎者，行密署爲泗州防禦使。泗州素屯軍，朱氏驍勇，到任恃衆自負，行密雖悔，度力未能制，但姑息之，時議以謂行密事勢去矣。居無何，行

密得目疾，雖瘉，且詐稱失明，其出入皆以人扶策，不爾則觸牆抵柱，至於流血，姬妾僕隸以爲實然，往往無禮，首尾僅三年。朱氏聞之，信而少懈弛，行密度其計必中，謂妻曰：'吾不幸臨老兩目如此，男女卑幼，苟不諱，則國家爲他人所有。今晝夜思忖，不如召泗州三舅來，使管勾軍府事，則吾雖死無恨。'妻以爲然，遽發使，述其意而召之，朱氏大喜，倍道而至。及入謁，行密恐其覺，坐于中堂，以家人禮見。朱氏頗有德色，方設拜，行密奮袖中鐵槌以擊之，正中其首，然猶宛轉號叫，久而方斃。行密内外不測，即時升堂廳，召將吏等謂之曰：'吾所以稱兩目失明者，蓋爲朱三。此賊今已擊殺，兩目無事矣，諸公知之否！'於是軍府大駭，其僕妾嘗所無禮者皆自殺。初，行密之在民間也，嘗爲合肥縣手力，有過，縣令將鞭之，行密懼且拜。會有客自外入，見行密每拜，則廳之前簷皆叩地，而令不之覺。客知其非常，乃遽升廳，揖令于他處，告以所見。令驚，遂恕之，且勸事郡以自奮。行密度本郡不足依，乃投高駢。駢死，秦彦、孫儒等作亂，行密連誅之，遂有淮南之地。"《北夢瑣言》卷一六朱延壽妻王烈女條："延壽之將行也，其室王氏勉延壽曰：'願日致一介，以寧所懷。'一日，介不至，王氏曰：'事可知矣。'乃部分家僮，悉授兵器，遽闔州中之扉。而捕騎已至，不得入。遂集家僮、私阜帑，發百燎，盧舍州廨焚之。既而稽首上告曰'妾誓不以皎然之軀，爲仇者所辱。'乃投火而死。"《新唐書》卷二〇五《列女傳》："朱延壽妻王者，當楊行密時，延壽事行密爲壽州刺史，惡行密不臣，與寧國節度使田頵謀絶之以歸唐。事泄，行密以計召延壽，欲與揚州，延壽信之。將行，王曰：'今若得揚州，成宿志，是興衰在時，非繫家也，然願日一介爲驗。'許之。及爲行密所殺，介不至，王曰：'事敗矣。'即部家僕，授兵器。方闔扉而捕騎至，遂出私帑施民，發百燎焚牙居，呼天曰：'我誓不爲讎人辱！'赴火死。"《通鑑》卷二六四天復三年九月癸卯條後："初，延壽赴召，其妻王氏謂曰：'君此行吉凶未可知，願日發一使以安我！'一日，使不至，王氏曰：'事可知矣！'部分僮僕，授兵闔門，捕騎至，乃集家人，聚寶貨，發百燎焚府舍，曰：‘妾誓不以皎然之軀爲讎人所辱。’赴火而死。”

[3]《大典》卷四八〇五“田”字韻“姓氏（四）”事目。

趙匡凝　弟匡明

趙匡凝，[1]蔡州人也。父德諲，[2]初事秦宗權爲列校，當宗權强暴時，表爲襄州留後。[3]唐光啓四年夏六月，[4]德諲審宗權必敗，乃舉漢南之地以歸唐朝，[5]仍遣使投分于太祖，兼誓戮力，同討宗權。時太祖爲蔡州四面行營都統使，[6]乃表德諲爲副，仍領襄州節度使。蔡州平，以功累加官爵，封淮安王。

[1]趙匡凝：《輯本舊史》之案語：“《新唐書》：匡凝字光儀。”見《新唐書》卷一八六《趙匡凝傳》。《册府》爲避宋太祖諱作“趙凝”，下文引《册府》仍其舊。

[2]德諲（yīn）：人名。即趙德諲。蔡州（今河南汝南縣）人。唐末軍閥。傳見《新唐書》卷一八六。

[3]留後：官名。唐、五代節度使多以子弟或親信爲留後，以代行節度使職務，亦有軍士、叛將自立爲留後者。掌一州或數州軍政。

[4]唐光啓四年夏六月：據新、舊《唐書》，光啓四年（888）二月改元文德，此時已六月，此表述未允當。《舊唐書》卷一九下《僖宗紀》繫於二月戊子條，《新唐書》卷九《僖宗紀》繫於二月庚寅條，《通鑑》卷二五七則繫於五月壬寅條。

[5]漢南：地區名。指今湖北漢江下游南側地區。

[6]行營都統：官名。唐末設諸道行營都統，作爲各道出征兵

士的統帥。

匡凝以父功爲唐州刺史兼七州馬步軍都校。[1]及德諲卒，匡凝自爲襄州留後，[2]朝廷即以旄鉞授之。[3]作鎮數年，甚有威惠，累官至檢校太尉、兼中書令。[4]匡凝氣貌甚偉，好自修飾，[5]每整衣冠，必使人持巨鑑前後照之。對客之際，烏巾上微覺有塵，[6]即令侍妓持紅拂以去之。人有誤犯其家諱者，往往遭其檟楚，[7]其方嚴也如是。光化初，[8]匡凝以太祖有清口之敗，[9]密附于淮夷，[10]太祖遣氏叔琮率師伐之。[11]未幾，其泌州刺史趙璠越墉來降，[12]隋州刺史趙匡璘臨陣就擒。[13]俄而康懷英攻下鄧州，[14]匡凝懼，遣使乞盟，太祖許之，自是附庸于太祖。[15]及成汭敗于鄂州，匡凝表其弟匡明爲荆南留後。是時，唐室微弱，諸道常賦多不上供，唯匡凝昆仲雖强據江山，然盡忠帝室，貢賦不絶。[16]

[1]唐州：州名。治所在今河南唐河縣。　都校：官名。中級統兵官。

[2]及德諲卒匡凝自爲襄州留後：《通鑑》卷二五九繫於景福元年（892）二月條："忠義節度使趙德諲薨，子匡凝代之。"

[3]旄鉞：亦作"節鉞""節旄"。此處代指節度使。

[4]中書令：官名。漢代始置，隋、唐前期爲中書省長官，屬宰相之職；唐後期多爲授予元勳大臣的虚銜。正二品。　累官至檢校太尉兼中書令：《文苑英華》卷四五七有《授趙凝檢校太尉開府制》云其官爲"開封府儀同三司、檢校太尉、平章事、充忠義軍節度使，餘並如故"，岑仲勉《唐方鎮年表正補》（《"國立中央研究院"歷史語言研究所集刊》第十五本，商務印書館 1948 年版）考

其事爲乾寧二年（895）八月前所行。又，《文苑英華》卷四五一有《趙凝進封南康王制》。

［5］好自修飾：明本《册府》卷七九四《總録部·矜嚴門》作“好自脩簡”。

［6］烏巾上微覺有塵：《輯本舊史》之影庫本粘籤：“烏巾，原本作‘烏中’，今據文改正。”明本《册府》卷七九四亦作“烏巾”。《北夢瑣言》卷四趙令公紅拂子條亦有“俄而近侍以紅拂子於烏巾上拂之”。此爲書證。

［7］檟（jiǎ）楚：用檟木荆條笞打。

［8］光化：唐昭宗李曄年號（898—901）。

［9］清口：地名。原爲泗水入淮之口，位於今江蘇淮安市淮陰區。

［10］淮夷：指淮南楊行密勢力。

［11］氏叔琮：人名。河南尉氏（今河南尉氏縣）人。唐末將領。傳見本書卷一九、《新五代史》卷四三。

［12］泌州：州名。治所在今河南唐河縣。中華書局本有校勘記：“原作‘沁州’，據劉本、本書卷二《梁太祖紀二》改。按《新唐書》卷四〇《地理志四》，泌州與襄、唐、隋、鄧諸州均屬山南道；《新唐書》卷三九《地理志三》，沁州屬河東道。”按，據《新唐書》卷四〇《地理志四》，泌州即唐州，治隋淮安郡，武德五年（622）以唐城山更名唐州，天祐三年（906）朱全忠徙治泌陽，表更名。《舊唐書》卷三九《地理志二》有唐州，載其唐初至天寶年間沿革。　趙璠：人名。籍貫不詳。唐末將領。事見本書本卷。　泌州刺史趙璠越墉來降：《新唐書》卷一八六《趙匡凝傳》作：“全忠移書切責，使氏叔琮攻唐州，刺史趙匡璠降。”

［13］隋州：州名。治所在今湖北隨州市。　趙匡璘：人名。籍貫不詳。唐末將領。事見本書本卷。

［14］康懷英：人名。兖州（今山東濟寧市兖州區）人。唐末、五代將領。本名懷貞，避後梁末帝朱友貞諱改懷英。傳見本書卷二

三、《新五代史》卷二二。　鄧州：州名。治所在今河南鄧州市。

［15］“隋州刺史”至“自是附庸于太祖”：《舊唐書》卷二〇上《昭宗紀》光化元年（898）七月條：“汴將氏叔琮陷趙匡凝之隨、唐、鄧等州。”同卷光化三年七月乙卯條：“又以忠義軍節度、山南東道管内觀察處置三司水陸發運等使、開府儀同三司、檢校太尉、中書令、兼襄州刺史、上柱國、南平王、食邑三千户趙匡凝可檢校太師、兼中書令，加實封一百户。”《宋本册府》卷一二九《帝王部·封建門》：“（光化二年七月）忠義軍節度趙凝封南平王，後封楚王。”卷一八七《將帥部·勳業門五》：“襄州節度使趙凝聞帝軍有清口之敗，密附於淮夷。（光化元年）七月，帝遣氏叔琮率師伐之，未幾，其泌州刺史趙璠越墉來降，隨州刺史趙璘臨陣就擒。”《新五代史》卷一《梁太祖紀上》唐光化元年四月、七月條：“四月，遣葛從周攻晋之山東，取邢、洺、磁三州。襄州趙匡凝自其父德諲時來附，匡凝又與楊行密、李克用通，而其事泄。七月，遣氏叔琮、康懷英攻匡凝，取其泌、隨、鄧三州。匡凝請和乃止。”《通鑑》卷二六一光化元年七月條：“忠義節度使趙匡凝聞朱全忠有清口之敗，陰附於楊行密。全忠遣宿州刺史尉氏氏叔琮將兵伐之，丙申，拔唐州，擒隨州刺史趙匡璘，敗襄州兵於鄧城。”同年八月戊午條：“汴將康懷貞襲鄧州，克之，擒刺史國湘。趙匡凝懼，遣使請服於朱全忠，全忠許之。”同卷光化二年十一月條：“加忠義節度使趙匡凝兼中書令。”

［16］“及成汭敗于鄂州”至“貢賦不絶”：《舊唐書·昭宗紀》天復三年（903）九月條：“汴將楊師厚大敗青州軍於臨朐。荆南節度使成汭以舟師赴援鄂州，澧朗雷彦恭承虚襲陷江陵。汭軍士聞之潰歸，汭憤怒投水而死。趙匡凝遂以兵襲荆州，據之。”《通鑑》卷二六四繫天復三年十月條：“山南東道節度使趙匡凝遣兵襲荆南，朗人棄城走，匡凝表其弟匡明爲荆南留後。時天子微弱，諸道貢賦多不上供，惟匡明兄弟委輸不絶。”同書卷二六五天祐元年（904）五月乙亥條後：“忠義節度使趙匡凝遣水軍上峽攻王建夔州，知渝

州王宗阮等擊敗之。”

太祖將期受禪，[1]以匡凝兄弟並據藩鎮，乃遣使先諭旨焉。匡凝對使者流涕，答以受國恩深，豈敢隨時妄有他志。[2]使者復命，太祖大怒。天祐二年秋七月，遣楊師厚率師討之。[3]八月，[4]太祖親領大軍南征，[5]仍請削匡凝在身官爵。[6]及師厚濟江，匡凝以兵數萬逆戰，大爲師厚所敗，匡凝乃燔其舟，單舸急棹，沿漢而遁于金陵。[7]後卒於淮南。[8]初，匡凝好聚書，及敗，楊師厚獲數千卷于第，悉以來獻。[9]

[1]太祖將期受禪：中華書局本有校勘記：“‘期受禪’，《册府》卷三七四同，《通鑑》卷二六五《考異》引《薛史》作‘圖禪代’。”見《宋本册府》卷三七四《將帥部·忠門五》、《通鑑》卷二六五天祐二年（905）八月己亥條《考異》。

[2]“太祖將期受禪”至“豈敢隨時妄有他志”：《新五代史》卷一《梁太祖紀上》：“王欲代唐，使人諭諸鎮，襄州趙匡凝以爲不可。”

[3]楊師厚：人名。潁州斤溝（今安徽太和縣阮橋鎮斤溝村）人。唐末、五代將領。傳見本書卷二二、《新五代史》卷二三。

[4]八月：中華書局本有校勘記：“《通鑑》卷二六五《考異》引《薛史》作‘辛未’，按辛未爲七月十四日，本書卷二《梁太祖紀二》、《册府》卷一八七皆繫其事於天祐二年七月辛未。”見《宋本册府》卷一八七《閏位部·勳業門五》。

[5]太祖親領大軍南征：中華書局本有校勘記：“句下《通鑑》卷二六五《考異》引《薛史》有‘表匡凝罪狀’五字。”見《通鑑》卷二六五天祐二年八月己亥條《考異》。

［6］“天祐二年秋七月”至“仍請削匡凝在身官爵”：《舊唐書》卷二〇上《昭宗紀》天祐元年六月甲寅條：“荆南襄州忠義軍節度、開府儀同三司、檢校太師、中書令、江陵尹、襄州刺史、上柱國、楚王、食邑六千户趙匡凝宜備禮册命。”“自帝遷洛，李克用、李茂貞、西川王建、襄陽趙匡凝知全忠篡奪之謀，連盟舉義，以興復爲辭。”《舊唐書》卷二〇下《哀帝紀》天祐二年五月丁卯條：“丁卯，荆襄節度使趙匡凝奏爲故使成汭立祠宇，從之。”同年八月丁未條：“制削奪荆襄節度使趙匡凝在身官爵。是月乙未，全忠遣大將楊師厚討匡凝，收唐、鄧、復、郢、隨等州，全忠自率親軍赴之。荆襄之軍，陣於漢水之陰。”《宋本册府》卷八二〇《總録部・立祠門》：“成汭爲荆南節度使，薨州。荆趙凝奏請與汭於荆南建置廟貌，哀帝從之。”《通鑑》卷二六五天祐二年五月甲申條：“甲申，忠義節度使趙匡凝遣使脩好於王建。”同年八月條：“朱全忠以趙匡凝東與楊行密交通，西與王建結婚，乙未，遣武寧節度使楊師厚將兵擊之；己亥，全忠以大軍繼之。”

［7］金陵：地名。今江蘇南京市古稱。

［8］淮南：方鎮名。原爲唐方鎮，治所在揚州（今江蘇揚州市）。此處指楊吴政權。　“及師厚濟江”至“後卒於淮南”：《輯本舊史》之案語：“《新唐書》云：師厚繇陰谷伐木爲梁，匡凝以兵二萬瀕江戰，大敗，乃燔舟，單舸夜奔揚州。行密見之，曰：‘君在鎮，輕車重馬輸于賊，今敗乃歸我邪！’匡明亦謀奔淮南，子承規諫曰：‘昔諸葛兄弟分仕二國，若適揚州，是自取疑也。’匡明謂然，乃趨成都。《歐陽史》云：行密厚遇匡凝，其後行密死，楊渥稍不禮之，渥方宴，食青梅，匡凝顧渥曰：‘勿多食，發小兒熱。’諸將以爲慢。渥遷匡凝海陵，後爲徐温所殺。”見《新唐書》卷一八六《趙匡凝傳》。《舊唐書・哀帝紀》天祐二年九月條：“辛酉，楊師厚於襄州西六十里陰谷江口伐竹木爲浮梁。癸亥，梁成，引軍渡江。甲子，趙匡凝率勁兵二萬，陣於江之湄。師厚一戰敗之，遂乘勝躡之，陣於城下。是夜，匡凝挈其孥潰圍遁去。乙丑，師厚入

襄陽。丙寅，全忠繼至。壬申，匡凝牙將王建武遣押牙常質以荆南降。言權知荆南軍府事趙匡明今月十一日棄城上峽，奔蜀川。”同卷天祐三年六月甲申條：“敕：‘襄州近因趙匡凝作帥，請別立忠義軍額，既非往制，固是從權。忠義軍額宜停廢，依舊爲山南東道節度使。’”《宋本册府》卷一八七載唐天祐二年：“九月甲子，師厚於陰谷江口造梁以濟師，趙凝率兵二萬振于江湄，師厚麾兵進擊，襄人大敗，殺萬餘衆。乙丑，趙凝焚其州，率親軍載輕舸沿漢而遁。”明本《册府》卷三四六《將帥部·佐命門七》：“（天祐）二年八月，（梁）太祖討趙凝於襄陽，命師厚統前軍以進，趙凝嚴兵以備。師厚至穀城西童山，刊木造浮橋，引軍過漢水。一戰，趙凝敗散，携妻子沿漢遁去。翌日，表師厚爲山南東道節度留後，即令南討荆州留後趙明，亦棄軍上峽。”《新唐書》卷一〇《哀帝紀》天祐二年九月甲子條：“朱全忠陷襄州，忠義軍節度使趙匡凝奔于淮南。”此事亦見《新五代史·梁太祖紀上》。《通鑑》卷二六五天祐二年：“楊師厚攻下唐、鄧、復、郢、隨、均、房七州，朱全忠軍于漢北。九月，辛酉，命師厚作浮梁於陰谷口。癸亥，引兵渡漢。甲子，趙匡凝將兵二萬陳于漢濱，師厚與戰，大破之，遂傅其城下。是夕，匡凝焚府城，帥其族及麾下士沿漢奔廣陵。乙丑，師厚入襄陽；丙寅，全忠繼至。匡凝至廣陵，楊行密戲之曰：‘君在鎮，歲以金帛輸全忠，今敗，乃歸我乎？’匡凝曰：‘諸侯事天子，歲輸貢賦乃其職也，豈輸賊乎！今日歸公，正以不從賊故耳。’行密厚遇之。”

［9］“匡凝好聚書”至“悉以來獻”：《宋本册府》卷一九四《閏位部·崇儒門》：“梁太祖開平元年十月，山南東道節度楊師厚進納趙凝東第書籍。先是，收復襄、漢，帝閱其圖書，至是命師厚進焉。”同書卷八一一《總録部·聚書門》：“趙凝鎮襄州，凝好聚書，至數千卷。”

匡凝弟匡明，[1]字贊堯，幼以父貴，一子出身，爲江陵府文學。及壯，以軍功歷繡、峽二州刺史。[2]成汭之敗，其兄匡凝表爲荆南留後，未至鎮，而朗、陵之兵先據其城矣。[3]匡明領兵逐之，遂鎮于渚宫。[4]天祐二年秋，太祖既平襄州，遣楊師厚乘勝以趨荆門。匡明懼，乃舉族上峽奔蜀，[5]王建待以賓禮。[6]及建稱帝，用爲大理卿、工部尚書。[7]久之，卒于蜀。《永樂大典》卷一萬六千九百九十一。[8]

[1]匡凝弟匡明：《册府》爲避宋太祖趙匡胤諱作“趙明”。見明本《册府》卷四三八《將帥部·奔亡門》。

[2]繡：州名。治所在今廣西桂平市下灣鎮。　峽：州名。即硤州。治所在今湖北宜昌市夷陵區。

[3]陵：州名。治所在今四川仁壽縣。

[4]渚宫：地名。位於今湖北江陵縣。　“成汭之敗”至“遂鎮于渚宫”：《新五代史》卷六三《前蜀世家》：“荆南成汭死，襄州趙匡凝遣其弟匡明襲據之。”同書卷六九《南平世家》：“當唐之末，襄州趙匡凝襲破雷彦恭于荆南，以其弟匡明爲留後。”《新唐書》卷一〇《昭宗紀》天復三年（903）十月條：“忠義軍將趙匡明陷江陵，自稱留後。”

[5]蜀：五代十國之前蜀。

[6]王建：人名。許州舞陽（今河南舞陽縣）人。唐末軍閥、前蜀開國皇帝。傳見本書卷一三六、《新五代史》卷六三。　“天祐二年秋”至“王建待以賓禮”：《新五代史·南平世家》：“梁兵攻破襄州，匡凝奔于吴，匡明奔于蜀。”《通鑑》卷二六五天祐二年（905）九月丁卯條：“荆南節度使趙匡明帥衆二萬，棄城奔成都。”同年十一月壬申條：“趙匡明至成都，王建以客禮遇之。”

[7]大理卿：官名。爲大理寺長官。負責大理寺的具體事務，掌邦國折獄詳刑之事。從三品。　工部尚書：官名。尚書省工部主官。掌百工、屯田、山澤之政令。正三品。

[8]《大典》卷一六九九一“趙”字韻“姓氏（七）”事目。

張佶

張佶，不知何郡人也。[1]唐乾寧初，劉建鋒據湖南，[2]獨邵州不賓，[3]命都將馬殷討之，[4]期歲未尅，而建鋒爲部下所殺，軍亂，[5]鄰寇且至。是時，佶爲行軍司馬，[6]屬潭人謀帥，曰：“張行軍即所奉也。”佶不得已而視事，旬日之間，威聲大振，寇亦解去。[7]乃謂將吏曰：“佶才能不如馬公，況朝廷重藩，[8]非其人不可。”[9]因以牘召殷，[10]殷亦不疑，稟命而至。佶受拜謁禮畢，命升階讓殷爲帥，佶即趨下率衆抃賀。[11]乃自請率師代殷攻邵州，下之。[12]復爲行軍司馬，垂二十年。殷果立大勳，甚德佶。開平初，[13]殷表佶爲朗州永順軍節度使，[14]累加檢校太傅、同平章事。[15]乾化元年夏四月，卒于位。[16]詔贈侍中。[17]《永樂大典》卷六千三百五十。[18]

[1]張佶不知何郡人也：《輯本舊史》之案語：“《九國志》：佶，京兆長安人。乾寧初（按，《九國志》實作‘咸通初’），以明經中第，累遷宣州從事，復爲秦宗權行軍司馬。後與劉建峯（按，《九國志》實作‘劉建鋒’，下引《九國志》同）據湖南，推建峯爲帥。”見《九國志》卷一一《張佶傳》。《通鑑》卷二五六光

啓二年（886）十二月條稱“長安人張佶爲宣州幕僚”。

［2］劉建鋒：人名。蔡州朗山（今河南確山縣）人。唐末軍閥。傳見《新唐書》卷一九〇。中華書局本沿《輯本舊史》作“劉建峯”，《輯本舊史》卷一三三《馬殷傳》、明本《册府》卷四〇九《將帥部·退讓門》同；《九國志·張佶傳》、《新唐書》卷一九〇《劉建鋒傳》、《通鑑》卷二五六、二五七作“劉建鋒”。《通鑑》卷二五六光啓二年十二月條載：“長安人張佶爲宣州幕僚，惡觀察使秦彦之爲人，棄官去；過蔡州，宗權留以爲行軍司馬。佶謂劉建鋒曰：‘秦公剛鷙而猜忌，亡無日矣，吾屬何以自免！’建鋒方自危，遂與佶善。”同書卷二五七光啓三年十一月辛未條載：“秦宗權遣其弟宗衡將兵萬人渡淮，與楊行密争揚州，以孫儒爲副，張佶、劉建鋒、馬殷及宗權族弟彦暉皆從。”《新唐書·劉建鋒傳》：“劉建鋒字鋭端，蔡州朗山人。”按，據“字鋭端”，則“鋒”字是，故改。下文同改。　湖南：方鎮名。又稱武安軍。治所在潭州（今湖南長沙市）。

［3］邵州：州名。治所在今湖南邵陽市。

［4］都將：官名。唐、五代時節度使屬將。　馬殷：人名。許州鄢陵（今河南鄢陵縣）人。五代十國南楚開國君主。傳見本書卷一三三、《新五代史》卷六六。　命都將馬殷討之：明本《册府》卷四〇九作“命都將馬殷統步騎討之”。

［5］而建鋒爲部下所殺軍亂：明本《册府》卷四〇九作“而建峯爲其下所殺，州既亂”。《通鑑》卷二六〇乾寧三年（896）四月辛酉條後：“武安節度使劉建鋒既得志，嗜酒，不親政事。長直兵陳贍妻美，建鋒私之，贍袖鐵撾擊殺建鋒。”事亦見《新唐書·劉建鋒傳》。

［6］行軍司馬：官名。出征將領及節度使的屬官。掌軍籍符伍、號令印信，是藩鎮重要的軍政官員。

［7］“是時”至“寇亦解去”：《輯本舊史》之案語：“《九國志》：建峯將吏推佶爲帥，佶將入府，常所乘馬忽爾踶齧不止，正

中佶髀。佶謂將吏曰：‘吾非汝主，當迎馬公爲之。’與《薛史》異。《新唐書·劉建鋒傳》從《九國志》。”見《九國志·張佶傳》。明本《册府》卷四〇九：“時佶爲行軍司馬，潭人謀其帥曰：‘張行軍即所奉也。’衆以柄屬之，佶不得已，視事，擒戮亂首，部分軍政，尋月間威世大振，寇亦解去。”《輯本舊史·馬殷傳》：“頃之，建峯爲部下所殺，潭人推行軍司馬張佶爲帥。”

［8］朝廷重藩：明本《册府》卷八一四《總録部·讓門》作“明庭重簖”。

［9］非其人不可：明本《册府》卷四〇九作“非其人不可濫取”。　“乃謂將吏曰”至“非其人不可”：《通鑑》卷二六〇乾寧三年四月辛酉條後：“諸將殺贍，迎行軍司馬張佶爲留後。佶將入府，馬忽踶齧，傷左髀。時馬殷攻邵州未下，佶謝諸將曰：‘馬公勇而有謀，寬厚樂善，吾所不及，真乃主也。’”《新唐書·劉建鋒傳》：“衆推張佶爲帥，佶固辭，馬踶傷佶左髀，下令曰：‘吾非而主。’”《輯本舊史·馬殷傳》：“時殷方統兵攻邵州，佶曰：‘吾才不及馬殷。’”《新五代史》卷六六《楚世家》：“軍中推行軍司馬張佶爲帥，佶將入府，乘馬輒踶囓，傷佶髀。佶卧病，語諸將曰：‘吾非汝主也，馬公英勇，可共立之。’”

［10］因以牘召殷：“殷”字原闕，據明本《册府》卷四〇九、卷八一四補。

［11］抃（biàn）賀：拍手稱賀。　“因以牘召殷”至“率衆抃賀”：《通鑑》卷二六〇乾寧三年四月辛酉條後：“乃以牒召之。殷猶豫未行，聽直軍將姚彦章説殷曰：‘公與劉龍驤、張司馬，一體之人也，今龍驤遇禍，司馬傷髀，天命人望，捨公尚誰屬哉！’殷乃使親從都副指揮使李瓊留攻邵州，徑詣長沙。”《新唐書·劉建鋒傳》：“時馬殷攻邵州未克，於是遣人迎殷。磔贍于市。”《輯本舊史·馬殷傳》：“即牒殷付以軍府事。殷自邵州旋軍，犒勞將士，誅害建峯者數十人，自爲留後。”《新五代史·楚世家》：“諸將乃共殺贍，磔其尸，遣姚彦章迎殷於邵州。殷至，佶乘肩輿入府，殷拜謁

於廷中，佶召殷上，乃率將吏下，北面再拜，以位與之，時乾寧三年也。"《通鑑》卷二六〇繫於五月。

[12]乃自請率師代殷攻邵州下之：《通鑑》卷二六〇乾寧三年五月條："馬殷至長沙，張佶肩輿入府，坐受殷拜謁，已，乃命殷升聽事，以留後讓之，即趨下，帥將吏拜賀，復爲行軍司馬，代殷將兵攻邵州。"

[13]開平：後梁太祖朱温年號（907—911）。

[14]朗州永順軍：方鎮名。治所在朗州（今湖南常德市）。開平初殷表佶爲朗州永順軍節度使：《輯本舊史·馬殷傳》："唐天復中，楊行密急攻江夏，杜洪求援於荊南，成汭舉舟師援之。時澧朗節度使雷彦恭乘汭出師，襲取荊州，載其寶貨，焚毁州城而去。彦恭東連行密，斷江、嶺行商之路，殷與高季興合勢攻彦恭於澧朗。數年，擒之，盡有其地，乃以張佶爲朗州節度使，由是兵力雄盛。"《新五代史·楚世家》："殷請升朗州爲永順軍，表張佶節度使。"

[15]同平章事：官名。"同中書門下平章事"之簡稱。唐高宗以後，凡實際任宰相之職者，常在其本官後加同平章事的職銜。後成爲宰相專稱。或爲節度使加銜。後晋天福五年（940），升中書門下平章事爲正二品。

[16]乾化：後梁太祖朱温年號（911—912）。末帝朱友貞沿用（913—915）。　乾化元年夏四月卒于位：《輯本舊史》之案語："《九國志》：乾化初，移鎮桂林，卒于治所。"見《九國志·張佶傳》。

[17]侍中：官名。秦始置。隋、唐前期爲門下省長官。唐後期多爲大臣加銜，不參與政務，實際職務由門下侍郎執行。正二品。

[18]《大典》卷六三五〇"張"字韻"姓氏（二〇）"事目。《九國志·張佶傳》末有具子張少敵事跡，録之如下："子少敵，有武略，事殷爲軍校。希範襲位，遷永州刺史。天福中卒。"

雷滿

雷滿，[1]武陵洞蠻也。[2]始爲朗州小校，唐廣明初，[3]王仙芝焚劫江陵，[4]是時朝廷以高駢爲節度使，[5]駢擢滿爲裨將，以領蠻軍。駢移鎮淮南，復隸部曲，以悍獷趫健知名。中和初，[6]擅率部兵自廣陵逃歸于朗，[7]沿江恣殘暴，始爲荊人大患矣。率一歲中三四移，兵入其郛，焚蕩驅掠而去。唐朝姑務息兵，即以澧朗節度使授之。[8]累官至檢校太傅、同平章事。[9]滿貪穢慘毒，蓋非人類。又嘗於府署濬一深潭，構大亭於其上，每隣道使車經由，必召讌於中，且言："此水府也，中有蛟龍，奇怪萬態，唯余能游焉。"或酒酣對客，即取筵中寶器亂擲於潭中，因自褫其衣，裸露其文身，遽躍入水底，徧取所擲寶器，戲弄於水面，久之方出，復整衣就座，其詭誕如此。

[1]雷滿：《輯本舊史》之案語："《新唐書》：滿字秉仁。"見《新唐書》卷一八六《雷滿傳》。

[2]洞蠻：中國古代對南方少數民族的泛稱。

[3]廣明：唐僖宗李儇年號（880—881）。

[4]王仙芝：人名。濮州（今山東鄄城縣）人。唐末農民軍領袖。事見《舊唐書》卷一九下、《新唐書》卷九、《新唐書》卷二二五下。

[5]高駢：人名。幽州（今北京市）人。唐末軍閥。傳見《舊唐書》卷一八二、《新唐書》卷二二四下。

[6]中和：唐僖宗李儇年號（881—885）。

[7]廣陵：地名。位於今江蘇揚州市。

[8]澧朗：方鎮名。即武貞軍。治所在朗州（今湖南常德市）。“始爲朗州小校”至“即以澧朗節度使授之”：《輯本舊史》之案語：“《歐陽史》云：滿殺刺史崔翥，遂據朗州，請命于唐，昭宗以澧、朗爲武貞軍，拜滿節度使。《新唐書》則云：詔授朗州兵馬留後，俄進武貞軍節度使。與《薛史》微有互異。”見《新五代史》卷四一《雷滿傳》、《新唐書·雷滿傳》。《新五代史·雷滿傳》：“唐廣明中，湖南饑，盜賊起，滿與同里人區景思、周岳等聚諸蠻數千，獵于大澤中，乃擊鮮釃酒，擇坐中豪者，補置伍長，號‘土團軍’，諸蠻從之，推滿爲帥。是時，高駢鎮荆南，召滿隸麾下，使以蠻軍擊賊。駢徙淮南，滿從至廣陵，逃歸，殺刺史崔翥，遂據朗州，請命于唐。昭宗以澧、朗爲武貞軍，拜滿節度使。”《新唐書·雷滿傳》：“時武陵諸蠻數叛，荆南節度使高駢擢滿爲裨將，將鎮蠻軍從駢淮南。逃歸，與里人區景思獵大澤中，嘯亡命少年千人，署伍長，自號‘朗團軍’。推滿爲帥，景思爲司馬，襲州，殺刺史崔翥，詔授朗州兵馬留後。”《新五代史》與《新唐書》言及雷滿爲帥，時間異。《新唐書》卷九《僖宗紀》乾符六年（879）條：“荆南將雷滿陷朗州，刺史崔翥死之。”《輯本舊史》卷一七《成汭傳》：“初，澧、朗二州，本屬荆南，乾寧中，爲土豪雷滿所據。”亦見《新唐書》卷一九〇《成汭傳》、明本《册府》卷九三九《總録部·譏誚門》。明本《册府》卷三三八《宰輔部·貪黷門》：“乾寧中，雷滿據澧、朗，自稱節度。”《通鑑》卷二五四中和元年（881）十二月條：“初，高駢鎮荆南，補武陵蠻雷滿爲牙將，領蠻軍，從駢至淮南，逃歸，聚衆千人，襲朗州，殺刺史崔翥，詔以滿爲朗州留後。歲中，率三四引兵寇荆南，入其郛，焚掠而去，大爲荆人之患。”同書卷二五六光啓元年（885）正月庚申條：“雷滿屢攻掠荆南，（陳）儒重賂以却之。淮南將張瓌、韓師德叛高駢，據復、岳二州，自稱刺史，儒請瓌攝行軍司馬，師德攝節度副使，將兵擊雷滿。”

[9]檢校太傅：《輯本舊史》之案語：“《新唐書》作檢校太

尉。”見《新唐書·雷滿傳》。　累官至檢校太傅同平章事：《通鑑》卷二六一光化元年（898）七月條：“秋，七月，加武貞節度使雷滿同平章事。”《舊唐書》卷二〇上《昭宗紀》光化三年七月戊申條：“戊申，制以武貞軍節度、澧朗敘等州觀察處置等使、開府儀同三司、檢校司徒、同平章事、朗州刺史、上柱國、馮翊郡開國侯、食邑一千五百户雷滿檢校太保，封馮翊郡王，餘如故。”《宋本册府》卷一二九《帝王部·封建門》載“（光化）三年七月，封武貞節度使雷滿爲馮翊郡王”，明本則記於光化二年七月。

及死，子彦恭繼之，[1]蠻蜑狡獪，深有父風，燼墟落，榜舟楫，上下於南郡、武昌之間，[2]殆無人矣。[3]又與淮、蜀結連，阻絶王命。太祖詔湖南節度使馬殷、荆南節度使高季昌練精兵五千，[4]遣將倪可福統之，[5]下澧州，與潭兵合。先是，滿塹沅江，[6]以周其壘，門臨長橋，勢不可入。殷極其兵力，攻圍周歲，彦恭食盡兵敗，間使求救於淮夷。及淮軍來援，高季昌逆戰於治津馬頭岸，[7]大破之，俄而攻陷朗州，彦恭單棹遁去。[8]馬殷擒其弟彦雄及逆黨七人，[9]械送至闕，皆斬於汴橋下，[10]時開平二年十一月也。《永樂大典》卷二千七百三十一。[11]

[1]彦恭：人名。即雷彦恭。朗州武陵（今湖南常德市）洞蠻後裔，雷滿之子，唐末軍閥。事見《新唐書》卷一八六及本書本卷、卷一三三。　及死子彦恭繼之：《輯本舊史》之案語：“《新唐書》：滿以天復元年卒，子彦威自立，弟彦恭結忠義節度使趙匡凝以逐彦威。”見《新唐書》卷一八六《雷滿傳》。《新唐書》卷一〇《昭宗紀》天復元年是歲條：“武貞軍節度使雷滿卒，其子彦威自稱

留後。”《新五代史》卷四一《雷滿傳》：“天祐中，滿卒，子彥恭自立。”《通鑑》卷二六二天復元年（901）十二月戊戌條後：“武貞節度使雷滿薨，子彥威自稱留後。”

[2]南郡：地名。荆州別稱。

[3]“蠻蜑狡獪”至“殆無人矣”：亦見明本《册府》卷四四八《將帥部·殘酷門》。

[4]高季昌：人名。陜州硤石（今河南三門峽市陜州區）人。五代十國南平開國君主。傳見本書卷一三三、《新五代史》卷六九。

[5]倪可福：人名。籍貫不詳。朱温部將。事見本書本卷。

[6]沅江：水名。源出今貴州東南雲霧山，流經湖南，至漢壽縣注入洞庭湖。

[7]馬頭：渡口名。沅江渡口。今地不詳。

[8]彥恭單棹遁去：《輯本舊史》之案語：“《通鑑考異》引《梁太祖實録》云：‘彥恭没溺于江。’《通鑑》從《紀年録》作奔廣陵。《歐陽史》與《通鑑》同。”事繫於《通鑑》卷二六六開平二年（908）五月壬辰條後：“雷彥恭引沅江環朗州以自守，秦彥暉頓兵月餘不戰，彥恭守備稍懈；彥暉使裨將曹德昌帥壯士夜入自水竇，内外舉火相應，城中驚亂，彥暉鼓譟壞門而入，彥恭輕舟奔廣陵。彥暉虜其弟彥雄，送于大梁。淮南以彥恭爲節度副使。先是，澧州刺史向瓌與彥恭相表裏，至是亦降於楚，楚始得澧、朗二州。”雷滿與馬殷有隙，事繫於《輯本舊史》卷一八《李振傳》：“湖南馬殷爲朗州雷滿所逼，振奉命馳往和解，殷、滿皆稟命。”亦見《宋本册府》卷六五二《奉使部·達王命門》。

[9]彥雄：人名。即雷彥雄。朗州武陵（今湖南常德市）洞蠻後裔，雷滿之子。事見本書本卷。

[10]汴橋：橋名。位於今河南開封市。

[11]《大典》卷二七三一“雷”字韻“姓氏”事目。

史臣曰：成汭、鍾、杜、田、朱之流，皆因否運，雄據大藩，雖無濟代之勞，且有勤王之節，功雖不就，志亦可嘉，若較其誠明，則田頵、延壽斯爲優矣。匡凝一門昆仲，千里江山，失守藩垣，不克負荷，斯乃劉景升之子之徒歟![1]張佶有讓帥之賢，雷滿辱俾侯之寄，優劣可知矣。《永樂大典》卷二千七百三十一。[2]

［1］劉景升：人名。即劉表，字景升。山陽高平（今山東微山縣）人。東漢末年軍閥。傳見《後漢書》卷七四下、《三國志》卷六。

［2］《大典》卷二七三一“雷”字韻“姓氏”事目。

今注本二十四史

舊五代史

四

梁書〔四〕

宋 薛居正等 撰

陳智超 紀雪娟 主持校注

中国社会科学出版社

舊五代史　卷一八

梁書十八

列傳第八

張文蔚

張文蔚，字右華，[1]河間人也。[2]父裼，[3]唐僖宗朝，[4]累爲顯官。[5]文蔚幼礪文行，求知取友，藹然有佳士之稱。唐乾符初，[6]登進士第，時丞相裴坦兼判鹽鐵，[7]解褐署巡官。[8]未幾，以畿尉直館。[9]丁家艱，[10]以孝聞。中和歲，[11]僖宗在蜀，大寇未滅，[12]急於軍費，移鹽鐵於揚州，[13]命李都就判之，[14]奏爲轉運巡官。駕還長安，除監察御史，[15]遷左補闕、侍御史、起居舍人、司勳吏部員外郎，[16]拜司勳郎中、知制誥，[17]歲滿授中書舍人。[18]丁母憂，退居東畿，哀毁過禮。[19]服闋，復拜中書舍人，[20]俄召入翰林，[21]爲承旨學士。[22]屬昭宗初還京闕，[23]皇綱寖微，文蔚所發詔令，靡失厥中，論者多之。轉户部侍郎，[24]仍依前充職，尋出爲禮部侍郎。[25]天祐二年三月,[26]拜中書侍郎、平章事,[27]兼判户部。[28]

[1]字右華：中華書局本有校勘記："《新唐書》卷七二下《宰相世系表二下》作'字在華'。"

[2]河間：縣名。治所在今河北河間市。

[3]裼：《輯本舊史》之案語："裼，原本作'錫'。考《舊唐書·張裼傳》云，字公表，當以從'衣'爲是，今改正。"見《舊唐書》卷一七八《張裼傳》。

[4]唐僖宗：即李儇。873 年至 888 年在位。紀見《舊唐書》卷一九下、《新唐書》卷九。

[5]累爲顯官：《宋本册府》卷七七一《總録部·世官門》："張裼，以宣宗大中中宰相于琮判度支，召爲司勳員外郎，判度支。尋用爲翰林學士，轉郎中，知制誥，拜中書舍人，户部侍郎，學士承旨。"

[6]乾符：唐僖宗李儇年號（874—879）。

[7]裴坦：人名。河東聞喜人（今山西聞喜縣）。唐末宰相。傳見《新唐書》卷一八二。　鹽鐵：官署名。即鹽鐵司。唐末、五代稱鹽鐵、度支、户部爲三司，掌管統籌國家財政之事。鹽鐵司掌管鹽、鐵、茶專賣及徵税等事務。

[8]解褐：又作"釋褐"。指進士及第授官。　巡官：官名。唐代節度使、觀察使、團練使、防禦使屬官，位判官、推官下。另有營田巡官、轉運巡官、館驛巡官等名目，皆因使而置。　"唐乾符初"至"解褐署巡官"：《舊唐書·張裼傳》謂文蔚乾符二年進士擢第。朱玉龍《中華版〈舊五代史〉考證（3）》（《安徽史學》1990 年第 2 期）："按《新唐書·宰相表》，裴坦以乾符元年二月同平章事，其年五月卒，文蔚登第在二年，不得爲裴坦巡官，傳誤也。"見《新唐書》卷六三《宰相表下》。

[9]畿尉：指畿縣的縣尉。　直館：官名。唐弘文館、史官皆置。以他官兼領而未登朝者，或位卑有才者，稱直館。開元二十五年（737），徙史館於中書省。天寶後，他官兼領史職者，謂之史館修撰，初入者爲直館。

[10]丁家艱：亦作“丁艱”。指父母之喪。

[11]中和：唐僖宗李儇年號（881—885）。

[12]大寇：指唐末黄巢起義。《輯本舊史》之影庫本粘籤：“大寇，原本作‘大熟’，今據文改正。”

[13]揚州：州名。治所在今江蘇揚州市。

[14]李都：人名。籍貫不詳。唐末、五代將領。事見本書本卷、卷六〇。

[15]監察御史：官名。屬御史臺之察院，掌監察中央機構、州縣長官及祭祀、庫藏、軍旅等事。唐中期以後，亦作爲外官所帶之銜。正八品下。

[16]左補闕：官名。唐代諫官。武則天時始置。分爲左右，左補闕隸於門下省，右補闕隸於中書省。掌規諫諷諭，大事可以廷議，小事則上封奏。從七品上。　侍御史：官名。秦始置。掌糾舉百官，推鞫獄訟。從六品下。　起居舍人：官名。唐代始置，屬中書省。與門下省起居郎同掌起居注，記皇帝言行。從六品上。　司勳吏部員外郎：官名。唐尚書省吏部司勳司次官。協助司勳郎中掌官吏勳級。從六品上。

[17]司勳郎中：官名。唐尚書省吏部司勳司長官。掌官吏勳級。從五品上。　知制誥：官名。掌起草皇帝的詔、誥之事，原爲中書舍人之職。唐開元末置學士院，翰林學士入院一年，則加知制誥銜，專掌任免宰相、册立太子、宣布征伐等特殊詔令，稱爲内制。而中書舍人所撰擬的詔敕稱爲外制。兩種官員總稱兩制。

[18]中書舍人：官名。中書省屬官。掌起草文書、呈遞奏章、傳宣詔命等。正五品上。

[19]哀毀過禮：《宋本册府》卷七五六《總録部・孝門六》作

“哀毁過人”。

［20］復拜中書舍人：《舊唐書·張裼傳》：“乾寧中，以祠部郎中知制誥，正拜中書舍人，賜紫。”《宋本册府》卷七七一：“文蔚，昭宗乾寧中，以祠部郎中知制誥，正拜中書舍人。”

［21］翰林：官署名。始創於唐朝。主要集結各類文學、醫卜、方伎、書畫方面的人才，伴隨皇帝，統稱翰林院。唐玄宗分出翰林學士院，負責爲皇帝起草詔旨，爲機要之司。前者主要爲内廷供奉機構。

［22］承旨學士：官名。全稱翰林學士承旨。唐玄宗時設翰林院，翰林學士承旨爲翰林學士之首。掌拜免將相、號令征伐等詔令的起草。

［23］昭宗：即唐昭宗李曄，888 年至 904 年在位。紀見《舊唐書》卷二〇上、《新唐書》卷一〇。

［24］户部侍郎：官名。尚書省户部次官。協助户部尚書掌天下田户、均輸、錢穀之政令。正四品下。

［25］禮部侍郎：官名。尚書省禮部次官。協助禮部尚書掌禮儀、祭享、貢舉之政。正四品下。

［26］天祐：唐昭宗李曄開始使用的年號（904）。唐哀帝李柷即位後沿用（904—907）。唐亡後，河東李克用、李存勗仍稱天祐，沿用至天祐二十年（923）。五代其他政權亦有行此年號者，如南吴、吴越等，使用時間長短不等。　二年三月：原作“元年夏”，《舊唐書》卷二〇下《哀帝紀》天祐二年（905）三月甲子條：制“以正議大夫、尚書吏部侍郎、上柱國、賜紫金魚袋張文蔚爲中書侍郎、同平章事、監修國史、判度支”。《新唐書》卷一〇《哀帝紀》天祐二年三月戊寅條：“禮部侍郎張文蔚同中書門下平章事。”明本《册府》卷七四《帝王部·命相門四》：“哀帝即位，踰年不改元，仍號天祐。二年二月，以吏部侍郎張文蔚、尚書左丞楊涉並爲中書侍郎、平章事。”《通鑑》卷二六五天祐二年三月戊寅條：“以禮部侍郎河間張文蔚同平章事。”據《舊唐書》《新唐書》《通

鑑》改。

[27]中書侍郎：官名。中書省副長官。唐後期三省長官漸爲榮銜，中書、門下侍郎却因參議朝政而職位漸重，常常用爲以“同三品”或“同平章事”任宰相者的本官。正三品。　平章事：官名。即“同中書門下平章事”的簡稱。唐高宗以後，凡實際任宰相之職者，常在其本官後加同平章事的職銜。後成爲宰相專稱。後晉天福五年（940），升中書門下平章事爲正二品。

[28]户部：官署名。唐末、五代稱鹽鐵、度支、户部爲三司，掌管統籌國家財政之事。户部掌户口、財賦等事務。

時柳璨在相位，[1]擅權縱暴，傾陷賢儁，宰相裴樞等五家及三省而下三十餘人，[2]咸抱冤就死，縉紳以目，不敢竊語其是非，餘怒所注，亦不啻十許輩。文蔚殫其力解之，乃止，[3]士人賴焉。璨敗死，文蔚兼度支鹽鐵使。[4]天祐四年，天子以土運將革，[5]天命有歸，四月，命文蔚與楊涉等總率百僚，[6]奉禪位詔至大梁。[7]太祖受命，文蔚等不易其位。[8]開平二年春，[9]暴卒於位，[10]詔贈右僕射。[11]

[1]柳璨：人名。河東（今山西永濟市）人。唐末宰相、文學家、史學家。傳見《舊唐書》卷一七九、《新唐書》卷二二三下。柳璨拜相，事詳《舊唐書》卷一七九《柳璨傳》：“（崔）胤死之日，既夕，璨自内出，前驅傳呼相公來。人未見制敕，莫測所以。翌日對學士，上謂之曰：‘朕以柳璨奇特，似可獎任。若令預政事，宜授何官？’承旨張文蔚曰：‘陛下拔用賢能，固不拘資級。恩命高下，出自聖懷。若循兩省遷轉，拾遺超等入起居郎，臨大位非宜也。’帝曰：‘超至諫議大夫可乎？’文蔚曰：‘此命甚愜。’即以諫

議大夫平章事，改中書侍郎。任人之速，古無兹例。”《新唐書》卷二二三下《柳璨傳》：“崔胤死，昭宗密許璨宰相，外無知者。日暮自禁中出，騶士傳呼宰相，人皆大驚。明日，帝謂學士承旨張文蔚曰：‘璨材可用，今擢爲相，應授何官？’對曰：‘用賢不計資。’帝曰：‘諫議大夫可乎？’曰：‘唯唯。’遂以諫議大夫同中書門下平章事。”

[2]裴樞：人名。絳州聞喜（今山西聞喜縣）人。唐末宰相。傳見《舊唐書》卷一一三、《新唐書》卷一四〇。　三省：官署名。指中書省、門下省和尚書省。

[3]文蔚殫其力解之乃止：《通鑑》卷二六五天祐二年（905）六月己丑條：“柳璨餘怒所注，猶不啻十數，張文蔚力解之，乃止。”

[4]度支鹽鐵使：官名。鹽鐵與度支、户部合稱“三司”。主掌財政及專賣事務。

[5]土運：按五德終始理論，唐朝自定爲土德。

[6]楊涉：人名。同州馮翊（今陝西大荔縣）人。唐宰相楊收之孫，吏部尚書楊嚴之子。唐哀帝時拜中書侍郎、同中書門下平章事。傳見《新五代史》卷三五。

[7]大梁：地名。即開封。　“天祐四年”至“奉禪位詔至大梁”：《舊唐書》卷二〇下《哀帝紀》天祐四年三月條：“甲辰，詔曰：‘敕宰臣文武百辟，藩岳庶尹，明聽朕言。夫大寶之尊，神器之重，儻非德充宇宙，功濟黔黎，著重華納麓之功，彰文命導川之績，允熙帝載，克代天工，則何以統御萬邦，照臨八極。元帥梁王，龍顔瑞質，玉理奇文，以英謀睿武定寰瀛，以厚澤深仁撫華夏。神功至德，絶後光前，緹油罕紀其鴻勳，謳誦顯歸於至化。二十年之功業，億兆衆之推崇，邇無異言，遠無異望。朕惟王聖德，光被八紘，宜順玄穹，膺兹寶命。況天文符瑞，雜沓宣明，虞夏昌期，顯于圖籙。萬機不可以久曠，天命不可以久違，神祇叶心，歸于有德。朕敬以天下，傳禪聖君，退居舊藩，以備三恪。今敕宰臣

張文蔚、楊涉等率文武百僚，備法駕奉迎梁朝，勉厲肅恭，尊戴明主。沖人釋兹重負，永爲虞賓，獲奉新朝，慶泰兼極。中外列辟，宜體朕懷。’乙酉，乃以中書侍郎、平章事張文蔚充册使，禮部尚書蘇循爲副。中書侍郎、平章事楊涉押傳國寶使，翰林學士、中書舍人張策爲副。御史大夫薛貽矩爲押金寶使，左丞趙光逢爲副。甲午，文蔚押文武百僚赴大梁。甲子，行事。册曰：‘皇帝若曰：咨爾天下兵馬元帥、相國總百揆梁王，朕每觀上古之書，以堯舜爲始者，蓋以禪讓之典，垂於無窮。故封泰山、禪梁父，略可道者七十二君，則知天下至公，非一姓獨有。自古明王聖帝，焦思勞神，惴若納隍，坐以待旦，莫不居之則兢畏，去之則逸安。且軒轅非不明，放勳非不聖，尚欲遊於姑射，休彼大庭。矧乎曆數尋終，期運久謝，屬於孤藐，統御萬方者哉！況自懿祖之後，嬖幸亂朝，禍起有階，政漸無象。天網幅裂，海水横流，四紀于兹，群生無庇。洎乎喪亂，誰其底綏。洎于小子，粤以幼年，繼兹衰緒。豈兹沖昧，能守洪基？惟王明聖在躬，體于上哲。奮揚神武，戡定區夏，大功二十，光著册書。北越陰山，南逾瘴海，東至碣石，西暨流沙，懷生之倫，罔不悅附。矧予寡昧，危而獲存。今則上察天文，下觀人願，是土德終極之際，乃金行兆應之辰。況十載之間，彗星三見，布新除舊，厥有明徵，謳歌所歸，屬在睿德。今遣持節、銀青光禄大夫、守中書侍郎、同中書門下平章事張文蔚等，奉皇帝寶綬，敬遜于位。於戲！天之曆數在爾躬，允執其中，天禄永終。王其祇顯大禮，享兹萬國，以肅膺天命。’”《新五代史》卷二《梁太祖紀下》：“開平元年春正月壬寅，天子使御史大夫薛貽矩來勞軍。宰相張文蔚率百官來勸進。”《宋本册府》卷二〇三《閏位部·徵應門》天祐四年四月：“宰臣張文蔚正押傳國寶、玉册、金寶及文武群官、諸司儀仗法物及金吾左右三軍離鄭州。丙辰，達上源驛。是日，慶雲見。”《通鑑》卷二六六開平元年（907）三月條：“甲辰，唐昭宣帝降御札禪位于梁。以攝中書令張文蔚爲册禮使，禮部尚書蘇循副之。”同年四月條：“丙辰，張文蔚等至大梁……甲子，張文蔚、楊涉乘輅自上源驛從册寶，諸司各備儀衛鹵簿前導，百官從其後，至金祥殿前陳之。王被衮冕，即皇帝位。張文蔚、蘇循奉册升殿進讀，楊涉、張策、薛貽矩、趙光逢以次奉寶升殿，讀已，降，帥百官舞蹈稱賀。帝遂與文蔚等宴於玄德殿。帝舉酒曰：'朕輔政未久，此皆諸公推戴之力。'文蔚等慚懼，俯伏不能對，獨蘇循、薛貽矩及刑部尚書張禕盛稱帝功德宜應天順人。"事亦見《新五代史》卷三五《唐六臣傳》。

[8]文蔚等不易其位：《新五代史·梁太祖紀下》開平元年："五月丁丑朔，以唐相張文蔚、楊涉爲門下侍郎，御史大夫薛貽矩爲中書侍郎：同中書門下平章事。"亦見《宋本册府》卷一九九《閏位部·命相門》。明本《册府》卷二〇五《閏位部·巡幸門》："梁太祖開平元年十月，帝以用軍，未暇西幸，文武百官等久居東京，漸及疑訝，令就便各許歸安，只留宰臣韓建、薛貽矩，翰林學士張策、韋郊、杜曉，中書舍人封舜卿、張衮并左右御史、司天監、宗正寺，兼要當諸司節級外，其宰臣張文蔚已下文武百官，並先於西京祗侯。"

[9]開平：後梁太祖朱温年號（907—911）。

[10]開平二年春暴卒於位：《新五代史·梁太祖紀下》、《通鑑》卷二六六均繫於開平二年三月癸巳。

[11]右僕射：官名。秦始置。隋、唐前期以左、右僕射佐尚書令總理六官，綱紀庶務，如不置尚書令，則總判省事，爲宰相之職。唐後期多爲大臣加銜。從二品。

文蔚沈邃重厚，有大臣之風，居家孝且悌，雖位至清顯，與仲季相雜，在太夫人膝下，一不異布素。弟濟美，[1]早得心恙，[2]文蔚撫視殆三十年，士君子稱之。

[1]濟美：人名。即張濟美。傳見《舊唐書》卷一七八。

[2]弟濟美早得心恙：《輯本舊史》之案語："《舊唐書》云：文蔚弟濟美、貽憲，相繼以進士登第。《北夢瑣言》云：張裼尚書有五子：文蔚、彝憲、濟美、仁龜，皆有名第，至宰輔、丞郎。内一子，忘其名，少年聞壁魚食神仙字，身有五色，吞之可得仙，因欲試之，遂致心疾。是得疾者别自一人，非濟美也。"見《舊唐書》卷一七八《張裼傳》、《北夢瑣言》卷一二張氏子斅壁魚條。事亦見明本《册府》卷三一〇《宰輔部·德行門》、《威重門》，《宋本册府》卷八五二《總録部·友悌門二》。

子鑄，周顯德中，[1]位至祕書監。[2]《永樂大典》卷六千三百五十一。[3]

[1]顯德：後周太祖郭威年號（954）。世宗柴榮、恭帝柴宗訓沿用（954—960）。

[2]祕書監：官名。秘書省長官，掌圖書秘記等。從三品。子鑄周顯德中位至祕書監：《宋本册府》卷八六三《總録部·名諱門》："張鑄爲給事中。顯德三年，以鑄爲光禄卿。鑄以卿字與祖名同，援令式上訴，尋改授祕書監，判光禄寺事。"《宋史》卷二六二《張鑄傳》云鑄字司化，曾祖居卿，祖裼，父文蔚。鑄於梁貞明三年（917）舉進士，歷仕後梁、後唐、後晋、後周及宋，建隆四年（963）卒，年七十三。

[3]《大典》卷六三五一"張"字韻"姓氏（二一）"事目。

楊涉[1]

[1]楊涉：《通鑑》卷二六五天祐二年（905）三月甲申條有"涉，收之孫也"，言其家世；《新五代史》卷三五有《楊涉傳》；涉事唐、後梁，均位及同中書門下平章事，可證《舊史》原有

《楊涉傳》，今據增。

楊涉，字文川，[1]同州馮翊人。[2]祖收，唐懿宗時宰相；[3]父嚴，[4]官至兵部侍郎。[5]涉舉進士，昭宗時爲吏部尚書。[6]天祐二年，[7]拜中書侍郎、同中書門下平章事。[8]涉，唐名家，世守禮法，而性特謹厚，不幸遭唐之亂。拜相之日，與家人相對泣下，顧謂其子凝式曰："吾不能脱此網羅，禍將至矣，必累爾等。"[9]

[1]楊涉，字文川：《新唐書》卷七一下《宰相世系表一下》。

[2]馮翊：縣名。治所在今陝西大荔縣。　同州馮翊人：據《舊唐書》卷一七七《楊收傳》、《新唐書》卷一八四《楊收傳》，楊涉爲楊收之從子，《舊唐書》云收同州馮翊人，《新唐書》云收世居馮翊，今從之。《輯本舊史》卷一二八《楊凝式傳》："楊凝式，華陰人也。"《北夢瑣言》卷一二楊收不學仙條："唐相國楊收，江州人。"

[3]收：人名。即楊收。同州馮翊（今陝西大荔縣）人。傳見《舊唐書》卷一七七、《新唐書》卷一八四。　唐懿宗：即李漼。859年至873年在位。紀見《舊唐書》卷一九上、《新唐書》卷九。

[4]嚴：人名。即楊嚴。傳見《舊唐書》卷一七七、《新唐書》卷一八四。

[5]"祖收"至"官至兵部侍郎"：《新五代史》卷三五《楊涉傳》。《通鑑》卷二六五天祐二年（905）三月甲申條有"涉，收之孫也"。據《舊唐書·楊收傳》、《北夢瑣言》楊收不學仙條、《新唐書·宰相世系表一下》可知楊遺直生四子發、假、收、嚴，楊嚴生二子涉、注，則楊收爲涉之從父，《新五代史》及《通鑑》似誤。

[6]涉舉進士，昭宗時爲吏部尚書：《新五代史·楊涉傳》。《舊

唐書》卷二〇上《昭宗紀》乾寧四年（897）九月癸酉朔條："以刑部侍郎楊涉爲吏部侍郎。"同書《楊收傳》："涉，乾符二年登進士第。昭宗朝，累遷吏部郎中、禮邢二侍郎。乾符（按，乾符爲僖宗年號，此處當爲乾寧）四年，改吏部侍郎。天祐初，轉左丞。從昭宗遷洛陽，改吏部尚書。"《新唐書·楊收傳》："涉，昭宗時仕至吏部侍郎。"

［7］天祐二年：原作"哀帝即位"，檢《舊史·梁書》，言及唐哀帝均以"天子""唐帝"及天祐年號代指，遂依此例改。

［8］天祐二年，拜中書侍郎、同中書門下平章事：《新五代史·楊涉傳》。《唐摭言》卷一四主司稱意條："天祐元年，楊涉行在陝州放榜，後大拜。"《舊唐書》卷二〇下《哀帝紀》天祐元年十月丙申條："皇帝即位行事官、左丞楊涉進封開國伯，加食邑四百户。"同卷天祐二年三月甲子條："以銀青光禄大夫、行尚書左丞、上柱國、弘農縣伯、食邑七百户楊涉爲中書侍郎、同平章事、集賢殿大學士、判户部事。"同年五月庚午條："庚午，敕：'所司定今年十月九日有事郊丘，其修製禮衣祭服宜令宰臣柳璨判，祭器宜令張文蔚、楊涉分判，儀仗車輅宜令太常卿張廷範判。'"同書《楊收傳》："輝王即位，本官平章事，加中書侍郎。"明本《册府》卷七四《帝王部·命相門四》："哀帝即位，踰年不改元，仍號天祐。二年二月，以吏部侍郎張文蔚、尚書左丞楊涉並爲中書侍郎、平章事。"《新唐書》卷六三《宰相表下》："（天祐二年三月）甲申，吏部侍郎楊涉同中書門下平章事、判户部。"同書《楊收傳》："哀帝時，進同中書門下平章事。"《通鑑》卷二六五天祐二年三月甲申條："以吏部侍郎楊涉同平章事。"

［9］"涉唐名家"至"必累爾等"：《新五代史·楊涉傳》。《舊唐書·楊收傳》："涉性端厚秉禮。乾寧之後，賊臣竊發，王室寖微。及天祐東遷，大事去矣。涉爲時所嬰，不能自退。及命相之日，與家人相向灑泣曰：'吾不能脱此網羅，禍將至矣。'謂其子凝式曰：'今日之命，吾家重不幸矣，必累爾等。'"《新唐書·楊收

傳》："爲人端重有禮法。方賊臣陵慢，王室殘蕩，賢人多罹患。涉受命，與家人泣，語其子凝式曰：'世道方極，吾嬰網羅不能去，將重不幸，禍且累汝。'"《通鑑》卷二六五天祐二年三月甲申條："爲人和厚恭謹，聞當爲相，與家人相泣，謂其子凝式曰：'此吾家之不幸也，必爲汝累。'"

開平元年三月，[1]唐帝降御札禪位于梁。[2]以攝中書令張文蔚爲册禮使，[3]禮部尚書蘇循副之；[4]攝侍中涉爲押傳國寶使，[5]翰林學士張策副之；[6]御史大夫薛貽矩爲押金寶使，[7]尚書左丞趙光逢副之；[8]帥百官備法駕詣大梁。涉子直史館凝式，[9]言於涉曰："大人爲唐宰相，而國家至此，不可謂之無過。況手持天子璽綬與人，雖保富貴，奈千載何！盍辭之！"涉大駭曰："汝滅吾族！"神色爲之不寧者數日。[10]夏四月甲子，張文蔚、涉乘輅自上源驛從册寶，[11]諸司各備儀衛鹵簿前導，[12]百官從其後，至金祥殿前陳之。[13]太祖被衮冕，[14]即皇帝位，張文蔚、蘇循奉册升殿進讀，涉、張策、薛貽矩、趙光逢以次奉寶升殿，讀已，降，帥百官舞蹈稱賀。[15]太祖遂與文蔚等宴於玄德殿。[16]太祖舉酒曰："朕輔政未久，此皆諸公推戴之力。"文蔚等慚懼，俯伏不能對，獨蘇循、薛貽矩及刑部尚書張禕盛稱太祖功德宜應天順人。[17]二年四月癸卯，門下侍郎、同平章事涉罷爲右僕射。[18]十一月癸巳，中書侍郎、同平章事張策以刑部尚書致仕，以左僕射涉同平章事。[19]三年九月辛亥，涉罷守本官。[20]乾化元年十二月，[21]以尚書左僕射涉知禮部貢舉。[22]後數年卒。[23]

［1］開平元年三月：原闕，據《通鑑》敘事時間補。

［2］唐帝：原作"唐昭宣帝"，據《舊史·梁書》以"唐帝"代哀帝之例改。

［3］攝中書令：官名。中書令，漢代始置，隋、唐前期爲中書省長官，屬宰相之職；唐後期多爲授予元勳大臣的虛銜。正二品。攝，表示暫時委任。　張文蔚：人名。瀛洲河間（今河北河間市）人。唐末、後梁大臣。傳見本書本卷、《新五代史》卷三五。　册禮使：官名。舉行册封典禮時臨時設置的官職，册封儀式結束即罷。

［4］禮部尚書：官名。尚書省禮部主官。掌禮儀、祭享、貢舉之政。正三品。　蘇循：人名。籍貫不詳。唐、後梁、後唐官員。傳見本書卷六〇、《新五代史》卷三五。

［5］押傳國寶使：官名。册封大禮上掌押傳國印寶。非常設官，由他官兼任，事畢則罷。

［6］張策：人名。河西敦煌（今甘肅敦煌市）人。後梁宰相。傳見本書本卷、《新五代史》卷三五。

［7］押金寶使：官名。册封大禮上掌押印寶。非常設官，由他官兼任，事畢則罷。

［8］尚書左丞：官名。尚書省佐貳官。唐中期以後，與尚書右丞實際主持尚書省日常政務，權任甚重。正四品上。　趙光逢：人名。京兆奉天（今陝西乾縣）人。後梁大臣。傳見本書卷五八、《新五代史》卷三五。

［9］直史館：官名。唐天寶以後，他官兼領史職者稱爲史館修撰，初入史館者稱爲直館。元和六年（811）宰相裴垍建議：登朝官領史職者爲修撰，以官階高的一人判館事；未登朝官均爲直館。

［10］"開平元年三月"至"神色爲之不寧者數日"：《通鑑》卷二六六開平元年（907）三月甲辰條。《舊唐書》卷二〇下《哀帝紀》天祐四年（907）三月甲辰條：詔："敕宰臣張文蔚、楊涉等率文武百僚，備法駕奉迎梁朝，勉厲肅恭，尊戴明主。"同月乙酉、

甲午、甲子條："乙酉，乃以中書侍郎、平章事張文蔚充册使，禮部尚書蘇循爲副。中書侍郎、平章事楊涉押傳國寶使，翰林學士、中書舍人張策爲副。御史大夫薛貽矩爲押金寶使，左丞趙光逢爲副。甲午，文蔚押文武百僚赴大梁。甲子，行事。"《輯本舊史》卷一八《張文蔚傳》繫奉禪位詔至大梁於天祐四年四月。

［11］輅：即輅車。天子車駕。可分爲大輅、玉輅、金輅、象輅、革輅、木輅等。　上源驛：地名。位於今河南開封市内。　册寶：册書和寶璽。

［12］鹵簿：帝、后出行時的儀仗隊。蔡邕《獨斷》卷下："天子出，車駕次第謂之鹵簿。"

［13］金祥殿：宫殿名。五代都城開封府宫城中内殿。位於今河南開封市。

［14］太祖：原作"帝"，據《舊史》體例改。　衮冕：衮服和冠冕。皇帝、王公大臣的禮服。參見閻步克《服周之冕——〈周禮〉六冕禮制的興衰變異》，中華書局2009年版。

［15］舞蹈：臣僚對君主的朝参禮儀。典儀官贊"舞蹈"，臣僚做出有節奏的動作，司樂官以樂伴之。

［16］玄德殿：宫殿名。位於今河南開封市。

［17］刑部尚書：官名。尚書省刑部主官。掌天下刑法及徒隸、勾覆、關禁之政令。正三品。　張禕：人名。籍貫不詳。唐末、五代大臣。事見《舊唐書》卷二〇下、本書本卷。　"夏四月甲子"至"應天順人"：《通鑑》卷二六六開平元年四月甲子條。《宋本册府》卷一九九《閏位部·命相門》："梁太祖開平元年五月，以唐朝宰臣張文蔚、楊涉並爲門下侍郎、平章事。"

［18］門下侍郎：官名。門下省副長官。唐後期三省長官漸爲榮銜，中書、門下侍郎却因參議朝政而職位漸重，常常用爲以"同三品"或"同平章事"任宰相者的本官。正三品。　右僕射：《新五代史》卷二《梁太祖紀下》開平二年十一月癸巳條有"左僕射楊涉"，則涉此時或被罷爲左僕射，或中有遷改，未可知也。　二年

四月癸卯，門下侍郎、同平章事涉罷爲右僕射：《通鑑》卷二六六開平二年四月癸卯條。

［19］“十一月癸巳”至“以左僕射涉同平章事”：《通鑑》卷二六七開平二年十一月癸巳條。《新五代史·梁太祖紀下》開平二年十一月癸巳條：“十一月癸巳，張策罷，左僕射楊涉同中書門下平章事。”

［20］三年九月辛，亥涉罷守本官：《通鑑》卷二六七開平三年九月辛亥條。《宋本册府》卷一八九《閏位部·奉先門》：“（開平三年）七月丙寅，命宰臣楊涉赴西都以孟秋享太廟。”同書卷一九七《閏位部·宴會門》載開平三年九月丙辰：“御崇勳殿，召韓建、楊涉、薛貽矩、趙光逢、杜曉、河南尹張宗奭、襄州節度使楊師厚、宣州節度使王景仁等賜食，賜宰臣銀鞍轡馬、分物、銀器、細茶等。”

［21］乾化：後梁太祖朱温年號（911—912），末帝朱友貞沿用（913—915）。

［22］知禮部貢舉：官名。唐始置，爲主持禮部會試的考官。乾化元年十二月，以尚書左僕射涉知禮部貢舉：《宋本册府》卷六四一《貢舉部·條制門三》，原文云：“乾化元年十二月，以尚書左僕射楊涉知禮部貢舉，非常例也。前代自唐武德、貞觀之後，但委考功員外郎掌之。至開元二十五年，員外郎李昂爲貢士李權所詆，由是中書奏請以禮部侍郎專焉。其間或以他官領者，多用中書舍人及諸司四品清資官，唯會昌中命太常卿王起主貢舉，時乃檢校僕射耳。”明本《册府》卷二〇五《閏位部·巡幸門》：乾化五年（915）十一月辛卯，“次孟州，留都文武官、左僕射楊涉洎孟州守李周彝等皆匍匐東郊迎拜，其文武官並令先還”。

［23］後數年卒：《新五代史》卷三五《楊涉傳》。《輯本舊史》卷八《梁末帝紀上》貞明二年（916）二月丙申條：“二月丙申，右僕射、門下侍郎、平章事、諸道鹽鐵轉運等使楊涉罷相，守左僕射。涉累上章以疾辭位，故有是命。”同年七月條：“以左僕射楊涉

爲太子太傅致仕。"《新五代史》卷三《梁末帝紀》貞明二年二月丙申條："（貞明）二年春二月丙申，楊涉罷。"《新唐書》卷五八《藝文志二》："《續皇王寶運録》十卷，韋昭度、楊涉撰。"

子凝式，别有傳。[1]

[1]子凝式，别有傳：按，《輯本舊史》卷一二八有《楊凝式傳》，詳述其生平，此不贅言。

薛貽矩

薛貽矩，字熙用，河東聞喜人。[1]祖存，[2]父廷望，[3]咸有令名。[4]貽矩風儀秀聳，其與游者皆一時英妙，藉甚於文場間。唐乾符中，登進士第，歷度支巡官、集賢校理、拾遺、殿中、起居舍人，[5]召拜翰林學士，[6]加禮部員外郎、知制誥，[7]轉司勳郎中，其職如故。乾寧中，天子幸石門，[8]貽矩以私屬相失，不及於行在，罷之。旋除中書舍人，再踐内署，[9]歷户部兵部侍郎、學士承旨。[10]及昭宗自鳳翔還京，[11]大翦閹寺，貽矩尚爲韓全誨等作畫讚，[12]悉紀于内侍省屋壁間，[13]坐是謫官。[14]天祐初，除吏部侍郎，[15]不至。太祖素重之，嘗言之于朝，即日拜吏部尚書，[16]俄遷御史大夫。[17]四年春，唐帝命貽矩持詔赴大梁，議禪代之事。貽矩至，盛稱太祖功德，請就北面之禮，太祖雖謙抑不納，待之甚厚。[18]受禪之歲夏五月，拜中書侍郎、平章事，兼判户部。[19]明年夏，進拜門下侍郎、監修國史、判度支，[20]又遷弘文館大學士，[21]充鹽鐵轉運使，[22]累官自僕射至守司空。[23]在任綿五載，[24]然亦無顯赫事跡可紀。[25]扈從貝州還，[26]染時癘，旬日卒于東京。[27]詔贈侍中。《永樂大典》卷二萬一千三百六十七。[28]

[1]河東聞喜人：《新五代史》卷三五《薛貽矩傳》同，《舊唐書》卷一五三《薛存誠傳》云河東人，薛貽矩墓誌蓋云“故河東薛府君墓誌銘”，《新唐書》卷一六二《薛存誠傳》云其爲河中寶鼎人。《新唐書》卷七三下《宰相世系表三下》，載薛氏西祖薛興爲晋河東太守，則河東是。

[2]存：人名。即薛存。原名薛存誠，《舊五代史》爲避梁太祖朱温父朱誠諱改。傳見《舊唐書》卷一五三、《新唐書》卷一六二。

[3]廷望：人名。即薛廷望。本書僅此一見。

[4]“薛貽矩”至“咸有令名”：《新唐書·宰相世系表三下》云貽矩字式瞻，一字熙用；祖存誠；父庭望，字遂之，虢州刺史。據《薛貽矩墓誌》(拓片刊傳清音、王亮亮、夏楠：《新見五代〈薛貽矩墓誌〉考》，《文博》2012 年第 4 期)，貽矩祖存誠，父珽望任虢州刺史。朱玉龍《中華版〈舊五代史〉考證（3）》（《安徽史學》1990 年第 2 期）云此處“祖存”爲史避梁廟諱省“誠”字，據《輯本舊史》卷一《梁太祖紀一》，朱全忠爲朱誠第三子。

[5]度支巡官：官名。巡官之一种。度支屬官。　集賢校理：官名。唐玄宗時始置。掌校理集賢殿圖籍。　拾遺：官名。唐武則天於垂拱元年（685）置拾遺，分左右。左拾遺隸門下省，右拾遺隸中書省，與左、右補闕共掌諷諫，大事廷議，小事則上封事。從八品上。　殿中：官名。當爲“殿中侍御史”的簡稱。三國魏始置。唐前期屬御史臺之殿院，掌宫門、庫藏及糾察殿庭供奉朝會儀式，及分掌左、右巡，負責京師治安、京畿軍兵。唐後期常爲外官

所帶憲銜。從七品下。

[6]翰林學士：官名。由南北朝始設之學士發展而來，唐玄宗改翰林供奉爲翰林學士，備顧問，代王言。掌拜免將相、號令征伐等詔令的起草。

[7]禮部員外郎：官名。尚書省禮部司次官。協助禮部郎中掌禮樂、學校等事。從六品上。

[8]石門：地名。位於今陝西三原縣。

[9]内署：翰林學士院的别稱。因院設在宫禁之内，故稱。《輯本舊史》之影庫本粘籤："内署，原本作'内書署'，以文義求之，'書'字當係衍文，今删去。"

[10]户部侍郎：官名。尚書省户部次官。協助户部尚書掌天下田户、均輸、錢穀之政令。正四品下。　兵部侍郎：官名。尚書省兵部次官。協助兵部尚書掌武官銓選、勛階、考課之政。正四品下。

[11]鳳翔：府名。治所在今陝西鳳翔縣。

[12]韓全誨：人名。籍貫不詳。唐末宦官。傳見《新唐書》卷二〇八。

[13]内侍省：官署名。隋朝始置。其屬六局：掖庭、宫闈、奚官、内僕、内府、内坊。長官爲内侍監。

[14]"及昭宗自鳳翔還京"至"坐是謫官"：昭宗"幸鳳翔"，《舊唐書》卷一八四《楊復恭傳》載天復元年（901）十一月："朱全忠寇河中華州，陷之，京師震恐，中尉韓全誨請上且幸鳳翔。全忠追逼乘輿，兵圍鳳翔者累年。"《通鑑》卷二六二天復元年十一月壬子條："壬子，韓全誨等陳兵殿前，言於上曰：'全忠以大兵逼京師，欲劫天子幸洛陽，求傳禪；臣等請奉陛下幸鳳翔，收兵拒之。'上不許，仗劍登乞巧樓。全誨等逼上下樓，上行纔及壽春殿，李彦弼已於御院縱火。"昭宗自鳳翔還京，亦見《舊唐書·楊復恭傳》："（天復）三年正月，（李）茂貞殺兩軍中尉韓全誨、張弘彦，樞密使袁易簡、周敬容等二十二人，皆斬首，以布囊貯之，令學士

薛貽矩送於全忠求和。是月，全忠迎駕還長安，詔以崔胤爲宰相，兼判六軍諸衛。"《新唐書》卷二〇八《韓全誨、張彦弘傳》繫此事於天復三年正月二日。薛貽矩謫官，《舊唐書》卷一七七《崔胤傳》繫於天復三年："昭宗初幸鳳翔，命盧光啓、韋貽範、蘇檢等作相，及還京，胤皆貶斥之。又貶陸扆爲沂王傅，王溥太子賓客，學士薛貽矩夔州司户。"《新五代史·薛貽矩傳》："昭宗自岐還長安，大誅宦者，貽矩時爲中尉韓全誨等作畫像贊，坐左遷。"

[15]吏部侍郎：官名。尚書省吏部次官。協助吏部尚書掌文選、勛封、考課之政。正四品上。

[16]吏部尚書：官名。尚書省吏部長官。與二侍郎分掌六品以下文官選授、勛封、考課之政令。正三品。

[17]御史大夫：官名。秦始置，與丞相、太尉合稱三公。至唐代，在御史中丞之上設御史大夫一人，爲御史臺長官，專掌監察、執法。正三品。

[18]"四年春"至"待之甚厚"：事詳《舊唐書》卷二〇下《哀帝紀》："（天祐）四年春正月戊寅朔。壬寅，全忠自長蘆至大梁，天子遣御史大夫薛貽矩齎詔慰勞……（貽矩）以臣禮見全忠……承間密陳禪代之謀，全忠心德之。貽矩還奏曰：'元帥有受代意，陛下深體時事，去兹重負。'帝曰：'此吾素懷也。'乃降詔元帥以二月行傳禪之禮，全忠僞辭。二月壬子，詔文武百官以今月七日齊赴元帥府。癸丑，宰相百官辭，全忠以未斷表爲詞。（三月）庚寅，詔薛貽矩再使大梁，達傳位之旨。"《新五代史·薛貽矩傳》："天祐三年，太祖自長蘆還軍，哀帝遣貽矩來勞，貽矩以臣禮見，太祖揖之升階，貽矩曰：'殿下功德及人，三靈改卜，皇帝方行舜、禹之事，臣安敢違？'乃稱臣拜舞，太祖側身以避之。貽矩還，遂趣哀帝遜位。"同書卷三五《唐六臣傳序》："明年三月，唐哀帝遜位于梁，遣中書侍郎、同中書門下平章事張文蔚爲册禮使，禮部尚書蘇循爲副；中書侍郎、同中書門下平章事楊涉爲押傳國寶使，翰林學士、中書舍人張策爲副；御史大夫薛貽矩爲押金寶使，

尚書左丞趙光逢爲副。四月甲子，文蔚等自上源驛奉册寶，乘輅車，導以金吾仗衛、太常鹵簿，朝梁于金祥殿。王衮冕南面，臣文蔚、臣循奉册升殿，進讀已，臣涉、臣策奉傳國璽，臣貽矩、臣光逢奉金寶，以次升，進讀已，降，率文武百官北面舞蹈再拜賀。”事亦見《宋本册府》卷一八七《閏位部·勳業門五》。

［19］“受禪之歲”至“兼判户部”：《輯本舊史》卷六〇《蘇循傳》：“梁祖既受命，宴於玄德殿，舉酒曰：‘朕夾輔日淺，代德未隆，置朕及此者，群公推崇之意也。’楊涉、張文蔚慚懼失對，致謝而已。循與張禕、薛貽矩因盛陳梁祖之德業，應天順人之美。”事亦見《新五代史》卷三五《蘇循傳》。《新五代史》卷二《梁太祖紀下》：“（開平元年）五月丁丑朔，以唐相張文蔚、楊涉爲門下侍郎，御史大夫薛貽矩爲中書侍郎：同中書門下平章事。”《宋本册府》卷一九九《閏位部·命相門》：開平元年五月，“以御史大夫薛貽矩爲中書侍郎平章事”。

［20］監修國史：官名。北齊始置史館，以宰相爲之。唐史館沿置，爲宰相兼職。　度支：財政官署。掌管天下租賦物産，歲計所出而支調之，故名。安史亂後，因軍事供應浩繁，以宰相爲度支使，由户部尚書、侍郎或他官兼領度支事務，稱度支使或判度支、知度支事，權任極重，與鹽鐵使、判户部或户部使合稱“三司”。

［21］弘文館大學士：官名。唐初設弘文館，後設學士、大學士。大學士常由次相兼任。

［22］鹽鐵轉運使：官名。全稱爲“諸道鹽鐵轉運使”。主管漕運、鹽鐵專賣等政務。唐末、五代常由宰相兼任。　充鹽鐵轉運使：《輯本舊史》卷二四《張儁傳》：“太祖即位，用宰臣薛貽矩爲鹽鐵使，儁與貽矩同年登第，甚知其才，即奏爲鹽鐵判官，遷職爲禮部郎中，兼職如故。”

［23］僕射：官名。秦始置。隋唐前期，以左、右僕射佐尚書令總理六官、綱紀庶務；如不置尚書令，則總判省事，爲宰相之職。唐後期多爲大臣加銜。從二品。　司空：官名。與太尉、司徒並爲

三公，唐後期、五代多爲大臣、勳貴加官。正一品。　累官自僕射至守司空：《輯本舊史》卷一四九《職官志》：“（開平）三年九月，以門下侍郎平章事薛貽矩兼延資庫使，判建昌宮事。”事亦見明本《册府》卷三二九《宰輔部·兼領門》，《宋本册府》卷四八三《邦計部·選任門》，《會要》卷一五延資庫使條、卷二四建昌宮使條。

［24］在任綿五載：《輯本舊史》之案語：“《歐史·梁本紀》：貽矩以開平元年同平章事，至乾化二年薨，統計貽矩居相位共六年。《歐史·唐六臣傳》：貽矩爲梁相五年，卒。尚仍《薛史》之誤。”見《新五代史·梁太祖紀下》《薛貽矩傳》。《新輯會證》：“按：貽矩以開平元年五月拜相，至乾化二年五月卒，雖跨六年，在任適五年整，《薛史》所云，未可遽判爲誤。”

［25］然亦無顯赫事跡可紀：《宋本册府》卷一九三《閏位部·崇祀門》：“（開平三年）三月，遣宰臣薛貽矩以孟夏雩祀昊天上帝，宰臣于兢薦饗太廟，並赴西都。”“是歲降制：‘國之大事，唯祀與戎。祭法所摽，禮經尤重。其齋心必至，備物精臻，方感召於神祇，乃降通於福祐。近者所司祠祭，或聞官吏因循，虛破支供，動多虧闕。致陰陽之失序，仍水旱以爲災。每一念思，空多凛若，宜加提舉，用復敬恭；須委元臣，以專重事。自今後，應在京四時大小祀及諸色祠祭，並委宰臣貽矩專判，躬親點檢，無令怠惰，有失典常。’”同書卷一九七《閏位部·宴會門》載開平三年九月丙辰：“御崇勳殿，召韓建、楊涉、薛貽矩、趙光逢、杜曉、河南尹張宗奭、襄州節度使楊師厚、宣州節度使王景仁等賜食，賜宰臣銀鞍轡馬、分物、銀器、細茶等。”《輯本舊史》卷五《梁太祖紀五》載開平四年九月：“辛丑，以久雨，命宰臣薛貽矩禜定鼎門，趙光逢祠嵩岳。”亦見《宋本册府》卷一九三《閏位部·弭災門》。《輯本舊史》卷一四七《刑法志》：“（開平）四年十二月，宰臣薛貽矩奏：‘太常卿李燕等重刊定律令三十卷，式二十卷，格一十卷，併目録一十三卷，律疏三十卷，凡五部一十帙，共一百三卷。敕中書舍人李仁儉詣閣門奉進，伏請目爲《大梁新定格式律令》，仍頒下

施行。’從之。”《宋本册府》卷六一三《刑法部·定律令門》則作：“（開平）四年十二月，宰臣薛貽矩奏：‘太常卿李燕等重刊定到《令》三十卷，《式》二十卷，《格》一十卷，《律》并目録一十三卷，《律疏》三十卷，凡五部一十帙，共一百三卷。勒中書舍人李仁儉詣閤門奉進，伏請目爲《大梁新定格式律令》，仍頒下施行。’從之。”

[26]貝州：州名。治所在今河北清河縣。

[27]旬日卒于東京：明本《册府》卷三一九《宰輔部·褒寵門二》：“乾化元年五月丁亥，太祖召貽矩及諸相對于崇勳殿，帝曰：‘軍旅之間，朕自制斷，朝廷庶務，實賴卿等協心翊佐。待兵罷後，事無大小，一委中書，當無暇食也。’各賜内厩馬、銀具鞍轡、衣一襲、白金共千兩，司空貽矩賜差厚。二年，帝發自東京，宰臣薛貽矩抱恙在假，不克扈從，宣問旁午，仍命且駐東京以俟良愈。及薨，帝震悼頗久，命雒苑使曹守瑨往弔祭之，又命輟六日、七日、八日朝參，丞相、文武並詣西上閤門進名奉慰。”《通鑑》卷二六八乾化二年（912）五月甲申條：“司空、門下侍郎、同平章事薛貽矩卒。”亦見《新五代史·梁太祖紀下》。

[28]《大典》卷二一三六七“薛”字韻“姓氏（六）”事目。

張策

張策，字少逸，燉煌人。[1]父同，[2]仕唐，官至容管經略使。[3]策少聰警好學，尤樂章句。居洛陽敦化里，[4]嘗浚甘泉井，得古鼎，耳有篆字曰“魏黄初元年春二月，匠吉千”，[5]且又製作奇巧，同甚寶之。策時在父傍，徐言曰：“建安二十五年，[6]曹公薨，[7]改年爲延康，[8]其年十月，文帝受漢禪，[9]始號黄初，[10]則是黄初元年無二月明矣。鼎文何謬歟！”同大驚，亟遣啓書室，取《魏志》展讀，[11]一不失所啓，宗族奇之，時年十三。然而妙通因果，酷奉空教，未弱冠，落髮爲僧，居雍之慈恩精廬，頗有高致。[12]唐廣明末，[13]大盜犯闕，策遂返初服，奉父母逃難，君子多之。及丁家艱，[14]以孝聞。服滿，自屏郊藪，一無干進意，若是者十餘載，[15]方出爲廣文博士，[16]改秘書郎。[17]

[1]燉煌：縣名。治所在今甘肅敦煌市。

[2]父同：《輯本舊史》之影庫本粘籤：“父同，《唐摭言》作‘父同文’，《薛史》與《歐陽史》合，今存其舊。”見《唐摭言》卷一一反初不第條、《新五代史》卷三五《張策傳》。《宋本册府》卷七八〇《總録部·博識門》亦作“父同”。

[3]容管：方鎮名。治所在容州（今廣西容縣）。　經略使：官名。唐代置。爲邊防軍事長官。此處即容州管内經略使。主掌容州一帶諸州政令。

[4]敦化里：地名。唐代洛陽里坊。位於今河南洛陽市。

[5]匠吉千：《輯本舊史》之影庫本粘籤：“吉千，原本作‘吉大’，今據《歐陽史》改正。”見《新五代史·張策傳》。

[6]建安：漢獻帝劉協年號（196—220）。

[7]曹公：即曹操。沛國譙（今安徽亳州市）人。漢末大臣，三國魏太祖。紀見《三國志》卷一。

[8]延康：漢獻帝劉協年號（220年3—10月）。

[9]文帝：即三國魏文帝曹丕。220年至226年在位。紀見《三國志》卷二。

[10]黄初：三國魏文帝曹丕的年號（220—226）。

［11］《魏志》：指《三國志·魏書》。

［12］雍：地名。即雍州。指京兆府，今陝西西安市。　"然而妙通因果"至"頗有高致"：《北夢瑣言》卷四西岳神斃張篯條："唐張策早爲僧，敗道歸俗，後爲梁相。先在華山雲臺觀修業，觀側有莊。其弟篯亦輕易道教，因脱褻服，挂於天尊臂上，云借此公爲我掌之。須臾精神恍惚，似遭毆擊，痛叫狼狽，或顛或起，如有人拖曳之狀，歸至别業而卒。"知策似有一弟篯。

［13］廣明：唐僖宗李儇年號（880—881）。

［14］及丁家艱：《宋本册府》卷七五六《總録部·孝門六》作"及丁父艱"。

［15］若是者十餘載：《輯本舊史》之案語："《唐摭言》云：張策自少從學浮圖，法號藏機，粲名内道場爲大德。廣明庚子之亂，趙少師崇凝主文，策謂事時更變，求就貢籍。崇凝庭譴之。策不得已，復舉博學鴻詞。崇凝職受天官，復黜之，仍顯揚其過。又《北夢瑣言》載趙崇凝之辭曰：'張策衣冠子弟，無故出家，不能參禪訪道，抗跡塵外，乃于御簾前進詩，希望恩澤，如此行止，豈掩人口。某十度知舉，十度斥之。'《薛史》以爲自屏郊藪，無仕進意，與《摭言》諸書異。（孔本）"見《唐摭言》卷一一反初不第條、《北夢瑣言》卷三趙大夫號無字碑張策附條。

［16］廣文博士：官名。即廣文館博士。唐天寶九載（750）置。國子監屬官。正六品上。

［17］秘書郎：官名。魏、晋始置。唐代掌經、史、子、集四部圖書經籍。從六品上。

王行瑜帥邠州，[1]辟爲觀察支使，[2]帶水曹員外郎，[3]賜緋。[4]及行瑜反，太原節度使李克用奉詔討伐，[5]行瑜敗死，邠州平。策與婢肩輿其親，南出邠境，屬邊塞積雪，[6]爲行者所哀。太祖聞而嘉之，奏爲鄭滑支使，[7]尋以内憂去職。制闋，除國子博士，[8]遷膳部員外郎。[9]不一歲，華帥韓建辟爲判官，[10]及建領許州，[11]又爲掌記。[12]

[1]王行瑜：人名。邠州（今陝西彬縣）人。唐末軍閥。傳見《舊唐書》卷一七五、《新唐書》卷二二四下。　邠州：州名。治所在今陝西彬縣。此處代指邠寧軍。

[2]觀察支使：官名。唐置，爲觀察使佐官，地位在觀察副使之下，判官之上。掌支州、支郡考績。

[3]水曹員外郎：官名。即水部員外郎。水部郎中的副職。從六品上。

[4]賜緋：輿服制度。皇帝頒賜緋色官服。唐代五品、四品官服緋。後世或沿用此制，品級不盡相同。

[5]太原：府名。治所在今山西太原市。　節度使：官名。唐時在重要地區所設掌握一州或數州軍、民、財政的長官。　李克用：人名。沙陀部人，生於神武川新城（一説是今山西朔州市朔城區之梵王寺村，一説是今山西應縣縣城，一説在今山西懷仁縣之日中城）。唐末軍閥，後唐太祖。紀見本書卷二五、卷二六。

[6]邊塞：中華書局本作“邊寒”，並有校勘記：“‘邊寒’，原作‘邊寨’，據《册府》（宋本）卷七五六改。”《宋本册府》卷七五六《總録部·孝門六》作“邊塞”，今據改。

[7]鄭滑：方鎮名。即義成軍。治所在滑州（今河南滑縣）。　支使：官名。唐代節度使、觀察使等屬官，位副使、判官之下，推官之上。掌表奏書檄等。

[8]國子博士：官名。西晋始置。唐國子監國子學置五員博士，掌教三品以上及國公子孫等爲學生者。正五品上。

[9]膳部員外郎：官名。尚書省禮部膳部司次官。協助郎中掌管百官飲食餚饌，及祭祀宴饗等方面的政令。從六品上。

[10]華：州名。治所在今陝西渭南市華州區。　韓建：人名。許州長社（今河南許昌市）人。唐末、五代軍閥。傳見本書卷一五、《新五代史》卷四〇。　判官：官名。唐、五代方鎮僚屬，位在行軍司馬下。分掌使衙内的各曹事，並協助使職官員通判衙事。《宋本册府》卷七二九《幕府部·辟署門四》作"戎判"。

[11]許州：州名。治所在今河南許昌市。

[12]掌記：官名。即掌書記。唐五代方鎮僚屬，位在判官下。掌表奏書檄、文辭之事。

天復中，[1]策奉其主書幣來聘，太祖見而喜曰："張夫子且至矣。"即奏爲掌記，兼賜金紫。[2]天祐初，表其才，拜職方郎中，[3]兼史館修撰，[4]俄召入爲翰林學士，[5]轉兵部郎中、知制誥，依前修史。未幾，遷中書舍人，職如故。太祖受禪，[6]改工部侍郎，[7]加承旨。其年冬，轉禮部侍郎。明年，從征至澤州，[8]拜刑部侍郎、平章事，[9]仍判户部，尋遷中書侍郎，以風恙拜章乞骸，改刑部尚書致仕。[10]即日肩輿歸洛，居於福善里，修篁嘉木，圖書琴酒，以自適焉。乾化二年秋，卒。所著《典議》三卷、制詞歌詩二十卷、牋表三十卷，存於其家。《永樂大典》卷六千三百五十一。[11]

[1]天復：唐昭宗李曄年號（901—904）。

[2]賜金紫：包含賜金魚袋和賜紫。金魚袋，唐三品以上官員佩帶金魚袋，金飾魚形，用以盛放標誌品級、身份的金魚符。賜紫，唐代官員三品以上服紫。特殊情況下，京官散階未及三品者可以賜紫，以示尊寵。　即奏爲掌記兼賜金紫：《輯本舊史》之案語："《北夢瑣言》云：朱令公軍次于華，用張濬計，先取韓建。其幕

客張策攜印率副使李巨川同詣轅門請降。張策本與張濬有分，攜印而降，協濬之謀。是梁祖之喜張策，由張濬有先入之言也。”見《北夢瑣言》卷一五韓建賣、李巨川條。

[3]職方郎中：官名。尚書省兵部職方司主官。掌地圖、城隍、鎮戍、烽候、防人道路之遠近及四夷歸化之事。從五品上。

[4]史館修撰：官名。唐天寶以後，他官兼領史職者，稱史館修撰。　拜職方郎中兼史館修撰：《舊唐書》卷二〇下《唐哀帝紀》繫於唐天祐二年（905）五月丁亥條：“丁亥，敕以翰林學士、尚書職方郎中張策兼充史館修撰，修國史。”

[5]俄召入爲翰林學士：《輯本舊史》之案語：“《唐摭言》云：策後爲梁太祖從事。天祐中，在翰林，太祖頗倚之爲謀府。策極力媒孽崇凝，竟罹冤酷。(孔本)”見《唐摭言》卷一一反初不第條。

[6]太祖受禪：《舊唐書·哀帝紀》天祐四年三月乙酉條：以“中書侍郎、平章事楊涉押傳國寶使，翰林學士、中書舍人張策爲副”。《通鑑》卷二六六開平元年（907）三月甲辰條：“唐昭宣帝降御札禪位于梁”，以“攝侍中楊涉爲押傳國寶使，翰林學士張策副之”。同年四月甲子條：“王被衮冕，即皇帝位。張文蔚、蘇循奉册升殿進讀，楊涉、張策、薛貽矩、趙光逢以次奉寶升殿，讀已，降，帥百官舞蹈稱賀。”亦見《新五代史》卷三五《唐六臣傳序》。

[7]工部侍郎：官名。尚書省工部次官。協助尚書掌管百工山澤水土之政令。正四品下。

[8]澤州：州名。治所在今山西澤州縣。

[9]刑部侍郎：官名。尚書省刑部次官。協助刑部尚書掌天下刑法及徒隸、勾覆、關禁之政令。正四品下。　拜刑部侍郎平章事：《新五代史》卷二《梁太祖紀下》開平二年四月癸卯條：“夏四月癸卯，楊涉罷。吏部侍郎于兢爲中書侍郎，翰林學士承旨禮部侍郎張策爲刑部侍郎：同中書門下平章事。”同年十一月癸巳條：“十一月癸巳，張策罷，左僕射楊涉同中書門下平章事。”《宋本册府》卷一九九《閏位部·命相門》：“（開平）二年四月，以吏部侍郎于

兢爲中書侍郎、平章事，以翰林奉旨學士張策爲刑部侍郎、平章事。時帝在澤州，拜二相於行在。"改"承旨"爲"奉旨"，乃避梁太祖父誠之嫌名。《通鑑》卷二六六開平二年四月癸卯條：以"翰林學士承旨張策爲刑部侍郎，並同平章事"。

[10]改刑部尚書致仕：明本《册府》卷二一〇《閏位部·延賞門》："（開平）四年四月壬戌，詔曰：'追養以禄，王者推歸厚之恩；欲静而風，人子抱終身之感。其以刑部尚書致仕張策及三品、四品常参官二十二人先正，各追贈一等。'"《宋本册府》卷八九九《總録部·致政門》："張策，開平中爲中書侍郎、同平章事，中風於私第。太祖命使宣問，翌日除刑部尚書致仕。"《通鑑》卷二六七開平二年十一月癸巳條："癸巳，中書侍郎、同平章事張策以刑部尚書致仕。"

[11]《大典》卷六三五一"張"字韻"姓氏（二一）"事目。

于兢[1]

[1]于兢：《通鑑》卷二六六開平二年（908）四月癸卯條云"兢，琮之兄子也"，言其家世，明本《册府》卷三二九《宰輔部·兼領門》、卷三三七《宰輔部·徇私門》有于兢條，可證《舊史》原有《于兢傳》，今據增。

于兢，河南人，[1]琮之兄子也。[2]開平二年四月，兢以吏部侍郎爲中書侍郎、平章事。[3]三年，中書侍郎、同平章事、判户部事于兢奏："伏乞降詔天下州府，各准舊章，申送户口籍帳。"允之。[4]

[1]河南：府名。治所在今河南洛陽市。　河南人：《通鑑》原闕，于琮爲于休烈曾孫，附於《舊唐書》卷一四九《于休烈傳》，《于休烈傳》稱其爲河南人，今姑從之。　于兢，河南人，琮之兄子也：《通鑑》卷二六六開平二年（908）四月癸卯條。《于休烈傳》載休烈次子肅，肅子敖，敖子球、珪、瓌、琮，知兢之家世，但未知其父。

[2]琮：人名。即于琮。唐末官員。傳見《舊唐書》卷一四九、《新唐書》卷一〇四。

[3]開平二年四月，兢以吏部侍郎爲中書侍郎、平章事：《通鑑》卷二六六開平二年四月癸卯條。《宋本册府》卷一九九《閏位部·命相門》："（開平）二年四月，以吏部侍郎于兢爲中書侍郎、平章事，以翰林奉旨學士張策爲刑部侍郎、平章事。時帝在澤州，拜二相於行在。"《新五代史》卷二《梁太祖紀下》開平二年四月癸卯條："吏部侍郎于兢爲中書侍郎，翰林學士承旨、禮部侍郎張策爲刑部侍郎：同中書門下平章事。"

[4]"三年"至"允之"：明本《册府》卷四八六《邦計部·户籍門》。《輯本舊史》卷四《梁太祖紀四》開平三年八月甲午條："詔曰：'封嶽告功，前王重事；祭天肆覲，有國恒規。朕以眇身，恭臨大寶，既功德未敷於天下，而災祥互降於域中。慮於告謝之儀，有缺齋虔之禮，爰修昭報，用契幽通。宜令中書侍郎、平章事于兢往東嶽祭拜禱祀訖聞奏。'"《宋本册府》卷一九三《閏位部·崇祀門》："開平三年三月，遣宰臣薛貽矩以孟夏雩祀昊天上帝，宰臣于兢薦饗太廟，並赴西都……（四年）九月丁亥朔，車駕幸陝府，命宰臣于兢赴西都，祀昊天上帝于圜丘。"

乾化初，于兢爲司空、平章事。[1]二年五月，兢以門下侍郎、平章事兼延資庫使，[2]判建昌宫事。[3]三年二月庚寅旦，袁象先等帥禁兵數千人突入宫中。[4]友珪聞變，[5]與妻張氏及馮廷諤趨北垣樓下，[6]將踰城，自度不免，令廷諤先殺妻，後殺己，廷諤亦自剄。諸軍十餘萬大掠都市，百司逃散，中書侍郎、同平章事杜曉、侍講學士李珽皆爲亂兵所殺，[7]門下侍郎、同平章事兢、宣政使李振被傷。[8]至晡乃定。[9]四年四月，[10]罷爲工部侍郎，尋貶萊州司馬，[11]以其挾私與軍校還往故也。[12]

[1]乾化初于兢爲司空平章事：明本《册府》卷三三七《宰輔部·徇私門》。

[2]延資庫使：官名。唐宣宗大中三年（849）改備邊庫爲延資庫，專門儲備全國軍費。長官稱延資庫使，以宰相兼任。後梁延續這一制度。參見杜文玉《五代十國制度研究》，人民出版社 2006 年版。　二年五月兢以門下侍郎平章事兼延資庫使：《會要》卷一五延資庫使條。《輯本舊史》卷一四九《職官志》："乾化二年五月，以門下侍郎平章事于兢兼延資庫使，判建昌宫事。"《宋本册府》卷一九三《閏位部·弭災門》："（乾化二年五月）辛卯，詔曰：'亢陽滋甚，農事已傷，宜令宰臣于兢赴中嶽，杜曉赴西嶽，精切祈禱。其近京靈廟，宜委河南尹；五帝壇、風師雨師、九宫真神，委中書各差官祈之。'"

[3]建昌宫：官署名。後梁太祖建國時設建昌院，後改稱建昌宫，長官爲建昌使，常由宰相兼任，掌管財賦收入。　判建昌宫事：明本《册府》卷三二九《宰輔部·兼領門》。《會要》卷二四建昌宫使條："乾化二年五月，以門下侍郎、平章事于兢判建昌宫事。"明本《册府》卷二〇五《閏位部·巡幸門》："（乾化二年五月）壬午，駐蹕于汜水，宰臣、河南尹、六學士並於内殿起居，敕以建昌宫事委宰臣于兢領之。"

[4]袁象先：人名。宋州下邑（今河南夏邑縣）人。後梁將領，後投後唐。傳見本書卷五九、《新五代史》卷四五。

[5]友珪：人名。即朱友珪。朱温次子，勾結韓勍殺朱温。後追廢爲庶人。傳見本書卷一二、《新五代史》卷一三。

[6]馮廷諤：人名。籍貫不詳。朱友珪政變後，使其殺朱温，並假傳遺詔，助朱友珪登上帝位。後爲保護朱友珪與袁象先率禁軍斷殺，自刎而死。事見本書卷七。

[7]侍講學士：官名。唐玄宗於集賢院始置。爲皇帝講授經史。　李珽：人名。隴西敦煌（今甘肅省敦煌市）人。後梁大臣。傳見本書卷二四、《新五代史》卷五四。

[8]宣政使：官名。疑當爲崇政使。李振時爲崇政院使。爲崇政院長官。備顧問，參謀議。後梁開平元年（907）改樞密院置崇政院，設院使、副使各一人。後唐同光元年（923）復改崇政院爲樞密院，崇政院使亦改爲樞密使。　李振：人名。河西（今甘肅武威市）人。唐潞州節度使李抱真曾孫。後梁大臣。傳見本書本卷、《新五代史》卷四三。

[9]“三年二月庚寅旦”至“至晡乃定”：《通鑑》卷二六八乾化三年（913）二月庚寅條。

[10]四年：原闕，據《輯本舊史》卷八《梁末帝紀上》乾化四年四月丁丑條、《通鑑》卷二六九乾化四年四月丁丑條、《新五代史》卷三《梁末帝紀》乾化四年四月丁丑條補。

[11]萊州：州名。治所在今山東萊州市。“萊州”原作“策州”，據《輯本舊史·梁末帝紀上》乾化四年四月丁丑條、《通鑑》卷二六九乾化四年四月丁丑條、《新五代史·梁末帝紀》乾化四年四月丁丑條改。　司馬：官名。州郡佐官，名義上紀綱衆務，通判列曹，品高俸厚，實際上無具體職事，多用以安置貶謫官員，或用作遷轉官階。上州從五品下，中州正六品下，下州從六品上。

[12]還往：《輯本舊史·梁末帝紀上》作“遷改”，《通鑑》卷二六九作“遷補”。　“四年四月”至“以其挾私與軍校還往故也”：明本《册府》卷三三七《宰輔部·徇私門》，于兢不知所終。

杜曉

杜曉，字明遠，京兆杜陵人。[1]祖審權，[2]仕唐，位至宰相。父讓能，官至守太尉、平章事。[3]乾寧中，邠、鳳二鎮舉兵犯王畿，讓能被其誣陷，天子不得已，賜死於臨皋驛。[4]曉居喪柴立，幾至滅性。憂滿，服幅巾七升，[5]沈跡自廢者將十餘載。[6]

[1]杜陵：縣名。治所在今陝西西安市東南。

[2]審權：人名。即杜審權。京兆杜陵（今陝西西安市）人。唐懿宗朝宰相。傳見《舊唐書》卷一七七、《新唐書》卷九六。《輯本舊史》之影庫本粘籤："審權，原本作'省權'，今據新、舊《唐書》改正。"見《舊唐書》卷一七七《杜審權傳》、《新唐書》卷九六《杜審權傳》。

[3]讓能：人名。即杜讓能。唐僖宗朝宰相。傳見《舊唐書》卷一七七、《新唐書》卷九六。　太尉：官名。與司徒、司空並爲三公，唐後期、五代多爲大臣、勳貴加官。正一品。

[4]臨皋驛：地名。位於今陝西西安市。

[5]幅巾：原指一種束髮的絹巾，後古人不戴冠以巾束髮皆可稱作幅巾。一些做官之人常以不戴冠而束以幅巾，視爲雅舉。　服幅巾七升：《後漢書》卷二九《鮑永傳》李賢注："幅巾，謂不著冠，但幅巾束首也。"升，《儀禮·喪服》鄭玄注："布八十縷爲升。"七升，《禮記·喪服四制》："其恩厚者，其服重，故爲父斬衰三年，以恩制者也。"《禮記·間傳》："斬衰三升，既虞卒哭，受以成布六升，冠七升。"《宋本册府》卷七五六《總録部·孝門六》："憂滿，服幅巾七升，喪沈跡自廢者將十餘載。"明本作："憂滿，服幅巾七年，升喪，沈跡自廢者將十餘載。"

[6]"服幅巾"至"將十餘載"：《舊五代史考異》："案：《歐

陽史》作自廢十餘年，吴縝《纂誤》據景福二年讓能死，乾寧四年崔遠判户部，光化三年崔遠罷相，相隔止八年。曉爲崔遠判户部所舉，不得云自廢十餘年。”

光化中，[1]宰相崔胤判鹽鐵，[2]奏爲巡官、兼校書郎，[3]尋除畿尉、直弘文館，[4]皆不起。及昭宗東遷，[5]宰相崔遠判户部，[6]又奏爲巡官、兼殿中丞。[7]或語之曰：“嵇中散誅死，[8]子紹埋没不自顯，[9]山濤以物理勉之，[10]乃仕。吾子忍令杜氏歲時以鋪席祭其先人同匹庶乎！”[11]曉乃就官。未幾，拜左拾遺，尋召爲翰林學士，轉膳部員外郎，依前充職。及崔遠得罪，出守本官，居數月，以本官知制誥，[12]俄又召爲學士，遷郎中充職。太祖受禪，拜中書舍人，職如故。開平二年，[13]轉工部侍郎，充承旨。[14]明年秋，拜中書侍郎、平章事，[15]仍判户部。庶人友珪簒位，遷禮部尚書、平章事、集賢殿大學士，[16]依前判户部。及袁象先之討友珪，禁兵大縱，曉中重創而卒。[17]末帝即位，[18]詔贈右僕射。

[1]光化：唐昭宗李曄年號（898—901）。

[2]崔胤：人名。清河武城（今山東武城縣）。唐末宰相。傳見《舊唐書》卷一七七、《新唐書》卷二二三下。　光化中宰相崔胤判鹽鐵：《舊唐書》卷二〇上《昭宗紀》光化三年（900）九月戊申條：“戊申，制左僕射、門下侍郎、平章事、監修國史、判度支崔胤充太清宫使、修奉太廟使、弘文館大學士、延資庫使，依前判度支，兼充諸道鹽鐵轉運等使。”《新唐書》卷六三《宰相表下》：“（光化三年）六月丁卯，崔胤爲尚書左僕射兼門下侍郎、同中書門下平章事、諸道鹽鐵轉運等使。”

[3]兼：《宋本册府》卷七五六《總録部・孝門六》作“試”。　校書郎：官名。東漢始置，掌典校收藏於蘭臺的圖書典籍，亦稱校書郎中。唐秘書省及著作局皆置，正九品上；弘文館亦置，從九品上。

[4]弘文館：官署名。弘文館爲唐代中央官學之一。設館主一人，總領館務；判館事一人，管理日常事務。學士無員限，掌校正圖籍，教授生徒，並參議政事。五品以上稱爲學士，六品以下稱爲直學士，又有文學直館學士，均以他官兼領。

[5]及昭宗東遷：《宋本册府》卷七五六作：“哀帝東遷洛陽。”據《舊唐書・昭宗紀》天祐元年（904）正月條：“己酉，全忠率師屯河中，遣牙將寇彦卿奉表請車駕遷都洛陽”，“丁巳，車駕發京師。癸亥，次陝州，全忠迎謁于路”。同年閏四月條：“（閏四月）丁酉，車駕發陝州……乙巳，上（昭宗）御光政門，大赦”，制遷都洛陽。可知《册府》卷七五六言哀帝東遷誤。

[6]崔遠：人名。博陵安平（今河北安平縣）人。唐昭宗朝宰相。傳見《舊唐書》卷一七七、《新唐書》卷一八二。

[7]殿中丞：官名。殿中省佐貳官。協助殿中監、少監處理本省日常事務，兼勾檢稽失，省署抄目。從五品上。《宋本册府》卷七五六作“殿中”。

[8]嵇中散：即嵇康。譙國銍（今安徽濉溪縣）人。曾任中散大夫，故稱。傳見《晋書》卷四九。　嵇中散誅死：“誅”字原闕，據《宋本册府》卷七五六補。

[9]紹：人名。即嵇紹。嵇康之子。傳見《晋書》卷八九。

[10]山濤：人名。河内懷（今河南武陟縣）人。西晋大臣。傳見《晋書》卷四三。　物理：《新五代史》卷三五《杜曉傳》同，《宋本册府》卷七五六作“切理”。

[11]鋪席：《輯本舊史》之影庫本粘籤：“鋪席，原本作‘補席’，今據《歐陽史》改正。”見《新五代史・杜曉傳》。　吾子忍令杜氏歲時以鋪席祭其先人同匹庶乎：《宋本册府》卷七五六作：

“孝子之志，其忍令杜氏以時鋪席祭其先人而嗣者同疋庶乎！”

［12］以本官知制誥：《舊唐書》卷二〇下《哀帝紀》天祐二年十二月辛卯條，敕膳部員外知制誥杜曉等，隨册禮使柳璨魏國行事。

［13］開平二年：中華書局本有校勘記：“‘二年’，原作‘三年’，據邵本校改。按本卷下文云‘明年秋，拜中書侍郎、平章事’，本書卷五《梁太祖紀五》、《新五代史》卷二《梁本紀》、《通鑑》卷二六七皆繫其入相事於開平三年。”按，《輯本舊史》卷五《梁太祖紀五》所引“翰林學士奉旨、工部侍郎、知制誥杜曉爲尚書户部侍郎、平章事”一句，實際出自《宋本册府》卷一九九《閏位部·命相門》。

［14］轉工部侍郎充承旨：《輯本舊史》之影庫本粘籤：“承旨，應作‘奉旨’。《五代會要》：梁時避諱，改承旨爲奉旨。至後唐，始復爲承旨。《薛史·梁書》承旨與奉旨前後互見，《通鑑》亦然。蓋當時雜採諸書，未及改從畫一也。今姑仍其舊。”見《通鑑》卷二六七開平三年（909）九月辛亥條：“翰林奉旨工部侍郎杜曉爲户部侍郎，並同平章事。”《新五代史》卷二《梁太祖紀下》開平三年九月辛亥條：“翰林學士承旨、工部侍郎杜曉爲户部侍郎：同中書門下平章事。”《宋本册府》卷一九三《閏位部·崇祀門》：開平四年八月，“車駕西征，次于陝，命宰臣杜曉祭華岳并禱也”。同卷《閏位部·弭災門》：梁太祖乾化二年（912）五月辛卯：“詔曰：亢陽滋甚，農事已傷，宜令宰臣于兢赴中嶽、杜曉赴西嶽，精切祈禱。”同書卷一八九《閏位部·奉先門》：“乾化元年十月，有司以立冬太廟薦享上言，詔丞相杜曉赴西都攝祭行事。二年正月丙戌，有司以孟春太廟薦享上言，命丞相杜曉攝祭行事。”

［15］拜中書侍郎平章事：《舊五代史考異》：“案：杜曉入相之歲，《歐陽史·紀》作三年，傳作二年，吴縝已辨其誤。”見《新五代史·梁太祖紀下》《杜曉傳》。

［16］集賢殿大學士：官名。唐中葉置，位在學士之上，以宰相

兼。掌修書之事。

［17］曉中重創而卒：《通鑑》卷二六八乾化三年二月庚寅條："中書侍郎、同平章事杜曉、侍講學士李珽皆爲亂兵所殺。"

［18］末帝：即後梁末帝朱友貞。913 年至 923 年在位。紀見本書卷八至卷一〇、《新五代史》卷三。

曉博贍有詞藻，時論稱之。兄光乂，有心疹，厥疾每作，或溢喙縱詬，或揮梃追撲，曉事之愈恭，未嘗一日少怠。[1]居兩制之重，祖述前載，甚得王言之體。[2]及典秩尚書，志氣甚遠，一旦非分而没，咸冤惜焉。豈三世爲相，道忌太盛歟！《永樂大典》卷一萬四千七百三十。[3]

［1］"兄光乂"至"未嘗一日少怠"：亦見《宋本册府》卷八五二《總録部・友悌門二》。《輯本舊史》之案語："《新唐書・表》：光乂，字啓之。"見《新唐書》卷七二上《宰相世系表二上》。

［2］居兩制之重祖述前載甚得王言之體：亦見《宋本册府》卷五五一《詞臣部・詞學門》。《輯本舊史》之案語："《北夢瑣言》云：曉貌如削玉，有制誥之才。"見《北夢瑣言》卷一四李茂貞脅君殺宰相條。

［3］《大典》卷一四七三〇"杜"字韻"姓氏（六）"事目。

敬翔

敬翔，字子振，同州馮翊人。唐神龍中平陽王暉之後也。[1]曾祖琬，綏州刺史。[2]祖忻，同州掾。[3]父衮，集州刺史。[4]翔好讀書，[5]尤長刀筆，應用敏捷。乾符中，舉進士不第。及黄巢陷長安,[6]乃東出關。時太祖初鎮大梁，有觀察支使王發者,[7]翔里人也，翔往依焉，發以故人遇之，然無由薦達。[8]翔久之計窘，乃與人爲牋刺,[9]往往有警句，傳於軍中。太祖比不知書，章檄喜淺近語，聞翔所作，愛之，謂發曰："知公鄉人有才，可與俱來。"及見，應對稱旨，即補右職，每令從軍。翔不喜武職，求補文吏，即署館驛巡官，俾專掌檄奏。[10]太祖與蔡賊相拒累歲,[11]城門之外，戰聲相聞，機略之間，翔頗預之，太祖大悦，恨得翔之晚，故軍謀政術，一以諮之。[12]蔡賊平，奏授太子中允,[13]賜緋。從平兗、鄆,[14]改檢校水部郎中。太祖兼鎮淮南,[15]授揚府左司馬,[16]賜金紫。[17]乾寧中，改光禄少卿充職。[18]天復中，授檢校禮部尚書，遥領蘇州刺史。[19]昭宗自岐下還長安,[20]御延喜樓,[21]召翔與李振登樓勞問，翔授檢校右僕射、太府卿,[22]賜號迎鑾叶贊功臣。[23]

[1]神龍：武則天和唐中宗李顯年號（705—707）。　暉：人名。即敬暉。神龍元年五月封平陽郡王。

[2]琬：人名。即敬琬。事見本書本卷。　綏州：州名。治所在今陝西綏德縣。　刺史：官名。漢武帝時始置。州一級行政長官，總掌考核官吏、勸課農桑、地方教化等事。唐中期以後，節度、觀察使轄州而設，刺史爲其屬官，職任漸輕。從三品至正四品下。

[3]忻：人名。即敬忻。事見本書本卷。　同州：州名。治所在今陝西大荔縣。　掾：官署屬員。

[4]衮：人名。即敬衮。事見本書本卷。　集州：州名。治所在今四川南江縣。

［5］翔好讀書：《宋本册府》卷三〇九《宰輔部·佐命門二》："梁敬翔，好讀經（明本作"兵"）書，善禮學。"同書卷七六八《總録部·儒學門二》："梁敬翔，好讀書，善禮學。"

［6］黄巢：人名。曹州冤句（今山東菏澤市）人。唐末農民起義領袖。傳見《舊唐書》卷二〇〇下、《新唐書》卷二二五下。

［7］王發：人名。籍貫、事跡不詳。本書僅此一見。

［8］"時太祖初鎮大梁"至"無由薦達"：亦見《宋本册府》卷七二九《幕府部·辟署門四》。《宋本册府》卷三〇九："時太祖始鎮汴，有觀察支使王發負才術，獨當委用。發與翔鄉里親也，相遇甚喜，乃叶力佐太祖。"《宋本册府》卷八二八《總録部·論薦門》："梁王發爲太祖汴宋觀察支使。鄉人敬翔晦跡數年，甲辰東游梁苑，遇發。時發爲太祖所禮，節制之權悉寄於發。發每有軍旅重事未決者，咨詢於翔。既而評之，無不得宜。發自知才不及翔，乃舉翔於上。上召翔一見，語及時務，異而禮焉。自是委以奏記，事無巨細必預之。"

［9］牋刺：給長官的信札文書。

［10］"應對稱旨"至"俾專掌檄奏"：《宋本册府》卷三〇九："商榷利病，頗稱太祖意，由是自進士奏爲光禄寺主簿，署館驛巡官，居中以司奏記之職。"《新五代史》卷二一《敬翔傳》："翔見太祖，太祖問曰：'聞子讀《春秋》，《春秋》所記何等事？'翔曰：'諸侯争戰之事耳。'太祖曰：'其用兵之法可以爲吾用乎？'翔曰：'兵者，應變出奇以取勝，《春秋》古法，不可用於今。'"

［11］蔡賊：指蔡州秦宗權勢力。

［12］"太祖與蔡賊相拒累歲"至"一以諮之"：《舊五代史考異》："案《通鑑考異》引張昭遠《莊宗列傳》：温狡譎多謀，人不測其際。唯翔視彼舉錯，即揣知其心，或有所不備，因爲之助。温大悦，自以爲得翔之晚，故軍謀政術，一切諮之。"見《通鑑》卷二五七光啓三年（887）十一月甲戌條後《考異》。事亦見明本《册府》卷七一六《幕府部·倚任門》，"太祖與蔡賊"前有"梁敬

翔爲太祖宣武從事”句。朱全忠殊遇敬翔，事録於次。《舊唐書》卷二〇上《昭宗紀》天祐元年（904）五月丙寅條：“宴百僚於崇勳殿，上贊述全忠之功業，因言御樓前一日所司亡失赦書，賴元帥府收得副本施行，幾失事矣，中書不得無過。裴樞等起待罪。中飲，帝更衣，召全忠曲宴閣中，全忠懇辭。帝曰：‘朕以全忠功業崇高，欲齋中款曲，以表庇賴耳。全忠既不欲來，即令敬翔來，朕與之言。’全忠令敬翔私退，奏曰：‘敬翔亦醉而出矣。’”事亦見《宋本册府》卷一八七《閏位部·勳業門五》、《新五代史·敬翔傳》。《舊唐書》卷一九〇下《李巨川傳》：“光化初，朱全忠陷河中，進兵入潼關。（韓）建懼，令巨川見全忠送款，至河中，從容言事。巨川指陳利害，全忠方圖問鼎，聞巨川所陳，心惡之。判官敬翔，亦以文筆見知於全忠，慮得巨川減落名價，謂全忠曰：‘李諫議文章信美，但不利主人。’是日爲全忠所害。”亦見《新唐書》卷二二四下《李巨川傳》。《輯本舊史》卷五《梁太祖紀五》開平三年（909）九月丁酉條：“上幸崇政院，宴内臣，賜院使敬翔、直學士李珽等繒綵有差。”亦見《宋本册府》卷一九七《閏位部·慶賜門》。《輯本舊史》卷二〇《寇彦卿傳》：“太祖每言曰：‘敬翔、劉捍、寇彦卿，蓋爲我而生。’”亦見明本《册府》卷三四六《將帥部·佐命門七》、《新五代史》卷二一《寇彦卿傳》。《輯本舊史》卷六〇《李襲吉傳》：“梁祖覽之（李襲吉作《與梁祖書》），至‘毒手尊拳’之句，怡然謂敬翔曰：‘李公斗絶一隅，安得此文士，如吾之智算，得襲吉之筆才，虎傅翼矣。’又讀至‘馬邑兒童’‘陰山部落’之句，梁祖怒謂敬翔曰：‘李太原喘喘餘息，猶氣吞宇宙，可詬罵之。’及翔爲報書，詞理非勝，由是襲吉之名愈重。”《通鑑》卷二五七光啓三年十一月甲戌條後：“初，宣武都指揮使朱珍與排陳斬斫使李唐賓，勇略、功名略相當，全忠每戰，使二人偕，往無不捷；然二人素不相下。珍使人迎其妻於大梁，不白全忠，全忠怒，追還其妻，殺守門者，使親吏蔣玄暉召珍，以漢賓代總其衆。館驛巡官馮翊、敬翔諫曰：‘朱珍未易輕取，恐其猜懼生變。’全忠悔，使人追止之。珍果自疑，丙子夜，珍置酒召諸將。唐賓疑其有異圖，斬關奔大梁，珍亦棄軍單騎繼至。全忠兩惜其才，皆不罪，遣還濮州，因引兵歸。全忠多權數，將佐莫測其所爲，惟敬翔能逆知之，往往助其所不及，全忠大悦，自恨得翔晚，凡軍機、民政悉以咨之。”同書卷二五八龍紀元年（889）七月條：“朱珍拔蕭縣，據之，與時溥相拒，朱全忠欲自往臨之。珍命諸軍皆葺馬廄，李唐賓部將嚴郊獨惰慢，軍吏責之，唐賓怒，見珍訴之；珍亦怒，以唐賓爲無禮，拔劍斬之，遣騎白全忠，云唐賓謀叛。淮南左司馬敬翔，恐全忠乘怒，倉猝處置違宜，故留使者，逮夜，然後從容白之，全忠果大驚。翔因爲畫策，詐收唐賓妻子繫獄，遣騎往慰撫，全忠從之，軍中始安。秋，七月，全忠如蕭縣，未至，珍出迎，命武士執之，責以專殺而誅之。”殺朱珍事亦見《輯本舊史》卷一九《朱珍傳》、明本《册府》卷四四九《將帥部·專殺門》。《通鑑》卷二五九景福二年（893）四月癸未條：“汴軍攻徐州，累月不克。通事官張濤以書白朱全忠云：‘進軍時日非良，故無功。’全忠以爲然。敬翔曰：‘今攻城累月，所費甚多，徐人已困，旦夕且下，使將士聞此言，則懈於攻取矣。’全忠乃焚其書。”《通鑑》卷二六五天祐元年五月條：“帝宴朱全忠及百官於崇勳殿，既罷，復召全忠宴於内殿；全忠疑，不入。帝曰：‘全忠不欲來，可令敬翔來。’全忠擿翔使去，曰：‘翔亦醉矣。’”同書卷二六五天祐二年冬十月丙戌朔條：“全忠部署將士，將歸大梁，忽變計，欲乘勝擊淮南。敬翔諫曰：‘今出師未踰月，平兩大鎮，闢地數千里，遠近聞之，莫不震慴。此威望可惜，不若且歸息兵，俟釁而動。’不聽。”

［13］太子中允：官名。皇太子屬官。掌侍從禮儀、駁正啓奏等。正五品下。

［14］兖：州名。治所在今山東濟寧市兖州區。　鄆：州名。治所在今山東東平縣。

［15］淮南：方鎮名。治所在揚州（今江蘇揚州市）。

[16]揚府：《輯本舊史》之影庫本粘籤："揚府，原本作'陽府'，考《歐陽史》作'揚府'，蓋即揚州都督府之省文，今改正。" 左司馬：官名。即行軍左司馬。與行軍右司馬同掌弼戎政，專器械、糧糒、軍籍。

[17]"蔡賊平"至"賜金紫"：《宋本册府》卷三〇九："太祖連破巢、蔡，實預勳府，尋奏授太子中允，賜朱紱。討曹濮，伐兗、鄆，凡用師未嘗不密侍左右。太祖之攻蔡也，有弩矢犯左腋，血染中單，自翔外，軍中無知者，其待遇如此。"

[18]光禄少卿：官名。北齊始置，光禄寺副長官。從四品上。

[19]蘇州：州名。治所在今江蘇蘇州市。

[20]岐下：岐山以下，指鳳翔。

[21]延喜樓：樓名。唐長安皇城東面偏北門樓。

[22]太府卿：官名。南朝梁始置。太府寺長官。掌國家財帛庫藏出納、關市税收等務。從三品。

[23]"天復中"至"賜號迎鑾叶贊功臣"：《通鑑》卷二六四天復三年（903）二月條："戊寅，賜朱全忠號回天再造竭忠守正功臣，賜其僚佐敬翔等號迎鑾協贊功臣。……庚辰……以敬翔守太府卿。"《宋本册府》卷一八七：唐天祐二年十月辛卯，"帝（朱全忠）自襄州引軍，由光州路趨淮南。將發，敬翔切諫，請班師以全軍勢，帝不聽"。亦見明本《册府》卷二〇九《閏位部·悔過門》。

太祖受禪，自宣武軍掌書記、前太府卿，[1]授檢校司空，依前太府卿、勾當宣徽院事。[2]尋改樞密院爲崇政院，[3]以翔知院事。[4]開平三年夏四月，太祖以邠、岐侵擾，[5]遣劉知俊西討鄜、延，[6]深憂不濟，因宴顧翔，以問西事。翔剖析山川郡邑虛實，軍糧多少，悉以條奏，如素講習，左右莫不驚異，太祖嘆賞久之。[7]乾化元年，進位光禄大夫、行兵部尚書、金鑾殿大學士、知崇政院事、平陽郡侯。[8]前朝因金鑾坡以爲門名，[9]與翰林院相接，故得爲學士者稱“金鑾”以美之，今殿名“金鑾”，從嘉名也。[10]置大學士，始以翔爲之。[11]

[1]宣武軍：方鎮名。唐舊鎮，治所在汴州（今河南開封市）。後梁開平元年（907）升汴州爲東京開封府。開平三年置宣武軍於宋州（今河南商丘市睢陽區）。後唐同光元年（923）改宋州宣武軍爲歸德軍。廢東京開封府，重建宣武軍於汴州。後晉天福三年（938），改爲東京開封府。除天福十二年、十三年短暫改爲宣武軍外，汴京均爲東京開封府。

[2]宣徽院：官署名。唐後期置。宣徽院的長官初用宦官，五代以後改用士人。掌内諸司及三班内侍之名籍，郊祀、朝會、宴享供帳之儀，應内外進奉，悉檢視名物。

[3]樞密院：官署名。唐代宗曾設樞密使，以宦官充任。五代時，後梁設置崇政院，掌管軍國大政；後唐改稱樞密院，與宰相分理朝政。

[4]“太祖受禪”至“以翔知院事”：《輯本舊史》卷三《梁太祖紀三》：開平元年四月戊辰條，“以太府卿敬翔知崇政院，翔與帷幄之謀，故首擢焉”。五月，“詔樞密院宜改爲崇政院，以知院事敬翔爲院使”。《輯本舊史》卷二四《仇殷傳》：“開平中，殷一日朝罷，過崇政院，使敬翔直閣，翔問之曰：‘月犯房次星，其逼若綴，是何祥也？’曰：‘常度耳。’殷欲不言，既過數步，自度不可默，乃反言曰：‘三兩日當有不順語至，無或驟恐，宜先白上知。’”《輯本舊史》卷六〇《蘇循傳》：“循自以奉册之勞，旦夕望居宰輔，而敬翔惡其爲人，謂梁祖曰：‘聖祚惟新，宜選端士，以鎮風俗。如循等輩，俱無士行，實唐家之鴟梟，當今之狐魅，彼專賣國以取利，不可立維新之朝。’”“及梁祖即位於汴，（蘇）楷自以遭遇千載一時，敬翔深鄙其行。”亦見《册府》卷九三八《總

録部·姦佞門二》、《新五代史》卷三五《蘇循傳》。《通鑑》繫於卷二六六開平元年五月甲午條後。《新五代史》卷二《梁太祖紀下》：開平元年五月甲午，“改樞密院爲崇政院，太府卿敬翔爲使”。《新五代史》卷二一《敬翔傳》：“太祖即位，以唐樞密院故用宦者，乃改爲崇政院，以翔爲使。”《通鑑》卷二六六開平元年四月辛未條後：“以宣武掌書記、太府卿敬翔知崇政院事，以備顧問，參謀議，於禁中承上旨，宣於宰相而行之。宰相非進對時有所奏請及已受旨應復請者，皆具記事因崇政院以聞，得旨則復宣於宰相。翔爲人沈深有智略，在幕府三十餘年，軍謀、民政，帝一以委以之。翔盡心勤勞，晝夜不寐，自言惟馬上乃得休息。帝性暴戾難近，人莫能測，惟翔能識其意趣。或有所不可，翔未嘗顯言，但微示持疑；帝意已悟，多爲之改易。禪代之際，翔謀居多。”卷二六六開平元年五月甲午：“詔廢樞密院，其職事皆入於崇政院，以知院事敬翔爲院使。”

[5]岐：封國名。鳳翔節度使李茂貞爲岐王。

[6]劉知俊：人名。徐州沛縣（今江蘇沛縣）人。五代將領。傳見本書卷一三、《新五代史》卷四四。　鄜：州名。治所在今陝西富縣。　延：州名。治所在今陝西延安市。

[7]“開平三年夏四月”至“太祖嘆賞久之”：《宋本册府》卷七九九《總録部·彊記門》：“梁敬翔爲樞密使。開平三年，宴宰臣扈從官、新授西路行營行軍司馬崔公實，時劉知俊西討鄜、延，又傳檄銀夏，甚爲邠、岐寇黨侵擾，帝深憂其未濟。中宴，顧問侍臣。翔承旨而對，剖析山川險要，郡邑虛實，兵糧多少，悉以條奏，如素講耨。左右莫不驚其聰悟，人罕能及。帝嗟賞。”

[8]光禄大夫：官名。西漢始置。掌顧問應對。唐貞觀後，作爲加官。從二品。　行兵部尚書：官名。兵部尚書爲尚書省兵部主官。掌兵衛、武選、車輦、甲械、厩牧之政令。正三品。高級散官暫任低級職務，稱“行”。　金鑾殿大學士：官名。後梁開平三年正月，改思政殿爲金鑾殿。乾化元年（911）正月，置大學士一員，

命崇政院使敬翔擔任。同弘文、集賢、史館三館大學士，以示尊崇。參見杜文玉《五代十國制度研究》，人民出版社2006年版，第255頁。　知崇政院事：官名。崇政院長官。

[9]金巒坡：地名。位於今陝西西安市。《通鑑》卷二三六胡注引程大昌《雍録》云："金鑾坡者，龍首山之支隴，隱起平地而坡陁靡迤者也。其上有殿，名曰金鑾殿。殿旁有坡，名曰金鑾坡。"《輯本舊史》之影庫本粘籤："金巒，《歐陽史》《通鑑》俱作'鑾'，唯《五代會要》與《薛史》同，今仍從原文，附識于此。"

[10]從嘉名也：《舊五代史考異》："案：原本脱'名'字，今從《職官志》增入。"見《輯本舊史》卷一四九《職官志》。

[11]置大學士始以翔爲之：《輯本舊史》之案語："《五代會要》云：以'金鑾'爲名，非典也。大學士與三館大學士同。"見《五代會要》卷一三金鑾殿學士條。

翔自釋褐東下，遭遇霸王，懷抱深沉，有經濟之略，起中和歲，至鼎革大運，其間三十餘年，[1]扈從征伐，出入帷幄，庶務叢委，恒達旦不寢，唯在馬上稍得晏息。每有所裨贊，亦未嘗顯諫上，俛仰顧步間，微示持疑爾，而太祖意已察，必改行之，故裨佐之迹，人莫得知。[2]及太祖大漸，召至御床前受顧託之命，且深以并寇爲恨，翔嗚咽不忍，受命而退。[3]庶人友珪之簒位也，以天下之望，命翔爲宰相。友珪以翔先朝舊臣，有所畏忌，翔亦多稱病，不綜政事。[4]

[1]其間三十餘年：《舊五代史考異》："案：《歐陽史》作從太祖用兵三十餘年，蓋仍《薛史》之文。吴縝《纂誤》云：朱全忠以中和三年癸卯歲爲汴州節度使，至建國受禪，迄于乾化二年壬申

遇弑，正三十年，不得云三十餘年也。”

［2］“扈從征伐”至“人莫得知”：《輯本舊史》卷六《梁太祖紀六》：乾化元年正月二日，“日旁有祲氣，向背若環耳，崇政使敬翔望之曰：‘兵可憂矣。’帝爲之旰食。是日，果爲晋軍及鎮、定之師所敗，都將十餘人被擒，餘衆奔潰”。亦見明本《册府》卷四四三《將帥部·敗衄門三》。

［3］“及太祖大漸”至“受命而退”：《輯本舊史》之案語：“《通鑑》：乾化二年六月丁丑朔，帝命敬翔出友珪爲萊州刺史，即令之官。已宣旨，未行敕。蓋即敬翔所受之命。戊寅，太祖被弑，命未及行，故《薛史》亦不爲詳載。”見《通鑑》卷二六八。《新五代史》卷一三《博王友文傳》：“太祖病少間，謂王氏曰：‘吾知終不起，汝之東都，召友文來，吾與之决。’蓋心欲以後事屬之。乃謂敬翔曰：‘友珪可與一郡，趣使之任。’乃以友珪爲萊州刺史。”

［4］“庶人友珪”至“不綜政事”：明本《册府》卷二一八《閏位部·疑忌門》：“庶人友珪，以敬翔天下之望，命翔爲宰相。”《新五代史》卷三《梁末帝紀》：乾化二年六月條，太祖遇弑，友珪自立，以“敬翔爲中書侍郎、同中書門下平章事”。《通鑑》卷二六八乾化二年九月條：“友珪以兵部尚書知崇政院事敬翔，太祖腹心，恐其不利於己，欲解其内職，恐失人望，庚午，以翔爲中書侍郎、同平章事；壬申，以户部尚書李振充崇政院使。翔多稱疾不預事。”

末帝即位，趙、張之族皆處權要，[1]翔愈不得志。[2]及劉鄩失河朔，[3]安彦之喪楊劉，[4]翔奏曰：“國家連年遣將出征，封疆日削，不獨兵驕將怯，亦制置未得其術。陛下處深宫之中，與之計事者皆左右近習，豈能量敵之勝負哉！先皇時，河朔半在，親御虎臣驍將，猶不得志於敵人。今寇馬已至鄆州，陛下不留聖念，臣所未諭一也。臣聞李亞子自墨縗統衆，[5]於今十年，每攻城臨陣，無不親當矢石，昨聞攻楊劉，率先負薪渡水，一鼓登城。陛下儒雅守文，未嘗如此，俾賀瓌輩與之較力，[6]而望攘逐寇戎，臣所未諭二也。陛下所宜詢於黎老，别運沉謀，不然，則憂未艾也。臣雖駑怯，受國恩深，陛下必若乏材，乞於邊陲効試。"[7]末帝雖知其懇惻，竟以趙、張輩言翔怨望，不之聽。

[1]趙、張之族：指趙巖、張漢傑家族。

[2]"末帝即位"至"翔愈不得志"：《輯本舊史》卷八《梁末帝紀上》貞明二年（916）十月丁酉條："以開府儀同三司、中書侍郎兼吏部尚書、同平章事、集賢殿大學士、判户部敬翔爲右僕射兼門下侍郎、平章事、監修國史，判度支。"同書卷一〇《梁末帝紀下》龍德元年（921）二月壬申條："鹽鐵轉運使敬翔奏：'請於雍州、河陽、徐州三處重置場院税茶。'從之。""是月，鎮州大將王德明殺其帥王鎔，自稱留後，遣使來求援。宰臣敬翔請許之，租庸使趙巖等以爲不可，乃止。"《宋本册府》卷一九九《閏位部·命相門》：梁末帝貞明二年十月，"以中書侍郎兼吏部尚書、同平章事敬翔爲右僕射，兼門下侍郎、平章事，監修國史，判度支"。同書卷四九四《邦計部·山澤門二》："末帝龍德初，鹽鐵轉運使敬翔奏：'請於雍州、河陽、徐州三處重置場院税茶。'從之。"同書卷七二九《幕府部·辟署門四》："龍紀元年六月，以朝散大夫、前太子中允，爲中大夫檢校水部郎中，守楊州大都督府左司馬，賜紫金魚袋。翔始以書檄從軍，每進規畫，自經始蔡寇，至于殄滅，梁祖嘉其侍從裨贊之績，特表其事，遂有此授。"《通鑑》卷二六九貞明元年十月壬子：帝"疏忌宗室，專任趙巖及德妃兄弟漢鼎、漢傑，從兄弟漢倫、漢融，咸居近職，參預謀議，每出兵必使之監護。巖等依勢弄權，賣官鬻獄，離間舊將相，敬翔、李振雖爲執

政，所言多不用”。

［3］劉鄩：人名。密州安丘（今山東安丘市）人。唐末、五代將領。傳見本書卷二三、《新五代史》卷二二。　河朔：古地區名。泛指黄河以北地區。　及劉鄩失河朔：《輯本舊史》卷九《梁末帝紀中》貞明三年十二月己巳條：“帝幸洛陽，爲來年有事於南郊也。遂幸伊闕，親拜宣陵。時租庸使趙巖勸帝郊天，且言：‘帝王受命，須行此禮，願陛下力行之。’宰臣敬翔奏曰：‘國家自劉鄩失律已來，府藏殫竭，箕斂百姓，供軍不暇，郊祀之禮，頒行賞賚，所謂取虚名而受實弊也。況晋人壓境，車駕未可輕動。’帝不聽，遂行。”同卷貞明四年四月辛未條：“詔宰臣敬翔權判諸道鹽鐵使務。”《輯本舊史·梁末帝紀下》貞明六年四月乙巳條：“以右僕射兼門下侍郎、同平章事、監修國史、判度支、開國公敬翔爲弘文館大學士、延資庫使、諸道鹽鐵轉運等使，餘如故。”《通鑑》卷二七〇貞明三年十二月己巳條：“先是，租庸使、户部尚書趙巖言於帝曰：‘陛下踐阼以來，尚未南郊，議者以爲無異藩侯，爲四方所輕。請幸西都行郊禮，遂謁宣陵。’敬翔諫曰：‘自劉鄩失利以來，公私困竭，人心惴恐；今展禮圜丘，必行賞賚，是慕虚名而受實弊也。且勍敵近在河上，乘輿豈宜輕動！俟北方既平，報本未晚。’帝不聽。”亦見《新五代史》卷四二《趙犨傳》附《趙巖傳》。

［4］安彦之：人名。籍貫不詳。後梁將領。事見本書卷二八、卷五六。　楊劉：地名。位於今山東東阿縣東北楊柳鎮。

［5］李亞子：人名。即李存勗。代北沙陀部人，後唐開國皇帝。紀見本書卷二七至卷三四、《新五代史》卷四至卷五。　墨縗：黑色喪服。古代居喪，在家喪服用白，從軍服黑。

［6］賀瓌：人名。濮陽（今河南濮陽市）人。後梁將領。傳見本書卷二三、《新五代史》卷二三。《輯本舊史》之影庫本粘籤：“賀瓌，原本作‘環’，《册府元龜》引《薛史》亦作‘環’，新、舊《唐書》、《歐陽史》及《通鑑》皆作‘瓌’，今改正。”

［7］“翔奏曰”至“乞於邊陲効試”：“先皇時”“猶不得志”

“於今十年”，明本《册府》卷三一五《宰輔部·公忠門》分别作“先皇帝時”“獨不得志”“於今二年”。《通鑑》卷二七〇貞明四年正月乙亥條後：“帝至大梁。晋兵侵掠至鄆、濮而還。敬翔上疏曰：‘國家連年喪師，疆土日蹙。陛下居深宫之中，所與計事者皆左右近習，豈能量敵國之勝負乎！先帝之時，奄有河北，親御豪傑之將，猶不得志。今敵至鄆州，陛下不能留意。臣聞李亞子繼位以來，于今十年，攻城野戰，無不親當矢石，近者攻楊劉，身負束薪爲士卒先，一鼓拔之。陛下儒雅守文，晏安自若，使賀瓌輩敵之，而望攘逐寇讎，非臣所知也。陛下宜詢訪黎老，别求異策；不然，憂未艾也。臣雖駑怯，受國重恩，陛下必若乏才，乞於邊垂自效。’疏奏，趙、張之徒言翔怨望，帝遂不用。”

及王彦章敗於中都，[1]晋人長驅而南，末帝急召翔，謂之曰：“朕居常忽卿所奏，果至今日。事急矣，勿以爲懟，且使朕安歸？”翔泣奏曰：“臣受國恩，僅將三紀，[2]從微至著，皆先朝所遇，雖名宰相，實朱氏老奴耳。事陛下如郎君，以臣愚誠，敢有所隱！陛下初任段凝爲將，[3]臣已極言，小人朋附，致有今日。晋軍即至，段凝限水。欲請陛下出居避狄，陛下必不聽從；欲請陛下出奇應敵，陛下必不果决。縱良、平復生，[4]難以轉禍爲福，請先死，不忍見宗廟隕墜。”言訖，君臣相向慟哭。[5]

[1]王彦章：人名。鄆州壽張（今山東梁山縣壽張集）人。後梁將領。傳見本書卷二一、《新五代史》卷三二。　中都：縣名。治所在今山東汶上縣。

[2]紀：十二年爲一紀。

[3]段凝：人名。開封（今河南開封市）人。後梁將領。其妹爲朱温美人，因其妹而爲朱温親信。傳見本書卷七三、《新五代史》卷四五。

[4]良：人名。即張良。漢初大臣。傳見《史記》卷五五、《漢書》卷四〇。　平：人名。即陳平。漢初大臣。傳見《史記》卷五六、《漢書》卷四〇。

[5]“末帝急召翔”至“君臣相向慟哭”：“常忽卿所奏”“且使朕安歸”“出居避狄”，明本《册府》卷三一五《宰輔部·公忠門》分别作“嘗忽卿所奏”“且指朕安歸”“居避敵”。《通鑑》卷二七二同光元年（923）十月丁丑條：“王彦章敗卒有先至大梁，告梁主以‘彦章就擒，唐軍長驅且至’者，梁主聚族哭曰：‘運祚盡矣！’召群臣問策，皆莫能對。梁主謂敬翔曰：‘朕居常忽卿所言，以至於此。今事急矣，卿勿以爲懟。將若之何？’翔泣曰：‘臣受先帝厚恩，殆將三紀，名爲宰相，其實朱氏老奴，事陛下如郎君。臣前後獻言，莫匪盡忠。陛下初用段凝，臣極言不可，小人朋比，致有今日。今唐兵且至，段凝限於水北，不能赴救。臣欲請陛下出避狄，陛下必不聽從；請陛下出奇合戰，陛下必不果決，雖使良、平更生，誰能爲陛下計者！臣願先賜死，不忍見宗廟之亡也。’因與梁主相向慟哭。”末帝不聽翔言，事見《通鑑》卷二七一龍德元年七月條：“張文禮雖受晋命，内不自安，復遣間使因盧文進求援於契丹；又遣間使來告曰：‘王氏爲亂兵所屠，公主無恙。今臣已北召契丹，乞朝廷發精甲萬人相助，自德、棣渡河，則晋人遁逃不暇矣。’帝疑未決。敬翔曰：‘陛下不乘此釁以復河北，則晋人不可復破矣。宜徇其請，不可失也。’趙、張輩皆曰：‘今强寇近在河上，盡吾兵力以拒之，猶懼不支，何暇分萬人以救張文禮乎！且文禮坐持兩端，欲以自固，於我何利焉！’帝乃止。”同書卷二七二同光元年閏四月癸卯條：“梁主聞鄆州失守，大懼，斬劉遂嚴、燕顒於市，罷戴思遠招討使，降授宣化留後，遣使詰讓北面諸將段凝、王彦章等，趣令進戰。敬翔知梁室已危，以繩内靴中，入見梁主曰：‘先

帝取天下，不以臣爲不肖，所謀無不用。今敵勢益强，而陛下棄忽臣言，臣身無用，不如死。’引繩將自經。梁主止之，問所欲言，翔曰：‘事急矣，非用王彦章爲大將，不可救也。’梁主從之，以彦章代思遠爲北面招討使，仍以段凝爲副。”事亦見《新五代史》卷三二《王彦章傳》。《通鑑》卷二七二同光元年八月戊子條：“初，梁主遣段凝監大軍於河上，敬翔、李振屢請罷之，梁主曰：‘凝未有過。’振曰：‘俟其有過，則社稷危矣。’至是，凝厚賂趙、張求爲招討使，翔、振力争以爲不可；趙、張主之，竟代王彦章爲北面招討使，於是宿將憤怒，士卒亦不服。天下兵馬副元帥張宗奭言於梁主曰：‘臣爲副元帥，雖衰朽，猶足爲陛下扞禦北方。段凝晚進，功名未能服人，衆議詾詾，恐貽國家深憂。’敬翔曰：‘將帥繫國安危，今國勢已爾，陛下豈可尚不留意邪！’梁主皆不聽。”段凝賂趙、張事，亦見《輯本舊史》卷七三《段凝傳》。

及晉主陷都城，[1]有詔赦梁氏臣僚，李振謂翔曰：“有制洗滌，將朝新君。”翔曰：“新君若問，其將何辭以對！”是夜，翔在高頭里第，[2]宿於車坊。[3]欲曙，左右報曰：“崇政李太保已入朝。”翔返室嘆曰：“李振謬爲丈夫耳！朱氏與晉仇讎，我等始同謀畫，致君無狀，今少主伏劍于國門，[4]縱新朝赦罪，何面目入建國門也。”[5]乃自經而卒。數日，并其族被誅。[6]

[1]晉主：指後唐莊宗李存勗。

[2]高頭里：里名。位於今河南開封市。

[3]車坊：《舊五代史考異》：“案：原本作‘中’，今據《歐陽史》及《通鑑》改正。”見明本《册府》卷三一五、《新五代史》卷二一《敬翔傳》，《通鑑》則未載。

[4]今少主伏劍于國門：中華書局本有校勘記："'今'，《册府》卷三一五作'令'。"此據明本《册府》卷三一五《宰輔部·公忠門》。

[5]建國門：宫城門。爲開封皇城南門。位於今河南開封市。

[6]"李振謂翔曰"至"并其族被誅"：《輯本舊史》卷三〇《唐莊宗紀四》同光元年十月壬午條：莊宗下詔曰："敬翔、李振，首佐朱温，共傾唐祚，屠害宗屬，殺戮朝臣，既寰宇以皆知，在人神而共怒。敬翔雖聞自盡，未豁幽冤，宜與李振並族於市。疎屬僕使，並從原宥。""是日，趙巖、張希逸、張漢傑、張漢倫、張漢融、朱珪、敬翔、李振及契丹撒剌阿撥等，并其妻孥，皆斬於汴橋下。"亦見《宋本册府》卷一五四《帝王部·明罰門三》。《新五代史》卷五《唐莊宗紀下》同光元年十月己卯條："滅梁。敬翔自殺。"《通鑑》卷二七二同光元年十月己卯條："李振謂敬翔曰：'有詔洗滌吾輩，相與朝新君乎？'翔曰：'吾二人爲梁宰相，君昏不能諫，國亡不能救，新君若問，將何辭以對！'是夕未曙，或報翔曰：'崇政李太保已入朝矣。'翔歎曰：'李振謬爲丈夫！朱氏與新君世爲仇讎，今國亡君死，縱新君不誅，何面目入建國門乎！'乃縊而死。"同月丙戌條，詔："敬翔、李振首佐朱温，共傾唐祚；契丹撒剌阿撥叛兄棄母，負恩背國，宜與（趙）巖等並族誅於市；自餘文武將吏一切不問。"

初，貞明中，[1]史臣李琪、張衮、郄殷象、馮錫嘉奉詔修撰《太祖實録》三十卷，[2]敘述非工，事多漏略。復詔翔補緝其闕，翔乃别纂成三十卷，目之曰《大梁編遺録》，與《實録》偕行。[3]

[1]貞明：後梁末帝朱友貞年號（915—921）。

[2]李琪：人名。河西敦煌（今甘肅敦煌市）人。後梁、後唐

官員。傳見本書卷五八、《新五代史》卷五四。　張衮：人名。籍貫不詳。後梁大臣。事見本書本卷、卷三、卷五。　郄殷象：人名。籍貫不詳。唐末、五代官員。事見《舊唐書》卷二〇上、本書本卷。　馮錫嘉：人名。籍貫不詳。五代官員。事見本書本卷、卷三〇。

［3］“初貞明中”至“與實録偕行”：《舊五代史考異》：“案：《編遺録》，《通鑑考異》引之。《書録解題》云：《朱梁興創遺編》二十卷，梁宰相敬翔子振撰。自廣明巢賊之亂，朱温事跡，迄於天祐弑逆，大書特書，不以爲愧也。其辭亦鄙俚。”見《直齋書録解題》卷五《雜史類》。《宋本册府》卷五五七《國史部·採撰門三》：“梁李琪，貞明中，歷兵、禮、吏侍郎。與張衮、郄殷象、馮錫嘉奉詔修撰《太祖實録》三十卷，敘述非工，事多漏略。復詔宰臣敬翔别纂成三十卷，目之曰大梁編遺，與實録偕行。”

翔妻劉氏，父爲藍田令。[1]廣明之亂，[2]劉爲巢將尚讓所得，[3]巢敗，讓攜劉降於時溥，[4]及讓誅，時溥納劉於妓室。太祖平徐，[5]得劉氏嬖之，屬翔喪妻，因以劉氏賜之。及翔漸貴，劉猶出入太祖卧内，翔情禮稍薄，劉於曲室讓翔曰：[6]“卿鄙余曾失身於賊耶？以成敗言之，尚讓巢之宰輔，時溥國之忠臣，論卿門第，辱我何甚，請從此辭！”翔謝而止之。[7]劉恃太祖之勢，[8]太祖四鎮時，劉已得“國夫人”之號。車服驕侈，婢媵皆珥珠翠，其下别置爪牙典謁，書幣聘使，交結藩鎮，近代婦人之盛，無出其右，權貴皆相附麗，寵信言事，不下於翔。當時貴達之家，從而效之，敗俗之甚也。《永樂大典》卷一萬八千四百二十四。[9]

[1]藍田：縣名。治所在今陝西藍田縣。

[2]廣明之亂：廣明元年（880）底，黄巢起義軍拿下潼關，進入長安，唐僖宗逃入四川。

[3]尚讓：人名。黄巢部將，後爲時溥所殺。事見《舊唐書》卷二〇〇下、《新唐書》卷二二五下。

[4]時溥：人名。徐州彭城（今江蘇徐州市）人。唐末軍閥，平定了黄巢之亂，後割據徐州。傳見《舊唐書》卷一八二、《新唐書》卷一八八。

[5]徐：州名。治所在今江蘇徐州市。

[6]曲室：私室。

[7]"翔妻劉氏"至"翔謝而止之"：劉氏事亦見《新五代史》卷二一《敬翔傳》。

[8]劉恃太祖之勢：《輯本舊史》之案語："原本下有缺文。"

[9]《大典》卷一八四二四"敬"字韻"姓氏"事目。《輯本舊史》於傳末引《五代史補》："敬翔應《三傳》，數舉不第，發憤投太祖，願備行陣。太祖問曰：'足下通《春秋》久矣，今吾主盟，其爲戰欲效《春秋》時可乎？'翔曰：'不可。夫禮樂猶不相沿襲，況兵者詭道，宜其變化無窮。若復如《春秋》時，則所謂務虚名而喪其實效，大王之事去矣。'太祖大悦，以爲知兵，遽延之幕府，委以軍事，竟至作相。"

李振

李振，字興緒，唐潞州節度使抱真之曾孫也。[1]祖、父皆至郡守。振仕唐，自金吾將軍改台州刺史，[2]會盜據浙東，[3]不克之任，因西歸過汴，以策略干太祖，太祖奇之，辟爲從事。太祖兼領鄆州，署天平軍節度副使。[4]湖南馬殷爲朗州雷滿所逼，[5]振奉命馳往和解，殷、滿皆禀命。[6]

[1]潞州：州名。治所在今山西長治市。此處代指昭義軍。　抱真：人名。即李抱真。涼州（今甘肅武威市）人。唐後期將領。傳見《舊唐書》卷一三二、《新唐書》卷一三八。　唐潞州節度使抱真之曾孫也：《新五代史》卷四三《李振傳》："其祖抱真。"《通鑑》卷二六一光化元年（898）三月己丑條後作"振，抱真之曾孫也"。

[2]台州：州名。治所在今浙江台州市。　自金吾將軍改台州刺史：《宋本册府》卷七二九《幕府部·辟署門四》："李振仕唐爲台州刺史。"同書卷七六六《總録部·攀附門二》："李振，字興緒，唐末爲台州刺史。不克莅事，因西歸，過汴，求謁見太祖。太祖與語，大奇之。辟爲從事，以講戎政。於是陳耕戰之計，進鳩合之策。尊王室以圖諸侯，獎帝道以雜霸業。嫉閹寺，敦儒術，尚名器，審刑罰。於是禮遇彌篤。後至户部尚書，崇政院使。"《新五代史·李振傳》："振爲唐金吾衛將軍，拜台州刺史。"

[3]浙東：方鎮名。浙江東道的簡稱。治所在越州（今浙江紹興市）。

[4]天平軍：方鎮名。治所在鄆州（今山東東平縣）。　節度副使：官名。唐、五代方鎮屬官。位於行軍司馬之下、判官之上。　太祖兼領鄆州署天平軍節度副使：亦見《宋本册府》卷六五二《奉使部·達王命門》。《新五代史·李振傳》："太祖兼領鄆州，表振節度副使。"《通鑑》卷二六一光化元年三月己丑條後："全忠以（韋）震爲天平留後，以前台州刺史李振爲天平節度副使。"

[5]馬殷：人名。許州鄢陵（今河南鄢陵縣）人。五代十國時期南楚開國君主。傳見本書卷一三三、《新五代史》卷六六。　朗州：州名。治所在今湖南常德市。　雷滿：人名。武陵（今湖南常德市武陵區）人。唐末軍閥。傳見《新唐書》卷一八六、本書卷

一七、《新五代史》卷四一。 逼：《宋本册府》卷六五二作“迫”。

[6]“湖南馬殷”至“皆禀命”：《宋本册府》卷六五三《奉使部·稱旨門》：“李振爲太祖從事。乾化二年，以馬殷初領湖南，爲雷滿所逼，帝以振骨鯁有辯，命馳往和解，殷、滿並禀命。”

光化三年十一月，[1]太祖遣振入奏於長安，舍於州邸，[2]邸吏程巖白振曰：[3]“劉中尉命其姪希貞來計大事，[4]欲上謁，願許之。”既至，巖乃先啓曰：“主上嚴急，内官憂恐，左中尉欲行廢黜之事，巖等協力以定中外，敢以事告。”振顧希貞曰：“百歲奴事三歲主，亂國不義，廢君不祥，非敢聞也。況梁王以百萬之師匡輔天子，禮樂尊戴，猶恐不及，幸熟計之。”希貞大沮而去。[5]及振復命，劉季述等果作亂，程巖率諸道邸吏牽帝下殿，以立幼主，奉昭宗爲太上皇。振至陜，[6]陜已賀矣。護軍韓彝範言其事，[7]振曰：“懿皇初昇遐，[8]韓中尉殺長立幼，以利其權，遂亂天下，今將軍復欲爾耶！”彝範即文約孫也，[9]由是不敢言。

[1]光化三年十一月：中華書局本有校勘記：“原作‘光啓’，據《册府》卷七二一、《通鑑》卷二六二改。按劉季述廢昭宗事，在光化年間，光啓爲唐僖宗年號。”見明本《册府》卷七二一《幕府部·謀畫門二》。

[2]州邸：官署名。即進奏院。唐、五代藩鎮皆置邸於京師，爲駐京城的辦事機構。肅宗、代宗時稱上都留後院，大曆十二年(777)改稱上都進奏院，簡稱留邸、進奏務。以進奏官主其事，掌傳送文書、情報，主持本鎮進奉。憲宗時，一度掌本鎮飛錢兑换之事。五代時，州郡不隸藩鎮者，亦置邸京師。

[3]邸吏：泛指守邸官吏。　程巖：人名。籍貫不詳。唐末梁國派駐京師的進奏院官，參與謀廢唐昭宗，後被朱温械殺。事見《舊唐書》卷二〇、本書本卷。

[4]劉中尉：人名。即劉季述。籍貫不詳。唐末宦官。顯於唐僖宗、唐昭宗時期，累遷至樞密使。傳見《新唐書》卷二〇八。中尉，指神策軍中尉。唐德宗朝以後，左右神策軍各置護軍中尉一人，由宦官充任，統領禁軍。　希貞：人名。即劉希貞。或作“劉希正”。籍貫不詳。劉季述之侄。事見《新唐書》卷二〇八、本書本卷。《舊五代史考異》：“案：原本作‘希直’，今據《通鑑》改正。”見《通鑑》卷二六二光化三年（900）十二月戊辰條《考異》所引《舊史·李振傳》。

[5]“太祖遣振入奏於長安”至“希貞大沮而去”：《輯本舊史》之案語：“《通鑑考異》疑李振之拒希貞爲誤，謂李振若已立異，豈敢復入長安與崔胤謀反正乎！今考《梁祖紀》亦云‘李振自長安使迴’，當時季述懼汴梁兵力，固不能阻李振之往來。《薛史》所書，宜可徵信。”見《通鑑》卷二六二光化三年十二月戊辰條《考異》、《輯本舊史》卷二《梁太祖紀二》光化三年條。《新五代史》卷四三《李振傳》：“振奏事長安，舍梁邸。宦官劉季述謀廢昭宗，遣其姪希正因梁邸吏程巖見振曰：‘今主上嚴急，誅殺不辜，中尉懼及禍，將行廢立，請與諸邸吏協力以定中外，如何？’振駭然曰：‘百歲奴事三歲主，而敢爾邪！今梁王百萬之師，方仗大義尊天子，君等無爲此不祥也！’”《新唐書》卷二〇八《劉季述傳》：“（劉季述）外約朱全忠爲兄弟，遣從子希正與汴邸官程巖謀廢帝。會全忠遣天平節度副使李振上計京師，巖因曰：‘主上嚴急，内外惴恐，左軍中尉欲廢昏立明，若何？’振曰：‘百歲奴事三歲郎主，常也。亂國不義，廢君不祥，非吾敢聞。’希正大沮。”

[6]陜：州名。治所在今河南三門峽市陜州區。

[7]護軍：官名。即神策軍護軍中尉。　韓彝範：人名。籍貫不詳。事見本書本卷。

［8］懿皇：即唐懿宗。

［9］文約：人名。即韓文約。韓全誨養父。籍貫不詳。唐末宦官。曾參與擁立唐僖宗李儇。事見《舊唐書》卷一九下。

振東歸，太祖方在邢洺，[1]遽還于汴，大計未决，季述遣養子希度以唐之社稷欲輸于太祖，[2]又遣供奉官李奉本、副介支彦勳詐齎上皇誥諭至，[3]皆季述黨也。太祖未及迎命，振入言曰[4]："夫豎刁、伊戾之亂，[5]所以資霸者之事也。今閹豎幽辱天子，王不能討，[6]無以令諸侯。"時監軍使劉重楚，季述兄也，[7]舊相張濬，[8]寓於河南緱氏，[9]亦來謂太祖曰："同中官則事易濟，且得所欲。"唯振堅執不改，獨曰："行正道則大勳可立。"太祖英悟，忽厲色曰："張公勸我同敕使，欲傾附自求宰相耶？"[10]乃定策縶僞使李奉本、支彦勳與希度等，即日請振將命于京師，與宰相謀返正。[11]未幾，劉季述伏誅，昭宗復帝位，太祖聞之喜，召振，執其手謂之曰："卿所謀是吾本志，穹蒼其知之矣！"自是益重之。[12]

［1］邢洺：方鎮名。治所在邢州（今河北邢臺市）。

［2］希度：人名。即劉希度。籍貫不詳。劉季述養子。事見本書本卷。

［3］供奉官：官名。泛指侍奉皇帝左右的臣僚，亦爲東、西頭供奉官通稱。　李奉本：人名。籍貫不詳。事見本書本卷。《舊五代史考異》："案：原本脱'奉本'二字，據本傳增入。"　副介：副使。　支彦勳：人名。籍貫不詳。事見本書本卷。

［4］振入言曰：中華書局本有校勘記："'入'，原作'又'，據

《册府》卷七二一改。《新唐書》卷二〇八《劉季述傳》敘其事作‘李振入見曰’。”見明本《册府》卷七二一《幕府部·謀畫門二》。

［5］豎刁：人名。籍貫不詳。或作“豎刀”“豎貂”。春秋時齊桓公寵臣。齊相管仲死後，與易牙等專權。桓公死後，與易牙等殺害大臣，逐太子昭，立公子無詭，致齊國大亂。事見《史記》卷三二。　伊戾：人名。即惠墻伊戾。籍貫不詳。春秋時宋平公太子痤宫内宦官之長。誣陷太子謀亂，致其自縊，後被宋平公烹殺。事見《左傳·襄公二十六年》。

［6］王不能討：中華書局本有校勘記：“‘王’字原闕，據彭校、本書卷二《梁太祖紀二》、《册府》卷七二一補。”《宋本册府》卷一八七《閏位部·勳業門五》亦作“王不能討”。

［7］監軍使：官名。爲臨時差遣，代表朝廷協理軍務，督察將帥。五代時常以宦官爲監軍。　劉重楚：人名。籍貫不詳。劉季述之兄。事見本書本卷。　季述兄也：中華書局本有校勘記：“句下《册府》卷七二一有‘固黨其族’四字。”

［8］張濬：人名。宿州符離（今安徽宿州市埇橋區）人。唐僖宗時爲户部侍郎、同中書門下平章事，唐昭宗時爲尚書左僕射。後被朱温所殺。傳見《舊唐書》卷一七九、《新唐書》卷一八五。

［9］緱氏：縣名。治所在今河南偃師市東南。

［10］欲傾附自求宰相耶：句上明本《册府》卷七二一有“是”字。　“時監軍使劉重楚”至“欲傾附自求宰相耶”：《輯本舊史》之案語：“《舊唐書·昭宗紀》：崔胤與前左僕射張濬告難于全忠。《張濬傳》亦云：德王廢立之際，濬致書諸藩，請圖匡復。《薛史》作張濬黨于季述，爲梁祖所拒，與《舊唐書》異。”見《舊唐書》卷二〇上《昭宗紀》、卷一七九《張濬傳》。

［11］“乃定策繫僞使李奉本”至“與宰相謀返正”：《宋本册府》卷一八七繫於光化元年（898）。《新唐書·劉季述傳》：“季述子希度至汴，言廢立本計，又遣李奉本齎示太上皇誥，全忠狐疑不決。李振入見曰：‘豎刁、伊戾之亂，以資霸者。今閹奴幽劫天子，

公不討，無以令諸侯。’乃囚希度、奉本，遣振至京師與胤謀。”《通鑑》卷二六二光化三年條：“朱全忠在定州行營，聞亂，丁未，南還；十二月，戊辰，至大梁。季述遣養子希度詣全忠，許以唐社稷輸之；又遣供奉官李奉本以太上皇誥示全忠。全忠猶豫未決，會僚佐議之，或曰：‘朝廷大事，非藩鎮所宜預知。’天平節度副使李振獨曰：‘王室有難，此霸者之資也。今公爲唐桓、文，安危所屬。季述一宦豎耳，乃敢囚廢天子，公不能討，何以復令諸侯！且幼主位定，則天下之權盡歸宦官矣，是以太阿之柄授人也。’全忠大悟，即囚希度、奉本，遣振如京師詗事。既還，又遣親吏蔣玄暉如京師，與崔胤謀之；又召程巖赴大梁。”“即日”至“謀返正”，明本《册府》卷七二一作：“即日召程巖折足械至鎮，杖殺之。請振將命於京師，遂與宰臣謀返正。”

［12］“未幾”至“自是益重之”：《舊唐書》卷二〇上《昭宗紀》天復三年（903）春正月癸卯朔條，車駕在鳳翔。辛亥條，“全忠令判官李振入奏，上令翰林學士姚洎傳宣，令全忠唤崔胤令率文武百僚來迎駕”。天祐元年八月壬寅條，“全忠令判官李振自河中至洛陽，與友恭等圖之”。是夜二鼓，蔣玄暉選龍武衙官史太等百人叩内門，言軍前有急奏面見上。史太弑帝。《通鑑》卷二六二天復元年正月己丑條，“朱全忠聞劉季述等誅，折程巖足，械送京師，并劉希度、李奉本等皆斬於都市，由是益重李振”。同書卷二六三天復三年正月條：“己酉，遣韓偓及趙國夫人詣全忠營；又遣使囊全誨等二十餘人首以示全忠，曰：‘曏來脅留車駕，懼罪離間，不欲協和，皆此曹也。今朕與茂貞决意誅之，卿可曉諭諸軍以豁衆憤。’辛亥，全忠遣觀察判官李振奉表入謝。”同書卷二六五天祐元年（904）八月壬寅條：“全忠方引兵西討，以帝有英氣，恐變生於中，欲立幼君，易謀禪代。乃遣判官李振至洛陽，與玄暉及左龍武統軍朱友恭、右龍武統軍氏叔琮等圖之。”

天祐二年春正月，太祖召振謂曰："王師範來降易歲，[1]尚處故藩，今將奏請徙授方面，其爲我馳騎，以兹意達之。"[2]振至青州，[3]師範即日出公府，以節度、觀察二印及文簿管鑰授於振。師範雖已受代，而疑撓特甚，屢揮泣求貸其族，振因以切理諭之曰："公不念張繡事耶！[4]漢末繡屢與曹公立敵，豈德之耶？及袁紹遣使招繡，[5]賈詡曰：[6]'袁家父子自不相容，何能主天下英士，曹公挾天子令諸侯，其志大，不以私讎爲意，不宜疑之。'今梁王亦然，豈以私怨害忠賢耶！"[7]師範洗然大悟，翌日以其族西遷。[8]太祖乃表振爲青州留後，未幾，徵還。

[1]王師範：人名。青州（今山東青州市）人。唐末、五代軍閥。傳見本書卷一三、《新五代史》卷四二。"王師範"三字上，《册府》有"青州"二字

[2]"天祐二年春正月"至"以兹意達之"：亦見於《宋本册府》卷六六〇《奉使部·敏辯門二》，唯《册府》作天祐初事。《通鑑》卷二六五天祐二年（905）正月庚午條，"朱全忠命李振知青州事，代王師範"。

[3]青州：州名。治所在今山東青州市。

[4]張繡：人名。武威祖厲（今甘肅靖遠縣）人。東漢末年驃騎將軍張濟族子。初爲縣吏，後隨張濟、李傕屢擊吕布，以軍功遷建忠將軍，封宣威侯。張濟死，他代領其衆，投降曹操，不久又叛。官渡之戰時，他聽從賈詡之計，復降操，拜揚武將軍。卒後謚定侯。傳見《三國志》卷八。

[5]袁紹：人名。汝南汝陽（今河南商水縣）人。東漢末年的地方軍閥。建安五年（200），在官渡之戰中敗於曹操，不久病死。

傳見《後漢書》卷七四上、《三國志》卷六。

[6]賈詡：人名。武威姑臧（今甘肅武威市）人。東漢末年、三國謀臣。傳見《三國志》卷一〇。

[7]梁王：即後梁太祖朱温。　然：原闕，據《宋本册府》卷六六〇補。　私怨：《輯本舊史》之影庫本粘籤："私怨，原本作'私怨'，今據文改正。"《宋本册府》卷六六〇作"私怒"。

[8]洗然：原作"灑然"，據《宋本册府》卷六六〇、《新五代史》卷四三《李振傳》改。　師範洗然大悟翌日以其族西遷：中華書局本有校勘記："'西'字原闕，據《册府》卷六六〇、《通鑑》卷二六五補。按本書卷一三《王師範傳》：'師範舉家徙汴。'"《通鑑》卷二六五天祐二年二月條："李振至青州，王師範舉族西遷，至濮陽，素服乘驢而進；至大梁，全忠客之。表李振爲青州留後。"

唐自昭宗遷都之後，王室微弱，朝廷班行，備員而已。振皆頤指氣使，旁若無人，朋附者非次獎升，[1]私惡者沈棄。振每自汴入洛，朝中必有貶竄，故唐朝人士目爲"鴟梟"。[2]天祐中，唐宰相柳璨希太祖旨，[3]譖殺大臣裴樞、陸扆等七人於滑州白馬驛。[4]時振自以咸通、乾符中嘗應進士舉，[5]累上不第，尤憤憤，乃謂太祖曰："此輩自謂清流，宜投於黄河，永爲濁流。"太祖笑而從之。[6]

[1]朋附者非次獎升：中華書局本有校勘記："'朋'原作'明'，據殿本、劉本、孔本、彭校改。"

[2]鴟（chī）梟（xiāo）：鴟和梟。古代傳説梟會食母，鴟是猛禽。比喻凶惡殘暴的人。　"振每自汴入洛"至"鴟梟"：《通

鑑》卷二六五天祐二年六月戊子條："振每自汴入洛，朝廷必有竄逐者，時人謂之鴟梟。見朝士皆頤指氣使，旁若無人。"

［3］柳璨：中華書局本有校勘記："原作'柳燦'，據殿本、孔本改。按《舊唐書》卷一七九、《新唐書》卷二二三下有《柳璨傳》。"

［4］裴樞：人名。絳州聞喜（今山西聞喜縣）人。唐末宰相。傳見《舊唐書》卷一一三、《新唐書》卷一四〇。　陸扆：人名。蘇州嘉興（今浙江嘉興市）人。唐德宗朝宰相陸贄族孫。唐昭宗朝宰相。傳見《新唐書》卷一八三。　白馬驛：地名。位於唐代滑州白馬縣（今河南滑縣）。

［5］咸通：唐懿宗李漼年號（860—874）。

［6］"天祐中"至"太祖笑而從之"：事亦見《新五代史》卷四三《李振傳》、《新唐書》卷一四〇《裴樞傳》。《通鑑》卷二六五天祐二年（905）五月乙丑條，彗星長竟天。"柳璨恃朱全忠之勢，恣爲威福。會有星變，占者曰：'君臣俱災，宜誅殺以應之。'璨因疏其素所不快者於全忠曰：'此曹皆聚徒横議，怨望腹非，宜以之塞災異。'李振亦言於朱全忠曰：'朝廷所以不理，良由衣冠浮薄之徒紊亂綱紀；且王欲圖大事，此曹皆朝廷之難制者也，不若盡去之。'全忠以爲然。癸酉，貶獨孤損爲棣州刺史，裴樞爲登州刺史，崔遠爲萊州刺史。乙亥，貶吏部尚書陸扆爲濮州司户，工部尚書王溥爲淄州司户。庚辰，貶太子太保致仕趙崇爲曹州司户，兵部侍郎王贊爲濰州司户。自餘或門胄高華，或科第自進，居三省臺閣，以名檢自處，聲迹稍著者，皆指爲浮薄，貶逐無虚日，搢紳爲之一空。""六月，戊子朔，敕裴樞、獨孤損、崔遠、陸扆、王溥、趙崇、王贊等並所在賜自盡。時全忠聚樞等及朝士貶官者三十餘人於白馬驛，一夕盡殺之，投尸于河。初，李振屢舉進士，竟不中第，故深疾搢紳之士，言於全忠曰：'此輩常自謂清流，宜投之黄河，使爲濁流！'全忠笑而從之。"

洎太祖受禪，自宣義軍節度副使、檢校司徒授殿中監，[1]累遷户部尚書。[2]庶人友珪篡立，代敬翔爲崇政院使。[3]末帝即位，趙、張二族用事，遂爲所間，謀猷獻替，多不見從，振每稱疾避事。[4]龍德末，[5]閑居私第將期矣，晉主入汴，振謁見首罪，郭崇韜指振謂人曰：[6]“人言李振乃一代奇才，吾今見之，乃常人耳！”會段凝等疏梁氏權要之臣，振與敬翔等同日族誅。[7]《永樂大典》卷一萬三百八十六。[8]

[1]殿中監：官名。殿中省長官。掌宫廷供奉之事。從三品。

[2]“洎太祖受禪”至“累遷户部尚書”：《輯本舊史》卷一四九《職官志》：“梁開平四年十二月，以李振爲建昌宫副使。”《宋本册府》卷八《帝王部·創業門四》字跡殘闕，故據明本《册府》：唐天祐八年（911）二月“己未，魏帥羅周翰出兵五千，塞石灰窰口，周德威以騎三千掩擊，迫入觀音門。帝舍於狄公祠，東西列營十數。羅周翰閉壁自固，我軍攻西南北隅，城幾陷。朱溫遣杜廷隱將兵五百送李振爲魏博副使，夜入鄴城”。《宋本册府》卷四一四《將帥部·赴援門》：“李振，爲天雄軍節度副使。乾化元年二月戊午，晉軍圍魏州，軍於南門。庚申，振與杜廷隱等自楊劉口偷路夜入鄴城，晉軍乃解圍而去。”同書卷六六〇《奉使部·敏辯門二》：“梁李振，唐末爲太祖宣義節度副使。”《新五代史》卷四五《段凝傳》：“（梁太祖）遷凝鄭州刺史，使監兵於河上。李振亟請罷之，太祖曰：‘凝未有罪。’振曰：‘待其有罪，則社稷亡矣！’然終不罷也。”《通鑑》卷二六六開平元年（907）五月戊戌條：“禮部尚書蘇循及其子起居郎楷自謂有功於梁，當不次擢用；循朝夕望爲相。帝薄其爲人，敬翔及殿中監李振亦鄙之。”同書卷二六七乾化元年（911）二月己未條，“晉王至魏州，攻之，不克。上以羅周翰年少，

且忌其舊將佐，庚申，以户部尚書李振爲天雄節度副使，命杜廷隱將兵千人衛之，自楊劉濟河，間道夜入魏州，助周翰城守”。

［3］庶人友珪篡立代敬翔爲崇政院使：《新五代史》卷三《梁末帝紀》：乾化二年六月條，太祖遇弑，友珪自立，以“敬翔爲中書侍郎、同中書門下平章事，户部尚書李振爲崇政院使”。其事亦見《新五代史》卷二一《敬翔傳》。《宋本册府》卷九三一《總録部·枉横門》：均王平内難，“（李）班與崇政院使李振偕北走，將投軍，落遇群卒於禁外。振中傷，而班尤甚”。《通鑑》卷二六八乾化二年九月條：“友珪以兵部尚書知崇政院事敬翔，太祖腹心，恐其不利於己，欲解其内職，死失人望，庚午，以翔爲中書侍郎、同平章事；壬申，以户部尚書李振充崇政院使。”同卷乾化三年二月庚寅旦條，“袁象先等帥禁兵數千人突入宫中”。“諸軍十餘萬大掠都市，百司逃散”，“宣政使李振被傷，至晡乃定”。

［4］“末帝即位”至“稱疾避事”：《輯本舊史》卷九《梁末帝紀中》梁末帝貞明四年（918）四月甲寅條，“以刑部郎中、充史館修撰竇專爲翰林學士。初，學士竇夢徵草錢鏐麻，貶蓬萊尉，帝召專入翰林，遣崇政使李振問宰相云：‘專是宰臣蕭頃女婿，令中書商量可否？’中書奏曰：‘宰相親情，不居清顯，避嫌之道，雖著舊規，若蒙特恩，亦有近例，固不妨事。’帝乃可之”。《輯本舊史》卷六七《李愚傳》：“衡王入朝，重臣李振輩皆致拜，惟愚長揖。末帝讓之曰：‘衡王朕之兄，朕猶致拜，崇政使李振等皆拜，爾何傲耶！’對曰：‘陛下以家人禮兄，振等私臣也。臣居朝列，與王無素，安敢諂事。’其剛毅如此。”事亦見《宋本册府》卷四六〇《臺省部·正直門》、《新五代史》卷五四《李愚傳》。《輯本舊史》卷六九《崔貽孫傳》：“李振貶均州，貽孫曲奉之。振入朝，貽孫累遷丞郎。”亦見《宋本册府》卷九一七《總録部·改節門》。《輯本舊史》卷七三《段凝傳》：“凝納賂於趙、張二族，求爲招討使，敬翔、李振極言不可，竟不能止。”亦見明本《册府》卷四四〇《將帥部·交結門》。《輯本舊史》卷九三《鄭雲叟傳》：

"雲叟與梁室權臣李振善，振欲禄之，拒而不諾，及振南遷，雲叟千里徒步以省之，識者高焉。" 亦見《宋本册府》卷八〇五《總録部·高潔門》、明本《册府》卷八一〇《總録部·隱逸門二》、《新五代史》卷三四《鄭遨傳》。《通鑑》卷二六九貞明元年十月壬子條："（趙）巖等依勢弄權，賣官鬻獄，離間舊將相，敬翔、李振雖爲執政，所言多不用。振每稱疾不預事，以避趙、張之族，政事日紊，以至於亡。" 貞明二年正月："帝聞前河南府參軍李愚學行，召爲左拾遺，充崇政院直學士。衡王友諒貴重，李振等見，皆拜之，愚獨長揖，帝聞而讓之，曰：'衡王於朕，兄也，朕猶拜之，卿長揖，可乎？' 對曰：'陛下以家人禮見衡王，拜之宜也。振等陛下家臣；臣於王無素，不敢妄有所屈。' 久之，竟以抗直罷爲鄧州觀察判官。" 同書卷二七二同光元年（923）八月條："初，梁主遣段凝監大軍於河上，敬翔、李振屢請罷之，梁主曰：'凝未有過。' 振曰：'俟其有過，則社稷危矣。' 至是，凝厚賂趙、張求爲招討使，翔、振力争以爲不可；趙、張主之，竟代王彦章爲北面招討使，於是宿將憤怒，士卒亦不服。"

[5]龍德：後梁末帝朱友貞年號（921—923）。

[6]郭崇韜：人名。代州雁門（今山西代縣）人。後唐大臣。傳見本書卷五七、《新五代史》卷二四。

[7] "晋主入汴" 至 "同日族誅"：《輯本舊史》卷一八《敬翔傳》："及晋主陷都城，有詔赦梁氏臣僚，李振謂翔曰：'有制洗滌，將朝新君。' 翔曰：'新君若問，其將何辭以對！' 是夜，翔在高頭里第，宿於車坊。欲曙，左右報曰：'崇政李太保已入朝。' 翔返室嘆曰：'李振謬爲丈夫耳！朱氏與晋仇讎，我等始同謀畫，致君無狀，今少主伏劍于國門，縱新朝赦罪，何面目入建國門也。' 乃自經而卒。" 事亦見明本《册府》卷三一五《宰輔部·公忠門》、《新五代史·敬翔傳》。《輯本舊史》卷三〇《唐莊宗紀四》同光元年十月壬午條：莊宗下詔曰："朕既殄僞庭，顯平國患。好生之令，含弘雖切於予懷；懲惡之規，決斷難違於衆請。況趙巖、趙鵠等，

自朕收城數日，布惠四方，尚匿迹以潛形，罔悛心而革面，須行赤族，以謝衆心。其張漢傑昨於中都與王彦章同時俘獲，此際未詳行止，偶示哀矜。今既上將陳詞，群情激怒，往日既彰於僭濫，此時難漏於網羅，宜置國刑，以塞群論。除妻兒骨肉外，其他疏屬僕使，並從釋放。敬翔、李振，首佐朱温，共傾唐祚，屠害宗屬，殺戮朝臣，既寰宇以皆知，在人神而共怒。敬翔雖聞自盡，未豁幽冤，宜與李振並族於市。疏屬僕使，並從原宥。朱珪素聞狡蠹，唯務讒邪，鬬惑人情，枉害良善，將清内外，須切去除，况衆狀指陳，亦宜誅戮。契丹撒剌阿撥，既棄其母，又背其兄。朕比重懷來，厚加恩渥，看同骨肉，錫以姓名，兼分符竹之榮，疊被頒宣之渥。而乃輒辜重惠，復背明廷，罔顧欺違，竄歸僞室，既同梟獍，難貸刑章，可并妻子同戮於市。其朱氏近親，趙鵠正身，趙巖家屬，仰嚴加擒捕。其餘文武職員將校，一切不問。”是日，趙巖、張希逸、張漢傑、張漢倫、張漢融、朱珪、敬翔、李振及契丹撒剌阿撥等，并其妻孥，皆斬於汴橋下。又詔除毁朱氏宗廟神主，僞梁二主并降爲庶人。”亦見《宋本册府》卷一五四《帝王部·明罰門三》。《新五代史》卷五《唐莊宗紀下》同光元年冬十月丙戌條：“殺李振、趙巖、張漢傑、朱珪，滅其族。”亦見《新五代史》卷四三《李振傳》。《通鑑》卷二七二同光元年十月戊寅條：皇甫麟遂弑梁主，因自殺，“梁主爲人温恭約，無荒淫之失；但寵信趙、張，使擅威福，疏棄敬、李舊臣，不用其言，以至於亡”。同月己卯條：“李振謂敬翔曰：‘有詔洗滌吾輩，相與朝新君乎？’翔曰：‘吾二人爲梁宰相，君昏不能諫，國亡不能救，新君若問，將何辭以對！’是夕未曙，或報翔曰：‘崇政李太保已入朝矣。’翔歎曰：‘李振謬爲丈夫！朱氏與新君世爲仇讎，今國亡君死，縱新君不誅，何面目入建國門乎！’乃縊而死。”同月丙戌條，詔：“敬翔、李振首佐朱温，共傾唐祚；契丹撒剌阿撥叛兄棄母，負恩背國，宜與巖等並族誅於市；自餘文武將吏一切不問。”

［8］《大典》卷一〇三八六“李”字韻“姓氏（三一）”

事目。

史臣曰：文蔚、貽矩，皆唐朝之舊臣，遇梁室之强禪，奉君命以來使，狎神器以授之，逢時若斯，亦爲臣者之不幸也。抑不爲其相，不亦善乎！杜曉著文雅之稱，張策有沖淡之量，咸登台席，無忝士林。敬翔、李振，始輔霸圖，終成帝業。及國之亡也，一則殞命以明節，一則視息以偷生，以此較之，翔爲優矣。振始有“濁流”之言，終取赤族之禍，報應之事，固以昭然。《永樂大典》卷一萬三百八十八。[1]

[1]《大典》卷一〇三八八“李”字韻“姓氏（三三）”事目。

舊五代史　卷一九

梁書十九

列傳第九

氏叔琮

氏叔琮，尉氏人也。[1]唐中和末，[2]應募爲騎軍，初隸於龐師古爲伍長。[3]叔琮壯勇沈毅，膽力過人。太祖討巢、蔡於陳、許間，[4]叔琮奮擊，首出諸校，太祖壯之，自行伍間擢爲後院馬軍都將。[5]時東伐徐、鄆，[6]多歷年所，叔琮身當矢石，奮不顧命，觀者許焉。[7]累遷爲指揮使，[8]尋奏授宿州刺史、檢校右僕射。[9]太祖伐襄陽，[10]叔琮失利，[11]降爲陽翟鎮遏使。[12]尋又捍禦晉軍於洹水有功，[13]遷曹州刺史。[14]

[1]尉氏：縣名。治所在今河南尉氏縣。

[2]中和：唐僖宗李儇年號（881—885）。

[3]龐師古：人名。曹州（今山東曹縣）人。唐末、五代將

領。傳見本書卷二一、《新五代史》卷二一。　伍長：軍吏名。軍中五人之長。西周置，後世多沿之。

［4］巢：人名。即黄巢。曹州冤句（今山東菏澤市）人。唐末農民起義領袖。傳見《舊唐書》卷二〇〇下、《新唐書》卷二二五下。　蔡：州名。治所在今河南汝南縣。此處代指秦宗權。　陳：州名。治所在今河南淮陽縣。　許：州名。治所在今河南許昌市。

［5］都將：官名。唐、五代時方鎮屬將。

［6］徐：州名。治所在今江蘇徐州市。　鄆：州名。治所在今山東東平縣。

［7］“時東伐徐鄆”至“觀者許焉”：亦見明本《册府》卷三四六《將帥部·佐命門七》。《輯本舊史》卷二六《唐武皇紀下》乾寧三年（896）條：“三月，武皇大掠相、魏諸邑，攻李固、洹水，殺魏兵萬餘人，進攻魏州。五月，汴將葛從周、氏叔琮引兵赴援。”同書卷一六《葛從周傳》：“五月，并帥以大軍侵魏，遣其子落落率二千騎屯洹水，從周以馬步二千人擊之，殺戮殆盡，擒落落於陣，并帥號泣而去。遂自洹水與龐師古渡河擊鄆。”同書卷五三《李存信傳》：“武皇怒，大出師攻魏博，屠陷諸邑。五月，存信軍於洹水。汴將葛從周、氏叔琮來援魏人，存信與鐵林都將落落遇汴人於洹水南，汴人爲陷馬坎以待之，存信戰敗，落落被擒。”《新五代史》卷一《梁太祖紀上》乾寧三年五月條：“戰于洹水，擒克用子落落，送于魏，殺之。”

［8］指揮使：官名。唐末、五代軍隊多置都指揮使、指揮使，爲統兵將領。

［9］宿州：州名。治所在今安徽宿州市。　刺史：官名。漢武帝時始置。州一級行政長官，總掌考核官吏、勸課農桑、地方教化等事。唐中期以後，節度、觀察使轄州而設，刺史爲其屬官，職任漸輕。從三品至正四品下。　檢校右僕射：官名。右僕射爲隋、唐宰相名號。檢校右僕射爲散官或加官，以示恩寵，無實際執掌。明本《册府》卷三四六作“檢校左僕射”。

［10］襄陽：縣名。治所在今湖北襄陽市。

［11］太祖伐襄陽叔琮失利：《輯本舊史》之案語："《舊唐書》：光化元年七月，汴將氏叔琮陷趙匡凝之隨、唐、鄧等州。考《薛史·康懷英傳》云：從氏叔琮伐襄漢，懷英以一軍攻下鄧州。《趙匡凝傳》云：太祖遣氏叔琮伐之，匡凝懼，乞盟。是役也，實以勝歸，而《薛史》言其失利，疑别有據。《歐陽史》作攻襄陽，戰數敗，因《薛史》原文而增益其辭，與《舊唐書》異。"見《舊唐書》卷二〇上《昭宗紀》，《輯本舊史》卷一七《趙匡凝傳》、卷二三《康懷英傳》。《宋本册府》卷一八七《閏位部·勳業門五》：光化元年（898），"七月，帝遣氏叔琮率師伐之（趙匡凝）。未幾，其泌州刺史趙璠越墉來降，隨州刺史趙璘臨陣就擒"。亦見於《輯本舊史》卷二《梁太祖紀二》。《新五代史·梁太祖紀上》光化元年七月條："襄州趙匡凝自其父德諲時來附，匡凝又與楊行密、李克用通，而其事泄。七月，遣氏叔琮、康懷英攻匡凝，取其泌、隨、鄧三州。匡凝請和，乃止。"同書卷四一《趙匡凝傳》："是時，梁已破兖、鄆，遣氏叔琮、康懷英等攻匡凝，叔琮取泌、隨二州，懷英取鄧州，匡凝懼，請盟，乃止。"《新唐書》卷一八六《趙匡凝傳》："（全忠）使氏叔琮攻唐州，刺史趙匡璠降。進圍隨州，執刺史趙匡璘，斬首五千級；拔鄧州，執刺史國湘。匡凝懼，乞盟。"《通鑑》卷二六一光化元年七月丙申條："全忠遣宿州刺史尉氏氏叔琮將兵伐之，丙申，拔唐州，擒隨州刺史趙匡璘，敗襄州兵於鄧城。"《通鑑》從《新唐書》卷一〇《昭宗紀》。

［12］陽翟：軍鎮名。治所在今河南禹州市。　鎮遏使：官名。軍鎮長官。掌軍鎮防守工作。

［13］晉軍：時河東節度使李克用爲晉王，故稱。　洹水：縣名。治所在今河北魏縣。因境有洹水，故名。

［14］曹州：州名。治所在今山東曹縣西北。　尋又捍禦晉軍於洹水有功遷曹州刺史：《舊唐書》卷二〇上《昭宗紀》光化二年四月條："汴將氏叔琮由上黨進軍攻太原，出石會，爲沙陀擒其前鋒

將陳章，叔琮乃退去。”《輯本舊史》卷二六《唐武皇紀下》光化二年三月條：“汴將葛從周、氏叔琮自土門陷承天軍，又陷遼州，進軍榆次。武皇令周德威擊之，敗汴軍於洞渦驛，叔琮棄營而遁，德威追擊，出石會關，殺千餘人。汴人復陷澤州。”同書卷五六周德威傳：“光化二年三月，汴將氏叔琮率衆逼太原，有陳章者，以虓勇知名，衆謂之‘夜叉’，言於叔琮曰：‘晉人所恃者周陽五，願擒之，請賞以郡。’陳章嘗乘驄馬朱甲以自異。武皇戒德威曰：‘我聞陳夜叉欲取爾求郡，宜善備之。’德威曰：‘陳章大言，未知鹿死誰手。’他日致師，戒部下曰：‘如陣上見陳夜叉，爾等但走。’德威微服挑戰，部下僞退，陳章縱馬追之，德威背揮鐵檛擊墮馬，生獲以獻，由是知名。”《新唐書》卷二一八《沙陀傳》：“葛從周取承天軍，氏叔琮取遼州、樂平，進壁榆次，克用使周德威逐出之。”同書卷一八六《王處存傳》：“光化三年，朱全忠使張存敬攻幽州，以瓦橋濘潦，道祁溝關。（王）郜方與劉守光厚，乃畀叔處直兵擾其尾，令騎將甄瓊章次義豐，而存敬游弈騎已至，且戰且引十餘里，執瓊章。而氏叔琮下深澤，執大將馬少安，圍祁州，屠之，斬刺史楊約，休兵十日。”《通鑑》卷二六二光化三年七月條：“劉仁恭將幽州兵五萬救滄州，營於乾寧軍，葛從周留張存敬、氏叔琮守滄州寨，自將精兵逆戰於老鴉堤，大破仁恭，斬首三萬級，仁恭走保瓦橋。秋，七月，李克用復遣都指揮使李嗣昭將兵五萬攻邢洺以救仁恭，敗汴軍於内丘。王鎔遣使和解幽、汴，會久雨，朱全忠召從周還。”

天復元年春，[1]領大軍攻拔澤、潞，[2]叔琮遂引兵北掠太原。[3]師還，除晉州節度使。[4]明年，太祖屯軍於岐下，[5]晉軍潛襲絳州，[6]前軍不利。晉軍恃勝攻臨汾，[7]叔琮嚴設備禦。乃於軍中選壯士二人深目虬鬚貌如沙陀者，[8]令就襄陵縣牧馬於道周。[9]蕃寇見之不疑，二人因雜其行間，俄而伺隙各擒一虜而來。[10]晉軍大驚，且疑有伏兵，遂退據蒲縣。[11]時太祖遣朱友寧將兵數萬赴應，[12]悉委叔琮節制。既至，諸將皆欲休軍，叔琮曰："若然，則賊必遁矣，遁則何功焉！"因夜出，潛師截其歸路，遇晉軍遊騎數百，盡殺之，遂攻其壘，拔之，斬獲萬餘衆，奪馬三百匹。[13]太祖聞之，喜謂左右曰："殺蕃賊，破太原，非氏老不可。"叔琮乃長驅收汾州，[14]與晉人轉戰，直抵并壘。[15]軍迴，[16]以其功奏加檢校司空。[17]自後累年，晉軍不敢侵軼。

[1]天復：唐昭宗李曄年號（901—904）。

[2]澤：州名。治所在今山西澤州縣。　潞：州名。治所在今山西長治市。

[3]太原：府名。治所在今山西太原市。

[4]晉州：州名。治所在今山西臨汾市。　節度使：官名。唐時在重要地區所設掌握一州或數州軍、民、財政的長官。　"天復元年春"至"除晉州節度使"：《舊唐書》卷二〇上《昭宗紀》天復元年（901）四月癸丑朔條："汴軍大舉攻太原，氏叔琮以兵三萬由天井關進攻澤潞，節度使孟遷以上黨降。叔琮長驅出團柏，營于洞渦驛。葛從周率趙、魏、中山之兵由土門入，陷承天軍，與叔琮會。時屬大雨，芻糧不給，汴將保衆而還。"《輯本舊史》卷一二《密王友倫傳》："天復元年，岐、隴用兵，晉人乘虛侵於北鄙。友倫率徒兵三萬，徑往礬山，晉人望塵奔逸。友倫與氏叔琮等躡其轍，追至太原，摩壘挑戰，獲牛馬萬餘。"同書卷一六《葛從周傳》："天復元年三月，與氏叔琮討太原，從周以兗、鄆之衆，自土門路入，與諸軍會於晉陽城下，以糧運不給，班師。"同書卷二六《唐武皇紀下》天復元年四月條："汴將氏叔琮率兵五萬自太行路寇

澤潞，魏博大將張文恭領軍自新口入，葛從周領兖、鄆之衆自土門入，張歸厚以邢洺之衆自馬嶺入，定州王處直之衆自飛狐入，侯言以晋、絳之兵自陰地入。氏叔琮、康懷英營於澤州之昂車。武皇令李嗣昭將三千騎赴澤州援李存璋而歸，賀德倫、氏叔琮軍至潞州，孟遷開門迎，沁州刺史蔡訓亦以城降於汴，氏叔琮悉其衆趨石會關。是時，偏將李審建先統兵三千在潞州，亦與孟遷降於汴，及叔琮之入寇也，審建爲其鄉導。”五月條：“汴軍皆退。氏叔琮軍出石會，周德威、李嗣昭以精騎五千躡之，殺戮萬計……氏叔琮既旋軍，過潞州，擄孟遷以歸。”同書卷五二《李嗣昭傳》：“四月，汴將葛從周陷承天軍，氏叔琮營洞渦驛。太原四面，汴軍雲合，武皇憂迫，計無從出。嗣昭朝夕選精騎分出諸門，掩擊汴營，左俘右斬，或燔或擊，汴軍疲於奔命，又屬霖雨，軍多足腫腹疾，糧運不繼。五月，氏叔琮引退，嗣昭以精騎追之，汴軍委棄輜重兵仗萬計。”《宋本册府》卷一八七《閏位部·勳業門五》：三月，太祖“遣大將賀德倫、氏叔琮領大軍以伐太原，叔琮等自太行路入，魏博都將張文恭自磁州新口入，葛從周以兖、鄆之衆自土門路入，洺州刺史張歸厚以本軍自馬嶺入，定州以本軍自飛狐入，晋州侯言自陰地入。澤州刺史李存璋棄郡奔歸太原。叔琮引軍逼潞州，節度使遷乞降。河東屯將李審建、王周領步軍一萬、騎二千詣叔琮歸命，乃進軍趨太原。四月乙卯，大軍出石會關，營於洞渦驛。都將白奉國自井陘入，收承天軍。張歸厚引兵至遼州，刺史張鄂迎降。氏叔琮日與諸軍至陽城下，城中雖時出精騎來戰，然危蹙至甚，將謀遁矣。會叔琮以芻糧不給，遂班師”。亦見《輯本舊史》卷二《梁太祖紀二》、《新五代史》卷四《唐莊宗紀上》。《通鑑》卷二六二天復元年條：“三月，癸未朔，朱全忠至大梁。癸卯，遣氏叔琮等將兵五萬攻李克用，入自太行……壬子，叔琮拔澤州，李存璋棄城走。叔琮進攻潞州，昭義節度使孟遷降之。河東屯將李審建、王周將步軍一萬、騎二千詣叔琮降；叔琮進趣晋陽。夏，四月，乙卯，叔琮出石會關，營於洞渦驛。張歸厚引兵至遼州，丁巳，遼州刺史張鄂降。别將白奉國會成德兵自井陘入，己未，拔承天軍，與叔琮烽火相應。”“氏叔琮等引兵抵晋陽城下，數挑戰，城中大恐；李克用登城備禦，不遑飲食。時大雨積旬，城多頽壞，隨加完補。河東將李嗣昭、李嗣源鑿暗門，夜出攻汴壘，屢有殺獲；李存進敗汴軍於洞渦。時汴軍既衆，芻糧不給，久雨，士卒瘧利，全忠乃召兵還。五月，叔琮等自石會關歸，諸道軍亦退。河東將周德威、李嗣昭以精騎五千躡之，殺獲甚衆。……氏叔琮過上黨，孟遷挈族隨之南徙。”氏叔琮除晋州節度使，《新五代史》卷四三《氏叔琮傳》作晋州刺史，《新唐書》卷二二三下《氏叔琮傳》作晋慈觀察使。

［5］岐下：地名。岐山以下。此指鳳翔。

［6］絳州：州名。治所在今山西新絳縣。

［7］臨汾：地名。位於今山西臨汾市。

［8］沙陀：古部族名。原意爲沙漠。沙陀部源出西突厥。隋文帝開皇二年（582），突厥汗國分裂爲東、西突厥。處月部爲西突厥所屬部落，朱邪是處月的别部。唐初，處月部居於大磧（今古爾班通古特沙漠），因稱沙陀突厥。唐中期時，西突厥、處月部均已衰落，朱邪部遂自號沙陀，其首領以朱邪爲姓。事詳見《新唐書》卷二一八《沙陀列傳》、本書卷二五、《新五代史》卷四末歐陽修考證。參見樊文禮《沙陀的族源及其早期歷史》，《民族研究》1999年第6期。

［9］襄陵：縣名。治所在今山西襄汾縣襄陵鎮。《輯本舊史》之影庫本粘籤：“襄陵，原本作‘襄陽’，考襄陽非太原地名，據《歐陽史》作‘襄陵’，今改正。”見《新五代史·氏叔琮傳》。道周：中華書局本有校勘記：“‘道周’，原作‘道間’，據《册府》卷三六七改。《新五代史》卷三一《氏叔琮傳》作‘道旁’。”見《宋本册府》卷三六七《將帥部·機略門七》。

［10］一虜：原作“一人”，據《宋本册府》卷三六七、《新唐書·氏叔琮傳》改。

［11］蒲縣：縣名。治所在今山西蒲縣。

［12］朱友寧：人名。朱温之侄，唐末、五代將領。傳見本書卷一二、《新五代史》卷一三。

［13］奪馬三百匹：中華書局本有校勘記："'三百'，《册府》卷三六〇、《新唐書》卷二二三下《氏叔琮傳》作'三千'。"見《宋本册府》卷三六〇《將帥部·立功門一三》。

［14］汾州：州名。治所在今山西汾陽市。

［15］并：州名。治所在今山西太原市。

［16］"晋軍大驚"至"軍迴"：《輯本舊史》卷二六《唐武皇紀下》天復二年二月條："李嗣昭、周德威領大軍自慈、隰進攻晋、絳，營於蒲縣。乙未，汴將朱友寧、氏叔琮將兵十萬，營於蒲縣之南。乙巳，汴帥自領軍至晋州，德威之軍大恐。三月丁巳，有虹貫德威之營。戊午，氏叔琮率軍來戰，德威逆擊，爲汴人所敗，兵仗、輜車委棄殆盡。"此事亦見同書卷五二《李嗣昭傳》。《宋本册府》卷一八七："二月，聞晋軍大舉南下，聲言來援鳳翔，帝遣朱友寧帥師會晋州刺史氏叔琮以禦之，帝以大軍繼其後。三月，友寧、叔琮與晋軍戰于晋州之北，大敗之，生擒克用男廷鸞以獻。帝喜，謂左右曰：'此岐人之所恃也，今既如此，岐之變不久矣。'"同書卷三六七："圍晋陽，誡衆曰：'有病者殺而焚之。'三軍咸稱不病，因選精卒殿後，徐而退之。至石會關，留數馬及旌旗，虚設于高岡之上，晋人疑有伏兵，遂不敢追。時皆伏其謀也。"《新五代史·氏叔琮傳》："已而兵大疫，叔琮班師，令曰：'病不能行者焚之。'病者懼，皆言無恙，乃以精卒爲殿而還。石會，留數騎，以大將旗幟立于高岡，晋兵疑其有伏，乃不敢追。"《通鑑》卷二六三天復二年三月條："戊午，氏叔琮、朱友寧進攻李嗣昭、周德威營。時汴軍横陳十里，而河東軍不過數萬，深入敵境，衆心恟懼。德威出戰而敗，密令嗣昭以後軍前去，德威尋引騎兵亦退。叔琮、友寧長驅乘之，河東軍驚潰，禽克用子廷鸞，兵仗輜重委棄略盡。朱全忠令叔琮、友寧乘勝遂攻河東。李克用聞嗣昭等敗，遣李存信以親兵逆之，至清源，遇汴軍，存信走還晋陽；汴軍取慈、隰、汾

三州。辛酉，汴軍圍晋陽，營於晋祠，攻其西門。周德威、李嗣昭收餘衆依西山得還。城中兵未集，叔琮攻城甚急，每行圍，褒衣博帶，以示閒暇。……壬戌，朱全忠還河中，遣朱友寧將兵西擊李茂貞軍于興平、武功之間。李嗣昭、李嗣源數將敢死士夜入氏叔琮營，斬首捕虜，汴軍驚擾，備禦不暇。會大疫，丁卯，叔琮引兵還。嗣昭與周德威將兵追之，及石會關，叔琮留數馬及旌旗於高岡之巔。嗣昭等以爲有伏兵，乃引去，復取慈、隰、汾三州。自是克用不敢與全忠争者累年。”

[17]以其功奏加檢校司空：《新唐書·氏叔琮傳》：“遷檢校司空，再進爲保大軍節度使。”

叔琮養士愛民，甚有能政。天復三年，爲鄜州留後，[1]尋真領保大軍節度使、檢校司徒。[2]及昭宗東遷，[3]徵爲右龍武統軍，[4]以衛洛陽。天祐元年八月，[5]與朱友恭同受太祖密旨，[6]弒昭宗於大内。[7]既而責以軍政不理，貶白州司户。[8]尋賜自盡。叔琮將死，呼曰："賣我性命，欲塞天下之謗，其如神理何！"[9]乾化二年，[10]詔許歸葬。《永樂大典》卷一萬八千一百二十六。[11]

[1]鄜州：州名。治所在今陝西富縣。　留後：官名。唐五代節度使多以子弟或親信爲留後，以代行節度使職務，亦有軍士、叛將自立爲留後者。掌一州或數州軍政。

[2]保大軍：方鎮名。治所在鄜州（今陝西富縣）。

[3]昭宗：即唐昭宗李曄，888年至904年在位。紀見《舊唐書》卷二〇上、《新唐書》卷一〇。

[4]右龍武統軍：官名。唐置六軍，分左、右羽林，左、右龍武，左、右神武，即“北衙六軍”。興元元年（784），六軍各置統

軍，以寵勳臣。五代沿之。其品秩，《唐會要》卷七一、《舊唐書》卷一二記載爲“從二品”；《通鑑》卷二二九記載爲“從三品”。原作“右龍虎統軍”，據《舊唐書》卷二〇下《哀帝紀》，《新五代史》卷四三《氏叔琮傳》，《新唐書》卷一〇《哀帝紀》、卷二二三下《氏叔琮傳》，《通鑑》卷二六四天祐元年（904）閏四月戊申條、卷二六五天祐元年八月壬寅條改。《唐會要》卷七二《京城諸軍》：“（開元）二十六年十一月（五日），析左右羽林軍置龍武軍以左右萬騎營隸焉。”《五代會要》卷一二《京城諸軍》：“梁開平元年四月，改左右長直爲左右龍虎軍。”據此知唐禁軍爲龍武軍，非龍虎軍也；龍虎爲後梁禁軍名號。氏叔琮被黴爲右龍武統軍，繫於《通鑑》卷二六四天祐元年閏四月戊申條。

［5］天祐：唐昭宗李曄開始使用的年號（904）。唐哀帝李柷即位後沿用（904—907）。唐亡後，河東李克用、李存勗仍稱天祐，沿用至天祐二十年（923）。五代其他政權亦有行此年號者，如南吴、吴越等，使用時間長短不等。

［6］朱友恭：人名。壽春（今安徽壽縣）人。本姓李，朱温養子。傳見《新唐書》卷二二三下、本書本卷。

［7］“天祐元年八月”至“弑昭宗於大内”：事在天祐元年八月壬寅，詳見《舊唐書》卷二〇上《昭宗紀》、《新五代史》卷四三《李彦威傳》、《新唐書》卷二二三下《蔣玄暉傳》、《通鑑》卷二六五天祐元年八月壬寅條。

［8］貶白州司户：《輯本舊史》之案語：“《舊唐書·哀帝紀》：叔琮貶貝州司户。《歐陽史》作流嶺南，不言其地。考當時賜叔琮等死，其敕云：‘謫掾遐方，安能塞責？’若貝州近在河北，不得云遐方也。當從《薛史》作白州爲是。”《新唐書·氏叔琮傳》、《通鑑》卷二六五天祐元年十月甲午條亦作白州。

［9］“既而責以軍政”至“其如神理何”：《舊唐書·哀帝紀》、《新唐書·哀帝紀》、《通鑑》卷二六五，俱繫於天祐元年十月甲午條。《新五代史》卷四三《李振傳》：“太祖之弑昭宗也，遣振至京

師與朱友恭、氏叔琮謀之。昭宗崩，太祖問振所以待友恭等宜如何。振曰：'昔晋司馬氏殺魏君而誅成濟，不然，何以塞天下口？'太祖乃歸罪友恭等而殺之。"《新五代史》卷四三《李彦威傳》："太祖至洛，流彦威、叔琮嶺南，使張廷範殺之。彦威臨刑大呼曰：'賣我以滅口，其如神理何？'顧廷範曰：'勉之，公行自及。'遂見殺。"《新唐書·蔣玄暉傳》："全忠自河中來朝，(李)振曰：'晋文帝殺高貴鄉公，歸罪成濟。今宜誅友恭等，解天下謗。'全忠趨西内臨，對嗣天子自言弑逆非本謀，皆友恭等罪，因泣下，請討罪人。是時洛城旱，米斗直錢六百，軍有掠糴者，都人怨，故因以悦衆，執友恭、叔琮斬之。"《新唐書·氏叔琮傳》："全忠欲遷帝於洛，表爲右龍武統軍，與弑帝，故全忠請貶白州司户參軍，斬之。叔琮將死，呼曰：'朱温賣我以取容天下，神理謂何？'"《通鑑》卷二六五天祐元年十月條："先是，護駕軍士有掠米於市者，甲午，全忠奏朱友恭、氏叔琮不戢士卒，侵擾市肆，友恭貶崖州司户，復姓名李彦威，叔琮貶白州司户，尋皆賜自盡。彦威臨刑大呼曰：'賣我以塞天下之謗，如鬼神何！行事如此，望有後乎！'"考諸書，氏叔琮與李彦威之見殺，因李振之言及軍士掠米於市之事；且臨刑大呼者，多作李彦威，《新唐書·氏叔琮傳》則作叔琮。

[10]乾化：後梁太祖朱温年號（911—912），末帝朱友貞沿用（913—915）。

[11]《大典》卷一八一二六"將"字韻"五代後梁將（一）"事目。

朱友恭

朱友恭，壽春人，[1]本姓李，名彦威。丱角事太祖，[2]性穎利，善體太祖意，太祖憐之，因畜爲己子，賜姓，初名克讓，後改之。[3]時初建左長劍都，[4]以友恭董之。[5]從太祖四征，稍立軍功，累遷諸軍都指揮使、檢校左僕射。乾寧中，[6]授汝州刺史，[7]加檢校司空。[8]光化初，[9]淮夷侵鄂渚，[10]武昌帥杜洪來乞師，[11]太祖遣友恭將兵萬餘，濟江應援，引兵至龍沙、九江而還，[12]軍聲大振。時淮寇據黄州，[13]友恭攻陷其壁，獲賊將瞿章，俘斬萬計。[14]途經安陸，[15]因襲殺刺史武瑜，[16]盡收其衆，以功爲潁州刺史，[17]加檢校司徒。天復中，爲武寧軍留後。[18]天祐初，昭宗東遷洛邑，徵拜左龍武統軍，[19]以衛宫闕。尋與氏叔琮同受太祖密旨，弑昭宗於洛陽宫。[20]既而太祖自河中至，[21]責以慢於軍政，貶崖州司户，[22]仍復其本姓名，與氏叔琮同日賜死。[23]《永樂大典》卷二千三十一。[24]

[1]壽春：縣名。治所在今安徽壽縣。

[2]丱（guàn）角：古代少年頭髮束成兩角。指代少年。

[3]“朱友恭”至“後改之”：《輯本舊史》之案語：“《通鑑》云：友恭幼爲全忠家僮，全忠養以爲子。”見《通鑑》卷二五九景福二年（893）二月甲午條後。《新唐書》卷二二三下《朱友恭傳》：“友恭者，本李彦威也。壽州人，客汴州。殖財任俠，全忠愛而子畜之。”

[4]長劍：部隊番號。

[5]時初建左長劍都，以友恭董之：《通鑑》卷二五九景福二年二月甲午條後：“朱友裕圍彭城，時溥數出兵，友裕閉壁不戰。朱瑾宵遁，友裕不追，都虞候朱友恭以書譖友裕於全忠，全忠怒，驛書下都指揮使龐師古，使代之將，且按其事。書誤達於友裕，友裕大懼，以二千騎逃入山中，潛詣碭山，匿於伯父全昱之所。全忠夫人張氏聞之，使友裕單騎詣汴州見全忠，泣涕拜伏於庭；全忠命

左右捽抑，將斬之，夫人趨就抱之，泣曰：‘汝捨兵衆，束身歸罪，無異志明矣。’全忠悟而捨之，使權知許州。”《輯本舊史》卷一二《朱友裕傳》、明本《册府》卷二九八《宗室部·不悌門》，亦記上述事，與《通鑑》異。《輯本舊史·朱友裕傳》曰：“景福元年，總大軍伐徐。時朱瑾領兖、鄆之衆，爲徐戎外援，陣於彭門南石佛山下。友裕縱兵擊之，斬獲甚衆，瑾領殘黨宵遁。時都虞候朱友恭羽書聞於太祖，誣友裕按兵不追賊，太祖大怒。”《新五代史》卷一三《朱友裕傳》從《輯本舊史》，較簡。

[6]乾寧：唐昭宗李曄年號（894—898）。

[7]汝州：州名。治所在今河南汝州市。

[8]“從太祖四征”至“加檢校司空”：《通鑑》卷二六〇乾寧二年（895）正月癸未條：“朱全忠遣其將朱友恭圍兖州，朱瑄自鄆以兵糧救之，友恭設伏，敗之於高梧，盡奪其餉，擒河東將安福順、安福慶。”高梧之戰，《宋本册府》卷一八七《閏位部·勳業門五》繫於正月癸亥，高梧作“高吴”；《新唐書》卷一〇《昭宗紀》則作四月事。《輯本舊史》卷一三《朱瑾傳》：“乾寧二年春，太祖令大將朱友恭攻瑾，掘塹柵以環之。朱瑄遣將賀瓌及蕃將何懷寶赴援，爲友恭所擒。”《通鑑》卷二六〇乾寧二年二月乙未條後：“朱全忠軍于單父，爲朱友恭聲援。”《宋本册府》卷一八七作己酉事。《通鑑》卷二六〇乾寧二年四月戊戌條後：“河東遣其將史儼、李承嗣以萬騎馳入于鄆，朱友恭退歸于汴。”《新唐書》卷一八八《朱宣傳》：乾寧二年，“會宣求救于李克用，友恭退壁曹南。”《輯本舊史》卷一三《王師範傳》：“及太祖平兖、鄆，遣朱友恭攻之，師範乞盟，遂與通好。”全忠平兖、鄆，事在唐昭宗乾寧四年正月、二月。

[9]光化：唐昭宗李曄年號（898—901）。

[10]淮夷：指楊吴政權。　鄂渚：地名。位於今湖北武漢市武昌區西長江中。代指鄂州。

[11]武昌：方鎮名。治所在鄂州（今湖北武漢市）。　杜洪：

人名。江夏（今湖北武漢市武昌區）人。伶人出身，唐末、五代軍閥。傳見《新唐書》卷一九〇、本書卷一七。

[12]龍沙：地名。贛江東岸沙岡。位於今江西南昌市北。　九江：地名。位於今江西九江市。

[13]黄州：州名。治所在今湖北黄岡市黄州區。

[14]瞿章：人名。籍貫不詳。唐末將領。事見本書本卷、卷二〇。　“光化初”至“俘斬萬計”：《宋本册府》卷一八七：乾寧三年四月，“帝遣許州刺史朱友恭領兵萬人渡淮，以便宜從事。時洪、鄂二州累遣使求援，故有是行”。《九國志》卷一《馬珣傳》：乾寧三年，“梁將朱友恭圍瞿章于黄州，命珣率兵援之，黄州陷，戰不利而退”。《輯本舊史》卷一三四《楊行密傳》、《通鑑》卷二六一，俱繫於乾寧四年。《輯本舊史·楊行密傳》：“行密縱兵侵掠鄰部，兩浙錢鏐、江西鍾傳、鄂州杜洪皆遣使求救於梁。梁祖遣朱友恭率步騎萬人渡江，取便討伐。行密先令都將瞿章據黄州，及梁師至，即棄郡南渡，固守武昌寨。行密遣將馬珣以精兵五千助之，友恭與杜洪大破其衆，遂拔武昌寨，擒瞿章并淮軍三千餘人，獲馬五百疋，淮夷大恐。”《新唐書》卷一八八《楊行密傳》：“帝惡武昌節度使杜洪與全忠合，手詔授行密江南諸道行營都統，討洪。汴將朱友恭、聶金率騎兵萬人與張崇戰泗州，金敗。瞿章守黄州，聞友恭至，南走武昌栅，行密遣將馬珣以樓船精兵助章守。友恭次樊港，章據險，不得前，友恭鑿崖開道，以彊弩叢射，殺章別將，遂圍武昌。章率軍薄戰，不勝。友恭斬章，拔其壁。”《通鑑》卷二六一乾寧四年四月己未條後：“杜洪爲楊行密所攻，求救於朱全忠，全忠遣其將聶金掠泗州，朱友恭攻黄州。行密遣右黑雲都指揮使馬珣等救黄州。黄州刺史瞿章聞友恭至，棄城，擁衆南保武昌寨。”同年五月條：“辛巳，朱友恭爲浮梁於樊港，進攻武昌寨，壬午，拔之，執瞿章，遂取黄州；馬珣等皆敗走。”《通鑑》卷二六一乾寧四年五月壬午條《考異》曰：“薛居正《五代史·梁紀》：‘五月丁丑，朱友恭遣使上言，大破淮寇於武昌，收復黄、鄂二州。’

《新·紀》：'壬午，全忠陷黄州，刺史瞿章死之。'《朱友恭傳》云翟章，《十國紀年》作瞿章。《吴録》云：執刺史瞿章，當可據。"

[15]安陸：地名。位於今湖北安陸市。

[16]武瑜：人名。籍貫不詳。唐末、五代將領。事見本書本卷。《舊唐書》卷二〇上《昭宗紀》作"武瑜"。《舊唐書·昭宗紀》："（光化元年）十月，汴將朱友恭自江西行營還，過安州，殺刺史武瑜，遣部將守之……（光化三年）七月，甲午，以許州刺史朱友恭檢校司徒，爲潁州刺史。" 《通鑑》卷二六一光化元年（898）十月己亥條："汴將朱友恭將兵還自江、淮，過安州，或告刺史武瑜潛與淮南通，謀取汴軍，冬，十月，己亥，友恭攻而殺之。"

[17]潁州：州名。治所在今安徽阜陽市潁州區。

[18]武寧軍：方鎮名。治所在徐州（今江蘇徐州市）。 天復中爲武寧軍留後：《舊唐書·昭宗紀》天復三年（903）五月條："制以潁州刺史朱友恭檢校司空，兼徐州刺史，充武寧軍節度使，從全忠奏也。"《新唐書·朱友恭傳》："遷潁州刺史、感化軍節度留後。"《通鑑》卷二六四天復三年五月壬子條後："朱全忠表潁州刺史朱友恭爲武寧節度使。"

[19]左龍武統軍：官名。唐六軍之一。興元元年（784），六軍各置統軍，以寵勳臣。其品秩，《唐會要》卷七一、《舊唐書》卷一二記載爲"從二品"；《通鑑》卷二二九記載爲"從三品"。原作"左龍虎統軍"，據《舊唐書·昭宗紀》、卷二〇下《哀帝紀》，《新唐書》卷一〇《哀帝紀》、卷二二三下《朱友恭傳》，《通鑑》卷二六四天祐元年（904）閏四月戊申條、卷二六五天祐元年八月壬寅條改。《唐會要》卷七二《京城諸軍》：開元二十六年十一月五日，析左右羽林軍置龍武軍以左右萬騎營隸焉。《五代會要》卷一二《京城諸軍》："梁開平元年四月，改左右長直爲左右龍虎軍。"唐禁軍有龍武軍，非龍虎軍也。龍虎爲後梁禁軍名號。友恭爲左龍武統軍，《通鑑》卷二六四繫於天祐元年閏四月戊申。《新五代史》

卷四三《李彦威傳》，則作“右龍武統軍”，誤，時任右龍武統軍爲氏叔琮。

［20］尋與氏叔琮同受太祖密旨弑昭宗於洛陽宫：事在天祐元年八月壬寅，詳見《舊唐書·昭宗紀》、《通鑑》卷二六五、《新五代史·李彦威傳》。

［21］河中：府名。治所在今山西永濟市。

［22］崖州：州名。治所在今海南瓊山市。　司户：官名。“司户參軍”的簡稱。掌本州屬縣之户籍、賦税、倉庫受納等事。小州之司户，兼掌司法之獄訟斷刑等事。上州從七品下，中州正八品下，下州從八品下。

［23］“既而太祖自河中至”至“同日賜死”：《輯本舊史》之案語：“《北夢瑣言》云：朱全忠以朱友諒、氏叔琮扇動軍情，請誅朱友諒、氏叔琮，以成濟之罪歸之。友諒臨刑訴天曰：‘天若有知，他日亦當如我！’後全忠即位，爲子友珪所弑，竟如其言。考《歐陽史》、《通鑑》俱作友恭，而《北夢瑣言》作友諒，殊誤。”見《北夢瑣言》卷一五昭宗遇弑條。全忠來朝，《舊唐書·哀帝紀》繫於天祐元年十月壬辰條，《新唐書·哀帝紀》、《通鑑》卷二六五俱繫於癸巳條。朱友恭、氏叔琮被賜死，《舊唐書·哀帝紀》、《新唐書·哀帝紀》、《通鑑》卷二六五俱繫於十月甲午條。《舊唐書·哀帝紀》：“敕檢校太保、左龍武統軍朱友恭可復本姓名李彦威，貶崖州司户同正。檢校司徒、右龍武統軍氏叔琮可貶貝州司户同正。又敕：‘彦威等主典禁兵，妄爲扇動，既有彰於物論，兼亦繫於軍情。謫掾遐方，安能塞責？宜配充本州長流百姓，仍令所在賜自盡。’河南尹張廷範收彦威等殺之。臨刑，大呼曰：‘賣我性命，欲塞天下之謗，其如神理何！操心若此，欲望子孫長世，可乎？’呼廷範，謂曰：‘公行當及此，勉自圖之。’”《新唐書》卷二二三下《蔣玄暉傳》：“全忠自河中來朝，（李）振曰：‘晋文帝殺高貴鄉公，歸罪成濟。今宜誅友恭等，解天下謗。’全忠趨西内臨，對嗣天子自言弑逆非本謀，皆友恭等罪，因泣下，請討罪人。是時洛城旱，

米斗直錢六百，軍有掠糴者，都人怨，故因以悦衆，執友恭、叔琮斬之。”《通鑑》卷二六五天祐元年十月條：“朱全忠聞朱友恭等弑昭宗，陽驚，號哭自投於地，曰：‘奴輩負我，令我受惡名於萬代！’癸巳，至東都，伏梓宫慟哭流涕，又見帝自陳非己志，請討賊。先是，護駕軍士有掠米於市者，甲午，全忠奏朱友恭、氏叔琮不戢士卒，侵擾市肆，友恭貶崖州司户，復姓名李彦威，叔琮貶白州司户，尋皆賜自盡。彦威臨刑大呼曰：‘賣我以塞天下之謗，如鬼神何！行事如此，望有後乎！’”

［24］《大典》卷二〇三一“朱”字韻“姓氏（五）”事目。

王重師

王重師，潁州長社人也。[1]材力兼人，沈嘿大度，[2]臨事有權變，劍矟之妙，冠絶於一時。唐中和末，蔡寇陷許昌，重師脱身而來，太祖異其狀貌，乃隸於拔山都。[3]每於軍前効用，頗出儕類。文德中，[4]令董左右長劍軍。太祖伐上蔡，重師力戰有功。[5]及討兖、鄆，擢爲都指揮使，[6]奏授檢校右僕射。重師枕戈擐甲五六年，於齊、魯間凡經百餘戰，由是威震敵人。尋授檢校司空，爲潁州刺史。乾寧中，太祖攻濮州，[7]縱兵壞其墉，濮人因屯火塞其壞壘，煙焰亘空，人莫敢越。重師方苦金瘡，卧於軍次，諸將或勉之，乃躍起，命壯士悉取軍中氊罽投水中，[8]擲於火上，重師然後率精鋭，持短兵突入，諸軍踵之，濮州乃陷。重師爲劍槊所傷，身被八九創，[9]丁壯荷之還營，且將斃矣。太祖驚惜尤甚，曰：“雖得濮壘，而失重師，奈何！”亟命以奇藥療之，彌月始愈。尋知平盧軍留後，[10]加檢校司徒。其後北伐幽、滄、鎮、定，[11]屢與晋軍接戰，頗得士心，故多勝捷。[12]天祐中，[13]授雍州節度使，[14]加同平章事。[15]數年治戎卹民，頗有威惠。[16]開平中，爲劉捍所搆，[17]太祖深疑之，然未有以發其事。無何，擅遣裨將張君練縱兵深入邠、鳳，[18]君練敗北。太祖聞之，怒其專擅，因追而斬之。[19]《永樂大典》卷一萬八千一百二十六。[20]

［1］長社：縣名。治所在今河南許昌市。《輯本舊史》之案語："《歐史》潁州作許州。"見《新五代史》卷二二《王重師傳》。中華書局本有校勘記："'潁州'，《册府》卷八四五作'潁川'，《新五代史》卷二二《王重師傳》作'許州'。按潁川即許州，長社爲其屬縣。"見《宋本册府》卷八四五《總録部·善武藝門》，長社亦曾隸屬潁州。《千唐誌齋藏誌》（文物出版社 1984 年版）收顔子逢撰《梁故昌黎韓夫人王氏墓誌銘并序》載王重師之女王氏生平，云其本太原晋陽人，"祖黯，早以磊落氣岸，奇許鄉國；父重師，少負雄節，震拔群倫"。

［2］沈嘿：沉默。

［3］拔山都：《舊五代史考異》："案：原本作'技山'，《歐陽史》作'拔山'。當時軍旅皆以'都'名，如黑雲都、銀鎗都、效節都、横衝都之類。今從《歐陽史》改正，并增入'都'字。"又，《輯本舊史》之影庫本粘籤："拔山都，原本作'技山'，《歐陽史》作'拔山'。考當時軍旅以'都'名者，如黑雲都、銀槍都，則取衣服器用爲號；如效節都、横衝都，則取古人嘉名爲號。拔山都，當是取《史記》拔山蓋世之義。原本疑有脱誤，今從《歐陽史》改正。"見《新五代史·王重師傳》。《宋本册府》卷八四五亦作"拔山都"。

［4］文德：唐僖宗李儇年號（888）。

［5］上蔡：縣名。治所在今河南上蔡縣。　太祖伐上蔡重師力戰有功：《舊唐書》卷二〇上《昭宗紀》景福二年（893）四月己巳條："汴將王重師、牛存節陷徐州，節度使時溥舉家自燔而死。"《舊唐書》卷一八二《時溥傳》："汴將龐師古陳兵于野，溥求援于兖州，朱瑾出兵救之，值大雪，糧盡而還。城中守陴者飢甚，加之病疫。汴將王重師、牛存節夜乘梯而入，溥與妻子登樓自焚而卒，景福二年四月也。"

［6］兖：州名。治所在今山東濟寧市兖州區。　都指揮使：中華書局本有校勘記："'都'字原闕，據《册府》卷三九三補。按《册府》卷三八六敘其歷官亦作'都指揮使'。"見《宋本册府》卷三八六《將帥部・褒異門一二》、明本《册府》卷三九三《將帥部・威名門二》。

［7］濮州：州名。治所在今山東鄄城縣。　乾寧中太祖攻濮州：《宋本册府》卷三九六《將帥部・勇敢門三》同，同書卷三六七《將帥部・機略門七》作"從太祖攻濮州"，未載時間。太祖攻濮州，《輯本舊史》卷一《梁太祖紀一》繫於景福元年十一月條，《新唐書》卷一〇《昭宗紀》景福元年十一月乙巳條載朱友裕陷濮州，《通鑑》卷二五九則繫於景福元年十一月乙未條。

［8］罽（jì）：毛織品，類似氈子。

［9］創：《宋本册府》卷三九六同，《新五代史・王重師傳》作"瘡"。

［10］平盧軍：方鎮名。治所在青州（今山東青州市）。

［11］幽：州名。治所在今北京市。　滄：州名。治所在今河北滄縣舊州鎮。　鎮：州名。治所在今河北正定縣。　定：州名。治所在今河北定州市。

［12］"其後北伐幽、滄、鎮、定"至"故多勝捷"：《輯本舊史》卷一三二《高萬興傳》："梁祖既弑昭宗，茂貞、繼徽與西川王建之師會於岐陽，以圖興復，皆陳兵關輔，梁祖遣將王重師守雍州、劉知俊守同州以拒之。"明本《册府》卷二二三《僭僞部・勳

伐門三》："及梁祖將謀强禪，（王）建與諸藩同謀興復，乃令其將康晏率兵三萬會於鳳翔，數與汴將王重師戰，不利而還。"

[13]天祐中：《舊唐書》卷二〇下《哀帝紀》、《通鑑》卷二六五均繫於天祐三年六月甲申條。

[14]雍州：州名。治所在今陝西西安市。此處代指晋昌軍。

[15]同平章事：官名。"同中書門下平章事"的簡稱。唐高宗以後，凡實際任宰相之職者，常在其本官後加同平章事的職銜。後成爲宰相專稱。或爲節度使加銜。後晋天福五年（940），升中書門下平章事爲正二品。

[16]數年治戎卹民，頗有威惠：《宋本册府》卷四一四《將帥部·赴援門》："天祐五年六月，鳳翔李茂貞，邠州楊崇本，會西川王建之師五萬，攻長安。汴將同州刺史劉知俊，僞西京尹王重師，以兵逆戰於漠谷，邠、岐不利而退。"《通鑑》卷二六六開平二年六月丙辰條："劉知俊及佑國節度使王重師大破岐兵于幕谷，晋、蜀兵皆引歸。"

[17]開平：後梁太祖朱温年號（907—911）。　劉捍：人名。開封（今河南開封市）人。後梁將領。傳見本書卷二〇、《新五代史》卷二一。

[18]張君練：人名。籍貫不詳。五代將領。事見本書本卷、卷二三。　邠：州名。治所在今陝西彬縣。　鳳：州名。治所在今陝西鳳縣。

[19]"開平中"至"因追而斬之"：《輯本舊史》之案語："《通鑑》：佑國軍節度使王重師鎮長安數年，帝怒其貢奉不時，召重師入朝。是重師之得罪，由貢奉不時，與《薛史》異。"事見《通鑑》卷二六七開平三年（909）五月條，又曰："己巳，召重師入朝，以左龍虎統軍劉捍爲佑國留後。"《輯本舊史》再案語："《通鑑》不載張君練縱兵之事，惟云劉捍至長安，王重師不爲禮，捍譖之帝，曰：'重師潛與邠、岐通。'甲申，貶溪州刺史，尋賜自盡，夷其族。此傳未經詳載。據《劉知俊傳》，太祖云：'王重師得罪，

劉捍悞予事也。’與《通鑑》合。此傳不載，蓋史家前後省文。”見《輯本舊史》卷一三《劉知俊傳》、《通鑑》卷二六七。《輯本舊史》卷二〇《劉捍傳》：“及從駕幸河中，詔追王重師赴行在，以捍爲雍州節度觀察留後。”《輯本舊史》與《新五代史》、《通鑑》所載，互有異同。《新五代史》卷二《梁太祖紀下》開平三年五月己卯條，“至自河中，殺佑國軍節度使王重師”。《新五代史·王重師傳》：“重師與劉捍故有隙，捍嘗構之太祖，太祖疑之。重師遣其將張君練西攻邠、鳳而不先請，君練兵小敗，太祖以其擅發兵，挫失國威，將召而罪之，遣劉捍代重師。重師不知太祖怒己，捍至，重師不出迎，見之青門，禮又倨，捍因馳白太祖，言重師有二志。太祖益怒，貶重師溪州刺史，再貶崖州司户參軍，未行，賜死。”

[20]《大典》卷一八一二六“將”字韻“五代後梁將(一)”事目。

朱珍

朱珍，徐州豐縣雍鳳里人也。[1]太祖初起兵，珍與龐師古、許唐、李暉、丁會、氏叔琮、鄧季筠、王武等八十餘人，[2]以中涓從，摧堅陷陣，所向盪決。及太祖鎮汴，兼領招討使，[3]署珍爲宣武右職，以總腹心。於是簡練軍伍，裁制綱紀，[4]平巢破蔡，多珍之力也。

[1]豐縣：縣名。治所在今江蘇豐縣。

[2]許唐：人名。籍貫不詳。唐末將領。事見本書本卷。　李暉：人名。籍貫不詳。唐末將領。事見本書本卷。　丁會：人名。壽春（今安徽壽縣）人。唐末、五代將領。傳見本書卷五九、《新五代史》卷四四。　鄧季筠：人名。宋州下邑（今河南夏邑縣）

人。五代後梁將領。傳見本書本卷。　王武：籍貫不詳。唐末將領。事見本書本卷。

[3]招討使：官名。唐始置。戰時任命，兵罷則省。常以大臣、將帥或地方軍政長官兼任。掌招撫討伐等事務。

[4]於是簡練軍伍裁制綱紀：《新五代史》卷二一《朱珍傳》："珍爲將，善治軍選士，太祖初鎮宣武，珍爲太祖創立軍制，選將練兵甚有法。太祖得諸將所募兵及佗降兵，皆以屬珍，珍選將五十餘人，皆可用。"

始尚讓以驍騎五千人至繁臺，[1]珍與龐師古、齊奉國等擊退之。[2]及黄巢敗，珍與并帥李克用追至冤句而還。[3]尋從太祖以汴、宋、亳之師入西華，[4]破王夏寨，勇冠軍鋒，以功加秩。[5]光啓元年，署諸軍都指揮使，始爲上將。於是軍焦夷，[6]敗蔡師鐵林三千人，盡俘其將。復西至汝、鄭，南過陳、潁，[7]繚宋、亳、滑、濮間，[8]與蔡賊交戰，鏖伏襲殺，不知其數。會滑州節度使安師儒戎政不治，[9]太祖命珍與李唐賓率步騎以經略之。[10]始入境，遇大雪，令軍士無得休息，一夕馳至壁下，百梯並升，遂乘其墉，滑州平。[11]時太祖方謀濟師，乃遣珍往淄州募兵，[12]行次任縣，[13]東面都統齊克讓伏兵於孫師陂以邀珍，[14]珍大破之。[15]進軍至牙山，[16]都虞候張仁遇白珍曰：[17]"軍有不齊者，當先斬本都將，後以狀聞，願許之。"珍怒其專，乃斬仁遇以徇軍，由是諸將感懼。[18]兵至乾封，與淄人戰於白草口，[19]敗之。青人以步騎二萬，[20]列三寨于金嶺驛，[21]珍與戰，連破之，殲其師，盡獲軍器戎馬。是夕，攻博昌，大獲兵衆。[22]其後破盧瑭、張晊及朱瑄、朱瑾之衆，[23]平定曹、濮，未嘗不在戰中。[24]

[1]尚讓：人名。籍貫不詳。黄巢部將，後被時溥所殺。事見《舊唐書》卷二〇〇下、《新唐書》卷二二五下。　繁臺：地名。又稱禹王臺。位於今河南開封市。

[2]齊奉國：人名。籍貫不詳。後梁將領。事見本書本卷、卷九、卷一〇。　始尚讓以驍騎五千人至繁臺珍與龐師古齊奉國等擊退之：《輯本舊史》卷一九《李重胤傳》繫於唐僖宗中和四年(884）五月，卷二一《李唐賓傳》作二月，均未書日。《通鑑》卷二五五繫於五月癸亥條。

[3]李克用：人名。沙陀部人，生於神武川新城（一説今山西朔州市朔城區之梵王寺村，一説今山西應縣縣城，一説今山西懷仁縣之日中城)。五代後唐實際奠基者。紀見本書卷二五至卷二六。　冤句：縣名。又稱冤朐。治所在今山東菏澤市。　及黄巢敗珍與并帥李克用追至冤句而還：《輯本舊史》卷二五《唐武皇紀上》中和四年五月庚午條："巢賊大至，濟汴而北。是夜復大雨，賊黨驚潰。武皇營於鄭州，賊衆分寇汴境。武皇渡汴，遇賊將渡而南，半濟擊之，大敗之，臨陣斬賊將李周、王濟安、陽景彪等。是夜，賊大敗，殘衆保於胙縣、冤句。大軍躡之，黄巢乃携妻子兄弟千餘人東走，武皇追賊至於曹州。"《新五代史》卷二一《朱珍傳》："太祖與晋王東逐黄巢，還過汴，館之上源驛，太祖使珍夜以兵攻之，晋王亡去，珍悉殺其麾下兵。"《通鑑》卷二五五中和四年五月辛未條："克用追至冤句，騎能屬者纔數百人，晝夜行二百餘里，人馬疲乏，糧盡，乃還汴州，欲裹糧復追之，獲巢幼子及乘輿器服符印，得所掠男女萬人，悉縱遣之。"《輯本舊史·唐武皇紀上》、《通鑑》卷二五五中和四年五月甲戌條，作朱全忠與其將楊彦洪密謀攻李克用，繫於五月，未言及朱珍。

[4]汴：州名。治所在今河南開封市。　宋：州名。治所在今河南商丘市睢陽區。　亳：州名。治所在今安徽亳州市。　西華：縣名。治所在今河南西華縣。

[5]王夏寨：寨名。今地不詳。　“尋從太祖以汴宋亳之師入西華”至“以功加秩”：考諸書，雖所載時日不一，但朱珍從太祖以汴、宋、亳之師入西華，破王夏寨，應在冤句破巢殘衆前，《輯本舊史》記載或有誤。《舊唐書》卷二〇〇下《黄巢傳》：中和四年，“四月，官軍敗賊於太康，俘斬萬計，拔其四壁。又敗賊將黄鄴於西華，拔其壁”。《輯本舊史》卷一六《葛從周傳》：“唐中和四年三月，太祖大破巢軍於王滿渡，從周與霍存、張歸霸昆弟相率來降。七月，從太祖屯兵於西華，破蔡賊王夏寨。”《宋本册府》卷七《帝王部·創業門三》字跡殘闕，故據明本：“(中和)四年四月，帝帥蕃漢之師萬五千，合徐、汴之師，破尚讓於太康，斬獲萬計，進攻賊於西華，賊將黄鄴棄營而遁。帝引軍營於中牟，大破賊於王滿渡。”《通鑑》卷二五五中和四年四月癸巳條：“夏，四月，癸巳，諸軍進拔太康。黄思鄴屯西華，諸軍復攻之，思鄴走。”

[6]焦夷：縣名。治所在今安徽亳州市東南。

[7]鄭：州名。治所在今河南鄭州市。　陳：州名。治所在今河南淮陽縣。

[8]滑：州名。治所在今河南滑縣。

[9]安師儒：人名。籍貫不詳。唐末軍閥。事見本書本卷、卷一、卷一三。

[10]李唐賓：人名。陝州（今河南三門峽市）人。後梁朱温部將。傳見本書卷二一、《新五代史》卷二一。

[11]滑州：《輯本舊史》之影庫本粘籤：“滑州下原本衍‘刺史’二字，今據文删去。”　“會滑州節度使安師儒戎政不治”至“滑州平”：《舊唐書》卷一九下《僖宗紀》光啓二年（899）十月壬子朔條：“滑州軍亂，逐其帥安師儒，推衙將張驍主留後軍務，師儒奔汴州，朱全忠殺之。遂以兵攻滑，斬張驍以告行在，朝廷以

汴帥全忠兼領義成軍節度使。"《宋本册府》卷一八七《閏位部·勳業門五》："十一月，滑州節度使安師儒以怠於軍政，爲部下所殺。帝聞之，乃遣朱珍、李唐賓襲而取之。由是遂有滑臺之地。"《新五代史》卷一《梁太祖紀上》："義成軍亂，逐其節度使安師儒，推牙將張驍爲留後，師儒來奔，殺之。遣朱珍、李唐賓陷滑州，以胡真爲留後。"《新唐書》卷九《僖宗紀》云："十月，朱全忠陷滑州，執義成軍節度使安師儒。"《歐陽史》從《舊唐書》作奔汴，《通鑑》從《新唐書》作被擄，據《薛史》則師儒自爲部下所殺，與新、舊《唐書》異。又新、舊《唐書》俱作十月，而《薛史》作十一月。《通鑑》仍從《薛史》。《通鑑》卷二五六繫於光啓二年十一月丙戌條後。

[12]淄州：州名。治所在淄川縣（今山東淄博市）。

[13]任縣：縣名。治所在今河北任縣。

[14]都統：官名。此處指諸道行營都統。唐末設此職，作爲各道出征兵士的統帥。　孫師陂：地名。今地不詳。

[15]東面都統齊克讓伏兵於孫師陂以邀珍珍大破之：《輯本舊史》卷二二《王檀傳》："（光啓）三年，佐都指揮使朱珍敗徐戎於孫師陂，獲其將孫用和、東詡以獻。"

[16]牙山：山名。位於今山東鄒城市東南。

[17]都虞候：官名。唐、五代方鎮高級軍官。

[18]感懼：《新五代史·朱珍傳》作"感悦"。

[19]乾封：縣名。治所在今山東泰安市東南。　白草口：地名。位於今山東泰安市。

[20]二萬：明本《册府》卷三四六《將帥部·佐命門七》作"三萬"。

[21]金嶺驛：地名。位於今山東淄博市金嶺鎮。

[22]大獲兵衆：中華書局本有校勘記："句下《册府》卷三四六有'而還'二字。""青人以步騎二萬"至"大獲兵衆"：《輯本舊史》卷二〇《劉捍傳》："唐中和四年夏，太祖以朱珍爲淄州刺

史，令收兵於淄、青間，命捍監其兵，路逢大敵，皆破之。入博昌，獲精兵三萬以歸。”《宋本册府》卷一八七：“（光啓）三年春二月乙巳，承制以朱珍爲淄州刺史，俾募兵於東道。且慮蔡人暴其麥苗，期以夏首迴歸。珍既至淄、棣，旬日之内，應募者萬餘人。又潜襲青州，獲馬千疋，鎧甲稱是，乃鼓行而歸。四月辛亥，達於夷門，帝喜曰：‘吾事濟矣。’”《通鑑》卷二五六光啓三年二月條：“秦宗權自以兵力十倍於朱全忠，而數爲所敗，耻之，欲悉力以攻汴州。全忠患兵少，二月，以諸軍都指揮使朱珍爲淄州刺史，募兵於東道，期以初夏而還。”該條胡注：“薛居正《五代史》曰：使朱珍募兵於東道，懼蔡人暴其麥，期以夏首迴歸。”見《輯本舊史》卷一《梁太祖紀一》。同書卷二五七光啓三年四月辛亥條：“朱珍至淄、青旬日，應募者萬餘人，又襲青州，獲馬千匹；辛亥，還，至大梁，朱全忠喜曰：‘吾事濟矣。’”

［23］盧瑭：人名。籍貫不詳。秦宗權部將。事見本書卷一、卷一六。明本《册府》卷三四六作“盧塘”。　張晊：人名。籍貫不詳。秦宗權部將。事見本書卷一、卷一六、卷二一。明本《册府》卷三四六作“張郅”。　朱瑄：人名。一作朱宣。宋州下邑（今河南夏邑縣）人。唐末、五代軍閥，後爲天平軍節度使。傳見《舊唐書》卷一八二、《新唐書》卷一八八、本書卷一三、《新五代史》卷四二。明本《册府》卷三四六作“朱琮”。　朱瑾：人名。宋州下邑（今河南夏邑縣）人。朱瑄之弟。唐末將領。傳見《舊唐書》卷一八二、本書卷一三、《新五代史》卷四二。

［24］“其後破盧瑭”至“未嘗不在戰中”：《宋本册府》卷一八七：光啓三年，九月，“瑄、瑾以帝軍士勇悍，私心愛之，乃密於曹、濮界上懸金帛以誘之。帝軍利其貨而赴者甚衆，帝乃移檄以讓之。自朱瑄來詞不遜，乃命朱珍侵曹伐濮，以懲其姦。未幾，珍拔曹州，執刺史丘禮以獻，遂移兵圍濮。兗、鄆之釁，自兹而始矣”。《新五代史·梁太祖紀上》：“（太祖）遣朱珍募兵於東方，而求救于兗、鄆。三年春，珍得萬人、馬數百匹以歸。乃擊（秦）賢

板橋，拔其四栅。又擊瑭萬勝，瑭敗，投水死。宗權聞瑭等敗，乃自將精兵數千，栅北郊。五月，兖州朱瑾、鄆州朱宣來赴援。王置酒軍中，中席，王陽起如厠，以輕兵出北門襲晊，而樂聲不輟。晊不意兵之至也，兖、鄆之兵又從而合擊，遂大敗之，斬首二萬餘級。宗權與晊夜走，過鄭，屠其城而去。宗權至蔡，復遣張晊攻汴。王聞晊復來，登封禪寺後岡，望晊兵過，遣朱珍躡之，戒曰：'晊見吾兵，必止。望其止，當速返，毋與之鬭也。'已而，晊見珍在後，果止。珍即馳還。王令珍引兵蔽大林，而自率精騎出其東，伏大冢間。晊止而食，食畢，拔旗幟，馳擊珍。珍兵小却，王引伏兵横出，斷晊軍爲三而擊之。晊大敗，脱身走。宗權怒，斬晊。而河陽、陜、洛之兵爲宗權守者，聞蔡精兵皆已殲於汴，因各潰去。十月，朱宣、朱瑾兵助汴，已破宗權東歸，王移檄兖、鄆。誣其誘汴亡卒以東，乃發兵攻之，取其曹州、濮州。遂遣朱珍攻鄆州，大敗而還。"《新五代史·朱珍傳》："珍從太祖攻朱宣，取曹州，執其刺史丘弘禮。又取濮州，刺史朱裕奔于鄆州。太祖乃還汴，留珍攻鄆州。珍去鄆二十里，遣精兵挑之，鄆人不出。朱裕詐爲降書，陰使人召珍，約開門爲内應。珍信之，夜率其兵叩鄆城門，朱裕登陴，開門内珍軍，珍軍已入甕城而垂門發，鄆人從城上礫石以投之，珍軍皆死甕城中，珍僅以身免，太祖不之責也。"同書卷四二《朱瑾傳》："瑾與宣已破秦宗權於汴州，梁太祖責瑾誘宣武軍卒以歸，遣朱珍攻瑾，取曹州，又攻濮州，而太祖自攻鄆。瑾兄弟往來相救，凡十餘年，大小數十戰，與太祖屢相勝敗。"同書卷二五七光啓三年四月辛亥條後："時蔡人方寇汴州，其將張晊屯北郊，秦賢屯板橋，各有衆數萬，列三十六寨，連延二十餘里。全忠謂諸將曰：'彼蓄鋭休兵，方來擊我，未知朱珍之至，謂吾兵少，畏怯自守而已；宜出其不意，先擊之。'乃自引兵攻秦賢寨，士卒踊躍争先；賢不爲備，連拔四寨，斬萬餘級，蔡人大驚，以爲神。"《通鑑》卷二五七光啓三年八月壬子條："朱全忠欲兼兖、鄆，而以朱瑄兄弟有功於己，攻之無名，乃誣瑄招誘宣武軍士，移書誚讓。瑄復書不遜，全忠遣其將朱珍、葛從周襲曹州，壬子，拔之，殺刺史丘弘禮。又攻濮州，與兗、鄆兵戰於劉橋，殺數萬人，朱瑄、朱瑾僅以身免。全忠與兗、鄆始有隙。”同書卷二五七光啓三年九月辛卯條：“朱珍攻濮州，朱瑄遣弟罕將步騎萬人救之；辛卯，朱全忠逆擊罕於范，擒斬之。”十月丁未條：“朱珍拔濮州，刺史朱裕奔鄆；珍進兵攻鄆。瑄使裕詐遺珍書，約爲内應，珍夜引兵赴之，瑄開門納汴軍，閉而殺之，死者數千人，汴軍乃退。瑄乘勝復取曹州，以其屬郭詞爲刺史。”

梁山之役，[1]始與李唐賓不協。珍在軍嘗私迎其室於汴，而不先請，太祖疑之，密令唐賓察之，二將不相下，因而交諍。唐賓夜斬關還汴以訴，珍亦棄軍單騎而至，太祖兩惜之，故不罪，俾還於師。[2]復以踏白騎士入陳、亳間，以邀蔡人，遂南至斤溝，[3]破淮西石璠之師二萬，[4]擄璠以獻。[5]珍旋師自亳北趣静戎，[6]濟舟于滑，破黎陽、臨河、李固三鎮。[7]軍於内黄，[8]敗樂從訓萬餘人，[9]分命聶金、范居實略澶州，[10]與魏師遇於臨黄，[11]魏軍有豹子軍二千人，[12]戮之無噍類，威振河朔。復攻淮西，至上蔡，[13]夾河而寨，敗賊將蕭皓之衆，[14]皆擁於河溺死之。進軍蔡州，營其西南，[15]既破羊馬垣，遇雨班師。[16]珍以兵援劉瓚，[17]赴楚州，[18]至襄山南，[19]遇徐戎扼其路，珍乃攻豐，下之。時溥乃以全師會戰於豐南吴康里，珍乃收豐，破其三萬餘衆。[20]及蔡賊平，珍比諸將功居多。

[1]梁山：地名。治所在今山東梁山縣。

[2]“珍在軍嘗私迎其室於汴”至“俾還於師”:《舊五代史考異》:“案:《通鑑》作全忠怒，追還其妻，殺守門者。”又，《輯本舊史》之孔本案語:“案《通鑑》云:全忠怒，追還其妻，殺守門者。使親吏蔣玄暉召珍，以唐賓代總其衆。館驛巡官敬翔曰:‘朱珍未可輕取，恐其猜懼生變。’全忠懼，使人追止之。與《薛史》異。”見《通鑑》卷二五七光啓三年（900）十一月丙子條，又，《通鑑》於“使人追止之”後有:“珍果自疑，丙子夜，珍置酒召諸將。唐賓疑其有異圖，斬關奔大梁，珍亦棄軍單騎繼至。全忠兩惜其才，皆不罪，遣還濮州，因引兵歸。”《新五代史》卷二一《朱珍傳》同《輯本舊史》。

[3]斤溝:地名。位於今安徽太和縣斤溝鎮。

[4]淮西:方鎮名。治所在蔡州（今河南汝南縣）。　石璠:人名。籍貫不詳。唐末將領。事見本書本卷。　二萬:明本《册府》卷三四六《將帥部·佐命門七》作“三萬”。

[5]“復以踏白騎士入陳亳間”至“據璠以獻”:《宋本册府》卷一八七《閏位部·勳業門五》:文德元年（888）三月，“蔡人石璠領萬衆以剽陳、亳，帝遣朱珍率精騎數千擒璠以獻”。《通鑑》卷二五七則繫於正月癸亥條:“蔡將石璠將萬餘人寇陳、亳，朱全忠遣朱珍、葛從周將數千騎擊擒之。”

[6]静戎:地名。今地不詳。

[7]黎陽:縣名。治所在今河南浚縣。　臨河:縣名。治所在今河南浚縣東北。　李固:地名。位於今河南魏縣。

[8]内黄:縣名。治所在今河南内黄縣。

[9]樂從訓:人名。樂彦禎之子，唐末軍閥。傳見《舊唐書》卷一八一、《新唐書》卷二一〇。　敗樂從訓萬餘人:《舊五代史考異》:“案《通鑑考異》云:珍往救從訓，而云敗從訓，誤也。”又，《輯本舊史》之殿本案語:“《通鑑》作樂從訓來告急，遣都指揮使朱珍等分兵救從訓，與此傳異。”

[10]聶金:人名。籍貫不詳。事見《新唐書》卷一八八、本

書本卷、《通鑑》卷二六一。　范居實：人名。絳州翼城（今山西翼城縣）人。後梁將領。傳見本書本卷。　澶州：州名。唐、五代初治所在今河南清豐縣。後晋天福四年（939），移治於今河南濮陽縣。

［11］臨黄：縣名。治所在今河南范縣東南臨黄集。中華書局本有校勘記："《新五代史》卷二一《朱珍傳》同，《册府》卷三四六作'内黄'。"

［12］豹子軍：魏博軍中的精鋭部隊。

［13］至上蔡：中華書局本有校勘記："'上'字原闕，據《册府》卷三四六補。"

［14］蕭皓：人名。籍貫不詳。秦宗權部將。事見本書本卷。

［15］營其西南：明本《册府》卷三四六作"營其西"。

［16］"珍旋師自亳北趣静戎"至"遇雨班師"：《舊唐書》卷一九下《僖宗紀》文德元年二月："從訓求援於汴，朱全忠遣將朱珍渡河赴之。"《輯本舊史》卷二一《李唐賓傳》："暨攻蔡之役，珍自西南破其外垣，唐賓亦堙壕坎墉，摧其東北隅。"《宋本册府》卷一八七："（文德元年）戊辰，魏博樂彦禎失律，其子從訓出奔相州，使來乞師。帝遣朱珍領上軍濟河，連收黎陽、臨河二邑。既而魏軍推小校羅弘信爲帥。弘信既立，遣使送款於汴，帝優而納之，遂命班師。"《新五代史》卷一《梁太祖紀上》：三月庚子，"天雄軍亂，囚其節度使樂彦貞。其子相州刺史從訓攻魏，來乞兵。遣朱珍助從訓攻魏。而魏軍殺彦貞，從訓戰死，魏人立羅弘信，珍乃還"。《通鑑》卷二五七文德元年三月癸卯條："朱全忠裹糧於宋州，將攻秦宗權；會樂從訓來告急，乃移軍屯滑州，遣都押牙李唐賓等將步騎三萬攻蔡州，遣都指揮使朱珍等分兵救樂從訓。自白馬濟河，下黎陽、臨河、李固三鎮；進至内黄，敗魏軍萬餘人，獲其將周儒等十人。"

［17］劉瓚：人名。籍貫不詳。唐末將領。事見本書本卷。明本《册府》卷三四六作"劉贊"，《新五代史》卷二八有《劉贊傳》，

爲後唐臣，非同一人。

[18]楚州：州名。治所在今江蘇淮安市。　珍以兵援劉瓚赴楚州：《新五代史·梁太祖紀上》文德元年五月條："行營討蔡州，圍之百餘日，不克。……初，高駢死，淮南亂，楚州刺史劉瓚來奔，納之，及王兵攻蔡不克，還，欲攻徐，乃遣朱珍將兵數千以東，聲言送瓚還楚州。"《通鑑》卷二五七文德元年九月丙申條："（朱全忠）遣朱珍將兵五千送楚州刺史劉瓚之官。"

[19]襄山南：中華書局本有校勘記："朱玉龍《中華版〈舊五代史〉考證三》（《安徽史學》1990年第2期）：'自宋之楚州，中經淮北，此襄山必是淮北之相山，時屬徐州，故遇徐戎扼其路。'按《隋書》卷三一《地理志下》，彭城郡蕭縣有相山。"

[20]"至襄山南"至"破其三萬餘衆"：《舊唐書》卷二〇上《昭宗紀》文德元年九月乙未："汴將朱珍敗時溥之師于埇橋，遂陷宿州，自是溥嬰城不敢復出。"《輯本舊史·李唐賓傳》："及伐徐取豐，時溥軍於吴康，珍亟遇之，未能却，唐賓引本軍擊敗之，珍遂大勝。"《宋本册府》卷一八七："十月，先遣朱珍領兵與時溥戰于吴康鎮，徐人大敗，連收豐、蕭二邑，溥携散騎馳入彭門。帝命分兵以攻宿州，刺史張友携符印以降。"《通鑑》卷二五七文德元年十月條："徐兵邀朱珍、劉瓚不聽前，珍等擊之，取沛、滕二縣，斬獲萬計。"同年十一月條："時溥自將步騎七萬屯吴康鎮，朱珍與戰，大破之。朱全忠又遣别將攻宿州，刺史張友降之。"

龍紀初，[1]與諸將屯於蕭縣，[2]以禦時溥，珍慮太祖自至，令諸軍葺馬廄以候巡撫。李唐賓之裨將嚴郊獨慢焉，軍候范權恃珍以督之。[3]唐賓素與珍不協，果怒，乃見珍以訴其事。[4]珍亦怒曰："唐賓無禮！"遂拔劍斬之，珍命騎列狀陳其事。太祖初聞唐賓之死，驚駭，與敬翔謀，[5]詐令有司收捕唐賓妻子下獄，以安珍心。[6]太祖遂徑往蕭縣，距蕭一舍，珍率將校迎謁，太祖令武士執之，[7]責其專殺，命丁會行戮。[8]都將霍存等數十人叩頭以救，[9]太祖怒，以坐床擲之，乃退。[10]《永樂大典》卷二千三十一。[11]

[1]龍紀：唐昭宗李曄年號（889）。　龍紀初：《通鑑》卷二五八作龍紀元年七月事。

[2]蕭縣：縣名。治所在今江蘇蕭縣。

[3]嚴郊：人名。籍貫不詳。事見本書本卷。　軍候：官名。掌偵察敵情或維持軍紀。　范權：人名。籍貫不詳。事見本書本卷。

[4]乃見珍以訴其事：中華書局本有校勘記："'珍'字原闕，據彭校、《册府》卷四四九、《通鑑》卷二五八補。"見明本《册府》卷四四九《將帥部·專殺門》、《通鑑》卷二五八龍紀元年（888）七月丁未條。

[5]敬翔：人名。同州馮翊（今陝西大荔縣）人。後梁大臣。傳見本書卷一八、《新五代史》卷二一。

[6]"遂拔劍斬之"至"以安珍心"：《通鑑》卷二五八龍紀元年七月條載：朱珍斬李唐賓，"遣騎白全忠，云唐賓謀叛。淮南左司馬敬翔，恐全忠乘怒，倉猝處置違宜，故留使者，逮夜，然後從容白之，全忠果大驚。翔因爲畫策，詐收唐賓妻子繫獄，遣騎往慰撫，全忠從之，軍中始安"。

[7]太祖：中華書局本有校勘記："'太祖'，原作'梁祖'，據《册府》卷四四九及本卷上下文改。"

[8]命丁會行戮：《輯本舊史》之案語："案：《歐陽史》作珍自縊死。"見《新五代史》卷二一《李唐賓傳》。

[9]霍存：人名。洺州曲周（今河北曲周縣東北）人。唐末、五代將領。傳見本書卷二一、《新五代史》卷二一。

［10］“都將霍存等數十人叩頭以救”至“乃退”：《輯本舊史》卷二一《龎師古傳》：“及朱珍以罪誅，遂用師古爲都指揮使。”《新五代史》卷一《梁太祖紀上》龍紀元年七月條則曰：“七月，朱珍殺李唐賓，王如蕭縣，執珍殺之，遂攻徐州。”《通鑑》卷二五八龍紀元年七月丁未條：“（朱全忠）至蕭縣，以龎師古代珍爲都指揮使。”

［11］《大典》卷二〇三一“朱”字韻“姓氏（五）”事目。

李思安

李思安，陳留張亭里人也。[1]初事汴將楊彦洪爲騎士。[2]好拳勇，未弱冠，長七尺，[3]超然有乘時自奮之意。[4]唐中和三年，太祖鎮汴，嘗大閱戎旅，覩其材，甚偉之，因錫名思安，字貞臣。思安善飛矟，所向披靡，每從太祖征伐，常馳馬出敵陣之後，測其厚薄而還。或敵人有恃猛自衒者，多命取之，必鷹揚飈卷，擒馘於萬衆之中，出入自若，如蹈無人之地。[5]太祖甚惜之，命副王虔裕爲踏白將。

［1］陳留：縣名。治所在今河南開封市陳留鎮。

［2］楊彦洪：人名。籍貫不詳。唐末將領。事見本書本卷、卷二二、卷二五、卷五五。

［3］長七尺：《宋本册府》卷八八三《總録部·形貌門》作“身長七尺”。

［4］乘時自奮之意：《宋本册府》卷八八三作“乘時自奮之志”。

［5］“李思安”至“如蹈無人之地”：《宋本册府》卷三九六

《將帥部·勇敢門三》："李思安，本宋人也。祖、父皆隸職于宣武軍之静戎鎮。思安幼拳捷有膂力，所爲不常。未弱冠，長六尺，超超然，有拔行伍取富貴意。唐乾符、廣明間，盜火互起，思安棄州里投火中。太祖始鎮夷門，自巢軍諸隊間鳥逝歸我，初以爲騎士。思安善用槊，每從上征伐，常飛馬出敵陣之後，測其厚薄而還。或敵有恃猛悍炫容執者，太祖多命取之，必鷹揚飇馳，擒馘於萬甲之際，出入自若，如蹈無人中。繇是疊委戎事，累授劇郡。"《通鑑》卷二六一光化二年（899）三月癸卯條："思安，陳留人也。"

時巢、蔡合從，太祖每遣偵邏，必率先獨往。巢敗走，思安領所部百餘人追賊，殺戮掩奪，衆莫敢當。尋領軍襲蔡寇於鄭，都將李唐賓馬躓而墜，思安援槊刺追者，唐賓復其騎而還。又嘗與蔡人鬬，當陣生擒賊將柳行實。[1]其後渡長淮，下天長、高郵二邑，[2]又拒孫儒，[3]迫濠州，[4]皆有奇績。累遷爲諸軍都指揮使，奏官至檢校左僕射，尋拜亳州刺史。[5]練兵禦寇，邊境肅然。思安爲性勇悍，[6]每統戎臨敵，不大勝，必大敗。

[1]柳行實：人名。籍貫不詳。秦宗權部將。事見本書本卷。

[2]長淮：地名。位於今安徽蚌埠市長淮鎮。　天長：縣名。治所在今安徽天長市。　高郵：縣名。治所在今江蘇高郵市。

[3]孫儒：人名。河南府（今河南洛陽市）人。唐末軍閥。傳見《新唐書》卷一八八。

[4]濠州：州名。治所在今安徽鳳陽縣。

[5]"其後渡長淮"至"尋拜亳州刺史"：亦見《宋本册府》卷三六〇《將帥部·立功門一三》。《舊唐書》卷一八一《羅弘信傳》附《羅威傳》載：唐昭宗光化二年（899），"正月，幽州劉仁

恭擁兵十萬，謀亂河朔，進陷貝州，長驅攻魏。威求援於汴，朱全忠遣將李思安屯於洹水，葛從周自邢、洺引軍入魏。燕將劉守文、單可及攻汴軍於内黄。思安逆戰，大敗之，乘勝追躡”。“天祐二年七月十三日夜，牙軍裨校李公佺作亂，威僅以身免，公佺出奔滄州。自是愈懼，遣使求援於全忠，密謀破之。全忠遣李思安會魏博軍，再攻滄州。”《新唐書》卷二一〇《羅紹威傳》：“（劉）仁恭以衆十萬陷貝州，（朱）全忠使李思安屯内黄”，“仁恭使别將攻内黄，爲思安所敗”。“俄而小校李公佺作亂，不克，奔滄州。紹威乃决策屠翦，遣楊利言與全忠謀。全忠乃遣苻道昭將兵合魏軍二萬攻滄州，求公佺，又遣李思安助戰，魏軍不之疑。”亦見《宋本册府》卷一八七《閏位部·勳業門五》，《新五代史》卷三九《羅紹威傳》《劉守光傳》，《新唐書》卷二一二《劉仁恭傳》。《通鑑》卷二六一光化二年三月條：“三月，朱全忠遣其將李思安、張存敬將兵救魏博，屯于内黄；癸卯，全忠以中軍軍于滑州。劉仁恭謂其子守文曰：‘汝勇十倍於思安，當先虜鼠輩，後擒紹威耳！’乃遣守文及其妹壻單可及將精兵五萬擊思安於内黄。丁未，思安使其將袁象先伏兵於清水之右，思安逆戰於繁陽，陽不勝而卻；守文逐之，及内黄之北，思安勒兵還戰，伏兵發，夾擊之。幽州兵大敗，斬可及，殺獲三萬人，守文僅以身免。”同書卷二六五天祐三年正月庚午條：“全忠乃發河南諸鎮兵十萬，遣其將李思安將之，會魏、鎮兵屯深州樂城。”

[6]思安爲性勇悍：《宋本册府》卷四四五《將帥部·軍不整門》作“爲性不勇悍”，“不”疑爲《册府》衍字。

開平元年春，率兵伐幽州，[1]營於桑乾河，[2]擄獲甚衆，燕人大懼。[3]及軍迴，率諸軍伐潞，累月不克，師人多逸。[4]太祖怒甚，詔疏其罪，盡奪其官爵，委本郡以民户係焉。[5]踰歲起之，復令領兵，亦無巨績可紀。

太祖嘗因命將授鉞，謂左右曰："李思安當敵果敢，無出其右者，然每遇藩方擇材，吾將用之，則敗聞必至，如是者二三矣，則知飛將數奇，前史豈虚言哉！"乾化元年秋，又以爲相州刺史。[6]思安自謂當擁旄仗鉞，[7]及是殊不快意，但因循晏安，[8]無意爲政。及太祖北征，以候騎之誤，[9]落然無所具，而復壁壘荒圮，帑廩空竭，太祖怒，貶柳州司户，[10]尋賜死於相州。[11]《永樂大典》卷一萬三百八十八。[12]

[1]開平元年春率兵伐幽州：《舊唐書》卷二〇下《哀帝紀》天祐四年（907）三月戊寅條："三月戊寅朔，全忠令大將李思安率兵三萬，合魏博之衆，攻掠幽州。思安頓兵臨其郛，會（劉）仁恭子守光率兵赴援，思安乃還。"《通鑑》卷二六六開平元年（907）三月癸未條："三月，癸未，王以亳州刺史李思安爲北路行軍都統，將兵擊幽州。"同年四月己酉條："李思安引兵入其（劉仁恭）境，所過焚蕩無餘。夏，四月，己酉，直抵幽州城下。仁恭猶在大安山，城中無備，幾至不守。（劉）守光自外引兵入，登城拒守；又出兵與思安戰，思安敗退。"

[2]桑乾河：水名。源出今山西寧武縣管涔山，流經河北、北京地區，下游後稱永定河。

[3]燕：封國名。指唐末河北方鎮盧龍軍。劉仁恭、劉守光父子先後爲盧龍節度使、燕王。

[4]率諸軍伐潞累月不克師人多逸：《宋本册府》卷七《帝王部·創業門三》："（天祐三年）十二月，潞州節度使丁會開門迎降。"天祐四年五月，"梁祖遣其將康懷英率兵十萬圍潞州，築壘環城。帝遣周德威將兵赴援，梁祖以懷英無功，乃以李思安代之"。明本《册府》卷二一《帝王部·徵應門》：朱梁改元之始，即天祐

之四年也，潞州行營使李思安奏：“壺關縣庶穰鄉鄉人伐樹，樹倒自分兩片，内有六字如左書，云‘天十四載石進’。”《宋本册府》卷一九九《閏位部·選將門》：“梁太祖開平元年八月，以潞州軍前屯師旅，壁壘未收，乃别議戎帥。於是以亳州刺史李思安充潞州行營都統。”亦見同書卷三九八《將帥部·冥助門》、同書卷四〇〇《將帥部·固守門二》、同書卷四一四《將帥部·赴援門》。《新五代史》卷二《梁太祖紀下》開平元年五月條：“潞州行營都指揮使李思安及晋人戰，敗績。”同書卷二二《康懷英傳》：“丁會以潞州叛梁降晋，太祖命懷英爲招討使，將行，太祖戒之，語甚切，懷英惶恐，以謂潞州期必得，乃築夾城圍之。晋遣周德威屯于亂柳，數攻夾城，懷英不敢出戰，太祖乃以李思安代懷英將，降懷英爲都虞候。久之，思安亦無功，太祖大怒，罷思安，以同州劉知俊爲招討使。”事亦見《宋本册府》卷三六九《將帥部·攻取門二》、明本《册府》卷四四三《將帥部·敗衄門三》、《新五代史》卷四四《劉知俊傳》。《通鑑》卷二六六開平元年七月丁巳條：“丁巳，帝以亳州刺史李思安代（康）懷貞爲潞州行營都統，黜懷貞爲行營都虞候。思安將河北兵西上，至潞州城下，更築重城，内以防奔突，外以拒援兵，謂之夾寨。調山東民饋軍糧，（周）德威日以輕騎抄之，思安乃自東南山口築甬道，屬於夾寨。德威與諸將互往攻之，排牆填塹，一晝夜間數十發，梁兵疲於奔命。夾寨中出芻牧者，德威輒抄之，於是梁兵閉壁不出。”同卷開平二年三月條：“李思安等攻潞州，久不下，士卒疲弊，多逃亡。”

［5］“太祖怒甚”至“委本郡以民户係焉”：亦見《宋本册府》卷四四五《將帥部·軍不整門》。《通鑑》卷二六六開平二年三月甲午條：“帝以李思安久無功，亡將校四十餘人，士卒以萬計，更閉壁自守，遣使召詣行在。甲午，削思安官爵，勒歸本貫充役。”

［6］相州：州名。治所在今河南安陽市。　乾化元年秋又以爲相州刺史：明本《册府》卷二一六《閏位部·征伐門》：“梁太祖開平四年七月，劉知俊攻逼夏州，以宣化軍留後李思安爲東北面行營

都指揮使。”《通鑑》卷二六七開平四年八月甲子條：“以河南尹兼中書令張全義爲西京留守。帝恐晋兵襲西京，以宣化留後李思安爲東北面行營都指揮使，將兵萬人屯河陽。”同年十月條：“冬，十月，遣鎮國節度使楊師厚、相州刺史李思安將兵屯澤州以圖上黨。”同年十一月己丑條：“十一月，己丑，以寧國節度使、同平章事王景仁充北面行營都指揮招討使，潞州副招討使韓勍副之，以李思安爲先鋒將，趣上黨。”乾化元年正月癸巳，與晋戰於柏鄉，敗績，“王景仁、韓勍、李思安以數十騎走”。事詳見明本《册府》卷三四七《將帥部·佐命門八》、《宋本册府》卷三六七《將帥部·機略門七》，亦見《宋本册府》卷五七《帝王部·英斷門》、明本《册府》卷二一六、《新五代史》卷二三《王景仁傳》。

[7]旄：亦作“髦”。古代符節上所飾的旄牛尾。擁旄仗鉞，指擔任節度使。

[8]但因循晏安：中華書局本有校勘記：“‘因’，原作‘日’，據《册府》卷六九八改。”

[9]以候騎之誤：中華書局本有校勘記：“‘誤’，《册府》卷六九八作‘設’。”

[10]柳州：州名。治所在今廣西柳州市。

[11]“思安自謂”至“尋賜死於相州”：《輯本舊史》之案語：“《通鑑》：乾化元年九月丙午，至相州，刺史李思安不意帝猝至，落然無具，坐削官爵。二年正月丁卯，帝至獲嘉，追思李思安去歲供饋有闕，貶柳州司户，尋長流思安于崖州，賜死。據《薛史》，則思安賜死即在相州，未嘗至貶所，與《通鑑》異。”“二年正月丁卯”，《通鑑》卷二六八繫於乾化二年（912）二月丁卯。按，《宋本册府》卷六九八《牧守部·失政門》：“思安自謂當擁旄仗鉞久矣，得是殊不快，但因循宴安，無意爲政。及太祖出幸，以候騎之設，落然無所備，而復壁壘荒圮，帑廪空涸，帝怒甚，遂貶柳州司户，尋以怨望斬之。”

[12]《大典》卷一〇三八八“李”字韻“姓氏（三三）”

事目。

鄧季筠

鄧季筠，宋州下邑人也。[1]少入黄巢軍，隸於太祖麾下。及太祖鎮汴，首署爲牙將，[2]主騎軍。伐鄆之役，生擒排陣將劉鐈以獻。[3]唐大順初，[4]唐帝命丞相張濬伐太原，[5]太祖奉詔出師，西至高平，[6]與晋人接戰，軍既不利，季筠爲晋人所擒。[7]克用見之甚喜，[8]釋縛，待以賓禮，俄典戎事。季筠在并門凡四稔。[9]景福二年，[10]晋軍攻邢臺，[11]季筠領偏師預其役，將及邢，邢人陣於郊，兩軍酣戰之際，季筠出陣，飛馬來歸，[12]太祖大加奬歎，賞賚甚厚。時初置廳子都，[13]最爲親軍，命季筠主之，旋改統親騎，又遷將中軍。天祐三年，奏授登州刺史，[14]下車稱理。登州舊無羅城，及季筠至郡，率丁壯以築之，民甚安之，因相與立碑以頌其績。太祖受禪，改鄭州刺史，尋主兵於河中，爲都指揮使。時并人寇平陽，季筠接戰於洪洞，[15]大克，拜華州防禦使。[16]又繼領龍驤等諸軍騎士，累官至檢校司空。柏鄉之役，[17]季筠臨陣前却，太祖亦未之罪。乾化二年春，太祖親伐鎮、定，駐於相州，因閲馬，怒其馬瘦，與魏博軍校何令稠、陳令勳同斬於纛下。[18]《永樂大典》卷一萬八千一百二十六。[19]

[1]下邑：縣名。治所在今河南夏邑縣。
[2]牙將：官名。古代軍隊中的中低級軍官。

［3］排陣將：官名。唐節度使所屬武官中有排陣使，後梁以後設於諸軍，爲先鋒之職。参見王軼英《中國古代排陣使述論》，《西北大學學報》2010 年第 6 期。　劉矯：人名。籍貫不詳。事見本書本卷。

［4］大順：唐昭宗李曄年號（890—891）。

［5］張濬：人名。宿州符離（今安徽宿州市埇橋區）人。唐僖宗時爲户部侍郎、同中書門下平章事，唐昭宗時爲尚書左僕射。後爲朱温所殺。傳見《舊唐書》卷一七九、《新唐書》卷一八五。

［6］高平：縣名。治所在今山西高平市。

［7］季筠爲晉人所擒：《通鑑》卷二五八大順元年（890）七月條："（朱全忠）又遣别將李讜、李重胤、鄧季筠將兵攻李罕之於澤州，又遣張全義、朱友裕軍於澤州之北，爲（葛）從周應援。"同年九月壬寅條後："汴將鄧季筠，亦驍將也，引兵出戰，（李）存孝生擒之。"《輯本舊史》卷二五《武皇紀上》繫此事於六月："汴將鄧季筠以一軍犯陣，（李）存孝追擊，擒其都將十數人，獲馬千餘匹。"此事亦見於《輯本舊史》卷五三《李存孝傳》、《宋本册府》卷三九六《將帥部・勇敢門三》、《新唐書》卷一八七《李罕之傳》、《新五代史》卷三六《義兒傳》。

［8］克用：《宋本册府》卷四四四《將帥部・陷没門》作"晋王"。

［9］季筠在并門凡四稔：《輯本舊史》之案語："《通鑑考異》引《唐餘録》，謂季筠與李存孝並賜死，蓋傳聞之誤。"見《通鑑》卷二五九乾寧元年（894）三月甲申條《考異》，但《考異》所引爲《太祖紀年録》。

［10］景福：唐昭宗李曄年號（892—893）。

［11］邢臺：此處代指保義軍，治所在邢州（今河北邢臺市）。

［12］季筠出陣飛馬來歸：《通鑑》卷二五九景福二年（893）九月丁卯條後："汴將鄧季筠從（李）克用攻邢州，輕騎逃歸。"

［13］廳子都：部隊番號。都爲軍隊的編制單位。唐末、五代之

際，軍隊中已有都的編制。諸藩鎮所設特種兵和牙兵中就有燕子都、落燕都、廳子都等名。五代時成爲指揮以下的軍事編制。《武經總要》卷二："凡五百人爲一指揮，其別有五都，都一百人，統以一營居之。"都的長官稱爲都頭。

[14]登州：州名。治所在今山東蓬萊市。

[15]洪洞：縣名。治所在今山西洪洞縣。

[16]華州：州名。治所在今陝西渭南市華州區。　防禦使：官名。唐代始置，設有都防禦使、州防禦使兩種。常由刺史或觀察使兼任，實際上爲唐代後期州或方鎮的軍政長官。

[17]柏鄉：縣名。治所在今河北柏鄉縣。

[18]魏博：方鎮名。治所在魏州貴鄉縣（今河北大名縣）。軍校：即牙校，爲低級武職。　何令稠：人名。籍貫不詳。五代將領。事見本書本卷。　陳令勳：人名。籍貫不詳。五代將領。事見本書本卷。　"乾化二年春"至"同斬於纛下"：明本《册府》卷二一四《閏位部·訓兵門》繫於乾化元年（911）："十月，帝北征，駐蹕相州。癸丑，閱武於州闉之南樓。"《通鑑》卷二六八乾化元年十月戊午條胡三省注："帝至相州，左龍驤都教練使鄧季筠、魏博馬軍都指揮使何令稠、右廂馬軍都指揮使陳令勳，以部下馬瘦，並腰斬於軍門。"《輯本舊史》引此條繫於卷六《梁太祖紀六》乾化元年十月癸丑條後。

[19]《大典》卷一八一二六"將"字韻"五代後梁將（一）"事目。

黄文靖

黄文靖，金鄉人。[1]少附於黄巢黨中，巢敗，歸於太祖，累署牙職，繼遷諸軍指揮使，從太祖南平巢、蔡，北定兖、鄆，皆有功。唐大順中，佐葛從周送朱崇節入潞。[2]會晉軍十餘萬近逼垣寨，[3]文靖慮孤軍難守，[4]乃與葛從周啟闉出師，文靖爲殿，命矢刃皆外向，持重而還，晉人不敢逼。其年冬，與康懷英渡淮，[5]入壽春之境，下安豐、霍丘，[6]至光州而還。[7]光化初，晉將李嗣昭、周德威寇於山東，[8]文靖佐葛從周統大軍禦之。至沙河，[9]敗晉軍五千餘騎，遂逐之，越張公橋乃止。[10]後旬日，復與晉人戰於邢州之北，擒蕃將賁金鐵、慕容藤、李存建等百餘人，[11]奪馬數千匹，尋以功表授檢校左僕射、耀州刺史。[12]天祐二年春，命佐楊師厚深入淮甸，[13]越壽春，侵廬江，軍至大獨山，[14]遇淮夷，殺五千餘衆，振旅而還。改蔡州刺史，加檢校司空，又遷潁州刺史。太祖受禪，復爲蔡州刺史，入爲左神武統軍，又改左龍驤使。[15]乾化元年，從太祖北征，因閱馬得罪，命斬之。[16]文靖驍果善戰，諸將皆惜之。《永樂大典》卷一萬八千一百二十六。[17]

[1]金鄉：縣名。治所在今山東金鄉縣。

[2]葛從周：人名。濮州鄄城（今山東鄄城縣）人。唐末、五代將領。傳見本書卷一六、《新五代史》卷二一。　朱崇節：人名。籍貫不詳。後梁官員。事見本書卷一、卷八一。

[3]會晉軍十餘萬近逼垣寨：明本《册府》卷四一八《將帥部·嚴整門》作“會晉軍十餘萬附外垣寨焉”。

[4]文靖慮孤軍難守：明本《册府》卷四一八作“文靖慮諸軍難守”。

[5]康懷英：人名。兗州（今山東濟寧市兗州區）人。唐末、五代將領。本名懷貞，避後梁末帝朱友貞諱改懷英。傳見本書卷二三、《新五代史》卷二二。

[6]安豐：地名。位於今江蘇興化市安豐鎮。　霍丘：縣名。治所在今安徽霍邱縣。

[7]光州：州名。治所在今河南潢川縣。《輯本舊史》之影庫本粘籤："光州，原本作'先州'，今據《十國春秋》改正。"見《十國春秋》卷一《吴太祖世家》。　"其年冬"至"至光州而還"：康懷英降朱全忠，《舊唐書》卷二〇上《昭宗紀》繫於乾寧四年（897）二月戊申條，《輯本舊史》卷一《梁太祖紀一》繫於乾寧四年正月己亥條，同書卷二三《康懷英傳》繫於乾寧四年春，乾寧五年八月改元光化，故"其年冬"當爲乾寧四年冬。

[8]李嗣昭：人名。汾州（今山西汾陽市）人。唐末、五代李克用義子、部將。傳見本書卷五二、《新五代史》卷三六。　周德威：人名。朔州馬邑（今山西朔州市朔城區東北）人。唐末、五代河東將領。傳見本書卷五六、《新五代史》卷二五。　山東：太行山以東。昭義軍所管五州，澤、潞二州在太行山以西，邢、洺、磁三州在太行山以東。此處山東特指邢、洺、磁三州。

[9]沙河：縣名。治所在今河北沙河市。

[10]張公橋：地名。位於今河北邢臺市西北。

[11]賁金鐵：人名。籍貫不詳。五代李克用部將。事見本書本卷。　慕容藤：人名。一作慕容騰。籍貫不詳。五代李克用部將。事見本書本卷。　李存建：人名。籍貫不詳。五代李克用部將。事見本書本卷。　擒蕃將賁金鐵慕容藤李存建等百餘人：中華書局本有校勘記："《册府》卷三六〇同，劉本、本書卷一六《葛從周傳》、《册府》卷三四六作'慕容騰'。"見《宋本册府》卷三六〇《將帥部·立功門一三》、明本《册府》卷三四六《將帥部·佐命門七》、《輯本舊史》卷一六《葛從周傳》。

[12]檢校左僕射：中華書局本有校勘記："'左'，《册府》卷三六〇、卷三八六作'右'。"　耀州：州名。治所在今陝西銅川市耀州區。　尋以功表授檢校左僕射耀州刺史：見《宋本册府》卷三六〇、卷三八六《將帥部·褒異門一二》。

[13]楊師厚：人名。潁州斤溝（今安徽太和縣阮橋鎮斤溝村）人。唐末、五代將領。傳見本書卷二二、《新五代史》卷二三。

[14]廬江：縣名。治所在今安徽廬江縣。　大獨山：山名。即大蜀山。位於今安徽合肥市西南。

[15]左龍驤使：官名。左龍驤軍統兵官。龍驤爲禁軍番號。又改左龍驤使：明本《册府》卷二〇五《閏位部・巡幸門》載：梁太祖開平二年（908）九月，"乙丑，六軍統軍牛存節、黄文靖各領所部將士赴行在"。

[16]因閲馬得罪命斬之：《通鑑》卷二六八乾化元年（911）十月戊午條胡三省注："《薛史》本紀：帝至相州，左龍驤都教練使鄧季筠、魏博馬軍都指揮使何令稠、右廂馬軍都指揮使陳令勳，以部下馬瘦，并腰斬於軍門；次魏縣，先鋒指揮使黄文靖伏誅。"《輯本舊史》引此條繫於卷六《梁太祖紀六》乾化元年十月癸丑條後。據明本《册府》卷二〇五，梁太祖次魏縣爲乾化元年十月丙辰。

[17]《大典》卷一八一二六"將"字韻"五代後梁將（一）"事目。

胡規

胡規，兖州人。初事朱瑾爲中軍都校。[1]兖州平，署爲宣武軍都虞候。佐葛從周伐鎮、定，從張存敬收晋、絳，[2]皆有功，署爲河中都虞候，榷鹽務。天復中，太祖迎駕在岐下，以規權知洛州。[3]昭宗還長安，詔授皇城使。[4]及東遷，以爲御營使。[5]駕至洛，授内園莊宅使。[6]天祐三年，佐李周彝討相州，[7]獨當州之一面，頗以功聞，軍還，權知耀州事。[8]明年，討滄州，爲諸軍壕寨使。[9]太祖受禪，除右羽林統軍，[10]尋佐劉鄩統兵收潼關，[11]擒劉知浣獻之，[12]乃以爲右龍虎統軍兼侍衛指揮使。[13]乾化元年，詔修洛河堤堰，[14]軍士因之斬伐百姓園林太甚，河南尹張宗奭奏之，[15]規得罪，賜死。[16]《永樂大典》卷一萬八千一百二十七。[17]

[1]中軍：戰鬥時編成中位居中軍者。　初事朱瑾爲中軍都校：《新唐書》卷一八八《朱宣傳》："瑾之兄瓊守齊州，見勢屈，以州歸全忠，結同姓歡。全忠許之，輕騎至軍，全忠勞苦加禮，因使招瑾。瑾領精騎鬲池笑語如平生歡，乃使將胡規僞送款，欲得瓊躬上符節。全忠不之虞，瑾伏壯士橋下，瓊單騎至，方交語，士突起，掖瓊以入，斬其首棄城下，汴軍大震。全忠恚，數日乃去。"

[2]張存敬：人名。譙郡（今安徽亳州市）人。唐末、五代將領。傳見本書卷二〇、《新五代史》卷二一。

[3]洛州：州名。治所在今河南洛陽市。中華書局本有校勘記曰："劉本、邵本校作'洛州'。"洽州爲五代楚馬希萼於漢乾祐三年（950）置，唐無洽州，據劉本、邵本校改。

[4]皇城使：官名。唐末始置，爲皇城司的長官，一般爲君主的親信充任，以拱衛皇城。

[5]御營使：官名。五代皇帝多親自率兵征戰，故設御營使負責行營守衛，多由親信將領、寵臣充任。

[6]内園莊宅使：官名。唐始置。掌管兩京地區官府掌握的莊田、磨坊、店鋪、菜園、車坊等産業。

[7]李周彝：人名。籍貫不詳。唐末、五代軍閥。事見本書本卷、卷二、卷六、卷九、卷二一、卷二三。《册府》作"李周尋"。

[8]"天祐三年"至"權知耀州事"：亦見於《宋本册府》卷三六〇《將帥部·立功門一三》。《通鑑》卷二六五天祐三年（906）四月癸未朔條後："朱全忠營於魏州城東數旬，將北巡行營，會天雄牙將史仁遇作亂，聚衆數萬據高唐，自稱留後，天雄巡内諸

縣多應之。全忠移軍入城，遣使召行營兵還攻高唐，至歷亭，魏兵在行營者作亂，與仁遇相應。元帥府左司馬李周彝、右司馬苻道昭擊之，所殺殆半，進攻高唐，克之。”同月丙午條：“義昌節度使劉守文遣兵萬人攻貝州，又攻冀州，拔蓨縣，進攻阜城。時鎮州大將王釗攻魏州叛將李重霸於宗城。全忠遣歸救冀州，滄州兵去。丙午，重霸棄城走，汴將胡規追斬之。”“佐李周彝討相州”，“相州”疑誤。

［9］壕寨使：官名。亦作壕砦使。掌修造壕寨壁壘等軍事工程。

［10］太祖受禪除右羽林統軍：《宋本册府》卷三六〇同，同書卷三八六《將帥部·褒異門一二》作：“太祖授禪，除右羽林軍。”同書卷一九三《閏位部·崇祀門》：梁太祖開平二年，“十一月，太常禮院奏，選用來年正月二十四日辛卯親拜南郊，可之。詔以左千牛衛上將軍胡規充南郊儀仗使，金吾衛將軍趙麓充車路法物使。時以執儀仗、將軍輅皆武士，故分二將以董之”。

［11］佐：兩種《册府》均作“從”。　劉鄩：人名。密州安丘（今山東安丘市）人。唐末、五代將領。傳見本書卷二三、《新五代史》卷二二。　潼關：關隘名。位於今陝西潼關縣。

［12］劉知浣：人名。徐州沛縣（今江蘇沛縣）人。唐末將領。事見本書卷四。　尋佐劉鄩統兵收潼關擒劉知浣獻之：亦見於《宋本册府》卷三六〇、卷三八六，《通鑑》卷二六七繫於開平三年六月癸丑。

［13］侍衛指揮使：官名。當即侍衛親軍都指揮使。五代侍衛親軍長官。多爲皇帝親信。後梁始置侍衛親軍，爲禁軍的一支，後唐沿置並成爲禁軍主力，下設馬、步軍。

［14］洛河：水名。黄河中游之流。源出今陝西洛南縣，在河南鞏義市洛口注入黄河。

［15］河南尹：官名。唐開元元年（713）改洛州爲河南府，治所在今河南洛陽市。以河南府尹總其政務。從三品。　張宗奭：人名。濮州臨濮（今山東鄄城縣臨濮鎮）人。後梁將領。傳見本書卷

六三、《新五代史》卷四五。

［16］“乾化元年”至“賜死”：詳見《宋本册府》卷四四五《將帥部·軍不整門》，曰：“乾化初，使河南尹張宗奭，奏規修河，軍入擾村閭，殺樹，奪税户絲，群衆以石礫人。太祖曰：‘我令以河南府積薪治敗岸，且有將領，何敢是耶？’翌日，命宣徽院使趙殷衡，押領規及六軍使已下，往都外閲視林木。至榆林已來，園援果木役伐殆盡，仍招伏軍人，侵奪百姓財物。下詔曰：‘胡規比緣微效，遂委劇權，不能禁戢諸軍，而敢淩百姓，輒生狂計，欲起亂階，備見苞藏，何堪委用？從來凶逆，已露鋒鋩，此際侮輕，足量肝膽。苟無極斷，慮掇後艱。胡規并男義方，委宗奭準軍令處置，其婦女任從所適。都指揮使韓勍已下一十二人，罰俸有差。’”

［17］《大典》卷一八一二七“將”字韻“後梁將（二）”事目。

李讜

李讜，河中臨晋人。[1]少時遊秦、雍間，[2]爲人勇悍多力，甚有氣誼。唐廣明初，[3]黄巢陷長安，讜遂得仕於其間，巢以讜爲内樞密使，[4]蓋讜曾委質於宦者，出入於宫禁間，巢以此用焉。其後巢軍既敗，讜乃束身歸於太祖，[5]署爲左德勝騎軍都將。[6]從太祖討蔡賊，頗立軍功。[7]及東伐兖、鄆，以所部士伍俘獲甚衆，改元從騎將，表授檢校右僕射。郴王友裕領兵攻澤州，[8]時太祖駐大軍於盟津，[9]乃令讜將兵越太行，授以籌謀。讜頗違節度，久而無功，太祖遣追還，廷責其罪，戮之於河橋。[10]《永樂大典》卷一萬三百八十八。[11]

[1]臨晉：縣名。治所在今山西臨猗縣臨晉鎮。

[2]秦：州名。治所在今甘肅天水市。

[3]廣明：唐僖宗李儇年號（880—881）。

[4]内樞密使：官名。唐代宗時設，以宦官充任，掌承受表章、出納王言。憲宗時改稱樞密使。　巢以讜爲内樞密使：《輯本舊史》之案語："《新唐書·黄巢傳》及《通鑑》皆言巢以費傳古爲樞密使，不載李讜，疑與傳古先後授僞官也。"見《新唐書》卷二二五下《黄巢傳》、《通鑑》卷二五四廣明元年（880）十二月壬辰條。

[5]其後巢軍既敗，讜乃束身歸於太祖：李讜歸降朱全忠，《舊唐書》卷一九下《僖宗紀》繫於中和四年（884）五月戊辰。《輯本舊史》卷一九《李重胤傳》："唐中和四年五月，（重胤）同尚讓、李讜等率衆至繁臺，與太祖之軍相拒。"《宋本册府》卷三九六《將帥部·勇敢門三》："汴將楊彦洪破巢將尚讓、李讜於尉氏門外。"《通鑑》卷二五五中和四年五月條："癸亥，大雨，平地三尺，黄巢營爲水所漂，且聞李克用將至，遂引兵東北趣汴州，屠尉氏。尚讓以驍騎五千進逼大梁，至于繁臺；宣武將豐人朱珍、南華龐師古擊卻之。全忠復告急於李克用，丙寅，克用與忠武都監使田從異發許州，戊辰，追及黄巢於中牟北王滿渡，乘其半濟，奮擊，大破之，殺萬餘人，賊遂潰。尚讓帥其衆降時溥，别將臨晉李讜、曲周霍存、甄城葛從周、冤句張歸霸及弟歸厚帥其衆降朱全忠。"

[6]左德勝騎軍都將：官名。左德勝騎軍爲部隊番號。《宋本册府》卷三六〇《將帥部·立功門一三》、卷三八六《將帥部·褒異門一二》作"左得勝騎軍都將"。　署爲左德勝騎軍都將：《輯本舊史》卷一九《李重胤傳》："又令（重胤）與李讜率騎軍至陝，應接郭言，迴次澠池，破賊帥黄花子之衆，改滑州夾馬指揮使。"

[7]立：《宋本册府》卷三六〇、卷三八六作"有"。

[8]郴王友裕：人名。朱温長子。傳見本書卷一二。明本《册府》卷四三九《將帥部·違命門》作"柳王友裕"。

[9]盟津：地名。一作"孟津"。位於今河南洛陽市孟津縣會

盟鎮，爲黄河中下游分界綫、重要渡口。

［10］河橋：橋名。位於孟津。　“郴王友裕領兵攻澤州”至“戮之於河橋”：《輯本舊史》之案語：“唐書《李存孝傳》云：李讜收軍而遁，存孝擊至馬牢川，俘斬萬計。此傳不載，蓋前後省文。”新、舊《唐書》無《李存孝傳》，此所據爲《輯本舊史》卷五三《李存孝傳》，“馬牢川”，《李存孝傳》作“馬牢山”。《宋本册府》卷七《帝王部·創業門三》殘闕，故據明本：大順元年（890）六月，“汴將朱友裕將兵屯晋、絳，時汴軍已擄潞州，又遣大將李讜等率軍數萬，急攻澤州，帝遣李存孝自潞州將三千騎以援之。汴將鄧季筠以一軍犯陣，存孝進擊，擒其都將十數人，獲馬千餘匹。是夜，李讜收軍而退，大軍掩擊至馬牢關，斬首萬餘級，追襲至懷州而還。存孝復引軍攻潞州。九月，汴將葛從周棄潞州而遁，帝以康君立爲潞州節度使”。《新唐書》卷一八七《李罕之傳》：“大順初，汴將李讜、鄧季筠攻罕之，罕之告急於克用，遣存孝以騎五千救之。汴士呼罕之曰：‘公倚沙陀，絶大國。今太原被圍，葛司空入上黨，不旬日，沙陀無穴處矣！’存孝怒，引兵五百薄讜營呼曰：‘我，沙陀求穴者，須爾肉以飽吾軍，請肥者出鬬！’季筠引兵决戰，存孝奮矟馳，直取季筠。讜夜走，追至馬牢川，敗之。”《通鑑》卷二五八大順元年七月條：“官軍至陰地關，朱全忠遣驍將葛從周將千騎潛自壺關夜抵潞州，犯圍入城。又遣别將李讜、李重胤、鄧季筠將兵攻李罕之於澤州，又遣張全義、朱友裕軍於澤州之北，爲從周應援。”同年九月壬寅、戊申條：“壬寅，朱全忠軍于河陽。汴軍之初圍澤州也，呼李罕之曰：‘相公每恃河東，輕絶當道；今張相公圍太原，葛僕射入潞府，旬月之間，沙陀無穴自藏，相公何路求生邪！’及李存孝至，選精騎五百，繞汴寨呼曰：‘我，沙陀之求穴者也，欲得爾肉以飽士卒；可令肥者出鬬！’汴將鄧季筠，亦驍將也，引兵出戰，存孝生擒之。是夕，李讜、李重胤收衆遁去，存孝、罕之隨而擊之，至馬牢山，大破之，斬獲萬計，追至懷州而還。存孝復引兵攻潞州，葛從周、朱崇節棄潞州而歸。

戊申，全忠庭責諸將橈敗之罪，斬李讜、李重胤而還。”

［11］《大典》卷一〇三八八“李”字韻“姓氏（三三）”事目。

李重胤

李重胤，[1]宋州下邑人。狀貌雄武，初在黄巢黨中，推爲剛鷙。唐中和四年五月，同尚讓、李讜等率衆至繁臺，與太祖之軍相拒。[2]及巢寇漸衰，乃率衆來降。太祖素識之，拔用不次，署爲先鋒步軍都頭。[3]與胡真援河陽，[4]逼懷州。[5]重胤以部下兵突之，射中蕃將安休休。[6]又令與李讜率騎軍至陝，應接郭言，[7]迴次澠池，[8]破賊帥黄花子之衆，[9]改滑州夾馬指揮使。[10]蔡賊圍汴，重胤以步兵攻下三寨，擄獲甚多。[11]太祖大舉伐秦宗權，[12]俾重胤以滑兵爲先鋒。及東討徐州，下豐、蕭二邑，轉右廂馬步軍指揮使。[13]大順元年秋，從郴王友裕收澤州，[14]與晋軍戰於馬牢川，[15]王師敗績，迴守河陽。太祖謂諸將曰：“李讜、李重胤違我節度，[16]不能立功，頗辜任使。”於是與李讜並戮於河橋。[17]《永樂大典》卷一萬三百八十八。[18]

［1］李重胤：《輯本舊史》之案語：“重胤，原本作‘重裔’，蓋《薛史》沿避諱舊例，今改畫一。”

［2］“唐中和四年五月”至“與太祖之軍相拒”：《通鑑》卷二五五繫於中和四年（884）五月癸亥。

［3］都頭：官名。唐末、五代時，“都”爲指揮以下的軍事編

制。《武經總要》卷二："凡五百人爲一指揮，其别有五都，都一百人，統以一營居之。"都的長官稱爲都頭。

［4］胡真：人名。江陵（今湖北荆州市）人。後梁朱温部將。傳見本書卷一六。　河陽：縣名。治所在今河南孟州市。

［5］懷州：州名。治所在今河南沁陽市。

［6］安休休：人名。籍貫不詳。後唐將領。事見本書卷二五、卷五五。

［7］郭言：人名。太原（今山西太原市）人。唐末、五代將領。傳見本書卷二一。

［8］澠池：地名。位於今河南澠池縣。

［9］黄花子：人名。籍貫不詳。事見本書本卷。

［10］夾馬指揮使：官名。所部統兵將領。"夾馬"爲部隊番號。

［11］"蔡賊圍汴"至"擄獲甚多"：《輯本舊史》卷二二《王檀傳》："從擊蔡賊於板橋，偏將李重胤追賊馬蹎，爲蔡人所擒，檀奪取而旋，獲賊將薛注。"

［12］太祖大舉伐秦宗權：中華書局本有校勘記："'秦'字原闕，據《册府》卷三六〇、卷三八六補。"此據《宋本册府》卷三六〇《將帥部·立功門一三》、卷三八六《將帥部·褒異門一二》。

［13］右廂馬步軍指揮使：官名。所部統兵官。《宋本册府》卷三六〇作"右廂步軍指揮使"。

［14］郴王友裕：明本《册府》卷四三九《將帥部·違命門》作"柳王友裕"。

［15］馬牢川：地名。位於今山西澤州縣。

［16］李重胤違我節度：中華書局本有校勘記："'李'字原闕，據《册府》卷四三九補。"

［17］於是與李讜：《輯本舊史》之影庫本粘籤："於是與李讜，原本脱'與'字，今據文增入。"明本《册府》卷四三九亦脱"與"字。　"大順元年秋"至"於是與李讜並戮於河橋"：《輯本舊史》卷一《梁太祖紀一》：大順元年（890）九月："戊申，帝廷

責諸將敗軍之罪，斬李讜、李重胤以狥，遂班師焉。”《通鑑》卷二五八大順元年七月條：“官軍至陰地關，朱全忠遣驍將葛從周將千騎潛自壺關夜抵潞州，犯圍入城。又遣別將李讜、李重胤、鄧季筠將兵攻李罕之於澤州，又遣張全義、朱友裕軍於澤州之北，爲從周應援。”同年九月壬寅、戊申條：“壬寅，朱全忠軍于河陽。汴軍之初圍澤州也，呼李罕之曰：‘相公每恃河東，輕絶當道；今張相公圍太原，葛僕射入潞府，旬月之間，沙陀無穴自藏，相公何路求生邪！’及李存孝至，選精騎五百，繞汴寨呼曰：‘我，沙陀之求穴者也，欲得爾肉以飽士卒；可令肥者出鬬！’汴將鄧季筠，亦驍將也，引兵出戰，存孝生擒之。是夕，李讜、李重胤收衆遁去，存孝、罕之隨而擊之，至馬牢山，大破之，斬獲萬計，追至懷州而還。存孝復引兵攻潞州，葛從周、朱崇節棄潞州而歸。戊申，全忠庭責諸將橈敗之罪，斬李讜、李重胤而還。”

［18］《大典》卷一〇三八八“李”字韻“姓氏（三三）”事目。

范居實

范居實，絳州翼城人。[1]事太祖，初爲隊將，[2]從討巢、蔡有功。又從朱珍收滑州，改左廂都虞候。預破兗、鄆功，遷感義都頭、鄭州馬軍指揮使。[3]幽州劉仁恭舉衆南下，[4]寇魏郡北鄙，[5]居實與葛從周、張存敬率兵救魏，[6]大破幽、滄之衆於内黄。[7]太祖迎昭宗於岐下，以居實爲河中馬軍都指揮使。[8]及昭宗還京，賜迎鑾毅勇功臣，遥領錦州刺史，[9]又遷左龍驤馬軍都指揮使。從征淮南迴，[10]改登州刺史，轉左神勇軍使。[11]開平元年，用軍於潞州，命居實統軍以解澤州之圍，[12]授耀州刺史，令以郡兵屯固鎮，[13]尋除澤州刺史。居實拳勇善戰，頗立軍功，在郡以戎備不理，詔追赴闕，暴其翫寇之罪而斬之。《永樂大典》卷一萬六千五百十七。[14]

[1]翼城：縣名。治所在今山西翼城縣。

[2]隊將：官名。低階武職。　初爲隊將：明本《册府》卷三四六《將帥部·佐命門七》作“初爲隊將軍”。

[3]感義都頭：官名。感義爲部隊番號。

[4]劉仁恭：人名。深州樂壽（今河北獻縣）人。唐末方鎮將領、軍閥，割據幽州，受封燕王。傳見《新唐書》卷二一二。

[5]魏郡：地名。位於今河南安陽市。　闉（yīn）：甕城門。

[6]葛從周：《輯本舊史》之影庫本粘籤：“葛從周，原本脱‘從’字，今據文增入。”

[7]大破幽滄之衆於内黄：《輯本舊史》卷一九《朱珍傳》：“軍於内黄，敗樂從訓萬餘人，分命聶金、范居實略澶州，與魏師遇於臨黄，魏軍有豹子軍二千人，戮之無噍類，威振河朔。”《新五代史》卷二一《朱珍傳》亦載：“分遣聶金、范居實等略澶州，殺魏豹子軍二千於臨黄。”然明本《册府》卷三四六：“（朱珍）軍于内黄，敗樂從訓萬餘人，分命聶金、范居實畧澶州，與魏師遇于内黄，魏軍有豹子軍二千人，戮之無噍類，威振河朔。”

[8]河中馬軍都指揮使：官名。河中節度馬軍統兵官。

[9]遥領：不親往任職，在他處遥遠監督之。　錦州：州名。治所在今河北盧龍縣。　遥領錦州刺史：亦見明本《册府》卷三四六，《宋本册府》卷三六〇《將帥部·立功門一三》、卷三八六《將帥部·褒異門一二》。

[10]淮南：方鎮名。治所在揚州（今江蘇揚州市）。景福元年（892）楊行密爲淮南節度使，發展爲楊吴政權。

[11]左神勇軍使：官名。領所部軍務。神勇爲部隊番號。

［12］解澤州之圍：《宋本册府》卷三六〇、卷三八六、卷四一四《將帥部·赴援門》同，而明本《册府》卷三四六則作“解州之圍”。　命居實統軍以解澤州之圍：《通鑑》卷二六六開平元年（907）六月條：“晋兵攻澤州，帝遣左神勇軍使范居實將兵救之。”

［13］固鎮：地名。位於今山西沁水縣。

［14］《大典》卷一六五一七“范”字韻“姓氏（四）”事目。

史臣曰：叔琮而下，咸以鷹犬之才，適遇雲龍之會，勤勞王室，踐履將壇，然俱不得其死，豈不惜哉。得非鳥盡弓藏，理當如是耶？將梁祖之雄猜，無漢高之大度歟？[1]乃知自古帝王，能保全功臣者，唯光武一人而已矣。[2]語曰“弑父與君，亦不從也”，而叔琮、友恭從之，何也？既爲盜跖所嗾，[3]豈免成濟之誅，[4]臨終之言，益彰其醜也。《永樂大典》卷一萬六千五百十七。[5]

［1］漢高：即漢高祖劉邦。字季，沛縣豐邑（今江蘇沛縣）人。西漢王朝建立者。嘗爲沛縣泗水亭長。陳勝、吴廣起義後，劉邦組織義軍反秦，攻佔沛縣，自稱沛公。其後，又投奔項梁麾下，受封武安侯，並率先入關中滅秦。鴻門宴後，受封爲漢王，隨後擊敗項羽，贏得楚漢之争，遂統一天下。紀見《史記》卷八。

［2］光武：即漢光武帝劉秀。字文叔，南陽郡蔡陽（今湖北棗陽市）人。漢高祖劉邦九世孫，漢景帝之子長沙定王劉發後裔。東漢王朝建立者。王莽篡漢之際，劉秀隨兄演起事，率軍擊敗王莽。更始帝時，受封蕭王。後與更始帝決裂，即位建立東漢，並平定各地割據勢力，天下重歸一統。紀見《後漢書》卷一。

［3］盜跖（zhí）：人名。亦作“桀跖”。又名“柳下跖”“柳展

雄”。柳下惠之弟。春秋末年魯國大盜。事見《戰國策》卷一三。嗾（sǒu）：教唆。

［4］成濟：人名。籍貫不詳。三國時魏太子舍人，成倅之弟。本司馬昭之親信，刺殺魏帝曹髦於車下。後司馬昭上書稱成濟兄弟大逆不道，誅夷三族。事見《三國志》卷四。

［5］《大典》卷一六五一七“范”字韻“姓氏（四）”事目。

舊五代史　卷二〇

梁書二十

列傳第十

謝瞳

謝瞳，[1]字子明，福州人，[2]唐咸通末舉進士，[3]因留長安，[4]三歲不中第。廣明初，[5]黄巢陷長安，[6]遂投跡於太祖，洎居門下，未嘗一日不在左右。及太祖據同州，[7]遂署右職。[8]其年秋，太祖與河中交戰，[9]再不利，連上章請兵於巢，僞右軍中尉孟楷抑而不進。[10]瞳揣太祖有擇福意，[11]乃進説曰："黄家以數十萬之師，值唐朝久安，人不習戰，因利乘便，遂下兩京。[12]然始竊僞號，任用已失其所。今將軍勇冠三軍，力戰于外，而孟楷專務壅蔽，奏章不達，下爲庸才所制，上無獨斷之明，[13]破亡之兆必矣。況土德未厭，外兵四集，漕運波注，日以收復爲名，惟將軍察之。"[14]太祖曰："我意素決，爾又如是，復何疑哉！"翌日遂定策，戮僞監軍使，[15]悉衆歸順於河中。王重榮表瞳爲檢校屯田員外郎，[16]賜緋，[17]令奉表于蜀。[18]唐僖宗大悦，[19]召入顧問，錫賚甚厚，以功授朝散大夫、太子率更令，[20]賜紫，[21]爲陵州刺史。[22]治郡一歲，改檢校右散騎常侍、通州刺史。[23]在任四考，頗有政績。秩罷，詣蜀行在，太祖遣人迎之。龍紀二年，[24]至東京，[25]勞徠彌厚，賜第墅各一區、錢千緡，表爲亳州團練使兼太清宫副使，[26]加檢校工部尚書。是年冬，太祖征淮南，[27]過郡，因求侍府幕，表爲宣義軍節度副使，[28]充兩使留後。[29]瞳在滑十三年，[30]部内增户約五萬，益兵數千人，[31]累遷至大中大夫、檢校右僕射，[32]卒于滑。開平初，[33]追贈司徒。[34]《永樂大典》卷一萬八千一百二十八。[35]

[1]謝瞳：中華書局本校改爲“謝曈”，其校勘記云：“原作‘謝瞳’，據《册府》卷七二一、卷七六六（宋本）改。按《文苑英華》卷四一一有《授陵州謝曈兼御史中丞前舒州司馬倪徽端州刺史制》。本卷下文云其‘字子明’，據其字，當作‘曈’。本書各處同。”檢《册府》原文，明本《册府》卷七二一《幕府部・謀畫門二》作“謝曈”，《宋本册府》卷七六六《總録部・攀附門二》作“謝曈”。又，《舊唐書》卷一九下《唐僖宗紀》、《新五代史》卷一《梁太祖紀上》、《通鑑》卷二五五均作“謝曈”。“瞳”，意爲瞳孔，曈意爲日初出漸明，兩者均可對應“子明”，今仍其舊。

[2]福州：州名。治所在今福建福州市。

[3]咸通：唐懿宗李漼年號（860—874）。

[4]長安：地名。位於今陝西西安市。

[5]廣明：唐僖宗李儇年號（880—881）。

[6]黄巢：人名。曹州冤句（今山東菏澤市）人。唐末農民起

義領袖。傳見《舊唐書》卷二〇〇下、《新唐書》卷二二五下。

[7]同州：州名。治所在今陝西大荔縣。

[8]右職：重要職位。

[9]河中：方鎮名。治所在河中府（今山西永濟市）。

[10]右軍中尉：中華書局本有校勘記："'右軍中尉'，原作'右軍都尉'，據《册府》卷七二一改。按《舊唐書》卷二〇〇下《黄巢傳》：'孟楷、蓋洪爲左右軍中尉。'"見明本《册府》卷七二一。　孟楷：人名。籍貫不詳。唐末黄巢起義軍將領。事見《舊唐書》卷二〇〇下、《新唐書》卷二二五下。

[11]擇福：《輯本舊史》之影庫本粘籤："擇福，原本作'澤輻'，今據文改正。"

[12]兩京：即西京京兆府（今陝西西安市）和東都河南府（今河南洛陽市）。

[13]上無獨斷之明：中華書局本有校勘記："上，字原闕，據《册府》卷七二一補。"

[14]惟將軍察之：明本《册府》卷七二一作"惟所天察之"。

[15]監軍使：官名。爲臨時差遣，代表朝廷協理軍務，督察將帥。《輯本舊史》之影庫本粘籤："僞監軍使，夏文莊集作魏監軍使。考黄巢僞號爲齊，不當爲魏。蓋因'僞'字聲轉而訛，今仍從原文。"　"其年秋"至"僞監軍使"：《舊唐書》卷一九下《僖宗紀》中和二年（882）八月庚子條"賊同州防禦使朱温殺其監軍嚴實，與大將胡真、謝瞳等來降，王鐸承制拜華州刺史、潼關防禦、鎮國軍等使"。《新五代史》卷一《梁太祖紀上》唐僖宗乾符四年（877）："（朱）温數爲河中王重榮所敗，屢請益兵於（黄）巢，巢中尉孟楷抑而不通。温客謝瞳説温曰：'黄家起於草莽，幸唐衰亂，直投其隙而取之爾，非有功德興王之業也，此豈足與共成事哉！今天子在蜀，諸鎮之兵日集，以謀興復，是唐德未厭於人也。且將軍力戰於外，而庸人制之於内，此章邯所以背秦而歸楚也。'温以爲然，乃殺其監軍嚴實，自歸于河中，因王重榮以降。"《通鑑》卷二五五中和二年：

“黄巢所署同州防禦使朱温屢請益兵以扞河中，知右軍事孟楷抑之，不報。温見巢兵勢日蹙，知其將亡，親將胡真、謝瞳勸温歸國；九月，丙戌，温殺其監軍嚴實，舉州降王重榮。温以舅事重榮，王鐸承制以温爲同華節度使，使瞳奉表詣行在。瞳，福州人也。”

［16］檢校屯田員外郎：官名。爲散官或加官，以示恩寵，無實際執掌。

［17］賜緋：輿服制度。皇帝頒賜緋色官服。唐代五品、四品官服緋。後世或沿用此制，品級不盡相同。

［18］蜀：地區名。今四川。

［19］唐僖宗：即李儇。唐朝皇帝，873 年至 888 年在位。紀見《舊唐書》卷一九下、《新唐書》卷九。

［20］朝散大夫：官名。隋朝始置，爲文散官，無實際職掌。從五品下。　太子率更令：官名。秦置，掌知漏刻。北齊掌東宫禁衛、漏刻。唐加掌皇族次序、刑罰等。從四品上。

［21］賜紫：輿服制度。皇帝頒賜紫色官服。唐代官員三品以上服紫。特殊情況下，京官散階未及三品者可以賜紫，以示尊寵。

［22］陵州：州名。治所在今四川仁壽縣。

［23］檢校右散騎常侍：官名。爲散官或加官，以示恩寵，無實際執掌。　通州：州名。治所在今江蘇南通市。中華書局本有校勘記：“‘州’字原闕，按《舊唐書》卷三九《地理志三》，通州屬山南西道，天寶元年改爲通川郡，乾元元年復爲通州。《新唐書》卷四〇《地理志四》：‘通州，通川郡。’據補‘州’字。”　刺史：官名。漢武帝時始置。州一級行政長官，總掌考覈官吏、勸課農桑、地方教化等事。唐中期以後，節度、觀察使轄州而設，刺史爲其屬官，職任漸輕。從三品至正四品下。

［24］龍紀：唐昭宗李曄年號（889）。

［25］東京：地名。唐以洛陽爲東都，又稱東京。

［26］亳州：州名。治所在今安徽亳州市。　團練使：官名。唐代中期以後，於不設節度使的地區設團練使，掌本區各州軍事。

太清宫副使：官名。唐玄宗改玄元宫爲太清宫，後置太清宫使，以宰相兼任。副使爲其副職。

[27]淮南：方鎮名。治所在揚州（今江蘇揚州市）。景福元年(892）楊行密爲節度使。

[28]宣義軍：方鎮名。治所在滑州（今河南滑縣）。　節度副使：官名。唐五代方鎮屬官。位於行軍司馬之下、判官之上。

[29]兩使留後：官名。即節度觀察留後。唐、五代時，代行方鎮長官之職者稱留後。代行節度使、觀察使之職者，即爲節度觀察留後。掌一州或數州軍政。

[30]滑：州名。治所在今河南滑縣。

[31]"太祖征淮南"至"益兵數千人"：《宋本册府》卷七二九《幕府部·辟署門四》："太祖征淮南，過郡，因求侍府幕，表爲宣義節度副使，充兩使留後。"明本《册府》作："太祖征淮南，過郡，因求侍府幕，表爲宣義節度副使、留後。"《宋本册府》卷六九二《牧守部·招輯門》："謝瞳爲宣義軍留後，在滑州十三年，部内增户約五萬，益兵數千人。"

[32]大中大夫：官名。亦作"太中大夫"。秦始置。唐爲文散官。從四品上。　檢校右僕射：官名。右僕射爲隋、唐宰相名號。檢校右僕射爲散官或加官，以示恩寵，無實際執掌。

[33]開平：後梁太祖朱温年號（907—911）。

[34]司徒：官名。與太尉、司空並爲三公，唐後期多爲大臣、勳貴加官。正一品。

[35]《大典》卷一八一二八"將"字韻"後梁將（三）"事目。

司馬鄴

司馬鄴，[1]字表仁，其先河内温人也。[2]祖德璋，仕唐爲杞王傅。[3]父諲，左武衛大將軍。[4]鄴資蔭出身，[5]頗知書，累官至大列。[6]唐天復初，韓建用爲同州節度留後。[7]昭宗之幸鳳翔也，[8]太祖引兵入關，前鋒至左馮翊，[9]鄴持印鑰迎謁道左。太祖以兵圍華州，[10]命入城招諭韓建，建果出降。[11]及大軍在岐下，遣奏事於昭宗，再入復出。[12]又使于金州，[13]説其帥馮行襲，[14]俾堅攀附。後歷宣武、天平等軍從事。[15]

[1]司馬鄴：《舊五代史考異》："案：《通鑑考異》引實録作司馬鄴，《通鑑》從《薛史》。"

[2]河内：郡名。治所在今河南沁陽市。　温：縣名。治所在今河南温縣。

[3]德璋：人名。即司馬德璋。本書僅此一見。　杞王：當指唐武宗長子李峻。事見《舊唐書》卷一七五。　傅：官名。唐王府置傅一人，糾正王之過失。

[4]諲：人名。即司馬諲。本書僅此一見。　左武衛大將軍：官名。唐置，掌宫禁宿衛。唐代置十六衛，即左右衛、左右驍衛、左右武衛、左右威衛、左右領軍衛、左右金吾衛、左右監門衛、左右千牛衛，各置上將軍，從二品；大將軍，正三品；將軍，從三品。

[5]資蔭：又稱恩蔭、蔭補。子孫憑借先代官爵而接受封爵或取得官職。

[6]大列：顯要職位。

[7]韓建：人名。許州長社（今河南許昌市）人。唐末、五代軍閥。傳見本書卷一五、《新五代史》卷四〇。　節度留後：官名。唐、五代節度使多以子弟或親信爲留後，以代行節度使職務，亦有軍士、叛將自立爲留後者。掌一州或數州軍政。　韓建用爲同州節度留後：《輯本舊史》之案語："《韓建傳》作判官司馬鄴。"見

《輯本舊史》卷一五《韓建傳》。

［8］鳳翔：府名。治所在今陝西鳳翔縣。亦爲方鎮鳳翔軍治所。

［9］左馮翊：地名。西漢太初元年（前104）改左内史置。爲拱衛首都長安的三輔之一。治所在長安（今陝西西安市西北）。轄境約今陝西渭河以北、涇河以東洛河中下游地區。

［10］華州：州名。治所在今陝西渭南市華州區。

［11］"昭宗之幸鳳翔也"至"建果出降"：《輯本舊史》卷二《梁太祖紀二》天復元年（901）十月："戊申，行次河中。同州留後司馬鄴，華之幕吏也，舉郡來降。"《輯本舊史·韓建傳》："天復元年十一月，宦官韓全誨迫天子幸鳳翔，建亦預其謀。太祖聞之，自河中引軍而西。前鋒至同州，建判官司馬鄴以城降，遂移軍迫華州，建懼乞降。"《新五代史》卷四〇《韓建傳》："梁太祖以兵嚮長安，遣張存敬攻同州，建判官司馬鄴以城降，太祖使鄴召建，建乃出降。"《通鑑》卷二六二天復元年："十一月，己酉朔，李繼筠等勒兵闕下，禁人出入，諸軍大掠。士兵衣紙及布襦者，滿街極目。韓建以幕僚司馬鄴知匡國留後。朱全忠引四鎮兵七萬趣同州，鄴迎降。"壬子："朱全忠遣司馬鄴入華州，謂韓建曰：'公不早知過自歸，又煩此軍少留城下矣。'"

［12］"及大軍在岐下"至"再入復出"：《通鑑》卷二六三天復二年冬十月："庚辰，朱全忠遣幕僚司馬鄴奉表入城。"

［13］金州：州名。治所在今陝西安康市。

［14］馮行襲：人名。均州（今湖北丹江口市均縣鎮）人。唐末、五代軍閥。傳見《新唐書》卷一八六、本書卷一五、《新五代史》卷四二。

［15］宣武：方鎮名。治所在汴州（今河南開封市）。　天平：方鎮名。治所在鄆州（今山東東平縣）。　從事：泛指一般屬官。

後歷宣武、天平等軍從事：《舊唐書》卷二〇下《哀帝紀》天祐二年（905）十一月："壬午，中書門下奏：'相國魏王總百揆，百司合呈納本司印。其中書門下印，堂候王仁珪呈納，中書公事，權追中書省印行遣。’從之。甲申，敕河南告成縣改爲陽邑，蔡州襄城改爲苞孚，同州韓城改爲韓原，絳州翼城改爲澮川，鄆州鄆城改爲萬安，慈州文城改爲屈邑，澤州晋城改高都，陽城改爲濩澤，安州應城改爲應陽，洪州豐城改爲吴高。全忠令判官司馬鄴讓相國總百揆之命。”

開平元年，拜右武衛上將軍。三年，使于兩浙。[1]時淮路不通，[2]乘馹者迂迴萬里，[3]陸行則出荆、襄、潭、桂入嶺，[4]自番禺泛海至閩中，[5]達于杭、越。[6]復命則備舟檝，出東海，至於登、萊。[7]而揚州諸步多賊船，[8]過者不敢循岸，必高帆遠引海中，謂之“入洋”，[9]以故多損敗。鄴在海逾年，漂至躭羅國，[10]一行俱溺。後詔贈司徒。[11]《永樂大典》卷一萬八千一百二十八。[12]

[1]兩浙：地區名。浙東、浙西的合稱。泛指今浙江全省及江蘇南部一角。時爲錢鏐建立的吴越國。

[2]淮路不通：從中原到兩浙，最便捷的路綫需渡淮河，經過楊行密建立的楊吴政權抵達。後梁、楊吴敵對，故近路不通，需繞行抵達。

[3]馹（rì）：驛站專用的車，也指驛馬。

[4]荆：州名。治所在今湖北荆州市。　襄：州名。治所在今湖北襄陽市。　潭：州名。治所在今湖南長沙市。　桂：州名。治所在今廣西桂林市。　嶺：指南嶺。

[5]番禺：地名。位於今廣東廣州市。　閩中：地名。指福州。

[6]杭：州名。治所在今浙江杭州市。　越：州名。治所在今浙江紹興市。

［7］東海：秦、漢以後，今黄海、東海俱稱東海。　萊：州名。治所在今山東萊州市。

［8］揚州：州名。治所在今江蘇揚州市。　諸步：《輯本舊史》之影庫本粘籤："諸步，原本作'諸走'。考韓文《羅池廟碑》有云：步有新船，柳文有《鐵爐步志》，《容齋隨筆》云：步者，水旁之名。知原文'走'字係'步'字傳寫之誤，今改正。"

［9］入洋：中華書局本沿《輯本舊史》作"入陽"，并有校勘記："'陽'，邵本校作'洋'。"按原文爲"高帆遠引海中"，當是入"海洋"，故據邵本校及文義改之。

［10］躭羅國：古國名。位於今韓國濟州島。

［11］司徒：官名。與太尉、司空並爲三公，唐後期、五代多爲大臣、勳貴加官。正一品。

［12］《大典》卷一八一二八"將"字韻"後梁將（三）"事目。

劉捍

劉捍，開封人。[1]父行仙，[2]宣武軍大將。捍少爲牙職，[3]太祖初鎮夷門，[4]以捍聰敏，擢副典客。唐中和四年夏，[5]太祖以朱珍爲淄州刺史，[6]令收兵於淄、青間，命捍監其兵，路逢大敵，皆破之。入博昌，[7]獲精兵三萬以歸。四月，合大軍敗蔡賊秦宗賢數萬衆於汴西。[8]文德元年十一月，[9]蔡將申叢折宗權足，[10]納款於太祖，使捍奏其事，加兼御史大夫。[11]光化三年六月，太祖北伐鎮、定，[12]至常山，[13]而王鎔危懾，[14]送款於太祖，命捍入壁門傳諭。時兩軍未整，守門者戈戟千匝，捍馳騎而入，竟達其命。又移師以攻中山，[15]至懷德驛，[16]

大破定人五萬衆，王處直乞降，[17]捍復單馬入州，安撫而迴。[18]

[1]開封：地名。位於今河南開封市。

[2]行仙：人名。即劉行仙。本書僅此一見。

[3]牙職：低級武職。

[4]夷門：地名。原指戰國魏都大梁城東門，故址在今河南開封市城内東北隅。夷門位於夷山，夷山因山勢平夷而得名，故門亦以山爲名。此處代指開封。

[5]中和：唐僖宗李儇年號（881—885）。

[6]朱珍：人名。徐州豐（今江蘇豐縣）人，後梁朱温部將。傳見本書卷一九、《新五代史》卷二一。　淄州：州名。治所在淄川縣（今山東淄博市）。

[7]博昌：縣名。治所在今山東博興縣。

[8]秦宗賢：人名。籍貫不詳。唐末將領。事見本書本卷、卷一六、卷二一。

[9]文德：唐僖宗李儇年號（888）。

[10]申叢：人名。籍貫不詳。事見本書本卷、卷一。

[11]御史大夫：官名。秦始置，與丞相、太尉合稱三公。至唐代，在御史中丞之上設御史大夫一人，爲御史臺長官，專掌監察、執法。正三品。　加兼御史大夫：明本《册府》卷三四六《將帥部·佐命門七》作“加兼察御史大夫”，《宋本册府》卷六五二《奉使部·達王命門》載劉捍爲太祖副典客兼御史大夫。　“捍少爲牙職”至“加兼御史大夫”：亦見明本《册府》卷三四六。

[12]鎮：州名。治所在今河北正定縣。　定：州名。治所在今河北定州市。

[13]常山：即鎮州，治所在今河北正定縣。《宋本册府》卷六五二同。明本《册府》卷三四六作“恒山”。

[14]王鎔：人名。回鶻人。唐末、五代軍閥，朱温後封趙王。傳見本書卷五四、《新五代史》卷三九。

[15]中山：地名。位於今河北定州市。　又移師以攻中山：明本《册府》卷三四六同，《宋本册府》卷六五二無“以”字。

[16]懷德驛：地名。位於今河北定州市懷德村。

[17]王處直：人名。京兆萬年（今陝西西安市長安區）人。唐末軍閥。傳見本書卷五四、《新五代史》卷三九。

[18]“光化三年六月”至“安撫而迴”：亦見明本《册府》卷三四六、《宋本册府》卷六五二。《輯本舊史》之案語：“梁祖下鎮、定，服中山，《舊唐書》作光化三年九月，《新唐書》作十月，《薛史》又總繫于六月以後。據《通鑑》自六月舉兵，至九月始定中山也。”見《舊唐書》卷二〇上《昭宗紀》光化三年（900）九月條、《新唐書》卷一〇《昭宗紀》光化三年十月條、《輯本舊史》卷二《梁太祖紀二》光化三年九月條、《通鑑》卷二六二光化三年六月條至十月條。《通鑑》卷二六二光化三年十月甲寅條：“乃遣客將開封劉捍入見鎔，鎔以其子節度副使昭祚及大將子弟爲質，以文繒二十萬犒軍；全忠引還，以女妻昭祚。”

太祖迎昭宗於岐下，以捍爲親軍指揮使。[1]天復三年正旦，宋文通令客將郭啓奇使於太祖，[2]命捍復命。昭宗聞其至，即召見，詢東兵之事，仍以錦服、銀鞍勒馬賜之。翌日，授光禄大夫、檢校司空、登州刺史。[3]昭宗還京，改常州刺史，[4]賜號迎鑾毅勇功臣。[5]四月，太祖伐王師範於青州，改左右長直都指揮使。[6]天祐三年正月，[7]授宋州刺史。[8]四月，加檢校司徒。

[1]親軍指揮使：官名。即侍衛親軍指揮使。唐末、五代侍衛

親軍統兵官。多爲皇帝親信。中華書局本有校勘記："'使'字原闕，據《册府》卷三八六補。"見《宋本册府》卷三八六《將帥部·褒異門一二》，明本《册府》卷三四六《將帥部·佐命門七》亦有"使"字。"軍"，明本《册府》卷三四六、《宋本册府》卷三八六均作"事"。

[2]宋文通：人名。即李茂貞。深州博野（今河北蠡縣）人。唐末、五代軍閥。傳見本書卷一三二、《新五代史》卷四〇。　客將：官名。亦稱典客。唐末、五代藩鎮負責接待使節、賓客、出使等外交職責的武官。詳見吴麗娱《試論晚唐五代的客將、客司與客省》，《中國史研究》2002年第4期。　郭啓奇：人名。籍貫不詳。李茂貞部將。事見本書本卷。明本《册府》卷三四六作"郭啓奇"，《宋本册府》卷三八六作"郭奇"。

[3]光禄大夫：官名。西漢始設，掌論議。唐、五代爲散官。從二品。　授光禄大夫檢校司空登州刺史：《宋本册府》卷三八六同，明本《册府》卷三四六作"授登州刺史"。

[4]常州：州名。治所在今江蘇常州市。

[5]"天復三年正旦"至"賜號迎鑾毅勇功臣"：亦見《宋本册府》卷三八六、明本《册府》卷三四六。

[6]左右長直都指揮使：官名。所部統兵將領。長直爲部隊番號。　"四月"至"改左右長直都指揮使"：亦見明本《册府》卷三四六。《輯本舊史》卷一二《安王友寧傳》："友寧督諸軍進逼營丘，首攻博昌縣，月餘未能拔。太祖怒，遣劉捍督戰。友寧乃下俘民衆十餘萬，各領負木石，牽牛驢，於城南爲土山。既至，合人畜木石排而築之，冤枉之聲，聞數十里。俄而城陷，盡屠其邑人，清河爲之不流。"《通鑑》卷二六四天復三年（903）六月乙亥條："朱友寧攻博昌，月餘不拔；朱全忠怒，遣客將劉捍往督之。捍至，友寧驅民丁十餘萬，負木石，牽牛驢，詣城南築土山，既成，并人畜木石排而築之，冤號聲聞數十里。俄而城陷，盡屠之。"

[7]天祐：唐昭宗李曄開始使用的年號（904）。唐哀帝李柷即

位後沿用（904—907）。唐亡後，河東李克用、李存勗仍稱天祐，沿用至天祐二十年（923）。五代其他政權亦有行此年號者，如南吴、吴越等，使用時間長短不等。

[8]宋州：州名。治所在今河南商丘市睢陽區。

太祖受禪，授左龍虎統軍兼元從親軍馬步都虞候。[1]及上黨纏兵，[2]太祖親往巡撫，以捍爲御營使。[3]大軍次昂車，[4]斥候來告蕃戎逼澤州，[5]命捍以兵千人赴之，并軍遂遁，車駕還京，授捍侍衛親軍都指揮使。[6]晋人侵晋州，[7]從幸陝迴，加檢校太保。[8]及從駕幸河中，詔追王重師赴行在，[9]以捍爲雍州節度觀察留後。[10]纔踰月，劉知俊據同州反，[11]潛使人以厚利啗捍將校，遂爲部下所執，送於知俊。知俊縶捍歸於鳳翔，爲李茂貞所害。[12]開平四年，贈太傅。[13]末帝即位，又贈太尉。[14]

[1]左龍虎統軍：官名。唐置六軍，分左右羽林、左右龍武、左右神武，即“北衙六軍”。興元元年（784），六軍各置統軍，以寵勳臣。五代沿之。其品秩，《唐會要》卷七一、《舊唐書》卷一二記載爲從二品；《通鑑》卷二二九記載爲從三品。　元從親軍馬步都虞候：官名。五代時期元從親軍的高級統率官。　太祖受禪授左龍虎統軍兼元從親軍馬步都虞候：亦見明本《册府》卷三四六《將帥部·佐命門七》、《宋本册府》卷三八六《將帥部·褒異門一二》。《輯本舊史》卷三《梁太祖紀三》開平元年（907）五月丙申條、《宋本册府》卷一九七《閏位部·宴會門》開平元年五月丙申條：“丙申，御玄德殿，宴犒諸軍使劉捍、符道昭已下，賜物有差。”《新五代史》卷二一《劉捍傳》：“太祖即位，遷左天武指揮

使、元從親軍都虞候、左龍虎統軍，出爲佑國軍留後。”

[2]上黨：即潞州。治所在今山西長治市。

[3]御營使：官名。五代皇帝多親自率兵征戰，故設御營使負責行營守衛，多由親信將領、寵臣充任。

[4]大軍次昂車：《輯本舊史》之影庫本粘籤：“昂車，原本作‘昂申’，考《通鑑》注云：昂車，懷州地名。今改正。”上黨纏兵事，《通鑑》卷二六六、卷二六七繫於開平元年至二年，其間未載昂車事，唯《通鑑》卷二六二天復元年（901）三月癸未條胡注：“昂車，即昂車關，在澤州昂車嶺。”

[5]澤州：州名。治所在今山西澤州縣。

[6]侍衛親軍都指揮使：官名。五代時侍衛親軍長官。多爲皇帝親信。

[7]晋州：州名。治所在今山西臨汾市。

[8]“及上黨纏兵”至“加檢校太保”：《宋本册府》卷三八六：“及上黨纏兵，以捍爲御營使。蕃戎逼澤州，命捍以兵千人赴之，并軍遂遁，車駕還京，授捍侍衛親軍都指揮使。晋人侵晋州，從幸陝迴，加檢校太保。”

[9]王重師：人名。潁州長社（今河南許昌市）人。後梁將領。傳見本書卷一九、《新五代史》卷二二。

[10]雍州：地名。即京兆府，今陝西西安市。此處代指佑國軍。

[11]劉知俊：人名。徐州沛縣（今江蘇沛縣）人。唐末、五代將領。先後隸時溥、朱温、李茂貞、王建。傳見本書卷一三、《新五代史》卷四四。

[12]“及從駕幸河中”至“爲李茂貞所害”：見《輯本舊史》卷一三《劉知俊傳》：“時知俊威望益隆，太祖雄猜日甚，會佑國軍節度使王重師無罪見誅，知俊居不自安，乃據同州叛，送款於李茂貞。又分兵以襲雍、華，雍州節度使劉捍被擒，送鳳翔害之，華州蔡敬思被傷獲免。太祖聞知俊叛，遣近臣諭之曰：‘朕待卿甚厚，

何相負耶？’知俊報曰：‘臣非背德，但畏死耳！王重師不負陛下，而致族滅。’太祖復遣使謂知俊曰：‘朕不料卿爲此。昨重師得罪，蓋劉捍言陰結邠、鳳，終不爲國家用。我今雖知枉濫，悔不可追，致卿如斯，我心恨恨，蓋劉捍悮予事也，捍一死固未塞責。’知俊不報，遂分兵以守潼關。”《新五代史》卷二《梁太祖紀下》開平三年六月庚戌條：“六月庚戌，劉知俊執佑國軍節度使劉捍，叛附于岐。”事亦見《輯本舊史》卷一九《王重師傳》，《新五代史》卷二二《王重師傳》、卷四四《劉知俊傳》。《通鑑》卷二六七開平三年五月己巳條：“佑國節度使王重師鎮長安數年，帝在河中，怒其貢奉不時；己巳，召重師入朝，以左龍虎統軍劉捍爲佑國留後。”同月癸酉、己卯、甲申條：“癸酉，帝發河中；己卯，至洛陽。劉捍至長安，王重師不爲禮，捍譖之於帝，云重師潛與邠、岐通。甲申，貶重師溪州刺史，尋賜自盡，夷其族。”該條胡注：“爲劉知俊殺劉捍以叛張本。”同年六月乙未條：“忠武節度使兼侍中劉知俊，功名浸盛，以帝猜忍日甚，内不自安；及王重師誅，知俊益懼。帝將伐河東，急徵知俊入朝，欲以爲河東西面行營都統；且以知俊有丹、延之功，厚賜之。知俊弟右保勝指揮使知浣從帝在洛陽，密使人語知俊云：‘入必死。’又白帝，請帥弟姪往迎知俊，帝許之。六月，乙未朔，知俊奏‘爲軍民所留’，遂以同州附於岐。執監軍及將佐之不從者，皆械送於岐。遣兵襲華州，逐刺史蔡敬思，以兵守潼關。潛遣人以重利啗長安諸將，執劉捍，送於岐，殺之。知俊遣使請兵於岐，亦遣使請晋人出兵攻晋、絳，遺晋王書曰：‘不過旬日，可取兩京，復唐社稷。’”同月庚戌條：“帝遣近臣諭劉知俊曰：‘朕待卿甚厚，何忽相負？’對曰：‘臣不背德，但畏族滅如王重師耳。’帝復使謂之曰：‘劉捍言重師陰結邠、岐，朕今悔之無及，捍死不足塞責。’知俊不報。”

［13］太傅：官名。與太師、太保並爲三師。唐後期、五代多爲大臣、勳貴加官。正一品。

［14］末帝：人名。即後梁末帝朱友貞，於 913 年至 923 年在

位。紀見本書卷八至卷一〇、《新五代史》卷三。　太尉：官名。與司徒、司空並爲三公，唐後期、五代多爲大臣、勳貴加官。正一品。

捍便習賓贊，善於將迎，自司賓局及征討四出，[1]必預其間。雖無決戰爭鋒之績，而承命奔走，敷揚命令，勤幹涖職，以至崇顯焉。[2]《永樂大典》卷九千九十八。[3]

[1]司賓：負責接待賓客。

[2]"捍便習賓贊"至"以至崇顯焉"：亦見明本《册府》卷四六七《臺省部·宣贊門》。

[3]《大典》卷九〇九八"劉"字韻"姓氏（二六）"事目。

王敬蕘

王敬蕘，潁州汝陰人。[1]世爲郡武吏。唐乾符初，[2]敬蕘爲本州都知兵馬使。[3]中和初，寇難益熾，郡守庸怯，不能自固，敬蕘遂代之監郡，俄真拜刺史，[4]加檢校右散騎常侍。時州境荒饉，大寇繼至，黄巢數十萬衆寨于州南，[5]敬蕘極力抗禦，逾旬而退。俄又秦宗權之衆凌暴益甚，[6]合圍攻壁，皆力屈而去。蔡賊復遣將刁君務以萬衆來逼，[7]敬蕘列陣當之，身先馳突，殺敵甚多，由是竟全郡壘，遠近歸附。[8]

[1]汝陰：縣名。治所在今安徽阜陽市。

[2]乾符：唐僖宗李儇年號（874—879）。

[3]都知兵馬使：官名。唐、五代方鎮自置之部隊統率官，稱兵馬使，其權尤重者稱兵馬大使或都知兵馬使。掌兵馬訓練、指揮。

[4]“中和初”至“俄真拜刺史”：《新五代史》卷四三《王敬蕘傳》：“唐末，王仙芝等攻劫汝、潁間，刺史不能拒，敬蕘遂代之，即拜刺史。”《通鑑》卷二五六中和四年（884）：“是歲，餘杭鎮使陳晟逐睦州刺史柳超，潁州都知兵馬使汝陰王敬蕘逐其刺史，各領州事，朝廷因命爲刺史。”

[5]寨于州南：明本《册府》卷六九四《牧守部·武功門二》作“聚寨于州南”，《宋本册府》未述及此。

[6]秦宗權：人名。許州（今河南許昌市）人。唐末軍閥。傳見《舊唐書》卷二〇〇下、《新唐書》卷二二五下。中華書局本有校勘記：“‘秦’字原闕，據《册府》卷六九四補。”

[7]刁君務：人名。籍貫不詳。秦宗權部將。事見本書本卷。

[8]“俄又秦宗權之衆凌暴益甚”至“遠近歸附”：《新五代史·王敬蕘傳》：“潁州與淮西爲鄰境，數爲秦宗權所攻，力戰拒之，宗權悉陷河南諸州，獨敬蕘不可下，由是潁旁諸州民，皆保敬蕘避賊。是時，所在殘破，獨潁州户二萬。”

及淮人不恭，太祖屢以軍南渡，[1]路由州境，敬蕘悉心供億，太祖甚嘉之。乾寧二年，署爲沿淮上下都指揮使。[2]四年冬，龐師古敗于清口，[3]敗軍逃歸者甚衆，路出于潁。時雨雪連旬，軍士凍餒，敬蕘自淮燎薪，相屬於道，郡中設糜糗餅餌以待之，全活者甚衆，[4]由是表知武寧軍節度、徐宿觀察留後。[5]數月，真拜武寧軍節度使。[6]天復二年，入爲右龍武統軍。天祐三年，轉左衛上將軍。開平元年八月，以疾致仕，尋卒於其第。

[1]太祖屢以軍南渡：明本《册府》卷六九四《牧守部·武功門二》作“太祖屢以大軍南渡”。

[2]沿淮上下都指揮使：官名。沿淮軍隊統兵官。《新五代史》卷四三《王敬蕘傳》作“沿淮指揮使”。

[3]龐師古：人名。曹州（今山東曹縣）人。唐末將領。傳見本書卷二一、《新五代史》卷二一。　清口：地名。原爲泗水入淮之口，位於今江蘇淮安市淮陰區。　四年冬龐師古敗于清口：《舊唐書》卷二〇上《昭宗紀》、《通鑑》卷二六一俱作十一月癸酉。

[4]“敬蕘自淮燎薪”至“全活者甚衆”：《新唐書》卷一八八《楊行密傳》：“潁州刺史王敬蕘燎薪屬道，汴軍免者數千人。”

[5]武寧軍：方鎮名。治所在徐州（今江蘇徐州市）。　宿：州名。治所在今安徽宿州市。

[6]“由是表知武寧軍節度”至“真拜武寧軍節度使”：《輯本舊史》之案語：“《文苑英華》載《授敬蕘武寧軍節度制》有云：‘襲淮流之積寇，挺潜山之雄姿，勇實兼人，智能周物。’蓋因清口之役而加秩也。”見《文苑英華》卷四五七《制書十·節鎮六》，又卷四〇九《諸使二·防禦史》有《授潁州刺史充本州防禦使王敬蕘加檢校太子太保制》。“襲淮流之積寇挺潜山之雄姿”，中華書局本有校勘記云：“《文苑英華》卷四五七《授王敬蕘武寧軍張珂彰義軍節度使制》作‘襲淮流之積慶挺山立之雄姿’。”《舊唐書》卷二〇上《昭宗紀》：“（全忠）以潁州刺史王敬蕘檢校尚書左僕射，兼徐州刺史，充武寧軍節度使：從全忠奏也。”朱全忠表武寧留後王敬蕘爲節度使，《通鑑》卷二六一繫於光化二年（899）正月丁未條後。

敬蕘魁傑沈勇，多力善戰，所用槍矢，皆以純鐵鍛就，槍重三十餘斤，摧鋒突陣，率以此勝。雖非太祖舊臣，而遠輸懇款，保境合兵，以輔興王之運，有足稱者。《永樂大典》卷一萬八千一百二十六。[1]

[1]《大典》卷一八一二六“將”字韻“五代後梁將（一）”事目。

高劭

高劭，字子將，淮南節度使駢之從子也。[1]父泰，黔中觀察使。[2]唐僖宗避敵在蜀，駢鎮淮南爲都統，兼諸道鹽鐵使，[3]兵賦在己，朝廷優假之，以故劭幸而早官，年十四遥領華州刺史。光啓中，以駢命謁晋公王鐸于鄭。[4]俄而州陷於蔡，劭爲賊所得，使人守之，戒四門曰："無出高大夫。"劭伺守者稍惰，[5]佯爲乞食者，過危垣，取殍者衣，坌身易服，[6]得佗兒抱之行，出東郊門。人以爲丐者，不之止。及稍遠，棄所抱兒，疾趨至中牟，[7]遂達于汴。太祖以客禮遇之，尋表爲亳州團練副使、知州事。[8]又數年，辟爲宣武軍節度判官，[9]在幕下頗以氣直自許。後監鄭州事，復權知徐州留後。唐昭宗之鳳翔，太祖迎奉未出，劭有疑謀，遂令赴華州，詣丞相府以議其事，行至高陵，[10]爲盜所害。《永樂大典》卷五千五百三十八。[11]

[1]駢：人名。即高駢。幽州（今北京市）人。唐末軍閥。傳見《舊唐書》卷一八二、《新唐書》卷二二四下。

[2]泰：人名。即高泰。本書僅此一見。　黔中：方鎮名。治所在黔州（今重慶市彭水苗族土家族自治縣）。

[3]諸道鹽鐵使：官名。全稱爲諸道鹽鐵轉運使，簡稱鹽鐵使。爲鹽鐵司長官。鹽鐵與度支、户部合稱“三司”。主掌漕運及專賣事務。

[4]謁：中華書局本有校勘記：“‘謁’，原作‘遏’，據劉本、邵本、彭本改。”　王鐸：人名。太原（今山西太原市）人。唐末軍閥，曾積極參與平定黄巢起義。傳見《新唐書》卷一八五。　鄭：州名。治所在今河南鄭州市。

[5]稍惰：《輯本舊史》之影庫本粘籤：“稍惰，原本作‘稍隋’，今據文改正。”

[6]坌（bèn）身：用塵土把身體弄髒。

[7]中牟：縣名。治所在今河南中牟縣。

[8]團練副使：官名。團練使副職。　知州事：官名。州級長官。

[9]辟爲宣武軍節度判官：《輯本舊史》卷五八《蕭頃傳》：“張濬自中書出爲右僕射，梁祖判官高劭使祖廕求一子出身官，省寺皆稱無例，濬曲爲行之，指揮甚急，吏徒惶恐。頃判云：‘僕射未集郎官，未赴省上，指揮公事，且非南宫舊儀。’濬聞之，慚悚致謝，頃由是知名，梁祖亦獎之。”

[10]高陵：縣名。治所在今陝西西安市高陵區。

[11]《大典》卷五五三八“高”字韻“姓氏（六）”事目。

馬嗣勳

馬嗣勳，濠州鍾離縣人。[1]世爲軍吏。嗣勳有口辯，習武藝，初爲州客將。唐景福元年三月，[2]太祖以壽州刺史江儒反，[3]下蔡鎮使李立率兵攻濠梁，[4]刺史張遂俾嗣勳持州印籍户口以歸於太祖。[5]乾寧二年三月，楊行密復攻濠州，[6]張遂遣嗣勳求援于太祖。俄而郡陷，[7]嗣勳無所歸，即署爲元從押牙、副典客，[8]頗稱任使。

[1]濠州：州名。治所在今安徽鳳陽縣。　鍾離縣：縣名。治所在今安徽鳳陽縣。

[2]景福：唐昭宗李曄年號（892—893）。

[3]壽州：州名。治所在今安徽壽縣。　江儒：人名。籍貫不詳。唐末將領。事見本書本卷。

[4]下蔡：地名。位於今安徽鳳臺縣。　李立：人名。籍貫不詳。唐末將領。事見本書本卷。　濠梁：水名。又名石梁河，在今安徽鳳陽縣境内，東北流至臨淮關入淮河。

[5]張遂：人名。籍貫不詳。唐末將領。事見本書本卷。《新唐書》卷一〇《昭宗紀》、卷一八八《楊行密傳》及《通鑑》卷二五九作“張璲”。張遂附於朱全忠，《新唐書》卷一〇《昭宗紀》、《通鑑》卷二五九繫於景福元年（892）十一月。

[6]楊行密：人名。廬州合淝（今安徽合肥市）人。唐末軍閥，後追爲五代十國時期吴國太祖。傳見《新唐書》卷一八八、本書卷一三四、《新五代史》卷六一。

[7]俄而郡陷：《輯本舊史》之案語：“《九國志·李簡傳》：乾寧二年，從攻濠州，濠水深闊，簡手搴重甲，口銜大刀，先渡踰壘，破其關鍵，擒刺史張遂以獻。《新唐書·楊行密傳》與《九國志》略同，惟‘遂’字《新唐書》作‘璲’。”見《九國志》卷一、《新唐書》卷一八八。《新唐書·昭宗紀》、《通鑑》卷二六〇繫於乾寧二年（895）三月。

[8]押牙：官名。即“押衙”。唐、五代時期節度使辟署的屬官。掌領方鎮儀仗侍衛。參見劉安志《唐五代押牙（衙）考略》，武漢大學歷史系魏晋南北朝隋唐史研究室編《魏晋南北朝隋唐史資

料》第16輯，武漢大學出版社1998年版。　副典客：官名。典客副職。典客爲唐末、五代藩鎮負責接待使節、賓客、出使等外交職責的武官。詳見吴麗娱《試論晚唐五代的客將、客司與客省》。

光化元年三月，太祖令往光州説刺史劉存背淮賊以向國，[1]又從李彦威復黄州及武昌縣，[2]獲刺史瞿章。[3]俄復使光州，持幣馬以賜劉存。會淮賊急攻光州，存與嗣勳率兵大戰，敗而走之。又遣使於蜀，及歸，得其助軍貲實甚多。

[1]光州：州名。治所在今河南潢川縣。　劉存：人名。籍貫不詳。唐末、五代軍閥。事見本書本卷。　光化元年三月太祖令往光州説刺史劉存背淮賊以向國：《册府》卷六五六《奉使部·立功門》同《輯本舊史》。《輯本舊史》之案語："《新唐書·本紀》：乾寧三年，楊行密陷光州，劉存死之。《九國志·柴再用傳》：乾寧中，從朱延壽平劉存于弋陽，授知光州軍事。梁兵寇光州，再用擊走之，以功遷光州刺史。與《薛史》異。又《九國志》：吴有兩劉存，其一即光州刺史，其一陳州人，後爲馬殷所害。"見《九國志》卷一、《新唐書》卷一〇《昭宗紀》。劉存之死，《新唐書》卷一〇、《通鑑》卷二六〇均繫於乾寧三年（896）五月癸未，《輯本舊史》記載或有誤。

[2]李彦威：人名。即朱友恭。壽州（今安徽壽縣）人。朱温養子。唐末將領。傳見《新唐書》卷二二三、本書卷一九、《新五代史》卷四三。　黄州：州名。治所在今湖北黄岡市黄州區。　武昌縣：縣名。治所在今湖北武漢市武昌區。

[3]瞿章：人名。籍貫不詳。唐末將領。事見本書本卷、卷一九。《輯本舊史》之影庫本粘籤："瞿章，原本作'翟章'，今從《新唐書》《九國志》改正。"《輯本舊史》卷一《梁太祖紀一》、

卷一三四《楊行密傳》、《宋本册府》卷六五六、《新唐書》卷一八八《楊行密傳》、《通鑑》卷二六一《九國志》卷一《馬珣傳》均作"瞿章";《宋本册府》卷三六〇《將帥部·立功門一三》作"翟章";《新唐書·昭宗紀》作"矍璋"。　又從李彦威復黄州及武昌縣獲刺史瞿章:"又從李彦威復黄州及武昌縣",《宋本册府》卷六五六作"又與李彦威收復黄州及武昌縣"。《輯本舊史》之案語:"《新唐書·本紀》:乾寧四年五月壬午,朱全忠陷黄州,刺史瞿章死之。《九國志·馬珣傳》:三年,梁將朱友恭圍瞿章于黄州,命珣率兵援之。黄州陷,戰不利而退。《薛史》作光化元年,與諸書互異。"《通鑑考異》引《舊史·梁紀》:乾寧四年,"五月丁丑,朱友恭遣使上言,大破淮寇於武昌,收復黄、鄂二州"。黄州陷,《輯本舊史》卷一九《朱友恭傳》、《宋本册府》卷六五六俱繫於光化元年(898);《宋本册府》卷三八六《將帥部·褒異門一二》繫於乾化初,殊誤;《通鑑》卷二六一從《新唐書》,繫於乾寧四年五月壬午。

天復中,太祖迎昭宗于岐下,軍至華之西闉,使嗣勳入見,韓建即時同出迎謁。及羅紹威將殺牙軍,[1]遣使告於太祖,求爲外援。時安陽公主初卒於魏,[2]太祖乃遣嗣勳率長直官千人,[3]實兵仗于橐中,肩舁以入於魏,聲言來致祭會葬,牙軍不之覺。天祐三年正月十六日夜,嗣勳與紹威親軍同攻牙軍,至曙,盡殪之。嗣勳重傷,旬日而卒。[4]開平中,累贈太保。《永樂大典》卷一萬八千一百二十八。[5]

[1]羅紹威:人名。魏州貴鄉(今河北大名縣)人。唐末、五代軍閥。傳見《舊唐書》卷一八一、《新唐書》卷二一〇、本書卷

一四、《新五代史》卷三九。

[2]安陽公主：後梁太祖朱温之女，羅紹威之子羅廷規之妻。事見本書卷一一。　魏：州名。治所在今河北大名縣。

[3]長直官：中華書局本有校勘記："本書卷二《梁太祖紀二》、《册府》卷一八七作'長直軍'。《通鑑》卷二六五作'長直兵'，胡注：'長直兵，蓋選驍勇之士，長使之直衛，不以番代者也。'"

[4]"及羅紹威將殺牙軍"至"旬日而卒"：事亦見《舊唐書》卷一八一《羅威傳》（羅紹威在《舊唐書》中作羅威）、《輯本舊史》卷一四《羅紹威傳》、《宋本册府》卷一八七《閏位部·勳業門五》及卷六五六《奉使部·立功門》、《新五代史》卷三九《羅紹威傳》、《新唐書》卷二一〇《羅紹威傳》、《通鑑》卷二六五。《舊唐書》卷一八一《羅威傳》："天祐二年七月十三日夜，牙軍裨校李公佺作亂，威僅以身免，公佺出奔滄州。自是愈懼，遣使求援於全忠，密謀破之。全忠遣李思安會魏博軍，再攻滄州。全忠女妻威子廷規，先是卒，全忠遣長直軍校馬嗣勳選兵千人，密於輿中實兵甲入魏，言助女葬事。三年正月五日，嗣勳至，全忠親率大軍濟河，言視行營於滄景。威欲因而出迎，至期，即假全忠帳下鋭卒入而夾攻之。牙軍頗疑，堅請不出。威恐洩其事，慰納之。是月十四日夜，率廝養百十輩，與嗣勳合攻之。時宿於牙城者千人，遲明殺之殆盡，凡八千家，皆破其族。"《輯本舊史·羅紹威傳》、《宋本册府》卷一八七、《通鑑》卷二六五俱作十六日。《輯本舊史》卷一四《羅紹威傳》："是月十六日，紹威率奴客數百與嗣勳同攻之，時宿於牙城者千餘人，遲明盡誅之，凡八千家，皆赤其族，州城爲之一空。"《宋本册府》卷一八七："先是，帝之愛女適羅氏，是月（天祐三年正月）卒於鄴城，因以兵仗數千事實於槖中，遣客將馬嗣勳領長直軍千人，雜以工匠、丁夫，肩其槖而入于魏，聲言爲帝女以設祭，魏人信而不疑。庚午（十六）夜，嗣勳率其衆與羅紹威親軍數百人同攻牙軍，遲明盡殺之，死者七千餘人，洎于嬰孺，亦無留者。"《新五代史》卷二三《馬嗣勳傳》："天祐二年，羅紹威

將誅牙軍，乞兵於梁，梁女嫁魏，適死，太祖乃遣嗣勳以長直千人爲綵輿入魏，致兵器於輿中，聲言助葬。嗣勳館銅臺，夜與魏新鄉鎮兵攻石柱門，入迎紹威家屬，衛之。乃益取魏甲兵攻牙軍，牙軍不知兵所從來，莫能爲備，殺其八千餘人，遲明皆盡。嗣勳中重瘡卒。”

［5］《大典》卷一八一二八“將”字韻“後梁將（三）”事目。

張存敬

張存敬，譙郡人也。[1]性剛直，有膽勇，臨危無所畏憚。唐中和中，從太祖赴汴，以其壯節，[2]頗見親昵，首爲右騎都將。[3]從討巢、蔡，凡歷百戰，多于危蹙之間，顯有奇略，由是頻立殊効。光啓中，[4]李罕之會晉軍圍張宗奭于盟津，[5]太祖遣丁會、葛從周、存敬同往馳救。[6]存敬引騎軍先犯虜騎，[7]諸軍翼之，虜騎大敗，[8]乃解河橋之圍。[9]

［1］譙郡：地名。位於今安徽亳州市譙城區。　張存敬譙郡人也：《通鑑》卷二六一光化元年（898）十一月甲寅條後：“存敬，曹州人也。”《輯本舊史》卷九三《張仁愿傳》云仁愿爲開封陳留人，祖晸，唐右武衛大將軍，知存敬父即張晸。

［2］以其壯節：中華書局本有校勘記：“‘壯節’，原作‘折節’，據《册府》卷三四六、卷三九六改。”見明本《册府》卷三四六《將帥部·佐命門七》、《宋本册府》卷三九六《將帥部·勇敢門三》。

［3］都將：官名。唐、五代時節度使屬將。

［4］光啓中：《輯本舊史》卷一五《李罕之傳》繫於文德元年（888）三月，卷一六《葛從周傳》繫於文德元年，卷二二《牛存節傳》繫於文德元年夏，卷六三《張全義傳》繫於文德元年四月。《通鑑》卷二五七繫罕之圍張宗奭於文德元年三月癸卯條後。

［5］李罕之：人名。陳州項城（今河南沈丘縣）人。唐末軍閥，後依附於諸葛爽。傳見《新唐書》卷一八七、本書卷一五、《新五代史》卷四二。　張宗奭：人名。濮州臨濮（今山東鄄城縣臨濮鎮）人。後梁將領。傳見本書卷六三、《新五代史》卷四五。　盟津：地名。一作"孟津"。位於今河南孟津縣會盟鎮，黄河中下游分界綫、重要渡口。　光啓中李罕之會晋軍圍張宗奭于盟津：亦見明本《册府》卷三四六、《宋本册府》卷三九六及卷四一四《將帥部·赴援門》。

［6］丁會：人名。壽春（今安徽壽縣）人。唐末、五代將領。傳見本書卷五九、《新五代史》卷四四。　葛從周：人名。濮州鄄城（今山東鄄城縣）人。唐末、五代將領。傳見本書卷一六、《新五代史》卷二一。　太祖遣丁會葛從周存敬同往馳救：《宋本册府》卷三九六、卷四一四同，明本《册府》卷三四六"存敬"上有"及"字。《通鑑》卷二五七繫馳救張宗奭於文德元年四月壬午條後。

［7］虜騎：原作"敵將"，據明本《册府》卷三四六，《宋本册府》卷三九六、卷四一四改。

［8］虜：原作"敵"，據明本《册府》卷三四六，《宋本册府》卷三九六、卷四一四改。

［9］乃解河橋之圍：《宋本册府》卷三九六、卷四一四同。"河橋"，明本《册府》卷三四六作"河南"。《輯本舊史》之影庫本粘籤："河橋，原本作'何橋'，今據《通鑑》改正。"按，《通鑑》卷二五七文德元年四月壬午條後敘此事云："朱全忠遣其將丁會、葛從周、牛存節將兵數萬救河陽。李存孝令李罕之以步兵攻城，自帥騎兵逆戰於温，河東軍敗，安休休懼罪，奔蔡州。汴人分兵欲斷

太行路，康君立等懼，引兵還。”未提及河橋。河橋實爲河陽橋，《通鑑》卷二五五中和四年（884）二月條云“河陽節度使諸葛爽辭以河橋不完”，該條胡注：“謂河陽橋也”。《輯本舊史·葛從周傳》：“李罕之引并人圍張全義於河陽，從周與丁會、張存敬、牛存節率兵赴援，大破并軍，殺蕃漢二萬人，解河陽之圍。”同書《牛存節傳》：“文德元年夏，李罕之以并軍圍張宗奭於河陽，太祖遣存節率軍赴之。”《新五代史》卷二一《張存敬傳》：“李罕之與晋人攻張全義於河陽，太祖遣存敬與丁會等救之，罕之解圍去。”此“河橋之圍”，或當作“河陽之圍”。

大順二年，[1]爲諸軍都虞候，佐霍存董大軍收宿州，[2]以功奏加檢校兵部尚書。太祖東征徐、兖，存敬屢有俘斬之功，凡受指顧，皆與機會，矢石所及，必以身先，太祖尤加優異，以爲行營都指揮使、檢校右僕射。[3]乾寧三年，充武寧軍留後，行潁州刺史。[4]光化二年夏四月，幽、滄侵凌魏郡，[5]復以存敬爲都指揮使。三年，大舉，與葛從周連統諸軍攻浮陽，[6]樹數十栅，圍劉守文累月。[7]時幽州劉仁恭舉兵來援，[8]存敬潛軍擊之於乾寧軍南老鴉堤。[9]是日，燕人大敗，斬首五萬級，生擒馬慎交已下一百餘人，[10]獲馬萬餘蹄。[11]

[1]大順：唐昭宗李曄年號（890—891）。

[2]霍存：人名。洺州曲周（今河北曲周縣東北）人。唐末、五代將領。傳見本書卷二一、《新五代史》卷二一。

[3]行營都指揮使：官名。唐末、五代統兵將領，掌行營兵馬。“佐霍存董大軍收宿州”至“檢校右僕射”：亦見《宋本册府》卷三八六《將帥部·褒異門一二》。明本《册府》卷三四六《將帥

部·佐命門七》無“檢校右僕射”五字。《新五代史》卷二一《張存敬傳》亦云以存敬爲行營都指揮使。

[4]乾寧三年，充武寧軍留後，行潁州刺史：《宋本册府》卷一八七《閏位部·勳業門五》乾寧四年（897）八月條：“八月，陝州節度使王珙遣使來乞師。是時，珙弟珂實爲蒲帥，迭相憤怒，日尋干戈，而珙兵寡，故來求援。帝遣張存敬、楊師厚等領兵赴陝，既而與蒲人戰於猗氏，大敗之。”《通鑑》卷二六一乾寧四年三月丙子條後：“保義節度使王珙攻護國節度使王珂，珂求援於李克用，珙求援於朱全忠。宣武將張存敬、楊師厚敗河中兵於猗氏南；河東將李嗣昭敗陝兵於猗氏，又敗之於張店，遂解河中之圍。”

[5]幽：州名。治所在今北京市。　滄：州名。治所在今河北滄縣舊州鎮。　魏郡：地名。位於今河北大名縣。

[6]浮陽：地名。位於今河北滄縣。

[7]劉守文：人名。深州（今河北深州市）人。唐末盧龍節度使劉仁恭長子。唐末軍閥。後梁開平三年（909），被其弟劉守光殺死。事見本書卷二、卷四、卷九八，《新五代史》卷五六、卷七二。

[8]劉仁恭：人名。深州（今河北深州市）人。唐末、五代軍閥。傳見《新唐書》卷二一二。

[9]乾寧軍：方鎮名。治所在今河北青縣。　老鴉堤：地名。位於今河北青縣東南。

[10]馬慎交：人名。籍貫不詳。唐末將領。事見本書本卷、卷二、卷八、卷一六。

[11]“光化二年夏四月”至“獲馬萬餘蹄”：《輯本舊史》之案語：“《舊唐書》：光化二年三月，張存敬率師援魏州，大敗燕軍，仁恭父子僅免。《薛史》作三年事，與《舊唐書》異。”見《舊唐書》卷二〇上《唐昭宗紀》光化二年（899）三月條，亦見《通鑑》卷二六二光化三年六月條。《宋本册府》卷一八七光化二年條：“二年正月，淮南楊行密舉全吴之衆，精甲五萬，以伐徐州，帝領大軍禦之。行密聞帝親征，乃收軍而退。時幽州節度使劉仁恭

大舉蕃漢兵號十萬以伐魏，遂攻陷貝州，州民萬餘户，無少長悉屠之。進攻魏州，魏人來乞師，帝遣朱友倫、張存敬、李思安等先屯于内黄，帝遂親征。三月，與燕軍戰于内黄北，燕軍大敗，殺二萬餘衆，奪馬二千餘疋，擒都將單無敵已下七十餘人。是月，葛從周自山東領其部衆，馳以救魏。翌日乘勝，諸將張存敬已下連破八寨，遂逐燕軍，北至于臨清，擁其殘寇于御河，溺死者甚衆。仁恭奔于滄州。"《新唐書》卷一八六《王處存傳》："光化三年，朱全忠使張存敬攻幽州，以瓦橋濘潦，道祁溝關。郜方與劉守光厚，乃畀叔處直兵擾其尾，令騎將甄瓊章次義豐，而存敬游弈騎已至，且戰且引十餘里，執瓊章。而氏叔琮下深澤，執大將馬少安，圍祁州，屠之，斬刺史楊約，休兵十日。處直壁沙河，存敬軍河北，挑戰，處直不出，涉河乃戰，處直大敗，亡大將十五，士死者數萬。存敬收械甲以賦戰士，而焚其餘，遂圍定州。郜斬親吏梁汶，移書存敬，且請盟。"《通鑑》卷二六一光化元年十一月甲寅條後："朱全忠以奉國節度使崔洪與楊行密交通，遣其將張存敬攻之；洪懼，請以弟都指揮使賢爲質，且言：'將士頑悍，不受節制，請遣二千人詣麾下從征伐。'全忠許之，召存敬還。"同卷光化二年三月癸卯條："三月，朱全忠遣其將李思安、張存敬將兵救魏博，屯于内黄；癸卯，全忠以中軍軍于滑州。"同年五月己亥、辛丑、壬寅條："李克用遣蕃漢馬步都指揮使李君慶將兵攻李罕之，己亥，圍潞州。朱全忠出屯河陽，辛丑，遣其將張存敬救之，壬寅，又遣丁會將兵繼之；大破河東兵，君慶解圍去。克用誅君慶及其裨將伊審、李弘襲；以李嗣昭爲蕃漢馬步都指揮使，代之攻潞州。"同書卷二六二光化三年七月條："劉仁恭將幽州兵五萬救滄州，營於乾寧軍，葛從周留張存敬、氏叔琮守滄州寨，自將精兵逆戰於老鴉堤，大破仁恭，斬首三萬級，仁恭走保瓦橋。秋，七月，李克用復遣都指揮使李嗣昭將兵五萬攻邢、洺以救仁恭，敗汴軍於内丘。王鎔遣使和解幽、汴，會久雨，朱全忠召從周還。"

其年秋九月，引軍收鎮州，存敬勒衆涉滹沲河，[1]師人鼓行而進，逢鎮之遊兵數千，因逐之，直入鎮之壅門，[2]收鞍馬牛驢萬計。翌日，鎮人納質而旋。尋爲宋州刺史，踰年，甚有能政。復擁衆伐薊門，[3]數旬間連下瀛、莫、祁、景四州，[4]擒俘不可勝紀。自懷德驛與中山兵接戰，枕屍數十里，中山開壁請降。[5]

[1]滹沲（tuó）河：水名。即滹沱河。源出今山西繁峙縣，在河北獻縣與滏陽河匯合爲子牙河。

[2]壅門：用以掩蔽城門的墻垣。

[3]薊門：地名。位於今北京市昌平區。

[4]瀛：州名。治所在今河北河間市。　莫：州名。治所在今河北任丘市。　祁：州名。治所在今河北無極縣。

[5]“其年秋九月”至“中山開壁請降”：《宋本册府》卷一八七《閏位部·勳業門五》光化三年（900）十一月條：“十一月，以張存敬爲上將，自甘陵發軍，北侵幽、薊，連拔瀛、莫二郡，遂移軍以攻中山。定帥王郜以精甲二萬戰于懷德亭，盡殪之。郜懼，奔于太原。遲明，大軍集于城下，郜季父處直持印鑰乞降，亦以繒帛三十萬爲獻，帝即以處直代郜領其鎮焉。是月，燕人劉守光赴援中山，寨于易水之上，繼爲康懷英、張存敬等所敗，斬獲甚衆。由是河朔知懼，皆弭伏焉。”《通鑑》卷二六二光化三年十月甲寅、丙辰、辛酉條：“全忠喜，遣張存敬會魏博兵擊劉仁恭；甲寅，拔瀛州；冬，十月，丙辰，拔景州，執刺史劉仁霸；辛酉，拔莫州。”同月辛巳條：“張存敬攻劉仁恭，下二十城，將自瓦橋趣幽州，道濘不能進；乃引兵西攻易定，辛巳，拔祁州，殺刺史楊約。”同月甲申、丙申條：“張存敬攻定州，義武節度使王郜遣後院都知兵馬使王處直將兵數萬拒之。處直請依城爲栅，俟其師老而擊之。孔目官梁汶曰：‘昔幽、鎮合兵三十萬攻我，于時我軍不滿五千，一戰

敗之。今存敬兵不過三萬，我軍十倍於昔，奈何示怯，欲依城自固乎！’部乃遣處直逆戰于沙河，易定兵大敗，死者過半，餘衆擁處直奔還。甲申，王部棄城奔晋陽，軍中推處直爲留後。存敬進圍定州，丙申，朱全忠至城下，處直登城呼曰：‘本道事朝廷盡忠，於公未嘗相犯，何爲見攻？’全忠曰：‘何故附河東？’對曰：‘吾兄與晋王同時立勳，封疆密邇，且昏姻也，修好往來，乃常理耳。請從兹改圖。’全忠許之。乃歸罪於梁汶而族之，以謝全忠，以繒帛十萬犒師；全忠乃還，仍爲處直表求節鉞。處直，處存之母弟也。劉仁恭遣其子守光將兵救定州，軍於易水之上；全忠遣張存敬襲之，殺六萬餘人。由是河北諸鎮皆服於全忠。”

天復元年春，太祖以河中節度使王珂與太原結親，[1]憑恃驕恣，命存敬統大軍討之。即日收絳州，擒刺史陶建釗，[2]降晋州刺史張漢瑜，[3]二郡平。進圍河中，[4]王珂請降。[5]太祖嘉之，乃以存敬爲護國軍留後。[6]未幾，檢校司空，尋移宋州刺史。將之任所，寢疾，踰旬，卒于河中。太祖聞之，痛惜移晷。[7]開平初，追贈太保。[8]乾化三年，又追贈太傅。

[1]王珂：人名。王重榮兄王重簡之子，出繼王重榮。唐末、五代軍閥。傳見《舊唐書》卷一八二、《新唐書》卷一八七、本書卷一四、《新五代史》卷四二。　太原：府名。治所在今山西太原市。此處代指晋王李克用勢力。

[2]陶建釗：人名。籍貫不詳。唐末官員。事見本書本卷。《輯本舊史》之影庫本粘籤：“陶建釗，原本作‘建鈺’，今從《通鑑》改正。”見《通鑑》卷二六二天復元年（901）正月庚戌條。《舊唐書》卷一八二《王重榮傳》、《新唐書》卷一八七《王重榮

傳》絳州刺史亦作“陶建釗”。《舊唐書》卷二〇上《昭宗紀》天復元年正月條絳州刺史作“陶建”。　擒刺史陶建釗：《宋本册府》卷三八六《將帥部·褒異門一二》作“生擒刺史陶建釗”。

［3］張漢瑜：人名。籍貫不詳。唐末官員。事見《舊唐書》卷二〇上。　降晉州刺史張漢瑜：《宋本册府》卷三八六作“洎至晉州刺史張漢瑜來降”。

［4］進圍河中：《宋本册府》卷三八六作“進軍圖河中”。

［5］“天復元年春”至“王珂請降”：《輯本舊史》卷二六《唐武皇紀下》天復元年正月、二月、三月條：“天復元年正月，汴將張存敬攻陷晉、絳二州，以兵二萬屯絳州，以扼援路。二月，張存敬迫河中，王珂告急於武皇，使者相望於路。珂妻邠國夫人，武皇愛女也，亦以書至，懇切求援。武皇報曰：‘賊阻道路，衆寡不敵，救爾即與爾兩亡，可與王郎棄城歸朝。’珂遂送款於張存敬。三月，汴帥自大梁至河中，王珂遂出迎，尋徙於汴。”《宋本册府》卷七《帝王部·創業門三》：“天復元年正月，汴將張存敬攻陷晉、絳二州。二月，汴帥自大梁至河中，王珂出迎，天子以汴帥兼鎮河中。”同書卷一八七《閏位部·勳業門五》天復元年條：“天復元年正月乙酉朔，唐宰相崔胤潛使人以帝密旨告于侍衛軍將孫德昭已下，令誅左右中尉劉季述、王仲先等，即時迎昭宗於東内，御樓反正。癸巳，降制進封帝爲梁王，酬反正之功也。昭宗之廢也，汴之邸吏程巖牽昭宗衣下殿。帝聞之，召巖至汴，折其足，送于長安，杖殺之。是時，河中節度使王珂結援於太原，帝怒，遣大將張存敬率將涉河，由含山路鼓行而進。戊申，攻下絳州。壬子，晉州刺史張漢瑜舉郡來降，帝即以大將侯言權領晉州，何絪權領絳州，晉、絳平。己未，大軍至河中，存敬命繚其垣而攻之。壬戌，蒲人飈素幡以請降。庚午，帝至河中，以張存敬權領河中軍府事，河中平，帝乃東還。”《新五代史》卷一《梁太祖紀上》天復元年正月、三月條：“天復元年正月，護駕都頭孫德昭誅季述，天子復位。封王爲梁王。遣張存敬攻王珂于河中，出含山，下晉、絳二州。王珂求

救于晋，晋不能救，乃來降。三月，大舉攻晋。氏叔琮出太行，取澤、潞。葛從周、張存敬、侯言、張歸厚及鎮、定之兵，皆會于太原，圍之，不克，遇雨而還。”《通鑑》卷二六二天復元年正月己亥等條：“朱全忠既服河北，欲先取河中以制河東，己亥，召諸將謂曰：‘王珂駑材，恃太原自驕汰。吾今斷長蛇之腰，諸君爲我以一繩縛之！’庚子，遣張存敬將兵三萬自汜水渡河出含山路以襲之，全忠以中軍繼其後；戊申，存敬至絳州。晋、絳不意其至，皆無守備，庚戌，絳州刺史陶建釗降之；壬子，晋州刺史張漢瑜降之。全忠遣其將侯言守晋州，何絪守絳州，屯兵二萬以扼河東援兵之路。朝廷恐全忠西入關，急賜詔和解之；全忠不從。”同年二月乙卯、己未等條：“乙卯，張存敬引兵發晋州；己未，至河中，遂圍之。王珂勢窮，將奔京師，而人心離貳，會浮梁壞，流澌塞河，舟行甚難，珂挈其族數百欲夜登舟，親諭守城者，皆不應。牙將劉訓曰：‘今人情擾擾，若夜出涉河，必争舟紛亂，一夫作難，事不可知。不若且送款存敬，徐圖向背。’珂從之。壬戌，珂植白幡於城隅，遣使以牌印請降於存敬。存敬請開城，珂曰：‘吾於朱公有家世事分，請公退舍，俟朱公至，吾自以城授之。’存敬從之，且使走白全忠。乙丑，全忠至洛陽，聞之喜，馳往赴之；戊辰，至虞鄉，先哭於重榮之墓，盡哀；河中人皆悦。珂欲面縛牽羊出迎，全忠遽使止之曰：‘太師舅之恩何可忘！若郎君如此，使僕異日何以見舅於九泉！’乃以常禮出迎，握手歔欷，聯轡入城。”

[6]護國軍：方鎮名。治所在河中府（今山西永濟市）。

[7]移晷：日影移動。比喻很長時間。　“太祖嘉之”至“痛惜移晷”：明本《册府》卷三四六《將帥部·佐命門七》：“後累以戰功除護國將軍留後，移宋州刺史，將之任，卒。”《宋本册府》卷三八六：“太祖嘉之，乃以存敬權知護國軍留後。未幾，檢校司空、宋州刺史。未之任，卒於河中。太祖痛惜。”《通鑑》卷二六二天復元年二月戊辰條：“全忠表張存敬爲護國軍留後，王珂舉族遷于大梁，其後全忠遣珂入朝，遣人殺之於華州。”

［8］開平初，追贈太保：亦見《宋本册府》卷三八六。

子仁愿，晉天福中，[1]仕至大理卿。[2]《永樂大典》卷六千三百五十。[3]

［1］天福：五代後晉高祖石敬瑭年號（936—942）。出帝石重貴沿用至九年（944）。後漢高祖劉知遠繼位後沿用一年，稱天福十二年（947）。

［2］大理卿：官名。大理寺長官。負責大理寺的具體事務，掌邦國折獄詳刑之事。從三品。　子仁愿，晉天福中仕至大理卿：中華書局本有校勘記："'卿'字原闕，據本書卷九三《張仁愿傳》、《新五代史》卷二一《張存敬傳》補。按本書卷八四《晉少帝紀四》：'（開運二年六月）壬午，大理卿張仁愿卒，贈祕書監。'"見《輯本舊史》卷九三《張仁愿傳》、卷八四《晉少帝紀四》開運二年（945）六月壬午條，《新五代史》卷二一《張存敬傳》。《新五代史·張存敬傳》："存敬子仁穎、仁愿。仁愿有孝行，存敬卒，事其兄仁穎，出必告，反必面，如事父之禮。仁愿曉法令，事梁、唐、晉，常爲大理卿。卒，贈祕書監。"

［3］《大典》卷六三五〇"張"字韻"姓氏（二〇）"事目。

寇彦卿

寇彦卿，字俊臣，大梁人也。[1]祖琯，父裔，[2]皆宣武軍牙校。太祖鎮汴，以彦卿將家子，擢在左右。弱冠，選爲通贊官。[3]太祖爲元帥，補元帥府押牙，[4]充四鎮通贊官行首兼右長直都指揮使，[5]累奏授檢校司徒，領洺州刺史。[6]羅紹威將殺牙軍，遣使告於太祖，太祖命彦卿使于魏，密與紹威謀之。竟成其事，彦卿之力也。[7]

[1]大梁人也：《新五代史》卷二一《寇彦卿傳》云彦卿爲開封人。

[2]瑄：人名。即寇瑄。本書僅此一見。　裔：人名。即寇裔。本書僅此一見。

[3]通贊官：官名。掌本部門雜務。《新五代史·寇彦卿傳》作“通引官”。　“祖瑄”至“選爲通贊官”：亦見明本《册府》卷三四六《將帥部·佐命門七》。同書卷四六七《臺省部·宣贊門》：“梁寇彦卿，自太祖鎮汴，擢在左右。弱冠，選爲通贊官。”

[4]太祖爲元帥，補元帥府押牙：明本《册府》卷四六七作“太祖爲元帥，補元帥府押衙”，同書卷三四六作“太祖爲元帥府押牙”。

[5]行首：吏員領班。

[6]洺州：州名。治所在今河北邯鄲市永年區。《新五代史·寇彦卿傳》同，明本《册府》卷三四六作“雒州”。

[7]“羅紹威將殺牙軍”至“彦卿之力也”：亦見明本《册府》卷三四六。

彦卿身長八尺，隆準方面，語音如鐘。[1]善騎射，好書史，復善伺太祖之旨，凡所作爲，動皆云合。[2]太祖每言曰：“敬翔、劉捍、寇彦卿，[3]蓋爲我而生。”其見重如此。太祖有所乘烏馬，[4]號“一丈烏”，嘗以賜彦卿。天復中，太祖迎昭宗於鳳翔，累與岐軍對陣。時彦卿爲諸道馬步軍都排陣使，嘗躬擐甲胄，乘其所賜烏馬，馳騁於陣前，[5]太祖目之曰：“真神王也！”[6]昭宗還京，賜迎鑾毅勇功臣，改邢州刺史，尋遷亳州團練使。[7]

［1］隆準：高鼻。　彦卿身長八尺，隆準方面，語音如鐘：亦見明本《册府》卷三四六《將帥部·佐命門七》、《宋本册府》卷八八三《總録部·形貌門》。

［2］云：明本《册府》卷三四六作“玄”。

［3］敬翔：人名。同州馮翊（今陝西大荔縣）人。後梁大臣。傳見本書卷一八、《新五代史》卷二一。

［4］太祖有所乘烏馬：明本《册府》卷三四六無“烏”字。

［5］馳騁於陣前：明本《册府》卷三四六、《宋本册府》卷三九六《將帥部·勇敢門三》無“馳”字。

［6］真神王也：《輯本舊史》之影庫本粘籤：“神王，原本作‘神全’，考《歐陽史》作神王，《册府元龜》引《薛史》與《歐陽史》同，今改正。”見明本《册府》卷三四六、《宋本册府》卷三九六。《新五代史》卷二一《寇彦卿傳》實作“真神將也”。

［7］亳州團練使：《輯本舊史》之案語：“《通鑑》：開平二年，帝從吴越王錢鏐之請，以亳州團練使寇彦卿爲東南面行營都指揮使，使擊淮南。十一月，彦卿率衆二千襲霍丘，爲土豪朱景所敗。又攻廬、壽二州，皆不勝。淮南遣滁州刺史史儼拒之。《九國志·朱景傳》：梁祖聞景名，命寇彦卿率勁騎三千襲霍丘，圖取景，且諭梁祖之意令降，景率其徒戰於丘墟林澤中，射死者無數，彦卿兵折力殫而去。此事《薛史》及《歐陽史》皆不載。”　“昭宗還京”至“尋遷亳州團練使”：亦見明本《册府》卷三四六。朱全忠遣彦卿迎唐昭宗遷都，事見《新五代史·寇彦卿傳》。《舊唐書》卷二〇上《昭宗紀》天祐元年（904）正月己酉條：“己酉，全忠率師屯河中，遣牙將寇彦卿奉表請車駕遷都洛陽。”同年四月癸巳條：“癸巳，帝遣晋國夫人可證傳詔諭全忠，言中宫誕蓐未安，取十月

入洛陽宮。全忠意上遲留俟變，怒甚，謂牙將寇彦卿曰：'亟往陝州，到日便促官家發來！'"明本《册府》卷一四《帝王部·都邑門二》："天祐元年正月，梁王朱全忠遣將寇彦卿請車駕還都雒陽。閏四月，至東都。"《新五代史》卷一《梁太祖紀上》天祐元年正月條："天祐元年正月，王如河中，遣牙將寇彦卿如京師，請遷都洛陽，并徙長安居人以東。"《通鑑》卷二六四天祐元年正月丁巳條："丁巳，上御延喜樓，朱全忠遣牙將寇彦卿奉表，稱邠、岐兵逼畿甸，請上遷都洛陽；及下樓，裴樞已得全忠移書，促百官東行。"同年四月辛巳條："夏，四月，辛巳，朱全忠奏洛陽宫室已成，請車駕早發，表章相繼。上屢遣宫人諭以皇后新産，未任進路，請俟十月東行。全忠疑上徘徊俟變，怒甚，謂牙將寇彦卿曰：'汝速至陝，即日促官家發來！'"見《通鑑》卷二六七開平二年（908）十一月條、《九國志》卷一《朱景傳》、《新五代史·寇彦卿傳》，此事亦見《新唐書》卷一八八《楊行密傳》。

太祖受禪，爲華州節度使，[1]加檢校太保。歲餘，入爲左金吾衛大將軍、充街使。[2]一日，過天津橋，[3]有老人悮衝其前，[4]騶導者排之，[5]落橋而斃，爲御史府所彈，[6]太祖不得已，責授左衛中郎將。[7]不數月，除相州防禦使，[8]依前行營諸軍排陣使。未幾，授河陽節度使，[9]加檢校太傅。及太祖遇弑，彦卿追感舊恩，圖御容以奠之。每因對客言及先朝舊事，即涕泗交流。

[1]爲：明本《册府》卷三四六《將帥部·佐命門七》作"授"。　太祖受禪，爲華州節度使：《新五代史》卷二一《寇彦卿傳》："太祖即位，拜彦卿感化軍節度使。"朱玉龍《五代十國方鎮年表》："感化軍節度使、華州刺史、管内觀察處置等使，後梁開平

三年夏秋置。”

［2］街使：官名。掌巡查京城六街。　歲餘入爲左金吾衛大將軍、充街使：明本《册府》卷二一六《閏位部·征伐門》開平三年（909）十一月條：“十一月，靈州奏鳳翔賊將劉知俊率邠、岐、秦、涇之師侵迫州城，帝遣陝州康懷英、華州寇彦卿率兵攻迫邠、寧，以緩朔方之危。”《通鑑》卷二六七開平三年十二月己丑條：“岐王欲取靈州以處劉知俊，且以爲牧馬之地，使知俊自將兵攻之。朔方節度使韓遜告急；詔鎮國節度使康懷貞、感化節度使寇彦卿將兵攻邠、寧以救之。懷貞等所向皆捷，克寧、衍二州，拔慶州南城，刺史李彦廣出降。遊兵侵掠至涇州之境，劉知俊聞之，十二月，己丑，解靈州圍，引兵還。帝急召懷貞等還，遣兵迎援於三原青谷；懷貞等還，至三水，知俊遣兵據險邀之，左龍驤軍使壽張王彦章力戰，懷貞等乃得過。”

［3］天津橋：橋名。位於今河南洛陽市。

［4］有老人悮衝其前：《輯本舊史》之案語：“《歐陽史》作民梁現。”見《新五代史·寇彦卿傳》。《舊五代史考異》：“案：《崔沂傳》作市民梁現。”見《輯本舊史》卷六八《崔沂傳》。中華書局本有校勘記：“‘前’字原闕，據《册府》卷六二八補。”見《宋本册府》卷六二八《環衛部·遷黜門》。《通鑑》卷二六七開平四年四月辛巳條作“有民不避道”。

［5］騶（zōu）導：古代貴官出行，在前引馬開道的騎卒。中華書局本有校勘記：“‘導’，原作‘道’，據《册府》卷六二八改。”見《宋本册府》卷六二八。　騶導者排之：《通鑑》卷二六七開平四年四月辛巳條作“投諸欄外而死”。

［6］御史府：官署名。即御史臺。秦、漢始置。古代國家的監察機構。掌糾察官吏違法，肅正朝廷綱紀。大事廷辯，小事奏彈。

［7］左衛中郎將：官名。唐置，掌宫禁宿衛。左衛爲十六衛之一。將軍缺員，中郎將則代之，掌貳上將軍事。《輯本舊史》之案語：“《通鑑》作遊擊將軍、左衛中郎將。”見《通鑑》卷二六七開

平四年四月辛巳條。《輯本舊史·崔沂傳》亦作“遊擊將軍、左衛中郎將”。 責授左衛中郎將：《宋本册府》卷六二八、《新五代史·寇彦卿傳》同。

［8］相州：州名。治所在今河南安陽市。《輯本舊史》之案語：“相州，《歐陽史》作襄州。”《新五代史·寇彦卿傳》實作相州。 防禦使：官名。唐代始置，設有都防禦使、州防禦使兩種。常由刺史或觀察使兼任，實際上爲唐代後期州或方鎮的軍政長官。

［9］河陽：方鎮名。全稱“河陽三城”。治所在孟州（今河南孟州市）。

末帝嗣位，遥領興元節度使、東南面行營都招討使，[1]以拒淮寇，尋改右金吾衛上將軍。貞明初，授鄧州節度使。[2]會淮人圍安陸，[3]彦卿奉詔領兵解圍，大破淮賊而迴。[4]四年，卒于鎮，時年五十七。詔贈侍中。[5]

［1］興元：府名。治所在今陝西漢中市。此處代指山南西道。 行營都招討使：武官名。自後梁至後周均設行營招討使，負責某一路某一道或某一方征討招撫之事。掌管區域較大而且主官資深者，則委以諸道行營都招討使和副都招討使，否則爲行營招討使和副招討使。

［2］貞明：後梁末帝朱友貞年號（915—921）。 鄧州：州名。治所在今河南鄧州市。按，據朱玉龍《五代十國方鎮年表》，鄧州後梁時屬宣化軍，後唐同光元年（923）十二月始稱威勝軍。

［3］安陸：地名。位於今湖北安陸市。

［4］“貞明初”至“大破淮賊而迴”：《宋本册府》卷四一四《將帥部·赴援門》同。同書卷三六〇《將帥部·立功門一三》：“寇彦卿爲鄧州節度使。貞明中，淮人圍安陸，彦卿奉詔領兵解圍，大破淮賊而還。”《新五代史》卷二一《寇彦卿傳》：“末帝即位，

徙鎮威勝。”

[5]侍中：官名。秦始置。隋、唐前期爲門下省長官。唐後期多爲大臣加銜，不參與政務，實際職務由門下侍郎執行。正二品。

彦卿貞幹明敏，善事人主，然怙寵作威，多忌好殺，雖顯立功名，而猶爲識者之所鄙焉。《永樂大典》卷一萬九千三百三十。[1]

[1]中華書局本有校勘記："檢《永樂大典目録》，卷一九三三〇爲'寇'字韻'莊子列禦寇篇'，與本則内容不符，恐有誤記。陳垣《舊五代史輯本引書卷數多誤例》謂應作卷一九三三一'寇'字韻'姓氏'。本卷下一則同。"

史臣曰：[1]存敬有提鼓之勞，彦卿偶攀鱗之會，俱爲藩后，亦其宜哉！《永樂大典》卷一萬九千三百三十。[2]

[1]史臣曰：《輯本舊史》之案語："原本有闕文。"《新輯會證》："《文莊集》卷三一《奉和御製讀五代梁史》敍謝瞳事，首云：'唐季之亂，危于漢末，巢寇之黨，盛于黄巾。'不見傳文，疑即史臣語。"

[2]《大典》卷一九三三〇爲"寇"字韻"莊子列禦寇篇"事目，與本則内容不符，當爲卷一九三三一"寇"字韻"姓氏"事目。

舊五代史　卷二一

梁書二十一

列傳第十一

龐師古

龐師古，曹州南華人，[1]初名從。以中涓從太祖，[2]性端愿，未嘗離左右。[3]及太祖鎮汴，[4]樹置戎伍，始得馬五百匹，即以師古爲偏將，[5]援陳破蔡，[6]累有戰功。[7]及朱珍以罪誅，[8]遂用師古爲都指揮使。[9]乃渡淮，餉軍于廬、壽，攻滁州，[10]破天長，下高郵，[11]沿淮轉戰，所至克捷。[12]尋代朱友裕領軍，[13]攻下徐州，[14]斬時溥首以獻。[15]遂移軍伐兖州，入中都，寨于梁山，[16]敗朱瑄之衆，[17]襲至壘下，又破朱瑾于清河。[18]從討汶陽，[19]與朱瑄、朱瑾及晋將史儼兒戰于故樂亭，[20]大捷而迴。[21]乾寧四年正月，[22]復統諸軍伐鄆，[23]拔之，擒其帥朱瑄以獻，始表爲天平軍節度留後，[24]尋授徐州節度使，[25]官至檢校司徒。[26]乾寧四年八月，與葛從周分統大軍，[27]渡淮以伐楊行密。[28]十一月，師古寨於清口，[29]寨地卑下，[30]或請遷移，弗聽。俄有告淮人決上流者，曰："水至矣。"師古怒其惑衆，斬之。[31]須臾，我軍在淖中，莫能戰，而吴人襲焉，故及於敗，師古没於陣。[32]《永樂大典》卷一萬八千一百二十六。[33]

[1]曹州：州名。治所在今山東曹縣西北。　南華：縣名。治所在今山東菏澤市。

[2]中涓：官名。帝王親信、侍從。

[3]"以中涓從太祖"至"未嘗離左右"：亦見明本《册府》卷三四六《將帥部·佐命門七》、《宋本册府》卷七六六《總録部·攀附門二》。《輯本舊史》卷一九《朱珍傳》："太祖初起兵，珍與龐師古、許唐、李暉、丁會、氏叔琮、鄧季筠、王武等八十餘人，以中涓從，摧堅陷陣，所向盪決。""始尚讓以驍騎五千人至繁臺，珍與龐師古、齊奉國等擊退之。"《新五代史》卷二一《朱珍傳》："（朱珍）少與龐師古等俱從梁太祖爲盜。"《新輯會證》："《舊唐書》卷一九下《僖宗紀》録中和三年四月楊復光收復京城後上章，稱及'忠武黄頭軍使龐從'。是其從梁祖以前，當爲忠武軍將，本傳失書。見《舊唐書》卷一九下《僖宗紀》中和三年四月庚辰條。"

[4]汴：州名。治所在今河南開封市。

[5]偏將：即副將，泛指將佐等武官。《宋本册府》卷七六六同，明本《册府》卷三四六作"偏將軍"。

[6]陳：州名。治所在今河南淮陽縣。　蔡：州名。治所在今河南汝南縣。

[7]"及太祖鎮汴"至"累有戰功"：《輯本舊史》卷一六《葛從周傳》：唐僖宗文德元年（888），"（從周）佐龐師古討孫儒於淮南，略地至廬、壽、滁等州，下天長、高郵，破邵伯堰。迴軍

攻濠州，殺刺史魏勳，得餉船十艘”。《輯本舊史》卷一九《氏叔琮傳》：“唐中和末，（氏叔琮）應募爲騎軍，初隸於龐師古爲伍長。”《輯本舊史》卷一三四《楊行密傳》：“（文德元年）十一月，梁祖遣大將龐師古自潁上渡淮，討孫儒之亂，師古引兵深入淮甸，不利，還。”《新五代史》卷一《梁太祖紀上》：唐文德元年五月，“（朱）珍屯蕭縣，别遣龐師古攻徐州……龍紀元年正月，師古敗（時）溥于吕梁”。《新五代史》卷二一《龐師古傳》：“梁太祖鎮宣武，初得馬五百匹爲騎兵，乃以師古將之，從破黄巢、秦宗權，皆有功。”《新唐書》卷一八八《楊行密傳》：“全忠遣龐師古將兵十萬，自潁度淮助行密，敗於高郵。”《通鑑》卷二五五中和四年（884）五月癸亥，“尚讓以驍騎五千進逼大梁，至于繁臺；宣武將豐人朱珍、南華龐師古擊卻之”。《通鑑》卷二五八龍紀元年（889）正月，“汴將龐師古拔宿遷，軍于吕梁。時溥逆戰，大敗，還保彭城”。

［8］朱珍：人名。徐州豐（今江蘇豐縣）人，後梁朱温部將。傳見本書卷一九、《新五代史》卷二一。

［9］都指揮使：官名。唐末、五代行軍統兵主帥。參見杜文玉《晚唐五代都指揮使考》，《學術界》1995年第1期。　“及朱珍以罪誅”至“都指揮使”：《輯本舊史》卷二一《霍存傳》：“（霍存）佐龐師古至吕梁，敗時溥二千餘衆，以是累遷官……初，朱珍、李唐賓之歿，龐師古代珍，存代唐賓，戰伐功績，多與師古同。”事亦見明本《册府》卷三四六、《新五代史》卷二一《霍存傳》。《通鑑》卷二五八龍紀元年秋七月：“丁未，（朱全忠）至蕭縣，以龐師古代（朱）珍爲都指揮使。”

［10］廬：州名。治所在今安徽合肥市。　壽：州名。治所在今安徽壽縣。　滁州：州名。治所在今安徽滁州市。

［11］天長：縣名。治所在今安徽天長市。　高郵：縣名。治所在今江蘇高郵市。

［12］“乃渡淮”至“所至克捷”：《舊唐書》卷二〇上《昭宗

紀》：大順二年（890）二月辛巳，“全忠以鎮、魏不助兵糧觀望，遣龐師古將兵討魏，陷十縣，羅弘信乞盟，乃退”。《輯本舊史》卷二二《王檀傳》：“大順元年，從龐師古渡淮深入，討孫儒之亂，奪邵伯堰，破高郵軍，檀奮命擊賊，刃傷左臂。”《宋本册府》卷三八六《將帥部·褒異門一二》：“昭宗大順元年，（王檀）從龐師古渡淮深入，討孫儒之亂，奮命擊賊。”“昭宗大順二年八月，（葛從周）與龐師古同攻兗州朱瑾。”明本《册府》卷四二五《將帥部·死事門二》：“唐昭宗大順二年正月，令丁會下黎陽，龐師古與（翟）存西路下淇門、衛縣。”《新五代史·梁太祖紀上》：“大順元年春，遣龐師古攻孫儒于淮南，大敗而還。”《新唐書》卷二一〇《羅弘信傳》：“大順初，全忠討太原克用，遣將趙昌嗣見弘信假糧馬；又議屯邢、洺，假道相、衛，弘信不納。全忠使丁會、龐師古、葛從周、霍存等引萬騎度河，弘信壁内黄，凡五戰皆敗，禽大將馬武等，乃厚幣求和。”《通鑑》卷二五八龍紀元年十一月，“朱全忠遣龐師古將兵自潁上趨淮南，擊孫儒”。又，大順元年正月，“汴將龐師古等衆號十萬，渡淮，聲言救楊行密，攻下天長，壬子，下高郵”；二月，“龐師古引兵深入淮南，己巳，與孫儒戰於陵亭，師古兵敗而還”；十二月辛丑，“汴將丁會、葛從周擊魏，渡河，取黎陽、臨河，龐師古、霍存下淇門、衛縣，朱全忠自以大軍繼之”。

[13]朱友裕：人名。朱温長子。傳見本書卷一二。

[14]徐州：州名。治所在今江蘇徐州市。

[15]時溥：人名。徐州彭城（今江蘇徐州市）人。唐末軍閥，平定黄巢之亂後割據徐州。傳見本書卷一三、《舊唐書》卷一八二、《新唐書》卷一八八。　“尋代朱友裕領軍”至“以獻”：《舊唐書》卷二〇上《昭宗紀》：“（景福二年）四月己巳，汴將王重師、牛存節陷徐州，節度使時溥舉家自燔而死。朱全忠遣將龐師古守徐州。”《舊唐書》卷一八二《時溥傳》：“汴將龐師古陳兵于野，溥求援于兗州，朱瑾出兵救之，值大雪，糧盡而還。城中守陴者飢甚，加之病疫。汴將王重師、牛存節夜乘梯而入，溥與妻子登樓自

焚而卒，景福二年四月也。”《輯本舊史》卷一二《郴王友裕傳》：“時都虞候朱友恭羽書聞於太祖，誣友裕按兵不追賊，太祖大怒，因驛騎傳符，令裨將龐師古代友裕爲帥，仍令按劾其事。會使人誤致書於友裕，友裕懼，遂以數騎遁於山中。尋詣廣王於輝州，以訴其冤。賴元貞皇后聞而召之，令束身歸汴，力爲營救，太祖乃捨之，令權知許州。”事亦見明本《册府》卷二九八《宗室部・不悌門》、《新五代史》卷一三《朱友裕傳》、《新五代史・龐師古傳》。《輯本舊史》卷一三《朱瑄傳》：“及龐師古攻徐州，瑄出師來援，太祖深銜之。”《新五代史・梁太祖紀上》：“（景福）二年四月，龐師古克徐州，殺時溥。王如徐州，以師古爲留後，遂攻兖、鄆。”《新唐書》卷一八八《時溥傳》：“全忠使龐師古代友裕，溥分兵固保石佛山，師古攻拔之。自是完壘不戰。王重師、牛存節等梯其堞以入，溥徙金玉與妻子登燕子樓，自焚死，實景福二年。”《通鑑》卷二五九景福二年（893）二月甲午條後：“朱友裕圍彭城，時溥數出兵，友裕閉壁不戰。朱瑾宵遁，友裕不追，都虞候朱友恭以書譖友裕於全忠，全忠怒，驛書下都指揮使龐師古，使代之將，且按其事。書誤達於友裕，友裕大懼，以二千騎逃入山中，潛詣碭山，匿於伯父全昱之所。全忠夫人張氏聞之，使友裕單騎詣汴州見全忠，泣涕拜伏於庭；全忠命左右捽抑，將斬之，夫人趨就抱之，泣曰：‘汝捨兵衆，束身歸罪，無異志明矣。’全忠悟而捨之，使權知許州。……龐師古攻佛山寨，拔之；自是徐兵不敢出。”四月戊子，“龐師古拔彭城，時溥舉族登燕子樓自焚死”。

[16]兖州：州名。治所在今山東濟寧市兖州區。　中都：縣名。治所在今山東汶上縣。　梁山：山名。位於今山東梁山縣。

[17]朱瑄：人名。一作朱宣。宋州下邑（今河南夏邑縣）人。唐末、五代軍閥。傳見《舊唐書》卷一八二、《新唐書》卷一八八、本書卷一三、《新五代史》卷四二。

[18]朱瑾：人名。宋州下邑（今河南夏邑縣）人。唐末軍閥。傳見本書卷一三、《新五代史》卷四二。　清河：縣名。治所在今

河北清河縣。　“遂移軍伐兖州”至“又破朱瑾于清河”：《輯本舊史·葛從周傳》：唐景福二年八月，“（從周）與龐師古同攻兖州”。《宋本册府》卷一八七《閏位部·勳業門五》：“（景福）二年八月，帝遣龐師古移兵攻兖，駐於曲阜，與朱瑾屢戰，皆敗之。十二月，師古遣先鋒葛從周引軍以攻齊州，刺史朱威告急于兖、鄆。”《新唐書》卷一八八《朱宣傳》：“（朱）友裕進擊徐州，時溥求援於宣，戰不勝而還，溥遂亡。全忠即遣龐師古攻齊州，宣、（朱）瑾皆戍以兵，久不下。”《通鑑》卷二五九景福二年八月丙辰條後：“朱全忠命龐師古移兵攻兖州，與朱瑾戰，屢破之。”

[19]汶陽：古地名。位於今山東泰安市一帶。

[20]晋：封國名。時河東節度使李克用爲晋王，故稱。　史儼兒：人名。籍貫不詳。唐末、五代將領。事見本書本卷、卷一、卷二五。《輯本舊史》之影庫本粘籤：“史儼兒，《通鑑》作史儼，此傳作儼兒，與本紀同，今仍其舊。”見《通鑑》卷二六〇乾寧三年閏正月條、《輯本舊史》卷一《梁太祖紀》。　樂亭：地名。位於今山東東平縣西。

[21]“從討汶陽”至“大捷而迴”：《輯本舊史·葛從周傳》：“（乾寧）三年五月，并帥以大軍侵魏，遣其子落落率二千騎屯洹水，從周以馬步二千人擊之，殺戮殆盡，擒落落於陣，并帥號泣而去。遂自洹水與龐師古渡河擊鄆。四年正月，下之。”事亦見明本《册府》卷三四六。《輯本舊史》卷二二《牛存節傳》：“（乾寧）三年夏，太祖東討鄆州，存節領軍次故樂亭，扼其要路，都指揮使龐師古屯馬頰，存節密與都將王言謀入鄆壘。”事亦見《宋本册府》卷三六九《將帥部·攻取門二》。《宋本册府》卷三八六：“（乾寧）三年五月，從周擊并師，殺戮殆盡；與龐師古渡河擊鄆，四年正月下之。”《新唐書·朱宣傳》：“（乾寧）三年，克用使其將李瑭以兵屯莘援宣，爲羅弘信所破。全忠大喜，度宣可困，遣龐師古伐宣，宣逆戰，敗于馬頰河。師古迫其西門，兵不出。”《通鑑》卷二六〇乾寧三年（896）三月，“朱全忠遣龐師古將兵伐鄆州，敗鄆兵於馬

頻，遂抵其城下”。六月，“李克用攻魏博，侵掠徧六州。朱全忠召葛從周於鄆州，使將兵營洹水以救魏博，留龐師古攻鄆州”。十一月，“朱全忠還大梁，復遣葛從周東會龐師古，攻鄆州”。

[22]乾寧：唐昭宗李曄年號（894—898）。

[23]鄆：州名。治所在今山東東平縣。

[24]天平軍：方鎮名。治所在鄆州（今山東東平縣）。　節度留後：官名。唐、五代節度使多以子弟或親信爲留後，以代行節度使職務，亦有軍士、叛將自立爲留後者。掌一州或數州軍政。

[25]徐州：此處代指武寧軍。　節度使：官名。唐時在重要地區所設掌握一州或數州軍、民、財政的長官。　尋授徐州節度使：明本《册府》卷三四六、《宋本册府》卷三八六作“尋以功授徐州節度使”，《輯本舊史》之案語：“《文苑英華》有《授龐從武寧平南節度改名師古制》，張玄晏之辭也。中云：‘自委之留事，頒我詔條，惠愛行於鄉閭，威望揚于士伍。是宜錫以旗幢，進其官秩，奄有徐夷之四境，爰撫大彭之故都。’是師古先爲留後，繼授節度也。《通鑑》止作留後，誤。”按，《文苑英華》卷四五七有《授龐從武寧平難軍節度改名師古制》，“平南”誤。

[26]檢校司徒：官名。爲散官或加官，以示恩寵加此官，無實際執掌。司徒，與太尉、司空並爲三公。　“乾寧四年正月”至“官至檢校司徒”：《舊唐書》卷二〇上《昭宗紀》：“（乾寧四年正月）癸未，汴將龐師古陷鄆州，節度使朱瑄與妻榮氏潰圍，瑄至中都，爲野人所殺，榮氏俘於汴軍。朱全忠署龐師古爲鄆州兵馬留後。”《輯本舊史·朱瑄傳》：“乾寧四年正月，龐師古攻陷鄆州，（瑄）遁至中都北，匿於民家，爲其所箠，并妻榮氏禽之來獻，俱斬於汴橋下。”《宋本册府》卷一八七：“（乾寧）四年正月，帝以洹水之師大舉伐鄆。辛卯，營于濟水之次。龐師古令諸將撤木爲橋。乙未夜，師古以中軍先濟，聲振于鄆。”九月，帝“命龐師古以徐、宿、宋、滑之師直趨清口，葛從周以兗、鄆、曹、濮之衆徑赴安豐，淮人遣朱瑾領兵以拒師古，因決水以浸軍，遂爲淮人所

敗。師古歿焉，葛從周行及濠、梁，聞師古之敗，亦命班師”。《通鑑》卷二六一乾寧四年春正月，“龐師古、葛從周併兵攻鄆州，朱瑄兵少食盡，不復出戰，但引水爲深壕以自固。辛卯，師古等營於水西南，命爲浮梁。癸巳，潛決濠水。丙申，浮梁成，師古夜以中軍先濟。瑄聞之，棄城奔中都，葛從周逐之，野人執瑄及妻子以獻……朱全忠入鄆州，以龐師古爲天平留後”。三月丙子，“朱全忠表曹州刺史葛從周爲泰寧留後，朱友裕爲天平留後，龐師古爲武寧留後”。

[27]葛從周：人名。濮州鄄城（今山東鄄城縣）人。唐末、五代將領。傳見本書卷一六、《新五代史》卷二一。

[28]楊行密：人名。廬州合淝（今安徽合肥市）人。唐末軍閥，後追爲五代十國時期吴國太祖。傳見《新唐書》卷一八八、本書卷一三四、《新五代史》卷六一。　“乾寧四年八月”至“渡淮以伐楊行密”：《舊唐書》卷二〇上《昭宗紀》：（乾寧）四年冬十月癸卯朔，“朱全忠遣其將權徐州兵馬留後龐師古、兖州留後葛從周率兖、鄆、曹、濮、徐、宿、滑等兵士七萬渡淮討楊行密”。《通鑑》卷二六一乾寧四年九月，“朱全忠既得兖、鄆，甲兵益盛，乃大舉擊楊行密，遣龐師古以徐、宿、宋、滑之兵七萬壁清口，將趨揚州，葛從周以兖、鄆、曹、濮之兵壁安豐，將趨壽州，全忠自將屯宿州；淮南震恐”。

[29]清口：地名。原爲泗水入淮之口，位於今江蘇淮安市淮陰區。

[30]“十一月”至“寨地卑下”：《舊五代史考異》：“案《玉堂閒話》云：龐從會軍五萬于清口，所屯之地，蓋兵書謂之絶地，人不駕肩，行一舍方至夷坦之處。”《通鑑》卷二六一乾寧四年十一月，“楊行密與朱瑾將兵三萬拒汴軍於楚州，别將張訓自漣水引兵會之，行密以爲前鋒。龐師古營於清口，或曰：‘營地汙下，不可久處。’不聽。師古恃衆輕敵，居常弈棊”。

[31]“或請遷移”至“斬之”：《輯本舊史》之案語：“《九國

志·侯瓚傳》：時兵起倉卒，加以陰寒，士皆飲冰餐雪而行。甫及梁營，則豎戈植足，鬬志未決。朱瑾與瓚率五十騎潛濟淮，入自壘北，舞槊而馳，囂聲雷沸，梁兵皆殞眩不能舉，遂斬龐從，大將繼之，死者大半。是清口之戰，因雪夜不備而敗也。《薛史》以爲決淮上流，與《九國志》異，《新唐書·楊行密傳》兼用之。"《舊唐書》卷二〇上《昭宗紀》："（乾寧四年十一月）癸酉，淮南大將朱瑾潛出舟師襲汴軍於清口，龐師古舉軍皆没，師古被執。時葛從周自霍丘渡淮，至濠州，聞師古敗，乃退軍，信宿至渒河，方渡而朱瑾至。"《輯本舊史》卷五五《李承嗣傳》："（乾寧二年）九月，汴將龐師古、葛從周出師，將收淮南，朱瑾率淮南軍三萬，與承嗣設伏於清口，大敗汴人，生獲龐師古。"亦見明本《册府》卷三四七《將帥部·佐命門八》。《輯本舊史·楊行密傳》："（乾寧四年）八月，梁祖遣葛從周領步騎萬人自霍丘渡淮，遣龐師古率大軍營於清口。淮人決堰縱水，流潦大至。又令朱瑾率勁兵以襲汴軍，汴軍大敗，師古死之。葛從周聞師古之敗，自濠梁班師，至渒河，爲淮人所乘，諸軍僅得北歸。"事亦見《新五代史》卷二一《葛從周傳》。《宋本册府》卷四四四《將帥部·陷没門》："龐師古權徐州兵馬留後。乾德四年十一月癸酉，淮南大將朱瑾，潛出舟師，襲汴軍於清口。師古舉軍皆没，師古被執。"《新五代史·梁太祖紀上》："（乾寧）四年正月，龐師古克鄆州，王如鄆州，以朱友裕爲留後。遂攻兖州。朱瑾奔于淮南，以葛從周爲兖州留後。九月，攻淮南，龐師古出清口，葛從周出安豐，王軍屯于宿州。楊行密遣朱瑾先擊清口，師古敗死。"《新五代史》卷六一《楊行密世家》："（乾寧四年）梁太祖遣葛從周、龐師古攻行密壽州，行密擊敗梁兵清口，殺師古，而從周收兵走，追至渒河，又大敗之。"《新唐書·楊行密傳》："（葛）從周涉淮圍壽州，而龐師古、聶金以衆七萬壁清口。朱延壽擊從周軍，敗之。行密欲汴圍解，乃擊師古。李承嗣曰：'公能潛師趨清口，破其衆，則從周不擊而潰。'行密出車西門，繇北門去，以鋭士萬二千齕雪馳，迫清口，不進，壅淮上流灌師古軍。張訓自漣水來，行密使將羸兵千人爲前鋒。師古易之，方圍棋軍中，不顧。朱瑾、侯瓚以百騎持汴旌幟，直入師古壘，舞槊而馳。訓亦登岸，超其栅。汴軍大囂，即斬師古，士死十八。”《通鑑》卷二六一乾寧四年：“朱瑾壅淮上流，欲灌之；或以告師古，師古以爲惑衆，斬之。十一月，癸酉，瑾與淮南將侯瓚將五千騎潛渡淮，用汴人旗幟，自北來趣其中軍，張訓踰栅而入；士卒蒼黄拒戰，淮水大至，汴軍駭亂。行密引大軍濟淮，與瑾等夾攻之，汴軍大敗，斬師古及將士首萬餘級，餘衆皆潰。葛從周營於壽州西北，壽州團練使朱延壽擊破之，退屯濠州，聞師古敗，奔還。行密、瑾、延壽乘勝追之，及於渒水。從周半濟，淮南兵擊之，殺溺殆盡，從周走免。遏後都指揮使牛存節棄馬步鬬，諸軍稍得濟淮，凡四日不食，會大雪，汴卒緣道凍餒死，還者不滿千人；全忠聞敗，亦奔還。行密遺全忠書曰：‘龐師古、葛從周，非敵也，公宜自來淮上決戰。’”

［32］“須臾”至“師古没於陣”：亦見明本《册府》卷四四三《將帥部・敗衄門三》。《輯本舊史・葛從周傳》：“（從周）復領兵萬餘人渡淮討楊行密，至濠州，聞龐師古清口之敗，遽班師。”《輯本舊史》卷一三《朱瑾傳》：“及鄆州陷，龐師古乘勝攻兖，瑾與李承嗣方出兵求芻粟於豐沛間，瑾之二子及大將康懷英、判官辛綰、小校閻寶以城降師古。瑾無歸路，即與承嗣將麾下士將保沂州，刺史尹處賓拒關不納，乃保海州。爲師古所逼，遂擁州民渡淮依楊行密，行密表瑾領徐州節度使。龐師古渡淮，行密令瑾率師以禦之，清口之敗，瑾有力焉。”亦見明本《册府》卷四三八《將帥部・奔亡門》。《輯本舊史》卷二〇《王敬蕘傳》：“（乾寧）四年冬，龐師古敗于清口，敗軍逃歸者甚衆，路出于潁。時雨雪連旬，軍士凍餒，敬蕘自淮燎薪，相屬於道，郡中設糜粮餅餌以待之，全活者甚衆，由是表知武寧軍節度、徐宿觀察留後。”事亦見《新五代史》卷四三《王敬蕘傳》。《輯本舊史》卷二一《徐懷玉傳》：“乾寧四年，龐師古失利於清口，懷玉獨完軍以退。”事亦見明本《册府》

卷三四六、《新五代史》卷二二《徐懷玉傳》。《輯本舊史》卷六四《朱漢賓傳》:"(漢賓)父元禮,始爲郡將,梁太祖聞其名,擢爲軍校,從龐師古渡淮,戰没於淮南。"《新五代史》卷四二《朱瑾傳》:"梁遣龐師古、葛從周等攻淮南,行密用瑾,大破梁兵於清口,斬師古。"

[33]《大典》卷一八一二六"將"字韻"五代後梁將(一)"事目。

霍存

霍存,洺州曲周縣人。[1]性驍勇,善騎射,在黄巢中已爲將領。[2]唐中和四年,[3]太祖大破巢軍於王滿渡,[4]時存與葛從周、張歸霸皆自巢軍來降,[5]太祖宥而納之。[6]其後破王夏寨,擊殷鐵林,[7]並在戰中。尋佐朱珍取滑臺,[8]攻淄州,[9]取博昌,[10]皆預戰立功。

[1]洺州:州名。治所在今河北邯鄲市永年區。　曲周縣:縣名。治所在今河北曲周縣。

[2]黄巢:人名。曹州冤句(今山東菏澤市)人。唐末農民起義領袖。傳見《舊唐書》卷二〇〇下、《新唐書》卷二二五下。

[3]中和:唐僖宗李儇年號(881—885)。

[4]王滿渡:汴河渡口。位於今河南中牟縣。

[5]張歸霸:人名。清河(今河北清河縣)人。唐末、五代將領。傳見本書卷一六、《新五代史》卷二二。

[6]"霍存"至"太祖宥而納之":亦見明本《册府》卷三四六《將帥部·佐命門七》。霍存等歸降朱全忠,《舊唐書》卷一九下《僖宗紀》繫於中和四年(884)五月戊辰條,同書卷二〇〇下

《黄巢傳》繫於中和四年五月；《輯本舊史》卷一六《葛從周傳》繫於中和四年三月，《宋本册府》卷一八七《閏位部·勳業門五》繫於中和四年四月丁巳條，《新唐書》卷二二五下《黄巢傳》繫於中和四年五月，《通鑑》卷二五五繫於中和四年五月戊辰條。

[7]王夏寨：寨名。今地不詳。　殷鐵林：人名。籍貫不詳。唐末將領。事見本書本卷、卷一。

[8]滑臺：地名。位於今河南滑縣。

[9]淄州：州名。治所在淄川縣（今山東淄博市）。

[10]博昌：縣名。治所在今山東博興縣。

時蔡賊張晊在汴北，[1]存以三千人夕犯其營，破之。用本部騎兵敗秦賢軍，[2]殺五千人，[3]連破四寨，盡得其輜重。從討盧瑭、[4]張晊，殪萬餘人，存功居多。[5]我軍之圍濮州也，[6]有賊升眺樓大詬。[7]太祖怒甚，召存射之，矢一發而屍隕其下，賞賚甚厚。復佐朱珍擒石璠，[8]破魏師，敗徐戎。又佐龐師古至吕梁，[9]敗時溥二千餘衆，以是累遷官。初，王師渡淮乏食，不甚利，唯存軍戰有功，淮賊乃引退。太祖之討宿州也，[10]葛從周以水壞其垣，丁會以師乘其墉，[11]存戰壘外，敗其軍，宿人乃降。[12]明年，佐郴王友裕擊時溥于碭山，[13]破之，獲蕃將石君和等五十人。[14]是歲，復與晋軍戰于馬牢川，[15]始入爲前鋒，出則後拒，晋不敢逼，[16]乃渡河襲淇門，[17]殺三千餘人。[18]曹州刺史郭紹賓之來歸也，[19]存以師援之，遂代其任。始，朱友裕以大軍伐鄆，臨其壁，既而師陷圍中，以急來告，存領二百騎馳赴，擊退之。太祖喜，拔爲諸軍都指揮使。[20]

［1］蔡賊：指蔡州秦宗權勢力。 張晊：人名。籍貫不詳。秦宗權部將。事見本書卷一、卷一六。

［2］秦賢：人名。籍貫不詳。秦宗權部將。事見本書卷一、卷一六。《宋本册府》卷一八七《閏位部·勳業門五》光啓三年四月辛亥條、明本《册府》卷三四六《將帥部·佐命門七》、《新五代史》卷二一《霍存傳》同，《舊五代史考異》："案：《王虔裕傳》作秦宗賢。"見《輯本舊史》卷二一《王虔裕傳》。

［3］殺五千人：明本《册府》卷三四六同，《新五代史·霍存傳》作"殺三千人"。

［4］盧瑭：人名。籍貫不詳。秦宗權部將。事見本書卷一、卷一六。

［5］從討盧瑭、張晊，殪萬餘人，存功居多：《宋本册府》卷一八七繫於光啓三年（887）四月辛亥至五月丙子條。同年九月條："九月，亳州裨將謝殷逐刺史宋衮，自據其郡，帝領親軍屯於太清宫，遣霍存討平之。"《通鑑》卷二五七光啓三年八月壬寅條後："朱全忠引兵過亳州，遣其將霍存襲謝殷，斬之。"

［6］濮州：州名。治所在今山東鄄城縣。

［7］升：《宋本册府》卷八四六作"外"。 眺樓：《舊五代史考異》："案：原本作'昭樓'，今據《歐陽史》改正。"《新五代史·霍存傳》未見。明本《册府》卷三四六、《宋本册府》卷八四六《將帥部·善射門》亦作"眺樓"。

［8］石璠：人名。籍貫不詳。唐末將領。事見本書卷一三、卷二一。

［9］吕梁：地名。位於今江蘇徐州市。

［10］宿州：州名。治所在今安徽宿州市。

［11］丁會：人名。壽春（今安徽壽縣）人。唐末將領。傳見本書卷五九、《新五代史》卷四四。

［12］"太祖之討宿州也"至"宿人乃降"：《宋本册府》卷一八七大順二年（891）八月己丑、十月壬午條："八月己丑，帝遣丁

會急攻宿州，刺史張筠堅守其壁，會乃率衆於州東築堰，壅汴水以浸其城。十月壬午，筠遂降，宿州平。”

［13］碭（dàng）山：縣名。治所在今安徽碭山縣。

［14］石君和：人名。沙陀部人。時溥部將。事見本書本卷、卷一、卷二五。《輯本舊史》之影庫本粘籤：“石君和，原本作‘軍和’，今從《通鑑》改正。”見《通鑑》卷二五八大順元年二月丙子條、四月條。　獲蕃將石君和等五十人：《舊五代史考異》：“案《歐陽史》云：存代李唐賓攻時溥，溥敗碭山，存獲其將石君和等五十人。梁攻宿州，葛從周引水浸之，丁會與存戰城下，遂下之。”見《新五代史·霍存傳》。中華書局本有校勘記：“‘五十’，《册府》卷三四六同，本書卷一《梁太祖紀》一、《册府》卷一八七作‘三十’。”見明本《册府》卷三四六、《輯本舊史》卷一《梁太祖紀一》大順元年四月乙卯條、《宋本册府》卷一八七大順元年四月乙卯條，按本條《舊史》即輯自《册府》卷一八七。

［15］馬牢川：地名。位於今山西澤州縣。

［16］晋：明本《册府》卷三四六作“虜”。

［17］淇門：地名。位於今河南浚縣。是衛河與淇河的交匯處。

［18］三千：《新五代史·霍存傳》同，明本《册府》卷三四六作“三十”。　乃渡河襲淇門，殺三千餘人：《宋本册府》卷一八七大順元年十二月辛丑條：“十二月辛丑，帝遣丁會、葛從周率衆渡河取黎陽、臨河，又令龐師古、霍存下淇門、衛縣，帝徐以大軍繼其後。”明本《册府》卷四二五《將帥部·死事門二》：“唐昭宗大順二年正月，令丁會下黎陽，龐師古與存西路下淇門、衛縣。自是常爲先鋒，雄猛善戰，士皆仗之爲氣。”《通鑑》卷二五八大順元年十二月辛丑條：“辛丑，汴將丁會、葛從周擊魏，渡河，取黎陽、臨河，龐師古、霍存下淇門、衛縣，朱全忠自以大軍繼之。”

［19］刺史：官名。漢武帝時始置。州一級行政長官。總掌考覈官吏、勸課農桑、地方教化等事。唐中期以後，節度、觀察使轄州而設，刺史爲其屬官，職任漸輕。從三品至正四品下。　郭紹賓：

人名。籍貫不詳。唐末將領。事見本書本卷、卷九、卷一六。

[20]“始，朱友裕以大軍伐鄆”至“拔爲諸軍都指揮使”：亦見明本《册府》卷三四六、《宋本册府》卷三九六《將帥部·勇敢門三》。

景福二年春，[1]太祖親至曹州，留騎軍數千，令存將之，且曰：“有急則倍道兼行以赴之。”俄聞朱瑾領兵二萬入援彭門，[2]存乃領騎軍馳赴之，與徐、兖之衆合戰於石佛山下，[3]大敗之，存亦中流矢而卒，時人稱其忠勇。[4]

[1]景福：唐昭宗李曄年號（892—893）。

[2]彭門：地名。指徐州。

[3]石佛山：山名。即今江蘇徐州市南雲龍山。其東南嶺有大石佛，故名。

[4]“景福二年春”至“時人稱其忠勇”：明本《册府》卷三四六《將帥部·佐命門七》：“與徐、兖之衆合戰於石佛山下，中流矢而卒。”同書卷四二五《將帥部·死事門二》：“大破朱瑾衆於墉下，督戰晝夜不懈，勒戰卒閲礮，倚立修竿，忽爲飛矢所中，卒，太祖深傷惜之。”《新唐書》卷一八八《時溥傳》：“朱友裕率軍攻溥，嬰城不出。有語全忠曰：‘軍行非吉日，故師無功。’全忠遣參謀徐璠至軍責諭，友裕答曰：‘溥困且破，乃徇妖辭，士心惰矣。’焚其書，督餫饋，急攻之，溥將徐汶出降。溥求救於朱瑾。全忠自以兵屯曹，將去，留精騎數千授霍存曰：‘事急，可倍道趨之。’瑾兵二萬與溥合攻友裕，存引兵疾戰，瑾、溥還壁。明日復戰，霍存敗，死之。”《通鑑》卷二五九景福二年（893）二月辛卯條：“時溥求救於朱瑾，朱全忠遣其將霍存將騎兵三千軍曹州以備之。瑾將兵二萬救徐州，存引兵赴之，與朱友裕合擊徐、兖兵於石佛山下，

大破之，瑾遁歸兖州。辛卯，徐兵復出，存戰死。”

初，朱珍、李唐賓之歿，龐師古代珍，存代唐賓，戰伐功績，多與師古同。始遥領韶州牧，[1]又改賀州，[2]後用爲權知曹州刺史，官至檢校右僕射。及太祖登極，屢有征討，因起猛士之歎。一日，幸講武臺閲兵，謂諸將曰：“霍存在，朕安有此勞苦耶！諸君其思之。”他日語又如是。[3]累贈官至太保。

[1]遥領：雖居此官職，然實際上並不赴任。　韶州：州名。治所在今廣東韶關市。

[2]賀州：州名。治所在今廣西賀州市。

[3]“一日”至“他日語又如是”：其事亦見《新五代史》卷二一《霍存傳》。

子彦威，[1]後唐明宗朝爲青州節度使。[2]《永樂大典》卷一萬八千一百二十六。[3]

[1]子彦威：《輯本舊史》卷六四《霍彦威傳》、《宋本册府》卷八六三《總録部·爲人後門》、《新五代史》卷四六《霍彦威傳》云霍彦威爲霍存養子。

[2]後唐明宗：即五代後唐明宗李嗣源。沙陀部人。原名邈佶烈，李克用養子。926年至933年在位。紀見本書卷三五至卷四四、《新五代史》卷六。　青州：州名。治所在今山東青州市。此處代指平盧軍。

[3]《大典》卷一八一二六“將”字韻“五代後梁將（一）”事目。

符道昭

符道昭，淮西人。[1]性强敏，有武略，秦宗權用爲心膂，使監督諸軍。後爲騎將，尤能布陣，勇聞於時。然剛而無操，善迎人意，一見若盡肺腑，必甚愛其才，而道昭之心腹颺矣。秦宗權之將敗也，有薛潛者，[2]支擘隊伍，道昭謂所私曰："蔡弱矣。"乃歸潛。潛欲敗，復奔洋州依葛佐。[3]佐攻興元軍不利，[4]復奔於岐。宋文通愛之，[5]養爲己子，名繼遠，遂易其宗。及得軍職，悉超儕伍。後爲巴州刺史，[6]又奏爲隴州防禦使兼中軍都指揮使。[7]太祖迎奉昭宗，[8]駐軍於岐下，[9]道昭頻領騎士敢鬬戰，屢爲王師所敗，遂來降。[10]太祖素聞其名，待之甚厚。[11]昭宗反正，奏授秦州節度使、同平章事，[12]遣兵援送，不克而還。

[1]淮西：方鎮名。即淮南西道。治所在蔡州（今河南汝南縣）。　符道昭，淮西人：《舊五代史考異》："案：《歐陽史》作蔡州人。"見《新五代史》卷二一《符道昭傳》。《通鑑》卷二六三從《新五代史》，亦作蔡州人。符道昭，《新唐書》卷二一〇《羅紹威傳》、《通鑑》卷二六五有作"苻道昭"。

[2]薛潛：人名。籍貫不詳。秦宗權部將。事見本書本卷。《輯本舊史》之影庫本粘籤："薛潛，原本作'雪潛'，今從《歐陽史》改正。"

[3]洋州：州名。治所在今陝西洋縣。　葛佐：人名。籍貫不詳。唐末將領。事見本書卷一五。

[4]興元軍：地名。位於今陝西漢中市。

[5]宋文通：人名。即李茂貞。深州博野（今河北蠡縣）人。

唐末、五代軍閥。傳見本書卷一三二、《新五代史》卷四〇。

［6］巴州：州名。治所在今四川巴中市。

［7］隴州：州名。治所在今陝西隴縣。　防禦使：官名。唐代始置，設有都防禦使、州防禦使兩種。常由刺史或觀察使兼任，實際上爲唐代後期州或方鎮的軍政長官。　中軍都指揮使：官名。中軍，戰鬥時編成中位居中軍者。都指揮使，爲所部統兵將領。

［8］昭宗：即唐昭宗李曄，888 年至 904 年在位。紀見《舊唐書》卷二〇上、《新唐書》卷一〇。

［9］岐下：地名。岐山之下，指鳳翔。

［10］“宋文通愛之”至“遂來降”：《輯本舊史》卷一三二《李茂貞傳》：“（李茂貞）性至寬，有部將符道昭者，人或告其謀變，茂貞親至其家，去其爪牙，熟寢經宿而還。”《新唐書》卷三六《五行志》：“乾寧四年，李茂貞遣將符道昭攻成都，至廣漢，震雷，有石隕于帳前。”《通鑑》卷二六一乾寧四年（897）二月癸酉條：“鳳翔將李繼昭救梓州，留偏將守劍門，西川將王宗播擊擒之。”《輯本舊史》卷二三《康懷英傳》：“天復元年冬，太祖率師迎昭宗於鳳翔。時李茂貞遣大將符道昭領兵萬餘屯武功以拒，太祖命諸軍擊之，以懷英爲前鋒，領衆先登，一鼓而大破之，擄甲士六千餘人，奪馬二千匹。”亦見明本《册府》卷三四六《將帥部・佐命門七》、《宋本册府》卷三六〇《將帥部・立功門一三》，《宋本册府》卷三六〇作“虜甲士六十餘人”。《宋本册府》卷一八七《閏位部・勳業門五》：天復元年十月壬戌，“（全忠）次于咸陽。偵者云：‘天子昨暮至岐山，且日宋文通扈蹕入其闉矣。’是時，岐人遣大將符道昭領兵萬人屯于武功以拒帝，帝遣唐懷英（“康懷英”之誤）敗之，虜甲士六千餘衆”。《通鑑》卷二六二繫於十一月癸亥。《輯本舊史・康懷英傳》：“（天復）二年四月，符道昭復領大軍屯於虢縣之漠谷。其建寨之所，前臨巨澗，後倚峻阜，險不可升，太祖遣懷英提騎數千急擊之。道昭以懷英兵寡，有俯視之意，乃率甲士萬人，絶澗以挑戰。懷英始以千騎夜鬭，戰酣，發伏以擊

之，岐軍大敗。”亦見明本《册府》卷三四六。《通鑑》卷二六三繫於四月乙巳。《通鑑》卷二六三天復二年（902）十二月丁酉條：“上召李茂貞、蘇檢、李繼誨、李彦弼、李繼岌、李繼遠、李繼忠食，議與朱全忠和，上曰：‘十六宅諸王以下，凍餒死者日有數人。在内諸王及公主、妃嬪，一日食粥，一日食湯餅，今亦竭矣。卿等意如何？’皆不對。上曰：‘速當和解耳！’”十二月丁酉條：“鳳翔兵十餘人遮韓全誨於左銀臺門，諠駡曰：‘闔境塗炭，闔城餓死，正爲軍容輩數人耳！’全誨叩頭訴於茂貞，茂貞曰：‘卒輩何知！’命酌酒兩盃，對飲而罷。又訴於上，上亦諭解之。李繼昭謂全誨曰：‘昔楊軍容破楊守亮一族，今軍容亦破繼昭一族邪！’慢駡之，遂出降於全忠，復姓符，名道昭。”

［11］太祖素聞其名，待之甚厚：《舊五代史考異》：“案《通鑑》：李繼昭出降於全忠，復姓符，名道昭。據《薛史》則道昭在岐，自名繼遠，非繼昭也。《通鑑》疑傳寫之訛。”

［12］秦州：州名。治所在今甘肅天水市。此處代指天雄軍。同平章事：官名。“同中書門下平章事”之簡稱。唐高宗以後，凡實際任宰相之職者，常在其本官後加同平章事的職銜。後成爲宰相專稱。或爲節度使加銜。

先是，李周彝棄鄜州自投歸國，[1]署爲元帥府行軍左司馬，[2]寵冠霸府。及道昭至，以爲右司馬，使與周彝同領寇彦卿、南大豐、閻寶已下大軍伐滄州。[3]及太祖幸魏州，討牙軍，中軍前有魏博將山河營指揮使左行遷，[4]聞府中有變，引軍還屯歷亭，[5]自稱留後，從亂者數萬人。道昭佐周彝與彦卿已下大破之，殺四萬餘人，擒左行遷，斬之。有史仁遇亦聚徒數萬據高唐，[6]又破之，擒仁遇以獻。乘勝取澶、博二州，[7]平之，復殺萬餘人。[8]

［1］李周彝：人名。籍貫不詳。唐末、五代軍閥。事見本書本卷、卷二、卷六、卷九、卷一九、卷二三。　鄜州：州名。治所在今陝西富縣。

［2］行軍左司馬：官名。與行軍右司馬同掌弼戎政，專器械、糧糒、軍籍。

［3］南大豐：人名。籍貫不詳。唐末將領。本書僅此一見。　閻寶：人名。鄆州（今山東東平縣）人。五代後唐將領。傳見本書卷五九、《新五代史》卷四四。　滄州：州名。治所在今河北滄縣舊州鎮。

［4］魏博：方鎮名。治所在魏州貴鄉縣（今河北大名縣）。　山河營：部隊番號。《輯本舊史》之影庫本粘籤："山河營，原本作'山阿'，今從《通鑑》改正。"山河營，又見《宋本册府》卷三六〇《將帥部·立功門一三》。　左行遷：人名。籍貫不詳。唐末軍閥。事見本書本卷。

［5］歷亭：縣名。治所在今山東武城縣。

［6］史仁遇：人名。籍貫不詳。唐末軍閥。事見本書本卷、卷二、卷一四、卷二六。　高唐：縣名。治所在今山東高唐縣。後梁開平二年（908）改高唐縣爲魚丘縣，後唐同光二年（924）復名高唐縣。

［7］澶：州名。唐武德四年（621）治澶水縣（今河南濮陽縣西），大曆七年（772）治頓丘縣（今河南清豐縣西南），五代後晋天福四年（939）移治德勝城（今河南濮陽縣東南），後周徙治今濮陽縣。　博：州名。治所在今山東聊城市。

［8］"及太祖幸魏州"至"復殺萬餘人"：《新唐書》卷二一〇《羅紹威傳》："魏牙軍，起田承嗣募軍中子弟爲之，父子世襲，姻黨盤互，悍驕不顧法令，憲誠等皆所立，有不慊，輒害之無噍類。

厚給稟，姑息不能制。時語曰：‘長安天子，魏府牙軍。’謂其勢彊也。紹威懲曩禍，雖外示優假，而内不堪。俄而小校李公佺作亂，不克，奔滄州。紹威乃決策屠翦，遣楊利言與全忠謀。全忠乃遣苻道昭將兵合魏軍二萬攻滄州，求公佺，又遣李思安助戰，魏軍不之疑。紹威子，全忠婿也，會女卒，使馬嗣勳來助葬，選長直千人納盟器，實甲以入。全忠自滑濟河，聲言督滄景行營。紹威欲出迎，假鋭兵以入，軍中勸毋出而止。紹威遣人潛入庫，斷絃解甲，注夜，將奴客數百與嗣勳攻之，軍趨庫得兵，不可戰，因夷滅凡八千族，闤市爲空。”《通鑑》卷二六五天祐三年（906）四月癸未朔條：“羅紹威既誅牙軍，魏之諸軍皆懼，紹威雖數撫諭之，而猜怨益甚。朱全忠營於魏州城東數旬，將北巡行營，會天雄牙將史仁遇作亂，聚衆數萬據高唐，自稱留後，天雄巡内諸縣多應之。全忠移軍入城，遣使召行營兵還攻高唐，至歷亭，魏兵在行營者作亂，與仁遇相應。元帥府左司馬李周彝、右司馬符道昭擊之，所殺殆半，進攻高唐，克之，城中兵民無少長皆死。擒史仁遇，鋸殺之。”《宋本册府》卷一八七《閏位部·勳業門五》則曰：四月，“晋人圍邢州，刺史牛存節堅壁固守，帝遣符道昭帥師救之，晋人乃遁去”。

道昭性勇果，多率先犯陣，屢有摧失，而周彝、彦卿犄角繼進，連以捷告，護兵者上功不實，皆以道昭爲首，太祖陰知之，俱不議賞。[1]及滄州之圍也，不用騎士，令道昭牧馬於堂陽。[2]太祖受禪後，委以兵柄，[3]與康懷英等攻潞州，[4]以“蚰蜒塹”繚之，飛鳥不度。既踰歲，晋人援至，王師大敗，道昭爲晋軍所殺。[5]《永樂大典》卷一萬八千一百二十七。[6]

[1]“道昭性勇果”至“俱不議賞”：《輯本舊史》卷三《梁

太祖紀三》：開平元年（907）五月："丙申，御玄德殿，宴犒諸軍使劉捍、符道昭已下，賜物有差。"亦見《宋本册府》卷一九七《閏位部·宴會門》。

［2］堂陽：縣名。治所在今河北新河縣西北。中華書局本有校勘記："原作'唐陽'，據劉本、邵本校改。按《新唐書》卷三九《地理志》三，堂陽屬河北道冀州。《漢書》卷二八上《地理志》上注引應劭曰：'在堂水之陽。'"

［3］委以兵柄：中華書局本有校勘記："'以'字原闕，據《册府》卷四四四補。"見《宋本册府》卷四四四《將帥部·陷没門》。

［4］康懷英：人名。兖州（今山東濟寧市兖州區）人。唐末、五代將領。本名懷貞，避後梁末帝朱友貞諱改懷英。傳見本書卷二三、《新五代史》卷二二。　潞州：州名。治所在今山西長治市。

［5］"既踰歲"至"道昭爲晋軍所殺"：《輯本舊史》卷二七《唐莊宗紀一》："（天祐五年）五月辛未朔，晨霧晦暝，帝率親軍伏三垂崗下，詰旦，天復昏霧，進軍直抵夾城。時李嗣源總帳下親軍攻東北隅，李存璋、王霸率丁夫燒寨，斸夾城爲二道，周德威、李存審各分道進攻，軍士鼓譟，三道齊進。李嗣源壞夾城東北隅，率先掩擊，梁軍大恐，南向而奔，投戈委甲，噎塞行路，斬萬餘級，獲其將副招討使符道昭洎大將三百人、芻粟百萬。梁招討使康懷英得百餘騎，出天井關而遁。"亦見《宋本册府》卷四五《帝王部·謀略門》。《通鑑》卷二六六開平二年五月辛未條："晋王伏兵三垂岡下，詰旦，大霧，進兵直抵夾寨。梁軍無斥候，不意晋兵之至，將士尚未起，軍中驚擾。晋王命周德威、李嗣源分兵爲二道，德威攻西北隅，嗣源攻東北隅，填塹燒寨，鼓譟而入。梁兵大潰，南走，招討使符道昭馬倒，爲晋人所殺；失亡將校士卒以萬計，委棄資糧器械山積。"《新五代史》卷一四《唐太祖家人傳·皇后劉氏傳》："先時，莊宗攻梁軍於夾城，得符道昭妻侯氏，寵專諸宫，宫中謂之'夾寨夫人'。莊宗出兵四方，常以侯氏從軍。"

［6］《大典》卷一八一二七"將"字韻"後梁將（二）"

事目。

徐懷玉

徐懷玉，本名琮，亳州焦夷縣人。[1]少以雄傑自任，隨太祖起軍。唐中和末，從至大梁。[2]光啓初，蔡寇屯金堤驛，[3]懷玉將輕騎連破之，由是累遷親從副將，改左長劍都虞候。[4]又從破蔡賊於板橋，[5]收秦宗權八寨，奏加檢校右散騎常侍。文德初，[6]同諸軍解河陽之圍，[7]復從破徐、宿。[8]乾寧中，奏加檢校刑部尚書，太祖賜名懷玉。破朱瑾於金鄉南，[9]擒宗江以獻，[10]表授金紫光禄大夫、[11]檢校右僕射。

[1]焦夷縣：縣名。治所在今安徽亳州市東南。

[2]唐中和末，從至大梁：明本《册府》卷三四六《將帥部・佐命門七》作："唐僖宗中和末，從赴大梁。"《新五代史》卷二二《徐懷玉傳》："從太祖鎮宣武，爲永城鎮將。"

[3]光啓：唐僖宗李儇年號（885—888）。　金堤驛：地名。位於今河南滑縣東。

[4]左長劍都虞候：官名。左長劍爲部隊番號。都虞候爲統兵將領。　"光啓初"至"改左長劍都虞候"：《新五代史・徐懷玉傳》："秦宗權攻梁，壁金隄、靈昌、酸棗，懷玉以輕騎連擊破之，俘殺五千餘人，遷左長劍都虞候。又破宗權於板橋、赤岡，拔其八栅。"

[5]板橋：地名。位於汴州（今河南開封市）城西。

[6]文德：唐僖宗李儇年號（888）。

[7]諸軍：明本《册府》卷三四六作"諸將"。　河陽：縣名。

治所在今河南孟州市。

［8］“文德初”至“復從破徐、宿”：《輯本舊史》卷一六《張歸霸傳》：“文德初，大軍臨蔡州，賊將蕭顥來斫寨，歸霸與徐懷玉各以所領兵自東南二扉分出，合勢殺賊，蔡人大敗。及太祖整衆離營，寇塵已息。太祖召至，賞之曰：‘昔耿弇不俟光武擊張步，言不以賊遺君父，弇之功，爾其二焉。’”《新五代史》卷二二《張歸霸傳》：“太祖攻蔡州，蔡將蕭顥急擊太祖營，歸霸不暇請，與徐懷玉分出東南壁門，合擊敗之，太祖得拔營去。”

［9］金鄉：縣名。治所在今山東金鄉縣。　破朱瑾於金鄉南：《新五代史·徐懷玉傳》：“從太祖攻魏，敗魏兵黎陽，遂東攻兖，破朱瑾於金鄉。”

［10］宗江：人名。籍貫不詳。唐末將領。事見本書本卷。中華書局本有校勘記：“彭本、《册府》卷三四六、卷三八六作‘宋江’。”見明本《册府》卷三四六、《宋本册府》卷三八六《將帥部·褒異門一二》。《輯本舊史·張歸霸傳》作“宗江”。

［11］金紫光禄大夫：官名。本兩漢光禄大夫。魏晋以後，光禄大夫之位重者，加金章紫綬，因稱金紫光禄大夫。北周、隋爲散官。唐貞觀後列入文散官。正三品。

乾寧四年，龐師古失利於清口，懷玉獨完軍以退。[1]光化初，[2]轉滑州右都押牙兼右步軍指揮使，[3]俄奏授沂州刺史。[4]頃之，王師範以青州叛，[5]屢出兵侵軼，懷玉擊退之。天復四年，[6]轉齊州防禦使，[7]加檢校司空，從大軍迎駕於岐下。歸署華州觀察留後。[8]一年，復領所部兵戍雍州，[9]尋召赴河中，補晋、絳、同、華五州馬步都指揮使。[10]天祐三年，[11]授左羽林統軍，[12]轉右龍虎統軍，[13]領六軍之士赴澤州。[14]尋爲晋軍所攻，晝夜衝擊，穴地而入，[15]懷玉率親兵逆殺於隧中，晉軍遂退。[16]開平元年，授曹州刺史，加檢校司徒。明年，除晉州刺史。其秋，晉軍大至，已乘其墉，懷玉選親兵五十餘人，[17]擁殺下城。晉軍既退，出家財以賞戰士。[18]歲中，晉軍又至，懷玉領兵敗之於洪洞。[19]三年，制授鄜坊節度使、[20]特進、[21]檢校太保，練兵繕壁，人頗安之，加檢校太傅。

[1]“乾寧四年”至“懷玉獨完軍以退”：《新五代史》卷二二《徐懷玉傳》：“又從龐師古攻楊行密，師古敗清口，懷玉獨完一軍，行收散卒萬餘人以歸。”

[2]光化：唐昭宗李曄年號（898—901）。

[3]滑州：州名。治所在今河南滑縣。　右都押牙：官名。“押衙”即“押牙”。唐、五代時期節度使辟署的屬官，有稱左、右都押衙或都押衙者。掌領方鎮儀仗侍衛、統率軍隊。參見劉安志《唐五代押牙（衙）考略》，武漢大學歷史系魏晉南北朝隋唐史研究室編《魏晉南北朝隋唐史資料》第16輯，武漢大學出版社1998年版。

[4]沂州：州名。治所在今山東臨沂市。《輯本舊史》之影庫本粘籤：“沂州，原本作‘忻州’，今從《歐陽史》改正。”見《新五代史·徐懷玉傳》。

[5]王師範：人名。青州（今山東青州市）人。唐末、五代軍閥。傳見本書卷一三、《新五代史》卷四二。

[6]天復四年：明本《册府》卷三四六《將帥部·佐命門七》作“天復三年”。

[7]齊州：州名。治所在今山東濟南市。

[8]華州：州名。治所在今陝西渭南市華州區。　觀察留後：官名。唐、五代時，代行方鎮長官之職者稱留後。代行觀察使之職

者，即爲觀察留後。掌一州或數州軍政。

［9］雍州：地名。即京兆府，治所在今陝西西安市。

［10］晋：州名。治所在今山西臨汾市。　絳：州名。治所在今山西新絳縣。　同：州名。治所在今陝西大荔縣。

［11］天祐：唐昭宗李曄開始使用的年號（904）。唐哀帝李柷即位後沿用（904—907）。唐亡後，河東李克用、李存勗仍稱天祐，沿用至天祐二十年（923）。五代其他政權亦有行此年號者，如南吴、吴越等，使用時間長短不等。

［12］左羽林統軍：官名。唐置六軍，分左右羽林、左右龍武、左右神武，即"北衙六軍"。興元元年（784），六軍各置統軍，以寵勳臣。五代沿之。其品秩，《唐會要》卷七一、《舊唐書》卷一二記載爲從二品，《通鑑》卷二二九記載爲從三品。《舊五代史考異》："案：《歐陽史》作右羽林統軍。"見《新五代史·徐懷玉傳》。

［13］右龍虎統軍：官名。五代後梁禁衛部隊右龍虎軍統兵官。

［14］澤州：州名。治所在今山西澤州縣。

［15］穴地而入：明本《册府》卷三四六作"穴地而入之"。

［16］晋軍遂退：明本《册府》卷三四六作"晋人遂退"。"天祐三年"至"晋軍遂退"：《輯本舊史》卷一六《張歸厚傳》："天祐二年，（張歸厚）改左羽林統軍，與徐懷玉同守澤州，時晋軍五萬來攻，郡中戎士甚寡，歸厚極力拒守，并軍乃還。"亦見《宋本册府》卷三八六《將帥部·褒異門一二》。

［17］五十：明本《册府》卷四〇〇《將帥部·固守門二》作"五千"。

［18］"其秋"至"出家財以賞戰士"：《通鑑》卷二六七開平二年（908）九月："晋周德威、李嗣昭將兵三萬出陰地關，攻晋州，刺史徐懷玉拒守；帝自將救之，丁丑，發大梁，乙酉，至陝州。戊子，岐王所署延州節度使胡敬璋寇上平關，劉知俊擊破之。周德威等聞帝將至，乙未，退保隰州。"

[19]洪洞：縣名。治所在今山西洪洞縣。

[20]制授：授官方式。唐制，封授三品以上官用册，爲册授，五品以上制授，六品以下敕授。　鄜坊：方鎮名。治所在坊州（今陝西黄陵縣）。

[21]特進：官名。西漢末期始置，授給列侯中地位較特殊者。隋唐時期，特進爲散官，授給有聲望的文武官員。正二品。

乾化二年，[1]庶人友珪既簒立，[2]河中朱友謙拒命，[3]遣兵襲鄜州，懷玉無備，尋爲河中所擄，囚於公館。及友珪遣康懷英率師圍河中，友謙慮懷玉有變，遂害之。懷玉材氣剛勇，臨陣未嘗折退，平生金瘡被體，有戰將之名焉。《永樂大典》卷一萬八千一百二十七。[4]

[1]乾化：五代後梁太祖朱温年號（911—912）。末帝朱友貞沿用（913—915）。

[2]友珪：人名。即朱友珪。朱温次子，後勾結韓勍殺朱温。後追廢爲庶人。傳見本書卷一二、《新五代史》卷一三。

[3]朱友謙：人名。許州（今河南許昌市）人。朱温養子，唐末、五代軍閥。傳見本書卷六三、《新五代史》卷四五。

[4]《大典》卷一八一二七“將”字韻“後梁將（二）”事目。

郭言

郭言，太原人也。家於南陽新野，[1]少以力穡養親，鄉里稱之。唐廣明中，[2]黄巢擁衆西犯秦、雍，言爲巢黨所執。後從太祖赴汴，初爲騎軍，繼有戰功，後擢爲裨校。言性剛直，有權略，勤於戎事，或以家財分給將士之貧者，由是頗得士心。[3]屢將兵與蔡寇戰於浚郊，[4]每以少擊衆，出必勝歸。太祖嘉其勇果，謂賓佐曰："言乃吾之虎侯也。"[5]時秦宗權支黨數十萬，[6]太祖兵不過數十旅，[7]每恨其寡，與之不敵。一日，命言董數千人，越河洛，趨陝虢，[8]招召丁壯，以實部伍。言夏往冬旋，得鋭士萬餘，遂遷步軍都將。[9]自是隨太祖掩襲蔡寇，[10]斬獲掠奪，不可勝紀，宗權以茲敗北，太祖盡收其地。因命言將兵導達貢奉，以安郵傳，自汴、鄭迄於潼關，[11]去奸恤弱，甚得其所。

[1]南陽：縣名。治所在今河南南陽市。　新野：縣名。治所在今河南新野縣。

[2]廣明：唐僖宗李儇年號（880—881）。

[3]"言性剛直"至"由是頗得士心"：事亦見《宋本册府》卷四一二《將帥部·得士心門》。

[4]浚郊：地名。指開封城郊。明本《册府》卷四一九作"後郊"，疑誤。

[5]虎侯：人名。三國名將許褚外號。譙國譙（今安徽亳州市）人。曹操貼身護衛。傳見《三國志》卷一八。　"屢將兵與蔡寇戰於浚郊"至"虎侯也"：明本《册府》卷四一九《將帥部·以少擊衆門》："郭言，從太祖赴汴，爲裨校。屢將兵與蔡賊秦宗權戰于後郊，每以少擊衆，出必勝歸。太祖嘉其勇果，謂賓佐曰：'言乃吾之虎侯也。'"

[6]時秦宗權支黨數十萬："秦"字原闕，據明本《册府》卷三四六《將帥部·佐命門七》補。

[7]太祖兵不過數十旅：明本《册府》卷三四六作"太祖兵不

過數千”。

[8]河洛：地區名。黄河與洛水交匯地區。　陝虢：方鎮名。治所在陝州（今河南三門峽市陝州區），唐龍紀元年（889）改爲保義軍。

[9]“一日”至“遂遷步軍都將”：《輯本舊史》卷一六《葛從周傳》：“太祖遣郭言募兵於陝州，有黄花子賊據於温谷，從周擊破之。”《輯本舊史》卷一九《李重胤傳》：“（重胤）與李讜率騎軍至陝，應接郭言，迴次澠池，破賊帥黄花子之衆。”《通鑑》卷二五七光啓三年（887）四月辛亥條：“全忠又使牙將新野郭言募兵於河陽、陝、虢，得萬餘人而還。”

[10]自是隨太祖掩襲蔡寇：《通鑑》卷二五六光啓二年五月癸巳，“（朱全忠）遣都將郭言將步騎三萬擊蔡州。”

[11]鄭：州名。治所在今河南鄭州市。　潼關：關隘名。位於今陝西潼關縣。

光啓中，唐天子以太祖兵威日振，命兼領揚州節度使。[1]太祖遣幕吏李璠領兵赴維揚以制置爲名，[2]時言爲李璠前鋒，深入淮甸，破盱眙而還。[3]梁祖東伐徐、鄆，言將偏師，略地千里，頻逢寇敵，言出奇決戰，所向皆捷，大挫東人之鋭。太祖録其績，以“排陣斬斫”之號委之，尋表爲宿州刺史、檢校右僕射。[4]于時徐、宿兵鋒日夕相接，控扼偵邏，以言爲首。景福初，時溥大舉來攻宿州，言勇於野戰，喜逢大敵，自引鋭兵擊溥，殺傷甚衆，徐戎乃退。言爲流矢所中，一夕而卒。[5]《永樂大典》卷二萬二千一百六十。[6]

[1]領：領字原闕，據明本《册府》卷三四六《將帥部·佐命

門七》補。　揚州：州名。治所在今江蘇揚州市。　“光啓中”至“命兼領揚州節度使”：按，《輯本舊史》卷一《梁太祖紀一》：光啓三年五月，“揚州節度使高駢爲裨將畢師鐸所害，復有孫儒、楊行密互相攻伐，朝廷不能制，乃就加帝檢校太尉、兼領淮南節度使”。

[2]李璠（fán）：人名。籍貫不詳。唐末將領。事見本書卷一。　維揚：地名。揚州別稱。明本《册府》卷三四六作“淮揚”。　制置：官名。即制置使。唐後期臨時差遣官，爲地方用兵時控制該地秩序而設。

[3]盱眙：縣名。治所在今江蘇盱眙縣。　破盱眙而還：《輯本舊史》之案語：“《通鑑》云：時溥以師襲之，言力戰得免。《梁祖紀》亦作不克進而還，與傳異。”　“太祖遣幕吏李璠”至“破盱眙而還”：《輯本舊史》卷一《梁太祖紀一》：（唐光啓三年）閏月甲寅，帝“遣大將郭言領兵援送以赴揚州”。“文德元年正月，帝率師東赴淮海，行次宋州，聞楊行密已拔揚州，遂還。是時，李璠、郭言行至淮上，爲徐戎所扼，不克進而還。”事亦見《宋本册府》卷一八七《帝王部·勳業門五》。《輯本舊史》卷二一《李唐賓傳》：“（朱）珍之擒石璠也，唐賓亦沿淮與郭言犄角下盱眙。”事亦見《宋本册府》卷三六〇《將帥部·立功門一三》：“（朱）珍之擒石潘也，唐賓亦沿淮與郭言犄角下盱眙。”《輯本舊史》卷一三四《楊行密傳》：“梁祖兼領淮南，乃遣牙將張廷範使於淮南，與行密結盟，尋遣行軍司馬李璠權知淮南留後，令都將郭言以兵援送。”《新唐書》卷一八八《時溥傳》唐大順元年（890）：“溥自以先起，功名顯朝廷，位都統，顧不得而全忠得之，頗悵恨。全忠使司馬李璠、郭言等東，兵道宿州，遺溥書請假道。溥辭不可，間其憧，以兵襲之。言戰甚力，解而還。”《通鑑》卷二五七光啓三年（887）十一月戊午條：“朱全忠遣内客將張廷範致朝命於楊行密，以行密爲淮南節度副使，又以宣武行軍司馬李璠爲淮南留後，遣牙將郭言將兵千人送之。感化節度使時溥自以於全忠爲先進，官爲都統，顧

不得領淮南，而全忠得之，意甚恨望。全忠以書假道於溥，溥不許。（李）璠至泗州，溥以兵襲之，郭言力戰得免而還，徐、汴始構怨。”

［4］“梁祖東伐徐、鄆”至“檢校右僕射”：事亦見明本《册府》卷三四六、《宋本册府》卷三八六《將帥部・褒異門一二》。

［5］“于時徐、宿兵鋒日夕相接”至“一夕而卒”：亦見明本《册府》卷四二五《將帥部・死事門二》。《通鑑》卷二五九景福二年（893）：“春，正月，時溥遣兵攻宿州，刺史郭言戰死。”

［6］《大典》卷二二一六〇“郭”字韻“姓氏（五）”事目。

李唐賓

李唐賓，陝州陝縣人也。[1]中和四年二月，尚讓之寇繁臺也，[2]唐賓與李讜、[3]霍存並爲巢將，與太祖之軍戰于尉氏門外。[4]三月，太祖破瓦子寨，[5]唐賓與王虔裕來降。[6]時黄巢壁于陳郊，乃命唐賓摩其西闉焚焉。王滿之師、王夏之陣，[7]唐賓悉在戰中。後與朱珍趣淄州，所向摧敵。及取滑平蔡，前後破兖、鄆、淮、徐之衆，[8]功與朱珍略等，而驍勇絶倫，善用矛，未嘗不率先陷陣，其善於治軍行師之道，亦與珍齊名。[9]珍之擒石璠也，唐賓亦沿淮與郭言犄角下盱眙，[10]其後渡河破黎陽、李固等鎮，[11]攻澶州，下内黄，[12]敗魏師，未嘗不與珍同。[13]暨攻蔡之役，珍自西南破其外垣，唐賓亦堙壕坎墉，摧其東北隅。乃伐徐取豐，時溥軍於吴康，[14]珍亟遇之，未能却，唐賓引本軍擊敗之，珍遂大勝。每興師必與珍偕用，故往無不利，然而剛中用壯，遂爲珍所害，以謀叛聞。太祖聞之，痛惜累日。及誅朱珍後，令其妻孥至軍收葬，而加弔祭焉。[15]《永樂大典》卷一萬三百八十八。[16]

[1]陝縣：縣名。治所在今河南三門峽市陝州區。

[2]尚讓：人名。黄巢部將，後被時溥所殺。事見《舊唐書》卷二〇〇下、《新唐書》卷二二五下。　繁臺：地名。又稱禹王臺。位於今河南開封市。

[3]李讜：人名。河中臨晋（今山西臨猗縣）人。五代後梁將領。傳見本書卷一九。

[4]尉氏：縣名。治所在今河南尉氏縣。

[5]瓦子寨：寨名。位於陳州（今河南淮陽縣）東北。

[6]王虔裕：人名。琅邪臨沂（今山東臨沂市）人。唐末、五代將領。傳見本書本卷、《新五代史》卷二三。　"三月"至"來降"：《通鑑》卷二五五中和四年（884）三月甲子條："朱全忠擊黄巢瓦子寨，拔之；巢將陝人李唐賓、楚丘王虔裕降于全忠。"

[7]王滿：汴河渡口。位於今河南中牟縣。　王夏：寨名。位於今河南西華縣。

[8]淮：即淮南。方鎮名。治所在揚州（今江蘇揚州市）。　前後破兗、鄆、淮、徐之衆：中華書局本有校勘記："'兗'字原闕，據《册府》卷三六〇補。"見《宋本册府》卷三六〇《將帥部·立功門一三》。

[9]"及取滑平蔡"至"亦與珍齊名"：《輯本舊史》卷一《梁太祖紀一》唐僖宗光啓二年（886）："十一月，滑州節度使安師儒以怠於軍政，爲部下所殺。帝聞之，乃遣朱珍、李唐賓襲而取之，由是遂有滑臺之地。"亦見《宋本册府》卷一八七《閏位部·勳業門五》，"李唐賓"於本卷《册府》作"李唐實"。《輯本舊史》卷一九《朱珍傳》："會滑州節度使安師儒戎政不治，太祖命珍

與李唐賓率步騎以經略之。始入境，遇大雪，令軍士無得休息，一夕馳至壁下，百梯並升，遂乘其墉，滑州平。”亦見《宋本册府》卷三六九《將帥部·攻取門二》。《新五代史》卷一《梁太祖紀上》：“光啓二年三月，進爵王。義成軍亂，逐其節度使安師儒，推牙將張驍爲留後，師儒來奔，殺之。遣朱珍、李唐賓陷滑州，以胡真爲留後。”《通鑑》卷二五六光啓二年十一月丙戌條：“天平節度使朱瑄謀取滑州，遣濮州刺史朱裕將兵誘張驍，殺之。朱全忠先遣其將朱珍、李唐賓襲滑州，入境，遇大雪，珍等一夕馳至壁下，百梯並升，遂克之，虜（安）師儒以歸。”安師儒事，《輯本舊史》與《册府》卷一八七、卷三六九同，與《新五代史》《通鑑》異。《輯本舊史》卷一六《張歸霸傳》：“（張歸霸）從太祖伐鄆，副李唐賓渡淮，咸著奇績。”亦見明本《册府》卷三四六《將帥部·佐命門七》。《輯本舊史》卷一九《李思安傳》：“尋領軍襲蔡寇於鄭，都將李唐賓馬躓而墜，思安援槊刺追者，唐賓復其騎而還。”《通鑑》卷二五七光啓三年十一月：“初，宣武都指揮使朱珍與排陳斬斫使李唐賓，勇略、功名略相當，全忠每戰，使二人偕，往無不捷；然二人素不相下。珍使人迎其妻於大梁，不白全忠，全忠怒，追還其妻，殺守門者，使親吏蔣玄暉召珍，以漢賓代總其衆。館驛巡官馮翊敬翔諫曰：‘朱珍未易輕取，恐其猜懼生變。’全忠悔，使人追止之。珍果自疑，丙子夜，珍置酒召諸將。唐賓疑其有異圖，斬關奔大梁，珍亦棄軍單騎繼至。全忠兩惜其才，皆不罪，遣還濮州，因引兵歸。”

[10]石播：人名。籍貫不詳。唐末將領。事見本書本卷。　石播、犄角：《宋本册府》卷三六〇分别作“石潘”“掎角”。

[11]黎陽：縣名。治所在今河南浚縣。　李固：地名。位於今河南魏縣。

[12]内黄：縣名。治所在今河南内黄縣。

[13]“珍之擒石播也”至“未嘗不與珍同”：《輯本舊史·朱珍傳》：“梁山之役，始與李唐賓不協。珍在軍嘗私迎其室於汴，而

不先請，太祖疑之，密令唐賓察之，二將不相下，因而交諍。唐賓夜斬關還汴以訴，珍亦棄軍單騎而至，太祖兩惜之，故不罪，俾還於師。復以踏白騎士入陳、亳間，以邀蔡人，遂南至斤溝，破淮西石璠之師二萬，擄璠以獻。珍旋師自亳北趣静戎，濟舟于滑，破黎陽、臨河、李固三鎮。軍於内黄，敗樂從訓萬餘人，分命聶金、范居實略澶州，與魏師遇於臨黄，魏軍有豹子軍二千人，戮之無噍類，威振河朔。復攻淮西，至蔡，夾河而寨，敗賊將蕭皓之衆，皆擠於河溺死之。"《通鑑》卷二五七文德元年（888）三月癸卯條："朱全忠裹糧於宋州，將攻秦宗權；會樂從訓來告急，乃移軍屯滑州，遣都押牙李唐賓等將步騎三萬攻蔡州，遣都指揮使朱珍等分兵救樂從訓。自白馬濟河，下黎陽、臨河、李固三鎮；進至内黄，敗魏軍萬餘人，獲其將周儒等十人。"

[14]豐：縣名。治所在今江蘇豐縣。　吴康：地名。位於今江蘇豐縣吴康鎮。《舊五代史考異》："案：原本訛'吴唐'，今據《歐陽史》改正。"見《新五代史》卷二一《朱珍傳》："梁攻徐州，遣珍先攻下豐縣，又敗時溥於吴康，與李唐賓等屯蕭縣。"《輯本舊史·朱珍傳》："時溥乃以全師會戰於豐南吴康里。"

[15]"每興師必與珍偕用"至"加弔祭焉"：《輯本舊史·朱珍傳》："龍紀初，（朱珍）與諸將屯於蕭縣，以禦時溥，珍慮太祖自至，令諸軍葺馬厩以候巡撫，李唐賓之裨將嚴郊獨慢焉，軍候范權恃珍以督之。唐賓素與珍不協，果怒，乃見珍以訴其事，珍亦怒曰：'唐賓無禮！'遂拔劍斬之，珍命騎列狀陳其事。太祖初聞唐賓之死，驚駭，與敬翔謀，詐令有司收捕唐賓妻子下獄，以安珍心。太祖遂徑往蕭縣，距蕭一舍，珍率將校迎謁，梁祖令武士執之，責其專殺，命丁會行戮。都將霍存等數十人叩頭以救，太祖怒，以坐床擲之，乃退。"亦見明本《册府》卷四四九《將帥部·專殺門》。《新五代史·梁太祖紀上》：龍紀元年（889）"七月，朱珍殺李唐賓，王如蕭縣，執珍殺之，遂攻徐州"。《通鑑》卷二五八龍紀元年："朱珍拔蕭縣，據之，與時溥相拒，朱全忠欲自往臨之。珍命

諸軍皆葺馬厩，李唐賓部將嚴郊獨惰慢，軍吏責之，唐賓怒，見珍訴之；珍亦怒，以唐賓爲無禮，拔劍斬之，遣騎白全忠，云唐賓謀叛。淮南左司馬敬翔，恐全忠乘怒，倉猝處置違宜，故留使者，逮夜，然後從容白之，全忠果大驚。翔因爲畫策，詐收唐賓妻子繫獄，遣騎往慰撫，全忠從之，軍中始安。秋，七月，全忠如蕭縣，未至，珍出迎，命武士執之，責以專殺而誅之。諸將霍存等數十人叩頭爲之請，全忠怒，以牀擲之，乃退。丁未，至蕭縣，以龐師古代珍爲都指揮使。"《輯本舊史》卷二一《霍存傳》："朱珍、李唐賓之歿，龐師古代珍，存代唐賓，戰伐功績，多與師古同。"事亦見《新五代史》卷二一《龐師古傳》《霍存傳》。

［16］《大典》卷一〇三八八"李"字韻"姓氏（三三）"事目。

王虔裕

王虔裕，瑯琊臨沂人也，家於楚丘。[1]少有膽勇，多力善射，以弋獵爲事。唐乾符中，[2]諸葛爽聚徒於青、棣間，[3]攻剽郡縣，虔裕依其衆。及爽歸順，乃以虔裕及其衆隸於宣武軍。[4]太祖鎮汴，四郊多事，始議選將征討，首以虔裕綰騎兵，恒爲前鋒。及太祖擊巢、蔡於陳州，虔裕連拔數寨，擒獲萬計。巢孽既遁，虔裕躡其迹，追至萬勝戍，[5]賊衆饑乏，短兵纔接而潰。太祖以其勞，表授義州刺史。[6]蔡人日縱侵掠，陳、鄭、許、亳之郊，頻年大戰，虔裕掩襲攻拒，凡百餘陣，勦戮生擒，不知紀極。秦宗賢寇汴南鄙，[7]太祖令虔裕逆擊於尉氏，不利而還。太祖怒，命削職，拘於別部。踰年，邢州孟遷請降。[8]未幾，晉人伐邢，孟遷遣使來乞師，太祖先遣虔裕選勇士百餘人徑往赴之，伺夜突入邢州，明日，循堞樹立旗幟，晉人不測，乃退。[9]數月，復來圍邢，時太祖大軍方討兗、鄆，未及救援，[10]邢人困而攜貳，遷乃縶虔裕送於太原，尋爲所害。[11]《永樂大典》卷一萬八千一百二十七。[12]

[1]臨沂：縣名。治所在今山東臨沂市。　楚丘：縣名。治所在今山東曹縣。

[2]乾符：唐僖宗李儇年號（874—879）。

[3]諸葛爽：人名。青州博昌（今山東博興縣）人。唐末軍閥，時爲河陽節度使。傳見《舊唐書》卷一八二、《新唐書》卷一八七。　棣：州名。治所在今山東惠民縣。

[4]“唐乾符中”至“隸於宣武軍”：《新五代史》卷二三《王虔裕傳》：“少從諸葛爽起青、棣間，其後爽爲汝州防禦使，率兵北擊沙陀，還入長安攻黄巢，爽兵敗降巢，巢以爽爲河陽節度使。中和三年，孫儒陷河陽，虔裕隨爽奔于梁。”降梁者非諸葛爽，爲其子諸葛仲方。《通鑑》卷二五五中和四年（884）三月甲子條：“朱全忠擊黄巢瓦子寨，拔之；巢將陝人李唐賓、楚丘王虔裕降于全忠。”

[5]萬勝戍：地名。位於今河南中牟縣。

[6]義州：州名。治所在今河南信陽市。

[7]秦宗賢：《新五代史》卷一《梁太祖紀上》、《通鑑》卷二五六作“秦賢”。

[8]孟遷：人名。邢州（今河北邢臺市）人。唐末將領。傳見《新唐書》卷一八七。

[9]“踰年”至“乃退”：《通鑑》卷二五八龍紀元年（889）六月條：“李克用大發兵，遣李罕之、李存孝攻孟方立，六月，拔磁、洺二州。方立遣大將馬溉、袁奉韜將兵數萬拒之，戰於琉璃

陂，方立兵大敗，二將皆爲所擒，克用乘勝進攻邢州。方立性猜忌，諸將多怨，至是皆不爲方立用，方立慙懼，飲藥死。弟攝洺州刺史遷，素得士心，衆奉之爲留後，求援於朱全忠。全忠假道於魏博，羅弘信不許；全忠乃遣大將王虔裕將精甲數百，間道入邢州共守。”

［10］未及救援：《輯本舊史》之影庫本粘籤：“未及救援，原本作‘未幾’，今從《通鑑考異》所引《薛史》改正。”

［11］“數月”至“尋爲所害”：《輯本舊史》之案語：“《通鑑考異》云：是時全忠方攻時溥，未討兖、鄆也。傳誤。”《輯本舊史》卷二五《唐武皇紀上》、明本《册府》卷七《帝王部·創業門三》、《新唐書》卷一八七《孟遷傳》均作大順元年事。明本《册府》卷七曰：“大順元年，（李克用）遣李存孝攻邢州，孟遷以邢、洺、磁三州降，執汴將王虔裕三百人以獻。”《通鑑》卷二五八繫於大順元年（890）正月戊子條後：“李克用急攻邢州，孟遷食竭力盡，執王虔裕及汴兵以降。”《通鑑考異》曰：“《唐末見聞録》：‘龍紀元年，大軍守破邢州城，孟遷投來，拜李存孝邢州刺史。十一月四日，孟遷補充教練使。’《太祖紀年録》及薛居正《五代史·太祖紀》，皆曰：‘大順元年，李存孝攻邢州急，邢帥孟遷以邢、洺、磁三州歸于我，執朱温之將王虔裕等三百人以獻’，而無月。《太祖紀年録》又曰：‘太祖徙孟遷于太原，以大將安金俊爲邢洺團練使。’《薛史·孟遷傳》曰：‘大順元年，二月，遷執王虔裕等乞降，武皇令安金俊代之。’今從實録。”《薛史·虔裕傳》曰：‘時太祖大軍方討兖、鄆，未及救援，邢人困而攜貳，遷乃縶虔裕送于太原，尋爲所殺。’按是時全忠方攻時溥，未討兖、鄆也。《虔裕傳》誤。”《新唐書》卷一八七《孟遷傳》亦作遷請援於全忠，全忠方攻時溥，不即至。

［12］《大典》卷一八一二七“將”字韻“後梁將（二）”事目。

劉康乂

劉康乂，壽州安豐縣人也。[1]以農桑爲業。唐乾符中，關東群盜並起，江、淮間偏罹其苦，[2]因爲巢黨所掠。康乂沉默有膂力，善用矛槊，然不樂爲暴。中和三年，從太祖赴鎮，委以心腹，康乂枕戈擐甲，夷險無憚。其後累典親軍，襲巢破蔡，斬獲尤多，累以戰功遷元從都將。[3]從太祖連年攻討徐、兖、鄆，所向多捷，尤善於營壘，充諸軍壕寨使。及太祖盡下三鎮，議其功，奏加檢校右僕射，兼領軍衛，尋遷密州刺史，[4]政甚簡静。時王師範叛據青州，乞師於淮夷，淮人遂攻密州。密兵素少，執鋭者不滿千夫，而淮賊踰萬，康乂率老弱守陴，自别領少壯，日與接戰於密之四郊，俘擒千計。賊知密州虚弱，援兵未至，晝夜急攻，遂陷，康乂爲賊所害。[5]《永樂大典》卷九千九十八。[6]

[1]安豐縣：縣名。治所在今江蘇興化市安豐鎮。

[2]偏罹其苦：中華書局本有校勘記："'苦'，《册府》卷三四六作'酷'。"見明本《册府》卷三四六《將帥部·佐命門七》。又，"偏"，明本《册府》卷三四六作"徧"。

[3]元從：自初始即追隨在側的部屬。　都將：官名。唐、五代時節度使屬將。

[4]密州：州名。治所在今山東諸城市。《輯本舊史》之影庫本粘籤："密州，原本作'宣州'，考《新唐書·昭宗紀》：'楊行密陷密州，刺史劉康乂死之。''宣'字係'密'字之誤，今改正。"見《新唐書》卷一〇《昭宗紀》。

[5]"時王師範叛據青州"至"康乂爲賊所害"：《新唐書》卷

一〇《昭宗紀》天復三年（903）："三月……楊行密陷密州，刺史劉康乂死之。"《通鑑》卷二六四天復三年五月壬子條後："淮南將王茂章會王師範弟萊州刺史師誨攻密州，拔之，斬其刺史劉康乂，以淮海都遊弈使張訓爲刺史。"

［6］《大典》卷九〇九八"劉"字韻"姓氏（二六）"事目。

王彦章

王彦章，字賢明，[1]鄆州壽張縣人也。[2]祖秀，父慶宗，俱不仕，以彦章貴，秀贈左散騎常侍，[3]慶宗贈右武衛將軍。[4]彦章少從軍，隸太祖帳下，以驍勇聞。稍遷軍職，累典禁兵。從太祖征討，所至有功，常持鐵鎗衝堅陷陣。[5]開平二年十月，自開封府押牙、左親從指揮使授左龍驤軍使。[6]三年，轉左監門衛上將軍，[7]依前左龍驤軍使。[8]乾化元年，改行營左先鋒馬軍使，[9]又加金紫光禄大夫、檢校司空，依前左監門衛上將軍。二年，庶人友珪篡位，加檢校司徒。三年正月，授濮州刺史、本州馬步軍都指揮使，[10]依前左先鋒馬軍使。未幾，改先鋒步軍都指揮使。四年，爲澶州刺史，進封開國伯。[11]

［1］王彦章，字賢明：《輯本舊史》之案語："《歐陽史》作字子明。"見《新五代史》卷三二《王彦章傳》。《歐陽文忠公集》卷三九《王彦章畫像記》亦作字子明。

［2］壽張：縣名。治所在今山東梁山縣。　鄆州壽張縣人也：《輯本舊史》之案語："《歐陽史》作鄆州壽昌人。"《舊五代史考異》卷一《王彦章傳》："案《歐陽史》作字子明。《通鑑》從《薛

史》作壽張。”見《新五代史·王彦章傳》、《通鑑》卷二六七開平三年（909）十二月己丑條。《宋本册府》卷八四五《總録部·膂力門》：“梁王彦章，曹南人。”《王彦章畫像記》亦作鄆州壽張人也。

［3］左散騎常侍：官名。門下省屬官。掌侍奉規諷，備顧問應對。正三品下。

［4］右武衛將軍：官名。唐置，掌宫禁宿衛。唐代置十六衛，即左右衛、左右驍衛、左右武衛、左右威衛、左右領軍衛、左右金吾衛、左右監門衛、左右千牛衛，各置上將軍，從二品；大將軍，正三品；將軍，從三品。

［5］常持鐵鎗衝堅陷陣：中華書局本有校勘記：“句下《册府》卷三四六、卷三九三、卷八四五有‘敵人畏之，目之爲王鐵槍’一句。”見明本《册府》卷三四六《將帥部·佐命門七》、卷三九三《將帥部·威名門二》，《宋本册府》卷八四五《總録部·善武藝門》。《太平御覽》卷三五四《兵部·槍門》：“《五代晋史》曰：梁將有王彦章者，勇力過人，常執鐵槍僅百斤，所向辟易，莊宗畏之。”《宋本册府》卷三九六《將帥部·勇敢門三》：“王彦章，以驍勇見稱，累歷刺史。不知書，行師將兵無法術。能先登陷陣，奮不顧身，每入陣使二鐵鎗，一横馬鞍，一秉在手，酣戰揮擊，敵人避之。”同書卷八四五《總録部·膂力門》：“少好勇多力，太祖領四鎮，擢爲偏校，常持一鐵槍重逾百斤，所向無敢當者。”《通鑑》卷二六七開平三年十二月己丑條：“王彦章驍勇絶倫，每戰用二鐵槍，皆重百斤，一置鞍中，一在手，所向無前，時人謂之王鐵槍。”

［6］開封府：府名。後梁都城。治所在今河南開封市。　左親從指揮使：官名。所部統兵將領。左親從爲部隊番號。　左龍驤軍使：官名。所部統兵將領。左龍驤爲部隊番號。

［7］左監門衛上將軍：官名。唐代置十六衛之一，掌宫禁宿衛。從二品。

［8］“三年”至“依前左龍驤軍使”：《通鑑》卷二六七開平三

年十二月己丑條："岐王欲取靈州以處劉知俊，且以爲牧馬之地，使知俊自將兵攻之。朔方節度使韓遜告急；詔鎮國節度使康懷貞、感化節度使寇彦卿將兵攻邠寧以救之。懷貞等所向皆捷，克寧、衍二州，拔慶州南城，刺史李彦廣出降。遊兵侵掠至涇州之境，劉知俊聞之，十二月，己丑，解靈州圍，引兵還。帝急召懷貞等還，遣兵迎援於三原青谷；懷貞等還，至三水，知俊遣兵據險邀之，左龍驤軍使壽張王彦章力戰，懷貞等乃得過。"

[9]行營左先鋒馬軍使：官名。所部統兵將領。

[10]馬步軍都指揮使：官名。州級軍隊長官。

[11]四年，爲澶州刺史，進封開國伯：《輯本舊史》卷八《梁末帝紀上》乾化四年（914）四月丁丑條："以行營左先鋒馬軍使、濮州刺史王彦章爲澶州刺史，充行營先鋒步軍都指揮使，加光禄大夫、檢校太保，封開國伯。"

五年三月，朝廷議割魏州爲兩鎮，慮魏人不從，遣彦章率精騎五百屯鄴城，駐於金波亭，[1]以備非常。是月二十九日夜，魏軍作亂，首攻彦章於館舍，彦章南奔。[2]七月，晋人攻陷澶州，彦章舉家陷没。晋王遷其家於晋陽，[3]待之甚厚，遣細人間行誘之，彦章即斬其使以絶之。後數年，其家被害。[4]九月，授汝州防禦使、[5]檢校太保，依前行營先鋒步軍都指揮使。[6]貞明二年四月，[7]改鄭州防禦使。[8]三年十二月，授西面行營馬軍都指揮使，加檢校太傅，依前鄭州防禦使。[9]頃之，授行營諸軍左廂馬軍都指揮使。[10]五年五月，遷許州兩使留後，[11]軍職如故。[12]六年正月，正授許州匡國軍節度使，[13]充散指揮都頭都軍使，[14]進封開國侯。[15]未幾，授北面行營副招討使。[16]七年正月，移領滑州。[17]

［1］鄴城：地名。位於今河北大名縣。　遣彥章率精騎五百屯鄴城：《宋本册府》卷三七四《將帥部・忠門五》作“遣彥章率精騎五百人入鄴城”。　金波亭：亭名。位於魏州城（今河北大名縣東）内。

［2］“五年三月”至“彥章南奔”：《輯本舊史》卷八《梁末帝紀上》、《通鑑》卷二六九繫於貞明元年（915）三月己丑條。

［3］晋王：即唐莊宗李存勗。小字亞子，沙陀部人，太原（今山西太原市）人。晋王李克用之子，後唐開國皇帝。紀見本書卷二七至卷三四及《新五代史》卷四、卷五。　晋陽：縣名。治所在今山西太原市。

［4］“晋人攻陷澶州”至“其家被害”：亦見《宋本册府》卷三七四、明本《册府》卷四一七《將帥部・不顧親門》。《輯本舊史》之案語：“《通鑑》：晋人夜襲澶州，陷之。刺史王彥章在劉鄩營，晋人獲其妻子。是當時澶州之陷，因刺史他出而掩其不備，非彥章力不能守也。《歐陽史》極推重彥章，而載澶州事不詳，蓋未博考。”見《新五代史》卷三二《王彥章傳》、《通鑑》卷二六九貞明元年七月條。

［5］汝州：州名。治所在今河南汝州市。

［6］“九月”至“依前行營先鋒步軍都指揮使”：《輯本舊史・梁末帝紀上》貞明元年九月條：“九月，以行營先鋒步軍都指揮使、行澶州刺史、檢校太保王彥章爲汝州防禦使，依前行營先鋒步軍都指揮使。”

［7］貞明：後梁末帝朱友貞年號（915—921）。

［8］貞明二年四月，改鄭州防禦使：《輯本舊史・梁末帝紀上》貞明二年四月條：“是月，以行營先鋒步軍都指揮使、汝州防禦使王彥章爲鄭州防禦使，依前先鋒步軍都指揮使。”

［9］“三年十二月”至“依前鄭州防禦使”：《輯本舊史》卷九《梁末帝紀中》貞明三年十二月丙寅條：“丙寅，以西面行營馬軍都指揮使、檢校太保、鄭州刺史、充本州防禦使王彥章爲檢校太傅。”

［10］行營諸軍左廂馬軍都指揮使：官名。所部統兵官。

［11］兩使留後：官名。即節度觀察留後。唐、五代時，代行方鎮長官之職者稱留後。代節度使、觀察使之職者，即爲節度觀察留後。掌一州或數州軍政。

［12］“頃之”至“軍職如故”：《輯本舊史·梁末帝紀中》貞明五年五月條：“是月，以行營諸軍左廂馬軍都指揮使、鄭州防禦使王彦章爲許州匡國軍節度觀察留後，依前行營諸軍左廂馬軍都指揮使。”《通鑑》卷二七〇貞明四年十二月壬戌、癸亥、甲子條：“行營左廂馬軍都指揮使、鄭州防禦使王彦章軍先敗，西走趣濮陽。”

［13］匡國軍：方鎮名。後梁改忠武軍置，治所在許州（今河南許昌市）。

［14］散指揮都頭都軍使：官名。所部統兵將領，位次於都指揮使。散指揮都頭爲部隊番號。

［15］“六年正月”至“進封開國侯”：《輯本舊史》卷一〇《梁末帝紀下》貞明六年正月戊子條：“以許州匡國軍節度觀察留後、充散指揮都軍使、檢校太傅王彦章爲匡國軍節度使，進封開國侯，軍職如故。”

［16］北面行營副招討使：官名。不常置，爲一路或數路地區統兵官。掌招撫討伐等事務。兵罷則省。位於招討使下。

［17］七年正月，移領滑州：梁末帝貞明七年五月丙戌朔改元龍德元年。《輯本舊史·梁末帝紀下》龍德元年（921）正月甲辰條：“以北面行營副招討使、匡國軍節度、陳許蔡等州觀察處置等使、光禄大夫、檢校太傅王彦章爲宣義軍節度副大使，知節度事，鄭、滑、濮等州觀察處置等使，依前北面副招討使。”《通鑑》卷二七一龍德元年（921）四月條：“陳州刺史惠王友能反，舉兵趣大梁，詔陝州留後霍彦威、宣義節度使王彦章、控鶴指揮使張漢傑將兵討之。友能至陳留，兵敗，走還陳州，諸軍圍之。”

龍德三年四月晦，[1]晋師陷鄆州，中外大恐。五月，以彦章代戴思遠爲北面招討使。[2]拜命之日，促裝以赴滑臺，遂自楊村砦浮河而下，[3]水陸俱進，斷晋人德勝之浮梁，[4]攻南城，拔之，晋人遂棄北城，併軍保楊劉。[5]彦章以舟師沿流而下，晋人盡徹北城，析屋木編栰，[6]置步軍於其上，與彦章各行一岸。[7]每遇轉灘水滙，即中流交鬭，流矢雨集，或舟栰覆没，比及楊劉，凡百餘戰。彦章急攻楊劉，晝夜不息，晋人極力固守，垂陷者數四。六月，晋王親援其城，彦章之軍，重壕複壘，晋人不能入。晋王乃於博州東岸築壘，[8]以應鄆州。彦章聞之，馳軍而至，急攻其栅，自旦及午，其城將拔，會晋王以大軍來援，彦章乃退。[9]七月，晋王至楊劉，彦章軍不利，遂罷彦章兵權，詔令歸闕，以段凝爲招討使。[10]

[1]龍德：後梁末帝朱友貞年號（921—923）。　三年四月晦：中華書局本有校勘記："本書卷一〇《梁末帝紀下》、《新五代史》卷三《梁本紀》繫其事於龍德三年。"見《輯本舊史》卷一〇《梁末帝紀下》龍德三年（923）閏四月壬寅條、《新五代史》卷三《梁末帝紀》龍德三年閏四月條。

[2]戴思遠：人名。籍貫不詳。後梁、後唐將領。傳見本書卷六四。　招討使：官名。唐貞元年間始置。戰時任命，兵罷則省。常以大臣、將帥或地方軍政長官兼任。掌招撫討伐等事務。　北面招討使：《通鑑》卷二七二同光元年（923）五月癸卯條同，《輯本舊史·梁末帝紀下》龍德三年五月條作"北面行營招討使"。

[3]楊村砦：地名。位於今河南濮陽市西南。

[4]德勝：地名。原爲德勝渡，黄河重要渡口之一。位於今河

南濮陽縣。德勝沿黄河設城，河北岸爲北城，南岸爲南城。

［5］北城：《輯本舊史》之影庫本粘籤：“北城，原本作‘博城’，今據《歐陽史》改正。”見《新五代史》卷三二《王彦章傳》。　楊劉：地名。黄河渡口。位於今山東東阿縣。

［6］析屋木編栰：《宋本册府》卷二六九《將帥部·攻取門二》無“析”字；

［7］與彦章各行一岸：“彦章”下《册府》有“軍”字。

［8］博州：州名。治所在今山東聊城市。

［9］“晋師陷鄆州”至“彦章乃退”：亦見《宋本册府》卷三六九。

［10］段凝：人名。開封（今河南開封市）人。其妹爲朱温美人，因其妹而爲朱温親信。後梁將領。傳見本書卷七三、《新五代史》卷四五。　“七月”至“以段凝爲招討使”：《輯本舊史·梁末帝紀下》龍德三年八月條：“八月，以段凝代王彦章爲北面行營招討使。”《通鑑》卷二七二同光元年八月戊子條：“初，梁主遣段凝監大軍於河上，敬翔、李振屢請罷之，梁主曰：‘凝未有過。’振曰：‘俟其有過，則社稷危矣。’至是，凝厚賂趙、張求爲招討使，翔、振力争以爲不可；趙、張主之，竟代王彦章爲北面招討使，於是宿將憤怒，士卒亦不服。”

先是，趙、張二族撓亂朝政，[1]彦章深惡之，性復剛直，不能緘忍。及授招討之命，因謂所親曰：“待我立功之後，回軍之日，當盡誅姦臣，以謝天下。”趙、張聞之，私相謂曰：“我輩寧死於沙陀之手，[2]不當爲彦章所殺。”因協力以傾之。時段凝以賄賂交結，自求兵柄，素與彦章不協，潛害其功，陰行逗撓，遂至王師不利，竟退彦章而用段凝。未及十旬，國以之亡矣。[3]

[1]趙、張二族：指趙巖、張漢傑家族。

[2]沙陀：古部族名。原意爲沙漠。沙陀部源出西突厥。隋文帝開皇二年（582），突厥汗國分裂爲東、西突厥。處月部爲西突厥所屬部落，朱邪是處月的別部。唐初，處月部居於大磧（今古爾班通古特沙漠），因稱沙陀突厥。唐中期時西突厥、處月部均已衰落，朱邪部遂自號沙陀，其首領以朱邪爲姓。事詳見《新唐書》卷二一八《沙陀列傳》、本書卷二五、《新五代史》卷四末歐陽修考證。參見樊文禮《沙陀的族源及其早期歷史》，《民族研究》1999年第6期。

[3]“先是”至“國以之亡矣”：《通鑑》卷二七二同光元年（923）七月甲子條：“王彦章疾趙、張亂政，及爲招討使，謂所親曰：‘待我成功還，當盡誅姦臣以謝天下！’趙、張聞之，私相謂曰：‘我輩寧死於沙陀，不可爲彦章所殺。’相與協力傾之。段凝素疾彦章之能而諂附趙、張，在軍中與彦章動相違戾，百方沮橈之，惟恐其有功，潛伺彦章過失以聞於梁主。每捷奏至，趙、張悉歸功於凝，由是彦章功竟無成。及歸楊村，梁主信讒，猶恐彦章旦夕成功難制，徵還大梁。使將兵會董璋攻澤州。”

是歲秋九月，朝廷聞晋人將自兗州路出師，末帝急遣彦章領保鑾騎士數千於東路守捉，[1]且以鄆州爲敵人所據，因圖進取，令張漢傑爲監軍。[2]一日，彦章渡汶，[3]以略鄆境，至遞坊鎮，[4]爲晋人所襲，彦章退保中都。[5]十月四日，晋王以大軍至，彦章以衆拒戰，兵敗，爲晋將夏魯奇所擒。[6]魯奇嘗事太祖，與彦章素善，及彦章敗，識其語音，曰：“此王鐵槍也。”揮矟刺之，彦章重傷，馬踣，遂就擒。[7]

[1]末帝：即後梁末帝朱友貞，913年至923年在位。紀見本

書卷八至卷一〇、《新五代史》卷三。　保鑾：皇帝的護衛兵。皇帝的車駕叫鑾駕，故稱其衛士爲保鑾。　守捉：官名。即守捉使。唐制，軍隊戍守邊地，大者稱軍，小者稱守捉，其下則有城、有鎮。軍、城、鎮、守捉皆設使。　末帝急遣彦章領保鑾騎士數千於東路守捉：亦見《宋本册府》卷四四三《將帥部·敗衄門三》。《輯本舊史》之案語："《歐陽史》從《家傳》作保鑾士五百人，又作《畫像記》，極辨《舊史》領數千人以往之非。今考《通鑑》云：'梁主命王彦章將保鑾士及他兵合萬人，屯兗、鄆之境。'是彦章所將且不止《薛史》所云數千矣。又考《通鑑》，李嗣源敗彦章于遞坊鎮，獲將士三百人，斬首二百級。使彦章所將止於五百，是師徒盡喪，單騎遁還，不應尚能再戰也。彦章忠于所事，百折不回，不幸爲監軍張漢傑所制，力竭而亡，非戰之罪。《歐陽史》必欲減其兵數，恐轉非實録。"見《新五代史》卷三二《王彦章傳》，《通鑑》卷二七二同光元年（923）八月戊子條、九月戊辰條。

[2]張漢傑：人名。清河（今河北清河縣）人。張歸霸之子。五代後梁將領。傳見本書附録、《新五代史》卷二二。　監軍：官名。爲臨時差遣，代表朝廷協理軍務，督察將帥。

[3]汶：水名。即今山東大汶河。

[4]遞坊鎮：地名。位於今山東東平縣西。

[5]中都：縣名。治所在今山東汶上縣。

[6]夏魯奇：人名。青州（今山東青州市）人。後唐將領。傳見本書卷七〇、《新五代史》卷三三。

[7]"十月四日"至"遂就擒"：《通鑑》卷二七二同光元年十月甲戌條："甲戌旦，遇梁兵，一戰敗之，追至中都，圍其城。城無守備，少頃，梁兵潰圍出，追擊，破之。王彦章以數十騎走，龍武大將軍李紹奇單騎追之，識其聲，曰：'王鐵槍也！'拔矟刺之，彦章重傷，馬躓，遂擒之，并擒都監張漢傑、曹州刺史李知節、裨將趙廷隱、劉嗣彬等二百餘人，斬首數千級。"

晋王見彦章，謂之曰："爾常以孺子待我，今日服未?"又問："我素聞爾善將，何不保守兖州?此邑素無城壘，何以自固?"彦章對曰："大事已去，非臣智力所及。"晋王惻然，親賜藥以封其創。[1]晋王素聞其勇悍，欲全活之，令中使慰撫，[2]以誘其意。彦章曰："比是匹夫，本朝擢居方面，與皇帝十五年抗衡，今日兵敗力窮，死有常分，皇帝縱垂矜宥，何面目見人！豈有爲臣爲將，朝事梁而暮事晋乎！得死，幸矣。"晋王又謂李嗣源曰：[3]"爾宜親往論之，庶可全活。"時彦章以重傷不能興，嗣源至卧内以見之，謂嗣源曰："汝非邈佶烈乎?"邈佶烈，蓋嗣源小字也。彦章素輕嗣源，故以小字呼之。既而晋王命肩輿隨軍至任城，[4]彦章以所傷痛楚，堅乞遲留，遂遇害，時年六十一。[5]

[1]"晋王見彦章"至"親賜藥以封其創"：亦見《宋本册府》卷四四三《將帥部·敗衄門三》。

[2]中使：皇宫中派出的使臣。多由宦官擔任。

[3]李嗣源：人名。即五代後唐明宗。926年至933年在位。原名邈佶烈，沙陀部人，爲李克用養子。同光四年（926），莊宗李存勗在兵變中被殺，李嗣源入洛陽，稱監國，後稱帝，改名亶。在位時，精減宫人伶官，廢内藏庫，百姓賴以休息。李嗣源病危時，次子李從榮作亂被殺，悲駭憂慮而死。紀見本書卷三五至卷四四、《新五代史》卷六。

[4]任城：縣名。治所在今山東濟寧市。

[5]"晋王素聞其勇悍"至"時年六十一"：《宋本册府》卷三七四《將帥部·忠門五》："彦章恃其驫暴，每謂人曰：'晋王鬬雞小兒，彼何足畏?'至是見擒，素憐其勇悍，欲全活之，令中使宣

詔慰撫，欲觀其心。對曰：‘臣比自匹夫，朱氏拔擢，位居方面，與皇帝十五年抗衡，今日兵敗力窮，罪有常分。皇帝縱垂矜宥，臣何面目見人？釁鼓徇師，得死爲幸。’帝令牀舁隨軍，至任縣，彦章言所傷楚痛，因乞遲留，遂令斬之（一云莊宗欲留之，彦章曰：‘安有爲將兼相朝事梁而暮事晋，臣所不爲也。得就鈇鉞，甘之如薺。’莊宗知不可屈，遂殺之以成其志）。”明本《册府》卷四二五《將帥部·死事門二》：“晋王素聞其勇悍，欲全活之，令中使慰撫以誘其意，彦章曰：‘此是匹夫，本朝擢居方面，與皇帝十五年抗衡，今日兵敗力窮，死有常分。皇帝縱垂矜宥，臣何面目見人？豈有爲臣爲將朝事梁而暮事晋乎？得死爲幸。’遂遇害。”《王彦章畫像記》云彦章葬於鄭州之管城。《通鑑》卷二七二同光元年十月乙亥條：“乙亥，帝發中都，舁王彦章自隨，遣中使問彦章曰：‘吾此行克乎？’對曰：‘段凝有精兵六萬，雖主將非材，亦未肯遽爾倒戈，殆難克也。’帝知其終不爲用，遂斬之。”

彦章性忠勇，有膂力，臨陣對敵，奮不顧身。居嘗謂人曰：“李亞子鬬鷄小兒，何足顧畏！”初，晋王聞彦章授招討使，自魏州急赴河上，[1]以備衝突，至則德勝南城已爲所拔。晋王嘗曰：“此人可畏，當避其鋒。”一日，晋王領兵迫潘張寨。[2]大軍隔河，未能赴援，彦章援槍登船，叱舟人解纜，[3]招討使賀瓌止之，[4]不可。晋王聞彦章至，抽軍而退，其驍勇如此。[5]及晋高祖遷都夷門，[6]嘉彦章之忠款，詔贈太師，[7]搜訪子孫録用。[8]

《永樂大典》卷一萬八千一百二十七。[9]

[1]自魏州急赴河上：明本《册府》卷三九三《將帥部·威名門二》無“上”字。

［2］潘張寨：寨名。位於今山東鄄城縣。

［3］叱舟人解纜：明本《册府》卷三九三作“比舟人解之”。

［4］賀瓌：人名。濮陽（今河南濮陽市）人。五代後梁將領。傳見本書卷二三、《新五代史》卷二三。

［5］“晋王聞彦章授招討使”至“其驍勇如此”：亦見明本《册府》卷三九三。

［6］晋高祖：即後晋高祖石敬瑭。沙陀部人。五代後唐將領、後晋開國皇帝。紀見本書卷七五至卷八〇、《新五代史》卷八。夷門：地名。原指戰國魏都大梁城東門，故址在今河南開封城内東北隅。夷門位於夷山，夷山因山勢平夷而得名，故門亦以山爲名。此處代指開封。

［7］太師：《輯本舊史》之影庫本粘籤：“太師，原本作‘太尉’，《歐陽史》作太師，考《薛史・晋高祖紀》亦作太師，今改正。”

［8］“及晋高祖遷都夷門”至“搜訪子孫録用”：《輯本舊史》卷七六《晋高祖紀二》天福二年（937）四月：“丁亥，制：……梁故滑州節度使王彦章，效命當時，致身所事，稟千年之生氣，流百代之令名，宜令超贈太師，子孫量才敍録。”《王彦章畫像記》載彦章孫睿所録家傳，言彦章有五子，其二同彦章死節。

［9］《大典》卷一八一二七“將”字韻“後梁將（二）”事目。《輯本舊史》引《五代史補》：“王彦章之應募也，同時有數百人，而彦章營求爲長。衆皆怒曰：‘彦章何人，一旦自草野中出，便欲居我輩之上，是不自量之甚也。’彦章聞之，乃對主將指數百人曰：‘我天與壯氣，自度汝等不及，故求作長耳。汝等咄咄，得非勝負將分之際耶！且大凡健兒開口便言死，死則未暇，且共汝輩赤脚入棘針地走三五遭，汝等能乎？’衆初以爲戲，既而彦章果然。衆皆失色，無敢效之者。太祖聞之，以爲神人，遽擢用之。”

賀德倫

賀德倫，其先河西部落人也。[1]父懷慶，[2]隸滑州軍爲小校。[3]德倫少爲滑之牙將。[4]太祖領四鎮，[5]德倫以本軍從，繼立軍功，累歷刺史、留後，遷平盧軍節度使。[6]及魏博楊師厚卒，朝廷以德倫代其任。[7]貞明元年三月二十九日夜，魏軍作亂，執德倫，囚於别館，盡殺其部衆，爲亂首張彦所迫，[8]遣使歸款于太原。[9]晋王自黄澤嶺東下，至臨清，[10]德倫遣從事司空頲密啓晋王，[11]訴以張彦凌辱之事。晋王至永濟，[12]斬彦等八人，然後入于魏，德倫即以符印上晋王。尋授雲州節度使，[13]行次河東，[14]監軍張承業留之不遣。[15]頃之，王檀以急兵襲太原，[16]德倫部下多奔逸，承業懼其爲變，遂誅德倫，并其部曲盡殺之。[17]《永樂大典》卷一萬七千四百六十七。[18]

[1]河西：方鎮名。治所在涼州（今甘肅武威市）。

[2]懷慶：人名。即賀懷慶。本書僅此一見。

[3]小校：官名。五代時期軍隊中下級軍官的别稱，可越級提拔爲副指揮使或指揮使。

[4]牙將：官名。古代軍隊中的中低級軍官。　德倫少爲滑之牙將：《輯本舊史》卷一六《葛從周傳》："（光化二年）春，幽州劉仁恭率軍十萬寇魏州，屠貝郡。從周自邢臺馳入魏州，燕軍突上水關，攻館陶門。從周與賀德倫率五百騎出戰，謂門者曰：'前有敵，不可返顧！'命闔其門。從周等極力死戰，大敗燕人，擒都將薛突厥、王鄶郎等。翊日，破其八寨，追擊至臨清，劉仁恭走滄州，從周授宣義軍行軍司馬"。亦見《宋本册府》卷三九六《將帥

部·勇敢門三》、明本《册府》卷三四六《將帥部·佐命門七》。《輯本舊史》卷一三五《劉守光傳》作正月事，曰："時葛從周率邢、洺之衆入魏州，與賀德倫、李暉出擊賊營。是夜，仁恭燒營遁走，汴人長驅追擊，自魏至長河數百里，殭屍蔽地，敗旗折戟，纍纍於路。"《通鑑》卷二六一作三月事，曰："時葛從周自邢州將精騎八百已入魏州。戊申，仁恭攻上水關、館陶門，從周與宣義牙將賀德倫出戰，顧門者曰：'前有大敵，不可返顧。'命闔其扉。從周等殊死戰，仁恭復大敗，擒其將薛突厥、王鄶郎。明日，汴、魏乘勝合兵擊仁恭，破其八寨，仁恭父子燒營而遁。汴、魏之人長驅追之，至臨清，擁其衆入永濟渠，殺溺不可勝紀。鎮人亦出兵邀擊於東境，自魏至滄五百里間，僵尸相枕。仁恭自是不振，而全忠益横矣。德倫，河西胡人也。"《宋本册府》卷四一四《將帥部·赴援門》則作光化元年（898）正月事，曰："淮南楊行密舉全吴之師寇徐州，幽州劉仁恭又舉十萬衆攻陷貝郡。從周自山東馳救魏壁，入上萬歲亭下。遲明，燕人突上水關，攻館陶門。從周與賀德綸、李暉、馬言騎五六百人出壁外，謂門者曰：'前有大敵，不可返顧。'命下組闔焉。與德綸等殊死戰，燕人大衄，擒其將薛突厥、王鄶郎等。翌日，乘勢統諸將張存敬、齊奉國、程暉等連破八寨，襲至臨清，擁其師于御河，溺死甚衆，恭走滄州。"《輯本舊史》卷一六《葛從周傳》："（光化二年）五月，并人討李罕之於潞州，太祖以丁會代罕之，令從周馳入上黨。七月，并人陷澤州，太祖召從周，令賀德倫守潞州，德倫等尋棄城而歸"。亦見明本《册府》卷三四六。《輯本舊史》卷二六《唐武皇紀下》："五月，武皇令都指揮使李君慶將兵收澤、潞，爲汴軍所敗而還。以李嗣昭爲都指揮使，進攻潞州。八月，嗣昭營於潞州城下，前鋒下澤州。時汴將賀德倫、張歸厚等守潞州。是月，德倫等棄城而遁，潞州平。九月，武皇表汾州刺史孟遷爲潞州節度使。"《輯本舊史》卷五二《李嗣昭傳》："李罕之襲我潞州也，嗣昭率師攻潞州，與汴將丁會戰於含口，俘獲三千，執其將蔡延恭，代李君慶爲蕃漢馬步行營都將。進攻潞州，遣李存質、李嗣本以兵扼天井關。汴將澤州刺史劉屺棄城而遁，乃以李存璋爲刺史。梁祖聞嗣昭之師大至，召葛從周謂曰：'并人若在高平，當圍而取之，先須野戰，勿以潞州爲敵。'及聞嗣昭軍韓店，梁祖曰：'進通扼八議路，此賊決與我鬭，公等臨事制機，勿落姦便。'賀德倫閉壁不出，嗣昭日以鐵騎環城，汴人不敢芻牧，援路斷絶。八月，德倫、張歸厚棄城遁去，我復取潞州。"亦見明本《册府》卷三四七《將帥部·佐命門八》、《宋本册府》卷三六九《將帥部·攻取門二》。《宋本册府》卷一八七《閏位部·勳業門五》：七月"戊戌，晋人陷澤州。帝遣召葛從周於潞，留賀德倫以守之。未幾，德倫爲晋人所逼，遂棄潞而歸，由是潞州復爲晋人所有"。《新唐書》卷一〇《昭宗紀》："八月，李克用陷澤、潞、懷三州。"《通鑑》卷二六一光化二年八月："朱全忠召葛從周於潞州，使賀德倫守之。八月，丙寅，李嗣昭引兵至潞州城下，分兵攻澤州。己巳，汴將劉玘棄澤州走，河東兵進拔天井關，以李孝璋爲澤州刺史。賀德倫閉城不出，李嗣昭日以鐵騎環其城，捕芻牧者，附城三十里禾黍皆刈之。乙酉，德倫等棄城宵遁，趣壺關，河東將李存審伏兵邀擊之，殺獲甚衆。葛從周以援兵至，聞德倫等已敗，乃還。"考諸書，晋人陷潞州，《輯本舊史》卷一六《葛從周傳》、明本《册府》卷三四六俱作七月；《輯本舊史》卷二六《唐武皇紀下》、卷五二《李嗣昭傳》，明本《册府》卷三四七、《宋本册府》卷三六九、《新唐書·昭宗紀》、《通鑑》卷二六一，俱作八月。《輯本舊史·唐武皇紀下》："（天復元年）四月，汴將氏叔琮率兵五萬自太行路寇澤潞，魏博大將張文恭領軍自新口入，葛從周領兖、鄆之衆自土門入，張歸厚以邢洺之衆自馬嶺入，定州王處直之衆自飛狐入，侯言以晋、絳之兵自陰地入。氏叔琮、康懷英營於澤州之昂車。武皇令李嗣昭將三千騎赴澤州援李存璋而歸，賀德倫、氏叔琮軍至潞州，孟遷開門迎，沁州刺使蔡訓亦以城降於汴，氏叔琮悉其衆趨石會關"。《宋本册府》卷一八七：三月，全忠"遣大將賀德倫、氏叔琮領大軍以伐太原，叔琮等自太行路入，魏博都將張文恭自磁州新口入，葛從周以兗、鄆之衆自土門路入，洺州刺史張歸厚以本軍自馬嶺入，定州以本軍自飛狐入，晋州侯言自陰地入。澤州刺史李存璋棄郡奔歸太原。叔琮引軍逼潞州，節度使（孟）遷乞降。河東屯將李審建、王周領步軍一萬、騎二千詣叔琮歸命，乃進軍趨太原。四月，乙卯，大軍出石會關，營於洞渦驛。都將白奉國自井陘入，收承天軍。張歸厚引兵至遼州，刺史張鄂迎降。氏叔琮日與諸軍至陽城下，城中雖時出精騎來戰，然危蹙至甚，將謀遁矣。會叔琮以芻糧不給，遂班師”。《新五代史》卷四三《氏叔琮傳》：“太祖下河中，取晋、絳，晋王遣使致書太祖求成，太祖以晋書詞嫚，乃遣叔琮與賀德倫等攻之。”

［5］太祖領四鎮：指宣武、宣義、天平、護國四方鎮。

［6］“太祖領四鎮”至“遷平盧軍節度使”：《輯本舊史》卷六九《王正言傳》：“正言早孤貧，爲沙門，學工詩，密州刺史賀德倫令歸俗，署郡職。德倫鎮青州，表爲推官，移鎮魏州，改觀察判官。”明本《册府》卷二一〇《閏位部・延賞門》：“（開平五年）五月甲申朔，制曰：諸道節度使錢鏐、張宗奭、馬殷、王審知、劉隱各賜一子六品正員官，高季昌賜一子八品正員官，賀德倫賜一子九品正員官。”《輯本舊史》卷二八《唐莊宗紀二》天祐九年（912）二月庚戌朔條：“梁祖大舉河南之衆以援守光，以陝州節度使楊師厚爲招討使，河陽李周彝爲副；青州賀德倫爲應接使，鄆州袁象先爲副。甲子，梁祖自洛陽趨魏州，遣楊師厚、李周彝攻鎮州之棗强，命賀德倫攻蓨縣。”明本《册府》卷二〇五《閏位部・巡幸門》：乾化二年二月，“壬戌，帝將巡按北境，中外戒嚴”，“甲戌，次昌樂縣。丁丑，次于永濟縣。青州節度使賀德倫奏，統領兵士赴歷亭軍前”。《通鑑》卷二六八乾化二年（912）二月乙亥條：“帝至魏州，命都招討使宣義節度使楊師厚、副使前河陽節度使李周彝圍棗强，招討應接使平盧節度使賀德倫、副使天平留後袁象先圍蓨縣。德倫，河西胡人；象先，下邑人也。”《輯本舊史・唐莊宗紀二》：天祐九年，“三月壬午，梁祖自督軍攻棗强。甲申，城陷，

屠之。時李存審與史建瑭以三千騎屯趙州，相與謀曰：‘梁軍若不攻蓨城，必西攻深、冀。吾王方北伐，以南鄙之事付我輩，豈可坐觀其弊。’乃以八百騎趨冀州，扼下博橋，令史建瑭、李都督分道擒生。翌日，諸軍皆至，獲芻牧者數百人，盡殺之，縱數人逸去，且告：‘晋王至矣。’建瑭與李都督各領百餘騎，旗幟軍號類梁軍，與芻牧者雜行，暮及賀德倫營門，殺守門者，縱火大呼，俘斬而旋。又執芻牧者，斷其手令迴，梁軍乃夜遁。蓨人持鉏耰白挺追擊之，悉獲其輜重。梁祖聞之大駭，自棗强馳歸貝州，殺其將張正言、許從實、朱彦柔，以其亡師於蓨故也。梁祖先抱痼疾，因是愈甚。”亦見《輯本舊史》卷五五《史建瑭傳》、《宋本册府》卷三六七《將帥部·機略門七》、《新五代史》卷二五《史建瑭傳》，均作天祐九年事，未書月日。《通鑑》卷二六八乾化二年三月：“時蓨縣未下，帝引楊師厚兵五萬，就賀德倫共攻之。丁亥，始至縣西，未及置營，建瑭、嗣肱各將三百騎，效梁軍旗幟服色，與樵芻者雜行，日且暮，至德倫營門，殺門者，縱火大譟，弓矢亂發，左右馳突，既暝，各斬馘執俘而去。營中大擾，不知所爲。斷臂者復來曰：‘晋軍大至矣！’帝大駭，燒營夜遁，迷失道，委曲行百五十里，戊子旦乃至冀州；蓨之耕者皆荷鉏奮梃逐之，委棄軍資器械不可勝計。既而復遣騎覘之，曰：‘晋軍實未來，此乃史先鋒遊騎耳。’帝不勝慙憤，由是病增劇，不能乘肩輿。”《輯本舊史》卷五〇《李嗣肱傳》則作天祐十年事，曰：“與存審屯趙州，擊汴人於觀津。時梁祖新屠棗强，其將賀德倫急攻蓨縣，梁祖率師五萬合勢營於蓨之西。嗣肱自下博率騎三百，薄晚與梁之樵芻者相雜，日既晡，入梁軍營門，諸騎相合，大譟，弧矢星發，虓闞馳突。汴人不知所爲，營中大擾，既暝，斂騎而退。是夜，梁祖燒營而遁，解蓨縣之圍。”亦爲《御覽》卷二五五《職官部·刺史下》所引，未書年。《宋本册府》卷二九一《宗室部·立功門二》同《輯本舊史·李嗣肱傳》。《宋本册府》卷三九六《將帥部·勇敢門三》則稍異，未書年；且“嗣肱自下博率騎三百”，《册府》卷三九六作

"二百"。

[7]及魏博楊師厚卒，朝廷以德倫代其任：《輯本舊史》卷八《梁末帝紀上》、卷二八《唐莊宗紀二》、卷二三《劉鄩傳》，《新五代史》卷三《梁末帝紀》，均作貞明元年三月，《通鑑》卷二六九繫於丁卯條後。《輯本舊史·梁末帝紀上》：三月，"以平盧軍節度使賀德倫爲天雄軍節度使，遣劉鄩率兵六萬屯河朔……朝廷既分魏博六州爲兩鎮，命劉鄩統大軍屯于南樂，以討王鎔爲名，遣澶州刺史、行營先鋒步軍都指揮使王彥章領龍驤五百騎先入於魏州，屯於金波亭。詔以魏州軍兵之半隸于相州，并徙其家焉。又遣主者檢察魏之帑廪。既而德倫促諸軍上路，姻族辭決，哭聲盈巷。其徒乃相聚而謀曰：'朝廷以我軍府强盛，故設法殘破。況我六州，歷代藩府，軍門父子，姻族相連，未嘗遠出河門，離親去族，一旦遷於外郡，生不如死。'"《新五代史》卷四四《賀德倫傳》："貞明元年，魏州楊師厚卒，末帝以魏兵素驕難制，乃分相、澶、衛三州建昭德軍，以張筠爲節度使；魏、博、貝三州仍爲天雄軍，以德倫爲節度使。遣劉鄩以兵六萬渡河，聲言攻鎮、定，王彦章以騎兵五百入魏州，屯金波亭以虞變；分魏牙兵之半入昭德。租庸使遣孔目吏閱魏兵籍，檢校府庫。德倫促牙兵上道，牙兵親戚相訣别，哭聲盈塗。效節軍將張彦謀於其衆曰：'朝廷以我軍府彊盛，設法殘破之。況我六州舊爲藩府，未嘗遠出河門，一旦離親戚，去鄉里，生不如死。'乃相與夜攻金波亭，彦章走出。"《通鑑》卷二六九貞明元年（915）三月丁卯條："天雄節度使兼中書令鄴王楊師厚卒……帝以平盧節度使賀德倫爲天雄節度使；置昭德軍於相州，割澶、衛二州隸焉，以宣徽使張筠爲昭德節度使，仍分魏州將士府庫之半於相州。筠，海州人也。二人既赴鎮，朝廷恐魏人不服，遣開封尹劉鄩將兵六萬自白馬濟河，以討鎮、定爲名，實張形勢以脅之。"己丑（二十九）條："魏兵皆父子相承數百年，族姻磐結，不願分徙。德倫屢趣之，應行者皆嗟怨，連營聚哭。己丑，劉鄩屯南樂，先遣澶州刺史王彦章將龍驤五百騎入魏州，屯金波亭。魏兵相與謀曰：

‘朝廷忌吾軍府强盛，欲設策使之殘破耳。吾六州歷代藩鎮，兵未嘗遠出河門，一旦骨肉流離，生不如死。’是夕，軍亂，縱火大掠，圍金波亭，王彦章斬關而走。”

［8］張彦：人名。籍貫不詳。唐末魏博軍校，後梁貞明元年（915）魏州軍亂，張彦囚禁節度使賀德倫，叛梁降晋，爲晋王李存勗所誅。事見本書卷八。

［9］“貞明元年三月二十九日夜”至“遣使歸款于太原”：詳見《輯本舊史·梁末帝紀上》、《新五代史·賀德倫傳》、《通鑑》卷二六九。《輯本舊史·梁末帝紀上》：“三月二十九日夜，魏軍乃作亂，放火大掠，首攻龍驤軍，王彦章斬關而遁。遲明，殺德倫親軍五百餘人於牙城，執德倫置之樓上。有効節軍校張彦者，最爲粗暴，膽氣伏人，乃率無賴輩數百，止其剽掠。是日，魏之士庶被屠戮者不可勝紀。帝聞之，遣使齎詔安撫，仍許張彦除郡厚賜，將士優賞。彦等不遜，投詔於地，侮罵詔使，因迫德倫飛奏，請卻復相、衛，抽退劉鄩軍。帝復遣諭曰：‘制置已定，不可改易。’如是者三。彦等奮臂南向而罵曰：‘傭保兒，敢如是也！’復迫德倫列其事。……張彦又以楊師厚先兼招討使，請朝廷依例授之，故復逼德倫奏。……詔至，張彦壞裂，抵之於地，謂德倫曰：‘梁主不達時機，聽人穿鼻，城中擾攘，未有所依。我甲兵雖多，須資勢援，河東晋王統兵十萬，匡復唐朝，世與大梁仇讎。若與我同力，事無不濟，請相公改圖，以求多福。’德倫不得已而從之，乃遣牙將曹廷隱奉書求援於太原。彦使德倫告諭軍城曰：‘可依河東稱天祐十二年，此後如有人將文字於河南往來，便仰所在處置。’”《通鑑》卷二六九貞明元年：“（三月己丑）是夕，軍亂，縱火大掠，圍金波亭，王彦章斬關而走。詰旦，亂兵入牙城，殺賀德倫之親兵五百人，劫德倫置樓上。有效節軍校張彦者，自帥其黨，拔白刃，止剽掠。夏四月，帝遣供奉官扈異撫諭魏軍，許張彦以刺史。彦請復相、澶、衛三州如舊制。異還，言張彦易與，但遣劉鄩加兵，立當傳首。帝由是不許，但以優詔答之。使者再返，彦裂詔書抵於地，

戟手南向詬朝廷，謂德倫曰：‘天子愚暗，聽人穿鼻。今我兵甲雖强，苟無外援，不能獨立，宜投款於晋。’遂逼德倫以書求援於晋。”《通鑑考異》曰：“《莊宗列傳》：‘二十七日，劉鄩屯南樂，遣龍驤都將王彦章以五百騎入魏州，是夜三鼓，魏軍亂。’是月辛酉朔，《薛史·紀》云已丑魏博軍作亂，蓋《莊宗列傳》‘九’字誤爲‘七’字耳。”魏兵之亂，《輯本舊史·梁末帝紀上》及卷二八《唐莊宗紀二》、《新五代史》卷三《梁末帝紀》、《通鑑》卷二六九，俱作二十九日。

［10］黄澤嶺：山名。在今山西左權縣東南、河北武安市西北。爲歷代穿越太行山的主要通道之一。　臨清：縣名。治所在今河北臨西縣。

［11］從事：泛指一般屬官。　司空頲：人名。貝州清陽（今河北清河縣）人。唐末、五代將領。傳見本書卷七一、《新五代史》卷五四。

［12］永濟：縣名。治所在今河北臨西縣。

［13］雲州：州名。治所在今山西大同市。　“晋王自黄澤嶺東下”至“尋授雲州節度使”：“奉書者”，《輯本舊史·唐莊宗紀二》及卷七一《司空頲傳》、《通鑑》卷二六九同作司空頲，《輯本舊史·梁末帝紀上》、《新五代史·賀德倫傳》則以爲牙將曹廷隱。《宋本册府》卷七六六《總録部·攀附門二》：“曹廷隱，本魏州人，爲本州典謁虞候，賀德綸使西迎莊宗於晋陽。”《輯本舊史·唐莊宗紀二》：“帝命馬步副總管李存審自趙州帥師屯臨清，帝自晋陽東下，與存審會。賀德倫遣從事司空頲至軍，密啓張彦狂勃之狀，且曰：‘若不翦此亂階，恐貽後悔。’帝默然，遂進軍永濟。張彦謁見，以銀槍効節五百人從，皆被甲持兵以自衛。帝登樓諭之曰：‘汝等在城，濫殺平人，奪其妻女，數日以來，迎訴者甚衆，當斬汝等，以謝鄰人。’遽令斬彦及同惡者七人，軍士股慄，帝親加慰撫而退。翌日，帝輕裘緩策而進，令張彦部下軍士被甲持兵，環馬而從，命爲帳前銀槍，衆心大服。”《輯本舊史·梁末帝紀上》：

“（貞明元年）六月庚寅，晉王入魏州，以賀德倫爲大同軍節度使，舉族遷於晉陽。是月，晉人陷德州。”《輯本舊史·唐莊宗紀二》：“六月庚寅朔，帝入魏州，賀德倫上符印，請帝兼領魏州，帝從之。墨制授德倫大同軍節度，令取便路赴任。帝下令撫諭鄴人，軍城畏肅，民心大服。”明本《册府》卷八《帝王部·創業門四》：“（唐天祐十二年）三月，帝命馬步副摠管李存審自鎮州帥前軍先進，屯臨清。五月，帝帥親軍會之。德倫遣從事於司空陳密旨言：‘軍士張彥爲亂軍之首，迫德倫上章請却復六州。大王鎮撫魏人，宜誅首惡。’及帝進軍次於永濟，張彥選銀槍効節軍五百人，皆勇悍者，持矛仗戟，自衛而來。帝登驛樓，數其罪而斬之。六月，入府城，撫勞軍士。賀德倫上符印，請帝兼領魏、鎮，帝承制授德倫大同軍節度使。”《新五代史》卷五《唐莊宗紀下》：“王入魏州，行至永濟，誅其亂首張彥，以其兵五百自衛，號帳前銀槍軍。六月，王兼領魏博節度使。取德州。七月，取澶州。”《通鑑》卷二六九貞明元年：“晉王得賀德倫書，命馬步副總管李存審自趙州進據臨清。五月，存審至臨清，劉鄩屯洹水。賀德倫復遣使告急于晉，晉王引大軍自黄澤嶺東下，與存審會於臨清，猶疑魏人之詐，按兵不進。德倫遣判官司空頲犒軍，密言於晉王曰：‘除亂當除根。’因言張彥凶狡之狀，勸晉王先除之，則無虞矣。王默然……晉王進屯永濟，張彥選銀槍效節五百人，皆執兵自衛，詣永濟謁見，王登驛樓語之曰：‘汝陵脅主帥，殘虐百姓，數日中迎馬訴冤者百餘輩。我今舉兵而來，以安百姓，非貪人土地。汝雖有功於我，不得不誅以謝魏人。’遂斬彥及其黨七人，餘衆股栗。王召諭之曰：‘罪止八人，餘無所問。自今當竭力爲吾爪牙。’衆皆拜伏，呼萬歲。明日，王緩帶輕裘而進，令張彥之卒擐甲執兵，翼馬而從，仍以爲帳前銀槍都。衆心由是大服……六月，庚寅朔，賀德倫帥將吏請晉王入府城慰勞。既入，德倫上印節，請王兼領天雄軍，王固辭，曰：‘比聞汴寇侵逼貴道，故親董師徒，遠來相救；又聞城中新罹塗炭，故暫入存撫。明公不垂鑒信，乃以印節見推，誠非素懷。’德倫再拜曰：

‘今寇敵密邇，軍城新有大變，人心未安，德倫心腹紀綱爲張彦所殺殆盡，形孤勢弱，安能統衆！一旦生事，恐負大恩。’王乃受之。德倫帥將吏拜賀，王承制以德倫爲大同節度使，遣之官。”上述皆以張彦被殺於永濟，《新五代史·賀德倫傳》則作莊宗斬彦於臨清而後入魏州。“德倫即以符印上晋王”，《舊五代史考異》：“案《通鑑》：晋王既入，德倫上印節，請王兼領天雄軍。王固辭，曰：‘比聞汴寇侵逼貴道，故親董師徒，遠來相救；又聞城中新罹塗炭，故暫入存撫。明公不垂鑒信，乃以印節見推，誠非素懷。’德倫再拜曰：‘今寇敵密邇，軍城新有大變，人心未安，德倫心腹紀綱爲張彦所殺殆盡，形孤勢弱，安能統軍！一旦生事，恐負大恩。’王乃受之。”

[14]河東：方鎮名。治所在太原（今山西太原市）。

[15]張承業：人名。同州（今陝西大荔縣）人。唐末、五代宦官，河東監軍。傳見本書卷七二、《新五代史》卷三八。

[16]王檀：人名。京兆（今陝西西安市）人。後梁將領。傳見本書卷二二、《新五代史》卷二三。

[17]部曲：此處指部下。　“行次河東”至“并其部曲盡殺之”：《新五代史·賀德倫傳》：“行至太原，監軍張承業留之。王檀攻太原，德倫麾下多奔檀，承業懼德倫爲變，殺之。”《通鑑》卷二六九貞明二年（916）二月壬寅條：“梁兵之在晋陽城下也，大同節度使賀德倫部兵多逃入梁軍，張承業恐其爲變，收德倫，斬之。”

[18]《大典》卷一七四六七“賀”字韻“姓氏（一）”事目。

舊五代史　卷二二

梁書二十二

列傳第十二

楊師厚

楊師厚，潁州斤溝人也。[1]初爲李罕之部將，[2]以猛決聞，尤善騎射。及罕之敗，退保澤州，[3]師厚與李鐸、何絪等來降，[4]太祖署爲忠武軍牙將，[5]繼歷軍職，累遷檢校右僕射，表授曹州刺史。[6]

[1]潁州：州名。治所在今安徽阜陽市。　斤溝：地名。位於今安徽太和縣斤溝鎮。　楊師厚，潁州斤溝人也：明本《册府》卷三四六《將帥部·佐命門七》："楊師厚，潁川斤溝人也。"《通鑑》卷二六四天復三年（903）七月壬子條："師厚，潁州人也。"《廿二史考異》卷六二《五代史二》云："唐、宋《地理志》皆無斤溝縣。胡三省云：'九域志，潁州萬壽縣有斤溝鎮。萬壽，唐汝陰縣之百尺鎮也。開寶六年置縣。"見《通鑑》卷二六四天復三年七月壬子條胡注。

［2］李罕之：人名。陳州項城（今河南沈丘縣）人。唐末軍閥，後依附於諸葛爽。傳見《新唐書》卷一八七、本書卷一五、《新五代史》卷四二。

［3］澤州：州名。治所在今山西澤州縣。

［4］李鐸：人名。籍貫不詳。唐末、五代將領。事見《舊唐書》卷一九下、本書本卷。　何絪：人名。籍貫不詳。唐末、五代將領。事見本書本卷、卷二、卷一四。《輯本舊史》之影庫本粘籤："何絪，原本作'何細'，考《歐陽史》作何絪，今改正。"見《新五代史》卷四二《王珂傳》。明本《册府》卷三四六作"何綱"。

［5］太祖：即後梁太祖朱温。紀見本書卷一至卷七及《新五代史》卷一、卷二。　忠武軍：方鎮名。貞元十年（794）以陳許節度使爲忠武軍，治所在許州（今河南許昌市）。天復元年移治陳州（今河南淮陽縣）。　牙將：官名。古代軍隊中的中低級軍官。

［6］"初爲李罕之部將"至"表授曹州刺史"：亦見明本《册府》卷三四六。《宋本册府》卷一八七《閏位部·勳業門五》乾寧四年八月："帝遣張存敬、楊師厚等領兵赴陝，既而與蒲人戰于猗氏，大敗之"。明本《册府》卷九四九《總録部·亡命門》："梁楊師厚，潁州人，初爲李罕之小校。太祖平定，罕之預其功，遂受澤州刺史。當罕之至晋陽，謁見太祖，太祖以嘗有軍功，遇之甚厚。罕之有驍卒百餘人，太祖素知，意欲留之。罕之識其旨，乃列籍以獻。時師厚在其籍中，後得罪，懼奔于梁。"《新五代史》卷二三《楊師厚傳》："少事河陽李罕之，罕之降晋，選其麾下勁卒百人獻于晋王，師厚在籍中。師厚在晋，無所知名，後以罪奔于梁，太祖以爲宣武軍押衙、曹州刺史。"《通鑑》卷二六一乾寧四年（897）三月丙子條後："保義節度使王珙攻護國節度使王珂，珂求援於李克用，珙求援於朱全忠。宣武將張存敬、楊師厚敗河中兵於猗氏南。""初爲李罕之部將"，中華書局本有校勘記："'初'字原闕，據《册府》卷三四六、卷九四九補。《新五代史》卷二三《楊師厚傳》敘其事作'少事河陽李罕之'。""何絪"，《輯本舊史》之影庫

本粘籤："何絪，原本作'何細'，考《歐陽史》作何絪，今改正。"見《新五代史》卷四二《王珂傳》。明本《册府》卷三四六作"何綱"。

唐天復二年，[1]從太祖迎昭宗於岐下，[2]李茂貞以勁兵出戰，[3]爲師厚所敗。及王師範以青州叛，[4]太祖遣師厚率兵東討，時淮賊王景仁以衆二萬來援師範，[5]師厚逆擊，破之，追至輔唐縣，[6]斬數百級，授齊州刺史。[7]將之任，太祖急召見於鄆西境，[8]遣師厚率步騎屯於臨朐，而聲言欲東援密州，[9]留輜重於臨朐。師範果出兵來擊，師厚設伏於野，追擊至聖王山，[10]殺萬餘衆，擒都將八十人。[11]未幾，萊州刺史王師誨以兵救師範，[12]又大敗之。自是師範不復敢戰。師厚移軍寨于城下，師範力屈，竟降。[13]天復四年三月，[14]加檢校司徒、徐州節度使。[15]天祐元年，加諸軍行營馬步都指揮使。[16]

[1]天復：唐昭宗李曄年號（901—904）。　二年：中華書局本有校勘記："'二年'原作'三年'，據《册府》卷三四六改。按《通鑑》卷二六三亦繫其事於天復二年。"見明本《册府》卷三四六《將帥部·佐命門七》。

[2]昭宗：即唐昭宗李曄，888年至904年在位。紀見《舊唐書》卷二〇上、《新唐書》卷一〇。　岐下：地名。即鳳翔。治所在今陝西鳳翔縣。

[3]李茂貞：人名。深州博野（今河北蠡縣）人。唐末、五代軍閥。傳見本書卷一三二、《新五代史》卷四〇。

[4]王師範：人名。青州（今山東青州市）人。唐末、五代軍閥。傳見本書卷一三、《新五代史》卷四二。　青州：州名。治所

在今山東青州市。

［5］王景仁：人名。合淝（今安徽合肥市）人。後梁將領。傳見本書卷二三、《新五代史》卷二三。

［6］輔唐縣：縣名。治所在今山東安丘市。

［7］斬數百級：明本《册府》卷三四六作“斬首數百級”。　齊州：州名。治所在今山東濟南市。

［8］鄆：州名。治所在今山東東平縣。

［9］臨朐：縣名。治所在今山東臨朐縣。　密州：州名。治所在今山東諸城市。

［10］聖王山：山名。今地不詳。

［11］都將：官名。唐五代時節度使屬將。

［12］萊州：州名。治所在今山東萊州市。　刺史：官名。漢武帝時始置。州一級行政長官，總掌考覈官吏、勸課農桑、地方教化等事。唐中期以後，節度、觀察使轄州而設，刺史爲其屬官，職任漸輕。從三品至正四品下。　王師誨：人名。籍貫不詳。唐末將領。本書僅此一見。

［13］“及王師範以青州叛”至“竟降”：《舊唐書》卷二〇上《昭宗紀》天復三年（903）三月壬寅條：“三月壬寅朔，全忠引四鎮之兵征王師範。先是，大將朱友寧、楊師厚前軍臨淄、青，師範求援于淮南，楊行密遣將王景仁帥衆萬人赴之。”同年九月條：“汴將楊師厚大敗青州軍於臨朐。”同年十一月丁酉條：“十一月丁酉朔，王師範以青州降楊師厚，全忠復令師範知青州事。”《宋本册府》卷一八七《閏位部·勳業門五》：唐天復三年四月丙子夕，“淮將王景仁以所部援軍宵遁，帝遣楊師厚追及輔唐，殺千人，乘勝攻下密州。八月戊辰，以伐叛之柄委于楊師厚，帝乃東還。九月癸卯，師厚率大軍與王師範戰于臨朐，青軍大敗，殺萬餘人，并擒師範弟師克，卯時，徙寨以逼其城”。《新五代史》卷一《梁太祖紀》上天復三年九月條：“楊師厚敗青人于臨朐，取其棣州，師範以青州降，而（劉）鄩亦降。”《新五代史》卷二三《楊師厚傳》：

“梁攻王師範，師厚戰臨朐，擒其偏將八十餘人，取棣州，以功拜齊州刺史。”亦見《新五代史》卷四二《王師範傳》。《新唐書》卷一八七《王敬武附王師範傳》：“全忠留楊師厚圍青州，敗師範兵於臨朐，執諸將，又獲其弟師克。是時，師範聚尚十餘萬，諸將請決戰，而師範以弟故，乃請降。”《通鑑》卷二六四天復三年七月壬子條：“（王）茂章度衆寡不敵，是夕，引軍還。全忠遣曹州刺史楊師厚追之，及於輔唐。茂章命先鋒指揮使李虔裕將五百騎爲殿，虔裕殊死戰，師厚擒而殺之。”同年八月戊辰條：“八月戊辰朔，朱全忠留齊州刺史楊師厚攻青州，身歸大梁。”同年九月條：“楊師厚屯臨朐，聲言將之密州，留輜重於臨胞。九月，癸卯，王師範出兵攻臨朐，師厚伏兵奮擊，大破之，殺萬餘人，獲師範弟師克。明日，萊州兵五千救青州，師厚邀擊之，殺獲殆盡，遂徙寨抵其城下……戊午，王師範遣副使李嗣業及弟師悦請降於楊師厚，曰：‘師範非敢背德，韓全誨、李茂貞以朱書御札使之舉兵，師範不敢違。’仍請以其弟師魯爲質。”“斬首數百級，“首”字原闕，據明本《册府》卷三四六補。

[14]天復四年三月：明本《册府》卷三四六作“三年二月”。

[15]檢校司徒：官名。爲散官或加官，以示恩寵，無實際執掌。　徐州：州名。治所在今江蘇徐州市。此處指感化軍。　節度使：官名。唐時在重要地區所設掌握一州或數州軍、民、財政的長官。

[16]天祐：唐昭宗李曄開始使用的年號（904）。唐哀帝李柷即位後沿用（904—907）。唐亡後，河東李克用、李存勗仍稱天祐，沿用至天祐二十年（923）。五代其他政權亦有行此年號者，如南吴、吴越等，使用時間長短不等。　行營馬步軍都指揮使：官名。唐末、五代行軍統兵主帥。

天祐元年，加諸軍行營馬步都指揮使。二年八月，太祖討趙匡凝於襄陽，[1]命師厚統前軍以進，趙匡凝嚴兵以備。師厚至穀城西童山，[2]刊材造浮橋，引軍過漢水，[3]一戰，趙匡凝敗散，攜妻子沿漢遁去。[4]翌日，表師厚爲山南東道節度留後，[5]即令南討荆州，留後趙匡明亦棄軍上峽，不浹旬，併下兩鎮，乃正授襄州節度使。[6]先是，漢南無羅城，師厚始興板築，周十餘里，郛郭完壯。[7]

[1]趙匡凝：人名。蔡州（今河南汝南縣）人。趙德諲之子，唐末將領。傳見本書卷一七、《新五代史》卷四一。　襄陽：縣名。治所在今湖北襄陽市。

[2]穀城：縣名。治所在今湖北穀城縣。　童山：山名。位於湖北穀城縣西。

[3]漢水：水名。發源於今陝西西南，流經陝西、湖北，在武漢市流入長江。

[4]“二年八月”至“攜妻子沿漢遁去”：《舊唐書》卷二〇下《哀帝紀》天祐二年（905）八月乙未條：“全忠遣大將楊師厚討匡凝，收唐、鄧、復、郢、隨等州，全忠自率親軍赴之。”九月條：“辛酉，楊師厚於襄州西六十里陰谷江口伐竹木爲浮梁。癸亥，梁成，引軍渡江。甲子，趙匡凝率勁兵二萬，陣於江之湄。師厚一戰敗之，遂乘勝躡之，陣於城下。是夜，匡凝挈其孥潰圍遁去。乙丑，師厚入襄陽。”十一月條：“辛巳……又制以楊師厚爲襄州兵馬留後。”《宋本册府》卷一八七《閏位部·勳業門五》：天祐二年七月庚午，“遣大將軍楊師厚率前軍討趙（匡）凝于襄州……八月，楊師厚進收唐、鄧、復、郢、隨、均、房等七州，帝駐軍漢江北，自循江干，經度濟師之所。九月甲子，師厚於陰谷江口造梁以濟師，趙（匡）凝率兵二萬振于江湄，師厚麾兵進擊，襄人大敗，殺萬餘衆。丙寅，帝入襄州，於府署見金銀數百鋌，遂以百餘鋌賜楊

師厚”。“荆、襄二州平，帝以都將賀瓌權領荆州，楊師厚權領襄州，即表其事。”同書卷一九四《閏位部·崇儒門》：“梁太祖開平元年十月，山南東道節度楊師厚進納趙（匡）凝東第書籍。先是，收復襄、漢，帝閱其圖書，至是命師厚進焉。”同書卷三七四《將帥部·忠門五》：“天祐二年秋七月，遣楊師厚率師討之（趙匡凝）。（匡）凝以兵數萬逆戰，大爲師厚所敗，乃燔其州，單舸沿漢遁于金陵。”同書卷三八六《將帥部·褒異門一二》：“楊師厚爲徐州節度使，昭宗天祐元年，加諸軍行營馬步都指揮使。二年八月，太祖討趙（匡）凝於襄陽，命師厚統前軍，一戰敗趙（匡）凝。翌日，表師厚爲山南東道節度留後，即令南討荆州，留後趙（匡）明亦棄軍上峽，不浹旬，併下兩鎮。乃正授襄州節度使。開平元年，加檢校太保、同平章事，又加檢校太傅。三年三月詔朝，詔兼潞州行營都招討使，以奇兵進攻劉知俊於鳳翔，降賊將王建，制加師厚檢校太尉。”明本《册府》卷四三八《將帥部·奔亡門》：“天祐二年秋，太祖既平襄州，遣楊師厚乘勝趨荆門。（匡）明懼，乃舉族去峽奔蜀。”《新五代史》卷一《梁太祖紀》上天祐二年九月條：“王欲代唐，使人諭諸鎮，襄州趙匡凝以爲不可。遣楊師厚攻之，取其唐、鄧、復、郢、隨、均、房七州。王如襄州，軍于漢北。九月，師厚破襄州，匡凝奔于淮南。師厚取荆南，荆南留後趙匡明奔于蜀”。《新五代史》卷四一《趙匡凝傳》：“太祖弑昭宗，將謀代唐，畏匡凝兄弟不從，遣使告之，匡凝對使者流涕答曰：‘受唐恩深，不敢妄有佗志。太祖遣楊師厚攻之，太祖以兵殿漢北，匡凝戰敗，以輕舟奔于楊行密。師厚進攻荆南，匡明奔于蜀。”《新唐書》卷一八六《趙匡凝傳》：“全忠以其兵分可圖也，乃使楊師厚攻匡凝，自將中軍繼之，屯臨漢。匡凝遣客謝，囚不遣，敗荆南救兵，俘其將。全忠循江而南，師厚繇陰谷伐木爲梁。匡凝以兵二萬瀕江戰，大敗，乃燔州，單舸夜奔揚州。行密見之曰：‘君在鎮，輕車重馬輸於賊，今敗乃歸我邪？’（王）筠自殺。全忠以師厚爲山南東道節度留後，遂趨江陵。”《通鑑》卷二六五天祐二年八月條：“朱全忠以趙匡凝東與楊行密交通，西與王建結婚，乙未，遣武寧節度使楊師厚將兵擊之。”同年九月條：“楊師厚攻下唐、鄧、復、郢、隨、均、房七州，朱全忠軍于漢北。九月，辛酉，命師厚作浮梁於陰谷口，癸亥，引兵渡漢。甲子，趙匡凝將兵二萬陳于漢濱，師厚與戰，大破之，遂傅其城下。是夕，匡凝焚府城，帥其族及麾下士沿漢奔廣陵。乙丑，師厚入襄陽；丙寅，全忠繼至……戊辰，朱全忠以楊師厚爲山南東道留後，引兵擊江陵；至樂鄉，荊南牙將王建武遣使迎降。全忠以都將賀瓌爲荊南留後。全忠尋表師厚爲山南東道節度使。”　“刊材造浮橋”，明本《册府》卷三四六“材”作“木”。

［5］山南東道：方鎮名。治所在襄州（今湖北襄陽市）。　留後：官名。唐五代節度册府使多以子弟或親信爲留後，以代行節度使職務，亦有軍士、叛將自立爲留後者。掌一州或數州軍政。　翌日，表師厚爲山南東道節度留後：《輯本舊史》之原輯者案語：“《舊唐書》：天祐三年六月甲申，敕：‘襄州近因趙匡凝作帥，請别立忠義軍額，既非往制，固是從權，忠義軍額宜停廢，依舊爲山南東道節度使。’是山南東道復置于天祐三年，而《薛史》于二年八月已云表師厚爲山南東道節度留後，蓋史家追書之。”見《舊唐書·哀帝紀》天祐三年六月條。《新五代史》卷二三《楊師厚傳》“師厚進攻荊南，又走匡凝弟匡明，功爲多，拜山南東道節度使、同中書門下平章事。”

［6］荊州：州名。治所在今湖北荊州市。　趙匡明：人名。蔡州（今河南汝南縣）人。趙匡凝之弟，唐末、五代將領。傳見本書卷一七。　襄州：州名。治所在今湖北襄陽市。

［7］漢南：指漢水以南的襄陽南城。　羅城：古代爲加强防守，在城墻外加建的凸出形小城圈，即城外環墻。　郛郭：外城。“先是”至“郛郭完壯”：亦見明本《册府》卷四一〇《將帥部·壁壘門》。《宋本册府》卷三六〇《將帥部·立功門一三》：“天祐二年春，命（黄文靖）佐楊師厚深入淮甸，赴壽春，侵廬江，軍至

大獨山遇淮夷，殺五千餘衆，振旅而還。”

開平元年，加檢校太保、同平章事。[1]明年，又加檢校太傅。三年三月，入朝，詔兼潞州行營都招討使。[2]無何，劉知俊據同州叛，[3]師厚與劉鄩率軍西討，至潼關，擒知俊弟知浣以獻。[4]知俊聞師厚至，即西走鳳翔，師厚進攻，至長安。時知俊已引岐寇據其城，師厚以奇兵傍南山急行，自西門而入，賊將王建驚愕，[5]不知所爲，遽出降。[6]制加師厚檢校太尉。頃之，晋王與周德威、丁會、符存審等以大衆攻晋州甚急，[7]太祖遣師厚帥兵援之，軍至絳州，晋軍扼蒙阬之險，師厚整衆而前，晋人乃徹圍而遁。[8]四年二月，移授陝州節度使。[9]

[1]開平：後梁太祖朱温年號（907—911）。　同平章事：官名。“同中書門下平章事”的簡稱。唐高宗以後，凡實際任宰相之職者，常在其本官後加同平章事的職銜。後成爲宰相專稱。或爲使相加銜。後晋天福五年（940），升中書門下平章事爲正二品。

[2]潞州：州名。治所在今山西長治市。　行營都招討使：官名。五代時掌一方招撫討伐等事務。戰時任命，兵罷則省。常以大臣、將帥或地方軍政長官兼任。　三年三月，入朝，詔兼潞州行營都招討使：《輯本舊史》卷五《梁太祖紀五》開平三年九月條：“開平三年九月，御崇勳殿，宴群臣文武百官賜張宗奭、楊師厚白綾各三百匹、銀鞍轡馬。”《宋本册府》卷一九六《閏位部·封建門》：梁太祖開平三年四月（909），制“山南東道節度使楊師厚封弘農郡王”。同書卷一九七《閏位部·宴會門》：梁太祖開平三年九月丙辰，“御崇勳殿，召韓建、楊涉、薛貽矩、趙光逢、杜曉、河南

尹張宗奭、襄州節度使楊師厚、宣州節度使王景仁等賜食，賜宰臣銀鞍轡馬、分物、銀器、細茶等”。同卷《閏位部·慶賜門》：“（梁太祖開平三年）九月，御崇勳殿，宴群臣文武百官，賜張宗奭、楊師厚白綾各三百匹、銀鞍轡馬。”《通鑑》卷二六七開平三年三月甲戌條：“三月，甲戌，帝發洛陽。以山南東道節度使楊師厚兼潞州四面行營招討使。”

[3]劉知俊：人名。徐州沛縣（今江蘇沛縣）人。唐末、五代軍閥。傳見本書卷一三、《新五代史》卷四四。　同州：州名。治所在今陝西大荔縣。

[4]劉鄩：人名。密州安丘（今山東安丘市）人。唐末、五代將領。傳見本書卷二三、《新五代史》卷二二。　潼關：關隘名。位於今陝西潼關縣。　知浣：人名。即劉知浣。徐州沛縣（今江蘇沛縣）人。唐末將領。事見本書卷四。

[5]鳳翔：方鎮名。治所在鳳翔府（今陝西鳳翔縣）。　南山：山名。即終南山。位於今陝西西安市。　王建：人名。籍貫不詳。唐末將領。事見本書本卷、卷二三。

[6]“無何”至“遽出降”：《輯本舊史》卷二七《唐莊宗紀一》天祐六年（909）八月條：“梁祖遣楊師厚領兵赴援，（周）德威乃收軍而退。”明本《册府》卷八《帝王部·創業門四》：“（天祐六年）八月，帝御軍南征，令周德威、李存審丁會統大軍出陰北關攻晋州。刺史邊繼威登陴拒守。梁祖令其將楊師厚領兵赴援，屯於絳州。我軍攻城急，小校萇諫募兵，寡不敵而退。我爲地道，壞城二十餘步，城中血戰拒守，夜復乘城，汴軍至蒙坑，周德威逆戰，敗之，斬首二百級。師厚退保絳州。”《宋本册府》卷三六〇《將帥部·立功門一三》：“劉知俊之叛也，（王景仁）從駕至陝，始佐楊師厚西入關。”同書卷四一四《將帥部·赴援門》：“楊師厚，爲潞州行營都招討使。時晋王與周德威、丁會、符存審等以大衆攻晋州甚急，太祖遣師厚帥兵援之。軍至絳州，晋軍扼蒙坑之險。師厚整衆而前，晋人乃徹圍而遁。”《新五代史》卷二三《楊師厚

傳》："劉知俊叛，攻陷長安，劉鄩、牛存節等攻之，久不克。師厚以奇兵出，旁南山入其西門，降其守者，遂克之。"《通鑑》卷二六七開平三年六月條："庚戌，詔削（劉）知俊官爵，以山南東道節度使楊師厚爲西路行營招討使，帥侍衛馬步軍都指揮使劉鄩等討之……帝遣劉知俊姪嗣業持詔詣同州招諭知俊；知俊欲輕騎詣行在謝罪，弟知偃止之。楊師厚等至華州，知俊將聶賞開門降。知俊聞潼關不守，官軍繼至，蒼黄失圖，乙卯，舉族奔岐。楊師厚至長安，岐兵已據城，師厚以奇兵並南山急趨，自西門入，遂克之。"同年七月乙亥條後："初，帝召山南東道節度使楊師厚，欲使督諸將攻潞州，以前兖海留後王班爲留後，鎮襄州。師厚屢爲班言牙兵王求等凶悍，宜備之，班自恃左右有壯士，不以爲意，每聚辱之。戊寅，謫求戍西境，是夕，作亂，殺班，推都指揮使雍丘、劉玘乃留後；玘僞從之，明日，與指揮使王延順逃詣帝所。"

[7]晋王：即李存勗。代北沙陀部人。後唐開國皇帝。紀見本書卷二七至卷三四、《新五代史》卷四至卷五。　周德威：人名。朔州馬邑（今山西朔州市朔城區東北）人。唐末、五代河東將領。傳見本書卷五六、《新五代史》卷二五。　丁會：人名。壽春（今安徽壽縣）人。唐末將領。傳見本書卷五九、《新五代史》卷四四。　符存審：人名。陳州宛丘人（今河南淮陽縣）。後唐將領。傳見本書卷五六、《新五代史》卷二五。　晋州：州名。治所在今山西臨汾市。

[8]絳州：州名。治所在今山西新絳縣。　蒙阬：地名。即蒙坑。在今山西曲沃縣北三十五里蒙城村、襄汾縣南十五里蒙亨村附近。　"頃之"至"晋人乃徹圍而遁"：《輯本舊史》卷二七《唐莊宗紀一》天祐七年冬十月條："梁祖遣大將李思安、楊師厚率師營於澤州，以攻上黨。"明本《册府》卷二一六《閏位部·征伐門》："（梁太祖開平四年）七月，劉知俊攻逼夏州，以宣化軍留後李思安爲東北面行營都指揮使，陝州節度使楊師厚爲兩路行營招討使。"《新五代史·梁太祖紀》下開平四年八月辛未條："護國軍節

度使楊師厚爲西路行營招討使以伐岐。”《通鑑》卷二六七開平四年八月辛未條：“辛未，以鎮國節度使楊師厚爲西路行營招討使，會感化節度使康懷貞將兵三萬屯三原。”同年十月條：“冬，十月，遣鎮國節度使楊師厚、相州刺史李思安將兵屯澤州以圖上黨。”同年十一月己丑條：“十一月，己丑，以寧國節度使、同平章事王景仁充北面行營都指揮招討使，潞州副招討使韓勍副之，以李思安爲先鋒將，趣上黨。尋遣景仁等屯魏州，楊師厚還陝。”《舊五代史考異》：“案原本‘阬’作‘坑’，考《通鑑注》云：蒙阬在汾水之東，東西三百餘里，蹊徑不通。即此處也，今改正。”見《通鑑》卷二六七開平三年八月辛酉條後胡注。《新五代史·楊師厚傳》“晋周德威攻晋州以應知俊，師厚敗之于蒙坑，以功遷保義軍節度使，徙鎮宣義。”“晋人乃徹圍而遁”，《輯本舊史》之案語：“《通鑑考異》引《梁實録》云：生擒賊將蕭萬通等，賊由是棄寨而遁。《莊宗實録》云：汴軍至蒙阬，周德威逆戰，敗之，斬首二百級。二軍各言勝捷，其互異如此。《通鑑》定從《薛史》及《梁實録》。”見《通鑑》卷二六七開平三年八月辛酉條後《考異》。《新五代史·楊師厚傳》：“是時，梁兵攻趙久無功，太祖病卧洛陽，少間，乃自將北擊趙。師厚從太祖至洹水，夜行迷失道，明旦，次魏縣，聞敵將至，梁兵潰亂不可止，久之無敵，乃定。已而太祖疾作，乃還。”

[9]陝州：州名。治所在今河南三門峽市陝州區。此處指保義軍。　四年二月，移授陝州節度使：《輯本舊史·梁太祖紀五》開平四年二月辛巳條：“楊師厚赴鎮于陝。”《宋本册府》卷一九七《閏位部·宴會門》“（開平四年）八月西征，庚午次陝府。辛未，宴本府節度使楊師厚及扈從官于行宫，賜師厚帛千匹，仍授西路行營招討使。”

五年正月，王景仁敗於柏鄉，晋人乘勝圍邢州，掠魏博，南至黎陽。[1]師厚受詔以兵屯衛州，晋軍攻魏州，不克而退，師厚追襲，過漳河，[2]解邢州之圍，改授滑州節度使。[3]明年，太祖北征，令師厚以大軍攻棗强，[4]逾旬不能克，太祖屢加督責，師厚晝夜奮擊，乃破之，盡屠其城。車駕還，師厚屯魏州。[5]

[1]柏鄉：縣名。治所在今河北柏鄉縣。　邢州：州名。治所在今河北邢臺市。　魏博：方鎮名。治所在魏州貴鄉縣（今河北大名縣）。　黎陽：縣名。治所在今河南浚縣。

[2]衛州：州名。治所在今河南衛輝市。　魏州：州名。治所在今河北大名縣。　漳河：水名。有清漳水（今清漳河）、濁漳水（今濁漳河）兩支上源，分别出自山西長子縣和沁縣，二源至今河南林州市相合，流入河南安陽市北，下游河道屢有變化。

[3]滑州：州名。治所在今河南滑縣。　"五年正月"至"改授滑州節度使"：《輯本舊史》卷二七《唐莊宗紀一》天祐八年（911）五月條："梁祖遣都招討使楊師厚將兵三萬屯邢州，帝令李嗣昭出師掠相、衛而還。"明本《册府》卷八《帝王部·創業門四》"（天祐八年正月）時汴軍自王景仁敗後，殺戮大半，其餘漏刃亡散皆青、徐、兖、鄆諸道之軍，各歸本鎮。梁祖遣楊師厚於河陽招聚亡敗之衆，旬餘，方得萬人。二月……梁祖在潞，聞我師將攻河陽，率親軍屯白司馬坡，令楊師厚戒嚴。"《宋本册府》卷一九九《閏位部·選將門》："（開平）五年正月，詔徵陝州鎮國軍節度使楊師厚至京，見于崇勳殿，帝指授方略，依前充北面都招討使，恩賚甚厚，使督軍進發。"明本《册府》卷二〇五《閏位部·巡幸門》："（貞明二年三月，916）丙戌，鎮、定諸軍招討使楊師厚奏下棗疆縣……庚寅，楊師厚與副招討使李周彝等准詔來朝。"同書卷二一四《閏位部·訓兵門》："（乾化元年十月，911）丙子，帝御城東教場閱兵，諸軍都指揮、北面招討使、太尉楊師厚總領鐵馬

步甲十萬，廣亘十數里陳焉。士卒之雄鋭，部隊之嚴肅，旌旗之雜遝，戈甲之炤曜，屹若山嶽，勢動天地。帝甚悦焉，即命丞相洎文武從臣列侍賜食，逮晚方歸。”同書卷二一五《閏位部·招懷門》：“乾化元年六月乙卯，命北面都招討使、鎮國軍節度使楊師厚出屯邢、雒。”同書卷二一七《閏位部·交侵門》：“末帝乾元（按：乾元唐肅宗年號，此處當爲乾化）三年五月乙巳，天雄軍節度使楊師厚及劉守奇率魏博、邢、洺、徐、兖、鄆、滑之衆十萬，討鎮州。庚戌，營於鎮之南門外，壬子，晉將史建瑭自趙州領騎五百人入於鎮州，師厚知其有備，自九月移軍於下博，劉守奇以一軍自貝州掠冀州衡水、阜城，陷下博，師厚自弓高渡御河，迫滄州，張萬進懼，送款于師厚。師厚表請以萬進爲青州節度使，以劉守奇爲滄州節度使。七月，晉王率師自黄澤嶺東下，寇邢、洺，魏博節度使楊師厚軍於漳水之東，晉將曹進金來奔，晉軍遂退。”《宋本册府》卷三六七《將帥部·機略門七》：“（天祐九年）楊師厚攻棗彊，賀德倫寇蓨縣，攻城甚急。”同書卷三六九《將帥部·攻取門二》：“楊師厚爲滑州節度使，太祖北征，令師厚以大軍攻棗强，逾旬不能克。太祖屢加督責，師厚晝夜奮擊，乃破之，盡屠其城。”《新五代史》卷二《梁太祖紀》下乾化元年正月癸巳條：“天雄軍節度使楊師厚爲北面行營招討使。”《通鑑》卷二六七乾化元年正月癸巳條：“復以楊師厚爲北面都招討使，將兵屯河陽，收集散兵，旬餘，得萬人。”同年二月條：“會楊師厚自磁、相引兵救邢、魏，壬申，晉解圍去；師厚追之，逾漳水而還，邢州圍亦解。師厚留屯魏州。”同書卷二六八乾化元年六月乙卯條後：“帝命楊師厚將兵三萬屯邢州。”同年七月辛丑條：“趙王鎔以楊師厚在邢州，甚懼，會晉王于承天軍。晉王謂鎔父友也，事之甚恭。鎔以梁寇爲憂，晉王曰：‘朱温之惡極矣，天將誅之，雖有師厚輩不能救也。脱有侵軼，僕自帥衆當之，叔父勿以爲憂。’”

[4]棗强：縣名。治所在今河北棗强縣。

[5]“明年”至“師厚屯魏州”：《輯本舊史》卷二八《唐莊

宗紀二》天祐九年二月條："二月庚戌朔，梁祖大舉河南之衆以援守光，以陝州節度使楊師厚爲招討使，河陽李周彝爲副……甲子，梁祖自洛陽趨魏州，遣楊師厚、李周彝攻鎮州之棗强，命賀德倫攻蓨縣。"《新五代史》卷二三《楊師厚傳》："明年，少間，而晋軍攻燕，燕王劉守光求援於梁，太祖爲之擊趙以牽晋，屯于龍花，遣師厚攻棗彊，三月不能下。太祖怒，自往督兵戰，乃破，屠之，進圍篠縣。晋史建瑭以輕兵夜擊梁軍，梁軍大擾，太祖與師厚皆棄輜重南走。太祖還東都，師厚留屯魏州。"《通鑑》卷二六八乾化二年二月乙亥條："乙亥，帝至魏州，命都招討使宣義節度使楊師厚、副使前河陽節度使李周彝圍棗强，招討應接使、平盧節度使賀德倫，副使、天平留後袁象先圍蓨縣。"同年三月條："帝晝夜兼行，三月，辛巳，至下博南，登觀津冢。趙將符習引數百騎巡邏，不知是帝，遽前逼之。或告曰：'晋兵大至矣！'帝棄行幄，亟引兵趣棗强，與楊師厚軍合……棗强城小而堅，趙人聚精兵數千人守之，師厚急攻之，數日不下，城壞復脩，死傷者以萬數。城中矢石將竭，謀出降，有一卒奮曰：'賊自柏鄉喪敗已來，視我鎮人裂眥，今往歸之，如自投虎狼之口耳。困窮如此，何用身爲！我請獨往試之。'夜，縋城出，詣梁軍詐降，李周彝召問城中之備，對曰：'非半月未易下也。'因謀曰：'某既歸命，願得一劍，效死先登，取守城將首。'周彝不許，使荷擔從軍。卒得間舉擔擊周彝首，踣地，左右救至，得免。帝聞之，愈怒，命師厚晝夜急攻，丙戌，拔之，無問老幼皆殺之，流血盈城……時蓨縣未下，帝引楊師厚兵五萬，就賀德倫共攻之。丁亥，始至縣西，未及置營，（史）建瑭、（李）嗣肱各將三百騎，效梁軍旗幟服色，與樵芻者雜行，日且暮，至德倫營門，殺門者，縱火大譟，弓矢亂發，左右馳突，既暝，各斬馘執俘而去。營中大擾，不知所爲。"

及庶人友珪簒位，魏州衙内都指揮使潘晏與大將臧延範、趙訓謀變，[1]有密告者，師厚布兵擒捕，斬之。越二日，又有指揮使趙賓夜率部軍擐甲，[2]俟旦爲亂。師厚以衙兵圍捕，賓不能起，乃越城而遁，師厚遣騎追至肥鄉，擒其黨百餘人歸，斬于府門。[3]友珪即以師厚爲魏博節度使、檢校侍中。未幾，鎮人、晋人侵魏之北鄙，師厚率軍至唐店，[4]破之，斬首五千級，擒其都將三十餘人。是時，師厚握河朔兵，威望振主，友珪患之，詔師厚赴闕。師厚乃率精甲萬人至洛陽，嚴兵於都外，自以十餘人入謁，友珪懼，厚禮而遣之。[5]

[1]友珪：人名。即朱友珪。朱温次子，後勾結韓勍殺朱温。傳見本書卷一二、《新五代史》卷一三。　衙内都指揮使：官名。節度使府衙内部隊統兵將領。　潘晏：人名。籍貫不詳。後梁將領。事見本書本卷、卷七。　臧延範：人名。籍貫不詳。後梁將領。事見本書本卷、卷二、卷七。　趙訓：人名。籍貫不詳。後梁將領。本書僅此一見。

[2]趙賓：人名。籍貫不詳。後梁將領。本書僅此一見。

[3]肥鄉：縣名。治所在今河北邯鄲市肥鄉區。　"及庶人友珪篡位"至"斬于府門"：輯本《舊史》之案語："《歐陽史》云：師厚乘間殺魏牙將潘晏、臧延範等，逐出節度使羅周翰。與《薛史》異。"見《新五代史》卷二三《楊師厚傳》。亦見明本《册府》卷四二三《將帥部·討逆門》。《新五代史》卷三九《羅紹威傳》："（羅）周翰襲父位，乾化二年八月爲楊師厚所逐，徙爲宣義軍節度使，卒于官，年十四。"《通鑑》卷二六八乾化二年（912）七月條："天雄節度使羅周翰幼弱，軍府事皆決於牙内都指揮使潘晏；北面都招討使、宣義節度使楊師厚軍於魏州，久欲圖之，憚太祖威嚴，不敢發。至是，師厚館於銅臺驛，潘晏入謁，執而殺之，引兵

入牙城，據位視事。壬子，制以師厚爲天雄節度使，徙周翰爲宣義節度使。”

［4］鎮：州名。治所在今河北正定縣。　唐店：地名。位於今河北廣宗縣南。

［5］“是時”至“厚禮而遣之”：《新五代史》卷二三《楊師厚傳》：“師厚已得志，乃復置銀槍效節軍。友珪陰欲圖之，召師厚入計事。其吏田温等勸師厚勿行，師厚曰：‘吾二十年不負朱家，今若不行，則見疑而生事，然吾知上爲人，雖往，無如我何也。’乃以勁兵二萬朝京師，留其兵城外，以十餘人自從，入見友珪，友珪益恐懼，賜與鉅萬而還。”《通鑑》卷二六八乾化二年十月丁亥條：“楊師厚既得魏博之衆，又兼都招討使，宿衛勁兵多在麾下，諸鎮兵皆得調發，威勢甚重，心輕郢王友珪，遇事往往專行不顧。友珪患之，發詔召之，云‘有北邊軍機，欲與卿面議。’師厚將行，其腹心皆諫曰：‘往必不測。’師厚曰：‘吾知其爲人，雖往，如我何！’乃帥精兵萬餘人，渡河趣洛陽，友珪大懼。丁亥，至都門，留兵於外，與十餘人入見，友珪喜，甘言遜詞以悦之，賜與巨萬。癸巳，遣還。”同年十一月癸丑條：“十一月，趙將王德明將兵三萬掠武城，至於臨清，攻宗城，下之。癸丑，楊師厚伏兵唐店，邀擊，大破之，斬首五千餘級。”

及末帝將圖友珪，遣使謀於師厚，師厚深陳款効，且馳書于侍衛軍使袁象先及主軍大將，[1]又遣都指揮使朱漢賓率兵至滑州以應禁旅。[2]友珪既誅，末帝即位於東京，首封師厚爲鄴王，加檢校太師、中書令，[3]每下詔不名，以官呼之，事無巨細，必先謀於師厚，師厚頗亦驕誕。[4]先是，鎮人以我柏鄉不利之後，屢擾邊境，師厚總大軍直抵鎮州城下，焚盪閭舍，移軍掠藁城、束鹿，[5]至深州而歸。[6]乾化五年三月，卒于鎮。[7]廢朝三日，贈太師。[8]

[1]侍衛軍使：官名。侍衛軍統兵官。　袁象先：人名。宋州下邑（今河南夏邑縣）人。五代後梁將領，後投後唐。傳見本書卷五九、《新五代史》卷四五。

[2]都指揮使：官名。所部統兵官。　朱漢賓：人名。亳州譙縣（今安徽亳州市）人。五代後梁、後唐將領。傳見本書卷六四、《新五代史》卷四五。　“及末帝將圖友珪”至“又遣都指揮使朱漢賓率兵至滑州以應禁旅”：“師厚深陳款効”，中華書局本有校勘記：“‘師厚’二字原闕，據《册府》卷三七四、卷四五一補。”見《宋本册府》卷三七四《將帥部·忠門五》、明本《册府》卷四五一《將帥部·矜伐門》。“馳書”，《宋本册府》卷三七四作“託書”。《輯本舊史》卷八《梁末帝紀上》：“友珪以篡逆居位，群情不附。會趙巖至東京，從帝私讌，因言及社稷事，帝以誠款謀之，巖曰：‘此事易如反掌，成敗在招討楊令公之手，但得一言諭禁軍，其事立辦。’巖時典禁軍，洎還洛，以謀告侍衛親軍袁象先。帝令腹心馬慎交之魏州見師厚，且言成事之日，賜勞軍錢五十萬緡，仍許兼鎮。慎交，燕人也，素有膽辨，乃説師厚曰：‘郢王殺君害父，篡居大位，宫中荒淫，靡所不至。洛下人情已去，東京物望所歸，公若因而成之，則有輔立之功，討賊之効。’師厚猶豫未決，謂從事曰：‘吾於郢王，君臣之分已定，無故改圖，人謂我何！’慎交曰：‘郢王以子弑父，是曰元凶。均王爲君爲親，正名仗義。彼若一朝事成，令公何情自處！’師厚驚曰：‘幾悮計耳！’乃令小校王舜賢至洛，密與趙巖、袁象先圖議。”《新五代史》卷三《梁末帝紀》乾化三年二月條：“駙馬都尉趙巖至東都，王私與之謀，遣馬慎交之魏州，見楊師厚計事。師厚遣小校王舜賢至洛陽，告左龍虎統軍袁象先使討賊。”《新五代史》卷二三《楊師厚傳》：“已而末

帝謀討友珪，問於趙巖，巖曰‘此事成敗，在招討楊公爾。得其一言諭禁軍，吾事立辦。’末帝乃遣馬慎交陰見師厚，布腹心。師厚猶豫未決，謂其下曰：‘方郢王弑逆時，吾不能即討。今君臣之分已定，無故改圖，人謂我何！’其下或曰：“友珪弑父與君，乃天下之惡，均王仗大義以誅賊，其事易成。彼若一朝破賊，公將何以自處？師厚大悟，乃遣其將王舜賢至洛陽，見袁象先計事，使朱漢賓以兵屯滑州爲應。末帝卒與象先殺友珪。”亦見《新五代史》卷四二《趙犨附趙巖傳》、《新五代史》卷四五《袁象先傳》、《通鑑》卷二六八乾化三年（913）二月條。

[3]東京：地名。即開封府。治所在河南開封市。　中書令：官名。漢代始置，隋、唐前期爲中書省長官，屬宰相之職；唐後期多爲授予元勳大臣的虚銜。正二品。

[4]“友珪既誅”至“師厚頗亦驕誕”：《輯本舊史·梁末帝紀上》乾化三年三月庚戌條：“以天雄軍節度使、充潞州行營都招討使、開府儀同三司、檢校太尉、兼侍中、弘農郡王楊師厚爲檢校太師、兼中書令，進封鄴王。”《宋本册府》卷三七四：“友珪既誅，末帝即位於東京，首封師厚爲鄴王，加檢校太師、中書令。”明本《册府》卷四五一：“末帝即位，首封師厚爲鄴王，加檢校太師、中書令。每下詔不名，以官呼之。事無巨細，必先謀於師厚，師厚頗亦驕誕。”《宋本册府》卷一九六《閏位部·封建門》末帝乾化三年三月，“制進封天雄軍節度使、弘農郡王楊師厚爲鄴王”。《新五代史·楊師厚傳》：“末帝即位，封師厚鄴王，詔書不名，事無巨細皆以諮之，然心益忌而畏之。”《通鑑》卷二六八乾化三年三月庚戌條：“庚戌，加楊師厚兼中書令，賜爵鄴王，賜詔不名，事無巨細必咨而後行。”

[5]藁城：縣名。治所在今河北石家莊市藁城區。　束鹿：縣名。治所在今河北辛集市。

[6]深州：州名。治所在今河北深州市。　“先是”至“至深州而歸”：《輯本舊史·梁末帝紀上》乾化三年五月條：“五月乙巳，

天雄軍節度使楊師厚及劉守奇率魏博、邢、洺、徐、兖、鄆、滑之衆十萬討鎮州。庚戌，營於鎮之南門外。壬子，晋將史建瑭自趙州領騎五百入于鎮州，師厚知其有備，自九門移軍於下博。劉守奇以一軍自貝州掠冀州衡水、阜城，陷下博。師厚自弓高渡御河，迫滄州，張萬進懼，送款，師厚表請以萬進爲青州節度使，以劉守奇爲滄州節度使。”同卷乾化四年七月條：“晋王率師自黄澤嶺東下，寇邢、洺，魏博節度使楊師厚軍於漳水之東，晋將曹進金來奔，晋軍遂退。”同書卷二八《唐莊宗紀二》天祐十年（913）五月乙巳條：“梁將楊師厚會劉守奇率大軍侵鎮州，時帝之先鋒將史建瑭自趙州率五百騎入真定，師厚大掠鎮、冀之屬邑。王鎔告急於周德威，德威分兵赴援，師厚移軍寇滄州，張萬進懼，遂降于梁。”同年七月甲子條：“五院軍使李信攻下莫州。時守光繼遣人乞降，將緩帝軍，陰令其將孟脩、阮通謀於滄州節度使劉守奇，及求援於楊師厚，帝之游騎擒其使以獻。”同卷天祐十一年秋七月條：“梁將楊師厚軍於漳東，帝軍次張公橋，既而裨將曹進金奔於梁，帝軍不利而退。”《宋本册府》卷四一四《將帥部·赴援門》：“天祐十年正月（當爲五月）乙巳，梁將楊師厚、劉守奇率邢、洺、魏博、徐、兖、汴、滑之衆十萬，大掠鎮、冀。師厚自邢州柏鄉攻王門，逼趙州。庚戌，至鎮州，營於南門外，燔其關城。壬子，史建瑭自趙州領騎五百入鎮州。是日，王德明亦自西山入。師厚知其有備，自九門軍於下博，劉守奇以一軍自貝州入掠冀州衡水、阜城，與師厚會。所在焚蕩廬舍，驅虜人物，陷下博城。我趙州戍將李存審、史建瑭兵寡不敵，周德威令（李）紹衡會存審，徵鎮州大將王德明兵同襲賊。乙丑，王鎔遣使告急於德威，分兵赴援。師厚、守奇自弓高渡御河，而東寇滄州。張方進懼，請歸河南，師厚表爲青州節度使，以劉守奇代之而旋。”《通鑑》卷二六八乾化三年五月條：“楊師厚與劉守奇將汴、滑、徐、兖、魏、博、邢、洺之兵十萬大掠趙境，師厚自柏鄉入攻土門，趣趙州，守奇自貝州入趣冀州，所過焚掠。庚戌，師厚至鎮州，營於南門外，燔其關城。壬子，師厚自九門退軍下博，守奇引兵與師厚會攻下博，拔之。晉將李存審、史建瑭戍趙州，兵少，趙王告急於周德威。德威遣騎將李紹衡會趙將王德明同拒梁軍。師厚、守奇自弓高渡御河而東，逼滄州，張萬進懼，請遷于河南；師厚表徙萬進鎮青州，以守奇爲順化節度使。”同書卷二六九乾化四年七月條：“秋，七月，會趙王鎔及周德威於趙州，南寇邢州，李嗣昭引昭義兵會之。楊師厚引兵救邢州，軍於漳水之東。”

［7］乾化：五代後梁太祖朱温年號（911—912），末帝朱友貞沿用（913—915）。　乾化五年三月，卒于鎮：《輯本舊史·梁末帝紀上》：貞明元年三月丁卯，“魏博節度使楊師厚薨，輟視朝三日。”《新五代史·楊師厚傳》：“已而師厚瘍發卒，末帝爲之受賀於宫中。”《新五代史》卷三三《張源德傳》：“梁貞明三年，魏博節度使楊師厚卒，末帝分魏、相等六州爲兩鎮，懼魏軍不從，乃遣劉鄩將兵萬人，屯于魏以虞變。”《通鑑》卷二六九貞明元年三月丁卯條後：“天雄節度使兼中書令鄴王楊師厚卒。”

［8］廢朝：古代帝王遇親喪或文武大臣病故，停止視朝數日，以示哀悼。　太師：官名。與太師、太保合稱三師，唐後期、五代多爲大臣、勳貴加官。正一品。

師厚純謹敏幹，[1]深爲太祖知遇，委以重兵劇鎮，他莫能及。然而末年矜功恃衆，驟萌不軌之意，於是專割財賦，置銀槍效節軍，凡數千人，[2]皆選摘驍鋭，[3]縱恣豢養，復故時牙軍之態，時人病之。向時河朔之俗，[4]上元比無夜遊，[5]及師厚作鎮，乃課魏人户立燈竿，千釭萬炬，[6]洞照一城，縱士女嬉遊。復彩畫舟舫，令女妓櫂歌於御河，[7]縱酒彌日。又於黎陽採巨石，將紀德政，以鐵車負載，驅牛數百以拽之，所至之處，丘墓廬舍悉皆毁壞，百姓望之，皆曰“碑來”。[8]及碑石纔至，[9]而師厚卒，魏人以爲“悲來”之應。末帝聞其卒也，[10]於私庭受賀，乃議裂魏州爲兩鎮。[11]既而所樹親軍，果爲叛亂，[12]以招外寇，致使河朔淪陷，宗社覆滅，由師厚兆之也。《永樂大典》卷一萬八千一百二十六。[13]

[1]師厚純謹敏幹：明本《册府》卷四五四《將帥部·豪横門》作“師厚以計謀敏幹”。《宋本册府》卷四一二《將帥部·得士心門》：“楊師厚，爲魏博節度使。性寬簡，無威儀，善撫士衆。初爲太祖部曲，頗得士心。累爲刺史，遷襄、陵、滑等州節度使，有戰功。”

[2]銀槍效節軍：魏博牙兵。李存勗將其編組爲帳前銀槍軍。後唐建立以後，爲侍衛親軍的一支。置銀槍效節軍凡數千人，《舊五代史考異》：“案《清異録》云：槍材難得十全，魏州石屋材多可用，楊師厚時，銀槍效節都皆採於此。”《輯本舊史》卷三八《唐明宗紀》天成二年四月癸巳條：“龍晊所部之衆，即梁故魏博節度使楊師厚之所招置也，皆天下雄勇之士，目其都爲銀槍效節，僅八千人。師厚卒，賀德倫不能制。”《新五代史》卷四六《房知温傳》：“魏州自羅紹威誅衙軍，楊師厚爲節度使，復置銀槍效節軍。當梁末帝時，師厚幾爲梁患。師厚卒，以賀德倫代之。”《通鑑》卷二六九貞明元年三月丁卯條後：“師厚晚年矜功恃衆，擅割財賦，選軍中驍勇，置銀槍效節都數千人，給賜優厚，欲以復故時牙兵之盛。”

[3]皆選摘驍鋭：“驍”，明本《册府》卷四五四作“騎”。

[4]向時：中華書局本有校勘記：“‘向時’，殿本、孔本、《册府》卷四五四作‘承前’。”　河朔：泛指黄河以北地區。

[5]上元比無夜遊：“上元”下明本《册府》卷四五四有

“夜”字。

[6]千釭萬炬：明本《册府》卷四五四作“千缸萬鉅”。

[7]御河：水名。即永濟渠、衛河，流經魏州（今河北大名縣），至今天津市入海。

[8]皆曰碑來：“碑來”，明本《册府》卷四五四同，宋本《册府》卷九五《總録部·咎徵門》作“碑來，碑來”。

[9]及碑石纔至：宋本《册府》卷九五一同，明本《册府》卷四五四作“石纔至”。

[10]末帝聞其卒也：“卒”，明本《册府》卷四五四作“死”。

[11]乃議裂魏州爲兩鎮：《輯本舊史》卷八《梁末帝紀》上貞明元年（915）三月丁卯條：“初，師厚握强兵，據重鎮，每邀朝廷姑息，及薨，輟視朝三日，或者以爲天意。租庸使趙巖、租庸判官邵贊獻議於帝曰：‘魏博六州，精兵數萬，蠹害唐室百有餘年。羅紹威前恭後倨，太祖每深含怒。太祖尸未屬纊，師厚即肆陰謀。蓋以地廣兵强，得肆其志，不如分削，使如身使臂，即無不從也。陛下不以此時制之，寧知後人之不爲楊師厚耶！若分割相、魏爲兩鎮，則朝廷無北顧之患矣。’帝曰：‘善。’即以平盧軍節度使賀德倫爲天雄軍節度使，遣劉鄩率兵六萬屯河朔。”《新五代史》卷四二《趙犨附趙巖傳》：“故時，魏州牙兵驕，數爲亂，羅紹威盡誅之。太祖崩，楊師厚逐羅氏，據魏州，復置牙兵二千，末帝患之。師厚死，巖與租庸判官邵贊議曰：‘魏爲唐患，百有餘年，自先帝時，嘗切齒紹威，以其前恭而後倨。今先帝新棄天下，師厚復爲陛下憂，所以然者，以魏地大而兵多也。陛下不以此時制之，寧知後人不爲師厚也？不若分相、魏爲兩鎮，則無北顧之憂矣。’末帝以爲然，乃分相、澶、衛爲昭德軍。牙兵亂，以魏博降晋，梁由是盡失河北。”事亦見《新五代史》卷四四《賀德倫傳》。《通鑑》卷二六九貞明元年三月丁卯條後：“租庸使趙巖、判官邵贊言於帝曰：‘魏博爲唐腹心之蠹，二百餘年不能除去者，以其地廣兵强之故也。羅紹威、楊帥厚據之，朝廷皆不能制。陛下不乘此時爲之計，所謂

“彈疽不嚴，必將復聚”，安知來者不爲師厚乎！宜分六州爲兩鎮以弱其權。’帝以爲然，以平盧節度使賀德倫爲天雄節度使；置昭德軍於相州，割澶、衙二州隸焉，以宣徽使張筠爲昭德節度使，仍分魏州將士府庫之半於相州。”

[12]果爲叛亂：明本《册府》卷四五四作“果爲亂”。

[13]《大典》卷一八一二六“將”字韻“五代後梁將（一）”事目。

牛存節

牛存節，字贊貞，[1]青州博昌人也。[2]本名禮，太祖改而字之。少以雄勇自負。唐乾符末，鄉人諸葛爽爲河陽節度使，[3]存節往從之。爽卒，存節謂同輩曰：“天下洶洶，當擇英主事之，以圖富貴。”遂歸於太祖。初授宣義軍小將。[4]屬蔡寇至金堤驛，犯酸棗、靈昌，[5]存節日與之鬬，凡二十餘往，每往必執俘而還，前後斬首二千餘級，[6]獲孳畜甚衆。太祖擊蔡賊於板橋、赤堈、酸棗門、封禪寺、枯河北，[7]存節皆預其行。與諸將於濮州南劉橋、范縣大破鄆衆，[8]自此深爲太祖獎遇。

[1]牛存節，字贊貞：《舊五代史考異》：“案：原本作‘替貞’，《夏文莊集》引《薛史》又作‘潛真’，今據《歐陽史》改正。”《新五代史》卷二二《牛存節傳》：“牛存節，字贊正。”《宋本册府》卷三九六《將帥部·勇敢門三》、卷八二五《總録部·名字門二》、《文莊集》卷三一《奉和御製讀五代梁史》作“贊貞”。《牛存節墓誌》：“公諱存節，字贊臣。王父諱崇，不仕。考諱孝恭，累贈右僕射。”存節子《牛知業墓誌》（拓片刊謝光林編著《洛陽

北邙古代家族墓》，中州古籍出版社 2015 年版）："曾祖諱崇，力行不仕。祖諱考，梁贈右僕射。烈考諱存節，字贊臣，梁天平軍帥，贈太師。"

［2］博昌：縣名。治所在今山東博興縣。

［3］乾符：唐僖宗李儇年號（874—879）。 諸葛爽：人名。青州博昌（今山東博興縣）人。唐末軍閥，時爲河陽節度使。傳見《舊唐書》卷一八二、《新唐書》卷一八七。 河陽：方鎮名。治所在孟州（今河南孟州市）。

［4］宣義軍：方鎮名。治所在滑州（今河南滑縣）。 初授宣義軍小將：明本《册府》卷三四六《將帥部·佐命門七》同，《宋本册府》卷七六六《總録部·攀附門二》作"授宣義軍小將"。中華書局本有校勘記："'宣義'，《册府》卷四一九、《牛存節墓誌》（拓片刊《河洛墓刻拾零》）作'宣武'。按宣義軍即滑州，宣武軍爲汴州。"見明本《册府》卷四一九《將帥部·以少擊衆門》。

［5］金堤驛：地名。位於今河南滑縣東。 酸棗：地名。位於今河南延津縣西南。 靈昌：地名。位於今河南滑縣西南。

［6］前後斬首二千餘級：中華書局本有校勘記："'二千'，原作'二十'，據《册府》卷三四六、卷三九六改。"見明本《册府》卷三四六、《宋本册府》卷三九六。

［7］板橋：地名。位於今河南開封市。 赤堈：地名。今名霍赤岡。位於今河南開封市東北。 酸棗門：城門名。位於今河南開封市。 封禪寺：寺名。初建於北齊天保十年（559），名獨居寺。唐玄宗開元十七年（729），詔改爲封禪寺。宋太祖開寶三年（970）改爲開寶寺。今爲河南開封市鐵塔公園。 枯河：河流名。今地不詳。

［8］濮州：州名。治所在今山東鄄城縣。 南劉橋：地名。位於今山東高唐縣固河鎮。 范縣：縣名。治所在今河南范縣。

文德元年夏，李罕之以并軍圍張宗奭於河陽，[1]太祖遣存節率軍赴之。屬歲歉，饟餽不至，村民有儲乾椹者，存節以器用、錢帛易之，以給軍食。大破賊於沇河，[2]罕之引衆北走。又預討徐、宿有功。[3]及討河北，存節前鋒下黎陽，收臨河，至内黄西，[4]以兵千餘人當魏人萬二千衆，大破其陣，殭仆蔽野。太祖深所歎激，謂有神兵之助。[5]

[1]文德：唐僖宗李儇年號（888）。　并：州名。治所在今山西太原市。　張宗奭：人名。濮州臨濮（今山東鄄城縣臨濮鎮）人。後梁將領。傳見本書卷六三、《新五代史》卷四五。　軍：《宋本册府》卷四一四《將帥部·赴援門》同，明本《册府》卷三四六《將帥部·佐命門七》作“兵”。

[2]沇（yǎn）河：水名。又稱濟水。源出今河南，流經山東入渤海。中華書局本有校勘記：“原作‘溳河’，據邵本校、本書卷一五《李罕之傳》、卷五五《康君立傳》、《新五代史》卷一《梁本紀》、卷二一《葛從周傳》、卷四二《李罕之傳》、卷四四《丁會傳》、卷四五《張全義傳》改。《舊五代史考異》卷一：‘案原本訛“沢河”，今據《歐陽史》及《通鑑》改正。’”見《輯本舊史》卷一五《李罕之傳》、卷五五《康君立傳》，《新五代史》卷一《梁太祖紀上》文德元年（888）三月庚子條、卷四二《李罕之傳》均作“沇河”，《新五代史》卷四四《丁會傳》、卷四五《張全義傳》作“沇水”。明本《册府》卷三四六、《宋本册府》卷四一四作“溳河”，《新唐書》卷一八七《李罕之傳》作“沅河聚”。《通鑑》卷二五七繫其事於文德元年四月壬午條後，未提及沇河：“朱全忠遣其將丁會、葛從周、牛存節將兵數萬救河陽。李存孝令李罕之以步兵攻城，自帥騎兵逆戰於温，河東軍敗，安休休懼罪，奔蔡州。汴人分兵欲斷太行路，康君立等懼，引兵還。”

[3]宿：州名。治所在今安徽宿州市。

[4]臨河：縣名。治所在今河南浚縣東北。　内黄：縣名。治所在今河南内黄縣。

[5]“及討河北”至“謂有神兵之助”：亦見明本《册府》卷四一九《將帥部·以少擊衆門》。《牛存節墓誌》云：文德二年，“遣宋州都教練使，仍充都侯”。

大順元年，[1]改滑州左右廂牢城使。[2]與諸將討時溥，[3]累破賊軍。景福元年秋，改遏後都指揮使。[4]攻濮之役，領軍先登，遂拔其壘。二年四月，下徐州，梟時溥，存節力戰，其功居多。[5]乾寧二年，[6]授檢校工部尚書。[7]三年夏，太祖東討鄆州，存節領軍次故樂亭，扼其要路，都指揮使龐師古屯馬頰，[8]存節密與都將王言謀入鄆壘。[9]十二月，存節遣王言夜伏勇士於州西北，[10]以船踰濠，舉梯登陴。既而王言不克入，存節獨率伏軍負梯？破其西甕城，奪其濠橋，[11]諸軍俱進。四年四月，[12]陷其城，尋與葛從周降下兖州，[13]加檢校右僕射。

[1]大順：唐昭宗李曄年號（890—891）。　大順元年：中華書局本有校勘記：“《牛存節墓誌》繫其事於文德元年。”

[2]牢城使：官名。唐及五代前期州鎮的統兵軍官，後兼具管理配隸罪囚場所。參見杜文玉、王鳳翔《唐宋時期牢城使考述》，《陝西師範大學學報》2006 年第 2 期。

[3]時溥：人名。徐州彭城（今江蘇徐州市）人。唐末地方武裝割據，平定了黄巢之亂，後割據徐州。傳見本書卷一三、《舊唐書》卷一八二、《新唐書》卷一八八。　與諸將討時溥：明本《册

府》卷三四六《將帥部·佐命門七》無“與”字。

［4］景福：唐昭宗李曄年號（892—893）。　遏後都指揮使：官名。所部統兵官。《宋本册府》卷三六九《將帥部·攻取門二》云存節爲滑州遏後指揮使。

［5］“二年四月”至“其功居多”：《舊唐書》卷二〇上《昭宗紀》景福二年（893）四月己巳條：“汴將王重師、牛存節陷徐州，節度使時溥舉家自燔而死。”同書卷一八二《時溥傳》：“溥求援于兗州，朱瑾出兵救之，值大雪，糧盡而還。城中守陴者飢甚，加之病疫。汴將王重師、牛存節夜乘梯而入，溥與妻子登樓自焚而卒，景福二年四月也。”

［6］乾寧：唐昭宗李曄年號（894—898）。　乾寧二年：《宋本册府》卷三八六《將帥部·褒異門一二》同，中華書局本有校勘記：“《牛存節墓誌》繫其事於乾寧元年。”

［7］檢校工部尚書：官名。地方使職帶檢校三公、三師及臺省官之類，表示遷轉經歷和尊崇的地位，檢校兵部尚書爲其中之一階，爲虛銜。句上《宋本册府》卷三八六有“表”字。

［8］龐師古：人名。曹州（今山東曹縣）人。唐末將領。傳見本書卷二一、《新五代史》卷二一。　馬頰：地名。位於今山東東平縣。

［9］王言：人名。籍貫不詳。唐末將領。事見本書本卷。

［10］西北：明本《册府》卷三四六、《新五代史》卷二二《牛存節傳》同，《宋本册府》卷三六九《將帥部·攻取門二》作“西”。

［11］甕城：城門外月形城。　濠橋：護城河上的橋樑。

［12］四年四月：中華書局本有校勘記：“‘四月’，《册府》卷三四六作‘正月’。按本書卷一《梁太祖紀》一、《通鑑》卷二六一皆繫其事於正月。《牛存節墓誌》繫其檢校右僕射事於三年。”見明本《册府》卷三四六，《輯本舊史》卷一《梁太祖紀一》乾寧四年（897）正月辛卯、乙未條，《通鑑》卷二六一乾寧四年正月

辛卯、癸巳、丙申條。《宋本册府》卷三八六亦作“四年正月”。

[13]葛從周：人名。濮州鄄城（今山東鄄城縣）人。唐末、五代將領。傳見本書卷一六、《新五代史》卷二一。

其年秋，大舉以伐淮南，至濠州東，[1]聞前軍失利於清口，諸軍退至淠河，[2]無復隊伍。存節遏其後，與諸將釋騎步鬬，諸軍稍得濟，收合所部並敗兵共八千餘人，至于淮涘，時不食已四日矣。存節訓勵部分，以禦追寇，遂得旋師。[3]五年，除亳州刺史，[4]俄遷宣武軍都指揮使，[5]改宿州刺史。明年，淮賊大至彭城，存節乃以部下兵夜發，直趣彭門。[6]淮人訝其神速，震恐而退，諸將服其智識。

[1]淮南：方鎮名。治所在揚州（今江蘇揚州市）。此處代指楊吴政權。　濠州：州名。治所在今安徽鳳陽縣。

[2]清口：地名。原爲泗水入淮之口，位於今江蘇淮安市淮陰區。　淠（pài）河：水名。流經今安徽壽縣、長豐縣一帶，注入淮河。

[3]“其年秋”至“遂得旋師”：明本《册府》卷四一八《將帥部·嚴整門》：“唐乾寧四年秋，大舉以伐淮南，至濠州東，聞前軍失利于青口，諸軍退至淠河，無復隊伍。存節尾其後，與諸軍釋騎步鬬。諸軍退，得濟。收合所部并敗兵共八千餘人，至於淮涘，時不食已四日矣。存節訓勵部分，以禦追寇，得旋歸。”《武經總要後集》卷四《先鋒後殿門》：“五代梁牛存節大舉以伐淮南，至濠州東，聞前軍失利於清口，謝軍退至淠河，無復隊伍。存節遏其後，與諸將釋騎步鬬，諸軍稍得齊，收拾所部兵，并敗兵共八千餘人，至于淮涘，時不食已四五日矣。存節訓勵部分，以禦追寇，遂得旋

師。”《輯本舊史》之案語：“《舊唐書·昭宗紀》：葛從周自霍丘渡淮，至濠州，聞師古敗，乃退軍，信宿至淠河，方渡，而朱瑾至。是日殺傷溺死殆盡，還者不滿千人，唯牛存節一軍先渡獲免。比至潁州，大雪寒凍，死者十五六。據《舊唐書》，存節以先渡得免，而《薛史》以爲存節遏其後，蓋傳聞之異。”見《舊唐書》卷二〇上《昭宗紀》乾寧四年（897）十一月癸酉條，其事亦見《通鑑》卷二六一乾寧四年十一月癸酉條。“與諸將釋騎步鬬”，中華書局本有校勘記：“‘與’字原闕，據《册府》卷三四六、卷四一八、《武經總要後集》卷四補。”見明本《册府》卷三四六《將帥部·佐命門七》、卷四一八，《武經總要後集》卷四；明本《册府》卷三四六作“與諸將大騎步鬬”，卷四一八作“與諸軍釋騎步鬬”。

[4]亳州：明本《册府》卷三四六作“濠州”。

[5]宣武軍：方鎮名。治所在汴州（今河南開封市）。

[6]彭城：縣名。治所在今江蘇徐州市。　彭門：指徐州。

光化二年，罷歸，復爲左衙都將兼馬步教練使。[1]天復元年，授潞州馬步都指揮使，[2]法令嚴整，[3]士庶安之。及追赴行在，士卒泣送者不絶於道，加金紫光禄大夫、檢校司空，改滑州左衙步軍指揮使，知邢州軍州事。[4]天祐元年，授邢州團練使。[5]時州兵纔及二百人，晋人知之，以大軍來寇。太祖在鄴，發長直兵二千人赴援，存節率壯健出鬬，以家財賞激戰士，并軍急攻，七日不能克而去。[6]太祖召至，勞慰久之，厚賚金帛鞍馬，加檢校司徒。冬，罷郡，[7]署爲元帥府左都押衙。[8]四年，太祖受禪，除右千牛衛上將軍。[9]其秋，攻潞州，以存節爲行營馬步軍都排陣使。[10]

［1］光化：唐昭宗李曄年號（898—901）。　左衙都將：官名。唐、五代節度使屬將。　衙：明本《册府》卷三四六《將帥部·佐命門七》作“衛”。　教練使：官名。唐、五代方鎮使府軍將，選善兵法武藝者充任，掌教練兵法及武藝，亦或領兵出戰。

［2］馬步都指揮使：官名。即馬步軍都指揮使。唐、五代侍衛親軍或方鎮馬步軍長官，　授潞州馬步都指揮使：宋代夏竦《文莊集》卷三一《奉和御製讀五代梁史》：“初授潞州步軍都指揮使。”《牛存節墓誌》：“授潞州都指揮使，轉階金紫，加秩司空，知邢州事。”

［3］法令嚴整：《新五代史》卷二二《牛存節傳》同，明本《册府》卷三四六作“法令之整”，《宋本册府》卷四一二《將帥部·得士心門》作“發令嚴整”。

［4］金紫光禄大夫：官名。本兩漢光禄大夫。魏晋以後，光禄大夫之位重者，加金章紫綬，因稱金紫光禄大夫。北周、隋爲散官。唐貞觀後列入文散官。正三品。　左衙步軍指揮使：官名。唐、五代方鎮步軍統兵官。

［5］團練使：官名。唐代中期以後，於不設節度使的地區設團練使，掌本區各州軍事。

［6］長直：部隊番號。　“時州兵纔及二百人”至“七日不能克而去”：《輯本舊史》卷二六《唐武皇紀下》天祐三年（906）正月條：“天祐三年正月，魏博既殺牙軍，魏將史仁遇據高唐以叛，遣人乞師於武皇，武皇遣李嗣昭率三千騎攻邢州以應之，遇汴將牛存節、張筠於青山口，嗣昭不利而還。”《宋本册府》卷一八七《閏位部·勳業門五》天祐三年四月條：“是時晋人圍邢州，刺史牛存節堅壁固守，帝遣符道昭帥師救之，晋人乃遁去。”《通鑑》卷二六五天祐三年四月丙午條：“先是，仁遇求救於河東及滄州，李克用遣其將李嗣昭將三千騎攻邢州以救之。時邢州兵纔二百，團練使牛存節守之，嗣昭攻七日不克。全忠遣右長直都將張筠將數千騎助存節守城，筠伏兵於馬嶺，擊嗣昭，敗之，嗣昭遁去。”時州兵

纔及二百人，《宋本册府》卷三八六《將帥部·褒異門一二》、卷四〇〇《將帥部·固守門二》同，明本《册府》卷三四六作“時州兵未及二百人”。并軍急攻，《宋本册府》卷四〇〇同，句下明本《册府》卷三四六有“之”字。

[7]罷郡：中華書局本有校勘記：“原作‘罷軍’，據《册府》卷三四六改。”

[8]元帥府左都押衙：官名。“押衙”即“押牙”。唐、五代時期節度使辟署的屬官，有稱左、右都押衙或都押衙者。掌領方鎮儀仗侍衛、統率軍隊。參見劉安志《唐五代押牙（衙）考略》，武漢大學歷史系魏晋南北朝隋唐史研究室編《魏晋南北朝隋唐史資料》第16輯，武漢大學出版社1998年版。

[9]右千牛衛上將軍：官名。唐置，掌宫禁宿衛。唐代置十六衛，即左右衛、左右驍衛、左右武衛、左右威衛、左右領軍衛、左右金吾衛、左右監門衛、左右千牛衛，各置上將軍，從二品；大將軍，正三品；將軍，從三品。

[10]排陣使：官名。唐節度使所屬武官中有排陣使，五代後梁以後設於諸軍，爲先鋒之職。參見王軼英《中國古代排陣使述論》，《西北大學學報》2010年第6期。　以存節爲行營馬步軍都排陣使：《新五代史》卷二二《牛存節傳》作“爲行營排陣使”，《牛存節墓誌》作“以公爲排陣使”。

開平二年二月，自右監門衛上將軍轉右龍虎統軍，駐留洛下。[1]是歲，王師敗於上黨，[2]晋人乘勝進迫澤州，州城將陷。河南留守張全義召存節謀，[3]遂以本軍及右龍虎、羽林等軍往應接上黨。師至天井關，[4]存節謂諸將曰：“是行也，雖不奉詔旨，然要害之地，[5]不可致失。”時晋人新勝，其鋒甚盛，存節引衆而前，銜枚夜至澤州，適遇守埤者已縱火鼓噪，以應外軍，刺史保衙城,[6]不知所爲。存節纔入，晋軍已至矣，乃分布守禦。晋軍四面攻鬬，開地道以入城，存節亦以隧道應之，逆戰于地中，晋軍不能進。又以勁弩射之，中者人馬皆洞，經十三日，晋軍死傷者甚衆，焚營而退，郡以獲全,[7]太祖屢歎賞之。五月，遷左龍虎統軍、充六軍馬步都指揮使。[8]十月，授絳州刺史。

[1]右監門衛上將軍：官名。唐代十六衛之一。掌宫禁宿衛。從二品。　右龍虎統軍：官名。五代後梁禁衛部隊右龍虎軍統兵官。　洛下：即洛陽。

[2]上黨：即潞州。治所在今山西長治市。

[3]河南：府名。治所在今河南洛陽市。　留守：官名。古代皇帝出巡或親征時指定親王或大臣留守京城，綜理國家軍事、行政、民事、財政等事務，稱京城留守。在陪都或軍事重鎮也常設留守，以地方長官兼任。　張全義：人名。濮州臨濮（今山東鄄城縣）人。唐末將領，後降於諸葛爽。傳見本書卷六三、《新五代史》卷四五。

[4]天井關：關隘名。位於今山西澤州縣南太行山上。

[5]然要害之地：《新五代史》卷二二《牛存節傳》作“然澤州要害”,《武經總要後集》卷一五《守城門》作“然澤州要地”,《通鑑》卷二六六開平二年（908）五月辛未條作“澤州要害地”。

[6]衙城：又稱牙城。唐、五代藩鎮主帥所居之城。　刺史保衙城：中華書局本有校勘記：“‘刺史’下《武經總要後集》卷一五有‘王班’二字。本書卷二七《唐莊宗紀》一敘其事云：‘周德威乘勝攻澤州，刺史王班登城拒守。’”見《武經總要後集》卷一五、《輯本舊史》卷二七《唐莊宗紀一》天祐五年五月條。

[7]郡以獲全：《舊五代史考異》:“案：存節自潞州行營入爲統軍，留駐洛下，其後夾城之敗，存節未嘗在軍中也。《歐陽史》迺

云：晋兵已破夾城，存節以餘兵歸，行至天井關，還救澤州。《通鑑考異》已辨其誤。”見《新五代史·牛存節傳》、《通鑑》卷二六六開平二年五月辛未條《考異》。

［8］六軍：既泛指皇帝的禁衛軍，又指唐代所置左右神武天騎、左右羽林、左右龍武等六軍，稱“北衙六軍”。《周禮·夏官·司馬》：“凡制軍，萬有二千五百人爲軍。王六軍。”　五月遷左龍虎統軍、充六軍馬步都指揮使：明本《册府》卷二〇五《閏位部·巡幸門》開平二年九月乙丑條：“乙丑，六軍統軍牛存節、黄文靖各領所部將士赴行在。”《新五代史·牛存節傳》：“遷左龍虎統軍、六軍都指揮使。”《通鑑》卷二六六開平二年五月壬辰條：“帝賞牛存節全澤州之功，以爲六軍馬步都指揮使。”五月，中華書局本有校勘記：“按《牛存節墓誌》繫其事於四月。”

三年四月，除鄜州留後。[1]六月，劉知俊以同州叛，尋授同州留後，未幾，加檢校太保、同州節度使。[2]乾化二年，加檢校太傅，進封開國公。存節戒嚴軍旅，常若敵至。先是，州中井水鹹苦，人不可飲，及并人、岐人來迫州城，[3]或以爲兵士渴乏，[4]陷在旦夕。存節乃肅拜虔祝，擇地鑿八十餘井，其味皆甘淡，由是人馬汲濯有餘，衆以爲至誠之感。[5]自八月至三年春末，人馬未嘗釋甲，以至寇退。尋加同平章事，詔赴闕。末帝召慰勉，賞賜甚厚。[6]十一月，加開府儀同三司，食邑一千户，授鄆州節度使。[7]四年，加淮南西北面行營招討使，[8]控扼淮瀆，邊境安之。

［1］鄜州：州名。治所在今陝西富縣。　三年四月，除鄜州留後：《通鑑》卷二六七開平三年（909）四月己未條：“以絳州刺史

牛存節爲保大節度使。”按，保大軍節度使，領鄜、坊等州。

［2］“六月”至“加檢校太保、同州節度使”：《新五代史》卷二二《牛存節傳》：“同州劉知俊叛，奔鳳翔，乃遷存節匡國軍節度使。”《通鑑》卷二六八乾化元年（911）三月己酉條：“岐王募華原賊帥温韜以爲假子，以華原爲耀州，美原爲鼎州。置義勝軍，以韜爲節度使，使帥邠、岐兵寇長安。詔感化節度使康懷貞、忠武節度使牛存節以同華、河中兵討之。己酉，懷貞等奏擊韜於車度，走之。”

［3］及并人、岐人來迫州城：《通鑑》卷二六八乾化二年九月壬申條：“康懷貞等與忠武節度使牛存節合兵五萬屯河中城西，攻之甚急。晉王遣其將李存審、李嗣肱、李嗣恩將兵救之，敗梁兵于胡壁。”

［4］或以爲兵士渴乏：中華書局本有校勘記：“‘或’，《册府》卷三九八作‘咸’。”見《宋本册府》卷三九八《將帥部·冥助門》。

［5］“存節乃肅拜虔祝”至“衆以爲至誠之感”：《輯本舊史》之案語：“《夏竦集》引《薛史》作存節鑿八十餘井，味皆甘淡，病渴具消。疑引《薛史》而稍有移易也。”夏竦《文莊集》卷三一《奉和御製讀五代梁史》：“存節乃肅拜虔祝，擇地鑿八十餘井，味皆甘淡，以爲至誠之感，病渴且消。”“甘淡”，《宋本册府》卷三九八作“甘冷”。

［6］“尋加同平章事”至“賞賜甚厚”：《宋本册府》卷三八六《將帥部·褒異門一二》：“三年，加同平章事。詔赴闕，末帝召見慰勉，賞賜甚厚。”

［7］開府儀同三司：官名。曹魏始置，隋、唐時爲散官之最高官階，多授功勳重臣。從一品。　食邑：即封地、封邑。食邑之名，蓋取受封者不之國，僅食其租税之意。　食邑一千户：《宋本册府》卷三八六同，中華書局本有校勘記：“《牛存節墓誌》：‘乾化二年，加太傅，進國公，邑千户。明年春，加同平章事，十一月加

開府儀同三司，增邑二千户。’”

［8］行營招討使：武官名。自後梁至後周均設行營招討使，負責地方征討招撫之事。掌管區域較大而且主官資深者，則委以諸道行營都招討使和副都招討使，否則爲行營招討使和副招討使。

其冬，蔣殷據徐州逆命，存節方以大衆戍潁州，得殷逆謀，密以上聞，遽奉詔與劉鄩同討之，頓於埇上。[1]淮賊朱瑾以兵救殷，[2]距宿之兩舍，聞存節兵大至，即委糧棄甲而遁，竟平徐州。[3]詔加太尉。[4]夏中病渴且痟，[5]屬河北用軍，末帝令率軍屯陽留以張劉鄩之勢。[6]存節忠憤彌篤，未嘗言病，料敵治戎，旦夕愈厲。病革，詔歸汶陽，[7]翌日而卒。[8]將終，戒其子知業、知讓等以忠孝，[9]言不及他。册贈太師。

［1］蔣殷：人名。即王殷。河中節度使王重盈養子。後梁太祖時官至宣徽院使。朱友珪簒位稱帝，被任爲徐州節度使。末帝時拒不免官，兵敗自殺。傳見本書卷一三、《新五代史》卷四三。　埇上：地名。指符離縣。治所在今安徽宿州市埇橋區。

［2］朱瑾：人名。宋州下邑（今河南夏邑縣）人。唐末軍閥。傳見《新五代史》卷四二。

［3］“其冬”至“竟平徐州”：《輯本舊史》卷八《梁末帝紀上》乾化四年（914）九月、貞明元年（915）春條：“九月，徐州節度使王殷反。時朝廷以福王友璋鎮徐方，殷不受代，乃下詔削奪殷在身官爵，仍令却還本姓蔣，便委友璋及天平軍節度使牛存節、開封尹劉鄩等進軍攻討。是時，蔣殷求救於淮南，楊溥遣大將朱瑾率衆來援，存節等逆擊，敗之。貞明元年春，牛存節、劉鄩拔徐州，逆賊蔣殷舉族自燔而死，於火中得其屍，梟首以獻。”《新五代

史》卷三《梁末帝紀》乾化四年四月丁丑、貞明元年正月條："四年夏四月丁丑，貶于兢爲萊州司馬。武寧軍節度使蔣殷反，天平軍節度使牛存節討之。貞明元年春正月，存節克徐州。"《通鑑》卷二六九乾化四年九月、十月條："帝以福王友璋爲武寧節度使。前節度使王殷，友珪所置也，懼，不受代，叛附於吴；九月，命淮南西北面招討應接使牛存節及開封尹劉鄩將兵討之。冬，十月，存節等軍于宿州。吴平盧節度使朱瑾等將兵救徐州，存節等逆擊，破之，吴兵引歸。"同卷貞明元年二月條："二月，牛存節等拔彭城，王殷舉族自焚。"

[4]太尉：官名。與司徒、司空並爲三公，唐後期、五代多爲大臣、勳貴加官。正一品。　詔加太尉：《輯本舊史·梁末帝紀上》貞明元年三月辛酉條："三月辛酉朔，以天平軍節度副大使、知節度事、兼淮南西北面行營招討應接等使、檢校太傅、同平章事牛存節爲檢校太尉，加食邑一千户，賞平徐之功也。"

[5]痟（xiāo）：消渴症。　夏中病渴且痟：《宋本册府》卷三七四《將帥部·忠門五》作"夏中病渴至痟"。

[6]陽留：地名。又稱楊劉。位於今山東東阿縣。　末帝令率軍屯陽留以張劉鄩之勢：《輯本舊史》之案語："陽留即楊劉，見《通鑑考異》。又考《李存進碑》作楊留，蓋地名通用。"見《通鑑》卷二六九貞明元年五月條《考異》。李存進碑，原作"李重進碑"，《全唐文》卷八四〇《後唐招討使李存進墓碑》有"楊留初下，渡口是防"語，按《輯本舊史》卷五三《李存進傳》云存進本姓孫，名重進，景福中，唐武皇賜姓名李存進，天祐十四年從攻楊劉，李重進爲後周臣，《宋史》卷四八四有傳，未提楊劉事，輯者誤將"存"作"重"，故改之。《通鑑》卷二六九貞明元年五月條："帝聞魏博叛，大悔懼，遣天平節度使牛存節將兵屯楊劉，爲鄩聲援。會存節病卒，以匡國節度使王檀代之。"

[7]汶陽：縣名。治所在今山東泰安市。　詔歸汶陽：《新五代史》卷二二《牛存節傳》作"召歸京師"。

［8］翌日而卒：《輯本舊史·梁末帝紀上》貞明元年五月條載牛存節薨。《太平廣記》卷四五九《蛇門四》引《玉堂閒話》牛存節條："梁牛存節鎮鄆州，於子城西南角大興一第。因板築穿地，得蛇一穴，大小無數。存節命殺之，載于野外，十數車載之方盡。時有人云：'此蛇藪也。'是歲，存節疽背而薨。"《牛存節墓誌》："公以梁太祖帝乾化五年夏六月十九日薨于鄆。輟朝三日。命兵部侍郎崔昭愿、都官員外郎柳瑗簡册鹵簿，贈太師，謚曰威。享年六十有三。"

［9］知業：人名。即牛知業。牛存節之子。曾任房州刺史、右羽林軍統軍。事見本書卷九。　知讓：人名。即牛知讓。牛存節之子。本書僅此一見。　戒其子知業、知讓等以忠孝："戒"，《宋本册府》卷三七四作"屬"。《輯本舊史》卷八《梁末帝紀》中貞明四年十二月乙巳條："以前房州刺史牛知業爲右羽林統軍。"《牛存節墓誌》："公有子四人：長曰知業，梁寧州刺史；次曰知讓，晋吏部郎中；次曰知謙；次曰知訓。長女度爲尼，次女適清河張漢貂。"《牛知業墓誌》："公諱知業，字子英。"該墓誌詳録牛知業生平，録之於次："公始以父任爲殿頭，以從太師征伐有功，時初立馬前都充馬前第三都頭，稍轉控鶴都虞候。太師授同州節度使，太祖召公謂曰：'朕聞孝於家則忠於國，爾常在我左右，我備諳爾忠勤。以爾父子久别，想多鬱戀，朕欲成孝敬而厚人倫，俾爾奉温清而居職位，今授爾同州馬步軍都指揮使。'公于是舞蹈稱謝，感恩泣下。太祖撫背而遣之。太師移鎮汶陽，轉補鄆州衙内都指揮使。太師招討東南，詔公留統州事，無何屯兵陽留。復命太師爲招討，忽以疽發於背，數日而終。時衙兵有青衫子都竊圖不軌，欲陷府城。公脱衰裳披金革，號令而攻，逆黨盡戮。飛奏上聞，優詔褒飾，授起復雲麾將軍、使持節房州諸軍事、房州刺史。越二年，授右羽林統軍，俄充開西行營步軍都指揮使，獨領衙隊千人首下寧州，幕府上功，授寧州刺史。當賊兵勢挫，城將不守，逆魁命其徒縱火焚□衙署略盡，公之始至，出家財而構焉。未幾，以脚瘡請退。詔許歸

闕。肩輿即路，至于灞橋漸覺羸頓，以其日終于公館，時龍德三年四月六日也，享年四十四。初娶孟氏早逝，生子曰宗嗣，東頭供奉官。後娶蕭氏，封蘭陵縣君，生子曰宗德，累官至閤門使，出爲永興軍節度副使，今爲彰武軍節度副使。次曰宗諫，累爲令長。公以戎副在内職，曰贈右衛上將軍。”

存節武鷙慷慨，有大節，野戰壁守，皆其所長，威名聞於境外，[1]深爲末帝所重，[2]而木强忠厚，有賈復之風焉。[3]《永樂大典》卷八千八百六十一。[4]

[1]“存節武鷙慷慨”至“威名聞於境外”：明本《册府》卷三九三《將帥部·威名門二》：“牛存節，開平中爲鄆州節度使。慷慨有大節，野戰壁守，皆其所長，威名聞於境外。”夏竦《文莊集》卷三一《奉和御製讀五代梁史》：“武鷙有大節，威名聞于敵境。”

[2]深爲末帝所重：《宋本册府》卷三七四《將帥部·忠門五》作“深爲時所重”。

[3]賈復：人名。南陽冠軍（今河南鄧州市西北）人。爲東漢光武帝信用的部將。傳見《後漢書》卷一七。

[4]《大典》卷八八六一“牛”字韻“姓氏（二）”事目。

王檀

王檀，字衆美，京兆人也。[1]曾祖泚，唐左金吾衛將軍、隴州防禦使。[2]祖曜，定難功臣、渭橋鎮遏使。[3]父環，鴻臚卿，以檀貴，累贈左僕射。[4]檀少英悟，美形儀，好讀兵書，洞曉韜略。唐中和中，[5]太祖鎮大梁，檀爲小將。四年，汴將楊彥洪破巢將尚讓、李讜於尉氏門外，[6]檀在戰中，摧鋒陷陣，遂爲太祖所知，稍蒙擢用。[7]預破蔡賊於斤溝、淝河、八角，[8]遷踏白都副將。[9]

[1]京兆：府名。治所在今陝西西安市。

[2]泚：人名。即王泚。事跡不詳。　隴州：州名。治所在今陝西隴縣。　防禦使：官名。唐代始置，設有都防禦使、州防禦使兩種。常由刺史或觀察使兼任，實際上爲唐代後期州或方鎮的軍政長官。

[3]曜：人名。即王曜。事跡不詳。　渭橋：漢、唐時長安渭水上修建的橋梁。參見辛德勇《古代交通與地理文獻研究》，商務印書館2018年版。　鎮遏使：官名。軍鎮長官。掌軍鎮防守工作。

[4]環：人名。即王環。事跡不詳。　鴻臚卿：官名。秦稱典客，漢初改大行令，漢武帝時改大鴻臚，北齊置鴻臚寺，以鴻臚寺卿爲主官，後代沿置。掌四夷朝貢、宴飲賞賜、送迎外使等禮儀活動。從三品。　左僕射：官名。秦始置。隋、唐前期，以左、右僕射佐尚書令總理六官、綱紀庶務；如不置尚書令，則總判省事，爲宰相之職。唐後期多爲大臣加銜。從二品。

[5]中和：唐僖宗李儇年號（881—885）。

[6]楊彥洪：人名。籍貫不詳。唐末、五代將領。事見《通鑑》卷二五五。　巢：人名。即黄巢。曹州冤句（今山東菏澤市）人。唐末農民起義領袖。傳見《舊唐書》卷二〇〇下、《新唐書》卷二二五下。　尚讓：人名。黄巢部將，後被時溥所殺。事見《舊唐書》卷二〇〇下、《新唐書》卷二二五下。　李讜：人名。河中臨晋（今山西臨猗縣）人。五代後梁將領。傳見本書卷一九。　尉氏門：城門名。位於今河南開封市。因南通尉氏縣而名。

[7]“四年”至“稍蒙擢用”：亦見《宋本册府》卷三九六

《將帥部・勇敢門三》，唯《册府》無“四年”二字。

[8]淝河：地名。位於今安徽亳州市。 八角：地名。即八角鎮。位於今河南開封市。

[9]踏白都副將：官名。所部統兵將領。踏白爲部隊番號。《新五代史》卷二三《王檀傳》作：“遷踏白副指揮使。”

光啓二年，[1]從胡真擊淮西之衆，[2]解河陽之圍。蔡賊張存敢乘亂據洛陽，[3]檀與勇士數十人潛入賊栅，邀其輜重，存敢遁走。胡真至陝州，開通貢路，遣檀攻玉山寨，降賊帥石令殷。[4]從擊秦宗賢於鄭州西北河灘之上，於太祖馬前射賊將孫安，應弦而斃。[5]三年，佐都指揮使朱珍敗徐戎於孫師陂，[6]獲其將孫用和、東詡以獻。[7]從擊蔡賊於板橋，偏將李重胤追賊馬躓，[8]爲蔡人所擒，[9]檀奪取而旋，獲賊將薛注。[10]太祖破朱瑾於劉橋，[11]檀盡收其軍實。

[1]光啓：唐僖宗李儇年號（885—888）。

[2]胡真：人名。江陵（今湖北荆州市）人。後梁朱温部將。傳見本書卷一六。 淮西：地區名。唐中後期指淮河以西及以南一帶。詳見楊文春《“淮西”地名考釋》，《首都師範大學學報》2013年第4期。

[3]張存敢：人名。籍貫不詳。唐末將領。本書僅此一見。

[4]玉山寨：地名。今地不詳。 石令殷：人名。籍貫不詳。唐末軍閥。本書僅此一見。

[5]秦宗賢：人名。籍貫不詳。唐末將領。事見本書卷一六、卷二〇、卷二一。《宋本册府》卷三九六《將帥部・勇敢門三》作“秦賢”。 孫安：人名。籍貫不詳。唐末將領。本書僅此一見。

"蔡賊張存敢乘亂據洛陽"至"應弦而斃"：《宋本册府》卷三九六："蔡賊張存敢乘亂據洛陽，檀與勇士數十人潛入賊栅，邀其輜重，存敢遁走。檀初爲汴小將，從擊秦賢於鄭州西北河灘之上，於太祖馬前射賊將孫安，應弦而斃。"

[6]朱珍：人名。徐州豐（今江蘇豐縣）人，後梁朱温部將。傳見本書卷一九、《新五代史》卷二一。　孫師陂：地名。今地不詳。

[7]孫用和、束詡：人名。籍貫不詳。唐末將領。本書僅此一見。

[8]李重胤：人名。宋州下邑（今河南夏邑縣）人。唐末將領。傳見本書卷一九。

[9]爲蔡人所擒：句上《大典》卷六八五〇引《五代薛史》有"僅"字。

[10]薛注：人名。籍貫不詳。唐末將領。本書僅此一見。

[11]劉橋：地名。位於今山東鄄城縣。

文德元年三月，[1]討羅弘信，[2]敗魏人於内黄，檀獲其將周儒、邵神劍以歸，[3]補衡山都虞候。[4]是歲，與諸軍平蔡州。明年，佐朱珍大破時溥之衆，檀獲賊將何肱，[5]改左踏白馬軍副將。預征兖、鄆，累立戰功。大順元年，從龐師古渡淮深入，討孫儒之亂，奪邵伯堰，破高郵軍。[6]檀奮命擊賊，刃傷左臂。未幾，遷順義都將。[7]天復中，從太祖率四鎮之師圍鳳翔，以迎昭宗。屢立戎効，遷左踏白指揮使。從攻王師範於青丘，[8]檀以偏師收復密郡，[9]遂權知軍州事，[10]充本州馬步軍都指揮使，尋表授檢校右僕射，[11]守密州刺史。郡接淮戎，舊無壁壘，乃率丁夫修築羅城，[12]六旬而畢，居民賴之，加檢校司空。

［1］文德元年三月：中華書局本有校勘記：“‘三月’，《册府》卷三八六作‘二月’。”見《宋本册府》卷三八六《將帥部·褒異門一二》。

［2］羅弘信：人名。魏州貴鄉（今河北大名縣）人。唐末、五代軍閥。傳見《舊唐書》卷一八一、《新唐書》卷二一〇。

［3］周儒、邵神劍：人名。籍貫不詳。唐末、五代將領。本書僅此一見。

［4］衡山都虞候：官名。即衡山軍都虞候。爲唐末、五代時期衡山軍的統兵官。衡山，《宋本册府》卷三八六、《大典》卷六八五〇引《五代薛史》同；《輯本舊史》之案語：“原本作‘衡山’，今從《歐陽史》改正。”見《新五代史》卷二三《王檀傳》。

［5］何肱：人名。籍貫不詳。唐末、五代將領。本書僅此一見。

［6］邵伯堰：地名。位於今江蘇揚州市。　高郵：縣名。治所在今江蘇高郵市。

［7］順義：方鎮名。治所在耀州（今陝西銅川市耀州區）。

［8］青丘：地名。位於今山東廣饒縣。中華書局本有校勘記：“‘青丘’，原作‘青州’，據孔本、《永樂大典》卷六八五〇引《五代薛史》、《册府》卷三八六改。”見《宋本册府》卷三八六、《大典》卷六八五〇。

［9］密郡：指密州。治所在今山東諸城市。　檀以偏師收復密郡：《舊五代史考異》：“案《永陽志》云：張訓守密州刺史，朱全忠至青州，訓謂諸將曰：‘汴人將至，何以禦之？’諸將請焚城大掠而歸。訓曰：‘不可。’乃封府庫，植旗幟於城上，遣羸弱居前，自以精兵殿其後而去。全忠遣王檀攻密州，數日乃敢入城。”《通鑑》卷二六四天復三年（903）七月壬子條：“全忠遣左踏白指揮使王檀攻密州，既至，望旗幟，數日乃敢入城；見府庫城邑皆完，遂不復

追。訓全軍而還。全忠以檀爲密州刺史。”“收”,《宋本册府》卷三八六無。

[10]權知軍州事：官名。州行政長官。

[11]尋表授檢校右僕射：中華書局本有校勘記：“‘右’,《册府》卷三八六同。《永樂大典》卷六八五〇引《五代薛史》作‘左’。”見《宋本册府》卷三八六、《大典》卷六八五〇,《册府》卷三八六無“尋”字。

[12]乃率丁夫修築羅城：《大典》卷六八五〇同，中華書局本有校勘記：“‘丁’字原闕，據《御覽》卷二五八引《五代史·梁書》、《册府》卷六九六補。”見《太平御覽》卷二五八《職官部·良刺史門下》、《宋本册府》卷六九六《牧守部·修武備門》。《宋本册府》卷三八六作“乃築羅城”。

開平二年六月，授邢州保義軍節度使、檢校司徒。[1]三年，加檢校太保，充潞州東北面行營招討使。[2]乾化元年正月，王景仁與晋人戰於柏鄉，王師敗績，河朔大震。景仁餘衆爲虜騎所追,[3]檀戒嚴設備,[4]應接敗軍，助以資裝，獲濟者甚衆。俄而晋軍大至，重圍四合，土山地穴，晝夜攻擊，太祖憂之。檀密上表,[5]請駕不親征,[6]而悉力枝梧，竟全城壘。三月，以功就加檢校太傅、同平章事。七月，又加開府儀同三司、檢校太尉,[7]進封琅琊郡王,[8]命宣徽使趙殷衡齎詔慰諭,[9]賜絹千疋、銀千兩，賞守禦邢州之功也。庶人友珪僭位，授鄧州宣化軍節度使、檢校太尉、兼侍中。[10]

[1]邢州保義軍：方鎮名。治所在邢州（今河北邢臺市）。

[2]充潞州東北面行營招討使：中華書局本有校勘記：“‘東北

面'，《册府》卷四一四同，《册府》卷三八六、《新五代史》卷二《梁本紀》、《通鑑》卷二六七作‘東面'。”見《宋本册府》卷四一四《將帥部·赴援門》、卷三八六《將帥部·褒異門一二》，《新五代史》卷二《梁太祖紀下》開平三年（909）九月丁未條，《通鑑》卷二六七開平三年九月丁未條；《新五代史》卷二三《王檀傳》、《大典》卷六八五〇引《五代薛史》亦作“東北面”。

[3]景仁餘衆爲虜騎所追："虜”原作“敵”，據《宋本册府》卷四一四、《大典》卷六八五〇引《五代薛史》改。

[4]檀戒嚴設備："戒”字原闕，據《宋本册府》卷四一四、《大典》卷六八五〇補。《通鑑》卷二六七乾化元年（911）正月丁亥條："保義節度使王檀嚴備，然後開城納敗卒，給以資糧，散遣歸本道。”

[5]檀密上表：《宋本册府》卷四〇〇《將帥部·固守門二》同。中華書局本有校勘記："《册府》卷三八六同，《永樂大典》卷六八五〇引《五代薛史》無‘密’字。”見《宋本册府》卷三八六、《大典》卷六八五〇。

[6]請駕不親征：《宋本册府》卷四〇〇同，《宋本册府》卷三八六無“親”字。

[7]又加開府儀同三司、檢校太尉：《宋本册府》卷三八六無“又”字。

[8]進封琅琊郡王：《宋本册府》卷三八六無“進封”二字。《宋本册府》卷一九六《閏位部·封建門》乾化元年七月條："七月（按，“月”原誤作“年”），封保義節度使王檀爲瑯邪郡王。”

[9]宣徽使：官名。唐後期置。宣徽院的長官，初用宦官，五代以後改用士人。掌内諸司及三班内侍之名籍，郊祀、朝會、宴享供帳之儀，應内外進奉，悉檢視名物，用其印。　趙殷衡：人名。籍貫不詳。唐末、五代官員。本書僅此一見。

[10]鄧州宣化軍：方鎮名。治所在鄧州（今河南鄧州市）。侍中：官名。秦始置。隋、唐前期爲門下省長官。唐後期多爲大臣

加銜，不參與政務，實際職務由門下侍郎執行。正二品。

末帝即位，移授許州匡國軍節度使，[1]加檢校太師。五年，蔡州刺史王彦温作亂，[2]檀受詔討平之，加兼中書令。貞明元年三月，魏博軍亂。六月，[3]晋王入魏州，分兵收下屬郡，[4]河北大擾，檀受詔與開封尹劉鄩犄角進師，以援河北。檀攻澶州、魏縣，[5]下之，擒賊將李巖、王門關以獻。[6]頃之，檀密疏請以奇兵西趣河中，自陰地關襲取晋陽，[7]末帝許之，即馳兵而去。二年二月，師至晋陽，晝夜急攻其壘，并州幾陷。既而蕃將石家才自潞州以援兵至，[8]檀引軍大掠而還。[9]尋授天平軍副大使、知節度事，[10]充鄆、齊、曹等州觀察等使。

[1]許州匡國軍：方鎮名。後梁改忠武軍置。治所在許州（今河南許昌市）。　移授許州匡國軍節度使：《宋本册府》卷三八六《將帥部·褒異門一二》作“移授許州節度”。

[2]王彦温：人名。籍貫不詳。唐末、五代將領。事見本書本卷、卷二三。

[3]六月：《宋本册府》卷三六九無。

[4]收下：《宋本册府》卷三六九作“攻下”。

[5]魏縣：縣名。治所在今河北魏縣。

[6]李巖：人名。籍貫不詳。唐末、五代將領。事見本書本卷、卷二八。《舊五代史考異》：“案：《通鑑考異》引《莊宗實録》作李嚴。”見《通鑑》卷二六九貞明元年（915）七月條《考異》。王門關：人名。籍貫不詳。唐末、五代將領。事見本書本卷、卷七〇。中華書局本有校勘記：“原作‘王開關’，據《永樂大典》卷六八五〇引《五代薛史》、《册府》（宋本）卷三六九改。影庫本粘

籖：'"開關"，原本作"門關"，今據《歐陽史》改正。'按今檢《新五代史》未記此人。"《通鑑》卷二六九貞明元年五月條云，天平軍節度使牛存節病卒，以匡國節度使王檀代之。同年八月條載，王檀與賀瓌攻澶州，拔之，執李巖，送東都。　"貞明元年三月"至"擒賊將李巖、王門關以獻"：亦見《宋本册府》卷三六九《將帥部・攻取門二》。

[7]河中：府名。治所在今山西永濟市。　陰地關：關隘名。位於今山西靈石縣西南。　晋陽：縣名。治所在今山西太原市。

[8]石家才：人名。又名石君立。趙州昭慶（今河北隆堯縣）人。五代將領。傳見本書卷六五。

[9]"頃之"至"檀引軍大掠而還"：亦見《宋本册府》卷三六九，唯《册府》卷三六九無"二年二月"四字。《輯本舊史》卷八《梁末帝紀上》、明本《册府》卷二一七《閏位部・交侵門》貞明二年二月條云，帝命許州節度使王檀等率師自陰地關抵晋陽，急攻其壘，不克而旋。《輯本舊史》卷二八《唐莊宗紀二》天祐十三年二月條："是月，梁主遣別將王檀率兵五萬，自陰地關趨晋陽，急攻其城，昭義李嗣昭遣將石嘉才率騎三百赴援。時安金全、張承業堅守於内，嘉才救援於外，檀懼，乃燒營而遁，追擊至陰地關。時劉鄩敗於莘縣，王檀遁於晋陽，梁主聞之曰：'吾事去矣！'"《通鑑》卷二六九貞明二年二月辛丑條："匡國節度使王檀密疏請發關西兵襲晋陽，帝從之，發河中、陝、同華諸鎮兵合三萬，出陰地關，奄至晋陽城下，晝夜急攻；城中無備，發諸司丁匠及驅市人乘城拒守，城幾陷者數四，張承業大懼。代北故將安金全退居太原，往見承業曰：'晋陽根本之地，若失之，則大事去矣。僕雖老病，憂兼家國，請以庫甲見授，爲公擊之。'承業即與之。金全帥其子弟及退將之家得數百人，夜出北門，擊梁兵於羊馬城内；梁兵大驚，引卻。昭義節度使李嗣昭聞晋陽有寇，遣牙將石君立將五百騎救之；君立朝發上黨，夕至晋陽。梁兵扼汾河橋，君立擊破之，徑至城下大呼曰：'昭義侍中大軍至矣。'遂入城。夜，與安金全等分

出諸門擊梁兵，梁兵死傷什二三。詰朝，王檀引兵大掠而還……帝聞劉鄩敗，又聞王檀無功，歎曰：'吾事去矣！'"

[10]天平軍：方鎮名。治所在鄆州（今山東東平縣）。　副大使：官名。指節度副大使。方鎮中僅次於節度使之使職，如持節，則位同於節度使。　知節度事：官名。方鎮實際掌權者。中華書局本有校勘記："'節度'下原有'使'字，據《永樂大典》卷六八五〇引《五代薛史》删。"見《大典》卷六八五〇。

先是，檀招誘群盜，選其勁悍者置於帳下，以爲爪牙。至是，數輩竊發，突入府第，檀素不爲備，遂爲所害，時年五十一。[1]節度副使裴彦聞變，[2]率府兵盡擒諸賊，州城帖然。尋册贈太師，謚曰忠毅，[3]葬於開封縣之皋門原。[4]有子六人，皆升朝列。《永樂大典》卷六千八百五十。[5]

[1]"先是"至"時年五十一"：《輯本舊史》卷八《梁末帝紀上》貞明二年（916）九月己卯條："己卯，天平軍節度副大使、知節度事、檢校太師、兼中書令、瑯琊郡王王檀薨。"《通鑑》卷二六九貞明二年九月己卯條："天平節度使兼中書令琅邪忠毅王王檀，多募群盜，置帳下爲親兵，己卯，盜乘檀無備，突入府殺檀。節度副使裴彦帥府兵討誅之，軍府由是獲安。""五十一"，《舊五代史考異》："案：《歐陽史》作五十八。"見《新五代史》卷二三《王檀傳》。

[2]節度副使：官名。唐、五代方鎮屬官。位於行軍司馬之下、判官之上。　裴彦：人名。籍貫不詳。五代後梁官員。事見本書本卷。

[3]謚曰忠毅：《輯本舊史》之影庫本粘籤："忠毅，原本作'思毅'，今從《册府元龜》改正。"檢《册府》未見此説，《新五

代史·王檀傳》、《大典》卷六八五〇引《五代薛史》作"忠毅"，《通鑑》卷二六九貞明二年九月己卯條作琅邪忠毅王王檀。

[4]開封縣：縣名。治所在今河南開封市祥符區。　皋門原：地名。位於今河南開封市祥符區。

[5]《大典》卷六八五〇"王"字韻"姓氏（三五）"事目。

史臣曰：夫大都偶國，《春秋》所非。當師厚之據鄴城也，綰數萬之甲兵，擅六州之輿賦，名既震主，勢亦滔天。逮其喪亡，須議分割，由兹以失河朔，[1]因是以啓晋人，《詩》所謂"誰生厲階"者，師厚之謂歟！存節、王檀俱出身事主，抵力圖功。觀其方略，皆將帥之良者也。《永樂大典》卷六千八百五十。[2]

[1]由兹以失河朔："由"，《大典》卷六八五〇《五代薛史》作"猶"。

[2]《大典》卷六八五〇"王"字韻"姓氏（三五）"事目。

舊五代史　卷二三

梁書二十三

列傳第十三

劉鄩

劉鄩，密州安丘縣人也。[1]祖綬，密州户掾，累贈左散騎常侍。[2]父融，安丘令，累贈工部尚書。[3]鄩幼有大志，好兵略，涉獵史傳。唐中和中，事青州節度使王敬武爲小校。[4]敬武卒，三軍推其子師範爲留後，[5]朝廷命崔安潛鎮青州，[6]州人拒命。棣州刺史張蟾將襲師範，[7]師範遣都指揮使盧弘攻棣州，[8]弘反與蟾通，僞旋軍以襲師範。師範知之，設伏兵以迎弘，既而享之，先誡鄩曰："弘至即斬之。"鄩如約，斬弘於座上，同亂者皆誅之。師範以鄩爲馬步軍副都指揮使，[9]攻下棣州，殺張蟾，朝廷因授師範平盧軍節度使。[10]光化初，師範表鄩爲登州刺史。[11]歲餘，移刺淄州，[12]署行軍司馬。[13]

[1]密州：州名。治所在今山東諸城市。　安丘縣：縣名。治所在今山東安丘市。

[2]户掾：官名。指州司户参軍。掌本州屬縣之户籍、賦税、倉庫受納等事。上州從七品下，中州正八品下，下州從八品下。　左散騎常侍：官名。門下省屬官。掌侍奉規諷，備顧問應對。正三品下。

[3]工部尚書：官名。尚書省工部主官。掌百工、屯田、山澤之政令。正三品。

[4]中和：唐僖宗李儇年號（881—885）。　青州：州名。治所在今山東青州市。　節度使：官名。唐時在重要地區所設掌握一州或數州軍、民、財政的長官。　王敬武：人名。青州（今山東青州市）人。唐末將領。傳見《新唐書》卷一八七。　“鄩幼有大志”至“事青州節度使王敬武爲小校”：亦見於《宋本册府》卷三八八《將帥部·儒學門》。

[5]師範：人名。即王師範。青州（今山東青州市）人。唐末、五代軍閥。傳見本書卷一三、《新五代史》卷四二。　留後：官名。唐、五代節度使多以子弟或親信爲留後，以代行節度使職務，亦有軍士、叛將自立爲留後者。掌一州或數州軍政。

[6]崔安潛：人名。清河武城（今山東武城縣）人。唐末大臣。傳見《舊唐書》卷一七七、《新唐書》卷一一四。《輯本舊史》之影庫本粘籤：“崔安潛，原本作“守潛”，今從《新唐書》改正。”見《舊唐書》卷一八七《王敬武傳》。

[7]棣州：州名。治所在今山東惠民縣。　刺史：官名。漢武帝時始置。州一級行政長官，總掌考覈官吏、勸課農桑、地方教化等事。唐中期以後，節度、觀察使轄州而設，刺史爲其屬官，職任漸輕。從三品至正四品下。　張蟾：人名。籍貫不詳。唐末將領。事見本書本卷、卷一三，《新五代史》卷四二。

[8]都指揮使：官名。唐末、五代軍隊多置都指揮使、指揮使，爲統兵將領。　盧弘：人名。籍貫不詳。唐末將領。事見本書卷一

三、《新五代史》卷四二。

[9]馬步軍副都指揮使：官名。馬步軍副長官。

[10]平盧軍：方鎮名。治所在青州（今山東青州市）。　“敬武卒”至“朝廷因授師範平盧軍節度使”：據《舊唐書》卷二〇上《昭宗紀》，王敬武卒於龍紀元年（889）十月己未朔。又《通鑑》卷二五八龍紀元年十月條：“平盧節度使王敬武薨；子師範，年十六，軍中推爲留後，棣州刺史張蟾不從。詔以太子少師崔安潛兼侍中，充平盧節度使。蟾迎安潛至州，與之共討師範。”同書卷二五八大順二年（891）三月乙亥條載：“王師範遣都指揮使盧弘擊棣州刺史張蟾，弘引兵還攻師範，師範使人以重賂迎之，曰：‘師範童騃，不堪重任，願得避位，使保首領，公之仁也。’弘以師範年少，信之，不設備；師範密謂小校安丘劉鄩曰：‘汝能殺弘，吾以汝爲大將。’弘入城，師範伏甲而享之，鄩殺弘於座及其黨數人。師範慰諭士卒，厚賞重誓，自將以攻棣州，執張蟾，斬之；崔安潛逃歸京師。師範以鄩爲馬步副都指揮使。詔以師範爲平盧節度使。”

[11]光化：唐昭宗李曄年號（898—901）。　登州：州名。治所在今山東蓬萊市。

[12]移刺淄州：改任淄州刺史。

[13]行軍司馬：官名。出征將領及節度使的屬官。掌軍籍符伍，號令印信，是藩鎮重要的軍政官員。　移刺淄州，署行軍司馬：《宋本册府》卷三六七《將帥部·機略門七》：“劉鄩，唐末爲淄州刺史、淄青行軍司馬。”明本《册府》卷四一七《將帥部·德義門》：“梁劉鄩，唐末刺淄州，署行軍司馬。”

天復元年，[1]昭宗幸鳳翔，[2]太祖率四鎮之師奉迎於岐下。[3]李茂貞與内官韓全誨矯詔徵天下兵入援，[4]師範覽詔，慷慨泣下，遣腹心乘虚襲取太祖管内州郡。所在同日竊發，其事多泄，唯鄩以偏師陷兗州，遂據其郡。[5]初，鄩遣細人詐爲鬻油者，覘兖城内虚實及出入之所，視羅城下一水竇可以引衆而入，遂誌之。[6]鄩乃告師範，請步兵五百，宵自水竇銜枚而入，一夕而定，軍城晏然，市民無擾。[7]太祖命大將葛從周攻之。[8]時從周爲節度使，領兵在外，州城爲鄩所據，家屬悉在城中。鄩善撫其家，移就外第，供給有禮，升堂拜從周之母。及從周攻城，鄩以板輿請母登城，母告從周曰："劉將軍待我甚至，不異於兒，新婦已下，並不失所。劉將軍與爾各爲其主，爾其察之。"從周歔欷而退。[9]鄩料簡城中老疾及婦人浮食百姓不足與守者，[10]悉出之於外，與將士同甘苦，分衣食，以抗外軍，戢兵禁暴，居人泰然。[11]從周攻圍既久，鄩無外援，人情稍有去就之意。一日，節度副使王彦温踰城而奔，[12]守陴者從之而逸，鄩之守兵禁之不可，鄩即遣人從容告彦温曰：[13]"請副使少將人出，非素遣者請勿帶行。"又揚言於衆曰："素遣從副使行者即勿禁，其擅去者族之。"守民聞之皆惑，[14]奔逸者乃止。外軍聞之，果疑彦温有姦，即戮之於城下，自是軍城遂固。[15]及王師範兵力漸窘，從周以禍福諭鄩，俾之革面，鄩報曰："俟青州本使歸降，即以城池還納。"[16]天復三年十一月，師範告降，且言先差行軍司馬劉鄩領兵入兖州，請釋其罪，亦以告鄩，鄩即出城聽命。[17]太祖嘉其節槩，以爲有李英公之風。[18]

[1]天復：唐昭宗李曄年號（901—904）。

[2]昭宗：即唐昭宗李曄，888年至904年在位。紀見《舊唐

書》卷二〇上、《新唐書》卷一〇。　鳳翔：方鎮名。治所在鳳翔府（今陝西鳳翔縣）。

［3］太祖：即後梁太祖朱温。紀見本書卷一至卷七。　岐下：地名。指鳳翔。治所在今陝西鳳翔縣。

［4］李茂貞：人名。深州博野（今河北蠡縣）人。唐末、五代軍閥。傳見本書卷一三二、《新五代史》卷四〇。　韓全誨：人名。籍貫不詳。唐末宦官。傳見《新唐書》卷二〇八。

［5］兖州：州名。治所在今山東濟寧市兖州區。　“天復元年”至“遂據其郡”：《宋本册府》卷三七四《將帥部・忠門五》：“梁王師範初仕唐，天復元年爲青州節度使。其年冬，李茂貞劫遷車駕幸鳳翔，韓全誨矯詔加罪於太祖，令方鎮出師赴難。詔至青州，師範承詔泣下，曰：‘吾輩天子籓籬，君父有難，略無奮力者，皆强兵自衛，縱賊如此，使上失守宗祧，危而不持，是誰之過，吾今日成敗以之。’乃發使通楊行密，遣將劉鄩襲兖州，别將襲齊、棣。時太祖方圍鳳翔，師範遣將張居厚部輿夫二百，言有獻於太祖，至華州東城，守將婁敬思疑其有異，剖輿視之，乃兵仗也，居厚等因大呼殺敬思，聚衆攻西城。時崔裔在華州，遣部下閉關距之，遂遁去。是日，劉鄩下兖州，河南數十郡同日發，太祖遣朱友寧討之。”此事亦見《輯本舊史》卷一三《王師範傳》。明本《册府》卷四一七《將帥部・德義門》：“及韓全誨矯詔徵天下兵，鄩以偏師陷兖州，一夕而定，軍城晏然，市民無擾。”

［6］細人：間諜。　羅城：古代爲加强防守，在城墻外加建的凸出形小城圈，即城外環墻。　水竇：水道。

［7］“鄩遣細人詐爲鬻油者”至“一夕而定”：亦見於《宋本册府》卷三六七《將帥部・機略門七》。“覘兖城内虚實及出入之所”，《册府》無“内”字。“鄩乃告師範”，《册府》作“鄩乃告青帥王師範”。《通鑑》卷二六三繫此事於天復三年（903）正月條：劉鄩“先遣人爲販油者入城，詗其虚實及兵所從入；丙午，鄩將精兵五百夜自水竇入，比明，軍城悉定，市人皆不知”。《舊五代

史考異》:“案《金華子》云：鄩以大竹藏兵仗。與《薛史》異。”　軍城晏然，市民無擾：《舊五代史考異》:“案《金華子》云：鄩入據子城，甲兵精鋭，城内人皆束手，莫敢旅拒。加以州將悍，人情不附，鄩因而撫治，民皆安堵。”

［8］葛從周：人名。濮州鄄城（今山東鄄城縣）人。唐末、五代將領。傳見本書卷一六、《新五代史》卷二一。　太祖命大將葛從周攻之：《輯本舊史》之案語：“《金華子》作兖帥張姓，疑傳聞之誤。”

［9］板輿：又稱步輿，一種人抬的代步工具。　“太祖命大將葛從周攻之”至“從周歔欷而退”：亦見於明本《册府》卷四一七《將帥部·德義門》。《通鑑》卷二六四天復三年十月丁丑條：“葛從周急攻兖州，劉鄩使從周母乘板輿登城，謂從周曰：‘劉將軍事我不異於汝，新婦輩皆安居，人各爲其主，汝可察之。’從周歔欷而退，攻城爲之緩。”《新輯會證》:“《金華子雜編》卷下：劉鄩本事販鬻。王氏既承昭皇密詔，會諸道將伐朱氏，乃遣鄩偷取兖州。鄩乃詐爲回圖軍將，於兖州置邸院，日傭傭夫數百詣青州，潛遇健卒，僞白衣，逐晨就役，夜即留寓於密室，如是數月間，得敢死之士千餘人。又於大竹内藏兵仗入，監門皆不留意。既而迎曉突入州，據其甲仗庫。時兖州節度使姓張，統師伐河北，鄩既入據子城，甲兵精鋭，城内人皆束手，莫敢旅拒。加以州將素無恩信於衆，鄩諭以將爲順舉，戢御嚴明，雞犬無擾，軍庶悦伏。青州益師又至，兼招誘武勇，不日衆逾數萬。張氏家族在州，供備逾於其舊，張帥有母，鄩端簡候問，備晨昏之敬，加以容止重厚，見者畏而敬之。俄而張帥聞變，回師圍城。張母登陴呼其子而語之曰：‘我今雖在城内，與汝隔絶，而劉司空晨夕端笏問我起居，其餘燕雀莫敢諠雜，汝切不可無禮於他。’由是張頓兵緩攻青州，聽命於梁。圍解，鄩乃歸降梁。梁太祖得鄩大喜，累用征伐，皆獲殊勳，平魏府後，遂爲梁氏元帥，威名顯於北朝矣。”　“升堂拜從周之母”,《新輯會證》:“《文苑英華》卷四一九有錢珝《泰寧軍節度使

葛從周母廣平郡太君宋氏進封廣平郡太夫人制》。”

［10］料簡：清理，挑選。

［11］居人泰然：《宋本册府》卷四〇〇《將帥部·固守門二》下有“太祖命大將葛”六字。

［12］節度副使：官名。唐、五代方鎮屬官。位於行軍司馬之下、判官之上。　王彦温：人名。籍貫不詳。唐末將領。事見本書本卷、卷二二。

［13］鄩即遣人從容告彦温曰：“即”，《宋本册府》卷四〇〇作“則”。

［14］惑：《宋本册府》卷四〇〇作“感”。

［15］“鄩料簡城中老疾及婦人浮食百姓不足與守者”至“自是軍城遂固”：亦見於《宋本册府》卷四〇〇。《通鑑》卷二六四天復三年十月丁丑條：“鄩悉簡婦人及民之老疾不足當敵者出之，獨與少壯者同辛苦，分衣食，堅守以扞敵；號令整肅，兵不爲暴，民皆安堵。久之，外援既絶，節度副使王彦温踰城出降，城上卒多從之，不可遏。鄩遣人從容語彦温曰：‘軍士非素遣者，勿多與之俱。’又遣人徇於城上曰：‘軍士非素遣從副使而敢擅往者，族之！’士卒皆惶惑不敢出。敵人果疑彦温，斬之城下，由是衆心益固。”

［16］“及王師範兵力漸窘”至“即以城池還納”：亦見於《宋本册府》卷三八八《將帥部·有禮門》。“俾之革面”，《册府》同，《輯本舊史》之影庫本粘籤：“革面，原本作‘薰面’，今據文改正。”

［17］“天復三年十一月”至“鄩即出城聽命”：《舊五代史考異》：“案：劉鄩叛附于梁，《新唐書·昭宗紀》作十月丁丑，與《薛史》作十一月異。”見《新唐書》卷一〇《昭宗紀》天復三年十月丁丑條。《新輯會證》：“《北夢瑣言》卷一七：王師範之鎮青州，以部將劉鄩竊據兖州。先是，汴將葛從周鎮於是邦，因出征，劉鄩將圖兖也，詐爲茶商，苞苴鎧甲，大起店肆，剖巨木藏兵仗而入。竊發之日，得其徒千人，據其府舍，升堂拜從周之母，仍以禮

待其妻子，子弟職掌妻孥供億如常。俄而從周攻其城，梯轒雲合。鄩以板輿請從周母登城，諭從周曰：‘劉將軍待我不異於兒，新婦已下，並不失所。’從周在城下歔欷，即時退舍。及青州兵敗，師範納款，梁祖遣使諭鄩。鄩曰：‘臣知王公修好，與梁國通盟，但臣本受王公之命，保有州城，一旦見其勢窮，擅命不顧，非盡心於所事也。僕俟王公之命，俛首非晚。’至是師範諭之，方以城歸。梁祖多其義，超擢非次，官至方鎮，爲梁之名將。”見《北夢瑣言》卷一七劉鄩忠于舊主條。《通鑑》卷二六四亦繫於天復三年十月丁丑條。然《舊唐書》卷二〇上《昭宗紀》天復三年十一月丁酉條：“十一月丁酉朔，王師範以青州降楊師厚，全忠復令師範知青州事。邠州、鳳翔兵士逼京畿。汴軍屯河中。青州牙將劉鄩以兖州降葛從周，禀師範命也。”《宋本册府》卷一八七《閏位部·勳業門五》亦載：天復三年，“十一月丁酉，青將劉鄩舉兖州來降。鄩，王師範之將也，師範令竊據兖州。久之，及聞師範降，鄩乃歸命”。《宋本册府》卷三八八未言時間，作“師範告降從周即出城聽命”，似誤。

[18]李英公：即李勣。曹州離狐（今河南濮陽市）人。唐朝大臣。傳見《舊唐書》卷六七、《新唐書》卷九三。　以爲有李英公之風：《舊五代史考異》：“案：原本訛‘殷公’，考《新唐書》李勣封英國公，今改正。”見《新唐書》卷九三《李勣傳》。

鄩既降，[1]從周具行裝服馬，請鄩歸大梁。[2]鄩曰：“未受梁王捨釋之旨，[3]乘肥衣裘，非敢聞命。”即素服跨驢而發。[4]及將謁見，太祖令賜冠帶，鄩曰：“纍囚負罪，請就縶而入。”太祖不許。及見，慰撫移時，且飲之酒，鄩以量小告太祖，太祖曰：“取兖州，量何大耶！”旋授元從都押牙。[5]太祖牙下諸將，皆四鎮舊人，鄩一旦以羈旅之臣，驟居衆人之右，及與諸將相見，並用階庭之禮，太祖尤奇重之。未幾，表爲鄜州留後。[6]

[1]鄩既降：中華書局本有校勘記："'既'，原作'即'，據殿本、《册府》卷三八八改。"

[2]大梁：地名。指開封（今河南開封市）。

[3]梁王：指朱温。唐僖宗封朱温爲梁王。

[4]素服：本色或白色的衣服。

[5]都押牙：官名。"押牙"即"押衙"。唐、五代時期節度使辟署的屬官，有稱左、右都押衙或都押衙者。掌領方鎮儀仗侍衛、統率軍隊。參見劉安志《唐五代押牙（衙）考略》，武漢大學歷史系魏晋南北朝隋唐史研究室編《魏晋南北朝隋唐史資料》第16輯，武漢大學出版社1998年版。　"鄩既降"至"旋授元從都押牙"：亦見於《宋本册府》卷三八八《將帥部·有禮門》。"鄩以量小告太祖"，《册府》闕"太祖"二字；"旋"，《册府》作"尋"。《舊唐書》卷二〇上《昭宗紀》天復三年（903）十一月丁酉條："全忠嘉之，署爲元帥府都押衙，權知鄜州留後事。"《宋本册府》卷一八七《閏位部·勳業門五》："帝以鄩善事其主，待之甚優，尋署爲元帥府都押牙，權知鄜州留後。"《通鑑》卷二六四天復三年十月丁丑條："從周爲具齎裝，送鄩詣大梁。鄩曰：'降將未受梁王寬釋之命，安敢乘馬衣裘乎！'乃素服乘驢至大梁。全忠賜之冠帶，辭；請囚服入見，不許。全忠慰勞，飲之酒，辭以量小。全忠曰：'取兖州，量何大邪！'以爲元從都押牙。"

[6]鄜州：州名。治所在今陝西富縣。此處指保大軍。　"太祖牙下諸將"至"表爲鄜州留後"：《舊唐書·昭宗紀》、《宋本册府》卷一八七均載劉鄩權知鄜州留後。《通鑑》卷二六四天復三年十月丁丑條："是時四鎮將吏皆功臣、舊人，鄩一旦以降將居其上，諸將具軍禮拜於廷，鄩坐受自如，全忠益奇之；未幾，表爲保大留後。"該條胡注："保大軍鄜州，以捍李茂貞。"

是時，邠、岐之衆，[1]屢寇其境，鄩禦捍備至，太祖以其地遠，慮失鄩，即令棄郡引軍屯於同州。[2]天祐二年二月，授右金吾衛大將軍，充街使。[3]三年正月，太祖授元帥之任，以鄩爲元帥府都押牙，執金吾如故。開平元年，授右金吾上將軍，充諸軍馬步都指揮使。[4]其年秋，與諸將征潞州，遷檢校司徒。[5]三年二月，轉右威衛上將軍，依前諸軍馬步都虞候。五月，改左龍武統軍，[6]充侍衛親軍馬步軍都指揮使。[7]

[1]邠：指邠寧軍李繼徽（楊崇本）勢力。　岐：此處指岐王李茂貞勢力。

[2]同州：州名。治所在今陝西大荔縣。　“是時”至“即令棄郡引軍屯於同州”：《通鑑》卷二六五繫此事於天祐元年（904）六月條：“李茂貞、王建、李繼徽傳檄合兵以討朱全忠；全忠以鎮國節度使朱友裕爲行營都統，將步騎擊之；命保大節度使劉鄩棄鄜州，引兵屯同州。”

[3]天祐：唐昭宗李曄開始使用的年號（904）。唐哀帝李柷即位後沿用（904—907）。唐亡後，河東李克用、李存勗仍稱天祐，沿用至天祐二十年（923）。五代其他政權亦有行此年號者，如南吴、吴越等，使用時間長短不等。　右金吾上將軍：官名。唐置，掌宫禁宿衛。唐代置十六衛，即左右衛、左右驍衛、左右武衛、左右威衛、左右領軍衛、左右金吾衛、左右監門衛、左右千牛衛，各置上將軍，從二品；大將軍，正三品；將軍，從三品。明本《册府》作“授右衛上將軍”。　街使：官名。掌巡查京城六街。　充街使：《舊唐書》卷二〇下《哀帝紀》天祐二年二月壬辰條載制以劉鄩“充右街使”。

[4]馬步都指揮使：官名。即馬步軍都指揮使。五代時侍衛親

軍之長官。多爲皇帝親信。

[5]潞州：州名。治所在今山西長治市。　檢校司徒：官名。爲散官或加官，以示恩寵，無實際執掌。

[6]左龍武統軍：官名。唐置六軍，分左右羽林、左右龍武、左右神武等，即“北衙六軍”。興元元年（784），六軍各置統軍，以寵勳臣。其品秩，《唐會要》卷七一、《舊唐書》卷一二記載爲從二品，《通鑑》卷二二九記載爲從三品。

[7]侍衛親軍馬步軍都指揮使：官名。五代時侍衛親軍長官。多爲皇帝親信。　“開平元年”至“充侍衛親軍馬步軍都指揮使”：亦見於《宋本册府》卷三八六《將帥部·褒異門一二》。

其年夏，同州劉知俊反，引岐人襲據長安，分兵扼河、潼。[1]太祖幸陝，命鄩西討，即奪取潼關，[2]擒知俊弟知浣以獻，[3]遂引兵收復長安，知俊棄郡奔鳳翔。太祖以鄩爲佑國、同州軍兩使留後，尋改佑國軍爲永平軍，[4]以鄩爲節度使、檢校司徒、行大安尹、金州管内觀察使。[5]是時，西鄙未寧，密邇寇境，鄩練兵撫衆，獨當一面。四年，加檢校太保、同平章事。[6]庶人友珪篡位，加檢校太傅。[7]

[1]劉知俊：人名。徐州沛縣（今江蘇沛縣）人。五代將領。傳見本書卷一三、《新五代史》卷四四。　河：水名。黄河。　潼：關隘名。指潼關。位於今陝西潼關縣。

[2]即奪取潼關：中華書局本有校勘記：“‘奪’，原作‘奮’，據《册府》卷三六〇、卷三八六改。”

[3]陝：州名。治所在今河南三門峽市陝州區。　知浣：人名。即劉知浣。徐州沛縣（今江蘇沛縣）人。唐末將領。事見本書

卷四。

[4]佑國軍、永平軍：方鎮名。治所在大安府（今陝西西安市）。

[5]大安尹：府名。五代後梁改京兆府（今陝西西安市）爲大安府。長官爲大安府尹。　金州：州名。治所在今陝西安康市。　觀察使：官名。又稱觀察處置使。唐肅宗乾元元年（758）停諸道採訪處置使、黜陟使而置，掌考察州縣官吏政績，後兼理民事、軍事，並兼刺史。宋朝諸州沿置，有實任與遥領之别；後多用爲武臣及宗室寄禄官。

[6]同平章事：官名。“同中書門下平章事”的簡稱。唐高宗以後，凡實際任宰相之職者，常在其本官後加同平章事的職銜。後成爲宰相專稱。　“其年夏”至“加檢校太保、同平章事”：亦見於《宋本册府》卷三六〇《將帥部·立功門一三》、卷三八六《將帥部·褒異門一二》。“太祖以鄩爲佑國同州軍兩使留後”，《册府》兩處均無“同州”二字。密邇寇境，《册府》卷三六〇同，卷三八六無。《通鑑》卷二六七開平三年（909）六月庚申條：“以劉鄩權佑國留後”。

[7]友珪：人名。即朱友珪。朱温次子，後勾結韓勍殺朱温。傳見《舊五代史》卷一二、本書卷一三。　庶人友珪篡位加檢校太傅：亦見於《宋本册府》卷三八六。

乾化三年正月，丁内艱，[1]友珪命起復視事。末帝即位，[2]尤深倚重。明年夏，詔鄩歸闕，授開封尹，[3]遥領鎮南軍節度使。[4]旋屬晋人寇河朔，[5]鄩奉詔與魏博節度使楊師厚禦之而退。[6]九月，徐州節度使蔣殷據城叛。[7]時朝廷以福王友璋鎮徐方，[8]殷不受代，末帝遣鄩與鄆帥牛存節率兵攻之。[9]殷求援於淮夷，僞吴楊溥遣大將朱瑾領衆赴援，[10]鄩逆擊破之。貞明元年春，[11]城陷，殷舉族自燔，於火中得其尸，梟首以獻，詔加檢校太尉。[12]

［1］乾化：後梁太祖朱温年號（911—912），末帝朱友貞沿用（913—915）。　丁内艱：丁母憂。

［2］末帝：即朱友貞。後梁皇帝，913年至923年在位。乾化三年（913）發動政變，誅殺朱友珪，即皇帝位。後唐軍渡河進逼開封，末帝勢窮自殺。後梁遂亡。紀見本書卷八、《新五代史》卷三。

［3］開封尹：官名。五代除後唐外均定都開封，因置開封府尹。執掌京師政務。從三品。

［4］遥領：雖居此官職，然實際上並不赴任。　鎮南軍：方鎮名。治所在洪州（今江西南昌市）。　"末帝即位"至"遥領鎮南軍節度使"：亦見於《宋本册府》卷三八六《將帥部·褒異門一二》。

［5］晋人：指李存勗勢力。　河朔：地區名。泛指黄河以北地區。

［6］魏博：方鎮名。治所在魏州（今河北大名縣）。　楊師厚：人名。潁州斤溝（今安徽太和縣阮橋鎮斤溝村）人。唐末、五代將領。傳見本書卷二二、《新五代史》卷二三。

［7］徐州：州名。治所在今江蘇徐州市。此處指武寧軍。　蔣殷：人名。即王殷。河中節度使王重盈養子。後梁太祖時官至宣徽院使。朱友珪篡位稱帝，被任爲徐州節度使。末帝時拒不免官，兵敗自殺。傳見本書卷一三、《新五代史》卷四三。

［8］友璋：人名。即朱友璋。宋州碭山（今安徽碭山縣）人。後梁太祖朱温第五子，封福王。傳見本書卷一二。　徐方：指徐州。

［9］鄆：州名。治所在今山東東平縣。此處指天平軍。

［10］淮夷：此處代指楊吴政權。　楊溥：人名。五代十國吴睿

帝，後禪位於徐知誥。傳見本書卷一三四、《新五代史》卷六一。朱瑾：人名。宋州下邑（今河南夏邑縣）人。唐末軍閥。傳見本書卷一三、《新五代史》卷四二。

[11]貞明：後梁末帝朱友貞年號（915—921）。

[12]“九月”至“詔加檢校太尉”：《宋本册府》卷三六九《將帥部·攻取門二》：“會蔣殷據徐州以叛，朝廷以福王友璋鎮徐方，殷不授代。末帝遣鄩與鄆帥牛存節率兵攻之，殷求援於淮夷，僞吴楊溥遣大將朱瑾領衆赴援，鄩逆擊破之。城陷，殷舉族自燔，於火中得其尸，梟首以獻。”《宋本册府》卷三八六：“九月，徐州蔣殷叛，鄩與鄆師牛存節率兵攻擊破之，梟殷首以獻，詔加檢校太尉。”《通鑑》卷二六九乾化四年（914）條：“以福王友璋爲武寧節度使。前節度使王殷，友珪所置也，懼，不受代，叛附於吴；九月，命淮南西北面招討應接使牛存節及開封尹劉鄩將兵討之。冬，十月，存節等軍于宿州。吴平盧節度使朱瑾等將兵救徐州，存節等逆擊，破之，吴兵引歸。”同卷貞明元年（915）二月條：“牛存節等拔彭城，王殷舉族自焚。”

三月，魏博楊師厚卒，朝廷分相、魏爲兩鎮，遣鄩率大軍屯南樂，以討王鎔爲名。[1]既而魏軍果亂，囚節度使賀德倫，送款於太原。[2]六月，晋王入魏州，[3]鄩以精兵萬人自洹水移軍魏縣，[4]晋王來覘，鄩設伏於河曲叢木間，俟晋王至，大譟而進，圍之數匝，殺獲甚衆，晋王僅以身免。[5]是月，鄩潛師由黄澤西趨太原，[6]將行，慮爲晋軍所追，乃結蒭爲人，縛旗於上，以驢負之，循堞而行，數日，晋人方覺。軍至樂平，[7]會霖雨積旬，師不克進，鄩即整衆而旋。[8]魏之臨清，[9]積粟之所，鄩引軍將據之，遇晋將周陽五自幽州率兵至，[10]鄩乃趨貝州，[11]與晉軍遇於堂邑，[12]鄩邀擊却之，追北五十餘里，遂軍於莘縣，[13]增城壘，浚池隍，自莘及河，築甬道以通餉路。[14]

[1]南樂：縣名。治所在今河南南樂縣。　王鎔：人名。回鶻人。唐末、五代軍閥，朱溫後封趙王。傳見本書卷五四、《新五代史》卷三九。　“三月”至“以討王鎔爲名”：“朝廷分相”至“屯南樂”，亦見於《宋本册府》卷三六七《將帥部·機略門七》。分魏博爲兩鎮之事，明本《册府》卷二一四《閏位部·權略門》：“末帝貞明初，租庸使趙巖、租庸判官邵贊獻議於帝，曰：‘魏博六州，精兵數萬，蠹害唐室，百有餘年。羅紹威前恭後倨，太祖每深含怒。太祖口未屬纊，師厚即肆陰謀，蓋以地廣兵彊，得肆其志，不如分削，使如身使臂，即無不從也。陛下不以此時制之，寧知後之人不爲師厚邪？若分割相、魏爲兩鎮，則朝廷無北顧之患矣。’帝曰：‘善。’詔以平盧軍節度使賀德倫爲天雄軍節度使，遣劉鄩率兵六萬屯河朔。詔曰：‘分疆裂土，雖賞勳勞；建節屯師，亦從機便。比者魏博一鎮，巡屬六州，爲河朔之大藩，實國家之巨屏。所分憂寄，久爲重難，將叶事機，須期通濟。但緣鎮、定賊境，最爲魏博親隣；其次相、衛兩州，皆控澤潞山口。兩道並連，於并、晉分頭，常寇於魏封。既須日有枝梧，未若俱分節制。免勞兵力，困奔命於兩途；稍泰人心，俾安居於終日。其相州宜建節爲昭德軍，以澶、衛兩州爲屬郡，以張筠爲相州節度使。’”事亦見於《通鑑》卷二六九貞明元年（915）三月己丑條。

[2]賀德倫：人名。後梁將領。其先係河西部落人，後居滑州（今河南滑縣）。傳見本書卷二一、《新五代史》卷四四。　“既而魏軍果亂”至“送款於太原”：《通鑑》卷二六九貞明元年三月條：“魏兵皆父子相承數百年，族姻磐結，不願分徙。德倫屢趣之，應行者皆嗟怨，連營聚哭。己丑，劉鄩屯南樂，先遣澶州刺史王彦章

將龍驤五百騎入魏州，屯金波亭。魏兵相與謀曰：‘朝廷忌吾軍府强盛，欲設策使之殘破耳。吾六州歷代藩鎮，兵未嘗遠出河門，一旦骨肉流離，生不如死。’是夕，軍亂，縱火大掠，圍金波亭，王彦章斬關而走。詰旦，亂兵入牙城，殺賀德倫之親兵五百人，劫德倫置樓上。有效節軍校張彦者，自帥其党，拔白刃，止剽掠。”同年四月條：“夏，四月，帝遣供奉官扈異撫諭魏軍，許張彦以刺史。彦請復相、澶、衛三州如舊制。異還，言張彦易與，但遣劉鄩加兵，立當傳首。帝由是不許，但以優詔答之。使者再返，彦裂詔書抵於地，戟手南向詬朝廷，謂德倫曰：‘天子愚暗，聽人穿鼻。今我兵甲雖强，苟無外援，不能獨立，宜投款於晉。’遂逼德倫以書求援於晉。”

[3]六月，晉王入魏州：《通鑑》卷二六九貞明元年六月庚寅條：“六月，庚寅朔，賀德倫帥將吏請晉王入府城慰勞。既入，德倫上印節，請王兼領天雄軍，王固辭，曰：‘比聞汴寇侵逼貴道，故親董師徒，遠來相救；又聞城中新罹塗炭，故暫入存撫。明公不垂鑒信，乃以印節見推，誠非素懷。’德倫再拜曰：‘今寇敵密邇，軍城新有大變，人心未安，德倫心腹紀綱爲張彦所殺殆盡，形孤勢弱，安能統衆！一旦生事，恐負大恩。’王乃受之。德倫帥將吏拜賀，王承制以德倫爲大同節度使，遣之官。德倫至晉陽，張承業留之。”

[4]洹水：縣名。治所在今河北魏縣。因境有洹水，故名

[5]“鄩以精兵萬人自洹水移軍魏縣”至“晉王僅以身免”：亦見於《宋本册府》卷三六七。“鄩以精兵萬人”，“鄩”《册府》作“尋”。《輯本舊史》之案語：“《通鑑》作晉王帥騎馳突，所向披靡，自午至申乃得出，亡其七騎。而《薛史》以爲殺獲甚衆，晉王僅以身免。蓋當時梁、唐二史，各有夸張掩飾，故所紀互異如此。《通鑑》所載，當是據《唐實録》。”《宋本册府》卷四四《帝王部・神武門》：“莊宗初爲晉王，嘗勞軍於魏縣，因率百餘輕騎循河而上，將覘梁軍。時陰晦未霽，劉鄩率群賊五千伏於河曲叢木

間，伺帝已過，群賊大譟，圍帝數十重，戈矟如林，帝以百騎馳穿其間，左右奮擊，賊矟皆萃於帝，帝躍馬大呼而乘之，梁軍辟易四處，斬十餘級，決圍而出，會援軍至，梁軍遂退。帝顧軍士曰：'幾爲寇嗤！'軍士咸曰：'大王神武應天，英才間世，故非殘孽敢犯車塵。今日之事，適令賊見大王之威略耳。'"

［6］黄澤：關隘名。位於今山西左權縣東南。

［7］樂平：地名。位於今山東茌平縣樂平鎮。

［8］"鄩潛師由黄澤西趨太原"至"鄩即整衆而旋"：亦見於《宋本册府》卷三六七。"鄩潛師由黄澤西趨太原"，"鄩"後《册府》有"乃"字；"循堞而行"，《册府》無"行"字。明本《册府》卷一二五《帝王部·料敵門》載："天祐十三年，與梁將劉鄩戰于洹水，數日兵不交，寂若無聲。我遣邏騎覘之，無斥候者，摩壘而觀之，則營中有班馬之聲，而無烟火之狀，望其壘烏止於上，又有旗幟循垜往來。覘者還，以事聞，帝曰：'我聞劉鄩一步百變，營外不見賊軍，必以詭計悮我。'命覘者入其城中，乃以芻爲人，縛旗上，以驢負之，循垜而行，故旗幟嬰城不息。問城中羸老者，曰軍去已二日矣。覘者還以聞。帝曰：'劉鄩使兵短於決戰，愛乘人不備，謂我大軍一盡於此，料晋陽城内全無備兵，必欲出奇絶我根本。虚營設詐，懼有追兵，計彼行程，纔及山下。'既而有人自賊中來，言劉鄩兵趣黄澤矣。帝遽發奇軍追之。"同書卷三四七《將帥部·佐命門八》："劉鄩之北趨樂平也，（李）嗣恩襲之，倍程先入晋陽。時城中無備，得嗣恩兵至，人百其勇。鄩聞其先過，乃遁。"《新輯會證》："《北夢瑣言》卷一七：晋王之入魏博，梁將劉鄩先屯洹水，寂若無人。因令覘之，云城上有旗幟來往。晋王曰：'劉鄩一步一計，未可輕進。'更令審探。果縛芻爲人，插旗於上，以驢負之，循堞而行，故旗幟嬰城不息。問城中羸老者，曰：'軍去已二日矣。'果趨黄澤，欲寇太原，以霖潦不克進。其計謀如是。《武經總要後集》卷六：劉鄩圍晋陽，誡衆曰：'有病者殺而焚之。'三軍咸稱不病。及退，因選精卒殿後而退之。至石會關，留數馬及

旌旗，虚設于高崗之上。晋人疑有伏兵，遂不敢追，時服其謀。《册府元龜》卷三六七以此爲氏叔琮事。”見《北夢瑣言》卷一七縛驢戴旗條、《武經總要後集》卷六疑兵條、《宋本册府》卷三六七。

［9］臨清：縣名。治所在今河北臨西縣。

［10］周陽五：人名。即周德威。朔州馬邑（今山西朔州市朔城區東北）人。唐末、五代河東將領。傳見本書卷五六、《新五代史》卷二五。

［11］貝州：州名。治所在今河北清河縣。　鄩乃趨貝州：中華書局本有校勘記：“‘趨’，原作‘取’，據《册府》卷三九〇、《十七史百將傳》卷一〇改。《通鑑》卷二六九敘其事作‘鄩引軍趨貝州’。按時貝州刺史張源德尚爲梁守。”見《宋本册府》卷三九〇、《十七史百將傳》卷一〇《梁劉鄩傳》、《通鑑》卷二六九貞明元年七月條。

［12］堂邑：縣名。治所在今山東冠縣。

［13］莘縣：縣名。治所在今山東莘縣。

［14］“魏之臨清”至“築甬道以通餉路”：明本《册府》卷三四七：天祐十二年“汴將劉鄩自洹水乘虚將寇太原，（周）德威在幽州聞之，徑以五百騎馳入土門，聞鄩軍至樂平不進，德威徑至南宫以候汴軍。初，劉鄩欲據臨清以扼鎮、定轉餉之路，行次陳宋口，德威遣將擒數十人，皆傳刃於背，縶而遣之，既至，謂劉鄩曰：‘周侍中已據宗城矣。’德威其夜急騎扼臨清，劉鄩乃入貝州”。《宋本册府》卷三九〇《將帥部·警備門》：“劉鄩爲鎮南軍節度使。末帝貞明元年，禦晋人於洺朔，以魏之臨清，積粟所在，引軍將據之，遇將周陽五自幽州率兵至，鄩乃趨貝州，與晋軍遇於堂邑，邀擊却之，追北五十餘里，遂軍於華（莘）縣，增城壘，浚池湟，自華及河築埇道以通餉路。”

八月，末帝賜鄩詔曰："閫外之事，[1]全付將軍。河朔諸州，一旦淪没，勞師弊旅，患難日滋，退保河壖，久無鬬志。昨東面諸侯，奏章來上，皆言倉儲已竭，飛輓不充，[2]于役之人，每遭擒擄，夙宵軫念，惕懼盈懷。將軍與國同休，當思良畫，如聞寇敵兵數不多，宜設機權，以時剪撲，則予之負荷，無累先人。"鄩奏曰："臣受國深恩，忝兹閫政，敢不枕戈假寐，罄節輸忠！昨者，比欲西取太原，斷其歸路，然後東收鎮冀，解彼連雞，止於旬時，再清河朔。豈期天方稔亂，國難未平，纔出師徒，積旬霖潦，資糧殫竭，軍士札瘥，切慮蒼黄，乖於統攝，乃詢部伍，皆欲旋歸。凡次舍經行，每張犄角，又欲絶其餉道，且據臨清。纔及宗城，[3]周陽五奄至，騎軍馳突，變化如神。臣遂領大軍保於莘縣，深溝高壘，享士訓兵，日夜戒嚴，伺其進取。偵視營壘，兵數極多，樓煩之人，[4]皆能騎射，最爲勍敵，未可輕謀。臣若苟得機宜，焉敢坐滋患難？臣誠心體國，[5]天鑒具明。"[6]末帝又遣使問鄩決勝之策，鄩曰："臣無奇術，但人給糧十斛，盡則破敵。"末帝大怒，讓鄩曰："將軍蓄米，將療饑耶？[7]將破賊耶？"乃遣中使督戰。鄩集諸校而謀曰："主上深居宫禁，未曉兵機，與白面兒共謀，終敗人事。大將出征，君命有所不受，臨機制變，安可預謀。今揣敵人，未可輕動，諸君更籌之。"時諸將皆欲戰，鄩默然。他日，復召諸將列坐軍門，人具河水一器，因命飲之，衆未測其旨，或飲或辭。鄩曰："一器而難若是，滔滔河流，可勝既乎！"衆皆失色。居數日，鄩率萬餘人薄鎮、定之營，時鄩軍奄至，上下騰亂，殺獲甚衆。少頃，晉軍繼至，乃退。[8]

[1]閫外：指統兵在外。閫，特指城郭的門檻。

[2]飛輓：飛芻輓粟的省稱。謂迅速運送糧草。

[3]纔及宗城：《輯本舊史》之影庫本粘籤："纔及宗城，原本脱'城'字，今據《通鑑》增入。"

[4]樓煩：中華書局本有校勘記："原作'婁煩'，據殿本、劉本、彭校、《册府》卷四五〇改。"

[5]臣誠心體國：中華書局本有校勘記："'誠'字原闕，據《册府》卷四五〇補。"

[6]"閫外之事"至"天鑒具明"：亦見於明本《册府》卷四五〇《將帥部·譴讓門》。"奏章來上"，"章"《册府》作"事"；"忝兹"，《册府》作"當思"；"止於旬時"，"旬"《册府》作"此"；"偵視營壘"，《册府》作"偵其營壘"；"臣若苟得機宜焉敢坐滋患難"，《册府》作"臣若苟得機謀，詎敢坐滋患難"；"勍敵"，《册府》作"劫掠"。

[7]療饑：解除饑餓。

[8]"末帝又遣使問鄩決勝之策"至"乃退"：亦見於《宋本册府》卷四五六《將帥部·不和門》。"未曉兵機，與白面兒共謀"，《册府》作"未曉兵家，與白面兒矢謀"；"復召諸將列坐軍門"，"將"《册府》作"校"；"殺獲甚衆"，"衆"《册府》作"多"。同書卷四四三《將帥部·敗衄門三》載："帝又問鄩決勝之策，鄩奏曰：'人給糧十斛，盡則破敵。'帝不悦，復遣促戰。鄩召諸將會議，諸將皆欲戰，鄩默然。一日，鄩引軍攻鎮、定之營，彼衆大駭，上下勝亂，俘斬甚衆。"《通鑑》卷二六九貞明元年(915)八月條："鄩將萬餘人薄鎮、定營，鎮、定人驚擾。晉李存審以騎兵二千横擊之，李建及以銀槍千人助之，鄩大敗，奔還。晉

人逐之，及寨下，俘斬千計。”

二年三月，鄩自莘引軍襲魏州，[1]與晋王戰於故元城，[2]王師敗績，鄩脱身南奔，自黎陽濟河至滑州。[3]尋授滑州節度使，[4]詔屯黎陽。三年二月，晋王悉衆來攻黎陽，鄩拒之而退。及鄩歸闕，再授開封尹，領鎮南軍節度使。其年，河朔失守，朝廷歸咎於鄩，鄩亦不自安，上表避位。九月，落平章事，授亳州團練使。[5]屬淮人寇蔡、潁、亳三郡，[6]鄩奉命渡淮，至霍丘，[7]大殲賊黨。五年，兖州節度使張萬進反，[8]北結晋人爲援，末帝遣鄩攻之，鄩爲兖州安撫制置使。[9]是冬，萬進危蹶，小將邢師遇潛應王師，[10]遂拔其城，梟萬進首以獻。十一月，制授泰寧軍節度使、檢校太尉、同平章事。[11]

[1]鄩自莘引軍襲魏州："莘"，明本《册府》卷四一七《將帥部·引咎門》作"華縣"。劉鄩襲魏州事，《宋本册府》卷四五《帝王部·謀略門》記載尤詳："（天祐）十三年二月，（李存勗）與梁將劉鄩相拒于澶州。帝知劉鄩將速戰，乃聲言歸晋陽，誘動其兵。帝令副總管李存審守營，嚴駕如西行之備，實勞軍於貝州。劉鄩覘知，謂帝已歸晋陽，乃令楊延直自澶州率兵萬人會我城下。延直夜半至于南門，城中選士五百持短兵竊出，乘其無備，突入其中，譟聲動地，梁軍自亂，踰垣赴塹，争相蹈藉。遲明，鄩軍自莘至於城東，與延直殘衆合。劉鄩軍之起也，李存審率兵踵其後。時命明宗典親軍，自魏州出戰，俄而帝自貝州至，與明宗當其前，劉鄩卒見帝軍，懼形于色，曰：'乃晋王邪！'引軍漸却，帝追之至于故元城西，李存審大軍已成列矣。我師前後爲方陣，賊於其間爲圓

陣，賊四面受敵，初一合擒賊騎軍數百，再合劉鄩引騎軍突西南而走，我騎軍追擊之。賊步兵合戰，短兵既接，我軍鼓譟，圍之數重，埃塵漲天，明宗馳鐵騎千餘突入其間，賊四向披靡，相轥如積，我師四面斬擊，棄甲之聲聞數十里。追討敗衆，皆匿於村園茂樹，登者既衆，其枝殆折，皆命下樹適去，騎軍追及河上，十萬爲群，赴水而死，時賊步軍七萬殲亡殆盡。"

［2］元城：縣名。治所在今河北大名縣。

［3］黎陽：縣名。治所在今河南浚縣。　滑州：州名。治所在今河南滑縣。

［4］"自黎陽濟河至滑州"至"尋授滑州節度使"：亦見於《宋本册府》卷四五六《將帥部·不和門》。《輯本舊史》卷八《末帝紀上》貞明二年（916）三月己巳條："己巳，制以鄩爲滑州宣義軍節度副大使、知節度事。"明本《册府》卷四一七《將帥部·引咎門》作"自黎陽濟河至渭州，尋授渭州節度使"。

［5］亳州：州名。治所在今安徽亳州市。《輯本舊史》之影庫本粘籤："亳州，原本作'高州'，今據《歐陽史》改正。"　團練使：官名。唐代中期以後，於不設節度使的地區設團練使，掌本區各州軍事。　"三年二月"至"授亳州團練使"：亦見於明本《册府》卷四一七《將帥部·引咎門》。"領鎮南軍節度使"，《册府》作"領南鎮軍節度使"。《輯本舊史》卷九《末帝紀中》貞明三年二月甲申條："二月甲申，晉王攻我黎陽，劉鄩拒之而退。"《通鑑》卷二七〇貞明三年九月條："劉鄩自滑州入朝，朝議以河朔失守責之，九月，落鄩平章事，左遷亳州團練使。"

［6］蔡：州名。治所在今河南汝南縣。　潁：州名。治所在今安徽阜陽市。

［7］霍丘：縣名。治所在今安徽霍邱縣。

［8］張萬進：人名。又名張守進。雲州（今山西大同市）人。唐末、五代將領。傳見本書卷一三。

［9］安撫制置使：官名。唐後期臨時差遣官，爲地方用兵時控

制當地秩序而設。

[10]邢師遇：人名。籍貫不詳。五代將領。本書僅此一見。

[11]制授：唐朝任命三品以下、五品以上的官職稱爲“制授”。《新唐書·百官志一》：“五品以上，以名上而聽制授；六品以下，量資而任之。” 泰寧軍：方鎮名。治所在兖州（今山東濟寧市兖州區）。 “五年”至“制授泰寧軍節度使、檢校太尉、同平章事”：《輯本舊史·末帝紀中》貞明五年三月癸未條：“癸未，制削奪兖州節度使張守進在身官爵，以其叛故也。仍命劉鄩爲兖州管内安撫制置使，領兵以攻之。”同年十月條：“冬十月，晋王復至魏州。是月，劉鄩攻下兖州，擒張守進，夷其族。”同年十一月丁丑條：“十一月丁丑，以兖州安撫制置使、特進、檢校太傅、大彭郡開國公劉鄩爲兖州節度使、開府儀同三司、檢校太尉、同平章事，賞平兖之功也。”《輯本舊史》卷一三《張萬進傳》云：“萬進性既輕險，專圖反側，貞明四年冬，據城叛命，遣使送款於晋王。末帝降制削其官爵，仍復其本名，遣劉鄩討之，晋人不能救。五年冬，萬進危蹙，小將邢師遇潛謀内應，開門以納王師，遂拔其城，萬進族誅。”《通鑑》卷二七〇貞明四年八月己酉條：“泰寧節度使張萬進，輕險好亂。時嬖幸用事，多求賂於萬進，萬進聞晋兵將出，己酉，遣使附于晋，且求援。以亳州團練使劉鄩爲兖州安撫制置使，將兵討之。”同書卷二七一貞明五年十月條載：“劉鄩圍張萬進於兖州經年，城中危窘，晋王方與梁人戰河上，力不能救。萬進遣親將劉處讓乞師於晋，晋王未之許，處讓於軍門截耳曰：‘苟不得請，生不如死！’晋王義之，將爲出兵，會鄩已屠兖州，族萬進，乃止。”《新輯會證》：“《岱宗學刊》一九九九年一期刊寧陽神童山龍德元年石刻，中云：‘梁貞明五年，守兖州節度張太尉不順□□□黨畚軍。正月内，有龍來村百姓吴貴籠集人户，置立山寨。至二月九日，有天軍使劉太尉統領兵軍，馭使結池。’”

六年六月，授河東道招討使，[1]與華州尹皓攻取同州。[2]先是，河中朱友謙襲取同州，[3]以其子令德爲留後，[4]表請旄鉞，[5]末帝怒，命鄩討之。[6]其年九月，晋將李嗣昭率師來援，[7]戰於城下，王師不利，敗兵走河南，橋梁陷，溺死者甚衆，鄩以餘衆退保華州羅文寨。[8]先是，鄩與河中朱友謙爲婚家，及王師西討，行次陝州，鄩遣使齎檄與友謙，諭以禍福大計，誘令歸國，友謙不從，如是停留月餘。尹皓、段凝輩素忌鄩，[9]遂搆其罪，言鄩逗留養寇，俾俟援兵，末帝以爲然。及兵敗，詔歸洛，河南尹張宗奭承朝廷密旨，[10]逼令飲酖而卒。[11]時年六十四，詔贈中書令。

[1]河東道招討使：官名。爲河東道地區統兵官，掌招撫討伐等事務。

[2]華州：州名。治所在今陝西渭南市華州區。　尹皓：人名。籍貫不詳。五代後梁將領。傳見本書附録。

[3]河中：府名。治所在今山西永濟市。　朱友謙：人名。許州（今河南許昌市）人。朱温養子，唐末、五代軍閥。傳見本書卷六三、《新五代史》卷四五。

[4]令德：人名。即朱令德。籍貫不詳。五代後梁將領。事見本書卷九、卷二九。

[5]旄鉞：白旄和黄鉞。代指軍權。此處指節度使。

[6]“六年六月”至“命鄩討之”：《輯本舊史》卷一〇《末帝紀下》貞明六年（920）六月條：“六月，遣兗州節度使劉鄩、華州節度使尹皓、崇州節度使温昭圖、莊宅使段凝領軍攻同州。先是，河中朱友謙襲陷同州，節度使程全暉單騎奔京師。友謙以其子令德爲同州留後，表求節旄，不允。既而帝慮友謙怨望，遂命兼鎮

同州。制命將下而友謙已叛，遣使求援於晋，故命將討之。”九月庚寅條。“晋王遣都將李嗣昭、李存審、王建及率師來援同州，戰于城下。我師敗績，諸將以餘衆退保華州羅文寨。”明本《册府》卷四四〇《將帥部·忌害門》：“尹皓爲華州節度使，末帝貞明六年，河東道招討使劉鄩與皓攻取同州。先是，河東朱友謙襲取同州，以其子令德爲留後，表請旄鉞，末帝怒，命鄩討之。晋將李嗣(招)〔昭〕率師來援，戰于城下，王師不利。先是，鄩與河中朱友(珪)〔謙〕爲婚家，及王師西討，行次陝州，鄩遣使齎檄諭友謙以禍福大計，誘令歸國，友謙不從，如是停留月餘。尹皓、段凝輩素忌鄩，遂搆其罪，言鄩逗遛養寇，俾候援兵，末帝以爲然。及兵敗，詔河南尹張宗奭承朝廷密旨，逼令飲酖而卒。”劉鄩、尹皓攻同州的時間，《輯本舊史》卷二九《莊宗紀三》、《宋本册府》卷一六六《帝王部·招懷門四》、卷三六七《將帥部·機略門七》，皆作七月，《輯本舊史·末帝紀下》、《通鑑》卷二七一作六月。究其原因，當是因劉鄩爲招懷朱友謙而“停留月餘”，故後梁所出文獻記爲六月，而後唐方面所出則記爲秋七月。

[7]李嗣昭：人名。汾州（今山西汾陽市）人。唐末、五代李克用義子、部將。傳見本書卷五二、《新五代史》卷三六。

[8]羅文寨：地名。位於今陝西渭南市華州區。

[9]段凝：人名。開封（今河南開封市）人。其妹爲朱温美人，因其妹而爲朱温親信。後梁將領。傳見本書卷七三、《新五代史》卷四五。

[10]河南尹：官名。唐開元元年（713）改洛州爲河南府，治所在今河南洛陽市，河南府尹總其政務。從三品。　張宗奭：人名。濮州臨濮（今山東鄄城縣臨濮鎮）人。後梁將領。傳見本書卷六三、《新五代史》卷四五。

[11]逼令飲酖而卒：《輯本舊史》之案語：“《通鑑考異》引《莊宗實録》云：憂恚發病卒。《通鑑》從《薛史》。”見《通鑑》卷二七一龍德元年（921）五月丁亥條及《考異》。《輯本舊史·末

帝紀下》龍德元年五月條載，“兖州節度使、充河東道行營都招討使劉鄩卒”。

子遂凝、遂雍別有傳。《永樂大典》卷一萬八千一百二十六。[1]

[1]《大典》卷一八一二六“將”字韻“五代後梁將（一）”事目。

賀瓌

賀瓌，字光遠，濮陽人也。[1]曾祖延，以瓌貴，贈左監門上將軍。[2]祖華，贈左散騎常侍。[3]父仲元，贈刑部尚書。瓌少倜儻，負雄勇之志，遇世亂入軍。朱瑄爲濮州刺史兼鄆州馬步軍都指揮使，[4]拔爲小將。唐光啓初，[5]鄆州三軍推瑄爲留後，[6]以瓌爲馬步軍都指揮使，表授檢校工部尚書。[7]及瑄與太祖搆隙，瓌受瑄命，數領軍於境上。

[1]濮陽：地名。位於今河南濮陽市。

[2]左監門上將軍：官名。唐代置十六衛之一。掌宫禁宿衛。從二品。

[3]左散騎常侍：官名。門下省屬官。掌侍奉規諷，備顧問應對。正三品下。

[4]朱瑄：人名。一作朱宣。宋州下邑（今河南夏邑縣）人。唐末、五代軍閥，後爲天平軍節度使。傳見《舊唐書》卷一八二、《新唐書》卷一八八、本書卷一三、《新五代史》卷四二。

[5]光啓：唐僖宗李儇年號（885—888）。

[6]唐光啓初，鄆州三軍推瑄爲留後：《輯本舊史》卷一三《朱瑄傳》載："光啓初，魏博韓允中攻鄆，（曹）全晸爲其所害。瑄據城自固，三軍推爲留後。"《通鑑》卷二五五繫此事於中和二年（881）十月癸丑條後："韓簡復引兵擊鄆州，節度使曹存實逆戰，敗死。天平都將下邑朱瑄收餘衆，嬰城拒守，簡攻之不下。詔以瑄權知天平留後。"

[7]檢校工部尚書：官名。爲散官或加官，以示恩寵，無實際執掌。

乾寧二年十月，太祖親征兖、鄆。十一月，瑄遣瓌與太原將何懷寶率兵萬餘人以援朱瑾，[1]師次待賓館，[2]斷我糧運。太祖偵知之，自中都引軍夜馳百餘里，[3]遲明至鉅野東，[4]與瓌等接戰，兖人大敗。瓌竄於棘塚之上，大呼曰："我是鄆州都將賀瓌，願就擒，幸勿傷也。"太祖聞之，馳騎至塚前，遂擒之。并獲何懷寶及將吏數十人，徇於兖壁之下，悉命戮之，唯留瓌一人，釋縛，[5]置之麾下，尋署爲教練使，[6]奏授檢校左僕射。瓌感太祖全宥之恩，私誓以身報國。

[1]何懷寶：人名。籍貫不詳。後梁將領。事見本書本卷、卷一、卷一三。

[2]待賓館：地名。今地不詳。《輯本舊史》之影庫本粘籤："待賓館，原本作'待實館'，今據《通鑑》改正。"事見《通鑑》卷二六〇乾寧二年（895）十一月庚午條，但未見"待賓館"三字；《新五代史》卷二三《賀瓌傳》言及待賓館。

[3]中都：縣名。治所在今山東汶上縣。

[4]鉅野：縣名。治所在今山東巨野縣。

[5]“十一月”至“釋縛”：《宋本册府》卷一八七《閏位部·勳業門五》：“（乾寧二年）十一月，朱瑄復遣將賀瓌、柳存及蕃將何懷寶等萬餘人以襲曹州，庶解兗州之圍也。帝知之，自兗領軍策馬先路至鉅野南，追而敗之，殺戮將盡，生擒賀瓌、柳存、何懷寶及賊黨三千餘人。是日申時，狂風暴起，塵沙沸湧，帝曰：‘此乃殺人未足耳。’遂下令盡殺所獲囚俘，風亦止焉。翌日，縶賀瓌等以示于兗。帝素知瓌名，乃釋之，惟斬何懷寶於兗城之下，乃班師。”明本《册府》卷九四三《總録部·不誼門》朱瑾條：“乾寧二年春，太祖令大將朱友恭攻瑾，掘塹栅以環之，朱瑄遣將賀瓌及蕃將何懷寶赴援，爲友恭所擒。十一月，瑾從兄齊州刺史瓊以州降，太祖令執賀瓌、懷寶及瓊徇於城下。”按明本《册府》卷九四三將賀瓌誤作“賀環”，據《舊五代史》、《宋本册府》卷一八七改之。《通鑑》卷二六〇乾寧二年十一月條：“朱瑄遣其將賀瓌、柳存及河東將薛（何）懷寶將兵萬餘人襲曹州，以解兗州之圍。瓌，濮陽人也。丁卯，全忠自中都引兵夜追之，比明，至鉅野南，及之，屠殺殆盡，生擒瓌、存、懷寶，俘士卒三千餘人。是日晡後，大風沙塵晦冥，全忠曰：‘此殺人未足耳！’下令所得之俘盡殺之。庚午，縛瓌等徇於兗州城下。”同月辛巳條：“殺柳存、懷寶；聞賀瓌名，釋而用之。”“何懷寶”，《册府》卷一八七、卷九四三同。

[6]教練使：官名。唐末、五代節度使屬官，諸州亦置此職。掌訓練軍士。

天復中，預平青州王師範，以功授曹州刺史、兼先鋒都指揮使，[1]加檢校司空。天祐二年，與楊師厚從太祖平荆、襄，[2]授荆南兩使留後，[3]未幾，徵還，爲行營左廂步軍都指揮使。[4]開平二年十月，授左龍虎軍馬步都指揮使。[5]十二月，改左衛上將軍，[6]充六軍馬步都虞侯。[7]三年五月，轉右龍虎統軍，[8]未幾，加檢校司徒、邢州團練使。四年二月，改澤州刺史，充昭義軍節度留後、檢校太保，[9]進封開國侯。乾化二年七月，授相州刺史，[10]尋加檢校太傅，有頃，轉左龍虎統軍。[11]

[1]先鋒都指揮使：官名。先鋒，即先鋒部隊。都指揮使，爲所部統兵將領。

[2]荆：州名。治所在今湖北荆州市。　襄：州名。治所在今湖北襄陽市。

[3]荆南：方鎮名。治所在荆州（今湖北荆州市）。　兩使：節度使、觀察使合稱“兩使”。

[4]“天復中”至“爲行營左廂步軍都指揮使”：亦見於《宋本册府》卷三八六《將帥部·褒異門一二》。平王師範事，《通鑑》卷二六四繫於天復三年（903）三月至九月。平荆、襄事，《通鑑》卷二六五繫於天祐二年（905）八月至九月，並於九月戊辰條載“全忠以都將賀瓌爲荆南留後”。《宋本册府》卷一八七《閏位部·勳業門五》：“（天祐二年九月）荆、襄二州平，帝以都將賀瓌權領荆州，楊師厚權領襄州，即表其事。”《通鑑》卷二六五天祐三年十月戊戌條：“武貞節度使雷彦威屢寇荆南，留後賀瓌閉城自守；朱全忠以爲怯，以潁州防禦使高季昌代之。”

[5]左龍虎軍馬步都指揮使：官名。左龍虎軍馬步軍統兵官。左龍虎軍爲禁軍番號。　開平二年十月，授左龍虎軍馬步都指揮使：明本《册府》卷二一〇《閏位部·明賞門》：“梁太祖開平二年十月，以行營左廂步軍指揮使賀瓌爲左龍虎統軍。”

[6]左衛上將軍：官名。唐代置十六衛之一。掌宫禁宿衛。從二品。

[7]六軍馬步都虞候：官名。五代侍衛親軍馬步軍統兵官，僅次於馬步軍都指揮使、副都指揮使。

[8]右龍虎統軍：官名。五代後梁禁衛部隊右龍虎軍統兵官。

[9]昭義軍：方鎮名。治所在潞州（今山西長治市）。

[10]相州：州名。治所在今河南安陽市。

[11]“乾化二年七月”至“轉左龍虎統軍”：《輯本舊史》之案語：“《歐陽史》：太祖即位，累遷相州刺史。末帝時，遷左龍虎統軍。據《薛史》，瓌遷統軍不繫年月，《歐陽史》特以太祖時左龍虎統軍有袁象先而揣度言之耳。”見《新五代史》卷二三《賀瓌傳》。《通鑑》卷二六九貞明元年（915）八月條：“王檀與昭義留後賀瓌攻澶州，拔之，執李巖，送東都。”

貞明二年，慶州叛，[1]爲李繼陟所據，[2]瓌以本官充西面行營馬步軍都指揮使兼諸軍都虞候，[3]與張筠破涇、鳳之衆三萬，[4]下寧、衍二州。[5]三年秋，慶州平。十二月，瓌以功授滑州宣義軍節度使，[6]依前檢校太傅，加同平章事，[7]尋授北面行營招討使。[8]四年春，晉人取楊劉城據之。八月，瓌與許州節度使謝彦章領大軍營於濮州之行臺村，[9]對壘數月。一日，晉王以輕騎挑戰，瓌與彦章發伏兵奮擊，晉王僅以身免。[10]先是，瓌與彦章不協，是歲冬十二月，復爲諸軍都虞候朱珪所搆，瓌乃伏甲士，殺彦章及濮州刺史孟審澄、別將侯温裕等於軍，[11]以謀叛聞。[12]是月，瓌與晉人大戰於胡柳陂，[13]晉人敗績，臨陣斬晉將周陽五。既晡，瓌軍亦敗。[14]五年春正月，晉人城德勝，[15]夾河爲柵。四月，瓌率大軍攻其南柵，以艨艟戰艦阨其中流，[16]晉人斷我艨艟，濟軍以援南柵，瓌退軍於行臺。[17]尋以疾卒，時年六十二。[18]詔贈侍中。[19]

［1］慶州：州名。治所在今甘肅慶陽市。

［2］李繼陟：人名。籍貫不詳。唐末將領。事見本書本卷、《通鑑》卷二六九。

［3］西面行營馬步軍都指揮使：官名。唐末、五代出征軍隊高級統兵官。　瓌以本官充西面行營馬步軍都指揮使兼諸軍都虞候：《宋本册府》卷三八六《將帥部·褒異門一二》無“兼諸軍都虞候”六字。

［4］張筠：人名。海州（今江蘇連雲港市海州區）人。唐末軍閥。傳見本書卷九〇、《新五代史》卷四七。《舊五代史考異》：“案：原本訛‘張節’，今據《通鑑考異》改正。”見《通鑑》卷二六九貞明二年（916）條《考異》。　涇：州名。治所在今甘肅涇川縣。　“與張筠破涇、鳳之衆三萬”：《宋本册府》卷三八六作“與張筠、江鳳之衆三萬”，誤。《通鑑》卷二六九貞明二年條：“是歲，慶州叛附于岐，岐將李繼陟據之。詔以左龍虎統軍賀瓌爲西面行營馬步都指揮使，將兵討之，破岐兵，下寧、衍二州。”同書卷二七〇貞明三年十二月丁卯條：“帝論平慶州功，丁卯，以左龍虎統軍賀瓌爲宣義節度使、同平章事，尋以爲北面行營招討使。”

［5］寧：州名。治所在今甘肅寧縣。　衍：州名。治所在今甘肅寧縣政平鄉。

［6］宣義軍：方鎮名。治所在滑州（今河南滑縣）。

［7］“貞明二年”至“加同平章事”：亦見於《宋本册府》卷三八六。但“貞明二年”，《册府》作“貞明元年”。

［8］行營招討使：官名。唐始置。戰時任命，兵罷則省。常以大臣、將帥或地方軍政長官兼任。掌招撫討伐等事務。

［9］謝彦章：人名。許州（今河南許昌市）人。後梁將領。傳見本書卷一六、《新五代史》卷二三。　行臺村：村名。位於今河南濮陽市濮城鎮東北。參見《讀史方輿紀要》卷三四、《舊五代史》卷二八。

［10］“四年春”至“晋王僅以身免”：明本《册府》卷二一七

《閏位部·交侵門》："(貞明四年) 八月，晉王率師次楊劉口，遂軍於麻家渡。北面招討使賀瓌以兵屯濮州北行臺村，對壘百餘日。晉王以輕騎來覘，許州節度使謝彦章發伏兵掩擊，圍之數重，會救軍至，僅以身免。"《通鑑》卷二七〇貞明三年十二月戊辰條："戊辰，晉王畋于朝城。是日，大寒，晉王視河冰已堅，引步騎稍渡。梁甲士三千戍楊劉城，緣河數十里，列柵相望，晉王急攻，皆陷之。進攻楊劉城，使步兵斬其鹿角，負葭葦塞塹，四面進攻，即日拔之，獲其守將安彦之。"同卷貞明四年八月乙丑條："晉王自魏州如楊劉，引兵略鄆、濮而還，循河而上，軍於麻家渡。賀瓌、謝彦章將梁兵屯濮州北行臺村，相持不戰。"《輯本舊史》卷九《末帝紀中》繫陷楊劉城在貞明三年十二月，《通鑑》卷二七〇繫於貞明三年十二月戊辰。

[11]孟審澄：人名。籍貫不詳。五代後梁將領。事見本書本卷、卷九、卷一六。　侯温裕：人名。籍貫不詳。五代後梁將領。事見本書本卷、卷九、卷一六。《舊五代史考異》："案：《玉堂閒話》作侯温，疑傳聞之訛。"《輯本舊史》之案語："《玉堂閒話》：梁朝與河北相持之際，有偏將侯温者，軍中號爲驍勇，賀瓌爲統軍，專制忌克，以事殺之。考侯温裕作侯温，蓋傳聞之誤。（孔本）"見《太平廣記》卷一二四引《玉堂閒話》侯温條。

[12]"先是"至"以謀叛聞"：明本《册府》卷四四〇《將帥部·忌害門》："梁賀瓌爲滑州節度使、北面招討使，時兩京馬軍都軍使、許州節度使謝彦章爲排陣使，同領大將駐於行臺寨，與晉人對壘。彦章時領騎軍與之挑戰，晉人或望我軍行陣整肅，則相謂曰：'必兩京太傅在此也。'不敢以名呼，其爲敵人所憚如此。是時，咸謂賀瓌能將步軍，彦章能領騎士，既名聲相軋，故瓌衷心忌之。一日與瓌同設伏於郊外，瓌指一方地謂彦章曰：'此地崗阜隆起，中央坦夷，好列柵之所。'尋而晉人舍之，故瓌疑彦章與晉人通。又瓌欲速戰，彦章欲持重以老敵人，瓌益疑之。會爲行營馬步軍都虞候朱珪所誣，瓌遂與珪協謀，因享士伏甲，以殺彦章及濮州

刺史孟審澄、别將侯温裕等於軍，以謀叛聞。晉王聞之，喜曰：‘彼將帥如是，亡無日矣。’”類似記載亦見於明本《册府》卷三九三《將帥部·威名門二》謝彦章條，《宋本册府》卷四五六《將帥部·不和門》謝彦章條，《通鑑》卷二七〇貞明四年十二月庚子、丁未、癸丑條。

[13]胡柳陂：地名。位於今河南濮陽縣。

[14]“是月”至“瓌軍亦敗”：亦見於《宋本册府》卷三六〇《將帥部·立功門一三》賀瓌條。《輯本舊史》之案語：“案《歐陽史》：瓌陣無石山，日暮，晉軍攻之，瓌軍下山擊晉軍，瓌大敗。據《薛史·莊宗紀》與《王建及傳》，乃是山爲晉軍所奪，晉軍下山擊瓌軍，瓌大敗，與《歐陽史》異。”見《新五代史》卷二三《賀瓌傳》，《輯本舊史》卷二八《唐莊宗紀二》天祐十五年（918）十二月癸亥以下各條、卷六五《李建及傳》。明本《册府》卷二一七：“（貞明四年十二月）二十二日，晉王次臨濮，賀瓌、王彦章自行臺寨軍躡之。二十四日，至胡柳陂，晉王領軍出戰，瓌軍已成列，晉王以騎突之，王彦章一軍先敗，彦章走濮陽。晉人輜重在陳西，瓌之領軍薄之，晉人大奔，自相陷籍，死者不可勝計，晉大將軍周德威歿於陣。瓌軍登七山，列陣於山之下，晉王復領軍來戰，瓌軍遂敗。”《册府》“王彦章”爲“謝彦章”之誤。《宋本册府》卷八四六《總録部·善射門》和凝條：“凝尤善射。時瓌與唐莊宗相拒於河上，戰於胡柳陂，瓌軍敗而北，唯凝隨之。瓌顧曰：‘無相隨，當自努力。’凝對曰：‘大丈夫受人知，有難不報，非素志也。但恨未有死所。’旋有一裨將來逐瓌，凝叱之不止，遂引弓以射，應弦而斃。瓌獲免，既而謂諸子曰：‘昨非和公，無以至此。和公文武全才而有志氣，後必享重位爾。宜謹事之。’遂以女妻之，由此聲望益隆。”和凝事亦見於明本《册府》卷七二五《幕府部·盡忠門》。更爲詳細的記載見《通鑑》卷二七〇貞明四年十二月壬戌、癸亥條。胡柳陂之戰的情形亦見於《宋本册府》卷八、卷四四《帝王部·神武門》、卷四四三《將帥部·敗衄門三》、明本《册

府》卷一二五《帝王部·料敵門》。

［15］德勝：地名。原爲德勝渡，黄河重要渡口之一。位於今河南濮陽縣。

［16］艨（méng）艟（chōng）：亦作“艨衝”。古代戰船。

［17］“五年春正月”至“瓌退軍於行臺”：亦見於《宋本册府》卷三六〇。《宋本册府》卷四四三亦同，惟闕“以艨艟戰艦阨其中流”一句。《通鑑》卷二七〇貞明五年正月條：“晋李存審於德勝南北築兩城而守之。”同年四月條：“賀瓌攻德勝南城，百道俱進，以竹笮聯艨艟十餘艘，蒙以牛革，設睥睨、戰格如城狀，横於河流，以斷晋之救兵，使不得渡。晋王自引兵馳往救之，陳於北岸，不能進；遣善游者馬破龍入南城，見守將氏延賞，延賞言矢石將盡，陷在頃刻。晋王積金帛於軍門，募能破艨艟者；衆莫知爲計，親將李建及曰：‘賀瓌悉衆而來，冀此一舉；若我軍不渡，則彼爲得計。今日之事，建及請以死決之。’乃選效節敢死士得三百人，被鎧操斧，帥之乘舟而進。將至艨艟，流矢雨集，建及使操斧者入艨艟間，斧其竹笮，又以木罌載薪，沃油然火，於上流縱之，隨以巨艦實甲士，鼓譟攻之。艨艟既斷，隨流而下，梁兵焚溺者殆半，晋兵乃得渡。瓌解圍走，晋兵逐之，至濮州而還。瓌退屯行臺村。”此戰情形，亦見於《宋本册府》卷八、卷三九六《將帥部·勇敢門三》、卷四一四《將帥部·赴援門》。

［18］尋以疾卒，時年六十二：《通鑑》卷二七〇貞明五年八月乙未朔條：“宣義節度使賀瓌卒。”

［19］侍中：官名。秦始置。隋、唐前期爲門下省長官。唐後期多爲大臣加銜，不參與政務，實際職務由門下侍郎執行。正二品。

長子光圖，仕後唐，爲供奉官。[1]《永樂大典》卷一萬八千一百二十七。[2]

[1]供奉官：泛指侍奉皇帝左右的臣僚，亦爲東、西頭供奉官通稱。

[2]《大典》卷一八一二七"將"字韻"後梁將（二）"事目。

康懷英

康懷英，兖州人也。[1]本名懷貞，避末帝御名，故改之。[2]始以驍勇事朱瑾爲列校。唐乾寧四年春，太祖既平鄆，命葛從周乘勝急攻兖州，時朱瑾在豐沛間搜索糧餉，[3]留懷英守其城，及從周軍至，懷英聞鄆失守，乃出降。[4]太祖素聞其名，得之甚喜，尋署爲軍校。[5]

[1]康懷英，兖州人也：亦見於明本《册府》卷三四六《將帥部·佐命門七》。《新輯會證》："《洛陽出土歷代墓誌輯繩》七二一頁收天成元年房濬撰《康贊美墓誌》云：'曾祖□，檢校工部尚書；祖琮，檢校司徒；父懷英，檢校太尉兼中書令。'可略知懷英家世。"

[2]本名懷貞，避末帝御名，故改之：《通鑑》卷二六三天復二年（902）二月己丑條胡注："康懷英即康懷貞，後避梁均王友貞名，始改名懷英，斯時未改也；史雜書之。"

[3]豐：縣名。治所在今江蘇豐縣。　沛：縣名。治所在今江蘇沛縣。

[4]"唐乾寧四年春"至"乃出降"：《舊唐書》卷二〇上《昭宗紀》乾寧四年（897）二月戊申條："戊申，汴將葛從周攻兖州，陷之，節度使朱瑾奔楊行密，其將康懷貞降從周。"《宋本册府》卷一八七《閏位部·勳業門五》："時帝聞朱瑾與朱儼兒在豐沛間搜索糧饋，惟留康懷英以守兖州，帝因承勝遣葛從周以大軍襲

兖。懷英聞鄆失守，俄又我軍大至，乃出降。”明本《册府》卷四三八《將帥部·奔亡門》：“及龐師古陷鄆州，（朱瑾）與李承嗣方出兵求芻粟于豊沛間。瑾之二子及大將康懷英、（叛）〔判〕官辛綰、小校閻寶以城降于師古。”《通鑑》卷二六一乾寧四年二月戊申條：“朱瑾留大將康懷貞守兖州，與河東將史儼、李承嗣掠徐州之境以給軍食。全忠聞之，遣葛從周將兵襲兖州。懷貞聞鄆州已失守，汴兵奄至，遂降。”

[5]太祖素聞其名，得之甚喜，尋署爲軍校：亦見於明本《册府》卷三四六。

光化元年秋，從氏叔琮伐襄漢，[1]懷英以一軍攻下鄧州。[2]三年，從征河朔，佐張存敬敗燕軍於易水之上。[3]天復元年冬，太祖率師迎昭宗於鳳翔。時李茂貞遣大將符道昭領兵萬餘，[4]屯武功以拒太祖，[5]太祖命諸軍擊之，[6]以懷英爲前鋒，領衆先登，一鼓而大破之，擄甲士六千餘人，奪馬二千匹。[7]翌日，太祖方至，顧左右曰：“邑名武功，今首盪逆黨，真武功也。”乃召懷英，大加獎激，仍以駿馬、珍器賜之。[8]

[1]氏叔琮：人名。河南尉氏（今河南尉氏縣）人。唐末將領。傳見本書卷一九、《新五代史》卷四三。

[2]鄧州：州名。治所在今河南鄧州市。

[3]張存敬：人名。譙郡（治今安徽亳州市）人。唐末、五代將領。傳見本書卷二〇、《新五代史》卷二一。　易水：水名。發源於今河北易縣，流入白洋淀。　“光化元年秋”至“佐張存敬敗燕軍於易水之上”：亦見於明本《册府》卷三四六《將帥部·佐命門七》、《宋本册府》卷三六〇《將帥部·立功門一三》。《宋本

册府》卷三六九《將帥部·攻取門二》："唐昭宗光化元年，從氏叔琮伐襄陽，以一軍攻下鄧州。"伐襄州事，《通鑑》卷二六一光化元年（898）七月條："忠義節度使趙匡凝聞朱全忠有清口之敗，陰附於楊行密。全忠遣宿州刺史尉氏氏叔琮將兵伐之，丙申，拔唐州，擒隨州刺史趙匡璘，敗襄州兵於鄧城。"同年八月戊午條："戊午，汴將康懷貞襲鄧州，克之，擒刺史國湘。趙匡凝懼，遣使請服於朱全忠，全忠許之。"征河朔事亦見於《宋本册府》卷一八七《閏位部·勳業門五》光化三年十一月條："燕人劉守光赴援中山，寨于易水之上，繼爲康懷英、張存敬等所敗，斬獲甚衆。由是河朔知懼，皆弭伏焉。"《通鑑》卷二六二則繫於光化三年十月。

［4］符道昭：人名。蔡州（今河南汝南縣）人。唐末、五代後梁將領。傳見本書卷二一、《新五代史》卷二一。

［5］武功：縣名。治所在今陝西武功縣。　屯武功以拒太祖：中華書局本有校勘記："'太祖'二字原闕，據《册府》卷三四六、卷三六〇、卷三八六補。"

［6］軍：明本《册府》卷三四六作"將"。

［7］擄甲士六千餘人，奪馬二千匹：《册府》卷三四六同，卷三八六無，卷三六〇作"虜甲士六十餘人，奪馬二千匹"，《輯本舊史》卷二《梁太祖紀二》載"擄甲士六千餘衆"，《新五代史》卷二二《康懷英傳》載"擊殺岐兵萬餘人"，《新唐書》卷二〇八《宦者傳下》載"汴部將康懷英襲破李繼昭于武功，禽馘六千級"，則"六十"誤。

［8］"天復元年冬"至"仍以駿馬、珍器賜之"：亦見於明本《册府》卷三四六，《宋本册府》卷三六〇、卷三八六《將帥部·褒異門一二》。《宋本册府》卷三六九："天復元年，太祖率軍迎昭宗於鳳翔。李茂貞大將符道昭領兵萬餘屯武功，懷英領前鋒之衆先登，一鼓而破之。翌日，太祖方至。"《通鑑》卷二六二天復元年（901）十一月條："茂貞遣其將符道昭屯武功以拒全忠，癸亥，全忠將康懷貞擊破之。"此事亦載於《宋本册府》卷一八七。

二年四月，符道昭復領大軍屯於虢縣之漠谷。[1]其建寨之所，前臨巨澗，後倚峻阜，險不可升，太祖遣懷英提騎數千急擊之。道昭以懷英兵寡，有俯視之意，乃率甲士萬人，絶澗以挑戰。懷英始以千騎夜鬬，[2]戰酣，發伏以擊之，岐軍大敗。[3]秋八月，鄜帥李周彝屯軍於三原以援鳳翔，[4]太祖命懷英討之，周彝拔軍而遁，追至梨園，因攻下翟州，[5]擒其守來獻。俄而岐軍屯奉天，[6]太祖令懷英寨於岐軍之東北，以備敵人。一夕，岐軍大至，急攻其營，懷英以夜中不可驚動諸軍，獨以二千餘人抗數萬之衆，[7]自乙夜至四鼓，身被十餘創，[8]岐軍不勝而退。昭宗還京，賜迎鑾毅勇功臣。[9]

[1]虢縣：縣名。治所在今陝西寶鷄市陳倉區。　漠谷：地名。一作“幕谷”。位於今陝西乾縣西北。中華書局本有校勘記：“原作‘漢谷’，據劉本、《册府》卷三六〇、卷三六九改。《册府》卷三四六、《通鑑》卷二六三作‘莫谷’。按《通鑑》卷二六三胡注：‘莫谷即漠谷。’”見明本《册府》卷三四六，《宋本册府》卷三六〇、卷三六九《將帥部・攻取門二》，《通鑑》卷二六三天復二年（902）四月條及其胡注。　二年四月，符道昭復領大軍屯於虢縣之漠谷：亦見於明本《册府》卷三四六《將帥部・佐命門七》、《宋本册府》卷三六〇《將帥部・立功門一三》。《通鑑》卷二六三天復二年二月：“李嗣昭等攻慈、隰，下之，進逼晋、絳。己丑，全忠遣兄子友寧將兵會晋州刺史氏叔琮擊之。李嗣昭襲取絳州，汴將康懷英復取之。”

[2]懷英始以千騎交鬬：“交”原作“夜”，據明本《册府》卷三四六、《宋本册府》卷三六九改。

[3]岐軍大敗：《宋本册府》卷三六九作“岐大軍敗”。　“其

建寨之所”至“岐軍大敗”：亦見於明本《册府》卷三四六、《宋本册府》卷三六九。《宋本册府》卷一八七《閏位部·勳業門五》：“四月，岐人遣符道昭領大軍屯于虢縣，康懷英帥驍騎敗之。”《宋本册府》卷三六〇：“太祖遣懷英提騎數千急擊之，岐軍大敗。”

[4]鄜：州名。治所在今陜西富縣。此處指保大軍。　李周彝：人名。籍貫不詳。唐末、五代軍閥。事見本書本卷、卷二、卷六、卷九、卷一九、卷二一。　三原：縣名。治所在今陜西三原縣。

[5]梨園：地名。位於今陜西淳化縣。　翟州：州名。治所在今陜西洛川縣東南鄜城。

[6]奉天：縣名。治所在今陜西乾縣。

[7]二：明本《册府》卷三四六作“三”。

[8]劍：明本《册府》卷三四六作“槍”。

[9]“秋八月”至“賜迎鑾毅勇功臣”：亦見於明本《册府》卷三四六。《宋本册府》卷三六〇：“八月，鄜帥李周彝屯軍於三原以援鳳翔，太祖命懷英討之，追至梨園，攻下翟州，擒其守來獻。”《宋本册府》卷三八六《將帥部·褒異門一二》：“二年八月，岐軍屯奉天，太祖令懷英寨於岐軍之東北，岐軍不勝而退。昭宗還京，賜迎鑾毅勇功臣。”《宋本册府》卷三六九：“鄜帥李周彝屯軍於三原，以爲茂貞聲援，又命懷英討之。周彝拔軍而遁，追至梨園，因攻下翟州，擒其守來獻。”《通鑑》卷二六三天復二年八月乙亥條：“保大節度使李茂勳將兵屯三原，救李茂貞；朱全忠遣其將康懷貞、孔勍擊之，茂勳遁去。”

是歲，淮人聞青、兖之叛，遣兵數萬以寇宿州，[1]太祖命懷英馳騎以救之，淮人遁去，即以懷英爲權知宿州刺史。[2]天祐三年冬，佐劉知俊破邠、鳳之衆五萬於美原，[3]收十五餘寨，[4]乘勝引軍攻下鄜州，以功授陜州節度使。太祖受禪，[5]加檢校太保。[6]

［1］宿州：州名。治所在今安徽宿州市。

［2］“是歲”至“即以懷英爲權知宿州刺史”：亦見於明本《册府》卷三四六《將帥部·佐命門七》。《宋本册府》卷三八六《將帥部·褒異門一二》：“是歲，淮人寇宿州，太祖命懷英馳騎以救之，淮人遁去，即以懷英爲權知晋州刺史。”《通鑑》卷二六四天復三年（903）十月丁丑條：“葛從周久病，全忠以康懷英爲泰寧節度使代之。”

［3］美原：縣名。位於今陝西富平縣美原鎮。

［4］收十五餘寨：中華書局本有校勘記：“‘十五’，原作‘五十’，據《册府》卷三四六、卷三六〇、卷三六九、卷三八六改。按本書卷二《梁太祖紀二》：‘（天祐三年十月辛巳）邠州楊崇本以鳳翔、邠、寧、涇、鄜、秦、隴之衆合五六萬來寇，屯于美原，列十五寨。’”

［5］太祖受禪：其前内容亦見《宋本册府》卷三六〇《將帥部·立功門一三》。又，“太祖”前《宋本册府》卷三六九有“及”字。

［6］“天祐三年冬”至“加檢校太保”：亦見於明本《册府》卷三四六，《宋本册府》卷三六九《將帥部·攻取門二》、卷三八六。《輯本舊史》卷一三《楊崇本傳》：“天祐三年冬十月，崇本復領鳳翔、邠、涇、秦、隴之師，會延州胡章之衆，合五六萬，屯于美原，列栅十五，其勢甚盛。太祖命同州節度使劉知俊及康懷英帥師拒之，崇本大敗，復歸於邠州，自是垂翅久之。”此事亦見於《宋本册府》卷一八七《閏位部·勳業門五》：“（天祐三年）十月辛巳，邠州楊崇本以鳳翔、邠、寧、涇、鄜、秦、隴之衆合五六萬來寇，屯于美原，列十五寨，其勢甚盛。帝命同州節度使劉知俊、都將康懷英帥師禦之。知俊等大破邠寇，殺二萬餘衆，奪馬三千餘匹，擒其列校百餘人，楊崇本、胡章僅以身免。十一月庚戌，康懷英乘勝進軍，遂收鄜州。”明本《册府》卷三四七《將帥部·佐命門八》：“天祐四年，（李嗣恩）逐康懷英於西河，解汾州之圍。”

《通鑑》卷二六五天祐三年十月戊戌條："夏州告急於朱全忠；戊戌，全忠遣劉知俊及其將康懷英救之。楊崇本將六鎮之兵五萬，軍于美原。知俊等擊之，崇本大敗，歸于邠州。"同年十一月條："十一月，劉知俊、康懷貞乘勝攻鄜、延等五州，下之；加知俊同平章事，以懷貞爲保義節度使。"

開平元年夏，命將大軍以伐潞州。將行，太祖謂懷英曰："卿位居上將，勇冠三軍，向來破敵摧鋒，動無遺悔，至於高爵重禄，我亦無負於卿。夫忠臣事君，有死無二，韓信所謂'漢王載我以車，[1]衣我以衣，食我以食，食人之禄，死人之憂'，我每思韓信此言，真忠烈丈夫耳！如丁會受我待遇之恩，[2]不謂不至，懷黄拖紫，裂土分茅，設令木石偶人，須感恩義，一朝反噬，倒戈授人，苟有天道明神，安能容此。大凡辜恩負理，忠良不爲。我今掃境内委卿，卿當勉思竭盡。況晋人新得上黨，[3]衆心未協和，以十萬之師，一舉可克，予當置酒高會，望卿歌舞凱旋。"懷英惶恐而退。[4]六月，懷英領大軍至潞，率衆晝夜攻城，半月之間，機巧百變。懷英懼太祖之言，期於必取，乃築壘環城，濬鑿池塹，然而屢爲晋將周德威騎軍所撓，懷英不敢即戰。太祖乃以李思安代之，[5]降爲行營都虞候。[6]夏五月，[7]晋王率蕃漢大軍攻下夾城，懷英逃歸，詣銀臺門待罪，[8]太祖宥之，改授右衛上將軍。[9]三年夏，命爲侍衛諸軍都指揮使，尋出爲陝州節度使兼西路行營副招討使。[10]

[1]韓信：人名。淮陰（今江蘇淮安市淮陰區）人。西漢開國

功臣、軍事統帥。後爲吕后所殺。傳見《史記》卷九二、《漢書》卷三四。　漢王：即漢高祖劉邦。沛（今江蘇沛縣）人。西漢王朝建立者。紀見《史記》卷八、《漢書》卷一。

［2］丁會：人名。壽春（今安徽壽縣）人。唐末、五代將領。傳見本書卷五九、《新五代史》卷四四。

［3］上黨：即潞州。治所在今山西長治市。

［4］“開平元年夏”至“懷英惶恐而退”：《通鑑》卷二六六開平元年（907）正月條：“河東兵猶屯長子，欲窺澤州。王命保平節度使康懷貞悉發京兆、同華之兵屯晋州以備之。”同年五月壬辰條：“壬辰，命保平節度使康懷貞將兵八萬會魏博兵攻潞州。”

［5］李思安：人名。河南陳留（今河南開封市陳留鎮）人。五代後梁將領。傳見本書卷一九。

［6］行營都虞候：官名。唐末五代時期出征軍隊高級統率官。“率衆晝夜攻城”至“降爲行營都虞候”：亦見於《宋本册府》卷三六九《將帥部·攻取門二》，《册府》無“懼太祖之言”五字。明本《册府》卷七《帝王部·創業門三》：“五月，梁祖遣其將康懷英率兵十萬圍潞州，築壘環城，帝遣周德威將兵赴援，梁祖以懷英無功，乃以李思安代之。”《通鑑》卷二六六開平元年六月條：“康懷貞至潞州，晋昭義節度使李嗣昭、副使李嗣弼閉城拒守。懷貞晝夜攻之，半月不克，乃築壘穿蚰蜒塹而守之，内外斷絶。晋王以蕃漢都指揮使周德威爲行營都指揮使，帥馬軍都指揮使李嗣本、馬步都虞候李存璋、先鋒指揮使史建瑭、鐵林都指揮使安元信、横衝指揮使李嗣源、騎將安金全救潞州。”同年八月丁巳條：“晋周德威壁于高河，康懷貞遣親騎都頭秦武將兵擊之，武敗。丁巳，帝以亳州刺史李思安代懷貞爲潞州行營都統，黜懷貞爲行營都虞候。”

［7］夏五月：中華書局本有校勘記：“按本卷上文敘六月事，此又云‘夏五月’，疑誤。本書卷四《梁太祖紀四》、《新五代史》卷二《梁本紀》、《通鑑》卷二六六皆繫其事於開平二年五月。”

［8］銀臺門：宫牆門。據《唐六典》，大明宫宣政殿東牆有左

銀臺門，西牆有右銀臺門。此處指洛陽後梁禁中的宫牆門。參見楊鴻年《隋唐宫廷建築考》，陝西人民出版社1992年版，第377頁。

［9］“夏五月”至“改授右衛上將軍”：《輯本舊史》卷二七《唐莊宗紀一》天祐五年（908）五月辛未朔條載“梁招討使康懷英得百餘騎，出天井關而遁”，此事亦見於明本《册府》卷八《帝王部・創業門四》、《宋本册府》卷四五《帝王部・謀略門》、《通鑑》卷二六六開平二年五月辛未朔條。明本《册府》卷二〇九《閏位部・寬恕門》：“梁太祖開平二年五月，王師敗於潞州。壬辰，軍前行營都將康懷英、孫海金以下主將四十三人於左銀臺門進狀待罪，帝以去年發軍之日不利，有違兵法，竝釋放，兼各賜分物酒食勞問。”《新五代史》卷二《梁太祖紀下》開平二年五月己丑條：“五月己丑，潞州行營都虞候康懷英及晋人戰于夾城，敗績。”

［10］行營副招討使：官名。不常置，爲一路或數路地區統兵官。掌招撫討伐等事務。兵罷則省。位於招討使下。“三年夏”至“尋出爲陝州節度使兼西路行營副招討使”：《宋本册府》卷四一四《將帥部・赴援門》：“康懷英，開平三年爲陝州節度使、西路行營副招討使。”《新五代史》卷二《梁太祖紀下》開平三年十一月條載，“鎮國軍節度使康懷英伐岐”。《通鑑》卷二六七開平三年八月甲寅條：“以鎮國節度使康懷貞爲西路行營副招討使。”同卷開平四年八月辛未條：“辛未，以鎮國節度使楊師厚爲西路行營招討使，會感化節度使康懷貞將兵三萬屯三原。”

及劉知俊奔鳳翔，引岐軍以圖靈武，[1]太祖遣懷英率兵救之，師次長城嶺，[2]爲知俊邀擊，懷英敗歸。[3]四年春，移華州節度使。乾化二年秋，命爲河中行營都招討使，與晋軍戰於白徑嶺，[4]敗歸於陝。[5]末帝嗣位，以岐軍屢犯秦、雍，[6]命懷英爲永平軍節度使、大安尹，[7]累加官至中書令。貞明中，卒於鎮。[8]《永樂大典》卷一萬八千一百二十六。[9]

[1]靈武：郡名。治所在今寧夏吴忠市。

[2]長城嶺：地名。又名馬嶺山。位於今陝西旬邑縣西。

[3]“及劉知俊奔鳳翔”至“懷英敗歸”：《輯本舊史》之案語：“案《歐陽史》云：還至昇平，知俊掩擊之，懷英大敗。據《通鑑》：懷貞等還，至三水，知俊遣兵據險邀之，左龍驤軍使壽張王彦章力戰，懷貞等乃得過。懷貞與裨將李德遇、許從實、王審權分道而行，皆與援兵不相值，至昇平，劉知俊伏兵山口，懷貞大敗，僅以身免，德遇等軍皆没。蓋懷英過長城嶺之險，已爲邀擊，後又敗於昇平也。”見《新五代史》卷二二《劉鄩傳》、《通鑑》卷二六七開平三年（909）十二月己丑條。明本《册府》卷二一六《閏位部·征伐門》：“（開平三年）十一月，靈州奏鳳翔賊將劉知俊率邠、岐、秦、涇之師侵迫州城，帝遣陝州康懷英、華州寇彦卿率兵攻迫邠、寧，以緩朔方之寇。”《宋本册府》卷四一四《將帥部·赴援門》載：“逆將劉知俊叛入鳳翔，宋文通地褊不能容，遂藉兵知俊以窺靈武，且圖牧擾之利。韓遜馳驛告急，乃命懷英率諸軍逼邠、寧，以緩朔方之寇，知俊不果入。懷英使奏十二月二十八日，逆賊劉知俊自靈武抽回，取涇州路入鳳翔。”《通鑑》卷二六七開平三年十二月己丑條：“岐王欲取靈州以處劉知俊，且以爲牧馬之地，使知俊自將兵攻之。朔方節度使韓遜告急；詔鎮國節度使康懷貞、感化節度使寇彦卿將兵攻邠、寧以救之。懷貞等所向皆捷，克寧、衍二州，拔慶州南城，刺史李彦廣出降。遊兵侵掠至涇州之境，劉知俊聞之，十二月己丑，解靈州圍，引兵還。帝急召懷貞等還，遣兵迎援於三原青谷；懷貞等還，至三水，知俊遣兵據險邀之，左龍驤軍使壽張王彦章力戰，懷貞等乃得過。懷貞與裨將李德遇、許從實、王審權分道而行，皆與援兵不相值，至昇平，劉知俊伏兵山口，懷貞大敗，僅以身免。”

[4]白徑嶺：地名。位於今山西運城市東南，爲中條山支嶺。路通陝州（今河南三門峽市陝州區西南）。

[5]“乾化二年秋”至“敗歸於陝”：明本《册府》卷八《帝王部·創業門四》載：天祐九年，“八月，（朱）友珪遣其將韓勍、康懷英、牛存節率兵五萬急攻河中，朱友謙遣使求援，帝（李存勗）令李存審率師救之。十月，帝自澤潞赴河中，遇梁將康懷英於平陽，破之，斬首千餘級，追至白徑嶺。友謙會帝於猗氏，梁軍解圍而去”。其事亦見於明本《册府》卷四四六《將帥部·觀望門》。《通鑑》卷二六八乾化元年（911）三月己酉條：“岐王募華原賊帥温韜以爲假子，以華原爲耀州，美原爲鼎州。置義勝軍，以韜爲節度使，使帥邠、岐兵寇長安。詔感化節度使康懷貞、忠武節度使牛存節以同華、河中兵討之。己酉，懷貞等奏擊韜於車度，走之。”同卷乾化二年九月丁未條：“九月丁未，以感化節度使康懷貞爲河中都招討使，更以韓勍副之。”同月壬申條載：“康懷貞等與忠武節度使牛存節合兵五萬屯河中城西，攻之甚急。晋王遣其將李存審、李嗣肱、李嗣恩將兵救之，敗梁兵于胡壁。”同年十月條：“朱友謙復告急于晋，冬十月，晋王自將自澤潞而西，遇康懷貞於解縣，大破之，斬首千級，追至白徑嶺而還。梁兵解圍，退保陝州。”

[6]秦：州名。治所在今甘肅天水市。　雍州：州名。治所在今陝西西安市。

[7]“末帝嗣位”至“命懷英爲永平軍節度使、大安尹”：《輯本舊史》卷八《梁末帝紀上》乾化四年二月甲戌條：“二月甲戌，以感化軍節度使、華商等州觀察使、檢校太傅、同平章事、太原郡開國公康懷英爲大安尹，充永平軍節度使，大安金棣等州觀察處置使。”《通鑑》卷二六九乾化四年二月條：末帝“以岐人數爲寇，二月，徙感化節度使康懷英爲永平節度使，鎮長安”。

[8]貞明中，卒於鎮：《輯本舊史》卷九〇《張筠傳》：“會雍州康懷英以病告，詔筠往代之，比至，懷英已卒，因除筠爲永平軍節度使、大安尹。懷英在長安日，家財甚厚，筠盡奪之，復於大内

掘地，繼獲金玉。”

［9］《大典》卷一八一二六“將”字韻“五代後梁將（一）”事目。

王景仁

王景仁，[1]廬州合淝人。[2]材質魁偉，性暴率，無威儀，善用槊，頗推驍悍。[3]在淮南累職爲都指揮使，[4]楊行密僞署宣州節度使。[5]行密死，子渥自立，[6]忌其勇悍，且有私憾，欲害之。[7]景仁棄宛陵，[8]以腹心百人歸吴越王錢鏐，[9]鏐辟爲兩府行軍司馬，[10]具以狀聞。太祖復命遥領宣州節度使、檢校太傅、同平章事。[11]鏐以淮寇終爲巨患，欲速平之，命景仁奉表至闕，面陳水陸之計，請合禁旅。[12]太祖異禮待之，頒賜殊厚，顧曰：“待我平代北寇，[13]當盡以王師付汝南討。”於是留京師，每預丞相行列。

［1］王景仁：《輯本舊史》之案語：“景仁本名茂章，避梁諱改焉。詳見《通鑑》注。”《新五代史》卷二三《王景仁傳》云景仁初名茂章。《通鑑》卷二六七開平二年（908）八月條云“景仁即茂章也，避梁諱改焉”，胡注：“帝曾祖諱茂琳。按《薛史·梁紀》，元年六月，司天監上言，請改月辰内‘戊’字爲‘武’，避諱也。”

［2］廬州：州名。治所在今安徽合肥市。　合淝：縣名。治所在今安徽合肥市。

［3］“王景仁”至“頗推驍悍”：亦見於《宋本册府》卷八四五《總録部·善武藝門》。

［4］淮南：方鎮名。治所在揚州（今江蘇揚州市）。此處代指

楊吴政權。

[5]楊行密：人名。廬州合淝（今安徽合肥市）人。唐末軍閥，後追爲五代十國時期吴國太祖。傳見《新唐書》卷一八八、本書卷一三四、《新五代史》卷六一。　宣州：州名。治所在今安徽宣城市。此處指寧國軍。

[6]渥：人名。即楊渥。廬州合淝（今安徽合肥市）人。楊行密長子，唐末、五代將領。事見本書卷一七及《新五代史》卷四一、卷六七。

[7]“楊行密僞署宣州節度使”至“欲害之”：《輯本舊史》之案語：“《新唐書·楊行密傳》：渥求茂章親兵不得，宣輦帷帟以行，茂章嫚駡不與。踰年，遣兵五千襲之，茂章奔杭州。與《薛史》異。”見《新唐書》卷一八八《楊行密傳》。《通鑑》卷二六五天祐二年（905）九月乙酉條後：楊行密“以潤州團練使王茂章爲宣州觀察使”。同年十二月條：“楊渥之去宣州也，欲取其幄幕及親兵以行，觀察使王茂章不與，渥怒。既襲位，遣馬步都指揮使李簡等將兵襲之。”

[8]宛陵：縣名。治所在今安徽宣城市宣州區。

[9]錢鏐：人名。杭州臨安（今浙江杭州市臨安區）人。五代時期吴越國的建立者。傳見本書卷一三三、《新五代史》卷六七。

[10]行軍司馬：官名。出征將領及節度使的屬官。掌軍籍符伍，號令印信，是藩鎮重要的軍政官員。

[11]“景仁棄宛陵”至“太祖復命遥領宣州節度使、檢校太傅、同平章事”：《舊五代史考異》：“案《舊唐書》：天祐三年十二月，詔淮南僞署宣歙觀察使、檢校司徒王茂章可金紫光禄大夫、檢校太保，從錢鏐請也。所載官爵，與《薛史》異。《吴越備史》作景仁領寧國軍節度使，與《薛史》同。”見《舊唐書》卷二〇下《哀帝紀》天祐三年十二月己卯朔條。按《吴越備史》卷一《武肅王上》載開平三年正月：“時宣州觀察使王茂章爲淮人所圖，因奔于王，王以爲鎮東軍節度副使。”明本《册府》卷四四三《將帥

部·敗衄門三》載“王景仁遥領宣州節度使、檢校太傅、同平章事”，與《輯本舊史》同。《通鑑》卷二六五天祐三年十二月乙酉條：“錢鏐表薦行軍司馬王景仁；詔以景仁領寧國節度使”。

[12]“鏐以淮寇終爲巨患”至“請合禁旅”：《通鑑》卷二六七開平二年八月條載：“吴越王鏐遣寧國節度使王景仁奉表詣大梁，陳取淮南之策。”

[13]代北：方鎮名。治所在代州（今山西代縣）。此處指晋李存勗勢力。

劉知俊之叛也，從駕至陝，始佐楊師厚西入關，兵未交，知俊棄馮翊走，[1]進尅雍、華，降王建、張君練，[2]頗預戰有功，太祖嘉之。[3]時鎮、定作逆，[4]朋附蕃醜，遂擢爲上將，付步騎十萬，爲北面行營都招討使。開平二年正月二日，[5]與晋軍戰於柏鄉，[6]王師敗績，太祖怒甚，拘之私第。然以兩浙元勳所薦，[7]且欲收其後効，止落平章事、罷兵柄而已。[8]數月，復其官爵。[9]

[1]馮翊：縣名。治所在今陝西大荔縣。

[2]王建：人名。籍貫不詳。唐末將領。事見本書本卷、卷二二。　張君練：人名。籍貫不詳。五代將領。事見本書本卷、卷一九。

[3]“劉知俊之叛也”至“太祖嘉之”：亦見於《宋本册府》卷三六〇《將帥部·立功門一三》。

[4]鎮：州名。治所在今河北正定縣。　定：州名。治所在今河北定州市。

[5]開平二年正月二日：中華書局本有校勘記：“本書卷二二

《楊師厚傳》、卷一三九《天文志》、《通鑑》卷二六七皆繫其事於開平五年，本書卷二七《唐莊宗紀一》繫其事於天祐八年，按天祐八年即開平五年。”

[6]柏鄉：縣名。治所在今河北柏鄉縣。

[7]兩浙：地區名。浙東、浙西的合稱。泛指今浙江全省及江蘇南部一角。

[8]罷兵柄而已：《輯本舊史》之案語：“《歐陽史》：景仁及晋人戰，大敗於柏鄉。景仁歸訴於太祖，太祖曰：‘吾亦知之，蓋韓勍、李思安輕汝爲客，而不從節度爾。’與《薛史》異。”見《新五代史》卷二三《王景仁傳》。

[9]“時鎮定作逆”至“復其官爵”：亦見於明本《册府》卷四四三《將帥部·敗衄門三》。“鎮定”，明本《册府》卷四四三作“鎮州”。明本《册府》卷二一六《閏位部·征伐門》載：開平四年，“十一月，以寧國軍節度使王景仁充北面行營都招討使”，“時鎮州王鎔、定州王處直叛，結連晋人，故遣將討之”。《通鑑》卷二六七乾化元年（911）正月己酉條：“己酉，罷王景仁招討使，落平章事。”柏鄉之戰的詳細過程，則見於《宋本册府》卷八《帝王部·創業門四》、卷三六七《將帥部·機略門七》，明本《册府》卷三四七《將帥部·佐命門八》、卷四二八《將帥部·料敵門》、卷四四三《將帥部·敗衄門三》；亦見於《通鑑》卷二六七開平四年十二月至乾化元年正月條。

末帝即位，復用爲淮南西北面行營招討應接使，[1]以兵萬餘人伐壽州，至霍丘接戰，[2]擒賊將袁蘘、王彦威、王璠等送京師。[3]俄而朱瑾以大軍至，景仁力戰不屈，常以數騎身先奮擊，寇不敢逼，乃引兵還。及濟淮，復爲殿軍，[4]故不甚衄，瑾亦不敢北渡。[5]及歸，病疽而卒。詔贈太尉。[6]《永樂大典》卷六千八百五十。[7]

[1]復用爲淮南西北面行營招討應接使：中華書局本有校勘記："'淮南西北面'，原作'南面北面'，據《册府》卷三六〇、卷三九六改。按《通鑑》卷二六八作'淮南西北行營招討應接使'，胡注：'梁攻淮南，攻其西北。'"見《宋本册府》卷三九六《將帥部·勇敢門三》、《通鑑》卷二六八乾化三年（913）十一月壬戌條後及胡注。

[2]壽州：州名。治所在今安徽壽縣。　霍丘：縣名。治所在今安徽霍邱縣。《舊五代史考異》："案：《歐陽史》作戰於霍山。《通鑑》從《薛史》。"見《新五代史》卷二三《王景仁傳》、《通鑑》卷二六九乾化三年十二月條。

[3]袁藁：人名。籍貫不詳。五代將領。本書僅此一見。　王彦威：人名。籍貫不詳。五代將領。本書僅此一見。　王璠：人名。籍貫不詳。五代將領。本書僅此一見。中華書局本有校勘記："《册府》卷三六〇作'王燔'。"　"末帝即位"至"擒賊將袁藁、王彦威、王璠等送京師"：亦見於《宋本册府》卷三六〇《將帥部·立功門一三》。

[4]"俄而朱瑾以大軍至"至"復爲殿軍"：亦見於《宋本册府》卷三九六《將帥部·勇敢門三》。"復爲殿軍"，《册府》作"復自殿軍"。

[5]故不甚衄，瑾亦不敢北渡：《輯本舊史》之案語："《九國志·朱景傳》：王茂章來寇，度淮水可涉處，立表識之，景易置於深潭水中，立表浮木之上。茂章軍敗，望表而涉，溺死者大半，積其尸爲京觀。是景仁實以敗歸，《傳》云師不甚衄，蓋《梁史》爲景仁諱言也。"見《九國志》卷一《朱景傳》。《通鑑》卷二六九乾化三年十二月條："十二月，吴鎮海節度使徐温、平盧節度使朱瑾帥諸將拒之（王景仁），遇于趙步。吴徵兵未集，温以四千餘人與景仁戰，不勝而卻。景仁引兵乘之，將及於隘，吴吏士皆失色，左驍衛大將軍宛丘陳紹援槍大呼曰：'誘敵太深，可以進矣。'躍馬還鬭，衆隨之，梁兵乃退。温拊其背曰：'非子之智勇，吾幾困矣。'

賜之金帛，紹悉以分麾下。吴兵既集，復戰於霍丘，梁兵大敗；王景仁以數騎殿，吴人不敢逼。梁之渡淮而南也，表其可涉之津；霍丘守將朱景浮表於木，徙置深淵。及梁兵敗還，望表而涉，溺死者太半，吴人聚梁尸爲京觀於霍丘。”

[6]太尉：官名。與司徒、司空並爲三公，唐後期、五代多爲大臣、勳貴加官。正一品。

[7]《大典》卷六八五〇“王”字韻“姓氏（三五）”事目。中華書局本有校勘記：“按《永樂大典》卷六八五〇今存，僅録《舊五代史》本卷史臣贊，未録本傳，本書所記卷數疑誤。”

史臣曰：劉鄩以機略自負，賀瓌以忠毅見稱，懷英以驍勇佐時，景仁以貞純許國，較其器業，皆名將也。然雖有善戰之勞，亦有敗軍之咎，則知兵無常勝，豈虚言哉！然鄩之據兖州也，盡誠於師範，比跡於英公，方之數侯，加一等矣。《永樂大典》卷六千八百五十。[1]

[1]《大典》卷六八五〇“王”字韻“姓氏（三五）”事目。

今注本二十四史

舊五代史

五

梁書〔五〕　唐書〔一〕

宋　薛居正等　撰

陳智超　紀雪娟　主持校注

中国社会科学出版社

舊五代史　卷二四

梁書二十四

列傳第十四[1]

[1]按，本卷末無史論。

李珽

李珽，字公度，隴西燉煌人。[1]五世祖忠懿公憕，[2]有大節，見《唐史》。父穀，仕懿、僖朝，[3]官至右諫議大夫。[4]珽聰悟，有才學，尤工詞賦。僖宗朝，晋公王鐸提兵柄，[5]鎮滑臺，[6]穀居賓席，鐸見珽，大賞歎之。年二十四，登進士第，解褐授校書郎，[7]拜監察御史，[8]俄丁内艱。先是，父旅殯在遠，家貧無以襄事，與弟琪當臘雪以單縗扶杖，[9]銜哀告人，由是兩克遷祔。[10]而珽日不過食一溢，恒羸卧喪廬中不能興，大爲時賢所歎。憂闋，再徵爲御史，以瘠不起。成汭之鎮荆州，[11]辟爲掌書記，[12]踰時乃就。[13]

［1］燉煌：古郡名。治所在今甘肅敦煌市。

［2］五世祖忠懿公憕：中華書局本有校勘記："'忠懿'，本書卷五八《李琪傳》、《新唐書》卷一九一《李憕傳》同，《舊唐書》卷一六《穆宗紀》、卷一八七下《李憕傳》、《册府》卷九八、卷四六八、《唐會要》卷五五作'忠烈'。"見《唐會要》卷五五諫議大夫條，明本《册府》卷九八《帝王部·徵聘門》、卷四六八《臺省部·薦舉門》。《舊唐書》卷一八七下《李憕傳》載李憕爲太原文水人，《新唐書》卷一九一《李憕傳》載李憕爲并州文水人。

［3］懿：即唐懿宗李漼。859年至873年在位。紀見《舊唐書》卷一九上、《新唐書》卷九。　僖：即唐僖宗李儇。873年至888年在位。紀見《舊唐書》卷一九下、《新唐書》卷九。

［4］右諫議大夫：官名。唐置左右諫議大夫，左屬門下省，右屬中書省。掌諫諭得失，侍從贊相。正四品下。　"父穀"至"官至右諫議大夫"：《輯本舊史》卷五八《李琪傳》載李穀"廣明中，爲晉公王鐸都統判官，以收復功爲諫議大夫"。

［5］王鐸：人名。太原晉陽（今山西太原市）人。唐朝宰相。傳見《舊唐書》卷一六四、《新唐書》卷一八五。

［6］滑臺：地名。滑州（今河南滑縣）古稱。《輯本舊史》之影庫本粘籤："滑臺，原本作'體臺'，今據文改正。"五代無"體臺"之地名，"滑臺"多見，即滑州。

［7］解褐：又稱釋褐。脱去平民衣服，换上官服。此指進士及第授官。　校書郎：官名。東漢始置，掌典校收藏於蘭臺的圖書典籍，亦稱校書郎中。唐秘書省及著作局皆置，正九品上；弘文館亦置，從九品上。

［8］監察御史：官名。唐代屬御史臺之察院，掌監察中央機構、州縣長官及祭祀、庫藏、軍旅等事。唐中期以後，亦作爲外官所帶之銜。正八品下。

［9］琪：即李琪。河西敦煌（今甘肅敦煌市）人。後梁、後唐官員。傳見本書卷五八、《新五代史》卷五四。　縗：用粗麻布製

成的喪服。

[10]還祔：還徙靈柩合葬。

[11]成汭：人名。淮西（今安徽江淮地區）人，一説青州（今山東青州市）人。唐末、五代軍閥。傳見《新唐書》卷一九〇、本書卷一七。 荆州：州名。治所在今湖北荆州市。此處指荆南鎮。

[12]掌書記：官名。唐、五代方鎮僚屬，位在判官下。掌表奏書檄、文辭之事。

[13]"拜監察御史"至"踰時乃就"：《宋本册府》卷七五六《總録部·孝門六》："李珽爲監察御史，丁内艱，又其父旅殯在遠，家貧無以襄事。珽與弟珙，當臘雪以單縗扶杖，銜哀告人，曰是兩克還祔。而珽日不過食一溢，常羸卧喪廬中不能興，大爲時賢所歎。憂闋，再徵爲御史，以瘠不起。成汭之鎮荆州，辟爲掌書記，踰時乃就。"《新五代史》卷五四《李琪傳》："珽，唐末舉進士及第，爲監察御史。丁内艱，貧無以葬，乞食而後葬。珽飢卧廬中，聞者哀憐之，服除，還拜御史，荆南成汭辟掌書記。"

天復中，[1]淮寇大舉圍夏口，[2]逼巴陵，[3]太祖患之，[4]飛命成汭率水軍十萬援于鄂。[5]珽入言曰："今舳艫容介士千人，載稻倍之，緩急不可動。吴人剽輕，若爲所絆，則武陵、武安皆我之讎也，[6]將有後慮。不如遣驍將屯巴陵，大軍對岸，一月不與戰，則吴寇糧絶，而鄂州圍解矣。"汭性剛決，不聽。[7]淮人果乘風縱火，舟盡焚，兵盡溺，汭亦自沈於江，朗人、潭人遂入荆渚，[8]一如所料。未幾，襄帥趙匡凝復奏爲掌記，[9]入爲左補闕。[10]又明年，太祖爲元帥，以襄陽貳於己，率兵擊破之，趙匡凝奔揚州，太祖復署珽爲天平軍掌書記。[11]一日，大會將佐，指珽曰："此真書記也。"[12]

［1］天復：唐昭宗李曄年號（901—904）。

［2］淮：指淮南鎮。治所在今江蘇揚州市。此處指楊行密勢力。　夏口：地名。即今湖北武漢市漢口。爲夏水（漢水）入長江之口。

［3］巴陵：縣名。治所在今湖南岳陽市。

［4］太祖：即後梁太祖朱温。紀見本書卷一至卷七、《新五代史》卷一至卷二。

［5］鄂：州名。治所在今湖北武漢市。

［6］武陵：縣名。治所在今湖南常德市武陵區。　武安：方鎮名。治所在潭州（今湖南長沙市）。

［7］"珽入言曰"至"不聽"：亦見明本《册府》卷七二一《幕府部・謀畫門二》，《宋本册府》佚，唯明本將李珽誤作"李班"。《通鑑》卷二六四天復三年（903）四月乙未條："掌書記李珽諫曰：'今每艦載甲士千人，稻米倍之，緩急不可動也。吴兵剽輕，難與角逐；武陵、長沙，皆吾讎也；豈得不爲反顧之慮乎！不若遣驍將屯巴陵，大軍與之對岸，堅壁勿戰，不過一月，吴兵食盡自遁，鄂圍解矣。'汭不聽。"

［8］朗：州名。治所在今湖南常德市。　荆渚：指荆州。

［9］襄：州名。治所在今湖北襄陽市。此處指山南東道。　趙匡凝：人名。蔡州（今河南汝南縣）人。趙德諲之子，唐末將領。傳見本書卷一七、《新五代史》卷四一。

［10］左補闕：官名。唐代諫官。武則天時始置。分爲左右，左補闕隸於門下省，右補闕隸於中書省。掌規諫諷諭，大事可以廷議，小事則上封奏。從七品上。　"襄帥趙匡凝"至"入爲左補闕"：《宋本册府》卷七二九《幕府部・辟署門四》："襄帥趙凝復奏爲掌記，入爲左補闕。"

[11]天平軍：方鎮名。治所在鄆州（今山東東平縣）。　太祖復署斑爲天平軍掌書記：《輯本舊史》之影庫本粘籤："天平，原本作'天申'，今據《新唐書》改正。"

[12]"又明年"至"此真書記也"：《宋本册府》卷七二九："太祖爲元帥，復署爲天平掌記。一日，大會將佐，指珽曰：'此真書記也。'"

滄州節度使劉守文拒命，[1]太祖引兵十餘萬圍之，久而未下，乃召珽草檄。珽即就外次，筆不停綴，登時而成，大爲太祖嗟賞。[2]受禪之歲，宰臣除爲考功員外郎、知制誥，[3]珽揣太祖未欲首以舊僚超拜清顯，三上章固辭，優詔褒允，尋以本官監曹州事。[4]曹去京數舍，吏民豪猾，前後十餘政，未有善罷者，珽在任期歲，衆庶以寧。[5]入爲兵部郎中、崇政院直學士。[6]

[1]滄州：州名。治所在今河北滄縣舊州鎮。　節度使：官名。唐時在重要地區所設掌握一州或數州軍、民、財政的長官。　劉守文：人名。深州（今河北深州市）人。唐末盧龍節度使劉仁恭長子。唐末軍閥。後梁開平三年（909），被其弟劉守光殺死。事見本書卷二、卷四、卷九八，《新五代史》卷五六、卷七二。

[2]"滄州節度使劉守文拒命"至"大爲太祖嗟賞"：亦見《宋本册府》卷七一八《幕府部・才學門》。"珽即就外次"，《册府》作"班師即就外次"。

[3]考功員外郎：官名。尚書省吏部考功司副長官。爲考功郎中的副職，協助考功郎中掌考察内外百官及功臣家傳、碑、頌、誄、謚等事。從六品上。　知制誥：官名。掌起草皇帝的詔、誥之事，原爲中書舍人之職。唐開元末置學士院，翰林學士入院一年，

則加知制誥銜，專掌任免宰相、册立太子、宣布征伐等特殊詔令，稱爲内制。而中書舍人所撰擬的詔敕稱爲外制。兩種官員總稱兩制官。

[4]曹州：州名。治所在今山東曹縣西北。

[5]“曹去京數舍”至“衆庶以寧”：亦見《宋本册府》卷六七七《牧守部·能政門》。“衆庶”，《册府》作“民庶”。

[6]兵部郎中：官名。唐高祖改兵曹郎置，二人，一掌武官階品、衛府名數、校考、給告身之事；一掌軍籍、軍隊調遣名數、朝集、禄賜、告假等事。高宗、武則天、玄宗時，一度隨本部改名司戎大夫、夏官郎中、武部郎中。五代因之。從五品上。　崇政院直學士：官名。五代後梁置，選有政術文學者充任。五代後唐同光元年（923），改樞密院直學士。充皇帝侍從，備顧問應對。　入爲兵部郎中、崇政院直學士：“直”字原闕，《新五代史》卷五四《李琪傳》載其出任曹州職回朝後“遷兵部郎中、崇政院直學士”，《宋本册府》卷六五三《奉使部·稱旨門》載“李珽爲兵部郎中、崇政院直學士”，《五代會要》卷二四樞密使條亦云梁開平“二年十一月，置崇政院直學士二員”，注文云“始以尚書吏部郎中吴藹、尚書兵部郎中李珽充選”，查崇政院並無學士一職，據補。

未幾，以許帥馮行襲疾甚，[1]出爲許州留後。[2]先是，行襲有牙兵二千，皆蔡人也。[3]太祖深以爲憂，[4]乃遣珽馳往，以伺察之。珽至傳舍，[5]召將吏親加撫慰。行襲欲使人代受詔，珽曰：“東首加朝服，禮也。”乃於卧内宣詔，令善自補養，苟有不諱，子孫俱保後福。行襲泣謝，遂解二印以授珽。珽代掌軍府事。[6]太祖覽奏曰：“予固知珽必辦吾事，行襲門户不朽矣。”[7]乃以珽爲匡國軍留後，尋徵爲左諫議大夫、兼宣徽副使。[8]從征至魏縣，過内黄，[9]因侍立於行厩，太祖顧曰："此何故名内黄？" 珽曰："河南有外黄、小黄，[10]故此有内黄。" 又曰："在何處？"[11]對曰："秦有外黄都尉，理外黄，有故墉，今在雍丘。[12]小黄爲高齊所廢，其故墉今在陳留。"[13]太祖稱獎數四。[14]

[1]許：州名。治所在今河南許昌市。此處指匡國軍。　馮行襲：人名。均州（今湖北丹江口市）人。唐末五代軍閥。傳見本書卷一五、《新五代史》卷四二。

[2]留後：官名。唐、五代節度使多以子弟或親信爲留後，以代行節度使職務，亦有軍士、叛將自立爲留後者。掌一州或數州軍政。

[3]牙兵：五代時期藩鎮親兵。參見來可泓《五代十國牙兵制度初探》，《學術月刊》1995 年第 11 期。　蔡：州名。治所在今河南汝南縣。

[4]太祖深以爲憂：中華書局本有校勘記："'以'字原闕，據彭校、《册府》卷六五三補。"

[5]傳舍：古代設於交通綫上之旅舍、客舍，供官員和行人休息之所。

[6]珽代掌軍府事：中華書局本有校勘記："'珽'字原闕，據《册府》卷六五三補。"

[7]"以許帥馮行襲疾甚"至"行襲門户不朽矣"：亦見於《宋本册府》卷六五三《奉使部·稱旨門》。《通鑑》卷二六七載：開平四年（910）"匡國節度使長樂忠敬王馮行襲疾篤，表請代者。許州牙兵二千，皆秦宗權餘黨，帝深以爲憂。六月，庚戌，命崇政院直學士李珽馳往視行襲病，曰：'善諭朕意，勿使亂我近鎮。'珽至許州，謂將吏曰：'天子握百萬兵，去此數舍；馮公忠純，勿使上有所疑。汝曹赤心奉國，何憂不富貴！'由是衆莫敢異議。行襲

欲使人代受詔，珽曰：‘東首加朝服，禮也。’乃即卧内宣詔，謂行襲曰：‘公善自輔養，勿視事，此子孫之福也。’行襲泣謝，遂解兩使印授珽，使代掌軍府。帝聞之曰：‘予固知珽能辦事，馮族亦不亡矣。’庚辰，行襲卒。甲申，以李珽權知匡國留後，悉以行襲兵分隸諸校，冒馮姓者皆還宗”。

[8]左諫議大夫：官名。隸門下省。唐代置左、右諫議大夫各四人，分隸門下省、中書省。掌諫諭得失，侍從贊相。正四品下。　宣徽副使：官名。宣徽院的副長官。

[9]魏縣：縣名。治所在今河北魏縣。　内黄：縣名。治所在今河南内黄縣。

[10]外黄：縣名。秦漢置。治所在今河南民權縣。　小黄：縣名。又作“下黄縣”。西漢置。治所在今河南開封市祥符區西南。《舊五代史考異》：“案：《歐陽史》改小黄爲‘下黄’。《困學紀聞》引《漢書·地理志》，陳留有外黄、小黄縣，以《五代史記》爲誤改也。”中華書局引殿本注：“小黄，《歐陽史》作‘下黄’。考《困學紀聞》云：《五代通録》李珽曰：‘河南有外黄、小黄。’《漢·地理志》，陳留有外黄、小黄縣，《五代史記》改小黄爲‘下黄’，誤也。當從《通録》。”

[11]在何處：中華書局本有校勘記：“句上殿本有‘外黄小黄’四字。”“處”，《宋本册府》卷七八〇《總録部·博識門》作“許”。

[12]外黄都尉：漢代外黄縣屬陳留郡，爲都尉治。　雍丘：縣名。治所在今河南杞縣。　有故墉，今在雍丘：“有”，《宋本册府》卷七八〇作“其”。“都尉”，《舊五代史考異》：“原本作‘郡尉’，今據《漢書·地理志》及《歐陽史》改正。”

[13]高齊：即北齊。　陳留：縣名。治所在今河南開封市陳留鎮。

[14]“尋徵爲左諫議大夫”至“太祖稱獎數四”：亦見《宋本册府》卷七八〇。

及庶人友珪篡位，除右散騎常侍、充侍講學士。[1]內討之日，軍士大擾，珽其夕爲亂兵所傷，卒於洛陽。[2]珽性孝友，與弟琪有敦睦之愛，爲搢紳所稱。[3]《永樂大典》卷一萬三百八十八。[4]

[1]友珪：人名。即朱友珪。朱温次子，後勾結韓勍殺朱温。後追廢爲庶人。傳見本書卷一二、《新五代史》卷一三。　右散騎常侍：官名。中書省屬官。掌侍奉規諷，備顧問應對。正三品下。　侍講學士：官名。侍從皇帝、皇太子講授經義。《舊五代史考異》："案：《歐陽史》作侍講。"見《新五代史》卷五四《李琪傳》。　"及庶人友珪"至"充侍講學士"：《宋本册府》卷五九九《學校部·侍講門》載乾化二年（912）吴藹與"宣徽副使、左散騎常侍李珽並充侍講學士"。

[2]珽其夕爲亂兵所傷，卒於洛陽：中華書局本有校勘記："殿本、孔本作'珽爲亂兵所傷其夕卒於洛陽'。"《通鑑》卷二六八載乾化三年二月庚寅旦，"侍講學士李珽皆爲亂兵所殺"。

[3]"珽性孝友"至"爲搢紳所稱"：亦見《宋本册府》卷八五二《總録部·友悌門二》。

[4]《大典》卷一〇三八八"李"字韻"姓氏（三三）"事目。中華書局本於傳末引殿本注："案：《歐陽史》有《裴迪》《韋震傳》，今原文已佚，無可採補。"

盧曾

盧曾，字孝伯，其先范陽人也。[1]頗好書，有所執守。始爲齊州防禦使朱瓊從事，[2]瓊降，預其謀，與之皆來。瓊没，太祖辟爲宣義幕職。[3]曾性忠狷，好貢直，又不能取容於衆，每勳府讌語稍洽，曾率然糾正，輒又忤旨。左長直軍使劉捍委任方重，[4]曾亦不能平。冀王友謙初定陝府，[5]命曾往議事，有使院小將從行，[6]嗜酒，荒逸過度。曾復命，欲發其罪，致疏於袖中，累日未果言。小將恐事洩，先誣告曾使酒，幾敗軍事，劉捍因證之，由是罷職，歸於齊之别墅。俄而王師範起兵叛，[7]太祖促召曾，謂之曰："子能緩頰説青州，使無背盟，吾不負子矣。"曾持檄以往。既至青，師範囚之，送於淮南，遇害。後太祖暴師範之罪曰："喪我骨肉，殺我賓僚。"遂族誅之。因召曾二子，皆授以官。《永樂大典》卷二千二百十二。[8]

[1]范陽：縣名。治所在今河北涿州市。

[2]齊州：州名。治所在今山東濟南市。　防禦使：官名。唐代始置，設有都防禦使、州防禦使兩種。常由刺史或觀察使兼任，實際上爲唐代後期州或方鎮的軍政長官。　朱瓊：人名。宋州下邑（今河南夏邑縣）人。唐末將領。事見本書卷一。　始爲齊州防禦使朱瓊從事：《輯本舊史》之原輯本案語："《新唐書》《通鑑》與《薛史·梁紀》皆稱朱瓊爲齊州刺史，惟《盧曾傳》作防禦使，疑有舛誤。"

[3]宣義：方鎮名。治所在滑州（今河南滑縣）。　"頗好書"至"太祖辟爲宣義幕職"：《宋本册府》卷七二九《幕府部·辟署門四》："頗好書，有所執守。始爲齊州防禦使朱瓊從事，瓊降，與之偕來，太祖辟爲宣義幕職。"

[4]左長直：部隊番號。　軍使：官名。掌領本軍軍務，或兼理地方政務。　劉捍：人名。開封（今河南開封市）人。後梁將領。傳見本書卷二〇、《新五代史》卷二一。

[5]友謙：人名。即朱友謙。許州（今河南許昌市）人。朱温養子，唐末、五代軍閥。傳見本書卷六三、《新五代史》卷四五。陝府：府名。治所在今河南三門峽市陝州區。

[6]使院：唐節度使、觀察使、處置使辦公廳通稱。

[7]王師範：人名。青州（今山東青州市）人。唐末、五代軍閥。傳見本書卷一三、《新五代史》卷四二。

[8]《大典》卷二二一二“盧”字韻“姓氏（七）”事目。

孫騭

孫騭，滑臺人。嗜學知書，微有辭筆。唐光啓中，[1]魏博從事公乘億以女妻之，[2]因教以牋奏程式。時中原多難，文章之士，縮影竄跡，不復自顯。億既死，魏帥以章表牋疏淹積，兼月不能發一字，或以騭爲言，即署本職，主奏記事。累遷職自支使、掌記至節度判官；[3]奏官自校書、御史、郎官、中丞、檢校常侍至兵部尚書。[4]太祖御天下，念潛龍時，騭奉其主，好問往來數十返，甚録之。開平三年，除右諫議大夫，滿歲，遷左散騎常侍。[5]騭雅好聚書，有《六經》《史》《漢》洎百家之言，凡數千卷，皆簡翰精至，披勘詳審，得暇即朝夕躭翫，曾無少怠。[6]乾化二年春，太祖將議北巡，選朝士三十餘人扈從。[7]二月甲子，車駕發自洛陽，禺中，次白馬頓，[8]召文武官就食，以從臣未集，駐蹕以俟之，又命飛騎促於道，而騭與諫議大夫張衍、兵部郎中張儁等累刻方至，[9]太祖性本卞急，因兹大怒，並格殺於前墀。[10]《永樂大典》卷三千五百六十。[11]

[1]光啓：唐僖宗李儇年號（885—888）

[2]魏博：方鎮名。唐廣德元年（763）所置河北三鎮之一。治所在魏州（今河北大名縣）。天祐元年（904）號天雄軍。五代後梁乾化二年（912）爲梁所併。　從事：泛指一般屬官。　公乘億：人名。籍貫不詳。事見本書本卷、卷七一。

[3]支使：官名。唐、五代節度使、觀察使等下屬官員中有支使，其職與掌書記同。位在副使、判官之下，推官之上。掌表奏書檄等。　節度判官：官名。唐末、五代藩鎮僚佐，位行軍司馬下。"孫騭"至"節度判官"：亦見於《宋本册府》卷七二九《幕府部·辟署門四》，惟"嗜學知書，微有辭筆"，《册府》作"知書，亦微有詞筆"。中華書局本有校勘記："'文章之士'，《册府》卷七二九作'縫掖之士'。'不復自顯'，'復'字原闕，據《册府》卷七二九補。'即署本職'，'本'《册府》卷七二九作'末'。"

[4]校書：官名。指校書郎。　御史：官名。周朝始置，秦漢以後延續，掌監察、彈劾。唐時有侍御史、殿中侍御史和監察御史。　郎官：官名統稱。指尚書省六部二十四司以及左、右司正副長官。　中丞：官名。指御史中丞。如不置御史大夫，則爲御史臺長官。掌司法監察。正四品下。　檢校常侍：官名。指檢校左散騎常侍和檢校右散騎常侍。　兵部尚書：官名。尚書省兵部主官。掌兵衛、武選、車輦、甲械、厩牧之政令。正三品。

[5]開平：後梁太祖朱温年號（907—911）。　左散騎常侍：官名。門下省屬官。掌侍奉規諷，備顧問應對。正三品下。

[6]《史》《漢》：中華書局本有校勘記："原作'《漢》《史》'，據《册府》卷七九八、卷八一一乙正。"　"騭雅好聚書"至"曾無少怠"：亦見於《宋本册府》卷七九八《總録部·勤學門》。《宋本册府》卷八一一《總録部·聚書門》："騭雅好聚書，有六經、《史》、《漢》、百家之言，凡數千卷。洎李善所注《文選》，皆簡翰精專，至校勘詳審。""審"，原作"定"，據《宋本册府》卷七九八、卷八一一改。

［7］“乾化二年春”至“選朝士三十餘人扈從”：明本《册府》卷一九三《閏位部・崇祀門》：“乾化元年北巡，迴次孟州，命散騎常侍孫騭、右諫議大夫張衍、光禄卿李翼，各賫香合祝板，告祭于孟津之望祠。”明本《册府》卷二〇五《閏位部・巡幸門》：“二年二月壬戌，帝將巡按北境，中外戒嚴。詔以河南尹、守中書令、判六軍事張宗奭爲大内留守，中書門下奏差定文武官領務尤切、宜扈駕者三十八人。詔工部尚書李皎、左散騎常侍孫騭、左諫議大夫張衍、兵部侍郎劉邈、兵部郎中張儁、光禄少卿盧秉彝並令扈蹕。”

［8］白馬頓：地名。位於今河南洛陽市。

［9］張衍：人名。張宗奭侄子。唐末、後梁大臣。傳見本書本卷。　張儁：人名。籍貫不詳。唐末、後梁大臣。傳見本書本卷。

［10］又命飛騎促於道：中華書局本有校勘記：“‘又’字原闕，據殿本、孔本補。”　“二月甲子”至“並格殺於前墀”：《舊五代史考異》：“《通鑑考異》引《梁祖實録》云：賜自盡。《通鑑》從《莊宗實録》作撲殺之。”《通鑑》卷二六八乾化二年（912）二月條載：“甲子，帝發洛陽。從官以帝誅戮無常，多憚行，帝聞之，益怒。是日，至白馬頓，賜從官食，多未至，遣騎趣之於路。左散騎常侍孫騭、右諫議大夫張衍、兵部郎中張儁最後至，帝命撲殺之。”

［11］《大典》卷三五六〇“孫”字韻“姓氏（七）”事目。

張儁

張儁，[1]字彦臣。祖、父咸有聞於時。儁少孤，雅自修飾，[2]善爲五言詩，其警句頗爲人所稱。唐廣明中，[3]黄巢犯京師，天子幸蜀，士皆竄伏窟穴，以保其生。儁亦晦跡浮泛，不失其道。[4]及僖宗還京師，由校書郎、西畿尉登朝爲御史、補闕、起居郎、司勳員外、萬年縣令，[5]以事黜官峽中將十年。太祖即位，用宰臣薛貽矩爲鹽鐵使，[6]儁與貽矩同年登第，甚知其才，即奏爲鹽鐵判官，[7]遷職爲禮部郎中，[8]兼職如故。乾化二年二月，[9]扈從後至，與孫騭、張衍同日遇禍於白馬頓。[10]《永樂大典》卷六千三百五十。[11]

[1]張儁：《新五代史》卷二《梁太祖紀二》乾化二年（912）二月條、《通鑑》卷二六八乾化二年二月條同，《宋本册府》卷九四〇《總録部·患難門》、明本《册府》卷二〇五《閏位部·巡幸門》作"張雋"。

[2]雅自修飾：中華書局本有校勘記："'雅'字原闕，據《册府》卷九四〇補。"

[3]廣明：唐僖宗李儇年號（880—881）。　唐廣明中：《宋本册府》卷九四〇無"唐"字。

[4]黄巢：人名。曹州冤句（今山東菏澤市）人。唐末農民起義領袖。傳見《舊唐書》卷二〇〇下、《新唐書》卷二二五下。　以保其生：《宋本册府》卷九四〇作"以保生性"。　"字彦臣"至"不失其道"：亦見於《宋本册府》卷九四〇。

[5]起居郎：官名。唐代始置，屬門下省。與中書省起居舍人同掌起居注，記皇帝言行。從六品上。《輯本舊史》之影庫本粘籤："起居郎，原本脱'郎'字，今據文增入。"　司勳員外：官名。即司勳員外郎。吏部司勳司副長官，掌勳績。從六品上。　萬年：縣名。治所在今陝西西安市長安區。

[6]薛貽矩：人名。河東聞喜（今山西聞喜縣）人。唐末、後梁大臣。傳見本書卷一八、《新五代史》卷三五。　鹽鐵使：官名。全稱爲諸道鹽鐵轉運使。爲鹽鐵司長官。鹽鐵與度支、户部合稱"三司"。主掌漕運及專賣事務。　太祖即位，用宰臣薛貽矩爲鹽鐵使：《輯本舊史》卷一八《薛貽矩傳》載其於朱温"受禪之歲夏五

月，拜中書侍郎、平章事，兼判户部。明年夏，進拜門下侍郎、監修國史、判度支，又遷弘文館大學士，充鹽鐵轉運使”。

[7]鹽鐵判官：官名。掌鹽鐵政務及税收。

[8]禮部郎中：官名。尚書省禮部頭司禮部司長官。掌禮樂、學校、衣冠、符印、表疏、圖書、册命、祥瑞、鋪設，及百官、宫人喪葬贈賻之數。從五品上。　遷職爲禮部郎中：中華書局本有校勘記：“‘禮部郎中’，《册府》卷九四〇作‘兵部郎中’。按《新五代史》卷二《梁本紀》：‘次白馬，殺左散騎常侍孫騭、右諫議大夫張衍、兵部郎中張儁。’《通鑑》卷二六八略同。”

[9]乾化二年二月：中華書局本有校勘記：“‘乾化’原作‘乾元’，據殿本、邵本校、《通鑑》卷二六八改。按本書卷七《梁太祖紀七》、《新五代史》卷二《梁本紀》皆繫其事於乾化二年。”

[10]同日遇禍於白馬頓：《通鑑》卷二六八乾化二年二月條載：“甲子，帝發洛陽。從官以帝誅戮無常，多憚行，帝聞之，益怒。是日，至白馬頓，賜從官食，多未至，遣騎趣之於路。左散騎常侍孫騭、右諫議大夫張衍、兵部郎中張儁最後至，帝命撲殺之。”

[11]《大典》卷六三五〇“張”字韻“姓氏（二〇）”事目。

張衍

張衍，字玄用，河南尹魏王宗奭之猶子也。[1]其父死於兵間。衍樂讀書爲儒，始以經學就舉，不中選。[2]時諫議大夫鄭徽退居洛陽，[3]以女妻之，遂令應辭科，[4]不數上登第。[5]唐昭宗東遷，[6]以宗奭勳力隆峻，衍由校書郎拜左拾遺，旋召爲翰林學士。[7]太祖即位罷之，特拜考功郎中，[8]俄遷右諫議大夫。衍巧生業，樂積聚，太祖將北伐，頗以扈從間糜耗力用繫意，屢干託宰執求免是行，太祖微聞之，又屬應召稽晚，與孫騭等同日遇禍。[9]《永樂大典》卷六千三百五十。[10]

[1]河南尹：官名。唐開元元年（713）改洛州爲河南府，治所在今河南洛陽市，河南府尹總其政務。從三品。　宗奭：即張宗奭。濮州臨濮（今山東鄄城縣臨濮鎮）人。後梁將領。傳見本書卷六三、《新五代史》卷四五。　猶子：侄子。

[2]衍樂讀書爲儒：《宋本册府》卷六五〇無"樂"字。

[3]鄭徽：人名。鄭珏之父。唐末、五代官員。事見本書卷五八《鄭珏傳》。

[4]辭科：科舉名。又稱詞科。指博學宏詞科。意在選拔博學、好文辭之人才。遂令應辭科，《宋本册府》卷六五〇作"令應詞科"。

[5]"張衍"至"不數上登第"：亦見於《宋本册府》卷六五〇《貢舉部·應舉門》。

[6]唐昭宗：即李曄，888年至904年在位。紀見《舊唐書》卷二〇上、《新唐書》卷一〇。

[7]翰林學士：官名。由南北朝始設之學士發展而來，唐玄宗改翰林供奉爲翰林學士，備顧問、代王言。掌拜免將相、號令征伐等詔令的起草。

[8]考功郎中：官名。唐、五代尚書省吏部考功司長官，掌考察内外百官及功臣家傳、碑、頌、誄、謚等事。從五品上。

[9]"衍巧生業"至"與孫騭等同日遇禍"：《宋本册府》卷九三六《總録部·吝嗇門》："巧生業，樂積聚，太祖將北伐，頗以扈從間糜耗力用繫意，屢干託宰相求免行事，帝微聞之，又屬應召稽晚，遂及禍。"

[10]《大典》卷六三五〇"張"字韻"姓氏（二〇）"

事目。

杜荀鶴

杜荀鶴，池州人。[1]善爲詩，辭句切理，[2]爲時所許。既擢第，復還舊山。[3]時田頵在宣州，[4]甚重之。頵將起兵，乃陰令以箋問至，太祖遇之頗厚。[5]及頵遇禍，太祖以其才表之，尋授翰林學士、主客員外郎。[6]既而恃太祖之勢，凡搢紳間已所不悦者，日屈指怒數，將謀盡殺之。苞蓄未及泄，丁重疾，旬日而卒。[7]《永樂大典》卷一萬五千七百三十。[8]

[1]池州：州名。治所在今安徽池州市。　杜荀鶴，池州人：亦見於《宋本册府》卷八四一《總録部·文章門五》。《輯本舊史》之案語："辛文房《唐才子傳》：荀鶴，字彦之，牧之微子也。"見《唐才子傳》卷九《杜荀鶴傳》。

[2]辭：《宋本册府》卷八四一作"詞"。

[3]既擢第，復還舊山：《輯本舊史》之案語："《唐才子傳》：荀鶴嘗謁梁王朱全忠，與之坐，忽無雲而雨，王以爲天泣不祥，命作詩，稱意，王喜之。荀鶴寒進，連敗文場，甚苦，至是送春官。大順二年，裴贄侍郎放第八人登科，正月十日放榜，正荀鶴生朝也。王希羽獻詩曰：'金榜曉懸生世日，玉書潛記上昇時。九華山色高千尺，未必高於第八枝。'又《唐新纂》云：荀鶴舉進士及第，東歸，過夷門，獻梁太祖詩句云：'四海九州空第一，不同諸鎮府封王。'是則荀鶴之受知於梁祖舊矣，不待田頵之箋問而始被遇也。""復"，《宋本册府》卷八四一作"後"。

[4]田頵（jūn）：人名。廬州合淝（今安徽合肥市）人。楊行

密麾下將領，後因反叛爲其所殺。傳見《新唐書》卷一八九、本書卷一七。　宣州：州名。治所在今安徽宣城市。

[5]“時田頵在宣州”至“太祖遇之頗厚”：《輯本舊史》卷一七《田頵傳》：“頵聞之，頗會其志，乃召進士杜荀鶴具述其意，復語曰：‘昌本朝，奉盟主，在斯一舉矣。’即遣荀鶴具述密議，自間道至大梁。太祖大悦，遽屯兵于宿州以會其變。”《新唐書》卷一八九《田頵傳》：“頵遣其佐杜荀鶴至汴通好，全忠喜，屯宿州須變。”《通鑑》卷二六四天復三年（903）八月壬辰條載：“頵遣前進士杜荀鶴至壽州，與延壽相結；又遣至大梁告朱全忠，全忠大喜，遣兵屯宿州以應之。”“乃陰令以箋問至”，《宋本册府》卷八四一作“乃陰令以箋詞至”。

[6]主客員外郎：官名。主客郎中的副職。佐長官郎中掌接待外國使臣等事。從六品上。

[7]旬日而卒：《輯本舊史》之案語：“《唐才子傳》：荀鶴以天祐元年卒。《北夢瑣言》又作梁受禪後，拜翰林學士，五日而卒。未詳孰是。”見《唐才子傳》卷九《杜荀鶴傳》、《北夢瑣言》卷六杜荀鶴入翰林條。

[8]中華書局本有校勘記：“檢《永樂大典目録》，卷一五七三〇爲‘論’字韻‘阿毗曇論四’，與本則内容不符，恐有誤記。陳垣《舊五代史輯本引書卷數多誤例》謂應作卷一四七三〇‘杜’字韻‘姓氏六’。”

羅隱

羅隱，[1]餘杭人。[2]有詩名於天下，[3]尤長於詠史，然多所譏諷，以故不中第，大爲唐宰相鄭畋、李蔚所知。[4]隱雖負文稱，然貌古而陋。畋女幼有文性，嘗覽隱詩卷，諷誦不已，畋疑其女有慕才之意。一日，隱至第，鄭女垂簾而窺之，自是絶不詠其詩。[5]唐廣明中，因亂歸鄉里，節度使錢鏐辟爲從事。[6]開平初，太祖以右諫議大夫徵，不至，魏博節度使羅紹威密表推薦，[7]乃授給事中。[8]年八十餘，終於錢塘。[9]有文集數卷行於世。[10]《永樂大典》卷五千六百七十八。[11]

[1]羅隱：《舊五代史考異》："《唐才子傳》：隱字昭諫。"見《唐才子傳》卷九《羅隱傳》。《舊唐書》卷一八一《羅弘信傳》謂羅隱自號江東生。沈崧撰《羅給事墓誌》云："隱字昭諫。曾祖諱僊，字童知，福州福唐縣令。皇考諱修古，應《開元禮》。"《吴越備史》卷二《武肅王下》："隱本名横，凡十上不中第，遂更名。"

[2]餘杭：縣名。治所在今浙江杭州市。　餘杭人：《輯本代史》之案語："《澗泉日記》作新城人。"《宋本册府》卷七二九《幕府部·辟署門四》同，《舊唐書》卷一八一、《北夢瑣言》卷六羅顧昇降條作"錢塘人"，《輯本舊史》卷一四《羅紹威傳》、《新唐書》卷一二〇《羅紹威傳》、《宋本册府》卷三八八《將帥部·儒學門》謂隱爲"江東人"，《通鑑》卷二六三天復二年（902）八月甲戌條作"餘姚羅隱"。吴在慶《〈唐才子傳·羅隱傳〉箋證》（《雲南教育學院學報》1989年第4期）考其籍貫爲新城，但未提及江東及餘姚二説。

[3]有詩名於天下：中華書局本有校勘記："'有'字原闕，據《册府》卷八四一、卷九四四補。另句上《册府》卷九四四有'唐末舉進士'五字。"見《宋本册府》卷八四一《總録部·文章門五》、明本《册府》卷九四四《總録部·佻薄門》。

[4]鄭畋：人名。滎陽（今河南滎陽市）人。唐末宰相、軍閥。傳見《舊唐書》卷一七八、《新唐書》卷一八五。　李蔚：人名。隴西（今甘肅）人。唐末宰相。傳見《舊唐書》卷一七八、《新唐書》卷一八一。　大爲唐宰相鄭畋、李蔚所知：《宋本册府》

卷八三五《總録部·醜陋門》僅言羅隱"唐末爲宰相鄭畋所知"。

［5］"隱雖負文稱"至"自是絶不詠其詩"：亦見於《宋本册府》卷八三五。"嘗覽隱詩卷"，"嘗"《册府》作"常"。

［6］錢鏐：人名。臨安（今浙江杭州市）人。五代時期吴越國建立者。傳見本書卷一三三、《新五代史》卷六七。　唐廣明中，因亂歸鄉里，節度使錢鏐辟爲從事：亦見於《宋本册府》卷七二九《幕府部·辟署門四》。《輯本舊史》之案語："《唐新纂》：羅隱初爲吴令，後以羅紹威薦，爲錢鏐所辟。據《薛史》，則隱自歸里即爲鏐從事，後復爲紹威薦也。與《新纂》異。"《輯本舊史》卷一三三《錢鏐傳》："江東有羅隱者，有詩名，聞於海内，依鏐爲參佐，鏐嘗與隱唱和，隱好譏諷，嘗戲爲詩，言鏐微時騎牛操梃之事，鏐亦怡然不怒，其通恕也如此。"明本《册府》卷九四四："兩浙節度使錢鏐辟爲從事。隱戲爲詩，言鏐微時騎牛操梃之事，鏐亦怡然不怒。"

［7］羅紹威：人名。魏州貴鄉（今河北大名縣）人。唐末、五代軍閥。傳見本書卷一四、《新五代史》卷三九。

［8］給事中：官名。秦始置。隋唐以來，爲門下省屬官。掌讀署奏抄，駁正違失。正五品上。　"開平初"至"乃授給事中"：亦見於《宋本册府》卷八四一。惟"推薦"，《册府》作"慰薦"。羅紹威與羅隱之關係，《輯本舊史》卷一四《羅紹威傳》載："江東人羅隱者，佐錢鏐軍幕，有詩名於天下。紹威遣使賂遺，敘南巷之敬，隱乃聚其所爲詩投寄之。紹威酷嗜其作，因目己之所爲曰《偷江東集》，至今鄴中人士諷詠之。"《通鑑》卷二六六開平元年（907）四月乙亥條："鎮海節度判官羅隱説吴王鏐舉兵討梁，曰：'縱無成功，猶可退保杭、越，自爲東帝；奈何交臂事賊，爲終古之羞乎！'鏐始以隱爲不遇於唐，必有怨心，及聞其言，雖不能用，心甚義之。"

［9］錢塘：縣名。治所在今浙江杭州市。　年八十餘，終於錢塘：《舊五代史考異》："案《澗泉日記》云：唐光啓三年，吴越王

表奏爲錢塘令，遷著作郎，辟掌書記。天祐三年，充判官。梁開平二年，授給事中。三年，遷發運使。是年卒，葬於定山鄉。金部郎中沈崧銘其墓。”《吴越備史》卷二《武肅王下》載羅隱卒於開平三年十一月乙酉。

[10]有文集數卷行於世：中華書局本有校勘記：“‘數卷’，《册府》卷八四一作‘十卷’。按《直齋書録解題》卷一九謂‘《羅江東集》十卷，唐羅隱昭諫撰’。劉克莊《後村集》卷一八四謂羅隱有《江東集》十卷。”《舊五代史考異》：“《唐才子傳》云：隱所著《讒書》《讒本》《淮海寓言》《湘南應用集》《甲乙集》《外集》《啓事》等，並行于世。”

[11]《大典》卷五六七八“羅”字韻“姓氏（一）”事目。《輯本舊史》於傳末引《五代史補》：羅隱在科場，恃才傲物，尤爲公卿所惡，故六舉不第。時長安有羅尊師者，深於相術，隱以貌陋，恐爲相術所棄，每與尊師接談，常自大以沮之。及其累遭黜落，不得已，始往問焉。尊師笑曰：“貧道知之久矣，但以吾子決在一第，未可與語。今日之事，貧道敢有所隱乎！且吾子之於一第也，貧道觀之，雖首冠群英，亦不過簿尉爾。若能罷舉，東歸霸國以求用，則必富且貴矣。兩途，吾子宜自擇之。”隱懵然不知所措者數日。鄰居有賣飯媪，見隱驚曰：“何辭色之沮喪如此，莫有不決之事否？”隱謂知之，因盡以尊師之言告之。媪歎曰：“秀才何自迷甚焉，且天下皆知羅隱，何須一第然後爲得哉！不如急取富貴，則老婆之願也。”隱聞之釋然，遂歸錢塘。時錢鏐方得兩浙，置之幕府，使典軍中書檄，其後官給事中。初，隱罷上中書之日，費窘，因抵魏謁鄴王羅紹威，將入其境，先貽書敘其家世，鄴王爲姪。幕府僚吏見其書，皆怒曰：“羅隱一布衣爾，而姪視大王，其可乎！”紹威素重士，且曰：“羅隱名振天下，王公大夫多爲所薄，今惠然肯顧，其何以勝！得在姪行，爲幸多矣，敢不致恭，諸公慎勿言。”於是擁旆郊迎，一見即拜，隱亦不讓。及將行，紹威贈以百萬，他物稱是，仍致書於鏐謂叔父，鏐首用之。曹唐，郴州人。

少好道，爲大小遊仙詩各百篇，又著《紫府玄珠》一卷，皆敘三清、十極紀勝之事。其遊仙之句，則有《漢武帝宴西王母詩》云："花影暗回三殿月，樹聲深鎖九門霜。"又云："樹底有天春寂寂，人間無路月茫茫。"皆爲士林所稱。其後遊信州，館於開元寺三學院。一旦卧疾，衆僧忽見二青衣緩步而至，且四向顧視，相謂曰："只此便是'樹底有天春寂寂，人間無路月茫茫'。"言訖，直入唐之卧室。衆僧驚異，亦隨之而入，踰閾，而青衣不復見，但見唐已殂矣。先是，唐與羅隱相遇，隱有《題牡丹詩》云："若教解語應傾國，任是無情亦動人。"唐因戲隱曰："此非賦牡丹，乃題女子障耳。"隱應聲曰："猶勝足下鬼詩。"唐曰："其詞安在？"隱曰："只'樹底有天春寂寂，人間無路月茫茫'，得非鬼詩？"唐無言以對。至是青衣亦援引此句，而唐尋卒，則隱之言，豈偶然哉！

仇殷

仇殷，不知何郡人也。開平中，仕至司天監，[1]明於象緯曆數，藝術精密，近無其比。光化中，[2]太祖在滑，[3]遣密王友倫以兵三萬禦幽州之師十餘萬，[4]深慮其不敵，召殷問曰："陣可行乎？"曰："其十四日過禺中乎！"[5]又問之，曰："賊敗塗地。"又曰："既望，當見捷書。"果如其言，不失晷刻。[6]太祖之在長蘆也，[7]諸將請攻壁，號令軍中，人負藁二圍，置千積，俄而雲集。殷曰："何用？"或以所謀告之，殷曰："我占矣，不見攻壁象，無乃自退乎？"翌日，有騎馳報丁會以潞州叛，[8]太祖令盡焚其藁而還，不克攻。[9]開平中，殷一日朝罷，過崇政院，[10]使敬翔直閤，[11]翔問之曰："月犯房次星，其逼若綴，是何祥也？"曰："常度耳。"殷欲不言，既過數步，自度不可默，乃反言曰："三兩日當有不順語至，無或驟恐，宜先白上知。"既二日，陝府奏同州劉知俊閉關作叛。[12]初，王景仁之出師也，[13]殷上言："太陰虧，不利深入。"太祖遽遣使止之，已敗于柏鄉矣。[14]殷所見觸類如是，不可備録。然而畏慎特甚，居常寢默，未嘗敢顯言。縱言事跡，唯其語音，不可盡曉，以故屢貽責罰。[15]後卒於官。《永樂大典》卷一萬四千八百四。[16]

[1]司天監：官（署）名。其長官稱司天監，掌天文、曆法以及占候等事。參見趙貞《唐宋天文星占與帝王政治》，北京師範大學出版社2016年版。　"開平中仕"至"司天監"："司天監"，中華書局本沿《輯本舊史》作"欽天監"，查五代時並無欽天監，衹有司天監，《宋本册府》卷六二五《卿監部·廢黜門》載"仇殷爲司天監"，《北夢瑣言》卷一六《仇殷召課》條亦作"司天監仇殷"，則《輯本舊史》誤，據《册府》及《北夢瑣言》改。

[2]光化：唐昭宗李曄年號（898—901）。

[3]滑：州名。治所在今河南滑縣。

[4]友倫：人名。即朱友倫。朱温之侄。傳見本書卷一二、《新五代史》卷一三。

[5]禺中：午時。

[6]晷刻：晷、刻分指日晷與刻漏。此處指片刻。

[7]長蘆：縣名。治所在今河北滄州市。

[8]丁會：人名。壽春（今安徽壽縣）人。唐末將領。傳見本書卷五九、《新五代史》卷四四。　潞州：州名。治所在今山西長治市。

[9]"太祖之在長蘆也"至"不克攻"：宋人孔平仲《續世説》

卷六亦載："仇殷藝術精密，太祖之在長蘆也，諸將請攻壁。令軍中，人負藁二圍，寘千積，俄而雲集。殷曰：'何用?'或以所謀告之，殷曰：'我占之矣，不見攻壁象。無乃自退乎?'翌日，有騎馳報丁會以潞州畔，太祖令盡焚其藁而還。"

[10]崇政院：官署名。唐代宗曾設樞密使，以宦官充任。五代時，後梁設置崇政院，掌管軍國大政；後唐改稱樞密院，與中書分理朝政。

[11]敬翔：人名。同州馮翊（今陝西大荔縣）人。後梁大臣。傳見本書卷一八、《新五代史》卷二一。

[12]同州：州名。治所在今陝西大荔縣。　劉知俊：人名。徐州沛縣（今江蘇沛縣）人。唐末、五代軍閥。傳見本書卷一三、《新五代史》卷四四。

[13]王景仁：人名。合淝（今安徽合肥市）人。後梁將領。傳見本書卷二三、《新五代史》卷二三。

[14]柏鄉：縣名。治所在今河北柏鄉縣。　"初，王景仁"至"已敗于柏鄉矣"：《輯本舊史》之案語："《北夢瑣言》云：柏鄉狼狽，梁祖亦自咎曰：'違犯天道，不取仇殷之言也。'《薛史》以爲太祖據遣使止之，與《北夢瑣言》異。"見《北夢瑣言》卷一六仇殷召課條。《輯本舊史》卷一三九《天文志》："梁太祖開平四年十二月十四日夜，先是，司天奏：'是日月食，不宜用兵。'時王景仁方總大軍北伐，追之不及。至五年正月二日，果爲後唐莊宗大敗於柏鄉。"《宋本册府》卷五七《帝王部·英斷門》載："時汴之知數者仇殷謂梁祖曰：'是月太陰虧，不利出師。'因命退軍。"明本《册府》卷四四三《將帥部·敗衄門三》載："先是，十二月，仇殷奏：'十四日夜，太陰虧。'帝曰：'我方用兵而月蝕，邢不順矣，深入尤不利。'甚憂之。止景仁駐軍邢州，非詔命無得擅進。至其期，夜漏三唱，陰雲盡徹，天象不變。命詰殷，對曰：'四點，蝕必既。'果如言，帝又命奔騎詔景仁勿先動，仍授以破敵形勢。及辰在丙戌，太陽虧，而丁亥日，旁有祲，向背若環珥。或曰：

‘積暉也。’敬翔曰：‘兵可憂，帝旰食矣！’及軍書至，果以二日大敗于柏鄉，過詔命所止二日餘。”

［15］“然而畏慎特甚”至“以故屢貽責罰”：《宋本册府》卷六二五《卿監部·廢黜門》載：“開平四年十月己巳夜，月有蒼白暈，鎮與胃、昴在環中，絡奎、畢、天船、卷舌。殷不時奏，罰兩月俸。五年正月，以天文變異，殷又不時奏，罰兩月俸。”《北夢瑣言》卷一六載：“梁司天監仇殷，術數精妙，每見吉凶，不敢明言。稍關逆耳，祕而不説，往往罰俸。蓋懼梁祖之好殺也。”

［16］《大典》卷一四八〇四“數”字韻“數學”事目。

段深

段深，不知何許人。開平中，以善醫待詔於翰林。時太祖抱疾久之，其溲甚濁，僧曉微侍藥有徵，賜紫衣、師號，[1]錫賚甚厚。頃之疾發，曉微剥服色，去師號。因召深問曰：“疾愈復作，草藥不足恃也。我左右粒石而効者衆矣，服之如何？”深對曰：“臣嘗奉詔診切，陛下積憂勤，失調護，脈代芤而心益虚。[2]臣以爲宜先治心，心和平而溲變清，當進飲劑，而不當粒石也。臣謹案，《太倉公傳》曰：[3]‘中熱不溲者，不可服石。’石性精悍，有大毒。[4]凡餌毒藥如甲兵，不得已而用之，非有危殆，不可服也。”太祖善之，令進飲劑。疾稍愈，乃以幣帛賜之。[5]《永樂大典》卷二萬一千六百九。[6]

［1］曉微：人名。五代僧人。本書僅此一見。　侍：《册府》作“時”。　紫衣：紫色袈裟。武則天時始賜僧人紫袈裟。　師號：

朝廷對道行出衆僧人賜予的稱號。

［2］失調護：《册府》無“調”字。 脈代芤（kōu）：指脈象浮大而軟。

［3］《太倉公傳》：指《史記》卷一〇五《扁鵲倉公列傳》。太倉公，指西漢名醫淳于意。曾任齊太倉長，故又稱太倉公、倉公。

［4］中熱不溲者，不可服石。石性精悍，有大毒：《史記·扁鵲倉公列傳》：“論曰‘中熱不溲者，不可服五石’。石之爲藥精悍，公服之不得數溲，亟勿服。”

［5］“段深”至“乃以幣帛賜之”：亦見於《宋本册府》卷八五九《總録部·醫術門二》。

［6］《大典》卷二一六〇九“藥”字韻“事韻（三）”，應爲“草藥”或“毒藥”事目。

舊五代史　卷二五

唐書一

武皇紀上

太祖武皇帝，諱克用，[1]本姓朱耶氏，其先隴右金城人也。[2]始祖拔野，[3]唐貞觀中爲墨離軍使，[4]從太宗討高麗、薛延陀有功，[5]爲金方道副都護，[6]因家於瓜州。[7]太宗平薛延陁諸部，[8]於安西、北庭置都護屬之，[9]分同羅、僕骨之人，[10]置沙陁都督府。[11]蓋北庭有磧曰沙陁，故因以爲名焉。永徽中，[12]以拔野爲都督，[13]其後子孫五世相承。[14]曾祖盡忠，[15]貞元中，[16]繼爲沙陁府都督。既而爲吐蕃所陷，[17]乃舉其族七千帳徙於甘州。[18]盡忠尋率部衆三萬東奔，俄而吐蕃追兵大至，盡忠戰歿。[19]祖執宜，[20]即盡忠之長子也，收合餘衆，至於靈州，[21]德宗命爲陰山府都督。[22]元和初，[23]入爲金吾將軍，[24]遷蔚州刺史、代北行營招撫使。[25]莊宗即位，[26]追謚爲昭烈皇帝，廟號懿祖。烈考國昌，[27]本名赤心，唐朔州刺史。[28]咸通中，[29]討龐勛有功，[30]

入爲金吾上將軍，[31]賜姓李氏，名國昌，[32]仍係鄭王房。[33]出爲振武節度使，[34]尋爲吐渾所襲，[35]退保於神武川。[36]及武皇鎮太原，[37]表爲代北軍節度使。光啓三年薨。[38]莊宗即位，追謚爲文皇，廟號獻祖。[39]

[1]克用：《隋唐五代墓誌彙編·山西卷·李克用墓誌》云李克用字“翼聖”。

[2]隴右：地名。隴山（今六盤山）以西、黄河以東甘、陝各地。　金城：縣名。治所在今甘肅蘭州市。

[3]拔野：或作拔野古、拔曳固。部族名。隋、唐鐵勒十五部之一。唐末、五代時，沙陀部人誤以拔野古爲人名，尊之爲始祖。參見王静、李青分《鐵勒拔野古部研究》，《内蒙古大學學報》2016年第2期。

[4]貞觀：唐太宗李世民年號（627—649）。　墨離：唐代邊軍名。治於瓜州（位於今甘肅瓜州縣）西北。屬河西道，隸河西節度使。《輯本舊史》之影庫本粘籤：“原本作‘墨維’，今從新、舊《唐書》改正。”見《新唐書》卷二一八《沙陀傳》、《舊唐書》卷三八《地理志一》。明本《册府》卷一《帝王部·帝系門》亦作“墨離”。　軍使：官名。掌領本軍軍務，或兼理地方政務。《新唐書》卷五〇《兵志》：“唐初，兵之戍邊者，大曰軍，小曰守捉，曰城，曰鎮……武德至天寶以前邊防之制，其軍、城、鎮、守捉皆有使。”

[5]太宗：即唐代第二位皇帝李世民。隴西成紀（今甘肅秦安縣）人。626年至649年在位。通過“玄武門之變”掌權，開創“貞觀之治”。紀見《舊唐書》卷二至卷三、《新唐書》卷二。　高麗：古國名。又稱高句麗。故地在今朝鮮半島北部。公元4世紀後强大，與新羅、百濟鼎足争雄。總章元年（668），爲唐所滅。公元918年，後三國（即朝鮮新羅、後百濟、泰封）之一泰封國武將王

建推翻其統治者弓裔，稱王，改國號高麗，都開京（今朝鮮開城市），史稱“王氏高麗”。漸吞併新羅、後百濟，重新統一朝鮮半島。參見［朝］鄭麟趾等著《高麗史》，西南師範大學出版社 2014 年版；楊軍《高句麗民族與國家的形成和演變》，中國社會科學出版社 2006 年版。　薛延陀：古代西北民族。鐵勒部落之一。薛部征服延陀部之後，由薛、延陀兩部合併而成。參見段連勤《隋唐時期的薛延陀》，三秦出版社 1988 年版。

［6］金方道：即西方道。　副都護：官名。唐置，爲都護府次官，位都護下。大都護府所置爲正四品上，上都護府所置爲從四品上。

［7］瓜州：州名。治所在今甘肅瓜州縣。

［8］薛延陁：即薛延陀。

［9］安西：即安西都護府。唐六都護府之一。貞觀十四年（640）置，治所在西州（今新疆吐魯番市東四十餘里高昌故城）。二十二年徙治龜兹（今新疆庫車縣東郊皮朗舊城）。永徽二年（651）還治西州。顯慶三年（658）又徙治龜兹。咸亨元年（670）移治碎葉鎮（今吉爾吉斯斯坦楚河南岸托克馬克西南阿克·貝希姆廢墟）。長壽元年（692）還治龜兹。轄境約當今阿爾泰山以西、鹹海以東及阿姆河流域、葱嶺東西、塔里木盆地大部地區。至德二載（757）更名鎮西都護府。後復名安西都護府。貞元六年（790）地入吐蕃，廢。　北庭：唐代北庭都護府的簡稱。長安二年（702）始置，治所在金滿州（今新疆吉木薩爾縣）。　都護：官名。唐朝於邊境地區置大都護府與上都護府，長官分别爲大都護，從二品；都護，正三品。　屬之：明本《册府》卷一作“以屬之”。

［10］同羅：部族名。屬西突厥鐵勒部。參見張方《鐵勒同羅部的盛衰和遷徙》，《河南教育學院學報》2006 年第 1 期。　僕骨：部族名。又譯作僕固，屬西突厥鐵勒部。參見楊富學《僕固部的興起及其與突厥、回鶻的關係》，《西域研究》2000 年第 3 期。

［11］沙陁都督府：即沙陀都督府。唐代都督府名。《新五代

史》卷四《唐本紀四》："唐太宗破西突厥，分其諸部，置十三州，以同羅爲龜林都督府，僕骨爲金微都督府，拔野古爲幽陵都督府，未嘗有沙陀府也。"認爲唐太宗時未嘗有沙陀都督府。

［12］永徽：唐高宗李治年號（650—655）。

［13］都督：官名。唐前期在邊疆地區和戰略要地設置都督府，管理地方軍政。掌管數州兵馬、甲械、城隍、鎮戍、糧廪，總判府事，一般兼任所在州刺史，兼理民政。到唐玄宗以後，都督逐漸爲節度使所取代。大都督爲從二品，中都督爲正三品，下都督爲從三品。

［14］"太祖武皇帝"至"其後子孫五世相承"：《新五代史·唐本紀四》："唐太宗破西突厥，分其諸部，置十三州，以同羅爲龜林都督府，僕骨爲金微都督府，拔野古爲幽陵都督府，未嘗有沙陀府也。當是時，西突厥有鐵勒，延陀、阿史那之類爲最大。其别部有同羅、僕骨、拔野古等以十數，蓋其小者也。又有處月、處密諸部，又其小者也。朱邪者，處月别部之號耳。太宗二十二年，已降拔野古，其明年，阿史那賀魯叛。至高宗永徽二年，處月朱邪孤注從賀魯戰於牢山，爲契苾何力所敗，遂没不見。後百五六十年，憲宗時，有朱邪盡忠及子執宜見於中國，而自號沙陀，以朱邪爲姓矣。蓋沙陀者，大磧也，在金莎山之陽，蒲類海之東，自處月以來居此磧，號沙陀突厥，而夷狄無文字傳記，朱邪又微不足録，故其後世自失其傳。至盡忠孫始賜姓李氏，李氏後大，而夷狄之人遂以沙陀爲貴種云。"

［15］盡忠：人名。即朱邪盡忠。沙陀部人。唐中葉沙陀部首領。事見《新唐書》卷二一八、《新五代史》卷四。《李克用墓誌》作"思葛"。

［16］貞元：唐德宗李适年號（785—805）。

［17］吐蕃：部族、政權名。唐朝時藏族先民在青藏高原建立吐蕃政權。自7至9世紀，共歷九主，二百餘年。

［18］甘州：州名。治所在今甘肅張掖市甘州區。

［19］“貞元中”至“盡忠戰殁”：《通鑑》卷二三七元和三年（808）六月條從《實録》《舊傳》《新書》繫於元和三年六月，《考異》所引趙鳳《後唐懿祖紀年録》較詳。

［20］執宜：人名。即朱邪執宜。沙陀部人。唐中葉沙陀部首領。事見《新唐書》卷二一八、《新五代史》本卷。《李克用墓誌》作“執儀”。

［21］靈州：州名。治所在今寧夏吴忠市。

［22］德宗：即李适，唐代宗李豫長子，779 年至 805 年在位。紀見《舊唐書》卷一二、卷一三及《新唐書》卷七。　陰山府：唐羈縻府名。唐憲宗元和三年置，位於今内蒙古境内。

［23］元和：唐憲宗李純年號（806—820）。

［24］金吾將軍：官名。即金吾衛將軍。唐置，掌宫禁宿衛。唐代置十六衛，即左右衛、左右驍衛、左右武衛、左右威衛、左右領軍衛、左右金吾衛、左右監門衛、左右千牛衛。各置上將軍，從二品；大將軍，正三品；將軍，從三品。

［25］蔚州：州名。治所在今河北蔚縣。　刺史：官名。漢武帝時始置。州一級行政長官，總掌考覈官吏、勸課農桑、地方教化等事。唐中期以後，節度使、觀察使轄州而設，刺史爲其屬官，職任漸輕。從三品至正四品下。　代北：方鎮名。治所在代州（今山西代縣）。　行營招撫使：官名。掌招撫征伐之事。係臨時設置之統兵官。　“元和初”至“代北行營招撫使”，《輯本舊史》之案語：“《新唐書·沙陀傳》：元和三年，盡忠款靈州塞，詔處其部鹽州，置陰山府，以執宜爲府兵馬使。朝長安，授特進、金吾衛將軍。從攻鎮州，進蔚州刺史。破吴元濟，授檢校刑部尚書。長慶初，破賊深州，入朝留宿衛，拜金吾衛將軍。大和中，授陰山府都督、代北行營招撫使。所載官爵詳略先後，與《薛史》異。”見《新唐書》卷二一八《沙陀傳》。

［26］莊宗：即李存勗，小字亞子，沙陀部人，太原（今山西太原市）人。晋王李克用之子，後唐開國皇帝，923 年至 926 年在位。

紀見本書卷二七至卷三四及《新五代史》卷四、卷五。

［27］國昌：人名。即朱邪赤心。沙陀部首領。唐末軍閥。李克用之父。其孫後唐莊宗李存勗即帝位後，追謚其爲文皇，廟號獻祖。事見《舊唐書》卷一九上、卷一九下。

［28］朔州：州名。治所在今山西朔州市朔城區。

［29］咸通：唐懿宗李漼年號（860—874）。

［30］龐勛：人名。籍貫不詳。唐末桂州（今廣西桂林市）戍卒起義軍首領。唐懿宗咸通九年、十年，率久戍不歸的桂州戍卒起義北歸，兵敗死。事見《舊唐書》卷一九上、《新唐書》卷九。

［31］金吾上將軍：官名。即金吾衛上將軍。唐代置十六衛之一。掌宫禁宿衛。從二品。

［32］“咸通中”至“名國昌”：《輯本舊史》之案語：“代州有《唐故龍武軍統軍檢校司徒贈太保隴西李公神道碑》云：公諱國昌，字德興。”此碑現已佚，清人朱彝尊曾見過，見其《曝書亭集》卷五〇《晋王墓二碑跋》。

［33］鄭王房：唐宗室中鄭王有二：一是鄭孝王亮，高祖從父，隋海州刺史，武德初進封鄭王；一是鄭王元懿，高祖第十三子，貞觀十年，改封鄭王。

［34］振武：方鎮名。治所在金河縣（今内蒙古和林格爾縣）。節度使：官名。唐時在重要地區所設掌握一州或數州軍政、民政、財政的長官。

［35］吐渾：部族名。吐谷渾的省稱。源出鮮卑，後游牧於今甘肅、青海一帶。參見周偉洲《吐谷渾資料輯録（增訂本）》，商務印書館2017年版。

［36］神武川：地名。位於今山西山陰縣東北。

［37］太原：府名。治所在今山西太原市。

［38］光啓三年：《輯本舊史》原作“中和三年”，《輯本舊史》之案語：“《新唐書·沙陀傳》：光啓三年，國昌卒。與《薛史》異。考《舊唐書·僖宗紀》，中和三年十月，國昌卒，與《薛史》同。

《歐陽史》亦從《薛史》。"《新唐書》卷二一八《沙陀傳》作"光啓三年"，《舊唐書》卷一九下《僖宗紀》作中和三年（883）十月。《通鑑》卷二五六光啓三年（887）二月條《考異》引《太祖紀年録》《實録》繫於光啓三年二月，據改。

[39]追謚爲文皇，廟號獻祖：中華書局本有校勘記："'帝'字原闕，據《册府》卷一補。'廟'字原闕，據殿本、《通曆》卷一三、《册府》卷一補。按本書卷二九《唐莊宗紀三》：'（同光元年閏四月）追尊皇祖代州太保爲文景皇帝，廟號獻祖。'《五代會要》卷一、《新五代史》卷五《唐本紀》略同。"

武皇即獻祖之第三子也。母秦氏，[1]以大中十年丙子歲九月二十二日，[2]生於神武川之新城。[3]在姙十三月，載誕之際，母艱危者竟夕，族人憂駭，市藥於雁門，[4]遇神叟告曰："非巫醫所及，可馳歸，盡率部人，被甲持旄，擊鉦鼓，[5]躍馬大噪，環所居三周而止。"族人如其教，果無恙而生。是時，虹光燭室，白氣充庭，井水暴溢。武皇始言，喜軍中語，齠齔善騎射，與儕類馳騁嬉戲，必出其右。年十三，見雙鳧翔於空，射之連中，衆皆臣伏。新城北有毗沙天王祠，[6]祠前井一日沸溢，武皇因持卮酒而奠曰："予有尊主濟民之志，無何井溢，故未察其禍福，惟天王若有神奇，可與僕交談。"奠酒未已，有神人被金甲持戈，[7]隱然出於壁間，見者大驚走，唯武皇從容而退，繇是益自負。

[1]秦氏：人名。即李國昌妻、李克用母。事見本書本卷。

[2]大中：唐宣宗李忱年號（847—860）。

[3]新城：地名。一説是今山西朔州市朔城區之梵王寺村，一

説是今山西應縣縣城，一説在今山西懷仁縣之日中城。

[4]雁門：方鎮名。治所在代州（今山西代縣）。

[5]擊鉦鼓："擊鉦"，《輯本舊史》之影庫本粘籤："原本作'擊缸'，今從《册府元龜》所引《薛史》改正。"遍查《册府》有關各卷未見。

[6]毗沙天王祠：佛寺名。位於今山西代縣。毗沙天王即毗沙門天王，是佛教護法四大天王之一。

[7]有神人被金甲持戈：《輯本舊史》之影庫本粘籤："《北夢瑣言》作有龍形出于壁間。蓋傳聞之異，今附識于此。"見《北夢瑣言》卷一七："天王被甲持矛，隱隱出於壁間，或所居帳内時如火聚，如有龍形，人皆異之。"

獻祖之討龐勛也，武皇年十五，從征，摧鋒陷陣，出諸將之右，軍中目爲"飛虎子"。賊平，獻祖授振武節度使，武皇爲雲中牙將。[1]嘗在雲中，宿於别館，擁妓醉寢，有俠兒持刃欲害武皇，及突入曲室，但見烈火熾赫於帳中，俠兒駭異而退。又嘗與達靼部人角勝，[2]達靼指雙鵰於空中："公能一發中否？"武皇即彎弧發矢，連貫雙鵰，邊人拜伏。及壯，爲雲中守捉使，[3]事防禦使支謨，[4]與同列晨集廨舍，因戲升郡閣，踞謨之座，謨亦不敢詰。

[1]雲中：縣名。治所在今山西大同市。　牙將：官名。古代軍隊中的中低級軍官。

[2]達靼：部族名。其名始見於唐開元二十年（732）突厥文《闕特勤碑》。唐末活躍於陰山一帶。參見白玉冬《九姓達靼游牧王國史研究》，中國社會科學出版社2017年版。

[3]守捉使：官名。唐制，軍隊戍守邊地，大者稱軍，小者稱守捉，其下則有城、有鎮。軍、城、鎮、守捉皆設使。

[4]防禦使：官名。唐代始置，設有都防禦使、州防禦使兩種。常由刺史或觀察使兼任，實際上爲唐代後期州或方鎮的軍政長官。　支謨：人名。籍貫不詳。唐代將領。《輯本舊史》之影庫本粘籤："原本作'友模'，今從《通鑑》改正。"《通鑑》卷二五三乾符五年（878）二月條載李國昌上言，乞朝廷速除大同防禦使，乃以司農卿支詳爲大同軍宣慰使。

乾符三年，[1]朝廷以段文楚爲代北水陸發運、雲州防禦使。[2]時歲荐饑，文楚稍削軍食，諸軍咸怨。武皇爲雲中防邊督將，部下争訴以軍食不充，邊校程懷信、王行審、蓋寓、李存璋、薛鐵山、康君立等，[3]即擁武皇入雲州，衆且萬人，營於鬬雞臺，[4]城中械文楚出，以應於外。諸將列狀以聞，請授武皇旄鉞，朝廷不允，徵諸道兵以討之。[5]

[1]乾符：唐僖宗李儇年號（874—879）。

[2]段文楚：人名。汧陽（今陝西千陽縣）人。唐末將領。事見《舊唐書》卷一九上。　水陸發運：官名。即水陸發運使。掌漕糧轉運。　雲州：州名。治所在今山西大同市。

[3]程懷信：人名。籍貫不詳。唐末、五代李克用部將。中華書局本有校勘記："原作'程懷素'，据《通鑑》卷二五三《考異》引《薛史》、本書卷五五《康君立傳》、《新唐書》卷二一八《沙陀傳》改。"見《輯本舊史》卷五五《康君立傳》、《新唐書》卷二一八《沙陀傳》、《通鑑》卷二五三乾符五年（878）二月甲戌條《考異》引《薛史》。　王行審：人名。籍貫不詳。唐末、五代李克用

部將。事見本書本卷。　蓋寓：人名。蔚州（今河北蔚縣）人。唐末、五代李克用部將。傳見本書卷五五。　李存璋：人名。雲中（今山西大同市）人。唐末、五代將領。傳見本書卷五三、《新五代史》卷三六。　薛鐵山：人名。籍貫不詳。唐末李克用從者。事見《新五代史》卷二五。　康君立：人名。蔚州興唐（今河北蔚縣）人。唐末、五代將領。傳見本書卷五五。

[4]鬬雞臺：地名。位於今山西大同市東城外。

[5]"諸將列狀以聞"至"徵諸道兵以討之"：《輯本舊史》之案語："《舊唐書·懿宗紀》：咸通十三年十二月，李國昌小男克用殺雲中防禦使段文楚，據雲州，自稱防禦留後。《新唐書·僖宗紀》：乾符五年二月癸酉，雲中守捉使李克用殺大同防禦使段文楚。《歐陽史》從《舊唐書》，《通鑑》從《新唐書》。《薛史》作乾符三年，與諸書異。據《通鑑考異》引趙鳳《後唐太祖紀年録》正作乾符三年。趙鳳爲唐宰相，去武皇時不遠，見聞較確，宜可徵信云。"見《舊唐書》卷一九上《懿宗紀》，《新唐書》卷九《僖宗紀》、卷二一八《沙陀傳》，《新五代史》卷四《唐本紀四》，《通鑑》卷二五三繫於乾符五年二月癸酉、甲戌條及《考異》所引《唐末三朝見聞録》。其中案語所云"《新唐書·僖宗紀》"，中華書局本有校勘記："'僖宗'原作'懿宗'，據《新唐書》卷九《僖宗紀》改。"

乾符五年，黃巢渡江，[1]其勢滋蔓，天子乃悟其事，以武皇爲大同軍節度使、檢校工部尚書。[2]冬，獻祖出師討党項，[3]吐渾赫連鐸乘虛陷振武，[4]舉族爲吐渾所擄。武皇至定邊軍迎獻祖歸雲州，[5]雲州守將拒關不納。武皇略蔚、朔之地，[6]得三千人，屯神武川之新城。赫連鐸晝夜攻圍，武皇昆弟三人四面應賊，俄而獻祖自蔚州引軍至，吐渾退走，自是軍勢復振。天子以赫連鐸爲大同軍節度使，仍命進軍以討武皇。

[1]黄巢：人名。曹州冤句（今山東菏澤市）人。唐末農民起義領袖。傳見《舊唐書》卷二〇〇下、《新唐書》卷二二五下。

[2]大同軍：方鎮名。治所在雲州（今山西大同市）。 以武皇爲大同軍節度使：《輯本舊史》之案語："《歐陽史》作拜克用爲大同軍防禦使，《新唐書》作以國昌爲大同軍防禦使，《通鑑》作以國昌爲大同節度使，俱與《薛史》異。"《新五代史》卷四《唐本紀四》作"咸通十三年，徙國昌雲州刺史、大同軍防禦使"，《通鑑》卷二五三乾符五年（878）四月條作"以振武節度使李國昌爲大同節度使"。 檢校工部尚書：檢校官名。地方使職帶檢校三公、三師及臺省官之類，表示遷轉經歷和尊崇的地位，檢校兵部尚書爲其中之一階，爲虚銜。

[3]党項：部族名。源出羌族，時活躍於今甘肅東部、寧夏、陝西北部一帶。參見湯開建《党項西夏史探微》，商務印書館2013年版。

[4]赫連鐸：人名。唐末代北吐谷渾首領。咸通九年（868）隨唐軍鎮壓龐勛起義，勢力漸强。乾符五年，襲占沙陀李國昌父子所據之振武（今内蒙古和林格爾縣西北）、雲州（今山西大同市）。與李國昌父子争奪代北，官至雲州刺史、大同軍防禦使，守雲州十餘年。後爲李克用擒殺。事見《舊唐書》卷一九下、本書本卷、《新五代史》卷四。

[5]定邊軍：唐方鎮名。今地不詳。

[6]蔚：州名。治所在今河北蔚縣。 朔：州名。治所在今山西朔州市朔城區。

乾符六年春，朝廷以昭義節度使李鈞充北面招討使，[1]將上黨、太原之師過石嶺關，[2]屯於代州，[3]與幽州李可舉會赫連鐸同攻蔚州。[4]獻祖以一軍禦之，武皇以一軍南抵遮虜城以拒李鈞。[5]是冬大雪，弓弩弦折，南軍苦寒，臨戰大敗，奔歸代州，李鈞中流矢而卒。

[1]昭義：方鎮名。治所在潞州（今山西長治市）。　李鈞：人名。李業之孫。唐末將領。事見《舊唐書》卷一九上。　北面招討使：官名。不常置，爲一路或數路地區統兵官。掌招撫討伐等事務。兵罷則省。

[2]上黨：即潞州。中華書局本有校勘記："'上黨'二字原闕，據《通鑑》卷二五三《考異》引《薛史》、《册府》卷七補。按《新唐書》卷二一八《沙陀傳》敘其事云：'詔昭義李鈞爲北面招討使，督潞、太原兵屯代州。'"見《宋本册府》卷七《帝王部·創業門三》、《通鑑》卷二五三乾符五年（878）十二月條《考異》。　石嶺關：關隘名。位於今山西陽曲縣北。

[3]代州：州名。治所在今山西代縣。

[4]幽州：州名。治所在今北京市。　李可舉：人名。回鶻阿布思族人。唐末幽州節度使李茂勳之子。襲父位爲幽州節度副使，累官至檢校太尉。傳見《舊唐書》卷一八〇。

[5]遮虜城：地名。又名遮虜平。位於今山西五寨縣。

廣明元年春，[1]天子復命元帥李琢率兵數萬屯代州。[2]武皇令軍使傅文達起兵於蔚州，[3]朔州刺史高文集與薩葛、安慶等部將縛文達送於李琢。[4]

[1]廣明：唐僖宗李儇年號（880—881）。

[2]李琢：人名。洮州臨潭（今甘肅臨潭縣）人。唐中期將領李晟之孫。唐末將領。事見《舊唐書》卷一九、《通鑑》卷二五

三。“李琢”，原作“李涿”，中華書局本有校勘記：“原作‘李涿’，據《通鑑》卷二五：《考異》引《薛史》、《新五代史》卷四《唐本紀》改。本卷下文同。《舊五代史考異》：‘《歐陽史》作招討使李琢，《通鑑》亦作“琢”，與《薛史》異。’按《舊五代史考異》引文中‘李琢’，原作‘李涿’，據殿本《考證》、劉本《考證》、《新五代史》卷四《唐本紀》改。”現《新五代史》卷四《唐本紀四》、《通鑑》卷二五三《考異》引《薛史》。

[3]傅文達：人名。籍貫不詳。唐末李克用部將。事見《通鑑》卷二五三。

[4]高文集：人名。籍貫不詳。李克用部將。事見《通鑑》卷二五三。　薩葛、安慶：部族名。沙陀、安慶與薩葛合稱沙陀三部落。《舊唐書》卷一九下載，中和元年（881）“二月，代州北面行營都監押陳景思率沙陀、薩葛、安慶等三部落與吐渾之衆三萬赴援關中”。參見蔡家藝《沙陀部人歷史雜探》，《民族研究》2001年第1期。《舊五代史考異》：“《新唐書》作薩葛首領米海萬、安慶。”《輯本舊史》之影庫本粘籤：“‘薛葛、安慶’，原本作‘薛曷、女度’，今考《册府元龜》所引《薛史》及《新唐書》、《通鑑》諸書俱作薛葛、安慶，今改正。”見《新唐書》卷二一八《沙陀傳》，《通鑑》卷二五三廣明元年（880）六月庚子條作“文集執克用將傅文達，與沙陀酋長李友金、薩葛都督米海萬、安慶都督史敬存皆降於琢”。但不見於今本《册府》。

六月，李琢引大軍攻蔚州，獻祖戰不利，乃率其族奔於達靼部。居數月，吐渾赫連鐸密遣人賂達靼以離間獻祖，既而漸生猜阻。武皇知之，每召其豪右射獵於野，或與之百步馳射馬鞭，或以懸針樹葉爲的，中之如神，由是部人心伏，不敢竊發。俄而黄巢自江淮北渡，武皇椎牛釃酒，饗其酋首，酒酣，喻之曰：“予父子爲賊臣讒間，報國無由。今聞黄巢北犯江淮，必爲中原之患。一日天子赦宥，有詔徵兵，僕與公等南向而定天下，是予心也。人生世間，光景幾何，曷能終老沙堆中哉！公等勉之。”達靼知無留意，皆釋然無間。

是歲十一月，黄巢寇潼關，[1]天子令河東監軍陳景思爲代北起軍使，[2]收兵破賊。

[1]潼關：關隘名。位於今陕西潼關縣。

[2]河東：方鎮名。治所在太原（今山西太原市）。　監軍：官名。爲臨時差遣，代表朝廷協理軍務，督察將帥。五代時常以宦官爲監軍。　陳景思：人名。籍貫不詳。唐末將領。事見《舊唐書》卷一九下。

十二月，黄巢犯長安，[1]僖宗幸蜀，[2]陳景思與李友金發沙陁諸部五千騎南赴京師。[3]友金即武皇之族父也。[4]

[1]長安：都城名。唐代都城。治所在今陕西西安市。

[2]僖宗：即唐僖宗李儇。873年至888年在位。黄巢起義後，於廣明元年（880）占據長安，唐僖宗被迫奔蜀。紀見《舊唐書》卷一九下、《新唐書》卷九。

[3]李友金：人名。沙陀首領，李克用族父。事見《舊唐書》卷一九下。

[4]“十二月”至“友金即武皇之族父也”：《輯本舊史》之案語：“《通鑑》，友金初與高文集並降於李琢，故得與陳景思南赴京師。《薛史》不載。”見《通鑑》卷二五三廣明元年（880）六月庚子條。

中和元年二月，[1]友金軍至絳州，[2]將渡河，刺史瞿稹謂陳景思曰：[3]“巢賊方盛，不如且還代北，徐圖利害。”

[1]中和：唐僖宗李儇年號（881—885）。

[2]絳州：州名。治所在今山西新絳縣。

[3]瞿稹：人名。沙陀部人。唐末將領。事見《通鑑》卷二五四。《輯本舊史》原作“瞿正”，中華書局本有校勘記：“據殿本、《通鑑》卷二五四《考異》引《薛史》、《册府》卷七改。本卷下文同。”見《宋本册府》卷七《帝王部·創業門三》，《通鑑》卷二五四中和元年（881）三月辛酉條《考異》引《薛史》。

四月，友金旋軍雁門，瞿稹至代州，半月之間，募兵三萬，營於崞縣之西。[1]其軍皆北邊五部之衆，不閑軍法，瞿稹、李友金不能制。友金謂景思曰：“興大衆，成大事，當威名素著，則可以伏人。今軍雖數萬，苟無善帥，進亦無功。吾兄李司徒父子，[2]去歲獲罪於國家，今寄北部，雄武之略，爲衆所推。若驃騎急奏召還，代北之人一麾響應，則妖賊不足平也。”景思然之，促奏行在。[3]天子乃以武皇爲雁門節度使，[4]仍令以本軍討賊。[5]李友金發五百騎齎詔召武皇於達靼，武皇即率達靼諸部萬人趨雁門。

[1]崞縣：縣名。治所在今山西原平市。

[2]李司徒父子：指李國昌、李克用父子。司徒，官名。與太尉、司空並爲三公。唐後期、五代多爲大臣、勳貴加官。正一品。

[3]行在：“行在所”的簡稱。指古代帝王所在的地方。後以此

專指皇帝所到的地方。

[4]天子乃以武皇爲雁門節度使：《輯本舊史》之案語："《新唐書·表》：中和二年，以河東忻、代二州隸雁門節度。更大同節度爲雁門節度，治代州。是中和二年以前，雁門非鎮名也。據《舊唐書》：初，赦克用，拜代州刺史、忻代兵馬留後。二年，擢雁門節度、神策天寧軍鎮遏、忻代觀察使。是克用爲雁門節度實在二年，《薛史》疑誤。"見《新唐書》卷六五《方鎮表二》、卷二一八《沙陀傳》。

[5]仍令以本軍討賊：《舊五代史·考異》："《新唐書·王重榮傳》：重榮懼黃巢復振，憂之，與復光計，復光曰：'我世與李克用共憂患，其人忠不顧難，死義如己，若乞師焉，事蔑不濟。'乃遣使者約連和。"見《新唐書》卷一八七《王重榮傳》。

五月，整兵二萬，南嚮京師。太原鄭從讜以兵守石嶺關，[1]武皇乃引軍出他道，至太原城下，會大雨，班師於雁門。

[1]鄭從讜：人名。滎陽（今河南滎陽市）人。唐僖宗時宰相，曾任太原尹、宣武軍節度使、嶺南節度使等職。傳見《舊唐書》卷一五八、《新唐書》卷一六五。

中和二年八月，獻祖自達靼部率其族歸代州。

十月，武皇率忻、代、蔚、朔、達靼之軍三萬五千騎赴難於京師。[1]先移檄太原，鄭從讜拒關不納，武皇以兵擊之，進軍至城下，遣人齎幣馬遺從讜，從讜亦遣人饋武皇貨幣、饔餼、軍器。武皇南去，自陰地趨晋、絳。[2]

[1]忻：州名。治所在今山西忻州市。　朔：《輯本舊史》之影庫本粘籤："原本脱'朔'字，今據《册府元龜》所引《薛史》增入。"見《宋本册府》卷七《帝王部·創業門三》。

[2]陰地：關隘名。位於今山西靈石縣西南。　晋：州名。治所在今山西臨汾市。

十二月，武皇至河中。[1]

[1]河中：方鎮名。治所在河中府（今山西永濟市）。

中和三年正月，晋國公王鐸承制授武皇東北面行營都統。[1]武皇令其弟克修領前鋒五百騎渡河視賊，[2]黄巢遣將米重威齎重賂及僞詔以賜武皇，[3]武皇納其賂以給諸將，燔其僞詔。是時，諸道勤王之師雲集京畿，然以賊勢尚熾，未敢争鋒。及武皇將至，賊帥相謂曰："鵶兒軍至，[4]當避其鋒。"武皇以兵自夏陽濟河。[5]

[1]王鐸：人名。太原（今山西太原市）人。唐末軍閥，曾積極參與平定黄巢起義。傳見《新唐書》卷一八五。　承制：秉承皇帝旨意。有時非出自帝命，爲一種假藉的名義或政治待遇。兩晋、南北朝或後世權臣多有此種名義，以此得自行處置政務、任免官吏，雖稱"承制行事"，但不必取得皇帝同意。

[2]克修：人名。即李克修。沙陀部人。李克用族弟。唐末將領。傳見本書卷五〇、《新五代史》卷一四。

[3]米重威：人名。籍貫不詳。唐末黄巢部將。事見《通鑑》卷二五五。

[4]鵶兒：李克用的别號。《新五代史》卷四《唐本紀四》：

“克用少驍勇，軍中號曰‘李鴉兒’。”

［5］夏陽：縣名。治所在今陝西合陽縣。

二月，營於乾坑店。[1]黄巢大將尚讓、林言、王播、趙璋等引軍十五萬屯於梁田陂。[2]翌日，大軍合戰，自午及晡，巢賊大敗。是夜，賊衆遁據華州。[3]武皇進軍圍之，巢弟黄鄴、黄揆固守。[4]

［1］乾坑店：地名。位於今陝西渭南市北下邽鎮一帶。

［2］尚讓：人名。籍貫不詳。黄巢部將，後被時溥所殺。事見《舊唐書》卷二〇〇下、《新唐書》卷二二五下。　林言：人名。籍貫不詳。唐末黄巢部將。一説爲黄巢甥。初隨黄巢起事，中和四年（884），隨黄巢敗退至狼虎谷（今山東萊蕪市西安），斬巢兄弟妻子首將詣唐軍，旋爲沙陀軍所殺。事見《舊唐書》卷一九下、卷一八二、卷二〇〇下。　王播：人名。籍貫不詳。黄巢部將。事見《通鑑》卷二五五。　趙璋：人名。籍貫不詳。唐末黄巢謀士。事見《新唐書》二二五下。　梁田陂：地名。位於今陝西渭南市臨渭區。《輯本舊史》之影庫本粘籤：“《舊唐書》作‘良天陂’，《新唐書》及《歐陽史》俱作良田陂，蓋地名多用對音字，故諸本不同。惟《通鑑》從《薛史》作梁田陂，今仍其舊。”見《舊唐書》卷一九下《僖宗紀》、《新五代史》卷四《唐本紀四》、《通鑑》卷二五五中和三年二月條。《舊唐書》作良天坡，《新唐書》《新五代史》作梁田坡，《通鑑》作梁田陂。

［3］華州：州名。治所在今陝西渭南市華州區。

［4］黄鄴：人名。一作黄思鄴。曹州冤句（今山東菏澤市）人。黄巢堂弟、部將。事見《舊唐書》卷一九下，本書本卷、卷一、卷一二。　黄揆：人名。曹州冤句（今山東菏澤市）人。黄巢堂弟、部將。事見《通鑑》卷二五三、卷二五五、卷二五六。

三月，尚讓引大軍赴援，武皇率兵萬餘逆戰於零口，[1]巢軍大敗，武皇進軍渭橋。[2]翌日，黄揆棄華州而遁。王鐸承制授武皇雁門節度使、檢校尚書左僕射。[3]

[1]零口：又作“零口鎮”。即今陝西西安市臨潼區東北零口鎮。《輯本舊史》之影庫本粘籤：“原本作‘陵口’，考新、舊《唐書》及《通鑑》俱作零口。胡三省注云：零口在京兆昭應縣。今改正。”見《新唐書》卷九《僖宗紀》、《通鑑》卷二五五中和三年（883）三月壬申條及胡注，但《舊唐書》無“零口”。

[2]渭橋：漢、唐時長安渭水上建橋梁。參見辛德勇《古代交通與地理文獻研究》，商務印書館2018年版。

[3]檢校尚書左僕射：官名。尚書左僕射，隋唐宰相名號。檢校尚書左僕射爲散官或加官，以示恩寵，無實際執掌。

四月，黄巢燔長安，收其餘衆，東走藍關。[1]武皇進收京師。

[1]藍關：關隘名。又稱“藍田關”。位於今陝西藍田縣。

七月，天子授武皇金紫光禄大夫、檢校左僕射、河東節度使。[1]是時，武皇既收長安，軍勢甚雄，諸侯之師皆畏之。武皇一目微眇，故其時號爲“獨眼龍”。是月，武皇仗節赴鎮，遣使報鄭從讜，請治裝歸朝。武皇次於郊外，因往赴雁門寧覲獻祖。

[1]金紫光禄大夫：官名。本兩漢光禄大夫。魏晋以後，光禄大夫之位重者，加金章紫綬，因稱金紫光禄大夫。北周、隋爲散

官。唐貞觀後列入文散官。正三品。　檢校左僕射：官名。左僕射爲隋唐宰相名號。檢校左僕射爲散官或加官，以示恩寵，無實際執掌。　“七月”至“河東節度使”：《輯本舊史》之案語：“《舊唐書·僖宗紀》：五月，制以雁門以北行營節度、忻代蔚朔等州觀察處置等使、檢校尚書左僕射、代州刺史、上柱國、食邑七百户李克用檢校司空、同平章事兼太原尹、北京留守，充河東節度、管内觀察處置等使。《新唐書·沙陀傳》云：收京師功第一，進同中書門下平章事、隴西郡公。未幾，以克用領河東節度。所載官爵與《薛史》詳略互異。又武皇領河東，薛史作七月，《舊唐書》作五月，《通鑑》從《薛史》。”見《舊唐書》卷一九下《僖宗紀》、《新唐書》卷二一八《沙陀傳》、《通鑑》卷二五五中和三年（883）七月條。

八月，自雁門赴鎮河東，時年二十有八。[1]

[1]八月，自雁門赴鎮河東，時年二十有八：《輯本舊史》之案語：“《舊唐書》：八月，李克用赴鎮太原，制以前振武節度、檢校司空兼單于都護、御史大夫李國昌爲檢校司徒、代州刺史、雁門以北行營節度、蔚、朔等州觀察使。《薛史》作七月仗節赴鎮，八月赴鎮河東。蓋七月始離京師，八月乃歸河東也。《通鑑》統繫於七月，似未詳考。”見《舊唐書》卷一九下《僖宗紀》、《通鑑》卷二五五中和三年（883）七月條。

十一月，平潞州，[1]表其弟克修爲昭義節度使。[2]潞帥孟方立退保於邢州。[3]

[1]潞州：州名。治所在今山西長治市。

[2]昭義：方鎮名。治所在潞州（今山西長治市）。　表其弟

克修爲昭義節度使：《輯本舊史》之案語："《通鑑》，克用表克修爲昭義軍節度使在四年八月，與《薛史》異。"見《通鑑》卷二五六中和四年（884）八月條。

[3]孟方立：人名。邢州平鄉（今河北平鄉縣）人。唐末將領。傳見《新唐書》卷一八七、本書卷六二、《新五代史》卷四二。　邢州：州名。治所在今河北邢臺市。

十二月，許帥田從異、汴帥朱温、徐帥時溥、陳州刺史趙犨各遣使來告，[1]以巢、蔡合從，[2]凶鋒尚熾，請武皇共力討賊。

[1]許：州名。治所在今河南許昌市。　田從異：人名。籍貫不詳。唐末五代將領。事見本書本卷、卷一，《通鑑》卷二五五。　汴：州名。治所在今河南開封市。　朱温：人名。宋州碭山（今安徽碭山縣）人。五代後梁太祖。紀見本書卷一、《新五代史》卷一。　徐：州名。治所在今江蘇徐州市。此處指代武寧軍節度使。　時溥：人名。徐州彭城（今江蘇徐州市）人。唐末地方武裝割據，平定了黄巢之亂，後割據徐州。傳見《舊唐書》卷一八二、《新唐書》卷一八八。　陳州：州名。治所在今河南淮陽縣。　趙犨（chōu）：人名。陳州宛丘（今河南淮陽縣）人。唐末將領，鎮守陳州，抵禦了黄巢起義軍。傳見《新唐書》卷一八九。

[2]蔡：州名。治所在今河南汝南縣。

中和四年春，武皇率蕃漢之師五萬，自澤潞將下天井關，[1]河陽節度使諸葛爽辭以河橋不完，[2]乃屯兵於萬善。[3]數日，移軍自河中南渡，趨汝、洛。[4]

[1]天井關：關隘名。位於今山西澤州縣南太行山上。

[2]河陽：方鎮名。治所在孟州（今河南孟州市）。　諸葛爽：人名。青州博昌（今山東博興縣）人。唐末軍閥，時爲河陽節度使。傳見《舊唐書》卷一八二、《新唐書》卷一八七。

[3]萬善：城名。位於今河南沁陽市東。

[4]汝：州名。治所在今河南汝州市。　洛：州名。即洛陽。治所在今河南洛陽市。　"中和四年春"至"趨汝、洛"：《輯本舊史》之案語："《舊唐書》：四年二月，河東節度使李克用將出師援陳、許，河陽節度使諸葛爽以兵屯澤州拒之。三月甲戌，克用移軍自河中南渡，東下洛陽。《通鑑》統作二月，似未詳考。"見《舊唐書》卷一九下《僖宗本紀》、《通鑑》卷二五五中和四年（884）二月條。

四月，武皇合徐、汴之師破尚讓於太康，[1]斬獲萬計，進攻賊於西華，[2]賊將黄鄴棄營而遁。是夜大雨，巢營中驚亂，乃棄西華之壘，退營陳州北故陽里。[3]

[1]太康：縣名。治所在今河南太康縣。

[2]西華：縣名。治所在今河南西華縣。

[3]故陽里：地名。位於今河南淮陽縣。

五月癸亥，大雨震電，平地水深數尺，賊營爲水所漂而潰。戊辰，武皇引軍營於中牟，[1]大破賊於王滿渡。[2]庚午，巢賊大至，濟汴而北。是夜復大雨，賊黨驚潰。武皇營於鄭州，[3]賊衆分寇汴境。武皇渡汴，遇賊將渡而南，半濟擊之，大敗之，臨陣斬賊將李周、王濟安、楊景彪等。[4]是夜，賊大敗，殘衆保於胙縣、冤句。[5]大軍躡之，黄巢乃携妻子兄弟千餘人東走，武皇追賊至於曹州。[6]是月，班師過汴，汴帥迎勞於封禪寺，[7]請武皇休於府第，乃以從官三百人及監軍使陳景思館於上源驛。[8]是夜，張樂陳宴席，汴帥自佐饗，出珍幣侑勸。武皇酒酣，戲諸侍妓，與汴帥握手，敘破賊事以爲樂。汴帥素忌武皇，[9]乃與其將楊彦洪密謀竊發，[10]彦洪於巷陌連車樹栅，以扼奔竄之路。時武皇之從官皆醉，俄而伏兵竊發，來攻傳舍。武皇方大醉，譟聲動地，從官十餘人捍賊。侍人郭景銖滅燭扶武皇，[11]以茵幕裹之，匿於牀下，以水洒面，徐曰："汴帥謀害司空！"武皇方張目而起，引弓抗賊。有頃，烟火四合，復大雨震電，武皇得從者薛鐵山、賀回鶻等數人而去。[12]雨水如澍，不辨人物，隨電光登尉氏門，[13]縋城而出，得還本營。監軍陳景思、大將史敬思並遇害。[14]武皇既還營，與劉夫人相向慟哭。[15]詰旦，欲勒軍攻汴，夫人曰："司空比爲國家討賊，赴東諸侯之急，雖汴人謀害，自有朝廷論列。若反戈攻城，則曲在我也，人得以爲辭。"乃收軍而去，馳檄於汴帥。汴帥報曰："竊發之夜，非僕本心，是朝廷遣天使與牙將楊彦洪同謀也。"武皇自武牢關西趨蒲、陝而旋。[16]

[1]中牟：縣名。治所在今河南中牟縣。

[2]王滿渡：汴河渡口。位於今河南中牟縣。《新五代史》作"王滿"。

[3]鄭州：州名。治所在今河南鄭州市。

[4]李周：人名。籍貫不詳。本書僅此一見。本書卷九一有

《李周傳》。並非同一人。　王濟安：人名。籍貫不詳。本書僅此一見。　楊景彪：人名。籍貫不詳。中華書局本作“陽景彪”，有校勘記：“《通曆》卷一三、《舊唐書》卷一九下《僖宗紀》、《新唐書》卷二二五下《黄巢傳》俱作‘楊景彪’。影庫本粘籤：陽景彪，原本作‘易景傂’，考《册府元龜》所引《薛史》及《通鑑》注俱作陽景彪，今改正。”誤。考《册府》《通鑑》無“陽景彪”，今據《通曆》《舊唐書》《新唐書》改。

[5]胙縣：縣名。即胙城縣，避後梁太祖朱温之父朱誠諱改。治所在今河南延津縣。　冤句：縣名。治所在今山東菏澤市。

[6]曹州：州名。治所在今山東曹縣西北。

[7]汴帥：即朱温。　封禪寺：寺名。位於今河南開封市鐵塔公園。初建於北齊天保十年（559），名獨居寺。唐玄宗開元十七年（729），詔改爲封禪寺。

[8]上源驛：地名。位於今河南開封市。

[9]汴帥素忌武皇：《輯本舊史》之案語：“《梁紀》作克用乘醉任氣，帝不平之。《通鑑》從《梁紀》。今考《新唐書·沙陀傳》，亦作全忠忌克用桀邁難制，與《唐紀》合。蓋全忠之攻上源驛，實忌其威名而欲害之，非徒以其乘醉任氣也。宜從《唐紀》。”見《新唐書》卷二一八《沙陀傳》。

[10]楊彦洪：人名。籍貫不詳。朱温部將，後被朱温射殺。事見《通鑑》卷二五五。

[11]侍人：即宦官。　郭景銖：人名。籍貫不詳。唐末李克用侍者。本書僅此一見

[12]賀回鶻：人名。籍貫不詳。唐末李克用從者。

[13]尉氏門：城門名。位於今河南開封市。因南通尉氏縣而名。

[14]史敬思：人名。唐末李克用部將。事見《通鑑》卷二五五。

[15]劉夫人：人名。即李克用正妻劉氏。代北（今山西代縣）

人。傳見本書卷四九、《新五代史》卷一四。

[16]武牢關：關隘名。又稱虎牢關、成皋關、古崤關、汜水關。位於今河南滎陽市汜水鎮。　蒲：州名。即河中府。治所在今山西永濟市。　陝：州名。治所在今河南三門峽市陝州區。

秋七月，至太原。武皇自以累立大功，爲汴帥怨圖，陷没諸將，乃上章申理。及武皇表至，朝廷大恐，遣内臣宣諭，尋加守太傅、同平章事、隴西郡王。[1]

[1]太傅：官名。與太師、太保合稱三師，唐後期、五代多爲大臣、勳貴加官。正一品。　同平章事：官名。"同中書門下平章事"之簡稱。唐高宗以後，凡實際任宰相之職者，常在其本官後加同平章事的職銜。後成爲宰相專稱。後晋天福五年（940），升中書門下平章事爲正二品。

光啓元年三月，幽州李可舉、鎮州王景崇連兵寇定州，[1]節度使王處存求援於武皇，[2]武皇遣大將康君立、安老、薛可、郭啜率兵赴之。[3]

[1]李可舉：人名。回鶻阿不思族人。唐幽州節度使李茂勳之子。襲父位爲唐幽州節度使，累官至檢校太尉。傳見《舊唐書》卷一八〇。　鎮州：州名。治所在今河北正定縣。　王景崇：人名。邢州（今河北邢臺市）人。後漢時升任鳳翔節度使。傳見本書附録、《新五代史》卷五三。《輯本舊史》之案語："《新唐書·沙陀傳》作王景崇，與《薛史》同；《舊唐書》作王鎔，與《薛史》異。考《藩鎮傳》，景崇以中和二年卒，子鎔繼立。是光啓初寇定州者當爲王鎔，非景崇也。《通鑑》從《舊唐書》。"見《舊唐書》

卷一九下《僖宗紀》、《新唐書》卷二一一《藩鎮傳》、卷二一八《沙陀傳》。《藩鎮傳》記景崇卒於中和三年（881）。　定州：州名。治所在今河北定州市。

[2]王處存：人名。京兆萬年（今陝西西安市長安區）人。唐末軍閥。傳見《舊唐書》卷一八二、《新唐書》卷一八六。

[3]康君立：人名。蔚州興唐（今河北蔚縣）人。唐末將領。傳見《舊五代史》卷五五。　安老、薛可、郭啜：人名。籍貫不詳。皆爲唐末李克用部將。《輯本舊史》之影庫本粘籤："安老、薛可，原本作'安考、薛丁'，今從《册府元龜》改正。"中華書局本有校勘記："《册府》卷七作'安老老薛可敦啜'。"見明本《册府》卷七《帝王部·創業門三》。《通鑑》卷二五六光啓元年（885）三月條未載康君立以下諸將之名。

五月，鎮人攻無極，武皇親領兵救之。[1]鎮人退保新城，武皇攻之，斬首萬餘級，獲馬千匹。王處存亦敗燕軍於易州。[2]

[1]無極：縣名。治所在今河北無極縣。　五月，鎮人攻無極，武皇親領兵救之：《舊五代史考異》："曲陽天安廟《李克用題名碑》云：李克用以幽、鎮侵擾中山，領蕃漢步騎五十萬親來救援，時中和五年二月二十一日也。至三月十七日，以幽州請就和斷，遂却班師。考《舊唐書》，中和五年三月丙辰朔，丁卯，駕至京師。己巳，御宣正殿，大赦改元。是三月之十四日已改光啓，曲陽去京師遠，故未知耳。又克用親援處存，與《通鑑》遣將康君立異。今考《薛史》，武皇先遣康君立等，與《通鑑》合，繼乃親領兵救之，與《題名碑》合。惟《薛史》作五月，《碑》作三月，微有互異耳。"見《舊唐書》卷一九下《僖宗紀》。宣政殿，中華書局本有校勘記："原作'宣正殿'，據《舊唐書》卷一九下《僖宗

紀》改。”

[2]易州：州名。治所在今河北易縣。

十一月，河中王重榮遣使來乞師，[1]且言邠州朱玫、鳳翔李昌符將加兵於己。[2]初，武皇與汴人搆怨，前後八表，請削奪汴帥官爵，自以本軍進討。天子累遣内臣楊復恭宣旨，[3]令且全大體，武皇不時奉詔，天子頗右汴帥。時觀軍容使田令孜君側擅權，[4]惡王重榮與武皇膠固，將離其勢，乃移重榮於定州。[5]重榮告於武皇，武皇上章言：“李昌符、朱玫挾邪忌正，黨庇朱温。臣已點檢蕃漢軍五萬，取來年渡河，先斬朱玫、李昌符，然後平盪朱温。”[6]天子覽表，遣使譬喻百端，軺傳相望。既而朱玫引邠、鳳之師攻河中，王重榮出師拒戰。朱玫軍於沙苑，[7]對壘月餘。

[1]王重榮：人名。太原祁（今山西祁縣）人。唐末、五代軍閥。傳見《舊唐書》卷一八二、《新唐書》卷一八七。

[2]邠州：州名。治所在今陝西彬縣。　朱玫：人名。邠州（今陝西彬縣）人。唐末軍閥。傳見《舊唐書》卷一七五、《新唐書》卷二二四下。　鳳翔：方鎮名。治所在鳳翔府（今陝西鳳翔縣）。　李昌符：人名。籍貫不詳。唐末軍閥，接替其兄李昌言任鳳翔節度使。事見《舊唐書》卷一九下、《通鑑》卷二五六。殿本、《宋本册府》卷七《帝王部·創業門三》均作“李符”，本卷下一處同。此爲避武皇父國昌名諱，《舊唐書》卷一九下《僖宗紀》作李昌符，今回改。

[3]楊復恭：人名。閩（今福建福州市）人。唐末宦官、將領，與李克用相善。傳見《舊唐書》卷一八四、《新唐書》

卷二〇八。

[4]觀軍容使：官名。唐朝始設，負責監視出征將帥之高級軍職，多以掌權宦官擔任。　田令孜：人名。蜀（今四川）人。唐末宦官首領。傳見《舊唐書》卷一八四、《新唐書》卷二〇八。

[5]乃移重榮於定州：《舊五代史考異》："《歐陽史》作徙重榮于兖州。考《新唐書·王重榮傳》亦云令孜徙重榮兖海節度使，與《薛史》異。"見《新唐書》卷一八七《王重榮傳》。

[6]"重榮告於武皇"至"然後平盪朱温"：《舊五代史考異》："《新唐書·王重榮傳》：詔克用將兵援河中，重榮貽克用書，且言：'奉密詔，須公到，使我圖公，此令孜、朱全忠、朱玫之惑上也。'因示僞詔，克用方與全忠有隙，信之，請討全忠及玫。"見《新唐書》卷一八七《王重榮傳》。

[7]沙苑：地名。位於今陝西大荔縣東南。《輯本舊史》之影庫本粘籤："原本作'河苑'，今從《通鑑》改正。"見《通鑑》卷二五六光啓元年（885）十一月條。

十二月，武皇引軍渡河，與朱玫決戰，玫大敗，收軍夜遁，入于京師。時京城大駭，天子幸鳳翔，武皇退軍於河中。

光啓二年正月，僖宗駐蹕於寶雞，[1]武皇自河中遣使上章，請車駕還京，且言大軍止誅凶黨。時田令孜請僖宗南幸興元，[2]武皇遂班師。朱玫於鳳翔立嗣襄王煴爲帝，[3]以僞詔賜武皇，武皇燔之，械其使，馳檄諸方鎮，遣使奉表於行在。[4]

[1]寶雞：縣名。治所在今陝西寶鷄市陳倉區。

[2]興元：府名。治所在今陝西漢中市。

[3]熅（yūn）：即李熅。唐肅宗曾孫，受封襄王。朱玫擁之稱帝，改元建貞，兩個月後各路節度使攻入長安，李熅被廢爲庶人，後爲王重榮所殺。傳見《舊唐書》卷一七五。

[4]“朱玫於鳳翔立嗣襄王熅爲帝”至“遣使奉表於行在”：中華書局本有校勘記：“‘使’上原有‘來’字，據彭校、《册府》卷七删。”《輯本舊史》之案語：“《舊唐書·僖宗紀》：楊復恭兄弟於河中、太原有破賊連衡之舊，乃奏遣諫議大夫劉崇望齎詔宣諭，達復恭之旨。王重榮、李克用欣然聽命，尋遣使貢奉，獻縑十萬匹，願殺朱玫自贖。是克用之奉僖宗，因詔使宣諭而改圖也。與《薛史》異。《新唐書·沙陀傳》云：僞詔至太原，克用燔之，執其使，間道奉表興元，與《薛史》同。《歐陽史》從《舊唐書》，《通鑑》從《薛史》。”見《舊唐書》卷一九下《僖宗紀》、卷二一八《沙陀傳》，但《通鑑》卷二五六載李克用焚襄王熅僞詔事於光啓二年（886）五月戊戌。

九月，武皇遣昭義節度使李克修討孟方立於邢州，大敗方立之衆於焦崗，[1]斬首數千級。以大將安金俊爲邢州刺史，[2]以撫其降人。十月，進攻邢州，邢人出戰，又敗之。孟方立求援於鎮州，鎮人出兵三萬以援方立。克修班師。

[1]焦崗：地名。又作焦岡。位於今河北武安縣西六十里。

[2]安金俊：人名。籍貫不詳。唐末李克用部將。事見《舊唐書》卷二〇上、卷一八七。

光啓三年六月，河中節度使王重榮爲部將常行儒所殺，[1]武皇表重榮兄重盈爲帥。[2]

[1]常行儒：人名。籍貫不詳。唐末王重榮部將。事見《通鑑》卷二五七。

[2]重盈：人名。即王重盈。太原祁（今山西祁縣）人。河中節度使王重榮之兄。唐末軍閥。事見《舊唐書》卷一八二、《新唐書》卷一八七。

七月，武皇以安金俊爲澤州刺史。[1]時張全義自河陽據澤州，[2]及李罕之收復河陽，[3]召全義，令守洛陽，全義乃棄澤州而去，故以金俊守之。

[1]澤州：州名。治所在今山西晋城市。

[2]張全義：人名。濮州臨濮（今山東鄄城縣）人。唐末、五代將領。傳見本書卷六三、《新五代史》卷四五。

[3]李罕之：人名。陳州項城（今河南沈丘縣））人。唐末五代軍閥。傳見《新唐書》卷一八七、本書卷一五、《新五代史》卷四二。

文德元年二月，[1]僖宗自興元還京。

[1]文德：唐僖宗李儇年號（888）。

三月，僖宗崩，昭宗即位，[1]以武皇爲開府儀同三司、檢校太師、兼侍中、隴西郡王，[2]食邑七千户，食實封二百户。河南尹張全義潛兵夜襲李罕之於河陽，[3]城陷，舉族爲全義所擄，罕之踰垣獲免，遂來歸於武皇。[4]遣李存孝、薛阿檀、史儼兒、安金俊、安休休將七千騎送罕之至河陽。[5]汴將丁會、牛存節、葛從周將兵赴援,[6]李存孝率精騎逆戰於温縣。[7]汴人既扼太行之路,[8]存孝殿軍而退。騎將安休休以戰不利,奔於蔡。武皇以罕之爲澤州刺史,遥領河陽節度使。[9]

[1]昭宗:即唐昭宗李曄,888 年至 904 年在位。紀見《舊唐書》卷二〇上、《新唐書》卷一〇。

[2]開府儀同三司:官名。曹魏始置,隋、唐時爲散官之最高官階,多授功勳重臣。從一品。　檢校太師:官名。爲散官或加官,以示恩寵,無實際執掌。　侍中:官名。秦始置。隋、唐前期爲門下省長官。唐後期多爲大臣加銜,不參與政務,實際職務由門下侍郎執行。正二品。

[3]河南尹:官名。唐開元元年(713)改洛州爲河南府,治所在今河南洛陽市,河南府尹總其政務。從三品。

[4]遂來歸於武皇:中華書局本有校勘記:"'遂'字原闕,據殿本、孔本補。"

[5]李存孝:人名。本名安敬思。代州飛狐(今河北淶源縣)人。唐末李克用養子、部將。傳見本書卷五三、《新五代史》卷三六。　薛阿檀:人名。籍貫不詳。唐末將領。事見《新唐書》卷二一二及卷二一八。　史儼兒:人名。即史儼。代州雁門(今山西代縣)人。李克用部將。傳見本書卷五五。　安休休:人名。籍貫不詳。唐末將領。事見本書本卷、卷五五。

[6]丁會:人名。壽春(今安徽壽縣)人。唐末將領。傳見本書卷五九、《新五代史》卷四四。　牛存節:人名。青州博昌(今山東博興縣)人。唐末將領。傳見本書卷二二、《新五代史》卷二二。《輯本舊史》之影庫本粘籤:"原本脱'節'字,今據《通鑑》增入。"見《通鑑》卷二五七文德元年(888)四月壬午條。　葛從周:人名。濮州鄄城(今山東鄄城縣)人。唐末、五代將領。傳見本書卷一六、《新五代史》卷二一。

[7]温縣：縣名。治所在今河南温縣。
[8]太行：山名。即太行山。
[9]遥領：雖居此官職，然實際上並不赴任。

十月，邢州孟方立遣大將奚忠信將兵三萬寇遼州，[1]武皇大破之，斬首萬級，生擒奚忠信。

[1]奚忠信：人名。孟方立部將。籍貫不詳。事見本書本卷，《通鑑》卷二五七、卷二五八。　遼州：州名。治所在今山西左權縣。

龍紀元年五月，[1]遣李罕之、李存孝攻邢州。

[1]龍紀：唐昭宗李曄年號（889）。

六月，下磁州。[1]邢將馬溉率兵數萬來拒戰，[2]罕之敗之於琉璃陂，[3]生擒馬溉，狗於城下。孟方立恚恨，飲酖而死。三軍立其姪遷爲留後。[4]使求援於汴。汴將王虔裕率精甲數百入於邢州，[5]罕之等班師。

[1]磁州：州名。治所在今河北磁縣。
[2]馬溉：人名。籍貫不詳。李克用部將。事見本書本卷。
[3]琉璃陂：地名。位於今河北邢臺市西南。
[4]遷：人名。即孟遷。邢州（今河北平鄉縣）人。唐末將領。傳見《新唐書》卷一八七。　留後：官名。唐五代節度使多以子弟或親信爲留後，以代行節度使職務，亦有軍士、叛將自立爲留後者。掌一州或數州軍政。　三軍立其姪遷爲留後：《輯本舊史》

之案語："《舊唐書·昭宗紀》《歐陽史·莊宗紀》皆以孟遷爲方立之弟，《新唐書·孟方立傳》作方立之子，《薛史·武皇紀》又作方立之姪，未詳孰是。"見《舊唐書》卷二〇上《昭宗紀》、《新唐書》卷一〇《昭宗紀》、《新五代史》卷四二《孟方立傳》。又《通鑑》卷二五八龍紀元年（889）六月條《考異》引《舊唐書》《新唐書》《實録》皆云立方立之弟遷，《考異》云"唯《太祖紀年録》及《薛史·武皇紀》云立其侄遷，恐誤"。

[5]王虔裕：人名。琅邪臨沂（今山東臨沂市）人。唐末、五代將領。傳見本書卷二一、《新五代史》卷二三。

大順元年，[1]遣李存孝攻邢州，孟遷以邢、洺、磁三州降，執汴將王虔裕三百人以獻。武皇徙孟遷於太原，以安金俊爲邢洺團練使。[2]

[1]大順：唐昭宗李曄年號（890—891）。

[2]團練使：官名，唐代中期以後，於不設節度使的地區設團練使，掌本區各州軍事。

三月，昭義軍節度使李克修卒，以李克恭爲潞州節度使。是月，武皇攻雲州，拔其東城。赫連鐸求援於燕，燕帥李匡威將兵三萬以赴之，[1]戰於城下，燕軍大敗。時徐州時溥爲汴軍所攻，遣使來求援，武皇命石君和由兖、鄆以赴之。[2]

[1]李匡威：人名。范陽（今河北涿州市）人。幽州節度使李全忠之子，襲父位爲節度使。唐末軍閥。傳見《舊唐書》卷一八〇、《新唐書》卷二一二。

[2]石君和：人名。沙陀部人。時溥部將。事見本書本卷、卷一、卷二一。　兖：州名。治所在今山東濟寧市兖州區。　鄆：州名。治所在今山東東平縣。

五月，潞州軍亂，殺節度使李克恭，州人推牙將安居受爲留後，[1]南結汴將。時潞之小將馮霸擁叛徒三千騎駐於沁水，[2]居受使人召之，馮霸不至。居受懼，出奔至長子，[3]爲村胥所殺，傳首於霸，霸遂入潞州，自爲留後。武皇遣大將康君立、李存孝等攻之，汴將朱崇節、葛從周率兵入潞州以固之。[4]是時，幽州李匡威、雲州赫連鐸與汴帥協謀，連上表請加兵於太原，宰相張濬、孔緯贊成其事。[5]

[1]安居受：人名。籍貫不詳。唐末方鎮將領。事見本書卷五〇、《新五代史》卷一四。

[2]馮霸：人名。籍貫不詳。唐末軍閥。事見本書本卷、卷五〇、卷五三。　沁水：河流名。一名少水，即今山西東南部之沁河。源出今山西沁源縣北，南流經今安澤、沁水、陽城諸縣，入今河南濟源市境，東流至今武陟縣南入黄河。

[3]長子：縣名。治所在今山西長子縣。《輯本舊史》之影庫本粘籤："原本作'長千，今從《通鑑》改正。"見《通鑑》卷二五八大順元年（890）五月條《考異》所引《新五代史》卷一四《李克恭傳》。

[4]朱崇節：人名。籍貫不詳。唐末、五代將領。事見《舊唐書》卷一七九、本書卷八一。　葛從周：人名。濮州鄄城（今山東鄄城縣）人。唐末、五代將領。傳見本書卷一六、《新五代史》卷二一。

[5]張濬：人名。河間（今河北河間市）人。唐僖宗時爲户部侍郎、同中書門下平章事，唐昭宗時爲尚書左僕射，後爲朱温所殺。傳見《舊唐書》卷一七九、《新唐書》卷一八五。　孔緯：人名。曲阜（今山東曲阜市）人。唐末宰相。傳見《舊唐書》卷一七九、《新唐書》卷一六三。

六月，[1]天子削奪武皇官爵，以張濬爲招討使，[2]以京兆尹孫揆爲副，[3]華州韓建爲行營都虞候，[4]以汴帥爲河東南面招討使，[5]幽州李匡威爲河東北面招討使，雲州赫連鐸爲副。[6]汴將朱友裕將兵屯晋絳，時汴軍已據潞州，又遣大將李讜等率軍數萬，[7]急攻澤州，武皇遣李存孝自潞州將三千騎以援之。汴將鄧季筠以一軍犯陣，[8]存孝追擊，擒其都將十數人，獲馬千餘匹。是夜，李讜收軍而退，大軍掩擊至馬牢關，[9]斬首萬餘級，追襲至懷州而還。[10]存孝復引軍攻潞州。

[1]六月：《舊五代史考異》："《新唐書》作五月。"

[2]以張濬爲招討使：《舊五代史考異》："《新唐書·本紀》作張濬爲河東行營都招討宣慰使，《張濬傳》作河東行營兵馬招討制置使，《歐陽史》作太原四面行營兵馬都統。"見《新唐書》卷一〇《昭宗紀》、卷一八五《張濬傳》，《新五代史》卷四《唐本紀四》。

[3]京兆尹：官名。唐開元元年（713）改雍州置京兆府，治所在今陝西西安市。以京兆尹總其政務。從三品。　孫揆：人名。潞州涉縣（今河北涉縣）人。唐末進士、官員，唐昭宗時歷任中書舍人、刑部侍郎、京兆尹、昭義軍節度使。傳見《新唐書》卷一九三。

[4]韓建：人名。許州長社（今河南許昌市）人。唐末、五代軍閥。傳見《舊五代史》卷一五、《新五代史》卷四〇。《舊五代史考異》："《歐陽史》作韓建爲副使，《新唐書·張濬傳》作韓建爲供軍史。"見《新唐書·昭宗紀》《新五代史·唐本紀四》。　行營都虞候：官名。五代時期出征軍隊高級統率官。

[5]以汴帥爲河東南面招討使："東面"，《輯本舊史》原作"南面"，中華書局本有校勘記："據《册府》卷七改。按本書卷一《梁太祖紀一》：'（大順元年六月）辛未，昭宗命帝爲宣義軍節度使，充河東東面行營招討使。'《新唐書》卷一〇《昭宗紀》記朱全忠五月爲'南面招討使'，至六月改爲東面。"但中華書局本所引《輯本舊史》卷一《梁太祖紀》並非《大典》所引《舊史》原文，而爲《册府》卷一八七《閏位部·勳業門》。又《新唐書·昭宗紀》記朱全忠五月爲"南面招討使"，六月改爲東面招討使。

[6]幽州李匡威爲河東北面招討使，雲州赫連鐸爲副：《通鑑》卷二五八繫於大順元年（890）五月，略詳："五月，詔削奪克用官爵、屬籍，以濬爲河東行營都招討制置宣慰使，京兆尹孫揆副之，以鎮國節度使韓建爲都虞候兼供軍糧料使，以朱全忠爲南面招討使，李匡威爲北面招討使，赫連鐸副之。"

[7]李讜：人名。河中臨晋（今山西臨猗縣）人。五代後梁將領。傳見本書卷一九。

[8]鄧季筠：人名。宋州下邑（今河南夏邑縣）人。五代後梁將領。傳見本書卷一九。

[9]馬牢關：關隘名。又作"馬牢川""馬牢山"。位於今山西晋城市。

[10]懷州：州名。治所在今河南沁陽市。

八月，存孝擒新授昭義節度使孫揆。[1]初，朝廷授揆節鉞，以本軍取刀黄嶺路赴任，[2]存孝偵知之，引騎三百伏于長子縣崖谷間。揆建牙持節，褒衣大蓋，擁衆而行，存孝突出谷口，遂擒揆及中使韓歸範，[3]并將校五百人。存孝械揆等，以組練繫之，環于潞州，遂獻于武皇。武皇謂揆曰："公縉紳之士，安言徐步可至達官，何用如是！"揆無以對，令繫於晋陽獄。[4]武皇將用爲副使，使人誘之，揆言不遜，遂殺之。

[1]八月，存孝擒新授昭義節度使孫揆：《舊五代史考異》："《新唐書》作七月戊申，李克用執昭義節度使孫揆。《通鑑》從《薛史》作八月。"見《新唐書》卷一〇《昭宗紀》、《通鑑》卷二五八大順元年（890）八月條。

[2]刀黄嶺：地名。《通鑑》卷二五八作"刁黄嶺"。又稱刁黄山、彫黄嶺、發甕嶺。位於今山西長子縣西。《輯本舊史》之影庫本粘籤："原本作'力黄嶺'，今從新、舊《唐書》改正。"見《新唐書》卷一九三《孫揆傳》，不見於《舊唐書》。

[3]韓歸範：人名。籍貫不詳。唐末宦官。事見《舊唐書》卷二〇上，《通鑑》卷二五八、卷二五九。

[4]晋陽：縣名。治所在今山西太原市。

九月，汴將葛從周棄潞州而遁，武皇以康君立爲潞州節度使，以李存孝爲汾州刺史。[1]

[1]汾州：州名。治所在今山西汾陽市。

十月，張濬之師入晋州，遊軍至汾、隰。[1]武皇遣薛鐵山、李承嗣將騎三千出陰地關，[2]營於洪洞，[3]遣李存孝將兵五千，營於趙城。[4]華州韓建以壯士三百人宵犯存孝之營，[5]存孝追擊，直壓晉州西門，張濬之師出戰，爲存孝所敗，[6]自是閉壁不出。存孝引軍攻絳州。[7]

[1]隰：州名。治所在今山西隰縣。

[2]李承嗣：人名。代州雁門（今山西代縣）人。唐末、五代將領。傳見本書卷五五。　陰地關：關隘名。位於今山西靈石縣西南。

[3]洪洞：縣名。治所在今山西洪洞縣。

[4]趙城：地名。位於今山西洪洞縣北。

[5]華州韓建以壯士三百人宵犯存孝之營：中華書局本有校勘記："'宵'原作'冒'，據《册府》卷七改。《通鑑》卷二五八敘其事作'鎮國節度使韓建以壯士三百夜襲存孝營'，《新唐書》卷二一八《沙陀傳》略同。"見《宋本册府》卷七《帝王部·創業門三》、《通鑑》卷二五八大順元年（890）十月條。

[6]張濬之師出戰，爲存孝所敗：《舊五代史考異》："《新唐書·昭帝紀》作十一月，張濬及李克用戰于陰地，敗績。《歐陽史》亦作十一月，與《薛史》先後互異。"見《新五代史》卷四《唐本紀四》、《新唐書》卷一〇《昭宗紀》。

[7]絳州：《輯本舊史》之影庫本粘籤："原本作'鋒州'，今從《通鑑》改正。"見《通鑑》卷二五八大順元年（890）十月條。

十二月，晉州刺史張行恭棄城而奔，[1]韓建、張濬由含山路遁去。[2]

[1]張行恭：人名。籍貫不詳。唐末將領。事見《通鑑》卷二五八。

[2]含山：古山名。"含"一作"崟"或"唅"。位於今山西聞喜縣東南。其山口稱爲崟口或唅口，自古有道經今垣曲縣，逾王屋

山渡河可達河南，稱爲含山路或崰口道。

大順二年春正月，武皇上章申理，其略曰："臣今身無官爵，名是罪人，不敢歸陛下藩方，且欲於河中寄寓，進退行止，伏候聖裁。"天子尋就加守中書令。[1]是月，魏博爲汴將葛從周所寇，[2]節度使羅弘信遣使來求援，[3]武皇出師以赴之。

[1]中書令：官名。漢代始置，隋、唐前期爲中書省長官，屬宰相之職；唐後期多爲授予元勳大臣的虚銜。正二品。　天子尋就加守中書令：《舊五代史考異》："《歐陽史》：二月，復拜克用河東節度使、隴西郡王，加檢校太師、兼中書令。"見《新五代史》卷四《唐本紀四》。

[2]魏博：方鎮名。唐廣德元年（763）所置河北三鎮之一。治所在魏州（今河北大名縣）。天祐三年（906）號天雄軍。五代後梁乾化二年（912）爲梁所併。

[3]羅弘信：人名。魏州貴鄉（今河北大名縣）人。唐末、五代軍閥。傳見《舊唐書》卷一八一、《新唐書》卷二一〇。

三月，邢州節度使安知建叛，[1]奔青州。[2]天子以知建爲神武統軍，自棣州泝河歸朝。[3]鄆州朱瑄邀斬於河上，[4]傳首晋陽。以李存孝爲邢州節度使。

[1]安知建：人名。籍貫不詳。唐末將領。事見《通鑑》卷二五八。

[2]青州：州名。治所在今山東青州市。

[3]棣州：州名。治所在今山東惠民縣。

［4］朱瑄：人名。一作朱宣。宋州下邑（今河南夏邑縣）人。唐末、五代軍閥，後爲天平軍節度使。傳見《舊唐書》卷一八二、《新唐書》卷一八八、本書卷一三、《新五代史》卷四二。

四月，武皇大舉兵討赫連鐸於雲州，遣騎將薛阿檀率前軍以進攻，武皇設伏兵於御河之上，[1]大破之，因塹守其城。七月，武皇進軍柳城，[2]赫連鐸力屈食盡，奔於吐渾部，遂歸幽州，雲州平。武皇表石善友爲大同軍防禦使。[3]

［1］御河：河流名。古稱渾河、玉河。發源於今内蒙古豐鎮縣雙水泉。由北而南入山西大同市境，經懷仁縣注入桑干河。

［2］柳城：地名。今地不詳。中華書局本有校勘記："'城'字原闕，據《通鑑》卷二五八《考異》引《紀年録》補。"見《通鑑》卷二五八大順二年（891）七月條《考異》引《唐太祖紀年録》。

［3］石善友：人名。籍貫不詳。唐末李克用部將。事見《新唐書》卷二一二、卷二一八。　大同軍：方鎮名。治所在雲州（今山西大同市）。

邢州節度使李存孝以鎮州王鎔託附汴人，[1]謀亂河朔，[2]北連燕寇，請乘雲、代之捷，平定燕、趙，武皇然之。

［1］王鎔：人名。回鶻人。唐末、五代軍閥，朱溫後封趙王。傳見本書卷五四、《新五代史》卷三九。

［2］河朔：古地區名。泛指黄河以北地區。

八月，大蒐於晋陽，遂南巡澤潞，略地懷孟，河陽趙克裕望風送款，[1]請修隣好。九月，蒐於邢州。十月，李存孝董前軍攻臨城，[2]鎮人五萬營於臨城西北龍尾崗，[3]武皇令李存審、李存質以步軍攻之，[4]鎮人大敗，殺獲萬計，拔臨城，進攻元氏。[5]幽州李匡威以步騎五萬營於鄗邑，[6]以援鎮州，武皇分兵大掠，旋軍邢州。《永樂大典》卷一萬八千一百二十五。[7]

[1]趙克裕：人名。河陽（今山西永濟市）人。唐末朱温部將。傳見本書卷一五。《輯本舊史》之影庫本粘籤："原本作'免裕'，今從《薛史·梁書》改正。"又見明本《册府》卷七《帝王部·創業門三》、《新唐書》卷一〇《昭宗紀》。

[2]臨城：縣名。治所在今河北臨城縣。

[3]龍尾崗：地名。位於今河北臨城縣西北。

[4]李存質：人名。回鶻人。本姓張，名汙落。唐末李克用部將。初爲李國昌親信，後從李克用入關征戰，始補軍職，賜姓名，收爲義子。事見《舊唐書》卷一四二、《舊五代史》卷二七、《通鑑》卷二七一。中華書局本有校勘記："'李存質'，原作'李存賢'據《册府》卷七改。按本書卷五三《李存賢傳》，存賢本名王賢，景福中方賜姓名，未預此役。"

[5]元氏：縣名。治所在今河北元氏縣。

[6]鄗邑：縣名。治所在今河北高邑縣。

[7]《輯本舊史》原作卷一萬八千一百五十五，中華書局本有校勘記："檢《永樂大典·目録》，卷一八一五五爲'將'字韻'宋將十八'，與本則内容不符，恐有誤記。陳垣《舊五代史輯本引書卷數多誤例》謂應作卷一八一二五'將'字韻'唐將十七'。"但未改，今改。

舊五代史　卷二六

唐書二

武皇紀下

景福元年正月,[1]鎮州王鎔恃燕人之援,[2]率兵十餘萬攻邢州之堯山。[3]武皇遣李存信將兵應援,[4]李存孝素與存信不協,[5]遞相猜貳,留兵不進。武皇又遣李嗣勳、李存審將兵援之,[6]大破燕、趙之衆,[7]斬首三萬,收其軍實。

[1]景福:唐昭宗李曄年號(892—893)。

[2]鎮州:州名。治所在今河北正定縣。　王鎔:人名。回鶻人。唐末、五代軍閥,朱温後封趙王。傳見本書卷五四、《新五代史》卷三九。　燕:封國名。指唐末河北方鎮盧龍軍。劉仁恭、劉守光父子先後爲盧龍節度使、燕王。

[3]邢州:州名。治所在今河北邢臺市。　堯山:縣名。治所在今河北隆堯縣。　率兵十餘萬攻邢州之堯山:《輯本舊史》之案語:"《通鑑》云:景福元年正月,王鎔、李匡威合兵十餘萬攻堯山。與《薛史》同。《舊唐書》作大順二年,王鎔援邢州,屯於堯

山。考此時邢州未叛於晋，不得有王鎔之援師，蓋即景福元年事，誤移於前一年耳。《歐陽史》從《薛史》。"見《舊唐書》卷二〇上《昭宗紀》、《通鑑》卷二五九景福元年（892）正月條。

[4]李存信：人名。本姓張。回鶻人。唐末、五代後唐將領。傳見本書卷五三、《新五代史》卷三六。

[5]李存孝：人名。本名安敬思。代州飛狐（今河北淶源縣）人。唐末李克用養子、部將。傳見本書卷五三、《新五代史》卷三六。

[6]李嗣勳：人名。籍貫不詳。唐末李克用部將。事見《通鑑》卷二五九。　李存審：人名。陳州宛丘（今河南淮陽縣）人。原姓符名存。唐末、五代後唐將領。傳見本書卷五六、《新五代史》卷二五。

[7]趙：州名。治所在今河北趙縣。

三月，武皇進軍渡滹沱，[1]攻欒城，[2]下鼓城、稾城。[3]

[1]滹沱：河流名。發源於今山西繁峙縣，東流入今河北省，過正定縣，向東流入渤海。

[2]欒城：縣名。治所在今河北石家莊市欒城區。

[3]鼓城：地名。位於今河北晋州市西。　稾城：地名。位於今河北石家莊市藁城區。

四月，燕軍寇雲、代，武皇班師。[1]

[1]雲：州名。治所在今山西大同市。　代：州名。治所在今山西代縣。　四月，燕軍寇雲、代，武皇班師：《輯本舊史》之案語："《舊唐書》云：景福元年二月庚寅，太原、易、定之兵合勢攻

鎮州，王鎔復告難於幽州，李匡威率步騎三萬赴之。時太原之衆軍於常山，易、定之衆堅守固鎮，燕、趙之卒分拒之。三月，克用、處存斂軍而退。是興師以二月，至三月始旋師也。《通鑑》云：三月，李克用、王處存合兵攻王鎔。癸丑，拔天長鎮。戊午，鎔與戰於新市，大破之，殺獲三萬餘人。辛酉，克用退屯樂城。是進師、退師皆在三月也。《薛史》作三月進軍，四月班師，與諸書異。”見《舊唐書》卷二〇上《昭宗紀》、《通鑑》卷二五九景福元年（892）三月各條。

八月，赫連鐸誘幽州李匡威之衆八萬，[1]寇天成軍，[2]遂攻雲州，營於州北，連亘數里。武皇潛軍入於雲州，詰旦，出騎軍以擊之，斬獲數萬，李匡威燒營而遁。

[1]赫連鐸：人名。唐末代北吐谷渾首領。咸通九年（868）隨唐軍鎮壓龐勛起義，勢力漸强。乾符五年（878），襲占沙陀李國昌父子所據之振武（治今内蒙古和林格爾縣西北）、雲州（今山西大同市）。與李國昌父子争奪代北，官至雲州刺史、大同軍防禦使，守雲州十餘年。後爲李克用擒殺。事見《舊唐書》卷一九下、本書卷二五、《新五代史》卷四。　幽州：州名。治所在今北京市。李匡威：人名。范陽（今河北涿州市）人。幽州節度使李全忠之子，襲父位爲節度使。唐末軍閥。傳見《舊唐書》卷一八〇、《新唐書》卷二一二。

[2]天成軍：地名。位於今山西天鎮縣。

十月，邢州李存孝叛，納款於梁，李存信構之也。[1]

[1]十月，邢州李存孝叛，納款於梁，李存信構之也：《輯本舊史》之案語："《舊唐書》云：大順元年十一月癸丑朔，太原將邢州刺史李存孝自恃擒孫揆功，合爲昭義帥，怨克用授康君立。存孝自晋州率行營兵歸邢州，據城，上表歸朝，仍致書張濬、王鎔求援。今考《薛史》，大順二年，存孝始爲邢州節度，無由於元年冬得據邢州也。《舊唐書》特因存孝攻澤潞而牽連書之，其年月則誤耳。《新唐書》《歐陽史》《通鑑》並從《薛史》作景福元年十月。"見《舊唐書》卷二〇上《昭宗紀》、《新唐書》卷一〇《昭宗紀》、《新五代史》卷四《唐本紀四》、《通鑑》卷二五九景福元年（892）十月條。

景福二年春，大舉以伐王鎔，以其通好於李存孝也。

二月，攻天長鎮，[1]旬日不下。王鎔出師三萬來援，武皇逆戰於叱日嶺下，[2]鎮人敗，斬首萬餘級。時歲饑，軍乏食，脯屍肉而食之。進軍下井陘，[3]李存孝將兵夜入鎮州，鎮人乞師於汴，[4]汴帥方攻時溥，[5]不暇應之。乃求援於幽州，李匡威率兵赴之，武皇乃班師。

[1]天長鎮：地名。又名天長軍。位於今河北井陘縣西南。

[2]叱日嶺：又名赤日嶺。位於今河北井陘縣西青泉嶺。

[3]井陘（xíng）：關隘名。位於今河北井陘縣。

[4]汴：州名。治所在今河南開封市。

[5]時溥：人名。徐州彭城（今江蘇徐州市）人。唐末軍閥，平定了黄巢之亂，後割據徐州。傳見《舊唐書》卷一八二、《新唐書》卷一八八。

七月，武皇討李存孝於邢州，遂攻平山，[1]渡滹水，[2]攻鎮州。王鎔懼，以帛五十萬犒軍，請修舊好，仍以鎮、冀之師助擊存孝，[3]許之。武皇進圍邢州。

[1]平山：縣名。治所在今河北平山縣。

[2]滹水：河流名。即滹沱河。發源於今山西繁峙縣，東流入今河北省，過正定縣，向東流入渤海。

[3]冀：州名。治所在今河北衡水市冀州區。

十二月，武皇狩於近郊，獲白兔，有角長三寸。

乾寧元年三月，[1]邢州李存孝出城首罪，縶歸太原，轘於市。邢、洺、磁三州平。[2]武皇表馬師素爲邢州節度使。[3]

[1]乾寧：唐昭宗李曄年號（894—898）。

[2]洺：州名。治所在今河北邯鄲市永年區。　磁：州名。治所在今河北磁縣。

[3]馬師素：人名。籍貫不詳。唐末將領。事見本書本卷、卷二，《通鑑》卷二五九、卷二六一。　武皇表馬師素爲邢州節度使：《輯本舊史》之案語："《舊唐書》作克用以大將馬師素權知邢洺團練事，與《薛史》異。"見《舊唐書》卷二〇上《昭宗紀》。

五月，鄆州節度使朱瑄爲汴軍所攻，[1]遣使來乞師，武皇遣騎將安福順、安福應、安福遷督精騎五百，[2]假道於魏州以應之。[3]

[1]鄆州：州名。治所在今山東東平縣。　朱瑄：人名。一作

朱宣。宋州下邑（今河南夏邑縣）人。唐末、五代軍閥，後爲天平軍節度使。傳見《舊唐書》卷一八二、《新唐書》卷一八八、本書卷一三、《新五代史》卷四二。

[2]安福順、安福應、安福遷：人名。三人籍貫不詳。均爲李克用部下番將。事見《通鑑》卷二五九、二六〇。

[3]魏州：州名。治所在今河北大名縣城。　“五月”至“以應之”：《輯本舊史》之案語：“《舊唐書》云：乾寧元年正月，瑄、瑾勢蹙，求救於太原，李克用出師援之。《薛史》作五月，與《舊唐書》異。考朱瑄、朱瑾自魚山之敗，其勢始蹙，當由正月遣使乞援，至援師之出，自在五月耳。”見《舊唐書》卷二〇上《昭宗紀》。　此案語之“正月”，中華書局本有校勘記：“《舊唐書》卷二〇上《昭宗紀》作‘二月’。”

九月，潞州節度使康君立以酖死。[1]

[1]潞州：州名。治所在今山西長治市。　康君立：人名。蔚州興唐（今河北蔚縣）人。唐末將領。傳見本書卷五五。

十月，武皇自晉陽率師伐幽州。[1]初，李匡儔奪據兄位，[2]燕人多不義之，安塞軍戍將劉仁恭挈族歸於武皇，[3]武皇遇之甚厚。仁恭數進畫於蓋寓，[4]言幽州可取之狀，願得兵一萬，指期平定。武皇方討李存孝於邢州，輟兵數千，欲納仁恭，不利而還。匡儔由是驕怠，數犯邊境，武皇怒，故率軍以討之。是時，雲州吐渾赫連鐸、白義誠並來歸，命皆笞而釋之。[5]

[1]晉陽：縣名。治所在今山西太原市。

[2]李匡儔：人名。范陽（今北京市）人。幽州節度使李全忠之子、李匡威之弟。唐末軍閥。傳見《舊唐書》卷一八〇、《新唐書》卷二一二。中華書局本有校勘記："'李匡儔'，本書及《新五代史》各卷同，《舊唐書》《新唐書》《通鑑》各處皆作'李匡籌'。《通鑑》卷二五九《考異》：'《唐太祖紀年録》作"匡儔"，今從新舊《紀》、《傳》、《實録》。'本書各處同。"見《舊唐書》卷二〇上《昭宗紀》，《新唐書》卷一〇《昭宗紀》、卷二一八《沙陀傳》，《通鑑》卷二五九景福二年（892）三月、四月、六月等條。

[3]安塞軍：地名。位於今河北蔚縣。 劉仁恭：人名。深州（今河北深州市）人。唐末、五代軍閥。傳見《新唐書》卷二一二。

[4]蓋寓：人名。蔚州（今河北蔚縣）人。唐末李克用部將。傳見本書卷五五。

[5]白義誠：人名。吐谷渾部人。唐末吐谷渾部首領，蔚州刺史。事見《舊唐書》卷一九下，《通鑑》卷二五三、卷二五九。

雲州吐渾赫連鐸、白義誠並來歸，命皆笞而釋之：《輯本舊史》之案語："《舊唐書·昭宗紀》：六月壬辰，克用攻陷雲州，執赫連鐸。《新唐書·昭宗紀》：六月，赫連鐸與李克用戰於雲州，死之。《通鑑》從《新唐書》作：李克用大破吐谷渾，殺赫連鐸，擒白義誠，俱與《薛史》異。考雲州諸部因討李匡儔而來歸，自當在十月，而諸書皆作六月，恐未足據。"見《舊唐書》卷二〇上《昭宗紀》、《新唐書》卷一〇《昭宗紀》、《通鑑》卷二五九乾寧元年（894）六月條。

十一月，進攻武州，[1]攻新州。[2]

[1]武州：州名。治所在今河北張家口市宣化區。

［2］新州：州名。治所在今河北涿鹿縣。　“攻新州”前，中華書局本有“甲寅”兩字，並引原輯者案語：“甲寅字誤。下文十二月有辛亥、壬子、甲寅，則十一月不得有甲寅也。據《通鑑考異》，蓋《薛史》仍《紀年録》之誤。”見《通鑑》卷二五九乾寧元年（894）十一月條《考異》。乾寧元年十一月，己未朔，無甲寅；十二月，己丑朔，辛亥、壬子、甲寅分別爲二十三日、二十四日、二十六日。故删此“甲寅”二字。

十二月，李匡儔命大將率步騎六萬救新州，武皇選精甲逆戰，燕軍大敗，斬首萬餘級，生獲將領百餘人，曳練徇於新州城下。是夜，新州降。辛亥，進攻嬀州。[1]壬子，燕兵復合於居庸關拒戰，[2]武皇命精騎以疲之，令步將李存審由他道擊之，自午至晡，燕軍復敗。甲寅，李匡儔携其族棄城而遁，將之滄州，[3]隨行輜車、臧獲、妓妾甚衆。滄帥盧彦威利其貨，[4]以兵攻匡儔於景城，[5]殺之，盡擄其衆。丙辰，進軍幽州，其守城大將請降，武皇令李存審與劉仁恭入城撫勞，居人如故，市不改肆，封府庫以迎武皇。

［1］嬀州：州名。治所在今河北涿鹿縣。《輯本舊史》之影庫本粘籤：“原本作‘僞州’，今從《通鑑》改正。”見《通鑑》卷二五九乾寧元年（894）十二月條。

［2］居庸關：關隘名。位於今北京市昌平區西北。　於居庸關拒戰：中華書局本有校勘記：“‘於’，《册府》卷七作‘入’。”見《宋本册府》卷七《帝王部·創業門三》。

［3］滄州：州名。治所在今河北滄縣舊州鎮。

［4］盧彦威：人名。籍貫不詳。唐末軍閥。事見《舊唐書》卷

一九下至卷二〇下。

[5]景城：縣名。治所在今河北滄縣。

乾寧二年正月，武皇在幽州，命李存審、劉仁恭徇諸屬郡。

二月，以仁恭爲權幽州留後，從燕人之請也。[1]留腹心燕留德等十餘人分典軍政，[2]武皇遂班師，凡駐幽州四十日。

[1]留後：官名。唐、五代節度使多以子弟或親信爲留後，以代行節度使職務，亦有軍士、叛將自立爲留後者。掌一州或數州軍政。　二月，以仁恭爲權幽州留後，從燕人之請也：《輯本舊史》之案語："《舊唐書》：乾寧元年十二月，以李匡威故將劉仁恭爲幽州兵馬留後。《歐陽史》亦作元年冬事，皆因平幽州而終言之，未嘗核其年月也。《通鑑》從《薛史》作二年二月。"見《舊唐書》卷二〇上《昭宗紀》、《新五代史》卷四《唐本紀四》、《通鑑》卷二六〇乾寧二年（895）二月條。中華書局本對此案語有校勘記："乾寧元年十二月，'乾寧'二字原闕，據《舊五代史考異》卷二、殿本《考證》、《舊唐書》卷二〇上《昭宗紀》補。"

[2]燕留德：人名。籍貫不詳。唐末李克用親信。事見本書卷一三五。《新五代史》卷三九《劉守光傳》作"燕留得"。

六月，武皇率蕃漢之師自晉陽趨三輔，[1]討鳳翔李茂貞、邠州王行瑜、華州韓建之亂。[2]先是，三帥稱兵向闕，同弱王室，殺害宰輔。時河中節度使王重盈卒，[3]重榮之子珂，[4]即武皇之子壻也，權典軍政。其兄珙爲陝州節度使，[5]瑤爲絳州刺史，[6]與珂争河中，遂訴於岐、邠、華三鎮，言珂本蒼頭，[7]不當襲位。珂亦訴於武皇，武皇上表保薦珂，乞授河中旄鉞，詔可之。三帥遂以兵入覲，大掠京師，請授王珂同州節度使，[8]王瑤河中節度使，[9]天子亦許之。武皇遂舉兵表三帥之罪，復移檄三鎮，三鎮大懼。是月，次絳州，刺史王瑤登陴拒命，武皇攻之，旬日而拔，斬王瑤於軍門，誅其黨千餘人。

[1]三輔：地區名。漢代時以京兆、左馮翊、右扶風爲三輔，轄境相當於今陝西中部地區。至唐代仍沿襲此稱呼。

[2]鳳翔：方鎮名。治所在鳳翔府（今陝西鳳翔縣）。　李茂貞：人名。深州博野（今河北蠡縣）人。唐末、五代軍閥。傳見本書卷一三二、《新五代史》卷四〇。　邠州：州名。治所在今陝西彬縣。　王行瑜：人名。邠州（今陝西彬縣）人。唐末軍閥。傳見《舊唐書》卷一七五、《新唐書》卷二二四下。　華州：州名。治所在今陝西渭南市華州區。　韓建：人名。許州長社（今河南許昌市）人。唐末、五代軍閥。傳見本書卷一五、《新五代史》卷四〇。

[3]河中：方鎮名。治所在河中府（今山西永濟市）。　王重盈：人名。太原祁（今山西祁縣）人。河中節度使王重榮之兄。唐末軍閥。事見《舊唐書》卷一八二、《新唐書》卷一八七。

[4]珂：人名。即王珂，王重榮兄王重簡之子，出繼王重榮。唐末、五代軍閥。傳見《舊唐書》卷一八二、《新唐書》卷一八七、本書卷一四、《新五代史》卷四二。

[5]珙：人名。即王珙，王重盈之子。唐末、五代軍閥。傳見《新唐書》卷一八七。　陝州：州名。治所在今河南三門峽市陝州區。

[6]瑶：人名。即王瑶。太原祁（今山西祁縣）人。王重盈之子。唐末、五代將領。事見本書本卷。　絳州：州名。治所在今山

西新絳縣。

[7]蒼頭：即奴僕。《輯本舊史》之影庫本粘籤："原本作'莊頭'，考《舊唐書·王重榮傳》云：王珙上言，珂本家之蒼頭，小字忠兒。則'莊頭'確爲訛字，今改正。"見《舊唐書》卷一八二《王重榮傳》、《新唐書》卷一八七《王重榮傳》。

[8]同州：州名。治所在馮翊縣（今陝西大荔縣）。

[9]王瑶河中節度使：中華書局本有校勘記："'王瑶'，本書卷一五《韓建傳》、卷五二《李嗣昭傳》、卷一三二《李茂貞傳》，《舊唐書》卷二〇上《昭宗紀》、《通鑑》卷二六〇敘其事作'王珙'。按本書卷一四《王珂傳》作'請以河中授珙、瑶'。《新五代史》卷四《唐本紀》：'瑶，珙弟，助珙以争者。'"

七月，次河中，王珂迎謁於路。己未，同州節度使王行約棄城奔京師，[1]與左軍兵士劫掠西市，[2]都民大擾。行約，即行瑜弟也。庚申，樞密使駱全瓘以武皇之軍將至，[3]請天子幸鳳翔。[4]右軍指揮使李繼鵬，[5]茂貞假子也，本姓閻，名珪，[6]與全瓘謀劫天子幸鳳翔。左軍指揮使王行實，[7]亦行瑜之弟也，與劉景宣欲劫天子幸邠州。[8]兩軍相攻，縱火燒内門，煙火蔽天。天子急詔鹽州六都兵士，[9]令追殺亂兵，左右軍退走。王行瑜、李茂貞聲言自來迎駕，天子懼，出幸南山，[10]駐蹕於莎城。[11]是夜，熒惑犯心。[12]壬戌，武皇進收同州，聞天子幸石門，[13]遣判官王瓌奉表奔問，[14]天子遣使賜詔，令與王珂同討邠、鳳。時武皇方攻華州，俄聞李茂貞領兵士三萬至盩厔，[15]王行瑜領兵至興平，[16]欲往石門迎駕，乃解華州之圍，進營渭橋。[17]天子遣延王戒丕、丹王允齎詔，[18]促武皇兵直抵邠、鳳。

［1］王行約：人名。邠州（今陝西彬縣）人。王行瑜之弟。唐末軍閥，時爲匡國軍節度使。事見《舊唐書》卷一七五、《新唐書》卷二二四下。

［2］西市：唐長安城（今陝西西安市）兩大市場之一。在長安城西部，西接群賢、懷德二坊，東連延壽、光德二坊，北鄰醴泉坊，南靠懷遠坊。

［3］樞密使：官名。唐代宗時始以宦官掌機密，至昭宗時借朱温之力盡誅宦官，始改以士人任樞密使。參見李全德《唐宋變革期樞密院研究》，國家圖書館出版社 2009 年版。　駱全瓘：人名。籍貫不詳。唐末宦官，曾任神策中尉、樞密使。事見《舊唐書》卷一八四，《通鑑》卷二五九、卷二六〇。

［4］請天子幸鳳翔：《輯本舊史》原無"鳳翔"二字，中華書局本有校勘記："按此句下疑有脱誤，本書卷一三二《李茂貞傳》：'是歲七月，太原之師至河中，繼鵬與中尉景宣之子繼晟迫車駕幸鳳翔。'《通鑑》卷二六〇敘其事作'樞密使駱全瓘奏請車駕幸鳳翔'。"但未補。《通鑑》卷二六〇乾寧二年（895）七月庚申條載"樞密使駱全瓘奏請車駕幸鳳翔"，故補"鳳翔"二字。

［5］李繼鵬：人名。籍貫不詳。本名閻珪，李茂貞養子。事見《通鑑》卷二六〇。

［6］名珪："珪"，《通鑑》卷二六〇乾寧二年七月庚申條同，《舊唐書》卷二〇上《昭宗紀》、《新五代史》卷四《唐本紀四》作"圭"。

［7］左軍指揮使：官名。所部統兵將領。"左軍"爲部隊番號。　王行實：人名。邠州（今陝西彬縣）人。王行瑜弟。事見《舊唐書》卷二〇上。

［8］劉景宣：人名。籍貫不詳。唐末宦官，曾任神策中尉。事見《舊唐書》卷一八四，《通鑑》卷二五八、卷二五九、卷二六〇。

［9］鹽州：州名。治所在今陝西定邊縣。

［10］南山：山名。即終南山。位於今陝西西安市。

［11］莎城：地名。今地不詳。

［12］熒惑：天文學名詞。即火星。熒惑意爲眩惑，因火星位置、隱現不定，令人迷惑，故名。

［13］石門：地名。位於今陝西三原縣。

［14］判官：官名。唐末、五代藩鎮僚佐，位行軍司馬下。　王瓌：人名。籍貫不詳。李克用僚佐。事見本書卷一三二。

［15］盩（zhōu）厔（zhì）：縣名。治所在今陝西周至縣。

［16］興平：縣名。治所在今陝西興平市。

［17］渭橋：漢、唐時長安渭水上所建橋梁。參見辛德勇《古代交通與地理文獻研究》，商務印書館2018年版。

［18］延王戒丕、丹王允：人名。即李戒丕、李允，唐末宗室。事見《通鑑》卷二六〇。

八月乙酉，[1]供奉官張承業齎詔告諭。[2]涇帥張鐇已領步騎三萬於京西北，[3]扼邠、岐之路。武皇進營渭北，[4]遣史儼將三千騎往石門扈駕，[5]遣李存信、李存審會鄜、延之兵攻行瑜之梨園寨。[6]天子削奪行瑜官爵，以武皇爲天下兵馬都招討使，[7]以鄜州李思孝爲北面招討使，[8]以涇州張鐇爲西南面招討使。[9]天子又遣延王、丹王賜武皇御衣及大將茶酒、弓矢，命二王兄事武皇。延王傳天子密旨云："一昨非卿至此，已爲賊庭行酒之人矣。所慮者二凶締合，卒難翦除，且欲姑息茂貞，令與卿修好，俟梟斬行瑜，更與卿商量。"武皇上表，請駕還京。[10]令李存節領二千騎於京西北，以防邠賊奔突。辛亥，天子還宮，加武皇守太師、中書令、邠寧四面行營都統。[11]時王行瑜弟兄固守梨園寨，我師攻之甚急。李茂貞遣兵萬餘來援行瑜，營於龍泉鎮，[12]茂貞自率兵三萬迫咸陽。[13]武皇奏請詔茂貞罷兵，兼請削奪茂貞官爵，詔曰："茂貞勒兵，蓋備非常，尋已發遣歸鎮。"又言："茂貞已誅李繼鵬、李繼晸，卿可切戒兵甲，無犯土疆。"[14]武皇請賜河中王珂旌節，三表許之。又表李罕之爲副都統。[15]

[1]八月乙酉：《輯本舊史》之案語："《舊唐書》：七月丁卯，上遣内官張承業傳詔克用軍，便令監太原行營兵馬，發赴新平。《薛史》作八月乙酉，與《舊唐書》月日互異，相隔殊遠。《舊唐書》又作八月乙酉朔，延王至河中，疑承業與延王同行。據《通鑑》作壬午，遣張承業詣克用軍，蓋壬午遣使，乙酉始至軍耳。"見《舊唐書》卷二〇上《昭宗紀》、《通鑑》卷二六〇乾寧二年（895）七月條。

[2]供奉官：泛指侍奉皇帝左右的臣僚，亦爲東、西頭供奉官通稱。　張承業：人名。同州（今陝西大荔縣）人。唐末、五代宦官，河東監軍。傳見本書卷七二、《新五代史》卷三八。

[3]涇：州名。治所在今甘肅涇川縣。　張鐇：人名。籍貫不詳。唐末軍閥。事見《通鑑》卷二五九、卷二六〇。中華書局本有校勘記："原作'張鐺'，據《舊唐書》卷二〇上《昭宗紀》、《通鑑》卷二六〇、《册府》卷一二三改。按《文苑英華》卷四五七有《授張鐇彰義軍節度使制》。本卷下一處同。"見《通鑑》卷二六〇乾寧二年七月條、明本《册府》卷一二三《帝王部·征討門三》。

[4]渭北：即渭河以北地區。

[5]史儼：人名。代州雁門（今山西代縣）人。李克用部將。傳見本書卷五五。

[6]鄜：州名。治所在今陝西富縣。　延：州名。治所在今陝西延安市。　梨園寨：地名。位於今陝西淳化縣。

［7］都招討使：官名。唐末、五代時掌一方招撫討伐等事務。戰時任命，兵罷則省。常以大臣、將帥或地方軍政長官兼任。

［8］李思孝：人名。党項族。唐末軍閥。拓拔思恭之弟。事見《新唐書》卷二二一上。　招討使：官名。唐始置。戰時任命，兵罷則省。常以大臣、將帥或地方軍政長官兼任。掌招撫討伐等事務。

［9］以涇州張鐇爲西南面招討使："西南面"，明本《册府》卷一二三同，《舊唐書》卷二〇上《昭宗紀》、《新唐書》卷一〇《昭宗紀》、《通鑑》卷二六〇乾寧二年（895）七月條作"西面"。

［10］武皇上表，請駕還京：《輯本舊史》之案語："《舊唐書》作壬寅，李克用遣子存貞奉表行在，請車駕還京。考當時奉表者，即後唐莊宗也。莊宗未嘗名存貞，《舊唐書》誤。"見《舊唐書》卷二〇上《昭宗紀》。

［11］太師：官名。與太傅、太保合稱三師，唐後期、五代多爲大臣、勳貴加官。正一品。　中書令：官名。漢代始置，隋、唐前期爲中書省長官，屬宰相之職；唐後期多爲授予元勳大臣的虛銜。正二品。　行營都統：官名。唐末設諸道行營都統，作爲各道出征兵士的統帥。

［12］龍泉鎮：地名。一作龍泉寨。位於今陝西旬邑縣。

［13］咸陽：縣名。治所在今陝西咸陽市。

［14］李繼晸：人名。籍貫不詳。"繼晸"，《輯本舊史》卷一三二《李茂貞傳》作"繼晟"。中華書局本有校勘記："本書卷一三二《李茂貞傳》作'繼晟'。《舊唐書》卷二〇上《昭宗紀》、《新唐書》卷五〇《兵志》、卷二〇八《劉季述傳》有繼晟，係宦官劉景宣養子。"

［15］李罕之：人名。陳州項城（今河南沈丘縣）人。唐末、五代軍閥。傳見《新唐書》卷一八七、本書卷一五、《新五代史》卷四二。　副都統：官名。掌轄下兵馬戰事之軍事副官。

十月丙戌，李存貞於梨園寨北遇賊軍，[1]斬首千餘級，自是賊閉壁不出。戊子，天子賜武皇内弟子四人，又降朱書御札，賜魏國夫人陳氏。[2]是月，王行瑜因敗衄之後，閉壁自固，武皇令李罕之晝夜急攻，賊軍乏食，拔營而去。李存信與罕之等先伏軍於阨路，俟賊軍之至，縱兵擊之，殺戮萬計。是日，收梨園等三寨，生擒行瑜之子知進，[3]並母丘氏、大將李元福等二百人，[4]送赴闕庭。庚寅，王行約、王行實燒劫寧州遁走，[5]寧州守將徐景乞降。[6]武皇表蘇文建爲邠州節度使，[7]且於寧州爲治所。

[1]李存貞於梨園寨北遇賊軍："李存貞"，中華書局本有校勘記："原作'李存信'，據《册府》（宋本）卷七、《通鑑》卷二六〇改。"見《宋本册府》卷七《帝王部·創業門三》、《通鑑》卷二六〇乾寧二年（895）十月庚寅條。

[2]陳氏：人名。襄州（今湖北襄陽市）人。原爲唐昭宗宫嬪，後賜李克用。傳見本書卷四九。

[3]知進：人名。即王知進。邠州（今陝西彬縣）人。王行瑜子。本書僅此一見。

[4]丘氏：人名。籍貫不詳。王行瑜母。本書僅此一見。　李元福：人名。籍貫不詳。王行瑜部將。本書僅此一見。

[5]寧州：州名。治所在今寧夏吴忠市。

[6]徐景：人名。籍貫不詳。唐末將領。本書僅此一見。

[7]蘇文建：人名。籍貫不詳。唐末將領。本書僅此一見。

十一月丁巳，[1]收龍泉寨。時行瑜以精甲五千守之，李茂貞出兵來援，爲李罕之所敗，邠賊遂棄龍泉寨而去。行瑜復入邠州，大軍進逼其城，行瑜登城號哭曰："行瑜無罪，昨殺南北司大臣，是岐帥將兵脅制主上，請治岐州，行瑜乞束身歸朝。"武皇報曰："王尚父何恭之甚耶！僕受命討三賊臣，公其一也。如能束身歸闕，老夫未敢專命，爲公奏取進止。"行瑜懼，棄城而遁。武皇收其城，封府庫，遽以捷聞。既而慶州奏，[2]王行瑜將家屬五百人到州界，爲部下所殺，傳首闕下。武皇既平行瑜，還軍渭北。

[1]十一月丁巳：《輯本舊史》之案語："《舊唐書》作十一月癸未朔，疑十一月不當有丁巳。據《薛史》上文，十月有丙戌、戊子，則十一月斷非癸未朔矣。《通鑑》所定月日皆從《薛史》。"見《舊唐書》卷二〇上《昭宗紀》、《通鑑》卷二六〇乾寧二年（895）十一月丁巳條。查《二十史朔閏表》，十一月癸丑朔，丁巳爲初五，《舊唐書》及《輯本舊史》之案語誤。

[2]慶州：州名。治所在今甘肅慶陽市。

十二月，武皇營於雲陽，[1]候討鳳翔進止。乙未，天子賜武皇爲忠貞平難功臣，進封晋王，加實封二百户。武皇復上表請討李茂貞，天子不允。武皇私謂詔使曰："觀主上意，疑僕别有他腸，復何言哉！但禍不去胎，憂患未已。"又奏："臣統領大軍，不敢徑赴朝覲。"遂班師。

[1]雲陽：縣名。治所在今陝西涇陽縣。　十二月，武皇營於雲陽：《輯本舊史》之案語："《歐陽史》：晋軍渭北，遇雨六十日。

考《通鑑》：十二月乙酉，李克用軍於雲陽。辛亥，引兵東歸。無緣得有六十日也，《歐陽史》誤。”見《新五代史》卷四《唐本紀四》、《通鑑》卷二六〇乾寧二年（895）十二月乙酉條。

乾寧三年正月，汴人大舉以攻兗、鄆，朱瑄、朱瑾再乞師於武皇，[1]假道於魏州，羅弘信許之。[2]乃令都指揮使李存信將步騎三萬與李承嗣、史儼會軍，[3]以拒汴人。存信軍於莘，[4]與朱瑾合勢，頻挫汴軍，汴帥患之，乃間魏人。存信御兵無法，稍侵魏之芻牧者，弘信乃與汴帥通，出師三萬攻存信軍。存信揭營而退，保於洺州。

[1]朱瑾：人名。宋州下邑（今河南夏邑縣）人。唐末將領。傳見《舊唐書》卷一八二、《新五代史》卷四二。

[2]羅弘信：人名。魏州貴鄉（今河北大名縣）人。唐末、五代軍閥。傳見《舊唐書》卷一八一、《新唐書》卷二一〇。

[3]李承嗣：人名。代州雁門（今山西代縣）人。唐末、五代將領。傳見本書卷五五。　史儼：人名。代州雁門（今山西代縣）人。李克用部將。傳見本書卷五五。

[4]莘：縣名。治所在今山東莘縣。

三月，武皇大掠相、魏諸邑，[1]攻李固、洹水，[2]殺魏兵萬餘人，進攻魏州。[3]

[1]相：州名。治所在安陽縣（今河南安陽市）。

[2]李固：地名。位於今河南魏縣。　洹水：縣名。治所在今河北魏縣。因境有洹水，故名。

［3］“三月”至“進攻魏州”：《輯本舊史》之案語：“《舊唐書》：六月庚戌，李克用率沙陀并汾之衆五萬攻魏州，及其郛，大掠於其六郡，陷城安、洹水、臨漳十餘邑，報莘之怨也。《薛史》作三月事，蓋自三月興師，至六月始退耳。”《舊唐書》卷二〇上《昭宗紀》作六月事。案語中之“報莘之怨也”，中華書局本有校勘記：“‘怨’原作‘怒’，據《舊唐書》卷二〇上《昭宗紀》改。”

五月，汴將葛從周、氏叔琮引兵赴援。[1]

［1］葛從周：人名。濮州鄄城（今山東鄄城縣）人。唐末將領。傳見本書卷一六、《新五代史》卷二一。　氏叔琮：人名。河南尉氏（今河南尉氏縣）人。唐末將領。傳見本書卷一九、《新五代史》卷四三。

六月，李茂貞舉兵犯京師。

七月，車駕幸華州。是月，武皇與汴軍戰於洹水之上，鐵林指揮使落落被擒。[1]落落，武皇之長子也。既戰，馬踣於坎，武皇馳騎以救之，其馬亦踣，汴之追兵將及，武皇背射一發而斃，乃退。

［1］落落：人名。李克用之子。時爲鐵林軍使，將鐵林小兒三千騎薄於洹水，與葛從周部作戰失敗，爲葛從周部將張歸霸所擒，朱温命將落落送於羅弘信斬之。事見《舊唐書》卷一八一、《新五代史》卷二二。

九月，李存信攻魏之臨清，[1]汴將葛從周等引軍來援，大敗於宗城北。[2]存信進攻魏州。

［1］臨清：縣名。治所在今河北臨西縣。

［2］宗城：縣名。治所在今河北威縣。

十月，武皇敗魏軍於白龍潭，[1]追擊至觀音門，[2]汴軍救至，乃退。

［1］白龍潭：地名。位於今河北魏縣西南。

［2］觀音門：城門名。爲魏州城羅城西門。位於今河北大名縣。

十一月，武皇徵兵於幽、鎮、定三州，將迎駕於華下，[1]幽州劉仁恭託以契丹入寇，[2]俟敵退聽命。

［1］華下：地名。即華州。位於今陝西渭南市華州區。

［2］契丹：古部族、政權名。公元4世紀中葉宇文部爲前燕攻破，始分離而成單獨的部落，自號契丹。唐貞觀中，置松漠都督府，以其首領爲都督。唐末强盛，916年迭剌部耶律阿保機建立契丹國（遼）。先後與五代、北宋並立，保大五年（1125）爲金所滅。參見張正明《契丹史略》，中華書局1979年版。

乾寧四年正月，汴軍陷兗、鄆，騎將李承嗣、史儼與朱瑾同奔於淮南。[1]

［1］淮南：方鎮名。治所在揚州（今江蘇揚州市）。

三月，陝帥王珙攻河中，王珂來告難，武皇遣李嗣昭率二千騎赴之，破陝軍於猗氏，[1]乃解河中之圍。至是，天子遣延王戒丕至晉陽，傳宣旨於武皇：“朕不取卿言，以及於此，苟非英賢竭力，朕何由再謁廟庭！在卿表率，予所望也。”

[1]猗氏：縣名。治所在今山西臨猗縣。

七月，武皇復徵兵於幽州，劉仁恭辭旨不遜，武皇以書讓之，仁恭捧書謾罵，[1]抵之於地，仍囚武皇之行人。[2]

[1]仁恭捧書謾罵："捧書"，《輯本舊史》之影庫本粘籤："疑當作'持書'，考《册府元龜》所引《薛史》亦作'捧書'，今姑仍其舊。"遍查《册府》有關部、門，未見此記載。

[2]行人：即使者、使臣。

八月，大舉以伐仁恭。

九月，師次蔚州。[1]戊寅，晨霧晦暝，占者云不利深入。[2]辛巳，攻安塞，[3]俄報："燕將單可及領騎軍至矣。"[4]武皇方置酒高會，前鋒又報："賊至矣！"武皇曰："仁恭何在？"曰："但見可及輩。"武皇張目怒曰："可及輩何足爲敵！"仍促令出師。燕軍已擊武皇軍寨，武皇乘醉擊賊，燕軍披靡。時步兵望賊而退，爲燕軍所乘，大敗於木瓜澗，[5]俄而大風雨震電，燕軍解去，武皇方醒。甲午，師次代州，劉仁恭遣使謝罪於武皇，武皇亦以書報之，自此有檄十餘返。

[1]蔚州：州名。治所在今河北蔚縣。

[2]占者：指以占卜預測吉凶之人。

[3]安塞：地名。位於今河北蔚縣。中華書局本有校勘記："原作'安寨'，據殿本、劉本、邵本校、本書卷五三《李存信傳》、卷一三五《劉守光傳》改。按《通鑑》卷二六一胡注：'安塞軍在蔚州之東，嬀州之西。'"見《通鑑》卷二六一乾寧四年（897）九月丁丑條胡注。又見《舊唐書》卷二〇上《昭宗紀》。

[4]單可及：人名。籍貫不詳。幽州節度使劉仁恭部將。事見本書卷二、卷一四、卷一三五。

[5]木瓜澗：亦作木井澗。位於今河北淶源縣東南四十里。

光化元年春正月，[1]鳳翔李茂貞、華州韓建皆致書於武皇，乞修和好，同奬王室，兼乞助丁匠修繕秦宮，武皇許之。

[1]光化：唐昭宗李曄年號（898—901）。

四月，汴將葛從周寇邢、洺、磁等州，旬日之内，三州連陷。汴人以葛從周爲邢州節度使。大將李存信收軍，自馬嶺而旋。[1]

[1]馬嶺：地名。位於今河北邢臺市西北。

八月壬戌，天子自華還宮。是時，車駕初復，而欲諸侯輯睦，賜武皇詔，令與汴帥通好。武皇不欲先下汴帥，乃致書於鎮州王鎔，令導其意。明年，汴帥遣使奉書幣來修好，武皇亦報之。自是使車交馳，朝野相賀。

九月，武皇遣周德威、李嗣昭率兵三萬出青山口，[1]以迫邢、洺。

[1]周德威：人名。朔州馬邑（今山西朔州市朔城區東北）人。唐末、五代河東將領。傳見本書卷五六、《新五代史》卷二五。青山口：地名。位於今河北邢臺市西南、内丘縣西南。

十月，遇汴將葛從周於張公橋，[1]既戰，我軍大敗。是月，河中王珂來告急，言王珙引汴軍來寇，武皇遣李嗣昭將兵三千以援之，屯於胡壁堡。[2]汴軍萬餘人來拒戰，嗣昭擊退之。

[1]張公橋：地名。位於今河北邢臺市西北。《輯本舊史》之影庫本粘籤："原本作'張恭'，考《舊唐書》、《通鑑》俱作'張公'，今改正。"見《新五代史》卷四《唐本紀四》、《通鑑》卷二六九乾化四年（897）七月條。《舊唐書》無"張公橋"。

[2]胡壁堡：地名。位於今山西萬榮縣。

十二月，潞州節度使薛志勤卒，[1]澤州刺史李罕之以本軍夜入潞州，[2]據城以叛。罕之報武皇曰："薛鐵山新死，潞民無主，慮軍城有變，輒專命鎮撫。"武皇令人讓之，罕之乃歸於汴。武皇遣李嗣昭將兵討之，下澤州，收罕之家屬，拘送晉陽。

[1]薛志勤：人名。蔚州奉誠（今河北蔚縣）人。唐末李克用部將。傳見本書卷五五。

[2]澤州：州名。治所在今山西澤州縣。

光化二年春正月，李罕之陷沁州。[1]

[1]沁州：州名。治所在今山西沁源縣。

三月，汴將葛從周、氏叔琮自土門陷承天軍，[1]又陷遼州，[2]進軍榆次。[3]武皇令周德威擊之，敗汴軍於洞渦驛，[4]叔琮棄營而遁，德威追擊，出石會關，[5]殺千餘人。汴人復陷澤州。

[1]土門：關隘名。即井陘關。位於今河北井陘縣北井陘山上。承天軍：方鎮名。治所在今山西平定縣。

[2]遼州：州名。治所在今山西左權縣。

[3]榆次：縣名。治所在今山西晋中市榆次區。

[4]洞渦驛：地名。位於今山西清徐縣東三十里同戈站村。

[5]石會關：關隘名。位於今山西省榆社縣西北。爲澤、潞和太原間交通要扼之地。"石會"，《輯本舊史》之影庫本粘籤："原本作'名會'，考《歐陽史》《通鑑》俱作'石會'今改正。"見《舊唐書》卷二〇上《昭宗紀》、《新五代史》卷四三《氏叔琮傳》、《通鑑》卷二六一光化二年（899）三月條。

五月，武皇令都指揮使李君慶將兵收澤、潞，[1]爲汴軍所敗而還。以李嗣昭爲都指揮使，進攻潞州。

[1]李君慶：人名。籍貫不詳。唐末、五代後唐將領，曾任都指揮使、蕃漢馬步行營都將。事見本書本卷、卷五二、卷一三二。

八月，嗣昭營於潞州城下，前鋒下澤州。時汴將賀德倫、張歸厚等守潞州。[1]是月，德倫等棄城而遁，潞州平。

[1]賀德倫：人名。其先係河西部落人，後居滑州（今河南滑縣）。後梁將領。傳見本書卷二一、《新五代史》卷四四。　張歸厚：人名。清河（今河北清河縣）人。唐末、五代將領。傳見本書卷一六。

九月，武皇表汾州刺史孟遷爲潞州節度使。[1]

[1]汾州：州名。治所在今山西汾陽市。　孟遷：人名。邢州（今河北邢臺市）人。唐末將領。傳見《新唐書》卷一八七。

光化三年，汴軍大寇河朔，[1]幽州劉仁恭乞師，武皇遣周德威帥五千騎以援之。七月，李嗣昭攻堯山，至内丘，[2]敗汴軍於沙河，[3]進攻洺州，下之。九月，汴帥自將兵三萬圍洺州，嗣昭棄城而歸，葛從周設伏於青山口，嗣昭之軍不利。十月，汴人乘勝寇鎮、定，鎮、定懼，皆納賂於汴。是時，周德威與燕軍劉守光敗汴人二萬於望都，[4]聞定州王部來奔，[5]乃班師。是月，天子加武皇實封一百户。遣李嗣昭率步騎三萬攻懷州，[6]下之。進攻河陽，[7]汴將閻寶率軍來援，[8]嗣昭退保懷州。

[1]河朔：古地區名。泛指黄河以北地區。

[2]内丘：縣名。治所在今河北内丘縣。

[3]沙河：縣名。治所在今河北沙河市。

[4]劉守光：人名。深州樂壽（今河北獻縣）人。唐末、五代幽州節度使劉仁恭之子。劉守光囚父自立，後號大燕皇帝，爲晋王李存勗俘殺。傳見本書卷一三五、《新五代史》卷三九。　望都：縣名。治所在今河北望都縣。

[5]王部：人名。京兆萬年（今陝西西安市長安區）人。唐末軍閥。事見本書本卷、卷五二。

[6]懷州：州名。治所在今河南沁陽市。

[7]河陽：方鎮名。全稱“河陽三城”。治所在孟州（今河南孟州市）。

[8]閻寶：人名。鄆州（今山東東平縣）人。唐末、五代後梁、後唐將領。傳見本書卷五九、《新五代史》卷四四。

天復元年正月，[1]汴將張存敬攻陷晋、絳二州，[2]以兵二萬屯絳州，以扼援路。二月，張存敬迫河中，王珂告急於武皇，使者相望於路。珂妻邠國夫人，[3]武皇愛女也，亦以書至，懇切求援。武皇報曰：“賊阻道路，衆寡不敵，救爾即與爾兩亡，可與王郎棄城歸朝。”珂遂送款於張存敬。三月，汴帥自大梁至河中，[4]王珂遂出迎，尋徙於汴。天子以汴帥兼鎮河中。武皇自是不復能援京師，霸業由是中否。

[1]天復：唐昭宗李曄年號（901—904）。

[2]張存敬：人名。譙郡（今安徽亳州市）人。唐末、五代將領。傳見本書卷二〇、《新五代史》卷二一。　絳：州名。治所在今山西新絳縣。

[3]邠國夫人：即王珂妻，李克用女。事見本書本卷。

[4]大梁：地名。位於今河南開封市。

四月，汴將氏叔琮率兵五萬自太行路寇澤、潞，[1]魏博大將張文恭領軍自新口入，[2]葛從周領兖、鄆之衆自土門入，張歸厚以邢、洺之衆自馬嶺入，[3]定州王處直之衆自飛狐入，侯言以晋、絳之兵自陰地入。[4]氏叔琮、康懷英營於澤州之昂車。[5]武皇令李嗣昭將三千騎赴澤州援李存璋而歸，賀德倫、氏叔琮軍至潞州，孟遷開門迎，沁州刺史蔡訓亦以城降於汴，[6]氏叔琮悉其衆趨石會關。是時，偏將李審建先統兵三千在潞州，亦與孟遷降於汴，及叔琮之入寇也，審建爲其鄉導。[7]汴人營於洞渦，别將白奉國與鎮州大將石公立自井陘入，[8]陷承天軍。[9]及攻壽陽，[10]遼州刺史張鄂以城降於汴，[11]都人大恐。時霖雨積旬，汴軍屯聚既衆，芻糧不給，復多痢瘧，師人多死。時大將李嗣昭、李嗣源每夜率驍騎突營掩殺，[12]敵衆恐懼。[13]

[1]太行路：地名。位於今河南沁陽縣北、山西晋城市南太行山中。

[2]魏博：方鎮名。治所在魏州貴鄉縣（今河北大名縣）。　張文恭：人名。一作“張文敬”。籍貫不詳。唐末朱温部將。本書僅此一見。　新口：地名。位於今河北武安市。

[3]王處直：人名。京兆萬年（今陝西西安市長安區）人。唐末、五代軍閥，長期爲義武節度使。傳見本書卷五四、《新五代史》卷三九。　飛狐：道名。北起今山西大同市，南抵今河北定州市。

[4]侯言：人名。籍貫不詳。唐末將領。事見本書本卷、卷二一。　陰地：關隘名。位於今山西靈石縣西南。

[5]昂車：地名。即昂車關。位於今山西榆社縣南四十五里與武鄉縣接界處。《輯本舊史》之影庫本粘籤：“原本作‘昂卑’，考

《通鑑》及《册府元龜》俱作‘昂車’，今改正。”見《通鑑》卷二六二天復元年（901）三月癸卯條。《册府》有關部、門未見。

［6］蔡訓：人名。籍貫不詳。唐末將領。本書僅此一見。

［7］李審建：人名。籍貫不詳。李克用部將。事見本書本卷、卷二。

［8］白奉國：人名。籍貫不詳。唐末將領。事見本書本卷及《新五代史》卷四、卷五。　石公立：人名。籍貫不詳。唐末王鎔部將。事見本書本卷、卷二七。　別將白奉國與鎮州大將石公立自井陘入："自井陘入"，《輯本舊史》之影庫本粘籤："原本脱‘自’字，今據《通鑑》增入。"見《通鑑》卷二六二天復元年四月丁巳條。

［9］承天軍：方鎮名。治所在今山西平定縣。

［10］壽陽：縣名。治所在今山西壽陽縣。

［11］張鄂：人名。籍貫不詳。唐末李克用部將，遼州刺史，後投降朱温。事見本書卷二。

［12］李嗣源：人名。即五代後唐明宗。926年至933年在位。紀見本書卷三五、《新五代史》卷六。

［13］此月敘事《通鑑》卷二六二繫於天復元年三月癸卯至四月己未各條。

五月，汴軍皆退。氏叔琮軍出石會，周德威、李嗣昭以精騎五千躡之，殺戮萬計。初，汴軍之將入寇也，汾州刺史李瑭據城叛，[1]以連汴人，至是武皇令李嗣昭、李存審將兵討之。是歲，并、汾饑，粟暴貴，人多附瑭爲亂，嗣昭悉力攻城，三日而拔，擒李瑭等斬於晉陽市。氏叔琮既旋軍，過潞州，擄孟遷以歸。汴帥以丁會爲潞州節度使。[2]

[1]李瑭：人名。籍貫不詳。唐末李克用部將，汾州刺史，後投降朱温，爲李嗣昭擒斬。事見《新五代史》卷三六。

[2]丁會：人名。壽春（今安徽壽縣）人。唐末將領。傳見本書卷五九、《新五代史》卷四四。

六月，遣李嗣昭、周德威將兵出陰地，攻慈、隰二郡，隰州刺史唐禮、慈州刺史張瓌並以城來降。[1]武皇以汴寇方盛，難以兵服，佯降心以緩其謀，乃遣牙將張特持幣馬書檄以諭之，[2]陳當時利害，請復舊好。

[1]隰州：州名。治所在今山西隰縣。　唐禮：人名。籍貫不詳。唐末將領。事見本書卷五二。　慈州：州名。治所在今山西吉縣。　張瓌：人名。籍貫不詳。唐末將領，事見本書卷五二。

[2]牙將：官名。古代軍隊中的中低級軍官。　張特：人名。籍貫不詳。李克用牙將。事見本書本卷、卷二。

十一月壬子，汴帥營於渭濱。甲寅，天子出幸鳳翔。[1]武皇遣李嗣昭率兵三千自沁州趨平陽，[2]遇汴軍於晉州北，斬首五百級。

[1]甲寅，天子出幸鳳翔：《舊五代史考異》："案《新唐書》，帝如鳳翔，李茂貞、韓全誨請召克用入衛，克用間道遣使者奔問，並詒書全忠，勸還汴，全忠不答。"見《新唐書》卷二一八《沙陀傳》。

[2]平陽：地名。位於今山西臨汾市。

天復二年二月，李嗣昭、周德威領大軍自慈、隰進攻晉、絳，營於蒲縣。[1]乙未，汴將朱友寧、氏叔琮將兵十萬，[2]營於蒲縣之南。乙巳，汴帥自領軍至晋州，德威之軍大恐。

［1］蒲縣：縣名。治所在今山西蒲縣。

［2］朱友寧：人名。朱温之侄，唐末、五代將領。傳見《新五代史》卷一三。

三月丁巳，有虹貫德威之營。戊午，氏叔琮率軍來戰，德威逆擊，爲汴人所敗，兵仗、輜車委棄殆盡。朱友寧長驅至汾州，慈、隰二州復爲汴人所據。辛酉，汴軍營於晋陽之西北，攻城西門，周德威、李嗣昭緣山保其餘衆而旋。武皇驅丁壯登陴拒守，汴軍攻城日急，武皇召李嗣昭、周德威等謀將出奔雲州，嗣昭以爲不可。李存信堅請且入北蕃，續圖進取，嗣昭等固争之，太妃劉氏亦極言於内，[1]乃止。居數日，亡散之士復集，軍城稍安。李嗣昭與李嗣源夜入汴軍，斬將搴旗，敵人扞禦不暇，自相驚擾。丁卯，朱友寧燒營而遁，周德威追至白壁關，[2]俘斬萬計，因收復慈、隰、汾等三州。

［1］劉氏：李克用妻。傳見本書卷四九。

［2］白壁關：地名。位於今山西孝義縣西北二十里。“白壁關”，《輯本舊史》之影庫本粘籤：“原本作‘向辟’，今從《歐陽史》改正。”不見於《新五代史》，見《新唐書》卷二一八《沙陀傳》。

天復三年正月，天子自鳳翔歸京。

五月，雲州都將王敬暉殺刺史劉再立，[1]以城歸於劉仁恭。武皇遣李嗣昭討之，仁恭遣將以兵五萬來援雲州，嗣昭退保樂安，[2]燕人擄敬暉，棄城而去。武皇怒，笞嗣昭及李存審而削其官。是時，親軍萬衆皆邊部人，動違紀律，人甚苦之，左右或以爲言，武皇曰："此輩膽略過人，數十年從吾征伐，比年以來，國藏空竭，諸軍之家賣馬自給。今四方諸侯皆懸重賞以募勇士，吾若束之以法，急則棄吾，吾安能獨保此乎！俟時開運泰，吾固自能處置矣。"

[1]王敬暉：人名。籍貫不詳。唐末、五代將領。事見本書卷五二。　劉再立：人名。籍貫不詳。唐末將領。本書僅此一見。

[2]樂安：鎮名。位於今山西代縣北。

天祐元年閏四月，汴帥迫天子遷都於洛陽。[1]

[1]汴帥迫天子遷都於洛陽：《舊五代史考異》："《新唐書》：帝東遷，詔至太原，克用泣謂其下曰：'乘輿不復西矣！'遣使者奔問行在。"見《新唐書》卷二一八《沙陀傳》。

五月乙丑，天子制授武皇叶盟同力功臣，加食邑三千户，實封三百户。

八月，汴帥遣朱友恭弑昭宗於洛陽宫，[1]輝王即位。[2]告哀使至晋陽，[3]武皇南向慟哭，三軍縞素。

[1]朱友恭：人名。壽春（今安徽壽縣）人。本姓李，朱温養

子。傳見《新唐書》卷二二三下、本書卷一九。

［2］輝王：即唐哀帝李柷。

［3］告哀使：官名。唐時國有大喪，如皇帝死等，遣使於周邊少數民族及諸道方鎮告哀，因稱。後代亦多沿置。

天祐二年春，契丹阿保機始盛，[1]武皇召之，阿保機領部族三十萬至雲州，與武皇會於雲州之東，握手甚歡，結爲兄弟，旬日而去，留馬千匹，牛羊萬計，[2]期以冬初大舉渡河。

［1］阿保機：人名。姓耶律，契丹迭剌部人。唐末契丹族首領、遼開國太祖。紀見《遼史》卷一、卷二。

［2］“天祐二年春”至“牛羊萬計”：《輯本舊史》之案語：“武皇會契丹於雲州，《通鑑》作開平元年，《新唐書》作天祐元年，與《薛史》異。《歐陽史》與《薛史》同。又，《契丹國志》作晋王存勗與契丹連和，會於東城，殊誤。《東都事略》：契丹與晋王會在天祐三年。《遼史》太祖紀與《薛史》同。”雲州之會，《通鑑》卷二六六開平元年（907）五月條《考異》：“《莊宗列傳》《薛史》皆在天祐四年，而《紀年録》獨在天祐二年；又云‘約今年冬同收汴、洛，會昭宗遇盜而止’。如此則應在天祐元年昭宗崩已前，不應在二年也。且昭宗遇盜則尤宜興兵討之，何故止也！按武皇云‘唐室爲賊臣所簒’，此乃四年語也；其冬武皇寢疾，蓋以此不果出兵耳。今從之。”對此案語，中華書局本有校勘記：“武皇會契丹……殊誤，以上五十五字原闕，據《舊五代史考異》卷二補。”

天祐三年正月，魏博既殺牙軍，魏將史仁遇據高唐以叛,[1]遣人乞師於武皇，武皇遣李嗣昭率三千騎攻邢州以應之，遇汴將牛存節、張筠於青山口,[2]嗣昭不利而還。

[1]史仁遇：人名。籍貫不詳。唐末軍閥。事見本書卷二、卷一四、卷二一。　高唐：縣名。治所在今山東高唐縣。

[2]牛存節：人名。青州博昌（今山東博興縣）人。唐末將領。傳見本書卷二二、《新五代史》卷二二。　張筠：人名。海州（今江蘇連雲港市海州區）人。唐末軍閥。傳見本書卷九〇、《新五代史》卷四七。

九月，汴帥親率兵攻滄州，幽州劉仁恭遣使來乞師，武皇乃徵兵於仁恭，將攻潞州，以解滄州之圍。仁恭遣掌書記馬郁、都指揮使李溥等將兵三萬,[1]會於晋陽，武皇遣周德威、李嗣昭合燕軍以攻澤、潞。[2]

[1]掌書記：官名。唐制，唐、五代節度、觀察等使所屬均有掌書記一職，位在副使、判官之下，掌表奏書檄。遼節度使亦置。馬郁：人名。范陽（今河北涿州市）人。唐末、五代大臣。傳見本書卷七一。　李溥：人名。籍貫不詳。唐末、五代將領。事見本書卷一三五、《通鑑》卷二六五。《輯本舊史》之影庫本粘籤："原本作'李倘'，考《册府元龜》及《通鑑》俱作'溥'，今改正。"見《通鑑》卷二六五天祐三年（906）十月丙戌條，《册府》無此李溥之記載。

[2]劉仁恭乞師事，《通鑑》卷二六五略詳，繫於天祐三年十月。

十二月，潞州節度使丁會開門迎降，命李嗣昭爲潞州節度使，以丁會歸於晋陽。

天祐四年正月甲申，汴帥聞潞州失守，自滄州燒營而遁。

四月，天子禪位於汴帥，奉天子爲濟陰王，改元爲開平，[1]國號大梁。是歲，西川王建遣使至，[2]勸武皇各王一方，俟破賊之後，訪唐朝宗室以嗣帝位，然後各歸藩守。武皇不從，以書報之曰：

[1]開平：後梁太祖朱温年號（907—911）。

[2]西川：方鎮名。治所在成都（今四川成都市）。中華書局本有校勘記："'西川'，原作'四川'，據《通曆》卷一三、《册府》卷七改。"見《宋本册府》卷七《帝王部·創業門三》。　王建：人名。許州舞陽（今河南舞陽縣）人。唐末軍閥，五代十國前蜀開國皇帝。傳見本書卷一三六、《新五代史》卷六三。

竊念本朝屯否，[1]巨業淪胥，攀鼎駕以長違，撫彤弓而自咎。默默終古，悠悠蒼生，遘此厲階，[2]永爲痛毒，視横流而莫救，徒誓檝以興言。别捧函題，過垂獎諭，[3]省覽周既，駭惕異常。淚下霑衿，倍鬱申胥之素；[4]汗流浹背，如聞蔣濟之言。[5]僕經事兩朝，受恩三代，位叨將相，籍係宗枝，賜鈇鉞以專征，徵苞茅而問罪。鏖兵校戰，[6]二十餘年，竟未能斬新莽之頭顱，[7]斷蚩尤之肩髀，[8]以至廟朝顛覆，豺虎縱横。且授任分憂，叨榮冒寵，[9]龜玉毀櫝，誰之咎歟！俯閲指陳，[10]不勝慚恧。然則君臣無常位，陵谷有變遷，或箠塞長河，[11]泥封函谷，[12]時移事改，理有萬殊。即如周末虎争，魏初鼎據。孫權父子，不顯授於漢恩；劉備君臣，自微興於涿郡。[13]得之不謝於家世，失之無損於功名，適當逐鹿之秋，何惜華蟲之服。[14]唯僕累朝席寵，[15]奕世輸忠，忝佩訓詞，粗存家法。善博弈者唯先守道，治蹊田者不可奪牛。誓於此生，靡敢失節，仰憑廟勝，早殄寇讎。如其事與願違，則共臧洪遊於地下，亦無恨矣。唯公社稷元勳，嵩衡降祉，[16]鎮九州之上地，負一代之弘才，合於此時，自求多福。所承良訊，非僕深心，天下其謂我何，有國非吾節也。悽悽孤懇，此不盡陳。

［1］屯否：《易經》“屯”卦與“否”卦的合稱。“屯”爲難，“否”有隔塞之義。後因用屯否以喻世道艱難隔絶。

［2］悠悠蒼生，遘此厲階：《輯本舊史》原作“悠悠彼蒼生此厲階”，中華書局本有校勘記：“據《册府》卷七改。彭校作‘悠悠彼蒼遘此厲階’。”見明本《册府》卷七《帝王部・創業門三》。

［3］過垂獎諭：“諭”，明本《册府》卷七作“論”。

［4］申胥：人名。即伍子胥，名員。春秋吴國大夫。傳見《史記》卷六六。

［5］蔣濟：人名。楚國平阿（今安徽懷遠縣）人。三國時魏太尉。傳見《三國志》卷一四。《輯本舊史》之影庫本粘籤：“原本作‘蔣沇’，今從《册府元龜》改正。”見明本《册府》卷七。

［6］鏖兵校戰：“校”，明本《册府》卷七作“接”。

［7］新莽：即王莽。元城（今河北大名縣東）人。新朝建立者。傳見《漢書》卷九九。

[8]蚩尤：古史傳説中東夷集團的首領。相傳他開始以銅作兵器。曾與黄帝戰於涿鹿，失敗被殺。事見《史記》卷一。

[9]叨榮冒寵：中華書局本有校勘記："'榮'原作'策'，據彭校及《册府》卷七改。"

[10]俯閲指陳："俯"，明本《册府》卷七作"備"。

[11]長河：即黄河。

[12]函谷：即函谷關。戰國至秦，位於今河南靈寶市；漢武帝時移至今河南新安縣。

[13]涿郡：郡名。治所在今河北涿州市。

[14]何惜華蟲之服："何惜"，明本《册府》卷七作"可靳"。

[15]唯僕累朝席寵："席寵"，《輯本舊史》之影庫本粘籤："原本作'膺寵'，今從《册府元龜》改正。"見明本《册府》卷七。

[16]嵩衡：即嵩山、衡山。皆爲五嶽之一。中華書局本有校勘記："《册府》卷七作'華嵩'。"

五月，梁祖遣其將康懷英率兵十萬圍潞州，懷英驅率士衆，築壘環城，城中音信斷絶。武皇遣周德威將兵赴援，德威軍於余吾，[1]率先鋒挑戰，日有俘獲，懷英不敢即戰。梁祖以懷英無功，乃以李思安代之。[2]思安引軍將營於潞城，[3]周德威以五千騎搏之，梁軍大敗，斬首千餘級。思安退保堅壁，别築外壘，謂之"夾寨"，[4]以抗我之援軍。梁祖調發山東之民以供饋運，[5]德威日以輕騎掩之，運路艱阻，衆心益恐。李思安乃自東南山口築夾道，連接夾寨，以通饋運，自是梁軍堅保夾寨。

[1]余吾：地名。位於今山西屯留縣城西北余吾鎮。

[2]李思安：人名。河南陳留（今河南開封市陳留鎮）人。後梁將領。傳見本書卷一九。　梁祖以懷英無功，乃以李思安代之：《舊五代史考異》："李思安之代懷英，《通鑑》作七月事，與《薛史》繫五月異。" 見《通鑑》卷二六六開平元年（907）八月丁巳條。

[3]思安引軍將營於潞城："潞城"，《輯本舊史》之影庫本粘籤："原本作'澤城'，考《通鑑》《歐陽史》《五代春秋》俱作李思安圍潞城，今改正。" 見《新五代史》卷四四《劉知俊傳》、《通鑑》卷二六六開平元年八月丁巳條。《五代春秋》卷上載，梁太祖開平二年（908）五月晉人救潞州，破夾城，遂攻澤州。

[4]夾寨：地名。又作"夾城"，位於今山西長治市南寨村、北寨村。《通鑑》卷二六六載，後梁開平元年八月，潞州行營都統李思安"至潞州城下，更築重城，内以防奔突，外以拒援兵，謂之夾寨"。

[5]山東：太行山以東。

冬十月，武皇有疾。是時晋陽城無故自壞，占者惡之。

天祐五年正月戊子朔，武皇疾革。辛卯，崩於晋陽，年五十三。遺令薄葬，發喪後二十七日除服。莊宗即位，[1]追謚武皇帝，廟號太祖，陵在雁門。[2]《永樂大典》卷七千一百五十四。[3]

[1]莊宗：後唐李存勗廟號。李存勗，代北沙陀部人，後唐開國皇帝，923年至926年在位。紀見本書卷二七至卷三四、《新五代史》卷四至卷五。

[2]雁門：方鎮名。治所在代州（今山西代縣）。

[3]《大典》卷七一五四"唐"字韻"后唐莊宗"事目一，此

後《輯本舊史》録《五代史補》及《五代史闕文》。録《五代史補》:“太祖武皇，本朱耶赤心之後，沙陀部人也。其先生于雕窠中，酋長以其異生，諸族傳養之，遂以‘諸爺’爲氏，言非一父所養也。其後言訛，以‘諸’爲‘朱’，以‘爺’爲‘耶’。至太祖生，眇一目，長而驍勇，善騎射，所向無敵，時謂之‘獨眼龍’，大爲部落所疾。太祖恐禍及，遂舉族歸唐，授雲州刺史，賜姓李，名克用。黄巢犯長安，自北引兵赴難，功成，遂拜太原節度使，封晋王。武皇之有河東也，威聲大振，淮南楊行密常恨不識其狀貌，因使畫工詐爲商賈，往河東寫之。畫工到未幾，人有知其謀者，擒之。武皇初甚怒，既而，謂所親曰:‘且吾素眇一目，試召之使寫，觀其所爲如何。’及至，武皇按膝厲聲曰:‘淮南使汝來寫吾真，必畫工之尤也，寫吾不及十分，即階下便是死汝之所矣。’畫工再拜下筆。時方盛暑，武皇執八角扇，因寫扇角半遮其面。武皇曰:‘汝諂吾也’。遽使别寫之，又應聲下筆，畫其臂弓撚箭之狀，仍微合一目以觀箭之曲直。武皇大喜，因厚賂金帛遣之。《五代史闕文》:世傳武皇臨薨，以三矢付莊宗曰:‘一矢討劉仁恭，汝不先下幽州，河南未可圖也。一矢擊契丹，且曰阿保機與吾把臂而盟，結爲兄弟，誓復唐家社稷，今背約附賊，汝必伐之。一矢滅朱温，汝能成吾志，死無憾矣。’莊宗藏三矢於武皇廟庭。及討劉仁恭，命幕吏以少牢告廟，請一矢，盛以錦囊，使親將負之以爲前驅。凱旋之日，隨俘馘納矢於太廟。伐契丹，滅朱氏亦如之。又，武皇眇一目，世謂之‘獨眼龍’。性喜殺，左右有小過失，必置於死。初諱眇，人無敢犯者，嘗令寫真，畫工即爲撚箭之狀，微瞑一目，圖成而進，武皇大悦，賜予甚厚。’”見《五代史補》卷二太祖號獨眼龍及淮南寫太祖真兩條及《五代史闕文》武皇條。以上文字中華書局本有校勘記：“謂所親曰”，原作“新謂曰”，據《五代史補》改；“試召亟使寫之”，原作“試召之使寫”，據殿本、孔本、《五代史補》卷二改；“武皇按膝厲聲曰”，“按”原作“接”，據殿本、劉本、《五代史補》卷二改。

史臣曰：武皇肇跡陰山，赴難唐室，逐豺狼於魏闕，[1]殄氛祲於秦川，[2]賜姓受封，奄有汾、晋，可謂有功矣。然雖茂勤王之績，而非無震主之威。及朱旗屯渭曲之師，[3]俾翠輦有石門之幸，比夫桓、文之輔周室，無乃有所愧乎！洎失援於蒲、絳，久垂翅於并、汾，若非嗣子之英才，豈有興王之茂業。矧累功積德，未比於周文；創業開基，尚虧於魏祖。追謚爲"武"，斯亦幸焉。《永樂大典》卷七千一百五十四。[4]

[1]魏闕：代指朝廷。

[2]秦川：地區名。泛指今陝西、甘肅二省秦嶺以北的平原。

[3]渭曲：地名。位於今陝西大荔縣東南。

[4]《大典》卷七一五四"唐"字韻"後唐莊宗"事目一。

舊五代史　卷二七

唐書三

莊宗紀第一

莊宗光聖神閔孝皇帝,[1]諱存勗,武皇帝之長子也。[2]母曰貞簡皇后曹氏,[3]以唐光啓元年歲在乙巳,[4]冬十月二十二日癸酉,[5]生帝於晋陽宫。[6]妊時,曹后嘗夢神人,黑衣擁扇,夾侍左右。載誕之辰,紫氣出於牕户。及爲嬰兒,體貌奇特,沈厚不群,武皇特所鍾愛。及武皇之討王行瑜,[7]帝時年十二,[8]從行。初令入覲獻捷,迎駕還宫,昭宗一見駭異之,[9]曰:"此兒有奇表。"因撫其背曰:"兒將來之國棟也,勿忘忠孝于予家。"[10]因賜鸂鶒酒巵、翡翠盤。[11]賊平,授檢校司空、隰州刺史,[12]尋改汾、晋二郡,[13]皆遥領之。帝洞曉音律,武皇常令歌舞于前。[14]十三習《春秋》,[15]手自繕寫,略通大義。及壯,便射騎,膽略絶人,其心豁如也。[16]

[1]光聖神閔孝皇帝:後唐莊宗李存勗謚號。明宗天成元年

（926）七月，有司上謚。陵號爲雍。

［2］武皇帝：後唐太祖李克用謚號。莊宗即位，追謚武皇帝，廟號太祖，陵在雁門。李克用，沙陀部人，生於神武川新城（一説今山西朔州市朔城區之梵王寺村，一説今山西應縣縣城，一説今山西懷仁縣之日中城）。五代後唐實際奠基者。紀見本書卷二五至卷二六。

［3］貞簡皇后：後唐李克用妻曹氏謚號。曹氏，太原（今山西太原市）人。後唐莊宗之母。傳見本書卷四九、《新五代史》卷一四。

［4］光啓：唐僖宗李儇年號（885—888）。

［5］冬十月二十二日癸酉：中華書局本有校勘記："是月壬子朔，二十二日爲癸酉。按《册府》卷二：'同光元年十月壬辰萬壽節'，十月辛未朔，壬辰爲二十二日。影庫本粘籤：'癸亥，原本作"癸巳"，《五代會要》作癸亥。考《舊唐書》，光啓元年十月壬寅朔，無癸巳，今從《五代會要》改正。'今檢《五代會要》未記莊宗誕日干支。"中華書局本仍作癸亥。《會要》卷一帝號條明載莊宗光啓元年（885）二十二日生，爲癸酉，據改。

［6］晉陽宫：宫殿名。位於今山西太原市。

［7］王行瑜：人名。邠州（今陝西彬縣）人。唐末軍閥。傳見《舊唐書》卷一七五、《新唐書》卷二二四下。

［8］帝時年十二：《舊五代史考異》："《歐陽史》從《薛史》作十一。吴縝《纂誤》據徐無黨注，莊宗年四十三，逆推之，當以甲辰年生，乾寧二年破王行瑜時當云年十二。今考《五代會要》，莊宗以光啓元年生，年四十二。《北夢瑣言》載莊宗獻王行瑜年十一，《薛》《歐陽》二史俱同，徐注作年四十三，誤。"《新五代史》卷四《莊宗本紀上》，記武皇討王行瑜在乾寧二年（895）八至十一月，《會要》卷一《帝號》條記莊宗光啓元年生，崩於同光四年（926）四月，年四十二。又可參《北夢瑣言》卷一七晉世子入覲賜鸂鶒酒器條。武皇討王行瑜時，莊宗確爲十二歲，據改。

［9］昭宗：即唐昭宗李曄，888 年至 904 年在位。紀見《舊唐書》卷二〇上、《新唐書》卷一〇。　昭宗一見駭異之：《輯本舊史》原無異字，中華書局本有校勘記："'異'字原闕，據《册府》卷四四、《北夢瑣言》卷一七、《南部新書》癸補。"見《宋本册府》卷四四《帝王部·奇表門》、《北夢瑣言》卷一七、《南部新書》卷一〇。

［10］勿忘忠孝于予家："勿忘"，《宋本册府》卷四四作"慎勿忘"。

［11］鸂（xī）鶒（chì）：水鳥名。形似鴛鴦，多紫色，亦稱"紫鴛鴦"。　因賜鸂鶒酒巵、翡翠盤：《輯本舊史》原輯者案語："《北夢瑣言》云：昭宗曰：'此子可亞其父。'時人號曰'亞子'。"見《北夢瑣言》卷一七。

［12］檢校司空：官名。爲散官或加官，以示恩寵，無實際執掌。　隰州：州名。治所在今山西隰縣。　刺史：官名。漢武帝時始置。州一級行政長官，總掌考覈官吏、勸課農桑、地方教化等事。唐中期以後，節度使、觀察使轄州而設，刺史爲其屬官，職任漸輕。從三品至正四品下。

［13］汾：州名。治所在今山西汾陽市。　晋：州名。治所在今山西臨汾市。　尋改汾、晋二郡：中華書局本有校勘記："'尋'字原闕，據《册府》卷八補。"見明本《册府》卷八《帝王部·創業門四》。

［14］武皇常令歌舞于前：中華書局本有校勘記："'武皇'二字原闕，據《册府》卷四三補。"亦見明本《册府》卷四三《帝王部·多能門》。

［15］《春秋》：即《春秋經》。中國古代儒家經典。是中國第一部編年體史書，記魯隱公元年（前 722）至魯哀公十六年（前 479）魯國國史。現存版本由孔子修訂而成。

［16］及壯，便射騎，膽略絶人，其心豁如也：《北夢瑣言》卷一七作："十三讀《春秋》，略知大義。騎射絶倫，其心豁如，採録

善言，聽納容物，殆劉聰之比也。”

武皇起義雲中，[1]部下皆北邊勁兵，及破賊迎鑾，功居第一，由是稍優寵士伍，[2]因多不法，或陵侮官吏，豪奪士民，白晝剽攘，酒博喧競。武皇緩於禁制，唯帝不平之，因從容啟於武皇，武皇依違之。[3]及安塞不利之後，[4]時事多難，梁將氏叔琮、康懷英頻犯郊圻，[5]土疆日蹙，城門之外，鞠爲戰場，武皇憂形于色。帝因啟曰："夫盛衰有常理，禍福繫神道。家世三代，盡忠王室，勢窮力屈，無所愧心。物不極則不反，惡不極則不亡。今朱氏攻逼乘輿，窺伺神器，陷害良善，誣誑神祇。以臣觀之，殆其極矣。大人當遵養時晦，以待其衰，何事輕爲沮喪！”太祖釋然，因奉觴作樂而罷。[6]

[1]雲中：縣名。治所在今山西大同市。

[2]由是稍優寵士伍：《輯本舊史》之影庫本粘籤："'優寵'原本作'擾寵'，今據文改正。"明本《册府》卷四六《帝王部·智識門》正作"優寵"。此爲書證，遠勝"據文改正"，應爲形近之誤。

[3]"因多不法"至"武皇依違之"：《通鑑》卷二六三天復二年（902）三月條作："克用親軍皆沙陀雜虜，喜侵暴良民，河東甚苦之。其子存勗以爲言，克用曰：'此輩從吾攻戰數十年，比者帑藏空虛，諸軍賣馬以自給；今四方諸侯皆重賞以募士，我若急之，則彼皆散去矣，吾安與同保此乎！'"

[4]安塞：地名。位於今河北蔚縣。《輯本舊史》之影庫本粘籤："'安塞'，原作'安寒'，今據《通鑑》改正。"見《通鑑》卷二六一乾寧四年（897）九月丁丑條胡注："安塞軍在蔚州之東，嬀

州之西。《新志》：幽州丁零川西南有安塞軍。”明本《册府》卷四六亦作安塞。

[5]梁：指後梁。　氏叔琮：人名。河南尉氏（今河南尉氏縣）人。唐末將領。傳見本書卷一九、《新五代史》卷四三。　康懷英：人名。本名懷貞，避後梁末帝朱友貞諱改懷英。兖州（今山東濟寧市兖州區）人。唐末、五代將領。傳見本書卷二三、《新五代史》卷二二。　梁將氏叔琮、康懷英頻犯郊圻：《舊五代史考異》：“懷英本名懷貞，後因避梁末帝諱，始改名懷英。《薛史》前後統作懷英，今仍其舊。”明本《册府》卷四六云“氏叔琮屢傾郡邑，康懷貞頻犯郊圻”。

[6]朱氏：此處指朱温。宋州碭山（今安徽碭山縣）人。後梁太祖，907年至912年在位。紀見本書卷一至卷七、《新五代史》卷一至卷二。　“武皇憂形于色”至“因奉觴作樂而罷”：明本《册府》卷四六略同。

及滄州劉守文爲梁朝所攻，[1]其父仁恭遣使乞師，[2]武皇恨其翻覆，不時許之，帝白曰：“此吾復振之道也，不得以嫌怨介懷。且九分天下，朱氏今有六七，趙、魏、中山在佗廡下，[3]賊所憚者，唯我與仁恭爾，我之興衰，繫此一舉，不可失也。”太祖乃徵兵於燕，攻取潞州，[4]既而丁會果以城來降。

[1]滄州：州名。治所在今河北滄縣舊州鎮。　劉守文：人名。深州（今河北深州市）人。唐末盧龍節度使劉仁恭長子。唐末軍閥。後梁開平三年（909），被其弟劉守光殺死。事見本書卷二、卷四、卷九八及《新五代史》卷五六、卷七二。　梁朝：此處指後梁朱温政權。

[2]仁恭：人名。深州（今河北深州市）人。唐末、五代軍

閥。傳見《新唐書》卷二一二。

[3]趙：周代諸侯國名。位於今河北南部及山西北部一帶。　魏：周代諸侯國名，位於今河南北部、陝西東部、山西西南部和河北南部等地。　中山：周代諸侯國名。位於今河北正定縣東北。

[4]潞州：州名。治所在今山西長治市。

天祐五年春正月，[1]武皇疾篤，召監軍張承業、大將吴珙謂曰：[2]"吾常愛此子志氣遠大，可付後事，唯卿等所教。"及武皇厭代，帝乃嗣王位于晉陽，[3]時年二十有四。汴人方寇潞州，[4]周德威宿兵於亂柳，[5]以軍城易帥，竊議恟恟，訛言播於行路。帝方居喪，將吏不得謁見，監軍使張承業排闥至廬所，言曰："大孝在不墜家業，[6]不同匹夫之孝。且君父厭世，嗣主未立，竊慮兇猾不逞之徒，有懷覬望。又汴寇壓境，利我凶衰，苟或摇動，則倍張賊勢，訛言不息，懼有變生。請依顧命，墨縗聽政，保家安親，此惟大孝。"[7]帝於是始聽斷大事。

[1]天祐：唐昭宗李曄開始使用的年號（904）。唐哀帝李柷即位後沿用（904—907）。唐亡後，河東李克用、李存勗仍稱天祐，沿用至天祐二十年（923）。五代其他政權亦有行此年號者，如南吴、吴越等，使用時間長短不等。

[2]監軍：官名。全稱爲監軍使。五代時期後唐設置，派於諸道，掌監護軍隊。　張承業：人名。同州（今陝西大荔縣）人。唐末五代宦官，河東監軍。傳見本書卷七二、《新五代史》卷三八。　吴珙：人名。籍貫不詳。五代後唐將領。事見本書本卷。

[3]晉陽：縣名。治所在今山西太原市。

[4]汴：州名。治所在今河南開封市。此處指朱温政權。　潞州：州名。治所在今山西長治市。

[5]周德威：人名。馬邑（今山西朔州市朔城區）人。唐末、五代河東將領。傳見本書卷五六、《新五代史》卷二五。　亂柳：地名。位於今山西沁縣。《舊五代史考異》："原本作'亂楊'，考《歐陽史》作亂柳。胡三省《通鑑》注云：亂柳在潞州屯留縣界。今改正。"見《新五代史》卷四《唐莊宗本紀上》天復七年（即天祐四年）條、卷二二《康懷英傳》，《通鑑》卷二六六開平二年（908）正月辛卯條胡注。

[6]大孝在不墜家業：中華書局本有校勘記："'大'，原作'夫'，據邵本校、彭校、《册府》卷二七、《通鑑》卷二六六改。"明本《册府》卷二七《帝王部·孝德門》、《通鑑》卷二六六開平二年正月條作"大孝在不墜基業"。

[7]墨縗（cuī）：黑色喪服。　墨縗聽政，保家安親，此惟大孝：明本《册府》卷二七作："墨縗聽政，然後經略南征，保家安親，此爲大孝。勿拘常制以敗遠圖。"

時振武節度使克寧，[1]即帝之季父也，爲管内蕃漢馬步都知兵馬使，典握兵柄。帝以軍府事讓季父，曰："兒年幼稚，未通庶政，雖承遺命，恐未能彈壓。季父勳德俱高，衆情推伏，且請制置軍府，俟兒有立，聽季父處分。"[2]克寧曰："亡兄遺命，屬在我兒，孰敢異議！"[3]因率先拜賀。初，武皇獎勵戎功，多畜庶孽，衣服禮秩如嫡者六七輩，比之嗣王，年齒又長，部下各綰强兵，朝夕聚議，欲謀爲亂。及帝紹統，或强項不拜，鬱鬱憤惋，託疾廢事。會李存顥以陰計干克寧曰：[4]"兄亡弟立，古今舊事，季父拜姪，理所未安。"克寧妻素剛狠，因激怒克寧，陰圖禍亂。存顥欲於克寧之第謀害張承業、李存璋等，[5]以并汾九州歸附於梁，[6]送貞簡太后爲質。克寧意將激發，乃擅殺大將李存質，[7]請授己雲州節度使，[8]割蔚、朔、應三州爲屬郡，[9]帝悉俞允，然知其陰禍有日矣。克寧俟帝過其第則圖竊發。時幸臣史敬鎔者，[10]亦爲克寧所誘，盡得其情，乃來告帝。帝謂張承業曰："季父所爲如此，無猶子之情，骨肉不可自相魚肉，予當避路，則禍亂不作矣。"承業曰："臣受命先王，[11]言猶在耳。存顥輩欲以太原降賊，王欲何路求生？不即誅除，亡無日矣。"因召吴珙、李存璋、李存敬、朱守殷諭其謀，[12]衆咸憤怒。

[1]振武：方鎮名。後梁貞明二年（916）以前，治所在單于都護府城（今内蒙古和林格爾縣）。貞明二年單于都護府城爲契丹占據。此后至後唐清泰三年（936），治所在朔州（今山西朔州市朔城區）。後晋隨燕雲十六州割予契丹，改名順義軍。　克寧：即李克寧。沙陀部人，唐末李克用之弟。後爲李存勗所殺。傳見本書卷五〇及《新五代史》卷一四。

[2]且請制置軍府，俟兒有立，聽季父處分：《宋本册府》卷六六八《内臣部·翊佐門張承業》條作："請當制置，以鎮群心。"

[3]亡兄遺命，屬在我兒，孰敢異議：《宋本册府》卷六六八作："但嗣世，中外之事，何憂不辦。"

[4]李存顥：人名。籍貫不詳。唐末李克用義子。事見本書卷五〇、《新五代史》卷一四。

[5]李存璋：人名。雲中（今山西大同市）人。唐末、五代後唐將領。傳見本書卷五三。　存顥欲於克寧之第謀害張承業、李存璋等：中華書局本有校勘記："'存顥'，《册府》卷六六八作'存

顯存實’。”

［6］并：州名。治所在今山西太原市。　汾：州名。治所在今山西汾陽市。　并汾九州：《舊五代史考異》：“《通鑑》作河東九州。胡三省注云：河東領并、遼、沁、汾、石、忻、代、嵐、憲九州。附識于此。”見《通鑑》卷二六六開平二年（908）二月條。

［7］李存質：人名。回鶻人。本姓張，名汙落。唐末李克用部將。初爲李國昌親信，後從李克用入關征戰，始補軍職，賜姓名，收爲義子。事見《舊唐書》卷一四二、本書本卷、《通鑑》卷二七一。

［8］雲州：方鎮名。治所在雲州（今山西大同市）。

［9］蔚：州名。治所在今河北蔚縣。　朔：州名。治所在今山西朔州市朔城區。　應：州名。治所在今山西應縣。

［10］史敬鎔：人名。唐末、五代後唐將領。傳見本書卷五五。

［11］先王：中華書局本沿《輯本舊史》作“先帝”，並有校勘記：“‘先帝’，殿本作‘先王’。《舊五代史考異》卷二：‘案原本作“先帝”，考晋王嗣位之初，武皇尚未追稱爲帝，今改正。’”但未改。莊宗追尊武皇爲帝在同光三年（925）閏四月，見《輯本舊史》卷二九，今據改。

［12］李存敬：人名。籍貫不詳。唐末李克用義子。事見本書本卷、《新五代史》卷三三。　朱守殷：人名。籍貫不詳。五代後唐將領。傳見本書卷七四、《新五代史》卷五一。

二月壬戌，[1]命存璋伏甲以誅克寧，遂靖其難。是月，唐少帝崩於曹州，[2]梁祖使人酖之也。[3]帝聞之，舉哀號慟。

［1］二月壬戌：“壬戌”，《舊五代史考異》：“原本作‘丙戌’，今據《通鑑》改正。”見《通鑑》卷二六六開平二年（908）二月

壬戌條。開平二年二月壬寅朔，無丙戌，壬戌爲二十一日。

[2]唐少帝：即唐哀帝李柷。唐昭宗之子。904 年至 907 年在位，年號天祐。爲朱温所殺。紀見《舊唐書》卷二〇下、《新唐書》卷一〇。　曹州：州名。治所在今山東曹縣西北。

[3]梁祖：即後梁太祖朱温。

三月，周德威尚在亂柳，梁將李思安屢爲德威所敗，[1]閉壁不出。是時，梁祖自將兵至澤州，[2]以劉知俊爲招討使以代思安，[3]以范居實、劉重霸爲先鋒，[4]牛存節爲撫遏，[5]統大軍營於長子。[6]

[1]李思安：人名。陳留（今河南開封市）人。後梁將領。傳見本書卷一九。

[2]澤州：州名。治所在今山西澤州縣。

[3]劉知俊：人名。徐州沛縣（今江蘇沛縣）人。唐末、五代將領。傳見本書卷一三、《新五代史》卷四四。　招討使：官名。唐貞元始置。戰時任命，兵罷則省。常以大臣、將帥或地方軍政長官兼任。掌招撫討伐等事務。

[4]范居實：人名。絳州翼城（今山西翼城縣）人。後梁將領。傳見本書卷一九。中華書局本有校勘記："原作'范君寔'，據本書卷一九《范居實傳》改。"亦可據《通鑑》卷二六六開平元年六月條、明本《册府》卷三四六《將帥部·佐命門》范居實條、《宋本册府》卷三八六《將帥部·褒異門十二》范居實條、卷四一四《將帥部·赴援門》范居實條。　劉重霸：人名。籍貫不詳。五代將領。事見《舊五代史》卷四、卷六、卷九、卷十三。

[5]牛存節：人名。青州博昌（今山東博興縣）人。唐末、五代後梁將領。傳見本書卷二二、《新五代史》卷二二。

[6]長（zhǎng）子：縣名。治所在今山西長子縣。

四月，帝召德威軍歸晉陽。汴人既見班師，知我國禍，以爲潞州必取，援軍無俟再舉，遂停斥候。梁祖亦自澤州歸洛。[1]帝知其無備，乃謂其將曰：[2]“汴人聞我有喪，必謂不能興師；又以我少年嗣位，未習戎事，必有驕怠之心。[3]若簡練兵甲，倍道兼行，出其不意，以吾憤激之衆，擊彼驕惰之師，拉朽摧枯，未方其易，[4]解圍定霸，在此一役。”甲子，軍發自太原。己巳，至潞州北黄碾下營。[5]

[1]洛：地名。即洛陽。位於今河南洛陽市。

[2]乃謂其將曰：中華書局本有校勘記：“‘其’字原闕，據《通曆》卷一三補。彭本作‘將佐’。”見《通曆》卷一三《後唐莊宗》。

[3]“汴人聞我有喪”至“必有驕怠之心”：《宋本册府》卷四五《帝王部·謀略門》後唐莊宗條略同，卷五七《帝王部·英斷門》略詳：“賊帥寢謀，唯憚先帝。今聞我新有家禍，必謂不能興師；又以我少年嗣位，未習戎事，幸聞變故，必有驕怠之心。”

[4]未方其易：中華書局本有校勘記：“‘方’，原作‘云’，據《册府》卷四五、卷五七改。”

[5]黄碾：地名。位於今山西長治市黄碾鎮。《舊五代史考異》：“原本作‘黄磲’，《通鑑》作黄碾。胡三省注云：黄碾村在潞州潞城縣。今改正。”見《通鑑》卷二六六開平二年（908）四月己巳條胡注。又見《宋本册府》卷四五《帝王部·謀略門》及《新五代史》卷二二《康懷英傳》。

五月辛未朔，晨霧晦暝，帝率親軍伏三垂崗下，[1]詰旦，天復昏霧，進軍直抵夾城。時李嗣源總帳下親軍攻東北隅，[2]李存璋、王霸率丁夫燒寨，[3]斸夾城爲二道，[4]周德威、李存審各分道進攻，[5]軍士鼓譟，三道齊進。李嗣源壞夾城東北隅，率先掩擊，梁軍大恐，[6]南向而奔，投戈委甲，噎塞行路，斬萬餘級，[7]獲其將副招討使符道昭洎大將三百人，[8]芻粟百萬。梁招討使康懷英得百餘騎，出天井關而遁。[9]梁祖聞其敗也，既懼而歎曰：[10]"生子當如是，李氏不亡矣！吾家諸子乃豚犬爾。"初，唐龍紀元年，帝纔五歲，[11]從武皇校獵於三垂崗，崗上有玄宗原廟在焉。[12]武皇於祠前置酒，樂作，伶人奏《百年歌》者，陳其衰老之狀，聲調悽苦。武皇引滿，捋鬚指帝曰："老夫壯心未已，二十年後，此子必戰於此。"[13]及是役也，果符其言焉。是月，周德威乘勝攻澤州，刺史王班登城拒守，[14]梁將劉知俊自晉、絳將兵赴援，德威退保高平。[15]帝遂班師於晉陽，告廟飲至，賞勞有差。乃下令於國中，禁賊盜，恤孤寡，徵隱逸，止貪暴，峻隄防，寬獄訟，朞月之間，其俗丕變。帝每出，於路遇饑寒者，必駐馬而臨問之，由是人情大悦，王霸之業，自茲而基矣。

[1]三垂崗：山名。一作"三垂岡"，又名三垂山。位於今山西長治市潞城區。

[2]李嗣源：人名。沙陀部人。原名邈佶烈，李克用養子。五代後唐明宗，926年至933年在位。紀見《舊五代史》卷三五至卷四四、《新五代史》卷六。

[3]王霸：人名。籍貫不詳。五代後唐將領。本書僅此一見。

[4]夾城：地名。又作"夾寨"。位於今山西長治市南寨村、

北寨村。《通鑑》卷二六六載，後梁開平元年（907）八月，潞州行營都統李思安“至潞州城下，更築重城，内以防奔突，外以拒援兵，謂之夾寨”。

[5]李存審：人名。原姓符，名存。陳州宛丘（今河南淮陽縣）人。五代後唐將領。傳見本書卷五六、《新五代史》卷二五。

[6]率先掩擊，梁軍大恐：《宋本册府》卷四五《帝王部·謀略門》作：“率先掩賊，不意我師遽至，賊黨大恐。”

[7]斬萬餘級：中華書局本作“俘斬萬餘級”，有校勘記：“‘俘’字原闕，據《册府》卷四五、卷五七補。”見《宋本册府》卷四五及卷五七《帝王部·英斷門》。但衹能云斬若干級，不能云俘若干級，如《輯本舊史》卷二五《唐武皇紀上》光啓元年（885）五月之“斬首萬余級”，二年九月之“斬首數千級”，文德元年（888）十月之“斬首萬級”，但無俘若干級之記載，“俘”字誤補，今删。

[8]副招討使：官名。招討使副職。戰時任命，兵罷則省。掌招撫討伐等事務。《宋本册府》卷四五作：“副招討使、前鋒都指揮使。”　符道昭：人名。蔡州（今河南汝南縣）人。唐末、五代後梁將領。傳見本書卷二一、《新五代史》卷二一。

[9]天井關：關隘名。又稱太行關。位於今山西省晋城市南太行山頂。

[10]既懼而歎曰：《宋本册府》卷四五、卷五七作：“大懼，既而歎曰。”

[11]龍紀：唐昭宗李曄年號（889）。　初，唐龍紀元年，帝纔五歲：《舊五代史考異》：“《歐陽史》：克用破孟方立于邢州，還軍上黨，置酒三垂岡。時莊宗在側，方五歲。考克用邢州之役在文德元年，今以莊宗生年計之，當從薛史作龍紀元年。”見《新五代史》卷五《莊宗本紀下》、卷四二《孟方立傳》。文德元年（888）爲戊申年，龍紀元年（889）爲己酉年，推差一年。

[12]玄宗：人名。即李隆基。唐代君主，睿宗的第三子。在位

四十三年（712—756）。紀見《舊唐書》卷八、卷九，《新唐書》卷五。

［13］老夫壯心未已，二十年後，此子必戰於此："老夫"，《宋本册府》卷一四八《帝王部·知子門》作"老子"。"此子"，《册府》卷一四八作"此郎子"。武皇校獵及祭祠事，《册府》卷一四八内容略同，文字稍有異。

［14］王班：人名。籍貫不詳。故河陽將領，累以軍功爲郡守，主留事於襄陽，被小將王求所殺。傳見本書附録。《輯本舊史》之影庫本粘籤："'王班'，原本作'玉辨'，今據《通鑑》及《歐陽史》改正。"見《通鑑》卷二六六開平二年（908）五月辛未條、《新五代史》卷二《梁太祖紀下》開平三年七月甲申條。

［15］絳：州名。治所在今山西新絳縣。　高平：縣名。治所在今山西高平市。　梁將劉知俊自晋、絳將兵赴援，德威退保高平：《舊五代史考異》："澤州因牛存節之救得全。《通鑑考異》引《莊宗實録》云：'李存璋進攻澤州，刺史王班棄城而去，澤潞皆平。'殊失事實。《通鑑》從薛史。"見《通鑑》卷二六六開平二年五月辛未條《考異》。《舊五代史考異》所引《通鑑考異》中華書局本有校勘記："'列傳'，原作'實録'，據邵本校、《通鑑》卷二六六《考異》引《莊宗列傳》改。"見《通鑑》卷二六六開平二年五月辛未條《考異》引《莊宗列傳朱温傳》。

六月，鳳翔李茂貞、邠州楊崇本合西川王建之師五萬，[1]以攻長安，[2]遣使會兵於帝，帝遣張承業率師赴之。

［1］鳳翔：方鎮名。治所在鳳翔府（今陝西鳳翔縣）。　李茂貞：人名。深州博野（今河北蠡縣）人。唐末、五代軍閥。傳見本書卷一三二、《新五代史》卷四〇。　邠州：州名。治所在今陝西

彬縣。　楊崇本：人名。李茂貞義子，唐末軍閥。傳見本書卷一三、《新五代史》卷四〇。　西川：方鎮名。劍南西川簡稱。治所在成都府（今四川成都市）。　王建：人名。許州舞陽（今河南舞陽縣）人。唐末軍閥，五代十國前蜀開國皇帝。傳見本書卷一三六、《新五代史》卷六三。

[2]長安：地名。位於今陝西西安市。

九月，邠、岐、蜀三鎮復大舉攻長安，[1]帝遣李嗣昭、周德威將兵三萬攻晉州以應之。[2]德威與梁將尹皓戰于神山北，[3]梁人大敗。是時，晉之騎將夏侯敬受以一軍奔于梁，德威乃退保隰州。[4]

[1]岐：封國名。時鳳翔節度使李茂貞爲岐王，故稱。　蜀：五代十國之前蜀。

[2]李嗣昭：人名。汾州（今山西汾陽市）人。唐末、五代李克用義子、部將。傳見本書卷五二、《新五代史》卷三六。　帝遣李嗣昭、周德威將兵三萬攻晉州以應之：中華書局本有校勘記："'帝'字原闕，據《册府》卷八補。"見《宋本册府》卷八《帝王部·創業門四》。

[3]尹皓：人名。籍貫不詳。後梁將領。傳見本書附録。　神山：縣名。治所在今山西浮山縣。

[4]夏侯敬：人名。籍貫不詳。後唐將領。本書僅此一見。　隰州：州名。治所在今山西隰縣。　"是時"至"德威乃退保隰州"：《輯本舊史》之案語："《歐陽史》：九月丁丑，如懷州。《通鑑》作周德威等聞梁帝將至，乙未，退保隰州。是德威之退師，因梁祖之親至也。《薛史》唐紀不載。"《新五代史》卷二《梁太祖紀下》開平二年（908）九月丁丑條作"如陝州"。《通鑑》卷二六七載，太祖開平二年九月丁丑發大梁，乙酉至陝州，戊子岐王所署延

州節度使胡敬璋寇上平關，劉知俊擊破之，周德威聞帝將至，乙未退保隰州。

天祐六年秋七月，邠、岐二帥及梁之叛將劉知俊俱遣使來告，[1]將大舉以伐靈、夏，兼收關輔，請出兵晉、絳，以張兵勢。[2]

[1]邠、岐二帥及梁之叛將劉知俊俱遣使來告：《輯本舊史》之影庫本粘籤："'叛將'，原本作'判將'，今據文改正。""叛將"一詞常見，"判將"無解，應爲音同之誤。

[2]靈：此處指靈州節度使，方鎮名。又稱朔方、靈鹽。治所在靈州（今寧夏吴忠市）。　夏：此處指夏州節度使，方鎮名。又名定難軍。治所在朔方縣（今陝西靖邊縣）。　關輔：地名。漢景帝二年（前155）分内史爲左、右内史，與主爵中尉（不久改爲主爵都尉）同治長安，管轄京畿地區，合稱"三輔"。武帝太初元年（前104）改爲京兆尹、左馮翊、右扶風。轄境相當今陝西中部地區。　"將大舉以伐靈、夏"至"以張兵勢"：《宋本册府》卷八《帝王部·創業門四》略同，"以張兵勢"作"以張犄角"。

八月，帝御軍南征，先遣周德威、李存審、丁會統大軍出陰地關，攻晉州，爲地道，壞城二十餘步，城中血戰拒守。梁祖遣楊師厚領兵赴援，德威乃收軍而退。[1]

[1]丁會：人名。壽春（今安徽壽縣）人。唐末、五代將領。傳見本書卷五九、《新五代史》卷四四。　陰地關：關隘名。位於今山西靈石縣西南。　楊師厚：人名。潁州斤溝（今安徽太和縣阮

橋鎮斤溝村）人。唐末、五代將領。傳見本書卷二二、《新五代史》卷二三。　“八月”至“德威乃收軍而退”：《舊五代史考異》：“案《通鑑》引《莊宗實録》云：汴軍至蒙阬，周德威逆戰，敗之，斬首三百級，楊師厚退保絳州。是役也，小將蕭萬通戰歿，師厚進營平陽，德威收軍而退。”見《通鑑》卷二六七開平三年（909）八月條《考異》。“斬首三百級”，《考異》引文原作“斬首二百級”；“楊師厚退保絳州”，《考異》引文原作“師厚退絳州”。並云“蓋晋軍實敗走，《莊宗實録》妄言耳”。

天祐七年秋七月，鳳翔李茂貞、邠州楊崇本皆遣師來會兵，同討靈、夏。且言劉知俊三敗汴軍於寧州，[1]靈、夏危蹙，岐、隴之師大舉，[2]決取河西。[3]帝令周德威將兵萬人，西渡河以應之。是役也，劉知俊爲岐人所搆，乃自退。

[1]寧州：州名。治所在今甘肅寧縣。

[2]岐、隴：山名。分别爲岐山和隴山。此處代指鳳翔節度使李茂貞政權。岐山，位於今陝西岐山縣。隴山，位於今甘肅、陝西交界地方。

[3]河西：地名。此處指延州。

九月，德威班師。

冬十月，梁祖遣大將李思安、楊師厚率師營於澤州，以攻上黨。[1]

[1]上黨：即潞州。治所在今山西長治市。

十一月，鎮州王鎔遣使來求援。[1]是時，梁祖以羅紹威初卒，[2]全有魏博之地，[3]因欲兼并鎮、定，[4]遣供奉官杜廷隱、丁延徽督魏軍三千人入于深、冀，[5]鎮人懼，故來告難。帝集軍吏議之，咸欲按甲治兵，徐觀勝負，唯帝獨斷，堅欲救之，乃遣周德威率軍屯于趙州。[6]是月，行營都招討使丁會卒。[7]

[1]鎮州：此處指成德軍。治所在鎮州（今河北正定縣）。王鎔：人名。回鶻人。唐末、五代軍閥，朱温後封趙王。傳見本書卷五四、《新五代史》卷三九。

[2]羅紹威：人名。魏州貴鄉（今河北大名縣）人。唐末、五代軍閥。傳見本書卷一四、《新五代史》卷三九。

[3]魏博：方鎮名。唐廣德元年（763）所置河北三鎮之一。治所在魏州（今河北大名縣）。天祐三年（904）號天雄軍。五代後梁乾化二年（912）爲梁所併。　鎮：州名。治所在今河北正定縣。　定：州名。治所在今河北定州市。

[4]因欲兼并鎮、定：《輯本舊史》之影庫本粘籤："兼并，原本作'兼兵'，今據文改正。"《宋本册府》卷八《帝王部·創業門四》本作"兼并"，此爲書證，何須據文改正。且"兼并"常見，"兼兵"在此處無解，應爲音同或音近之誤。

[5]供奉官：官名。泛指侍奉皇帝左右的臣僚，亦爲東、西頭供奉官通稱。　杜廷隱：人名。籍貫不詳。五代後梁將領。事見《通鑑》卷二六七。　丁延徽：人名。籍貫不詳。五代後梁將領。事見本書本卷、卷四三、卷九七。　深：州名。治所在今河北深州市。　冀：州名。治所在今河北衡水市冀州區。

[6]趙州：州名。治所在今河北趙縣。　乃遣周德威率軍屯于趙州：《宋本册府》卷八同。

[7]行營都招討使：官名。五代時掌一方招撫討伐等事務。戰

時任命，兵罷則省。常以大臣、將帥或地方軍政長官兼任。

十二月丁巳朔，梁祖聞帝軍屯趙州，命寧國軍節度使王景仁爲北面行營招討使，[1]韓勍爲副，[2]相州刺史李思安爲前鋒，[3]會魏州之兵以討王鎔。[4]又令閻寶、王彦章率二千騎，[5]會景仁於邢、洺。[6]丁丑，景仁營於柏鄉，[7]帝遂親征，自贊皇縣東下。[8]辛巳，至趙州，與周德威兵合。帝令史建瑭以輕騎嘗寇，[9]獲芻牧者二百人，問其兵數，精兵七萬。是日，帝觀兵於石橋南，[10]詰旦進軍，距柏鄉一舍，周德威、史建瑭率蕃落勁騎以挑戰，四面馳射，梁軍閉壁不出，乃退。翌日進軍，距柏鄉五里，[11]遣騎軍逼其營。梁將韓勍、李思安率步騎三萬，鎧甲炫曜，其勢甚盛，分道以薄帝軍。德威且戰且退，距河而止。既而德威偵知梁人造浮橋，乃退保高邑。[12]乙酉，致師於柏鄉，帝禱戰於光武廟。[13]柏鄉無芻粟之備，梁軍以樵採爲給，爲帝之遊軍所獲，由是堅壁不出，剉屋茅坐席以秣其馬，衆心益恐。

[1]寧國軍：方鎮名。治所在宣州（今安徽宣城市）。天復三年（903）廢，五代吴復置。　王景仁：人名。廬州合淝（今安徽合肥市）人。本名王茂章。五代後梁將領。傳見本書卷二三、《新五代史》卷二三。　行營招討使：官名。唐始置。戰時任命，兵罷則省。常以大臣、將帥或地方軍政長官兼任。掌招撫討伐等事務。

[2]韓勍：人名。籍貫不詳。五代後梁將領。事見本書卷七、《新五代史》卷四五。

[3]相州：州名。治所在今河南安陽市。

[4]魏州：州名。治所在今河北大名縣。

[5]閻寶：人名。鄆州（今山東東平縣）人。五代後梁、後唐將領。傳見《新五代史》卷四四。　王彥章：人名。鄆州壽張（今山東陽穀縣壽張集）人。五代後梁將領。傳見本書卷二一、《新五代史》卷三二。

[6]邢：州名。治所在今河北邢臺市。　洺：州名。治所在今河北邯鄲市永年區。

[7]柏鄉：地名。位於今河北柏鄉縣。

[8]贊皇縣：縣名。治所在今河北贊皇縣。

[9]史建瑭：人名。雁門（今山西代縣）人。五代後唐將領。傳見本書卷五五、《新五代史》卷二五。

[10]石橋：橋名。即趙州橋。位於今河北趙縣城南。

[11]距柏鄉五里："五里"，《舊五代史考異》："原本作'七里'，今據《歐陽史》及《通鑑》改正。"見《新五代史》卷二五《周德威傳》、《通鑑》卷二六七開平四年（910）十二月癸未條。

[12]高邑：縣名。一作"鄗（hào）邑"。治所在今河北高邑縣。

[13]光武廟：高邑原名"鄗上"，東漢光武帝在此即位，改名高邑，故建光武廟。

天祐八年正月丁亥，周德威、史建瑭帥三千騎致師於柏鄉，設伏於村塢間，遣三百騎直壓其營。梁將怒，悉其軍結陣而來，德威與之轉戰至高邑南，梁軍列陣，橫亘六七里。時帝軍未成列，李存璋引諸軍陣於野河之上，[1]梁軍以五百人争橋，[2]鎮、定之師與血戰，梁軍敗而復整者數四。帝與張承業登高觀望，梁人戈矛如束，申令之後，囂聲若雷，王師進退有序，[3]步騎嚴整，寂然無聲。帝臨陣誓衆，人百其勇，短兵既接，無不奮力。梁有龍驤、神威、拱宸等軍，[4]皆武勇之士也，每一人鎧仗，費數十萬，裝以組繡，飾以金銀，人望而畏之。自巳及午，騎軍接戰，至晡，梁軍欲抽退，塵埃漲天，德威周麾而呼曰："汴人走矣！"帝軍齊譟以進，魏人收軍漸退。李嗣源率親軍與史建瑭、安金全兼北部吐渾諸軍衝陣夾攻，梁軍大敗，棄鎧投仗之聲，震動天地，龍驤、神威、神捷諸軍，殺戮殆盡，[5]自陣至柏鄉數十里，殭屍枕籍，敗旗折戟，所在蔽地。夜漏一鼓，帝軍入柏鄉，梁軍輜重、帳幄、資財、奴僕，皆爲帝軍所有。梁將王景仁、韓勍、李思安等以數十騎夜遁。是役也，斬首二萬級，獲馬三千匹，鎧甲兵仗七萬，輜車鍋幕不可勝計。擒梁將陳思權以下二百八十五人。[6]帝號令收軍於趙州。既而梁人棄深、冀二州而遁。初，杜廷隱之襲深、冀也，[7]聲言分兵就食。時王鎔將石公立戍深州，[8]欲杜關不納，鎔遽令啟關，命公立移軍於外，廷隱遂據其城。公立既出，指城闉而言曰："開門納盜，後悔何追，此城數萬生靈，生爲俘馘矣！"因投刃泣下。數日，廷隱閉城殺鎮兵數千人，遂登陴拒守，王鎔方命公立攻之，即有備矣。及柏鄉之敗，兩州之人悉爲奴擄，老弱者皆坑之。己亥，遣史建瑭、周德威徇地于邢、魏，先馳檄以諭之。[9]帝御親軍南征。庚子，至洺州，梁祖令其將徐仁溥將兵五百，[10]夜入邢州。張承業、李存璋以三鎮步兵攻邢州，遣周德威、史建瑭將三千騎，長驅至澶、魏，[11]帝與李嗣源率親軍繼進。

［1］野河：水名。又稱槐水。上游即今河北贊皇縣槐河，唐時下游流經今趙縣南東入洨水，五代下游改經高邑縣東南、柏鄉縣北五里，東入洨河。

［2］梁軍以五百人争橋：《舊五代史考異》："《通鑑》作梁軍横亘數里，競前奪橋，鎮、定步兵禦之，勢不能支。與此微異。"見《通鑑》卷二六七乾化元年（911）正月條。

［3］王師進退有序：《輯本舊史》之影庫本粘籤："'王師'，原本作'王追'，今據文改正。"

［4］龍驤：部隊番號。五代禁軍之一部。　神威：部隊番號。唐代禁軍。分左、右神威軍。　拱宸：部隊番號。五代禁軍之一部。

［5］安金全：人名。代北（今山西北部）人。五代後唐將領。傳見《舊五代史》卷六一、《新五代史》卷二五。　吐渾：部族名。吐谷渾的省稱。源出鮮卑，後游牧於今甘肅、青海一帶。參見周偉洲《吐谷渾資料輯録》（增訂本），商務印書館2017年版。　神捷：部隊番號。五代禁軍之一部。　"李嗣源率親軍與史建瑭"至"殺戮殆盡"：《輯本舊史》之影庫本粘籤："《通鑑》云：趙人以深、冀之憾，不顧剽掠，但奮白刃追之，梁之龍驤、神捷精兵皆盡。與《薛史》互有詳略，今附識于此。"

［6］陳思權：人名。籍貫不詳。五代後梁將領。本書僅此一見。

［7］杜廷隱：人名。籍貫不詳。五代後梁將領。事見《通鑑》卷二六七。

［8］石公立：人名。籍貫不詳。五代將領。事見本書本卷、卷二六。

［9］"己亥"至"先馳檄以諭之"：《輯本舊史》之案語："《册府元龜》載晋王諭邢、洺、魏、博、衛、滑諸郡縣檄。天祐八年正月，周德威等破賊，徇地邢、洺，先馳檄諭邢、洺、魏、博、衛、滑諸郡縣曰：'王室遇屯，七廟被陵夷之酷；昊天不弔，萬民罹塗炭之災。必有英主奮庸，忠臣仗順，斬長鯨而清四海，靖祆祲以泰三靈。予位忝維城，任當分閫，念兹顛覆，詎可宴安。故仗桓文輔

合之規，問羿浞凶狂之罪。逆温碭山庸隸，巢孽餘凶，當僖宗奔播之初，我太祖掃平之際，束身泥首，請命牙門，苞藏姦詐之心，惟示婦人之態。我太祖俯憐窮鳥，曲爲開懷，特發表章，請帥梁汴，纔出萑蒲之澤，便居茅社之尊，殊不感恩，遽行猜忍。我國家祚隆周漢，跡盛伊唐，二十聖之鎡基，三百年之文物。外則五侯九伯，内則百辟千官，或代襲簪纓，或門傳忠孝，皆遭陷害，永抱沉冤。且鎮、定兩藩，國家巨鎮，冀安民而保族，咸屈節以稱藩。逆温唯仗陰謀，專行不義，欲全吞噬，先據屬州。趙州特發使車，來求援助。予情惟盪寇，義切親仁，躬率賦輿，赴兹盟約。賊將王景仁將兵十萬，屯據柏鄉，遂驅三鎮之師，授以七擒之略。鸛鵝纔列，梟獍大奔，易如走坂之丸，勢若燎原之火。僵尸仆地，流血成川。組甲雕戈，皆投草莽；謀夫猛將，盡作俘囚。群凶既怏於天誅，大憝須垂於鬼録。今則選蒐兵甲，簡練車徒，乘勝長驅，翦除元惡。凡爾魏博、邢洺之衆，感恩懷義之人，乃祖乃孫，爲聖唐赤子，豈狥虎狼之黨，遂忘覆載之恩。蓋以封豕長蛇，馮陵薦食，無方逃難，遂被脅從。空嘗膽以銜冤，竟無門而雪憤，既聞告捷，想所慰懷。今義旅徂征，止於招撫。昔耿純焚盧而向順，蕭何舉族以從軍，皆審料興亡，能圖富貴，殊勳茂業，翼子貽孫，轉禍見機，決在今日。若能詣轅門而效順，開城堡以迎降，長官則改補官資，百姓則優加賞賜，所經詿誤，更不推窮。三鎮諸軍，已申嚴令，不得焚燒廬舍，剽掠馬牛，但仰所在生靈，各安耕織。予恭行天罰，罪止元凶，已外歸明，一切不問，凡爾士衆，咸諒予懷。’”見明本《册府》卷六五《帝王部·發號令門四》。中華書局本對《輯本舊史》案語所引之《册府》，有校勘記：“故仗桓文輔合之規”，“‘桓’，原作‘威’，據殿本、《册府》卷八改。“逆温唯仗陰謀”，‘仗’，原作‘伏’，據劉本、《舊五代史考異》卷二、《册府》卷八改。”

[10]徐仁溥：人名。籍貫不詳。五代後梁將領。本書僅此一見。中華書局本有校勘記：“原作‘徐仁浦’，據《册府》卷八、《通鑑》卷二六七改。影庫本粘籤：‘徐仁浦，《通鑑》作“仁溥”，

考《薛史》前後俱作“仁浦”，今姑仍其舊。’按徐仁浦，本書僅此一見。”《宋本册府》卷八《帝王部·創業門四》、《通鑑》卷二六七乾化元年正月己亥條載此事均作“徐仁溥”。

[11]澶：州名。唐、五代初，治所在河南清豐縣。後晋天福四年（939），移治於今河南濮陽縣。

二月戊午，師次洹水，[1]周德威進至臨河。[2]己未，魏帥羅周翰出兵五千，[3]塞石灰窰口，[4]周德威以騎掩擊，迫入觀音門。[5]是日，王師迫魏州，帝舍於狄公祠西。[6]周翰閉壁自固，帝軍攻之，其城幾陷。帝歎曰：“予爲兒童時，從先王渡河，今其忘矣。方春桃花水滿，思一觀之，誰從予者?”癸亥，帝觀河於黎陽。[7]是時，梁祖發兵萬餘將渡河，聞王師至，棄舟而退。黎陽都將張從楚、曹儒以部下兵三千人來降，[8]立其軍爲左右匡霸使。[9]乙丑，周德威自臨清狥地貝郡，[10]攻博州，[11]下東武、朝城。[12]時澶州刺史張可臻棄城而遁，[13]遂攻黎陽，[14]下臨河、淇門。[15]庚午，梁祖在洛，聞王師將攻河陽，[16]率親軍屯白司馬陂。[17]壬申，帝下令班師。帝至趙州，王鎔迎謁。翌日，大饗諸軍。壬午，帝發趙州，歸晋陽，留周德威戍趙州。

[1]洹（huán）水：縣名。治所在今河北魏縣。因境有洹水，故名。

[2]臨河：縣名。治所在今河南浚縣東北。

[3]羅周翰：人名。籍貫不詳。五代後梁將領。事見本書本卷、卷八。

[4]石灰窰：地名。位於今河北大名縣。

[5]觀音門：城門名。爲魏州城羅城西門。位於今河北大名縣。

[6]狄公祠：祠廟。《通鑑》卷二七一龍德元年（921）正月戊戌條胡注："唐狄仁傑刺魏州，有惠政，州人爲之立祠。"

[7]河：即黄河。　黎陽：縣名。治所在今河南浚縣。

[8]都將：官名。唐、五代時節度使屬將。　張從楚：人名。後唐莊宗賜名爲李紹文。鄆州（今山東東平縣）人。五代後梁、後唐將領。傳見本書卷五九。　曹儒：人名。籍貫不詳。五代後梁、後唐將領。事見本書本卷、卷五九。

[9]匡霸：軍隊番號。李存勗收編後梁軍隊設置，編制三千人。

[10]臨清：縣名。治所在今河北臨西縣。　貝郡：州名。即貝州。治所在今河北清河縣。

[11]博州：州名。治所在今山東聊城市。

[12]東武：地名。位於朝城縣（今山東莘縣）境内。　朝城：縣名。治所在今山東莘縣。

[13]張可臻：人名。籍貫不詳。本書僅此一見。

[14]遂攻黎陽：中華書局本有校勘記："'攻'，原作'入'，據殿本改。《通鑑》卷二六七敘其事作'進攻黎陽'，《册府》卷八略同。影庫本批校云：'"入"應作"攻"字'。"《宋本册府》卷八《帝王部·創業門四》實作"進擊黎陽"，《通鑑》卷二六七乾化元年（911）二月條作"進攻黎陽"。

[15]臨河：縣名。治所在今河南浚縣東北。　淇門：地名。位於今河南浚縣西南。

[16]河陽：縣名。治所在今河南孟州市。

[17]白司馬陂：地名。位於今河南洛陽北邙山北。《輯本舊史》原作"白馬坡"，中華書局本沿之。《舊五代史考異》卷二："《通鑑》作白馬阪。"《通鑑》卷二八〇天福元年（936）閏十一月庚午條胡注："白司馬阪，在洛陽城北。"今據改。

三月己丑，鎮、定州各遣使言幽州劉守光凶僭之狀，[1]請推爲尚父，[2]以稔其惡。乙未，帝至晉陽宫，召監軍張承業諸將等議幽州之事，乃遣牙將戴漢超齎墨制并六鎮書，[3]推劉守光爲尚書令、尚父，[4]守光由是凶熾日甚，遂邀六鎮奉册。

[1]幽州：州名。治所在今北京市。　劉守光：人名。深州樂壽（今河北獻縣）人。唐末幽州節度使劉仁恭之子。劉守光囚父自立，後號大燕皇帝，爲晉王李存勗俘殺。傳見本書卷一三五、《新五代史》卷三九。

[2]尚父：尊號名。意爲可尊尚的父輩。

[3]戴漢超：人名。籍貫不詳，五代後唐將領。本書僅此一見。　六鎮：《舊五代史考異》："原本作'大鎮'，今據《通鑑》改正。"《輯本舊史》之影庫本粘籤："六鎮，原本作'大鎮'，據《通鑑》：晉王與王鎔及義武王處直、昭義李嗣昭、振武周德威、天德宋瑶六節度使共奉册于守光。胡三省云：五鎮并河東而六。知原本'大'字係傳寫之訛，今改正。"見《通鑑》卷二六八乾化元年（911）六月癸丑條及該條《考異》。該條胡注云："五鎮並河東爲六，然自昭義以下皆屬河東。"

[4]尚書令：官名。秦始置。隋、唐前期爲尚書省長官，與中書令、侍中並爲宰相。唐後期多爲大臣加銜，不參與政務。正二品。

五月，六鎮使至幽，梁使亦集。[1]是月，梁祖遣都招討使楊師厚將兵三萬屯邢州，帝令李嗣昭出師掠相、衛而還。[2]

[1]五月，六鎮使至幽，梁使亦集：《舊五代史考異》："《通鑑

考異》引《莊宗實録》云：三月己丑，鎮州遣押衙劉光業至，言劉守光凶淫縱毒，欲自尊大，請稔其惡以咎之，推爲尚父。乙未，上至晋陽宫，召張承業諸將等議討燕之謀，諸將亦云宜稔其惡。上令押衙戴漢超持墨制及六鎮書如幽州，其辭曰：'天祐八年三月二十七日，天德軍節度使宋瑶、振武節度使周德威、昭義節度使李嗣昭、易定節度使王處直、鎮州節度使王鎔、河東節度使尚書令晋王謹奉册進盧龍横海等軍節度、檢校太尉、中書令、燕王爲尚書令、尚父。'五月，六鎮使至，汴使亦集。六月，守光令有司定尚父、採訪使儀則。"見《通鑑》卷二六八乾化元年（911）六月乙卯條《考異》。中華書局本有校勘記："'鎮州遣押衙劉光業至言劉'十一字原闕，據殿本、劉本、《通鑑》卷二六八《考異》引《莊宗實録》補。'儀則'，原作'議'，據《通鑑》卷二六八《考異》引《莊宗實録》改。"

[2]衛：州名。治所在今河南衛輝市。

秋七月，帝會王鎔於承天軍。[1]鎔，武皇之友也，帝奉之盡敬，捧巵酒爲壽，鎔亦捧酒疇帝。鎔幼子昭誨從行，[2]因許爲婚。

[1]承天軍：方鎮名。治所在今山西平定縣。

[2]昭誨：人名。即王昭誨。回鶻部人。王鎔之子，後唐莊宗李存勗婿。事見本書本卷。

八月甲子，幽州劉守光僭稱大燕皇帝，年號應天。[1]

[1]應天：五代大燕皇帝劉守光年號（911—913）。

九月庚子，梁祖將親軍自洛渡河而北，至相州，聞帝軍未出，乃止。

十月，幽州劉守光殺帝之行人李承勳，[1]忿其不行朝禮也。

[1]李承勳：人名。籍貫不詳。李克用牙將。傳見本書卷五六。

十一月辛丑，燕人侵易、定，[1]王處直來告難。[2]

[1]易：州名。治所在今河北易縣。　十一月辛丑，燕人侵易定：《舊五代史考異》："《通鑑》作戊申，燕主守光將兵二萬寇易定。《薛史》作辛丑，與《通鑑》異。"《通鑑》卷二六八乾化元年（911）十一月戊申條云："燕主守光將兵二萬寇易定，攻容城。"天祐八年（911）十一月辛巳朔，辛丑二十一日，戊申二十八日。

[2]王處直：人名。京兆萬年（今陝西西安市長安區）人。唐末、五代軍閥。傳見本書卷五四、《新五代史》卷三九。

十二月甲子，帝遣周德威、劉光濬、李嗣源及諸將率蕃漢之兵發晉陽，伐劉守光於幽州。《永樂大典》卷七千一百五十五。[1]

[1]《大典》卷七一五五"唐"字韻，"莊宗"事目二。

舊五代史　卷二八

唐書四

莊宗紀第二

天祐九年春正月庚辰朔，[1]周德威等自飛狐東下。[2]丙戌，會鎮、定之師進營祁溝。[3]庚子，[4]次涿州，[5]刺史劉知温以城歸順。[6]德威進迫幽州，[7]守光出兵拒戰，[8]燕將王行方等以部下四百人來奔。[9]

[1]天祐：唐昭宗李曄開始使用的年號（904）。唐哀帝李柷即位後沿用（904—907）。唐亡後，河東李克用、李存勗仍稱天祐，沿用至天祐二十年（923）。五代其他政權亦有行此年號者，如南吴、吴越等，使用時間長短不等。

[2]周德威：人名。朔州馬邑（今山西朔州市朔城區東北）人。唐末、五代河東將領。傳見本書卷五六、《新五代史》卷二五。　飛狐：路名。北起今山西大同市，南抵今河北定州市。

[3]鎮：州名。治所在今河北正定縣。　定：州名。治所在今河北定州市。　祁溝：關隘名。又名岐溝關。位於今河北涿州市西南。《輯本舊史》之影庫本粘籤："'祁溝'，原本作'禮溝'，據胡

三省《通鑑》注云：祁溝關在涿州南，易州巨馬河之北。今改正。”見《通鑑》卷二六八乾化二年（912）正月丙辰條胡注。五代亦無禮溝。

[4]庚子：中華書局本有校勘記：“《通鑑》卷二六八繫其事於戊子。按《通鑑》繫周德威進迫幽州事於丁酉，是月庚辰朔，戊子爲初九，庚子爲二十一日，丁酉爲十八日，庚子不當在丁酉前。”《通鑑》卷二七八記周德威出飛狐、下祁溝之時均與《輯本舊史》同，記戊子（初九）“圍涿州”，與《輯本舊史》之庚子（二一）“次涿州”，乃記載之不同，非時序顛倒。

[5]涿州：州名。治所在今河北涿州市。

[6]刺史：官名。漢武帝時始置。州一級行政長官。總掌考覈官吏、勸課農桑、地方教化等事。唐中期以後，節度使、觀察使轄州而設，刺史爲其屬官，職任漸輕。從三品至正四品下。　劉知温：人名。籍貫不詳。五代官員。事見本書本卷、卷五六。

[7]幽州：州名。治所在今北京市。

[8]守光：人名。即劉守光。深州樂壽（今河北獻縣）人。唐末幽州節度使劉仁恭之子。劉守光囚父自立，後號大燕皇帝，爲晋王李存勗俘殺。傳見本書卷一三五、《新五代史》卷三九。

[9]燕：即五代劉守光大燕政權。　王行方：人名。籍貫不詳。五代大燕政權將領。本書僅此一見。

二月庚戌朔，梁祖大舉河南之衆以援守光，[1]以陝州節度使楊師厚爲招討使，[2]河陽李周彝爲副；[3]青州賀德倫爲應接使，[4]鄆州袁象先爲副。[5]甲子，梁祖自洛陽趨魏州，[6]遣楊師厚、李周彝攻鎮州之棗强，[7]命賀德倫攻蓨縣。[8]

[1]梁祖：即後梁太祖朱温。　河南：地名。泛指後梁黄河以

南地區。　梁祖大舉河南之衆以援守光："大舉"，《宋本册府》卷八《帝王部·創業門四》作"率舉"。

[2]陝州：州名。治所在今河南三門峽市陝州區。　節度使：官名。唐時在重要地區所設掌握一州或數州軍政、民政、財政的長官。　楊師厚：人名。潁州斤溝（今安徽太和縣阮橋鎮斤溝村）人。唐末、五代將領。傳見本書卷二二、《新五代史》卷二三。　招討使：官名。唐貞元年間始置。戰時任命，兵罷則省。常以大臣、將帥或地方軍政長官兼任。掌招撫討伐等事務。

[3]河陽：方鎮名。全稱"河陽三城"。治所在孟州（今河南孟州市）。　李周彝：人名。籍貫不詳。唐末、五代軍閥。事見《新五代史》卷二一、卷二二、卷四〇。

[4]青州：州名。治所在今山東青州市。　賀德倫：人名。五代後梁將領。其先係河西部落人，後居滑州（今河南滑縣）。傳見本書卷二一、《新五代史》卷四四。　應接使：官名。唐末、五代於戰時設置。

[5]鄆州：州名。治所在今山東東平縣。　袁象先：人名。宋州下邑（今河南夏邑縣）人。朱温之甥。五代後梁、後唐將領。傳見本書卷五九、《新五代史》卷四五。

[6]洛陽：地名。即今河南洛陽市。　魏州：州名。治所在今河北大名縣。

[7]棗强：縣名。治所在今河北棗强縣。

[8]蓨（tiáo）縣：縣名。治所在今河北景縣。

三月壬午，梁祖自督軍攻棗强。甲申，[1]城陷，屠之。時李存審與史建瑭以三千騎屯趙州，[2]相與謀曰："梁軍若不攻蓨城，必西攻深、冀。[3]吾王方北伐，以南鄙之事付我輩，豈可坐觀其弊。"乃以八百騎趨冀州，扼下博橋，[4]令史建瑭、李都督分道擒生。[5]翌日，諸軍皆至，獲芻牧者數百人，盡殺之，縱數人逸去，且告："晋王至矣。"[6]建瑭與李都督各領百餘騎，[7]旗幟軍號類梁軍，與芻牧者雜行，暮及賀德倫營門，殺守門者，縱火大呼，俘斬而旋。又執芻牧者，斷其手令迴，梁軍乃夜遁。蓨人持鉏櫌白梃追擊之，悉獲其輜重。[8]梁祖聞之大駭，自棗强馳歸貝州，[9]殺其將張正言、許從實、朱彦柔，[10]以其亡師於蓨故也。梁祖先抱痼疾，因是愈甚。辛丑，滄州都將張萬進殺留後劉繼威，[11]自爲滄帥，遣人送款于梁，亦乞降于帝。戊申，周德威遣李存暉攻瓦橋關，[12]下之。

[1]甲申：《舊五代史考異》："《通鑑》作丙戌。"見《通鑑》卷二六八乾化二年（912）三月丙戌條。

[2]李存審：人名。陳州宛丘（今河南淮陽縣）人。原姓符名存。五代後唐將領。傳見本書卷五六、《新五代史》卷二五。　史建瑭：人名。雁門（今山西代縣）人。唐九府都督史敬思之子，五代後唐將領。傳見本書卷五五、《新五代史》卷二五。　趙州：州名。治所在今河北趙縣。

[3]深：州名。治所在今河北深州市。　冀：州名。治所在今河北衡水市冀州區。

[4]博橋：橋名。位於今河北棗强縣。

[5]李都督：即李嗣肱。唐末、五代時沙陀部人。傳見本書卷五〇、《新五代史》卷一四。《通鑑》卷二六八乾化二年三月丁亥條追述此事云：李存審謂史建瑭、李嗣肱曰：當與公等以奇計破之云云。所述與《輯本舊史》同，知李都督即李嗣肱。李嗣肱《輯本舊史》卷五〇《唐宗室列傳二》有傳，爲唐武皇從父弟克修之次子。

［6］晉王：即李存勗。五代後唐王朝的建立者。紀見本書卷二七至卷三四、《新五代史》卷五。

［7］百餘騎：《通鑑》卷二六八乾化二年三月丁亥條作“三百騎”。

［8］鉏（chú）耰（yōu）白梃：平民所持武器。鉏耰，意爲鋤頭和平土農具，泛指農具。白梃，木棍。《漢書・諸侯王表》：“陳吴奮其白梃。”應劭注：“白梃，大杖也。”　“梁軍乃夜遁”至“悉獲其輜重”：《舊五代史考異》：“《通鑑・後梁紀》云：帝燒營夜遁，迷失道，委曲行百五十里。戊子旦，乃至冀州。蓨之耕者皆荷鉏奮梃逐之，委棄軍資器械不可勝計。”見《通鑑》卷二六八乾化二年三月戊子條。

［9］貝州：州名。治所在今河北清河縣。

［10］張正言：人名。籍貫不詳。五代後梁將領。本書僅此一見。　許從實：人名。籍貫不詳。劉萬子部將。事見本書本卷、卷二三，《新五代史》卷四〇、卷五四。　朱彦柔：人名。籍貫不詳。五代後梁將領。本書僅此一見。

［11］滄州：州名。治所在今河北滄縣舊州鎮。此處指横海軍節度使。　都將：官名。唐五代時方鎮屬將。　張萬進：人名。雲州（今山西大同市）人。唐末、五代將領。傳見本書卷一三。　留後：官名。唐、五代節度使多以子弟或親信爲留後，以代行節度使職務，亦有軍士、叛將自立爲留後者。掌一州或數州軍政。　劉繼威：人名。深州樂壽（今河北獻縣）人。劉守光之子。五代將領。事見本書卷一三《張萬進傳》，《通鑑》卷二六七、卷二六八。

［12］李存暉：人名。籍貫不詳。五代後唐將領。本書僅此一見。　瓦橋關：關隘名。唐置。位於今河北雄縣。五代後晉初地入契丹。後周顯德六年（959）收復，建爲雄州。與益津、淤口合稱三關。

四月丁巳，梁祖自魏南歸，疾篤故也。戊寅，[1]李嗣源攻瀛州，[2]拔之。

[1]戊寅：中華書局本沿《輯本舊史》作戊申，是月己酉朔，無戊申。《通鑑》卷二六八繫李嗣源攻拔瀛洲之時爲戊寅。

[2]李嗣源：人名。沙陀部人，應州金城（今山西應縣）人。李克用養子，逼宫李存勗後自立爲後唐皇帝。紀見本書卷三五至卷四〇、《新五代史》卷六。　瀛州：州名。治所在今河北河間市。

五月己卯朔，[1]周德威大破燕軍於羊頭岡，[2]擒大將單廷珪，[3]斬首五千餘級。[4]德威自涿州進軍于幽州，營于城下。

[1]五月己卯朔：《輯本舊史》原作“五月乙卯朔”。中華書局本有校勘記：“按是月己卯朔，無乙卯。《通鑑》卷二六八《考異》引《莊宗實録》：‘四月己卯朔，周德威擒單廷珪，進軍大城莊。’疑《通鑑考異》‘四月’爲‘五月’之訛。”中華書局本未改“乙卯”爲“己卯”，今改正。《通鑑》卷二六八乾化二年（912）五月甲申條《考異》引《莊宗實録》云四月己卯周德威擒單庭珪，但正文仍繫於五月己卯，不得云《考異》訛。

[2]羊頭岡：《舊五代史考異》：“《通鑑》作龍頭岡，《考異》引《莊宗實録》作羊頭岡。”見《通鑑》卷二六八乾化二年五月甲申條及該條《考異》。《輯本舊史》卷五六《周德威傳》作龍頭崗。《宋本册府》卷三九六《將帥部·勇敢門》亦作龍頭崗。

[3]單廷珪：人名。籍貫不詳。劉守光麾下將領。事見本書本卷、卷五六、卷七〇。

[4]斬首五千餘級：中華書局本有校勘記：“‘五千’，本書卷五六《周德威傳》、《册府》卷三九六、《通鑑》卷二六八作‘三千’。”

閏月己酉，攻其西門，燕人出戰，敗之。

六月戊寅，梁祖爲其子友珪所弒，[1]友珪僭即帝位于洛陽。

[1]友珪：人名。即朱友珪。後梁太祖朱温之子，乾化二年（912）殺死朱温自立爲帝。次年兵敗身死，被廢爲庶人。傳見本書卷一二、《新五代史》卷一三。

秋八月，朱友珪遣其將韓勍、康懷英、牛存節率兵五萬，[1]急攻河中。[2]朱友謙遣使來求援，[3]帝命李存審率師救之。

[1]韓勍：人名。籍貫不詳。五代後梁將領。事見本書卷七、《新五代史》卷四五。　康懷英：人名。本名懷貞，避後梁末帝朱友貞諱改懷英。兖州（今山東濟寧市兖州區）人。唐末、五代將領。傳見本書卷二三、《新五代史》卷二二。　牛存節：人名。青州博昌（今山東博興縣）人。唐末、五代將領。傳見本書卷二二、《新五代史》卷二二。

[2]河中：方鎮名。治所在河中府（今山西永濟市）。

[3]朱友謙：人名。許州（今河南許昌市）人。唐末、五代軍閥。傳見本書卷六三、《新五代史》卷四五。

十月癸未，帝自澤州路赴河中，遇梁將康懷英於平陽，[1]破之，斬首千餘級，追至白徑嶺，[2]朱友謙會帝於猗氏，[3]梁軍解圍而去。十一月庚申，[4]周德威報劉守光三遣使乞和，不報。丁卯，燕將趙行實來奔。[5]

[1]平陽：地名。位於今山西臨汾市。《通鑑》從莊宗天祐九年《實録》作"解縣"，見卷二六八乾化二年（912）十月條及該條《考異》。

[2]白徑嶺：地名。位於今山西運城市東南，爲中條山支嶺。路通陝州（今河南三門峽市陝州區）。《輯本舊史》之影庫本粘籤："'白徑嶺'，原本作'百徑'，據胡三省《通鑑》注云：白徑嶺在河中安邑縣東。今改正。"見《通鑑》卷二六八乾化二年十月條及該條胡注。影庫本粘籤引胡注安邑縣下原無"東"字，中華書局本有校勘記："'東'字原闕，據《通鑑》卷二六八胡注補。"

[3]猗氏：縣名。治所在今山西臨猗縣。

[4]十一月庚申：《輯本舊史》原無"十一月"三字，中華書局本有校勘記："十月乙亥朔，無庚申。十一月乙巳朔，庚申爲十六日，丁卯爲二十三日。'庚申'上疑脱'十一月'三字。"但未補。下一條記事爲丁卯，十月無丁卯，故補。

[5]趙行實：人名。籍貫不詳。五代將領。事見本書本卷、卷五五、卷八四。

天祐十年春正月丁巳，周德威攻下順州，[1]獲刺史王在思。[2]

[1]順州：州名。治所在今北京市順義區。

[2]王在思：人名。籍貫不詳。本書僅此一見。

二月甲戌朔，攻下安遠軍，[1]獲燕將一十八人。庚寅，梁朱友珪爲其將袁象先所殺，均王友貞即位於汴州。[2]丙申，周德威報檀州刺史陳確以城降。[3]

［1］安遠軍：方鎮名。治所在安州（今湖北安陸市）。

［2］友貞：人名。即後梁末帝朱友貞。後梁太祖朱温之子。913年至923年在位。紀見本書卷八至一〇、《新五代史》卷三。　汴州：州名。治所在今河南開封市。

［3］檀州：治所在今北京市密雲區。　陳確：人名。籍貫不詳。本書僅此一見。

三月甲辰朔，收盧臺軍。[1]乙丑，收古北口。[2]時居庸關使胡令珪等與諸戍將相繼挈族來奔。[3]丙寅，[4]武州刺史高行珪遣使乞降。[5]時劉守光遣愛將元行欽牧馬於山北，[6]聞行珪有變，率戍兵攻行珪，行珪遣其弟行温爲質，[7]且乞應援。周德威遣李嗣源、李嗣本、安金全率兵救武州，[8]降元行欽以歸。

［1］盧臺軍：軍（政區）名。治所在今天津市寧河區。

［2］古北口：地名。位於今北京市密雲區。

［3］居庸關：關隘名。位於今北京市昌平區。　胡令珪：人名。籍貫不詳。本書僅此一見。中華書局本有校勘記："《通鑑》卷二六八作'胡令圭'。"見《通鑑》卷二六八乾化三年（913）三月乙丑條。

［4］丙寅：中華書局本有校勘記："原作'丙戌'，據殿本改。影庫本批校：'"寅"訛"戌"。'按是月甲辰朔，無丙戌，丙寅爲十三日。"丙寅爲二十三日，非十三日。

［5］武州：州名。治所在今河北張家口市宣化區。　高行珪：人名。或作"高行周"。幽州（今北京市）人。五代名將。傳見本書卷一二三、《新五代史》卷四八。

［6］元行欽：人名。幽州（今北京市）人。五代後唐將領。傳見本書卷七〇、《新五代史》卷二五。

[7]行温：人名。即高行周。幽州（今北京市）人。高行珪之弟。五代名將。傳見本書卷一二三、《新五代史》卷四八。《輯本舊史》卷六五《高行珪傳》、《通鑑》卷二六八乾化三年三月條作"行周"，據該條《考異》知《莊宗實録》作"行温"。行温應即爲行周。

[8]李嗣本：人名。雁門（今山西代縣）人。李克用義子，本姓張。五代後唐將領。傳見本書卷五二、《新五代史》卷三六。　安金全：人名。代北（今山西北部）人。五代後唐將領。傳見本書卷六一、《新五代史》卷二五。

四月甲申，燕將李暉等二十餘人舉族來奔。[1]德威攻幽州南門。壬辰，劉守光遣使王遵化致書哀祈於德威，[2]德威戲遵化曰："大燕皇帝尚未郊天，何怯劣如是耶！"[3]守光再遣哀祈，德威乃以狀聞。己亥，劉光濬攻下平州，[4]獲刺史張在吉。[5]

[1]李暉：人名。籍貫不詳。本書僅此一見。

[2]王遵化：人名。籍貫不詳。劉守光將領。本書僅此一見。

[3]何怯劣如是耶：《輯本舊史》之影庫本粘籤："怯劣，原本作'惟劣'，今據文改正。"此應爲形近之訛。

[4]劉光濬：人名。籍貫不詳。五代後唐將領。事見本書本卷、卷二七。　平州：州名。治所在今河北盧龍縣。

[5]張在吉：人名。籍貫不詳。劉守光政權官員。本書僅此一見。

五月壬寅朔，光濬進迫營州，[1]刺史楊靖以城降。[2]乙巳，梁將楊師厚會劉守奇率大軍侵鎮州，[3]時帝之先鋒將史建瑭自趙州率五百騎入真定，[4]師厚大掠鎮、冀之屬邑。王鎔告急於周德威，[5]德威分兵赴援，師厚移軍寇滄州，張萬進懼，遂降于梁。[6]

[1]營州：州名。治所在今遼寧朝陽市。

[2]楊靖：人名。籍貫不詳。本書僅此一見。

[3]劉守奇：人名。深州樂壽（今河北獻縣）人。唐末幽州節度使、燕王劉仁恭之子，劉守光之弟。唐末、五代將領。事見本書卷一三三。

[4]真定：縣名。治所在今河北正定縣。

[5]王鎔：人名。回鶻人。唐末、五代軍閥，朱温後封趙王。傳見本書卷五四、《新五代史》卷三九。

[6]遂降于梁：《輯本舊史》之影庫本粘籤："原本作'遂師'，今據文改正。"《通鑑》卷二六八乾化三年（913）五月壬子條載，楊師厚與劉守奇逼滄州，張萬進懼，請遷于河南，師厚表徙萬進鎮青州，以守奇爲順化節度使。張萬進既接受，即降於梁，何需據文改正。

六月壬申朔，帝遣監軍張承業至幽州，與周德威會議軍事。

秋七月，承業與德威率千騎至幽州西，守光遣人持信箭一隻，乞修和好。承業曰："燕帥當令子弟一人爲質則可。"[1]是日，燕將司全爽等十一人並舉族來奔。[2]辛亥，德威進攻諸城門。壬子，賊將楊師貴等五十人來降。[3]甲子，五院軍使李信攻下莫州。[4]時守光繼遣人乞降，將緩帝軍，陰令其將孟修、阮通謀於滄州節度使劉守奇，[5]及求援於楊師厚，帝之游騎擒其使以獻。是月，帝會王鎔於天長。[6]

[1]燕帥當令子弟一人爲質則可：中華書局本有校勘記："'帥'，原作'師'，據殿本、彭校改。"

[2]司全爽：人名。籍貫不詳。本書僅此一見。

[3]楊師貴：人名。籍貫不詳。本書僅此一見。

[4]五院軍使：官名。唐景福（892—893）初，李克用武始置五院兵，以軍使總領。　李信：人名。籍貫不詳。本書僅此一見。　莫州：州名。治所在今河北任丘縣。

[5]孟脩：人名。籍貫不詳。本書僅此一見。　阮通：人名。籍貫不詳。本書僅此一見。

[6]天長：地名。又名天長鎮。位於今河北井陘縣西南。

九月，劉守光率衆夜出，遂陷順州。[1]

[1]順州：州名。治所在今北京市順義區。

冬十月己巳朔，守光帥七百騎、步軍五千夜入檀州。庚午，周德威自涿州將兵躡之。壬申，守光自檀州南山而遁，[1]德威追及，大敗之，獲大將李劉、張景紹及將吏八百五十人，[2]馬一百五十匹。守光得百餘騎遁入山谷，德威急馳，扼其城門，守光惟與親將李小喜等七騎奔入燕城。[3]己丑，守光遣牙將劉化脩、周遵業等以書幣哀祈德威。[4]庚寅，守光乘城以病告，復令人獻自乘馬玉鞍勒易德威所乘馬而去。俄而劉光濬擒送守光僞殿直二十五人於軍門，[5]守光又乘城謂德威曰："予俟晋王至，即泥首俟命。"祈德威即馳驛以聞。

[1]守光自檀州南山而遁：《宋本册府》卷八《帝王部·創業門四》作“守光循山而南”。

[2]李劉：人名。籍貫不詳。本書僅此一見。　張景紹：人名。籍貫不詳。本書僅此一見。

[3]李小喜：人名。籍貫不詳。五代將領。事見本書本卷、卷一三五，《新五代史》卷三九。　守光惟與親將李小喜等七騎奔入燕城：《宋本册府》卷八作“守光復之譚城”。五代無譚城，《册府》應爲音近之誤。

[4]劉化脩：人名。籍貫不詳。本書僅此一見。　周遵業：人名。籍貫不詳。事見本書本卷、《新五代史》卷三九。

[5]殿直：官名。五代後晋改殿前承旨爲殿直，爲皇帝的侍從官。

十一月己亥朔，帝下令親征幽州。甲辰，發晋陽。[1]己未，至范陽。[2]辛酉，守光奉禮幣歸款於帝，帝單騎臨城邀守光，辭以佗日，蓋爲其親將李小喜所扼也。是夕，小喜來奔，帝下令諸軍，詰旦攻城。壬戌，梯𨍏並進，軍士畢登，帝登燕丹塚以觀之。[3]有頃，擒劉仁恭以獻。[4]癸亥，帝入燕城，諸將畢賀。

[1]晋陽：縣名。治所在今山西太原市。　甲辰，發晋陽：《輯本舊史》之案語：“《歐陽史》作十月，劉守光請降，王如幽州。據《薛史》則帝發晋陽在十一月甲辰，非十月也。《通鑑》從《薛史》。”《新五代史》卷五《唐莊宗紀下》云：“（天祐）十年十月，劉守光請降，王如幽州，守光背約不降，攻破之。”《通鑑》卷二六八乾化三年（913）十一月甲辰條云：“晋王以監軍張承業權知軍府事，自詣幽州。”

[2]范陽：縣名。治所在今河北涿州市。

[3]燕丹塚：即戰國時燕國太子丹之墓。

[4]劉仁恭：人名。深州（今河北深州市）人。唐末、五代軍閥。傳見《新唐書》卷二一二。

十二月庚午，墨制授周德威幽州節度使。癸酉，檀州燕樂縣人執劉守光并妻李氏祝氏、子繼祚以獻。[1]己卯，帝下令班師，自雲、代而旋。[2]時鎮州王鎔、定州王處直遣使請帝由井陘而西，[3]許之。庚辰，帝發幽州，擄仁恭父子以行。甲申，次定州，舍於關城。翌日，次曲陽，[4]與王處直謁北嶽祠。是日，次行唐，[5]鎮州王鎔迎謁於路。

[1]燕樂縣：縣名。治所在今北京密雲區。　李氏祝氏：皆爲劉守光妻。籍貫不詳。本書僅此一見。　繼祚：人名。即劉繼祚。深州樂壽（今河北獻縣）人。劉守光子。本書僅此一見。

[2]雲：州名。治所在今山西大同市。　代：州名。治所在今山西代縣。

[3]王處直：人名。京兆萬年（今陝西西安市長安區）人。唐末、五代軍閥，長期爲義武節度使。傳見本書卷五四、《新五代史》卷三九。　井陘（xíng）：關隘名。位於今河北井陘縣。

[4]曲陽：縣名。治所在今河北曲陽縣。《輯本舊史》之影庫本粘籤："曲陽，原本作'田陽'，今據文改正。"

[5]行唐：縣名。治所在今河北行唐縣。中華書局本有校勘記："原作'衡唐'，據劉本、邵本校、《册府》卷八、《通鑑》卷二六九改。按《太平寰宇記》卷六一，鎮州有行唐縣。本卷下一處同。"見《宋本册府》卷八《帝王部·創業門四》、《通鑑》卷二六九乾化三年（913）十二月條及胡注。本卷下一處"畋於行唐之

西”及下卷“餘衆保行唐”，皆爲“行唐”。五代亦無“衡唐”之地名。

天祐十一年春正月戊戌朔，王鎔以履新之日，與其子昭祚、昭誨奉觴上壽置宴。[1]鎔啟曰：“燕主劉太師頃爲隣國，今欲挹其風儀，可乎？”帝即命主者破械，引仁恭、守光至，與之同宴，鎔饋以衣被飲食。己亥，帝發鎮州，因與王鎔畋於行唐之西。壬子，至晋陽，以組練繫仁恭、守光，號令而入。是日，誅守光。遣大將李存霸拘送仁恭于代州，刺其心血奠告于武皇陵，然後斬之。[2]是月，鎮州王鎔、定州王處直遣使推帝爲尚書令。[3]初，王鎔稱藩於梁，梁以鎔爲尚書令，至是鎮、定以帝南破梁軍，北定幽、薊，乃共推崇焉。使三至，帝讓乃從之，遂選日受册，開霸府，建行臺，如武德故事。[4]

[1]昭祚：人名。即王昭祚。回鶻部人。王鎔之子，梁太祖朱温婿。事見《新五代史》卷三九。　昭誨：人名。即王昭誨。回鶻部人。王鎔之子，後唐莊宗李存勗婿。事見《新五代史》卷三九。

[2]李存霸：人名。沙陀部人。李克用子，五代軍閥。傳見本書卷五一、《新五代史》卷一四。　武皇：後唐太祖李克用謚號。莊宗即位，追謚武皇帝，廟號太祖，陵在雁門。李克用，沙陀部人，生於神武川新城（一説今山西朔州市朔城區之梵王寺村，一説今山西應縣縣城，一説今山西懷仁縣之日中城）。五代後唐實際奠基者。紀見本書卷二五至卷二六。　“壬子”至“然後斬之”：“以組練繫仁恭守光”，中華書局本有校勘記：“‘練’字原闕，據殿本、孔本《册府》卷八補。《新五代史》卷三九《劉守光傳》敘其事作

‘仁恭父子曳以組練’。”見《宋本册府》卷八《帝王部·創業門四》。《輯本舊史》之案語：“《遼史·太祖紀》：七年正月，晋王李存勗拔幽州，擒劉守光。考遼太祖七年即天祐十年，莊宗以天祐十年冬始拔幽州，十一年正月乃凱旋也。遼史誤以次年事先一年書之。”見《遼史》卷一《太祖紀上》。

[3]尚書令：官名。秦始置。隋、唐前期爲尚書省長官，與中書令、侍中並爲宰相。唐後期多爲大臣加銜，不參與政務。正二品。　是月，鎮州王鎔、定州王處直遣使推帝爲尚書令：《舊五代史考異》：“《通鑑考異》引《唐實録》云：天祐八年，晋王已稱尚書令。薛史作天祐十一年，與《唐實録》異。”見《通鑑》卷二六八乾化元年（911）六月乙卯條《考異》引《莊宗實録》，載天祐八年（911）三月二十七日，河東節度使、尚書令晋王與天德軍節度使宋瑶等奉册進燕王（即劉守光）爲尚書令、尚父。《通鑑》卷二六九則繫此事於乾化四年（即天祐十一年）正月條，與本條同。

[4]武德：唐高祖李淵年號（618—626）。

秋七月，帝親將自黄沙嶺東下會鎮人,[1]進軍邢、洺。[2]梁將楊師厚軍於漳東,[3]帝軍次張公橋,[4]既而裨將曹進金奔於梁,[5]帝軍不利而退。

[1]黄沙嶺：地名。位於今山西昔陽縣東八十里，與河北贊皇縣交界處。中華書局本有校勘記：“《册府》卷八同，本書卷八《梁末帝紀上》作黄澤嶺。按《通鑑》卷二六九胡注：‘魏收志，樂平郡遼陽縣有黄澤嶺。’”見《輯本舊史》卷八《梁末帝紀上》乾化四年（914）七月條、《宋本册府》卷八《帝王部·創業門四》、《通鑑》卷二六九貞明元年（915）五月條胡注。

[2]邢：州名。治所在今河北邢臺市。　洺：州名。治所在今河北邯鄲市永年區。

[3]漳：水名。即今漳河。有清漳水（今清漳河）、濁漳水（今濁漳河）兩支上源，分别出自山西長子縣和沁縣，二源至今河南林州市相合，流入河南安陽市北，下游河道屢有變化。

[4]張公橋：地名。位於今河北邢臺市西北。

[5]曹進金：人名。籍貫不詳。事見本書本卷、卷八。

八月，還晋陽。

天祐十二年三月，梁魏博節度使賀德倫遣使奉幣乞盟。時楊師厚卒於魏州，梁主乃割相、衛、澶三州别爲一鎮，[1]以德倫爲魏博節度使，[2]以張筠爲相州節度使，[3]魏人不從。是月二十九日夜，[4]魏軍作亂，囚德倫於牙署，三軍大掠。軍士有張彦者，[5]素實凶暴，爲亂軍之首，迫德倫上章請却復六州之地，梁主不從，遂迫德倫歸於帝，且乞師爲援。帝命馬步副總管李存審自趙州帥師屯臨清，[6]帝自晋陽東下，與存審會。[7]賀德倫遣從事司空頲至軍，[8]密啟張彦狂勃之狀，且曰："若不翦此亂階，恐貽後悔。"帝默然，遂進軍永濟。張彦謁見，以銀槍効節五百人從，[9]皆被甲持兵以自衛。帝登樓諭之曰："汝等在城，濫殺平人，奪其妻女，數日以來，迎訴者甚衆，當斬汝等，以謝鄴人。"遽令斬彦及同惡者七人，軍士股慄，帝親加慰撫而退。翌日，帝輕裘緩策而進，令張彦部下軍士被甲持兵，環馬而從，命爲帳前銀槍，衆心大服。梁將劉鄩聞帝至，[10]以精兵萬人自洹水趣魏縣，[11]帝命李存審帥師禦之，帝率親軍於魏縣西北，夾河爲栅。

［1］相：州名。治所在今河南安陽市。　衛：州名。治所在今河南衛輝市。　澶：州名。唐、五代初，治所在今河南清豐縣。後晋天福四年（939）移治於今河南濮陽縣。

［2］魏博：方鎮名。治所在魏州貴鄉縣（今河北大名縣）。

［3］張筠：人名。海州（今江蘇連雲港市海州區）人。五代後梁、後唐軍閥。傳見本書卷九〇、《新五代史》卷四七。《輯本舊史》之影庫本粘籤："原本作'張均'，今從薛史《梁紀》改正。"見《輯本舊史》卷八《梁末帝紀上》貞明元年（即天祐十二年，915）三月己丑條，但卷九十《張筠傳》作"兩使留後"。

［4］是月二十九日夜：《舊五代史考異》："《通鑑考異》引《莊宗實録》作二十七日，今考《薛史·賀德倫傳》作二十九日，與此紀合。"見《輯本舊史》卷二一《賀德倫傳》。《通鑑》卷二六九貞明元年三月己丑條《考異》所引者爲《莊宗列傳》，非《莊宗實録》，且云《莊宗列傳》誤"九"爲"七"。

［5］張彦：人名。籍貫不詳。五代後梁軍校。事見本書卷八《梁末帝本紀上》。

［6］馬步副總管：官名。即"蕃漢内外馬步軍副總管"。五代後唐置，爲蕃漢馬步軍總副指揮官。　臨清：縣名。治所在今河北臨西縣。

［7］帝自晋陽東下，與存審會：《舊五代史考異》："《通鑑》：晋王引大軍自黄澤嶺東下，與存審會于臨清，猶疑魏人之詐，按兵不進。"見《通鑑》卷二六九貞明元年五月條。

［8］從事：泛指一般屬官。　司空頲：人名。貝州清陽（今河北清河縣）人。唐末、五代將領。傳見本書卷七一、《新五代史》卷五四。

［9］銀槍効節：部隊番號。原爲魏博牙兵銀槍効節軍，李存勗將其編組爲帳前銀槍軍。後唐建立以後，爲侍衛親軍的一支。掌宿衛宫禁，護衛皇帝出行。

［10］劉鄩：人名。密州安丘（今山東安丘市）人。唐末、五

代將領。傳見本書卷二三、《新五代史》卷二二。

[11]洹（huán）水：縣名。治所在今河北魏縣。因境有洹水，故名。《輯本舊史》之影庫本粘籤："'洹水'，原本作'桓水'，今據《通鑑》改正。"見《通鑑》卷二六九貞明元年五月條。洹水，五代數見，無桓水。　魏縣：縣名。治所在今河北大名縣。

六月庚寅朔，帝入魏州，賀德倫上符印，請帝兼領魏州，帝從之。墨制授德倫大同軍節度，[1]令取便路赴任。帝下令撫諭鄴人，軍城畏肅，民心大服。是時，以貝州張源德據壘拒命，[2]南通劉鄩，又與滄州首尾相應，聞德州無備，遣别將襲之，遂拔其城。命遼州牙將馬通爲德州刺史，[3]以扼滄、貝之路。[4]

[1]大同軍：方鎮名。治所在雲州（今山西大同市）。

[2]張源德：人名。籍貫不詳。五代後梁將領。傳見本書附録、《新五代史》卷三三。中華書局本有校勘記："原作'張原德'，據殿本，劉本，本書卷五六《符存審傳》，《册府》卷四五，《通鑑》卷二六九，《新五代史》卷五《唐本紀》、卷三三《張源德傳》改。"見《輯本舊史》卷五六《符存審傳》、《宋本册府》卷四五《帝王部·謀略門》（但誤繫於十三年二月）、《新五代史》卷三三《張源德傳》、《通鑑》卷二六九貞明元年（915）六月條，《新五代史》卷五《唐莊宗紀下》未記此事。

[3]遼州：州名。治所在今山西左權縣。　牙將：節度使衙將領總稱。　馬通：人名。籍貫不詳。本書僅此一見。　德州：州名。治所在今山東德州市陵城區。

[4]以扼滄、貝之路：《輯本舊史》之影庫本粘籤："滄、貝原本作'滄只'，今據文改正。"見《通鑑》卷二六九貞明元年六月條載："乃遣騎兵五百，晝夜兼行，襲德州。刺史不意晉兵至，踰

城走，遂克之，以遼州守捉將馬通爲刺史。”有書爲證，何需據文改正。且五代貝州屢見，無只州。

秋七月，梁澶州刺史王彦章棄城而遁，[1]畏帝軍之逼也。以故將李巖爲澶州刺史。[2]帝至魏縣，因率百餘騎覘梁軍之營。是日陰晦，劉鄩伏兵五千於河曲叢木間，帝至，伏兵忽起，大譟而來，圍帝數十重。帝以百騎馳突奮擊，梁軍辟易，決圍而出，[3]有頃援軍至，乃解。帝顧謂軍士曰：“幾爲賊所笑。”是月，劉鄩潛師由黄澤西趨晋陽，[4]至樂平而還，[5]遂軍於宗城。[6]初，鄩在洹水，數日不出，寂無聲迹，帝遣騎覘之，無斥候者，城中亦無煙火之狀，但有鳥止於壘上，時見旗幟循堞往來。帝曰：“我聞劉鄩用兵，一步百變，必以詭計誤我。”使視城中，乃縛旗於芻偶之上，使驢負之，循堞而行。得城中羸老者詰之，云軍去已二日矣。既而有人自鄩軍至者，言兵已趨黄澤，帝遽發騎追之。時霖雨積旬，鄩軍倍道兼行，皆腹疾足腫，加以山路險阻，崖谷泥滑，緣蘿引葛，方得少進。顛墜巖坂，陷於泥淖而死者十二三。前軍至樂平，糗糒將竭，聞帝軍追躡於後，太原之衆在前，群情大駭。鄩收合其衆還，自邢州陳宋口渡漳水而東，駐於宗城。[7]時魏之軍儲已乏，[8]臨清積粟所在，鄩欲引軍據之。周德威初聞鄩軍之西，自幽州率千騎至土門。[9]及鄩軍東下，急趨南宫，[10]知鄩軍在宗城，遣十餘騎迫其營，擒斥候者，斷其腕令還。德威至臨清，鄩起軍駐貝州。帝率親騎次博州。[11]鄩軍於堂邑，[12]周德威自臨清率五百騎躡之。是日，鄩軍於莘縣，[13]帝營於莘西一舍，城壘相望，日夕交鬭。

［1］王彦章：人名。鄆州壽張（今山東梁山縣壽張集）人。五代後梁將領。傳見本書卷二一、《新五代史》卷三二。

［2］李巖：人名。籍貫不詳。事見本書本卷、卷二二。《舊五代史考異》："《通鑑考異》引《莊宗實録》作李嚴。"見《通鑑》卷二六九貞明元年（915）七月條《考異》引《莊宗實録》，《考異》并云："今從薛史。"

［3］"帝以百騎馳突奮擊"至"決圍而出"：《舊五代史考異》："《通鑑》作自午至申，乃得出，亡其七騎。"見《通鑑》卷二六九貞明元年七月條。

［4］黄澤：關隘名。位於今山西左權縣東南。

［5］樂平：地名。位於今山東茌平縣樂平鎮。

［6］宗城：縣名。治所在今河北威縣。《輯本舊史》之影庫本粘籤："'宗城'，原本作'宋城'，今據《歐陽史·劉鄩傳》改正。"不見於《新五代史》卷二二《劉鄩傳》。見《通鑑》卷二六九貞明元年七月條及《考異》所引《薛史》，但《考異》所引薛史與此本紀文字多異。

［7］太原：府名。此處指治所在太原（今山西太原市）的方鎮河東軍。　陳宋口：地名。位於今河北邢臺市西北黄榆嶺北。"前軍至樂平"至"駐於宗城"：此與前文"是月"至"遂軍於宗城"爲重文，其不同應爲有不同之史源。

［8］時魏之軍儲已乏：《輯本舊史》之影庫本粘籤："'軍儲'，原本作'申諸'，今據文改正。"《通鑑》卷二六九貞明元年七月條言劉鄩自莘及河筑甬道以通饋餉。八月條又言劉鄩在莘久，饋運不給，晋人乃攻絶其甬道。

［9］土門：關隘名。即井陘關。位於今河北井陘縣北井陘山上。

［10］南宫：縣名。治所位於今河北南宫市。

［11］博州：州名。治所在今山東聊城市。

［12］堂邑：縣名。治所在今山東冠縣東。北宋熙宁初，遷至今山東聊城市西北堂邑。

［13］莘縣：縣名。治所在今山東莘縣。

八月，梁將賀瓌襲取澶州，[1]帝遣李存審率兵五千攻貝州，因塹而圍之。

［1］賀瓌：人名。濮陽（今河南濮陽市）人。五代後梁將領。傳見本書卷二三、《新五代史》卷二三。

冬十月，有軍士自鄩軍來奔，帝善待之，乃劉鄩密令齎酖賂帝膳夫，欲置毒於食中，會有告者，索其黨誅之。

天祐十三年春二月，帝知劉鄩將謀速戰，乃聲言歸晋陽以誘之，實勞軍於貝州也，令李存審守其營。鄩謂帝已歸晋陽，將乘虚襲鄴，遣其將楊延直自澶州率兵萬人，[1]會於城下，夜半至於南門之外。城中潛出壯士五百人，突入延直之軍，譟聲動地，梁軍自亂。遲明，鄩自莘引軍至城東，與延直兵會。鄩之來也，李存審率兵踵其後，李嗣源自魏城出戰。俄而帝自貝州至，鄩卒見帝，驚曰："晋王耶！"因引軍漸却，至故元城西，[2]李存審大軍已成列矣，軍前後爲方陣，梁軍於其間爲圓陣，四面受敵。兩軍初合，梁軍稍衄，再合，鄩引騎軍突西南而走。帝以騎軍追擊之，梁步軍合戰，短兵既接，帝軍鼓譟，圍之數重，埃塵漲天。李嗣源以千騎突入其間，衆皆披靡，相躪如積。帝軍四面斬擊，棄甲之聲，聞數十里。衆既奔潰，帝之騎軍追及于河上，十百爲群，赴水而死，梁步兵七萬殲亡殆盡。劉鄩自黎陽濟，奔滑州。[3]是月，梁主遣別將王檀率兵五萬，[4]自陰地關趨晉陽，[5]急攻其城，昭義李嗣昭遣將石嘉才率騎三百赴援。[6]時安金全、張承業堅守於内，嘉才救援於外，檀懼，乃燒營而遁，追擊至陰地關。時劉鄩敗於莘縣，王檀遁於晉陽，梁主聞之曰："吾事去矣！"三月乙卯朔，分兵以攻衛州。壬戌，刺史米昭以城降。[7]

[1]楊延直：人名。籍貫不詳，五代後梁將領。事見本書本卷、卷八、卷九。

[2]元城：縣名。治所在今河北大名縣。

[3]黎陽：縣名。治所在今河南浚縣。　滑州：州名。治所在今河南滑縣。　"天祐十三年"至"奔滑州"："鄩謂帝已歸晉陽"，中華書局本有校勘記："'歸'，原作'臨'，據彭校、《通曆》卷一三、《册府》卷四五改。"見《宋本册府》卷四五《帝王部·謀略門》。"遣其將楊延直自澶州率兵萬人會於城下"，中華書局本有校勘記："句上原有'三月鄩'三字，據殿本删。按本書卷三五《唐明宗紀一》、卷五六《符存審傳》、《通鑑》卷二六九皆繫其事於二月，本卷下文有'三月乙卯朔'。"見《通鑑》卷二六九貞明二年（916）二月條。《輯本舊史》之影庫本粘籤："楊延直，原本作'延值'，今據《通鑑》及歐陽史改正。"《通鑑》卷二六九繫於貞明元年八月條，不見於《新五代史》。又見明本《册府》卷四四三《將帥部·敗衄門》劉鄩條。"至故元城西"，中華書局本有校勘記："'元'字原闕，據殿本，邵本校，本書卷八《梁末帝紀上》、卷二三《劉鄩傳》，《册府》卷四五、卷四四三，《通鑑》卷二六

九、《新五代史》卷五《唐本紀》補。影庫本批校：'"故"下原本有"元"字。'"見《輯本舊史》卷八《梁末帝紀上》貞明二年三月條、《宋本册府》卷四五《帝王部·謀略門》、明本《册府》卷四四三《將帥部·敗衄門》劉鄩條、《通鑑》卷二六九貞明二年二月條，又見《新五代史》卷二二《劉鄩傳》。

[4]王檀：人名。京兆（今陝西西安市）人。五代後梁將領。傳見本書卷二二、《新五代史》卷二三。

[5]陰地關：關隘名。位於今山西靈石縣西南。

[6]昭義：方鎮名。治所在潞州（今山西長治市）。　李嗣昭：人名。汾州（今山西汾陽市）人。唐末、五代李克用義子、部將。傳見本書卷五二、《新五代史》卷三六。　石嘉才：人名。籍貫不詳。五代後唐將領。傳見本書卷六五。《舊五代史考異》："《梁紀》作家才，《唐列傳》作家財。"石嘉才在五代文獻中一人而有四名。《輯本舊史》卷六五本傳作石君立，并言"亦謂之石家財"。《輯本舊史》卷九《梁末帝紀》中貞明五年十二月戊戌條作"石家才"。《通鑑》卷二六九貞明二年二月條作"石君立"。

[7]米昭：人名。五代後梁將領。事見本書本卷、《新五代史》卷五。

三月乙卯朔，分兵以攻衛州。壬戌，刺史米昭以城降。

夏四月，攻洺州，下之。

五月，帝還晋陽。

六月，命偏師攻閻寶於邢州，[1]梁主遣捉生都將張温率步騎五百爲援，[2]至内黄，[3]温率衆來奔。

[1]閻寶：人名。鄆州（今山東東平縣）人。五代後唐將領。傳見《新五代史》卷四四。

[2]張温：人名。魏州魏縣（今河北魏縣）人。五代後梁、後唐將領。傳見本書卷五九。

[3]内黄：縣名。治所在今河南内黄縣。

秋七月甲寅朔，帝自晉陽至魏州。

八月，大閲師徒，進攻邢州。相州節度使張筠棄城遁去，以袁建豐爲相州刺史，依舊隸魏州。[1]邢州節度使閻寶請以城降，以忻州刺史、蕃漢副總管李存審爲邢州節度使，[2]以閻寶爲西南面招討使，[3]遥領天平軍節度使。[4]是月，契丹入朔州，[5]振武節度使李嗣本陷於契丹。[6]

[1]袁建豐：人名。籍貫不詳。唐末、五代後唐將領。傳見本書卷六一、《新五代史》卷二五。　“八月”至“依舊隸魏州”：《舊五代史考異》：“《通鑑》作四月，晋人拔洺州，以魏州都巡檢使袁建豐爲洺州刺史。八月，晋人復以相州隸天雄軍，以李嗣源爲刺史。與《薛史》異。”見《通鑑》卷二六九貞明二年（916）四月條、八月條。

[2]忻州：州名。治所在今山西忻州市。　蕃漢副總管：官名。即蕃漢馬步軍副總管。五代後唐置，爲蕃漢馬步軍副指揮官。

[3]以閻寶爲西南面招討使：中華書局本有校勘記：“‘西南面’，本書卷五九《閻寶傳》、《册府》卷一六六、《通鑑》卷二六九、《新五代史》卷四四《閻寶傳》作‘東南面’。”見《宋本册府》卷一六六《帝王部·昭懷門四》、明本《册府》卷三六〇《將帥部·立功門一三》、《通鑑》卷二六九貞明二年八月條。

[4]天平軍：方鎮名。治所在鄆州（今山東東平縣）。

[5]朔州：州名。治所在今山西朔州市朔城區。《輯本舊史》

原作蔚州，并有案語："《歐陽史》及《通鑑》俱從《薛史》作《蔚州》。《遼史·太祖紀》：神册元年八月，拔朔州，擒節度使李嗣本。與《薛史》異。"見《新五代史》卷三六《李嗣本傳》、《遼史》卷一《太祖紀上》。《通鑑》卷二六九貞明二年八月條《考異》："開元中，振武軍在朔州西北三百五十里單于都護府城内，隸朔方節度使。乾元元年置振武節度使，領鎮北大都護、麟勝二州。後唐振武節度使亦帶安北都護、麟勝等州觀察等使，石晋以後皆帶朔州刺史。據此乃治蔚州，不知遷徙年月。"該條胡注："契丹攻蔚州，自麟、勝出詭道以掩晋不備也。按麟、勝至蔚州，中間懸隔雲、朔，'蔚州'恐當作'朔州'。"《輯本舊史》卷五二《李嗣本傳》載："幽州平，論功授振武節度使。"振武節度使治朔州。《遼史》卷一《太祖紀》上："神册元年八月，拔朔州，擒節度使李嗣本。"據改。

[6]振武：方鎮名。後梁貞明二年（916）以前，治所在單于都護府城（今内蒙古和林格爾縣）。貞明二年單于都護府城爲契丹占據。此后至後唐清泰三年（936），治所在朔州（今山西朔州市朔城區）。後晋隨燕雲十六州割予契丹，改名順義軍。　李嗣本：人名。雁門（今山西代縣）人。李克用義子，本姓張。五代後唐將領。傳見本書卷五二、《新五代史》卷三六。　契丹：古部族、政權名。公元4世紀中葉宇文部爲前燕攻破，始分離而成單獨的部落，自號契丹。唐貞觀中，置松漠都督府，以其首領爲都督。唐末强盛，916年迭剌部耶律阿保機建立契丹國（遼）。先後與五代、北宋並立，保大五年（1125）爲金所滅。參見張正明《契丹史略》，中華書局1979年版。

九月，帝還晋陽。梁滄州節度使戴思遠棄城遁去，[1]舊將毛璋入據其城，[2]李嗣源帥師招撫，璋以城降。乃以李存審爲滄州節度使，以李嗣源爲邢州節度使。時契丹犯塞，帝領親軍北征，至代州北，聞蔚州陷，乃班師。[3]是月，貝州平，以滄州降將毛璋爲貝州刺史。自是河朔悉爲帝所有。帝自晉陽復至於魏州。[4]

[1]戴思遠：人名。籍貫不詳。五代後梁、後唐將領。傳見本書卷六四。

[2]毛璋：人名。滄州（今河北滄縣舊州鎮）人。五代後唐將領。傳見本書卷七三、《新五代史》卷二六。《輯本舊史》之影庫本粘籤："'毛璋'，原本作'毛章'，今據列傳改正。"見《輯本舊史》卷七三《毛璋傳》，又見《通鑑》卷二六九貞明二年（916）九月條。

[3]蔚州：州名。治所在今河北蔚縣。 "時契丹犯塞"至"乃班師"：《輯本舊史》之案語："《遼史·太祖紀》：十一月，攻蔚、新、武、嬀、儒五州，自代北至河曲，踰陰山，盡有其地。其圍蔚州，敵樓無故自壞，衆軍大譟，乘之，不踰時而破。蓋由朔州進破蔚州也。《通鑑》作晋王自將兵救雲州，契丹聞之，引去。與《遼史》異。"見《通鑑》卷二六九貞明二年九月條、《遼史》卷一《太祖紀上》。

[4]帝自晋陽復至於魏州：《輯本舊史》之影庫本粘籤："'魏州'，原本作'媿州'，今據《通鑑》改正。"見《通鑑》卷二六九貞明二年九月條。五代魏州多見，無媿州。

天祐十四年二月，帝聞劉鄩復收殘兵保守黎陽，遂率師以攻之，不克而還。是月甲午，新州將盧文進殺節度使李存矩，[1]叛入契丹，遂引契丹之衆寇新州。存矩，帝之諸弟也，治民失政，御下無恩，故及於禍。帝以契丹王阿保機與武皇屢盟於雲中，[2]約爲兄弟，急難相救，至是容納叛將，違盟犯塞，乃馳書以讓之。契丹攻新州甚急，刺史安金全棄城而遁，[3]契丹以文進部將劉殷爲刺史。[4]帝命周德威率兵三萬攻之，營於城東。俄而文進引契丹大至，德威拔營而歸，因爲契丹追躡，師徒多喪。契丹乘勝寇幽州。是時言契丹者，或云五十萬，或云百萬，漁陽以北，山谷之間，氈車毳幕，羊馬彌漫。盧文進招誘幽州亡命之人，教契丹爲攻城之具，飛梯、衝車之類，畢陳於城下。鑿地道，起土山，四面攻城，半月之間，機變百端。城中隨機以應之，僅得保全，軍民困弊，上下恐懼。德威間道馳使以聞，帝憂形於色，召諸將會議。時李存審請急救燕、薊，[5]且曰："我若猶豫未行，但恐城中生事。"李嗣源曰："願假臣突騎五千，以破契丹。"閻寶曰："但當蒐選鋭兵，控制山險，强弓勁弩，設伏待之。"帝曰："吾有三將，無復憂矣！"[6]

[1]新州：州名。治所在今河北涿鹿縣。　盧文進：人名。范陽（今河北涿州市）人。五代後唐將領，先後投降契丹、南唐。傳見本書卷九七、《新五代史》卷四八。　李存矩：人名。沙陀部人。唐末、五代將領。後唐莊宗李存勗之弟。傳見本書附録。

[2]阿保機：人名。姓耶律。契丹迭剌部人。唐末契丹族首領，遼開國皇帝。紀見《遼史》卷一、卷二。　雲中：縣名。治所在今山西大同市。

[3]安金全：人名。代北（今山西北部）人。五代後唐將領。傳見本書卷六一、《新五代史》卷二五。

[4]劉殷：人名。籍貫不詳。盧文進部將。本書僅此一見。

[5]薊：州名。治所在今天津市薊州區。

［6］“天祐十四年二月”至“無復憂矣”：《通鑑》卷二六九貞明三年（917）二月至四月諸條略同。

夏四月，命李嗣源率師赴援，次於淶水，[1]又遣閻寶率師夜過祁溝，俘擒而還。周德威遣人告李嗣源曰：“契丹三十萬，馬牛不知其數，近日所食羊馬過半，阿保機責讓盧文進，深悔其來。契丹勝兵散布射獵，阿保機帳前不滿萬人，宜夜出奇兵，掩其不備。”嗣源具以事聞。[2]

［1］淶水：縣名。治所在今河北淶水縣。《輯本舊史》之影庫本粘籤：“‘淶水’，原本作‘涑水’，今據《歐陽史》改正。”不見於《新五代史》，見《通鑑》卷二六九貞明三年（917）四月條，該條有胡注：“淶水縣屬易州。”

［2］“夏四月”至“嗣源具以事聞”：《輯本舊史》之案語：“《遼史·太祖紀》：四月，圍幽州，不克。六月乙巳，望城中有氣如烟火狀，上曰：‘未可攻也。’以大暑霖潦，班師，留盧國用守之。是契丹主已於六月退師矣，《薛史》及《通鑑》皆不載。”見《遼史》卷一《太祖紀上》神册二年（917）四月壬午條、六月乙巳條。

秋七月辛未，帝遣李存審領軍與嗣源會於易州，[1]步騎凡七萬。於是三將同謀，銜枚束甲，尋澗谷而行，直抵幽州。

［1］易州：州名。治所在今河北易縣。

八月甲午，自易州北循山而行，李嗣源率三千騎爲前鋒。庚子，循大房嶺而東，[1]距幽州六十里。契丹萬騎遽至，存審、嗣源極力以拒之，契丹大敗，委棄毳幕、氈廬、弓矢、羊馬不可勝紀，[2]進軍追討，俘斬萬計。辛丑，大軍入幽州，德威見諸將，握手流涕。翌日，獻捷於鄴。

［1］大房嶺：山名。又名大防嶺、大房山。位於今北京房山區西北。

［2］毳（cuì）幕：游牧民族居住的氈帳。

九月，班師，帝授存審檢校太傅，[1]嗣源檢校太保，[2]閻寶加同平章事。[3]

［1］檢校太傅：官名。爲散官或加官，以示恩寵，無實際執掌。

［2］檢校太保：官名。爲散官或加官，以示恩寵，無實際執掌。

［3］同平章事：即“同中書門下平章事”的簡稱。唐高宗以後，凡實際任宰相之職者，常在其本官後加同平章事的職銜。後成爲宰相專稱。後晋天福五年（940），升中書門下平章事爲正二品。

十月，帝自魏州還晋陽。

十一月，復至魏州。

十二月，帝觀兵於河上。時梁人據楊劉城，[1]列栅相望，帝率軍履河冰而渡，盡平諸栅，進攻楊劉城。城中守兵三千人，帝率騎軍環城馳射，又令步兵持斧斬其鹿角，[2]負葭葦以堙塹，帝自負一圍而進，諸軍鼓譟而登，遂拔其壘，獲守將安彦之。[3]是夕，帝宿楊劉。[4]

[1]楊劉城：地名。即今山東東阿縣東北楊柳鄉。唐、五代時有城臨河津，爲黄河下游重鎮，今城已堙廢不可考。

[2]鹿角：軍營的防御物。

[3]安彦之：人名。籍貫不詳。五代後梁將領。事見本書本卷、卷一八、卷五六。

[4]“十二月”至“帝宿楊劉”：《通鑑》卷二七〇貞明三年（917）十二月戊辰條略同。

天祐十五年春正月，帝軍徇地至鄆、濮。[1]時梁主在洛，將修郊禮，[2]聞楊劉失守，狼狽而還。

[1]鄆：州名。治所在今山東東平縣。　濮：州名。治所在今山東鄄城縣。

[2]郊禮：國家禮儀。指祭天之禮（郊天）。古人用“郊”“南郊”“有事於南郊”指代在南郊之圜丘舉行的郊天典禮。　將修郊禮：《輯本舊史》之影庫本粘籤：“‘郊禮’，原本作‘校禮’，今以《薛史·梁末帝紀》參考改正。”唐天祐十五年即梁貞明四年，《輯本舊史·梁末帝紀》：“貞明四年春正月，晋人寇鄆濮之境，車架至自洛陽。”郊禮，可參看《會要》卷二親拜郊條及雜録條，終梁之世，僅太祖開平三年（909）正月二十四日及其年十一月二日南郊。

二月，梁將謝彦章帥衆數萬來迫楊劉，[1]築壘以自固，又决河水，瀰漫數里，以限帝軍。

[1]謝彦章：人名。許州（今河南許昌市）人。五代後梁將

領。傳見本書卷一六、《新五代史》卷二三。

六月壬戌，帝自魏州復至楊劉。甲子，率諸軍涉水而進，梁人臨水拒戰，帝軍小却。俄而鼓譟復進，梁軍漸退，因乘勢而擊之，交鬭於中流，梁軍大敗，殺傷甚衆，河水如絳，謝彦章僅得免去。[1]是月，淮南楊溥遣使來會兵，將致討於梁也。[2]

［1］“交鬭於中流”至“謝彦章僅得免去”：《通鑑》卷二七〇貞明四年（918）六月壬戌條、甲子條敘其事略詳。

［2］淮南：方鎮名。治所在揚州（今江蘇揚州市）。　楊溥：人名。楊行密第四子，五代十國吴國君主。傳見本書卷一三四、《新五代史》卷六一。　“是月”至“將致討於梁也”：《舊五代史考異》：“《十國春秋·吴世家》作七月，晋王李存勗遣間使持帛書會兵伐梁，王辭以虔州之難。與薛史異。”見《十國春秋》卷二《吴世家》。中華書局本對《舊五代史考異》所引《十國春秋》文有校勘記：“‘間’，原作‘問’，據殿本、劉本、《十國春秋》卷二改。”

秋八月辛丑朔，大閲於魏郊，河東、魏博、幽、滄、鎮、定、邢洺、麟、勝、雲、朔十鎮之師，[1]及奚、契丹、室韋、吐渾之衆十餘萬，[2]部陣嚴肅，旌甲照曜，師旅之盛，近代爲最。己酉，梁兖州節度使張萬進遣使歸款。[3]帝自魏州率師次於楊劉，略地至鄆、濮而還，遂營於麻家渡，[4]諸鎮列營十數。梁將賀瓌、謝彦章以軍屯濮州行臺村，[5]結壘相持百餘日。帝嘗以數百騎摩壘求戰，謝彦章帥精兵五千伏於堤下，帝以十餘騎登堤，伏兵發，圍帝十數重。俄而帝之騎軍繼至，攻於圍外，帝於圍中躍馬奮擊，決圍而出。李存審兵至，梁軍方退。是時，帝鋭於接戰，每馳騎出營，存審必扣馬進諫，帝伺存審有間，即策馬而出，顧左右曰："老子妨吾戲耳！"至是幾危，方以存審之言爲忠也。

[1]河東：方鎮名。治所在今山西太原市。　邢洺：方鎮名。治所在今河北邢臺市。　麟：州名。治所在今陝西神木縣。　勝：州名。治所在今内蒙古准格爾旗。　雲：州名。治所在今山西大同市。　朔：州名。治所在今山西朔州市朔城區。　河東、魏博、幽、滄、鎮、定、邢洺、麟、勝、雲、朔十鎮之師：中華書局本有校勘記："'麟勝雲朔'，按麟、勝、朔三州置振武軍，雲州置大同軍，分屬兩鎮，此處疑有訛倒，《册府》卷八、《通鑑》卷二七〇敘其事作'麟勝雲蔚'。另本書所列僅九鎮，據《册府》卷八，《新五代史》卷五《唐本紀》尚有昭義，領澤潞二州，節度使爲李嗣昭。"明本《册府》卷八《帝王部·創業門四》、《通鑑》卷二七〇貞明四年（918）七月條敘其事作"麟、勝、雲、蔚、新、武等州"。蔚州未置軍額。

[2]奚：中古時代居住在今中國東北地區的少數民族。傳見《舊唐書》卷一九九下、《新唐書》卷二一九。詳見王凱《20世紀80年代以來奚族研究綜述》，《東北史地》2011年第1期；畢德廣《唐代奚族居地的變遷》，《中國歷史地理論叢》2014年第1期；畢德廣《遼代奚境變遷考論》，《中國邊疆史地研究》2014年第3期；王麗娟《奚族文獻史料探究》，《宋史研究論叢》2015年第2期。　室韋：古族名。又作失韋、失圍，一説即鮮卑的別譯。北魏時始見記載。源出東胡，與契丹同類，在南爲契丹，在北號室韋。南北朝時分爲五部，至隋唐時漸分爲三十餘部。曾附屬於突厥汗國，唐代東突厥汗國、後突厥汗國、回鶻汗國衰亡後，大量室韋人遷入蒙

古高原，遼金時遍布大漠南北。中唐以後，文獻上又把室韋稱作“達怛”。參見張久和《原蒙古人的歷史：室韋—達怛研究》，高等教育出版社 1998 年版。　吐渾：部族名。吐谷渾的省稱。源出鮮卑，後游牧於今甘肅、青海一帶。參見周偉洲《吐谷渾資料輯録》(增訂本)，商務印書館 2017 年版。

[3]兖州：州名。治所在今山東濟寧市兖州區。

[4]麻家渡：地名。五代黄河渡口。位於今山東鄄城縣。

[5]行臺村：地名。位於今河南濮陽市濮城鎮東北。《輯本舊史》之影庫本粘籤：“‘行臺村’，原本作‘待臺材’，今據《通鑑》改正。”中華書局本有校勘記：“影庫本考證作‘今據《梁書·賀瓌傳》改正’。”見《輯本舊史》卷二三《賀瓌傳》，亦見《通鑑》卷二七〇貞明四年八月條。

十二月庚子朔，帝進軍，距梁軍柵十里而止。時梁將賀瓌殺騎將謝彦章於軍，帝聞之曰：“賊帥自相魚肉，安得不亡。”戊午，下令軍中老幼，令歸魏州，悉兵以趣汴。庚申，大軍毁營而進。辛酉，次於臨濮，[1]梁軍捨營踵於後。癸亥，次胡柳陂。[2]遲明，梁軍亦至，帝率親軍出視，諸軍從之。梁軍已成陣，横亘數十里，帝亦以横陣抗之。時帝與李存審總河東、魏博之衆居其中，周德威以幽、薊之師當其西，鎮、定之師當其東。梁將賀瓌、王彦章全軍接戰，帝以銀槍軍突入梁軍陣中，[3]斬擊十餘里，賀瓌、王彦章單騎走濮陽。[4]帝軍輜重在陣西，望見梁軍旗幟，皆驚走，因自相蹈籍，不能禁止。帝一軍先敗，周德威戰殁。是時，陂中有土山，梁軍數萬先據之，帝帥中軍至山下。梁軍嚴整不動，旗幟甚盛。帝呼諸軍曰：“今日之戰，得山者勝，賊已據山，吾與爾等各馳一騎以奪之！”帝率軍先登，銀槍步兵繼進，遂奪其山。梁軍紛紜而下，復於土山西結陣數里。時日已晡矣，或曰：“諸軍未齊，不如還營，詰朝可圖再戰。”閻寶進曰：[5]“深入賊境，逢其大敵，期於盡鋭，以決雌雄。況賊帥奔亡，衆心方恐，今乘高擊下，勢如破竹矣。”銀槍都將王建及被甲横槊進曰：[6]“賊將先已奔亡，王之騎軍一無所損，賊衆晡晚，大半思歸，擊之必破。王但登山縱觀，責臣以破賊之效。”於是李嗣昭領騎軍自土山北以逼梁軍，王建及呼士衆曰：“今日所失輜重，並在山下。”乃大呼以奮擊，諸軍繼之，梁軍大敗。時元城令吴瓊、貴鄉令胡裝各部役徒萬人，[7]於山下曳柴揚塵，鼓譟助其勢。梁軍不之測，自相騰籍，棄甲山積。甲子，命行戰場，收獲鎧仗不知其數。時帝之軍士有先入大梁問其次舍者，梁人大恐，驅市人以守。其殘衆奔歸汴者不滿千人，帝軍遂拔濮陽。[8]《永樂大典》卷七千一百五十六。[9]

[1]臨濮：縣名。治所在今山東鄄城縣。

[2]胡柳陂：地名。位於今河南濮陽縣。

[3]銀槍軍：軍隊番號。即帳前銀槍。中華書局本有校勘記：“‘銀槍軍’，原作‘銀槍’，據殿本、孔本、《册府》卷一二五改。”明本《册府》卷一二五《帝王部·料敵門》作“帝御銀鎗軍突入賊中”。

[4]濮陽：縣名。治所在今河南濮陽市。

[5]閻寶進曰：中華書局本有校勘記：“‘進’字原闕，據殿本、孔本、《通曆》卷一三、《册府》卷一二五補。”

［6］都將：官名。唐、五代時節度使屬將。　王建及：人名。許州（今河南許昌市）人。五代後唐將領。傳見本書卷一三六。

［7］令：官名。即縣令。縣的行政長官，掌治本縣。唐代之縣，分赤（京）、次赤、畿、次畿、望、緊、上、中、中下、下十等。縣令分六等，正五品上至從七品下。　吴瓊：人名。籍貫不詳。本書僅此一見。　貴鄉：縣名。治所在今河北大名縣。《輯本舊史》之影庫本粘籤："'貴鄉'，原本作'賁鄉'，今據胡裝本傳改正。"見《輯本舊史》卷六九《胡裝傳》。五代有貴鄉，無賁鄉。　胡裝：人名。籍貫不詳。五代後唐官員。傳見本書卷六九。

［8］其殘衆奔歸汴者不滿千人，帝軍遂拔濮陽：此事又見《武經總要·後集》卷二《材料形勢》、卷九《勢宜決戰》、卷一三《據險》。

［9］《大典》卷七一五六"唐"字韻"莊宗"事目三。

舊五代史　卷二九

唐書五

莊宗紀第三

天祐十六年春正月,[1]李存審城德勝,[2]夾河爲栅。帝還魏州,[3]命昭義軍節度使李嗣昭權知幽州軍府事。[4]

[1]天祐：唐昭宗李曄開始使用的年號（904）。唐哀帝李柷即位後沿用（904—907）。唐亡後，河東李克用、李存勗仍稱天祐，沿用至天祐二十年（923）。五代其他政權亦有行此年號者，如南吴、吴越等，使用時間長短不等。

[2]李存審：人名。陳州宛丘（今河南淮陽縣）人。原姓符名存。五代後唐將領。傳見本書卷五六、《新五代史》卷二五。　德勝：地名。原爲德勝渡，黄河重要渡口之一。李存勗部將李存審築於黄河津要處德勝口，有南北二城。南城在今河南濮陽市東南五里，北城在今河南濮陽市區。

[3]魏州：州名。治所在今河北大名縣。

[4]昭義軍：方鎮名。治所在潞州（今山西長治市）。　節度使：官名。唐時在重要地區所設掌握一州或數州軍政、民政、財政

的長官。　李嗣昭：人名。汾州（今山西汾陽市）人。唐末、五代李克用義子、部將。傳見本書卷五二、《新五代史》卷三六。　權知幽州軍府事：官名。地位亞於節度使，爲幽州軍鎮實際長官。

三月，帝兼領幽州，[1]遣近臣李紹宏提舉府事。[2]

[1]幽州：州名。治所在今北京市。

[2]李紹宏：人名。又作馬紹宏。籍貫不詳。後唐莊宗近臣。傳見本書卷七二。　提舉府事：官名。總領幽州事務。

夏四月，梁將賀瓌圍德勝南城，[1]百道攻擊，復以艨艟扼斷津渡。[2]帝馳而往，陣於北岸。南城守將氏延賞告急，[3]且言矢石將盡。帝以重賄召募能破賊艦者，於是獻技者數十，或言能吐火焚舟，或言能禁咒兵刃，悉命試之，無驗。帝憂形於色，親從都將王建及進曰：[4]"臣請效命。"乃以巨索連舟十艘，選效節勇士三百人，[5]持斧被鎧，鼓枻而進，至中流。梁樓船三層，蒙以牛革，懸板爲楯。建及率持斧者入艨艟間，斬其竹笮，破其懸楯，又於上流取甕數百，用竹笮維之，積薪於上，灌以脂膏，火發亘空。又以巨艦載甲士，令乘煙鼓譟。梁之樓船斷紲而下，沈溺者殆半。軍既得渡，梁軍乃退，命騎軍追襲至濮陽，[6]俘斬千計。賀瓌由此飲氣遘疾而卒。

[1]賀瓌：人名。濮陽（今河南濮陽市）人。五代後梁將領。傳見本書卷二三、《新五代史》卷二三。

[2]艨（méng）艟（chōng）：古代戰船。

[3]氏延賞：人名。籍貫不詳。五代將領。事見本書卷一五、卷五五、卷六五、卷一〇六。《輯本舊史》之影庫本粘籤："氏延賞，原本作'民廷賞'，今據《歐陽史》改正。"檢《新五代史》不見，見《輯本舊史》卷五五《史建瑭傳》、卷一〇六《馬萬傳》及《通鑑》卷二七〇貞明五年（919）四月條。

[4]都將：官名。唐五代時節度使屬將。　王建及：人名。許州（今河南許昌市）人。五代後唐將領。傳見本書卷二五。

[5]效節：部隊番號。

[6]濮陽：縣名。治所在今河南濮陽市。

秋七月，帝歸晉陽。[1]

[1]晉陽：縣名。治所在今山西太原市。

八月，梁將王瓚帥衆數萬自黎陽渡河，[1]營於楊村，[2]造舟爲梁，以通津路。

[1]王瓚：人名。太原祁（今山西祁縣）人。唐河中節度使王重盈之子。五代後梁將領，官至開封尹。傳見本書卷五九。　黎陽：縣名。治所在今河南浚縣東。　河：黄河。

[2]楊村：地名。位於今河南濮陽縣西南。

冬十月，帝自晉陽至魏州，發徒數萬，以廣德勝北城，自是，日與梁軍接戰。

十二月戊戌，帝軍於河南，夜伏步兵於潘張村梁軍寨下，[1]以騎軍邀其餉者，[2]擒其斥候。梁王瓚結陣以待，帝軍以鐵騎突之，諸軍繼進，梁軍大奔，赴水死者甚衆，瓚走保北城。

[1]潘張村：地名。位於今山東鄄城縣。

[2]以騎軍邀其餉者：《輯本舊史》原作“以騎軍掠其餉運”，其影庫本粘籤：“餉運，原本作‘餉軍’，今據文改正。”《通鑑》卷二七一貞明五年（919）十二月條云：“晋王自將騎兵自河南岸西上，邀其餉者，俘獲而還。”此處“餉者”更勝於“餉運”，且有文獻爲據，故改。

天祐十七年春，幽州民於田中得金印，文曰“關中龜印”，李紹宏獻於行臺。[1]

[1]行臺：官署名。尚書省在京城稱中臺、内臺，在外稱行臺。自魏晋至唐初，天子、大臣在外征討，或置行臺隨軍。

秋七月，梁將劉鄩、尹皓寇同州。[1]先是，河中節度使朱友謙取同州，[2]以其子令德主留務，[3]請梁主降節。梁主怒，不與，遂請旄節於帝。梁主乃遣劉鄩與華州節度使尹皓帥兵圍同州，[4]友謙來告難，帝遣蕃漢總管李存審、昭義節度使李嗣昭、代州刺史王建及率師赴援。[5]

[1]劉鄩：人名。密州安丘（今山東安丘市）人。唐末、五代將領。傳見本書卷二三、《新五代史》卷二二。　尹皓：人名。籍貫不詳。五代後梁將領。傳見本書附録。　同州：州名。治所在今陝西大荔縣。

［2］河中：方鎮名。治所在河中府（今山西永濟市）。　朱友謙：人名。許州（今河南許昌市）人。唐末、五代軍閥。傳見本書卷六三、《新五代史》卷四五。

［3］令德：人名。即朱令德。許州（今河南許昌市）人。五代軍閥。朱友謙之子。事見本書卷六三《朱友謙傳》、《新五代史》卷四五《朱友謙傳》。

［4］梁主乃遣劉鄩與華州節度使尹皓帥兵圍同州：《輯本舊史》之影庫本粘籤："尹皓，原作'伊告'，今據《薛史·梁紀》改正。"見《輯本舊史》卷一〇《梁末帝紀》貞明六年（920）六月條及《通鑑》卷二七一貞明六年六月條。兩書皆載所遣者尚有静勝（原義勝）節度使温昭圖（即李彦韜）及莊宅使段凝。

［5］蕃漢總管：官名。即蕃漢内外馬步軍總管。五代後唐置，爲蕃漢馬步軍總指揮官。　昭義：方鎮名。治所在潞州（今山西長治市）。　李嗣昭：人名。汾州（今山西汾陽市）人。唐末、五代李克用義子、部將。傳見本書卷五二、《新五代史》卷三六。　代州：州名。治所在今山西代縣。　刺史：官名。漢武帝時始置。州一級行政長官。總掌考覈官吏、勸課農桑、地方教化等事。唐中期以後，節度使、觀察使轄州而設，刺史爲其屬官，職任漸輕。從三品至正四品下。　"帝遣蕃漢總管"至"率師赴援"：《通鑑》卷二七一貞明六年七月條記帝所遣之人尚有"慈州刺史李存質"。

九月，師至河中，朝至夕濟，梁人不意王師之至，望之大駭。明日，次於朝邑，[1]與朱友謙謀。遲明，進軍距梁壘，梁人悉衆以出，蒲人在南，王師在北。騎軍既接，蒲人小却，[2]李嗣昭以輕騎抗之，梁軍奔潰，追斬二千餘級。是夜，劉鄩收餘衆保營，自是閉壁不出。數日鄩遂宵遁。王師追及於渭河，[3]所棄兵仗輜重不可勝計，劉鄩、尹皓單騎獲免。未幾，鄩憂恚發病而卒。[4]王師略地至奉先,[5]嗣昭因謁唐帝諸陵而還。

[1]朝邑：縣名。治所在今陝西大荔縣。　次於朝邑：中華書局本有校勘記："原作'約戰'，據《册府》卷一六六改。影庫本批校：'原本"約戰"二字係"次朝"二字。按下文"帝至朝城"，疑原本"朝"下脱"城"字。'按本書卷五六《符存審傳》敘其事作'進營朝邑'。"《宋本册府》卷一六六《帝王部·招懷門四》作"明日次於朝邑"。

[2]蒲：州名。唐開元八年（720）改蒲州爲河中府，因地處黄河中游而得名，其後名稱屢有改易。治所在今山西永濟市。此處代指河中節度使所部。

[3]渭河：河流名。即今渭河。

[4]未幾，鄩憂恚發病而卒：《輯本舊史》之案語："《梁書·劉鄩傳》作遇酖而卒。與《唐紀》異。"見《輯本舊史》卷二三《劉鄩傳》，云："及兵敗，詔歸洛，河南尹張宗奭承朝廷密旨，逼令飲酖而卒。"《通鑑》卷二七一龍德元年（921）五月丁亥條云："密令留守張宗奭酖之，丁亥，卒。"該條《考異》引《莊宗實録》云："憂恚發病卒。"

[5]奉先：縣名。治所在今陝西乾縣。《太平寰宇記》卷三一："乾州，本京兆奉天縣，唐末李茂貞建爲乾州。"《新唐書》卷三七《地理志一》記京兆奉天縣，文明元年析醴泉等縣置，以奉乾陵……乾寧二年以縣置乾州。按錢大昕《考異》卷六五："'奉先'當作'奉天'。"

天祐十八年春正月，魏州開元寺僧傳真獲傳國寶,[1]獻於行臺。驗其文，即"受命於天，子孫寶之"八字也，群僚稱賀。[2]傳真師於廣明中,[3]遇京師喪亂得之，秘藏已四十年矣。篆文古體，人不之識，至是獻之。時淮南楊溥、西川王衍皆遣使致書，[4]勸帝嗣唐帝位，帝不從。

［1］開元寺：寺名。《唐會要》卷五〇載，開元“二十六年六月一日，敕每州各以郭下定形勝觀、寺，改以開元爲額”。此處爲位於魏州的開元寺。　傳真：人名。籍貫不詳。五代僧人。本書僅此一見。

［2］“魏州開元寺僧傳真獲傳國寶”至“群僚稱賀”：《輯本舊史》之案語：“自‘開元寺’至此三十三字，原本闕佚，今從《册府元龜》增入。”見明本《册府》卷二一《帝王部·徵應門》，文字有不同，亦略見《通鑑》卷二七一龍德元年（921）正月條。

［3］廣明：唐僖宗李儇年號（880—881）。

［4］淮南：方鎮名。治所在揚州（今江蘇揚州市）。　楊溥：五代十國吴睿帝，後禪位於徐知誥。傳見《新五代史》卷六一。西川：方鎮名。治所在成都（今四川成都市）。《輯本舊史》之影庫本粘籤：“‘西川’，原本作‘西州’，今據文改正。”王衍爲蜀主，故而稱“西川”，《輯本舊史》卷三二《莊宗紀六》同光二年（924）七月戊午條、卷三四《莊宗紀八》同光四年正月壬戌條均有“西川王衍”之稱，此爲書證，無需據文改正。　王衍：人名。許州舞陽（今河南舞陽縣）人。前蜀君主，後爲後唐莊宗李存勗所殺。事見本書卷一三六、《新五代史》卷六三。

二月，代州刺史王建及卒。是月，鎮州大將張文禮殺其帥王鎔。[1]時帝方與諸將宴，酒酣樂作，聞鎔遇弒，遽投觶而泣曰：“趙王與吾把臂同盟，分如金石，何負於人，覆宗絶祀，冤哉！”先是，滹沱暴漲，[2]漂關城之半，溺死者千計。是歲，天西北有赤祲如血，占者言趙分之災，[3]至是果驗。時張文禮遣使請旄節於帝，帝曰："文禮之罪，期於無赦，敢邀予旄節！"左右曰："方今事繁，不欲與人生事。"帝不得已而從之，乃承制授文禮鎮州兵馬留後。[4]

[1]鎮州：州名。治所在今河北正定縣。此處指成德軍。　張文禮：人名。被王鎔收爲義子後，賜姓王，名德明。燕（今河北北部）人。五代將領。傳見本書卷六二。　王鎔：人名。回鶻人。唐末、五代軍閥，朱温封趙王。傳見本書卷五四、《新五代史》卷三九。　是月，鎮州大將張文禮殺其帥王鎔：《舊五代史考異》："《歐陽史》作正月，趙將張文禮弑其君鎔。《五代春秋》作三月，趙人張文禮殺其君鎔。與《薛史》繫二月前後互異。"見《新五代史》卷五《唐莊宗紀下》天祐十八年（921）正月條、《五代春秋》卷上《梁末帝紀》龍德元年（921）三月條。《通鑑》卷二七一亦繫於龍德元年二月，與《莊宗本紀》同。張文禮時名王德明，此後復原姓名。

[2]滹沱：河流名。發源於今山西繁峙縣，東流入今河北省，過正定縣，再向東流入渤海。

[3]趙：即戰國時期的趙國。

[4]兵馬留後：官名。唐、五代時，代行方鎮長官之職者稱留後。代行州兵馬使之職者，即爲兵馬留後。掌本州兵馬。

三月，河中節度使朱友謙、昭義節度使李嗣昭、滄州節度使李存審、定州節度使王處直、邢州節度使李嗣源、成德軍兵馬留後張文禮、遥領天平軍節度使閻寶、大同軍節度使李存璋、新州節度使王郁、振武節度使李存進、同州節度使朱令德，[1]各遣使勸進，請帝紹唐帝位，帝報書不允。自是，諸鎮凡三上章勸進，各獻貨幣數十萬，以助即位之費，帝左右亦勸帝早副人望，帝撝挹久之。[2]

[1]滄州：方鎮名。即横海軍。治所在今河北滄縣舊州鎮。　定州：方鎮名。即義武軍。治所在今河北定州市。　王處直：人名。京兆萬年（今陝西西安市長安區）人。唐末、五代軍閥。傳見本書卷五四、《新五代史》卷三九。　邢州：方鎮名。即保義軍。治所在今河北邢臺市。　李嗣源：人名。沙陀部人。原名邈佶烈，李克用養子。五代後唐明宗，926年至933年在位。紀見本書卷三五至卷四四、《新五代史》卷六。　成德軍：方鎮名。治所在鎮州（今河北正定縣）。　天平軍：方鎮名。治所在鄆州（今山東東平縣）。　閻寶：人名。鄆州（今山東東平縣）人。五代後梁、後唐將領。傳見本書卷五九、《新五代史》卷四四。　大同軍：方鎮名。治所在雲州（今山西大同市）。　李存璋：人名。雲中（今山西大同市）人。唐末、五代後唐將領。傳見本書卷五三、《新五代史》卷三六。　新州：方鎮名。即威塞軍。治所在新州（治今河北涿鹿縣）。　振武：方鎮名。後梁貞明二年（916）以前，治所位於單于都護府城（今内蒙古和林格爾縣）。貞明二年單于都護府城爲契丹占據。此後至後唐清泰三年（936），治所位於朔州（今山西朔州市朔城區）。後晋隨燕雲十六州割予契丹，改名順義軍。　李存進：人名。振武（今内蒙古和林格爾縣）人。唐末、五代後唐將領。本姓孫，名重進，李克用以之爲義兒軍使，賜姓名。傳見本書卷五三、《新五代史》卷三六。《輯本舊史》之影庫本粘籤："'李存進'，原本脱'存'字，今據《列傳》增入。"見《輯本舊史》卷五三《李存進傳》，《新五代史》卷五《唐莊宗紀下》天祐十八年（921）三月條亦作"振武軍節度使李存進"。　同州：方鎮名。即匡國軍。治所在今陝西大荔縣。　朱令德：人名。許州（今河南許

昌市）人。五代軍閥。朱友謙之子。事見本書卷六三《朱友謙傳》、《新五代史》卷四五《朱友謙傳》。

[2]“自是”至“帝撝挹久之”：《舊五代史考異》：“《九國志·趙季良傳》：季良嘗夢手扶御座，自謂輔佐之象，由是頗述天時人事以諷，莊宗深納其言。”見《九國志》卷七《後蜀趙季良傳》。

秋七月，河東節度副使盧汝弼卒。[1]

[1]河東：方鎮名。治所在太原（今山西太原市）。　節度副使：官名。唐、五代方鎮屬官。位於行軍司馬之下、判官之上。　盧汝弼：人名。范陽（今河北涿州市）盧氏族人，家於河中蒲州（今山西永濟市）。唐代詩人盧綸之孫。唐代進士，唐、五代官員。傳見本書卷六〇。

八月庚申，令天平節度使閻寶、成德兵馬留後符習率兵討張文禮于鎮州。[1]初，王鎔令偏將符習以本部兵從帝屯於德勝。文禮既行弑逆，忌鎔故將，多被誅戮，因遣使聞於帝，欲以佗兵代習歸鎮，習等懼，請留。帝令傳旨於習及別將趙仁貞、烏震等，[2]明正文禮弑逆之罪，[3]且言：“爾等荷戟從征，蓋緣君父之故，[4]銜冤報恩，[5]誰人無心。吾當給爾資糧，助爾兵甲，當試思之!”於是習等率諸將三十餘人，慟哭於牙門，請討文禮。帝因授習成德軍兵馬留後，以部下鎮、冀兵致討於文禮，又遣閻寶以助之，以史建瑭爲前鋒。[6]甲子，攻趙州，刺史王鋋送符印以迎，[7]閻寶遂引軍至鎮州城下，營於西北隅。是月，張文禮病疽而卒，其子處瑾代掌軍事。[8]

[1]符習：人名。趙州（今河北趙縣）人。五代將領。傳見本書卷五九、《新五代史》卷二六。

[2]趙仁貞：人名。籍貫不詳。五代將領。事見本書本卷。烏震：人名。冀州信都（今河北衡水市冀州區）人。五代將領。傳見本書卷五九、《新五代史》卷二六。

[3]明正文禮弑逆之罪：中華書局本有校勘記："'明正'，孔本作'大疏'。"

[4]蓋緣君父之故：中華書局本有校勘記："'緣'字原闕，據《大事記續編》卷七二引新舊史紀傳、《實録》補。"

[5]銜冤報恩：中華書局本有校勘記："《大事記續編》卷七二引新舊史紀傳、《實録》作'銜冤思報'。"

[6]史建瑭：人名。雁門（今山西代縣）人。唐九府都督史敬思之子。五代後唐將領。傳見本書卷五五、《新五代史》卷二五。

[7]王鋌：人名。籍貫不詳。五代將領。事見本書本卷。中華書局本有校勘記："原作'王鋋'，據本書卷五五《史建瑭傳》、《新五代史》卷二五《史建瑭傳》、《通鑑》卷二七一、《大事記續編》卷七二引新舊史紀傳、《實録》改。"《通鑑》卷二七一龍德元年（921）八月甲子條云："晋兵拔趙州，刺史王鋌降，晋王復以爲刺史，文禮聞之，驚懼而卒。"

[8]處瑾：人名。即張處瑾。燕（今河北北部）人。張文禮之子。五代將領。事見本書卷六二。《新五代史》卷五《唐莊宗紀下》天祐十八年（921）八月條、卷三九《王鎔傳》，《宋本册府》卷九二六《總録部·愧恨門》閻寶條同，唯明本《册府》卷八《帝王部·創業門》四作"處球"。據《輯本舊史》卷六二《張文禮傳》及本卷下文，應以"處瑾"爲是。

九月，前鋒將史建瑭與鎮人戰於城下，爲流矢所中而卒。

冬十月己未，梁將戴思遠攻德勝北城，[1]帝命李嗣源設伏於戚城，[2]令騎軍挑戰，梁軍大至，帝御中軍以禦之。時李從珂僞爲梁幟，[3]奔入梁壘，斧其眺樓，持級而還。梁軍愈恐，步兵漸至，李嗣源以鐵騎三千乘之，梁軍大敗，俘斬二萬計。辛酉，閻寶上言，定州節度使王處直爲其子都幽於别室，都自稱留後。[4]

［1］戴思遠：人名。籍貫不詳。五代後梁、後唐將領。傳見本書卷六四。

［2］戚城：地名。位於今河南濮陽市區。《輯本舊史》之影庫本粘籤："'戚城'，原本作'威城'，今據《薛史·梁紀》及《五代春秋》改正。"見《輯本舊史》卷九《梁末帝紀中》貞明五年（919）十一月辛卯條、卷十《梁末帝紀下》龍德元年（921）十月條，《五代春秋》卷上《梁末帝紀》龍德元年十月條。

［3］李從珂：人名。鎮州（今河北正定縣）人。本姓王，後唐明宗李嗣源擄其母魏氏，遂養爲己子。應順元年（934）四月，李從珂入洛陽即帝位。清泰三年（936）五月，石敬瑭反，廢帝自焚死，後唐亡。紀見本書卷四六至卷四八、《新五代史》卷七。

［4］定州節度使王處直爲其子都幽於别室，都自稱留後：《舊五代史考異》："《歐陽史》：王處直叛附于契丹，其子都幽處直以來附。"見《新五代史》卷五《唐莊宗紀下》天祐十八年（921）十月條、卷五五《劉昫傳》、卷七二《契丹傳》。

十一月，帝至鎮州城下，張處瑾遣弟處琪、幕客齊儉等候帝乞降，[1]言猶不遜，帝命囚之。時王師築土山以攻其壘，城中亦起土山以拒之，旬日之間，機巧百變。張處瑾令韓正時以千騎夜突圍，[2]將入定州與王處直議事，爲我游軍追擊，破之，餘衆保行唐，[3]賊將彭贇斬正時以降。[4]

[1]張處瑾：人名。燕（今河北北部）人。張文禮子。五代成德軍將領。事見本書卷六二。　處琪：人名。即張處琪。燕（今河北北部）人。張文禮子。五代成德軍將領。事見本書卷六二、《新五代史》卷三九。　齊儉：人名。籍貫不詳。五代成德軍官員。本書僅此一見。

[2]韓正時：人名。籍貫不詳。五代成德軍官員。事見本書卷六二。

[3]行唐：縣名。治所在今河北行唐縣。中華書局本有校勘記："原作'衡唐'，據劉本、邵本校、《通鑑》卷二七一改。"見《通鑑》卷二七一龍德元年（921）十一月條。五代行唐數見，無衡唐。

[4]彭贇：人名。籍貫不詳。五代官員。本書僅此一見。

十二月辛未，王郁誘契丹阿保機寇幽州，[1]遂引軍涿州，陷之。[2]又寇定州，[3]王都遣使告急，[4]帝自鎮州率五千騎赴之。

[1]王郁：人名。京兆萬年（今陝西西安市長安區）人。唐義武軍節度使王處直之子，李克用之婿。五代、遼將領。傳見《遼史》卷七五。　契丹：古部族、政權名。公元4世紀中葉宇文部爲前燕攻破，始分離而成單獨的部落，自號契丹。唐貞觀中，置松漠都督府，以其首領爲都督。唐末强盛，916年迭剌部耶律阿保機建立契丹國（遼）。先後與五代、北宋並立，遼保大五年（1125）爲

金所滅。参見張正明《契丹史略》，中華書局 1979 年版。　阿保機：人名。姓耶律。契丹迭剌部人。唐末契丹族首領、遼開國皇帝。紀見《遼史》卷一、卷二。　王郁誘契丹阿保機寇幽州：《舊五代史考異》："《契丹國志》：王處直在定州，以鎮、定爲唇齒，恐鎮亡而定孤，乃潛使人語其子王郁，使賂契丹，令犯塞以救鎮州之圍。王郁説太祖曰：'鎮州美女如雲，金帛似山，天皇速往，則皆爲己物也，不然，則爲晋王所有矣。'太祖以爲然，率衆而南。"見《契丹國志》卷一《太祖紀》天贊元年（922）十二月條。

[2]涿州：州名。治所在今河北涿州市。　遂引軍涿州，陷之：《輯本舊史》之案語："契丹陷涿州在天祐十八年，《李嗣弼傳》作天祐十九年，紀、傳互異。"見《輯本舊史》卷五〇《李克修附嗣弼傳》。又《輯本舊史》卷一三七《契丹傳》、《通鑑》卷二七一龍德元年（921）十二月條、《遼史》卷二《太祖紀下》神册六年（即唐天祐十八年，921）十二月癸亥條所記均爲十八年事，當以紀爲準。

[3]定州：州名。治所在今河北定州市。

[4]王都：人名。中山陘邑（今河北定州市）人。本姓劉，後爲義武軍節度使王處直養子。五代軍閥。傳見本書卷五四。

天祐十九年春正月甲午，帝至新城，[1]契丹前鋒三千騎至新樂。[2]是時，梁將戴思遠乘虚以寇魏州，軍至魏店，[3]李嗣源自領兵馳入魏州。梁人知其有備，乃西渡洹水，[4]陷成安而去。[5]時契丹渡沙河口而南，[6]諸將相顧失色，又聞梁人内侵，鄴城危急，皆請旋師，唯帝謂不可，乃率親騎至新城。契丹萬餘騎，遽見帝軍，惶駭而退。帝分軍爲二廣，[7]追躡數十里，獲阿保機之子。時沙河冰薄，[8]橋梁隘狹，敵争踐而過，陷溺者甚衆。

阿保機方在定州，聞前軍敗，退保望都。[9]帝至定州，王都迎謁，是夜宿於開元寺。翌日，引軍至望都，契丹逆戰，帝身先士伍，馳擊數四，敵退而結陣，帝之徒兵亦陣於水次。李嗣昭躍馬奮擊，敵衆大潰，俘斬數千，追擊至易州，[10]所獲氈裘、毳幕、羊馬不可勝紀。[11]時歲且北至，大雪平地五尺，敵乏芻糧，人馬斃踣道路，纍纍不絶，帝乘勝追襲至幽州。[12]是月，梁將戴思遠寇德勝北城，築壘穿塹，地道雲梯，晝夜攻擊，李存審極力拒守，城中危急。帝自幽州聞之，倍道兼行以赴，梁人聞帝至，燒營而遁。

[1]新城：地名。位於今河北無極縣。

[2]新樂：縣名。治所在今河北新樂市。

[3]魏店：地名。又稱魏縣城、舊縣店。位於今河北大名縣西三十里。

[4]洹水：水名。即今河南安陽河。

[5]成安：縣名。治所在今河北成安縣。

[6]沙河：水名。源出今山西靈丘縣太白山南麓，流經靈丘及河北阜平、曲陽、新樂、定州、安國等市縣，在安國市南郭村附近與磁河匯合。　時契丹渡沙河口而南：中華書局本有校勘記：“‘口’，殿本、劉本、孔本作‘而’，《册府》卷九八七、《通鑑》卷二七一作‘而南’。”“渡沙河而”不成句。明本《册府》卷九八七《外臣部·征討門六》作“至新城南，探報契丹前鋒……渡沙河而南矣。帝令前鋒偵契丹所至，報云‘渡沙河矣’”，《通鑑》卷二七一龍德二年（922）正月甲午條作“涉沙河而南”。今據改。

[7]帝分軍爲二廣：《輯本舊史》之影庫本粘籤：“二廣，原本作‘二黄’，案《薛史》前後多作‘二廣’，當是用《左傳》‘左

廣'‘右廣’之名，今改正。”《輯本舊史》卷三五《明宗紀一》天祐五年（908）五月條、卷一三七《契丹傳》天祐十八年十二月條均有“二廣”之記載。亦見明本《册府》卷九八七。

［8］時沙河冰薄：中華書局本有校勘記：“‘冰’，原作‘水’，據《册府》卷九八七、《通鑑》卷二七一、《新五代史》卷七二《四夷附録》改。”《通鑑》卷二七一龍德二年正月甲午條作“時沙河橋狹冰薄”。

［9］望都：縣名。治所在今河北望都縣。

［10］易州：州名。治所在今河北易縣。中華書局本有校勘記：“原作‘易水’，據殿本、《册府》卷九八七、《通鑑》卷二七一、《契丹國志》卷一改。”見《通鑑》卷二七一龍德二年正月戊戌條。

［11］所獲氈裘、毳幕、羊馬不可勝紀：中華書局本有校勘記：“‘所’字原闕，據孔本、《册府》卷九八七補。‘氈裘’，《册府》卷九八七作‘氈車’。本書卷二八《唐莊宗紀二》敘天祐十四年契丹入寇事云：‘漁陽以北，山谷之間，氈車裘幕，羊馬彌漫’。”《輯本舊史》卷二八天祐十四年二月條本作“氈車毳幕”，非“氈車裘幕”。

［12］“時歲且北至”至“帝乘勝追襲至幽州”：《舊五代史考異》：“《契丹國志》：晉王趨望都，爲契丹所圍，力戰，出入數四，不解。李嗣昭引三百騎横擊之，晉王始得出，因縱兵奮擊，太祖兵敗，遂北至易州。會大雪彌旬，平地數尺，人馬死者相屬，太祖乃歸。”見《契丹國志》卷一《太祖紀》天贊二年（923）正月條，亦略見於《册府》卷九七八。

三月丙午，王師敗於鎮州城下，閻寶退保趙州。[1]時鎮州累月受圍，城中艱食，王師築壘環之，又決滹沱水以絶城中出路。[2]是日，城中軍出，攻其長圍，皆奮力死戰，王師不能拒，引師而退。鎮人壞其營壘，取其芻糧者累日。帝聞失律，即以昭義節度使李嗣昭爲北面招討使，[3]進攻鎮州。

[1]趙州：州名。治所在今河北趙縣。

[2]滹沱水：河流名。發源於今山西繁峙縣，東流入今河北省，過正定縣，再向東流入渤海。

[3]招討使：官名。唐貞元年間始置。戰時任命，兵罷則省。常以大臣、將帥或地方軍政長官兼任。掌招撫討伐等事務。

夏四月，嗣昭爲流矢所中，卒於師。[1]己卯，天平節度使閻寶卒。以振武節度使李存進爲北面招討使。是月，大同軍節度使李存璋卒。

[1]"夏四月"至"卒於師"：《通鑑》卷二七一龍德二年（922）四月甲戌條、《新五代史》卷五《唐莊宗紀下》天祐十九年（922）四月條與本紀同，《輯本舊史》卷五二《李嗣昭傳》云卒於七月二十四日。

五月乙酉，李存進圍鎮州，營於東垣渡。[1]

[1]東垣渡：渡口名。位於今河北正定縣南滹沱河邊。中華書局本有校勘記："'垣'字原闕，據邵本校、本書卷五三《李存進傳》、《册府》卷三六〇、《新五代史》卷三六《李存進傳》、《通鑑》卷二七一及本卷下文補。按《通鑑》卷二七一胡注：'真定本東垣，漢高帝更名真定，其津渡之處猶有東垣之名。'"見《宋本册府》卷三六〇《將帥部·立功門一三》、《新五代史》卷三六《李存進傳》、《通鑑》卷二七一龍德二年（922）五月乙酉條及該條胡注，本卷下文見九月戊寅條。《輯本舊史》卷五三《李存進

傳》則繫於七月代李嗣昭爲招討使之後。

秋八月,[1]梁將段凝陷衛州,[2]刺史李存儒被擒。[3]存儒，本俳優也，帝以其有膂力，故用爲衛州刺史，既而誅斂無度，人皆怨之，故爲梁人所襲。[4]梁將戴思遠又陷共城、新鄉等邑,[5]自是澶淵之西,[6]相州之南,[7]皆爲梁人所據。

[1]秋八月：中華書局本《輯本舊史》“秋”字闕，據本紀記時規則補。

[2]衛州：州名。治所在河南衛輝市。《輯本舊史》之影庫本粘籤：“原本作‘魏州’，考《五代春秋》：八月，段凝攻晋衛州，克之。《歐陽史》及《通鑑》並作衛州，今改正。”見《五代春秋》卷上《梁末帝紀》龍德二年（922）八月條，《新五代史》卷三《梁末帝紀》龍德二年八月條、卷五《唐莊宗紀下》天祐十九年（922）八月條，《通鑑》卷二七一龍德二年八月條。

[3]李存儒：人名。籍貫不詳。五代後唐將領。事見本書本卷、卷一〇。

[4]故爲梁人所襲：《舊五代史考異》：“《九國志·趙季良傳》：莊宗入鄴，時兵革屢興，屬邑租賦逋久。一日，莊宗召季良切責之，季良對曰：‘殿下何時平河南?’莊宗正色曰：‘爾掌輿賦而稽緩，安問我勝負乎!’季良曰：‘殿下方謀攻守，復務急徵，一旦衆心有變，恐河南非殿下所有。’莊宗斂容前席曰：‘微君之言，幾失吾大計!’”見《九國志》卷七《後蜀趙季良傳》。

[5]共城：縣名。治所在今河南輝縣市。　新鄉：縣名。治所在今河南新鄉市。

[6]澶淵：地名。位於今河南濮陽市西北。

[7]相州：州名。治所在今河南安陽市。

九月戊寅朔，張處球悉城中兵奄至東垣渡，急攻我之壘門。時騎軍已臨賊城，不覺其出，李存進惶駭，引十餘人鬬於橋上，賊退，我之騎軍前後夾擊之，賊衆大敗，步兵數千，殆無還者。是役也，李存進戰歿於師，以蕃漢馬步總管李存審爲北面招討使，以攻鎮州。丙午夜，趙將李再豐之子沖投縋以接王師，[1]諸軍登城，遲明畢入，鎮州平。獲處球、處瑾、處琪并其母，及同惡高濛、李翥、齊儉等，[2]皆折足送行臺，鎮人請醢而食之，發張文禮尸，磔於市。[3]帝以符習爲鎮州節度使，烏震爲趙州刺史，趙仁貞爲深州刺史，[4]李再豐爲冀州刺史。[5]鎮人請帝兼領本鎮，從之，乃以符習遥領天平軍節度使。

[1]李再豐：人名。籍貫不詳。五代將領。事見本書卷五六、卷六二。　沖：人名。即李沖。籍貫不詳。李再豐之子。本書僅此一見。

[2]高濛：人名。籍貫不詳。本書僅此一見。　李翥：人名。籍貫不詳。事見本書卷六〇。

[3]發張文禮尸，磔於市：《輯本舊史》之影庫本粘籤："考《五代春秋》作李存審克鎮州，誅張文禮。據《薛史》，則文禮先已病没，後乃追戮也。《五代春秋》所書未爲核實，今附識於此。"見《五代春秋》卷上《梁末帝紀》龍德二年（922）八月條。《宋本册府》卷九四二《總録部·禍敗門》張文禮條、《通鑑》卷二七一龍德元年八月甲子條同《薛史》，當以《薛史》爲準。

[4]深州：州名。治所在今河北深州市。

[5]冀州：州名。治所在今河北衡水市冀州區。

冬十一月，[1]河東監軍張承業卒。[2]

[1]冬十一月：中華書局本《輯本舊史》“冬”字原闕，據本紀記時規則補。

[2]監軍：官名。爲臨時差遣，代表朝廷協理軍務，督察將帥。五代時常以宦官爲監軍。　張承業：人名。同州（今陝西大荔縣）人。唐末、五代宦官，河東監軍。傳見本書卷七二、《新五代史》卷三八。

十二月，以魏州觀察判官張憲權知鎮州軍州事。[1]

[1]觀察判官：官名。即觀察使判官。唐肅宗以後置，五代沿置。觀察使屬官，參理田賦事，用觀察使印、署狀。　張憲：人名。晉陽（今山西太原市）人。五代後唐官員。傳見本書卷六九、《新五代史》卷二八。　權知鎮州軍州事：官名。簡稱“知州”。州級行政長官。參見閆建飛《唐後期五代宋初知州制的實施過程》，《文史》2019年第1期。

同光元年春正月丙子朔，[1]五臺山僧獻銅鼎三，[2]言於山中石崖間得之。

[1]同光：後唐莊宗李存勗年號（923—926）。　同光元年春正月丙子朔：中華書局本沿《輯本舊史》原闕“朔”字，據本紀記時規則補。

[2]五臺山：山名。位於今山西五臺縣東北。

二月，新州團練使李嗣肱卒。[1]是時，以諸藩鎮相繼上牋勸進，乃命有司制置百官省寺仗衛法物，[2]期以四月行即位之禮，以河東節度判官盧質爲大禮使。[3]

[1]團練使：官名。唐代中期以後，於不設節度使的大郡要害之地設團練使，掌本區各州軍事。　李嗣肱：人名。沙陀部人。李克修之子。五代後唐將領。傳見本書卷五〇、《新五代史》卷一四。

[2]乃命有司制置百官省寺仗衛法物：《輯本舊史》之影庫本粘籤："省寺，原本作'省待'，今據文改正。"《會要》卷一六《禮部》條天成三年（928）十一月二十一日和凝奏，即有"臺省寺監"之稱謂，此爲書證。

[3]節度判官：官名。唐末、五代藩鎮僚佐，位行軍司馬下。　盧質：人名。河南（今河南洛陽市）人。五代大臣。傳見本書卷九三、《新五代史》卷五六。　大禮使：官名。非常設。帝王舉行南郊等大禮時設，參掌大禮。

三月己卯，以橫海軍節度使、内外蕃漢馬步總管李存審爲幽州節度使。[1]潞州留後李繼韜叛，[2]送款於梁。

[1]橫海軍：方鎮名。治所在滄州（今河北滄縣舊州鎮）。

[2]潞州：州名。治所在今山西長治市。　李繼韜：人名。汾州（今山西汾陽市）人。李嗣昭之子。五代後唐將領。傳見本書卷五二、《新五代史》卷三六。

是月，築即位壇於魏州牙城之南。

夏四月己巳，帝升壇，祭告昊天上帝，[1]遂即皇帝位，文武臣僚稱賀。禮畢，御應天門宣制：[2]改天祐二十年爲同光元年。大赦天下，自四月二十五日昧爽以前，除十惡五逆、放火行劫、持杖殺人、官典犯贓、屠牛鑄錢、合造毒藥外，罪無輕重，咸赦除之。應蕃漢馬步將校並賜功臣名號，超授檢校官，官資已高者與一子六品正員官，[3]兵士並賜等第優給。其戰殁功臣各加追贈，仍定謚號。民年八十已上，與免一子役。内外文武職官，並可直言極諫，無有隱諱。貢、選二司宜令有司速商量施行。雲、應、蔚、朔、易、定、幽、燕及山後八軍，[4]秋夏税率量與蠲減。民有三世已上不分居者，與免雜徭。諸道應有祥瑞，不用聞奏。赦書有所未該，委所司條奏以聞云。是歲自正月不雨，人心憂恐，宣赦之日，澍雨溥降。初，唐咸通中，[5]金、水、土、火四星聚于畢、昴，[6]太史奏：[7]"畢、昴，趙、魏之分，[8]其下將有王者。"懿宗乃詔令鎮州王景崇被衮冕攝朝三日，[9]遣臣下備儀注、軍府稱臣以厭之。其後四十九年，帝破梁軍於柏鄉，[10]平定趙、魏，至是即位於鄴宫。[11]

[1]昊天上帝：昊天爲天之總神。上帝爲南郊所祭受命帝。《周禮·春官·大宗伯》："以禋祀祀昊天上帝。"鄭玄注："昊天上帝，冬至於圜丘所祀天皇大帝。"

[2]應天門：魏州城門。位於今河北大名縣。

[3]官資已高者與一子六品正員官："官資已高者"，《輯本舊史》本原無"官資"二字，中華書局本亦未補，今據明本《册府》卷九二《帝王部·赦宥門一一》補。

[4]雲：州名。治所在今山西大同市。　應：州名。治所在今山西應縣。　蔚：州名。治所在今河北蔚縣。　朔：州名。治所在今山西朔州市朔城區。　易：州名。治所在今河北易縣。　定：州名。治所在今河北定州市。　燕：封國名。此處指唐末河北方鎮盧

龍軍。劉仁恭、劉守光父子先後爲盧龍節度使、燕王。　山後八軍：唐末幽州劉仁恭首設於山後地區、具有防禦性質的八個軍鎮，主要防備契丹和河東，爲模擬東北邊的“八防禦軍”而來。詳見李翔《關於五代“山後八軍”的幾個問題》，《中南大學學報》2016年第4期。　雲、應、蔚、朔、易、定、幽、燕及山後八軍：《輯本舊史》之影庫本粘籤：“易定，原本作‘易宜’，今據文改正。”明本《册府》卷九二正作“易定”，此爲書證。

[5]咸通：唐懿宗李漼年號（860—874）。

[6]畢：星名，二十八宿中的畢宿。　昴：星名，二十八宿中的昴宿。

[7]太史：官名。西周始設，初掌起草文書、修撰史籍、校訂曆法。後職位漸低、事權漸分，隋唐時專掌天文曆法。

[8]魏：戰國時期魏國。

[9]懿宗：即唐懿宗李漼。859年至873年在位。紀見《舊唐書》卷一九上、《新唐書》卷九。　王景崇：人名。邢州（今河北邢臺市）人。後漢時升任鳳翔節度使。傳見本書附録、《新五代史》卷五三。

[10]柏鄉：地名。位於今河北柏鄉縣。

[11]鄴：地名。即鄴都。治所在今河北大名縣。五代後唐同光元年（923），改魏州爲興唐府，建號東京。三年，改東京爲鄴都。

是月，以行臺左丞相豆盧革爲門下侍郎、同中書門下平章事、太清宫使；[1]以行臺右丞相盧程爲中書侍郎平章事、監修國史；[2]以前定州掌書記李德休爲御史中丞；[3]以河東節度判官盧質爲兵部尚書，[4]充翰林學士承旨；[5]以河東掌書記馮道爲户部侍郎，[6]充翰林學士；[7]以魏博、鎮冀觀察判官張憲爲工部侍郎，[8]充租庸使；[9]以中門使郭崇韜、昭義監軍使張居翰並爲樞密使；[10]以權知幽州軍府事李紹宏爲宣徽使；[11]以魏博節度判官王正言爲禮部尚書、行興唐尹；[12]以河東軍城都虞候孟知祥爲太原尹，[13]充西京副留守；[14]以澤潞節度判官任圜爲工部尚書兼真定尹，[15]充北京副留守。[16]詔升魏州爲東京興唐府，[17]改元城縣爲興唐縣，[18]貴鄉縣爲廣晋縣，[19]以太原爲西京，[20]以鎮州爲北都。[21]是時所管節度一十三，州五十。

[1]行臺：官署名。尚書省在京城稱中臺、内臺，在外稱行臺。自魏晋至唐初，天子、大臣在外征討，或置行臺隨軍。　左丞相：官名。秦漢始置，爲百官之長，輔佐皇帝綜理全國事務。　豆盧革：人名。先世爲鮮卑慕容氏，後改豆盧氏。唐同州刺史豆盧籍之孫，舒州刺史豆盧瓚之子。五代後唐宰相。傳見本書卷六七、《新五代史》卷二八。　門下侍郎：官名。門下省副長官。唐後期三省長官漸爲榮銜，中書、門下侍郎却因參議朝政而職位漸重，常常用爲以“同三品”或“同平章事”任宰相者的本官。正三品。　同中書門下平章事：官名。簡稱“同平章事”。唐高宗以後，凡實際任宰相之職者，常在其本官後加同平章事的職銜。後成爲宰相專稱。後晋天福五年（940），升中書門下平章事爲正二品。　太清宫使：官名。唐朝尊老子爲祖，建玄元廟奉祀。天寶二年（743）改西京玄元廟爲太清宫，東京爲太微宫，天下諸郡爲紫極宫，又改譙郡紫極宫爲太清宫。設太清宫使。宋敏求《春明退朝録》：“唐制，宰相四人，首相爲太清宫使，次三相皆帶館職，洪（正字犯宣祖廟諱）。文館大學士、監修國史、集賢殿大學士，以此爲次序。”

[2]右丞相：官名。秦漢始置，爲百官之長，輔佐皇帝綜理全國事務，位亞左丞相。　盧程：人名。范陽（今河北涿州市）盧氏族人。唐末進士，五代後唐宰相。傳見本書卷六七、《新五代史》卷二八。《輯本舊史》原作盧澄，有案語：“原本作‘盧登’，今從

《通鑑考異》改正。《歐陽史》作盧程。"《輯本舊史》卷六七、《新五代史》卷二八本傳均作盧程。據改。明本《册府》卷七四《帝王部·命相門四》，《通鑑》卷二七二同光元年（923）四月己巳條作盧程。《通鑑》卷二七二同光元年二月條亦作盧程，有《考異》："《薛史·唐紀》作盧澄，今從《實録》《莊宗列傳》。"《新五代史》卷五《唐莊宗紀下》同光元年四月己巳條亦作盧程。　中書侍郎平章事：官名。中書侍郎爲中書省副長官。唐後期三省長官漸爲榮銜，中書、門下侍郎却因參議朝政而職位漸重，常常用爲以"同三品"或"同平章事"任宰相者的本官。正三品。　監修國史：官名。北齊始置史館，以宰相爲之。唐史館沿置，爲宰相兼職。

[3]掌書記：官名。唐五代方鎮僚屬，位在判官下。掌表奏書檄、文辭之事。　李德休：人名。贊皇（今河北贊皇縣）人。唐末、五代官員。傳見本書卷六〇。《輯本舊史》之影庫本粘籤："李德休，原本作'德林'，據《薛史·唐列傳》云：德休，字表逸。知原'林'字爲誤，今改正。"見《輯本舊史》卷六〇《李德休傳》。對影庫本粘籤之《薛史·李德林傳》，中華書局本有校勘記："'表逸'，原作'戒逸'，據本書卷六〇《李德休傳》改。"　御史中丞：官名。如不置御史大夫，則爲御史臺長官。掌司法監察。正四品下。

[4]兵部尚書：官名。尚書省兵部主官。掌兵衛、武選、車輦、甲械、厩牧之政令。正三品。

[5]翰林學士承旨：官名。爲翰林學士之首。掌拜免將相、號令征伐等詔令的起草。《舊唐書》卷四三《職官志二·翰林院》："例置學士六人，内擇年深德重者一人爲承旨，所以獨承密命故也。"

[6]馮道：人名。瀛州景城（今河北滄縣）人。五代時官拜宰相，歷仕後唐至後周，亦曾臣服於契丹。傳見本書卷一二六、《新五代史》卷五四。　户部侍郎：官名。尚書省户部次官。協助户部

尚書掌天下田户、均輸、錢穀之政令。正四品下。

［7］翰林學士：官名。由南北朝始設之學士發展而來，唐玄宗改翰林供奉爲翰林學士，備顧問，代王言。掌拜免將相、號令征伐等詔令的起草。

［8］魏博：方鎮名。治所在魏州貴鄉縣（今河北大名縣）。　鎮冀：方鎮名。治所在鎮州（今河北正定縣）。　張憲：人名。晋陽（今山西太原市）人。五代後唐官員。傳見本書卷六九、《新五代史》卷二八。　工部侍郎：官名。尚書省工部次官。協助尚書掌管百工山澤水土之政令，考其功以詔賞罰，總所統各司之事。正四品下。

［9］租庸使：官名。唐代爲主持催徵租庸地税的財政官員。五代後梁、後唐時，租庸使取代鹽鐵、度支、户部，爲主管中央財政的長官。

［10］中門使：官名。五代時晋王李存勗所置，爲節度使屬官，執掌同於朝廷之樞密使。　郭崇韜：人名。代州雁門（今山西代縣）人。五代後唐大臣。傳見本書卷五七、《新五代史》卷二四。　張居翰：人名。籍貫不詳。唐末、五代宦官。傳見本書卷七二、《新五代史》卷三八。　樞密使：官名。樞密院長官。五代時以士人爲之，備顧問、參謀議，出納詔奏，權侔宰相。參見李全德《唐宋變革期樞密院研究》，國家圖書館出版社2009年版。

［11］宣徽使：官名。唐始置。宣徽南院使、北院使通稱宣徽使。初用宦官，五代以後改用士人。通掌内諸司及三班内侍之名籍，郊祀、朝會、宴享供帳之儀，檢視内外進奉名物。參見王永平《論唐代宣徽使》，《中國史研究》1995年第1期；王孫盈政《再論唐代的宣徽使》，《中華文史論叢》2018年第3期。

［12］王正言：人名。鄆州（今山東東平縣）人。五代後唐官員。傳見本書卷二一。　禮部尚書：官名。尚書省禮部主官。掌禮儀、祭享、貢舉之政。正三品。　興唐尹：官名。五代後唐同光元年（923），改魏州爲興唐府，以興唐尹總其政務。從三品。

[13]都虞候：官名。唐五代方鎮高級軍官。　孟知祥：人名。邢州龍岡（今河北邢臺市）人。李克用女婿，五代後蜀開國皇帝。傳見本書卷一三六、《新五代史》卷六四。　太原尹：官名。唐開元十一年（723）改并州爲太原府，治所在今山西太原市，太原尹總其政務。從三品。

[14]西京副留守：官名。後唐莊宗同光元年四月以太原爲西京，十二月，詔改僞梁永平軍大安府復爲西京京兆府。設西京副留守，掌軍政要務。例由府尹兼。

[15]澤潞：方鎮名。治所在潞州（今山西長治市）。　節度判官：官名。唐末、五代藩鎮僚佐，位行軍司馬下。　任圜：人名。京兆三原（今陝西三原縣）人。五代後唐將領、大臣。傳見本書卷六七、《新五代史》卷二八。　工部尚書：官名。尚書省工部主官。掌百工、屯田、山澤之政令。正三品。　真定尹：官名。即真定府尹。真定府即鎮州，治所在今河北正定縣。真定尹總其政務。從三品。

[16]北京副留守：官名。後唐同光元年四月以鎮州爲北京。執掌政務。古代在都城、陪都或軍事重鎮所設留守、副留守，由地方行政長官兼任。

[17]東京：地名。即魏州。治所在今河北大名縣。五代後唐莊宗同光元年改魏州爲興唐府，建號東京。三年，改東京爲鄴都。

[18]元城縣：縣名。治所在今河北大名縣。　興唐縣：縣名。同光元年由元城縣改名而來。

[19]貴鄉縣：縣名。治所在今河北大名縣。　廣晋：縣名。同光元年由元城縣改名而來。

[20]太原：府名。治所在今山西太原市。　西京：地名。同光元年四月以太原爲西京，十二月，詔改僞梁永平軍大安府復爲西京京兆府。

[21]北都：地名。同光元年四月以鎮州爲西京。位於今河北正定縣。

閏月丁丑，以李嗣源爲檢校侍中，[1]依前橫海軍節度使、内外蕃漢副總管；以幽州節度使李存審爲檢校太師、兼中書令，[2]依前蕃漢馬步總管；以河中節度使朱友謙爲檢校太師、兼尚書令。[3]安國軍節度使符習加同平章事，[4]定州節度使王都加檢校侍中。

[1]檢校侍中：官名。秦始置侍中。隋、唐前期爲門下省長官，屬宰相之職。唐後期多爲大臣加銜，不參與政務，實際職務由門下侍郎執行。正二品。

[2]檢校太師：官名。爲散官或加官，以示恩寵，無實際執掌。太師，與太傅、太保並爲三師。　中書令：官名。漢代始置，隋、唐前期爲中書省長官，屬宰相之職；唐後期多爲授予元勳大臣的虚銜。正二品。

[3]尚書令：官名。秦始置。隋、唐前期爲尚書省長官，與中書令、侍中並爲宰相。唐後期多爲大臣加銜，不參與政務。正二品。　以河中節度使朱友謙爲檢校太師、兼尚書令：中華書局本有校勘記："'河中'原作'河東'，據本書卷六三《朱友謙傳》、《册府》卷八六六、《新五代史》卷四五《朱友謙傳》及本卷上文改。"見明本《册府》卷八六六《總録部·貴盛門》。本卷上文見天祐十七年（920）秋七月條。

[4]安國軍：方鎮名。唐同光元年（923）改保義軍置，治所在邢州（今河北邢臺市）。　同平章事：官名。全稱"同中書門下平章事"。唐高宗以後，凡實際任宰相之職者，常在其本官後加同平章事的職銜。後成爲宰相專稱。後晉天福五年（940），升中書門下平章事爲正二品。

是月，追尊曾祖蔚州太保爲昭烈皇帝，[1]廟號懿祖；[2]夫人崔氏曰昭烈皇后。[3]追尊皇祖代州太保爲文景皇帝，[4]廟號獻祖；[5]夫人秦氏曰文景皇后。[6]追尊皇考河東節度使、太師、中書令、晋王爲武皇帝，[7]廟號太祖。[8]詔於晋陽立宗廟，以高祖神堯皇帝、太宗文皇帝、懿宗昭聖皇帝、昭宗聖穆皇帝及懿祖以下爲七廟。[9]甲午，契丹寇幽州，至易、定而還。時有自鄆來者，[10]言節度使戴思遠領兵在河上，州城無守兵，可襲而取之。帝召李嗣源謀曰："昭義阻命，梁將董璋攻迫澤州，[11]梁志在澤、潞，[12]不慮别有事生，汶陽無備，[13]不可失也。"嗣源以爲然。壬寅，命嗣源率步騎五千，箝枚自河趨鄆。是夜陰雨，我師至城下，鄆人不覺，遂乘城而入，鄆州平。制以李嗣源爲天平軍節度使。梁主聞鄆州陷，[14]大恐，乃遣王彦章代戴思遠總兵以來拒。[15]時朱守殷守德勝南城，[16]帝懼彦章奔衝，遂幸澶州。[17]

[1]太保：官名。即檢校太保。爲散官或加官，以示恩寵，無實際執掌。太保，與太師、太傅合稱三師。　昭烈皇帝：朱邪執宜謚號。沙陀部首領。朱邪赤心之父。事見《新唐書》卷二一八《沙陀》、《新五代史》卷四《唐本紀》。

[2]懿祖：朱邪執宜廟號。《輯本舊史》之影庫本粘籤："原本作'謚祖'，今據《五代會要》及歐陽史改正。"見《會要》卷一《追謚皇帝》條、《新五代史》卷五《唐莊宗紀下》同光元年(923)閏四月條。

[3]崔氏：朱邪執宜之妻。五代後唐莊宗時追尊爲昭烈皇后。

[4]文景皇帝：謚號。指朱邪赤心，唐朝賜名李國昌。沙陀部首領。唐末軍閥。李克用之父。其孫後唐莊宗李存勗即帝位後，追謚其爲文景皇帝，廟號獻祖。事見《舊唐書》卷一九上《懿宗本

紀》、卷一九下《僖宗本紀》，本書卷二五，《新五代史》卷四。

［5］獻祖：李國昌廟號。

［6］秦氏：李國昌妻。後唐莊宗時追尊爲文景皇后。

［7］晋王：指李克用。沙陀部人，生於神武川新城（一説是今山西朔州市朔城區之梵王寺村，一説是今山西應縣縣城，一説在今山西懷仁縣之日中城）。唐末軍閥，後唐太祖。紀見本書卷二五。　武皇帝：李克用謚號。後唐莊宗時追尊。

［8］太祖：李克用廟號。後唐莊宗時追尊。

［9］高祖神堯皇帝：即李淵。唐朝建立者。618 年至 626 年在位。紀見《舊唐書》卷一、《新唐書》卷一。　太宗文皇帝：即唐代第二位皇帝李世民。隴西成紀（今甘肅秦安縣）人。626 年至 649 年在位。通過“玄武門之變”掌權，開創“貞觀之治”。紀見《舊唐書》卷二至卷三、《新唐書》卷二。　懿宗昭聖皇帝：即唐懿宗李漼。859 年至 873 年在位。紀見《舊唐書》卷一九上、《新唐書》卷九。　昭宗聖穆皇帝：即唐昭宗李曄，888 年至 904 年在位。紀見《舊唐書》卷二〇上、《新唐書》卷一〇。　七廟：帝王宗廟。中國古代禮制中“四親”之廟、“二祧”之廟以及“始祖”之廟；《禮記·王制》：“天子七廟，三昭三穆，與太祖之廟而七。”　“以高祖神堯皇帝”至“以下爲七廟”：“以下爲七廟”，明本《册府》卷三一《帝王部·奉先門四》：“以下三室爲七廟。”《通鑑》卷二七二同光元年閏四月條胡注：“唐廟四，親廟三。”

［10］鄆：州名。治所在今山東東平縣。

［11］董璋：人名。籍貫不詳。五代後梁、後唐將領。傳見本書卷六二、《新五代史》卷五一。　澤州：州名。治所在今山西澤州縣。

［12］潞：州名。治所在今山西長治市。

［13］汶陽：縣名。治所在今山東泰安市。《輯本舊史》之影庫本粘籤：“汶陽，原本作‘滴陽’，今據《通鑑》改正。”見《通鑑》卷二七二同光元年九月戊辰條胡注。五代汶陽多見，無“滴陽”。

[14]梁主聞鄆州陷：中華書局本有校勘記："'梁主'，原作'梁王'，據殿本、《通鑑》卷二七二及本卷下文改。"本卷下文見八月戊戌條，《通鑑》見卷二七二同光元年五月辛酉條之追述。

[15]王彦章：人名。鄆州壽張（今山東梁山縣壽張集）人。五代後梁將領。傳見本書卷二一、《新五代史》卷三二。

[16]朱守殷：人名。籍貫不詳。五代後唐將領。傳見本書卷七四、《新五代史》卷五一。

[17]澶州：州名。唐、五代初，治所在河南清豐縣。後晉天福四年（939），移治於今河南濮陽縣。

五月辛酉，彦章夜率舟師自楊村浮河而下，[1]斷德勝之浮橋，攻南城，陷之。帝令中書焦彦賓馳至楊劉，固守其城，[2]令朱守殷徹德勝北城屋木攻具，浮河而下，以助楊劉。是時，德勝軍食芻茭薪炭數十萬計，至是令人輦負入澶州，[3]事既倉卒，耗失殆半。朱守殷以所毁屋木編栰，置步軍於其上。王彦章以舟師沿流而下，各行一岸，每遇轉灘水匯，即中流交鬬，流矢雨集，或全舟覆没，一彼一此，終日百戰，比及楊劉，殆亡其半。己巳，王彦章、段凝率大軍攻楊劉南城，[4]焦彦賓與守城將李周極力固守。[5]梁軍晝夜攻擊，百道齊進，竟不能下，遂結營於楊劉之南，東西延袤十數栅。

[1]五月辛酉，彦章夜率舟師自楊村浮河而下：明本《册府》卷二一七《閏位部·交侵門》："辛酉，王彦章率舟師自村寨浮河而下。"

[2]中書：官署名。"中書門下"的簡稱。唐代以來爲宰相處理政務的機構。參見劉後濱《唐代中書門下體制研究——公文形

態·政務運行與制度變遷》，齊魯書社 2004 年版。　焦彦賓：人名。籍貫不詳。五代後唐宦官。事見本書本卷、《新五代史》卷六四。　楊劉：地名。即今山東東阿縣東北楊柳鄉。唐、五代時有城臨河津，爲黄河下游重鎮，今城已堙廢不可考。　帝令中書焦彦賓馳至楊劉，固守其城：《舊五代史考異》："《通鑑》作帝令宦者焦延賓急趨楊劉，與鎮使李周固守其城。"見《通鑑》卷二七二同光元年（923）五月己巳條。

[3]至是令人輦負入澶州：《輯本舊史》之影庫本粘籤："輦負，原本作'替負'，今據文改正。"《唐闕史》卷上裴晋公大度條、卷下王居士神丹條均有"輦負"之用法。

[4]段凝：人名。開封（今河南開封市）人。五代後梁將領。其妹爲朱温美人，因其妹而成爲朱温親信。傳見本書卷七三、《新五代史》卷四五。

[5]李周：人名。邢州内丘（今河北内丘縣）人。五代後唐、後晋將領。傳見本書卷九一、《新五代史》卷四七。

六月乙亥，[1]帝親御軍至楊劉，登城望見梁軍，重壕複壘，以絶其路，帝乃選勇士持短兵出戰。梁軍於城門外，連延屈曲，穿掘小壕，伏甲士於中，候帝軍至，則弓弩齊發，師人多傷矢，不得進。帝患之，問計於郭崇韜，崇韜請於下流據河築壘，以救鄆州。又請帝日令勇士挑戰，旬日之内，寇若不至，營壘必成。帝善之，即令崇韜與毛璋率數千人中夜往博州濟河東，[2]晝夜督役，居六日，營壘將成。戊子，梁將王彦章、杜晏球領徒數萬，[3]晨壓帝之新壘。時板築雖畢，牆仞低庳，戰具未備，沙城散惡，王彦章列騎環城，虐用其人，使步軍堙壕登堞。又於上流下巨艦十餘艘，扼斷濟路，自旦至午，攻擊百端，城中危急。帝自楊劉引軍陣于西岸，城中望之，大呼，帝艤舟將渡，梁軍遂解圍，[4]退保鄒家口。[5]

［1］六月乙亥：中華書局本有校勘記："'乙亥'，原作'己亥'，據《通鑑》卷二七二改。按是月甲戌朔，乙亥爲初二，本卷下文敘戊子事，戊子爲十五日，己亥爲二十六日，戊子不當在己亥前。《舊五代史考異》卷二：'案《通鑑》作乙亥'。"《通鑑》見卷二七二同光元年（923）六月乙亥條，可據改。

［2］毛璋：人名。滄州（今河北滄縣舊州鎮）人。五代後唐將領。傳見本書卷七三、《新五代史》卷二六。　博州：州名。治所在今山東聊城市。《輯本舊史》之影庫本粘籤："'博州'，原本作'溥州'，今據文改正。"此事本可據《通鑑》卷二七二同光元年六月乙亥條，此爲書證。五代雖有溥州，如《輯本舊史》卷八四《晉少帝紀四》開運三年（946）二月丙子條所載："升桂州全義縣爲溥州，仍隸桂州……從湖南馬希範所請也。"溥州在楚轄下，與楊劉相距甚遠。

［3］杜晏球：人名。原名王晏球。洛陽（今河南洛陽市）人。少遇亂，汴人杜氏畜之爲子，因冒姓杜氏，又名杜晏球。五代將領。傳見本書卷六四、《新五代史》卷四六。

［4］"帝自楊劉引軍陣于西岸"至"梁軍遂解圍"：《舊五代史考異》："《歐陽史》作六月，及王彥章戰于新壘，敗之。據《薛史》則王彥章因救至而解圍，未嘗敗績也。"見《新五代史》卷五《唐莊宗紀下》。《通鑑》卷二七二同光元年六月戊子條同《薛史》。

［5］鄒家口：地名。皆沿河津渡之口，亦因其土人所居之姓以爲地名。

秋七月丁未，帝御軍沿河而南，梁軍棄鄒家口夜遁，委棄鍋甲芻糧千計。戊午，遣騎將李紹貽直抵梁軍壘，[1]梁益恐。又聞李嗣源自鄆州引大軍將至，己未夜，梁軍拔營而遁，[2]復保於楊村。帝軍屯於德勝。甲子，帝幸楊劉城，巡視梁軍故壘。

[1]李紹貽：人名。籍貫不詳。五代後唐將領。本書僅此一見。《舊五代史考異》："《通鑑》作李紹榮。"見《通鑑》卷二七二同光元年（923）七月戊午條。明本《册府》卷二〇《帝王部·功業門二》同本紀。

[2]梁軍拔營而遁：中華書局本有校勘記："'拔'，原作'投'，據殿本、劉本、彭校改。"

八月壬申朔，帝遣李紹斌以甲士五千援澤州。[1]初，李繼韜之叛也，潞之舊將裴約以兵戍澤州，[2]不狥繼韜之逆。既而梁遣董璋率衆攻其城，約拒守久之，告急於帝，故遣紹斌救之。未至而城已陷，裴約被害，帝聞之，嗟痛不已。甲戌，帝自楊劉歸鄴。梁以段凝代王彦章爲帥。戊子，凝帥衆五萬結營於王村，[3]自高陵渡河。[4]帝軍遇之，生擒梁前鋒軍士二百人，戮于都市。庚寅，帝御軍至朝城。[5]戊戌，梁左右先鋒指揮使康延孝領百騎來奔，[6]帝虚懷引見，賜御衣玉帶，屏人問之。對曰："臣竊觀汴人兵衆不少，論其君臣將校，則終見敗亡。趙巖、趙鵠、張漢傑居中專政，[7]締結宫掖，賄賂公行。段凝素無武略，一朝便見大用，霍彦威、王彦章皆宿將有名，[8]翻出其下。自彦章獲德勝南城，梁主亦稍獎使。彦章立性剛暴，不耐凌制，梁主每一發軍，即令近臣監護，進止可否，悉取監軍處分，彦章悒悒，形於顔色。自通津失利，[9]段凝、彦章又獻謀，欲數道舉軍，令董璋以陝虢、澤潞之衆，[10]趨石會關以寇太原。[11]霍彦威統關西、汝、洛之衆自相、衛以寇鎮、定，[12]段凝、杜晏球領大軍以當陛下，令王彦章、張漢傑統禁軍以攻鄆州，決取十月内大舉。又自滑州南決破河堤，[13]使水東注，曹、濮之間至於汶陽，[14]瀰漫不絶，以限北軍，[15]臣在軍側聞此議。[16]臣惟汴人兵力，聚則不少，分則無餘。陛下但待分兵，領鐵騎五千，自鄆州兼程直抵于汴，[17]不旬日，天下事定矣。"帝懌然壯之。

[1]李紹斌：人名。又名趙德鈞。幽州（今北京市）人。初爲幽州節度使劉守光部將。莊宗伐燕得之，賜姓名曰李紹斌。後投降遼國。傳見本書卷九八。

[2]裴約：人名。籍貫不詳。初爲潞州牙將，五代後唐將領。傳見本書卷五二、《新五代史》卷三二。

[3]王村：地名。位於今河南濮陽市。《通鑑》卷二七二胡注："王村，亦因土人王氏聚居之地爲名。"

[4]高陵：關津名。又名盧津關。位於今山東鄄城縣。

[5]朝城：縣名。治所在今山東莘縣。

[6]左右先鋒指揮使：官名。先鋒，即先鋒部隊。指揮使，爲所部統兵將領。　康延孝：人名。代北（今山西代縣）人。五代將領。傳見本書卷七四、《新五代史》卷四四。　梁左右先鋒指揮使康延孝領百騎來奔：中華書局本有校勘記："'左右'，《册府》卷一二六、《新五代史》卷四四《康延孝傳》同，本書卷七四《康延孝傳》、《册府》卷一六六、《通鑑》卷二七二作'右'。"見明本《册府》卷一二六《帝王部·納降門》、宋本卷一六六《帝王部·

招懷門四》、《通鑑》卷二七二同光元年（923）六月己亥條。

［7］趙巖：人名。陳州宛丘（今河南淮陽縣）人。朱温女婿，忠武軍節度使趙犨次子。事見本書卷一四《趙犨傳》、《新五代史》卷四二《趙犨傳》。　趙鵠：人名。籍貫不詳。五代官員。事見本書本卷、卷三〇。　張漢傑：人名。清河（今河北清河縣）人。張歸霸之子。五代後梁將領。傳見本書附録、《新五代史》卷二二。《輯本舊史》之影庫本粘籤："張漢傑，原本作'漢磔'，今據《薛史》梁列傳改正。"見《輯本舊史》卷一六《張歸霸傳附見子漢傑》、卷五九《王瓚傳》，又見明本《册府》卷一二六及《通鑑》卷二六九貞明元年（915）十月壬子條及卷二七二同光元年八月戊戌條。

［8］霍彦威：人名。洺州曲周（今河北曲周縣）人。五代後梁將領霍存之養子。後梁、後唐將領。傳見本書卷六四、《新五代史》卷四六。

［9］通津：地名。中華書局本有校勘記："'通津'，原作'河津'，據《册府》卷一二六改。按《册府》卷一六六載天祐十四年莊宗書：'予自去冬親提虎旅，徑取楊劉，既獲通津，已諧大計。'"《宋本册府》卷一三五《帝王部·愍征役門》載同光元年十二月敕中云"楊劉鎮、通津鎮、胡柳陂戰陣之所"，《輯本舊史》卷三〇《莊宗紀四》同光元年十二月戊寅亦提及通津鎮。

［10］陝虢：方鎮名。治所在陝州（今河南三門峽市陝州區），唐龍紀元年（889）改爲保義軍。　澤潞：方鎮名。治所在潞州（今山西長治市）。

［11］石會關：關隘名。位於今山西省榆社縣西北。爲澤、潞和太原間交通要扼之地。

［12］關西：泛指函谷關或潼關以西的地區。　汝：州名。治所在今河南汝州市。　洛：地名。即洛陽。位於今河南洛陽市。　相：州名。治所在今河南安陽市。　衛：州名。治所在今河南衛輝市。　霍彦威統關西、汝、洛之衆自相、衛以寇鎮、定：中華書局

本有校勘記："'相衛'下《册府》卷一二六、《通鑑》卷二七二有'邢洺'二字。"《通鑑》卷二七二同光元年八月戊戌條。

[13]滑州：州名。治所在今河南滑縣。

[14]曹：州名。治所在今山東曹縣西北。

[15]以限北軍：中華書局本有校勘記："'限'，原作'陷'，據《册府》卷一二六改。按本書卷三二《唐莊宗紀》六：'梁末帝決河堤，引水東注至鄆、濮，以限我軍。'"

[16]臣在軍側聞此議：中華書局本有校勘記："'軍'，孔本、《册府》卷一二六作'南中'。"

[17]汴：州名。治所在今河南開封市。　自鄆州兼程直抵于汴　中華書局本有校勘記："'于汴'，《册府》卷一二六作'宋汴'。"

九月壬寅朔，帝在朝城，凝兵至臨河南，[1]與帝之騎軍接戰。是時澤潞叛，衛州、黎陽爲梁人所據，[2]澶州以西、相州以南，[3]寇鈔日至，編户流亡，計其軍賦，不支半年。又王郁、盧文進召契丹南侵瀛、涿。[4]及聞梁人將圖大舉，帝深憂之，召將吏謀其大計，或曰：[5]"自我得汶陽以來，須大將固守，城門之外，元是賊疆，細而料之，[6]得不如失。今若馳檄告諭梁人，却取衛州、黎陽以易鄆州，[7]指河爲界，約且休兵。待我國力稍集，[8]則議改圖。"帝曰："嘻，行此謀則吾無葬地矣！"[9]時郭崇韜勸帝親御六軍，直趨汴州，半月之間，天下可定。帝曰："正合朕意。大丈夫得則爲王，失則爲寇，予行計決矣。"又問司天監，[10]對曰："今歲時不利，深入必無成功。"帝弗聽。戊辰，梁將王彦章率衆至汶河，[11]李嗣源遣騎軍偵視，至遞公鎮，[12]梁軍來挑戰，嗣源以精騎擊而敗之，生擒梁將任釗、田章等三百人,[13]俘斬二百級，彦章引衆保於中都。[14]嗣源飛驛告捷，帝置酒大悦，曰："是當決行渡河之策。" 己巳，下令軍中將士家屬並令歸鄴。《永樂大典》卷七千一百五十六。[15]

[1]臨河：縣名。治所在今河南浚縣東北。

[2]是時澤潞叛，衛州、黎陽爲梁人所據：另見《通鑑》卷二七二，明本《册府》卷五七《帝王部·英斷門》。

[3]澶州以西、相州以南：中華書局本有校勘記："原作'州以西相以南'，據彭校、《册府》卷五七改。按本卷上文：'（天祐十九年八月）澶淵之西、相州之南，皆爲梁人所據。影庫本粘籤：'州以西，《通鑑》作衛州以西，疑原本有脱字。詳《薛史》文義，承上言衛州、黎陽爲梁人所據，蓋史家省文也，今姑仍其舊。" 今檢《通鑑》卷二七二敘其事作'澶西相南，日有寇掠。'"《册府》卷五七《帝王部·英斷門》作"澶州已西，相州已南"，《通鑑》卷二七二同光元年（923）九月條胡注"澶州之西，相州之南也"。

[4]盧文進：人名。范陽（今河北涿州市）人。五代後唐將領，先後投降契丹、南唐。傳見本書卷九七、《新五代史》卷四八。　瀛：州名。治所在今河北河間市。　涿：州名。治所在今河北涿州市。

[5]或曰：《通鑑》卷二七二同光元年九月條謂言者爲"宣徽使李紹宏等"。

[6]細而料之：中華書局本有校勘記："'細而'，彭校、《册府》卷五七作'以臣'。"

[7]却取衛州：中華書局本有校勘記："'取'字原闕，據彭校、《册府》卷五七補。"

[8]待我國力稍集：中華書局本有校勘記："'待'字原闕，據《册府》卷五七補。按《通鑑》卷二七二作'俟財力稍集'。" 見

《通鑑》卷二七二同光元年九月條。

［9］行此謀則吾無葬地矣：中華書局本有校勘記："'吾'字原闕，據彭校、《册府》卷五七、《通鑑》卷二七二補。"《通鑑》卷二七二作"如此吾無葬地矣"。

［10］司天監：官署名。其長官亦稱司天監，掌天文、曆法以及占候等事。參見趙貞《唐宋天文星占與帝王政治》，北京師範大學出版社 2016 年版。　又問司天監：中華書局本有校勘記："'問司天監'，孔本、《册府》卷五七作'詔問司天'。"

［11］汶河：河流名。即今山東大汶河。

［12］遞公鎮：地名。位於今山東東平縣南。　至遞公鎮：《輯本舊史》之案語："《永樂大典》原本作遽公鎮，今從《通鑑考異》所引《薛史》作遞公鎮，《通鑑》從《莊宗實録》作遞坊鎮。"見《通鑑》卷二七二同光元年九月條及《考異》。

［13］任釗：人名。籍貫不詳。五代後梁將領。事見本書本卷、卷三五。　田章：人名。籍貫不詳。五代後梁將領。本書僅此一見。

［14］中都：縣名。治所在今山東汶上縣。

［15］《大典》卷七一五六"唐"字韻"莊宗"事目三。

舊五代史　卷三〇

唐書六

莊宗紀第四

同光元年冬十月辛未朔，[1]日有蝕之。是日，皇后劉氏、皇子繼岌歸鄴宮，[2]帝送於離亭，歔欷而别。詔宣徽使李紹宏、宰相豆盧革、租庸使張憲、興唐尹王正言同守鄴城。[3]壬申，帝御大軍自楊劉濟河。[4]癸酉，至鄆州。[5]是夜三鼓，渡汶。[6]時王彦章守中都。[7]甲戌，帝攻之，中都素無城守，師既雲合，梁衆自潰。是日，擒梁將王彦章及都監張漢傑、趙廷隱、劉嗣彬、李知節、康文通、王山興等將吏二百餘人，[8]斬馘二萬，奪馬千匹。時既獲中都之捷，帝召諸將謀其所向，或言且狥兖州，[9]徐圖進取，唯李嗣源曰：[10]“宜急趨汴州。[11]段凝方領大軍駐於河上，[12]假如便來赴援，直路又阻決河，須自滑州濟渡，[13]十萬之衆，舟檝焉能卒辦？此去汴城咫尺，若晝夜兼程，[14]信宿即至，段凝未起河壖，夷門已爲我有矣。[15]臣請以千騎前驅，陛下御軍徐進，鮮不克矣。”帝嘉之。是夜，嗣源率前軍先進。翌日，車駕即路。丁丑，次曹州，[16]郡將出降。己卯遲明，前軍至汴城，嗣源令左右捉生攻封丘門，[17]梁開封尹王瓚請以城降。[18]俄而帝與大軍繼至，王瓚迎帝自大梁門入。[19]梁朝文武官屬於馬前謁見，陳敘世代唐臣，陷在僞廷，今日再覩中興，雖死無恨。帝諭之曰："朕二十年血戰，蓋爲卿等家門，無足憂矣，各復乃位。”時梁末帝朱鍠已爲其將皇甫麟所殺，[20]獲其首，函之以獻。是日，賜樂工周匝幣帛。[21]周匝者，帝之寵伶也，胡柳之役陷于梁，[22]帝每思之，至是謁見，欣然慰接。周匝因言梁教坊使陳俊保庇之恩，[23]垂泣推薦，請除郡守，帝亦許之。庚辰，帝御玄德殿，[24]梁百官於朝堂待罪，詔釋之。壬午，段凝所部馬步軍五萬解甲於封丘。[25]凝等率大將先至請死，詔各賜錦袍、御馬、金幣。帝幸北郊，[26]撫勞降軍，各令還本營。丙戌，詔曰："懲惡勸善，務振紀綱；激濁揚清，須明真僞。蓋前王之令典，爲歷代之通規，必按舊章，以令多士。而有志萌僭竊，[27]位忝崇高，累世官而皆受唐恩，貪爵禄而但從僞命，或居台鉉，或處權衡，或列近職而預機謀，或當峻秩而掌刑憲，事分逆順，理合去留。僞宰相鄭珏等一十一人，皆本朝簪組，儒苑品流。雖博識多聞，備明今古；而修身慎行，頗負祖先。昧忠貞而不度安危，專利禄而全虧名節，合當大辟，無恕近親。[28]朕以纘嗣丕基，初平巨憝，方務好生之道，在行含垢之恩。湯網垂仁，[29]既矜全族；[30]舜刑投裔，[31]兼貸一身。爾宜自新，我全大體，其爲顯列，不並庶僚。餘外應在周行，悉仍舊貫，凡居中外，咸體朕懷。”乃貶梁宰相鄭珏爲萊州司户，[32]蕭頃爲登州司户，[33]翰林學士劉岳爲均州司馬，[34]任贊房州司馬，[35]姚顗復州司馬，[36]封翹唐州司馬，[37]李懌懷州司馬，[38]竇夢徵沂州司馬，[39]崇政院學士劉光素密州司户，[40]陸崇安州司户，[41]御史中丞王權隨州司户，[42]並員外置同正員。[43]是日，以梁將段凝上疏奏："梁朝權臣趙巖等，[44]並助成虐政，結怨於人，聖政惟新，宜誅首惡。"乃下詔曰：

[1]同光：五代後唐莊宗李存勗年號（923—926）。

[2]皇后劉氏：指後唐莊宗劉皇后。魏州成安（今河北成安縣）人。傳見本書卷四九、《新五代史》卷一四。　繼岌：人名。即李繼岌。後唐莊宗長子。傳見本書卷五一、《新五代史》卷一四。　鄴：地名。即鄴都。治所在今河北大名縣。後唐同光元年（923），改魏州爲興唐府，建號東京。三年，改東京爲鄴都。

[3]宣徽使：官名。唐始置。宣徽南院使、北院使通稱宣徽使。初用宦官，五代以後改用士人。通掌内諸司及三班内侍之名籍，郊祀、朝會、宴享供帳之儀，檢視内外進奉名物。參見王永平《論唐代宣徽使》，《中國史研究》1995年第1期；王孫盈政《再論唐代的宣徽使》，《中華文史論叢》2018年第3期。　李紹宏：人名。又作馬紹宏。籍貫不詳。後唐莊宗近臣。傳見本書卷七二。　豆盧革：人名。先世爲鮮卑慕容氏，後改豆盧氏。唐同州刺史豆盧籍之孫，舒州刺史豆盧瓚之子。後唐宰相。傳見本書卷六七、《新五代史》卷二八。　租庸使：官名。唐代爲主持催徵租庸地税的財政官員。後梁、後唐時，租庸使取代鹽鐵、度支、户部，爲中央財政長官。　張憲：人名。晉陽（今山西太原市）人。後唐官員。傳見本

書卷六九、《新五代史》卷二八。　興唐尹：官名。後唐同光元年，改魏州爲興唐府。以興唐尹總其政務。從三品。　王正言：人名。鄆州（今山東東平縣）人。後唐官員。傳見本書卷二一。

[4]楊劉：地名。位於今山東東阿縣東北楊柳鎮。

[5]鄆州：州名。治所在今山東東平縣。

[6]汶：河流名。即今山東大汶河。

[7]王彥章：人名。鄆州壽張（今山東梁山縣壽張集）人。後梁將領。傳見本書卷二一、《新五代史》卷三二。　中都：縣名。治所在今山東汶上縣。《輯本舊史》之影庫本粘籤："中都，原本作'巾都'，今據《歐陽史》改正。"見《新五代史》卷三《梁末帝紀》龍德三年（923）十月甲戌條。

[8]都監：官名。唐代中葉命將出征，常以宦官爲監軍、都監。後爲臨時委任的統兵官，稱都監、兵馬都監。掌屯戍、邊防、訓練之政令。　張漢傑：人名。清河（今河北清河縣）人。五代後梁大臣，張歸霸之子。傳見本書附録、《新五代史》卷二二。　趙廷隱：人名。天水（今甘肅天水市）人。五代將領。事見本書一〇、卷三九、卷四四、卷六二、卷一三六，《新五代史》卷六四。　劉嗣彬：人名。徐州沛縣（今江蘇沛縣）人。劉知俊之族子。傳見明本《册府》卷四三八《將帥部九十九·奔亡》。　李知節：人名。籍貫不詳。五代將領。事見本書本卷、卷一〇。　康文通：人名。籍貫不詳。五代將領。事見本書本卷、卷一〇。　王山興：人名。籍貫不詳。五代將領。事見本書本卷、卷一〇。

[9]兖州：州名。治所在今山東濟寧市兖州區。

[10]李嗣源：人名。沙陀部人。原名邈佶烈，李克用養子。五代後唐明宗，926年至933年在位。紀見本書卷三五至卷四四、《新五代史》卷六。

[11]汴州：州名。治所在今河南開封市。

[12]段凝：人名。開封（今河南開封市）人。其妹爲朱温美人，因其妹而爲朱温親信。後梁將領。傳見本書卷七三、《新五代

史》卷四五。

［13］滑州：州名。治所在今河南滑縣。

［14］若晝夜兼程：《輯本舊史》之影庫本粘籤："晝夜兼程，原本作'晝兼星'，今據文改正。"《通鑑》卷二七二同光元年十月癸酉條亦載李嗣源所言"晝夜兼程，信宿可至"，無需據文改正。

［15］夷門：地名。原指戰國魏都大梁城東門，故址在今河南開封城内東北隅。夷門位於夷山，夷山因山勢平夷而得名，故門亦以山爲名。此處代指開封。

［16］曹州：州名。治所在今山東曹縣西北。

［17］左右捉生：部隊番號。　封丘門：城門名。位於今河南開封市。

［18］開封尹：官名。五代除後唐外均定都開封，因置開封府尹，執掌京師政務。從三品。　王瓚：人名。太原祁（今山西祁縣）人。唐河中節度使王重盈之子。五代後梁將領，官至開封尹。事見本書本卷、卷九。

［19］大梁門：城門。位於今河南開封。

［20］梁末帝朱鍠：人名。又名朱友貞，朱温第四子，殺其兄朱友珪而自立。爲李存勗大軍包圍後自殺身死，後梁由是滅亡。紀見本書卷八至卷一〇、《新五代史》卷三。　皇甫麟：人名。籍貫不詳。此事另見本書本卷、卷一〇。

［21］周匝：人名。籍貫不詳。樂工，受寵於後唐莊宗。事見本書本卷。　賜樂工周匝幣帛：《輯本舊史》之影庫本粘籤："賜樂工周匝，原本脱'工'字，今據《歐陽史》增入。"見《新五代史》卷三七《伶官傳》，但作"嬖伶周匝"。《輯本舊史》卷三二《唐莊宗紀》同光二年五月壬寅條亦作"寵伶周匝"。

［22］胡柳：地名。位於今河南濮陽市東南五十里。

［23］教坊使：官名。唐於京都置左、右教坊，掌俳優雜技，以宦官爲教坊使。五代沿置。《輯本舊史》之影庫本粘籤："教坊使，原本作'孝防使'，考《五代會要》，梁雜使有教坊使，《歐陽史》

及《通鑑》並作教坊，今改正。”見《會要》卷二四諸史雜録條、《新五代史》卷三七《伶官傳》、《通鑑》卷二七三同光二年五月壬寅條。　陳俊：人名。籍貫不詳。五代後梁、後唐教坊使。事見本書本卷。

［24］玄德殿：宫殿名。位於今河南開封市。

［25］封丘：縣名。治所在今河南封丘縣。

［26］北郊：古時稱都城北門外爲北郊。

［27］而有志萌僭竊："志萌僭竊"，中華書局本有校勘記："'萌'原作'朋'，據殿本改。"

［28］無恕近親：《輯本舊史》之影庫本粘籤："無恕，原本作'無恐'，今據文改正。"

［29］湯：人名。即成湯。商朝開國君主。事見《史記》卷三《殷本紀》。　湯網垂仁：中華書局本有校勘記："'網'，原作'綱'，據殿本、劉本、孔本、彭本改。"

［30］既矜全族：中華書局本有校勘記："'矜'，原作'務'，據彭校改。"

［31］舜：人名。上古帝王。事見《史記》卷一《五帝本紀》。

［32］鄭珏：人名。籍貫不詳。五代後梁、後唐宰相。傳見本書卷五八、《新五代史》卷四二。　萊州：州名。治所在今山東萊州市。　司户：官名。全稱司户參軍。州級政府僚佐。掌本州屬縣之户籍、賦税、倉庫受納等事。上州從七品下，中州正八品下，下州從八品下。

［33］蕭頃：人名。京兆萬年（今陝西西安市長安區）人。五代後梁、後唐大臣。傳見本書卷五八。　登州：州名。治所在今山東蓬萊市。

［34］翰林學士：官名。由南北朝始設之學士發展而來，唐玄宗改翰林供奉爲翰林學士，備顧問、代王言。掌拜免將相、號令征伐等詔令的起草。　劉岳：人名。洛陽（今河南洛陽市）人。五代後唐官員。傳見本書卷六八、《新五代史》卷五五。　均州：州名。

治所在今湖北丹江口市。　司馬：官名。州軍佐官，名義上紀綱衆務，通判列曹，品高俸厚，實際上無具體職事，多用以安置貶謫官員，或用作遷轉官階。上州從五品下，中州正六品下，下州從六品上。

[35]任贊：人名。籍貫不詳。五代後唐官員。事見本書卷四四。　房州：州名。治所在今湖北房縣。

[36]姚顗：人名。京兆萬年（今陝西西安市長安區）人。唐末進士，五代後梁、後唐、後晋大臣。傳見本書卷九二、《新五代史》卷五五。　復州：州名。治所在今湖北天門市。

[37]封翹：人名。籍貫不詳。事見本書本卷、卷九、卷四二。　唐州：州名。治所在今河南唐河縣。

[38]李懌：人名。京兆（今陝西西安市）人。唐末、五代官員。傳見本書卷九二、《新五代史》卷五五。　懷州：州名。治所在今河南沁陽市。

[39]竇夢徵：人名。同州（今陝西大荔縣）人，一作棣州（今山東惠民縣）人。唐末進士，五代後梁、後唐官員。傳見本書卷六八。《輯本舊史》之影庫本粘籤："竇夢徵，原本作'夢微'，今據唐列傳改正。"見《輯本舊史》卷六八《竇夢徵傳》。　沂州：州名。治所在今山東臨沂市。

[40]崇政院學士：官名。即崇政院直學士。五代後梁置，選有政術文學者充任。五代後唐同光元年（923），改樞密院直學士。充皇帝侍從，備顧問應對。　劉光素：人名。籍貫不詳。本書僅此一見。　密州：州名。治所在今山東諸城市。

[41]陸崇：人名。籍貫不詳。五代大臣。事見本書本卷、卷三六、卷一二八。　安州：州名。治所在今湖北安陸市。

[42]御史中丞：官名。如不置御史大夫，則爲御史臺長官。掌司法監察。正四品下。　王權：人名。太原（今山西太原市）人。五代官員。傳見本書卷九二、《新五代史》卷五六。　隨州：州名。治所在今湖北隨州市。

[43]員外置同正員：古代官員名額有定數，是爲“正員額”。在正員額以外所任官員，稱爲“員外置”。“員外置同正員”是指雖在正員額之外，但待遇同於正員官。

[44]趙巖：人名。陳州宛丘（今河南淮陽縣）人。唐忠武軍節度使趙犨之子。五代後梁大臣。傳見本書卷一四。

朕既殄僞庭，顯平國患。好生之令，含弘雖切於予懷；懲惡之規，决斷難違於衆請。况趙巖、趙鵠等，[1]自朕收城數日，布惠四方，尚匿迹以潛形，罔悛心而革面，[2]須行赤族，以謝衆心。其張漢傑昨於中都與王彦章同時俘獲，此際未詳行止，[3]偶示哀矜。今既上將陳詞，群情激怒，往日既彰於僭濫，此時難漏於網羅，宜置國刑，以塞群論。除妻兒骨肉外，其他疏屬僕使，並從釋放。敬翔、李振，首佐朱温，共傾唐祚，屠害宗屬，殺戮朝臣，既寰宇以皆知，在人神而共怒。敬翔雖聞自盡，[4]未豁幽冤，宜與李振並族於市。[5]疎屬僕使，並從原宥。朱珪素聞狡蠹，[6]唯務讒邪，鬭惑人情，枉害良善，將清内外，須切去除，况衆狀指陳，亦宜誅戮。契丹撒剌阿撥，[7]既棄其母，又背其兄。朕比重懷來，厚加恩渥，看同骨肉，錫以姓名，兼分符竹之榮，疊被頒宣之渥。而乃輒辜重惠，復背明廷，罔顧欺違，竄歸僞室，既同梟獍，難貸刑章，可并妻子同戮於市。其朱氏近親，趙鵠正身，趙巖家屬，仰嚴加擒捕。其餘文武職員將校，一切不問。

[1]趙鵠：人名。籍貫不詳。事見本書本卷、卷二九。

[2]罔悛心而革面：中華書局本有校勘記："'罔'，原作'岡'，據殿本、劉本、孔本、邵本、彭本、《册府》卷一五四改。"見《宋本册府》卷一五四《帝王部·明罰門三》。

[3]此際未詳行止：《輯本舊史》之影庫本粘籤："行止，原本作'行致'，今據文改正。"《宋本册府》卷一五四明載"此際未詳行止"，無需據文改正。

[4]敬翔：人名。同州馮翊（今陝西大荔縣）人。五代後梁大臣。傳見本書卷一八、《新五代史》卷二一。

[5]李振：人名。祖居西域，祖、父在唐皆官郡守。五代後梁大臣。傳見本書卷一八、《新五代史》卷四三。

[6]朱珪：人名。籍貫不詳。五代後梁將領，時爲後梁檢校太傅、匡國軍節度觀察留後、行營諸軍馬步都虞候。傳見本書附録。

[7]契丹：古部族、政權名。公元4世紀中葉宇文部爲前燕攻破，始分離而成單獨的部落，自號契丹。唐貞觀中，置松漠都督府，以其首領爲都督。唐末强盛，916年迭剌部耶律阿保機建立契丹國（遼）。先後與五代、北宋並立，保大五年（1125）爲金所滅。參見張正明《契丹史略》，中華書局1979年版。　撒剌阿撥：人名。契丹人。又名剌葛。耶律阿保機之弟。謀亂於契丹，後奔晋。晋王厚遇之，養爲假子，任爲刺史。胡柳之戰，携妻子投於後梁。傳見本書附録。中華書局本有校勘記："原作'沙喇鄂博'，注云：舊作"撒剌阿撥"，今改正。按此係輯録《舊五代史》時所改，今恢復原文。"《宋本册府》卷一五四，《通鑑》卷二七〇貞明四年（918）條、卷二七二同光元年十月丙戌條同作"撒剌阿撥"，又《契丹國志》卷一《太祖紀》作"撒剌阿潑"。

是日，趙巖、張希逸、張漢傑、張漢倫、張漢融、朱珪、敬翔、李振及契丹撒剌阿撥等，[1]并其妻孥，皆斬於汴橋下。又詔除毁朱氏宗廟神主，僞梁二主并降爲庶人。天下官名府號及寺觀門額，曾經改易者，並復舊名。時帝欲發梁祖之墓，斲棺燔柩，河南尹張全義上章申理，[2]乞存聖恩，[3]帝乃止，令剗去闕室而已。丁亥，梁百官以誅凶族，於崇元殿立班待罪，詔各復其位。[4]以樞密使、檢校太保、守兵部尚書郭崇韜權行中書事。[5]己丑，御崇元殿。制曰：

[1]張希逸：人名。籍貫不詳。五代後梁官員。事見本書本卷、卷九、卷五九。　張漢倫：人名。清河（今河北清河縣）人。張漢傑之兄。五代後梁大臣。事見《通鑑》卷二六九、卷二七二。　張漢融：人名。籍貫不詳。五代後梁官員。事見本書本卷、卷五九。

[2]河南尹：官名。唐開元元年（713）改洛州爲河南府，治所在今河南洛陽市，河南府尹總其政務。從三品。　張全義：人名。亦作"張言"。濮州臨濮（今山東鄄城縣）人。唐末、五代後梁、後唐將領。傳見本書卷六三、《新五代史》卷四五。

[3]乞存聖恩：中華書局本有校勘記："以上四字原闕，據殿本、劉本、《舊五代史考異》卷二引文補。"《舊五代史考異》卷二："《通鑑》：張全義上言：'朱温雖國之深讎，然其人已死，刑無可加，屠滅其家，足以爲報，乞免焚斲，以存聖恩。'"見《通鑑》卷二七二同光元年（923）十月乙酉條，但《通鑑》作乙酉誤，應爲丁酉。

[4]崇元殿：五代後梁開平元年（907）改汴京正殿爲崇元殿。位於今河南開封市。　"丁亥"至"詔各復其位"：中華書局本引殿本："《洛陽縉紳舊聞記》載張全義表云：'伏念臣誤棲惡木，曾飲盜泉，實有瑕疵，未蒙昭雪。'因下詔雪之。"見《洛陽縉紳舊聞記》卷二《齊王張全義外傳》。

[5]樞密使：官名。樞密院長官。五代時以士人爲之，備顧問，

參謀議，出納詔奏，權侔宰相。參見李全德《唐宋變革期樞密院研究》，國家圖書館出版社 2009 年版。　檢校太保：官名。爲散官或加官，以示恩寵，無實際執掌。　兵部尚書：官名。尚書省兵部主官。掌兵衛、武選、車輦、甲械、厩牧之政令。正三品。　郭崇韜：人名。代州雁門（今山西代縣）人。五代後唐大臣。傳見本書卷五七、《新五代史》卷二四。　權行中書事：官名。代理宰相職權。當時門下侍郎、同中書門下平章事豆盧革在鄴都。　以樞密使、檢校太保、守兵部尚書郭崇韜權行中書事：《輯本舊史》之影庫本粘籤："樞密使，原本作'驅察使'，考《歐陽史·郭崇韜傳》，崇韜由樞密使知中書事，今改正。"見《新五代史》卷二四《郭崇韜傳》。"中書事"，中華書局本有校勘記："'中書事'，原作'中書公事'，據殿本、本書卷五七《郭崇韜傳》、《通鑑》卷二七二改。"《通鑑》見卷二七二同光元年十月丙戌條。

仗順討逆，少康所以誅有窮；[1]纘業承基，光武所以滅新莽。[2]咸以中興景命，再造王猷，[3]經綸於草昧之中，式遏於亂略之際。朕以欽承大寶，顯荷鴻休，雖繼前修，固慚涼德，誓平元惡，期復本朝，屬四海之阽危，允萬邦之推戴。近者親提組練，徑掃氛祆，振已墜之皇綱，殄偷安之寇孽。國讎方雪，帝道爰開，拯緼甿覆溺之艱，救率土倒懸之苦。粵自朱温搆逆，[4]友貞嗣凶，[5]篡弑二君，[6]隳殘九廟，虺毒久傷於宇宙，狼貪肆噬於華夷。剥喪元良，凌辱神主，帝里動黍離之嘆，朝廷多棟橈之危。棄德崇奸，窮兵黷武，戰士疲勞於力役，烝民耗竭其膏腴，言念於斯，軫傷彌切。

［1］少康：人名。夏朝君主。事見《史記》卷二《夏本紀》。　有窮：部落名。曾代夏自立，爲夏後世少康滅亡。事見《史記》卷二《夏本紀》。

［2］光武：即劉秀。南陽蔡陽（今湖北棗陽市西南）人。東漢王朝建立者，25 年至 57 年在位。西漢皇族。新莽末，與兄劉縯等率賓客起兵加入緑林起義軍。更始元年（23），被授爲破虜大將軍、行大司馬事，持節北度河，鎮慰州郡。更始三年（25）自立爲帝，年號建武，建都洛陽，國號漢，史稱東漢。先後鎮壓起義軍，削平各地割據勢力，於建武十二年（36）統一全國。即位之初，採取休養生息政策，重視農桑，興修水利，減輕賦役，組織軍隊屯田，發放賑濟，安撫流亡。精兵簡政，加强中央集權，削弱三公職權。妥善安置功臣，禁止外戚、宦官干政。提倡經學，强化思想統治。光武帝統治期間，社會安定，經濟發展，史稱“光武中興”。謚號光武，廟號世祖。紀見《後漢書》卷一。　新莽：即王莽。新朝建立者，8 年至 23 年在位。漢元帝王皇后之侄。漢末以外戚掌權，漢成帝永始元年（前 16）封新都侯，綏和元年（前 8）任大司馬。哀帝死，王皇后以太皇太后臨朝，與王莽議立平帝，專制朝政，稱安漢公。元始五年（5），平帝死後，選立孺子劉嬰，自稱假皇帝。初始元年（8）自立爲帝，改國號爲新，年號始建國。王莽當政期間，實行改制。地皇四年（23），被緑林、赤眉等起義軍推翻，王莽被殺，新朝滅亡。傳見《漢書》卷九九上、卷九九中、卷九九下。

［3］再造王猷：“王猷”，明本《册府》卷九二《帝王部·赦宥門一一》作“皇猷”。

［4］朱温：人名。宋州碭山（今安徽碭山縣）人。五代後梁太祖。紀見本書卷一、《新五代史》卷一。

［5］友貞：人名。即朱友貞。五代後梁皇帝。913 年至 923 年在位。乾化三年（913）發動政變，誅殺朱友珪，即皇帝位。在位期間，對晉王李存勗的戰争節節失利，河北諸州悉入於晉。魏博軍又迫節度使賀德倫降晉。加之戰事頻繁，賦役不止，民生凋敝。貞

明六年（920），陳州（今河南淮陽縣）發生母乙、董乙起義。後唐軍渡河進逼開封，朱友貞勢窮自殺。後梁遂亡。紀見本書卷八、《新五代史》卷三。

[6]簒弑二君：中華書局本有校勘記："'弑'，原作'殺'，據彭校、《册府》卷九二改。"

今則已梟逆豎，大豁群情，覩曆數之有歸，實神靈之匪昧。得不臨深表誡，[1]馭朽爲懷，將弘濟於艱難，宜特行於赦宥。應僞命流貶責授官等，已經量移者，並可復資，徒流人放歸鄉里。京畿及諸道見禁囚徒，大辟罪降從流，已下咸赦除之。其鄭珏等一十一人，[2]未在移復之限。應扈從征討將校，及諸官員職掌、軍將節級、馬步兵士及河北諸處屯駐守戍兵士等，[3]皆情堅破敵，業茂平讎，[4]副予戡定之謀，顯爾忠勤之節，並據等第，續議獎酬。其有殁於王事未經追贈者，各與贈官；如有子孫堪任使者，並量材録任。應舊僞庭節度、觀察、防禦、團練等使及刺史、監押、行營將校等，[5]並頒恩詔，不議改更，仍許且稱舊銜，當俟别加新命。

理國之道，莫若安民；勸課之規，宜從薄賦。庶遂息肩之望，冀諧鼓腹之謡。應諸道户口，並宜罷其差役，各務營農。所係殘欠賦税，及諸務懸欠積年課利，及公私債負等，其汴州城内，自收復日已前，並不在徵理之限；其諸道，自壬午年十二月已前，並放。北京及河北先以祅祲未平，[6]配買征馬，如有未請却官本錢，及買馬不迨者，可並放免。[7]應有本朝宗屬及内外文武臣僚，被朱氏無辜屠害者，並可追贈。如有子孫及本身逃難於諸處漂寓者，並令所在尋訪，津置赴闕。義夫節婦，孝子順孫，並宜旌表門閭，[8]量加賑給。或鰥寡惸獨，無所告者，仰所在各議拯救。民年過八十者，免一子從征。其有先投過僞庭將校官吏等，一切不問云。

[1]得不臨深表誠："表誠"，明本《册府》卷九二作"表志"。

[2]其鄭珏等一十一人：亦見明本《册府》卷九二《帝王部·赦宥門十一》。

[3]軍將節級：中華書局本有校勘記："'軍將'二字原闕，據《册府》卷九二、卷一二八《帝王部·明賞門二》補。"

[4]業茂平讎：中華書局本有校勘記："'讎'，原作'淮'，據《册府》卷九二、卷一二八改。影庫本粘籤：'平淮，原本作"平準"，今考《薛史》原文係用唐憲宗平淮蔡事，"準"字訛誤，今改正。'"今據明本《册府》卷九二、卷一二八《帝王部·明賞門二》改。

[5]節度：官名。唐時在重要地區所設掌握一州或數州軍政、民政、財政的長官。　觀察：官名。唐代後期出現的地方軍政長官。唐玄宗開元二十一年（733）置十五道採訪使，唐肅宗乾元元年（758）改爲觀察使。無旌節，故地位低於節度使。掌一道州縣官的考績及民政。　防禦：官名。唐代始置，設有都防禦使、州防禦使兩種。常由刺史或觀察使兼任，實際上爲唐代後期州或方鎮的軍政長官。　團練：官名。唐代中期以後，於不設節度使的地區設團練使，掌本區各州軍事。　刺史：官名。漢武帝時始置。州一級行政長官，總掌考覈官吏、勸課農桑、地方教化等事。唐中期以後，節度使、觀察使轄州而設，刺史爲其屬官，職任漸輕。從三品

至正四品下。　監押：官名。行營等軍隊中統兵官。　“應舊僞庭節度”至“行營將校等”：中華書局本有校勘記：“‘舊’字原闕，據《册府》卷九二、卷一六六補。”《宋本册府》卷一六六《帝王部·招懷門四》作“應舊僞庭位居藩翰”。

[6]北京：地名。後唐同光元年（923）四月以鎮州爲北都，位於今河北正定縣。十一月復北都爲鎮州，太原爲北都，位於今山西太原市。此處北京指鎮州。

[7]可並放免：中華書局本有校勘記：“‘並’字原闕，據《册府》卷九二、卷四九一補。”見《宋本册府》卷四九一《邦計部·蠲復門三》。

[8]並宜旌表門閭：中華書局本有校勘記：“‘並宜’二字原闕，據《册府》卷五九、卷九二補。”見《宋本册府》卷五九《帝王部·興教化門》。

甲午，以樞密使、檢校太保、守兵部尚書、太原縣男郭崇韜爲開府儀同三司、守侍中、監修國史、兼真定尹、成德軍節度使，依前樞密使、太原郡侯，仍賜鐵券。[1]乙未，詔宰相豆盧革權判吏部上銓，[2]御史中丞李德休權判東、西銓事。[3]丙申，滑州留後、檢校太保段凝可依前滑州留後，仍賜姓，名紹欽。[4]以金紫光禄大夫、檢校司空、守輝州刺史杜晏球爲檢校司徒，[5]依前輝州刺史，仍賜姓，名紹虔。詔處斬隨駕兵馬都監夏彦朗於和景門外。[6]時宦官怙寵，廣侵占居人第舍，郭崇韜奏其事，乃斬彦朗以徇。丁酉，賜百官絹二千匹、錢二百萬，職事絹一千匹、錢百萬。戊戌，以竭忠啟運匡國功臣、天平軍節度使、開府儀同三司、檢校太傅、兼侍中、蕃漢馬步總管副使、隴西郡侯李嗣源爲依前檢校太傅、兼中書令、天平軍節度使、特進、封開國公，加食邑實封，餘如故。[7]以開府儀同三司、檢校太傅、北都留守、興聖宫使、判六軍諸衛事李繼岌爲檢校太尉、同平章事，[8]充東京留守。詔御史臺，[9]班行内有欲求外職，或要分司，各許於中書門下投狀奏聞。[10]己亥，宴勳臣於崇元殿，梁室故將咸預焉。帝酒酣，謂李嗣源曰："今日宴客，皆吾前日之勍敵，一旦同會，皆卿前鋒之力也。"梁將霍彦威、戴思遠等皆伏陛叩頭，[11]帝因賜御衣、酒器，盡歡而罷。齊州刺史孟璆上章請死，[12]詔原之。璆初事帝爲騎將，天祐十三年，[13]帝與劉鄩莘縣對壘，[14]璆領七百騎奔梁，至是來請罪，帝報之曰："爾當吾急，引七百騎投賊，何面目相見！"璆惶恐請死，帝恕之。未幾，移貝州刺史。[15]庚子，帝畋於汴水之陽。[16]

[1]開府儀同三司：官名。魏晋始置，隋唐時爲散官之最高官階。多授功勳重臣。從一品。　侍中：官名。秦始置。隋、唐前期爲門下省長官。唐後期多爲大臣加銜，不參與政務，實際職務由門下侍郎執行。正二品。　監修國史：官名。北齊始置史館，以宰相爲之。唐史館沿置，爲宰相兼職。　真定尹：官名。即真定府尹。真定府即鎮州，治所在今河北正定縣。真定尹總其政務。從三品。　成德軍：方鎮名。治所在鎮州（今河北正定縣）。　"成德軍節度使"：《會要》卷二四《宰相遥領節度使》條、明本《册府》卷三二九《宰輔部·兼領門》作："成德軍節度鎮冀深趙等州觀察處置等使。"

[2]吏部上銓：吏部三銓包括吏部尚書銓、吏部西銓、吏部東銓，吏部上銓指尚書銓。負責官員銓選。

[3]李德休：人名。贊皇（今河北贊皇縣）人。唐末五代官員。傳見本書卷六〇。

[4]留後：官名。唐五代節度使多以子弟或親信爲留後，以代行節度使職務，亦有軍士、叛將自立爲留後者。掌一州或數州軍政。　紹欽：《輯本舊史》之影庫本粘籤："原本作'紹鏗'，今考《通鑑》及《歐陽史》皆作'欽'，今改正。"見《新五代史》卷四五《段凝傳》，《通鑑》卷二七二同光元年十月丙申條。

[5]金紫光禄大夫：官名。無職掌，隋唐以後爲散官。唐代爲正三品。　檢校司空：官名。爲散官或加官，以示恩寵，無實際執掌。司空，與太尉、司徒並爲三公。　輝州：州名。治所在今安徽碭山縣。中華書局本有校勘記："二'輝州'，《通鑑》卷二七二敍其事皆作'耀州'。"見《通鑑》卷二七二同光元年十月丙申條，但僅一見，非二見。　杜晏球：人名。原名王晏球。五代後唐莊宗時賜名紹虔。洛陽（今河南洛陽市）人。少遇亂，汴人杜氏畜之爲子，因冒姓杜氏，又名杜晏球。五代將領。傳見本書卷六四、《新五代史》卷四六。　檢校司徒：官名。爲散官或加官，以示恩寵，無實際執掌。

[6]兵馬都監：官名。唐代中葉命將出征，常以宦官爲監軍、都監。後爲臨時委任的統兵官，稱都監、兵馬都監。掌屯戍、邊防、訓練之政令。　夏彦朗：人名。籍貫不詳。本書僅此一見。　和景門：城門名。位於今河南開封市。　詔處斬隨駕兵馬都監夏彦朗於和景門外：中華書局本有校勘記："'詔'，原作'紹'，據殿本、劉本、邵本改。"

[7]天平軍：方鎮名。治所在鄆州（今山東東平縣）。　檢校太傅：官名。爲散官或加官，以示恩寵，無實際執掌。　蕃漢馬步總管副使：官名。五代後唐置，爲蕃漢馬步軍副指揮官。　中書令：官名。漢代始置，隋、唐前期爲中書省長官，屬宰相之職；唐後期多爲授予元勳大臣的虚銜。正二品。　"戊戌"至"餘如故"："以竭忠啟運匡國功臣"，《輯本舊史》之影庫本粘籤："匡國，

原本避宋諱作‘章國’，今據《歐陽史》改正。”見《新五代史》卷六〇《職方考》，許州置匡國軍節度使。“特進封開國公”，中華書局本有校勘記：“本書卷三一《唐莊宗紀五》同光二年二月記其散官仍爲開府儀同三司，按查《唐書》卷四二《職官志一》，開府儀同三司爲從一品，特進爲從二品，本書卷一四九職官志‘開府儀同三司，階之極’，則開府儀同三司已是之散官最高階，李嗣源不當降爲特進，‘特’字疑衍。”

[8]興聖宫使：官名。掌五代後唐宫衛。　判六軍諸衛事：官名。後唐沿唐代舊制，置六軍、諸衛，以判六軍諸衛事爲禁軍六軍與諸衛的最高統帥。　李繼岌：人名。後唐莊宗長子，時封魏王。傳見本書卷五一、《新五代史》卷一四。　檢校太尉：官名。爲散官或加官，以示恩寵，無實際執掌。太尉，與司徒、司空並爲三公。　同平章事：官名。全稱“同中書門下平章事”。唐高宗以後，凡實際任宰相之職者，常在其本官後加同平章事的職銜。後成爲宰相專稱。後晉天福五年（940），升中書門下平章事爲正二品。

[9]御史臺：官署名。秦漢始置。古代國家的監察機構。掌糾察官吏違法，肅正朝廷綱紀。大事廷辨，小事奏彈。

[10]中書門下：官署名。簡稱“中書”。唐代以來爲宰相處理政務的機構。參見劉後濱《唐代中書門下體制研究——公文形態·政務運行與制度變遷》，齊魯書社2004年版。“門下”二字，《輯本舊史》原闕，中華書局亦未補，據明本《册府》卷四八《帝王部·從人慾門》、《宋本册府》卷五〇八《邦計部·俸禄門四》增。

[11]霍彦威：人名。洺州曲周（今河北曲周縣）人。五代後梁將領霍存之養子，後梁、後唐將領。傳見本書卷六四、《新五代史》卷四六。　戴思遠：人名。籍貫不詳。五代後梁、後唐將領。傳見本書卷六四。

[12]齊州：州名。治所在今山東濟南市。　孟璆：人名。籍貫不詳。本書僅此一見。

[13]天祐：唐昭宗李曄開始使用的年號（904）。唐哀帝李柷

即位後沿用（904—907）。唐亡後，河東李克用、李存勗仍稱天祐，沿用至天祐二十年（923）。五代其他政權亦有行此年號者，如南吴、吴越等，使用時間長短不等。

[14]劉鄩：人名。密州安丘（今山東安丘市）人。唐末、五代將領。傳見本書卷二三、《新五代史》卷二二。　莘縣：縣名。治所在今山東莘縣。

[15]貝州：州名。治所在今河北清河縣。《輯本舊史》之影庫本粘籤："貝州，原本作'月州'，今據文改正。"五代貝州多見，無"月州"，應爲形近之誤。

[16]汴水：水名。隋開通濟渠，因其自滎陽至開封一段即原來的汴水，故唐、宋人將出自河至入淮之通濟渠東段全流統稱爲汴水或汴渠。

十一月辛丑朔，有司奏："河南州縣見使僞印，望追毁改鑄。"從之。以光禄大夫、檢校太傅、左金吾上將軍兼領左龍武軍事、汾州刺史李存渥爲滑州節度使，[1]加特進、同平章事；[2]以雜指揮散員都部署、特進、檢校太傅、忻州刺史李紹榮爲徐州節度使；[3]以滑州兵馬留後、檢校太保李紹欽爲兖州節度使。壬寅，鳳翔節度使、秦王李茂貞遣使賀收復天下。[4]癸卯，河中節度使、西平王朱友謙來朝。[5]乙巳，賜友謙姓，改名繼麟，帝令皇子繼岌兄事之。以捧日都指揮使、博州刺史康延孝爲鄭州防禦使、檢校太保，[6]賜姓，名紹琛。[7]以宋州節度使、檢校太尉、平章事袁象先依前爲宋州節度使，[8]仍賜姓，名紹安。以許州匡國軍節度使、檢校太尉、同平章事温韜依前許州節度使，[9]仍賜姓，名紹冲。丁未，日南至，帝不受朝賀。戊申，中書門下上言："以朝廷兵革雖寧，支費猶闕，應諸寺監各請置卿、少卿監、祭酒、司業各一員，[10]博士兩員，[11]餘官並停。唯太常寺事關大禮，[12]大理寺事關刑法，[13]除太常博士外，[14]許更置丞一員。其王府及東宫官、司天五官正、奉御之屬，[15]凡不急司存，[16]並請未議除授。其諸司郎中、員外郎應有雙曹者，[17]且置一員。左右散騎常侍、諫議大夫、給事中、起居郎、起居舍人、補闕、拾遺，[18]各置一半。三院御史仍委御史中丞條理申奏。[19]其停罷朝官，仍各録名銜，具罷任時日，留在中書，候見任官滿二十五箇月，並據資品，却與除官。其西班上將軍已下，[20]仍望宣示樞密院斟酌施行。"[21]從之。時議者以中興之朝，事宜恢廓，驟兹自弱，頓失物情。己酉，詔：應隨處官吏、務局員僚、諸軍將校等，如聞前例，各有進獻，直貢章奏，不唯褻黷於朝廷，實且傍滋於誅斂，並宜止絶，以肅化風。又詔：左降官均州司馬劉岳，[22]有母年踰八十，近聞身故，準故事許歸，終三年喪，[23]服闋，如未量移，即却赴貶所。[24]壬子，詔取今月二十四日幸洛京，[25]以十二月二十三日朝獻太微宫，[26]二十四日朝獻太廟，[27]二十五日有事於南郊。[28]癸丑，[29]中書門下奏："應隨駕及在京有帶兼官者，並望落下，只守本官。"從之。乙卯，以特進、檢校太傅、開封尹、判六軍諸衛事、充功德使王瓚爲宣武軍節度副使，權知軍州事。[30]丁巳，以銀青光禄大夫、尚書左丞趙光胤爲中書侍郎、平章事、集賢殿大學士；[31]以朝散大夫、禮部侍郎韋説守本官、同平章事；[32]以吏部侍郎、史館修撰、判館事盧文度爲兵部侍郎,[33]充翰林學士;以右散騎常侍、充弘文館學士、判館事馮錫嘉爲户部侍郎、知制誥,[34]充翰林學士;以翰林學士、守尚書膳部員外郎劉昫爲比部郎中、知制誥,[35]依前充職;以扈鑾書制學士、行尚書倉部員外郎趙鳳爲倉部郎中、知制誥,[36]充翰林學士;以左拾遺于嶠守本官,[37]充翰林學士。戊午,以中書侍郎、平章事豆盧革判租庸使,兼諸道鹽鐵、轉運等使。[38]新羅王金朴英遣使貢方物。[39]己未,以洛京留守、判六軍諸衛事、守太尉、兼中書令、河南尹、魏王張全義爲檢校太師、守尚書令,[40]餘如故;以荆南節度使、檢校太師、守中書令、渤海王高季興爲依前檢校太師、守中書令,[41]餘如故。庚申,以工部尚書、真定尹、北都副留守、知留守事任圜爲檢校吏部尚書、兼御史大夫,[42]充成德軍節度使行軍司馬,[43]知軍府事。[44]安義軍節度使李繼韜入見待罪,[45]詔釋之。辛酉,以宣化軍留後、檢校太傅戴思遠權知青州軍州事,[46]檢校司空、左監門上將軍安崇阮並檢校舊官,[47]却復本任。以鎮國軍留後、檢校太傅霍彦威爲保義軍節度留後;[48]以權知感化軍留後、檢校司徒高允貞權知鎮國軍留後;[49]以權知河陽留後、檢校太保張繼業依前權知河陽留後;[50]以鄜延兩鎮節度使、檢校太師、兼中書令、北平王高萬興依前鄜、延節度使,[51]仍封北平王;襄州節度使、檢校太傅、平章事孔勍依前襄州節度使,[52]餘如故。以永平軍節度使、行大安尹、檢校太保張筠爲西都留守、行京兆尹。[53]以晋州節度使、檢校太保劉玘，[54]邠州節度使、檢校太保韓恭，[55]安州節度使、檢校太保朱漢賓，[56]並檢校舊官，却復本任。壬戌，以左金吾衛大將軍史敬鎔爲左街使，[57]右金吾衛大將軍李存確爲右街使。[58]甲子，車駕發汴州。

[1]光禄大夫：官名。漢武帝時改中大夫爲光禄大夫，爲掌議論之官。隋唐以後爲散官。從二品。　左金吾上將軍：唐置，掌宫禁宿衛。唐代置十六衛，即左右衛、左右驍衛、左右武衛、左右威衛、左右領軍衛、左右金吾衛、左右監門衛、左右千牛衛。各置上將軍，從二品；大將軍，正三品；將軍，從三品。　左龍武軍：禁軍番號。至德二載（757）唐肅宗置禁軍，也叫神武天騎，分爲左右神武天騎、左右羽林、左右龍武等六軍，稱"北衙六軍"。負責左右厢飛騎儀仗，階陛禁衛，馳道内仗，並負責飛騎番上宿衛。　汾州：州名。治所在今山西汾陽市。　李存渥：人名。李克用之子，後唐莊宗李存勗之弟。傳見《新五代史》卷一四。

[2]特進：官名。西漢末期始置，授給列侯中地位較特殊者。隋唐時期，特進爲散官，授給有聲望的文武官員。正二品。

[3]雜指揮散員都部署：官名。又稱散員都部署。統領諸雜指揮軍。具體執掌不詳。中華書局本有校勘記："'雜指揮'，孔本作'散指揮'。按本書卷七〇《元行欽傳》：'時有散指揮都頭，名爲散員，命行欽爲都部署。'"　忻州：州名。治所在今山西忻州市。　李紹榮：人名。即元行欽。幽州（今北京市）人。五代後唐將領。傳見本書卷七〇、《新五代史》卷二五。　徐州：州名。治所在今江蘇徐州市。

[4]鳳翔：方鎮名，治所在鳳翔府（今陝西鳳翔縣）。　李茂貞：人名。深州博野（今河北蠡縣）人。唐末、五代軍閥，長期割據鳳翔。傳見本書卷一三二、《新五代史》卷四〇。

[5]河中：方鎮名。治所在河中府（今山西永濟市）。　朱友

謙：人名。後唐莊宗賜名李繼麟。許州（今河南許昌市）人。唐末、五代軍閥。傳見本書卷六三、《新五代史》卷四五。　西平王朱友謙來朝：《輯本舊史》之影庫本粘籤："西平王，原本作'西來'，考《歐陽史·朱友謙傳》，友謙封西平王，今改正。"見《新五代史》卷四五《朱友謙傳》。

[6]捧日都指揮使：官名。爲捧日軍長官。　博州：州名。治所在今山東聊城市。　康延孝：人名。後唐莊宗賜名李紹琛。代北（今山西代縣）人。五代後唐將領。傳見本書卷七四、《新五代史》卷四四。　鄭州：州名。治所在今河南鄭州市。

[7]名紹琛：中華書局本有校勘記："'紹琛'，原作'繼琛'，據本書卷三一《唐莊宗紀五》、卷七四《康延孝傳》，《册府》卷八二五，《新五代史》卷四四《康延孝傳》，《通鑑》卷二七二改。"見《輯本舊史》卷三一《唐莊宗紀五》同光二年（924）二月己丑條、《宋本册府》卷八二五《總録部·名字門二》、《通鑑》卷二七二同光元年十一月乙巳條。

[8]宋州：州名。治所在今河南商丘市睢陽區。　袁象先：人名。後唐莊宗賜名李紹安。宋州下邑（今河南夏邑縣）人。朱温之甥。五代後梁、後唐將領。傳見本書卷五九、《新五代史》卷四五。

[9]許州：州名。治所在今河南許昌市。　匡國軍：方鎮名。治所在同州（今陝西大荔縣）。　温韜：人名。後唐莊宗賜名李紹沖。京兆華原（今陝西銅川市耀州區）人。唐末李茂貞部將，五代後梁、後唐將領。傳見本書卷七三、《新五代史》卷四〇。

[10]卿：此處指"九寺"長官"卿"。　少卿監：即九寺少卿及諸少監。九寺少卿及諸少監、國子司業、京兆少尹，並府寺省監之貳。品秩不等。　祭酒：即國子祭酒。官名。古代國子學或太學長官。晉武帝司馬炎始置，掌領太學、國子學及國子監所屬各學。從三品。　司業：即國子司業。官名。國子監次官。隋始置，佐祭酒掌監事。從四品下。

[11]博士：即國子博士。掌教文武官三品以上、國公子孫，二

品以上曾孫爲生者。正五品上。

［12］太常寺：官署名。西漢始置。掌宗廟祭祀、禮樂及教育等。

［13］大理寺：官署名。掌邦國折獄詳刑之事。

［14］太常博士：官名。漢代始置。爲太常寺屬官。掌辨五禮，討論謚法，贊相導引。從七品上。

［15］東宫：皇太子居住的宫室。　司天五官正：官名合稱。唐肅宗乾元元年（758）始置，即春官正、夏官正、秋官正、冬宫正、中官正，員各一人，皆正五品上，掌司四時，觀察氣象災異，隸司天臺。　奉御：官名。《新唐書·百官志》載：“閑厩使押五坊，以供時狩：一曰鵰坊，二曰鶻坊，三曰鷂坊，四曰鷹坊，五曰狗坊。”五坊各以奉御爲主官，初由閑厩使兼領，後總領於五坊使。

［16］凡不急司存：《輯本舊史》原作“凡闕不急司存”，中華書局本有校勘記：“本書卷一四九《職官志》、《五代會要》卷二〇作‘凡不急司存’。影庫本粘籤：‘凡闕不急司存，疑有舛誤，考《五代會要》及《薛史·職官志》並與《莊宗紀》同，今無可校正，姑仍其舊。’”但未删。今據《會要》卷二〇《中外加減官》條、《輯本舊史》卷一四九《職官志》删。

［17］諸司郎中：官名。戰國已置。晋、南北朝即稱尚書曹司之長爲郎中。隋唐各部諸司之長均稱郎中。品秩不等。　員外郎：官名。隋開皇時期，尚書省二十四司各設員外郎一人，位在郎中之次。唐朝因襲。品秩不等。

［18］左右散騎常侍：官名。門下省屬官。掌侍奉規諷，備顧問應對。正三品下。中華書局本沿《輯本舊史》作“左右常侍”，據《輯本舊史》卷一四九《職官志》，《會要》卷二〇補。　諫議大夫：官名。秦始置，掌朝政議論。隋唐仍置，有左、右諫議大夫四人，分屬門下、中書二省。掌諫諭得失，侍從贊相。唐後期、五代多以本官領他職。唐初爲正五品上，會昌二年（842）升爲正四品下。後晋天福五年（940）爲正四品，後周顯德五年（958）復改

爲正五品上。　給事中：官名。秦始置。隋唐以來，爲門下省屬官。掌讀署奏抄，駁正違失。正五品上。　起居郎：官名。唐代始置，屬門下省。與中書省起居舍人同掌起居注，記皇帝言行。從六品上。　起居舍人：官名。隋始置，唐貞觀二年（628）省。顯慶中又置，與起居郎分在左右。掌修記言之史，録天子之制誥德音，如記事之制，以記時政損益。季終，則授之於國史。从六品上。　補闕：官名。唐武則天時始置。分爲左右，左補闕隸於門下省，右補闕隸於中書省。掌規諫諷諭，大事可以廷議，小事則上封奏。從七品上。　拾遺：官名。唐武則天於垂拱元年（685）置拾遺，分左右。左拾遺隸門下省，右拾遺隸中書省，與左右補闕共掌諷諫，大事廷議，小事則上封事。從八品上。

[19]三院御史：唐五代御史臺分三院，侍御史所居爲臺院，殿中侍御史所居爲殿院，監察御史所居爲察院，統稱三院御史。

[20]西班上將軍：西班，五代後唐朝會時，文武依次排列於朝堂東西側，西班爲武官。唐置十六衛掌宫禁宿衛。

[21]樞密院：官署名。唐代宗始設樞密使，以宦官充任。五代時，後梁設置崇政院，掌管軍國大政；後唐改稱樞密院，與中書分理朝政。

[22]左降官均州司馬劉岳：中華書局本有校勘記："'官'字原闕，據《册府》卷一四七補。"見《宋本册府》卷一四七《帝王部·恤下門二》。

[23]終三年喪：中華書局本有校勘記："'終'，原作'候'，據《册府》卷一四七改。"

[24]即却赴貶所：中華書局本有校勘記："'貶所'，原作'貶州'，據劉本、孔本、邵本、彭本、《册府》卷一四七改。"

[25]洛京：地名。位於今河南洛陽市。

[26]太微宫：即老子廟。唐朝追尊老子爲玄元皇帝，建廟供奉。玄宗時改西京玄元廟爲太清宫，東京爲太微宫，天下諸郡爲紫極宫。

［27］太廟：帝王的祖廟。用以供奉、祭祀皇帝先祖。

［28］南郊：意爲都城南面之郊。代指南面郊區之祭天場所（圜丘），亦指祭天之禮（郊天）。古人用“郊”“南郊”“有事於南郊”指代在南郊之圜丘舉行的郊天典禮。

［29］癸丑：《輯本舊史》原作癸未，中華書局本有校勘記：“按本月辛丑朔，無癸未。此事繫於壬子、乙卯之間，或爲癸丑。”但未改。壬子爲十二日，乙卯爲十五日，癸丑爲十三日，今改。

［30］以特進：《輯本舊史》之影庫本粘籤：“特進，原本作‘恃進’，今據文改正。”“恃進”在此處不成文。“特進”常見，本段辛丑條即有兩特進，此爲書證。　功德使：官名。唐貞元四年（788）置左、右街大功德使、東都功德使、修功德使，總領僧尼之籍及功役。元和二年（807），以道士、女官隸左、右街功德使。五代沿置。　宣武軍：方鎮名。唐舊鎮。治所在汴州（今河南開封市）。後梁開平元年（907）升汴州爲東京開封府。開平三年置宣武軍於宋州（今河南商丘市睢陽區）。後唐同光元年（923）改宋州宣武軍爲歸德軍。廢東京開封府，重建宣武軍於汴州。後晋天福三年（938），改爲東京開封府。除天福十二年、十三年短暫改爲宣武軍外，均爲東京開封府。　節度副使：官名。唐五代方鎮屬官。位于行軍司馬之下、判官之上。　權知軍州事：官名。簡稱“知州”，州級行政長官。參見閆建飛《唐後期五代宋初知州制的實施過程》，《文史》2019年第1期。

［31］銀青光禄大夫：官名。屬於散官，無具體執掌。從三品。　尚書左丞：官名。尚書省佐貳官。唐中期以後，與尚書右丞實際主持尚書省日常政務，權任甚重。正四品上。　趙光胤：人名。京兆奉天（今陝西乾縣）人。唐末宰相趙光逢之弟。唐末進士，五代後梁大臣、後唐宰相。傳見本書卷五八。　中書侍郎：官名。中書省副長官。唐後期三省長官漸爲榮銜，中書侍郎、門下侍郎却因參議朝政而職位漸重，常常用爲以“同三品”或“同平章事”任宰相者的本官。正三品。　集賢殿大學士：官名。唐中葉置，位在學

士之上，以宰相兼。掌修書之事。　“以銀青光禄大夫”至“集賢殿大學士”：《舊五代史考異》：“《歐陽史》作趙光胤爲中書侍郎，不載大學士銜，與《薛史》詳略異。”見《新五代史》卷五《莊宗紀下》同光元年十一月丁巳條。

［32］朝散大夫：官名。屬於散官，無具體執掌。從五品下。禮部侍郎：官名。尚書省禮部次官。協助禮部尚書掌禮儀、祭享、貢舉之政。正四品下。　韋説：人名。籍貫不詳。福建觀察使韋岫之子。五代後唐宰相。傳見本書卷六七。

［33］吏部侍郎：官名。尚書省吏部次官。協助吏部尚書掌文選、勳封、考課之政。正四品上。　史館修撰：官名。唐天寶以後，他官兼領史職者，稱史館修撰。　判館事：官名。執掌史館事務。唐天寶以後，他官兼領史職者，稱史館修撰。初入史館者稱爲直館。元和六年宰相裴垍建議：登朝官領史職者爲修撰，以官階高的一人判館事；未登朝官均爲直館。　盧文度：人名。籍貫不詳。後梁、後唐官員。事見本書本卷、卷七。　兵部侍郎：官名。尚書省兵部次官。協助兵部尚書掌武官銓選、勳階、考課之政。正四品下。

［34］弘文館學士：官名。弘文館爲唐代中央官學之一。設館主一人，總領館務；判館事一人，管理日常事務。學士無員限，掌校正圖籍，教授生徒，並參議政事。五品以上稱爲學士，六品以下稱爲直學士，又有文學直館學士，均以他官兼領。　馮錫嘉：人名。籍貫不詳。後梁、後唐官員。事見本書本卷、卷一八、卷五八。户部侍郎：官名。尚書省户部次官。協助户部尚書掌天下田户、均輸、錢穀之政令。正四品下。　知制誥：官名。掌起草皇帝的詔、誥之事，原爲中書舍人之職。唐開元末置學士院，翰林學士入院一年，則加知制誥銜，專掌任免宰相、册立太子、宣布征伐等特殊詔令，稱爲内制。而中書舍人所撰擬的詔敕稱爲外制。兩種官員總稱兩制。

［35］尚書膳部：官署名。尚書省禮部膳部司的簡稱。掌管百官

飲食餔饌及祭祀宴饗等方面的政令。　劉昫：人名。涿州歸義縣（今河北容城縣）人。五代大臣，曾任宰相、監修國史，領銜撰進《舊唐書》。傳見本書卷八九、《新五代史》卷五五。　比部郎中：官名。唐、五代刑部比部司長官，掌管勾會内外賦斂、經費俸禄等。從五品上。

[36]扈鑾書制學士：官名。《新五代史》卷二八作“扈鑾學士”。掌起草詔令等。《輯本舊史》之影庫本粘籤："扈鑾書制學士，考《歐陽史》作扈鑾學士，《通鑑》作扈鑾書學士，疑皆引《薛史》而有所删節，惟《五代會要》作扈鑾書制學士，與《薛史·莊宗紀》同，今仍其舊。”《會要》作“護鑾書制學士”，見《會要》卷一三《翰林院》條，《新五代史》卷二八《趙鳳傳》作扈鑾學士，檢《通鑑》未見。　尚書倉部員外郎：官名。尚書省户部倉部司副長官。佐郎中掌天下庫儲，出納租税、禄糧、倉廪之事。從六品上。　趙鳳：人名。幽州（今北京市）人。後唐明宗朝宰相。傳見本書卷六七、《新五代史》卷二八。　倉部郎中：官名。尚書省户部倉部司長官。掌天下庫儲，出納租税、禄糧、倉廪之事。從五品上。

[37]于嶠：人名。籍貫不詳。歷任後唐、後晋左拾遺、秘書少監、知制誥、中書舍人。事見本書本卷、卷四〇、卷七六。

[38]諸道鹽鐵、轉運等使：官名。簡稱鹽鐵使。爲鹽鐵司長官。鹽鐵與度支、户部合稱“三司”。主掌漕運及專賣事務。

[39]新羅：朝鮮半島古國名。由辰韓十二國之斯盧國發展而來，都於金城（今韓國慶尚北道慶州市）。初爲朝鮮半島東南部的部落聯盟，4世紀以後逐漸强大，形成金氏世襲的朝鮮半島東南大國，與北面的高句麗、西面的百濟形成對峙局面。新羅與隋唐關係密切，7世紀中後期，與唐朝聯手滅百濟和高句麗，於676年統一了今大同江以南的朝鮮半島中南部地區。935年爲王氏高麗所取代。傳見本書卷一三八、《新五代史》卷七四。　金朴英：人名。新羅國王。事見《新五代史》卷五。

［40］太尉：官名。與司徒、司空並爲三公，唐後期、五代多爲大臣、勳貴加官。正一品。　尚書令：官名。秦始置。隋、唐前期爲尚書省長官，與中書令、侍中並爲宰相。因以李世民爲之，後皆不授，唐高宗廢其職。唐後期以李適、郭子儀有功而特授此職，爲大臣榮銜，不參與政務。五代因之。唐時爲正二品，後梁開平三年（909）升爲正一品。中華書局本有校勘記："'尚書令'，原作'中書令'，據本書卷三一《唐莊宗紀五》、卷六三《張全義傳》，《通鑑》卷二七二改。"見《通鑑》卷二七二同光元年十一月己未條。

［41］荆南：又稱南平。五代十國之一。後梁開平元年（907）朱温命高季興爲荆南節度使，梁末帝時封季興爲渤海王。同光二年（924）受後唐封爲南平王。　高季興：人名。原名高季昌。陝州硤石（今河南三門峽市陝州區硤石鄉）人。五代十國南平（即荆南）開國君主。傳見本書卷一三三、《新五代史》卷六九。

［42］工部尚書：官名。尚書省工部主官。掌百工、屯田、山澤之政令。正三品。　副留守：官名。古代在都城、陪都或軍事重鎮所設留守，由地方行政長官兼任。副留守爲留守之貳。　知留守事：職事名。負責留守政務。　任圜：人名。京兆三原（今陝西三原縣）人。五代後唐將領、大臣。傳見本書卷六七、《新五代史》卷二八。　檢校吏部尚書：官名。爲散官或加官，以示恩寵，無實際執掌。　御史大夫：官名。秦始置，與丞相、太尉合稱三公。至唐代，在御史中丞之上設御史大夫一人，爲御史臺長官，專掌監察、執法。正三品。

［43］節度使行軍司馬：官名。節度使的屬官。掌軍籍符伍、號令印信，是藩鎮重要的軍政官員。

［44］知軍府事：官名。五代以建都之地爲府，以府尹爲行政長官。以朝臣充各府長官，稱以某官知某軍府事，簡稱知府。

［45］安義軍：方鎮名。治所在潞州（位於今山西長治市）。　李繼韜：人名。汾州（今山西汾陽市）人。李嗣昭之子。五代後唐將領。傳見本書卷五二、《新五代史》卷三六。

［46］宣化軍：方鎮名。治所在鄧州（位於今河南鄧州市）。　青州：州名。治所在今山東青州市。

［47］左監門上將軍：官名。唐代置十六衛之一。掌宮禁宿衛。從二品。　安崇阮：人名。潞州上黨（今山西長治市）人。五代後唐、後晋將領。傳見本書卷九〇。

［48］鎮國軍：方鎮名。唐上元二年（761）置，治所在華州（今陝西渭南市華州區）。　保義軍：方鎮名。唐龍紀元年（889）以陝虢節度使爲保義軍節度使，治所在陝州（今河南三門峽市陝州區）。

［49］感化軍：方鎮名。五代後梁置。治所在華州（今陝西渭南市華州區）。　高允貞：人名。籍貫不詳。五代後唐官員。事見本書本卷、卷三八、卷三九、卷四四、卷四六。　以權知感化軍留後：中華書局本有校勘記："按本卷下文記改華州感化軍爲鎮國軍。朱玉龍《方鎮表》：'五代無威化軍……"威化"疑爲"感化"之訛。'"但中華書局本未改。本卷十二月壬申條載"詔改華州感化軍爲鎮國軍，"五代亦無"威化軍"，故改。

［50］河陽：方鎮名。治所在孟州（今河南孟州市）。　張繼業：人名。籍貫不詳。事見本書本卷、卷三二。

［51］鄜延：方鎮名。治所在鄜州（今陝西富縣）。　高萬興：人名。延州（今陝西延安市）人。五代將領，高懷遷之子。傳見本書卷一三二、《新五代史》卷四〇。　北平王高萬興依前鄜、延節度使：中華書局本有校勘記："'北平王'，原作'西平王'，據《册府》卷一二九及本卷下文改。按本書卷一三二《高萬興傳》：'莊宗定河洛，萬興來朝，預郊禮陪位，既還鎮，復以舊爵授之。'"高萬興不見於本卷下文，見於下卷同光二年三月癸亥條，作"北平王高萬興可依前延州鄜州節度使……北平王"。亦見《宋本册府》卷一二九《帝王部·封建門》。

［52］襄州：即山南東道節度使。位於今湖北襄陽市。　孔勍：人名。兖州（今山東濟寧市兖州區）人。唐末、五代軍閥。傳見本

書卷六四。

[53]永平軍：方鎮名。治所在今陝西西安市。　大安尹：官名。後梁開平元年四月，改京兆府爲大安府。設尹掌政務。從三品。　張筠：人名。海州（今江蘇連雲港市海州區）人。唐末、五代軍閥。傳見本書卷九〇、《新五代史》卷四七。　西都留守：官名。後唐以長安爲西都，設西都留守，掌軍政要務。　京兆尹：官名。唐開元元年改雍州置京兆府，治所在今陝西西安市。以京兆尹總其政務。從三品。

[54]晉州：此處指方鎮。唐時爲護國軍節度。後梁開平四年置定昌軍，貞明三年（917）改曰建寧。唐改曰建雄。治所在今山西臨汾市。　劉玘：人名。雍丘（今河南杞縣）人。五代軍閥。傳見本書卷六四、《新五代史》卷四五。

[55]邠州：即邠寧節度使。治所在今陝西彬縣。　韓恭：人名。籍貫不詳。五代官員。事見本書本卷、卷三二。

[56]朱漢賓：人名。亳州譙縣（今安徽亳州市）人。字績臣。歷仕後梁、後唐。謚號貞惠。傳見《新五代史》卷四五。

[57]左金吾衛大將軍：官名。唐代置十六衛之一。掌宮禁宿衛。正三品。　史敬鎔：人名。五代後唐將領。傳見本書卷五五。《輯本舊史》之影庫本粘籤："史敬鎔，原本作'敬容'，今據薛史列傳改正。"見《輯本舊史》卷五五《史敬鎔傳》，亦可見《新五代史》卷五《莊宗紀下》天祐五年（908）正月條等，均稱其爲"幸臣"或"倖臣"。　街使：官名。分左、右職。掌京城街道治安，以及修橋种樹等事，常以金吾將軍充任，故亦稱金吾街使。

[58]右金吾衛大將軍：官名。唐代置十六衛之一。掌宮禁宿衛。正三品。　李存確：人名。五代後唐官員。事見本書本卷、卷三三。

十二月庚午朔，車駕至西京。[1]是日，有司自石橋具儀仗法物，迎引入于大内。辛未，以百官初到，放三日朝參。壬申，以租庸使、刑部侍郎、太清宫副使張憲爲檢校吏部尚書、充北京副留守、知留守事、太原尹。[2]詔改取來年二月一日行郊禮。戊寅，詔德勝寨、莘縣、楊劉口、通津鎮、胡柳陂皆戰陣之所，[3]宜令逐處差人收掩戰士骸骨，量備祭奠，以慰勞魂。詔改僞梁永平軍大安府復爲西京京兆府；[4]改宋州宣武軍爲歸德軍，汴州開封府復爲宣武軍，[5]華州感化軍爲鎮國軍，[6]許州匡國軍復爲忠武軍，[7]滑州宣義軍復爲義成軍，[8]陝府鎮國軍復爲保義軍，[9]耀州静勝軍復爲順義軍，[10]潞州匡義軍復爲安義軍，[11]朗州武順軍復爲武貞軍，[12]延州爲彰武軍，[13]鄧州爲威勝軍，[14]晋州爲建雄軍，[15]安州爲安遠軍。[16]淮南楊溥遣使賀登極，[17]稱“大吴國主書上大唐皇帝”。己卯，禁屠牛馬。庚辰，御史臺上言：“請行用本朝律令格式，今訪聞唯定州有本朝法書，[18]望下本州寫副本進納。”從之。辛巳，詔貶安義軍節度使李繼韜爲登州長史，[19]尋斬於天津橋下，再謀叛故也。甲申，淮南楊溥、奚首領李紹威並遣使朝貢。[20]乙酉，以翰林學士承旨盧質權知汴州軍府事，[21]以禮部尚書崔沂爲尚書左丞、判吏部尚書銓事，[22]以兵部侍郎崔協爲吏部侍郎，[23]以刑部侍郎、充集賢殿學士、判院事盧文紀爲尚書兵部侍郎，[24]依前充集賢殿學士、判院事。丁亥，澤州刺史董璋上言：[25]潞州軍變，李繼達領兵出城，[26]自刎而死，節度副使李繼珂已安撫軍城。[27]己丑，有司上言：“上辛祈穀於上帝，請奉高祖神堯皇帝配；[28]孟夏雩祀，[29]請奉太宗文皇帝配；[30]季秋大享於明堂，[31]請奉太祖武皇帝配；[32]冬至日祀圜丘，[33]請奉獻祖文皇帝配；[34]孟冬祭神州地祇，[35]請奉懿祖昭聖皇帝配。"[36]從之。辛卯，亳州太清宫道士上言，[37]聖祖玄元皇帝殿前枯檜再生一枝，[38]圖畫以進。詔曰，"當聖祖舊殿生枯檜新枝，應皇家再造之期，顯大國中興之運。同上林仆柳，祥既叶於漢宣；[39]比南頓嘉禾，瑞更超於光武。[40]宜標史册，以示寰瀛"云。[41]壬辰，幸伊闕。[42]己巳，以中書舍人崔居儉爲刑部侍郎，[43]充史館修撰、判館事。甲午，以租庸副使、光禄大夫、檢校司徒、守衛尉卿孔謙爲鹽鐵轉運副使。[44]《永樂大典》卷七千一百五十六。[45]

[1]十二月庚午朔，車駕至西京：《舊五代史考異》："《歐陽史》作甲子如洛京，庚午至自汴州。《薛史》作西京，蓋其時未改永平軍爲西京，故尚仍梁制，稱洛陽爲西京也。又《通鑑考異》云：諸書但謂之洛京，未嘗詔改西京爲洛京，至同光三年，始詔依舊以洛京爲東都。或者以永平爲西京時，即改梁西京爲洛京，而史脱其文也。《歐陽史》于元年冬即書洛京，未審所據。"《新五代史》卷五《莊宗紀下》："同光元年十一月甲子如洛京。十二月庚午朔，至自汴州。""洛京"下徐注："洛京，從當時語。"又見《通鑑》卷二七二同光元年（923）十一月癸卯條《考異》。

[2]刑部侍郎：官名。尚書省刑部次官。協助刑部尚書掌天下刑法及徒隸、勾覆、關禁之政令。正四品下。　太清宫副使：官名。唐朝尊老子爲祖，建玄元廟奉祀。天寶二年（743）改西京玄元廟爲太清宫，東京爲太微宫，天下諸郡爲紫極宫，又改譙郡紫極宫爲太清宫。設太清宫使、副。　太原尹：官名。唐開元十一年

(723) 改并州爲太原府，治所在今山西太原市。太原尹總其政務。從三品。　“以租庸使”至“太原尹”：中華書局本有校勘記：“本書卷六九《張憲傳》敘其事云：‘莊宗遷洛陽，以憲檢校吏部尚書、興唐尹、東京副留守，知留守事。’《通鑑》卷二七二亦記：‘崇韜即奏以憲爲東京副留守，知留守事。’又本書卷三三《唐莊宗紀七》：‘（同光三年十二月）以鄴都副留守、興唐尹張憲檢校吏部尚書、太原尹，充北京副留守、知留守事。’疑‘北京副留守’‘太原尹’係‘東京副留守’‘興唐尹’之誤。”《通鑑》卷二七二同光元年十一月戊午條載：“租庸副使孔謙畏張憲公正，欲專使務，言於郭崇韜曰：‘東京重地，須大臣鎮之，非張公不可。’崇韜即奏以憲爲東京副留守，知留守事。”

[3]德勝寨：地名。原爲德勝渡，爲黄河重要渡口之一。李存勗部將李存審築於黄河津要處德勝口，有南北二城。南城在今河南濮陽市東南五里，北城即今河南濮陽市。　楊劉口：《輯本舊史》之影庫本粘籤：“楊劉，原本作‘柳劉’，今據文改正。”楊劉作爲戰陣之所，《輯本舊史》多有記載，如卷二八《莊宗紀一》天祐十四年十二月條，十五年正月、二月、六月壬戌條等，此等均爲書證，無需據文改正。　通津鎮：地名。位於今河南黄河沿綫。

[4]大安府：府名。五代後梁開平元年（907）四月，改京兆府爲大安府。治所在今陝西西安市。　西京：地名。即京兆府。位於今陝西西安市。　京兆府：府名。治所在今陝西西安市。　詔改僞梁永平軍大安府復爲西京京兆府：《舊五代史考異》：“《歐陽史》作十一月辛酉，復永平軍爲西都，與《薛史》日月互異。”見《新五代史》卷五《莊宗紀下》同光元年十一月辛酉條，《通鑑》卷二七二亦繫於十一月辛酉。

[5]改宋州宣武軍爲歸德軍，汴州開封府復爲宣武軍：《通鑑》卷二七二繫於十一月丙辰。

[6]華州：州名。治所在今陝西渭南市華州區。

[7]忠武軍：方鎮名。治所在許州（今河南許昌市）。

[8]宣義軍：方鎮名。治所在滑州（今河南滑縣）。　義成軍：方鎮名。治所在滑州（今河南滑縣）。

[9]陝府：地名。治所在今河南三門峽市陝州區。

[10]耀州：州名。治所在今陝西銅川市耀州區。　静勝軍：方鎮名。治所在耀州（今陝西銅川市耀州區）。唐末屬李茂貞，建爲耀州，置義勝軍。梁末帝時，茂貞養子温韜以州降梁，梁改耀州爲崇州，義勝曰静勝。後唐復爲耀州，改曰順義。

[11]潞州：州名。治所在今山西長治市。　匡義軍：方鎮名。唐故曰昭義。後梁末帝時屬梁，改曰匡義。後唐滅梁，改曰安義。後晋復曰昭義。

[12]朗州：州名。治所在今湖南常德市。　武順軍：方鎮名。治所在朗州（今湖南常德市）。唐昭宗置武貞軍於朗州。後梁開平三年改爲永順軍。梁末又改爲武順軍。後唐莊宗復改爲武貞軍。

[13]延州：州名。治所在今陝西延安市。　彰武軍：方鎮名。治所在延州（今陝西延安市）。

[14]鄧州：州名。治所在今河南鄧州市。　威勝軍：方鎮名。治所在鄧州（今河南鄧州市）。故屬山南東道節度。後梁破趙匡凝，分鄧州置宣化軍。後唐改曰威勝。後周改曰武勝。

[15]建雄軍：方鎮名。治所在晋州（今山西臨汾市）。故屬護國軍節度。後梁開平四年置定昌軍，貞明三年（917）改曰建寧。後唐改曰建雄。

[16]安遠軍：方鎮名。治所在安州（今湖北安陸市）。

[17]淮南：方鎮名。治所在揚州（今江蘇揚州市）。　楊溥：五代十國吴睿帝，後禪位於徐知誥。傳見《新五代史》卷六一。淮南楊溥遣使賀登極，稱“大吴國主書上大唐皇帝”：中華書局本引殿本案語：“《十國春秋·吴世家》云：唐以滅梁來告，始稱詔，我國不受。唐主隨易書，用敵國禮，曰‘大唐皇帝致書于吴國主’，王遣司農卿盧蘋獻金器二百兩、銀器三千兩、羅錦一千二百疋、龍腦香五斤、龍鳳絲鞵一百事于唐。又遣使張景報聘，稱‘大吴國主

上書大唐皇帝’，辭禮如牋表。”《十國春秋》爲清人吴任臣所撰，應據明本《册府》卷二三二《僭僞部·稱藩門》。

［18］定州：州名。治所在今河北定州市。

［19］長史：官名。州府屬官。協助處理州府公務。正四品上至正六品上。

［20］奚：部族名。源出鮮卑宇文部。原稱庫莫奚，後省稱奚。參見畢德廣《奚族文化研究》，科學出版社 2016 年版。　李紹威：人名。本名掃剌。後唐莊宗賜姓名李紹威。五代奚族部落聯盟首領。前首領去諸之子。事見《通鑑》卷二八一。

［21］翰林學士承旨：官名。爲翰林學士之首。掌拜免將相、號令征伐等詔令的起草。《舊唐書·職官志二·翰林院》："例置學士六人，内擇年深德重者一人爲承旨，所以獨承密命故也。"　盧質：人名。河南（今河南洛陽市）人。五代大臣。傳見本書卷九三、《新五代史》卷五六。

［22］禮部尚書：官名。尚書省禮部主官。掌禮儀、祭享、貢舉之政。正三品。　崔沂：人名。博州（今山東聊城市）人。唐宰相崔鉉之子，五代後梁、後唐大臣。傳見本書卷六八。《輯本舊史》之影庫本粘籤："崔沂，原本作‘崔忻’，今據《薛史》列傳改正。"見《輯本舊史》卷六八《崔沂傳》。　判吏部尚書銓事：唐代對文官選授考課，由吏部尚書、侍郎分掌其事。尚書爲尚書銓，掌五品至七品選；侍郎二人分爲中銓、東銓，掌八品、九品選，合稱三銓。其後皆歸侍郎專之，尚書通署而已。

［23］崔協：人名。清河（今河北清河縣）人。唐末進士，後梁時仕至中書舍人，後唐時爲宰相。傳見本書卷五八。

［24］集賢殿學士：官名。唐中葉置，位在集賢殿大學士之下。掌修書之事。　判院事：官名。掌集賢院事務。　盧文紀：人名。京兆萬年（今陝西西安市長安區）人。唐末進士，五代宰相。傳見本書卷一二七、《新五代史》卷五五。

［25］澤州：州名。治所在今山西澤州縣。　董璋：人名。籍貫

不詳。五代後梁、後唐將領。傳見本書六二、《新五代史》卷五一。

[26]李繼達：人名。又名李繼儔。汾州（今山西汾陽市）人。李嗣昭之子，李繼韜之兄弟。事見《新五代史》卷三六。

[27]李繼珂：人名。籍貫不詳。後唐將領。事見本書卷五二、卷七四。

[28]高祖神堯皇帝：即唐高祖李淵。隴西成紀（今甘肅静寧縣西南）人，後遷狄道（今甘肅臨洮縣），先塋在趙郡昭慶（今河北隆堯縣東）。或説本北人，遷隴西。唐朝建立者，618年至626年在位。隋大業十三年（617），李淵與子李世民及劉文静、裴寂等起兵，攻佔長安，立代王楊侑（恭帝）。義寧二年（618），李淵廢恭帝自立，即皇帝位，改元武德，建立唐朝。武德七年（624），統一全國。在位期間，頒布均田制和租庸調法，修定律令，置軍府，復州縣制，爲唐王朝奠定了基礎。九年，“玄武門之變”後被迫退位，稱太上皇。卒葬獻陵（位於今陝西三原縣東），謚神堯皇帝。紀見《舊唐書》卷一、《新唐書》卷一。

[29]雩祀：古代祈雨的祭祀。《周禮》：“若國大旱，則帥巫而舞雩。”《公羊傳》桓公五年云：“大雩者何？旱祭也。”何休注云：“雩，旱請雨祭名。使童男女各八人，舞而呼雩，故謂之雩。”《月令》：“仲夏之月，命有司爲民祈祀山川百源，大雩帝，用盛樂。”

[30]太宗文皇帝：即唐太宗李世民。唐代皇帝，626年至649年在位。李淵次子。隋末，隨父起兵於太原。唐武德元年（618），爲尚書令，封秦王。在唐統一全國的過程中戰功甚多。九年，發動“玄武門之變”，即皇帝位，次年改元貞觀。在位期間，繼續沿用均田制、租庸調法、府兵制和科舉制，以房玄齡、杜如晦、魏徵等爲相，社會安定，經濟復蘇，史稱“貞觀之治”。貞觀四年（630），平東突厥。九年，平吐谷渾。十四年，平高昌。十五年，以文成公主和親於吐蕃贊普松贊干布。唐太宗對少數民族採取較爲開明的政策，被尊稱爲“天可汗”。統治中期以後，生活日漸奢靡，征戰頻仍，加劇了國内矛盾。卒葬昭陵（位於今陝西禮泉縣東北），謚文

皇帝。紀見《舊唐書》卷二至卷三、《新唐書》卷二。

[31]明堂：古代天子舉行大典的地方。《禮記·明堂位》："昔者周公朝諸侯於明堂之位，天子負斧依南鄉而立。"

[32]太祖武皇帝：指李克用。沙陀部人，生於神武川新城（一説今山西朔州市朔城區之梵王寺村，一説今山西應縣縣城，一説今山西懷仁縣之日中城）。唐末軍閥，後唐太祖。紀見本書卷二五。

[33]圜丘：古代帝王冬至祭天的地方。《周禮·春官·大司樂》："冬日至，于地上之圜丘奏之。"

[34]獻祖文皇帝：指朱邪赤心，唐朝賜名李國昌。沙陀部首領。唐末軍閥。李克用之父。其孫後唐莊宗李存勗即帝位後，追謚其爲文景皇帝，廟號獻祖。事見《舊唐書》卷一九上《懿宗本紀》、卷一九下《僖宗本紀》，本書卷二五、《新五代史》卷四。

[35]地祇：地之神也。凡社稷、五嶽山林、川澤、河海之神，皆地祇也。蓋地之尊稱爲地祇或后土。《周禮·春官·大宗伯》："掌建邦之天神、人鬼、地祇之禮"。

[36]懿祖昭聖皇帝：指朱邪執宜。沙陀部首領。朱邪赤心之父。事見《新唐書》卷二一八《沙陀》、《新五代史》卷四《唐本紀》。

[37]亳州：州名。治所在今安徽亳州市。　太清宫：宫觀名。唐朝尊老子爲祖，建玄元廟奉祀。天寶二年（743）改西京玄元廟爲太清宫，東京爲太微宫，天下諸郡爲紫極宫，又改譙郡紫極宫爲太清宫。

[38]聖祖玄元皇帝：指老子。先秦思想家。傳見《史記》卷六三。

[39]漢宣：指漢宣帝劉詢。公元前73年至前49年在位。漢武帝曾孫，繼漢昭帝後即位。紀見《漢書》卷八。

[40]比南頓嘉禾，瑞更超於光武：亦見明本《冊府》卷九二《帝王部·符瑞門四》。

［41］“辛卯”至“以示寰瀛云”：《輯本舊史》之案語：“《五代會要》云：唐高祖神堯皇帝武德二年，枯檜重華，至安禄山僭號萎瘁。玄宗自蜀歸京，枝葉復盛。至是再生一枝，長二尺餘。蓋一時誇詡之言也。”見《會要》卷一二觀條後之雜録條注引《瀨鄉記》，但無“蓋一時誇詡之言也”八字，亦略見於《輯本舊史·五行志·草木石冰》。

［42］伊闕：地名。位於今河南洛陽市。因兩山相對如闕，伊河從中流過，又名伊闕。唐以後習稱龍門。

［43］中書舍人：官名。中書省屬官。掌起草文書、呈遞奏章、傳宣詔命等。正五品上。　崔居儉：人名。清河（今河北清河縣）人。五代後梁至後晋官員。傳見本書附録、《新五代史》卷五五。

［44］租庸副使：官名。佐理催徵租庸地税的財政官員。後唐時，租庸使取代鹽鐵、度支、户部，爲中央財政長官。　衛尉卿：官名。秦置，掌率衛士守衛宫禁。漢沿置，秩中二千石，爲九卿之一。隋開皇三年（583），廢衛尉寺，以其職併入太常與尚書省。十三年，復置，專掌軍器儀仗帳幕等事，宫門屯兵歸監門衛，與漢制不同。唐沿置，設卿、少卿、丞等官，卿秩從三品，領武庫、武器、守宫三署。　孔謙：人名。魏州（今河北大名縣）人。後唐大臣，善聚斂錢財，爲李存勗籌畫軍需。傳見本書卷七三、《新五代史》卷二六。

［45］《大典》卷七一五六“唐”字韻“莊宗”事目三。

舊五代史　卷三一

唐書七

莊宗紀第五

同光二年春正月庚子朔，[1]帝御明堂殿受朝賀，[2]仗衛如式。壬寅，南郊禮儀使、太常卿李燕進太廟登歌酌獻樂舞名，[3]懿祖室曰《昭德之舞》，[4]獻祖室曰《文明之舞》，[5]太祖室曰《應天之舞》，[6]昭宗室曰《永平之舞》。[7]甲辰，幽州上言，契丹入寇至瓦橋。[8]以天平軍節度使李嗣源爲北面行營都招討使，[9]陝州留後霍彦威爲副，[10]率軍援幽州。乙巳，[11]故宣武軍節度副使、權知軍州事、檢校太傅王瓚贈太子太師。[12]丁未，詔改朝元殿復爲明堂殿，[13]又改崇勳殿爲中興殿。[14]戊申，以振武軍節度使、檢校太傅、同平章事李存霸權知潞州留後，[15]以知保大軍軍州事高允韜爲檢校太保。[16]庚戌，以涇原節度使、充秦王府諸道行軍司馬、開府儀同三司、檢校太尉、兼侍中李從曮爲檢校太尉、兼中書令，依前涇原節度使、充秦王府諸道行軍司馬。[17]詔改應順門爲永曜門，[18]太平門爲萬春門，[19]通政門爲廣政門，[20]鳳鳴門爲韶和門，[21]萬春門爲中興門，[22]解卸殿爲端明殿。[23]是日，詔曰："皇綱已正，紫禁方嚴，凡事内官，不合更居外地。詔諸道應有内官，不計高低，並仰逐處并家口發遣赴闕，不得輒有停滯。"帝龍潛時，寺人數已及五百，至是合諸道赴闕者，約千餘人，皆給賜優贍，服玩華侈，委之事務，付以腹心。唐時宦官爲内諸司使務、諸鎮監軍，[24]出納王命，造作威福，昭宗以此亡國。及帝奄有天下，當知戒彼前車，[25]以爲殷鑒，一朝復興兹弊，議者惜之。新羅王金朴英遣使朝貢。[26]辛亥，中書門下奏：[27]"準本朝故事，諸王、内命婦、宰臣、學士、中書舍人，[28]諸道節度、觀察、防禦、團練使、留後官告，[29]即中書帖官告院索綾紙褾軸，下所司書寫印署畢，進入宣賜。其文武兩班及諸道官員并奏薦將校，並合於所司送納朱膠綾紙價錢。伏自僞梁，不分輕重，並從官給，今後如非前件事例，請官中不給告敇，其内司大官、侍衛、將校轉官，即不在此限。"從之。壬子，蜀主王衍致書於帝，[30]稱有詐爲天使，馳報收復汴州者。[31]詔捕之，不獲。癸丑，有司奏：郊祀前二日，[32]迎祔高祖、太宗、懿祖、獻祖、太祖神主於太廟。議者以中興唐祚，不宜以追封之祖雜有國之君以爲昭穆，自懿祖已下，宜别立廟於代州，[33]如後漢南陽故事可也。[34]幽州北面軍前奏，契丹還塞，詔李嗣源班師。鳳翔節度使、秦王李茂貞上表，[35]請行藩臣之禮，帝優報之。甲寅，帝於中興殿面賜郭崇韜鐵券。[36]有司上言："皇太后到闕，皇帝合於銀臺門内奉迎。"[37]詔親至懷州奉迎。[38]中書奏："自二十三日後在散齋之内，[39]車駕不合遠出。"詔改至河陽奉迎。[40]以禮部尚書、興唐尹王正言依前禮部尚書，[41]充租庸使。[42]乙卯，渤海國遣使貢方物。[43]幽州奏，嬀州山後十三寨百姓却復新州。[44]戊午，以前太子少師薛廷珪爲檢校户部尚書、太子少師致仕，[45]以前太子賓客封舜卿爲太子少保致仕，[46]以前太子賓客李文規爲户部侍郎致仕。[47]詔鹽鐵、度支、户部並委租庸使管轄。[48]庚申，四方館上言：[49]"請今後除隨駕將校及外方進奉專使、文武班三品以上官，可以内殿對見，其餘並詣正衙，以申常禮。"從之。車駕幸河陽，奉迎皇太后。辛酉，帝侍皇太后至，文武百僚迎於上東門。[50]是日，河中府上言，[51]稷山縣割隸絳州。[52]以太僕卿李紓爲宗正卿，[53]以衛尉卿楊遘爲太僕卿。[54]西京昭應縣華清宫道士張冲虚上言，[55]天尊院枯檜重生枝葉。[56]乙丑，有司上言："南郊朝享太廟，[57]舊例親王充亞獻、終獻行事。"[58]乃以皇子繼岌爲亞獻，[59]皇弟存紀爲終獻。[60]丙寅，帝赴明堂殿致齋。丁卯，朝饗於太微宫。[61]戊辰，饗太廟，是日赴南郊。

[1]同光：五代後唐莊宗李存勖年號（923—926）。

[2]明堂殿：宫殿名。唐代洛陽（今河南洛陽市）宫城紫微城的正殿。原爲隋乾陽殿，唐高宗時又稱乾元殿，武周改作明堂。常舉行重大政治活動和接待各國使者。

[3]南郊禮儀使：官名。舉行南郊祭祀則臨時置使，掌禮儀事

務，事畢即罷。　太常卿：官名。西漢置太常，南朝梁始置太常卿。太常寺長官。掌宗廟祭祀禮樂及教育等。正三品。　李燕：人名。籍貫不詳。五代官員。事見本書本卷、卷七、卷三二、卷一四七。　太廟：古代帝王的祖廟。供奉、祭祀皇帝先祖。

[4]懿祖：即朱邪執宜。沙陀部首領。朱邪赤心之父。事見《新唐書》卷二一八《沙陀》、《新五代史》卷四《唐本紀》。　昭德：樂舞名。《輯本舊史》之影庫本粘籤："昭德，原本作'紹德'，考《五代會要》及《薛史·樂志》並作昭德，今改正。"檢《輯本舊史》《會要》相關條目未見。

[5]獻祖：即李國昌，又名朱邪赤心。沙陀部首領。唐末軍閥。李克用之父。其孫後唐莊宗李存勗即帝位後，追謚爲文皇，廟號獻祖。事見《舊唐書》卷一九上《懿宗本紀》、卷一九下《僖宗本紀》。　文明：樂舞名。

[6]太祖：即李克用。沙陀部人。生於神武川新城（一説是今山西朔州市朔城區之梵王寺村，一説是今山西應縣縣城，一説在今山西懷仁縣之日中城）。唐末軍閥，後唐太祖。紀見本書卷二五。　應天：樂舞名。

[7]昭宗：即唐昭宗李曄，888 年至 904 年在位。紀見《舊唐書》卷二〇上、《新唐書》卷一〇。　永平：樂舞名。

[8]幽州：州名。治所在今北京市。　契丹：古部族、政權名。公元 4 世紀中葉宇文部爲前燕攻破，始分離而成單獨的部落，自號契丹。唐貞觀中，置松漠都督府，以其首領爲都督。唐末强盛，916 年迭剌部耶律阿保機建立契丹國（遼）。先後與五代、北宋並立，保大五年（1125）爲金所滅。參見張正明《契丹史略》，中華書局 1979 年版。　瓦橋：即瓦橋關。位於今河北雄縣西南。唐置。五代後晉初地入契丹。後周顯德六年（959）收復，建爲雄州。與益津關、淤口關合稱三關。　"甲辰"至"至瓦橋"：《舊五代史考異》："案《契丹國志》：時契丹日益强盛，遣使就唐求幽州，以處盧文進。"《契丹國志》卷一《太祖紀》載："天贊三年（唐莊宗

同光元年)，契丹日益强盛，遣使就唐求幽州，以處盧文進。天贊四年（唐同光二年）春正月，契丹攻幽州。”

[9]天平軍：方鎮名。治所在鄆州（今山東東平縣）。 節度使：官名。唐時在重要地區所設掌握一州或數州軍政、民政、財政的長官。 李嗣源：沙陀部人，應州金城（今山西應縣）人。李克用養子，逼宫李存勗後自立爲後唐皇帝。紀見本書卷三五至卷四〇、《新五代史》卷六。 北面行營都招討使：官名。五代時掌一方招撫討伐等事務。戰時任命，兵罷則省。常以大臣、將帥或地方軍政長官兼任。

[10]陝州：州名。治所在今河南三門峽市陝州區。此處指保義軍。唐時設置。後梁開平二年（908），改名鎮國軍。後唐同光元年(923）復改爲保義軍。 留後：官名。唐、五代節度使多以子弟或親信爲留後，以代行節度使職務，亦有軍士、叛將自立爲留後者。掌一州或數州軍政。 霍彦威：人名。洺州曲周（今河北曲周縣）人。五代後梁將領霍存之養子。後梁、後唐將領。傳見本書卷六四、《新五代史》卷四六。

[11]乙巳：中華書局本有校勘記：“原作‘己巳’，據彭校改。按是月庚子朔，無己巳，此事繫於甲辰、丁未之間，當爲乙巳。”

[12]宣武軍：方鎮名。唐舊鎮，治所在汴州（今河南開封市)。後梁開平元年升汴州爲東京開封府。開平三年置宣武軍於宋州（今河南商丘市睢陽區)。後唐同光元年改宋州宣武軍爲歸德軍。廢東京開封府，重建宣武軍於汴州。後晋天福三年（938)，改爲東京開封府。除天福十二年、十三年短暫改爲宣武軍外，汴京均爲東京開封府。 節度副使：官名。唐、五代方鎮屬官。位於行軍司馬之下、判官之上。 權知軍州事：官名。簡稱爲“知州”。州級行政長官。參見閆建飛《唐後期五代宋初知州制的實施過程》，《文史》2019年第1期。 檢校太傅：官名。爲散官或加官，以示恩寵，無實際執掌。 王瓚：人名。河中節度使王重盈之子。傳見本書卷五九。 太子太師：官名。與太子太傅、太子太保統稱太子三

師。隋唐以後多作加官或贈官。從一品。

[13]朝元殿：宫殿名。後唐時改爲明堂殿。唐代洛陽（今河南洛陽市）宫城紫微城的正殿。

[14]崇勳殿：唐東都洛陽内朝殿名。　中興殿：五代後唐朝廷内殿。本名崇勳殿，同光二年改名中興殿，位於今河南洛陽市。

[15]振武軍：方鎮名。後梁貞明二年（916）以前，治所位於單于都護府城（今内蒙古和林格爾縣）。貞明二年單于都護府城爲契丹占據。此後至後唐清泰三年（936），治所位於朔州（今山西朔州市朔城區）。後晋隨燕雲十六州割予契丹，改名順義軍。　同平章事：官名。即同中書門下平章事。唐高宗以後，凡實際任宰相之職者，常在其本官後加同平章事的職銜。後成爲宰相專稱。　李存霸：人名。沙陀部人。李克用之子，五代將領。傳見本書卷五一、《新五代史》卷一四。

[16]保大軍：方鎮名。治所在鄜州（今今陝西富縣）。　高允韜：人名。延州（今陝西延安市）人。五代軍閥。高萬興之子。傳見本書卷一三二、本書本卷。　檢校太保：官名。爲散官或加官，以示恩寵，無實際執掌。

[17]涇原：方鎮名。又名彰義軍。治所在涇州（今甘肅涇川縣）。《輯本舊史》之影庫本粘籤："涇原，原本作'經源'，今據《歐陽史·職方考》改正。"見《新五代史》卷六〇《職方考第三》。"依前涇原節度使"，中華書局本有校勘記："'涇原'，原作'涇原軍'，據劉本、孔本、邵本、彭本改。"　行軍司馬：官名。出征將領及節度使的屬官。掌軍籍符伍、號令印信，是藩鎮重要的軍政官員。　開府儀同三司：官名。魏晋始置，隋唐時爲散官之最高官階。多授功勳重臣。從一品。　檢校太尉：官名。爲散官或加官，以示恩寵，無實際執掌。太尉，與司徒、司空並爲三公。　侍中：官名。秦始置。隋、唐前期爲門下省長官。唐後期多爲大臣加銜，不參與政務，實際職務由門下侍郎執行。正二品。　李從曮：人名。深州博野（今河北蠡縣）人。李茂貞之子，後晋時封秦王。

傳見本書卷一三二《世襲列傳》。　中書令：官名。漢代始置，隋、唐前期爲中書省長官，屬宰相之職；唐後期多爲授予元勳大臣的虛銜。正二品。

［18］應順門：城門名。位於今河南洛陽市。　永曜門：城門名。位於今河南洛陽市。原名應順門，後唐改名。

［19］太平門：城門名。位於今河南洛陽市。　萬春門：宮城門。洛陽皇宫東門。位於今河南洛陽市。原名太平門，後唐改名。

［20］通政門：城門名。位於今河南洛陽市。　廣政門：城門名。位於今河南洛陽市。原名通政門，後唐改名。

［21］鳳鳴門：城門名。位於今河南洛陽市。中華書局本有校勘記："原作'鳳明門'，據彭校、《册府》卷一四、《五代會要》卷五改。"見明本《册府》卷一四《帝王部·都邑門二》後唐莊宗同光二年正月丁未條、《會要》卷五大内條。　韶和門：城門名。位於今河南洛陽市。原名鳳明門，後唐改名。

［22］中興門：宮城門。洛陽皇宫東門。位於今河南洛陽市。原名萬春門，後唐改名。

［23］解卸殿：宮殿名。位於今河南洛陽市。《輯本舊史》之影庫本粘籤："解卸殿，原本作'解缶'，今據《五代會要》改正。"《會要》卷五大内條作"解愠殿"，又《通鑑》卷二七五天成元年（926）五月甲戌條胡注引《會要》作"解卸殿"。　端明殿：宮殿名。位於今河南洛陽市。原名解卸殿，後唐莊宗改名。

［24］内諸司使：官署名。唐宋禁内各官署的統稱。　監軍：官名。爲臨時差遣，代表朝廷協理軍務，督察將帥。五代時常以宦官爲監軍。

［25］當知戒彼前車：《輯本舊史》之影庫本粘籤："前車，原本作'前卑'，今據文改正。"前車之鑒等語常見，"前卑"在此處無解。

［26］新羅：朝鮮半島古國。4 世紀以後逐漸强大。935 年爲王氏高麗所取代。傳見本書卷一三八、《新五代史》卷七四。　金朴

英：人名。新羅國王。事見《新五代史》卷五。

［27］中書門下：官署名。簡稱“中書”。唐代以來爲宰相處理政務的機構。參見劉後濱《唐代中書門下體制研究——公文形態·政務運行與制度變遷》，齊魯書社 2004 年版。

［28］内命婦：古稱皇帝的妃、嬪、世婦、女御等爲“内命婦”。　宰臣：指宰相等執掌國家政事的重臣。　學士：官名。北齊置文林館學士，北周置麟趾殿學士，皆掌著述。南朝梁有抄撰學士，隋有東宫學士。唐初開文學館，以大臣十八人兼學士，討論文典，號稱十八學士，又置弘文館學士，講論文義，商量政事。唐太宗時命學士起草詔令，無名號。乾封（666—668）後，命文士在翰林院起草詔令，時稱爲北門學士。開元十三年（725）置集賢院學士，撰集文章，整理經籍。開元二十六年又置翰林學士，掌起草詔令，沿襲至五代。　中書舍人：官名。中書省屬官。掌起草文書、呈遞奏章、傳宣詔命等。正五品上。　諸王、内命婦、宰臣、學士、中書舍人：“諸王”，中華書局本有校勘記：“《册府》卷六一、《五代會要》卷一四作‘封建諸王’。”見明本《册府》卷六一《帝王部·立制度門二》同光二年正月辛亥條、《會要》卷一四吏部條後唐同光二年正月記事。

［29］觀察：官名。唐代後期出現的地方軍政長官。唐玄宗開元二十一年置十五道採訪使，唐肅宗乾元元年（758）改爲觀察使。無旌節，地位低於節度使。掌一道州縣官的考績及民政。　防禦：官名。唐代始置，設有都防禦使、州防禦使兩種。常由刺史或觀察使兼任，實際上爲唐代後期州或方鎮的軍政長官。　團練使：官名。唐代中期以後，於不設節度使的地區設團練使，掌本區各州軍事。　諸道節度、觀察、防禦、團練、使留後官告：“諸道節度”，中華書局本有校勘記：“句下《册府》卷六一、《五代會要》卷一四有‘觀察’二字。”但未補，今據補。

［30］王衍：人名。許州舞陽（今河南舞陽縣）人。王建幼子，五代十國前蜀皇帝。傳見本書卷一三六、《新五代史》卷六三。

［31］汴州：州名。治所在今河南開封市。

［32］郊祀：中國古代帝王祭天之禮。因祭天之圜丘位於都城南面之郊外，故名。

［33］代州：州名。治所在今山西代縣。

［34］後漢：指東漢。　如後漢南陽故事可也：《輯本舊史》之影庫本粘籤："南陽，原本作'南洋'，今據《後漢書·光武紀》改正。"見《後漢書》卷一《光武帝紀上》諸條。

［35］鳳翔：方鎮名。治所在鳳翔府（今陝西鳳翔縣）。　李茂貞：人名。深州博野（今河北蠡縣）人。唐末、五代軍閥。傳見本書卷一三二、《新五代史》卷四〇。

［36］郭崇韜：人名。代州雁門（今山西代縣）人。五代後唐大臣。傳見本書卷五七、《新五代史》卷二四。

［37］銀臺門：宫城門。位於今河南洛陽市。

［38］懷州：州名。治所在今河南沁陽市。

［39］自二十三日後在散齋之内：中華書局本有校勘記："'在''之'二字原闕，據彭校、《册府》卷二七補。"見明本《册府》卷二七《帝王部·孝德門》後唐同光二年正月丙辰條。

［40］河陽：方鎮名。治在所孟州（今河南孟州市）。

［41］禮部尚書：官名。尚書省禮部主官，掌禮儀、祭享、貢舉之政。正三品。　興唐尹：官名。五代後唐同光元年（923），改魏州爲興唐府。以興唐尹總其政務。從三品。　王正言：人名。鄆州（今山東東平縣）人。後唐官員。傳見本書卷二一。

［42］租庸使：官名。唐代爲主持催徵租庸地税的財政官員。後梁、後唐時，租庸使取代鹽鐵、度支、户部，爲中央財政長官。

［43］渤海國：古國名。武周聖曆元年（698），粟末靺鞨首領大祚榮建立政權。先天二年（713），唐朝册封大祚榮爲渤海郡王，其國遂以渤海爲名。傳見本書卷一三八、《新五代史》卷七四。

［44］嬀州：州名。唐貞觀八年（634）改北燕州置。治所在今河北涿鹿縣西南石灰窑。長安初移治今懷來縣東南舊懷來。　山後

十三寨：山後：地區名。五代時稱今北京市、河北軍都山、燕山以北地區爲山後。　新州：州名。治所在今河北涿鹿縣。

[45]太子少師：官名。與太子少傅、太子少保合稱太子三少，唐後期、五代多爲大臣、勳貴加官。從二品。　薛廷珪：人名。河東（今山西永濟市西南蒲州鎮）人。唐末、五代官員。傳見本書卷六八。　檢校户部尚書：官名。按，檢校某某官，唐中後期逐漸確立，五代沿用。多作爲使府或方鎮僚佐秩階、升遷的階官，非正式官銜。參見賴瑞和《論唐代的檢校官制》，《漢學研究》2006年第24卷第1期。

[46]太子賓客：官名。爲太子官屬，掌侍從規諫調護等。正三品。　封舜卿：人名。蓨縣（今河北景縣）人。唐末、五代官員。傳見本書卷六八。《輯本舊史》之影庫本粘籤："封舜卿，原本作'舜鄉'，今據《册府元龜》改正。"見《宋本册府》卷七七一《總録部·世官門》封舜卿條。《輯本舊史》卷六八有《封舜卿》殘傳。該卷史論亦明確提及舜卿之掌誥。此爲較《册府》更有力之證據。　太子少保：官名。與太子少師、太子少傅統稱太子三少。隋唐以後多作加官或贈官。從二品。

[47]李文規：人名。籍貫不詳。本書僅此一見。　户部侍郎：官名。尚書省户部次官。協助户部尚書掌天下田户、均輸、錢穀之政令。正四品下。

[48]鹽鐵、度支、户部：官署名。唐末、五代稱鹽鐵、度支、户部爲三司，其分則爲三個獨立部門，合則稱爲三司。三司掌管統籌國家財政之事。

[49]四方館：官署名。隋始置，以通事謁者爲主官。唐、五代沿置，以通事舍人或判四方館事爲主官。掌四方往來及互市事務。

[50]上東門：城門名。爲洛陽城門。位於今河南洛陽市。

[51]河中府：方鎮名。治所在河中府（今山西永濟市）。

[52]稷山縣：縣名。治所在今山西稷山縣。　絳州：州名。治所在今山西新絳縣。

［53］太僕卿：官名。漢代始置，太僕寺長官，掌御用車馬及國家畜牧事宜。正三品。　李紓：人名。五代後唐宗室。歷任太僕卿、宗正卿。天成三年（928）七月除名。後敕配隴州，徒一年。事見本書卷三九《明宗本紀》。　宗正卿：官名。秦始置宗正，南朝梁始有宗正卿之官。由宗室充任。掌皇族外戚屬籍。正三品。《輯本舊史》之影庫本粘籤："宗正卿，原本作'宗呈卿'，考《新唐書·百官志》作宗正卿，今改正。"見《新唐書》卷四八《百官志三》。宗正卿多見，無"宗呈卿"之名。

［54］衛尉卿：官名。北魏置，隋、唐、五代爲衛尉寺長官。掌供宮廷、祭祀、朝會之儀仗帷幕，通判本寺事務。從三品。　楊遘：人名。籍貫不詳。唐末五代官員。事見本書本卷、卷三二。

［55］西京：指京兆府（今陝西西安市）。　昭應：縣名。治所在今陝西西安市臨潼區。　華清宮：宮殿名。位於今陝西西安市臨潼區城南驪山麓。　張冲虛：人名。籍貫不詳。道士。本書僅此一見。

［56］天尊院：華清宮中道觀。位於今陝西西安市臨潼區。

［57］南郊：意爲都城南面之郊。代指南面郊區之祭天場所（圜丘），亦指祭天之禮（郊天）。古人用"郊""南郊""有事於南郊"指代在南郊之圜丘舉行的郊天典禮。

［58］亞獻、終獻：指古代郊祀中的獻祭禮儀。依次爲初、亞、終三獻。

［59］繼岌：人名。即李繼岌。後唐莊宗長子，時封魏王。傳見本書卷五一、《新五代史》卷一四。

［60］存紀：人名。即李存紀。李克用之子，李存勗之弟。傳見本書卷五一、《新五代史》卷一四。

［61］太微宮：即洛陽（今河南洛陽市）老子廟。唐朝尊老子爲祖，建玄元廟奉祀。天寶二年（743）改西京玄元廟爲太清宮，東京爲太微宮，天下諸郡爲紫極宮，又改譙郡紫極宮爲太清宮。

二月己巳朔，親祀昊天上帝於圜丘，[1]禮畢，宰臣率百官就次稱賀，還御五鳳樓。[2]宣制："大赦天下，應同光二年二月一日昧爽已前，所犯罪無輕重常赦所不原者，咸赦除之。十惡五逆、屠牛鑄錢、故意殺人、合造毒藥、持杖行劫、官典犯贓，不在此限。[3]應自來立功將校，各與轉官，仍加賞給。文武常參官、節度、觀察、防禦、刺史、軍主、都虞候、指揮使，[4]父母亡歿者，並與追贈，在者各與加爵增封。諸藩鎮各賜一子出身，仍封功臣名號。[5]留後、刺史，官高者加階爵一級，官卑者加官一資。應本朝内外臣僚被朱氏殺害者，特與追贈。應諸州府不得令富室分外收貯見錢，禁工人鎔錢爲銅器，勿令商人搬載出境。[6]近年已來，婦女服飾，異常寬博，倍費縑綾；有力之家，不計卑賤，悉衣錦繡，[7]宜令所在糾察。應有百姓婦女，曾經俘擄他處爲婢妾者，一任骨肉識認。男子曾被刺面者，給與憑據，放逐營生。召天下有能以書籍進納者，各等第酬獎。仰有司速檢勘天下户口正額、墾田實數，待憑條理，以息煩苛。"是日，風景和暢，人胥悦服。議者云，五十年來，無此盛禮。然自此權臣愎戾，伶官用事，吏人孔謙酷加賦斂，[8]赦文之所原放，謙復刻剥不行，大失人心，始於此矣。庚午，租庸副使孔謙奏："諸道綱運客旅，[9]多於私路苟免商税，請令所在關防嚴加捉搦。"從之。癸酉，宰臣豆盧革率百官上尊號曰昭文睿武至德光孝皇帝，[10]凡三上表，從之。甲戌，詔曰："汴州元管開封、浚儀、封丘、雍丘、尉氏、陳留六縣，[11]僞庭割許州鄢陵、扶溝，[12]陳州太康，[13]鄭州陽武、中牟，[14]曹州考城等縣屬焉。[15]其陽武、匡城、扶溝、考城四縣，[16]宜令且隸汴州，餘還本部。”丙子，以隨駕參謀耿瑗爲司天監。[17]丁丑，以光禄大夫、檢校司徒李筠爲右騎衛上將軍。[18]戊寅，幸李嗣源第，[19]作樂，盡歡而罷。己卯，以河中節度使、冀王李繼麟兼安邑、解縣兩池榷鹽使。[20]辛巳，以檢校太師、守尚書令、河南尹、判六軍諸衛事、魏王張全義爲守太尉、兼中書令、河陽節度使、河南尹，[21]改封齊王。以開府儀同三司、守尚書令、秦王李茂貞依前封秦王，餘如故，仍賜不拜、不名。[22]是日，帝幸左龍武軍。[23]癸未，宰臣豆盧革率百官上表，請立中宫。制以魏國夫人劉氏爲皇后，[24]仍令所司擇日備禮册命。丁亥，以天平軍節度使、蕃漢總管副使、開府儀同三司、檢校太傅、兼中書令李嗣源爲檢校太尉，[25]依前天平軍節度使，加實封百户，兼賜鐵券；以前安國軍節度副使、檢校太保、左衛上將軍李存乂爲晋州節度使、檢校太傅；[26]以北京皇城留守、檢校太保、左威衛上將軍李存紀爲邢州節度使，[27]加檢校太傅；以蕃漢馬步都虞候兼東京馬步軍都指揮使、檢校太保朱守殷爲振武節度使，[28]加檢校太傅。戊子，以前右龍武軍都虞候、守左龍武大將軍李紹奇爲鄭州防禦使，[29]以楚州防禦使張繼孫爲汝州防禦使。[30]己丑，以振武軍節度使、權安義留後、檢校太傅、平章事李存霸爲潞州節度使，[31]以捧日都指揮使、鄭州防禦使李紹琛爲陝州節度使，[32]以成德軍馬步軍都指揮使、右監門衛大將軍毛璋爲華州節度使。[33]壬辰，樞密使郭崇韜再上表，[34]請退樞密之職，優詔不允。癸巳，詔曰："皇太后母儀天下，子視群生，當别建宫闈，顯標名號，冀因稱謂，益表尊嚴，宜以長壽宫爲名。"[35]樞密使郭崇韜奏時務利便一十五件，優詔褒美。甲午，奚王李紹威、吐渾李紹魯皆貢駞馬。[36]丁酉，以武安軍衙内馬步軍都指揮使、昭州刺史馬希範爲永州刺史、檢校太保。[37]癸卯，以光禄大夫、檢校左僕射、行太常卿李燕爲特進、檢校司空，[38]依前太常卿；以御史中丞李德休爲兵部侍郎；[39]以吏部侍郎崔協爲御史中丞。[40]

[1]昊天上帝：昊天爲天之總神。上帝爲南郊所祭受命帝。《周禮·春官·大宗伯》："以禋祀祀昊天上帝。"鄭玄注："昊天上帝，冬至於圜丘所祀天皇大帝。"　圓丘：又名圜丘。古代帝王祭天的祭壇。《周禮·春官·大司樂》："冬日至，於地上之圜丘奏之。"賈公彦疏："案《爾雅》：土之高者曰丘。取自然之丘。圜者，象天圜。"

[2]五鳳樓：樓名。唐始建，後梁太祖朱温重修。位於今河南洛陽市。

[3]故意殺人：中華書局本沿《輯本舊史》作"故殺人"，"意"字據明本《册府》卷九二《帝王部·赦宥門十一》同光二年(924)二月己巳條補。

[4]常參官：唐制，文官五品以上及兩省供奉官、監察御史、員外郎、太常博士，每日朝參，稱爲常參官。　刺史：官名。漢武帝時始置。州一級行政長官，總掌考覈官吏、勸課農桑、地方教化等事。唐中期以後，節度使、觀察使轄州而設，刺史爲其屬官，職任漸輕。從三品至正四品下。　軍主：官名。《資治通鑑》卷一二

三元嘉十七年（440）十月條胡三省注：江南軍制，呼長帥爲隊主、軍主。隊主者，主一隊之稱；軍主者，主一軍之稱。北朝也有此官。《隋書·百官志中》列舉北齊官品。戍主、軍主爲從七品，諸戍、諸軍副爲從八品。同書《百官志下》謂隋煬帝改官制，軍主、幢主之屬並廢。五代軍主統兵數目不詳。　都虞候：官名。唐方鎮置都虞候、虞候，爲軍校之名稱。五代都虞候等遂爲禁衛之官。　指揮使：官名。唐末、五代藩鎮皆置都指揮使、指揮使，爲統兵將領。

［5］功臣名號：唐五代賜給有功之臣的名號。

［6］勿令商人搬載出境：中華書局本有校勘記："'搬載'，原作'載錢'，據彭校、本書卷一四六《食貨志》，《册府》卷九二、卷五〇一改。"見明本《册府》卷九二、明本《册府》卷五〇一《邦計部·錢幣門三》同光二年二月條。

［7］悉衣錦繡：《輯本舊史》之影庫本粘籤："原本作'悉依綿繡'，今據文改正。"

［8］孔謙：人名。魏州（今河北大名縣）人。後唐大臣，善聚斂錢財，爲李存勗籌畫軍需。傳見本書卷七三、《新五代史》卷二六。

［9］租庸副使：官名。唐代爲主持催徵租庸地税的財政官員。後梁、後唐時，租庸使取代鹽鐵、度支、户部，爲主管中央財政的長官。　租庸副使孔謙：中華書局本有校勘記："'租庸使'，《册府》卷五〇四同，本書卷三二《唐莊宗紀六》、卷七三《孔謙傳》，《新五代史》卷二六《孔謙傳》作'租庸副使'。郭武雄《證補》：'據《本紀》，時充租庸使爲王正言，至同年八月孔謙方代正言爲租庸使。'"但未改。見《輯本舊史》卷三二《唐莊宗紀六》同光二年八月癸酉條、卷七三《孔謙傳》，《新五代史》卷二六《孔謙傳》，今據改。明本《册府》卷五〇四《邦計部·關市門》同光二年二月庚午條周本紀。　諸道綱運商旅：中華書局本有校勘記："'商旅'，原作'客旅'，據《册府》卷五〇四改。"

［10］豆盧革：人名。先世爲鮮卑慕容氏，後改豆盧氏。唐同州刺史豆盧籍之孫，舒州刺史豆盧瓚之子。五代後唐宰相。傳見本書卷六七、《新五代史》卷二八。　尊號：尊崇帝、后或其先皇及宗廟等的敬稱。　昭文睿武至德光孝皇帝：即後唐莊宗李存勗。五代後唐王朝的建立者。紀見本書卷二七至卷三四、《新五代史》卷五。

［11］開封：縣名。治所在今河南開封市祥符區。　浚儀：縣名。治所在今河南開封市。　封丘：縣名。治所在今河南封丘縣。　雍丘：縣名。治所在今河南杞縣。　尉氏：縣名。治所在今河南尉氏縣。　陳留：縣名。治所在今河南開封市陳留鎮。

［12］許州：州名。治所在今河南許昌市。　鄢陵：縣名。治所在今河南鄢陵縣。　扶溝：縣名。治所在今河南扶溝縣。

［13］陳州：州名。治所在今河南淮陽縣。　太康：縣名。治所在今河南太康縣。

［14］鄭州：州名。治所在今河南鄭州市。　陽武：縣名。治所在今河南原陽縣。　中牟：縣名。治所在今河南中牟縣。

［15］曹州：州名。治所在今山東曹縣西北。　考城：縣名。治所在今河南民權縣。

［16］匡城：縣名。治所在今河南長垣縣。

［17］耿瑗：人名。籍貫不詳。事見本書本卷、卷四七。　司天監：官（署）名。其長官稱司天監，掌天文、曆法以及占候等事。參見趙貞《唐宋天文星占與帝王政治》，北京師範大學出版社 2016 年版。

［18］光禄大夫：官名。漢武帝時改中大夫爲光禄大夫，爲掌議論之官。唐、宋以後成階官之名。從二品。　檢校司徒：官名。爲散官或加官，以示恩寵，無實際執掌。　李筠：人名。籍貫不詳。唐末侍衛軍將領。事見《舊唐書》卷二〇上。　右騎衛上將軍：官名。唐置，掌宫禁宿衛。唐代置十六衛，即左右衛、左右驍衛、左右武衛、左右威衛、左右領軍衛、左右金吾衛、左右監門衛、左右千牛衛，各置上將軍，從二品；大將軍，正三品；將軍，從三品。

［19］戊寅，幸李嗣源第：亦見《新五代史》卷五《唐本紀第五》。

［20］河中：方鎮名。治所在河中府（今山西永濟市）。　李繼麟：人名。即朱友謙。許州（今河南許昌市）人。唐末、五代軍閥。傳見本書卷六三、《新五代史》卷四五。　安邑、解縣兩池榷鹽使：官名。唐乾元元年（758）行鹽專賣。安邑、解縣兩池鹽先屬度支使管理。貞元十六年（800）置榷鹽使，掌兩池鹽專賣及查禁私鹽。元和十五年（820），又改河北稅鹽使爲榷鹽使。　以河中節度使、冀王李繼麟兼安邑、解縣兩池榷鹽使：《輯本舊史》之影庫本粘籤："解縣，原本作'諧縣'，今據《册府元龜》所引《薛史》改正。"見《宋本册府》卷四九四《邦計部·山澤門二》，又見《通鑑》卷二七三同光二年二月條。五代解縣常見，無諧縣，此爲音近之訛。

［21］檢校太師：官名。爲散官或加官，以示恩寵，無實際執掌。　尚書令：官名。秦始置。隋、唐前期爲尚書省長官，與中書令、侍中並爲宰相。因以李世民爲之，後皆不授，唐高宗廢其職。唐後期以李適、郭子儀有功而特授此職，爲大臣榮銜，不參與政務。五代因之。唐時爲正二品，後梁開平三年（909）升爲正一品。　河南尹：官名。唐開元元年（713）改洛州爲河南府，治所在今河南洛陽市。以河南府尹總其政務。從三品。　判六軍諸衛事：官名。後唐沿唐代舊制，置六軍諸衛，以判六軍諸衛事爲禁軍六軍與諸衛的最高統帥。　張全義：人名。濮州臨濮（今山東鄄城縣）人。唐末、五代將領。傳見本書卷六三、《新五代史》卷四五。　太尉：官名。與司徒、司空並爲三公，唐後期、五代多爲大臣、勳貴加官。正一品。

［22］以開府儀同三司、守尚書令、秦王李茂貞依前封秦王，餘如故，仍賜不拜、不名："秦王李茂貞"，《舊五代史考異》："《通鑑》作岐王。"見《通鑑》卷二七三同光二年二月辛巳條。《舊五代史考異》："《五代會要》：太常禮院奏：'李茂貞封册之命，宜準

故襄州節度使趙匡凝之例施行。秦王受册，自備革輅一乘，載册犢車一乘，并本品鹵簿鼓吹如儀。’從之。”見《會要》卷四册命條同光二年二月記事。

［23］左龍武軍：禁軍番號。唐開元二十七年（739）置左右龍武軍。

［24］魏國夫人劉氏：即莊宗神閔敬皇后劉氏。後唐莊宗同光二年二月，立劉氏爲皇后。劉氏出生低微，好興利聚財。事見本書卷四九《唐后妃列傳》、《新五代史》卷五《唐本紀》。

［25］蕃漢總管副使：官名。五代後唐置，爲内外蕃漢馬步軍副指揮官。　開府儀同三司：“開府”，《輯本舊史》之影庫本粘簽：“原本作‘開封’，今據文改正。”

［26］安國軍：方鎮名。治所在邢州（今河北邢臺市）。　左衛上將軍：官名。唐代十六衛之一。掌宫禁宿衛。從二品。　李存乂：人名。李克用子，李存勗弟。同光三年封睦王。後以郭崇韜之婿故爲莊宗李存勗所殺。傳見本書卷五一《唐宗室列傳》、《新五代史》卷一四《唐太祖家人傳》。　晋州：此處指方鎮。後唐同光元年改建寧軍爲建雄軍。治所在晋州（今山西臨汾市）。

［27］北京：指五代後唐的北都太原。《新五代史》卷五《莊宗本紀》載，同光元年“十一月乙巳，復北都爲鎮州，太原爲北都”。　留守：官名。皇帝出巡或親征時指定親王或大臣留守京城，綜理軍事、行政、民事、財政等事務，稱京城留守。在陪都或軍事重鎮也常設留守，以地方長官兼任。　李存紀：人名。李克用之子，李存勗之弟。傳見本書卷五一、《新五代史》卷一四。　邢州：此處指方鎮。後唐同光元年改保義軍爲安國軍。治所在邢州（今河北邢臺市）。

［28］蕃漢馬步都虞候：官名。五代蕃漢馬步軍統兵官，僅次於都指揮使、副都指揮使。　東京：地名。治所在今河北大名縣。後唐同光元年，改魏州爲興唐府，建號東京。三年改東京爲鄴都。　馬步軍都指揮使：官名。五代時侍衛親軍長官。多由皇帝親信擔

任。　朱守殷：人名。籍貫不詳。少事後唐莊宗，後唐將領。傳見本書卷七四、《新五代史》卷五一。　振武：方鎮名。後梁貞明二年（916）以前，治所位於單于都護府城（今内蒙古和林格爾縣）。貞明二年單于都護府城爲契丹占據。此後至後唐清泰三年（936），治所位於朔州（今山西朔州市朔城區）。後晋隨燕雲十六州割予契丹，改名順義軍。

［29］右龍武軍：巾軍番號。至德二載（757）唐肅宗置禁軍，也叫神武天騎，分爲左右神武天騎、左右羽林、左右龍武等六軍，稱“北衙六軍”。　左龍武大將軍：官名。唐開元二十七年置左右龍武軍。設大將軍一員，正三品。　李紹奇：人名。原名夏魯奇，唐莊宗時，賜姓名曰李紹奇。青州（今山東青州市）人。五代後唐將領。傳見本書卷七〇、《新五代史》卷三三。

［30］楚州：州名。治所在今江蘇淮安市。　張繼孫：人名。又名郝繼孫。籍貫不詳。唐末、五代大臣張全義養子，故亦作“張繼孫”。五代後梁、後唐官員。事見本書卷三二。　汝州：州名。治所在今河南汝州市。《輯本舊史》之影庫本粘籤：“汝州，原本作‘滸州’，今據《册府元龜》改正。”見明本《册府》卷九三四《總録部·告訐門·張繼業》條。五代汝州多見，無滸州。

［31］安義：方鎮名。治所在潞州（位於今山西長治市）。　潞州：州名。治所在今山西長治市。

［32］捧日都指揮使：官名。捧日軍統兵官。　李紹琛：人名。原名康延孝。代（今山西代縣）人。五代後唐將領。傳見本書卷七四、《新五代史》卷四四。

［33］成德軍：方鎮名。治所在鎮州（今河北正定縣）。　右監門衛大將軍：官名。唐置，十六衛之一。掌宫禁宿衛。正三品。　毛璋：人名。滄州（今河北滄縣舊州鎮）人。五代後唐將領。傳見本書卷七三、《新五代史》卷二六。　華州：州名。治所在今陝西渭南市華州區。

［34］樞密使：官名。樞密院長官。五代時以士人爲之，備顧

問，參謀議，出納詔奏，權侔宰相。參見李全德《唐宋變革期樞密院研究》，國家圖書館出版社 2009 年版。

［35］長壽宫：宫殿名。位於今河南洛陽市。

［36］奚：部族名。源出鮮卑宇文部。原稱庫莫奚，後省稱奚。參見畢德廣《奚族文化研究》，科學出版社 2016 年版。　李紹威：人名。原名掃剌。五代奚族部落聯盟首領。前首領去諸之子。後唐莊宗賜姓名李紹威。事見《通鑑》卷二八一。　吐渾：部族名。吐谷渾的省稱。源出鮮卑，後游牧於今甘肅、青海一帶。參見周偉洲《吐谷渾資料輯録》（增訂本），商務印書館 2017 年版。　李紹魯：人名。原名白承福。五代時北吐谷渾首領。吐谷渾部人。後唐同光元年，被莊宗任爲寧朔、奉化兩府都督，賜姓名爲李紹魯。事見《新五代史》卷七四《四夷附録三・吐渾》。

［37］武安軍：方鎮名。治所在潭州（今湖南長沙市）。　衙内馬步軍都指揮使：官名。五代方鎮將領。　昭州：州名。即今广西平樂縣古城。　馬希範：人名。馬殷第四子，五代十國南楚君主。傳見本書卷一三三、《新五代史》卷六六。　永州：州名。治所在今湖南永州市。

［38］檢校左僕射：官名。左僕射爲隋唐宰相名號。檢校左僕射爲散官或加官，以示恩寵，無實際執掌。　特進：官名。西漢末期始置，授給列侯中地位較特殊者。隋唐時期，特進爲散官，授給有聲望的文武官員。正二品。　檢校司空：官名。爲散官或加官，以示恩寵，無實際執掌。

［39］御史中丞：官名。即御史中丞。如不置御史大夫，則爲御史臺長官。掌司法監察。正四品下。　李德休：人名。贊皇（今河北贊皇縣）人。傳見本書卷六〇。　兵部侍郎：官名。尚書省兵部次官。協助兵部尚書掌武官銓選、勳階、考課之政。正四品下。

［40］吏部侍郎：官名。尚書省吏部次官。協助吏部尚書掌文選、勳封、考課之政。正四品上。　崔協：人名。清河（今河北清河縣）人。唐末進士，後梁時仕至中書舍人，後唐時爲宰相。傳見

本書卷五八。

三月甲辰，故河陽節度使王師範贈太尉。[1]乙巳，以滄州節度使、檢校太傅、同平章事符習爲青州節度使，[2]以北京衙内馬步軍都指揮使、右領軍衛大將軍李紹斌爲滄州節度使。[3]鎮州奏，契丹犯塞，詔李嗣源率師屯邢州。[4]丙午，以荆南節度使、守中書令、渤海王高季興依前檢校太師、兼尚書令，[5]封南平王；以幽州節度行軍司馬李存賢依前檢校太保，[6]爲幽州節度使。中書門下上言："近以諸州奏薦令録，頗亂規程，請今後節度使管三州已上，每年許奏管内官三人，如管三州已下，只奏兩人，仍須課績尤異，方得上聞。防禦使止許奏一人，刺史無奏薦之例。"從之。己酉，以太子少保李琪爲刑部尚書。[7]庚戌，幽州奏，契丹寇新城。[8]是日，詔："諸軍將校，自檢校司空以下，宜賜叶謀定亂匡國功臣。自檢校僕射、尚書、常侍及大夫、中丞，[9]並賜忠勇拱衛功臣。[10]初帶憲銜者，並賜忠烈功臣。節級長行，並賜扈蹕功臣。"中書門下上言："州縣官在任考滿，即具闕申送吏部格式，本道不得差攝官替正官。"從之。[11]有司上言："皇帝四月一日御文明殿，受册徽號，合服衮冕，御殿前一日，散齋於内殿。"從之。是日，李嗣源上表乞退兵權，詔不允。是時，伶人景進用事，[12]閹官競進，故重臣憂懼，拜章請退。癸丑，左諫議大夫竇專上言：[13]"請廢租庸使名目，事歸三司。"[14]疏奏不報。唐州奏，[15]木連理。詔："先省員官，除已别授官外，其左散騎常侍李文矩等三十人却復舊官，[16]太子詹事石戩等五人宜以本官致仕，[17]將作少監岑保嗣等十四人候續敕處分。"[18]丙辰，責授萊州司户鄭珏等一十一人並量移近地。[19]尚書户部侍郎、知貢舉趙頎卒，[20]以中書舍人裴皞權知貢舉。[21]禁用鉛錫錢。丁巳，中書門下奏："懿祖陵請以永興爲名，獻祖陵請以長寧爲名，[22]太祖陵請以建極爲名。"從之。淮南楊溥遣使貢賀郊天禮物。[23]戊午，詔應南郊行事官，並付三銓磨勘，優與處分。己未，以大理卿張紹珪充制置安邑、解縣兩池榷鹽使。[24]幸左龍武軍，以皇子繼岌代張全義判六軍諸衛事故也。癸亥，以彰武、保大等軍節度使、北平王高萬興可依前延州鄜州節度使、檢校太保、兼中書令、北平王。[25]甲子，幸東宅。

[1]王師範：人名。青州（今山東青州市）人。唐末、五代軍閥。傳見本書卷一三、《新五代史》卷四二。

[2]滄州：此處指方鎮。唐置義昌軍於滄州。後梁乾化二年(912)改爲順化軍。後唐李存勗改爲横海軍。治所在今河北滄縣舊州鎮。　符習：人名。趙州（今河北趙縣）人。五代後唐將領。傳見本書卷五九、《新五代史》卷二六。　青州：此處指平盧軍。治所在今山東青州市。

[3]右領軍衛大將軍：官名。唐代十六衛之一。掌宫禁宿衛。正三品。　李紹斌：人名。原名趙德鈞。幽州（今北京市）人。初爲幽州節度使劉守光部將，再爲後唐將領，後投降遼國。傳見本書卷九八。

[4]鎮州：州名。治所在今河北正定縣。　鎮州奏，契丹犯塞，詔李嗣源率師屯邢州：《舊五代史考異》："《通鑑》：詔横海節度使

李紹斌、北京指揮使李從珂帥騎兵分道備之。與《薛史》異。”《通鑑》卷二七三同光二年三月乙巳條在此後有“天平節度使李嗣源屯邢州”。

[5]荆南：方鎮名。治所在荆州（今湖北荆州市）。　高季興：人名。原名高季昌，陝州硤石（今河南三門峽市陝州區）人。五代十國南平（即荆南）開國君主。傳見本書卷一三三、《新五代史》卷六九。

[6]節度行軍司馬：官名。節度使屬官。掌軍籍符伍、號令印信，是藩鎮重要的軍政官員。　李存賢：人名。原名王賢。許州（今河南許昌市）人。傳見本書卷五三、《新五代史》卷三六。

[7]李琪：人名。河西敦煌（今甘肅敦煌市）人。五代後梁、後唐官員。傳見本書卷五八、《新五代史》卷五四。　刑部尚書：官名。尚書省刑部主官。掌天下刑法及徒隸、勾覆、關禁之政令。正三品。

[8]新城：地名。位於今河北無極縣。

[9]檢校僕射、尚書、常侍及大夫、中丞：檢校官名。即檢校左右僕射、檢校六部尚書、檢校左右散騎常侍、檢校御史大夫、檢校中丞等。按，檢校某某官，唐中後期逐漸確立，五代沿用。多作爲使府或方鎮僚佐秩階、升遷的階官，非正式官銜。參見賴瑞和《論唐代的檢校官制》，《漢學研究》2006年第24卷第1期。中華書局本有校勘記：“‘大夫中丞’，原作‘諫議大夫’，據《册府》卷八一、卷一二八、卷一三三，《五代會要》卷一二改。影庫本粘籤：‘諫議，原本作“兼義”，今據《新唐書·百官志》改正。’”見《會要》卷一二軍雜録條同光二年二月記事，《宋本册府》卷一三三《帝王部·褒功門二》後唐同光元年三月條，明本《册府》卷八一《帝王部·慶賜門三》同光二年三月辛亥條、卷一二八《帝王部·明賞門二》同光二年三月條。

[10]並賜忠勇拱衛功臣：中華書局本有校勘記：“‘忠勇’，原作‘忠果’，據《册府》卷八一、卷一二八、卷一三三，《五代會

要》卷一二改。”“忠果”在此亦不成文。

［11］吏部：官署名。掌天下官吏選授、勳封、考課之政令。“中書門下上言”至“從之”：《舊五代史考異》：“《五代會要》：同光二年，中書門下奏：‘刺史、縣令有政績尤異，爲衆所知；或招復户口，能增加賦税者；或辨雪冤獄，能拯人命者；或去害物之積弊，立利世之新規，有益時政，爲衆所推者；即仰本處逐件分明聞奏，當議獎擢。或在任貪猥，誅剥生靈，公事不治，爲政怠惰，亦加懲罰。其州縣官任滿三考，即具闕申送吏部格式，候敕除銓注，其本道不得差攝官替正授者。’從之。”見《會要》卷一九刺史條，《宋本册府》卷六三二《銓選部·條制門四》同光二年三月條。其中，“即具闕申送吏部格式”，中華書局本有校勘記：“‘闕’，原作‘關’，據《册府》卷六三二及本卷正文改。”

［12］景進：人名。籍貫不詳。五代後唐莊宗朝伶官。傳見《新五代史》卷三七。

［13］左諫議大夫：官名。隸門下省。唐代置左、右諫議大夫各四人，分隸門下省、中書省。掌諫諭得失，侍從贊相。正四品下。　竇專：人名。籍貫不詳。事見本書本卷、卷九、卷三二。

［14］三司：官署名。五代後唐明宗天成元年（926）合鹽鐵、度支、户部爲一職，始稱三司，爲中央最高之理財機構。

［15］唐州：州名。治所在今河南唐河縣。

［16］左散騎常侍：官名。門下省屬官。掌侍奉規諷，備顧問應對。正三品下。　李文矩：人名。籍貫不詳。事見本書本卷、卷九七。

［17］太子詹事：官名。掌領太子之詹事府，爲太子官屬之長。正三品。　石戩：人名。籍貫不詳。事見本書本卷、卷一五。

［18］將作少監：官名。秦代設將作少府，唐代改將作監，其副長官稱爲將作少監。掌宫廷器物置辦及宫室修建事宜。從三品。岑保嗣：人名。籍貫不詳。本書僅此一見。　將作少監岑保嗣等十四人候續敕處分：中華書局本有校勘記：“‘候’字原闕，據《五代

會要》卷二〇補。”見《會要》卷二〇中外加減官條同光二年三月記事。

[19]萊州：州名。治所在今山東萊州市。　司户：官名。即司户參軍。州級政府僚佐。掌本州屬縣之户籍、賦税、倉庫受納等事。　鄭珏：人名。籍貫不詳。五代後梁、後唐宰相。傳見本書卷五八、《新五代史》卷四二。

[20]尚書户部侍郎：官名。尚書省户部次官。協助户部尚書掌天下田户、均輸、錢穀之政令。正四品下。　知貢舉：官名。唐始置，爲主持禮部會試的考官。　趙頎：人名。籍貫不詳。本書僅此一見。

[21]裴皞：人名。河東（今山西永濟市蒲州鎮）人。傳見本書卷九二、《新五代史》卷五七。

[22]獻祖陵請以長寧爲名：《輯本舊史》之影庫本粘籤：“長寧，原本作‘長應’，考《五代會要》唐獻祖陵名長寧，今改正。”見《會要》卷一追謚皇帝條。

[23]淮南：方鎮名。治所在揚州（今江蘇揚州市）。　楊溥：五代十國南吴睿帝，後禪位於徐知誥。傳見《新五代史》卷六一。　淮南楊溥遣使貢賀郊天禮物：《舊五代史考異》：“案《十國春秋·吴世家》：王遣右衛上將軍許確進賀郊天銀二千兩、錦綺羅一千二百疋、細茶五百斤、象牙四株、犀角十株于唐。”《十國春秋》爲清人吴任臣撰，此可見於明本《册府》卷一六九《帝王部·納貢獻門》同光二年三月條。

[24]大理卿：官名。爲大理寺長官。負責大理寺的具體事務，掌邦國折獄詳刑之事。從三品。　張紹珪：人名。籍貫不詳。事見本書本卷、卷九、卷一〇。

[25]彰武：方鎮名。治所在延州（今陝西延安市）。　高萬興：人名。延州（今陝西延安市）人。五代將領，高懷遷之子。傳見本書卷一三二、《新五代史》卷四〇。　延州：州名。治所在今陝西延安市。　鄜州：州名。治所在今陝西富縣。

夏四月己巳朔，帝御文明殿，具衮冕，受册尊號曰昭文睿武至德光孝皇帝。壬申，以成德軍節度行軍司馬、權知府事任圜爲檢校右僕射、權北面水陸轉運制置使。[1]甲戌，以順義軍留後華温琪依前檢校太保，[2]充留後。乙亥，以天策上將軍、武安等軍節度使、守太師、中書令、楚王馬殷可依前守太師，[3]兼尚書令。詔在京諸道節度使、刺史，令各歸本任。丁丑，以前幽州節度使、内外蕃漢馬步總管、檢校太師、兼中書令李存審爲宣武軍節度使，[4]餘如故。己卯，帝御文明殿，册魏國夫人劉氏爲皇后。庚辰，賜霍彦威姓，名曰紹真。[5]癸未，以宋州節度使李紹安依前檢校太尉、同平章事、宋州節度使；[6]以許州節度使李紹沖依前檢校太尉、同平章事、許州節度使；[7]以襄州節度使孔勍依前檢校太傅、同平章事、襄州節度使。[8]甲申，以樞密副使、通議大夫、行内侍省内侍宋唐玉爲左監門衛將軍同正，[9]依前樞密副使；以内客省使、通議大夫、行内侍省内侍楊希朗爲右監門衛將軍同正，[10]依前内客省使；並賜推忠匡佐功臣。車駕幸龍門。[11]丙戌，迴鶻遣使貢方物。[12]己丑，以夏州節度使李仁福依前檢校太師、兼中書令、夏州節度使，[13]封朔方王；[14]以朔方、河西等軍節度使韓洙依前檢校太傅、兼侍中，[15]充朔方、河西等軍節度使，靈、鹽、威、警、雄、凉、甘、肅等州觀察使。[16]辛卯，以宣徽南院使、判内侍省、兼内勾、特進、左監門將軍同正李紹宏爲右領軍衛上將軍。[17]癸巳，以静江軍節度使、扶風郡王馬賨爲檢校太師、兼中書令，[18]依前静江軍節度使；以朗州節度使馬希振爲檢校太傅、兼侍中，[19]依前朗州節度使。鳳翔節度使、秦王李茂貞薨。[20]丙申，潞州小校楊立據城叛，[21]以李嗣源爲招討使，[22]陝州留後李紹真爲副，率師以討之。《永樂大典》卷七千一百五十六。[23]

[1]權知府事：官名。一是暫代之意。官員以差遣治事，銜前常帶知字。知爲主持之意。暫代者即稱權知，如權知樞密院事、權知貢舉、權知某州某府等。一是資歷淺者任品秩高的職務時，亦加權知字樣，此則並無暫代之意。　任圜：人名。京兆三原（今陝西三原縣）人。五代後唐將領、大臣。傳見本書卷六七、《新五代史》卷二八。　檢校右僕射：官名。爲散官或加官，以示恩寵，無實際執掌。　權北面水陸轉運制置使：官名。官名。掌一方水陸轉運、賦税諸事。爲差遣職事。

[2]順義軍：方鎮名。治所在耀州（今陝西銅川市耀州區）。　華温琪：人名。下邑（今河南夏邑縣）人。唐末、五代將領。傳見本書卷九〇、《新五代史》卷四七。

[3]天策上將軍：官名。唐武德四年（621）置，掌國之征討，總判府事。正一品。　武安：方鎮名。治所在潭州（今湖南長沙市）。　太師：官名。與太傅、太保合稱三師，唐後期、五代多爲大臣、勳貴加官。正一品。　馬殷：人名。許州鄢陵（今河南鄢陵縣）人。五代十國南楚開國君主。傳見本書卷一三三、《新五代史》卷六六。

[4]幽州節度：《輯本舊史》之影庫本粘籤："幽州，原本作'邠州'，考《薛史·李存審傳》，存審係幽州節度使，《歐陽史》與《薛史》同，今改正。"見《輯本舊史》卷五六《符存審傳》。　内外蕃漢馬步總管：官名。五代後唐置，爲蕃漢馬步軍總指揮官。　李存審：人名。原姓符，名存。陳州宛丘（今河南淮陽縣）

人。五代後唐將領。傳見本書卷五六、《新五代史》卷二五。

［5］賜霍彦威姓，名曰紹真：中華書局本有校勘記："'霍彦威'，原作'郭彦威'，據邵本校、本書卷六四《霍彦威傳》、《新五代史》卷四六《霍彦威傳》、《通鑑》卷二七三改。按本書卷三六《唐明宗紀二》：'李紹真復曰霍彦威。'"見《輯本舊史》卷三六《唐明宗紀二》天成元年（926）五月丙辰條、《通鑑》卷二七三同光二年四月庚辰條。

［6］李紹安：人名。原名袁象先，後唐莊宗賜名李紹安。宋州下邑（今河南夏邑縣）人。五代後梁將領，後投後唐。傳見本書卷五九、《新五代史》卷四五。中華書局本有校勘記："原作'李繼安'，據劉本、本書卷三〇《唐莊宗紀四》、卷五九《袁象先傳》、《册府》卷九四五改。"見《輯本舊史》卷三〇《唐莊宗紀四》同光元年十一月乙巳條、《宋本册府》卷九四五《總録部・巧宦門・袁象先》條。

［7］李紹沖：人名。原名温韜，後唐莊宗賜名李紹沖。京兆華原（今陝西銅川市耀州區）人。唐末李茂貞部將，五代後梁、後唐將領。傳見本書卷七三、《新五代史》卷四〇。中華書局本有校勘記："原作'李繼沖'，據本書卷三〇《唐莊宗紀四》、卷三二《唐莊宗紀六》、卷七三《温韜傳》，《新五代史》卷四〇《温韜傳》改。"見《輯本舊史》卷三〇《唐莊宗紀四》同光元年十一月乙巳條、卷三二《唐莊宗紀六》同光三年正月庚子條。

［8］襄州：州名。治所在今湖北襄陽市。　孔勍：人名。兖州（今山東濟寧市兖州區）人。唐末、五代軍閥。傳見本書卷六四。

［9］樞密副使：官名。五代後唐莊宗同光元年置，樞密院副長官。　通議大夫：官名。隋始置。唐爲文官第七階，正四品。　内侍省：官署名。管理宫廷内部事務的機構。北齊始置中侍中省，隋改名爲内侍省，設内侍、内常侍等，均用宦官，領内尚食、掖庭、宫闈、奚官、内僕、内府等局。唐五代沿用。　内侍：官名。内侍省屬官，掌皆宫廷内部事物。　宋唐玉：人名。籍貫不詳。五代官

員。事見本書本卷、卷三二、卷三四。《輯本舊史》之影庫本粘籤："宋唐玉，原本作'宋康王'，今據《册府元龜》所引《薛史》改正。"見《輯本舊史》卷三二《唐莊宗紀六》同光二年五月乙卯條、卷三四《唐莊宗紀八》同光四年二月己酉條、三月癸亥條及明本《册府》卷六六五《内臣部·恩寵門》宋唐玉條。　左監門衛將軍：官名。唐代置十六衛之一。掌宫禁宿衛。從三品。　同正：全稱"員外置同正員"。古代官員名額有定數，是爲"正員額"。在正員額以外所任官員，稱爲"員外置"。"員外置同正員"是指雖在正員額之外，但待遇同於正員官。

[10]内客省使：官名。内客省長官。　楊希朗：人名。籍貫不詳。五代時期内官。事見本書本卷、卷五二。《輯本舊史》之影庫本粘籤："楊希朗，原本作'巾郎'，今據《册府元龜》改正。"見《宋本册府》卷六六九《内臣部·恣横門》楊希朗條、卷九〇九《總録部·憂懼門》趙光裔條。　右監門衛將軍：官名。唐代置十六衛之一。掌宫禁宿衛。從三品。

[11]龍門：地名。位於今河南洛陽市。因兩山相對如闕，伊河從中流過，又名伊闕。唐以後習稱龍門。

[12]迴鶻：部族名。原係突厥鐵勒部的一支。唐天寶三年(744) 建立回鶻汗國，9 世紀中葉，回鶻汗國瓦解。其中一支爲甘州回鶻。11 世紀初，甘州回鶻爲西夏所滅。參見楊蕤《回鶻時代：10—13 世紀陸上絲綢之路貿易研究》，中國社會科學出版社 2015 年版。

[13]夏州：州名。治所在朔方縣（今陝西靖邊縣）。　李仁福：人名。党項拓跋部人。五代党項首領。傳見本書卷一三二、《新五代史》卷四〇。

[14]朔方：方鎮名。治所在靈州（今寧夏吴忠市）。

[15]河西：方鎮名。治所在凉州（今甘肅武威市）。　韓洙：人名。籍貫不詳。五代軍閥。事見本書卷一三二、《新五代史》卷四六。

［16］靈：州名。治所在今寧夏吴忠市。　鹽：州名。治所在今陝西定邊縣。　威：州名。治所在今甘肅環縣。　警：州名。治所在今寧夏平羅縣。“威、警”，《舊五代史考異》：“威警疑當作威、涇。考《通鑑》注云：警州在涇原西。今仍其舊。”檢《通鑑》不獲。　雄：州名。治所在今寧夏中寧縣。　凉：州名。治所在今甘肅武威市。　甘：州名。治所在今甘肅張掖市甘州區。　肅：州名。治所在今甘肅酒泉市。　觀察使：官名。唐代後期出現的地方軍政長官。唐玄宗開元二十一年（733）置十五道採訪使，唐肅宗乾元元年（758）改爲觀察使。無旌節，故地位低於節度使。掌一道州縣官的考績及民政。

［17］宣徽南院使：官名。唐始置。初用宦官，五代以後改用士人。通掌内諸司及三班内侍之名籍，郊祀、朝會、宴享供帳之儀，檢視内外進奉名物。參見王永平《論唐代宣徽使》、王孫盈政《再論唐代的宣徽使》。　内勾：官名。即内勾使。五代後唐莊宗時，以馬紹宏爲内勾使，掌勾三司財賦。中華書局本有校勘記：“‘勾’，原作‘局’，據本書卷三四《唐莊宗紀八》、卷七二《馬紹宏傳》改。按本書卷五七《郭崇韜傳》：‘崇韜乃置内勾使，應三司財賦，皆令勾覆，令紹宏領之。’”見《輯本舊史》卷三四《唐莊宗紀八》同光四年二月己丑條。　李紹宏：人名。又作馬紹宏。籍貫不詳。後唐莊宗近臣。傳見本書卷七二。　右領軍衛上將軍：官名。唐代置十六衛之一。掌宫禁宿衛。從二品。

［18］静江軍：方鎮名。治桂州（今廣西桂林市）。　馬賨：人名。許州鄢陵（今河南鄢陵縣）人。馬殷之弟。事見本書卷三七、卷四二。

［19］朗州：州名。治所在今湖南常德市。　馬希振：人名。許州鄢陵（今河南鄢陵縣）人。馬殷之子。事見本書卷三七、卷四二、卷四四、卷四七、卷八一。

［20］鳳翔節度使、秦王李茂貞薨：《新五代史》卷四〇：“同光二年，以疾卒，年六十九，謚曰忠敬。”

［21］楊立：人名。籍貫不詳。五代將領。傳見本書卷七四。丙申，潞州小校楊立據城叛：《舊五代史考異》："案：《歐陽史》作三月潞州將楊立反，與《薛史》異。《五代春秋》作四月，盜據潞州，與《薛史》同。"見《新五代史》卷五《唐本紀五》同光二年三月庚申條，《五代春秋》卷上《後唐莊宗紀》同光二年四月條。

［22］招討使：官名。唐始置。戰時任命，兵罷則省。常以大臣、將帥或地方軍政長官兼任。掌招撫討伐等事務。

［23］《大典》卷七一五六"唐"字韻"莊宗（三）"事目。

今注本二十四史

舊五代史

六

唐書〔二〕

宋　薛居正等　撰
陳智超　紀雪娟　主持校注

中國社會科學出版社

舊五代史　卷三二

唐書八

莊宗紀第六

同光二年夏五月己亥，帝御文明殿，册齊王張全義爲太尉。[1]禮畢，全義赴尚書省領事，左諫議大夫竇專不降階，爲御史所劾，專援引舊典，宰相不能詰，寢而不行。[2]庚子，太常卿李燕卒。[3]壬寅，以教坊使陳俊爲景州刺史，内園使儲德源爲憲州刺史，皆梁之伶人也。[4]初，帝平梁，俊與德源皆爲寵伶周匝所薦，帝因許除郡，郭崇韜以爲不可，伶官言之者衆，帝密召崇韜謂之曰：[5]"予已許除郡，經年未行，我慚見二人，卿當屈意行之。"故有是命。甲辰，以兖州節度使李紹欽依前檢校太保、兖州節度使，進封開國侯；以邠州節度使韓恭依前檢校太保、邠州節度使，進封開國伯。[6]丙午，以福建節度使、閩王王審知依前檢校太師、守中書令、福建節度使。[7]戊申，幸郭崇韜第。己酉，詔天下收拆防城之具，不得修濬池隍。以西都留守、京兆尹張筠依

前檢校太保，充西都留守。[8]甲寅，以滄州節度使李紹斌充東北面招討使，以兗州節度使李紹欽爲副招討使，以宣徽使李紹宏爲招討都監，率大軍渡河而北，時幽州上言契丹將寇河朔故也。[9]乙卯，潞州叛將楊立遣使健步奉表乞行赦宥，帝令樞密副使宋唐玉賫敕書招撫。[10]幽州上言，契丹營於州東南。丙辰，渤海國王大諲譔遣使貢方物。以澶州刺史李審益爲幽州行軍司馬、蕃漢内外都知兵馬使。[11]辛酉，故澤潞節度使丁會贈太師。[12]詔割復州爲荆南屬郡。[13]壬戌，以權知鳳翔軍府事、涇州節度使李曮爲起復雲麾將軍、右金吾大將軍同正，依前檢校太尉、兼中書令，充鳳翔節度使。[14]乙丑，以權知歸義軍留後曹義金爲歸義軍節度使、沙州刺史、檢校司空。[15]丙寅，李嗣源奏收復潞州。幽州上言，新授宣武軍節度使李存審卒。[16]

[1]同光：後唐莊宗李存勗年號（923—926）。　文明殿：宫殿名。位於今河南洛陽市。爲五代洛陽宫城的正殿，在此舉行大朝會、大册拜等禮儀活動。　張全義：人名。濮州臨濮（今山東鄄城縣）人。唐末、後梁、後唐將領。傳見本書卷六三、《新五代史》卷四五。　太尉：官名。與司徒、司空並爲三公，唐後期、五代多爲大臣、勳貴加官。正一品。

[2]尚書省：官署名。與中書省、門下省並稱“三省”，爲隋唐最高政務機關。　左諫議大夫：官名。隸門下省。唐代置左、右諫議大夫各四人，分隸門下省、中書省。掌諫諭得失，侍從贊相。正四品下。　竇專：人名。籍貫不詳。五代官員。事見本書卷九、卷三一。　御史：官名。即監察御史。唐代屬御史臺之察院，掌監察中央機構、州縣長官及祭祀、庫藏、軍旅等事。唐中期以後，亦

作爲外官所帶之銜。正八品下。

[3]太常卿：官名。西漢置太常，南朝梁始置太常卿。太常寺長官。掌宗廟祭祀禮樂及教育等。正三品。　李燕：人名。籍貫不詳。五代官員。事見本書本卷、卷七、卷一四七。

[4]教坊使：官名。唐於京都置左、右教坊，掌俳優雜技，以宦官爲教坊使。五代沿置。　陳俊：人名。籍貫不詳。後梁、後唐教坊使。事見本書本卷、卷三〇。　景州：州名。治所在今河北東光縣。　刺史：官名。漢武帝時始置。州一級行政長官，總掌考覈官吏、勸課農桑、地方教化等事。唐中期以後，節度、觀察使轄州而設，刺史爲其屬官，職任漸輕。從三品至正四品下。　内園使：官名。又稱内苑使、内苑栽接使。掌禁苑中栽種蔬菜瓜果，供給皇室。以宦官充使。　儲德源：人名。籍貫不詳。後唐伶官。事見《新五代史》卷五、卷三七。　憲州：州名。治所在今山西婁煩縣。　内園使儲德源爲憲州刺史：《舊五代史考異》："案：《歐陽史》作内園栽接使。考《五代會要》，内園栽接使係梁時雜使創置之官。"《會要》卷二四諸使雜録條所載梁朝諸司使名，有内園栽接使，又見《新五代史》卷五《莊宗紀下》、卷三七《伶官傳》。

[5]周匝：人名。籍貫不詳。樂工，受寵於後唐莊宗。事見本書卷三〇。　郭崇韜：人名。代州雁門（今山西代縣）人。後唐大臣。傳見本書卷五七、《新五代史》卷二四。　"初"至"伶官言之者衆"：《舊五代史考異》："案《清異録》：同光既即位，猶襲故態，身預俳優，尚方進御巾裹，名品日新。今伶人所頂，尚有傳其遺製者。"見《清異録》卷下《衣服門》聖逍遥條。"尚有傳其遺製者"，《清異録》作"尚有合其遺製者"。

[6]兖州：方鎮名。即泰寧軍。治所在兖州（今山東濟寧市兖州區）。　節度使：官名。唐時在重要地區所設掌握一州或數州軍、民、財政的長官。　李紹欽：人名。原名段凝，後唐莊宗賜名李紹欽。開封（今河南開封市）人。後梁將領。其妹爲朱温美人，因其妹而成爲朱温親信。傳見本書卷七三、《新五代史》卷四五。　檢

校太保：官名。爲散官或加官，以示恩寵，無實際執掌。太保，與太師、太傅合稱三師。　邠州：方鎮名。治所在邠州（今陝西彬縣）。　韓恭：人名。籍貫不詳。五代官員。事見本書本卷、卷三〇。　進封開國伯：《輯本舊史》之影庫本粘籤："開國，原作'閑國'，今據《册府元龜》改正。"韓恭不見於《册府》記載，但本條前爲李紹欽進封開國侯，即可知"閑國"爲"開國"形近之誤。又《輯本舊史》卷一二六《馮道傳》載其《長樂老自敘》，言其爵自開國男至開國公云云，更添一證。

[7]福建：方鎮名。治所在今福建福州市。　王審知：人名。光州固始（今河南固始縣）人。五代十國閩國建立者。909年至925年在位。傳見本書卷一三四、《新五代史》卷六八。　檢校太師：官名。爲散官或加官，以示恩寵，無實際執掌。太師，與太傅、太保並爲三師。　中書令：官名。漢代始置，隋、唐前期爲中書省長官，屬宰相之職；唐後期多爲授予元勳大臣的虚銜。正二品。

[8]西都留守：官名。後唐以京兆府爲西都，設留守總理政務。例由京兆尹兼。　京兆尹：官名。唐玄宗開元元年（713）改雍州置京兆府，治所在今陝西西安市。以京兆尹總其政務。從三品。　張筠：人名。海州（今江蘇連雲港市海州區）人。唐末軍閥。傳見本書卷九〇、《新五代史》卷四七。

[9]滄州：方鎮名。即横海軍。治所在滄州（今河北滄縣舊州鎮）。　李紹斌：人名。原名趙德鈞，後唐莊宗賜名李紹斌。幽州（今北京市）人。初爲幽州節度使劉守光部將，再爲後唐將領，後投降遼國。傳見本書卷九八。　東北面招討使：官名。不常置，爲一路或數路地區統兵官。掌招撫討伐等事務。兵罷則省。　副招討使：官名。行營統兵官。位次行營都統、招討使。掌招撫討伐事務。　以兖州節度使李紹欽爲副招討使："兖州節度使"，中華書局本有校勘記："'使'字原闕，據孔本、彭本、本書卷三〇《唐莊宗紀四》、《册府》卷九八七補。"見《輯本舊史》卷三〇《莊宗紀

四》同光元年（923）十一月辛丑條、《宋本册府》卷九八九《外臣部·征討門六》。又，“招討使”，《輯本舊史》之影庫本粘籤：“原本作‘招詔’，今據文改正。”五代“招討使”常見，無“招詔使”。　宣徽使：官名。即宣徽南院使。唐始置。宣徽南院的長官。初用宦官，五代以後改用士人。與宣徽北院使通掌内諸司及三班内侍之名籍，郊祀、朝會、宴享供帳之儀，檢視内外進奉名物。參見王永平《論唐代宣徽使》，《中國史研究》1995 年第 1 期；王孫盈政《再論唐代的宣徽使》，《中華文史論叢》2018 年第 3 期。　李紹宏：人名。又名馬紹宏。籍貫不詳。後唐莊宗近臣。傳見本書卷七二。　都監：官名。唐代中葉命將出征，常以宦官爲監軍、都監。後爲臨時委任的統兵官，稱都監、兵馬都監。掌屯戍、邊防、訓練之政令。　幽州：方鎮名。治所在今北京市。　契丹：古部族、政權名。4 世紀中葉宇文部爲前燕攻破，始分離而成單獨的部落，自號契丹。唐貞觀中，置松漠都督府，以其首領爲都督。唐末强盛，916 年迭剌部耶律阿保機建立契丹國（遼）。先後與五代、北宋並立，遼天祚帝保大五年（1125）爲金所滅。參見張正明《契丹史略》，中華書局 1979 年版。　河朔：古地區名。泛指黄河以北地區。

［10］潞州：州名。治所在今山西長治市。　楊立：人名。籍貫不詳。後唐潞州將領，歷事李嗣昭、李繼韜。傳見本書卷七四。　健步：或稱“健卒”“急足”。指趕路送信的人。　樞密副使：官名。樞密院副長官。與樞密使一同備顧問，參謀議，出納詔奏。　宋唐玉：人名。籍貫不詳。五代官員。事見本書本卷、卷三一、卷三四。

［11］渤海：古國名、族名。周代稱爲肅慎，漢魏稱爲挹婁，隋唐稱爲靺鞨，分佈在今松花江、牡丹江流域及黑龍江中下游，其中以黑水部和靺鞨部爲最强。唐聖曆元年（698），粟末靺鞨部首領大祚榮建立震國。先天二年（713），唐封大祚榮左驍衛員外大將軍、渤海郡王，自此去靺鞨號，改稱渤海。立國二百二十九年，傳十五

世。渤海與唐朝經濟、文化交流密切，有“海東盛國”之稱。遼天顯元年（926），爲遼太祖阿保機所滅，改稱東丹。遼聖宗時並入遼。金滅遼後，渤海人成爲金的屬民，漸與女真、漢人融合。　大諲譔：人名。唐末、五代渤海國第十五代國王。906 年至 926 年在位。事見《新五代史》卷七四《四夷附録·渤海》。　澶州：州名。唐、五代初治所在今河南清豐縣。後晋高祖天福四年（939）移治於今河南濮陽縣。　李審益：人名。籍貫不詳。本書僅此一見。　行軍司馬：官名。出征將領及節度使的屬官。掌軍籍符伍，號令印信，是藩鎮重要的軍政官員。　蕃漢内外都知兵馬使：官名。唐、五代方鎮自置之部隊統率官，稱兵馬使，其權尤重者稱兵馬大使或都知兵馬使。掌兵馬訓練、指揮。

［12］澤潞：方鎮名。治所在潞州（今山西長治市）。　丁會：人名。壽春（今安徽壽縣）人。唐末將領。傳見本書卷五九、《新五代史》卷四四。　太師：官名。與太傅、太保合稱三師，唐後期、五代多爲大臣、勳貴加官。正一品。

［13］復州：州名。治所在今湖北天門市。　荆南：方鎮名。治所在荆州（今湖北荆州市）。

［14］權知：一是暫代之意。官員以差遣治事，銜前常帶“知”字。“知”爲主持之意。暫代者即稱權知，如權知樞密院事、權知貢舉、權知某州某府等。二是資歷淺者任品秩高的職務時，亦加“權知”字樣，此則並無暫代之意。　鳳翔：方鎮名。治所在今陝西鳳翔縣。　涇州：方鎮名。即彰義軍。治所在涇州（今甘肅涇川縣）。　李曮：人名。深州博野（今河北蠡縣）人。岐王李茂貞子。事見本書本卷、卷三三、卷三七、卷三八、卷一三二。　起復：官吏服喪未滿而再起用。　雲麾將軍：將軍號，始置於南朝梁，陳、隋沿設。唐、五代爲武散階。從三品。　右金吾大將軍：官名。唐置，掌宮禁宿衛。唐代置十六衛，即左右衛、左右驍衛、左右武衛、左右威衛、左右領軍衛、左右金吾衛、左右監門衛、左右千牛衛，各置上將軍，從二品；大將軍，正三品；將軍，從三

品。　同正：即“員外置同正員”。古代官員名額有定數，是爲“正員額”。在正員額以外所任官員，稱爲“員外置”。“員外置同正員”是指雖在正員額之外，但待遇同於正員官。　檢校太尉：官名。爲散官或加官，以示恩寵，無實際執掌。太尉，與司徒、司空並爲三公。

[15]歸義軍：方鎮名。又名瓜沙。唐後期至北宋前期以沙州爲中心的漢人地方政權。唐宣宗大中五年（851），唐廷在沙州設歸義軍節度，任命張議潮爲節度使、十一州觀察使。從此，敦煌進入歸義軍時期。唐哀帝天祐三年（906），歸義軍節度使張承奉廢除歸義軍稱號，在瓜、沙二州建立西漢金山國。後梁太祖乾化四年（914），張承奉被沙州的另一大族曹仁貴取代，並恢復歸義軍稱號。大約在北宋仁宗天聖六年（1028）至景祐四年（1037）間，歸義軍政權被沙州回鶻政權取代。　留後：官名。唐、五代節度使多以子弟或親信爲留後，以代行節度使職務，亦有軍士、叛將自立爲留後者。掌一州或數州軍政。　曹義金：人名。即曹議金。祖籍亳州（今安徽亳州市），世居敦煌。五代歸義軍節度使。（參見榮新江《歸義軍史研究——唐宋時代敦煌歷史考索》，上海古籍出版社2015年版）中華書局本有校勘記：“《册府》卷四三六作‘曹議金’。按敦煌文書伯三八〇五背面《同光三年六月一日歸義軍節度使牒》署‘使檢校司空兼太保曹議金’，此件鈐‘沙州觀察處置使之印’，爲正式官文書，可知其名爲曹議金。本書各處同。”見明本《册府》卷四三六《將帥部·繼襲門》。《輯本舊史》各條則均作曹義金。　沙州：州名。治所在今甘肅敦煌市。　檢校司空：官名。爲散官或加官，以示恩寵，無實際執掌。司空，與太尉、司徒並爲三公。

[16]李嗣源：人名。沙陀部人。原名邈佶烈，李克用養子。後唐明宗，926年至933年在位。紀見本書卷三五至卷四四、《新五代史》卷六。　宣武軍：方鎮名。唐舊鎮，治所在汴州（今河南開封市）。後梁太祖開平元年（907）升汴州爲東京開封府。開平三年

(909) 置宣武軍於宋州（今河南商丘市睢陽區）。後唐莊宗同光元年（923）改宋州宣武軍爲歸德軍。廢東京開封府，重建宣武軍於汴州。後晋高祖天福三年（938），改爲東京開封府。除天福十二年（947）、十三年（948）短暫改爲宣武軍外，汴京均爲東京開封府。

李存審：人名。原姓符，名存。陳州宛丘（今河南淮陽縣）人。後唐將領。傳見本書卷五六、《新五代史》卷二五。

六月甲戌，中書侍郎兼吏部尚書、平章事、弘文館大學士豆盧革加右僕射，餘如故；侍中、監修國史、兼樞密使、鎮州節度使郭崇韜進爵邑，加功臣號；中書侍郎、平章事、集賢殿大學士趙光裔加兼户部尚書；禮部侍郎、平章事韋説加中書侍郎。[1]宋州奏，節度使李紹安卒。[2]丙子，李嗣源遣使部送潞州叛將楊立等到闕，並磔於市。潞州城峻而隍深，[3]至是帝命剗平之，因詔諸方鎮撤防城之備焉。丁丑，有司上言："洛陽已建宗廟，其北京太廟請停。"[4]從之。甲申，以衛國夫人韓氏爲淑妃，燕國夫人伊氏爲德妃，仍令所司擇日册命。[5]故河東節度副使、守左諫議大夫李襲吉贈禮部尚書，[6]故河東節度副使、禮部尚書蘇循贈左僕射，[7]故河東觀察判官、檢校右僕射司馬揆贈司空，[8]故河東留守判官、工部尚書李敬義贈右僕射。[9]丙戌，以順義軍節度使李令錫爲許州節度使，以前保義軍留後李紹真爲徐州節度使，以徐州節度使李紹榮爲宋州節度使。[10]戊子，汝州防禦使張繼孫賜死於本郡。繼孫即齊王張全義之假子也，本姓郝氏，爲兄繼業等訟其陰事，故誅之。[11]己丑，以迴鶻可汗仁美爲英義可汗。[12]詔改輝州爲單

州。[13]庚寅，故左僕射裴樞，右僕射裴贄、崔遠並贈司徒；故静海軍節度使獨孤損贈司空；故吏部尚書陸扆贈右僕射；故工部尚書王溥贈右僕射。[14]裴樞等六人皆前朝宰輔，爲梁祖所害於白馬驛，[15]至是追贈焉。壬辰，以天平軍節度使、蕃漢總管副使、開府儀同三司、檢校太尉、兼中書令李嗣源爲宣武軍節度使、蕃漢馬步總管，餘如故。[16]甲午，以樞密使、特進、左領軍衛上將軍、知内侍省事張居翰爲驃騎大將軍、守左驍衛上將軍，進封開國伯，賜功臣號。[17]

[1]中書侍郎：官名。中書省副長官，唐後期三省長官漸爲榮銜，中書、門下侍郎却因參議朝政而職位漸重，常常用爲以“同三品”或“同平章事”任宰相者的本官。正三品。　吏部尚書：官名。尚書省吏部最高長官，與二侍郎分掌六品以下文官選授、勳封、考課之政令。正三品。　平章事：官名。即“同中書門下平章事”。唐高宗以後，凡實際任宰相之職者，常在其本官後加同平章事的職銜。後成爲宰相專稱。後晋天福五年（940），升中書門下平章事爲正二品。　弘文館大學士：官名。宋敏求《春明退朝録》：“唐制，宰相四人，首相爲太清宫使，次三相皆帶館職，洪（正字犯宣祖廟諱）文館大學士、監修國史、集賢殿大學士，以此爲次序。”　豆盧革：人名。先世爲鮮卑慕容氏，後改豆盧氏。唐同州刺史豆盧籍之孫、舒州刺史豆盧瓚之子。後唐宰相。傳見本書卷六七、《新五代史》卷二八。　右僕射：官名。即尚書右僕射。秦始置。隋、唐前期以左、右僕射佐尚書令總理六官，綱紀庶務；如不置尚書令，則總判省事，爲宰相之職。唐後期多爲大臣加銜。從二品。　侍中：官名。秦始置。隋、唐前期爲門下省長官。唐後期多爲大臣加銜，不參與政務，實際職務由門下侍郎執行。正二品。

監修國史：官名。北齊始置史館，以宰相爲之。唐史館沿置，爲宰相兼職。　樞密使：官名。樞密院長官，五代時以士人爲之，備顧問，參謀議，出納詔奏，權侔宰相。參見李全德《唐宋變革期樞密院研究》，國家圖書館出版社 2009 年版。　鎮州：方鎮名。治所在鎮州（今河北正定縣）。　集賢殿大學士：官名。唐中葉置，位在學士之上，以宰相兼。掌修書之事。　趙光裔：人名。籍貫不詳。五代官員。事見本書本卷、卷一二八，《新五代史》卷六五。　户部尚書：官名。户部最高長官。掌管全國土地、户籍、賦税、財政收支諸事。正三品。　禮部侍郎：官名。尚書省禮部次官。協助禮部尚書掌禮儀、祭享、貢舉之政。正四品下。　韋説：人名。京兆萬年（今陝西西安市長安區）人。唐福建觀察使韋岫之子。唐末進士，後梁大臣、後唐宰相。傳見本書卷六七。

[2]宋州：方鎮名。即歸德軍。治所在宋州（今河南商丘市睢陽區）。本後梁宣武軍，後唐改名歸德軍。　李紹安：宋州下邑（今河南夏邑縣）人。後梁將領，後投後唐。傳見本書卷五九、《新五代史》卷四五。

[3]潞州城峻而隍深：《輯本舊史》之影庫本粘籤："隍深，原本作'王深'，今據文改正。"爲音近之訛。

[4]洛陽：都城名。治所在今河南洛陽市。　北京：指後唐的北都太原。《新五代史》卷五《莊宗紀》載，同光元年（923）"十一月乙巳，復北都爲鎮州，太原爲北都"。　太廟：古代帝王的祖廟。供奉、祭祀皇帝先祖。

[5]衛國夫人韓氏：後唐莊宗淑妃。籍貫不詳。傳見《新五代史》卷一四。　燕國夫人伊氏：後唐莊宗德妃。籍貫不詳。傳見《新五代史》卷一四。

[6]河東：方鎮名。治所在太原府（今山西太原市）。　節度副使：官名。唐、五代方鎮屬官。位於行軍司馬之下、判官之上。

左諫議大夫：中華書局本有校勘記："'左'，本書卷六〇《李襲吉傳》、《册府》卷一七二作'右'。"見《宋本册府》卷一七二

《帝王部·求舊門二》。　李襲吉：人名。洛陽（今河南洛陽市）人。唐末進士，官員。傳見本卷六〇、《新五代史》卷二八。《輯本舊史》之影庫本粘籤："李襲吉，原本作'襲古'，今據《歐陽史·列傳》改正。"見《新五代史》卷二八《李襲吉傳》。　禮部尚書：官名。尚書省禮部主官。掌禮儀、祭享、貢舉之政。正三品。

[7]蘇循：人名。籍貫不詳。唐末進士。唐及五代後梁、後唐官員。傳見本書卷六〇、《新五代史》卷三五。　左僕射：官名。秦始置。隋、唐前期，以左、右僕射佐尚書令總理六官、綱紀庶務；如不置尚書令，則總判省事，爲宰相之職。唐後期多爲大臣加銜。從二品。

[8]觀察判官：官名。唐肅宗以後置，五代沿置。觀察使屬官，參理田賦事，用觀察使印、署狀。　檢校右僕射：官名。右僕射，秦始置。隋、唐前期以左、右僕射佐尚書令總理六官，綱紀庶務；如不置尚書令，則總判省事，爲宰相之職。檢校右僕射爲大臣加銜。從二品。中華書局本有校勘記："'右'，《册府》卷一七二作'左'。"見《宋本册府》卷一七二《帝王部·求舊門二》。　司馬揆：人名。籍貫不詳。事見本書本卷、卷七一、卷一三五。　司空：官名。與太尉、司徒並爲三公。唐後期、五代多爲大臣、勳貴加官。正一品。

[9]留守判官：官名。留守司僚屬，分掌留守司各曹事，並協助留守通判陪都事。　工部尚書：官名。尚書省工部主官。掌百工、屯田、山澤之政令。正三品。　李敬義：人名。籍貫不詳。李德裕之孫。傳見本書卷六〇。

[10]順義軍：方鎮名。治所在耀州（今陝西銅川市耀州區）。　李令錫：人名。籍貫不詳。本書僅此一見。　許州：方鎮名。即忠武軍。治所在許州（今河南許昌市）。　保義軍：方鎮名。治所在陝州（今河南三門峽市陝州區）。　李紹真：人名。即霍彦威。洺州曲周（今河北曲周縣）人。後梁將領霍存養子，後梁、後唐將領。傳見本書卷六四、《新五代史》卷四六。　徐州：方鎮名。治

所在今江蘇徐州市。　李紹榮：人名。即元行欽。幽州（今北京市）人。後唐將領。傳見本書卷七〇、《新五代史》卷二五。

［11］汝州：州名。治所在今河南汝州市。　防禦使：官名。唐代始置，設有都防禦使、州防禦使兩種。常由刺史或觀察使兼任，實際上爲唐代後期州或方鎮的軍政長官。　張繼孫：人名。原名郝繼孫。籍貫不詳。唐末、五代大臣張全義養子。後梁、後唐官員。事見本書本卷。　繼業：人名。即郝繼業。籍貫不詳。郝繼孫之兄。事見本書本卷。　"戊子"至"故誅之"：《舊五代史考異》："案《册府元龜》載：張繼業爲河陽兩使留後。莊宗同光二年六月，繼業上疏稱：'弟繼孫，本姓郝，有母尚在，父全義養爲假子，令管衙内兵士。自皇帝到京，繼孫私藏兵甲，招置部曲，欲圖不軌，兼私家淫縱，無别無義。臣若不自陳，恐累家族。'敕曰：'有善必賞，所以勸忠孝之方；有惡必誅，所以絶姦邪之迹。其或罪狀騰於衆口，醜行布於近親，須舉朝章，冀明國法。汝州防禦使張繼孫，本非張氏子孫，自小丐養，以至成立，備極顯榮，而不能酬撫育之恩，履謙恭之道，擅行威福，常恣姦兇，侵奪父權，惑亂家事，縱鳥獸之行，畜梟獍之心，有識者所不忍言，無賴者實爲其黨。而又横徵暴斂，虐法峻刑，藏兵器於私家，殺平人於廣陌。罔思悛改，難議矜容，宜竄逐於遐方，仍歸還於姓氏，俾我勳賢之族，永除污穢之風。凡百臣僚，宜體朕命。可貶房州司户參軍同正，兼勒復本姓。'尋賜自盡，仍籍没資産。"見明本《册府》卷九三四《總録部·告訐門》。

［12］迴鶻：部族名。原係突厥鐵勒部的一支。唐玄宗天寶三載（744）建立回鶻汗國，9 世紀中葉，回鶻汗國瓦解。其中一支爲甘州回鶻。11 世紀初，甘州回鶻爲西夏所滅。（參見楊蕤《回鶻時代：10—13 世紀陸上絲綢之路貿易研究》，中國社會科學出版社 2015 年版）　可汗：亦作"可罕"。古代鮮卑、柔然、突厥、回紇、蒙古等民族中最高統治者的稱號。　仁美：人名。即藥羅葛仁美。甘州回鶻首任可汗，尊號烏母主可汗，後唐封賜英義可汗。事

見《新五代史》卷五。

[13]輝州：州名。治所在今安徽碭山縣。　單州：州名。治所在今山東單縣。

[14]裴樞：人名。絳州聞喜（今山西聞喜縣）人。唐末宰相。傳見《舊唐書》卷一一三、《新唐書》卷一四〇。　裴贄：人名。絳州聞喜（今山西聞喜縣）人。唐末大臣。傳見《新唐書》卷一八二。　崔遠：人名。博陵安平（今河北安平縣）人。唐昭宗朝宰相。傳見《舊唐書》卷一七七、《新唐書》卷一八二。　司徒：官名。與太尉、司空並爲三公。唐後期、五代多爲大臣、勳貴加官。正一品。　静海軍：軍鎮名。治所在今江蘇南通市。　獨孤損：人名。匈奴獨孤氏。唐雲州刺史獨孤密之孫，吏部侍郎獨孤雲之子。唐昭宗朝宰相。事見《舊唐書》卷二〇上、下。　陸扆：人名。蘇州嘉興（今浙江嘉興市）人。唐德宗朝宰相陸贄族孫。唐昭宗朝宰相。傳見《舊唐書》卷一七九、《新唐書》卷一八三。　王溥：人名。并州祁（今山西祁縣）人。五代後周、宋初宰相。傳見《宋史》卷二四九。

[15]白馬驛：地名。位於今河南滑縣。

[16]天平軍：方鎮名。治所在鄆州（今山東東平縣）。　蕃漢總管副使：官名。後唐置，爲蕃漢馬步軍副總指揮官。　開府儀同三司：官名。魏晋始置，隋唐時爲散官之最高官階。多授功勳重臣。從一品。　蕃漢馬步總管：官名。後唐置，爲蕃漢馬步軍總指揮官。

[17]特進：官名。西漢末期始置，授給列侯中地位較特殊者。隋唐時期，特進爲散官，授給有聲望的文武官員。正二品。　左領軍衛上將軍：官名。唐置，掌宫禁宿衛。唐代十六衛之一。從二品。　知内侍省事：官名。通判内侍省事。　張居翰：人名。籍貫不詳。唐末、五代宦官。傳見本書卷七二、《新五代史》卷三八。　驃騎大將軍：官名。唐始置。爲武散官。從一品。　左驍衛上將軍：官名。唐代置十六衛之一。掌宫禁宿衛。從二品。中華書局本

有校勘記："'左'，張居翰墓誌（拓片刊《西安碑林博物館新藏墓誌彙編》）作'右'。"

秋七月戊戌朔，故宣武軍節度使李存審男彦超進其父牙兵八千七百人。[1]己亥，中書門下奏："每年南郊壇四祠祭，太微宫五薦獻，並宰臣攝太尉行事，惟太廟遣庶僚行事，此後太廟祠祭，亦望差宰臣行事。"[2]從之。乙巳，汴州雍丘縣大風，拔木傷稼。[3]曹州大雨，平地水三尺。丙午，以襄州節度使孔勍爲潞州節度使，李存霸爲鄆州節度使。[4]己酉，[5]幸龍門之雷山，[6]祭天神，從北俗之舊事也。辛亥，以鄆州副使李紹珙爲襄州留後，以前澤州刺史董璋爲邠州留後。[7]戊午，西川王衍遣僞署户部侍郎歐陽彬來朝貢，稱"大蜀皇帝上書大唐皇帝"。[8]庚申，以應州爲雲州屬郡，升新州爲威塞軍節度使，以嬀、儒、武等州爲屬郡。[9]壬戌，皇子繼岌妻王氏封魏國夫人。[10]幽州奏，契丹阿保機東攻渤海。[11]

[1]彦超：人名。即符彦超。陳州宛丘（今河南淮陽縣）人。後唐將領，符存審之子。傳見本書卷五六、《新五代史》卷二五。

[2]南郊：意爲都城南面之郊。代指南面郊區之祭天場所（圜丘），亦指祭天之禮（郊天）。古人用"郊""南郊""有事於南郊"指代在南郊之圜丘舉行的郊天典禮。　太微宫：唐朝尊老子爲祖，建玄元廟奉祀。唐玄宗天寶二年（543）改西京玄元廟爲太清宫，東京爲太微宫，天下諸郡爲紫極宫，又改譙郡紫極宫爲太清宫。

[3]汴州：州名。治所在今河南開封市。　雍丘：縣名。治所在今河南杞縣。

［4］襄州：方鎮名。即山南東道。治所在襄州（今湖北襄陽市）。　孔勍：人名。兖州（今山東濟寧市兖州區）人。唐末、五代藩鎮軍閥。傳見本書卷六四。　李存霸：人名。沙陀部人。李克用之子，五代軍閥。傳見本書卷五一、《新五代史》卷一四。　鄆州：方鎮名。即天平軍。治所在鄆州（今山東東平縣）。《輯本舊史》之影庫本粘籤："鄆州，原本作'軍州'，今據《册府元龜》改正。"不見於《册府》。《通鑑》卷二七三同光二年（924）十月辛未條作"天平節度使"，天平軍治鄆州。五代鄆州多見，無"軍州"之州名。

［5］己酉：中華書局本有校勘記："原作'乙酉'，據《册府》卷三四、《新五代史》卷五《唐本紀》改。按是月戊戌朔，無乙酉，己酉爲十二日。"見明本《册府》卷三四《帝王部·巡幸門三》、《新五代史》卷五《唐莊宗紀下》。

［6］龍門：地名。位於今河南洛陽市。因兩山相對如闕，伊河從中流過，又名伊闕。唐以後習稱龍門。　雷山：山名。位於今河南洛陽市。

［7］李紹珙：人名。籍貫不詳。後唐官員。事見本書本卷、卷三三、卷三六。　澤州：州名。治所在今山西澤州縣。　董璋：人名。籍貫不詳。後梁、後唐將領。傳見本書六二、《新五代史》卷五一。

［8］西川：方鎮名。治所在成都府（今四川成都市）。　王衍：人名。許州舞陽（今河南舞陽縣）人。王建幼子，五代十國前蜀皇帝。傳見本書卷一三六、《新五代史》卷六三。　户部侍郎：官名。尚書省户部次官。協助户部尚書掌天下田户、均輸、錢穀之政令。正四品下。　歐陽彬：人名。衡山（今湖南衡山縣。）人。五代官員。事見本書本卷、卷三三、卷七〇、卷一三三。

［9］應州：州名。治所在今山西應縣。　雲州：州名。治所在今山西大同市。　新州：州名。治所在今河北涿鹿縣。　威塞軍：方鎮名。治所在今河北涿鹿縣。　嬀：州名。治所在今北京市延慶

區。　儒：州名。治所在今北京市延慶區。　武：州名。治所在今河北張家口市宣化區。　繼岌：人名。即李繼岌。後唐莊宗李存勗長子，封魏王。傳見本書卷五一、《新五代史》卷一四。

［10］王氏：李繼岌妻，後封爲魏國夫人。籍貫不詳。

［11］阿保機：人名。姓耶律，契丹迭剌部人。《通鑑》卷二六六注引趙志忠《虜庭雜記》云“太祖諱億，番名阿保謹，又諱斡里”。唐末契丹族首領、遼開國太祖。後梁太祖開平元年（907），阿保機取代遥輦氏任聯盟長。後梁末帝貞明二年（916），建立契丹國家，稱皇帝，年號神册。天贊四年（925），東征渤海國。次年正月，進圍渤海國都，迫降渤海國王大諲譔，在渤海國舊地建東丹國，封太子倍爲東丹王。回軍途中病死於扶餘府。謚昇天皇帝，廟號太祖，墓號祖陵。紀見《遼史》卷一、卷二。　幽州奏，契丹阿保機東攻渤海：《舊五代史考異》：“案《遼史·太祖紀》：天贊三年五月，渤海殺其刺史張秀實而掠其民。於東攻渤海之事，闕而不載。考《五代會要》，同光二年七月，契丹東攻渤海國，與《薛史》同。”見《遼史》卷三《太祖紀上》、《會要》卷二九契丹條。

八月己巳，詔洛京應有隙地，任人請射修造，有主者限半年，令本主自修蓋，如過限不見屋宇，許他人占射。[1]辛未，北京副留守、太原尹孟知祥加檢校太傅，增邑，賜功臣號。[2]帝畋於西苑。癸酉，以租庸副使、守衛尉卿孔謙爲租庸使，以右威衛上將軍孔循爲租庸副使。[3]甲戌，以權知汴州軍州事、翰林學士承旨、户部尚書盧質爲兵部尚書，依前翰林學士承旨，仍賜論思匡佐功臣。[4]丙子，以雲州刺史、雁門以北都知兵馬使安元信爲大同軍節度留後，以隰州刺史張廷裕爲新州威塞軍節度留後。[5]丁丑，樞密使郭崇韜上表請退，不允。

戊寅，租庸使、守禮部尚書王正言罷使，守本官。[6]辛巳，詔諸道節度、觀察、防禦、團練使、刺史，並於洛陽修宅一區。[7]中書門下上言："請今後諸道除節度副使、兩使判官外，其餘職員并諸州軍事判官，各任本處奏辟。"[8]從之。[9]汴州奏，大水損稼。癸未，租庸使孔謙進封會稽縣男，仍賜豐財贍國功臣。淮南楊溥遣使貢方物。[10]宋州大水，鄆、曹等州大風雨，損稼。[11]丁亥，中書門下奏："請差左丞崔沂，吏部尚書崔貽孫，給事中鄭韜光、李光序，吏部員外郎盧損等，同詳定選司《長定格》《循資格》《十道圖》。"[12]從之。[13]癸巳，放朝參三日，以霖雨故也。陝州奏，河水溢岸。[14]乙未，中書門下上言："諸陵臺令丞請停，以本縣令知陵臺事。"[15]從之。

[1]"八月己巳"至"許他人占射"：《舊五代史考異》："案：《五代會要》載此詔云：藩方侯伯，内外臣僚，于京邑之中，無安居之所，亦可請射，各自修營。"見《會要》卷二六街巷條所載同光二年（924）八月敕。

[2]北京副留守：官名。北京留守副官。北京，指後唐的北都太原。古代在都城、陪都或軍事重鎮所設留守，由地方行政長官兼任。副留守爲留守之貳。　太原尹：官名。唐玄宗開元十一年（723）改并州爲太原府，治所在今山西太原市。太原尹總其政務。從三品。　孟知祥：人名。邢州龍岡（今河北邢臺市）人。李克用女婿，後蜀開國皇帝。傳見本書卷一三六、《新五代史》卷六四。　檢校太傅：官名。爲散官或加官，以示恩寵，無實際執掌。

[3]衛尉卿：官名。北魏置，隋、唐、五代爲衛尉寺長官。掌供宫廷、祭祀、朝會之儀仗帷幕，通判本寺事務。從三品。　孔

謙：人名。魏州（今河北大名縣）人。後唐大臣，善聚斂錢財，爲李存勗籌畫軍需。傳見本書卷七三、《新五代史》卷二六。　租庸使：官名。唐代爲主持催徵租庸地税的財政官員。後梁、後唐時，租庸使取代鹽鐵、度支、户部，爲中央財政長官，並設副使佐理。　右威衛上將軍：官名。唐代十六衛之一。掌宫禁宿衛。從二品。中華書局本有校勘記："《通鑑》卷二七三作'右威衛大將軍'。"見《通鑑》卷二七三同光二年八月癸酉條。　孔循：人名。籍貫不詳。後唐大臣。傳見《新五代史》卷四三。

[4]翰林學士承旨：官名。爲翰林學士之首。掌拜免將相、號令征伐等詔令的起草。《舊唐書·職官志二·翰林院》："例置學士六人，内擇年深德重者一人爲承旨，所以獨承密命故也。"　盧質：人名。河南（今河南洛陽市）人。五代大臣。傳見本書卷九三、《新五代史》卷五六。　兵部尚書：官名。尚書省兵部主官。掌兵衛、武選、車輦、甲械、厩牧之政令。正三品。

[5]都知兵馬使：官名。唐、五代方鎮自置之部隊統率官，稱兵馬使，其權尤重者稱兵馬大使或都知兵馬使。掌兵馬訓練、指揮。　安元信：人名。代北（今山西代縣）人。後唐、後晋將領。事見本書本卷。　大同軍：方鎮名。治所在雲州（今山西大同市）。　隰州：州名。治所在今山西隰縣。　張廷裕：人名。籍貫不詳。本書僅此一見。

[6]王正言：人名。鄆州（今山東東平縣）人。後唐官員。傳見本書卷六九。

[7]觀察：官名。唐代後期出現的地方軍政長官。唐玄宗開元二十一年（733）置十五道採訪使，唐肅宗乾元元年（758）改爲觀察使。無旌節，地位低於節度使。掌一道州縣官的考績及民政。　防禦：官名。唐代始置，設有都防禦使、州防禦使兩種。常由刺史或觀察使兼任，實際上爲唐代後期州或方鎮的軍政長官。　團練使：官名。唐代中期以後，於不設節度使的地區設團練使，掌本區各州軍事。

[8]兩使判官：官名。即觀察使判官與節度使判官。觀察使判官，唐肅宗以後置，五代沿置。觀察使屬官，參理田賦事，用觀察使印、署狀。節度使判官，唐、五代方鎮僚屬，位在行軍司馬下。分掌使衙内各曹事，並協助節度使通判衙事。　諸州軍事判官：官名。唐中期節度使、觀察使及設團練使、防禦使之州皆置爲幕職，由各使自行辟舉。後唐明宗時設刺史之州亦改防禦判官而置，不得兼録事參軍。《輯本舊史》之影庫本粘籤："'團練'，原本作'團簡'，今據文改正。"

[9]"辛巳"至"從之"：《舊五代史考異》："案《五代會要》：同光二年八月八日，中書門下奏：'諸道除節度副使及兩使判官除授外，其餘職員并軍事判官，伏以翹車著詠，戔帛垂文，式重弓旌，以光尊俎。由是副知己之薦，成接士之榮，必當備悉行藏，習知才行，允奉幕中之畫，以稱席上之珍。爰自僞梁，頗乖斯義，皆從除授，以佐藩宣。因緣多事之秋，慮爽得人之選，將期推擇，式示更張。今後諸道，除節度副使、兩使判官除授外，其餘職員并諸州軍事判官等，並任本道本州，各當辟舉，其軍事判官，仍不在奏官之限。'"見《會要》卷二五幕府條。其中，"諸道除節度副使及兩使判官除授外"，中華書局本有校勘記："'副'字原闕，據《五代會要》卷二五補。""由是副知己之薦"，中華書局本有校勘記："'知己'，原作'己知'，據《五代會要》卷二五改。""成接士之榮"，中華書局本有校勘記："'成'，原作'或'，據殿本、劉本、《五代會要》卷二五改。""除節度副使兩使判官除授外"，中華書局本有校勘記："'兩使判官'，原作'判官兩使'，據《五代會要》卷二五乙正。"　"其軍事判官"，中華書局本有校勘記："'事'，原作'州'，據殿本、劉本、《五代會要》卷二五改。"

[10]淮南：方鎮名。治所在揚州（今江蘇揚州市）。　楊溥：南吴睿帝，後禪位於徐知誥。傳見本書卷一三四、《新五代史》卷六一。

[11]鄆：州名。治所在今山東東平縣。　曹：州名。治所在今

山東曹縣西北。

[12]中書門下奏：中華書局本有校勘記："'門下'下原有'侍郎'二字，據《五代會要》卷二〇刪。"見《會要》卷二〇選事上條同光二年八月記事。　左丞：官名。即尚書左丞。尚書省佐貳官。唐中期以後，與尚書右丞實際主持尚書省日常政務，權任甚重。正四品上。　崔沂：人名。博州（今山東聊城市）人。唐宰相崔鉉之子，後梁大臣。傳見本書卷六八。　崔貽孫：人名。籍貫不詳。五代官員。傳見本書卷六九。　給事中：官名。秦始置。隋唐以來，爲門下省屬官。掌讀署奏抄，駁正違失。正五品上。　鄭韜光：人名。河清（今河南濟源市西南）人。唐末、五代官員。傳見本書卷九二。　李光序：人名。籍貫不詳。五代官員。事見本書本卷、卷四〇、卷四二。　吏部員外郎：官員。輔佐尚書、郎中掌考天下文吏之班秩階品。從六品。　盧損：人名。范陽（今河北涿州市）人。唐末、五代官員。傳見本書卷一二八、《新五代史》卷五五。

[13]"丁亥"至"從之"：《舊五代史考異》："案《五代會要》：同光二年八月，中書門下奏：'吏部三銓、門下省、南曹、廢置、甲庫、格式、流外銓等司公事，並繫《長定格》《循資格》《十道圖》等，前件《格》文，本朝創立，檢制姦濫，倫敘官資，頗謂精詳，久同遵守。自亂離之後，巧僞滋多，兼同光元年八月，車駕在東京，權判工部員外郎盧重《本司起請》一卷，並以興復之始，務切懷來，凡有條流，多失根本，以至冬集赴選人、並南郊行事官及陪位宗子共一千三百餘人，銓曹檢勘之時，互有援引，去留之際，不絶争論，若又依違，必長訛濫。望差權判尚書省銓左丞崔沂，吏部侍郎崔貽孫，給事中鄭韜光、李光序，吏部員外郎盧損等，同詳定舊《長定格》《循資格》《十道圖》，務令簡要，可久施行。'從之。"見《會要》卷二〇。其中，"門下省"，中華書局本有校勘記："'門'字原闕，據《册府》卷六三二補。"見《宋本册府》卷六三二《銓選部・條制門四》。"兼同光元年八月"，中華書

局本有校勘記："'元年'，原作'二年'，據《五代會要》卷二〇改。""權判南曹工部員外郎盧重《本司起請》一卷"，中華書局本有校勘記："'南曹'二字原闕，據《五代會要》卷二〇補。'盧重'，原作'盧從'，據殿本、劉本、《五代會要》卷二〇改。"

[14]陝州：州名。治所在今河南三門峽市陝州區。

[15]陵臺令：官名。唐置陵臺，掌管皇陵事務。五代沿用。長官爲陵臺令，從五品上。　縣令：官名。爲縣的行政長官，掌治本縣。唐代之縣，分赤（京）、次赤、畿、次畿、望、緊、上、中、中下、下十等。縣令分六等，正五品上至從七品下。

九月癸卯，畋於西北郊。幽州上言，契丹阿保機自渤海國迴軍。内園新殿成，名曰長春殿。[1]戊申，以中書舍人、權知貢舉裴皞爲禮部侍郎，以前鄭州防禦副使姜弘道爲太僕卿。[2]侍中郭崇韜奏："應三銓注授官員等，[3]内有自無出身入仕，買覓鬼名告敕；及將骨肉文書，[4]揩改姓名；[5]或歷任不足，妄稱失墜；或假人蔭緒，託形勢論屬，安排參選，所司隨例注官。如有人陳告，特議超獎；其所犯人，檢格處分；若同保人内有僞濫者，[6]並當駁放。應有人身死之處，今後並須申報本州，於告身上批書身死月日，分明付子孫。今後銓司公事，至春末並須了畢。"從之。銓綜之司，僞濫日久，及崇韜條奏之後，澄汰甚嚴，放棄者十有七八，[7]衆情亦怨之。己酉，司天臺請禁私曆日，從之。[8]庚戌，有司自契丹至者，言女真、迴鶻、黄頭室韋合勢侵契丹。[9]壬子，有司上言："八月二十二日夜，熒惑犯星二度，星，周分也，請依法禳之。[10]於京城四門懸東流水

一罌，兼令都市嚴備盜火，止絶夜行。”從之。甲寅，幸郭崇韜第，置酒作樂。乙卯，以前振武節度使、安北都護馬存可依前檢校太尉、兼侍中，充寧遠軍節度、容管觀察使。[11]存，湖南馬殷之弟也。[12]丙辰，黑水國遣使朝貢。[13]契丹寇幽州。戊午，宣宰臣於中書磨勘吏部選人，謬濫者焚毁告敕。

[1]長春殿：宫殿名。位於今河南洛陽市。

[2]中書舍人：官名。中書省屬官。掌起草文書、呈遞奏章、傳宣詔命等。正五品上。　權知貢舉：官名。唐始置，爲主持禮部會試的考官。　裴皞：人名。河東（今山西永濟市。）人。唐末、五代官員。傳見本書卷九二、《新五代史》卷五七。　鄭州：州名。治所在今河南鄭州市。　防禦副使：官名。唐代始置，設有都防禦使、州防禦使兩種。下設副使、判官等。　姜弘道：人名。籍貫不詳。本書僅此一見。

[3]三銓：官名。即吏部三銓。爲吏部尚書銓、吏部西銓（中銓）、吏部東銓的合稱。負責官員銓選。《輯本舊史》之影庫本粘籤："三銓，原本作'正千'，今據《五代會要》改正。"《會要》未見。《宋本册府》卷六三二《銓選部·條制門四》同光二年九月條作"三銓"。

[4]及將骨肉文書：中華書局本有校勘記："'及'，原作'今'，據《册府》卷六三二改。"見《宋本册府》卷六三二。

[5]揩改姓名：中華書局本有校勘記："'揩'，原作'楷'，據殿本、劉本、邵本校、彭本、《册府》（宋本）卷六三二改。"

[6]若同保人内有僞濫者：中華書局本有校勘記："'同保人'下，《册府》卷六三二有'知保'二字。"

[7]放棄者十有七八：《輯本舊史》之影庫本粘籤："放棄，原本作'坊弃'，今據《五代會要》改正。"不見於《會要》，見《宋

本册府》卷六三二。

[8]司天臺：官署名。主管觀察天象、考定曆數。

[9]室韋：古族名。又作失韋、失圍，一説即鮮卑的别譯。北魏時始見記載。源出東胡，與契丹同類，在南爲契丹，在北號室韋。南北朝時分爲五部，至隋唐時漸分爲三十餘部。曾附屬於突厥汗國，唐代東突厥汗國、後突厥汗國、回鶻汗國衰亡後，大量室韋人遷入蒙古高原，遼金時遍布大漠南北。中唐以後，文獻上又把室韋稱作“達怛”。參見張久和《原蒙古人的歷史：室韋—達怛研究》，高等教育出版社 1998 年版。

[10]熒惑：即火星。“熒惑”意爲眩惑，因火星位置、隱現不定，令人迷惑，故名。

[11]振武：方鎮名。後梁末帝貞明二年（916）以前，治所位於單于都護府城（今内蒙古和林格爾縣）。貞明二年單于都護府城爲契丹占據。此後至後唐末帝清泰三年（936），治所位於朔州（今山西朔州市朔城區）。後晉時隨燕雲十六州割予契丹，改名順義軍。 安北都護：官名。安北都護府長官。據《通鑑》卷二六九胡三省注，唐中葉以後，振武節度使皆帶安北都護。參見李大龍《都護制度研究》，黑龍江教育出版社 2003 年版。　馬存：人名。籍貫不詳。馬殷之弟。事見本書卷四四、卷四七、卷七九。　寧遠軍：方鎮名。治所在容州（今廣西容縣）。　容管：方鎮名。治所在容州（今廣西容縣）。　觀察使：官名。唐代後期出現的地方軍政長官。唐玄宗開元二十一年（733）置十五道採訪使，唐肅宗乾元元年（758）改爲觀察使。無旌節，故地位低於節度使。掌一道州縣官的考績及民政。

[12]湖南：方鎮名。又稱武安軍節度。治所在潭州（今湖南長沙市）。　馬殷：人名。許州鄢陵（今河南鄢陵縣）人，一説上蔡（今河南上蔡縣）人。南楚開國君主。傳見本書卷一三三、《新五代史》卷六六。

[13]黑水國：部族名、政權名。即黑水靺鞨。隋、唐時靺鞨七

大部之一，居於今黑龍江中下游。傳見本書卷一三八、《新五代史》卷七四。

冬十月戊辰，帝畋於西北郊。己巳，故安義節度使、贈太尉、隴西郡王李嗣昭贈太師。[1]庚午，正衙命使册淑妃韓氏、德妃伊氏，以宰臣豆盧革、韋説充册使。辛未，詔："今後支郡公事，須申本道騰狀奏聞。[2]租庸使合有徵催，[3]祇牒觀察使，貴全理體。"契丹寇易、定北鄙。[4]壬申，故大同軍防禦使李存璋贈太尉。[5]鄆州奏，[6]清河泛溢，壞廬舍。癸酉，[7]畋於石橋。甲戌，河南尹張全義上言："萬壽節日，請於嵩山開瑠璃戒壇，度僧百人。"[8]從之。乙亥，故守太師、尚書令、秦王李茂貞追封秦王，賜謚曰忠敬。[9]丁丑，皇后差使賜兖州節度使李紹欽湯藥。[10]時皇太后行誥命，皇后劉氏行教命，互遣使人宣達藩后，紊亂之弊，人不敢言。[11]己卯，汴、鄆二州奏，大水。庚辰，以前太僕卿楊遘爲大理卿。[12]党項進白驢，奚王李紹威進駞馬。[13]幽州奏，契丹入寇，至近郊。辛巳，故天雄軍節度副使王緘贈司空。[14]壬午，以天下兵馬都元帥、尚父、守尚書令、吴越國王錢鏐可依前天下兵馬都元帥、尚父、守尚書令，封吴越國王。[15]癸未，幸小馬坊閲馬。[16]甲申，以兩浙兵馬留後、清海軍節度、嶺南東道觀察等使、守太尉、兼侍中、廣州刺史錢元瓘爲檢校太師、兼中書令，充兩浙節度觀察留後，餘如故；[17]以鎮東軍節度副大使、江南管内都招討使、建武軍節度、嶺南西道觀察等使、檢校太傅、守侍中、知蘇州中吴軍軍州事、行邕

州刺史錢元璙爲檢校太尉、兼中書令，餘如故。[18]辛卯，天平軍監軍使柴重厚可特進、右領衛將軍同正，充鳳翔監軍使。[19]甲午，以宣武軍節度押牙李從温、李從璋、李從榮、李從厚、李從璨並銀青光禄大夫、檢校右散騎常侍兼御史大夫，宣武軍節度押牙李從臻可檢校國子祭酒兼御史中丞。[20]自從温而下，皆李嗣源諸子也。

[1]安義：方鎮名。唐故曰昭義。後梁末帝時屬梁，改曰匡義，歲餘，後唐滅梁，改曰安義。後晋復曰昭義。治所在潞州（今山西長治市）。　李嗣昭：人名。汾州（今山西汾陽市）人。唐末、五代李克用義子、部將。傳見本書卷五二、《新五代史》卷三六。

[2]本道騰狀奏聞：中華書局本有校勘記："'本道'二字原闕，據《册府》卷六一補。"《輯本舊史》之影庫本粘籤："騰狀，原本作'滕將'，今據《册府元龜》改正。"見明本《册府》卷六一《帝王部・立制度門二》。

[3]租庸使合有徵催：中華書局本有校勘記："'合'，原作'各'，據《册府》卷六一改。"

[4]易：州名。治所在今河北易縣。　定：州名。治所在今河北定州市。

[5]李存璋：人名。雲中（今山西大同市）人。後唐將領。傳見本書卷五三、《新五代史》卷三六。

[6]鄆州奏，清河泛溢，壞廬舍：《輯本舊史》卷四二、卷七七載鄆州上奏河決事。

[7]癸酉：《輯本舊史》原作癸未，中華書局本有校勘記："本卷下文復見癸未，按是月丙寅朔，癸未爲十八日，不當在甲戌前，此事繫於壬申、甲戌之間，疑爲癸酉。"未改。壬申爲初七，甲戌爲初九，癸酉爲初八，應當癸酉，今改。

[8]河南尹：官名。唐玄宗開元元年（713）改洛州爲河南府，

治所在今河南洛陽市。以河南府尹總其政務。從三品。　萬壽節：後唐莊宗生日。　嵩山：山名。位於今河南省西部。

[9]李茂貞：人名。深州博野（今河北蠡縣）人。唐末、五代軍閥。傳見本書卷一三二、《新五代史》卷四〇。

[10]湯藥：用水煎服的中藥。

[11]皇太后：指後唐莊宗生母曹太后。太原（今山西太原市）人。傳見本書卷四九、《新五代史》卷一四。　皇后劉氏：指後唐莊宗皇后劉氏。魏州成安（今河北成安縣）人。傳見本書卷四九、《新五代史》卷一四。

[12]太僕卿：官名。漢代始置，太僕寺長官，掌御用車馬及國家畜牧事宜。正三品。　楊遘：人名。籍貫不詳。五代官員。事見本書本卷、卷三一。　大理卿：官名。爲大理寺長官。負責大理寺的具體事務，掌邦國折獄詳刑之事。從三品。

[13]党項：部族名。源出羌族，時活躍於今甘肅東部、寧夏、陝西北部一帶。參見湯開建《党項西夏史探微》，商務印書館 2013 年版。　李紹威：人名。原名掃剌。五代奚族部落聯盟首領。前首領去諸之子。後唐莊宗賜名李紹威。事見《通鑑》卷二八一。

[14]天雄軍：方鎮名。治所在魏州（今河北大名縣）。唐昭宗天祐元年（904）始以魏博節度使號天雄軍。　王緘：人名。幽州劉仁恭故吏。後爲河東李克用、李存勗重臣。傳見本書卷六〇。
故天雄軍節度副使王緘贈司空：《輯本舊史》之影庫本粘籤："故天雄軍，原本脱"天"字，今據《册府元龜》增入。"《宋本册府》卷一七二《帝王部·求舊門二》載同光二年（924）十一月贈故天雄軍節度副使王緘爲司徒。與此異。

[15]天下兵馬都元帥：官名。唐代朝廷有重大軍事行動，則置，統率天下軍隊。　尚父：尊號名。意爲可尊尚的父輩。　錢鏐：人名。杭州臨安（今浙江杭州市臨安區）人。五代時期吴越國的建立者。傳見本書卷一三三、《新五代史》卷六七。

[16]小馬坊：官署名。唐置小馬坊，爲御馬諸厩之一，以小馬

坊使主管。後梁時改小馬坊爲天驥坊，後唐復舊。後唐明宗長興元年（930）改稱右飛龍院，主官稱右飛龍使。

［17］兩浙：地區名。浙東、浙西的合稱。泛指今浙江全省及江蘇南部一角。　兵馬留後：官名。唐、五代時，代行方鎮長官之職者稱留後。代行州兵馬使之職者，即爲兵馬留後。掌本州兵馬。　清海軍：方鎮名。治所在廣州（今廣東廣州市）。　嶺南：地區名。亦謂嶺外、嶺表。指五嶺以南地區，故名。包括今中國廣東、廣西、海南及越南北部地區。　廣州：州名。治所在今廣東廣州市。　錢元瓘：人名。祖籍臨安（今浙江杭州市臨安區）。錢鏐之子。五代十國吴越國國主，932 年至 941 年在位。傳見本書卷一三三、《新五代史》卷六七。　節度觀察留後：官名。唐、五代時，代行方鎮長官之職者稱留後。代行觀察使之職者，即爲觀察留後。掌一州或數州軍政。

［18］鎮東軍：方鎮名。唐舊鎮。治所在越州（今浙江紹興市）。　管内都招討使：官名。唐始置。戰時任命，兵罷則省。常以大臣、將帥或地方軍政長官兼任。掌招撫討伐等事務。　建武軍：方鎮名。治所在邕州（今廣西南寧市）。　蘇州：州名。治所在今江蘇蘇州市。　中吴軍：方鎮名。吴越置，治所在蘇州（今江蘇蘇州市）。　邕州：州名。治所在今廣西南寧市。　錢元璙：人名。祖籍臨安（今浙江杭州市臨安區）。錢鏐之子。事見本書本卷、卷三七、卷四四、卷七七、卷八〇、卷八一。

［19］監軍使：官名。後唐設置，派於諸道，掌監護軍隊。　柴重厚：人名。籍貫不詳。五代將領。事見本書本卷、卷一三二。　右領衛將軍：官名。唐代置十六衛之一。掌宫禁宿衛。從三品。

［20］節度押牙：官名。“押牙”即“押衙”。唐、五代時期節度使辟署的屬官。掌領方鎮儀仗侍衛。參見劉安志《唐五代押牙（衙）考略》，武漢大學歷史系魏晋南北朝隋唐史研究室編《魏晋南北朝隋唐史資料》第 16 輯，武漢大學出版社 1998 年版。　李從温：人名。後唐明宗之侄。後唐、後晋將領。傳見本書卷八八、

《新五代史》卷一五。　李從璋：人名。後唐明宗從子。後唐、後晋將領。傳見本書卷八八、《新五代史》卷一五。　李從榮：人名。後唐明宗次子。傳見本書卷五一、《新五代史》卷一五。　李從厚：人名。後唐愍帝（閔帝）。小名菩薩奴，後唐明宗第三子。長興四年（933）十二月，李從厚即皇帝位。應順元年（934）四月，李從珂入洛陽即帝位，令人毒殺愍帝。紀見本書卷四五、《新五代史》卷七。　李從璨：人名。後唐明宗之侄。因不屈從權臣安重誨，被重誨奏劾，貶謫賜死。傳見本書卷五一、《新五代史》卷一五。

銀青光禄大夫：官名。漢代置光禄大夫。魏晋以後，光禄大夫之位重者，加銀章青綬，因稱銀青光禄大夫。北周、隋爲散官。唐貞觀後列入文散官。從三品。　檢校右散騎常侍：官名。爲散官或加官，以示恩寵，無實際執掌。　御史大夫：官名。秦始置，與丞相、太尉合稱三公。至唐代，在御史中丞之上設御史大夫一人，爲御史臺長官，專掌監察、執法。正三品。　李從臻：人名。籍貫不詳。後唐將領。事見本書本卷、卷三八。　檢校國子祭酒：官名。國子祭酒爲國子監的主管官。掌教授生徒。檢校國子祭酒無實際執掌。從三品。　御史中丞：官名。如不置御史大夫，則爲御史臺長官。掌司法監察。正四品下。

十一月丙申，靈武奏，甘州迴鶻可汗仁美卒，其弟狄銀權主國事。[1]吐渾白都督族帳移於代州東南。[2]己亥，幸六宅，[3]宴諸弟。壬寅，尚書左丞、判吏部尚書銓事崔沂貶麟州司馬，吏部侍郎崔貽孫貶朔州司馬，給事中鄭韜光貶寧州司馬，吏部員外盧損貶府州司户。[4]時有選人吴延皓取亡叔告身，改舊名求仕，事發，延皓付河南府處死，崔沂已下貶官。[5]宰相豆盧革、趙光裔、韋説詣閤門待罪，詔釋之。癸卯，帝畋於伊闕，[6]侍衛

金槍馬萬餘騎從，帝一發中大鹿。是日，命從官拜梁祖之陵，物議非之。其夕，宿於張全義之别墅。甲辰，宿伊闕縣。乙巳，宿椹磵。[7]時騎士圍山，會夜，顛墜崖谷，死傷甚衆。丙午，復命衛兵分獵，殺獲萬計。是夜方歸京城，六街火炬如晝。丁未，賜群臣鹿肉有差。庚戌，制改節將一十一人功臣號。辛亥，以兵部侍郎李德休爲吏部侍郎。[8]壬子，日南至，百官拜表稱賀。以昭儀侯氏爲汧國夫人，昭容夏氏爲虢國夫人，昭媛白氏爲沛國夫人，出使美宣鄧氏爲魏國夫人，御正楚真張氏爲涼國夫人，司簿德美周氏爲宋國夫人，侍真吴氏爲渤海郡夫人，其餘並封郡夫人。[9]丁巳，河中節度使、守太師、尚書令、西平王李繼麟可依前守太師、兼尚書令、河中護國軍節度使、西平王，仍賜鐵券。[10]戊午，幸李嗣源、李紹榮之第，縱酒作樂。是日，鎮州地震。契丹寇蔚州。[11]

[1]靈武：方鎮名。治所在今寧夏吴忠市。　甘州迴鶻：部族名。亦稱“河西回鶻”。9世紀中葉遷入河西的回鶻之一支。居甘州（今甘肅張掖市），依附於吐蕃。其首領自稱可汗。後歷代可汗多受中原王朝册封，並與五代各王朝有頻繁的通貢互市關係。參見楊蕤《回鶻時代：10—13世紀陸上絲綢之路貿易研究》，中國社會科學出版社2015年版。　狄銀：人名。唐末、五代甘州回鶻人。仁美之弟。約920年前後，天睦可汗死，仁美可汗繼位。但狄銀勢力强盛，甘州内亂争權，狄銀終在後唐莊宗同光二年（924）十一月繼仁美爲甘州可汗。

[2]吐渾：古族名。本遼東鮮卑之種，姓慕容氏。西晋末，其首領吐谷渾率所部從東北西遷至今甘肅、青海及四川西北地區，建

立國家，以吐谷渾爲姓氏、姓名，亦爲國號。南北朝時先後屬宋、齊、北魏，至王夸吕時始稱可汗，建都伏俟城（今青海湖西四十五里)。吐谷渾立國三百餘年，傳二十餘主。唐龍朔三年（663）爲吐蕃所滅，唐移其部於靈州（今寧夏吴忠市)，安樂州（今寧夏同心縣）等地以居之。安史之亂後又東遷朔方、河東等地。參見周偉洲《吐谷渾資料輯録》(增訂本)，商務印書館 2017 年版。 白都督：此處指白承福。吐渾首領。後唐莊宗以吐谷渾部落置寧朔、奉化兩府，以承福爲都督。賜姓名爲李紹魯。事見《新五代史》卷七四。 代州：州名。治所在今山西代縣。

[3]六宅：唐時皇帝諸子年長後分院居住，並置十宅、六宅使負責管理諸宅院事務。後衹以“六宅”代稱。

[4]吏部尚書銓：官署名。吏部三銓（吏部尚書銓、吏部西銓、吏部東銓）之一。負責官員銓選。 麟州：州名。治所在今陝西神木縣。 司馬：官名。州軍佐官。名義上紀綱衆務，通判列曹，品高俸厚，實際上無具體職事，多用以安置貶謫官員，或用作遷轉官階。上州從五品下，中州正六品下，下州從六品上。 吏部侍郎：官名。尚書省吏部次官。協助吏部尚書掌文選、勳封、考課之政。正四品上。 朔州：州名。治所在今山西朔州市朔城區。 寧州：州名。治所在今甘肅寧縣。 吏部員外：官名。二員。一人掌判南曹。曹在選曹之南，故謂之南曹。每歲選人，有解狀、簿書、資歷、考課，必由之以覈其實，乃上三銓。其三銓進甲則署焉。一人掌判曹務。凡預太廟齋郎帖試，如貢舉之制。從六品。 府州：州名。治所在今陝西府谷縣。 司户：官名。即“司户參軍”。州級政府僚佐。掌本州屬縣之户籍、賦税、倉庫受納等事。上州從七品下，中州正八品下，下州從八品下。

[5]選人：候選官員。唐制，凡以科舉、門蔭、雜色入流等資格參加吏部銓選官吏的人，通稱爲選人。 吴延皓：人名。籍貫不詳。後唐官員。事見本書本卷。 告身：授官的文憑。唐沿北朝之制，凡任命官員，不論流内、視品及流外，均給以告身。 改舊名

求仕：中華書局本有校勘記："'改'，原作'故'，據邵本校、《册府》卷一五四改。"《宋本册府》卷一五四《帝王部·明罰門三》載十二月壬午敕文，提及此事。　河南府：府名。唐玄宗開元元年（713）改洛州爲河南府，治所在今河南洛陽市。

［6］伊闕：縣名。治所在今河南伊川縣西南。

［7］椹礀：地名。又名龕澗。位於今河南洛陽市。《通鑑》卷二七四胡三省注："自白沙至龕澗，其地皆在洛陽東。"

［8］兵部侍郎：官名。尚書省兵部次官。協助兵部尚書掌武官銓選、勳階、考課之政。正四品下。　李德休：人名。贊皇（今河北贊皇縣）人。唐末進士，五代官員。傳見本書卷六〇。

［9］昭儀侯氏：後唐莊宗嬪妃。　昭容夏氏：後唐莊宗嬪妃。昭媛白氏：後唐莊宗嬪妃。　沛國夫人：中華書局本有校勘記："'沛國夫人'，《五代會要》卷一作'沂國夫人'。"見《會要》卷一内職條。　出使美宣鄧氏：後唐莊宗嬪妃。　御正楚真張氏：後唐莊宗嬪妃。　司簿德美周氏：後唐莊宗嬪妃。　侍真吴氏：後唐莊宗嬪妃。

［10］河中：方鎮名。治所在河中府（今山西永濟市）。　李繼麟：人名。即朱友謙。許州（今河南許昌市）人。唐末、五代軍閥。傳見本書卷六三、《新五代史》卷四五。　護國軍：方鎮名。護國軍原爲河中軍。治所在河中府（今山西永濟市）。

［11］蔚州：州名。治所在今河北蔚縣。

十二月戊辰，幸西苑校獵。己巳，詔汴州節度使李嗣源歸鎮。[1]庚午，帝與皇后劉氏幸張全義第，酒酣，帝命皇后拜全義爲養父，全義惶恐致謝，復出珍貨貢獻。翌日，皇后傳制，命學士草謝全義書，學士趙鳳密疏陳國后無拜人臣爲父之禮，帝雖嘉之，竟不能已其事。[2]壬申，以教坊使王承顔爲興州刺史。[3]丙子，詔取

來年正月七日幸魏州。[4]庚辰，畋於近郊，至夕還宫。壬午，契丹寇嵐州。[5]党項遣使貢方物。乙酉，幸龍門佛寺祈雪。[6]丙戌，以徐州節度使李紹真爲北面行營副招討使。[7]戊子，李嗣源奏，部署大軍自宣武軍北征。淮南楊溥遣使貢獻。己丑，幸龍門。庚寅，詔河南尹張全義爲洛京留守，判在京諸軍事。是日，日傍有背氣，[8]凡十二。

[1]己巳，詔汴州節度使李嗣源歸鎮：《舊五代史考異》："案：《通鑑》作己巳，命宣武軍節度使李嗣源將宿衛兵三萬七千人赴汴州，遂如幽州禦契丹。是嗣源因出師而歸鎮也。"見《通鑑》卷二七三同光二年（924）十二月己巳條。

[2]學士：官名。即翰林學士。由南北朝始設之學士發展而來，唐玄宗改翰林供奉爲翰林學士，備顧問，代王言，掌拜免將相、號令征伐等詔令的起草。　趙鳳：人名。幽州（今北京市）人。後唐大臣。傳見本書卷六七、《新五代史》卷二八。

[3]王承顔：人名。籍貫不詳。本書僅此一見。　興州：州名。治所在今陝西略陽縣。

[4]魏州：州名。治所在今河北大名縣。

[5]嵐州：州名。治所在今山西嵐縣。

[6]幸龍門佛寺祈雪：《輯本舊史》卷四二、卷四六、卷四八記幸龍門佛寺祈雪、祈雨事。

[7]北面行營副招討使：官名。不常置，爲一路或數路地區統兵官。掌招撫討伐等事務。兵罷則省。位於招討使下。

[8]日傍有背氣：《輯本舊史》之影庫本粘籤："背氣，原本作'昔氣'，今據《歐陽史·司天考》改正。"見《新五代史》卷五九《司天考二》。

同光三年春正月甲午朔，帝御明堂殿受朝賀，仗衛如式。[1]丙申，詔以昭宗、少帝山陵未備，[2]宜令有司別選園陵改葬，尋以年饑財匱而止。契丹寇幽州。戊戌，詔："起今後特恩授官及侍衛諸軍將校、内諸司等官，其告身官給，舊例朱膠錢、臺省禮錢並停，其餘合徵臺省禮錢，比舊數五分中許徵一分，特恩者不徵。兵、吏部兩司逐月各支錢四十貫文，充吏人食直。少府監鑄錢造印文，[3]今後不得徵納銅炭價直，其料物官給。"庚子，車駕發京師幸鄴。以前許州節度使李紹沖爲太子少保；以前邠州節度使韓恭爲右金吾大將軍，充兩街使；以前安州節度使朱漢賓爲左龍武統軍。[4]庚戌，車駕至鄴。命青州節度使符習修酸棗河堤。[5]先是，梁末帝決河隄，[6]引水東注至鄆、濮，[7]以限我軍，至是方修之。丙辰，幽州上言，節度使李存賢卒。[8]

[1]明堂殿：宮殿名。唐代洛陽（今河南洛陽市）宮城紫微城的正殿。原爲隋乾陽殿，唐高宗時又稱乾元殿，武周改作明堂。常舉行重大政治活動和接待各國使者。

[2]昭宗：即唐昭宗李曄。888 年至 904 年在位。紀見《舊唐書》卷二〇上、《新唐書》卷一〇。　少帝：即唐哀帝李柷。唐昭宗之子。904 年至 907 年在位，年號天祐。爲朱温所殺。紀見《舊唐書》卷二〇下、《新唐書》卷一〇。　詔以昭宗、少帝山陵未備：《輯本舊史》之影庫本粘籤："昭宗、少帝，原本作'詔宗大帝'，今據《舊唐書》改正。"見《舊唐書》卷二〇下《哀帝紀》。

[3]少府監：官名。少府監長官，隋初置，唐初廢，太宗時復置。掌百工技巧之事。從三品。

[4]李紹沖：人名。即温韜。京兆華原（今陝西銅川市耀州

區）人。唐末李茂貞部將，後梁、後唐將領。傳見本書卷七三、《新五代史》卷四〇。　太子少保：官名。與太子少傅、太子少師合稱“三少”，唐後期、五代多爲大臣、勳貴加官。從二品。　兩街使：官名。掌巡查京城六街。　安州：州名。治所在今湖北安陸市。　朱漢賓：人名。亳州譙縣（今安徽亳州市）人。後梁、後唐將領。傳見本書卷六四、《新五代史》卷四五。　左龍武統軍：官名。唐置六軍，分左右羽林、左右龍武、左右神武等，即“北衙六軍”。唐德宗興元元年（784），六軍各置統軍，以寵勳臣。其品秩，《通鑑》卷二二九記載爲“從三品”；《唐會要》卷七一、《舊唐書》卷一二記載爲“從二品”。

[5]青州：州名。治所在今山東青州市。　符習：人名。趙州（今河北趙縣）人。後唐將領。傳見本書卷五九、《新五代史》卷二六。　酸棗：縣名。治所在今河南延津縣西南。

[6]梁末帝：即後梁末帝朱友貞。後梁太祖朱温之子。913年至923年在位。紀見本書卷八至卷一〇、《新五代史》卷三。　決河隄：中華書局本有校勘記：“‘決’，原作‘次’，據劉本、邵本校、《册府》卷四九七、《通鑑》卷二七二改。”見明本《册府》卷四九七《邦計部·河渠門二》、《通鑑》卷二七三同光三年（925）正月條。

[7]濮：州名。治所在今山東鄄城縣。

[8]李存賢：人名。許州（今河南許昌市）人。本名王賢。後唐將領。傳見本書卷五三、《新五代史》卷三六。

二月甲子朔，詔：“興唐府管内有百姓隨絲鹽錢，每兩與減五十文。[1]逐年所俵蠶鹽，每斗與減五十文。小菉豆税，每畝與減放三升。都城内所徵税絲，永與除放。”丙寅，定州節度使王都來朝。[2]丁卯，畋於近郊。己巳，召從臣擊毬於鞠場。辛未，許州上言：“襄城、

葉縣準敕割隸汝州，其扶溝等縣請卻隸當州。”[3]從之。甲戌，以滄州節度使李紹斌爲幽州節度使，依前檢校太保；以大同軍留後安元信爲滄州節度使。乙亥，幸王莽河射雁。[4]丙子，李嗣源奏，涿州東南殺敗契丹，[5]生擒首領三十人。符習奏，修隄役夫遇雪寒逃散。樞密使郭崇韜上表辭兼鎮。時帝命李紹斌鎮幽州，以其時望未重，欲以李嗣源爲鎮帥，且爲紹斌聲援，移郭崇韜兼領汴州。召崇韜議之，崇韜奏以爲當，因懇辭兼領。庚辰，以宣武軍節度使李嗣源爲鎮州節度使。辛巳，以皇子繼潼、繼嵩、繼蟾、繼嶢並檢校司徒，[6]皆冲幼，未出閤。突厥、渤海國皆遣使貢方物。[7]帝幸近郊射雁。甲申，以樞密使郭崇韜爲依前守侍中、監修國史、兼樞密使，[8]加食邑實封。廣南劉巖遣使奉書於帝，稱“大漢國王致書上大唐皇帝”。[9]乙酉，帝射鴨於郭泊。[10]丙戌，定州節度使、檢校太尉、兼侍中王都進封開國公，加食邑實封。戊子，幸近郊射雁。工部尚書崔梲卒，贈右僕射。[11]

[1]興唐府：府名。治所在今河北大名縣。後唐莊宗同光元年(923)，改魏州爲興唐府，建號東京，三年改東京爲鄴都。　每兩與減五十文：《舊五代史考異》：“案：《五代會要》作‘每兩與減放五文’。”見《會要》卷二六鹽條所載同光三年二月敕：“魏府每年所徵隨絲鹽錢，每兩與減放五文。”

[2]定州：此處指義武鎮。治所在定州（今河北定州市）。　王都：人名。中山陘邑（今河北定州市）人。本姓劉，後爲義武軍節度使王處直養子。五代軍閥。傳見本書卷五四。

[3]襄城：縣名。治所在今河南襄城縣。　葉縣：縣名。治所在今河南葉縣。　扶溝：縣名。治所在今河南扶溝縣。　其扶溝等縣請郤隸當州：《輯本舊史》之影庫本粘籤："郤隸當州，原本作'郤穎'，今據文改正。"

[4]王莽河：河道名。東漢以後，對西漢時黄河自濮陽（今河南濮陽市）以下故道的俗稱。因改徙於王莽時，故名。

[5]涿州：州名。治所在今河北涿州市。

[6]繼潼、繼嵩、繼蟾、繼嶢：人名。後唐莊宗子。傳見本書卷五一、《新五代史》卷一四。《輯本舊史》之影庫本粘籤："繼蟾，原本脱'繼'字，今據《歐陽史》增入。"見《新五代史》卷一四《唐太祖家人傳》。　檢校司徒：官名。爲散官或加官，加此官以示恩寵，無實際執掌。司徒，與太尉、司空並爲三公。

[7]突厥：部族名。6至8世紀活躍於北亞和中亞，稱雄於漠北、西域。隋文帝開皇二年（582），突厥汗國分裂爲東、西突厥。唐中期以後東、西突厥均已衰落。　渤海國：古國名。武周聖曆元年（698），粟末靺鞨首領大祚榮建立政權。唐玄宗先天二年（713），唐朝册封大祚榮爲渤海郡王，其國遂以渤海爲名。傳見本書卷一三八、《新五代史》卷七四。

[8]以樞密使郭崇韜爲依前守侍中、監修國史、兼樞密使：《輯本舊史》卷三〇："甲午，以樞密使、檢校太保、守兵部尚書、太原縣男郭崇韜爲開府儀同三司、守侍中、監修國史、兼真定尹、成德軍節度使。"

[9]廣南：指南漢。　劉巖：人名。又名劉龑。上蔡（今河南上蔡縣）人。劉謙之子，劉隱之弟。南漢國建立者。傳見本書卷一三五、《新五代史》卷六五。　大漢國王致書上大唐皇帝：中華書局本有校勘記："'大漢國主'，原作'大漢國王'，據本書卷一三五《劉陟傳》、《新五代史》卷六五《南漢世家》改。"明本《册府》卷二三二《僭僞部・稱藩門》作"大漢國王"。

[10]郭泊：地名。其地不詳，疑位於洛陽城外。《輯本舊史》

之影庫本粘籤："郭泊，原本作'郭伯'，今據《册府元龜》改正。"見明本《册府》卷一一五《帝王部·蒐狩門》。

[11]崔梠：人名。籍貫不詳。本書僅此一見。

三月癸巳朔，賜扈從諸軍將士優給，自二十千至一千。甲午，振武軍節度使、洛京内外蕃漢馬步使朱守殷奏，昨修月陂堤，至德宫南獲玉璽一紐，獻之。[1]詔示百官，驗其文曰"皇帝行寶"四字，方圓八寸，厚二寸，背紐交龍，光瑩精妙。守殷又於積善坊役所得古文錢四百六十六，内二十六文曰"得一元寶"，四百四十曰"順天元寶"，上之。[2]丙申，寒食節，帝與皇后出近郊，遥饗代州親廟。[3]庚子，詔取三月十七日車駕歸洛京。壬寅，符習奏，修河隄畢功。戊申，帝召郭崇韜謂曰："朕思在德勝寨時，[4]霍彦威、段凝皆予之勍敵，終日格鬬，戰聲相聞，安知二年之間，在吾廡下。吾無少康、光武之才，[5]一旦重興基構者，良由二三勳德同心輔翼故也。朕有時夢寢，如在戚城，[6]思念曩時挑戰鏖兵，勞則勞矣，然而揚旌伐鼓，差慰人心，殘壘荒溝，依然在目。予欲按德勝故寨，與卿再陳舊事。"崇韜曰："此去澶州不遠，[7]陛下再觀戰地，益知王業之艱難，豈不韙哉！"己酉，車駕發鄴宫。辛亥，至德勝城。[8]登城四望，指戰陣之處以諭宰臣。渡河南觀廢栅舊阯，至楊村寨，[9]沿河至戚城，置酒作樂而罷。壬子，淮南楊溥遣使朝貢。東京副留守張憲奏，[10]諸營家口一千二百人逃亡，以艱食故也。時宫苑使王允平、伶人景進爲帝廣採宫人，[11]不擇良家委巷，殆千餘人，車駕不給，載以

牛車，纍纍於路焉。庚申，[12]車駕至自鄴。辛酉，詔本朝以雍州爲西京，洛州爲東都，并州爲北都。[13]近以魏州爲東京，宜依舊以洛京爲東都，魏州改爲鄴都，與北都並爲次府。

[1]洛京内外蕃漢馬步使：官名。總領洛陽駐軍。　朱守殷：人名。籍貫不詳。後唐將領。傳見本書卷七四、《新五代史》卷五一。　至德宫：宫殿名。位於今河南洛陽市。　至德宫南獲玉璽一紐：中華書局本有校勘記："'至德宫南'，《册府》卷二五、《五代會要》卷五作'至立德坊南古岸'。"見《會要》卷五祥瑞條、明本《册府》卷二五《帝王部·符瑞門四》。

[2]積善坊：坊名。位於今河南洛陽市。　得一元寶：錢幣名。一説爲史思明時期鑄幣。　順天元寶：錢幣名。一説爲史思明時期鑄幣。　"守殷又於積善坊役所得古文錢四百六十六"至"上之"："守殷又於積善坊役所得古文錢四百六十六"，中華書局本有校勘記："'積善坊'三字原闕，據《御覽》卷八三六引《後唐書》、《册府》卷二五、《五代會要》卷五、《文昌雜録》卷三補。'四百六十六'，《御覽》卷八三六引《後唐書》、《册府》卷二五、《五代會要》卷五、《文昌雜録》卷三作'四百五十六'。""内二十六文曰得一元寶"，中華書局本有校勘記："'二十六'，《册府》卷二五作'一十六'。"《舊五代史考異》："案龐元英《文昌雜録》云：同光三年，洛京積善坊得古文錢，曰'得一元寶''順天元寶'，史不載何代鑄錢。近見錢氏《錢譜》云：史思明再陷洛陽，鑄'得一錢'，賊黨以爲'得一'非佳號，乃改'順天'。蓋史思明所鑄錢也。"此爲後出，見《太平御覽》卷八三六《資産部·錢下》引《後唐書》，但載："所得古文錢四百五十六文曰得一元寶，四百四十文順天元寶。"

[3]寒食節：約在清明節前一、二日。晉文公時爲求介之推出

仕而焚林，之推抱木而死，全國哀悼，於是乃定是日禁火寒食。因介之推有《龍蛇歌》，故亦稱爲“龍歌節”。又稱爲“冷節”“寒食”。　親廟：皇帝高、曾、祖、父四廟爲其親廟。

[4]德勝寨：地名。原爲德勝渡，黄河重要渡口之一。李存勗部將李存審築城於黄河津要處德勝口，有南、北二城。南城在今河南濮陽市東南五里，北城在今河南濮陽市區。

[5]少康：人名。夏朝君主。相之子。據《左傳·哀公元年》記載，少康曾逃奔有虞國（今河南虞城縣西南），爲庖正，“虞思於是妻之以二姚，而邑諸綸，有田一成，有衆一旅”。少康後得夏臣伯靡之助，滅寒浞，立爲夏王，恢復夏之勢力，夏朝進入了政治相對穩定的興盛局面，史家稱其爲“少康中興”。事見《史記》卷二《夏本紀》。　光武：即劉秀。南陽蔡陽（今湖北棗陽市西南）人。東漢王朝建立者，25 年至 57 年在位。西漢皇族，新莽末，與兄劉縯等率賓客起兵加入緑林起義軍。更始元年（23），被授爲破虜大將軍、行大司馬事，持節北度河，鎮慰州郡。更始三年（25）自立爲帝，年號建武，建都洛陽，國號漢，史稱東漢。先後鎮壓起義軍，削平各地割據勢力，於建武十二年（36）統一全國。即位之初，採取休養生息政策，重視農桑，興修水利，減輕賦役，組織軍隊屯田，發放賑濟，安撫流亡。精兵簡政，加强中央集權，削弱三公職權。妥善安置功臣，禁止外戚、宦官干政。提倡經學，强化思想統治。光武帝統治期間，社會安定，經濟發展，史稱“光武中興”。謚號光武，廟號世祖。紀見《後漢書》卷一。

[6]戚城：地名。位於今河南濮陽市區。

[7]此去澶州不遠：亦見明本《册府》卷一一四《帝王部·巡幸門三》。

[8]己酉，車駕發鄴宫。辛亥，至德勝城：《舊五代史考異》：“案：《五代春秋》作庚子，帝幸鄴都，遂幸德勝故城。據《薛史》，則己酉發鄴宫，辛亥至德勝城，與《五代春秋》異。蓋《五代春秋》衹以下詔之日爲據也。”見《五代春秋》卷上後唐莊

宗條。

[9]楊村寨：地名。位於今河南濮陽縣西南。

[10]東京：都城名。即鄴都。治所在今河北大名縣。後唐莊宗同光元年（923），改魏州爲興唐府，建號東京，三年改東京爲鄴都。　留守：官名。古代皇帝出巡或親征時指定親王或大臣留守京城，綜理國家軍事、行政、民事、財政的高級官員，稱京城留守。在陪都或軍事重鎮也常設留守。　張憲：人名。晋陽（今山西太原市）人。後唐官員。傳見本書卷六九、《新五代史》卷二八。

[11]宫苑使：官名。掌管京師地區宫苑和宫苑所屬的莊田管理事務。　王允平：人名。籍貫不詳。後唐官員。事見本書卷五七。　伶人：樂人。《國語·周語下》："鍾成，伶人告和。"韋昭注："伶人，樂人也。"　景進：人名。籍貫不詳。後唐莊宗朝伶官。傳見《新五代史》卷三七。

[12]庚申：《舊五代史考異》："案：原本作庚辰，《歐陽史》作庚申，疑《永樂大典》傳寫之訛。考《通鑑》及《五代春秋》皆作庚辰，又疑原本不誤。據上文，正月甲午朔，二月甲子朔，三月癸巳朔，則三月不得有庚辰也。蓋其誤始於《薛史》，而《通鑑》《五代春秋》皆襲其訛耳。今姑從原本，仍爲辨正於此。"見《五代春秋》卷上《後唐莊宗紀》、《通鑑》卷二七三同光三年三月庚辰條、《新五代史》卷五《唐莊宗紀下》。此條記事，在壬子（二十日）之後、辛酉（二十九日）之前，今從《新五代史》改。

[13]雍州：州名。治所在今陝西西安市。　洛州：州名。治所在今河南洛陽市。　并州：州名。治所在今山西太原市。

夏四月癸亥朔，[1]日有蝕之。以租庸副使孔循權知汴州軍州事。[2]丙寅，淮南楊溥遣使貢方物。壬申，幸甘泉亭。癸酉，詔翰林學士承旨盧質覆試新及第進士。[3]租庸使奏："時雨久愆，請下諸道州府，依法祈

禱。”從之。乙亥，帝與皇后幸郭崇韜第，又幸左龍武統軍朱漢賓之第。戊寅，以耀州爲團練州，[4]其順義軍額宜停。庚辰，帝侍皇太后幸會節園，遂幸李紹榮之第。[5]辛巳，以旱甚，詔河南府徙市，造五方龍，集巫禱祭。癸未，以兖州節度使李紹欽爲鄧州節度使。[6]丁亥，以鎮州節度使李嗣源兼北面水陸轉運使，以徐州節度使李紹真爲副。禮部貢院新及第進士四人，其王澈改爲第一，桑維翰第二，符蒙正第三，成僚第四。[7]禮部侍郎裴皞既無黜落，特議寬容。[8]今後新及第人，候過堂日委中書門下精加詳覆。陝州奏，木連理。庚寅，中書侍郎兼工部尚書、平章事趙光胤卒，廢朝三日。[9]

[1]夏四月癸亥朔：《舊五代史考異》：“案：《五代春秋》作辛亥朔，《通鑑》從《薛史》。”見《五代春秋》卷上《後唐莊宗紀》、《通鑑》卷二七三同光三年（925）四月癸亥條。是月確爲癸亥朔。

[2]權知汴州軍州事：官名。權知軍州事簡稱爲“知州”。此處爲汴州行政長官。參見閆建飛《唐後期五代宋初知州制的實施過程》，《文史》2019年第1期。

[3]癸酉，詔翰林學士承旨盧質覆試新及第進士：《舊五代史考異》：“案《五代會要》：時以新及第進士符蒙正等尚干浮議，故命盧質覆試。”見《會要》卷二二進士條。

[4]耀州：州名。治所在今陝西銅川市耀州區。

[5]遂幸李紹榮之第：亦見明本《册府》卷一一四《帝王部·巡幸門三》。

[6]鄧州：方鎮名。即威勝軍。治所在鄧州（今河南鄧州市）。

[7]水陸轉運使：官名。掌一方水陸轉運、賦税諸事。爲差遣

職事。　禮部：官署名。掌禮儀、祭享、貢舉之政。　王澈：人名。籍貫不詳，後唐時狀元。本書僅此一見。中華書局本有校勘記："《册府》卷六四一、卷六五一、《五代會要》卷二二作'王徹'。"見《宋本册府》卷六四一《貢舉部·條制門三》、卷六五一《貢舉部·謬濫門》。　桑維翰：人名。洛陽（今河南洛陽市）人。初爲石敬瑭節度掌書記，石敬瑭稱帝後出任翰林學士、知樞密院事等職。傳見本書卷八九、《新五代史》卷二九。　符蒙正：人名。籍貫不詳。後唐進士。　成僚：人名。籍貫不詳。後唐進士。本書僅此一見。

[8]禮部侍郎裴皞既無黜落，特議寬容：明本《册府》卷六四四《貢舉部·考試門二》："但緣符蒙正等既無絀落，裴皞持議寬容。"

[9]趙光胤：人名。京兆奉天（今陝西乾縣）人。唐末宰相趙光逢之弟。唐末進士，後梁大臣、後唐宰相。傳見本書卷五八。

庚寅，中書侍郎兼工部尚書、平章事趙光胤卒：《舊五代史考異》："《薛史》：二年六月，光胤加兼户部尚書，此處作工部，前後互異，未知孰是。"

五月壬辰朔，淮南楊溥貢端午節物。丁酉，皇太妃劉氏薨於晋陽，廢朝五日，帝於興安殿行服。[1]時皇太后欲奔喪於晋陽，百官上表請留，乃止。戊戌，以鎮州行軍司馬、知軍府事任圜爲工部尚書。[2]戊申，幸龍門廣化寺祈雨。[3]己酉，黑水、女真皆遣使朝貢。[4]戊午，以鳳州衙内馬步軍都指揮使李繼袒爲涇州節度使、檢校太傅。[5]己未，詔天下見禁罪人，如無大過，速令疎放。幸玄元廟禱雨。

[1]興安殿：宮殿名。位於今河南洛陽市。

[2]任圜：人名。京兆三原（今陝西三原縣）人。後唐將領、大臣。傳見本書卷六七、《新五代史》卷二八。

[3]廣化寺：寺廟名。位於今河南洛陽市。

[4]女真：中國東北古代民族之一。本源於唐代之靺鞨，五代時始稱女真。分佈於我國東北松花江、黑龍江中下游，東至於海。分生、熟女真兩大部分。11 世紀，女真完顔部逐漸强大，形成以完顔部爲中心的部落聯盟。1114 年，完顔部首領阿骨打發動反遼戰争，次年稱帝，建國號爲“金”。先後滅遼和北宋，成爲與南宋對峙的一代王朝。

[5]鳳州：州名。治所在固道郡梁泉縣（今陝西鳳縣東北鳳州鎮）。中華書局本有校勘記：“‘鳳州’，朱玉龍《方鎮表》：‘按鳳州時屬蜀。據《世襲列傳》“十餘歲，署本道中軍使”文，此“鳳州”當爲“鳳翔”之誤。’” 衙内馬步軍都指揮使：官名。節度使所屬最重要的將領，統帥軍隊。 李繼昶：人名。籍貫不詳。五代將領。本書僅此一見。《輯本舊史》之影庫本粘籤：“李繼昶，原本作‘繼永’，今從《歐陽史》改正。”不見於《新五代史》。李繼昶即李從昶，茂貞之次子，《輯本舊史》卷一三二有其附傳。

六月癸亥，雲州上言，去年契丹從磧北歸帳，達靼因相掩擊，其首領于越族帳自磧北以部族羊馬三萬來降，[1]已到南界，今差使人來赴闕奏事。甲子，太白晝見。[2]丁卯，以滄州節度使安元信充北面行營馬步軍都排陣使。[3]辛未，以宗正卿李紓充昭宗、少帝改卜園陵使。[4]壬申，京師雨足。自是大雨，至於九月，晝夜陰晦，未嘗澄霽，江河漂溢，隄防壞決，天下皆訴水災。丁丑，詔吴越王錢鏐將行册禮，準禮文合用竹册，宜令

所司修製玉册。時郭崇韜秉政，以爲不可，樞密承旨段徊贊其事，故有是命。[5]癸丑，以天德軍節度使、管内蕃漢都知兵馬使劉承訓爲天德軍節度觀察留後。[6]丙戌，詔曰："關内諸陵，頃因喪亂，例遭穿穴，多未掩修。其下宫殿宇法物等，各令奉陵州府據所管陵園修製，仍四時各依舊例薦饗。每陵仰差近陵百姓二十户充陵户，以備灑掃。其壽陵等一十陵，亦一例修掩，量置陵户。"戊子，以刑部尚書李琪充昭宗、少帝改卜園陵禮儀使。[7]己丑，以工部郎中李途爲京兆少尹，充修奉諸陵使。[8]辛卯，詔括天下私馬，[9]將收蜀故也。《永樂大典》卷七千一百五十七。[10]

[1]達靼：部族名。其名始見於唐玄宗開元二十年（732）突厥文《闕特勤碑》。唐末活躍於陰山一帶。參見白玉冬《九姓達靼游牧王國史研究（8—11世紀）》，中國社會科學出版社2017年版。　于越：官名。契丹大臣的榮譽頭銜。位在北、南院大王之上。地位崇高，無具體職掌，非功高德劭者不授。中華書局本有校勘記："原作'裕悦'，注云：'舊作"于越"，今改正。'按此係輯録《舊五代史》時所改，今恢復原文。"

[2]太白晝見：即金星晝見。古人認爲其預示將有兵禍。

[3]都排陣使：官名。多以任節度使的武臣出任，或由軍事指揮官兼任，多側重監督軍隊。參見王軼英《中國古代排陣使述論》，《西北大學學報》2010年第6期。

[4]宗正卿：官名。秦始置宗正，南朝梁始有宗正卿之官。由宗室充任。掌皇族外戚屬籍。正三品。　李紓：人名。後唐宗室。歷任太僕卿、宗正卿。後唐明宗天成三年（928）七月除名。後敕配隴州，徒一年。事見本書卷三九《唐明宗紀》。　改卜園陵使：

官名。負責爲唐昭宗、少帝擇山陵、改葬事宜。係臨時差遣。

[5]樞密承旨：官名。五代設樞密院承旨和樞密院副承旨，以各衛將軍擔任。主管樞密院承旨司之事。　段徊：人名。籍貫不詳。後唐官員，時任樞密承旨。事見本書本卷、卷三三。

[6]天德軍：方鎮名。治天德軍城（今内蒙古烏拉特前旗烏梁素海土城子）。　劉承訓：人名。即劉承訓。劉知遠長子，死後追封魏王。傳見本書卷一〇五、《新五代史》卷一八。　以天德軍節度使、管内蕃漢都知兵馬使劉承訓爲天德軍節度觀察留後：中華書局本有校勘記："朱玉龍《中華版舊五代史考證》（《安徽史學》一九八九年第二期）疑爲'以天德軍節度觀察留後劉承訓爲天德軍節度使、管内蕃漢都知兵馬使'之倒文。"

[7]刑部尚書：官名。尚書省刑部主官。掌天下刑法及徒隸、勾覆、關禁之政令。正三品。　李琪：人名。河西敦煌（今甘肅敦煌市）人。後梁、後唐官員。傳見本書卷五八、《新五代史》卷五四。　改卜園陵禮儀使：官名。負責昭宗、少帝葬事禮儀，事畢即停。

[8]工部郎中：官名。尚書省屬官，位在侍郎之下、員外郎之上。主持尚書省工部工部司事務。從五品上。　李途：人名。籍貫不詳。本書僅此一見。　少尹：官名。唐、五代於三京、鳳翔等府均置少尹，爲尹的副職。協助尹通判列曹諸務。從四品下。　奉諸陵使：官名。負責奉祭唐代諸陵。

[9]詔括天下私馬：《舊五代史考異》："案《五代會要》：詔下河南、河北諸州，和市戰馬，官吏除一匹外，匿者坐罪。蓋當時私馬之禁如此。"見《會要》卷一二馬條。"蓋當時私馬之禁如此"，《會要》作"時將討蜀故也"。

[10]《大典》卷七一五七"唐"字韻"莊宗（四）"事目。此後《輯本舊史》引《舊五代史考異》："《三楚新録》：莊宗謂高季興曰：'今天下負固不服者，惟吴、蜀耳。朕欲先有事于蜀，而蜀地險阻，尤難，江南才隔荊南一水，朕欲先之，卿以爲何如？'

季興對曰：‘臣聞蜀地富民饒，獲之可建大利；江南國貧，地狹民少，得之恐無益。臣願陛下釋吴先蜀。’時莊宗意亦欲伐蜀，及聞季興之言，果大悦。”見《三楚新録》卷三。

舊五代史　卷三三

唐書九

莊宗紀第七

同光三年秋七月丁酉，以久雨，詔河南府依法祈晴。[1]滑州上言，[2]黄河决。壬寅，皇太后崩於長壽宫，[3]帝執喪於内，出遺令以示於外。癸卯，帝於長壽宫成服，百官於長壽宫幕次成服後，於殿前立班奉慰。乙巳，宰臣上表請聽政，不允；表再上，敕旨宜廢朝七日。丁未，弘文館上言："請依六典，改弘文館爲崇文館。"[4]從之。時樞密使郭崇韜亡父名弘，豆盧革希崇韜指，奏而改之。[5]洛水泛漲，壞天津橋，以舟濟渡，日有覆溺者。[6]己酉，宰臣百官上表請聽政，又請復常膳，表凡三上。以刑部尚書李琪充大行皇太后山陵禮儀使，河南尹張全義充山陵橋道排頓使，孔謙充監護使。[7]壬子，河陽、陝州上言，[8]河溢岸。以禮部尚書王正言爲户部尚書，[9]以御史中丞崔協爲禮部尚書，[10]以刑部侍郎、史館修撰、判館事崔居儉爲御史中丞，[11]以尚書左

丞歸藹爲刑部侍郎。[12]陝州上言，河漲二丈二尺，壞浮橋，入城門，居人有溺死者。乙卯，汴州上言，[13]汴水泛漲，恐漂没城池，於州城東西權開壕口，引水入古河。澤潞上言，[14]自今月一日雨，至十九日未止。戊午，以刑部尚書、判太常卿兼判吏部尚書銓事李琪爲吏部尚書，[15]依前判太常卿；以兵部侍郎、集賢殿學士、判院事盧文紀爲吏部侍郎；[16]以給事中李光序爲尚書右丞。[17]許州、滑州奏，大水。[18]

[1]同光：後唐莊宗李存勗年號（923—926）。　河南府：府名。治所在今河南洛陽市。

[2]滑州：州名。治所在今河南滑縣。

[3]長壽宫：宫殿名。位於今河南洛陽市。

[4]弘文館：官署名。唐高祖武德四年（621）始置修文館，以安置文學之士，典司書籍。唐太宗即位，改爲弘文館。以後名稱多有異同，然以弘文館爲多。　崇文館：官署名。由弘文館改置。

[5]樞密使：官名。樞密院長官。五代時以士人爲之，備顧問、參謀議，出納詔奏，權侔宰相。（參見李全德《唐宋變革期樞密院研究》，國家圖書館出版社 2009 年版）　郭崇韜：人名。代州雁門（今山西代縣）人。後唐大臣。傳見本書卷五七、《新五代史》卷二四。　弘：人名。即郭弘。代州雁門（今山西代縣）人。郭崇韜之父。事見本書本卷。　豆盧革：人名。先世爲鮮卑慕容氏，後改豆盧氏。唐同州刺史豆盧籍之孫、舒州刺史豆盧瓚之子。後唐宰相。傳見本書卷六七、《新五代史》卷二八。　“丁未”至“奏而改之”：《舊五代史考異》：“案《五代會要》載同光三年敕云：崇文館比與宏文館並置，今請改稱，頗協舊典。蓋豆盧革曲爲之説也。”見《會要》卷一八弘文館條，又見明本《册府》卷三三六

《宰輔部·依違門》豆盧革條。《輯本舊史》卷三八《唐明宗紀四》天成二年（927）正月己卯條載："詔崇文館依舊爲弘文館。初，同光中，宰相豆盧革以同列郭崇韜父名弘，希其意奏改之，今乃復焉。"

[6]洛水：即今洛河。　天津橋：橋名。位於今河南洛陽市。

[7]刑部尚書：官名。尚書省刑部主官。掌天下刑法及徒隸、勾覆、關禁之政令。正三品。　李琪：人名。河西敦煌（今甘肅敦煌市）人。後梁、後唐官員。傳見本書卷五八、《新五代史》卷五四。　大行皇太后山陵禮儀使：官名。負責皇太后陵寢建造、禮儀。事畢即罷。　河南尹：官名。唐玄宗開元元年（713）改洛州爲河南府，治所在今河南洛陽市，河南府尹總其政務。從三品。張全義：人名。濮州臨濮（今山東鄄城縣）人。唐末將領，降於諸葛爽。傳見本書卷六三、《新五代史》卷四五。　山陵橋道排頓使：官名。負責皇太后陵寢配套的工程建造及相關事務。事畢即罷。孔謙：人名。魏州（今河北大名縣）人。後唐大臣，善聚斂錢財，爲李存勗籌畫軍需。傳見本書卷七三、《新五代史》卷二六。　監護使：官名。佐理皇太后藏事、禮儀。事畢即停。

[8]河陽：方鎮名。治所在孟州（今河南孟州市）。　陝州：州名。治所在今河南三門峽市陝州區。

[9]禮部尚書：官名。尚書省禮部主官。掌禮儀、祭享、貢舉之政。正三品。　王正言：人名。鄆州（今山東東平縣）人。後唐官員。傳見本書卷六九。　户部尚書：官名。户部最高長官。掌管全國土地、户籍、賦稅、財政收支諸事。正三品。　以禮部尚書王正言爲户部尚書：《舊五代史考異》："案：原本作'直言'，今據《歐陽史》改正。"《新五代史》多見，如卷二六《孔謙傳》、卷三七《史彦瓊傳》、卷四六《趙在禮傳》等；《輯本舊史》亦多見，如卷二九《唐莊宗紀三》同光元年（923）四月條載："以魏博節度判官王正言爲禮部尚書，行興唐尹。"卷三一《唐莊宗紀五》同光二年正月甲寅條載："以禮部尚書、興唐尹王正言依前禮部尚書，

充租庸使。”

[10]御史中丞：官名。如不置御史大夫，則爲御史臺長官。掌司法監察。正四品下。　崔協：人名。清河（今河北清河縣）人。唐末進士，後梁時仕至中書舍人，後唐時爲宰相。傳見本書卷五八。

[11]刑部侍郎：官名。尚書省刑部次官。協助刑部尚書掌天下刑法及徒隸、勾覆、關禁之政令。正四品下。　史館修撰：官名。唐天寶以後，他官兼領史職者，稱史館修撰。　判館事：官名。唐天寶以後，他官兼領史職者，稱史館修撰；初入史館者稱爲直館。唐憲宗元和六年（811）宰相裴垍建議：登朝官領史職者爲修撰，以官階高的一人判館事；未登朝官均爲直館。　崔居儉：人名。清河（今河北清河縣）人。五代後梁至後晋官員。傳見本書附録、《新五代史》卷五五。

[12]尚書左丞：官名。尚書省佐貳官。唐中期以後，與尚書右丞實際主持尚書省日常政務，權任甚重。正四品上。　歸藹：人名。吴郡人。唐末、五代官員。傳見本書卷六八。　以尚書左丞歸藹爲刑部侍郎：中華書局本有校勘記：“‘左’，本書卷六八《歸藹傳》、《册府》卷八六六作‘右’。‘歸藹’，原作‘歸靄’，據殿本、劉本、孔本、邵本、彭本改。按本書卷六八有《歸藹傳》。影庫本粘籤：‘歸藹，原本作“歸蔼”，今據《通鑑》改正。’今檢《通鑑》未記此人。”見明本《册府》卷八六六《總録部·貴盛門》。

[13]汴州：州名。治所在今河南開封市。

[14]澤潞：方鎮名。治所在潞州（今山西長治市）。

[15]太常卿：官名。太常寺長官。掌宗廟禮儀。正三品。　吏部尚書銓：官名。與吏部西銓、吏部東銓合稱吏部三銓。負責官員銓選。　吏部尚書：官名。尚書省吏部主官，與二侍郎分掌六品以下文官選授、勳封、考課之政令。正三品。

[16]兵部侍郎：官名。兵部副長官，與尚書分掌武官銓選、勳階、考課之政。正四品下。　集賢殿學士：官名。唐中葉置，位在

集賢殿大學士之下。掌修書之事。　盧文紀：人名。京兆萬年（今陝西西安市長安區）人。唐末進士，五代宰相。傳見本書卷一二七、《新五代史》卷五五。　吏部侍郎：官名。尚書省吏部次官。協助吏部尚書掌文選、勳封、考課之政。正四品上。

[17]給事中：官名。秦始置。隋唐以來，爲門下省屬官。掌讀署奏抄，駁正違失。正五品上。　李光序：人名。五代官員。事見本書本卷、卷三二、卷四〇、卷四四。　尚書右丞：官名。尚書省佐貳官。唐中期以後，與尚書左丞實際主持尚書省日常政務，權任甚重。後梁開平二年（908）改爲右司侍郎，後唐同光元年（923）復舊爲右丞。唐時爲正四品下，後唐長興元年（930）升爲正四品。

[18]許州：州名。治所在今河南許昌市。

八月壬戌，詔諸司人吏，不許諸處奏薦，如有勞績，只許本司奏聞。詔有司，吴越王印宜以黄金鑄成，其文曰："吴越國王之印"。丁卯，帝釋服，百官奉慰於長壽宫。戊辰，客省使李嚴使蜀回。[1]初，帝令往市蜀中珍玩，蜀法嚴峻，不許奇貨東出，其許市者謂之"入草物"。[2]嚴不獲珍貨，歸而奏之。帝大怒曰："物歸中夏者命之曰'入草'，王衍寧免爲入草之人耶！"[3]由是伐蜀之意鋭矣。庚辰，幸壽安山陵作所。[4]鄴都大水，[5]御河泛溢。癸未，河南縣令羅貫長流崖州，[6]尋委河南府决痛杖一頓，處死，坐部内橋道不修故也。及死，人皆冤之。甲申，山陵禮儀使奏："山陵封域之内，先有丘墳，合令子孫改卜。舊例給其所費，無子孫者官爲瘞藏。如是五品以上官，所司仍以禮致祭。"從之。鳳翔奏，[7]大水。乙酉，[8]中書門下上言："據禮儀使狀，準故事，太常少卿定大行太后謚議，太常卿署定訖，告天

地宗廟。[9]伏準禮文：賤不得誄貴，子不得爵母，后必謚於廟者，受成於祖宗。今大行太后謚，請太常卿署定後，集百官連署謚狀訖，讀於太廟太祖皇帝室，然後差丞郎一人撰册文，别定日，命太尉上謚册於西宫靈座，同日差官告天地、太微宫、宗廟，如常告之儀。"[10]從之。青州大水、蝗。[11]己丑，以襄州留後李紹珙爲襄州節度使，以邠州留後董璋爲邠州節度使。[12]

［1］客省使：官名。唐代宗時始置，五代沿置。客省長官，掌接待四方奏計及外族使者。　李嚴：人名。幽州（今北京市）人。五代、後唐官員。傳見本書卷七〇、《新五代史》卷二六。　蜀：即五代十國之前蜀。五代時十國之一，王建所建。唐末，王建爲壁州刺史。大順二年（891）王建攻佔成都，任成都尹、劍南西川節度使。天復三年（903），唐封王建爲蜀王，兼併東川、山南。天祐四年（907）唐亡，王建稱帝於成都，建國號蜀，史稱前蜀。917年改國號爲漢，次年復國號蜀。前蜀統治地區有今四川、重慶和甘肅東南部、陝西南部、湖北西部，共四十六州。王建在位期間，政權較爲安定，生産有所發展。前蜀後期，朝政落入宦官手中，國力日趨衰微。咸康元年（925）爲後唐所滅。凡二主，共二十三年。王建傳見本書卷一三六、《新五代史》卷六三。

［2］"初"至"入草物"：《舊五代史考異》："案：原本'入草'訛'全草'，今據《通鑑》及《册府元龜》所引《薛史》改正。"見明本《册府》卷二三三《僭僞部·矜大門》、《新五代史》卷二六《李嚴傳》、《通鑑》卷二七三同光二年（924）五月戊申條。

［3］王衍：人名。許州舞陽（今河南舞陽縣）人。王建幼子，五代十國前蜀皇帝，918年至925年在位。傳見本書卷一三六、《新五代史》卷六三。

[4]壽安山陵：後唐莊宗之母曹太后陵墓。位於壽安縣（今河南宜陽縣）。

[5]鄴都：都城名。治所在今河北大名縣。後唐莊宗同光元年(923)，改魏州爲興唐府，建號東京。三年，改東京爲鄴都。

[6]河南：縣名。治所在今河南洛陽市。　縣令：官名。爲縣的行政長官，掌治本縣。唐代之縣，分赤（京）、次赤、畿、次畿、望、緊、上、中、中下、下十等。縣令分六等，正五品上至從七品下。　羅貫：人名。籍貫不詳。後唐官員，進士及第。傳見本書卷七一。　崖州：州名。治所在今海南海口市瓊山區。

[7]鳳翔：方鎮名。治所在鳳翔府（今陝西鳳翔縣）。

[8]乙酉：《輯本舊史》原作"己酉"，中華書局本有校勘記："按是月辛酉朔，無己酉。此事繫於甲申、己丑之間，或爲'乙酉'，乙酉爲二十五日。"但未改。甲申（二十四日）、己丑（二十九日）、乙酉（二十五日），己酉當爲乙酉之誤，今改。

[9]中書門下：官署名。唐代以來爲宰相處理政務的機構。參見劉後濱《唐代中書門下體制研究——公文形態·政務運行與制度變遷》，齊魯書社2004年版。　太常少卿：官名。太常寺次官。佐太常卿掌宗廟祭祀禮樂及教育等。正四品上。

[10]太廟：又稱大廟。祭祀帝王祖宗之廟，省稱祖廟。　太祖皇帝：即李克用。沙陀族，生於神武川新城（一説是今山西朔州市朔城區之梵王寺村，一説是今山西應縣縣城，一説在今山西懷仁縣之日中城）。唐末軍閥，後唐太祖。紀見本書卷二五、卷二六。　太尉：官名。與司徒、司空並爲三公，唐後期、五代多爲大臣、勳貴加官。正一品。　太微宫：唐朝尊老子爲祖，建玄元廟奉祀。唐玄宗天寶二年（743）改西京玄元廟爲太清宫，東京爲太微宫，天下諸郡爲紫極宫，又改譙郡紫極宫爲太清宫。　宗廟：帝王的祖廟。用以供奉、祭祀皇帝先祖。

[11]青州：州名。治所在今山東青州市。

[12]襄州：方鎮名。治所在襄州（今湖北襄陽市）。　留後：

官名。唐、五代節度使多以子弟或親信爲留後，以代行節度使職務，亦有軍士、叛將自立爲留後者。掌一州或數州軍政。　李紹珙：人名。原名劉訓。隰州永和（今山西永和縣）人。五代藩鎮將領。傳見本書卷六一。　節度使：官名。唐時在重要地區所設掌握一州或數州軍、民、財政的長官。　邠州：方鎮名。治所在邠州（今陝西彬縣）。　董璋：人名。籍貫不詳。五代後梁、後唐將領。傳見本書卷六二、《新五代史》卷五一。

九月辛卯朔，河陽奏，黄河漲一丈五尺。癸巳，中書上言："大行皇太后謚議合讀於太廟太祖室，其日，集兩省御史臺五品已上、尚書省四品已上、諸司三品已上官，於太廟序立。"[1]從之。鎮州、衛州奏，[2]水入城，壞廬舍。乙未，制封第三子鄴都留守、興聖宫使、檢校太尉、同平章事、判六軍諸衛事繼岌爲魏王。[3]幸壽安陵。庚子，襄州奏，漢江漲溢，漂溺廬舍。[4]是日，命大舉伐蜀，詔曰：

[1]中書：官署名。"中書門下"的簡稱。　兩省：指中書省、門下省。　御史臺：官署名。秦、漢始置。古代國家的監察機構。掌糾察官吏違法，肅正朝廷綱紀。大事廷辯，小事奏彈。　尚書省：官署名。東漢設置，稱尚書臺，或稱中臺。南北朝時始稱尚書省，下分各曹，爲中央執行政務的總機構。唐代曾改稱文昌臺、都臺、中臺，旋復舊稱。尚書省與中書省、門下省合稱三省。長官爲尚書令，其副職爲左、右僕射。　諸司：唐前期，由各寺、監分管各項事務。玄宗始置諸使專管某項事務，其後各寺、監所管事務亦多歸諸使，朝廷每有詔令，常統稱諸司諸使。多以内侍省官員或將軍兼充，唐末、五代方用外朝大臣，以卿監、將軍及刺史以上官

領使。

[2]鎮州：州名。治所在今河北正定縣。《舊五代史考異》："案：原本脱'鎮州'二字，今據《册府元龜》所引《薛史》增入。"《册府》未見記載。　衛州：州名。治所在今河南衛輝市。

[3]留守：官名。古代皇帝出巡或親征時指定親王或大臣留守京城，綜理國家軍事、行政、民事、財政等事務，稱京城留守。在陪都或軍事重鎮也常設留守，以地方長官兼任。　興聖宫使：官名。提領洛陽大西宫興聖宫。　檢校太尉：官名。爲散官或加官，以示恩寵，無實際執掌。太尉，與司徒、司空並爲三公。　同平章事：官名。唐高宗以後，實際任宰相之職者，常在其本官後加同平章事的職銜。後成爲宰相專稱。　判六軍諸衛事：官名。後唐沿唐代舊制，置六軍、諸衛，以判六軍諸衛事爲禁軍六軍與諸衛的最高統帥。　繼岌：人名。即李繼岌。後唐莊宗長子，時封魏王。傳見本書卷五一、《新五代史》卷一四。

[4]漢江：水名。長江支流，即今漢江。源出今陝西西南部，在今湖北武漢市匯入長江。

朕夙荷丕基，乍平僞室，非不欲寵綏四海，[1]協和萬邦，庶正朔以遐同，俾人倫之有序。其或地居陬裔，位極驕奢，[2]殊乖事大之規，但蘊偷安之計，則必徵諸典訓，振以皇威，爰興伐罪之師，冀遏亂常之黨。蠢兹蜀主，世負唐恩，間者父總藩宣，任居統制，[3]屬朱温東離汴水，[4]致昭皇西幸岐陽，[5]不務扶持，反懷顧望，盜據劍南之土宇，[6]全虧閫外之忱誠。[7]先皇帝早在并門，將興霸業，彼既曾馳書幣，此亦復展謝儀。[8]後又特發使人，專持聘禮，彼則更不迴一介之使，答咫尺之書，星歲

俄移，歡盟頓阻。朕頃遵祟遺訓，[9]嗣統列藩，追昔日之來誠，繼先皇之舊好，累馳信幣，皆絶酬還，背惠食言，棄同即異。今觀孽豎，紹據山河，委閹宦以持權，憑阻修而僭號。早者，曾上秦王緘札，張皇蜀地聲塵，形侮黷之言辭，謗親賢之勳德。昨朕風驅鋭旅，電掃兇渠，復已墜之宗祧，纘中興之曆數。捷音旋報，復命仍稽，使來而尚抗書題，[10]情動而先誇險固。加以宋光葆輒陳狂計，別啟奸謀，將欲北顧秦川，東窺荆渚，人而無禮，罪莫大焉。[11]

[1]非不欲寵綏四海：《輯本舊史》之影庫本粘籤："寵綏，原本作'寵維'，今據文改正。"

[2]位極驕奢：中華書局本有校勘記："'極'，《册府》卷一二三作'處'。"見明本《册府》卷一二三《帝王部·征討門三》。

[3]任居統制：中華書局本有校勘記："'居'，原作'君'，據劉本、邵本、彭本、《册府》卷一二三改。"

[4]朱温：人名。宋州碭山（今安徽碭山縣）人。後梁開國皇帝。紀見本書卷一至卷七及《新五代史》卷一、卷二。　汴水：水名。隋開通濟渠，因自滎陽至開封一段即原來的汴水，故唐、宋人遂將出自河至入淮之通濟渠東段全流統稱爲汴水或汴渠。

[5]昭皇：即唐昭宗李曄，888 年至 904 年在位。紀見《舊唐書》卷二〇上、《新唐書》卷一〇。　岐陽：縣名。治所在今陝西岐山縣。

[6]劍南：方鎮名。指劍南東川、劍南西川。簡稱兩川或東、西川。唐肅宗至德二載（757）分劍南節度使東部地區置劍南東川節度使，治所在梓州（今四川三臺縣）。中華書局本有校勘記：

"'劍南',《册府》卷一二三作'山南'。"

[7]全虧閫外之忳誠：中華書局本有校勘記："'忳誠'，孔本、《册府》卷一二三作'臣誠'。"

[8]并門：指并州。治所在今山西太原市。　彼既曾馳書幣：中華書局本有校勘記："'曾'，原作'會'，據《册府》卷一二三改。"

[9]朕頃遵崇遺訓：中華書局本有校勘記："'崇'字原闕，據《册府》卷一二三補。"

[10]使來而尚抗書題：《輯本舊史》之影庫本粘籤："尚抗書題，原本作'尚挽'，考《通鑑》：蜀主遣歐陽彬聘于唐，書題稱'大蜀皇帝奉書大唐皇帝'。知原本'挽'字殊誤，據《册府元龜》所引《薛史》作'尚抗'，今改正。"《册府》未見記載。見《通鑑》卷二七三同光二年（924）五月戊申條《考異》。

[11]宋光葆：人名。籍貫不詳。前蜀宦官。事見本書本卷。　秦川：地區名。泛指今陝西、甘肅二省秦嶺以北的平原。　荆渚：地區名。泛指荆楚地區。

昨客省使李嚴奉使銅梁，[1]近歸金闕，凡於奏對，備述端由。其宋光嗣相見之時，於坐上便有言説，先問契丹强弱，次數秦王是非，度此苞藏，可見情狀。加以疏遠忠直，朋比奸邪。[2]内則縱恣輕華，競貪寵位；[3]外則滋彰法令，蠹耗生靈。既德力以不量，在人祇之共憤。[4]今命興聖宫使、魏王繼岌充西川四面行營都統，[5]命侍中、樞密使郭崇韜充西川東北面行營都招討制置等使，[6]荆南節度使高季興充西川東南面行營都招討使，[7]鳳翔節度使李曮充都供軍轉運應接等使，[8]同州節度使李令

德充行營招討副使,[9]陝府節度使李紹琛充行營蕃漢馬步軍都排陣斬斫使,[10]西京留守張筠充西川管内安撫應接使,[11]華州節度使毛璋充行營左廂馬步都虞候,[12]邠州節度使董璋充行營右廂馬步都虞候,[13]客省使李嚴充西川管内招撫使。[14]總領闕下諸軍兼四面諸道馬步兵士,[15]取九月十八日進發。凡爾中外,宜體朕懷。

[1]銅梁:縣名。治所在今重慶市潼南區。

[2]宋光嗣:人名。籍貫不詳。前蜀宫廷宦官。王衍時一度大權在握,後爲王衍所殺。事見本書本卷。　契丹:古部族、政權名。4世紀中葉宇文部爲前燕攻破,始分離而成單獨的部落,自號契丹。唐貞觀中,置松漠都督府,以其首領爲都督。唐末强盛,916年迭剌部耶律阿保機建立契丹國(遼)。先後與五代、北宋並立,遼天祚帝保大五年(1125)爲金所滅。參見張正明《契丹史略》,中華書局1979年版。　朋比奸邪:中華書局本有校勘記:"'邪',原作'雄',據《册府》卷一二三改。"

[3]競貪寵位:《輯本舊史》之影庫本粘籤:"競貪,原本作'竟食',今據《册府元龜》改正。"見明本《册府》卷一二三。

[4]在人祇之共憤:中華書局本有校勘記:"'人',原作'神',據《册府》卷一二三改。"

[5]行營都統:官名。唐末設諸道行營都統,作爲各道出征兵士的統帥。

[6]侍中:官名。秦始置。隋、唐前期爲門下省長官。唐後期多爲大臣加銜,不參與政務,實際職務由門下侍郎執行。正二品。

[7]荆南:方鎮名。治所在荆州(今湖北荆州市)。　高季興:人名。原名高季昌,陝州硖石(今河南三門峽市)人。南平(即荆南)開國君主。傳見本書卷一三三、《新五代史》卷六九。

[8]李曮：人名。岐王李茂貞之子。深州博野（今河北蠡縣）人。唐末、五代軍閥，長期割據鳳翔。事見本書本卷、卷一三二。都供軍轉運應接等使：官名。五代轉運使的一種。於戰時設置，或由軍中將領充任，或以地方文臣充任，負責軍需物資的籌集、調運、供給。中華書局本有校勘記："'都'字原闕，據《册府》卷一二三、《通鑑》卷二七三補。"《通鑑》卷二七三同光三年九月庚子條載："鳳翔節度使李繼曮充都供軍轉運應接等使。"

[9]同州：州名。治所在今陝西大荔縣。　李令德：人名。原名朱令德。許州（今河南許昌市）人。朱友謙之子。五代軍閥。事見本書卷六三、《新五代史》卷四五。　行營招討副使：官名。爲招討使副將，多以大臣、將帥或地方軍政長官兼任，掌管鎮壓起義、抗禦外敵、討伐叛亂等事。

[10]陝府：府名。治所在今河南三門峽市陝州區。　李紹琛：人名。原名康延孝。代北（今山西代縣）人。五代、後唐將領。傳見本書卷七四、《新五代史》卷四四。　行營蕃漢馬步軍都排陣斬斫使：武官名。唐節度使所屬武官，後梁時亦設，爲先鋒之職。中華書局本有校勘記："句下《册府》卷一二三、《通鑑》卷二七三有'兼馬步軍都指揮使'八字。"見《通鑑》卷二七三同光三年九月庚子條。

[11]西京：都城名。位於今陝西西安市。　張筠：人名。海州（今江蘇連雲港市海州區）人。唐末軍閥。傳見本書卷九〇、《新五代史》卷四七。　西川管内安撫應接使：官名。於戰時設置，或由軍中將領充任，或以地方文臣充任，負責安撫戰區秩序。

[12]華州：州名。治所在今陝西渭南市華州區。　毛璋：人名。滄州（今河北滄縣舊州鎮）人。後唐將領。傳見本書卷七三、《新五代史》卷二六。　行營左廂馬步都虞候：官名。五代時期出征軍隊高級統兵官。

[13]行營右廂馬步都虞候：官名。五代時期出征軍隊高級統兵官。

[14]西川管内招撫使：官名。掌招撫征伐之事。係臨時設置之統兵官。

[15]總領闕下諸軍兼四面諸道馬步兵士：中華書局本有校勘記："'士'，原作'事'，據殿本、《册府》卷一二三改。"

辛丑，授魏王繼岌諸道行營都統，餘如故。繼岌既受都統之命，以梁漢顒充中軍馬步都虞候兼馬步軍都指揮使，[1]張廷藴爲中軍步軍都指揮使，[2]牛景章充中軍左廂馬軍都指揮使，[3]沈斌充中軍右廂馬軍都指揮使，[4]卓瓌充中軍左廂步軍都指揮使，[5]王贇充中軍右廂步軍都指揮使，[6]供奉官李從襲充中軍馬步軍都監，[7]高品李廷安、吕知柔充魏王衙通謁。[8]詔工部尚書任圜、翰林學士李愚參魏王軍事。[9]丁未夕，徧天陰雲，北方有聲如雷，野雉皆鳴，俗所謂"天狗落"。戊申，魏王繼岌、樞密使侍中郭崇韜進發西征。[10]太子少師致仕薛廷珪卒，[11]贈右僕射。甲寅，幸壽安陵。司天上言："自七月三日大雨，至九月十八日後方晴，三辰行度不見。"[12]丁巳，幸尖山射雁。[13]

[1]梁漢顒：人名。太原（今山西太原市）人。五代將領。傳見本書卷八八。　中軍馬步都虞候：官名。出征時中軍馬步軍高級統兵官。　馬步軍都指揮使：官名。唐末、五代行軍統兵主帥。詳見杜文玉《晚唐五代都指揮使考》，《學術界》1995年第1期。

[2]張廷藴：人名。襄邑（今河南睢縣）人。唐末、五代將領。傳見本書卷九四、《新五代史》卷四七。　中軍步軍都指揮使：官名。出征時中軍步軍高級統兵官。

[3]牛景章：人名。籍貫不詳。五代將領。本書僅此一見。

中軍左廂馬軍都指揮使：官名。出征時中軍馬軍高級統兵官。

[4]沈斌：人名。一作“沈贇”。徐州下邳（今江蘇睢寧縣）人。後梁、後唐、後晋將領。傳見本書卷九五、《新五代史》卷三三。　中軍右廂馬軍都指揮使：官名。出征時中軍馬軍高級統兵官。

[5]卓瓌：人名。籍貫不詳。五代將領。事見本書本卷。　中軍左廂步軍都指揮使：官名。出征時中軍步軍高級統兵官。

[6]王贇：人名。籍貫不詳。五代將領。本書僅此一見。　中軍右廂步軍都指揮使：官名。出征時中軍步軍高級統兵官。《輯本舊史》之影庫本粘籤：“中軍右廂，原本脱‘廂’字，今據《册府元龜》增入。”見明本《册府》卷二六九《宗室部·將兵門》魏王繼岌條。

[7]供奉官：官名。泛指侍奉皇帝左右的臣僚，亦爲東、西頭供奉官通稱。　李從襲：人名。籍貫不詳。後唐宦官。事見《通鑑》卷二七四。　都監：官名。唐代中葉命將出征，常以宦官爲監軍、都監。後爲臨時委任的統兵官，稱都監、兵馬都監。掌屯戍、邊防、訓練之政令。

[8]高品：官名。即“内侍高品”。宦官，位次於供奉官。　李廷安：人名。籍貫不詳。後唐宦官。事見本書卷七四。　吕知柔：人名。籍貫不詳。後唐宦官。事見本書本卷。　通謁：官名。《新五代史》作“典謁”。東宫屬官。掌引見賓客。從九品下。　高品李廷安、吕知柔充魏王衙通謁：《輯本舊史》之影庫本粘籤：“充魏王衙通謁，原本作‘王衛’，今據《册府元龜》改正。”見明本《册府》卷二六九《宗室部·將兵門》魏王繼岌條，並可考《宋本册府》卷六七〇《内臣部·誣構門》李廷安等條。

[9]工部尚書：官名。尚書省工部主官。掌百工、屯田、山澤之政令。正三品。　任圜：人名。京兆三原（今陝西三原縣）人。後唐明宗時拜同中書門下平章事，後與權臣安重誨失和，被誣與叛臣朱守殷通謀而見殺。傳見本書卷六七、《新五代史》卷二八。

翰林學士：官名。由南北朝始設之學士發展而來，唐玄宗改翰林供奉爲翰林學士，備顧問，代王言。掌拜免將相、號令征伐等詔令的起草。　李愚：人名。渤海無棣（今山東慶雲縣）人。唐末進士，唐末、五代大臣。傳見本書卷六七、《新五代史》卷五四。

[10]戊申，魏王繼岌、樞密使侍中郭崇韜進發西征：《舊五代史考異》："案：原本衍'辛巳幸壽安陵甲寅'八字，今刪去。"

[11]太子少師：官名。與太子少傅、太子少保合稱"三少"，唐後期、五代多爲大臣、勳貴加官。從二品。　致仕：官員告老辭官。　薛廷珪：人名。河東（今山西永濟市）人。唐末、五代文臣。傳見本書卷六八。　太子少師致仕薛廷珪卒：《舊五代史考異》："案：原本作'少保'，今據《列傳》改正。"見《輯本舊史》卷六八《薛廷珪傳》，《輯本舊史》卷三一《唐莊宗紀五》：同光二年正月，"戊午，以前太子少師薛廷珪爲檢校户部尚書、太子少師致仕"。

[12]司天：官署名。即司天監。其長官亦稱司天監，掌天文、曆法以及占候等事。參見趙貞《唐宋天文星占與帝王政治》，北京師範大學出版社 2016 年版。　三辰：中國古代對日、月、星的稱謂。

[13]尖山：地名。位於今河南宜陽縣。

冬十月庚申朔，宰臣及文武三品以上官赴長壽宫，上大行皇太后謚曰貞簡皇太后。辛酉，幸甘泉，[1]遂幸壽安陵。壬戌，魏王繼岌率師至鳳翔，先遣使馳檄以諭蜀部。丁卯，奉皇太后尊謚寶册赴西宫靈座，[2]宰臣豆盧革攝太尉讀册文，吏部尚書李琪讀寶文，百官素服班於長壽宫門外奉慰。淮南楊溥遣使進慰禮。[3]己巳，中書上言："貞簡太后陵請以坤陵爲名。"從之。初卜山

陵，帝欲祔於代州武皇陵，[4]奏議："天子以四海爲家，不當分其南北。"乃於壽安縣界别卜是陵。[5]丙子，以前翰林學士、户部侍郎馮道依前本官充職。[6]戊寅，西征之師入大散關，僞命鳳州節度使王承捷、故鎮屯駐指揮使唐景思次第迎降，得兵一萬二千、軍儲四十萬。[7]又下三泉，[8]得軍儲三十餘萬。自是師無匱乏，軍聲大振。辛巳，僞興州刺史王承鑒、成州刺史王承朴棄城遁去，[9]康延孝大破蜀軍於三泉。時王衍將幸秦州，以其軍五萬屯於利州。[10]聞我師至，遣步騎三萬逆戰於三泉，延孝與李嚴以勁騎三千擊之，蜀軍大敗，斬首五千級，餘衆奔潰。王衍聞敗，自利州奔歸成都，斷吉柏津浮梁而去。[11]丁亥，文武百官上表，以貞簡皇太后靈駕發引，請車駕不至山陵所。戊子，葬貞簡太后於坤陵。己丑，魏王繼岌至興州，僞東川節度使宋光葆以梓、綿、劍、龍、普五州來降，[12]武定軍使王承肇以洋、蓬、壁三州來降，[13]興元節度使王宗威以梁、開、通、渠、潾五州來降，[14]階州刺史王承岳納符印請命，[15]秦州節度使王承休棄城自扶州路奔於西川。[16]

[1]甘泉：水名。位於今河南洛陽市。

[2]奉皇太后尊謚寶册赴西宫靈座：中華書局本有校勘記："'西宫'，原作'西京'，據劉本、邵本校及本卷上文改。"

[3]淮南：方鎮名。治所在揚州（今江蘇揚州市）。唐昭宗景福元年（892）以楊行密爲節度使。　楊溥：五代十國吴睿帝，後禪位於徐知誥。傳見本書卷一三四、《新五代史》卷六一。

[4]代州：州名。治所在今山西代縣。　武皇陵：即後唐太祖

李克用陵墓。

[5]壽安縣：縣名。治所在今河南宜陽縣。　“初卜山陵”至“乃於壽安縣界别卜是陵”：《舊五代史考異》：“案《五代會要》載中書門下奏議云：‘人君以四海爲家，不當分異南北。洛陽是帝王之宅，四時朝拜，理須便近，不能遠幸代州。且漢朝諸陵，皆近秦雍，國朝陵寢，布列京畿。後魏文帝自代遷洛之後，園陵皆在河南，兼敕勳臣之家，不許北葬，今魏氏諸陵尚在京畿。祔葬代州，理未爲允。’從之。”見《會要》卷四皇后陵條後唐同光三年(925）十月記事。

[6]户部侍郎：官名。尚書省户部次官。協助户部尚書掌天下田户、均輸、錢穀之政令。正四品下。　馮道：人名。瀛州景城(今河北滄縣）人。五代時官拜宰相，歷仕後唐、後晋、後漢、後周，亦曾臣服於契丹。傳見本書卷一二六、《新五代史》卷五四。

[7]大散關：關隘名。位於今陝西寶鷄市大散嶺上。　西征之師入大散關：《舊五代史考異》：“案《九國志·趙廷隱傳》云：自入敵境，即禁兵士焚廬舍，剽財物，蜀人德之。”見《九國志》卷七《後蜀·趙廷隱傳》。　鳳州：州名。治所在今陝西鳳縣。　王承捷：人名。籍貫不詳。前蜀將領。事見本書本卷、卷五一、卷五七。　鎮屯駐指揮使：官名。駐屯軍將領。　唐景思：人名。秦州(今甘肅天水市）人。五代將領。傳見本書卷一二四、《新五代史》卷四九。

[8]三泉：地名。位於今重慶市南川區。

[9]興州：州名。治所在今陝西略陽縣。　刺史：官名。漢武帝時始置。州一級行政長官。總掌考覈官吏、勸課農桑、地方教化等事。唐中期以後，節度、觀察使轄州而設，刺史爲其屬官，職任漸輕。從三品至正四品下。　王承鑒：人名。籍貫不詳。本書僅此一見。　成州：州名。治所在今甘肅成縣。　王承朴：人名。籍貫不詳。本書僅此一見。

[10]秦州：州名。治所在今甘肅天水市。　利州：州名。治所

在今四川廣元市。

[11]成都：府名。治所在今四川成都市。　吉柏津：渡口。在吉柏江上。位於今四川廣元市西南昭化鎮北。　斷吉柏津浮梁而去：《舊五代史考異》："《通鑑》作桔柏，考《歐陽史》亦作吉柏，今仍其舊。"《宋本册府》卷二九一《宗室部·立功門二》魏王繼岌條作"吉柏津"，《新五代史》卷一四《莊宗子繼岌傳》作"吉柏江浮橋"，《通鑑》卷二七三同光三年十月戊子條作"桔柏津浮梁"。

[12]東川：方鎮名。治所在梓州（今四川三臺縣）。　梓：州名。治所在今四川三臺縣。　綿：州名。治所在今四川綿陽市。　劍：州名。治所在今四川劍閣縣。　龍：州名。治所在今四川平武縣。　普：州名。治所在今四川安岳縣。

[13]武定軍：方鎮名。治所在洋州（今陝西洋縣）。　王承肇：人名。籍貫不詳。前蜀將領。事見本書本卷、卷五一。　洋：州名。治所在今陝西洋縣。　蓬：州名。治所在今四川儀隴縣。　壁：州名。治所在今四川通江縣。　武定軍使王承肇以洋蓬壁三州來降：中華書局本有校勘記："'洋蓬壁'，原作'達蓬壁'，據本書卷五一《魏王繼岌傳》、《册府》卷二九一、《通鑑》卷二七三改。按《太平寰宇記》卷一三七記達州，唐爲通州，宋乾德二年始改爲達州；又據同書卷一四〇，山南西道有壁州。"見《輯本舊史》卷五一《魏王繼岌傳》、《宋本册府》卷二九一、《通鑑》卷二七三同光三年十月乙丑條。

[14]興元：府名。治所在今陝西漢中市。　王宗威：人名。籍貫不詳。前蜀將領。事見本書本卷、卷五一。　梁：州名。治所在今陝西漢中市。　開：州名。治所在今重慶市開州區。　通：州名。治所在今四川達州市。　渠：州名。治所在今四川渠縣。　潾：州名。治所在潾山縣（今四川大竹縣東南，一説在今四川鄰水縣東南）。　興元節度使王宗威以梁、開、通、渠、潾五州來降：潾，中華書局本沿《輯本舊史》作"麟"，且有校勘記："《通鑑》

卷二七三胡注：‘渠州潾山縣，唐武德元年置潾州，八年州廢，以潾山縣屬渠州；當是蜀復置潾州也。“麟”當作“潾”。’”但未改。見《通鑑》卷二七三同光三年十月己丑條胡注，今據改。

［15］階州：州名。治所在今甘肅隴南市武都區。　王承岳：人名。籍貫不詳。事見本書本卷。

［16］王承休：人名。籍貫不詳。前蜀宦官。傳見《十國春秋》卷四六《前蜀十二·王承休傳》。《輯本舊史》之影庫本粘籤：“原本作‘成休’，今據《通鑑》及《十國春秋》改正。”見《通鑑》卷二七三同光三年十月己丑條、《十國春秋》卷四六。但《十國春秋》爲清人吴任臣著，如僅有《十國春秋》，不足爲據。下同。扶州：州名。治所在今四川九寨溝縣東北。　西川：方鎮名。劍南西川的簡稱。治所在成都府（今四川成都市）。　階州刺史王承岳納符印請命，秦州節度使王承休棄城自扶州路奔於西川：《舊五代史考異》卷二《唐書九·莊宗紀七》：“案《太平廣記》引《王氏見聞記》云：王承休握鋭兵於天水，兵刃不舉。既知東軍入蜀，遂擁麾下之師及婦女孩幼萬餘口、金銀繒帛，於西蕃買路歸蜀。沿路爲西蕃擄奪，凍餓相踐而死，迨至蜀，存者百餘人，唯與田宗汭等脱身而至。魏王使人問之曰：‘親握重兵，何得不戰？’曰：‘畏大王神武，不敢當其鋒。’曰：‘何不早降？’曰：‘蓋緣王師不入封部，無門納款。’曰：‘初入蕃部幾許人？’曰：‘萬餘口。’‘今存者幾何？’曰：‘纔及百數。’魏王曰：‘汝可償萬人之命。’遂斬之。”見《太平廣記》卷二四一引《王氏見聞記·諂佞三》王承休條。其中，“沿路爲西蕃擄奪”，中華書局本有校勘記：“‘西蕃’，《太平廣記》卷二四一引《王氏聞見録》作‘左衽’。”

十一月庚寅朔，帝幸壽安，號慟於坤陵。戊戌，以振武節度使朱守殷爲兖州節度使。[1]徐州、鄴都上言，十月二十五日夜，地大震。[2]康延孝至利州，修吉柏津

浮梁。僞昭武軍節度使林思諤來降。[3]辛丑，魏王過利州，帝賜王衍詔，諭以禍福。甲辰，魏王至劍州，僞武信軍節度使王宗壽以遂、合、渝、瀘、忠五州來降。[4]丁未，高麗國遣使貢方物。[5]康延孝、李嚴至漢州，[6]王衍遣人送牛酒請降，李嚴遂先入成都。戊申，祔貞簡皇太后神主於太廟。己酉，魏王至綿州，[7]王衍遣使上牋歸命。庚戌，皇弟鄆州節度使存霸、滑州節度使存渥、左金吾大將軍晋州節度使存乂、邢州節度使存紀，[8]並授起復雲麾將軍、右金吾大將軍同正。[9]荆南節度使高季興奏，收復歸、夔、忠等州。[10]辛亥，魏王至德陽。[11]僞六軍使王宗弼報，王衍舉家遷於西宅，宗弼權稱西川兵馬留後；又報僞樞密使宋光嗣景潤澄、宣徽使李周輅歐陽晃同有異謀，惑亂蜀主，已梟斬訖。[12]壬子，王衍遣使上表請降。癸丑，以吴越國馬步統軍使、檢校太傅錢元球爲檢校太尉、守侍中，充静海軍節度使。[13]乙卯，魏王至西川城北。[14]丙辰，蜀主王衍出降，語在《衍傳》。[15]丁巳，大軍入成都，法令嚴峻，市不易肆。自興師凡七十五日蜀平，得兵士三萬、兵仗七百萬、糧三百五十三萬、錢一百九十二萬貫、金銀共二十二萬兩、珠玉犀象二萬、紋錦綾羅五十萬，得節度州十、郡六十四、縣二百四十九。[16]己丑，禮儀使奏："貞簡皇太后升祔禮畢，一應宗廟伎樂及諸祀並請仍舊。"從之。

[1]振武：方鎮名。後梁末帝貞明二年（916）以前，治所位於單于都護府城（今内蒙古和林格爾縣）。貞明二年單于都護府城

爲契丹占據。此後至後唐末帝清泰三年（936），治所位於朔州（今山西朔州市朔城區）。後晉隨燕雲十六州割予契丹，改名順義軍。　朱守殷：人名。籍貫不詳。後唐將領。傳見本書卷七四、《新五代史》卷五一。　兖州：方鎮名。治所在今山東濟寧市兖州區。

[2]徐州：州名。治所在今江蘇徐州市。

[3]昭武軍：方鎮名。治所在利州（今四川廣元市）。　林思諤：人名。籍貫不詳。前蜀將領。事見本書本卷、卷三四。《舊五代史考異》："案：原本作'世諤'，今據《通鑑》《十國春秋》改正。"見《通鑑》卷二七三同光二年八月乙亥條、卷二七四同光三年十一月戊戌條，《十國春秋》卷四三《前蜀九·林思諤傳》。

[4]武信軍：方鎮名。治所在遂州（今四川遂寧市）。　王宗壽：人名。許州（今河南許昌市）人。王建養子。事見本書本卷、卷一三六，《新五代史》卷六三、卷六九。　遂：州名。治所在今四川遂寧市。　合：州名。治所在今重慶市合川區。　渝：州名。治所在今重慶市。　瀘：州名。治所在今四川瀘州市江陽區。　忠：州名。治所在今重慶市忠縣。　僞武信軍節度使王宗壽以遂、合、渝、瀘、忠五州來降：中華書局本改"忠"作"昌"，有校勘記："'昌'，原作'忠'，據《通鑑》卷二七四改。按《新唐書》卷六八《方鎮表五》：'（乾寧四年）置武信軍節度使，領遂、合、昌、渝、瀘五州。'"《舊五代史考異》："案《九國志·王宗壽傳》：王衍時爲武信軍節度使，唐師入境，郭崇韜遣使遺宗壽書，宗壽不納，聞衍降，乃治裝赴闕。《歐陽史·蜀世家》亦言，宗壽獨不降，聞衍已銜璧，大慟，從衍東遷。據《薛史》，則王衍未送款，宗壽已降矣，與《九國志》異。"見《九國志》卷六《前蜀·王宗壽傳》，《通鑑》卷二七四同光三年十一月甲辰條。其中，"歐陽史蜀世家亦言宗壽獨不降聞衍已銜璧大慟從衍東遷"，中華書局本有校勘記："以上二十四字原闕，據殿本考證補。"

[5]高麗國：古國名。又稱高句麗。故地在今朝鮮半島北部。4世紀後强大，與新羅、百濟鼎足爭雄。總章元年（668），爲唐所

滅。918 年，後三國（即朝鮮新羅、後百濟、泰封）之一泰封國武將王建推翻其統治者弓裔，稱王，改國號高麗，都開京（今朝鮮開城市），史稱“王氏高麗”。漸合併新羅、後百濟，重新統一朝鮮半島。參見鄭麟趾等《高麗史》，西南師範大學出版社 2014 年；楊軍《高句麗民族與國家的形成和演變》，中國社會科學出版社 2006 年版。

[6]漢州：州名。治所在今四川廣漢市。

[7]綿州：州名。治所在今四川綿陽市。

[8]鄆州：方鎮名。治所在鄆州（今山東東平縣）。　存霸：人名。即李存霸。沙陀部人。李克用之子，五代軍閥。傳見本書卷五一、《新五代史》卷一四。　存渥：人名。李克用之子，後唐莊宗李存勗之弟。傳見本書卷五一、《新五代史》卷一四。　左金吾大將軍：官名。掌宫禁宿衛。唐代置十六衛，即左右衛、左右驍衛、左右武衛、左右威衛、左右領軍衛、左右金吾衛、左右監門衛、左右千牛衛，各置上將軍，從二品；大將軍，正三品；將軍，從三品。　晋州：州名。治所在今山西臨汾市。　存乂：人名。即李存乂。李克用子，李存勗弟。後唐莊宗同光三年（925）封睦王。後以郭崇韜之婿故爲李存勗所殺。傳見本書卷五一、《新五代史》卷一四。　邢州：方鎮名。治所在邢州（今河北邢臺市）。　存紀：人名。即李存紀。李克用子，李存勗弟。傳見本書卷五一、《新五代史》卷一四。

[9]雲麾將軍：官名。武散官，無實際執掌。從三品。　右金吾大將軍：官名。唐代置十六衛之一。掌宫禁宿衛。正三品。　同正：即“員外置同正員”。古代官員名額有定數，是爲“正員額”。在正員額以外所任官員，稱爲“員外置”。“員外置同正員”是指雖在正員額之外，但待遇同於正員官。

[10]歸：州名。治所在今湖北秭歸縣。　夔：州名。治所在今重慶市奉節縣。

[11]德陽：縣名。治所在今四川德陽市。

［12］六軍使：官名。總領左右羽林、左右龍武、左右神武六部皇宫禁軍。　王宗弼：人名。籍貫不詳。王建養子，前蜀高級官員。事見本書本卷、卷五七。　兵馬留後：官名。唐、五代時，代行方鎮長官之職者稱留後。代行州兵馬使之職者，即爲兵馬留後。掌本州兵馬。　景潤澄：人名。籍貫不詳。前蜀宦官。事見本書本卷。　宣徽使：官名。唐後期置。宣徽院的長官，初用宦官，五代以後改用士人。掌内諸司及三班内侍之名籍，郊祀、朝會、宴享供帳之儀，應内外進奉，悉檢視名物，用其印。　李周輅：人名。籍貫不詳。前蜀官員。事見本書本卷、卷一三六。　歐陽晃：人名。籍貫不詳。前蜀宦官。事見本書本卷、卷一三六。　“僞六軍使王宗弼報”至“已梟斬訖”：“宣徽使”，《輯本舊史》之影庫本粘籤：“原本作‘宣崇’，今據《十國春秋》改正。”《十國春秋》卷三九《前蜀五・王宗弼傳》無宗弼斬宣徽使李周輅等事。此據《通鑑》卷二七四同光三年十一月己酉條、《太平廣記》卷二四一《諂佞三・王承休傳》引《王氏見聞記》。《舊五代史考異》：“案《九國志・王宗弼傳》：唐師陷鳳州，衍遣三招討屯三泉以拒唐師，未戰，三招討俱遁走，因令宗弼守綿谷而誅三招討，宗弼遂與三招討同送款於魏王。乃還成都，斬宋光嗣等，函首送於魏王，遷衍及母妻於西宫。《通鑑》作李嚴至成都，宗弼猶乘城爲守備，與《九國志》異。”見《九國志》卷六《前蜀・王宗弼傳》、《通鑑》卷二七四同光三年十一月丁未條。

［13］吴越國：政權名。五代時十國之一，錢鏐所建。唐景福二年（893），錢鏐任鎮海、鎮東兩節度使，以杭州爲治所。天復二年（902）錢鏐受唐封爲越王。後梁開平元年（907）又封錢鏐爲吴越王。吴越國建都杭州，統治地區有今浙江、江蘇西南部、福建東北部等，共十三州。吴越在十國中相對安定，修築了錢塘江石塘等水利事業，農業、手工業、商業比較發達。錢鏐死後，宋太宗太平興國三年（978），錢俶向北宋納土，吴越亡。凡五主，共七十二年。錢鏐傳見本書卷一三三、《新五代史》卷六七。　馬步統軍使：官

名。吴越國馬步軍長官。　錢元球：人名。臨安（今浙江杭州市）人。吴越國官員。事見本書本卷、卷三七、卷四七。　静海軍：方鎮名。唐時舊鎮。治所在今越南河内市。

[14]西川城：即成都府，治所在今四川成都市。

[15]丙辰，蜀主王衍出降，語在《衍傳》：《舊五代史考異》："案：王衍出降在十一月丙辰，《通鑑》與《薛史》同，《歐陽史》作己酉，蓋據其上牋歸命之日而先書之，其實己酉唐師尚在綿州，未入成都也。《五代春秋》作十二月，蜀王衍降，尤誤。"《輯本舊史》卷一三六《王衍傳》引《大典》卷六八四九爲"王"字韻"姓氏（三四）"事目，其載："十一月二十一日（庚戌）衍上表歸降，二十七日（丙辰）衍出降。"《五代春秋》卷上《唐莊宗紀》作"十一月，蜀王衍降"，不誤。又見《新五代史》卷五《唐莊宗紀下》、《通鑑》卷二七四同光三年十一月丙辰條。

[16]得兵士三萬：中華書局本有校勘記："'三萬'，《册府》卷二〇作'一十三萬'，《新五代史》卷二四《郭崇韜傳》作'三十萬'。"見明本《册府》卷二〇《帝王部·功業門二》。　糧三百五十三萬：中華書局本有校勘記："'三百五十三萬'，《册府》卷二〇、《新五代史》卷二四《郭崇韜傳》作'二百五十三萬'。"明本《册府》卷二〇作"三百五十三萬"。　錢一百九十二萬貫：中華書局本有校勘記："'一百九十二萬'，《册府》卷二〇作'一百九十三萬'。"

十二月壬戌，以前雲州節度使李存敬爲同州節度使；以同州節度使、檢校太保、同平章事李令德爲遂州節度使，以邠州節度使、檢校太保董璋爲劍南東川節度副大使、知節度事；以華州節度使毛璋爲邠州節度使，以左金吾大將軍史敬鎔爲華州節度使。[1]丁卯，以武寧軍節度副使李紹文爲洋州觀察留後。[2]庚午，宴諸王武

臣於長春殿，始用樂。[3]丙子，以北京副留守、知留守事太原尹孟知祥爲檢校太傅、同平章事、成都尹、劍南西川節度副大使、知節度事、西山八國雲南都招撫等使；[4]以户部尚書王正言爲檢校吏部尚書、守興唐尹，充鄴都副留守；[5]以鄴都副留守、興唐尹張憲檢校吏部尚書、太原尹，充北京副留守、知留守事。[6]己卯，以臘辰狩於白沙，[7]皇后、皇子、宫人畢從。庚辰，次伊闕。[8]辛巳，次潭泊。壬午，次龕澗。[9]癸未，還宫。是時大雪苦寒，吏士有凍踣於路者。伊汝之民，飢乏尤甚，衛兵所至，責其供餉，既不能給，因壞其什器，撤其廬舍而焚之，甚於剽劫。縣吏畏恐，竄避於山谷間。甲申，出御札示中書門下，以今歲水災異常，所在人户流徙，以避徵賦，關市之征，抽納繁碎，宜令宰臣商量條奏。丙戌，第三姑宋氏封義寧大長公主，長姊孟氏封瓊華長公主，第十一妹張氏封瑶英長公主。[10]

[1]雲州：方鎮名。治所在今山西大同市。　李存敬：人名。籍貫不詳。後唐將領。事見本書本卷、卷二七。　檢校太保：官名。爲散官或加官，以示恩寵，無實際執掌。太保，與太師、太傅合稱三師。　節度副大使：官名。方鎮中僅次於節度使之使職，如持節，則位同於節度使。　史敬鎔：人名。太原（今山西太原市）人。後唐將領。傳見本書卷五五。

[2]武寧軍：方鎮名。治所在徐州（今江蘇徐州市）。　節度副使：官名。唐、五代方鎮屬官。位在行軍司馬之下、判官之上。　李紹文：人名。鄆州（今山東東平縣）人，原名張從楚。後唐將領。傳見本書卷五九。　觀察留後：官名。唐、五代時，代行方鎮長官之職者稱留後。代行觀察使之職者，即爲觀察留後。掌一州或

數州軍政。　以武寧軍節度副使李紹文爲洋州觀察留後：中華書局本有校勘記："'洋州'，原作'兖州'，據本書卷三四《唐莊宗紀八》、卷五九《李紹文傳》改。"見《輯本舊史》卷三四《唐莊宗紀八》同光四年（929）二月戊申條，《輯本舊史》卷五九《李紹文傳》作"洋州節度留後，領鎮江軍節度"。

[3]長春殿：宮殿名。位於今河南洛陽市。　始用樂：《輯本舊史》之影庫本粘籤："原本作'紹用'，今據文改正。"

[4]北京副留守、知留守事：官名。名義上爲北京留守副官，實際執掌政務。北京，即太原府（今山西太原市）。古代在都城、陪都或軍事重鎮所設留守、副留守，由地方行政長官兼任。中華書局本有校勘記："'北京副留守知留守事'，原作'北京副留守事'，據《册府》（宋本）卷八六五改。殿本作'北京副留守'。"《宋本册府》卷八六五《總録部·報恩門》郭崇韜條載郭崇韜報孟知祥推舉之恩事，作"北京副留守孟知祥"。　太原尹：官名。唐玄宗開元十一年（723）改并州爲太原府，治所在今山西太原市。太原尹總其政務。從三品。　孟知祥：人名。邢州龍岡（今河北邢臺市）人。李克用女婿，後蜀開國皇帝。傳見本書卷一三六、《新五代史》卷六四。　成都尹：官名。成都府最高行政長官。　劍南西川：方鎮名。治所在成都府（今四川成都市）。　西山八國雲南：又稱"雲南八國"。泛指西川南邊和西邊的少數民族諸部。詳見劉復生《"雲南八國"辨析——兼談北宋與大理國的關係》，《四川大學學報》2002年第6期。　都招撫等使：官名。掌招撫征伐之事。係臨時設置之統兵官。

[5]檢校吏部尚書：官名。爲散官或加官，以示恩寵，無實際執掌。　興唐尹：官名。後唐莊宗同光元年，改魏州爲興唐府。以興唐尹總其政務。從三品。　副留守：官名。古代在都城、陪都或軍事重鎮所設留守，由地方行政長官兼任。副留守爲留守之貳。

[6]張憲：人名。晋陽（今山西太原市）人。後唐官員。傳見本書卷六九、《新五代史》卷二八。

［7］白沙：地名。位於今河南洛陽市。《通鑑》卷二七四胡三省注："自白沙至黿澗，其地皆在洛陽東。"

［8］伊闕：山名。又名闕塞山、龍門山。位於今河南洛陽市。因兩山相對如闕，伊水流經其間而得名。

［9］黿澗：地名。位於今河南洛陽市。　辛巳，次潭泊。壬午，次黿澗：中華書局本有校勘記："原作'壬寅'，據殿本、《通鑑》卷二七四改。按是月庚申朔，無壬寅，壬午爲二十三日。"《舊五代史考異》："案：原本'潭泊'訛'覃泊'，'黿澗'訛'竈澗'，今並從《通鑑》改正。"見《通鑑》卷二七四同光三年十二月辛巳、壬午條。

［10］義寧大長公主：後唐莊宗第三姑。適宋氏。本書僅此一見。　瓊華長公主：孟知祥之妻。事見本書本卷、卷一三六。《舊五代史考異》："案：《通鑑》以瓊華爲克讓女，則莊宗之從姊也。《隆平集》《東都事略·孟昶傳》並云：'父知祥，尚唐莊宗妹。'俱與《薛史》異。"見《隆平集》卷一二《僞國西蜀》孟昶條、《東都事略》卷二三《孟昶傳》。《通鑑》卷二七五天成二年（927）四月丙申條未言瓊華爲克讓女之事，《會要》卷二公主條作："後唐武皇長女瓊華長公主（降孟知祥，同光三年十二月封）。""則莊宗之從姊也"，中華書局本有校勘記："'莊宗'，原作'莊公'，據殿本《考證》改。"瓊華長公主爲武皇女抑從女，有兩説。

閏十二月甲午，[1]賜中書門下詔曰：

朕聞古先哲王，臨御天下，上則以無偏無黨爲至治，次則以足食足兵爲遠謀，緬惟前修，誠可師範。朕纂承鳳曆，嗣守鴻圖，三載於兹，萬機是總，非不知五兵未弭，兆庶多艱，蓋賴卿等寅亮居懷，康濟爲務，冀盡賦輿之理，[2]洞詢盍徹之規。今則潛按方區，備聆謡俗，或力役罕均其勞逸，或

賦租莫辨於後先，但以督促爲名，煩苛不已。被甲冑者何嘗充給，趨朝省者轉困支持，州閭之貨殖全疎，天地之災祥屢應。以至星辰越度，[3]旱澇不時，農桑失業於丘園，道殣相望於郊野，生靈及此，寢食寧遑，豈非朕德政未孚，焦勞自掇者耶！[4]

[1]閏十二月甲午：中華書局本有校勘記："'閏'字原闕，據殿本、《册府》卷一〇三補。按十二月庚申朔，無甲午，閏十二月己丑朔，甲午爲初六。"見明本《册府》卷一〇三《帝王部·招諫門二》。

[2]冀盡賦輿之理：中華書局本有校勘記："'賦'，原作'數'，據《册府》卷一〇三改。"

[3]以至星辰越度：《輯本舊史》之影庫本粘籤："越度，原本作'越展'，今據文改正。"明本《册府》卷一〇三作"越度"，可爲書證。

[4]焦勞自掇者耶：中華書局本有校勘記："'掇'，原作'拙'，據《册府》卷一〇三改。"

朕昨親援毫翰，軫念瘡痍，一則詢爾謀猷，一則表予宵旰，未披來奏，轉撓於懷，敢不翼翼罪躬，乾乾軫慮。咨爾四岳，弼予一人，何不舉賢才，裨寡昧。百辟之内，群后之間，莫不有盡忠者被掩其能，抱器者艱陳其力。或草澤有遺逸之士，山林多屈滯之人，爾所不知，吾將安訪。卿等位尊調鼎，名顯代天，既逢不諱之朝，何悋由衷之説，[1]當宜歷告中外，急訪英髦。應在任及前資文武官已下，至草澤之士，[2]有濟國治民、除姦革弊

者，並宜各獻封章，朕當選擇施行。其近宣御札，亦告諭内外，體朕意焉。

是時，兩河大水，户口流亡者十四五，都下供饋不充，軍士乏食，乃有鬻子去妻，老弱採拾於野，殍踣於行路者。州郡飛輓，旋給京師，租庸使孔謙日於上東門外佇望其來，[3]算而給之。加以所在泥潦，輦運艱難，愁歎之聲，盈於道路，四方地震，天象乖越。帝深憂之，問所司濟贍之術。孔謙比以吏進，故無保邦濟民之要務，唯以急刻賦斂爲事。樞密承旨段徊奏曰："臣見本朝時或遇歲時災歉，國用不足，天子將求經濟之要，則内出朱書御札，以訪宰臣，請陛下依此故事行之。"[4]即命學士草詞，帝親札以訪宰臣，非帝憂民之實也。時宰相豆盧革等依阿狥旨，竟無所陳，但云："陛下威德冠天下，今西蜀平定，珍寶甚多，可以給軍。水旱作沴，天之常道，不足以貽聖憂。"中官李紹宏奏曰："俟魏王旋軍之後，若兵額漸多，饋輓難給，請且幸汴州，以便漕輓。"[5]時群臣獻議者亦多，大較詞理迂闊，不中時病。唯吏部尚書李琪引古田租之法，從權救弊之道，上疏言之，帝優詔以獎之。丁酉，詔僞蜀私署官員等："惟名與器，不可假人，況是遐僻偏方，僭竊僞署，因時亂而濫稱名位，歸國體而悉合削除。但恐當本朝屯否之時，有歷代簪纓之士，既陷彼土，遂授僞官。又慮有曾受本朝渥恩，當時已居班秩，須爲升降，不可通同。應僞署官至太師、太傅及三少，并太尉、司徒、司空、侍中、中書令、左右僕射已上，並宜降至六尚書，臨時

更約僞署高低爲六行次第。[6]階至開府、特進、金紫者，宜令文班降至朝散大夫，武班降至銀青。[7]爵僞署將相已上與開國男，[8]餘並不得更稱封爵，其有功臣者削去。[9]如是僞署節鎮，伐罪之初，率先向化及立功效者，宜委繼岌、崇韜臨時奬任。其刺史但許稱使君，不得更有檢校官。[10]其僞署班行正四品已上，[11]酌此降黜，五品已下，如不曾經本朝授官，若材智有聞，即許於府縣中量材任使；如無材智可録，[12]止是蜀地土人，並宜放歸田里。如是西班有稱統軍上將軍者，[13]若是本朝功臣子孫及將相之嗣，並據人材高下，與諸衛小將軍、府率、中郎將，[14]次第授任。如是小將軍已下，據人材堪任使者，宜委西川節度使衙前補押衙；[15]不堪任使者，亦宜放歸田里。應已前降官，除軍前量事迹任使外，餘並稱前銜，候朝廷續據才行任使。”庚子，彰武、保大等節度使高萬興卒。[16]甲辰，淮南楊溥遣使朝貢。乙巳，以晋州節度使李存乂爲鄜州節度使，以相州刺史李存確爲晋州節度使。[17]丙午，兩省諫官上疏，請車駕不巡幸汴州，凡三上章，乃允。庚戌，魏王繼岌奏，遣秦州副史徐藹齎書招諭南詔蠻。[18]又奏，點到兩川馬九千五百三十匹。[19]辛亥，制皇第二弟存霸可封永王，第三弟存美可封邕王，第四弟存渥可封申王，第五弟存乂可封睦王，第六弟存確可封通王，第七弟存紀可封雅王。[20]是歲，日傍有背氣，凡十三。《永樂大典》卷七千一百五十七。[21]

[1]何悋由衷之説：中華書局本有校勘記："'悋'，原作'怯'，據殿本、劉本、邵本、彭本、《册府》卷一〇三改。影庫本批校：'"怯"應作"悋"。'"

[2]應在任及前資文武官已下，至草澤之士：中華書局本有校勘記："'任'，原作'仕'，據明本《册府》卷一〇三改。"《册府》卷一〇三作"應在任及前資文武官，下至草澤之士"。

[3]租庸使：官名。唐代爲主持催徵租庸地税的財政官員。後梁、後唐時，租庸使取代鹽鐵、度支、户部，成爲中央財政長官。　上東門：城門名。爲洛陽城門。位於今河南洛陽市。《輯本舊史》之影庫本粘籤："上東門，原本作'尚東門'，據《通鑑》注云：洛城東面三門，中曰建春，左曰上東，右曰永通。今改正。"見《通鑑》卷二七四同光三年（925）十二月己卯條胡注。

[4]樞密承旨：官名。五代設樞密院承旨和樞密院副承旨，以各衛將軍擔任。主管樞密院承旨司之事。　段徊：人名。籍貫不詳。後唐官員，時任樞密承旨。事見本書本卷、卷三二。　國用不足：中華書局有校勘記："'用'，原作'費'，據《通鑑》卷二六三胡注引《薛史》改。"《通鑑》卷二六三天復三年（906）正月辛亥條胡注引《薛史》作："《薛史》載莊宗朝段徊奏曰：'唐制，或歲時災歉，國用不足，天子將求經濟之要，則内出朱書御札以訪群臣。'"

[5]李紹宏：人名。籍貫不詳。後唐莊宗近臣。事見本書卷二九、卷三四、卷三五、卷五七。　俟魏王旋軍之後：《輯本舊史》之影庫本粘籤："俟魏王，原本脱'王'字，今據文增入。"

[6]太師：官名。與太傅、太保合稱三師，唐後期、五代多爲大臣、勳貴加官。正一品。　太傅：官名。與太師、太保合稱三師，唐後期、五代多爲大臣、勳貴加官。正一品。　三少：指太子少師、太子少傅、太子少保。唐後期、五代多爲大臣、勳貴加官。從二品。　司徒：官名。與太尉、司空並爲三公。唐後期、五代多爲大臣、勳貴加官。正一品。　司空：官名。與太尉、司徒並爲三

公。唐後期、五代多爲大臣、勳貴加官。正一品。　中書令：官名。漢代始置，隋、唐前期爲中書省長官，屬宰相之職；唐後期多爲授予元勳大臣的虚銜。正二品。　左右僕射：官名。秦始置。隋、唐前期以左、右僕射佐尚書令總理六官，綱紀庶務，如不置尚書令，則總判省事，爲宰相之職。唐後期多爲大臣加銜。從二品。　六尚書：即尚書省六部尚書。

[7]開府：官名。即開府儀同三司。文散官階品。從一品。　特進：官名。文散官階品。正二品。　金紫：官名。即金紫光禄大夫。文散官階品。正三品。　朝散大夫：官名。文散官階品。從五品。　銀青：官名。即銀青光禄大夫。文散官階品。從三品。

[8]開國男：官名。爵位。從五品。　爵僞署將相已上與開國男：中華書局本有校勘記："'上'，原作'下'，據《五代會要》卷一七改。'開國男'下《五代會要》卷一七有'三百户'三字。"見《會要》卷一七僞官條。

[9]其有功臣者削去：《舊五代史考異》："案：此句疑有脱誤，據《五代會要》作其有功臣名號，並宜削去。"見《會要》卷一七僞官條。

[10]不得更有檢校官：中華書局本有校勘記："'檢校官'，《五代會要》卷一七作'檢校及兼官'。"《會要》卷一七僞官條作"如刺史有見任政績可稱者，但許稱使君，不得更有檢校及兼官"。

[11]其僞署班行正官四品已上：中華書局本有校勘記："'官'字原闕，據《五代會要》卷一七補。"

[12]如無材智可録：《輯本舊史》之影庫本粘籤："原本脱'無'字，今據《五代會要》增入。"見《會要》卷一七僞官條。

[13]如是西班有稱統軍上將軍者：《舊五代史考異》："原本作'兩班'，今據《五代會要》改正。"見《會要》卷一七僞官條。

[14]府率：中華書局本有校勘記："《五代會要》卷一七作'率府副率'。"見《會要》卷一七僞官條。

[15]宜委西川節度使衙前補押衙：中華書局本有校勘記："'補

衙前’，原作‘衙前補’，據《五代會要》卷一七改。”見《會要》卷一七僞官條，作“補衙前押衙以下職”。

[16]彰武：方鎮名。治所在延州（今陝西延安市）。　保大：方鎮名。治所在鄜州（今陝西富縣）。　高萬興：人名。延州（今陝西延安市）人。五代將領，高懷遷之子。傳見本書卷一三二、《新五代史》卷四〇。

[17]鄜州：此處指保大軍。治所在鄜州（今陝西富縣）。　相州：方鎮名。即昭德軍。治所在相州（今河南安陽市）。　李存確：人名。李克用之子，後唐莊宗李存勗之弟。傳見本書卷五一、《新五代史》卷一四。

[18]徐藹：人名。籍貫不詳，本書僅此一見。　南詔：古國名。即蒙舍詔。隋末唐初，在今雲南大理洱海附近分佈有烏蠻、白族等少數民族，形成“六詔”，其中蒙舍詔因地處最南，故稱南詔。唐貞觀二十三年（649），其首領細奴邏建立“大蒙國”，附屬於唐，遣使進貢。唐玄宗開元年間，南詔主皮邏閣在唐朝支持下統一六詔，都於太和城（今雲南大理市太和村），唐封其爲雲南王。南詔大部分時間同唐保持密切聯繫，政治、經濟、文化制度受唐王朝影響，吸收了中原先進的生産技術。通用漢文，流行佛教。唐後期南詔因戰争頻仍，國内矛盾加劇。唐昭宗天復二年（902）爲權臣鄭買嗣所滅。南詔立國二百五十四年，傳十三主。傳見《新五代史》卷七四。

[19]又奏，點到兩川馬九千五百三十匹：《舊五代史考異》：“案《清異録》：莊宗滅梁平蜀，志頗自逸，命蜀匠織十幅無縫錦爲被材。被成，賜名‘六合被’。”見《清異録》卷下《陳設門》六合被條，“蜀匠”下有“旋”字。

[20]存美：人名。李克用之子，後唐莊宗李存勗之弟。傳見本書卷五一、《新五代史》卷一四。　第七弟存紀可封雅王：《舊五代史考異》：“原本作‘睢王’，考《通鑑》及《歐陽史》皆作雅王，《薛史·宗室傳》亦作雅王，今改正。”見《輯本舊史》卷五

一《宗室傳三》、《新五代史》卷五《唐莊宗紀下》、《通鑑》卷二七四同光三年閏十二月辛亥條。

［21］《大典》卷七一五七“唐”字韻“莊宗（四）”事目。

舊五代史　卷三四

唐書十

莊宗紀第八

同光四年春正月戊午朔，帝不受朝賀。[1]契丹寇渤海。[2]壬戌，[3]詔以去歲災沴，物價騰踴，自今月三日後避正殿，減膳撤樂，以答天譴。應去年遭水災州縣，秋夏税賦並與放免。自壬午年已前所欠殘税及諸色課利，已有敕命放免者，尚聞所在却有徵收，宜令租庸司切準前敕處分。[4]應京畿内人户，有停貯斛斗者，並令減價出糶，如不遵行，當令檢括。西川王衍父子僞署將相官吏，[5]除已行刑憲外，一切釋放。天下禁囚，除十惡五逆、官典犯贓、屠牛鑄錢、放火劫舍、持刃殺人，[6]準律常赦不原外，應合抵極刑者，遞降一等。其餘罪犯，悉與減降。逃背軍健，並放逐便。癸亥，河中節度使李繼麟來朝。[7]諸州上言，準宣，爲去年十月地震，集僧道起消災道場。甲子，魏王繼岌殺樞密使郭崇韜於西川，[8]夷其族。丙寅，百官上表，請復常膳，[9]凡三上

表，乃允之。西川行營都監李廷安進西川樂官二百九十八人。[10]契丹寇女真、渤海。[11]戊寅，契丹阿保機遣使貢良馬。庚辰，帝異母弟鄜州節度使存乂伏誅。[12]存乂，郭崇韜之子壻也，故亦及於禍。是日，以河中節度使、守太師、兼尚書令、西平王李繼麟爲滑州節度使，[13]尋令朱守殷以兵圍其第，[14]誅之，夷其族。辛巳，吐渾、奚各遣使貢馬。[15]鎮州上言，[16]部民凍死者七千二百六十人。又奏，準宣，進花果樹栽及抽樂人梅審鐸赴京。[17]甲申，以鄆州節度使、永王存霸爲河中節度使，以滑州節度使、申王存渥爲鄆州節度使。[18]乙酉，內人景姹上言："昭宗遇難之時，皇屬千餘人同時遇害，爲三穴瘞於宮城西古龍興寺北，請改葬。"[19]從之，仍詔河南府監護其事。[20]丙戌，迴鶻可汗阿咄欲遣使貢良馬。[21]鎮州上言，平棘等四縣部民，[22]餓死者二千五十人。丁亥，詔朱友謙同惡人史武等七人，[23]已當國法，並籍没家産。武等友謙舊將，時皆爲刺史，並以無罪族誅。[24]

[1]同光：後唐莊宗李存勗年號（923—926）。

[2]契丹：古部族、政權名。4世紀中葉宇文部爲前燕攻破，始分離而成單獨的部落，自號契丹。唐貞觀中，置松漠都督府，以其首領爲都督。唐末强盛，916年迭剌部耶律阿保機建立契丹國（遼）。先後與五代、北宋並立，遼天祚帝保大五年（1125）爲金所滅。參見張正明《契丹史略》，中華書局1979年版。　渤海：古國名。武周聖曆元年（698），粟末靺鞨首領大祚榮建立政權。唐玄宗先天二年（713），唐朝册封大祚榮爲渤海郡王，其國遂以渤海爲

名。傳見本書卷一三八、《新五代史》卷七四。

[3]壬戌：《輯本舊史》之影庫本粘籤："壬戌，原本作'丙戌'，據上文爲戊午朔，下文有癸亥、甲子，不得先敘丙戌。《歐陽史》作壬戌，降死罪以下囚。今改正。"見《新五代史》卷五《唐本紀五》同光四年（926）正月壬戌條。明本《册府》卷九二《帝王部·赦宥門一一》有同光四年正月壬戌制。壬戌爲五日，癸亥爲六日，甲子爲七日。

[4]租庸司：官署名。唐時主持催徵租庸地税。後梁、後唐時，取代鹽鐵、度支、户部，成爲中央財政机构。

[5]西川：方鎮名。治所在成都府（今四川成都市）。　王衍：人名。許州舞陽（今河南舞陽縣）人。王建幼子，前蜀皇帝。傳見本書卷一三六、《新五代史》卷六三。　西川王衍父子僞署將相官吏：中華書局本有校勘記："'父子'下原有'及'字，據《册府》卷九二删。按所放者爲亡蜀官吏，不包括蜀主王衍父子。"明本《册府》卷九二作"王衍父子僞署將相文武官及諸色職吏"。

[6]除十惡五逆、官典犯贓、屠牛鑄錢、放火劫舍、持刃殺人：中華書局本有校勘記："'鑄錢'，原作'毁錢'，據《册府》卷九二改。按顧炎武《日知録》卷二九：'唐時赦文每曰十惡五逆、火光行劫、持刃殺人、官典犯贓、屠牛鑄錢、合造毒藥不在原赦之限。'"見《日知録》卷二九吐蕃回紇條、明本《册府》卷九二同光四年正月壬戌制。

[7]河中：方鎮名。治所在河中府（今山西永濟市）。　節度使：官名。唐時在重要地區所設掌握一州或數州軍、民、財政的長官。　李繼麟：人名。即朱友謙。許州（今河南許昌市）人。唐末、五代軍閥。傳見本書卷六三、《新五代史》卷四五。

[8]繼岌：人名。即李繼岌。後唐莊宗長子，時封魏王。傳見本書卷五一、《新五代史》卷一四。　樞密使：官名。樞密院長官。五代時以士人爲之，備顧問、參謀議，出納詔奏，權侔宰相。參見李全德《唐宋變革期樞密院研究》，國家圖書館出版社2009年版。

郭崇韜：人名。代州雁門（今山西代縣）人。後唐大臣。傳見本書卷五七、《新五代史》卷二四。

[9]請復常膳：中華書局本有校勘記："'常'，原作'帝'，據邵本校、彭校改。"

[10]行營：統帥出征時辦公的地方。　都監：官名。唐代中葉命將出征，常以宦官爲監軍、都監。後爲臨時委任的統兵官，稱都監、兵馬都監。掌屯戍、邊防、訓練之政令。　李廷安：人名。籍貫不詳。後唐宦官。事見本書卷七四。　西川行營都監李廷安進西川樂官二百九十八人：《輯本舊史》之影庫本粘籤："進西川樂官，原本脱'西'字，今據文增入。"

[11]女真：部族名。源自肅慎部，五代時始稱女真。分布於今松花江、黑龍江下游，東至海。參見孫進己、孫泓《女真民族史》，廣西師範大學出版社2010年版。

[12]鄜州：方鎮名。治所在鄜州（今陝西富縣）。　存乂：人名。即李存乂。李克用子，李存勗弟。後唐莊宗同光三年（925）封睦王。後以郭崇韜之婿故爲李存勗所殺。傳見本書卷五一、《新五代史》卷一四。

[13]太師：官名。與太保、太傅並爲三師。唐後期、五代多爲大臣、勳貴加官。正一品。　尚書令：官名。秦始置。隋、唐前期爲尚書省長官，與中書令、侍中並爲宰相。因以李世民爲之，後皆不授，唐高宗廢其職。唐後期以李適、郭子儀有功而特授此職，爲大臣榮銜，不參與政務。五代因之。唐時爲正二品，後梁開平三年（909）升爲正一品。　滑州：方鎮名。治所在滑州（今河南滑縣）。

[14]朱守殷：人名。籍貫不詳。後唐將領。傳見本書卷七四、《新五代史》卷五一。　尋令朱守殷以兵圍其第：《舊五代史考異》："案：《歐陽史》作圍其館，胡三省云：《歐陽史》蓋謂朱友謙無私第在洛陽也。據《雲谷雜記》，唐末藩鎮入朝，館舍皆稱邸第，似無庸更易其字，《通鑑》仍從《薛史》作'第'。"見《新五代史》卷四五《朱友謙傳》、《通鑑》卷二七四天成元年（926）正

月庚辰條。

[15]吐渾：部族名。吐谷渾的省稱。源出鮮卑，後游牧於今甘肅、青海一帶。參見周偉洲《吐谷渾資料輯録》（增訂本），商務印書館2017年版。　奚：部族名。源出鮮卑宇文部。原稱庫莫奚，後省稱奚。參見畢德廣《奚族文化研究》，科學出版社2016年版。

[16]鎮州：州名。治所在今河北正定縣。

[17]梅審鐸：人名。籍貫不詳。本書僅此一見。　進花果樹栽及抽樂人梅審鐸赴京：中華書局本有校勘記："'梅審鐸'下《册府》卷一六九有'等'字。"明本《册府》卷一六九《帝王部·納貢獻門》作："四年正月，鎮州知州梁文矩奏，准宣，進花果樹栽及樂官梅審鐸等並已赴闕。"

[18]鄆州：方鎮名。治所在鄆州（今山東東平縣）。　存霸：人名。即李存霸。沙陀部人。李克用之子，五代軍閥。傳見本書卷五一、《新五代史》卷一四。　存渥：人名。即李存渥。李克用之子，後唐莊宗李存勗之弟。傳見本書卷五一、《新五代史》卷一四。

[19]景姹：人名。籍貫不詳。唐末宮女。事見本書本卷。　昭宗：即唐昭宗李曄，888年至904年在位。紀見《舊唐書》卷二〇上、《新唐書》卷一〇。　古龍興寺：位於今河南開封市。

[20]河南府：府名。治所在今河南洛陽市。

[21]迴鶻：古部族名。原係突厥鐵勒部的一支。唐玄宗天寶三載（744）建立回鶻汗國，9世紀中葉，回鶻汗國瓦解。其中一支爲甘州回鶻。11世紀初，甘州回鶻爲西夏所滅。參見楊蕤《回鶻時代：10—13世紀陸上絲綢之路貿易研究》，中國社會科學出版社2015年版。　阿咄欲：人名。又作仁裕。五代甘州回鶻可汗。本名阿咄欲，仁美之弟。後唐莊宗同光二年，兄仁美卒後，權知國事，稱權知可汗。天成三年被後唐明宗册封爲順化可汗。後晋天福四年（939），被後晋高祖册封爲奉化可汗。事見本書卷三九。

[22]平棘：縣名。治所在今河北趙縣。

[23]朱友謙：人名。許州（今河南許昌市）人。唐末、五代

軍閥。傳見本書卷六三、《新五代史》卷四五。　史武：人名。籍貫不詳。五代軍閥朱友謙部將，隨朱友謙事後梁、後唐。事見《新五代史》卷五。

［24］“丁亥”至“並以無罪族誅”：《舊五代史考異》：“案《通鑑》云：友謙舊將史武等七人，時爲刺史，皆坐族誅。蓋以《薛史》爲據，於七人姓名不爲全載。考《歐陽史》，丁亥，殺李繼麟之將史武、薛敬容、周唐殷、楊師太、王景、來仁、白奉國，滅其族。可補《薛史》所未備。”見《新五代史》卷五《唐本紀五》同光四年（即天成元年）正月丁亥條、《通鑑》卷二七四天成元年正月庚辰條。對《舊五代史考異》所引《歐陽史》之“滅其族”，中華書局本有校勘記：“以上三字原闕，據殿本、《新五代史》卷五《唐本紀》補。”

二月己丑，以宣徽南院使、知内侍省、兼内勾、特進、右領軍衛上將軍李紹宏爲驃騎大將軍、守左武衛上將軍、知内侍省，[1]充樞密使。甲午，以鄭州刺史李紹奇爲河陽節度使，以樂人景進爲銀青光禄大夫、檢校右散騎常侍、守御史大夫。[2]進以俳優嬖幸，善採訪閭巷鄙細事以啟奏，復密求妓媵以進，恩寵特厚。魏州錢穀諸務，[3]及招兵市馬，悉委進監臨。孔謙附之以希寵，[4]常呼爲“八哥”。諸軍左右無不托附，至於士人，亦有因之而求仕進者。每入言事，左右紛然屏退，惟以陷害熒惑爲意焉。是日，帝幸冷泉校獵。[5]乙未，宰臣豆盧革上言，[6]請支州縣官實奉，以責課效。丙申，武德使史彦瓊自鄴馳報稱：“今月六日，貝州屯駐兵士突入都城，剽劫坊市。”[7]初，帝令魏博指揮使楊仁晸率兵戍瓦橋，[8]至是代歸，有詔令駐於貝州。上歲天下大水，十

月鄴地大震，自是居人或有亡去他郡者，每日族談巷語，云："城將亂矣！"人人恐悚，皆不自安。十二月，以户部尚書王正言爲興唐尹、知留守事。[9]正言年耄風病，事多忽忘，比無經治之才。武德使史彦瓊者，以伶官得幸，帝待以腹心之任，都府之中，威福自我，正言以下，皆脅肩低首，曲事不暇。由是政無統攝，姦人得以窺圖。洎郭崇韜伏誅，人未測其禍始，皆云："崇韜已殺繼岌，自王西川，故盡誅郭氏。"先是，有密詔令史彦瓊殺朱友謙之子澶州刺史建徽。[10]史彦瓊夜半出城，不言所往。詰旦，閽報正言曰："史武德夜半馳馬而去，不知何往。"是日，人情震駭，訛言云："劉皇后以繼岌死於蜀，[11]已行弑逆，帝已晏駕，故急徵彦瓊。"其言播於鄴市，貝州軍士有私寧親於都下者，掠此言傳於貝州。軍士皇甫暉等因夜聚蒱博不勝，[12]遂作亂，劫都將楊仁晸曰：[13]"我輩十有餘年爲國家効命，甲不離體，已至吞併天下，主上未垂恩澤，翻有猜嫌。防戍邊遠，經年離阻鄉國，及得代歸，去家咫尺，不令與家屬相見。今聞皇后弑逆，京邑已亂，將士各欲歸府寧親，請公同行。"仁晸曰："汝等何謀之過耶！今英主在上，天下一家，從駕精兵不下百萬，西平巴、蜀，威振華夷，公等各有家族，何事如此！"軍人乃抽戈露刃環仁晸曰："三軍怨怒，咸欲謀反，苟不聽從，須至無禮。"仁晸曰："吾非不知此，但丈夫舉事，須計萬全。"軍人即斬仁晸。裨將趙在禮聞軍亂，[14]衣不及帶，將踰垣而遁，亂兵追及，白刃環之曰："公能爲帥否？否則頭隨

刃落!”在禮懼，即曰：“吾能爲之。”衆遂呼譟，中夜燔劫貝郡。詰旦，擁在禮趨臨清，剽永濟、館陶。[15]五日晚，有自貝州來者，言亂兵將犯都城，都巡檢使孫鐸等急趨史彦瓊之第，告曰：“賊將至矣，請給鎧仗，登陴拒守。”[16]彦瓊曰：“今日賊至臨清，計程六日方至，爲備未晚。”孫鐸曰：“賊來寇我，必倍道兼行，一朝失機，悔將何及！請僕射率衆登陴，鐸以勁兵千人伏於王莽河逆擊之，賊既挫勢，須至離潰，然後可以剪除。[17]如俟甚凶徒薄於城下，必慮奸人内應，則事未可測也。”彦瓊曰：“但訓士守城，何須即戰。”時彦瓊疑孫鐸等有他志，故拒之。是夜三更，賊果攻北門，彦瓊時以部衆在北門樓，聞賊呼譟，即時驚潰。彦瓊單騎奔京師。遲明，亂軍入城，孫鐸與之巷戰，不勝，携其母自水門而出，獲免。晡晚，趙在禮引諸軍據宫城，署皇甫暉、趙進等爲都虞候、斬斫使，[18]諸軍大掠。興唐尹王正言謁在禮，望塵再拜。是日，衆推在禮爲兵馬留後，[19]草奏以聞。帝怒，命宋州節度使元行欽率騎三千赴鄴都招撫，[20]詔徵諸道之師進討。丁酉，淮南楊溥遣使賀平蜀。[21]己亥，魏王繼岌奏，康延孝擁衆反，迴寇西川。[22]遣副招討使任圜率兵追討之。[23]庚子，福建節度副使王延翰奏，節度使王審知委權知軍府事。[24]邢州左右步直軍四百人據城叛，[25]推軍校趙太爲留後，[26]詔東北面副招討使李紹真率兵討之。[27]辛丑，元行欽至鄴都，進攻南門，以詔書招諭城中，趙在禮獻羊酒勞軍，登城遥拜行欽曰：“將士經年離隔父母，不取敕旨歸寧，

上貽聖憂，追悔何及！儻公善爲敷奏，俾從涣汗，某等亦不敢不改過自新。”行欽曰：“上以汝輩有社稷功，必行赦宥。”因以詔書諭之。皇甫暉聚衆大詬，即壞詔。行欽以聞，帝怒曰：“收城之日，勿遺噍類！”壬寅，行欽自鄴退軍，保澶州。甲辰，從馬直宿衛軍士王温等五人夜半謀亂，[28]殺本軍使，爲衛兵所擒，磔於本軍之門。丙午，以右散騎常侍韓彦惲爲户部侍郎。[29]丁未，鄴都行營招撫使元行欽率諸道之師再攻鄴都。[30]戊申，以洋州留後李紹文爲夔州節度使。[31]詔河中節度使、永王存霸歸藩。己酉，以樞密副使宋唐玉爲特進、左威衛上將軍，[32]充宣徽南院使。庚戌，諸軍大集於鄴都，進攻其城，不克。行欽又大治攻具。城中知其無赦，晝夜爲備。朝廷聞之益恐，連發中使促繼岌西征之師。繼岌以康延孝據漢州，中軍之士從任圜進討，繼岌端居利州，不獲東歸。[33]是日，飛龍使顔思威部署西川宫人至。[34]辛亥，淮南楊溥遣使貢方物。西京上言，客省使李嚴押蜀主王衍至本府。[35]壬子，以守太尉、中書令、河南尹兼河陽節度使、齊王張全義爲檢校太師、兼尚書令，充許州節度使。[36]東川董璋奏，準詔誅遂州節度使李令德於本州，夷其族。[37]癸丑，湖南馬殷奏，福建節度使王審知疾甚，副使王延翰已權知軍府事，請降旄節。[38]司天監上言：自二月上旬後，晝夜陰雲，不見天象，自二十六日方晴，至月終，星辰無變。[39]以右衛上將軍朱漢賓知河南府事。[40]甲寅，命蕃漢總管李嗣源統親軍赴鄴都，以討趙在禮。[41]帝素倚愛元行欽，鄴城軍

亂，即命爲行營招討使，[42]久而無功。時趙太據邢州，王景戡據滄州，[43]自爲留後，河朔郡邑多殺長吏。帝欲親征，樞密使與宰臣奏言："京師者，天下根本，雖四方有變，陛下宜居中以制之，但命將出征，無煩躬御士伍。"帝曰："紹榮討亂未有成功，繼岌之軍尚留巴、漢，餘無可將者，斷在自行。"[44]樞密使李紹宏等奏曰："陛下以謀臣猛將取天下，今一州之亂而云無可將者，何也？總管李嗣源是陛下宗臣，創業已來，艱難百戰，何城不下，何賊不平，威略之名，振於夷夏，以臣等籌之，若委以專征，鄴城之寇不足平也。"帝素寬大容納，無疑於物，自誅郭崇韜、朱友謙之後，閹宦伶官交相譖諂，邦國大事皆聽其謀，繇是漸多猜惑，不欲大臣典兵，既聞奏議，乃曰："予恃嗣源侍衛，卿當擇其次者。"又奏曰："以臣等料之，非嗣源不可。"河南尹張全義亦奏云："河朔多事，久則患生，宜令總管進兵。如倚李紹榮輩，未見其功。"帝乃命嗣源行營。是日，延州知州白彦琛奏，綏、銀兵士剽州城謀叛。[45]魏王繼岌傳送郭崇韜父子首函至闕下，[46]詔張全義收瘞之。乙巳，以右武衛上將軍李肅爲安邑、解縣兩池榷鹽使，以吏部尚書李琪爲國計使。[47]

[1]宣徽南院使：官名。唐始置。宣徽南院的長官。初用宦官，五代以後改用士人。與宣徽北院使通掌内諸司及三班内侍之名籍，郊祀、朝會、宴享供帳之儀，檢視内外進奉名物。參見王永平《論唐代宣徽使》，《中國史研究》1995 年第 1 期；王孫盈政《再論唐代的宣徽使》，《中華文史論叢》2018 年第 3 期。　内侍省：官署

名。管理宫廷内部事務的機構。　内勾：官名。即内勾使。後唐莊宗時，以馬紹宏爲内勾使，掌勾三司財賦。　特進：官名。西漢末期始置，授給列侯中地位較特殊者。隋唐時期，特進爲散官，授給有聲望的文武官員。正二品。　右領軍衛上將軍：官名。唐置，掌宫禁宿衛。唐代置十六衛，即左右衛、左右驍衛、左右武衛、左右威衛、左右領軍衛、左右金吾衛、左右監門衛、左右千牛衛。各置上將軍，從二品；大將軍，正三品；將軍，從三品。　李紹宏：人名。又作馬紹宏。籍貫不詳。後唐莊宗近臣。傳見本書卷七二。　驃騎大將軍：官名。武散官，無實際執掌。從一品。　左武衛上將軍：官名。唐代置十六衛之一。掌宫禁宿衛。從二品。　“以宣徽南院使”至“知内侍省”：《輯本舊史》之影庫本粘籤：“南院，原本作‘北院’，考《歐陽史》及《通鑑》俱作‘南院’，今改正。”見《新五代史》卷五《唐本紀五》同光四年（926）二月己丑條、《通鑑》卷二七四天成元年（926）二月己丑條。

[2]鄭州：州名。治所在今河南鄭州市。　刺史：官名。漢武帝時始置。州一級行政長官，總掌考覈官吏、勸課農桑、地方教化等事。唐中期以後，節度、觀察使轄州而設，刺史爲其屬官，職任漸輕。從三品至正四品下。　李紹奇：人名。原名夏魯奇。青州（今山東青州市）人。後唐將領。傳見本書卷七〇、《新五代史》卷三三。　河陽：方鎮名。全稱“河陽三城”。治所在孟州（今河南孟州市）。　景進：人名。籍貫不詳。後唐莊宗朝伶官。傳見《新五代史》卷三七。　銀青光禄大夫：官名。文散官，無實際執掌。從三品。　檢校右散騎常侍：官名。爲散官或加官，以示恩寵，無實際執掌。　御史大夫：官名。秦始置，與丞相、太尉合稱三公。至唐代，在御史中丞之上設御史大夫一人，爲御史臺長官，專掌監察、執法。正三品。

[3]魏州：州名。治所在今河北大名縣。

[4]孔謙：人名。魏州（今河北大名縣）人。後唐大臣，善聚斂錢財，爲李存勗籌畫軍需。傳見本書卷七三、《新五代史》卷

二六。

[5]泠泉：宫名。其地不詳，疑位於洛陽城外。

[6]豆盧革：人名。先世爲鮮卑慕容氏，後改豆盧氏。唐同州刺史豆盧籍之孫，舒州刺史豆盧瓚之子。後唐宰相。傳見本書卷六七、《新五代史》卷二八。

[7]武德使：官名。後唐置，爲武德司長官，掌檢校皇城啟閉與警衛。　史彦瓊：人名。後唐莊宗時伶人。爲武德使，居鄴都，掌魏博六州之政。傳見本書附録、《新五代史》卷三七。　鄴：地名。後晋陪都。治所在今河北大名縣。　貝州：州名。治所在今河北清河縣。

[8]魏博：方鎮名。治所在魏州（今河北大名縣）。　指揮使：官名。唐末、五代軍隊多置都指揮使、指揮使，爲統兵將領。　楊仁晸：人名。或作“楊仁晟”“楊晸”。籍貫不詳。唐末、五代將領。事見本書卷九〇、《新五代史》卷四九。　瓦橋：關隘名。位於今河北雄縣。

[9]户部尚書：官名。户部長官。掌管全國土地、户籍、賦税、財政收支諸事。正三品。　王正言：人名。鄆州（今山東東平縣）人。後唐官員。傳見本書卷六九。　興唐尹：官名。後唐莊宗同光元年，改魏州爲興唐府。以興唐尹總其政務。從三品。　留守：官名。皇帝出巡或親征時指定親王或大臣留守京城，綜理軍事、行政、民事、財政等事務，稱京城留守。在陪都或軍事重鎮也常設留守，以地方長官兼任。　以户部尚書王正言爲興唐尹、知留守事：《輯本舊史》之影庫本粘籤：“爲興唐尹，原本脱‘唐’字，今據《列傳》增入。”見《輯本舊史》卷六九《王正言傳》，又見《通鑑》卷二七四同光三年十二月丙子條。

[10]澶州：州名。唐、五代初，治所在今河南清豐縣。後晋高祖天福四年（939）移治於今河南濮陽縣。　建徽：人名。即朱建徽。朱友謙之子。事見本書本卷、卷六三。

[11]劉皇后：指後唐莊宗皇后劉氏。魏州成安（今河北成安

縣）人。傳見本書卷四九、《新五代史》卷一四。

［12］皇甫暉：人名。魏州（今河北大名縣）人。五代將領。傳見本書附録、《新五代史》卷四九。

［13］都將：官名。唐、五代時節度使屬將。

［14］裨將：亦稱裨將軍。副將的統稱，相對主將而言。　趙在禮：人名。涿州（今河北涿州市）人。後唐、後晋將領。傳見本書卷九〇、《新五代史》卷四六。

［15］臨清：縣名。治所在今河北臨西縣。　永濟：縣名。治所在今河北館陶縣。《輯本舊史》之影庫本粘籤："永濟，原本作'求齊'，今據《通鑑》改正。"見《通鑑》卷二七四天成元年二月己丑條。　館陶：縣名。治所在今河北館陶縣。

［16］都巡檢使：官名。五代始設巡檢於京師、陪都、重要的州及邊防重鎮。設於都城的稱京城巡檢使、都巡檢、都巡檢使。掌京城治安。　孫鐸：人名。籍貫不詳。後唐將領。事見本書本卷。

［17］僕射：官名。秦始置。隋、唐前期以左、右僕射佐尚書令總理六官，綱紀庶務，如不置尚書令，則總判省事，爲宰相之職。唐後期多爲大臣加銜。從二品。　王莽河：河道名。東漢以後，對西漢時黄河自濮陽（今河南濮陽市）以下故道的俗稱。因改徙於王莽時，故名。

［18］趙進：人名。籍貫不詳。後唐將領。事見本書本卷、卷九〇。　都虞候：官名。唐、五代方鎮高級軍官。　斬斫使：武官名。唐節度使所屬武官，後梁時亦設，爲先鋒之職。　"晡晚"至"斬斫使"："宫城"，《輯本舊史》之影庫本粘籤："原本作'官城'，《通鑑》作宫城，胡三省注云：帝即位于魏州，以牙城爲宫城。今改正。"見《通鑑》卷二七四天成元年二月癸巳條胡注。《舊五代史考異》："案《九國志·趙進傳》云：莊宗入洛，猶行遣屯，廪禄既薄，又不時給，士卒多怨憤，思亂者十七。同光末，進與本軍皇甫暉等共推趙在禮相率夜犯鄴城，鄴中士卒莫有鬬志，進等因陷其城。未踰旬，兵數萬。在禮署進衙内都虞候、三城巡檢

使。《通鑑》作趙在禮據宫城，署皇甫暉及軍校趙進爲馬步都指揮使。與《九國志》異。”見《九國志》卷七《趙進傳》、《通鑑》卷二七四天成元年二月癸巳條。

[19]兵馬留後：官名。唐、五代時，代行方鎮長官之職者稱留後。代行州兵馬使之職者，即爲兵馬留後。掌本州兵馬。

[20]宋州：州名。治所在今河南商丘市睢陽區。　元行欽：人名。幽州（今北京市）人。後唐將領。傳見本書卷七〇、《新五代史》卷二五。

[21]淮南：方鎮名。治所在揚州（今江蘇揚州市）。　楊溥：人名。五代十國南吴睿帝，920年至937年在位，後禪位於徐知誥。傳見本書卷一三四、《新五代史》卷六一。

[22]康延孝：人名。代北（今山西代縣）人。後唐將領。傳見本書卷七四、《新五代史》卷四四。

[23]副招討使：官名。行營統兵官。位次行營都統、招討使。掌招撫討伐事務。　任圜：人名。京兆三原（今陝西三原縣）人。後唐將領、大臣。傳見本書卷六七、《新五代史》卷二八。　遣副招討使任圜率兵追討之：追討之，中華書局本沿《輯本舊史》作“追討次”，今據殿本、劉本改。

[24]福建：方鎮名。治所在今福建福州市。　王延翰：人名。閩太祖王審知長子，五代十國閩國國君。傳見本書卷一三四、《新五代史》卷六八。　王審知：人名。光州固始（今河南固始縣）人。五代十國閩國建立者。909年至925年在位。傳見本書卷一三四、《新五代史》卷六八。

[25]邢州：方鎮名。治所在今河北邢臺市。　步直軍：節度使親兵番號。《輯本舊史》之影庫本粘籤：“步直，原本作‘徒直’，《通鑑》作步直，胡三省注云：步直，謂步兵長直者也。今改正。”見《通鑑》卷二七四天成元年二月庚子條胡注。

[26]趙太：人名。籍貫不詳。後唐將領。事見本書本卷。

[27]李紹真：人名。即霍彦威。洺州曲周（今河北曲周縣）

人。後梁將領霍存養子，後梁、後唐將領。傳見本書卷六四、《新五代史》卷四六。

［28］王溫：人名。籍貫不詳。後唐士兵。事見本書本卷。

［29］右散騎常侍：官名。中書省屬官。掌侍奉規諷，備顧問應對。正三品下。　韓彦惲：人名。籍貫不詳。後唐大臣。本書僅此一見。　户部侍郎：官名。尚書省户部次官。協助户部尚書掌天下田户、均輸、錢穀之政令。正四品下。

［30］行營招撫使：官名。掌招撫征伐之事。係臨時設置之統兵官。

［31］洋州：州名。治所在今陝西洋縣。　李紹文：人名。鄆州（今山東東平縣）人。原名張從楚。後唐莊宗賜名李紹文。五代將領。傳見本書卷五九。　夔州：州名。治所在今重慶市奉節縣。

［32］樞密副使：官名。樞密院副長官。　宋唐玉：人名。籍貫不詳。事見本書本卷、卷三一、卷三二。　左威衛上將軍：官名。唐代置十六衛之一。掌宫禁宿衛。從二品。　以樞密副使宋唐玉爲特進左威衛上將軍：中華書局本有校勘記："本卷下文：'（三月癸亥）兩樞密使及宋唐玉、景進等各貢助軍錢幣。'則至本年三月，宋唐玉仍非樞密使；又據本書卷三二《唐莊宗紀六》，同光二年五月記樞密副使宋唐玉齎敕書招撫楊立事，疑'樞密使'係'樞密副使'之訛。"但未改。見《輯本舊史》卷三二《唐莊宗紀六》同光二年五月乙卯條。明本《册府》卷六六五《内臣部・恩寵門》載："宋唐玉，莊宗時爲樞密副使、通議大夫、行内侍省内侍，賜紫。同光二年四月，加唐玉金紫光禄大夫、左監門衛將軍同正，仍賜推忠翊佐功臣，依前充樞密副使。"終莊宗一朝，不見宋唐玉任樞密使的記載，今據上述諸書改補。

［33］漢州：州名。治所在今四川廣漢市。　利州：州名。治所在今四川廣元市。《輯本舊史》之影庫本粘籤："利州，原本作'則州'，今據《十國春秋》改正。"見《十國春秋》卷三九《前蜀五》，但《十國春秋》爲清人吴任臣所著。且《通鑑》卷二七四天

成元年載："二月己亥，魏王繼岌至利州，李紹琛遣人斷桔柏津。繼岌聞之，以任圜爲副招討使，將步騎七千，與都指揮使梁漢顒、監軍李延安追討之。"此證則州乃利州之誤，五代利州多見，無則州。

[34]飛龍使：官名。唐置飛龍廄，以飛龍使爲長官。掌天子御馬。　顔思威：人名。籍貫不詳。事見本書本卷。

[35]西京：指京兆府，治所在今陝西西安市。　客省使：官名。唐代宗時始置，五代沿置。客省長官，掌接待四方奏計及外族使省。　李嚴：人名。幽州（今北京市）人。後唐官員。傳見本書卷七〇、《新五代史》卷二六。

[36]太尉：官名。與司徒、司空並爲三公，唐後期、五代多爲大臣、勳貴加官。正一品。　中書令：官名。漢代始置，隋、唐前期爲中書省長官，屬宰相之職；唐後期多爲授予元勳大臣的虚銜。正二品。　河南尹：官名。唐玄宗開元元年（713）改洛州爲河南府，治所在今河南洛陽市。以河南府尹總其政務。從三品。　張全義：人名。濮州臨濮（今山東鄄城縣）人。唐末、後梁、後唐將領。傳見本書卷六三、《新五代史》卷四五。　檢校太師：官名。爲散官或加官，以示恩寵，無實際執掌。　許州：州名。治所在今河南許昌市。

[37]東川：方鎮名。治所在梓州（今四川三臺縣）。　董璋：人名。籍貫不詳。後梁、後唐將領。傳見本書卷六二、《新五代史》卷五一。　遂州：方鎮名。即武信軍。治所在遂州（今四川遂寧市）。　李令德：人名。原名朱令德。許州（今河南許昌市）人。五代軍閥。朱友謙之子。事見本書卷六三、《新五代史》卷四五。

[38]湖南：方鎮名。又稱武安軍節度。治所在潭州（今湖南長沙市）。　馬殷：人名。許州鄢陵（今河南鄢陵縣）人，一説上蔡（今河南上蔡縣）人。五代十國南楚開國君主。傳見本書卷一三三、《新五代史》卷六六。《輯本舊史》之影庫本粘籤："原本脱'馬'字，今據文增入。"湖南馬殷多見，《輯本舊史》卷一三三

《世襲列傳二》即有《馬殷傳》，此乃書證。

[39]司天監：官署名。其長官稱司天監，掌天文、曆法以及占候等事。參見趙貞《唐宋天文星占與帝王政治》，北京師範大學出版社 2016 年版。

[40]右衛上將軍：官名。唐代置十六衛之一。掌宫禁宿衛。從二品。　朱漢賓：人名。譙（今安徽亳州市）人。後唐將領。傳見本書卷六四、《新五代史》卷四五。　河南府：府名。即後唐都城洛陽河南府（今河南洛陽市）。

[41]蕃漢總管：官名。即蕃漢馬步軍都總管。後唐置，爲蕃漢馬步軍總指揮官。　李嗣源：人名。沙陀部人。原名邈佶烈，李克用養子。後唐明宗，926 年至 933 年在位。紀見本書卷三五至卷四四、《新五代史》卷六。　“甲寅”至“以討趙在禮”：“甲寅”，中華書局本沿《輯本舊史》作甲辰，有校勘記：“《通鑑》卷二七四作‘甲寅’。按本月甲辰前已見，庚戌、辛亥、壬子、癸丑之後應是甲寅，作‘甲辰’誤。自本日以後至四月朔日，《本紀》所書干支均較《通鑑》早十日，《新五代史》亦同本書，知原文如此。凡本卷下文干支與他書歧異而注文未涉及者，出校以備參考。”但未改，《新五代史》卷五《唐本紀五》同《輯本舊史》繫於二月甲辰，卷六《唐本紀六》則繫於三月前，未書月。《通鑑》卷二七四則繫於二月甲寅（二十七日），今據改。

[42]招討使：官名。唐貞元年間始置。戰時任命，兵罷則省。常以大臣、將帥或地方軍政長官兼任。掌招撫討伐等事務。

[43]王景戡：人名。籍貫不詳。後唐將領。事見本書本卷、卷三七、卷三九、卷四〇、卷四二。　滄州：州名。治所在今河北滄縣舊州鎮。

[44]紹榮：人名。即李紹榮。原名元行欽。幽州（今北京市）人。後唐將領。傳見本書卷七〇、《新五代史》卷二五。　巴：州名。治所在今四川巴中市巴州區。

[45]延州：州名。治所在今陜西延安市。　白彦琛：人名。籍

貫不詳。本書僅此一見。　綏：州名。治所在今陝西綏德縣。銀：州名。治所位於今陝西榆林市。　綏、銀兵士剽州城謀叛：《輯本舊史》之影庫本粘籤："綏、銀，原本作'經銀'，據《通鑑》注云：綏、銀爲夏州所屬。今改正。"見《通鑑》卷二七四天成元年二月甲寅條胡注："綏、銀時爲夏州巡屬，延州以鄰鎮奏言之耳。"

[46]魏王繼岌傳送郭崇韜父子首函至闕下：中華書局本有校勘記："'闕'，原作'關'，據殿本、劉本、邵本校改。"

[47]右武衛上將軍：官名。唐代置十六衛之一。掌宫禁宿衛。從二品。　李肅：人名。籍貫不詳。五代後唐官員。事見本書本卷、卷一〇、卷四二、卷四五、卷四六、卷七六、卷九三、卷一一一等。　安邑、解縣兩池榷鹽使：官名。唐中後期行鹽專賣。安邑、解縣兩池鹽先屬度支使管理。唐德宗貞元十六年（800）置榷鹽使，掌兩池鹽專賣及查禁私鹽。　吏部尚書：官名。尚書省吏部長官，與二侍郎分掌六品以下文官選授、勳封、考課之政令。正三品。　李琪：人名。河西敦煌（今甘肅敦煌市）人。後梁、後唐官員。傳見本書卷五八、《新五代史》卷五四。　國計使：官名。五代始置，後梁、後唐及閩國皆有設置，掌財賦稅收、錢穀用度。

三月丁巳朔，[1]李紹真奏，收復邢州，擒賊首趙太等二十一人，狥於鄴都城下，皆磔於軍門。庚申，李紹真自邢州赴鄴都城下。[2]辛酉，[3]以威武軍節度副使、福建管内都指揮使、檢校太傅、守江州刺史王延翰爲福建節度使，[4]依前檢校太傅。壬戌，李嗣源領軍至鄴都，營於西南隅。甲子，進營於觀音門外，下令諸軍，詰旦攻城。是夜，城下軍亂，[5]迫嗣源爲帝。遲明，亂軍擁嗣源及霍彦威入於鄴城，復爲皇甫暉等所脅，[6]嗣源以

詭詞得出，[7]夜分至魏縣。[8]時嗣源遥領鎮州，詰旦，議欲歸藩，上章請罪，安重誨以爲不可，語在《明宗紀》中。[9]翌日，遂次於相州。[10]元行欽部下兵退保衛州，[11]以飛語上奏，嗣源一日之中遣使上章申理者數四。帝遣嗣源子從審與中使白從訓賫詔以諭嗣源，[12]行至衛州，從審爲元行欽所械，不得達。是日，西面行營副招討使任圜奏，收復漢州，擒逆賊康延孝。丙寅，[13]荆南高季興上言，[14]請割峽内夔、忠、萬等三州却歸當道，[15]依舊管係，又請雲安監。[16]初，將議伐蜀，詔高季興令率本軍上峽，自收元管屬郡。軍未進，夔、忠、萬三州已降，季興數請之，因賂劉皇后及宰臣樞密使，内外叶附，乃俞其請。戊辰，[17]詔河南府預借今年夏秋租税。[18]時年飢民困，百姓不勝其酷，京畿之民，多號泣於路，議者以爲劉盆子復生矣。[19]庚午，詔潞州節度使孔勍赴闕，以右龍虎統軍安崇阮權知潞州。[20]是日，忠武軍節度使、齊王張全義薨。[21]壬申，宰臣豆盧革率百官上表，以魏博軍變，請出内府金帛優給將士。不報。時知星者上言："客星犯天庫，宜散府藏。"[22]又云："流星犯天棓，主御前有急兵。"[23]帝召宰臣於便殿，皇后出宫中粧奩、銀盆各二，并皇子滿哥三人，[24]謂宰臣曰："外人謂内府金寶無數，向者諸侯貢獻旋供賜與，今宫中有者，粧奩、嬰孺而已，可鬻之給軍。"革等惶恐而退。癸酉，以僞置昭武軍節度使林思諤爲閬州刺史。[25]是日，出錢帛給賜諸軍，兩樞密使及宋唐玉、景進等各貢助軍錢幣。[26]是時，軍士之家乏食，婦女掇蔬

於野，及優給軍人，皆負物而詬曰："吾妻子已殍矣，用此奚爲！"甲戌，[27]元行欽自衛州率部下兵士歸，帝幸耀店以勞之。[28]西川輦運金銀四十萬至闕，分給將士有差。元行欽請車駕幸汴州，帝將發京師，遣中官向延嗣馳詔所在誅蜀主王衍，仍夷其族。[29]乙亥，車駕發京師。戊寅，遣元行欽將騎軍沿河東向。壬午，帝至滎澤，以龍驤馬軍八百騎爲前軍，遣姚彦温董之，彦温行至中牟，率所部奔於汴州。[30]時潘環守王村寨，有積粟數萬，亦奔汴州。[31]是時，李嗣源已入於汴，帝聞諸軍離散，精神沮喪，至萬勝鎮即命旋師。[32]登路旁荒塚，置酒，視諸將流涕。俄有野人進雉，因問塚名，對曰："里人相傳爲愁臺。"帝彌不悦，罷酒而去。是夜，次汜水。[33]初，帝東出關，從駕兵二萬五千，及復至汜水，已失萬餘騎。乃留秦州都指揮使張瑭以步騎三千守關。[34]帝過罌子谷，[35]道路險狹，每遇衛士執兵仗者，皆善言撫之曰："適報魏王繼岌又進納西川金銀五十萬，到京當盡給爾等。"軍士對曰："陛下賜與太晚，人亦不感聖恩。"帝流涕而已。又索袍帶賜從官，内庫使張容哥對曰："頒給已盡。"[36]衛士叱容哥曰；"致吾君社稷不保，是此閹豎！"抽刀逐之，或救而獲免。容哥謂同黨曰："皇后惜物不散，軍人歸罪於吾輩，事若不測，吾輩萬段，願不見此禍。"因投河而死。[37]甲申，次石橋，[38]帝置酒野次，悲啼不樂，謂元行欽等諸將曰："鄴下亂離，寇盜蜂起，總管迫於亂軍，存亡未測，今訛言紛擾，朕實無聊。卿等事余已來，富貴急難，無不共

之，今兹危蹙，賴爾籌謀，而竟默默無言，坐觀成敗。予在滎澤之日，欲單騎渡河，訪求總管，面爲方略，招撫亂軍，卿等各吐胸襟，共陳利害，今日俾余至此，卿等如何！”元行欽等百餘人垂泣而奏曰：“臣本小人，蒙陛下撫養，位極將相，危難之時，不能立功報主，雖死無以塞責，乞申後効，以報國恩。”於是百餘人皆援刀截髮，置髻於地，[39]以斷首自誓，上下無不悲號，識者以爲不祥。是日，西京留守張筠部署西征兵士到京，見於上東門外，晡晚，帝還宫。[40]初，帝在汜水，衛兵散走，京師恐駭不寧，及帝至，人情稍安。乙酉，百官進名起居。安義節度使孔勍奏，[41]點校兵士防城，準詔運糧萬石，進發次。時勍已殺監軍使據城，詭奏也。丙戌，[42]樞密使李紹宏與宰相豆盧革、韋説會於中興殿之廊下，商議軍機，因奏：“魏王西征兵士將至，車駕且宜控汜水，以俟魏王。”[43]從之。午時，帝出上東門親閲騎軍，誡以詰旦東幸，申時還宫。

[1]三月丁巳朔：中華書局本沿《輯本舊史》誤作丁未朔。《舊五代史考異》：“案：《通鑑》作丁巳朔，與《薛史》異。”見《通鑑》卷二七四天成元年（926）三月丁巳條。天成元年三月確爲丁巳朔，本月干支中華書局本均沿《輯本舊史》之誤，如庚申誤庚戌，辛酉誤辛亥等，各條校勘記不一一説明。

[2]庚申，李紹真自邢州赴鄴都城下：《舊五代史考異》：“案：《通鑑》作庚申，李紹真引兵至鄴都，營於城西北，以太等狗於鄴城下而殺之。與《薛史》異。”見《通鑑》卷二七四天成元年三月庚申條。

[3]辛酉：中華書局本有校勘記："《新五代史》卷七一《十國世家年譜》徐無黨注引《五代舊史》同，《九國志》卷一〇、《通鑑》卷二七四作'辛酉'。按是月丁巳朔，無辛亥，辛酉爲初五。"但未改。見《九國志》卷一〇《閩世家·嗣主》、《通鑑》卷二七四天成元年三月辛酉條。

[4]威武軍：方鎮名。治所在福州（今福建福州市）。　節度副使：官名。唐、五代方鎮屬官。位於行軍司馬之下、判官之上。　管内都指揮使：官名。五代時藩鎮軍隊長官。　檢校太傅：官名。爲散官或加官，以示恩寵，無實際職掌。　江州：州名。治所在今江西九江市。

[5]是夜，城下軍亂：《舊五代史考異》："案：《通鑑》作壬戌，李嗣源至鄴都，甲子夜，軍亂。《考異》引《莊宗實録》作壬戌，至鄴都，癸亥夜，軍士張破敗作亂。與《薛史》異日，《通鑑》從《薛史》。"《通鑑》卷二七四天成元年三月甲子條《考異》載："《莊宗實録》：'壬戌，今上至鄴都。癸亥夜，張破敗作亂，明日，入鄴都。'《明宗實録》：'三月六日，帝至鄴都，八日夜，破敗作亂。'《薛史·莊宗紀》：'壬子，嗣源至鄴都；甲寅夜，破敗作亂。'《明宗紀》與《實録》同。按長暦，此月丁巳朔，無壬子、甲寅。今從《實録》及《明宗本紀》。"應爲壬戌、甲子，今據改。

[6]復爲皇甫暉等所脅：中華書局本有校勘記："'皇甫暉'下殿本有'趙進'二字。"

[7]嗣源以詭詞得出：《輯本舊史》之影庫本粘籤："詭詞，原本作'詭記'，今據文改正。"

[8]魏縣：縣名。治所在今河北魏縣。

[9]安重誨：人名。應州（今山西應縣）人。後唐大臣。傳見本書卷六六、《新五代史》卷二四。

[10]相州：州名。治所在今河南安陽市。

[11]衛州：州名。治所在今河南衛輝市。

[12]從審：人名。即李從審。又名李從璟。後唐明宗李嗣源之

子。傳見本書卷五一、《新五代史》卷一五。　白從訓：人名。籍貫不詳。後唐宦官。事見本書本卷、卷三五、卷七〇。　帝遣嗣源子從審與中使白從訓賫詔以諭嗣源：《舊五代史考異》："案：從審，《歐陽史》作從璟。考《通鑑》，從審自衛州歸莊宗，賜名繼璟，與《歐陽史》異。"見《新五代史》卷一五《李繼璟傳》、《通鑑》卷二七四天成元年三月戊寅條。從璟初名從審，後莊宗又賜名繼璟。《輯本舊史》卷五一《李從審傳》載："從審，明宗長子，性忠勇沈厚，摧堅陷陣，人罕偕焉。從莊宗於河上，累有戰功，莊宗器賞之，用爲金槍指揮使。明宗在魏府爲軍士所逼，莊宗詔從審曰：'爾父于國有大功，忠孝之心，朕自明信，今爲亂兵所劫，爾宜自去宣朕旨，無令有疑。'從審行至中途，爲元行欽所制，復與歸洛下。莊宗改其名爲繼璟，以爲己子，命再往，從審固執不行，願死於御前，以明丹赤。從莊宗赴汴州，明宗之親舊多策馬而去，左右或勸從璟令自脱，終無行意，尋爲元行欽所殺。天成初，贈太保。"但《輯本舊史·李從審傳》實採自《册府》卷二七一、二八六、二九一，不能證明其録自《舊五代史·李從審傳》。

[13]丙寅：中華書局本沿《輯本舊史》之誤作丙辰，有校勘記："《通鑑》卷二七五《考異》引《莊宗實録》，高季興請割三州事在三月丙寅。"見《通鑑》卷二七五天成元年六月條《考異》。

[14]荆南：方鎮名。治所在荆州（今湖北荆州市）。　高季興：人名。原名高季昌，陝州硤石（今河南三門峽市）人。南平（即荆南）開國君主。傳見本書卷一三三、《新五代史》卷六九。

[15]夔：州名。治所在今重慶市奉節縣。　忠：州名。治所在今重慶市忠縣。　萬：州名。治所在今重慶市萬州區。

[16]雲安監：鹽監名。治所在今重慶市雲陽縣東北雲安鎮。

[17]戊辰：中華書局本沿《輯本舊史》之誤，有校勘記："《通鑑》卷二七四作'戊辰'。"見《通鑑》卷二七四天成元年三月戊辰條。

[18]詔河南府預借今年夏秋租税：中華書局本有校勘記："'夏

秋’，原作‘秋夏’，據殿本、《通鑑》卷二七四乙正。”《通鑑》卷二七四天成元年三月戊辰條載：“以軍食不足，敕河南尹豫借夏秋税，民不聊生。”

[19]劉盆子：人名。太山式（今山東泰安市泰山區）人，漢代城陽景王劉章之後。傳見《後漢書》卷一一。

[20]潞州：州名。治所在今山西長治市。　孔勍：人名。兖州（今山東濟寧市兖州區）人。唐末、五代藩鎮軍閥。傳見本書卷六四。　右龍虎統軍：官名。後梁禁衛部隊右龍虎軍統兵官。　安崇阮：人名。潞州上黨（今山西長治市）人。後唐、後晋將領。傳見本書卷九〇。

[21]忠武軍：方鎮名。治所在許州（今河南許昌市）。

[22]客星：指忽然出現、忽隱忽現或不常見的星體。　天庫：星名。庫樓十星之一，有時亦代指庫樓全體。屬二十八宿的角宿，在半人馬座。

[23]天棓：星名。共五星，屬紫微垣。在紫微宫右、女床星北。星占家認爲是天子的先驅，主禦兵。

[24]滿哥：《輯本舊史》之影庫本粘籤：“滿哥，原本作‘蒲哥’，今據《歐陽史·家人傳》改正。”《新五代史》卷一四《莊宗敬皇后劉氏傳》同光四年三月條作“滿喜”，《宋本册府》卷一八〇《帝王部·失政門》唐莊宗條作“滿哥”。

[25]昭武軍：方鎮名。治所在利州（今四川廣元市）。　林思諤：人名。籍貫不詳。前蜀將領。事見本書本卷、卷三三。　閬州：州名。治所在今四川閬中市。

[26]出錢帛給賜諸軍，兩樞密使及宋唐玉、景進等各貢助軍錢幣：《通鑑》卷二七四：“帝乃出金帛給賜諸軍，樞密宣徽使及供奉内使景進等皆獻金帛以助給賜。”

[27]甲戌：中華書局本沿《輯本舊史》之誤作“甲子”，有校勘記：“《通鑑》卷二七四作‘甲戌’。下文‘乙丑’‘戊辰’‘壬申’，《通鑑》卷二七四作‘乙亥’‘戊寅’‘壬午’。”下文乙亥

（十九日）、戊寅（二十二日）、壬午（二十六日）三條，中華書局本仍作乙丑、戊辰、壬申。

[28]耀店：地名。位於今河南孟津縣。《舊五代史考異》："《通鑑》作鷂店。胡三省注云：《薛史》作耀店。今仍其舊。"見《通鑑》卷二七四天成元年三月甲戌條。

[29]汴州：州名。治所在今河南開封市。　向延嗣：人名。籍貫不詳。後唐宦官。事見《通鑑》卷二七四。

[30]滎澤：縣名。治所在今河南鄭州市。　龍驤：禁軍名。後梁置左、右龍驤軍，後唐沿置。　姚彥温：人名。籍貫不詳。五代將領。事見本書本卷、卷三五。　中牟：縣名。治所在今河南中牟縣。

[31]潘環：人名。洛陽（今河南洛陽市）人。五代官員。傳見本書卷九四。　王村寨：地名。位於今河南濮陽市。

[32]萬勝鎮：地名。位於今河南中牟縣。

[33]愁臺：地名。位於今河南中牟縣。　汜水：縣名。治所在今河南滎陽市汜水鎮。

[34]秦州：州名。治所在今甘肅天水市。　張瑭：人名。籍貫不詳。本書僅此一見。中華書局本有校勘記："《通鑑》卷二七四作'張唐'。"見《通鑑》卷二七四天成元年三月壬午條。

[35]罌子谷：地名。位於今河南滎陽市西北。《輯本舊史》之影庫本粘籤："罌子谷，原本作'瞿子谷'，考《舊唐書》罌子谷在成臯，《通鑑》亦作'罌'，今改。"見《舊唐書》卷九《玄宗紀》天寶十四載十二月丙申條、《通鑑》卷二七四天成元年三月癸未條。

[36]内庫使：官名。後唐莊宗置，爲内諸司使之一，以宦者爲之，掌内庫財物之出納。　張容哥：人名。籍貫不詳。後唐宦官。事見本書本卷。

[37]"又索袍帶賜從官"至"因投河而死"：《舊五代史考異》："案《隆平集》：内臣李承進逮事唐莊宗，太祖嘗問莊宗時事，對曰：'莊宗好畋獵，每次近郊，衛士必控馬首曰："兒郎輩寒冷，

望陛下與救接。”莊宗隨所欲給之，如此者非一。晚年蕭牆之禍，由賞賚無節，威令不行也。’太祖歎曰：‘二十年夾河戰争，不能以軍法約束此輩，誠兒戲。’”見《隆平集》卷二革弊條。

[38]甲申，次石橋：“甲申”，中華書局本沿《輯本舊史》之誤作“甲戌”，《舊五代史考異》：“案：《通鑑》作甲申，次石橋西，與《薛史》異。《歐陽史》作甲戌，至自萬勝，與《薛史》合。”見《新五代史》卷五《唐本紀五》同光四年三月甲戌條、《通鑑》卷二七四天成元年三月甲申條。

[39]置髻於地：中華書局本有校勘記：“‘髻’，原作‘鬚’，據劉本、邵本校改。”《通鑑》卷二七四天成三年三月甲申條作“截髮置地”。

[40]張筠：人名。海州（今江蘇連雲港市海州區）人。唐末、五代軍閥。傳見本書卷九〇、《新五代史》卷四七。　上東門：城門名。爲洛陽城門。位於今河南洛陽市。

[41]安義：方鎮名。治所在潞州（今山西長治市）。唐時爲昭義。後梁末帝時改曰匡義。後唐滅梁，改曰安義。後晉復曰昭義。

[42]丙戌：中華書局本沿《輯本舊史》之誤作“丙子”，有校勘記：“《通鑑》卷二七四作‘丙戌’。”見《通鑑》卷二七四天成元年三月丙戌條。

[43]韋說：人名。籍貫不詳。五代官員。傳見本書卷六七。　中興殿：宫殿名。在洛陽宫城内。位於今河南洛陽市。　車駕且宜控汜水：《輯本舊史》之影庫本粘籤：“宜控汜水，原本作‘宜撫汜水’，今從《通鑑》改正。”見《通鑑》卷二七四天成元年三月丙戌條，作“車駕宜且控扼汜水”。

四月丁亥朔，[1]以永王存霸爲北都留守，[2]申王存渥爲河中節度使。是日，車駕將發京師，從駕馬軍陳於宣仁門外，[3]步兵陳於五鳳門外。[4]帝内殿食次，從馬直指

揮使郭從謙自本營率所部抽戈露刃,[5]至興教門大呼,與黄甲兩軍引弓射興教門。[6]帝聞其變,自宫中率諸王、近衛禦之,逐亂兵出門。既而焚興教門,緣城而入,登宫牆讙譟,帝御親軍格鬬,殺亂兵數百。俄而帝爲流矢所中,亭午,崩於絳霄殿之廡下,時年四十二。[7]是時,帝之左右例皆奔散,唯五坊人善友斂廊下樂器簇於帝尸之上,[8]發火焚之。及明宗入洛,止得其燼骨而已。天成元年七月丁卯,有司上謚曰光聖神閔孝皇帝,廟號莊宗。是月丙子,葬於雍陵。[9]《永樂大典》卷七千一百五十八。[10]

[1]四月丁亥朔:《舊五代史考異》:"案:《歐陽史》及《通鑑》《五代春秋》俱作四月丁亥朔。考《遼史》,天顯元年即同光四年,亦作四月丁亥朔。唯《薛史》作丁丑,與諸書異。案:是年正月係戊午朔,三月係丁未朔,則四月朔日自當爲丁丑。蓋《薛史》據當時實録,其月日有可徵信也。""蓋薛史據當時實録其月日有可徵信也",中華書局本有校勘記:"《舊五代史考異》卷二作'然《薛史·明宗紀》亦作四月丁亥朔,蓋各據《莊宗實録》《明宗實録》未及合考'。"見《輯本舊史》卷三五《明宗紀一》同光四年(926)四月丁亥條、《新五代史》卷五《唐本紀五》同光四年四月丁亥條、《通鑑》天成元年(926)四月丁亥條、《五代春秋》後唐莊宗同光四年四月丁亥條。

[2]北都:指太原(今山西太原市)。《新五代史》卷五《莊宗紀》載,同光元年"十一月乙巳,復北都爲鎮州,太原爲北都"。

[3]宣仁門:洛陽皇城東門。位於今河南洛陽市。中華書局本有校勘記:"原作'寬仁門',據《新五代史》卷三七《伶官傳》、《通鑑》卷二七五改。按《舊唐書》卷二〇下《哀帝紀》:'(天祐

二年）延喜門改爲宣仁門。’”見《通鑑》卷二七五天成元年四月丁亥條。

[4]五鳳門：洛陽皇城南門。位於今河南洛陽市。

[5]從馬直指揮使：官名。後唐親軍將領。“從馬直”爲部隊番號。後唐明宗李嗣源創置。其兵丁選自諸軍驍勇敢戰者，没有額定兵員。平時宿衛，戰時隨駕親征。　郭從謙：人名。籍貫不詳。五代後唐將領、伶人。傳見本書附録、《新五代史》卷三七。

[6]興教門：洛陽皇宫南面三門之一。位於今河南洛陽市。

[7]絳霄殿：後唐皇宫宫殿名。　時年四十二：中華書局本有校勘記：“‘二’，原作‘三’，據殿本、劉本、《通曆》卷一三、《五代會要》卷一、《通鑑》卷二七五改。按莊宗生于唐光啓元年十月二十二日，至同光四年四月崩，得年四十二。”見《通曆》卷一三《唐莊宗》、《會要》卷一《帝號》後唐莊宗條、《通鑑》卷二七五天成元年四月丁亥條。《舊五代史考異》：“《琬琰集》載《宋實録·王全斌傳》云：同光末，蕭牆有變，亂兵逼宫城，近臣宿將，皆釋甲潛遁，惟全斌與符彦卿等十數人居中拒戰。莊宗中流矢，扶掖歸絳霄殿，全斌慟哭而去。《東都事略·符彦卿傳》云：郭從謙之亂，莊宗左右皆引去，惟彦卿力戰，殺十餘人。莊宗崩，彦卿慟哭而去。參考《薛史·何福進傳》，時莊宗親軍，惟彦卿、福進數十而已。”見《東都事略》卷一九《符彦卿傳》。“參考薛史何福進傳時莊宗親軍惟彦卿福進數十而已”，中華書局本有校勘記：“以上二十二字原闕，據孔本補。”

[8]五坊：官署名。《新唐書·百官志二》載：“閑厩使押五坊，以供時狩：一曰鵰坊，二曰鶻坊，三曰鷂坊，四曰鷹坊，五曰狗坊。”五坊各以奉御爲主官，初由閑厩使兼領，後總領於五坊使。　善友：人名。籍貫不詳。後唐官員。事見本書本卷、《新五代史》卷三七。《舊五代史考異》：“案：《通鑑》作鷹坊人善友，胡三省注云：鷹坊，唐時五坊之一也。善，姓也。”見《通鑑》卷二七五天成元年四月丁亥條。

［9］“天成元年七月丁卯”至“葬於雍陵”：《輯本舊史》之案語：“《五代史補》：莊宗之嗣位也，志在渡河，但恨河東地狹兵少，思欲百練其衆，以取必勝於天下，乃下令曰：‘凡出師，騎軍不見賊不許騎馬，或步騎前後已定，不得越軍分以避險惡。其分路並進，期會有處，不得違晷刻。並在路敢言病者，皆斬之。’故三軍懼法而戮力，皆一以當百，故朱梁舉天下而不能禦，卒爲所滅，良有以也。初，莊宗爲公子，雅好音律，又能自撰曲子詞。其後凡用軍，前後隊伍皆以所撰詞授之，使揭聲而唱，謂之‘御製’。至於入陣，不論勝負，馬頭纔轉，則衆歌齊作。故凡所鬬戰，人忘其死，斯亦用軍之一奇也。莊宗好獵，每出，未有不蹂踐苗稼。一旦至中牟，圍合，忽有縣令，忘其姓名，犯圍諫曰：‘大凡有國家者，當視民如赤子，性命所繫。陛下以一時之娱，恣其蹂踐，使比屋囂然動溝壑之慮，爲民父母，豈其若是耶！’莊宗大怒，以爲遭縣令所辱，遂叱退，將斬之。伶官鏡新磨者，知其不可，乃與衆伶齊進，挽住令，佯爲詬責曰：‘汝爲縣，可以指麾百姓爲兒，即天子好獵，即合多留閑地，安得縱百姓耕鋤皆徧，妨天子鷹犬飛走耶！而又不能自責，更敢咄咄，吾知汝當死罪。’諸伶亦皆嘻笑繼和，於是莊宗默然，其怒少霽，頃之，恕縣令罪。《五代史闕文》：莊宗嘗因博戲，覩骰子采有暗相輪者，心悦之，乃自置暗箭格，凡博戲並認采之在下者。及同光末，鄴都兵亂，從謙以兵犯興教門，莊宗禦之，中流矢而崩。識者以爲暗箭之應。”“莊宗爲公子時”，中華書局本有校勘記：“‘時’字原闕，據殿本、孔本、《五代史補》卷二補。”“汝爲縣”，中華書局本有校勘記：“‘縣’下原有‘令’字，據殿本、孔本、《五代史補》卷二删。”今據删。見《五代史補》卷二莊宗能訓練兵士、莊宗爲縣令所諫條。

［10］《大典》卷七一五八“唐”字韻“莊宗（五）”事目。

史臣曰：莊宗以雄圖而起河汾，以力戰而平汴洛，

家讎既雪，國祚中興，雖少康之嗣夏配天，光武之膺圖受命，亦無以加也。然得之孔勞，失之何速？豈不以驕於驟勝，逸於居安，忘櫛沐之艱難，狥色禽之荒樂。外則伶人亂政，内則牝雞司晨。靳吝貨財，激六師之憤怨；徵搜輿賦，竭萬姓之脂膏。大臣無罪以獲誅，衆口呑聲而避禍。夫有一於此，未或不亡，矧咸有之，不亡何待！静而思之，足以爲萬代之炯誡也。《永樂大典》卷七千一百五十八。[1]

[1]《大典》卷七一五八“唐”字韻“莊宗（五）”事目。

舊五代史　卷三五

唐書十一

明宗紀第一

明宗聖德和武欽孝皇帝，諱亶，初名嗣源，及即位，改今諱，代北人也。世事武皇，[1]及其錫姓也，遂編於屬籍。四代祖諱聿，皇贈麟州刺史，天成初，追尊爲孝恭皇帝，廟號惠祖，陵曰遂陵；高祖妣衛國夫人崔氏，追謚爲孝恭昭皇后。[2]三代祖諱教，皇贈朔州刺史，追尊爲孝質皇帝，廟號毅祖，陵曰衍陵；曾祖妣趙國夫人張氏，追謚爲孝質順皇后。[3]皇祖諱琰，皇贈蔚州刺史，追尊爲孝靖皇帝，廟號烈祖，陵曰奕陵；皇祖妣秦國夫人何氏，追謚爲孝靖穆皇后。[4]皇考諱霓，皇贈汾州刺史，追尊爲孝成皇帝，廟號德祖，陵曰慶陵；皇妣宋國夫人劉氏，追謚爲孝成懿皇后。[5]帝即孝成之元子也。以唐咸通丁亥歲九月九日，懿皇后生帝於應州之金城縣。[6]

[1]武皇：即李克用。沙陀部人，生於神武川新城（一説是今山西朔州市朔城區之梵王寺村，一説是今山西應縣縣城，一説在今山西懷仁縣之日中城）。唐末軍閥，受封晋王。五代後唐追尊爲太祖。紀見本書卷二五、卷二六及《新五代史》卷四。

[2]聿：後唐明宗李嗣源高祖。本書僅此一見。　麟州：州名。治所在今陝西神木縣。　刺史：官名。漢武帝始置。州一級行政長官，總掌考覈官吏、勸課農桑、地方教化等事。唐中期以後，節度使、觀察使轄州而設，刺史爲其屬官，職任漸輕。從三品至正四品下。　天成：後唐明宗李嗣源年號（926—930）。　妣衛國夫人崔氏：後唐明宗李嗣源高祖母。本書僅此一見。

[3]教：後唐明宗李嗣源曾祖。本書僅此一見。《輯本舊史》之案語："原本作'諱敖'，今從《五代會要》改正。"中華書局本改作"諱教"，校勘記："'教'，《册府》卷一、卷三一、《新五代史》卷六《唐本紀》作'敖'。按本書卷九三《鄭雲叟傳》、《新五代史》卷三四《鄭遨傳》均記雲叟本名遨，因避唐明宗廟諱，以字行，可知明宗曾祖諱敖。"見《輯本舊史》卷九三《鄭雲叟傳》，明本《册府》卷一《帝王部·帝系門》、卷三一《帝王部·奉先門四》，《新五代史》卷六《唐本紀六》、卷三四《鄭遨傳》。　朔州：州名。治所在今山西朔州市朔城區。　趙國夫人張氏：後唐明宗李嗣源曾祖母。本書僅此一見。

[4]琰：後唐明宗李嗣源祖父。本書僅此一見。　蔚州：州名。治所在今河北蔚縣。中華書局本有校勘記："'蔚州'，原作'尉州'，據劉本、邵本、彭本、《册府》卷一、卷三一改。"

[5]霓：後唐明宗李嗣源之父。爲雁門部將。《舊五代史考異》："《歐陽史》云：父霓，未知孰是。"見《新五代史》卷六。　汾州：州名。治所在今山西汾陽市。　宋國夫人劉氏：後唐明宗李嗣源之母。本書僅此一見。

[6]應州：州名。治所在今山西應縣。　金城縣：縣名。治所在今山西應縣。　懿皇后生帝於應州之金城縣：中華書局本有校勘

記："'皇'字原闕，據殿本、劉本及本卷上文補。"

初，孝成事唐獻祖爲愛將，獻祖之失振武，爲吐渾所攻，部下離散，孝成獨奮忠義，解蔚州之圍。[1]武皇之鎮雁門也，[2]孝成厭代，帝年甫十三，善騎射，獻祖見而撫之曰："英氣如父，可侍吾左右。"每從圍獵，仰射飛鳥，控弦必中，尋隸武皇帳下。武皇遇上源之難，[3]將佐罹害者甚衆，帝時年十七，翼武皇踰垣脱難，於亂兵流矢之内，獨無所傷。武皇鎮河東，[4]以帝掌親騎。時李存信爲蕃漢大將，[5]每總兵征討，師多不利，武皇遂選帝副之，所向克捷。

[1]孝成：即後唐明宗李嗣源之父霓。　唐獻祖：即李國昌，又名朱邪赤心。沙陀部首領。唐末軍閥。李克用之父。其孫後唐莊宗李存勗即帝位後，追謚其爲文皇，廟號獻祖。事見《舊唐書》卷一九上、卷一九下。　振武：方鎮名。後梁貞明二年（916）以前，治所在單于都護府城（今内蒙古和林格爾縣）。貞明二年單于都護府城爲契丹占據。此後至後唐清泰三年（936），治所在朔州（今山西朔州市朔城區）。後晉時隨燕雲十六州割予契丹，改名順義軍。　吐渾：部族名。吐谷渾的省稱。源出鮮卑，後游牧於今甘肅、青海一帶。參見周偉洲《吐谷渾資料輯録》（增訂本），商務印書館2017年版。

[2]雁門：方鎮名。唐僖宗中和二年（882），以河東忻、代二州隸雁門節度。治所在代州（今山西代縣）。

[3]上源：驛站名。位於今河南開封市。　武皇遇上源之難：《輯本舊史》之影庫本粘籤："原本作'武后'，今據文改正。"從前後文即可證其爲武皇而非武后。

[4]河東：方鎮名。治所在太原（今山西太原市）。

[5]李存信：人名。本姓張。回鶻人。唐末將領。傳見本書卷五三、《新五代史》卷三六。

帝嘗宿於雁門逆旅，媪方娠，不時具饌，媪聞腹中兒語云："大家至矣，速宜進食。"媪異之，遽起，親奉庖爨甚恭，帝詰之，媪告其故。[1]帝既壯，雄武獨斷，謙和下士。每有戰功，未嘗自伐。居常唯治兵仗，持廉處静，晏如也。武皇常試之，召於泉府，命恣其所取，帝唯持束帛、數緡而出。凡所賜與，分給部下。常與諸將會，諸將矜衒武勇，帝徐曰："公輩以口擊賊，吾以手擊賊。"衆慚而止。景福初，黑山戍將王弁據振武叛，帝率其屬攻之，擒弁以獻。[2]

[1]"帝嘗宿於雁門逆旅"至"媪告其故"：《舊五代史考異》："《北夢瑣言》云：帝以媪前倨後恭，詰之，曰：'公貴不可言也。'問其故，具道娠子腹語事，帝曰：'老媪遜言，懼吾辱耳。'後果如其言。"見《北夢瑣言》卷一八。

[2]景福：唐昭宗李曄年號（892—893）。　黑山：地名。今地不詳。　王弁：人名。籍貫不詳。本書僅此一見。

乾寧三年，梁人急攻兖、鄆，鄆帥朱瑄求救於武皇。[1]武皇先遣騎將李承嗣、史儼援之，復遣李存信將兵三萬屯於莘縣。[2]聞汴軍益盛，攻兖甚急，存信遣帝率三百騎而往，敗汴軍於任城，[3]遂解兖州之圍。朱瑾見帝，[4]執手涕謝。其年，魏帥羅弘信背盟，[5]襲破李存

信於莘縣，帝奮命殿軍而還，武皇嘉其功，即以所屬五百騎號曰“橫衝都”，[6]侍於帳下，故兩河間目帝爲“李橫衝”。

[1]乾寧：唐昭宗李曄年號（894—898）。　兗：州名。治所在今山東濟寧市兗州區。　鄆：州名。治所在今山東東平縣。　朱瑄：人名。一作“朱宣”。宋州下邑（今河南夏邑縣）人。唐末軍閥，天平軍節度使。傳見《舊唐書》卷一八二、《新唐書》卷一八八、本書卷一三、《新五代史》卷四二。

[2]李承嗣：人名。代州雁門（今山西代縣）人。唐末、五代將領。傳見本書卷五五。　史儼：人名。代州雁門（今山西代縣）人。李克用部將。傳見本書卷五五。　莘縣：縣名。治所在今山東莘縣。《舊五代史考異》：“原本作‘華縣’，今據《新唐書·藩鎮傳》改正。”見《新唐書》卷二一〇《羅弘信傳》，又見《通鑑》卷二六〇乾寧三年（896）閏正月條。

[3]任城：縣名。治所在今山東濟寧市。

[4]朱瑾：人名。宋州下邑（今河南夏邑縣）人。唐末軍閥、五代將領。傳見本書卷一三、《新五代史》卷四二。

[5]魏：州名。此處代指唐末河北方鎮魏博軍，治所在今河北大名縣。時羅弘信爲魏博軍節度使。　羅弘信：人名。魏州貴鄉（今河北大名縣）人。唐末、五代軍閥。傳見《舊唐書》卷一八一、《新唐書》卷二一〇。

[6]橫衝都：部隊番號。

明年，武皇遣大將軍李嗣昭率師下馬嶺關，將復邢、洺，梁將葛從周以兵應援。[1]嗣昭兵敗，退入青山口，梁軍扼其路，步兵不戰自潰，嗣昭不能制。會帝本

軍至，謂嗣昭曰："步兵雖散，若吾輩空迴，大事去矣。爲公試決一戰，不捷而死，差勝被囚。"嗣昭曰："吾爲卿副。"帝率其屬，解鞍礪鏃，憑高列陣，左右指畫，梁人莫之測，因呼曰："吾王命我取葛司徒，他士可無併命。"即徑犯其陣，奮擊如神。嗣昭繼進，梁軍即時退去，帝與嗣昭收兵入關。帝四中流矢，血流被股，武皇解衣授藥，手賜巵酒，撫其背曰："吾兒神人也，微吾兒，幾爲從周所笑。"自青山之戰，名聞天下。

[1]李嗣昭：人名。汾州（今山西汾陽市）人。唐末、五代李克用義子、部將。傳見本書卷五二、《新五代史》卷三六。　馬嶺關：關隘名。位於今河北邢臺市。《輯本舊史》之影庫本粘籤："原本作'爲嶺'，今從《通鑑》改正。"《通鑑》卷二六二光化三年（900）七月條《考異》引《唐末三朝見聞録》曰："八月二十五日，嗣昭領馬步五萬取馬嶺，進軍下山東，某日山東告捷，收得洺州。九月二日，嗣昭兵士失利却回。"　邢：州名。治所在今河北邢臺市。　洺：州名。治所在今河北邯鄲市永年區。　葛從周：人名。濮州鄄城（今山東鄄城縣）人。唐末、五代將領。傳見本書卷一六、《新五代史》卷二一。

天復中，梁祖遣氏叔琮將兵五萬，營於洞渦。[1]是時，諸道之師畢萃於太原，郡縣多陷於梁，晉陽城外，營壘相望。[2]武皇登陴號令，不遑飲食。屬大雨彌旬，城壘多壞，武皇令帝與李嗣昭分兵四出，突入諸營，梁軍由是引退，帝率偏師追襲，復諸郡邑。昭宗之幸鳳翔也，梁祖率衆攻圍岐下，武皇奉詔應援，遣李嗣昭、周

德威出師晋、絳，營於蒲縣。[3]嗣昭等軍大爲梁將朱友寧、氏叔琮所敗，[4]梁之追兵直抵晋陽，營於晋祠，日以步騎環城。武皇登城督衆，憂形於色。攻城既急，武皇與大將謀，欲出奔雲中，帝曰："攻守之謀，據城百倍，但兒等在，必能固守。"乃止。居數日，潰軍稍集，率敢死之士，日夜分出諸門掩襲梁軍，擒其驍將游崑崙等。梁軍失勢，乃燒營而退。[5]

[1]天復：唐昭宗李曄年號（901—904）。李克用沿用至天復七年（907）。　氏叔琮：人名。河南尉氏（今河南尉氏縣）人。唐末將領。傳見本書卷一九、《新五代史》卷四三。　洞渦：地名。即洞渦驛。位於今山西清徐縣。

[2]太原：府名。治所在今山西太原市。　晋陽：縣名。治所在今山西太原市。

[3]昭宗：即唐昭宗李曄，888 年至 904 年在位。紀見《舊唐書》卷二〇上、《新唐書》卷一〇。　鳳翔：府名。治所在今陝西鳳翔縣。亦爲方鎮鳳翔軍治所。　岐：封國名。時鳳翔節度使李茂貞爲岐王，刼持唐昭宗至其所在，故稱。　周德威：人名。馬邑（今山西朔州市朔城區）人。唐末、五代河東將領。傳見本書卷五六、《新五代史》卷二五。　晋：州名。治所在今山西臨汾市。　絳：州名。治所在今山西新絳縣。　蒲縣：縣名。治所在今山西蒲縣。

[4]朱友寧：人名。朱温之侄，唐末、五代將領。傳見本書卷一二、《新五代史》卷一三。"友寧"，《輯本舊史》之影庫本粘籤："原本作'勿寧'，今從《歐陽史·家人傳》改正。"見《新五代史》卷一三《朱友寧傳》。

[5]雲中：縣名。治所在今山西大同市。　游崑崙：人名。籍貫不詳。本書僅此一見。

天祐五年五月，莊宗親將兵以救潞州之圍，帝時領突騎左右軍與周德威分爲二廣。[1]帝晨至夾城東北隅，命斧其鹿角，負芻填塹，下馬乘城大譟。時德威登西北隅，亦譟以應之。帝先入夾城，大破梁軍，是日解圍，其功居最。柏鄉之役，[2]兩軍既成列，莊宗以梁軍甚盛，慮師人之怯，欲激壯之，手持白金巨鍾賜帝酒，謂之曰："卿見南軍白馬、赤馬都否?[3]覩之令人膽破。"帝曰："彼虛有其表耳，翌日當歸吾厩中。"莊宗拊髀大笑曰："卿已氣吞之矣。"帝引鍾盡釂，即屬鞬揮弭，躍馬挺身，與其部下百人直犯白馬都，奮檛舞矟，生挾二騎校而迴，飛矢麗帝甲如蝟毛焉。由是三軍增氣，自辰及未，騎軍百戰，帝往來衝擊，執訊獲醜，不可勝計。是日，梁軍大敗。以功授代州刺史。[4]莊宗遣周德威伐幽州，帝分兵略定山後八軍，[5]與劉守光愛將元行欽戰於廣邊軍，[6]凡八戰，帝控弦發矢七中。行欽酣戰不解，矢亦中帝股，拔矢復戰。行欽窮蹙，面縛乞降，帝酌酒飲之，拊其背曰："吾子壯士也!"因厚遇之。

[1]天祐：唐昭宗李曄開始使用的年號（904）。唐哀帝李柷即位後沿用（904—907）。唐亡後，河東李克用、李存勗仍稱天祐，沿用至天祐二十年（923）。五代其他政權亦有行此年號者，如南吴、吴越等，使用時間長短不等。　莊宗：即後唐莊宗李存勗。沙陀部人。五代後唐王朝的建立者。紀見本書卷二七至卷三四、《新五代史》卷五。　潞州：州名。治所在今山西長治市。

[2]柏鄉：地名。位於今河北柏鄉縣。《舊五代史考異》："原本訛'松鄉'，今據《通鑑》改正。"見《通鑑》卷二六七開平四年

(910) 十二月壬午條、乾化元年 (911) 正月丁亥條。

[3]白馬、赤馬都：後梁軍隊番號。

[4]代州：州名。治所在今山西代縣。

[5]幽州：州名。治所在今北京市。　山後八軍：唐末幽州劉仁恭首設於山後地區、具有防禦性質的八個軍鎮，主要防備契丹和河東，爲模擬東北邊的"八防禦軍"而來。詳見李翔《關於五代"山後八軍"的幾個問題》，《中南大學學報》2016年第4期。"八軍"，《輯本舊史》之影庫本粘籤："原本作'八年'，今據《通鑑》改正。"見《通鑑》卷二六八乾化三年三月戊辰條。

[6]劉守光：人名。深州樂壽（今河北獻縣）人。唐末、五代幽州節度使劉仁恭之子。劉守光囚父自立，號大燕皇帝，後爲晋王李存勗俘殺。傳見本書卷一三五、《新五代史》卷三九。　元行欽：人名。幽州（今北京市）人。五代後唐將領。傳見本書卷七〇、《新五代史》卷二五。　廣邊軍：地名。位於今河北赤城縣。

十三年二月，莊宗與梁將劉鄩大戰於故元城北，[1]帝以三千騎環之，鼓譟奮擊，内外合勢，鄩軍殆盡。帝徇地磁、洺。[2]四月，相州張筠遁走，[3]乃以帝爲相州刺史。九月，滄州節度使戴思遠棄城歸汴，[4]小將毛璋據州納款，[5]莊宗命率兵慰撫。既入城，以軍府乂安報莊宗，書吏誤云："已至滄州，禮上畢。"莊宗省狀，怒曰："嗣源反耶！"帝聞之懼，歸罪於書吏，斬之。未幾，承制授邢州節度使。

[1]劉鄩：人名。密州安丘（今山東安丘市）人。唐末、五代將領。傳見本書卷二三、《新五代史》卷二二。　元城：縣名。治所在今河北大名縣。

[2]磁：州名。治所在今河北磁縣。中華書局本有校勘記："'磁'，原作'慈'，據殿本、劉本、《册府》卷二〇、《新五代史》卷六《唐本紀》改。按磁、洺地接，慈州在河東，不相屬。"見明本《册府》卷二〇《帝王部·功業門二》。

[3]相州：州名。治所在今河南安陽市。　張筠：人名。海州（今江蘇東海縣）人。五代後唐將領。傳見本書卷九〇、《新五代史》卷四七。

[4]滄州：州名。治所在今河北滄縣舊州鎮。《輯本舊史》之影庫本粘籤："原本作'淐州'，今據《薛史·梁紀》改正。"見《輯本舊史》卷八《梁末帝紀上》貞明二年（916）九月條。　節度使：官名。唐時在重要地區所設掌握一州或數州軍事、民事、財政的長官。　戴思遠：人名。籍貫不詳。五代後梁、後唐將領。傳見本書卷六四。　汴：州名。治所在今河南開封市。

[5]毛璋：人名。滄州（今河北滄縣舊州鎮）人。五代後唐將領。傳見本書卷七三、《新五代史》卷二六。　以軍府乂安報莊宗：中華書局本有校勘記："'乂'，原作'人'，據殿本、劉本、彭校改。《册府》卷一八一敘其事作'遣璋入覲，軍城乂安'。"見明本《册府》卷一八一《帝王部·疑忌門》，《册府》載："明宗既至，毛璋開門迎謁，遣璋入覲，軍城乂安。時書吏誤爲申狀云：'某已至滄州，禮上畢。'莊宗覽狀，大怒曰：'諱（諱，明宗名）反邪？'時末帝掌莊宗親軍在帳下，顧謂末帝曰：'爾父固予所悉，此蓋王建及、安重誨戲予，斬二僕之首而還！'末帝惶恐。既而明宗旋師行臺，斬其書吏謝之。乃移安國軍節度使李存審鎮滄州，承制授明宗安國軍節度，邢、洺、磁等州觀察處置等使。"

十四年四月，契丹阿保機率衆三十萬攻幽州，[1]周德威間使告急，莊宗召諸將議進取之計，諸將咸言："敵勢不能持久，[2]野無所掠，食盡自還，然後踵而擊之

可也。”帝奏曰：“德威盡忠於家國，孤城被攻，危亡在即，不宜更待敵衰。願假臣突騎五千爲前鋒以援之。”莊宗曰：“公言是也。”即命帝與李存審、閻寶率軍赴援，帝爲前鋒，會軍於易州。[3]帝謂諸將曰：“敵騎以馬上爲生，不須營壘，況彼衆我寡，所宜銜枚箝馬，潛行溪澗，襲其不備也。”

[1]契丹：古部族、政權名。公元4世紀中葉宇文部爲前燕攻破，始分離而成單獨的部落，自號契丹。唐貞觀中，置松漠都督府，以其首領爲都督。唐末强盛，916年迭剌部耶律阿保機建立契丹國（遼）。先後與五代、北宋並立，保大五年（1125）爲金所滅。參見張正明《契丹史略》，中華書局1979年版。　阿保機：人名。姓耶律，契丹迭剌部人。唐末契丹族首領、遼開國太祖。紀見《遼史》卷一、卷二。　契丹阿保機率衆三十萬攻幽州：中華書局本有校勘記：“‘三十萬’三字原闕，據殿本、孔本、《通曆》卷一三、《册府》卷二〇補。”見明本《册府》卷二〇《帝王部·功業門》。

[2]持久：《輯本舊史》之影庫本粘籤：“原本作‘持文’，今據文改正。”應爲形近之誤。

[3]李存審：人名。陳州宛丘（今河南淮陽縣）人。原姓符，名存。五代後唐將領。傳見本書卷五六、《新五代史》卷二五。　閻寶：人名。鄆州（今山東東平縣）人。後梁、後唐將領。傳見本書卷五九、《新五代史》卷四四。　易州：州名。治所在今河北易縣。

八月，師發上谷，陰晦而雨，帝仰天祈祝，即時晴霽，師循大房嶺，緣澗而進。[1]翌日，敵騎大至，每遇谷口，敵騎扼其前，帝與長子從珂奮命血戰，敵即解

去，我軍方得前進。距幽州兩舍，敵騎復當谷口而陣，我軍失色，帝曰："爲將者受命忘家，臨敵忘身，以身徇國，正在今日。諸君觀吾父子與敵周旋！"因挺身入於敵陣，以邊語諭之曰："爾輩非吾敵，吾當與天皇較力耳。"[1]舞檛奮擊，萬衆披靡，俄挾其酋帥而還。我軍呼躍奮擊，敵衆大敗，勢如席捲，委棄鎧仗、羊馬，殆不勝紀。是日，解圍，大軍入幽州，周德威迎帝，執手歔欷。

[1]上谷：地名。位於今北京市延慶區。　大房嶺：地名。位於今北京市房山區西北。　天皇：即耶律阿保機。《舊五代史考異》："原本作'人皇'，考《遼史》太祖稱爲天皇，讓宗追稱人皇。莊宗初年侵幽州者，乃太祖，非讓宗也。今改正。"見《遼史》卷一《太祖紀上》神册二年（917）四月、六月、八月各條。

九月，班師於魏州，莊宗親出郊勞，進位檢校太保。[1]

[1]檢校太保：官名。爲散官或加官，以示恩寵，無實際執掌。太保，與太師、太傅合稱三師。

十八年十月，從莊宗大破梁將戴思遠於戚城，斬首二萬級。莊宗以帝爲蕃漢副總管，加同平章事。[1]

[1]戚城：地名。位於今河南濮陽市。　蕃漢副總管：官名。五代後唐置，爲蕃漢馬步軍副長官。　同平章事：官名。即同中書

門下平章事。唐高宗以後，凡實際任宰相之職者，常在其本官後加同平章事的職銜。後成爲宰相專稱。

二十年，代李存審爲滄州節度使。四月，莊宗即位於鄴宮，帝進位檢校太傅、兼侍中。[1]尋命帝率步騎五千襲鄆州，下之，授天平軍節度使。[2]

[1]鄴：地名。位於今河北大名縣。五代後唐同光元年（923）改魏州爲興唐府，建號東京。三年，改東京爲鄴都。　檢校太傅：官名。爲散官或加官，以示恩寵，無實際執掌。　侍中：官名。秦始置。隋、唐前期爲門下省長官。唐後期多爲大臣加銜，不參與政務，實際職務由門下侍郎執行。正二品。

[2]天平軍：方鎮名。治所在鄆州（今山東東平縣）。

五月，梁人陷德勝南城，圍楊劉，以扼出師之路，帝孤守汶陽，四面拒寇，久之，莊宗方解楊劉之圍。[1]九月，梁將王彥章以步騎萬人迫鄆州，自中都渡汶，帝遣長子從珂率騎逆戰於遞坊鎮，獲梁將任釗等三百人，彥章退保中都。[2]莊宗聞其捷，自楊劉引軍至鄆，以帝爲前鋒，大破梁軍於中都，生擒王彥章等。是日，諸將稱賀，莊宗以酒屬帝曰："昨朕在朝城，諸君多勸朕棄鄆州，以河爲界，賴副總管禦侮於前，崇韜畫謀於内，若信李紹宏輩，大事已掃地矣。"[3]莊宗與諸將議兵所向，諸將多云："青、齊、徐、兖皆空城耳，[4]王師一臨，不戰自下。"唯帝勸莊宗徑取汴州，語在《莊宗紀》中，莊宗嘉之。帝即時前進，莊宗繼發中都。十月

己卯，遲明，帝先至汴州，攻封丘門，汴將王瓚開門迎降。[5]帝至建國門，聞梁主已殂，乃號令安撫，迴軍於封禪寺。[6]辰時，莊宗至，帝迎謁路側。莊宗大悦，手引帝衣，以首觸帝曰："吾有天下，由公之血戰也，當與公共之。"尋進位兼中書令。[7]

[1]德勝南城：地名。德勝原爲黄河渡口，晋軍築德勝南、北二城於此，遂爲城名。位於今河南濮陽縣。　楊劉：地名。位於今山東東阿縣東北楊柳鎮。　汶陽：地名。位於今山東泰安市一帶。

[2]王彦章：人名。鄆州壽張（今山東梁山縣壽張集）人。五代後梁將領。傳見本書卷二一、《新五代史》卷三二。　中都：縣名。治所在今山東汶上縣。　汶：水名。即今山東大汶河。　從珂：人名。即後唐末帝李從珂。鎮州（今河北正定縣）人。後唐明宗養子。紀見本書卷四六至卷四八、《新五代史》卷七。　遞坊鎮：地名。隸鄆州。位於今山東東平縣。　任釗：人名。籍貫不詳。事見本書本卷、卷二九。

[3]朝城：縣名。治所在今山東莘縣。　崇韜：人名。即郭崇韜。代州雁門（今山西代縣）人。五代後唐大臣。傳見本書卷五七、《新五代史》卷二四。　李紹宏：人名。本名馬紹宏。籍貫不詳。後唐莊宗近臣。傳見本書卷七二。

[4]青：州名。治所在今山東青州市。　齊：州名。治所在今山東濟南市。　徐：州名。治所在今江蘇徐州市。

[5]封丘門：城門名。位於今河南開封市。　王瓚：人名。太原祁（今山西祁縣）人。唐河中節度使王重盈之子。五代後梁將領，官至開封尹。傳見本書卷五九。

[6]建國門：城門名。爲開封皇城南門。"建國"，《輯本舊史》之影庫本粘籤："原本作'逮固'，今據《通鑑》改正。"見《通鑑》卷二七二同光元年（923）十月丁丑（初七）條，云："梁主

登建國樓。”胡注：“大梁宫城南門曰建國門，其樓曰建國樓。”明宗軍至大梁，《通鑑》繫於己卯（初九）。　封禪寺：寺名。初建於北齊天保十年（559），名獨居寺。唐玄宗開元十七年（729），詔改爲封禪寺。宋太祖開寶三年（970）改爲開寶寺。今爲河南開封市鐵塔公園。

[7]中書令：官名。漢代始置，隋、唐前期爲中書省長官，屬宰相之職；唐後期多爲授予元勳大臣的虚銜。正二品。

同光二年正月，[1]契丹犯塞，帝受命北征。二月，莊宗以郊天禮畢，賜帝鐵券。四月，潞州小將楊立叛，[2]帝受詔討之。五月，擒楊立以獻。六月，進位太尉，移鎮汴州，代李存審爲蕃漢總管。[3]十二月，契丹入塞。

[1]同光二年正月：中華書局本有校勘記：“本書卷三一《唐莊宗紀五》、《通鑑》卷二七三繫其事於同光二年正月。”《輯本舊史》卷三一《唐莊宗紀五》同光二年（924）正月甲辰條、《通鑑》卷二七三同光二年正月甲辰條皆言“以李嗣源爲北面行營都招討使”。

[2]楊立：人名。籍貫不詳。五代後唐潞州將領，歷事李嗣昭、李繼韜。傳見本書卷七四。

[3]太尉：官名。與司徒、司空並爲三公，唐後期、五代時多爲大臣、勳貴加官。正一品。　蕃漢總管：官名。即“蕃漢内外馬步軍總管”。五代後唐置，爲蕃漢馬步軍總指揮官。

三年正月，帝領兵破契丹於涿州，[1]移授鎮州節度使。[2]先是，帝領兵過鄴，鄴庫素有御甲，帝取五百聯以行。是歲，莊宗幸鄴，知之，怒甚。無何，帝奏請以

長子從珂爲北京内衙都指揮使，[3]莊宗愈不悦，曰："軍政在吾，安得爲子奏請！吾之細鎧，不奉詔旨强取，其意何也？"令留守張憲自往取之，左右説諭，乃止。帝憂恐不自安，上表申理，方解。

[1]涿州：州名。治所在今河北涿州市。　帝領兵破契丹於涿州：《舊五代史考異》："《歐陽史》云：冬，契丹侵漁陽，嗣源敗之于涿州。入寇破敵皆作冬間事，蓋順文併敘之耳。當以《薛史》爲徵實。"見《新五代史》卷六《唐本紀六》。

[2]鎮州：方鎮名。治所在今河北正定縣。　移授鎮州節度使：中華書局本引孔本："《清異録》：明宗在藩不妄費，嘗召幕屬論事，各設法乳湯半盞，蓋甖中粟所煎者。"見《清異録》卷四《饌羞門》。

[3]北京：即鎮州真定府。治所在今河北正定縣。　内衙都指揮使：官名。唐、五代節度使府衙内之牙將，統親近衛兵。

十二月，帝朝於洛陽。[1]是時，莊宗失政，四方饑饉，軍士匱乏，有賣兒貼婦者，道路怨咨。帝在京師，頗爲謡言所屬，洎朱友謙、郭崇韜無名被戮，[2]中外大臣皆懷憂懾。諸軍馬步都虞候朱守殷奉密旨伺帝起居，[3]守殷陰謂帝曰："德業振主者身危，功蓋天下者不賞，公可謂振主矣，宜自圖之，無與禍會。"帝曰："吾心不負天地，禍福之來，吾無所避，付之於天，卿勿多談也。"

[1]洛陽：後唐都城。位於今河南洛陽市。

[2]朱友謙：人名。河南許州（今河南許昌市）人。朱温養

子，唐末、五代軍閥。傳見本書卷六三、《新五代史》卷四五。

［3］馬步都虞候：官名。五代侍衛親軍馬步軍統兵官，僅次於馬步軍都指揮使、副都指揮使。　朱守殷：人名。籍貫不詳。五代後唐將領。傳見本書卷七四、《新五代史》卷五一。《輯本舊史》之影庫本粘籤："原本作'安殷'，今據《歐陽史》改正。"見《新五代史》卷五一《朱守殷傳》。

四年二月六日，趙在禮據魏州反，莊宗遣元行欽將兵攻之，行欽不利，退保衛州。[1]初，帝善遇樞密使李紹宏，及帝在洛陽，群小多以飛語謗毀，紹宏每爲庇護。會行欽兵退，河南尹張全義密奏，[2]請委帝北伐，紹宏贊成之，遂遣帝將兵渡河。

［1］衛州：州名。治所在今河南衛輝市。

［2］河南尹：官名。唐開元元年（713）改洛州爲河南府，治所在今河南洛陽市，河南府尹總其政務。從三品。　張全義：人名。濮州臨濮（今山東鄄城縣）人。唐末、五代將領。傳見本書卷六三、《新五代史》卷四五。

三月六日，帝至鄴都，趙在禮等登城謝罪，[1]出牲餼以勞師，帝亦慰納之，營於鄴城之西南，下令以九日攻城。八日夜，軍亂。從馬直軍士有張破敗者，[2]號令諸軍，各殺都將，縱火焚營，讙譟雷動。至五鼓，亂兵逼帝營，親軍搏戰，[3]傷痍者殆半，亂兵益盛。帝叱之，責其狂逆之狀，亂兵對曰："昨貝州戍兵，主上不垂原宥；[4]又聞鄴城平定之後，欲盡坑全軍。某等初無叛志，直畏死耳。已共諸軍商量，與城中合勢，擊退諸道之

師，欲主上帝河南，請令公帝河北。”[5]帝泣而拒之，[6]亂兵呼曰：“令公欲何之？不帝河北，則爲他人所有。苟不見幾，事當不測！”抽戈露刃，環帝左右。安重誨、霍彦威躡帝足，請詭隨之，因爲亂兵迫入鄴城。[7]懸橋已發，共扶帝越濠而入，趙在禮等歡泣奉迎。[8]是日，饗將士於行宫，在禮等不納外兵，軍衆流散，無所歸向。帝登南樓，[9]謂在禮曰：“欲建大計，非兵不能集事，吾自於城外招撫諸軍。”帝乃得出。夜至魏縣，部下不滿百人，時霍彦威所將鎮州兵五千人獨不亂，聞帝既出，相率歸帝。詰朝，帝登城掩泣曰：“國家患難，一至於此！來日歸藩上章，徐圖再舉。”安重誨、霍彦威等曰：“此言非便也。國家付以閫外之事，不幸師徒逗橈，爲賊驚奔。元行欽狂妄小人，彼在城南，未聞戰聲，無故棄甲；如朝天之日，信其奏陳，何所不至。若歸藩聽命，便是强據要君，正墮讒慝之口也。正當星行歸闕，面叩玉階，讒間沮謀，庶全功業，無便於此者也。”帝從之。十一日，發魏縣，至相州，獲官馬二千匹，始得成軍。[10]

[1]趙在禮：人名。涿州（今河北涿州市）人。五代後唐、後晋將領。傳見本書卷九〇、《新五代史》卷四六。

[2]張破敗：人名。後唐侍衛親軍。後爲皇甫暉所殺。事見本書本卷、《通鑑》卷二七四。

[3]搏戰：《輯本舊史》之影庫本粘籤：“原本作‘振戰’，今據文改正。”此應爲形近之誤。

[4]貝州：州名。治所在今河北清河縣。　主上不垂原宥：中

華書局本有校勘記："'原'，原作'厚'，據劉本、《新五代史》卷四六《霍彥威傳》、《大事記續編》卷七三引《新舊史實録》改。"此亦應爲形近之誤。

[5]河北：《舊五代史考異》："原本作'河中'，今據《通鑑》改正。"見《通鑑》卷二七四天成元年（926）三月壬戌條。

[6]帝泣而拒之：中華書局本有校勘記："'拒'，《册府》卷一一、《通鑑》卷二七四、《新五代史》卷四六《霍彥威傳》、《大事記續編》卷七三引《新舊史實録》作'諭'。"見明本《册府》卷一一《帝王部·繼統門三》、《通鑑》卷二七四天成元年三月甲子條。

[7]安重誨：人名。應州（今山西應縣）人。五代後唐大臣。傳見本書卷六六、《新五代史》卷二四。　霍彥威：人名。洺州曲周（今河北曲周縣）人。五代後梁將領霍存養子。後梁、後唐將領。傳見本書卷六四、《新五代史》卷四六。　請詭隨之：中華書局本有校勘記："'隨'，彭校、《册府》卷一一作'從'。"作"從"更優。

[8]趙在禮等歡泣奉迎：《舊五代史考異》："《通鑑》：亂兵擁嗣源及李紹真等入城，城中不受外兵。皇甫暉逆擊張破敗，斬之，外兵皆潰。趙在禮等率諸校迎拜嗣源。"見《通鑑》卷二七四天成元年三月甲子條。

[9]南樓：《輯本舊史》之影庫本粘籤："《通鑑》作城樓，考《册府元龜》引《薛史》亦作南樓，今仍其舊。"見《册府》卷一一。《通鑑》相關卷未見"城樓"。

[10]魏縣：縣名。治所在今河北魏縣。　獲官馬二千匹：《舊五代史考異》："《歐陽史》作掠小坊馬三千匹。"見《新五代史》卷六《唐本紀六》天成元年三月壬子（此月丁巳朔，無壬子，應爲壬戌）條。

元行欽退保衛州，果以飛語上奏，帝上章申理，莊宗遣帝子從審及内官白從訓齎詔諭帝。[1]從審至衛州，爲行欽所械，帝奏章亦不達。帝乃趨白皋渡，駐軍於河上，會山東上供綱載絹數船適至，乃取以賞軍，軍士以之增氣。[2]及將濟，以渡船甚少，帝方憂之。忽有木栰數隻，沿流而至，即用以濟師，故無留滯焉。二十六日至汴州，莊宗領兵至滎澤，遣龍驤都校姚彦温爲前鋒。[3]是日，彦温率部下八百騎歸於帝，具言："主上爲行欽所惑，事勢已離，難與共事。"帝曰："卿自不忠，言何悖也！"乃奪其兵，仍下令曰："主上未諒吾心，遂致軍情至此，宜速赴京師。"既而房知温、杜晏球自北面相繼而至。[4]

[1]從審：人名。又名李從璟。後唐明宗李嗣源之子。傳見本書卷五一、《新五代史》卷一五。　白從訓：人名。籍貫不詳。後唐内官。事見本書本卷、卷三四、卷七〇。《輯本舊史》之影庫本粘籤："原本作'向從訓'，考《通鑑》及《歐陽史》俱作'白'，今改正。"見《輯本舊史》卷三四《唐莊宗紀八》。但檢《通鑑》相關卷未見，《新五代史》則無此人記載。

[2]白皋渡：渡口名。今地不詳。　山東：太行山以東。昭義軍所管五州，澤、潞二州在太行山以西，邢、洺、磁三州在太行山以東。此處"山東"特指邢、洺、磁三州。

[3]滎澤：縣名。治所在今河南鄭州市。　龍驤：禁軍名。後梁置左右龍驤軍，後唐沿置。　姚彦温：人名。籍貫不詳。後唐將領。事見本書本卷、卷三四。

[4]房知温：人名。兖州瑕丘（今山東濟寧市兖州區）人。五代後唐將領。傳見本書卷九一、《新五代史》卷四六。　杜晏球：

人名。又名王晏球。洛陽（今河南洛陽市）人。五代將領。傳見本書卷六四、《新五代史》卷四六。“晏球”，《輯本舊史》之影庫本粘籤：“原本作‘燕球’，今從《通鑑》及《歐陽史》改正。”見《通鑑》卷二六八乾化二年（912）八月戊子條。杜晏球即王晏球，《新五代史》卷四六有傳，言：“明宗兵變，自鄴而南，遣人招晏球，晏球從至洛陽，拜歸德軍節度使。”

四月丁亥朔，至甖子谷，聞蕭牆釁作，莊宗晏駕，帝慟哭不自勝。[1]詰旦，朱守殷遣人馳報：“京城大亂，燔剽不息，請速至京師。”己丑，[2]帝至洛陽，止於舊宅，分命諸將止其焚掠。百官弊衣旅見，帝謝之，斂袵泣涕。時魏王繼岌征蜀未還，[3]帝謂朱守殷曰：“公善巡撫，以待魏王。吾當奉大行梓宮山陵禮畢，即歸藩矣。”是日，群臣諸將上牋勸進，帝面諭止之。樞密使李紹宏、張居翰、宰相豆盧革、韋説、六軍馬步都虞候朱守殷、青州節度使符習、徐州節度使霍彦威、宋州節度使杜晏球、兖州節度使房知温等頓首言曰：[4]“帝王應運，蓋有天命，三靈所屬，當協冥符。福之所鍾，[5]不可以謙遜免；道之已喪，不可以智力求。前代因敗爲功，殷憂啟聖，少康重興於有夏，平王再復於宗周，其命惟新，不失舊物。今日廟社無依，人神乏主，天命所屬，人何能争！光武所謂‘使成帝再生，無以讓天下’。願殿下俯徇樂推，時哉無失，軍國大事，望以教令施行。”帝優答不從。

[1]四月丁亥朔：《舊五代史考異》：“丁亥朔，與《莊宗紀》

異。據《莊宗紀》，三月丁未朔，則四月當作丁丑。據此紀下文有己丑、甲午，則當作丁亥。前後參差，未詳孰是。”見《輯本舊史》卷三四《莊宗紀八》。該卷三月干支全誤，應爲丁巳朔，四月則爲丁亥朔。　罌子谷：地名。在今河南滎陽市西北。

[2]己丑：《舊五代史考異》：“《通鑑》作乙丑，疑傳寫之訛，《歐陽史》從《薛史》作己丑。”見《新五代史》卷六《唐本紀六》。《通鑑》卷二七五則繫於天成元年（929）四月乙丑，四月無乙丑，《通鑑》之“乙丑”爲“己丑”之誤。

[3]繼岌：人名。即李繼岌。後唐莊宗長子，時封魏王。傳見本書卷五一、《新五代史》卷一四。

[4]樞密使：官名。樞密院長官。五代時以士人爲之，備顧問，參謀議，出納詔奏，權侔宰相。參見李全德《唐宋變革期樞密院研究》，國家圖書館出版社2009年版。　張居翰：人名。籍貫不詳。唐末、五代宦官。傳見本書卷七二、《新五代史》卷三八。　豆盧革：人名。先世爲鮮卑慕容氏，後改豆盧氏。唐同州刺史豆盧籍之孫，舒州刺史豆盧瓚之子。後唐宰相。傳見本書卷六七、《新五代史》卷二八。　韋説：人名。京兆萬年（今陝西西安市長安區）人。唐福建觀察使韋岫之子。唐末進士，後梁大臣、後唐宰相。傳見本書卷六七。　符習：人名。趙州（今河北趙縣）人。五代後唐將領。傳見本書卷五九、《新五代史》卷二六。　宋州：方鎮名。治所在今河南商丘市睢陽區。

[5]福之所鍾：《輯本舊史》之影庫本粘籤：“原本脱‘福’字，今據《册府元龜》增入。”查《册府》相關部、門未見。

壬辰，文武百僚三拜牋請行監國之儀，以安宗社，答旨從之。既而有司上監國儀注。甲午，幸大内興聖宮，[1]始受百僚班見之儀。所司議即位儀注，霍彦威、孔循等言：[2]“唐之運曆已衰，不如自創新號。”因請改

國號，不從土德。[3]帝問藩邸侍臣，左右奏曰："先帝以錫姓宗屬，爲唐雪冤，以繼唐祚。今梁朝舊人，不願殿下稱唐，請更名號。"帝曰："予年十三事獻祖，以予宗屬，愛幸不異所生。事武皇三十年，排難解紛，櫛風沐雨，冒刃血戰，體無完膚，何艱險之不歷！武皇功業即予功業，先帝天下即予天下也。兄亡弟紹，於義何嫌。且同宗異號，出何典禮？曆之衰隆，[4]吾自當之，衆之莠言，吾無取也。"時群臣集議，依違不定，唯吏部尚書李琪議曰："殿下宗室勳賢，立大功於三世，一朝雨泣赴難，安定宗社，撫事因心，不失舊物。若别新統制，則先朝便是路人，煢煢梓宫，何所歸往！不唯殿下失追感舊君之義，[5]群臣何安！請以本朝言之，則睿宗、文宗、武宗皆以弟兄相繼，[6]即位柩前，如儲后之儀可也。"於是群議始定。河中軍校王舜賢奏，節度使李存霸以今月三日出奔，不知所在。[7]乙未，敕曰：[8]"寡人允副群情，方監國事，外安黎庶，内睦宗親，庶諧敦敘之規，永保隆平之運。昨京師變起，禍難荐臻，至於戚屬之間，不測驚奔之所，慮因藏竄，濫被傷痍，言念於兹，自然流涕。宜令河南府及諸道，應諸王眷屬等，昨因驚擾出奔，所至之處，即時津送赴闕。如不幸物故者，量事收瘞以聞。"[9]以中門使安重誨爲樞密使，以鎮州别駕張延朗爲樞密副使，以客將范延光爲宣徽使，進奏官馮贇爲内客省使。

[1]興聖宫：宫殿名。在洛陽宫城内。位於今河南洛陽市。

[2]孔循：人名。籍貫不詳。五代後唐大臣。傳見《新五代

史》卷四三。

［3］“唐之運曆已衰”至“不從土德”：“運曆”，中華書局本有校勘記：“‘曆’，原作‘數’，據殿本、孔本、《册府》卷一一、卷五七改。”見《宋本册府》卷五七《帝王部·英斷門》，明本《册府》卷一一《帝王部·繼統門》：“霍彦威、孔循等請改國號，不行土德正朔。”

［4］曆：中華書局本有校勘記：“‘曆’，原作‘運’，據殿本、孔本、《册府》卷一一、卷五七改。”

［5］不唯殿下失追感舊君之義：中華書局本有校勘記：“‘失’字原闕，據《册府》卷一一補。”

［6］睿宗：即唐睿宗李旦。紀見《舊唐書》卷七、《新唐書》卷五。《輯本舊史》之影庫本粘籤：“原本作‘瑞宗’，今據新、舊《唐書》改正。”中華書局本有校勘記：“‘睿宗’，《册府》卷一一敘其事作‘孝和、玄真’，按即指中宗、睿宗。”見《舊唐書》卷七《睿宗紀》、《册府》卷一一、《新唐書》卷五《睿宗紀》。　文宗：即唐文宗李昂。紀見《舊唐書》卷一七上、卷一七下，《新唐書》卷八。　武宗：即唐武宗李炎。紀見《舊唐書》卷一八上、《新唐書》卷八。

［7］河中：方鎮名。治所在河中府（今山西永濟市）。　王舜賢：人名。籍貫不詳。後梁將領。事見本書卷八，《新五代史》卷二三、卷四五。　李存霸：人名。沙陀部人。李克用之子。傳見本書卷五一、《新五代史》卷一四。

［8］敕曰：中華書局本有校勘記：“‘敕’，《册府》卷三九作‘教’。”見明本《册府》卷三九《帝王部·睦親門》。

［9］河南府：府名。即五代後唐的都城洛陽河南府（今河南洛陽市）。　“昨京師變起”至“量事收瘞以聞”：《舊五代史考異》：“《北夢瑣言》：莊宗諸弟存紀、存確匿于南山民家，人有以報安重誨者，重誨曰：‘主上已下詔尋訪，帝之仁德，必不加害，不如密令殺之。’果併命于民家。後明宗聞之，切讓重誨，傷惜久之。”見

《北夢瑣言》卷一八。

丙申，下敕：[1]“今年夏苗，委人户自供，通頃畝五家爲保，本州具帳送省，州縣不得差人檢括。如人户隱欺，許人陳告，其田倍徵。”己亥，命石敬瑭權知陝州兵馬留後，皇子從珂權知河中府兵馬留後。[2]庚子，淮南楊溥進新茶。[3]以權知汴州軍州事孔循爲樞密副使，以陳州刺史劉仲殷爲鄧州留後，以鄭州防禦使王思同爲同州留後。[4]敕曰：“租庸使孔謙，濫承委寄，專掌重權，侵剥萬端，姦欺百變。[5]遂使生靈塗炭，軍士飢寒，成天下之瘡痍，極人間之疲弊。載詳衆狀，側聽輿辭，難私降黜之文，合正殛誅之典。[6]宜削奪在身官爵，按軍令處分。雖犯衆怒，特貸全家，所有田宅，並從籍没。”是日，謙伏誅。敕停租庸名額，依舊爲鹽鐵、户部、度支三司，委宰臣豆盧革專判。[7]

[1]下敕：中華書局本有校勘記：“‘敕’，《册府》卷四八八作‘教’。”見明本《册府》卷四八八《邦計部·賦税門二》，言“明宗初爲監國，下教”。

[2]石敬瑭：人名。沙陀部人。五代後唐將領，後晋開國皇帝。紀見本書卷七五至卷八〇、《新五代史》卷八。　陝州：州名。治所在今河南三門峽市陝州區。　兵馬留後：官名。唐、五代時，代行方鎮長官之職者稱留後。代行州兵馬使之職者，即爲兵馬留後。掌本州兵馬。　皇子從珂權知河中府兵馬留後：中華書局本有校勘記：“‘河中’，原作‘河南’，據本書卷三六《唐明宗紀二》、卷四六《唐末帝紀上》、《通鑑》卷二七五改。”《輯本舊史》卷三六《唐明宗紀二》天成元年（926）六月戊子條云：“以皇子河中留後

從珂爲河中節度使。”卷四六《唐末帝紀上》云：“天成初，以帝爲河中節度使。”《通鑑》卷二七五天成元年四月己亥條載：“以李從珂爲河中留後。”

[3]淮南：方鎮名。治所在揚州（今江蘇揚州市）。　楊溥：人名。五代十國吴睿帝，後禪位於徐知誥。傳見本書卷一三四、《新五代史》卷六一。

[4]權知汴州軍州事：官名。簡稱爲“知州”。州級行政長官。參見閆建飛《唐後期五代宋初知州制的實施過程》，《文史》2019年第1期。　樞密副使：官名。樞密院副長官。　陳州：州名。治所在今河南淮陽縣。　劉仲殷：人名。籍貫不詳。五代後唐將領。事見本書本卷、卷三六、卷三八、卷四一、卷四二、卷四四、卷四五、卷四六。　鄧州：州名。治所在今河南鄧州市。　鄭州：州名。治所在今河南鄭州市。　防禦使：官名。唐代始置，設有都防禦使、州防禦使兩種。常由刺史或觀察使兼任，實際上爲唐代後期州或方鎮的軍政長官。　王思同：人名。幽州（今北京市）人。王敬柔之子。五代後唐將領。傳見本書卷六五、《新五代史》卷三三。　同州：州名。治所在今陝西大荔縣。

[5]租庸使：官名。唐代爲主持催徵租庸地税的財政官員。後梁、後唐時，租庸使取代鹽鐵、度支、户部，爲中央財政長官。　孔謙：人名。魏州（今河北大名縣）人。後唐大臣，善聚斂錢財，爲李存勗籌劃軍需。傳見本書卷七三、《新五代史》卷二六。　重權：《輯本舊史》之影庫本粘籤：“原本作‘重難’，今據《册府元龜》改正。”《宋本册府》卷六八八《牧守部·愛民門》盧質條載“孔謙握利權”。

[6]合正殛誅之典：中華書局本有校勘記：“‘殛誅’，殿本、孔本作‘誅夷’。”

[7]鹽鐵、户部、度支三司：官名。五代後唐明宗天成元年將晚唐以來的户部、度支、鹽鐵三部合爲一職，設三司使統之。主管國家財政。

中書門下上言：[1]“請停廢諸道監軍使、内勾司、租庸院大程官，[2]出放猪羊柴炭户。括田竿尺，一依朱梁制度，[3]仍委節度、刺史通申三司，不得差使量檢。州使公廨錢物，先被租庸院管繫，今據數却還州府，[4]州府不得科率百姓。百姓合散蠶鹽，每年祇二月内一度俵散，依夏税限納錢。夏秋苗税子，除元徵石斗及地頭錢，[5]餘外不得紐配。先遇赦所放逋税，租庸違制徵收，並與除放。今欲曉告河南府及諸道準此施行。”從之。是日，宋州節度使元行欽伏誅。壬寅，以樞密副使孔循爲樞密使。[6]《永樂大典》卷七千一百六十四。[7]

[1]中書門下：官署名。唐代以來爲宰相處理政務的機構。參見劉後濱《唐代中書門下體制研究——公文形態·政務運行與制度變遷》，齊魯書社2004年版。

[2]監軍使：官名。五代時期後唐設置，派於諸道，掌監護軍隊。　内勾司：官署名。五代後唐莊宗時，以馬紹宏爲内勾使，掌勾三司財賦，　租庸院大程官：吏名。掌承發租庸院諸房文字。

[3]一依朱梁制度：中華書局本有校勘記：“‘朱梁’，《册府》卷一六〇、《五代會要》卷二四作‘僞梁’。”見《會要》卷二四建昌宫使條、《宋本册府》卷一六〇《帝王部·革弊門二》。

[4]今據數却還州府：中華書局本有校勘記：“‘數’字原闕，據《册府》卷一六〇補。”

[5]地頭錢：唐代中葉到五代田賦的附加税。

[6]以樞密副使孔循爲樞密使：《舊五代史考異》：“《歐陽史》作左驍衛大將軍孔循爲樞密使。吴縝《纂誤》云：《孔循傳》作左衛大將軍爲樞密使。俱與《薛史》異。”見《新五代史》卷六《唐本紀六》、《五代史記纂誤》卷上。《新五代史》卷四三《孔循傳》

云："唐亡，事梁爲汝州防禦使、左衛大將軍、租庸使"，"明宗即位，以爲樞密使"。

［7］《大典》卷七一六四"唐"字韻"明宗（一）"事目。

舊五代史　卷三六

唐書十二

明宗紀第二

天成元年夏四月丙午，帝自興聖宮赴西宫，文武百僚縞素于位，帝服斬衰，親奉攢，塗設奠，哭盡哀，乃於柩前即皇帝位。[1]百官易吉服班于位，帝御衮冕受册訖，百僚稱賀。丁未，群官縞素赴西宫臨。以樞密使安重誨爲檢校司空，守左領軍大將軍，依前充樞密使。[2]宰臣豆盧革等三上表請聽政，[3]從之。遣使往諸道及淮南告哀。[4]辛亥，帝始聽政于中興殿。[5]壬子，西南面副招討使、工部尚書任圜率步騎二萬六千人入見。[6]甲寅，帝御文明殿受朝。[7]制改同光四年爲天成元年，[8]大赦天下。後宫内職量留一百人，内官三十人，教坊一百人，鷹坊二十人，御厨五十人，其餘任從所適。諸司使務有名無實者並停。分遣諸軍就食近畿，以減饋送之勞。夏秋税子，[9]每斗先有省耗一升，今後祇納正數，其省耗宜停。天下節度、防禦使，[10]除正、至、端午、降誕四

節量事進奉，達情而已，自於州府圓融，不得科斂百姓。其刺史雖遇四節，不在貢奉。諸州雜税，宜定合税物色名目，[11]不得邀難商旅。租庸司先將係省錢物，[12]與人迴圖，宜令盡底收納，以塞倖門云。乙卯，渤海國王大諲譔遣使朝貢。[13]是月，北京副留守、知留守事張憲賜死，以其失守故也。

[1]天成：後唐明宗李嗣源年號（926—930）。　興聖宫：宫殿名。在洛陽宫城内。位於今河南洛陽市。　西宫：宫殿名。指洛陽上陽宫，因其位於宫城之西，故名。位於今河南洛陽市。

[2]樞密使：官名。樞密院長官。五代時以士人爲之，備顧問，參謀議，出納詔奏，權侔宰相。參見李全德《唐宋變革期樞密院研究》，國家圖書館出版社 2009 年版。　安重誨：人名。應州（今山西應縣）人。五代後唐大臣。傳見本書卷六六、《新五代史》卷二四。　檢校司空：官名。爲散官或加官，以示恩寵，無實際執掌。司空，與太尉、司徒並爲三公。　左領軍大將軍：官名。唐置，掌宫禁宿衛。唐代置十六衛，即左右衛、左右驍衛、左右武衛、左右威衛、左右領軍衛、左右金吾衛、左右監門衛、左右千牛衛，各置上將軍，從二品；大將軍，正三品；將軍，從三品。

[3]豆盧革：人名。先世爲鮮卑慕容氏，後改豆盧氏。唐同州刺史豆盧籍之孫，舒州刺史豆盧瓚之子。五代後唐宰相。傳見本書卷六七、《新五代史》卷二八。

[4]淮南：方鎮名。治所在揚州（今江蘇揚州市）。

[5]中興殿：宫殿名。爲洛陽宫城之便殿。位於今河南洛陽市。

[6]副招討使：官名。行營統兵官。位次行營都統、招討使。掌招撫討伐事務。“副”字原闕，中華書局本據浙江本、宗文本、《新五代史》卷四七及《舊五代史》卷八三、卷九〇補，今從。　工部尚書：官名。尚書省工部主官。掌百工、屯田、山澤之政令。

正三品。　任圜：人名。京兆三原（今陝西三原縣）人。五代後唐將領、大臣。傳見本書卷六七、《新五代史》卷二八。

[7]文明殿：宫殿名。爲洛陽宫城之前殿。位於今河南洛陽市。

[8]同光：後唐莊宗李存勗年號（923—926）。

[9]夏秋税子："税子"，《輯本舊史》之影庫本粘籤："原本作'悦于'，今從《五代會要》及《文獻通考》改正。"見《會要》卷二五租税條、《通考》卷三《田賦考三》明宗天成元年（926）敕節文。中華書局本有校勘記："'夏秋'，原作'秋夏'，據本書卷一四八《食貨志》、《册府》卷九二、卷四八八、《五代會要》卷二五乙正。"見《會要》卷二五租税條，《輯本舊史·食貨志》，明本《册府》卷九二《帝王部·赦宥門一一》、卷四八八《邦計部·賦税門二》，又見《通鑑》卷二八九乾祐三年十一月條胡注引天成元年四月敕文。

[10]節度：官名。唐時在重要地區所設掌握一州或數州軍事、民事、財政的長官。　防禦使：官名。唐代始置，設有都防禦使、州防禦使兩種。常由刺史或觀察使兼任，實際上爲唐代後期州或方鎮的軍政長官。

[11]物色：《輯本舊史》之影庫本粘籤："原本作'恤邑'，今從《文獻通考》改正。"《通考》未見，見明本《册府》卷九二。

[12]租庸司：官署名。唐代主持催徵租庸地税。五代後梁、後唐時，取代鹽鐵、度支、户部，爲中央財政机构。

[13]渤海國：古國名。武周聖曆元年（698），粟末靺鞨首領大祚榮建立政權。先天二年（713），唐朝册封大祚榮爲渤海郡王，其國遂以渤海爲名。傳見本書卷一三八、《新五代史》卷七四。　大諲譔：人名。唐末、五代渤海國第十五代國王。906年至926年在位。事見《新五代史》卷七四《四夷附録·渤海》。　北京副留守：官名。北京留守副官。北京，指五代後唐的北都太原。古代在都城、陪都或軍事重鎮所設留守，由地方行政長官兼任。副留守爲留守之貳。　張憲：人名。晋陽（今山西太原市）人。後唐官員。

傳見本書卷六九、《新五代史》卷二八。

五月丙辰朔，帝不視朝，臨於西宫。宰相豆盧革進位左僕射，韋説進位門下侍郎兼户部尚書、監修國史，並依舊平章事。[1]兗州節度使、檢校太傅朱守殷加同平章事，充河南尹，判六軍諸衛事；滄州節度使、檢校太傅安元信加同平章事，移鎮徐州；邠州節度使、檢校太保毛璋加同平章事。[2]以太子賓客鄭珏爲中書侍郎兼刑部尚書、同中書門下平章事；以工部尚書任圜爲中書侍郎兼工部尚書、同中書門下平章事、判三司。[3]徐州節度使李紹真、貝州刺史李紹英、齊州防禦使李紹虔、河陽節度使李紹奇、洺州刺史李紹能等上言，[4]前朝寵賜姓名，今乞還舊。内李紹虔上言："臣本姓王，後移杜氏，蒙前朝賜今姓名，乞復本姓。"詔並可之。李紹真復曰霍彦威，李紹英復曰房知温，李紹虔復曰王晏球，李紹奇復曰夏魯奇，李紹能復曰米君立。青州節度使、檢校太傅、同平章事符習加兼侍中，徐州節度使、檢校太傅霍彦威加兼侍中，移鎮鄆州。[5]丁巳，初詔文武百僚正衙常參外，五日一度内殿起居。[6]麟州奏，指揮使張延寵作亂，焚剽市民，已殺戮訖。[7]戊午，河陽節度使夏魯奇加檢校太傅，以貝州刺史房知温爲兗州節度使，以齊州防禦使王晏球爲宋州節度使，[8]以洺州刺史米君立爲邢州節度使。己未，賜文武百官各一馬一驢。西都知府張籛進魏王繼岌打毬馬七十二疋。[9]北京馬步都指揮使李從温奏，[10]準詔誅宦官。初，莊宗遇内難，

宦者數百人竄匿山谷，落髮爲僧，奔至太原七十餘人，至是盡誅於都亭驛。[11]辛酉，詔華州放散西川宫人各歸骨肉。[12]壬戌，以前相州刺史、北京左右廂都指揮使安金全爲安北都護、振武節度使、同平章事。[13]甲子，前西都留守、京兆尹張筠加檢校太傅，充山南西道節度使；[14]以夔州節度使李紹文爲遂州節度使；[15]以前鄧州留後戴思遠爲洋州節度使。[16]丁卯，以金吾將軍張實爲金州防禦使。[17]戊辰，以金紫光禄大夫、檢校司空趙在禮爲滑州節度使，加檢校太保。[18]制下，在禮以軍情不順爲辭，不之任。以許州留後陶玘爲鄧州留後，以諸道馬步副都指揮使安審通爲齊州防禦使。[19]庚午，以權知北京軍府事、汾州刺史符彦超爲晋州留後，以前陳州刺史劉仲殷爲陝州留後。[20]癸酉，以前磁州刺史劉彦琮爲華州留後。[21]甲戌，福建節度使、檢校太傅王延翰加檢校太尉、同平章事。[22]乙亥，翰林學士、户部侍郎、知制誥馮道，翰林學士、中書舍人趙鳳，俱以本官充端明殿學士。[23]端明之職，自此始也。[24]丙子，詔："故西道行營都招討制置等使、守侍中、監修國史、兼樞密使郭崇韜宜許歸葬，其世業田宅並還與骨肉。[25]故萬州司户朱友謙可復護國軍節度使、守太師、兼尚書令、河中尹、西平王，所有田宅財産，並還與骨肉。"[26]丁丑，西都衙内指揮使張籛進納僞蜀主王衍犀、玉帶各二條、馬一百五十匹。[27]初，莊宗遣中官向延嗣就長安之殺王衍也，[28]旋屬蕭牆之禍，延嗣藏竄，不知所之，而衍之資裝妓樂並爲籛所有，復懼事泄，故聊有此獻。戊寅，

以樞密使安重誨兼領襄州節度使。[29]制下，重誨之黨謂重誨曰："襄州地控要津，不可乏帥，無宜兼領。"重誨即自陳退，許之。以左金吾大將軍張遵誨爲西京副留守、知留守事。[30]辛巳，以衛尉卿李懌爲中書舍人，[31]充翰林學士。壬午，以前蔚州刺史張温爲振武留後，以左右廂突陣指揮使康義誠爲汾州刺史，以左右廂馬軍都指揮使索自通爲忻州刺史。[32]尚父、吴越國王錢鏐遣使進金器五百兩、銀萬兩、綾萬疋謝恩，[33]賜玉册、金印。初，同光季年，鏐上疏密求玉册、金印，郭崇韜進議以爲不可，而樞密承旨段徊受其重賂，[34]贊成其事，莊宗即允其請，至是故有貢謝。甲申，幽州節度使、檢校太保李紹斌加檢校太傅、同平章事，[35]復姓名爲趙德鈞。乙酉，詔百官朔望入閤，賜廊下食。自亂離已前，常參官每日朝退賜食於廊下，謂之"廊餐"。乾符之後，百司經費不足，無每日之賜，至是遇入閤即賜之。[36]

[1]左僕射：官名。秦始置。隋、唐前期，以左、右僕射佐尚書令總理六官、綱紀庶務；如不置尚書令，則總判省事，爲宰相之職。唐後期多爲大臣加銜。從二品。　韋説：人名。京兆萬年（今陝西西安市長安區）人。唐福建觀察使韋岫之子。唐末進士，後梁大臣、後唐宰相。傳見本書卷六七。　門下侍郎：官名。門下省副長官。唐後期三省長官漸爲榮銜，中書侍郎、門下侍郎却因參議朝政而職位漸重，常常用爲以"同三品"或"同平章事"任宰相者的本官。正三品。　户部尚書：官名。尚書省户部長官。掌管全國土地、户籍、賦税、財政收支諸事。正三品。　監修國史：官名。北齊始置史館，以宰相爲之。唐史館沿置，爲宰相兼職。　平章事：官名。"中書門下平章事"的簡稱。

［2］兖州：方鎮名。治所在兖州（今山東濟寧市兖州區）。　檢校太傅：官名。爲散官或加官，以示恩寵，無實際執掌。按，檢校某某官，唐中後期逐漸確立，五代沿用。多作爲使府或方鎮僚佐秩階、升遷的階官，非正式官銜。參見賴瑞和《論唐代的檢校官制》，《漢學研究》2006年第24卷第1期。　朱守殷：人名。籍貫不詳。五代後唐將領。傳見本書卷七四、《新五代史》卷五一。　同平章事：官名。"同中書門下平章事"的簡稱。唐高宗以後，實際任宰相之職者，常在其本官後加同平章事的職銜。後成爲宰相專稱。後晋天福五年（940），升中書門下平章事爲正二品。　河南尹：官名。唐開元元年（713）改洛州爲河南府，治所在今河南洛陽市。以河南府尹總其政務。從三品。　判六軍諸衛事：官名。後唐沿唐代舊制，置六軍諸衛，以判六軍諸衛事爲禁軍六軍與諸衛的最高統帥。　滄州：州名。治所在今河北滄縣舊州鎮。　安元信：人名。代北（今山西代縣）人。五代後唐、後晋將領。事見本書卷六一。　徐州：方鎮名。治所在徐州（今江蘇徐州市）。　邠州：方鎮名。治所在今陝西彬縣。　檢校太保：官名。爲散官或加官，以示恩寵，無實際執掌。太保，與太師、太傅合稱三師。　毛璋：人名。滄州（今河北滄縣舊州鎮）人。五代後唐將領。傳見本書卷七三、《新五代史》卷二六。

［3］太子賓客：官名。爲太子官屬。唐高宗顯慶元年（656）始置。掌侍從規諫、贊相禮儀。正三品。　鄭珏：人名。滎陽（今河南滎陽市）人。唐末進士，五代後梁、後唐宰相。傳見本書卷五八、《新五代史》卷五四。　中書侍郎：官名。中書省副長官。唐後期三省長官漸爲榮銜，中書侍郎、門下侍郎却因參議朝政而職位漸重，常常用爲以"同三品"或"同平章事"任宰相者的本官。正三品。　刑部尚書：官名。尚書省刑部主官。掌天下刑法及徒隸、勾覆、關禁之政令。正三品。　三司：官署名。五代後唐明宗天成元年（926）合鹽鐵、度支、户部爲一職，始稱三司，爲中央最高之理財機構。

[4]李紹真：人名。即霍彦威。洺州曲周（今河北曲周縣）人。五代後梁將領霍存養子，後梁、後唐將領。傳見本書卷六四、《新五代史》卷四六。　貝州：方鎮名。治所在今河北清河縣。　李紹英：人名。即房知温。兖州瑕丘（今山東濟寧市兖州區）人。五代後唐將領。傳見本書卷九一、《新五代史》卷四六。　齊州：州名。治所在今山東濟南市。　李紹虔：人名。即王晏球。洛陽（今河南洛陽市）人。五代將領。傳見本書卷六四、《新五代史》卷四六。　河陽：方鎮名。治所在孟州（今河南孟州市）。　李紹奇：人名。即夏魯奇。青州（今山東青州市）人。五代後唐將領。傳見本書卷七〇、《新五代史》卷三三。　洺州：方鎮名。治所在今河北邯鄲市永年區。　李紹能：人名。即米君立。五代後唐將領。事見本書本卷、卷四一。

[5]青州：州名。治所在今山東青州市。　符習：人名。趙州（今河北趙縣）人。五代後唐將領。傳見本書卷五九、《新五代史》卷二六。　侍中：官名。秦始置。隋、唐前期爲門下省長官。唐後期多爲大臣加銜，不參與政務，實際職務由門下侍郎執行。正二品。　鄆州：方鎮名。治所在鄆州（今山東東平縣）。

[6]五日一度内殿起居：《輯本舊史》之案語："《五代會要》載天成元年五月三日敕：今後宰臣文武百官，除常朝外，每五日一度入内起居。其中書非時有急切公事請開延英，不在此限。"見《會要》卷五朔望朝參條。"今後宰臣文武百官"，中華書局本有校勘記：'今'，原作'令'，據殿本、孔本、《五代會要》卷五改。"

[7]麟州：州名。治所在今陝西神木縣。　指揮使：官名。唐末、五代軍隊多置都指揮使、指揮使，爲統兵將領。　張延寵：人名。籍貫不詳。本書僅此一見。

[8]宋州：方鎮名。治所在宋州（今河南商丘市睢陽區）。本後梁宣武軍，後唐改名歸德軍。

[9]西都：指後唐西都京兆府（今陝西西安市）。後梁以開封爲東都，洛陽爲西都。後唐恢復唐制，以洛陽爲東都，長安爲西

都。　張籛：人名。海州（今江蘇連雲港市海州區）人。五代後唐官員。事見本書本卷、《新五代史》卷四七。《舊五代史考異》："原本作'張鏐'，今據《通鑑》改正。"見明本《册府》卷一六九《帝王部·納貢獻門》，《通鑑》卷二七五天成元年四月庚子條載：魏王繼岌"至渭水，權西都留守張籛已斷浮梁"。　繼岌：人名。即李繼岌。後唐莊宗長子，封魏王。傳見本書卷五一、《新五代史》卷一四。

[10]馬步都指揮使：官名。即馬步軍都指揮使。五代時侍衛親軍長官，多爲皇帝親信。　李從温：人名。崞縣（今山西原平市）人，後唐明宗之侄。五代將領。傳見本書卷八八。

[11]莊宗：即後唐莊宗李存勗。五代後唐王朝的建立者。紀見本書卷二七至卷三四、《新五代史》卷五。　太原：府名。治所在今山西太原市。　都亭驛：唐、五代時設於都城或陪都的館驛。

[12]華州：州名。治所在今陝西渭南市華州區。　西川：方鎮名。劍南西川的簡稱。治所在成都府（今四川成都市）。

[13]相州：州名。治所在今河南安陽市。　都指揮使：官名。唐末、五代軍隊多置都指揮使、指揮使，爲統兵將領。　安金全：人名。代北（今山西代縣）人。五代將領。傳見本書卷六一、《新五代史》卷二五。　安北都護：官名。安北都護府長官。據《通鑑》卷二六九胡注，唐中葉以後，振武節度使皆帶安北都護。參見李大龍《都護制度研究》，黑龍江教育出版社 2003 年版。　振武：方鎮名。後梁貞明二年（916）以前，治所位於單于都護府城（今内蒙古和林格爾縣）。貞明二年單于都護府城爲契丹占據。此後至後唐清泰三年（936），治所位於朔州（今山西朔州市朔城區）。後晉時隨燕雲十六州割予契丹，改名順義軍。

[14]留守：官名。古代皇帝出巡或親征時指定親王或大臣留守京城，綜理國家軍事、行政、民事、財政等事務，稱京城留守。在陪都或軍事重鎮也常設留守，以地方長官兼任。　京兆尹：官名。唐開元元年改雍州置京兆府，治所在今陝西西安市。以京兆尹總其

政務。從三品。　山南西道：方鎮名。治所在梁州（今陝西漢中市）。

[15]夔州：州名。治所在今重慶市奉節縣。　李紹文：人名。鄆州（今山東東平縣）人。本名張從楚。五代將領。傳見本書卷五九。《輯本舊史》之影庫本粘籤："原本作'昭文'，今從列傳改正。"見《輯本舊史》卷五九《李紹文傳》。　遂州：方鎮名。治所在今四川遂寧市。

[16]鄧州：州名。治所在今河南鄧州市。　留後：官名。唐、五代節度使多以子弟或親信爲留後，以代行節度使職務，亦有軍士、叛將自立爲留後者。掌一州或數州軍政。　戴思遠：人名。籍貫不詳。五代後梁、後唐將領。傳見本書卷六四。　洋州：州名。治所在今陝西洋縣。

[17]金吾將軍：官名。唐置，掌宮禁宿衛。唐代置十六衛之一。從三品。　張實：人名。籍貫不詳。五代將領。事見本書本卷、卷九。　金州：州名。治所在今陝西安康市。

[18]金紫光禄大夫：官名。本兩漢光禄大夫。魏晋以後，光禄大夫之位重者，加金章紫綬，因稱金紫光禄大夫。北周、隋時爲散官。唐貞觀後列入文散官。正三品。　趙在禮：人名。涿州（今河北涿州市）人。五代後唐、後晋將領。傳見本書卷九〇、《新五代史》卷四六。　滑州：州名。治所在今河南滑縣。

[19]許州：方鎮名。治所在許州（今河南許昌市）。　陶玘：人名。籍貫不詳。五代後唐官員。傳見本書附録。　諸道馬步副都指揮使：官名。五代軍隊編制，五百人爲一指揮，設指揮使、副指揮使；十指揮爲一軍，設都指揮使、副都指揮使。　安審通：人名。代北（今山西代縣）人。安金全之侄。五代將領。傳見本書卷六一。

[20]權：官員任用類别之一。與攝相近，是一種暫時的委任。唐、五代時，知、判、兼等類的任用，往往冠以"權"字，稱爲權知、權判、權兼，以表示其爲暫任。　汾州：州名。治所在今山西

汾陽市。 符彦超：人名。陳州宛丘（今河南淮陽縣）人。五代後唐將領，符存審之子。傳見本書卷五六、《新五代史》卷二五。 晉州：州名。治所在今山西臨汾市。 陳州：州名。治所在今河南淮陽縣。 劉仲殷：人名。籍貫不詳。五代後唐將領。事見本書本卷、卷三八、卷四一、卷四二、卷四四、卷四五、卷四六。 陜州：州名。治所在今河南三門峽市陜州區。

[21]磁州：州名。治所在今河北磁縣。 劉彦琮：人名。雲中（今山西大同市）人。五代後唐將領。傳見本書卷六一。 華州：《輯本舊史》原作“同州”，中華書局本有校勘記：“本書卷六一《劉彦琮傳》：‘明宗赴難京師，授華州留後，尋正授節旄。’卷三八《唐明宗紀四》：‘（天成二年）以華州留後劉彦琮爲本州節度使。’朱玉龍《方鎮表》：‘“同州”當爲“華州”之誤。’天成元年鎮同州者爲李存敬、王思同、盧質。”但未改，今據改。

[22]福建：方鎮名。治所在福州（今福建福州市）。《輯本舊史》之影庫本粘籤：“福州，原本脱‘州’字，今據《册府元龜》增入。”中華書局本據此改作“福州”，但明本《册府》卷一六九《帝王部・納貢獻門》、卷二一九《僭僞部・年號門》等均無有關記載，而《輯本舊史》卷三二《莊宗紀六》同光二年（924）五月丙午條明言王審知爲福建節度使，審知爲延翰父，據改。 王延翰：人名。閩太祖王審知長子，五代十國閩國國君。傳見《新五代史》卷六八。 檢校太尉：官名。爲散官或加官，以示恩寵，無實際執掌。太尉，與司徒、司空並爲三公。

[23]翰林學士：官名。由南北朝始設之學士發展而來，唐玄宗改翰林供奉爲翰林學士，備顧問、代王言。掌拜免將相、號令征伐等詔令的起草。 户部侍郎：官名。尚書省户部次官。協助户部尚書掌天下田户、均輸、錢穀之政令。正四品下。 知制誥：官名。掌起草皇帝的詔、誥之事，原爲中書舍人之職。唐開元末置學士院，翰林學士入院一年，則加知制誥銜，專掌任免宰相、册立太子、宣布征伐等特殊詔令，稱爲内制。而中書舍人所撰擬的詔敕稱

爲外制。兩種官員總稱兩制官。　馮道：人名。瀛州景城（今河北滄縣）人。五代時官拜宰相，歷仕後唐、後晋、後漢、後周，亦曾臣事契丹。傳見本書卷一二六、《新五代史》卷五四。　中書舍人：官名。中書省屬官，掌起草文書、呈遞奏章、傳宣詔命等。正五品上。　趙鳳：人名。幽州（今北京市）人。五代後唐大臣。傳見本書卷六七、《新五代史》卷二八。　端明殿學士：官名。後唐明宗始置，以翰林學士充任，負責誦讀四方書奏。

[24]端明之職，自此始也：《輯本舊史》之案語："《五代會要》云：明宗初登位，四方書奏，多令樞密使安重誨讀之，不曉文義。於是孔循獻議，因唐室侍讀之號，即創端明學士之名，命馮道等爲之。"見《會要》卷一三端明殿學士條注文。

[25]都招討制置等使：官名。戰時任命，兵罷則省。常以大臣、將帥或地方軍政長官兼任。掌招撫討伐等事務。　郭崇韜：人名。代州雁門（今山西代縣）人。五代後唐大臣。傳見本書卷五七、《新五代史》卷二四。

[26]萬州：州名。治所在今重慶市萬州區。《舊五代史考異》："原本作'萬州'，今據《歐陽史》改正。"五代無萬州，《新五代史》卷六《唐本紀六》有"隨州刺史西方鄴取夔、忠、萬州"。《輯本舊史》卷一五〇引《大典》卷一七三八〇"道"字韻"地理"事目山南道有萬州。　司户：官名。"司户參軍"的簡稱。州級政府僚佐。掌本州屬縣之户籍、賦税、倉庫受納等事。上州從七品下，中州正八品下，下州從八品下。　朱友謙：人名。又名李繼麟。許州（今河南許昌市）人。唐末、五代軍閥。傳見本書卷六三、《新五代史》卷四五。　護國軍：方鎮名。治所在蒲州（今山西永濟市）。　太師：官名。與太傅、太保合稱三師，唐後期、五代多爲大臣、勳貴加官。正一品。　尚書令：官名。秦始置。隋、唐前期爲尚書省長官，與中書令、侍中並爲宰相。因以李世民爲之，後皆不授，唐高宗廢其職。唐後期以李適、郭子儀有功而特授此職，爲大臣榮銜，不參與政務。五代因之。唐時爲正二品，後梁

開平三年（909）升爲正一品。

[27]衙内指揮使：官名。唐、五代時期，衙内指揮使爲節度使府衙内之牙將，統最親近衛兵。　王衍：人名。許州舞陽（今河南舞陽縣）人。王建幼子，五代十國前蜀皇帝。傳見本書卷一三六、《新五代史》卷六三。

[28]向延嗣：人名。籍貫不詳。後唐宦官。事見《通鑑》卷二七四。

[29]襄州：方鎮名。治所在襄州（今湖北襄陽市）。

[30]左金吾大將軍：官名。唐置，掌宮禁宿衛。唐代十六衛之一。正三品。　張遵誨：人名。魏州（今河北大名縣）人。五代將領。傳見本書卷六一。

[31]衛尉卿：官名。北魏置，隋、唐、五代時爲衛尉寺長官。掌供宫廷、祭祀、朝會之儀仗帷幕。從三品。　李懌：人名。京兆（今陝西西安市）人。五代官員。傳見本書卷九二、《新五代史》卷五五。

[32]蔚州：州名。治所在今河北蔚縣。　張温：人名。魏州魏縣（今河北魏縣）人。後梁、後唐將領。傳見本書卷五九。　左右廂突陣指揮使：官名。突陣爲軍隊番號。　康義誠：人名。沙陀部人。五代後唐將領。傳見本書卷六六、《新五代史》卷二七。　索自通：人名。太原清源（今山西清徐縣）人。五代後唐將領。傳見本書卷六五。　忻州：州名。治所在今山西忻州市。

[33]尚父：尊號名。意爲可尊尚的父輩。　錢鏐：人名。杭州臨安（今浙江杭州市臨安區）人。五代時期吴越國的建立者。傳見本書卷一三三、《新五代史》卷六七。

[34]樞密承旨：官名。五代設樞密院承旨和樞密院副承旨，以各衛將軍擔任。主管樞密院承旨司之事。　段徊：人名。籍貫不詳。五代後唐官員，時任樞密承旨。事見本書卷三二、卷三三。《舊五代史考異》："《九國志》作'段懷'，考《歐陽史》及《通鑑》並作'段徊'，今仍其舊。"《新五代史》卷二八《豆盧革傳》、

《通鑑》卷二七四同光三年十二月丙子條均作“段徊”，而非“段佪”。

[35]幽州：州名。治所在今北京市。　李紹斌：人名。即趙德鈞。幽州（今北京市）人。初爲幽州節度使劉守光部將，再爲後唐將領，後投降遼國。傳見本書卷九八。

[36]乾符：唐僖宗李儇年號（874—879）。　“乾符之後”至“至是遇入閤即賜之”：《輯本舊史》之案語：“《五代會要》云：明宗初即位，命百官五日一起居，李琪以爲非故事，請罷之，惟每月朔望日合入閤賜食。至是宣旨，朔望入閤外，仍五日一起居，遂爲定式。”見《會要》卷六廊下餐條注文。

六月戊子，前襄州節度使李紹珙起復，[1]依前襄州節度使，仍復本姓名曰劉訓。以皇子河中留後從珂爲河中節度使，百僚表賀。以翰林承旨、兵部尚書、知制誥盧質爲檢校司空，[2]充同州節度使。己丑，以吏部尚書、判太常卿事李琪爲御史大夫；以禮部尚書崔協爲太常卿、判吏部尚書銓事；以御史中丞崔居儉爲兵部侍郎；以太子賓客蕭頃爲禮部尚書。[3]中書奏：[4]“請以九月九日皇帝降誕日爲應聖節，休假三日。”從之。故忠武軍節度使、檢校太師、兼尚書令、齊王張全義贈太師，以前尚書右丞崔沂爲尚書左丞。[5]丙申，新州留後張廷裕、雲州留後高行珪並正授本軍節度使。[6]丁酉，詔曰：“四夷來王，歷代故事，前後各因强弱，撫制互有典儀。大蕃須示於威容，即於正衙引對；小蕃但推於恩澤，仍於便殿撫懷。憲府奏論，禮院詳酌，皆徵故實，咸有明文。正衙威容，[7]未可全廢；內殿恩澤，且可常行。若

遇大蕃入朝，即准舊儀，於正殿排比鋪陳立仗，百官排班，於正門引入對見。”時百僚入閤班退後，却引對朝貢蕃客，御史大夫李琪奏論之，下禮院檢討，[8]而降是命焉。戊戌，樞密使安重誨加檢校太保，行兵部尚書事如故。以太子詹事劉岳爲兵部侍郎，以太子右庶子王權爲户部侍郎，以太子左庶子任贊爲工部侍郎。[9]庚子，荆南節度使、檢校太師、兼尚書令、南平王高季興加守太尉、兼尚書令，澤潞節度使、檢校太傅、同平章事孔勍加兼侍中。[10]汴州屯駐控鶴指揮使張諫等謀叛伏誅，以樞密使孔循權知汴州軍州事。[11]甲辰，樞密使孔循加檢校太保、守秘書監，[12]依前充使。乙巳，[13]以秘書少監姚顗爲左散騎常侍，[14]以太子左諭德陸崇爲右散騎常侍，[15]以兵部郎中蕭希甫爲左諫議大夫，[16]前幽州節度判官吕夢奇爲右諫議大夫，[17]以鄴都副留守孫岳爲潁州團練使。[18]詔曰：“古者酌禮以制名，懼廢於物；取其難犯而易避，貴便於時。況‘徵’‘在’二名，[19]抑有前例。以太宗文皇帝自登寶位，不改舊稱，時即臣有世南，官有民部，靡聞曲避，止禁連呼。[20]朕猥以眇躬，託於人上，止遵聖範，非敢自尊。應文書内所有二字，但不連稱，不得迴避。如是臣下之名，不欲與君親同字者，任自改更。”丁未，中書門下奏：“京城潛龍舊宅，望以至德宫爲名。”從之。戊申，夏州節度使、開府儀同三司、檢校太師、兼中書令、朔方王李仁福加食邑一千户。[21]以延州留後高允韜爲延州節度使，以利州節度觀察留後張敬詢爲利州節度使。[22]劍南西川節度副大

使、知節度使事孟知祥加檢校太傅、兼侍中，劍南東川節度副大使、知節度事董璋加檢校太傅。[23]壬子，鳳翔節度使、檢校太尉、兼中書令李從曮加檢校太師、兼中書令。[24]汴州知州孔循奏，召集謀亂指揮使趙虔已下三千人並族誅訖。[25]甲寅，以晋州留後符彦超爲北京留守，以鎮州副使王建立爲鎮州留後，以右龍武統軍安崇阮爲晋州留後。[26]荆南節度使高季興上言："夔、忠、萬三州，舊是當道屬郡，先被西川侵據，今乞却割隸本管。"詔可之，[27]其夔州，僞蜀先曾建節，宜依舊除刺史。

[1]李紹珙：人名。本名劉訓。隰州永和（今山西永和縣）人。五代藩鎮將領。傳見本書卷六一。

[2]兵部尚書：官名。尚書省兵部主官。掌兵衛、武選、車輦、甲械、厩牧之政令。正三品。　盧質：人名。河南（今河南洛陽市）人。五代大臣。傳見本書卷九三、《新五代史》卷五六。

[3]吏部尚書：官名。爲尚書省吏部最高長官，與二侍郎分掌六品以下文官選授、勳封、考課之政令。正三品。　太常卿：官名。西漢置太常，南朝梁始置太常卿。太常寺長官。掌宗廟祭祀禮樂及教育等。正三品。　李琪：人名。河西敦煌（今甘肅敦煌市）人。後梁、後唐大臣。傳見本書卷五八、《新五代史》卷五四。　御史大夫：官名。秦始置，與丞相、太尉合稱三公。至唐代，在御史中丞之上設御史大夫一人，爲御史臺長官，專掌監察、執法。正三品。　禮部尚書：官名。尚書省禮部主官。掌禮儀、祭享、貢舉之政。正三品。　崔協：人名。清河（今河北清河縣）人。唐末進士，五代後梁、後唐官員，仕至宰相。傳見本書卷五八。　吏部尚書銓：官署名。吏部三銓（吏部尚書銓、吏部西銓、吏部東銓）之

一。負責官員銓選。　御史中丞：官名。如不置御史大夫，則爲御史臺長官。掌司法監察。正四品下。　崔居儉：人名。清河（今河北清河縣）人。崔蕘之子。五代大臣。傳見本書附録、《新五代史》卷五五。　兵部侍郎：官名。尚書省兵部次官。協助兵部尚書掌武官銓選、勳階、考課之政。正四品下。　蕭頃：人名。京兆萬年（今陝西西安市長安區）人。後梁、後唐大臣。傳見本書卷五八。《輯本舊史》之影庫本粘籤："原本作'肅項'，今據《歐陽史》改正。"《新五代史》卷三《梁本紀三》、卷五《唐本紀五》、卷五四《李琪傳》均見蕭頃之名，卷五五《馬縞傳》更言明宗立，"禮部尚書蕭頃等請如縞議"。《輯本舊史·禮志上》亦載："天成元年，中書舍人馬縞乞依兩漢故事，別立親廟。禮部尚書蕭頃等乞……依馬縞所議。"

[4]中書：官署名。"中書門下"的簡稱。唐代以來爲宰相處理政務的機構。參見劉後濱《唐代中書門下體制研究——公文形態·政務運行與制度變遷》，齊魯書社2004年版。

[5]忠武軍：方鎮名。唐貞元十年（794）以陳許節度使爲忠武軍，治所在許州（今河南許昌市）。天復元年（901）移治陳州（今河南淮陽縣）。　檢校太師：官名。爲散官或加官，以示恩寵，無實際執掌。太師，與太傅、太保並爲三師。按，檢校某某官，唐中後期逐漸確立，五代沿用。多作爲使府或方鎮僚佐秩階、升遷的階官，非正式官銜。參見賴瑞和《論唐代的檢校官制》，《漢學研究》2006年第24卷第1期。　尚書右丞：官名。尚書省佐貳官。唐中期以後，與尚書左丞實際主持尚書省日常政務，權任甚重。後梁開平二年（908）改爲右司侍郎，後唐同光元年（923）復舊爲右丞。唐時爲正四品下，後唐長興元年（930）升爲正四品。　崔沂：人名。博州（今山東聊城市）人。唐宰相崔鉉之子，後梁、後唐大臣。傳見本書卷六八。　尚書左丞：官名。尚書省佐貳官。唐中期以後，與尚書右丞實際主持尚書省日常政務，權任甚重。正四品上。後梁開平二年（908）改爲左司侍郎，後唐同光元年（923）

復舊爲左丞。正四品。

[6]新州：方鎮名。治所在新州（今河北涿鹿縣）。　張廷裕：人名。代北（今山西代縣）人。五代後唐將領。傳見本書卷六五。中華書局本有校勘記：“原作‘張庭裕’，據本書卷三二《唐莊宗紀六》、卷三九《唐明宗紀九》、卷六五《張廷裕傳》改。”《輯本舊史》卷三二《唐莊宗紀六》同光二年（924）八月丙子條載，以張廷裕爲新州節度留後；卷三九《唐明宗紀五》天成三年二月甲辰條載張廷裕卒，卷六五有《張廷裕傳》。　雲州：方鎮名。治所在今山西大同市。　高行珪：人名。幽州（今北京市）人。五代名將。傳見本書卷六五、《新五代史》卷四八。

[7]正衙威容：《舊五代史考異》：“原本‘正衙’訛‘王衛’，今據《册府元龜》改正。”《册府》有闕部、門未見。見《會要》卷三〇雜録條。

[8]禮院：官署名。唐代太常寺有禮院，爲太常博士議禮之處。

[9]太子詹事：官名。掌領太子之詹事府，爲太子官屬之長。正三品。　劉岳：人名。洛陽（今河南洛陽市）人。五代後唐官員。傳見本書卷六八、《新五代史》卷五五。　太子右庶子：官名。太子府屬官。掌侍從太子左右、獻納啓奏、宣傳令言。正四品下。　王權：人名。太原（今山西太原市）人。五代官員。傳見本書卷九二、《新五代史》卷五六。　太子左庶子：官名。隋以太子左庶子爲門下坊的主官，統司經局、宫門局、内直局、典膳局、藥藏局、齋帥局。唐宋沿置。正四品上。　任贊：人名。籍貫不詳。五代後唐官員。事見本書卷四四。　工部侍郎：官名。尚書省工部次官。協助尚書掌管百工山澤水土之政令，考其功以詔賞罰，總所統各司之事。正四品下。

[10]荆南：又稱南平。五代十國之一。後梁開平元年（907）朱温命高季興爲荆南節度使，梁末帝時封季興爲渤海王。同光二年受後唐封爲南平王。　高季興：人名。原名高季昌，陝州硤石（今河南三門峽市）人。南平（即荆南）開國君主。傳見本書卷一三

三、《新五代史》卷六九。　太尉：官名。與司徒、司空並爲三公，唐後期、五代多爲大臣、勳貴加官。正一品。　澤潞：方鎮名。治所在潞州（今山西長治市）。　孔勍：人名。兖州（今山東濟寧市兖州區）人。唐末、五代將領。傳見本書卷六四。

［11］汴州：州名。治所在今河南開封市。　控鶴指揮使：官名。所部統兵將領。控鶴爲禁軍番號。　張諫：人名。籍貫不詳。五代後唐將領。事見《通鑑》卷二七五。

［12］秘書監：官名。秘書省長官。掌圖書秘記等。從三品。

［13］乙巳：中華書局本有校勘記："按是月丙戌朔，無己巳。此事繫於甲辰、丁未間，疑是乙巳。按本卷下文詔書，《通鑑》卷二七五即繫於乙巳，乙巳爲二十日。"但未改，今據改。

［14］以：中華書局本有校勘記："'以'原闕，據殿本、劉本及本卷下文補。"　秘書少監：官名。唐承隋制，置秘書省，設秘書少監二人協助秘書監工作。從四品上。　姚顗：人名。京兆萬年（今陝西西安市長安區）人。唐末進士，五代後梁、後唐、後晋大臣。傳見本書卷九二、《新五代史》卷五五。　左散騎常侍：官名。門下省屬官。掌侍奉規諷，備顧問應對。正三品下。

［15］太子左諭德：官名。掌諷諭規諫。正四品下。　陸崇：人名。籍貫不詳。五代大臣。事見本書本卷、卷三〇《唐莊宗紀》、卷一二八《裴羽傳》。　右散騎常侍：官名。中書省屬官。掌侍奉規諷，備顧問應對。正三品下。

［16］兵部郎中：官名。唐高祖改兵曹郎置，二人，一掌武官階品、衛府名數、校考、給告身之事；一掌軍籍、軍隊調遣名數、朝集、録賜、告假等事。高宗、武則天、玄宗時，一度隨本部改名司戎大夫、夏官郎中、武部郎中。五代因之。從五品上。　蕭希甫：人名。宋州（今河南商丘市睢陽區）人。五代後梁、後唐官員。傳見本書卷七一、《新五代史》卷二八。　左諫議大夫：官名。隸門下省。唐代置左、右諫議大夫各四人，分隸門下省、中書省。掌諫諭得失，侍從贊相。正四品下。

[17]節度判官：官名。唐、五代方鎮僚屬，位在行軍司馬下。分掌使衙内各曹事，並協助使職官員通判衙事。　吕夢奇：人名。籍貫不詳。五代後唐官員。事見本書卷七三、《新五代史》卷二六。　右諫議大夫：官名。隸中書省。唐代置左、右諫議大夫各四人，分隸門下省、中書省。掌諫諭得失，侍從贊相。正四品下。

[18]鄴都：地名。治所在今河北大名縣。五代後唐同光元年(923)，改魏州爲興唐府，建號東京，三年改東京爲鄴都。　副留守：官名。古代在都城、陪都或軍事重鎮所設留守，由地方行政長官兼任。副留守爲留守之貳。　孫岳：人名。稷州（今陝西武功縣）人。五代後唐大臣。傳見本書卷六九。　潁州：州名。治所在今安徽阜陽市。　團練使：官名。唐代中期以後，於不設節度使的地區設團練使，掌本區各州軍事。

[19]貴便於時。況"徵""在"二名："貴便""徵在"，《輯本舊史》之影庫本粘籤："'貴便'，原本作'貴使'；'徵在'，原本作'徵彼'，今並從《五代會要》改正。"見《會要》卷四諱條所載天成元年（926）六月十二日敕。

[20]太宗文皇帝：即唐太宗李世民。紀見《舊唐書》卷二、卷三，《新唐書》卷二。　世南：人名。即虞世南。餘姚（今浙江杭州市）人。唐代官員。傳見《舊唐書》卷七二、《新唐書》卷一〇二。

[21]夏州：州名。治所在今陝西靖邊縣。　開府儀同三司：官名。魏晋始置，隋唐時爲散官之最高官階。多授功勳重臣。從一品。　中書令：官名。漢代始置，隋、唐前期爲中書省長官，屬宰相之職；唐後期多爲授予元勳大臣的虚銜。正二品。　李仁福：人名。党項拓跋部人。五代党項首領。傳見本書卷一三二、《新五代史》卷四〇。

[22]延州：州名。治所在今陝西延安市。　高允韜：人名。延州（今陝西延安市）人。高萬興之子。五代軍閥。傳見本書卷一三二。　利州：州名。治所在今四川廣元市。　張敬詢：人名。勝州

金河縣（今内蒙古呼和浩特市）人。五代後唐將領。傳見本書卷六一。

[23]劍南西川：方鎮名。治所在成都府（今四川成都市）。節度副大使：官名。方鎮中僅次於節度使之使職，如持節，則位同於節度使。　孟知祥：人名。邢州龍岡（今河北邢臺市）人。五代十國後蜀開國君主。傳見本書卷一三六、《新五代史》卷六四。劍南東川：方鎮名。唐至德二年（757）分劍南節度使東部地區置劍南東川節度使。治所在梓州（今四川三臺縣）。　董璋：人名。籍貫不詳。五代後梁、後唐將領。傳見本書卷六二、《新五代史》卷五一。

[24]鳳翔：方鎮名。治所在鳳翔府（今陝西鳳翔縣）。　李從曮：人名。深州博野（今河北蠡縣）人。李茂貞之子，後晋時封秦王。傳見本書卷一三二。

[25]趙虔：人名。籍貫不詳。本書僅此一見。

[26]鎮州：州名。治所在今河北正定縣。　副使：官名。即節度副使。唐、五代方鎮屬官。位在行軍司馬之下、判官之上。　王建立：人名。遼州榆社（今山西榆社縣）人。五代後唐、後晋將領。傳見本書卷九一、《新五代史》卷四六。《輯本舊史》之影庫本粘籤："原本作'建及'，考建及卒於莊宗未即位以前，明宗時爲鎮州留後者，乃建立也，今改正。"《通鑑》卷二七五天成元年七月丁丑條作"鎮州留後王建立"。　右龍武統軍：官名。唐置六軍，分左、右羽林，左、右龍武，左、右神武等，即"北衙六軍"。興元元年（784），六軍各置統軍，以寵勳臣。其品秩，《唐會要》卷七一、《舊唐書》卷一二記載爲"從二品"；《通鑑》卷二二九記載爲"從三品"。　安崇阮：人名。潞州上黨（今山西長治市）人。五代後唐、後晋將領。傳見本書卷九〇。

[27]夔：州名。治所在今重慶市奉節縣。　忠：州名。治所在今重慶市忠縣。　萬：州名。治所在今重慶市萬州區。　"荆南節度使高季興上言"至"詔可之"：《舊五代史考異》："《通鑑考異》引

《十國紀年·荆南史》：天成元年二月壬辰，請忠、夔、萬州及雲安監隸本道，莊宗許之。詔命未下，莊宗遇弑。六月壬辰，王表求三州，明宗許之。”見《通鑑》卷二七五天成元年六月戊申條《考異》。

秋七月乙卯朔，以太原舊宅爲積慶宫。[1]庚申，契丹、渤海國俱遣使朝貢。[2]甲子，詔割韓城、郃陽兩縣屬同州。[3]誅滑州左右崇牙及長劍等軍士數百人，[4]夷其族，作亂故也。其都校于可洪等相次到闕，[5]亦斬於都市。丁卯，以僞蜀守司空、門下侍郎、平章事、晋國公王鍇爲檢校司空、守陵州刺史，以虢州刺史石潭爲耀州團練使。[6]辛未，詔："諸道節度、刺史、文武將吏，舊進月旦起居表，今後除節度、留後、團練、防禦使，惟正、至進賀表，其四孟月並且止絶。"甲戌，中書門下上言："宣旨令進納新授諸道判官、州縣官官告敕牒，祇應宣賜。準往例，除將相外，並不賜官告，[7]即因梁氏起例，[8]凡宣授官，並特恩賜。臣等商量，自兩使判官、令録在京除授者，即於内殿謝恩，便辭赴任，不更進納官誥；判司、主簿，不合更許朝對。[9]敕下後，望準舊例處分。"從之。乙亥，莊宗皇帝梓宫發引，帝縗服臨送於樓前。是日，葬莊宗於雍陵。[10]鎮州留後王建立奏，涿州刺史劉殷肇不受代，[11]謀叛，昨發兵收掩，擒劉殷肇及其黨一十三人，見折足勘詰。己卯，以比部郎中、知制誥楊凝式爲給事中，充史館修撰、判館事；以僞蜀吏部尚書楊玢爲給事中，充集賢殿學士、判院事。[12]升應州爲彰國軍節度，仍以興唐軍爲寰州，隸彰國軍。[13]宰相豆盧革貶辰州刺史，韋説貶溆州刺史，仍

令所在馳驛發遣，爲諫議大夫蕭希甫疏奏故也。[14]制略曰：“革則縱田客以殺人，説則侵鄰家而奪井，選元亨之上第，改王修之本名。[15]或主掌三司，委元隨之務局；或陶鎔百里，受長吏之桑田。咸屈塞於平人，互阿私於愛子。任官匪當，黷貨無厭，謀人之國若斯，致主之方安在！既迷理亂，又昧卷舒。而府司案牘爰來，諫署奏章疊至，備彰醜迹，深污明庭。是宜約以三章，投之四裔。其河南府文案及蕭希甫論疏，並宜宣示百僚。”庚辰，賜蕭希甫衣段二十疋、銀器五十兩，賞疏革、説之罪也。宰相鄭珏、任圜再見安重誨，救解革、説，請不復追行後命，又三上表救解，俱留中不報。辛巳，以捧聖嚴衛左廂馬步軍都指揮使李從璋領饒州刺史，充大内皇城使。[16]中書門下奏：“條制，檢校官各納尚書省禮錢，[17]舊例太師、太尉納四十千，後減落至二十千；太傅、太保元納三十千，減至十五千；司徒、司空元納二十千，減至一十千；僕射、尚書元納一十五千，減至七千；員外、郎中元納一十千，今納三千四百者。”詔曰：“會府華資，皇朝寵秩，凡霑新命，各納禮錢。[18]爰自近年，多隳舊制，遂致紀綱之地，遽成廢墜之司。況累條流，就從減省，方當提舉，宜振規繩。但緣其間，翊衛勳庸，藩宣將佐，自軍功而遷陟，示恩澤以獎酬，須議從權，不在其例。其餘自不帶平章事節度使及防禦、團練、刺史、使府副使、行軍已下，三司職掌監院官，州縣官，凡關此例，並可徵納。[19]其檢校官自員外郎至僕射，祇取初轉一任納錢，[20]若不改呼，不在徵納。[21]

仍委尚書省都司專切檢舉,[22]置曆逐月具數申中書門下。”[23]癸未，詔辰州刺史豆盧革可責授費州司户參軍，溆州刺史韋説可責授夷州司户參軍，皆員外置同正員，仍令馳驛發遣。[24]甲申，又詔曰：“責授費州司户參軍豆盧革、夷州司户參軍韋説等，自居台輔，累换歲華，負先皇倚注之恩，失大國燮調之理。朕自登宸極，常委鈞衡，略無謙遜之辭，但縱貪饕之意。除官受賂，樹黨徇私，每虧敬於朕前，徒自尊於人上。道路之諠騰不已，諫臣之條疏頗多，罪狀顯彰，典刑斯舉，合從極法，以塞群情。尚緣臨御之初，含弘是務，特軫墜泉之慮，爰施解網之仁，曲示優恩，俯寬後命。革可陵州長流百姓，説可合州長流百姓，仍委逐處長知所在。[25]同州長春宫判官、朝請大夫、檢校尚書禮部郎中、賜紫金魚袋豆盧昇，將仕郎、守尚書屯田員外郎、崇文館學士、賜緋魚袋韋濤等，各因權勢，驟列班行，無才業以可稱，竊寵榮而斯久。比行貶謫，以塞尤違。朕以纂襲之初，含容是務，父既寬於後命，子宜示於特恩，並停見任。”昇、濤即革、説之子也。[26]《永樂大典》卷七千一百六十四。[27]

[1]積慶宫：宫殿名。位於今山西太原市。

[2]契丹：古部族、政權名。公元4世紀中葉宇文部爲前燕攻破，始分離而成單獨的部落，自號契丹。唐貞觀中，置松漠都督府，以其首領爲都督。唐末强盛，916年迭剌部耶律阿保機建立契丹國（遼）。先後與五代、北宋並立，保大五年（1125）爲金所滅。參見張正明《契丹史略》，中華書局1979年版。

[3]韓城：縣名。治所在今陝西韓城市。　郃陽：縣名。治所在今陝西合陽縣東南。

[4]左右崇牙、長劍：禁軍番號。

[5]都校：官名。禁軍統兵官。　于可洪：人名。籍貫不詳。本書僅此一見。　其都校于可洪等相次到闕：中華書局本有校勘記："'闕'，原作'關'，據劉本、邵本、彭本改。"

[6]司空：官名。與太尉、司徒並爲三公，唐後期、五代時多爲大臣、勳貴加官。正一品。　王鍇：人名。籍貫不詳。前蜀高級官員。事見本書本卷、《新五代史》卷六三。中華書局本有校勘記："原作'王諧'，據《通鑑》卷二七五改。按《通鑑》卷二六七：'蜀主以御史中丞王鍇爲中書侍郎、同平章事。'"《通鑑》卷二六八乾化三年（913）五月乙巳條云："蜀主以兵部尚書王鍇爲中書侍郎、同平章事。"卷二七五天成元年（926）六月庚子條云："以平章事王鍇等爲諸州府刺史、少尹、判官、司馬。"　陵州：州名。治所在今四川仁壽縣。　虢州：州名。治所在今河南靈寶市。　石潭：人名。籍貫不詳。五代後唐將領。事見本書本卷。　耀州：州名。治所在今陝西銅川市耀州區。

[7]並不賜官告：中華書局本有校勘記："'官'，原作'誥'，據殿本、劉本、邵本、《五代會要》卷一四、《册府》卷六三二改。"見《會要》卷一四吏部條、《宋本册府》卷六三二《銓選部·條制門四》。

[8]即因梁氏起例：中華書局本有校勘記："'梁氏起例'，《五代會要》卷一四、《宋本册府》卷六三二作'僞朝條流'。"見《册府》卷六三二《銓選部·條制門四》。

[9]兩使判官：指節度使、觀察使判官。節度判官，唐、五代方鎮僚屬，位在行軍司馬下。分掌使衙内各曹事，並協助使職官員通判衙事。觀察判官，唐肅宗以後置，五代沿置。觀察使屬官，參理田賦事，用觀察使印、署狀。　判司：官名。唐代節度使、州郡等均置有判官，以分曹判事，稱"判司"。也用"判司"之名通稱

州郡的佐官。　主簿：官名。漢代以後歷朝均置。唐代京城百司和地方官署，均設主簿。管理文書簿籍，參議本署政事，爲官署中重要佐官。其官階品秩，因官署而不同。　判司主簿：中華書局本有校勘記："句下《册府》卷六三二有'已下'二字。"《宋本册府》在"已下"後尚有"極是卑秩"四字。

［10］葬莊宗於雍陵："雍陵"，《舊五代史考異》："原本作'永陵'，考徐無黨《五代史注》，莊宗陵名雍陵，石晋時避諱稱伊陵。原本'永'字誤，今改正。又，莊宗葬日，《通鑑》從哀詔册文作丙子，《薛史》從《實録》作乙亥。"見《新五代史》卷五《唐本紀五》同光四年（926）四月丁亥條徐無黨注、《通鑑》卷二七五天成元年七月丙子條及該條《考異》。

［11］涿州：州名。治所在今河北涿州市。　劉殷肇：人名。籍貫不詳。本書僅此一見。

［12］比部郎中：官名。唐、五代刑部比部司長官，掌管勾會内外賦斂、經費俸禄等。從五品上。　楊凝式：人名。華陰（今陝西華陰市）人。五代官員。傳見本書卷一二八。　給事中：官名。秦始置。隋唐以來，爲門下省屬官。掌讀署奏抄，駁正違失。正五品上。　史館修撰：官名。唐天寶以後，他官兼領史職者，稱史館修撰。　判館事：官名。初入史館者稱爲直館。唐元和六年（811）宰相裴垍建議：登朝官領史職者爲修撰，以官階高的一人判館事；未登朝官均爲直館。　楊玢：人名。籍貫不詳。本書僅此一見。　集賢殿學士：官名。唐中葉置，位在集賢殿大學士之下。掌修書之事。

［13］應州：州名。治所在今山西應縣。　寰州：州名。治所在今山西朔州市東北馬邑村。　彰國軍：方鎮名。治所在應州（今山西應縣）。中華書局本有校勘記："'彰國軍'原作'彰德軍'，據邵本校、《五代會要》卷二四、《册府》卷一七二、《通鑑》卷二七五改。按《新五代史》卷六〇《職方考》、《通鑑》卷二七五皆記於應州置彰國軍。"見《會要》卷二四諸道節度使軍額條、《宋本

册府》卷一七二《帝王部·求舊門二》、《新五代史》卷六〇《職方考》、《通鑑》卷二七五天成元年七月己卯條。

［14］辰州：州名。治所在今湖南沅陵縣。　溆州：州名。當作“敘州”。治所在今湖南洪江市。中華書局本有校勘記：“‘溆州’，劉本、孔本、本書卷六七《韋説傳》、《新五代史》卷六《唐本紀》作‘敘州’。《朱孝誠墓碑》（拓片刊北京圖書館藏中國歷代石刻拓本匯編第三十册）記：‘元和初，張伯靖負固敘州。’錢大昕《潛研堂金石文跋尾》卷八：‘史稱伯靖“溆州蠻”，碑作“敘”，當以碑爲正。’本卷下一處同。”　諫議大夫：官名。秦始置，掌朝政議論。隋唐仍置，有左、右諫議大夫四人，分屬門下、中書二省。掌諫諭得失，侍從贊相。唐後期、五代多以本官領他職。唐初爲正五品上，會昌二年（842）升爲正四品下。後晋天福五年（940）爲正四品，後周顯德五年（958）復改爲正五品上。

［15］改王傪之本名：“王傪”，《輯本舊史》原作“王參”，中華書局本有校勘記：“本書卷六七《韋説傳》、《通鑑》卷二七五作‘王傪’，《册府》卷三三八作‘王修’。《舊五代史考異》卷二：‘案王參，疑有舛誤，據《册府元龜》引《薛史》亦作“王參”，今無可考，姑仍其舊。’”見《輯本舊史》卷六七《韋説傳》、明本《册府》卷三三八《宰輔部·貪黷門》韋説條、《通鑑》卷二七五天成元年七月己卯條。“傪”與“修”形近，今據上述諸書改。

［16］捧聖嚴衛：禁軍番號。　左廂馬步軍都指揮使：官名。五代時侍衛親軍長官。多由皇帝親信擔任。　李從璋：人名。後唐明宗從子。五代後唐、後晋將領。傳見本書卷八八、《新五代史》卷一五。　饒州：州名。治所在今江西鄱陽縣。　以捧聖嚴衛左廂馬步軍都指揮使李從璋領饒州刺史：中華書局本有校勘記：“本書卷八八《李從璋傳》記其時任捧聖左廂都指揮使。張其凡《五代禁軍初探》以爲本句中‘嚴衛’‘步’三字衍。”　大內皇城使：官名。唐末始置，爲皇城司長官，一般由君主的親信充任，以拱衛皇城。

[17]尚書省：官署名。三省之一。總領百官，儀刑端揆，其屬有六尚書。　檢校官各納尚書省禮錢：中華書局本有校勘記："'各'，《五代會要》卷一四作'合'。"

[18]各納禮錢：中華書局本有校勘記："'各'，《五代會要》卷一四作'合'。"見《會要》卷一四尚書省條。

[19]行軍：官名。出征將領及節度使的屬官。掌軍籍符伍、號令印信，是藩鎮重要的軍政官員。　三司職掌監院官：中華書局本有校勘記："'監院官'，原作'監務官'，據《五代會要》卷一四改。"見《會要》卷一四尚書省條。

[20]祇取初轉一任納錢：中華書局本有校勘記："'取'字原闕，據《五代會要》卷一四補。"

[21]不在徵納：中華書局本有校勘記："'在'，《五代會要》卷一四作'更'。"

[22]尚書省都司：官名。隋大業三年（607），置尚書左、右司郎於尚書都省，輔助尚書左、右丞處理省内各司事務，簡稱都司。唐貞觀二年（628）改爲郎中，永昌元年（689）又置左、右司員外郎，與郎中分掌本部門事務。中華書局本有校勘記："'都'，原作'部'，據《五代會要》卷一四改。"

[23]置曆逐月具數申中書門下：《輯本舊史》之影庫本粘籤："原本脱'書'字，今據文增入。"

[24]費州：州名。治所在今貴州思南縣。　夷州：州名。治所在今貴州鳳岡縣。　員外置同正員：古代官員名額有定數，是爲"正員額"。在正員額以外所任官員，稱爲"員外置"。"員外置同正員"是指雖在正員額之外，但待遇同於正員官。

[25]長流：遠途流放，長期流放。　合州：州名。治所在今重慶市合川區。　説可合州長流百姓："合州"，《輯本舊史》之影庫本粘籤："原本作'白州'，今從《歐陽史》改正。"見《新五代史》卷六《唐本紀六》天成元年七月甲申條。

[26]長春宫：宫殿名。位於今陝西大荔縣。　朝請大夫：官

名。唐時爲從五品上。　檢校尚書禮部郎中：官名。爲散官或加官，以示恩寵，無實際執掌。　紫金魚袋：輿服制度。紫爲紫衣。金魚袋用以盛鯉魚狀金符。唐三品以上服紫佩魚。特殊情況下，京官散階未及三品者可以賜紫，以示尊寵。　豆盧昇：人名。事見本書本卷、卷三七。　將仕郎：官名。文散官。從九品下。　尚書屯田員外郎：官名。從六品上。　崇文館學士：官名。唐朝太子左春坊崇文館長官，無常員，掌經籍圖書、教授學生。　緋魚袋：輿服制度。唐制五品以上佩魚符袋。　韋濤：人名。事見本書本卷、卷三七。

［27］《大典》卷七千一百六十四：《輯本舊史》原作“卷七千一百六十三”，中華書局本有校勘記：“檢《永樂大典目録》，卷七一六三爲‘唐’字韻‘莊宗十’，與本則内容不符，恐有誤記。疑出自卷七一六四‘唐’字韻‘明宗一’。”今據《大典目録》改。

舊五代史　卷三七

唐書十三

明宗紀第三

天成元年秋八月乙酉朔，[1]日有食之。有司上言："莊宗廟室酌獻，[2]請奏《武成之舞》。"從之。鄆州節度使霍彥威移鎮青州。[3]丁亥，莊宗神主祔廟，有司請祧懿祖室，[4]從之。詔："陵州、合州長流百姓豆盧革、韋説等，[5]可並自長流後，縱逢恩赦，不在原宥之限。豆盧昇、韋濤仍削除自前所受官秩。"[6]壬辰，以久雨，放百僚朝參，詔天下疏理繫囚。甲午，汴州奏，舊管曹州乞却歸當道，從之。[7]是日，詔曰："承前使府奏請判官，率皆隨府除移、停罷。近年流例，有異前規，使府雖已除移，判官元安舊職。起今後若是朝廷除授者，即不繫使府除移，[8]如是使府奏請，即皆隨府移罷。舊例藩侯帶平章事者，所奏請判官，殿中已上許奏緋，中丞已上許奏紫，今不帶平章事亦許同帶平章事例處分。[9]如防禦、團練使奏請判官，員外郎已下不在奏緋之

限。[10]其所奏判官、州縣官，並須將歷任告身隨奏至京。如未曾有官，[11]假稱試攝，[12]亦奏狀内分明署出。如藩鎮留後、權知軍州事，[13]並不在奏請判官之限。如刺史要奏州縣官，[14]須申本道，請發表章，不得自奏。近日州使奏請從事，本無官緒，妄結虛銜，不計職位高卑，多是請兼朱紫，不唯紊亂，實啟僥求。[15]宜令諸道州府，切準敕命處分。”丁酉，内出象笏三十四面，[16]賜百官之無笏者。己亥，帝御文明殿，[17]百官入閤，月望如月朔之儀，從新例也。荆南高季興上言，[18]峽内三州，請朝廷不除刺史。幽州奏，契丹寇邊，詔齊州防禦使安審通率師禦之。[19]辛丑，以前青州節度使符習爲鄆州節度使，以前華州節度使史敬鎔爲安州節度使。[20]乙巳，禁鎔錢爲器，仍估定生銅器價斤二百，熟銅器斤四百，如違省價買賣者，以盜鑄錢論。丁未，樞密使院條奏：[21]“諸道節度使、刺史内，有不守詔條，公行科斂，須行止絶。州使所納軍糧，不得更邀加耗。節度使、刺史所置牙隊，許於軍都内抽取，便給省司衣糧，況人數已多，訪聞尚有招致。[22]諸色人多有抵罪亡命，便於州府投名爲使下元隨，邀求職務，凌壓平人；及有力户人，於諸處行賂，希求事務。亦有州使妄稱修葺城池廨宇，科賦於人，及營私宅，諸縣鎮所受州使文符，如涉科斂人户，不得禀受。州府不得賒買行人物色，兼行科率。已前條件，州使如敢犯違，許人陳告，勘詰不虛，量行奬賞。宜令三京、諸道州府，準此處分。”新授青州節度使霍彦威奏，處斬新登州刺史王公儼，及同謀拒

命指揮使李謹、王居厚等八人誅。[23]初，同光中，符習爲青州節度使，宦官楊希望爲監軍，專制軍政。[24]趙在禮之據魏州，[25]習奉詔以本軍進討，俄而帝爲亂軍所劫，習即罷歸。希望遣兵邀之，習懼而還。至滑州，[26]帝遣人招之，習至，乃從帝入汴。希望聞魏軍亂，遣兵圍守習家，欲盡殺之。公儼素受希望獎愛，謂希望曰："内侍宜分腹心之兵，監四面守陴者，則誰敢異圖。"希望從之。公儼乘其無備，圍希望之第，擒而殺之。公儼遂與州將李謹等謀據州城，以邀符節，即令軍府飛章留己，兼揚言符習在鎮，人不便其政，帝乃除公儼爲登州刺史。公儼不時赴任，[27]即以霍彦威代符習，聚兵淄州，以圖進取。彦威至淄州，會詔使至青州告諭，公儼即赴所任。彦威懲其初心，遣人擒公儼於北海縣，與同黨斬於州東。[28]有司上言："莊宗祔廟，懿祖祧遷，準例舍故而諱新，懿祖例不諱，忌日不行香。"從之。壬子，襄州節度使劉訓加檢校太傅，[29]以僞蜀右僕射、中書侍郎、平章事、趙國公張格爲太子賓客，[30]充三司副使，[31]從任圜請也。[32]

[1]天成：後唐明宗李嗣源年號（926—930）。

[2]莊宗：即後唐莊宗李存勗。沙陀部人。五代後唐王朝的建立者。紀見本書卷二七至卷三四、《新五代史》卷五。

[3]鄆州：州名。治所在今山東東平縣。　節度使：官名。唐時在重要地區所設掌握一州或數州軍事、民事、財政的長官。　霍彦威：人名。洺州曲周（今河北曲周縣）人。後梁、後唐將領。傳見本書卷六四、《新五代史》卷四六。　青州：州名。治所在今山

東青州市。

[4]懿祖：即朱邪執宜。沙陀部首領。朱邪赤心之父。事見《新唐書》卷二一八《沙陀傳》、《新五代史》卷四《唐本紀四》。

[5]陵州：州名。治所在今四川仁壽縣。　合州：州名。治所在今重慶市合川區。　長流：遠途流放，長期流放。《輯本舊史》之影庫本粘籤："原本作'長沙'，今據文改正。""長流"一詞，在五代常見，上文即有"長流百姓豆盧革、韋説等"之語，"長沙"在此處無解，何需"據文改正"。　豆盧革：人名。先世爲鮮卑慕容氏，後改豆盧氏。唐同州刺史豆盧籍之孫，舒州刺史豆盧瓚之子。後唐宰相。傳見本書卷六七、《新五代史》卷二八。　韋説：人名。京兆萬年（今陝西西安市長安區）人。唐福建觀察使韋岫之子。唐末進士，後梁大臣、後唐宰相。傳見本書卷六七。

[6]豆盧昪：人名。豆盧革之子。事見本書本卷、卷三六。　韋濤：人名。韋説之子。事見本書本卷、卷三六。

[7]汴州：州名。治所在今河南開封市。　曹州：州名。治所在今山東曹縣西北。

[8]即不繫使府除移：中華書局本有校勘記："'繫'，原作'計'，據《五代會要》卷二五改。"《會要》卷二五幕府條作"係"。明本《册府》卷六一《帝王部·立制度門二》作"許"。

[9]平章事：官名。即"同中書門下平章事"。　判官：官名。唐、五代方鎮僚屬，位在行軍司馬下。分判倉曹、兵曹、騎曹、胄曹事。　殿中：官名。即殿中侍御史。三國魏始置。唐前期屬御史臺之殿院，掌宫門、庫藏及糾察殿庭供奉朝會儀式，及分掌左、右巡，負責京師治安、京畿軍兵。唐後期常爲外官所帶憲銜。從七品下。　緋：輿服制度。皇帝頒賜緋色官服。唐代五品、四品官服緋。後世或沿用此制，品級不盡相同。　中丞：官名。即御史中丞。如不置御史大夫，則爲御史臺長官。掌司法監察。正四品下。　紫：輿服制度。皇帝頒賜紫色官服。唐代官員三品以上服紫。特殊情況下，京官散階未及三品者可以賜紫，以示尊寵。

[10]防禦：官名。唐代始置，設有都防禦使、州防禦使兩種。常由刺史或觀察使兼任，實際上爲唐代後期州或方鎮的軍政長官。　團練使：官名。唐代中期以後，於不設節度使的地區設團練使，掌本區各州軍事。　員外郎：官名。尚書省郎官之一。爲郎中的副職，協助負責諸司事務。從六品上。殿本作"尚書膳部員外郎"。

[11]如未曾有官：中華書局本有校勘記："'曾'字原闕，據《册府》卷六一、《五代會要》卷二五補。"見《會要》卷二五幕府條、明本《册府》卷六一。

[12]試攝：官員任用類别之一。是一種暫時的委任。

[13]留後：官名。唐、五代節度使多以子弟或親信爲留後，以代行節度使職務，亦有軍士、叛將自立爲留後者。掌一州或數州軍政。　權知軍州事：官名。簡稱爲"知州"。州級行政長官。參見閆建飛《唐後期五代宋初知州制的實施過程》，《文史》2019年第1期。

[14]刺史：官名。漢武帝時始置。州一級行政長官。總掌考覈官吏、勸課農桑、地方教化等事。唐中期以後，節度使、觀察使轄州而設，刺史爲其屬官，職任漸輕。從三品至正四品下。

[15]從事：泛指一般屬官。　實啟僥求：中華書局本有校勘記："'僥'，原作'撓'，據彭校、《五代會要》卷二五改。《册府》卷六一、《五代會要》（四庫本）卷二五作'倖'。"

[16]象笏：象牙所製的笏版。　三十四：《舊五代史考異》："《歐陽史》作三十二。"見《新五代史》卷六《唐本紀六》天成元年（926）八月丁酉條。

[17]文明殿：宫殿名。位於今河南洛陽市。爲五代洛陽宫城的正殿，大朝會、大册拜等禮儀活動在此舉行。

[18]荆南：方鎮名。治所在荆州（今湖北荆州市）。　高季興：人名。原名高季昌，陝州硤石（今河南三門峽市）人。南平（即荆南）開國君主。傳見本書卷一三三、《新五代史》卷六九。

[19]幽州：州名。治所在今北京市。　契丹：古部族、政權

名。公元4世紀中葉宇文部爲前燕攻破，始分離而成單獨的部落，自號契丹。唐貞觀中，置松漠都督府，以其首領爲都督。唐末强盛，916年迭剌部耶律阿保機建立契丹國（遼）。先後與五代、北宋並立，保大五年（1125）爲金所滅。參見張正明《契丹史略》，中華書局1979年版。　齊州：州名。治所在今山東濟南市。　安審通：人名。代北（今山西代縣）人。安金全之侄。五代將領。事見本書本卷、卷三六、卷三八、卷三九、卷七六、卷九一。　安審通：《輯本舊史》之影庫本粘籤："原本作'番道'，據《通鑑》云：安審通，金全之猶子也。今改正。"《通鑑》卷二七四天成元年三月辛未條："審通，金全之姪也。"五代亦無"安番道"或"番道"其人。

［20］符習：人名。趙州（今河北趙縣）人。五代後唐將領。傳見本書卷五九、《新五代史》卷二六。　華州：州名。治所在今陝西渭南市華州區。　史敬鎔：人名。五代後唐將領。傳見本書卷五五。　安州：州名。治所在今湖北安陸市。

［21］樞密使院：官署名。唐代宗曾設樞密使，以宦官充任。五代時，後梁設置崇政院，掌管軍國大政；後唐時改稱樞密院，與宰相分理朝政。

［22］牙隊：部隊番號。　訪聞尚有招致：中華書局本有校勘記："'聞'，原作'問'，據《册府》卷六五改。"明本《册府》卷六五《帝王部·發號令門》天成元年八月丁未條作"如聞更有招置"。

［23］登州：州名。治所在今山東蓬萊市。《輯本舊史》之影庫本粘籤："原本作'督州'，今從《通鑑》改正。"見《新五代史》卷六《唐本紀六》天成元年八月丁未條、《通鑑》卷二七五天成元年八月丁酉條。五代亦無"督州"。　王公儼：人名。籍貫不詳。五代後唐將領。事見本書本卷、卷五九、卷六四、卷九七。　指揮使：官名。唐末、五代軍隊、州軍多置都指揮使、指揮使，爲統兵將領。　李謹：人名。籍貫不詳。本書僅此一見。　王居厚：人名。籍貫不詳。本書僅此一見。

[24]同光：後唐莊宗李存勗年號（923—926）。　楊希望：人名。籍貫不詳。五代後唐宦官。本書僅此一見。　監軍：官名。爲臨時差遣，代表朝廷協理軍務、督察將帥。五代時常以宦官爲監軍。

[25]趙在禮：人名。涿州（今河北涿州市）人。五代後唐、後晋將領。傳見本書卷九〇、《新五代史》卷四六。　魏州：州名。治所在今河北大名縣。

[26]滑州：州名。治所在今河南滑縣。

[27]公儼不時赴任：《輯本舊史》之影庫本粘籤："當云因其不如期赴任，考《册府元龜》與《薛史》同，今姑仍其舊。"《册府》有關王公儼記載共三條，條主均爲霍彦威，未涉公儼不時赴任事。《通鑑》卷二七五天成元年八月乙未條作"不時之官，託云軍情所留"。

[28]淄州：州名。治所在今山東淄博市。　北海縣：縣名。治所在今山東濰坊市。　"彦威至淄州"至"與同黨斬於州東"：《舊五代史考異》："《通鑑》：彦威聚兵淄州，以圖進取，公儼懼。乙未，始之官。丁酉，彦威至青州，追擒之。"見《通鑑》卷二七五天成元年八月乙未、丁酉等條。

[29]襄州：州名。治所在今湖北襄陽市。　劉訓：人名。隰州永和（今山西永和縣）人。五代藩鎮將領。傳見本書卷六一。　檢校太傅：官名。爲散官或加官，以示恩寵，無實際執掌。

[30]右僕射：官名。秦始置。隋、唐前期以左、右僕射佐尚書令總理六官，綱紀庶務；如不置尚書令，則總判省事，爲宰相之職。唐後期多爲大臣加銜。從二品。　中書侍郎：官名。中書省副長官。唐後期三省長官漸爲榮銜，中書侍郎、門下侍郎却因參議朝政而職位漸重，常常用爲以"同三品"或"同平章事"任宰相者的本官。正三品。　張格：人名。宿州符离（今安徽宿州市埇橋區）人。前蜀高級官員。傳見本書卷七一。《舊五代史考異》："原本作'張裕'，考《舊唐書·張濬傳》，濬次子格，仕蜀爲平章事。

今改正。”見《舊唐書》卷一七九《張濬傳》。　太子賓客：官名。爲太子官屬。唐高宗顯慶元年（656）始置。掌侍從規諫，贊相禮儀。正三品。

[31]三司副使：官名。五代後唐明宗天成元年（926）將晚唐以來的户部、度支、鹽鐵三部合爲一職，設三司使統之。

[32]任圜：人名。京兆三原（今陝西三原縣）人。五代後唐將領、大臣。傳見本書卷六七、《新五代史》卷二八。

九月乙卯朔，詔汴州扶溝縣復隸許州。[1]以前絳州刺史婁繼英爲冀州刺史，充北面水陸轉運制置使。[2]己未，幸至德宫，遂幸前隰州刺史袁建豐之第。[3]帝嘗爲太原内牙親將，[4]建豐爲副，至是建豐風疾沈廢，故親幸其第以撫之。庚申，以都官郎中庾傳美充三川搜訪圖籍使。[5]傳美爲蜀王衍之舊僚，[6]家在成都，[7]便於歸計，且言成都具有本朝實録，及傳美使迴，所得纔九朝實録及殘缺雜書而已。癸亥，應聖節，百僚於敬愛寺設齋，召緇黄之衆於中興殿講論，從近例也。[8]戊辰，以僞蜀檢校太師、兼中書令、右金吾街使張貽範爲兵部尚書致仕。[9]都官員外郎于鄴奏請指揮不得書契券輒賣良人，[10]從之。癸酉，天策上將軍、湖南節度使、開府儀同三司、守太師、兼尚書令、楚王馬殷可檢校太師、守尚書令。[11]兩浙節度留後、静海軍節度、嶺南西道觀察處置等使、檢校太尉、兼中書令錢元瓘加食邑。[12]中吴建武等軍節度、嶺南東道觀察處置等使、檢校太尉、兼中書令錢元璙加開府階，[13]進食邑。甲戌，以前代州刺史馬溉爲左衛上將軍致仕。[14]己卯，以光禄卿羅周敬爲

右金吾衛大將軍，充街使。[15]辛巳，以前復州刺史袁嶬爲唐州刺史。[16]詔曰："鳳翔節度使李曮，[17]世聯宗屬，任重藩宣，慶善有稱，忠勤顯著。既在維城之列，[18]宜新定體之文。是降寵光，以隆敦敘，俾焕承家之美，[19]貴崇猶子之親。宜於本名上加'從'字。"癸未，文武百僚至張全義私第柩前立班辭，[20]以來月二日葬故也。

[1]扶溝：縣名。治所在今河南扶溝縣。　許州：州名。治所在今河南許昌市。

[2]絳州：州名。治所在今山西新絳縣。　婁繼英：人名。籍貫不詳。五代後梁、後唐、後晋將領。傳見《新五代史》卷五一。　冀州：州名。治所在今河北衡水市冀州區。　北面水陸轉運制置使：官名。掌北面行營水陸轉運、賦税諸事。爲差遣職事。

[3]至德宫：宫殿名。位於今河南洛陽市。　隰州：州名。治所在今山西隰縣。《輯本舊史》之影庫本粘籤："原本作'顯州'，今據《歐陽史·袁建豐傳》改正。"見《新五代史》卷二五《袁建豐傳》，五代亦無"顯州"。　袁建豐：人名。籍貫不詳。唐末、五代後唐將領。傳見本書卷六一、《新五代史》卷二五。

[4]太原：府名。治所在今山西太原市。

[5]都官郎中：官名。尚書省刑部都官司長官。掌徒刑流放配隸等事。從五品上。　庾傳美：人名。籍貫不詳。本書僅此一見。　三川搜訪圖籍使：官名。負責搜訪前蜀地區的圖籍。臨時設置。中華書局本有校勘記："'三川'，原作'三州'，據《御覽》卷六一九引《後唐史》、《五代會要》卷二四改。"見《御覽》卷六一九《學部十三·採求遺逸》、《會要》卷二四諸史雜録條。

[6]王衍：人名。許州舞陽（今河南舞陽縣）人。五代十國前蜀君主，後爲後唐莊宗李存勗所殺。傳見本書卷一三六、《新五代史》卷六三。

［7］成都：府名。治所在今四川成都市。

［8］敬愛寺：寺觀名。位於今河南洛陽市。　中興殿：宫殿名。在洛陽宫城内。位於今河南洛陽市。

［9］檢校太師：官名。爲散官或加官，以示恩寵，無實際執掌。按，檢校某某官，唐中後期逐漸確立，五代沿用。多作爲使府或方鎮僚佐秩階、升遷的階官，非正式官銜。參見賴瑞和《論唐代的檢校官制》，《漢學研究》2006 年第 24 卷第 1 期。　中書令：官名。漢代始置，隋、唐前期爲中書省長官，屬宰相之職；唐後期多爲授予元勳大臣的虚銜。正二品。　右金吾：官名。唐置，掌宫禁宿衛。唐代置十六衛，即左右衛、左右驍衛、左右武衛、左右威衛、左右領軍衛、左右金吾衛、左右監門衛、左右千牛衛。各置上將軍，從二品；大將軍，正三品；將軍，從三品。　街使：官名。掌巡查京城六街。　張貽範：人名。籍貫不詳。本書僅此一見。　兵部尚書：官名。尚書省兵部主官。掌兵衛、武選、車輦、甲械、厩牧之政令。正三品。

［10］都官員外郎：官名。尚書省刑部尚書都官司副長官。協掌配役隸，簿録俘囚，以給衣糧藥療，以理訴競雪冤。從六品上。　于鄴：人名。籍貫不詳。本書僅此一見。

［11］天策上將軍：官名。唐武德四年（621）置，掌國之征討，總判府事。正一品。　湖南：方鎮名。又稱武安軍節度。治所在潭州（今湖南長沙市）。　開府儀同三司：官名。曹魏始置，隋、唐時爲散官之最高官階，多授功勳重臣。從一品。　太師：官名。與太傅、太保合稱三師，唐後期、五代多爲大臣、勳貴加官。正一品。　尚書令：官名。秦始置。隋、唐前期爲尚書省長官，與中書令、侍中並爲宰相。因以李世民爲之，後皆不授，唐高宗廢其職。唐後期以李適、郭子儀有功而特授此職，爲大臣榮銜，不參與政務。五代因之。唐時爲正二品，後梁開平三年（909）升爲正一品。　馬殷：人名。許州鄢陵（今河南鄢陵縣）人。五代十國南楚開國君主。傳見本書卷一三三、《新五代史》卷六六。

[12]兩浙：方鎮名。治所在今浙江杭州市。　節度留後：官名。唐、五代節度使多以子弟或親信爲留後，以代行節度使職務，亦有軍士、叛將自立爲留後者。掌一州或數州軍政。　静海軍：方鎮名。治所在今越南河内市。　嶺南西道：政區名。治邕州（今廣西南寧市）。　檢校太尉：官名。爲散官或加官，以示恩寵，無實際執掌。中華書局本有校勘記："本書卷三二《唐莊宗紀六》、卷三九《唐明宗紀五》作'檢校太師'。按本書卷一三三《錢元瓘傳》：'後唐同光初，加檢校太師。'"　錢元瓘：人名。錢鏐第五子，五代十國吴越君主。傳見本書卷一三三、《新五代史》卷六七。

[13]中吴：方鎮名。吴越置，治所在蘇州（今江蘇蘇州市）。　建武：方鎮名。治所在邕州（今廣西南寧市）。　嶺南東道：政區名。治廣州（今廣東廣州市）。　錢元璙：人名。臨安（今浙江杭州市）人。五代十國吴越開國君主錢鏐子。事見本書本卷、卷四四、卷七七、卷八〇、卷八一。《輯本舊史》之影庫本粘籤："'錢元璙'，原本作'遼'，今從《十國春秋》改正。"《十國春秋》爲清人吴任臣撰，後出，宋初之《吴越備史》卷三已明言元璙爲錢鏐第四子。　開府：官名。即開府儀同三司。魏晋始置，隋唐時爲散官之最高官階。多授功勳重臣。從一品。

[14]代州：州名。治所在今山西代縣。　馬溉：人名。籍貫不詳。李克用部將。事見本書卷二五《唐武皇紀上》。　左衛上將軍：官名。唐置，掌宫禁宿衛。唐代十六衛之一。從二品。

[15]光禄卿：官名。光禄寺主官。掌邦國酒醴、膳羞之事，總太官、珍羞、良醖、掌醢之屬，修其儲備，謹其出納。從三品。　羅周敬：人名。魏州貴鄉（今河北大名縣）人。五代將領。傳見本書卷九一。　右金吾衛大將軍：官名。唐置，掌宫禁宿衛。唐代十六衛之一。正三品。

[16]復州：州名。治所在今湖北天門市。　袁嶬：人名。籍貫不詳。五代將領。事見本書本卷、卷四八、卷八三、卷一〇二、卷一一〇。　唐州：州名。治所在今河南唐河縣。

[17]鳳翔：方鎮名。治所在鳳翔府（今陝西鳳翔縣）。　李曮：人名。深州博野（今河北蠡縣）人。岐王李茂貞之子。事見本書卷三二、卷三三、卷三八、卷一三二。

[18]既在維城之列：中華書局本有校勘記："'在'，原作'任'，據殿本改。本書卷一三二《李從曮傳》作'預'。影庫本批校：'"任"字當是"在"字之訛。'"此爲形近之訛。

[19]俾焕承家之美：中華書局本有校勘記："'承'，原作'成'，據本書卷一三二《李從曮傳》改。"此爲音近之訛。

[20]張全義：人名。濮州臨濮（今山東鄄城縣）人。唐末、五代將領。傳見本書卷六三、《新五代史》卷四五。

冬十月甲申朔，詔賜文武百僚冬服緜帛有差。近例，十月初寒之始，天子賜近侍執政大臣冬服。帝顧謂判三司任圜曰："百僚散未？"圜奏曰："臣聞本朝給春冬服，徧及百僚，喪亂已來，急於軍旅，人君所賜，未能周給。今止近臣而已，外臣無所賜。"帝曰："外臣亦吾臣也，卿宜計度。"圜遂與安重誨據品秩之差，[1]以定春冬之賜，其後遂以爲常。右拾遺曹琮上疏，[2]内一件："百僚朔望入閤，及五日内殿起居，請許三署寺監官輪次轉對奏事。"從之。刑部員外郎孔莊上言：[3]"自兵興以來，法制不一，諸道州縣常行枷杖，多不依格律，請以舊制曉諭，改而正之。"丙戌，吏部侍郎盧文紀上言：[4]"請内外文武臣僚，每歲有司明定考校，將相乞迴御筆，以行黜陟。"疏下中書門下商量，[5]宰臣奏請施行，從之。丁亥，雲南巂州山後兩林百蠻都鬼主、右武衛大將軍李卑晚，[6]遣大鬼主傳能阿花等來朝貢，[7]帝御

文明殿對之，百僚稱賀。庚寅，以客省使李嚴領泗州防禦使，以河中節度副使李鏻爲太子賓客。[8]壬辰，邠州節度使毛璋移鎮潞州。[9]巴州進嘉禾合穗。[10]甲午，以前隰州刺史袁建豐遥領洪州節度使。[11]庚子，幽州奏，契丹平州守將僞署幽州節度使盧文進率户口歸明，[12]百僚稱賀。辛丑，契丹遣使來告哀，言國主阿保機以今年七月二十七日卒。[13]詔曰："朕近纘皇圖，恭修帝道，務安夷夏，貴洽雍熙。契丹王世預歡盟，禮交聘問，遽聞凶訃，倍軫悲懷，可輟今月十九日朝參。"[14]丙午，以巂州山後兩林百蠻都鬼主李卑晚爲寧遠將軍，大渡河南山前邛川六姓都鬼主、懷安郡王勿鄧摽莎爲定遠將軍。[15]丁未，幽州奏，盧文進所率降户孳畜人口在平州西，首尾約七十里。庚戌，以吏部侍郎盧文紀爲御史中丞，時御史大夫李琪三上表求解任故也。[16]以兵部侍郎劉岳爲吏部侍郎，以户部侍郎、充端明殿學士馮道爲兵部侍郎，以中書舍人、充端明殿學士趙鳳爲户部侍郎，並依前充職。[17]壬子，静江軍節度使、桂州管内觀察使、檢校太師、兼中書令、扶風郡王馬賨加食邑實封，澧朗觀察使、檢校太傅、兼侍中馬希振加檢校太尉。[18]盧文進至幽州，遣軍吏奉表來上。

[1]安重誨：人名。應州（今山西應縣）人。五代後唐大臣。傳見本書卷六六、《新五代史》卷二四。

[2]右拾遺：官名。唐武則天於垂拱元年（685）置拾遺，分左、右。左拾遺隸門下省，右拾遺隸中書省，與左、右補闕共掌諷諫，大事廷議，小事則上封事。從八品上。　曹琮：人名。籍貫不

詳。本書僅此一見。中華書局本有校勘記："《册府》卷四七五、卷六六一作'曹琛'，《册府》卷一〇八作'曹珍'。"見《宋本册府》卷四七五《臺省部·奏議門六》，明本《册府》卷六六一《奉使部·守節門》李光序條、卷一〇八《帝王部·朝會門二》。

[3]刑部員外郎：官名。協助刑部主官掌刑法及按覆刑獄等事。從五品上。　孔莊：人名。籍貫不詳。本書僅此一見。

[4]吏部侍郎：官名。尚書省吏部次官。協助吏部尚書掌文選、勳封、考課之政。正四品上。　盧文紀：人名。京兆萬年（今陝西西安市長安區）人。唐末進士，五代宰相。傳見本書卷一二七、《新五代史》卷五五。

[5]中書門下：官署名。唐代以來爲宰相處理政務的機構。參見劉後濱《唐代中書門下體制研究——公文形態·政務運行與制度變遷》，齊魯書社2004年版。　雲南：古地區名。唐開元末以後的南詔、五代後唐時長和國、兩宋時大理國諸政權及其區域，統稱雲南。位於今雲南、貴州、四川南部一帶。

[6]巂州：州名。隋開皇十八年（598）改西宁州置，治所在越巂縣（今四川西昌市）。唐咸通二年（861）爲南詔所據，改置建昌府。　鬼主：唐宋時期，西南諸蠻首領的稱號。以其俗尚鬼，祭祀爲大事，故稱主祭者爲鬼主。因勢力大小不同，有鬼主、大鬼主、都鬼主之分。　右武衛大將軍：官名。唐置，掌宫禁宿衛。唐代十六衛之一。正三品。　李卑晚：人名。巂州（今四川西昌市）蠻族首領。事見本書本卷。《輯本舊史》之影庫本粘籤："原本作'卑免'，今從《歐陽史》及《通鑑》改正。"見《新五代史》卷六《唐本紀六》天成元年十月丁亥條，《宋本册府》卷九七二《外臣部·朝貢門五》，明本《册府》卷九六二《外臣部·官號門》、卷九六五《外臣部·封册門三》，檢《通鑑》相關卷未見。

[7]傳能阿花：人名。巂州（今四川西昌市）蠻族首領、赴中原朝貢的使者。事見《新五代史》卷六。中華書局本有校勘記："《册府》卷九六二、卷九七二、《五代會要》（《四庫》本）卷

三〇同，殿本作'傳能何華'，孔本、彭本、《五代會要》卷三〇作'傳能阿花'，《新五代史》卷六《唐本紀》、卷七四《四夷附録》作'傳能何華'。"見《會要》卷三〇南詔蠻條，《新五代史》卷六《唐本紀六》、卷七四《四夷附録三》。《宋本册府》卷九七二《外臣部·朝貢門五》作"傳能阿花"，明本《册府》卷九六二《外臣部·官號門二》作"傳能阿花"。

［8］客省使：契丹官名。客省，唐代宗時始置，遼太宗會同元年（938）沿置。客省使爲客省長官。　李嚴：人名。幽州（今北京市）人。五代後唐官員。傳見本書卷七〇、《新五代史》卷二六。　泗州：州名。治所在今江蘇泗洪縣東南。　河中：方鎮名。治所在河中府（今山西永濟市）。　節度副使：官名。唐、五代方鎮屬官。位於行軍司馬之下、判官之上。　李鏻：人名。唐朝宗室。五代大臣。傳見本書卷一〇八、《新五代史》卷五七。

［9］邠州：州名。治所在今陝西彬縣。　毛璋：人名。滄州（今河北滄縣舊州鎮）人。五代後唐將領。傳見本書卷七三、《新五代史》卷二六。　潞州：州名。治所在今山西長治市。

［10］巴州：州名。治所在今四川巴中市。

［11］遥領：雖居此官職，然實際上並不赴任。　洪州：州名。治所在今江西南昌市。

［12］平州：州名。治所在今河北盧龍縣。　盧文進：人名。范陽（今河北涿州市）人。後唐將領，先後投降契丹、南唐。傳見本書卷九七、《新五代史》卷四八。《舊五代史考異》："《遼史》作盧國用，蓋文進在遼改名國用耳。"盧文進在遼名國用，見《遼史》卷一《太祖紀上》神册元年（即晋之天祐十三年、梁之貞明二年，916）四月乙酉條及重出之二年二月條。

［13］阿保機：人名。姓耶律。契丹迭剌部人。唐末契丹族首領、遼開國太祖。紀見《遼史》卷一、卷二。　"辛丑"至"言國主阿保機以今年七月二十七日卒"：《舊五代史考異》："《遼史·太祖紀》作七月辛巳，上崩。"見《遼史》卷二《太祖紀下》天顯

元年（926）七月辛巳條。辛巳即二十七日。

［14］“朕近纘皇圖”至“可輟今月十九日朝參”：《舊五代史考異》：“《歐陽史》作廢朝三日。”見《新五代史》卷六《唐本紀六》天成元年（926）十月辛丑條，云：“契丹使没骨餒來告阿保機哀，廢朝三日。”

［15］寧遠將軍：官名。武散官。正五品下。　大渡河：水名。古名渽水、涐水、沬水、羊山江（陽山江）、銅河、中鎮水。位於今四川西部，爲岷江最大支流。　勿鄧摽莎：人名。蠻族首領、赴中原朝貢的使者。事見本書本卷。　定遠將軍：官名。武散官。正五品上。　南山前邛川：中華書局本有校勘記：“‘南’字原闕，據《册府》卷九六五、《新五代史》卷七四《四夷附録》、《五代會要》卷三〇補。‘邛’，原作‘印’，據《五代會要》卷三〇、《新五代史》卷七四《四夷附録》改。按《蠻書》卷一：‘瀘水從曲羅南經劍山之西，又南至會同川。邊水左右，總謂之西蠻。邛部東南三百五十里至勿鄧部落，大鬼主夢衝地方闊千里，邛部一姓，白蠻五姓。’”見《會要》卷三〇南詔蠻條、《新五代史》卷七四《四夷附録三》、明本《册府》卷九六五《外臣部・封册門三》。

［16］御史大夫：官名。秦始置，與丞相、太尉合稱三公。至唐代，在御史中丞之上設御史大夫一人，爲御史臺長官，專掌監察、執法。正三品。　李琪：人名。河西敦煌（今甘肅敦煌市）人。後梁、後唐大臣。傳見本書卷五八、《新五代史》卷五四。

［17］兵部侍郎：官名。尚書省兵部次官。協助兵部尚書掌武官銓選、勳階、考課之政。正四品下。　劉岳：人名。洛陽（今河南洛陽市）人。五代後唐官員。傳見本書卷六八、《新五代史》卷五五。　户部侍郎：官名。尚書省户部次官。協助户部尚書掌天下田户、均輸、錢穀之政令。正四品下。　端明殿學士：官名。五代後唐天成元年明宗初即位，每有四方書奏，多令樞密使安重誨進讀，重誨不曉文義。於是孔循獻議，設端明殿學士，命馮道等爲之，位在翰林學士之上。此後沿置。　馮道：人名。瀛州景城（今河北滄

縣）人。五代時官拜宰相，歷仕後唐、後晋、後漢、後周，亦曾臣服於契丹。傳見本書卷一二六、《新五代史》卷五四。　中書舍人：官名。中書省屬官。掌起草文書、呈遞奏章、傳宣詔命等。正五品上。　趙鳳：人名。幽州（今北京市）人。後唐明宗朝宰相。傳見本書卷六七、《新五代史》卷二八。

[18]静江軍：方鎮名。治所在今廣西桂林市。　桂州：州名。治所在今廣西桂林市。　觀察使：官名。唐代後期出現的地方軍政長官。唐玄宗開元二十一年（733）置十五道採訪使，唐肅宗乾元元年（758）改爲觀察使。無旌節，地位低於節度使。掌一道州縣官的考績及民政。　馬賨（cóng）：人名。許州鄢陵（今河南許昌市）人。五代楚王馬殷之弟。事見本書本卷、卷三一、卷四二。中華書局本有校勘記："原作'馬賓'，據劉本、邵本校、彭校、本書卷三一《唐莊宗紀五》、《册府》卷一七八、《新五代史》卷六六《楚世家》改。影庫本粘籤：'"馬賓"，原本作"馬實"，今從《九國志》改正。'"檢《九國志》卷一一《楚世家》及列傳均未見。見《輯本舊史》卷三一《唐莊宗紀五》同光二年四月癸巳條、《宋本册府》卷一七八《帝王部·姑息門三》天成元年十月壬子條。《新五代史·楚世家》載"孫儒敗於宣州，殷弟賨爲楊行密所執"，"厚禮遣賨歸。殷大喜，表賨節度副使"。　澧朗：方鎮名。治所在朗州（今湖南常德市）。　馬希振：人名。許州鄢陵（今河南許昌市）人。五代楚王馬殷之子。事見本書本卷、卷三一、卷四二、卷四七，《新五代史》卷六六。

十一月戊午，以滄州留後王景戡爲邢州節度使。[1]青州奏，得登州狀申，契丹先攻逼渤海國，自阿保機身死，雖已抽退，尚留兵馬在渤海扶餘城，今渤海王弟領兵馬攻圍扶餘城内契丹次。[2]己未，以翰林學士、尚書户部郎中、知制誥劉昫爲中書舍人充職。[3]辛酉，以前

秘書少監温輦爲太子詹事。[4]壬戌，以前房州刺史朱罕爲潁州團練使。[5]是日，詔曰："應今日已前修蓋得寺院，無令毁廢，自此已後不得輒有建造。如要願在僧門，並須官壇受戒，不得衷私剃度。"癸亥，[6]日南至，帝御文明殿受朝賀，仗衛如式。禮部侍郎裴皞上言：[7]"諸州刺史經三考方請替移。"詔曰："有政聲者就加恩澤，無課最者即便替移。"[8]密州獻芝草。[9]庚午，河陽節度使夏魯奇移鎮許州，留後梁漢顒爲邠州節度使。[10]淮南楊溥遣使貢獻，[11]賀登極。乙亥，以前振武留後張温爲利州昭武軍留後，以果州刺史孫鐸爲漢州刺史，充西川馬步軍都指揮使。[12]壬午，静海軍節度、安南管内觀察等使、檢校太尉、兼侍中錢元球加開府階，進食邑。癸未，鎮州奏，準詔盧文進所率歸業户口，蠲放租税三年，仍每口給糧五斗。

[1]滄州：州名。治所在今河北滄縣舊州鎮。　王景戡：人名。籍貫不詳。五代將領。事見本書本卷、卷三四、卷三九、卷四一、卷四二、卷四四、卷四六、卷四七、卷四八。　邢州：州名。治所在今河北邢臺市。

[2]渤海國：古國名。武周聖曆元年（698），粟末靺鞨首領大祚榮建立政權。先天二年（713），唐朝册封大祚榮爲渤海郡王，其國遂以渤海爲名。傳見本書卷一三八、《新五代史》卷七四。　扶餘城：渤海國城名。位於今吉林農安縣。　今渤海王弟領兵馬攻圍扶餘城内契丹次：《舊五代史考異》："契丹次，蓋言契丹方即次也。《薛史》前後如攻城次、鎮州次，多單用'次'字，疑即當時案牘之文，今仍其舊，附識于此。"《輯本舊史》卷四七《唐末帝紀中》清泰二年六月庚辰條，北面招討使趙德鈞奏云："見進軍追襲契丹

次。”卷四八《唐末帝紀下》清泰三年（936）八月己巳條云：“張敬達奏，造五龍橋攻太原城次。”

[3]翰林學士：官名。由南北朝始設之學士發展而來，唐玄宗改翰林供奉爲翰林學士，備顧問、代王言。掌拜免將相，號令征伐等詔令的起草。　尚書户部郎中：官名。即尚書省户部户部司郎中。掌户口、土田、賦役、貢獻、優復、婚姻、繼嗣等事。從五品上。　知制誥：官名。掌起草皇帝的詔、誥之事，原爲中書舍人之職。唐開元末置學士院，翰林學士入院一年，則加知制誥銜，專掌任免宰相、册立太子、宣布征伐等特殊詔令，稱爲内制。而中書舍人所撰擬的詔敕稱爲外制。兩種官員總稱兩制。　劉昫：人名。涿州歸義（今河北容城縣）人。五代大臣，曾任宰相、監修國史，領銜撰進《舊唐書》。傳見本書卷八九、《新五代史》卷五五。

[4]秘書少監：官名。唐承隋制，置秘書省，設秘書少監二人協助秘書監工作。從四品上。　温輦：人名。籍貫不詳。五代後唐官員。事見本書本卷。　太子詹事：官名。掌領太子之詹事府，爲太子官屬之長。正三品。

[5]房州：州名。治所在今湖北房縣。　朱罕：人名。籍貫不詳。本書僅此一見。　潁州：州名。治所在今安徽阜陽市。

[6]癸亥：中華書局本有校勘記：“原作‘癸丑’，據彭校、《册府》卷一〇八改。按是月甲寅朔，無癸丑，癸亥爲初十。”見明本《册府》卷一〇八《帝王部・朝會門二》。

[7]禮部侍郎：官名。尚書省禮部次官。協助禮部尚書掌禮儀、祭享、貢舉之政。正四品下。　裴皡：人名。河東（今山西永濟市）人。五代後唐官員。傳見本書卷九二、《新五代史》卷五七。

[8]課最：《輯本舊史》之影庫本粘籤：“原本作‘課再’，今據《五代會要》改正。”檢《會要》未見，“課最”一詞在五代常見，“課再”在此處不成文。

[9]密州：州名。治所在今山東諸城市。

[10]河陽：方鎮名。治所在孟州（今河南孟州市）。　夏魯

奇：人名。青州（今山東青州市）人。五代後唐將領。傳見本書卷七〇、《新五代史》卷三三。　梁漢顒：人名。太原（今山西太原市）人。五代後唐將領。傳見本書卷八八。中華書局本有校勘記："按本書卷八八《梁漢顒傳》記其'天成初，授許州兵馬留後、檢校太保，尋爲邠州節度使'，梁漢顒墓誌（拓片刊《洛陽出土歷代墓誌輯繩》）略同。'留後'前疑脱'許州'二字。"

［11］淮南：方鎮名。治所在揚州（今江蘇揚州市）。　楊溥：人名。五代十國吴睿帝，後禪位於徐知誥。傳見本書卷一三四、《新五代史》卷六一。

［12］振武：方鎮名。後梁貞明二年（916）以前，治所位於單于都護府城（今内蒙古和林格爾縣）。貞明二年單于都護府城爲契丹占據。此後至後唐清泰三年，治所位於朔州（今山西朔州市朔城區）。後晉時隨燕雲十六州割予契丹，改名順義軍。　張温：人名。魏州魏縣（今河北魏縣）人。後梁、後唐將領。傳見本書卷五九。　利州：州名。治所在今四川廣元市。　昭武軍：方鎮名。治所在利州（今四川廣元市）。　果州：州名。治所在今四川南充市。《輯本舊史》之影庫本粘籤："原本作'畀州'，今據《册府元龜》改正。"見《宋本册府》卷三〇七《外戚部·遣讓門》等，五代亦無畀州。此爲形近之訛。　孫鐸：人名。籍貫不詳。五代後唐將領。事見本書本卷、卷三四。　漢州：州名。治所在今四川廣漢市。

十二月戊子，盧文進及將吏四百人見，賜鞍馬、玉帶、衣被、器玩、錢帛有差。詔曰："朕中興寶祚，復正皇綱。萬國駢羅，俱在照臨之内；八紘遼敻，咸居覆載之間。矧彼雲南，素歸正朔，洎平僞蜀，思錫舊恩，於乃睠以雖深，欲霈覃而未暇。百蠻都首領李卑晚、六姓蠻都首領勿鄧摽莎等，天資智勇，世禀忠勤，梯航之

道路纔通，琛賮之貢輸已至。率其種落，竭乃悃誠，備傾向化之心，深獎來庭之意。[1]今則各頒國寵，别進王封。其巂州刺史李及、大鬼主離吠等，[2]或遥貢表函，或躬趨朝闕，亦宜特授官資，各遷階秩。勉敦信義，無墜册書，示爾金石之堅，保我山河之誓。欽承休命，永保厥終。”壬辰，帝狩於近郊，臘故也。[3]甲午，以契丹盧龍軍節度使盧文進爲檢校太尉、同平章事，[4]充滑州節度使。戊戌，詔嚴禁鑞錢。[5]庚子，皇第二子金紫光禄大夫、檢校司徒從榮可檢校太保、同平章事、天雄軍節度使、鄴都留守。[6]以武安軍馬步軍都指揮使馬希範爲澧州刺史，鐵林都知事馬希杲爲衡州刺史。[7]壬寅，潁州刺史孫岳加檢校太保，[8]奬能政也。丙午，中書門下奏：“故事，藩鎮節度、觀察使帶平章事，於都堂上事，刊石記壁，合納禮錢三千貫，[9]以充中書及兩省公使。今欲各納禮錢五百千，於中書立石亭子，鐫勒宰臣使相官氏、授上年月，餘充修葺中書及兩省公署都堂什物。”[10]從之。庚戌，御史臺奏：[11]“京城坊市士庶工商之家，有婢僕自經投井，非理物故者。近年已來，[12]凡是死亡，皆是臺司左右巡舉勘檢驗，[13]施行已久，仍恐所差人吏及街市胥徒，同於民家，因事邀頡。[14]臣詢訪故事，凡京城民庶之家，死喪委府縣檢舉，軍家委軍巡，商旅委户部。然諸司檢舉後，具事由申臺，其間或枉濫情故，臺司訪聞，即行舉勘。如是文武兩班官吏之家，即是臺司檢舉。臣請自今已後，並準故事施行者。”詔曰：“今後文武兩班及諸道商旅，凡有喪亡，即準臺

司所奏施行。其坊市民庶軍士之家，凡死喪及婢僕非理物故，依臺司奏，委府縣、軍巡同檢舉，仍不得縱其吏卒，於物故之家妄有邀頡。或恐暑月屍柩難停，若待申聞檢舉，縱無邀頡，亦須經時日。今後仰本家唤四鄰檢察，若無佗故，逐便葬埋。如後别聞枉濫，妄有保證，官中訪知，勘詰不虚，本户、鄰保並行科罪。如聞諸道州府，坊市死喪，取分巡院檢舉，頗致淹停，人多流怨，亦仰約京城事例處分。”《永樂大典》卷七千一百六十四。[15]

[1]來庭：《輯本舊史》之影庫本粘籤：“原本作‘果庭’，今據文改正。”“來庭”一詞常見，“果庭”在此不成文，應爲形近之訛。

[2]李及：人名。西南蠻首領。本書僅此一見。　離吠：人名。西南蠻首領。本書僅此一見。

[3]臘故也：中華書局本有校勘記：“‘臘’，原作‘獵’，據殿本、劉本、邵本、《册府》卷一一五改。”見明本《册府》卷一一五《帝王部·蒐狩門》天成元年（926）十二月壬辰條，云“帝出畋，自定鼎門供頓於甘水亭，晡晚還宫，臘辰也”。“獵”爲形近之訛。

[4]盧龍軍：方鎮名。治所在幽州（今北京市）。　同平章事：官名。唐高宗以後，實際任宰相之職者，常在其本官後加同平章事的職銜。後成爲宰相專稱。

[5]詔嚴禁鑞錢：《舊五代史考異》：“洪遵《泉志》引宋白《續通典》云：天成元年十二月，敕中外所使銅錢内鐵鑞錢即宜毁棄，不得行使。”亦見《會要》卷二七泉貨條、明本《册府》卷五〇一《邦計部·錢幣門三》，均較詳。

［6］金紫光禄大夫：官名。本兩漢光禄大夫。魏晋以後，光禄大夫之位重者，加金章紫綬，因稱金紫光禄大夫。北周、隋時爲散官。唐貞觀後列入文散官。正三品。　檢校司徒：官名。爲散官或加官，以示恩寵，無實際執掌。司徒，與太尉、司空並爲三公。按，檢校某某官，唐中後期逐漸確立，五代沿用。多作爲使府或方鎮僚佐秩階、升遷的階官，非正式官銜。參見賴瑞和《論唐代的檢校官制》，《漢學研究》2006 年第 24 卷第 1 期。　從榮：人名。即李從榮。沙陀部人。後唐明宗李嗣源次子。傳見本書卷五一、《新五代史》卷一五。　檢校太保：官名。爲散官或加官，以示恩寵，無實際執掌。　天雄軍：方鎮名。治魏州（今河北大名縣）。　鄴都：地名。治所在今河北大名縣。五代後唐同光元年（923），改魏州爲興唐府，建號東京，三年改東京爲鄴都。　留守：官名。在陪都或軍事重鎮所設留守，由地方行政長官兼任。

［7］武安軍：方鎮名。治所在潭州（今湖南長沙市）。　馬步軍都指揮使：官名。五代時侍衛親軍長官，多爲皇帝親信。　馬希範：人名。許州鄢陵（今河南鄢陵縣）人，一説扶溝（今河南扶溝縣）人。五代十國南楚國主馬殷子。後唐明宗長興三年（932）至後晋開運四年（947）在位。傳見本書卷一三三、《新五代史》卷六六。　澧州：州名。治所在今湖南澧縣。　鐵林都知事：官名。鐵林軍統兵官。　馬希杲：人名。許州鄢陵（今河南鄢陵縣）人，一説扶溝（今河南扶溝縣）人。五代十國南楚國主馬殷子。事見本書本卷、卷七六、卷八一、卷八三、卷八四。　衡州：州名。治所在今湖南衡陽市。

［8］孫岳：人名。稷州（今陝西武功縣）人，一本作冀州（今河北衡水市冀州區）人。五代後唐大臣。傳見本書卷六九。《輯本舊史》之影庫本粘籤："原本作'孫崇'，今據《歐陽史》改正。"見《新五代史》卷六《唐本紀六》長興四年十一月乙未條、卷二七《康義誠傳》，《宋本册府》卷六七三《牧守部·褒寵門二》。五代無孫崇。

［9］合納禮錢三千貫：中華書局本有校勘記："'三千'，《五代會要》卷一三作'一千'。"見《會要》卷一三中書省條。

［10］餘充修葺中書及兩省公署都堂什物：中華書局本有校勘記："'都堂'，原作'部堂'，據《五代會要》卷一三及本卷上文改。"見《會要》卷一三中書省條，文字有異；又見上文十二月丙午條。

［11］御史臺：官署名。秦漢始置。古代國家的監察機構。掌糾察官吏違法，肅正朝廷綱紀。大事廷辨，小事奏彈。

［12］近年已來：中華書局本有校勘記："'年'，原作'者'，據《册府》卷四七五、卷五一七、《五代會要》卷八改。"見《會要》卷八喪葬上條、《宋本册府》卷四七五《臺省部·奏議門六》、卷五一七《憲官部·振舉門二》。

［13］皆是臺司左右巡舉勘檢驗：中華書局本有校勘記："'驗'字原闕，據《册府》卷四七五、卷五一七補。"案《宋本册府》卷五一七《憲官部·振舉門二》作"臺司左右巡舉勘驗"。

［14］因事邀頡：中華書局本有校勘記："'邀頡'，原作'邀脅'，據《册府》卷四七五、卷五一七改。本卷下文同。按《册府》卷九二載同光二年制：'僞朝已來恣爲掊斂……邀頡人户，分外誅求。''邀頡'謂阻截克扣。影庫本粘籤：'邀脅，原本作"邀頡"，今從《册府元龜》改正。'"見明本《册府》卷九二《帝王部·赦宥門十一》同光二年二月己巳制。下文同改。

［15］《永樂大典》卷七一六四"唐"字韻"明宗（一）"事目。

舊五代史　卷三八

唐書十四

明宗紀第四

天成二年春正月癸丑朔，帝御明堂殿受朝賀，仗衛如常儀。[1]制曰："王者祗敬宗祧，統臨寰宇，必順體元之典，特新制義之文。朕以眇躬，獲承丕構，襲三百年之休運，繼二十聖之耿光。馭朽納隍，夕惕之心罔怠；法天師古，日躋之道惟勤。今則載戢干戈，混同書軌，[2]荷玄穹之睠祐，契兆庶之樂推。檢玉泥金，非敢期於薄德；耕田鑿井，誠有慕於前王。將陳享謁之儀，即備郊丘之禮，宜更稱謂，永耀簡編。今改名爲亶，凡在中外，宜體朕懷。"宣制訖，百僚稱賀，有司告郊廟社稷。[3]丙辰，詔："端明殿學士班位宜在翰林學士之上，[4]今後如有轉改，只於翰林學士内選任。"先是，端明殿學士班在翰林學士之下，又如三館例，[5]官在職上，趙鳳轉侍郎日，[6]諷宰相府移之。既而禁林序列有不可之言，安重誨奏行此敕，[7]時論便之。癸亥，宰臣鄭珏

加特進、門下侍郎、兼太微宫使、崇文館大學士；[8]任圜加光禄大夫、門下侍郎、監修國史；[9]以端明殿學士、尚書兵部侍郎馮道爲中書侍郎、平章事、集賢殿大學士；[10]以太常卿崔協爲中書侍郎、平章事。[11]戊辰，以前鄧州節度使劉玘卒，[12]廢朝。左拾遺李同上言：[13]"天下繫囚，請委長吏逐旬親自引問，質其罪狀真虚，然後論之以法，庶無枉濫。"從之。辛未，皇子河中節度使從珂加同平章事。[14]以鎮州留後、檢校司徒王建立爲鎮州節度使、檢校太傅。[15]癸酉，第三子金紫光禄大夫、檢校司徒從厚加檢校太保、同平章事、河南尹，判六軍諸衛事。[16]北面副招討房知温奏，營州界奚陁羅支内附。[17]乙亥，以監門衛大將軍傅璉爲右武衛上將軍。[18]丙子，詔曰："頃自本朝多難，雅道中微，皆尚浮華，罕持廉讓。其有除官蘭省，[19]命秩柏臺，或以人事相疎，或以私讎見訐，稍乖敬奉，遽至棄損，蓋司長之振威，處君恩於何地。[20]今後應新授官朝謝後，可準例上事，司長不得輒以私事阻滯。其本官亦不得因遭抑挫，託故請假。"戊寅，皇子從厚領事於河南府，[21]宰相鄭珏已下會送，非例也。己卯，樞密使、光禄大夫、檢校太保、行兵部尚書安重誨加開府儀同三司、檢校太傅、兼侍中，樞密使、檢校太保、守祕書監孔循加檢校太傅、同平章事。[22]詔崇文館依舊爲弘文館。[23]初，同光中，[24]宰相豆盧革以同列郭崇韜父名弘，希其意奏改之，今乃復焉。辛巳，詔曰："亂離斯久，法制多隳，不有舉明，從何禁止。起今後三京及州使職員名目是押

衙、兵馬使、指揮使已上，[25]騎馬得有暖坐。諸都軍將、衙官使下係名籍者，[26]只得衣紫皂，庶人商旅，只著白衣，此後不得參雜。兼有富户，或投名於勢要，以求影庇；或希假于攝貴，以免丁徭。[27]仰所在禁勘，以肅奸欺。”

[1]天成：後唐明宗李嗣源年號（926—930）。　明堂殿：宫殿名。位於今河南洛陽市。

[2]混同：中華書局本有校勘記：“‘混同’原作‘渾同’，據《册府》卷三改。影庫本粘籤：‘渾同，原本作“温同”，今據《册府元龜》改正。’”見明本《册府》卷三《帝王部·名諱門》。

[3]“今改名爲亶”至“有司告郊廟社稷”：《輯本舊史》之案語：“楊文公《談苑》云：唐時避諱最重，人君即位多更名，後唐尚沿其例。明宗初名嗣源，後改名亶，於是楊檀改稱光遠，其金壇及檀州諸州縣皆從改更，則并偏旁字而亦改之。當時明宗在御，臣下避諱之嚴如此。今考《薛史·楊光遠傳》云：初名檀，唐天成中，以明宗改御名爲亶，始改名光遠。與《談苑》合。然《閔帝紀》尚稱安北都護楊檀，是檀在天成中未嘗改名。又，《明宗紀》前後皆稱檀州，則地名亦不改，疑《談苑》所紀不能無誤。《薛史》紀、傳異文，亦未畫一。”對該案語，中華書局本有兩處校勘記。其一，“然閔帝紀尚稱安北都護楊檀”，校勘記：“‘安’字原闕，據孔本、本書卷四五《唐閔帝紀》補。”其二，“是檀在天成中未嘗改名”，校勘記：“‘是檀’二字原闕，據孔本補。”《輯本舊史》卷四五《唐閔帝紀》應順元年（934）正月辛丑條：“以振武軍節度使、安北都護楊檀兼大同、彰國、振武、威塞等軍都虞候，充北面馬軍都指揮使。”卷九七《楊光遠傳》云天成中改名光遠，誤。據《輯本舊史》卷四七《末帝紀中》清泰二年（935）五月庚戌條及《通鑑》卷二七九同日條，此時始賜楊檀名光遠。

[4]端明殿學士：官名。後唐明宗始置，以翰林學士充任，負責誦讀四方書奏。　翰林學士：官名。由南北朝始設之學士發展而來，唐玄宗改翰林供奉爲翰林學士，備顧問、代王言。掌拜免將相、號令征伐等詔令的起草。

[5]三館：《輯本舊史》之影庫本粘籤："原本作'玉館'，考《新唐書·百官志》，唐以集賢殿、弘文館、國史館爲三館，今改正。"見《新唐書·百官志二》。

[6]趙鳳：人名。幽州（今北京市）人。五代後唐大臣。傳見本書卷六七、《新五代史》卷二八。

[7]安重誨：人名。應州（今山西應縣）人。五代後唐大臣。傳見本書卷六六、《新五代史》卷二四。

[8]鄭珏：人名。滎陽（今河南滎陽市）人。唐末進士，五代後梁、後唐宰相。傳見本書卷五八、《新五代史》卷五四。　特進：官名。西漢末期始置，授給列侯中地位較特殊者。隋唐時期，特進爲散官，授給有聲望的文武官員。正二品。　門下侍郎：官名。門下省副長官。唐後期三省長官漸爲榮銜，中書侍郎、門下侍郎却因參議朝政而職位漸重，常常用爲以"同三品"或"同平章事"任宰相者的本官。正三品。　太微宫使：官名。唐朝尊老子爲祖，建玄元廟奉祀。天寶二年（743）改西京玄元廟爲太清宫，東京爲太微宫，天下諸郡爲紫極宫，又改譙郡紫極宫爲太清宫。設太微宫使。宋敏求《春明退朝録》："唐制，宰相四人，首相爲太清宫使，次三相皆帶館職，洪正字犯宣祖廟諱。文館大學士、監修國史、集賢殿大學士，以此爲次序。"　崇文館大學士：官名。崇文館由弘文館改名。弘文館爲唐代中央官學之一。設館主一人，總領館務；判館事一人，管理日常事務。學士無員限，掌校正圖籍，教授生徒，並參議政事。五品以上稱爲學士，六品以下稱爲直學士，又有文學直館學士，均以他官兼領。

[9]任圜：人名。京兆三原（今陝西三原縣）人。五代後唐將領、大臣。傳見本書卷六七。　光禄大夫：官名。唐、五代文散

官。從二品。　監修國史：官名。北齊始置史館，以宰相爲之。唐史館沿置，爲宰相兼職。

[10]尚書兵部侍郎：官名。兵部副長官，與尚書分掌武官銓選、勳階、考課之政。正四品下。　馮道：人名。瀛州景城（今河北滄縣）人。五代時官拜宰相，歷仕後唐、後晋、後漢、後周，亦曾臣服於契丹。傳見本書卷一二六、《新五代史》卷五四。　中書侍郎：官名。中書省副長官，唐後期三省長官漸爲榮銜，中書侍郎、門下侍郎却因參議朝政而職位漸重，常常以"同三品"或"同平章事"任宰相實職。正三品。　平章事：官名。唐高宗以後，實際任宰相之職者，常在其本官後加同平章事的職銜。後成爲宰相專稱。　集賢殿大學士：官名。唐中葉置，位在學士之上，以宰相兼。掌修書之事。

[11]太常卿：官名。太常寺長官。掌宗廟禮儀。正三品。　崔協：人名。清河（今河北清河縣）人。唐末進士，後梁時仕至中書舍人，後唐時爲宰相。傳見本書卷五八。

[12]鄧州：州名。治所在今河南鄧州市。　節度使：官名。唐時在重要地區所設掌握一州或數州軍事、民事、財政的長官。　劉玘：人名。雍丘（今河南杞縣）人。五代將領。傳見本書卷六四、《新五代史》卷四五。

[13]左拾遺：官名。唐代門下省所屬諫官。掌規諫，薦舉人才。從八品上。　李同：人名。籍貫不詳。五代官員。事見本書本卷、卷一四七。

[14]河中：府名。治所在今山西永濟市。《輯本舊史》之影庫本粘籤："原本作'河平'，今據文改正。"《輯本舊史》卷三六《明宗紀二》天成元年（926）六月戊子條已載"以皇子河中留後從珂爲河中節度使"，遠勝"據文改正"。　從珂：即後唐廢帝李從珂，又稱末帝。鎮州平山（今河北平山縣）人。本姓王氏，爲後唐明宗養子，改名從珂。明宗入洛陽，李從珂率兵追隨，以功拜河中節度使，封潞王。閔帝李從厚即位，李從珂據城發動兵變，改鳳

翔節度使。清泰元年率軍東攻洛陽，廢黜閔帝，自立爲帝。清泰三年，石敬瑭與契丹合兵攻陷洛陽，李從珂自焚而死。紀見本書卷四六至卷四八、《新五代史》卷七。

［15］鎮州：州名。治所在今河北正定縣。　留後：官名。唐、五代節度使多以子弟或親信爲留後，以代行節度使職務，亦有軍士、叛將自立爲留後者。掌一州或數州軍政。　檢校司徒：官名。爲散官或加官，以示恩寵，無實際執掌。按，檢校某某官，唐中後期逐漸確立，五代沿用。多作爲使府或方鎮僚佐秩階、升遷的階官，非正式官銜。參見賴瑞和《論唐代的檢校官制》，《漢學研究》2006 年第 24 卷第 1 期。　王建立：人名。遼州榆社（今山西榆社縣）人。五代後唐、後晋大臣。傳見本書卷九一、《新五代史》卷四六。　檢校太傅：官名。爲散官或加官，以示恩寵，無實際執掌。

［16］金紫光禄大夫：官名。本兩漢光禄大夫。魏晋以後，光禄大夫之位重者，加金章紫綬，因稱金紫光禄大夫。北周、隋時爲散官。唐貞觀後列入文散官。正三品。　從厚：即後唐閔帝李從厚。明宗李嗣源第三子。紀見本書卷四五、《新五代史》卷七。　檢校太保：官名。爲散官或加官，以示恩寵，無實際執掌。太保，與太師、太傅合稱三師。　河南尹：官名。唐開元元年（713）改洛州爲河南府，治所在今河南洛陽市。以河南府尹總其政務。從三品。　判六軍諸衛事：官名。後唐沿唐代舊制，置六軍、諸衛，以判六軍諸衛事爲禁軍六軍與諸衛的最高統帥。

［17］副招討：官名。即招討副使。唐貞元末始置招討使。爲戰時權置軍事長官，兵罷則停。其下有副使等。　房知温：人名。兖州瑕丘（今山東濟寧市兖州區）人。五代後唐將領。傳見本書卷九一、《新五代史》卷四六。　營州：州名。治所在今遼寧朝陽市。　奚：部族名。源出鮮卑宇文部。隋代以後簡稱“奚”。先後附屬唐朝、後突厥汗國、回鶻汗國。唐末爲契丹所役屬，部分奚人西遷嬀州（今河北懷來縣）北山，遂有東、西奚之分。遼建國後，以奚

王府治理奚人，奚六部各設節度使。參見畢德廣《奚族文化研究》，科學出版社 2016 年版。　陁羅支：人名。奚人。本書僅此一見。

［18］監門衛大將軍：官名。唐置，掌宮禁宿衛。唐代置十六衛，即左右衛、左右驍衛、左右武衛、左右威衛、左右領軍衛、左右金吾衛、左右監門衛、左右千牛衛，各置上將軍，從二品；大將軍，正三品；將軍，從三品。　傅璉：人名。籍貫不詳。本書僅此一見。　右武衛上將軍：官名。唐置，掌宮禁宿衛。唐代置十六衛之一。從二品。

［19］蘭省：《輯本舊史》之影庫本粘籤："原本作'蘭有'，今據文改正。"明本《册府》卷六五《帝王部·發號令門四》天成二年正月敕正作"蘭省"，遠勝"據文改正"。

［20］處君恩於何地：中華書局本有校勘記："'於'，原作'而'，據《册府》卷六五改。"見明本《册府》卷六五《帝王部·發號令門四》。

［21］河南府：府名。治所在今河南洛陽市。

［22］樞密使：官名。樞密院長官，五代時以士人爲之，備顧問，參謀議，出納詔奏，權侔宰相。參見李全德《唐宋變革期樞密院研究》，國家圖書館出版社 2009 年版。　兵部尚書：官名。尚書省兵部主官。掌兵衛、武選、車輦、甲械、厩牧之政令。正三品。　開府儀同三司：官名。曹魏始置，隋、唐時爲散官之最高官階，多授功勳重臣。從一品。　侍中：官名。秦始置。隋、唐前期爲門下省長官。唐後期多爲大臣加銜，不參與政務，實際職務由門下侍郎執行。正二品。　祕書監：官名。東漢始置。掌圖書秘記等事宜。三品。　孔循：人名。籍貫不詳。五代後唐大臣。傳見《新五代史》卷四三。

［23］弘文館：官署名。唐武德四年（621）始置修文館，以安置文學之士，典司書籍。唐太宗即位，改爲弘文館。以後名稱多有異同，然以弘文館爲多。

［24］同光：後唐莊宗李存勗年號（923—926）。

[25]押衙：官名。即“押牙”。唐、五代時期節度使辟署的屬官。掌領方鎮儀仗侍衛。參見劉安志《唐五代押牙（衙）考略》，武漢大學歷史系魏晋南北朝隋唐史研究室編《魏晋南北朝隋唐史資料》第16輯，武漢大學出版社1998年版。　兵馬使：官名。唐、五代方鎮自置之部隊統率官，稱兵馬使，其權尤重者稱兵馬大使或都知兵馬使。掌兵馬訓練、指揮。　指揮使：官名。唐末、五代軍隊多置都指揮使、指揮使，爲統兵將領。中華書局本有校勘記：“‘指揮使’三字原闕，據《册府》卷六一、《五代會要》卷六補。‘已上’二字原闕，據《五代會要》卷六補。”見《會要》卷六雜録條、明本《册府》卷六一《帝王部·立制度門二》天成二年正月詔。

[26]諸都軍將、衙官使下係名籍者：中華書局本有校勘記：“‘籍’，原作‘糧’，據《册府》卷六一改。”見明本《册府》卷六一《帝王部·立制度門二》。

[27]或希假于攝貴，以免丁徭：《輯本舊史》之影庫本粘籤：“原本脱‘攝’字，今從《册府元龜》增入。”《會要》卷六雜録條作“或希假於攝貴以免丁徭”。明本《册府》卷六一作“或希假攝貴免丁徭”。

二月壬午朔，新羅遣使朝貢。[1]丁亥，以北京皇城使李繼朗爲龍武大將軍，北京都指揮使李從臻爲左衛大將軍，捧聖都指揮使李從璨爲右監門衛大將軍。[2]戊子，以前北面水陸轉運招撫使、守冀州刺史烏震領宣州節度使。[3]庚寅，陝州節度使、檢校司徒石敬瑭加檢校太傅兼六軍諸衛副使。[4]壬辰，西川節度使孟知祥奏，泗州防禦使、充西川兵馬都監李嚴，扇摇軍衆，尋已處斬。[5]以潁州刺史孫岳爲耀州團練使。[6]丙申，以從馬直

指揮使郭從謙爲景州刺史，尋令中使誅之，夷其族，以其首謀大逆以弑莊宗也。[7]以尚書左丞崔沂爲太子少保致仕。[8]壬寅，制曰：荆南節度使、開府儀同三司、守太尉、兼尚書令、南平王高季興可削奪官爵，仍令襄州節度使劉訓充南面招討使、知荆南行府事，許州節度使夏魯奇爲副招討使，統蕃漢馬步四萬人進討，以其叛故也。[9]又命湖南節度使馬殷以湖南全軍會合。[10]以東川節度使董璋充東南面招討使，新授夔州刺史西方鄴爲副招討使，共領川軍下峽州，三面齊進。[11]甲辰，兖州節度使房知温加同平章事，宋州節度使王晏球加檢校太傅。[12]丁未，以禮部尚書蕭頃爲太常卿。[13]戊申，以御史大夫李琪爲右僕射，以太子賓客李鏻爲户部尚書，以吏部侍郎李德休爲禮部尚書，以前吏部侍郎崔貽孫爲吏部侍郎，以端明殿學士、户部侍郎趙鳳爲兵部侍郎，依前充職。[14]庚戌，詔諸道節度使男及親嫡骨肉未沾恩命者，特許上聞。河南府新安縣宜陞爲次赤，以雍陵在其界故也。[15]辛亥，以刑部侍郎歸藹爲户部侍郎。[16]

[1]新羅：朝鮮半島古國名。由辰韓十二國之斯盧國發展而來，都於金城（今韓國慶尚北道慶州市）。初爲朝鮮半島東南部的部落聯盟，4 世紀以後逐漸强大，形成金氏世襲的朝鮮半島東南大國，與北面的高句麗、西面的百濟形成對峙局面。新羅與隋唐關係密切，7 世紀中後期，與唐朝聯手滅百濟和高句麗，於 676 年統一了今大同江以南的朝鮮半島中南部地區。935 年爲王氏高麗所取代。傳見本書卷一三八、《新五代史》卷七四。

[2]北京：指五代後唐的北都太原。《新五代史》卷五《唐莊

宗紀》載，同光元年（923）“十一月乙巳，復北都爲鎮州，太原爲北都”。　皇城使：官名。唐末始置，爲皇城司長官，一般由君主的親信充任，以拱衛皇城。　李繼朗：人名。籍貫不詳。本書僅此一見。　龍武大將軍：官名。唐朝置左、右神武天騎及左、右羽林，左、右龍武等六軍，稱“北衙六軍”。設大將軍，正三品。　都指揮使：官名。此處指宣武軍都指揮使。唐末、五代藩鎮皆置都指揮使、指揮使，爲統兵將領。　李從臻：人名。籍貫不詳。事見本書本卷、卷三二。　左衛大將軍：官名。唐置，掌宮禁宿衛。唐代十六衛之一。正三品。　捧聖都指揮使：官名。捧聖爲五代禁軍番號，因全爲騎兵，故又稱“捧聖馬軍”。都指揮使，爲捧聖軍統兵官。　李從璨：人名。後唐明宗李嗣源侄。因不屈從權臣安重誨，被重誨奏劾，貶謫賜死。傳見本書卷五一、《新五代史》卷一五。　右監門衛大將軍：官名。唐置，掌宮禁宿衛。唐代十六衛之一。正三品。

[3]水陸轉運招撫使：官名。掌一方水陸轉運、賦稅諸事。爲差遣職事。　冀州：州名。治所在今河北衡水市冀州區。　刺史：官名。漢武帝始置。州一級行政長官，總掌考覈官吏、勸課農桑、地方教化等事。唐中期以後，節度使、觀察使轄州而設，刺史爲其屬官，職任漸輕。從三品至正四品下。　烏震：人名。冀州信都（今河北衡水市冀州區）人。五代後唐將領。傳見本書卷五九、《新五代史》卷二六。　宣州：州名。治所在今安徽宣城市。

[4]陝州：州名。治所在今河南三門峽市陝州區。　石敬瑭：人名。沙陀部人，太原（今山西太原市）人。五代後晉開國君主。在位期間割華北北部幽、雲諸州予契丹。紀見本書卷七五至卷八〇、《新五代史》卷八。　六軍諸衛副使：官名。後唐沿唐代舊制，置六軍、諸衛。以判六軍諸衛事爲禁軍六軍與諸衛的最高統帥，六軍諸衛副使爲其貳。

[5]西川：方鎮名。治所在成都府（今四川成都市）。　孟知祥：人名。邢州龍岡（今河北邢臺市）人。李克用女婿，五代十國

後蜀開國皇帝。傳見本書卷一三六、《新五代史》卷六四。　泗州：州名。治所在今江蘇泗洪縣東南。《輯本舊史》之影庫本粘籤："原本作'瓊州'，考《歐陽史》及《通鑑》《十國春秋》並作泗州，今改正。"見《新五代史》卷二六《李嚴傳》、《通鑑》卷二七五天成元年（926）十月己酉條。《十國春秋》爲清人吴任臣撰，不能僅以此爲據。　防禦使：官名。唐代始置，設有都防禦使、州防禦使兩種。常由刺史或觀察使兼任，實際上爲唐代後期州或方鎮的軍政長官。　兵馬都監：官名。唐代中葉命將出征，常以宦官爲監軍、都監。後爲臨時委任的統兵官，稱都監、兵馬都監。掌屯戍、邊防、訓練之政令。　李嚴：人名。幽州（今北京市）人。五代後唐官員。傳見本書卷七〇、《新五代史》卷二六。

[6]潁州：州名。治所在今安徽阜陽市潁州區。　孫岳：人名。稷州（今陝西武功縣）人，一作冀州（今河北衡水市冀州區）人。五代後唐大臣。傳見本書卷六九。　耀州：州名。治所在今陝西銅川市耀州區。　團練使：官名。唐代中期以後，於不設節度使的地區設團練使，掌本區各州軍事。

[7]從馬直指揮使：官名。五代後唐親軍將領。"從馬直"爲部隊番號。後唐明宗李嗣源創置。其兵丁選自諸軍驍勇敢戰者，没有額定兵員。平時宿衛，戰時隨駕親征。　郭從謙：人名。籍貫不詳。五代後唐將領、伶人。傳見本書附録、《新五代史》卷三七。　景州：州名。治所在今河北東光縣。　莊宗：即李存勗。小字亞子，沙陀部人，太原（今山西太原市）人。晋王李克用之子，後唐開國皇帝。紀見本書卷二七至卷三四及《新五代史》卷四、卷五。

[8]尚書左丞：官名。尚書省佐貳官。唐中期以後，與尚書右丞實際主持尚書省日常政務，權任甚重。正四品上。　崔沂：人名。博州（今山東聊城市）人。唐宰相崔鉉之子，後梁、後唐大臣。傳見本書卷六八。　太子少保：官名。與太子少傅、太子少師合稱"三少"，唐後期、五代多爲大臣、勳貴加官。從二品。

[9]荆南：方鎮名。治所在荆州（今湖北荆州市）。　太尉：

官名。與司徒、司空並爲三公，唐後期、五代時多爲大臣、勳貴加官。正一品。　尚書令：官名。秦始置。隋、唐前期爲尚書省長官，與中書令、侍中並爲宰相。因以李世民爲之，後皆不授，唐高宗廢其職。唐後期以李適、郭子儀有功而特授此職，爲大臣榮銜，不參與政務。五代因之。唐時爲正二品，後梁開平三年（909）升爲正一品。　高季興：人名。原名高季昌，陝州硤石（今河南三門峽市）人。南平（即荆南）開國君主。傳見本書卷一三三、《新五代史》卷六九。　襄州：州名。治所在今湖北襄陽市。　劉訓：人名。隰州永和（今山西永和縣）人。五代藩鎮將領。傳見本書卷六一。　招討使：官名。掌招撫討伐等事務。唐貞元始置。戰時任命，兵罷則省。常以大臣、將帥或地方軍政長官兼任。　知荆南行府事：官名。爲荆南府的臨時行政長官。　許州：州名。治所在今河南許昌市。　夏魯奇：人名。青州（今山東青州市）人。五代後唐將領。傳見本書卷七〇、《新五代史》卷三三。　副招討使：官名。行營統兵官。位次行營都統、招討使。掌招撫討伐事務。

[10]湖南：方鎮名。又稱武安軍節度。治所在潭州（今湖南長沙市）。　馬殷：人名。許州鄢陵（今河南鄢陵縣）人，一説上蔡（今河南上蔡縣）人。五代十國南楚開國君主。傳見本書卷一三三、《新五代史》卷六六。

[11]東川：方鎮名。指劍南東川節度使，簡稱東川。至德二載（757）分劍南節度使東部地區置劍南東川節度使，治所在梓州（今四川三臺縣）。　董璋：人名。籍貫不詳。五代後梁、後唐將領。傳見本書卷六二、《新五代史》卷五一。　夔州：州名。治所在今重慶市奉節縣。　西方鄴：人名。定州滿城（今河北保定市滿城區）人。五代後唐將領。傳見本書卷六一、《新五代史》卷二五。　“以東川節度使董璋”至“爲副招討使”：中華書局本有校勘記：“‘東南面’，原作‘南面’，據殿本、劉本、《通鑑》卷二七五改。”《舊五代史考異》卷二：“《通鑑考異》：梓、夔皆在荆南之西南，而云東南面者，蓋據夔、梓所向言之。”按西方鄴墓誌（拓

片刊《千唐誌齋藏誌》）記鄴時爲東南面招討副使。見《通鑑》卷二七五天成二年二月壬寅條及該條《考異》。　峽州：州名。即硤州。治所在今湖北宜昌市夷陵區。

［12］兖州：州名。治所在今山東濟寧市兖州區。　宋州：州名。治所在今河南商丘市睢陽區。　王晏球：人名。洛陽（今河南洛陽市）人。五代將領。傳見本書卷六四、《新五代史》卷四六。

［13］蕭頃：人名。京兆萬年（今陝西西安市長安區）人。後梁、後唐大臣。傳見本書卷五八。

［14］御史大夫：官名。秦始置，與丞相、太尉合稱三公。至唐代，在御史中丞之上設御史大夫一人，爲御史臺長官，專掌監察、執法。正三品。　李琪：人名。河西敦煌（今甘肅敦煌市）人。後梁、後唐大臣。傳見本書卷五八、《新五代史》卷五四。　右僕射：官名。秦始置。隋、唐前期，以左、右僕射佐尚書令總理六官、綱紀庶務；如不置尚書令，則總判省事，爲宰相之職。唐後期多爲大臣加銜。從二品。　李鏻：人名。唐朝宗室，五代大臣。傳見本書卷一〇八、《新五代史》卷五七。中華書局本有校勘記："原作'李璘'，據彭校、本書卷三七《唐明宗紀三》改。按本書卷一〇八、《新五代史》卷五七有《李鏻傳》。本卷下一處同。"見《輯本舊史》卷三七《唐明宗紀三》天成元年十月庚寅條、卷一〇八《李鏻傳》、《新五代史》卷五七《李鏻傳》。　户部尚書：官名。户部最高長官。掌管全國土地、户籍、賦税、財政收支諸事。正三品。　吏部侍郎：官名。尚書省吏部次官。協助吏部尚書掌文選、勳封、考課之政。正四品上。　李德休：人名。贊皇（今河北贊皇縣）人。五代官員。傳見本書卷六〇。　崔貽孫：人名。籍貫不詳。五代官員。傳見本書卷六九。　户部侍郎：官名。尚書省户部次官。協助户部尚書掌天下田户、均輸、錢穀之政令。正四品下。　兵部侍郎：官名。尚書省兵部次官。協助兵部尚書掌武官銓選、勳階、考課之政。正四品下。

［15］新安：縣名。治所在今河南新安縣。　次赤：即畿縣，也

稱次赤縣。唐代縣分七等，畿縣比京都所治的赤縣次一等。　河南府新安縣宜陞爲次赤：中華書局本有校勘記："'陞'字原闕，據《册府》卷三一補。按《五代會要》卷二〇河南府新安縣注：'後唐天成二年二月升爲次赤縣，以奉莊宗雍陵。'"見明本《册府》卷三一《帝王部·奉先門四》天成二年二月庚戌條、《會要》卷二〇州縣望條。　雍陵：五代後唐莊宗陵墓。至後晋避廟諱，改稱"伊陵"。

[16]刑部侍郎：官名。尚書省刑部次官。協助刑部尚書掌天下刑法及徒隸、勾覆、關禁之政令。正四品下。　歸藹：人名。吴郡（今江蘇蘇州市）人。傳見本書卷六八。

三月壬子朔，以中書舍人馬縞爲刑部侍郎。[1]幸會節園，宰相、樞密使及在京節度使共進錢絹，請開宴。癸丑，遣供奉官賈俊使淮南。[2]甲寅，以西川節度副使李敬周爲遂州武信軍留後。乙卯，開府儀同三司、司徒致仕趙光逢可太保致仕，[4]仍封齊國公。以武信軍節度使李紹文卒廢朝。[5]丙辰，宰臣判三司任圜奏："諸道藩府，請依天復三年已前許貢綾絹金銀，隨其土産折進馬之直。又請選孳生馬，分置監牧。"並從之。[6]太常丞段顒請國學五經博士各講本經，[7]以申横經齒胄之義，從之。庚申，以前澤潞節度使、檢校太傅、兼侍中孔勍爲河陽節度使，壬戌，幸甘水亭。[8]甲子，青州節度使霍彦威加檢校太尉、兼中書令，以大内皇城使、守饒州刺史李從璋爲應州節度使。[9]丁卯，詔："所在府縣糾察殺牛賣肉，犯者準條科斷。其自死牛即許貨賣，肉斤不得過五錢，鄉村民家死牛，但報本村所由，準例輸皮入

官。”癸酉，以户部郎中、知制誥盧詹爲中書舍人。[10]

[1]中書舍人：官名。中書省屬官。掌起草文書、呈遞奏章、傳宣詔命等。正五品上。　馬縞：人名。籍貫不詳。五代官員。傳見本書卷七一、《新五代史》卷五五。

[2]會節園：五代後唐時洛陽城内園林。位於今河南洛陽市。　供奉官：泛指侍奉皇帝左右的臣僚，亦爲東、西頭供奉官通稱。　賈俊：人名。籍貫不詳。本書僅此一見。《舊五代史考異》：“《九國志》作賈進，考《册府元龜》所引《薛史》亦作‘俊’，今仍其舊。”檢《九國志》《册府》未見。　淮南：方鎮名。治所在揚州（今江蘇揚州市）。

[3]節度副使：官名。唐、五代方鎮屬官。位於行軍司馬之下、判官之上。　李敬周：人名。又名李周。邢州内丘（今河北内丘縣）人。五代將領。傳見本書卷九一、《新五代史》卷四七。　遂州：州名。治所在今四川遂寧市。　武信軍：方鎮名。治所在遂州（今四川遂寧市）。

[4]趙光逢：人名。京兆奉天（今陝西乾縣）人。後梁、後唐大臣。傳見本書卷五八、《新五代史》卷三五。

[5]李紹文：人名。鄆州（今山東東平縣）人。本名張從楚。五代將領。傳見本書卷五九。

[6]三司：官署名。五代後唐明宗天成元年（926）合鹽鐵、度支、户部爲一職，始稱三司，爲中央最高之理財機構。　天復：唐昭宗李曄年號（901—904）。　“丙辰”至“並從之”：《舊五代史考異》：“《五代會要》任圜奏：三京留守、諸道節度觀察、諸州防禦使、刺史，每年應聖節及正、至等節貢奉，或討伐勝捷，各進獻馬。伏見本朝舊事，雖以獻馬爲名，多將綾絹金銀折充馬價，蓋跋涉之際，護養稍難，因此群方俱爲定制。自今後伏乞除蕃部進駝馬外，諸州所進馬，許依天復三年已前事例，隨其土產折進價直，

冀貢輸之稍易，又誠敬之獲申。兼欲于諸處揀孳生馬，準舊制分置監牧，仍委三司使别具制置奏聞。”見《會要》卷五節日條，繫於三月五日，即丙辰日。

[7]太常丞：官名。太常寺屬官。掌判寺事。凡大饗太廟，則修七祀於太廟西門之内。若祫享，則兼修配享功臣之禮。從五品上。　段顒：人名。籍貫不詳。五代後唐、後晋官員。事見本書卷一四二。　五經博士：官名。國子監屬官。掌以其經之學教國子。《周易》《尚書》《毛詩》《左氏春秋》《禮記》爲五經，《論語》《孝經》《爾雅》不立學官，附中經而已。正五品上。

[8]澤潞：方鎮名。唐至德元載（756）置澤潞沁節度使，治所在潞州（今山西長治市）。廣德元年（763）又置相、衛六州節度使，治所在相州（今河南安陽市）。　孔勍：人名。兖州（今山東濟寧市兖州區）人。唐末、五代將領。傳見本書卷六四。　河陽：方鎮名。治所在孟州（今河南孟州市）。　甘水亭：地名。位於今河南洛陽市西南。

[9]青州：州名。治所在今山東青州市。　霍彦威：人名。洺州曲周（今河北曲周縣）人。五代後梁將領霍存之養子。後梁、後唐將領。傳見本書卷六四、《新五代史》卷四六。　饒州：州名。治所在今江西鄱陽縣。　李從璋：人名。五代後唐明宗從子。後唐、後晋將領。傳見本書卷八八、《新五代史》卷一五。　應州：州名。治所在今山西應縣。

[10]户部郎中：官名。即尚書省户部户部司主官。掌户口、土田、賦役、貢獻、優復、婚姻、繼嗣等事。從五品上。　知制誥：官名。掌起草皇帝的詔、誥之事，原爲中書舍人之職。唐開元末置學士院，翰林學士入院一年，則加知制誥銜，專掌任免宰相、册立太子、宣布征伐等特殊詔令，稱爲内制。而中書舍人所撰擬的詔敕稱爲外制。兩種官員總稱兩制。　盧詹：人名。長安（今陝西西安市）人。五代官員。傳見本書卷九三。《輯本舊史》之影庫本粘籤：“原本作‘盧處’，今據列傳改正。”見《輯本舊史》卷九三

《盧詹傳》，又見《宋本册府》卷四七五《臺省部·奏議門六》盧詹條。

夏四月辛巳朔，房知温奏："前月二十一日，盧臺戍軍亂，害副招討寧國軍節度使烏震，尋與安審通斬殺亂兵訖。"[1]帝聞之，廢朝一日，贈震太傅。[2]新羅國遣使貢方物。丁亥，以華州留後劉彦琮爲本州節度使。[3]是日，幸會節園，宴近臣。己丑，以兵部侍郎崔居儉權知尚書左丞，以户部侍郎王權爲兵部侍郎，以禮部侍郎裴皞爲户部侍郎，以翰林承旨、守中書舍人李愚爲禮部侍郎充職。[4]庚寅，御史臺奏："今月三日廊下食，百官坐定，兩省官方來，自五品已下輒起。"[5]詔曰："每赴廊餐，如對御宴，若行私禮，是失朝儀，各罰半月俸。"[6]詔："盧臺亂軍龍晊所部鄴都奉節等九指揮三千五百人，[7]在營家口骨肉，並可全家處斬。"龍晊所部之衆，即梁故魏博節度使楊師厚之所招置也，皆天下雄勇之士，目其都爲銀槍効節，僅八千人。[8]師厚卒，賀德倫不能制。[9]西迎莊宗入魏，從征河上，所向有功。莊宗一統之後，雖數頒賚，而驕縱無厭。同光末，自貝州劫趙在禮，[10]據有魏博。及帝纘位，在禮冀脱其禍，潛奏願赴朝覲，遂除皇子從榮爲帥，乃令北禦契丹。[11]是行也，不支甲冑，惟幟於長竿表隊伍而已，[12]故俛首遄征。在途聞李嚴爲孟知祥所害，以爲劍南阻絶，[13]互相煽動。及屯於盧臺，會烏震代房知温爲帥，轉增浮説。震與房知温博於東寨，日亭午，大譟於營外，知温上馬出門，爲甲士所擁，且曰："不與兒郎爲主，更何處

去?”知温紿之曰:“馬軍皆在河西，步卒獨何爲也!”遂得躍馬登舟，濟於西岸。安審通戢騎軍不動，知温與審通謀伺便攻之，令亂兵卷甲南行。騎軍徐進，部伍嚴整。叛者相顧失色，列炬宵行，疲於荒澤。遲明，潛令外州軍别行，知温等遂擊亂軍，横尸於野，餘衆復趨舊寨，至則已焚之矣。翌日，盡戮之，脱於叢草溝塍者十無二三，迨夜竄於山谷，稍奔於定州。[14]及王都之敗，[15]乃無噍類矣。癸巳，兖州節度使房知温加侍中，齊州防禦使安審通加檢校太傅，並賞盧臺之功也。[16]丁酉，僞吴楊溥遣移署右威衛將軍雷峴貢端午禮幣。[17]辛丑，以前利州節度使張敬詢爲雲州節度使。[18]遣樞密使孔循赴荆南城下，時招討使劉訓有疾故也。甲辰，以户部侍郎韓彦惲爲祕書監。[19]是日，幸石敬瑭、安重誨第。丙午，故振武節度使李嗣恩贈太尉，以司封郎中、充樞密院直學士閻至爲左諫議大夫充職。[20]右諫議大夫梁文矩上言，平蜀已來，軍人剽略到西川人口甚多，骨肉阻隔，恐傷和氣，請許收認。[21]帝仁慈素深，因文矩之奏，詔河南、河北舊因兵火擄隔者，並從識認。是日，郢州進白鵲。[22]

[1]盧臺:軍(政區)名。治所在今天津市寧河區盧臺鎮。參見余蔚《中國行政區劃通史》(遼金卷)，復旦大學出版社2012年版，第326頁。　寧國軍:方鎮名。治所在宣州(今安徽宣城市)。唐天復三年(903)廢，五代吴復置。此烏震爲遥領寧國軍節度使。　安審通:人名。籍貫不詳。五代將領。傳見本書卷六一。　“夏四月辛巳朔”至“尋與安審通斬殺亂兵訖”:《舊五代史考異》:

"《五代春秋》：盧臺戍軍亂，房知温討平之。據《薛史·房知温傳》及《通鑑》，知温初誘戍軍爲亂，繼恐事不濟，乃與安審通謀討亂兵也。《五代春秋》所書殊非事實。"見《五代春秋》明宗仁德皇帝條、《輯本舊史》卷九一《房知温傳》、《通鑑》卷二七五天成二年（927）三月壬申條。

[2]太傅：官名。與太師、太保合稱三師，唐後期、五代時多爲大臣、勳貴加官。正一品。

[3]華州：州名。治所在今陝西渭南市華州區。　劉彥琮：人名。雲中（今山西大同市）人。五代將領。傳見本書卷六一。中華書局本有校勘記："'劉'字原闕，據殿本、劉本、本書卷六一《劉彥琮傳》、《册府》卷三八七補。"見《輯本舊史》卷六一《劉彥琮傳》、《宋本册府》卷三八七《將帥部·褒異門一三》劉彥琮條。

[4]崔居儉：人名。清河（今河北清河縣）人。崔蕘之子。五代大臣。傳見本書附録、《新五代史》卷五五。　王權：人名。太原（今山西太原市）人。五代官員。傳見本書卷九二、《新五代史》卷五六。　禮部侍郎：官名。尚書省禮部次官。協助禮部尚書掌禮儀、祭享、貢舉之政。正四品下。　裴皞：人名。河東（今山西永濟市）人。五代官員。傳見本書卷九二、《新五代史》卷五七。　翰林承旨：官名。爲翰林學士之首。掌拜免將相、號令征伐等詔令的起草。《舊唐書·職官志二·翰林院》："例置學士六人，内擇年深德重者一人爲承旨，所以獨承密命故也。"　李愚：人名。渤海無棣（今山東慶雲縣）人。唐末進士，五代大臣。傳見本書卷六七、《新五代史》卷五四。

[5]御史臺：官署名。秦漢始置。古代國家的監察機構。掌糾察官吏違法，肅正朝廷綱紀。大事廷辨，小事奏彈。　自五品已下輒起：中華書局本有校勘記："'已'字原闕，據殿本、《册府》卷五一七、《五代會要》卷六補。孔本作'以'。'起'，原作'取'，據殿本、劉本、孔本、邵本、《五代會要》卷六改。"見《會要》卷六廊下餐條天成二年四月御史臺奏文、《宋本册府》卷五一七

《憲官部·振舉門二》。

［6］“詔曰”至“各罰半月俸”：《舊五代史考異》：“《五代會要》：長興三年五月詔：文武兩班，每遇入閤賜食，從前御史臺官及諸朝官皆在敷政門外兩廊食，惟北省官于敷政門内别坐，既爲隔門，各不相見，致行坐不齊，難于肅整。今後每遇入閤賜食，北省官亦宜于敷政門外東廊下設席，以北首爲上，待班齊一時就坐。”“長興三年三月詔”，中華書局本有校勘記：“‘三月’，原作‘五月’，據《五代會要》卷六改。”見《會要》卷六廊下餐條長興三年（932）三月詔。

［7］龍晊：人名。籍貫不詳。五代後唐時作亂戍兵首領。事見本書本卷。《輯本舊史》之影庫本粘籤：“原本作‘龍晤’，今據《通鑑》改正。”見《通鑑》卷二七五天成二年三月壬申條。　鄴都：地名。治所在今河北大名縣。後唐同光元年（923）改魏州爲興唐府，建號東京。三年，改東京爲鄴都。　奉節：禁軍番號。

［8］魏博：方鎮名。治所在魏州貴鄉縣（今河北大名縣）。　楊師厚：人名。潁州斤溝（今安徽太和縣阮橋鎮斤溝村）人。唐末、五代將領。傳見本書卷二二、《新五代史》卷二三。　銀槍効節：部隊番號。原爲魏博牙兵銀槍効節軍，李存勗將其編組爲帳前銀槍軍。後唐建立以後，爲侍衛親軍的一支。掌宿衛宫禁，護衛皇帝出行。

［9］賀德倫：人名。先世爲河西部落人，後居滑州（今河南滑縣）。五代後梁、後唐將領。傳見本書卷三一、《新五代史》卷四四。

［10］貝州：州名。治所在今河北清河縣。　趙在禮：人名。涿州（今河北涿州市）人。五代後唐、後晉將領。傳見本書卷九〇、《新五代史》卷四六。

［11］從榮：人名。即李從榮。沙陀部人。唐明宗李嗣源次子。傳見本書卷五一、《新五代史》卷一五。　契丹：古部族、政權名。公元4世紀中葉宇文部爲前燕攻破，始分離而成單獨的部落，自號

契丹。唐貞觀中，置松漠都督府，以其首領爲都督。唐末强盛，916年迭剌部耶律阿保機建立契丹國（遼）。先後與五代、北宋並立，保大五年（1125）爲金所滅。參見張正明《契丹史略》，中華書局1979年版。

［12］惟幟於長竿表隊伍而已：中華書局本有校勘記："'長竿'，原作'長行'，據《新五代史》卷四六《房知温傳》、《通鑑》卷二七五改。"見《新五代史》卷四六《房知温傳》、《通鑑》卷二七五天成二年三月壬申條。

［13］劍南：劍南東川、劍南西川的簡稱。東川治所在梓州（今四川三臺縣）。西川治所在成都府（今四川成都市）。

［14］定州：州名。治所在今河北定州市。

［15］王都：人名。中山陘邑（今河北定州市）人。本姓劉，後爲義武軍節度使王處直養子。五代軍閥。傳見本書卷五四。

［16］齊州：州名。治所在今山東濟南市。

［17］吴：政權名。五代時十國之一，楊行密所建。唐景福元年（892），楊行密任淮南節度使，據揚州。天復二年（902）被唐朝封爲吴王，建都廣陵（即揚州），稱江都府。吴國統治地區有今江蘇、安徽、江西、湖北等地。吴國在楊行密統治時期，政權相對穩定，獎勵農桑，江淮一帶社會經濟有所恢復。唐天祐二年（905），楊行密死，其子楊渥繼位，大權旁落於權臣張顥、徐温、徐知誥等人手中。吴天祚三年（937）爲南唐所取代。凡四主，共三十六年。楊行密傳見本書卷一三四、《新唐書》卷一八八、《新五代史》卷六一。　楊溥：人名。五代十國吴睿帝，後禪位於徐知誥。傳見本書卷一三四、《新五代史》卷六一。　右威衛將軍：官名。唐置，掌宫禁宿衛。唐代置十六衛之一。從三品。　雷峴：人名。五代吴國人。本書僅此一見。中華書局本有校勘記："原作'雷現'，據《册府》卷一六九、卷二三二改。影庫本粘籤：'雷現，《九國志》作"雷覯"，《十國春秋》仍作"現"，今仍其舊。'按今檢《十國春秋》卷三亦作'雷峴'。"見明本《册府》卷一六九《帝王部·

納貢獻門》、卷二三二《僭僞部·稱藩門》、《十國春秋》卷三吴國乾貞元年（927）四月條。

［18］利州：州名。治所在今四川廣元市利州區。　張敬詢：人名。金河縣（一説在今内蒙古托克托縣北中灘鄉哈拉板申村大黑河東岸古城，一説在托克托縣西南之沙拉湖灘附近）人。五代將領。傳見本書卷六一。　雲州：州名。治所在今山西大同市。

［19］韓彦惲：人名。籍貫不詳。五代後唐大臣。事見本書本卷、卷三四、卷四四、卷四五、卷四六、卷四八、卷一四三。

［20］振武：方鎮名。後梁貞明二年（916）以前，治所在單于都護府城（今内蒙古和林格爾縣）。貞明二年單于都護府城爲契丹占據。此後至後唐清泰三年（936），治所在朔州（今山西朔州市朔城區）。後晋時隨燕雲十六州割予契丹，改名順義軍。　李嗣恩：人名。本姓駱，吐谷渾部人。五代後唐將領。傳見本書卷五二、《新五代史》卷三六。　司封郎中：官名。尚書省吏部司封司長官。掌封爵、命婦、朝會及賜予等事。從五品上。　樞密院直學士：官名。五代後唐同光元年，改直崇政院置，選有政術文學者充任。充皇帝侍從，備顧問應對。　閻至：人名。籍貫不詳。五代官員。事見本書本卷、卷四〇、卷四六、卷七八、卷八〇、卷九二。　左諫議大夫：官名。隸門下省。唐代置左、右諫議大夫各四人，分隸門下省、中書省。掌諫諭得失，侍從贊相。正四品下。

［21］右諫議大夫：官名。唐置左、右諫議大夫，左屬門下省，右屬中書省。掌諫諭得失，侍從贊相。正四品下。　梁文矩：人名。鄆州（今山東東平縣）人。五代官員。傳見本書卷九二。　蜀：五代十國之前蜀。

［22］郢州：州名。治所在今湖北鍾祥市。　白鵲：白羽鵲。古時以爲瑞鳥。

五月癸丑，以福建留後、檢校太傅、舒州刺史王延

鈞爲檢校太師、守中書令，充福建節度使、瑯琊郡王，以太常卿蕭頃爲吏部尚書。[1]是日，懷州進白鵲。[2]戊午，以三司副使、守太子賓客張格卒廢朝。[3]以翰林學士、駕部郎中、知制誥竇夢徵爲中書舍人充職。[4]癸亥，遣宣徽使張延朗調發郡縣糧運赴荆南城下，[5]仍以軍法從事。以右龍武統軍崔公實爲左龍武統軍，以前復州刺史高行周爲右龍武統軍。[6]割果州屬郡。[7]乙丑，僞吴楊溥貢新茶。滄州進白鶴。[8]庚午，詔罷荆南之師，既而令軍士散掠居民而廻。詔："文武臣僚及諸道節度使、刺史，有父母在者，各與恩澤。"宰臣任圜表辭三司事，乃以樞密院承旨孟鵠充三司副使權判。[9]

[1]福建：方鎮名。治所在福州（今福建福州市）。　舒州：州名。治所在今安徽安慶市。　王延鈞：人名。即王鏻。初名延鈞，王審知次子，五代十國閩國君主。傳見本書卷一三四、《新五代史》卷六八。　檢校太師：官名。爲散官或加官，以示恩寵，無實際執掌。太師，與太傅、太保並爲三師。　中書令：官名。漢代始置，隋、唐前期爲中書省長官，屬宰相之職；唐後期多爲授予元勳大臣的虛銜。正二品。　吏部尚書：官名。尚書省吏部最高長官，與二侍郎分掌六品以下文官選授、勳封、考課之政令。正三品。

[2]懷州：州名。治所在今河南沁陽市。

[3]三司副使：官名。五代後唐明宗天成元年（926）將晚唐以來的户部、度支、鹽鐵三部合爲一職，設三司使、副使統之。主管國家財政。　太子賓客：官名。爲太子官屬。唐高宗顯慶元年（656）始置。掌侍從規諫、贊相禮儀。正三品。　張格：人名。宿州符离（今安徽宿州市埇橋區）人。前蜀高級官員。傳見本書卷

七一。

[4]駕部郎中：官名。尚書兵部駕部司長官。掌輿輦、車乘、傳驛、廐牧等事。從五品上。郎中爲尚書省屬官，位在侍郎之下、員外郎之上。　竇夢徵：人名。同州（今陝西大荔縣）人，一作棣州（今山東惠民縣）人。唐末進士，五代後梁、後唐官員。傳見本書卷六八。

[5]宣徽使：官名。唐後期置。宣徽院的長官。初用宦官，五代以後改用士人。掌内諸司及三班内侍之名籍，郊祀、朝會、宴享供帳之儀，應内外進奉，悉檢視名物，用其印。　張延朗：人名。汴州（今河南開封市）人。五代後唐大臣，歷任三司使、宰相。傳見本書卷六九、《新五代史》卷二六。

[6]右龍武統軍：官名。唐置六軍，分左、右羽林，左、右龍武，左、右神武等，即“北衙六軍”。興元元年（784），六軍各置統軍，以寵勳臣。其品秩，《唐會要》卷七一、《舊唐書》卷一二記載爲“從二品”，《通鑑》卷二二九記載爲“從三品”。　崔公實：人名。籍貫不詳。唐末、五代將領。本書僅此一見。　左龍武統軍：官名。唐置六軍，分左、右羽林，左、右龍武，左、右神武等，即“北衙六軍”。興元元年，六軍各置統軍，以寵勳臣。其品秩，《唐會要》卷七一、《舊唐書》卷一二記載爲“從二品”，《通鑑》卷二二九記載爲“從三品”。　復州：州名。治所在今湖北天門市。　高行周：人名。幽州（今北京市）人。五代名將。傳見本書卷一二三、《新五代史》卷四八。

[7]果州：州名。治所在今四川巴中市恩陽區。

[8]滄州：州名。治所在今河北滄縣舊州鎮。　白鶴：中華書局本有校勘記：“《册府》卷二五作‘白鵲’。”見明本《册府》卷二五《帝王部·符瑞門四》天成二年五月乙丑條。

[9]樞密院承旨：官名。五代樞密院置，主管承旨司之事。　孟鵠：人名。魏州（今河北大名縣）人。五代官員。傳見本書卷六九。

六月壬午，華州、邢州進兩岐麥，[1]兖州進三足烏。丙戌，宰相任圜落平章事，守太子少保。丁亥，詔天下除併無名額寺院。己丑，[2]以宣徽北院使張延朗爲右武衛大將軍、判三司，[3]依前宣徽使、檢校司徒。辛卯，大理少卿王鬱上言："凡决極刑，準敕合三覆奏，近年已來，全隳此法，伏乞今後决、前一日許各一覆奏。"[4]從之。壬辰，南面招討使、知荆南行府事、襄州節度使、檢校太傅劉訓責授檢校右僕射、守檀州刺史。[5]訓南征無功，故有是譴。詔喪葬之家，送終之禮不得過度。乙未，户部尚書李鏻上言："請朝班自四品已上官各許薦令、録兩人，五品六品官各薦簿、尉兩人，[6]功過賞罰，與舉者同之。"詔從之。其所舉人，仍於官告内標所舉姓名，或有不公，[7]連坐舉主。仍令三品已上各舉堪任兩使判官者。丙申，以天策上將軍、湖南節度使、開府儀同三司、檢校太師、守尚書令、楚王馬殷爲守太師、尚書令，[8]封楚國王。庚子，幸白司馬陂，祭突厥神，從北俗之禮也。[9]

[1]邢州：州名。治所在今河北邢臺市。

[2]己丑：《輯本舊史》原無，據《通鑑》卷二七五天成二年(927)六月己丑條補。

[3]宣徽北院使：官名。唐始置。宣徽北院的長官。初用宦官，五代以後改用士人。與宣徽南院使通掌内諸司及三班内侍之名籍，郊祀、朝會、宴享供帳之儀，檢視内外進奉名物。參見王永平《論唐代宣徽使》，《中國史研究》1995 年第 1 期；王孫盈政《再論唐代的宣徽使》，《中華文史論叢》2018 年第 3 期。　右武衛大將軍：

官名。唐置，掌宫禁宿衛。唐代置十六衛之一。正三品。　以宣徽北院使張延朗爲右武衛大將軍、判三司："宣徽"，《輯本舊史》之影庫本粘籤："原本脱'徽'字，今據文增入。"《通鑑》卷二七五天成二年六月己丑條明載以宣徽北院使張延朗判三司。

[4]大理少卿：官名。爲大理寺的副長官。協助大理卿負責本寺的具體事務。從四品上。　王鬱：人名。籍貫不詳。事見本書本卷、卷一四七。　伏乞今後決、前一日許各一覆奏：中華書局本有校勘記："'各'字原闕，據本書卷一四七《刑法志》、《五代會要》卷一〇、《册府》卷六一三、《文獻通考》卷一六六補。"見《會要》卷一〇刑法雜録條、《宋本册府》卷六一三《刑法部·定律令門五》、《通考》卷一六六《刑考五》。

[5]檢校右僕射：官名。右僕射爲隋唐宰相名號。檢校右僕射爲散官或加官，以示恩寵，無實際執掌。　檀州：州名。治所在今北京市密雲區。　"南面招討使"至"守檀州刺史"："荆南"，中華書局本有校勘記："'荆南'，原作'荆州南'，據本書卷六一《劉訓傳》、《册府》卷四三八、卷四五〇及本卷上文改。"見《輯本舊史》本卷二月壬寅條、卷六一《劉訓傳》、明本《册府》卷四三八《將帥部·無功門》劉訓條、《宋本册府》卷四五〇《將帥部·譴讓門》劉訓條。又見《通鑑》卷二七五天成二年二月壬寅條。

[6]五品六品官各薦簿、尉兩人：《輯本舊史》原無"六品"二字，有案語："《五代會要》作五品、六品官各許薦簿尉兩人，原本疑脱'六品'二字。"並補。《會要》卷四舉人自代條有"六品"二字，且文云"各許"，確可據補。

[7]或有不公：《輯本舊史》之案語："原本脱'公'字，今從《五代會要》增。"見《會要》卷四舉人自代條、《宋本册府》卷四七五《臺省部·奏議門六》李鏻條。

[8]天策上將軍：官名。唐武德四年（621）置，掌國之征討，總判府事。正一品。

[9]白司馬陂：地名。位於今河南洛陽市。

秋七月庚戌朔，以宋州節度使王晏球充北面行營副招討使。癸丑，以左金吾將軍烏昭遠爲左衛上將軍，充入蠻國信使。[1]中書奏：[2]“馬殷封楚國王，禮文不載國王之制，請約三公之儀，用竹册。”從之。壬戌，西川節度副大使、知節度事孟知祥加檢校太尉、兼侍中，[3]東川董璋加爵邑。以左効義指揮使元習爲資州刺史，右効義指揮使盧密爲雅州刺史。[4]癸亥，幸冷泉宫。[5]甲子，以檢校工部尚書謝洪爲宿州團練使。[6]夔州刺史西方鄴奏，殺敗荆南賊軍，收峽内三州。[7]丙寅，升夔州爲寧江軍，以鄴爲節度使。[8]戊辰，詔曰：“頃因本朝親王遥領方鎮，遂有副大使知節度事，[9]年代已深，相沿未改。其東川、西川今後落副大使，只云節度使。”庚午，遂州留後李敬周、鄜州留後劉仲殷並正授本州節度使。[10]壬申，兖州節度使房知温移鎮徐州，徐州節度使安元信移鎮襄州，[11]滄州節度使趙在禮移鎮兖州。以齊州防禦使安審通爲滄州節度使。是日，詔陵州、合州長流百姓豆盧革、韋説等，宜令逐處刺史監賜自盡，其骨肉並放逐便。[12]是日，逐段凝於遼州，劉訓於濮州，温韜於德州。[13]甲戌，太子少保任圜上表乞致仕，[14]仍於外地尋醫，詔從之。丁丑，以左金吾大將軍曹廷隱爲齊州防禦使。[15]

[1]左金吾將軍：官名。唐置，掌宫禁宿衛。唐代置十六衛之一。從三品。　烏昭遠：人名。五代後唐將領。事見本書本卷、卷

四六。　左衛上將軍：官名。唐置，掌宫禁宿衛。唐代置十六衛之一。從二品。

[2]中書：官署名。唐代以來爲宰相處理政務的機構。參見劉後濱《唐代中書門下體制研究——公文形態・政務運行與制度變遷》，齊魯書社 2004 年版。

[3]節度副大使：官名。方鎮中僅次於節度使之使職，如持節，則位同於節度使。

[4]左効義指揮使：官名。爲左効義禁軍統兵官。　元習：人名。籍貫不詳。本書僅此一見。　資州：州名。治所在今四川資中縣。　右効義指揮使：官名。爲右効義禁軍統兵官。　盧密：人名。籍貫不詳。本書僅此一見。　雅州：州名。治所在今四川雅安市。

[5]冷泉宫：地名。位於今河南洛陽市。

[6]檢校工部尚書：官名。爲散官或加官，以示恩寵，無實際執掌。　謝洪：人名。籍貫不詳。本書僅此一見。　宿州：州名。治所在今安徽宿州市。

[7]峽内三州：指夔州、忠州、萬州。　夔州刺史西方鄴奏，殺敗荆南賊軍，收峽内三州：《舊五代史考異》："《通鑑》：六月，西方鄴敗荆南水軍于峽中，復取夔、忠、萬三州。《薛史》繫七月甲子，蓋以奏聞之日爲據。《歐陽史》與《薛史》同。"見《新五代史》卷六《唐本紀六》天成二年七月甲子條，但誤夔州爲隨州，又見《通鑑》卷二七五天成二年六月丙申條。

[8]寧江軍：方鎮名。治所在夔州（今重慶市奉節縣）。

[9]副大使：《輯本舊史》之影庫本粘籤："原本作'正使'，今據《新唐書・百官志》改正。"見《舊唐書・地理志三》《新唐書・百官志四下》。

[10]鄜州：州名。治所在今陜西富縣。此處指保大軍。　劉仲殷：人名。籍貫不詳。五代官員。事見本書本卷、卷三五、卷三六、卷四一、卷四二、卷四四、卷四五、卷四六。

[11]徐州：州名。治所在今江蘇徐州市。　安元信：人名。代北（今山西代縣）人。五代後唐、後晋將領。本書卷六一有傳。

[12]陵州：州名。治所在今四川仁壽縣。　合州：州名。治所在今重慶市合川區。　豆盧革：人名。先世爲鮮卑慕容氏，後改豆盧氏。唐同州刺史豆盧籍之孫，舒州刺史豆盧瓚之子。後唐宰相。傳見本書卷六七、《新五代史》卷二八。　韋説：人名。京兆萬年（今陝西西安市長安區）人。唐福建觀察使韋岫之子。唐末進士，後梁大臣、後唐宰相。傳見本書卷六七。　"是日"至"宜令逐處刺史監賜自盡"：《舊五代史考異》："《五代春秋》作元年七月，殺豆盧革、韋説。考《歐陽史》，元年七月，貶豆盧革爲辰州刺史，韋説漵州刺史。甲申，流革于陵州，説于合州。二年七月，殺豆盧革、韋説。與《薛史》同。《五代春秋》統繫于元年，誤也。""與薛史同"，中華書局本有校勘記："'同'，原作'異'，據殿本《考證》改。"見《五代春秋》卷上明宗仁德皇帝條、《新五代史》卷六《唐本紀六》天成二年七月癸酉條。

[13]段凝：人名。開封（今河南開封市）人。其妹爲朱温美人，因其妹而爲朱温親信。後梁將領。傳見本書卷七三、《新五代史》卷四五。　遼州：州名。治所在今山西左權縣。　濮州：州名。治所在今山東鄄城縣。　温韜：人名。京兆華原（今陝西銅川市耀州區）人。唐末李茂貞部將，五代後梁、後唐將領。傳見本書卷七三、《新五代史》卷四〇。　德州：州名。治所在今山東德州市陵城區。

[14]太子少保任圜上表乞致仕：《新五代史》卷二八《唐臣傳第十六》："圜遽求罷職，乃罷爲太子少保。圜不自安，因請致仕，退居于磁州。"

[15]左金吾大將軍：官名。唐置，掌宫禁宿衛。唐代置十六衛之一。正三品。　曹廷隱：人名。魏州（今河北大名縣）人。五代後唐將領。傳見本書卷七一。

八月己卯朔，日有食之。辛巳，以右諫議大夫孔昭序爲給事中，以祕書少監崔憓爲右諫議大夫。[1]壬午，以右驍衛大將軍劉衡爲左領衛上將軍；以鄴都副留守趙敬怡爲右衛上將軍、判興唐府事。[2]乙酉，昆明大鬼主羅殿王、普露静王九部落，各差使隨牂牁、清州八郡刺史宋朝化等一百五十三人來朝，進方物，各賜官告、繒綵、銀器放還蕃。[3]丙戌，以御史中丞盧文紀爲工部尚書，以右諫議大夫梁文矩爲御史中丞。[4]鄧州留後陶玘貶嵐州司馬，以其爲内鄉縣令盛歸仁所訟，税外科率故也。[5]仍賜歸仁緋袍魚袋。[6]癸巳，幸皇子從榮第，宣禁中伎樂觀宴，從榮進馬及器幣，帝因以伎樂賜之。華州上言，渭河泛濫害稼。[7]丁酉，以吏部郎中、襲文宣公孔邈爲左諫議大夫。[8]史館修撰趙熙上言："應内中公事及詔書奏對，應不到中書者，請委内臣一人抄録，月終送史館。"[9]詔差樞密直學士録送。[10]丁酉，青州進芝草。新州奏，[11]契丹乞置互市。癸卯，汴州節度使朱守殷加兼侍中，鄆州節度使符習加檢校太尉。[12]甲辰，皇子從榮娶鄜州節度使劉仲殷女，是夕禮會，百僚表賀。

[1]孔昭序：人名。籍貫不詳。五代後唐官員。事見本書卷一二七。　給事中：官名。秦始置。隋唐以來，爲門下省屬官。掌讀署奏抄，駁正違失。正五品上。　祕書少監：官名。唐承隋制，置秘書省，設秘書少監二人協助秘書監工作。從四品上。　崔憓：人名。籍貫不詳。本書僅此一見。

[2]右驍衛大將軍：官名。唐置，掌宫禁宿衛。唐代置十六衛之一。正三品。　劉衡：人名。後唐將領。其餘不詳。　左領衛上

將軍：官名。唐置，掌宮禁宿衛。唐代置十六衛之一。從二品。副留守：官名。古代皇帝出巡或親征時指定親王或大臣留守京城，綜理國家軍事、行政、民事、財政，稱京城留守。在陪都或軍事重鎮也常設留守。時鄴都爲陪都，常設留守以守衛京師，以地方長官兼任。副留守即其副貳。　趙敬怡：人名。籍貫不詳。五代後唐大臣。事見本書卷四〇。　右衛上將軍：官名。唐置，掌宮禁宿衛。唐代置十六衛之一。從二品。　興唐府：府名。治所在今河北大名縣。

[3]昆明：地名、部族名。位於今雲南境内。傳見本書卷一三八、《新五代史》卷七四。　鬼主：唐宋時期，西南諸蠻首領的稱號。以其俗尚鬼，祭祀爲大事，故稱主祭者爲鬼主。因勢力大小不同，有鬼主、大鬼主、都鬼主之分。　羅殿王：或作“羅甸王”。貴州水西地區彝族酋邦首領被賜或自稱之封號。蜀漢建興三年（225）貴州水西彝族酋邦首領火濟（亦作“濟火”，妥阿哲）被諸葛亮封羅甸王，並於慕俄格（今貴州大方縣）建立政權。唐代又因其故地而封爲羅甸王，治今貴州貞豐縣羅王亭。本書僅此一見。普露静王：貴州水西地區彝族酋邦首領被賜或自稱之封號。本書僅此一見。　牂（zāng）牁（kē）：地名、部族名。位於今貴州境内。傳見本書卷一三八、《新五代史》卷七四。　宋朝化：人名。牂牁使者。事見《新五代史》卷七四。

[4]御史中丞：官名。如不置御史大夫，則爲御史臺長官。掌司法監察。正四品下。　盧文紀：人名。京兆萬年（今陝西西安市長安區）人。唐末進士，五代宰相。傳見本書卷一二七、《新五代史》卷五五。　工部尚書：官名。尚書省工部主官。掌百工、屯田、山澤之政令。正三品。　以右諫議大夫梁文矩爲御史中丞：《輯本舊史》原作“左”，中華書局本有校勘記：“‘左’，本書卷九二《梁文矩傳》及本卷上文作‘右’。”但未改。見《輯本舊史》卷九二《梁文矩傳》、《宋本册府》卷四二《帝王部·仁慈門》天成二年（927）四月條，今據改。

[5]陶玘：人名。籍貫不詳。五代後唐官員。傳見本書附録。　嵐州：州名。治所在今山西嵐縣。　司馬：官名。州軍佐官，名義上紀綱衆務，通判列曹，品高俸厚，實際上無具體職事，多用以安置貶謫官員，或用作遷轉官階。上州從五品下，中州正六品下，下州從六品上。　内鄉：縣名。治所在今河南内鄉縣。　縣令：官名。縣的行政長官，掌治本縣。唐代之縣，分赤（京）、次赤、畿、次畿、望、緊、上、中、中下、下十等。縣令分六等，正五品上至從七品下。　盛歸仁：人名。籍貫不詳。本書僅此一見。

[6]緋袍：輿服制度。皇帝頒賜緋色官服。唐代五品、四品官服緋。後世或沿用此制，品級不盡相同。　魚袋：唐制，三品以上官員佩帶金魚袋，金飾魚形，用以盛放標誌品級、身份的金魚符。

[7]渭河：水名。即今渭河。

[8]吏部郎中：官名。尚書省吏部頭司吏部司長官。掌文官階品、朝集、禄賜，給其告身、假使以及選補流外官等事。《新唐書》記正五品上。　孔邈：人名。孔子四十一代孫。五代官員。傳見本書卷六八。

[9]史館修撰：官名。唐天寶以後，他官兼領史職者，稱史館修撰。　趙熙：人名。京兆奉天（今陝西乾縣）人。後梁、後唐宰相趙光遠侄。於晋州爲契丹搜刮錢財嚴急，爲百姓所殺。傳見本書卷九三。　史館：官署名。官修史書之機構。北齊始置。唐初隸秘書省著作局。唐貞觀三年（629）移於禁中，隸門下省。修本朝史由史官負責，修前代史多由他官編纂，宰相監修，正式確立史館修史、宰相監修之制。開元二十五年（737），徙史館於中書省。天寶後，他官兼領史職者，謂之史館修撰，初入者爲直館。

[10]樞密直學士：官名。五代後唐莊宗同光元年（923），改直崇政院置，選有政術文學者充任。備顧問應對。

[11]新州：州名。治所在今河北涿鹿縣。

[12]汴州：州名。治所在今河南開封市。　朱守殷：人名。籍貫不詳。五代後唐將領。傳見本書卷七四、《新五代史》卷五一。

鄆州：州名。治所在今山東東平縣。　符習：人名。趙州（今河北趙縣）人。五代後唐將領。傳見本書卷五九、《新五代史》卷二六。

九月辛亥，義武軍節度使、檢校太尉、兼中書令王都加食邑實封。[1]幽州節度使趙德鈞加檢校太尉，[2]鎮州節度使王建立加同平章事。僞吴楊溥遣使以應聖節貢獻。己未，以前雲州節度使高行珪爲鄧州節度使。[3]是日，出御札曰："歷代帝王，以時巡狩，一則遵於禮制，一則按察方區。[4]矧彼夷門，控兹東夏，當先帝戡平之始，爲眇躬殿守之邦，俗尚貞純，兵懷忠勇。自元臣鎮静，庶事康和，兆民咸樂於有年，闔境彌堅於望幸，事難違衆，議在省方。朕取十月七日親幸汴州。"庚申，以衛尉卿李延光爲大理卿。[5]北京留守李彦超上言："先父存審，本姓符氏，蒙武皇賜姓，乞却還本姓。"[6]從之。乙丑，夏州節度使李仁福、鳳翔節度使李從曮、朔方節度使韓洙，[7]並加食邑，改賜功臣。以汝州防禦使趙延壽爲河陽節度使，以比部郎中、知制誥劉贊爲中書舍人，以河陽掌書記程遜爲比部員外郎、知制誥，以代州刺史李德琉爲蔚州刺史。[8]丙寅，樞密使孔循兼東都留守。[9]襄州夏魯奇上言，[10]荆南高季興遣使持書乞修貢奉，詔魯奇不納。詔諸州録事參軍，不得兼使府賓職。己巳，鄧州節度使史敬鎔加檢校太保，同州節度使盧質加檢校司徒。[11]御史臺奏："每遇入閤，舊例只一員侍御史在龍墀邊祇候，彈奏公事，或有南班失儀，點檢不及。今欲依常朝例，差殿中侍御史二員押鐘鼓樓

位，[12]仍各綴供奉班出入。”從之。以青州節度副使淳于晏爲亳州團練使。[13]契丹遣使梅老没骨已下朝貢。[14]戊寅，西川奏：據黎州狀，雲南使趙和於大渡河南起舍一間，留信物十五籠，并雜牋詩一卷，遞至闕下。[15]

[1]義武：方鎮名。唐建中三年（782）置，治所在定州（今河北定州市）。　檢校太尉：官名。爲散官或加官，以示恩寵，無實際執掌。太尉，與司徒、司空並爲三公。

[2]幽州：州名。治所在今北京市。　趙德鈞：人名。幽州（今北京市）人。初爲幽州節度使劉守光部將，再爲後唐將領，後投降遼國。傳見本書卷九八。

[3]高行珪：人名。幽州（今北京市）人。五代名將。傳見本書卷一二三、《新五代史》卷四八。

[4]一則按察方區：《輯本舊史》之影庫本粘籤：“‘按察’下原空一字，今據《册府元龜》增‘方’字。”見明本《册府》卷一一四《帝王部·巡幸門三》天成二年八月己未條。該月己卯朔，無己未，《册府》己未前漏“九月”兩字。

[5]衛尉卿：官名。北魏置，隋、唐、五代時爲衛尉寺長官。掌供宫廷、祭祀、朝會之儀仗帷幕。從三品。　李延光：人名。籍貫不詳。五代後梁、後唐官員。事見本書本卷。　大理卿：官名。大理寺長官。負責大理寺的具體事務，掌邦國折獄詳刑之事。從三品。

[6]留守：官名。古代皇帝出巡或親征時指定親王或大臣留守京城，綜理國家軍事、行政、民事、財政等事務，稱京城留守。在陪都或軍事重鎮也常設留守，以地方長官兼任。　李彦超：人名。即符彦超。陳州宛丘（今河南淮陽縣）人。五代後唐將領，符存審之子。傳見本書卷五六、《新五代史》卷二五。　存審：人名。即符存審。陳州宛丘（今河南淮陽縣）人。原姓符名存，李克用賜姓

李氏，名存審。五代後唐將領。傳見本書卷五六、《新五代史》卷二五。

[7]夏州：州名。治所在朔方縣（今陝西靖邊縣）。　李仁福：人名。党項拓跋部人。五代党項首領。傳見本書卷一三二、《新五代史》卷四〇。　鳳翔：方鎮名。治所在鳳翔府（今陝西鳳翔縣）。　李從曮：人名。深州博野（今河北蠡縣）人。李茂貞之子，後晋時封秦王。傳見本書卷一三二。《輯本舊史》之影庫本粘籤："李從曮作'逄曮'，據上文李曮賜名從曮，'逄'字當係'從'字之訛，今改正。"見上卷天成元年（926）九月辛巳條。　朔方：方鎮名。治所在靈州（今寧夏吴忠市）。　韓洙：人名。籍貫不詳。五代軍閥。傳見本書卷一三二。

[8]汝州：州名。治所在今河南汝州市。　趙延壽：人名。本姓劉，恒山（今河北正定縣）人。後唐明宗李嗣源女婿，後降契丹，引導契丹攻滅後晋。傳見本書卷九八、《遼史》卷七六。　比部郎中：官名。唐、五代刑部比部司長官，掌管勾會内外賦斂、經費俸禄等。從五品上。　劉贊：人名。魏州（今河北大名縣）人。五代後唐官員。傳見本書卷六八、《新五代史》卷二八。　掌書記：官名。唐五代方鎮僚屬，位在判官下。掌表奏書檄、文辭之事。　程遜：人名。壽春（今安徽壽縣）人。五代官員。傳見本書卷九六。　比部員外郎：官名。刑部屬官。佐理勾會内外賦斂、經費、俸禄、公廨、勳賜、贓贖、徒役課程、逋欠之物，及軍資、械器、和糴、屯收所入。從六品。　代州：州名。治所在今山西代縣。　李德珫：人名。應州金城（今山西應縣）人。五代將領。傳見本書卷九〇。　蔚州：州名。治所在今河北蔚縣。

[9]東都：地名。即洛陽。位於今河南洛陽市。

[10]襄州夏魯奇上言：《新五代史》卷三三《死事傳》："唐師伐荆南，以魯奇爲招討副使，無功而還。"

[11]史敬鎔：人名。太原（今山西太原市）人。五代後唐將領。傳見本書卷五五。　同州：州名。治所在今陝西大荔縣。　盧

質：人名。河南（今河南洛陽市）人。五代大臣。傳見本書卷九三、《新五代史》卷五六。

[12]殿中侍御史：官名。三國魏始置。唐前期屬御史臺之殿院，掌宫門、庫藏及糾察殿庭供奉朝會儀式，及分掌左、右巡，負責京師治安、京畿軍兵。唐後期常爲外官所帶憲銜。從七品下。

[13]淳于晏：人名。籍貫不詳。登明經第，久事霍彦威。彦威曾兵敗，他獨自仗劍隨從，因而受到信任。彦威節度數鎮，他被任爲從事，凡軍府之事、私家之務，都由他處理，職似家宰，被當時仿效，稱爲“效淳”。傳見本書卷七一。　亳州：州名。治所在今安徽亳州市。

[14]梅老没骨：人名。契丹使者。本書僅此一見。中華書局本有校勘記：“原作‘摩琳孟袞’。注云：‘舊作“梅老没骨”，今改正。’按此係輯録《舊五代史》時所改，今恢復原文。”又見明本《册府》卷九七二《外臣部·朝貢門五》天成二年九月條。

[15]黎州：州名。治所在今四川漢源縣。　雲南：泛指西川南邊和西邊的少數民族諸部。詳見劉復生《“雲南八國”辨析——兼談北宋與大理國的關係》，《四川大學學報》2002年第6期。中華書局本有校勘記：“原作‘雲州’，據劉本、邵本、彭本、《五代會要》卷三〇、《册府》卷九八〇改。”見《會要》卷三〇南詔蠻條、《宋本册府》卷九八〇《外臣部·通好門》天成二年條。　趙和：人名。雲南使者。本書僅此一見。　大渡河：水名。古名涐水、湔水、沫水、羊山江（陽山江）、銅河、中鎮水。位於今四川西部，爲岷江最大支流。

冬十月己卯朔，帝御文明殿視朝。[1]癸未，亳州刺史李鄴貶郴州司户，又貶崖州長流百姓，所在賜自盡。[2]判官樂文紀配祁州，[3]責其違法黷貨也。乙酉，駕發西京，[4]詔留宰相崔協以奉祠祭。丁亥，帝宿於滎

陽。[5]汴州朱守殷奏，都指揮使馬彦超等欲謀亂，[6]已處斬訖。戊子，次京水，[7]知朱守殷反，帝親統禁軍倍程前進。翌日，至汴州，攻其城，拔之，守殷伏誅。丙申，磁州刺史藥縱之上言，今月十二日，供奉官王仁鎬至，稱制殺太子少保致仕任圜。[8]契丹遣使持書求碑石，欲爲其父表其葬所。戊戌，詔曰："諸道州府，自同光三年已前所欠秋夏税租，并主持務局敗闕課利，并沿河舟船折欠，天成元年殘欠夏税，並特與除放。"時重誨既搆任圜之禍，恐人非之，思市恩於衆以掩己過，[9]乃奏曰："三司積欠約二百萬貫，虚繫帳額，請並蠲放。"帝重違其意，故有是詔。時議者以蠲隔年之賦，猶或惠民，場院課利一概除之，得不啟奸倖之門乎？己亥，詔曰："太子少保致仕任圜，早推勳舊，曾委重難，既退免於劇權，俾優閑於外地。而乃不遵禮分，潛附守殷，緘題罔避於嫌疑，情旨頗彰於怨望。自收汴壘，備見蹤由，[10]若務含弘，是孤典憲。尚全大體，止罪一身，已令本州私第自盡，其骨肉親情僕使等並皆放罪。"辛丑，詔曰："后來其蘇，動必從於人欲；天監厥德，静宜布於國恩。近者言幸浚郊，暫離洛邑，[11]蓋逢歲稔，共樂時康。不謂奸臣，遽彰逆狀，爲厲之階既甚，覆宗之禍自貽。以致近輔生靈，遘此多端紛擾，永言軫惻，無輟寐興。[12]宜覃雨露之恩，式表雲雷之澤，應汴州城内百姓，既經驚劫，宜放二年屋税；諸處有曾受逆人文字者，隨處焚毁。應天下見禁囚徒，除十惡五逆、殺人放火、劫盜、合造毒藥、官典犯贓、僞行印信、屠牛外，

罪無輕重，並從釋放。應有民年八十已上及家長有廢疾者，[13]免一丁差役”云。以山南西道節度使張筠爲西京留守，行京兆尹。[14]青州節度使霍彦威差人走馬進箭一對，賀誅朱守殷，帝却賜彦威箭一對。傳箭，蕃家之符信也，起軍令衆則使之，彦威本非蕃將，以臣傳箭於君，非禮也。癸卯，以權知汴州事、陝州節度使石敬瑭爲汴州節度使、兼六軍諸衛副使、侍衛親軍馬步都指揮使。[15]鳳翔奏，地震。丙午，威武軍節度副使、檢校太尉、守建州刺史王延禀可同平章事、守建州刺史，[16]充奉國軍節度使、兼威武軍節度副使。[17]詔割施州却屬黔南。[18]

[1]文明殿：宫殿名。五代後梁開平三年（909）以貞觀殿改名，故址在今河南洛陽市。

[2]李鄴：人名。魏州（今河北大名縣）人。五代後唐官員。傳見本書卷七三。　郴州：州名。治所在今湖南郴州市。　司户：官名。即司户參軍。州級政府僚佐。掌本州屬縣之户籍、賦税、倉庫受納等事。上州從七品下，中州正八品下，下州從八品下。　崖州：州名。治所在今海南海口市瓊山區。

[3]判官：官名。爲長官的佐吏，協理政事，或備差遣。　樂文紀：人名。籍貫不詳。本書僅此一見。　祁州：州名。治所在今河北無極縣。

[4]西京：地名。治所在今陝西西安市。

[5]滎陽：縣名。治所在今河南滎陽市。

[6]馬彦超：人名。籍貫不詳。五代後唐將領。事見《新五代史》卷五一。　都指揮使馬彦超等欲謀亂：中華書局本作“都指揮使馬彦超謀亂”，明本《册府》卷一一八《帝王部・親征門三》天

成二年（927）十月己丑條載："當日寧帖告諭天下曰：'……得朱守殷詐奏，稱本道都指揮使馬彦超等欲謀叛逆，輒使殺害。'"據補"等欲"字。

［7］京水：水名。汴水支流，位於今河南鄭州市西北。今已堙廢。

［8］磁州：州名。治所在今河北磁縣。　藥縱之：人名。太原（今山西太原市）人。五代後唐官員。傳見本書卷七一。《輯本舊史》之影庫本粘籤："原本作'縱正'，今據列傳改正。"見《輯本舊史》卷七一《藥縱之傳》，《宋本册府》卷一七二《帝王部·求舊門二》藥縱之條、卷六九九《牧守部·譴讓門》藥縱之條。　供奉官：官名。泛指侍奉皇帝左右的臣僚，亦爲東、西頭供奉官通稱。　王仁鎬：人名。邢州龍岡（今河北邢臺市）人。五代、宋初將領。傳見《宋史》卷二六一。　今月十二日，供奉官王仁鎬至，稱制殺太子少保致仕任圜：《舊五代史考異》："安重誨害任圜，《五代春秋》及《通鑑》俱不書日。《歐陽史》作乙未，殺太子少保致仕任圜。據《薛史》作十二日，是年十月爲己卯朔，十二日乃庚寅也，與《歐陽史》異日。"見《新五代史》卷六《唐本紀六》天成二年十月乙未條、《通鑑》卷二七六天成二年十月戊子條。

［9］思市恩於衆以掩己過：中華書局本有校勘記："'市'，原作'沛'，據《册府》卷三三九、卷四九二改。"見明本《册府》卷三三九《宰輔部·邪佞門》安重誨條、《宋本册府》卷四九二《邦計部·蠲復門四》。

［10］備見蹤由：中華書局本有校勘記："'蹤'，原作'綜'，據殿本、劉本、彭校、本書卷六七《任圜傳》改。"

［11］洛邑：地名。即洛陽。

［12］以致近輔生靈，遘此多端紛擾：中華書局本有校勘記："殿本、孔本、《册府》卷九二、卷四九二作'俾我生靈遘兹紛擾'。"見明本《册府》卷九二《帝王部·赦宥門一一》、《宋本册府》卷四九二。

［13］應有民年八十已上及家長有廢疾者：中華書局本有校勘記："'長'下原有'者'字，據彭校、《册府》卷五五、卷九二、卷四九二删。"見明本《册府》卷五五《帝王部·養老門》及卷九二、卷四九二。

［14］山南西道：方鎮名。治所在興元府（今陝西漢中市）。　張筠：人名。海州（今江蘇連雲港市海州區）人。五代後梁、後唐將領。傳見本書卷九〇、《新五代史》卷四七。《輯本舊史》之影庫本粘籤："原本作'張漢筠'，今考《張筠傳》，筠未嘗名漢筠，當係傳寫衍文，今删去。"見《輯本舊史》卷九〇《張筠傳》。　京兆尹：官名。唐開元元年（713）改雍州置京兆府，治所在今陝西西安市。以京兆尹總其政務。從三品。

［15］侍衛親軍馬步都指揮使：官名。五代時侍衛親軍長官，多爲皇帝親信。

［16］威武軍：方鎮名。治所在福州（今福建福州市）。　建州：州名。治所在今福建建甌市。　王延禀：人名。籍貫不詳。王審知養子。與王延鈞聯合叛殺王延翰。事見《新五代史》卷六八。中華書局本有校勘記："原作'王延亶'，據本書卷四〇《唐明宗紀六》、卷四一《唐明宗紀七》、卷四二《唐明宗紀八》、《通鑑》卷二七六改。"見《輯本舊史》卷四〇《唐明宗紀六》天成四年十一月甲戌條、卷四一《唐明宗紀七》長興元年（930）七月庚辰條、卷四二《唐明宗紀八》長興二年十一月庚子條、《通鑑》卷二七六天成四年十二月及其庚子條《考異》。

［17］奉國軍：方鎮名。治所在今浙江寧波市。　節度使：中華書局本有校勘記："'節度使'，原作'節度副使'，據本書卷四〇《唐明宗紀六》、卷四一《唐明宗紀七》、《通鑑》卷二七六改。"見《輯本舊史》卷四〇《唐明宗紀六》天成四年十一月甲戌條、卷四一《唐明宗紀七》長興元年七月庚辰條、《通鑑》卷二七六天成四年十二月庚子條。

［18］施州：州名。治所在今湖北恩施土家族苗族自治州。　黔

南：方鎮名。治所在黔州（今重慶彭水苗族土家族自治縣）。

十一月己酉，帝祭蕃神於郊外。庚戌，以皇城使、行袁州刺史李從敏爲陝州節度使。[1]乙卯，青州霍彦威、鄆州符習來朝。以太子詹事温輦爲吏部侍郎。[2]徐州房知温來朝。戊午，黔南節度使李紹義加檢校太保。[3]庚申，皇子河中節度使、檢校太保、同平章事從珂，鄴都留守、檢校太保、同平章事從榮，河南尹、判六軍諸衛事、檢校太保、同平章事從厚，[4]並加檢校太傅，進爵邑。貝州刺史竇廷琬上言：請制置慶州青白兩池，逐年出絹十萬匹，米萬石。[5]詔升慶州爲防禦所，[6]以廷琬爲使。壬申，詔霍彦威等歸藩。詔太宗朝左僕射李靖可册贈太保，鄭州僕射陂可改爲太保陂。[7]時議者以僕射陂者，後魏孝文帝賜僕射李沖，[8]故因以爲名，及是命之降以爲李靖，蓋誤也。契丹遣使梅老等來乞通和。[9]

[1]袁州：州名。治所在今江西宜春市袁州區。　李從敏：人名。後唐明宗之侄。傳見本書卷一二三、《新五代史》卷一五。

[2]太子詹事：官名。掌領太子之詹事府，爲太子官屬之長。正三品。　温輦：人名。籍貫不詳。事見本書本卷、卷三七。

[3]李紹義：人名。籍貫不詳。本書僅此一見。

[4]河南尹、判六軍諸衛事、檢校太保、同平章事從厚：《新五代史》卷七《唐本紀第七》："天成二年，（從厚）以檢校司徒拜河南尹、判六軍諸衛事，加檢校太保、同中書門下平章事。"

[5]竇廷琬：人名。籍貫不詳，世爲青州（今山東青州市）牙將。五代後梁、後唐將領。傳見本書卷七四。　慶州：州名。治所在今甘肅慶城縣。　青白兩池：即青白鹽池。在今寧夏鹽池縣北。

米萬石：中華書局本有校勘記："'萬石'，本書卷七四《竇廷琬傳》作'十萬石'，《册府》卷四九四作'五萬石'。"見《宋本册府》卷四九四《邦計部·山澤門二》。

[6]詔升慶州爲防禦所：中華書局本有校勘記："'所'，《册府》卷四九四作'使'。"

[7]太宗：即唐太宗李世民。唐代皇帝，626年至649年在位。李淵次子。隋末，隨父起兵於太原。唐武德元年（618），爲尚書令，封秦王。在唐統一全國的過程中戰功甚多。九年，發動"玄武門之變"，即皇帝位，次年改元貞觀。在位期間，繼續沿用均田制、租庸調法、府兵制和科舉制，以房玄齡、杜如晦、魏徵等爲相，社會安定，經濟復蘇，史稱"貞觀之治"。貞觀四年（630），平東突厥。九年，平吐谷渾。十四年，平高昌。十五年，以文成公主和親於吐蕃贊普松贊干布。唐太宗對少數民族採取較爲開明的政策，被尊稱爲"天可汗"。統治中期以後，生活日漸奢靡，征戰頻仍，加劇了國内矛盾。卒葬昭陵（位於今陝西禮泉縣東北），謚文皇帝。紀見《舊唐書》卷二至卷三、《新唐書》卷二。　左僕射：官名。秦始置。隋唐前期，以左、右僕射佐尚書令總理六官、綱紀庶務；如不置尚書令，則總判省事，爲宰相之職。唐後期多爲大臣加銜。從二品。　李靖：人名。京兆三原（今陝西三原縣東北）人。隋末唐初將領、軍事家，精熟兵法。唐高祖時，任行軍總管，率軍從李孝恭平蕭銑，攻取嶺南。後以副帥佐李孝恭，擊敗輔公祏起義軍。唐太宗時，與李世勣等出擊東突厥，擒頡利可汗，封代國公，遷尚書右僕射。後平吐谷渾，封衛國公，圖形凌煙閣。著有《李衛公兵法》，原書散佚，散見於《通典》。傳見《舊唐書》卷六七、《新唐書》卷九三。　太保：官名。與太師、太傅並爲三師。唐後期、五代時多爲大臣、勳貴加官。正一品。　鄭州：州名。治所在今河南鄭州市。　僕射陂：地名。位於今河南鄭州市東。

[8]孝文帝：北魏皇帝拓跋宏。鮮卑族。471年至499年在位。獻文帝拓跋弘之子。皇興五年（471），即帝位，改元延興。年幼時

由祖母馮太后臨朝當國。太和十四年（490），馮太后死，始親政。太和十七年，由平城（今山西大同東北）遷都洛陽。孝文帝在位期間，大力推行漢化：改變原有的風俗、衣飾、語言；改鮮卑姓爲漢姓，以拓跋氏爲元姓等；鼓勵與漢人通婚；參照漢、晋、南朝典章舊制，審訂新律令、官制及朝儀；重用漢人官員等。孝文帝在位期間，北魏進一步與中原文化相結合，促進了北方各族人民的融合。太和二十三年，孝文帝復親征南齊，病死於穀塘原行宫。謚號孝文帝，廟號高祖。紀見《魏書》卷七上、卷七下及《北史》卷三。李沖：人名。隴西狄道（今甘肅臨洮縣）人。北魏官員。傳見《魏書》卷五三。《輯本舊史》之影庫本粘籤："原本作'李种'，今據《魏書》改正。"見《魏書》卷五三《李沖傳》，又見《册府》卷五五三《詞臣部・謬誤門》。

[9]梅老：官名。遥輦時有官稱"梅録"，也作"梅落""梅老"，此即回鶻的"媚録""密録"，不同時期不同民族轉寫方式不同，職掌也有變化，或總兵爲指揮官，或爲"皇家總管"。參見李桂芝《遼金簡史》，福建人民出版社1996年版，第19—20頁。中華書局本有校勘記："原作'摩琳'，注云：'舊作"梅老"，今改正。'按此係輯録《舊五代史》時所改，今恢復原文。'等'下殿本有'率其屬'三字。按《册府》卷九八〇敘其事作'契丹使梅老等三十餘人見傳本土願和好之意'。"《宋本册府》卷九八〇《外臣部・通好門》作"契丹使梅老等三十餘人見傳本土愿和好之意"，《會要》卷二九契丹條作："至二年十一月，又遣使梅老等二十餘人朝貢，兼申和好之意。"

十二月戊寅朔，以前鳳翔留後高允貞爲右監門上將軍。[1]詔以施州爲夔州屬郡，以其便近故也。遣飛勝指揮安念德使於契丹，[2]賜契丹王錦綺、銀器等，兼賜其母繡被纓絡。己卯，蔚州刺史周令武得代歸闕，[3]帝問

北州事，令武奏曰："山北甚安，諸蕃不相侵擾。雁門已北，[4]東西數千里，斗粟不過十錢。"帝悦，顧謂左右曰："須行善事，以副天道。"居數日，帝延宰臣於元德殿，[5]言及民事，馮道奏曰："莊宗末年，不撫軍民，惑於聲樂，遂致人怨國亂。陛下自膺人望，歲時豐稔，亦淳化所致也。更願居安思危。"帝然之。許州地震。庚辰，皇子鄴都留守從榮移鎮太原。[6]以北京留守符彦超爲潞州節度使。[7]乙酉，以彰國軍節度使李從璋昧於政理，[8]詔歸闕。敕新及第進士有聞喜宴、關宴，[9]逐年賜錢四十萬。己丑，兖州節度使趙在禮來朝。詔出潛龍宅米以賑百官。壬辰，以太傅致仕齊國公趙光逢卒輟朝。丙申，許州節度使夏魯奇移鎮遂州。庚子，幸石敬瑭公署及康義誠私第。[10]甲辰，狩於東郊，臘也。[11]丙午，追尊四廟，以應州舊宅爲廟。《永樂大典》卷七千一百六十四。[12]

[1]高允貞：人名。籍貫不詳。五代後唐將領。事見本書本卷、卷三〇、卷四四、卷六九。　右監門上將軍：官名。唐置，掌宫禁宿衛。唐代置十六衛之一。從二品。

[2]飛勝指揮：官名。所部統兵將領。"飛勝"爲部隊番號。　安念德：人名。籍貫不詳。後唐官員。事見《册府》卷九七六。中華書局本有校勘記："'安念德使'四字原闕，據《册府》卷九七六補。按孔本校：'"飛勝指揮"下似脱人名。'《五代會要》卷二九、《新五代史》卷七二《四夷附録》亦記飛勝指揮使安念德使契丹事。"見《會要》卷二九契丹條、《宋本册府》卷九七六《外臣部·褒異門三》，《新五代史》卷七二《四夷附録一》載："德光立三年，改元曰天顯，遣使者以名馬聘唐"，"明宗厚禮之，遣飛勝指

揮使安念德報聘”。

[3]周令武：人名。籍貫不詳。本書僅此一見。

[4]雁門：關隘名。位於今山西代縣。

[5]元德殿：宮殿名。位於今河南洛陽市。

[6]太原：府名。治所在今山西太原市。

[7]潞州：州名。治所在今山西長治市。

[8]彰國軍：方鎮名。治所在應州（今山西應縣）。

[9]敕新及第進士有聞喜宴：中華書局本有校勘記：“句下《册府》（宋本）卷六四一有‘關宴’二字。”但未補，見《宋本册府》卷六四一《貢舉部·條制門三》，據補。

[10]康義誠：人名。沙陀部人。五代後唐將領。傳見本書卷六六、《新五代史》卷二七。

[11]臘也：中華書局本有校勘記：“‘臘’，原作‘獵’，據殿本、邵本、《册府》卷一一五改。”見明本《册府》卷一一五《帝王部·蒐狩門》。

[12]《永樂大典》卷七一六四“唐”字韻“明宗（一）”事目。

舊五代史　卷三九

唐書十五

明宗紀第五

天成三年春正月戊申朔，帝御崇元殿受朝賀，仗衛如式。[1]辛亥，前河陽節度使、檢校太傅、兼侍中孔勍以太子太師致仕。[2]癸丑，詔取今月十七日幸鄴都。[3]甲寅，以國子祭酒朱守素卒廢朝。[4]丙辰，以鎮南軍節度使袁建豐卒廢朝，詔贈太尉。[5]丁巳，詔曰："朕聞堯舜有恤刑之典，貴務好生；禹湯申罪己之言，庶明知過。[6]今月七日，[7]據巡檢軍使渾公兒口奏稱，[8]有百姓二人，以竹竿習戰鬭之事。朕初聞奏報，實所不容，率爾傳宣，令付石敬瑭處置。[9]今旦安重誨敷奏，[10]方知悉是幼童爲戲，載聆讜議，方覺失刑，循揣再三，愧惕非一。亦以渾公兒誑誣頗甚，石敬瑭詳覆稍乖，致人枉法而殂，處朕有過之地。今減常膳十日，以謝幽冤。其石敬瑭是朕懿親，合施極諫，既玆錯誤，宜示省循，可罰一月俸。渾公兒決脊杖二十，仍削在身職銜，[11]配流

登州。[12]小兒骨肉，賜絹五十匹、粟麥各百石，便令如法埋葬。兼此後在朝及諸道州府，凡有極刑，並須子細裁遣，不得因循。”百僚進表稱賀。己未，中書門下奏，國子祭酒望令宰相兼判。[13]乃詔崔協判之。[14]辛酉，以前潞州節度使毛璋爲右金吾上將軍，以左驍衛上將軍華温琪爲右金吾大將軍，以春州刺史張虔釗爲鄭州防禦使。[15]契丹陷平州。[16]癸亥，詔應廟諱文字，只避正文，其偏旁文字，不用虧缺點畫。[17]甲子，契丹遣使秃汭悲梅老等貢獻，[18]帝遣散指揮使奔托山押國信賜契丹王妻。[19]戊辰，以隨駕馬軍都指揮使、富州刺史康義誠兼領鎮南軍節度使，以隨駕步軍都指揮使、潮州刺史楊漢章遥領寧國軍節度使。[20]中書上言：“舊制遇二月十五日玄元皇帝降聖節，[21]休假三日。準會昌元年二月敕，[22]休假一日，請準近敕。”從之。吐蕃野利延孫等六人、迴鶻米里都督等四人，並授歸德、懷遠將軍，放還蕃。[23]庚午，册贈故瀛州刺史李嗣頵爲太尉。[24]壬申，册贈故皇子檢校司空從謜爲太保。[25]甲戌，制以楚國夫人曹氏爲淑妃，以韓國夫人王氏爲德妃，仍令所司擇日册命。[26]

[1]天成：後唐明宗李嗣源年號（926—930）。　崇元殿：宫殿名。位於今河南開封市。

[2]河陽：方鎮名。治所在孟州（今河南孟州市）。　節度使：官名。唐時在重要地區所設掌握一州或數州軍事、民事、財政的長官。　檢校太傅：官名。爲散官或加官，以示恩寵，無實際執掌。　侍中：官名。秦始置。隋、唐前期爲門下省長官。唐後期多爲大

臣加銜，不參與政務，實際職務由門下侍郎執行。正二品。　孔勍：人名。兗州（今山東濟寧市兗州區）人。唐末、五代將領。傳見本書卷六四。　太子太師：官名。與太子太傅、太子太保統稱太子三師。隋唐以後多作加官或贈官。從一品。　致仕：官員告老辭官。

[3]鄴都：地名。治所在今河北大名縣。五代後唐同光元年(923)，改魏州爲興唐府，建號東京。三年，改東京爲鄴都。

[4]國子祭酒：官名。國子監長官。從三品。　朱守素：人名。籍貫不詳。五代官員。事見本書本卷、卷一〇。

[5]鎮南軍：方鎮名。治所在洪州（今江西南昌市）。《輯本舊史》之影庫本粘籤："原本作'鎮方'，今據《歐陽史》改正。"《新五代史》卷二五《袁建豐傳》載："明宗即位，以舊恩召還京師，親幸其第，撫慰甚厚，加檢校太尉，遥領鎮南軍節度使。"鎮南軍治洪州，在吴轄境，故遥領，且五代無"鎮方軍"。　袁建豐：人名。籍貫不詳。唐末、五代後唐將領。傳見本書卷六一、《新五代史》卷二五。　太尉：官名。與司徒、司空並爲三公，唐後期、五代時多爲大臣、勳貴加官。正一品。

[6]堯：人名。又稱唐堯。相傳爲上古帝王。帝嚳之子，祁姓，名放勳，原封於唐，故稱陶唐氏。代摯登帝位，都平陽（今山西臨汾市西南）。設官分職，命羲仲、羲叔、和仲、和叔分居東、南、西、北四方，觀察天象，制定曆法，以授民時，名爲"四嶽"。堯晚年，"四嶽"薦舜，遂禪位於舜。紀見《史記》卷一《五帝本紀》。參見《中國歷史大辭典·先秦史》，上海辭書出版社 1996 年版。　舜：人名。相傳爲上古帝王。姚姓，名重華，號有虞氏，又稱虞舜。生於嬀汭（今山西永濟市），年二十以孝聞名。堯年老，以"四嶽"薦舉代堯攝政，巡行四方，除去鯀、共工、驩兜和三苗"四凶"。堯死後登帝位，都於蒲坂（今山西永濟市西）。以禹、後稷、契、皋陶、倕、益等分掌政事。年老，薦舉治水有功的禹爲嗣，後南巡狩，死於蒼梧之野（今湖南寧遠縣南），葬於九疑（今

寧遠縣東南)。紀見《史記》卷一《五帝本紀》。參見《中國歷史大辭典·先秦史》,上海辭書出版社 1996 年版。　禹:人名。又稱崇禹、戎禹、伯禹、大禹。一説名文命,號高密,姒姓,鯀之子。奉舜命繼鯀治理洪水,以疏導方法平水治土,發展農業,在外十三年,終於成功。因功大,繼舜位,爲夏朝第一代王。建都之地有陽城(今河南登封市告城鎮)、陽翟(今河南禹州市)、安邑(今山西夏縣北)、平陽(今山西臨汾市西南)諸説。曾"會諸侯於塗山(今地有安徽當塗縣、河南登封市三塗山、浙江紹興市西北三説),執玉帛者萬國"(《左傳·哀公七年》),又東巡狩,至會稽之山(今浙江中部紹興市一帶),大會諸侯,誅違命後至的防風氏(《國語·魯語下》),死後葬於會稽。紀見《史記》卷一。參見《中國歷史大辭典·先秦史》,上海辭書出版社 1996 年版。　湯:人名。又稱成湯、武湯、武王、太乙、天乙,殷墟甲骨文作唐、成、大乙,周原甲骨文作成唐。名履,主癸之子,商朝的第一位王。湯繼位後始居亳(今地有河南商丘、山東曹縣、河南偃師三説),任用伊尹、仲虺爲輔佐,自葛(今河南寧陵縣北)開始,接連攻滅韋(今河南滑縣東)、顧(今山東鄄城縣東北)、昆吾(今河南濮陽市,一説在新鄭市境内)等夏之屬國,進而滅夏,建立商朝。紀見《史記》卷三《殷本紀》。參見《中國歷史大辭典·先秦史》,上海辭書出版社 1996 年版。

[7]今月七日:中華書局本有校勘記:"'七日',原作'十七日',據《册府》卷一五一、卷一七五改。按是月戊申朔,丁巳下詔,爲初十,詔敘已發生之事,不應爲十七日。"見《宋本册府》卷一五一《帝王部·慎罰門》、卷一七五《帝王部·悔過門》天成三年(928)正月丁巳條。"詔",《册府》兩卷均作"内出御札"。

[8]巡檢軍使:官名。即京師巡檢軍使。掌巡邏京師。　渾公兒:人名。籍貫不詳。後唐將領。本書僅此一見。

[9]石敬瑭:人名。後晉高祖,五代後晉的建立者。紀見本書卷七五至卷八〇、《新五代史》卷八。

[10]安重誨：人名。應州（今山西應縣）人。五代後唐大臣。傳見本書卷六六、《新五代史》卷二四。　今旦安重誨敷奏：《輯本舊史》之影庫本粘籤："原本作'令旦'，今從《册府元龜》改正。"中華書局本有校勘記："'安'字原闕，據彭校、《册府》卷一五一、卷一七五、《容齋三筆》卷七引《舊五代史》補。"見《容齋三筆》卷七五代濫刑條引《舊五代史》。"令旦"在此處亦不成文。

[11]仍削在身職銜：中華書局本有校勘記："'削'，原作'銷'，據《册府》卷一五一、卷一七五改。"

[12]登州：州名。治所在今山東蓬萊市。

[13]中書門下：官署名。唐代以來爲宰相處理政務的機構。參見劉後濱《唐代中書門下體制研究——公文形態·政務運行與制度變遷》，齊魯書社2004年版。　己未，中書門下奏，國子祭酒望令宰相兼判：《舊五代史考異》："《五代會要》載原奏云：祭酒之資，歷朝所貴，爰從近代，不重此官。況屬聖朝，方勤庶政，須宏雅道，以振時風。望令宰臣一員，兼判國子祭酒。"見《會要》卷一六國子監條，明本《册府》卷三二九《宰輔部·兼領門》崔協條録中書門下奏，後載："奉敕，令崔協兼判。"《輯本舊史》卷五八《崔協傳》載："朝廷以國庠事重，命協兼判祭酒事。"

[14]崔協：人名。清河（今河北清河縣）人。唐末進士，五代後梁、後唐官員，仕至宰相。傳見本書卷五八。

[15]潞州：州名。治所在今山西長治市。　毛璋：人名。滄州（今河北滄縣舊州鎮）人。後唐將領。傳見本書卷七三、《新五代史》卷二六。　右金吾上將軍：官名。唐置，掌宮禁宿衛。唐代置十六衛，即左右衛、左右驍衛、左右武衛、左右威衛、左右領軍衛、左右金吾衛、左右監門衛、左右千牛衛，各置上將軍，從二品；大將軍，正三品；將軍，從三品。　左驍衛上將軍：官名。唐置，掌宮禁宿衛。唐代十六衛之一。從二品。　華温琪：人名。宋州下邑（今河南夏邑縣）人。後唐將領。傳見本書卷九〇、《新五

代史》卷四七。　右金吾大將軍：官名。唐置，掌宫禁宿衛。唐代十六衛之一。正三品。　春州：州名。治所在今廣東陽春市。　刺史：官名。漢武帝時始置。州一級行政長官，總掌考覈官吏、勸課農桑、地方教化等事。唐中期以後，節度使、觀察使轄州而設，刺史爲其屬官，職任漸輕。從三品至正四品下。　張虔釗：人名。遼州（今山西左權縣）人。後唐、後蜀將領。傳見本書卷七四。　鄭州：州名。治所在今河南鄭州市。　防禦使：官名。唐代始置，設有都防禦使、州防禦使兩種。常由刺史或觀察使兼任，實際上爲唐代後期州或方鎮的軍政長官。

［16］契丹：古部族、政權名。公元4世紀中葉宇文部爲前燕攻破，始分離而成單獨的部落，自號契丹。唐貞觀中，置松漠都督府，以其首領爲都督。唐末强盛，916年迭剌部耶律阿保機建立契丹國（遼）。先後與五代、北宋並立，保大五年（1125）爲金所滅。參見張正明《契丹史略》，中華書局1979年版。　平州：州名。治所在今河北盧龍縣。　契丹陷平州：《舊五代史考異》："契丹陷平州，《歐陽史》作丁巳，《通鑑》不書日。考平州自梁開平中劉守光以賂契丹，天成元年盧文進舉其地以歸於唐，至三年復爲遼人所取，自是平州遂屬於遼。宋人論石晋賂遼故地，兼及平州，蓋未詳考，今附識于此。"見《新五代史》卷六《唐本紀六》天成三年正月丁巳條、《通鑑》卷二七六天成三年正月條。

［17］"癸亥"至"不用虧缺點畫"：《輯本舊史》原無"癸亥"，中華書局本有校勘記："以上二字原闕，據殿本補。按《册府》卷三繫其事於正月十六日，是月戊申朔，癸亥爲十六日。"見明本《册府》卷三《帝王部·名諱門》清泰二年五月中書門下奏文。

［18］禿汭悲：人名。契丹使者。本書僅此一見。　梅老：梅里，官名。遥輦時有官稱"梅録"，也作"梅落""梅老"，此即回鶻的"媚録""密録"，不同時期不同民族轉寫方式不同，職掌也有變化，或總兵爲指揮官，或爲"皇家總管"。參見李桂芝《遼金

簡史》，福建人民出版社 1996 年版，第 19—20 頁。　甲子，契丹遣使禿汭悲梅老等貢獻："甲子"，《輯本舊史》原無，據《宋本册府》卷九七六《外臣部・褒異門》補。《册府》無"遣"字，更確。"禿汭悲梅老"，中華書局本有校勘記："原作'特蘇巴摩琳'。注云：'舊作"禿汭悲梅老"，今改正。'按此係輯録《舊五代史》時所改，今恢復原文。"又見《宋本册府》卷九七六《外臣部・褒異門三》天成三年正月甲子條，甲子爲十七日。

［19］指揮使：官名。唐末、五代軍隊、州軍多置都指揮使、指揮使，爲統兵將領。　奔托山：人名。籍貫不詳。本書僅此一見。　帝遣散指揮使奔托山押國信賜契丹王妻："奔托山"，《輯本舊史》之影庫本粘籤："原本作'賁托山'，考《通鑑》作'奔'，胡三省云：奔，姓也。今改正。"　"散指揮使"，中華書局本有校勘記："'散指揮使'，原作'指揮使'，據《册府》卷九七六改。"見《册府》卷九七六天成三年正月甲子條、《通鑑》卷二七九清泰元年四月庚午條胡注引史炤言。

［20］隨駕馬軍都指揮使：官名。後唐隨駕馬軍統兵將領。　富州：州名。治所在今廣西昭平縣。　康義誠：人名。沙陀部人。五代後唐將領。傳見本書卷六六、《新五代史》卷二七。　隨駕步軍都指揮使：官名。後唐隨駕步兵統兵將領。　潮州：州名。治所在今廣東潮州市。　楊漢章：人名。籍貫不詳。五代將領。事見《通鑑》卷二八〇。　遥領：官職術語。雖居此官職，然實際上並不赴任。　寧國軍：方鎮名。治所在宣州（今安徽宣城市）。唐景福元年（892）升宣歙觀察使爲寧國軍節度使，天復三年（903）廢。五代吴復置。

［21］玄元皇帝：即老子。春秋時楚國苦縣（今河南鹿邑縣東）人。傳説爲李氏，名耳，字聃，或稱老聃。曾任周王朝的守藏史，孔子曾向其問禮。後見周室衰弱，出函谷關（一説散關），關令尹喜留其著書，乃著《道德經》上下篇而去。傳見《史記》卷六三《老子韓非列傳》。參見《中國歷史大辭典・先秦史》，上海辭書出

版社 1996 年版。

［22］會昌：唐武宗李炎年號（841—846）。

［23］吐蕃：部族名、政權名。隋初，勢力漸盛。唐貞觀三年（629）松贊干布即贊普位，先後統一蘇毗、羊同、白蘭、黨項諸部，建立吐蕃王朝。會昌二年（842），吐蕃贊普達磨遇刺死，王室内部紛争，統一王朝從此瓦解。共歷九世贊普，二百餘年。參見才讓《吐蕃史稿》，人民出版社 2010 年版。　野利延孫：人名。西北吐蕃部落首領。似爲原六州党項野利諸姓部後裔。　迴鶻：部族名、政權名。即回鶻。又作“回紇”。原係突厥鐵勒部的一支。唐天寶三載（744）建立回鶻汗國，8 世紀末 9 世紀初，回鶻與吐蕃争奪北庭和安西並最終取勝，統治西域。9 世紀中葉，回鶻汗國瓦解。參見楊蕤《回鶻時代：10—13 世紀陸上絲綢之路貿易研究》，中國社會科學出版社 2015 年版。　米里：本書僅此一見。按照文義可做兩種解釋，一是人名，一是部族名。　都督：官名。一種是唐前期在邊疆地區和戰略要地設置的都督府，管理地方軍政。掌管數州兵馬、甲械、城隍、鎮戍、糧廩，總判府事，一般兼任所在州刺史，兼理民政。到唐玄宗以後，都督逐漸爲節度使所取代。大都督爲從二品，中都督爲正三品，下都督爲從三品。另一種爲羈縻府州，設置於内附民族地。《新唐書・地理志下》：“即其部落列置州縣。其大者爲都督府，以其首領爲都督、刺史，皆得世襲。雖貢賦版籍，多不上户部，然聲教所暨，皆邊州都督、都護所領。”此處爲羈縻府州。　歸德：官名。即歸德將軍。唐高宗顯慶三年（658）置，授歸唐少數民族政權首領，分隸諸衛。從三品。　懷遠將軍：官名。初見於五代。授予少數民族政權首領。

［24］瀛州：州名。治所在今河北河間市。　李嗣頵：人名。籍貫不詳。後唐將領。事見本書本卷、卷七六。

［25］檢校司空：官名。爲散官或加官，以示恩寵，無實際執掌。按，檢校某某官，唐中後期逐漸確立，五代沿用。多作爲使府或方鎮僚佐秩階、升遷的階官，非正式官銜。參見賴瑞和《論唐代

的檢校官制》,《漢學研究》2006 年第 24 卷第 1 期。　從諲:人名。即李從諲。後唐明宗之弟。本書僅此一見。　太保:官名。與太師、太傅並爲三師。唐後期、五代時多爲大臣、勳貴加官。正一品。

[26]楚國夫人曹氏:人名。籍貫不詳。後唐明宗妃嬪。傳見本書卷四九、《新五代史》卷一五。　韓國夫人王氏:人名。籍貫不詳。後唐明宗妃嬪。傳見本書卷四九、《新五代史》卷一五。

二月丁丑朔,有司上言,太陽合虧,既而有雲不見,群官表賀。詔巡幸鄴都事宜停。[1]庚辰,僞吴楊溥遣使貢獻,賀誅朱守殷。[2]帝以荆南拒命,通連淮夷,不納其使,遣還。[3]壬午,以光禄卿韋寂卒廢朝,贈禮部尚書。[4]癸未,工部尚書盧文紀貶石州司馬,員外安置。[5]文紀私諱"業",[6]時新除于鄴爲工部郎中,[7]舊例,僚屬名與長官諱同,或改其任。文紀素與宰相崔協有隙,故中書未議改官。[8]于鄴授官之後,文紀自請連假。鄴尋就位,及差延州官告使副,[9]未行,文紀參告,且言候鄴廻日終請换曹,鄴其夕自經而死,故文紀貶官。以倉部郎中何澤爲吏部郎中,[10]獎伏閤諫巡幸鄴都也。丁亥,天德軍節度使郭承豐加檢校司徒。[11]辛卯,以山南西道節度使張筠爲左驍衛上將軍。[12]詔中外群臣父母亡没者,並與追封贈。癸巳,以禮部尚書崔貽孫卒輟朝。[13]甲午,以吐渾寧朔、奉化兩府都知兵馬使李紹魯爲吐渾寧朔府都督。[14]乙未,以樞密使兼東都留守孔循爲許州節度使兼東都留守,鄧州節度使高行珪移鎮安州,應州節度使李從璋移鎮滑州,滑州節度使盧文進移

鎮鄧州。[15]丁酉，以責授檀州刺史劉訓爲右龍武大將軍。[16]己亥，迴鶻可汗仁喻遣都督李阿山等貢獻。[17]壬寅，以左金吾大將軍羅周敬爲同州節度使。[18]甲辰，以威塞軍節度使張廷裕卒廢朝，詔贈太保。[19]以耀州團練使孫岳爲閬州團練使，以左監門上將軍高允貞爲右金吾衛大將軍，以右金吾衛大將軍華温琪爲左金吾衛大將軍。[20]

[1]“二月丁丑朔”至“宜停”：日食不見，百官稱賀，亦見《輯本舊史》卷一三九《天文志》。“詔巡幸鄴都事宜停”，中華書局本有校勘記：“‘鄴都’，原作‘汴京’，據殿本、孔本、邵本校、《册府》卷一一四、《通鑑》卷二七六改。”見明本《册府》卷一一四《帝王部·巡幸門三》天成三年（928）二月丁酉條、《通鑑》卷二七六天成三年二月丁丑條。

[2]吴：政權名。五代時十國之一，楊行密所建。唐景福元年（892），楊行密任淮南節度使，据揚州。天復二年（902）被唐朝封爲吴王，建都廣陵（即揚州），稱江都府。吴國統治地區有今江蘇、安徽、江西、湖北等地。吴國在楊行密統治時期，政權相對穩定，獎勵農桑，江淮一帶社會經濟有所恢復。唐天祐二年（905），楊行密死，其子楊渥繼位，大權旁落於權臣張顥、徐温、徐知誥等人。吴天祚三年（937）爲南唐所取代。凡四主，共三十六年。楊行密傳見本書卷一三四、《新唐書》卷一八八、《新五代史》卷六一。　楊溥：人名。五代十國吴睿帝，後禪位於徐知誥。傳見本書卷一三四、《新五代史》卷六一。　朱守殷：人名。籍貫不詳。五代後唐將領。傳見本書卷七四、《新五代史》卷五一。

[3]荆南：又稱南平。五代十國之一。後梁開平元年（907）朱温命高季興爲荆南節度使，梁末帝時封季興爲渤海王。同光二年（924）受後唐封爲南平王。　淮夷：五代十國之吴國。

［4］光禄卿：官名。南朝梁天監七年（508）改光禄勳置，隋唐沿置。掌宫殿門户、帳幕器物、百官朝會膳食等。從三品。　韋寂：人名。籍貫不詳。本書僅此一見。　禮部尚書：官名。尚書省禮部主官。掌禮儀、祭享、貢舉之政。正三品。

［5］工部尚書：官名。尚書省工部主官。掌百工、屯田、山澤之政令。正三品。　盧文紀：人名。京兆萬年（今陝西西安市長安區）人。唐末進士，五代宰相。傳見本書卷一二七、《新五代史》卷五五。　石州：州名。治所在今山西吕梁市離石區。　司馬：官名。州軍佐官，名義上紀綱衆務，通判列曹，品高俸厚，實際上無具體職事，多用以安置貶謫官員，或用作遷轉官階。上州從五品下，中州正六品下，下州從六品上。　員外：古代官員名額有定數，是爲"正員額"。在正員額以外所任官員，稱爲"員外置"。

［6］文紀私諱"業"：《輯本舊史》之影庫本粘籤："原本作'諱葉'，今從《册府元龜》改正。"《宋本册府》卷八二五《總録部·名字門二》郭彦夔條衹載"于鄴奏名是盧文紀私諱"，未云諱業。

［7］于鄴：人名。籍貫不詳。五代後唐官員。本書僅此一見。　工部郎中：官名。尚書省屬官，位在侍郎之下、員外郎之上。六部的郎中主持各司事務。從五品上。

［8］中書：官署名。"中書門下"的簡稱。唐代以來爲宰相處理政務的機構。參見劉後濱《唐代中書門下體制研究——公文形態·政務運行與制度變遷》，齊魯書社2004年版。

［9］延州：州名。治所在今陝西延安市。　官告使副：官名。唐朝所置專送封官告身之使者。

［10］倉部郎中：官名。尚書省户部倉部司長官。掌天下庫儲，出納租税、禄糧、倉廪之事。以木契百，合諸司出給之數，以義倉、常平倉備凶年，平穀價。從五品上。　何澤：人名。廣州（今廣東廣州市）人。五代後唐、後晋官員。傳見本書附録、《新五代史》卷五六。　吏部郎中：官名。尚書省吏部頭司吏部司長官。掌

文官階品、朝集、禄賜，給其告身、假使以及選補流外官等事。《新唐書》記正五品上。　以倉部郎中何澤爲吏部郎中：中華書局本有校勘記：“《通鑑》卷二七三胡注引《薛史》：‘何澤，廣州人，梁貞明中清海節度使劉陟薦其才，以進士擢第。’按此則係《舊五代史·何澤傳》佚文，清人未輯《何澤傳》，姑附於此。”見《通鑑》卷二七三同光二年（924）九月癸卯條胡注。何澤增傳，見本書卷九二。

［11］天德軍：方鎮名。治天德軍城（今内蒙古烏拉特前旗烏梁素海土城子）。　郭承豐：人名。籍貫不詳。中華書局本有校勘記：“劉本作郭彦豐。”郭承豐在《輯本舊史》中僅此一見，未見其任天德軍節度使（治豐州）之記載。　檢校司徒：官名。爲散官或加官，以示恩寵，無實際執掌。

［12］山南西道：方鎮名。治所在興元府（今陝西漢中市）。　張筠：人名。海州（今江蘇連雲港市海州區）人。五代後唐將領。傳見本書卷九〇、《新五代史》卷四七。　以山南西道節度使張筠爲左驍衛上將軍：《舊五代史考異》：“《通鑑》作左衛上將軍，《歐陽史》從《薛史》作左驍衛。”見《新五代史》卷四七《張筠傳》、《通鑑》卷二七六天成三年二月庚辰條。

［13］崔貽孫：人名。籍貫不詳。後唐官員。傳見本書卷六九。

［14］吐渾：部族名。吐谷渾的省稱。源出鮮卑，後游牧於今甘肅、青海一帶。參見周偉洲《吐谷渾資料輯録》（增訂本），商務印書館2017年版。　寧朔：羈縻府名。治所在今河北蔚縣。　奉化：羈縻府名。治所在今河北蔚縣。　都知兵馬使：官名。原爲唐、五代方鎮自置之部隊統率官，稱兵馬使，其權尤重者稱兵馬大使或都知兵馬使。掌兵馬訓練、指揮。此處指寧朔、奉化都督府的統兵官。　李紹魯：人名。原名白承福。吐谷渾首領。後唐莊宗以吐谷渾部落置寧朔、奉化兩府，以承福爲都督。賜姓名爲李紹魯，訛作“李紹虜”。事見《新五代史》卷七四。

［15］樞密使：官名。樞密院長官，五代時以士人爲之。備顧

問，參謀議，出納詔奏，權侔宰相。參見李全德《唐宋變革期樞密院研究》，國家圖書館出版社 2009 年版。　東都留守：官名。古代皇帝出巡或親征時指定親王或大臣留守京城，綜理國家軍事、行政、民事、財政等事務，稱京城留守。在陪都或軍事重鎮也常設留守，以地方長官兼任。　孔循：人名。籍貫不詳。五代後唐大臣。傳見《新五代史》卷四三。　許州：州名。治所在今河南許昌市。　鄧州：州名。治所在今河南鄧州市。《輯本舊史》之影庫本粘籤："原本作'鄧州'，今據《歐陽史·盧文進傳》改正。"《新五代史》卷四八《盧文進傳》云"徙鎮威勝"，據《輯本舊史》卷三〇《唐莊宗紀四》同光元年十二月戊寅條，鄧州爲威勝軍治。　高行珪：人名。幽州（今北京市）人。五代名將。傳見本書卷一二三、《新五代史》卷四八。　安州：州名。治所在今湖北安陸市。　應州：州名。治所在今山西應縣。　李從璋：人名。後唐明宗從子。五代後唐、後晉將領。傳見本書卷八八、《新五代史》卷一五。　滑州：州名。治所在今河南滑縣。　盧文進：人名。范陽（今河北涿州市）人。後唐將領，先後投降契丹、南唐。傳見本書卷九七、《新五代史》卷四八。

[16]檀州：州名。治所在今北京市密雲區。　劉訓：人名。隰州永和（今山西永和縣）人。五代將領。傳見本書卷六一。　右龍武大將軍：官名。唐置六軍，分左、右羽林，左、右龍武，左、右神武，即"北衙六軍"。正三品。

[17]己亥：《舊五代史考異》："《歐陽史》作戊戌。"見《新五代史》卷六《唐本紀六》天成三年（928）二月戊戌條。己亥二三、戊戌二二，相差一日。　仁喻：人名。又作"仁裕"。五代甘州回鶻可汗。本名阿咄欲，仁美之弟。後唐同光二年，兄仁美卒後，權知國事，稱權知可汗。天成三年被後唐明宗册封爲順化可汗。後晉天福四年（939），被後晉高祖册封爲奉化可汗。　都督：回鶻部落首領和軍官的稱號。鄂爾渾突厥文碑銘寫作 Tutuq 或 Totoq，爲漢語詞彙"都督"的借詞。　李阿山：人名。回鶻使者。

事見本書卷一三八、《新五代史》卷七四。

[18]左金吾大將軍：官名。唐置，掌宫禁宿衛。唐代十六衛之一。正三品。　羅周敬：人名。魏州貴鄉（今河北大名縣）人。五代將領。傳見本書卷九一。　同州：州名。治所在今陝西大荔縣。

[19]威塞軍：方鎮名。治所在今河北涿鹿縣。　張廷裕：人名。代北（今山西代縣）人。後唐將領。傳見本書卷六五。

[20]耀州：州名。治所在今陝西銅川市耀州區。　團練使：官名。唐代中期以後，於不設節度使的地區設團練使，掌本區各州軍政。　孫岳：人名。稷州（今陝西武功縣）人，一本作冀州（今河北衡水市冀州區）人。五代後唐大臣。傳見本書卷六九。　閬州：州名。治所在今四川閬中市。　左監門上將軍：官名。唐置，掌宫禁宿衛。唐代十六衛之一。從二品。　高允貞：人名。籍貫不詳。後唐將領。事見本書本卷、卷三〇、卷三八、卷四四、卷四六。　右金吾衛大將軍：官名。唐置，掌宫禁宿衛。唐代十六衛之一。正三品。　左金吾衛大將軍：官名。唐置，掌宫禁宿衛。唐代十六衛之一。正三品。

三月丁未朔，以久雨，詔文武百辟極言時政得失。丁巳，以邢州節度使王景戡爲華州節度使，以前北京副留守李從温爲邢州節度使。[1]己未，以宰臣鄭珏爲開府儀同三司、左僕射致仕，加食邑五百户。[2]庚申，以前復州刺史翟璋爲新州威塞軍留後。[3]中書奏："孟夏薦饗，合宰相行事，在朝只有宰相二員，今東都留守孔循帶平章事，[4]宜令攝太尉行事。"孔循稱："使相有戎機，不當司祠祭重事。"[5]癸亥，以前鎮州節度使王建立爲右僕射兼中書侍郎、平章事、集賢殿大學士、判三司。[6]西方鄴上言，收復歸州。[7]以前鄭州刺史楊漢賓爲洋州

武定軍留後。[8]戊辰，以前彰國軍節度副使陳皐爲鳳州武興軍留後，以前蔡州刺史孫漢韶爲應州彰國軍留後，以宣徽南院使范延光爲樞密使，以宣徽北院使、判三司張延朗爲宣徽南院使，以前冀州刺史婁繼英爲耀州團練使，以懷州刺史張廷蘊爲金州防禦使。[9]己巳，命范延光權知鎮州軍府事。[10]西方鄴奏，於歸州殺敗荆南賊軍。[11]太白山道士解元龜自西川至，[12]對於便殿，稱年一百一歲。既而上表乞西都留守兼西川制置使，[13]要修西京宫闕。帝謂侍臣曰："此人老耄，自遠來朝，方期别有異見，反爲身名，甚可笑也。"賜號知白先生，賜紫，放歸山。甲戌，册迴鶻可汗仁喻爲順化可汗。

[1]邢州：州名。治所在今河北邢臺市。《輯本舊史》之影庫本粘籤："原本作'汧州'，今從《册府元龜》改正。"檢《册府》相關卷未見"邢州節度使王景戡"，但《輯本舊史》卷三七《明宗紀三》天成元年（926）十一月戊午條載"以滄州留後王景戡爲邢州節度使"。且五代亦無汧州，蓋形近之誤。　王景戡：人名。籍貫不詳。後唐將領。事見本書本卷、卷三四、卷三七、卷四〇、卷四二、卷四六、卷四七、卷四八。　華州：州名。治所在今陝西渭南市華州區。　北京：地名。即太原府。治所在今山西太原市。　副留守：官名。古代皇帝出巡或親征時指定親王或大臣留守京城，綜理國家軍事、行政、民事、財政，稱京城留守。在陪都或軍事重鎮也常設留守。時鄴都爲陪都，常設留守以守衛京師，以地方長官兼任。副留守即其副貳。　李從温：人名。後唐明宗之侄。傳見本書卷八八、《新五代史》卷一五。

[2]鄭珏：人名。滎陽（今河南滎陽市）人。唐末進士，五代後梁、後唐宰相。傳見本書卷五八、《新五代史》卷五四。　開府

儀同三司：官名。曹魏始置，隋、唐時爲散官之最高官階，多授功勳重臣。從一品。　左僕射：官名。秦始置。隋、唐前期以左、右僕射佐尚書令總理六官，綱紀庶務；如不置尚書令，則總判省事，爲宰相之職。唐後期多爲大臣加銜。從二品。

[3]庚申：中華書局本作“庚辰”，校勘記：“按是月丁未朔，無庚辰，本卷繫其事於己未、癸亥間，疑爲庚申。”但未改。己未爲十三，癸亥爲十七，庚申爲十四，今據改。　復州：州名。治所在今湖北天門市。　翟璋：人名。籍貫不詳。後唐、契丹將領。傳見本書卷九五。中華書局本有校勘記：“原作‘翟章’，據本書卷四〇《唐明宗紀六》改。按本書卷九五有《翟璋傳》。”《輯本舊史》卷四〇《唐明宗紀六》天成四年五月丁亥條載，“以新州威塞軍留後翟璋爲威塞軍節度使”。　新州：州名。治所在今河北涿鹿縣。　留後：官名。唐、五代節度使多以子弟或親信爲留後，以代行節度使職務，亦有軍士、叛將自立爲留後者。掌一州或數州軍政。

[4]平章事：官名。即“同中書門下平章事”。唐代高宗以後，凡實際任宰相之職者，常在其本官後加同平章事的職銜，後成爲宰相專稱。後晋天福五年（940），升中書門下平章事爲正二品。

[5]不當司祠祭重事：中華書局本有校勘記：“‘當’字原闕，據殿本、孔本補。《册府》卷三三六敘其事作‘不合當祠祭重事’。”見明本《册府》卷三三六《宰輔部·强很門》孔循條。

[6]鎮州：州名。治所在今河北正定縣。　王建立：人名。遼州榆社（今山西榆社縣）人。五代後唐、後晋大臣。傳見本書卷九一、《新五代史》卷四六。　右僕射：官名。秦始置。隋、唐前期以左、右僕射佐尚書令總理六官，綱紀庶務；如不置尚書令，則總判省事，爲宰相之職。唐後期多爲大臣加銜。從二品。　中書侍郎：官名。中書省副長官。唐後期三省長官漸爲榮銜，中書侍郎、門下侍郎却因參議朝政而職位漸重，常常用爲以“同三品”或“同平章事”任宰相者的本官。正三品。　集賢殿大學士：官名。

唐中葉置，位在學士之上，以宰相兼。掌修書之事。　三司：官署名。五代後唐明宗天成元年（926）合鹽鐵、度支、户部爲一職，始稱三司，爲中央最高之財政管理機構。

[7]西方鄴：人名。定州滿城（今河北保定市滿城區）人。五代後唐將領。傳見本書卷六一、《新五代史》卷二五。　歸州：州名。治所在今湖北秭歸縣。

[8]楊漢賓：人名。籍貫不詳。五代後唐、後晋將領。事見《通鑑》卷二七七、卷二八〇。　洋州：州名。治所在今陝西洋縣。　武定軍：方鎮名。治所在洋州（今陝西洋縣）。

[9]彰國軍：方鎮名。治所在應州（今山西應縣）。　節度副使：官名。唐、五代方鎮屬官，位於行軍司馬之下、判官之上。　陳皋：人名。籍貫不詳。後唐將領。事見本書本卷、卷四〇、卷四一、卷四二、卷四六。　鳳州：州名。治所在今陝西鳳縣。　武興軍：方鎮名。治所在今陝西鳳縣。　蔡州：州名。治所在今河南汝南縣。　孫漢韶：人名。太原（今山西太原市）人。後唐、後蜀將領。傳見孫漢韶墓誌（拓片刊《成都出土歷代墓銘券文圖録綜釋》，文物出版社 2012 年版）。　宣徽南院使：官名。唐始置。宣徽南院的長官。初用宦官，五代以後改用士人。與宣徽北院使通掌内諸司及三班内侍之名籍，郊祀、朝會、宴享供帳之儀，檢視内外進奉名物。參見王永平《論唐代宣徽使》，《中國史研究》1995 年第 1 期；王孫盈政《再論唐代的宣徽使》，《中華文史論叢》2018 年第 3 期。　范延光：人名。鄴郡臨漳（今河北臨漳縣）人。五代後唐、後晋將領。傳見本書卷九七、《新五代史》卷五一。　宣徽北院使：官名。唐始置。宣徽北院的長官。初用宦官，五代以後改用士人。與宣徽南院使通掌内諸司及三班内侍之名籍，郊祀、朝會、宴享供帳之儀，檢視内外進奉名物。參見王永平《論唐代宣徽使》、王孫盈政《再論唐代的宣徽使》。　張延朗：人名。汴州（今河南開封市）人。五代後唐大臣，歷任三司使、宰相。傳見本書卷六九、《新五代史》卷二六。　冀州：州名。治所在今河北衡

水市冀州區。　婁繼英：人名。籍貫不詳。五代後梁、後唐、後晋將領。傳見《新五代史》卷五一。　懷州：州名。治所在今河南沁陽市。　張廷藴：人名。開封襄邑（今河南睢縣）人。後唐官員。傳見本書卷九四、《新五代史》卷四七。　金州：州名。治所在今陝西安康市。

[10]命范延光權知鎮州軍府事：《輯本舊史》卷九七："（范延光）遷樞密使，權知鎮州軍府事，尋正授節旄，加檢校太保。"

[11]於歸州殺敗荆南賊軍：中華書局本有校勘記："句下殿本有'數千人'三字。"

[12]太白山：山名。位於今陝西寶鷄市，是秦嶺主峰。　解元龜：人名。籍貫不詳。本書僅此一見。　西川：方鎮名。治所在成都府（今四川成都市）。

[13]西都：地名。指長安（今陝西西安市）。後唐恢復唐制，以洛陽爲東都，長安爲西都。　制置使：官名。唐後期臨時差遣官，爲地方用兵時控制該地秩序而設。

夏四月戊寅，以汴州節度使石敬瑭爲鄴都留守，充天雄軍節度使，加同平章事；以樞密使、權知鎮州軍府事、檢校太保范延光爲鎮州節度使、兼北面水陸轉運使；以司農卿鄭績爲太僕卿。[1]壬午，夔州節度使、東南面副招討使西方鄴加檢校太保。[2]甲申，皇第三女石氏封永寧公主，第十三女趙氏封興平公主，仍令所司擇日册命。[3]幽州上言，契丹有書求樂器。[4]乙酉，達靼遣使朝貢。[5]以隨駕馬軍都指揮使康義誠爲侍衛親軍馬步軍都指揮使。[6]丙戌，樞密使安重誨兼河南尹；以皇子河南尹、判六軍諸衛事從厚爲汴州節度使，[7]判六軍如故。丁亥，復州奏，湖南大破淮賊於道人磯。[8]以西川

馬步軍都指揮使趙廷隱兼漢州刺史，從孟知祥之請也。[9]洋州上言，重開入蜀舊路三百餘里，比今官路較二十五程而近。癸巳，殿中少監石知訥貶憲州司户，[10]坐扇惑軍鎮也。北面副招討、宋州節度使王晏球以定州節度使王都反狀聞。[11]庚子，制義武軍節度使、檢校太尉、兼中書令、太原王王都削奪官爵。[12]壬寅，以王晏球爲北面行營招討使，知定州行軍州事；以滄州節度使兼北面行營馬軍都指揮使安審通爲副招討使兼諸道馬軍都指揮使；以左散騎常侍蕭希甫兼判大理卿事。[13]西京奏，前樞密使張居翰卒。[14]

[1]汴州：州名。治所在今河南開封市。　天雄軍：方鎮名。亦稱“魏博軍”。唐天祐元年（904）以魏博節度使號爲天雄軍，治所在魏州（今河北大名縣）。　北面水陸轉運使：官名。掌一方水陸轉運、賦税諸事。爲差遣職事。　范延光：《輯本舊史》之影庫本粘籤：“原本作‘廷光’，今據《歐陽史》改正。”范延光在《輯本舊史》卷九七、《新五代史》卷五一均有長傳。　司農卿：官名。司農寺長官。掌國家之農耕、倉儲以及宫廷百官供應。從三品。　鄭續：人名。籍貫不詳。後唐官員。事見本書本卷、卷四三、卷一三八。　太僕卿：官名。西漢置太僕，南朝梁始置太僕卿。太僕寺長官。掌管車馬及牲畜之政令。從三品。

[2]夔州：州名。治所在今重慶市奉節縣。　副招討使：官名。招討使副職。戰時任命，兵罷則省。掌招撫討伐等事務。

[3]永寧公主：即後唐明宗李嗣源之女，後晋高祖石敬瑭之妻。晋出帝即位，尊爲皇太后。與晋出帝一同被俘至遼國。傳見本書卷八六、《新五代史》卷一七。“永寧”，《輯本舊史》之影庫本粘籤：“原本作‘求寧’，今從《五代會要》改正。”見《會要》卷二公主

條。　興平公主：後唐明宗李嗣源之女，趙延壽之妻。事見本書卷九八。

[4]幽州：州名。治所在今北京市。

[5]達靼：部族名。其名始見於唐開元二十年（732）突厥文《闕特勤碑》。唐末活躍於陰山一帶。參見白玉冬《九姓達靼游牧王國史研究（8—11世紀）》，中國社會科學出版社2017年版。

[6]都指揮使：官名。五代軍隊編制，五百人爲一指揮，設指揮使、副指揮使；十指揮爲一軍，設都指揮使、副都指揮使。

[7]河南尹：官名。唐開元元年改洛州爲河南府，治所在今河南洛陽市。以河南府尹總其政務。從三品。　判六軍諸衛事：官名。後唐沿唐代舊制，置六軍諸衛，以判六軍諸衛事爲禁軍六軍與諸衛的最高統帥。　從厚：人名。即後唐閔帝李從厚。小名菩薩奴，明宗第三子。長興四年（933）十二月，李從厚即皇帝位，是爲後唐閔帝。應順元年（934）四月，李從珂入洛陽即帝位，令人毒殺閔帝。紀見本書卷四五、《新五代史》卷七。

[8]湖南：方鎮名。又稱武安軍節度。治所在潭州（今湖南長沙市）。　道人磯：地名。位於今湖南岳陽市陸城鎮。

[9]趙廷隱：人名。天水（今甘肅天水市）人。後蜀將領。事見本書本卷。　漢州：州名。治所在今四川廣漢市。《舊五代史考異》："《九國志·趙廷隱傳》：知祥至蜀，康延孝陷漢州，遣廷隱率兵擊破之，擒延孝，檻送闕下。知祥奏加檢校司空、漢州刺史，遂留屯成都。"見《九國志》卷七《後蜀·趙廷隱傳》，但作"趙庭隱"。　孟知祥：人名。邢州龍岡（今河北邢臺市）人。李克用女婿，五代十國後蜀開國皇帝。傳見本書卷一三六、《新五代史》卷六四。

[10]殿中少監：官名。殿中省副長官。掌天子服御，總領尚食、尚藥、尚衣、尚舍、尚乘、尚輦六局之官屬，備其禮物，供其職事。從四品。　石知訥：人名。籍貫不詳。傳見本書附録。中華書局本有校勘記："原作'石知納'，據殿本、《册府》卷九三八、

卷九四二及本卷下文改。”見明本《册府》卷九三八《總録部・姦佞門二》、《宋本册府》卷九四二《總録部・禍敗門》温韜條及本卷本年九月乙未條。　憲州：州名。治所在今山西婁煩縣。　司户：官名。即司户參軍。掌本州屬縣之户籍、賦税、倉庫受納等事。小州之司户，兼掌司法之獄訟斷刑等事。上州從七品下，中州正八品下，下州從八品下。

[11]宋州：州名。治所在今河南商丘市睢陽區。　王晏球：人名。洛陽（今河南洛陽市）人。五代將領。傳見本書卷六四、《新五代史》卷四六。　定州：州名。治所在今河北定州市。　王都：人名。中山陘邑（今河北定州市）人。本姓劉，後爲義武軍節度使王處直養子。五代軍閥。傳見本書卷五四。　北面副招討、宋州節度使王晏球以定州節度使王都反狀聞：《輯本舊史》之案語："《遼史》作三月，王都以定州來歸。《五代春秋》及《通鑑》並從《薛史》作四月。"見《五代春秋》卷上明宗仁德皇帝天成三年（928）四月條、《通鑑》卷二七六天成三年四月癸巳條、《遼史》卷三《太宗紀上》天顯三年三月條（遼天顯三年即唐天成三年）。

[12]義武軍：方鎮名。唐建中三年（782）置，治所在定州（今河北定州市）。　中書令：官名。漢代始置，隋、唐前期爲中書省長官，屬宰相之職；唐後期多爲授予元勳大臣的虚銜。正二品。

[13]招討使：官名。唐始置。戰時任命，兵罷則省。常以大臣、將帥或地方軍政長官兼任。掌招撫討伐等事務。　滄州：州名。治所在今河北滄縣舊州鎮。　安審通：人名。籍貫不詳。後唐將領。事見本書本卷、卷三六、卷三七、卷三八、卷七六、卷九一。　左散騎常侍：官名。門下省屬官。掌侍奉規諷，備顧問應對。正三品下。　蕭希甫：人名。宋州（今河南商丘市睢陽區）人。後梁、後唐官員。傳見本書卷七一、《新五代史》卷二八。　大理卿：官名。爲大理寺長官。負責大理寺的具體事務，掌邦國折獄詳刑之事。從三品。

[14]張居翰：人名。籍貫不詳。唐末、五代宦官。傳見本書卷

七二、《新五代史》卷三八。

五月乙巳朔，迴鶻可汗仁喻封順化可汗。[1]丁未，鄴都留守、天雄軍節度使石敬瑭，河陽節度使趙延壽並加駙馬都尉。[2]以右僕射李琪爲太子少傅。[3]辛亥，沙州節度使曹義金加爵邑。[4]王晏球上言，收奪得定州北西二關城。[5]癸丑，湖南馬殷奏，二月中，大破淮寇二萬，生擒將士五百餘人。[6]中書上言："諸道薦人，宜酌定員數。[7]今後節度使每年許薦二人，帶使相者許薦三人，團練、防禦使各一人，節度、觀察判官並聽旨授，[8]書記已下即許隨府。"從之。以六軍判官、尚書司封郎中史圭爲右諫議大夫，充樞密直學士。[9]詔州縣官以三十月爲考限，刺史以二十五月爲限，以到任日爲始。己未，幽州奏，契丹秃餒領二千騎西南趨定州。[10]以前同州節度使盧質行兵部尚書，[11]判太常卿事。辛酉，以天雄軍節度副使、判興唐府事趙敬怡爲樞密使。[12]詔曰："上柱國，[13]勳之極也。近代已來，文臣官階稍高，便授柱國，歲月未深，便轉上柱國。武資初官，便授上柱國。今後凡加勳，先自武騎尉，十二轉方授上柱國，[14]永作成規，不令踰越。"丁卯，鎮州奏，今月十八日，王師不利於新樂。[15]壬申，王晏球奏，今月二十一日，大破定州賊軍及契丹於曲陽，[16]斬獲數千人，王都與秃餒以數十騎復入於定州。

[1]五月乙巳朔，迴鶻可汗仁喻封順化可汗：中華書局本有校勘記："按本卷上文'（三月甲戌）册迴鶻可汗仁喻爲順化可汗'，

兩者疑有一誤。本書卷一三八《回鶻傳》、《册府》卷九六五、《五代會要》卷二八皆繫其事於三月，《新五代史》卷六《唐本紀》繫於五月。"《會要》卷二八回鶻條載："其年三月，命使册（權知可汗）仁裕爲順化可汗。"《輯本舊史》卷一三八《回鶻傳》同《會要》。明本《册府》卷九六五《外臣部·封册門三》載："三年二月，命使册迴鶻權知可汗仁祕爲順化可汗。"《新五代史》卷六繫於五月，《册府》之仁祕爲形近之誤。

[2]趙延壽：人名。常山（今河北正定縣）人。本姓劉，爲後唐將領趙德鈞養子。仕至後唐樞密使，遼朝幽州節度使、燕王。傳見本書卷九八。

[3]李琪：人名。河西敦煌（今甘肅敦煌市）人。後梁、後唐官員。傳見本書卷五八、《新五代史》卷五四。　太子少傅：官名。與太子少保、太子少師合稱"三少"。唐後期、五代時多爲大臣、勳貴加官。從二品。

[4]沙州：州名。治所在今甘肅敦煌市。　曹義金：人名。即曹議金。祖籍亳州（今安徽亳州市），世居敦煌。五代歸義軍節度使。參見榮新江《歸義軍史研究——唐宋時代敦煌歷史考索》，上海古籍出版社2015年版。

[5]收奪得定州北西二關城："北西二關"，《輯本舊史》之影庫本粘籤："原本作'比三關'，今從《通鑑》增改。"《通鑑》卷二七六天成三年（928）四月壬寅條載：是日，晏球攻定州，拔其北關城。五月，禿餒……奔還定州，晏球追至城門，因進攻之，得其西關城。

[6]馬殷：人名。許州鄢陵（今河南鄢陵縣）人，一説上蔡（今河南上蔡縣）人。五代十國南楚開國君主。傳見本書卷一三三、《新五代史》卷六六。　生擒將士五百餘人：中華書局本有校勘記："'餘'字原闕，據殿本、《册府》卷四三五補。"見明本《册府》卷四三五《將帥部·獻捷門》天成三年五月癸丑條。

[7]宜酌定員數：中華書局本有校勘記："殿本、孔本、《册府》

卷六三二作‘總與不可，全阻又難’。”見《宋本册府》卷六三二《銓選部·條制門四》天成三年五月條。

[8]節度、觀察判官：節度判官，官名。唐、五代方鎮僚屬，位在行軍司馬下。分掌使衙内各曹事，並協助使職官員通判衙事。觀察判官，官名。唐肅宗以後置，五代沿置。觀察使屬官，參理田賦事，用觀察使印、署狀。

[9]尚書司封郎中：官名。尚書省吏部司封司主官。掌封爵、命婦、朝會及賜予等政。從五品上。　史圭：人名。常山石邑（今河北石家莊市鹿泉區）人。後唐官員。傳見本書卷九二、《新五代史》卷五六。　右諫議大夫：官名。唐置左、右諫議大夫，左屬門下省，右屬中書省。掌諫諭得失，侍從贊相。正四品下。　樞密直學士：官名。五代後唐莊宗同光元年（923），改直崇政院置，選有政術文學者充任。備顧問應對。

[10]秃餒：人名。一作“托諾”，奚人。契丹將領。事見本書本卷、卷四六。中華書局本有校勘記：“原作‘塔納’，注云：‘舊作“秃餒”，今改正。’按此係輯録《舊五代史》時所改，今恢復原文。”又可參見《宋本册府》卷三六〇《將帥部·立功門一三》王晏球條、《通鑑》卷二七六天成三年五月條。

[11]盧質：人名。河南（今河南洛陽市）人。五代大臣。傳見本書卷九三、《新五代史》卷五六。　兵部尚書：官名。尚書省兵部主官。掌兵衛、武選、車輦、甲械、厩牧之政令。正三品。

[12]興唐府：府名。治所在今河北大名縣。　趙敬怡：人名。籍貫不詳。五代後唐大臣。事見本書本卷、卷四〇。

[13]上柱國：官名。北周武帝建德四年（575），置上柱國爲高級勳官。隋唐沿置。五代後唐明宗天成三年（928）詔，今後凡加勳，先自武騎尉經十二轉方授爲上柱國。正二品。

[14]十二轉方授上柱國：“十二轉”，《輯本舊史》之影庫本粘籤：“原本作‘二輔’，今據《新唐書·百官志》改正。”又見《會要》卷一四司勳條天成三年五月十九日敕及《輯本舊史》卷一四

九《職官志》勳格條，該條並云：“雖有是命，竟不革前例。”

[15]新樂：縣名。治所在今河北新樂市。

[16]曲陽：縣名。治所在今河北曲陽縣。

六月己卯，以右金吾上將軍毛璋爲左金吾上將軍，以前安州節度使史敬鎔爲右金吾上將軍，以前華州節度使劉彦琮爲左武衛上將軍。[1]壬午，放内園鹿七頭於深山。乙酉，皇子故金槍指揮使、檢校左僕射從璟贈太保。[2]己丑，幽州趙德鈞奏，[3]殺契丹千餘人於幽州東，獲馬六百匹。壬辰，宰臣馮道率百僚上表，[4]請上尊號曰聖明神武文德恭孝皇帝，詔報不允。丙申，馮道等再上尊號，不允。戊戌，以西京副留守、知留守事張遵誨行京兆尹。[5]

[1]史敬鎔：人名。五代後唐將領。傳見本書卷五五。　劉彦琮：人名。雲中（今山西大同市）人。後唐將領。傳見本書卷六一。　左武衛上將軍：官名。唐置，掌宫禁宿衛。唐代十六衛之一。從二品。

[2]金槍指揮使：官名。所部統兵將領。金槍爲五代禁軍番號。　檢校左僕射：官名。左僕射爲隋唐宰相名號。檢校左僕射爲散官或加官，以示恩寵，無實際執掌。　從璟：人名。即李從景。後唐明宗李嗣源之子。傳見本書卷五一、《新五代史》卷一五。

[3]趙德鈞：人名。幽州（今北京市）人。初爲幽州節度使劉守光部將，再爲後唐將領，後投降遼國。傳見本書卷九八。

[4]馮道：人名。瀛州景城（今河北滄縣）人。五代時官拜宰相，歷仕後唐、後晉、後漢、後周，亦曾臣服於契丹。傳見本書卷一二六、《新五代史》卷五四。

[5]張遵誨：人名。魏州（今河北大名縣）人。後唐將領。傳見本書卷六一。　京兆尹：官名。唐開元元年（713）改雍州置京兆府，治所在今陝西西安市。以京兆尹總其政務。從三品。

秋七月乙巳，詔故僞蜀主王衍追封順正公，[1]以諸侯禮葬。丙午，以前武信軍節度使李敬周爲邠州節度使。[2]丁未，以滄州節度使安審通卒於師輟朝。壬子，以朔方節度使韓洙卒廢朝。[3]甲寅，王晏球奏，六月二十二日進攻逆城，將士傷者三千人。時晏球知城中有備，未欲急攻，朱宏昭、張虔釗切於立功，[4]促攻賊壘，晏球不得已而進兵，遂致傷痍者衆。乙卯，以太子少保李茂勳卒輟朝。[5]己未，詔弛麴禁，許民間自造，於秋苗上徵納麴價，畝出五錢。[6]時孔循以麴法殺一家於洛陽，[7]或獻此議，以爲愛其人，便於國，故行之。宗正卿李紓除名，刑部侍郎馬縞貶綏州司馬，刑部員外郎李慎儀貶階州司户。[8]初，李紓差攝陵臺令張保嗣等各虚稱試銜，爲奉先令王延朗所訟，大理寺斷以詐假官論，刑部詳覆，稱非詐假。[9]大理執之，召兩司廷議，刑部理屈，故有是貶。紓續敕配隴州，[10]徒一年。未幾，詔曰："天下州府，例是攝官，皆結試銜，[11]或因勘窮，便關詐假。已前或有稱試銜，一切不問，此後並宜禁止。"曹州刺史成景宏貶綏州司户參軍，續敕長流宥州，尋賜自盡，坐受本州倉吏錢百緡也。[12]壬戌，齊州防禦使曹廷隱以奏舉失實，配流永州，續敕賜自盡。[13]甲子，王晏球奏，今月十九日契丹七千騎來援定州，王師逆戰於唐河北，[14]大破之。追至滿城，又破之，斬二千級，獲

馬千匹。[15]戊辰，福建節度使王延鈞可依前檢校太師、守中書令，[16]進封閩王。己巳，王晏球奏，此月二十一日，追契丹至易州，[17]掩殺四十里，擒獲甚衆。故朔方節度使韓洙贈太尉。以兵部侍郎王權、御史中丞梁文矩並爲吏部侍郎，以左諫議大夫吕夢奇爲御史中丞。[18]

[1]王衍：人名。許州舞陽（今河南舞陽縣）人。王建幼子，五代十國前蜀皇帝。傳見本書卷一三六、《新五代史》卷六三。

[2]武信軍：方鎮名。治所在遂州（今四川遂寧市）。　李敬周：人名。又名李周。邢州内丘（今河北内丘縣）人。五代將領。傳見本書卷九一、《新五代史》卷四七。　邠州：州名。治所在今陝西彬縣。

[3]朔方：方鎮名。又稱靈州、靈鹽。治所在靈州（今寧夏吴忠市）。　韓洙：人名。籍貫不詳。五代軍閥。事見本書卷一三二。

[4]朱宏昭：人名。籍貫不詳。後唐將領。事見本書本卷、卷四一。

[5]太子少保：官名。與太子少傅、太子少師合稱“三少”，唐後期、五代時多爲大臣、勳貴加官。從二品。　李茂勳：人名。籍貫不詳。五代後梁、後唐將領。事見本書本卷、卷二。

[6]己未：《輯本舊史》之影庫本粘籤：“原本作‘丁未’。考《通鑑》云：東都民有犯私麴者，留守孔循族之。或請聽民造麴，而于秋税畝收五錢。己未，敕從之。今改正。”見《通鑑》卷二七六天成三年（928）七月己未條。　詔弛麴禁，許民間自造，於秋苗上徵納麴價：詔文内容，《通曆》卷一三後唐明宗條略同。

[7]洛陽：地名。即今河南洛陽市。

[8]宗正卿：官名。秦始置宗正，南朝梁始有宗正卿之官。由宗室充任。掌皇族外戚屬籍。正三品。　李紓：人名。五代後唐宗室。歷任太僕卿、宗正卿。天成三年七月除名。事見本書本卷。

刑部侍郎：官名。尚書省刑部次官。協助刑部尚書掌天下刑法及徒隸、勾覆、關禁之政令。正四品下。　馬縞：人名。籍貫不詳。後唐官員。傳見本書卷七一、《新五代史》卷五五。　綏州：州名。治所在今陝西綏德縣。　刑部員外郎：官名。刑部郎中之副職，協理刑部司事務。從六品上。　李慎儀：人名。籍貫不詳。五代後唐、後晋官員。事見本書本卷、卷六七、卷七六、卷七九、卷八二、卷八四。　階州：州名。治所在今甘肅隴南市武都區。

[9]陵臺令：官名。唐置陵臺，掌管皇陵事務。五代沿用。長官爲陵臺令。從五品上。　張保嗣：人名。籍貫不詳。本書僅此一見。　奉先：縣名。治所在今陝西乾縣。《太平寰宇記》卷三一："乾州，本京兆奉天縣，唐末李茂貞建爲乾州。"《新唐書·地理志一》記京兆奉天縣，文明元年析醴泉等縣置，以奉乾陵……乾寧二年以縣置乾州。按錢大昕《考異》卷六五："'奉先'當作'奉天'。"　王延朗：人名。籍貫不詳。本書僅此一見。　大理寺：官署名。掌折獄、詳刑。

[10]隴州：州名。治所在今陝西隴縣。

[11]試銜：《輯本舊史》之影庫本粘籤："原本作'私銜'，今據《五代會要》改正。"《會要》卷一七試攝官條載天成四年正月敕，無"皆結試銜"語。

[12]曹州：州名。治所在今山東曹縣西北。　成景宏：人名。籍貫不詳。本書僅此一見。　宥州：州名。治所在今内蒙古鄂托克旗南境。

[13]齊州：州名。治所在今山東濟南市。　曹廷隱：人名。魏州（今河北大名縣）人。五代後梁將領。傳見本書卷七一。　永州：州名。治所在今湖南永州市。　"壬戌"至"續敕賜自盡"：《舊五代史考異》："《歐陽史》作己未，殺齊州防禦使曹廷隱。己未在壬戌前三日，不應發配在後，賜死轉在前也，《歐陽史》疑訛。"見《新五代史》卷六《唐本紀六》天成三年七月己未條。七月甲辰朔；己未十六，壬戌十九，《新五代史》誤。

[14]唐河：水名。源自今河北唐縣北，南流經唐縣東，至今定州市北入滱水。《輯本舊史》之影庫本粘籤："原本作'康河'，今據《通鑑》改正。"見《通鑑》卷二七六天成三年七月壬戌條。五代亦無康河。

[15]滿城：縣名。治所在今河北保定市滿城區。　追至滿城，又破之，斬二千級，獲馬千匹：《輯本舊史》之案語："《通鑑》：壬戌，王晏球破契丹于唐河北。甲子，追至易州。所推《長曆》與《薛史》合。"見《通鑑》卷二七六天成三年七月壬戌、甲子條。中華書局本有校勘記："以上十五字原闕，據殿本、孔本補。《册府》卷四三五作'襲至蒲城，又掩殺二千級，捉馬千匹'，'蒲城'係'滿城'之訛。《新五代史》卷四六《王晏球傳》作'追擊至滿城，斬首二千級，獲馬千匹'。"見明本《册府》卷四三五《將帥部·獻捷門二》天成三年七月甲子條，《輯本舊史》卷六四《王晏球傳》、《通鑑》卷二七六天成三年七月甲子條作"易州"。

[16]福建：方鎮名。治所在福州（今福建福州市）。　王延鈞：人名。即王鏻。王審知次子，五代十國閩國君主。傳見本書卷一三四、《新五代史》卷六八。　檢校太師：官名。爲散官或加官，以示恩寵，無實際執掌。太師，與太傅、太保並爲三師。

[17]易州：州名。治所在今河北易縣。

[18]兵部侍郎：官名。兵部副長官，與尚書分掌武官銓選、勳階、考課之政。正四品下。　王權：人名。太原（今山西太原市）人。五代官員。傳見本書卷九二、《新五代史》卷五六。　御史中丞：官名。如不置御史大夫，則爲御史臺長官。掌司法監察。正四品下。　梁文矩：人名。鄆州（今山東東平縣）人。五代官員。傳見本書卷九二。　吏部侍郎：官名。尚書省吏部次官。協助吏部尚書掌文選、勳封、考課之政。正四品上。　左諫議大夫：官名。隸門下省。唐代置左、右諫議大夫各四人，分隸門下省、中書省。掌諫諭得失，侍從贊相。正四品下。　吕夢奇：人名。五代官員。事見本書本卷、卷三六、卷四〇、卷四三、卷七三等。

八月癸酉朔，以翰林學士守中書舍人李懌、劉昫並爲户部侍郎充職，以吏部侍郎劉岳守祕書監，以吏部侍郎韓彦惲守禮部尚書，以户部侍郎歸藹守太子賓客，以户部侍郎裴皞守兵部侍郎，以中書舍人張文寶守刑部侍郎。[1]詔凡有姓犯廟諱者，以本望爲姓。丁丑，以檢校尚書右僕射、守右龍武大將軍劉訓爲晋州節度使、檢校太傅。[2]壬午，幽州趙德鈞奏，於府西邀殺契丹敗黨數千人，生擒首領惕隱等五十餘人。[3]是時，官軍襲殺契丹，屬秋雨繼降，泥濘莫進，人饑馬乏，散投村落，所在村民持白梃毆殺之。德鈞出兵接於要路，惟奇峰嶺北有馬潛遁脱者數十，餘無噍類。[4]帝致書喻其本國。[5]辛卯，以朔方軍留後韓璞爲朔方軍節度使、靈武雄警甘肅等州觀察使、檢校司徒。[6]帝聞隨、鄧、復、郢、均、房之民，[7]父母骨肉有疾，以長竿遥致粥食而餉之，出嫁女，夫家不遣來省疾，乃下詔委長吏嚴加禁察。房州奏，新開山路四百里，南通夔州，畫圖以獻。以前洋州節度使戴思遠爲太子少保致仕。[8]庚子，詔："今後翰林學士入院，以先後爲班次，承旨一員，不計官資先後，在學士之上。"

[1]翰林學士：官名。由南北朝始設之學士發展而來，唐玄宗改翰林供奉爲翰林學士，備顧問，代王言。掌拜免將相、號令征伐等詔令的起草。　中書舍人：官名。中書省屬官。掌起草文書、呈遞奏章、傳宣詔命等。正五品上。　李懌：人名。京兆（今陕西西安市）人。五代官員。傳見本書卷九二、《新五代史》卷五五。劉昫：人名。涿州歸義（今河北雄縣）人。五代大臣，曾任宰相、

監修國史，領銜撰進《舊唐書》。傳見本書卷八九、《新五代史》卷五五。　户部侍郎：官名。尚書省户部次官。協助户部尚書掌天下田户、均輸、錢穀之政令。正四品下。　劉岳：人名。洛陽（今河南洛陽市）人。五代後唐大臣。傳見本書卷六八、《新五代史》卷五五。　祕書監：官名。秘書省長官。掌圖書秘記等。從三品。　韓彦惲：人名。籍貫不詳。五代後唐大臣。本書僅此一見。　歸藹：人名。吴郡（今江蘇蘇州市）人。五代官員。傳見本書卷六八。　太子賓客：官名。爲太子官屬。唐高宗顯慶元年（656）始置。掌侍從規諫，贊相禮儀。正三品。　裴皞：人名。河東（今山西太原市）人。五代官員。傳見本書卷九二、《新五代史》卷五七。　張文寶：人名。籍貫不詳。五代後唐官員。傳見本書卷六八。

[2]檢校尚書右僕射：官名。尚書右僕射，秦始置。隋、唐前期以左、右僕射佐尚書令總理六官，綱紀庶務；如不置尚書令，則總判省事，爲宰相之職。唐後期多爲大臣加銜。檢校官無實際執掌。從二品。　晋州：州名。治所在今山西臨汾市。　右龍武大將軍：中華書局本有校勘記："'右'字原闕，據《册府》卷一四九及本卷上文補。"見本卷二月丁酉條及《宋本册府》卷一四九《帝王部·捨過門》天成三年（928）二月敕。

[3]惕隱：官名。出自契丹語。遼朝惕隱主要分爲兩類。中央惕隱掌管皇族教化和皇族户籍；地方惕隱，即遼朝在各部族及屬國屬部設置的惕隱，各部族的惕隱配合部族節度使管理部族事務，屬國屬部惕隱一般爲該部酋長。參見鞠賀《遼朝惕隱研究》，《西北民族大學學報》2019年第1期。中華書局本有校勘記："原作'特哩衮'，注云：'舊作"惕隱"，今改正。'按此係輯録《舊五代史》時所改，今恢復原文。'等五十餘人'，殿本作'及其屬凡五十餘人'。"明本《册府》卷四一〇《將帥部·壁壘門》趙德鈞條、卷四三五《將帥部·獻捷門二》天成三年八月條、《新五代史》卷六《唐本紀》天成三年八月條作"趙德鈞執契丹首領惕隱赫邈"。

[4]奇峰嶺：地名。位於今河北易縣。　餘無噍類：中華書局本有校勘記："原作'幾無噍類'，據殿本、孔本改。《册府》卷四三五、卷九八七略同，惟'有馬'作'有棄馬'。"見明本《册府》卷四三五天成三年八月條、《宋本册府》卷九八七《外臣部·征討門六》天成三年七月條。

[5]帝致書喻其本國：《輯本舊史》之案語："《通鑑》作八月壬戌，趙德鈞邀擊契丹。據《薛史》，八月係癸酉朔，不得有壬戌，疑《通鑑》誤。"見於十二行本及乙十一行本《通鑑》，但《通鑑》卷二七六繫於天成三年八月甲戌（初二）條。

[6]韓璞：人名。籍貫不詳。朔方軍節度使韓洙子。本書僅此一見。　靈：州名。治所在今寧夏吴忠市。　武：州名。唐大中五年（851）置，治所在蕭關縣（今寧夏海原縣東北李旺堡北）。中和四年（884）僑治潘原縣（今甘肅平涼市東南）。後周顯德五年（958）廢。　雄：州名。治所在今甘肅永昌縣。　警：州名。治所在今寧夏平羅縣西南姚伏鎮。　甘：州名。治所在今甘肅張掖市。　肅：州名。治所在今甘肅酒泉市。　以朔方軍留後韓璞爲朔方軍節度使、靈武雄警甘肅等州觀察使、檢校司徒："雄警"，《輯本舊史》之影庫本粘籤："疑當作'雄邠'。考《五代會要》及《册府元龜》俱作警。又《通鑑》注云：警州在涇原西。今仍其舊。"《會要》卷二四軍條載：晋天福七年（942）四月，"降雄州爲昌化軍，警州爲威肅軍"。《輯本舊史》卷一五〇録《大典》卷一七三八二"道"字韻"地理"事韻之關西道有雄州、警州。檢《册府》《通鑑》相關卷未見。

[7]隨：州名。治所在今湖北隨州市。　郢：州名。治所在今湖北鍾祥市。　均：州名。治所在今湖北丹江口市。　房：州名。治所在今湖北房縣。

[8]戴思遠：人名。籍貫不詳。五代後梁、後唐將領。傳見本書卷六四。　太子少保：中華書局本有校勘記："'太子少保'，原作'太子太保'，據本書卷四七《唐末帝紀中》、卷六四《戴思遠

傳》、戴思遠墓誌（拓片刊《洛陽新獲墓誌》）改。”見《輯本舊史》卷四七《唐末帝紀中》清泰二年（935）八月己丑條、卷六四《戴思遠傳》。

閏月丁未，兩浙節度觀察留後、清海軍節度使、檢校太師、兼中書令錢元瓘可杭州、越州大都督府長史，充鎮東、鎮海等軍節度使。[1]戊申，趙德鈞獻戎俘於闕下，其蕃將惕隱等五十人留於親衛，餘契丹六百人皆斬之。乙卯，升楚州爲順化軍。[2]以明州刺史錢元珦爲本州節度使，以吏部尚書蕭頃爲太子少保。[3]契丹遣使來貢獻。契丹平州刺史張希崇上表歸順。乙丑，陝州節度使李從敏移鎮滄州。[4]以宣徽南院使張延朗爲陝州節度使。詔：“在京遇行極法日，宜不舉樂，兼減常膳。諸州遇行極法日，禁聲樂。”己巳，滑州掌書記孟昇匿母服，[5]大理寺斷處流，特敕孟昇賜自盡。觀察使、觀察判官、録事參軍失其糾察，[6]各行殿罰。襄邑縣民聞威，[7]父爲人所殺，不雪父冤，有狀和解，特敕處死。是月二十七，大水，河水溢。絳州地震。[8]

[1]兩浙：方鎮名。治所在今浙江杭州市。　清海軍：方鎮名。治所在廣州（今廣東廣州市）。　錢元瓘：人名。祖籍臨安（今浙江杭州市臨安區）。錢鏐之子。五代十國吴越國國主，932 年至 941 年在位。傳見本書卷一三三、《新五代史》卷六七。　杭州：州名。治所在今浙江杭州市。　越州：州名。治所在今浙江紹興市。　長史：官名。州府屬官。協助處理州府公務。正四品上至正六品上。　鎮東：方鎮名。治所在越州（今浙江紹興市）。　鎮海：方鎮名。治所在潤州（今江蘇鎮江市）。

[2]楚州：州名。治所在今江蘇淮安市。　順化軍：方鎮名。治所在楚州（今江蘇淮安市）。

[3]明州：州名。治所在今浙江寧波市。　錢元珦：人名。祖籍臨安（今浙江杭州市臨安區）。錢鏐之子。本書僅此一見。　吏部尚書：官名。尚書省吏部長官，與二侍郎分掌六品以下文官選授、勳封、考課之政令。正三品。　蕭頃：人名。京兆萬年（今陝西西安市長安區）人。後梁、後唐大臣。傳見本書卷五八。

[4]陝州：州名。治所在今河南三門峽市陝州區。　李從敏：人名。後唐明宗之侄。傳見本書卷一二三、《新五代史》卷一五。

[5]掌書記：官名。唐、五代方鎮僚屬，位在判官下。掌表奏書檄、文辭之事。　孟昇：人名。籍貫不詳。本書僅此一見。

[6]録事參軍：官名。州府屬官，總掌諸曹事務。官品爲從六品至從八品不等。

[7]襄邑：縣名。治所在今河南睢縣。　聞威：中華書局本有校勘記："《册府》卷一五四作'周威'。"見《宋本册府》卷一五四《帝王部·明罰門三》天成三年（928）閏八月條。

[8]絳州：州名。治所在今山西新絳縣。

九月乙亥，以捧聖左右廂副都指揮使索自通爲雲州節度使。[1]丁丑，以太府卿、判四方館事李郁爲宗正卿。[2]壬午，以晋州節度使安崇阮爲左驍衛上將軍。[3]甲申，吐蕃、迴紇各遣使貢獻。[4]壬辰，宰臣王建立進玉杯，[5]上有文曰"傳國萬歲盃"。乙未，詔德州流人温韜、遂州流人段凝、嵐州司户陶玘、憲州司户石知訥、原州司馬聶嶼，[6]並宜賜死於本處，暴其宿惡而誅之也。丙申，以邠州節度使梁漢顒爲右威衛上將軍。[7]丁酉，河陽節度使、駙馬都尉趙延壽爲檢校司徒。[8]己亥，詔

徐州節度使房知温兼荆南行營招討使，知荆南行府事。[9]

［1］索自通：人名。太原清源（今山西清徐縣）人。五代後唐將領。傳見本書卷六五。　雲州：州名。治所在今山西大同市。

［2］太府卿：官名。南朝梁始置。太府寺長官。掌國家財帛庫藏出納、關市税收等務。從三品。　判四方館事：官名。隋始置四方館，以通事謁者爲主官。唐、五代沿置，以通事舍人或判四方館事爲主官。掌四方往來及互市事務。　李郁：人名。唐之宗屬。傳見本書卷九六。

［3］安崇阮：人名。一作“安重阮”。潞州上黨（今山西長治市）人。五代後唐、後晋將領。傳見本書卷九〇。

［4］甲申，吐蕃、回紇各遣使貢獻：明本《册府》卷九七六《外臣部·褒異門三》：“九月甲申，吐蕃、回紇入貢使放還蕃，賜錦衣繒帛有差。”

［5］宰臣王建立進玉杯：明本《册府》卷二五《帝王部·符瑞門四》：“宰臣王建立進玉盃壹隻，上有‘傳家國寶萬歲盃’字。水運都將段洪、趙實於臨河縣下得之。”

［6］德州：州名。治所在今山東德州市陵城區。　温韜：人名。京兆華原（今陝西銅川市耀州區）人。唐末李茂貞部將，五代後梁、後唐將領。傳見本書卷七三、《新五代史》卷四〇。　遼州：州名。治所在今山西左權縣。　段凝：人名。開封（今河南開封市）人。其妹爲朱温美人，因其妹而爲朱温親信。後梁將領。傳見本書卷七三、《新五代史》卷四五。　嵐州：州名。治所在今山西嵐縣。　陶玘：人名。籍貫不詳。五代後唐官員。傳見本書附録。　原州：州名。治所在今甘肅鎮原縣。　聶嶼：人名。鄴中（今河北臨漳縣）人。後唐官員。傳見本書卷七三。

［7］梁漢顒：人名。太原（今山西太原市）人。五代官員。傳

見本書卷八八。　右威衛上將軍：官名。唐置，掌宫禁宿衛。唐代十六衛之一。從二品。《輯本舊史》之影庫本粘籤："原本作'威武'，今從《五代會要》改正。"《會要》卷一二屯衛條載唐景雲二年（711）改左右屯衛爲威衛，明本《册府》卷四〇六《將帥部·清儉門》亦作"威衛"。

[8]駙馬都尉：官名。漢武帝時始置，魏晋以後，公主夫婿多加此稱號。從五品下。

[9]徐州：州名。治所在今江蘇徐州市。　房知温：人名。兖州瑕丘（今山東濟寧市兖州區）人。五代後唐將領。傳見本書卷九一、《新五代史》卷四六。

冬十月甲辰，制瓊華長公主孟氏可册爲福慶長公主。[1]丙午，以滄州節度使李從敏兼北面行營副招討使。[2]戊申，帝臨軒，命禮部尚書韓彦惲、工部侍郎任贊往應州奉册四廟。[3]詔邠州節度使李敬周攻慶州，[4]以刺史竇廷琬拒命故也。[5]戊午，契丹平州刺史張希崇已下八十餘人見於玄德殿，[6]頒賜有差。突厥首領張慕晋等來朝貢。[7]甲子，安州節度使高行珪奏，屯駐左神捷、左懷順軍士作亂，[8]已逐殺出城。詔升壽州爲忠正軍。[9]戊辰，以雲州節度使索自通領壽州節度使，以前雲州節度使張温復爲雲州節度使。[10]庚午夜，西南有彗星長丈餘，在牛星五度。

[1]瓊華長公主孟氏：後唐莊宗妹，孟知祥妻。事見《大唐福慶長公主墓誌》（拓片刊《成都出土歷代墓銘券文圖録綜釋》）。

[2]以滄州節度使李從敏兼北面行營副招討使：中華書局本有校勘記："'行營副'三字原闕，據本書卷四〇《唐明宗紀六》、

《册府》卷一二〇、《通鑑》卷二七六補。”見《輯本舊史》卷四〇《唐明宗紀四》天成四年（929）二月辛亥條、明本《册府》卷一二〇《帝王部·選將門二》天成三年十月丙午條、《通鑑》卷二七六天成三年九月丙午條。

［3］工部侍郎：官名。尚書省工部次官。協助尚書掌管百工山澤水土之政令，考其功以詔賞罰，總所統各司之事。正四品下。　任贊：人名。籍貫不詳。五代後唐官員。事見本書卷四四。

［4］李敬周：《舊五代史考異》：“《通鑑》作李敬通，《薛史》前後並作敬周，《歐陽史》亦作敬周，疑《通鑑》傳刻之訛。”見《新五代史》卷六《唐本紀六》天成三年十月、十二月條，又《通鑑》十二行本、乙十一行本亦作“敬周”，明本《册府》卷一二三《帝王部·征討門三》載：天成三年十月，“詔邠州節度使李從敬攻慶州”；長興元年（930）十二月，“邠州節度使李敬周如京師”。“敬通”當誤。　慶州：州名。治所在今甘肅慶城縣。

［5］竇廷琬：人名。籍貫不詳，世爲青州（今山東青州市）牙將。五代後梁、後唐將領。傳見本書卷七四。　以刺史竇廷琬拒命故也：《舊五代史考異》：“竇廷琬反，《通鑑》從《薛史》作十月，《歐陽史》繫于十月以前，與《薛史》異。”見《新五代史》卷六《唐本紀六》天成三年八月條、《通鑑》卷二七六繫於天成三年十月丙午前，亦見明本《册府》卷一二三《帝王部·征討門三》天成三年十月條。

［6］張希崇：人名。幽州薊（今北京市）人。五代後唐將領。傳見本書卷八八、《新五代史》卷四七。　玄德殿：宫殿名。位於今河南開封市。

［7］突厥：部族名。6世紀至8世紀活躍於北亞和中亞，稱雄於漠北、西域。隋文帝開皇二年（582），突厥汗國分裂爲東、西突厥。唐中期以後西突厥、東突厥均已衰落。此處當指突厥的小部族。　張慕晋：人名。突厥使者。事見本書本卷，《新五代史》卷六、卷七四。“張慕晋”，中華書局本沿《輯本舊史》作“慕進”，

引《舊五代史考異》："《歐陽史》作慕晋。"中華書局本又引孔本案語："張慕進來朝，《歐陽史》作丁巳。"見《新五代史》卷六《唐本紀六》天成三年十月丁巳條、卷七四《突厥傳》天成二年條，《會要》卷二九突厥條天成二年正月記事，《宋本册府》卷九七二《外臣部·朝貢門五》天成二年正月條均爲"慕晋"，故改。

[8]左神捷、左懷順：禁軍番號。

[9]壽州：州名。治所在今安徽壽縣。　忠正軍：方鎮名。治所在壽州（今安徽壽縣）。

[10]張温：人名。魏州魏縣（今河北魏縣）人。後梁、後唐將領。傳見本書卷五九。　以前雲州節度使張温復爲雲州節度使：中華書局本有校勘記："朱玉龍《方鎮表》：'按《莊宗》《明宗本紀》及《通鑑》，皆無同光、天成年間張温鎮雲州的記載，據《舊史》卷五九《張温傳》云"天成初，歷振武、昭武留後，尋授利州節度使，入爲右衛上將軍。無幾，授洋州節度使、右龍武統軍，改雲州節制。清泰初，屯兵雁門……"據此，張温節制雲州則當在長興末、清泰初。又卷六一《張敬詢傳》云，天成二年，詔還京師，復授大同節度使；四年，徵爲左驍衛上將軍。因疑"張温"爲"張敬詢"之誤。'"

十一月癸酉，日南至，帝御崇元殿受朝賀。甲戌，捧聖指揮使何福進招收到安州作亂兵士五百人，自指揮使已下至節級四十餘人並斬，餘衆釋之。[1]壬午，房知温奏，荆南高季興卒。[2]中書舍人劉贊奏："請節度使及文班三品已上謝、見，通唤。"[3]從之。是日，以契丹所署平州刺史、光禄大夫、檢校太保張希崇爲汝州刺史，[4]加檢校太傅。己丑，中書奏："今後或有封册，請御正衙。"從之。青州奏，節度使霍彦威卒，輟朝三

日。[5]詔宰臣王建立權知青州軍州事。庚寅，禮部員外郎和凝奏：[6]“應補齋郎，[7]並須引驗正身，以防僞濫。舊例，使蔭一任官補一人，今後改官須轉品即可，如無子，許以親姪繼限，念書十卷，試可則補。”[8]從之。甲午，以尚書左僕射、同平章事、集賢殿大學士、判三司王建立爲青州節度使、檢校太尉、同平章事。[9]丙申，帝謂侍臣曰：“古鐵券如何？”趙鳳對曰：[10]“帝王誓文，許其子子孫孫長享爵禄。”帝曰：“先朝所賜，唯朕與郭崇韜、李繼麟三人爾，[11]崇韜、繼麟尋已族滅，朕之危疑，慮在旦夕。”於是嗟嘆久之。趙鳳曰：“帝王執信，故不必銘金鏤石矣。”吏部郎中何澤奏：“流外官請不試書判之類。”從之。吐蕃遣使朝貢。戊戌，前安州節度副使范延策并男皆斬於軍巡獄，[12]爲高行珪誣奏故也。

[1]捧聖指揮使：官名。所部統兵將領。“捧聖”爲部隊番號。　何福進：人名。太原（今山西太原市）人。五代將領。傳見本書卷一二四。　節級：官名。禁軍低級將領。

[2]高季興：人名。原名高季昌，陝州硤石（今河南三門峽市）人。南平（即荆南）開國君主。傳見本書卷一三三、《新五代史》卷六九。　壬午，房知温奏，荆南高季興卒：《舊五代史考異》：“高季興卒，《通鑑》作十二月丙辰，詳見《通鑑考異》。”《通鑑》卷二七六天成三年（928）十二月丙辰條《考異》載：“《唐明宗實録》：‘天成三年十一月壬午，房知温奏高季興卒。’《烈祖實録》亦云‘乾貞二年十一月，季興卒’。蓋傳聞之誤。按陶穀《季興神道碑》及《勃海行年記》，皆云‘十二月十五日卒’，今從之。”

[3]劉贊：人名。魏州（今河北大名縣）人。五代後唐官員。

傳見本書卷六八、《新五代史》卷二八。　請節度使及文班三品已上謝、見，通喚：中華書局本有校勘記："'文班三品已上'下《五代會要》卷六有'武班二品已上官'七字。《册府》卷一〇八略同。"見《會要》卷六雜録條天成三年十一月十一日載劉贊奏、明本《册府》卷一〇八《帝王部·朝會門三》天成三年十一月癸酉條。

[4]是日，以契丹所署平州刺史、光禄大夫、檢校太保張希崇爲汝州刺史：《舊五代史考異》："《歐陽史》作汝州防禦使，《通鑑》從《薛史》作刺史。"見《新五代史》卷四七《張希崇傳》、《通鑑》卷二七六繫於天成三年八月條。

[5]青州：州名。治所在今山東青州市。　霍彦威：人名。洺州曲周（今河北曲周縣）人。五代後梁將領霍存養子。後梁、後唐將領。傳見本書卷六四、《新五代史》卷四六。

[6]禮部員外郎：官名。協助禮部主官掌貳尚書、侍郎。舉其儀制，而辨其名數。從六品上。　和凝：人名。鄆州須昌（今山東東平縣）人。後晋宰相。傳見本書卷一二七、《新五代史》卷五六。

[7]齋郎：官名。以門資入仕的一種類型。

[8]如無子，許以親姪繼限：中華書局本有校勘記："《册府》卷六三二作'如無嫡子，即許以親姪繼院'。《五代會要》卷一六載和凝奏：'以姪繼院者，即初補時狀内言某無子，今以姪某繼院爲子使蔭。'"詳見《會要》卷一六禮部條，又見《宋本册府》卷六三二《銓選部·條制門四》天成三年十一月條。

[9]尚書左僕射：中華書局本有校勘記："本書卷九一《王建立傳》、《光緒榆社縣志》卷九載《韓王王建立墓銘》及本卷上文作'右'。"見本卷三月癸亥條。

[10]趙鳳：人名。幽州（今北京市）人。五代後唐大臣。傳見本書卷六七、《新五代史》卷二八。

[11]郭崇韜：人名。代州雁門（今山西代縣）人。五代後唐大臣。傳見本書卷五七、《新五代史》卷二四。　李繼麟：人名。

即朱友謙。許州（今河南許昌市）人。唐末、五代軍閥。傳見本書卷六三、《新五代史》卷四五。

[12]范延策：人名。幽州（今北京市）人。高行珪僚佐，因剛直被殺。傳見本書附録。中華書局本有校勘記："原作'范延榮'，據本書卷六五《高行珪傳》、《册府》卷九三一、《新五代史》卷四八《高行珪傳》改。"見《宋本册府》卷九三一《總録部·枉橫門》。

十二月壬寅朔，詔真定府屬縣宜準河中、鳳翔例升爲次畿，真定縣升爲次赤。[1]甲辰，邠州節度使李敬周奏，收下慶州，刺史竇廷琬族誅。《永樂大典》卷七千一百六十四。[2]

[1]真定府：府名。治所在鎮州（今河北正定縣）。　河中：方鎮名。治所在河中府（今山西永濟市）。　鳳翔：方鎮名。治所在鳳翔府（今陝西鳳翔縣）。　真定：縣名。治所在今河北正定縣。

[2]《大典》卷七一六四"唐"字韻"明宗（一）"事目。

舊五代史　卷四〇

唐書十六

明宗紀第六

天成四年春正月壬申朔，帝御崇元殿受朝賀，仗衛如儀。[1]幽州節度使趙德鈞奏："臣孫贊，年五歲，默念何《論》、《孝經》，舉童子，於汴州取解就試。"[2]詔曰："都尉之子，太尉之孫，能念儒書，備彰家訓，不勞就試，特與成名。宜賜别敕及第，附今年春牓。"[3]戊子，放元年應欠秋税。以左衛上將軍安崇阮爲黔南節度使。[4]壬辰，迴鶻入朝使掣撥等五人各授懷化司戈放還。[5]以北京副留守馮贇爲宣徽使、判三司。[6]戊戌，禁天下虚稱試攝銜。西川孟知祥奏：[7]"支屬刺史乞臣本道自署。"

[1]天成：後唐明宗李嗣源年號（926—930）。　崇元殿：五代後梁開平元年（907）改汴京正殿爲崇元殿。位於今河南開封市。

[2]幽州：州名。治所在今北京市。　節度使：官名。唐宋時

期在重要地區所設掌握一州或數州軍事、民事、財政的長官。　趙德鈞：人名。幽州薊（今北京市）人。初爲幽州節度使劉守光部將，再爲後唐將領，後投降遼國。傳見本書卷九八。　贇：人名。幽州薊（今北京市）人。後唐、遼朝將領趙延壽之子。五代後唐至宋初將領。傳見《宋史》卷二五四。中華書局本有校勘記："'贇'，《册府》卷一三一、卷七七五作'美'。《宋史》卷二五四《趙贇傳》云其'本名美，後改焉'。"《通鑑》卷二八六天福十二年（947）正月癸丑條稱"趙匡贇"。凡稱"贇"者當爲避宋太祖諱。　何《論》：中華書局本有校勘記："'何論'，原作'論語'，據《册府》卷一三一、卷七七五改。按《舊唐書》卷四六《經籍志上》有《論語》十卷，何晏集解。影庫本粘籤：'"論語"，原作"何論"，今從《册府元龜》改正。'"《宋本册府》卷七七五《總録部·幼敏門三》趙美條、卷一三一《帝王部·延賞門二》天成四年（929）正月條均作"何論"，即何晏《論語集解》。　《孝經》：闡述孝道和孝治思想的儒家經典著作。《舊五代史考異》："《宋史》作贇七歲，誦書二十七卷。"　童子：科舉考試中爲兒童和少年設立的科目。《新唐書·選舉志上》："凡童子科，十歲以下能通一經及《孝經》《論語》，卷誦文十，通者予官；通七，予出身。"　汴州：州名。治所在今河南開封市。

[3]太尉：官名。與司徒、司空並爲三公，唐後期、五代時多爲大臣、勳貴加官。正一品。　"詔曰"至"附今年春牓"：《舊五代史考異》："《宋史》云：特賜童子及第，附長興三年禮部春牓。《薛史》作天成四年春牓，與《宋史》異。"見《宋史》卷二五四《趙贇傳》。《册府》卷一三一同《輯本舊史》。

[4]左衛上將軍：官名。唐置，掌宫禁宿衛。唐代置十六衛，即左右衛、左右驍衛、左右武衛、左右威衛、左右領軍衛、左右金吾衛、左右監門衛、左右千牛衛。各置上將軍，從二品；大將軍，正三品；將軍，從三品。中華書局本有校勘記："本書卷三九《唐明宗紀五》作'左驍衛上將軍'。"見《輯本舊史》卷三九天成三

年九月壬午條。　安崇阮：人名。一作“安重阮”。潞州上黨（今山西長治市）人。五代後唐、後晋將領。傳見本書卷九〇。　黔南：方鎮名。治所在黔州（今重慶彭水苗族土家族自治縣）。

[5]迴鶻：部族、政權名。又作“回紇”。原係突厥鐵勒部的一支。唐天寶三載（744）建立回紇汗國，8世紀末、9世紀初，回鶻與吐蕃争奪北庭和安西並最終取勝，統治西域。9世紀中葉，回鶻汗國瓦解。參見楊蕤《回鶻時代：10—13世紀陸上絲綢之路貿易研究》，中國社會科學出版社2015年版。　掣撥：人名。回鶻使者。事見本書卷一三八。　懷化司戈：武散官名。正八品下。

[6]北京：地名。指五代後唐的北都太原，治所在今山西太原市。《新五代史》卷五《莊宗紀》載，同光元年（923）“十一月乙巳，復北都爲鎮州，太原爲北都”。　副留守：官名。古代在都城、陪都或軍事重鎮所設留守，由地方行政長官兼任。副留守爲留守之貳。　馮贇：人名。太原（今山西太原市）人。五代後唐明宗朝宰相、三司使。傳見本書附録、《新五代史》卷二七。　宣徽使：官名。唐始置。宣徽南院使、北院使通稱宣徽使。初用宦官，五代以後改用士人。通掌内諸司及三班内侍之名籍，郊祀、朝會、宴享供帳之儀，檢視内外進奉名物。參見王永平《論唐代宣徽使》，《中國史研究》1995年第1期；王孫盈政《再論唐代的宣徽使》，《中華文史論叢》2018年第3期。　三司：官署名。五代後唐明宗天成元年合鹽鐵、度支、户部爲一職，始稱三司，爲中央最高之理財機構。

[7]西川：方鎮名。治所在成都（今四川成都市）。　孟知祥：人名。邢州龍岡（今河北邢臺市）人。李克用女婿，五代十國後蜀開國皇帝。傳見本書卷一三六、《新五代史》卷六四。

二月乙巳，王晏球奏，此月三日收復定州，[1]獲王都首級，生擒契丹秃餒等二千餘人。[2]百僚稱賀。詔取

今月二十四日車駕還東京。[3]辛亥，以北面行營招討使、宋州節度使王晏球爲鄆州節度使，加兼侍中；以北面行營副招討使、滄州節度使李從敏爲定州節度使；以北面行營兵馬都監、鄭州防禦使張虔釗爲滄州節度使；幽州節度使趙德鈞加兼侍中。[4]乙卯，以樞密使趙敬怡權知汴州軍州事。[5]丙辰，邢州奏，定州送到僞太子李繼陶，已處置訖。[6]辛酉，帝御咸安樓受定州俘馘，百官就列，宣露布於樓前，禮畢，以王都首級獻於太社。王都男四人、弟一人，秃餒父子二人，並磔於市。[7]時露布之文，類制敕之體，蓋執筆者悞，頗爲識者所嗤。樞密使趙敬怡卒，贈太傅。以端明殿學士趙鳳權知汴州軍州事。甲子，車駕發汴州。丙寅，至鄭州。賜左僕射致仕鄭珏錢二十萬。丁卯，宰相崔協卒，詔贈尚書右僕射。東都留守、太子少傅李琪等奏，至偃師縣奉迎。時琪奏章中有“敗契丹之凶黨，破真定之逆城”之言。詔曰：“契丹即爲凶黨，真定不是逆城，李琪罰一月俸。”庚午，車駕至自汴州。

[1]王晏球：人名。洛陽（今河南洛陽市）人。五代將領。傳見本書卷六四、《新五代史》卷四六。　定州：州名。治所在今河北定州市。　二月乙巳，王晏球奏，此月三日收復定州：《舊五代史考異》：“《歐陽史》作二月癸卯，王晏球克定州，與《薛史》合。《通鑑》作癸丑，考癸丑非二月三日也，疑傳寫之訛。”“與《薛史》合”，中華書局本有校勘記：“與薛史合，‘合’原作‘異’，據孔本、殿本《考證》改。按是月辛丑朔，癸卯爲初三。”見《新五代史》卷六《唐本紀六》天成四年（929）二月癸卯條。

按《通鑑》卷二七六載天成四年二月癸丑日爲王晏球克定州日，誤。參吴玉貴《資治通鑑疑年録》十一《後唐紀》："天成四年二月辛丑朔，癸丑十三日，辛亥十一日，癸丑不得在辛亥前。《新五代史·明宗紀》：'二月，癸卯，王晏球克定州。'《舊五代史·明宗紀》：'二月乙巳，王晏球奏，此月三日，收復定州。'癸卯適爲二月三日。《通鑑》'癸丑'當爲'癸卯'之訛。"

[2]王都：人名。中山陘邑（今河北定州市）人。本姓劉，後爲義武軍節度使王處直之養子。五代軍閥。傳見本書卷五四。 契丹：古部族、政權名。公元4世紀中葉宇文部爲前燕攻破，始分離而成單獨的部落，自號契丹。唐貞觀中，置松漠都督府，以其首領爲都督。唐末强盛，916年迭剌部耶律阿保機建立契丹國（遼）。先後與五代、北宋並立，保大五年（1125）爲金所滅。參見張正明《契丹史略》，中華書局1979年版。 秃餒：人名。奚人。契丹將領。事見《通鑑》卷二七六。

[3]東京：地名。即後唐都城東京河南府（今河南洛陽市）。

[4]招討使：官名。唐始置。戰時任命，兵罷則省。常以大臣、將帥或地方軍政長官兼任。掌招撫討伐等事務。 宋州：州名。治所在今河南商丘市睢陽區。 鄆州：州名。治所在今山東東平縣。 侍中：官名。秦始置。隋、唐前期爲門下省長官。唐後期多爲大臣加銜，不參與政務，實際職務由門下侍郎執行。正二品。 副招討使：官名。行營統兵官。位次行營都統、招討使。掌招撫討伐事務。 滄州：州名。治所在今河北滄縣舊州鎮。 李從敏：人名。後唐明宗之侄。傳見本書卷一二三、《新五代史》卷一五。 兵馬都監：官名。唐代中葉命將出征，常以宦官爲監軍、都監。後爲臨時委任的統兵官，稱都監、兵馬都監。掌屯戍、邊防、訓練之政令。 防禦使：官名。唐代始置，設有都防禦使、州防禦使兩種。常由刺史或觀察使兼任，實際上爲唐代後期州或方鎮的軍政長官。 張虔釗：人名。遼州榆社（今山西榆社縣）人。後唐、後蜀將領。傳見本書卷七四。

[5]樞密使：官名。樞密院長官，五代時以士人爲之，備顧問、參謀議，出納詔奏，權侔宰相。參見李全德《唐宋變革期樞密院研究》，國家圖書館出版社 2009 年版。　趙敬怡：人名。籍貫不詳。五代後唐大臣。事見本書本卷。《輯本舊史》之影庫本粘籤："原本作'敬貽'，今從《歐陽史》改正。"見《新五代史》卷六《唐本紀六》天成三年五月辛酉條、四年二月條。亦可見《輯本舊史》卷三八《唐明宗紀四》天成二年八月壬午條、卷三九《唐明宗紀五》天成三年五月辛酉條。　權知汴州軍州事：官名。簡稱爲"知州"。州級行政長官。參見閆建飛《唐後期五代宋初知州制的實施過程》，《文史》2019 年第 1 期。

[6]邢州：州名。治所在今河北邢臺市。　李繼陶：人名。又名得得。河朔（今河北地區）人。後唐莊宗李存勗養子。事見本書本卷、卷五四。

[7]咸安樓：樓臺名。位於今河南開封市。　"辛酉"至"並磔於市"：《舊五代史考異》："《五代會要》：尚書兵部宣露布于樓前，宣訖，尚書刑部侍郎張文寶奏曰：'逆賊王都首級請付所司。'大理卿蕭希甫受之以出，獻于郊社。其王都男并蕃將等磔于開封橋。"見《會要》卷五獻俘條天成四年二月記事，露布全文見明本《册府》卷四三五《將帥部·獻捷門二》天成四年二月辛酉條。

三月甲戌，馮道進表乞命相。[1]丙戌，詔皇城使李從璨貶授房州司户參軍，[2]仍令盡命。從璨，帝之諸子也。先是，帝巡幸汴州，留從璨以警大内，從璨因遊會節園，[3]酒酣，戲登御榻。安重誨奏之，[4]故置於法焉。壬辰，中書奏：[5]"今後群臣内有乞假覲省者，請量賜茶藥。"從之。乙未，以前鄆州節度使符習爲汴州節度使。[6]丙申，詔鄴都、幽、鎮、滄、邢、易、定等州管

内百姓，[7]除正稅外，放免諸色差配，以討王都之役，有輓運之勞也。

[1]馮道：人名。瀛州景城（今河北滄縣）人。五代時官拜宰相，歷仕後唐、後晋、後漢、後周，亦曾臣服於契丹。傳見本書卷一二六、《新五代史》卷五四。

[2]皇城使：官名。唐末始置，爲皇城司的長官，一般爲君主的親信充任，以拱衛皇城。　李從璨：人名。後唐明宗李嗣源之侄。因不屈從權臣安重誨，被重誨奏劾，貶謫賜死。傳見本書卷五一、《新五代史》卷一五。　房州：州名。治所在今湖北房縣。　司户參軍：官名。簡稱“司户”。州級政府僚佐。掌本州屬縣之户籍、賦税、倉庫受納等事。上州從七品下，中州正八品下，下州從八品下。

[3]會節園：五代後唐時洛陽城内園林。位於今河南洛陽市。《輯本舊史》之影庫本粘籤：“原本作‘曾�’，考《通鑑注》云：會節園在洛陽城中，張全義鎮洛歲久，私第在會節坊，室宇園池，爲一時巨麗，輸之官，以爲會節園。今改正。”見《新五代史》卷六《唐本紀六》天成二年（927）三月壬子條、《通鑑》卷二七六天成四年三月丙戌條胡注。

[4]安重誨：人名。應州（今山西應縣）人。五代後唐大臣。傳見本書卷六六、《新五代史》卷二四。

[5]中書：官署名。“中書門下”的簡稱。唐代以來爲宰相處理政務的機構。參見劉後濱《唐代中書門下體制研究——公文形態·政務運行與制度變遷》，齊魯書社2004年版。

[6]符習：人名。趙州（今河北趙縣）人。五代後唐將領。傳見本書卷五九、《新五代史》卷二六。

[7]鄴都：地名。治所在今河北大名縣。五代後唐同光元年（923），改魏州爲興唐府，建號東京。三年，改東京爲鄴都。　鎮：

州名。治所在今河北正定縣。　易：州名。治所在今河北易縣。　定：州名。治所在今河北定州市。

夏四月庚子朔，禁鐵鑞錢。[1]壬寅，重修廣壽殿成，[2]有司請以丹漆金碧飾之，帝曰："此殿經焚，不可不修，但務宏壯，不勞華侈。"湖南奏，敗荆南賊軍於石首鎮。[3]詔沿邊置場買馬，不許蕃部直至闕下。先是，党項諸蕃凡將到馬，[4]無駑良並云上進，國家雖約其價以給之，及計其館穀錫賚，所費不可勝紀。計司以爲耗蠹中華，遂止之。壬子，以皇子北京留守、河東節度使從榮爲河南尹、判六軍諸衛事；以皇子河南尹、判六軍諸衛事從厚爲北京留守；以河陽節度使趙延壽爲宋州節度使；以侍衛親軍都指揮使、鎮南軍節度使康義誠爲河陽節度使。契丹寇雲州。[5]癸丑，契丹遣捺括梅里等來朝貢，[6]稱取秃餒等骸骨，並斬於北市。甲寅，以端明殿學士趙鳳爲門下侍郎兼工部尚書、平章事。[7]丙辰，諫議大夫致仕、襲文宣公孔邈卒。庚申，以王建立、孔循帶中書直省吏歸藩，並追迴。壬戌，幽州節度使趙德鈞兼北面行營招討使，鎮州節度使范延光加檢校太傅。戊辰，中書奏："五月一日，應在京九品已上官，及諸道進奉使，請準貞元七年敕，就位起居，永爲恒式。"從之。

[1]禁鐵鑞錢："鐵鑞錢"，《舊五代史考異》："《通鑑》作鐵錫錢。胡三省注云：'馬殷得湖南鑄錫錢，本用之境内，其後遂流入中國。'疑原本'鑞'字誤。考《册府元龜》亦作鐵鑞錢，今仍其

舊。”見《通鑑》卷二七六天成四年（929）四月庚子條及該條胡注，《會要》卷二七泉貨條載天成元年十二月敕：“行使銅錢之内，如聞夾帶鐵鑞，若不嚴設條流，轉恐私家鑄造。應中外所使銅錢内，鐵鑞錢即宜毁棄，不得輒更有行使。如違，其所使錢，不計多少，並納入官，仍科深罪。”明本《册府》卷五〇一《邦計部·錢幣門三》天成四年四月條作“禁鐵鑞錢”。又見《輯本舊史》卷三七《唐明宗紀三》天成元年十二月戊戌條及該條《舊五代史考異》所引宋白《續通典》。

[2]廣壽殿：宫殿名。位於今河南洛陽市。

[3]湖南：方鎮名。又稱武安軍節度。治所在潭州（今湖南長沙市）。　荆南：方鎮名。治所在荆州（今湖北荆州市）。　石首鎮：地名。位於今湖北石首市。

[4]党項：部族名。源出羌族，時活躍於今甘肅東部、寧夏、陝西北部一帶。參見湯開建《党項西夏史探微》，商務印書館2013年版。

[5]留守：官名。古代皇帝出巡或親征時指定親王或大臣留守京城，綜理國家軍事、行政、民事、財政等事務，稱京城留守。在陪都或軍事重鎮也常設留守，以地方長官兼任。　河東：方鎮名。治所在太原（今山西太原市）。　從榮：人名。即李從榮。沙陀部人。後唐明宗李嗣源之次子。傳見本書卷五一、《新五代史》卷一五。　河南尹：官名。唐開元元年（713）改洛州爲河南府，治所在今河南洛陽市，河南府尹總其政務。從三品。　判六軍諸衛事：官名。沿唐代舊制，置六軍諸衛，以判六軍諸衛事爲禁軍六軍與諸衛的最高統帥。　從厚：即後唐愍帝（閔帝）李從厚。小名菩薩奴，明宗第三子。長興四年（933）十二月，李從厚即皇帝位，是爲後唐愍帝。應順元年（934）四月，李從珂入洛陽即帝位，令人毒殺閔帝。紀見本書卷四五、《新五代史》卷七。　河陽：方鎮名。治所在孟州（今河南孟州市）。　趙延壽：人名。常山（今河北正定縣）人。本姓劉，爲後唐將領趙德鈞養子。仕至後唐樞密使，遼

朝幽州節度使、燕王。傳見本書卷九八、《遼史》卷七六。　都指揮使：官名。五代軍隊編制，五百人爲一指揮，設指揮使、副指揮使；十指揮爲一軍，設都指揮使、副都指揮使。　鎮南軍：方鎮名。治所在洪州（今江西南昌市）。　康義誠：人名。沙陀部人。五代後唐將領。傳見本書卷六六、《新五代史》卷二七。　雲州：州名。治所在今山西大同市。

［6］捺括梅里：契丹將領。梅里，一作官職，遥輦時有官稱"梅録"，也作"梅落""梅老"，此即回鶻的"媚録""密録"，不同時期不同民族轉寫方式不同，職掌也有變化，或總兵爲指揮官，或爲"皇家總管"。參見李桂芝《遼金簡史》，福建人民出版社1996年版，第19—20頁。　契丹遣捺括梅里等來朝貢："捺括梅里"，中華書局本有校勘記："原作'紐赫美稜'，注云：'舊作"捺括梅里"，今改正。'按此係輯録《舊五代史》時所改，今恢復原文。'來朝貢'上殿本有'復率其屬'四字。"又見《宋本册府》卷九七二《外臣部·朝貢門五》天成四年四月條，《新五代史》卷六《唐本紀六》天成四年四月癸丑條作"撩括梅里"。

［7］端明殿學士：官名。後唐明宗始置，以翰林學士充任，負責誦讀四方書奏。　趙鳳：人名。幽州（今北京市）人。五代後唐大臣。傳見本書卷六七、《新五代史》卷二八。　門下侍郎：官名。門下省副長官。唐後期三省長官漸爲榮銜，中書侍郎、門下侍郎却因參議朝政而職位漸重，常常用爲以"同三品"或"同平章事"任宰相者的本官。正三品。　工部尚書：官名。尚書省工部主官。掌百工、屯田、山澤之政令。正三品。　平章事：官名。唐高宗以後，實際任宰相之職者，常在其本官後加同平章事的職銜。後成爲宰相專稱。　以端明殿學士趙鳳爲門下侍郎兼工部尚書、平章事：《舊五代史考異》："《歐陽史》本紀作端明殿學士、尚書兵部侍郎趙鳳爲門下侍郎兼工部尚書、同平章事。《趙鳳傳》作禮部侍郎，與本紀異，見吴縝《纂誤》。"見《新五代史》卷六《唐本紀六》天成四年四月甲寅條、卷二八《趙鳳傳》。

五月己巳朔，帝御文明殿受朝。[1]丙子，以夔州節度使西方鄴卒輟朝。[2]丁丑，大理卿李保殷卒。[3]己卯，以忠正軍節度使索自通爲京兆尹，充西京留守；以左威衛上將軍朱漢賓爲潞州節度使。[4]乙酉，以黔州節度使安崇阮爲夔州節度使，以左驍衛上將軍張温爲洋州節度使，以黔州留後楊漢賓爲本州節度使。[5]中書奏："太常寺定少帝謚昭宣光烈孝皇帝，廟號景宗。伏以少帝今不入廟，難以言宗，只云昭宣光烈孝皇帝。"從之。[6]丁亥，以鳳州武興軍留後陳皋爲武興軍節度使，以新州威塞軍留後翟璋爲威塞軍節度使。[7]壬辰，以權知尚書右丞崔居儉爲尚書右丞。[8]詔葺天下廨宇。丙申，襄州奏，荆南高從誨乞歸順。[9]雲州奏，契丹犯塞。

[1]文明殿：宫殿名。爲洛陽宫城之前殿。位於今河南洛陽市。

[2]夔州：州名。治所在今重慶市奉節縣。　西方鄴：人名。定州滿城（今河北保定市滿城區）人。五代後唐將領。傳見本書卷六一、《新五代史》卷二五。

[3]大理卿：官名。爲大理寺長官。負責大理寺的具體事務，掌邦國折獄詳刑之事。從三品。　李保殷：人名。洛陽（今河南洛陽市）人。

[4]忠正軍：方鎮名。治所在壽州（今安徽壽縣）。《輯本舊史》原作"忠武軍"。中華書局本有校勘記："郭武雄《證補》：'同《紀》上文，天成三年十月戊辰索自通領壽州忠正軍節度使。《紀》"忠武"當係"忠正"之誤。'據朱玉龍《方鎮表》，天成四年忠武軍節度使乃孔循，非索自通。"但未改。壽州在吴轄區，《輯本舊史》卷三九《唐明宗紀五》："天成三年十月甲子，詔升壽州爲忠正軍。戊辰，以雲州節度使索自通領壽州節度使。"據改。　索自通：

人名。太原清源（今山西清徐縣）人。五代後唐將領。傳見本書卷六五。　京兆尹：官名。唐開元元年（713）改雍州置京兆府，治所在今陝西西安市。以京兆尹總其政務。從三品。　西京：地名。指京兆府（今陝西西安市）。　左威衛上將軍：官名。唐置，掌宫禁宿衛。唐代十六衛之一。從二品。　朱漢賓：人名。亳州譙縣（今安徽亳州市）人。五代後梁、後唐將領。傳見本書卷六四、《新五代史》卷四五。　潞州：州名。治所在今山西長治市。

[5]黔州：州名。治所在今重慶彭水苗族土家族自治縣。　左驍衛上將軍：官名。唐置，掌宫禁宿衛。唐代十六衛之一。從二品。　張温：人名。魏州魏縣（今河北魏縣）人。後梁、後唐將領。傳見本書卷五九。　洋州：州名。治所在今陝西洋縣。　留後：官名。唐、五代節度使多以子弟或親信爲留後，以代行節度使職務，亦有軍士、叛將自立爲留後者。掌一州或數州軍政。　楊漢賓：人名。籍貫不詳。五代後唐、後晋將領。事見《通鑑》卷二七七、卷二八〇。

[6]太常寺：官署名。北齊始置，掌禮樂祭祀活動。隋、唐兩代下設郊廟、太廟、諸陵、太樂、鼓吹、太醫、太卜、廩犧等八署，長官爲太常寺卿，正三品。唐高宗龍朔年間曾改稱奉常，武則天光宅年間又曾稱爲司禮，後均復舊。歷代沿置。　少帝：即唐哀帝李柷。唐昭宗之子。904 年至 907 年在位，年號天祐。爲朱温所殺。紀見《舊唐書》卷二〇下、《新唐書》卷一〇。　“中書奏”至“從之”：《輯本舊史》之案語：“《舊唐書·哀帝紀》云：中書奏，少帝行事，不合稱宗。今考《五代會要》，天成三年，博士吕朋龜議，引‘君不逾年，不入宗廟’之禮，請别立廟於園陵，故不稱景宗，非議其行事有失也。’《舊唐書》誤。”對此案語，“天成三年”，中華書局本有校勘記：“‘三年’，原作‘二年’，據《五代會要》卷三改。”“吕朋龜”，校勘記：“原作‘吕明龜’，據孔本、《五代會要》卷三改。”見《舊唐書》卷二〇下《哀帝紀》、《會要》卷三廟制度條天成三年（928）十一月及四年五月記事、《宋

本册府》卷五九三《掌禮部·奏議門二一》天成三年十一月條、《通鑑》卷二七六天成四年五月乙酉條。

[7]鳳州：州名。治所在今陝西鳳縣。　武興軍：方鎮名。治所在鳳州（今陝西鳳縣）。　陳皋：人名。籍貫不詳。事見本書本卷、卷四一、卷四二、卷四六。　新州：州名。治所在今河北涿鹿縣。　翟璋：人名。五代將領。後唐時歷平州刺史、新州節度使等。後晉時割新州與契丹，契丹委其平叛奚、閫雲州，皆有功，故留之不使南歸，鬱鬱而死。籍貫不詳。傳見本書卷九五。　威塞軍：方鎮名。治所在新州（今河北涿鹿縣）。

[8]權知：官員任用類别之一。與攝相近，是一種暫時的委任。唐、五代時，知、判、兼等類的任用，往往冠以"權"字，稱爲權知、權判、權兼，以表示其爲暫任。　尚書右丞：官名。尚書省佐貳官。唐中期以後，與尚書左丞實際主持尚書省日常政務，權任甚重。後梁開平二年（908）改爲右司侍郎，後唐同光元年（923）復舊爲右丞。唐時爲正四品下，後唐長興元年（930）升爲正四品。　崔居儉：人名。清河（今河北清河縣）人。崔蕘之子。五代大臣。傳見本書附録、《新五代史》卷五五。

[9]襄州：州名。治所在今湖北襄陽市。　高從誨：人名。高季興之子，五代十國南平君主。傳見本書卷一三三、《新五代史》卷六九。

六月辛丑，以左散騎常侍姚顗爲兵部侍郎。[1]壬寅，宣州節度使楊漢章移鎮雲州，以北京馬步軍都指揮使兼欽州刺史張敬達爲應州節度使。[2]癸卯，以前西京副留守知留守事張遵誨行衛尉事，充客省使。[3]國子博士田敏請葺四郊祠祭齋室。[4]丙午，以沂州刺史張萬進爲安北都護，充振武軍節度使。[5]戊申，以宿州團練使康思立爲利州節度使。[6]登州刺史孫元停任，[7]坐在任無名科

率故也。詔鄴都仍舊爲魏府。[8]應魏府、汴州、益州宫殿悉去鴟尾,[9]賜節度使爲衙署。辛亥,以權知朔方軍留後、定難軍都知兵馬使韓澄爲朔方留後。[10]癸丑,以前潞州節度使符彦超爲左驍衛上將軍。[11]詔:“諸道節度使行軍司馬,名位雖高,或帥臣不在,其軍州事宜委節度副使權知。”[12]又詔:“藩郡所請賓幕及主事親從者,悉以名聞。”丙辰,[13]權知荆南軍府事高從誨上章首罪,乞修職貢,仍進銀三千兩贖罪。壬戌,幸至德宫。[14]詔:“京城空地,課人蓋造。如無力者,許人請射營構。”

[1]左散騎常侍:官名。門下省屬官。掌侍奉規諷,備顧問應對。《新唐書》記正三品下。　姚顗:人名。京兆萬年(今陝西西安市長安區)人。唐末進士,五代後梁、後唐、後晋大臣。傳見本書卷九二、《新五代史》卷五五。　兵部侍郎:官名。尚書省兵部次官。協助兵部尚書掌武官銓選、勳階、考課之政。正四品下。

[2]宣州:州名。治所在今安徽宣城市。《輯本舊史》原作“夔州”,中華書局本有校勘記:“本卷上文:‘(五月乙酉)以黔州節度使安崇阮爲夔州節度使’,據本卷上文,五月丙子夔州節度使西方鄴卒,以崇阮繼之,至長興二年皆在鎮。本書卷三九《唐明宗紀五》:‘(天成三年正月戊辰)以隨駕步軍都指揮使、潮州刺史楊漢章遥領寧國軍節度使。’《册府》卷九九四:‘(天成)四年四月丙辰,宣步軍指揮使楊漢章將步騎五千往雲朔巡邊’,知漢章天成三年遥領宣州寧國軍,四年四月往雲朔巡邊,同年六月即爲雲州節度使。此處‘夔州’疑當作‘宣州’。”但未改。見《輯本舊史》卷三九《唐明宗紀五》天成三年(928)正月戊辰條、明本《册府》卷九九四《外臣部·備禦門》天成四年四月丙辰條。今據改。

楊漢章：人名。籍貫不詳。五代將領。事見《通鑑》卷二八〇。欽州：州名。治所在今廣西欽州市。　張敬達：人名。代州（今山西代縣）人。五代後唐將領。傳見本書卷七〇、《新五代史》卷三三。　應州：州名。治所在今山西應縣。《輯本舊史》原作"鳳州"，中華書局本有校勘記："郭武雄《證補》：'據同《紀》下文，長興元年十一月庚午張敬達自應州移雲州，而不言其任鳳州之去代。另據同書《張敬達傳》云："敬達以河東（北京）馬步軍都指揮使、檢校司徒領欽州刺史，加檢校太保、應州節度使，遷雲州。"《紀》"鳳州"蓋"應州"之誤。'按朱玉龍《方鎮表》，天成四年鳳州節度使乃陳皋，非張敬達。"但未改。見《輯本舊史》卷四一《明宗紀七》長興元年（930）十一月庚午條、卷七〇《張敬達傳》，今據改。

［3］張遵誨：人名。魏州（今河北大名縣）人。後梁、後唐官員。傳見本書卷六一。　以前西京副留守知留守事張遵誨行衛尉事：《輯本舊史》原無"知留守"三字，中華書局本有校勘記："本書卷三九《唐明宗紀五》作'西京副留守知留守事'。"但未改。見《輯本舊史》卷三九《唐明宗紀五》天成三年六月戊戌條，今據改。　客省使：官名。唐代宗時始置，五代沿置。客省長官，掌接待四方奏計及外族使者。

［4］國子博士：官名。國子監屬官。掌教文武官三品已上、國公子孫、二品已上曾孫爲生者。正五品上。　田敏：人名。淄州鄒平（今山東鄒平縣）人。五代、宋初大臣、學者。傳見《宋史》卷四三一。

［5］沂州：州名。治所在今山東臨沂市。　刺史：官名。漢武帝時始置。州一級行政長官，總掌考覈官吏、勸課農桑、地方教化等事。唐中期以後，節度使、觀察使轄州而設，刺史爲其屬官，職任漸輕。從三品至正四品下。　張萬進：人名。雲州（今山西大同市）人。唐末將領。傳見本書卷一三。　安北都護：官名。安北都護府長官。據《通鑑》卷二六九胡三省注，唐中葉以後，振武節度

使皆帶安北都護。参見李大龍《都護制度研究》，黑龍江教育出版社2003年版。　振武軍：方鎮名。後梁貞明二年（916）以前，治所位於單于都護府城（今内蒙古和林格爾縣）。貞明二年單于都護府城爲契丹占據。此後至後唐清泰三年（936），治所位於朔州（今山西朔州市朔城區）。後晋時隨燕雲十六州割予契丹，改名順義軍。

［6］宿州：州名。治所在今安徽宿州市。　團練使：官名。唐代中期以後，於不設節度使的地區設團練使，掌本區各州軍事。　康思立：人名。晋陽（今山西太原市）人。五代後唐將領。傳見本書卷七〇、《新五代史》卷二七。　利州：州名。治所在今四川廣元市。

［7］登州：州名。治所在今山東蓬萊市。　孫元：人名。籍貫不詳。本書僅此一見。

［8］魏府：地名。即魏州，唐、五代方鎮魏博軍的治所。位於今河北大名縣。　詔鄴都仍舊爲魏府：《輯本舊史》之影庫本粘籤："鄴都仍舊爲魏府，考《通鑑》注云：莊宗同光元年即位于魏州，以魏州爲興唐府，建東京。既遷洛，同光三年復唐之舊，以洛陽爲東都，改魏州之東京爲鄴都，至是復以爲魏州。今附識于此。"見《通鑑》卷二七六天成四年六月戊申條胡注。

［9］益州：州名。治所在今四川成都市。

［10］朔方軍：方鎮名。治所在靈州（今寧夏吴忠市）。　定難軍：方鎮名。治所在夏州（今陝西靖邊縣）。　都知兵馬使：官名。唐、五代方鎮自置之部隊統率官，稱兵馬使，其權尤重者稱兵馬大使或都知兵馬使。掌兵馬訓練、指揮。　韓澄：人名。籍貫不詳。五代將領。事見本書卷一三二。

［11］符彦超：人名。陳州宛丘（今河南淮陽縣）人。五代後唐將領，符存審之子。傳見本書卷五六、《新五代史》卷二五。

［12］行軍司馬：官名。出征將領及節度使的屬官。掌軍籍符伍、號令印信，是藩鎮重要的軍政官員。　其軍州事宜委節度副使權知：中華書局本有校勘記："'軍'字原闕，據《職官分紀》卷三

九引《五代史》、《册府》卷六五、《五代會要》卷二五補。”見《會要》卷二五幕府條載天成四年六月敕、明本《册府》卷六五《帝王部·發號令門四》天成四年六月敕。

[13]丙辰：《舊五代史考異》：“《通鑑》作庚申。”孔本原輯者案語：“《通鑑》：庚申，高從誨自稱前荆南行軍司馬、歸州刺史，上表求内附。《薛史》作丙辰，與《通鑑》異。”“通鑑作庚申”，中華書局本有校勘記：“‘庚申’，原作‘庚戌’，據殿本考證、《通鑑》卷二七六改。”見《通鑑》卷二七六天成四年六月庚申條。六月戊戌朔，庚戌十三，丙辰十九，庚申二十三。

[14]至德宫：宫殿名。位於今河南洛陽市。

秋七月庚午，以前西京留守判官張鑄爲司農卿。[1]壬申，貶前左金吾上將軍毛璋爲儒州長流百姓，[2]尋賜自盡，以其在藩鎮陰蓄奸謀故也。甲戌，御史中丞吕夢奇責授太子右贊善大夫，[3]坐曾借毛璋馬故也。己卯，以工部侍郎任贊爲左散騎常侍，以樞密直學士、左諫議大夫、充匭使閻至爲工部侍郎充職。[4]遂州進嘉禾，[5]一莖九穗。壬午，以給事中、判大理卿事許光義爲御史中丞。[6]史館上言：“所編修莊宗一朝事迹，欲名爲《實録》，太祖、獻祖、懿祖名爲《紀年録》。”[7]從之。[8]甲申，以前荆南行軍司馬、檢校太傅高從誨起復，授檢校太傅、兼侍中，充荆南節度使。[9]丙戌，涇州節度使李從昶移鎮華州，以冀州刺史李金全爲涇州節度使。[10]戊子，中書奏：“今後新及第舉人，有曾授正官及御署者，仍約前任資序，[11]與除一官。”從之。壬辰，詔取來年二月二十一日有事於南郊。

[1]留守判官：官名。留守司僚屬，分掌留守司各曹事，並協助留守通判陪都事。　張鑄：人名。籍貫不詳。事見本書本卷、卷四五。　司農卿：官名。司農寺長官。掌國家之農耕、倉儲以及宫廷百官供應。從三品。

[2]左金吾上將軍：官名。唐置，掌宫禁宿衛。唐代十六衛之一。從二品。　毛璋：人名。滄州（今河北滄縣舊州鎮）人。後唐將領。傳見本書卷七三、《新五代史》卷二六。　儒州：州名。治所在今北京市延慶區。

[3]御史中丞：官名。如不置御史大夫，則爲御史臺長官。掌司法監察。正四品下。　吕夢奇：人名。五代官員。事見本書本卷、卷三六、卷四三、卷七三等。　太子右贊善大夫：官名。掌規諫太子過失，贊相禮儀等事。正五品。

[4]工部侍郎：官名。尚書省工部次官。協助尚書掌管百工山澤水土之政令，考其功以詔賞罰，總所統各司之事。正四品下。　任贊：人名。籍貫不詳。五代後唐官員。事見本書卷四四。　樞密直學士：官名。五代後唐莊宗同光元年（923），改直崇政院置，選有政術文學者充任。備顧問應對。　左諫議大夫：官名。隸門下省。唐代置左、右諫議大夫各四人，分隸門下省、中書省。掌諫諭得失，侍從贊相。正四品下。　閻至：人名。籍貫不詳。後唐、後晋官員。事見本書本卷、卷三八、卷四一、卷七六、卷七八、卷八〇、卷九二。

[5]遂州：州名。治所在今四川遂寧市。

[6]給事中：官名。秦始置。隋唐以來，爲門下省屬官。掌讀署奏抄，駁正違失。正五品上。　許光義：人名。籍貫不詳。後唐官員。事見本書本卷、卷四一。

[7]史館：官署名。官修史書之機構。北齊始置。唐初隸秘書省著作局。唐貞觀三年（629）移於禁中，隸門下省。修本朝史由史官負責，修前代史多由他官編纂，宰相監修，正式確立史館修史、宰相監修之制。開元二十五年（737），徙史館於中書省。天寶

後，他官兼領史職者，謂之史館修撰，初入者爲直館。　莊宗：即後唐莊宗李存勗。沙陀部人。五代後唐王朝的建立者。紀見本書卷二七至卷三四、《新五代史》卷五。　太祖：即李克用。沙陀部人。生於神武川新城（一説是今山西朔州市朔城區之梵王寺村，一説是今山西應縣縣城，一説在今山西懷仁縣之日中城）。唐末軍閥，後唐追尊爲太祖。紀見本書卷二五、《新五代史》卷四。　獻祖：即李國昌，又名朱邪赤心。沙陀部首領。唐末軍閥。李克用之父。其孫後唐莊宗李存勗即帝位後，追謚其爲文皇，廟號獻祖。事見《舊唐書》卷一九上《懿宗本紀》、卷一九下《僖宗本紀》。　懿祖：即朱邪執宜。沙陀部首領。朱邪赤心之父。事見《新唐書》卷二一八《沙陀》、《新五代史》卷四《唐本紀》。　太祖、獻祖、懿祖名爲《紀年録》："紀年録"，《輯本舊史》之影庫本粘籤："原本作'繫年録'，考《通鑑》注、《玉海》、《文獻通考》並作《紀年録》，今改正。"見《通鑑》卷二四七會昌三年（843）正月等條《考異》引《後唐獻祖紀年録》、卷二五五中和二年（882）十二月等條《考異》引《唐太祖紀年録》、《後唐懿祖紀年録》、《會要》卷一八修國史條天成四年（929）七月記事、《崇文總目》卷三《實録類》。

[8]從之：《舊五代史考異》："《五代會要》：天成三年十二月，史館奏：'據左補闕張昭遠狀："嘗讀國書，伏見懿祖昭烈皇帝自元和之初，獻祖文皇帝于大和之際，立功王室，陳力國朝。太祖武皇帝自咸通後來，勤王戮力，翦平多難，頻立大功，三换節旄，再安京國。莊宗皇帝終平大憝，奄有中原，倘闕編修，遂成湮墜。伏請與當館修撰，參序條綱，撰太祖、莊宗實録者。"伏見前代史館，歸于著作，國初分撰五代史，方委大臣監修。自大曆後來，始奏兩員修撰，當時選任，皆取良能，一代之書，便成于手。其後源流失緒，波蕩不還，冒當修撰之名，曷揚褒貶之職。及乎編修大典，即云别訪通才，況當館職在編修，合行撰述。'敕：'宜依。'四年七月，監修國史趙鳳奏：'奉敕修懿祖、獻祖、太祖、莊宗四帝實録，

自今年六月一日起手，旋具進呈。伏以凡關纂述，務合品題。承乾御宇之君，行事方云實録；追尊册號之帝，約文衹可紀年。所修前件史書，今欲自莊宗一朝名爲《實録》，其太祖以上並目爲《紀年録》。'從之。考當時史館能審名實如此。《薛史》列武皇于本紀，識者譏之，《歐陽史》始改《莊宗紀》。""者伏見前代史館……及乎編修大典……敕宜依"，中華書局本有校勘記："以上九十九字原闕，據孔本補。'大典'，孔本原作'六典'，據《五代會要》卷一八改。""考當時史館……歐陽史始改莊宗紀"中華書局本有校勘記："以上三十一字原闕，據孔本補。"見《會要》卷一八《修國史》天成三年十二月、四年七月條。

[9]檢校太傅：官名。爲散官或加官，以示恩寵，無實際執掌。按，檢校某某官，唐中後期逐漸確立，五代沿用。多作爲使府或方鎮僚佐秩階、升遷的階官，非正式官銜。參見賴瑞和《論唐代的檢校官制》，《漢學研究》2006年第24卷第1期。

[10]涇州：州名。治所在今甘肅涇川縣。　李從昶：人名。籍貫不詳。後唐將領。事見本書本卷、卷四三、卷四七、卷四八。　華州：州名。治所在今陜西渭南市華州區。　冀州：州名。治所在今河北衡水市冀州區。　李金全：人名。吐谷渾部人。早年爲後唐明宗李嗣源奴僕，驍勇善戰，因功升遷。後晋時封安遠軍節度使，後投奔南唐。傳見本書卷九七、《新五代史》卷四八。

[11]仍約前任資序：中華書局本有校勘記："'仍'，原作'欲'，據《五代會要》卷二三、《册府》卷六四一改。"見《會要》卷二三緣舉雜録條天成四年七月中書門下奏、《宋本册府》卷六四一《貢舉部·條制門三》天成四年七月條。

八月丁酉朔，大理正路航奏：[1]"切見春秋釋奠於文宣王廟，而武成王廟久曠時祭，請復常祀。"從之。[2]戊戌，中書奏："太子少傅李琪所撰進霍彦威神道碑

文，[3]不分真僞，是混功名，望令改撰。”從之。琪，梁之故相，私懷感遇，敘彦威在梁歷任，不欲言僞梁故也。辛丑，詔：“亂離已來，天下諸軍所掠生口，有主識認，即勒還之。”以二王後、前清河縣令、襲酅國公、食邑三千户楊仁矩爲秘書丞。[4]御史臺奏：“主簿朱穎是前中丞奏請，合隨廳罷任。”[5]詔曰：“主簿既爲正秩，況入選門，顯自朝恩，合終考限，宜令仍舊守官。”甲辰，以宰臣馮道爲南郊大禮使，兵部尚書盧質爲禮儀使，御史中丞許光義爲儀仗使，兵部侍郎姚顗爲鹵簿使，河南尹從榮爲橋道頓遞使，客省使、衛尉卿張遵誨爲修裝法物使。[6]乙巳，黑水朝貢使骨至來朝，[7]授歸德司戈，[8]放還蕃。丁未，以翰林學士承旨、禮部侍郎、知制誥李愚爲兵部侍郎，[9]職如故。以中書舍人盧詹爲禮部侍郎，以兵部侍郎裴皡爲太子賓客。[10]吐渾首領念公山來朝貢。[11]戊申，帝服衮冕，御文明殿，追册昭宣光烈孝皇帝。庚戌，以宰臣、監修國史趙鳳兼判集賢院事，以左散騎常侍任贊判大理卿事。[12]己未，高麗王王建遣使貢方物。[13]辛酉，詔：“準往例，[14]節度使帶平章事、侍中、中書令，[15]並列銜於敕牒，側書‘使’字。今錢鏐是元帥、尚父，與使相名殊，馬殷守太師、尚書令，是南省官資，不合署敕尾，今後敕牒内並落下。”[16]乙卯，[17]党項首領朝貢。甲子，幸金真觀，改賜建法大師賜紫尼智願爲圓惠大師，即武皇夫人陳氏也。[18]丙寅，[19]達靼來朝貢。京城内有南州、北州，乃張全義光啓中所築。[20]至是，詔許人依街巷請射城濠，

任使平填，蓋造屋宇。

［1］大理正：官名。大理寺屬官。掌參議刑辟，詳正科條之事。從五品下。　路航：人名。籍貫不詳。五代後晋官員。事見本書卷一四三。《輯本舊史》原作“路阮”，《輯本舊史》卷一四三《禮志下》長興四年（933）二月條、《宋本册府》卷五九三《掌禮部·奏議二一》天成四年（929）八月條、《新五代史》卷七三《石延煦附傳》均作“路航”，據改。

［2］“切見”至“從之”：“文宣王廟”之“廟”，《輯本舊史》原闕，據《册府》卷九五三補。《册府》在“久曠時祭”下尚有“國之二柄，文武之宗”八字。“請復常祀”，《輯本舊史》之影庫本粘籤：“原本作‘嘗祈’，今據《五代會要》改正。”見《册府》卷五九三，檢《會要》卷三武成王廟條未見。

［3］太子少傅：官名。與太子少保、太子少師合稱“三少”，唐後期、五代時多爲大臣、勳貴加官。從二品。　李琪：人名。河西敦煌（今甘肅敦煌市）人。後梁、後唐官員。傳見本書卷五八、《新五代史》卷五四。　霍彦威：人名。洺州曲周（今河北曲周縣）人。後梁、後唐將領。傳見本書卷六四、《新五代史》卷四六。

［4］楊仁矩：人名。隋朝楊氏後裔。五代後唐官員。事見本書本卷。　秘書丞：官名。三國魏始置。秘書省主官。掌圖書文籍。從五品上。　以二王後、前清河縣令、襲酅國公、食邑三千户楊仁矩爲秘書丞：“二王後”，中華書局本有校勘記：“以上三字原闕，據《册府》卷一七三補。按本書卷四一《唐明宗紀七》：‘（長興元年十二月）以二王後、祕書丞、襲酅國公楊仁矩卒輟朝。’”見《宋本册府》卷一七三《帝王部·繼絶門》。

［5］御史臺：官署名。秦漢始置。古代國家的監察機構。掌糾察官吏違法，肅正朝廷綱紀。大事廷辨，小事奏彈。　主簿：官名。漢代以後歷朝均置。唐代京城百司和地方官署，均設主簿。管

理文書簿籍，參議本署政事，爲官署中重要佐官。其官階品秩，因官署而不同。　朱穎：人名。籍貫不詳。本書僅此一見。

[6]南郊大禮使：官名。非常設。帝王舉行南郊等大禮時設，參掌大禮。　兵部尚書：官名。尚書省兵部主官。掌兵衛、武選、車輦、甲械、厩牧之政令。正三品。　盧質：人名。河南（今河南洛陽市）人。五代大臣。傳見本書卷九三、《新五代史》卷五六。　禮儀使：官名。有重大禮儀事務則臨時置使，掌禮儀事務，事畢即罷。　儀仗使：官名。皇帝大駕出行時設置。非常設官，均由他官兼代。掌總儀仗事務。　鹵簿使：官名。掌帝后出行車駕儀仗。　橋道頓遞使：官名。頓，即宿食之所。大禮時置，以京城長官充任，掌事先周知皇帝郊祀時所要經過的道路橋梁，安排皇帝居息之所，並運送郊祀需用之物至舉行郊祀之處。　衛尉卿：官名。北魏置，隋、唐、五代時爲衛尉寺長官。掌邦國器械文物之事，總武庫、武器、守宮三署之官屬。從三品。　修裝法物使：官名。掌典禮法物器什等。

[7]黑水：部族名。即黑水靺鞨。隋唐時靺鞨七大部之一，居於今黑龍江中下游。傳見本書卷一三八、《新五代史》卷七四。　骨至：人名。黑水使者。事見本書本卷。　黑水朝貢使骨至來朝：中華書局本有校勘記："'來朝'上殿本有'等率屬'三字。"

[8]歸德司戈：武散官階。從八品下。

[9]翰林學士承旨：官名。爲翰林學士之首。掌拜免將相、號令征伐等詔令的起草。《舊唐書·職官志二·翰林院》："例置學士六人，内擇年深德重者一人爲承旨，所以獨承密命故也。"　禮部侍郎：官名。尚書省禮部次官。協助禮部尚書掌禮儀、祭享、貢舉之政。正四品下。　李愚：人名。渤海無棣（今山東慶雲縣）人。唐末進士，五代大臣。傳見本書卷六七、《新五代史》卷五四。

[10]中書舍人：官名。中書省屬官，掌起草文書、呈遞奏章、傳宣詔命等。正五品上。　盧詹：人名。京兆長安（今陝西西安市）人。唐末、五代官員。傳見本書卷九三。　裴皞：人名。河東

（今山西太原市）人。五代官員。傳見本書卷九二、《新五代史》卷五七。　太子賓客：官名。爲太子官屬。唐高宗顯慶元年（656）始置。掌侍從規諫、贊相禮儀。正三品。

［11］吐渾：部族名。吐谷渾的省稱。源出鮮卑，後游牧於今甘肅、青海一帶。參見周偉洲《吐谷渾資料輯録》（增訂本），商務印書館2017年版。　念公山：人名。吐渾首領。事見《新五代史》卷六。

［12］監修國史：官名。北齊始置史館，以宰相爲之。唐史館沿置，爲宰相兼職。　集賢院：官署名。唐開元十三年（725）始置，掌秘書圖書等事。

［13］高麗：古國名。又稱高句麗。故地在今朝鮮半島北部。公元4世紀後强大，與新羅、百濟鼎足争雄。總章元年（668），爲唐所滅。公元918年，後三國（即朝鮮新羅、後百濟、泰封）之一泰封國武將王建推翻其統治者弓裔，稱王，改國號高麗，都開京（今朝鮮開城），史稱“王氏高麗”。漸合併新羅、後百濟，重新統一朝鮮半島。參見〔朝〕鄭麟趾等《高麗史》，西南師範大學出版社2014年版；楊軍《高句麗民族與國家的形成和演變》，中國社會科學出版社2006年版。　王建：人名。朝鮮王氏高麗開國國王，廟號太祖。參見〔朝〕鄭麟趾等《高麗史》卷一。

［14］準往例：中華書局本有校勘記：“‘往’，原作‘待’，據殿本、劉本、本書卷一四九《職官志》、《五代會要》卷一三改。”見《會要》卷一三中書門下條天成四年八月敕、《輯本舊史》卷一四九《職官志·都省目》天成四年八月詔。

［15］中書令：官名。漢代始置，隋、唐前期爲中書省長官，屬宰相之職；唐後期多爲授予元勳大臣的虚銜。正二品。

［16］錢鏐：人名。臨安（今浙江杭州市）人。五代時期吴越國建立者。傳見本書卷一三三、《新五代史》卷六七。　元帥：官名。即“天下兵馬大元帥”。總掌天下兵馬。爲特設超品之官職。　尚父：尊號名。意爲可尊尚的父輩。　馬殷：人名。許州鄢陵（今河南鄢陵縣）人，一説上蔡（今河南上蔡縣）人。五代十國南

楚開國君主。傳見本書卷一三三、《新五代史》卷六六。　太師：官名。與太傅、太保合稱三師，唐後期、五代時多爲大臣、勳貴加官。正一品。　尚書令：官名。秦始置。隋、唐前期爲尚書省長官，與中書令、侍中並爲宰相。因以李世民爲之，後皆不授，唐高宗廢其職。唐後期以李適、郭子儀有功而特授此職，爲大臣榮銜，不參與政務。五代因之。唐時爲正二品，後梁開平三年（909）升爲正一品。

[17]乙卯：中華書局本有校勘記："郭武雄《證補》：'丁酉朔，庚戌十四日，己未二十三日，辛酉二十五日，乙卯十九日。乙卯當置庚戌之後，己未之前。《歐陽史·唐本紀》不誤。'"

[18]金真觀：寺觀名。位於今河南洛陽市。　智願：即李克用夫人陳氏。傳見本書卷四九、《新五代史》卷一三。

[19]丙寅：中華書局本有校勘記："原作'丙戌'，據殿本、劉本改。按是月丁酉朔，無丙戌，丙寅爲三十日。"

[20]張全義：人名。濮州臨濮（今山東鄄城縣）人。唐末、五代後梁、後唐將領。傳見本書卷六三、《新五代史》卷四五。　光啓：唐僖宗李儇年號（885—888）。　乃張全義光啓中所築：《舊五代史考異》："《洛陽縉紳舊聞記》引《薛史》此文而辨之云：言光啓中築，乃再葺而已，非始築也，其城壕今尚有遺跡焉。"見《洛陽縉紳舊聞記》卷二《齊王張令公外傳》。

九月丁卯朔，[1]中書奏："據宗正寺申，懿祖永興陵、獻祖長寧陵、太祖建極陵並在代州雁門縣，皇帝追尊四廟在應州金城縣。"[2]詔："應州升爲望州，金城、雁門並升爲望縣。"辛未，[3]太常博士段顒奏："切見大祠則差宰相行事，中祠則卿監行事，小祠則委太祝奉禮，並不差官，今後小祠請差五品官行事。"[4]從之。癸巳，制天下兵馬元帥、尚父、吴越國王錢鏐可落元帥、

尚父、吴越國王，[5]授太師致仕，責無禮也。先是，上將軍烏昭遇使於兩浙，以朝廷事私於吴人，仍目鏐爲殿下，自稱臣，謁鏐行拜蹈之禮。[6]及迴，使副韓玫具述其事，[7]故停削鏐官爵，令致仕。烏昭遇下御史臺，尋賜自盡。後有自浙中使還者，言昭遇無臣鏐之事，爲玫所誣，人頗以爲冤。乙未，詔諸道通勘兩浙綱運進奉使，[8]並下巡獄。

[1]九月丁卯朔：《輯本舊史》原作“九月丁亥”，中華書局本有校勘記：“‘丁卯’，原作‘丁亥’，據殿本改。影庫本粘籤：‘以《長曆》推之，當作丁卯。’影庫本批校：‘丁亥，應作丁卯。’按是月丁卯朔。”中華書局本改作“九月丁卯”，但按本紀記時之規則尚應補“朔”字。

[2]宗正寺：官署名。秦朝設置，歷代沿置。掌九族六親之屬籍，以别昭穆之序，並領崇玄署。　代州：州名。治所在今山西代縣。　雁門：縣名。治所在今山西代縣。　懿祖永興陵、獻祖長寧陵、太祖建極陵並在代州雁門縣：“長寧”“建極”，《輯本舊史》之影庫本粘籤：“長寧，原本作‘去寧’；建極，原本作‘述極’，今據《五代會要》改正。”見《會要》卷一追謚皇帝條所記後唐獻祖、太祖陵名。

[3]辛未：中華書局本有校勘記：“原作‘辛酉’，據殿本改。影庫本粘籤：‘辛酉，以《長曆》推之，當作辛巳。’影庫本批校：‘辛酉，應作辛未。’按是月丁卯朔，無辛酉，辛未爲初五。”

[4]今後小祠請差五品官行事：中華書局本有校勘記：“‘小祠’二字原闕，據本書卷一四三《禮志下》、《五代會要》卷四、《册府》（宋本）卷五九三補。”見《會要》卷四緣祀裁制條天成四年（929）九月所載太常寺奏、《宋本册府》卷五九三《掌禮部·奏議門二二》天成四年九月條。

[5]吴越國：五代十國之吴越國。後梁開平元年（907），封鎮海節度使錢鏐爲吴越王，領有今浙江之地及江蘇的一部分。北宋太平興國三年（978），錢俶向北宋納土，吴越亡。

[6]上將軍：官名。當即十六衛上將軍。唐置，掌宫禁宿衛。從二品。　烏昭遇：人名。籍貫不詳。五代後唐供奉官。傳見本書附録。　兩浙：方鎮名。治所在今浙江杭州市。　拜蹈：臣僚對君主的朝參禮儀。典儀官贊"舞蹈"，臣僚做出有節奏的動作，司樂官以樂伴之。

[7]韓玫：人名。籍貫不詳。五代後唐官員。事見本書本卷。中華書局本有校勘記："原作'劉玫'，據本書卷一三三《錢鏐傳》、《册府》卷六六四、卷九三三、《通鑑》卷二七六改。《舊五代史考異》卷二：'案《通鑑》作韓玫。'"見《宋本册府》卷九三三《總録部·誣搆門二》韓玫條、明本《册府》卷六六四《奉使部·辱命門》烏昭遇條、《通鑑》卷二七六天成四年九月癸巳條。

[8]詔諸道通勘兩浙綱運進奉使："通勘"，中華書局本有校勘記："劉本、邵本作'承勘'。"

冬十月丙申朔，併吏部三銓爲一銓，[1]宜令本司官員同商量注擬，連署申奏，仍不得於私第注官。戊戌，以襄州兵馬都監、守磁州刺史康福爲朔方、河西等軍節度使，靈、威、雄、警、涼等州觀察使。[2]時朔方將吏請帥於朝廷，故命福往鎮之。庚子，以右金吾上將軍史敬鎔爲左金吾上將軍，以左驍衛上將軍符彦超爲右金吾上將軍，以前黔州節度使李承約爲左驍衛上將軍，以雲州節度使張敬詢爲左驍衛上將軍，以前華州節度使王景戡爲右驍衛上將軍。[3]癸卯，太常少卿蕭愿責授太子洗馬，[4]奪緋。愿南郊行事，與祠官同飲，詰旦猶醉不能

行禮，爲御史所劾也。詔新授朔方節度使康福將兵萬人赴鎮。己酉，制復故荆南節度使高季興官爵。辛亥，升閬州爲保寧軍。[5]壬子，以内客省使、左衛大將軍李仁矩爲閬州節度使。[6]幸七星亭。丙辰，夏州進白鷹，[7]重誨奏曰："夏州違詔進貢，臣已止約。"帝曰："善。"朝退，帝密令左右進焉。是日，幸龍門。[8]

[1]吏部三銓：爲吏部尚書銓、吏部西銓（中銓）、吏部東銓的合稱。負責官員銓選。

[2]磁州：州名。治所在今河北磁縣。　康福：人名。蔚（今河北蔚縣）人。後唐、後晋將領。傳見本書卷九一、《新五代史》卷四六。　河西：方鎮名。治所在涼州（今甘肅武威市）。　以襄州兵馬都監、守磁州刺史康福爲朔方、河西等軍節度使："朔方"，《輯本舊史》之影庫本粘籤："原本作'翔方'，今據《通鑑》改正。"見《新五代史》卷四〇《韓遜傳》天成四年條、《通鑑》卷二七六天成四年（929）十月戊戌條。五代亦無翔方節度使。中華書局本有校勘記："'軍'字原闕，據本書卷九一《康福傳》、《册府》卷一二〇補。"見《輯本舊史》卷九一《康福傳》、明本《册府》卷一二〇《帝王部·選將門》天成四年十月戊戌條，但《册府》漏著"四年"，蒙上文似爲三年事，誤。　靈：州名。治所在今寧夏吴忠市。　威：州名。治所在今甘肅環縣。　雄：州名。治所在今甘肅永昌縣。　警：州名。治所在今寧夏平羅縣西南姚伏鎮。　涼：州名。治所在今甘肅武威市。

[3]右金吾上將軍：官名。唐置，掌宫禁宿衛。唐代十六衛之一。從二品。　史敬鎔：人名。太原（今山西太原市）人。五代後唐將領。傳見本書卷五五。　李承約：人名。薊門（今北京市昌平區）人。後唐將領。傳見本書卷九〇、《新五代史》卷四七。　以前黔州節度使李承約爲左驍衛上將軍：中華書局本有校勘記："'左

驍衛上將軍’，本書卷九〇《李承約傳》、《新五代史》卷四七《李承約傳》作‘左衛上將軍’。《册府》卷四九七：‘（天成四年十二月）脩洛河北岸，宣差左衛上將軍李承約祭之。’”見明本《册府》卷四九七《邦計部·河渠門》天成四年十二月庚申條。　以雲州節度使張敬詢爲左驍衛上將軍：中華書局本有校勘記：“‘雲州節度使’，朱玉龍《方鎮表》：‘據《明宗紀》，本年六月敬詢已被楊漢章代歸；至十月，不得復作“雲州節度使”，疑“雲州”上脱“前”字。’‘左’，原作‘右’，據殿本、本書卷六一《張敬詢傳》改。”見《輯本舊史》卷六一《張敬詢傳》天成四年條。　右驍衛上將軍：官名。唐置，掌宫禁宿衛。唐代十六衛之一。從二品。

[4]太常少卿：官名。太常寺次官。佐太常卿掌宗廟祭祀禮樂及教育等。正四品上。　蕭愿：人名。京兆萬年（今山西西安市）人。唐末、五代官員。傳見本書卷一二八。　太子洗馬：官名。太子屬官。掌經籍，出入侍從。從五品。

[5]閬州：州名。治所在今四川閬中市。　保寧軍：方鎮名。治所在閬州（今四川閬中市）

[6]　左衛大將軍：官名。唐置，掌宫禁宿衛。唐代十六衛之一。從二品。　李仁矩：人名。籍貫不詳。後唐明宗舊將。傳見本書卷七〇、《新五代史》卷二六。　以内客省使、左衛大將軍李仁矩爲閬州節度使：“内客省使”，中華書局本有校勘記：“‘客’字原闕，據殿本、孔本、《通鑑》卷二七六補。”見《通鑑》卷二七六天成四年十月壬子條。

[7]夏州：州名。治所在今陝西靖邊縣。

[8]龍門：地名。位於今河南洛陽市。因兩山相對如闕，伊河從中流過，又名伊闕。唐以後習稱龍門。

十一月丁卯，洛州水暴漲，[1]壞居人垣舍。戊辰，以刑部侍郎張文寶爲右散騎常侍。[2]己巳，以尚書右丞

李光序爲刑部侍郎。[3]癸酉，升曹州濟陰縣爲次赤，[4]以昭宣光烈孝皇帝温陵所在故也。甲戌，奉國軍節度使王延禀加兼侍中，從福建節度使王延鈞請也。[5]車駕出近郊，試夏州所進白鷹，戒左右勿令重誨知。己卯，日南至，帝御文明殿受朝賀。癸未，秘書少監于嶠配振武長流百姓，[6]永不齒任，爲宰臣趙鳳誣奏也。史官張昭遠等以新修懿祖、獻祖、太祖《紀年録》共二十卷、《莊宗實録》三十卷上之，賜器帛有差。[7]

[1]洛州：即河南府。治所在今河南洛陽市。

[2]刑部侍郎：官名。尚書省刑部次官。協助刑部尚書掌天下刑法及徒隸、勾覆、關禁之政令。正四品下。　張文寶：人名。籍貫不詳。五代後唐官員。傳見本書卷六八。　右散騎常侍：官名。中書省屬官。掌侍從規諫、顧問應對等事。正三品下。

[3]李光序：人名。籍貫不詳。事見本書本卷、卷三二、卷三三、卷四二。

[4]曹州：州名。治所在今山東曹縣西北。　濟陰：縣名。治所在今山東曹縣西北。

[5]奉國軍：方鎮名。治所在蔡州（今河南汝南縣）。　王延禀：人名。籍貫不詳。王審知養子。與王延鈞聯合叛殺王延翰。事見《新五代史》卷六八。　福建：方鎮名。治所在福州（今福建福州市）。　王延鈞：人名。即王鏻。王審知次子，五代十國閩國君主。傳見本書卷一三四、《新五代史》卷六八。

[6]秘書少監：官名。唐承隋制，置秘書省，設秘書少監二人協助秘書監工作。從四品上。　于嶠：人名。籍貫不詳。歷任後唐、後晋左拾遺、秘書少監、知制誥、中書舍人。事見本書卷三〇、卷七六。　張昭遠：人名。籍貫不詳。五代後唐官員。事見

本書本卷。

［7］史官張昭遠等以新修懿祖、獻祖、太祖《紀年録》共二十卷、《莊宗實録》三十卷上之："懿祖"《輯本舊史》之影庫本粘籤："原本脱'懿'字，今從《五代會要》改正。""懿祖獻祖"，中華書局本有校勘記："原作'獻祖懿祖'，據《五代會要》卷一八、《册府》卷五五四、卷五五七乙正。"見《會要》卷一八《修國史》條天成四年（933）十一月記事、《宋本册府》卷五五四《國史部·恩賞門》趙鳳條、卷五五七《國史部·採撰門三》趙鳳條。懿執宜爲獻祖國昌之父，自應在前。　賜器帛有差：《舊五代史考異》："《五代會要》：監修趙鳳，修撰張昭遠、吕咸休各賜繒綵、銀器等。"見《會要》卷一八修國史條天成四年十一月記事。

十二月丁酉，靈武康福奏："破野利、大蟲兩族三百餘帳於方渠，獲牛羊三萬。"戊戌，詔："應授官及封贈官誥、舉人冬集等所費用物，一切官破。"壬戌，中書奏："今後宰臣致齋内，不押班，不知印，不赴内殿起居。或遇國忌，行事官已受誓戒，宜不赴行香，并不奏刑殺公事。大祠致齋内，請不開宴。每遇大忌前一日，請不坐朝。"從之。[1]《永樂大典》卷七千一百六十五。[2]

［1］野利、大蟲：爲黨項大族。　方渠：縣名。治所在今甘肅環縣。

［2］《大典》卷七一六五"唐"字韻"明宗（二）"事目。

今注本二十四史

舊五代史

七

唐書〔三〕

宋　薛居正等　撰

陳智超　紀雪娟　主持校注

中國社会科学出版社

舊五代史　卷四一

唐書十七

明宗紀第七

長興元年春正月丙寅朔，帝御明堂殿受朝賀，仗衛如常儀。[1]乙亥，國子監請以監學生束脩及光學錢備監中修葺公用，[2]從之。丙子，帝謂宰臣曰："時雪未降，如何？"馮道曰：[3]"陛下恭行儉德，憂及烝民，上合天心，必有春澤。"是夜降雪。其夕，右散騎常侍蕭希甫封狀申樞密，[4]稱得河堰衙官狀，告本都將校二十餘人欲謀不軌，至旦追問無狀，斬所告人。是日，幸至德宮。[5]辛卯，中書奏，[6]郊天有日，合差大内留守。詔以宣徽南院使朱弘昭充。[7]

[1]長興：後唐明宗李嗣源年號（930—933）。　明堂殿：宮殿名。位於今河南洛陽市。　國子監：官署名。掌邦國儒學訓導之政令。

[2]國子監請以監學生束脩及光學錢備監中修葺公用：《輯本

舊史》之影庫本粘籤："光學錢，原本作'充學'，今從《册府元龜》《五代會要》改正。"詳見《會要》卷一六國子監條天成五年（即長興元年，二月改元，930）正月五日（庚午）記事，《宋本册府》卷六二〇《卿監部·舉職門》崔協條作："長興元年春，國子監又請以學生束脩及光學錢備監屯修葺公使。從之。"《輯本舊史》卷五八《崔協傳》載："朝廷以國庠事重，命協兼判祭酒事。"

[3]馮道：人名。瀛州景城（今河北滄縣）人。五代時官拜宰相，歷仕後唐、後晋、後漢、後周，亦曾臣服於契丹。傳見本書卷一二六、《新五代史》卷五四。

[4]右散騎常侍：官名。中書省屬官。掌侍奉規諷，備顧問應對。正三品下。　蕭希甫：人名。宋州（今河南商丘市睢陽區）人。後梁、後唐官員。傳見本書卷七一、《新五代史》卷二八。　樞密：官名。樞密院長官，五代時以士人爲之，備顧問，參謀議，出納詔奏，權侔宰相。參見李全德《唐宋變革期樞密院研究》，國家圖書館出版社2009年版。

[5]至德宫：宫殿名。位於今河南洛陽市。

[6]中書：官署名。"中書門下"的簡稱。唐代以來爲宰相處理政務的機構。參見劉後濱《唐代中書門下體制研究——公文形態·政務運行與制度變遷》，齊魯書社2004年版。

[7]宣徽南院使：官名。唐始置。宣徽南院的長官。初用宦官，五代以後改用士人。與宣徽北院使通掌内諸司及三班内侍之名籍，郊祀、朝會、宴享供帳之儀，檢視内外進奉名物。參見王永平《論唐代宣徽使》，《中國史研究》1995年第1期；王孫盈政《再論唐代的宣徽使》，《中華文史論叢》2018年第3期。　朱弘昭：人名。太原（今山西太原市）人。後唐明宗朝樞密使、宰相。傳見本書卷六六、《新五代史》卷二七。

二月戊戌，幸稻田莊。[1]己亥，黑水國主兀兒遣使

貢方物。[2]翰林學士劉昫奏："新學士入院，舊試五題，請今後停試詩賦，祇試麻制、答蕃書、批答共三道。仍請内賜題目，定字數，付本院召試。"從之。[3]有司奏："皇帝致齋於明堂，[4]按舊服通天冠、絳紗袍，文武五品已上著袴褶，近例祇著朝服。"從之。乙巳，中書奏："皇帝朝獻太微宫、太廟，[5]祭天地於圜丘，準禮例親王爲亞獻行事，受誓戒。"從之。以天雄軍節度使石敬瑭爲御營使。[6]壬子，帝宿齋於明堂殿。癸丑，朝獻太微宫。是日，宿齋於太廟，詰旦請行饗禮。甲寅，赴南郊齋宫。是夜微雨，三鼓後晴明如晝。乙卯，祀昊天上帝於圜丘，柴燎禮畢，郊宫受賀。是日，御五鳳樓，[7]宣制：改天成五年爲長興元年，[8]大赦天下，除十惡五逆、放火劫舍、屠牛、官典犯贓、僞行印信、合造毒藥外，罪無輕重，咸赦除之。天成四年終諸道所欠殘税及場院欠折，並特放免。群臣職位帶平章事、侍中、中書令，並與改鄉名里號。朝臣及蕃侯郡守亡父母，及父母在并妻室未沾恩命者，並與恩澤。應私債出利已經倍者，祇許徵本，已經兩倍者，本利並放。河陽管内人户，每畝舊徵橋道錢五文，今後不徵。諸道州府每畝先徵麴錢五文，今特放二文云。商州吏民以刺史郭知瓊善政聞，詔褒之。

[1]稻田莊：地名。位於今河南洛陽市。

[2]黑水國：部族名。即黑水靺鞨。隋、唐時靺鞨七大部之一，居於今黑龍江中下游。傳見本書卷一三八、《新五代史》卷七四。兀兒：人名。黑水靺鞨某部首領。漢籍中有時以此爲部名。後唐

同光二年（924）、長興元年（930）遣使或親自來朝。事見《新五代史》卷七四。

[3]翰林學士：官名。由南北朝始設之學士發展而來，唐玄宗改翰林供奉爲翰林學士，備顧問、代王言。掌拜免將相、號令征伐等詔令的起草。　劉昫：人名。涿州歸義縣（今河北容城縣）人。五代大臣，曾任宰相、監修國史，領銜撰進《舊唐書》。傳見本書卷八九、《新五代史》卷五五。　“翰林學士劉昫奏”至“從之”：《舊五代史考異》：“案《五代會要》載劉昫原奏云：‘舊例，學士入院，除中書舍人不試，餘官皆先試麻制、答蕃、批答各一道，詩賦各一道，號曰五題，並于當日呈納。從前每遇召試，多預出五題，潛令宿搆，其無黨援者，即日起草，罕能成功。今請權停詩賦，祇試三道，仍内賜題，兼定字數。’從之。”見《會要》卷一三翰林院條長興元年二月載劉昫奏。其中，“答蕃”，中華書局本有校勘記：“‘答’，原作‘各’，據《五代會要》卷一三改。”《會要》作“祇試麻制答共三道”。

[4]明堂：用於布政、祭祀的禮制建築。位於今河南洛陽市。

[5]太微宫：宫觀名。唐朝尊老子爲祖，建玄元廟奉祀。天寶二年（743）改西京玄元廟爲太清宫，東京爲太微宫，天下諸郡爲紫極宫，又改譙郡紫極宫爲太清宫。　太廟：帝王的祖廟。用以供奉、祭祀皇帝先祖。

[6]天雄軍：方鎮名。治所在魏州（今河北大名縣）。　節度使：官名。唐時在重要地區所設掌握一州或數州軍事、民事、財政的長官。　石敬瑭：人名。沙陀部人。五代後唐將領、後晋開國皇帝。紀見本書卷七五至八〇、《新五代史》卷八。　御營使：官名。五代皇帝多親自率兵征戰，故設御營使負責行營守衛，多由親信將領、寵臣充任。

[7]五鳳樓：樓名。唐始建，後梁太祖朱温重修。位於今河南洛陽市。

[8]改天成五年爲長興元年：《輯本舊史》之影庫本粘籤：“長

興元年，原本脱‘年’字，今據文增入。”見明本《册府》卷九三《帝王部·赦宥門一二》所載長興元年二月乙卯制，此爲書證，不需據文增入。

三月丁卯，幸會節園，遂幸河南府。[1]靈武奏，[2]殺戮蕃賊二千人。壬申，鳳翔節度使李從曮進封岐國公，移鎮汴州。[3]甲戌，延州節度使高允韜移鎮邢州。[4]丙子，以宣徽使朱弘昭爲鳳翔節度使；潞州節度使朱漢賓加檢校太傅，移鎮晋州；徐州節度使房知温移鎮鄆州；鄆州節度使王晏球移鎮青州。[5]宰臣馮道率百僚拜表，請上尊號曰聖明神武文德恭孝皇帝，詔報不允。壬午，許州節度使孔循移鎮滄州、陝州節度使張延朗移鎮許州，加檢校太傅；滄州節度使張虔釗移鎮徐州，加檢校太保。[6]癸未，詔貶右散騎常侍、集賢殿學士、判院事蕭希甫爲嵐州司户參軍，[7]仍馳驛發遣，坐誣告之罪也。宰臣馮道等再請上尊號，詔允之。丙戌，以侍衛親軍馬步軍都指揮使、河陽節度使康義誠爲襄州節度使、檢校太傅，以左武衛上將軍劉彦琮爲陝州節度使、檢校太保。[8]庚寅，制淑妃曹氏可立爲皇后，仍令擇日册命。[9]

[1]會節園：園林名。位於今河南洛陽市。　河南府：府名。治所在今河南洛陽市。

[2]靈武：方鎮名。治所在今寧夏吴忠市。

[3]鳳翔：方鎮名。治所在鳳翔府（今陝西鳳翔縣）。　李從曮：人名。深州博野（今河北蠡縣）人。李茂貞之子，後晋時封秦王。傳見本書卷一三二。　汴州：州名。治所在今河南開封市。

鳳翔節度使李從曮進封岐國公，移鎮汴州：《輯本舊史》之影庫本粘籤："李從曮移鎮汴州，據《通鑑》云：從曮因入朝陪祀，徙爲宣武節度使。《薛史》未及詳載，今附識于此。"《通鑑》卷二七七長興元年（930）三月壬申條載："鳳翔節度使兼中書令李從曮入朝陪祀，三月，壬申，制徙從曮爲宣武節度使。"

[4]延州：州名。治所在今陝西延安市。　高允韜：人名。延州（今陝西延安市）人。五代將領。高萬興之子。傳見本書卷一三二。　邢州：州名。治所在今河北邢臺市。

[5]宣徽使：官名。唐始置。宣徽南院使、北院使通稱宣徽使。初用宦官，五代以後改用士人。通掌内諸司及三班内侍之名籍，郊祀、朝會、宴享供帳之儀，檢視内外進奉名物。詳見王永平《論唐代宣徽使》，《中國史研究》1995 年第 1 期；王孫盈政《再論唐代的宣徽使》，《中華文史論叢》2018 年第 3 期。　潞州：州名。治所在今山西長治市。　朱漢賓：人名。亳州譙縣（今安徽亳州市）人。五代後梁、後唐將領。傳見本書卷六四、《新五代史》卷四五。　檢校太傅：官名。爲散官或加官，以示恩寵，無實際執掌。　潞州節度使朱漢賓加檢校太傅：中華書局本有校勘記："'潞州節度使'五字原闕，據殿本、孔本補。"　晋州：州名。治所在今山西臨汾市。　徐州：州名。治所在今江蘇徐州市。　房知温：人名。兖州瑕丘（今山東濟寧市兖州區）人。五代後唐將領。傳見本書卷九一、《新五代史》卷四六。　鄆州：州名。治所在今山東東平縣。　王晏球：人名。洛陽（今河南洛陽市）人。五代將領。傳見本書卷六四、《新五代史》卷四六。　青州：州名。治所在今山東青州市。

[6]許州：州名。治所在今河南許昌市。　孔循：人名。籍貫不詳。五代後梁、後唐大臣。傳見《新五代史》卷四三。　滄州：州名。治所在今河北滄縣舊州鎮。　陜州：州名。治所在今河南三門峽市陜州區。　張延朗：人名。汴州（今河南開封市）人。五代後唐大臣，歷任三司使、宰相。傳見本書卷六九、《新五代史》卷

二六。　張虔釗：人名。遼州（今山西左權縣）人。後唐、後蜀將領。傳見本書卷七四。　檢校太保：官名。爲散官或加官，以示恩寵，無實際執掌。

[7]集賢殿學士：官名。唐中葉置，位在集賢殿大學士之下。掌修書之事。　嵐州：州名。治所在今山西嵐縣。　司户參軍：官名。即“司户參軍事”，簡稱“司户”。州級政府僚佐。掌本州屬縣之户籍、賦税、倉庫受納等事。上州從七品下，中州正八品下，下州從八品下。

[8]都指揮使：官名。此處指宣武軍都指揮使。唐末、五代藩鎮皆置都指揮使、指揮使，爲統兵將領。　河陽：方鎮名。全稱“河陽三城”。治所在孟州（今河南孟州市）。　康義誠：人名。沙陀部人。五代後唐將領。傳見本書卷六六、《新五代史》卷二七。　襄州：州名。治所在今湖北襄陽市。　左武衛上將軍：官名。唐置，掌宫禁宿衛。唐代置十六衛，即左右衛、左右驍衛、左右武衛、左右威衛、左右領軍衛、左右金吾衛、左右監門衛、左右千牛衛，各置上將軍，從二品；大將軍，正三品；將軍，從三品。　劉彦琮：人名。雲中（今山西大同市）人。後唐將領。傳見本書卷六一。

[9]曹氏：即後唐明宗皇后曹氏。籍貫不詳。死後追册“和武顯皇后”，一作“和武憲皇后”。傳見本書卷四九、《新五代史》卷一五。

夏四月甲午朔，國子司業張溥奏，請復八館，以廣生徒。[1]按《六典》，監有六學，國子、太學、四門、律學、書學、算學是也，[2]而溥云八館，謬矣。丁酉，前汴州節度使、檢校太尉、兼侍中符習可太子太師致仕，[3]進封衛國公。戊戌，遂州節度使夏魯奇加同平章事。[4]皇子河中節度使從珂進位檢校太尉，封開國公。[5]

自是諸道節鎮皆次第加恩，以郊禋覃慶澤故也。己亥，幸會節園。壬寅，以樞密使安重誨爲留守、太尉、兼中書令，[6]使如故。青州節度使王建立加侍中，移鎮潞州。[7]皇子河中節度使從珂奏："臣今月五日，閲馬於黄龍莊，衙内指揮使楊彦温據城叛，臣尋時詰問，稱奉宣命。[8]臣見在虞鄉縣。"[9]帝遣西京留守索自通、侍衛步軍都指揮使藥彦稠等攻之，仍授彦温絳州刺史，冀誘而擒之也。[10]詔從珂赴闕。丁未，以户部尚書李鏻爲兖州行軍司馬，坐引淮南覘人貽安重誨寶帶也。[11]戊申，宰臣馮道加右僕射，趙鳳加吏部尚書。[12]己酉，[13]以左龍武統軍劉君鐸卒廢朝。[14]癸丑，索自通、藥彦稠等奏，收復河中，斬楊彦温，傳首來獻。[15]初，彦稠出師，帝戒之曰："與朕生致彦温，吾將自訊之。"及收城，斬首傳送，帝怒彦稠等。時議皆以爲安重誨方弄國權，從榮諸王敬事不暇，獨忌從珂威名，每於帝前屢言其短，巧作窺圖，冀能傾陷。彦温既誅，從珂歸清化里第。重誨謂馮道等曰："蒲帥失守，責帥之義，法當如何？"翌日，道等奏："合行朝典。"帝不悦，趙鳳堅奏："故事有責帥之義，所以激勵藩守。"帝曰："皆非公等意也。"後數日，帝於中興殿見宰臣，[16]趙鳳承重誨意，又再論列，帝默然。翌日，重誨復自論奏，帝極言以拒之，語在《末帝紀》中。帝又曰："卿欲如何制置？"重誨曰："於陛下父子之間，臣不合言，一稟聖旨。"帝曰："從佖私第閑坐，何煩奏也！"乃止。以前邢州節度使、檢校司徒李從温爲左武衛上將軍。[17]丙辰，以西京留守、

檢校司徒索自通爲河中節度使。丁巳，雲州奏，掩襲契丹，獲頭口萬計。[18]戊午，帝御文明殿受册徽號，[19]册曰："維長興元年歲次庚寅四月甲午朔二十五日戊午，金紫光禄大夫、守尚書左僕射兼門下侍郎、同中書門下平章事、充太微宫使、弘文館大學士、上柱國、始平郡開國侯、食邑一千五百户、食實封一百户臣馮道，[20]銀青光禄大夫、門下侍郎兼吏部尚書、同中書門下平章事、監修國史、判集賢院事、上柱國、天水郡開國伯、食邑七百户臣趙鳳，[21]及文武百官特進、太子少傅、上柱國、酒泉郡開國侯、食邑一千户臣李琪等五千八百九十七人言：[22]

臣聞天不稱高而體尊，地不矜厚而形大，厚無不載，高無不覆。四時行於内，萬物生其間，總神祇之靈，叶帝王之運。日出而星辰自戢，龍飛而雷雨皆行，元氣和而天下和，庶事正而天下正。

伏惟皇帝陛下，天授一德，時歷多艱。翊太祖以興邦，佐先皇而定難，拯嗣昭於潞困，救德威於燕危，遏思遠而全鄴都，誅彦章而下梁苑。[23]成再造之業，由四征之功。洎纂鴻圖，每敷皇化。去内庫而省庖膳，出宫人而減伶官，輕寶玉之珍，却鷹鸇之貢。淳風既洽，嘉瑞自臻。故登極之前，人皆不足；改元之後，時便有年。遐荒旋斃於戎王，重譯徑來於蠻子，東巡而守殷殪，北討而王都殲，破契丹而燕、趙無虞，控靈武而瓜、沙並復。[24]

近以饗上元而薦太廟，就吉土而配昊天，輅已

降而雨霑，事欲行而月見。燔柴禮畢，作解恩覃，帝命咸均，人情普悦。非陛下有道有德，至聖至明，動不疑人，静惟恭己，常敦孝禮，每納忠言，則何以臨御五年，澄清四海！時久纏於災害，民驟見於和平。休徵備載於簡編，徽號過持於謙讓。三年不允，衆志皆堅。天不以上帝自崇，日不以大明自貴，於烝民有惠，於元后同符，列聖皆然，舊章斯在。今以明庭百辟，列土諸侯，中外同辭，再三瀝懇。臣等不勝大願，謹奉玉寶玉册，上號曰聖明神武文德恭孝皇帝。

伏惟皇帝陛下，體堯舜之至道，法日月於太虚，威於夷狄，恩及蟲魚。奉國者繼加榮寵，違天者咸就誅鋤。典禮當告成之後，夙夜思即位之初，千秋萬歲，永混車書。

宰臣馮道之辭也。庚申，以左金吾上將軍史敬鎔爲鄧州節度使，[25]以右金吾上將軍符彦超爲兖州節度使，[26]以左驍衛上將軍張敬詢爲滑州節度使，[27]以閬州防禦使孫岳爲鳳州節度使。[28]詔改鳳翔管内應州爲匡州、信州爲晏州，[29]改新州管内武州爲毅州。[30]

[1]國子司業：官名。隋始置。國子監次官。佐祭酒掌監事。從四品下。　張溥：人名。籍貫不詳。後唐官員。本書僅此一見。

[2]國子、太學、四門、律學、書學、算學是也：《輯本舊史》之影庫本粘籤："書學，原本作'署學'，今據《新唐書·百官志》改正。"見《唐六典》卷二一《國子監》，《新唐書》卷四四《選舉志上》、卷四八《百官志三》國子監條。

[3]檢校太尉：官名。爲散官或加官，以示恩寵，無實際執掌。太尉，與司徒、司空並爲三公。　侍中：官名。秦始置。隋、唐前期爲門下省長官。唐後期多爲大臣加銜，不參與政務，實際職務由門下侍郎執行。正二品。　符習：人名。趙州（今河北趙縣）人。五代後唐將領。傳見本書卷五九、《新五代史》卷二六。　太子太師：官名。與太子太傅、太子太保統稱太子三師。隋、唐以後多作加官或贈官。從一品。

[4]遂州：州名。治所在今四川遂寧市。　夏魯奇：人名。青州（今山東青州市）人。五代後唐將領。傳見本書卷七〇、《新五代史》卷三三。　同平章事：官名。唐高宗以後，凡實際任宰相之職者，常在其本官後加同平章事的職銜。後成爲宰相專稱。

[5]河中：方鎮名。治所在河中府（今山西永濟市）。　從珂：人名。即後唐廢帝李從珂。鎮州平山（今河北平山縣）人。本姓王，後唐明宗李嗣源擄其母魏氏，遂養爲己子。應順元年（934）四月，李從珂入洛陽即帝位。清泰三年（936）五月，石敬瑭謀反，廢帝自焚死，後唐亡。紀見本書卷四六至卷四八、《新五代史》卷七。

[6]留守：官名。在都城、陪都或軍事重鎮所設留守，由地方行政長官兼任。　太尉：官名。與司徒、司空並爲三公，唐後期、五代時多爲大臣、勳貴加官。正一品。　中書令：官名。漢代始置，隋、唐前期爲中書省長官，屬宰相之職；唐後期多爲授予元勳大臣的虛銜。正二品。

[7]王建立：人名。遼州榆社（今山西榆社縣）人。五代後唐、後晉大臣。傳見本書卷九一、《新五代史》卷四六。

[8]黄龍莊：地名。其地不詳，疑位於虞鄉縣（今山西永濟市）一帶。　衙内指揮使：官名。唐、五代時期衙内指揮使爲節度使府衙内之牙將，統最親近衛兵。　楊彦温：人名。汴州（今河南開封市）人。後唐將領。傳見本書卷七四。　稱奉宣命：《舊五代史考異》："案：胡三省《通鑑》注云：樞密院用宣，三省用堂帖。"

見《通鑑》卷二七七長興元年四月戊戌條胡注。

[9]虞鄉縣：縣名。治所在今山西永濟市。

[10]西京：地名。指京兆府（今陝西西安市）。　索自通：人名。太原清源（今山西清徐縣）人。五代後唐將領。傳見本書卷六五。　藥彦稠：人名。沙陀部人。五代後唐將領。傳見本書卷六六、《新五代史》卷二七。　絳州：州名。治所在今山西新絳縣。刺史：官名。漢武帝時始置。州一級行政長官，總掌考覈官吏、勸課農桑、地方教化等事。唐中期以後，節度使、觀察使轄州而設，刺史爲其屬官，職任漸輕。從三品至正四品下。

[11]户部尚書：官名。户部長官。掌管全國土地、户籍、賦税、財政收支諸事。正三品。　李鏻：人名。唐朝宗室。五代大臣。傳見本書卷一〇八、《新五代史》卷五七。　兖州：州名。治所在今山東濟寧市兖州區。　行軍司馬：官名。出征將領及節度使的屬官。掌軍籍符伍、號令印信，是藩鎮重要的軍政官員。　淮南：方鎮名。治所在揚州（今江蘇揚州市）。

[12]右僕射：官名。秦始置。隋、唐前期以左、右僕射佐尚書令總理六官，綱紀庶務；如不置尚書令，則總判省事，爲宰相之職。唐後期多爲大臣加銜。從二品。　趙鳳：人名。幽州（今北京市）人。後唐明宗朝宰相。傳見本書卷六七、《新五代史》卷二八。　吏部尚書：官名。尚書省吏部長官，與二侍郎分掌六品以下文官選授、勳封、考課之政令。正三品。

[13]己酉：《輯本舊史》原作“乙酉”，中華書局本有校勘記：“按是月甲午朔，無乙酉。此事繫於戊申、癸丑之間，疑是己酉。”未改。戊申十五，癸丑二十，己酉十六，今改。

[14]左龍武統軍：官名。唐置六軍，分左、右羽林，左、右龍武，左、右神武，即“北衙六軍”。興元元年（784），六軍各置統軍，以寵勳臣。其品秩，《唐會要》卷七一、《舊唐書》卷一二記載爲“從二品”，《通鑑》卷二二九記載爲“從三品”。　劉君鐸：人名。籍貫不詳。五代後梁、後唐官員。事見本書本卷、卷九。

[15]“癸丑”至“傳首來獻”：《舊五代史考異》：“案：《通鑑》作辛亥，索自通拔河中，斬楊彦温。癸丑，傳首來獻。《歐陽史》亦作辛亥，自通執彦温殺之。較《薛史》爲詳審。”《新五代史》卷六《明宗紀》載，長興元年（930）“夏四月戊戌，安重誨使河中衙内指揮使楊彦温逐其節度使從珂。壬寅，西京留守索自通、侍衛步軍指揮使藥彦稠討之。辛亥，自通執彦温殺之”。亦見《通鑑》卷二七七長興元年四月壬寅、辛亥、癸丑條。

[16]中興殿：宫殿名。在洛陽宫城内。位於今河南洛陽市。

[17]檢校司徒：官名。爲散官或加官，以示恩寵，無實際執掌。　李從温：人名。代州崞縣（今山西原平市）人。後唐明宗之侄。五代後唐、後晋將領。傳見本書卷八八、《新五代史》卷一五。　以前邢州節度使、檢校司徒李從温爲左武衛上將軍：《輯本舊史》之影庫本粘籤：“邢州，原本作‘涇州’，今從《歐陽史・家人傳》改正。”《新五代史》卷一五《唐明宗家人傳》載：明宗侄“從温字德基，初爲北京副留守。歷安國、忠武、義武、成德、武寧五節度使，封兖王”。其中，安國軍治在邢州。《輯本舊史》卷三九《唐明宗紀五》天成三年（928）三月：“丁巳，以邢州節度使王景戡爲華州節度使，以前北京副留守李從温爲邢州節度使。”

[18]雲州：州名。治所在今山西大同市。　契丹：古部族、政權名。公元4世紀中葉宇文部爲前燕攻破，始分離而成單獨的部落，自號契丹。唐貞觀中，置松漠都督府，以其首領爲都督。唐末强盛，916年迭剌部耶律阿保機建立契丹國（遼）。先後與五代、北宋並立，保大五年（1125）爲金所滅。參見張正明《契丹史略》，中華書局1979年版。

[19]文明殿：五代後梁開平三年（909）以貞觀殿改名，故址在今河南洛陽市。

[20]金紫光禄大夫：官名。本兩漢光禄大夫。魏晋以後，光禄大夫之位重者，加金章紫綬，因稱金紫光禄大夫。北周、隋時爲散官。唐貞觀後列入文散官。正三品。　尚書左僕射：官名。秦始

置。隋、唐前期，以左、右僕射佐尚書令總理六官、綱紀庶務；如不置尚書令，則總判省事，爲宰相之職。唐後期多爲大臣加銜。從二品。　門下侍郎：官名。門下省副長官。唐後期三省長官漸爲榮銜，中書侍郎、門下侍郎却因參議朝政而職位漸重，常常用爲以“同三品”或“同平章事”任宰相者的本官。正三品。　太微宫使：官名。唐朝尊老子爲祖，建玄元廟奉祀。天寶二年（743）改西京玄元廟爲太清宫，東京爲太微宫，天下諸郡爲紫極宫，又改譙郡紫極宫爲太清宫。設太清宫使。宋敏求《春明退朝録》：“唐制，宰相四人，首相爲太清宫使，次三相皆帶館職，洪（正字犯宣祖廟諱。）文館大學士、監修國史、集賢殿大學士，以此爲次序。”　弘文館大學士：官名。弘文館爲唐代中央官學之一。設館主一人，總領館務；判館事一人，管理日常事務。學士無員限，掌校正圖籍，教授生徒，並參議政事。五品以上稱爲學士，六品以下稱爲直學士，又有文學直館學士，均以他官兼領。　上柱國：官名。北周武帝建德四年（575），置上柱國爲高級勳官。隋、唐沿置。五代後唐明宗天成三年（928）詔，今後凡加勳，先自武騎尉，經十二轉方授予上柱國。正二品。　“金紫光禄大夫”至“食實封一百户臣馮道”：《輯本舊史》之影庫本粘籤：“始平，原本作‘始興’，今據《册府元龜》改正。”明本《册府》卷七四《帝王部·命相門四》未見，但《輯本舊史》卷一二六《馮道傳》所載其長樂老自敘云：“余世家宗族，本始平、長樂二郡。”故應爲始平。

[21]銀青光禄大夫：官名。唐、五代散官。從三品。　監修國史：官名。北齊始置史館，以宰相爲之。唐史館沿置，爲宰相兼職。

[22]太子少傅：官名。與太子少保、太子少師合稱“三少”，唐後期、五代時多爲大臣、勳貴加官。從二品。　李琪：人名。河西敦煌（今甘肅敦煌市）人。後梁、後唐官員。傳見本書卷五八、《新五代史》卷五四。

[23]嗣昭：人名。即李嗣昭。汾州（今山西汾陽市）人。唐

末、五代李克用義子、部將。傳見本書卷五二、《新五代史》卷三六。　德威：人名。即周德威。朔州馬邑（今山西朔州市朔城區東北）人。唐末五代李克用、李存勗部將。傳見本書卷五六、《新五代史》卷二五。　燕：此處指幽州，治所在今北京市。　思遠：人名。即戴思遠。籍貫不詳。五代後梁、後唐將領。傳見本書卷六四。　鄴都：地名。治所在今河北大名縣。五代後唐同光元年（923）改魏州爲興唐府，建號東京。三年，改東京爲鄴都。　彦章：人名。即王彦章。鄆州壽張（今山東梁山縣壽張集）人。五代後梁將領。傳見本書卷二一、《新五代史》卷三二。

[24]守殷：人名。即朱守殷。籍貫不詳。五代後唐將領。傳見本書卷七四、《新五代史》卷五一。　王都：人名。中山陘邑（今河北定州市）人。王處直養子。五代軍閥，曾爲義武軍節度使。傳見本書卷五四。　瓜：州名。治所在今甘肅瓜州縣。　沙：州名。治所在今甘肅敦煌市。　控靈武而瓜、沙並復：《輯本舊史》之影庫本粘籤：“瓜沙，原本作‘爪分’，考《通鑑》：天成四年，康福大破吐蕃，進至靈州，自是朔方始受代。‘分’字當係‘沙’字之誤，今改正。”見《通鑑》卷二七六天成四年十一月條。

[25]左金吾上將軍：官名。唐置，掌宫禁宿衛。唐代十六衛之一。從二品。　史敬鎔：人名。五代後唐將領。傳見本書卷五五。　鄧州：州名。治所在今河南鄧州市。

[26]右金吾上將軍：官名。唐置，掌宫禁宿衛。唐代十六衛之一。從二品。　符彦超：人名。陳州宛丘（今河南淮陽縣）人。五代後唐將領，符存審之子。傳見本書卷五六、《新五代史》卷二五。

[27]左驍衛上將軍：官名。唐置，掌宫禁宿衛。唐代置十六衛之一。從二品。　張敬詢：人名。勝州金河縣（今内蒙古和林格爾縣）人。後唐將領。傳見本書卷六一。　滑州：州名。治所在今河南滑縣。　以左驍衛上將軍張敬詢爲滑州節度使：中華書局本有校勘記：“‘左’字原闕，據本書卷四〇《唐明宗紀六》、卷六一《張敬詢傳》補。”見《輯本舊史》卷四〇《唐明宗紀六》天成四年十

月庚子條，卷六一《張敬詢傳》：天成四年，“徵爲左驍衛上將軍。明年，授滑州節度使”。

[28]閬州：州名。治所在今四川閬中市。　防禦使：官名。唐代始置，設有都防禦使、州防禦使兩種。常由刺史或觀察使兼任，實際上爲唐代後期州或方鎮的軍政長官。　孫岳：人名。稷州（今陝西武功縣）人，一本作“冀州”（今河北衡水市冀州區）人。五代後唐大臣。傳見本書卷六九。　鳳州：州名。治所在今陝西鳳縣。　以閬州防禦使孫岳爲鳳州節度使：中華書局本有校勘記：“‘閬州’，原作‘閬中’，據殿本改。按《舊唐書》卷四一《地理志四》，閬中係閬州屬縣，不設防禦使。”見《舊唐書》卷四一《地理志》四劍南道閬州閬中條。又，《輯本舊史》卷三九《唐明宗紀五》天成三年二月甲辰條作“以耀州團練使孫岳爲閬州團練使”，《輯本舊史》卷六九《孫岳傳》作“天成中，爲潁、耀二州刺史、閬州團練使，所至稱治，遷鳳州節度使”，皆作孫岳爲閬州團練使。

[29]應州、信州：今地待考。另有，應州治所在今山西應縣；信州，治所在今江西上饒市信州區。　詔改鳳翔管內應州爲匡州：《輯本舊史》之影庫本粘籤：“匡州，原本‘匡’字分注‘御名’二字，蓋《薛史》原書之體，今改正。”

[30]新州：州名。治所在今河北涿鹿縣。　武州：州名。唐光啓中置，治所在文德縣（今河北張家口市宣化區）。後改名毅州，五代後唐時復名武州。後晋時割與契丹，改名歸化州。

五月乙丑，鄭州防禦使張進、副使咸繼威並停任，[1]以盜掠城中居人故也。丙寅，以少府監韋肅爲洺州刺史，以潞州節度使王建立爲太傅致仕。[2]建立素與安重誨不協，因其入朝，乃言建立自鎮歸朝過鄴都，日有扇摇之言，[3]以是罪之，故令致仕。丁卯，以前興元

節度使劉仲殷權知潞州軍州事。[4]戊辰，以安州節度使高行珪卒輟朝。[5]有司上言："皇后受册，内外命婦並合奉賀。今未有命婦準例上表稱賀。"中書門下奏：[6]"諸道節度使但進表上言皇帝，外命婦上皇后賀牋表，進呈訖，無報。應皇親或有慶賀及起居章表，内中進呈後，衹宣示來使，並不合答復。"從之。壬申，以權知昭義軍軍州事劉仲殷爲潞州節度使、檢校太傅。[7]丁丑，帝臨軒，命使册淑妃曹氏爲皇后。禮院上言，[8]百官上疏於皇后曰"皇后殿下"，及六宫及率土婦人慶賀衹呼"殿下"，不言"皇后"。中書覆奏，若衹呼"殿下"，恐與皇太子無所分别，凡上中宫表章呼"皇后殿下"，若不形文字，尋常衹呼"皇后"。從之。癸未，太子少傅蕭頃卒，[9]廢朝。甲申，迴鶻可汗仁裕遣使貢方物。[10]辛卯，以翰林承旨、兵部侍郎李愚爲太常卿。[11]壬辰，以前滑州節度使李從璋爲右驍衛上將軍。[12]

[1]鄭州：州名。治所在今河南鄭州市。　張進：人名。籍貫不詳。本書僅此一見。　咸繼威：人名。籍貫不詳。本書僅此一見。

[2]少府監：官名。少府監長官。隋初置，唐初廢，太宗時復置。掌百工技巧之事。從三品。　韋肅：人名。籍貫不詳。五代後唐官員。事見本書本卷、卷五八。　洺州：州名。治所在今河北邯鄲市永年區。　太傅：官名。與太師、太保合稱三師，唐後期、五代時多爲大臣、勳貴加官。正一品。

[3]日有扇摇之言：《輯本舊史》之影庫本粘籤："扇摇，《通鑑》作'摇衆'，考《册府元龜》亦作'扇摇'，今仍其舊。"明本《册府》卷一一八《帝王部·親征門三》後唐明宗天成二年（927）

十月條、《宋本册府》卷四四九《將帥部·專殺門》孟知祥條等均有“扇摇”之用語。《通鑑》卷二七七長興元年（930）五月丙寅條載“王建立過魏州有摇衆之語”。

［4］興元：府名。治所在今陝西漢中市。　劉仲殷：人名。籍貫不詳。後唐將領。事見本書本卷、卷三五、卷三六、卷三八、卷四二、卷四四、卷四五、卷四六。

［5］安州：州名。治所在今湖北安陸市。　高行珪：人名。幽州（今北京市）人。五代將領，高思繼之侄。傳見本書卷六五、《新五代史》卷四八。

［6］中書門下奏：中華書局本有校勘記：“‘門下奏’三字原闕，據《五代會要》卷四補。”見《會要》卷四牋表例條。

［7］昭義軍：方鎮名。治所在潞州（今山西長治市）。

［8］禮院：官署名。唐代太常寺有禮院，爲太常博士議禮之處。

［9］蕭頃：人名。京兆萬年（今陝西西安市長安區）人。唐末進士，五代後梁宰相、後唐大臣。傳見本書卷五八。

［10］迴鶻：古部族名。原係突厥鐵勒部的一支。唐天寶三載（744）建立回鶻汗國，9世紀中葉，回鶻汗國瓦解。其中一支爲甘州回鶻，據有河西地區，勢力漸盛並建立政權。11世紀初，甘州回鶻爲西夏所滅。參見楊蕤《回鶻時代：10—13世紀陸上絲綢之路貿易研究》，中國社會科學出版社2015年版。　仁裕：人名。又作“仁喻”。五代甘州回鶻可汗。本名阿咄欲，仁美之弟。後唐同光二年（924），兄仁美卒後，權知國事，稱權知可汗。天成三年（928）被後唐明宗册封爲順化可汗。後晋天福四年（939）被後晋高祖册封爲奉化可汗。事見本書卷三九。

［11］翰林承旨：官名。爲翰林學士之首。掌拜免將相、號令征伐等詔令的起草。《舊唐書·職官志二·翰林院》：“例置學士六人，内擇年深德重者一人爲承旨，所以獨承密命故也。”　兵部侍郎：官名。尚書省兵部次官。協助兵部尚書掌武官銓選、勳階、考課之政。正四品下。　李愚：人名。渤海無棣（今山東慶雲縣）人。唐

末進士，唐末、五代大臣。傳見本書卷六七、《新五代史》卷五四。太常卿：官名。西漢置太常，南朝梁始置太常卿。太常寺長官。掌宗廟祭祀禮樂及教育等。正三品。

[12]李從璋：人名。後唐明宗從子。五代後唐、後晉將領。傳見本書卷八八、《新五代史》卷一五。　右驍衛上將軍：官名。唐置，掌宮禁宿衛。唐代十六衛之一。從二品。

六月丁酉，以護駕馬軍都指揮使、貴州刺史安從進爲宣州節度使，充護駕馬軍都指揮使；以護駕步軍都指揮使、澄州刺史藥彦稠爲壽州節度使兼護駕步軍都指揮使。[1]甲辰，以皇城使安崇緒爲河陽留後，重誨子也。[2]鳳翔奏："所管良、晏、匡三州並無屬縣，[3]請却改爲縣。"從之，仍舊爲軍鎮。前振武節度使安金全卒。[4]壬子，中書門下奏："詳覆到禮部院今年及第進士李飛、樊吉、夏侯珙、吴沺、王德柔、李穀等六人，[5]望放及第。其盧價等七人及賓貢鄭朴，[6]望許令將來就試。知貢舉張文寶，試士不得精當，望罰一季俸。"[7]從之。丁巳，皇子北京留守、河東節度使從厚移領鎮州，[8]以左武衛上將軍李從温爲許州節度使。

[1]貴州：州名。治所在今廣西貴港市。　安從進：人名。索葛部人。五代後唐、後晉將領。傳見本書卷九八、《新五代史》卷五一。　宣州：州名。治所在今安徽宣城市。　澄州：州名。治所在今廣西上林縣。　壽州：州名。治所在今安徽壽縣。　以護駕步軍都指揮使：中華書局本有校勘記："'駕'字原闕，據殿本及本卷上文補。"

[2]皇城使：官署名。五代後唐時開始成爲皇帝倚重的部門。

掌皇宫警衛、侍從監察等。參見趙雨樂《從武德使到皇城使——唐宋政治變革的個案研究》，載《唐研究》第6卷，北京大學出版社2000年版。　安崇緒：人名。安重誨之子。五代後唐官員。事見本書卷四二。　留後：官名。唐、五代節度使多以子弟或親信爲留後，以代行節度使職務，亦有軍士、叛將自立爲留後者。掌一州或數州軍政。　重誨：人名。即安重誨。應州（今山西應縣）人。五代後唐大臣。傳見本書卷六六、《新五代史》卷二四。

［3］良、晏、匡：地名。今地待考。

［4］振武：方鎮名。後梁貞明二年（916）以前，治所位於單于都護府城（今内蒙古和林格爾縣）。貞明二年單于都護府城爲契丹占據。此後至後唐清泰三年（936），治所位於朔州（今山西朔州市朔城區）。後晋時隨燕雲十六州割予契丹，改名順義軍。　安金全：人名。代北（今山西代縣）人。唐末、五代後唐將領。傳見本書卷六一、《新五代史》卷二五。

［5］李飛、樊吉、夏侯珙、吴沺：人名。籍貫不詳。後唐進士。本書僅此一見。　王德柔：人名。籍貫不詳。後唐進士。後晋時任即墨縣令。事見本書卷八三、卷八七。　李穀：人名。潁州汝陰（今安徽阜陽市）人。後唐進士。歷仕後晋、後漢、後周、宋朝。傳見《宋史》卷二六二。　盧價：人名。祖籍范陽（今河北涿州市）人，世居懷州河内（今河南沁陽市）。五代大臣。事見羅火金《五代時期盧價墓誌考》，《中國歷史文物》2009年第2期。

［6］鄭朴：人名。籍貫不詳。本書僅此一見。

［7］張文寶：人名。籍貫不詳。五代後唐官員。傳見本書卷六八。　知貢舉張文寶，試士不得精當：《輯本舊史》影庫本粘籤："張文寶，原本作'人寶'，今據《五代會要》改正。"《會要》卷五獻俘條天成四年（929）二月載"尚書刑部侍郎張文寶奏"，但《輯本舊史》卷六八有《張文寶傳》，本不需從《會要》求證。

［8］北京：地名。指五代後唐的北都太原（今山西太原市）。　河東：方鎮名。治所在太原（今山西太原市）。　從厚：人名。

即後唐愍帝（閔帝）李從厚。小名菩薩奴，明宗第三子。長興四年（933）十二月，李從厚即皇帝位，是爲後唐閔帝。應順元年（934）四月，李從珂入洛陽即帝位，令人毒殺閔帝。紀見本書卷四五、《新五代史》卷七。　鎮州：州名。治所在今河北正定縣。

秋七月甲子，以宣徽北院使、行右衛上將軍、判三司馮贇爲北京留守、太原尹。[1]己巳，以鄧州節度使史敬鎔卒廢朝。甲戌，以右威衛上將軍梁漢顒爲鄧州節度使，前兖州節度使趙在禮爲左驍衛上將軍。[2]庚辰，[3]奉國軍節度使兼威武軍節度副使、檢校太尉、兼侍中王延稟加兼中書令。[4]詔："諸州得替防禦、團練使、刺史並宜於班行比擬，如未有員闕，可隨常參官逐日立班。"新例也。辛巳，詔揀年少宫人及西川宫人並還其家，[5]無家可歸者，任從所適。甲申，以前齊州防禦使孫璋爲鄜州節度使。[6]戊子，以右散騎常侍陸崇卒廢朝。[7]崇爲福建册使，卒於明州，贈兵部尚書。[8]宿州進白兔，安重誨謂其使曰："豐年爲上瑞，兔懷狡性，雖白何爲！"[9]命退歸。

[1]宣徽北院使：中華書局本有校勘記："《通鑑》卷二七七作'宣徽北院使'。按《新五代史》卷二七《馮贇傳》：'明宗即位，即爲客省使、宣徽北院使。'"但未改。今據《新五代史》及《通鑑》改。《通鑑》卷二七七長興元年（930）十月癸卯條作"以宣徽北院使馮贇爲左衛上將軍、北都留守"。　右衛上將軍：官名。唐置，掌宫禁宿衛。唐代十六衛之一。從二品。　三司：官署名。五代後唐明宗天成元年（926）合鹽鐵、度支、户部爲一職，始稱三司，爲中央最高之理財機構。　馮贇：人名。太原（今山西太原

市）人。五代後唐明宗朝宰相、三司使。傳見本書附録、《新五代史》卷二七。　太原尹：官名。唐開元十一年（723）改并州爲太原府，治所在今山西太原市。太原尹總其政務。從三品。

［2］右威衛上將軍：官名。唐置，掌宫禁宿衛。唐代十六衛之一。從二品。《輯本舊史》原作“左威衛上將軍”，中華書局本有校勘記：“‘左’，本書卷三九《唐明宗紀五》、梁漢顒墓誌（拓片刊《洛陽出土歷代墓誌輯繩》）作‘右’。”但未改。《輯本舊史》卷三九《唐明宗紀五》天成三年九月：“丙申，以邠州節度使梁漢顒爲右威衛上將軍。”今據改。　梁漢顒：人名。太原（今山西太原市）人。後唐將領。傳見本書卷八八。　趙在禮：人名。涿州（今河北涿州市）人。五代後唐、後晋將領。傳見本書卷九〇、《新五代史》卷四六。

［3］庚辰：中華書局本有校勘記：“原作‘庚寅’，據殿本、劉本改。影庫本粘籤：‘庚寅，以《長曆》推之，當作庚辰。’按是月壬戌朔，此事繫於甲戌、辛巳間，當是庚辰。”長興元年七月壬戌朔，庚辰爲十九日，在甲戌十三日和辛巳二十日間，而庚寅則爲二十九日，故應改爲庚辰。

［4］奉國軍：方鎮名。治所在蔡州（今河南汝南縣）。　威武軍：方鎮名。治所在福州（今福建福州市）。　節度副使：官名。唐、五代方鎮屬官。位於行軍司馬之下、判官之上。　王延稟：人名。籍貫不詳。王審知養子。與王延鈞聯合叛殺王延翰。事見《新五代史》卷六八。

［5］西川：方鎮名。治所在成都府（今四川成都市）。

［6］齊州：州名。治所在今山東濟南市。　孫璋：人名。齊州歷城（今山東濟南市歷城區）人。五代將領。傳見本書卷六一。　鄜州：州名。治所在今陝西富縣。

［7］陸崇：人名。籍貫不詳。五代大臣。事見本書卷三〇《唐莊宗紀》、卷三六《唐明宗紀》、卷一二八《裴羽傳》。

［8］福建：方鎮名。治所在福州（今福建福州市）。　明州：

州名。治所在今浙江寧波市。　兵部尚書：官名。尚書省兵部主官。掌兵衛、武選、車輦、甲械、厩牧之政令。正三品。

[9]宿州：州名。治所在今安徽宿州市。　豐年爲上瑞：《輯本舊史》之影庫本粘籤："豐年，原本作'豐止'，今據《歐陽史》改正。"《新五代史》卷二四《重誨傳》載此事云："宿州進白兔，重誨曰：'兔陰且狡，雖白何爲？'遂却而不白。"《新五代史·重誨傳》並未提豐年事，《通鑑》卷二六七開平四年（910）四月丁卯條有"豐年爲上瑞"之語。

八月甲午，以前鄧州節度使盧文進爲左衛上將軍。[1]北京奏，吐渾千餘帳内附，於天池川安置。[2]禁在京百司影射州縣税户。乙未，捧聖軍使李行德、十將張儉、告密人邊彦温並族誅，[3]以其誣告安重誨私市兵仗故也。以前許州節度使張延朗爲檢校太傅、行兵部尚書，充三司使。[4]三司之有使額，自延朗始也。初，中書覆奏，授延朗諸道鹽鐵轉運等使，兼判户部度支事。奏入，宣旨曰："會計之司，國朝重事，將總成其事額，俾專委於近臣，貴便一時，何循往例，兼移内職，可示新規。張延朗可充三司使，班在宣徽使下。"[5]癸卯，北京奏，生吐渾内附，欲於嵐州安族帳。都官員外郎、知制誥張昭遠奏：[6]"請依國朝舊例，選郎官、御史分行天下，宣問風俗，興利除害。"不報。壬寅，皇子河南尹、判六軍諸衛事從榮封秦王，仍令所司擇日册命。[7]戊申，兖州奏："淮南海州都指揮使王傳拯殺本州刺史陳宣，[8]焚燒州城，以所部兵士及家口五千人歸國，至沂州。"[9]帝遣使慰納之。庚戌，正衙命使册福慶長公主孟氏。[10]

以前雄武軍節度使王思同爲左武衛上將軍，[11]以前鳳州節度使陳皋爲右威衛上將軍。[12]壬子，正衙命使赴太原，册永寧公主石氏。[13]乙卯，以左監門衛上將軍陳延福卒廢朝。[14]丙辰，皇子鎮州節度使從厚封宋王，仍令擇日册命。

［1］盧文進：人名。范陽（今河北涿州市）人。五代後唐、後晋、吴國、南唐將領。傳見本書卷九七、《新五代史》卷四八。　左衛上將軍：官名。唐置，掌宫禁宿衛。唐代十六衛之一。從二品。

［2］吐渾：部族名。吐谷渾的省稱。源出鮮卑，後游牧於今甘肅、青海一帶。參見周偉洲《吐谷渾資料輯録》（增訂本），商務印書館2017年版。　天池川：水名。位於今山西寧武縣。

［3］捧聖軍使：官名。所部統兵將領，位次於都指揮使。捧聖爲部隊番號。　李行德：人名。籍貫不詳。五代後唐將領。事見本書本卷。　十將：官名。五代低級軍職。　張儉：人名。籍貫不詳。五代後唐將領。事見本書本卷。　邊彦温：人名。籍貫不詳。後唐官員。事見本書本卷、卷六六。　捧聖軍使李行德、十將張儉、告密人邊彦温並族誅：《輯本舊史》之影庫本粘籤："捧聖軍使，原本作'章使'，考《歐陽史》作捧聖都軍使，《通鑑》作軍使，今從《通鑑》改正。"見《新五代史》卷六《唐明宗紀》長興元年（930）八月壬寅條、《通鑑》卷二七七長興元年八月乙未條。《舊五代史考異》："案：李行德等族誅，《歐陽史》作壬寅，與《薛史》異。"見《新五代史》卷六《唐明宗紀》。

［4］以前許州節度使張延朗爲檢校太傅、行兵部尚書："行工部尚書"，《輯本舊史》原作"行兵部尚書"，中華書局本有校勘記："'兵部'，《職官分紀》卷一三引《五代史》同，本書卷四二《唐明宗紀八》、卷六九《張延朗傳》、卷一四九《職官志》、《新五代

史》卷二六《張延朗傳》、《通鑑》卷二七七作‘工部’。”但未改。見《職官分紀》卷一三使條，《輯本舊史》卷四二《唐明宗紀八》長興二年五月庚申條、卷六九《張延朗傳》、卷一四九《職官志·内職》，《新五代史》卷二六《張延朗傳》，《通鑑》卷二七七長興元年八月乙未條。今據上述諸書改。　三司使：官名。五代後唐明宗天成元年（926）將晚唐以來的户部、度支、鹽鐵三部合爲一職，設三司使統之。主管國家財政。

[5]張延朗可充三司使，班在宣徽使下：《舊五代史考異》："案《宋史·職官志》：三司使在宣徽使後，蓋仍後唐之制。”見《宋史》卷一六八《職官志八》建隆以後合班之制，《輯本舊史·職官志·内職》已載此事。

[6]都官員外郎：官名。尚書省刑部都官司副長官。輔佐都官郎中掌配役隸，簿録俘囚，以給衣糧藥療，以理訴競雪冤。從六品上。　知制誥：官名。掌起草皇帝的詔、誥之事，原爲中書舍人之職。唐開元末置學士院，翰林學士入院一年，則加知制誥銜，專掌任免宰相、册立太子、宣布征伐等特殊詔令，稱爲内制。而中書舍人所撰擬的詔敕稱爲外制。兩種官員總稱兩制官。　張昭遠：人名。籍貫不詳。五代官員。事見本書本卷。

[7]河南尹：官名。唐開元元年（713）改洛州爲河南府，治所在今河南洛陽市，河南府尹總其政務。從三品。　判六軍諸衛事：官名。五代後唐沿唐代舊制，置六軍諸衛，以判六軍諸衛事爲禁軍六軍與諸衛的最高統帥。　壬寅，皇子河南尹、判六軍諸衛事從榮封秦王，仍令所司擇日册命：《舊五代史考異》："案《五代會要》，長興元年九月，太常禮院奏，革定秦王儀注。博士段顒議曰：據《開元禮》，臨軒册禮命諸王大臣，其日受册者朝服從第鹵簿，與百官俱集朝堂，就次受册訖，通事舍人引，不載謁朝還第之儀。自開元以後，册拜諸王，皆正衙命使，詣延英進册，皇帝御内殿，高品引王入立于位，高品宣制讀册，王受册訖，歸院，亦無乘輅謁朝之禮。臣按《五禮精義》云：‘古者皆因禘嘗而班爵禄，所以示

無自專，稟之于祖宗也。'今雖册命，不在烝嘗，然拜大官封大邑，必至殿廷，敬慎之道也。今當司欲準《開元禮》，其日秦王服朝服，自理所乘輅車、備鹵簿，與群臣俱集朝堂，就次受册訖，至應天門外，奉册置于載册之車，秦王升輅，出謁太廟訖，歸理所，儀仗、鹵簿如來時之儀。從之。"見《會要》卷二諸王條後之雜録條。對《舊五代史考異》所引之《會要》中"草定册秦王儀注"，中華書局本有校勘記："'册'字原闕，據《五代會要》卷二補。""臨軒册命諸王大臣"，中華書局本有校勘記："'册'下原有'禮'字，據《五代會要》卷二、《大唐開元禮》卷一〇八删。"見《大唐開元禮》卷一〇八《嘉禮》臨軒册命諸王大臣條。"通事舍人引出"，中華書局本有校勘記："'出'字原闕，據《册府》卷五九三、《大唐開元禮》卷一〇八補。""不載謁廟還第之儀"，中華書局本有校勘記："'廟'，原作'朝'，據《五代會要》卷二改。""亦無乘輅謁廟之禮"，中華書局本有校勘記："'廟'，原作'朝'，據《五代會要》卷二改。""不在禘嘗"，中華書局本有校勘記："'禘'，原作'烝'，據《五代會要》卷二改。"

[8]淮南：方鎮名。此處代指楊吴。　海州：州名。治所在今江蘇連雲港市海州區。　王傳拯：人名。一作"王傳極"。吴江（今江蘇蘇州市吴江區）人。初事楊溥。五代楊吴、後唐、後晋將領。傳見本書卷九四。《舊五代史考異》："案：《歐陽史》作傳極，考《薛史》列傳及《通鑑》並作傳拯，疑《歐陽史》傳刻之訛。"見《新五代史》卷六《唐明宗紀》長興元年八月戊申條。《輯本舊史》卷九四有《王傳拯傳》，《通鑑》卷二七七長興元年八月己亥條亦作"傳拯"，他書亦有作"傳拯"者，但無作"傳極"。　陳宣：人名。籍貫不詳。五代十國吴國將領。事見本書本卷。

[9]沂州：州名。治所在今山東臨沂市。

[10]福慶長公主孟氏：後唐莊宗妹，孟知祥妻。事見《大唐福慶長公主墓誌》（拓片刊《成都出土歷代墓銘券文圖録綜釋》）。

[11]雄武軍：方鎮名。治所在秦州（今甘肅天水市）。　王思

同：人名。幽州（今北京市）人。王敬柔之子。五代後唐將領。傳見本書卷六五、《新五代史》卷三三。　以前雄武軍節度使王思同爲左武衛上將軍：中華書局本有校勘記："'右'，原作'左'，據本書卷六五《王思同傳》、《新五代史》卷三三《王思同傳》、《册府》卷三六〇及本卷下文改。"見本卷九月庚寅條、《宋本册府》卷三六〇《將帥部・立功門一三》王思同條。

[12]陳皋：人名。籍貫不詳。後唐將領。事見本書本卷、卷三九、卷四〇、卷四二、卷四六。

[13]永寧公主石氏：即後唐明宗李嗣源之女，石敬瑭之妻。後唐時封永寧公主。晋出帝即位，尊爲皇太后。與晋出帝一同被俘至遼國。傳見本書卷八六、《新五代史》卷一七。

[14]左監門衛上將軍：官名。唐置，掌宫禁宿衛。唐代十六衛之一。從二品。　陳延福：人名。籍貫不詳。本書僅此一見。

九月乙丑，階州刺史王弘贄上言："一州主客户纔及千數，並無縣局，臣今檢括得新舊主客已及三千二百，欲依舊額立將利、福津二縣，請置令佐。"[1]從之。丁丑，詔天下諸州府，不得奏薦著紫衣官員爲州縣官。戊寅，升尚書右丞爲正四品。[2]癸未，利、閬、遂三州奏，東川節度使董璋謀叛，結連西川孟知祥。[3]甲申，以鎮州節度使范延光爲檢校太傅、守刑部尚書，充樞密使。[4]利州、閬州進納東川檄書，言將兵擊利、閬，責以間諜朝廷爲名。乙酉，以左驍衛上將軍趙在禮爲同州節度使兼西南行營馬步軍都指揮使。[5]樞密院直學士、守工部侍郎閻至，樞密院直學士、守尚書右丞史圭，並轉户部侍郎，依前充職。[6]以翰林學士、守户部侍郎李懌爲尚書右丞，以翰林學士、户部侍郎劉昫爲兵部侍

郎，以翰林學士、中書舍人竇夢徵爲工部侍郎，依前充職。[7]以中書舍人劉贊爲御史中丞，以御史中丞許光義爲兵部侍郎，以兵部侍郎姚顗爲吏部侍郎。[8]丙戌，詔東川節度使董璋可削奪在身官爵，仍徵兵進討。丁亥，以西川節度使孟知祥兼西南面供饋使，[9]天雄軍節度使石敬瑭兼東川行營都招討使，以遂州節度使夏魯奇兼東川行營招討副使。[10]庚寅，以右武衛上將軍王思同爲京兆尹，[11]充西京留守、兼西南行營馬步都虞候。

[1]階州：州名。治所在今甘肅隴南市武都區。　王弘贄：人名。籍貫不詳。後唐將領。傳見本書附録、《新五代史》卷四八。　將利：縣名。治所在今甘肅成縣。　福津：縣名。治所在今甘肅隴南市武都區。

[2]尚書右丞：官名。尚書省佐貳官。唐中期以後，與尚書左丞實際主持尚書省日常政務，權任甚重。後梁開平二年（908）改爲右司侍郎，後唐同光元年（923）復舊爲右丞。唐時爲正四品下，後唐長興元年（930）升爲正四品。

[3]利：州名。治所在今四川廣元市利州區。　利、閬、遂三州奏：《輯本舊史》之影庫本粘籤："利、閬、遂三州，《通鑑》作三鎮，考利帥爲李彦琦，閬帥爲李仁矩，遂州爲夏魯奇，今附識于此。"見《通鑑》卷二七七長興元年（930）九月癸亥條。　東川：方鎮名。治所在梓州（今四川三臺縣）。　董璋：人名。籍貫不詳。五代後梁、後唐將領。傳見本書六二、《新五代史》卷五一。　孟知祥：人名。邢州龍岡（今河北邢臺市）人。五代十國後蜀開國君主。傳見本書卷一三六、《新五代史》卷六四。

[4]范延光：人名。鄴郡臨漳（今河北臨漳縣）人。五代後唐、後晉將領。傳見本書卷九七、《新五代史》卷五一。　刑部尚

書：官名。尚書省刑部主官。掌天下刑法及徒隸、勾覆、關禁之政令。正三品。　樞密使：官名。樞密院長官，五代時以士人爲之，備顧問、參謀議、出納詔奏、權侔宰相。參見李全德《唐宋變革期樞密院研究》，國家圖書館出版社 2009 年版。

［5］同州：州名。治所在今陝西大荔縣。　以左驍衛上將軍趙在禮爲同州節度使兼西南行營馬步軍都指揮使：中華書局本有校勘記："'西南'，原作'四面'，據彭校、《册府》卷一二三改。"見明本《册府》卷一二三《帝王部·征討門三》。

［6］樞密院直學士：官名。五代後唐同光元年（923），改直崇政院置，選有政術文學者充任。充皇帝侍從，備顧問應對。　工部侍郎：官名。尚書省工部次官。協助尚書掌管百工山澤水土之政令，考其功以詔賞罰，總所統各司之事。正四品下。　閻至：人名。籍貫不詳。後唐、後晋官員。事見本書本卷、卷三八、卷四〇、卷七六、卷七八、卷八〇、卷九二。　史圭：人名。常山石邑（今河北石家莊市鹿泉區）人。後唐官員。傳見本書卷九二、《新五代史》卷五六。　户部侍郎：官名。尚書省户部次官。協助户部尚書掌天下田户、均輸、錢穀之政。正四品下。

［7］李懌：人名。京兆（今陝西西安市）人。五代官員。傳見本書卷九二、《新五代史》卷五五。　中書舍人：官名。中書省屬官，掌起草文書、呈遞奏章、傳宣詔命等。正五品上。　竇夢徵：人名。同州（今陝西大荔縣）人，一作"棣州"（今山東惠民縣）人。唐末進士，五代後梁、後唐官員。傳見本書卷六八。

［8］劉贊：人名。魏州（今河北大名縣）人。後唐官員。傳見本書卷六八、《新五代史》卷二八。　御史中丞：官名。如不置御史大夫，則爲御史臺長官。掌司法監察。正四品下。　許光義：人名。籍貫不詳。後唐官員。事見本書本卷、卷四〇。　姚顗：人名。京兆萬年（今陝西西安市長安區）人。唐末進士，五代後梁、後唐、後晋大臣。傳見本書卷九二、《新五代史》卷五五。　吏部侍郎：官名。尚書省吏部次官。協助吏部尚書掌文選、勳封、考課

之政。正四品上。

[9]西南面供饋使:《通鑑》卷二七七作“西南供饋使”。

[10]招討副使：官名。爲招討使副將，多以大臣、將帥或地方軍政長官兼任，掌管鎮壓起義、抗禦外敵、討伐叛亂等事。

[11]右武衛上將軍：官名。此處指領軍將軍。唐置，掌宫禁宿衛。唐代十六衛之一。從二品。中華書局本有校勘記:“‘武’字原闕，據本書卷六五《王思同傳》、《新五代史》卷三三《王思同傳》、《通鑑》卷二七七及本卷上文補。”見本卷八月庚戌條，《通鑑》卷二七七長興元年九月庚寅條作“以右武衛上將軍王思同爲西都留守兼行營馬步都虞候，爲伐蜀前鋒”。　京兆尹：官名。唐開元元年（713）改雍州置京兆府，治所在今陝西西安市。以京兆尹總其政務。從三品。

冬十月壬辰，以太子少傅李琪卒廢朝。癸巳，以鄜州節度使米君立卒廢朝。[1]詔:“凡賻贈布帛，言段不言端匹，段者二丈也，宜令三司依此給付。”甲午，正衙命使册興平公主於宋州節度使、駙馬都尉趙延壽之私第。[2]己亥，以右驍衛上將軍李從璋爲陜州節度使，陜州節度使劉彦琮移鎮邠州。[3]尚書博士田敏請依舊典藏冰、頒冰，以銷陰陽愆伏之沴，詔從之。[4]乙巳，供奉官張仁暉自利州迴，奏董璋攻陷閬州，節度使李仁矩舉家遇害。[5]丁未，宫苑使董光業并妻子並斬於都市，[6]璋之子也。辛亥，以武安軍節度副使、洪鄂道行營副都統、檢校太尉馬希聲爲武安軍節度使，[7]加兼侍中。時湖南馬殷奏，[8]久病不任軍政，乞以男希聲爲帥，故有是命。中書奏:“吏部流内銓諸色選人，所試判兩節，欲委定其等第，文優者超一資，其次者次資，又次者以

同類，道理全疏者於同類中少人户處注擬。”從之。[9]

[1]米君立：人名。籍貫不詳。後唐莊宗時賜名李紹能。後唐將領。事見本書本卷、卷三六。

[2]興平公主：後唐明宗李嗣源之女，趙延壽之妻。事見本書卷九八。　宋州：州名。治所在今河南商丘市睢陽區。　駙馬都尉：官名。漢武帝時始置，魏晋以後，公主夫婿多加此稱號。從五品下。　趙延壽：人名。本姓劉，恒山（今河北正定縣）人。後唐明宗李嗣源女婿，後降契丹，引導契丹攻滅後晋。傳見本書卷九八、《遼史》卷七六。

[3]以右驍衛上將軍李從璋爲陜州節度使：“右”，《輯本舊史》原作“左”，中華書局本有校勘記：“‘左’，本書卷八八《李從璋傳》、《新五代史》卷一五《唐明宗家人傳》作‘右’。按本卷上文：‘（長興元年五月）以前滑州節度使李從璋爲右驍衛上將軍。’”但未改，今據上述諸書改。　邠州：州名。治所在今陝西彬縣。

[4]田敏：人名。淄州鄒平（今山東鄒平縣）人。五代宋初大臣、學者。傳見《宋史》卷四三一。　“尚書博士田敏請依舊典藏冰、頒冰”至“詔從之”：《輯本舊史》之影庫本粘籤：“考《歐陽史》作十月丁酉始藏冰，《薛史》繫于己亥之後，與《歐陽史》先後殊異，今附識于此。”見《新五代史》卷六《唐明宗紀》長興元年（930）十月丁酉條。《舊五代史考異》：“案《五代會要》載原敕云：藏冰之制，載在前經；獻廟之禮，廢于近代。既朝臣之特舉，案典禮以宜行。田敏所奏祭司寒獻羔事宜依。其桃弧棘矢，事久不行，理難備創。其諸侯亦宜準往制藏冰。”見《會要》卷一六虞部條。

[5]供奉官：官名。泛指侍奉皇帝左右的臣僚，亦爲東、西頭供奉官通稱。　張仁暉：人名。籍貫不詳。本書僅此一見。　奏董

璋攻陷閬州：《舊五代史考異》："案：董璋陷閬州，《通鑑》作九月庚辰，《歐陽史》作十月乙巳，蓋以奏聞之日爲據也。"見《新五代史》卷六《唐明宗紀》長興元年十月乙巳條、《通鑑》卷二七七長興元年九月庚辰條。　李仁矩：人名。籍貫不詳。後唐明宗舊將。傳見本書卷七〇、《新五代史》卷二六。

[6]宫苑使：官名。唐朝中期始置，以宦官充任。五代後梁亦置，掌京城苑囿園地。宋初屬西班諸司使，多不領本職，僅爲武臣遷轉之階。　董光業：人名。籍貫不詳。五代後唐東川節度使董璋之子。事見本書六二、《新五代史》卷五一。

[7]武安軍：方鎮名。治所在潭州（今湖南長沙市）。　行營副都統：官名。唐末設諸道行營都統、副都統，作爲各道出征兵士的正、副統帥。　馬希聲：人名。馬殷之子，五代十國南楚君主。傳見本書卷一三三、《新五代史》卷六六。

[8]湖南：方鎮名。治所在潭州（今湖南長沙市）。　馬殷：人名。許州鄢陵（今河南鄢陵縣）人，一説上蔡（今河南上蔡縣）人。五代十國南楚開國君主。傳見本書卷一三三、《新五代史》卷六六。

[9]"中書奏"至"從之"："所試判兩節"，中華書局本有校勘記："'節'下原有'度'字，據本書卷一四八《選舉志》、《五代會要》卷二二、《册府》卷六三三删。"見《會要》卷二二雜處置條、《輯本舊史》卷一四八《選舉志》。《宋本册府》卷六三三《銓選部·條制門五》，"欲委定其等第"作"並委本官優劣等第申奏"，"文優者超一資，其次者次資"作"文優者宜超二資注擬，其次者以同類官注擬"。可互參互校。

十一月庚申朔，帝御文明殿，册皇子秦王，仗衛樂懸如儀。甲子，正衙命使册皇子宋王於鎮州。是日，幸龍門。翌日，馮道奏曰："陛下宫中無事，遊幸近郊則

可矣，若涉歷山險，萬一馬足蹉跌，則貽臣下之憂。臣聞千金之子，坐不垂堂；百金之子，立不倚衡。況貴爲天子，豈可自輕哉！”帝斂容謝之。退令小黄門至中書問道垂堂、倚衡之義，[1]道因注解以聞，帝深納之。己巳，故太子少保致仕封舜卿贈太子少傅。[2]庚午，應州節度使張敬達移雲州，以捧聖都指揮使、守恩州刺史沙彦珣爲應州節度使；以潁州團練使高行周爲安北都護，充振武節度使。[3]壬申，黔南節度使楊漢賓棄城奔忠州，[4]爲董璋所攻也。乙亥，制西川節度使孟知祥削奪官爵，以其同董璋叛也。丙子，以前同州節度使羅周敬爲左監門上將軍。[5]丁丑，故兵部侍郎許光義贈禮部尚書。辛巳，西面軍前奏，今月十三日，階州刺史王弘贄、瀘州刺史馮暉，自利州取山路出劍門關外倒下，殺敗董璋守關兵士三千人，收復劍州。[6]甲申，日南至，帝御文明殿受朝賀。丙戌，以給事中鄭韜光爲左散騎常侍。[7]青州奏，得登州狀，契丹阿保機男東丹王突欲越海來歸國。[8]

[1]小黄門：官名。東漢始置，由宦官擔任，掌侍皇帝左右。

[2]太子少保：官名。與太子少傅、太子少師合稱“三少”，唐後期、五代時多爲大臣、勳貴加官。從二品。　封舜卿：人名。籍貫不詳。五代官員。傳見本書卷六八。

[3]應州：州名。治所在今山西應縣。　張敬達：人名。代州（今山西代縣）人。五代後唐將領。傳見本書卷七〇、《新五代史》卷三三。　恩州：州名。治所在今廣東陽江市。　沙彦珣：人名。籍貫不詳。五代後唐將領。事見本書卷四七、卷四八。中華書局本

有校勘記："原作'沙彦詢'，據本書卷四七《唐末帝紀中》、卷四八《唐末帝紀下》、卷九四《吴巒傳》改。按《正德大同府志》卷四載明正德六年出土《沙彦珣墓碣》作'沙彦珣'。"見《輯本舊史》卷四七《唐末帝紀中》清泰二年（935）六月丙戌條、七月甲辰條、八月辛巳條，卷四八《唐末帝紀下》清泰三年七月丁酉條、八月己巳條。《吴巒傳》在卷九五，中華書局本誤。　潁州：州名。治所在今安徽阜陽市。　團練使：官名。唐代中期以後，於不設節度使的地區設團練使，掌本區各州軍事。　高行周：人名。嬀州懷戎（今河北懷來縣）人。五代後唐至後周將領。傳見本書卷一二三、《新五代史》卷四八。　安北都護：官名。安北都護府長官。據《通鑑》卷二六九胡三省注，唐中葉以後，振武節度使皆帶安北都護。參見李大龍《都護制度研究》，黑龍江教育出版社 2003 年版。

［4］黔南：方鎮名。治所在黔州（今重慶彭水苗族土家族自治縣）。　楊漢賓：人名。籍貫不詳。五代後唐、後晋將領。事見《通鑑》卷二七七、卷二八〇。中華書局本有校勘記："原作'楊漢章'，據邵本校、《册府》卷四五〇、《通鑑》卷二七七改。按本書卷四〇《唐明宗紀六》：'（天成四年五月）以黔州留後楊漢賓爲本州節度使。'影庫本粘籤：'楊漢章，原本脱"章"字，今據《通鑑》增入。'"見《輯本舊史》卷四〇《唐明宗紀六》天成四年（929）五月乙酉條、《宋本册府》卷四五〇《將帥部·失守門》、《通鑑》卷二七七長興元年（930）十一月甲申條。《通鑑》本作"楊漢賓"，影庫本粘籤誤。　忠州：州名。治所在今重慶市忠縣。

［5］羅周敬：人名。魏州貴鄉（今河北大名縣）人。五代將領。傳見本書卷九一。

［6］瀘州：州名。治所在今四川瀘州市江陽區。　馮暉：人名。魏州（今河北大名縣）人。五代後唐至後周將領。傳見本書卷一二五、《新五代史》卷四九。　劍門關：關隘名。位於今四川劍閣縣北六十里劍門鎮北大劍山口。　劍州：州名。治所在今四川劍閣

縣。 “辛巳”至“收復劍州”：《舊五代史考異》：“案：《通鑑考異》引《唐實録》作今月十三日，大軍進攻入劍門次。十七日，收下劍州。《薛史》統繫于十三日，疑有舛誤。”見《通鑑》卷二七七長興元年十一月甲戌條《考異》引《唐實録》。《輯本舊史》之影庫本粘籤：“據《通鑑考異》引《唐實録》云：軍前奏：‘今月十三日，王弘贄、馮暉自利州入山路出劍門關外倒下，殺董璋把關兵士約三千人，獲都指揮使齊彦温，大軍進攻入劍門次。’又，丙戌奏：‘今月十七日，收下劍州，破賊千餘人，獲指揮使劉太。’是進攻劍門，收復劍州，先後殊日。《薛史》統繫於十三日，疑有舛誤，今附識于此。”見《通鑑》卷二七七長興元年十一月甲戌條《考異》引《唐實録》。

[7]給事中：官名。秦始置。隋、唐以來，爲門下省屬官。掌讀署奏抄，駁正違失。正五品上。 鄭韜光：人名。河清（今河南孟津縣）人。 左散騎常侍：官名。門下省屬官。掌侍奉規諷，備顧問應對。正三品下。

[8]登州：州名。治所在今山東蓬萊市。 阿保機：人名。姓耶律。契丹迭剌部人。唐末契丹族首領、遼開國皇帝。紀見《遼史》卷一、卷二。 突欲：人名。本名耶律倍，小名突欲。遼太祖耶律阿保機長子，封東丹王。其弟耶律德光即位，是爲遼太宗。突欲憤而降後唐，明宗賜名李贊華。傳見《遼史》卷七二。中華書局本有校勘記：“原作‘托允’，注云：‘舊作“突欲”，今改正。’按此係輯録《舊五代史》時所改，今恢復原文。”又可據《新五代史》卷六《唐明宗紀》長興元年十一月丙戌條、卷七三《四夷附録二》。《舊五代史考異》：“案《遼史·太宗紀》：十一月戊寅，東丹奏：‘人皇王浮海適唐。’又，《義宗傳》：‘太宗既立，見疑。唐明宗聞之，遣人跨海持書密召倍，倍因畋海上。使再至，倍立木海上，刻詩曰：“小山壓大山，大山全無力。羞見故鄉人，從此投外國。”携高美人載書浮海而去。’《薛史》不載明宗密召之事，當日人皇王自以見疑出奔，當不待明宗之召也。”《遼史》卷三《太宗

紀上》天顯二年（927）十一月壬戌條載人皇王倍請述律后立太宗，亦見卷七二《義宗倍傳》。《輯本舊史》之案語："《契丹國志》：時東丹王失職怨望，因率其部四十餘人越海歸唐。"見《契丹國志》卷二《太宗嗣聖皇帝上》天顯四年十一月條，文字稍異，又見《通鑑》卷二七七長興元年十一月條，云"契丹東丹王突欲自以失職，帥部曲四十人越海自登州來奔"。

十二月乙未，荆南奏，湖南節度使、楚國王馬殷薨，[1]廢朝三日。庚子，以前襄州節度使安元信爲宋州節度使。[2]辛丑，幸苑中。丁未，以二王後、秘書丞、襲酅國公楊仁矩卒輟朝，贈工部郎中。[3]庚戌，湖南節度使馬希聲起復，加兼中書令。壬子，以樞密院直學士、户部侍郎閻至爲澤州刺史，樞密院直學士、户部侍郎史圭爲貝州刺史。[4]甲寅，[5]遣樞密使安重誨赴西面軍前。時帝以蜀路險阻，進兵艱難，潼關已西，[6]物價甚賤，百姓輓運至利州，率一斛不得一斗，謂侍臣曰："關西勞擾，未有成功，誰能辦吾事者！[7]朕須自行。"安重誨曰："此臣之責也，臣請行。"帝許之。言訖而辭，翌日遂行。故西川兵馬都監、泗州防禦使李嚴贈太傅。[8]丙辰，車駕畋於西山，臘也。[9]丁巳，迴鶻遣使來朝貢。戊午，故荆南節度使、檢校太尉、兼尚書令、南平王高季興贈太尉。[10]《永樂大典》卷七千一百六十五。[11]

[1]楚國王馬殷薨：《舊五代史考異》："案《五代春秋》：十二月，楚王殷薨。據《通鑑》，殷卒于十一月己巳，至十二月始奏聞耳。"見《五代春秋》卷上明宗仁德皇帝長興元年（930）十二月

條、《通鑑》卷二七七長興元年十一月己巳條。

[2]安元信：人名。代北（今山西代縣）人。五代後唐、後晋將領。事見本書卷三二。

[3]秘書丞：官名。三國魏始置。秘書省主官。掌圖書文籍。從五品上。　楊仁矩：人名。隋朝楊氏後裔。五代後唐官員。事見本書卷四〇。　工部郎中：官名。尚書省屬官，位在侍郎之下、員外郎之上。主持尚書省工部工部司事務。從五品上。

[4]澤州：州名。治所在今山西澤州縣。　貝州：州名。治所在今河北清河縣。

[5]甲寅：甲寅兩見。前一甲寅，記遣安重誨赴西面軍前事，後一甲寅記李巖贈太傅事。《輯本舊史》兩甲寅之間，無其他日之記事。長興元年，十二月庚寅朔，甲寅爲二十五日。其後之丙辰、丁巳、戊午分别爲二七、二八、二九日，故後一“甲寅”應删。中華書局本有校勘記：“按本卷上文已有十二月甲寅，此處不當復見。”但未删。

[6]潼關：地名。關隘重地。位於今陝西潼關縣東北。

[7]誰能辦吾事者：中華書局本有校勘記：“‘誰’字原闕，據殿本、劉本、孔本、《通鑑》卷二七七補。《册府》卷一二三、卷三八九敘其事作‘孰能辦吾事者’。”見明本《册府》卷一二三《帝王部·征討門三》、《宋本册府》卷三八九《將帥部·請行門》、《通鑑》卷二七七長興元年十二月壬子條。

[8]泗州：州名。治所在今江蘇泗洪縣東南。　李嚴：人名。幽州（今北京市）人。五代後唐官員。傳見本書卷七〇、《新五代史》卷二六。

[9]臘也：中華書局本有校勘記：“‘臘’，原作‘獵’，據殿本、邵本校、《册府》卷一一五改。”明本《册府》卷一一五《帝王部·蒐狩門》，載：“十二月丙辰，車駕出金耀門，獵於西山下，臘辰故也。至晚還宫。”

[10]荆南：又稱南平。五代十國之一。後梁開平元年（907）

朱温命高季興爲荆南節度使，梁末帝時封季興爲渤海王。同光二年（924）受後唐封爲南平王。　尚書令：官名。秦始置。隋、唐前期爲尚書省長官，與中書令、侍中並爲宰相。因以李世民爲之，後皆不授，唐高宗廢其職。唐後期以李適、郭子儀有功而特授此職，爲大臣榮銜，不參與政務。五代因之。唐時爲正二品，後梁開平三年（909）升爲正一品。　高季興：人名。原名高季昌，陝州硤石（今河南三門峽市陝州區）人。南平（即荆南）開國君主。傳見本書卷一三三、《新五代史》卷六九。

［11］《大典》卷七一六五“唐”字韻“明宗（二）”事目。

舊五代史　卷四二

唐書十八

明宗紀第八

長興二年春正月庚申朔，帝御明堂殿受朝賀，仗衛如儀。[1]乙丑，詔曰："故天策上將軍、守太師、尚書令、楚國王馬殷，[2]品位俱高，封崇已極，無官可贈，宜賜謚及神道碑文，仍以王禮葬。"壬申，契丹東丹王突欲自渤海國率衆到闕，[3]帝慰勞久之，錫賚加等，百僚稱賀。丙子，以沙州節度使曹義金兼中書令。[4]丁丑，東丹王突欲進本國印三紐。庚辰，以静江軍節度使馬賨卒廢朝，[5]贈尚書令。丙戌，荆南節度使高從誨落起復，[6]加兼中書令。

[1]長興：後唐明宗李嗣源年號（930—933）。　明堂殿：宫殿名。位於今河南洛陽市。

[2]天策上將軍：官名。唐武德四年（621）置，掌國之征討，總判府事。正一品。　太師：官名。與太傅、太保合稱三師，唐後

期、五代時多爲大臣、勳貴加官。正一品。　尚書令：官名。秦始置。隋、唐前期爲尚書省長官，與中書令、侍中並爲宰相。因以李世民爲之，後皆不授，唐高宗廢其職。唐後期以李適、郭子儀有功而特授此職，爲大臣榮銜，不參與政務。五代因之。唐時爲正二品，後梁開平三年（909）升爲正一品。　馬殷：人名。許州鄢陵（今河南鄢陵縣）人，一説上蔡（今河南上蔡縣）人。五代十國時期南楚開國君主。傳見本書卷一三三、《新五代史》卷六六。

[3]契丹：古部族、政權名。公元4世紀中葉宇文部爲前燕攻破，始分離而成單獨的部落，自號契丹。唐貞觀中，置松漠都督府，以其首領爲都督。唐末强盛，916年迭剌部耶律阿保機建立契丹國（遼）。先後與五代、北宋並立，保大五年（1125）爲金所滅。參見張正明《契丹史略》，中華書局1979年版。　突欲：即東丹王李贊華。本名耶律倍，小名突欲。遼太祖耶律阿保機長子，封東丹王。其弟耶律德光即位，是爲遼太宗。突欲憤而降後唐，明宗賜名李贊華。傳見《遼史》卷七二。　渤海國：古國名。武周聖曆元年（698），粟末靺鞨首領大祚榮建立政權。先天二年（713），唐朝册封大祚榮爲渤海郡王，其國遂以渤海爲名。傳見本書卷一三八、《新五代史》卷七四。　契丹東丹王突欲自渤海國率衆到闕：中華書局本有校勘記：“‘王’字原闕，據殿本、《五代會要》卷二九、《册府》卷一七〇、《通鑑》卷二七七補。本卷下文同。”見《會要》卷二九契丹條、明本《册府》卷一七〇《帝王部·來遠門》、《通鑑》卷二七七長興元年（930）十一月條。《舊五代史考異》：“案：托雲歸唐，《五代春秋》作二年正月，蓋以到闕之日爲據。《歐陽史》作四年十一月丙戌，蓋以奏聞之日爲據。”見《五代春秋》明宗仁德皇帝條，《新五代史》卷六《唐明宗紀》實繫於長興元年（即天成五年）十一月丙戌。《舊五代史考異》所謂“托雲”，爲乾隆時對“突欲”之改譯。“歐陽史作四年十一月丙戌”，中華書局本有校勘記：“《新五代史》卷六《唐本紀》繫其事於長興元年十一月丙戌。”未指出其與《舊史·本紀》之差異。

[4]沙州：州名。治所在今甘肅敦煌市。《舊五代史考異》："案：原本作'汝州'，今據《通鑑》改正。"《通鑑》卷二七三同光二年（924）五月乙丑條載："以權知歸義留後曹義金爲節度使。時瓜、沙與吐蕃雜居，義金遣使間道入貢，故命之。"歸義軍節度使駐沙州，據改。　曹義金：人名。即曹議金。祖籍亳州（今安徽亳州市），世居敦煌。五代歸義軍節度使。參見榮新江《歸義軍史研究：唐宋時代敦煌歷史考索》，上海古籍出版社 2015 年版。　中書令：官名。漢代始置，隋、唐前期爲中書省長官，屬宰相之職；唐後期多爲授予元勳大臣的虚銜。正二品。

[5]静江軍：方鎮名。治所在今廣西桂林市。　馬賨：人名。許州鄢陵（今河南鄢陵縣）人。馬殷之弟。事見本書卷三一、卷三七。中華書局本有校勘記："原作'馬賓'，據彭校、本書卷三一《唐莊宗紀五》、《册府》卷一七八、《新五代史》卷六六《楚世家》改。"見《輯本舊史》卷三一《唐莊宗紀五》同光二年四月癸巳條、《宋本册府》卷一七八《帝王部・姑息門三》長興二年二月條、《新五代史》卷六六《楚世家》馬殷條。

[6]荆南：方鎮名。治所在荆州（今湖北荆州市）。　高從誨：人名。陝州硤石（今河南三門峽市陝州區）人，南平國主，高季興長子。傳見本書卷一三三、《新五代史》卷六九。

二月己丑朔，以宋州節度使趙延壽爲左武衛上將軍，充宣徽北院使。[1]癸巳，詔貢院舊例夜試進士，今後晝試，排門齊入，即日試畢。丁酉，幸至德宫，又幸安元信、東丹王突欲之第。[2]辛丑，以鴻臚卿致仕賈馥卒廢朝。[3]以樞密院使、守太尉、兼中書令安重誨爲檢校太師、兼中書令，充河中節度使，進封沂國公。[4]己酉，[5]以右威衛上將軍陳皋爲洋州節度使。[6]詔諸府少尹

上佐，以二十五月爲限。[7]諸州刺史、諸道行軍司馬、副使、兩使判官已下賓職，團防軍事判官、推官、府縣官等，並以三十月爲限。[8]幕職隨府者不在此例。癸丑，邠州節度使李敬周移鎮徐州。[9]詔禁天下開發無主墳墓。

[1]宋州：州名。治所在今河南商丘市睢陽區。　節度使：官名。唐時在重要地區所設掌握一州或數州軍事、民事、財政的長官。　趙延壽：人名。常山（今河北正定縣）人，本姓劉，爲後唐將領趙德鈞養子。仕至後唐樞密使，遼朝幽州節度使、燕王。傳見本書卷九八、《遼史》卷七六。　左武衛上將軍：官名。唐置，掌宫禁宿衛。唐代置十六衛，即左右衛、左右驍衛、左右武衛、左右威衛、左右領軍衛、左右金吾衛、左右監門衛、左右千牛衛，各置上將軍，從二品；大將軍，正三品；將軍，從三品。　宣徽北院使：官名。唐始置。宣徽北院的長官。初用宦官，五代以後改用士人。與宣徽南院使通掌内諸司及三班内侍之名籍，郊祀、朝會、宴享供帳之儀，檢視内外進奉名物。參見王永平《論唐代宣徽使》，《中國史研究》1995 年第 1 期；王孫盈政《再論唐代的宣徽使》，《中華文史論叢》2018 年第 3 期。

[2]至德宫：宫殿名。位於今河南洛陽市。　安元信：人名。代北（今山西代縣）人。五代後唐、後晋將領。事見本書卷三二。

[3]鴻臚卿：官名。秦時稱典客，漢初改大行令，漢武帝時改大鴻臚，北齊置鴻臚寺，以鴻臚寺卿爲主官，後代沿置。掌四夷朝貢、宴飲賞賜、送迎外使等禮儀活動。從三品。　賈馥：人名。籍貫不詳。故鎮州節度使王鎔判官。傳見本書卷七一。

[4]樞密院使：官名。唐代宗時始以宦官掌機密，至昭宗時借朱温之力盡誅宦官，始改以士人任樞密使。參見李全德《唐宋變革期樞密院研究》，國家圖書館出版社 2009 年版。　太尉：官名。與司徒、司空並爲三公，唐後期、五代時多爲大臣、勳貴加官。正一

品。　安重誨：人名。應州（今山西應縣）人。五代後唐大臣。傳見本書卷六六、《新五代史》卷二四。　檢校太師：官名。爲散官或加官，以示恩寵，無實際執掌。　河中：方鎮名。治所在河中府（今山西永濟市）。

［5］己酉：中華書局本有校勘記："原作'己丑'，據殿本、劉本改。影庫本粘籤：'己丑，以長曆推之，當作己酉。'按是月己丑朔，此事繫於辛丑、癸丑間，當是己酉。"辛丑爲十二日，癸丑爲二十四日，己酉爲二十一日。

［6］右威衛上將軍：官名。唐置，掌宮禁宿衛。唐代十六衛之一。從二品。　陳皋：人名。籍貫不詳。後唐將領。事見本書本卷、卷三九、卷四〇、卷四六。　洋州：州名。治所在今陝西洋縣。

［7］詔諸府少尹上佐："上佐"，中華書局本有校勘記："原作'上任'，據《五代會要》卷二五、《册府》卷六三三改。影庫本粘籤：'上任，原作"尚佐"，今從《五代會要》改正。'"見《會要》卷二五幕府條長興二年（931）二月中書門下奏文、《宋本册府》卷六三三《銓選部·條制門五》長興二年正月條。　以二十五月爲限：中華書局本有校勘記："'月'，原作'日'，據《五代會要》卷二五、《册府》卷六三三改。"

［8］刺史：官名。漢武帝時始置。州一級行政長官，總掌考覈官吏、勸課農桑、地方教化等事。唐中期以後，節度使、觀察使轄州而設，刺史爲其屬官，職任漸輕。從三品至正四品下。　行軍司馬：官名。出征將領及節度使的屬官。掌軍籍符伍、號令印信，是藩鎮重要的軍政官員。　副使：官名。即節度副使。唐、五代方鎮屬官。位在行軍司馬之下、判官之上。　兩使判官：節度判官與觀察判官。節度判官，唐、五代方鎮僚屬，位在行軍司馬下。分掌使衙内各曹事，並協助使職官員通判衙事。觀察判官，唐肅宗以後置，五代沿置。觀察使屬官，參理田賦事，用觀察使印、署狀。　軍事判官：官名。唐中期節度使、觀察使及設團練使、防禦使之州

皆置爲幕職，由各使自行辟舉。五代後唐明宗時設刺史之州亦改防禦判官而置，不得兼録事參軍。　推官：官名。唐肅宗以後置，五代沿置。爲節度、觀察、團練、防禦等使的屬官。度支、鹽鐵等使也置推官掌理刑案之事。　並以三十月爲限：中華書局本有校勘記："'月'，原作'日'，據《五代會要》卷二五、《册府》卷六三三改。"

[9]邠州：州名。治所在今陝西彬縣。　李敬周：人名。避後晋高祖石敬瑭諱改名李周。邢州内丘（今河北内丘縣）人。五代後唐、後晋將領。傳見本書卷九一、《新五代史》卷四七。　徐州：州名。治所在今江蘇徐州市。

三月辛酉，詔渤海國人皇王突欲宜賜姓東丹，名慕華，仍授檢校太保、安東都護，充懷化軍節度、瑞慎等州觀察等使。[1]其從慕華歸國部校，各授懷化、歸德將軍中郎將。[2]先於定州擒獲蕃將，惕隱宜賜姓狄，名懷惠，則骨宜賜姓列，名知恩，並授檢校右散騎常侍。[3]舍利則剌宜賜姓原，名知感，械骨宜賜姓服，名懷造，奚王副使竭失訖宜賜姓乙，名懷宥，三人並授檢校太子賓客。[4]甲子，以前鴻臚卿王瓊爲太僕卿。[5]丙寅，以皇子從珂爲左衛大將軍。[6]從珂自河中失守，歸清化里第，[7]至是安重誨出鎮河中，帝召見，泣而謂之曰："如重誨意，爾安得更相見耶！"因有是命。壬申，以滄州節度使孔循卒廢朝。[8]乙亥，以西京留守、權知興元軍府事王思同爲山南西道節度使，充西面行營馬步軍都虞候。[9]庚辰，以少府監聶延祚爲殿中監，以前雲州節度使楊漢章爲安州節度使。[10]乙酉，太師致仕錢鏐復授天

下兵馬都元帥、尚父、吴越國王，以其子兩浙節度使元瓘等上表首罪，故有是命。[11]丁亥，以太常卿李愚爲中書侍郎、平章事、集賢殿大學士。[12]

[1]檢校太保：官名。爲散官或加官，以示恩寵，無實際執掌。太保，與太師、太傅合稱三師。　安東都護：唐六大都護府之一。總章元年（668）置，治所在平壤城（今朝鮮平壤市）。　懷化軍：方鎮名。後唐置，治所在今北京市房山區良鄉鎮。　瑞：羈縻州。唐貞觀十年（636）於營州界置，隸營州都督。處突厥烏突汗達幹部落。神龍初隸幽州都督。治所爲來遠縣，後移治於良鄉縣之廣陽城（今北京市房山區良鄉鎮東北廣陽城村）。　慎：羈縻州。唐朝始置。隸於營州，領粟末靺鞨烏素固部落。萬歲通天年間，營州陷於契丹，因以南遷淄、青州之境，神龍初僑治良鄉之都鄉城（今北京市房山區西南）。後廢。　觀察：官名。即觀察使。唐代後期出現的地方軍政長官。唐玄宗開元二十一年（733）置十五道採訪使，唐肅宗乾元元年（758）改爲觀察使。無旌節，故地位低於節度使。掌一道州縣官的考績及民政。　瑞慎等州觀察等使：中華書局本有校勘記："'慎'，原作'鎮'，據《五代會要》卷二九、《册府》卷一七〇、《新五代史》卷七二《四夷附録》、《通鑑》卷二七七改。按《通鑑》卷二七七胡注：'時置懷化軍於慎州。瑞州領遠來一縣，慎州領逢龍一縣，蓋皆後唐所置。《薛史》："瑞、慎二州本遼東之地，唐末爲懷化節度。"'"見《會要》卷二九契丹條長興元年（930）十二月記事、明本《册府》卷一七〇《帝王部・來遠門》長興二年三月辛酉條、《新五代史》卷七二《契丹傳》、《通鑑》卷二七七長興二年三月辛酉條及該條胡注。

[2]懷化中郎將：唐代武散官。專授歸唐少數民族將領。正四品下。　歸德將軍：官名。唐代武散官。專授歸唐少數民族將領。從三品下。　定州：州名。治所在今河北定州市。　惕隱：人名。

契丹族。後唐明宗賜名狄懷惠。事見本書卷四〇。　則骨：人名。契丹族。後唐明宗賜名列懷造。事見本書卷四〇。中華書局本有校勘記："原作'哲爾格'，殿本作'札古'。殿本考證：'"扎古"舊作"則骨"。'按此係輯録《舊五代史》時所改，今恢復原文。""則骨"，《册府》卷一七〇作"擔列"。

[3]檢校右散騎常侍：官名。爲散官或加官，以示恩寵，無實際執掌。

[4]舍利：官名。又作"沙里"，即"郎君"。隸著帳郎君院，屬北面官。管理宫中雜役等。　則剌：人名。契丹族。後唐明宗賜名原知感。事見本書卷四三、卷四七。　舍利則剌宜賜姓原："舍利則剌"，中華書局本有校勘記："原作'錫里扎拉'，殿本考證：'"錫里扎拉"舊作"舍利則剌"。'按此係輯録《舊五代史》時所改，今恢復原文。"　柍骨：人名。契丹族。後唐明宗賜名服懷造。本書僅此一見。中華書局本有校勘記："原作'英格'，殿本作'裕勒古'。殿本考證：'"裕勒古"舊作"柍骨"。'按此係輯録《舊五代史》時所改，今恢復原文。"《册府》卷一七〇、《新五代史》卷七二均作"福郎"。　奚：部族名。源出鮮卑宇文部。原稱庫莫奚，後省稱奚。參見畢德廣《奚族文化研究》，科學出版社 2016 年版。　竭失訖：人名。奚族。後唐明宗賜名乙懷宥。本書僅此一見。　檢校太子賓客：官名。太子賓客爲太子官屬，掌侍從規諫、贊相禮儀。檢校太子賓客爲散官或加官，以示恩寵，無實際執掌。

[5]鴻臚卿：官名。秦時稱典客，漢初改大行令，漢武帝時改大鴻臚，北齊置鴻臚寺，以鴻臚寺卿爲主官，後代沿置。掌四夷朝貢、宴飲賞賜、送迎外使等禮儀活動。從三品。　王瓊：人名。籍貫不詳。事見本書本卷、卷九九。　太僕卿：官名。西漢置太僕，南朝梁始置太僕卿。太僕寺長官。掌管車馬及牲畜之政令。從三品。

[6]從珂：人名。即後唐廢帝李從珂。鎮州（今河北正定縣）人。本姓王，後唐明宗李嗣源擄其母魏氏，遂養爲己子。應順元年

(934）四月，李從珂入洛陽即帝位。清泰三年（936）五月，石敬瑭謀反，廢帝自焚死，後唐亡。紀見本書卷四六至卷四八、《新五代史》卷七。　左衛大將軍：官名。唐置，掌宫禁宿衛。唐代十六衛之一。從二品。

［7］清化里：里坊名。位於今河南洛陽市。《輯本舊史》之影庫本粘籤："清化，原本作'情化'，今從《通鑑》注所引《薛史》改正。"見《通鑑》卷二七七長興元年四月壬寅條胡注。

［8］滄州：州名。治所在今河北滄縣舊州鎮。　孔循：人名。籍貫不詳。五代後唐大臣。傳見《新五代史》卷四三。

［9］西京：地名。指京兆府（今陝西西安市）。　留守：官名。古代皇帝出巡或親征時指定親王或大臣留守京城，綜理國家軍事、行政、民事、財政等事務，稱京城留守。在陪都或軍事重鎮也常設留守，以地方長官兼任。　權知：官名。簡稱爲"知州"。州級行政長官。參見閆建飛《唐後期五代宋初知州制的實施過程》，《文史》2019年第1期。　興元：府名。治所在今陝西漢中市。　王思同：人名。幽州（今北京市）人。後唐將領。傳見本書卷六五、《新五代史》卷三三。　山南西道：方鎮名。治所在興元府（今陝西漢中市）。　行營馬步軍都虞候：官名。五代時期出征軍隊高級統兵官。

［10］少府監：官名。少府監長官，隋初置，唐初廢，太宗時復置。掌百工技巧之事。從三品。　聶延祚：人名。籍貫不詳。五代後唐、後晉官員。事見本書卷四八、卷八〇、卷八二。　殿中監：官名。殿中省長官。掌宫廷供奉之事。從三品。　雲州：州名。治所在今山西大同市。　楊漢章：人名。籍貫不詳。五代將領。事見《通鑑》卷二八〇。　安州：州名。治所在今湖北安陸市。　以前雲州節度使楊漢章爲安州節度使：《輯本舊史》之影庫本粘籤："楊漢章，原本作'漢童'，今從《通鑑》改正。"見《通鑑》卷二八〇天福元年（936）十一月丁酉條。《輯本舊史》卷四〇《唐明宗紀六》天成四年（929）六月壬寅條載"楊漢章移鎮雲州"。

[11]錢鏐：人名。杭州臨安（今浙江杭州市臨安區）人。五代時期吴越國的建立者。傳見本書卷一三三、《新五代史》卷六七。　尚父：尊號名。意爲可尊尚的父輩。　兩浙：方鎮名。治所在今浙江杭州市。　元瓘：人名。即錢元瓘。杭州臨安（今浙江杭州市臨安區）。錢鏐之子。五代十國吴越國國主，932年至941年在位。傳見本書卷一三三、《新五代史》卷六七。

[12]太常卿：官名。太常寺長官。掌祭祀禮儀等事。正三品。　李愚：人名。渤海無棣（今山東慶雲縣）人。唐末進士，五代大臣。傳見本書卷六七、《新五代史》卷五四。　中書侍郎：官名。中書省副長官。唐後期三省長官漸爲榮銜，中書侍郎、門下侍郎却因參議朝政而職位漸重，常常用爲以"同三品"或"同平章事"任宰相者的本官。正三品。　平章事：官名。唐高宗以後，實際任宰相之職者，常在其本官後加同平章事的職銜。後成爲宰相專稱。　集賢殿大學士：官名。唐中葉置，位在學士之上，以宰相兼。掌修書之事。

夏四月辛卯，制德妃王氏進位淑妃。詔錢鏐依舊賜不名。誅内官安希倫，[1]以其受安重誨密指，令於内中伺帝起居故也。丁酉，幸會節園宴群臣，因幸河南府。[2]詔罷州縣官到任後率斂爲地圖。又禁人毁廢所在碑碣，恐名賢遺行失所考也。[3]戊戌，詔今年四月禘饗太廟。[4]故昭義節度使李嗣昭、故幽州節度使周德威、故汴州節度使符存審，並配饗莊宗廟庭。[5]己亥，以前徐州節度使張虔釗爲鳳翔節度使。[6]癸卯，以汴州節度副使藥縱之爲户部侍郎，前宗正卿李諧爲將作監。[7]甲辰，以宣徽北院使、左衛上將軍趙延壽爲檢校太傅、行禮部尚書，充樞密使。[8]乙巳，潞州節度使劉仲殷移鎮

秦州。[9]帝幸龍門佛寺祈雨。[10]己酉，[11]天雄軍節度使石敬瑭兼六軍諸衛副使。[12]辛亥，[13]以前鳳翔節度使朱弘昭爲左武衛上將軍，充宣徽南院使。[14]壬子，以兵部尚書盧質爲河陽節度使。[15]甲寅，以遂州節度使夏魯奇没於王事廢朝。[16]乙卯，[17]詔曰："久僁時雨，深疚予心。宜委諸州府長吏親問刑獄，省察冤濫，見禁囚徒，除死罪外，並放。"[18]

[1]安希倫：人名。籍貫不詳。五代後唐宦官。本書僅此一見。

[2]會節園：園林名。位於今河南洛陽市。　河南府：府名。治所在今河南洛陽市。

[3]恐名賢遺行失所考也：中華書局本有校勘記："以上九字原闕，據殿本補。"

[4]太廟：帝王的祖廟。用以供奉、祭祀皇帝先祖。

[5]昭義：方鎮名。治所在潞州（今山西長治市）。　李嗣昭：人名。汾州（今山西汾陽市）人。唐末、五代李克用義子、部將。傳見本書卷五二、《新五代史》卷三六。　幽州：州名。治所在今北京市。　周德威：人名。馬邑（今山西朔州市東北馬邑村）人。唐末、五代河東將領。傳見本書卷五六、《新五代史》卷二五。　汴州：州名。治所在今河南開封市。　符存審：人名。陳州宛丘人（今河南淮陽縣）。後唐將領。傳見本書卷五六、《新五代史》卷二五。　莊宗：即後唐莊宗李存勗。五代後唐王朝的建立者。紀見本書卷二七至卷三四、《新五代史》卷五。

[6]張虔釗：人名。遼州（今山西左權縣）人。後唐、後蜀將領。傳見本書卷七四。　鳳翔：方鎮名。治所在鳳翔府（今陝西鳳翔縣）。

[7]節度副使：官名。唐、五代方鎮屬官。位於行軍司馬之下、判官之上。　藥縱之：人名。太原（今山西太原市）人。後唐官

員。傳見本書卷七一。　户部侍郎：官名。尚書省户部次官。協助户部尚書掌天下田户、均輸、錢穀之政令。正四品下。　宗正卿：官名。秦始置宗正，南朝梁始有宗正卿之官。由宗室充任。掌皇族外戚屬籍。正三品。　李譖：人名。籍貫不詳。本書僅此一見。　將作監：官名。秦代設將作少府，唐代改將作監，其長官即爲將作監。掌宫廷器物置辦及宫室修建事宜。從三品。

[8]左衛上將軍：官名。唐置，掌宫禁宿衛。唐代十六衛之一。從二品。中華書局本有校勘記："'左衛上將軍'，本卷上文作'左武衛上將軍'。"見二月乙丑條。　檢校太傅：官名。爲散官或加官，以示恩寵，無實際執掌。　禮部尚書：官名。尚書省禮部主官。掌禮儀、祭享、貢舉之政。正三品。

[9]樞密使：官名。樞密院長官。五代時以士人爲之，備顧問，參謀議，出納詔奏，權侔宰相。參見李全德《唐宋變革期樞密院研究》，國家圖書館出版社2009年版。

[10]潞州：州名。治所在今山西長治市。　劉仲殷：人名。籍貫不詳。後唐將領。事見本書本卷、卷三五、卷三六、卷三八、卷四一、卷四四、卷四五、卷四六。　秦州：州名。治所在今甘肅天水市。　龍門：地名。位於今河南洛陽市。因兩山相對如闕，伊河從中流過，又名伊闕。唐以後習稱龍門。

[11]己酉：中華書局本有校勘記："原作'乙酉'，據殿本、劉本、孔本改。影庫本粘籤：'以《長曆》推之，乙酉當作己酉。'按是月己丑朔，無乙酉，己酉爲二十一日。"

[12]天雄軍：方鎮名。治所在魏州（今河北大名縣）。　石敬瑭：人名。沙陀部人。五代後唐將領、後晋開國皇帝。紀見本書卷七五至八〇、《新五代史》卷八。　六軍諸衛副使：官名。後唐沿唐代舊制，置六軍、諸衛。以判六軍諸衛事爲禁軍六軍與諸衛的最高統帥，六軍諸衛副使爲其貳。

[13]辛亥：中華書局本有校勘記："原作'己亥'，據殿本、劉本改。影庫本粘籤：'以《長曆》推之，己亥當作辛亥。'按是月己

丑朔，此事繫於己酉、壬子間，當是辛亥。”壬子爲二十四日，辛亥爲二十三日。

[14]朱弘昭：人名。太原（今山西太原市）人。五代後唐明宗朝樞密使、宰相。傳見本書卷六六、《新五代史》卷二七。　宣徽南院使：官名。唐始置。宣徽南院的長官。初用宦官，五代以後改用士人。與宣徽北院使通掌内諸司及三班内侍之名籍，郊祀、朝會、宴享供帳之儀，檢視内外進奉名物。參見王永平《論唐代宣徽使》，《中國史研究》1995 年第 1 期；王孫盈政《再論唐代的宣徽使》，《中華文史論叢》2018 年第 3 期。

[15]兵部尚書：官名。尚書省兵部主官。掌兵衛、武選、車輦、甲械、厩牧之政令。正三品。　盧質：人名。河南（今河南洛陽市）人。五代大臣。傳見本書卷九三、《新五代史》卷五六。　河陽：方鎮名。治所在孟州（今河南孟州市）。

[16]遂州：州名。治所在今四川遂寧市。　夏魯奇：人名。青州（今山東青州市）人。五代後唐將領。傳見本書卷七〇、《新五代史》卷三三。　甲寅，以遂州節度使夏魯奇没於王事廢朝：《舊五代史考異》：“案：《通鑑》：正月庚午，李仁罕陷遂州，夏魯奇自殺。《歐陽史》作四月甲寅，董璋陷遂州，武信軍節度使夏魯奇死之，與《通鑑》異。以《薛史》考之，《歐陽史》蓋誤以奏聞之日爲城陷之日，宜從《薛史》。”見《新五代史》卷六《唐明宗紀》長興二年（931）四月甲寅條、《通鑑》卷二七七長興二年正月庚午條。又，《舊五代史考異》所云“歐陽史蓋誤以奏聞之日爲城陷之日”，中華書局本有校勘記：“下一‘日’字，原作‘月’，據彭校改。”

[17]乙卯：中華書局本有校勘記：“以上二字原闕，據《册府》卷九三、卷一四五、《新五代史》卷六《唐本紀》補。《舊五代史考異》卷二：‘案《歐陽史》作乙卯，以旱赦流罪以下囚。與《薛史》作壬子異。’”見明本《册府》卷九三《帝王部・赦宥門一二》長興二年四月乙卯條、《宋本册府》卷一四五《帝王部・弭災

門三》長興二年四月乙卯條、《新五代史·唐明宗紀》長興二年四月乙卯條。

［18］“詔曰”至“並放”：中華書局本有校勘記：“以上三十五字原闕，據殿本、孔本補。”《册府》卷九三、卷一四五，“並放”均作“疏放”。

五月戊午朔，帝御文明殿受朝。[1]庚申，以三司使、行工部尚書張延朗爲兖州節度使。[2]辛酉，詔：“近聞百執事等，或親居内職，或貴列廷臣，或宣達君恩，或勾當公事，經由列鎮，干撓諸侯，指射職員，安排親昵，或潛示意旨，或顯發書題。自今後一切止絶，有所犯者，發薦人貶官，求薦人流配。如逐處長吏自徇人情，只仰被替人詣闕上訴，[3]長吏罰兩月俸，發薦人更加一等，被替人却令依舊。”甲子，都官郎中、知制誥崔棁上言，請搜訪宣宗已來野史，以備編修。[4]從之。丁卯，詔：“諸州府城郭内依舊禁麴，其麴官中自造，減舊價之半貨賣。應田畝上所徵麴錢並放，鄉村人户一任私造。”時甚便之。戊辰，中書奏，應朝臣丁憂者，望加頒賚。從之。丁丑，以祕書監劉岳爲太常卿。[5]己卯，以武德使孟漢瓊爲右衛大將軍、知内侍省，充宣徽北院使。[6]辛巳，以前相州刺史孟鵠爲左驍衛大將軍，[7]充三司使。甲申，以權知朗州軍州事、守永州刺史馬希範爲洪州節度使、檢校太傅，以權知桂州軍府事、富州刺史馬希龏爲鄂州節度使、檢校司徒。[8]乙酉，以左金吾大將軍薄文爲晉州留後。[9]鴻臚卿柳膺將齋郎文書賣與同姓人柳居則，[10]伏罪，大理寺斷當大辟，[11]緣經赦減死，

追奪見任官，終身不齒。詔："應見任前資守選官等，所有本朝及梁朝出身歷任告身，並仰送納，委所在磨勘，換給公憑，只以中興已來官告，及近受文書敘理。其諸色蔭補子孫，如非虛假，不計庶嫡，並宜敘録；如實無子孫，別立人繼嗣，已補得身名者，只許敘蔭一人。[12]其不合敘使文書，限百日内焚毁須絶。此後更敢將合焚文書參選求仕，其所犯之人並傳者，並當極法。應合得資蔭出身人，並須依格依令施行。"

[1]文明殿：五代後梁開平三年（909）以貞觀殿改名，故址在今河南洛陽市。

[2]三司使：官名。五代後唐明宗天成元年（926）將晚唐以來的户部、度支、鹽鐵三部合爲一職，設三司使統之。主管國家財政。　工部尚書：官名。尚書省工部主官。掌百工、屯田、山澤之政令。正三品。　張延朗：人名。汴州（今河南開封市）人。五代後唐大臣，歷任三司使、宰相。傳見本書卷六九、《新五代史》卷二六。　兖州：州名。治所在今山東濟寧市兖州區。

[3]只仰被替人詣闕上訴：《輯本舊史》之影庫本粘籤："被替，原本作'被贊'，今從《五代會要》改正。"見《會要》卷二四諸使雜録條所載長興二年（931）五月敕，又據明本《册府》卷六六《帝王部·發號令門五》、《宋本册府》卷一六〇《帝王部·革弊門二》長興二年五月條。"人"，《會要》卷二四、《册府》卷六六作"本人"。

[4]都官郎中：官名。尚書省刑部都官司長官。掌徒刑流放配隸等事。從五品上。　知制誥：官名。掌起草皇帝的詔、誥之事，原爲中書舍人之職。唐開元末置學士院，翰林學士入院一年，則加知制誥銜，專掌任免宰相、册立太子、宣布征伐等特殊詔令，稱爲

内制。而中書舍人所撰擬的詔敕稱爲外制。兩種官員總稱兩制。崔棁：人名。博陵安平（今河北安平縣）人。唐末、五代官員。傳見本書卷九三。　宣宗：即唐宣宗李忱。憲宗第十三子。846 年至 859 年在位。紀見《舊唐書》卷一八下、《新唐書》卷八。

[5]祕書監：官名。秘書省長官。掌圖書秘記等。從三品。　劉岳：人名。洛陽（今河南洛陽市）人。五代後唐官員。傳見本書卷六八、《新五代史》卷五五。

[6]武德使：官名。五代後唐置，爲武德司長官，掌檢校皇城啓閉與警衛。　孟漢瓊：人名。籍貫不詳。五代後唐宦官，時任宣徽南院使。傳見本書卷七二。　右衛大將軍：官名。唐置，掌宫禁宿衛。唐代十六衛之一。正三品。　内侍省：官署名。西漢宫官，多用士人，後漢始用宦者。晋置大長秋卿爲後宫官。隋時爲内侍省，煬帝改爲長秋監，武德復爲内侍。龍朔時改爲内侍監，光宅時改爲司宫臺，神龍時復爲内侍省。掌在内侍奉、出入宫掖宣傳之事，總掖廷、宫闈、奚官、内僕、内府五局之官屬。

[7]相州：州名。治所在今河南安陽市。　孟鵠：人名。魏州（今河北大名縣）人。後唐官員。傳見本書卷六九。　左驍衛大將軍：官名。唐置，掌宫禁宿衛。唐代十六衛之一。正三品。　以前相州刺史孟鵠爲左驍衛大將軍：《輯本舊史》之影庫本粘籤："相州刺史，原本脱'刺史'二字，今從《册府元龜》增入。"見《宋本册府》卷五一一《邦計部·曠敗門》，又見《通鑑》卷二七七長興二年五月辛巳條。

[8]朗州：州名。治所在今湖南常德市。　永州：州名。治所在今湖南永州市。　馬希範：人名。許州鄢陵（今河南鄢陵縣）人，一説上蔡（今河南上蔡縣）人。五代十國南楚開國君主馬殷之子。傳見本書卷一三三、《新五代史》卷六六。　洪州：州名。治所在今江西南昌市。　桂州：州名。治所在今廣西桂林市。　富州：羈縻州。治所在今湖北來鳳縣。　馬希彝：人名。許州鄢陵（今河南鄢陵縣）人，一説上蔡（今河南上蔡縣）人。五代十國南

楚開國君主馬殷親屬。本書僅此一見。　鄂州：州名。治所在今湖北武漢市。　檢校司徒：官名。爲散官或加官，以示恩寵，無實際執掌。

[9]左金吾大將軍：官名。唐置，掌宫禁宿衛。唐代十六衛之一。正三品。　薄文：人名。籍貫不詳。五代軍閥。事見本書本卷、卷四四。　晋州：州名。治所在今山西臨汾市。　留後：官名。唐、五代節度使多以子弟或親信爲留後，以代行節度使職務，亦有軍士、叛將自立爲留後者。掌一州或數州軍政。

[10]柳膺：人名。籍貫不詳。本書僅此一見。

[11]大理寺：官署名。掌邦國折獄詳刑之事。

[12]只許敘蔭一人：《輯本舊史》之影庫本粘籤："敘蔭，原本作'緒蔭'，今從《五代會要》改正。"未見於《會要》記載，明本《册府》卷六六《帝王部·發號令門五》長興二年五月敕、《宋本册府》卷六三三《銓選部·條制門五》長興四年五月詔皆作"緒蔭"。

閏月庚寅，制河中節度使、檢校太師、兼中書令安重誨可太子太師致仕。[1]是日，重誨男崇緒等潛歸河中。[2]以右散騎常侍張文寶爲兵部侍郎。[3]夔州節度使安崇阮棄城歸闕，[4]待罪於閤門，詔釋之。時董璋寇峽内諸州，[5]崇阮望風遁走。壬辰，陝州節度使李從璋移鎮河中。[6]癸巳，[7]升廬州爲昭順軍。[8]甲午，以衡州刺史姚彦章爲昭順軍節度使。[9]丁酉，安重誨奏："男崇贇、崇緒等到州，臣已拘送赴闕。"崇緒至陝州，詔令下獄。己亥，詔安重誨宜削奪在身官爵，並妻阿張、男崇贇崇緒等並賜死，[10]其餘親不問。壬寅，以尚書左丞崔居儉爲工部尚書，以吏部侍郎王權爲尚書左丞。[11]丙午，以

隨駕馬軍都指揮使、宣州節度使安從進爲陝州節度使。[12]丁未，以前中書舍人楊凝式爲右散騎常侍。[13]戊申，以右龍武統軍王景戡爲新州節度使。[14]己酉，以右領軍上將軍李肅爲左金吾大將軍。[15]壬子，以隨駕步軍都指揮使藥彦稠爲邠州節度使。[16]癸丑，以邠州節度使劉彦琮卒廢朝，[17]贈太傅。詔有司及天下州縣，於律令格式、《六典》中録本局公事，書於廳壁，令其遵行。

[1]太子太師：官名。與太子太傅、太子太保統稱太子三師。隋、唐以後多作加官或贈官。從一品。

[2]崇緒：人名。即安崇緒。安重誨之子。五代後唐官員。事見本書本卷。　重誨男崇緒等潛歸河中：《輯本舊史》之影庫本粘籤："崇緒，原本作'宗諸'，今從《通鑑》改正。又，下文兼言崇贊、崇緒，疑此處有脱文，考《册府元龜》所引《薛史》亦作崇緒等，今仍其舊。"《宋本册府》卷一五四《帝王部·明罰門三》長興二年（931）閏五月條作崇緒、崇贊"偷歸本道"，《通鑑》卷二七七長興二年閏五月庚寅條作"其子崇贊、崇緒逃奔河中"。

[3]右散騎常侍：官名。中書省屬官。掌侍奉規諷，備顧問應對。正三品下。　張文寶：人名。籍貫不詳。五代後唐官員。傳見本書卷六八。　兵部侍郎：官名。兵部副長官，與尚書分掌武官銓選、勳階、考課之政。正四品下。

[4]夔州：州名。治所在今重慶市奉節縣。　安崇阮：人名。潞州上黨（今山西長治市）人。五代後唐、後晋將領。傳見本書卷九〇。

[5]董璋：人名。籍貫不詳。五代後梁、後唐將領。傳見本書卷六二、《新五代史》卷五一。　陝州：州名。治所在今河南三門峽市陝州區。

[6]李從璋：人名。五代後唐明宗從子。後唐、後晋將領。傳

見本書卷八八、《新五代史》卷一五。

[7]癸巳：《輯本舊史》原作“癸丑”，中華書局本有校勘記：“按本卷下文是月復見‘癸丑’，‘壬辰’‘甲午’之間僅‘癸巳’一日。《通鑑》卷二九三胡注引《薛史》作‘己丑’。是月戊子朔，己丑爲初二。”未改。長興二年閏五月戊子朔，此條之前爲壬辰（初五）記事，之後爲甲午（初七）記事。癸巳則爲初六。故改。《通鑑》卷二九三顯德四年（957）三月辛亥條胡注引《薛史》云“長興二年閏五月己丑，升廬州爲昭順軍”，與此差四日。

[8]廬州：州名。治所在今安徽合肥市。中華書局本有校勘記：“‘廬州’，原作‘盧州’，據邵本校改。按本書卷四四《唐明宗紀十》：‘以廬州節度使兼武安軍副使姚彦章爲檢校太尉、同平章事。’《太平寰宇記》卷一二六：‘廬州，後唐爲昭順軍節度。’”見《輯本舊史》卷四四《明宗紀十》長興四年二月丁巳條、《太平寰宇記》卷一二六《淮南道四·廬州》。　昭順軍：方鎮名。治所在今安徽合肥市。

[9]衡州：州名。治所在今湖南衡陽市。中華書局本有校勘記：“‘衡州’，《通鑑》卷二六七、《九國志》卷一一作‘横州’。”《通鑑》卷二六七開平四年（910）條載，姚彦章爲楚王馬殷之横州刺史，《九國志》卷一一《楚姚彦章傳》略同。　姚彦章：人名。汝南（今河南汝南縣）人。五代十國楚國官員。傳見本書附録。

[10]己亥，詔安重誨宜削奪在身官爵，並妻阿張、男崇贊崇緒等並賜死：《舊五代史考異》：“案：《五代春秋》作五月，誅安重誨，《歐陽史》作閏五月丁酉，與《薛史》異。”見《五代春秋》卷上後唐明宗仁德皇帝條長興二年五月記事、《新五代史》卷六《唐明宗紀》閏五月丁酉條。

[11]尚書左丞：官名。尚書省佐貳官。唐中期以後，與尚書右丞實際主持尚書省日常政務，權任甚重。正四品上。後梁開平二年（908）改爲左司侍郎，後唐同光元年（923）復舊爲左丞。正四品。　崔居儉：人名。清河（今河北清河縣）人。五代後梁至後晋

官員。傳見本書附録、《新五代史》卷五五。　吏部侍郎：官名。尚書省吏部次官。協助吏部尚書掌文選、勳封、考課之政。正四品上。　王權：人名。太原（今山西太原市）人。五代官員。傳見本書卷九二、《新五代史》卷五六。

[12]都指揮使：官名。此處指宣武軍都指揮使。唐末、五代藩鎮皆置都指揮使、指揮使，爲統兵將領。　宣州：州名。治所在今安徽宣城市。　安從進：人名。五代藩鎮軍閥。傳見本書卷九八、《新五代史》卷五一。

[13]中書舍人：官名。中書省屬官。掌起草文書、呈遞奏章、傳宣詔命等。正五品上。　楊凝式：人名。籍貫不詳。唐哀帝時宰相楊涉之子。歷事後梁、後唐、後晉、後漢、後周。事見《新五代史》卷三五。　以前中書舍人楊凝式爲右散騎常侍：中華書局本有校勘記："'右'，原作'左'，據本書卷四三《唐明宗紀九》、卷一二八《楊凝式傳》改。按長興三年正月《李德休墓誌》（拓片刊《隋唐五代墓誌匯編·洛陽卷》第十五册）署'朝散大夫守右散騎常侍柱國賜紫金魚袋楊凝式撰'。"見《輯本舊史》卷四三《唐明宗紀九》長興三年十一月己亥條。

[14]右龍武統軍：官名。唐置六軍，分左、右羽林，左、右龍武，左、右神武，即"北衙六軍"。興元元年（784），六軍各置統軍，以寵勳臣。五代沿之。其品秩，《唐會要》卷七一、《舊唐書》卷一二記載爲"從二品"；《通鑑》卷二二九記載爲"從三品"。　王景戡：人名。籍貫不詳。後唐將領。事見本書本卷、卷三四、卷三七、卷三九。　新州：州名。治所在今河北涿鹿縣。

[15]右領軍上將軍：官名。唐置，掌宫禁宿衛。唐代十六衛之一。從二品。　李肅：人名。籍貫不詳。五代將領。事見本書卷一〇、卷三四、卷四五、卷四六。

[16]藥彦稠：人名。沙陀部人。五代後唐將領。傳見本書卷六六、《新五代史》卷二七。

[17]劉彦琮：人名。雲中（今山西大同市）人。後唐將領。

傳見本書卷六一。中華書局本有校勘記："原作'劉行琮'，據本書卷六一《劉彥琮傳》改。按本書卷四一《唐明宗紀七》：'（長興元年十月）陝州節度使劉彥琮移鎮邠州。'劉行琮係後梁時人。"劉彥琮亦見《輯本舊史》卷四一長興元年十月己亥條。劉彥琮則見於明本《册府》卷二一四《閏位部·權略門》開平五年二月條，爲蔡州右廂指揮使，因作亂被誅。尚有一劉行琮，爲漢劉景巖之次子，亦因作亂被誅。

六月丁巳朔，復置明法科，同《開元禮》。乙丑，以皇子左衛大將軍從珂依前檢校太傅，加同平章事、行京兆尹，充西都留守。[1]庚午，以洋州節度使張温爲右龍武統軍。[2]甲戌，以魏徵八代孫韶爲安定縣主簿。[3]乙亥，以鎮州節度使、宋王從厚爲興唐尹，以天雄軍節度使石敬瑭爲河陽節度使，依前六軍諸衛副使。[4]丙子，詔諸道觀察使均補苗税，將有力人户出剩田苗，補貧下不迨頃畝，有詞者排改檢括，[5]自今年起爲定額。乙卯，[6]定州節度使李從敏移鎮州節度使，盧質爲滄州節度使。[7]庚辰，皇孫太子舍人重美授司勳員外郎，重真已下六人並授同正將軍及檢校官。[8]壬午，以前秦州節度使李德珫爲定州節度使兼北面行營副招討使。[9]太原地震。詔天下州府斷獄，先於案牘之上坐所該律令、格式及新敕，然後區分。乙酉，以前黔州節度使楊漢賓爲羽林統軍。[10]詔止絶請射係省店宅莊園。[11]

[1]京兆尹：官名。唐開元元年（713）改雍州置京兆府，治所在今陝西西安市。以京兆尹總其政務。從三品。　西都：地名。

後唐恢復唐制，以洛陽爲東都，長安爲西都。　洋州：《輯本舊史》原作“邠州”，中華書局本有校勘記：“按本卷上文，時任邠州節度使者爲藥彦稠，據本書卷四〇《唐明宗紀六》、卷五九《張温傳》，張温自洋州節度使入爲右龍武統軍。邠州疑爲洋州之誤。”但未改。《輯本舊史》卷四〇《明宗紀六》天成四年（929）五月乙酉條：“以左驍衛上將軍張温爲洋州節度使”卷五九《張温傳》：“授洋州節度使、右龍武統軍。”今據改。

［2］張温：人名。魏縣（今河北大名縣）人。五代官員。傳見本書卷五九。

［3］魏徵：人名。一説曲陽（今河北曲陽縣）人，一説館陶（今河北館陶縣）人。唐朝大臣，以直言敢諫而聞名，襄助唐太宗締造“貞觀之治”。傳見《舊唐書》卷七一、《新唐書》卷九七。　韶：人名。即魏韶。魏徵八世孫。本書僅此一見。　安定：縣名。治所在今甘肅涇川縣北涇河北岸。《五代會要》卷一一：以唐文正公魏徵八代孫韶爲涇州安定縣主簿。則安定縣屬涇州。唐至德元載（756）安定縣已改名爲保定縣。此處稱安定縣，有兩種可能：一是用舊稱，二是後唐時曾回改爲安定縣。　主簿：官名。漢代以後歷朝均置。唐代京城百司和州縣官署，均設主簿。管理文書簿籍，參議本署政事，爲官署中重要佐官。此處指縣主簿。

［4］鎮州：州名。治所在今河北正定縣。　從厚：人名。即後唐閔帝李從厚。小名菩薩奴，明宗第三子。長興四年（933）十二月，李從厚即皇帝位。應順元年（934）四月，李從珂入洛陽即帝位，令人毒殺閔帝。紀見本書卷四五、《新五代史》卷七。　興唐尹：官名。五代後唐同光元年（923），改魏州爲興唐府。以興唐尹總其政務。從三品。　以天雄軍節度使石敬瑭爲河陽節度使：《輯本舊史》原作“以石敬瑭爲河陽天雄軍節度使以天雄軍節度使石敬班爲河陽節度使”，中華書局本有校勘記：“邵本校作‘以天雄軍節度使石敬瑭爲河陽節度使’。按本書卷七五《晉高祖紀一》及《册府》卷八載敬瑭本月自天雄軍節度使移鎮河陽。五代史無石敬班其

人，‘以石敬瑭爲河陽天雄軍節度使’一句疑爲衍文，‘石敬班’當是‘石敬瑭’之訛。影庫本粘籤：‘以天雄軍節度使石敬班爲河陽節度使，與上文複互，疑有舛錯。考《册府元龜》所引《薛史》與《永樂大典》同，今姑仍其舊，附識于此。’今檢《册府》未記此事。”但未改。《册府》及其他文獻均無“石敬班”其人，今據《輯本舊史》卷七五《晋高祖紀一》長興二年六月條及《宋本册府》卷八《帝王部·創業門》晋高祖條天成三年四月及長興二年六月記事改。

[5]有詞者排改檢括：中華書局本有校勘記：“‘有詞’，原作‘有嗣’，據《册府》卷四八八、卷四九五（宋本）、《五代會要》卷二五改。影庫本粘籤：‘有嗣，原本作“有祠”，今從《五代會要》改正。’‘段’，原作‘改’，據《册府》卷四八八、卷四九五、《五代會要》卷二五改。”見《會要》卷二五租税條、明本《册府》卷四八八《邦計部·賦税門二》、《宋本册府》卷四九五《邦計部·田制門》。

[6]己卯：《輯本舊史》原作“乙卯”，中華書局本有校勘記：“按是月丁巳朔，無乙卯。此事繫於丙子、庚辰之間，疑是己卯。”但未改。該月丙子爲二十日，己卯爲二十三日，庚辰爲二十四日，今改。

[7]李從敏：人名。後唐明宗之侄。傳見本書卷一二三、《新五代史》卷一五。　河陽節度使盧質爲滄州節度使：《輯本舊史》原無“河陽節度使”五字，中華書局本有校勘記：“句上邵本校有‘河陽節度使’五字。按本卷上文：‘（長興二年四月）以兵部尚書盧質爲河陽節度使。’本書卷九三《盧質傳》：‘長興二年，授檢校太保、河陽節度使，未幾，移鎮滄州。’”但未加，今據加。

[8]重美：人名。即李重美。後唐廢帝李從珂之子。傳見本書卷五一、《新五代史》卷一六。　司勳員外郎：官名。吏部司勳司副長官。掌邦國官人之勳級。從六品上。　重真：人名。即李重真。後唐明宗孫。本書僅此一見。　檢校官：唐中後期逐漸確立，

五代沿用。多作爲使府或方鎮僚佐秩階、升遷的階官，非正式官銜。參見賴瑞和《論唐代的檢校官制》，《漢學研究》2006年第24卷第1期。

[9]李德琉：人名。應州金城（今山西應縣）人。五代後唐、後晋將領。傳見本書卷九〇。　副招討使：官名。行營統兵官。位次行營都統、招討使。掌招撫討伐事務。

[10]黔州：州名。治所在今重慶彭水苗族土家族自治縣。　楊漢賓：人名。籍貫不詳。五代後唐、後晋將領。事見《通鑑》卷二七七、卷二八〇。《舊五代史考異》："案：原本作'漢章'，考上文有雲州節度使楊漢章，不應黔州節度使與之同名，今據《通鑑》改正。"見《通鑑》卷二七七長興元年十一月甲申條，又見《宋本册府》卷四五〇《將帥部·失守門》楊漢賓條。　羽林統軍：官名。唐置六軍，分左、右羽林，左、右龍武，左、右神武，即"北衙六軍"。興元元年（784），六軍各置統軍，以寵勳臣。五代沿之。其品秩，《唐會要》卷七一、《舊唐書》卷一二記載爲"從二品"，《通鑑》卷二二九記載爲"從三品"。

[11]詔止絶請射係省店宅莊園：中華書局本有校勘記："'請'，原作'諸'，據《册府》卷六六改。"見明本《册府》卷六六《帝王部·發號令門五》長興二年六月敕。

秋七月庚寅，以權侍衛馬軍都指揮使、登州刺史張從賓爲壽州節度使兼侍衛步軍都指揮使。[1]壬辰，福建王延鈞上言：[2]"當境廟七所，乞封王號。"敕："無諸史傳有名，[3]宜封爲閩越富義王，其餘任自於境内祭享。"乙未，詔："諸道奏薦州縣官，使相先許一年薦三人，今許薦五人；不帶使相先許薦二人，今許薦三人；直屬京防禦、團練使先許薦一人，[4]今許薦二人。"詔："應

州縣官内，有曾在朝行及曾佐幕府，罷任後，準前資朝官賓從例處分。[5]其帶省銜，并内供奉、裏行及諸色出選門者，[6]或降授令録，罷任日，並依出選門例處分，便與除官，更不在赴常調。州縣官其間書得十六考者，準格敘加朝散階，亦準出選門例處分。”三司奏：[7]“先許百姓造麴，不來官場收買。伏恐課額不逮，請復已前麴法，鄉户與在城條法一例指揮，仍據已造到麴納官，量支還麥本。”從之。甲辰，前晋州節度使朱漢賓授太子少保致仕。[8]庚戌，大理正劇可久責授登州司户，刑部員外郎裴選責授衛尉寺丞，刑部侍郎李光序、判大理卿事任贊各降一官，罰一季俸，坐斷罪失入也。[9]

[1]登州：州名。治所在今山東蓬萊市。　張從賓：人名。籍貫不詳。五代將領。後晋時起兵響應范延光叛亂，兵敗溺亡。傳見本書卷九七。　壽州：州名。治所在今安徽壽縣。　以權侍衛馬軍都指揮使、登州刺史張從賓爲壽州節度使兼侍衛步軍都指揮使：中華書局本有校勘記：“‘登州’，本書卷九七《張從賓傳》作‘澄州’。‘張從賓’，原作‘張從實’，據本書卷九七《張從賓傳》改。”

[2]福建：方鎮名。治所在福州（今福建福州市）。　王延鈞：人名。即王鏻。初名延鈞，王審知次子，五代十國閩國君主。傳見本書卷一三四、《新五代史》卷六八。

[3]無諸：人名。先秦時期閩越王。相傳爲越王句踐之後，姓騶氏。傳見《史記》卷一一四《東越列傳》。中華書局本有校勘記：“‘無諸’，原作‘如諸’，據《册府》卷三四、《五代會要》卷一一改。按無諸事見《史記》卷一一四《東越列傳》。”見《史記》卷一一四《東越列傳》閩越條、《會要》卷一一《封嶽瀆》長興二

年（931）七月條、明本《册府》卷三四《帝王部·崇祭祀門三》長興二年七月條。

［4］防禦：官名。唐代始置，設有都防禦使、州防禦使兩種。常由刺史或觀察使兼任，實際上爲唐代後期州或方鎮的軍政長官。　團練使：官名。唐代中期以後，於不設節度使的地區設團練使，掌本區各州軍事。

［5］準前資朝官賓從例處分：中華書局本有校勘記："'例'，原作'别'，據《册府》卷六三三、《五代會要》卷二二改。"見《會要》卷二二吏曹裁製條、《宋本册府》卷六三三《銓選部·條制門五》。

［6］諸色出選門者：原作"諸已出選門者"，今據劉本、《會要》卷二二吏曹裁製條改，"出選門者"，《會要》作"出選門官"。

［7］三司：官署名。五代後唐明宗天成元年（926）合鹽鐵、度支、户部爲一職，始稱三司，爲中央最高之理財機構。

［8］朱漢賓：人名。譙（今安徽亳州市）人。五代後唐將領。傳見本書卷六四、《新五代史》卷四五。　太子少保：官名。與太子少傅、太子少師合稱"三少"，唐後期、五代時多爲大臣、勳貴加官。從二品。

［9］大理正：官名。大理寺屬官。正掌參議刑辟，詳正科條之事。從五品下。　劇可久：人名。涿州范陽（今河北涿州市）人。五代官員。事見本書本卷、卷一一二、卷一一六、卷一四七。　司户：官名。州級政府僚佐。掌本州屬縣之户籍、賦税、倉庫受納等事。上州從七品下，中州正八品下，下州從八品下。　刑部員外郎：官名。協助刑部主官掌貳尚書、侍郎，舉其典憲，而辨其輕重。從六品上。　裴選：人名。籍貫不詳。本書僅此一見。　衛尉寺丞：官名。秦置衛尉。梁置十二卿，衛尉加寺字。唐龍朔年間改爲司衛寺，咸亨復也。丞掌判寺事，辨器械出納之數。從六品上。　刑部侍郎：官名。尚書省刑部次官。協助刑部尚書掌天下刑法及徒隸、勾覆、關禁之政令。正四品下。　李光序：人名。籍貫不

詳。事見本書本卷、卷三二、卷三三。　大理卿：官名。大理寺長官。負責大理寺的具體事務，掌邦國折獄詳刑之事。從三品。　任贊：人名。籍貫不詳。五代後唐官員。事見本書卷四四。

八月丙辰朔，[1]詔天下州府商税務，並委逐處差人依省司年額勾當納官。以故鎮州節度使、趙王王鎔男昭誨爲朝議大夫、司農少卿，賜紫金魚袋，繼絶也。[2]辛酉，[3]升虔州爲昭信軍。[4]癸亥，以太常少卿盧文紀爲祕書監，以祕書監馬縞爲太子賓客，左監門上將軍羅周敬爲右領軍上將軍，前懷州刺史婁繼英爲左監門上將軍。[5]乙丑，詔："今後大理寺官員，[6]宜同臺省官例升進，法直官比禮直官任使。仍於諸道贓罰錢内，每月支錢一百貫文，賜刑部、大理兩司，[7]其刑部於所賜錢三分與一分。"丙寅，以武平軍節度使馬希振依前檢校太尉、兼侍中，[8]充虔州昭信軍節度使。詔："百官職吏，應選授外官者，考滿日，並委本州申奏，追還本司，依舊執行公事。"己巳，太傅致仕王建立、太子少保致仕朱漢賓皆上章求歸鄉里。[9]詔内外致仕官，凡要出入，不在拘束之限。辛未，以翰林學士、兵部侍郎劉昫守本官，充端明殿學士，以左拾遺、直樞密院李崧充樞密直學士。[10]壬申，以左龍武統軍李承約爲潞州節度使。[11]癸酉，詔："文武百官，五日内殿起居仍舊，其輪次轉對宜停。[12]若有封事，許非時上表，朔望入閤，待制候對，一依舊制。"乙亥，翰林學士、工部侍郎竇夢徵卒。[13]丁丑，以前西京副留守梁文矩爲兵部尚書。[14]己卯，[15]詔不得薦銀青階爲州縣官。壬午，詔應有朝臣、

藩侯、郡守，凡欲營葬，未曾封贈，許追封贈。禮部尚書致仕李德休卒。

[1]八月丙辰朔：《輯本舊史》原作“八月丙寅”，中華書局本有校勘記：“‘丙寅’，本卷下文是月復見‘丙寅’，兩者或有一誤，按丙寅不當在癸亥、乙丑前，是月丙辰朔，‘丙寅’疑爲‘丙辰’之訛。”但未改，今改，並據正史本紀記時規則在“丙辰”下加“朔”字。

[2]王鎔：人名。回鶻人。唐末、五代軍閥，朱温封其趙王。傳見本書卷五四、《新五代史》卷三九。　昭誨：人名。即王昭誨。回鶻人。王鎔之子，後唐莊宗李存勗婿。事見本書本卷。　朝議大夫：官名。文散官。正五品下。　司農少卿：官名。唐司農寺次官。佐司農卿掌管倉廩、籍田、苑囿諸事。從四品。　紫金魚袋：輿服制度。皇帝頒賜紫色官服。唐代官員三品以上服紫。特殊情況下，京官散階未及三品者可以賜紫。五品已上賜新魚袋，並飾以銀，三品已上各賜金裝刀子礪石一具。

[3]辛酉：《輯本舊史》原作“辛丑”，中華書局本有校勘記：“按是月丙辰朔，無辛丑。此事繫於癸亥前，疑爲‘辛酉’。”但未改，今改。辛酉爲初六，下兩條記事分别爲癸亥（初八）、乙丑（初十）。

[4]虔州：州名。治所在今江西贛州市贛縣區。　昭信軍：方鎮名。治所在虔州（今江西贛州市贛縣區）。

[5]太常少卿：官名。太常寺次官。佐太常卿掌宗廟祭祀禮樂及教育等。正四品上。　盧文紀：人名。京兆萬年（今陝西西安市長安區）人。唐末進士，五代宰相。傳見本書卷一二七、《新五代史》卷五五。　馬縞：人名。籍貫不詳。五代官員。傳見本書卷七一、《新五代史》卷五五。　太子賓客：官名。爲太子官屬。唐高宗顯慶元年（656）始置。掌侍從規諫，贊相禮儀。正三品。　左

監門上將軍：官名。唐置，掌宫禁宿衛。唐代十六衛之一。從二品。　羅周敬：人名。魏州貴鄉（今河北大名縣）人。五代將領。傳見本書卷九一。　右領軍上將軍：中華書局本有校勘記："'右'，羅周敬墓誌（拓片刊《北京圖書館藏中國歷代石刻拓本匯編》第三十六册）作'左'。"　懷州：州名。治所在今河南沁陽市。　婁繼英：人名。籍貫不詳。五代後梁、後唐、後晋將領。傳見《新五代史》卷五一。

[6]今後大理寺官員：中華書局本有校勘記："'今後'二字原闕，據本書卷一四九《職官志》、《御覽》卷二三一引《五代史·後唐書》、《五代會要》卷一六補。《册府》卷五〇八作'此後'。"見《會要》卷一六大理寺條、《太平御覽》卷二三一《職官部二九·大理卿》、《宋本册府》卷五〇八《邦計部·俸禄門四》。

[7]刑部：官署名。掌天下刑法及徒隸、勾覆、關禁之政令。

[8]武平軍：方鎮名。治所在朗州（今湖南常德市）。　馬希振：人名。籍貫不詳。五代馬楚政權官員。事見本書卷三一、卷三七、卷四四、卷四七、卷八一。　檢校太尉：官名。爲散官或加官，以示恩寵，無實際執掌。　侍中：官名。秦始置。隋、唐前期爲門下省長官。唐後期多爲大臣加銜，不參與政務，實際職務由門下侍郎執行。正二品。

[9]太傅：官名。與太師、太保並爲三師。唐後期、五代時多爲大臣、勳貴加官。正一品。　王建立：人名。遼州榆社（今山西榆社縣）人。五代後唐、後晋大臣。傳見本書卷九一、《新五代史》卷四六。

[10]翰林學士：官名。由南北朝始設之學士發展而來，唐玄宗改翰林供奉爲翰林學士，備顧問、代王言。掌拜免將相、號令征伐等詔令的起草。　劉昫：人名。涿州歸義縣（今河北容城縣）人。五代大臣，曾任宰相、監修國史，領銜撰進《舊唐書》。傳見本書卷八九、《新五代史》卷五五。　端明殿學士：官名。後唐明宗始置，以翰林學士充任，負責誦讀四方書奏。　左拾遺：官名。唐代

門下省所屬的諫官。掌規諫，薦舉人才。從八品上。　直樞密院：官名。五代後唐置，莊宗同光二年（924）將崇政院復舊爲樞密院，以宰臣兼樞密使，置直樞密院一人，主持日常事務。　李崧：人名。深州饒陽（今河北饒陽縣）人。後晋宰相，歷仕後唐至後漢。傳見本書卷一〇八、《新五代史》卷五七。　樞密直學士：官名。五代後唐莊宗同光元年，改直崇政院置，選有政術文學者充任。備顧問應對。

[11]左龍武統軍：官名。唐置六軍，分左、右羽林，左、右龍武，左、右神武等，即“北衙六軍”。興元元年（784），六軍各置統軍，以寵勳臣。其品秩，《唐會要》卷七一、《舊唐書》卷一二記載爲“從二品”，《通鑑》卷二二九記載爲“從三品”。　李承約：人名。薊州（今天津市薊州區）人。五代將領。傳見本書卷九〇、《新五代史》卷四七。　以左龍武統軍李承約爲潞州節度使：《輯本舊史》之影庫本粘籤：“統軍，原本作‘統車’；承約，原本作‘丞約’，今從《薛史》列傳改正。”見《輯本舊史》卷九〇《李承約傳》，又見《新五代史》卷四七《李承約傳》。

[12]其輪次轉對宜停：中華書局本有校勘記：“‘宜停’二字原闕，據《五代會要》卷五、《册府》卷一〇八補。”見《會要》卷五待制官條、明本《册府》卷一〇八《帝王部・朝會門二》。

[13]工部侍郎：官名。尚書省工部次官。協助尚書掌管百工山澤水土之政令，考其功以詔賞罰，總所統各司之事。正四品下。　竇夢徵：人名。同州（今陝西大荔縣）人，一作棣州（今山東惠民縣）人。唐末進士，五代後梁、後唐官員。傳見本書卷六八。

[14]副留守：官名。古代皇帝出巡或親征時指定親王或大臣留守京城，綜理國家軍事、行政、民事、財政，稱京城留守。在陪都或軍事重鎮也常設留守。時鄴都爲陪都，常設留守以守衛京師，以地方長官兼任。副留守即其副貳。　梁文矩：人名。鄆州（今山東東平縣）人。五代官員。傳見本書卷九二。

[15]己卯：中華書局本有校勘記：“原作‘乙卯’，據殿本改。

影庫本粘籤：‘乙卯，以前後干支推之，當作己卯。’按是月丙辰朔，無乙卯，己卯爲二十四日。”其上條記事丁丑爲二十二日，下條記事壬午爲二十七日，當改。

九月丙戌，以前兖州節度使符彦超爲左龍武統軍。[1]己亥，懷化軍節度使東丹慕華賜姓名李贊華，改封隴西縣開國公。[2]應有先配諸軍契丹並賜姓名。詔天下營田務，只許耕無主荒田及召浮客，[3]不得留占屬縣編户。辛丑，樞密使、檢校太傅、刑部尚書范延光加同平章事，[4]使如故。壬寅，以中書舍人封翹爲禮部侍郎，禮部侍郎盧詹爲户部侍郎。[5]癸卯，許州節度使李從温移鎮河東。[6]詔天下州縣官不得與部内富民於公廳同坐。辛亥，詔五坊見在鷹隼之類並可就山林解放，[7]今後不許進獻。

[1]符彦超：人名。陳州宛丘（今河南淮陽縣）人。五代後唐將領，符存審之子。傳見本書卷五六、《新五代史》卷二五。

[2]改封隴西縣開國公：中華書局本有校勘記：“‘縣’，《册府》卷一七〇作‘郡’。”見明本《册府》卷一七〇《帝王部·來遠門》。

[3]只許耕無主荒田及召浮客：中華書局本有校勘記：“‘及’，原作‘各’，據《五代會要》卷一五、《册府》卷四九五改。”見《會要》卷一五户部條、《宋本册府》卷四九五《邦計部·田制門》。

[4]刑部尚書：官名。尚書省刑部主官。掌天下刑法及徒隸、勾覆、關禁之政令。正三品。　范延光：人名。相州臨漳（今河北臨漳縣）人。五代後唐、後晋將領。傳見本書卷九七、《新五代

史》卷五一。　封翹：人名。籍貫不詳。事見本書卷九、卷三〇。

[5]禮部侍郎：官名。尚書省禮部次官。協助禮部尚書掌禮儀、祭享、貢舉之政。正四品下。　盧詹：人名。京兆長安（今陝西西安市）人。五代官員。傳見本書卷九三。《輯本舊史》原作“盧澹”，中華書局本有校勘記：“本書卷四〇《唐明宗紀六》：‘以中書舍人盧詹爲禮部侍郎。’”但未改。《輯本舊史》卷四〇《唐明宗紀六》天成四年（929）八月丁未條載：“以中書舍人盧詹爲禮部侍郎。”《輯本舊史》卷九三有《盧詹傳》，言：“天成中，拜禮部侍郎、知貢舉，歷御史中丞、兵部侍郎、尚書左丞、工部尚書”，“天福初，拜禮部尚書”。今據改。

[6]許州：州名。治所在今河南許昌市。　李從温：人名。代州崞縣（今山西原平市）人。後唐明宗之侄。五代後唐將領。傳見本書卷八八、《新五代史》卷一五。　河東：方鎮名。治所在太原（今山西太原市）。

[7]辛亥，詔五坊見在鷹隼之類並可就山林解放：《舊五代史考異》：“案：《歐陽史》作丁亥，《通鑑》從《薛史》。”見《新五代史》卷六《唐明宗紀》長興二年（931）九月丁亥條、《通鑑》卷二七七長興二年九月辛亥條。長興二年九月乙酉朔，丁亥爲初三，辛亥爲二十七日。

冬十月戊午，以前北京留守、太原尹馮贇爲許州節度使。[1]辛酉，左補闕李詳上疏：[2]“以北京地震多日，請遣使臣往彼慰撫，察問疾苦，祭祀山川。”從之。先是，太原留後密奏，無敢言者，及詳有是奏，帝甚嘉之，改賜章服。丙寅，詔：“應在朝臣僚、藩侯、郡守，準例合得追贈者，新授命後，便於所司投狀，旋與施行。封妻蔭子，準格合得者，亦與施行。外官曾任朝

班，據在朝品秩格例，合得封贈敘封者，並與施行。其補蔭，據資蔭合得者，先受官者先與收補，後受官者據月日次第施行。”從之。

[1]北京：指五代後唐的北都太原（今山西太原市）。　太原尹：官名。唐開元十一年（723）改并州爲太原府，治所在今山西太原市。太原尹總其政務。從三品。　馮贇：人名。太原（今山西太原市）人。五代後唐明宗朝宰相、三司使。傳見本書附録、《新五代史》卷二七。

[2]左補闕：官名。唐代諫官。武則天時始置。分爲左右，左補闕隸於門下省，右補闕隸於中書省。掌規諫諷諭，大事可以廷議，小事則上封奏。從七品上。　李詳：人名。籍貫不詳。五代後唐至後周官員，歷任左補闕、中書舍人、尚書右丞、吏部侍郎。事見本書本卷、卷七七、卷八四、卷一一一。

十一月甲申朔，日有蝕之。己丑，日南至，帝御文明殿受賀。丁酉，以翰林學士、起居郎張礪爲兵部員外郎、知制誥充職，以汝州防禦使張希崇爲靈州兩使留後。[1]庚子，以左威衛上將軍華温琪爲華州節度使。[2]福州節度使王延鈞奏，誅建州節度使王延禀及其子繼雄。[3]壬寅，詔今後諸道兩使判官罷任一年與比擬，書記、支使、防禦團練判官二年，[4]推巡、軍事判官並三年後與比擬。仍每遇除授，量與改轉官資或階勳、職次云。以御史中丞劉贊爲刑部侍郎，以鳳州節度使孫岳充西面閣道使。[5]壬子，鄆州奏，[6]黄河暴漲，漂溺四千餘户。癸丑，以給事中崔衍爲御史中丞。[7]

[1]起居郎：官名。唐代始置，屬門下省。與中書省起居舍人同掌起居注，記皇帝言行。從六品上。　張礪：人名。籍貫不詳。後唐翰林學士。後入契丹，爲翰林學士。傳見本書卷九八。　兵部員外郎：官名。兵部郎中之副職，協理諸項軍務。從六品上。　汝州：州名。治所在今河南汝州市。　張希崇：人名。薊（今天津市薊州區）人。五代官員。傳見本書卷八八、《新五代史》卷四七。

[2]左威衛上將軍：官名。唐置，掌宫禁宿衛。唐代十六衛之一。從二品。　華温琪：人名。宋州下邑（今河南夏邑縣）人。五代將領。傳見本書卷九〇、《新五代史》卷四七。　華州：州名。治所在今陝西渭南市華州區。

[3]福州：州名。治所在今福建福州市。　建州：州名。治所在今福建建甌市。　王延禀：人名。籍貫不詳。王審知養子。與王延鈞聯合叛殺王延翰。事見《新五代史》卷六八。　繼雄：人名。即王繼雄。籍貫不詳。王延禀子。事見《新五代史》卷六八。

[4]書記：官名。唐、五代方鎮僚屬，位在判官下。掌表奏書檄等文辭之事。　支使：官名。唐、五代節度使、觀察使等下屬官員中有支使，其職掌與書記同。位在副使、判官之下，推官之上。掌表奏書檄等。　判官：官名。唐中期後，凡觀察、防禦、團練、節度各使及元帥府，設判官爲其僚屬。協理政事，或備差遣。

[5]御史中丞：官名。如不置御史大夫，則爲御史臺長官。掌司法監察。正四品下。　劉贊：人名。魏州（今河北大名縣）人。五代後唐官員。傳見《新五代史》卷二八。　鳳州：州名。治所在今陝西鳳縣。　孫岳：人名。稷州（今陝西武功縣）人。五代後唐大臣。傳見本書卷六九。

[6]鄆州：州名。治所在今山東東平縣。

[7]給事中：官名。秦始置。隋唐以來，爲門下省屬官。掌讀署奏抄，駁正違失。正五品上。　崔衍：人名。籍貫不詳。事見本書卷四四。

十二月甲寅朔，詔開鐵禁，許百姓自鑄農器、什器之屬，於秋夏田畝上，每畝輸農器錢一文五分。乙卯，畋於西郊。丁巳，以彰武軍節度使劉訓卒廢朝。[1]庚午，以前利州節度使康思立爲陝州節度使。[2]秦州地震。丁丑，詔三司，隔過兩川兵士家屬，[3]常令贍給。《永樂大典》卷七千一百六十五。[4]

[1]彰武軍：方鎮名。治所在延州（今陝西延安市）。　劉訓：人名。隰州永和（今山西永和縣）人。五代將領。傳見本書卷六一。

[2]利州：州名。治所在今四川廣元市。　康思立：人名。晉陽（今山西太原市）人。五代後唐將領。傳見本書卷七〇、《新五代史》卷二七。

[3]兩川：東川節度使與西川節度使。《輯本舊史》原作“西川”，中華書局本有校勘記：“‘隔過’，原作‘所過’，據孔本改。按本書卷四三《唐明宗紀九》：‘兩川隔過朝廷兵士不下三萬人。’”但未改“西川”爲“兩川”。見《輯本舊史》卷四三《唐明宗紀九》長興三年（932）十月己酉條。今改。

[4]《大典》卷七一六五“唐”字韻“明宗（二）”事目。

舊五代史　卷四三

唐書十九

明宗紀第九

長興三年春正月癸未朔，帝御明堂殿受朝賀，仗衛如式。[1]丁亥，陝州節度使安從進移鎮延州。[2]己丑，遣邠州節度使藥彦稠、靈武節度使康福率步騎七千往方渠討党項之叛者。[3]庚寅，以前北京副留守吕夢奇爲户部侍郎。[4]辛卯，以前彰國軍留後孫漢韶爲利州節度使，充西面行營副都部署兼步軍都指揮使。[5]庚子，契丹遣使朝貢。[6]辛丑，秦王從榮加開府儀同三司、兼中書令。[7]戊申，詔選人文解不合式樣，罪在發解官吏，舉人落第，次年免取文解。[8]中書門下奏：[9]"請親王官至兼侍中、中書令，則與見任宰臣分班定位，宰臣居左，諸親王居右。[10]如親王及諸使守侍中、中書令，亦分行居右，其餘使相依舊。"[11]從之。渤海、迴鶻、吐蕃遣使朝貢。[12]大理正張居球上言：[13]"所頒諸州新定格式律令，請委逐處各差法直官一人，專掌檢討。"[14]從之。

［1］長興：後唐明宗李嗣源年號（930—933）。　明堂殿：宫殿名。後唐莊宗李存勗改朝元殿爲明堂殿，位於今河南洛陽市。　受朝賀：即大朝會典禮。大朝會之日，有司排辦盛大的儀仗，在京文武百官以及地方官員在京者、藩國使人，共同向皇帝朝參、致賀、上壽，並以宴會結束典禮。

［2］陝州：州名。治所在今河南三門峽市陝州區。　節度使：官名。唐時在重要地區所設掌握一州或數州軍事、民事、財政的長官。　安從進：人名。索葛部人。五代後唐、後晋將領。傳見本書卷九八、《新五代史》卷五一。　延州：州名。治所在今陝西延安市。《輯本舊史》之影庫本粘籤："原本作'逮州'，今據《通鑑》改正。"檢《通鑑》未見，但五代多見延州，無逮州。

［3］邠州：州名。治所在今陝西彬縣。《舊五代史考異》："《歐陽史》作静難軍。"見《新五代史》卷六《唐本紀六》。按静難軍節度使治邠州。　藥彦稠：人名。沙陀部人。五代後唐將領。傳見本書卷六六、《新五代史》卷二七。　靈武：郡名。治所在今寧夏吴忠市。乾元元年（758），改名靈州。此處代指治所在靈州的方鎮朔方軍。"靈武節度使"，中華書局本有校勘記："本卷下文作'前靈武節度使'。按《通鑑》卷二七七敘其事作'前朔方節度使'，本書卷四二《唐明宗紀八》'（長興二年十一月）以汝州防禦使張希崇爲靈州兩使留後'，則康福時已受代。句上疑脱'前'字。"見《通鑑》卷二七七長興三年（932）正月己丑條。　康福：人名。蔚州（今河北蔚縣）人。五代後唐將領。傳見本書卷九一、《新五代史》卷四六。　方渠：縣名。治所在今甘肅環縣。　党項：部族名。源出羌族，時活躍於今甘肅東部、寧夏、陝西北部一帶。參見湯開建《党項西夏史探微》，商務印書館2013年版。

［4］北京：指五代後唐的北都太原。《新五代史》卷五《莊宗紀》載，同光元年（923）"十一月乙巳，復北都爲鎮州，太原爲北都"。　留守：官名。古代皇帝出巡或親征時指定親王或大臣留守京城，綜理國家軍事、行政、民事、財政，稱京城留守。在陪都

或軍事重鎮也常設留守，以地方長官兼任。副留守即其副貳。　吕夢奇：人名。籍貫不詳。五代後唐官員。事見本書卷七三、《新五代史》卷二六。　户部侍郎：官名。尚書省户部次官。協助户部尚書掌天下田户、均輸、錢穀之政令。正四品下。

［5］彰國軍：方鎮名。治所在應州（今山西應縣）。　留後：官名。唐五代節度使多以子弟或親信爲留後，以代行節度使職務，亦有軍士、叛將自立爲留後者。掌一州或數州軍政。　孫漢韶：人名。太原（今山西太原市）人。後唐、後蜀將領。傳見《孫漢韶墓誌》（拓片刊《成都出土歷代墓銘券文圖録綜釋》，文物出版社2012年版）。　利州：州名。治所在今四川廣元市。　行營副都部署：官名。行營都部署的副官。行軍征討，掛帥率軍戰鬥，協助都部署總管行營事務。　步軍都指揮使：官名。行營步軍長官。五代軍隊編制，五百人爲一指揮，設指揮使、副指揮使；十指揮爲一軍，設都指揮使、副都指揮使。中華書局本有校勘記："'都'字原闕，據《册府》卷一二三、孫漢韶墓誌（拓片刊《成都出土歷代墓銘券文圖録綜釋》）補。"見明本《册府》卷一二三《帝王部·征討門三》長興三年正月條。

［6］契丹：部族、政權名。公元4世紀中葉宇文部爲前燕攻破，始分離而成單獨的部落，自號契丹。唐貞觀中，置松漠都督府，以其首領爲都督。唐末强盛，916年迭剌部耶律阿保機建立契丹國（遼）。先後與五代、北宋並立，保大五年（1125）爲金所滅。參見張正明《契丹史略》，中華書局1979年版。　朝貢：藩屬國或外國使臣朝見君主，貢獻禮物。

［7］從榮：人名。即李從榮。沙陀部人。後唐明宗李嗣源次子。傳見本書卷五一、《新五代史》卷一五。　開府儀同三司：官名。魏晋始置，隋唐時爲散官之最高官階。多授功勳重臣。從一品。　中書令：官名。漢代始置，隋、唐前期爲中書省長官，屬宰相之職；唐後期多爲授予元勳大臣的虚銜。正二品。

［8］選人：此處指獲得科舉資格，由地方解送往京城的舉人。

文解：唐宋時由州府發給舉人入京應試的證明文書。唐制，地方解試取中者，例由官府發給文解，發解入京。舉子赴京後要先繳文解，覈對無誤方可應試。

[9]中書門下：官署名。唐代以來爲宰相處理政務的機構。參見劉後濱《唐代中書門下體制研究——公文形態·政務運行與制度變遷》，齊魯書社2004年版。

[10]侍中：官名。秦始置。隋、唐前期爲門下省長官。唐後期多爲大臣加銜，不參與政務，實際職務由門下侍郎執行。正二品。　班：即班次、班序、班位。官員參與朝會時所在班行次序。

[11]諸使：唐前期常於省臺寺監之外，置專使處置專項事務；唐後期設置日多，各部、寺、監事務多歸諸使。唐時諸使多以内侍省官員或將軍兼充，唐末、五代方用外朝大臣。　使相：官名。唐朝後期，宰相常兼節度使，節度使亦常加宰相銜，皆稱使相。五代時，節度使多帶宰相銜，但不預朝廷政事。

[12]渤海：政權名。武周聖曆元年（698），粟末靺鞨首領大祚榮建立政權。先天二年（713），唐朝册封大祚榮爲渤海郡王，其國遂以渤海爲名。傳見本書卷一三八、《新五代史》卷七四。　迴鶻：部族名、政權名。又作"回鶻""回紇"。原係突厥鐵勒部的一支。唐天寶三載（744）建立回鶻汗國，8世紀末9世紀初，回鶻與吐蕃争奪北庭和安西並最終取勝，統治西域。9世紀中葉，回鶻汗國瓦解。參見楊蕤《回鶻時代：10—13世紀陸上絲綢之路貿易研究》，中國社會科學出版社2015年版。　吐蕃：部族名、政權名。隋初，勢力漸盛。唐貞觀三年（629）松贊干布即贊普位，先後統一蘇毗、羊同、白蘭、党項諸部，建立吐蕃王朝。會昌二年（842），吐蕃贊普達磨遇刺死，王室内部紛争，統一王朝從此瓦解。共歷九世贊普，二百餘年。參見才讓《吐蕃史稿》，人民出版社2010年版。

[13]大理正：官名。大理寺官員，地位在大理寺丞之上。掌參議刑獄，詳正科條。從五品下。　張居琭：人名。籍貫不詳。五代

後唐官員，曾任大理正。事見本書本卷。

[14]格式律令：唐代將法律文書區分爲律、令、格、式四類。律是判罪量刑的依據，令是制度、規章的條文，格是用來防止奸邪的禁令，式是各種章程細則。《唐六典·刑部》載，“凡律以正刑定罪，令以設範立制，格以禁違正邪，式以軌物程事”。 法直官：官名。原爲唐後期節度使府院掌律令條文的幕僚，五代時大理寺置法直司，設法直官若干。掌檢選法律以供判刑。

二月乙卯，制晋國夫人夏氏追册爲皇后。[1]丙辰，幸龍門。[2]詔故皇城使李從璨可贈太保。[3]詔出選門官，罷任後周年方許擬議，自於所司投狀磨勘送中書。[4]又詔罷城南稻田務，以其所費多而所收少，欲復其水利，資於民間碾磑故也。[5]秦州奏：[6]“州界三縣之外，别有一十一鎮人户，係鎮將徵科，欲隨其便，宜復置隴城、天水二縣以隸之。”[7]詔從之。甲子，幸至德宫。[8]以右衛大將軍高居貞爲右監門衛上將軍。[9]庚午，以前華州節度使李從昶爲左驍衛上將軍，以前夔州節度使安崇阮爲右驍衛上將軍，以前新州節度使翟璋爲右領軍上將軍，以右領軍上將軍羅周敬爲右威衛上將軍。[10]辛未，中書奏：“請依石經文字刻《九經》印板。”[11]從之。甲戌，靈武奏，都指揮使許審環等謀亂伏誅。[12]藥彦稠奏，誅党項阿埋等十族，與康福入白魚谷追襲叛黨，獲大首領六人、諸羌二千餘人、孳畜數千，及先劫掠到迴鶻物貨。[13]詔彦稠軍士所獲並令自收，勿得簨斂。[14]己卯，以前河中節度使索自通爲鄜州節度使。[15]懷化軍節度使李贊華進契丹地圖。[16]詔司天臺，除密奏留中外，

應奏曆象、雲物、水旱，及十曜細行、諸州災祥，一一並報史館，以備編修。[17]壬午，藥彥稠進迴鶻可汗先送秦王金裝胡𩍐，[18]爲党項所掠，至是得之以獻。帝曰："先詔所獲令軍士自收，今何進也？"令彥稠却與獲者。

[1]夏氏：即後唐明宗夏皇后。秦王李從榮及閔帝之生母。後唐莊宗朝病卒。明宗朝追封爲皇后。傳見本書卷四九、《新五代史》卷一五。　册：文書名。屬命令體文書。凡皇帝上尊號、追謚，皇帝與皇后發訃告，立后妃、封親王、皇子、大長公主，拜三師、三公、三省長官等，用"册"。此處作"使受册"之意。

[2]龍門：地名。位於今河南洛陽市。因兩山相對如闕，伊河從中流過，又名伊闕。唐以後習稱龍門。

[3]皇城使：官名。唐末始置，爲皇城司長官，一般由君主的親信充任，以拱衛皇城。　李從璨：人名。後唐明宗李嗣源之侄。因不屈從權臣安重誨，被重誨奏劾，貶謫賜死。傳見本書卷五一、《新五代史》卷一五。　太保：官名。與太師、太傅並爲三師。唐後期、五代時多爲大臣、勳貴加官。正一品。

[4]方許擬議：中華書局本有校勘記："'許'，原作'詳'，據彭校、《册府》卷六三三改。"見《宋本册府》卷六三三《銓選部·條制門五》長興三年（932）二月敕。　磨勘：唐宋時官吏考績升遷的制度，即定期勘驗官員政績以定升遷。唐代文武官員考課，由州府和百司官長考覈屬下功過，分九等注入考狀，期滿以考績決定其升降。　中書：官署名。"中書門下"的簡稱。唐代以來爲宰相處理政務的機構。

[5]稻田務：管理官稻田的機構。創於五代初，後唐長興二年（931）京城南稻田務每年獲地利一千六百貫，但支出超過收入。碾磑：即碾坨和石磨，尤其指利用水力啓動的石磨。

[6]秦州：州名。治所在今甘肅天水市秦州區。

[7]鎮將：官名。鎮的長官。五代時，節度使自補親隨爲鎮將，與縣令分庭抗禮，公事得以專達於州。 徵科：徵收賦税。 隴城：縣名。治所在今甘肅秦安縣隴城鄉。 天水：縣名。治所在今甘肅天水市。

[8]至德宫：宫殿名。五代後唐天成元年（926）築。位於今河南洛陽市。

[9]右衛大將軍：官名。唐置，掌宫禁宿衛。唐代置十六衛，即左右衛、左右驍衛、左右武衛、左右威衛、左右領軍衛、左右金吾衛、左右監門衛、左右千牛衛。各置上將軍，從二品；大將軍，正三品；將軍，從三品。 高居貞：人名。籍貫不詳。五代後唐將領。事見本書本卷。

[10]華州：州名。治所在今陝西渭南市華州區。 李從昶：人名。李茂貞第二子。傳見本書卷一三二。 左驍衛上將軍：中華書局本有校勘記："'上'，原作'大'，據本書卷四四《唐明宗紀十》、卷一三二《李茂貞傳》改。"見《輯本舊史》卷四四《唐明宗紀十》長興四年六月丁巳條、卷一三二《李從昶傳》。 夔州：州名。治所在今重慶市奉節縣。《輯本舊史》之影庫本粘籤："原本脱'夔州'二字，今據《册府元龜》增入。"見明本《册府》卷四五三《將帥部·怯懦門》。又據《新五代史》卷六四《孟知祥傳》知長興二年正月安崇阮時任夔州節度使。 安崇阮：人名。潞州上黨（今山西長治市）人。五代後唐、後晋將領。傳見本書卷九〇。 新州：州名。治所在今河北涿鹿縣。 翟璋：人名。籍貫不詳。五代後唐、後晋將領。傳見本書卷九五。 羅周敬：人名。魏州貴鄉（今河北大名縣）人。五代將領。傳見本書卷九一。

[11]石經：指唐代的十二經刻石，又稱開成石經。始刻於唐文宗太和七年（833），開成二年（837）完成。《舊五代史考異》："《五代會要》：長興三年二月，中書門下奏：'請依石經文字刻《九經》印板，敕令國子監集博士儒徒，將西京石經本，各以所業本經，廣爲抄寫，仔細看讀，然後僱召能雕字匠人，各部隨帙刻印

板，廣頒天下。如諸色人要寫經書，並請依所印刻本，不得更使雜本交錯。'蓋刻板之流行，實始于此。《愛日齋叢鈔》云：《通鑑》載：'後唐長興三年二月辛未，初令國子監校定《九經》，雕印賣之。'又曰：'自唐末以來，所在學校廢絶，蜀毋昭裔出私財百萬營學館，且請板刻《九經》，蜀主從之。由是蜀中文學復盛。'又曰：'唐明宗之世，宰相馮道、李愚請令判國子監田敏校定《九經》，刻板印賣，從之。後周廣順三年六月丁巳，板成，獻之。由是雖亂世，《九經》傳布甚廣。'王仲言《揮麈録》云：'毋昭裔貧賤時，嘗借《文選》于交遊間，其人有難色，發憤異日若貴，當板以鏤之遺學者。後仕王蜀爲宰相，遂踐其言，刊之印行書籍，創見于此。事載陶岳《五代史補》。後唐平蜀，明宗命太學博士李鍔書《五經》，仿其製作，刊板于國子監，爲監中刻書之始。'《猗覺寮雜記》云：'雕印文字，唐以前無之，唐末益州始有墨板。後唐方鏤《九經》，悉收人間所有經史，以鏤板爲正。見《兩朝國史》。'此則印書已始自唐末矣。案《柳氏家訓序》：'中和三年癸卯夏，鑾輿在蜀之三年也，余爲中書舍人，旬休，閲書于重城之東南，其書多陰陽雜記、占夢、相宅、九宫、五緯之流，又有字書小學，率雕板印紙，浸染不可盡曉。'葉氏《燕語》正以此證刻書不始于馮道，而沈存中又謂板印書籍：'唐人尚未盛行爲之，自馮瀛王始印《五經》，自後典籍皆爲板本。'大概唐末漸有印書，特未盛行，後人遂以爲始于蜀也。當五季亂離之際，經籍方有托而流布于四方，天之不絶斯文，信矣。"

[12]都指揮使：官名。唐末、五代藩鎮皆置都指揮使、指揮使，爲統兵將領。　許審環：人名。籍貫不詳。五代後唐將領。事見本書本卷。

[13]阿埋：党項部落。事見本書卷四八、卷一三八。《舊五代史考異》："《歐陽史》二月己卯，静難軍節度使藥彦稠及党項戰于牛兒谷，敗之。據《薛史》則甲戌已奏捷，非己卯也。"見《新五代史》卷六《唐本紀六》長興三年二月己卯條。　與康福入白魚

谷追襲叛黨："與"，中華書局本有校勘記："'與'，原作'興'，據殿本、劉本、孔本校、彭校、《册府》卷三九八改。影庫本批校：'與康福入白魚谷，"與"訛"興"，應改。''康福'，原作'康復'，據殿本、劉本、孔本、彭校、《册府》卷三九八、《五代會要》卷二九改。"見《會要》卷二九《党項羌》長興三年二月條、《宋本册府》卷三九八《將帥部·冥助門》藥彦稠條、《新五代史》卷二七《藥彦稠傳》。白魚谷，地名。今地不詳。《新五代史》卷二七載"彦稠等自牛兒族入白魚谷"。

[14]箕斂：用畚箕來收取。指苛斂財物。

[15]河中：方鎮名。治所在河中府（今山西永濟市）。 索自通：人名。太原清源（今山西清徐縣）人。五代後唐將領。傳見本書卷六五。 鄜州：州名。治所在今陝西富縣。

[16]懷化軍：方鎮名。後唐置，治所在今北京市房山區良鄉鎮。 李贊華：人名。本名耶律倍，小名突欲。遼太祖耶律阿保機長子，封東丹王。其弟耶律德光即位，是爲遼太宗。突欲憤而降後唐，明宗賜名李贊華。傳見《遼史》卷七二。

[17]司天臺：官署名。主管觀察天象、考定曆數。 留中：指君主把臣僚進呈的奏疏、表狀留下，不置可否，不作批答。 曆象：指天文星象的運行，也指觀測、推算天體運行的工作。 雲物：指天象雲氣等天候。 及十曜細行、諸州災祥，一一並報史館："十曜"，天文學名詞。金木水火土五星並日、月爲七曜，再加上羅睺、劫火、長尾彗星爲十曜。中華書局本有校勘記："《五代會要》卷一八作'十一曜'。"見《會要》卷一八諸司送史館事例條。所謂十一曜，即日、月、五星加羅睺、計都兩暗曜爲九曜，九曜再加紫气（炁）、月孛兩暗曜爲十一曜。"災祥"，指灾禍與吉祥的徵兆。"一一並報史館"，中華書局本有校勘記："'一一'，原作'宜'，據殿本、孔本、《五代會要》卷一八改。"《會要》卷一八諸司送史館事例條作"一一並申送史館"。史館，官署名。唐代始置，掌修國史。《新唐書·百官志》載，"貞觀三年置史館於門下省，

以他官兼領”。

[18]胡簶（lù）：箭袋，盛放箭矢之用。《集韻·屋韻》：“籙，胡籙，箭室。或作簶。”

三月甲申，契丹遣使朝貢。靈武軍將裴昭隱等二人與進奏官阮順之隱官馬一匹，[1]有司論罪合抵法，帝曰：“不可以一馬殺三人命。”笞而釋之。[2]丙申，西京奏，百姓侯可洪於楊廣城内掘得宿藏玉四團進納。[3]賜可洪二百緡、絹二百匹。庚子，以前鄜州節度使孫璋卒廢朝。[4]癸卯，帝顧謂宰臣曰：“春雨稍多，久未晴霽，何也？”馮道對曰：[5]“水旱作沴，[6]雖是天之常道，然季春行秋令，臣之罪也。更望陛下廣敷恩宥，久雨無妨於聖政也。”丁未，以神捷、神威、雄威、廣捷已下指揮改爲左右羽林軍，置四十指揮，每十指揮立爲一軍，軍置都指揮使一人。[7]庚戌，帝觀稼於近郊。[8]民有父子三人同挽犂耕者，帝閔之，賜耕牛三頭。高麗國遣使朝貢。[9]以右領軍上將軍翟璋爲右羽林統軍，以前安州留後周知裕爲左神武統軍。[10]

[1]裴昭隱：人名。籍貫不詳。五代後唐藩鎮將領。事見本書本卷。　進奏官：官名。唐、五代藩鎮皆置邸於京師，爲駐京城的辦事機構。唐肅宗、代宗時稱上都留後院，大曆十二年（777）改稱上都進奏院。五代時，州郡不隸藩鎮者，亦置邸於京師。以進奏官主其事，掌傳送文書、情報，主持本鎮、州郡進奉。　阮順之：人名。籍貫不詳。五代後唐藩鎮官員。事見本書本卷。中華書局本有校勘記：“《册府》（宋本）卷一五〇作‘苑順之’，明本作‘范順之’。”見《册府》卷一五〇《帝王部·寬刑門》長興三年三

月條。

[2]笞：五刑之一。用竹板或荆條拷打犯人脊背或臀腿。

[3]西京：指京兆府（今陝西西安市）。唐玄宗天寶元年(742)，以京師長安爲西京。　侯可洪：人名。京兆府（今陝西西安市）人。後唐時人。事見本書本卷。　楊廣城：地名。位於今陝西西安市。

[4]孫璋：人名。歷城（今山東濟南市歷城區）人。五代後梁、後唐將領。初隸後梁將領楊師厚麾下，尋補奉化軍使。後唐莊宗時，纍遷澶州都指揮使。明宗時歷趙、登二州刺史，齊州防禦使。長興元年（930）授鄜州節度使，後罷鎮。傳見本書卷六一。　廢朝：又稱輟朝。古代帝王遇親喪或文武大臣病故，停止視朝數日，以示哀悼。

[5]馮道：人名。瀛州景城（今河北滄縣）人。五代時官拜宰相，歷仕後唐、後晉、後漢、後周，亦曾臣服於契丹。傳見本書卷一二六、《新五代史》卷五四。

[6]沴（lì）：因氣候反常而造成的灾害和破壞。

[7]神捷、神威、雄威、廣捷：均爲部隊番號。“雄威”，中華書局本有校勘記：“原作‘雄武’，據《通鑑》卷二七八胡注引《薛史》、《職官分紀》卷三五引《五代史》、《五代會要》卷一二改。”見《會要》卷一二京城諸軍條、《通鑑》卷二七八清泰元年（934）正月甲申條《考異》引《薛史》。　指揮：唐末、五代時期的一種軍事編制單位，五百人爲一“指揮”。　羽林軍：部隊番號。唐、五代禁軍。

[8]觀稼：又作“閲稼”。查看農作物生長情況，以表現朝廷重農的態度。

[9]高麗國：朝鮮半島古國。即王氏高麗。918年，後三國之一的高句麗將領王建自立爲王，改國號爲高麗，935年滅新羅，次年滅後百濟，再次統一朝鮮。參見〔朝〕鄭麟趾等《高麗史》，西南師範大學出版社2014年版。

[10]右領軍上將軍："右"，中華書局本有校勘記："本書卷四四《唐明宗紀十》同，本書卷九五《翟璋傳》、《册府》卷八四五、卷八四七作'左'。"見《輯本舊史》卷四四長興四年（933）八月辛未條、卷九五《翟璋傳》長興元年二月條，《宋本册府》卷八四五《總録部·膂力門》翟璋條、卷八四七《總録部·勇門》翟璋條。　右羽林統軍：官名。唐代右羽林軍統兵官。至德二載（757）唐肅宗置禁軍，也叫神武天騎，分爲左、右神武天騎及左、右羽林，左、右龍武六軍，稱"北衙六軍"。此時復置左右羽林，仍置統軍爲羽林軍統兵官。從二品。　安州：州名。治所在今湖北安陸市。　周知裕：人名。幽州（今北京市）人。五代後梁、後唐將領。少事劉仁恭，入後梁爲歸化軍指揮使，梁亡降後唐，歷任房州刺史、安州留後等職。傳見本書卷六四、《新五代史》卷四五。　左神武統軍："左"，中華書局本有校勘記："本書卷六四《周知裕傳》、《新五代史》卷四五《周知裕傳》作'右'。"

夏四月甲寅，詔諸道節度使未帶使相及防禦、團練使、刺史，班位居檢校官高者爲上；[1]如檢校官同，以先授者爲上；[2]前資在見任之下。[3]新羅王金溥遣使貢方物。[4]戊午，中書奏："準敕重定三京、諸道州府地望次第者。[5]舊制以王者所都之地爲上，今都洛陽，請以河南道爲上，關内道爲第二，河東道爲第三，餘依舊制。[6]其五府，按《十道圖》，以鳳翔爲首，河中、成都、江陵、興元爲次。[7]中興初，升魏州爲興唐府，鎮州爲真定府，望升二府在五府之上，合爲七府，餘依舊制。[8]又天下舊有八大都督府，[9]以靈州爲首，陝、幽、魏、揚、潞、鎮、徐爲次，[10]其魏、鎮已升爲七府兼具員内，相次升越、杭、福、潭等州爲都督，[11]望以十大

都督府爲額，仍據升降次第，以陝爲首，餘依舊制。十道圖有大都護，請以安東大都護爲首。[12]防禦、團練等使，自來升降極多，今具見在，其員依新定十道圖以次第爲定。”從之。契丹累遣使求歸則剌惕隱等，幽州趙德鈞奏請不俞允。[13]帝顧問侍臣，亦以爲不可與。帝意欲歸之，會冀州刺史楊檀罷郡至闕，[14]帝問其事，奏曰：“此輩來援王都，[15]謀危社稷，陛下寬慈，貸其生命。苟若歸之，必復向南放箭，既知中國事情，爲患深矣。”帝然之。既而只遣則骨舍利隨來使歸蕃，不欲全拒其請也。[16]詔贈皇后曹氏曾祖父母已下爲太傅、太尉、太師、國夫人，[17]淑妃王氏曾祖父母已下爲太子太保、太傅、太師、國夫人。[18]壬戌，前樞密使、驃騎大將軍馬紹宏卒。[19]癸亥，以懷化軍節度使李贊華爲滑州節度使。[20]初，帝欲以贊華爲藩鎮，范延光等奏以爲不可。[21]帝曰：“吾與其先人約爲兄弟，故贊華來附。吾老矣，儻後世有守文之主，則此輩招之亦不來矣。”由是近臣不能抗議。甲子，以太子賓客蕭蘧爲户部尚書致仕。[22]乙丑，以天雄軍節度使、宋王從厚兼中書令。[23]辛未，以幽州節度使趙德鈞兼中書令。

[1]防禦：官名。即防禦使。唐代始置，設有都防禦使、州防禦使兩種。常由刺史或觀察使兼任，實際上爲唐代後期州或方鎮的軍政長官。　團練使：官名。唐代中期以後，於不設節度使的地區設團練使。掌本區各州軍事。　刺史：官名。漢武帝時始置。州一級行政長官，總掌考覈官吏、勸課農桑、地方教化等事。唐中期以後，節度使、觀察使轄州而設，刺史爲其屬官，職任漸輕。從三品

至正四品下。

［2］如：中華書局本有校勘記："'如'，原作'加'，據《册府》卷六一改。"見明本《册府》卷六一《帝王部·立制度門二》長興三年四月甲寅條。　檢校官：唐中後期逐漸確立，五代沿用。多作爲使府或方鎮僚佐秩階、升遷的階官，非正式官銜。參見賴瑞和《論唐代的檢校官制》，《漢學研究》2006 年第 24 卷第 1 期。

［3］前資：唐制，官員任滿或因故解任而待選者，以任職經兩考以上爲"成資"，未經兩考者銓選時按前一任官資授官，稱爲"前資"。

［4］新羅：朝鮮古國。4 世紀以後逐漸强大。935 年爲王氏高麗所取代。傳見本書卷一三八、《新五代史》卷七四。　金溥：人名。新羅國王。事見本書本卷。　方物：諸侯國、藩屬國貢獻的地方特産。

［5］三京：即東都洛陽府、西京京兆府、北京太原府。　道：中華書局本有校勘記："'道'字原闕，據《册府》卷一四補。"見明本《册府》卷一四《帝王部·都邑門二》長興三年（932）四月戊午條。

［6］河南道：道名。唐貞觀元年（627）置，因在黄河之南，故名。轄境約當今山東、河南二省黄河故道以南，江蘇、安徽二省淮河以北地區。"河南"，《輯本舊史》之影庫本粘籤："原本作'河内'，今從《五代會要》改正。"見《會要》卷一九河南府條長興三年四月奏文、卷二〇州縣分道改置條長興三年四月奏文、明本《册府》卷一四。　關内道：道名。唐貞觀元年置。轄境相當於今陝西秦嶺以北、甘肅祖厲河流域以東、内蒙古呼和浩特市以西、陰山狼山以南的河套等地和寧夏回族自治區。　河東道：道名。唐貞觀元年置。轄境相當於今山西全部、河北西北部、内蒙古興和縣與察哈爾右翼前旗一帶。

［7］鳳翔：府名。治所在今陝西鳳翔縣。　成都：府名。治所在今四川成都市。　江陵：地名。荆州别稱，治所在今湖北荆州

市。　興元：府名。治所在今陝西漢中市。

［8］魏州：州名。治所在今河北大名縣。後唐長興三年（932）升爲興唐府。　鎮州：州名。治所在今河北正定縣。後唐長興三年升爲真定府。　合爲七府：中華書局本有校勘記："'府'，原作'州'，據劉本、邵本校、《册府》卷一四、《五代會要》卷一九改。"見《會要》卷一九諸府條長興三年四月奏文、明本《册府》卷一四《帝王部·都邑門二》長興三年四月戊午條。

［9］都督府：唐前期在邊疆和戰略要地設置的地方軍政機構。唐高祖武德年間始置，太宗時全國有四十一個都督府，睿宗時合併爲二十四個。

［10］靈州：州名。治所在今寧夏吴忠市。　陝：州名。治所在今河南三門峽市陝州區。　幽：州名。治所在今北京市。　揚：州名。治所在今江蘇揚州市。　潞：州名。治所在今山西長治市。　徐：州名。治所在今江蘇徐州市。

［11］越：州名。治所在今浙江紹興市。　杭：州名。治所在今浙江杭州市。　福：州名。治所在今福建福州市。　潭：州名。治所在今湖南長沙市。

［12］大都護：官署名。即大都護府。唐太宗至武則天時設安東、安西、安北、單于、北庭六個大都護府。掌轄境的邊防、行政及民族事務。　安東：即安東都護府，唐六大都護府之一。總章元年（668）置，治所在平壤城（今朝鮮平壤市）。

［13］則剌惕隱：則剌，人名。契丹人，爲後唐俘虜。惕隱，官名。出自契丹語。遼朝惕隱主要分爲兩類。中央惕隱掌管皇族教化和皇族户籍；地方惕隱，即遼朝在各部族及屬國屬部設置的惕隱。各部族的惕隱配合部族節度使管理部族事務，屬國屬部惕隱一般爲該部酋長。參見鞠賀《遼朝惕隱研究》，《西北民族大學學報》2019年第1期。"則剌"，中華書局本有校勘記："原作'扎剌特哩衮'，注云：'舊作"則剌惕隱"，今改正。'按此係輯録《舊五代史》時所改，今恢復原文。"又見明本《册府》卷一七〇《帝王

部·來遠門》長興二年三月辛酉條、《新五代史》卷七二《契丹傳》。　趙德鈞：人名。幽州（今北京市）人。初爲幽州節度使劉守光部將，後爲後唐將領，後又投降遼國。傳見本書卷九八。

[14]冀州：州名。治所在今河北衡水市冀州區。中華書局本有校勘記："原作'翼州'，據劉本、邵本校、本書卷九七《楊光遠傳》、《册府》卷九九四、《通鑑》卷二七七改。"見明本《册府》卷九九四《外臣部·備禦門七》長興三年四月庚申條。五代冀州多見，無翼州。　楊檀：人名。即楊光遠。沙陀部人。五代後唐、後晋將領。傳見本書卷九七、《新五代史》卷五一。

[15]王都：人名。中山陘邑（今河北定州市）人。本姓劉，後爲義武軍節度使王處直之養子。五代軍閥。傳見本書卷五四。

[16]則骨舍利：則骨，人名。契丹人，爲後唐俘虜。舍利，官名。又作"沙里"，即"郎君"。隸著帳郎君院，屬北面官。管理宫中雜役等。"則骨舍利"，中華書局本有校勘記："原作'哲爾格錫里'，注云：'舊作"則骨舍利"，今改正。'按此係輯録《舊五代史》時所改，今恢復原文。"又明本《册府》卷一七〇"則骨"作"擔列"。

[17]曹氏：即後唐明宗曹皇后。籍貫不詳。閔帝時封皇太后。後唐亡，與廢帝一同自焚而死。傳見本書卷四九、《新五代史》卷一五。　已下：中華書局本有校勘記："'已下'二字原闕，據殿本補。"　太傅：官名。與太師、太保並爲三師。唐後期、五代時多爲大臣、勳貴加官。正一品。　太尉：官名。與司徒、司空並爲三公，唐後期、五代時多爲大臣、勳貴加官。正一品。　太師：官名。與太保、太傅並爲三師。唐後期、五代時多爲大臣、勳貴加官。正一品。

[18]淑妃王氏：爲後唐明宗后妃，姓王，封淑妃。事見本書卷五一、本書卷一五。　曾祖父母已下：中華書局本有校勘記："'曾祖父母已下'，原作'曾祖父祖父母'，據殿本改。"　太子太保：官名。與太子太師、太子太傅統稱太子三師。隋唐以後多作加官或

贈官。從一品。

[19]樞密使：官名。樞密院長官。五代時以士人爲之，備顧問、參謀議，出納詔奏，權侔宰相。參見李全德《唐宋變革期樞密院研究》，國家圖書館出版社 2009 年版。　驃騎大將軍：官名。漢代時驃騎大將軍爲軍事統帥，僅次於大將軍。北齊始以驃騎大將軍爲散官將軍，唐宋沿置，爲武散官。從一品。　馬紹宏：人名。又作“李紹宏”。籍貫不詳。後唐莊宗近臣。傳見本書卷七二。

[20]滑州：州名。治所在今河南滑縣。

[21]范延光：人名。鄴郡臨漳（今河北臨漳縣）人。五代後唐、後晋將領。傳見本書卷九七。

[22]太子賓客：官名。爲太子官屬。唐高宗顯慶元年（656）始置。掌侍從規諫、贊相禮儀。正三品。　蕭蘧：人名。籍貫不詳。唐末曾任主客郎中、永樂令，五代後唐時爲太子賓客、户部尚書。事見本書本卷、《舊唐書》卷二〇下、《山西通志》卷七四。　户部尚書：官名。户部最高長官。掌管全國土地、户籍、賦税、財政收支諸事。正三品。　致仕：官員告老辭官。

[23]天雄軍：方鎮名。治魏州（今河北大名縣）。　從厚：人名。即李從厚。後唐閔帝。明宗李嗣源第三子。紀見本書卷四五、《新五代史》卷七。

五月壬午朔，帝御文明殿受朝。[1]詔禁網羅、彈射、弋獵。丁亥，以二王後、前詹事府司直楊延紹爲右贊善大夫，仍襲封酅國公，食邑三千户。[2]丁酉，以太子太師致仕孔勍卒廢朝。[3]興元奏，東、西兩川各舉兵相持。[4]甲辰，以文宣王四十三代孫曲阜縣主簿孔仁玉爲兖州龔丘令，襲文宣公。[5]戊申，襄州奏，漢江大漲，水入州城，壞民廬舍。[6]樞密使奏：“近知兩川交惡，如

令一賊兼有兩川，撫衆守險，恐難討除，欲令王思同以興元之師伺便進取。”[7]詔從之。

[1]文明殿：宮殿名。五代後梁開平三年（909）以貞觀殿改名，爲洛陽宫城之前殿。故址在今河南洛陽市。　受朝：五月朔受朝，爲大朝會的一種。唐德宗朝始詔於五月朔行大朝會禮，唐憲宗廢止。後唐明宗復置。事見《册府》卷一〇八。

[2]二王後：中國古代新王朝建立後封前朝的皇室後裔，給以爵位，以示敬重。參見謝元魯《隋唐五代的特殊貴族——二王三恪》，《中國史研究》1994年第2期。　詹事府司直：官名。唐、五代太子詹事府屬官。掌糾劾官僚及率府之兵。正七品上。　楊延紹：人名。隋朝楊氏後裔。五代後唐官員。事見本書本卷。　右贊善大夫：官名。即太子右贊善大夫。掌規諫太子過失，贊相禮儀等事。正五品。　酅國公：五代二王三恪制度下，隋朝楊氏後裔受封的爵名。《册府》卷二一一稱，隋朝楊氏子孫爲酅國公。　食邑：即封地、封邑。食邑之名，蓋取受封者不之國，僅食其租税之意。　三千户：中華書局本有校勘記：“‘三’，原作‘二’，據《册府》卷一七三改。按本書卷四〇《唐明宗紀六》、卷五一《許王從益傳》、《册府》卷一七三，五代二王後例食邑三千户。”見《宋本册府》卷一七三《帝王部·繼絶門》天成四年（929）八月、長興三年（932）五月等條、《輯本舊史》卷四〇《唐明宗紀六》天成四年八月辛丑條所載楊仁矩食邑、卷五一《許王從益傳》所載李從益食邑。

[3]太子太師：官名。與太子太傅、太子太保統稱太子三師。隋唐以後多作加官或贈官。從一品。　孔勍：人名。兖州（今山東濟寧市兖州區）人。唐末、五代將領。傳見本書卷六四。

[4]兩川：指唐、五代方鎮劍南東川、劍南西川，簡稱兩川或東、西川。唐至德二載（757）分劍南節度使東部地區置劍南東川

節度使，治所在梓州（今四川三臺縣）。劍南西川，治所在成都府（今四川成都市）。

[5]曲阜縣：縣名。治所在今山東曲阜市。　主簿：官名。漢代以後歷朝均置。唐代京城百司和地方官署，均設主簿。管理文書簿籍，參議本署政事，爲官署中重要佐官。其官階品秩，因官署而不同。　孔仁玉：人名。孔子第四十三代嫡長孫。後唐時襲封文宣公。事見本書本卷、卷一一二。　兖州：州名。治所在今山東濟寧市兖州區。　龔丘：縣名。治所在今山東寧陽縣。　令：官名。即縣令。爲縣的行政長官，掌治本縣。唐代之縣，分赤（京）、次赤、畿、次畿、望、緊、上、中、中下、下十等。縣令分六等，正五品上至從七品下。

[6]襄州：州名。治所在今湖北襄陽市。　漢江：水名。長江支流，即今漢江。源出今陝西西南部，在今湖北武漢市匯入長江。

[7]王思同：人名。幽州（今北京市）人。後唐將領。傳見本書卷六五、《新五代史》卷三三。

六月壬子朔，幽州趙德鈞奏："新開東南河，自王馬口至淤口，[1]長一百六十五里，闊六十五步，深一丈二尺，以通漕運，舟勝千石，畫圖以獻。"甲寅，以權知高麗國事王建爲檢校太保，封高麗國王。[2]丁巳，衛州奏，河水壞堤，東北流入御河。[3]戊午，荆南奏："東川董璋領兵至漢州，西川孟知祥出兵逆戰，璋大敗，得部下人二十餘，走入東川城，尋爲前陵州刺史王暉所殺，孟知祥已入梓州。"[4]辛酉，范延光奏曰："孟知祥兼有兩川，彼之軍衆皆我之將士，料其外假朝廷形勢以制之，然陛下苟不能屈意招攜，彼亦無由革面。"帝曰："知祥予故人也，以賊臣間諜，故兹阻隔，今因而撫之，

何屈意之有！”由是遣供奉官李存瓌使西川，齎詔以賜知祥。[5]詔以霖雨積旬，久未晴霽，京城諸司繫囚，並宜釋放。甲子，以大雨未止，放朝參兩日。[6]洛水漲泛二丈，廬舍居民有溺死者。以前濮州刺史武延翰爲右領軍上將軍，前階州刺史王弘贄爲左千牛上將軍。[7]金、徐、安、潁等州大水，鎮州旱。[8]詔應水旱州郡，各遣使人存問。

[1]王馬口：河口名。當位於今北京市一帶。　淤口：河口名。附近有淤口關。位於今河北霸州市。

[2]王建：人名。高麗開國皇帝，廟號太祖。參見〔朝〕鄭麟趾等《高麗史》卷二。　檢校太保：官名。爲散官或加官，以示恩寵，無實際執掌。

[3]衛州：州名。治所在今河南衛輝市。　御河：水名。即永濟渠、衛河，流經魏州（今河北大名縣），至今天津市入海。《宋史·河渠志》載，“御河源出衛州共城縣百門泉”，百門泉位於今河南輝縣市蘇門山。

[4]“戊午”至“璋大敗”：《舊五代史考異》：“《通鑑》：孟知祥克東川在五月，《五代春秋》《歐陽史》俱作六月，蓋以《薛史》奏聞之日爲據。”見《五代春秋》長興三年（932）六月條、《新五代史》卷六《唐本紀六》長興三年六月甲寅條、《通鑑》卷二七七長興三年五月甲申條。　荆南：五代十國之一。又稱南平。後梁開平元年（907）朱温命高季興爲荆南節度使，梁末帝時封季興爲渤海王。同光二年（924）受後唐封爲南平王。　董璋：人名。籍貫不詳。五代後梁、後唐將領。傳見本書卷六二、《新五代史》卷五一。　漢州：州名。治所在今四川廣漢市。　孟知祥：人名。邢州龍岡（今河北邢臺市）人。李克用女婿，五代十國後蜀開國皇帝。傳見本書卷一三六、《新五代史》卷六四。　陵州：州名。治

所在今四川仁壽縣。　王暉：人名。籍貫不詳。五代將領。事見本書卷一〇七《史弘肇傳》、《通鑑》卷二八五。　梓州：州名。治所在今四川三臺縣。

[5]供奉官：泛指侍奉皇帝左右的臣僚，亦爲東、西頭供奉官通稱。　李存瓌：人名。避後唐莊宗諱作"李瓌"。籍貫不詳。後唐供奉官。後漢時爲河東節度副使，北漢建立後，受北漢世祖劉旻重用。事見本書本卷、卷一三五。《舊五代史考異》："《通鑑》作李存瓌，唐人避莊宗諱，故去'存'字。"中華書局本作"李瓌"，今據《通鑑》卷二七七長興三年六月條回改。下文九月壬辰、冬十月己酉條同。

[6]放朝參：放免朝參，即罷朝、免朝之意。

[7]濮州：州名。治所在今山東鄄城縣。　武延翰：人名。又作"武廷翰"。籍貫不詳。五代後唐至後周官員，歷任濮州、郢州刺史，右領衛上將軍、右監門上將軍，耀州團練使等職。事見本書卷四五、卷四八、卷一一一。中華書局本有校勘記："《册府》卷八一作'武廷翰'。本書卷四八《唐末帝紀下》、卷一一一《周太祖紀二》有武廷翰。"見明本《册府》卷八一《帝王部・慶賜門三》清泰元年（934）七月條，《輯本舊史》卷四八《唐末帝紀下》清泰三年五月乙卯條、卷一一一《周太祖紀二》廣順元年（951）九月癸亥條。　階州：州名。治所在今甘肅隴南市武都區。　王弘贄：人名。籍貫不詳。後唐明宗時爲衛州刺史。潞王李從珂起兵東進，後唐閔帝奔投衛州。從珂稱帝，他受命鴆殺閔帝。後晉時曾官鳳翔行軍司馬。傳見本書附録、《新五代史》卷四八。

[8]金：州名。治所在今陝西安康市。　安：州名。治所在今湖北安陸市。　潁：州名。治所在今安徽阜陽市。

秋七月辛巳朔，以天下兵馬元帥、尚父、吴越國王錢鏐薨，廢朝三日。[1]丙戌，詔賜諸軍救接錢有差。[2]戊

子，正衙命使册高麗國王王建。[3]靈武奏，夏州界党項七百騎侵擾，當道出師擊破之，生擒五十騎，追至賀蘭山下。[4]己丑，兩浙節度使錢元瓘起復，加守中書令。[5]青州節度使王晏球加兼中書令。[6]秦、鳳、兗、宋、亳、潁、鄧大水，漂邑屋，損苗稼。[7]夔州赤甲山崩。[8]壬辰，以前太僕卿鄭績爲鴻臚卿，以前兖州行軍司馬李鏻爲户部尚書。[9]乙未，福建節度使王延鈞進絹表云：[10]"吴越王錢鏐薨，乞封臣爲吴越王。湖南馬殷官是尚書令，[11]殷薨，請授臣尚書令。"不報。戊戌，太子賓客李光憲以禮部尚書致仕。[12]己亥，以前靈武節度使康福爲涇州節度使。[13]幽州衙將潘杲上言，知故使劉仁恭於大安山藏錢之所，樞密院差人監往發之，竟無所得。[14]以皇子西京留守、京兆尹從珂爲鳳翔節度使。[15]廢鳳州武興軍節制爲防禦使，并所管興、文二州並依舊隸興元府。[16]丁未，以門下侍郎兼吏部尚書、同平章事、監修國史趙鳳爲檢校太傅、同平章事，充邢州節度使。[17]詔諸州府遭水人户各支借麥種及等第賑貸。[18]

[1]天下兵馬元帥：官名。唐代朝廷有重大軍事行動則置，在實際或名義上統帥天下軍隊。中華書局本有校勘記："本書卷四二《唐明宗紀八》作'天下兵馬都元帥'。"見《輯本舊史》卷四二《唐明宗紀八》長興二年（931）三月乙酉條。　尚父：尊號名。意爲可尊尚的父輩。　吴越國：五代十國之吴越國。後梁開平元年(907)，封鎮海節度使錢鏐爲吴越王，領有今浙江之地及江蘇的一部分。北宋太平興國三年（978），錢俶向北宋納土，吴越亡。　錢鏐：人名。臨安（今浙江杭州市臨安區）人。五代時期吴越國建立

者。傳見本書卷一三三、《新五代史》卷六七。　薨：古代有一定地位的人去世稱薨。周時諸侯去世稱薨，唐代二品以上官員去世亦稱薨。　廢朝三日：《舊五代史考異》："《五代春秋》：七月，吴越王錢鏐薨，蓋祗以《薛史》廢朝之日爲據也。《通鑑》作三月庚戌，與《九國志》同。"中華書局本有校勘記："'同'，原作'異'，據孔本改。按《九國志》卷五原注作'三月庚戌'。"見《通鑑》卷二七七長興三年三月庚戌條、《九國志》卷五《吴越世家》武肅王條。

[2]救接錢：《舊五代史考異》："'救接錢'，疑有舛誤，考《册府元龜》亦作'救接'，今仍其舊。"明本《册府》卷六六《帝王部·發號令門五》，《宋本册府》卷一三五《帝王部·愍征役門》、卷一四〇《帝王部·旌表四》均見"救接錢"之稱謂。

[3]正衙：即"正衙常参"朝會。原意爲正殿，後指在正殿舉行的正衙常參。後唐時，正衙當在洛陽文明殿（貞觀殿）舉行。

[4]夏州：州名。治所在朔方縣（今陝西靖邊縣）。　賀蘭山："賀蘭"，《輯本舊史》之影庫本粘籤："原本作'駕蘭'，今從《歐陽史》改正。"檢《新五代史》未見，見《通鑑》卷二七八長興三年七月朔條。五代無駕蘭山。

[5]兩浙：地區名。浙東、浙西的合稱。泛指今浙江全省及江蘇南部一角。　錢元瓘：人名。祖籍臨安（今浙江杭州市臨安區）。錢鏐之子。五代十國吴越國國主，932年至941年在位。傳見本書卷一三三、《新五代史》卷六七。　起復：官吏服喪未滿而再起用。　中書令：中華書局本有校勘記："'中書令'，原作'尚書令'，據本書卷四四《唐明宗紀十》、《通鑑》卷二七八、《吴越備史》卷二、《全唐文》卷八五九《吴越文穆王錢元瓘碑銘》改。《化度院陁羅尼經幢并記》（拓片刊《北京圖書館藏中國歷代石刻拓本匯編》第三十六册）末題'長興四年癸巳三月二十六日……守中書令錢元瓘記'。按本書卷七九《晋高帝紀五》，元瓘至天福五年方加尚書令。"見《輯本舊史》卷四四《唐明宗紀十》長興四年七月

丁亥條、卷七九《晉高帝紀五》天福五年（940）十月丁酉條、《通鑑》卷二七八長興三年七月己丑條、《吴越備史》卷二。

[6]青州：州名。治所在今山東青州市。　王晏球：人名。洛陽（今河南洛陽市）人。五代將領。傳見本書卷六四、《新五代史》卷四六。

[7]秦：州名。治所在今甘肅天水市。　鳳：州名。治所在今陝西鳳縣。　宋：州名。治所在今河南商丘市睢陽區。　亳：州名。治所在今安徽亳州市。　鄧：州名。治所在今河南鄧州市。

[8]赤甲山：山名。位於今重慶市奉節縣。

[9]太僕卿：官名。漢代始置，太僕寺長官，掌御用車馬及國家畜牧事宜。正三品。　鄭續：人名。籍貫不詳。五代後唐官員，歷任司農卿、太僕卿、鴻臚卿、將作少監。事見本書卷三九、卷一三八。《新五代史》卷七四作“鄭纘”，《五代會要》卷二八作“鄭質”。　鴻臚卿：官名。南朝梁武帝天監七年（508）改大鴻臚置，爲十二卿之一，掌接待周邊少數民族賓客、朝會禮儀贊導等，九班。唐朝時加掌喪葬禮儀。五代沿置。從三品。　行軍司馬：官名。出征將領及節度使的屬官。掌軍籍符伍、號令印信，是藩鎮重要的軍政官員。　李鏻：人名。唐朝宗室、五代大臣。傳見本書卷一〇八、《新五代史》卷五七。

[10]福建：方鎮名。治所在福州（今福建福州市）。　王延鈞：人名。即王鏻。王審知次子，五代十國閩國君主。傳見本書卷一三四、《新五代史》卷六八。

[11]湖南：方鎮名。又稱武安軍節度。治所在潭州（今湖南長沙市）。　馬殷：人名。許州鄢陵（今河南鄢陵縣）人，一説上蔡（今河南上蔡縣）人。五代十國南楚開國君主。傳見本書卷一三三、《新五代史》卷六六。　尚書令：官名。秦始置。隋、唐前期爲尚書省長官，與中書令、侍中並爲宰相。因以李世民爲之，後皆不授，唐高宗廢其職。唐後期以李適、郭子儀有功而特授此職，爲大臣榮銜，不參與政務。五代因之。唐時爲正二品，後梁開平三年

(909）升爲正一品。

［12］李光憲：人名。籍貫不詳。後唐官員。事見本書卷四六。　禮部尚書：官名。尚書省禮部主官。掌禮儀、祭享、貢舉之政。正三品。

［13］己亥：中華書局本有校勘記："原作'乙亥'，據殿本改。影庫本粘籤：'乙亥，以《長曆》推之，當是己亥。'按是月辛巳朔，無乙亥，己亥爲十九日。"　涇州：州名。治所在今甘肅涇川縣。

［14］潘杲：人名。籍貫不詳。後唐藩鎮官員。事見本書本卷。　劉仁恭：人名。深州（今河北深州市）人。唐末、五代軍閥。傳見《新唐書》卷二一二。　大安山：山名。位於今北京市房山區西北。　樞密院：官署名。唐代宗曾設樞密使，以宦官充任。五代時，後梁設置崇政院，掌管軍國大政；後唐時改稱樞密院，與中書分理朝政。

［15］京兆尹：官名。唐開元元年（713）改雍州置京兆府，治所在今陝西西安市。以京兆尹總其政務。從三品。　從珂：人名。即後唐末帝李從珂。又稱廢帝。鎮州（今河北正定縣）人。後唐明宗養子，明宗入洛陽，他率兵追隨，以功拜河中節度使，封潞王。紀見本書卷四六至卷四八、《新五代史》卷七。

［16］鳳州：州名。治所在今陝西鳳縣。鳳州時爲武興軍治所。　興：州名。治所在今陝西略陽縣。　文：州名。治所在今甘肅文縣。

［17］門下侍郎：官名。門下省副長官。唐後期三省長官漸爲榮銜，中書侍郎、門下侍郎却因參議朝政而職位漸重，常常用爲以"同三品"或"同平章事"任宰相者的本官。正三品。　同平章事：官名。"同中書門下平章事"之簡稱。唐高宗以後，凡實際任宰相之職者，常在其本官後加同平章事的職銜。後成爲宰相專稱。後晉天福五年（940），升中書門下平章事爲正二品。　監修國史：官名。北齊始置史館，以宰相爲之。唐史館沿置，爲宰相兼職。

趙鳳：人名。幽州（今北京市）人。五代後唐大臣。傳見本書卷六七、《新五代史》卷二八。　檢校太傅：官名。爲散官或加官，以示恩寵，無實際執掌。　邢州：州名。治所在今河北邢臺市。

[18]賑貸：灾荒時的賑濟措施之一，由各級政府貸借給受灾民户糧食、種子、耕牛、農具、現錢等，以幫助農民維持生活、恢復生産。參見黄曉巍《宋代賑貸初探》，《中國經濟史研究》2014年第3期。

八月辛亥，青州節度使王晏球卒，廢朝二日。以利州節度使孫漢韶兼西面行營招討使。[1]甲寅，以前振武節度使張萬進爲鄧州節度使。[2]己未，以鄆州節度使房知温兼中書令，[3]移鎮青州。丙寅，以宰臣李愚爲門下侍郎、平章事、監修國史。[4]乙亥，以湖南節度使馬希聲卒廢朝。[5]己卯，吐蕃遣使朝貢。[6]

[1]招討使：官名。唐貞元時始置。戰時任命，兵罷則省。常以大臣、將帥或地方軍政長官兼任。掌招撫討伐等事務。

[2]振武：方鎮名。治所在單于都護府（今内蒙古和林格爾縣）。　張萬進：人名。突厥人。五代後唐、後晋將領。傳見本書卷一三。中華書局本謂《册府》卷六五作“張進”；《册府》卷一二八有“洺州團練使張進”，即其人。　鄧州：州名。治所在今河南鄧州市。

[3]鄆州：州名。治所在今山東東平縣。　房知温：人名。兖州瑕丘（今山東濟寧市兖州區）人。五代後唐將領。傳見本書卷九一、《新五代史》卷四六。

[4]李愚：人名。渤海無棣（今山東慶雲縣）人。唐末進士，五代大臣。傳見本書卷六七、《新五代史》卷五四。

[5]乙亥，以湖南節度使馬希聲卒廢朝：馬希聲，人名。馬殷

之子，五代十國南楚君主。傳見本書卷一三三、《新五代史》卷六六。《舊五代史考異》："《通鑑》：馬希聲卒在七月辛卯，《五代春秋》從《薛史》作八月。"見《通鑑》卷二七八長興三年（932）七月辛卯條。

[6]己卯：中華書局本有校勘記："原作'乙卯'，據殿本、《新五代史》卷六《唐本紀》改。影庫本粘籤：'乙卯，以《長曆》推之，當作己卯。'按是月庚戌朔，乙卯爲初六，不當在乙亥後，己卯爲三十日。"見《新五代史》卷六《唐本紀六》長興三年八月己卯條。

九月壬午，以鎮南軍節度使、檢校太傅馬希範爲湖南節度使、檢校太尉、兼侍中。[1]甲申，荆南節度使、檢校太傅、兼中書令高從誨加檢校太尉、兼中書令。[2]壬辰，供奉官李存瓌自西川迴，節度使孟知祥附表陳敘隔絶之由，并進物，先賜金器等。瓌，知祥甥也，母在蜀，故令瓌往焉。瓌至蜀，具述朝廷厚待之意，知祥稱藩如初，奏福慶長公主以今年正月十二日薨。[3]又奏五月三日，大破東川董璋之衆於漢州，收下東川。又表立功將校趙季良等五人，乞授節鉞；[4]部内刺史令録已下官，乞許墨制補授。[5]帝遣閤門使劉政恩充西川宣諭使。[6]乙巳，契丹遣使自幽州進馬。秦州地震。

[1]鎮南軍：方鎮名。治所在洪州（今江西南昌市）。　馬希範：人名。許州鄢陵（今河南鄢陵縣）人，一説扶溝（今河南扶溝縣）人。五代十國南楚國主馬殷子。後唐明宗長興三年（932）至後晉開運四年（947）在位。傳見本書卷一三三、《新五代史》卷六六。　檢校太尉：官名。爲散官或加官，以示恩寵，無實際

執掌。

[2]高從誨：人名。陝州硤石（今河南三門峽市陝州區）人，南平國主高季興長子。傳見本書卷一三三、《新五代史》卷六九。

[3]福慶長公主：即後唐太祖李克用之長女、後唐莊宗李存勗之姊、後蜀高祖孟知祥之妻。　十二日：中華書局本有校勘記："《福慶長公主墓誌》（拓片刊《成都出土歷代墓銘券文圖録綜釋》）作'十三日'。"

[4]趙季良：人名。濟陰（今山東曹縣西北）人。五代後唐、後蜀官員。事見《新五代史》卷六四。　節鉞：即符節與斧鉞。古代帝王以授出征將帥，"節"以明信，"鉞"以示威。

[5]令録：即縣令、録事參軍的合稱。　墨制：皇帝直接發出，不經外廷的詔令。唐李肇《翰林志》載，"（陸）贄上疏曰：'伏詳令式及國朝典故，凡有詔令，合由於中書。如或墨制施行，所司不須承受'"。

[6]閤門使：官名。唐代中期始置，掌供朝會、贊引百官。初以宦官充任，五代時改用武階。　劉政恩：人名。籍貫不詳。後唐官員，歷任閤門使、殿中監、判四方館事、引進使。事見本書本卷、卷八〇。　宣諭使：官名。掌奉使宣諭朝廷旨意。

冬十月己酉朔，再遣供奉官李存瓌使西川，兼押賜故福慶長公主祭贈絹三千匹，并賜知祥玉帶。先是，兩川隔過朝廷兵士不下三萬人，至是，知祥上表乞發遣兵士家屬入川，詔報不允。知祥所奏兩川部内文武將吏，乞許權行墨制除補訖奏，詔許之。知祥所奏立功大將趙季良等五人正授節鉞，續有處分。襄州奏，漢水溢，壞民廬舍。癸丑，以太常卿劉岳卒廢朝。[1]己未，以兵部侍郎張文寶爲吏部侍郎，以户部侍郎藥縱之爲兵部侍

郎。[2]庚申，幸至德宫，因幸石敬瑭、李從昶、李從敏之第。[3]壬申，大理少卿康澄上疏曰：[4]“臣聞安危得失，治亂興亡，誠不繫於天時，固非由於地利，童謠非禍福之本，妖祥豈隆替之源！故雊雉昇鼎而桑穀生朝，不能止殷宗之盛；[5]神馬長嘶而玉龜告兆，不能延晋祚之長。是知國家有不足懼者五，有深可畏者六。陰陽不調不足懼，三辰失行不足懼，小人訛言不足懼，山崩川涸不足懼，蟊賊傷稼不足懼，此不足懼者五也。賢人藏匿深可畏，四民遷業深可畏，上下相狥深可畏，廉恥道消深可畏，毁譽亂真深可畏，直言蔑聞深可畏，此深可畏者六也。伏惟陛下尊臨萬國，奄有八紘，蕩三季之澆風，振百王之舊典，設四科而羅俊彦，提二柄而御英雄。所以不軌不物之徒，咸思革面；無禮無儀之輩，相率悛心。然而不足懼者，願陛下存而勿論；深可畏者，願陛下修而靡忒。加以崇三綱五常之教，敷六府三事之歌，則鴻基與五岳争高，盛業共磐石永固。”優詔奬之。澄言可畏六事，實中當時之病，識者許之。癸酉，湖南馬希範、荆南高從誨並進銀及茶，[6]乞賜戰馬，帝還其直，各賜馬有差。丁丑，帝謂范延光曰：“如聞禁軍戍守，多不禀藩臣之命，緩急如何驅使？”延光曰：“承前禁軍出戍，便令逐處守臣管轄斷決，近似簡易。”帝曰：“速以宣命條舉之。”

[1]太常卿：官名。太常寺長官。掌祭祀禮儀等事。正三品。劉岳：人名。洛陽（今河南洛陽市）人。五代後唐官員。傳見本書卷六八、《新五代史》卷五五。

［2］己未：中華書局本有校勘記："原作'乙未'，據殿本改。影庫本粘籤：'乙未，以《長曆》推之，當是己未。'按是月己酉朔，無乙未，己未爲十一日。"　張文寶：人名。唐昭宗朝諫議大夫顗之子。五代後唐官員。傳見本書卷六八。　吏部侍郎：官名。尚書省吏部次官。協助吏部尚書掌文選、勳封、考課之政。正四品上。　藥縱之：人名。太原（今山西太原市）人。初爲李嗣源幕僚。歷掌書記，天平、宣武兩鎮節度副使。明宗即位後，歷任磁州刺史、户部侍郎、吏部侍郎、曹州刺史等。傳見本書卷七一。

［3］石敬瑭：人名。沙陀部人。五代後唐將領、後晉開國皇帝。紀見本書卷七五至卷八〇、《新五代史》卷八。

［4］大理少卿：官名。大理寺副長官。協助大理卿負責本寺的具體事務。從四品上。　康澄：人名。籍貫不詳。五代後唐官員。事見本書本卷。

［5］雊（gòu）雉昇鼎：野鳥飛至鼎耳而鳴。《尚書·高宗肜日序》："高宗祭成湯，有飛雉升鼎耳而雊。"孔穎達疏："雉乃野鳥，不應入室，今乃入宗廟之内，升鼎耳而鳴。"　桑穀生朝：桑木、稻穀生於視朝之殿庭。《尚書·咸有一德序》："伊陟相大戊，亳有祥，桑穀共生于朝。"孔穎达疏："桑穀二木，共生于朝。朝非生木之處，是爲不善之徵。"

［6］高從誨：中華書局本有校勘記："原作'高重誨'，據本書卷一三三《高季興傳》、《册府》卷一六八、《新五代史》卷六九《南平世家》及本卷上文改。"見明本《册府》卷一六八《帝王部·却貢獻門》長興三年（932）十月癸酉條。

十一月辛巳，以三司使、左武衛大將軍孟鵠爲許州節度使，以前許州節度使馮贇爲宣徽使、判三司，以宣徽北院使孟漢瓊判院事。[1]壬午，史館奏："宣宗已下四廟未有實録，請下兩浙、荆湖購募野史及除目報狀。"

從之。[2]癸未，以左僕射致仕鄭珏卒廢朝。[3]丁亥，以河陽節度使兼六軍諸衛副使石敬瑭爲河東節度使，兼大同、彰國、振武、威塞等軍蕃漢馬步總管。[4]時契丹帳族在雲州境上，與群臣議擇威望大臣以制北方，故有是命。[5]己丑，樞密使趙延壽加同平章事。[6]詔在京臣僚，不得進奉賀長至馬及諸物。[7]甲午，日南至，帝御文明殿受朝賀。己亥，河中節度使李從璋加檢校太傅，以右散騎常侍楊凝式爲工部侍郎。[8]庚子，以秘書監盧文紀爲工部尚書，以工部尚書崔居儉爲太常卿，以工部侍郎鄭韜光爲禮部侍郎。[9]乙巳，雲州奏，契丹主在黑榆林南捺剌泊造攻城之具。[10]帝遣使賜契丹主銀器綵帛。

[1]三司使：官名。五代後唐明宗天成元年（926）將晚唐以來的户部、度支、鹽鐵三部合爲一職，設三司使統之。主管國家財政。　孟鵠：人名。魏州（今河北大名縣）人。五代後唐官員。傳見本書卷六九。　許州：州名。治所在今河南許昌市。　馮贇：人名。太原（今山西太原市）人。五代後唐明宗朝宰相、三司使。傳見本書附録、《新五代史》卷二七。　宣徽北院使：宣徽使，官名。唐始置。宣徽南院使、北院使通稱宣徽使。初用宦官，五代以後改用士人。通掌内諸司及三班内侍之名籍，郊祀、朝會、宴享供帳之儀，檢視内外進奉名物。參見王永平《論唐代宣徽使》，《中國史研究》1995 年第 1 期；王孫盈政《再論唐代的宣徽使》，《中華文史論叢》2018 年第 3 期。　孟漢瓊：人名。籍貫不詳。五代後唐宦官。傳見本書卷七二。

[2]“壬午”至“從之”：《舊五代史考異》：“《五代會要》載十一月四日史館奏：‘當館昨爲大中以來，迄于天祐，四朝實録，尚未纂修，尋具奏聞，謹行購募。敕命雖頒于數月，圖書未貢于一

編。蓋以北土州城，久罹兵火，遂成滅絶，難可訪求，切恐歲月漸深，耳目不接，長爲闕典，過在攸司。伏念江表列藩，湖南奧壤，至于閩越，方屬勳賢。戈鋋自擾于中原，屏翰悉全於外府，固多奇士，富有群書。其兩浙、福建、湖廣伏乞詔旨，委各於本道採訪宣宗、懿宗、僖宗、昭宗以上四朝野史，及逐朝日曆、銀臺事宜，内外制詞、百司沿革簿籍、不限卷數，據有者抄録上進。若民間收得，或隱士撰成，即令各列姓名，請議爵賞。'"見《會要》卷一八史館雜録條長興三年（932）十一月四日奏文。　宣宗：即唐宣宗李忱。846年至859年在位，年號"大中"。紀見《舊唐書》卷一八上、下，《新唐書》卷八。　實録：編年體史書的一種形式，是詳記一朝皇帝史實的編年史長編。唐初設史館，每一新皇帝繼位，都要詔令史官根據前代皇帝的起居注、時政記、目録等材料重新彙總，修成前朝皇帝的實録，以便爲日後修正史積纍資料。後成爲定制。從唐至清，歷代都有實録。　除目：即任免名單。《輯本舊史》之影庫本粘籤："原本作'際自'，今據《五代會要》改正。"見《會要》卷一八史館雜録條長興三年十一月四日奏文，《宋本册府》卷五五七《國史部·採撰門》録長興三年十一月壬午條奏文。"除目"二字原脱，據《會要》補。

[3]左僕射：官名。秦始置。隋、唐前期，以左、右僕射佐尚書令總理六官、綱紀庶務；如不置尚書令，則總判省事，爲宰相之職。唐後期多爲大臣加銜。從二品。　鄭珏：人名。滎陽（今河南滎陽市）人。唐末進士，五代後梁、後唐宰相。傳見本書卷五八、《新五代史》卷五四。

[4]河陽：方鎮名。全稱"河陽三城"。治所在孟州（今河南孟州市）。　六軍諸衛副使：官名。後唐沿唐代舊制，置六軍諸衛，以判六軍諸衛事爲禁軍六軍與諸衛的最高統帥，以六軍諸衛副使爲其貳。　大同：方鎮名。治所在代州（今山西代縣）。　彰國：方鎮名。治所在應州（今山西應縣）。　威塞：方鎮名。治所在新州（今河北涿鹿縣）。　蕃漢馬步總管：官名。即蕃漢馬步軍都總管。

五代後唐置，爲抗擊契丹前綫諸方鎮及蕃漢馬步軍的總指揮官。

[5]雲州：州名。治所在今山西大同市。

[6]己丑：中華書局本有校勘記："原作'乙丑'，據殿本改。影庫本粘籤：'乙丑，以《長曆》推之，當作己丑。'按是月己卯朔，無乙丑，己丑爲十一日。"　趙延壽：人名。本姓劉，恒山（今河北正定縣）人。後唐明宗李嗣源女婿，後降契丹，引導契丹攻滅後晋。傳見《遼史》卷七六。

[7]進奉：又稱進獻。地方官以正稅之外的盈餘爲名義，獻給皇帝的錢物。

[8]李從璋：人名。後唐明宗之侄。五代後唐、後晋將領。傳見本書卷八八、《新五代史》卷一五。　右散騎常侍：官名。中書省屬官。掌侍奉規諷，備顧問應對。正三品下。　楊凝式：人名。華陰（今陝西華陰市）人。唐末宰相楊涉之子。唐末進士，歷仕五代各朝。傳見本書卷一二八。　工部侍郎：官名。尚書省工部次官。協助尚書掌管百工、山澤、水土之政令，考其功以詔賞罰，總所統各司之事。正四品下。

[9]祕書監：官名。東漢始置。秘書省長官。掌圖書秘記等。從三品。　盧文紀：人名。京兆萬年（今陝西西安市長安區）人。唐末進士，五代宰相。傳見本書卷一二七、《新五代史》卷五五。　工部尚書：官名。尚書省工部主官。掌百工、屯田、山澤之政令。正三品。　崔居儉：人名。清河（今河北清河縣）人。五代後梁至後晋官員。傳見本書附録、《新五代史》卷五五。　鄭韜光：人名。河清（今河南孟州市）人。滎陽（今河南滎陽市）子弟，唐憲宗朝宰相鄭絪之曾孫，唐宣宗外甥。自唐末至後晋，歷仕諸朝。傳見本書卷九二。

[10]契丹主在黑榆林南捺剌泊造攻城之具：中華書局本有校勘記："'主'，原作'王'，據殿本、《通鑑》卷二七八胡注引《薛史》改。本卷下一處同。'造'，《通鑑》卷二七八胡注引《薛史》作'治'。'捺剌泊'三字原闕，據《通鑑》卷二七八注引《薛史》

補，殿本作‘納喇伯’。”見《通鑑》卷二七八長興三年（932）十月丙辰條及《考異》。　黑榆林：地名。位於獨石口北百六十里、元上都故址（今内蒙古錫林郭勒盟正藍旗召乃門蘇木）以西之榆木山。參見賈敬顔《五代宋金元人邊疆行記十三種疏證稿》，中華書局2004年版。　捺剌泊：水名。《新五代史》卷七二作“揆剌泊”。賈敬顔指出，捺剌泊或爲後日所稱之羊城濼，在今河北沽源縣東北。參見賈敬顔《五代宋金元人邊疆行記十三種疏證稿》。

十二月戊申朔，供奉官丁延徽、倉官田繼勳並棄市，坐擅出倉粟數百斛故也。[1]教坊伶官敬新磨受賄，爲人告，帝令御史臺徵還其錢而後撻之。[2]癸丑，幸龍門，觀修伊水石堰，賜丁夫酒食。後數日，有司奏：“丁夫役限十五日已滿，工未畢，請更役五日。”帝曰：“不唯時寒，且不可失信於小民。”即止其役。甲寅，以太子賓客歸藹卒廢朝。[3]戊午，以前宣徽使朱弘昭爲襄州節度使；康義誠爲河陽節度使，充侍衛親軍馬步軍都指揮使。[4]壬戌，以吏部侍郎姚顗爲尚書左丞，以尚書左丞王權爲禮部尚書，以兵部侍郎藥縱之爲吏部侍郎，以翰林學士、中書舍人程遜爲户部侍郎，依前充職。[5]戊辰，帝畋於近郊，[6]射中奔鹿。

[1]丁延徽：人名。籍貫不詳。五代後唐時供奉官。事見本書卷二七、卷九七。　田繼勳：人名。籍貫不詳。五代後唐時倉官。事見本書本卷。　棄市：古代刑罰之一。於鬧市執行死刑。　斛：量器名。一斛十斗。

[2]教坊：官署名。唐於京都置左、右教坊，掌俳優雜技，以宦官爲教坊使。五代沿置。　伶官：古代樂人。後唐莊宗朝用伶人

爲官，故稱伶官。事見《新五代史》卷三七。　敬新磨：人名。《五代史補》卷二載“爲河東人”。教坊伶官。事見本書卷三〇、《新五代史》卷三七。　御史臺：官署名。爲中央監察機構。

[3]歸藹：人名。吴郡（今江蘇蘇州市）人。後唐官員。傳見本書卷六八。

[4]朱弘昭：人名。太原（今山西太原市）人。後唐明宗朝樞密使、宰相。傳見本書卷六六、《新五代史》卷二七。　康義誠：人名。沙陀部人。五代後唐將領。傳見本書卷六六、《新五代史》卷二七。　侍衛親軍馬步軍都指揮使：官名。五代時侍衛親軍最高長官，多由皇帝親信擔任。

[5]姚顗：人名。京兆萬年（今陝西西安市長安區）人。唐末進士，五代後梁、後唐、後晋大臣。傳見本書卷九二、《新五代史》卷五五。　尚書左丞：官名。尚書省佐貳官。唐中期以後，與尚書右丞實際主持尚書省日常政務，權任甚重。正四品上。後梁開平二年（908）改爲左司侍郎，後唐同光元年（923）復舊爲左丞。正四品。　王權：人名。太原（今山西太原市）人。五代官員。傳見本書卷九二、《新五代史》卷五六。　翰林學士：官名。由南北朝始設之學士發展而來，唐玄宗改翰林供奉爲翰林學士，備顧問、代王言。掌拜免將相、號令征伐等詔令的起草。　中書舍人：官名。中書省屬官。掌起草文書、呈遞奏章、傳宣詔命等。正五品上。　程遜：人名。壽春（今安徽壽縣）人。後唐、後晋官員。傳見本書卷九六。

[6]畋：打獵游樂。《廣韻》：“畋，取禽獸也。”

是冬無雪。《永樂大典》卷七千一百六十六。[1]

[1]《大典》卷七一六六“唐”字韻“明宗（三）”事目。

舊五代史　卷四四

唐書二十

明宗紀第十

長興四年春正月戊寅朔，[1]帝御明堂殿受朝賀，[2]仗衛如式。是日，雪盈尺。戊子，秦王從榮加守尚書令、兼侍中，[3]依前河南尹、判六軍諸衛事。庚寅，以端明殿學士、尚書兵部侍郎劉昫爲中書侍郎、平章事。[4]甲午，正衙命使册故福慶長公主孟氏爲晋國雍順長公主，[5]遣太常卿崔居儉赴西川行册禮。[6]突厥内附。[7]庚子，以前河東節度使李從温爲鄆州節度使。[8]

[1]長興：後唐明宗李嗣源年號（930—933）。　四年：《舊五代史考異》："《歐陽史·劉昫傳》作三年，本紀仍從《薛史》作四年。"中華書局本引殿本："《歐陽史·劉昫傳》作長興三年，拜中書侍郎兼刑部尚書、同中書門下平章事，與本紀繫年，先後互異，見吴縝《纂誤》。"見《新五代史》卷六《唐本紀六》長興四年正月庚寅條、卷五五《劉昫傳》。

［2］明堂殿：宫殿名。後唐莊宗李存勗改朝元殿爲明堂殿，位於今河南洛陽市。

［3］從榮：人名。即李從榮。沙陀部人。後唐明宗李嗣源次子。傳見本書卷五一、《新五代史》卷一五。　尚書令：官名。秦始置。隋、唐前期爲尚書省長官，與中書令、侍中並爲宰相。因以李世民爲之，後皆不授，唐高宗廢其職。唐後期以李適、郭子儀有功而特授此職，爲大臣榮銜，不參與政務。五代因之。唐時爲正二品，後梁開平三年（909）升爲正一品。　侍中：官名。秦始置。隋、唐前期爲門下省長官。唐後期多爲大臣加銜，不參與政務，實際職務由門下侍郎執行。正二品。

［4］端明殿學士：官名。後唐明宗時始置，以翰林學士充任，負責誦讀四方書奏。　尚書兵部侍郎：官名。尚書省兵部次官。協助兵部尚書掌武官銓選、勳階、考課之政。正四品下。　劉昫：人名。涿州歸義縣（今河北容城縣）人。五代大臣，曾任宰相、監修國史，領銜撰進《舊唐書》。傳見本書卷八九、《新五代史》卷五五。　中書侍郎：官名。中書省副長官。唐後期三省長官漸爲榮銜，中書侍郎、門下侍郎却因參議朝政而職位漸重，常常用爲以“同三品”或“同平章事”任宰相者的本官。正三品。　平章事：官名。“同平章事”簡稱。唐高宗以後，實際任宰相之職者，常在其本官後加同平章事的職銜。後成爲宰相專稱。後晋天福五年（940），升中書門下平章事爲正二品。　以端明殿學士、尚書兵部侍郎劉昫爲中書侍郎、平章事：《舊五代史考異》：“《歐陽史·劉昫傳》作三年，本紀仍從《薛史》作四年。”中華書局本引殿本：“《歐陽史·劉昫傳》作長興三年，拜中書侍郎兼刑部尚書、同中書門下平章事，與本紀繫年，先後互異，見吴縝《纂誤》。”見《新五代史》卷六《唐本紀六》長興四年正月庚寅條、卷五五《劉昫傳》。

［5］孟氏：人名。李克用之女，後唐莊宗之姊，孟知祥之妻。事見《大唐福慶長公主墓誌》（拓片刊《成都出土歷代墓銘券文圖

録綜釋》)。

[6]太常卿：官名。太常寺長官。掌祭祀禮儀等事。正三品。　崔居儉：人名。清河（今河北清河縣）人。五代後梁至後晋官員。傳見本書附録、《新五代史》卷五五。　西川：方鎮名。治所在成都（今四川成都市）。

[7]突厥：部族名、政權名。公元6至8世紀活躍於北亞和中亞，稱雄於漠北、西域。西魏廢帝元年（552），首領土門大破柔然，自號伊利可汗，建立突厥汗國，置汗庭於鬱督軍山（今蒙古國杭愛山東段）。隋文帝開皇二年（582），突厥汗國分裂爲東、西突厥。唐中期以後西突厥、東突厥均已衰落。參見吴玉貴《突厥汗國與隋唐關係史研究》，中國社會科學出版社2007年版。

[8]河東：方鎮名。治所在太原（今山西太原市）。　節度使：官名。唐時在重要地區所設掌握一州或數州軍事、民事、財政的長官。　李從温：人名。代州崞縣（今山西原平市北）人，後唐明宗李嗣源之侄，後養爲己子。其從妹爲石敬瑭后，後爲忠武軍節度使、河陽三城節度使。傳見本書卷八八、《新五代史》卷一五。　鄆州：州名。治所在今山東東平縣。

二月癸丑，[1]帝於便殿問范延光内外見管馬數，[2]對曰："三萬五千匹。"帝歎曰："太祖在太原，[3]騎軍不過七千，先皇自始至終馬纔及萬。今有鐵馬如是，而不能使九州混一，是吾養士練將之不至也。吾老矣，馬將奈何！"延光奏曰："臣每思之，國家養馬太多，試計一騎士之費，可贍步軍五人，三萬五千騎抵十五萬步軍，既無所施，虚耗國力，臣恐日久難繼。"帝曰："誠如卿言，肥騎士而瘠吾民，何益哉！"[4]丁巳，以虔州節度使、檢校太尉、兼侍中馬希振爲洪州節度使；[5]以鄂州

節度使馬希廣爲檢校太尉、同平章事，充桂州節度使；[6]以廬州節度使兼武安軍副使姚彦章爲檢校太尉、同平章事；[7]以静江節度副使馬希範爲鄂州節度使。[8]故潞州節度使、檢校太保康君立贈太傅。[9]己未，宋州節度使安元信加兼侍中。[10]濮州進重修河堤圖，[11]沿河地名，歷歷可數。帝覽之，愀然曰："吾佐先朝定天下，於此堤塢間小大數百戰。"又指一丘曰："此吾擐甲臺也。時事如昨，奄忽一紀，令人悲歎耳！"癸亥，以西川節度使孟知祥爲劍南東、西兩川節度使，[12]封蜀王。三司奏："當省有諸道鹽鐵轉運使衙職員都押衙、正押衙、同押衙、通引、衙前虞候、子弟，今欲列爲三司職名。"[13]從之。庚午，以御史中丞崔衍爲兵部侍郎，[14]以右諫議大夫龍敏爲御史中丞。[15]

[1]二月癸丑：中華書局本有校勘記："句下原有'朔字'，據《册府》卷四八四刪。按是月丁未朔，癸丑爲初七。《舊五代史考異》卷二：'案上文正月爲戊寅朔，則二月不得爲癸丑朔，原文疑有舛誤。'"見《宋本册府》卷四八四《邦計部·經費門》長興四年（933）二月癸丑條。

[2]范延光：人名。鄴郡臨漳（今河北臨漳縣）人。五代後唐、後晋將領。傳見本書卷九七、《新五代史》卷五一。《舊五代史考異》："《錦繡萬花谷》引《薛史》作范延慶，疑傳寫之誤。"又見《宋本册府》卷四八四。

[3]太原：府名。治所在今山西太原市。

[4]"延光奏曰"至"何益哉"：《舊五代史考異》："《五代會要》：上問見管馬數，樞密使范延光奏：'天下常支草粟者近五萬匹。見今西北諸道蕃賣馬者往來如市，其郵傳之費、中估之直，日

以四十五貫。以臣計之，國力十耗其七，馬無所使，財賦漸消，朝廷甚非所利。’上善之。十月，敕沿邊藩鎮，或有蕃部賣馬，可擇其良壯給券，具數奏聞。”“中估之直日以四十五貫”，中華書局本有校勘記：“《五代會要》卷一二作‘市估之直日以四十五貫’。”見《會要》卷一二馬條長興四年十月敕注文。

[5]虔州：州名。治所在今江西贛州市贛縣區。 檢校太尉：官名。爲散官或加官，以示恩寵，無實際執掌。 馬希振：人名。五代十國南楚宗室。馬殷之子，馬希聲之兄。事見本書卷三一、卷三七，《新五代史》卷六六。 洪州：州名。治所在今江西南昌市。

[6]鄂州：州名。治所在今湖北武漢市武昌區。 馬希廣：人名。五代十國南楚君主，南楚武穆王馬殷之子。南楚文昭王馬希範去世後被擁立爲王，後爲馬希萼篡位所殺。傳見《新五代史》卷六六。 桂州：州名。治所在今廣西桂林市。

[7]廬州：州名。治所在今安徽合肥市。 武安軍：方鎮名。治所在潭州（今湖南長沙市）。 姚彦章：人名。汝南（今河南汝南縣）人。後唐天成二年（927），馬殷建楚國，姚彦章以功拜左丞相。傳見本書附録。

[8]静江：方鎮名。即静江軍。治所在桂州（今廣西桂林市）。 節度副使：官名。唐、五代方鎮屬官。位於行軍司馬之下、判官之上。 馬希範：人名。許州鄢陵（今河南鄢陵縣）人，一説扶溝（今河南扶溝縣）人。五代十國南楚國主馬殷之子。後唐明宗長興三年（932）至後晋開運四年（947）在位。傳見本書卷一三三、《新五代史》卷六六。中華書局本有校勘記：“本書卷四三《唐明宗紀九》：‘（長興三年九月）以鎮南軍節度使、檢校太傅馬希範爲湖南節度使、檢校太尉、兼侍中’，則時任静江節度副使者，非希範。又本書卷七七《晋高祖本紀三》：‘（天福三年二月）制武清軍節度使馬希萼改武平軍節度使’，按武清軍治鄂州，疑‘馬希範’爲‘馬希萼’之訛。”

[9]潞州：州名。治所在今山西長治市。 檢校太保：官名。

爲散官或加官，以示恩寵，無實際執掌。太保，與太師、太傅合稱三師。　康君立：人名。蔚州興唐（今河北蔚縣）人。唐末將領。傳見本書卷五五。《輯本舊史》之影庫本粘籤："原本作'軍立'，今據《歐陽史》改正。"《新五代史》未載贈太傅一事，當據《輯本舊史》卷五五《康君立傳》。　太傅：官名。與太師、太保合稱三師，唐後期、五代時多爲大臣、勳貴加官。正一品。

[10]宋州：州名。治所在今河南商丘市睢陽區。　安元信：人名。代北（今山西代縣）人。五代後唐、後晋將領。事見本書卷三二。

[11]濮州：州名。治所在今山東鄄城縣。

[12]孟知祥：人名。邢州龍岡（今河北邢臺市）人。李克用女婿，五代十國後蜀開國皇帝。傳見本書卷一三六、《新五代史》卷六四。　劍南東、西兩川：方鎮名。指劍南東川、劍南西川。簡稱兩川或東、西川。唐至德二載（757）分劍南節度使東部地區置劍南東川節度使，治所在梓州（今四川三臺縣）。

[13]鹽鐵轉運使：官名。全稱爲"諸道鹽鐵轉運使"，簡稱"鹽鐵使"。爲鹽鐵司長官。鹽鐵與度支、户部合稱"三司"。主掌漕運及專賣事務。　都押衙：官名。"押衙"即"押牙"。唐、五代時期節度使辟署的屬官，有稱左、右都押衙或都押衙者。掌領方鎮儀仗侍衛、統率軍隊。參見劉安志《唐五代押牙（衙）考略》，武漢大學歷史系魏晋南北朝隋唐史研究室編《魏晋南北朝隋唐史資料》第16輯，武漢大學出版社1998年版。　通引：官名。負責本部門雜務。　三司：官署名。唐末、五代稱鹽鐵、度支、户部爲三司，其分則爲三個獨立部門，合則稱爲三司。三司掌管統籌國家財政之事。

[14]御史中丞：官名。如不置御史大夫，則爲御史臺長官。掌司法監察。正四品下。　崔衍：人名。籍貫不詳。後唐官員，曾任給事中。事見本書卷四二。　兵部侍郎：官名。尚書省兵部次官。協助兵部尚書掌武官銓選、勳階、考課之政。正四品下。

[15] 右諫議大夫：官名。隸中書省。唐代置左、右諫議大夫各四人，分隸門下省、中書省。掌諫諭得失，侍從贊相。正四品下。龍敏：人名。幽州永清（今河北永清縣）人。五代大臣，歷仕後唐、後晉。傳見本書卷一〇八、《新五代史》卷五六。

三月己卯，幸龍門。[1] 延州節度使安從進奏，[2] 夏州節度使李仁福卒，[3] 其子彝超自稱留後。[4] 甲申，鎮州奏，[5] 行軍司馬趙瓌、節度判官陸浣、元從押衙高知柔等並棄市，[6] 坐受賂枉法殺人也。節度使李從敏罰一季俸。[7] 乙酉，以西川節度副使、知武泰軍節度兵馬留後趙季良爲檢校太保、黔南節度使，[8] 以西川諸軍馬步都指揮使、知武信軍節度兵馬留後李仁罕爲檢校太傅、遂州節度使，[9] 以西川左廂馬步都指揮使、知保寧軍節度兵馬留後趙廷隱爲檢校太保、閬州節度使，[10] 以西川右廂馬步都指揮使、知寧江軍兵馬留後張知業爲檢校司徒、夔州節度使，[11] 以西川衙内馬步都指揮使、知昭武軍兵馬留後李肇爲檢校太保、利州節度使，[12] 從孟知祥之請也。丙戌，賜宰相李愚絹百匹、錢十萬、鋪陳物一十三件。[13] 時愚病，帝令近臣翟光鄴宣問，[14] 所居寢室，蕭然四壁，病榻弊氈而已。光鄴具言其事，故有是賜。戊子，以延州節度使安從進爲夏州留後，以夏州左都押衙、四州防遏使李彝超爲延州留後，[15] 仍命邠州節度使藥彦稠、宮苑使安重益帥師援送從進赴鎮。[16] 以左衛上將軍盧文進爲潞州節度使，[17] 以右龍武統軍張温爲雲州節度使。[18] 庚寅，以鳳翔行軍司馬李彦琮爲鹽州防禦使。[19] 時范延光等奏，請因夏州之師制置鹽州，故有是

命。癸巳，以右威衛上將軍安重霸爲同州節度使。[20]己亥，以左龍武統軍符彦超爲安州節度使。[21]詔除放京兆、秦、岐、邠、涇、延、慶、同、華、興元十州長興元年二年係欠夏秋税物，[22]及營田莊宅務課利，以其曾輦運供軍糧料也。甲辰，故晋國夫人夏氏追册皇后，[23]有司上謚曰昭懿，從之。

[1]龍門：地名。位於今河南洛陽市。因兩山相對如闕，伊河從中流過，又名伊闕。唐以後習稱龍門。

[2]延州：州名。治所在今陝西延安市。　安從進：人名。索葛部人。五代後唐、後晋將領。傳見本書卷九八、《新五代史》卷五一。

[3]夏州：州名。治所在今陝西靖邊縣。　李仁福：人名。党項拓跋部人。五代党項首領。傳見本書卷一三二、《新五代史》卷四〇。

[4]彝超：人名。即李彝超。党項拓跋部人。五代軍閥。李仁福之子。傳見本書卷一三二。　留後：官名。唐、五代節度使多以子弟或親信爲留後，以代行節度使職務，亦有軍士、叛將自立爲留後者。掌一州或數州軍政。

[5]鎮州：州名。治所在今河北正定縣。

[6]行軍司馬：官名。出征將領及節度使的屬官。掌軍籍符伍、號令印信，是藩鎮重要的軍政官員。　趙瓌：人名。籍貫不詳。五代後唐將領。中華書局本有校勘記："本書卷一二三《李從敏傳》、《册府》卷五八作'趙環'。"見《輯本舊史》卷一二三《李從敏傳》、《宋本册府》卷五八《帝王部·守法門》涇王從敏條。　節度判官：官名。唐末、五代藩鎮僚佐，位行軍司馬下。　陸浣：人名。籍貫不詳。後唐將領。事見本書卷一二三。　元從押衙：官名。元從，自初始即追隨在側的部屬。"押衙"即"押牙"。唐、

五代時期節度使辟署的屬官。掌領方鎮儀仗侍衛。　高知柔：人名。籍貫不詳。五代後唐將領。事見本書卷一二三。　棄市：古代刑罰之一。於鬧市執行死刑。

［7］李從敏：人名。後唐明宗之侄。傳見本書卷一二三、《新五代史》卷一五。

［8］武泰軍：方鎮名。治所在黔州（今重慶彭水苗族土家族自治縣）。　兵馬留後：官名。唐、五代時，代行方鎮長官之職者稱留後。代行州兵馬使之職者，即爲兵馬留後。掌本州兵馬。　趙季良：人名。濟陰（今山東曹縣西北）人。五代後梁、後唐、後蜀官員。事見《新五代史》卷六四。　黔南：方鎮名。治所在黔州（今重慶彭水苗族土家族自治縣）。

［9］武信軍：方鎮名。治所在遂州（今四川遂寧市）。　李仁罕：人名。陳留（今河南開封市陳留鎮）人。五代後梁、後唐、後蜀將領。後爲孟昶所殺。事見本書卷四二、《新五代史》卷六四。　檢校太傅：官名。爲散官或加官，以示恩寵，無實際執掌。　遂州：州名。治所在今四川遂寧市。

［10］左廂馬步都指揮使：官名。即左廂馬步軍都指揮使。五代時侍衛親軍長官，多爲皇帝親信。中華書局本有校勘記："'都'字原闕，據《册府》卷一七八及本卷上下文補。"見明本《册府》卷一七八《帝王部·姑息門三》。　保寧軍：方鎮名。五代後唐天成四年（929）後蜀分東川置。治所在閬州（今四川閬中市）。　趙廷隱：人名。天水（今甘肅天水市）人。五代後梁、後唐、後蜀將領。事見本書卷三九、《新五代史》卷六四。　閬州：州名。治所在今四川閬中市。

［11］馬步都指揮使：官名。即馬步軍都指揮使。五代時侍衛親軍長官，多爲皇帝親信。　寧江軍：方鎮名。治所在夔州（今重慶市奉節縣白帝城）。　張知業：人名。籍貫不詳。五代後唐、後蜀將領。中華書局本有校勘記："《册府》卷一七八作'張知鄴'。"見明本《册府》卷一七八《帝王部·姑息門三》。據中華書局點校

本《新五代史》考，浙江本作“張鄴”，其餘《新五代史》同作“張業”。　檢校司徒：官名。爲散官或加官，以示恩寵，無實際執掌。　夔州：州名。治所在今重慶市奉節縣。

［12］昭武軍：方鎮名。治所在利州（今四川廣元市利州區）。　李肇：人名。汝陰（今安徽阜陽市）人。五代後梁、後唐、後蜀將領。事見《新五代史》卷六四。　利州：州名。治所在今四川廣元市利州區。

［13］李愚：人名。渤海無棣（今山東慶雲縣）人。唐末進士，五代大臣。傳見本書卷六七、《新五代史》卷五四。

［14］翟光鄴：人名。濮州鄄城（今山東鄄城縣）人。五代將領。傳見本書卷一二九、《新五代史》卷四九。

［15］左都押衙：官名。“押衙”即“押牙”。唐、五代時期節度使辟署的屬官，有稱左、右都押衙或都押衙者。掌領方鎮儀仗侍衛、統率軍隊。　四州防遏使：官名。掌防禦事宜。

［16］邠州：州名。治所在今陝西彬縣。　藥彦稠：人名。沙陀部人。五代後唐將領。傳見本書卷六六、《新五代史》卷二七。　宫苑使：官名。唐始置，以宦官充任，五代時改用士人。掌京師地區宫苑和宫苑所屬的莊田管理事務。　安重益：人名。即安從益。籍貫不詳。五代後唐將領。事見本書卷一三二。

［17］左衛上將軍：官名。唐置，掌宫禁宿衛。唐代置十六衛，即左右衛、左右驍衛、左右武衛、左右威衛、左右領軍衛、左右金吾衛、左右監門衛、左右千牛衛，各置上將軍，從二品；大將軍，正三品；將軍，從三品。　盧文進：人名。范陽（今河北涿州市）人。後唐將領，先後投降契丹、南唐。傳見本書卷九七、《新五代史》卷四八。

［18］右龍武統軍：官名。唐代右龍武軍統兵官。至德二年（757）唐肅宗置禁軍，也稱神武天騎，分爲左、右神武天騎及左、右羽林，左、右龍武六軍，稱“北衙六軍”。職掌左右厢飛騎儀仗、階陛禁衛、馳道内仗，並負責飛騎番上宿衛。從二品。　張温：人

名。魏州魏縣（今河北魏縣）人。後梁、後唐將領。傳見本書卷五九。　雲州：州名。治所在今山西大同市。

［19］鳳翔：方鎮名。治所在鳳翔府（今陝西鳳翔縣）。　李彥琮：人名。籍貫不詳。本書僅此一見。　鹽州：州名。治所在今陝西定邊縣。　防禦使：官名。唐代始置，設有都防禦使、州防禦使兩種。常由刺史或觀察使兼任，實際上爲唐代後期州或方鎮的軍政長官。

［20］右威衛上將軍：官名。唐置，掌宮禁宿衛。唐代十六衛之一。從二品。　安重霸：人名。雲州（今山西大同市）人。五代後唐將領。後爲京兆尹、西京留守。　同州：州名。治所在今陝西大荔縣。

［21］左龍武統軍：官名。唐代左龍武軍統兵官。北衙六軍之一。從二品。　符彥超：人名。陳州宛丘（今河南淮陽縣）人。符存審之子。五代後唐將領。傳見本書卷五六、《新五代史》卷二五。　安州：州名。治所在今湖北安陸市。

［22］京兆：府名。治所在今陝西西安市。　秦：州名。治所在今甘肅天水市。　岐：即鳳翔府。治所在今陝西鳳翔縣。　邠：州名。治所在今陝西彬縣。　涇：州名。治所在今甘肅涇川縣。　延：州名。治所在今陝西延安市。　慶：州名。治所在今甘肅慶陽市。　華：州名。治所在今陝西渭南市華州區。　興元：府名。治所在今陝西漢中市。

［23］夏氏：即後唐明宗夏皇后。秦王李從榮及閔帝之生母。後唐莊宗朝病卒。明宗朝追封爲皇后。傳見本書卷四九、《新五代史》卷一五。

夏四月戊申，李彝超奏："奉詔除延州留後，已受恩命訖，三軍百姓擁隔，未遂赴任。"帝遣閤門使蘇繼顏齎詔促彝超赴任。[1]癸丑，以刑部侍郎劉贊爲祕書監、

秦王傅。[2]甲寅，前鄧州節度使梁漢顒以太子少師致仕，[3]太子賓客裴皞以兵部尚書致仕。[4]戊午，追册昭宗皇后何氏爲宣穆皇后，[5]祔饗太廟，百僚進名奉慰，廢朝三日。己巳，以左散騎常侍任贊爲户部侍郎，[6]以吏部侍郎藥縱之爲曹州刺史。[7]癸酉，延州奏，蕃部劫掠餉運及攻城之具，守蘆關兵士退守金明鎮。[8]

[1]閤門使：官名。唐代中期始置，掌供朝會、贊引百官。初以宦官充任，五代時改用武階。　蘇繼顔：人名。籍貫不詳。五代後唐、後晋官員。事見本書卷四七、卷七七。

[2]刑部侍郎：官名。尚書省刑部次官。協助刑部尚書掌天下刑法及徒隸、勾覆、關禁之政令。正四品下。　劉贊：人名。魏州（今河北大名縣）人。五代十國官員。傳見本書卷六八、《新五代史》卷二八。　祕書監：官名。秘書省長官，掌圖書秘記等。從三品。　傅：官名。即王傅。王宫屬官。漢代始置。掌輔正王的過失。從三品。《輯本舊史》之案語："《通鑑》作兵部侍郎，《歐陽史》從《薛史》。《五代會要》：長興四年四月，以秘書監劉贊爲秦王傅，前忠武軍節度判官蘇瓚爲秦王友，前襄州觀察使魚崇遠爲秦王府記室參軍。時言事者請爲秦王置師傅，上顧問近臣，皆以秦王名勢隆盛，不敢置議，請自選擇，乃降是命。""通鑑作兵部侍郎歐陽史從薛史"，中華書局本有校勘記："以上十三字原闕，據《舊五代史考異》卷二補。"見《會要》卷一七王府官條、《新五代史》卷二八《劉贊傳》、《通鑑》卷二七八長興四年（933）四月癸丑條。

[3]鄧州：州名。治所在今河南鄧州市。　梁漢顒：人名。太原（今山西太原市）人。五代後唐、後晋將領。傳見本書卷八八。　太子少師：官名。與太子少傅、太子少保統稱太子三少。隋唐以後多作加官或贈官。從二品。

[4]太子賓客：官名。爲太子官屬。唐高宗顯慶元年（656）始置。掌侍從規諫，贊相禮儀。正三品。　裴皞：人名。河東（今山西大原市）人。五代後唐、後晋官員。傳見本書卷九二、《新五代史》卷五七。　兵部尚書：官名。尚書省兵部主官。掌兵衛、武選、車輦、甲械、厩牧之政令。正三品。

[5]何氏：梓州（今四川三臺縣）人。唐昭宗何皇后。傳見《舊唐書》卷五二、《新唐書》卷七七。

[6]左散騎常侍：官名。門下省屬官。掌侍奉規諷，備顧問應對。正三品下。　任贊：人名。籍貫不詳。五代後唐官員。事見本書本卷。　户部侍郎：官名。尚書省户部次官。協助户部尚書掌天下田户、均輸、錢穀之政令。正四品下。

[7]吏部侍郎：官名。尚書省吏部次官。協助吏部尚書掌文選、勳封、考課之政。正四品上。　藥縱之：人名。太原（今山西太原市）人。後唐李嗣源幕僚。歷掌書記，天平、宣武兩鎮節度副使。明宗即位後，歷任磁州刺史、户部侍郎、吏部侍郎、曹州刺史等。傳見本書卷七一。　曹州：州名。治所在今山東曹縣西北。

[8]蘆關：關隘名。即蘆子關。位於今陝西志丹縣北與靖邊縣交界處。　金明鎮：地名。位於今陝西延安市安塞區蘆關南。

五月丙子朔，帝御文明殿受朝。[1]戊寅，皇子鳳翔節度使從珂封潞王。[2]新授户部侍郎任贊改刑部侍郎，贊訴以所授官是丁憂闕，故改焉。皇子從益封許王，鄆州節度使李從温封兖王，河中節度使李從璋封洋王，鎮州節度使李從敏封涇王。[3]甲申，帝避暑於九曲池，既而登樓，風毒暴作，聖體不豫，翌日而愈。[4]丙戌，契丹遣使朝貢。[5]丁酉，安從進奏，大軍已至夏州，[6]攻外城，[7]以其不受命也。庚子，以靈武留後張希崇爲本州

節度使。[8]辛丑，故夏州節度使、朔方郡王李仁福追封虢王。[9]壬寅，以前晉州留後薄文爲本州節度使。[10]

[1]文明殿：五代後梁開平三年（909）以貞觀殿改名，故址在今河南洛陽市。

[2]從珂：人名。即後唐廢帝李從珂，又稱末帝。鎮州平山（今河北平山縣）人。本姓王氏，爲後唐明宗養子，改名從珂。明宗入洛陽，李從珂率兵追隨，以功拜河中節度使，封潞王。閔帝李從厚即位，李從珂據城發動兵變，改鳳翔節度使。清泰元年（934）率軍東攻洛陽，廢黜愍帝，自立爲帝。清泰三年，石敬瑭與契丹合兵攻陷洛陽，自焚而死。紀見本書卷四六至卷四八、《新五代史》卷七。

[3]從益：人名。即李從益。沙陀部人。後唐明宗李嗣源幼子，封許王。契丹滅後晉，蕭翰北歸，以其爲傀儡統治中原地區。傳見本書卷五一。　河中：方鎮名。治所在河中府（今山西永濟市）。　李從璋：人名。後唐明宗之侄。五代後唐、後晉將領。傳見本書卷八八、《新五代史》卷一五。　“鄆州節度使李從温封兖王”至“鎮州節度使李從敏封涇王”：《輯本舊史》之孔本案語：“從温等皆明宗從子，故書其姓，《薛史》書法如此。”

[4]九曲池：地名。位於唐長安城禁苑中，故址位於今陝西西安市北。　“甲申”至“翌日而愈”：《舊五代史考異》：“《北夢瑣言》云：上聖體乖和，馮道對寢膳之間，動思調衛，因指御前果實曰：‘如食桃不康，翼日見李，而思戒可也。’初，上因御李，暴得風虚之疾，馮道不敢斥言，因奏事諷悟上意。”見《北夢瑣言》卷二〇李思戒條。

[5]契丹：古部族、政權名。公元4世紀中葉宇文部爲前燕攻破，始分離而成單獨的部落，自號契丹。唐貞觀中，置松漠都督府，以其首領爲都督。唐末强盛，916年迭剌部耶律阿保機建立契

丹國（遼）。先後與五代、北宋並立，保大五年（1125）爲金所滅。參見張正明《契丹史略》，中華書局1979年版。

［6］夏州：中華書局本有校勘記："原作'頁州'，據殿本、劉本、孔本、邵本、彭本改。"五代夏州多見，無"頁州"。

［7］外城：中華書局本有校勘記："'外城'，孔本作'城次'。"

［8］靈武：郡名。治所在今寧夏吴忠市。唐乾元元年（758），改名靈州。此處代指治所在靈州的方鎮朔方軍。　張希崇：人名。薊縣（今天津市薊州區）人。五代後唐將領。傳見本書卷八八、《新五代史》卷四七。

［9］李仁福：中華書局本有校勘記："本書卷三一《唐莊宗紀五》、《五代會要》卷一一均記同光二年（923）四月封李仁福爲朔方王。按本書卷一三二《李仁福傳》、《新五代史》卷四〇《李仁福傳》亦云其封朔方王。"見《會要》卷一一封建條同光二年四月記事、《輯本舊史》卷三一《唐莊宗紀五》同光二年四月己丑條。

［10］晉州：州名。治所在今山西臨汾市。　薄文：人名。籍貫不詳。後唐將領。事見本書卷四二。

六月丙午朔，文武百僚、宰臣馮道等拜章，[1]請於尊號内加"廣道法天"四字，[2]凡拜三章，詔允之。詔宫西新園宜名永芳園，[3]其間新殿宜名和慶殿。[4]丙辰，秦王從榮加食邑至萬户，實封二千户。丁巳，[5]以左驍衛上將軍李從昶爲右龍武統軍，[6]以前邢州節度使高允韜爲右龍武統軍，[7]以右驍衛上將軍羅周敬爲左羽林統軍，[8]以右監門上將軍婁繼英爲金州刺史。[9]戊午，宋王從厚加食邑至萬户，[10]實封一千户。壬戌，以前涇州節度使李金全爲滄州節度使。[11]癸亥，詔御史中丞龍敏等詳定《大中統類》。[12]甲子，第十四女封壽安公主，第

十五女封永樂公主。戊辰，以前利州節度使孫漢韶爲洋州節度使。[13]壬申，寧遠軍節度使、容州管内觀察使、檢校太尉、兼侍中馬存加食邑實封。[14]甲戌，帝復不豫。

[1]馮道：人名。瀛州景城（今河北滄縣）人。五代時官拜宰相，歷仕後唐、後晋、後漢、後周，亦曾臣服於契丹。傳見本書卷一二六、《新五代史》卷五四。

[2]請於尊號内加"廣道法天"四字：中華書局本有校勘記："'廣道'，原作'廣運'，據《册府》卷一七、《五代會要》卷一、《通鑑》卷二七八及本卷下文改。敦煌文書伯三八〇八《長興四年中興殿應聖節講經文》記上尊號事云'法天廣道稱尊後'。"見《會要》卷一帝號條長興四年（933）八月記事、明本《册府》卷一七《帝王部·尊號門二》六月丙午條、《通鑑》卷二七八長興四年八月戊申條。

[3]永芳園：宫苑名。五代後唐置，備遊幸及供進蔬果。設官不詳。

[4]和慶殿：宫殿名。五代後唐置。位於今河南洛陽市。

[5]丁巳：中華書局本有校勘記："原作'丁未'，據殿本、劉本改。影庫本粘籤：'丁未，以《長曆》推之，當是丁巳。'按是月丙午朔，此事繫於丙辰、戊午間，當是丁巳。"據《二十史朔閏表》，長興四年六月丙午朔，丁未爲初二，在丙辰十一日和戊午十三日間，當是丁巳十二日。

[6]左驍衛上將軍：官名。唐置，掌宫禁宿衛。唐代十六衛之一。從二品。　右龍武統軍：中華書局本有校勘記："'左驍衛上將軍'，原作'右驍衛上將軍'，據本書卷四三《唐明宗紀九》、卷一三二《李茂貞傳》改。'右龍武統軍'，原作'左龍武統軍'，據本書卷一三二《李茂貞傳》及本卷下文改。"見《輯本舊史》卷四三

《唐明宗紀九》長興三年二月庚午條、卷一三二《李茂貞傳》。

[7]邢州：州名。治所在今河北邢臺市。　高允韜：人名。河西（今陝西合陽縣）人。五代將領。高萬興之子。傳見本書卷一三二、《新五代史》卷四〇。

[8]右驍衛上將軍：官名。唐置，掌宮禁宿衛。唐代十六衛之一。從二品。　羅周敬：人名。魏州貴鄉（今河北大名縣）人。五代將領。傳見本書卷九一。　左羽林統軍：官名。唐置北衙六軍之一。從二品。

[9]右監門上將軍：官名。即右監門衛上將軍。唐置，掌宮禁宿衛。唐代十六衛之一。從二品。中華書局本有校勘記："'右'，本書卷四二《唐明宗紀八》作'左'。"見《輯本舊史》卷四二《唐明宗紀八》長興二年八月癸亥條。　婁繼英：人名。籍貫不詳。五代後梁、後唐、後晋將領。傳見《新五代史》卷五一。　金州：州名。治所在今陝西安康市。

[10]從厚：人名。即李從厚。後唐閔帝。明宗李嗣源第三子。紀見本書卷四五、《新五代史》卷七。

[11]李金全：人名。吐谷渾部人。早年爲後唐明宗李嗣源奴僕，驍勇善戰，因功升遷。後晋時封安遠軍節度使，後投奔南唐。傳見本書卷九七、《新五代史》卷四八。　滄州：州名。治所在今河北滄縣舊州鎮。

[12]《大中統類》：書名。大中初，劉瑑選大中以前二百四十四年制敕可行用者二千八百六十五條，分爲六百四十六門，議其輕重，別爲一家法書，稱《大中統類》，奏行用之。

[13]孫漢韶：人名。太原（今山西太原市）人。後唐、後蜀將領。傳見《孫漢韶墓誌》（拓片刊《成都出土歷代墓銘券文圖録綜釋》，文物出版社 2012 年版）。　洋州：州名。治所在今陝西洋縣。

[14]寧遠軍：方鎮名。治所在容州（今廣西容縣）。中華書局本有校勘記："'寧遠軍'，原作'永寧軍'，據本書卷三二《唐莊

宗紀六》、卷四七《唐末帝紀中》改。按五代兩湖、嶺南無永寧軍號。《新五代史》卷六〇《職方考》：‘容州曰寧遠……皆唐故號，更五代無所易。’”見《輯本舊史》卷三二《唐莊宗紀六》同光二年九月乙卯條、卷四七《唐末帝紀中》清泰二年（935）二月壬午條。　容州：州名。治所在今廣西北流市。　觀察使：官名。唐代後期出現的地方軍政長官。唐玄宗開元二十一年（733）置十五道採訪使，唐肅宗乾元元年（758）改爲觀察使。無旌節，故地位低於節度使。掌一道州縣官的考績及民政。　馬存：人名。馬殷之弟。事見本書卷三二、卷四七。

秋七月丁丑，以著作佐郎尹拙爲左拾遺，[1]直史館。[2]國朝舊制，皆以畿赤尉直史館，[3]今用諫官自拙始，從監修李愚奏也。己卯，東岳三郎神贈威雄大將軍。[4]初，帝不豫，前淄州刺史劉遂清薦泰山僧一人，[5]云善醫，及召見，乃庸僧耳。問方藥，僧曰：“不工醫，嘗於泰山中親覩嶽神，謂僧曰：‘吾第三子威靈可愛，而未有爵秩，師爲我請之。’”宫中神其事，故有是命，識者嫉遂清之妖佞焉。詔應臺官出行，須令人訶引，使軍巡職掌等規避。壬午，詔安從進班師，時王師攻夏州無功故也。乙酉，以許州節度使孟鵠卒廢朝，[6]贈太傅。詔賜在京諸軍將校優給有差。時帝疾未痊，軍士有流言故也。丁亥，兩浙節度使、檢校太傅、守中書令錢元瓘封吴王。[7]

[1]著作佐郎：官名。簡稱“著作”。魏晋始置，爲著作郎之輔，掌編修國史。唐代隸秘書省著作局，置四人，協助著作郎撰擬文字，掌理局事。從六品上。中華書局本有校勘記：“‘佐’，原作

‘左’，據殿本、劉本、孔本、邵本校、《册府》卷五五四、《五代會要》卷一八改。”見《會要》卷一八修史官條長興四年（933）七月記事、《宋本册府》卷五五四《國史部·選任門》後唐張昭條。　尹拙：人名。汝陽（今河南汝南縣）人。歷仕後梁、後唐、後晋、後漢、後周五代。傳見《宋史》卷四三一。　左拾遺：官名。唐代門下省所屬的諫官。掌規諫，薦舉人才。從八品上。

［2］直史館：官名。唐天寶以後，他官兼領史職者，稱史館修撰。初入史館者稱爲直館。元和六年（811）宰相裴垍建議：登朝官領史職者爲修撰，以官階高的一人判館事；未登朝官均爲直館。《舊五代史考異》：“《五代會要》：尹拙爲左拾遺，王慎徽爲右拾遺，並直史館。《薛史》闕載王慎徽。”見《會要》卷一八、《册府》卷五五四。

［3］畿赤尉：畿、赤，縣的等級之一，指京之旁邑。畿縣尉，官名。縣之佐官，掌軍事、治安。正九品下。

［4］東岳三郎神：民間神祇。又稱“泰山三郎神”“東岳三郎”。見於《搜神記》《魏書》等。

［5］淄州：州名。治所在今山東淄博市淄川區。　刺史：官名。漢武帝始置。州一級行政長官。總掌考覈官吏、勸課農桑、地方教化等事。唐中期以後，節度使、觀察使轄州而設，刺史爲其屬官，職任漸輕。從三品至正四品下。　劉遂清：人名。青州北海（今山東青州市）人。五代後梁、後唐官員。傳見本書卷九六。《輯本舊史》之影庫本粘籤：“劉遂清，原本作‘隊請’，今從《册府元龜》改正。”見《宋本册府》卷六七一《牧守部·選任門二》後唐劉遂清、卷七七一《總録部·世官門》劉遂清等條。《會要》卷一一封嶽瀆條長興四年七月記事之注文云：“時上不豫，劉遂清引泰山僧進風藥，用之小康。”

［6］許州：州名。治所在今河南許昌市。　孟鵠：人名。魏州（治今河北大名縣）人。五代後唐官員。傳見本書卷六九。

［7］檢校太傅：中華書局本有校勘記：“本書卷三九《唐明宗紀

五》、卷四五《唐閔帝紀》作‘檢校太師’。按《化度院陁羅尼經幢并記》（拓片刊《北京圖書館藏中國歷代石刻拓片匯編》第三十六册）末題‘長興四年癸巳三月二十六日……檢校太師、守中書令錢元瓘記’。”見《輯本舊史》卷三九《唐明宗紀五》天成三年（928）閏八月丁未條、卷四五《唐閔帝紀》應順元年（934）正月甲午條。　中書令：官名。漢代始置，隋、唐前期爲中書省長官，屬宰相之職；唐後期多爲授予元勳大臣的虚銜。正二品。　錢元瓘：人名。臨安（今浙江杭州市臨安區）人。錢鏐之子。五代十國吴越國國主，932年至941年在位。傳見本書卷一三三、《新五代史》卷六七。

八月戊申，帝被衮冕，御明堂殿受册，徽號曰聖明神武廣道法天文德恭孝皇帝。禮畢，制大赦天下，常赦所不原者咸赦除之。己酉，賜侍衛諸軍優給有差，時月内再有頒給，自兹府藏無餘積矣。辛亥，以晋州節度使薄文卒廢朝。丁巳，以右龍武統軍李從昶爲許州節度使。[1]戊午，以秘書監高輅卒廢朝。[2]辛酉，以太子太師致仕符習卒廢朝，[3]贈太師。辛未，秦王從榮以本官充天下兵馬大元帥，加食邑萬户、實封三千户；以右羽林統軍翟璋爲晋州節度使；[4]以太子賓客馬縞爲户部侍郎。[5]壬申，幸至德宫。[6]

[1]李從昶：人名。李茂貞第二子。傳見本書卷一三二。

[2]高輅：人名。籍貫、事迹不詳。本書僅此一見。

[3]符習：人名。趙州（今河北趙縣）人。五代後唐將領。傳見本書卷五九、《新五代史》卷二六。

[4]右羽林統軍：官名。唐代右羽林軍統兵官。唐置北衛六軍

之一。從二品。　翟璋：人名。籍貫不詳。五代後唐、後晋將領。傳見本書卷九五。

[5]馬縞：人名。籍貫不詳。五代後梁、後唐官員、學者。傳見本書卷七一、《新五代史》卷五五。

[6]至德宫：宫殿名。五代後唐天成元年（926）築。位於今河南洛陽市。

九月甲戌朔，以户部尚書李鏻爲兵部尚書，[1]以前户部尚書韓彦惲爲户部尚書。[2]丙子，幸至德宫。戊寅，樞密使范延光、趙延壽並加兼侍中，[3]依前充使。中書奏："元帥儀注，諸道節度使以下帶兵權者，階下具軍禮參見；其帶使相者，初見亦展一度公禮。天下軍務公事，元帥府行帖指揮，其判六軍諸衛事則公牒往來，其官屬軍職，委元帥府奏請。"從之。癸未，以兵部侍郎盧詹爲吏部侍郎。[4]丙戌，宰臣馮道加左僕射，[5]李愚加吏部尚書，[6]劉昫加刑部尚書。[7]戊子，河陽節度使兼侍衛親軍都指揮使康義誠、山南西道節度使檢校太傅張虔釗並加同平章事。[8]宣徽南院使、判三司馮贇依前檢校太傅、同中書門下二品，[9]充三司使。[10]贇亡父名章，[11]故改平章事爲同二品。壬辰，[12]永寧公主石氏進封魏國公主，興平公主趙氏進封齊國公主。皇孫重光、重哲並授銀青光禄大夫、檢校工部尚書，秦王、宋王子也。[13]前洋州節度使梁漢顒以太子少師致仕。[14]丁酉，以右龍武統軍高允韜爲滑州節度使，[15]以韶州刺史、檢校司空王萬榮爲華州節度使，[16]萬榮，王妃之父也。[17]·戊戌，以樞密使趙延壽爲汴州節度使，[18]以襄州節度使朱弘昭

爲檢校太尉、同平章事,[19]充樞密使。時范延光、趙延壽相繼辭退樞密務，及朱弘昭有樞密之命，又面辭訴，帝叱之曰："爾輩皆欲離朕左右，怕在眼前，素養爾輩，將何用也!"弘昭退謝，不復敢言。吏部侍郎張文寶卒。[20]庚子，清海軍節度使錢元璹加檢校太傅、同平章事,[21]中吴、建武等軍節度使錢元璙加檢校太師、兼中書令。[22]以前滑州節度使李贊華遥領虔州節度使。[23]辛丑，詔天下兵馬大元帥、秦王從榮班宜在宰臣之上。[24]壬寅，以北面行營都指揮使、易州刺史楊檀爲振武軍節度使。[25]

[1]九月甲戌朔：《輯本舊史》原無朔字，根據包括《舊五代史》在内的正史本紀的記時規則，凡該月朔日有記事者，必須在該月干支下加朔字，故補。　户部尚書：官名。尚書省户部主官。掌管全國土地、户籍、賦税、財政收支諸事。正三品。　李鏻：人名。唐朝宗室、五代大臣。傳見本書卷一〇八、《新五代史》卷五七。中華書局本有校勘記："原作'李璘'，據本書卷四三《唐明宗紀九》、卷四五《唐閔帝紀》、卷一〇八《李鏻傳》、《新五代史》卷五七《李鏻傳》改。"見《輯本舊史》卷四三《唐明宗紀九》長興三年（932）七月壬辰條、卷四五《唐閔帝紀》長興四年十二月丁巳條。

[2]韓彦惲：人名。籍貫不詳。五代後唐大臣。事見本書卷三九等。

[3]樞密使：官名。唐代宗時始以宦官掌機密，至昭宗時借朱温之力盡誅宦官，始改以士人任樞密使。參見李全德《唐宋變革期樞密院研究》，國家圖書館出版社2009年版。

[4]盧詹：人名。京兆長安（今陝西西安市）人。唐末、五代

官員。傳見本書卷九三。

［5］左僕射：官名。秦始置。隋、唐前期，以左、右僕射佐尚書令總理六官、綱紀庶務；如不置尚書令，則總判省事，爲宰相之職。唐後期多爲大臣加銜。從二品。

［6］吏部尚書：官名。尚書省吏部主官，與二侍郎分掌六品以下文官選授、勳封、考課之政令。正三品。

［7］刑部尚書：官名。尚書省刑部主官。掌天下刑法及徒隸、勾覆、關禁之政令。正三品。

［8］河陽：縣名。治所在今河南孟州市。　康義誠：人名。沙陀部人。五代後唐將領。傳見本書卷六六、《新五代史》卷二七。　張虔釗：人名。遼州（今山西左權縣）人。五代後唐、後蜀將領。傳見本書卷七四。

［9］宣徽南院使：官名。唐始置。宣徽南院的長官。初用宦官，五代以後改用士人。與宣徽北院使通掌内諸司及三班内侍之名籍，郊祀、朝會、宴享供帳之儀，檢視内外進奉名物。參見王永平《論唐代宣徽使》，《中國史研究》1995 年第 1 期；王孫盈政《再論唐代的宣徽使》，《中華文史論叢》2018 年第 3 期。　馮贇：人名。太原（今山西太原市）人。五代後唐明宗朝宰相、三司使。傳見本書附録、《新五代史》卷二七。　同中書門下二品：中華書局本有校勘記："原作'同平章事中書門下同二品'，據本書卷四五《唐閔帝紀》、《五代會要》卷一三、《通鑑》卷二七八改。"見《輯本舊史》卷四五《唐閔帝紀》應順元年（934）正月戊子條、《通鑑》卷二七八長興四年九月庚寅條。《會要》卷一三中書門下條載長興四年九月敕："馮贇有經邦之茂業，宜進位于公臺。但緣平章事字犯其父名，不欲斥其家諱，可改同平章事爲同中書門下二品。"

［10］三司使：官名。五代後唐明宗天成元年（926）將晚唐以來的户部、度支、鹽鐵三部合爲一職，設三司使統之。主管國家財政。

［11］章：人名。即馮章。馮贇之父。事迹不詳。

［12］壬辰：《輯本舊史》原作“壬戌”，中華書局本有校勘記：“按是月甲戌朔，無壬戌。此事繫於戊子、丁酉間，疑是壬辰。”未改，戊子爲十五日，丁酉爲二十四日，壬戌應爲壬辰（十九日），今改。

［13］秦王：即李從榮。沙陀部人。後唐明宗李嗣源次子。傳見本書卷五一、《新五代史》卷一五。　宋王：即李從厚。後唐閔帝。明宗李嗣源第三子。紀見本書卷四五、《新五代史》卷七。

［14］太子少師：《輯本舊史》作“太子少傅”。中華書局本有校勘記：“本卷上文：‘（四月甲寅）前鄧州節度使梁漢顒以太子少師致仕’，本書卷八八《梁漢顒傳》、《册府》卷九三六皆云：‘長興四年夏，以眼疾授太子少師致仕。’按梁漢顒墓誌（拓片刊《洛陽出土歷代墓誌輯繩》）：‘自庚寅本官守太子少師致仕。’”未改，見《宋本册府》卷九三六《總録部·躁競門》梁漢顒條。今改。

［15］滑州：州名。治所在今河南滑縣。

［16］韶州：州名。治所在今廣東韶關市。　檢校司空：官名。爲散官或加官，以示恩寵，無實際執掌。司空，與太尉、司徒並爲三公。　王萬榮：人名。籍貫不詳。五代後唐將領。事見本書卷四六。

［17］王妃：人名。即後唐明宗王淑妃。事見本書卷五一、卷六六等。

［18］汴州：州名。治所在今河南開封市。

［19］襄州：州名。治所在今湖北襄陽市。　朱弘昭：人名。太原（今山西太原市）人。後唐明宗朝樞密使、宰相。傳見本書卷六六、《新五代史》卷二七。

［20］張文寶：人名。唐昭宗朝諫議大夫張顗之子。五代後唐官員。傳見本書卷六八。

［21］清海軍：方鎮名。治所在廣州（今廣東廣州市）。　錢元璹：人名。又名元懿、傳懿，吴越武肅王錢鏐之子。見《吴越備史》卷一貞明三年（917）三月條。事見本書卷七七。

[22]中吴：方鎮名。吴越置，治所在蘇州（今江蘇蘇州市）。　建武：方鎮名。治所在邕州（今廣西南寧市）。　錢元璙：人名。錢鏐之子。事見本書卷一三三。

[23]李贊華：人名。本名耶律倍，小名突欲。遼太祖耶律阿保機長子，封東丹王。其弟耶律德光即位，是爲遼太宗。突欲憤而降後唐，明宗賜名李贊華。傳見《遼史》卷七二。

[24]詔天下兵馬大元帥、秦王從榮班宜在宰臣之上：《輯本舊史》之影庫本粘籤："《五代會要》：秦王從榮加兼中書令，與宰臣分班左右定位，及爲天下兵馬元帥，敕曰：'秦王位隆將相，望重磐維，委任既崇，等威合異，班位宜在宰臣之上。'"見《會要》卷六親王與朝臣行立位條所載長興四年九月敕，明本《册府》卷二七七《宗室部·褒寵門三》秦王從榮條略同。

[25]易州：州名。治所在今河北易縣。　楊檀：人名。即楊光遠。沙陀部人。五代後唐、後晉將領。傳見本書卷九七、《新五代史》卷五一。　振武軍：方鎮名。治所在金河縣（今内蒙古和林格爾縣）。

冬十月丙午，以前同州節度使趙在禮爲襄州節度使。[1]丁未，以前滑州節度使張敬詢卒廢朝。[2]以刑部侍郎任贊爲兵部侍郎，充元帥府判官。戊午，以前鳳州節度使孫岳爲三司使。[3]庚申，以樞密使范延光爲鎮州節度使，以三司使馮贇爲樞密使。辛酉，以前潞州節度使李承約爲左龍武統軍，[4]以前威塞軍節度使王景戡爲右龍武統軍，[5]以左驍衛上將軍安崇阮爲左神武統軍，[6]以右監門上將軍高允貞爲右神武統軍。[7]壬戌，以權知夏州事、檢校司空李彝超爲夏州節度使、檢校司徒。丙寅，詔在朝文武臣僚並與加恩，以受册尊號也。戊辰，

以前安州節度使楊漢章爲兗州節度使，[8]以前雲州節度使張敬達爲徐州節度使。[9]庚午，以前兗州節度使張延朗爲秦州節度使。[10]壬申，秦州節度使劉仲殷移鎮宋州。[11]

[1]趙在禮：人名。涿州（今河北涿州市）人。五代後唐、後晋將領。傳見本書卷九〇、《新五代史》卷四六。

[2]張敬詢：人名。勝州金河（今内蒙古和林格爾縣）人。五代後唐將領。傳見本書卷六一。

[3]鳳州：州名。治所在今陝西鳳縣。中華書局本有校勘記："'鳳州'，原作'鳳翔'，據本書卷四一《唐明宗紀七》、卷四二《唐明宗紀八》、卷六九《孫岳傳》改。《通鑑》卷二七八敘其事作'前武興節度使'，按武興軍治鳳州。"見《輯本舊史》卷四一《唐明宗紀七》長興元年（930）四月庚申條、卷四二《唐明宗紀八》長興二年十一月壬寅條、《通鑑》卷二七八長興四年十月戊午條。　孫岳：人名。稷州（今陝西武功縣）人。五代後唐大臣。傳見本書卷六九。

[4]李承約：人名。薊州（今天津市薊州區）人。五代後唐、後晋將領。傳見本書卷九〇、《新五代史》卷四七。

[5]威塞軍：方鎮名。治所在新州（今河北涿鹿縣）。　王景戡：人名。籍貫不詳。五代後唐將領。事見本書卷四六等。

[6]安崇阮：人名。又作"安重阮"。潞州上黨（今山西長治市）人。五代後唐、後晋將領。傳見本書卷九〇。

[7]高允貞：人名。籍貫不詳。五代後唐將領。事見本書卷三〇等。

[8]楊漢章：人名。籍貫不詳。五代將領。事見《通鑑》卷二八〇。　兗州：州名。治所在今山東濟寧市兗州區。

[9]張敬達：人名。代州（今山西代縣）人。五代後唐將領。

傳見本書卷七〇、《新五代史》卷三三。　徐州：州名。治所在今江蘇徐州市。

[10]張延朗：人名。汴州（今河南開封市）人。五代後唐大臣，歷任三司使、宰相。傳見本書卷六九、《新五代史》卷二六。

[11]劉仲殷：人名。籍貫不詳。李從榮岳丈。五代後唐將領。事見本書卷三八等。

十一月丙子，以前滄州節度使盧質爲右僕射。[1]庚辰，改慎州懷化軍爲昭化軍，[2]升洮州爲保順軍。[3]辛巳，以保大軍節度使、檢校太尉鮑君福爲保順軍節度、洮鄯等州觀察等使，[4]以彰義軍節度使、檢校太尉、同平章事杜建徽爲昭化軍節度、慎、瑞、司等州觀察使。[5]乙酉，以前汴州節度使李從曮爲鄆州節度使，[6]以鄆州節度使李從温爲定州節度使。丙戌，新授右僕射盧質奏："臣忝除官，合赴省上事，若準舊例，左右僕射上事儀注所費極多，欲從權務簡，只取尚書丞、郎上事例，止集南省屬僚及兩省官送上，亦不敢輒援往例，有費官用。自量力排比；兼不敢自臣隳廢前規，他時任行舊制。"從之。戊子，帝不豫。[7]己丑，大漸，[8]自廣壽殿移居雍和殿。[9]是夜四鼓後，帝自御榻蹶然而興，顧謂知漏宮女曰："今夜漏幾何？"[10]對曰："四更。"因奏曰："官家省事否？"帝曰："省。"因唾出肉片如肺者數片，便溺升餘。六宮皆至，慶躍而奏曰："官家今日實還魂也。"已食粥一器，[11]侍醫進湯膳。至曙，帝小康。壬辰，天下大元帥、守尚書令、兼侍中、秦王從榮領兵陣於天津橋，[12]内出禁軍拒之。從榮敗奔河南府，遇

害。[13]帝聞之悲駭，幾落御榻，氣絶而蘇者再，由是不豫有加。癸巳，馮道率百僚見帝於雍和殿，帝雨泣哽噎，曰："吾家事若此，慚見卿等!"百僚皆泣下霑襟。甲午，賜宰臣、樞密使御衣玉帶，康義誠已下錦帛鞍馬有差。遣宣徽使孟漢瓊召宋王於鄴都。[14]乙未，以三司使孫岳爲亂兵所害廢朝。[15]丁酉，敕秦王府官屬，除諮議參軍高輦已處斬外，[16]元帥府判官、兵部侍郎任贊配武州，[17]祕書監兼秦王傅劉贊配嵐州，[18]河南少尹劉陟配均州，[19]並爲長流百姓，縱逢恩赦，不在放還。河南少尹李蕘配石州，[20]河南府判官司徒詡配寧州，[21]秦王友蘇瓚配萊州，[22]記室參軍魚崇遠配慶州，[23]河南府推官王説配隨州，[24]並爲長流百姓。河南府推官尹諲，[25]六軍巡官董裔、張九思，[26]河南府巡官張沆、李澣、江文蔚並勒歸田里，[27]應長流人並除名。六軍判官、殿中監王居敏責授復州司馬，[28]六軍推官郭晙責授坊州司户，[29]並員外置，所在馳驛發遣。時宰相、樞密使共議任贊等已下罪，馮道等曰："任贊前在班行，比與從榮無舊，除官未及月餘，便逢此禍。王居敏、司徒詡疾病請假，將近半年，近日之事，計不同謀。從榮所款昵者高輦、劉陟、王説三人，昨從榮稱兵指闕之際，沿路只與劉陟、高輦並轡耳語，至天津橋南，指日影謂諸判官曰：'明日如今，已誅王居敏矣。'則知其冗泛之徒，不可一例從坐。"朱弘昭意欲盡誅任贊已下，馮贇力争之乃已。戊戌，帝崩於大内之雍和殿，壽六十七。

[1]盧質：人名。河南（今河南洛陽市）人。五代後唐、後晋大臣。傳見本書卷九三、《新五代史》卷五六。

[2]慎州：羈縻州。唐朝始置。隸於營州，領粟末靺鞨烏素固部落。萬歲通天年間，營州陷於契丹，因以南遷淄、青州之境，神龍初僑治良鄉之都鄉城（今北京市房山區西南）。後廢。　懷化軍：方鎮名。後唐置，治所在今北京市房山區良鄉鎮。

[3]洮州：州名。治所在今甘肅臨潭縣。

[4]保大軍：方鎮名。治所在坊州（今陝西黄陵縣）。　鮑君福：人名。籍貫不詳。五代後唐、後晋將領。傳見本書附録。　鄯：州名。治所在今青海海東市樂都區。

[5]彰義軍：方鎮名。治所在涇州（今甘肅涇川縣）。　杜建徽：人名。籍貫不詳。五代後梁、後唐將領。事見本書卷八、卷八二等。　瑞：羈縻州。唐貞觀十年（636）於營州界置，隸營州都督。處突厥烏突汗達幹部落。神龍初隸幽州都督。治所爲來遠縣，後移治於良鄉縣之廣陽城（今北京市房山區良鄉鎮東北廣陽城村）。　司：據《宋史》卷四八〇“儼兄儀爲慎、瑞、師等州觀察使”，《長編》卷一八“知越州錢儀爲慎、瑞、師等州觀察使”，可知司州當爲師州。羈縻州。唐貞觀三年置，領契丹、室韋部落，隸營州都督。神龍初改隸幽州都督。治所陽師縣，寄治於良鄉縣之故東閭城（今北京市房山區境）。

[6]李從曮：人名。深州博野（今河北蠡縣）人。李茂貞之子，後晋時封秦王。傳見本書卷一三二。

[7]戊子，帝不豫：《舊五代史考異》：“《歐陽史》本紀作十月壬申，幸士和亭，得疾。《秦王從榮傳》作十一月戊子，雪，明宗幸宫西士和亭，得傷寒疾，紀傳互異。《五代春秋》從《薛史》作戊子，帝不豫。”“幸士和亭得疾”，中華書局本有校勘記：“‘士和亭’，原作‘上和亭’，據《新五代史》卷六《唐本紀》改。本卷下一處同。”見《新五代史》卷六《唐本紀六》長興四年（933）十月壬申條、卷一五《李從榮傳》十一月戊子條、《五代春秋》明

宗仁德皇帝長興四年十一月戊子條。

[8]大漸：病危。

[9]廣壽殿：宫殿名。位於今河南洛陽市。　雍和殿：宫殿名。位於今河南洛陽市。

[10]今夜漏幾何：中華書局本有校勘記："殿本、《新五代史》卷一五《唐明宗家人傳》無'今'字。"見《新五代史》卷一五《李從榮傳》長興四年十一月己丑條。

[11]已食：中華書局本有校勘記："'已食'，殿本、孔本、《新五代史》卷一五《唐明宗家人傳》作'因進'。"

[12]天津橋：橋名。位於今河南洛陽市。

[13]"壬辰"至"從榮敗奔河南府，遇害"：《舊五代史考異》："《五代春秋》作壬午誅從榮，蓋傳寫之訛。《歐陽史》及《通鑑》俱從《薛史》作壬辰。"見《新五代史》卷六《唐本紀六》長興四年十一月壬辰條、《通鑑》卷二七八長興四年十一月壬辰條。河南府，府名。即五代後唐都城洛陽河南府（今河南洛陽市）。

[14]孟漢瓊：人名。籍貫不詳。五代後唐宦官，時任宣徽南院使。傳見本書卷七二。　鄴都：地名。治所在今河北大名縣。五代後唐同光元年（923），改魏州爲興唐府，建號東京，三年改東京爲鄴都。

[15]乙未，以三司使孫岳爲亂兵所害廢朝：《舊五代史考異》："孫岳被害，《通鑑》繫於壬辰，蓋與從榮之死同日。《歐陽史》作乙未，康義誠殺孫岳，是以廢朝之日爲專殺之日也。"見《新五代史》卷六《唐本紀六》長興四年十一月乙未條、《通鑑》卷二七八長興四年十一月壬辰條。

[16]高輦：人名。籍貫不詳。五代後唐官員。事見本書卷五一、《新五代史》卷二八。

[17]武州：州名。治所在今河北張家口市宣化區。

[18]嵐州：州名。治所在今山西嵐縣。

[19]劉陟：人名。籍貫不詳。五代後唐官員。事見本書本卷。　均州：州名。治所在今湖北丹江口市。

[20]李蕘：人名。籍貫不詳。後唐莊宗長子李繼岌僚佐。事見本書卷一〇八《李崧傳》。　石州：州名。治所在今山西吕梁市離石區。

[21]司徒詡：人名。清河郡（今河北清河縣）人。五代後唐官員。傳見本書卷一二八。　寧州：州名。治所在今甘肅寧縣。

[22]蘇瓚：人名。籍貫不詳。曾任忠武軍節度判官。事見本書本卷。　萊州：州名。治所在今山東萊州市。

[23]魚崇遠：人名。籍貫不詳。五代後唐將領。事見本書卷五一。

[24]王説：人名。籍貫不詳。五代後唐將領。本書僅見於本卷。　隨州：州名。治所在今湖北隨州市。

[25]尹諲：人名。籍貫不詳。五代後唐將領。本書僅此一見。

[26]董裔：人名。籍貫不詳。五代後唐將領。事見本書卷一〇五。　張九思：人名。籍貫不詳。五代後唐將領。本書僅此一見。

[27]張沆：人名。徐州（今江蘇徐州市）人。五代後唐、後晋、後周官員。傳見本書卷一三一。　李澣：人名。京兆萬年（今陝西西安市長安區）人。歷仕後唐、後晋，後與徐台符被契丹挾而北行，在遼任宣政殿學士、禮部尚書等。事見《遼史》卷一〇三、《宋史》卷二六二。中華書局本有校勘記："原作'李潮'，據《通鑑》卷二七八改。按《宋史》卷二六二《李澣傳》：'秦王從榮召至幕中，從榮敗，勤歸田里。'"見《通鑑》卷二七八長興四年十一月丁酉條。　江文蔚：人名。許（今河南許昌市）人，一説建安（今福建建甌市）人。五代後唐、十國南唐官員。事見本書卷一三三。

[28]王居敏：人名。籍貫不詳。五代後唐、後晋官員。事見本書卷六四等。　復州：州名。治所在今湖北天門市。

[29]郭晙：人名。籍貫不詳。五代後唐將領。本書僅此一見。　坊州：州名。治所在今陝西黄陵縣。

十二月癸卯朔，遷梓宮於二儀殿，[1]宋王從厚自鄴都至。是日發哀，百僚縞素於位，中書侍郎、平章事劉昫宣遺制，宋王從厚於柩前即皇帝位，服紀以日易月，一如舊制云。明年四月，太常卿盧文紀上謚議曰聖智仁德欽孝皇帝，[2]廟號明宗，宰臣馮道議請改“聖智仁德”四字，爲聖德和武欽孝皇帝。宰臣劉昫撰謚册文，宰臣李愚撰哀册文，是月二十七日葬于徽陵。[3]《永樂大典》卷七千一百六十六。

[1]梓宮：帝后所用之棺槨。以梓木爲之，故名。　二儀殿：宫殿名。位於今河南洛陽市。

[2]盧文紀：人名。京兆萬年（今陝西西安市長安區）人。唐末進士，五代後唐、後晉官員。傳見本書卷一二七、《新五代史》卷五五。

[3]“明年四月”至“是月二十七日葬于徽陵”：《輯本舊史》在此段末録《五代史補》：“明宗之在位也，一日幸倉場觀納，時主者以車駕親臨，懼得罪，其較量甚輕。明宗因謂之曰：‘且朕自省事以來，倉場給散，動經一二十年未畢，今輕量如此，其後銷折將何以償之？’對曰：‘竭盡家産，不足則繼之以身命。’明宗愴然曰：“只聞百姓養一家，未聞一家養百姓。今後每石加二斗耗，以備鼠雀侵蠹，謂之鼠雀耗。’倉糧加耗，自此始也。”又録《五代史闕文》：“明宗出自邊地，老于戰陳，即位之歲，年已六旬，純厚仁慈，本乎天性。每夕宫中焚香仰天禱祝云：‘某蕃人也，遇世亂爲衆推戴，事不獲已，願上天早生聖人，與百姓爲主。’故天成、長興間，比歲豐登，中原無事，言于五代，粗爲小康。”其中“懼得罪其較量甚輕”，中華書局本有校勘記：“原作‘懼得其罪較量甚輕’，據《五代史補》卷二改。”“倉糧加耗自此始也”，中華書局

本有校勘記："原作'倉糧起自此也'，據《五代史補》卷二改。"見《五代史補》卷二明宗入倉草場條、《五代史闕文·後唐史》之明宗篇，"明宗出自邊地"，原作"明宗出自沙陀"。

史臣曰：明宗戰伐之勳，雖高佐命，潛躍之事，本不經心。會王室之多艱，屬神器之自至，諒由天贊，匪出人謀。及應運以君臨，能力行於王化，政皆中道，時亦小康，近代已來，亦可宗也。儻使重誨得房、杜之術，[1]從榮有啟、誦之賢，[2]則宗祧未至於危亡，載祀或期於綿遠矣。惜乎！君親可輔，臣子非才，遽泯烝嘗，良可深歎矣。《永樂大典》卷七千一百六十六。[3]

[1]重誨：人名。即安重誨。應州（今山西應縣）人。五代後唐大臣。傳見本書卷六六、《新五代史》卷二四。　房：人名。即房玄齡。唐代名相。傳見《舊唐書》卷六六、《新唐書》卷九六。　杜：人名。即杜如晦。唐代名相。傳見《舊唐書》卷六六、《新唐書》卷九六。

[2]啟：夏代國王。姒姓，禹之子。禹死後，啟繼王位，確立了世襲制度。紀見《史記》卷二。　誦：西周成王。姬姓，名誦。周文王之孫，周武王之子。周成王分封諸侯，製作各種禮樂及典章制度，是周朝盛世的開端。紀見《史記》卷四。

[3]《大典》卷七一六六"唐"字韻"明宗（三）"事目。

舊五代史　卷四五

唐書二十一

閔帝紀

閔帝，諱從厚，小字菩薩奴，明宗第三子也。[1]母昭懿皇后夏氏，以天祐十一年歲在甲戌十一月二十八日庚申，生帝於晋陽舊第。[2]帝髫齔好讀《春秋》，略通大義，貌類明宗，[3]尤鍾愛。

[1]閔帝，諱從厚，小字菩薩奴，明宗第三子也：《舊五代史考異》："案：《歐陽史》作明宗第五子，吴縝嘗辨其誤。今考《五代會要》亦作第三子，與《薛史》同。"《會要》卷一帝號條載從厚爲明宗第三子，卷二諸王條則載明宗第三子爲從榮。《廿二史考異》卷六一《唐本紀四》作："蓋其時以從珂爲長子，又以侄從璨列於昆弟之次，則從厚當居第五，而從益爲第六矣。紀、傳雖異詞，要之各有所據。"

[2]昭懿皇后夏氏：後唐明宗之妻，閔帝之母。明宗天成元年(926)，追封夏氏晋國夫人。長興元年，乃追册爲皇后，謚曰昭懿。傳見本書卷四九、《新五代史》卷一五。　天祐：唐昭宗李曄開始

使用的年號（904）。唐哀帝李柷即位後沿用（904—907）。唐亡後，河東李克用、李存勗仍稱天祐，沿用至天祐二十年（923）。五代其他政權亦有行此年號者，如南吴、吴越等，使用時間長短不等。　晉陽：縣名。治所在今山西太原市。

［3］《春秋》：春秋末年魯國孔丘著。古代經典著作之一。　明宗：李嗣源，沙陀部人，應州金城（今山西應縣）人。李克用養子，逼宫李存勗後自立爲後唐皇帝。紀見本書卷三五至卷四〇、《新五代史》卷六。

天成元年，授金紫光禄大夫、檢校司徒。[1]

［1］天成：後唐明宗李嗣源年號（926—930）。　金紫光禄大夫：官名。本兩漢光禄大夫。魏晉以後，光禄大夫之位重者，加金章紫綬，因稱金紫光禄大夫。北周、隋時爲散官。唐貞觀後列入文散官。正三品。　檢校司徒：官名。爲散官或加官，以示恩寵，無實際執掌。司徒，與太尉、司空並爲三公。

二年正月癸酉，[1]加檢校太保、同平章事、河南尹，判六軍諸衛事。[2]十一月，加檢校太傅。[3]

［1］二年正月癸酉：中華書局本沿《輯本舊史》作“二年四月”，《輯本舊史》卷三八《唐明宗紀四》天成二年（927）正月癸酉條云：“第三子金紫光禄大夫、檢校司徒從厚加檢校太保、同平章事、河南尹，判六軍諸衛事”，《通鑑》卷二七五繫此事於天成二年正月癸酉。今據改。

［2］檢校太保：官名。爲散官或加官，以示恩寵，無實際執掌。太保，與太師、太傅合稱三師。　同平章事：官名。唐高宗以後，凡實際任宰相之職者，常在其本官後加同平章事的職銜。後成爲宰

相專稱。　河南尹：官名。即河南府尹。唐開元元年（713）改洛州爲河南府，治所在今河南洛陽市，河南府尹總其政務。從三品。　判六軍諸衛事：官名。後唐沿唐代舊制，置六軍諸衛，以判六軍諸衛事爲禁軍六軍與諸衛的最高統帥。

[3]檢校太傅：官名。爲散官或加官，以示恩寵，無實際執掌。

三年四月丙戌，[1]授汴州節度使。[2]

[1]三年四月丙戌：中華書局本沿《輯本舊史》作“三年三月”。《輯本舊史》卷三九《唐明宗紀五》天成三年（928）四月丙戌條云：“以皇子河南尹、判六軍諸衛事從厚爲汴州節度使，判六軍如故。”《通鑑》卷二七六亦繫此事於天成三年四月丙戌。今據改。

[2]汴州：州名。治所在今河南開封市。　節度使：官名。唐時在重要地區所設掌握一州或數州軍、民、財政的長官。

四年，移鎮河東。[1]

[1]河東：方鎮名。治所在太原（今山西太原市）。

長興元年，改授鎮州節度使，尋封宋王。[1]

[1]長興：後唐明宗李嗣源年號（930—933）。　鎮州：州名。治所在今河北正定縣。

二年，加檢校太尉、兼侍中，移鎮鄴都。[1]

[1]檢校太尉：官名。爲散官或加官，以示恩寵，無實際執掌。太尉，與司徒、司空並爲三公。　侍中：官名。秦始置。隋、唐前期爲門下省長官。唐後期多爲大臣加銜，不參與政務，實際職務由門下侍郎執行。正二品。　鄴都：都城名。治所在今河北大名縣。五代後唐同光元年（923），改魏州爲興唐府，建號東京，三年改東京爲鄴都。

三年，加中書令。秦王從榮，[1]帝同母兄也，以帝有德望，深所猜忌。帝在鄴宫，恒憂其禍，然善於承順，竟免間隙。[2]

[1]從榮：人名。即李從榮。沙陀部人。唐明宗李嗣源次子。傳見本書卷五一、《新五代史》卷一五。

[2]竟免間隙：《輯本舊史》之影庫本粘籤："間隙，原本作'聞鷺'，今據文改正。""聞鷺"在此亦不成文，應爲形近之訛。

四年十一月二十日，秦王誅。翌日，明宗遣宣徽使孟漢瓊馳驛召帝。[1]二十六日，明宗崩。二十九日，帝至自鄴。[2]

[1]宣徽使：官名。唐始置。宣徽南院使、北院使通稱宣徽使。初用宦官，五代以後改用士人。通掌内諸司及三班内侍之名籍，郊祀、朝會、宴享供帳之儀，檢視内外進奉名物。詳見王永平《論唐代宣徽使》，《中國史研究》1995年第1期；王孫盈政《再論唐代的宣徽使》，《中華文史論叢》2018年第3期。　孟漢瓊：人名。籍貫不詳。五代後唐宦官，時任宣徽南院使。傳見本書卷七二。

[2]二十六日，明宗崩。二十九日，帝至自鄴：《舊五代史考

異》:“案:《歐陽史》云,明宗崩,秘其喪六日。考長興四年十一月癸酉朔,二十日壬辰,誅從榮,二十六日戊戌,明宗崩,二十九日辛丑,閔帝已至自鄴矣,不得云秘喪六日也。”見《新五代史》卷七《唐愍帝紀》。

十二月癸卯朔,[1]發喪於西宫,帝於柩前即位。丁未,群臣上表請聽政,表再上,詔允。己酉,中外將士給賜有差。庚戌,帝縗服見群臣於廣壽門之東廡下,[2]宰臣馮道進曰:[3]“陛下久居哀毁,臣等咸願一覩聖顏。”朱弘昭前舉帽,[4]群臣再拜而退。御光政樓存問軍民。[5]辛亥,賜司衣王氏死,[6]坐秦王事也。癸丑,以前鎮州節度使、涇王從敏權知河南府事,尋以盧質代之。[7]乙卯,賜司儀康氏死,[8]事連王氏也。丙辰,以天雄軍節度判官唐汭爲左諫議大夫,[9]掌書記趙彖爲起居郎,[10]元從都押衙宋令詢爲磁州刺史。[11]丁巳,以左僕射、平章事馮道爲山陵使,户部尚書韓彦惲爲副,中書舍人王延爲判官,禮部尚書王權爲禮儀使,兵部尚書李鏻爲鹵簿使,御史中丞龍敏爲儀仗使,右僕射、權知河南府盧質爲橋道頓遞使。[12]庚申,以前相州刺史郝瓊爲右驍衛大將軍,充宣徽北院使;以光禄卿、充三司副使王玫爲三司使。[13]癸亥,故檢校太尉、右衛上將軍、充三司使孫岳贈太尉、齊國公。[14]丁卯,帝釋縗服,群臣三上表,請復常膳,御正殿,從之。辛未,帝御中興殿,群臣列位,馮道升階進酒,帝曰:“比於此物無愛,除賓友之會,不近罇罍,況在沉痛之中,安事飲啖!”[15]命撤之。[16]

[1]十二月癸卯朔：《舊五代史考異》："案：《五代春秋》作癸亥朔，蓋傳寫之訛。《歐陽史》《通鑑》俱從《薛史》作癸卯。"見《五代春秋》卷上後唐閔皇帝條及《新五代史》卷七《唐愍帝紀》、《通鑑》卷二七八長興四年（933）十二月癸卯條。該月癸亥爲二十一日。

[2]廣壽門：宫門名。位於今河南洛陽市。

[3]馮道：人名。瀛州景城（今河北滄縣）人。五代時官拜宰相，歷仕後唐、後晋、後漢、後周，亦曾臣服於契丹。傳見本書卷一二六、《新五代史》卷五四。

[4]朱弘昭：人名。太原（今山西太原市）人。後唐明宗朝樞密使、宰相。傳見本書卷六六、《新五代史》卷二七。

[5]光政樓：宫殿門。位於今河南洛陽市。

[6]司衣：女官名。掌後宫衣服首飾，以供后妃之用。正六品。

[7]從敏：人名。即李從敏。爲後唐明宗之侄。傳見本書卷一二三、《新五代史》卷一五。　河南府：府名。治所在今河南洛陽市。　盧質：人名。河南（今河南洛陽市）人。五代大臣。傳見本書卷九三、《新五代史》卷五六。

[8]司儀：女官名。掌宫中禮儀起居。

[9]天雄軍：方鎮名。治所在魏州（今河北大名縣）。　節度判官：官名。唐末、五代藩鎮僚佐，位行軍司馬下。　唐汭：人名。籍貫不詳。五代官員。事見本書本卷、卷四七、卷七六、卷七八。　左諫議大夫：官名。隸門下省。唐代置左、右諫議大夫各四人，分隸門下省、中書省。掌諫諭得失，侍從贊相。正四品下。
以天雄軍節度判官唐汭爲左諫議大夫：中華書局本有校勘記："'左'字原闕，據本書卷四七《唐末帝紀中》、《册府》卷一七二、《通鑑》卷二七八補。本卷下一處同。"見《輯本舊史》卷四七《唐末帝紀中》清泰二年（935）十月庚寅條、《通鑑》卷二七八清泰元年閏正月條，《宋本册府》卷一七二《帝王部·求舊門二》作"愍帝長興四年十一月即位。丙辰，以天雄軍節度判官唐汭爲左諫議大夫"，

但愍帝即位在十二月癸卯,《册府》誤作“十一月”。

[10]掌書記:官名。唐、五代方鎮僚屬,位在判官下。掌表奏書檄文辭之事。　趙象:人名。籍貫不詳。本書僅此一見。　起居郎:官名。唐代始置,屬門下省。與中書省起居舍人同掌起居注,記皇帝言行。從六品上。

[11]元從都押衙:官名。“押衙”即“押牙”。唐、五代時期節度使辟署的屬官,有稱左、右都押衙或都押衙者。掌領方鎮儀仗侍衛、統率軍隊。參見劉安志《唐、五代押牙(衙)考略》,武漢大學歷史系魏晋南北朝隋唐史研究室編《魏晋南北朝隋唐史資料》第16輯,武漢大學出版社1998年版。　宋令詢:人名。籍貫不詳。後唐閔帝元從親信。傳見本書卷六六。　磁州:州名。治所在今河北磁縣。　刺史:官名。漢武帝時始置。州一級行政長官,總掌考覈官吏、勸課農桑、地方教化等事。唐中期以後,節度、觀察使轄州而設,刺史爲其屬官,職任漸輕。從三品至正四品下。

[12]左僕射:官名。秦始置。隋唐前期以左、右僕射佐尚書令總理六官,綱紀庶務;如不置尚書令,則總判省事,爲宰相之職。唐後期多爲大臣加銜。從二品。　平章事:官名。“同平章事”簡稱。唐高宗以後,凡實際任宰相之職者,常在其本官後加同平章事的職銜。後成爲宰相專稱。後晋天福五年(940),升中書門下平章事爲正二品。　山陵使:官名。亦稱山陵儀仗使。唐貞觀中始置。掌議帝后陵寢制度、監造帝后陵寢。　户部尚書:官名。户部長官。掌管全國土地、户籍、賦税、財政收支諸事。正三品。　韓彦惲:人名。籍貫不詳。五代後唐大臣。事見本書卷三四、卷三八、卷三九、卷四四、卷四六、卷四八等。　中書舍人:官名。中書省屬官。掌起草文書、呈遞奏章、傳宣詔命等。正五品上。　王延:人名。鄚州長豐(今河北文安縣南)人。五代大臣,歷仕五代各朝。傳見本書卷一三一、《新五代史》卷五七。　判官:官名。唐、五代方鎮僚屬,位在行軍司馬下。分掌使衙内各曹事,並協助使職官員通判衙事。　禮部尚書:官名。尚書省禮部主官。掌禮儀、祭

享、貢舉之政。正三品。　王權：人名。太原（今山西太原市）人。五代官員。傳見本書卷九二、《新五代史》卷五六。　禮儀使：官名。有重大禮儀事務則臨時置使，掌禮儀事務，事畢即罷。　兵部尚書：官名。尚書省兵部主官。掌兵衛、武選、車輦、甲械、厩牧之政令。正三品。　李鏻：人名。唐朝宗室。五代大臣。傳見本書卷一〇八、《新五代史》卷五七。　鹵簿使：官名。掌帝后出行車駕儀仗。　御史中丞：官名。如不置御史大夫，則爲御史臺長官。掌司法監察。正四品下。　龍敏：人名。幽州永清（今河北永清縣）人。五代大臣。傳見本書卷一〇八、《新五代史》卷五六。　儀仗使：官名。皇帝大駕出行時設置。非常設官，均由他官兼代。掌總儀仗事務。　右僕射：官名。秦始置。隋、唐前期以左、右僕射佐尚書令總理六官，綱紀庶務；如不置尚書令，則總判省事，爲宰相之職。唐後期多爲大臣加銜。從二品。　橋道頓遞使：官名。頓，即宿食之所。掌出行所經道路橋梁，安排食宿，運送禮儀器物等。臨時差遣，事畢即罷。

[13]相州：州名。治所在今河南安陽市。　郝瓊：人名。籍貫不詳。後唐將領。事見本書本卷、卷四六、卷四七。　右驍衛大將軍：官名。唐置，掌宫禁宿衛。唐代置十六衛，即左右衛、左右驍衛、左右武衛、左右威衛、左右領軍衛、左右金吾衛、左右監門衛、左右千牛衛。各置上將軍，從二品；大將軍，正三品；將軍，從三品。　宣徽北院使：官名。唐始置。宣徽北院的長官。初用宦官，五代以後改用士人。與宣徽南院使通掌内諸司及三班内侍之名籍，郊祀、朝會、宴享供帳之儀，檢視内外進奉名物。参見王永平《論唐代宣徽使》，《中國史研究》1995年第1期；王孫盈政《再論唐代的宣徽使》，《中華文史論叢》2018年第3期。　光禄卿：官名。南朝梁天監七年（508）改光禄勳置，隋、唐沿置。掌宫殿門户、帳幕器物、百官朝會膳食等。從三品。　三司：官署名。五代後唐明宗天成元年（926）合鹽鐵、度支、户部爲一職，始稱三司，爲中央最高之財政管理機構。　王玫：人名。籍貫不詳。後唐官

員。事見本書卷九九、《新五代史》卷七。　三司使：官名。後唐明宗天成元年將晚唐以來的户部、度支、鹽鐵三部合爲一職，設三司使統之。主管國家財政。

[14]右衛上將軍：官名。唐代置十六衛之一。掌宫禁宿衛。從二品。　孫岳：人名。稷州（今陝西武功縣）人，一本作“冀州”（今河北衡水市冀州區）人。五代後唐大臣。傳見本書卷六九。　太尉：官名。與司徒、司空並爲三公，唐後期、五代時多爲大臣、勳貴加官。正一品。　故檢校太尉、右衛上將軍、充三司使孫岳贈太尉、齊國公：《輯本舊史》之影庫本粘籤：“孫岳，原本作‘孜兵’，今據《通鑑》改正。”見《通鑑》卷二七八長興四年（933）十一月壬辰、癸巳條。《輯本舊史》卷六九有《孫岳傳》。

[15]中興殿：殿閣名。即中興殿之閣。在洛陽宫城内。位於今河南洛陽市。　安事飲啖：“啖”，明本《册府》卷二七《帝王部·孝德門》同，明本《册府》卷一〇八《帝王部·朝會門二》作“啜”。

[16]撤：《輯本舊史》原作“徹”，中華書局本沿之。明本《册府》卷二七同，卷一〇八作“撤”，《大典》卷一二〇四三“酒”字韻事韻十三應爲“進酒”事目引《閔帝紀》作“撤”。“徹”無“撤”義，今改。

應順元年春正月壬申朔，[1]帝御廣壽殿視朝，[2]百僚詣閤門奉慰。時議者云，月首以常服臨，[3]不視朝可也。乙亥，契丹遣使朝貢。[4]丁丑，以太常卿崔居儉爲秘書監，以前蔡州刺史張繼祚爲左武衛上將軍，[5]充山陵橋道頓遞副使。戊寅，御明堂殿，[6]仗衛如儀，宫懸樂作，群臣朝服就位，宣制大赦天下，改長興五年爲應順元年。時議者以梓宫在殯，宫懸樂作，非禮也，懸而不作

可也。迴鶻可汗仁裕遣使貢方物，故可汗仁美進遺留馬。[7]是日，命中使三十五人以先帝鞍馬衣帶分賜藩位。庚辰，宰臣馮道加司空，李愚加右僕射，劉昫加吏部尚書，餘並如故。[8]壬午，侍衛親軍馬步軍都指揮使、河陽節度使康義誠加檢校太尉、兼侍中，判六軍諸衛事。[9]甲申，以侍衛馬軍都指揮使、寧國軍節度使安彦威爲河中節度使；以侍衛步軍都指揮使、忠正軍節度使張從賓爲涇州節度使，並加檢校太傅；以捧聖左右廂都指揮使、欽州刺史朱洪實爲寧國軍節度使，加檢校太保，充侍衛馬軍都指揮使；以嚴衛左右廂都指揮使、巖州刺史皇甫遇爲忠正軍節度使、檢校太保，充侍衛步軍都指揮使。[10]戊子，樞密使、檢校太尉、同平章事朱弘昭，樞密使、檢校太尉、同中書門下二品馮贇，並加兼中書令。[11]北京留守、河東節度使兼大同彰國振武威塞等軍蕃漢馬步總管石敬瑭加兼中書令，幽州節度使、檢校太尉、兼中書令趙德鈞加檢校太師、兼中書令、樞密使馮贇表堅讓中書令，制改兼侍中，封邠國公。庚寅，鳳翔節度使、潞王從珂加兼侍中，青州節度使、檢校太尉、兼中書令房知温加檢校太師。[12]辛卯，以翰林學士承旨、尚書右丞李懌爲工部尚書，以秘書監盧文紀爲太常卿，充山陵禮儀使。[13]壬辰，荆南節度使、檢校太尉、兼中書令高從誨封南平王，湖南節度使、檢校太尉、兼中書令馬希範封楚王。[14]甲午，兩浙節度使、檢校太師、守中書令、吴王錢元瓘進封吴越王；前洺州團練使皇甫立加檢校太保，充鄜州節度使；前彰義軍節度

使康福加檢校太傅，充邠州節度使；劍南東西兩川節度使、檢校太尉、兼中書令、蜀王孟知祥加檢校太師。[15]制下，知祥辭不受命。丙申，鎮州節度使、檢校太尉、兼侍中范延光，汴州節度使、檢校太尉、兼侍中趙延壽，並加檢校太師。[16]戊戌，山南西道節度使、檢校太傅、同平章事張虔釗，襄州節度使趙在禮，[17]並加檢校太尉。辛丑，以振武軍節度使、安北都護楊檀兼大同、彰國、振武、威塞等軍都虞候，充北面馬軍都指揮使。[18]

[1]應順：後唐閔帝李從厚年號（934）。　應順元年春正月壬申朔：《輯本舊史》之影庫本粘籤："壬申，原本作'甲申'，據下文有乙亥、丁丑等日，'甲'字當係'壬'字之訛，今改正。"甲申爲十三日，其下之乙亥條爲四日，丁丑條爲六日，故應改。《新五代史》卷七《愍帝紀》作"壬申"，不誤。

[2]廣壽殿：宮殿名。位於今河南洛陽市。

[3]月首以常服臨：中華書局本有校勘記："'常服'，原作'朝服'，據殿本、劉本改。影庫本批校：'朝服，原本係"常服"。'"

[4]契丹：古部族、政權名。公元4世紀中葉宇文部爲前燕攻破，始分離而成單獨的部落，自號契丹。唐貞觀中，置松漠都督府，以其首領爲都督。唐末强盛，916年迭剌部耶律阿保機建立契丹國（遼）。先後與五代、北宋並立，保大五年（1125）爲金所滅。參見張正明《契丹史略》，中華書局1979年版。　乙亥，契丹遣使朝貢：《舊五代史考異》："案：《遼史·太宗紀》，天顯九年（934）閏月戊午，唐遣使來告哀，即日遣使祭弔。""祭弔"，《遼史》卷三《太宗紀上》天顯九年閏正月戊午條作"弔祭"，應爲唐

使抵達之時。亦見《宋本册府》卷九七二《外臣部·朝貢門五》閔帝應順元年（934）正月條、卷九八〇《外臣部·通好門》閔帝應順元年正月乙亥條，均較本紀詳。

[5]太常卿：官名。西漢置太常，南朝梁始置太常卿。太常寺長官。掌宗廟祭祀、禮樂及教育等。正三品。　崔居儉：人名。清河（今河北清河縣）人。崔蕘之子。五代大臣。傳見本書附録、《新五代史》卷五五。　秘書監：官名。秘書省長官。掌圖書秘記等。從三品。　蔡州：州名。治所在今河南汝南縣。　張繼祚：人名。濮州臨濮（今山東鄄城縣）人。五代將領。張全義之子。傳見本書卷九六。　左武衛上將軍：官名。唐代置十六衛之一。掌宫禁宿衛。從二品。

[6]明堂殿：宫殿名。位於今河南洛陽市。

[7]迴鶻：部族、政權名。又作"回紇"。原係突厥鐵勒部的一支。唐天寶三載（744）建立回鶻汗國，8世紀末、9世紀初，回鶻與吐蕃争奪北庭和安西並最終取勝，統治西域。9世紀中葉，回鶻汗國瓦解。參見楊蕤《回鶻時代：10—13世紀陸上絲綢之路貿易研究》，中國社會科學出版社2015年版。　可汗：古代鮮卑、蠕蠕、突厥、回鶻、蒙古等族君長的稱謂。《新唐書·突厥傳上》："可汗，猶單于也，妻曰可敦。　仁裕：人名。又作"仁喻"。五代甘州回鶻可汗。本名阿咄欲，仁美之弟。後唐同光二年（924），兄仁美卒後，權知國事，稱權知可汗。天成三年（928）被後唐明宗册封爲順化可汗。後晋天福四年（939），被後晋高祖册封爲奉化可汗。事見本書卷三九。　仁美：人名。即藥羅葛仁美。甘州回鶻首任可汗，尊號烏母主可汗，後唐封賜英義可汗。事見《新五代史》卷五。　迴鶻可汗仁裕遣使貢方物，故可汗仁美進遺留馬：中華書局本沿《輯本舊史》，"仁裕"作"仁美"，"仁美"作"仁裕"，有校勘記："本書卷三二《唐莊宗紀六》、卷一三八《回鶻傳》、《册府》卷九六七、《五代會要》卷二八皆記同光二年仁美卒；天成三年，唐明宗封仁裕爲順化可汗。疑'仁美'與'仁裕'

誤倒。另本書下文卷四五《唐閔帝紀》、卷四七《唐末帝紀中》、卷七七《晋高祖紀三》、卷七八《晋高祖紀四》、卷七九《晋高祖紀五》皆記回鶻可汗仁美遣使事，《通鑑》卷二八二胡注、錢大昕《考異》卷六一疑‘仁美’係‘仁裕’之訛，以下不一一出校。”但未改。考各種文獻可分爲甲、乙兩類。甲類載仁美卒於同光二年十一月；册仁裕爲順化可汗於天成三年三月者，有《會要》卷二八迴鶻條、《輯本舊史》卷三二《唐莊宗紀六》、卷三九《唐明宗紀五》、卷一三六《回鶻傳》，《宋本册府》卷九六七《外臣部・繼襲門二》迴紇條。乙類“仁美”與“仁裕”互倒，見《輯本舊史》卷四七《唐末帝紀中》清泰二年（935）七月丁酉條、卷七七《晋高祖紀三》天福三年三月壬戌條、卷七八《晋高祖紀四》天福四年三月乙巳條、卷七九《晋高祖紀五》天福五年正月己丑條。今不取。《通鑑》亦誤，卷二八二天福四年三月辛酉條：“册回鶻可汗仁美爲奉化可汗”。該條胡注云：“若據《會要》，則‘仁美’當作‘仁裕’。”《廿二史考異》卷六一《唐本紀四》則疑“仁美”係“仁裕”之誤。

[8]司空：官名。與太尉、司徒並爲三公，唐後期、五代時多爲大臣、勳貴加官。正一品。　李愚：人名。渤海無棣（今山東慶雲縣）人。唐末進士，唐末五代大臣。傳見本書卷六七、《新五代史》卷五四。　李愚加右僕射：中華書局本有校勘記：“‘右’，劉本、本書卷六七《李愚傳》作‘左’。”　劉昫：人名。涿州歸義縣（今河北容城縣）人。五代大臣，曾任宰相、監修國史，領銜撰進《舊唐書》。傳見本書卷八九、《新五代史》卷五五。　吏部尚書：官名。尚書省吏部長官，與二侍郎分掌六品以下文官選授、勳封、考課之政令。正三品。

[9]都指揮使：官名。唐末、五代中央禁軍、藩鎮皆置都指揮使、指揮使，爲統兵將領。　河陽：方鎮名。治所在孟州（今河南孟州市）。　康義誠：人名。沙陀部人。五代後唐將領。傳見本書卷六六、《新五代史》卷二七。《輯本舊史》之影庫本粘籤：“康義

誠，原本作‘節誠’，今據《通鑑》改正。”見《通鑑》卷二七八清泰元年正月壬午條。康義誠在《輯本舊史》卷六六有傳，並言加檢校太尉等事。

［10］寧國軍：方鎮名。治所在宣州（今安徽宣城市）。　安彦威：人名。崞縣（今山西原平市）人。五代後唐、後晋將領。傳見本書卷九一、《新五代史》卷四七。　河中：府名。治所在今山西永濟市。　忠正軍：方鎮名。治所在壽州（今安徽壽縣）。中華書局本有校勘記：“‘忠正軍’，原作‘中正軍’，據劉本及本卷上文改。本書卷四六《唐末帝紀上》作‘壽州節度使’，按忠正軍治壽州。”見《輯本舊史》卷四六《唐末帝紀上》清泰元年六月甲午條，五代亦無“中正軍”號。　張從賓：人名。籍貫不詳。五代將領。後晋時起兵響應范延光叛亂，兵敗溺亡。傳見本書卷九七。　涇州：州名。治所在今甘肅涇川縣。此處指代彰義軍。　欽州：州名。治所在今廣西欽州市。　朱洪實：人名。籍貫不詳。五代後唐將領，爲後唐明宗愛將，歷任捧聖指揮使、侍衛親軍馬軍都指揮使等職。傳見本書卷六六。　巖州：州名。治所在來賓縣（今廣西來賓市東南）。　皇甫遇：人名。常山（今河北正定縣）人。五代後唐、後晋將領。傳見本書卷九五、《新五代史》卷四七。

［11］樞密使：官名。樞密院長官，五代時以士人爲之，備顧問，參謀議，出納詔奏，權侔宰相。參見李全德《唐宋變革期樞密院研究》，國家圖書館出版社 2009 年版。　同中書門下：即同中書門下平章事。簡稱“同平章事”。　馮贇：人名。太原（今山西太原市）人。五代後唐明宗朝宰相、三司使。傳見本書附録、《新五代史》卷二七。　中書令：官名。漢代始置，隋、唐前期爲中書省長官，屬宰相之職；唐後期多爲授予元勳大臣的虚銜。正二品。

［12］北京：指五代後唐的北都太原。《新五代史》卷五《莊宗紀》載，同光元年“十一月乙巳，復北都爲鎮州，太原爲北都”。　留守：官名。在都城、陪都或軍事重鎮所設留守，由地方行政長官兼任。　大同：方鎮名。治所在雲州（今山西大同市）。　彰國：

方鎮名。治所在應州（今山西應縣）。　振武：方鎮名。後梁貞明二年（916）以前，治所位於單于都護府城（今内蒙古和林格爾縣）。貞明二年單于都護府城爲契丹占據。此後至後唐清泰三年(936)，治所位於朔州（今山西朔州市朔城區）。後晉時隨燕雲十六州割予契丹，改名順義軍。　威塞：方鎮名。治所在新州（今河北涿鹿縣）。　蕃漢馬步總管：官名。五代後唐置，爲蕃漢馬步軍總指揮官。　石敬瑭：即後晉高祖石敬瑭。五代時晋王朝的建立者。936年至942年在位。紀見本書卷七五至卷八〇、《新五代史》卷八。　幽州：州名。治所在今北京市。　趙德鈞：人名。幽州（今北京市）人。初爲幽州節度使劉守光部將，後爲後唐、遼國將領。傳見本書卷九八。　檢校太師：官名。爲散官或加官，以示恩寵，無實際執掌。　鳳翔：方鎮名。治所在鳳翔府（今陝西鳳翔縣）。　從珂：人名。即後唐廢帝李從珂。鎮州平山（今河北平山縣）人。本姓王，後唐明宗李嗣源擄其母魏氏，遂養爲己子。應順元年四月，李從珂入洛陽即帝位。清泰三年五月，石敬瑭謀反，廢帝自焚死，後唐亡。紀見本書卷四六至卷四八、《新五代史》卷七。　青州：州名。治所在今山東青州市。　房知温：人名。兗州瑕丘（今山東濟寧市兗州區）人。五代後唐將領。傳見本書卷九一、《新五代史》卷四六。

[13]翰林學士承旨：官名。爲翰林學士之首。掌拜免將相、號令征伐等詔令的起草。《舊唐書·職官志二·翰林院》："例置學士六人，内擇年深德重者一人爲承旨，所以獨承密命故也。"　尚書右丞：官名。尚書省佐貳官。唐中期以後，與尚書左丞實際主持尚書省日常政務，權任甚重。後梁開平二年（908）改爲右司侍郎，後唐同光元年（923）復舊爲右丞。唐時爲正四品下，後唐長興元年（930）升爲正四品。　李懌：人名。京兆（今陝西西安市）人。五代大臣。傳見本書卷九二、《新五代史》卷五五。　工部尚書：官名。尚書省工部主官。掌百工、屯田、山澤之政令。正三品。　盧文紀：人名。京兆萬年（今陝西西安市長安區）人。唐末

進士，五代宰相。傳見本書卷一二七、《新五代史》卷五五。

[14]荆南：方鎮名。治所在荆州（今湖北荆州市）。　高從誨：人名。陝州硤石（今河南三門峽市陝州區）人，南平國主高季興長子。傳見本書卷一三三、《新五代史》卷六九。　荆南節度使、檢校太尉、兼中書令高從誨封南平王：《輯本舊史》之影庫本粘籤："南平，原本作'面平'，今據《十國春秋》改正。"見《十國春秋》卷一〇一《荆南二》。"南平"一詞多見於史載。如，見《輯本舊史》卷七六《晋高祖紀二》天福二年正月丙寅作"荆南節度使、南平王高從誨"、卷八一《晋少帝紀一》天福七年七月丁未"荆南節度使、南平王高從誨加兼尚書令"等。　湖南：方鎮名。又稱武安軍節度。治所在潭州（今湖南長沙市）。　馬希範：人名。許州鄢陵（今河南鄢陵縣）人，一説扶溝（今河南扶溝縣）人。五代十國南楚國主馬殷子。後唐明宗長興三年（932）至後晋開運四年（947）在位。傳見本書卷一三三、《新五代史》卷六六。

[15]兩浙：方鎮名。治所在今浙江杭州市。　錢元瓘：人名。祖籍臨安（今浙江杭州市臨安區）。錢鏐之子。五代十國吴越國國主，932年至941年在位。傳見本書卷一三三、《新五代史》卷六七。　洺州：州名。治所在今河北邯鄲市永年區。　團練使：官名。唐代中期以後，於不設節度使的地區設團練使，掌本區各州軍事。　皇甫立：人名。代北（今山西代縣）人。後唐將領。傳見本書卷一〇六。　鄜州：州名。治所在今陝西富縣。　彰義軍：方鎮名。治所在涇州（今甘肅涇川縣）。　康福：人名。蔚州（今河北蔚縣）人。傳見本書卷九一、《新五代史》卷四六。　邠州：州名。治所在今陝西彬縣。　劍南東西兩川：方鎮名。指劍南東川、劍南西川。簡稱兩川或東、西川。唐至德二載（757）分劍南節度使東部地區置劍南東川節度使，治所在梓州（今四川三臺縣）。孟知祥：人名。邢州龍岡（今河北邢臺市）人。李克用女婿，五代後蜀開國皇帝，934年在位。傳見本書卷一三六、《新五代史》卷六四。

［16］范延光：人名。鄴郡臨漳（今河北臨漳縣）人。五代後唐、後晉將領。傳見本書卷九七、《新五代史》卷五一。　趙延壽：人名。常山（今河北正定縣）人。本姓劉，爲後唐將領趙德鈞養子。仕至後唐樞密使，遼朝幽州節度使、燕王。傳見本書卷九八、《遼史》卷七六。

［17］山南西道：方鎮名。治所在梁州（今陝西漢中市）。　張虔釗：人名。遼州（今山西左權縣）人。後唐、後蜀將領。傳見本書卷七四。　襄州：州名。治所在今湖北襄陽市。　趙在禮：人名。涿州（今河北涿州市）人。五代後唐、後晉將領。傳見本書卷九〇、《新五代史》卷四六。

［18］安北都護：官名。安北都護府長官。據《通鑑》卷二六九胡注，唐中葉以後，振武節度使皆帶安北都護。參見李大龍《都護制度研究》，黑龍江教育出版社 2003 年版。　楊檀：人名。沙陀部人。原名楊檀，避後唐明宗李亶諱，改稱光遠。五代後唐、後晉將領。傳見本書卷九七、《新五代史》卷五一。

閏月壬寅朔，群臣赴西宫臨。癸卯，御文明殿入閤。[1]以前右僕射、權知河南府事盧質爲太子少傅兼河南尹。[2]以左諫議大夫唐汭，膳部郎中知制誥陳乂，並爲給事中，充樞密院直學士。[3]宣徽南院使、驃騎大將軍、左衛上將軍、知内侍省孟漢瓊加開府儀同三司，賜忠貞扶運保泰功臣。[4]丙午，正衙命使册皇太后曹氏。[5]戊申，以前雄武軍節度使劉仲殷爲右衛上將軍，邢州節度使趙鳳加爵邑。[6]自是諸藩鎮文武臣僚皆次第加恩，帝嗣位覃恩澤也。以翰林學士、中書舍人崔棁爲工部侍郎，[7]依前充職。以給事中張鵬爲御史中丞，以御史中丞龍敏爲兵部侍郎，以太僕少卿竇維爲大理卿。[8]甲寅，

正衙命使册皇太妃王氏。[9]集賢院上言：[10]"準敕書修創凌煙閣，[11]尋奉詔問閣高下等級。謹按凌煙閣，都長安時在西内三清殿側，畫像皆北面，閣有中隔，隔内北面寫功高宰輔，[12]南面寫功高諸侯王，隔外面次第圖畫功臣題贊。自西京板蕩，[13]四十餘年，舊日主掌官吏及畫像工人，並已淪喪，集賢院所管寫真官、畫真官人數不少，都洛後廢職。今將起閣，望先定佐命功臣人數，請下翰林院預令寫真本，[14]及下將作監興功，次序間架修建。"乃詔集賢御書院復置寫真官、畫真官各一員，[15]餘依所奏。丁巳，安州奏，此月七日夜，節度使符彦超爲部曲王希全所害，廢朝一日。[16]戊午，以前振武軍節度使、安北都護高行周爲彰武節度使。[17]辛酉，以前鄆州使范政爲少府監。[18]丙寅，幸至德宫。車駕至興教門，有飛鳶自空而墜，殭於御前。是日大風晦冥。[19]

[1]文明殿：宫殿名。爲洛陽宫城之前殿。位於今河南洛陽市。

[2]太子少傅：官名。與太子少保、太子少師合稱"三少"，唐後期、五代時多爲大臣、勳貴加官。從二品。

[3]膳部郎中：官名。尚書省屬官。位在侍郎之下、員外郎之上。六部的郎中主持各司事務。膳部郎中主持尚書省禮部膳部司事務。從五品上。　知制誥：官名。掌起草皇帝的詔、誥之事，原爲中書舍人之職。唐開元末置學士院，翰林學士入院一年，則加知制誥銜，專掌任免宰相、册立太子、宣布征伐等特殊詔令，稱爲内制。而中書舍人所撰擬的詔敕稱爲外制。兩種官員總稱兩制官。　陳乂：人名。薊門（今北京市昌平區）人。後梁時爲太子舍人。後唐莊宗時從郭崇韜伐蜀，署爲招討判官。明宗時歷知制誥、中書舍人、左散騎常侍。傳見本書卷六八。　給事中：官名。秦始置。隋

唐以來，爲門下省屬官。掌讀署奏抄，駁正違失。正五品上。　樞密院直學士：官名。五代後唐同光元年（923），改直崇政院置，選有政術文學者充任。充皇帝侍從，備顧問應對。　以左諫議大夫唐汭，膳部郎中知制誥陳乂，並爲給事中，充樞密院直學士：《舊五代史考異》："案《通鑑》：汭以文學從帝，歷三鎮在幕府。及即位，將佐之有才者，朱、馮皆斥逐之。汭性迂疏，朱、馮恐帝含怒有時而發，乃引汭于密近，以其黨陳乂監之。"見《通鑑》卷二七八清泰元年（934）閏正月條。

［4］宣徽南院使：官名。唐始置。宣徽南院的長官。初用宦官，五代以後改用士人。與宣徽北院使通掌内諸司及三班内侍之名籍，郊祀、朝會、宴享供帳之儀，檢視内外進奉名物。參見王永平《論唐代宣徽使》，《中國史研究》1995 年第 1 期；王孫盈政《再論唐代的宣徽使》，《中華文史論叢》2018 年第 3 期。　驃騎大將軍：官名。北齊始以驃騎大將軍爲散官將軍，秩九命。唐宋沿置，爲武散官，秩從一品。　左衛上將軍：官名。唐代置十六衛之一。掌宫禁宿衛。從二品。　内侍省：官署名。西漢置，宫官多用士人。東漢始用宦者爲宫官。晋置大長秋卿爲後宫官，以宦者爲之。隋時爲内侍省，煬帝改爲長秋監。武德復爲内侍，龍朔改爲内侍監，光宅改爲司宫臺，神龍復爲内侍省。掌在内侍奉、出入宫掖宣傳之事。　開府儀同三司：官名。曹魏始置，隋、唐時爲散官之最高官階，多授功勳重臣。從一品。　賜忠貞扶運保泰功臣：《輯本舊史》之影庫本粘籤："保泰，原本作'衛泰'，今據《册府元龜》改正。"見明本《册府》卷六六五《内臣部·恩寵門》孟漢瓊條。

［5］皇太后曹氏：即後唐明宗皇后曹氏。籍貫不詳。死後追册"和武顯皇后"，一作"和武憲皇后"。傳見本書卷四九、《新五代史》卷一五。

［6］雄武軍：方鎮名。治所在秦州（今甘肅天水市）。　劉仲殷：人名。籍貫不詳。五代將領。事見本書卷三五、卷三六、卷三八，《新五代史》卷四一、卷四六、卷四八。　邢州：州名。治所

在今河北邢臺市。　趙鳳：人名。幽州（今北京市）人。五代後唐大臣。傳見本書卷六七、《新五代史》卷二八。

[7]翰林學士：官名。由南北朝始設之學士發展而來，唐玄宗改翰林供奉爲翰林學士，備顧問、代王言。掌拜免將相、號令征伐等詔令的起草。　崔棁：人名。安平（今河北安平縣）人。唐末刑部郎中崔涿之子，五代官員。傳見本書卷九三、《新五代史》卷五五。　工部侍郎：官名。尚書省工部次官。協助尚書掌管百工、山澤、水土之政令，考其功以詔賞罰，總所統各司之事。正四品下。以翰林學士、中書舍人崔棁爲工部侍郎：中華書局本有校勘記："原作'崔税'，據殿本、劉本、邵本校、本書卷四七《唐末帝紀中》改。按本書卷九三、《新五代史》卷五五有《崔棁傳》。"見《輯本舊史》卷四七《唐末帝紀中》清泰二年十二月壬午條，其載："翰林學士、工部侍郎崔棁爲户部侍郎"。

[8]張鵬：人名。鎮州鼓城（今河北晋州市晋州鎮鼓城村）人。時爲成德軍節度副使，因言論失當爲節度使高行周奏殺。傳見本書卷一〇六。　兵部侍郎：官名。兵部副長官，與尚書分掌武官銓選、勳階、考課之政。正四品下。　太僕少卿：官名。北魏始置。太僕卿副貳，太僕寺次官。佐太僕卿掌車馬及牲畜之政令。從四品上。　竇維：人名。籍貫不詳。後唐官員。事見本書本卷、卷四八。　大理卿：官名。大理寺長官。負責大理寺的具體事務，掌邦國折獄詳刑之事。從三品。

[9]皇太妃王氏：即後唐明宗王淑妃。傳見本書卷五一、《新五代史》卷一五。

[10]集賢院：官署名。唐開元十三年（725）始置，掌秘書圖書等事。

[11]準敕書修創凌煙閣：中華書局本有校勘記："'赦書'，《册府》卷一四同，殿本、《五代會要》卷一八作'敕書'。"見《會要》卷一八集賢院唐應順元年閏正月記事、明本《册府》卷一四《帝王部·都邑門二》應順元年（934）閏正月甲寅條。

[12]長安：地名。位於今陝西西安市。　三清殿：宫殿名。唐朝修建，用來供奉三清尊神。位於今陝西西安市。　隔内北面寫功高宰輔：中華書局本有校勘記："'北面'，原作'面北'，據彭校、《册府》卷一四、《玉海》卷一六三引《五代會要》乙正。影庫本粘籤：'隔内面，原本作"内回"，今據《五代會要》改正。'"見《會要》卷一八集賢院條唐應順元年閏正月記事、《玉海》卷一六三《宫室·閣·唐凌煙閣》引《五代會要》。

[13]西京：指京兆府，治所在今陝西西安市。

[14]翰林院：官署名。唐始置翰林，爲文學侍從顧問之官。唐玄宗置翰林院，爲内廷供奉機構，負責起草詔令、應和詩文，位卑權重，侵奪外相職權。

[15]集賢御書院：官署名。掌皇帝所作詩文與墨迹，並供奉筆札圖籍。　寫真官、畫真官：官名。翰林院屬官。負責繪製畫像。

[16]安州：州名。治所在今湖北安陸市。　符彦超：人名。陳州宛丘（今河南淮陽縣）人。五代後唐將領，符存審之子。傳見本書卷五六、《新五代史》卷二五。　部曲：其意有三説，一是古代軍隊的編制單位，後借指軍隊；二是古代豪門大族的私人軍隊，帶有人身依附性質；三是部屬、部下。　王希全：人名。籍貫不詳。五代後唐時人。事見本書本卷。　節度使符彦超爲部曲王希全所害：《舊五代史考異》："案：彦超被害，《通鑑》從《薛史》作閏月，《五代春秋》繫于正月，殊異。"《五代春秋》愍皇帝條載："應順元年正月，盜殺安州符彦超。"又見《通鑑》卷二七八清泰元年閏正月條。

[17]高行周：人名。嬀州懷戎（今河北懷來縣）人。五代後唐至後周將領。傳見本書卷一二三、《新五代史》卷四八。　彰武：方鎮名。治所在延州（今陝西延安市）。　以前振武軍節度使、安北都護高行周爲彰武節度使：中華書局本引孔本案語："案《遼史·太宗紀》云：天顯九年閏月戊午，唐遣使來告哀。即日遣使弔祭。此事《薛史》不載。"見《遼史》卷三《太宗紀上》。

［18］鄆州：州名。治所在今山東東平縣。　范政：人名。籍貫不詳。本書僅此一見。　少府監：官名。少府監長官。隋初置，唐初廢，太宗時復置。掌百工技巧之事。從三品。　以前鄆州使范政爲少府監："鄆州使"，中華書局本有校勘記："'使'上殿本、劉本闕一字。"

［19］至德宮：宮殿名。位於今河南洛陽市。　興教門：宮門名。位於今河南洛陽市。

二月乙亥，以前鎮州節度使、涇王從敏爲宋州節度使。[1]己卯，以前徐州節度使、檢校太傅李敬周爲安州節度使。[2]是日，宣授鳳翔節度使、潞王從珂爲權北京留守，以北京留守石敬瑭權知鎮州軍州事，以鎮州范延光權知鄴都留守事，以前河中節度使、洋王從璋權知鳳翔軍府事。[3]庚寅，幸山陵工作所。是日，西京留守王思同奏，鳳翔節度使、潞王從珂拒命。丁酉，王思同加同平章事，充西面行營都部署；以前邠州節度使藥彥稠爲副部署。[4]以河中節度使安彥威爲西面兵馬都監，以前定州節度使李德珫爲權北京留守。[5]山陵使奏："伏覩御札，皇帝親奉靈駕至園陵。伏見累朝故事，人君無親送葬之儀，請車駕不行。"不從。乙未，[6]樞密使馮贇起復視事，時贇丁母憂也。己亥，以司農卿張鏄爲殿中監。[7]庚子，殿直楚匡祚上言，[8]監取亳州團練使李重吉至宋州，[9]繫於軍院。重吉，潞王之長子，及幽於宋州，帝猶以金帛賜之，及聞西師咸叛，方遣使殺之。

［1］宋州：州名。治所在今河南商丘市睢陽區。　以前鎮州節

度使、涇王從敏爲宋州節度使：《輯本舊史》之影庫本粘籤："從敏，原本作'使敏'，今從《歐陽史·家人傳》改正。"見《輯本舊史》卷四二《唐明宗紀八》長興二年（931）六月條，其載"乙卯，定州節度使李從敏移鎮州節度使"，見《新五代史》卷六《唐明宗紀》長興四年五月戊寅條、卷一五《李從敏傳》。

[2]徐州：州名。治所在今江蘇徐州市。　李敬周：人名。即李周。邢州内丘（今河北内丘縣）人。後晋將領。傳見本書卷九一、《新五代史》卷四七。

[3]從璋：人名。即李從璋。後唐明宗之侄。傳見本書卷八八、《新五代史》卷一五。　鳳翔軍：方鎮名。治所在鳳翔府（今陝西鳳翔縣）。

[4]王思同：人名。幽州（今北京市）人。王敬柔之子。五代後唐將領。傳見本書卷六五、《新五代史》卷三三。　藥彦稠：人名。沙陀部人。五代後唐將領。傳見本書卷六六、《新五代史》卷二七。《舊五代史考異》："案《歐陽史》：辛卯，西京留守王思同爲西面行營都部署，静難軍節度使藥彦稠爲副。《薛史》作丁酉，與《歐陽史》異。據《通鑑》則思同以辛卯充都部署，丁酉加同平章事也。蓋採《薛史》《歐陽史》而兼用之。"見《新五代史》卷七《唐愍帝紀》應順元年二月辛卯條，"西面行營都部署"，《通鑑》卷二七九清泰元年二月辛卯條作"西面行營馬步軍都部署"。

[5]兵馬都監：官名。唐代中葉命將出征，常以宦官爲監軍、都監。後爲臨時委任的統兵官，稱都監、兵馬都監。掌屯戍、邊防、訓練之政令。　定州：州名。治所在今河北定州市。　李德珫：人名。應州金城（今山西應縣）人。後唐、後晋將領。傳見本書卷九〇。

[6]"丁酉"至"乙未"：中華書局本有校勘記："郭武雄《證補》：'陳垣《二十史朔閏表》，應順元年二月辛未朔。丁酉二十七日，乙未二十五日。紀日辰失序。'"

[7]司農卿：官名。唐司農寺長官。掌國家之農耕、倉儲以及

宫廷百官供應。從三品。　張鑄：人名。籍貫不詳。事見本書卷四〇。　殿中監：官名。殿中省長官。掌宫廷供奉之事。從三品。

[8]殿直：官名。五代後唐禁軍低級軍官。　楚匡祚：人名。籍貫不詳。事見本書卷五一。　殿直楚匡祚上言：《舊五代史考異》："案《薛史》避宋諱作楚祚，《通鑑》作楚匡祚。"見《通鑑》卷二七九清泰元年二月丁酉條。

[9]亳州：州名。治所在今安徽亳州市。　李重吉：人名。後唐廢帝長子。傳見本書卷五一、《新五代史》卷一六。

三月甲辰，以前太僕少卿魏仁鍔爲太僕卿。[1]興元節度使張虔釗奏，[2]會合討鳳翔。丙午，以右領衛上將軍武延翰爲郢州刺史。[3]丁未，洋州孫漢韶奏，[4]至興元與張虔釗同議進軍。己酉，以鎮州節度使范延光依前檢校太師、兼侍中，行興唐尹，充天雄軍節度使、北面水陸轉運制置使。[5]以北京留守、河東節度使石敬瑭依前檢校太尉、兼中書令，其真定尹、充鎮州節度使、大同、彰國、振武、威塞等軍蕃漢馬步總管如故。辛亥，以前定州節度使李德琉爲北京留守，充河東節度使。許王從益加檢校太保，[6]前河中節度使、洋王從璋加檢校太傅。詔："藩侯帶平章事以上薨，許立神道碑，差官撰文。未帶平章事及刺史，準令式合立碑者，其文任自製撰，不在奏聞。"乙卯，興元張虔釗奏，自鎮將兵赴鳳翔，收大散關。[7]宗正寺奏：[8]"準故事，諸陵有令、丞各一員，近例更委本縣令兼之。緣河南洛陽是京邑，[9]兼令、丞不便。"詔特置陵臺令、丞各一員。[10]己未，以前金吾大將軍李肅爲左衛上將軍，充山陵修奉上

下宫都部署。[11]庚申，西面步軍都監王景從等自軍前至，[12]奏："今月十五日，大軍進攻鳳翔。十六日，嚴衛右廂都指揮使尹暉引軍東面入城，右羽林都指揮使楊思權引軍西面入城，山南軍潰。"[13]帝聞之，謂康義誠等曰："朕幼年嗣位，委政大臣，兄弟之間，必無榛梗。諸公大計見告，朕獨難違，事至於此，何方轉禍？朕當與左右自往鳳翔，迎兄主社稷，朕自歸藩，於理爲便。"朱弘昭、馮贇不對，義誠曰："西師驚潰，蓋由主將失策。今駕下兵甲尚多，臣請自往關西，振其兵威，扼其衝要。"義誠又累奏請行，帝召侍衛都將以下宣曰："先皇帝棄萬國，朕於兄弟之中，無心争立，一旦被召主喪，便委社稷，岐陽兄長，果致猜嫌。卿等頃從先朝千征萬戰，今日之事，寧不痛心！今據府庫，悉以頒賜，卿等勉之。"乃出銀絹錢厚賜於諸軍。是時方事山陵，復有此賜，府藏爲之一空，軍士猶負賞物揚言于路曰："到鳳翔更請一分。"其驕誕無畏如是。辛酉，幸左藏庫，[14]視給將士金帛。是日，誅馬軍都指揮使朱洪實，坐與康義誠忿争故也。癸亥，以康義誠爲鳳翔行營都招討使，[15]餘如故；以王思同爲副招討使；以安從進爲順化軍節度使，[16]充侍衛馬軍都指揮使。詔左右羽林軍四十指揮改爲嚴衛左右，龍武、神武軍改爲捧聖。[17]甲子，陝州奏，潞王至潼關，害西面都部署王思同。[18]乙亥，[19]宣諭西面行營將士，俟平鳳翔日，人賞二百千，府庫不足，以宫闈服翫增給。詔侍衛馬軍都指揮使安從進京城巡檢。[20]是日，從進已得潞王書檄，潛布腹心

矣。丁卯，潞王至陝州。戊辰，帝急召孟漢瓊，不至；召朱弘昭，弘昭懼，投于井。安從進尋殺馮贇于其第。[21]是夜，帝以百騎出玄武門，[22]謂控鶴指揮使慕容遷曰："爾帥有馬，控鶴從予。"[23]及駕出，即闔門不行。遷乃帝素親信者也，臨危如是，人皆惡之。

[1]魏仁鍔：人名。籍貫不詳。本書僅此一見。　太僕卿：官名。掌邦國廄牧、車輿之政令，總乘黄、典廄、典牧、車府四署及諸監牧之官屬。

[2]興元：府名。治所在今陝西漢中市。

[3]右領衛上將軍：官名。即右領軍衛大將軍。唐代置十六衛之一。掌宫禁宿衛。從二品。　武延翰：人名。籍貫不詳。事見本書卷四三。中華書局本有校勘記："《册府》卷八一作'武廷翰'。本書卷四八《唐末帝紀下》、卷一一一《周太祖紀二》有武廷翰。"見《輯本舊史》卷四八《唐末帝紀下》清泰三年（936）五月乙卯條、卷一一一《周太祖紀二》廣順元年（951）九月甲子條，明本《册府》卷八一《帝王部·慶賜門三》清泰元年七月詔。　郢州：州名。治所在今湖北鐘祥市。

[4]洋州：州名。治所在今陝西洋縣。　孫漢韶：人名。太原（今山西太原市）人。後唐、後蜀將領。傳見孫漢韶墓誌（拓片刊《成都出土歷代墓銘券文圖録綜釋》，文物出版社2012年版）。

[5]興唐尹：官名。五代後唐同光元年（923），改魏州爲興唐府。以興唐尹總其政務。從三品。　北面水陸轉運制置使：官名。掌一方水陸轉運、賦税諸事。爲差遣職事。

[6]從益：人名。即李從益。後唐明宗幼子，封許王。947年，契丹滅後晋，立從益爲中原皇帝，國號梁。旋即爲後漢高祖所殺。傳見本書卷五一、《新五代史》卷一五。

[7]大散關：地名。即散關。秦嶺著名關隘之一。位於今陝西

寶鷄市西南大散嶺上。《輯本舊史》之影庫本粘籤："大散，原本作'大役'，今據《通鑑》改正。"有關大散關之記載，《通鑑》多見，如《通鑑》卷二六九貞明二年（916）十月甲申條。

[8]宗正寺：官署名。秦置，後世沿用。掌九族六親之屬籍，以别昭穆之序。

[9]河南：指河南郡。治所在今河南洛陽市。　洛陽：地名。位於今河南洛陽市。

[10]陵臺令：官名。唐置陵臺，掌管皇陵事務。五代沿用。長官爲陵臺令。從五品上。

[11]金吾大將軍：官名。唐代置十六衛之一。掌宫禁宿衛。正三品。　李肅：人名。五代將領。事見本書卷一〇、卷三四、卷四二、卷四六、卷七五、卷一〇〇、卷一一一等。　山陵修奉上下宫都部署：官名。負責帝陵修築事務。事畢則罷。

[12]都監：官名。唐代中葉命將出征，常以宦官爲監軍、都監。後爲臨時委任的統兵官，稱都監、兵馬都監。掌屯戍、邊防、訓練之政令。　王景從：人名。籍貫不詳。本書僅此一見。

[13]尹暉：人名。魏州大名（今河北大名縣）人。五代後唐、後晋將領。傳見本書卷八八、《新五代史》卷四八。　楊思權：人名。邠州新平（今陝西彬縣）人。五代後唐、後晋將領。傳見本書卷八八、《新五代史》卷四八。　右羽林都指揮使楊思權引軍西面入城：《輯本舊史》之影庫本粘籤："思權，原本作'世權'，今從《歐陽史》改正。"見《新五代史》卷三三《王思同傳》。　山南：方鎮名。即山南西道。治所在興元府（今陝西漢中市）。

[14]左藏庫：官署名。負責收納各地所輸財賦，以供官吏、軍兵俸給及賞賜等費用。

[15]都招討使：官名。唐始置。戰時任命，兵罷則省。常以大臣、將帥或地方軍政長官兼任。掌招撫討伐等事務。

[16]安從進：人名。索葛部人。五代後唐、後晋將領。傳見本書卷九八、《新五代史》卷五一。　順化軍：方鎮名。治所在楚州

（今江蘇淮安市）。

［17］詔左右羽林軍四十指揮改爲嚴衛左右，龍武、神武軍改爲捧聖：左右羽林、嚴衛左右、龍武、神武、捧聖，皆爲禁軍番號。《會要》卷一二京城諸軍條："應順元年三月，改左右羽林四十指揮爲嚴衛左右軍，龍武、神武四十指揮爲捧聖左右軍。"

［18］陝州：州名。治所在今河南三門峽市陝州區。　潼關：關隘名。位於今陝西潼關縣東北。　害西面都部署王思同：《舊五代史考異》："案《歐陽史》作思同奔歸于京師死之。與《薛史》異。"見《新五代史》卷七《愍帝紀》應順元年三月癸亥條、卷三三《王思同傳》。

［19］乙亥：中華書局本有校勘記："按是月辛丑朔，無乙亥。此事繫於甲子、丁卯之間，疑爲乙丑。"

［20］詔侍衛馬軍都指揮使安從進京城巡檢：《通鑑》卷二七九繫於清泰元年三月丙寅條。

［21］"戊辰"至"安從進尋殺馮贇于其第"：中華書局本有校勘記："以上十字原闕，據殿本、劉本、孔本補。影庫本批校：'"投于井"下原本有"安從進尋殺馮贇于其第"十字，應增入。'"《輯本舊史》之孔本案語："案《通鑑考異》云：張昭《閔帝實録》：'帝召宏昭，不至，俄聞自殺，乃令從進殺贇。'案從進傳贇首於陝。則贇死非閔帝之命明矣。"《通鑑》卷二七九清泰元年三月戊辰條《考異》。

［22］玄武門：宫門名。位於今河南洛陽市。　是夜，帝以百騎出玄武門：《輯本舊史》之案語："案《契丹國志》：愍帝領五十騎自隨，出奔衛州。與《薛史》異。"又引殿本案語："案《契丹國志》：愍帝領五十騎自隨，出奔衛州。《宋史·李洪信傳》又作少帝東奔，捧聖軍數百騎從行。與是書異，據下文王弘贄曰：'今以五十餘騎奔竄。'則作五十騎者是也。"見《契丹國志》卷二《太宗嗣聖皇帝紀上》天顯八年（933）春正月條。又，《通鑑》卷二七九清泰元年三月戊辰條亦作"五十騎"。

[23]慕容遷：人名。籍貫不詳。後唐將領。本書僅此一見。爾帥有馬，控鶴從予：中華書局本有校勘記："'帥'，原作'誠'，據《通鑑》卷二七九改。"《輯本舊史》之影庫本粘籤："控鶴從予，原本作'縱鶴空子'，今從《通鑑》改正。"見《通鑑》卷二七九清泰元年三月戊辰條。今據改。

是月二十九日夜，帝至衛州東七八里，遇騎從自東來不避，左右叱之，乃曰："鎮州節度使石敬瑭也。"[1]帝喜，敬瑭拜舞於路，帝下馬慟哭，諭以"潞王危社稷，康義誠以下叛我，無以自庇，長公主見教，逆爾於路，謀社稷大計"。敬瑭曰："衛州王弘贄宿舊諳事，[2]且就弘贄圖之。"敬瑭即馳騎而前，見弘贄曰："主上播遷，至此危迫，吾戚屬也，何以圖全？"弘贄曰："天子避寇，[3]古亦有之，然於奔迫之中，亦有將相、國寶、法物，所以軍民瞻奉，[4]不覺其亡也。今宰執近臣從乎？寶玉、法物從乎？"詢之無有。弘贄曰："大樹將顛，非一繩所維。今以五十騎奔竄，無將相一人擁從，安能興復大計！所謂蛟龍失雲雨者也。今六軍將士總在潞邸矣，公縱以戚藩念舊，無奈之何！"[5]遂與弘贄同謁於驛亭，宣坐謀之。敬瑭以弘贄所陳以聞，弓箭庫使沙守榮、奔洪進前謂敬瑭曰：[6]"主上即明宗愛子，公即明宗愛壻，富貴既同受，休戚合共之。今謀於戚藩，欲期安復，翻索從臣、國寶，欲以此爲辭，爲賊算天子耶！"乃抽佩刀刺敬瑭，敬瑭親將陳暉扞之，[7]守榮與暉單戰而死，洪進亦自刎。是日，敬瑭盡誅帝之從騎五十餘輩，獨留帝於驛，乃馳騎趨洛。

［1］衛州：州名。治所在今河南衛輝市。　“是月二十九日夜”至“鎮州節度使石敬瑭也”：《舊五代史考異》：“案《歐陽史·愍帝紀》：戊辰，如衛州。《廢帝紀》：己巳，愍帝出居于衛州。《通鑑考異》引《閔帝實録》云：庚午朔四鼓，帝至衛州東七八里，遇敬瑭。蓋是月二十九日爲己巳，故次日即爲庚午朔。”見《新五代史》卷七《愍帝紀》、《通鑑》卷二七九清泰元年（934）四月庚午條。

［2］王弘贄：人名。籍貫不詳。後唐、後晋大臣。傳見本書附録、《新五代史》卷四八。　衛州王弘贄宿舊諳事：《輯本舊史》之影庫本粘籤：“衛州，原本作‘衡州’。今從《通鑑》改正。”見《通鑑》卷二七九清泰元年四月庚午條。

［3］天子避寇：《宋本册府》卷七六三《總録部·忠烈門》守榮沙條作“天子避狄”。

［4］所以軍民瞻奉：中華書局本有校勘記：“‘民’，原作‘長’，據《册府》卷七六三改。”

［5］“弘贄曰”至“無奈之何”：《舊五代史考異》：“案《通鑑考異》引《南唐烈祖實録》：弘贄曰：‘今京國阽危，百官無主，必相率携神器西向，公何不囚少帝西迎潞王，此萬全之計。’敬瑭然其言。”《輯本舊史》之孔本：“考《薛史》採《五代實録》，多爲晋帝諱言，當以《南唐實録》爲得其實。”見《通鑑》卷二七九清泰元年四月庚午條。

［6］弓箭庫使：官名。唐玄宗時始置，以宦官爲之，掌弓箭等兵器出納之事。地位重於其他宦官所任諸使。五代後梁沿置，爲諸司使之一，掌内庫弓矢刀箭。　沙守榮：人名。籍貫不詳。五代諸使。本書僅此一見。　奔洪進：人名。一作“奔弘進”。五代諸使。本書僅此一見。　弓箭庫使沙守榮、奔洪進前謂敬瑭曰：中華書局本有校勘記：“原作‘賁洪進’，據殿本、孔本、《通曆》卷一三、《通鑑》卷二七九、《新五代史》卷四八《王弘贄傳》改。影庫本批校：‘“賁”原本係“奔”，誤改“賁”。’按《通鑑》胡注引史炤

曰：‘奔，姓也。古有賁姓，音奔，又音肥，後遂爲奔。’”見《通曆》卷一三閔帝條、《通鑑》卷二七九清泰元年四月庚午條。

[7]敬瑭親將陳暉扞之：《輯本舊史》之影庫本粘籤：“陳暉，原本作‘陳運’，今從《歐陽史》改正。”見《新五代史》卷四八《王弘贄傳》。

四月三日，潞王入洛。五日，即位。[1]七日，廢帝爲鄂王。[2]遣弘贄子殿直王巒之衛州，[3]時弘贄已奉帝幸州廨。九日，巒至，帝遇鴆而崩，時年二十一。[4]是日辰時，白虹貫日。皇后孔氏在宮中，及王巒迴，即日與其四子並遇害。[5]

[1]四月三日，潞王入洛。五日，即位：《通鑑》卷二七九清泰元年（934）四月：“甲戌（五日），太后令潞王宜即皇帝位；乙亥（六日），即位於柩前。”

[2]七日，廢帝爲鄂王：《通鑑》卷二七九從《廢帝實録》，繫於清泰元年四月（934）癸酉（四日）條。

[3]王巒：人名。籍貫不詳。王弘贄之子。事見《新五代史》卷四八。

[4]九日，巒至，帝遇鴆而崩，時年二十一：中華書局本有校勘記：“《永樂大典》卷六八五一引《五代薛史·王弘贄傳》：‘閔帝崩，殮於郡齋東閣，覆以黄帕。弘贄嗟嘆之，徐謂方大曰：“吾前於秦川，見魏王死渭南驛，殮於東閣，黄帕覆之，正如今日之事，吾未明其理也。”按此則係《舊五代史·王弘贄傳》佚文，清人未輯《王弘贄傳》，姑附於此。’”見《大典》卷六八五一“王”字韻“姓氏三十六”事目。《輯本舊史》之案語：“案《契丹國志》：王巒至衛州，進鴆于愍帝，愍帝不飲，巒縊殺之。與《薛史》異，《歐陽史》同《薛史》。”見《契丹國志》卷二《太宗嗣聖皇帝上》

天顯八年（933）四月條、《新五代史》卷七《廢帝紀》清泰元年四月戊寅條。

[5]皇后孔氏：即後唐閔帝之皇后。孔循之女。傳見本書卷四九、《新五代史》卷一五。　“是日辰時”至“即日與其四子並遇害”：中華書局本有校勘記：“‘是日辰時白虹貫日’與‘在宫中及王巒迴即日’十七字原闕，據殿本、孔本補。影庫本批校：‘“時年二十一”句下有“是日辰時白虹貫日”八字，“皇后孔氏”下有“在宫中及王巒迴即日”九字，應照原本增入。’”《輯本舊史》引孔本案語：“案《遼史·太宗紀》云：九年夏四月，唐從珂殺其主自立，人皇王倍上書請討。又《義宗列傳》云：明宗養子從珂，弒其君自立。倍密報太宗曰：‘從珂弒君，盍討之。’《薛史》及《通鑑》均不載。”見《遼史》卷三《太宗紀上》天顯九年四月條、卷七二《義宗倍傳》。

晋高祖即位，謚曰閔，[1]與秦王及末帝子重吉並葬於徽陵域中，封纔數尺，路人觀者悲之。[2]《永樂大典》卷七千一百七十四。[3]

[1]晋高祖：即後晋高祖石敬瑭。本書卷七五至卷八〇、《新五代史》卷八有紀。　謚曰閔：《會要》卷一帝號條：“晋天福元年十二月追謚曰閔帝。”

[2]秦王：即李從榮。沙陀部人。唐明宗李嗣源次子。傳見本書卷五一、《新五代史》卷一五。

[3]《大典》卷七一七四“唐”字韻“愍帝”事目。

史臣曰：閔帝爰自冲年，素有令問，及徵從代邸，入踐堯階，屬軒皇之弓劍初遺，吴王之几杖未賜，[1]遽

生猜間，遂至奔亡。蓋輔臣無安國之謀，非少主有不君之咎。以至越在草莽，失守宗祧，斯蓋天命之難諶，土德之將謝故也。《永樂大典》卷七千一百七十四。[2]

[1]吴王之几杖未賜：《輯本舊史》之影庫本粘籤："吴王，原本作'辰王'，今據《前漢書》改正。"見《漢書》卷三五《吴王劉濞傳》。

[2]《大典》卷七一七四"唐"字韻"愍帝"事目。

舊五代史　卷四六

唐書二十二

末帝紀上

末帝，諱從珂，本姓王氏，鎮州人也。[1]母宣憲皇后魏氏，[2]以光啓元年歲在乙巳，正月二十三日，生帝於平山。[3]景福中，明宗爲武皇騎將，略地至平山，遇魏氏，擄之，帝時年十餘歲，明宗養爲己子。[4]小字二十三。帝幼謹重寡言，及壯，長七尺餘，方頤大顙，[5]材貌雄偉，以驍果稱，明宗甚愛之。帝初在太原，嘗與石敬瑭因擊毬同入于趙襄子之廟，見其塑像，屹然起立，帝秘之，私心自負。[6]及從明宗征討，以力戰知名，莊宗嘗曰："阿三不惟與我同齒，敢戰亦相類。"[7]莊宗與梁軍戰於胡柳陂，兩軍俱撓，帝衛莊宗奪土山，摧鋒撓陣，其軍復振。[8]時明宗先渡河，莊宗不悦，謂明宗曰："公當爲吾死，渡河安往？"明宗待罪，莊宗以帝從戰有功，由是解愠。

［1］鎮州：州名。治所在今河北正定縣。　“末帝”至“鎮州人也”：明本《册府》卷二一《帝王部·徵應門》後唐末帝條：“帝姓王氏，真定房山人也。邑南三里，里墅名曰王子，則所生之地，地稱王子，亦有符焉。既即位，以族兄爲令（訪名未獲）。守先舊廬，植松檟以爲墳園，其側有古佛刹，刹有石像，忽摇動不已，人駭而告令。令趣之，復爾，時甚異焉。”

［2］宣憲皇后魏氏：後唐末帝李從珂之母。鎮州平山（今河北平山縣）人。明宗時，從珂封王，追封魏氏爲魯國夫人。廢帝即位，追尊魏氏爲皇太后。傳見《新五代史》卷一五。

［3］光啓：唐僖宗李儇年號（885—888）。　乙巳：中華書局本有校勘記：“‘乙巳’，原作‘己巳’，按光啓元年爲乙巳年，據改。”　平山：縣名。治所在今河北平山縣。

［4］景福：唐昭宗李曄年號（892—893）。　明宗：即五代後唐明宗李嗣源。沙陀部人。原名邈佶烈，李克用養子。926年至933年在位。紀見本書卷三五至卷四四、《新五代史》卷六。　帝時年十餘歲：《通鑑》卷二五九繫李克用敗鎮兵於平山事於景福二年（893）二月，末帝光啓元年（885）生，至景福二年虚歲九歲。　明宗養爲己子：《輯本舊史》之案語：“《通鑑考異》引《唐廢帝實録》云：廢帝，諱從珂，明宗之元子也。母曰宣憲皇后魏氏，鎮州平山人。中和末，明宗徇地山東，留戍平山，得魏后。帝以光啓元年正月二十三日生於外舍，屬用兵不息，音問阻絶，帝甫十歲，方得歸宗。今考《五代會要》《歐陽史》諸書，皆作養子，惟《實録》作元子，疑因太后令稱爲‘皇長子’而傅會也。《通鑑》仍從《薛史》。”見《通鑑》卷二六八乾化三年（913）三月條及該條《考異》。

［5］方頤大顱：中華書局本有校勘記：“‘顱’，原作‘體’，據《册府》卷四四改。”見《宋本册府》卷四四《帝王部·奇表門》後唐末帝條。

［6］帝初：中華書局本有校勘記：“‘帝初’二字原闕，據《永

樂大典》卷一八二二三引《五代薛史·後唐末帝紀》、《册府》卷二一補。”見明本《册府》卷二一《帝王部·徵應門》後唐末帝條。《大典》卷一八二二三爲“像”字韻“事韻”，此條應出自“塑像”事目。　太原：府名。治所在今山西太原市。　石敬瑭：人名。沙陀族。太原（今山西太原市）人。五代後晋開國君主。紀見本書卷七五至卷八〇、《新五代史》卷八。　趙襄子：人名。戰國時期晋國列卿。傳見《史記》卷四三。

[7]莊宗：人名。即李存勗。沙陀部人，後唐開國皇帝。923年至926年在位。紀見本書卷二七至卷三四、《新五代史》卷四至卷五。　阿三：又稱“二十三”。後唐末帝李從珂小名。

[8]胡柳陂：地名。位於今河南濮陽縣。　摧鋒撓陣：中華書局本有校勘記：“‘鋒’字原闕，據邵本校補。‘撓’，原作‘驍’，據邵本改。”

天祐十八年，莊宗營於河上，議討鎮州。留守符存審在德勝砦未行，[1]梁人謂莊宗已北，乃悉衆攻德勝，莊宗命明宗、存審爲兩翼以抗之，自以中軍前進。梁軍退却，帝以十數騎雜梁軍而退，至壘門大呼，斬首數級，斧其望櫓而還。莊宗大噱曰：“壯哉，阿三！”賜酒一器。

[1]留守：官名。古代皇帝出巡或親征時指定親王或大臣留守京城，綜理國家軍事、行政、民事、財政等事務，稱京城留守。在陪都或軍事重鎮也常設留守，以地方長官兼任。　符存審：人名。陳州宛丘（今河南淮陽縣）人。後唐將領。傳見本書卷五六、《新五代史》卷二五。　德勝砦：地名。位於今河南濮陽縣。原爲黄河渡口，晋軍築德勝南、北二城於此，遂爲城名。《輯本舊史》之影庫本粘籤：“原本作‘得勝’，今從《通鑑》改正。”見《通鑑》卷

二七〇貞明五年（919）正月辛巳條。梁貞明五年即後唐天祐十六年。

同光元年閏四月，從明宗襲破鄆州。[1]九月，莊宗敗梁將王彦章於中都，急趨汴州。[2]明宗將前軍，帝率勁騎以從，晝夜兼行，率先下汴城。莊宗勞明宗曰："復唐社稷，卿父子之功也。"

[1]同光：後唐莊宗李存勗年號（923—926）。　同光元年閏四月：《輯本舊史》原無"閏"字，中華書局本有校勘記："本書卷一〇《梁末帝紀下》、卷二九《唐莊宗紀三》、《新五代史》卷三《梁本紀》、《通鑑》卷二七二繫其事於閏四月。"未補。見《通鑑》卷二七二同光元年（923）閏四月壬寅條。今據補。　鄆州：州名。治所在今山東東平縣。

[2]王彦章：人名。鄆州壽張（今山東梁山縣壽張集）人。五代後梁將領。傳見本書卷二一、《新五代史》卷三二。　中都：縣名。治所在今山東汶上縣。　汴州：州名。治所在今河南開封市。　九月，莊宗敗梁將王彦章於中都，急趨汴州：《輯本舊史》卷三〇《唐莊宗紀四》、《通鑑》卷二七二皆繫其事於同光元年十月甲戌等條。

二年，以帝爲衛州刺史。[1]時有王安節者，昭宗朝相杜讓能之宅吏也。[2]安節少善賈，得相術於奇士，因事見帝於私邸，退謂人曰："真北方天王相也，位當爲天子，終則我莫知也。"[3]

[1]衛州：州名。治所在今河南衛輝市。　刺史：官名。漢武

帝時始置。州一級行政長官，總掌考覈官吏、勸課農桑、地方教化等事。唐中期以後，節度、觀察使轄州而設，刺史爲其屬官，職任漸輕。從三品至正四品下。

[2]王安節：人名。籍貫不詳。本書僅此一見。　昭宗：即唐昭宗李曄，888 年至 904 年在位。紀見《舊唐書》卷二〇上、《新唐書》卷一〇。　杜讓能：人名。唐僖宗朝宰相。傳見《舊唐書》卷一七七、《新唐書》卷九六。《輯本舊史》之影庫本粘籤："原本作'社誼能'，今從《新唐書》改正。"見《新唐書》卷九《僖宗紀》光啓二年（886）三月壬午條、《舊唐書》卷一七七《杜讓能傳》。

[3]"安節少善賈"至"終則我莫知也"：此事亦見《宋本册府》卷八六〇《總録部・相術門》王安節條，"北方天王相"作"北天王相"，"位當爲天子"作"位當至天子"。

三年，明宗奉詔北禦契丹，以家在太原，表帝爲北京内衙指揮使，莊宗不悦，以帝爲突騎都指揮使，遣戍石門。[1]

[1]契丹：古部族、政權名。公元 4 世紀中葉宇文部爲前燕攻破，始分離而成單獨的部落，自號契丹。唐貞觀中，置松漠都督府，以其首領爲都督。唐末强盛，916 年迭剌部耶律阿保機建立契丹國（遼）。先後與五代、北宋並立，保大五年（1125）爲金所滅。參見張正明《契丹史略》，中華書局 1979 年版。　北京：都城名。即太原府。治所在今山西太原市。　都指揮使：官名。唐末、五代軍隊多置都指揮使、指揮使，爲統兵將領。　石門：地名。即石門鎮，唐時爲横水栅。《讀史方輿紀要》卷四四："横水栅，在府（大同府）北。"即今山西大同市北。

四年，魏州軍亂，明宗赴洛，時帝在横水，率部下

軍士由陽曲、盂縣趨常山，與王建立會，倍道兼行，渡河而南，由是明宗軍聲大振。[1]

[1]魏州：州名。治所在今河北大名縣。　洛：地名。即洛陽。位於今河南洛陽市。　横水：地名。即石門鎮。　陽曲：縣名。治所在今山西太原市。中華書局本作“曲陽”，有校勘記：“據《通鑑》卷二七三，末帝同光三年三月謫戍石門鎮，胡注：‘其地即唐之横水栅。’顧祖禹《讀史方輿紀要》卷四四謂地在雲州北，則由横水栅南下，逕盂縣出娘子關往常山，陽曲爲必經之地，而曲陽在河北定州，疑‘曲陽’爲‘陽曲’之訛。‘盂縣’原作‘孟縣’，據劉本、《新五代史》卷七《唐本紀》、《通鑑》卷二七四改。”今據改。見《新五代史》卷七《唐本紀七》同光二年（924）條、《通鑑》卷二七四天成元年（926）三月條及《考異》。　盂縣：縣名。治所在今山西盂縣。　常山：古郡名。常用於指稱鎮州。治所在今河北正定縣。

天成初，以帝爲河中節度使。[1]

[1]河中：方鎮名。治所在河中府（今山西永濟市）。

明年二月，加檢校太保、同平章事。[1]十一月，加檢校太傅。[2]

[1]檢校太保：官名。爲散官或加官，以示恩寵，無實際執掌。太保，與太師、太傅合稱三師。　同平章事：官名。唐高宗以後，凡實際任宰相之職者，常在其本官後加同平章事的職銜。後成爲宰相專稱。

[2]檢校太傅：官名。爲散官或加官，以示恩寵，無實際執掌。

長興元年，加檢校太尉。[1]先是，帝與樞密使安重誨在常山，[2]因杯盤失意，帝以拳擊重誨腦，中其櫛，走而獲免。帝雖悔謝，然重誨終銜之。及帝鎮河中，重誨知其出入不時，因矯宣中旨，令牙將楊彥溫遇出郭則閉門勿納。[3]是歲四月五日，帝閱馬於黄龍莊，[4]彥温閉城拒帝，帝聞難遽還，遣問其故，彥温曰："但請相公入朝，此城不可入也。"帝止虞鄉以聞，明宗詔帝歸闕，遣藥彥稠將兵討彥温，令生致之，面要鞫問。[5]十一日收城，[6]彥温已死，明宗以彥稠不能生致彥温，甚怒之。後數日，安重誨以帝失守，諷宰相論奏行法，明宗不悦。重誨又自論奏，明宗曰："朕爲小將校時，家徒衣食不足，賴此兒荷石炭、收馬糞存養，以至身達，今貴爲天子，而不能庇一兒！[7]卿欲行朝典，朕未曉其義，卿等可速退，從他私第閑坐。"[8]遂詔歸清化里第，[9]不預朝請。帝尚懼重誨多方危陷，但日諷佛書陰禱而已。

[1]長興：後唐明宗李嗣源年號（930—933）。　檢校太尉：官名。爲散官或加官，以示恩寵，無實際執掌。太尉，與司徒、司空並爲三公。

[2]樞密使：官名。樞密院長官，五代時以士人爲之，備顧問，參謀議，出納詔奏，權侔宰相。参見李全德《唐宋變革期樞密院研究》，國家圖書館出版社 2009 年版。　安重誨：人名。應州（今山西應縣）人。五代後唐大臣。傳見本書卷六六、《新五代史》卷二四。

[3]楊彦温：人名。汴州（今河南開封市）人。後唐將領。傳見本書卷七四。

[4]閔馬：《輯本舊史》之影庫本粘籤："原本作'問軍'，今從《通鑑》改正。"見《通鑑》卷二七七長興元年（933）四月條，又見《新五代史》卷七《唐本紀七·廢帝》同光二年（924）條、卷二四《安重誨傳》，《宋本册府》卷五七《帝王部·明察門》。黄龍莊：地名。其地不詳，疑位於虞鄉縣（今山西永濟市）一帶。

[5]虞鄉：縣名。治所在今山西永濟市。　藥彦稠：人名。沙陀部人。五代後唐將領。傳見本書卷六六、《新五代史》卷二七。

[6]十一日收城：中華書局本從《輯本舊史》作"十一月收城"，有校勘記："本書卷四一《唐明宗紀七》：'（長興元年四月壬寅）遣西京留守索自通、侍衛步軍都指揮使藥彦稠等攻之。……癸丑，索自通、藥彦稠等奏，收復河中，斬楊彦温，傳首來獻。'自壬寅發兵到癸丑收城，共計十一日。疑'月'爲'日'之訛。"但未改，今據改。

[7]石炭：中華書局本有校勘記："'石炭'，原作'石灰'，據彭校、《册府》卷四七改。"見明本《册府》卷四七《帝王部·慈愛門》後唐末帝條。　以至身達，今貴爲天子：中華書局本有校勘記："'身達'二字原闕，據《册府》卷四七補。"

[8]從他私第閑坐：《册府》卷四七作"朕自令居閑便了"。

[9]清化里：里名。位於今河南洛陽市。《輯本舊史》之影庫本粘籤："原本脱'清'字，今從《通鑑》注所引《薛史》增入。"見《通鑑》卷二七七長興元年四月條胡注引《薛史》，又見《新五代史》卷二四《安重誨傳》。

二年，安重誨得罪，帝即授左衛大將軍。[1]未幾，復檢校太傅、同平章事、行京兆尹，充西京留守。[2]

[1]左衛大將軍：官名。唐置，掌宮禁宿衛。唐代置十六衛，即左右衛、左右驍衛、左右武衛、左右威衛、左右領軍衛、左右金吾衛、左右監門衛、左右千牛衛。各置上將軍，從二品；大將軍，正三品；將軍，從三品。

[2]京兆尹：官名。唐開元元年（713）改雍州置京兆府，治所在今陝西西安市。以京兆尹總其政務。從三品。　西京：都城名。指京兆府，治所在今陝西西安市。

三年，進位太尉，移鳳翔節度使。[1]

[1]太尉：官名。與司徒、司空並爲三公，唐後期、五代時多爲大臣、勳貴加官。正一品。　鳳翔：方鎮名。治所在鳳翔府（今陝西鳳翔縣）。

四年五月，封潞王。

閔帝即位，加兼侍中。[1]既而帝子重吉出刺亳州，[2]女尼入宮，帝方憂不測。

[1]閔帝：即後唐閔帝李從厚。933 年至 934 年在位。明宗李嗣源第三子。紀見本書卷四五、《新五代史》卷七。　侍中：官名。秦始置。隋、唐前期爲門下省長官。唐後期多爲大臣加銜，不參與政務，實際職務由門下侍郎執行。正二品。

[2]重吉：人名。即李重吉。後唐廢帝長子。傳見本書卷五一、《新五代史》卷一六。　亳州：州名。治所在今安徽亳州市。

應順元年二月，[1]移帝鎮太原，是時不降制書，唯以宣授而已。帝聞之，召賓佐將吏以謀之，皆曰：“主

上年幼，未親庶事，軍國大政悉委朱弘昭等，[2]王必無保全之理。”判官馬裔孫曰：[3]“君命召，不俟駕行焉。諸君凶言，非令圖也。”是夜，帝令李專美草檄求援諸道，[4]欲誅君側之罪。朝廷命王思同率師來討。[5]

[1]應順：後唐閔帝李從厚年號（934）。

[2]朱弘昭：人名。太原（今山西太原市）人。後唐明宗朝樞密使、宰相。傳見本書卷六六、《新五代史》卷二七。

[3]判官：官名。唐末、五代藩鎮僚佐，位行軍司馬下。　馬裔孫：人名。一作“馬胤孫”，或避宋太祖諱改“胤”爲“裔”。棣州滴河（今山東商河縣）人。後唐進士、宰相。傳見本書卷一二七、《新五代史》卷五五。

[4]李專美：人名。京兆萬年（今陝西西安市長安區）人。五代後梁、後唐、後晋官員。傳見本書卷九三。《輯本舊史》之影庫本粘籤：“原本作‘專養’，今從《薛史·李專美傳》改正。”見《輯本舊史》卷九三《李專美傳》。

[5]王思同：人名。幽州（今北京市）人。王敬柔之子。五代後唐將領。傳見本書卷六五、《新五代史》卷三三。

三月十五日，外兵大集，[1]十六日，大將督衆攻城，帝登城垂泣，諭於外曰：“我年未二十從先帝征伐，出生入死，金瘡滿身，樹立社稷，[2]軍士從我登陣者多矣。今朝廷信任賊臣，殘害骨肉，且我有何罪！”因慟哭，聞者哀之。時羽林都指揮使楊思權謂衆曰：[3]“大相公，吾主也。”遂引軍自西門入，嚴衛都指揮使尹暉亦引軍自東門而入，[4]外軍悉潰。十七日，率居民家財以賞軍士。是日，帝整衆而東。[5]二十日，次長安，副留守劉

遂雍以城降，率京兆居民家財犒軍。[6]二十三日，次靈口，[7]誅王思同。二十四日，次華州，收藥彦稠繫獄。[8]二十五日，次閿鄉，王仲皋父子迎謁，命誅之。[9]二十六日，次靈寶，河中節度使安彦威來降，待罪，宥之，遣歸鎮。[10]陝州節度使康思立奉迎。[11]二十七日，次陝州，[12]下令告論京城。二十八日，康義誠軍前兵士相繼來降，義誠詣軍門請罪，帝宥之。駕下諸軍畢至，誅宣徽南院使孟漢瓊於路左。是夜，閔帝與帳下親騎百餘出玄武門而去。

[1]三月十五日，外兵大集：《舊五代史考異》："《通鑑考異》：是年三月辛丑朔，是十五爲乙卯也。《九國志·李彦琦傳》：潞王守岐下，諸道將急攻其壘，彦琦時在圍中，罄家財以給軍用。"見《通鑑》卷二七九清泰元年（934）三月乙卯條《考異》、《九國志》卷七《後蜀·李彦琦傳》。

[2]樹立社稷：中華書局本有校勘記："原作'樹立得社稷'，據彭校、《册府》卷一一改。"見明本《册府》卷一一《帝王部·繼統門三》應順元年（934）三月十六日條。

[3]楊思權：人名。邠州新平（今陝西彬縣）人。五代後唐、後晋將領。傳見本書卷八八、《新五代史》卷四八。

[4]尹暉：人名。魏州大名（今河北大名縣）人。五代後唐、後晋將領。傳見本書卷八八、《新五代史》卷四八。

[5]是日，帝整衆而東：明本《册府》卷一一作"是日，建大將旗鼓，整衆而東"。

[6]長安：地名。即今陝西西安市。　副留守：官名。古代皇帝出巡或親征時指定親王或大臣留守京城，綜理國家軍事、行政、民事、財政，稱京城留守，以地方長官兼任。副留守即其副貳。

劉遂雍：人名。籍貫不詳。五代將領。事見本書卷六五。　京兆：府名。治所在今陜西西安市。

[7]靈口：地名。位於今陜西洛南縣。《舊五代史考異》："《通鑑·唐紀》作'零口'，考《册府元龜》亦作'靈口'，今仍其舊。"見明本《册府》卷一一應順元年三月二十三日條。

[8]華州：州名。治所在今陜西渭南市華州區。

[9]閿鄉：縣名。治所在今河南靈寶市陽平鎮。　王仲皋：人名。籍貫不詳。本書僅此一見。

[10]靈寶：縣名。治所在今河南靈寶市。　安彦威：人名。崞縣（今山西原平市）人。五代後唐、後晋將領。傳見本書卷九一、《新五代史》卷四七。

[11]陝州：州名。治所在今河南三門峽市陝州區。　康思立：人名。晋陽（今山西太原市）人。五代後唐將領。傳見本書卷七〇、《新五代史》卷二七。

[12]二十七日，次陝州：《舊五代史考異》："《歐陽史》作己巳，次陝州，《薛史·閔帝紀》作丁卯，《通鑑》從《薛史》。"見《新五代史》卷七《唐本紀七》清泰元年（934）三月己巳條、《通鑑》卷二七九清泰元年三月丁卯條。應順元年三月辛丑朔，丁卯二十七日，己巳二十九日。

夏四月壬申，帝至蔣橋，文武百官立班奉迎，[1]教旨以未拜梓宫，未可相見，俟會於至德宫，[2]時六軍勳臣及節將内職已累表勸進。是日，帝入謁太后、太妃，至西宫，伏梓宫慟哭，宰相與百僚班見致拜，帝答拜。馮道等上牋勸進，[3]帝立謂群臣曰："予之此行，事非獲已，當俟主上歸闕，園陵禮終，退守藩服。諸公言遽及此，信無謂也。"衛州刺史王弘贄奏，[4]閔帝以前月二十

九日至州。癸酉，皇太后下令降閔帝爲鄂王。[5]又太后令曰："先皇帝誕膺天睠，光紹帝圖，明誠動於三靈，德澤被於四海，方期偃革，遽歎遺弓。自少主之承祧，爲奸臣之擅命，離間骨肉，猜忌磐維，既輒易於藩垣，復驟興於兵甲。遂致輕離社稷，大撓軍民，萬世鴻基，將墜於地。皇長子潞王從珂，位居冢嗣，德茂沖年，乃武乃文，惟忠惟孝。前朝廓清多難，有戰伐之大功；纘紹丕圖，有夾輔之盛業。今以宗祧乏祀，園寢有期，須委親賢，俾居監撫，免萬機之壅滯，慰兆庶之推崇。可起今月四日知軍國事，權以書詔印施行。"是日，監國在至德宫，[6]宰臣馮道等率百官班於宫門待罪，帝出於庭曰："相公諸人何罪，請復位。"乃退。甲戌，太后令曰："先皇帝櫛風沐雨，平定華夷，嗣洪業於艱難，致蒼生於富庶。鄂王嗣位，奸臣弄權，作福作威，不誠不信，離間骨肉，猜忌磐維。[7]鄂王輕捨宗祧，不克負荷，洪基大寶，危若綴旒，須立長君，以紹丕搆。皇長子潞王從珂，日躋孝敬，天縱聰明，有神武之英姿，有寬仁之偉畧。[8]先朝經綸草昧，廓静寰區，辛勤有百戰之勞，忠貞贊一統之運，臣誠子道，冠古超今。而又克己化民，推心撫士，率土之謳歌有屬，上蒼之睠命攸臨。一日萬機，不可以暫曠；九州四海，不可以無歸。况因山有期，同軌斯至，永言嗣守，屬任元良，宜即皇帝位。"乙亥，監國赴西宫，柩前告奠即位。攝中書令李愚宣册書曰：[9]

［1］蔣橋：地名。位於洛陽城（今河南洛陽市）外。　夏四月壬申，帝至蔣橋，文武百官立班奉迎：《舊五代史考異》："《通鑑》：四月庚午朔，太后令内諸司至乾壕迎潞王。《考異》引《廢帝實録》作三月三十日。"《通鑑》卷二七九清泰元年（934）四月庚午胡注："按《長曆》，三月辛丑朔，四月庚午朔；三月無三十日，《廢帝實録》誤也。"

［2］至德宫：宫殿名。位於今河南洛陽市。

［3］馮道：人名。瀛州景城（今河北滄縣）人。五代時官拜宰相，歷仕後唐、後晋、後漢、後周，亦曾臣事契丹。傳見本書卷一二六、《新五代史》卷五四。《輯本舊史》之影庫本粘籤："原本作'焉道'，考《契丹國志》云：百官班見，潞王答拜，馮道等上牋勸進。知'焉'字係'馮'字之訛，今改正。"見《契丹國志》卷二天顯八年（933）四月條，又見《通鑑》卷二七九清泰元年四月壬申條。

［4］王弘贄：人名。籍貫不詳。後唐、後晋大臣。傳見本書附録、《新五代史》卷四八。

［5］皇太后：即後唐明宗皇后曹氏。籍貫不詳。死後追册"和武顯皇后"，一作"和武憲皇后"。傳見本書卷四九、《新五代史》卷一五。　癸酉，皇太后下令降閔帝爲鄂王：《舊五代史考異》："《通鑑》引《閔帝實録》：七日，廢帝爲鄂王。《廢帝實録》作癸酉，《薛》《歐陽》二史從《廢帝實録》。""七日"，中華書局本有校勘記："原作'七月'，據殿本考證、《通鑑》卷二七九《考異》引《閔帝實録》改。"見《通鑑》卷二七九清泰元年四月癸酉條《考異》。

［6］至德宫：《輯本舊史》之影庫本粘籤："原本作'直德'，今從《通鑑》改正。"見《通鑑》卷二七九清泰元年四月癸酉條及胡注引《會要》卷五諸宫條。

［7］"先皇帝櫛風沐雨"至"猜忌磐維"：明本册府卷一一《帝王部·繼統門三》末帝條略詳。

[8]畧：中華書局本有校勘記："'畧'，《册府》卷一一作'量'。"

[9]中書令：官名。漢代始置，隋、唐前期爲中書省長官，屬宰相之職；唐後期多爲授予元勳大臣的虛銜。正二品。　李愚：人名。渤海無棣（今山東慶雲縣）人。唐末進士，唐末、五代大臣。傳見本書卷六七、《新五代史》卷五四。

維應順元年歲次甲午，四月庚午朔，六日乙亥，文武百僚，特進、守司空兼門下侍郎、同中書門下平章事、充太微宫使、弘文館大學士、上柱國、始平郡公、食邑二千五百户臣馮道等九千五百九十三人上言：[1]帝王興運，天地同符，河出圖而洛出書，雲從龍而風從虎。莫不恢張八表，覆育兆民，立大定之基，保無疆之祚。人謡再洽，天命顯歸，須登宸極之尊，以奉祖宗之祀。伏惟皇帝陛下，天資仁智，神助機權，奉莊宗於多難之時，從先帝於四征之際，凡當決勝，無不成功。洎正皇綱，每嚴師律，爲國家之志大，守臣子之道全。自泣遺弓，常悲易月，欲期同軌，親赴因山。而自鄂王承祧，奸臣擅命，致神祇之乏饗，激朝野以歸心。使屈者伸，令否者泰，人情大順，天象至明。聚東井以呈祥，拱北辰而應運。[2]由是文武百辟，岳牧群賢，至於比屋之倫，盡祝當陽之位。今則承太后慈旨，守先朝遠圖，撫四海九州，享千齡萬祀。臣等不勝大願，謹上寶册，稟太后令，奉皇帝踐祚。臣等誠慶誠忭，謹言。

[1]特進：官名。西漢末期始置，授給列侯中地位較特殊者。隋唐時期，特進爲散官，授給有聲望的文武官員。正二品。　司空：官名。與太尉、司徒並爲三公，唐後期、五代時多爲大臣、勳貴加官。正一品。　門下侍郎：官名。門下省次官。常加“同中書門下平章事”銜爲宰相。正二品。　同中書門下平章事：官名。簡稱“同平章事”。唐代高宗以後，凡實際任宰相之職者，常在其本官後加“同平章事”的職銜，後成爲宰相專稱。後晋天福五年(940)，升中書門下平章事爲正二品。　太微宫使：官名。唐朝尊老子爲祖，建玄元廟奉祀。天寶二年（743）改西京玄元廟爲太清宫，東京爲太微宫，天下諸郡爲紫極宫，又改譙郡紫極宫爲太清宫。設太清宫使、太微宫使。宋敏求《春明退朝録》：“唐制，宰相四人，首相爲太清宫使，次三相皆帶館職，洪（正字犯宣祖廟諱）文館大學士、監修國史、集賢殿大學士，以此爲次序。”太微，《輯本舊史》之影庫本粘籤：“原本作‘大徵’，今從《新唐書》改正。”太微宫使，見於兩《唐書》多處。　弘文館大學士：官名。唐武德四年（621）始置修文館，以安置文學之士，典司書籍。唐太宗即位，改爲弘文館。置學士、大學士，以高官兼領。　上柱國：官名。北周武帝建德四年（575），置上柱國爲高級勳官。隋、唐沿置。五代後唐明宗天成三年（928）詔，今後凡加勳，先自武騎尉，經十二轉方授予上柱國。正二品。

[2]北辰：中華書局本有校勘記：“‘北辰’，原作‘北宸’，據殿本改。”

帝就殿之東楹受群臣稱賀。先是，帝在鳳翔日，有瞽者張濛自言知術數，事太白山神，其神祠即元魏時崔浩廟也。[1]時之否泰，人之休咎，濛告於神，即傳吉凶之言，帝親校房暠酷信之。[2]一日，濛至府，聞帝語聲，駭然曰：“非人臣也。”暠詢其事，即傳神語曰：“三珠

倂一珠，驢馬没人驅，歲月甲庚午，中興戊己土。”暠請解釋，曰：“神言予不知也。”長興四年五月，府廨諸門無故自動，人頗駭異。遣暠問濛，濛曰：[3]“衙署小異勿怪，不出三日，當有恩命。”是夜報至，封潞王。及帝移鎮河東，甚懼，問濛，濛曰：“王保無患。”王思同兵至，又詰之，濛曰：“王有天下，不能獨力，朝廷兵來迎王也。王若疑臣，臣唯一子，[4]請王致之麾下，以質臣心。”帝乃以濛攝館驛巡官。至是，帝受册，册曰：“維應順元年歲次甲午，四月庚午朔。”帝回視房暠曰：“張濛神言甲庚午，不亦異乎！”帝令暠共術士解三珠一珠事，言：“三珠，三帝也；驢馬没人驅，失位也。”帝即位之後，以濛爲將作少監同正，仍賜金紫以酬之。帝初封潞王，言事者云：“潞字一足已入洛矣。”[5]又，帝在鳳翔日，有何叟者，年踰七十，暴卒，見陰官凭几告叟曰：“爲我言於潞王，來年三月當爲天子，二十三年。”叟既蘇，懼不敢言。逾月復卒，陰官見而叱之曰：“安得違吾旨，不達其事，再放汝還。”退見廊廡下簿書，以問主者，曰：“朝代將易，此即昇降人爵之籍也。”及蘇，詣帝親校劉延朗告之。[6]帝召而問之，叟曰：“請質之，此言無徵，戮之可也。”後人云：“二十三，蓋帝之小字也。”[7]又，石壕人胡杲通善天文，[8]帝召問之，曰：“王貴不可言，若舉動，宜以乙未年。”及舉兵，又問之，杲通曰：“今歲蔀首，王者不宜建功立事，若俟來歲入朝，則福祚永遠矣。”[9]其後皆驗。夫如是，則大寶之位，必有冥數，可輕道哉！丙

子，詔河南府率京城居民之財以助賞軍。[10]丁丑，又詔預借居民五個月房課，不問士庶，一概施行。帝素輕財好施，自岐下爲諸軍推戴，告軍士曰："候入洛，人賞百千。"至是，以府藏空匱，於是有配率之令，京城庶士自絶者相繼。己卯，衛州奏，此月九日鄂王薨。庚辰，以宰臣劉昫判三司。[11]辛巳，邢州奏，磁州刺史宋令詢自經而卒。[12]令詢，鄂王在藩時都押牙也，故至於是。壬午，[13]帝以鄂王薨，行服於内園，群臣奉慰。癸未，太后、太妃出宫中衣服器用以助賞軍。乙酉，帝服衮冕御明堂殿，文武百僚朝服就位，宣制改應順元年爲清泰元年，大赦天下，常赦不原者咸赦除之。[14]丁亥，以宣徽北院使郝瓊爲宣徽南院使，權判樞密院；以前三司使王玫爲宣徽北院使。[15]以隨駕牙將宋審虔爲皇城使，劉延朗爲莊宅使。[16]鳳翔節度判官韓昭裔爲左諫議大夫，充端明殿學士；觀察判官馬裔孫爲翰林學士；掌書記李專美爲樞密院直學士。[17]戊子，侍衛親軍都指揮使康義誠伏誅。[18]是日，詔曰：樞密使朱弘昭、馮贇、宣徽南院使孟漢瓊、西京留守王思同、前邠州節度使藥彦稠，[19]共相朋煽，妄舉干戈，互興離間之謀，幾構傾亡之禍，宜行顯戮，以快群情，仍削奪官爵云。庚寅，鳳翔奏，西川孟知祥僭稱大蜀，年號明德。[20]有司上言：[21]"皇帝以五月朔日御明堂殿受朝，三日夏至，祀皇地祇，前二日奏告獻祖室，[22]不坐。比正旦冬至，是日有祀事，則次日受朝。今祀在五鼓前，質明行禮畢，御殿在始旦後，[23]請比例行之。"詔曰："日出御殿，與

祀事無妨，[24]宜依常年例。”史館奏：“凡書詔及處分公事，臣下奏議，望令近臣録付當館。”[25]詔端明殿學士韓昭裔、樞密直學士李專美録送。辛卯，以左諫議大夫盧損爲右散騎常侍。[26]壬辰，詔賜禁軍及鳳翔城下歸明將校錢帛各有差。[27]初，帝離岐下，諸軍皆望以不次之賞，及從至京師，不滿所望，相與謡曰：“去却生菩薩，扶起一條鐵。”[28]其無厭如此。丙申，葬明宗皇帝於徽陵。丁酉，奉神主於太廟。戊戌，山陵使、司空兼門下侍郎、平章事馮道上表納政，[29]不允。

[1]張濛：人名。籍貫不詳。五代後唐官員。事見本書本卷。《輯本舊史》之影庫本粘籤：“原本作‘張澂’，考《歐陽史》及《册府元龜》並作‘濛’，今改正。”見《新五代史》卷二七《劉延朗傳》、《宋本册府》卷八七六《總録部·方術門》張濛條、明本《册府》卷二一《帝王部·徵應門》梁末帝條。　太白山：山名。位於今陜西寶鷄市，是秦嶺主峰。　崔浩：人名。清河東武城（今山東武城縣）人。北魏宰相。傳見《魏書》卷三五、《北史》卷二一。

[2]房暠：人名。京兆長安（今陜西西安市）人。五代後唐、後晋大臣。傳見本書卷九六。

[3]濛曰：中華書局本有校勘記：“‘濛’字原闕，據殿本、《通曆》卷一三補。”見《通曆》卷一三後唐末帝條。

[4]臣唯一子：《宋本册府》卷八七六《總録部·方術門》張濛條“臣唯一子”下有“未及冠”。

[5]潞字一足已入洛矣：《輯本舊史》之影庫本粘籤：“原本作‘一足已入潞矣’，今據《册府元龜》改正。”明本《册府》卷二一《帝王部·徵應門》末帝條作“潞字一足入洛”。

［6］劉延朗：人名。宋州虞城（今河南虞城縣）人。五代後唐大臣。傳見本書卷六九、《新五代史》卷二七。

［7］後人云："二十三，蓋帝之小字也"：孔本《輯本舊史》之案語："《太平廣記》引《王氏見聞録》作馬步判官何某，即位後，擢爲天興縣令。"見《太平廣記》卷一三六《徵應二》潞王條。

［8］石壕：地名。位於今河南三門峽市。　胡杲通：人名。石壕（今河南三門峽市陝州區）人。事見本書本卷、卷四七。

［9］"今歲蔀首"至"則福祚永遠矣"：明本《册府》卷二一作："今歲曆法名陰，部首王者，不宜建功立事。王且挾今主，俟來歲入朝，則福祚永遠。"

［10］河南府：府名。治所在今河南洛陽市。

［11］劉昫：人名。涿州歸義（今河北容城縣）人。五代大臣，曾任宰相、監修國史，領銜撰進《舊唐書》。傳見本書卷八九、《新五代史》卷五五。　三司：官署名。五代後唐明宗天成元年（926）合鹽鐵、度支、户部爲一職，始稱三司，爲中央最高之理財機構。　庚辰，以宰臣劉昫判三司：《輯本舊史》之案語："《夢溪筆談》載：應順元年案檢一通，乃除宰相劉昫兼判三司堂檢，前有擬狀云：'具官劉昫，右，經國才高，正君志切，方屬體元之運，實資謀始之規。宜注宸衷，委司判計，漸期富庶，永贊聖明。臣等商量，望授依前中書侍郎、兼吏部尚書、同中書門下平章事，充集賢殿大學士，兼判三司，散官、勳封如故，未審可否？如蒙允許，望付翰林降制處分，謹録奏聞。'其後有制書曰：'宰臣劉昫，右，可兼判三司公事，宜令中書門下依此施行。付中書門下，准此。四月十日。'用御前新鑄之印，押檢二人，乃馮道、李愚也。案此條可考見五代時案檢之式，今附録於此。（孔本）"見《夢溪筆談》卷一。

［12］邢州：州名。治所在今河北邢臺市。　磁州：州名。治所在今河北磁縣。　宋令詢：人名。籍貫不詳。後唐愍帝元從親信。傳見本書卷六六。

［13］壬午：《輯本舊史》原作“甲申”。《舊五代史考異》：“案下文有癸未，疑當作壬午。”但未改。四月庚午朔，辛巳十二日，癸未十四日，甲申十五日，乙酉十六日，甲申在癸未後一日，應改爲“壬午”。

［14］明堂殿：宮殿名。位於今河南洛陽市。　清泰：五代後唐廢帝李從珂年號（934—936）。　宣制改應順元年爲清泰元年，大赦天下，常赦不原者咸赦除之：詳見明本《册府》卷九三《帝王部·赦宥門一二》清泰元年（934）改制制文。

［15］宣徽北院使：官名。唐始置。宣徽北院的長官。初用宦官，五代以後改用士人。與宣徽南院使通掌内諸司及三班内侍之名籍，郊祀、朝會、宴享供帳之儀，檢視内外進奉名物。參見王永平《論唐代宣徽使》，《中國史研究》1995 年第 1 期；王孫盈政《再論唐代的宣徽使》，《中華文史論叢》2018 年第 3 期。　郝瓊：人名。籍貫不詳。事見本書卷四五、卷四七。　宣徽南院使：官名。唐始置。宣徽南院長官。初用宦官，五代以後改用士人。與宣徽北院使通掌内諸司及三班内侍之名籍，郊祀、朝會、宴享供帳之儀，檢視内外進奉名物。參見王永平《論唐代宣徽使》、王孫盈政《再論唐代的宣徽使》。　樞密院：官署名。唐代宗曾設樞密使，以宦官充任。五代時，後梁設置崇政院，掌管軍國大政；後唐改稱樞密院，與中書分理朝政。　三司使：官名。五代後唐明宗天成元年（926）將晚唐以來的户部、度支、鹽鐵三部合爲一職，設三司使統之。主管國家財政。　王玫：人名。籍貫不詳。五代後唐、後晋大臣。事見《通鑑》卷二七九。

［16］宋審虔：人名。籍貫不詳。五代後唐官員。事見本書本卷、卷四八。　皇城使：官名。唐末始置，爲皇城司長官，一般由君主的親信充任，以拱衛皇城。　莊宅使：官名。唐始置。掌管兩京地區官府掌握的莊田、磨坊、店鋪、菜園、車坊等産業。

［17］韓昭裔：人名。籍貫不詳。後唐、後晋、後周官員。事見本書本卷、卷四七、卷四八、卷七六、卷一一一、卷一一四。　左

諫議大夫：官名。隸門下省。唐代置左、右諫議大夫各四人，分隸門下省、中書省。掌諫諭得失，侍從贊相。正四品下。　端明殿學士：官名。後唐明宗時始置，以翰林學士充任，負責誦讀四方書奏。　觀察判官：官名。唐肅宗以後置，五代沿置。觀察使屬官，參理田賦事，用觀察使印、署狀。　翰林學士：官名。由南北朝始設之學士發展而來，唐玄宗改翰林供奉爲翰林學士，備顧問、代王言。掌拜免將相、號令征伐等詔令的起草。　掌書記：官名。唐、五代方鎮僚屬，位在判官下。掌表奏書檄等文辭之事。　樞密院直學士：官名。五代後唐同光元年（923），改直崇政院置，選有政術文學者充任。充皇帝侍從，備顧問應對。

[18]康義誠：人名。沙陀部人。五代後唐將領。傳見本書卷六六、《新五代史》卷二七。　戊子，侍衛親軍都指揮使康義誠伏誅：《舊五代史考異》："《五代春秋》：乙酉，誅康義誠、朱弘昭、馮贇。然弘昭投井死，贇爲安從進所殺，俱在三月，未嘗與義誠同日伏誅也。《歐陽史》作戊子，殺康義誠及藥彦稠。《通鑑》作己丑，殺彦稠。"見《新五代史》卷七《唐廢帝紀》清泰元年四月戊子條、《通鑑》卷二七九清泰元年四月己丑條。

[19]馮贇：人名。太原（今山西太原市）人。五代後唐明宗朝宰相、三司使。傳見本書附録、《新五代史》卷二七。　孟漢瓊：人名。籍貫不詳。五代後唐宦官，時任宣徽南院使。傳見本書卷七二。　邠州：州名。治所在今陝西彬縣。

[20]西川：方鎮名。治所在成都府（今四川成都市）。　孟知祥：人名。邢州龍岡（今河北邢臺市）人。李克用女婿，五代十國後蜀開國皇帝。傳見本書卷一三六、《新五代史》卷六四。　明德：後蜀高祖孟知祥年號（934—937）。

[21]有司：《會要》卷五受朝賀條清泰元年四月記事、《宋本册府》卷五九四《掌禮部·奏議門二二》末帝清泰元年四月條、明本《册府》卷一〇八《帝王部·朝會門三》清泰元年四月庚寅條均作"中書門下"。

［22］獻祖：即李國昌，又名朱邪赤心。沙陀部首領。唐末軍閥。李克用之父。其孫後唐莊宗李存勗即帝位後，追謚其爲文皇，廟號獻祖。事見《舊唐書》卷一九上《懿宗紀》、卷一九下《僖宗紀》。

［23］御殿在始旦後：中華書局本有校勘記："'始'字原闕，據《册府》卷一〇八、卷五九四、《五代會要》卷五補。"見《會要》卷五受朝賀條、《宋本册府》卷五九四《掌禮部·奏議門二二》、明本《册府》卷一〇八《帝王部·朝會門三》。

［24］與祀事無妨：中華書局本有校勘記："'與'，原作'舉'，據《册府》卷一〇八、卷五九四、《五代會要》卷五改。"

［25］史館：官署名。官修史書之機構。北齊始置。唐初隸秘書省著作局。唐貞觀三年（629）移於禁中，隸門下省。修本朝史由史官負責，修前代史多由他官編纂，宰相監修，正式確立史館修史、宰相監修之制。開元二十五年（737），徙史館於中書省。天寶後，他官兼領史職者，謂之史館修撰，初入者爲直館。　望令近臣録付當館：《宋本册府》卷五五七《國史部·採録門三》韓昭裔條作："望命近臣以時繫日，録下史館編修。"

［26］盧損：人名。范陽（今河北涿州市）人。唐末、五代官員。傳見本書卷一二八、《新五代史》卷五五。　右散騎常侍：官名。中書省屬官。掌侍奉規諷，備顧問應對。正三品下。

［27］詔賜禁軍及鳳翔城下歸明將校錢帛各有差：《舊五代史考異》："《通鑑》云：禁軍在鳳翔歸命者，自楊思權、尹暉等各賜二馬、一駝、錢七十緡，下至軍人錢二十緡，其在京者各十緡。"見《通鑑》卷二七九清泰元年四月壬辰條，明本《册府》卷八一《帝王部·慶賜門三》末帝清泰元年四月條稍詳。"禁軍及鳳翔城下歸明將校"，《册府》作"禁軍鳳翔城下歸明將校"，《通鑑》作"禁軍在鳳翔歸命者"，均指在鳳翔歸命之禁軍。

［28］去却生菩薩，扶起一條鐵：《輯本舊史》之案語："《通鑑》作'除去菩薩，扶立生鐵'。胡三省注云：閔帝小字菩薩。"

見《通鑑》卷二七九清泰元年四月壬辰條及胡注。

[29]山陵使：官名。亦稱山陵儀仗使。唐貞觀中始置。掌議帝后陵寢制度、監造帝后陵寢。

五月庚子朔，御文明殿受朝賀。[1]乙巳，以左龍武指揮使安審琦爲左右捧聖都指揮使，以右千牛衛上將軍符彦饒爲左右嚴衛都指揮使。[2]丙午，以端明殿學士韓昭胤爲樞密使；以莊宅使劉延朗爲樞密副使；以權知樞密事房暠爲宣徽北院使；以成德軍節度使、大同彰國振武威塞等軍蕃漢馬步都部署、檢校太尉、兼中書令、駙馬都尉石敬瑭爲北京留守、河東節度使，加檢校太師、兼中書令，都部署如故。[3]汴州節度使、檢校太師、兼侍中、駙馬都尉趙延壽進封魯國公。戊申，中書門下奏，太常禮院狀，明宗以此月二十日祔廟，宰臣攝太尉行事。[4]緣馮道在假，李愚十八日私忌，在致齋内，劉昫又奏判三司免祀事，[5]詔禮官參酌。有司上言："李愚私忌，在致齋内，諸私忌日，遇大朝會入閤宣召，皆赴朝參。今祔廟事大，忌日屬私，請比大朝會宣召例。"[6]從之。以陝府節度使康思立爲邢州節度使，以同州節度使安重霸爲西京留守，以羽林右第一軍都指揮使、春州刺史楊思權爲邠州節度使。[7]己酉，左監門衛將軍孔知鄴、右驍衛將軍華光裔並勒停見任。[8]時差知鄴應州告廟，稱疾辭命，改差光裔，復稱馬墜傷足，故俱罷之。[9]庚戌，以司空兼門下侍郎、平章事馮道爲檢校太尉、同平章事，充同州節度使；以天雄軍節度使范延光爲樞密使，封齊國公；鄆州節度使李從曮爲鳳翔節度

使。[10]辛亥，以嚴衛都指揮使尹暉爲齊州防禦使。[11]甲寅，以侍衛馬軍都指揮使、順化軍節度使安從進爲河陽節度使，[12]典軍如故。太常卿盧文紀奏：[13]“明宗一室，酌獻舞曲，請名《雍熙之舞》。”從之。丁巳，以皇子銀青光禄大夫、檢校工部尚書重美爲檢校司徒、守左衛上將軍。[14]自是，諸道節度使、刺史、文武臣僚，相繼加檢校官，或階爵封邑，以帝登位覃慶也。戊午，以隴州防禦使相里金爲陜州節度使。[15]初，帝以檄書告藩隣，唯金遣判官薛文遇往來計事，[16]故以節鎮獎之。宣徽北院使、檢校工部尚書房暠加檢校司空，行左威衛大將軍，使如故。[17]以樞密使、左諫議大夫韓昭裔爲刑部尚書，[18]使如故。己未，太白晝見。[19]以樞密副使劉延朗爲左領軍大將軍，[20]職如故。庚申，左僕射、門下侍郎、平章事、監修國史李愚加特進，[21]充太微宫使、弘文館大學士，[22]餘如故。中書侍郎、兼吏部尚書、同平章事，集賢院大學士、判三司劉昫加門下侍郎、兼吏部尚書、平章事、監修國史、判三司。[23]癸亥，秦州奏，西川孟知祥出軍迫陷成州。[24]以宣徽南院使、右驍衛大將軍郝瓊爲左驍衛上將軍，[25]職如故。以前義州刺史張承祐爲武勝軍留後。[26]戊辰，以前右龍武統軍王景戡爲右驍衛上將軍。[27]

[1]文明殿：五代後梁開平三年（909）以貞觀殿改名，位於今河南洛陽市。

[2]左龍武指揮使：官名。所部統兵將領。左龍武爲部隊番號。安審琦：人名。沙陀部人。五代將領。歷仕後唐、後晋、後漢、

後周。傳見本書卷一二三。　右千牛衛上將軍：官名。唐代置十六衛之一。掌宫禁宿衛。從二品。　符彦饒：人名。陳州宛丘（今河南淮陽縣）人。符存審次子。五代後唐、後晋將領。傳見本書卷九一、《新五代史》卷二五。　以右千牛衛上將軍符彦饒爲左右嚴衛都指揮使：明本《册府》卷七八《帝王部·委任門二》符彦饒條、《宋本册府》卷一七二《帝王部·求舊門二》清泰元年（934）五月條作"右千牛衛"。五代無所謂右千牛將軍，據改。

［3］樞密副使：官名。樞密院副長官。　成德軍：方鎮名。治所在鎮州（今河北正定縣）。　大同：方鎮名。治所在雲州（今山西大同市）。　彰國：方鎮名。治所在應州（今山西應縣）。　振武：方鎮名。後梁貞明二年（916）以前，治所位於單于都護府城（今内蒙古和林格爾縣）。貞明二年單于都護府城爲契丹占據。此後至後唐清泰三年，治所位於朔州（今山西朔州市朔城區）。後晋時隨燕雲十六州割予契丹，改名順義軍。　威塞：方鎮名。治所在新州（今河北涿鹿縣）。　蕃漢馬步都部署：官名。五代後唐置，爲蕃漢馬步軍總指揮官。　駙馬都尉：官名。漢武帝時始置，魏、晋以後公主夫婿多加此稱號。從五品下。

［4］趙延壽：人名。本姓劉，恒山（今河北正定縣）人。後唐明宗李嗣源女婿，後降契丹，引導契丹攻滅後晋。傳見本書卷九八、《遼史》卷七六。　中書門下：官署名。唐代以來爲宰相處理政務的機構。參見劉後濱《唐代中書門下體制研究——公文形態·政務運行與制度變遷》，齊魯書社 2004 年版。　太常禮院：官署名。唐置，隸太常寺。貞元七年（791）置禮院直二人，九年置禮院修撰、檢討各一人，掌教禮儀，事許專達。五代沿置，掌郊廟制度，檢討禮儀故事。

［5］劉昫又奏判三司免祀事：《舊五代史考異》："《五代會要》：清泰元年五月，宰臣劉昫奏：'中書以近敕祠祭行事官致齋内，唯祀事得行，其餘悉斷。又宰臣行事致齋内，不押班，不赴内殿起居，不知印。臣緣判三司公事，其祀事、國忌、行香，伏乞特免。'

從之。”見《會要》卷一三中書門下條清泰元年五月記事。

[6]“李愚私忌”至“請比大朝會宣召例”:《輯本舊史》之案語:“《五代會要》載此奏,下有‘差李愚從事’五字,《薛史》删去。”見《會要》卷四緣祀裁製條清泰元年五月記事,“皆赴朝參”作“尚赴朝參”;“請比大朝會宣召例”前有“致齋日”三字,均勝於《輯本舊史》。又見《宋本册府》卷五九四《掌禮部·奏議門二二》清泰元年五月戊申條。

[7]同州:州名。治所在今陝西大荔縣。　安重霸:人名。雲州(今山西大同市)人。五代將領。傳見本書卷六一、《新五代史》卷四六。　春州:州名。唐武德四年(621)置,治所在陽春縣(今廣東陽春市)。

[8]左監門衛將軍:官名。唐代置十六衛之一。掌宫禁宿衛。從三品。　孔知鄴:人名。籍貫不詳。本書僅此一見。　右驍衛將軍:官名。唐代置十六衛之一。掌宫禁宿衛。從三品。　華光裔:人名。籍貫不詳。事見本書本卷、卷一一一、卷一三七。《宋本册府》卷一五四《帝王部·明罰門三》作“華光遠”,《宋本册府》卷九八〇《外臣部·通好門》廣順元年(951)五月己巳條、九九八《外臣部·奸詐門》廣順元年二月同本紀,當爲避後漢高祖諱改名。

[9]鄴:都城名。治所在今河北大名縣。五代後唐同光元年(923),改魏州爲興唐府,建號東京。三年,改東京爲鄴都。　應州:州名。治所在今山西應縣。　“己酉”至“故俱罷之”:詳見《宋本册府》卷一五四清泰元年五月條。

[10]天雄軍:方鎮名。治所在魏州(今河北大名縣)。　范延光:人名。相州臨漳(今河北臨漳縣)人。五代後唐、後晋將領。傳見本書卷九七、《新五代史》卷五一。　李從曮:人名。深州博野(今河北蠡縣)人。李茂貞之子,後晋時封秦王。傳見本書卷一三二。

[11]齊州:州名。治所在今山東濟南市。　防禦使:官名。唐

代始置，設有都防禦使、州防禦使兩種。常由刺史或觀察使兼任，實際上爲唐代後期州或方鎮的軍政長官。

[12]順化軍：方鎮名。治所在楚州（今江蘇淮安市）。　安從進：人名。索葛部人。五代後唐、後晋將領。傳見本書卷九八、《新五代史》卷五一。　河陽：方鎮名。全稱“河陽三城”。治所在孟州（今河南孟州市）。　都指揮使：中華書局本有校勘記：“‘使’字原闕，據邵本、本書卷四五《唐閔帝紀》、卷四七《唐末帝紀中》補。”見《輯本舊史》卷四五《唐閔帝紀》應順元年（934）三月癸亥條、卷四七《唐末帝紀中》清泰二年九月己亥條。

[13]太常卿：官名。太常寺長官。掌祭祀禮儀等事。正三品。　盧文紀：人名。京兆萬年（今陝西西安市長安區）人。唐末進士，五代宰相。傳見本書卷一二七、《新五代史》卷五五。

[14]銀青光禄大夫：官名。唐、五代散官。從三品。　檢校工部尚書：官名。地方使職帶檢校三公、三師及臺省官之類，表示遷轉經歷和尊崇的地位，檢校兵部尚書爲其中之一階，爲虚銜。　重美：人名。即李重美。後唐廢帝李從珂之子。傳見本書卷五一、《新五代史》卷一六。　檢校司徒：官名。爲散官或加官，以示恩寵，無實際執掌。　左衛上將軍：官名。唐代置十六衛之一。掌宫禁宿衛。從二品。

[15]隴州：州名。治所在今陝西隴縣。　相里金：人名。并州（今山西太原市）人。五代後晋將領。傳見本書卷九〇、《新五代史》卷四七。　陜州：《輯本舊史》之影庫本粘籤：“原本作‘隰州’，今從《通鑑》及《歐陽史》改正。”《新五代史》卷四七《相里金傳》、《通鑑》卷二七九清泰元年五月戊午條均作“保義軍節度使”，保義軍治陜州。

[16]薛文遇：人名。籍貫不詳。五代後唐大臣。事見本書卷四八及《通鑑》卷二七九、卷二八〇。

[17]檢校司空：官名。爲散官或加官，以示恩寵，無實際執掌。　左威衛大將軍：官名。唐代置十六衛之一。掌宫禁宿衛。正

三品。

[18]刑部尚書：官名。尚書省刑部主官。掌天下刑法及徒隸、勾覆、關禁之政令。正三品。

[19]太白晝見：白天見到金星。金星爲日月以外星空最亮的天體。日出後，日落前，也可見到其出現在天空。

[20]左領軍大將軍：官名。唐代置十六衛之一。掌宮禁宿衛。正三品。

[21]左僕射：官名。秦始置。隋、唐前期以左、右僕射佐尚書令總理六官、綱紀庶務；如不置尚書令，則總判省事，爲宰相之職。唐後期多爲大臣加銜。從二品。　監修國史：官名。北齊始置史館，以宰相爲之。唐史館沿置，爲宰相兼職。

[22]太微宫：中華書局本有校勘記："'太微宫'，原作'太徽宫'，據殿本、劉本、邵本校改。影庫本批校：'太徽，應作"太微"。'"

[23]中書侍郎：官名。中書省副長官。唐後期三省長官漸爲榮銜，中書、門下侍郎却因參議朝政而職位漸重，常常用爲以"同三品"或"同平章事"任宰相者的本官。正三品。　吏部尚書：官名。尚書省吏部長官，與二侍郎分掌六品以下文官選授、勳封、考課之政令。正三品。　集賢院大學士：官名。集賢院文史官，位於集賢院學士之上。唐至德二載（757）置。五代沿用。以宰相兼任。

[24]秦州：州名。治所在今甘肅秦安縣。　成州：州名。治所在今甘肅成縣。

[25]右驍衛大將軍：官名。唐代置十六衛之一。掌宮禁宿衛。正三品。　左驍衛上將軍：官名。唐代置十六衛之一。掌宮禁宿衛。從二品。

[26]義州：州名。治所在今河南信陽市。　張承祐：人名。籍貫不詳。事見本書本卷。　武勝軍：方鎮名。治所在鄧州（今河南鄧州市）。　留後：官名。唐、五代節度使多以子弟或親信爲留後，以代行節度使職務，亦有軍士、叛將自立爲留後者。掌一州或數州

軍政。

［27］右龍武統軍：官名。唐置六軍，分左右羽林、左右龍武、左右神武，即“北衙六軍”。興元元年（784）六軍各置統軍，以寵勳臣。五代沿之。其品秩，《唐會要》卷七一、《舊唐書》卷一二記載爲“從二品”，《通鑑》卷二二九記載爲“從三品”。　王景戡：人名。籍貫不詳。事見本書卷三四、卷三七、卷三九、卷四〇、卷四二等。

六月庚午朔，改侍衛捧聖軍爲彰聖，改嚴衛軍爲寧衛。[1]壬申，封吴岳成德公爲靈應王，禮秩同五岳。帝初起，遣使祭岳以求祐，及登祚，故有是報。[2]幽州節度使趙德鈞進封北平王，青州節度使房知温進封東平王。[3]癸酉，以前鄜州節度使索自通爲右龍武統軍。[4]甲戌，皇子左衛上將軍重美加檢校太保、同平章事，充鎮州節度使、兼河南尹，判六軍諸衛事。[5]丁丑，詔天下見禁罪人，委所在長吏躬親慮問，疾速疏決。庚辰，幸至德宫，因幸房知温、安元信、范延光、索自通、李從敏第。[6]壬午，以檢校太子太傅致仕王建立爲檢校太尉、兼侍中、鄆州節度使，以前宋州節度使安元信爲檢校太尉、兼侍中、潞州節度使。[7]癸未，三司使劉昫奏：“天下户民，自天成二年括定秋夏田税，迨今八年。近者相次有百姓詣闕訴田不均，累行蠲放，漸失税額，望差朝臣一概檢視。”不報。甲申，帝爲故皇子亳州刺史重吉、皇長女尼惠明大師幼澄舉哀行服，[8]群臣詣閤門奉慰。帝起兵之始，重吉、幼澄俱爲閔帝所害。乙酉，以户部侍郎韓彦惲爲絳州刺史，以左武衛上將軍李肅爲單州刺

史。[9]丙戌，襄州節度使趙在禮加同平章事。[10]甲午，以武勝軍留後張承祐爲華州節度使，以皇城使宋審虔爲壽州節度使，充侍衛步軍都指揮使；以右衛上將軍劉仲殷爲宋州節度使；以侍衛步軍都指揮使、壽州節度使皇甫遇爲鄧州節度使；以前華州節度使華温琪爲太子太傅致仕。[11]丁酉，左神武統軍周知裕卒，贈太傅。是月，京師大旱，熱甚，暍死者百餘人。[12]

[1]彰聖、寧衛：爲禁軍番號。　改侍衛捧聖軍爲彰聖，改嚴衛軍爲寧衛：《會要》卷一二京城諸軍條清泰元年六月記事作："改捧聖馬軍爲彰聖左、右軍，嚴衛步軍爲寧衛左、右軍。"

[2]吴岳成德公：即岍山、汧山。亦名岳山、吴岳山。在今陝西隴縣西南。唐玄宗始封東鎮沂山爲東安公，南鎮會稽山爲永興公，西鎮吴山爲成德公，中鎮霍山爲應聖公，北鎮醫無閭山爲廣寧公。合而爲五鎮。　"壬申"至"故有是報"：《舊五代史考異》："《五代會要》載中書門下奏：天寶十載正月，封吴山成德公，與沂山、會稽、醫巫閭同封。至德二載十二月，改吴山爲岳，祠享官屬一同五岳。今國家欲祈禱靈應，宜示殊禮。臣等商量，請加封爲靈應王。從之。""封吴山成德公"，中華書局本有校勘記："'吴山'，原作'吴岳'，據殿本、《五代會要》卷一一改。'爲'字原闕，據殿本、《五代會要》卷一一補。""今國家以祈禱靈應"，中華書局本有校勘記："'以'，原作'欲'，據殿本、《五代會要》卷一一改。"見《會要》卷一一封嶽瀆條清泰元年（934）六月記事，又見明本《册府》卷三四《帝王部·崇祭祀門三》清泰元年五月壬申詔。

[3]幽州：州名。治所在今北京市。　趙德鈞：人名。幽州（今北京市）人。初爲幽州節度使劉守光部將，後爲後唐將領，投降遼國。傳見本書卷九八。　青州：州名。治所在今山東青州市。

房知温：人名。兗州瑕丘（今山東濟寧市兗州區）人。五代後唐將領。傳見本書卷九一、《新五代史》卷四六。

[4]鄜州：州名。治所在今陝西富縣。　索自通：人名。太原清源（今山西清徐縣）人。五代後唐將領。傳見本書卷六五。

[5]河南尹：官名。唐開元元年（713）改洛州爲河南府，治所在今河南洛陽市，河南府尹總其政務。從三品。　判六軍諸衛事：官名。五代後唐沿唐代舊制，置六軍諸衛，以判六軍諸衛事爲禁軍六軍與諸衛的最高統帥。

[6]安元信：人名。代北（今山西代縣）人。五代後唐、後晋將領。事見本書卷三二。　李從敏：人名。後唐明宗之侄。傳見本書卷八八、《新五代史》卷一五。

[7]檢校太子太傅：官名。爲散官或加官，以示恩寵，無實際執掌。　王建立：人名。遼州榆社（今山西榆社縣）人。五代後唐、後晋大臣。傳見本書卷九一、《新五代史》卷四六。　壬午，以檢校太子太傅致仕王建立爲檢校太尉、兼侍中、鄆州節度使：《宋本册府》卷一七二《帝王部·求舊門二》清泰元年六月條將此事繫於辛巳："辛巳，以太子太傅致仕王建立兼侍中，充天平軍節度，鄆、齊、棣等州觀察處置等使。"本月庚午朔，辛巳十二日，壬午十三日，差一日。　潞州：州名。治所在今山西長治市。

[8]幼澄：人名。後唐末帝李從珂之女。傳見《新五代史》卷一六。

[9]户部侍郎：官名。尚書省户部次官。協助户部尚書掌天下田户、均輸、錢穀之政令。正四品下。　韓彦惲：人名。籍貫不詳。事見本書卷三四、卷三八、卷三九、卷四四、卷四五、卷四八、卷一四三。　絳州：州名。治所在今山西新絳縣。　左武衛上將軍：官名。唐代置十六衛之一。掌宫禁宿衛。從二品。　李肅：人名。五代官員。事見本書卷一〇、卷三四、卷四二、卷四五、卷七六、卷九三、卷一〇〇、卷一〇九、卷一一一、卷一一四。　單州：州名。治所在今山東單縣。

[10]襄州：州名。治所在今湖北襄陽市。　趙在禮：人名。涿州（今河北涿州市）人。五代後唐、後晋將領。傳見本書卷九〇、《新五代史》卷四六。

[11]張承祐：中華書局本有校勘記："原作'張承遷'，據殿本、劉本及本卷上文改。"　壽州：州名。治所在今安徽壽縣。　皇甫遇：人名。常山（今河北正定縣）人。五代後唐、後晋將領。傳見本書卷九五、《新五代史》卷四七。　鄧州：州名。治所在今河南鄧州市。　太子太傅：官名。與太子太師、太子太保統稱太子三師。隋唐以後多作加官或贈官。從一品。中華書局本有校勘記："'太子太傅'，本書卷七六《晋高祖紀二》、卷九〇《華温琪傳》、《册府》卷三八七、卷八八三作'太子少保'。"見《輯本舊史》卷七六《晋高祖紀二》天福二年（937）正月庚申條，《宋本册府》卷三八七《將帥部・褒異門一三》華温琪條、卷八八三《總録部・形貌門》華温琪條。

[12]是月，京師大旱，熱甚，暍死者百餘人：《宋本册府》卷一四五《帝王部・弭災門三》後唐末帝清泰元年六月諸條記載略詳。

秋七月庚子，太子少保致仕崔沂卒。[1]癸卯，鳳翔進僞蜀孟知祥來書，稱"大蜀皇帝獻書于大唐皇帝"，且言"見迫群情，以今年四月十二日即皇帝位"云，帝不答。以前武州刺史鄭琮爲右衛上將軍。[2]甲辰，幸龍門佛寺禱雨。[3]乙巳，皇子故亳州團練使重吉贈太尉，[4]仍於宋州置廟。丁未，鳳翔節度使李從曮封西平王。是日，宰臣李愚、劉昫因論公事，於政事堂相詬，辭甚鄙惡，帝令樞密副使劉延朗宣諭曰："卿等輔弼之臣，不宜如是，今後不得更然。"[5]辛亥，以太常卿盧文紀爲中

書侍郎、平章事。是日，中書門下三上章請立中宫，從之。丁巳，制立沛國夫人劉氏爲皇后。[6]庚申，太子少傅陳皋卒。[7]乙丑，史官張昭遠以所撰《莊宗朝列傳》三十卷上之。[8]

[1]太子少保：官名。與太子少傅、太子少師合稱“太子三少”，唐後期、五代時多爲大臣、勳貴加官。從二品。　崔沂：人名。博州（今山東聊城市）人。唐宰相崔鉉之子，後梁大臣。傳見本書卷六八。

[2]武州：州名。治所在今河北張家口市宣化區。　鄭琮：人名。太原（今山西太原市）人。後唐、後晋將領。傳見本書卷九一。　右衛上將軍：官名。唐代置十六衛之一。掌宫禁宿衛。從二品。

[3]龍門：地名。位於今河南洛陽市。因兩山相對如闕，伊河從中流過，又名伊闕。唐以後習稱龍門。

[4]故亳州團練使重吉：《輯本舊史》卷一二三：“唐末帝起兵於鳳翔，其子重吉爲亳州防禦使，從敏承朝廷命害之。”

[5]“是日”至“今後不得更然”：《宋本册府》卷一五八《帝王部·誡勵門三》末帝清泰元年（934）七月條略詳：“七月，宰臣李愚、劉昫因論公事於政事堂相詬，辭甚鄙惡，各欲非時見訟是非。帝令劉延郎宣諭：‘卿皆輔弼之臣，萬國式瞻，不宜如是！此後不得更然。’”

[6]劉氏：後唐末帝李從珂皇后。應州渾元（今山西渾源縣）人。傳見《新五代史》卷一六。

[7]太子少傅：官名。與太子少保、太子少師合稱“太子三少”，唐後期、五代時多爲大臣、勳貴加官。從二品。　陳皋：人名。籍貫不詳。事見本書卷三九、卷四〇、卷四一、卷四二。

[8]張昭遠：人名。滄州無棣（今山東慶雲縣）人。五代、宋

朝官員。傳見《宋史》卷三二六。

八月庚午，詔蠲放長興四年十二月以前天下所欠殘税。[1]辛未，以前尚書左丞姚顗爲中書侍郎、平章事。[2]詔應曾受御署官逐攝同一任正官，依期限赴選。[3]荆南奏，[4]僞蜀孟知祥卒，其子昶嗣僞位。壬申，以尚書禮部侍郎鄭韜光爲刑部侍郎，以前工部侍郎楊凝式爲禮部侍郎。[5]甲戌，以前金州防禦使婁繼英爲右神武統軍，以右神武統軍高允貞爲左神武統軍。[6]乙亥，以翰林學士承旨、工部尚書、知制誥李懌爲太常卿，以翰林學士、户部侍郎、知制誥程遜爲學士承旨。[7]甲申，以兵部侍郎龍敏爲吏部侍郎，以祕書監崔居儉爲工部尚書。[8]乙酉，以右武衛上將軍張繼祚爲右衛上將軍；以右驍衛上將軍王景戡爲左衛上將軍；以右領衛上將軍劉衛爲左武衛上將軍；以右千牛上將軍王陟爲右領軍上將軍。[9]以司農卿兼通事舍人、判四方館事王景崇爲鴻臚卿，[10]依前通事舍人、判四方館。丁亥，右龍武統軍索自通卒。[11]辛卯，禮部尚書致仕李光憲卒。[12]甲午，以太子少傅盧質爲太子少師。[13]乙未，以前邢州節度使趙鳳爲太子太保。[14]詔："文武百官差使，宜令依倫次，中書置簿，不得重疊。若當使者自緣有事，或不欲行者，注簿便當一使。自長興三年正月後已曾奉使者，便爲簿首；已後差者，次第注之。"[15]有司上言："皇后受册，内外命婦上牋無答教。"從之。丙申，御文明殿册皇后，命使攝太尉、宰臣盧文紀，使副攝司徒、右諫議大夫盧

損詣皇后宫，行禮畢，恩賜有差。[16]

[1]長興：後唐明宗李嗣源年號（930—933）。

[2]尚書左丞：官名。尚書省佐貳官。唐中期以後，與尚書右丞實際主持尚書省日常政務，權任甚重。正四品上。後梁開平二年（908）改爲左司侍郎，後唐同光元年（923）復舊爲左丞。正四品。　姚顗：人名。京兆萬年（今陝西西安市長安區）人。唐末進士，五代後梁、後唐、後晋大臣。傳見本書卷九二、《新五代史》卷五五。

[3]詔應曾受御署官逐攝同一任正官，依期限赴選：《輯本舊史》之案語："徐無黨《五代史注》云：御署官，疑是廢帝初舉兵時所置之官，以其非吏部正授，故須有旨方得選。"

[4]荆南：方鎮名。治所在荆州（今湖北荆州市）。

[5]尚書禮部侍郎：官名。尚書省禮部次官。協助禮部尚書掌禮儀、祭享、貢舉之政。正四品下。　鄭韜光：人名。洛京河清（今河南洛陽市）人。五代後蜀官員。傳見本書卷九二。　刑部侍郎：官名。尚書省刑部次官。協助刑部尚書掌天下刑法及徒隸、勾覆、關禁之政令。正四品下。　工部侍郎：官名。尚書省工部次官。協助尚書掌管百工、山澤、水土之政令，考其功以詔賞罰，總所統各司之事。正四品下。　楊凝式：人名。華陰（今陝西華陰市）人。唐末、五代官員。傳見本書卷一二八。

[6]金州：州名。治所在今陝西安康市。　婁繼英：人名。籍貫不詳。五代後梁、後唐、後晋將領。傳見《新五代史》卷五一。　右神武統軍：官名。唐置六軍，分左右羽林、左右龍武、左右神武，即"北衙六軍"。興元元年（784），六軍各置統軍，以寵勳臣。五代沿之。其品秩，《唐會要》卷七一、《舊唐書》卷一二記載爲從二品，《通鑑》卷二二九記載爲從三品。　高允貞：人名。籍貫不詳。事見本書本卷、卷三〇、卷三八、卷三九、卷四四。

左神武統軍：官名。唐置六軍，分左右羽林、左右龍武、左右神武，即“北衙六軍”。興元元年，六軍各置統軍，以寵勳臣。五代沿之。其品秩，《唐會要》卷七一、《舊唐書》卷一二記載爲從二品，《通鑑》卷二二九記載爲從三品。

[7]翰林學士承旨：官名。爲翰林學士之首。掌拜免將相、號令征伐等詔令的起草。《舊唐書·職官志二·翰林院》：“例置學士六人，内擇年深德重者一人爲承旨，所以獨承密命故也。”　工部尚書：官名。尚書省工部主官。掌百工、屯田、山澤之政令。正三品。　知制誥：官名。掌起草皇帝的詔、誥之事，原爲中書舍人之職。唐開元末置學士院，翰林學士入院一年，則加知制誥銜，專掌任免宰相、册立太子、宣布征伐等特殊詔令，稱爲内制。而中書舍人所撰擬的詔敕稱爲外制。兩種官員總稱兩制。　李懌：人名。京兆人。五代大臣。傳見本書卷九二、《新五代史》卷五五。　程遜：人名。壽春（今安徽壽縣）人。五代官員。傳見本書卷九六。

[8]兵部侍郎：官名。尚書省兵部次官。協助兵部尚書掌武官銓選、勳階、考課之政。正四品下。　龍敏：人名。幽州永清（今河北永清縣）人。五代大臣。傳見本書卷一〇八、《新五代史》卷五六。　吏部侍郎：官名。尚書省吏部次官。協助吏部尚書掌文選、勳封、考課之政。正四品上。　祕書監：官名。秘書省長官。掌圖書秘記等。從三品。　崔居儉：人名。清河（今河北清河縣）人。五代後梁至後晋官員。傳見本書附録、《新五代史》卷五五。

[9]右武衛上將軍：官名。唐代置十六衛之一。掌宫禁宿衛。從二品。　張繼祚：人名。濮州臨濮（今山東鄄城縣）人。五代將領。張全義之子。傳見本書卷九六。　右武衛上將軍：中華書局本有校勘記：“‘右武衛上將軍’，本書卷四五《唐閔帝紀》作‘左武衛上將軍’。‘右衛上將軍’，清泰三年二月張季澄墓誌（拓片刊《洛陽新獲墓誌》）：‘檢校太保、右驍衛上將軍繼祚，即公之仲父也。’”《輯本舊史》卷四五《唐閔帝紀》應順元年（934）正月丁丑條載：“以前蔡州刺史張繼祚爲左武衛上將軍。”　以右驍衛上將

軍王景戡爲左衛上將軍：中華書局本有校勘記：“‘左’，殿本、劉本、本書卷四七《唐末帝紀中》作‘右’。”見《輯本舊史》卷四七清泰二年八月壬申條。　右領衛上將軍：官名。即右領軍衛上將軍。唐代置十六衛之一。掌宫禁宿衛。從二品。　劉衛：人名。籍貫不詳。本書僅此一見。　右千牛上將軍：官名。唐代置十六衛之一。掌宫禁宿衛。從二品。　王陟：人名。籍貫不詳。本書僅此一見。

[10]司農卿：官名。司農寺長官。掌管倉廩、籍田、苑囿諸事。從三品上。　通事舍人：官名。東晋始置。唐代時爲中書省屬官，全稱中書通事舍人。掌殿前承宣通奏。從六品上。　判四方館事：官名。隋始置四方館，以通事謁者爲主官。唐、五代沿置，以通事舍人或判四方館事爲主官。掌四方往來及互市事務。　王景崇：人名。邢州（今河北邢臺市）人。後漢時升任鳳翔節度使。傳見本書附録、《新五代史》卷五三。　鴻臚卿：官名。秦時稱典客，漢初改大行令，漢武帝時改大鴻臚，北齊置鴻臚寺，以鴻臚寺卿爲主官，後代沿置。掌四夷朝貢、宴飲賞賜、送迎外使等禮儀活動。從三品。

[11]丁亥，右龍武統軍索自通卒：《通鑑》卷二七九於清泰元年八月戊子條載自通“退朝過洛，自投于水而卒”，戊子爲丁亥後一日。

[12]禮部尚書：官名。尚書省禮部主官。掌禮儀、祭享、貢舉之政。正三品。　李光憲：人名。籍貫不詳。事見本書卷四三。

[13]盧質：人名。河南（今河南洛陽市）人。五代大臣。傳見本書卷九三、《新五代史》卷五六。　太子少師：官名。與太子少傅、太子少保統稱“太子三少”。隋唐以後多作加官或贈官。從二品。

[14]趙鳳：人名。幽州（今北京市）人。後唐明宗朝宰相。傳見本書卷六七、《新五代史》卷二八。　太子太保：官名。與太子太師、太子太傅統稱太子三師。隋唐以後多作加官或贈官。從一品。

[15]“詔”至“次第注之”：詔書内容又見《會要》卷二四諸使雜録條所載清泰元年八月敕，略詳。

[16]司徒：官名。與太尉、司空並爲三公，唐後期、五代時多爲大臣、勳貴加官。正一品。　右諫議大夫：官名。唐置左、右諫議大夫，左屬門下省，右屬中書省。掌諫諭得失，侍從贊相。正四品下。

九月己亥，以久雨，分命朝臣禜都城門，[1]告宗廟社稷。辛丑，夜有星如五斗器，西南流，尾迹長數丈，屈曲如龍形。又衆星亂流，不可勝數。京師大雨，雹如彈丸。曹州刺史藥縱之卒。[2]甲辰，以霖霪甚，詔都下諸獄委御史臺憲録問，諸州縣差判官令録親自録問，晝時疏理。[3]壬子，中書門下舉行長興三年敕，常年薦送舉人，州郡行鄉飲酒之時，帖太常草定儀注奏聞。甲寅，以前潞州節度使、檢校太尉、同平章事盧文進爲安州節度使。[4]己未，雲州奏，契丹寇境。[5]

[1]禜：中華書局本有校勘記：“‘禜’，原作‘營’，據劉本、邵本校、《册府》卷一四五、《五代會要》卷一一改。”見《會要》卷一一水溢條清泰元年（934）九月詔、《宋本册府》卷一四五《帝王部·弭災門三》清泰元年九月己亥詔，均詳於此帝紀。

[2]曹州：州名。治所在今山東曹縣西北。　藥縱之：人名。太原（今山西太原市）人。後唐官員。傳見本書卷七一。

[3]御史臺：官署名。秦漢始置。古代國家的監察機構。掌糾察官吏違法，肅正朝廷綱紀。大事廷辨，小事奏彈。　晝時疏理：《輯本舊史》之影庫本粘籤：“‘晝時’二字原本疑有舛誤，考《五代會要》亦作‘晝’，今姑仍其舊。”《會要》卷一一水溢條未見。

［4］安州：州名。治所在今湖北安陸市。

［5］雲州：州名。治所在今山西大同市。　己未，雲州奏，契丹寇境：《舊五代史考異》："《遼史·太宗紀》：李從珂弒其主自立，人皇王倍自唐上書請討。八月自將南伐，九月乙卯次雲州。自太宗之伐唐，人皇王召之也。"《遼史》卷三《太宗紀上》天顯九年條："四月，唐李從珂弒其主自立。人皇王倍自唐上書請討。秋八月壬午，自將南伐。九月乙卯，次雲州，十一月壬寅，陽城降。"《通鑑》卷二七九清泰元年九月條："己未，雲州奏契丹入寇。辛酉，敬瑭奏振武節度使楊檀擊契丹於境上，却之。"

冬十月辛未，有雉金色，止於中書政事堂。[1]中書門下奏："請以正月二十三日皇帝誕慶日爲千春節。"從之。戊寅，宰臣李愚、劉昫罷相，以愚守左僕射，昫守右僕射。契丹寇雲、應州，詔河東節度使石敬瑭率兵屯代州。[2]戊子，宰臣姚顗奏："吏部三銓，近年併爲一司，望令依舊分銓。"[3]從之。辛卯，以左衛上將軍李宏元卒廢朝，[4]贈司徒。癸巳，以禮部郎中、知制誥吕琦守本官，[5]充樞密院直學士。

［1］政事堂：官署名。唐太宗時始置，爲尚書、中書、門下三省長官聯合辦公處所，初設在門下省，高宗末移至中書省，玄宗時因宰相張説的奏請，改名爲中書門下，列吏房、機房、兵房、户房、刑禮房五房於其後，分曹辦事。

［2］應州：州名。治所在今山西應縣。　代州：州名。治所在今山西代縣。

［3］吏部三銓：吏部尚書銓、吏部西銓（中銓）、吏部東銓的合稱。負責官員銓選。　宰臣姚顗奏："吏部三銓，近年併爲一司，

望令依舊分銓”：姚顗奏文詳見《宋本册府》卷六三三《銓選部·條制門五》清泰元年十月條。

[4]李宏元：人名。籍貫不詳。本書僅此一見。

[5]禮部郎中：官名。尚書省禮部頭司禮部司長官。掌禮樂、學校、衣冠、符印、表疏、圖書、册命、祥瑞、鋪設，及百官、宮人喪葬贈賻之數。從五品上。　吕琦：人名。幽州安次（今河北廊坊市）人。後唐、後晋大臣。傳見本書卷九二。

十一月辛丑，以刑部侍郎鄭韜光爲尚書右丞，以光禄少卿烏昭遠爲少府監。[1]秦州節度使張延朗奏，[2]率師伐蜀。中書門下奏：“二十六日明宗忌，陛下初遇忌辰，不同常歲，請於忌辰前後各一日不坐朝。”從之。御史臺奏：“前任節度使、刺史、行軍副使，[3]雖每日於便殿起居，每遇五日起居，亦合綴班。”從之。丙午，以前興州刺史馮暉配同州衙前安置。[4]暉爲興州刺史，屯乾渠，[5]蜀人來侵，暉自屯所奔歸鳳翔，故有是責。丁未，詔振武、新州、河東西北邊經契丹蹂踐處，[6]放免三年兩税差配，時契丹初退故也。癸丑，以前華州節度使王萬榮爲左驍衛上將軍致仕。[7]甲寅，以振武節度使楊光遠充大同、彰國、振武、威塞等軍兵馬都虞候，以前右金吾大將軍穆延暉爲右武衛上將軍。[8]壬戌，以禮部侍郎楊凝式爲户部侍郎。甲子，以中書舍人盧導爲禮部侍郎。[9]

[1]尚書右丞：官名。尚書省佐貳官。唐中期以後，與尚書左丞實際主持尚書省日常政務，權任甚重。後梁開平二年（908）改爲右司侍郎，後唐同光元年（923）復舊爲右丞。唐時爲正四品下，後唐長興元年（930）升爲正四品。　光禄少卿：官名。南朝梁天

監七年（508）改光禄勳置光禄卿，隋唐沿置。掌宫殿門户、帳幕器物、百官朝會膳食等。北魏始置。光禄少卿爲光禄勳副職。從四品上。　烏昭遠：人名。後唐將領。事見本書本卷、卷三八。　少府監：官名。少府監長官，隋初置，唐初廢，太宗時復置。掌百工技巧之事。從三品。

[2]張延朗：人名。汴州開封（今河南開封市）人。後唐三司使。傳見本書卷六九、《新五代史》卷二六。

[3]行軍副使：官名。當爲執掌部隊調度、作戰之軍事副官。

[4]興州：州名。治所在今陝西略陽縣。　馮暉：人名。魏州（今河北大名縣）人。五代後唐至後周將領。傳見本書卷一二五、《新五代史》卷四九。

[5]乾渠：渡口名。位於今陝西略陽縣北。

[6]新州：州名。治所在今河北涿鹿縣。

[7]王萬榮：人名。籍貫不詳。事見本書本卷、卷四四。

[8]楊光遠：人名。沙陀部人。五代後唐、後晋將領。傳見本書卷九七、《新五代史》卷五一。　兵馬都虞候：官名。唐、五代方鎮高級軍官。　右金吾大將軍：官名。唐代置十六衛之一。掌宫禁宿衛。正三品。　穆延暉：人名。籍貫不詳。五代後唐將領。事見本書卷六六。

[9]盧導：人名。范陽（今河北涿州市）人。唐末進士，五代後梁至後晋官員。傳見本書卷九二、《新五代史》卷五四。

十二月丁卯朔，詔修奉本朝諸帝陵寢。己巳，以北面馬軍都指揮使、易州刺史安叔千爲安北都護、振武節度使，以齊州防禦使尹暉爲彰國軍節度使。[1]庚午，詔葬庶人從榮。[2]有司上言："依貞觀中庶人承乾，[3]以公禮葬。"從之。乙亥，以秦州節度使張延朗爲中書侍郎、同平章事、判三司；[4]以中書侍郎、平章事盧文紀爲門

下侍郎、平章事、監修國史；以中書侍郎、平章事姚顗兼集賢殿大學士；以前邠州節度使康福爲秦州節度使。[5]丙戌，夜有白氣，東西亘天。庚寅，幸龍門祈雪，自九月至是無雨雪故也。《永樂大典》卷七千一百七十四。[6]

[1]易州：州名。治所在今河北易縣。　安叔千：人名。沙陀部人。五代後唐至後周將領。傳見本書卷一二三、《新五代史》卷四八。　安北都護：官名。安北都護府長官。據《通鑑》卷二六九胡三省注，唐中葉以後，振武節度使皆帶安北都護。參見李大龍《都護制度研究》，黑龍江教育出版社2003年版。　彰國軍：方鎮名。治所在應州（今山西應縣）。

[2]從榮：人名。即李從榮。沙陀部人。後唐明宗李嗣源次子。傳見本書卷五一、《新五代史》卷一五。

[3]貞觀：唐太宗李世民年號（627—649）。　承乾：人名。即李承乾。唐太宗李世民長子。後被廢爲庶人。傳見《舊唐書》卷七六、《新唐書》卷八〇。

[4]以秦州節度使張延朗爲中書侍郎、同平章事、判三司：《舊五代史考異》："《五代會要》：二年三月，宰臣張延朗奏：'臣判三司公事，每日内殿祗候，其合綴前班押班，伏乞特免。'從之。"見《會要》卷一三中書門下條清泰二年（935）三月記事。

[5]集賢殿大學士：官名。唐中葉置，位在學士之上，以宰相兼。掌修書之事。　康福：人名。蔚州（今河北蔚縣）人。五代後唐將領。傳見本書卷九一、《新五代史》卷四六。

[6]《永樂大典》卷七千一百七十四：中華書局本有校勘記："'七千一百七十四'，原作'一千七百七十四'，檢《永樂大典目録》，卷一七七四爲'書'字韻，與本則内容不符。陳垣《舊五代史輯本引書卷數多誤例》謂應作卷七一七四'唐'字韻'廢帝潞

王一'，本書後二卷《唐末帝紀》皆記出自卷七一七四，據改。”

舊五代史　卷四七

唐書二十三

末帝紀中

清泰二年春正月丙申朔，帝御明堂殿受朝賀，[1]仗衛如式。乙巳，中書門下奏：[2]“遇千春節，[3]凡刑獄公事奏覆，候次月施行。今後請重繫者即候次月，輕繫者即節前奏覆決遣。”從之。戊申，宗正寺奏：“北京、應州、曹州諸陵，望差本州府長官朝拜。雍、坤、和、徽四陵，差太常宗正卿朝拜。”[4]從之。己酉，北京奏，光禄卿致仕周玄豹卒。[5]庚申，鄴都進天王甲。[6]帝在藩時，有相士言帝如毗沙天王，[7]帝知之，竊喜。及即位，選軍士之魁偉者，被以天王甲，俾居宿衛，[8]因詔諸道造此甲而進之。三司奏，[9]添徵蠶鹽錢及增麴價。先是麴斤八十文，增至一百五十文。乙丑，雲州節度使張温移鎮晋州，以西京留守安重霸爲雲州節度使。[10]

[1]清泰：後唐廢帝李從珂年號（934—936）。　明堂殿：宫

殿名。位於今河南洛陽市。

[2]中書門下：官署名。唐代以來爲宰相處理政務的機構。參見劉後濱《唐代中書門下體制研究——公文形態·政務運行與制度變遷》，齊魯書社2004年版。

[3]千春節：五代後唐廢帝李從珂誕節。本書卷四六載："中書門下奏：'請以正月二十三日皇帝誕慶日爲千春節。'從之。"

[4]宗正寺：官署名。秦置宗正，掌管皇族事務。後世沿用。掌九族六親之屬籍，以别昭穆之序，並領崇玄署。　北京：都城名。即太原府。治所在今山西太原市。　應州：州名。治所在今山西應縣。　曹州：州名。治所在今山東曹縣西北。　雍：五代後唐莊宗陵墓。至後晋避廟諱，改稱"伊陵"。　坤：後唐莊宗之母曹太后陵墓。位於壽安縣（今河南宜陽縣）。　和：唐昭宗陵墓，在今河南偃師市南。　徽：五代後唐明宗李嗣源陵墓。位於今河南新安縣。後晋石敬瑭將後唐閔帝、李從榮、李重吉皆祔葬於此。　太常：官名。即太常卿。西漢置太常，南朝梁始置太常卿。太常寺長官。掌宗廟祭祀禮樂及教育等。正三品。　宗正卿：官名。秦始置宗正，南朝梁始有宗正卿之官。由宗室充任。掌皇族外戚屬籍。正三品。　"宗正寺奏"至"差太常宗正卿朝拜"：《輯本舊史》之案語："《五代會要》載宗正寺原奏云：'北京永興、長寧、建極三陵，應州遂、衍、奕三陵，准曹州温陵例，下本州府官朝拜。'是曹州先以府官朝拜，北京、應州後從其例也。《薛史》删併原文，似未分晰。"見《會要》卷四公卿巡陵條後唐清泰二年（935）正月記事、明本《册府》卷三一《帝王部·奉先門四》清泰二年正月戊申條。

[5]光禄卿：官名。南朝梁天監七年（508）改光禄勳置，隋、唐沿置。掌宮殿門户、帳幕器物、百官朝會膳食等。從三品。　致仕：官員告老辭官。　周玄豹：人名。燕地（今河北北部）人。五代後唐時術士、官員。傳見本書卷七一。

[6]鄴都：都城名。治所在今河北大名縣。五代後唐同光元年

(923) 改魏州爲興唐府，建號東京。三年，改東京爲鄴都。

［7］毗沙天王：佛經所説的四天王之一。“毗沙”爲梵語音譯。亦名多聞天。在佛教中爲護法的天神。其形象身着甲冑，左掌擎塔，右持寶棒，俗稱托塔天王。唐宋時敕諸府、州軍建天王堂奉祀之。亦省作“毗沙門”。

［8］俾居宿衛：中華書局本有校勘記：“‘衛’，原作‘位’，據殿本、劉本、彭本、《册府》卷四四改。”見《宋本册府》卷四四《帝王部·奇表門》末帝條，並載是時魏府進天王字甲冑千二百副。

［9］三司：官署名。五代後唐明宗天成元年（926）合鹽鐵、度支、户部爲一職，始稱三司，爲中央最高理財機構。

［10］雲州：州名。治所在今山西大同市。　節度使：官名。唐時在重要地區所設掌握一州或數州軍、民、財政的長官。　張温：人名。魏州魏縣（今河北魏縣）人。後梁、後唐將領。傳見本書卷五九。　晋州：州名。治所在今山西臨汾市。　西京：都城名。指京兆府，治所在今陝西西安市。　留守：官名。古代皇帝出巡或親征時指定親王或大臣留守京城，綜理國家軍事、行政、民事、財政等事務，稱京城留守。在陪都或軍事重鎮也常設留守，以地方長官兼任。　安重霸：人名。雲州（今山西大同市）人。五代將領。傳見本書卷六一、《新五代史》卷四六。

二月庚午，定州節度使、兖王從温移鎮兖州；振武軍節度使楊檀移鎮定州，兼北面行營馬步都虞候。[1]甲戌，以安州節度使李周爲京兆尹，充西京留守；以樞密使、天雄軍節度使范延光爲檢校太師、兼中書令，充汴州節度使；皇子鎮州節度使兼河南尹、判六軍諸衛事、左右街坊使重美加檢校太尉、同平章事，充天雄軍節度使，餘如故。[2]辛巳，以右諫議大夫盧損爲御史中丞，

以御史中丞張鵬爲刑部侍郎。[3]壬午，寧遠軍節度使馬存加兼侍中，鎮南軍節度使馬希振加兼中書令。[4]詔昭順軍節度使姚彦章加兼侍中。[5]己丑，宰臣盧文紀等上皇妣魯國太夫人尊謚曰宣憲皇太后，請擇日册命。從之。[6]

［1］定州：州名。治所在今河北定州市。　從温：人名。即李從温。後唐明宗之侄。傳見本書卷八八、《新五代史》卷一五。　兖州：州名。治所在今山東濟寧市兖州區。　兖王：中華書局本有校勘記："上一'兖'字原闕，據劉本、本書卷四八《唐末帝紀下》補。"見《輯本舊史》卷四八《唐末帝紀下》清泰三年（936）五月丙申條。　振武軍：方鎮名。後梁貞明二年（916）以前，治所位於單于都護府城（今内蒙古和林格爾縣）。貞明二年單于都護府城爲契丹占據。此後至後唐清泰三年，治所位於朔州（今山西朔州市朔城區）。後晋時隨燕雲十六州割予契丹，改名順義軍。　楊檀：人名。沙陀部人。後改名楊光遠。五代後唐、後晋將領。傳見本書卷九七、《新五代史》卷五一。　都虞候：官名。五代禁軍統兵官，位僅次於都指揮使、副都指揮使。

［2］安州：州名。治所在今湖北安陸市。　李周：人名。邢州内丘（今河北内丘縣）人。五代後唐、後晋將領。傳見本書卷九一、《新五代史》卷四七。　京兆尹：官名。唐開元元年（713）改雍州置京兆府，治所在今陝西西安市。以京兆尹總其政務。從三品。　樞密使：官名。樞密院長官。五代時以士人爲之，備顧問、參謀議，出納詔奏，權侔宰相。參見李全德《唐宋變革期樞密院研究》，國家圖書館出版社 2009 年版。　天雄軍：方鎮名。治魏州（今河北大名縣）。　范延光：人名。鄴郡臨漳（今河北臨漳縣）人。五代後唐、後晋將領。傳見本書卷九七、《新五代史》卷五一。　檢校太師：官名。爲散官或加官，以示恩寵，無實際執掌。　中

書令：官名。漢代始置，隋、唐前期爲中書省長官，屬宰相之職；唐後期多爲授予元勳大臣的虚銜。正二品。　汴州：州名。治所在今河南開封市。　鎮州：州名。治所在今河北正定縣。　河南尹：官名。唐開元元年改洛州爲河南府，治所在今河南洛陽市。以河南府尹總其政務。從三品。　判六軍諸衛事：官名。後唐沿唐代舊制，置六軍諸衛，以判六軍諸衛事爲禁軍六軍與諸衛的最高統帥。　左右街坊使：官名。即兩街功德使。唐貞元四年（788）置左右街大功德使、東都功德使、修功德使，總領僧尼之籍及功役。元和二年（807），以道士、女官隸左、右街功德使。會昌二年（842），以僧尼隸禮部主客司，六年复隸兩街功德使。五代沿置。　重美：人名。即李重美。後唐廢帝李從珂之子。傳見本書卷五一、《新五代史》卷一六。　檢校太尉：官名。爲散官或加官，以示恩寵，無實際執掌。　同平章事：即“同中書門下平章事”的簡稱。唐高宗以後，凡實際任宰相之職者，常在其本官後加同平章事的職銜。後成爲宰相專稱。

［3］右諫議大夫：官名。唐置左、右諫議大夫，左屬門下省，右屬中書省。掌諫諭得失，侍從贊相。正四品下。　盧損：人名。范陽（今河北涿州市）人。唐末、五代官員。傳見本書卷一二八、《新五代史》卷五五。　御史中丞：官名。如不置御史大夫，則爲御史臺長官。掌司法監察。正四品下。　張鵬：人名。鎮州鼓城（今河北晋州市晋州鎮鼓城村）人。時爲成德軍節度副使，因言論失當爲節度使高行周奏殺。傳見本書卷一〇六。　刑部侍郎：官名。尚書省刑部次官。協助刑部尚書掌天下刑法及徒隸、勾覆、關禁之政令。正四品下。

［4］寧遠軍：方鎮名。治所在容州（今廣西容縣）。　馬存：人名。籍貫不詳。五代將領。事見本書卷三二、卷四四、卷七九。　侍中：官名。秦始置。隋、唐前期爲門下省長官。唐後期多爲大臣加銜，不參與政務，實際職務由門下侍郎執行。正二品。　寧遠軍節度使馬存加兼侍中：馬存加侍中事在長興四年（933）六月乙

卯，見《輯本舊史》卷三二《莊宗紀六》同光二年九月乙卯條，又卷四四《明宗紀十》長興四年六月壬申條有“永寧軍節度使、容州管内觀察使、檢校太尉、兼侍中馬存”，此處又加侍中，疑誤。　鎮南軍：方鎮名。治所在洪州（今江西南昌市）。　馬希振：人名。許州鄢陵（今河南鄢陵縣）人。五代十國南楚開國君主馬殷之子。後棄官爲道士。事見本書卷一三三、《新五代史》卷六六。

[5]昭順軍：方鎮名。又稱德勝軍。五代十國南吴置，治所在今安徽合肥市。後周時改名保信軍。《輯本舊史》原作“順義軍”，中華書局本有校勘記：“‘順義軍’，本書卷四二《唐明宗紀八》、卷七八《晋高祖紀四》作‘昭順軍’。”但未改，今據改。　姚彦章：人名。汝南（今河南汝南縣）人。五代十國南楚官員。傳見本書附録。中華書局本有校勘記：“‘姚彦章’，原作‘姚彦璋’，據殿本、本書卷四二《唐明宗紀八》、卷七八《晋高祖紀四》、《新五代史》卷六六《楚世家》、《通鑑》卷二六〇改。”《輯本舊史》卷四二《唐明宗紀八》載：“（長興二年閏五月）癸丑，升廬州爲昭順軍。甲午，以衡州刺史姚彦章爲昭順軍節度使。”卷七八《晋高祖紀四》載：“（天福四年五月乙巳）昭順軍節度使姚彦章卒。”《新五代史》卷六六《楚世家·馬殷傳》：“（諸將）遣姚彦章迎殷於邵州……時乾寧三年也。”《通鑑》卷二六〇乾寧三年（896）四月條亦載彦章説殷受諸將擁戴事。

[6]盧文紀：人名。京兆萬年（今陝西西安市長安區）人。唐末進士，五代宰相。傳見本書卷一二七、《新五代史》卷五五。　宣憲皇太后：即宣憲皇后魏氏。鎮州平山（今河北平山縣）人。後唐明宗李嗣源之妻，末帝李從珂之母。傳見本書卷四九、《新五代史》卷一五。　“己丑”至“從之”：盧文紀等上書全文見明本《册府》卷三一《總録部·奉先門四》清泰二年二月己丑條。

三月戊戌，故太子太保趙鳳贈太傅。[1]辛丑，以前

汴州節度使趙延壽爲許州節度使兼樞密使，以夏州行軍司馬李彝殷爲本州節度使，兄彝超卒故也。[2]癸卯，以静海軍節度使、檢校太師、兼中書令、安南都護錢元球爲留守太保，[3]餘如故。丙午，以給事中趙光輔爲右散騎常侍。[4]戊申，皇妹魏國公主石氏封晋國長公主，齊國公主趙氏封燕國長公主。[5]己酉，有司上言："宣憲皇太后未及山陵，[6]權於舊陵所建廟。"從之。辛亥，功德使奏：[7]"每年誕節，諸州府奏薦僧道，[8]其僧尼欲立講論科、講經科、表白科、文章應制科、持念科、禪科、聲贊科，道士欲立經法科、講論科、文章應制科、表白科、聲贊科、焚修科，[9]以試其能否。"從之。丙辰，以右龍武統軍李德琉爲涇州節度使。[10]庚申，以鎮州節度使、知軍府事董温琪爲鎮州節度使、檢校太保。[11]壬戌，以左右彰聖都指揮使、富州刺史安審琦領楚州順化軍節度使，[12]軍職如故。審琦受閔帝命西征，至鳳翔而降，故有是命。[13]

[1]太子太保：官名。與太子太師、太子太傅統稱太子三師。隋唐以後多作加官或贈官。從一品。　趙鳳：人名。幽州（今北京市）人。後唐明宗朝宰相。傳見本書卷六七、《新五代史》卷二八。　太傅：官名。與太師、太保合稱三師，唐後期、五代時多爲大臣、勳貴加官。正一品。

[2]趙延壽：人名。常山（今河北正定縣）人。本姓劉，爲後唐將領趙德鈞養子。仕至後唐樞密使，遼朝幽州節度使、燕王。傳見本書卷九八、《遼史》卷七六。　許州：州名。此處代指治所在許州（今河南許昌市）的方鎮忠武軍。　夏州：州名。治所在朔方

縣（今陝西靖邊縣）。　行軍司馬：官名。出征將領及節度使的屬官。掌軍籍符伍、號令印信，是藩鎮重要的軍政官員。　李彝殷：人名。夏州（今陝西靖邊縣）人。五代、宋初定難軍節度使。傳見《宋史》卷四八五。《新五代史》中李彝殷作“李彝興”，僅附見於其父《仁福傳》末，未載其繼兄彝超爲夏州節度使。《通鑑》卷二七九清泰二年（935）三月辛丑條記“以李彝殷爲定難節度使”，定難軍治夏州。《通鑑》該條後有胡注，李彝殷後避宋朝廟諱，改名彝興。　本州：《輯本舊史》之案語：“原本闕‘本’字，今從《歐陽史》增入。”　彝超：人名。即李彝超。李仁福次子。傳見本書卷一三二。

[3]静海軍：方鎮名。又作“靖海軍”。五代後晋天福四年（939）吴越置，治所在温州（今浙江温州市）。北宋初廢。　檢校太師：中華書局本有校勘記：“《吴越備史》卷二作‘檢校太保’。”　安南都護：官名。唐代所設安南都護府長官，負責管理今中國南疆及中南半島北部部分地區之軍民政務。　錢元球：人名。杭州臨安（今浙江杭州市臨安區）人。五代吴越國官員。事見本書卷三三、卷三七、卷七六。中華書局本有校勘記：“‘錢元球’，原作‘錢元銶’，據殿本、本書卷三三《唐莊宗紀七》、卷三七《唐明宗紀三》改。‘留守太保’，《吴越備史》卷二作‘守太師’。”又見《會要》卷一帝號條所載末帝從珂使相名單。吴越錢鏐子輩均以“元”字排行，第二字均爲從“王”之字，故“元銶”必誤。　太保：官名。與太師、太傅並爲三師。唐後期、五代時多爲大臣、勳貴加官。正一品。

[4]給事中：官名。秦始置。隋唐以來，爲門下省屬官。掌讀署奏抄，駁正違失。正五品上。　趙光輔：人名。籍貫不詳。事見本書卷一四四。　右散騎常侍：官名。中書省屬官。掌侍奉規諷，備顧問應對。正三品下。

[5]魏國公主石氏：即後唐明宗李嗣源之女，後晋高祖石敬瑭之妻。後唐時封永寧公主。晋出帝即位，尊爲皇太后。與晋出帝一

同被俘至遼國。傳見本書卷八六、《新五代史》卷一七。中華書局本有校勘記："'魏國公主'，原作'魏國夫人'，據本書卷四四《唐明宗紀十》、《五代會要》卷二改。"見《輯本舊史》卷四四《唐明宗紀十》長興四年（933）九月壬辰（壬辰，《輯本舊史》誤壬戌，中華書局本未改）條，《會要》卷一皇后條晋高祖皇后李氏、卷二公主條明宗長女永寧公主。　齊國公主趙氏：即後唐明宗李嗣源之女，趙延壽之妻。事見本書卷四九、卷七七、卷八〇。

［6］皇太后：中華書局本有校勘記："'皇太后'，原作'皇后'，據本卷上文二月己丑、下文六月乙丑改。"又見《新五代史》卷一五《皇后魏氏傳》。

［7］功德使：官名。唐貞元四年（788）置左右街大功德使、東都功德使、修功德使，總領僧尼之籍及功役。元和二年（807），以道士、女官隸左、右街功德使。會昌二年（842），以僧尼隸禮部主客司，六年復隸兩街功德使。五代沿置。"功德使奏"，明本《册府》卷五二《帝王部・崇釋氏門二》、《容齋三筆》卷九僧道科目條引《薛史》同，明本《册府》卷六一《帝王部・立制度門二》末帝清泰二年三月辛亥條作"兩街功德使雍王重美奏"，並詳録奏文。

［8］諸州府：中華書局本有校勘記："'諸州府'，《五代會要》卷一二、《册府》卷六一作'諸道州府'。"見《會要》卷一二雜録條清泰二年三月記事、明本《册府》卷六一《帝王部・立制度門二》末帝清泰二年三月辛亥條。明本《册府》卷五二《帝王部・崇釋氏門二》、《容齋三筆》卷九引《薛史》作"諸州府"。

［9］道士欲立經法科、講論科、文章應制科、表白科、聲贊科、焚修科：《輯本舊史》之影庫本粘籤："應制，原本脱'制'字，今據《册府元龜》增入。"見明本《册府》卷五二、卷六一。

［10］右龍武統軍：官名。唐置六軍，分左右羽林、左右龍武、左右神武，即"北衙六軍"。興元元年（784），六軍各置統軍，以寵勳臣。五代沿之。其品秩，《唐會要》卷七一、《舊唐書》卷一

二記載爲從二品,《通鑑》卷二二九記載爲從三品。　李德琉：人名。應州金城（今山西應縣）人。後唐、後晋將領。傳見本書卷九〇。　涇州：州名。治所在今甘肅涇川縣。

[11]董温琪：人名。一作“董温其”。籍貫不詳。五代後唐、後晋將領。事見本書卷四八。　檢校太保：官名。爲散官或加官，以示恩寵，無實際執掌。　以鎮州節度使、知軍府事董温琪爲鎮州節度使、檢校太保：中華書局本有校勘記：“按此句疑有舛誤，前一‘鎮州節度使’或爲‘鎮州節度副使’之訛。”朱玉龍《方鎮年表》則以爲係“知鎮州軍府事”之訛。

[12]都指揮使：官名。唐末、五代軍隊多置都指揮使、指揮使，爲統兵將領。　富州：州名。治所在龍平縣（今廣西昭平縣）。　刺史：官名。漢武帝時始置。州一級行政長官，總掌考覈官吏、勸課農桑、地方教化等事。唐中期以後，節度、觀察使轄州而設，刺史爲其屬官，職任漸輕。從三品至正四品下。　安審琦：人名。沙陀部人。五代將領。歷仕後唐至後周。傳見本書卷一二三。　楚州：州名。治所在今江蘇淮安市。　順化軍：方鎮名。治所在楚州（今江蘇淮安市）。

[13]閔帝：即後唐閔帝李從厚。明宗李嗣源第三子。紀見本書卷四五、《新五代史》卷七。　鳳翔：方鎮名。治所在鳳翔府（今陝西鳳翔縣）。

是月，太常丞史在德上疏言事,[1]其略曰：“朝廷任人,[2]率多濫進。稱武士者，不閑計策，雖被堅執鋭，戰則棄甲，窮則背軍。稱文士者，鮮有藝能，多無士行，問策謀則杜口，作文字則倩人。所謂虚設具員，枉耗國力。[3]逢陛下惟新之運，是文明革弊之秋。臣請應内外所管軍人，凡勝衣甲者，請宣下本部大將,[4]一一考試武藝短長，權謀深淺。居下位有將才者便拔爲大

將，居上位無將略者移之下軍。其東班臣僚，請内出策題，[5]下中書令宰臣面試。如下位有大才者便拔居大位，[6]處大位無大才者即移之下僚。”其疏大約如此。盧文紀等見其奏不悦，班行亦多憤悱，故諫官劉濤、楊昭儉等上疏，[7]請出在德疏，辨可否宣行，中書覆奏，亦駁其錯誤。帝召學士馬裔孫謂曰：[8]“史在德語太凶，其實難容。朕初臨天下，須開言路，若朝士以言獲罪，誰敢言者！爾代朕作詔，勿加在德之罪。”詔曰：

[1]太常丞：官名。太常寺屬官。掌判寺事。凡大饗太廟，則修七祀於太廟西門之内。若祫享，則兼修配享功臣之禮。從五品上。　史在德：人名。籍貫不詳。本書僅此一見。

[2]朝廷任人：《宋本册府》卷四一《帝王部·寬恕門》末帝清泰二年（935）三月條同，《宋本册府》卷九一八《總録部·詆訐門》史在德條作“朝廷間人”，《通鑑》卷二七九清泰二年三月壬戌條胡注引《薛史》作“朝廷任事”。

[3]枉耗國力：《舊五代史考異》：“《通鑑》注引《薛史》作‘枉費’，考《册府元龜》亦作‘枉耗’，今仍其舊。”見《宋本册府》卷四一、卷九一八，《通鑑》卷二七九清泰二年三月壬戌條胡注。

[4]本部：中華書局本有校勘記：“‘本部’，《通鑑》卷二七九胡注引《薛史》作‘本軍’，《册府》卷四一、卷九一八作‘本都’。”見《宋本册府》卷四一、卷九一八，《通鑑》卷二七九清泰二年三月條胡注引《薛史》。

[5]請内出策題：《輯本舊史》之影庫本粘籤：“原本脱‘請’字，今從《通鑑》注所引《薛史》增入。”見《通鑑》卷二七九清泰二年三月壬戌條胡注引《薛史》。

[6]便：《通鑑》卷二七九清泰二年三月壬戌條胡注引《薛史》作“須”。

[7]諫官：掌諫諍官員的統稱。唐、五代時諫議大夫、補闕、拾遺等皆爲諫官。　劉濤：人名。徐州彭城（今江蘇徐州市）人。五代後唐至北宋官員。傳見《宋史》卷二六二。中華書局本有校勘記："原作‘劉清’，據殿本、邵本、彭本、《册府》卷四一及本卷上下文改。”見《宋本册府》卷四一《帝王部·寬恕門》末帝清泰二年三月條及本卷下文。　楊昭儉：人名。京兆長安（今陝西西安市長安區）人。五代後周、宋初大臣。傳見《宋史》卷二六九。

[8]學士：官名。即翰林學士。由南北朝始設之學士發展而來，唐玄宗時改翰林供奉爲翰林學士，備顧問，代王言。掌拜免將相、號令征伐等詔令的起草。　馬裔孫：人名。又作“馬胤孫”，或避宋太祖諱改“胤”爲“裔”。棣州滴河（今山東商河縣）人。後唐進士、宰相。傳見本書卷一二七、《新五代史》卷五五。

左補闕劉濤等奏，[1]太常丞史在德所上章疏，中書門下駁奏，未奉宣諭，乞特施行，分明黜陟。

朕常覽貞觀故事，[2]見太宗之治理，[3]以貞觀昇平之運，太宗明聖之君，野無遺賢，朝無闕政，盡善盡美，無得而名。而陝縣丞皇甫德參輒上封章，[4]恣行訕謗，人臣無禮，罪不容誅，賴文貞之彌縫，恕德參之狂瞽。魏徵奏太宗曰：[5]“陛下思聞得失，只可恣其所陳，若所言不中，亦何損於國家。”朕每思之，誠要言也。遂得下情上達，德盛業隆，太宗之道彌光，文貞之節斯著。朕惟寡昧，獲奉宗祧，業業兢兢，懼不克荷，思欲率循古道，簡拔時材。懷忠抱直之人，虚心渴見；便佞詭隨之

說，杜耳惡聞。史在德近所獻陳，誠無避忌，中書以文字紕繆，比類僭差，改易人名，觸犯廟諱，請歸憲法，以示戒懲。蓋以中書既委參詳，合盡事理，朕纘承前緒，誘勸將來。多言數窮，雖聖祖之所戒；千慮一得，冀愚者之可從。因覽文貞之言，遂寬在德之罪，已令停寢，不遣宣行。

劉濤等官列諫垣，宜陳讜議，請定短長之理，以行黜陟之文。昔魏徵則請賞德參，今濤等請黜在德，事同言異，何相遠哉！將議允俞，恐虧開納。方朝廷粗理，俊乂畢臻，留一在德不足爲多，去一在德未足爲少，苟可懲勸，朕何愛焉！[6]但緣情在傾輸，[7]理難黜責，濤等敷奏，朕亦優容，宜體含弘，勉思竭盡，凡百在位，[8]悉聽朕言。

[1]左補闕：官名。唐代諫官。武則天時始置。分爲左、右，左補闕隸於門下省，右補闕隸於中書省。掌規諫諷諭，大事可以廷議，小事則上封奏。從七品上。

[2]貞觀：唐太宗李世民年號（627—649）。

[3]太宗：即唐太宗李世民。唐代皇帝，626 年至 649 年在位。李淵次子。隋末，隨父起兵於太原。唐武德元年（618），爲尚書令，封秦王。在唐統一全國的過程中戰功甚多。九年，發動“玄武門之變”，即皇帝位，次年改元貞觀。在位期間，繼續沿用均田制、租庸調法、府兵制和科舉制，以房玄齡、杜如晦、魏徵等爲相，社會安定，經濟復蘇，史稱“貞觀之治”。貞觀四年（630），平東突厥。九年，平吐谷渾。十四年，平高昌。十五年，以文成公主和親於吐蕃贊普松贊干布。唐太宗對少數民族採取較爲開明的政策，被尊稱爲“天可汗”。統治中期以後，生活日漸奢靡，征戰頻仍，加

劇了國内矛盾。卒葬昭陵（位於今陝西禮泉縣東北），謚文皇帝。紀見《舊唐書》卷二至卷三、《新唐書》卷二。

[4]陝縣：縣名。治所在今河南三門峽市陝州區。　丞：官名。即縣丞。縣衙屬官。根據縣的等級，品秩在從九品到從七品之間。　皇甫德參：人名。籍貫不詳。唐朝官員。事見《新唐書》卷九七。

[5]魏徵：人名。鉅鹿郡（治所一説在今河北巨鹿縣，一説在今河北館陶縣，一説在今河北晋州市）人。唐初政治家、文學家。隋末參加瓦崗軍，後隨李密歸唐，一度曾被竇建德俘獲。竇建德敗後，復歸長安，成爲李建成的心腹。唐太宗李世民即位後，任其爲尚書左丞、秘書監、侍中、太子太師等。以直言敢諫著稱。曾與房玄齡等主持編修周、隋、梁、陳、齊五代史，其中《隋書》由魏徵主要負責並親撰序論。魏徵言論主要見於《魏鄭公諫録》和《貞觀政要》。傳見《舊唐書》卷七一、《新唐書》卷九七。

[6]朕何愛焉：中華書局本有校勘記："'愛'，原作'憂'，據《册府》卷四一改。"

[7]傾輸：《輯本舊史》之影庫本粘籤："原本作'頃輸'，據《通鑑》作'傾輸'。胡三省注云：謂傾其胸臆而輸忠于上也。今改正。"見《通鑑》卷二七九清泰二年三月壬戌條胡注。

[8]凡百在位：中華書局本有校勘記："'位'，原作'下'，據《册府》卷四一改。"

夏四月辛巳，宰臣判三司張延朗奏：[1]"州縣官徵科條格，[2]其令録在任徵科，依限了絶，一年加階，[3]兩年與試銜，三年皆及限了絶，與服色。攝任者一年内了絶，仍攝，[4]二年三年内皆及限，與真命。其主簿同縣令條。[5]本判官一年加階，二年改試銜，三年轉官。本曹官省限内了絶，與試銜轉官。[6]諸節級三年内並了絶

者，與賞錢三十貫。[7]其責罰依天成四年五月五日敕施行。”[8]從之。癸未，御史中丞盧損等進清泰元年以前十一年制敕堪悠久施行者三百九十四道，[9]編爲三十卷。其不中選者，各令所司封閉，不得行用。詔其新編敕如可施行，付御史臺頒行。[10]以宰相盧文紀兼太微宫使、弘文館大學士，姚顗加門下侍郎、監修國史，張延朗兼集賢殿大學士。[11]以樞密使韓昭胤爲中書侍郎兼兵部尚書、平章事，[12]充樞密使。乙酉，以前威勝軍節度使張萬進爲鄜州節度使。[13]辛卯，以宣徽南院使劉延皓爲刑部尚書，充樞密使；以司天監耿瑗爲太府卿；以僞蜀右衛上將軍胡杲通爲司天監；以宣徽北院使房暠爲左衛上將軍，充宣徽南院使；以樞密副使劉延朗爲左領軍上將軍，充宣徽北院使兼樞密副使。[14]

[1]張延朗：人名。汴州（今河南開封市）人。五代後唐大臣，歷任三司使、宰相。傳見本書卷六九、《新五代史》卷二六。

[2]條格：《宋本册府》卷六三三《銓選部·條制門五》清泰二年（935）四月條作“賞罰列”、卷六三六《銓選部·考課門二》清泰二年四月條作“賞罰例”。《册府》卷六三三之“賞罰列”應爲“賞罰例”之誤。

[3]其令録在任徵科，依限了絶，一年加階：《宋本册府》卷六三三、卷六三六作：“縣令、録事參軍正官，一年依限徵科了絶，加階。”

[4]仍攝：中華書局本有校勘記：“原作‘及攝’，據《册府》卷六三三、卷六三六改。”

[5]主簿：官名。漢代以後歷朝均置。唐代京城百司和地方官署，均設主簿。管理文書簿籍，參議本署政事，爲官署中重要佐

官。其官階品秩，因官署而不同。　縣令：官名。爲縣的行政長官，掌治本縣。唐代之縣，分赤（京）、次赤、畿、次畿、望、緊、上、中、中下、下十等。縣令分六等，正五品上至從七品下。　其主簿同縣令條：《宋本册府》卷六三三、卷六三六作："主簿一年二年如縣令條，三年總了，别任使。"

[6]與試銜轉官：中華書局本有校勘記："'轉官'二字原闕，據《册府》卷六三三、卷六三六補。"

[7]三十貫：《册府》卷六三三、卷六三六作"三十千"。

[8]天成：後唐明宗李嗣源年號（926—930）。

[9]"御史中丞盧損"至"三百九十四道"：明本《冊府》卷六一三《刑法部·定律令門五》："三年四月，御史中丞盧損等進清泰元年已前十一年内制勑可久遠施行者，凡三百九十四道，編爲三十卷。其不中選者，各令本司封閉，不得行用。詔付御史臺頒行。"

[10]御史臺：官署名。秦漢始置。古代國家的監察機構。掌糾察官吏違法，肅正朝廷綱紀。大事廷辨，小事奏彈。

[11]太微宫使：官名。唐朝尊老子爲祖，建玄元廟奉祀。天寶二年（743）改西京玄元廟爲太清宫，東京爲太微宫，天下諸郡爲紫極宫，又改譙郡紫極宫爲太清宫。設太清宫使、太微宫使。宋敏求《春明退朝録》："唐制，宰相四人，首相爲太清宫使，次三相皆帶館職，洪（正字犯宣祖廟諱）文館大學士、監修國史、集賢殿大學士，以此爲次序。"　弘文館大學士：官名。唐武德四年（621）始置修文館，以安置文學之士，典司書籍。唐太宗即位，改爲弘文館，置學士、大學士，以高官兼領。　姚顗：人名。京兆萬年（今陝西西安市長安區）人。唐末進士，五代後梁至後晋大臣。傳見本書卷九二、《新五代史》卷五五。　門下侍郎：官名。門下省副長官。唐後期三省長官漸爲榮銜，中書、門下侍郎却因參議朝政而職位漸重，常常用爲以"同三品"或"同平章事"任宰相者的本官。正三品。　監修國史：官名。北齊始置史館，以宰相爲之。唐史館

沿置，爲宰相兼職。　張延朗：《輯本舊史》之影庫本粘籤："原本作'正朗'，今據《薛史》列傳改正。"見《輯本舊史》卷六九《張延朗傳》。　集賢殿大學士：官名。唐中葉置，位在學士之上，以宰相兼。掌修書之事。

[12]韓昭胤：人名。籍貫不詳。五代後唐大臣，廢帝親信。歷任鳳翔節度判官、樞密使、同平章事，官至尚書左僕射。事見本書卷四六。《輯本舊史》原作"韓昭裔"，乃避雍正帝名諱改，今據《通鑑》卷二七九清泰元年五月丙午、清泰二年四月癸未、十二月壬申等條，《新五代史》卷七《唐本紀七》清泰元年五月丙午條改，下文同改，不再出注。　中書侍郎：官名。中書省副長官。唐後期三省長官漸爲榮銜，中書、門下侍郎却因參議朝政而職位漸重，常常用爲以"同三品"或"同平章事"任宰相者的本官。正三品。　兵部尚書：官名。尚書省兵部主官。掌兵衛、武選、車輦、甲械、厩牧之政令。正三品。　平章事：官名。"同中書門下平章事"的簡稱。唐高宗以後，凡實際任宰相之職者，常在其本官後加同平章事的職銜。後成爲宰相專稱。後晉天福五年（940），升中書門下平章事爲正二品。

[13]威勝軍：方鎮名。治所在越州（今浙江紹興市）。原作"武勝軍"，《宋本册府》卷四四八《將帥部・殘酷門》作："張萬進，歷威勝、保大、彰義三軍節度使。"《太平寰宇記》卷一四二《山南東道一・鄧州》條作："後唐同光元年改爲威勝軍。周廣順二年改爲武勝軍。"據改。　張萬進：人名。突厥人。五代後唐、後晉將領。傳見本書卷一三。　鄜州：州名。治所在今陝西富縣。

[14]辛卯：《舊五代史考異》："《歐陽史》作夏五月辛卯，《通鑑》從《薛史》作四月。"見《新五代史》卷七《唐本紀七》清泰二年五月辛卯條、《通鑑》卷二七九清泰二年四月辛卯條。四月乙丑朔，辛卯爲二十七日，五月甲午朔，無辛卯。《新五代史》誤。　宣徽南院使：官名。唐始置。宣徽南院長官。初用宦官，五代以後改用士人。與宣徽北院使通掌內諸司及三班內侍之名籍，郊祀、

朝會、宴享供帳之儀，檢視内外進奉名物。參見王永平《論唐代宣徽使》，《中國史研究》1995 年第 1 期；王孫盈政《再論唐代的宣徽使》，《中華文史論叢》2018 年第 3 期。　劉延皓：人名。應州渾元（今山西渾源縣）人。五代將領，後唐劉皇后之弟。傳見本書卷六九、《新五代史》卷一六。　刑部尚書：官名。尚書省刑部主官。掌天下刑法及徒隸、勾覆、關禁之政令。正三品。　司天監：官署名。其長官亦稱司天監，掌天文、曆法以及占候等事。參見趙貞《唐宋天文星占與帝王政治》，北京師範大學出版社 2016 年版。　耿瑗：人名。籍貫不詳。五代官員。事見本書卷三七。　太府卿：官名。南朝梁始置。太府寺長官。掌國家財帛庫藏出納、關市税收等務。從三品。　右衛上將軍：官名。掌宫禁宿衛。唐代置十六衛，即左右衛、左右驍衛、左右武衛、左右威衛、左右領軍衛、左右金吾衛、左右監門衛、左右千牛衛，各置上將軍，從二品；大將軍，正三品；將軍，從三品。　胡杲通：人名。石壕（今河南三門峽市）人。事見本書本卷、卷四六。　宣徽北院使：官名。唐始置。宣徽北院的長官。初用宦官，五代以後改用士人。與宣徽南院使通掌内諸司及三班内侍之名籍，郊祀、朝會、宴享供帳之儀，檢視内外進奉名物。　房暠：人名。京兆長安（今陝西西安市長安區）人。五代後唐、後晋大臣。傳見本書卷九六。　左衛上將軍：官名。唐代置十六衛之一。掌宫禁宿衛。從二品。　樞密副使：官名。樞密院副長官。　劉延朗：人名。宋州虞城（今河南虞城縣）人。五代後唐大臣。傳見本書卷六九、《新五代史》卷二七。　左領軍上將軍：官名。唐代置十六衛之一。掌宫禁宿衛。從二品。
以樞密副使劉延朗爲左領軍上將軍：《通鑑》卷二七九清泰二年四月癸巳條作："以左領軍衛大將軍劉延朗爲本衛上將軍，充宣徽北院使，兼樞密副使。"

五月丙申，新州、振武奏，契丹寇境。[1]乙巳，詔：

"天下見禁囚徒，自五月十二日以前，除十惡五逆、放火燒舍、持仗殺人、官典犯贓、僞行印信、合造毒藥并見欠省錢外，[2]罪無輕重，一切釋放。"庚戌，詔不得貢奉寶裝龍鳳雕鏤刺作組織之物。[3]庚戌，中書奏：[4]"準天成三年正月敕，[5]凡廟諱但迴避正文，其偏旁文字不在減少點畫。今定州節度使楊檀、檀州、金壇等名，[6]酌情制宜，並請改之。其表章文案偏旁字闕點畫，凡臣僚名涉偏旁，亦請改名。"詔曰："偏旁文字，音韻懸殊，止避正呼，不宜全改。楊檀宜賜名光遠，[7]餘依舊。"甲寅，以户部侍郎楊凝式爲秘書監，以尚書禮部侍郎盧導爲尚書右丞，以尚書右丞鄭韜光爲尚書左丞。[8]丙辰，以端明殿學士李專美爲兵部侍郎，以端明殿學士李崧爲户部侍郎，以翰林學士馬裔孫爲禮部侍郎，以禮部郎中、充樞密院直學士吕琦爲給事中，並充職如故。[9]太子少保致仕任圜贈尚書右僕射，以順化軍節度使兼彰聖都指揮使、北面行營排陣使安審琦爲邢州節度使。[10]庚申，以兵部尚書李鏻爲太常卿，以禮部尚書王權爲户部尚書，以太常卿李懌爲禮部尚書。[11]癸亥，以六軍諸衛判官、給事中張允爲右散騎常侍。[12]

[1]新州：州名。治所在今河北涿鹿縣。　契丹：古部族、政權名。公元4世紀中葉宇文部爲前燕攻破，始分離而成單獨的部落，自號契丹。唐貞觀中，置松漠都督府，以其首領爲都督。唐末强盛，916年迭剌部耶律阿保機建立契丹國（遼）。先後與五代、北宋並立，保大五年（1125）爲金所滅。參見張正明《契丹史略》，中華書局1979年版。

[2]持仗：明本《册府》卷九三《帝王部·赦宥門一二》清泰二年五月乙巳條作“杖”，較優。

[3]詔不得貢奉寶裝龍鳳雕鏤刺作組織之物：詔文詳見《宋本册府》卷一六〇《帝王部·革弊門二》清泰二年五月庚戌條、明本《册府》卷一六八《帝王部·却貢獻門》清泰二年五月條。

[4]庚戌：《輯本舊史》之影庫本粘籤：“庚戌，與上文複見，疑是衍文，或有舛誤。今無别本可考，姑仍其舊，附識于此。”　中書：官署名。爲“中書門下”的簡稱。唐代以來爲宰相處理政務的機構。

[5]準天成三年正月敕：中華書局本有校勘記：“‘天成三年正月’六字原闕，據《通鑑》卷二七九胡注引《薛史》補。按本書卷三九《唐明宗紀五》繫其事於天成三年正月。”見《通鑑》卷二七九清泰二年五月庚戌條胡注引《薛史》，《輯本舊史》卷三九《唐明宗紀五》天成三年（928）正月癸亥條載：“詔應廟諱文字，只避正文，其偏旁文字，不用虧缺點畫。”

[6]檀州：州名。治所在今北京市密雲區。　金壇：縣名。治所在今江蘇常州市金壇區。　今定州節度使楊檀、檀州、金壇等名：“定州節度使”，《通鑑》卷二七九清泰二年五月庚戌條作“振武節度使”，胡注：“楊檀時不鎮定州，當從《通鑑》。”又本卷上文清泰二年二月庚午條作：“振武軍節度使楊檀移鎮定州，兼北面行營馬步都虞候。”《新五代史》卷五一《楊光遠傳》：“光遠自易州刺史拜振武軍節度使。清泰二年，徙鎮中山，兼北面行營都虞候。禦契丹于雲、應之間。”

[7]楊檀宜賜名光遠：中華書局本有校勘記：“‘宜’字原闕，據《通鑑》卷二七九胡注引《薛史》、《册府》卷三補。”見《通鑑》卷二七九清泰二年五月庚戌條胡注引《薛史》、明本《册府》卷三《帝王部·名諱門》清泰二年五月條。

[8]户部侍郎：官名。尚書省户部次官。協助户部尚書掌天下田户、均輸、錢穀之政令。正四品下。　楊凝式：人名。華陰（今

陝西華陰市）人。唐末、五代官員。傳見本書卷一二八。　秘書監：官名。東漢始置。掌圖書秘記等事宜。三品。　尚書禮部侍郎：官名。尚書省禮部次官。協助禮部尚書掌禮儀、祭享、貢舉之政。正四品下。　盧導：人名。范陽（今河北涿州市）人。唐末進士，五代後梁至後晋官員。傳見本書卷九二、《新五代史》卷五四。　尚書右丞：官名。尚書省佐貳官。唐中期以後，與尚書左丞實際主持尚書省日常政務，權任甚重。後梁開平二年（908）改爲右司侍郎，後唐同光元年（923）復舊爲右丞。唐時爲正四品下，後唐長興元年（930）升爲正四品。　鄭韜光：人名。洛京河清（今河南洛陽市）人。五代後蜀官員。傳見本書卷九二。　尚書左丞：官名。尚書省佐貳官。唐中期以後，與尚書右丞實際主持尚書省日常政務，權任甚重。正四品上。後梁開平二年（908）改爲左司侍郎，後唐同光元年（923）復舊爲左丞。正四品。

[9]端明殿學士：官名。後唐明宗始置，以翰林學士充任，負責誦讀四方書奏。　李專美：人名。京兆萬年（今陝西西安市長安區）人。五代後梁至後晋官員。傳見本書卷九三。中華書局本有校勘記："原作'李導美'，據殿本、劉本、邵本校改。按本書卷九三有《李專美傳》。"又見《通鑑》卷二七九清泰二年六月條。　兵部侍郎：官名。兵部副長官，與尚書分掌武官銓選、勳階、考課之政。正四品下。　李崧：人名。深州饒陽（今河北饒陽縣）人。後晋宰相，歷仕後唐至後漢。傳見本書卷一〇八、《新五代史》卷五七。　禮部郎中：官名。尚書省禮部頭司禮部司長官。掌禮樂、學校、衣冠、符印、表疏、圖書、册命、祥瑞、鋪設，及百官、宫人喪葬贈賻之數。從五品上。　樞密院直學士：官名。五代後唐同光元年（923），改直崇政院置，選有政術文學者充任。充皇帝侍從，備顧問應對。　吕琦：人名。幽州安次（今河北廊坊市）人。後唐、後晋大臣。傳見本書卷九二、《新五代史》卷五六。

[10]太子少保：官名。與太子少傅、太子少師合稱"太子三少"，唐後期、五代時多爲大臣、勳貴加官。從二品。　任圜：人

名。京兆三原（今陝西三原縣）人。五代後唐將領、大臣。傳見本書卷六七、《新五代史》卷二八。　尚書右僕射：官名。秦始置。隋、唐前期以左、右僕射佐尚書令總理六官，綱紀庶務；如不置尚書令，則總判省事，爲宰相之職。唐後期多爲大臣加銜。從二品。　彰聖都指揮使：官名。所部統兵將領。五代軍隊編制，五百人爲一指揮，設指揮使、副指揮使；十指揮爲一軍，設都指揮使、副都指揮使。　行營排陣使：官名。唐節度使所屬武官中有排陣使，五代後梁時設於諸軍，爲先鋒之職。參見王軼英《中國古代排陣使述論》，《西北大學學報》2010 年第 6 期。　邢州：州名。治所在今河北邢臺市。《輯本舊史》之影庫本粘籤："原本作'鄧州'，今從《歐陽史》改正。"《新五代史》安審琦兩見，未載其爲邢州節度使，但安審琦是時爲邢州節度使則《舊五代史》本傳及《通鑑》等均有記載。

[11]李鏻：人名。唐朝宗室。五代大臣。傳見本書卷一〇八、《新五代史》卷五七。　禮部尚書：官名。尚書省禮部主官。掌禮儀、祭享、貢舉之政。正三品。　王權：人名。太原（今山西太原市）人。五代官員。傳見本書卷九二、《新五代史》卷五六。　户部尚書：官名。尚書省户部長官。掌管全國土地、户籍、賦税、財政收支諸事。正三品。　李懌：人名。京兆（今陝西西安市）人。五代大臣。傳見本書卷九二、《新五代史》卷五五。

[12]六軍諸衛判官：官名。唐代置六軍諸衛，以判六軍諸衛事爲禁軍六軍與諸衛的最高統帥。判官爲其屬官。　張允：人名。鎮州束鹿（今河北辛集市）人。五代後唐至後漢官員。傳見本書卷一〇八、《新五代史》卷五七。　右散騎常侍：中華書局本有校勘記："'右'，本書卷一〇八《張允傳》、《新五代史》卷五七《張允傳》作'左'。"

六月甲子朔，新州上言，契丹入寇。乙丑，有司上

言，宣憲皇太后陵請以順爲名，[1]從之。振武奏，契丹二萬騎在黑榆林。[2]丁卯，以太子少保致仕朱漢賓卒廢朝。[3]壬申，命史官修撰《明宗實録》。契丹寇應州。以新州節度使楊漢賓爲同州節度使，以前晋州節度使翟璋爲新州節度使。[4]庚辰，北面招討使趙德鈞奏，[5]行營馬步軍都虞候、定州節度使楊光遠，行營排陣使、邢州節度使安審琦，帥本軍至易州，[6]見進軍追襲契丹次。河東節度使石敬瑭奏，邊軍乏芻糧，其安重榮巡邊兵士欲移振武就糧。[7]從之。尋又奏，懷、孟租税，[8]請指揮於忻、代州輸納。[9]朝廷以邊儲不給，詔河東户民積粟處，量事抄借，仍於鎮州支絹五萬匹，送河東充博糴之直。[10]是月，北面轉運副使劉福配鎮州百姓車子一千五百乘，[11]運糧至代州。時水旱民飢，河北諸州困於飛輓，逃潰者甚衆，軍前使者繼至，督促糧運，由是生靈咨怨。辛巳，詔諸州府署醫博士。[12]丙戌，以前許州節度使李從昶爲右龍武統軍，以前彰國軍節度使沙彦珣爲右神武統軍。[13]

[1]宣憲皇太后陵請以順爲名：中華書局本有校勘記："'順'下原有'從'字，據《册府》卷三一删。"見明本《册府》卷三一《帝王部·奉先門四》清泰二年（935）六月乙丑條，並言爲太常卿李懌所定。

[2]黑榆林：地名。位於獨石口北百六十里元上都故址（今内蒙古錫林郭勒盟正藍旗召乃門蘇木）以西之榆木山。參見賈敬顔《五代宋金元人邊疆行記十三種疏證稿》，中華書局2004年版。

[3]朱漢賓：人名。亳州譙縣（今安徽亳州市）人。五代後

梁、後唐將領。傳見本書卷六四、《新五代史》卷四五。

[4]楊漢賓：人名。籍貫不詳。五代後唐、後晋將領。事見《通鑑》卷二七七、卷二八〇。　同州：州名。治所在今陝西大荔縣。　翟璋：人名。籍貫不詳。後唐、後晋將領。傳見本書卷九五。

[5]招討使：官名。唐始置。戰時任命，兵罷則省。常以大臣、將帥或地方軍政長官兼任。掌招撫討伐等事務。　趙德鈞：人名。幽州（今北京市）人。初爲幽州節度使劉守光部將，再爲後唐將領，後投降遼國。傳見本書卷九八。

[6]易州：州名。治所在今河北易縣。

[7]河東：方鎮名。治所在太原府（今山西太原市）。　石敬瑭：人名。沙陀部人。五代後唐將領、後晋開國皇帝。936年至942年在位。紀見本書卷七五至卷八〇、《新五代史》卷八。　安重榮：人名。朔州（今山西朔州市朔城區）人。五代後唐、後晋將領。傳見本書卷九八、《新五代史》卷五一。

[8]懷：州名。治所在今河南沁陽市。　孟：州名。治所在今河南孟州市。　懷、孟：《輯本舊史》之影庫本粘籤："原本作'瓌孟'，今從《册府元龜》改正。"檢《册府》未見相關内容。但五代無瓌州、孟州，有懷州、孟州，應爲形近之誤。

[9]忻：州名。治所在今山西忻州市。　代州：州名。治所在今山西代縣。

[10]送河東充博籴之直：中華書局本有校勘記："'籴'，原作'采'，據《册府》卷四八四、《通鑑》卷二七九改。"《宋本册府》卷四八四《邦計部·經費門》清泰二年六月乙酉條敘其事作"博糴軍儲"，《通鑑》卷二七九清泰二年六月乙酉條敘其事作"糴軍糧"，據改。按，"糴"同"籴"。

[11]北面轉運副使：官名。負責統籌租税錢糧轉輸運送。　劉福：人名。籍貫不詳。劉贇牙將。事見本書本卷、卷一〇五。

[12]詔諸州府署醫博士：中華書局本有校勘記："'署'，疑當

作‘置’，《册府》卷五五三載和凝清泰二年上言‘請依本朝，州置醫博士’。”見《宋本册府》卷五五三《詞臣部·獻替門二》和凝條。“置”確優於“署”。

[13]許州：五代方鎮忠武軍（匡國軍）治所，在今河南許昌市。　李從昶：人名。籍貫不詳。五代將領。傳見本書卷一三二。　彰國軍：方鎮名。治所在應州（今山西應縣）。　沙彦珣：人名。籍貫不詳。五代後唐將領。事見本書本卷、卷四八。　右神武統軍：官名。唐置六軍，分左右羽林、左右龍武、左右神武，即“北衙六軍”。興元元年（784），六軍各置統軍，以寵勳臣。五代沿之。其品秩，《唐會要》卷七一、《舊唐書》卷一二記載爲從二品，《通鑑》卷二二九記載爲從三品。

秋七月丙申，石敬瑭奏，斬挾馬都指揮使李暉等三十六人，以謀亂故也。時敬瑭以兵屯忻州，一日軍士喧譟，遽呼萬歲，乃斬暉等以止之。[1]御史中丞盧損奏：“準天成二年七月敕，每月首、十五日入閤，罷五日起居。臣以爲中旬排仗，有勞聖躬，請只以月首入閤，五日起居依舊。又準天成三年五月、長興二年七月敕，許諸州節度使帶使相歲薦僚屬五人，餘薦三人，防禦、團練使薦二人，[2]今乞行釐革。又長興二年八月敕，州縣佐官差充馬步判官，[3]仍同一任，乞行止絶，依舊衙前選補。”詔曰：“今後藩臣帶使相許薦三人，餘薦二人，直屬京防禦、團練使薦一人，餘並從之。”丁酉，迴紇可汗仁美遣使貢方物。[4]西京弓弩指揮使任漢權奏，六月二十一日與川軍戰於金州之漢陰，王師不利，其部下兵士除傷痍外，已至鳳翔。[5]先是，盩厔鎮將劉贇引軍入川界，爲蜀將全師郁所敗，金州都監崔處訥重傷，諸

州屯兵潰散。[6]金州防禦使馬全節收合州兵,[7]固守獲全。以樞密使劉延皓爲天雄軍節度使。甲辰，以右神武統軍沙彦珣權知雲州。乙巳，以徐州節度使張敬達充北面行營副總管。[8]時契丹入邊，石敬瑭屢請益兵，朝廷軍士多在北鄙，俄聞忻州諸軍呼譟，帝不悦，乃命敬達爲北軍之副，以減敬瑭之權也。丁巳，宰臣盧文紀等上疏,[9]其略曰：

[1]李暉：人名。瀛州束城（今河北河間市）人。五代官員。傳見本書卷一二九。　“秋七月丙申”至“乃斬暉等以止之”：《舊五代史考異》：“《契丹國志》：契丹屢攻北邊，時石敬瑭將大兵屯忻州，潞王遣使賜軍士夏衣，傳詔撫諭軍士，呼萬歲者數四。敬瑭懼，幕僚段希堯請誅其倡者，敬瑭命劉知遠斬三十六人以殉。潞王聞，益疑之。”見《契丹國志》卷二《太宗嗣聖皇帝紀上》天顯九年（934）六月條。

[2]防禦：官名。唐代始置，設有都防禦使、州防禦使兩種。常由刺史或觀察使兼任，實際上爲唐代後期州或方鎮的軍政長官。　團練使：官名。唐代中期以後，於不設節度使的地區設團練使，掌本區各州軍事。

[3]馬步判官：官名。五代由牙校充任，與馬步都虞候同掌州馬步院刑獄事。北宋初沿置，太祖開寶六年（973）七月一日罷，改爲司寇參軍。

[4]迴紇：古部族名。原係突厥鐵勒部的一支。唐天寶三載（744）建立回鶻汗國，9世紀中葉，回鶻汗國瓦解。其中一支爲甘州回鶻。11世紀初，甘州回鶻爲西夏所滅。參見楊蕤《回鶻時代——10—13世紀陸上絲綢之路貿易研究》，中國社會科學出版社2015年版。　可汗：古代鮮卑、蠕蠕、突厥、回紇、蒙古等族君長的稱謂。《新唐書》卷二一五上《突厥傳上》：“可汗，猶單于也，

妻曰可敦。”　仁美：人名。即藥羅葛仁美。甘州回鶻首任可汗，尊號烏母主可汗，後唐封賜英義可汗。事見《新五代史》卷五。

[5]指揮使：官名。即控鶴軍指揮使，所部統兵將領。　任漢權：人名。籍貫不詳。本書僅此一見。　金州：州名。治所在今陝西安康市。　漢陰：縣名。治所在今陝西石泉縣南漢江西南岸石泉咀附近。

[6]盩厔：縣名。治所在今陝西周至縣。　劉贇：人名。後漢宗室。其父劉崇爲後漢高祖劉知遠弟，過繼爲劉知遠養子。傳見本書卷一〇五、《新五代史》卷一八。　全師郁：人名。籍貫不詳。後唐將領。本書僅此一見。　都監：官名。唐代中葉命將出征，常以宦官爲監軍、都監。後爲臨時委任的統兵官，稱都監、兵馬都監。掌屯戍、邊防、訓練之政令。　崔處訥：人名。籍貫不詳。五代官員。本書僅此一見。

[7]金州：《輯本舊史》之影庫本粘籤：“原本作‘全川’，今從《歐陽史》改正。”見《新五代史》卷四七《馬全節傳》。　馬全節：人名。魏郡元城（今河北大名縣）人。五代後唐、後晉將領。傳見本書卷九〇、《新五代史》卷四七。

[8]徐州：州名。治所在今江蘇徐州市。　張敬達：人名。代州（今山西代縣）人。五代後唐將領。傳見本書卷七〇、《新五代史》卷三三。　行營副總管：官名。北面行營副長官。

[9]宰臣盧文紀等上疏：明本《册府》卷三一四《宰輔部·謀猷門四》盧文紀條詳録盧文紀疏，《通鑑》卷二七九清泰二年（935）七月丁巳條略載其疏。

臣近蒙召對，面奉天旨：“凡軍國庶事，利害可否，卿等合盡言者。”臣等謬處台衡，奉行制敕，但緣事理，互有區分，軍戎不在於職司，錢穀非關於局分，苟陳異見，即類侵官。况才不濟時，識非

經遠，因五日起居之例，於兩班旅見之時，略獲對敭，兼承顧問。衛士周環於階陛，庶臣羅列於殿庭，四面聚觀，十手所指，臣等苟欲各伸愚短，此時安敢敷陳。韓非昔懼於説難，孟子亦憂於言責。[1]臣竊奉本朝故事，[2]肅宗初平寇難，[3]再復寰瀛，頗經涉於艱難，尤勤勞於委任。每正衙奏事，則泛咨訪於群臣；及便殿詢謀，則獨對敭於四輔。自上元年後，於長安東内置延英殿，宰臣如有奏議，聖旨或有特宣，皆於前一日上聞。[4]對御之時，祇奉冕旒，旁無侍衛。獻可替否，得曲盡於討論；捨短從長，故無虞於漏洩。君臣之際，情理坦然。伏望聖慈，俯循故事，或有事關軍國，謀繫否臧，未果決於聖懷，要詢訪於臣輩，則請依延英故事，前一日傳宣。或臣等有所聽聞，切關利害，難形文字，須面敷敭，臣等亦依故事，前一日請開延英。當君臣奏議之時，祇請機要臣僚侍立左右。兼乞稍霽威嚴，[5]恕臣荒拙，雖乏鷹鸇之効，庶盡葵藿之心。

[1]韓非：人名。戰國時韓國人。法家主要代表人物。師事荀子。曾數次上書韓王安修明法度，不見用。著作傳入秦國，得秦王政賞識。後出使秦國，得見秦王。不久遭李斯、姚賈讒害，自殺於獄中。其學説兼採商鞅、申不害、慎到的觀點，提出法、術、勢三者結合的法治思想。主張中央集權，君主專制，强調獨尊法家。韓非思想集先秦法家之大成，著作有《韓非子》。傳見《史記》卷六三《老子韓非列傳》。參見《中國歷史大辭典·先秦史》，上海辭

書出版社1996年版。　孟子：人名。戰國時鄒人。儒家主要代表人物。爲子思門人。以唐、虞、三代之德遊説齊宣王、梁惠王，皆不被採納。曾遊歷齊、魏、滕、宋等國，一度爲齊宣王客卿，因主張不見用，晚年居鄒，退而與弟子萬章等著《孟子》一書。主要主張有"仁政""王道""省刑罰，薄稅斂""民爲貴，社稷次之，君爲輕""富貴不能淫，貧賤不能移，威武不能屈"等。有"亞聖"之稱。傳見《史記》卷七四《孟子荀卿列傳》。參見《中國歷史大辭典·先秦史》，上海辭書出版社1996年版。

[2]故事：中華書局本有校勘記："'故事'，原作'政事'，據殿本、《册府》卷三一四改。"見明本《册府》卷三一四《宰輔部·謀猷門四》盧文紀條。

[3]肅宗：即唐肅宗李亨。唐玄宗之子。756年至761年在位。天寶十四載（755）爆發安史之亂，次年叛軍攻占潼關，唐玄宗逃往四川，其在靈武即皇帝位，遥尊唐玄宗爲太上皇。爲收復長安、洛陽，平定藩鎮的叛亂，肅宗借兵回紇。至德二載（757）收復長安、洛陽，三載迎玄宗歸長安。寶應元年（762），李輔國、程元振發動事變，殺死張皇后和越王係等，擁立太子李豫，肅宗憂驚而死。紀見《舊唐書》卷一〇、《新唐書》卷六。

[4]上元：唐高宗李治年號（674—676）。　自上元年後：《册府》卷三一四作"上元元年後"，《通鑑》卷二七九清泰二年七月丁巳條作"上元以來"。　長安：地名。位於今陝西西安市。　延英殿：宫殿名。唐、五代、宋時皇宫常設之便殿，宰相以下在延英殿奏事，稱爲延英奏對。參見袁剛《延英奏對制度初探》，《北京大學學報》1989年第5期。　聖旨或有特宣：《輯本舊史》之影庫本粘籤："原本作'或特有宜'，今據《册府元龜》改正。"見《册府》卷三一四。

[5]威嚴：《册府》卷三一四作"嚴顔"。

詔曰："卿等濟代英才，鎮時碩德，或締構於興王之日，或經綸於纘聖之時，鹽梅之任俱崇，藥石之言並切，請復延英之制，以伸議政之規。而況列聖遺芳，皇朝盛事，載詳徵引，良切歎嘉。恭惟五日起居，先皇垂範，俟百僚之俱退，召四輔以獨昇，接以温顔，詢其理道，計此時作事之意，亦昔日延英之流。[1]朕叨獲嗣承，切思遵守，將成其美，不爽兼行。其五日起居，仍令仍舊，尋常公事，亦可便舉奏聞。或事屬機宜，理當祕密，量事緊慢，不限隔日，及當日便可於閤門祗候，具牓子奏聞。請面敷敭，即當盡屏侍臣，端居便殿，佇聞高議，以慰虚懷。朕或要見卿時，亦令當時宣召，[2]但能務致理之實，何必拘延英之名。有事足可以討論，有言足可以陳述，[3]宜以沃心爲務，勿以逆耳爲虞。勉罄謀猷，以裨寡昧。"帝性仁恕，聽納不倦，嘗因朝會謂盧文紀等曰："朕在藩時，人説唐代爲人主端拱而天下治，蓋以外恃將校，内倚謀臣，故端拱而事辦。朕荷先朝鴻業，卿等先朝舊臣，每一相見，除承奉外，略無社稷大計一言相救，坐視朕之寡昧，其如宗社何！"文紀等引咎致謝，因奏延英故事，故有是詔。

[1]延英：《輯本舊史》之影庫本粘籤："原本脱'英'字，今從《册府元龜》增入。"見《册府》卷三一四。

[2]當時：中華書局本有校勘記："'當時'，《册府》卷三一四作'常侍'。"

[3]陳述：《輯本舊史》之影庫本粘籤："原本作'陳迹'，今據《册府元龜》改正。"見《册府》卷三一四。

八月庚午，滑州節度使高允韜卒。[1]壬申，以右衛上將軍王景戡爲左衛上將軍，以右神武統軍婁繼英爲右衛上將軍。[2]己卯，以西上閤門使、行少府少監兼通事舍人蘇繼顔爲司農卿，[3]職如故。辛巳，以權知雲州、右神武統軍沙彦珣爲雲州節度使。鄴都殺人賊陳延嗣并母、妹、妻等並棄市。[4]延嗣父子相承，與其妹、妻於諸州郡誘人殺之，而奪其財，前後被殺者數百人，至是事泄而誅之。癸未，以前潞州行軍司馬陳玄爲將作監，[5]以玄善醫，故有是命。丁亥，以洺州團練使李彦舜爲義成軍節度使、檢校太傅。[6]太原奏，達靼部族於靈丘安置。[7]己丑，以太子少保致仕戴思遠卒廢朝。[8]庚寅，以前兖州節度使楊漢章爲左神武統軍，以前邢州節度使康思立爲右神武統軍。[9]潞州奏，前雲州節度使安重霸卒。

[1]滑州：州名。治所在今河南滑縣。　高允韜：人名。延州（今陝西延安市）人。五代軍閥。高萬興之子。傳見本書卷一三二。

[2]王景戡：人名。籍貫不詳。事見本書卷三四、卷三七、卷三九、卷四〇、卷四二等。　婁繼英：人名。籍貫不詳。五代後梁至後晋將領。傳見《新五代史》卷五一。

[3]西上閤門使：官名。五代承唐閤門使之制，置東西上閤門使，宋沿置，爲閤門司的主官。　少府少監：官名。隋置少府監以掌百工製作，其長官亦稱少府監，次官稱少府少監。煬帝時，少監一度改稱少令。從四品下。　通事舍人：官名。東晋始置。唐代爲中書省屬官，全稱中書通事舍人。掌殿前承宣通奏。從六品上。蘇繼顔：人名。籍貫不詳。五代官員。事見本書卷四四、卷七七、卷一三二。　司農卿：官名。司農寺長官。佐司農卿掌管倉廪、籍

田、苑囿諸事。從三品上。

［4］陳延嗣：人名。籍貫不詳。本書僅此一見。

［5］潞州：州名。治所在今山西長治市。　陳玄：人名。京兆（今陝西西安市）人。醫學世家。傳見本書卷九六。　將作監：官名。秦代設將作少府，唐代改將作監，其長官即爲將作監。掌宫廷器物置辦及宫室修建事宜。從三品。

［6］洺州：州名。治所在今河北邯鄲市永年區。　李彦舜：人名。籍貫不詳。事見本書本卷、卷七六。　義成軍：方鎮名。亦稱永平軍。治所在滑州（今河南滑縣）。中華書局本承《輯本舊史》作“義武軍”，有校勘記：“本書卷七六《晋高祖紀二》、《通鑑》卷二八八記李彦舜爲‘前義成軍節度使’。按本卷上文，是時楊光遠爲定州義武軍節度使，朱玉龍《方鎮表》以爲‘義武’當是‘義成’之誤。”但未改。本卷上文清泰二年（935）五月，楊檀（光遠）已移鎮定州義武軍，又《新五代史》卷七《唐本紀七》清泰三年五月楊光遠仍爲“義武軍節度使”，知李彦舜不可能爲義武軍節度使。又據《輯本舊史》卷七六《晋高祖紀二》天福二年六月丙戌“以前義成軍節度使李彦舜爲左武衛大將軍”、《通鑑》卷二八八乾祐元年十月丁酉條載“王景崇遣前義成節度使酸棗李彦舜等逆蜀兵”，故改爲“義成軍”。義成軍治滑州，義武軍治定州。　檢校太傅：官名。爲散官或加官，以示恩寵，無實際執掌。

［7］太原：府名。治所在今山西太原市。　達靼：中國古代北方民族名。又譯爲達怛、達旦、達達、塔塔兒等。族名始見於唐末，原爲突厥的一族，後依附於回鶻。回鶻衰亡後，其族始强，占據陰山以北的蒙古草原，建有韃靼國。傳見《新五代史》卷七四。　靈丘：縣名。治所在今山西靈丘縣。

［8］戴思遠：人名。籍貫不詳。後梁、後唐將領。傳見本書卷六四。

［9］楊漢章：人名。籍貫不詳。五代將領。事見《通鑑》卷二八〇。　左神武統軍：官名。唐置六軍，分左右羽林、左右龍武、

左右神武，即“北衙六軍”。興元元年（784），六軍各置統軍，以寵勳臣。五代沿之。其品秩，《唐會要》卷七一、《舊唐書》卷一二記載爲從二品，《通鑑》卷二二九記載爲從三品。　康思立：人名。晉陽（今山西太原市）人。五代後唐將領。傳見本書卷七〇、《新五代史》卷二七。

九月己亥，以河陽節度使、侍衛馬軍都指揮使安從進爲襄州節度使，以襄州節度使趙在禮爲宋州節度使。[1]癸卯，以忠正軍節度使、侍衛步軍都指揮使宋審虔爲河陽節度使，[2]典軍如故。己酉，禮部貢院奏：[3]“進士請夜試，童子依舊表薦，重置明算、道舉。舉人落第後，别取文解。五科試紙，不用中書印，用本司印。”並從之。以宣徽南院使房暠爲刑部尚書，充樞密使；[4]以宣徽北院使、充樞密副使劉延朗爲宣徽南院使，充樞密副使。丙辰，以左僕射李愚卒廢朝。

[1]河陽：方鎮名。全稱“河陽三城”。治所在孟州（今河南孟州市）。　安從進：人名。索葛部人。五代後唐、後晉將領。傳見本書卷九八、《新五代史》卷五一。　襄州：州名。治所在今湖北襄陽市。　趙在禮：人名。涿州（今河北涿州市）人。五代後唐、後晉將領。傳見本書卷九〇、《新五代史》卷四六。　宋州：州名。治所在今河南商丘市睢陽區。

[2]忠正軍：方鎮名。治所在壽州（今安徽壽縣）。　侍衛步軍都指揮使：官名。五代時侍衛親軍最高長官，多由皇帝親信擔任。　宋審虔：人名。籍貫不詳。五代後唐官員。事見本書本卷、卷四六、卷七六、卷九〇。《舊五代史考異》：“原本脱‘虔’字，今據《通鑑》增入。”見《通鑑》卷二八〇天福元年（936）五月

辛卯條。

[3]禮部貢院：官署名。亦稱“試院”“棘院”等。科舉考試的場所和機構。始設於唐，後歷代因之。

[4]以宣徽南院使房暠爲刑部尚書，充樞密使：《舊五代史考異》：“《歐陽史》作刑部尚書房暠爲樞密使。據《薛史》，暠由宣徽南院使遷授，非先爲刑部尚書也。”見《新五代史》卷七《唐本紀七》清泰二年九月己酉條。

冬十月丁卯，幸崇道宫、甘泉亭。[1]己巳，以左衛上將軍李頃爲左領軍上將軍。[2]北面行營總管石敬瑭奏自代州歸鎮。庚午，以晋州節度使張温卒廢朝。甲戌，幸趙延壽、張延朗第。丁丑，以端明殿學士、兵部侍郎李專美爲祕書監，充宣徽北院使。庚寅，以左諫議大夫唐汭爲左散騎常侍。[3]

[1]崇道宫：宫殿名。位於今河南洛陽市。　甘泉亭：地名。位於今河南洛陽市。

[2]李頃：人名。一作“李頎”。陳州項城（今河南沈丘縣）人。李罕之之子。傳見本書卷九一。

[3]左諫議大夫：官名。隸門下省。唐代置左、右諫議大夫各四人，分隸門下省、中書省。掌諫諭得失，侍從贊相。正四品下。　唐汭：人名。籍貫不詳。五代官員。事見本書本卷、卷四五、卷七六、卷七八。　左散騎常侍：官名。門下省屬官。掌侍奉規諷，備顧問應對。正三品下。

十一月庚子，以左驍衛上將軍郝瓊爲左金吾上將軍，以光禄卿王玟爲太子賓客。[1]甲辰，[2]以徐州節度使

張敬達爲晉州節度使，依前充大同、振武、威塞、彰國等軍兵馬副總管。[3]丁未，以秘書少監丁濟爲太子詹事。[4]乙卯，以前金州防禦使馬全節爲滄州留後。[5]渤海國遣使朝貢。[6]

[1]左驍衛上將軍：官名。唐代置十六衛之一。掌宫禁宿衛。從二品。　郝瓊：人名。籍貫不詳。後唐將領。事見本書本卷、卷四五、卷四六。　左金吾上將軍：官名。唐代置十六衛之一。掌宫禁宿衛。從二品。　王玫：人名。籍貫不詳。本書僅此一見。　太子賓客：官名。爲太子官屬。唐高宗顯慶元年（656）始置。掌侍從規諫、贊相禮儀。正三品。

[2]甲辰：中華書局本有校勘記："以上二字原闕，據邵本補。按是月壬辰朔，甲辰爲十三日。"其前條庚子爲九日，後二條丁未、乙卯分别爲十六日、二十四日。

[3]大同：方鎮名。治所在代州（今山西代縣）。　威塞：方鎮名。治所在新州（今河北涿鹿縣）。

[4]秘書少監：官名。唐承隋制，置秘書省，設秘書少監二人協助秘書監工作。從四品上。　丁濟：人名。籍貫不詳。本書僅此一見。　太子詹事：官名。掌領太子之詹事府，爲太子官屬之長。正三品。

[5]滄州：州名。治所在今河北滄縣舊州鎮。　留後：官名。唐、五代節度使多以子弟或親信爲留後，以代行節度使職務，亦有軍士、叛將自立爲留後者。掌一州或數州軍政。　以前金州防禦使馬全節爲滄州留後：《舊五代史考異》："《通鑑》：劉延朗欲除全節絳州刺史，群議沸騰。帝聞之，以爲横海留後。"中華書局本有校勘記："'除'，原作'誅'，據殿本、劉本、《通鑑》卷二七九改。"見《通鑑》卷二七九清泰二年（935）十一月乙卯條。

[6]渤海國：古國名、族名。周代稱爲肅慎，漢魏稱爲挹婁，

隋唐稱爲靺鞨，分佈在今松花江、牡丹江流域及黑龍江中下游，其中以黑水部和靺鞨部最强。唐聖曆元年（698），粟末靺鞨部首領大祚榮建立震國。先天二年（713），唐封大祚榮左驍衛員外大將軍、渤海郡王，自此去靺鞨號，改稱渤海。立國二百二十九年，傳十五世。渤海與唐朝經濟、文化交流密切，有“海東盛國”之稱。遼天顯元年（926），爲遼太祖阿保機所滅，改稱東丹。遼聖宗時並入遼。金滅遼後，渤海人成爲金的屬民，漸與女真、漢人融合。　渤海國遣使朝貢：《舊五代史考異》：“《歐陽史》渤海遣使者來繫於九月之後。據《薛史》則事在十一月，非九月也。”殿本案語：“《歐陽史》作九月乙卯，渤海遣使者來。《五代會要》作十二月，渤海遣使列周道等入朝貢方物。俱與是書作十一月異。”“列周道”，中華書局本有校勘記：“原作‘列周卿’，據《五代會要》卷三〇改。”見《會要》卷三〇渤海條清泰二年十二月記事、《新五代史》卷七《唐本紀七》清泰二年九月乙卯條。

十二月戊辰，禁用鉛錢。壬申，[1]以中書侍郎兼兵部尚書、充樞密使韓昭胤爲檢校司空、同平章事，充河中節度使。[2]甲戌，以宗正少卿李延祚爲將作監致仕。[3]丁丑，故武安軍節度使、累贈太傅劉建峰贈太尉，[4]從湖南之請也。[5]戊寅，太常奏：“來年正月一日上辛，祀昊天上帝於圜丘，[6]依禮大祠不朝。”詔曰：“祀事在質明前，儀仗在日出後，事不相妨，宜依常年受朝。”壬午，以翰林學士承旨、户部侍郎程遜爲兵部侍郎，[7]翰林學士、工部侍郎崔棁爲户部侍郎，[8]翰林學士、中書舍人和凝爲工部侍郎，[9]並依前充職。乙酉，以前秘書監楊凝式爲兵部侍郎。己丑，以前同州節度使馮道爲司空，[10]以尚書右僕射劉昫爲左僕射，[11]以太子少師盧質

爲右僕射，[12]以兵部侍郎馬縞兼國子祭酒。[13]《永樂大典》卷七千一百七十四。[14]

[1]壬申：中華書局本有校勘記："原作'壬辰'，據殿本、劉本改。影庫本粘籤：'壬辰，以前後干支推之，當作壬申。'按是月壬戌朔，無壬辰，壬申爲十一日。"亦見《通鑑》卷二七九清泰二年（935）十二月壬申條。

[2]檢校司空：官名。爲散官或加官，以示恩寵，無實際執掌。河中：方鎮名。治所在河中府（今山西永濟市）。

[3]宗正少卿：官名。唐、五代宗正寺次官。通判本寺事務。從四品上。　李延祚：人名。籍貫不詳。本書僅此一見。

[4]武安軍：方鎮名。治所在潭州（今湖南長沙市）。　劉建峰：人名。蔡州朗山（今河南確山縣）人。唐末、五代將領。傳見《新唐書》卷一九〇。"建峰"，《輯本舊史》之影庫本粘籤："原本作'逮崇'，今從《新唐書》改正。"《舊唐書》卷二〇上《昭宗紀上》乾寧三年（896）四月壬午條，《新唐書》卷一〇《昭宗紀》乾寧元年五月條、卷一九〇《劉建鋒傳》及《通鑑》卷二六〇乾寧二年四月戊戌條均作"劉建鋒"。《宋本册府》卷一七九，明本《册府》卷四〇九《將帥部·退讓門二》張佶條、卷八一四《總録部·讓門》張佶條作"劉建峰"。　太尉：官名。與司徒、司空並爲三公，唐後期、五代時多爲大臣、勳貴加官。正一品。　故武安軍節度使、累贈太傅劉建峰贈太尉：中華書局本有校勘記："'武安軍'下原有'州'字，據《册府》卷一七九、《新唐書》卷一九〇《劉建鋒傳》删。"見《宋本册府》卷一七九《帝王部·姑息門四》清泰二年十二月條、《新唐書》卷一九〇《劉建鋒傳》。

[5]湖南：方鎮名。又稱武安軍節度。治所在潭州（今湖南長沙市）。

[6]昊天上帝：昊天爲天之總神。上帝爲南郊所祭受命帝。

《周禮·春官·大宗伯》："以禋祀祀昊天上帝。" 鄭玄注："昊天上帝，冬至於圜丘所祀天皇大帝。"　圜丘：帝王祭天的祭壇。又作"圓丘"。《周禮·春官·大司樂》："冬日至，於地上之圜丘奏之。"賈公彦疏："案《爾雅》：土之高者曰丘。取自然之丘。圜者，象天圜。"

[7]翰林學士承旨：官名。爲翰林學士之首。掌拜免將相、號令征伐等詔令的起草。《舊唐書·職官志二·翰林院》："例置學士六人，内擇年深德重者一人爲承旨，所以獨承密命故也。"　程遜：人名。壽春（今安徽壽縣）人。五代官員。傳見本書卷九六。中華書局本有校勘記："原作'程遂'，據本書卷四三《唐明宗紀九》、卷四六《唐末帝紀上》、卷七六《晋高祖紀二》改。按本書卷九六有《程遜傳》。"見《輯本舊史》卷四三《唐明宗紀九》長興三年（928）十二月壬戌條、卷四六《唐末帝紀上》清泰元年八月乙亥條、卷七六《晋高祖紀二》天福二年（937）五月戊寅、十一月甲戌等條。

[8]工部侍郎：官名。尚書省工部次官。協助尚書掌管百工山澤水土之政令，考其功以詔賞罰，總所統各司之事。正四品下。崔棁：人名。安平（今河北安平縣）人。唐末刑部郎中崔涿之子，五代官員。傳見本書卷九三、《新五代史》卷五五。《舊五代史考異》："原本訛'崔稅'，今據《歐陽史》改正。"見《新五代史》卷五五《崔棁傳》。

[9]中書舍人：官名。中書省屬官。掌起草文書、呈遞奏章、傳宣詔命等。正五品上。　和凝：人名。鄆州須昌（今山東東平縣）人。後晋宰相。傳見本書卷一二七、《新五代史》卷五六。

[10]馮道：人名。瀛州景城（今河北滄縣）人。五代時官拜宰相，歷仕後唐至後周，亦曾臣服於契丹。傳見本書卷一二六、《新五代史》卷五四。　司空：官名。與太尉、司徒並爲三公。唐後期、五代時多爲大臣、勳貴加官。正一品。　以前同州節度使馮道爲司空：《通鑑》卷二七九繫馮道除官事於清泰二年十二月乙

西條。

[11]劉呴：人名。涿州歸義（今河北容城縣）人。五代大臣，曾任宰相、監修國史，領銜撰進《舊唐書》。傳見本書卷八九、《新五代史》卷五五。　左僕射：官名。秦始置。隋唐前期，以左、右僕射佐尚書令總理六官、綱紀庶務；如不置尚書令，則總判省事，爲宰相之職。唐後期多爲大臣加銜。從二品。

[12]太子少師：官名。與太子少傅、太子少保合稱“太子三少”，唐後期、五代時多爲大臣、勳貴加官。從二品。　盧質：人名。河南（今河南洛陽市）人。五代大臣。傳見本書卷九三、《新五代史》卷五六。　右僕射：中華書局本有校勘記：“‘右’，原作‘左’，據殿本、邵本校、本書卷九三《盧質傳》改。”《輯本舊史》九三《盧質傳》載“清泰末，復爲右僕射”。

[13]馬縞：人名。籍貫不詳。五代官員。傳見本書卷七一、《新五代史》卷五五。　國子祭酒：官名。國子監的主管官。掌教授生徒。從三品。

[14]《大典》卷七一七四“唐”字韻“廢帝潞王（一）”事目。

舊五代史　卷四八

唐書二十四

末帝紀下

清泰三年春正月辛卯朔，[1]帝御文明殿受朝賀，[2]仗衛如式。乙未，百濟遣使獻方物。[3]戊戌，幸龍門佛寺祈雪。[4]癸卯，以給事中、充樞密院直學士吕琦爲端明殿學士，以六軍諸衛判官、尚書工部郎中薛文遇爲樞密院直學士。[5]乙巳，以上元夜京城張燈，帝微行，置酒於趙延壽之第。[6]丁未，皇子河南尹、判六軍諸衛事重美封雍王。[7]己未，以前司農卿王彦鎔爲太僕卿。

[1]清泰：五代後唐廢帝李從珂年號（934—936）。

[2]文明殿：宮殿名。位於今河南洛陽市。爲五代洛陽宮城的正殿，大朝會、大册拜等禮儀活動在此舉行。

[3]百濟：朝鮮古國。此處指後百濟。892 年，新羅國將領甄萱叛亂，900 年稱王，建立百濟國，史稱後百濟。936 年，爲高麗所滅。

[4]龍門：地名。位於今河南洛陽市。因兩山相對如闕，伊河從中流過，又名伊闕。唐以後習稱龍門。

[5]給事中：官名。秦始置。隋唐以來，爲門下省屬官。掌讀署奏抄，駁正違失。正五品上。　樞密院直學士：官名。五代後唐同光元年（923），改直崇政院置，選有政術文學者充任。充皇帝侍從，備顧問應對。　吕琦：人名。幽州安次（今河北廊坊市）人。後唐、後晋大臣。傳見本書卷九二、《新五代史》卷五六。　端明殿學士：官名。後唐明宗始置，以翰林學士充任，負責誦讀四方書奏。　六軍諸衛判官：官名。唐代置六軍諸衛，以判六軍諸衛事爲禁軍六軍與諸衛的最高統帥。判官爲其屬官。　尚書工部郎中：官名。尚書省屬官，位在侍郎之下、員外郎之上。主持尚書省工部之工部司事務。從五品上。　薛文遇：人名。籍貫不詳。五代大臣。事見本書本卷及《通鑑》卷二七九、卷二八〇。　以六軍諸衛判官、尚書工部郎中薛文遇爲樞密院直學士：《新五代史》卷二七《劉延朗傳》載廢帝即位後，“薛文遇亦爲職方郎中、樞密院直學士”。

[6]趙延壽：人名。常山（今河北正定縣）人，本姓劉，爲後唐將領趙德鈞養子。仕至後唐樞密使，遼朝幽州節度使、燕王。傳見本書卷九八、《遼史》卷七六。

[7]河南尹：官名。唐開元元年（713）改洛州爲河南府，治所在今河南洛陽市，河南府尹總其政務。從三品。　判六軍諸衛事：官名。後唐沿唐代舊制，置六軍諸衛，以判六軍諸衛事爲禁軍六軍與諸衛的最高統帥。　重美：人名。即李重美。後唐廢帝李從珂之子。傳見本書卷五一、《新五代史》卷一六。　雍王：《輯本舊史》之影庫本粘籤：“原本作‘壅王’，今從《歐陽史》改正。”見《新五代史》卷七《唐本紀七》清泰三年（936）正月丁未條，亦見於《通鑑》卷二八〇天福元年（936）正月丁未條。

二月戊辰，吐渾寧朔、奉化兩府留後李可久加檢校司徒。[1]可久本姓白氏，前朝賜姓。庚午，監修國史姚顗，史官張昭遠、李詳、吴承範等修撰《明宗實録》三十卷上之。[2]以大理卿竇維爲光禄卿，以前許州節度判官張登爲大理卿。[3]丁丑，以太常卿李鏻爲兵部尚書，以兵部尚書梁文矩爲太常卿。[4]庚辰，以前鄜州節度使皇甫立爲潞州節度使。[5]辛巳，以前均州刺史仇暉爲左威衛上將軍，保順軍節度使鮑君福加檢校太尉、同平章事。[6]丁亥，以昭義節度使安元信卒廢朝。

[1]寧朔：羈縻府。治所在今河北蔚縣。　奉化：羈縻府。治所在今河北蔚縣。中華書局本有校勘記："'奉化'二字原闕，據《册府》卷九七六、《五代會要》卷二八補。"見《宋本册府》卷九七六《外臣部·褒異門二》清泰三年（936）二月戊辰條。《會要》卷二八吐渾條清泰三年二月記事載"以寧朔、奉化兩府留後白可久超授檢校司徒"，白可久即李可久。　留後：官名。唐、五代節度使多以子弟或親信爲留後，以代行節度使職務，亦有軍士、叛將自立爲留後者。掌一州或數州軍政。　李可久：人名。又作"白可久"。吐谷渾人。白承福之子。事見本書卷八四、卷一一一，《新五代史》卷八、卷七四。　檢校司徒：官名。爲散官或加官，以示恩寵，無實際執掌。

[2]監修國史：官名。北齊始置史館，以宰相爲之。唐史館沿置，爲宰相兼職。　姚顗：人名。京兆萬年（今陝西西安市長安區）人。唐末進士，五代後梁至後晋大臣。傳見本書卷九二、《新五代史》卷五五。　張昭遠：人名。滄州無棣（今山東慶雲縣）人。五代、宋朝官員。傳見《宋史》卷三二六。　李詳：人名。籍貫不詳。五代後唐至後周官員，歷任左補闕、中書舍人、尚書右

丞、吏部侍郎。事見本書卷四二、卷七七、卷八四、卷一一一。中華書局本有校勘記："原作'李祥'，據《册府》卷五五四、卷五五七改。本卷下一處同。"見《輯本舊史》卷八一《晉少帝紀一》天福八年（943）五月辛卯條、卷八四《晉少帝紀四》開運三年（946）七月壬辰條、《宋本册府》卷五五〇《詞臣部・恩奬門》李懌條、卷五五四《國史部・恩奬門》姚顗條、卷五五七《國史部・採撰門三》姚顗條。《舊五代史考異》："《五代會要》：同修撰官中書舍人張昭遠、李祥，直館左拾遺吴承範，右拾遺楊昭儉等，各頒賚有差。"見《會要》卷一八修國史條清泰三年二月記事，作"李祥"。　吴承範：人名。魏州（今河北大名縣）人。後唐、後晉官員。傳見本書卷九二。

[3]大理卿：官名。爲大理寺長官。負責大理寺的具體事務，掌邦國折獄詳刑之事。從三品。　竇維：人名。籍貫不詳。後唐官員。事見本書本卷、卷四五。　光禄卿：官名。南朝梁天監七年（508）改光禄勳置，隋、唐沿置。掌宫殿門户、帳幕器物、百官朝會膳食等。從三品。　許州：州名。治所在今河南許昌市。　節度判官：官名。唐末、五代藩鎮僚佐，位行軍司馬下。　張登：人名。籍貫不詳。本書僅此一見。　以前許州節度判官張登爲大理卿：中華書局本有校勘記："本書卷七八《晉高祖紀四》、《册府》卷五五九、卷六〇七有'大理卿張澄'，疑即其人。"見《輯本舊史》卷七八《晉高祖紀四》天福四年正月乙卯條、《宋本册府》卷五五九《國史部・論議門》曹國珍條、明本《册府》卷六〇七《學校部・撰集門》曹國珍條。

[4]太常卿：官名。太常寺長官。掌宗廟禮儀。正三品。　李鏻：人名。唐朝宗室。五代大臣。傳見本書卷一〇八、《新五代史》卷五七。　兵部尚書：官名。尚書省兵部主官。掌兵衛、武選、車輦、甲械、厩牧之政令。正三品。　梁文矩：人名。鄆州（今山東東平縣）人。五代後梁至後晉官員。傳見本書卷九二。

[5]鄜州：州名。治所在今陝西富縣。　節度使：官名。唐時

在重要地區所設掌握一州或數州軍、民、財政的長官。　皇甫立：人名。代北（今山西代縣）人。五代後唐至後漢官員。傳見本書卷一〇六。　潞州：州名。治所在今山西長治市。

[6]均州：州名。治所在今湖北丹江口市。　刺史：官名。漢武帝時始置。州一級行政長官，總掌考覈官吏、勸課農桑、地方教化等事。唐中期以後，節度、觀察使轄州而設，刺史爲其屬官，職任漸輕。從三品至正四品下。　仇暉：人名。籍貫不詳。五代官員。事見本書本卷。　左威衛上將軍：官名。唐置，掌宫禁宿衛。唐代置十六衛，即左右衛、左右驍衛、左右武衛、左右威衛、左右領軍衛、左右金吾衛、左右監門衛、左右千牛衛。各置上將軍，從二品；大將軍，正三品；將軍，從三品。　保順軍：方鎮名。治所在洮州（今甘肅臨潭縣）。《輯本舊史》之影庫本粘籤："保順，原本作'任順'；君福，原本作'居福'。今俱從《十國春秋》改正。"見清人吴任臣《十國春秋》卷八四《吴越・鮑君福傳》。又見《輯本舊史》卷四四《明宗紀十》長興四年（933）十一月辛巳條、卷七八《晋高祖紀四》天福四年九月己卯條、卷七九《晋高祖紀五》天福五年十二月壬辰條。　鮑君福：人名。餘姚（今浙江杭州市）人。五代十國吴越國將領。事見《十國春秋》卷八四。　檢校太尉：官名。爲散官或加官，以示恩寵，無實際執掌。太尉，與司徒、司空並爲三公。　同平章事：官名。唐高宗以後，凡實際任宰相之職者，常在其本官後加同平章事的職銜。後成爲宰相專稱。

三月庚子，[1]中書門下奏：[2]"準閤門分析内外官辭見謝規例：諸州判官、軍將進奉到闕，舊例門見門辭；今後只令朝見，依舊門辭。新除諸道判官、書記以下，無例中謝，並放謝放辭，得替到京無例見；今後兩使判官許中謝，赴任即門辭，其書記以下並依舊例。朝臣文

五品、武四品以上舊例中謝，其以下無例對謝；今請依天成四年正月敕，[3]凡升朝官並許中謝。諸道都押衙、馬步都指揮、虞候、鎮將、諸色場院，[4]無例謝辭，並進牓子放謝放辭，得替到闕，無例入見。在京鹽麴税官、兩軍巡即許中謝，[5]新除令、録並中謝，次日門辭，兼有口敕誡勵。文武兩班所差弔祭使及告廟祠祭，只正衙辭，不赴内殿。諸道進奏官到闕，見，得假，進牓子，放門辭。"[6]從之。辛丑，權知福建節度使王昶奏，節度使王延鈞以去年十月十四日卒。[7]是時延鈞父子雖僭竊於閩嶺，猶稱藩於朝廷，故有是奏。甲辰，以右神武統軍楊漢章爲彰武軍節度使。[8]丙午，以翰林學士、禮部侍郎馬胤孫爲中書侍郎、同平章事。[9]丁巳，以端明殿學士吕琦爲御史中丞。[10]戊午，御史中丞盧損責授右贊善大夫，知雜侍御史韋棁責授太僕寺丞，侍御史魏遜責授太府寺主簿，侍御史王岳責授司農寺主簿。[11]初，延州保安鎮將白文審聞兵興岐下，[12]專殺郡人趙思謙等十餘人，[13]已伏其罪，復下臺追繫推鞫，未竟。會去年五月十二日德音，除十惡五逆、放火殺人外並放。盧損輕易即破械釋文審，[14]帝大怒，收文審誅之。臺司稱奉德音釋放，不得追領祗證。中書詰云，德音言"不在追窮枝蔓"，無"不得追領祗證"六字，擅改敕語。大理斷以失出罪人論，[15]故有是命。是月，有蛇鼠鬭於師子門外，[16]鼠生而蛇死。

[1]三月庚子：中華書局本有校勘記："'月'，原作'日'，據殿本、邵本校、《册府》卷一〇八、《五代會要》卷六改。"見《會

要》卷六雜録條清泰三年（936）三月記事、明本《册府》卷一〇八《帝王部·朝會門二》清泰三年三月庚子條。

[2]中書門下：官署名。唐代以來爲宰相處理政務的機構。參見劉後濱《唐代中書門下體制研究——公文形態·政務運行與制度變遷》，齊魯書社 2004 年版。

[3]天成：後唐明宗李嗣源年號（926—930）。

[4]都押衙：官名。“押衙”即“押牙”。唐、五代時期節度使辟署的屬官，有稱左、右都押衙或都押衙者。掌領方鎮儀仗侍衛、統率軍隊。參見劉安志《唐五代押牙（衙）考略》，武漢大學歷史系魏晋南北朝隋唐史研究室編《魏晋南北朝隋唐史資料》第 16 輯，武漢大學出版社 1998 年版。　馬步都指揮：官名。唐五代方鎮高級軍官。　虞候：官名。唐五代方鎮高級軍官。

[5]在京鹽麴税官、兩軍巡即許中謝：“兩軍巡”，中華書局本有校勘記：“‘兩軍巡’，原作‘兩官巡’，據《册府》卷一〇八改。《五代會要》卷六作‘兩軍巡使’。”見《會要》卷六雜録條、《册府》卷一〇八。

[6]放門辭：中華書局本有校勘記：“‘放’字原闕，據《册府》卷一〇八、《五代會要》卷六補。”見《會要》卷六雜録條、《册府》卷一〇八。

[7]福建：方鎮名。治所在今福建福州市。　王昶：人名。原名王繼鵬。五代十國南閩國君。傳見本書卷一三四、《新五代史》卷六八。　王延鈞：人名。即王鏻。王審知次子，五代十國南閩國君。傳見本書卷一三四、《新五代史》卷六八。　節度使王延鈞以去年十月十四日卒：《通鑑》卷二七九繫王延鈞卒日於清泰二年十月庚辰，清泰二年十月壬戌朔，庚辰爲爲十九日，與《薛史》異。

[8]右神武統軍：官名。唐置六軍，分左右羽林、左右龍武、左右神武，即“北衙六軍”。興元元年（784），六軍各置統軍，以寵勳臣。五代沿之。其品秩，《唐會要》卷七一、《舊唐書》卷一二記載爲從二品；《通鑑》卷二二九記載爲從三品。　楊漢章：人

名。籍貫不詳。五代將領。事見《通鑑》卷二八〇。　彰武軍：方鎮名。治所在延州（今陝西延安市）。

［9］翰林學士：官名。由南北朝始設之學士發展而來，唐玄宗改翰林供奉爲翰林學士，備顧問，代王言。掌拜免將相、號令征伐等詔令的起草。　禮部侍郎：官名。尚書省禮部次官。協助禮部尚書掌禮儀、祭享、貢舉之政。正四品下。　馬胤孫：人名。一作“馬裔孫”。棣州滴河（今山東商河縣）人。後唐進士、宰相。傳見本書卷一二七、《新五代史》卷五五。中華書局本從《輯本舊史》作“馬裔孫”，應爲避清雍正帝諱改，今據明本《册府》卷三三五《宰輔部·不稱門》馬胤孫條、《新五代史》卷七《唐本紀七·廢帝紀》清泰三年三月丙午條、《通鑑》卷二八〇天福元年（936）三月丙午條回改。　中書侍郎：官名。中書省副長官。唐後期三省長官漸爲榮銜，中書、門下侍郎却因參議朝政而職位漸重，常常用爲以“同三品”或“同平章事”任宰相者的本官。正三品。

［10］以端明殿學士吕琦爲御史中丞：《舊五代史考異》：“《通鑑》，吕琦與李崧建和親契丹之策，爲薛文遇所沮，改爲御史中丞，蓋疏之也。”見《通鑑》卷二八〇天福元年三月丁巳條。

［11］御史中丞：官名。如不置御史大夫，則爲御史臺長官。掌司法監察。正四品下。　盧損：范陽涿縣（今河北涿州市）人。後梁、後唐官員。　右贊善大夫：官名。即太子右贊善大夫。掌規諫太子過失、贊相禮儀等事。正五品。　知雜侍御史：官名。即侍御史知雜事。唐置，以資深御史充任，總管御史臺庶務。五代沿置。　韋棁：人名。籍貫不詳。五代官員。事見本書本卷、卷七六。中華書局本有校勘記：“原作‘韋税’，據《册府》卷五二一（宋本）、卷五二二改。”見《宋本册府》卷五二一《憲官部·不稱門》盧損條、卷五二二《憲官部·譴讓門》崔協條。　太僕寺丞：官名。北齊始置太僕寺。後世沿用。丞爲太僕寺卿的佐官，掌衙署内部事務。從六品上。　侍御史：官名。秦始置。掌糾舉百官，推鞫獄訟。從六品下。　魏遜：人名。籍貫不詳。本書僅此一見。　太

府寺主簿：官名。太府寺卿佐官。掌太府寺簿書及用印。從七品上。　王岳：人名。籍貫不詳。本書僅此一見。　司農寺主簿：官名。司農寺卿佐官。掌印，署抄目，勾檢稽失。從七品上。

[12]延州：州名。治所在今陝西延安市。　保安鎮：地名。位於今陝西志丹縣。　白文審：人名。籍貫不詳。保安鎮將。事見本書本卷。

[13]趙思謙：人名。籍貫不詳。本書僅此一見。

[14]盧損：人名。范陽（今河北涿州市）人。唐末、五代官員。傳見本書卷一二八、《新五代史》卷五五。

[15]大理：官署名。掌邦國折獄詳刑之事。

[16]師子門：城門名。位於今河南洛陽市。

夏四月己未朔，以左衛上將軍王景戡爲左神武統軍，以左領軍上將軍李頃爲華清宫使。[1]戊辰，以太子詹事盧演爲工部尚書致仕。[2]辛未，以中書舍人、史館修撰張昭遠爲禮部侍郎，以前滄州節度使李金全爲右領軍上將軍。[3]是月，有熊入京城搏人。

[1]左衛上將軍：官名。唐代置十六衛之一。掌宫禁宿衛。從二品。　王景戡：人名。籍貫不詳。事見本書卷三四、卷三七、卷三九、卷四〇、卷四二等。　左神武統軍：官名。唐置六軍，分左右羽林、左右龍武、左右神武，即“北衙六軍”。興元元年(784)，六軍各置統軍，以寵勳臣。五代沿之。其品秩，《唐會要》卷七一、《舊唐書》卷一二記載爲從二品，《通鑑》卷二二九記載爲從三品。　左領軍上將軍：官名。唐代置十六衛之一。掌宫禁宿衛。從二品。“領軍”，《輯本舊史》之影庫本粘籤：“原本作‘衡軍’，今從《薛史》列傳改正。”“左領軍”，中華書局本作“右領軍”，校勘記：“‘右’，本書卷四七《唐末帝紀中》作‘左’。”《輯

本舊史》卷四七《唐末帝紀中》清泰二年（935）十月己巳條載“以左衛上將軍李頃爲左領軍上將軍”，又卷九一《李頃傳》“（晉）高祖即位之二年，加特進、檢校太尉、右領軍衛上將軍”、卷七八《晉高祖紀四》天福四年（939）七月癸卯“以華清宫使李頃爲右領軍衛上將軍”、卷七九《晉高祖紀五》天福六年六月壬寅“右領衛上將軍李頃卒，贈太師”。知李頃授右領軍衛上將軍乃晉高祖天福年間事，故改。　李頃：人名。一作“李頎”。陳州項城（今河南沈丘縣）人。李罕之之子。傳見本書卷九一。

[2]太子詹事：官名。掌領太子之詹事府，爲太子官屬之長。正三品。　盧演：人名。籍貫不詳。本書僅此一見。　工部尚書：官名。尚書省工部主官。掌百工、屯田、山澤之政令。正三品。

[3]中書舍人：官名。中書省屬官。掌起草文書、呈遞奏章、傳宣詔命等。正五品上。　史館修撰：官名。北齊始置史館。唐初隸秘書省著作局。唐貞觀三年（629）移於禁中，隸門下省。修本朝史由史官負責，修前代史多由他官編纂，宰相監修，正式確立史館修史、宰相監修之制。開元二十五年（737），徙史館於中書省。天寶後，他官兼領史職者，謂之史館修撰，初入者爲直館。　滄州：州名。治所在今河北滄縣舊州鎮。　李金全：人名。吐谷渾族，早年爲後唐明宗李嗣源奴僕，驍勇善戰，因功升遷。後晉時封安遠軍節度使，後投奔南唐。傳見本書卷九七、《新五代史》卷四八。　右領軍上將軍：官名。唐代置十六衛之一。掌宫禁宿衛。從二品。

五月辛卯，以河東節度使、兼大同彰國振武威塞等軍蕃漢馬步總管、檢校太師、兼中書令、駙馬都尉石敬瑭爲鄆州節度使，進封趙國公。[1]以河陽節度使、充侍衛馬步軍都指揮使宋審虔爲河東節度使。[2]甲午，以前晉州節度使、大同彰國振武威塞等軍蕃漢副總管張敬達

充西北面蕃漢馬步都部署，[3]落副總管。乙未，詔："諸州兩使判官、畿赤令有闕，取省郎中、員外、補闕、拾遺、三丞、五博、少列宫僚，[4]選擇擢任。"以忠正軍節度使、侍衛步軍都指揮使張彦琪爲河陽節度使，充侍衛馬軍都指揮使；以彰聖都指揮使、饒州刺史符彦饒爲忠正軍節度使，充侍衛步軍都指揮使。[5]丙申，以雍王重美與汴州節度使范延光結婚，詔兖王從温主之。[6]丁酉，以國子祭酒馬縞卒廢朝。[7]戊戌，昭義奏，河東節度使石敬瑭叛。[8]以鴻臚卿兼通事舍人、判四方館王景崇爲衛尉卿，充引進使。[9]壬寅，削奪石敬瑭官爵，便令張敬達進軍攻討。乙巳，以晋州節度使張敬達爲太原四面兵馬都部署，尋改爲招討使；以河陽節度使、侍衛馬軍都指揮使張彦琪爲太原四面馬步軍都指揮使；以邢州節度使安審琦爲太原四面馬軍都指揮使；以陝州節度使相里金爲太原四面步軍都指揮使；以右監門上將軍武廷翰爲壕寨使。[10]丙午，以定州節度使楊光遠爲太原四面兵馬副部署、兼馬步都虞候，尋改爲太原四面副招討使，都虞候如故；以前彰武軍節度使高行周爲太原四面招撫兼排陣使。[11]初，帝疑河東有異志，與近臣語及其事，帝曰："石郎與朕近親，在不疑之地，流言毁譽，朕心自明，萬一失歡，如何和解？"左右皆不對。翌日，欲移石敬瑭於鄆州，房暠等堅言不可，司天監趙延乂亦言星辰失度，[12]尤宜安静，由是稍緩其事。會薛文遇獨宿於禁中，帝召之，諭以太原之事。文遇奏曰："臣聞作舍於道，三年不成，國家利害，斷自宸旨。以臣料之，

石敬瑭除亦叛，不除亦叛，不如先事圖之。”帝喜曰：“聞卿此言，豁吾憤氣。”先是，有人言國家明年合得一賢佐主謀，平定天下，帝意亦疑賢佐者屬在文遇，即令手書除目，子夜下學士院草制。翌日，宣制之際，兩班失色。居六七日，敬瑭上章云：“明宗社稷，陛下纂承，未契輿情，宜推令辟。許王先朝血緒，養德皇闈，儻循當璧之言，免負鬩牆之議。”帝覽奏不悦，手攘抵地，召馬胤孫草詔報曰：“父有社稷，傳之於子；君有禍難，倚之於親。卿於鄂王，故非疎遠。往歲衛州之事，天下皆知；今朝許王之言，人誰肯信！英賢立事，安肯如斯”云。戊申，張敬達奏，西北面先鋒都指揮使安審信率雄義左第二指揮二百二十七騎，並部下共五百騎，剽劫百井，叛入太原。[13]又奏，大軍已至太原城下。詔安審信及雄義兵士妻男並處斬，家産没官。先是，雄義都在代州屯戍，[14]其指揮使安元信謀殺代州刺史張朗，[15]事洩，戍兵自潰，奔安審信軍，審信與之入太原。太常奏，於河南府東權立宣憲太后寢宫，從之。[16]己酉，振武節度使安叔千奏，西北界巡檢使安重榮驅掠戍兵五百騎叛入太原。[17]以新授河東節度使宋審虔爲宣州節度使[18]，充侍衛馬軍都指揮使。壬子，鄴都屯駐捧聖都虞候張令昭逐節度使劉延皓，[19]據城叛。翌日，令昭召副使邊仁嗣已下，[20]逼令奏請節旄。

[1]河東：方鎮名。治所在太原（今山西太原市）。　大同：方鎮名。治所在代州（今山西代縣）。　彰國：方鎮名。治所在應州（今山西應縣）。　振武：方鎮名。後梁貞明二年（916）以前，

治所位於單于都護府城（今内蒙古和林格爾縣）。貞明二年單于都護府城爲契丹占據。此後至後唐清泰三年（936），治所位於朔州（今山西朔州市朔城區）。後晋時隨燕雲十六州割予契丹，改名順義軍。　威塞：方鎮名。治所在新州（今河北涿鹿縣）。　蕃漢馬步總管：官名。五代後唐置，爲蕃漢馬步軍總指揮官。　檢校太師：官名。爲散官或加官，以示恩寵，無實際執掌。　中書令：官名。漢代始置，隋、唐前期爲中書省長官，屬宰相之職；唐後期多爲授予元勳大臣的虛銜。正二品。　駙馬都尉：官名。漢武帝時始置，魏晋以後，公主夫婿多加此稱號。從五品下。　石敬瑭：人名。沙陀部人。五代後唐將領、後晋開國皇帝。936 年至 942 年在位。紀見本書卷七五至八〇、《新五代史》卷八。　鄆州：州名。治所在今山東東平縣。　“以河東節度使”至“進封趙國公”：《舊五代史考異》：“《歐陽史·廢帝紀》于五月以前即書石敬瑭反，與《晋本紀》自相矛盾。據《薛史》，五月辛卯始移敬瑭于鄆州，戊戌始聞拒命也。《五代春秋》《通鑑》俱與《薛史》同。”見《五代春秋》卷下後唐末帝條，《通鑑》卷二八〇天福元年（936）五月辛卯、甲午、戊戌條。

[2]河陽：方鎮名。全稱“河陽三城”。治所在孟州（今河南孟州市）。　馬步軍：中華書局本有校勘記：“‘馬步軍’，《通鑑》卷二八〇作‘馬軍’。”見《通鑑》卷二八〇天福元年五月戊申條。　都指揮使：官名。唐末、五代軍隊多置都指揮使、指揮使，爲統兵將領。　宋審虔：人名。籍貫不詳。五代後唐官員。事見本書本卷、卷四六。

[3]晋州：州名。治所在今山西臨汾市。　蕃漢副總管：官名。北面行營副長官。　張敬達：人名。代州（今山西代縣）人。五代後唐將領。傳見本書卷七〇、《新五代史》卷三三。　蕃漢馬步都部署：官名。五代後唐始置，爲臨時委任的大軍區統帥。掌管屯戍、攻防等事務。

[4]取省郎中、員外、補闕、拾遺、三丞、五博、少列宫僚：

中華書局本沿《輯本舊史》作“取省郎、遺、補、丞、博、少列、宫僚”，並引《輯本舊史》之案語：“以上疑有脱誤。”《會要》卷一三起請雜録條載清泰三年五月敕、《輯本舊史》卷一四九《職官志・釐革》清泰三年五月乙未條、《宋本册府》卷六三三《銓選部・條制門五》清泰三年四月詔均作：“取郎中、員外，補闕、拾遺，三丞、五博，少列宫僚，選擇擢任。”今據補。

［5］忠正軍：方鎮名。治所在壽州（今安徽壽縣）。　張彦琪：人名。籍貫不詳。事見本書本卷、卷一一〇。　饒州：州名。治所在今江西鄱陽縣。　符彦饒：人名。陳州宛丘（今河南淮陽縣）人。符存審次子。五代後唐、後晋將領。傳見本書卷九一、《新五代史》卷二五。

［6］汴州：州名。治所在今河南開封市。　范延光：人名。相州臨漳（今河北臨漳縣）人。五代後唐、後晋將領。傳見本書卷九七、《新五代史》卷五一。　從温：人名。即李從温。後唐明宗之侄。傳見本書卷八八、《新五代史》卷一五。

［7］國子祭酒：官名。古代國子學或太學長官。晋武帝司馬炎始置。掌邦國儒學訓導之政令，領太學、國子學及國子監所屬各學。從三品。　馬縞：人名。籍貫不詳。五代官員。傳見本書卷七一、《新五代史》卷五五。

［8］昭義：方鎮名。又稱澤潞。治所在潞州（今山西長治市）。《輯本舊史》之影庫本粘籤：“昭義，原本作‘達義’，今從《通鑑》增入。”《舊五代史考異》：“《通鑑》作昭義節度使皇甫立奏，石敬瑭叛。”見《通鑑》卷二八〇天福元年五月戊戌條。石敬瑭十一月始改元天福，稱帝，該年亦爲唐清泰三年。

［9］鴻臚卿：官名。秦時稱典客，漢初改大行令，漢武帝時改大鴻臚，北齊置鴻臚寺，以鴻臚寺卿爲主官，後代沿置。掌四夷朝貢、宴飲賞賜、送迎外使等禮儀活動。從三品。　通事舍人：官名。東晋始置。唐代時爲中書省屬官，全稱中書通事舍人。掌殿前承宣通奏。從六品上。　判四方館：官名。隋始置四方館，以通事

謁者爲主官。唐、五代沿置，以通事舍人或判四方館事爲主官。掌四方往來及互市事務。　王景崇：人名。邢州（今河北邢臺市）人。後漢時升任鳳翔節度使。傳見本書附録、《新五代史》卷五三。　衛尉卿：官名。北魏置。掌供宫廷、祭祀、朝會之儀仗帷幕，通判本寺事務。正三品。　引進使：官名。五代後梁始置，爲引進司長官。掌臣僚藩屬進奉禮物事宜。從五品。

[10]乙巳：中華書局本沿《輯本舊史》作“乙卯”。五月己丑朔，乙卯爲二十七日，《舊五代史考異》引《通鑑》卷二八〇繫於天福元年五月乙巳條。“壬寅”（十四日）已削石敬瑭官爵，並令張敬達前往討伐，乙卯（二十七日）纔任命，不合常理。其後有戊申（二十日）、己酉（二十一日）、壬子（二十四日）記事，據下句所引《通鑑》，可知“乙卯”爲“乙巳”（十七日）之誤，據改。　太原：府名。治所在今山西太原市。　招討使：官名。自後梁至後周均設此職，負責某一路、某一道或某一方征討招撫之事。掌管區域較大而且主官資深者，則委以諸道行營都招討使和副都招討使，否則爲行營招討使和副招討使。　邢州：州名。治所在今河北邢臺市。　安審琦：人名。沙陀部人。五代將領。歷仕後唐至後周。傳見本書卷一二三。　陝州：州名。治所在今河南三門峽市陝州區。　相里金：人名。并州（今山西太原市）人。五代後晋將領。傳見本書卷九〇、《新五代史》卷四七。　右監門上將軍：官名。唐代置十六衛之一。掌宫禁宿衛。從二品。　武廷翰：人名。籍貫不詳。事見本書本卷、卷一一一。　壕寨使：官名。掌修造壕寨壁壘等軍事工程。　以晋州節度使張敬達爲太原四面兵馬都部署，尋改爲招討使：《舊五代史考異》：“《通鑑》：乙巳，以張敬達兼太原四面排陣使。丙午，以爲太原四面都部署。丁未，又知太原行府事，不言其爲招討使。《歐陽史》又作都招討使，與《薛史》微異。”見《通鑑》卷二八〇天福元年五月乙巳、丙午、丁未條，《新五代史》卷七《唐本紀七》清泰三年五月乙卯條。

[11]丙午：中華書局本沿《輯本舊史》作“丙辰”，有校勘

記："《通鑑》卷二八〇作'丙午'。按是月己丑朔，丙午爲十八日，丙辰爲二十八日，下文戊申爲二十日，丙辰不當在戊申前。"但未改，今據改。　定州：州名。治所在今河北定州市。　楊光遠：人名。沙陀部人。五代後唐、後晋將領。傳見本書卷九七、《新五代史》卷五一。　兵馬副部署：官名。五代後唐始置，爲臨時委任的大軍區副統帥。掌管屯戍、攻防等事務。　馬步都虞候：官名。五代時期出征軍隊高級統兵官。　副招討使：官名。行營統兵官。位次行營都統、招討使。掌招撫討伐事務。　高行周：人名。幽州（今北京市）人。五代名將。傳見本書卷一二三、《新五代史》卷四八。　招撫：官名。即行營招撫使。掌招撫征伐之事。係臨時設置之統兵官。　排陣使：官名。多以任節度使的武臣出任，或由軍事指揮官兼任，多側重監督軍隊。參見王軼英《中國古代排陣使述論》，《西北大學學報》2010 年第 6 期。

[12]房暠：人名。京兆長安（今陝西西安市長安區）人。五代後唐、後晋大臣。傳見本書卷九六。　司天監：官名。唐、五代司天監的主官即稱司天監，曾隨其官署改稱過太史令、秘書閣郎中、渾天監等。掌天文、曆法以及占候等事。　趙延乂：人名。一作"趙延義"。秦州（今甘肅秦安縣）人。五代十國時前蜀大臣趙温珪之子。通術數。傳見本書卷一三一、《新五代史》卷五七。

[13]安審信：人名。沙陀部人。五代將領安審琦從兄。五代後唐至後周將領。傳見本書卷一二三。　百井：地名。百，一作"柏"。即今山西陽曲縣東北柏井。

[14]代州：州名。治所在今山西代縣。中華書局本有校勘記："原作'伏州'，據劉本、邵本校、《通鑑》卷二八〇改。按本書卷九〇《安元信傳》：'清泰三年，遷雄義都指揮史，受詔屯於代州，太守張朗遇之甚厚。'本卷下一處同。"見《通鑑》卷二八〇天福元年五月戊申條。五代亦無"伏州"。

[15]安元信：人名。代北（今山西代縣）人。五代後唐、後晋將領。事見本書卷三二。　張朗：人名。徐州蕭縣（今安徽蕭

縣）人。後梁、後唐、後晋將領。傳見本書卷九〇。

[16]太常：官名。西漢置太常，南朝梁改稱太常卿。太常寺長官。掌宗廟祭祀、禮樂及教育等。正三品。　河南府：府名。治所在今河南洛陽市。　宣憲太后：即宣憲皇后魏氏。後唐明宗李嗣源之妻，末帝李從珂之母。鎮州平山（今河北平山縣）人。傳見本書卷四九、《新五代史》卷一五。“宣憲”，《輯本舊史》之影庫本粘籤：“原本作‘令憲’，今據《五代會要》改正。”見《會要》卷一《帝號》末帝從珂條，又見《輯本舊史·末帝紀中》清泰二年(935)二月己丑、三月己酉條，明本《册府》卷三一《帝王部·奉先門四》清泰三年五月條。

[17]安叔千：人名。沙陀部人。五代後唐至後周將領。傳見本書卷一二三、《新五代史》卷四八。　巡檢使：官名。五代始設巡檢，設於京師、陪都、重要的州及邊防重鎮。　安重榮：人名。朔州（今山西朔州市朔城區）人。五代後唐、後晋將領。傳見本書卷九八、《新五代史》卷五一。

[18]宣州：州名。治所在今安徽宣城市。

[19]鄴都：地名。治所在今河北大名縣。五代後唐同光元年(923)，改魏州爲興唐府，建號東京。三年，改東京爲鄴都。　都虞候：官名。捧聖爲五代禁軍番號，因全爲騎兵，故又稱“捧聖馬軍”。都虞候，五代時期部隊統兵官。　張令昭：人名。籍貫不詳。五代後唐將領。事見本書本卷、卷四九、卷六九、卷九六、卷一〇七。　劉延皓：人名。應州渾元（今山西渾源縣）人。五代將領，後唐劉皇后之弟。傳見本書卷六九、《新五代史》卷一六。

[20]副使：官名。即節度副使。唐、五代方鎮屬官。位於行軍司馬之下、判官之上。　邊仁嗣：人名。籍貫不詳。五代後唐將領，時任天雄軍節度副使。事見本書本卷、《新五代史》卷一六。

六月辛酉，天雄軍節度使劉延皓削奪官爵，勒歸私

第。[1]癸亥，以天雄軍守禦、右捧聖第二軍都虞候張令昭爲檢校司空、行右千牛將軍，[2]權知天雄軍府事。丙寅，御敷政殿，遣工部尚書崔居儉奉宣憲皇太后寶册於寢宫。[3]時陵園在河東，適會兵興，故權於京城修奉寢宫上謚焉。己巳，以西上閤門副使、少府監兼通事舍人劉頎爲鴻臚卿，[4]職如故。庚午，詔曰："時雨稍愆，頗傷農稼，分命朝臣祈禱。"辛未，工部尚書致仕許寂卒。[5]以權知魏府事、右千牛將軍張令昭爲齊州防禦使，以捧聖右第三指揮使邢立爲德州刺史，以捧聖第五指揮使康福進爲鄭州刺史。[6]甲戌，以汴州節度使范延光爲天雄軍四面招討使，知行府事。丙子，以西京留守李周爲天雄軍四面副招討使兼兵馬都監。[7]詔河東將佐節度判官趙瑩以下十四人並籍没家産。[8]

[1]天雄軍：方鎮名。治所在魏州（今河北大名縣）。　"六月辛酉"至"勒歸私第"：《通鑑》卷二八〇繫於天福元年（936）六月庚申條。

[2]檢校司空：官名。爲散官或加官，以示恩寵，無實際執掌。　右千牛將軍：官名。唐代置十六衛之一。掌宫禁宿衛。從三品。

[3]敷政殿：宫殿名。位於今河南洛陽市。　崔居儉：人名。清河（今河北清河縣）人。崔蕘之子。五代大臣。傳見本書附録、《新五代史》卷五五。

[4]西上閤門副使：官名。唐代大明宫之正殿（宣政殿）、内殿（紫宸殿）以東、西上閤門相連，閤門遂爲外朝、内朝之分界。因設閤門使，掌内外通報、宣旨。五代、宋朝相沿設置閤門、閤門使。正六品。　少府監：官名。少府監長官，隋初置，唐初廢，太宗時復置。掌百工技巧之事。從三品。　劉頎：人名。籍貫不詳。

五代官員。事見本書本卷、卷七六、卷七七。

[5]許寂：人名。籍貫不詳。前蜀官員。傳見本書卷七一。

[6]齊州：州名。治所在歷城縣（今山東濟南市）。　防禦使：官名。唐代始置，設有都防禦使、州防禦使兩種。常由刺史或觀察使兼任，實際上爲唐代後期州或方鎮的軍政長官。　邢立：人名。籍貫不詳。事見本書本卷。　德州：州名。治所在今山東德州市陵城區。　以捧聖右第三指揮使邢立爲德州刺史：中華書局本有校勘記："'三'，《册府》卷一七九作'二'。'邢立'，《册府》卷一七九作'玕立'。本卷下一處同。"見《宋本册府》卷一七九《帝王部·姑息門四》清泰三年（936）六月條。　康福進：人名。籍貫不詳。本書僅此一見。《舊五代史考異》："康福進，疑當作康福，據《册府元龜》引《薛史》亦作康福進，今姑仍其舊。"見《册府》卷一七九《帝王部·姑息門四》。　鄚州：州名。治所在今河北任丘市鄚州鎮。

[7]西京：都城名。即京兆府，治所在今陝西西安市。　留守：官名。在都城、陪都或軍事重鎮所設留守，由地方行政長官兼任。　李周：人名。即李敬周。避後晋高祖石敬瑭諱改名李周。邢州内丘（今河北内丘縣）人。五代後唐、後晋將領。傳見本書卷九一、《新五代史》卷四七。　兵馬都監：官名。唐代中葉命將出征，常以宦官爲監軍、都監。後爲臨時委任的統兵官，稱都監、兵馬都監。掌屯戍、邊防、訓練之政令。

[8]趙瑩：人名。華州華陰（今陝西華陰市）人。後晋高祖時曾任門下侍郎、同平章事。傳見本書卷八九、《新五代史》卷五六。

秋七月戊子，范延光奏，領軍至鄴都攻城。己丑，誅右衛上將軍石重英、皇城副使石重裔，[1]皆敬瑭之子也。時重英等匿於民家井中，獲而誅之，並族所匿之家。奚首領達剌干遣通事介老奏，奚王李素姑謀叛入契

丹，已處斬訖，達剌干權知本部落事。[2]辛卯，沂州奏，誅都指揮使石敬德，並族其家，敬瑭之弟也。[3]乙未，以前彰武軍節度使高行周爲潞州節度使，充太原四面招撫、排陣使；[4]以潞州節度使皇甫立爲華州節度使。[5]丁酉，雲州節度使沙彥珣奏，此月二日夜，步軍指揮使桑遷作亂，以兵圍子城，彥珣突圍出城，就西山據雷公口。[6]三日，招集兵士入城誅亂軍，軍城如故。辛丑，以將作監丞、介國公宇文頡爲汝州襄城令。[7]乙巳，以衛尉卿聶延祚爲太子賓客。[8]戊申，范延光奏，此月二十一日收復鄴都，群臣稱賀。己酉，以禮部侍郎張昭遠爲御史中丞；以御史中丞吕琦爲禮部侍郎、充端明殿學士。庚戌，中書奏："劉延皓賓佐等，帥臣既已削奪，其行軍司馬李延筠、副使邊仁嗣以下，望命放歸田里。"[9]奏入，帝大怒，詔大理曰："帥臣失守，已行削奪，其僚佐合當何罪？"既而竟依中書所奏。壬子，詔范延光誅張令昭部下五指揮及忠鋭、忠肅兩指揮。繼范延光奏，追兵遣襲張令昭部下敗兵至邢州沙河，斬首三百級，並獻張令昭、邢立、李貴等首級。[10]又奏，獲張令昭同惡捧聖指揮使米全以下諸指揮使都頭凡十三人，[11]並磔於府門。癸丑，左衛上將軍仇暉卒。[12]洺州奏擒獲魏府作亂捧聖指揮使馬彥柔以下五十八人，邢、磁州相次擒獲亂兵，並送京師。彰聖指揮使張萬迪以部下五百騎叛入太原，詔誅家屬於懷州本營。[13]

[1]右衛上將軍：官名。唐代置十六衛之一。掌宮禁宿衛。從二品。　石重英：人名。沙陀部人。石敬瑭之子。傳見本書卷八

七。《舊五代史考異》："重英，《通鑑》作重殷。又，《通鑑考異》引《廢帝實録》作姪男尚食使重乂、供奉官重英。並與《薛史》不同。"《通鑑》卷二八〇繫於天福元年（936）七月戊子條。　皇城副使：官名。皇城司副長官。佐皇城使拱衛皇城。　石重裔：人名。沙陀部人。石敬瑭之子。傳見本書卷八七。

［2］奚：部族名。源出鮮卑宇文部。原稱庫莫奚，後省稱奚。參見畢德廣《奚族文化研究》，科學出版社 2016 年版。　達剌干：人名。奚族人。事見本書本卷。　介老：人名。奚族人。奚族通事。事見本書本卷。　李素姑：人名。又名拽剌。五代奚族部落聯盟首領。前首領掃剌之子。後唐明宗天成四年（929），父死代立。清泰二年（935），欲背後唐投契丹，得後唐末帝李從珂撫慰。年底，後唐亡。次年二月，降契丹。事見本書卷七九、卷九〇、卷九八，《新五代史》卷七四。　契丹：古部族、政權名。公元 4 世紀中葉宇文部爲前燕攻破，始分離而成單獨的部落，自號契丹。唐貞觀中，置松漠都督府，以其首領爲都督。唐末强盛，916 年迭剌部耶律阿保機建立契丹國（遼）。先後與五代、北宋並立，保大五年（1125）爲金所滅。參見張正明《契丹史略》，中華書局 1979 年版。

［3］沂州：州名。治所在今山東臨沂市。　石敬德：人名。沙陀部人。石敬瑭之弟。事見本書卷八七、《新五代史》卷一七。

［4］充太原四面招撫、排陣使：《輯本舊史》之影庫本粘籤："原本脱'招'字，今據《通鑑》增入。"見《通鑑》卷二八〇天福元年五月丁未條。

［5］華州：州名。治所在今陝西渭南市華州區。

［6］雲州：州名。治所在今山西大同市。　沙彦珣：人名。籍貫不詳。五代後唐將領。事見本書本卷、卷四七。　桑遷：人名。籍貫不詳。本書僅此一見。　西山：山名。位於今山西大同市。雷公口：地名。位於今山西大同市西北雷公山。

［7］將作監丞：官名。隋唐與宋置，屬將作監，協助監與少監處理監務。從六品下。　宇文頡：人名。籍貫不詳。事見本書本

卷、卷七九。 汝州：州名。治所在今河南汝州市。 襄城：縣名。治所在今河南襄城縣。

[8]聶延祚：人名。籍貫不詳。事見本書卷四二、卷八〇、卷八二。 太子賓客：官名。爲太子官屬。唐高宗顯慶元年（656）始置。掌侍從規諫、贊相禮儀。正三品。

[9]中書：官署名。"中書門下"的簡稱。唐代以來爲宰相處理政務的機構。參見劉後濱《唐代中書門下體制研究——公文形態·政務運行與制度變遷》，齊魯書社2004年版。 行軍司馬：官名。出征將領及節度使的屬官。掌軍籍符伍，號令印信，是藩鎮重要的軍政官員。 李延筠：人名。籍貫不詳。本書僅此一見。 望命：《輯本舊史》之影庫本粘籤："原本作'望名'，今從《册府元龜》改正。"檢《册府》未見。

[10]沙河：水名。位於今河北邢臺市。 斬首三百級：《新五代史》卷一六《唐廢帝家人傳四》作："屯駐諸軍亂者三千餘人皆死。" 李貴：人名。籍貫不詳。本書僅此一見。

[11]米全：人名。籍貫不詳。本書僅此一見。

[12]左衛上將軍：官名。唐代置十六衛之一。掌宫禁宿衛。從二品。中華書局本有校勘記："'左衛上將軍'，本卷上文作'左威衛上將軍'。" 仇暉：人名。籍貫不詳。五代官員。事見本書本卷。

[13]洺州：州名。治所在今河北邯鄲市永年區。 馬彦柔：人名。籍貫不詳。本書僅此一見。 磁州：州名。治所在今河北磁縣。 張萬迪：人名。籍貫不詳。傳見《新五代史》卷三三。 懷州：州名。治所在今河南沁陽市。 詔誅家屬於懷州本營：《通鑑》卷二八〇繫於天福元年七月丙辰條。

八月戊午，契丹遣使梅里入朝。[1]己未，以汴州節度使范延光爲天雄軍節度使、守太傅、兼中書令，[2]以西京留守李周爲汴州節度使、檢校太尉、同平章事。癸

亥，應州奏，[3]契丹三千騎迫城。詔端明殿學士吕琦往河東忻、代諸屯戍所犒軍。以左龍武大將軍袁義爲右監門上將軍，[4]以振武軍節度使安叔千充代北兵馬都部署。己巳，雲州沙彦珣奏，供奉官李讓勳送夏衣到州，縱酒凌轢軍都行，劫殺兵馬都監張思愍、都指揮使党行進，其李讓勳已處斬訖。[5]張敬達奏，造五龍橋攻太原城次。戊寅，以鎮州節度使董温琪充東北面副招討使。[6]己卯，洺州獻野繭二十斤。[7]辛巳，張敬達奏，賊城内出騎軍三十隊、步卒三千人衝長連城，高行周襲殺入壕，溺死者大半，擒賊將安小喜以下百餘人，甲馬一百八十匹。

[1]梅里：人名。契丹使者。“梅里”又可作官名。遥輦時有官稱“梅録”，也作“梅落”“梅老”，此即回鶻的“媚録”“密録”。不同時期不同民族轉寫方式不同，職掌也有變化，或總兵爲指揮官，或爲“皇家總管”。參見李桂芝《遼金簡史》，福建人民出版社1996年版，第19—20頁。中華書局本有校勘記：“原作‘美稜’，注云：‘舊作“梅里”，今改正。’按此係輯録《舊五代史》時所改，今恢復原文。”又見《宋本册府》卷九八〇《外臣部·通好門》清泰三年（936）八月戊午條。

[2]太傅：官名。與太師、太保並爲三師。唐後期、五代時多爲大臣、勳貴加官。正一品。

[3]應州：州名。治所在今山西應縣。

[4]左龍武大將軍：官名。唐置六軍，分左右羽林、左右龍武、左右神武，即“北衙六軍”。五代沿置。大將軍，正三品。　袁義：人名。籍貫不詳。五代後唐至後周將領。事見本書卷三七、卷八三、卷一〇二、卷一〇三、卷一一〇、卷一一一、卷一一二、卷一一三、卷一一四、卷一一五。

[5]供奉官：泛指侍奉皇帝左右的臣僚，亦爲東、西頭供奉官統稱。　李讓勳：人名。籍貫不詳。事見本書本卷。　張思愍：人名。籍貫不詳。本書僅此一見。　党行進：人名。籍貫不詳。本書僅此一見。

[6]鎮州：州名。治所在今河北正定縣。　董温琪：人名。籍貫不詳。事見本書本卷、卷四七、卷九四、卷九七。

[7]己卯，洺州獻野繭二十斤：明本《册府》卷二五《帝王部・符瑞門四》繫於六月。

九月甲辰，張敬達奏，此月十五日，與契丹戰於太原城下，[1]王師敗績。時契丹主自率部族來援太原，[2]高行周、符彦卿率左右廂騎軍出鬬，[3]蕃軍引退。巳時後，蕃軍復成列，張敬達、楊光遠、安審琦等陣於賊城西北，倚山横陣，諸將奮擊，蕃軍屢却。至晡，我騎軍將移陣，蕃軍如山而進，王師大敗，投兵仗相藉而死者山積。是夕，收合餘衆，保於晋祠南晋安寨，蕃軍塹而圍之，自是音聞阻絶，朝廷大恐。[4]是日，遣侍衛步軍都指揮使符彦饒率兵屯河陽，詔范延光率兵由青山路趨榆次，詔幽州趙德鈞由飛狐路出敵軍後，耀州防禦使潘環合防戍軍出慈、隰以援張敬達。[5]以前絳州刺史韓彦惲爲太子賓客。[6]契丹主移帳於柳林。[7]乙巳，詔取二十二日幸北面軍前。戊申，帝發京師，路經徽陵，帝親行謁奠。夕次河陽，召群臣議進取，盧文紀勸帝駐河橋。[8]庚戌，樞密使趙延壽先赴潞州。[9]辛亥，幸懷州。召吏部侍郎龍敏訪以機事，敏勸帝立東丹王贊華爲契丹主，以兵援送入蕃，則契丹主有後顧之患，不能久駐漢地

矣。[10]帝深以爲然，竟不行其謀。[11]帝自是酣飲悲歌，形神慘沮。臣下勸其親征，則曰："卿輩勿説石郎，使我心膽墮地。"其怯懦也如此。

[1]張敬達奏，此月十五日，與契丹戰於太原城下：《輯本舊史》之影庫本粘籤："張敬達與契丹戰于太原，《薛史·晋紀》作辛丑，蓋辛丑日戰，越四日甲辰乃奏到也。《通鑑》亦作辛丑，《遼史》作庚午，與《薛史》異。《歐陽史》作甲辰，戰于太原，殊誤。"見《輯本舊史》卷七五《晋本紀一》清泰三年（936）九月辛丑條、《新五代史》卷七《唐本紀七》清泰三年三月甲辰條、《通鑑》卷二八〇天福元年（936）九月辛丑條、《遼史》卷三《太宗紀上》天顯十一年（936）九月庚子條。是月丁亥朔，庚子十四日，辛丑十五日，甲辰十八日。

[2]契丹主：中華書局本有校勘記："'主'，原作'王'，據殿本、劉本、《册府》卷四四三、卷九八七、《通鑑》卷二八〇改。本卷下一處同。"見明本《册府》卷四四三《將帥部·敗衄門三》張敬達條、《宋本册府》卷九八七《外臣部·征討門六》清泰三年九月甲辰條、《通鑑》卷二八〇天福元年九月辛丑條。

[3]符彦卿：人名。陳州宛丘（今河南淮陽縣）人。後周、宋初將領。後周世宗宣懿皇后、宋太宗懿德皇后，皆符彦卿女。傳見《宋史》卷二五一。

[4]晋祠：宫祠名。位於今山西太原市晋源區晋祠鎮。《輯本舊史》之影庫本粘籤："原本作'普祠'，今從《遼史》改正。"見《輯本舊史》卷一一〇《周太祖紀一》清泰末條、《通鑑》卷二八〇天福元年五月丁未條胡注引《薛史》。　晋安寨：地名。位於今山西太原市。　蕃軍塹而圍之，自是音聞阻絶，朝廷大恐：《輯本舊史》之案語："《遼史·太宗紀》云：己亥，次太原。庚子，遣使諭敬瑭曰：'朕興師遠來，當即與卿破賊。'會唐將高行周、符

彦卿以兵來拒，遂勒兵陣於太原，及戰，佯爲之却。唐將張敬達、楊光遠又陣于西，未成列，以兵薄之，而行周、彦卿爲伏兵所斷，首尾不相救。敬達、光遠大敗，棄仗如山，斬首數萬，敬達走保晋安寨。與《薛史》大略相同。《高模翰傳》云：九月，徵兵出太原，模翰與敬達軍接戰，敗之，太原圍解。翌日復戰，又敗之，張敬達鼠竄晋安寨。《通鑑》及《契丹國志》皆不言翌日復戰。《遼史》紀、傳互異，疑傳文誤也。”見《通鑑》卷二八〇天福元年九月辛丑、壬寅條，《遼史》卷三《太宗紀上》天顯十一年九月己亥、庚子等條、卷七六《高模翰傳》天顯十一年九月條。

［5］符彦饒：人名。陳州宛丘（今河南淮陽縣）人。符存審次子。五代後唐、後晋將領。傳見本書卷九一、《新五代史》卷二五。遣侍衛步軍都指揮使符彦饒率兵屯河陽：中華書局本有校勘記：“‘遣’下原有‘使’字，據殿本、《册府》卷九八七、《通鑑》卷二八〇删。”見《宋本册府》卷九八七《外臣部·征討門六》清泰三年九月甲辰條、《通鑑》卷二八〇天福元年九月甲辰條。　榆次：縣名。治所在今山西晋中市榆次區。　詔范延光率兵由青山路趨榆次：《舊五代史考異》：“《遼史》避太宗諱作范延廣。”見《遼史》卷三《太宗紀上》天顯十一年十月、十二年三月丁卯、六月庚戌等條，遼太宗名德光。又見《册府》卷九八七。　幽州：州名。治所在今北京市。　趙德鈞：人名。幽州（今北京市）人。初爲幽州節度使劉守光部將，後爲後唐將領，復投降遼國。傳見本書卷九八。飛狐路：古道名。北起今山西大同市，南抵今河北定州市。　耀州：州名。治所在今陝西銅川市耀州區。　潘環：人名。洛陽（今河南洛陽市）人。五代將領。傳見本書卷九四。　慈：州名。治所在今山西吉縣。　隰：州名。治所在今山西隰縣。　耀州防禦使潘環合防戍軍出慈、隰以援張敬達：中華書局本有校勘記：“‘耀州’，原作‘輝州’，據《册府》卷九八七、《通鑑》卷二八〇改。按本書卷九四《潘環傳》：‘清泰中，移耀州。’‘慈’，原作‘磁’，據《册府》（宋本）卷九八七、《通鑑》卷二八〇改。按本書卷一五〇

《郡縣志》，慈州、隰州屬河東道，磁州屬河北道。此役在河東道。”見《册府》卷九八七、《通鑑》卷二八〇天福元年九月甲辰條。

[6]絳州：州名。治所在今山西新絳縣。　韓彦惲：人名。籍貫不詳。五代後唐大臣。事見本書卷三四、卷三八、卷三九、卷四四、卷四五、卷四六、卷一四三。

[7]柳林：地名。位於今山西柳林縣。

[8]盧文紀：人名。京兆萬年（今陝西西安市長安區）人。唐末進士，五代宰相。傳見本書卷一二七、《新五代史》卷五五。

[9]樞密使：官名。樞密院長官，五代時以士人爲之，備顧問，參謀議，出納詔奏，權侔宰相。參見李全德《唐宋變革期樞密院研究》，國家圖書館出版社 2009 年版。

[10]吏部侍郎：官名。尚書省吏部次官。協助吏部尚書掌文選、勳封、考課之政。正四品上。　龍敏：人名。幽州永清（今河北永清縣）人。五代大臣。傳見本書卷一〇八、《新五代史》卷五六。　東丹王贊華：人名。本名耶律倍，小名突欲。遼太祖耶律阿保機長子，封東丹王。其弟耶律德光即位，是爲遼太宗。突欲憤而降後唐，明宗賜名李贊華。傳見《遼史》卷七二。

[11]帝深以爲然，竟不行其謀：《舊五代史考異》：“《遼史·義宗傳》云：‘倍雖在異國，常思其親，問安之使不絶。後明宗養子從珂弑其君自立，倍密報太宗曰：“從珂弑君，盍討之！”’是東丹王實啟兵端，唐君臣或知其陰謀，故龍敏之説不行。”見《遼史》卷七二《義宗倍傳》。《通鑑》卷二八〇天福元年（清泰三年）九月條：“帝（唐末帝）議近臣可使北行者，張延朗與翰林學士須昌、和凝等皆曰：‘趙延壽父德鈞以盧龍兵來赴難，宜遣延壽會之。’”

冬十月丁巳夜，彗星出虚、危，長尺餘。壬戌，詔

天下括馬，[1]又詔民十户出兵一人，[2]器甲自備。[3]戊辰，代州刺史張朗超授檢校太保，以其屢殺敵衆，故以是命獎之。[4]癸酉，幽州趙德鈞以本軍二千騎與鎮州董温琪由吴兒谷趨潞州。[5]

[1]詔天下括馬：詔書詳見《會要》卷一二馬條清泰三年（936）十月敕。

[2]十户：《通鑑》從《廢帝實録》作“七户”，見卷二八〇天福元年（936）十月壬戌條及《考異》。

[3]器甲自備：《輯本舊史》之案語：“《契丹國志》云：唐發民爲兵，每七户出征夫一人，自備鎧仗，謂之‘義軍’，凡得馬二千餘匹，征夫五千人，民間大擾。與《薛史》互有詳略，今附録于此。”見《契丹國志》卷二《太宗嗣聖皇帝上》天顯十年（935）十月條。

[4]檢校太保：官名。爲散官或加官，以示恩寵，無實際執掌。太保，與太師、太傅合稱三師。　“戊辰”至“故以是命獎之”：中華書局本有校勘記：“以上二十六字原闕，據殿本、劉本補。”

[5]吴兒谷：地名。即吾兒峪。位於今山西黎城縣東北太行山口。　二千騎：中華書局本有校勘記：“‘二千’，殿本、劉本、本書卷九八《趙德鈞傳》、《通鑑》卷二八〇作‘三千’。”見《通鑑》卷二八〇天福元年十月條。

十一月戊子，以趙德鈞爲諸道行營都統，以趙延壽爲河東道南面行營招討使，以劉延朗副之。[1]庚寅，以范延光爲河東道東南面行營招討使，以李周副之。帝以吕琦嘗佐幽州幕，乃命齎都統官告以賜德鈞，兼犒軍士。琦至，從容宣帝委任之意，德鈞曰：“既以兵相委，

焉敢惜死！”德鈞志在併范延光軍，奏請與延光會合。帝以詔諭延光，延光不從。丁酉，延州上言，節度使楊漢章爲部衆所殺，以前坊州刺史劉景巖爲延州留後。[2]庚子，趙德鈞奏，大軍至團柏谷，[3]前鋒殺蕃軍五百騎。范延光奏，軍至榆次，蕃軍退入河東川界。潘環奏，隰州逐退蕃軍。壬寅，趙德鈞奏，軍出谷口，蕃軍漸退，契丹主見駐柳林砦。[4]時德鈞累奏乞授延壽鎮州節制，帝怒曰："德鈞父子堅要鎮州，苟能逐退蕃戎，[5]要代予位，亦甘心矣。若翫寇要君，但恐犬兔俱斃。"德鈞聞之不悦。

[1]劉延朗：人名。宋州虞城（今河南虞城縣）人。五代後唐大臣。傳見本書卷六九、《新五代史》卷二七。

[2]坊州：州名。治所在今陝西黄陵縣。　劉景巖：人名。延州（今陝西延安市）人。高允權妻之祖父，家富於財，爲高允權誣殺。傳見《新五代史》卷四七。中華書局本有校勘記："原作'劉景嚴'，據本書卷七六《晉高祖紀二》、《册府》卷一七九、《通鑑》卷二八〇、《新五代史》卷四七《劉景巖傳》改。"見《輯本舊史》卷七六《晉高祖紀二》天福二年（937）正月庚午條、《宋本册府》卷一七九《帝王部・姑息門四》清泰三年（936）十二月條、《通鑑》卷二八〇天福元年十一月丁酉條。

[3]團柏谷：地名。位於今山西祁縣，是太原與上黨地區間交通要道。

[4]"趙德鈞奏"至"契丹主見駐柳林砦"：《輯本舊史》之案語："《遼史》：初圍晋安，分遣精兵守其要害，以絶援兵之路。而李從珂遣趙延壽以兵二萬屯團柏谷，范延廣以兵二萬屯遼州，幽州趙德鈞以所部兵萬餘由上黨趨延壽軍，合勢進擊。知此有備，皆逗

遛不進。《通鑑》云：契丹主雖軍柳林，其輜重老弱皆在虎北口，每日冥，結束以備倉卒遁逃。所敘契丹軍勢，彼此互異。”中華書局本有校勘記：“‘輒’字原闕，據《通鑑》卷二八〇補。”見《通鑑》卷二八〇天福元年十一月條。

［5］蕃戎：《通鑑》卷二八〇天福元年十一月條作“胡寇”。

閏月丙辰，日南至，群臣稱賀於行宫，帝曰：“晋安寨内將士，應思家國矣。”因泣下久之。丁巳，以岢嵐軍爲勝州。[1]辛酉，以右龍武統軍李從昶爲左龍武統軍，以前邠州節度使楊思權爲右龍武統軍。[2]壬戌，丹州刺史康承詢停任，配流鄧州。[3]時承詢奉詔率義軍赴延州，義軍亂，承詢奔鄜州，[4]故有是責。甲子，太原行營副招討使楊光遠殺招討使張敬達於晋安寨，以兵降契丹。時契丹圍寨，自十一月以後芻糧乏絶，軍士毁居屋茅、淘馬糞、削松柹以供秣飼，[5]馬尾鬣相食俱盡。楊光遠謂敬達曰：“少時人馬俱盡，不如奮命血戰，十得三四，猶勝坐受其弊。”敬達曰：“更少待之。”一日，光遠伺敬達無備，遂殺之，與諸將同降契丹。時馬猶有五千匹，戎王並以漢軍與石敬瑭，其馬及甲仗即齎驅出塞。[6]丁卯，戎王立石敬瑭爲大晋皇帝，約爲父子之國，改元爲天福。[7]戎王與晋高祖南行，趙德鈞父子與諸將自團柏谷南奔，王師爲蕃騎所蹙，投戈棄甲，自相騰踐，擠於巖谷者不可勝紀。己巳，帝聞晋安寨爲敵所陷，詔移幸河陽，時議以魏府軍尚全，戎王必憚山東，未敢南下，車駕可幸鄴城。帝以李崧與范延光相善，召入謀之。薛文遇不知而繼至，帝變色，崧躡文遇足，乃

出。帝曰："我見此物肉顫，適擬抽刀刺之。"崧曰："文遇小人，致誤大事，刺之益醜。"[8]崧因請帝歸京。壬申，車駕至河陽。甲戌，晋高祖與戎王至潞州，戎王遣蕃將大詳率五千騎送晋高祖南行。[9]丁丑，車駕至自河陽。時左右勸帝固守河陽。居數日，符彦饒、張彦琪至，奏帝不可城守。是日晚，至東上門，小黄門嗚鞘於路，索然無聲。己卯，帝遣馬軍都指揮使宋審虔率千餘騎至白馬坡，[10]言踏陣地，時諸將謂審虔曰："何地不堪交戰，誰人肯立於此？"審虔乃請帝還宫。庚辰，晋高祖至河陽。辛巳辰時，帝舉族與皇太后曹氏自燔於玄武樓。[11]晋高祖入洛，得帝燼骨於火中，來年三月，詔葬於徽陵之封中。帝在位共二年，年五十三。[12]《永樂大典》卷七千一百七十四。[13]

[1]岢嵐軍：軍名。治所在今山西岢嵐縣。　勝州：州名。治所在今山西岢嵐縣。

[2]右龍武統軍：官名。唐置六軍，分左右羽林、左右龍武、左右神武，即"北衙六軍"。興元元年（784），六軍各置統軍，以寵勳臣。五代沿之。其品秩，《唐會要》卷七一、《舊唐書》卷一二記載爲從二品，《通鑑》卷二二九記載爲從三品。　李從昶：人名。深州博野（今河北蠡縣）人。李茂貞次子。後唐將領。傳見本書卷一三二。　左龍武統軍：官名。唐置六軍，分左右羽林、左右龍武、左右神武，即"北衙六軍"。興元元年（784），六軍各置統軍，以寵勳臣。五代沿之。其品秩，《唐會要》卷七一、《舊唐書》卷一二記載爲從二品，《通鑑》卷二二九記載爲從三品。　邠州：州名。治所在今陝西彬縣。　楊思權：人名。邠州新平（今陝西彬縣）人。後唐、後晋將領。傳見本書卷八八、《新五代史》卷四八。

［3］丹州：州名。治所在今陝西宜川縣。　康承詢：人名。籍貫不詳。本書僅此一見。　鄧州：州名。治所在今河南鄧州市。

［4］“甲子”至“以兵降契丹”：《舊五代史考異》：“《歐陽史》《通鑑》俱作閏十一月甲子，《五代春秋》作十一月，誤。”《五代春秋》卷下後唐末帝條本繫於清泰三年（936）閏十一月，不誤。又見《新五代史》卷七《唐本紀七》清泰三年閏十一月甲子條、《通鑑》卷二八〇天福元年（936）閏十一月甲子條。

［5］松栜：《輯本舊史》之影庫本粘籤：“原本作‘松肺’，今據《歐陽史》改正。”檢《新五代史》相關條目未見。見《通鑑》卷二八〇天福元年閏十一月記事。

［6］時馬及甲仗即齎驅出塞：《舊五代史考異》：“《遼史》云：所降軍士及馬五千匹以賜晋帝。與《薛史》異，《通鑑》從《薛史》。”見《通鑑》卷二八〇天福元年閏十一月甲子條、《遼史》卷三《太宗紀上》天顯十一年（936）閏十一月甲子條云：“楊光遠、安審琦殺敬達以降。上……命以禮葬。所降軍士及馬五千匹以賜晋帝。”

［7］天福：後晋高祖石敬瑭年號，出帝石重貴沿用，共九年（936—944）。　“丁卯”至“改元爲天福”：《舊五代史考異》：“《歐陽史》作十一月丁酉，契丹立晋。《通鑑考異》引《廢帝實録》作閏月丁卯，《薛史》蓋據《實録》也。《通鑑》從《歐陽史》。”《輯本舊史》之案語：“契丹立晋，是書《晋高祖紀》作十一月丁酉，此紀作閏月丁卯，前後互異。據《通鑑考異》引《廢帝實録》亦作閏月丁卯，蓋契丹立晋在十一月丁酉，唐人至閏十一月丁卯始奏聞也。《實録》誤以奏聞之日爲立晋之日，是書《唐紀》亦仍其誤。”見《新五代史》卷七《唐本紀七》清泰三年十一月丁酉條、《通鑑》卷二八〇天福元年十一月丁酉條《考異》引《廢帝實録》。

［8］李崧：人名。深州饒陽（今河北饒陽縣）人。後晋宰相，歷仕後唐至後漢。傳見本書卷一〇八、《新五代史》卷五七。

“戎王與晋高祖南行” 至 “擠於巖谷者不可勝紀”:《輯本舊史》之案語:“《通鑑》: 丁卯, 至團柏, 與唐兵戰, 趙德鈞、趙延壽先遁, 符彦饒、張彦琦、劉延朗、劉在明繼之。蓋繫日以《薛史》爲據。《遼史》作庚申, 聞德鈞等援兵將遁, 詔夜發兵追擊。與《薛史》異。”見《通鑑》卷二八〇天福元年閏十一月甲戌條、《遼史》卷三《太宗紀上》天顯十一年閏十一月諸條。 益醜:《輯本舊史》之影庫本粘籤:“原本作‘益魏’, 今從《通鑑》改正。”見《通鑑》卷二八〇天福元年閏十一月己巳條。

[9]大詳: 人名。契丹將領。本書僅此一見。中華書局本有校勘記:“原作‘大詳衮’, 注云:‘舊作“相温”, 今改正。’殿本考證:‘舊作“大相温”, 今改正。’按此係輯録《舊五代史》時所改, 今恢復原文。”《遼史·百官志》多有“詳穩”之名, 此條之“大詳”或即“大詳穩”,《通鑑》之“太相温”。

[10]白馬坡: 地名。疑位於今河南洛陽市附近。《輯本舊史》之案語:“胡三省注《通鑑》云: 白司馬阪在洛陽北, 史遺‘司’字。”見《通鑑》卷二八〇天福元年閏十一月己卯條。“白馬坡”或應作“白司馬阪”。

[11]玄武樓: 宫殿名。位於今河南洛陽市。

[12]年五十三: 中華書局本有校勘記:“殿本、《五代會要》卷一作‘年五十二’。”見《會要》卷一帝號條末帝從珂。

[13]《大典》卷七一七四“唐”字韻“廢帝潞王(一)”事目。

史臣曰: 末帝負神武之才, 有人君之量。由尋戈而踐阼, 慚德應深; 及當宁以居尊, 政經未失。屬天命不祐, 人謀匪臧, 坐俟焚如, 良可悲矣! 稽夫袵金甲於河壖之際, 斧眺樓於梁壘之時, 出没如神, 何其勇也! 及乎駐革輅於覃懷之日, 絶羽書於汾晋之辰, 涕淚霑襟, 何其怯也! 是知時之來也, 雕虎可以生風; 運之去也,

應龍不免爲醢。則項籍悲歌於帳下，信不虚矣。《永樂大典》卷七千一百七十四。[1]

［1］《大典》卷七一七四“唐”字韻“廢帝潞王（一）”事目。《輯本舊史》在本紀末引《五代史闕文》：“晋高祖引契丹圍晋安寨，降楊光遠。清泰帝至自覃懷，京師父老迎帝於上東門外，帝垂泣不止。父老奏曰：‘臣等伏聞前唐時中國有難，帝王多幸蜀以圖進取。陛下何不且入西川？’帝曰：‘本朝兩川節度使皆用文臣，所以玄宗、僖宗避寇幸蜀。今孟氏已稱尊矣，吾何歸乎！’因慟哭入内，舉族自焚。”見《五代史闕文·後唐史》清泰帝條。

今注本二十四史

舊五代史

八

唐書〔四〕

宋 薛居正等 撰

陳智超 紀雪娟 主持校注

中國社會科學出版社

舊五代史　卷四九

唐書二十五

后妃列傳第一

貞簡曹太后

武皇帝貞簡皇后曹氏，[1]莊宗之母也。[2]太原人，[3]以良家子嬪於武皇。姿質閑麗，性謙退而明辨，雅爲秦國夫人所重，[4]常從容謂武皇曰："妾觀曹姬非常婦人，王其厚待之。"武皇多内寵，乾寧初，[5]平燕薊，[6]得李匡儔妻張氏，[7]姿色絶代，嬖幸無雙。時姬侍盈室，罕得進御，唯太后恩顧不衰。武皇性嚴急，左右有過，必峻於譴罰，無敢言者，唯太后從容救諫，即爲解顔。及莊宗載誕，[8]體貌奇傑，武皇異而憐之，太后益寵貴，諸夫人咸出其下，后亦恭勤内助，左右稱之。

[1]武皇帝：五代後唐太祖李克用謚號。莊宗即位，追謚武皇帝，廟號太祖，陵在雁門。李克用，沙陀部人，生於神武川新城

(一説今山西朔州市朔城區之梵王寺村，一説今山西應縣縣城，一説今山西懷仁縣之日中城)。後唐實際奠基者。紀見本書卷二五至卷二六、《新五代史》卷四。

[2]莊宗：五代後唐李存勗廟號。李存勗，沙陀部人。後唐王朝的建立者。923年至926年在位。紀見本書卷二七至卷三四、《新五代史》卷五。

[3]太原：府名。治所在今山西太原市。

[4]雅爲秦國夫人所重：秦國夫人劉氏爲後唐武皇正室，武皇封晋王，劉氏封秦國夫人，事見《新五代史》卷一四《唐太祖家人傳》。莊宗即位後，册尊生母曹氏爲皇太后，而以嫡母劉氏爲皇太妃。

[5]乾寧：唐昭宗李曄年號（894—898）。

[6]燕薊：地區名。即今河北北部、北京市、天津市一帶。　乾寧初，平燕薊："平燕薊"，見《輯本舊史》卷二六《唐武皇紀下》乾寧元年（894）十月至十二月記事。

[7]李匡儔：人名。范陽（今北京市）人。幽州節度使李全忠之子、李匡威之弟。唐末軍閥。傳見《舊唐書》卷一八〇、《新唐書》卷二一二。　得李匡儔妻張氏：《舊五代史考異》："原本避宋諱作李儔，今據《新唐書·藩鎮傳》增入。"見《新唐書》卷二一二《李匡籌傳》。"李匡儔"之"儔"，《輯本舊史》《新五代史》各處同，新、舊《唐書》及《通鑑》作"籌"。

[8]載誕：猶言出生。

武皇薨，莊宗嗣晋王位，[1]時李克寧、李存顥謀變，[2]人情危懼。太后召監軍張承業，[3]指莊宗謂之曰："先人把臂授公此兒，如聞外謀，欲孤付託，公等但置予母子有地，毋令乞食于汴，[4]幸矣。"承業因誅存顥、克寧，以清内難。[5]莊宗善音律，喜伶人謔浪，太后嘗

提耳誨之。天祐七年，[6]鎮、定求援，[7]莊宗促命治兵，太后曰："予齒漸衰，兒但不墜先人之業爲幸矣，何事櫛風沐雨，離我晨昏！"莊宗曰："禀先王遺旨，須滅仇讎。山東之事，[8]機不可失。"及發，太后餞于汾橋，[9]悲不自勝。莊宗平定趙、魏，[10]駐于鄴城，[11]每一歲之内，馳駕歸寧者數四，[12]士民服其仁孝。[13]

[1]武皇薨，莊宗嗣晋王位：《輯本舊史》卷二六《唐武皇紀下》繫此事於唐天祐五年（908）正月。

[2]李克寧：人名。沙陀部人。李克用之弟。唐末、五代後唐將領。傳見本書卷五〇、《新五代史》卷一四。　李存顥：人名。籍貫不詳。唐末李克用義子。事見本書本卷、卷五〇，《新五代史》卷一四。

[3]監軍：官名。爲臨時差遣，代表朝廷協理軍務，督察將帥。五代時常以宦官爲監軍。　張承業：人名。同州（今陝西大荔縣）人。唐末五代宦官，河東監軍。傳見本書卷七二、《新五代史》卷三八。

[4]汴：州名。治所在今河南開封市。

[5]"時李克寧、李存顥謀變"至"以清内難"：此事見《輯本舊史》卷二七《唐莊宗紀一》天祐五年正月、二月各條，亦見《通鑑》卷二六六開平二年（908）正月、二月各條。唐天祐五年即五代後梁開平二年。

[6]天祐：唐昭宗李曄開始使用的年號（904）。唐哀帝李柷即位後沿用（904—907）。唐亡後，河東李克用、李存勗仍稱天祐，沿用至天祐二十年（923）。五代其他政權亦有行此年號者，如南吴、吴越等，使用時間長短不等。

[7]鎮：州名。治所在今河北正定縣。　定：州名。治所在今河北定州市。

[8]山東：太行山以東。

[9]汾橋：橋名。位於今山西太原市。

[10]趙：封國名。此處代指唐末河北方鎮成德軍，治所在今河北正定縣。時王鎔爲成德軍節度使、趙王。　魏：州名。此處代指唐末河北方鎮魏博軍，治所在今河北大名縣。時羅弘信爲魏博軍節度使。

[11]鄴城：地名。即鄴都。治所在今河北大名縣。

[12]歸寧：回家省親。

[13]"天祐七年"至"士民服其仁孝"："天祐七年鎮定求援"，《輯本舊史》卷二五《唐武皇紀上》載天祐七年十一月鎮州王鎔遣使來求援。"太后餞于汾橋"，有《舊五代史考異》："原本作'渭橋'，今據《通鑑注》改正。"《通鑑》卷二六九貞明二年二月記晋牙將石君立叛晋陽，梁兵扼汾河橋。胡注："汾橋在晋陽城東南汾水上。"汾河橋即汾橋。"士民服其仁孝"，中華書局本有校勘記："'士民'原作'民士'，據彭校、《册府》卷二七乙正。"見明本《册府》卷二七《帝王部·孝德門》。

太后初封晋國夫人，莊宗即位，命宰臣盧程奉册書上皇太后尊號。[1]其年平定河南，[2]西幸洛陽，[3]令皇弟存渥、皇子繼岌就太原迎奉。[4]莊宗親至河陽，[5]迎歸長壽宫。[6]太后素與劉太妃善，[7]分訣之後，悒然不樂。俄聞太妃寢疾，尚醫中使，[8]問訊結轍。既而謂莊宗曰："吾與太妃恩如伯仲，彼經年抱疾，但見吾面，差足慰心，吾暫至晋陽，[9]旬朔與之俱來。"[10]莊宗曰："時方暑毒，山路崎嶇，無煩往復，可令存渥輩迎侍太妃。"乃止。及凶問至，太后慟哭累旬，由是不豫，尋崩于長壽宫。[11]同光三年冬十月，[12]上謚曰貞簡皇太后，[13]葬

于坤陵。[14]《永樂大典》卷一萬九千三百四。[15]

[1]盧程：人名。范陽（今河北涿州市）盧氏族人。唐末進士，五代後唐宰相。傳見本書卷六七、《新五代史》卷二八。中華書局本有校勘記："'盧程'，原作'盧損'，據本書卷六七《盧程傳》、《新五代史》卷二八《盧程傳》、《通鑑》卷二七二改。按《新五代史》卷五《唐本紀》徐無黨注：'莊宗即位，遣盧程奉册爲皇太后。'另據本書卷一二八《盧損傳》，損未嘗任宰臣。"《輯本舊史》卷六七《盧程傳》："遣程使晋陽宫册皇太后。"《新五代史》卷五《唐本紀》同光二年（924）正月庚申條："如河陽。"注："迎皇太后也。太后曹氏，莊宗母也。莊宗即位，遣盧程奉册爲皇太后。《舊史》《實録》皆無奉册月日，故不書。"《通鑑》卷二七二同光元年四月己巳條："尊母晋國太夫人曹氏爲皇太后，嫡母秦國夫人劉氏爲皇太妃……詔盧程詣晋陽册太后、太妃。初，太妃無子，性賢，不妬忌；太后爲武皇侍姬，太妃嘗勸武皇善待之，太后亦自謙退，由是相得甚歡。及受册，太妃詣太后宫賀，有喜色，太后忸怩不自安。太妃曰：'願吾兒享國久長，吾輩獲没于地，園陵有主，餘何足言！'因相向歔欷。"

[2]河南：指黄河以南地區。　其年平定河南：《輯本舊史》卷三〇《唐莊宗紀四》繫此事於同光元年十月。

[3]洛陽：地名。即今河南洛陽市。　西幸洛陽：《輯本舊史》卷三〇繫此事於同光元年十二月庚午。

[4]存渥：人名。即李存渥。李克用之子，後唐莊宗李存勗之弟。傳見《新五代史》卷一四。　繼岌：人名。即李繼岌。後唐莊宗長子。傳見本書卷五一、《新五代史》卷一四。

[5]河陽：方鎮名。全稱"河陽三城"。治所在孟州（今河南孟州市）。"河陽"，《輯本舊史》原作"懷州"。《輯本舊史》卷三一《唐莊宗紀五》同光二年正月甲寅條："有司上言：'皇太后到

闕，皇帝合於銀臺門内奉迎。'詔親至懷州奉迎。中書奏：'自二十三日後在散齋之内，車駕不合遠出。'詔改至河陽奉迎。"同月庚申條："車駕幸河陽，奉迎皇太后。"同月辛酉條："帝侍皇太后至，文武百僚迎於上東門。"《通鑑》卷二七三同光二年正月諸條："上遣皇弟存渥、皇子繼岌迎太后、太妃於晉陽，太妃曰：'陵廟在此，若相與俱行，歲時何人奉祀！'遂留不來。太后至，庚申，上出迎於河陽；辛酉，從太后入洛陽。"據以上材料，莊宗親至河陽奉迎，而非懷州，故改。

[6]長壽宮：宮殿名。位於今河南洛陽市。《輯本舊史》卷三一《唐莊宗紀五》同光二年二月癸巳條："詔曰：'皇太后母儀天下，子視群生，當別建宮闈，顯標名號，冀因稱謂，益表尊嚴，宜以長壽宮爲名。'"則"長壽宮"之名並非莊宗親迎皇太后時即有。《輯本舊史》卷三二《唐莊宗紀六》同光二年十月丁丑條："皇后差使賜兖州節度使李紹欽湯藥。時皇太后行誥命，皇后劉氏行教命，互遣使人宣達藩后，紊亂之弊，人不敢言。"同卷同光三年四月庚辰條："帝侍皇太后幸會節園，遂幸李紹榮之第。"

[7]劉太妃：人名。指李克用正妻劉氏。代北（今山西代縣）人。莊宗即位，以嫡母劉氏爲皇太妃。傳見本書本卷、《新五代史》卷一四。

[8]中使：官名。泛指朝廷派出的使臣。多由宦官擔任。

[9]晉陽：地名。太原別稱，爲宋太宗火燒、水淹而毀。城址位於今山西太原市晉源區。

[10]旬朔：十天或一個月。意即時間短暫。

[11]"及凶問至"至"尋崩于長壽宮"：《輯本舊史》卷三二《唐莊宗紀六》同光三年五月丁酉條："皇太妃劉氏薨於晉陽，廢朝五日，帝於興安殿行服。時皇太后欲奔喪於晉陽，百官上表請留，乃止。"《輯本舊史》卷三三《唐莊宗紀七》同光三年七月壬寅條："皇太后崩於長壽宮，帝執喪於内，出遺令以示於外。"《新五代史》卷五《唐本紀》同光三年七月壬寅條："皇太后薨。"卷一四

《太祖正室劉氏次妃曹氏傳》："同光三年五月，太妃薨。七月，太后崩。"《通鑑》卷二七三同光三年五月丁酉條："北都奏太妃薨。"同年七月壬寅條："太后殂。帝哀毁過甚，五日方食。"《會要》卷一皇后條同光三年八月記事："中書門下奏：'據禮儀使狀，準禮及故事，太常少卿定謚，太常卿署定訖，告天地宗廟。伏準禮文，賤不得誄貴，子不得爵母。后必謚于廟者，受成于祖宗。今皇太后謚，請太常卿署定後，集百官連署謚狀訖，讀于太廟太祖武皇帝室，然後差丞郎一人撰册文，别定日命太尉上謚册于西宫靈座，同日差官告謚于天地、太微宫、宗廟，如常告之儀。'從之。"同年九月條："中書門下奏：'大行皇太后謚議，合讀于太廟太祖武皇帝室，其日合集兩省御史臺五品以上、尚書省四品以上、諸司三品以上官于太廟序立，俟行告禮畢，中書省班首一人升階，詣太祖武皇帝讀謚訖奏聞，别擇日上謚册於西宫靈座，及祭告天地、宗廟。'從之。"

[12]同光：五代後唐莊宗李存勗年號（923—926）。

[13]上謚曰貞簡皇太后：《輯本舊史》卷三三《唐莊宗紀七》同光三年十月庚申條："宰臣及文武三品以上官赴長壽宫，上大行皇太后謚曰貞簡皇太后。"

[14]葬于坤陵："坤陵"，《輯本舊史》原作"壽安陵"。《輯本舊史》卷三三《唐莊宗紀七》同光三年十月辛酉條："幸甘泉，遂幸壽安陵。"同月丁卯條："奉皇太后尊謚寶册赴西宫靈座。"同月己巳條："中書上言：'貞簡太后陵請以坤陵爲名。'從之。初卜山陵，帝欲祔於代州武皇陵，奏議：'天子以四海爲家，不當分其南北。'乃於壽安縣界别卜是陵。"同月丁亥條："文武百官上表，以貞簡皇太后靈駕發引，請車駕不至山陵所。"同月戊子條："葬貞簡太后於坤陵。"同年十一月庚寅條："帝幸壽安，號慟於坤陵。"同月己丑條："禮儀使奏：'貞簡皇太后升祔禮畢，一應宗廟伎樂及諸祀並請仍舊。'從之。"此條亦見卷一四三《禮志下》同光三年十一月條。卷八一《晋少帝紀一》天福八年正月辛巳條："盗發唐坤

陵，莊宗母曹太后之陵也。”《新五代史》卷五《唐本紀》同光三年十月戊子條：“葬貞簡太后於坤陵。”卷一四《正室劉氏次妃曹氏傳》：“同光三年七月，太后薨，謚曰貞簡，葬于坤陵。”卷二四《郭崇韜傳》：“皇太后崩，葬坤陵，陵在壽安，莊宗幸陵作所。”《通鑑》卷二七三同光三年八月癸未條：“會帝自往壽安視坤陵役者，道路泥濘，橋多壞。”該條胡注：“《九域志》：壽安縣在洛陽西南七十里。《五代會要》曰：上欲祔太后於代州太祖園陵，中書門下奏議曰：‘人君以四海爲家，不當分南北。洛陽是帝王之宅，四時朝拜，理須便近，不能遠幸代州。漢朝諸陵皆近秦雍；國家園寢布列京畿。後魏文帝自代遷洛之後，園陵皆在河南，兼敕應勳臣之家不許北葬，今魏氏諸陵尚在京畿。祔葬代州，理未爲允。’於是作坤陵。”見《會要》卷四皇后陵條。《通鑑》同年十月戊子條：“葬貞簡太后于坤陵。”據以上諸書，貞簡太后葬於坤陵，陵在壽安縣，故改。

[15]《大典》卷一九三〇四“后”字韻“五代后”事目。

劉太妃[1]

[1]《輯本舊史》之原輯者案語：“《劉太妃傳》，《永樂大典》闕全篇。”

太妃劉氏，武皇之正室也。[1]代北人也。[2]太祖封晋王，[3]劉氏封秦國夫人。[4]

[1]太妃劉氏，武皇之正室也：《大典》卷一二六六“妃”字韻“淑妃”事目。

[2]代北：方鎮名。治所在代州（今山西代縣）。

[3]太祖：五代後唐李克用廟號。後唐莊宗時追尊。

［4］“代北人也”至“劉氏封秦國夫人”：《新五代史》卷一四《正室劉氏傳》。

晋王李克用妻劉夫人，常隨軍行，至於軍機，多所弘益。先是，汴州上源驛有變，[1]晋王憤恨，欲回軍攻之。夫人曰：“公爲國討賊，而以杯酒私忿，必若攻城，即曲在於我，不如回師，自有朝廷可以論列。”於是班退。[2]

［1］上源驛：地名。位於今河南開封市。

［2］“晋王李克用妻劉夫人”至“於是班退”：《北夢瑣言》卷一七晋王上源驛遇難條。《新五代史》卷一四《正室劉氏傳》：“自太祖起兵代北，劉氏常從征伐。爲人明敏多智略，頗習兵機，常教其侍妾騎射，以佐太祖。太祖東追黄巢，還軍過梁，館于封禪寺。梁王邀太祖入城，置酒上源驛，夜半以兵攻之。太祖左右有先脱歸者，以難告夫人，夫人神色不動，立斬告者，陰召大將謀保軍以還。遲明，太祖還，與夫人相嚮慟哭，因欲舉兵擊梁。夫人曰：‘公本爲國討賊，今梁事未暴，而遽反兵相攻，天下聞之，莫分曲直。不若斂軍還鎮，自訴于朝。’太祖從之。”據《輯本舊史》卷五三《李存孝傳》載，乾寧元年（894）三月李存孝敗後，“武皇愍之，遣劉太妃入城慰勞。太妃引來謁見”。

天復中，[1]周德威爲汴軍所敗，[2]三軍潰散，汴軍乘我，晋王危懼，與周德威議，欲出保雲州。[3]劉夫人曰：“妾聞王欲棄城而入外藩，誰爲此畫？”曰：“存信輩所言。”[4]夫人曰：“存信本北方牧羊兒也，焉顧成敗！王常笑王行瑜棄城失勢，[5]被人屠割，今復欲效之，何也？

王頊歲避難達靼，[6]幾遭陷害，賴遇朝廷多事，方得復歸。今一旦出城，便有不測之變，焉能遠及北蕃？”晋王止行，居數日，亡散之士復集，軍城安定，夫人之力也。[7]

[1]天復：唐昭宗李曄年號（901—904）。李克用沿用至天復七年（907）。

[2]周德威：人名。朔州馬邑（今山西朔州市朔城區東北）人。唐末、五代河東將領。傳見本書卷五六、《新五代史》卷二五。

[3]雲州：州名。治所在今山西大同市。

[4]存信：人名。即李存信。本姓張。回鶻人。唐末、五代後唐將領。傳見本書卷五三、《新五代史》卷三六。

[5]王行瑜：人名。邠州（今陝西彬縣）人。唐末軍閥。傳見《舊唐書》卷一七五、《新唐書》卷二二四下。

[6]達靼：即韃靼。北方游牧民族。五代及遼時屢叛屢降。

[7]“天復中”至“夫人之力也”：《北夢瑣言》卷一七晋王上源驛遇難條。“與周德威議”，《輯本舊史》之原輯者案語引《北夢瑣言》作“與李存信議”，今據《北夢瑣言》卷一七、《太平廣記》卷二七一引《北夢瑣言》回改。“劉夫人曰：妾聞王欲棄城而入外藩，誰爲此畫，曰：存信輩所言”，《輯本舊史》之原輯者案語及今本《北夢瑣言》均無，據《太平廣記》補，其中“夫人”，《太平廣記》作“劉皇后”。“焉能遠及北蕃”之“北蕃”，《輯本舊史》之原輯者案語無，據《太平廣記》增。“王頊歲避難達靼”，“達靼”原作“塞外”，中華書局本有校勘記：“《北夢瑣言》卷一七作‘韃靼’。”但未改。《太平廣記》亦作“韃靼”，今據改。

夫人無子，性賢，不妬忌，常爲太祖言：“曹氏相當生貴子，[1]宜善待之。”而曹氏亦自謙退，因相得甚

歡。莊宗即位，册尊曹氏爲皇太后，而以嫡母劉氏爲皇太妃。往謝太后，太后有慚色。太妃曰："願吾兒享國無窮，使吾獲没于地以從先君，幸矣，復何言哉！"莊宗滅梁入汴，使人迎太后歸洛，[2]居長壽宫，而太妃獨留晋陽。同光三年五月，太妃薨。太妃無謚，葬魏縣。[3]太妃與太后甚相愛，其送太后于洛也，涕泣而别，歸而相思慕，遂至不起。[4]

[1]曹氏：即前文之貞簡曹太后。傳見本書本卷、《新五代史》卷一四。

[2]洛：地名。即洛陽。位於今河南洛陽市。

[3]魏縣：縣名。治所在今河北魏縣。

[4]"夫人無子"至"遂至不起"：《新五代史》卷一四《正室劉氏傳》。《通鑑》卷二七二同光元年（923）四月己巳條："尊母晋國太夫人曹氏爲皇太后，嫡母秦國夫人劉氏爲皇太妃。"卷二七三同光二年正月："上遣皇弟存渥、皇子繼岌迎太后、太妃於晋陽，太妃曰：'陵廟在此，若相與俱行，歲時何人奉祀！'遂留不來。太后至，庚申，上出迎於河陽；辛酉，從太后入洛陽。"

魏國夫人陳氏

魏國夫人陳氏，襄州人，[1]本昭宗之宫嬪也。[2]乾寧二年，武皇奉詔討王行瑜，[3]駐軍于渭北，[4]昭宗降朱書御札，出陳氏及内妓四人以賜武皇。[5]陳氏素知書，有才貌，武皇深加寵重。及光化之後，[6]時事多艱，武皇常獨居深念，嬪媵鮮得侍謁，唯陳氏得召見。陳氏性既

静退，不以寵侍自侈，武皇常呼爲阿媎。及武皇大漸之際，[7]陳氏侍醫藥，垂泣言："妾爲王執掃除之役，十有四年矣，王萬一不幸，妾將何託！既不能以身爲殉，願落髮爲尼，爲王讀一藏佛經，以報平昔。"武皇爲之流涕。及武皇薨，陳氏果落髮持經，法名智願。後居於洛陽佛寺，莊宗賜號建法大師。天成中，明宗幸其院，改賜圓惠大師。[8]晋天福中，[9]卒於太原。追謚光國大師，塔以惠寂爲名也。《永樂大典》卷二千九百六十九。[10]

[1]襄州：州名。治所在今湖北襄陽市。

[2]昭宗：即唐昭宗李曄，888 年至 904 年在位。紀見《舊唐書》卷二〇上、《新唐書》卷一〇。

[3]武皇奉詔討王行瑜：據《輯本舊史》卷二六《唐武皇紀下》，此役起自乾寧二年（895）六月，至十一月結束。

[4]渭北：即渭河以北地區。

[5]昭宗降朱書御札，出陳氏及内妓四人以賜武皇："朱書御札"，《輯本舊史》之影庫本粘籤："原本作'宋書御禮'，今據《通鑑》所引《薛史》改正。"見《通鑑》卷二六三天復三年（903）正月辛亥條及該條胡注所引《薛史》卷三三《唐莊宗紀七》同光三年（925）閏十二月甲午條樞密承旨段徊奏。《輯本舊史》卷二六《唐武皇紀下》乾寧二年十月戊子條："天子賜武皇内弟子四人，又降朱書御札，賜魏國夫人陳氏。"《新唐書》卷二一八《沙陀傳》乾寧二年："朱詔賜（克用）魏國夫人陳氏。陳，襄陽人也，善書，帝所愛，欲急平賊，故予之。"

[6]光化：唐昭宗李曄年號（898—901）。

[7]大漸：病勢危重。多指帝王病危。

[8]天成：後唐明宗李嗣源年號（926—930）。　天成中，明

宗幸其院，改賜圓惠大師：《輯本舊史》卷四〇《唐明宗紀六》天成四年八月甲子條："幸金真觀，改賜建法大師賜紫尼智願爲圓惠大師，即武皇夫人陳氏也。"

[9]天福：後晋高祖石敬瑭年號，出帝石重貴沿用，共九年(936—944)。

[10]《大典》卷二九六九"人"字韻"夫人"事目。

神閔劉皇后[1]

[1]《輯本舊史》之原輯者案語："《劉后傳》，《永樂大典》原闕。"

莊宗神閔敬皇后劉氏，[1]魏州成安人，家世寒微。[2]莊宗正室曰衛國夫人韓氏，[3]其次燕國夫人伊氏，[4]其次后也，初封魏國夫人。[5]

[1]莊宗神閔敬皇后劉氏：《大典》卷一三三五二"謚"字韻"歷代皇后謚"事目。

[2]魏州：州名。治所在今河北大名縣。　成安：縣名。治所在今河北成安縣。　魏州成安人，家世寒微：《北夢瑣言》卷一八劉皇后笞父條。

[3]韓氏：後唐莊宗淑妃。籍貫不詳。傳見《新五代史》卷一四。

[4]伊氏：後唐莊宗德妃。籍貫不詳。傳見《新五代史》卷一四。

[5]"莊宗正室曰衛國夫人韓氏"至"初封魏國夫人"：《新五代史》卷一四《皇后劉氏傳》。

太祖攻魏州，取成安，得后，時年五六歲。歸晋陽宫，[1]爲太后侍者，教吹笙。及笄，姿色絶衆，聲伎亦所長。太后賜莊宗，爲韓國夫人侍者。[2]先時，莊宗攻梁軍於夾城，得符道昭妻侯氏，[3]寵專諸宫，宫中謂之“夾寨夫人”。莊宗出兵四方，常以侯氏從軍。其後，劉氏生子繼岌，莊宗以爲類己，愛之，由是劉氏寵益專，自下魏博、戰河上十餘年，[4]獨以劉氏從。劉氏多智，善迎意承旨，其佗嬪御莫得進見。[5]

[1]晋陽宫：宫殿名。位於今山西太原市。

[2]“太祖攻魏州”至“爲韓國夫人侍者”：《北夢瑣言》卷一八劉皇后笞父條。

[3]符道昭：人名。蔡州（今河南汝南縣）人。唐末、五代後梁將領。傳見本書卷二一、《新五代史》卷二一。　侯氏：後唐莊宗嬪妃。事見本書本卷、卷三二。

[4]魏博：方鎮名。治所在魏州（今河北大名縣）。

[5]“先時”至“其佗嬪御莫得進見”：《新五代史》卷一四《皇后劉氏傳》。

它日，成安人劉叟詣鄴宫見上，[1]稱夫人之父。有内臣劉建豐認之，[2]即昔日黄鬚丈人，后之父也。劉氏方與嫡夫人争寵，皆以門族誇尚，劉氏耻爲寒家，白莊宗曰：“妾去鄉之時，妾父死於亂兵，是時環屍而哭。妾固無父，是何田舍翁詐僞及此！”乃於宫門笞之，其實后即叟之長女也。莊宗好俳優，宫中暇日，自負蓍囊藥篋，令繼岌破帽相隨，似后父劉叟以醫卜爲業也。后

方書眠，岌造其卧内，自稱劉衙推訪女，后大恚，笞繼岌。[3]

[1]劉叟：人名。本書僅此一見。　鄴宫：宫殿名。即興聖宫。在洛陽宫城内。位於今河南洛陽市。

[2]内臣：即宦官。　劉建豐：人名。本書僅此一見。

[3]“它日”至“笞繼岌”：《北夢瑣言》卷一八劉皇后笞父條。《新五代史》卷一四《皇后劉氏傳》載劉父自號“劉山人”。“劉建豐”，《輯本舊史》之原輯者案語：“《歐陽史》作裨將袁建豐得后，納之晋宫，而《北夢瑣言》作内臣劉建豐，亦傳聞之異辭也。”見《新五代史》卷一四。《輯本舊史》卷六一、《新五代史》卷二五有《袁建豐傳》，其中均未言此事。他處亦未見内臣劉建豐之記載。“令繼岌破帽相隨”，“破帽”原無，據《北夢瑣言》補。“似后父劉叟以醫卜爲業也”，中華書局本有校勘記：“‘似’，原作‘以’，據《北夢瑣言》卷一八改。”

然爲太后不禮，復以韓夫人居正，無以發明。大臣希旨請册劉氏爲皇后，議者以后出於寒賤，好興利聚財，初在鄴都，令人設法稗販，所鬻樵蘇果茹亦以皇后爲名。[1]同光二年四月己卯，皇帝御文明殿，[2]遣使册劉氏爲皇后。皇后受册，乘重翟車，[3]鹵簿、鼓吹，[4]見於太廟。韓夫人等皆不平之，乃封韓氏爲淑妃，伊氏爲德妃。[5]

[1]“然爲太后不禮”至“，所鬻樵蘇果茹亦以皇后爲名”：《北夢瑣言》卷一八劉皇后笞父條。《新五代史》卷一四《皇后劉氏傳》：“宰相豆盧革、樞密使郭崇韜希旨，上章言劉氏當立，莊宗

大悦。”

［2］文明殿：宫殿名。爲洛陽宫城之前殿。位於今河南洛陽市。

［3］重翟車：簡稱“重翟”。古代皇太后、皇后乘用的主要車輛之一。

［4］鹵簿：帝后出行時的儀仗隊。蔡邕《獨斷》卷下載：“天子出，車駕次第謂之鹵簿。”　鼓吹：演奏鼓吹樂的樂隊。鼓吹樂源自北方民族，主要樂器有鼓、鉦、簫、笳等。本用於軍中，宫廷鹵簿亦用之。

［5］“同光二年四月己卯”至“伊氏爲德妃”：《新五代史》卷一四《皇后劉氏傳》。中華書局本有校勘記：“‘四月己卯’原作‘癸未’，據宗文本、吴縝《纂誤》卷上引《五代史》改。按本書卷三一《唐莊宗紀五》：‘（同光二年二月癸未）制以魏國夫人劉氏爲皇后，仍令所司擇日備禮册命。’至四月己卯，‘册魏國夫人劉氏爲皇后’。宋甲本作‘同光二年二月癸未’，宋丙本作‘同光四年己卯’。”則二月癸未爲制命之日，四月己卯爲册封之日。“乘重翟車”，中華書局本有校勘記：“‘重’字原闕，據宋丙本、宗文本、《五代會要》卷一、《册府》卷五九三補。《周禮·春官·巾車》：‘王后之五輅：重翟，鍚面朱總。’鄭玄注：‘重翟，重翟雉之羽也……后從王祭祀所乘。’”見《會要》卷一皇后條之雜録，《宋本册府》卷五九三《掌禮部·奏議門二》後唐莊宗同光二年（924）四月條。

正位之後，凡貢奉先入後宫，惟寫佛經施尼師，它無所賜。[1]

［1］“正位之後”至“它無所賜”：《北夢瑣言》卷一八劉皇后笞父條。

有胡僧自于闐來，[1]莊宗率皇后及諸子迎拜之。僧遊五臺山，[2]遣中使供頓，所至傾動城邑。又有僧誠惠，[3]自言能降龍。嘗過鎮州，王鎔不爲之禮，[4]誠惠怒曰："吾有毒龍五百，當遣一龍揭片石，常山之人，[5]皆魚鱉也。"會明年滹沱河大水，[6]壞鎮州關城，人皆以爲神。莊宗及后率諸子、諸妃拜之，誠惠端坐不起，由是士無貴賤皆拜之，獨郭崇韜不拜也。[7]是時，皇太后及皇后交通藩鎮，太后稱"誥令"，皇后稱"教命"，兩宫使者旁午於道。許州節度使温韜以后佞佛，[8]因請以私第爲佛寺，爲后薦福。莊宗數幸郭崇韜、元行欽等私第，[9]常與后俱。其後，幸張全義第，[10]酒酣，命后拜全義爲養父。全義日遣姬妾出入中宫，問遺不絶。莊宗有愛姬，甚有色而生子，后心患之。莊宗燕居宫中，元行欽侍側，莊宗問曰："爾新喪婦，其復娶乎？吾助爾聘。"后指愛姬請曰："帝憐行欽，何不賜之？"莊宗不得已，陽諾之。后趣行欽拜謝，行欽再拜，起顧愛姬，肩輿已出宫矣。莊宗不樂，稱疾不食者累日。[11]

[1]于闐：西域國名。都城在今新疆和田地區。參見張廣達、榮新江《于闐史叢考（增訂本）》，中國人民大學出版社 2008 年版。

[2]五臺山：山名。位於今山西忻州市。

[3]誠惠：人名。籍貫不詳。五代後唐僧人。傳見本書卷七一。

[4]王鎔：人名。回鶻人。唐末、五代軍閥，朱温後封趙王。傳見本書卷五四、《新五代史》卷三九。

[5]常山：即鎮州，治所在今河北正定縣。

[6]滹沱河：河流名。發源於今山西繁峙縣，東流入今河北省，過正定縣，再向東流入渤海。

[7]郭崇韜：人名。代州雁門（今山西代縣）人。五代後唐大臣。傳見本書卷五七、《新五代史》卷二四。

[8]許州：州名。治所在今河南許昌市。　節度使：官名。唐時在重要地區所設掌握一州或數州軍、民、財政的長官。　温韜：人名。京兆華原（今陝西銅川市耀州區）人。唐末李茂貞部將，五代後梁、後唐將領。傳見本書卷七三、《新五代史》卷四〇。

[9]元行欽：人名。幽州（今北京市）人。五代後唐將領。傳見本書卷七〇、《新五代史》卷二五。

[10]張全義：人名。後因犯諱，改名"張宗奭"。亦作"張言"。濮州臨濮（今山東鄄城縣）人。唐末至五代後梁、後唐將領。傳見本書卷六三、《新五代史》卷四五。

[11]"有胡僧自于闐來"至"稱疾不食者累日"：《新五代史》卷一四《皇后劉氏傳》。

同光三年秋大水。兩河之民，流徙道路，京師賦調不充，六軍之士，往往殍踣。乃預借明年夏秋租税，百姓愁苦，號泣于路。莊宗方與后荒于畋遊。十二月己卯臘，畋于白沙。[1]后率皇子、後宫畢從，歷伊闕，[2]宿龕澗，[3]癸未乃還。是時大雪，軍士寒凍，金鎗衛兵萬騎，所至責民供給，壞什器、徹廬舍而焚之，縣吏畏懼，亡竄山谷。[4]

[1]白沙：地名。位於今河南洛陽市。

[2]伊闕：一爲山名。又名"闕塞山""龍門山"，位於今河南洛陽市。一爲縣名。治所在今河南伊川縣西南。

[3]龕澗：地名。位於今河南洛陽市。《通鑑》卷二七四胡三省注“自白沙至龕澗，其地皆在洛陽東”。

[4]“同光三年秋大水”至“亡竄山谷”：《新五代史》卷一四《皇后劉氏傳》。“金鎗衛兵萬騎”，中華書局本有校勘記：“按《舊五代史》卷三二《唐莊宗紀六》記同光二年（924）十一月癸卯莊宗‘畋于伊闕，侍衛金槍馬萬餘騎從’。”

明年三月，客星犯天庫，[1]有星流于天棓。[2]占星者言：“御前當有急兵，宜散積聚以禳之。”宰相請出庫物以給軍，莊宗許之，后不肯，曰：“吾夫婦得天下，雖因武功，蓋亦有天命。命既在天，人如我何！”宰相論于延英，[3]后於屏間耳屬之，因取妝奩及皇幼子滿喜置帝前曰：[4]“諸侯所貢，給賜已盡。宮中所有惟此耳。請鬻以給軍！”宰相惶恐而退。及趙在禮作亂，[5]出兵討魏，始出物以賚軍。軍士負而詬曰：“吾妻子已餓死，得此何爲！”[6]

[1]天庫：星名。庫樓十星之一，有時亦代指庫樓全體。屬二十八宿的角宿，在半人馬座。

[2]天棓：星名。共五星，屬紫微垣。在紫微宮右，女床星北。星占家認爲是天子的先驅，主禦兵。

[3]延英：宮殿名。唐、五代、宋時皇宮常設之便殿，宰相以下在延英殿奏事，稱爲“延英奏對”。參見袁剛《延英奏對制度初探》，《北京大學學報》1989年第5期。

[4]滿喜：人名。即李滿喜，五代後唐莊宗李存勗幼子。事見本書本卷。

[5]趙在禮：人名。涿州（今河北涿州市）人。五代後唐、後

晋將領。傳見本書卷九〇、《新五代史》卷四六。

[6]“明年三月”至“得此何爲”：《新五代史》卷一四《皇后劉氏傳》。《北夢瑣言》卷一八劉皇后笞父條：“闕下諸軍困乏，以至妻子餓殍，宰相請出内庫俵給，后將出妝具銀盆兩口、皇子滿喜等三人，令鬻以贍軍。一旦作亂，亡國滅族，與夫褒姒、妲己無異也。”

莊宗東幸汴州，從駕兵二萬五千，及至萬勝，[1]不得進而還，軍士離散，所亡太半。至罌子谷，[2]道路隘狹，莊宗見從官執兵仗者，皆以好言勞之曰：“適報魏王平蜀，得蜀金銀五十萬，當悉給爾等。”對曰：“陛下與之太晚，得者亦不感恩。”莊宗泣下，因顧内庫使張容哥索袍帶以賜之，[3]容哥對曰：“盡矣。”軍士叱容哥曰：“致吾君至此，皆由爾輩！”因抽刀逐之，左右救之而免。容哥曰：“皇后惜物，不以給軍，而歸罪於我。事若不測，吾身萬段矣！”乃投水而死。郭從謙反，[4]莊宗中流矢，傷甚，卧絳霄殿廊下，[5]渴欲得飲，后令宦官進飱酪，不自省視。莊宗崩，后與李存渥等焚嘉慶殿，[6]擁百騎出師子門。[7]后於馬上以囊盛金器寶帶，欲於太原造寺爲尼。在道與存渥姦，及至太原，乃削髮爲尼。明宗入立，[8]遣人賜后死。晋天福五年，追謚曰神閔敬皇后。[9]

[1]萬勝：鎮名。位於今河南中牟縣。

[2]罌子谷：地名。位於今河南滎陽市西北。

[3]内庫使：官名。五代後唐莊宗置，爲内諸司使之一，以宦

者爲之，掌内庫財物之出納。　張容哥：人名。籍貫不詳。五代後唐宦官。事見本書本卷、卷三四。

［4］郭從謙：人名。籍貫不詳。五代後唐將領、伶人。傳見本書附録、《新五代史》卷三七。

［5］絳霄殿：後唐皇宫宫殿名。位於今河南洛陽市。

［6］嘉慶殿：宫殿名。位於今河南洛陽市。

［7］師子門：城門名。位於今河南洛陽市。

［8］明宗：即五代後唐明宗李嗣源。沙陀部人。原名邈佶烈，李克用養子。926年至933年在位。紀見本書卷三五至卷四四、《新五代史》卷六。

［9］"莊宗東幸汴州"至"追謚曰神閔敬皇后"：《新五代史》卷一四《皇后劉氏傳》。《北夢瑣言》卷一八劉皇后笞父條："先是，莊宗自爲俳優，名曰'李天下'，雜於塗粉優雜之間，時爲諸優扑扶摑搭，竟爲嚚婦恩伶之傾玷，有國者得不以爲前鑒！劉后以囊盛金合犀帶四，欲於太原造寺爲尼，沿路復通皇弟存渥，同簀而寢，明宗聞其穢，即令自殺。"《輯本舊史》本傳録《北夢瑣言》此句，有影庫本粘籤："'優雜'，疑當作'優劇'，考《北夢瑣言》諸刻本俱作'雜'字，今姑仍其舊。"《輯本舊史》卷七九《晋高祖紀五》天福五年（940）正月甲午條："太常少卿裴羽奏：'請追謚唐莊宗皇后劉氏爲神閔敬皇后。'從之。"

韓淑妃　伊德妃

淑妃韓氏，莊宗正室。德妃伊氏，莊宗次室。[1]並同光二年十二月册，以宰相豆盧革、韋説爲册使，[2]出應天門，[3]登輅車，[4]鹵薄鼓吹前導，至于永福門降車，[5]入右銀臺門，[6]至淑妃宫，受册于内，文武百官立班稱賀。[7]

［1］淑妃韓氏，莊宗正室。德妃伊氏，莊宗次室：《大典》卷一二六六“妃”字韻“淑妃、德妃”事目。《輯本舊史》之原輯者案語：“《韓淑妃傳》《伊德妃傳》，《永樂大典》原闕。”下録《會要》卷一、《北夢瑣言》卷一八兩段文字。

［2］豆盧革：人名。先世爲鮮卑慕容氏，後改豆盧氏。唐同州刺史豆盧籍之孫，舒州刺史豆盧瓚之子。五代後唐宰相。傳見本書卷六七、《新五代史》卷二八。　韋説：人名。京兆萬年（今陝西西安市長安區）人。唐福建觀察使韋岫之子。唐末進士，五代後梁大臣、後唐宰相。傳見本書卷六七。

［3］應天門：洛陽城正門。位於今河南洛陽市。

［4］輅車：天子車駕。可分爲大輅、玉輅、金輅、象輅、革輅、木輅等。

［5］永福門：洛陽城門。位於今河南洛陽市。

［6］右銀臺門：洛陽城門。位於今河南洛陽市。

［7］“並同光二年十二月册”至“文武百官立班稱賀”：《會要》卷一内職條。《輯本舊史》卷三二《唐莊宗紀六》則繫於同光二年（924）十月庚午：“正衙命使册淑妃韓氏、德妃伊氏，以宰臣豆盧革、韋説充册使。”應爲十月命使，十二月受册。

明宗立，悉放莊宗時宫人還其家。而韓淑妃、伊德妃皆居太原。晋高祖反時，[1]爲契丹所虜。[2]天福八年春正月辛巳，後唐莊宗德妃伊氏自契丹遣使貢馬。[3]

［1］晋高祖：即五代後晋高祖石敬瑭。沙陀部人。後唐將領、後晋開國皇帝。936年至942年在位。紀見本書卷七五至卷八〇、《新五代史》卷八。

［2］“明宗立”至“爲契丹所虜”：《新五代史》卷一四《皇后劉氏傳》。《北夢瑣言》卷一八韓伊二妃條：“莊宗皇帝嫡夫人韓

氏，後爲淑妃，伊氏爲德妃。契丹入中原，陷於虜庭，宰相馮道尊册契丹王。虜張宴席，其國母后妃列坐同宴，王嬙、蔡姬之比也。”

[3]天福八年春正月辛巳，後唐莊宗德妃伊氏自契丹遣使貢馬：《輯本舊史》卷八一《晉少帝紀一》。

昭懿夏皇后

明宗昭懿皇后夏氏，生秦王從榮及閔帝。[1]不見其世家，無封爵，明宗未即位前卒。[2]

[1]從榮：人名。即李從榮。沙陀部人。五代後唐明宗李嗣源次子。傳見本書卷五一、《新五代史》卷一五。　閔帝：即五代後唐閔帝李從厚。明宗李嗣源第三子。生於太原，小字菩薩奴。長興元年（930）封宋王，移鎮鄴都。明宗死後即位，改元應順(934)。潞王李從珂反於鳳翔，閔帝出逃至衛州，被廢爲鄂王，尋被縊殺。紀見本書卷四五、《新五代史》卷七。　明宗昭懿皇后夏氏，生秦王從榮及閔帝：《大典》卷一三三五二“謚”字韻“歷代皇后謚（一）”事目。《輯本舊史》原注出自《大典》卷一三五五五，中華書局本有校勘記：“檢《永樂大典目録》，卷一三五五五爲‘制’字韻‘禮記王制篇（一四）’，與本則内容不符，恐有誤記。陳垣《舊五代史輯本引書卷數多誤例》謂應作卷一三三五二‘謚’字韻‘歷代皇后謚（一）’。”今據改。

[2]不見其世家，無封爵，明宗未即位前卒：《新五代史》卷一五《皇后夏氏傳》。《輯本舊史》卷七一《周玄豹傳》：“昭懿皇后夏氏方侍巾櫛，偶忤旨，大爲明宗檟楚。玄豹見之曰：‘此人有藩侯夫人之位，當生貴子。’明宗赫怒因解，後其言果驗。”亦見《宋本册府》卷八六〇《總録部・相術門》。

同光初，后以疾崩。明宗即位，追封爲晋國夫人。長興中，[1]明宗以秦、宋二王位望既隆，因思從貴之義，乃下制曰："故晋國夫人夏氏，素推仁德，久睦宗親，嘗施内助之方，不見中興之盛。予當御極，子並爲王，有鵲巢之高，無翬衣之貴，貞魂永逝，懿範常存。考本朝之文，沿追册之制，將慰懷於九族，冀叶慶於四星。宜追册爲皇后，兼定懿號。"既而有司上謚曰昭懿。[2]于太微宫之東建寢廟以安神主。[3]

［1］長興：五代後唐明宗李嗣源年號（930—933）。

［2］"同光初"至"既而有司上謚曰昭懿"：《大典》卷一三三五二"謚"字韻"歷代皇后謚（一）"事目。《會要》卷一皇后條："長興四年三月二十八日，追謚曰昭懿皇后。"

［3］太微宫：廟名。唐天寶元年（742）於東都積善坊建玄元皇帝廟，次年更名太微宫。位於今河南洛陽市洛河南岸。　于太微宫之東建寢廟以安神主：《會要》卷一皇后條。

虢國夫人夏氏

夏氏，少長宫掖。[1]先爲昭容，同光二年十一月封虢國夫人。[2]明宗入洛，莊宗宫人數百悉令歸其骨肉，惟夏氏無所歸，明宗以夏魯奇是其同宗，[3]因命歸之。[4]長興三年四月，[5]嫁契丹突欲李贊華。[6]贊華性酷毒，喜殺人，婢妾微過，常加刲灼。[7]夏氏懼，求離婚，乃削髮爲尼以卒。[8]

[1]夏氏，少長宮掖：《北夢瑣言》卷一八韓伊二妃附夏夫人條。

[2]先爲昭容，同光二年十一月封虢國夫人：《會要》卷一《内職昭容夏氏封虢國夫人》條。

[3]夏魯奇：人名。青州（今山東青州市）人。五代後唐將領。傳見本書卷七〇、《新五代史》卷三三。

[4]"明宗入洛"至"因命歸之"：《通鑑》卷二七七長興三年(932)四月癸亥條胡注引《薛史》。

[5]長興三年四月：《通鑑》卷二七七長興三年四月癸亥條。

[6]突欲李贊華：人名。本名耶律倍，小名突欲。遼太祖耶律阿保機長子，封東丹王。其弟耶律德光即位，是爲遼太宗。突欲憤而降五代後唐，明宗賜名李贊華。傳見《遼史》卷七二。

[7]刲灼："刲"指割、刺；"灼"即炙、燒。

[8]"嫁契丹突欲李贊華"至"乃削髮爲尼以卒"：《新五代史》卷一四《唐太祖家人傳》。《北夢瑣言》卷一八韓伊二妃條："夫人夏氏，最承恩寵，後嫁契丹突欲，名李贊華，所謂東丹王，即阿保機長子，先歸朝，後除滑州節度使。性酷毒，侍婢微過，即以刀刲火灼。夏氏少長宮掖，不忍其凶，求離婚，歸河陽節度夏魯奇家，今爲尼也。"《輯本舊史》本傳引《北夢瑣言》此句，有原輯者案語："《歐陽史・家人傳》：夏氏在天成初，以先朝宮人出歸夏魯奇家，後賜李贊華。與《北夢瑣言》微異。《遼史》又以夏氏爲莊宗皇后，疑誤。"

和武曹皇后[1]

[1]《輯本舊史》之原輯者案語："《曹后傳》，《永樂大典》原闕。"

和武顯皇后曹氏，[1]生晉國公主，不見其世家。[2]

[1]和武顯皇后曹氏：《大典》卷一三三五二“謚”字韻“歷代皇后謚（一）”事目。《輯本舊史》原注出自《大典》卷一三五五五，中華書局本有校勘記：“檢《永樂大典目録》，卷一三五五五爲‘制’字韻‘禮記王制篇（一四）’，與本則内容不符，恐有誤記。陳垣《舊五代史輯本引書卷數多誤例》謂應作卷一三三五二爲‘謚’字韻‘歷代皇后謚（一）’。本卷下二則同。”但未改，今據改。“和武顯皇后曹氏”，中華書局本有校勘記：“‘顯’，本書卷七九《晉高祖紀五》、《新五代史》卷一五《唐家人傳》作‘憲’。”

[2]生晉國公主，不見其世家：《新五代史》卷一五《皇后曹氏傳》。

天成三年正月，册爲淑妃。長興元年五月十四日，册爲皇后。應順元年閏正月，[1]册爲皇太后。至清泰三年閏十一月，[2]隨末帝崩于後樓。[3]晉高祖使人獲葬，至晉天福五年正月二十八日，追册曰和武顯皇后。[4]

[1]應順：後唐閔帝李從厚年號（934）。

[2]清泰：五代後唐末帝李從珂年號（934—936）。

[3]末帝：即五代後唐廢帝李從珂，又稱末帝。鎮州平山（今河北平山縣）人。本姓王，爲後唐明宗養子，改名從珂。明宗入洛陽，李從珂率兵追隨，以功拜河中節度使，封潞王。閔帝李從厚即位，李從珂據城發動兵變，改鳳翔節度使。清泰元年（934）率軍東攻洛陽，廢黜閔帝，自立爲帝。清泰三年，石敬瑭與契丹合兵攻陷洛陽，自焚而死。紀見本書卷四六至卷四八、《新五代史》卷七。

[4]“天成三年正月”至“追册曰和武顯皇后”：《會要》卷一皇后條。《輯本舊史》卷三九《唐明宗紀五》天成三年（928）正

月甲戌條："制以楚國夫人曹氏爲淑妃……仍令所司擇日册命。"卷四一《唐明宗紀七》長興元年（930）三月庚寅條："制淑妃曹氏可立爲皇后，仍令擇日册命。"同年五月丁丑條："帝臨軒，命使册淑妃曹氏爲皇后。"卷四三《唐明宗紀九》長興三年四月戊午條："詔贈皇后曹氏曾祖父母已下爲太傅、太尉、太師、國夫人。"卷四五《唐閔帝紀》應順元年（934）閏正月丙午條："正衙命使册皇太后曹氏。"卷四八《唐末帝紀下》清泰三年閏十一月辛巳條："辰時，帝舉族與皇太后曹氏自燔於玄武樓。"卷七六《晋高祖紀二》天福元年（936）十二月丙申條："帝爲明宗皇后曹氏薨舉哀於長春殿，輟朝三日。"卷七九《晋高祖紀五》天福五年正月甲午條："太常少卿裴羽奏：'明宗皇后曹氏請追謚爲和武憲皇后。'從之。"卷九一《王建立傳》："及明宗爲魏軍所迫，時皇后曹氏、淑妃王氏在常山，使建立殺其監護并部下兵，故明宗家屬因而保全。""天成三年正月"，《新五代史》卷一五《皇后曹氏傳》作"天成元年"。《新五代史》誤。

宣憲魏太后

宣憲皇后魏氏，[1]鎮州平山人。[2]先適王氏，生從珂。[3]景福中，[4]明宗徇地山東，留戍平山，得魏后……時明宗爲裨將，性闊達，不能治生，曹后亦疏於晝略，生計所資，惟宣憲而已。[5]居數年，魏氏卒，葬太原……明宗時，從珂已王，乃追封魏氏爲魯國夫人。廢帝即位，[6]追尊魏氏爲皇太后，議建陵寢，而太原石敬瑭反，[7]乃於京師河南府東立寢宫。[8]清泰三年六月丙寅，遣工部尚書崔儉奉上皇太后寶册，[9]謚曰宣憲。[10]

［1］宣憲皇后魏氏：《大典》卷一三三五二“謚”字韻“歷代皇后謚（一）”事目。《輯本舊史》原注出自《大典》卷一三五五五，應作卷一三三五二“謚”字韻“歷代皇后謚（一）”。今改。

［2］平山：地名。位於今河北正定縣。　鎮州平山人：《通鑑》卷二六八乾化三年（913）三月條《考異》引《唐廢帝實録》。

［3］王氏：本書僅此一見。　先適王氏，生從珂：《通鑑》卷二六八乾化三年三月條。

［4］景福：唐昭宗李曄年號（892—893）。

［5］“景福中”至“惟宣憲而已”：《通鑑》卷二六八乾化三年三月條《考異》引《唐廢帝實録》。“景福中”，《考異》所引《唐廢帝實録》原作“中和末”。《考異》又引《薛史》：“末帝諱從珂，本姓王氏，鎮州人也。母宣憲皇后魏氏，以光啓元年生帝於平山。景福中，明宗爲武皇騎將，略地至平山，遇魏氏，虜之。”《輯本舊史》卷四六《唐末帝紀上》有此句。又據《通鑑》卷二五九景福二年（893）七月壬申條、《輯本舊史》卷二六《唐武皇紀下》景福二年七月條，唐武皇攻平山確在景福二年，而非中和末。且《新五代史》卷一五《皇后魏氏傳》：“初適平山民王氏，生子十歲矣。”李從珂生於光啓元年。中和五年（885）三月改元光啓，距景福共約十年。則《唐廢帝實録》以從珂生年爲明宗得魏氏年，誤。故據以上諸條改。

［6］廢帝：即李從珂。

［7］石敬瑭：人名。沙陀部人。五代後唐將領，後晋開國皇帝，廟號高祖。

［8］河南府：府名。即五代後唐的都城洛陽（今河南洛陽市）。

［9］工部尚書：官名。尚書省工部長官。掌百工、屯田、山澤之政令。正三品。　崔儉：人名。即崔居儉。五代後梁、後唐官員。傳見本書卷五五。

［10］“居數年”至“謚曰宣憲”：《新五代史》卷一五《皇后魏氏傳》。“遣工部尚書崔儉奉上皇太后寶册”，中華書局本《新五

代史》有校勘記："'崔儉'，《舊五代史》卷四八《唐末帝紀下》、《册府》卷三一作'崔居儉'。本書卷五五有《崔居儉傳》。"見《宋本册府》卷三一《帝王部·奉先門四》。《會要》卷一皇后條："皇后魏氏，初封魯國太夫人。清泰二年二月，中書門下奏：'臣聞漢昭帝承祧御曆，奉尊謚於雲陽；魏明帝繼體守文，思外家于甄館。而皆追崇徽號，祔饗廟廷，克隆敬本之文，式叶愛親之道。臣等又覽國史，竊見玄宗皇帝母曰昭成皇后竇氏，代宗皇帝母曰章敬太后吴氏，始嬪朱邸，俄閟玄宫，鴻圖既屬于明君，尊號咸追于聖母。伏以魯國夫人發祥沙麓，貽孅河洲。三母俱賢，周母允承于天統；四妃有子，唐后光啓于帝基。仰惟當寧之情，彌軫寒泉之思，久虚殷薦，慮損皇猷。臣等謹上尊謚曰宣顯皇太后，請依昭成皇太后故事，擇日備禮册命。又臣等伏聞先太后舊陵未祔先朝，則都下難崇别廟，既追尊謚，合創閟宫。按漢朝故事，園寢不在王畿，或就陵所便立寢祠。今商量上謚後，權立同廟，以申告獻，配祔之禮，請俟他年。'從之。"同卷内職條："明宗德妃王氏，天成三年正月册，至長興二年四月進號淑妃，應順元年閏正月十三日册爲太妃，至周廣順元年四月追謚賢妃。昭儀王氏，封齊國夫人。昭容葛氏，封周國夫人。昭媛劉氏，封趙國夫人；孫氏，封楚國夫人。御正張氏，封曹國夫人。司寶郭氏，封魏國夫人。司贊于氏，封鄭國夫人。尚服王氏，封衛國夫人。司記崔氏，封蔡國夫人。司膳翟氏，封滕國夫人。司醖吴氏，封莒國夫人。婕妤高氏，封渤海郡夫人。美人沈氏，封太原郡夫人。順御朱氏，封吴郡夫人。司飾聊氏，封潁川郡夫人。司衣劉氏，封彭城郡夫人。司藥孟氏，封咸陽郡夫人。梳篦張氏，封清河郡夫人。衣服王氏，封太原郡夫人。櫛篦傅氏，封潁川郡夫人。知客張氏，賜號尚書。故江氏，追封濟陽郡夫人。以上皆長興三年九月敕，其名號皆中書門下按《六典》内職敘而行之。内人李氏，封隴西縣君。崔氏，封清河縣君。李氏，封成紀縣君。田氏，封咸陽縣君。白氏，封南陽縣君。並長興四年二月敕。按前代内職皆無封君之禮，此一時之制職。"

王淑妃

淑妃王氏，邠州餅家子也，[1]有美色，號“花見羞”。少賣梁故將劉鄩爲侍兒。[2]鄩卒，王氏無所歸。是時，明宗夏夫人已卒，方求别室，有言王氏於安重誨者，[3]重誨以告明宗而納之。王氏素得鄩金甚多，悉以遺明宗左右及諸子婦，人人皆爲王氏稱譽，明宗益愛之。而夫人曹氏爲人簡質，常避事，由是王氏專寵。[4]

[1]邠州：州名。治所在今陝西彬縣。

[2]劉鄩：人名。密州安丘（今山東安丘市）人。唐末、五代將領。傳見本書卷二三、《新五代史》卷二二。

[3]安重誨：人名。應州（今山西應縣）人。五代後唐大臣。傳見本書卷六六、《新五代史》卷二四。

[4]“淑妃王氏”至“由是王氏專寵”：《新五代史》卷一五《淑妃王氏傳》。

明宗即位，議立皇后，而曹氏當立。曹氏謂王氏曰：“我素多病，而性不耐煩，妹當代我。”王氏曰：“后，帝匹也，至尊之位，誰敢干之！”乃立曹氏爲皇后、王氏爲淑妃。妃事皇后亦甚謹，每帝晨起，盥櫛服御，皆妃執事左右，及罷朝，帝與皇后食，妃侍，食徹乃退，未嘗少懈，皇后心亦益愛之。然宫中之事，皆主於妃。明宗病，妃與宦者孟漢瓊出納左右，[1]遂專用事，殺安重誨、秦王從榮，皆與焉。劉鄩諸子皆以妃故封拜官爵。[2]

[1]孟漢瓊：人名。籍貫不詳。五代後唐宦官，時任宣徽南院使。傳見本書卷七二。

[2]“明宗即位”至“劉鄩諸子皆以妃故封拜官爵”：《新五代史》卷一五《淑妃王氏傳》。《輯本舊史》卷四二《唐明宗紀八》長興二年（931）夏四月辛卯條：“制德妃王氏進位淑妃。”卷九一《王建立傳》：“明宗爲魏軍所迫，時皇后曹氏、淑妃王氏在常山，使建立殺其監護并部下兵，故明宗家屬因而保全。”《會要》卷一内職條：“明宗德妃王氏，天成三年正月册，至長興二年四月進號淑妃。”《通鑑》卷二七六天成三年（928）二月條：“（孔循）陰遣人結王德妃，求納其女；德妃請娶循女爲從厚婦，帝許之。”胡注云：“王德妃有寵於帝，言無不行，後進拜淑妃。”《通鑑》卷二七七長興元年三月庚寅條：“帝將立曹淑妃爲后，淑妃謂王德妃曰：‘吾素病中煩，倦於接對，妹代我爲之。’德妃曰：‘中宫敵偶至尊，誰敢干之！’庚寅，立淑妃爲皇后。德妃事后恭謹，后亦憐之。初，王德妃因安重誨得進，常德之。帝性儉約，及在位久，宫中用度稍侈，重誨每規諫。妃取外庫錦造地衣，重誨切諫，引劉后爲戒；妃由是怨之。”

愍帝即位，册尊皇后爲皇太后，妃爲皇太妃。初，明宗後宫有生子者，命妃母之，是爲許王從益。[1]從益乳母司衣王氏，[2]見明宗已老而秦王握兵，心欲自託爲後計，乃曰：“兒思秦王。”是時，從益已四歲，又數教從益自言求見秦王。明宗遣乳嫗將兒往來秦府，遂與從榮私通，從榮因使王氏伺察宫中動静。從榮已死，司衣王氏以謂秦王實以兵入宫衛天子，而以反見誅，出怨言。愍帝聞之，大怒，賜司衣王氏死，而事連太妃，由是心不悦，欲遷之至德宫，[3]以太后素善妃，懼傷其意

而止，然待之甚薄。[4]

[1]從益：人名。即李從益。沙陀部人。五代後唐明宗李嗣源幼子，封許王。契丹滅後晋，蕭翰北歸，以其爲傀儡統治中原地區。傳見本書卷五一。

[2]司衣：女官名。掌後宫衣服首飾，以供后妃之用。正六品。王氏：本書僅此一見。

[3]至德宫：宫名。五代後唐天成元年（926）築。位於今河南洛陽市。

[4]“愍帝即位”至“然待之甚薄”：《新五代史》卷一五《淑妃王氏傳》。《輯本舊史》卷五一《許王從益傳》：“從益，明宗之幼子也，宫嬪所生，明宗命王淑妃母之。”《通鑑》卷二七八長興四年（933）十二月辛亥條：“秦王從榮既死，朱洪實妻入宫，司衣王氏與之語及秦王，王氏曰：‘秦王爲人子，不在左右侍疾，致人歸禍，是其罪也；若云大逆，則厚誣矣。朱司徒最受王恩，當時不爲之辨，惜哉！’洪實聞之，大懼，與康義誠以其語白閔帝，且言王氏私於從榮，爲之詗宫中事，辛亥，賜王氏死。事連王淑妃，淑妃素厚於從榮，帝由是疑之。”明本《册府》卷三八《帝王部·尊親門》：“閔帝即位，尊明宗皇后曹氏曰皇太后，又册王氏爲皇太妃。”《會要》卷一内職條：“應順元年閏正月十三日册爲太妃。”

潞王罷河中，[1]歸私第，王淑妃數遣孟漢瓊存撫之。[2]廢帝入立，嘗置酒妃院，妃舉酒曰：“願辭皇帝爲比丘尼。”帝驚問其故，曰：“小兒處偶得命，若大兒不容，則死之日，何面見先帝！”因泣下。廢帝亦爲之悽然，待之頗厚。[3]

[1]潞王：即李從珂。　河中：府名。治所在今山西永濟市。

[2]“潞王罷河中”至“王淑妃數遣孟漢瓊存撫之”：《通鑑》卷二七九清泰元年（934）夏四月庚午條。

[3]“廢帝入立”至“待之頗厚”：《新五代史》卷一五《淑妃王氏傳》。

石敬瑭兵犯京師，廢帝聚族將自焚。妃謂太后曰：“事急矣。宜少回避，以俟姑夫。”太后曰：“我家至此，何忍獨生，妹自勉之！”太后乃與帝俱燔死，而妃與許王從益及其妹匿於鞠院以免。[1]

[1]鞠院：古代蹴鞠的場地，因四周以墻圍合如院，故名。“石敬瑭兵犯京師”至“而妃與許王從益及其妹匿於鞠院以免”：《新五代史》卷一五《淑妃王氏傳》。《通鑑》卷二八〇天福元年（936）閏十一月辛巳條：“唐主與曹太后、劉皇后、雍王重美及宋審虔等携傳國寶登玄武樓自焚……王淑妃謂太后曰：‘事急矣，宜且避匿，以俟姑夫。’太后曰：‘吾子孫婦女一朝至此，何忍獨生！妹自勉之。’淑妃乃與許王從益匿於毬場，獲免。”

晋高祖立，妃自請爲尼，不可，乃遷于至德宫。晋遷都汴，以妃子母俱東，置於宫中。高祖皇后事妃如母。天福四年九月癸未，詔以郇國三千户封唐許王從益爲郇國公，以奉唐祀，服色、旌旗一依舊制。太常議立莊宗、明宗、愍帝三室，以至德宫爲廟。詔立高祖、太宗，爲五廟，使從益歲時主祠。[1]

[1]“晋高祖立”至“使從益歲時主祠”：《新五代史》卷一五

《淑妃王氏傳》。《通鑑》卷二八二天福四年（939）九月癸未條："以唐許王從益爲郇國公，奉唐祀。從益尚幼，李后養從益於宮中，奉王淑妃如事母。"胡注云："李后，唐明宗曹皇后之女。王淑妃，明宗次妃也，故后事之如母。"

出帝即位，[1]妃母子俱還洛陽。契丹犯京師，趙延壽所尚明宗公主已死，[2]耶律德光乃爲延壽娶從益妹，[3]是爲永安公主。公主不知其母爲誰，素亦養於妃，妃至京師主婚禮。德光見明宗畫像，焚香再拜，顧妃曰："明宗與我約爲弟兄，爾吾嫂也。"已而靳之曰："今日乃吾婦也。"乃拜從益爲彰信軍節度使，[4]從益辭，不之官，與妃俱還洛陽。[5]

[1]出帝：即五代後晋少帝石重貴。942年至947年在位。石敬瑭從子。紀見本書卷八一至卷八五、《新五代史》卷九。

[2]趙延壽：人名。本姓劉，恒山（今河北正定縣）人。五代後唐明宗李嗣源女婿，後降契丹，引導契丹攻滅後晋。傳見本書卷九八、《遼史》卷七六。

[3]耶律德光：人名。契丹族，遼太祖耶律阿保機次子。遼朝皇帝，謚號太宗。927年至947年在位。紀見《遼史》卷三至卷四。

[4]彰信軍：方鎮名。此處疑誤。據《新五代史》卷六〇《職方考》：五代後晋開運二年（945）置威信軍於曹州（今山東曹縣西北），後漢初軍廢，後周廣順二年（952）復置，改名彰信軍。當此晋漢之際，無彰信軍之建制。

[5]"出帝即位"至"與妃俱還洛陽"：《新五代史》卷一五《淑妃王氏傳》。《宋本册府》卷七六六《總録部·攀附門二》翟光

鄴條："時虜犯闕，以後唐明宗少子許王從益爲曹州節度使，從益母淑妃王氏白於虜長以從益未諳政術，請以光鄴代知州事，虜從之。"《通鑑》卷二八六天福十二年（947）二月條："唐王淑妃與郇公從益居洛陽；趙延壽娶明宗女爲夫人，淑妃詣大梁會禮。契丹主見而拜之，曰：'吾嫂也。'統軍劉遂凝因淑妃求節鉞。契丹主以從益爲許王、威信節度使，遂凝爲安遠節度使。淑妃以從益幼，辭不赴鎮，復歸于洛。"

德光北歸，留蕭翰守汴州。[1]漢高祖起太原，[2]翰欲北去，乃使人召從益，委以中國。從益子母逃於徽陵域中，[3]以避使者，使者迫之以東，遂以從益權知南朝軍國事。從益御崇元殿，[4]翰率契丹諸將拜殿上，晋群臣拜殿下。群臣入謁太妃，妃曰："吾家子母孤弱，爲翰所迫，此豈福邪？禍行至矣！"乃以王松、趙上交爲左右丞相，[5]李式、翟光鄴爲樞密使，[6]燕將劉祚爲侍衛親軍都指揮使。[7]翰留契丹兵千人屬祚而去。[8]

[1]蕭翰：人名。契丹人。遼朝宰相蕭敵魯之子，述律太后之侄，太宗皇后之兄。遼初將領。傳見本書卷九八、《遼史》卷一一三。

[2]漢高祖：即五代後漢高祖劉知遠。947 年至 948 年在位。紀見本書卷九九至卷一〇〇、《新五代史》卷一〇。

[3]徽陵：五代後唐明宗李嗣源陵墓。位於今河南新安縣。後晋石敬瑭將後唐愍帝（閔帝）、李從榮、李重吉皆祔葬於此。

[4]崇元殿：殿名。五代後梁開平元年（907）改汴京正殿爲崇元殿。位於今河南開封市。

[5]王松：人名。京兆（今陝西西安市）人。唐僖宗宰相王徽

之子。五代後唐至後漢官員。傳見本書附録、《新五代史》卷五七。　趙上交：人名。涿州范陽（今河北涿州市）人。五代、宋初大臣。本名遠，字上交，避後漢高祖劉知遠諱，遂以字爲名。傳見《宋史》卷二六二。

[6]李式：人名。籍貫不詳。五代後晋官員。事見本書卷七七。　翟光鄴：人名。濮州甄城（今山東鄄城縣）人，五代將領。傳見本書卷一二九、《新五代史》卷四九。　樞密使：官名。樞密院長官。唐代宗時始以宦官掌機密，至昭宗時借朱温之力盡誅宦官，始改以士人任樞密使。備顧問，參謀議，出納詔奏，權侔宰相。參見李全德《唐宋變革期樞密院研究》，國家圖書館出版社2009年版。

[7]劉祚：人名。籍貫不詳。遼國將領。事見本書本卷、卷五一。　侍衛親軍都指揮使：官名。五代時侍衛親軍長官。多由皇帝親信擔任。

[8]"德光北歸"至"翰留契丹兵千人屬祚而去"：《新五代史》卷一五《淑妃王氏傳》。《輯本舊史》卷一〇六《劉審交傳》："高祖起義於太原……李從益母王淑妃詢於文武臣僚曰：'予子母在洛，孤危自處，一旦爲蕭翰所逼，致令及此，但遣人迎請太原，勿以予子母爲事。'或曰：'收拾諸處守營兵士與燕軍，足以把城，以俟河北救應可也。'妃曰：'非謀也，我子母亡國之餘，安敢與人争天下？'"《通鑑》卷二八七天福十二年（947）五月壬寅條："初，（蕭）翰聞帝擁兵而南，欲北歸，恐中國無主，必大亂，己不得從容而去。時唐明宗子許王從益與王淑妃在洛陽，翰遣高謨翰迎之，矯稱契丹主命，以從益知南朝軍國事，召己赴恒州。淑妃、從益匿於徽陵下宫，不得已而出。至大梁，翰立以爲帝，帥諸酋長拜之。又以禮部尚書王松、御史中丞趙遠爲宰相，前宣徽使甄城翟光鄴爲樞密使，左金吾大將軍王景崇爲宣徽使，以北來指揮使劉祚權侍衛親軍都指揮使，充在京巡檢。松，徽之子也。百官謁見淑妃，淑妃泣曰：'吾母子單弱如此，而爲諸公所推，是禍吾家也。'翰留燕兵千人守諸門，爲從益宿衛。壬寅，翰及劉晞辭行，從益餞於北郊。

遣使召高行周於宋州，武行德於河陽，皆不至，淑妃懼，召大臣謀之曰：‘吾母子爲蕭翰所逼，分當滅亡。諸公無罪，宜早迎新主，自求多福，勿以吾母子爲意！’衆感其言，皆未忍叛去。或曰：‘今集諸營，不減五千，與燕兵併力堅守一月，北救必至。’淑妃曰：‘吾母子亡國之餘，安敢與人争天下！不幸至此，死生惟人所裁。若新主見察，當知我無所負。今更爲計畫，則禍及他人，闔城塗炭，終何益乎！’衆猶欲拒守。三司使文安劉審交曰：‘余燕人，豈不爲燕兵計！顧事有不可如何者。今城中大亂之餘，公私窮竭，遺民無幾，若復受圍一月，無噍類矣。願諸公勿復言，一從太妃處分。’乃用趙遠、翟光鄴策，稱梁王，知軍國事。遣使奉表稱臣迎帝，請早赴京師，仍出居私第。”

漢高祖擁兵而南，從益遣人召高行周、武行德等爲拒，[1]行周等皆不至，乃與王松謀以燕兵閉城自守。妃曰：“吾家亡國之餘，安敢與人争天下！”乃遣人上書迎漢高祖。高祖聞其嘗召行周而不至，遣郭從義先入京師殺妃母子。[2]妃臨死呼曰：“吾家母子何罪？何不留吾兒，使每歲寒食持一盂飯洒明宗墳上。”聞者悲之。從益死時年十七。[3]

[1]高行周：人名。嬀州懷戎（今河北懷來縣）人。五代後唐至後周將領。傳見本書卷一二三、《新五代史》卷四八。　武行德：人名。并州榆次（今山西晋中市榆次區）人。五代、宋初將領。傳見《宋史》卷二五二。

[2]郭從義：人名。沙陀部人。曾名李從義。五代後唐莊宗李存勗養子。五代及宋初將領。傳見《宋史》卷二五二。

[3]“漢高祖擁兵而南”至“從益死時年十七”：《新五代史》

卷一五《淑妃王氏傳》。《通鑑》卷二八七天福十二年（947）六月丙辰條："帝至洛陽，命鄭州防禦使郭從義先入大梁清宫，密令殺李從益及王淑妃。淑妃且死，曰：'吾兒爲契丹所立，何罪而死！何不留之，使每歲寒食，以一盂麥飯洒明宗陵乎！'聞者泣下。"《輯本舊史》卷一〇〇《漢高祖紀下》天福十二年六月丙辰條："車駕至洛，兩京文武百僚自新安相次奉迎。郇國公李從益、唐明宗淑妃王氏皆賜死於東京。"《五代史闕文》："漢高祖自太原起軍建號，至洛陽，命郭從義先入京師，受密旨殺王淑妃與許王從益。淑妃臨刑號泣曰：'吾家子母何罪？吾兒爲契丹所立，非敢與人争國，何不且留我兒，每年寒食使持一盂飯灑明宗陵寢？'聞者無不泣下。臣謹按，隱帝朝，詔史臣修《漢祖實録》，敘淑妃、從益傳，但云'臨刑之日，焚香俟命'，蓋諱之耳。"

周廣順元年四月，[1]追謚賢妃。[2]

[1]廣順：五代後周太祖郭威年號（951—953）。

[2]周廣順元年四月，追謚賢妃：《會要》卷一内職條。《輯本舊史》卷一一一《周太祖紀二》繫此事於廣順元年（951）三月庚寅條，"追謚"作"追贈"。《新輯會證》本傳："《千唐志齋藏志》録孟津出土楊敏昇撰《晋故隴西郡夫人關氏墓志銘并序》，關氏爲王萬榮妻，王淑妃母。"下録墓志原文，可參見。

孔皇后[1]

[1]《輯本舊史》之原輯者案語："《孔后傳》，《永樂大典》原闕。"

閔帝哀皇后孔氏。[1]父循，[2]横海軍節度使。[3]循陰

遣人結王德妃,[4]求納其女；德妃請娶循女爲從厚婦,帝許之。[5]庚寅，皇子從厚納孔循女爲妃。[6]初封魯國夫人。[7]后有賢行，生四子。愍帝即位，立爲皇后，未及册命而難作。愍帝出奔，后病子幼，皆不能從。廢帝入立，后及四子皆見殺。[8]應順元年四月，爲末帝所害。晉天福五年正月二十八日，追謚爲閔哀皇后。[9]

[1]閔帝哀皇后孔氏：原注録自《大典》卷一三五五五“制”字韻“王制篇（一四）”事目，與本篇内容不符，應録自卷一三三五二“謚”字韻“歷代皇后謚（一）”事目。中華書局本未改。今改。

[2]循：人名。即孔循。籍貫不詳。五代後唐大臣。傳見《新五代史》卷四三。

[3]横海軍：方鎮名。治所在今河北滄州市。　父循，横海軍節度使：《新五代史》卷一五《皇后孔氏傳》。

[4]王德妃：後唐明宗嬪妃王氏。事見本書卷三九《唐明宗紀四》。

[5]“循陰遣人結王德妃”至“帝許之”：《通鑑》卷二七六天成三年（928）二月乙未條。

[6]皇子從厚納孔循女爲妃：《通鑑》卷二七六天成三年十一月庚寅條。

[7]初封魯國夫人：《會要》卷一皇后條。

[8]“后有賢行”至“后及四子皆見殺”：《新五代史》卷一五《皇后孔氏傳》。

[9]“應順元年四月”至“追謚爲閔哀皇后”：《會要》卷一皇后條。《輯本舊史》卷七九《晉高祖紀五》天福五年（940）正月甲午條：“太常少卿裴羽奏：‘閔帝魯國夫人孔氏請追謚爲閔哀皇后。’從之。”

劉皇后

末帝劉皇后，應州人也。[1]天成中，封爲沛國夫人。清泰初，百官三上表請立中宫，遂立爲皇后。[2]后性强戾，末帝甚憚之，故其弟延皓自鳳翔牙校環歲之間歷樞密使，[3]出爲鄴都留守，[4]皆由后内政之力也。及延皓爲張令昭所逐，[5]執政請行朝典，后力制之，止從罷免而已。[6]晋高祖入洛，后與末帝俱就燔焉。[7]《永樂大典》卷一萬九千三百四。[8]

[1]應州：州名。治所在今山西應縣。

[2]"末帝劉皇后"至"遂立爲皇后"：《新五代史》卷一六《皇后劉氏傳》："父茂威，應州渾元人也。"《輯本舊史》卷四六《唐末帝紀上》清泰元年（934）七月丁巳條："制立沛國夫人劉氏爲皇后。"同年八月丙申條："御文明殿册皇后，命使攝太尉、宰臣盧文紀，使副攝司徒、右諫議大夫盧損詣皇后宫，行禮畢，恩賜有差。"亦見《新五代史》卷七《唐本紀》清泰元年七月丁巳條。

[3]延皓：人名。即劉延皓。應州渾元（今山西渾源縣）人。五代將領。傳見本書卷六九、《新五代史》卷一六。　鳳翔：方鎮名。治所在鳳翔府（今陝西鳳翔縣）。　牙校：低級武官。　故其弟延皓自鳳翔牙校環歲之間歷樞密使：《輯本舊史》卷四七《唐末帝紀》中清泰二年四月辛卯條："以宣徽南院使劉延皓爲刑部尚書，充樞密使。"關於此句，《舊五代史考異》云："《歐陽史》作夏五月辛卯，《通鑑》從《薛史》作四月。"見《新五代史》卷七《唐本紀》、《通鑑》卷二七九清泰二年四月辛卯條。清泰二年四月乙丑朔，五月甲午朔，五月無辛卯日，辛卯日爲四月二十七日。

[4]出爲鄴都留守：《輯本舊史》卷四七《唐末帝紀中》清泰

二年七月丁酉條："以樞密使劉延皓爲天雄軍節度使。"

［5］張令昭：人名。籍貫不詳。五代後唐將領。事見本書本卷、卷六九、卷九七、卷一〇七。　及延皓爲張令昭所逐："張令昭"，《輯本舊史》之影庫本粘籤："原本脱'張'字，今據《通鑑》增入。"見《通鑑》卷二八〇天福元年五月癸丑條。《輯本舊史》卷四八《唐末帝紀下》清泰三年五月壬子條："鄴都屯駐捧聖都虞候張令昭逐節度使劉延皓，據城叛。翌日，令昭召副使邊仁嗣已下逼令奏請節旄。"

［6］止從罷免而已：《輯本舊史》卷四八《唐末帝紀下》清泰三年六月辛酉條："天雄軍節度使劉延皓削奪官爵，勒歸私第。"《通鑑》卷二八〇天福元年（即清泰三年）六月庚申條："止削延皓官爵，歸私第。"《新五代史》卷一六《皇后劉氏傳》："其弟延皓，少事廢帝爲牙將，廢帝即位，拜宫苑使、宣徽南院使。清泰二年，爲樞密使、天雄軍節度使。延皓爲人素謹厚，及貴而改節，以后故用事，受賕，掠人園宅，在鄴下不恤軍士，軍士皆怨。捧聖都虞候張令昭以其屯駐兵逐延皓，延皓走相州。是時，石敬瑭已反，方用兵，而令昭之亂作。令昭乃閉城，遣其副使邊仁嗣請己爲節度使。廢帝以令昭爲右千牛衛將軍，權知天雄軍府事。已而遣范延光討之，令昭敗走邢州，追至沙河，斬之，屯駐諸軍亂者三千餘人皆死。有司請以延皓行軍法，廢帝以后故，削其官爵而已。"

［7］晉高祖入洛，后與末帝俱就燔焉：《輯本舊史》卷四八《唐末帝紀下》清泰三年閏十一月庚辰條："晉高祖至河陽。"同月辛巳條："辰時，帝舉族與皇太后曹氏自燔於玄武樓。"《新五代史》卷七《唐本紀》、《通鑑》卷二八〇天福元年閏十一月辛巳條同。

［8］《大典》卷一九三〇四"后"字韻"五代后"事目。

史臣曰：昔三代之興亡，雖由於帝王，亦繫於妃后。故夏之興也以塗山，[1]及其亡也以妺嬉；[2]商之興也

以簡狄，[3]及其亡也以妲己；[4]周之興也以文母，[5]及其亡也以褒姒。[6]觀夫貞簡之爲人也，雖未偕於前代，亦無虧於懿範。而劉后以牝雞之晨，皇業斯墜，則與夫三代之興亡同矣。餘無進賢輔佐之德，又何足以道哉！《永樂大典》卷一萬九千三百四。[7]

[1]塗山：古有塗山國，禹娶塗山氏之女。事見《史記》卷二《夏本紀》。

[2]妺嬉：人名。又作妺喜、末喜、末嬉。有施氏之女，夏桀攻有施氏，有施人以妺嬉進桀，爲桀妃，後助湯亡夏。事見《國語·晋語一》。

[3]簡狄：人名。一作"簡逷"。傳説中商代祖先契之母。有娀氏之女，爲帝嚳妻。神話傳説她與女伴三人行浴，見玄鳥（燕子）墜卵，取而吞之，因而懷孕生契。事見《史記》卷三《殷本紀》。

[4]妲己：人名。姓己，字妲。有蘇氏女。商紂王妃，極受寵愛。周武王滅商時被殺。一説自縊死。事見《史記·殷本紀》。

[5]文母：指周文王之妃大姒。《詩經·周頌·雍》："既右烈考，亦右文母。"毛氏傳："烈考，武王也。文母，大姒也。"鄭玄箋："子孫所以得考壽與多福者，乃以見右助於光明之考與文德之母，歸美焉。"

[6]褒姒：幽王寵妃。褒國人，姒姓。周幽王三年，褒人將她進獻給周。幽王立爲后。爲博她一笑，幽王曾點烽火以戲諸侯，致使失信於諸候而招至亡國。幽王被申侯聯合犬戎等攻殺，她也被俘。事見《史記》卷四《周本紀》。

[7]《大典》卷一九三〇四"后"字韻"五代后"事目。《輯本舊史》之原輯者案語："《五代史》無《外戚傳》。據《五代會要》，武皇長女瓊華長公主，降孟知祥，同光三年十二月封。第二

女瑶英長公主，降張延釗，同光三年十二月封。明宗長女永寧公主，降晋高祖，第十三女興平公主，降趙延壽，天成三年四月封，至長興四年九月改封齊國公主，至清泰二年三月進封燕國長公主。第十四女壽安公主，長興四年六月封。第十五女永樂公主，長興四年六月封。今考《會要》所載，亦多舛互。如瓊華公主，《十國春秋》諸書作太祖弟克讓之女，《會要》以爲武皇長女，此傳聞之異辭也。莊宗女義寧公主，降宋廷浩。廷浩仕至房州刺史，晋初爲汜水關使，張從賓之叛，戰死。見《東都事略》及《宋史》。又，王禹偁《小畜集》有《宋渥神道碑》云：母義寧公主，天福中，晋祖以嘗事莊宗，有舊君之禮，每貴主入見，聽其不拜。時兵戎方熾，經費不充，惟公主之家，賜予甚厚，盡而復取，亦無倦色。一日，晋祖從容謂貴主曰：‘朕于主家無所愛惜，但朝廷多事，府庫甚虚，主所知矣。今輦轂之下，桂玉爲憂，可命渥分司西京，以豐就養。’因厚遣之，且敕留使具晨昏伏臘之用，至于醯醢，率有備焉。《會要》不載莊宗女，是其闕略也。《歐陽史》云：‘延壽所尚公主已死，耶律德光乃爲延壽娶從益妹，是爲永安公主。’《薛史·趙延壽傳》亦言其娶明宗小女爲繼室，而《五代會要》不載，疑有闕文。”此段案語，中華書局本據《會要》校改，今從之，不録校勘記内容。《新輯會證》本傳：“本書卷二六《武皇紀》云王珂妻邠國公主爲武皇愛女，《舊唐書》卷一八二《王處存傳》云克用以女妻王鄴。本書《末帝紀》載末帝長女尼惠明大師幼澄，《資治通鑑》卷二七八云潞王有女惠明爲尼，在洛陽，閔帝應順元年正月召入禁中。同書卷二七九云其於潞王起兵後被殺。《五代會要》未敘及。”

舊五代史　卷五〇

唐書二十六

宗室列傳第二

克讓

克讓，武皇之仲弟也。[1]少善騎射，以勇悍聞。咸通中，[2]從討龐勛，[3]以功爲振武都校。[4]乾符中，[5]王仙芝陷荆、襄，[6]朝廷徵兵，克讓率師奉詔，[7]賊平，以功授金吾將軍，[8]留宿衛。

[1]武皇：即李克用。沙陀部人，生於神武川新城（一説是今山西朔州市朔城區之梵王寺村，一説是今山西應縣縣城，一説在今山西懷仁縣之日中城）。唐末軍閥，受封晋王。五代後唐太祖。紀見本書卷二五至卷二六、《新五代史》卷四。　克讓，武皇之仲弟也：《北夢瑣言》卷一七朱邪先代條："李國昌，其姪克讓爲羽林將軍。"

[2]咸通：唐懿宗李漼年號（860—874）。唐僖宗即位後沿用一年。

［3］龐勛：人名。籍貫不詳。唐末桂州（今廣西桂林市）戍卒起義軍首領。唐懿宗咸通九年（868）、十年，率久戍不歸的桂州戍卒起義北歸，兵敗死。事見《舊唐書》卷一九上、《新唐書》卷九。　從討龐勛：中華書局本有校勘記："《册府》卷二九一作'從獻祖討龐勛'。"見《宋本册府》卷二九一《宗室部·立功門二》。

［4］振武都校：官名。禁軍統兵官。"振武"爲軍隊番號。

［5］乾符：唐僖宗李儇年號（874—879）。

［6］王仙芝：人名。濮州（今山東鄄城縣）人。唐末農民軍領袖。事見《舊唐書》卷一九下、《新唐書》卷九、卷二二五下。　荆：州名。治所在今湖北荆州市。　襄：州名。治所在今湖北襄陽市。

［7］"乾符中"至"克讓率師奉詔"：《舊唐書》卷一九上《懿宗紀》咸通十四年（873）正月辛未條："賜盧簡方詔曰：'李國昌久懷忠赤，顯著功勞，朝廷亦三授土疆，兩移旄節。其爲寵遇，實寡比倫。昨者徵發兵師，又令克讓將領，惟嘉節義，同絶嫌疑。近知大同軍不安，殺害段文楚，推國昌小男克用主領兵權。'"卷一九下《僖宗紀》乾符四年（877）十二月條："賊陷江陵之郛，（楊）知温窮蹙，求援於襄陽，山南東道節度使李福悉其師援之。時沙陀軍五百騎在襄陽，軍次荆門，騎軍擊賊，敗之。賊盡焚荆南郛郭而去。"亦見《通鑑》卷二五三乾符五年正月丁酉條。

［8］金吾將軍：官名。即金吾衛將軍。唐置，掌宫禁宿衛。唐代置十六衛，即左右衛、左右驍衛、左右武衛、左右威衛、左右領軍衛、左右金吾衛、左右監門衛、左右千牛衛。各置上將軍，從二品；大將軍，正三品；將軍，從三品。

初，懿祖歸朝，[1]憲宗賜宅於親仁坊，[2]自長慶以來，[3]相次一人典衛兵。武皇之起雲中，[4]殺段文楚，[5]朝議罪之，命加兵于我，懼，將逃歸，天子詔巡使王處

存夜圍親仁坊捕克讓。[6]詰旦兵合，克讓與紀綱何相温、安文寬、石的歷十餘騎彎弧躍馬，[7]突圍而出，官軍數千人追之，[8]比至渭橋，[9]死者數百。[10]克讓自夏陽掠船而濟，[11]歸於雁門。[12]明年，武皇昭雪，克讓復入宿衛。黄巢犯闕，[13]僖宗幸蜀，[14]克讓時守潼關，[15]爲賊所敗，以部下六七騎伏於南山佛寺，[16]夜爲山僧所害。[17]

[1]懿祖：即朱邪執宜。沙陀部首領。朱邪赤心之父。事見《新唐書》卷二一八《沙陀傳》、《新五代史》卷四《唐本紀四》。

[2]憲宗：即唐憲宗李純，805年至820年在位。紀見《舊唐書》卷一四至卷一五、《新唐書》卷七。　親仁坊：長安外郭城里坊之一。參見宋人宋敏求《長安志》，國家圖書館出版社2012年版。

[3]長慶：唐穆宗李恒年號（821—824）。

[4]雲中：縣名。治所在今山西大同市。

[5]段文楚：人名。汧陽（今陝西千陽縣）人。唐末將領。事見《舊唐書》卷一九上《懿宗紀》。　武皇之起雲中，殺段文楚：《通鑑》卷二五三乾符五年（878）二月甲戌條《考異》："按《莊宗列傳》舊紀，克用殺文楚在咸通十三年十二月，歐陽修《五代史記》取之；《太祖紀年録》在乾符三年，薛居正五代史《新沙陀傳》取之；《見聞録》在乾符五年二月，《新紀》取之；惟《實録》在乾符元年，不知其所據何書也。"見《舊唐書》卷一九上《懿宗紀》、卷一九下《僖宗紀》，《新唐書》卷九《僖宗紀》、卷二一八《沙陀傳》，《輯本舊史》卷二五《唐武皇紀上》，《新五代史》卷四《唐本紀》。

[6]巡使：官名。唐宋置。御史臺官員。唐以殿中侍御史爲之，分爲左、右。左巡使掌糾察京城百官違失，右巡使掌糾察京城外官員違失。　王處存：人名。京兆萬年（今陝西西安市長安區）人。

唐末軍閥。傳見《舊唐書》卷一八二、《新唐書》卷一八六。

[7]紀綱：泛指僕從。中華書局本有校勘記："原作'紀綱'，據殿本、劉本改。影庫本批校：'綱'訛'網'。"　何相温、安文寬、石的歷：皆人名。籍貫不詳。本書僅此一見。

[8]數千人：《新五代史》卷一四《李克讓傳》作"千餘人"。

[9]比至渭橋：《舊五代史考異》："《歐陽史》作滑橋，疑傳刻之訛。據《通鑑考異》引《薛史》亦作渭橋，今仍其舊。"《新五代史》卷一四《李克讓傳》本作"渭橋"，《通鑑》卷二五五中和二年（882）十二月條《考異》同。

[10]數百：《新五代史》卷一四《李克讓傳》作"百餘人"。

[11]夏陽：縣名。治所在今陝西合陽縣。

[12]雁門：方鎮名。治所在代州（今山西代縣）。

[13]黄巢：人名。曹州冤句（今山東菏澤市）人。唐末農民起義領袖。傳見《舊唐書》卷二〇〇下、《新唐書》卷二二五下。

[14]僖宗：即唐僖宗李儇。873年至888年在位。黄巢起義後，於廣明元年（880）占據長安，唐僖宗被迫奔蜀。紀見《舊唐書》卷一九下、《新唐書》卷九。

[15]潼關：地名。關隘重地。位於今陝西潼關縣東北。

[16]南山：山名。即終南山。位於今陝西西安市。

[17]"明年"至"夜爲山僧所害"：《輯本舊史》之原輯者案語："僖宗幸蜀以前，武皇未嘗昭雪，克讓無由復入宿衛，出守潼關。《通鑑考異》嘗辨其誤。今考《新唐書·黄巢傳》，巢攻潼關，齊克讓以其軍戰關外，時士飢甚，潜燒克讓營，克讓走入關，疑當時因齊克讓之名與李克讓同，遂致傳聞輾轉失實耳。《歐陽史》祇據《薛史》原文，不爲辨正，今無可復考，姑附識于此。"見《通鑑》卷二五五中和二年十二月條《考異》、《新唐書》卷二二五下《黄巢傳》、《新五代史》卷一四《李克讓傳》。

克讓既死，紀綱渾進通冒刃獲免，[1]歸於黄巢。中和二年冬，[2]武皇入關討賊，[3]屯沙苑。[4]黄巢遣使米重威齎賂修好，[5]因送渾進通至，兼擒送害克讓僧十人。武皇燔僞詔，還其使，盡誅諸僧，爲克讓發哀行服，悲慟久之。[6]《永樂大典》卷一萬三百八十八。[7]

[1]渾進通：人名。籍貫不詳。李克讓僕從。事見《通鑑》卷二五五。

[2]中和：唐僖宗李儇年號（881—885）。

[3]武皇入關討賊：《輯本舊史》卷二五《唐武皇紀上》繫此事於中和二年（882）十月。

[4]沙苑：地名。位於今陝西大荔縣東南。

[5]米重威：人名。籍貫不詳。唐末黄巢部將。事見《通鑑》卷二五五。

[6]“黄巢遣使米重威齎賂修好”至“悲慟久之”：《通鑑》卷二五五中和二年（882）十二月條《考異》：“《太祖紀年録》：‘初，克讓於潼關戰敗，避賊南山，隱於佛寺，夜，爲山僧所害，紀綱渾進通冒刃獲免，歸黄巢。賊素憚太祖，聞其至也，將託情脩好，捕害克讓之僧十餘人，殺之。巢令其將米重威齎重賂、僞詔，因渾進通見太祖。乃召諸將，領其賂，燔其僞詔以徇。’《薛史·克讓傳》曰：‘乾符中，以功授金吾將軍，留宿衛。初，懿祖歸朝，憲宗賜宅於親仁坊。武皇之起雲中殺段文楚也，天子詔巡使王處存夜圍親仁坊，捕克讓。詰旦，兵合，克讓與十餘騎彎弧躍馬，突圍而出，官軍數千人追之，比至渭橋，死者數百。克讓自夏陽掠船而濟，歸於雁門。’按克讓於時猶在雲州……云雁門，誤也。《後唐懿祖紀年録》曰：‘其兄克恭、克儉皆伏誅。’按是時國昌猶自請討克用，朝廷必未誅其子。蓋國昌振武不受代後，克恭、克儉始被誅也。《薛史》又曰：‘明年，武皇昭雪，克讓復入宿衛。黄巢犯闕，僖宗幸

蜀，克讓時守潼關，爲賊所敗。’按國昌以乾符五年不受代，朝廷發兵討之。六年，克用未嘗昭雪，克讓何從得入宿衛！廣明元年，國昌父子兵敗，逃入達靼。其年冬，黄巢陷長安，克讓何嘗守潼關、戰敗而死於佛寺！或者爲朝廷所圍捕時，逃入南山佛寺，爲僧所殺，則不可知也。今事既難明，故但云爲寺僧所殺而已。”

[7]《大典》卷一〇三八八“李”字韻“姓氏”事目。

克修　子嗣弼　嗣肱

克修，字崇遠，[1]武皇從父弟也。父德成，[2]初爲天寧軍使，[3]從獻祖討龐勛，[4]以功授朔州刺史。[5]克修少便弓馬，從父征討，所至立功。武皇節制雁門，[6]以克修爲奉誠軍使，[7]從入關爲前鋒，[8]破黄揆於華陰，[9]敗尚讓於梁田坡，[10]蹙黄巢於光泰門，[11]每戰皆捷，勇懾諸軍。賊平，以功檢校刑部尚書、左營軍使。[12]其年十月，潞州牙將安居受來乞師，[13]請復昭義軍，[14]武皇遣大將賀公雅、李筠、安金俊等以兵從。[15]與孟方立戰於銅鞮，[16]不利，武皇乃令克修將兵繼進。[17]是月，平潞州，斬其刺史李殷鋭，[18]乃表克修爲昭義節度使。[19]

[1]克修，字崇遠：按古人名與字相關，“脩”與“遠”義通，故疑其名爲“克脩”。《新五代史》卷一四《克脩傳》、《宋本册府》卷二九一《宗室部・立功門》、《通鑑》卷二五五中和二年（882）十二月條均作“克脩”。今仍從《輯本舊史》原文，不改動，但校勘記引諸書時則各從原文。

[2]德成：人名。即李德成。本書僅此一見。《輯本舊史》之原輯者案語：“案《歐陽史・家人傳》云：‘太祖四弟，曰克讓、克

修、克恭、克寧，皆不知其父母名號。’據《薛史》，則克修父名德成，未嘗無名號也。”見《新五代史》卷一四《唐太祖家人傳》。

[3]天寧軍使：官名。所部統兵將領，位次於都指揮使。天寧爲部隊番號。

[4]獻祖：即李國昌，又名朱邪赤心。沙陀部首領。唐末軍閥。李克用之父。其孫後唐莊宗李存勗即帝位後，追謚其爲文皇，廟號獻祖。事見《舊唐書》卷一九上《懿宗本紀》、卷一九下《僖宗本紀》。　從獻祖討龐勛：《舊唐書》卷一九上《懿宗紀》咸通九年(868)十二月庚辰條："將軍戴可師率沙陀、吐渾部落二萬人，於淮南與賊轉戰，賊黨屢敗，盡棄淮南之守。"

[5]朔州：州名。治所在今山西朔州市朔城區。　刺史：官名。漢武帝時始置。州一級行政長官，總掌考核官吏、勸課農桑、地方教化等事。唐中期以後，節度使、觀察使轄州而設，刺史爲其屬官，職任漸輕。從三品至正四品下。

[6]武皇節制雁門：《輯本舊史》卷二五《唐武皇紀上》中和元年四月條："天子乃以武皇爲雁門節度使。"此句《輯本舊史》有原輯者案語："《新唐書》表：中和二年，以河東忻、代二州隸雁門節度。更大同節度爲雁門節度，治代州。是中和二年以前，雁門非鎮名也。據《舊唐書》：初，赦克用，拜代州刺史、忻代兵馬留後。二年，擢雁門節度、神策天寧軍鎮遏、忻代觀察使。是克用爲雁門節度實在二年，《薛史》疑誤。"

[7]奉誠軍使：官名。所部統兵將領，位次於都指揮使。奉誠爲部隊番號。

[8]從入關爲前鋒：《輯本舊史》卷二五《唐武皇紀上》繫此事於中和二年十月。

[9]黄揆：人名。曹州冤句（今山東菏澤市）人。黄巢堂弟、部將。事見《通鑑》卷二五三、卷二五五、卷二五六。　華陰：縣名。治所在今陝西華陰市。　破黄揆於華陰：《舊唐書》卷二〇〇下《黄巢傳》繫此事於中和三年正月。《輯本舊史》卷二五《唐武

皇紀上》中和三年正月條："武皇令其弟克修領前鋒五百騎渡河視賊。"《新五代史》卷四《唐莊宗紀上》中和三年："十一月，遣其弟克脩攻昭義孟方立，取其澤、潞二州。"同卷中和四年七月："遣弟克脩將兵萬人屯于河中以待。"

[10]尚讓：人名。黄巢部將，後被時溥所殺。事見《舊唐書》卷二〇〇下、《新唐書》卷二二五下。　梁田坡：地名。位於今陝西渭南市臨渭區。　敗尚讓於梁田坡：《輯本舊史》卷二五《唐武皇紀上》均繫此事於中和三年二月，"梁田坡"作"梁田陂"。

[11]光泰門：宫門名。唐長安城禁苑二東門之一。位於今陝西西安市東北。"光泰門"原作"光順門"，《舊唐書》卷二〇〇下中和三年四月條、《新唐書》卷二二五下《黄巢傳》中和三年四月條、《新五代史》卷四《唐莊宗紀上》中和三年三月條、《通鑑》卷二五五中和三年四月甲辰條皆作"光泰門"。《通鑑》卷二五五中和三年四月甲辰條《考異》："《實録》：'甲辰，李克用與忠武將龐從、河中將白志遷、横野將滿存、朝邑將康師貞三敗賊於渭橋，大破之。義成、義武等軍繼進。乙巳，巢賊燔長安宫室，收餘衆自光泰門東走，由藍田關以遁。諸軍進收京師。'"亦作"光泰門"。據改。　蹙黄巢於光泰門：《舊唐書》卷二〇〇下《黄巢傳》與《輯本舊史》卷二五《唐武皇紀上》均繫此事於中和三年四月。

[12]檢校刑部尚書：官名。爲散官或加官，以示恩寵加此官，無實際執掌。　左營軍使：官名。所部統兵將領，位次於都指揮使。左營爲部隊番號。

[13]潞州：州名。治所在今山西長治市。　牙將：官名。古代軍隊中的中低級軍官。　安居受：人名。籍貫不詳。唐末方鎮將領。事見本書本卷、《新五代史》卷一四。

[14]昭義軍：方鎮名。治所在潞州（今山西長治市）。

[15]賀公雅：人名。籍貫不詳。李克用部將。事見本書本卷、本書卷六二、《通鑑》卷二五三、卷二五五。　李筠：人名。籍貫不詳。五代後唐將領。事見本書卷七一。　安金俊：人名。籍貫不

詳。唐末李克用部將。事見《舊唐書》卷二〇上、《新唐書》卷一八七及本書卷二五。《輯本舊史》之影庫本粘籤："安金俊，原本作'全俊'，今據《通鑑》改正。"見《通鑑》卷二五六光啓二年（886）九月甲午條。

[16]孟方立：人名。邢州平鄉（今河北平鄉縣）人。唐末將領。傳見《新唐書》卷一八七、本書卷六二、《新五代史》卷四二。　銅鞮：縣名。治所在今山西沁縣。

[17]武皇乃令克修將兵繼進：《輯本舊史》卷二五《唐武皇紀上》光啓二年九月條："武皇遣昭義節度使李克修討孟方立於邢州，大敗方立之衆於焦崗，斬首數千級。"

[18]李殷銳：人名。籍貫不詳。唐末、五代將領。事見本書本卷、卷六二，《通鑑》卷二五五。　是月，平潞州，斬其刺史李殷銳：《輯本舊史》之原輯者案語："《新唐書·僖宗紀》：中和三年十月，李克用陷潞州，刺史李殷銳死之。與《薛史·李克修傳》同。《薛史·武皇紀》又作十一月平潞州，紀、傳自相矛盾。《通鑑》從《克修傳》作十月，《歐陽史》從《武皇紀》作十一月。"見《新唐書》卷九《僖宗紀》、《輯本舊史》卷二五《唐武皇紀上》《通鑑》卷二五五中和三年十月辛亥條、《新五代史》卷四《唐莊宗紀上》。

[19]節度使：官名。唐時在重要地區所設掌握一州或數州軍、民、財政的長官。　乃表克修爲昭義節度使：《輯本舊史》卷二五《唐武皇紀上》繫此事於中和三年十一月，《通鑑》卷二五六繫此事於中和四年八月。

光啓二年九月，[1]克修出師山東，[2]收復邢、洺。[3]十一月，拔故鎮。[4]孟方立遣將吕臻來援，[5]戰於焦崗，[6]大敗之，擒吕臻，俘斬萬計，進拔武安、臨洺諸屬縣。[7]乘勝進圍邢州。方立求援於鎮州，[8]王鎔出師三

萬援之，[9]克修軍退。[10]及李罕之來歸，[11]武皇授以澤州刺史，[12]與克修合勢進攻河陽，[13]連歲出師，以苦懷、孟。[14]文德元年十月，[15]孟方立遣將奚忠信將兵三萬襲我遼州，[16]克修設伏於遼之東山，大敗賊軍，擒忠信以獻。龍紀元年，[17]武皇大舉以伐邢、洺，及班師，因撫封於上黨。[18]克修性儉嗇，不事華靡，供帳饔膳，品數簡陋。武皇怒其菲薄，笞而詬之，克修慚憤發疾，明年三月，卒於潞之府第，時年三十一。[19]莊宗即位，[20]追贈太師。[21]

[1]光啓：唐僖宗李儇年號（885—888）。

[2]山東：太行山以東。

[3]邢：州名。治所在今河北邢臺市。　洺：州名。治所在今河北邯鄲市永年區。

[4]故鎮：地名。又作“固鎮”。位於今河北武安市西南。

[5]吕臻：人名。事見本書本卷、卷六二。

[6]焦崗：地名。又作“焦岡”。位於今河北武安市西六十里。

[7]武安：縣名。治所在今河北武安市。　臨洺：縣名。治所在今河北邯鄲市永年區。　“十一月”至“臨洺諸屬縣”：據《輯本舊史》卷二五《唐武皇紀上》與《通鑑》卷二五六，“拔故鎮”至“進拔武安、臨洺諸屬縣”諸事繫於光啓二年（886）九月。“拔故鎮”，《新唐書》卷一八七《孟方立傳》、《新五代史》卷一四《李克脩傳》及《通鑑》卷二五六光啓二年九月條皆置此事於吕臻被擒之後。

[8]鎮州：州名。治所在今河北正定縣。

[9]王鎔：人名。回鶻人。唐末、五代軍閥，朱温後封趙王。傳見本書卷五四、《新五代史》卷三九。

[10]“乘勝進圍邢州”至“克修軍退”：《輯本舊史》卷二五《唐武皇紀上》繫此事於光啓二年十月條。

[11]李罕之：人名。陳州項城（今河南沈丘縣）人。唐末五代軍閥。傳見《新唐書》卷一八七、本書卷一五、《新五代史》卷四二。

[12]澤州：州名。治所在今山西晉城市。　及李罕之來歸，武皇授以澤州刺史：《輯本舊史》卷二五《唐武皇紀上》、卷一五《李罕之傳》及《通鑑》卷二五七皆繫此事於文德元年（888）。

[13]河陽：方鎮名。全稱“河陽三城”。治所在孟州（今河南孟州市）。

[14]懷：州名。治所在今河南沁陽市。　孟：州名。治所在今河南孟州市。

[15]文德：唐僖宗李儇年號（888）。　文德元年十月：《輯本舊史》原無“文德元年”四字，蒙上文則仍爲光啓二年，中華書局本有校勘記：“本書卷二五《唐武皇紀一》、《通鑑》卷二五七、《新五代史》卷四二《孟方立傳》、《新唐書》卷一八七《孟方立傳》皆繫其事於文德元年。”但未補，今據上述諸書補。

[16]奚忠信：人名。孟方立部將。籍貫不詳。事見本書卷二五、《通鑑》卷二五七、卷二五八。《輯本舊史》之影庫本粘籤：“奚忠信，原本作‘思信’，今從《通鑑》改正。”見《通鑑》卷二五七文德元年十月條。　遼州：州名。治所在今山西左權縣。

[17]龍紀：唐昭宗李曄年號（889）。

[18]上黨：即潞州，治所在今山西長治市。

[19]“克修性儉嗇”至“時年三十一”：《輯本舊史》卷二五《唐武皇紀上》大順元年三月條：“昭義軍節度使李克修卒。”《通鑑》卷二五八大順元年三月條：“李克用巡潞州，以供具不厚，怒昭義節度使李克脩，詬而笞之；克脩慚憤成疾，三月，薨。”《考異》曰：“《太祖紀年録》：‘太祖遣李罕之、李存孝攻邢州。十月，且命班師，由上黨而歸。克脩性吝嗇，太祖左右徵賂於克脩，旬日

間，費數十萬，尚以爲供張不豐，掎其事，笞克脩而歸太原。俄而克脩憤恥寢疾。'《薛史·克脩傳》曰：'龍紀元年，武皇大舉以伐邢洺，及班師，因撫封於上黨。'按《太祖紀》但遣罕之、存孝攻邢州，不云親行。蓋罕之、存孝圍邢州，克用但以大軍屯境上爲之聲援，去十月先還，罕之、存孝猶圍邢州，故正月孟遷降也。"

［20］莊宗：即李存勗，小字亞子，沙陀部人，太原（今山西太原市）人。晋王李克用之子，五代後唐開國皇帝。923年至926年在位。紀見本書卷二七至卷三四、《新五代史》卷四至卷五。

［21］太師：官名。與太保、太傅並爲三師。唐後期、五代多爲大臣、勳貴加官。正一品。

克修子二人，長曰嗣弼，次曰嗣肱。

嗣弼初授澤州刺史，歷昭義、横海節度副使，[1]改涿州刺史。[2]天祐十八年，[3]契丹犯燕、趙，[4]陷涿郡，[5]嗣弼舉家被俘，遷于幕庭。《永樂大典》卷一萬三百八十八。[6]

［1］横海：方鎮名。治所在滄州（今河北滄縣舊州鎮）。　節度副使：官名。唐、五代方鎮屬官。位於行軍司馬之下、判官之上。

［2］涿州：州名。治所在今河北涿州市。原作"海州"。中華書局本有校勘記："'海州'，《新五代史》卷一四《唐太祖家人傳》作'涿州'。按《通鑑》卷二七一：'契丹長驅而南，圍涿州，旬日拔之，擒刺史李嗣弼。'"但未改，今據《新五代史》卷一四《李克脩傳》、《通鑑》卷二七一龍德元年（921）條改。

［3］天祐：唐昭宗李曄開始使用的年號（904）。唐哀帝李柷即位後沿用（904—907）。唐亡後，河東李克用、李存勗仍稱天祐，沿用至天祐二十年（923）。五代其他政權亦有行此年號者，如南

吴、吴越等，使用時間長短不等。

[4]燕：即五代十國劉守光大燕政權。　趙：封國名。此處代指唐末河北方鎮成德軍。時王鎔爲成德軍節度使、趙王。

[5]涿郡：地名。位於今河北涿州市。　“天祐十八年”至“陷涿郡”：“天祐十八年”，《輯本舊史》原作“天祐十九年”。《舊五代史考異》：“《歐陽史》作十一年。”見《新五代史》卷一四《李克讓傳》。《輯本舊史》卷二九《唐莊宗紀三》天祐十八年（921）十二月條：“王郁誘契丹阿保機寇幽州，遂引軍涿州，陷之。”卷一三七《契丹傳》繫此事於十八年，《通鑑》卷二七一繫此事於龍德元年（即天祐十八年），據改。“陷涿郡”，《輯本舊史》之原輯者案語：“案《遼史·太祖紀》：‘十二月癸亥，圍涿州，有白兔緣壘而上，是日破其郛。’”見《遼史》卷二《太祖紀下》神册六年（即龍德元年，天祐十八年）條。

[6]《大典》卷一〇三八八“李”字韻“姓氏”事目。

嗣肱，少有膽略，屢立戰功。夾城之役，從周德威爲前鋒。[1]時兄嗣弼爲昭義副使，與嗣昭守城，[2]兄弟内外奮戰，忠力威壯，感動三軍。潞圍既解，以功授檢校左僕射，[3]入爲三城巡檢，[4]知衙内事。[5]天祐七年，周德威援靈、夏，[6]党項阻道，音驛不通。嗣肱奉命自麟州渡河，[7]應接德威，與党項轉戰數十里，合德威軍。[8]柏鄉之戰，[9]嗣肱爲馬步都虞候。[10]明年，從莊宗會朱友謙於猗氏，[11]改教練使，[12]與存審援河中，[13]敗汴軍於胡壁堡，[14]獲將龐讓。[15]十年，與存審屯趙州，[16]擊汴人於觀津。[17]時梁祖新屠棗强，[18]其將賀德倫急攻蓨縣，[19]梁祖率師五萬合勢營於蓨之西。嗣肱自下博率騎三百，[20]薄晚與梁之樵芻者相雜，日既晡，入梁軍營

門，諸騎相合，大譟，弧矢星發，虓闞馳突。汴人不知所爲，營中大擾，既暝，斂騎而退。是夜，梁祖燒營而遁，解蓨縣之圍。[21]以功特授蔚州刺史、雁門以北都知兵馬使。[22]從平劉守光。[23]十二年，改應州刺史，[24]累遷澤、代二州刺史、石嶺以北都知兵馬使。[25]十九年，新州刺史王郁叛入契丹，[26]嗣肱進兵定嬀、儒、武等三州，[27]授山北都團練使。[28]二十年春，卒於新州，[29]時年四十五。《永樂大典》卷一萬八千一百二十八。[30]

[1]周德威：人名。朔州馬邑（今山西朔州市朔城區東北）人。唐末、五代河東將領。傳見本書卷五六、《新五代史》卷二五。

[2]嗣昭：人名。即李嗣昭。汾州（今山西汾陽市）人。唐末、五代李克用義子、部將。傳見本書卷五二、《新五代史》卷三六。

[3]檢校左僕射：官名。左僕射爲隋唐宰相名號。檢校左僕射爲散官或加官，以示恩寵，無實際執掌。

[4]巡檢：官名。五代始設巡檢於京師、陪都、重要的州及邊防重鎮，設於都城的稱京城巡檢使、都巡檢、都巡檢使。掌地方治安。

[5]知衙内事：官名。衙内親軍之統兵官。　“夾城之役”至“知衙内事”：據《輯本舊史》卷二六《唐武皇紀下》與卷二七《唐莊宗紀一》，此役自天祐四年（907）五月至天祐五年五月。“潞圍既解”，《宋本册府》卷二九一《宗室部·立功門二》作“潞圍乃解”；“以功授檢校左僕射”，《宋本册府》卷二九一《宗室部·立功門二》作“以功加檢校僕射”。

[6]靈：州名。治所在今寧夏吴忠市。　夏：州名。治所在今陝西靖邊縣。

[7]麟州：州名。治所在今陝西神木市。

[8]“天祐七年”至“合德威軍”：據《輯本舊史》卷二七《唐莊宗紀一》，此役自天祐七年七月至九月。明本《册府》卷二一六《閏位部·征伐門》梁太祖條開平四年（即天祐七年）七月：“劉知俊攻逼夏州。”此條《輯本舊史》收入卷五《梁太祖紀五》，有《舊五代史考異》：“案《通鑑》：七月，岐王與邠、涇二帥各遣使告晋，請合兵攻定難節度使李仁福，晋王遣振武節度使周德威將兵會之，合五萬衆，圍夏州。案《五代春秋》：八月，晋人、秦人侵夏州，與《薛史》及《通鑑》異。”

[9]柏鄉：縣名。治所在今河北柏鄉縣。　柏鄉之戰：據《輯本舊史》卷二七《唐莊宗紀一》，此役自天祐七年十二月至天祐八年正月。

[10]馬步都虞候：官名。五代侍衛親軍馬步軍統兵官，僅次於馬步軍都指揮使、副都指揮使。

[11]朱友謙：人名。許州（今河南許昌市）人。唐末、五代軍閥。傳見本書卷六三、《新五代史》卷四五。　猗氏：縣名。治所在今山西臨猗縣。

[12]教練使：官名。唐末、五代方鎮軍將。分左、右兩員，多選善兵法武藝者，掌軍事訓練。

[13]存審：人名。即李存審。陳州宛丘（今河南淮陽縣）人。原姓符名存。五代後唐將領。傳見本書卷五六、《新五代史》卷二五。　河中：方鎮名。治所在河中府（今山西永濟市）。

[14]胡壁堡：地名。位於今山西萬榮縣。

[15]龐讓：人名。籍貫不詳。本書僅此一見。

[16]趙州：州名。治所在今河北趙縣。

[17]觀津：地名。位於今河北武邑縣。

[18]梁祖：即五代後梁太祖朱温。　棗强：縣名。治所在今河北棗强縣。

[19]賀德倫：人名。先世爲河西部落人，後居滑州（今河南

滑縣）。五代後梁、後唐將領。傳見本書卷二一、《新五代史》卷四四。　蓚縣：縣名。治所在今河北景縣。

［20］下博：縣名。治所在今河北深州市。

［21］"明年"至"解蓚縣之圍"："獲將龐讓"，明本《册府》卷二九一作"獲汴將龐讓"。"蓚縣"，《輯本舊史》之影庫本粘籤："原本作'蓨縣'，今據《五代春秋》改正。"見《五代春秋》卷上梁太祖條。"梁祖率師五萬合勢營於蓚之西"，中華書局本有校勘記："'梁祖'二字原闕，據《册府》卷二九一、卷三九六補。按《御覽》卷二五五引《五代史・後唐書》：'朱溫率師五萬合勢營于蓚之西。'"見《宋本册府》卷二九一《宗室部・立功門二》、卷三九六《將帥部・勇敢門三》。"嗣肱自下博率騎三百"，"三百"，《通鑑》卷二六八乾化二年（912）三月條及明本《册府》卷二九一同，卷三九六作"二百"。"營中大擾"，中華書局本有校勘記："'大'字原闕，據《御覽》卷二五五引《五代史・後唐書》，《册府》卷二九一、卷三九六，《通鑑》卷二六八補。"明本《册府》卷二九一無"中"字，作"營大擾"。"解蓚縣之圍"，明本《册府》卷二九一作"解蓚之圍"。此段諸事，《輯本舊史》卷二八《唐莊宗紀二》、卷五五《史建瑭傳》及卷五六《符存審傳》皆繫於天祐九年。"莊宗會朱友謙於猗氏"一事，《輯本舊史》卷二八《唐莊宗紀二》繫於天祐九年十月。"與存審援河中，敗汴軍於胡壁堡，獲將龐讓"一事，《輯本舊史》卷二八《唐莊宗紀二》繫於天祐九年八月，《通鑑》卷二六八繫於乾化二年九月。"梁祖新居棗强"，《通鑑》卷二六八繫於乾化二年三月丙戌條。且據《通曆》卷一二，梁太祖於乾化二年六月爲朱友珪所殺。乾化二年爲天祐九年，則本段所云"十年"時間誤。

［22］蔚州：州名。治所在今河北蔚縣。　都知兵馬使：官名。唐、五代方鎮自置之部隊統率官，稱兵馬使，其權尤重者稱兵馬大使或都知兵馬使。掌兵馬訓練、指揮。

［23］劉守光：人名。深州樂壽（今河北獻縣）人。幽州節度

使劉仁恭之子。唐末、五代軍閥。後自稱大燕皇帝，年號應天。被後唐莊宗擊敗，俘後被斬。傳見本書卷一三五、《新五代史》卷三九。　從平劉守光：據《輯本舊史》卷二七《唐莊宗紀一》與卷二八《唐莊宗紀二》，此役自天祐八年十二月甲子至天祐十年十二月己卯。

[24]應州：州名。治所在今山西應縣。

[25]代：州名。治所在今山西代縣。　石嶺：古代關名。即石嶺關。唐置，爲代、忻二州和太原間交通要衝，勢甚險固。位於今山西陽曲縣東北關城。

[26]新州：州名。治所在今河北涿鹿縣。　王郁：人名。京兆萬年（今陝西西安市長安區）人。唐義武軍節度使王處直之子，李克用之婿。五代、遼將領。傳見《遼史》卷七五。

[27]嬀：州名。治所在今河北懷來縣。　儒：州名。治所在今北京市延慶區。　武：州名。治所在今河北張家口市宣化區。

[28]山北：指今太行山北端、軍都山以北地區，包括儒、嬀、武、新、蔚、雲、應、寰、朔等九州。　都團練使：官名。亦稱都團練守捉使，大者領州十餘，小者領二三州，以保境、安民、懲奸爲務。　授山北都團練使：《新五代史》卷一四《李嗣肱傳》："拜新州刺史、山北都團練使。"

[29]二十年春，卒於新州：《輯本舊史》卷二九《唐莊宗紀三》繫此事於同光元年（即天祐二十年，923）二月。

[30]《大典》卷一八一二八"將"字韻"後唐將"事目。

克恭

克恭，武皇之諸弟也。[1]龍紀中，爲決勝軍使。[2]大順初，[3]潞帥李克修卒，[4]克恭代爲昭義節度使。[5]性驕横不法，未閑軍政。潞人素便克修之簡正，惡克恭之恣

縱，又以克修非罪暴卒，人士離心。時武皇初定邢、洺、磁三州，[6]將有事於河朔，大蒐軍實。潞州有後院軍，兵之雄勁者，克恭選其五百人獻於武皇，軍使安居受惜其兵，[7]不悦。克恭令裨校李元審、安建、紀綱馮霸部送太原，[8]行次銅鞮縣，馮霸劫衆謀叛，殺都將劉杲、縣令戴勞謙，[9]循山而南，比及沁水，[10]有衆三千。武皇令李元審將兵擊之，與霸戰於沁水，不利，元審戰傷，收軍於潞。五月十五日，克恭視元審於孔目吏劉崇之第。[11]是日，州縣將安居受引兵攻克恭，因風縱火，克恭、元審並遇害，州民推居受爲留後。[12]初，孟方立之亂，居受以澤、潞歸於武皇，至是孟遷以邢、洺納降，[13]復任爲牙將，居受懼其圖己，乃叛，殺克恭以結汴人。居受遣人召馮霸於沁水，霸不受命。居受懼，將奔歸朝廷，至長子，[14]爲野人所殺，傳首馮霸軍。霸乃引衆據潞州，自稱留後，求援於汴。武皇令康君立討之，[15]汴將葛從周來援霸。[16]九月，李存孝急攻潞州，[17]汴軍夜遁，獲霸等誅之，武皇乃以康君立爲昭義節度使。《永樂大典》卷一萬三百八十八。[18]

[1]武皇之諸弟也：《輯本舊史》之原輯者案語："《薛史》不言克恭父爲何人，然明著其爲諸弟，所以别於母弟也。《歐陽史》與克讓、克寧牽連而書，疑未詳考。"見《新五代史》卷一四《李克恭傳》。

[2]決勝軍使：官名。所部統兵將領，位次於都指揮使。決勝爲部隊番號。

[3]大順：唐昭宗李曄年號（890—891）。

[4]李克修：人名。沙陀部人。李克用族弟。唐末將領。傳見本書本卷、《新五代史》卷一四。

[5]“大順初”至“克恭代爲昭義節度使”：《舊唐書》卷二〇上《昭宗紀》與《輯本舊史》卷二五《唐武皇紀上》均繫此事於大順元年（890）三月。

[6]磁：州名。治所在今河北磁縣。　時武皇初定邢、洺、磁三州：《輯本舊史》原無“磁”字。《輯本舊史》卷二五《唐武皇紀上》大順元年：“孟遷以邢、洺、磁三州降。”據補。

[7]軍使安居受惜其兵：《輯本舊史》之影庫本粘籤：“安居受，原本作‘安建受’，今據《通鑑》改正。”見《通鑑》卷二五五中和三年（883）十月辛亥條追述。

[8]裨校：即低職武官。　李元審：人名。籍貫不詳。唐末李克恭牙將。事見本書本卷、《新五代史》卷一四。　安建：人名。籍貫不詳。本書僅此一見。　馮霸：人名。籍貫不詳。唐末軍閥。事見本書本卷、卷二五、卷五三。

[9]都將：官名。唐、五代時節度使屬將。　劉杲：人名。籍貫不詳。本書僅此一見。中華書局本有校勘記：“《册府》卷四三七作‘劉果’。”見明本《册府》卷四三七《將帥部·失士心門》。縣令：官名。爲縣的行政長官，掌治本縣。唐代之縣，分赤（京）、次赤、畿、次畿、望、緊、上、中、中下、下十等。縣令分六等，正五品上至從七品下。　戴勞謙：人名。籍貫不詳。本書僅此一見。

[10]沁水：河流名。一名少水，即今山西東南部之沁河。源出今山西沁源縣北，南流經今安澤、沁水、陽城諸縣，入今河南濟源市境，東流至今武陟縣南入黄河。　比及沁水：中華書局本有校勘記：“‘比’原作‘北’，據殿本、邵本校改。”

[11]孔目吏：吏職名。即孔目官。唐置，爲各府州及方鎮孔目院屬員，掌文書簿籍或財計出納事務，隸都孔目。因軍府細事皆經其手，一孔一目無不綜理，故名。　劉崇：人名。籍貫不詳。本書

僅此一見。

[12]留後：官名。原非正式命官，唐朝節度使入朝或宰相、親王遥領節度使不臨鎮則置。安史之亂後，節度使多以子弟或親信爲留後，以代行節度使職務，亦有軍士、叛將自立爲留後者。掌一州或數州軍政。北宋始爲朝廷正式命官。

[13]孟遷：人名。邢州（今河北平鄉縣）人。唐末將領。傳見《新唐書》卷一八七。

[14]長子：縣名。治所在今山西長子縣。

[15]康君立：人名。蔚州興唐（今河北蔚縣）人。唐末將領。傳見本書卷五五。

[16]葛從周：人名。濮州鄄城（今山東鄄城縣）人。唐末、五代將領。傳見本書卷一六、《新五代史》卷二一。　“五月十五日”至“汴將葛從周來援霸”：“州縣將安居受引兵攻克恭”，中華書局本有校勘記：“‘兵’下原有‘仗’字，據《通鑑》卷二五八《考異》引薛居正《五代史·克恭傳》删。”“縣”字中華書局本原無，據該校勘記所言《通鑑考異》補。“霸乃引衆據潞州”，“衆”中華書局本作“軍”，據《通鑑考異》改。《通鑑》卷二五八大順元年五月庚子條：“安居受帥其黨作亂，攻而焚之，克恭、元審皆死。衆推居受爲留後，附于朱全忠。居受使召馮霸，不至。居受懼，出走，爲野人所殺。霸引兵入潞，自爲留後。”《考異》曰：“《編遺録》：‘八月，甲寅，馮霸殺李克恭來降，上請河陽帥朱崇節領兵入潞，兼充留後。戊辰，李克用圍之，上遣葛從周率驍勇夜銜枚斫營突入上黨，以壯潞人之心。’薛居正《五代史·梁太祖紀》亦同。按克用未嘗自圍潞也。《克恭傳》：‘李元審戰傷，收軍於潞，五月十五日，克恭視元審於孔目吏劉崇之第，是日，州縣將安居受引兵攻克恭，克恭、元審並遇害，州民推居受爲留後。居受遣人召馮霸於沁水，霸不受命；居受懼，將奔歸朝廷，至長子，爲野人所殺，傳首馮霸軍。霸乃引衆據潞州，自稱留後，求援於汴。武皇令康君立討之，汴將葛從周來援霸。’《唐末見聞録》曰：‘五月十七

日，昭義狀申軍變，殺節使，當日點汾州五縣土團將士赴昭義。二十三日，昭義僕射家累入府。’《新紀》：‘五月，壬寅，安居受殺李克恭。’按壬寅，十七日，乃報到太原日也。今從《太祖紀年録》。《薛史·克恭傳》《舊紀》，‘五月丙午，潞州軍亂，殺李克恭。監軍使薛績本函克恭首獻之于朝，濬方起兵，朝廷稱賀。’此蓋克恭首到日也。《舊紀》又曰：‘七月，全忠遣從周帥千騎入潞州。’《唐太祖紀年録》《薛史·唐紀》，五月葛從周入潞，太早。蓋因克恭死終言之。《編遺録》《薛史·梁紀》，八月克恭死，太晚。蓋因從周入潞推本之。又從周入潞，全忠始請孫揆赴鎮，當在揆被執前也。今克恭死從《紀年録》。從周入潞從《舊紀》。”見《輯本舊史》卷二五《唐武皇紀上》、《舊唐書》卷二〇上《昭宗紀》、《新唐書》卷一〇《昭宗紀》。《宋本册府》卷一八七《帝王部·勳業門五》大順元年八月甲寅條：“昭義都將馮霸殺沙陀所署節度使李克恭來降。”此條《輯本舊史》輯入卷一《梁太祖紀一》，有原輯者案語：“案《舊唐書》：五月，潞州軍亂，殺其帥李克恭。七月，朱全忠遣大將葛從周率千騎入潞州。《薛史》統作八月，蓋據入潞之月而追言之也。”見《舊唐書》卷二〇上《昭宗紀》。《新五代史》卷一《梁本紀》亦繫此事於五月。

[17]李存孝：人名。本名安敬思。代州飛狐（今河北淶源縣）人。唐末李克用養子、部將。傳見本書卷五三、《新五代史》卷三六。

[18]《大典》卷一〇三八八“李”字韻“姓氏（三三）”事目。

克寧

克寧，武皇之季弟也。初從起雲中，[1]爲奉誠軍使。赫連鐸之攻黄花城也，[2]克寧奉武皇及諸弟登城，血戰

三日，力盡備竭，[3]殺賊萬計。燕軍之攻蔚州，克寧昆仲嬰城拒敵，晝夜輟寢食者旬餘。[4]後從依達靼部，及入關逐黄寇。[5]凡征行無不衛從，於昆弟之間，最推仁孝，小心恭謹，武皇尤友愛之。及鎮太原，[6]授遼州刺史，累至雲州防禦使。[7]乾寧初，[8]改忻州刺史，[9]從入關討王行瑜，[10]充馬步軍都將，[11]以功授檢校司徒。[12]天祐初，授内外都制置、管内蕃漢都知兵馬使、檢校太保，[13]充振武節度使，凡軍政皆決於克寧。

[1]初從起雲中：《輯本舊史》卷二五《唐武皇紀上》繫此事於乾符三年（876）。此句《輯本舊史》之原輯者案語："《舊唐書·懿宗紀》：'咸通十三年十二月，李國昌小男克用殺雲中防禦使段文楚，據雲州，自稱防禦留後。'《新唐書·僖宗紀》：'乾符五年二月癸酉，雲中守捉使李克用殺大同防禦使段文楚。'《歐陽史》從《舊唐書》，《通鑑》從《新唐書》。《薛史》作乾符三年，與諸書異。據《通鑑考異》引趙鳳《後唐太祖紀年録》正作乾符三年。趙鳳爲唐宰相，去武皇時不遠，見聞較確，宜可徵信云。"見《舊唐書》卷一九上《懿宗紀》、《新唐書》卷九《懿宗紀》、《通鑑》卷二五三乾符五年二月甲戌條《考異》。

[2]赫連鐸：人名。唐末代北吐谷渾首領。咸通九年（868）隨唐軍鎮壓龐勛起義。與李國昌父子争奪代北，官至雲州刺史、大同軍防禦使，守雲州十餘年。後爲李克用擒殺。事見《舊唐書》卷一九下、卷二〇上。　黄花城：地名。位於今陝西鳳縣東北。

[3]力盡備竭："力"，中華書局本有校勘記："《册府》卷二九一、卷四〇〇作'矢'。"見《宋本册府》卷二九一《宗室部·立功門二》、卷四〇〇《將帥部·固守門二》。

[4]晝夜輟寢食者旬餘："餘"，中華書局本有校勘記："《册府》

卷二九一、卷四〇〇作‘日’。”見《宋本册府》卷二九一《宗室部·立功門二》、卷四〇〇《將帥部·固守門二》。

[5]黄寇：即黄巢。　後從依達靼部，及入關逐黄寇：中華書局本有校勘記：“‘依’‘部及’三字原闕，據《册府》卷二九一補。”據《舊唐書》卷一九下《僖宗紀》與《輯本舊史》卷二五《唐武皇紀上》，此事自中和二年（882）十月至中和四年五月。

[6]及鎮太原：《輯本舊史》卷二五《唐武皇紀上》繫此事於中和三年七月。同卷中和三年八月條後有原輯者案語：“《舊唐書》：八月，李克用赴鎮太原，制以前振武節度、檢校司空兼單于都護、御史大夫李國昌爲檢校司徒、代州刺史、雁門以北行營節度、蔚朔等州觀察使。《薛史》作七月仗節赴鎮，八月赴鎮河東。蓋七月始離京師，八月乃歸河東也。《通鑑》統繫於七月，似未詳考。”見《舊唐書》卷一九下《僖宗紀》，《通鑑》卷二五五中和三年七月條。

[7]雲州：州名。治所在今山西大同市。　防禦使：官名。唐代始置，設有都防禦使、州防禦使兩種。常由刺史或觀察使兼任，實際上爲唐代後期州或方鎮的軍政長官。

[8]乾寧：唐昭宗李曄年號（894—898）。

[9]忻州：州名。治所在今山西忻州市。《輯本舊史》之影庫本粘籤：“忻州，原本作‘惟州’，今據《歐陽史》改正。”見《新五代史》卷二五《符存審傳》《元行欽傳》、卷四七《相里金傳》。五代無惟州，忻州則多見。

[10]王行瑜：人名。邠州（今陝西彬縣）人。唐末軍閥。傳見《舊唐書》卷一七五、《新唐書》卷二二四下。　從入關討王行瑜：據《輯本舊史》卷二六《唐武皇紀下》，此役自乾寧二年（895）六月至十二月。《通鑑》卷二六三天復二年（902）三月辛酉條：“克用弟克寧爲忻州刺史，聞汴寇至，中塗復還晋陽，曰：‘此城吾死所也，去將何之！’衆心乃定。”

[11]都將：官名。唐五代時節度使屬將。

[12]檢校司徒：官名。爲散官或加官，以示恩寵加此官，無實際執掌。

[13]都制置：官名。唐末、五代臨時軍事長官，鎮撫地方。　都知兵馬使：官名。唐、五代方鎮使府軍將。掌兵權。　檢校太保：官名。爲散官或加官，以示恩寵，無實際執掌。太保，與太師、太傅合稱三師。

五年正月，武皇疾篤，克寧等侍疾，垂泣辭訣，克寧曰："王萬一不諱，後事何屬？"因召莊宗侍側，謂克寧、張承業曰：[1]"亞子累公等。"[2]言終棄代。將發哀，克寧紀綱軍府，中外無譁。

[1]張承業：人名。同州（今陝西大荔縣）人。唐末、五代宦官，河東監軍。傳見本書卷七二、《新五代史》卷三八。

[2]亞子：人名。即李存勗。代北沙陀部人，五代後唐開國皇帝。紀見本書卷二七至卷三四、《新五代史》卷四至卷五。

初，武皇獎勵軍戎，多畜庶孽，衣服禮秩如嫡者六七輩，比之嗣王，年齒又長，各有部曲，朝夕聚謀，皆欲爲亂。莊宗英察，懼及於禍，將嗣位，讓克寧曰："兒年孤稚，未通庶政，雖承遺命，恐未能彈壓大事。季父勳德俱高，衆情推伏，且請制置軍府，候兒有立，[1]聽季父處分。"克寧曰："亡兄遺命，屬在我兒，孰敢異議者！兒但嗣世，中外之事，何憂不辦。"視事之日，率先拜賀。

[1]候兒有立：《輯本舊史》之影庫本粘籤："有立，原本作

‘有位’，今從《通鑑》改正。”查《通鑑》，未見此記載。但《新五代史》卷一四《李克寧傳》作“有立”。

莊宗嗣位，軍民政事，一切委之，權柄既重，趣向者多附之。李存顥者，[1]以陰計干克寧曰：“兄亡弟及，古今舊事，季父拜侄，理所未安。富貴功名，當宜自立，天與不取，後悔無及。”克寧曰：“公毋得不祥之言！我家世立功三代，父慈子孝，天下知名，苟吾兄山河有託，我亦何求！公無復言，必斬爾首以徇。”克寧雖慈愛因心，而日爲凶徒惑亂。群凶之妻復以此言干克寧妻孟夫人，[2]說激百端，夫人懼事泄及禍，屢讓克寧，由是愈惑。

[1]李存顥：人名。籍貫不詳。唐末李克用義子。事見本書本卷、《新五代史》卷一四。　李存顥者：《輯本舊史》之原輯者案語：“《歐陽史》作養子存顥、存實。”見《新五代史》卷一四《李克寧傳》。

[2]孟夫人：李克寧妻孟氏。素剛狠。事見本書卷二七。

會克寧因事殺都虞候李存質，[1]又請兼領大同節度，[2]以蔚、朔爲屬郡，[3]又數怒監軍張承業、李存璋，[4]繇是知其有貳。近臣史敬鎔素與存顥善，[5]盡知其事，敬鎔告貞簡太后曰：[6]“存顥與管内太保陰圖叛亂，俟嗣王過其第即擒之，并太后子母，欲送於汴州，竊發有日矣。”莊宗召張承業、李存璋謂曰：“季父所爲如此，無猶子之情，骨肉不可自相魚肉，吾即避路，則禍

亂不作矣。”承業曰：“老夫親承遺託，言猶在耳。存顥輩欲以太原降賊，王乃何路求生？不即討除，亡無日矣。”因令吴珙、存璋爲之備。[7]二月二十日，[8]會諸將於府第，擒存顥、克寧於坐，莊宗垂泣數之曰：“兒初以軍府讓季父，季父不忍棄先人遺命。今已事定，復欲以兒子母投畀豺虎，季父何忍此心！”克寧泣對曰：“蓋讒夫交構，吾復何言！”是日，與存顥俱伏法。克寧仁而無斷，故及於禍。《永樂大典》卷一萬三百八十八。[9]

[1]都虞候：官名。唐、五代方鎮高級軍官。　李存質：人名。回鶻人。唐末晋王李克用部將。初爲李國昌親信，後從李克用入關征戰，始補軍職，賜姓名，收爲義子。事見本書卷二七、《舊唐書》卷一四二、《通鑑》卷二七一貞明六年（920）七月條。

[2]大同：方鎮名。治所在雲州（今山西大同市）。

[3]以蔚、朔爲屬郡：“蔚朔”，中華書局本有校勘記：“本書卷二七《唐莊宗紀一》、《通鑑》卷二六六敘其事作‘蔚朔應’。”見《輯本舊史》卷二七《唐莊宗紀一》天祐五年（908）正月條，《通鑑》卷二六六開平二年（908）二月壬戌條追述。

[4]監軍：官名。爲臨時差遣，代表朝廷協理軍務，督察將帥。五代時常以宦官爲監軍。　李存璋：人名。雲中（今山西大同市）人。唐末、五代後唐將領。傳見本書卷五三、《新五代史》卷三六。

[5]史敬鎔：人名。五代後唐將領。傳見本書卷五五。

[6]貞簡太后：即後唐莊宗生母曹太后。貞簡，謚號。傳見本書卷四九、《新五代史》卷一四。

[7]吴珙：人名。籍貫不詳。五代後唐將領。事見本書卷二七。　因令吴珙、存璋爲之備：《輯本舊史》之影庫本粘籤：“吴珙，原本作‘吴琳’，今從《通鑑》及《歐陽史》改正。”見《通鑑》卷

二六六開平二年二月壬戌條、《新五代史》卷二四《郭崇韜傳》。

[8]二月二十日：中華書局本有校勘記："本書卷二七《唐莊宗紀一》、《通鑑》卷二六六繫其事於壬戌。按是月壬寅朔，壬戌爲二十一日。"《輯本舊史》卷二七《唐莊宗紀一》天祐五年二月壬戌條："命存璋伏甲以誅克寧，遂靖其難。"此條有《舊五代史考異》："壬戌，原作丙戌，今據《通鑑》改正。"見《通鑑》卷二六六開平二年二月壬戌條。亦見《新五代史》卷五《唐本紀》。

[9]《大典》卷一〇三八八"李"字韻"姓氏（三三）"事目。此後有《輯本舊史》之原輯者案語："《新唐書·宰相世系表》：國昌有子四人：克恭、克儉、克用、克柔。《薛史·李嗣昭傳》云：武皇母弟代州刺史克柔之假子也。是克柔爲武皇母弟。《新唐書·沙陀傳》：武皇有弟克勤，《通鑑》注引《紀年録》又有兄克儉，而《薛史》俱無傳，疑有闕文。"對此案語，中華書局本有校勘記："'《新唐書·宰相世系表》：國昌有子四人：克恭、克儉、克用、克柔'，以上二十二字原闕，據殿本補。"又："'《通鑑》注引紀年録又有兄克儉'，'注'字原闕，據《舊五代史考異》卷二補。"《新輯會證》："克寧死後，其妻孟氏依兄孟知祥。其子存瓌，明宗時爲供奉官，長興三年九月，奉使西川，見《册府元龜》卷一七八已附見本書卷四《明宗紀》。存瓌後仕北漢，《十國春秋》卷一〇九有傳。"見《宋本册府》卷一七八《帝王部·姑息門三》唐明宗長興三年（932）九月條注。

史臣曰：昔武皇發迹於陰山，莊宗肇基於河朔，雖奄有天下，而享國日淺，眷言枝屬，空秀棣華，固未及推帝堯敦敘之恩，[1]廣成王封建之義。[2]自克讓而下，不獲就魯、衛之封，懋間、平之德也，[3]況夭横相繼，亦良可悲哉！《永樂大典》卷一萬三百八十八。[4]

［1］帝堯：人名。上古五帝之一。紀見《史記》卷一。

［2］成王：即周成王。姬姓，名誦，武王子。其父武王死時，年幼，由叔父周公旦攝政。後年長親政，營建洛邑，東伐淮夷，繼續分封諸侯。傳見《史記》卷四。

［3］間：即河間獻王劉德。漢景帝子。修學好古，篤信儒術。傳見《史記》卷五九。　平：即東平憲王劉蒼。自幼喜好經書，儒雅有智，深受明帝愛重。傳見《後漢書》卷七二。　懋間、平之德也：《舊五代史考異》："原本作'開平'，繹其文義，當時用漢時河間獻王、東平憲王，今改正。"

［4］《大典》卷一〇三八八"李"字韻"姓氏（三三）"事目。

舊五代史　卷五一

唐書二十七

宗室列傳第三[1]

［1］《輯本舊史》之原輯者案語："《薛史·唐宗室傳》，武皇諸子、莊宗諸子、末帝諸子，《永樂大典》中僅存數語，其全篇已佚。明宗子唯許王從益有全傳，秦王從榮傳尚存一百一十二字。蓋《永樂大典》割截以歸各韻，其全篇當即在失去諸卷之中，今無可復考，謹據《册府元龜》所載以補其闕。復考《五代會要》《通鑑》諸書分注于下，用備後唐諸王之始末焉。"

武皇諸子

永王存霸，武皇子，[1]莊宗第二弟，[2]同光三年封。[3]莊宗敗，爲軍卒所殺。[4]存霸歷昭義、天平、河中三軍節度使，[5]居京師，[6]食其俸禄而已。趙在禮作亂，[7]乃遣存霸於河中。李嗣源兵反，[8]嚮京師，莊宗再幸汜水，[9]徙存霸北京留守。[10]宣麻未訖，[11]郭從謙反，[12]攻興教門。[13]莊宗中流矢，崩。存霸聞京師亂，

自河中奔太原，[14]比至，麾下皆散走，惟使下康從弁不去。[15]存霸乃剪髮、衣僧衣，謁符彦超曰：[16]‘願爲山僧，冀公庇護。’彦超欲留之，爲軍衆所殺。[17]

[1]武皇：即李克用。沙陀部人，生於神武川新城（一説是今山西朔州市朔城區之梵王寺村，一説是今山西應縣縣城，一説在今山西懷仁縣之日中城）。唐末軍閥，受封晋王。五代後唐太祖。紀見本書卷二五至卷二六、《新五代史》卷四。

[2]莊宗：即五代後唐莊宗李存勗。沙陀部人。後唐王朝的建立者。923年至926年在位。紀見本書卷二七至卷三四、《新五代史》卷四至卷五。

[3]同光：五代後唐莊宗李存勗年號（923—926）。

[4]“永王存霸”至“爲軍卒所殺”：《大典》卷一六六二八“建”字韻“封建（一一）唐五代”事目。《新五代史》卷一四《太祖子傳》：“太祖子八人：莊宗長子也，次曰存美、存霸、存禮、存渥、存乂、存確、存紀。”據本傳所録《大典》及《輯本舊史》卷三三《唐莊宗紀七》同光三年（925）閏十二月辛亥條，存霸爲莊宗第二弟，與《新五代史》所言不同。《會要》卷二諸王條與《新五代史》同。

[5]昭義：方鎮名。治所在潞州（今山西長治市）。　天平：方鎮名。治所在鄆州（今山東東平縣）。　河中：方鎮名。治所在河中府（今山西永濟市西南蒲州鎮）。　節度使：官名。唐時在重要地區所設掌握一州或數州軍事、民事、財政的長官。

[6]京師：指洛陽。治所在今河南洛陽市。

[7]趙在禮：人名。涿州（今河北涿州市）人。五代後唐、後晋將領。傳見本書卷九〇、《新五代史》卷四六。

[8]李嗣源：人名。沙陀部人。原名邈佶烈，李克用養子。五代後唐明宗，926年至933年在位。紀見本書卷三五至卷四四、《新

五代史》卷六。

［9］汜水：縣名。治所在今河南滎陽市汜水鎮。

［10］北京：即太原府。治所在今山西太原市。　留守：官名。古代皇帝出巡或親征時指定親王或大臣留守京城，綜理國家軍事、行政、民事、財政，稱京城留守。在陪都或軍事重鎮也常設留守，以地方長官兼任。

［11］宣麻：唐、宋任命宰相等高級大臣的詔令，用黄白麻紙書寫，在朝堂或正殿宣讀，是爲宣麻。

［12］郭從謙：人名。籍貫不詳。五代後唐將領、伶人。傳見本書附録、《新五代史》卷三七。

［13］興教門：唐、五代洛陽城皇宫南面三門之一。

［14］太原：府名。治所在今山西太原市。

［15］康從弁：人名。籍貫不詳。五代後唐李存霸僕從。事見本書本卷、《新五代史》卷一四《太祖子傳》。

［16］符彦超：人名。陳州宛丘（今河南淮陽縣）人。五代後唐將領，符存審之子。傳見本書卷五六、《新五代史》卷二五。

［17］“存霸歷昭義、天平、河中三軍節度使”至“爲軍衆所殺”：《新五代史》卷一四《太祖子傳》。此傳爲存霸、存渥合傳，今録之，有删節。《輯本舊史》卷二八《唐莊宗紀二》天祐十一年（914）正月壬子條：“是日，誅（劉）守光，遣大將李存霸拘送（劉）仁恭于代州，刺其心血奠告于武皇陵，然後斬之。”卷三一《唐莊宗紀五》同光二年（924）正月戊申條：“以振武軍節度使、檢校太傅、同平章事李存霸權知潞州留後。”同年二月己丑條：“以振武軍節度使、權安義留後、檢校太傅、平章事李存霸爲潞州節度使。”卷三二《唐莊宗紀六》同光二年七月丙午條：“以……李存霸爲鄆州節度使。”卷三三《唐莊宗紀七》同光三年十一月庚戌條：“皇弟鄆州節度使存霸授起復雲麾將軍、右金吾大將軍同正。”同年閏十二月辛亥條：“制皇第二弟存霸可封永王。”卷三四《唐莊宗紀八》同光四年正月甲申條：“以鄆州節度使、永王存霸爲河中節度

使。”同年二月戊申條：“詔河中節度使、永王存霸歸藩。”同年四月丁丑條：“以永王存霸爲北都留守。”《通鑑》卷二七三同光二年十月辛未條：“天平節度使李存霸、平盧節度使符習言：‘屬州多稱直奉租庸使帖指揮公事，使司殊不知，有紊規程。’租庸使奏，近例皆直下。敕：‘朝廷故事，制敕不下支郡，牧守不專奏陳。今兩道所奏，乃本朝舊規；租庸所陳，是僞廷近事。自今支郡自非進奉，皆須本道騰奏，租庸徵催亦須牒觀察使。’雖有此敕，竟不行。”卷二七五天成元年（926）四月壬辰條：“有李存沼者，莊宗之近屬，自洛陽奔晋陽，矯傳莊宗之命，陰與二内養謀殺憲及彦超，據晋陽拒守。彦超知之，密告憲，欲先圖之。憲曰：‘僕受先帝厚恩，不忍爲此。徇義而不免於禍，乃天也。’彦超謀未決，壬辰夜，軍士共殺二内養及存沼於牙城，因大掠達旦。憲聞變，出奔忻州。會嗣源移書至，彦超號令士卒，城中始安，遂權知太原軍府。”《通鑑考異》：“《唐愍帝實録·符彦超傳》云‘皇弟存沼’，《薛史》《歐陽史》‘彦超傳’作‘存霸’；《莊宗列傳》《薛史·張憲傳》但云‘李存沼’。按莊宗弟無名存沼者；存霸自河中衣僧服而往，非今日傳莊宗之命者也。或者武皇之姪、莊宗之弟。别無所據，不敢決定，故但云近屬。按莊宗謚光聖神閔皇帝，《唐愍帝實録》即《莊宗實録》也，‘愍’‘閔’字通。”《符彦超傳》見《輯本舊史》卷五六、《新五代史》卷二五，《張憲傳》見《輯本舊史》卷六九。亦見《宋本册府》卷一三三《帝王部·褒功門二》符彦超條。今從《通鑑》，以此爲存沼事。同月庚寅條：“李紹榮欲奔河中就永王存霸，從兵稍散；庚寅，至平陸，止餘數騎，爲人所執，折足送洛陽。存霸亦帥衆千人棄鎮奔晋陽。”同月乙未條：“明日（即丙申），永王存霸亦至晋陽，從兵逃散俱盡，存霸削髮、僧服謁李彦超，‘願爲山僧，幸垂庇護’。軍士争欲殺之，彦超曰：‘六相公來，當奏取進止。’軍士不聽，殺之於府門之碑下。”《宋本册府》卷一四〇《帝王部·旌表門四》後唐莊宗同光二年三月條：“安義李存霸奏：‘屯留縣坊市百姓韓德兄弟，累世同居，母死，割

乳以祭，廬於墓側，累年種瓜，合歡同蒂。’旌表之。”明本《册府》卷一一一《帝王部·宴享門三》唐莊宗同光三年三月條：“帝在鄴。戊戌，宴于内殿。丙午，帝擊毬於行宫之鞠場，皇弟存霸、皇子繼岌、河中偏將王景、高行安等預焉。毬罷，宴於迎春殿。”

邕王存美，武皇子，莊宗第三弟，同光三年封。莊宗敗，不知所終。[1]

[1]“邕王存美”至“不知所終”：《大典》卷一六六二八“建”字韻“封建（一一）唐五代”事目。《輯本舊史》卷三三《唐莊宗紀七》同光三年（925）閏十二月辛亥條：“制皇……第三弟存美可封邕王。”《新五代史》卷一四《太祖子傳》：“太祖子八人：莊宗長子也，次曰存美、存霸、存禮、存渥、存乂、存確、存紀。”又云：“存美素病風，居太原，與存禮皆不知其所終。”據《輯本舊史》，存美爲莊宗第三弟，與《新五代史》所言不同。《會要》卷二諸王條與《新五代史》同。《通鑑》卷二七五天成元年（926）四月乙未條：“惟邕王存美以病風偏枯得免，居於晋陽。”

薛王存禮，武皇子，同光三年封。莊宗敗，不知所終。[1]

[1]“薛王存禮”至“不知所終”：《大典》卷一六六二八“建”字韻“封建（一一）唐五代”事目。《輯本舊史》之原輯者案語：“《薛史》不言存禮爲武皇第幾子，據《五代會要》，太祖第二子存美，第三子存霸，第四子存禮，第五子存渥，第六子存乂，第七子存確，第八子存紀。與《薛史》所敘微有異同。”見《會要》卷二諸王條。《新五代史》與《會要》同。《新五代史》卷五《唐本紀》同光三年（925）閏十二月辛亥條：“封弟存禮薛王。”

《輯本舊史》不言存禮封王事。

申王存渥，莊宗第四弟，同光三年封，莊宗敗，與劉皇后同奔太原，[1]爲部下所殺。[2]

[1]劉皇后：指五代後唐莊宗劉皇后。魏州成安（今河北成安縣）人。傳見本書卷四九、《新五代史》卷一四。

[2]“申王存渥”至“爲部下所殺”：《大典》卷一六六二八“建”字韻“封建（一一）唐五代”事目。《輯本舊史》之原輯者案語：“《歐陽史》，存渥與存霸、存紀皆莊宗同母弟。”《新五代史》卷一四《太祖子傳》：“太祖子八人：莊宗長子也，次曰存美、存霸、存禮、存渥、存乂、存確、存紀。”《輯本舊史》卷五二《李繼韜傳》：“嗣昭既卒，莊宗詔諸子扶喪歸太原襄事，諸子違詔，以父牙兵數千擁喪歸潞。莊宗令李存渥馳騎追諭，兄弟俱忿，欲害存渥，存渥遁而獲免。”卷三〇《唐莊宗紀四》同光元年（923）十一月辛丑條：“以光禄大夫、檢校太傅、左金吾上將軍、兼領左龍武軍事、汾州刺史李存渥爲滑州節度使，加特進、同平章事。”卷三三《唐莊宗紀七》同光三年十一月庚戌條：“皇弟……滑州節度使存渥……授起復雲麾將軍、右金吾大將軍同正。”同年閏十二月辛亥條：“制皇……第四弟存渥可封申王。”卷三四《唐莊宗紀八》同光四年正月甲申條：“以滑州節度使、申王存渥爲鄆州節度使。”同年四月丁丑條：“以申王存渥爲河中節度使。”《通鑑》卷二七三同光二年正月條：“上遣皇弟存渥、皇子繼岌迎太后、太妃於晋陽，太妃曰：‘陵廟在此，若相與俱行，歲時何人奉祀！’遂留不來。”卷二七五天成元年（926）四月乙未條：“劉皇后與申王存渥奔晋陽，在道與存渥私通。存渥至晋陽，李彦超不納，走至風谷，爲其下所殺。”

睦王存乂，莊宗第五弟，同光三年封，歷鄜州刺史。後以郭崇韜壻爲莊宗所殺。[1]

[1]郭崇韜：人名。代州雁門（今山西代縣）人。五代後唐大臣。傳見本書卷五七、《新五代史》卷二四。　"睦王存乂"至"後以郭崇韜壻爲莊宗所殺"：《大典》卷一六六二八"建"字韻"封建（一一）唐五代"事目。《輯本舊史》卷三一《唐莊宗紀五》同光二年（924）二月丁亥條："以前安國軍節度副使、檢校太保、左衛上將軍李存乂爲晉州節度使、檢校太傅。"卷三三《唐莊宗紀七》同光三年十一月庚戌條："左金吾大將軍晉州節度使存乂……授起復雲麾將軍、右金吾大將軍同正。"同年閏十二月乙巳條："以晉州節度使李存乂爲鄜州節度使。"同月辛亥條："制皇……第五弟存乂可封睦王。"《新五代史》卷一四《太祖子傳》："太祖子八人：莊宗長子也，次曰存美、存霸、存禮、存渥、存乂、存確、存紀。"又云："存乂歷建雄、保大二軍節度使。娶郭崇韜女。是時，魏州妖人楊千郎用事，自言有墨子術，能役使鬼神，化丹砂、水銀。莊宗頗神之，拜千郎檢校尚書郎，賜紫，其妻出入宮禁，承恩寵，而士或因之以求官爵，存乂及存渥等往往朋淫于其家。及崇韜被族，莊宗遣宦官陰察外議以爲如何，而宦官因欲盡誅崇韜親黨以絶後患，乃誣言：'存乂過千郎，酒酣，攘臂號泣，爲婦翁稱冤，言甚怨望。'莊宗大怒，以兵圍其第而誅之，并誅千郎。"明本《册府》卷二八一《宗室部・領鎮門四》："後唐睦王存乂，莊宗異母弟也。同光中，歷鄜州節度使。"《宋本册府》卷六七〇《内臣部・誣詬門》："李存乂爲鄜州節度使。同光四年，伏誅於邸。崇韜既誅其後，朝野駭惋，群居州處，議論紛然。帝令閹豎綱紀，察訪外事，言存乂於諸將坐上嘗訴郭氏無罪，言詞怨望。又於妖術人楊千郎所居飲酒聚會，凶豪攘臂垂泣。楊千郎者，魏州賤民，自言傳墨子術於婦翁，能役使陰物，帽下召食物果實之類。又蒱博必勝，人有拳

握之物，以法必取。又説練丹乾水，易人形，破扃鐍，或云可驗。初在鄴都，貴要間皆神奇之，白於帝，甚蒙待遇，官至檢校尚書郎，賜紫。其妻出入宫掖，頗承恩寵，人士有憑之而仕宦者。及在洛陽，輕薄少年畢與之遊。皇弟存乂、存渥、元行欽常朋淫於其家，至是姦閹欲盡去郭氏之黨，故誣告之，千郎亦被其禍。”此段文字參見《北夢瑣言》卷一八楊千郎條。

通王存確，莊宗第六弟，雅王存紀，莊宗第七弟，同光三年封。莊宗敗，並爲霍彦威所殺。[1]

[1]霍彦威：人名。洺州曲周（今河北曲周縣）人。五代後梁將領霍存之養子。後梁、後唐將領。傳見本書卷六四、《新五代史》卷四六。　“通王存確”至“並爲霍彦威所殺”：《大典》卷一六六二八所録《舊五代史》。《輯本舊史》之原輯者案語：“《薛史》及《五代會要》皆止言莊宗有六弟。考《梁紀》，太祖有子廷鸞、落落；《盧文進傳》莊宗又有弟存矩。《薛史·宗室傳》皆不載。”“廷鸞”“落落”，均録自明本《册府》卷一八七《閏位部·勳業門五》，收入《輯本舊史》之《梁太祖本紀》中。“廷鸞”見《輯本舊史》卷二天復二年（902）三月條，“落落”見《輯本舊史》卷一乾寧三年（896）六月條。《盧文進傳》見《輯本舊史》卷九七。《輯本舊史》卷三〇《唐莊宗紀四》同光元年（923）十一月壬戌條：“以右金吾衛大將軍李存確爲右街使。”卷三一《唐莊宗紀五》同光二年正月乙丑條：“有司上言：‘南郊朝享太廟，舊例親王充亞獻、終獻行事。’乃以皇子繼岌爲亞獻，皇弟存紀爲終獻。”同年二月丁亥條：“以北京皇城留守、檢校太保、左威衛上將軍存紀爲邢州節度使，加檢校太傅。”卷三三《唐莊宗紀七》同光三年十一月庚戌條：“皇弟……邢州節度使存紀授起復雲麾將軍、右金吾大將軍同正。”同年閏十二月乙巳條：“以相州刺史李存確爲晉州節度

使。”同月辛亥條：“制皇……第六弟存確可封通王，第七弟存紀可封雅王。”卷六三《張全義傳》：“莊宗平梁，全義自洛赴覲，泥首待罪。莊宗撫慰久之，以其年老，令人掖而昇殿，宴賜盡歡，詔皇子繼岌，皇弟存紀等皆兄事之。”亦見《通鑑》卷二七二同光元年十月乙酉條。明本《册府》卷三一《帝王部·奉先門四》同光二年正月：“丁巳，所司奏：‘懿祖昭烈皇帝，八月十四日忌；昭烈皇后，十一月八日忌；獻祖文皇帝，十月十三日忌；文景皇后，九月六日忌；太祖武皇帝，正月二十日忌。’勑：‘敬依典禮。’甲子，西都留守張筠奏：‘重修高祖、太宗十聖宮殿。’戊辰，饗太廟，以皇子繼岌爲亞獻，皇弟存紀爲終獻。”《新五代史》卷一四《太祖子傳》：“太祖子八人：莊宗長子也，次曰存美、存霸、存禮、存渥、存乂、存確、存紀。”又云：“存紀、存確聞郭從謙反，奔于南山，匿民家。明宗詔河南府及諸道：‘諸王出奔，所至送赴闕；如不幸物故者，收瘞以聞。’存紀等所匿民家以告安重誨，重誨謂霍彥威曰：‘二王逃難，主上尋求，恐其失所。今上既監國典喪，此禮如何？’彥威曰：‘上性仁慈，不可聞奏。宜密爲之所，以安人情。’乃即民家殺之。”亦見《通鑑》卷二七五天成元年（926）四月乙未條。

莊宗諸子

魏王繼岌，莊宗子也。[1] 小字和哥。[2] 母曰劉皇后。[3]

[1]魏王繼岌，莊宗子也：明本《册府》卷二八一《宗室部·領鎮門》四。《輯本舊史》之原輯者案語：“《莊宗紀》稱繼岌爲第三子，然莊宗長子、次子之名，《薛史》與《五代會要》皆不載。”見《輯本舊史》卷三三《唐莊宗紀七》同光三年（925）九月乙未

條，但《會要》卷二諸王條明言繼岌爲莊宗長子。兩者記載有異。

[2]小字和哥：《宋本册府》卷六六六《内臣部·忠直門》張承業條。

[3]母曰劉皇后：《新五代史》卷一四《莊宗五子傳》。

莊宗即位，繼岌爲北都留守、判六軍諸衛事。[1]遷檢校太尉、同中書門下平章事。[2]豆盧革爲相，[3]建言：唐故事，皇子皆爲宫使。因以鄴宫爲興聖宫，[4]以繼岌爲使。[5]同光三年九月二十三日，封爲魏王。[6]

[1]北都：地名。後唐莊宗同光元年（923）四月以鎮州爲真定府，建號北都。位於今河北正定縣。　判六軍諸衛事：官名。後梁沿唐代舊制，置六軍諸衛，以判六軍諸衛事爲禁軍六軍與諸衛的最高統帥。

[2]檢校太尉：官名。爲散官或加官，以示恩寵加此官，無實際執掌。太尉，與司徒、司空並爲三公。　同中書門下平章事：官名。簡稱“同平章事”。唐代高宗以後，凡實際任宰相之職者，常在其本官後加同平章事的職銜，後成爲宰相專稱。後晋天福五年(940)，升中書門下平章事爲正二品。

[3]豆盧革：人名。先世爲鮮卑慕容氏，後改豆盧氏。唐同州刺史豆盧籍之孫、舒州刺史豆盧瓚之子。五代後唐宰相。傳見本書卷六七、《新五代史》卷二八。

[4]鄴宫：宫殿名。位於今河南洛陽市。

[5]“莊宗即位”至“以繼岌爲使”：《新五代史》卷一四《莊宗五子傳》。《輯本舊史》卷三〇《唐莊宗紀四》同光元年十月戊戌條：“以開府儀同三司、檢校太傅、北都留守、興聖宫使、判六軍諸衛事李繼岌爲檢校太尉、同平章事，充東京留守。”十一月乙巳條：“賜（朱）友謙姓，改名繼麟，帝令皇子繼岌兄事之。”卷

三一《唐莊宗紀五》同光二年正月乙丑條："有司上言：'南郊朝享太廟，舊例親王充亞獻、終獻行事。'乃以皇子繼岌爲亞獻，皇弟存紀爲終獻。"卷六三《張全義傳》："莊宗平梁，全義自洛赴覲，泥首待罪。莊宗撫慰久之，以其年老，令人掖而昇殿，宴賜盡歡，詔皇子繼岌，皇弟存紀等皆兄事之。"明本《册府》卷二八一《宗室部·領鎮門四》："莊宗即位於魏州，以繼岌充北都留守。及以鎮州爲北都，又命爲留守。""以鎮州爲北都"爲同光元年四月事。卷二七七《宗室部·褒寵門三》："後唐開府儀同三司、檢校大(太)尉、充北都留守、興聖宫使、判六軍諸軍事、兼御史大夫、上柱國、隴西縣開國伯、食邑七百户繼岌，同光元年授檢校大(太)尉、同中書門下平章事，仍進封開國侯，加食邑三百户，充東京留守，餘如故。繼岌，皇子也。魏州興建時，宰相豆盧革奏曰：'皇子之職，故事合帶宫使。'革因進擬以興聖爲名。"卷三一《帝王部·奉先門四》同光二年正月戊辰條："饗太廟，以皇子繼岌爲亞獻，皇弟存紀爲終獻。"卷二六九《宗室部·將兵門》："同光二年三月，詔充諸道行營都統，鄴都留守，興聖宫使，判六軍諸衛事。"卷一一一《帝王部·宴享門三》唐莊宗同光二年十一月甲午："命皇子興慶宫使繼岌於會節園，宴蜀使許確、吴越國使錢珣，各賜分物。"同卷同光三年三月丙午："帝擊毬於行宫之鞠場。皇弟存霸、皇子繼岌、河中偏將王景、高行安等預焉。毬罷，宴於迎春殿。"

[6]同光三年九月二十三日，封爲魏王：《會要》卷二諸王條。《輯本舊史》卷三三《唐莊宗紀七》同光三年九月乙未條："制封第三子鄴都留守、興聖宫使、檢校太尉、同平章事、判六軍諸衛事繼岌爲魏王。"

同光三年伐蜀，以繼岌爲都統，[1]郭崇韜爲招討使。[2]十月戊寅，至鳳州，[3]武興軍節度使王承捷以鳳、

興、文、扶四州降。[4]甲申，至故鎮，[5]康延孝收興州。[6]時僞蜀主王衍率親軍五萬在利州，[7]令步騎之師三萬，逆戰於三泉。[8]康延孝、李嚴以勁騎三千犯之，[9]蜀軍大敗，斬首五千級，餘各奔潰。王衍聞其敗也，棄利州，奔歸西川，[10]斷吉柏津浮梁而去。[11]己丑，繼岌至興州。僞蜀東川節度使宋光葆以梓、綿、劍、龍、普等州來降，[12]武定軍節度使王承肇以洋、蓬、壁三州符印降，[13]興元節度使王宗威以梁、開、通、渠、麟等五州符印送降；[14]階州王承岳納符印；[15]秦州節度使王承休棄城而遁。[16]十一月辛丑，繼岌過利州；甲辰，至劍州。己酉，至綿州，王衍遣使上牋乞降。丁巳，並入成都。[17]自興師出洛至定蜀，[18]計七十五日。走丸之勢，前代所無。[19]

[1]都統：官名。此處指諸道行營都統。唐末設此職，作爲各道出征兵士的統帥。

[2]招討使：官名。唐始置。戰時任命，兵罷則省。常以大臣、將帥或地方軍政長官兼任。掌招撫、討伐等事務。

[3]鳳州：州名。治所在今陝西鳳縣。

[4]武興軍：方鎮名。治所在鳳州（今陝西鳳縣）。　王承捷：人名。籍貫不詳。五代十國前蜀將領。事見本書本卷、卷五七。　興：州名。治所在今陝西略陽縣。　文：州名。治所在今甘肅文縣。　扶：州名。治所在今四川九寨溝縣東北。

[5]故鎮：地名。又作“固鎮”。位於今甘肅徽縣。

[6]康延孝：人名。代北（今山西代縣）人。五代後唐將領。傳見本書卷七四、《新五代史》卷四四。

[7]王衍：人名。許州舞陽（今河南舞陽縣）人。王建幼子，

五代十國前蜀皇帝，918年至925年在位。傳見本書卷一三六、《新五代史》卷六三。　利州：州名。治所在今四川廣元市。

[8]三泉：地名。位於今重慶市南川區。

[9]李嚴：人名。幽州（今北京市）人。五代後唐官員。傳見本書卷七〇、《新五代史》卷二六。

[10]西川：方鎮名。治所在成都府（今四川成都市）。

[11]吉柏津：渡口。在吉柏江上。位於今四川廣元市西南昭化鎮北。

[12]東川：方鎮名。治所在梓州（今四川三臺縣）。　宋光葆：人名。籍貫不詳。五代十國前蜀官員。事見本書本卷。　梓：州名。治所在今四川三臺縣。　綿：州名。治所在今四川綿陽市。　劍：州名。治所在今四川劍閣縣。　龍：州名。治所在今四川平武縣。　普：州名。治所在今四川安岳縣。

[13]武定軍：方鎮名。治所在洋州（今陝西洋縣）。　王承肇：人名。雅州（今四川雅安市）人。五代十國前蜀將領。傳見《十國春秋》卷三九。　洋：州名。治所在今陝西洋縣。　蓬：州名。治所在今四川儀隴縣。　壁：州名。治所在今四川通江縣。

[14]興元：府名。治所在今陝西漢中市。　王宗威：人名。籍貫不詳。五代十國前蜀將領。傳見《十國春秋》卷三九。　梁：州名。治所在今陝西漢中市。　開：州名。治所在今重慶市開州區。　通：州名。治所在今四川達州市。　渠：州名。治所在今四川渠縣。　麟：州名。治所在今陝西神木市。

[15]階州：州名。治所在今甘肅隴南市武都區。　王承岳：人名。籍貫不詳。事見本書卷三三。

[16]秦州：州名。治所在今甘肅天水市。　王承休：人名。籍貫不詳。五代十國前蜀官員。傳見《十國春秋》卷四六。

[17]成都：府名。治所在今四川成都市。

[18]洛：地名。即洛陽。位於今河南洛陽市。

[19]“同光三年伐蜀”至“前代所無”：《宋本册府》卷二九

一《宗室部·立功門二》。辛丑前之“十一月”，《宋本册府》原無。但同光三年（925）十月庚申朔，戊寅十九日，甲申二五日，己丑三十日，無辛丑。十一月庚寅朔，辛丑爲十二日，甲辰十五日，己酉二十日，丁巳二八日，故補。明本《册府》卷四二七《將帥部·受降門》記其牋文甚詳，表稱乙酉年十一月二十日。同光三年爲乙酉年，十月二十日正爲乙酉，更可證“辛丑”前應補“十一月”。明本《册府》卷一二〇《帝王部·選將門二》：“（同光）三年秋，客省使李嚴使西州回，言王衍可圖之狀。莊宗與郭崇韜議討伐之謀，方擇大將，時明宗爲諸道兵馬總管，當行。崇韜自以官相傾，欲立大功以制之，乃奏曰：‘契丹犯邊，北面須藉大臣，全倚總管鎮禦。臣伏念興聖宫使繼岌德望日隆，大功未著，宜依故事，以親王爲元帥，付以討伐之權，俾成其威望。’莊宗方授繼岌，即曰：‘小兒幼稚，安能獨行？卿當擇其副。’崇韜未答。帝曰：‘無逾於卿者。’乃以繼岌爲都統，崇韜爲招討使。”《輯本舊史》卷三三《唐莊宗紀七》同光三年九月庚子條：“是日，命大舉伐蜀，詔曰：‘朕夙荷丕基，乍平僞室，非不欲寵綏四海，協和萬邦，庶正朔以遐同，俾人倫之有序。其或地居陬裔，位極驕奢，殊乖事大之規，但蘊偷安之計，則必徵諸典訓，振以皇威，爰興伐罪之師，冀遏亂常之黨。蠢兹蜀主，世負唐恩，間者父總藩宣，任居統制，屬朱温東離汴水，致昭皇西幸岐陽，不務扶持，反懷顧望，盜據劍南之土宇，全虧閫外之忱誠。先皇帝早在并門，將興霸業，彼既曾馳書幣，此亦復展謝儀。後又特發使人，專持聘禮，彼則更不迴一介之使，答咫尺之書，星歲俄移，歡盟頓阻。朕頃遵崇遺訓，嗣統列藩，追昔日之來誠，繼先皇之舊好，累馳信幣，皆絶酬還，背惠食言，棄同即異。今觀孽豎，紹據山河，委閹宦以持權，憑阻修而僭號。早者，曾上秦王緘札，張皇蜀地聲塵，形侮黷之言辭，謗親賢之勳德。昨朕風驅鋭旅，電掃兇渠，復已墜之宗祧，纘中興之曆數。捷音旋報，復命仍稽，使來而尚抗書題，情動而先誇險固。加以宋光葆輒陳狂計，别啓奸謀，將欲北顧秦川，東窺荆渚，人而無

禮，罪莫大焉。昨客省使李嚴奉使銅梁，近歸金闕，凡於奏對，備述端由。其宋光嗣相見之時，於坐上便有言説，先問契丹强弱，次數秦王是非，度此苞藏，可見情狀。加以疏遠忠直，朋比奸雄。内則縱恣輕華，競貪寵位；外則滋彰法令，蠹耗生靈。既德力以不量，在神祇之共憤。今命興聖宫使、魏王繼岌充西川四面行營都統，命侍中、樞密使郭崇韜充西川東北面行營都招討制置等使，荆南節度使高季興充西川東南面行營都招討使，鳳翔節度使李曮充供軍轉運應接等使，同州節度使李令德充行營招討副使，陜府節度使李紹琛充行營蕃漢馬步軍都排陣斬斫使，西京留守張筠充西川管内安撫應接使，華州節度使毛璋充行營左厢馬步都虞候，邠州節度使董璋充行營右厢馬步都虞候，客省使李嚴充西川管内招撫使。總領闕下諸軍，兼西面諸道馬步兵事，取九月十八日進發。凡爾中外，宜體朕懷。'"同月辛丑條："授魏王繼岌諸道行營都統，餘如故。繼岌既受都統之命，以梁漢顒充中軍馬步都虞候兼馬步軍都指揮使，張廷蘊爲中軍步軍都指揮使，牛景章充中軍左厢馬軍都指揮使，沈斌充中軍右厢馬軍都指揮使，卓瓌充中軍左厢步軍都指揮使，王贇充中軍右厢步軍都指揮使，供奉官李從襲充中軍馬步軍都監，高品李廷安、吕知柔充魏王衙通謁。詔工部尚書任圜、翰林學士李愚參魏王軍事。"明本《册府》卷一一一《帝王部·宴享門三》："（同光三年）九月丙午，帝於嘉慶殿宴西征都統魏王繼岌、招討使郭崇韜、客省使李儼、諸偏裨將校。"《輯本舊史》卷三三同光三年九月戊申條："魏王繼岌、樞密使侍中郭崇韜進發西征。"同年十月壬戌條："魏王繼岌率師至鳳翔，先遣使馳檄以諭蜀部。"明本《册府》卷四一六《將帥部·傳檄門》："後唐魏王繼岌，莊宗同光三年爲都統，西討西川。軍至鳳翔，馳檄喻蜀郡曰：'捨過論功，王者示好生之道；轉禍爲福，聖人垂善變之文。矧彼蜀民，代承唐德。玄宗朝以兵興河塞，久駐金鑾。僖宗時以盜起中原，曾停玉輅。蜀之乃祖乃父，或士或民，而皆内稟忠貞，外資驍果。武負關張之氣，文傳楊、馬之風。迎大駕以涉岷峨，合諸軍而定關輔，

忠義冠乎日月，勳業著乎山河。凡在幽遐，皆所傳達。不幸龜龍忽去，蛇豕尋生。遇此匪人，據斯重地。蜀主先父，出身陳許，擁衆巴庸。接王室之頻遷，保邊隅而自大。蓋屬昭宗皇帝方玆播越，正切撫綏，洗彼瑕疵，潤之雨露，綰紅旆碧幢之貴，兼鳳池鷄樹之榮。狂兕逢山，漸展横行之志。鳴梟出穴，曾無返哺之聲。拔本塞源，見利忘義。加以結連同惡，聚集群凶。當天步多艱，莫展扶持之節。及坤維暫絶，却爲僭僞之謀。烈士聞之撫膺，懦夫見之攘臂。洎玆餘裔，益奮殘妖。閹豎擅權，而勳賢結舌。不稼不穡，奢侈者何啻千門；内淫外荒，塗炭者已餘萬室。而更納其短見，侮我大朝。輒横拒轍之臂，擬舉投羅之翼。我皇帝仰膺玄讖，再造皇圖。四時順而玉燭明，萬彙安而金繩正。惟玆蜀土，敢隔朝風。連甍虧恤養之恩，比屋困煩苛之政。每聞殘酷，深所憫傷。是命車徒，以申弔伐。步卒則矗如山列，騎車則迅若雷奔，振雄聲而聒動乾坤，騰鋭氣而動摇河嶽。彼若率兵赴死，我則無陣不摧；彼若據壘偷生，我則無城不拔。却慮高低士庶，遠近封巡。不早迴翔，中同覆滅。故今曉示，貴在保全。應三川管内，有以藩鎮降者，即授之節度；有以州郡降者，即授之刺史；有以鎮縣降者，即付之主守；有能見機知變、誅斬僞命將帥，以其藩鎮城池降者，亦以其官授之。如列陣交鋒之際，有以萬人已上降者，授之節度；五千人已上，授之大郡；三千人已上，授之次郡；一千人已上，授之主將。有蜀城將校誅斬僞主守領降者，授以方鎮。如蜀主王衍首過自新，以三川歸國，即授之方面。其同謀將校，當加列爵。有舊在本朝文武官或負罪流落在蜀者，苟能率衆歸朝，一切不問。大軍所行之處，不得焚燒廬舍，剽掠馬牛，所有降人，倍加安撫。所罪者一人僭僞，所救者萬姓瘡痍。況蜀主宗枝，成都父老，較其罪狀，良可矜寬。只如僞梁，挾我皇威，窺吾大寶，爲四十年之巨寇，覆十九葉之丕基。昨國家平定中原，只誅元惡。列藩牧伯，咸不替移。闔境生靈，一無騷擾。雖蜀中遐僻，亦合傳聞。各宜審計變通，速謀歸向。據玆事件，得以旌酬。勿謂無言，竟貽後悔。故玆示諭，各

宜知悉。’時排陣斬斫，使康延孝將勁騎三千、步兵萬人爲前鋒，招撫使李嚴與延孝同行，散人齎檄以喻蜀部。”卷四二七《將帥部·受降門》:“後唐魏王繼岌，同光三年九月爲西征都統，伐蜀。繼岌至鳳州，僞武興軍節度使王承捷以鳳、興、文、扶四州降，大軍食其芻粟，得糧四十萬，兵士八千。魏王給牒，令攝武興軍節度使。前一日，康延孝、李嚴至故鎮威武城。僞指揮使唐景思、吴鐸、王權思部下兵四百降于延孝。其軍史鄒彦譚、都指揮使李璠見城危，方出，歸投郭崇韜以初無降意，皆伏誅。以唐景思攝興州刺史。城中除已殺戮，得兵四千，米麥一十七萬，粟三萬。威武城，蜀道咽喉，險固之地。其城倚嘉陵江，三面山險，延孝既拔故鎮，殺其守將，其衆萬餘縱其逸去。至興州，僞蜀東川節度使宋光葆以梓、綿、劍、龍、普等五州來降。武定軍節度使王承肇以洋、蓬、璧三州符印降；其監軍使周永謙爲衆所殺。興元節度使王宗威以梁、開、通、渠、麟等五州符印送降；階州王丞岳納符印來降。康延孝、李嚴至漢州，僞蜀主王衍遣人送牛酒請降魏王。至綿州，王衍遣使上箋曰：‘衍叩頭言：伏以五帝三王，竟歸於代謝；有家垂國，孰免其廢興。苟大命之革新，願轉禍而爲福。衍誠惶誠恐叩頭。伏以衍先人頃以受唐封册，列土坤維，自霸一方，于兹三紀。乃者因夷門之構逆，偶中國以喪君，勉副推崇，遂開興崇。衍謬爲世子，獲紹舊基，而以幼沖，不得負荷。尋遇大唐皇帝中興聖運，再造鴻圖，輝赫大明，照臨下土，薦修嘉好。仰恃恩盟，感覆燾於堯天，將驅馳於禹貢。忽審王師討伐，部内震驚，靡敢當鋒，幸思歸命。伏惟殿下，位尊上嗣，德寶元良，騰少海之波瀾，動前星之秀彩。親乘象輅，勞履劍關；已得萬民之歡心，望恕斯人之死罪。今則完全府庫，守遏邑居；率文武以陳誠，輿棺櫬而納款。伏惟殿下，特弘哀鑒，保證奏聞，亦存諸典刑，貯在肺腑。庶幾先人之靈，尤享血食之祀，免支離於眷屬，得敬養於庭闈。惟聖君之明慈，係殿下之玄造。衍無任危迫，殆越戰懼，激切之至。謹差私署檢校司空行尚書兵部侍郎歐陽彬、軍使韓知權等奉箋以聞。’十一

月，辛亥，魏王軍到德陽。僞蜀六軍使王宗弼遣使顔守倫上箋云：‘蜀主王衍已出府第，舉家遷於西宅。王宗弼權稱西川兵馬留後，安撫軍城，以候王師。’又言：‘宗弼欲至漢州迎奉天軍。’其僞六軍印沿發遣公事，且留未納。翌日，宗弼又遣人奉箋言：‘昨蜀主與將校同議款，其僞樞密使宋光嗣、景潤澄，南院宣徽使周輅，北院宣徽使歐陽晃等四人，同出異謀，惑亂蜀主。臣當時梟首以狥，謹令送納。’僞中書令夔王宗範上箋曰：‘臣生居潁許。因先父建光啓中討陳敬瑄在蜀。’僞司空平章事王諧上箋曰：‘臣因天復三年奉使西川，遇車駕刼遷洛陽，因留蜀部。’王子王衍遣使上表曰：‘臣衍言：臣先人建，久在坤維，受先朝寵澤，一開土宇。衍四十年，頃以梁孽興災，鴻圖板蕩，不可助逆，遂乃從權，勉循衆人，止王三蜀，固非獲已，未有所歸。臣輒紹鎡基，且安生聚。臣衍誠憂誠懼，頓首頓首。伏惟皇帝陛下，嗣堯舜之業，揚湯武之師，廓定寰區，削平凶逆，梯航聚集，文軌會同。臣方議改圖，便期納款。遽聞王師致討，實抱驚危。今則將千里之封疆，盡爲王土；冀萬家之臣妾，皆沐皇恩。必當輿櫬乞降，負荆請命。伏惟皇帝陛下，回照臨之造，施覆燾之私。别示哀矜，以安反側。儻墳寢而獲祀，實存没以知歸。臣無任望恩，虔禱之至。’表稱乙酉年十一月二十日，不稱僞年號。甲寅，魏王繼岌至漢州，僞蜀六軍使王宗弼至。乙卯，魏王統大軍至蜀城北，舍於王宗弼之别墅。丙辰，招撫使李嚴自蜀城引王衍及僞文武百官儀仗法物至蜀城北昇仙橋下。王衍初乘竹輿，自城中出至降所，素衣牽羊，草索縶首，肉袒、銜璧、輿櫬，後從宰臣百官，衰絰、徒跣足以俟命。魏王降車取其璧。郭崇韜解縛燔櫬。王衍率僞百官東北再拜謝恩訖，又率衆拜魏王；復拜崇韜，韜答拜；復拜李嚴，嚴亦答拜。丁巳，大軍入西川城，戒諸軍剽掠，法令嚴峻。軍士强括民錢，必論之以法。市不改肆，兵無血刃。”《宋本册府》卷三九七《將帥部·懷撫門》：“後唐魏王繼岌，以莊宗同光三年冬平蜀，遣使齎書詔諭南詔蠻。”

然繼岌雖爲都統，而軍政號令一出崇韜。初，莊宗遣宦者供奉官李從襲監中軍，[1]高品李廷安、吕知柔爲典謁。[2]從襲等素惡崇韜，又見崇韜專任軍事，益不平之。及破蜀，蜀之貴臣大將，自王宗弼已下，[3]皆争以蜀寶貨、妓樂奉崇韜父子，而魏王所得，匹馬、束帛、唾壺、麈柄而已；崇韜日決軍事，將吏賓客趨走盈庭，而都統府惟大將晨謁，牙門闃然。由是從襲等不勝其憤。已而宗弼率蜀人見繼岌，請留崇韜鎮蜀，從襲等因言崇韜有異志，勸繼岌爲備。繼岌謂崇韜曰："陛下倚侍中如衡、華，[4]尊之廟堂之上，期以一天下而制四方，必不棄元老於蠻夷之地。此事非予敢知也。"莊宗聞崇韜欲留蜀，亦不悦，遣宦者向延嗣趣繼岌班師。[5]延嗣至成都，崇韜不出迎，及見，禮益慢，延嗣怒，從襲等因告延嗣崇韜有異志，恐危魏王。延嗣還，具言之。劉皇后涕泣請保全繼岌，莊宗遣宦官馬彦珪往視崇韜去就。[6]是時，兩川新定，孟知祥未至，[7]所在盗賊亡聚山林，崇韜方遣任圜等分出招集，[8]恐後生變，故師未即還。而彦珪將行，見劉皇后曰："臣見延嗣言蜀中事勢已不可，禍機之作，間不容髮，安能三千里往覆禀命乎！"劉皇后以彦珪語告莊宗，莊宗曰："傳言未審，豈可便令果決？"皇后以不得請，因自爲教與繼岌，使殺崇韜。明年正月，崇韜留任圜守蜀，以待知祥之至，崇韜期班師有日。彦珪至蜀，出皇后教示繼岌，繼岌曰："今大軍將發，未有釁端，豈可作此負心事！"從襲等泣曰："今有密敕，王苟不行，使崇韜知之，則吾屬無類

矣!”繼岌曰:“上無詔書,但皇后手教,安能殺招討使?”從襲等力争,繼岌不得已而從之。詰旦,從襲以都統命召崇韜,繼岌登樓以避之。崇韜入,昇階,繼岌從者李環撾碎其首。[9]

[1]供奉官:泛指侍奉皇帝左右的臣僚,亦爲東、西頭供奉官通稱。　李從襲:人名。籍貫不詳。五代後唐宦官。事見《通鑑》卷二七四莊宗同光三年(925)條、明宗天成元年(926)條。

[2]高品:官名。即“内侍高品”。宦官,位次於供奉官。　李廷安:人名。籍貫不詳。五代後唐宦官。事見本書卷七四。　吕知柔:人名。籍貫不詳。後唐宦官。事見本書本卷、《新五代史》卷一四。　典謁:官名。東宫屬官。掌引見賓客。從九品下。

[3]王宗弼:人名。籍貫不詳。五代十國前蜀宗室、大臣,王建養子。事見《新五代史》卷六三。

[4]侍中:官名。秦始置。隋、唐前期爲門下省長官。唐後期多爲大臣加銜,不參與政務,實際職務由門下侍郎執行。正二品。　衡:山名。五嶽之南嶽,位於今湖南衡陽市南嶽區。　華:山名。五嶽之西嶽,位於今陜西華陰市。

[5]向延嗣:人名。籍貫不詳。五代後唐宦官。事見《通鑑》卷二七四莊宗同光三年條、明宗天成元年條。

[6]馬彦珪:人名。籍貫不詳。五代後唐宦官。事見《通鑑》卷二七四莊宗同光三年條、明宗天成元年條。

[7]孟知祥:人名。邢州龍岡(今河北邢臺市)人。李克用女婿,五代十國後蜀開國皇帝。傳見本書卷一三六、《新五代史》卷六四。

[8]任圜:人名。京兆三原(今陜西三原縣)人。五代後唐將領、大臣。傳見本書卷六七、《新五代史》卷二八。

[9]李環:人名。籍貫不詳。五代後唐魏王繼岌從者。事見

《新五代史》卷一四。　“然繼岌雖爲都統”至“繼岌從者李環撾碎其首”：《新五代史》卷一四《莊宗五子傳》。《宋本册府》卷六七〇《内臣部·誣構門》：“後唐李廷安、李從襲、吕知柔，皆供奉中官也。莊宗同光三年伐蜀，魏王繼岌爲都統，郭崇韜爲副。十月十九日，下鳳州，拔固鎮，敗賊三泉，收劍利興元梓州，望風納款，勢如破竹。其招懷制置、官吏補署、師行籌畫、軍書告喻，皆出招討府，繼岌承命而已。時莊宗令廷安、從襲、知柔爲都統府綱紀，見崇韜行府職事殷繁，將吏請謁輻湊，降人爭爲賂遺。其都統府惟大將省謁，牙門索然，繇是大爲詬耻。及軍至僞蜀，六軍使王宗弼歸款，行賂先招討府。洎王衍以成都降，崇韜居王宗弼之府。先是，宗弼徙王衍於西宫。衍之珍玩妓妾，宗弼擇其善者，邀留以奉崇韜，求爲蜀帥。宗弼崇韜子廷誨令蜀人列狀見魏王，請奏崇韜爲蜀帥。繼岌覽狀，召崇韜，謂曰：‘主上倚侍中如衡華，尊於廟堂之上，以制四夷，必不置元老於蠻夷之地。況予不敢議此，請諸公詣闕自陳。’李從襲等謂繼岌曰：‘郭公收蜀部人情，意在難測，王宜自備。繇是陰相猜察。’帝令中官向延嗣齎詔喻蜀，促命班師。詔使至，崇韜不郊迎，於禮稍倨。延嗣情憤，告從襲曰：‘乃公何者？魏王，貴太子也，主上萬福。郭公專弄威柄，旁若無人。昨令蜀賊，請己爲帥，令郭廷誨擁徒出入，貴擬王者。所與遊狎，無非軍中驍果。蜀士兇豪，晝夜妓樂相歡，指天畫地。近聞廷誨白父，請表以爲蜀帥。’又曰：‘兩川數百萬户。珍玩貨泉，靡所不有。地形阻固，自是一秦。大人何不善自爲謀？此語流聞遠近。父子如此，可見其心。今諸軍將校，無非郭氏之黨。魏王懸軍孤弱，一朝班師，事恐紛擾，吾屬莫知暴骨之所矣！’因相向垂涕。向延嗣迴，具以事奏。劉皇后泣告於帝，請保全繼岌。帝復閲蜀簿，且曰：‘人言蜀中珠玉金銀，不知其數，何如是之微也？’延嗣奏曰：‘臣聞到西川，見招討府吏，言蜀川珍貨，皆積崇韜之門；言崇韜自入蜀所得金萬兩，銀四十萬兩，錢百萬，名馬千匹，王衍愛妓六十，樂工百，犀玉奇帶百；郭廷誨有金銀十萬兩，犀玉帶五十，藝色絶

妓七十，樂工七十，佗財物稱是。臣見魏王所居，除公府外，蜀人賂遺，不過匹馬束帶、唾壺麈柄而已。蜀府空竭，無足爲怪。’帝初聞蜀人留崇韜，已不平之，又聞所得妓樂寶馬，怒見顔色。即日，命中官馬彦珪馳往蜀川，視崇韜去就。如恭命，班師則已；若别有遲留跋扈之狀，則與繼岌圖之。彦珪請見劉皇后，遽曰：‘臣見向延嗣説蜀中事勢，今已不可。主上遣臣偵視，凡禍機之發，間不容髮，何能於三千里外緩急資決？’皇后再言之，帝曰：‘傳言未知事實，吾以關外兵柄付之，無故行事，否則患生，詎可便令果決？’皇后不得請，因自爲教與繼岌，令殺崇韜。是時，成都雖定，諸州山林，群盜結聚，崇韜令任圜、張筠分道招撫。孟知祥未至，慮發軍之後，别生變故，稍緩班師之期。正月六日，馬彦珪至。時大軍定取十二日發離成都，令任圜權知蜀事，以俟知祥。諸軍部署已定，彦珪出皇后教示繼岌曰：‘大軍將發，佗無釁端，安得爲此負心之事？公輩勿復言。’從襲等泣白曰：‘聖上既有密勑，王若不行，使彼沿路訪知，則中途有變，爲患轉深。’繼岌曰：‘帝無詔書，徒以皇后文字，安得殺招討使？’從襲巧造事端以間，繼岌既無英斷，即僶俛從之。詰旦，從襲傳繼岌命，召崇韜計事，繼岌登樓以避之。崇韜方昇階，魏王爪牙奮檛以碎其首。小子廷信從父請死，即殺之。李從襲率兵圍招討府以攻廷誨，擒而殺之，收其妓樂寶馬。崇韜有子五人：廷誨、廷信從父死於蜀。第二子廷説爲尚書郎，在洛陽，及馬彦珪報殺崇韜，令楊彦珞誅於其家。第三子廷讓，誅於鄴。第四子廷議，誅於太原，家産籍没。明宗即位，詔令歸葬。所有郭氏田宅，皆賜崇韜妻周氏。廷誨有男奴哥，廷讓有男行奴，皆稚齒，姻族保之獲免，令周氏鞠養於晋陽之故第。崇韜服勤盡節，佐佑王家，草昧艱難，功無與比。西平巴蜀，宣暢皇威。誣構而誅，其禍已酷。身死之日，夷夏冤之。”

繼岌遂班師。二月，軍至泥溪，[1]先鋒康延孝叛，

據漢州,[2]繼岌遣任圜討平之。四月辛卯，至興平,[3]聞明宗反,[4]兵入京師，繼岌欲退保鳳翔。[5]至武功,[6]李從襲勸繼岌馳趣京師，以救内難。行至渭河,[7]西都留守張籛斷浮橋,[8]繼岌不得度，乃循河而東，至渭南,[9]左右皆潰。從襲謂繼岌曰："大事已去，福不可再，王宜自圖。"繼岌徘徊泣下，謂李環曰："吾道盡途窮，子當殺我。"環遲疑久之，謂繼岌乳母曰："吾不忍見王，王若無路求生，當踣面以俟。"繼岌面榻而卧，環縊殺之。任圜從後至，葬繼岌華州之西南。[10]繼岌少病閹，無子。明宗已即位，圜率征蜀之師二萬至京師，明宗撫慰久之，問圜繼岌何在，圜具言繼岌死狀。[11]

[1]泥溪：地名。當指泥溪河（白龍江支流）。位於今四川廣元市昭化鎮西。

[2]漢州：州名。治所在今四川廣漢市。

[3]興平：縣名。治所在今陝西興平市。

[4]明宗：即五代後唐明宗李嗣源。沙陀部人。原名邈佶烈，李克用養子。926年至933年在位。紀見本書卷三五至卷四四、《新五代史》卷六。

[5]鳳翔：方鎮名。治所在鳳翔府（今陝西鳳翔縣）。

[6]武功：縣名。治所在今陝西武功縣。

[7]渭河：河流名。即今渭河。

[8]張籛：人名。海州（今江蘇連雲港市海州區）人。五代後唐官員。事見本書卷三六，傳見《新五代史》卷四七。

[9]渭南：縣名。治所在今陝西渭南市。

[10]華州：州名。治所在今陝西渭南市華州區。

[11]"繼岌遂班師"至"圜具言繼岌死狀"：《新五代史》卷

一四《莊宗五子傳》。《輯本舊史》卷七四《康延孝傳》："四年正月甲申，大軍發成都，繼岌令延孝以一萬二千人爲後軍。二月癸巳，中軍次武連，中使詔至，諭以西平王朱友謙有罪伏誅，命繼岌殺其子遂州節度使令德。"《太平廣記》卷八〇引《王氏見聞録》："後唐莊宗世子魏王繼岌伐蜀，迴軍在道，而有鄴都之變。莊宗與劉后命内臣張漢賓齎急詔，所在催魏王歸闕。張漢賓乘驛倍道急行，至興元西縣逢魏王，宣傳詔旨。王以本軍方討漢州康延孝，相次繼來，欲候之出山，以陳凱歌，漢賓督之。有軍謀陳岷，比事梁，與漢賓熟，密問張曰：'天子改換，且是何人？'張色莊曰：'我嘗面奉宣詔魏王，況大軍在行，談何容易。'陳岷曰：'久忝知聞，故敢諮問，兩日來有一信風，新人已即位矣，復何形迹。'張乃説：'來時聞李嗣元過河，未知近事。'岷曰：'魏王且請盤桓，以觀其勢，未可前邁。'張以莊宗命嚴，不敢遷延，督令進發，魏王至渭南遇害。"《通鑑》卷二七五天成元年（926）四月辛卯條："魏王繼岌至興平，聞洛陽亂，復引兵而西，謀保據鳳翔。"同月庚子條："魏王繼岌自興平退至武功，宦者李從襲曰：'禍福未可知，退不如進，請王亟東行以救内難。'繼岌從之。還，至渭水，權西都留守張籛已斷浮梁；循水浮渡，是日至渭南，腹心吕知柔等皆已竄匿。從襲謂繼岌曰：'時事已去，王宜自圖。'繼岌徘徊流涕，乃自伏於床，命僕夫李環縊殺之。任圜代將其衆而東。監國命石敬瑭慰撫之，軍士皆無異言。"《輯本舊史》本傳末尚有一句："師回，至渭南，聞莊宗敗，師徒潰散，自縊死。"此句未注出處，姑附於此。

繼潼、繼嵩、繼蟾、繼嶢，並莊宗子，同光三年拜光禄大夫、檢校司徒，[1]未封。莊宗敗，並不知所終。[2]

[1]光禄大夫：官名。漢武帝時改中大夫爲光禄大夫，爲掌議

論之官。無職掌，隋唐以後爲散官。從二品。　檢校司徒：官名。爲散官或加官，以示恩寵加此官，無實際執掌。

［2］“繼潼、繼嵩、繼蟾、繼嶢”至“並不知所終”：《大典》卷一六六二八“建”字韻“封建（一一）唐五代”事目。“繼潼”，中華書局本有校勘記：“原作‘繼湩’，據殿本、《五代會要》卷二、《通鑑》卷二七五、《新五代史》卷一四《唐太祖家人傳》改。”《會要》卷二諸王條：“繼潼、繼蟾、繼嵩、繼嶤皆皇子也，同光三年二月敕：‘並可光禄大夫、檢校司徒。’”《通鑑》卷二七五天成元年（926）四月乙未條：“（明日，即丙申日）薛王存禮及莊宗幼子繼嵩、繼潼、繼蟾、繼嶤，遭亂皆不知所終。”《新五代史》卷一四《莊宗五子傳》：“莊宗五子：長曰繼岌，其次繼潼、繼嵩、繼蟾、繼嶢。繼岌母曰劉皇后，其四皆不著其母名號。”又：“同光三年，詔以皇子繼嵩、繼潼、繼蟾、繼嶢皆爲光禄大夫，檢校司徒。蓋其皆幼，故不封。當莊宗遇弒時，太祖子孫在者十有一人，明宗入立，其四人見殺，其餘皆不知所終，太祖之後遂絶。”《輯本舊史》卷三二《唐莊宗紀六》同光三年（925）二月辛巳條：“以皇子繼潼、繼嵩、繼蟾、繼嶢並檢校司徒，皆沖幼，未出閤。”《舊五代史考異》：“《清異録》：唐福慶公主下降孟知祥。長興四年，明宗晏駕，唐室亂，莊宗諸兒削髮爲苾芻，間道走蜀。時知祥新稱帝，爲公主厚待猶子，賜予千計。考《清異録》記載多舛，惟莊宗諸子入蜀宜可信云。”中華書局本對此條《考異》有校勘記：“‘考《清異録》記載多舛惟莊宗諸子入蜀宜可信云’十九字原闕，據孔本補。”見《清異録》卷下《薰燎門》之四奇家具條，文字微有異。

明宗諸子

從璟，明宗長子，性忠勇沉厚，摧堅陷陣，人罕偕焉。[1]從莊宗於河上，累有戰功。莊宗器賞之，用爲金

槍指揮使。[2]明宗在魏府,[3]爲軍士所逼。莊宗召從璟謂曰:“爾父於國有大功，忠孝之心，朕自明信。今爲亂兵所劫，爾宜自去宣朕旨，無令有疑。”從璟行至中途，爲元行欽所制,[4]復與歸洛下。[5]莊宗改其名爲繼璟，以爲己子，命再往，從璟固執不行，願死於御前，以明丹赤。從莊宗赴汴州,[6]明宗之親舊多策馬而去，左右或勸從璟，令自脱，終無行意。尋爲元行欽所殺。天成初,[7]贈太保。[8]

[1]“從璟”至“人罕偕焉”:《宋本册府》卷二七一《宗室部·武勇門》。《新五代史》卷一五《從璟傳》:“從璟初名從審，爲人驍勇善戰，而謙退謹敕。”

[2]金鎗指揮使：官名。所部統兵將領。金鎗爲五代禁軍番號。“從莊宗於河上”至“用爲金槍指揮使”:《宋本册府》卷二九一《宗室部·立功門二》。

[3]魏府：地名。即魏州，唐、五代方鎮魏博軍的治所。位於今河北大名縣。

[4]元行欽：人名。幽州（今北京市）人。五代後唐將領。傳見本書卷七〇、《新五代史》卷二五。

[5]洛下：即洛陽。

[6]汴州：州名。治所在今河南開封市。

[7]天成：五代後唐明宗李嗣源年號（926—930）。

[8]太保：官名。與太師、太傅並爲三師。唐後期、五代多爲大臣、勳貴加官。正一品。　“明宗在魏府”至“贈太保”:《宋本册府》卷二八六《宗室部·忠門二》。《新五代史》卷一五:“從璟馳至衛州，爲元行欽所執，將殺之，從璟呼曰:‘我父爲亂軍所逼，公等不亮其心，我亦不能至魏，願歸衛天子。’行欽釋之。”

又："莊宗聞明宗已渡黎陽，復欲遣從璟通問。行欽以爲不可，遂殺之。明宗即位，贈太保。"《會要》卷二諸王條："明宗第二子從璟，爲元行欽所殺。天成三年六月追贈太保，未封王。"天成共四年，三年不得言"初"。

秦王從榮，明宗第二子也，[1]昭懿皇后夏氏，[2]生秦王從榮及閔帝。[3]明宗踐祚，天成初授鄴都留守、天雄軍節度使。[4]三年移北京留守，充河東節度使。[5]四年，入爲河南尹。[6]

[1]秦王從榮，明宗第二子也：明本《册府》卷二八一《宗室部·領鎮門四》。

[2]昭懿皇后夏氏：五代後唐明宗之妻，閔帝之母。明宗天成元年（926），追封夏氏晋國夫人。長興元年（930），乃追册爲皇后，謚曰昭懿。傳見本書卷四九、《新五代史》卷一五。

[3]閔帝：五代後唐閔帝李從厚。明宗李嗣源第三子。933 年至 934 年在位。紀見本書卷四五、《新五代史》卷七。

[4]鄴都：都城名。治所在今河北大名縣。五代後唐同光元年(923)，改魏州爲興唐府，建號東京，三年改東京爲鄴都。　天雄軍：方鎮名。治所在魏州（今河北大名縣)。

[5]河東：方鎮名。治所在太原府（今山西太原市)。

[6]河南尹：官名。唐開元元年（713）改洛州爲河南府，治所在今河南洛陽市，河南府尹總其政務。從三品。　"明宗踐阼"至"入爲河南尹"：明本《册府》卷二八一。《輯本舊史》卷三二《唐莊宗紀六》同光二年十月甲午條："以宣武軍節度押牙李從温、李從璋、李從榮、李從厚、李從璨並銀青光禄大夫、檢校右散騎常侍兼御史大夫。"卷三七《唐明宗紀三》天成元年十二月庚子條："皇第二子、金紫光禄大夫、檢校司徒從榮可檢校太保、同平章事、

天雄軍節度使、鄴都留守。”卷三八《唐明宗紀四》天成二年八月癸巳條：“幸皇子從榮第，宣禁中伎樂觀宴，從榮進馬及器幣，帝因以伎樂賜之。”同月甲辰條：“皇子從榮娶鄜州節度使劉仲殷女，是夕禮會，百僚表賀。”同年十一月庚申條：“皇子……鄴都留守、檢校太保、同平章事從榮……加檢校太傅，進爵邑。”卷四〇《唐明宗紀六》天成四年四月壬子條：“以皇子北京留守、河東節度使從榮爲河南尹，判六軍諸衛事。”同年八月甲辰條：“以……河南尹從榮爲橋道頓遞使。”《新五代史》卷一五《秦王從榮傳》：“天成元年，以檢校司徒兼御史大夫，拜天雄軍節度使、同中書門下平章事。三年，徙鎮河東。長興元年，拜河南尹，兼判六軍諸衛事。”明本《册府》卷二七七《宗室部·褒寵門》：“秦王從榮，明宗長子也。天成二年，自鄴中至，泊於至德宫。帝幸其第，宣禁中女伎及教坊樂，歡宴至晚。”

一日，明宗謂安重誨曰：[1]“近聞從榮左右有詐宣朕旨，令勿接儒生，儒生多懦，恐鈍志相染。朕方知之，頗駭其事。余比以從榮方幼，出臨大藩，故選儒雅，賴其裨佐。今聞此姦憸之言，豈朕之所望也。”鞫其言者將戮之，重誨曰：“若遽行刑，又慮賓從難處，且望嚴誡。”遂止。[2]《永樂大典》卷六千七百六十。

[1]安重誨：人名。應州（今山西應縣）人。五代後唐大臣。傳見本書卷六六、《新五代史》卷二四。

[2]“一日”至“遂止”：《大典》卷六七六〇“王”字韻“宗室封王（二四）五代”事目。參見《北夢瑣言》卷一八明宗睿相條，文字微有異。

（長興元年）十一月庚申朔，[1]秦王從榮受册，謁于太廟。[2]

[1]長興：五代後唐明宗李嗣源年號（930—933）。

[2]“十一月庚申朔”至“謁于太廟”：《新五代史》卷六《唐本紀》。《輯本舊史》卷四一《唐明宗紀七》長興元年（930）八月壬寅條：“皇子河南尹、判六軍諸衛事從榮封秦王，仍令所司擇日册命。”同年十一月庚申條：“帝御文明殿，册皇子秦王，仗衛樂懸如儀。”卷四三《唐明宗紀九》長興三年正月辛丑條：“秦王從榮加開府儀同三司、兼中書令。”

從榮爲詩，與從事高輦等更相唱和，[1]自謂章句獨步於一時，有詩千餘首，號曰《紫府集》。[2]乃請以嚴衛、捧聖步騎兩指揮爲秦府衙兵，[3]自每入朝，以數百騎從行，出則張弓挾矢，馳騁盈巷。既受元帥之命，即令其府屬僚佐及四方遊士，各試《檄淮南書》一道，陳己將廓清宇内之意。初，言事者請爲親王置師傅，明宗顧問近臣，執政以從榮名勢既隆，不敢忤旨，即奏云：“王官宜委從榮。”乃奏刑部侍郎劉贊爲王傅，[4]又奏翰林學士崔税（棁）爲元帥府判官。[5]明宗曰：“學士代予詔令，不可擬議。”從榮不悦，退謂左右曰：“既付以元帥之任，而阻予請僚佐，又未諭制旨也。”復奏刑部侍郎任贊，[6]從之。[7]長興中，以本官充天下兵馬大元帥。[8]

[1]從事：泛指一般屬官。　高輦：人名。籍貫不詳。五代後

唐官員。事見本書本卷、《新五代史》卷一五。

［2］“從榮爲詩”至“號曰《紫府集》”：明本《册府》卷二七〇《宗室部·文學門》。《新五代史》卷一五《秦王從榮傳》：“從璟死，從榮於諸皇子次最長，又握兵柄。然其爲人輕雋而鷹視，頗喜儒，學爲歌詩，多招文學之士，賦詩飲酒，故後生浮薄之徒，日進諛佞以驕其心。自將相大臣皆患之，明宗頗知其非而不能裁制。從榮嘗侍側，明宗問曰：‘爾軍政之餘，習何事業？’對曰：‘有暇讀書，與諸儒講論經義爾。’明宗曰：‘經有君臣父子之道，然須碩儒端士，乃可親之。吾見先帝好作歌詩，甚無謂也。汝將家子文章非素習，必不能工，傳於人口，徒取笑也。吾老矣，於經義雖不能曉，然尚喜屢聞之，其餘不足學也。’”《北夢瑣言》卷一九明宗戒秦王條：“明宗戒秦王從榮曰：‘吾少鍾喪亂，馬上取功名，不暇留心經籍。在藩邸時，見判官論説經義，雖不深達其旨，大約令人開悟。今朝廷有正人端士，可親附之，庶幾有益。吾見先皇在藩時，愛自作歌詩。將家子，文非素習，未能盡妙，諷於人口，恐被諸儒竊笑。吾老矣，不能勉强於此，唯書義尚欲耳裏頻聞。’時從榮方聚雜進士浮薄之子，以歌詩吟詠爲事，上道此言規諷之。或一日，秦王進時，上説於俳優敬新磨。敬新磨贊美而曰：‘勿訝秦王詩好，他阿爺平生愛作詩。’上大笑。”亦見《宋本册府》卷一五八《帝王部·誡勵門三》長興三年（932）十月壬子條。

［3］嚴衛捧聖步騎兩指揮：唐末、五代時期的一種軍事編制單位，五百人爲一“指揮”。“嚴衛”“捧聖”皆爲部隊番號。

［4］刑部侍郎：官名。尚書省刑部次官。協助刑部尚書掌天下刑法及徒隸、勾覆、關禁之政令。正四品下。　劉贊：人名。魏州（今河北大名縣）人。五代後唐官員。傳見本書卷四四、《新五代史》卷六八。

［5］翰林學士：官名。由南北朝始設之學士發展而來，唐玄宗改翰林供奉爲翰林學士，備顧問，代王言，掌拜免將相、號令征伐等詔令的起草。　崔棁（zhuō）：人名。博陵安平（今河北安平

縣）人。五代後梁進士，歷仕五代後梁至後晋。傳見本書卷九三、《新五代史》卷五五。　元帥府：即統軍元帥開設的府署。　判官：官名。爲長官的佐吏，協理政事，或備差遣。

［6］任贊：人名。籍貫不詳。五代後唐官員。事見本書卷四四。

［7］"乃請以嚴衛、捧聖步騎兩指揮爲秦府衙兵"至"從之"：明本《册府》卷二九九《宗室部·專恣門》。《舊五代史考異》："《宋史·趙上交傳》：秦王從榮開府兼判軍衛，以上交爲虞部員外郎，充六軍諸衛推官。李澣、張沆、魚崇遠皆白衣在秦府，悉與上交友善。累遷司封郎中，充判官。從榮素豪邁，不遵禮法，好昵群小，上交從容言曰：'王位尊嚴，當修令德以慰民望，王忍爲此，獨不見恭世子、戾太子之事乎？'從榮怒，出之。歷涇、秦二鎮節度判官。從榮及禍，僚屬皆坐斥。上交由是知名。"見《宋史》卷二六二。明本《册府》卷九九四《外臣部·備禦門七》唐明宗長興三年十月戊午條："帝御廣壽殿，謂范延光、秦王從榮等曰：'契丹欲謀犯塞，邊上宜得嚴重帥臣。卿等商量，誰爲可者以聞。'"同月甲戌條："秦王從榮奏曰：'伏見北面奏報，契丹族帳近塞，吐渾突厥已侵邊地。北面戍卒雖多，未有統率，早宜命大將。'帝曰：'卿等商量定未？'俱奏曰：'將校之中，唯石諱、康義誠二人可行。'諱素不欲爲禁軍之副，即奏曰：'臣願北行。'帝曰：'卿爲吾行事無不濟。'即令宣旨施行。"石諱即石敬瑭。《輯本舊史》卷四四《唐明宗紀十》長興四年正月戊子條："秦王從榮加守尚書令、兼侍中，依前河南尹，判六軍諸衛事。"同年六月丙辰條："秦王從榮加食邑至萬户，實封二千户。"同年八月辛未條："秦王從榮以本官充天下兵馬大元帥，加食邑萬户、實封三千户。"同年九月辛丑條："詔天下兵馬大元帥、秦王從榮班宜在宰臣之上。"《會要》卷六《親王與朝臣行立位》條："後唐長興三年正月，中書門下奏：'見任宰臣四外，其餘諸使兼侍中、中書令、平章事，並是使相，向來班序皆在見任宰臣之下。今緣秦王從榮是親王，新加兼中書令，與諸使相不同，每遇排班及到中書，位次未定。今後望諸親王

官至兼侍中、中書令，則與見任宰臣分班定位。宰臣居左，親王兼侍中、中書令居右。如親王及諸使守侍中、中書令亦並是使相，既不知印，不署敕，亦分行居右。其餘使相依舊規。’從之。四年九月敕：‘天下兵馬大元帥秦王從榮，位隆將相，望重磐維，委任既崇，等威合異，班位宜在宰相之上。”《新五代史》卷一五《秦王從榮傳》：“故事，諸王受封不朝廟，而有司希旨，欲重其禮，乃建議曰：‘古者因禘、嘗而發爵禄，所以示不敢專。今受大封而不告廟，非敬順之道也。’於是從榮朝服，乘輅車，具鹵簿，至朝堂受册，出，載册以車，朝于太廟，京師之人皆以爲榮。三年，加兼中書令。有司又言：‘故事，親王班宰相下，今秦王位高而班下，不稱。’於是與宰相分班而居右。四年，加尚書令，食邑萬户。太僕少卿何澤上書，請立從榮爲皇太子。是時明宗已病，得澤書不悦，顧左右曰：‘群臣欲立太子，吾當養老於河東。’乃召大臣議立太子事，大臣皆莫敢可否。從榮入白曰：‘臣聞姦人言，欲立臣爲太子，臣實不願也。’明宗曰：‘此群臣之欲爾。’從榮出，見范延光、趙延壽等曰：‘諸公議欲立吾爲太子，是欲奪吾兵柄而幽之東宫耳。’延光等患之，乃加從榮天下兵馬大元帥。有司又言：‘元帥或統諸道，或專一面，自前世無天下大元帥之名，其禮無所考按。請自節度使以下，凡領兵職者，皆具橐鞬以軍禮庭參；其兼同中書門下平章事者，初見亦如之，其後許如客禮。凡元帥府文符行天下，皆用帖。又升班在宰相上。’從榮大宴元帥府，諸將皆有頒給：控鶴、奉聖、嚴衛指揮使，人馬一匹、絹十匹；其諸軍指揮使，人絹十匹；都頭已下，七匹至三匹。又請嚴衛、捧聖千人爲牙兵，每入朝，以數百騎先後，張弓挾矢，馳走道上，見者皆震懾。從榮又命其寮屬及四方游士試作《征淮檄》，陳己所以平一天下之意。言事者請爲諸王擇師傅，以加訓導。宰相難其事，因請從榮自擇。從榮乃請翰林學士崔棁、刑部侍郎任贊爲元帥判官。明宗曰：‘學士代予言，不可也。’從榮出而恚曰：‘任以元帥而不得請屬寮，非吾所諭也。’將相大臣見從榮權位益隆，而輕脱如此，皆知其禍而莫敢

言者。惟延光、延壽陰有避禍意，數見明宗，涕泣求解樞密，二人皆引去，而從榮之難作。”

[8]天下兵馬大元帥：官名。總掌天下兵馬。爲特設超品之官職。　長興中，以本官充天下兵馬大元帥：明本《册府》卷二六九《宗室部·將兵門》。《會要》卷二四諸王條：“長興四年，以秦王從榮爲天下兵馬大元帥。”

後舉兵犯宮室，敗死，廢爲庶人。[1]

[1]《大典》卷一六六二八“建”字韻“封建（一一）五代”事目。　廢爲庶人：亦見《通鑑》卷二七八長興四年（933）十一月丙申條。《新五代史》卷一五《秦王從榮傳》：“（四年）十一月戊子，雪。明宗幸宮西士和亭，得傷寒疾。己丑，從榮與樞密使朱弘昭、馮贇入問起居於廣壽殿，帝不能知人。王淑妃告曰：‘從榮在此。’又曰：‘弘昭等在此。’皆不應。從榮等去，乃遷於雍和殿，宮中皆慟哭。至夜半後，帝蹶然自興於榻，而侍疾者皆去，顧殿上守漏宮女曰：‘夜漏幾何？’對曰：‘四更矣！’帝即唾肉如肺者數片，溺涎液斗餘。守漏者曰：‘大家省事乎？’曰：‘吾不知也。’有頃，六宮皆至，曰：‘大家還魂矣！’因進粥一器。至旦，疾少愈，而從榮稱疾不朝。初，從榮常忌宋王從厚賢於己，而懼不爲嗣。其平居驕矜自得，及聞人道宋王之善，則愀然有不足之色。其入問疾也，見帝已不知人，既去，而聞宮中哭聲，以謂帝已崩矣，乃謀以兵入宮。使其押衙馬處鈞告弘昭等，欲以牙兵入宿衛，問何所可以居者。弘昭等對曰：‘宮中皆王所可居，王自擇之。’因私謂處鈞曰：‘聖上萬福，王宜竭力忠孝，不可草草。’處鈞具以告從榮，從榮還遣處鈞語弘昭等曰：‘爾輩不念家族乎？’弘昭、贇及宣徽使孟漢瓊等入告王淑妃以謀之，曰：‘此事須得侍衛兵爲助。’乃召侍衛指揮使康義誠，謀於竹林之下。義誠有子在秦王府，不敢決其謀，

謂弘昭曰：‘僕爲將校，惟公所使爾！’弘昭大懼。明日，從榮遣馬處鈞告馮贇曰：‘吾今日入居興聖宫。’又告義誠，義誠許諾。贇即馳入内，見義誠及弘昭、漢瓊等坐中興殿閣議事，贇責義誠曰：‘主上所以畜養吾徒者，爲今日爾！今安危之機，間不容髪，奈何以子故懷顧望，使秦王得至此門，主上安所歸乎？吾輩復有種乎？’漢瓊曰：‘賤命不足惜，吾自率兵拒之。’即入見曰：‘從榮反，兵已攻端門。’宫中相顧號泣。明宗問弘昭等曰：‘實有之乎？’對曰：‘有之。’明宗以手指天泣下，良久，曰：‘義誠自處置，毋令震動京師。’潞王子重吉在側，明宗曰：‘吾與爾父起微賤，至取天下，數救我危窘。從榮得何氣力，而作此惡事！爾亟以兵守諸門。’重吉即以控鶴兵守宫門。是日，從榮自河南府擁兵千人以出。從榮寮屬甚衆，而正直之士多見惡，其尤所惡者劉贊、王居敏，而所昵者劉陟、高輦。從榮兵出，與陟、輦並轡耳語，行至天津橋南，指日景謂輦曰：‘明日而今，誅王居敏矣！’因陣兵橋北，下據胡牀而坐，使人召康義誠。而端門已閉。叩左掖門，亦閉，而於門隙中見捧聖指揮使朱弘實率騎兵從北來，即馳告從榮。從榮驚懼，索鐵厭心，自調弓矢。皇城使安從益率騎兵三百衝之，從榮兵射之，從益稍却。弘實騎兵五百自左掖門出，方渡河，而後軍來者甚衆，從榮乃走歸河南府，其判官任贊已下皆走出定鼎門，牙兵劫嘉善坊而潰。從榮夫妻匿牀下，從益殺之。明宗聞從榮已死，悲咽幾墮于榻，絶而蘇者再。馮道率百寮入見，明宗曰：‘吾家事若此，慚見群臣！’君臣相顧，泣下沾襟。從榮二子尚幼，皆從死。後六日而明宗崩。”參見《通鑑》卷二七八長興四年十一月諸條。《輯本舊史》引《會要》：“清泰元年十二月敕：‘故庶人從榮，獲罪先帝，貽禍厥身，已歷歲時，未營宅兆。雖軫在原之念，宜從有國之規，且令中書門下商量葬禮。’尋據太常禮院狀奏：‘請準唐貞觀中庶人承乾流死黔州，仍葬以公禮。’從之。”見《會要》卷二諸王條。《輯本舊史》引《五代史補》：“秦王從榮，明宗之愛子。好爲詩，判河南府，辟高輦爲推官。輦尤能爲詩，賓主相遇甚歡。自是出入

門下者，當時名士有若張杭、高文蔚、何仲舉之徒，莫不分廷抗禮，更唱迭和。時干戈之後，武夫用事，睹從榮所爲，皆不悦。于是康知訓等竊議曰：‘秦王好文，交遊者多詞客，此子若一旦南面，則我等轉死溝壑，不如早圖之。’高輦知其謀，因勸秦王託疾：‘此輩以所就之間，須來問候，請大王伏壯士，出其不意皆斬之，庶幾免禍矣。’從榮曰：‘至尊在上，一旦如此，得無危乎？’輦曰：‘子弄父兵，罪當笞爾，不然則悔無及矣。’從榮猶豫不決，未幾及禍，高輦棄市。初，從榮之敗也，高輦竄于民家，且落髮爲僧。既擒獲，知訓以其毁形難認，復使巾幘著緋，驗其真僞，然後用刑。輦神色自若，厲聲曰：‘朱衣纔脱，白刃難逃。’觀者笑之。”見《五代史補》卷二秦王掇禍條。《太平廣記》卷三五三僧彦翛條：“草書僧文英大師彦翛，始在洛都。明宗世子秦王從榮復厚遇之。後有故，南居江陵西湖曾口寺。一日恍惚，忽見秦王擁二十騎詣寺訪彦翛。彦翛問：‘大王何以此來？’恰未對，倏而不見。彦翛方訪於人，不旬日，秦王遇害。”此條下注“出《北夢瑣言》”，今本《北夢瑣言》未見。《北夢瑣言》卷二〇輕佻致禍條：“秦王從榮之爲元帥，輕佻淺露，狎近浮薄。列坐將帥，而與判官論詩。未躋大位，而許人禍福。由是中外忌憚，竟及誅敗。上聞重榮伏誅，悲駭幾落御榻，氣絶復蘇者再。由是不豫轉增，以至晏駕。自云：‘我今日自作劉窟頭也。’”

從璨，明宗之諸子也。性剛直，好客踈財，意豁如也。天成中，爲右衛大將軍。[1]時安重誨方秉事權，從璨亦不之屈，重誨常以此忌之。明宗幸汴，留從璨爲大内皇城使。[2]一日，召賓友於會節園，[3]酒酣之後，戲登於御榻。安重誨奏請誅之，詔曰：“皇城使李從璨，朕巡幸汴州，俾警大内。乃全乖委任，但恣追遊，於予行從之園，頻恣歌歡之會；仍施峻法，顯辱平人，致彼諠

譁，達於聞聽。方當立法，固不黨親，宜貶授房州司户參軍，[4]仍令盡命。”長興中，重誨之得罪出，詔復舊官，仍贈太保。[5]

[1]右衛大將軍：官名。唐代置十六衛之一。掌宫禁宿衛。正三品。

[2]大内皇城使：官名。唐末始置，爲皇城司長官，一般由君主的親信充任，以拱衛皇城。

[3]會節園：園林名。位於今河南洛陽市。

[4]房州：州名。治所在今湖北房縣。　司户參軍：官名。簡稱“司户”。州級政府僚佐。掌本州屬縣之户籍、賦税、倉庫受納等事。上州從七品下，中州正八品下，下州從八品下。

[5]“從璨”至“仍贈太保”：《宋本册府》卷二九五《宗室部·復爵門》。《會要》卷二諸王條：“明宗第四子從璨，爲安重誨所陷，天成四年三月，責授房州司户參軍，尋殺之。至長興四年七月，追贈太保，未封王。”又據《宋本册府》卷一七四《帝王部·修廢門》周太祖廣順元年（951）十一月載，從璨有子名重玉。

許王從益，明宗之幼子也。宫嬪所生，明宗命王淑妃母之，[1]嘗謂左右曰：“唯此兒生於皇宫，故尤所鍾愛。”長興末，封許王。[2]晋高祖即位，[3]以皇后即其姊也，乃養從益於宫中。晋天福中，[4]以從益爲二王後，改封郇國公，[5]食邑三千户。其後與母歸洛陽守陵。[6]開運末，[7]契丹主至汴，[8]以從益遥領曹州節度使，復封許王，與王妃尋歸西京。會契丹主死，其汴州節度使蕭翰謀歸北地，[9]慮中原無主，軍民大亂，則己亦不能按轡徐歸矣，[10]乃詐稱契丹主命，遣人迎從益於洛陽，令知

南朝軍國事。[11]從益與王妃逃於徽陵以避之,[12]使者至,不得已而赴焉。從益於崇元殿見群官,[13]蕭翰率部衆列拜於殿上,群官趨拜於殿下,乃僞署王松爲左丞相,[14]趙上交爲右丞相,[15]李式、翟光鄴爲樞密使,[16]王景崇爲宣徽使,[17]餘官各有署置。又以北來燕將劉祚爲權侍衛使,[18]充在京巡檢。[19]翰北歸,從益餞於北郊。及漢高祖將離太原,[20]從益召高行周、武行德欲拒漢高祖,[21]行周等不從,且奏其事。漢高祖怒,車駕將至闕,從益與王妃俱賜死於私第,[22]時年十七,時人哀之。《永樂大典》卷六千七百六十。[23]

[1]王淑妃:後唐明宗妃嬪。傳見本書卷四九、《新五代史》卷一五。

[2]長興末,封許王:《輯本舊史》卷四四《唐明宗紀十》長興四年(933)五月戊寅條:"皇子從益封許王。"亦見《新五代史》卷六《唐本紀》長興四年(933)五月戊寅條。《輯本舊史》卷四五《唐閔帝紀》應順元年(934)三月辛亥條:"許王從益加檢校太保。"

[3]晋高祖:即石敬瑭。沙陀部人,太原(今山西太原市)人。五代後晋開國君主,936年至942年在位。在位期間割華北北部幽、雲諸州予契丹。紀見本書卷七五至卷八〇、《新五代史》卷八。

[4]天福:五代後晋高祖石敬瑭年號,出帝石重貴沿用,共九年(936—944)。

[5]"晋天福中"至"改封郇國公":《輯本舊史》之影庫本粘籤:"郇國,原本作'鄒國',考《歐陽史》及《通鑑》並作郇國,《薛史·晋高祖紀》亦作'郇',今改正。"見《新五代史》卷八

《晋本紀》天福四年癸未條："封李從益爲郇國公以奉唐後。"亦見《新五代史》卷一五《淑妃王氏傳》。《通鑑》卷二八二天福四年（939）九月癸未條："以唐許王從益爲郇國公，奉唐祀。從益尚幼，李后養從益於宫中，奉王淑妃如事母。"《輯本舊史》卷七八《晋高祖紀四》天福四年九月癸未條："封唐許王李從益爲郇國公，奉唐之祀，服色旌旗，一依舊制。"《會要》卷五"二王三恪"條："晋天福二年正月敕：'周以杞、宋封夏、殷之後，爲二王後；兼封舜之後，爲三恪。唐以周、隋之後封公，爲二王後；又封魏之後，爲三恪。宜于唐朝宗屬中取一人封公世襲，兼隋之酅國公，爲二王後；以周後介國公備三恪。其主祀及赴大朝會，委所司具典禮申奏。其唐朝宗屬中，舊在朝及諸道爲官者，各據資歷，考限滿日，從品秩序遷；已有出身，任令參選。'四年九月敕：'周受龍圖，立夏、殷之祀；唐膺鳳曆，開酅、介之封。乃睠前朝，載稽舊典，宜闢土宇，俾奉宗祧。宜以郇國三千户封唐許王李從益爲郇國公，奉唐之祀，服色旌旗，一依舊制，以西京至德宫爲廟，牲幣器祭服悉從官給。'"

[6]洛陽：地名。位於今河南洛陽市。

[7]開運：五代後晋出帝石重貴年號（944—946）。

[8]開運末，契丹主至汴：《輯本舊史》卷八五《晋少帝紀五》繫此事於開運四年（947）正月。

[9]蕭翰：人名。契丹人。遼朝宰相蕭敵魯之子，述律太后之侄，太宗皇后之兄。遼初將領。傳見本書卷九八、《遼史》卷一一三。

[10]則已亦不能按轡徐歸矣：中華書局本有校勘記："'按轡'，原作'按鑾'，據殿本、劉本、孔本、邵本、彭本改。影庫本批校：'"轡"訛"鑾"。'"《輯本舊史》卷九八《蕭翰傳》亦載此事，亦作"轡"。

[11]遣人迎從益於洛陽，令知南朝軍國事：《輯本舊史》卷一〇〇《漢高祖紀下》繫此事於天福十二年（947）五月丁酉。亦見《新五代史》卷一〇《漢高祖紀》開運四年五月丙申條。開運

四年即天福十二年。《通鑑》卷二八六天福十二年二月條："唐王淑妃與郇公從益居洛陽。契丹主以從益爲許王、威信節度使。淑妃以從益幼，辭不赴鎮，復歸於洛。"

[12]徽陵：五代後唐明宗李嗣源陵墓。位於今河南新安縣。後晋石敬瑭將後唐愍帝（閔帝）、李從榮、李重吉皆祔葬於此。

[13]崇元殿：五代後梁開平元年（907）改汴京正殿爲崇元殿。位於今河南開封市。

[14]王松：人名。京兆（今陝西西安市）人。唐僖宗宰相王徽之子。五代後唐至後漢官員。傳見本書附録、《新五代史》卷五七。　左丞相：官名。秦漢始置，同右丞相皆爲百官之長，輔佐皇帝綜理全國事務。

[15]趙上交：人名。涿州范陽（今河北涿州市）人。五代、宋初大臣。本名遠，字上交，避後漢高祖劉知遠諱，遂以字爲名。傳見《宋史》卷二六二。

[16]李式：人名。籍貫不詳。五代後晋官員。事見本書卷七七。　翟光鄴：人名。濮州甄城（今山東鄄城縣）人，五代將領。傳見本書卷一二九、《新五代史》卷四九。　樞密使：官名。樞密院長官。唐代宗時始以宦官掌機密，至昭宗時借朱温之力盡誅宦官，始改以士人任樞密使。備顧問，参謀議，出納詔奏，權侔宰相。参見李全德《唐宋變革期樞密院研究》，國家圖書館出版社2009年版。

[17]王景崇：人名。邢州（今河北邢臺市）人。五代後漢時升任鳳翔節度使。傳見本書附録、《新五代史》卷五三。　宣徽使：官名。宣徽南院使、北院使通稱宣徽使。

[18]劉祚：人名。籍貫不詳。遼國將領。事見本書本卷。　侍衛使：官名。侍衛親軍司統兵官。

[19]巡檢：官名。五代始設巡檢，設於京師、陪都、重要的州及邊防重鎮。設於都城的稱京城巡檢使、都巡檢、都巡檢使。掌地方治安。

［20］漢高祖：即五代後漢高祖劉知遠。紀見本書卷九九至卷一〇〇、《新五代史》卷一〇。

［21］高行周：人名。嬀州懷戎（今河北懷來縣）人。五代後唐至後周將領。傳見本書卷一二三、《新五代史》卷四八。　武行德：人名。并州榆次（今山西晋中市榆次區）人。五代、宋初將領。傳見《宋史》卷二五二。　從益召高行周、武行德欲拒漢高祖：《舊五代史考異》："《薛史》但載從益拒漢事，考《宋史·趙上交傳》云：漢祖將至，從益遣上交馳表獻款。蓋獻款乃淑妃、從益本意也。《歐陽史》兩存之，其事始備。"見《宋史》卷二六二《趙上交傳》、《新五代史》卷一五《淑妃王氏傳》。

［22］從益與王妃俱賜死於私第：《輯本舊史》卷一〇〇《漢高祖紀下》繫此事於天福十二年六月丙辰。參見《通鑑》卷二八七天福十二年六月五月條。《輯本舊史》卷一一一《周太祖紀二》廣順元年三月庚寅條："唐故郇國公李從益追封許王，唐明宗淑妃王氏追贈賢妃。"

［23］《大典》卷六七六〇"王"字韻"宗室封王（二四）五代南唐"事目。《輯本舊史》引《五代史闕文》："漢高祖自太原起軍建號，至洛陽，命郭從義先入京師，受密旨殺王淑妃與許王從益。淑妃臨刑號泣曰：'吾家子母何罪？吾兒爲契丹所立，非敢與人争國，何不且留我兒，每年寒食，使持一盂飯灑明宗陵寢。'聞者無不泣下。臣謹按，隱帝朝，詔史臣修漢祖實録，敘淑妃、從益傳，但云'臨刑之日，焚香俟命'，蓋諱之耳。""吾兒爲契丹所立"，中華書局本有校勘記："'兒'原作'既'，據彭校、《五代史闕文》改。"見《五代史闕文·漢史》王淑妃、許王從益條。

末帝諸子

重吉，末帝長子，[1]爲控鶴都指揮使。[2]閔帝嗣

位，[3]出爲亳州團練使。[4]末帝兵起，爲閔帝所害。[5]清泰元年昭贈太尉仍令宋州選隙地置廟。

[1]末帝：五代後唐末帝李從珂。又稱廢帝。鎮州平山（今河北平山縣）人。後唐明宗養子。明宗入洛陽，他率兵追隨，以功拜河中節度使，封潞王。紀見本書卷四六至卷四八、《新五代史》卷七。

[2]控鶴都指揮使：官名。所部統兵將領。控鶴爲部隊番號。

[3]閔帝：五代後唐閔帝李從厚。明宗李嗣源第三子。紀見本書卷四五、《新五代史》卷七。

[4]亳州：州名。治所在今安徽亳州市。　團練使：官名。唐代中期以後，於不設節度使的地區設團練使。掌本區各州軍事。

[5]"重吉"至"爲閔帝所害"：《大典》卷一六六二八"建"字韻"封建（一一）唐五代"事目。《輯本舊史》之原輯者案語："《通鑑》云：詔遣殿直楚匡祚執亳州李重吉，幽于宋州。又云：遣楚匡祚殺李重吉于宋州，匡祚榜捶重吉，責其家財。"見《通鑑》卷二七九清泰元年（934）二月丁酉條及三月庚申條。又："閔帝有子重哲，授銀青光禄大夫、檢校工部尚書，見《明宗紀》。《歐陽史·家人傳》闕而不載，今附識于此。"《輯本舊史》卷四四《唐明宗紀十》長興四年（933）九月壬戌條："皇孫重光、重哲並授銀青光禄大夫、檢校工部尚書，秦王、宋王子也。"卷四五《唐閔帝紀》應順元年（934）二月庚子條："殿直楚匡祚上言，監取亳州團練使李重吉至宋州，繫於軍院。重吉，潞王之長子，及幽於宋州，帝猶以金帛賜之，及聞西師咸叛，方遣使殺之。"卷四六《唐末帝紀上》清泰元年六月甲申條："帝爲故皇子亳州刺史重吉、皇長女尼惠明大師幼澄舉哀行服，群臣詣閤門奉慰。"同年七月乙巳條："皇子故亳州團練使重吉贈太尉，仍於宋州置廟。"亦見明本《册府》卷二七七《宗室部·褒寵門》。《新五代史》卷七《唐本

紀》："王子重吉自明宗時典禁兵，爲控鶴指揮使，愍帝即位，朱弘昭、馮贇用事，乃罷重吉兵職，出爲亳州團練使。"卷一五《唐明宗家人傳》："從榮反，潞王子重吉在側，明宗曰：'吾與爾父起微賤，至取天下，數救我於危窘。從榮得何氣力，而作此惡事！爾亟以兵守諸門。'重吉即以控鶴兵守宫門。"卷一六《唐廢帝家人傳》："廢帝二子：曰重吉、重美，一女爲尼，號幼澄，皆不知其所生。廢帝鎮鳳翔，重吉爲控鶴指揮使，與尼俱留京師。控鶴，親兵也。愍帝即位，不欲重吉掌親兵，乃出重吉爲亳州團練使，居幼澄於禁中，又徙廢帝北京。廢帝自疑，乃反。愍帝遣人殺重吉于宋州，幼澄亦死。"

雍王重美，末帝第二子。清泰三年封。[1]晋兵入，與末帝俱自焚死。[2]

［1］清泰：五代後唐末帝李從珂年號（934—936）。

［2］"雍王重美"至"與末帝俱自焚死"：《大典》卷一六六二八"建"字韻"封建（一一）唐五代"事目。《新五代史》卷一六《重美傳》："幼而明敏如成人。廢帝即位，自左衛上將軍領成德軍節度使、兼河南尹、判六軍諸衛事，改領天雄軍節度使，同中書門下平章事，封雍王。石敬瑭反，廢帝欲北征，重美謂宜持重，固請毋行。廢帝心憚敬瑭，初不欲往，聞重美言，以爲然，而劉延皓與劉延朗等迫之不已，廢帝遂如河陽，留重美守京師。"《輯本舊史》卷四二《唐明宗紀八》長興二年（931）六月庚辰條："皇孫太子舍人重美授司勳員外郎。"卷四六《唐末帝紀上》清泰元年（934）五月丁巳條："以皇子銀青光禄大夫、檢校工部尚書重美爲檢校司徒、守左衛上將軍。"同年六月甲戌條："皇子左衛上將軍重美加檢校太保、同平章事，充鎮州節度使、兼河南尹、判六軍諸衛事。"卷四七《唐末帝紀中》清泰二年二月甲戌條："以皇子鎮州節度使、

兼河南尹、判六軍諸衛事、左右街坊使重美加檢校太尉、同平章事，充天雄軍節度使，餘如故。”卷四八《唐末帝紀下》清泰三年正月丁未條：“皇子河南尹、判六軍諸衛事重美封雍王。”同年五月丙申條：“以雍王重美與汴州節度使范延光結婚，詔兖王從温主之。”《通鑑》卷二八〇天福元年（936）九月丁未條：“唐主下詔親征。雍王重美曰：‘陛下目疾未平，未可遠涉風沙；臣雖童稚，願代陛下北行。’帝意本不欲行，聞之，頗悦。”同年閏十一月己巳條：“洛陽聞北軍敗，衆心大震，居人四出，逃竄山谷。門者請禁之，河南尹雍王重美曰：‘國家多難，未能爲百姓主，又禁其求生，徒增惡名耳；不若聽其自便，事寧自還。’乃出令任從所適，衆心差安。”同月辛巳條：“唐主與曹太后、劉皇后、雍王重美及宋審虔等携傳國寶登玄武樓自焚。皇后積薪欲燒宮室，重美諫曰：‘新天子至，必不露居，他日重勞民力；死而遺怨，將安用之！’乃止。”《宋本册府》卷二九三《宗室部·抑損門》：“後唐末帝清泰元年，皇子、河南尹重美表：‘前壽安令賈譚添民户，希别授官。’中書門下奏：‘親王無薦士例。’帝曰：‘有例亦不可，況無例乎？’”明本《册府》卷二七七《宗室部·褒寵門三》：“隴西郡公重美，末帝子，清泰元年授成德軍節度等使，命樞密使韓昭常送重美領鎮州旌節、官牒于府署，重美迎授，其禮甚盛。”卷一六九《帝王部·納貢獻門》唐廢帝清泰元年十月丙戌條：“皇子河南尹重美、洋王從璋、涇王從敏、宣徽使李專美獻煖帳、羊酒、爐鉼、火具。”同月甲寅條：“河南尹重美又獻冬服綿綺綾羅三百匹。”卷六一《帝王部·立制度門二》唐末帝清泰二年三月辛亥條：“兩街功德使雍王重美奏：‘每年誕節，諸道州府奏薦僧尼道士紫衣師號漸多，今欲量立條式，僧講論、講經、表白各三科，文章應制十二科，持念一科，禪聲贊科，並於本伎能中條貫。道士經法科試義十道，講論科試經論，文章應制科試詩，表白科試聲喉，聲贊科試步虚三啓，焚修科試齋醮儀。’詔曰：‘重美學洞儒玄，官居尹正，因三教之議論，希千春之渥恩，特立條流，以防濫進。’從之。”卷一一四《帝王部·巡幸

門三》唐末帝清泰二年十月甲戌條："河南尹重美從獻金酒器四十事、繒帛三千匹，供御馬八匹、金綫袍玉帶。"卷七四《帝王部·命相門四》唐末帝清泰三年三月條："初，帝爲潞王鎮河中時，胤孫爲記室，留守西京。節度鳳翔，累轉觀察判官。及即位，用爲翰林學士、户部郎中、知制誥、賜紫金魚。未滿歲，改中書舍人、禮部侍郎，皆帶禁職。時藩邸舊臣韓昭胤、房暠爲樞密使，劉延節、李專美爲宣徽使。河南尹雍王重美不平之，密奏曰：'馬胤孫者，只令視草，恐未得宜。'帝然之。尋拜中書侍郎、平章事。"

史臣曰：繼岌以童騃之歲，當統帥之任，雖成功於劍外，尋求死於渭濱，蓋運盡天亡，非孺子之咎也。從璟感厚遇之恩，無苟免之意，死於君側，得不謂之忠乎！從榮以狂躁之謀，賈覆亡之禍，謂爲大逆，則近厚誣。從璨爲權臣所忌，從益爲强敵所脅，俱不得其死，亦良可傷哉！重美聽洛民之奔亡，止母后之燔爇，身雖燼於紅燄，言則耀乎青編。童年若斯，可謂賢矣！《永樂大典》卷六千七百六十。[1]

[1]《大典》卷六七六〇"王"字韻"宗室封王（二四）五代"事目。

舊五代史　卷五二

唐書二十八

列傳第四

李嗣昭　子繼韜　附裴約

李嗣昭，字益光，武皇母弟代州刺史克柔之假子也。[1]小字進通，[2]不知族姓所出。[3]少事克柔，[4]頗謹愿，雖形貌眇小，而精悍有膽略，沈毅不群。初嗜酒好樂，[5]武皇微伸儆戒，乃終身不飲。少從征伐，精練軍機。乾寧初，[6]王珂、王珙争帥河中。[7]珙引陝州之軍攻珂，[8]珂求救於武皇，乃令嗣昭將兵援之，敗珙軍於猗氏，[9]獲賊將李璠等。[10]四年，改衙内都將。[11]復援河中，敗汴軍於胡壁堡，[12]擒汴將滑禮，[13]以功加檢校僕射。[14]及王珂請婚武皇，武皇以女妻之，珂赴禮於太原，[15]以嗣昭權典河中留後事。[16]

[1]武皇：即李克用。沙陀部人，生於神武川新城（一説是今

山西朔州市朔城區之梵王寺村，一説是今山西應縣縣城，一説在今山西懷仁縣之日中城）。唐末軍閥，受封晋王。五代後唐追尊爲武皇帝。紀見本書卷二五、卷二六，《新五代史》卷四。　代州：州名。治所在今山西代縣。　刺史：官名。州一級行政長官。漢武帝時始置，總掌考覈官吏、勸課農桑、地方教化等事。唐中期以後，節度使、觀察使轄州而設，刺史爲其屬官，職任漸輕。從三品至正四品下。　克柔：人名。即李克柔。李克用之弟。曾任代州刺史。事見本書本卷、卷五〇。

[2]小字進通：《輯本舊史》之原輯者案語："原本作'通進'，今從《歐陽史》改正。"中華書局本有校勘記："'進通'，《册府》卷三四七同，《小字録》引《舊五代史·唐傳》作'通達'。本書各處同。"見《新五代史》卷三六《李嗣昭傳》、明本《册府》卷三四七《將帥部·佐命門八》。《通鑑》卷二六二光化三年（900）七月條《考異》、《宋本册府》卷一八七《閏位部·勳業門五》光化三年八月條亦作"進通"。《四部叢刊》三編《小字録》通達條，李嗣昭誤作"李昭嗣"，且下云"小字'達通'"。《新輯會證》本傳："按《實賓録》卷七引《舊五代史·唐傳》作'通達'。"

[3]不知族姓所出：《輯本舊史》之原輯者案語："《歐陽史》作本姓韓氏，汾州大（太）谷縣民家子。"見《新五代史》卷三六《李嗣昭傳》。

[4]少事克柔：《新五代史》卷三六《李嗣昭傳》："太祖出獵，至其家，見其林中鬱鬱有氣，甚異之，召其父問焉。父言家適生兒，太祖因遺以金帛而取之，命其弟克柔養以爲子。"

[5]初嗜酒好樂：《舊五代史考異》："《歐陽史》作初喜嗜酒，吴縝《纂誤》云：喜即嗜也，疑賸'喜'字。"見《新五代史》卷三六《李嗣昭傳》。

[6]乾寧：唐昭宗李曄年號（894—898）。

[7]王珂：人名。王重榮兄王重簡之子，出繼王重榮。唐末、五代軍閥。傳見《舊唐書》卷一八二、《新唐書》卷一八七、《舊

五代史》卷一四、《新五代史》卷四二。　王珙：人名。唐河中節度使王重盈之子。傳見《新唐書》卷一八七。　河中：府名。治所在今山西永濟市蒲州鎮。

[8]陝州：州名。治所在今河南三門峽市陝州區。

[9]猗氏：縣名。治所在今山西臨猗縣。

[10]李璠（fán）：人名。籍貫不詳。唐末將領。事見本書本卷、卷一，《新五代史》卷一、卷四二、卷四五。　"乾寧初"至"獲賊將李璠等"：《新唐書》卷一八七《王珙傳》《王珂傳》："乾寧二年，重盈死，軍中以其兄重簡子珂出繼重榮，故推爲留後。珙與弟絳州刺史瑶争河中，上言：'珂本家蒼頭，請選大臣鎮河中。'又與朱全忠書言之。珂急，乃遣使請婚於李克用。克用薦之天子，許嗣鎮，然猶以崔胤爲河中節度使。珙復構珂於王行瑜、李茂貞，曰：'珂不受代，且晋親也，將不利於公。'行瑜等約韓建共薦珙。詔曰：'吾重已授珂矣。重榮有大功，不可廢。'行瑜怒，使其弟行約攻珂，克用遣李嗣昭援之，敗珙於猗氏，獲其將李璠。"《輯本舊史》卷一四《王珂傳》："乾寧二年五月，三鎮率兵入覲，賊害時政，請以河中授珙、瑶，又連兵以攻河中。克用聞之，出師以討三鎮，瑶、珙兵退，晋師拔絳州，擒瑶斬之。"《通鑑》卷二六〇乾寧二年（895）五月甲子條："王珂、王珙争河中，（王）行瑜、（韓）建及李茂貞皆爲珙請，不能得，恥之。珙使人語三帥曰：'珂不受代而與河東婚姻，必爲諸公不利，請討之。'行瑜使其弟匡國節度使行約攻河中，珂求救於李克用。"

[11]衙内都將：官名。藩鎮親衛統兵官。

[12]汴：州名。治所在今河南開封市。　胡壁堡：地名。位於今山西萬榮縣。

[13]滑禮：人名。本書僅此一見。

[14]檢校僕射：檢校官名。地方使職帶檢校三公、三師及臺省官之類，表示遷轉經歷和尊崇的地位，檢校僕射爲其中之一階，爲虚銜。

［15］太原：府名。治所在今山西太原市。

［16］留後：官名。唐、五代節度使多以子弟或親信爲留後，以代行節度使職務，亦有軍士、叛將自立爲留後者。掌一州或數州軍政。　“四年”至“以嗣昭權典河中留後事”：“改衙内都將”，《宋本册府》卷四一四《將帥部·赴援門》同。明本《册府》卷三四七《將帥部·佐命門八》作“爲衙内都將”；《宋本册府》卷四〇〇《將帥部·固守門二》作“太原内衙都將”，卷四四四《將帥部·陷没門》亦作“内衙都將”。《輯本舊史》卷九〇《張朗傳》載朗“補宣武軍内衙都將”。“及王珂請婚武皇”，明本《册府》卷三四七《將帥部·佐命門八》作“及王珂請婚於武皇”；“珂赴禮於太原”，明本《册府》作“珂赴禮會於太原”。《新唐書》卷一八七《王重榮傳》：“帝既還，加珂檢校司空，爲節度使。克用以女妻之，珂親迎太原，以李嗣昭助守河中，因攻珙，珙戰數北。”《輯本舊史》卷一四《王珂傳》：“及克用駐軍於渭北，昭宗以珂爲河中節度使，正授旄鉞，克用因以女妻珂。珂至太原謝婚成禮，克用令李嗣昭將兵助珂，攻珙於陝焉。”《輯本舊史》卷二六《唐武皇紀下》乾寧四年三月條：“陝帥王珙攻河中，王珂來告難，武皇遣李嗣昭率二千騎赴之，破陝軍於猗氏，乃解河中之圍。”亦見《通鑑》卷二六一乾寧四年三月條。《輯本舊史》卷二六《唐武皇紀下》光化元年九月條：“武皇遣周德威、李嗣昭率兵三萬出青山口，以迫邢、洺。”同年十月條：“河中王珂來告急，言王珙引汴軍來寇，武皇遣李嗣昭將兵三千以援之，屯於胡壁堡。汴軍萬餘人來拒戰，嗣昭擊退之。”

李罕之襲我潞州也，[1]嗣昭率師攻潞州，與汴將丁會戰於含口，[2]俘獲三千，執其將蔡延恭，[3]代李君慶爲蕃漢馬步行營都將。[4]進攻潞州，[5]遣李存質、李嗣本以兵扼天井關。[6]汴將澤州刺史劉玘棄城而遁，[7]乃以李存

璋爲刺史。[8]梁祖聞嗣昭之師大至，[9]召葛從周謂曰：[10]“并人若在高平，[11]當圍而取之，先須野戰，勿以潞州爲敵。”及聞嗣昭軍韓店，[12]梁祖曰：“進通扼八議路，[13]此賊決與我鬭，公等臨事制機，勿落姦便。”賀德倫閉壁不出，[14]嗣昭日以鐵騎環城，汴人不敢芻牧，援路斷絶。八月，德倫、張歸厚棄城遁去，[15]我復取潞州。[16]

[1]李罕之：人名。陳州項城（今河南沈丘縣）人。唐末、五代軍閥。傳見《新唐書》卷一八七、本書卷一五、《新五代史》卷四二。 潞州：州名。治所在今山西長治市。 李罕之襲我潞州也：《舊唐書》卷二〇上《昭宗紀》及《輯本舊史》卷二六《唐武皇紀下》、卷一五《李罕之傳》皆繫此事於光化元年（898）十二月。

[2]丁會：人名。壽春（今安徽壽縣）人。唐末將領。傳見本書卷五九、《新五代史》卷四四。 含口：地名。又作晗口。在今山西絳縣西南。 與汴將丁會戰於含口：中華書局本有校勘記：“‘與’字原闕，據殿本、彭校、《册府》卷三四七補。”見明本《册府》卷三四七《將帥部·佐命門八》。《輯本舊史》之影庫本粘籤：“含口，原本作‘合口’。考《通鑑注》云：含口在潞州城東。今改正。”查《通鑑》，未見此記載。但《册府》卷三四七《將帥部·佐命門八》亦作“含口”。

[3]蔡延恭：人名。本書僅此一見。

[4]李君慶：人名。籍貫不詳。後唐將領，曾任都指揮使、蕃漢馬步行營都將。事見本書本卷、卷二六、卷一三二。 蕃漢馬步行營都將：官名。藩鎮統兵將領。

[5]“代李君慶爲蕃漢馬步行營都將”至“進攻潞州”：《輯本舊史》卷二六《唐武皇紀下》光化二年（899）五月條：“武皇令

都指揮使李君慶將兵收澤、潞，爲汴軍所敗而還。以李嗣昭爲都指揮使，進攻潞州。”

［6］李存質：人名。回鶻人。本姓張，名汙落。唐末晋王李克用部將。初爲李國昌親信，後從李克用入關征戰，始補軍職，賜姓名，收爲義子。事見《舊唐書》卷一四二、本書卷二七、《通鑑》卷二七一。　李嗣本：人名。雁門（今山西代縣）人。李克用義子，本姓張。五代後唐將領。傳見本書本卷、《新五代史》卷三六。　天井關：關隘名。又稱太行關。位於今山西晋城市南太行山頂。

［7］澤州：州名。治所在今山西晋城市。　劉玘：人名。雍丘（今河南杞縣）人。五代將領。傳見本書卷六四、《新五代史》卷四五。

［8］李存璋：人名。雲中（今山西大同市）人。五代後唐將領。傳見本書卷五三、《新五代史》卷三六。

［9］梁祖：即後梁太祖朱温。

［10］葛從周：人名。濮州甄城（今山東鄄城縣）人。唐末將領。傳見本書卷一六、《新五代史》卷二一。

［11］高平：縣名。治所在今山西高平市。

［12］韓店：地名。位於今山西長治市。

［13］八議路：地名。位於今山西長治市。

［14］賀德倫：人名。先世爲河西部落人，後居滑州（今河南滑縣）。五代後梁、後唐將領。傳見本書卷二一、《新五代史》卷四四。

［15］張歸厚：人名。清河（今河北清河縣）人。唐末、五代將領。傳見本書卷一六。

［16］“汴將澤州刺史劉玘棄城而遁”至“我復取潞州”：“汴將澤州刺史劉玘棄城而遁”，中華書局本有校勘記：“劉玘，原作‘劉屺’，據劉本、《册府》卷三四七改。按本書卷六四、《新五代史》卷四五有《劉玘傳》。”見明本《册府》卷三四七《將帥部·佐命門八》。“進通扼八議路”，《輯本舊史》之影庫本粘籤：“八議

路，原本作‘入義’，今據《通鑑》改正。”查《通鑑》，未見此記載，但《册府》卷三四七《將帥部·佐命門八》亦作“八議路”。“此賊決與我鬬”，中華書局本有校勘記：“‘與’原作‘於’，據彭校、《册府》卷三四七、卷三六九改。”見明本《册府》卷三四七《將帥部·佐命門八》、《宋本册府》卷三六九《將帥部·攻取門二》。“我復取潞州”，明本《册府》卷三四七《將帥部·佐命門八》作“遂復取潞州”，《宋本册府》卷三六九《將帥部·攻取門二》作“遂取潞州”。“取潞州”之時間，諸書記載不一。《輯本舊史》卷一六《葛從周傳》光化二年七月條：“并人陷澤州，太祖召從周，令賀德倫守潞州，德倫等尋棄城而歸。”《宋本册府》卷一八七《閏位部·勳業門五》光化二年七月戊戌條：“晋人陷澤州，帝遣召葛從周於潞，留賀德倫以守之。未幾，德倫爲晋人所逼，遂棄潞而歸，由是潞州復爲晋人所有。”《新五代史》卷一《梁本紀》光化二年七月：“李克用取澤潞。”《輯本舊史》卷二六《唐武皇紀下》光化二年八月條：“是月，德倫等棄城而遁，潞州平。”《新唐書》卷一〇《昭宗紀》光化二年八月條：“李克用陷澤、潞、懷三州。”《通鑑》卷二六一光化二年八月丙寅條：“李嗣昭引兵至潞州城下，分兵攻澤州。”同月己巳條：“汴將劉玘棄澤州走，河東兵進拔天井關，以李孝璋爲澤州刺史。賀德倫閉城不出，李嗣昭日以鐵騎環其城，捕芻牧者，附城三十里禾黍皆刈之。”同月乙酉條：“德倫等棄城宵遁，趣壺關，河東將李存審伏兵邀擊之，殺獲甚衆。”

光化三年，[1]汴人攻滄州，[2]劉仁恭求救，[3]遣嗣昭出師邢洺以應之。[4]嗣昭遇汴軍於沙河，[5]擊敗之，獲其將胡禮。[6]進攻洺州，[7]下之，獲其郡將朱紹宗。[8]九月，梁祖自率軍三萬至臨洺，[9]葛從周設伏於青山口。[10]嗣昭聞梁祖至，斂軍而退，從周伏兵發，爲其所敗，偏將王郜郎、楊師悦等被擒。[11]十月，汴人大寇鎮、定，[12]

王部告急於武皇，[13]乃遣嗣昭出師，下太行，[14]擊懷、孟。[15]汴將侯言守河陽，[16]不意嗣昭之師至，既無守備，驅市人登城，嗣昭攻其北門，破其外垣，俄而汴將閻寶救軍至，[17]乃退。

[1]光化：唐昭宗李曄年號（898—901）。　光化三年：中華書局本沿《輯本舊史》之誤，無“三年”二字，有校勘記：“殿本作‘光化三年’。按本書卷二《梁太祖紀二》、卷二六《唐武皇紀下》、《舊唐書》卷二〇上《昭宗紀》皆繫其事於光化三年。”但未補。校勘記所言《梁太祖紀二》相關内容録自《宋本册府》卷一八七《閏位部·勳業門五》，非《大典》。本傳前文有“乾寧初”等語，如不補“光化”二字，則蒙上文使人誤以爲乾寧時事，故此“光化”當補。今據上述諸書補。

[2]滄州：州名。治所在今河北滄縣舊州鎮。

[3]劉仁恭：人名。深州（今河北深州市）人。唐末、五代軍閥。傳見《新唐書》卷二一二。

[4]邢洺：方鎮名。治所在今河北邢臺市。

[5]沙河：縣名。治所在今河北沙河市。或指河流名。亦稱大沙河，别名野河。發源於太行山區南段，流經今河北内丘、橋西、沙河、南和、任澤、隆堯、寧晋等市縣（區）。

[6]胡禮：人名。本書僅此一見。

[7]洺州：州名。治所在今河北邯鄲市永年區。

[8]朱紹宗：人名。籍貫不詳。時爲洺州刺史。事見本書卷二。“汴人攻滄州”至“獲其郡將朱紹宗”：《通鑑》卷二六二光化三年（900）七月條：“李克用復遣都指揮使李嗣昭將兵五萬攻邢、洺以救仁恭，敗汴軍於内丘。”《通鑑考異》曰：“《唐太祖紀年録》：‘七月，嗣昭攻堯山，至内丘，遇汴軍三千，戰敗之，擒其將李瓌。’薛居正《五代史·後唐紀》與《紀年録》同。惟《唐末見

聞録》：‘八月二十五日，嗣昭領馬步五萬取馬嶺，進軍下山東，某日山東告捷，收得洺州。九月二日，嗣昭兵士失利卻回。’《新紀》：‘八月，庚辰，陷洺州。’《薛史·唐紀》：‘九月，嗣昭棄城歸。’蓋據此也。按《編遺録》，八月中云：‘前月二十五日，上於毬場饗士，忽有大風驟起，占者云賊風。果於是時李進通領蕃寇出攻洺州。’然則嗣昭出兵，乃七月二十五日也。《編遺録》又曰：‘八月，乙丑，出兵救洺州。’乙丑，九日也。又進通敗奔歸太原在八月，《見聞録》誤。今從《編遺録》《紀年録》《梁紀》。”《輯本舊史》卷二六《唐武皇紀下》光化三年七月條：“李嗣昭攻堯山，至内丘，敗汴軍于沙河，進攻洺州，下之。”《通鑑》卷二六二光化三年八月條：“李嗣昭又敗汴軍於沙門河，進攻洺州。乙丑，朱全忠引兵救之，未至，嗣昭拔洺州，擒刺史朱紹宗。全忠命葛從周將兵擊嗣昭。”《胡注》曰：“‘沙門河’，疑當作‘沙河’，即邢州沙河縣也。”《考異》曰：“《編遺録》：‘七月二十五日，李進通領蕃寇出并州來攻洺州。八月乙丑，發大軍救應之。上尋亦自領衙軍相繼北征，翌日，達滑臺。軍前馳報，洺州已陷，刺史朱紹宗因踰堞，墮而傷足，爲賊所擒。’《唐太祖紀年録》：‘八月，李嗣昭又遇汴軍於沙門河，擊而敗之。進攻洺州，刺史朱紹宗挈其族夜遁，我師追及，擒之。’《唐末見聞録》：‘八月二十五日，嗣昭進軍下山東，某日山東告捷，收得洺州，捉得刺史朱温姪男。’《舊紀》：‘八月，庚辰，嗣昭攻洺州，下之。’《薛史·梁紀》：‘八月，河東遣李進通襲陷洺州。’《新紀》亦在庚辰，乃二十五日也。《實録》在九月，約奏到。今從《編遺録》。”《册府》卷一八七光化三年八月條：“河東遣李進通襲陷洺州，執刺史朱紹宗。帝遣葛從周自鄴縣渡漳水，屯于黄龍鎮，親領中軍涉洺而寨。晋人懼而宵遁，洺州復平。”

[9]臨洺：縣名。治所在今河北邯鄲市永年區。

[10]青山口：地名。位於今河北邢臺市西南、内丘縣西南。

[11]王郃郎、楊師悦：人名。籍貫不詳。五代將領。事見本書

卷一六。　“九月”至“楊師悦等被擒”：《通鑑》卷二六二光化三年九月條：“葛從周自鄴縣渡漳水，營於黄龍鎮；朱全忠自將中軍三萬涉洺水置營。李嗣昭棄城走，從周設伏於青山口，邀擊，大破之。”《考異》曰：“《唐太祖紀年録》：‘葛從周攻洺州，嗣昭棄城而歸。是役也，王郃郎、楊師悦陷賊，洺州復爲汴有。’《唐末見聞録》：‘九月二日，嗣昭兵士失利卻回，被汴州捉到王郃郎。’《編遺録》、薛居正《五代史·梁紀》：‘八月，帝遣葛從周屯黄龍鎮，親領中軍涉洺而寨，晋人懼而宵遁，洺州復平。’《唐紀》：‘九月，汴帥自將兵三萬圍洺州，嗣昭棄城而歸，葛從周伏青山口，嗣昭軍不利。’《實録》：‘九月，嗣昭棄洺州，敗於青山口。’今從《唐末見聞録》《唐紀》《實録》。”按《考異》所録《唐紀》，蓋《後唐紀》。《册府》卷一八七《閏位部·勳業門五》光化三年九月條：“帝以仁恭、進通之入寇也，皆由鎮、定爲其囊橐，即以葛從周爲上將以伐鎮州。遂攻下臨城，渡滹沱以環其城。”《輯本舊史》卷二六《唐武皇紀下》光化三年九月條：“汴帥自將兵三萬圍洺州，嗣昭棄城而歸，葛從周設伏於青山口，嗣昭之軍不利。”亦見《舊唐書》卷二〇上《昭宗紀》、《輯本舊史》卷一六《葛從周傳》。

[12]鎮：州名。治所在今河北正定縣。　定：州名。治所在今河北定州市。

[13]王郃：人名。京兆萬年（今陝西西安市長安區）人。唐末軍閥。事見本書本卷、卷二六。

[14]太行：即太行山。

[15]懷：州名。治所在今河南沁陽市。　孟：州名。治所在今河南孟州市。

[16]侯言：人名。籍貫不詳。唐末將領。事見本書本卷、卷二六。　河陽：方鎮名。全稱“河陽三城”。治所在孟州（今河南孟州市）。　汴將侯言守河陽：中華書局本有校勘記：“‘侯言’，原作‘侯信’，據彭校、本書卷二《梁太祖紀二》、《册府》卷三四七、卷四〇〇改。《通鑑》卷二六二記侯言爲河陽留後。”校勘記所言

《梁太祖紀二》並非録自《大典》，乃録自《册府》卷一八七《閏位部·勳業門五》。又見明本《册府》卷三四七《將帥部·佐命門八》、《通鑑》卷二六二光化三年十月條。

[17]閻寶：人名。鄆州（今山東東平縣）人。五代後梁、後唐將領。傳見《舊五代史》卷五九、《新五代史》卷四四。

天復元年，[1]河中王珂爲汴人所擄，河中、晉、絳諸郡皆陷。[2]四月，汾州刺史李瑭謀叛，[3]納款於汴，嗣昭討之，三日而拔，斬瑭。是月，汴人初得蒲、絳，[4]乃大舉諸道之師來逼太原。汴將葛從周陷承天軍，[5]氏叔琮營洞渦驛。[6]太原四面，汴軍雲合，武皇憂迫，計無從出。嗣昭朝夕選精騎分出諸門，掩擊汴營，左俘右斬，或燔或擊，汴軍疲於奔命，又屬霖雨，軍多足腫腹疾，糧運不繼。[7]五月，氏叔琮引退，嗣昭以精騎追之，汴軍委棄輜重兵仗萬計。[8]六月，嗣昭出師陰地，[9]攻慈、隰，[10]降其刺史唐禮、張瓌。[11]是時，天子在鳳翔，[12]汴人攻圍，有密詔徵兵。十一月，嗣昭出師晉絳，屯吉上堡，[13]遇汴將王友通於平陽，[14]一戰擒之。[15]

[1]天復：唐昭宗李曄年號（901—904）。

[2]晉：州名。治所在今山西臨汾市。　絳：州名。治所在今山西新絳縣。　河中王珂爲汴人所擄，河中、晉、絳諸郡皆陷：《舊唐書》卷二〇上《昭宗紀》天復元年（901）正月條："晉州刺史張漢瑜、絳州刺史陶建不意賊至，城守無備，皆以郡降。存敬移兵圍河中，王珂求救於太原，克用不能救，乃嬰城謂存敬曰：'吾與汴王有舊，俟王至即降。'"同年二月戊辰條："朱全忠至河中，

遂移王珂及兄璘、弟瓚舉室徙於汴，以張存敬守河中。"《輯本舊史》卷二六《唐武皇紀下》天復元年正月條："汴將張存敬攻陷晉、絳二州，以兵二萬屯絳州，以扼援路。"同年二月條："張存敬迫河中，王珂告急於武皇，使者相望於路。珂妻邠國夫人，武皇愛女也，亦以書至，懇切求援。武皇報曰：'賊阻道路，衆寡不敵，救爾即與爾兩亡，可與王郎棄城歸朝。'珂遂送款於張存敬。"同年三月條："汴帥自大梁至河中，王珂遂出迎，尋徙於汴。"

[3]汾州：州名。治所在今山西汾陽市。　李瑭：人名。籍貫不詳。唐末李克用部將，汾州刺史，後投降朱温，爲李嗣昭擒斬。事見本書本卷、《新五代史》卷三六。

[4]蒲：州名。即河中府。治所在今山西永濟市。

[5]承天軍：軍鎮名。治所在今山西平定縣。

[6]氏叔琮：人名。河南尉氏（今河南尉氏縣）人。唐末將領。傳見本書卷一九、《新五代史》卷四三。　洞渦驛：地名。位於今山西清徐縣東同戈站村。

[7]"四月"至"糧運不繼"："軍多足腫腹疾"，《宋本册府》卷四〇〇《將帥部·固守門二》、明本《册府》卷三四七《將帥部·佐命門八》作"軍多腫痢"。《輯本舊史》卷二六《唐武皇紀下》天復元年四月條："武皇令李嗣昭將三千騎赴澤州援李存璋，而歸。"同月："時大將李嗣昭、李嗣源每夜率驍騎突營掩殺，敵衆恐懼。"《新五代史》卷三六《李嗣昭傳》："梁破河中，……圍太原。嗣昭日以精騎出擊梁兵，會大雨，梁軍解去。"

[8]"五月"至"汴軍委棄輜重兵仗萬計"：《輯本舊史》卷二六《唐武皇紀下》天復元年五月條："汴軍皆退。氏叔琮軍出石會，周德威、李嗣昭以精騎五千躡之，殺戮萬計。初，汴軍之將入寇也，汾州刺史李瑭據城叛，以連汴人，至是武皇令李嗣昭、李存審將兵討之。是歲，并、汾饑，粟暴貴，人多附瑭爲亂，嗣昭悉力攻城，三日而拔，擒李瑭等斬於晉陽市。氏叔琮既旋軍，過潞州，擄孟遷以歸。汴帥以丁會爲潞州節度使。"《通鑑》卷二六二天復元

年五月條："氏叔琮等引兵抵晋陽城下，數挑戰，城中大恐；李克用登城備禦，不遑飲食。時大雨積旬，城多頹壞，隨加完補。河東將李嗣昭、李嗣源鑿暗門，夜出攻汴壘，屢有殺獲；李存進敗汴軍於洞渦。時汴軍既衆，芻糧不給，久雨，士卒瘧利，全忠乃召兵還。五月，叔琮等自石會關歸，諸道軍亦退。河東將周德威、李嗣昭以精騎五千躡之，殺獲甚衆。先是，汾州刺史李瑭舉州附於汴軍，克用遣其將李存審攻之，三日而拔，執瑭，斬之。氏叔琮過上黨，孟遷挈族隨之南徙。朱全忠遣丁會代守潞州。"《考異》曰："《編遺録》：'四月，壬戌，上以李克用遣張特齎書請尋懽盟，乃指揮諸軍所在且駐留，見差發專人之太原，許通懽好。兼并州地寒，節候甚晚，戎馬既多，野草不足於芻牧，尋令氏叔琮迴戈。'《後唐太祖紀》：'五月，氏叔琮及四面賊軍皆退。'《薛史·梁紀》，班師在四月。《後唐紀》，汴軍退在五月。蓋全忠以四月命班師，而叔琮等以五月離晋陽，故國史記之各異也。"

［9］陰地：關隘名。位於今山西靈石縣西南。《輯本舊史》之影庫本粘籤："陰地，原本作'陰陀'，考《薛史》前後皆作陰地，胡三省云：陰地關在晋州東北。"查《通鑑》，未見此記載。參見《輯本舊史》卷二六《唐武皇紀下》天復元年六月條。五代陰地、陰地關多見，無"陰陀"之地名。

［10］慈：州名。治所在今山西吉縣。　隰：州名。治所在今山西隰縣。

［11］唐禮：人名。籍貫不詳。唐末將領。事見本書本卷。　張瓌：人名。籍貫不詳。唐末將領。事見本書本卷。　降其刺史唐禮、張瓌：《宋本册府》卷三六九《將帥部·攻取門二》作："獲刺史唐禮、小將張唐、向弘干等。"

［12］鳳翔：方鎮名。治所在鳳翔府（今陝西鳳翔縣）。

［13］吉上堡：地名。位於今山西臨汾市。

［14］王友通：人名。本書僅此一見。　平陽：地名。位於今山西臨汾市。

［15］“十一月”至“一戰擒之”：“遇汴將王友通於平陽”，中華書局本有校勘記：“王友通，本書卷一五《李罕之傳》、《通鑑》卷二五七敘其事作‘王友遇’。《唐大詔令集》卷一二〇《削奪李罕之官爵制》云：‘始則結王友遇而寇攘。’”《册府》卷三四七《將帥部·佐命門八》作：“與汴將王友遇於平陽。”《輯本舊史》卷二六《唐武皇紀下》天復元年十一月條：“武皇遣李嗣昭率兵三千自沁州趨平陽，遇汴軍於晋州北，斬首五百級。”

明年二月，嗣昭進兵蒲縣。[1]十八日，汴將朱友寧、氏叔琮將兵十萬來拒。[2]二十八日，梁祖自率大軍至平陽，嗣昭之師大恐。[3]三月十一日，有白虹貫周德威之營，[4]候者云不利，宜班師。翌日，氏叔琮犯德威之營，汴軍十餘萬，列陣四合，德威、嗣昭血戰解之，乃保軍而退，汴軍因乘之。時諸將潰散，無復部伍，德威引騎軍循西山而遁，朱友寧乘勝陷慈、隰、汾等州。武皇聞其敗也，遣李存信率牙兵至清源應接，[5]復爲汴軍所擊。汴軍營於晋祠，[6]嗣昭、德威收合餘衆，登城拒守，汴人治攻具於西北隅，四面營栅相望。時鎮、定、河中皆爲梁有，[7]孤城無援，師旅敗亡。武皇晝夜登城，憂不遑食，召諸將，[8]欲出保雲州，[9]嗣昭曰：“王勿爲此謀，兒等苟存，必能城守。”李存信曰：“事勢危急，不如且入北蕃，别圖進取。朱温兵師百萬，[10]天下無敵，關東、河北受他指揮，今獨守危城，兵亡地蹙，儻彼築室反耕，環塹深固，則亡無日矣！”武皇將從之，嗣昭亟争不可，猶豫未決，賴劉太妃極言於内，[11]武皇且止。數日，亡散之衆復集。嗣昭晝夜分兵四出，斬將搴旗，

汴軍保守不暇。二十一日，朱友寧燒營退去，嗣昭追擊，復收汾、慈、隰等州。

[1]蒲縣：縣名。治所在今山西蒲縣。

[2]朱友寧：人名。朱温之侄，唐末、五代將領。傳見《新五代史》卷一三。

[3]“明年二月”至“嗣昭之師大恐”：“明年二月”，中華書局本沿《輯本舊史》作“明年正月”。但《宋本册府》卷一八七《閏位部·勳業門五》天復二年（902）二月條：“聞晉軍大舉南下，聲言來援鳳翔，帝遣朱友寧帥師會晉州刺史氏叔琮以禦之，帝以大軍繼其後。”《通鑑》卷二六三天復二年正月癸丑條：“朱全忠復屯三原，又移軍武功。河東將李嗣昭、周德威攻慈、隰，以分全忠兵勢。”同年二月己丑、乙未諸條：“李嗣昭等攻慈、隰，下之，進逼晉、絳。己丑，全忠遣兄子友寧將兵會晉州刺史氏叔琮擊之。李嗣昭襲取絳州，汴將康懷英復取之。嗣昭等屯蒲縣；乙未，汴軍十萬營于蒲南，叔琮夜帥衆斷其歸路而攻其壘，破之，殺獲萬餘人。”此條所敘之事均在天復二年二月。“十八日”，中華書局本有校勘記：“本書卷二六《唐武皇紀二》、《通鑑》卷二六三繫其事於二月乙未。按二月戊寅朔，乙未爲十八日。”“二十八日”，《輯本舊史》卷二六《唐武皇紀下》繫此事於天復二年二月乙巳，即二十八日。據此諸條，今改“明年正月”爲“明年二月”。“嗣昭進兵蒲縣”，中華書局本有校勘記：“兵，《册府》卷三四七作‘營’。按《通鑑》卷二六三敘其事作‘嗣昭等屯蒲縣’。”見明本《册府》卷三四七《將帥部·佐命門八》。

[4]周德威：人名。朔州馬邑（今山西朔州市朔城區東北）人。唐末、五代河東將領。傳見本書卷五六、《新五代史》卷二五。

[5]李存信：人名。回鶻人。本姓張。唐末、五代後唐將領。傳見本書卷五三、《新五代史》卷三六。　清源：縣名。位於今山

西清徐縣。

[6]晉祠：宫祠名。位於今山西太原市晉源區晉祠鎮。

[7]時鎮、定、河中皆爲梁有：中華書局本有校勘記："'鎮定'原作'鎮州'，據《册府》卷三四七、卷四〇〇改。按本書卷一《梁太祖紀一》、《通鑑》卷二六二，鎮州王鎔、定州王處直分别於光化二年、三年附梁。"見明本《册府》卷三四七《將帥部・佐命門八》、《宋本册府》卷四〇〇《將帥部・固守門二》。校勘記所云《梁太祖紀一》，應爲《梁太祖紀二》，實録自《宋本册府》卷一八七《閏位部・勳業門五》，而非《大典》引《薛史》。王鎔亦於光化三年（900）附梁，非光化二年。

[8]召諸將：明本《册府》卷三四七《將帥部・佐命門八》此句下有"謀"字。

[9]雲州：州名。治所在今山西大同市。

[10]朱温：人名。宋州碭山（今安徽碭山縣）人。後梁開國皇帝。紀見本書卷一至卷七、《新五代史》卷一。

[11]劉太妃：人名。指李克用正妻劉氏。代北（今山西代縣）人。莊宗即位，以嫡母劉氏爲皇太妃。傳見本書卷四九、《新五代史》卷一四。

三年五月，雲州都將王敬暉據城叛，[1]振武石善友亦爲部將契苾讓所逐，[2]嗣昭皆討平之。[3]

[1]王敬暉：人名。籍貫不詳。唐末、五代將領。事見本書本卷。

[2]振武：方鎮名。後梁貞明二年（916）以前，治所位於單于都護府城（今内蒙古和林格爾縣）。貞明二年，單于都護府城爲契丹占據。此後至後唐清泰三年（936），治所位於朔州（今山西朔州市朔城區）。後晉隨燕雲十六州割予契丹，改名順義軍。　石善

友：人名。籍貫不詳。唐末李克用部將。事見《新唐書》卷二一二、卷二一八。　契苾讓：人名。鐵勒族。本書僅此一見。

［3］“三年五月”至“嗣昭皆討平之”：《輯本舊史》原無“三年”，有校勘記：“本書卷二六《唐武皇紀下》、《通鑑》卷二六四繫其事於天復三年五月。”但未補。《輯本舊史》卷二六《唐武皇紀下》天復三年（903）五月條：“雲州都將王敬暉殺刺史劉再立，以城歸於劉仁恭。武皇遣李嗣昭討之，仁恭遣將以兵五萬來援雲州，嗣昭退保樂安，燕人擄敬暉，棄城而去。武皇怒，笞嗣昭及李存審而削其官。”《通鑑》卷二六四天復三年五月丁未條：“李克用雲州都將王敬暉殺刺史劉再立，叛降劉仁恭；克用遣李嗣昭、李存審將兵討之。仁恭遣將以兵五萬救敬暉，嗣昭退保樂安，敬暉舉衆棄城而去。先是，振武將契苾讓逐戍將石善友，據城叛；嗣昭等進攻之，讓自燔死；復取振武城，殺吐谷渾叛者二千餘人。克用怒嗣昭、存審失王敬暉，皆杖之，削其官。”今據補。

天祐三年，[1]汴人攻滄景，[2]劉仁恭遣使求援。[3]閏十二月，嗣昭合燕軍三萬進攻潞州，降丁會，武皇乃以嗣昭爲昭義節度使。[4]始嗣昭未到之前，上黨有占者，[5]見一人家舍上常有氣如車蓋，視之，但一貧媪而已。占者謂媪：“有子乎？”曰：“有，見爲軍士，出戍於外。”占者心異之，以爲其子將來有土地之兆也。未幾，丁會既降，嗣昭領兵入潞，以媪家四面空缺，乃駐於是舍。丁會既歸太原，武皇遣使命嗣昭爲帥，乃自媪舍而入理所，其氣尋息，聞者異之。

［1］天祐：唐昭宗李曄開始使用的年號（904—907）。唐哀帝李柷沿用。唐亡後，河東李克用、李存勗仍稱天祐，沿用至天祐二

十年（923）。五代十國其他政權亦有行此年號者，如南吴、吴越等。

[2]滄：州名。治所在今河北滄縣舊州鎮。　景：州名。治所在今河北東光縣。

[3]天祐三年，汴人攻滄景，劉仁恭遣使求援：《輯本舊史》卷二六《唐武皇紀下》天祐三年（906）九月條："汴帥親率兵攻滄州，幽州劉仁恭遣使來乞師，武皇乃徵兵於仁恭，將攻潞州，以解滄州之圍。仁恭遣掌書記馬郁、都指揮使李溥等將兵三萬，會於晋陽，武皇遣周德威、李嗣昭合燕軍以攻澤、潞。"

[4]昭義：方鎮名。治所在潞州（今山西長治市）。　節度使：官名。唐時在重要地區所設掌握一州或數州軍事、民事、財政的長官。　"閏十二月"至"武皇乃以嗣昭爲昭義節度使"："閏十二月"，中華書局本沿《輯本舊史》作"十一月"。《輯本舊史》之原輯者案語："《舊唐書》：天祐三年閏十二月戊辰，李克用與幽州之衆同攻潞州，全忠守將丁會以澤、潞降太原，克用以其子嗣昭爲留後。甲戌，全忠燒長蘆營旋軍，聞潞州陷故也。考嗣昭本克柔養子，《舊唐書》以爲武皇子，殊誤。"此案語中華書局本有校勘記："'天祐三年閏十二月戊辰'，'閏'字原闕，據《舊唐書》卷二〇下《哀帝紀》補。"但中華書局本未改。《通鑑》卷二六五天祐三年閏十二月乙丑條："初，昭宗凶訃至潞州，昭義節度使丁會帥將士縞素流涕久之。及李嗣昭攻潞州，會舉軍降於河東。李克用以嗣昭爲昭義留後。"《考異》曰："《唐太祖紀年録》：'丁酉，丁會開門迎降，閏十二月，太祖以李嗣昭爲潞帥。'薛居正《五代史·梁紀》在閏月，《後唐紀》在十二月。今從新、舊《唐紀》、《薛史·梁紀》及《編遺録》。"《輯本舊史》之《梁太祖紀二》，此傳實録自《宋本册府》卷一八七《閏位部·勳業門五》天祐三年閏十二月條："晋人、燕人同攻潞帥，丁會舉城降于太原。"《輯本舊史》卷二六《唐武皇紀下》天祐三年十二月條："潞州節度使丁會開門迎降，命李嗣昭爲潞州節度使，以丁會歸於晋陽。"應爲閏十二月，

《輯本舊史》誤。今從《册府》及《通鑑》改。

[5]上黨：即潞州。治所在今山西長治市。

四年六月，汴將李思安將兵十萬攻潞州，[1]乃築夾城，深溝高壘，内外重複，飛走路絶。嗣昭撫循士衆，登城拒守。梁祖馳書説誘百端，嗣昭焚其僞詔，斬其使者，城中固守經年，軍民乏絶，感鹽炭自生，以濟貧民。[2]嗣昭嘗享諸將，登城張樂，賊矢中足，嗣昭密拔之，[3]坐客不之覺，酣飲如故，以安衆心。五年五月，莊宗敗汴軍，破夾城。嗣昭知武皇棄世，哀慟幾絶。時大兵攻圍歷年，城中士民飢死大半，鄽里蕭條。嗣昭緩法寬租，勸農務穡，一二年間，軍城完集，三面鄰於敵境，寇鈔縱横，設法枝梧，邊鄙不聳。

[1]李思安：人名。陳留（今河南開封市陳留鎮）人。五代後梁將領。傳見本書卷一九。　汴將李思安將兵十萬攻潞州：《輯本舊史》卷二六《唐武皇紀下》天祐四年（907）五月條："梁祖遣其將康懷英率兵十萬圍潞州，懷英驅率士衆，築壘環城，城中音信斷絶。武皇遣周德威將兵赴援，德威軍於余吾，率先鋒挑戰，日有俘獲，懷英不敢即戰。梁祖以懷英無功，乃以李思安代之。"此條之《舊五代史考異》："李思安之代懷英，《通鑑》作七月事，與《薛史》繫五月異。"《通鑑》實繫此事於開平元年（907）八月，見《通鑑》卷二六六。梁開平元年即後唐天祐四年。據《朔閏表》，八月丙午朔，該月十二日爲丁巳。《通鑑》云："帝以亳州刺史李思安代懷貞爲潞州行營都統，黜懷貞爲行營都虞候。"《宋本册府》卷一九九《閏位部·選將門》："梁太祖開平元年八月，以潞州軍前屯師旅，壁壘未收，乃别議戎帥。於是以亳州刺史李思安充潞

州行營都統。”

［2］感鹽炭自生，以濟貧民：《輯本舊史》之影庫本粘籤：“感鹽炭自生，原本疑有脱誤。考《通鑑》與《薛史》同。王幼學云：‘謂精誠所感，鹽炭不求而自致也。’今仍其舊。”《宋本册府》卷三九八《將帥部·冥助門》、卷四〇〇《將帥部·固守門二》作“軍民乏絶，感鹽炭出於地，以濟饑民”。

［3］嗣昭密拔之：《輯本舊史》之影庫本粘籤：“密拔，原本作‘蜜跋’，今從《册府元龜》改正。”《宋本册府》卷四〇〇《將帥部·固守門二》作：“爲賊伏矢中其脛，密拔毀之。”

胡柳之戰，[1]周德威戰没，師無行列，至晚方集。汴人四五萬登無石山，[2]我軍懼形於色。或請收軍保營，詰旦復戰。嗣昭曰：“賊無營壘，去臨濮地遠，[3]日已晡晚，皆有歸心，但以精騎逗撓，無令返旆，晡後追擊，破之必矣。我若收軍拔寨，賊人入臨濮，俟彼整齊復來，即勝負未決。”莊宗曰：[4]“非兄言，幾敗吾事！”軍校王建及又陳方略，[5]嗣昭與建及分兵於土山南北爲犄角，汴軍懼，下山，因縱軍擊之，俘斬三萬級，由是莊宗之軍復振。[6]

［1］胡柳：地名。即胡柳陂。位於今河南濮陽縣。

［2］無石山：山名。具體所指不詳。

［3］臨濮：縣名。治所在今山東鄄城縣。

［4］莊宗：即李存勗。小字亞子，沙陀部人，太原（今山西太原市）人。晋王李克用之子，後唐開國皇帝。紀見本書卷二七至卷三四及《新五代史》卷四、卷五。

［5］王建及：人名。許州（今河南許昌市）人。五代後唐將

領。傳見《新五代史》卷二五。

[6]“胡柳之戰”至“由是莊宗之軍復振”：參見《宋本册府》卷三六七《將帥部·機略門七》，文字有不同。“但以精騎逗撓，無令返旆”，中華書局本有校勘記：“‘逗撓’，《通鑑》卷二七一《考異》引《薛史·李嗣昭傳》、《册府》卷三四七作‘撓之’；‘返旆’，《册府》卷三四七同，《通鑑》卷二七一《考異》引《薛史·李嗣昭》傳作‘夕食’。”見《通鑑》卷二七一貞明五年(919)十二月條，明本《册府》卷三四七《將帥部·佐命門八》。

十六年，嗣昭代周德威權幽州軍府事。[1]九月，以李紹宏代歸。[2]嗣昭出薊門，[3]百姓號泣請留，截鞍惜别，嗣昭夜遁而歸。

[1]幽州：州名。治所在今北京市。　嗣昭代周德威權幽州軍府事：《輯本舊史》卷二九《唐莊宗紀三》繫此事於晋王李克用天祐十六年(919)正月。

[2]李紹宏：人名。又作馬紹宏。籍貫不詳。後唐莊宗近臣。傳見本書卷七二。　九月，以李紹宏代歸：中華書局本有校勘記：“‘歸’字原闕，據《册府》卷六八三補。”《通鑑》卷二七〇繫此事於貞明五年(919)三月，云：“晋王自領盧龍節度使，以中門使李紹宏提舉軍府事，代李嗣昭。”貞明五年即天祐十六年。

[3]薊門：州名。治所在今天津市薊州區。

十七年六月，嗣昭自德勝歸藩，[1]莊宗帳餞於戚城。[2]莊宗酒酣，泣而言曰：“河朔生靈，十年饋輓，引領鶴望，俟破汴軍。今兵賦不充，寇孽猶在，坐食軍賦，有愧蒸民。”嗣昭曰：“臣忝急難之地，每一念此，

寢不安席。大王且持重謹守，惠養士民。臣歸本藩，簡料兵賦，歲末春首，即舉衆復來。”莊宗離席拜送，如家人禮。是月，汴將劉鄩攻同州，[3]朱友謙告急，[4]嗣昭與李存審援之。[5]九月，破汴軍於馮翊，乃班師。[6]

[1]德勝：地名。即德勝城，又名德勝渡，爲黄河重要渡口之一。有南、北二城，皆位於今河南濮陽市。

[2]戚城：地名。位於今河南濮陽市。

[3]劉鄩：人名。密州安丘（今山東安丘市）人。唐末、五代將領。傳見本書卷二三、《新五代史》卷二二。　同州：州名。治所在今陝西大荔縣。

[4]朱友謙：人名。許州（今河南許昌市）人。朱温養子，唐末、五代大臣。傳見本書卷六三、《新五代史》卷四五。

[5]李存審：人名。陳州宛丘（今河南淮陽縣）人。原姓符名存。五代後唐將領。傳見本書卷五六、《新五代史》卷二五。“是月”至“嗣昭與李存審援之”：《輯本舊史》卷二九《唐莊宗紀三》繫此事於天祐十七年（920）七月，卷一〇《梁末帝紀》下及卷二三《劉鄩傳》均繫此事於貞明六年（920）六月。《通鑑》卷二七一貞明六年載：“劉鄩等圍同州，朱友謙求救於晋；秋，七月，晋王遣李存審、李嗣昭、李建及、慈州刺史李存質將兵救之。”

[6]馮翊：縣名。治所在今陝西大荔縣。

十八年，[1]莊宗親征張文禮於鎮州。[2]冬，契丹三十萬奄至，[3]嗣昭從莊宗擊虜於新城，[4]阿保機在望都，[5]莊宗深入，親與虜鬬，虜騎圍之數十重，良久不解。[6]嗣昭號泣赴之，引三百騎横擊虜圍，馳突出没者數十合，虜退，翼莊宗而還。[7]是時，閻寶爲鎮人所敗，退

保趙州,[8]莊宗命嗣昭代竇攻真定。[9]四月二十四日，王處球之兵出至九門,[10]嗣昭設伏於故營，賊至，發伏擊之殆盡，餘三人匿於牆墟間，嗣昭環馬而射之，爲賊矢中腦，嗣昭箙中矢盡，拔賊矢於腦射賊，一發而殪之。嗣昭日暮還營，所傷血流不止，是夜卒。[11]

[1]十八年：《輯本舊史》原作“十九年”，中華書局本從之。今據《輯本舊史》卷二九《唐莊宗紀三》、卷一三七《契丹傳》改。明本《册府》卷三四七《將帥部・佐命門八》亦誤作“十九年”。

[2]張文禮：人名。燕（今河北北部）人。後唐將領。傳見本書卷六二。

[3]冬，契丹三十萬奄至：《輯本舊史》卷二九《唐莊宗紀三》、卷一三七《契丹傳》均繫此事於天祐十八年（921）十二月。

[4]新城：地名。位於今河北無極縣。

[5]阿保機：人名。姓耶律，契丹迭剌部人。唐末契丹族首領、遼開國太祖。916 年至 926 年在位。紀見《遼史》卷一、卷二。望都：縣名。治所在今河北望都縣。

[6]“嗣昭從莊宗擊虜於新城”至“良久不解”：本句《輯本舊史》原作“嗣昭從莊宗擊之，敵騎圍之數十重，良久不解”。中華書局本從之。此爲清輯者因忌諱而篡改，今據《册府》卷三四七《將帥部・佐命門八》回改。下文諸“虜”等字同。

[7]“嗣昭號泣赴之”至“翼莊宗而還”：“虜圍”原作“重圍”，“虜退”原作“契丹退”，均據《册府》卷三四七《將帥部・佐命門八》回改。《輯本舊史》卷二九天祐十九年正月甲午條：“帝至新城，契丹前鋒三千騎至新樂。是時，梁將戴思遠乘虛以寇魏州，軍至魏店，李嗣源自領兵馳入魏州。梁人知其有備，乃西渡洹水，陷成安而去。時契丹渡沙河口，諸將相顧失色，又聞梁人內

侵，鄚城危急，皆請旋師，唯帝謂不可，乃率親騎至新城。契丹萬餘騎，遽見帝軍，惶駭而退。帝分軍爲二廣，追躡數十里，獲阿保機之子。時沙河冰薄，橋梁隘狹，敵争踐而過，陷溺者甚衆。阿保機方在定州，聞前軍敗，退保望都。帝至定州，王都迎謁，是夜宿於開元寺。翌日，引軍至望都，契丹逆戰，帝身先士伍，馳擊數四，敵退而結陣，帝之徒兵亦陣於水次。李嗣昭躍馬奮擊，敵衆大潰，俘斬數千，追擊至易水，獲氈裘、毳幕、羊馬不可勝紀。時歲且北至，大雪平地五尺，敵乏芻糧，人馬斃踣道路，纍纍不絶，帝乘勝追襲至幽州。”此條《舊五代史考異》：“《契丹國志》：晋王趨望都，爲契丹所圍，力戰，出入數四，不解。李嗣昭引三百騎横擊之，晋王始得出，因縱兵奮擊，太祖兵敗，遂北至易州。會大雪彌旬，平地數尺，人馬死者相屬，太祖乃歸。”見《契丹國志》卷一天贊二年（923）條。

［8］趙州：州名。治所在今河北趙縣。

［9］真定：縣名。治所在今河北正定縣。　“是時”至“莊宗命嗣昭代寶攻真定”：《輯本舊史》卷二九《唐莊宗紀三》繫此事於天祐十九年三月。

［10］王處球：人名。籍貫不詳。事見《册府》卷三四七、卷三六〇、卷四二五。　九門：地名。位於今河北石家莊市藁城區。

［11］“四月二十四日”至“是夜卒”：“四月二十四日”，《輯本舊史》原作“七月二十四日”。中華書局本有校勘記：“《通鑑》卷二七一繫其事於四月甲戌，按四月辛亥朔，甲戌爲二十四日。本書卷二九《唐莊宗紀三》、《新五代史》卷五《唐本紀》皆繫其事於四月。”但未改。今據上述諸書改。“九門”，《輯本舊史》之影庫本粘籤：“‘九門’原本作‘丸門’，今據《通鑑》及《遼史》改正。”見《通鑑》卷二七一龍德二年（922）四月甲戌條、《遼史》卷二《太祖紀下》天贊元年四月癸亥（十三日）條。

嗣昭節制澤潞，[1]官自司徒、太保至侍中、中書令。[2]莊宗即位，贈太師、[3]隴西郡王。長興中，[4]詔配饗莊宗廟庭。[5]

[1]潞：州名。治所在今山西長治市。

[2]司徒：官名。與太尉、司空並爲三公。唐後期、五代多爲大臣、勳貴加官。正一品。　太保：官名。與太師、太傅並爲三師。唐後期、五代多爲大臣、勳貴加官。正一品。　侍中：官名。秦始置。隋、唐前期爲門下省長官。唐後期多爲大臣加銜，不參與政務，實際職務由門下侍郎執行。正二品。　中書令：官名。漢代始置，隋、唐前期爲中書省長官，屬宰相之職；唐後期多爲授予元勳大臣的虛銜。正二品。

[3]太師：官名。與太傅、太保合稱三師。唐後期、五代多爲大臣、勳貴加官。正一品。　贈太師：《輯本舊史》卷三二《唐莊宗紀六》同光二年（924）十月己巳條："故安義節度使、贈太尉、隴西郡王李嗣昭贈太師。"《新輯會證》本傳："《山右石刻叢編》卷九《録新鑄澤州開元寺神鐘記》，署銜爲'昭義軍節度使、澤潞磁邢洺等州觀察處置等使、開府儀同三司、檢校太傅、兼侍中、潞州大都督府長史、上柱國、隴西郡開國公、食邑一千五百户李嗣昭'，天祐十一年七月十三日立於澤州。"

[4]長興：後唐明宗李嗣源年號（930—933）。

[5]詔配饗莊宗廟庭：《輯本舊史》卷四二《唐明宗紀八》繫此事於長興二年（931）四月戊戌條。

嗣昭有子七人，長曰繼儔，[1]澤州刺史；次繼韜、繼忠、繼能、繼襲、繼遠，[2]皆夫人楊氏所生。[3]楊氏治家善積聚，設法販鬻，致家財百萬。《永樂大典》卷一萬

三百八十九。[4]

[1]繼儔：人名。即李繼儔。汾州（今山西汾陽市）人。李嗣昭之子，李繼韜之兄。事見《新五代史》卷三六。

[2]繼忠、繼能、繼襲、繼遠：人名。即李繼忠、李繼能、李繼襲、李繼遠。汾州（今山西汾陽市）人。均爲李嗣昭之子、李繼韜之兄弟。事見《新五代史》卷三六。

[3]楊氏：李嗣昭之妻。　“嗣昭有子七人”至“皆夫人楊氏所生”：《輯本舊史》之原輯者案語：“嗣昭有子七人，《薛史》僅言其六。《歐陽史》仍《薛史》之舊。據繼韜附傳，有弟繼達，合數之恰得七人也。”見《新五代史》卷三六《李嗣昭傳》、《輯本舊史》卷五二《李繼韜傳》。《通鑑》卷二七一龍德二年（922）四月條亦云嗣昭七子。

[4]《大典》卷一〇三八九“李”字韻“姓氏（三四）”事目。

繼韜，小字留得，少驕獪無賴。嗣昭既卒，莊宗詔諸子扶喪歸太原襄事，[1]諸子違詔，以父牙兵數千擁喪歸潞。莊宗令李存渥馳騎追諭，[2]兄弟俱忿，欲害存渥，存渥遁而獲免。繼韜兄繼儔，嗣昭長嫡也，當襲父爵，然柔而不武。方在苫廬，[3]繼韜詐令三軍劫己爲留後，囚繼儔於别室，以事奏聞。莊宗不得已，命爲安義軍兵馬留後。[4]

[1]襄事：指埋葬。　莊宗詔諸子扶喪歸太原襄事：中華書局本有校勘記：“‘襄’原作‘纕’，據殿本、劉本改。”

[2]李存渥：人名。李克用之子，後唐莊宗李存勗之弟。傳見

《新五代史》卷一四。

[3]苫（shān）廬：即用茅草等蓋的房子。

[4]安義軍：方鎮名。治所在潞州（位於今山西長治市）。兵馬留後：官名。唐五代時，代行方鎮長官之職者稱留後。代行州兵馬使之職者，即爲兵馬留後。掌本州兵馬。 “諸子違詔”至“命爲安義軍兵馬留後”：“命爲安義軍兵馬留後”，《舊五代史考異》：“《通鑑注》云：後唐改昭義爲安義，蓋爲嗣昭避諱也。《歐陽史》仍作昭義。”《通鑑》卷二七一龍德二年（922）四月條：“晋王……命嗣昭諸子護喪歸葬晋陽；其子繼能不受命，帥父牙兵數千，自行營擁喪歸潞州。晋王遣母弟存渥馳騎追諭之，兄弟俱忿，欲殺存渥，存渥逃歸。嗣昭七子：繼儔、繼韜、繼達、繼忠、繼能、繼襲、繼遠。繼儔爲澤州刺史，當襲爵，素懦弱。繼韜凶狡，囚繼儔於別室，詐令士卒劫己爲留後，繼韜陽讓，以事白晋王。晋王以用兵方殷，不得已，改昭義軍曰安義，以繼韜爲留後。”該條《考異》：“按潞州本號昭義軍，今以繼韜爲安義留後，蓋晋王避其父諱改之耳。及繼韜降梁，梁亦以爲匡義節度使。今人猶謂澤州爲安義云。”中華書局本《新五代史》卷三六《李嗣昭傳》已據宗文本及《通鑑》將“昭義”校改爲“安義”。

時軍前糧餉不充，租庸計度請潞州轉米五萬貯於相州，[1]繼韜辭以經費不足，請轉三萬。有幕客魏琢、牙將申蒙者，[2]因入奏公事，每摭陰事報繼韜云：“朝廷無人，終爲河南吞噬，止遲速間耳。”由是陰謀叛計。内官張居翰時爲昭義監軍，[3]莊宗將即位，詔赴鄴都。[4]潞州節度判官任圜時在鎮州，[5]亦奉詔赴鄴。魏琢、申蒙謂繼韜曰：“國家急召此二人，情可知矣。”弟繼遠，年十五六，謂繼韜曰：“兄有家財百萬，倉儲十年，宜自

爲謀，莫受人所制。”繼韜曰：“定哥以爲何如？”曰：“申蒙之言是也。河北不勝河南，不如與大梁通盟，國家方事之殷，焉能討我？無如此算。”乃令繼遠將百餘騎詐云於晋絳擒生，遂至汴。梁主見之喜，因令董璋將兵應接，[6]營於潞州之南，加繼韜同平章事，[7]改昭義軍爲匡義軍。[8]繼韜令其愛子二人入質於汴。[9]

[1]相州：州名。治所在今河南安陽市。

[2]魏琢：人名。籍貫不詳。李繼韜幕客。事見本書本卷。　牙將：古代軍隊中的中低級軍官。　申蒙：人名。五代後唐牙將。事見本書本卷。　有幕客魏琢、牙將申蒙者：《輯本舊史》之影庫本粘籤：“申蒙，原本作‘車蒙’，今據《通鑑》改正。”見《通鑑》卷二七二同光元年（923）三月條。

[3]内官：即宦官。　張居翰：人名。籍貫不詳。唐末五代宦官。傳見本書卷七二、《新五代史》卷三八。　監軍：官名。爲臨時差遣，代表朝廷協理軍務、督察將帥。唐、五代時常以宦官爲監軍。

[4]鄴都：地名。治所在今河北大名縣。五代後唐同光元年，改魏州爲興唐府，建號東京。三年改東京爲鄴都。

[5]節度判官：官名。唐末、五代藩鎮僚佐，位行軍司馬下。　任圜：人名。京兆三原（今陝西三原縣）人。五代後唐將領、大臣。傳見本書卷六七、《新五代史》卷二八。

[6]董璋：人名。籍貫不詳。五代後梁、後唐將領。傳見本書卷六二、《新五代史》卷五一。

[7]同平章事：官名。“同中書門下平章事”之簡稱。唐高宗以後，凡實際任宰相之職者，常在其本官後加同平章事的職銜。後成爲宰相專稱。後晋天福五年（940），升中書門下平章事爲正二品。

[8]匡義軍：方鎮名。唐故曰昭義。後梁末帝時屬梁，改曰匡義。後唐滅梁，改曰安義。後晉復曰昭義。

[9]“内官張居翰時爲昭義監軍”至“繼韜令其愛子二人入質於汴”：《通鑑》卷二七二繫此事於同光元年三月。亦見《輯本舊史》卷一〇《梁末帝紀下》龍德三年（即同光元年）二月條、卷二九《唐莊宗紀三》、《新五代史》卷五《唐本紀》。

及莊宗平河南，[1]繼韜惶恐，計無所出，將脱身於契丹，[2]會有詔赦之，乃齎銀數十萬兩，隨其母楊氏詣闕，冀以賂免。將行，其弟繼遠曰：“兄往與不往，利害一也。以反爲名，何面更見天下！不如深溝峻壁，坐食積粟，尚可苟延歲月，往則亡無日矣。”或曰：“君先世有大功於國，主上，季父也，弘農夫人無恙，[3]保獲萬全。”及繼韜至，厚賂宦官、伶人，言事者翕然稱：“留後本無惡意，姦人惑之故也。嗣昭親賢，不可無嗣。”楊夫人亦於宫中哀祈劉皇后，[4]后每於莊宗前泣言先人之功，以動聖情，由是原之。在京月餘，屢從畋遊，寵待如故。李存渥深訶詆之，繼韜心不自安，復賂伶閹，求歸本鎮，莊宗不聽。繼韜潛令紀綱書諭繼遠，欲軍城更變，望天子遣己安撫。事泄，斬於天津橋南。[5]二子齠年質於汴，莊宗收城得之，撫其背曰：“爾幼如是，猶知能佐父造反，長復何爲！”至是亦誅。仍遣使往潞州斬繼遠，函首赴闕，命繼儔權知軍州事，繼達充軍城巡檢。[6]

[1]及莊宗平河南：《輯本舊史》卷三〇《唐莊宗紀四》繫此

事於同光元年（923）十月。

［2］契丹：古部族、政權名。公元4世紀中葉宇文部爲前燕攻破，始分離而成單獨的部落，自號契丹。唐貞觀中，置松漠都督府，以其首領爲都督。唐末强盛，916年迭剌部耶律阿保機建立契丹國（遼）。先後與五代、北宋並立，保大五年（1125）爲金所滅。參見張正明《契丹史略》，中華書局1979年版。

［3］弘農夫人：指李嗣昭妻楊氏。

［4］劉皇后：指後唐莊宗劉皇后。魏州成安（今河北成安縣）人。傳見《舊五代史》卷四九、《新五代史》卷一四。

［5］天津橋：橋名。位於今河南洛陽市。　斬於天津橋南："天津橋"，《輯本舊史》之影庫本粘籤："原本脱'津'字，今從《歐陽史》增入。"見《新五代史》卷三六《李嗣昭傳》。《輯本舊史》卷三〇《唐莊宗紀四》同光元年十一月庚申條："安義軍節度使李繼韜入見待罪，詔釋之。"同年十二月辛巳條："詔貶安義軍節度使李繼韜爲登州長史，尋斬於天津橋下，再謀叛故也。"

［6］巡檢：官名。又稱"巡檢使"。五代始設巡檢，設於京師、陪都、重要的州及邊防重鎮。

未幾，詔繼儔赴闕，時繼儔以繼韜所畜婢僕玩好之類悉爲己有，每日料選算校，不時上路。繼達怒謂人曰："吾仲兄被罪，父子誅死，大兄不仁，略無動懷，而便蒸淫妻妾，詰責貨財，慚耻見人，生不如死！"繼達服縗麻，引數百騎坐於戟門，呼曰："爲我反乎？"即令人斬繼儔首，投於戟門之内。副使李繼珂聞其亂也，[1]募市人千餘攻於城門。繼達登城樓，知事不濟，啓子城東門，至其第，盡殺其孥，得百餘騎，出潞城門，[2]將奔契丹。行不十里，麾下奔潰，自剄於路隅。[3]

［1］李繼珂：人名。籍貫不詳。後唐將領。事見本書本卷、卷七四。

［2］潞城：縣名。治所在今山西潞城市。

［3］“未幾”至“自剄於路隅”：參見明本《册府》卷九四三《總録部·不誼門》李繼儔條。“副使李繼珂聞其亂也”，《輯本舊史》之影庫本粘籤：“繼珂，原本作‘繼瑽’，今從《通鑑》改正。”見《通鑑》卷二七二同光元年（923）十二月甲申條。繼儔之死，《新五代史》卷五《唐本紀》與《通鑑》卷二七二均繫於同光元年十二月。《輯本舊史》卷三〇《唐莊宗紀四》同光元年十二月丁亥條：“澤州刺史董璋上言：潞州軍變，李繼達領兵出城，自刎而死，節度副使李繼珂已安撫軍城。”

天成初，[1]繼能爲相州刺史，母楊氏卒於太原，繼能、繼襲奔喪行服。繼能笞掠母主藏婢，責金銀數，因笞至死。家人告變，言聚甲爲亂，繼能、繼襲皆伏誅。嗣昭諸子自相屠害，幾於溘盡，唯繼忠一人僅保其首領焉。[2]《永樂大典》卷一萬三百八十九。[3]

［1］天成：五代後唐明宗李嗣源年號（926—930）。

［2］唯繼忠一人僅保其首領焉：《新五代史》卷三六《李嗣昭傳》：“繼忠家于晋陽，楊氏所積餘貲猶鉅萬，晋高祖自太原起兵，召契丹爲援，契丹求賂，高祖貸于繼忠以取足。高祖入立，甚德之，以爲沂、棣、單三州刺史，開運中卒。楊氏平生積産，嗣昭父子三人賴之。”明本《册府》卷一六九《帝王部·納貢獻門》唐明宗條天成三年（928）十月：“前北京皇城使李繼中弟姪三人進馬二百五匹、金器八百兩、銀萬兩、家機錦百匹、白羅三百匹、綾三千匹、絹三千匹。繼中者，故昭義帥嗣昭之子，少有心疾，其母楊夫人自潞州積聚百萬，輦于荆州私第。繼韜之叛，没之于官。莊宗南

郊，助太平賞給。繼韜伏法，其母又輦及晋者，餘百兩。至楊氏卒，其弟湘州刺史繼能、潞府司馬繼襲聞哀俱至，繼中等詣官告變，繼能、繼襲伏法，弟姪等遂得分其所聚。故有是獻。”

[3]《大典》卷一〇三八九“李”字韻“姓氏（三四）”事目。

裴約，潞州之舊將也。初事李嗣昭爲親信，及繼韜之叛，[1]約方戍澤州，因召民泣而諭之曰：“余事故使，已餘二紀，每見分財享士，志在平讎，不幸薨殁。今郎君父喪未葬，即背君親，余可傳刃自殺，不能送死與人。”衆皆感泣。[2]既而梁以董璋爲澤州刺史，率衆攻城，約拒久之，告急於莊宗。[3]莊宗知其忠懇，謂諸將曰：“朕於繼韜何薄，於裴約何厚？裴約能分逆順，不附賊黨，先兄一何不幸，生此鴟梟！”乃顧李紹斌曰：[4]“爾識機便爲我取裴約來，朕不藉澤州彈丸之地。”即遣紹斌率五千騎以赴之。紹斌自遼州進軍，[5]未至，城已陷，約被害，時同光元年八月也。[6]帝聞之，嗟痛不已。《永樂大典》卷一萬八千一百二十八。[7]

[1]及繼韜之叛：《輯本舊史》卷一〇《梁末帝紀下》繫此事於龍德三年（923）三月，卷二九《唐莊宗紀三》與《通鑑》卷二七二均繫此事於同光元年（即龍德三年）三月。

[2]“約方戍澤州”至“衆皆感泣”：“約方戍澤州”，中華書局本有校勘記：“‘澤州’原作‘潞州’，據劉本、《册府》卷三七四、《新五代史》卷三二《裴約傳》、《通鑑》卷二七二及本卷下文改。”見《通鑑》卷二七二同光元年三月條。“今郎君父喪未葬”，《輯本舊史》之影庫本粘籤：“‘郎君’，原本作‘郎書’，今據《歐

陽史》改正。”見《新五代史》卷三二《裴約傳》。《宋本册府》卷三七四《將帥部·忠門五》:“裴約爲潞州節度使李嗣昭將。嗣昭卒，子繼韜據昭義叛。同光元年，莊宗遣李紹斌以甲士五千援澤州。初，繼韜叛歸賊庭也，約以兵戍澤州，召州民，泣而喻之曰:‘予事先君，已餘二紀，每見分財享士，志在平讎，不幸薨没，壯心不遂。今郎君不臣，定覆家族，父喪未葬，違背君親，縱然賊首開懷，久遠終被誅滅。予可傳刃自殺，不能送死與人。’衆皆感泣，伏其忠義。”

[3]“既而梁以董璋爲澤州刺史”至“告急於莊宗”:《輯本舊史》卷一〇《梁末帝紀下》繫此事於龍德三年三月，《通鑑》卷二七二繫於同光元年（即龍德三年）三月。亦見《輯本舊史》卷六二《董璋傳》。

[4]李紹斌：人名。又名趙德鈞。幽州（今北京市）人。初爲幽州節度使劉守光部將，再爲後唐將領，後投降遼國。傳見本書卷九八。

[5]遼州：州名。治所在今山西左權縣。

[6]同光：五代後唐莊宗李存勗年號（923—926）。 “即遣紹斌率五千騎以赴之”至“時同光元年八月也”:“即遣紹斌率五千騎以赴之”,《輯本舊史》之原輯者案語:“《歐陽史》作李存審。據《薛史·莊宗紀》亦作李紹斌，疑《歐陽史》誤。”《新五代史》卷三二《王彦章傳》作“符存審”，因其賜姓李，故名“李存審”。《輯本舊史》卷二九《唐莊宗紀三》、《通鑑》卷二七二均作“李紹斌”。李紹斌即趙德鈞。“時同光元年八月也”，中華書局本沿《輯本舊史》作“時同光元年六月也”。《輯本舊史》卷二九《唐莊宗紀三》與《通鑑》卷二七二繫此事於同光元年八月壬申，《新五代史》卷五《唐莊宗紀下》亦繫於同光元年八月，據改。總結此條，莊宗遣李紹斌（即趙德鈞）於同光元年八月赴澤州援裴約，未至而城陷。《新五代史》誤李紹斌爲李存審（即符存審),《舊史》誤同光元年八月爲六月。

［7］《大典》卷一八一二八“將”字韻“後唐將（一）”事目。

嗣昭七子：繼儔、繼韜、繼達、繼忠、繼能、繼襲、繼遠。[1]初，嗣昭死，其子繼韜以州叛。及繼韜伏誅之後，詔其兄繼儔赴闕。時繼儔權知軍府，繼韜房中所畜婢僕玩好之類，悉爲己有，每日於其房中料選妓妾，算較財物，遷延不時上路。其弟繼達怒謂人曰：“吾仲兄被罪，父子誅死，骨肉之情，自然傷痛。大兄不仁樂禍，略無慟懷。二弟併命，言音尚在，而便烝淫妻妾，詰責貨財，慚恥見人，生不如死。”繼達服縗麻，引數百騎坐於戟門，呼曰：“爲我反乎？”即令人斬繼儔首，投於戟門之内。繼達弟繼珂聞其亂也，募市人千餘攻于城門。繼達登城樓，知事不濟，啓于城東門，至其私第，盡殺其孥，得百餘騎，出潞城門，將奔契丹。行不十里，麾下奔潰，自剄於路隅。其下小較薛萬金率衆歸於闕下。[2]

［1］“嗣昭七子”至“繼遠”：《通鑑》卷二七一龍德二年（922）四月條。

［2］小較：即小校。低級軍職。　薛萬金：人名。本書僅此一見。　“初，嗣昭死”至“其下小較薛萬金率衆歸於闕下”：見明本《册府》卷九四三《總録部·不誼門》李繼儔條。《新五代史》卷五《唐本紀》同光元年十二月辛巳條：“李繼韜伏誅。繼韜之弟繼達殺其兄繼儔于潞州。”《新五代史》有注：“繼儔以被殺書，非不予其死，蓋繼達殺兄，自當著其罪爾。與書弒其君者同。”《輯本舊史》卷三〇《唐莊宗紀四》同光元年（923）十二月丁亥條：

"澤州刺史董璋上言：潞州軍變，李繼達領兵出城，自刎而死，節度副使李繼珂已安撫軍城。"卷五二《李繼韜傳》："命繼儔權知軍州事，繼達充軍城巡檢。未幾，詔繼儔赴闕，時繼儔以繼韜所畜婢僕玩好之類悉爲己有，每日料選算校，不時上路。繼達怒謂人曰：'吾仲兄被罪，父子誅死，大兄不仁，略無動懷，而便烝淫妻妾，詰責貨財，慚恥見人，生不如死！'繼達服縗麻，引數百騎坐於戟門，呼曰：'爲我反乎！'即令人斬繼儔首，投於戟門之内。副使李繼珂聞其亂也，募市人千餘攻於城門。繼達登城樓，知事不濟，啓子城東門，至其第，盡殺其孥，得百餘騎，出潞城門，將奔契丹。行不十里，麾下奔潰，自剄於路隅。"《通鑑》卷二七二同光元年十二月甲申條："召權知軍州事李繼儔詣闕，繼儔據有繼韜之室，料簡妓妾，搜校貨財，不時即路。繼達怒曰：'吾家兄弟父子同時誅死者四人，大兄曾無骨肉之情，貪淫如此；吾誠羞之，無面視人，生不如死！'甲申，繼達衰服，帥麾下百騎坐戟門呼曰：'誰與吾反者？'因攻牙宅，斬繼儔。節度副使李繼珂聞亂，募市人，得千餘，攻子城。繼達知事不濟，開東門，歸私第，盡殺其妻子，將奔契丹，出城數里，從騎皆散，乃自剄。"

李嗣本

李嗣本，雁門人，[1]本姓張。父準，[2]銅冶鎮將。[3]嗣本少事武皇，爲帳中紀綱，漸立戰功，得補軍校。乾寧初，[4]從征李匡儔爲前鋒，[5]與燕人戰，得居庸關，[6]以功爲義兒軍使，[7]因賜姓名。從討王行瑜，[8]授檢校刑部尚書，[9]改威遠、寧塞等軍使。[10]三年，討羅弘信於魏州，[11]嗣本爲前鋒，師還，改馬軍都將。[12]從李嗣昭討王暉於雲州，論功加檢校司空。[13]汴將李思安

之圍潞州也，從周德威軍於余吾，[14]嗣本率騎軍日與汴人轉鬬，前後獻俘千計，遷代州刺史。[15]天祐六年，從攻晋、絳，爲蕃漢副都校。[16]及武皇喪事有日，嗣本監護其事，改雲中防禦使、雲蔚應朔等州都知兵馬使，[17]加特進、檢校太保。[18]九年，周德威討劉守光，[19]嗣本率代北諸軍、生熟吐渾，收山後八軍，[20]得納降軍使盧文進、武州刺史高行珪以獻。[21]幽州平，[22]論功授振武節度使，號"威信可汗"。[23]十二年，莊宗定魏博，[24]劉鄩據莘縣，[25]命嗣本入太原巡守都城。十三年，從破劉鄩於故元城，[26]收洺、磁、衛三郡。[27]六月，還鎮振武。八月，契丹阿保機傾塞犯邊，其衆三十萬攻振武，嗣本嬰城拒戰者累日。契丹爲火車地道，晝夜急攻，城中兵少，禦備罄竭，城陷，嗣本舉族入契丹。[28]有子八人，四人陷於幕庭。嗣本性剛烈，有節義，善戰多謀，然治郡民，頗傷苛急，人以此少之也。《永樂大典》卷一萬三百八十九。[29]

[1]雁門：方鎮名。治所在代州（今山西代縣）。

[2]準：人名。即張準。本書僅此一見。

[3]銅冶：鎮名。位於河北鹿泉市南部。　鎮將：官名。鎮的長官。隋以後僅於邊防處置鎮。正六品下至正七品下不等。

[4]乾寧初：中華書局本有校勘記："'初'，原作'中'，據《册府》卷三四七改。按本書卷二六《唐武皇紀》下繫其事於乾寧元年十月。"乾寧元年（894）不得言"乾寧中"。見明本《册府》卷三四七《將帥部·佐命門八》。

[5]李匡儔：人名。新、舊《唐書》作"李匡籌"。范陽（今

河北涿州市）人。幽州節度使李全忠之子、李匡威之弟。唐末軍閥。傳見《舊唐書》卷一八〇、《新唐書》卷二一二。

[6]居庸關：關隘名。位於今北京市昌平區西北。

[7]義兒軍使：官名。所部統兵將領。“義兒”爲部隊番號。由李克用義子所統的軍隊，號“義兒軍”。

[8]王行瑜：人名。邠州（今陝西彬縣）人。唐末軍閥。傳見《舊唐書》卷一七五、《新唐書》卷二二四下。

[9]檢校刑部尚書：檢校官名。地方使職帶檢校三公、三師及臺省官之類，表示遷轉經歷和尊崇的地位，檢校刑部尚書爲其中之一階，爲虚銜。

[10]威遠、寧塞：皆爲部隊番號。　“從討王行瑜”至“改威遠、寧塞等軍使”：據《輯本舊史》卷二六《唐武皇紀下》，此役自乾寧二年六月至十二月。

[11]羅弘信：人名。魏州貴鄉（今河北大名縣）人。唐末、五代軍閥。傳見《舊唐書》卷一八一、《新唐書》卷二一〇。　魏州：州名。治所在今河北大名縣。

[12]馬軍都將：官名。馬軍統兵官。

[13]李嗣昭：人名。汾州（今山西汾陽市）人。唐末、五代李克用義子、部將。傳見本書本卷、《新五代史》卷三六。　檢校司空：官名。爲散官或加官，以示恩寵，無實際執掌。

[14]余吾：地名。位於山西屯留縣西北余吾鎮。

[15]“三年”至“遷代州刺史”：“三年”，《輯本舊史》原作“五年”。中華書局本未改，但有校勘記：“‘五年’，《册府》卷三四七同，本書卷二《梁太祖紀二》、卷一六《葛從周傳》、卷二六《唐武皇紀下》、卷五三《李存信傳》、《通鑑》卷二六〇繫其事於乾寧三年。”此校勘記之“卷二《梁太祖紀二》”當爲“卷一《梁太祖紀一》”，且並非録自《大典》，而是録自《册府》。今據改。“王暉”，《輯本舊史》卷二六《唐武皇紀下》天復三年（903）五月條及卷五二《李嗣昭傳》均作“王敬暉”，乃宋史臣避宋太祖之

祖父名諱改作“王暉”。《宋本册府》卷四一四《將帥部·赴援門》：“天祐四年，李思安寇潞州，築夾城，從周德威將兵赴援，擒生斬將，歲中數千計。五年，破夾城。”

[16]天祐六年，從攻晋、絳，爲蕃漢副都校：《輯本舊史》原無“天祐”二字。中華書局本有校勘記：“本書卷二七《唐莊宗紀一》繫其事於天祐六年，《通鑑》卷二六七繫其事於開平三年。按開平三年即天祐六年。”上文“三年”爲乾寧三年，此“六年”與之不符。今據補。“爲蕃漢副都校”，中華書局本有校勘記：“‘副都校’原作‘副都使校’，據殿本、《册府》卷三四七改。”

[17]雲中：縣名。治所在今山西大同市。　防禦使：官名。唐代始置，設有都防禦使、州防禦使兩種。常由刺史或觀察使兼任，實際上爲唐代後期州或方鎮的軍政長官。　蔚：州名。治所在今河北蔚縣。　應：州名。治所在今山西應縣。　朔：州名。治所在今山西朔州市朔城區。　都知兵馬使：官名。唐、五代方鎮自置之部隊統率官，稱兵馬使，其權尤重者稱兵馬大使或都知兵馬使。掌兵馬訓練、指揮。

[18]特進：官名。西漢末期始置，授給列侯中地位較特殊者。隋唐時期，特進爲文散官，授給有聲望的官員。正二品。　檢校太保：官名。爲散官或加官，以示恩寵，無實際執掌。太保，與太師、太傅合稱三師。

[19]劉守光：人名。深州樂壽（今河北獻縣）人。唐末幽州節度使劉仁恭之子。劉守光囚父自立，後號大燕皇帝，爲晋王李存勗俘殺。傳見本書卷一三五、《新五代史》卷三九。

[20]吐渾：即吐谷渾。西北遊牧民族名。本爲鮮卑慕容部的一支。　山後：地區名。五代時稱今北京、河北軍都山、燕山以北地區爲山後。

[21]納降軍使：官名。所部統兵將領。納降爲部隊番號。　盧文進：人名。范陽（今河北涿州市）人。後唐將領，先後投降契丹、南唐。傳見本書卷九七、《新五代史》卷四八。　武州：州名。

治所在今河北張家口市宣化區。　高行珪：人名。幽州（今北京市）人。五代名將，高思繼之侄。傳見本書卷六五、《新五代史》卷四八。

[22]幽州：州名。治所在今北京市。

[23]“九年”至“號‘威信可汗’”：“論功授振武節度使”，《輯本舊史》之影庫本粘籤：“振武，原本作‘正武’，今從《歐陽史》改正。”見《新五代史》卷三六《李嗣本傳》。《輯本舊史》卷二八《唐莊宗紀二》天祐十年（913）三月條：“周德威遣李嗣源、李嗣本、安金全率兵救武州，降元行欽以歸。”

[24]魏博：方鎮名。治所在魏州貴鄉縣（今河北大名縣）。

[25]莘縣：縣名。治所在今山東莘縣。

[26]元城：縣名。治所在今河北大名縣。

[27]洺：州名。治所在今河北邯鄲市永年區。　磁：州名。治所在今河北磁縣。　衛：州名。治所在今河南衛輝市。　收洺、磁、衛三郡：中華書局本有校勘記：“‘磁’原作‘慈’，據殿本、劉本、《册府》卷三四七改。”

[28]城陷，嗣本舉族入契丹：《輯本舊史》卷二八《唐莊宗紀二》天祐十三年八月條：“振武節度使李嗣本陷於契丹。”卷七七《晉高祖紀三》天福三年（938）五月戊辰條：“故振武節度使李嗣本贈太尉。”《新五代史》卷五《唐本紀五》天祐十三年八月條：“契丹寇蔚州（當爲朔州），執振武節度使李嗣本。”言其陷於契丹。明本《册府》卷九二《帝王部·赦宥門一一》載唐莊宗同光元年（923）四月己巳即位赦文：“其次有戰没陣場，身終王事……周德威、蓋寓、李存璋、李思恩、李嗣本、李存進、伊廣等兼應該赦文者，並委中書門下各令所司一一具録聞奏，各加追贈，仍定謚號。”《新五代史》卷三六《嗣本傳》亦言“嗣本戰歿”。

[29]《大典》卷一〇三八九“李”字韻“姓氏（三四）”事目。

李嗣恩

李嗣恩，本姓駱。[1]年十五，能騎射，侍武皇於振武，及鎮太原，[2]補鐵林軍小校。從征王行瑜，[3]奉表獻捷，加檢校散騎常侍，[4]漸轉突陣指揮使，[5]賜姓名。天祐四年，逐康懷英於西河，[6]解汾州之圍，加檢校司空，充左廂馬軍都將。戰王景仁有功，[7]加檢校司徒。[8]救河中府，與梁人接戰，應弦斃者甚衆，而矟中其口。及退，莊宗親視其傷，深加慰勉，轉内衙馬步都將、遼州刺史。[9]十二年，從莊宗入魏，擊劉鄩有功，轉天雄軍都指揮使。[10]劉鄩之北趨樂平也，[11]嗣恩襲之，倍程先入晉陽。[12]時城中無備，得嗣恩兵至，人百其勇。鄩聞其先過，乃遁。[13]莘之戰，以功轉代州刺史，充石嶺關以北都知兵馬使，[14]稍遷振武節度使。十五年，追赴行在，卒於太原。天成初，明宗敦念舊勳，[15]詔贈太尉。[16]

[1]李嗣恩，本姓駱：《輯本舊史》之原輯者案語："《歐陽史》：嗣恩本吐谷渾部人，而《薛史》不載，疑有闕文。"見《新五代史》卷三六《李嗣恩傳》。

[2]及鎮太原：《輯本舊史》卷二五《唐武皇紀上》繫此事於中和三年（883）七月。同年八月有原輯者案語："《舊唐書》：八月，李克用赴鎮太原，制以前振武節度、檢校司空兼單于都護、御史大夫李國昌爲檢校司徒、代州刺史、雁門以北行營節度、蔚朔等州觀察使。《薛史》作七月仗節赴鎮，八月赴鎮河東。蓋七月始離京師，八月乃歸河東也。《通鑑》統繫於七月，似未詳考。"

[3]從征王行瑜：據《輯本舊史》卷二六《唐武皇紀下》，此役自乾寧二年（895）六月至十二月。

[4]檢校散騎常侍：官名。爲散官或加官，以示恩寵，無實際執掌。

[5]突陣指揮使：官名。所部統兵將領。突陣爲部隊番號。

[6]康懷英：人名。本名懷貞，避後梁末帝朱友貞諱改懷英。兖州（今山東濟寧市兖州區）人。唐末、五代將領。傳見本書卷二三、《新五代史》卷二二。　西河：地名。位於今山西汾陽市。中華書局本有校勘記："'西河'原作'河西'，據《册府》卷三四七乙正。按《新唐書》卷三九《地理志》三，西河屬汾州。"見明本《册府》卷三四七《將帥部·佐命門八》。

[7]王景仁：人名。合淝（今安徽合肥市）人。後梁將領。傳見本書卷二三、《新五代史》卷二三。

[8]檢校司徒：官名。爲散官或加官，以示恩寵，無實際執掌。

[9]"救河中府"至"遼州刺史"：《輯本舊史》卷二八《唐莊宗紀二》繫此事於天祐九年（912）八月，《通鑑》卷二六八繫此事於乾化二年（即天祐九年）九月。《宋本册府》卷四一四《將帥部·赴援門》："李嗣恩年十五，能騎射，事武皇帳下，以戰功爲馬軍都尉。救應河府，賊出不備，彎弧盪寇，應弦斃者甚衆。稍中其口，酣戰未解。及退，莊宗親撫其傷，深加慰勉。"

[10]天雄軍：方鎮名。治所在魏州（今河北大名縣）。　"十二年"至"轉天雄軍都指揮使"：據《輯本舊史》卷二八《唐莊宗紀二》，討劉鄩一事自天祐十二年六月至七月。"天雄軍都指揮使"，明本《册府》卷三四七《將帥部·佐命門八》、卷四二〇《將帥部·掩襲門》均作"天雄軍馬步軍都指揮使"。

[11]樂平：地名。位於今山東茌平縣樂平鎮。

[12]晉陽：縣名。治所在今山西太原市。

[13]"劉鄩之北趨樂平也"至"乃遁"：據《輯本舊史》卷八《梁末帝紀上》與卷二八《唐莊宗紀二》，此事自天祐十二年七月

至天祐十三年三月。明本《册府》卷四二〇《將帥部·掩襲門》:“梁將劉鄩之北趨樂平也，嗣恩襲之，倍程先入北京。時城中無備，得嗣恩兵至，人百其勇。鄩聞其先過，雨中宵遁。”《新五代史》卷三六《嗣恩傳》:“鄩兵去，嗣恩亦以兵會莊宗于魏。”

[14]石嶺關：關隘名。位於今山西陽曲縣北。

[15]明宗：即李嗣源。沙陀部人。原名邈佶烈，李克用養子，926年至933年在位。紀見本書卷三五至卷四四、《新五代史》卷六。

[16]太尉：官名。與司徒、司空並爲三公，唐後期、五代多爲大臣、勳貴加官。正一品。　天成初，明宗敦念舊勳，詔贈太尉：《輯本舊史》卷三八《唐明宗紀四》繫此事於天成二年四月丙午。

有子二人，長曰武八，騎射推於軍中。嘗有時輩臂飢鷹，[1]矜其搏擊，武八持鳴鏑一隻，賭其狩獲，暮乃多之。戰契丹於新州，[2]歿焉。[3]幼曰從郎，累爲行軍司馬。[4]《永樂大典》卷一萬三百八十九。[5]

[1]嘗有時輩臂飢鷹：中華書局本有校勘記:“‘輩’原作‘輂’，據殿本、劉本、《册府》卷八四六改。影庫本粘籤:‘時輂，疑是人名，今無别本可考，姑仍其舊。’”見《宋本册府》卷八四六《總録部·善射門》。

[2]新州：州名。治所在今河北涿鹿縣。

[3]戰契丹於新州，歿焉：《輯本舊史》之原輯者案語:“案《遼史·太祖紀》：二年三月，合戰於新州東，殺李嗣本之子武八。考武八本嗣恩子，而《遼史》以爲嗣本子，蓋傳聞之誤。”見《遼史》卷一《太祖紀上》。今中華書局本《遼史》已改。此句以下，《宋本册府》卷八四六《總録部·善射門》有“位至諸軍都指揮使”八字。

[4]行軍司馬：官名。出征將領及節度使的屬官。掌軍籍符伍、號令印信，是藩鎮重要的軍政官員。

[5]《大典》卷一〇三八九“李”字韻“姓氏（三四）”事目。

史臣曰：嗣昭以精悍勤勞，佐經綸之業，終没王事，得以爲忠，然其後嗣皆不免於刑戮者，何也？蓋殖貨無窮，多財累愚故也。抑苟能以清白遺子孫，安有斯禍哉！裴約以偏裨而效忠烈，尤可貴也。嗣本、嗣恩皆以中涓之効，參再造之功，故可附於兹也。《永樂大典》卷一萬三百八十九。[1]

[1]《大典》卷一〇三八九“李”字韻“姓氏（三四）”事目。

舊五代史　卷五三

唐書二十九

列傳第五

李存信

李存信，本姓張。父君政，[1]迴鶻部人也。[2]大中初，[3]隨懷化郡王李思忠内附，[4]因家雲中之合羅川。[5]存信通黠多數，會四夷語，別六蕃書，善戰，識兵勢。初爲獻祖親信，[6]從武皇入關平賊，[7]始補軍職，賜姓名。[8]大順中，[9]累遷至馬步都校，[10]與李存孝擊張濬軍於平陽。[11]時存孝驍勇冠絶，軍中皆下之，唯存信與争功，由是相惡，有同水火。及平定潞州，[12]存孝以功望領節度，既而康君立授旄鉞，[13]存孝怒，大剽潞民，燒邑屋。言發涕流，疑存信擯己故也。[14]明年，存孝得邢洺，[15]武皇與之節鉞。[16]存孝慮存信離間，欲立大功以勝之，屢請兵於武皇，請兼并鎮冀，[17]存信間之，不時許。大順二年，武皇大舉略地山東，以存信爲蕃漢馬步

都校,[18]存孝聞之怒，武皇令存質代之,[19]存孝乃謀叛。[20]既誅,[21]以存信爲蕃漢都校。從討李匡儔,[22]降赫連鐸、白義誠,[23]以功檢校右僕射。[24]從入關討王行瑜,[25]加檢校司空,[26]領郴州刺史。[27]

[1]君政：人名。即張君政。回鶻人。曾任雲州長史，識蕃字，通佛理。事見本書本卷、卷九一,《新五代史》卷三六。

[2]迴鶻部：古部族、政權名。又作回紇。原係突厥鐵勒部的一支。唐天寶三載（744）建立回紇汗國，8世紀末、9世紀初，回鶻與吐蕃争奪北庭和安西並最終取勝，統治西域。9世紀中葉，回鶻汗國瓦解。參見楊蕤《回鶻時代：10—13世紀陸上絲綢之路貿易研究》，中國社會科學出版社2015年版。

[3]大中：唐宣宗李忱年號（847—859），唐懿宗沿用（859—860）。

[4]李思忠：人名。原名嗢没斯，唐代回紇汗國特勤。降唐後獲賜姓名李思忠，拜右金吾衛大將軍、懷化郡王、歸義軍使，部衆分别被置於雲州和朔州一帶。事見《舊唐書》卷一八上、《新唐書》卷二一七下。

[5]雲中：唐都護府名。治所在今内蒙古和林格爾縣西北。合羅川：地名。位於今額濟納河中下游。

[6]獻祖：即李國昌，又名朱邪赤心。沙陀部首領。唐末軍閥。李克用之父。其孫後唐莊宗李存勗即帝位後，追謚其爲文皇，廟號獻祖。事見《舊唐書》卷一九上、卷一九下。

[7]武皇：即李克用。沙陀部人，生於神武川新城（一説是今山西朔州市朔城區之梵王寺村，一説是今山西應縣縣城，一説在今山西懷仁縣之日中城）。唐末軍閥，受封晋王。五代後唐太祖。紀見本書卷二五、卷二六,《新五代史》卷四。

[8]“李存信”至“賜姓名”：“李存信，本姓張”,《舊五代史

考異》:"《梁紀》作張污落，蓋本名污落，賜名存信。"此《梁紀》爲《輯本舊史》卷一《梁太祖紀一》乾寧三年（896）正月條，該條並非録自《大典》，而是録自《宋本册府》卷一八七《閏位部·勳業門五》。但該條衹言李克用遣舊將張污落寨於莘縣，未言賜姓名事。《通鑑》卷二五五中和四年（884）五月甲戌條:"克用擇軍中驍勇者，多養爲子，名回鶻張政之子曰存信……冒姓李氏。"胡注:"按薛居正《五代史》，存信本名張污落。"《宋本册府》卷八二五《總録部·名字門二》:"李存信，本姓張，爲河東蕃漢馬步軍都指揮使。太祖賜姓名，睠同親嫡。""姓名"明本作"名姓"。《輯本舊史》卷九一《張從訓傳》:"（從訓）祖君政，雲州長史，識蕃字，通佛理。父存信，河東蕃漢馬步軍都指揮使，武皇賜姓名，眷同親嫡，前史有傳。""從武皇入關平賊"，《舊唐書》卷一九下《僖宗本紀》與《輯本舊史》卷二五《唐武皇紀上》繫於中和二年十月至中和四年五月。

[9]大順：唐昭宗李曄年號（890—891）。

[10]馬步都校：即馬步軍統兵官。

[11]李存孝：人名。本名安敬思。代州飛狐（今河北淶源縣）人。唐末李克用養子、部將。傳見本書本卷、《新五代史》卷三六。　張濬：人名。河間（今河北河間市）人。唐末官員。傳見《舊唐書》卷一七九、《新唐書》卷一八五。　平陽：地名。位於今山西臨汾市。　"大順中"至"與李存孝擊張濬軍於平陽"：《舊唐書》卷二〇上《昭宗紀》、《新唐書》卷一〇《昭宗紀》繫此事於大順元年十一月，《舊唐書》卷一七九《張濬傳》、《輯本舊史》卷二五、《新五代史》卷一《梁本紀》繫此事於大順元年十月。據《輯本舊史》卷五三《李存孝傳》，存孝於十月圍平陽，張濬於十一月遁逃。平定潞州、康君立授旄鉞、擊張濬軍於平陽均爲大順元年事，此處不當言"中"。

[12]潞州：州名。治所在今山西長治市。

[13]康君立：人名。蔚州興唐（今河北蔚縣）人。唐末將領。

傳見本書卷五五。

［14］“及平定潞州”至“疑存信擠己故也”：“存孝以功望領節度”，中華書局本有校勘記：“原作‘以功領節度使’，據殿本、劉本改。影庫本批校：以功領節度使，原本係‘以功望領節度’，殆云以功而希冀領節度也，未經得授，觀下句授康君立可見，當從原本。”亦可參見《新五代史》卷三六《李存孝傳》。“既而康君立授旄鉞”，《輯本舊史》之影庫本粘籤：“康君立，原本作‘軍位’，今從《歐陽史》改正。”見《新五代史》卷三六《李存孝傳》。《舊唐書》卷二〇上《昭宗紀》與《輯本舊史》卷二五《唐武皇紀上》及卷五三《李存孝傳》繫平定潞州、康君立授旄鉞二事於大順元年（890）九月。

［15］邢：州名。治所在今河北邢臺市。　洺：州名。治所在今河北邯鄲市永年區。

［16］明年，存孝得邢洺，武皇與之節鉞：《輯本舊史》卷二五《唐武皇紀上》及卷五三《李存孝傳》均繫此事於大順二年三月。

［17］鎮：州名。治所在今河北正定縣。　冀：州名。治所在今河北衡水市冀州區。

［18］蕃漢馬步都校：即馬步軍統兵官。

［19］存質：人名。即李存質。回鶻人。本姓張，名污落。唐末晋王李克用部將。初爲李國昌親信，後從李克用入關征戰，始補軍職，賜姓名，收爲義子。事見《舊唐書》卷一四二、本書卷二七、《通鑑》卷二七一。　“大順二年”至“武皇令存質代之”：《輯本舊史》卷二六《唐武皇紀下》景福元年（892）正月條：“鎮州王鎔恃燕人之援，率兵十餘萬攻邢州之堯山。武皇遣李存信將兵應援，李存孝素與存信不協，遞相猜貳，留兵不進。武皇又遣李嗣勳、李存審將兵援之，大破燕、趙之衆，斬首三萬，收其軍實。”《舊唐書》卷一四二《王鎔傳》：“景福元年，鎔乘存孝有間於其帥，乃出兵攻堯山。晋帥遣大將李存質來援，大敗鎮人於堯山，死者萬計。”此段上文有“大順中”，實爲“大順元年”；後有“明年”，

即爲“大順二年”。而此又云“大順二年”，實爲“景福元年”。

［20］存孝乃謀叛：《通鑑》卷二五九景福元年十月：“初，邢、洺、磁州留後李存孝，與李存信俱爲李克用假子，不相睦。存信有寵於克用，存孝在邢州，欲立大功以勝之，乃建議取鎮冀；存信從中沮之，不時聽許。及王鎔圍堯山，存孝救之，不克。克用以存信爲蕃、漢馬步都指揮使，與存孝共擊之，二人互相猜忌，逗留不進；克用更遣李嗣勳等擊破之。存信還，譖存孝無心擊賊，疑與之有私約。存孝聞之，自以有功於克用，而信任顧不及存信，憤怨，且懼及禍，乃潛結王鎔及朱全忠，上表以三州自歸於朝廷，乞賜旌節及會諸道兵討李克用；詔以存孝爲邢、洺、磁節度使，不許會兵。”

［21］既誅：《舊唐書》卷二〇上《昭宗紀》與《輯本舊史》卷二六《唐武皇紀下》皆繫此事於乾寧元年（894）三月。

［22］李匡儔：人名。新、舊《唐書》作“李匡籌”。范陽（今河北涿州市）人。幽州節度使李全忠之子、李匡威之弟。唐末軍閥。傳見《舊唐書》卷一八〇、《新唐書》卷二一二。

［23］赫連鐸：人名。唐末代北吐谷渾首領。咸通九年（868）隨唐軍鎮壓龐勳起義。與李國昌父子爭奪代北，官至唐雲州刺史、大同軍防禦使，守雲州十餘年。後爲李克用擒殺。事見《舊唐書》卷一九下。　白義誠：人名。吐谷渾部人。唐末吐谷渾部首領，蔚州刺史。事見《舊唐書》卷一九下《唐武皇紀下》，《通鑑》卷二五三、卷二五九。　從討李匡儔，降赫連鐸、白義誠：《輯本舊史》卷二六乾寧元年十月條：“雲州吐渾赫連鐸、白義誠並來歸，命皆笞而釋之。”此句《輯本舊史》之原輯者案語：“《舊唐書·昭宗紀》：六月壬辰，克用攻陷雲州，執赫連鐸。《新唐書·昭宗紀》：六月，赫連鐸與李克用戰於雲州，死之。《通鑑》從《新唐書》作李克用大破吐谷渾，殺赫連鐸，擒白義誠，俱與《薛史》異。考雲州諸部因討李匡儔而來歸，自當在十月，而諸書皆作六月，恐未足據。”

［24］檢校右僕射：官名。右僕射爲隋唐宰相名號。檢校右僕射爲散官或加官，以示恩寵，無實際執掌。　以功檢校右僕射：中華書局本有校勘記："'右'，册府卷三四七、卷三八七作'左'。"見明本《册府》卷三四七《將帥部·佐命門八》、《宋本册府》卷三八七《將帥部·褒異門一三》。

［25］王行瑜：人名。邠州（今陝西彬縣）人。唐末軍閥。傳見《舊唐書》卷一七五、《新唐書》卷二二四下。　從入關討王行瑜：據《輯本舊史》卷二六，此役自乾寧二年六月至十一月。

［26］檢校司空：官名。爲散官或加官，以示恩寵，無實際執掌。

［27］郴州：州名。治所在今湖南郴州市。　刺史：官名。州一級行政長官。漢武帝時始置，總掌考覈官吏、勸課農桑、地方教化等事。唐中期以後，節度使、觀察使轄州而設，刺史爲其屬官，職任漸輕。從三品至正四品下。

乾寧三年，[1]兗、鄆乞師於武皇，[2]武皇遣存信營於莘縣，[3]與朱瑄合勢以抗梁人。[4]梁祖患之，[5]遣使謂羅弘信曰：[6]"河東志在吞食河朔，迴軍之日，貴道堪憂。"而存信戢兵無法，稍侵魏之芻牧，弘信怒，翻然結於梁祖，乃出兵三萬以攻存信。存信斂衆而退，爲魏人所薄，委棄輜重，退保洺州，軍士喪失者十二三。[7]武皇怒，大出師攻魏博，[8]屠陷諸邑。[9]五月，存信軍於洹水。[10]汴將葛從周、氏叔琮來援魏人。[11]存信與鐵林都將落落遇汴人於洹水南，汴人爲陷馬坎以待之，存信戰敗，落落被擒。[12]九月，存信敗葛從周於宗城，[13]乘勝至魏州之北門。[14]明年，聞兗、鄆皆陷，乃班師。[15]八月，從討劉仁恭。[16]師次安塞，[17]爲燕軍所敗。[18]武

皇怒謂存信曰："昨日吾醉，不悟賊至，公不辨耶？古人三敗，公殆二矣。"[19]存信懼，泥首謝罪，幾至不測。自光化已後，[20]存信多稱病，武皇以兵柄授李嗣昭，[21]以存信爲右校而已。天復二年十月，[22]以疾卒於晋陽，[23]時年四十一。《永樂大典》卷一萬三百八十九。[24]

[1]乾寧：唐昭宗李曄年號（894—898）。

[2]兖：州名。治所在今山東濟寧市兖州區。　鄆：州名。治所在今山東東平縣。

[3]莘縣：縣名。治所在今山東莘縣。

[4]朱瑄：人名。一作朱宣。宋州下邑（今河南夏邑縣）人。唐末、五代軍閥，後爲天平軍節度使。傳見《舊唐書》卷一八二、《新唐書》卷一八八、本書卷一三、《新五代史》卷四二。

[5]梁祖：即後梁太祖朱温。

[6]羅弘信：人名。魏州貴鄉（今河北大名縣）人。唐末、五代軍閥。傳見《舊唐書》卷一八一、《新唐書》卷二一〇。

[7]"兖、鄆乞師於武皇"至"軍士喪失者十二三"："武皇遣存信營於莘縣"，《輯本舊史》之影庫本粘籤："莘縣，原本作'華縣'，今從《新唐書·藩鎮傳》改正。"見《新唐書》卷二一〇《藩鎮魏博傳》之《羅弘信傳》。"遣使謂羅弘信曰"，中華書局本有校勘記："'謂'，原作'諜'，據劉本、本書卷一四《羅紹威傳》、《册府》卷二一四、《通鑑》卷二六〇、《舊唐書》卷一八一《羅弘信傳》、《新唐書》卷二一〇《羅弘信傳》改。"見明本《册府》卷二一四《閏位部·權略門》、《通鑑》卷二六〇乾寧三年（896）閏正月條。"與朱瑄合勢以抗梁人"之"朱瑄"，《宋本册府》卷四四五《將帥部·軍不整門》作"朱瑾"。

[8]魏博：方鎮名。治所在魏州貴鄉縣（今河北大名縣）。

[9]武皇怒，大出師攻魏博，屠陷諸邑：《輯本舊史》卷二六

《唐武皇紀下》繫此事於乾寧三年三月，有原輯者案語："《舊唐書》：六月庚戌，李克用率沙陀、并汾之衆五萬攻魏州，及其郛，大掠於其六郡，陷城安、洹水、臨漳十餘邑，報莘之怨也。《薛史》作三月事，蓋自三月興師，至十月始退耳。"

[10]洹水：水名。即今河南北部衛河支流安陽河。

[11]葛從周：人名。濮州甄城（今山東鄄城縣）人。唐末將領。傳見本書卷一六、《新五代史》卷二一。　氏叔琮：人名。河南尉氏（今河南尉氏縣）人。唐末將領。傳見本書卷一九、《新五代史》卷四三。

[12]鐵林都將：官名。所部統兵將領。鐵林爲部隊番號。　落落：人名。李克用之子。時爲鐵林軍使，將鐵林小兒三千騎薄於洹水，與葛從周部作戰失敗，爲葛從周部將張歸霸所擒，朱温命將落落送於羅弘信斬之。事見《舊唐書》卷一八一、本書卷二六、《新五代史》卷二二。　"存信與鐵林都將落落遇汴人於洹水南"至"落落被擒"：《通鑑》卷二六〇繫此事於乾寧三年六月，有《考異》："《唐太祖紀年録》、薛居正《五代史·武皇紀》《實録》，禽落落皆在七月。葛從周、李存信傳在五月。今從《梁太祖紀》。"見輯本卷二六《武皇紀下》、卷一六《葛從周傳》。

[13]宗城：縣名。治所在今河北威縣。

[14]魏州：州名。治所在今河北大名縣。

[15]聞兗、鄆皆陷，乃班師：陷鄆州一事，參見《通鑑》卷二六一乾寧四年正月辛卯、癸巳、丙申諸條及《考異》。

[16]劉仁恭：人名。深州（今河北深州市）人。唐末、五代軍閥。傳見《新唐書》卷二一二。

[17]安塞：地名。治所在今河北蔚縣。

[18]師次安塞，爲燕軍所敗：《輯本舊史》卷二六《唐武皇紀下》繫此事乾寧四年九月。

[19]公殆二矣：中華書局本有校勘記："'殆'，原作'姑'，據《册府》卷四四三改。"見明本《册府》卷四四三《將帥部·敗

衄門三》。

[20]光化：唐昭宗李曄年號（898—901）。

[21]李嗣昭：人名。汾州（今山西汾陽市）人。唐末、五代李克用義子、部將。傳見本書卷五二、《新五代史》卷三六。

[22]天復：唐昭宗李曄年號（901—904）。

[23]晋陽：縣名。治所在今山西太原市。

[24]《大典》卷一〇三八九“李”字韻“姓氏（三四）”事目。《輯本舊史》卷九一有其子《張從訓傳》，《宋史》卷二五四有其子《張從恩傳》。

李存孝

李存孝，本姓安，名敬思。[1]少於俘囚中得隸紀綱，[2]給事帳中。及壯，便騎射，驍勇冠絶，常將騎爲先鋒，未嘗挫敗。從武皇救陳、許，[3]逐黄寇，[4]及遇難上源，[5]每戰無不尅捷。[6]

[1]李存孝，本姓安，名敬思：《輯本舊史》之原輯者案語：“《新唐書》：存孝，飛狐人。與《歐陽史》同，《薛史》闕載。”《新唐書》卷二一一《王鎔傳》：“存孝，飛狐人，所謂安敬思者。善騎射，攻葛從周，敗張濬、韓建，數有奇功。”《新五代史》卷三六《李存孝傳》：“代州飛狐人也。本姓安，名敬思。太祖掠地代北得之，給事帳中，賜姓名，以爲子，常從爲騎將。”

[2]紀綱：泛指僕從。

[3]陳：州名。治所在今河南淮陽縣。　許：州名。治所在今河南許昌市。

[4]黄寇：即黄巢。寇乃蔑稱。

[5]上源：驛站名。位於今河南開封市内。

［6］“及壯”至“每戰無不尅捷”：“從武皇救陳、許，逐黄寇”，《舊唐書》卷一九下《僖宗紀》繫此事於中和四年（884）二月。“及遇難上源”，《舊唐書》卷一九下《僖宗紀》與《輯本舊史》卷二五《唐武皇紀上》繫此事於中和四年五月。《輯本舊史》卷二五文德元年（888）三月條：“河南尹張全義潛兵夜襲李罕之於河陽，城陷，舉族爲全義所擄，罕之踰垣獲免，來歸於武皇。遣李存孝、薛阿檀、史儼兒、安金俊、安休休將七千騎送罕之至河陽。汴將丁會、牛存節、葛從周將兵赴援，李存孝率精騎逆戰於温縣。汴人既扼太行之路，存孝殿軍而退。”同卷龍紀元年（889）五月條：“遣李罕之、李存孝攻邢州。”同卷大順元年（890）：“遣李存孝攻邢州，孟遷以邢、洺、磁三州降，執汴將王虔裕三百人以獻。”亦見《通鑑》卷二五七文德元年三月、四月，卷二五八龍紀元年五月諸條。《新五代史》卷三六《李存孝傳》：“文德元年，河南張言襲破河陽，李罕之來歸晋，晋處罕之于澤州，遣存孝與薛阿檀、安休休等以兵七千助罕之還擊河陽。梁亦遣丁會、牛存節等助言。戰于温縣，梁軍先扼太行，存孝大敗，安休休被執。是時，晋已得澤、潞，歲出山東，與孟方立争邢、洺、磁，存孝未嘗不在兵間。方立死，晋取三州，存孝功爲多。”

張濬之加兵於太原也，[1]潞州小校馮霸殺其帥李克恭以城叛，[2]時汴將朱崇節入潞州，[3]梁祖令張全義攻澤州。[4]李罕之告急於武皇，[5]武皇遣存孝率騎五千援之。[6]初，汴人攻澤州，呼罕之曰：“相公常恃太原，輕絶大國，今張相公已圍太原，葛司空已入潞府，[7]旬日之内，沙陀無穴自處，相公何路求生耶！”存孝聞其言不遜，選精騎五百，繞汴營呼曰：“我，沙陀求穴者，俟爾肉饌軍，可令肥者出鬭！”汴將有鄧季筠者，[8]亦以

驍勇聞，乃引軍出戰。存孝激勵部衆，舞矟先登，一戰敗之，獲馬千匹，生擒季筠於軍中。是夜，汴將李讜收軍而遁，[9]存孝追擊至馬牢山，[10]俘斬萬計，遂退攻潞州。[11]

[1]太原：府名。治所在今山西太原市。

[2]馮霸：人名。籍貫不詳。唐末軍閥。事見本書本卷、卷五〇。　李克恭：人名。沙陀部人。李克用之弟。唐末將領。傳見本書卷五〇、《新五代史》卷一四。

[3]朱崇節：人名。籍貫不詳。後梁官員。事見《舊唐書》卷一七九、本書卷八一。　“張濬之加兵於太原也”至“時汴將朱崇節入潞州”：“張濬之加兵於太原”一事，據《輯本舊史》卷二五《唐武皇紀上》，宰相張濬於大順元年（890）五月同意加兵太原，六月任招討使。“潞州小校馮霸殺其帥李克恭以城叛”及“汴將朱崇節入潞州”二事，《輯本舊史》卷二五《唐武皇紀上》繫於大順元年五月。

[4]張全義：人名。後因犯諱，改名張宗奭。亦作張言。濮州臨濮（今山東鄄城縣）人。唐末、五代後梁、後唐將領。傳見本書卷六三、《新五代史》卷四五。　澤州：州名。治所在今山西晉城市。

[5]李罕之：人名。陳州項城（今河南沈丘縣）人。唐末五代軍閥。傳見《新唐書》卷一八七、本書卷一五、《新五代史》卷四二。

[6]“梁祖令張全義攻澤州”至“武皇遣存孝率騎五千援之”：《新五代史》卷三六《李存孝傳》：“梁遣李讜攻李罕之于澤州。”《通鑑》卷二五八大順元年七月條：“朱全忠遣驍將葛從周將千騎潛自壺關夜抵潞州，犯圍入城。又遣別將李讜、李重胤、鄧季筠將兵攻李罕之於澤州，又遣張全義、朱友裕軍於澤州之北，爲從周應

援。”同年八月乙丑條：“（孫）揆發晉州，李存孝聞之，以三百騎伏於長子西谷中。揆建牙杖節，褒衣大蓋，擁衆而行；存孝突出，擒揆及賜旌節中使韓歸範、牙兵五百餘人，追擊餘衆於刁黄嶺，盡殺之。存孝械揆及歸範，紖以素練，徇於潞州城下曰：‘朝廷以孫尚書爲潞帥，命韓天使賜旌節，葛僕射可速歸大梁，令尚書視事。’遂紖以獻於克用。”同月：“李罕之告急於李克用，克用遣李存孝將五千騎救之。”《輯本舊史》卷二五《唐武皇紀上》繫於大順元年六月。

[7]葛司空：《通鑑》卷二五八作“葛僕射”。胡注云：“張相公，謂張濬；葛僕射，謂葛從周。”葛從周，濮州鄄城（今山東鄄城縣）人。唐末、五代將領。傳見本書卷一六、《新五代史》卷二一。　潞府：即潞州。

[8]鄧季筠：人名。宋州下邑（今河南夏邑縣）人。五代後梁將領。傳見本書卷一九。

[9]李讜：人名。河中臨晋（今山西臨猗縣）人。五代後梁將領。傳見本書卷一九。

[10]馬牢山：山名。又名馬頭山。位於今山西晋城市南。

[11]“初，汴人攻澤州”至“遂退攻潞州”：“沙陀無穴自處”，《輯本舊史》之影庫本粘籤：“‘無穴’，原本作‘無空’，今據《新唐書》改正。”見《新唐書》卷一八七《李罕之傳》。“今張相公已圍太原”，《輯本舊史》原無“已”字，據《宋本册府》卷三九六《將帥部·勇敢門三》補；“沙陀求穴者”，《册府》作“沙陀未穴者”。《通鑑》卷二五八大順元年九月壬寅條：“汴軍之初圍澤州也，呼李罕之曰：‘相公每恃河東，輕絶當道；今張相公圍太原，葛僕射入潞府，旬月之間，沙陀無穴自藏，相公何路求生邪！’及李存孝至，選精騎五百，繞汴寨呼曰：‘我，沙陀之求穴者也，欲得爾肉以飽士卒；可令肥者出鬭！’汴將鄧季筠，亦驍將也，引兵出戰，存孝生擒之。是夕，李讜、李重胤收衆遁去，存孝、罕之隨而擊之，至馬牢山，大破之，斬獲萬計，追至懷州而還。存孝復

引兵攻潞州。”該條《考異》曰：“《唐太祖紀年録》：‘六月，李崇節、葛從周據潞州，李重胤、鄧季筠、張全義將兵七萬攻澤州，李存孝將三千騎赴援。初，汴軍攻城門，呼李罕之云云。李存孝憤其言，引鐵騎五百追擊，入季筠營門，生獲其都將十數。是夜，汴將李讜收軍而遁，存孝、罕之追擊至馬牢山，斬首萬級，追襲掩擊，至於懷州而還。存孝復引軍攻潞州，九月二日，葛從周帥衆棄城而遁。’《唐末見聞録》：‘閏九月，昭義軍前狀申昭義軍人拔滅逃遁，收下城池，擒獲到餘黨五十人，巾縛送上；至二十日，行營都指揮使李存孝迴戈歸府。’薛居正《五代史·梁太祖紀》：‘九月，壬寅，帝至河陽，遣李讜引軍趨澤潞，行至馬牢川，爲晋人所敗。帝又遣朱友裕、張全義率精兵至澤州北以爲應援。既而崇節、從周棄潞來歸。戊申，帝廷責諸將敗軍之罪，斬李重胤以徇，遂班師焉。’《實録》：‘九月，甲申朔，康君立急攻潞州，朱全忠駐河陽，遣李讜引軍趨澤潞，至馬牢山川，與并師大戰，不利，鄧季筠被執。復遣朱友裕、張全義至澤州北應援，葛從周、朱崇節率衆棄潞州歸。’按六月李存孝若已破李讜，追至懷州，懷州去河陽止一程，豈得九月方到河陽！讜之敗必在九月戊申前一兩日也。蓋《紀年録》因從周據潞州事終言之。九月甲申朔，十九日壬寅，二十五日戊申。若全忠至河陽始遣讜等趣澤潞，既敗，而從周等棄潞來歸，七日之間，豈容許事！蓋《薛史》因讜敗，追本前事耳。若九月二日從周已棄潞州，何得十九日後攻澤州者，猶云葛司空入潞府乎！蓋《實録》承《紀年録》而誤也。今全忠往來月日從《薛史》，事則兼採諸書。”

時朝廷命京兆尹孫揆爲昭義節度使，[1]令供奉官韓歸範送旌節至平陽，[2]揆乃仗節之潞，[3]梁祖與揆牙兵三千爲紀綱。時揆爲張濬副招討，所部萬人。大順元年八月，[4]自晋、絳踰刀黄嶺趨上黨。[5]存孝引三百騎伏於長

子西崖谷間。[6]揆褒衣大蓋，擁衆而行，俟其軍前後不屬，存孝出騎横擊之，擒揆與歸範及俘囚五百，獻於太原。存孝乃急攻潞州。九月，葛從周棄城夜遁，存孝收城，武皇乃表康君立爲潞帥。存孝怒，不食者累日。十月，存孝引收潞州之師，圍張濬於平陽，營於趙城。[7]華州韓建遣壯士三百夜犯其營，[8]存孝諜知，設伏以擊之，盡殪，進壓晋州西門，獲賊三千，自是閉壁不出。存孝引軍攻絳州。[9]十一月，刺史張行恭棄城而去，[10]張濬、韓建亦由含口而遁，[11]存孝收晋、絳，[12]以功授汾州刺史。[13]

[1]京兆尹：官名。唐開元元年（713）改雍州置京兆府，治所在今陝西西安市。以京兆尹總其政務。從三品。　孫揆：人名。潞州涉縣（今河北涉縣）人。唐末進士、官員，唐昭宗時歷任中書舍人、刑部侍郎、京兆尹、昭義軍節度使。傳見《新唐書》卷一九三。　昭義：方鎮名。治所在潞州（今山西長治市）。　節度使：官名。唐時在重要地區所設掌握一州或數州軍、民、財政的長官。　時朝廷命京兆尹孫揆爲昭義節度使：《舊唐書》卷二〇上《昭宗紀》與《通鑑》卷二五八繫此事於大順元年（890）六月。

[2]供奉官：官名。泛指侍奉皇帝左右的臣僚，亦爲東、西頭供奉官通稱。　韓歸範：人名。籍貫不詳。唐末宦官。事見《舊唐書》卷二〇上，《通鑑》卷二五八、卷二五九。

[3]令供奉官韓歸範送旌節至平陽，揆乃仗節之潞：《舊唐書》卷二〇上《昭宗紀》繫此事於大順元年七月，《通鑑》卷二五八繫於大順元年八月。

[4]大順元年八月：《輯本舊史》原無“大順元年”四字。中華書局本有校勘記：“本書卷二五《唐武皇紀上》、《通鑑》卷二五

八繫其事於大順元年八月。”但未補，今據補。

［5］晉州：州名。治所在今山西臨汾市。　絳：州名。治所在今山西新絳縣。　刀黄嶺：地名。《通鑑》卷二五八作“刁黄嶺”。又稱刁黄山、彫黄嶺、發甕嶺。位於今山西長子縣西。　上黨：即潞州，治所在今山西長治市。

［6］長子：縣名。治所在今山西長子縣。　存孝引三百騎伏於長子西崖谷間：中華書局本有校勘記：“‘谷’字原闕，據本書卷二五《唐武皇紀上》、《新五代史》卷三六《李存孝傳》補。”《輯本舊史》卷二五《唐武皇紀上》作“長子縣崖谷間”。

［7］趙城：縣名。治所在今山西洪洞縣北。

［8］華州：州名。治所在今陝西渭南市華州區。　韓建：人名。許州長社（今河南許昌市）人。唐末、五代軍閥。傳見本書卷一五、《新五代史》卷四〇。

［9］“十月”至“存孝引軍攻絳州”：“圍張濬於平陽”，《輯本舊史》之影庫本粘籤：“平陽，原本作‘申陽’，今據《歐陽史》改正。”查《新五代史》，未見此記載。《輯本舊史》卷二五《唐武皇紀上》繫此事於大順元年十月，後有《舊五代史考異》：“《新唐書·昭帝紀》作十一月，張濬及李克用戰于陰地，敗績。《歐陽史》亦作十一月，與《薛史》先後互異。”《通鑑》卷二五八亦繫於十月。

［10］張行恭：人名。籍貫不詳。唐末將領。事見《通鑑》卷二五八。

［11］含口：地名。又作唅口。在今山西聞喜縣東南。

［12］“十一月”至“存孝收晉、絳”：《舊唐書》卷二〇上《昭宗紀》及《輯本舊史》卷二五《唐武皇紀上》均繫此事於大順元年十二月。《新五代史》卷四《唐本紀上》及《通鑑》卷二五八均繫此事於大順元年十一月。

［13］汾州：州名。治所在今山西汾陽市。　以功授汾州刺史：《輯本舊史》卷二五《唐武皇紀上》大順元年九月條：“汴將葛從

周棄潞州而遁，武皇以康君立爲潞州節度使，以李存孝爲汾州刺史。”《新五代史》卷三六《李存孝傳》：“初，存孝取潞州功爲多，而太祖别以大將康君立爲潞州留後，存孝爲汾州刺史。存孝負其功，不食者數日。及走張濬，遷邠州刺史。”《通鑑》卷二五八大順元年九月條：“李克用以康君立爲昭義留後，李存孝爲汾州刺史。”此處本傳敘事先後順序有誤。

大順二年三月，邢州節度使安知建叛入汴軍，[1]武皇令存孝定邢、洺，因授之節鉞。[2]時幽州李匡威與鎮州王鎔屢弱中山，[3]將中分其疆土。定州王處存求援於武皇。[4]武皇命存孝侵鎮趙之南鄙，[5]又令李存信、李存審率師出井陘以會之，[6]併軍攻臨城、柏鄉。[7]李匡威救至，且議旋師。[8]景福元年，[9]李存信與存孝不協，因搆於武皇，言存孝望風退衄，無心擊賊，恐有私盟也。存孝知之，自恃戰功，鬱鬱不平，因致書通王鎔，又歸款於汴。[10]

[1]安知建：人名。籍貫不詳。唐末將領。事見《通鑑》卷二五八。

[2]“大順二年三月”至“因授之節鉞”：《輯本舊史》卷二五《唐武皇紀上》、《通鑑》卷二五八均繫此事於大順二年（891）三月。

[3]幽州：州名。治所在今北京市。　李匡威：人名。范陽（今河北涿州市）人。幽州節度使李全忠之子，襲父位爲節度使。唐末軍閥。傳見《舊唐書》卷一八〇、《新唐書》卷二一二。　鎮州：州名。治所在今河北正定縣。　王鎔：人名。回鶻人。唐末、五代軍閥，朱温後封趙王。傳見本書卷五四、《新五代史》卷三九。

中山：地名。位於今河北定州市。

［4］定州：州名。治所在今河北定州市。　王處存：人名。京兆萬年（今陝西西安市長安區）人。唐末軍閥。傳見《舊唐書》卷一八二、《新唐書》卷一八六。　定州王處存求援於武皇：《舊唐書》卷二〇上《昭宗紀》繫此事於大順二年六月。

［5］趙：州名。治所在今河北趙縣。

［6］李存信：人名。本姓張。回鶻人。唐末、五代後唐將領。傳見本書本卷、《新五代史》卷三六。　李存審：人名。原姓符，名存。陳州宛丘（今河南淮陽縣）人。五代後唐將領。傳見本書卷五六、《新五代史》卷二五。　井陘：關隘名。位於今河北井陘礦區。

［7］臨城：縣名。治所在今河北臨城縣。　柏鄉：縣名。治所在今河北柏鄉縣。

［8］“武皇命存孝侵鎮趙之南鄙”至“且議旋師”：《舊唐書》卷二〇上繫此事於大順二年七月，《輯本舊史》卷二五、《通鑑》卷二五八繫於大順二年十月。

［9］景福：唐昭宗李曄年號（892—893）。

［10］“景福元年”至“又歸款於汴”：《輯本舊史》之原輯者案語：“《舊唐書》以存孝據邢州爲大順元年事。考存孝至大順二年始領邢州節鉞，在元年無由得據邢州也。《舊唐書》蓋因平潞州事而牽連書之耳。《新唐書》與《歐陽史》並從《薛史》。”見《舊唐書》卷二〇上《昭宗紀》、《新五代史》卷三六《李存孝傳》。“景福元年”四字原無。此段前有“大順二年三月”，則下段之“明年”當指“景福元年”。然下段所云“武皇自出井陘”諸事當繫於“景福二年”而非“景福元年”，時間不符。考《輯本舊史》卷二六《唐武皇紀下》景福元年（892）正月、十月諸條，《新五代史》卷四《唐本紀上》景福元年十月條，及《通鑑》卷二五九，“李存信與存孝不協”至“又歸款於汴”一事均應繫於景福元年，可知本條少“景福元年”四字，據補。《通鑑》卷二五九景福元年十

月：“初，邢、洺、磁州留後李存孝，與李存信俱爲李克用假子，不相睦。存信有寵於克用，存孝在邢州，欲立大功以勝之，乃建議取鎮冀；存信從中沮之，不時聽許。及王鎔圍堯山，存孝救之，不克。克用以存信爲蕃、漢馬步都指揮使，與存孝共擊之，二人互相猜忌，逗留不進；克用更遣李嗣勳等擊破之。存信還，譖存孝無心擊賊，疑與之有私約。存孝聞之，自以有功於克用，而信任顧不及存信，憤怨，且懼及禍，乃潛結王鎔及朱全忠，上表以三州自歸於朝廷，乞賜旌節及會諸道兵討李克用；詔以存孝爲邢、洺、磁節度使，不許會兵。”

明年，武皇自出井陘，將逼真定，[1]存孝面見王鎔陳軍機。武皇暴怒，誅先獲汴將安康八方旋師。[2]七月，復出師討存孝，自縛馬關東下，[3]攻平山，[4]渡滹水，[5]擊鎮州四關城。王鎔懼，遣使乞平，請以兵三萬助擊存孝，許之。[6]武皇蒐於欒城，[7]李存信屯琉璃陂。[8]九月，存孝夜犯存信營，奉誠軍使孫考老被獲，[9]存信軍亂。武皇進攻邢州，深溝高壘以環之，旋爲存孝衝突，溝塹不成。有軍校袁奉韜者，[10]密令人謂存孝曰：“大王俟塹成即歸太原，如塹壘未成，恐無歸志。尚書所畏唯大王耳，[11]料諸將孰出尚書右。王若西歸，雖限以黄河，亦可浮渡，況咫尺之洫，安能阻尚書鋒鋭哉！”存孝然之，縱兵成塹。居旬日，深溝高壘，飛走不能及，由是存孝至敗，城中食盡。

[1]真定：縣名。治所在今河北正定縣。

[2]安康八：人名。本書僅此一見。　“明年，武皇自出井陘”至“誅先獲汴將安康八方旋師”：《舊唐書》卷二〇上《昭宗

紀》與《輯本舊史》卷二六《唐武皇紀下》均繫此事於景福二年（893）二月。

[3]縛馬關：地名。今地不詳。

[4]平山：縣名。治所在今河北平山縣。

[5]滹水：河流名。即滹沱河。發源於今山西繁峙縣，東流入今河北省，過正定縣，向東流入渤海。

[6]請以兵三萬助擊存孝，許之：《舊五代史考異》："《新唐書》：王鎔失幽州助，因乞盟，進幣五十萬，歸糧二十萬，請出兵助討存孝。"見《新唐書》卷二一一《王鎔傳》。

[7]欒城：縣名。治所在今河北石家莊市欒城區。

[8]琉璃陂：地名。位於今河北邢臺市西南。

[9]奉誠：方鎮名。治所在同州（今陝西大荔縣）。　軍使：官名。唐末邊防將領。《新唐書》卷五〇《兵志》："唐初，兵之戍邊者，大曰軍，小曰守捉，曰城，曰鎮……武德至天寶以前邊防之制。其軍、城、鎮、守捉皆有使。"　孫考老：人名。本書僅此一見。

[10]軍校：輔佐將帥的軍官。　袁奉韜：人名。籍貫不詳。後唐將領。事見本書本卷、卷六二。　有軍校袁奉韜者：《輯本舊史》之影庫本粘籤："袁奉韜，原本作'奏韜'，今從《歐陽史》改正。"見《新五代史》卷三六《李存孝傳》。

[11]尚書：代指李存孝。《通鑑》卷二五九作："河東牙將袁奉韜密使人謂存孝曰：'大王惟俟塹成即歸晉陽，尚書所憚者獨大王耳。'"胡注云："李克用時封隴西郡王，存孝蓋亦檢校尚書。"

乾寧元年三月，存孝登城首罪，泣訴於武皇曰："兒蒙王深恩，位至將帥，[1]苟非讒慝離間，曷欲捨父子之恩，轉附仇讎之黨！兒雖褊狹設計，實存信搆陷至此，若得生見王面，一言而死，誠所甘心。"武皇愍之，

遣劉太妃入城慰勞。[2]太妃引來謁見，存孝泥首請罪曰："兒立微勞，本無顯過，但被人中傷，申明無路，迷昧至此！"武皇叱之曰："爾與王鎔書狀，罪我萬端，亦存信教耶！"縶歸太原，車裂於市。然武皇深惜其才。存孝每臨大敵，被重鎧，櫜弓坐稍，[3]僕人以二騎從，陣中易騎，輕捷如飛，獨舞鐵檛，挺身陷陣，萬人辟易，蓋古張遼、甘寧之比也。[4]存孝死，武皇不視事旬日，私憾諸將久之。[5]《永樂大典》卷一萬三百八十九。[6]

[1]位至將帥：《舊五代史考異》："《歐陽史》作位至將相。吴縝《纂誤》云：存孝本傳止爲邢州留後，未嘗爲平章事，何故云'位至將相'耶！"見《新五代史》卷三六《李存孝傳》、《五代史纂誤》卷中義兒傳存孝二事條。

[2]劉太妃：人名。指李克用正妻劉氏。代北（今山西代縣）人。莊宗即位，以嫡母劉氏爲皇太妃。傳見本書卷四九、《新五代史》卷一四。

[3]櫜弓坐稍：中華書局本有校勘記："'櫜'原作'槖'，據殿本、《册府》（宋本）卷三九六、《新五代史》卷三六《李存孝傳》改。"見《宋本册府》卷三九六《將帥部·勇敢門三》。

[4]張遼：人名。雁門馬邑（今山西朔州市朔城區）人。三國時魏大將。傳見《三國志》卷一七。　甘寧：人名。巴郡臨江（今重慶市忠縣）人。三國時吴名將。傳見《三國志》卷五五。

[5]存孝死，武皇不視事旬日，私憾諸將久之：《新五代史》卷三六《李存孝傳》："康君立素與存信相善，方二人之交惡也，君立每左右存信以傾之。存孝已死，太祖與諸將博，語及存孝，流涕不已，君立以爲不然，太祖怒，酖殺君立。君立初爲雲州牙將，唐僖宗時，逐段文楚，與太祖俱起雲中，蓋君立首事。其後累立戰

功，表昭義節度使。以存孝故殺之。"《通鑑》卷二五九乾寧元年（894）三月條："克用惜其才，意臨刑諸將必爲之請，因而釋之。既而諸將疾其能，竟無一人言者。既死，克用爲之不視事者旬日，私恨諸將，而於李存信竟無所譴。又有薛阿檀者，其勇與存孝相侔，諸將疾之，常不得志，密與存孝通；存孝誅，恐事泄，遂自殺。自是克用兵勢浸弱，而朱全忠獨盛矣。"

［6］《大典》卷一〇三八九"李"字韻"姓氏（三四）"事目。

李存進　子漢韶

李存進，振武人，[1]本姓孫，名重進。[2]父佺，[3]世吏單于府。[4]重進初仕嵐州刺史湯羣爲部校，[5]獻祖誅羣，乃事武皇，從入關，還鎮太原，署牙職。景福中，爲義兒軍使，[6]賜姓名。[7]從討王行瑜，[8]以功授檢校常侍，[9]與李嗣昭同破王珙於河中。[10]光化三年，契丹犯塞，寇雲中，[11]改永安軍使、雁門以北都知兵馬使。[12]天復初，破氏叔琮前軍於洞渦。[13]三年，授石州刺史。[14]莊宗初嗣位，[15]入爲步軍右都校，[16]檢校司空。師出井陘，授行營馬步軍都虞候，[17]破汴軍於柏鄉，[18]論功授汾州刺史，[19]轉檢校司徒，[20]俄兼西南面行營招討使，[21]出師收慈州，[22]授慈、沁二州刺史。[23]十二年，定魏博，授天雄軍都巡按使。[24]時魏人初附，有銀槍效節都，[25]强傑難制，專謀騷動。存進沈厚果斷，犯令者梟首屍於市，諸軍無不惕息，靡然向風。十四年，權蕃漢馬步副總管，[26]從攻楊劉，[27]戰胡柳。[28]

[1]振武：方鎮名。後梁貞明二年（916）以前，治所位於單于都護府城（今内蒙古和林格爾縣）。貞明二年，單于都護府城爲契丹占據。此後至後唐清泰三年（936），治所位於朔州（今山西朔州市朔州區）。後晋隨燕雲十六州割予契丹，改名順義軍。

[2]本姓孫，名重進：《輯本舊史》之原輯者案語："《歐陽史》：太祖破朔州得之，賜以姓名，養爲子。"見《新五代史》卷三六《李存進傳》，"破朔州"前有"攻"字。《通鑑》卷二五五中和四年（884）五月甲戌條云："克用擇軍中驍勇者，多養爲子，……振武孫重進曰存進。"

[3]佺：人名。即孫佺。事跡不詳。

[4]單于府：官署名。即單于都護府。唐六都護府之一。掌西域突厥事務。治所在雲中故城（今内蒙古和林格爾縣西北）。　父佺，世吏單于府：中華書局本有校勘記："'佺'，《全唐文》卷八四〇《後唐招討使李存進墓碑》同，《九國志》卷七其子孫漢韶墓志（拓片刊《成都出土歷代墓銘券文圖録綜釋》）作'昉'。"《輯本舊史》之原輯者案語："《九國志·孫漢韶傳》云：祖昉，嵐州刺史。父存進，振武軍節度使。據《薛史》則存進父自名佺，未嘗爲刺史，與《九國志》異。"見《九國志》卷七《孫漢韶傳》。《輯本舊史》卷一二九《孫漢英傳》："父重進，事唐武皇、莊宗爲大將，賜姓，名存進。"

[5]嵐州：州名。治所在今山西嵐縣。　湯羣：人名。本書僅此一見。

[6]義兒軍使：官名。義兒軍統兵將領。由後唐太祖李克用的義子爲軍使，掌領本軍軍務。

[7]"重進初仕嵐州刺史湯羣爲部校"至"賜姓名"："從入關"下，《宋本册府》卷八二五《總録部·名字門二》有"平黄寇"三字。《新五代史》卷三六《李存進傳》："太祖攻破朔州得之，賜以姓名，養爲子。從太祖入關破黄巢，以爲義兒軍使。"武皇入關事，《輯本舊史》卷二五《唐武皇紀上》繫於中和二年十

月。還鎮太原事，《輯本舊史》卷二五《唐武皇紀上》繫於中和三年七月。

[8]從討王行瑜：據《輯本舊史》卷二六《唐武皇紀下》，此役自乾寧二年（895）六月至十一月。

[9]檢校常侍：官名。侍從王之左右。檢校常侍爲加官，以示恩寵，無實際執掌。

[10]王珙：人名。唐河中節度使王重盈之子。傳見《新唐書》卷一八七。　河中：府名。治所在今山西永濟市蒲州鎮。　與李嗣昭同破王珙於河中：《輯本舊史》卷二六《唐武皇紀下》、《通鑑》卷二六一繫此事於乾寧四年三月。

[11]雲中：縣名。治所在今山西大同市。

[12]永安軍使：官名。所部統兵將領。永安爲部隊番號。中華書局本有校勘記："'永安'原作'永州'，據《册府》卷三四七、卷三八七、《全唐文》卷八四〇《後唐招討使李存進墓碑》改。"見明本《册府》卷三四七《將帥部·佐命門八》、《宋本册府》卷三八七《將帥部·褒異門十三》。　雁門：方鎮名。治所在代州（今山西代縣）。　都知兵馬使：官名。唐五代方鎮自置之部隊統率官，稱兵馬使，其權尤重者稱兵馬大使或都知兵馬使。掌兵馬訓練、指揮。

[13]洞渦：地名。即洞渦驛。位於今山西清徐縣。　破氏叔琮前軍於洞渦：《舊唐書》卷二〇上《昭宗紀》、《輯本舊史》卷二六《唐武皇紀下》與《通鑑》卷二六二均繫此事於天復元年（901）四月。

[14]石州：州名。治所在今山西吕梁市離石區。

[15]莊宗初嗣位：《輯本舊史》卷二六《唐武皇紀下》繫此事於天祐五年（908）正月。

[16]入爲步軍右都校：中華書局本有校勘記："'校'字原闕，據《册府》卷三四七補。《全唐文》卷八四〇《後唐招討使李存進墓碑》記其職爲'右廂步軍都指揮使'。"

[17]行營馬步軍都虞候：中華書局本有校勘記："'步'字原闕，據《册府》卷三四七、卷三八七、《新五代史》卷三六《李存進傳》、《全唐文》卷八四〇《後唐招討使李存進墓碑》補。"

[18]破汴軍於柏鄉：據《輯本舊史》卷二七《唐莊宗紀一》，此役自天祐七年十二月至天祐八年正月。

[19]論功授汾州刺史：中華書局本有校勘記："'汾州'原作'邠州'，據《册府》卷三四七、卷三八七、《全唐文》卷八四〇《後唐招討使李存進墓碑》改。"

[20]檢校司徒：官名。爲散官或加官，以示恩寵加此官，無實際執掌。

[21]行營招討使：官名。唐始置。戰時任命，兵罷則省。常以大臣、將帥或地方軍政長官兼任。掌招撫、討伐等事務。

[22]慈州：州名。治所在今山西吉縣。

[23]沁：州名。治所在今山西沁源縣。

[24]天雄軍：方鎮名。治所在魏州（今河北大名縣）。　十二年，定魏博，授天雄軍都巡按使：中華書局本有校勘記："'巡按使'，《册府》卷三八七同，《全唐文》卷八四〇《後唐招討使李存進墓碑》作'巡檢使'。"《通鑑》卷二六九貞明元年六月條作"巡按使"。梁貞明元年即天祐十二年。"巡檢使"爲後唐始置，負責地方治安。

[25]銀槍効節都：五代時藩鎮的牙兵。後梁魏博節度使楊師厚置，因其以"都"爲編制單位，亦稱銀槍効節軍。《輯本舊史》之影庫本粘籤："效節，原本作'數節'，今從《通鑑》改正。"見《通鑑》卷二六九貞明元年三月條。亦見明本《册府》卷四一八《將帥部·嚴整門》。

[26]蕃漢馬步副總管：官名。五代後唐置，爲蕃漢馬步軍副總指揮官。

[27]楊劉：地名。在今山東東阿縣東北姚寨鎮楊柳村。唐、五代時有城臨河津，爲黄河下游重鎮，今城已堙廢不可考。　權蕃漢

馬步副總管，從攻楊劉：中華書局本有校勘記："'權'原作'擢'，據《册府》卷三八七、《全唐文》卷八四〇《後唐招討使李存進墓碑》改。"《輯本舊史》卷二八《唐莊宗紀二》繫此役於天祐十四年十二月。

[28]胡柳：地名。即胡柳陂。位於今河南濮陽縣。 戰胡柳：《輯本舊史》卷二八《唐莊宗紀二》繫此役於天祐十五年十二月。

十六年，以本職兼領振武節度使。時王師據德勝渡，[1]汴軍據楊村渡在上流。[2]汴人運洛陽竹木，[3]造浮橋以濟軍。王師以船渡，緩急難濟，存進率意欲造浮橋。軍吏曰："河橋須竹笮大艑，兩岸石倉鐵牛以爲固，今無竹石，竊慮難成。"存進曰："吾成算在心，必有所立。"乃課軍造葦笮，維大艦數十艘，作土山，植巨木於岸以纜之。初，軍中以爲戲，月餘橋成，制度條上，人皆服其勤智。[4]莊宗舉酒曰："存進，吾之杜預也。"[5]賜寶馬御衣，進檢校太保、兼魏博馬步都將。[6]與李存審固守德勝。[7]

[1]德勝渡：地名。黄河重要渡口之一。李存勗部將李存審築於黄河津要處德勝口，有南北二城。南城在今河南濮陽市東南，北城在今河南濮陽市區。

[2]楊村渡：地名。黄河渡口之一。位於今河南濮陽市西南。

[3]洛陽：地名。即今河南洛陽市。

[4]"時王師據德勝渡"至"人皆服其勤智"：《輯本舊史》卷二九《唐莊宗紀三》繫此事於天祐十六年（919）八月，卷九《梁末帝紀中》、《通鑑》卷二七〇同繫此事於貞明五年（919）八月。梁貞明五年即天祐十六年。參見明本《册府》卷四〇五《將帥

部·識略門四》，文字多異。

[5]杜預：人名。京兆杜陵（今陝西西安市東南）人。西晋將領。傳見《晋書》卷三四。

[6]檢校太保：官名。爲散官或加官，以示恩寵，無實際執掌。

[7]與李存審固守德勝：中華書局本有校勘記："'固'原作'圍'，據《册府》卷三八七、卷四〇〇（宋本）改。影庫本粘籤：圍德勝，原本脱'德'字，今據文增入。"見《宋本册府》卷三八七《將帥部·褒異門一三》、卷四〇〇《將帥部·固守門二》。

十九年，汴將王瓚率衆逼北城，爲地穴火車，百道進攻。[1]存進隨機拒應，或經日不得食。汴軍退，加檢校太傅。[2]王師討張文禮於鎮州，[3]閻寶、李嗣昭相次不利而歿。[4]四月，存進代嗣昭爲招討，進營東垣渡，夾滹沲爲壘，[5]沙土散惡，垣壁難成。存進斬伐林樹，版築旬日而就，賊不能寇。九月，王處球盡率其衆，乘其無備，奄至壘門。存進聞之，得部下數人出鬬，驅賊於橋下。俄而賊大至，後軍不繼，血戰而歿，時年六十六。[6]同光時，[7]贈太尉。[8]存進行軍出師，雖無奇迹，然能以法繩其驕放，營壘守戰之備，特推精力，議者稱之。[9]

[1]王瓚：人名。太原祁（今山西祁縣）人。唐河中節度使王重盈之子。五代後梁將領，官至開封尹。傳見本書卷五九。　汴將王瓚率衆逼北城，爲地穴火車，百道進攻：《輯本舊史》卷二九《唐莊宗紀三》繫此事於天祐十九年（922）正月。同年四月己卯條："以振武節度使李存進爲北面招討使。"亦見《通鑑》卷二七一龍德二年（922）四月條。梁龍德二年即天祐十九年。

[2]檢校太傅：官名。爲散官或加官，以示恩寵，無實際執掌。

[3]張文禮：人名。燕（今河北北部）人。五代將領。傳見本書卷六二。　王師討張文禮於鎮州：《輯本舊史》本傳繫此事於天祐十九年。然《輯本舊史》卷二九《唐莊宗紀三》、卷五五《史建瑭傳》、卷五六《符存審傳》、卷五七《郭崇韜傳》、卷五九《閻寶傳》、卷一三七《契丹傳》皆繫此事於天祐十八年。據《輯本舊史》卷二九《唐莊宗紀三》，張文禮於天祐十八年八月病卒。故討張文禮一事，不應在天祐十九年。此所云討張文禮，當是討張文禮之子處球、處瑾諸人。

[4]閻寶：人名。鄆州（今山東東平縣）人。五代後唐將領。傳見本書卷五九、《新五代史》卷四四。　閻寶、李嗣昭相次不利而歿：《輯本舊史》卷二九《唐莊宗紀三》天祐十九年四月："嗣昭爲流矢所中，卒于師。己卯，天平節度使閻寶卒。"《通鑑》卷二七一龍德二年（即天祐十九年）四月條亦記閻寶卒於嗣昭後。

[5]東垣渡：渡口名。位於今河北正定縣南滹沱河邊。　滹沲：河流名。即滹沱河。發源於今山西繁峙縣，東流入今河北省，過正定縣，向東流入渤海。　"四月"至"夾滹沲爲壘"："四月"原作"七月"。中華書局本有校勘記："'七月'，本書卷二九《唐莊宗紀三》、《新五代史》卷五《唐本紀》、《通鑑》卷二七一、《全唐文》卷八四〇《後唐招討使李存進墓碑》繫其事於四月。"但未改，今據改。《輯本舊史》卷二九《唐莊宗紀三》天祐十九年四月條："以振武節度使李存進爲北面招討使。"同年五月乙酉條："李存進圍鎮州，營於東垣渡。"卷六二《張文禮傳》天祐十九年四月："嗣昭爲流矢所中，尋卒於師，命李存進繼之。"《新五代史》卷五《唐本紀五》莊宗天祐十九年四月："嗣昭戰死，以李存進代之。"《通鑑》卷二七一龍德二年五月乙酉條："晋李存進至鎮州，營于東垣渡，夾滹沱水爲壘。"

[6]王處球：人名。籍貫不詳。事見《册府》卷三四七、卷三六〇、卷四二五。　"王處球盡率其衆"至"時年六十六"：中華

書局本有校勘記："'時年六十六'，《全唐文》卷八四〇《後唐招討使李存進墓碑》云其'享年六十八'。"《輯本舊史》卷二九《唐莊宗紀三》繫此事於天祐十九年九月戊寅，"王處球"作"張處球"。處球爲張文禮之子。據《輯本舊史》卷六二《張文禮傳》，王鎔賜張文禮姓王，名德明，故張文禮亦有王姓。《宋本册府》卷三六〇《將帥部·立功門一三》："李存進爲天雄軍都指揮使。天祐十九年，莊宗討張文禮於鎮州。定州王處球盡率城中兵甲，乘我芻牧無備，奄至東垣渡。我騎軍已臨賊城，不覺其出。賊既上橋，攻我營門。存進惶駭，引十餘人鬬於橋上，賊退。我騎軍已邀賊後，前後夾擊之，賊退無路，圍之數重，步兵七千，殆無生還者。"

[7]同光：五代後唐莊宗李存勗年號（923—926）。

[8]太尉：官名。與司徒、司空並爲三公。唐後期、五代多爲大臣、勳貴加官。正一品。

[9]"存進行軍出師"至"議者稱之"：明本《册府》卷四二五《將帥部·死事門二》："孫重進，爲大將。性嚴重立法，士卒畏憚。"《册府》此卷有孫重進條及李存進條。孫重進即李存進，不當分爲兩條。

有子四人，長曰漢韶。[1]《永樂大典》卷一萬三百八十九。[2]

[1]有子四人，長曰漢韶：《九國志》卷七有《孫漢韶傳》，即其人。《輯本舊史》卷一二九有《孫漢英傳》。其中提及漢英有弟漢筠，均爲存進之子。

[2]《大典》卷一〇三八九"李"字韻"姓氏（三四）"事目。《全唐文》卷八四〇有吕夢奇撰《後唐招討使李存進墓碑》一文，錢大昕《廿二史考異》卷六二以此碑文考校《新五代史·李存進傳》，可參見。

漢韶，字享天，[1]幼有器局，風儀峻整。初事莊宗，[2]爲定安軍使，[3]遷河東牢城指揮使。[4]時孟知祥權知太原軍府事，[5]會契丹侵北鄙，表令漢韶率師進討，既而大破胡寇，[6]以功加檢校右僕射。同光中，爲蔡州刺史。[7]天成初，[8]復姓孫氏，尋授彰國軍留後，[9]累加檢校太保。長興中，[10]爲洋州節度使。[11]末帝之起於鳳翔也，[12]漢韶與興元張虔釗各帥部兵會王師於岐山下，[13]及西師俱叛，漢韶逃歸本鎮。[14]聞末帝即位，[15]心不自安，乃與張虔釗各舉其城送款於蜀。洎至成都，[16]孟知祥以漢韶舊人，尤善待之，[17]僞命永平軍節度使。[18]孟昶嗣僞位，[19]歷興元、遂州兩鎮連帥，[20]累僞官至中書令，[21]封樂安郡王。年七十餘，卒於蜀。《永樂大典》卷一萬八千一百二十八。[22]

[1]字享天：《輯本舊史》之影庫本粘籤："享天，原本作'亨天'。考《册府元龜》作享天，《九國志》與《册府元龜》同，今改正。"查《册府》及《九國志》，未見此記載。漢韶原姓孫，因其父存進賜姓李故改。《九國志》卷七有《孫漢韶傳》。

[2]莊宗：即李存勗。小字亞子，沙陀部人，太原（今山西太原市）人。李克用之子，五代後唐開國皇帝。923年至926年在位。紀見本書卷二七至卷三四、《新五代史》卷四至卷五。

[3]定安軍使：官名。所部統兵將領。定安爲部隊番號。

[4]牢城指揮使：官名。州鎮統兵官。

[5]孟知祥：人名。邢州龍岡（今河北邢臺市）人。李克用女婿，五代十國後蜀開國皇帝。傳見本書卷一三六、《新五代史》卷六四。　時孟知祥權知太原軍府事：《輯本舊史》卷二九《唐莊宗紀三》繫此事於同光元年（923）四月，作以知祥爲"太原尹，充

西京副留守”。

[6]既而大破胡寇：“胡寇”，原作“契丹”，中華書局本有校勘記：“‘契丹’，《册府》卷三六〇、卷三八七作胡寇。”但未改。此因四庫館臣忌清諱而改，今據《宋本册府》卷三六〇《將帥部·立功門一三》、卷三八七《將帥部·褒異門一三》回改。

[7]蔡州：州名。治所在今河南汝南縣。

[8]天成：後唐明宗李嗣源年號（926—930）。

[9]彰國軍：方鎮名。治所在應州（今山西應縣）。　留後：官名。原非正式命官，唐朝節度使入朝或宰相、親王遥領節度使不臨鎮則置。安史之亂後，節度使多以子弟或親信爲留後，以代行節度使職務，亦有軍士、叛將自立爲留後者。掌一州或數州軍政。五代沿之。北宋始爲朝廷正式命官，初爲虚銜，宋徽宗政和七年（1117）改名爲承宣使。　尋授彰國軍留後：《輯本舊史》卷三九《唐明宗紀五》天成三年（928）三月戊辰條：“以前蔡州刺史孫漢韶爲應州彰國軍留後。”

[10]長興：唐明宗李嗣源年號（930—933）。

[11]洋州：州名。治所在今陝西洋縣。　長興中，爲洋州節度使：《輯本舊史》卷四三《唐明宗紀九》長興三年（932）正月辛卯條：“以前彰國軍留後孫漢韶爲利州節度使。”同年八月辛亥條：“以利州節度使孫漢韶兼西面行營招討使。”卷四四《唐明宗紀十》長興四年六月戊辰條：“以前利州節度使孫漢韶爲洋州節度使。”

[12]末帝：即後唐廢帝李從珂，又稱末帝。鎮州平山（今河北平山縣）人。本姓王氏，爲後唐明宗養子，改名從珂。紀見本書卷四六至卷四八、《新五代史》卷七。　鳳翔：方鎮名。治所在鳳翔府（今陝西鳳翔縣）。　末帝之起於鳳翔也：《輯本舊史》卷四六《唐末帝紀上》繫此事於應順元年（934）二月。

[13]興元：府名。治所在今陝西漢中市。　張虔釗：人名。遼州（今山西左權縣）人。後唐、後蜀將領。傳見本書卷七四。　岐山：山名。位於今陝西岐山縣東北。　漢韶與興元張虔釗各帥部兵

會王師於岐山下：《輯本舊史》卷四五《唐閔帝紀》應順元年三月丁未條："洋州孫漢韶奏，至興元與張虔釗同議進軍。"

[14]及西師俱叛，漢韶逃歸本鎮：《輯本舊史》之原輯者案語："《九國志》：閔帝嗣位，加特進，漢韶以其父名，上表讓之，改檢校左僕射。制曰：'改會稽之字，抑有前聞；换瓌寶之文，非無故事。'"見《九國志》卷七《孫漢韶傳》。

[15]聞末帝即位：《輯本舊史》卷四六《唐末帝紀上》繫此事於應順元年四月。

[16]成都：府名。治所在今四川成都市。

[17]孟知祥以漢韶舊人，尤善待之：《輯本舊史》之原輯者案語："《九國志》：漢韶與知祥敘汾上舊事，及洛中更變，相對感泣。知祥曰：'豐沛故人，相遇於此，何樂如之！'於是賜第宅金帛，供帳什物，悉官給之。"見《九國志》卷七《孫漢韶傳》。

[18]永平軍：方鎮名。治所在今陝西西安市。

[19]孟昶：人名。邢州龍岡（今河北邢臺市）人。孟知祥之子。五代後蜀皇帝，934年至965年在位。傳見本書卷一三六、《新五代史》卷六四。　孟昶嗣僞位：《輯本舊史》卷一三六《僭僞列傳三·孟知祥傳》與《新五代史》卷六四《後蜀世家四·孟昶傳》繫此事於應順元年。《通鑑》卷二七九繫此事於同年七月丁卯。

[20]遂州：州名。治所在今四川遂寧市。

[21]中書令：官名。漢代始置，隋、唐前期爲中書省長官，屬宰相之職；唐後期多爲授予元勳大臣的虚銜。正二品。

[22]《大典》卷一八一二八"將"字韻"後唐將（一）"事目。《新輯會證》本傳録《文物》1991年載成都出土王乂撰《大蜀故匡時翊聖推忠保大功臣武信軍節度遂合渝瀘昌等州管内觀風營田處置等使開府儀同三司守太傅兼中書令使持節遂州諸軍事守遂州刺史上柱國樂安郡王食邑三千户食實封二佰户贈太尉梁州牧賜謚忠簡孫公内誌》，可參見。

李存璋

李存璋，字德璜，雲中人。武皇初起雲中，存璋與康君立、薛志勤等爲奔走之交，[1]從入關，[2]以功授國子祭酒，[3]累管萬勝、雄威等軍。[4]從討李匡儔，[5]改義兒軍使。光化二年，授澤州刺史，入爲牢城使。[6]從李嗣昭討雲州叛將王暉，[7]平之，改教練使、檢校司空。[8]天祐五年，[9]武皇疾篤，召張承業與存璋授遺顧，[10]存璋爰立莊宗，夷内難，頗有力焉，改河東馬步都虞候，[11]兼領鹽鐵。初，武皇稍寵軍士，藩部人多干擾鄽市，[12]肆其豪奪，法司不能禁。莊宗初嗣位，鋭於求理。存璋得行其志，抑强扶弱，誅其豪首，期月之間，紀綱大振，弭羣盗，務耕稼，去姦宄，息倖門，當時稱其材幹。從破汴軍於夾城，[13]轉檢校司徒。柏鄉之役，[14]爲三鎮排陣使。[15]九年，從盟朱友謙於猗氏，[16]授汾州刺史。汴將尹皓攻慈州，[17]逆戰敗之。十三年，王檀逼太原，[18]存璋率汾州之軍入城固守，授大同防禦使、應蔚朔等州都知兵馬使。[19]秋，契丹陷蔚州，[20]阿保機遣使馳木書求賂，[21]存璋斬其使。虜逼雲州，存璋拒守，城中有古鐵車，乃鎔爲兵仗，以給軍士。虜退，以功加檢校太傅、大同軍節度使、應蔚等州觀察使。[22]十九年四月，以疾卒於雲州府第。同光初，追贈太尉、平章事。[23]晋天福初，[24]追贈太師。[25]

[1]薛志勤：人名。蔚州奉誠（今河北蔚縣）人。唐末李克用部將。傳見本書卷五五。　武皇初起雲中，存璋與康君立、薛志勤

等爲奔走之交："奔走之交"，"之"字《輯本舊史》原無，據明本《册府》卷三四七《將帥部·佐命門八》補。《輯本舊史》卷二五《唐武皇紀上》乾符三年（876）條："朝廷以段文楚爲代北水陸發運、雲州防禦使。時歲荐饑，文楚稍削軍食，諸軍咸怨。武皇爲雲中防邊督將，部下争訴以軍食不充，邊校程懷信、王行審、蓋寓、李存璋、薛鐵山、康君立等，即擁武皇入雲州，衆且萬人，營於鬭雞臺，城中械文楚出，以應於外。諸將列狀以聞，請授武皇旄鉞，朝廷不允，徵諸道兵以討之。"此句有原輯者案語："《舊唐書·懿宗紀》：咸通十三年十二月，李國昌小男克用殺雲中防禦使段文楚，據雲州，自稱防禦留後。《新唐書·僖宗紀》：乾符五年二月癸酉，雲中守捉使李克用殺大同防禦使段文楚。《歐陽史》從《舊唐書》，《通鑑》從《新唐書》。《薛史》作乾符三年，與諸書異。據《通鑑考異》引趙鳳《後唐太祖紀年録》正作乾符三年。趙鳳爲唐宰相，去武皇時不遠，見聞較確，宜可徵信云。"

[2]從入關：《輯本舊史》卷二五《唐武皇紀上》繫此事於中和二年（882）十月。

[3]國子祭酒：官名。古代國子學或太學長官。晋武帝司馬炎始置。掌邦國儒學訓導之政令，領太學、國子學及國子監所屬各學。從三品。

[4]萬勝、雄威：皆爲部隊番號。

[5]從討李匡儔：《輯本舊史》卷二六《唐武皇紀下》繫此事於乾寧元年（894）十月至十二月。同卷天復元年（901）四月："武皇令李嗣昭將三千騎赴澤州援李存璋而歸。"

[6]牢城使：官名。州鎮重要統兵官。參見杜文玉、王鳳翔《唐宋時期牢城使考述》，《陝西師範大學學報》2006年第2期。

[7]雲州：州名。治所在今山西大同市。　王暉：人名。籍貫不詳。五代將領，曾以代州刺史而叛歸契丹。事見本書卷九九《漢高祖紀上》。　從李嗣昭討雲州叛將王暉：《輯本舊史》卷二六《唐武皇紀下》繫此事於天復三年五月。

［8］教練使：官名。唐末、五代節度使屬官，諸州亦置此職。掌訓練軍士。

［9］天祐：唐昭宗李曄開始使用的年號（904），唐哀帝李柷沿用（904—907）。唐亡後，河東李克用、李存勗仍稱天祐，沿用至天祐二十年（923）。五代十國其他政權亦有行此年號者，如南吴、吴越等。《輯本舊史》原無“天祐”二字，蒙上文即爲光化五年，但光化祇四年。中華書局本有校勘記：“《通鑑》卷二六六繫其事於開平二年，按開平二年即天祐五年。”但未補。今補。見《通鑑》卷二六六開平二年（908）正月、二月諸條。《輯本舊史》卷二七《唐莊宗紀一》天祐五年正月：“因召吴珙、李存璋、李存敬、朱守殷諭其謀，衆咸憤怒。”同年二月壬戌條：“命存璋伏甲以誅克寧，遂靖其難。”

［10］張承業：人名。同州（今陝西大荔縣）人。唐末、五代宦官，河東監軍。傳見本書卷七二、《新五代史》卷三八。

［11］馬步都虞候：官名。五代時期出征軍隊的高級統兵官。

［12］藩部人多干擾鄽市：“藩”，明本《册府》卷四一八《將帥部·嚴整門》作“蕃”。

［13］從破汴軍於夾城：《輯本舊史》卷二七《唐莊宗紀一》繫此事於天祐五年五月：“時李嗣源總帳下親軍攻東北隅，李存璋、王霸率丁夫燒寨，斸夾城爲二道，周德威、李存審各分道進攻，軍士鼓譟，三道齊進。”

［14］柏鄉之役：據《輯本舊史》卷二七《唐莊宗紀一》，此役自天祐七年十二月至天祐八年正月。八年正月條：“時帝軍未成列，李存璋引諸軍陣於野河之上，梁軍以五百人争橋，鎮、定之師與血戰，梁軍敗而復整者數四。”

［15］排陣使：官名。唐節度使所屬武官中有排陣使，五代後梁以後設於諸軍，爲先鋒之職。參見王軼英《中國古代排陣使述論》，《西北大學學報》2010年第6期。

［16］朱友謙：人名。許州（今河南許昌市）人。唐末、五代

軍閥。傳見本書卷六三、《新五代史》卷四五。　猗氏：縣名。治所在今山西臨猗縣。　九年，從盟朱友謙於猗氏：《輯本舊史》原作“十一年”。中華書局本有校勘記：“本書卷二八《唐莊宗紀二》繫其事於天祐九年。《通鑑》卷二六八繫其事於乾化二年，按乾化二年即天祐九年。”但未改。《輯本舊史》卷二八《唐莊宗紀二》繫其事於十月。《通鑑》卷二六八同。今據改。

[17]尹皓：人名。籍貫不詳。後梁將領。傳見本書附録。　汴將尹皓攻慈州：《通鑑》卷二六九繫此事於貞明元年（915）（即天祐十二年）八月。

[18]王檀：人名。京兆（今陝西西安市）人。後梁將領。傳見本書卷二二、《新五代史》卷二三。　王檀逼太原：《輯本舊史》卷二八《唐莊宗紀二》繫此事於天祐十三年三月。同書卷八《梁末帝紀上》與《通鑑》卷二六九皆繫此事於貞明二年（即天祐十三年）二月。

[19]大同：方鎮名。即大同軍。治所在雲州（今山西大同市）。　防禦使：官名。唐代始置，設有都防禦使、州防禦使兩種。常由刺史或觀察使兼任，實際上爲唐代後期州或方鎮的軍政長官。　應：州名。治所在今山西應縣。　蔚：州名。治所在今河北蔚縣。　朔：州名。治所在今山西朔州市朔城區。　都知兵馬使：官名。唐、五代方鎮自置之部隊統率官稱兵馬使，其權尤重者稱兵馬大使或都知兵馬使。掌兵馬訓練、指揮。

[20]契丹陷蔚州：中華書局本有校勘記：“‘陷’原作‘攻’，據殿本、孔本、《册府》卷四〇〇改。按《册府》卷三四七：‘契丹寇蔚州，陷之。’”見《册府》卷三四七《將帥部·佐命門八》。《宋本册府》卷四〇〇《將帥部·固守門二》：“時契丹陷蔚州，營於魚池。阿保機遣人馳木書求賂於存璋。存璋斬其使者，不報。”《輯本舊史》卷二八《唐莊宗紀二》繫此事於天祐十三年八月。

[21]阿保機：人名。姓耶律，契丹迭剌部人。唐末契丹族首領、遼開國太祖。916 年至 626 年在位。紀見《遼史》卷一、

卷二。

［22］觀察使：官名。唐代後期出現的地方軍政長官。唐玄宗開元二十一年（733）置十五道採訪使，唐肅宗乾元元年（758）改爲觀察使。無旌節，地位低於節度使。掌一道州縣官的考績及民政。　“虜逼雲州”至“應蔚等州觀察使”：中華書局本有校勘記：“‘應蔚’，《册府》卷三四七、卷三八七作‘雲應’。按大同軍治雲州。”見《册府》卷三四七《將帥部·佐命門八》及卷三八七《將帥部·褒異門一三》。“虜逼雲州”及“虜退”，《輯本舊史》因忌清諱改爲“契丹逼雲州”“敵退”，據《册府》回改。

［23］追贈太尉：中華書局本有校勘記：“‘太尉’原作‘太保’，據本書卷三二《唐莊宗紀六》、《册府》卷三八七、《新五代史》卷三六《李存璋傳》改。”《輯本舊史》卷三二《唐莊宗紀六》同光二年十月壬申條：“故大同軍防禦使李存璋贈太尉。”但該月甲午條又云以宣武軍節度押牙李從璋等並銀青光禄大夫，皆李嗣源諸子也。　平章事：官名。即“同中書門下平章事”“同平章事”。唐高宗以後，凡實際任宰相之職者，常在其本官後加同平章事的職銜。後成爲宰相專稱。後晋天福五年（940），升中書門下平章事爲正二品。

［24］天福：五代後晋高祖石敬瑭年號（936—942）。出帝石重貴沿用至九年（944）。後漢高祖劉知遠繼位後沿用一年，稱天福十二年（947）。

［25］太師：官名。與太保、太傅並爲三師。唐後期、五代多爲大臣、勳貴加官。正一品。　晋天福初，追贈太師：《輯本舊史》卷七六《晋高祖紀二》天福二年（937）十月壬午條：“故大同軍節度使李存璋贈太師。”

有子三人，彦球爲裨校，[1]戰殁於鎮州。《永樂大典》卷一萬三百八十九。[2]

[1]彦球：人名。即李彦球。本書僅此一見。　禆校：即低職武官。

[2]《大典》卷一〇三八九“李”字韻“姓氏（三四）”事目。

李存賢

李存賢，字子良，本姓王，名賢，許州人。[1]祖啓忠，[2]父惲。[3]賢少遇亂，入黄巢軍，武皇破賊陳許，[4]存賢來歸。景福中，典義兒軍，爲副兵馬使，因賜姓名。天祐三年，從周德威赴援上黨，[5]營於交口。[6]五年，權知蔚州刺史，以禦吐渾。六年，權沁州刺史。先是州當賊境，不能保守，乃於州南五十里據險立栅爲治所，[7]已歷十餘年矣。存賢至郡，乃移復舊郡，剗闢荆棘，特立廨舍，州民完集。莊宗嘉之，轉檢校司空，真拜刺史。九年，汴人乘其無備，來攻其城，存賢擊退之。[8]十一年，授武州刺史、山北團練使。[9]十二年，移刺慈州。七月，汴將尹皓攻州城，存賢督軍拒戰，汴軍攻擊百端，月餘遁去。[10]十七年，河中朱友謙來求援，命存賢率師赴之。[11]十九年，汴將段凝軍五萬營臨晋，[12]蒲人大恐，[13]咸欲歸汴。或間於存賢曰：“河中將士欲拘公降於汴。”存賢曰：“吾奉命援河中，死王事固其所也。”汴軍退，以功加檢校司徒。[14]

[1]許州：州名。治所在今河南許昌市。

[2]啓忠：人名。即王啓忠。許州（今河南許昌市）人。本書

僅此一見。

[3]惲：人名。即王惲。許州（今河南許昌市）人。本書僅此一見。　“李存賢”至“父惲”：《舊五代史考異》：“《九國志·李奉虔傳》：奉虔，太原人，本姓王氏。祖欽，唐隰州刺史。父存賢，佐唐武皇，累著功，賜姓李氏。考《薛史》作許州人，又作父惲，不載其官爵，與《九國志》異。”見《九國志》卷七《李奉虔傳》。

[4]武皇破賊陳許：據《舊唐書》卷一九下《僖宗紀》及《輯本舊史》卷二五《唐武皇紀上》，此事自中和四年（884）二月至五月。

[5]周德威：人名。朔州馬邑（今山西朔州市朔城區東北）人。唐末、五代河東將領。傳見本書卷五六、《新五代史》卷二五。　從周德威赴援上黨：《輯本舊史》卷二六《唐武皇紀下》繫此事於天祐三年（906）九月，《通鑑》卷二六五繫此事於天祐三年十月。

[6]交口：縣名。位於今山西吕梁市。

[7]乃於州南五十里據險立栅爲治所：“五十里”，《新五代史》卷三六《李存璋傳》作“百餘里”。明本《册府》卷四一〇《將帥部·壁壘門》：“李存賢權典沁州。先是，州當賊境，不能保守，乃南去故州一百五十里，據險立栅爲法所，以聚州民，已歷十餘年。及存賢至郡，復繕故州。時獨有壞舍三間，因召州民鏟草萊、除荆棘，結茅爲舍，漸濬城壕。未半年間，故州完集。”《宋本册府》卷六七七《牧守部·能政門》：“李存賢權沁州刺史。先是，州當賊境，不能保守，乃於州南五十里據險立栅，爲治所，已歷十餘年矣。存賢至郡，乃移復舊郡，剗辟荆棘，特立廨舍，州民完集。莊宗嘉之。轉檢校司空，直拜刺史。”

[8]“九年”至“存賢擊退之”：《宋本册府》卷三六七《將帥部·機略門七》：“李存賢權典沁州。天祐九年正月，汴人將襲州城，伏於城下。存賢意其奸變，遲明，命守陴者皆鼓譟如攻戰之勢。賊謂我掩襲，伏兵大駭，因四面攻吾門，分兵禦捍，至午

賊退。”

［9］武州：州名。治所在文德縣（今河北張家口市宣化區）。山北：地區名。亦稱山後。五代時稱今北京、河北軍都山、燕山以北地區爲山後。　團練使：官名。唐代中期以後，於不設節度使的地區設團練使，掌本區各州軍事。

［10］“七月”至“月餘遁去”：《宋本册府》卷四〇〇《將帥部·固守門二》：“李存賢爲慈州刺史。會汴州尹浩寇隰州，慈郡兵糧無積，存賢懼賊攻圍，乃預督民户入秋租數千斛，修戰備，毁城外紫極宫，取其屋木。後浩軍果至，攻城西面，掘地道，晝夜圍擊，守有餘暇，賊軍退走。”“浩”乃“皓”之誤。卷六九二《牧守部·招輯門》：“李存賢爲慈州刺史。慈與晋、絳接境，存賢招懷控撫，頗得鄰和。”《通鑑》卷二六九貞明元年（915）（即天祐十二年）七月：“絳州刺史尹皓攻晋之隰州，八月，又攻慈州，皆不克。”

［11］十七年，河中朱友謙來求援，命存賢率師赴之：“十七年”原作“十八年”。《舊五代史考異》：“吴縝《纂誤》據《梁末帝紀》及《莊宗本紀》當作十七年。”見《五代史纂誤》卷中《義兒傳存賢一事》。《輯本舊史》卷二九《唐莊宗紀三》繫此事於天祐十七年七月，卷一〇《梁末帝紀下》及卷二三《劉鄩傳》均繫此事於貞明六年（即天祐十七年）六月。《通鑑》卷二七一繫此事於貞明六年（即天祐十七年）七月。中華書局本未改，今據上述諸書改。“命存賢率師赴之”，中華書局本有校勘記：“‘率’字原闕，據《册府》卷三八七、卷四一四補。”見《宋本册府》卷三八七《將帥部·褒異門十三》、卷四一四《將帥部·赴援門》。

［12］段凝：人名。開封（今河南開封市）人。後梁將領。其妹爲朱温美人，因其妹而成爲朱温親信。傳見本書卷七三、《新五代史》卷四五。　臨晋：縣名。位於今山西臨猗縣。

［13］蒲：州名。即河中府。治所在今山西永濟市。

［14］“或間於存賢曰”至“以功加檢校司徒”：“或間於存賢

曰”，中華書局本有校勘記：“‘間’原作‘問’，據《册府》卷三七四、卷四一四改。”見《宋本册府》卷三七四《將帥部·忠門五》。卷四一四《將帥部·赴援門》亦誤作“問”。“吾奉命援河中”，中華書局本有校勘記：“‘援’字原闕，據《册府》卷四一四補。《册府》卷三七四敘其事作‘予奉君命來援’。”“汴軍退”，《舊五代史考異》：“《歐陽史》作擊退梁兵。吴縝《纂誤》云：朱友謙、符存審、劉鄩傳載鄩討友謙，存審救之，而鄩敗，其事始末甚明，無存賢擊走梁兵之事。況大將自是存審，安得隱其姓，而存賢獨有功乎！今考《薛史》止作汴軍退，不言存賢擊退，較《歐陽史》爲得其實。”見《新五代史》卷三六《李存賢傳》、《五代史纂誤》卷中《義兒傳存賢一事》。

同光初，授右武衛上將軍。[1]十一月，入覲洛陽。二年三月，幽州李存審疾篤，求入覲，議擇帥代之，方内宴，莊宗曰：“吾披榛故人，零落殆盡，所殘者存審耳。今復衰疾，北門之事，[2]知付何人！”因目存賢曰：“無易於卿。”即日授特進、檢校太保，[3]充幽州盧龍節度使。[4]五月，到鎮。時契丹强盛，城門之外，烽塵交警，一日數戰。[5]存賢性忠謹周慎，晝夜戒嚴，不遑寢食，[6]以至憂勞成疾，卒於幽州，[7]時年六十五。詔贈太傅。[8]

[1]右武衛上將軍：官名。唐置，掌宫禁宿衛。唐代置十六衛，即左右衛、左右驍衛、左右武衛、左右威衛、左右領軍衛、左右金吾衛、左右監門衛、左右千牛衛，各置上將軍，從二品；大將軍，正三品；將軍，從三品。

[2]北門之事：《輯本舊史》之影庫本粘籤：“北門，原本作

'北北'，今從《歐陽史》改正。"《新五代史》卷三六《李存賢傳》作"北方之事"。

[3]特進：官名。西漢末期始置，授給列侯中地位較特殊者。隋唐時期，特進爲文散官，授給有聲望的官員。正二品。

[4]盧龍：方鎮名。治所在幽州（今北京市）。　即日授特進、檢校太保，充幽州盧龍節度使：《舊五代史考異》："《九國志》：梁人攻上黨，莊宗親總大軍以援之，存賢先登陷敵，以功授盧龍軍節度使。與《薛史》異。"見《九國志》卷七《李奉虔傳》。

[5]烽塵交警，一日數戰：中華書局本有校勘記："《册府》卷四三一敘其事作'鞠爲胡貊，援軍自瓦橋關萬衆防衛，與胡騎一日數戰'。"見明本《册府》卷四三一《將帥部·勤戎事門》。

[6]不遑寢食：中華書局本有校勘記："'寢'原作'寑'，據殿本、劉本、孔本、邵本、彭本改。"《册府》卷四三一《將帥部·勤戎事門》作"廢寢與食"。

[7]卒於幽州：《通鑑》卷二七三繫此事於同光二年（924）十二月。《輯本舊史》卷三二《唐莊宗紀六》同光三年正月丙辰條："幽州上言，節度使李存賢卒。"

[8]太傅：官名。與太師、太保合稱三師，唐後期、五代多爲大臣、勳貴加官。正一品。

存賢少有材力，善角觝。初，莊宗在藩邸，每宴，私與王郁角觝鬬勝，[1]郁頻不勝。莊宗自矜其能，謂存賢曰："與爾一博，如勝，賞爾一郡。"即時角觝，存賢勝，得蔚州刺史。[2]《永樂大典》卷一萬三百八十九。[3]

[1]王郁：人名。京兆萬年（今陝西西安市長安區）人。唐義武軍節度使王處直之子，李克用之婿。五代、遼將領。傳見《遼史》卷七五。

[2]存賢勝，得蔚州刺史：《輯本舊史》之原輯者案語："存賢爲蔚州刺史在天祐五年，蓋因角觝而得郡也。《歐陽史》改《薛史》'賞爾一郡'爲'與爾一鎮'，以爲盧龍節度使，殊非事實。"見《新五代史》卷三六《李存賢傳》。

[3]《大典》卷一〇三八九"李"字韻"姓氏（三四）"事目。

史臣曰：昔武皇之起并汾也，會鹿走於中原，期龍戰於大澤，蓄驍果之士，以備鷹犬之用。故自存信而下，皆錫姓以結其心，授任以責其效。與夫董卓之畜吕布，[1]亦何殊哉！唯存孝之勇，足以冠三軍而長萬夫，苟不爲叛臣，則可謂良將矣。《永樂大典》卷一萬三百八十九。[2]

[1]董卓：人名。隴西臨洮（今甘肅岷縣）人。東漢末將領，曾率兵入洛陽，廢少帝，立獻帝，專斷朝政。後被吕布等所殺。傳見《後漢書》卷七二。　吕布：人名。五原九原（今内蒙古包頭市西北）人。東漢末將領。傳見《後漢書》卷七五。

[2]《大典》卷一〇三八九"李"字韻"姓氏（三四）"事目。

舊五代史　卷五四

唐書三十

列傳第六

王鎔　子昭祚　昭誨

王鎔，其先迴鶻部人也。遠祖没諾干，[1]唐至德中，事鎮州節度使王武俊爲騎將。[2]武俊嘉其勇幹，畜爲假子，號“王五哥”，其後子孫以王爲氏。[3]四代祖廷湊，[4]事鎮帥王承宗爲牙將。[5]長慶初，[6]承宗卒，穆宗命田弘正爲成德軍節度使。[7]既而鎮人殺弘正，推廷湊爲留後，朝廷不能制，因以旄鉞授之。[8]廷湊卒，子元逵尚文宗女壽安公主。[9]元逵卒，子紹鼎立。[10]紹鼎卒，子景崇立。[11]皆世襲鎮州節度使，並前史有傳。[12]景崇位至太尉、中書令，[13]封常山王，中和二年卒。[14]

[1]遠祖没諾干：《新五代史》卷三九《王鎔傳》同。但《舊唐書》卷一四一《張孝忠傳》：“時號張阿勞、王没諾干，二人齊名。阿勞，孝忠本字；没諾干，王武俊本字。”卷一四二《王武俊

傳》："武俊初號没諾干。"亦見《新唐書》卷一四八《張孝忠傳》。《通鑑》卷二二二寶應元年（762）十一月丁酉條："武俊，本契丹也，初名没諾干。"據此"王武俊"與"没諾干"爲同一人。《輯本舊史》《新五代史》均誤。

[2]至德：唐肅宗李亨年號（756—758）。《舊唐書》卷一四二《王武俊傳》未明言至德年間王武俊所任之職。但建中三年（782）"授武俊檢校秘書少監、兼御史大夫、恒州刺史、恒冀都團練觀察使"。此云王武俊"至德中"爲"鎮州節度使"似誤。　鎮州：州名。治所在今河北正定縣。　節度使：官名。唐時在重要地區所設掌握一州或數州軍事、民事、財政的長官。　王武俊：人名。契丹族怒皆部。唐末鎮州騎將。傳見《舊唐書》卷一四二、《新唐書》卷二一一。

[3]其後子孫以王爲氏：《舊唐書》卷一四二《王廷湊傳》："王廷湊，本迴鶻阿布思之種族，世隸安東都護府。曾祖曰五哥之，事李寶臣父子。王武俊養爲假子，驍果善鬬，武俊愛之。"《新唐書》卷二一一《王廷湊傳》："王廷湊，本回紇阿布思之族，隸安東都護府。曾祖五哥之，爲李寶臣帳下，驍果善鬬，王武俊養爲子，故冒姓王，世爲裨將。"據此，則王鎔遠祖爲"五哥之"即本傳所云"王五哥"，後冒姓王。

[4]廷湊：人名。即王廷湊。回紇族阿布思部人。唐末軍閥。傳見《舊唐書》卷一四二、《新唐書》卷二一一。

[5]王承宗：人名。契丹族怒皆部。王武俊長子王士真之子。唐末將領。傳見《舊唐書》卷一四二、《新唐書》卷二一一。　牙將：官名。古代軍隊中的中低級軍官。

[6]長慶：唐穆宗李恒年號（821—824）。

[7]穆宗：即李恒。唐代皇帝。820年至824年在位。紀見《舊唐書》卷一六、《新唐書》卷八。　田弘正：人名。平州盧龍（今河北盧龍縣）人。田承嗣之侄。唐末將領。傳見《舊唐書》卷一四一、《新唐書》卷一四八。　成德軍：方鎮名。治所在鎮州

（今河北正定縣）。

［8］留後：官名。唐、五代節度使多以子弟或親信爲留後，以代行節度使職務，亦有軍士、叛將自立爲留後者。掌一州或數州軍政。　“四代祖廷湊”至“因以旄鉞授之”：《舊唐書》卷一六《穆宗紀》元和十五年（820）十月庚辰條：“成德軍節度使王承宗卒，其弟承元上表請朝廷命帥，遣起居舍人柏耆宣慰之。”同月乙酉條：“以魏博等州節度觀察等使、光禄大夫、檢校司徒、兼侍中、魏博大都督府長史、上柱國、沂國公、食邑三千户、實封三百户田弘正可檢校司徒、兼中書令、鎮州大都督府長史、成德軍節度、鎮冀深趙等州觀察處置等使。”同卷長慶元年（821）八月己巳條：“鎮州監軍宋惟澄奏：七月二十八日夜軍亂，節度使田弘正并家屬將佐三百餘口並遇害。軍人推衙將王廷湊爲留後。”

［9］元逵：人名。即王元逵。回紇族阿布思部人。唐末軍閥。傳見《舊唐書》卷一四二、《新唐書》卷二一一。　文宗：即唐文宗李昂。唐穆宗之子。826年至840年在位。被宦官王守澄等擁立即位，後欲鏟除宦官，任用李訓、鄭注，利用宦官間的派别鬥争，殺死王守澄。大和九年（835），發動甘露之變，事敗，宦官大肆誅殺朝官，他亦被宦官鉗制。紀見《舊唐書》卷一七上至卷一七下、《新唐書》卷八。　壽安公主：唐文宗之女。事見《舊唐書》卷一九上。

［10］紹鼎：人名。即王紹鼎。回紇族阿布思部人。唐末軍閥。傳見《舊唐書》卷一四二、《新唐書》卷二一一。

［11］景崇：人名。即王景崇。回紇族阿布思部人。唐末軍閥。傳見《舊唐書》卷一四二、《新唐書》卷二一一。　紹鼎卒，子景崇立：《舊五代史考異》：“《新唐書·藩鎮傳》：紹鼎卒，子幼，未能事，以元逵次子紹懿爲留後。紹懿卒，乃復授紹鼎子景崇。與《薛史》異。”見《新唐書》卷二一一《藩鎮鎮冀傳》之《王紹鼎傳》。

［12］並前史有傳：廷湊以下諸人傳記見《舊唐書》卷一四二、

《新唐書》卷二一一。

［13］太尉：官名。與司徒、司空並爲三公。唐後期、五代多爲大臣、勳貴加官。正一品。　中書令：官名。漢代始置，隋、唐前期爲中書省長官，屬宰相之職；唐後期多爲授予元勳大臣的虚銜。正二品。

［14］中和：唐僖宗李儇年號（881—885）。　中和二年卒：《新五代史》卷三九《王鎔傳》同。《舊唐書》卷一四二《王鎔傳》繫其卒年於中和二年十二月，《新唐書》卷二一一《王鎔傳》繫於中和三年，《通鑑》卷二五五繫於中和三年正月。

鎔即景崇之子也，年十歲，三軍推襲父位。[1]大順中，[2]武皇將李存孝既平邢、洺，[3]因獻謀於武皇，欲兼并鎮、定，[4]乃連年出師以擾鎮之屬邑。鎔苦之，遣使求救於幽州。[5]自是燕帥李匡威頻歲出軍，[6]以爲鎔援。時匡威兵勢方盛，以鎔沖弱，將有窺圖之志。[7]

［1］鎔即景崇之子也，年十歲，三軍推襲父位：《宋本册府》卷八二八《總録部·論薦門》："王鎔，鎮州節度。光啓初，進表薦幽州權兵馬留後李全忠曰：'臣准幽州狀報，當道以李全忠權知節度兵馬留後事。伏以天步初迴，神京乍復，凡諸藩鎮，咸務謐寧。況幽州地控北番，界臨東海，土俗素稱其雄勇，人情須自於綏懷。留後李全忠夙習武經，頗彰公器，軍郡既聞其愛戴，輳營必議於叶和，苟將付以元戎，誠謂雅符衆望。臣累令偵探，靡不端詳，事繫安危，理難緘默。伏惟皇帝陛下早迴天鑒，速注陽光，便委兵權，俯徇人欲。則豈獨遐陬士卒，便獲其慰安；實亦隣壤生靈，免虞其騷動。關於久遠，合具奏陳。'"

［2］大順：唐昭宗李曄年號（890—891）。

［3］武皇：即李克用。沙陀部人，生於神武川新城（一説是今

山西朔州市朔城區之梵王寺村，一説是今山西應縣縣城，一説在今山西懷仁縣之日中城)。唐末軍閥，受封晋王。五代後唐太祖。紀見本書卷二五、卷二六，《新五代史》卷四。　李存孝：人名。本名安敬思。代州飛狐（今河北淶源縣）人。唐末李克用養子、部將。傳見本書卷五三、《新五代史》卷三六。　邢：州名。治所在今河北邢臺市。　洺：州名。治所在今河北邯鄲市永年區。

[4]鎮：州名。治所在今河北正定縣。　定：州名。治所在今河北定州市。

[5]幽州：州名。治所在今北京市。

[6]燕：封國名。指唐末河北方鎮盧龍軍。劉仁恭、劉守光父子先後爲盧龍節度使、燕王。　李匡威：人名。范陽（今河北涿州市）人。幽州節度使李全忠之子，襲父位爲節度使。唐末軍閥。傳見《舊唐書》卷一八〇、《新唐書》卷二一二。

[7]“大順中”至“將有窺圖之志”：《舊五代史考異》：“《舊唐書》云：時天子蒙塵，九州鼎沸，河東節度使李克用虎視山東，方謀吞據。鎔以重賂結納，請以修和好。晋軍討孟方立于邢州，鎔常奉以芻糧。及方立平，晋將李存孝侵鎔于南部，鎔求援于幽州。”見《舊唐書》卷一四二《王鎔傳》。又：“《太平廣記》引《劉氏耳目記》：趙王鎔方在幼沖，而燕軍寇北鄙，王選將拒之。有勇士陳力、劉幹，投刺軍門，願以五百人嘗寇。翼日，力卒于鋒刃之下，幹唱凱而還。據《薛史》，鎔方以燕帥爲援，未嘗與燕軍戰，疑《耳目記》傳聞之誤。”又《輯本舊史》之原輯者案語：“《太平廣記》引《耳目記》云：趙王鎔方在幼沖，而燕軍寇北鄙，王方選將拒之。有勇士陳立、劉幹投刺于軍門，願以五百人嘗寇，必面縛戎首，王壯而許之。翌日，二夫率師而出，夜襲燕壘，大振捷音，燕人駭而奔退。立卒于鋒刃之下，幹即凱唱而還。王悦，賜上厩馬數匹，金帛稱是。俄爲閹人所譖曰：‘此皆陳立之功，非幹之功。’王母何夫人聞之曰：‘不必身死爲君，未若全身爲國。’即賜錦衣銀帶，加錢二十萬，擢爲中堅尉。考王鎔初襲位，未嘗與燕軍戰，疑

《耳目記》係傳聞之誤。”見《太平廣記》卷一九二。《輯本舊史》卷二五《唐武皇紀上》大順元年（890）：“遣李存孝攻邢州，孟遷以邢、洺、磁三州降，執汴將王虔裕三百人以獻。”同卷大順二年七月條：“邢州節度使李存孝以鎮州王鎔託附汴人，謀亂河朔，北連燕寇，請乘雲、代之捷，平定燕、趙，武皇然之。”同年十月條：“李存孝董前軍攻臨城，鎮人五萬營於臨城西北龍尾崗，武皇令李存審、李存賢以步軍攻之，鎮人大敗，殺獲萬計，拔臨城，進攻元氏。幽州李匡威以步騎五萬營於鄗邑，以援鎮州，武皇分兵大掠，旋軍邢州。”卷二六《唐武皇紀下》景福元年（892）正月條：“鎮州王鎔恃燕人之援，率兵十餘萬攻邢州之堯山。”《新唐書》卷二一一《王鎔傳》：“於是克用方擊孟方立於邢州，鎔歸芻糧。邢州平，克用遂謀山東，屯常山西，引輕騎涉滹沱諜軍，會大澍，平地水出，鎔兵奄至，克用匿林中以免。是時，幽州李匡威亦謀取易、定分其地。王處存方厚事克用，克用寵將李存孝已拔邢，則略鎔南鄙，別將李存信等出井陘會之。鎔侵堯山，存孝擊敗之，遂至深、趙。鎔求救於匡威。存孝方攻臨城等數縣，聞匡威屯鄗，引師去。存信素忌存孝，妄曰：‘無擊賊意。’克用信之。存孝，飛狐人，所謂安敬思者，善騎射，攻葛從周，敗張濬、韓建，數有奇功。至是懼讒，挈邢州歸朱全忠，并結鎔爲助。天子詔出鎮、幽、魏兵援之。景福元年，克用假道于鎔，以討存孝，鎔不答，乃與處存連兵侵鎔。拔堅固鎮，攻新市。鎔禽克用將薛萬金。匡威以兵三萬救鎔，克用自攻常山，度滹沱。鎔引騎十萬夜濟磁水，襲敗之，斬二萬級，奪鎧器三百乘，克用退壁欒城。天子有詔和解三鎮，克用還，然未得志，故復伐鎔。匡威以五千騎敗克用於元氏，鎔具牛酒會匡威稾城，餉金二十萬以謝。”《新五代史》卷三九《王鎔傳》：“是時，晋新有太原，李匡威據幽州，王處存據中山，赫連鐸據大同，孟方立據邢臺，四面豪傑並起而交争。鎔介於其間，而承祖父百年之業，士馬彊而畜積富，爲唐累世藩臣。故鎔年雖少，藉其世家以取重，四方諸鎮廢立承繼，有請於唐者，皆因鎔以聞。自晋兵

出山東，已破孟遷，取邢、洺、磁三州，景福元年，乃大舉擊趙，下臨城。鎔求救於李匡威，匡威來救，晉軍解去。明年，晉會王處存攻鎔堅固、新市。晉王與處存皆自將，而鎔未嘗臨軍，遣追風都團練使段亮、翦寇都團練使馬珂等，以兵屬匡威而已。匡威戰磁河，晉軍大敗。”

景福二年春，[1]匡威帥精騎數萬，再來赴援，會匡威弟匡儔奪據兄位，[2]匡威退無歸路，鎔乃延入府第，館於寶壽佛寺。[3]鎔以匡威因己而失國，又感其援助之力，事之如父。五月，鎔謁匡威於其館，匡威陰遣部下伏甲劫鎔，抱持之。鎔曰："公戒部人勿造次。吾國爲晉人所侵，垂將覆滅，賴公濟援之力，幸而獲存。今日之事，本所甘心。"即並轡歸府舍，鎔軍拒之，竟殺匡威。鎔本疏瘦，時年始十七，當與匡威並轡之時，雷雨驟作，[4]屋瓦皆飛。有一人於缺垣中望見鎔，鎔就之，[5]遽挾於馬上，肩之而去。翌日，鎔但覺項痛頭偏，蓋因爲有力者所挾，不勝其苦故也。既而訪之，則曰墨君和，[6]乃鼓刀之士也，遂厚賞之。[7]

[1]景福：唐昭宗李曄年號（892—893）。

[2]匡儔：人名。即李匡儔。新、舊《唐書》作“李匡籌”。范陽（今河北涿州市）人。幽州節度使李全忠之子、李匡威之弟。唐末軍閥。傳見《舊唐書》卷一八〇、《新唐書》卷二一二。　會匡威弟匡儔奪據兄位：中華書局本有校勘記：“‘匡儔’原作‘彥儔’，據殿本、劉本、本書卷二六《唐武皇紀下》改。”

[3]寶壽佛寺：佛寺名。位於今河北正定縣。　館於寶壽佛寺：《舊五代史考異》：“《歐陽史》作館于梅子園。”見《新五代史》卷

三九《王鎔傳》。

［4］雷雨驟作：中華書局本有校勘記："'雷'原作'電'，據殿本、《册府》卷三九八、卷八七一改。"見明本《册府》卷三九八《將帥部·明天時門》、卷八七一《總録部·救患門二》。

［5］鎔就之：中華書局本有校勘記："《册府》卷三九八、卷八七一、《新五代史》卷三九《王鎔傳》作'識之'。"

［6］墨君和：人名。真定（今河北正定縣）人。唐末屠夫。事見本書本卷。　則曰墨君和：《輯本舊史》之影庫本粘籤："墨君和，原本作'君私'。考《通鑑》及《北夢瑣言》諸書俱作君和，今改正。"見《通鑑》卷二五九景福二年（893）四月條、《北夢瑣言》卷一三。亦見明本《册府》卷三九八《將帥部·明天時門》、卷八七一《總録部·救患門二》、《舊唐書》卷一八〇《李匡威傳》。

［7］鼓刀之士也，遂厚賞之：《舊五代史考異》："《太平廣記》引《劉氏耳目記》云：真定墨君和，幼名三旺。眉目稜岸，肌膚若鐵，年十五六，趙王鎔初即位，曾見之，悦而問曰：'此中何得崑崙兒也？'問其姓，與形質相應，即呼爲墨崑崙，因以皂衣賜之。是時，常山縣邑屢爲并州中軍所侵掠，趙之將卒疲于戰敵，告急于燕王，李匡威率師五萬來救之。并人攻陷數城，燕王聞之，躬領五萬騎徑與晋師戰于元氏，晋師敗績。趙王感燕王之德，椎牛釃酒，大犒于槀城，輦金二十萬以謝之。燕王歸國，比及境上，爲其弟匡儔所拒，趙人以其有德于我，遂營東圃以居之。燕王自以失國，又見趙王之幼，乃圖之，遂伏甲俟趙王，旦至，即使擒之。趙王請曰：'某承先代基構，主此山河，每被鄰寇侵漁，困于守備，賴大王武略，累挫戎鋒，獲保宗祧，實資恩力。顧惟幼懦，夙有卑誠，望不匆匆，可伸交讓。願與大王同歸衙署，即軍府必不拒違。'燕王以爲然，遂與趙王並轡而進。俄有大風并黑雲起于城上，大雨雷電，至東角門内，有勇夫袒臂旁來，拳毆燕之介士，即挾負趙王踰垣而走，遂得歸公府。問其姓名，君和恐其難記，但言曰：'硯中之物。'王心志之。左右軍士既見主免難，遂逐燕王。燕王退走于

東圃，趙人圍而殺之。趙王既免燕王之難，召墨生以千金賞之，兼賜上第一區，良田萬畝，仍恕其十死，奏授光禄大夫。”此條《考異》中華書局本有校勘記：“‘是時……趙人圍而殺之’，以上三百二十五字原闕，據殿本、劉本、《太平廣記》卷一九二引《劉氏耳目記》補。孔本略同；‘仍恕其十死’，‘十’原作‘一’，據殿本、劉本、《太平廣記》卷一九二引《劉氏耳目記》改。”

鎔既失燕軍之援，會武皇出師以逼真定，[1]鎔遣使謝罪，出絹二十萬匹，及具牛酒犒軍，自是與鎔修好如初。[2]洎梁祖兼有山東，[3]虎視天下，鎔卑辭厚禮，以通和好。[4]光化三年秋，[5]梁祖將吞河朔，[6]乃親征鎮、定，縱其軍燔鎮之關城。鎔謂賓佐曰：[7]“事急矣，謀其所向。”判官周式者，[8]有口辯，出見梁祖。[9]梁祖盛怒，逆謂式曰：“王令公朋附并汾，違盟爽信，敝賦業已及此，期於無捨！”式曰：“公爲唐室之桓文，[10]當以禮義而成霸業，反欲窮兵黷武，天下其謂公何！”梁祖喜，引式袂而慰之曰：“前言戲之耳。”即送牛酒貨幣以犒軍。式請鎔子昭祚及大將梁公儒、李弘規子各一人往質於汴。[11]梁祖以女妻昭祚。及梁祖稱帝，鎔不得已行其正朔。[12]

[1]真定：縣名。治所在今河北正定縣。

[2]“鎔既失燕軍之援”至“自是與鎔修好如初”：《新唐書》卷二一一《王鎔傳》：“克用聞匡威死，自率兵傅城下。鎔大驚，納縑二十萬，乃退。匡籌攻樂壽、武强，克用出縛馬關，敗鎮兵於平山，因進攻鎔外壘。鎔内失幽州助，因乞盟，進幣五十萬，歸糧二十萬，請出兵助討存孝，乃得解。”

［3］梁祖：即朱温。宋州碭山（今安徽碭山縣）人。五代後梁太祖。紀見本書卷一至卷七、《新五代史》卷一至卷二。

［4］“洎梁祖兼有山東”至“以通和好”：《舊五代史考異》：“《新唐書》：羅紹威諷鎔絶太原，共尊全忠，鎔依違，全忠不悦。”見《新唐書》卷二一一。《新五代史》卷三九《王鎔傳》：“其後梁太祖下晋邢、洺、磁三州，乃爲書詔鎔，使絶晋而歸梁。鎔依違不決。”

［5］光化：唐昭宗李曄年號（898—901）。

［6］河朔：古地區名。泛指黄河以北地區。

［7］賓佐：即僚佐。官佐屬吏。

［8］判官：官名。唐、五代方鎮僚屬，位在行軍司馬下。分掌使衙内各曹事，並協助使職官員通判衙事。　周式：人名。籍貫不詳。王鎔幕僚，能言善辯。事見本書本卷。

［9］“光化三年秋”至“出見梁祖”：“判官周式者”，《輯本舊史》之影庫本粘籤：“周式，原本作‘周成’，今據《新唐書》改正。”見《新唐書》卷二一一。《舊五代史考異》：“案《新唐書》：李嗣昭攻洺州，全忠自將擊走之，得鎔與嗣昭書，全忠怒，引軍攻鎔。周式請見全忠，全忠即出書示式曰：‘嗣昭在者，宜速遣。’式曰：‘王公所與和者，息人鋒鏑間耳，況繼奉天子詔和解，能無一番紙墜北路乎？太原與趙本無恩，嗣昭庸肯入耶！’”見《新唐書》卷二一一。此條《考異》中華書局本有校勘記：“‘無’字原闕，據《新唐書》卷二一一《王鎔傳》補。”

［10］桓：即齊桓公。春秋時齊國國君，五霸之首。姜姓，名小白。傳見《史記》卷三二。　文：即晋文公。春秋時晋國君。春秋五霸之一。姬姓，名重耳。傳見《史記》卷三九。

［11］昭祚：人名。即王昭祚。王鎔長子。傳見本書本卷。　梁公儒：人名。籍貫不詳。唐末將領。事見《舊唐書》卷二〇上、卷一四二。　李弘規：人名。籍貫不詳。唐末、五代官員。事見《新五代史》卷三九、卷五七。　汴：州名。治所在今河南開封市。

式請鎔子昭祚及大將梁公儒、李弘規子各一人往質於汴："昭祚"，《輯本舊史》之影庫本粘籤："原本作'昭胙'，今據《五代會要》改正。"下文亦云"昭祚"。《會要》卷二公主條載"普寧公主降王昭祚"。

[12]鎔不得已行其正朔：《通鑑》卷二六二光化三年（900）九月甲寅條："成德判官張澤言於王鎔曰：'河東，勍敵也，今雖有朱氏之援，譬如火發於家，安能俟遠水乎！彼幽、滄、易定，猶附河東，不若説朱公乘勝兼服之，使河北諸鎮合而爲一，則可以制河東矣。'鎔復遣周式往説全忠。全忠喜，遣張存敬會魏博兵擊劉仁恭；甲寅，拔莫州。"

其後梁祖常慮河朔悠久難制，會羅紹威卒，[1]因欲除移鎮、定。先遣親軍三千，[2]分據鎔深、冀二郡，[3]以鎮守爲名。又遣大將王景仁、李思安率師七萬，[4]營於柏鄉。[5]鎔遣使告急莊宗，[6]莊宗命周德威率兵應之，[7]鎔復奉唐朝正朔，稱天祐七年。[8]及破梁軍於高邑，[9]我軍大振，自是遣大將王德明率三十七都從莊宗征伐，[10]收燕降魏，[11]皆預其功，然鎔未嘗親軍遠出。八年七月，鎔至承天軍，[12]與莊宗合宴同盟，奉觴獻壽，以申感概。莊宗以鎔父友，曲加敬異，爲之聲歌，鎔亦報之，謂莊宗爲四十六舅。中飲，莊宗抽佩刀斷衿爲盟，許以女妻鎔子昭誨，[13]因玆堅附於莊宗矣。

[1]羅紹威：人名。魏州貴鄉（今河北大名縣）人。唐末軍閥。傳見本書卷一四、《新五代史》卷三九。

[2]先遣親軍三千：中華書局本有校勘記："'親軍'，本書卷二七《唐莊宗紀一》作'魏軍'。《册府》卷五七敘其事云：'天祐七

年十一月，梁祖遣供奉官杜廷隱、丁延徽監魏將夏諲兵三千分入深、冀。'《新五代史》卷三九《王鎔傳》、《通鑑》卷二六七略同。"見《宋本册府》卷五七《帝王部·英斷門》，《通鑑》卷二六七開平四年（910）十一月、十二月諸條。此事亦見《宋本册府》卷四四五《將帥部·無謀門》。

[3]深：州名。治所在今河北深州市。　冀：州名。治所在今河北衡水市冀州區。

[4]王景仁：人名。廬州合淝（今安徽合肥市）人。本名王茂章。五代後梁將領。傳見本書卷二三、《新五代史》卷二三。　李思安：人名。陳留（今河南開封市陳留鎮）人。五代後梁將領。傳見本書卷一九。

[5]柏鄉：縣名。治所在今河北柏鄉縣。

[6]莊宗：即李存勗。小字亞子。沙陀部人，太原（今山西太原市）人。晋王李克用之子，後唐開國皇帝。紀見本書卷二七至卷三四及《新五代史》卷四、卷五。

[7]周德威：人名。朔州馬邑（今山西朔州市朔城區東北）人。唐末、五代河東將領。傳見本書卷五六、《新五代史》卷二五。

[8]天祐：唐昭宗李曄開始使用的年號（904）。唐哀帝李柷即位後沿用（904—907）。唐亡後，河東李克用、李存勗仍稱天祐，沿用至天祐二十年（923）。五代其他政權亦有行此年號者，如南吴、吴越等，使用時間長短不等。　稱天祐七年：《舊唐書》卷一四二《王鎔傳》："天祐七年，母魏國太夫人何氏卒，起復本官。"

[9]高邑：縣名。一作"鄗（hào）邑"。治所在今河北高邑縣。

[10]王德明：人名。即張文禮。張文禮被王鎔收爲義子後，賜姓王，名德明。傳見本書卷六二。

[11]魏：州名。此處代指唐末河北方鎮魏博軍。時羅弘信爲魏博軍節度使。治所在今河北大名縣。

[12]承天軍：方鎮名。治所在今山西平定縣。

[13]許以女妻鎔子昭誨：中華書局本有校勘記："'以'字原闕，據《册府》卷七六六、《新五代史》卷三九《王鎔傳》補。"見《宋本册府》卷七六六《總録部·攀附門二》。

鎔自幼聰悟，然仁而不武，征伐出於下，特以作藩數世，專制四州，高屏塵務，不親軍政，多以閹人秉權，出納決斷，悉聽所爲。皆雕靡第舍，崇飾園池，植奇花異木，遞相誇尚。人士皆褒衣博帶，高車大蓋，以事嬉遊，藩府之中，當時爲盛。[1]鎔宴安既久，惑於左道，專求長生之要，常聚緇黄，合鍊仙丹，或講説佛經，親授符籙。[2]西山多佛寺，[3]又有王母觀，[4]鎔增置館宇，雕飾土木。道士王若訥者，[5]誘鎔登山臨水，訪求仙迹，每一出，數月方歸，百姓勞弊。王母觀石路既峻，不通輿馬，每登行，命僕妾數十人維錦繡牽持而上。有閹人石希蒙者，[6]姦寵用事，爲鎔所嬖，恒與之卧起。

[1]"皆雕靡第舍"至"當時爲盛"：《舊五代史考異》："案《新唐書》云：鎔母何，有婦德，訓鎔嚴，至母亡，鎔始黷貨財。此事《薛史》不載。"見《新唐書》卷二一一《王鎔傳》。

[2]親授符籙：中華書局本有校勘記："'符籙'原作'符録'，據殿本、《通鑑》卷二七一改。"見《通鑑》卷二七一貞明六年(920)十二月條。

[3]西山：地名。位於今河北邢臺市西北。

[4]王母：即西王母。中國古代神話中的女仙，傳説她曾在瑶池宴請周穆王。

[5]王若訥：人名。唐末、五代方士。事見本書本卷、卷一三

五及《新五代史》卷三九。

[6]石希蒙：人名。籍貫不詳。王鎔寵幸的宦官。事見本書本卷、《新五代史》卷三九。

天祐十八年冬十二月，[1]鎔自西山迴，宿於鶻營莊，[2]將歸府第，希蒙勸之佗所。宦者李弘規謂鎔曰："方今晋王親當矢石，櫛沐風雨，王殫供軍之租賦，爲不急之遊盤，世道未夷，人心多梗，久虚府第，遠出遊從，如樂禍之徒，翻然起變，拒門不納，則王欲何歸！"鎔懼，促歸。希蒙譖弘規專作威福，多蓄猜防，鎔由是復無歸志。弘規聞之怒，使親事偏將蘇漢衡率兵擐甲遽至鎔前，[3]抽戈露刃謂鎔曰："軍人在外已久，願從王歸。"弘規進曰："石希蒙説王遊從，勞弊士庶，又結構陰邪，將爲大逆。臣已偵視情狀不虚，請王殺之，以除禍本。"鎔不聽。弘規因命軍士聚譟，斬希蒙首抵於前。鎔大恐，遂歸。是日，令其子昭祚與張文禮以兵圍李弘規及行軍司馬李藹宅，[4]並族誅之，詿誤者凡數十家。又殺蘇漢衡，收部下偏將下獄，窮其反狀，親軍皆恐，復不時給賜，衆益懼。文禮因其反側，密諭之曰："王此夕將坑爾曹，宜自圖之。"衆皆掩泣相謂曰："王待我如是，我等焉能効忠？"是夜，親事軍十餘人自子城西門踰垣而入，鎔方焚香受籙，軍士二人突入，斷其首，袖之而出，遂焚其府第，煙燄亘天，兵士大亂。鎔姬妾數百，皆赴水投火而死。軍校有張友順者，[5]率軍人至張文禮之第，請爲留後，遂盡殺王氏之族。鎔於昭宗朝賜號敦睦保定久大功臣，[6]位至成德軍節度使、守太師、

中書令、趙王，[7]梁祖加尚書令。[8]初，鎔之遇害，不獲其屍，及莊宗攻下鎮州，鎔之舊人於所焚府第灰間方得鎔之殘骸。莊宗命幕客致祭，葬於王氏故塋。

[1]天祐十八年冬十二月：中華書局本有校勘記："'十八年'原作'八年'，據劉本改。按本書卷二九《唐莊宗紀三》、《舊唐書》卷一四二《王鎔傳》、《通鑑》卷二七一皆繫其事於龍德元年，龍德元年即天祐十八年。'十二月'，本書卷二九《唐莊宗紀三》、《通鑑》卷二七一作'二月'。"

[2]鶻營莊：地名。位於今河北平山縣西。　宿於鶻營莊：《輯本舊史》之影庫本粘籤："鶻營莊，原本作'體榮莊'，今從《通鑑》改正。"見《通鑑》卷二七一貞明六年（920）十二月條。

[3]蘇漢衡：人名。籍貫不詳。王鎔親軍軍將。事見本書本卷、《新五代史》卷三九。

[4]張文禮：人名。即前文之王德明。燕（今河北北部）人。五代軍閥王鎔的義子。傳見本書卷六二。　行軍司馬：官名。節度使屬官。掌軍籍符伍、號令印信，是藩鎮重要的軍政官員。　李藹：人名。籍貫不詳。趙王鎔藩鎮僚佐。持權用事。事見本書卷六二、《通鑑》卷二七一。

[5]張友順：人名。籍貫不詳。唐末、五代將領。事見《通鑑》卷二七一。　軍校有張友順者：《輯本舊史》之影庫本粘籤："張友順，原本作'文順'，今從《通鑑》改正。"見《通鑑》卷二七一貞明六年十二月條。

[6]昭宗：即唐昭宗李曄，888年至904年在位。紀見《舊唐書》卷二〇上、《新唐書》卷一〇。

[7]太師：官名。與太傅、太保並爲三師。唐後期、五代多爲大臣、勳貴加官。正一品。

[8]尚書令：官名。秦始置。隋、唐前期爲尚書省長官，與中書

令、侍中並爲宰相。唐後期多爲大臣加銜，不參與政務。正二品。

鎔長子昭祚，亂之翌日，張文禮索之，斬於軍門。次子昭誨，[1]當鎔被禍之夕，昭誨爲軍人攜出府第，置之地穴十餘日，乃髡其髮，被以僧衣。屬湖南綱官李震南還，[2]軍士以昭誨託於震，震置之茶褚中。既至湖湘，乃令依南嶽寺僧習業，[3]歲給其費。昭誨年長思歸，震即齎送而還。時鎔故將符習爲汴州節度使，[4]會昭誨來投，即表其事曰："故趙王王鎔小男昭誨，年十餘歲遇禍，爲人所匿免，今尚爲僧，名崇隱，謹令赴闕。"明宗賜衣一襲，[5]令脱僧服。頃之，昭誨稱前成德軍中軍使、檢校太傅，[6]詣中書陳狀，特授朝議大夫、檢校考功郎中、司農少卿，[7]賜金紫。[8]符習因以女妻之。其後，累歷少列，周顯德中，[9]遷少府監。[10]《永樂大典》卷一萬八千一百二十八。[11]

[1]昭誨：人名。即王昭誨。王鎔次子。傳見本書本卷。

[2]綱官：即漕運官。　李震：人名。五代時湖南漕運官。事見本書本卷。

[3]南嶽寺：寺院名。位於今湖南衡山縣。

[4]符習：人名。趙州昭慶（今河北隆堯縣）人。五代後唐將領。傳見本書卷五九、《新五代史》卷二六。　汴州：州名。治所在今河南開封市。

[5]明宗：即李嗣源。沙陀部人。李克用養子，逼宫李存勗後自立爲後唐皇帝。紀見本書卷三五至卷四〇、《新五代史》卷六。

[6]中軍使：官名。五代始置，供職於各州軍之胥吏。　檢校太傅：官名。爲散官或加官，以示恩寵，無實際執掌。

[7]朝議大夫：官名。文散官。正五品下。　檢校考功郎中：官名。爲散官或加官，以示恩寵，無實際執掌。　司農少卿：官名。北齊設司農寺。隋、唐、宋沿置。長官爲司農卿，以司農少卿佐之，掌倉廩、籍田、苑囿諸事。從四品。

[8]“明宗賜衣一襲”至“賜金紫”：《輯本舊史》卷四二《唐明宗紀八》長興二年（931）八月丙寅：“以故鎮州節度使、趙王王鎔男昭誨爲朝議大夫、司農少卿，賜紫金魚袋，繼絶也。”《宋本册府》卷九〇六《總録部·假告門》：“王昭誨爲司農少卿。長興二年七月乙巳，御史臺奏：‘昭誨自寒食請假歸鎮州灑掃，已滿百日，准例停官。’敕旨：‘王昭誨方念繼絶，特授殊恩，久别丘園，許歸祭奠。雖違假限，宜示優宏，不停見任。’”

[9]顯德：五代後周太祖郭威年號（954）。世宗柴榮、恭帝柴宗訓沿用（955—960）。

[10]少府監：官名。少府監長官。隋初置，唐初廢，太宗時復置。掌百工技巧之事。從三品。

[11]《大典》卷一八一二八“將”字韻“後唐將（一）”事目。

王處直[1]　子都　郁　兄處存　附李繼陶

[1]《輯本舊史》之原輯者案語：“《薛史·王處直傳》，《永樂大典》止存王都廢立之事，而處直事闕佚。”下録《舊唐書》卷一八二《王處存傳》。

處直，字允明，處存母弟也。初爲定州後院軍都知兵馬使。[1]汴人入寇，處直拒戰不利而退，三軍大譟，推處直爲帥。及郜出奔，乃權留後事。汴將張存敬攻城，梯衝雲合，處直登城呼曰：“敝邑於朝廷未嘗不忠，

於藩鄰未嘗失禮，不虞君之涉吾地，何也?”朱温遣人報之曰:“何以附太原而弱鄰道?”處直報曰:“吾兄與太原同時立勳王室，地又親鄰，脩好往來，常道也。請從此改圖。”温許之。仍歸罪於孔目吏梁問，[2]出絹十萬匹、牛酒以犒汴軍，存敬脩盟而退。温因表授旄鉞，檢校左僕射。[3]天祐元年，加太保，封太原王。後仕僞梁，授北平王，檢校太尉。不數歲，復於莊宗。後十餘年，爲其子都廢歸私第，尋卒，年六十一。[4]

[1]都知兵馬使：官名。唐、五代方鎮自置之部隊統率官，稱兵馬使，其權尤重者稱兵馬大使或都知兵馬使。掌兵馬訓練、指揮。

[2]孔目吏：吏職名。唐置，爲各府州及方鎮孔目院屬員，掌文書簿籍或財計出納事務，隸都孔目。因軍府細事皆經其手，一孔一目無不綜理，故名。　梁問：人名。本書僅此一見。

[3]檢校左僕射：官名。左僕射爲隋唐宰相名號。檢校左僕射爲散官或加官，以示恩寵，無實際執掌。

[4]“處直”至“年六十一”：《舊唐書》卷一八二《王處直傳》。

都，本姓劉，小字雲郎，中山陘邑人也。[1]初，有祆人李應之得於村落間，[2]養爲己子。及處直有疾，應之以左道醫之，不久病間，處直神之，待爲羽人。始假幕職，出入無間，漸署爲行軍司馬，軍府之事，咸取決焉。處直時未有子，應之以都遺於處直曰:“此子生而有異。”因是都得爲處直之子。其後應之閱白丁於管

内，[3]别置新軍，起第於博陵坊，[4]面開一門，動皆鬼道。處直信重日隆。將校相慮，變在朝夕，言既先其禍。[5]會燕師假道，伏甲於外城，以備不虞，昧旦入郭，諸校因引軍以圍其第，應之死於亂兵，咸云不見其屍。衆不解甲，乃逼牙帳請殺都，處直堅靳之，久乃得免。翌日賞勞，籍其兵於卧内，自隊長已上，記於别簿，漸以佗事孥戮。迨二十年，别簿之記，略無孑遺。都既成長，總其兵柄，姦詐巧佞，生而知之。處直愛養，漸有付託之意，時處直諸子尚幼，乃以都爲節度副大使。[6]

[1]中山：地名。位於今河北定州市。　陘邑：縣名。治所在今河北定州市。　中山陘邑人也：中華書局本有校勘記："'陘邑'，原作'徑邑'，據殿本、劉本、《永樂大典》卷六八五〇引《五代薛史》、《册府》卷八六三改。"見《宋本册府》卷八六三《總録部・爲人後門》。

[2]李應之：人名。定州（今河北定州市）人。王處直僚屬，善妖術。事見本書本卷、《新五代史》卷三九。　有祆人李應之得於村落間：《輯本舊史》之影庫本粘籤："李應之，原本作'鷹之'，今從《通鑑》改正。"見《通鑑》卷二七一龍德元年（921）十月條。"祆人"，《輯本舊史》原作"妖人"，《册府》卷八六三《總録部・爲人後門》作"幼人"，今據《大典》卷六八五〇改。

[3]白丁：魏晋南北朝隋唐時期，服兵役者常有專門的兵籍，征發一般平民爲兵時則特稱爲發白丁。

[4]博陵坊：李應之府第所在。位於今河北定州市。

[5]言既先其禍：《輯本舊史》原作"欲先事爲難"。中華書局本有校勘記："孔本、《永樂大典》卷六八五〇引《五代薛史》作'言既先其禍'，殿本作'謀先事爲禍'。"但未改。今據《大典》

回改。

[6]節度副大使：官名。方鎮中僅次於節度使之使職，如持節，則位同於節度使。

王郁者，亦處直之孽子也。[1]無寵，奔晋，晋王克用以女妻之，累遷至新州團練使。[2]

[1]王郁者，亦處直之孽子也：《輯本舊史》原輯者案語："以下有闕文。"據《大典》所録，未見有闕文。《遼史》卷七五亦有《王郁傳》。

[2]新州：州名。治所在今河北涿鹿縣。　團練使：官名。唐代中期以後，於不設節度使的地區設團練使，掌本區各州軍事。"無寵"至"累遷至新州團練使"：《通鑑》卷二七一龍德元年十月條。

天祐十八年三月，河中節度使朱友謙、昭義節度使李嗣昭、滄州節度使李存審、定州節度使王處直、邢州節度使李嗣源、成德軍兵馬留後張文禮、遥領天平軍節度使閻寶、大同軍節度使李存璋、新州節度使王郁、振武節度使李存進、同州節度使朱令德，[1]各遣使勸進，請帝紹唐帝位，帝報書不允。[2]

[1]河中：方鎮名。治所在河中府（今山西永濟市）。　朱友謙：人名。許州（今河南許昌市）人。朱温養子，唐末、五代軍閥。傳見本書卷六三、《新五代史》卷四五。　昭義：方鎮名。治所在潞州（今山西長治市）。　李嗣昭：人名。汾州（今山西汾陽市）人。唐末、五代李克用義子、部將。傳見本書卷五二、《新五

代史》卷三六。　滄州：州名。治所在今河北滄縣舊州鎮。　李存審：人名。陳州宛丘（今河南淮陽縣）人。原姓符，名存。五代後唐將領。傳見本書卷五六、《新五代史》卷二五。　邢州：州名。治所在今河北邢臺市。　天平軍：方鎮名。治所在鄆州（今山東東平縣）。　閻寶：人名。鄆州（今山東東平縣）人。五代後梁、後唐將領。傳見本書卷五九、《新五代史》卷四四。　大同：方鎮名。治所在雲州（今山西大同市）。　李存璋：人名。雲中（今山西大同市）人。五代後唐將領。傳見本書卷五三、《新五代史》卷三六。　振武：方鎮名。後梁貞明二年（916）以前，治所位於單于都護府城（今内蒙古和林格爾縣）。貞明二年，單于都護府城爲契丹占據。此後至後唐清泰三年（936），治所位於朔州（今山西朔州市朔城區）。後晉隨燕雲十六州割予契丹，改名順義軍。　李存進：人名。振武（今内蒙古和林格爾縣）人。本姓孫，名重進，李克用以之爲義兒軍使，賜姓名。五代後唐將領。傳見本書卷五三、《新五代史》卷三六。　同州：州名。治所在今陝西大荔縣。　朱令德：人名。許州（今河南許昌市）人。五代後唐將領。朱友謙之子。事見本書《朱友謙傳》、《新五代史》卷四五《朱友謙傳》。

［2］“天祐十八年三月”至“帝報書不允”：《輯本舊史》卷二九《唐莊宗紀三》。《輯本舊史》之影庫本粘籤：“李存進，原本脱‘存’字，今據列傳增入。”

及晉王存勗討張文禮，處直以平日鎮、定相爲脣齒，恐鎮亡而定孤，固諫，以爲方禦梁寇，宜且赦文禮。晉王答以文禮弑君，義不可赦；又潛引梁兵，恐於易定亦不利。處直患之，以新州地鄰契丹，乃潛遣人語郁，使賂契丹，召令犯塞，務以解鎮州之圍；[1]其將佐多諫，不聽。郁素疾都冒繼其宗，乃邀處直求爲嗣，處直許之。[2]

[1]易：州名。治所在今河北易縣。　契丹：古部族、政權名。公元4世紀中葉宇文部爲前燕攻破，始分離而成單獨的部落，自號契丹。唐貞觀中，置松漠都督府，以其首領爲都督。唐末强盛，916年迭剌部耶律阿保機建立契丹國（遼）。先後與五代、北宋並立，保大五年（1125）爲金所滅。參見張正明《契丹史略》，中華書局1979年版。

[2]"及晋王存勗討張文禮"至"處直許之"：《通鑑》卷二七一龍德元年十月條。

軍府之人皆不欲召契丹，都亦慮郁奪其處，乃陰與書吏和昭訓謀劫處直。[1]會處直與張文禮宴於城東，暮歸，都以新軍數百伏於府第，大譟劫之，曰："將士不欲以城召契丹，請令公歸西第。"乃並其妻妾幽之西第。盡殺處直子孫在中山及將佐之爲處直腹心者。都自爲留後，具以狀白晋王。晋王因以都代處直。[2]

[1]和昭訓：人名。籍貫不詳。王都親信。事見本書本卷、《新五代史》卷三九。

[2]"軍府之人皆不欲召契丹"至"晋王因以都代處直"：《通鑑》卷二七一龍德元年十月條。《考異》云："按張文禮時已受兵，安能至定州與王處直宴！處直所與宴者必文禮使者也。'文禮'之下當有'使'字。"

十八年十二月辛未，郁誘契丹阿保機寇幽州，遂引軍涿州，陷之。[1]又寇定州，王都遣使告急，帝自鎮州率五千騎赴之。[2]

[1]阿保機：人名。姓耶律，契丹迭剌部人。唐末契丹族首領、遼開國太祖。紀見《遼史》卷一、卷二。　涿州：州名。治所在今河北涿州市。

[2]"十八年十二月辛未"至"帝自鎮州率五千騎赴之"：《輯本舊史》卷二九《唐莊宗紀三》原輯者案語："契丹國志：王處直在定州，以鎮、定爲唇齒，恐鎮亡而定孤，乃潛使人語其子王郁，使賂契丹，令犯塞以救鎮州之圍。王郁説太祖曰：'鎮州美女如雲，金帛似山，天皇速往，則皆爲己物也，不然，則爲晋王所有矣。'太祖以爲然，率衆而南。又案：契丹陷涿州在天祐十八年，李嗣弼傳作天祐十九年，紀傳互異。"

天祐十八年十二月，[1]莊宗親征鎮州，敗契丹於沙河。[2]明年正月，乘勝追虜，[3]過定州，都馬前奉迎，莊宗幸其府第曲晏。[4]都有愛女，十餘歲，莊宗與之論婚，許爲皇子繼岌妻之，[5]自是恩寵特異，奏請無不從。同光三年，莊宗幸鄴都，[6]都來朝覲，[7]留宴旬日，錫賚鉅萬，遷太尉、侍中。[8]時周玄豹見之曰：[9]"形若鯉魚，難免刀机。"[10]及明宗嗣位，加中書令，[11]然以其奪據父位，深心惡之。

[1]天祐十八年十二月：中華書局本有校勘記："原作'天祐十三年'，據殿本、孔本、《永樂大典》卷六八五〇引《五代薛史》改。"《輯本舊史》卷二九《唐莊宗紀三》天祐十八年（921）十月辛酉條："閻寶上言，定州節度使王處直爲其子都幽於别室，都自稱留後。"

[2]莊宗親征鎮州，敗契丹於沙河：《輯本舊史》卷二九《唐莊宗紀三》天祐十八年："十二月辛未，王郁誘契丹阿保機寇幽州，

遂引軍涿州，陷之。又寇定州，王都遣使告急，帝自鎮州率五千騎赴之。”

[3]乘勝追虜：“虜”，《輯本舊史》原作“敵”。此因清輯者忌諱而篡改，今據《大典》卷六八五〇回改。

[4]莊宗幸其府第曲晏：“晏”，《輯本舊史》原作“宴”，據《大典》卷六八五〇改。

[5]繼岌：人名。即李繼岌。後唐莊宗長子，時封魏王。傳見本書卷五一、《新五代史》卷一四。

[6]鄴都：地名。治所在今河北大名縣。五代後唐同光元年（923）改魏州爲興唐府，建號東京。三年，改東京爲鄴都。

[7]都來朝覲：《輯本舊史》卷三二《唐莊宗紀六》同光三年二月丙寅條：“定州節度使王都來朝。”

[8]遷太尉、侍中：《輯本舊史》卷二九《唐莊宗紀三》同光元年閏四月丁丑條：“定州節度使王都加檢校侍中。”卷三二《唐莊宗紀六》同光三年二月丙戌條：“定州節度使、檢校太尉、兼侍中王都進封開國公，加食邑實封。”

[9]周玄豹：人名。燕地（今河北北部）人。五代後唐時術士、官員。傳見本書卷七一。

[10]難免刀机：中華書局本有校勘記：“‘机’原作‘機’，據孔本、彭校、《永樂大典》卷六八五〇引《五代薛史》、《册府》（宋本）卷八六〇改。”見《宋本册府》卷八六〇《總録部・相術門》。明本《册府》作“几”。明本《册府》此條亦有：“王都爲定州節度，臨戎數年，惟以慘虐爲務，不敢並語。”

[11]及明宗嗣位，加中書令：《輯本舊史》卷三八《唐明宗紀四》天成二年（927）九月辛亥條：“義武軍節度使、檢校太尉、兼中書令王都加食邑實封。”

初，同光中，[1]祁、易二州刺史，[2]都奏部下將校爲

之，不進户口，租賦自贍本軍，天成初仍舊。[3]既而安重誨用事，[4]稍以朝政釐之。時契丹犯塞，諸軍多屯幽易間，大將往來，都陰爲之備，屢廢迎送，漸成猜間。和昭訓爲都籌畫曰：[5]“主上新有四海，其勢易離，可圖自安之計。”會朱守殷據汴州反，[6]鎮州節度使王建立與安重誨不協，[7]心懷怨嫉。都陰知之，乃遣人説建立謀叛，建立僞許之，密以狀聞。都又與青、徐、岐、潞、梓五帥蠟書以離間之。[8]三年四月，制削都在身官爵，遣宋州節度使王晏球率師討之。[9]都急與王郁謀，引契丹爲援。洎王師攻城，契丹將奚首秃餒率虜騎萬人來援，[10]都與虜合兵大戰於嘉山，[11]爲王師所敗，唯秃餒以二千騎奔入定州。[12]都仗之守城，呼爲餒王，[13]屈身瀝懇，冀其盡力，孤壘周年，亦甚有備。諸校或思歸嚮，以其訪察嚴密，殺人相繼，人無宿謀，故數構不就。

[1]同光：後唐莊宗李存勗年號（923—926）。

[2]祁：州名。治所在今河北無極縣。

[3]天成：後唐明宗李嗣源年號（926—930）。

[4]安重誨：人名。應州（今山西應縣）人。五代後唐大臣。傳見本書卷六六、《新五代史》卷二四。

[5]和昭訓：人名。籍貫不詳。王都親信。事見《新五代史》卷三九。《舊五代史考異》：“《宋史·趙上交傳》作和少微。”見《宋史》卷二六二。

[6]朱守殷：人名。籍貫不詳。五代後唐將領。傳見本書卷七四、《新五代史》卷五一。

[7]王建立：人名。遼州榆社（今山西榆社縣）人。五代後

唐、後晋大臣。傳見本書卷九一、《新五代史》卷四六。

[8]青：州名。治所在今山東青州市。　徐：州名。治所在今江蘇徐州市。　岐：唐州名。治雍縣（今陝西鳳翔縣）。唐中後期稱鳳翔府，五代因之。此爲舊稱。　潞：州名。治所在今山西長治市。　梓：州名。治所在今四川三臺縣。　都又與青、徐、岐、潞、梓五帥蠟書以離間之：《輯本舊史》之影庫本粘籤："潞梓，原本作'潞粹'。考《通鑑》作潞梓，胡三省注云：梓帥，謂董璋也。今改正。"又《舊五代史考異》："《通鑑》作青、徐、潞、益、梓五帥。胡三省注云：是時，青帥霍彦威，徐帥房知温，潞帥毛璋，益帥孟知祥，梓帥董璋。《薛史》有岐帥而無益帥，與《通鑑》異。《歐陽史》從《薛史》。"見《通鑑》卷二七六天成三年（928）四月條及胡注。

[9]宋州：州名。治所在今河南商丘市睢陽區。　王晏球：人名。洛陽（今河南洛陽市）人。五代將領。傳見本書卷六四、《新五代史》卷四六。　"三年四月"至"遣宋州節度使王晏球率師討之"："遣宋州節度使王晏球率師討之"，中華書局本有校勘記："'率'字原闕，據殿本、劉本補。"《大典》亦無"率"字。《輯本舊史》卷三九《唐明宗紀五》天成三年四月庚子條："北面副招討、宋州節度使王晏球以定州節度使王都反狀聞。庚子，制義武軍節度使、檢校太尉、兼中書令、太原王王都削奪官爵。"

[10]秃餒：人名。一作托諾，奚人。契丹將領。事見本書本卷、卷三九、卷四〇、卷六四、卷九五、卷一二三、卷一三七。

[11]嘉山：地名。位於今河北曲陽縣東北。

[12]"都急與王郁謀"至"唯秃餒以二千騎奔入定州"："契丹將奚首秃餒率虜騎萬人來援"，原作"契丹將秃餒率騎萬人來援"，中華書局本有校勘記："'秃餒'上《永樂大典》卷六八五〇引《五代薛史》有'奚首'二字。'騎'，《永樂大典》卷六八五〇引《五代薛史》作'虜騎'。"但未改。今據《大典》回改。下"都與虜合兵"之"虜"同。《輯本舊史》卷三九《唐明宗紀五》

天成三年五月壬申條："王晏球奏，今月二十一日，大破定州賊軍及契丹於曲陽，斬獲數千人，王都與秃餒以數十騎復入於定州。"

[13]呼爲餒王：中華書局本有校勘記："'餒'字原闕，據《永樂大典》卷六八五〇引《五代薛史》、《新五代史》卷三九《王處直傳》補。孔本作'呼爲納王'，殿本、劉本作'呼爲諾王'。影庫本批校：呼爲納王，脱'納'字。"

都好聚圖書，自常山始破，[1]梁國初平，令人廣將金帛收市，以得爲務，不責貴賤，書至三萬卷，名畫樂器各數百，皆四方之精妙者，萃於其府。四年三月，晏球拔定州，時都校馬讓能降於曲陽門，[2]都巷戰而敗，奔馬歸於府第，縱火焚之，府庫妻孥，一夕俱燼，唯擒秃餒并其男四人、弟一人獻於行在。[3]

[1]常山：即鎮州，治所在今河北正定縣。

[2]馬讓能：人名。籍貫不詳。王都部將。事見《通鑑》卷二七六。　曲陽門：即曲陽縣城門。

[3]"四年三月"至"弟一人獻於行在"："四年三月"，中華書局本有校勘記："本書卷四〇《唐明宗紀六》、《新五代史》卷六《唐本紀》、卷三九《王處直傳》、《通鑑》卷二七六皆繫其事於天成四年二月。"《輯本舊史》卷四〇《唐明宗紀六》天成四年（929）二月乙巳條："王晏球奏，此月三日收復定州，獲王都首級，生擒契丹秃餒等二千餘人。百僚稱賀。"同月辛酉條："帝御咸安樓受定州俘馘，百官就列，宣露布於樓前，禮畢，以王都首級獻於太社。王都男四人、弟一人，秃餒父子二人，並磔於市。"

王處存，京兆萬年縣勝業里人。[1]世隸神策軍，[2]爲

京師富族，財産數百萬。父宗，自軍校累至檢校司空、金吾大將軍、左街使，[3]遥領興元節度。[4]宗善興利，乘時貿易，由是富擬王者，仕宦因貲而貴，侯服玉食，僮奴萬指。處存起家右軍鎮使，[5]累至驍衛將軍、左軍巡使。[6]乾符六年十月，[7]檢校刑部尚書、義武軍節度使。[8]

[1]京兆：府名。治所在今陝西西安市長安區。　萬年縣：縣名。治所在今陝西西安市長安區。　勝業里：地名。位於今陝西西安市。

[2]神策軍：禁軍名。唐後期爲宦官控制。天復三年（903）朱温誅殺宦官，神策軍遂廢。

[3]宗：人名。即王宗。王處存之父。事見本書本卷、《舊唐書》卷一八二。　檢校司空：官名。爲散官或加官，以示恩寵加此官，無實際執掌。　金吾大將軍：官名。唐置，掌宫禁宿衛。正三品。　街使：官名。分左、右職。掌京城街道治安，以及修橋種樹等事，常以金吾將軍充任，故亦稱金吾街使。

[4]興元：府名。治所在今陝西漢中市。

[5]鎮使：官名。縣鎮遏使省稱，即鎮將。掌治賊盗等軍事。

[6]驍衛將軍：官名。唐置，掌宫禁宿衛。唐代置十六衛之一。從三品。　左軍巡使：官名。唐末始置。五代後梁在開封府置左、右軍巡使，以牙校充任。掌京城内争鬥等事。

[7]乾符：唐僖宗李儇年號（874—879）。

[8]檢校刑部尚書：官名。爲散官或加官，以示恩寵加此官，無實際執掌。　義武軍：方鎮名。治所在定州（今河北定州市）。

明年，黄巢犯闕，僖宗出幸，[1]處存號哭累日，不

俟詔命，即率本軍入援。遣二千人間道往山南，衛從車駕。時李都守河中降賊，[2]會王重榮斬僞使，[3]通使於處存，乃同盟誓師，營於渭北。[4]時巢賊僭號，天下藩鎮，多受其僞命，唯鄭畋守鳳翔，[5]鄭從讜守太原。[6]處存、王重榮首倡義舉，以招太原。俄而鄭畋破賊前鋒，王鐸自行在至，[7]故諸鎮翻然改圖，以出勤王之師。

[1]黄巢：人名。曹州冤句（今山東菏澤市）人。唐末農民起義領袖。傳見《舊唐書》卷二〇〇下、《新唐書》卷二二五下。　僖宗：即李儇，873 年至 888 年在位。紀見《舊唐書》卷一九下、《新唐書》卷九。

[2]李都：人名。籍貫不詳。五代後梁將領。事見本書卷一八、卷六〇。

[3]王重榮：人名。太原祁（今山西祁縣）人。唐末將領、軍閥。傳見《舊唐書》卷一八二、《新唐書》卷一八七。

[4]渭北：即渭河以北地區。

[5]鄭畋：人名。滎陽（今河南滎陽市）人。唐末宰相、軍閥。傳見《舊唐書》卷一七八、《新唐書》卷一八五。　鳳翔：方鎮名。治所在鳳翔府（今陝西鳳翔縣）。

[6]鄭從讜：人名。滎陽（今河南滎陽市）人。唐僖宗時宰相，曾任太原尹、宣武軍節度使、嶺南節度使等職。傳見《舊唐書》卷一五八、《新唐書》卷一六五。　太原：府名。治所在今山西太原市。

[7]王鐸：人名。太原（今山西太原市）人。唐末軍閥，曾積極參與平定黄巢起義。傳見《舊唐書》卷一六四、《新唐書》卷一八五。

中和元年四月，涇原行軍唐弘夫敗賊將林言、尚讓軍，[1]乘勝進逼京師。處存自渭北親選驍卒五千，皆以白繻爲號，夜入京城，賊已遁去。京師故人見處存，遮道慟哭，歡呼塞路。軍人皆釋兵，争據第宅，坊市少年多帶白號雜軍。翌日，賊偵知，自灞上復襲京師，[2]市人以爲王師，歡呼迎之。處存爲賊所迫，收軍還營。賊怒，召集兩市丁壯七八萬，併殺之，血流成渠。

[1]涇原：方鎮名。又名彰義軍。治所在涇州（今甘肅涇川縣）。　行軍：官名。即行軍司馬。出征將領及節度使的屬官。掌軍籍符伍、號令印信，是藩鎮重要的軍政官員。　唐弘夫：人名。籍貫不詳。唐末將領。事見《通鑑》卷二五二、卷二五四。　林言：人名。籍貫不詳。唐末黄巢軍將。一説爲黄巢甥。初隨黄巢起事，中和四年（884），隨黄巢敗退至狼虎谷（位於今山東萊蕪市西南），斬巢兄弟妻子首將詣唐軍，旋爲沙陀軍所殺。事見《舊唐書》卷一九下、卷一八二、卷二〇〇下。　尚讓：人名。黄巢部將，後被時溥所殺。事見《舊唐書》卷二〇〇下、《新唐書》卷二二五下。

[2]灞上：地名。即霸上。在今陝西西安市東北白鹿原北首。

處存家在京師，世受國恩，以賊寇未平，鑾輿出狩，每言及時事，未嘗不喑嗚流涕，諸軍義之。前後遣使十輩迎李克用，[1]既奕世姻好，特相款昵。洎收京師，王鐸第其功，勤王舉義，處存爲之最；收城破賊，克用爲之最。以功檢校司空。後又遣大將張公慶率勁兵三千，[2]合諸軍滅賊巢於泰山，[3]以功檢校司徒。[4]

［1］李克用：人名。沙陀部人，生於神武川新城（一説是今山西朔州市朔城區之梵王寺村，一説是今山西應縣縣城，一説在今山西懷仁縣之日中城）。唐末軍閥，後唐太祖。紀見本書卷二五、卷二六，《新五代史》卷四。

［2］張公慶：人名。籍貫不詳。唐末大將。事見《新唐書》卷一八六。

［3］泰山：山名。黄巢死於泰山狼虎谷（今山東萊蕪市西南）。

［4］檢校司徒：官名。爲散官或加官，以示恩寵，無實際執掌。

田令孜討王重榮，[1]詔處存爲河中節度，處存上章申理，言："重榮無罪，有大功於國，不宜輕有除改，以摇藩鎮之心。"初，幽、鎮兩藩，兵甲彊盛，易、定於其間，[2]疲於侵寇。及匡威得志驕盈，恒欲兼并之，賴與太原姻好，每爲之援。處存亦睦鄰以禮，優撫軍民，折節下士，人多歸之，以至抗衡列鎮。累加侍中、檢校太尉。[3]乾寧二年九月卒，[4]年六十五，贈太子太師，[5]謚曰忠肅。

［1］田令孜：人名。蜀（今四川一帶）人。唐末宦官首領。傳見《舊唐書》卷一八四、《新唐書》卷二〇八。

［2］定：州名。治所在今河北定州市。

［3］侍中：官名。秦始置。隋、唐前期爲門下省長官。唐後期多爲大臣加銜，不參與政務，實際職務由門下侍郎執行。正二品。

檢校太尉：官名。爲散官或加官，以示恩寵加此官，無實際執掌。

［4］乾寧：唐昭宗李曄年號（894—898）。

［5］太子太師：官名。與太子太傅、太子太保統稱太子三師。

隋唐以後多作加官或贈官。從一品。

三軍以河朔舊事，推其子副大使郜爲留後，[1]朝廷從而命之，授以旄鉞，尋加檢校司空、同平章事，[2]累至太保。[3]光化三年七月，汴將張存敬進寇幽州，[4]旋入祁溝。[5]郜遣馬步都將王處直將兵拒之，[6]爲存敬所敗，退營沙河。[7]汴人進擊，營於懷德驛，[8]處直之衆奔撓，城中大恐。十月，郜委城攜族奔於太原，太原累表授檢校太尉。天復初，[9]卒於晋陽。[10]其弟鄴，[11]克用以女妻之，歷嵐、石、沔三州刺史、大同軍防禦使。[12]天祐中卒。[13]

[1]郜：人名。即王郜。京兆萬年（今陝西西安市長安區）人。唐末軍閥。事見本書本卷、卷二六、卷五二。

[2]同平章事：官名。“同中書門下平章事”之簡稱。唐高宗以後，凡實際任宰相之職者，常在其本官後加同平章事的職銜。後成爲宰相專稱。後晋天福五年（940），升中書門下平章事爲正二品。

[3]太保：官名。與太師、太傅並爲三師。唐後期、五代多爲大臣、勳貴加官。正一品。

[4]張存敬：人名。譙郡（今安徽亳州市）人。唐末、五代將領。傳見本書卷二〇、《新五代史》卷二一。

[5]祁溝：關隘名。又名岐溝關。位於今河北涿州市西南。

[6]馬步都將：官名。馬步軍統兵將領。

[7]沙河：河流名。此河發源於今山西靈丘縣，流經河北阜平、曲陽、新樂、定州等縣市，係白洋淀上游的重要河流。

[8]懷德驛：地名。位於今河北定州市懷德村。

[9]天復：唐昭宗李曄年號（901—904）。

[10]晉陽：縣名。治所在今山西太原市。

[11]鄴：人名。即王鄴。京兆萬年（今陝西西安市長安區）人。王處存之子。事見《新五代史》卷三九。

[12]嵐：州名。治所在今山西嵐縣。　石：州名。治所在今山西吕梁市離石區。　沔：州名。“沔”字或爲“汾”字之訛。汾州治所在今山西汾陽縣。　刺史：官名。漢武帝始置。州一級行政長官，總掌考核官吏、勸課農桑、地方教化等事。唐中期以後，節度使、觀察使轄州而設，刺史爲其屬官，職任漸輕。從三品至正四品下。　防禦使：官名。唐代始置，設有都防禦使、州防禦使兩種。常由刺史或觀察使兼任，實際上爲唐代後期州或方鎮的軍政長官。

[13]“王處存”至“天祐中卒”：《舊唐書》卷一八二《王處存傳》。

李繼陶者，莊宗初略地河朔，俘而得之，收養於宫中，故名曰得得。天成初，安重誨知其本末，付段佪養之爲兒，[1]佪知其不稱，許其就便。王都素蓄異志，潛取以歸，呼爲莊宗太子。及都叛，遂僭其服裝，時俾乘墉，欲惑軍士，人咸知其僞，競詬辱之。城陷，晏球獲之，拘送於闕下，行至邢州，遣使戮焉。[2]《永樂大典》卷六千八百五十。[3]

[1]段佪：人名。籍貫不詳。五代後唐官員，時任樞密承旨。事見本書本卷、卷三二、卷三三。

[2]“李繼陶者”至“遣使戮焉”：《輯本舊史》之影庫本粘籤：“‘繼陶’，原本作‘繼陳’，今從《北夢瑣言》改正。”未見《北夢瑣言》記載。《輯本舊史》卷四〇《唐明宗紀六》天成四年

(929）二月丙辰條："邢州奏，定州送到僞太子李繼陶，已處置訖。"《新五代史》卷三九《王處直傳》："莊宗軍中闌得一男子，愛之，使冒姓李，名繼陶，養於宮中以爲子。"

[3]《大典》卷六八五〇"王"字韻"姓氏（三五）"事目。

史臣曰：王鎔據鎮冀以稱王，[1]治將數世；處直分易定以爲帥，亦既重侯。一則惑佞臣而覆其宗，一則嬖孽子而失其國，其故何哉？蓋富貴斯久，仁義不修，目眩於妖妍，耳惑於絲竹，故不能防姦於未兆，察禍於未萌，相繼敗亡，又誰咎也。《永樂大典》卷六千八百五十。[2]

[1]王鎔據鎮冀以稱王："稱王"之"王"，《大典》作"正"。

[2]《大典》卷六八五〇"王"字韻"姓氏（三五）"事目。

舊五代史　卷五五

唐書三十一

列傳第七

康君立

康君立，蔚州興唐人，[1]世爲邊豪。乾符中，[2]爲雲州牙校，[3]事防禦使段文楚。[4]時羣盜起河南，[5]天下將亂，代北仍歲阻饑，[6]諸部豪傑，咸有嘯聚邀功之志。會文楚稍削軍人儲給，戍兵咨怨。君立與薛鐵山、程懷信、王行審、李存璋等謀曰：[7]"段公儒人，[8]難與共事。方今四方雲擾，皇威不振，[9]丈夫不能於此時立功立事，非人豪也。吾等雖權部衆，[10]然以雄勁聞於時者，莫若沙陀部，復又李振武父子勇冠諸軍，[11]吾等合勢推之，則代北之地，旬月可定，功名富貴，事無不濟也。"君立等乃夜謁武皇言曰：[12]"方今天下大亂，天子付將臣以邊事，歲偶饑荒，便削儲給，我等邊人，焉能守死！公家父子，素以威惠及五部，當共除虐帥，以

謝邊人，孰敢異議者！”武皇曰：“明天子在上，舉事當有朝典，公等勿輕議。予家尊遠在振武，萬一相迫，俟予稟命。”君立等曰：“事機已泄，遲則變生，曷俟千里咨稟！”[13]衆因聚譟，擁武皇，比及雲州，衆且萬人，師營鬭雞臺，[14]城中械文楚以應武皇之軍。[15]既收城，推武皇爲大同軍防禦留後。[16]衆狀以聞，朝廷不悦，詔徵兵來討。俄而獻祖失振武，[17]武皇失雲州，[18]朝廷命招討使李鈞、幽州李可舉加兵於武皇，[19]攻武皇於蔚州，君立從擊可舉之師屢捷。[20]及獻祖入達靼，[21]君立保感義軍。[22]武皇授雁門節度，[23]以君立爲左都押牙，[24]從入關，逐黄孽，[25]收長安。[26]武皇還鎮太原，[27]授檢校工部尚書、先鋒軍使。[28]

[1]蔚州：州名。治所在今河北蔚縣。按，唐天寶元年(742)，改蔚州爲安邊郡，並將州治自靈丘徙至安邊城（今河北蔚縣)。至德二載（757)，改安邊郡爲興唐郡，並改安邊縣爲興唐縣。乾元元年（758)，復置蔚州，並置横野軍。　興唐：縣名。治所即今河北蔚縣。五代梁改名隆化縣。後唐复名安邊縣。後晋改名靈仙縣。

[2]乾符：唐僖宗李儇年號（874—879)。

[3]雲州：州名。治所在今山西大同市。　牙校：爲低級武官。

[4]防禦使：官名。唐代始置，設有都防禦使、州防禦使兩種。常由刺史或觀察使兼任，實際上爲唐代後期州或方鎮的軍政長官。　段文楚：人名。汧陽（今陝西千陽縣）人。唐末將領。事見《舊唐書》卷一九上。

[5]河南：泛指黄河以南地區。

[6]代北：方鎮名。治所在代州（今山西代縣)。

[7]薛鐵山：人名。籍貫不詳。唐末李克用從者。事見《新五代史》卷二五。　程懷信、王行審：人名。籍貫不詳。唐末、五代李克用部將。事見本書本卷。　李存璋：人名。雲中（今山西大同市）人。唐末、五代後唐將領。傳見本書卷五三、《新五代史》卷三六。

[8]段公儒人：中華書局本有校勘記："'儒'原作'懦'，據《册府》卷三四七、卷七六六改。《通鑑》卷二五三《考異》引張昭遠《莊宗功臣列傳》作'段公儒者'，《新唐書》卷二一八《沙陀傳》敘其事作'段公乃儒者'。"見明本《册府》卷三四七《將帥部·佐命門八》、卷七六六《總録部·攀附門二》，《通鑑》卷二五三乾符五年（878）二月甲戌條。

[9]皇威不振：中華書局本有校勘記："'皇'，原作'武'，據《册府》卷三四七、卷七六六，《通鑑》卷二五三《考異》引張昭遠《莊宗功臣列傳》改。"

[10]吾等雖權部衆：中華書局本有校勘記："'權'下原有'係'字，據《册府》卷三四七、卷七六六删。影庫本粘籤：'權係部衆，原本脱"係"字，今從《通鑑考異》所引《薛史》增入。'今檢《通鑑》卷二五三《考異》引《薛史》無此句，《通鑑》卷二五三《考異》引張昭遠《莊宗功臣列傳》作'吾等雖擁部衆'。"

[11]沙陀：唐、五代時部族名。西突厥别部，即沙陀突厥。　李振武：人名。即振武節度使李國昌，又名朱邪赤心。沙陀部首領。唐末軍閥。李克用之父。其孫五代後唐莊宗李存勗即帝位後，追謚其爲文皇，廟號獻祖。事見《舊唐書》卷一九上、卷一九下。

[12]武皇：即李克用。沙陀部人，生於神武川新城（一説是今山西朔州市朔城區之梵王寺村，一説是今山西應縣縣城，一説在今山西懷仁縣之日中城）。唐末軍閥，受封晋王。五代後唐太祖。紀見本書卷二五、卷二六，《新五代史》卷四。

[13]"君立等乃夜謁武皇言曰"至"曷俟千里咨稟"：《舊五代史考異》："案《通鑑考異》引趙鳳《紀年録》云：邊校程懷信、

康君立等十餘帳，日譁於太祖之門。疑非事實。《新唐書》作夜謁克用，《通鑑》作潛詣蔚州説克用，皆以《薛史》爲據。”見《通鑑》卷二五三乾符五年二月甲戌條《考異》。

[14]鬬雞臺：地名。位於今山西大同市東城外。

[15]城中械文楚以應武皇之軍：《輯本舊史》卷二五《唐武皇紀上》：“乾符三年，朝廷以段文楚爲代北水陸發運、雲州防禦使。時歲薦饑，文楚稍削軍食，諸軍咸怨。武皇爲雲中防邊督將，部下争訴以軍食不充，邊校程懷素、王行審、蓋遇、李存璋、薛鐵山、康君立等，即擁武皇入雲州，衆且萬人，營於鬬雞台，城中械文楚出，以應於外。”《新唐書》卷九《僖宗本紀》載乾符五年“二月癸酉，雲中守捉使李克用殺大同軍防禦使段文楚”。而《舊唐書》卷一九上《懿宗本紀》載咸通十三年（872）十二月“李國昌小男克用殺雲中防禦使段文楚，據雲州，自稱防禦留後”。《新五代史》卷四《唐莊宗紀上》亦作咸通十三年“國昌已拒命，克用乃殺大同軍防禦使段文楚，據雲州，自稱留後”。

[16]大同軍：方鎮名。治所在雲州（今山西大同市）。　留後：官名。唐、五代節度使多以子弟或親信爲留後，以代行節度使職務，亦有軍士、叛將自立爲留後者。掌一州或數州軍政。　推武皇爲大同軍防禦留後：《輯本舊史》卷二五《唐武皇紀上》作：“乾符五年，黄巢渡江，其勢滋蔓，天子乃悟其事，以武皇爲大同軍節度使、檢校工部尚書。”《新五代史》卷四《唐莊宗紀上》作拜“克用大同軍防禦使”。

[17]獻祖：即前文“李振武”，廟號獻祖。　振武：方鎮名。治所在朔州（今山西朔州市朔城區）。

[18]俄而獻祖失振武，武皇失雲州：《輯本舊史》卷二五《唐武皇紀上》乾符五年：“冬，獻祖出師討党項，吐渾赫連鐸乘虚陷振武，舉族爲吐渾所擄。武皇至定邊軍迎獻祖歸雲州，雲州守將拒關不納。”

[19]招討使：官名。唐始置。戰時任命，兵罷則省。常以大

臣、將帥或地方軍政長官兼任。掌招撫、討伐等事務。　李鈞：人名。李業之孫。唐末將領。事見《舊唐書》卷一九下。　幽州：州名。治所在今北京市。　李可舉：人名。回紇族阿布思部人。唐末幽州節度使李茂勳之子，襲父位爲幽州節度副使，累官至檢校太尉。傳見《舊唐書》卷一八〇。

［20］“朝廷命招討使李鈞”至“君立從擊可舉之師屢捷”：“君立從擊可舉之師屢捷”，中華書局本有校勘記：“‘可舉’，《册府》卷三四七作‘鈞舉’。”《册府》卷三四七《將帥部·佐命門八》作：“朝廷命招討使李鈞、幽州李舉加兵于武皇，攻武皇於蔚州，君立從擊鈞、舉之師屢敗。”與本傳文字略異。《輯本舊史》卷二五《唐武皇紀上》：“乾符六年春，朝廷以昭義節度使李鈞充北面招討使，將上黨、太原之師過石嶺關，屯於代州，與幽州李可舉會赫連鐸同攻蔚州。獻祖以一軍禦之，武皇以一軍南抵遮虜城以拒李鈞。”

［21］達靼：部族名。其名始見於唐開元二十年（732）突厥文《闕特勤碑》。唐末活躍於陰山一帶。參見白玉冬《九姓達靼游牧王國史研究》，中國社會科學出版社 2017 年版。　及獻祖入達靼：《輯本舊史》卷二五《唐武皇紀上》廣明元年（880）：“六月，李涿引大軍攻蔚州，獻祖戰不利，乃率其族奔於達靼部。”

［22］感義軍：唐方鎮名。治所在鳳州（今陝西鳳縣東北鳳州鎮）。

［23］雁門：方鎮名。治所在代州（今山西代縣）。　節度：即節度使。　武皇授雁門節度：《輯本舊史》卷二五《唐武皇紀上》中和三年（883）三月：“王鐸承制授武皇雁門節度使、檢校尚書左僕射。”

［24］左都押牙：官名。“押牙”即“押衙”。唐、五代時期節度使辟署的屬官，有稱左、右都押衙或都押衙者。掌領方鎮儀仗侍衛、統率軍隊。參見劉安志《唐五代押牙（衙）考略》，武漢大學魏晋南北朝隋唐史研究室編《魏晋南北朝隋唐史資料》第 16 輯，武漢大學出版社 1998 年版。

[25]黄孽：《輯本舊史》之影庫本粘籤："'黄孽'，原本作'黄辟'，考《薛史》前後多稱黄巢餘黨爲黄孽，今改正。"

[26]長安：縣名。治所在今陝西西安市。

[27]太原：府名。治所在今山西太原市。

[28]檢校工部尚書：官名。爲散官或加官，以示恩寵，無實際執掌。　先鋒軍使：官名。所部統兵將領，位次於都指揮使。先鋒爲部隊番號。

文德初，[1]李罕之既失河陽，[2]來歸於武皇，且求援焉。乃以君立充南面招討使，[3]李存孝副之，[4]帥師二萬，助罕之攻取河陽。[5]三月，與汴將丁會、牛存節戰於沇河，[6]臨陣之次，騎將安休休叛入汴軍，[7]君立引退。八月，授汾州刺史。[8]大順元年，[9]潞州小校安居受反，[10]武皇遣君立討平之，授檢校左僕射、昭義節度使。[11]自是武皇之師連歲略地於邢、洺，[12]攻孟方立，[13]君立常率澤潞之師以爲掎角。[14]

[1]文德：唐僖宗李儇年號（888）。

[2]李罕之：人名。陳州項城（今河南沈丘縣）人。唐末五代軍閥。傳見《新唐書》卷一八七、本書卷一五、《新五代史》卷四二。　河陽：方鎮名。全稱"河陽三城"。治所在孟州（今河南孟州市）。

[3]南面招討使：官名。不常置，爲一路或數路地區統兵官。掌招撫討伐等事務。兵罷則省。

[4]李存孝：人名。本名安敬思。代州飛狐（今河北淶源縣）人。唐末李克用養子、部將。傳見本書卷五三、《新五代史》卷三六。

[5]助罕之攻取河陽：《輯本舊史》卷二五《唐武皇紀上》文德元年（888）三月："河南尹張全義潛兵夜襲李罕之於河陽，城陷，舉族爲全義所擄，罕之踰垣獲免，來歸於武皇。遣李存孝、薛阿檀、史儼兒、安金俊、安休休將七千騎送罕之至河陽。"

[6]汴：州名。治所在今河南開封市。　丁會：人名。壽春（今安徽壽縣）人。唐末將領。傳見本書卷五九、《新五代史》卷四四。　牛存節：人名。青州博昌（今山東博興縣）人。唐末將領。傳見本書卷二二、《新五代史》卷二二。　沇（yǎn）河：即沇水。當爲今山西垣曲縣東之沇西河。

[7]安休休：人名。籍貫不詳。五代後唐將領。事見本書本卷、卷二五。

[8]汾州：州名。治所在今山西汾陽市。　刺史：官名。州一級行政長官。漢武帝時始置，總掌考覈官吏、勸課農桑、地方教化等事。唐中期以後，節度使、觀察使轄州而設，刺史爲其屬官，職任漸輕。從三品至正四品下。

[9]大順：唐昭宗李曄年號（890—891）。

[10]潞州：州名。治所在今山西長治市。　安居受：人名。籍貫不詳。唐末方鎮將領。事見本書卷五〇、《新五代史》卷一四。

[11]檢校左僕射：官名。左僕射爲隋唐宰相名號。檢校左僕射爲散官或加官，以示恩寵，無實際執掌。　昭義：方鎮名。治所在潞州（今山西長治市）。　節度使：官名。唐時在重要地區所設掌握一州或數州軍、民、財政的長官。　"大順元年"至"昭義節度使"：《輯本舊史》卷二五《唐武皇紀上》大順元年（890）五月："武皇遣大將康君立、李存孝等攻之，汴將朱崇節、葛从周率兵入潞州以固之。"而《舊唐書》卷二〇上《昭宗紀》大順元年七月："太原將康君立率兵二萬攻潞州。"同年九月："九月甲申，幽州、雲州藩、漢兵三萬攻雁門，太原將李存信、薛阿檀擊敗之。汴將葛從周棄上黨，康君立入據之，克用以君立爲澤潞兵馬留後。""兵馬留後"與本傳記載不同。《輯本舊史》卷二五《唐武皇紀上》

則載："九月，汴將葛從周棄潞州而遁，武皇以康君立爲潞州節度使，以李存孝爲汾州刺史。"本傳載君立任汾州刺史，與《武皇本紀》不同。

[12]邢：州名。治所在今河北邢臺市。　洺：州名。治所在今河北邯鄲市永年區。　自是武皇之師連歲略地於邢、洺：中華書局本有校勘記："'是'字原闕，據《册府》卷三八七補。"

[13]孟方立：人名。邢州（今河北邢臺市）人。唐末將領。傳見《新唐書》卷一八七、本書卷六二、《新五代史》卷四二。

[14]澤：州名。治所在今山西澤州縣。

景福初，[1]檢校司徒，[2]食邑千户。二年，李存孝據邢州叛，武皇命君立討之，以功加檢校太保。[3]乾寧初，[4]存孝平，班師。[5]存孝既死，武皇深惜之，怒諸將無解愠者。初，李存信與存孝不叶，[6]屢相傾奪，而君立素與存信善。九月，君立至太原，武皇會諸將酒博，因語及存孝事，流涕不已。時君立以一言忤旨，武皇賜酖而殂，[7]時年四十八。明宗即位，[8]以念舊之故，詔贈太傅。[9]《永樂大典》卷一萬八千一百一十八。[10]

[1]景福：唐昭宗李曄年號（892—893）。

[2]檢校司徒：官名。爲散官或加官，以示恩寵加此官，無實際執掌。

[3]檢校太保：官名。爲散官或加官，以示恩寵，無實際執掌。太保，與太師、太傅合稱三師。

[4]乾寧：唐昭宗李曄年號（894—898）。

[5]乾寧初，存孝平，班師：《輯本舊史》卷二六《唐武皇紀下》："乾寧元年三月，邢州李存孝出城首罪，縶歸太原，轘於市。

邢、洺、磁三州平。”

[6]李存信：人名。本姓張。回鶻人。唐末、五代後唐將領。傳見本書卷五三、《新五代史》卷三六。

[7]武皇賜酖而殂：《舊五代史考異》：“案：《通鑑考異》引《唐遺録》作君立被杖死，與《薛史》異。”見《通鑑》卷二五九乾符元年（874）九月庚申條《考異》。《輯本舊史》卷二六《唐武皇紀下》乾寧元年（894）：“九月，潞州節度使康君立以酖死。”

[8]明宗：即李嗣源。沙陀部人，應州金城（今山西應縣）人。李克用養子，逼宫李存勗後自立爲後唐皇帝。926年至933年在位。紀見本書卷三五至卷四〇、《新五代史》卷六。

[9]太傅：官名。與太師、太保合稱三師。唐後期、五代多爲大臣、勳貴加官。正一品。

[10]《大典》卷一八一一八爲“將”字韻“唐將（一〇）”事目，與本傳内容不符。據陳垣《舊五代史輯本引書卷數多誤例》謂應爲卷一八一二八“將”字韻“後唐將（一）”事目。

薛志勤

薛志勤，蔚州奉誠人，[1]小字鐵山。初爲獻祖帳中親信，乾符中，與康君立共推武皇定雲中，[2]以功授右牙都校，[3]從入達靼。武皇授節雁門，志勤領代北軍使，從入關，收京城，以功授檢校工部尚書、河東右都押牙、先鋒右軍使。[4]從武皇救陳、許，[5]平黄巢。[6]

[1]奉誠：縣名。位於今河北蔚縣。

[2]雲中：縣名。治所在今山西大同市。

[3]都校：官名。禁軍統兵官。

［4］河東：方鎮名。治所在太原（今山西太原市）。　右都押牙：官名。"押牙"即"押衙"。唐、五代時期節度使辟署的屬官，有稱左、右都押衙或都押衙者。掌領方鎮儀仗侍衛、統率軍隊。參見劉安志《唐五代押牙（衙）考略》，武漢大學魏晋南北朝隋唐史研究室編《魏晋南北朝隋唐史資料》第16輯，武漢大學出版社1998年版。　軍使：武官名。五代時侍衛諸軍及禁軍將領。

［5］陳：州名。治所在今河南淮陽縣。　許：州名。治所在今河南許昌市。

［6］黄巢：人名。曹州冤句（今山東菏澤市）人。唐末農民起義領袖。傳見《舊唐書》卷二〇〇下、《新唐書》卷二二五下。

武皇遇難於上源驛，[1]汴將楊彦洪連車樹柵，[2]遮絶巷陌，時騎從皆醉，宴席既闌，汴軍四面攻傳舍。志勤虓勇冠絶，復酒膽激壯，因獨登驛樓大呼曰："朱僕射負恩無行，[3]邀我司空圖之，[4]吾三百人足以濟事！"因彎弧發射，矢無虚發，汴人斃者數十。志勤私謂武皇曰："事急矣，如至五鼓，吾屬無遺類矣，[5]可速行！"因扶武皇而去。雷雨暴猛，汴人扼橋，志勤以其屬血戰擊敗之，得侍武皇還營，由是恩顧益厚。

［1］上源驛：地名。位於今河南開封市。

［2］楊彦洪：人名。籍貫不詳。朱温部將，後被朱温射殺。事見《通鑑》卷二五五。

［3］朱僕射：即朱温。宋州碭山（今安徽碭山縣）人。後梁開國皇帝。紀見本書卷一至卷七、《新五代史》卷一。

［4］司空：指李克用。

［5］吾屬無遺類矣：《輯本舊史》之影庫本粘籤："原本脱'遺'

字，今從《册府元龜》增入。”明本《册府》卷三四七《將帥部·佐命門八》、《宋本册府》卷三七四《將帥部·忠門五》均作“無類矣”，與影庫本粘籤異。

大順初，張濬以天子之師來侵太原。[1]十月，大軍入陰地，[2]志勤與李承嗣率騎三千抗之，[3]敗韓建之軍於蒙坑，[4]進收晋、絳，[5]以功授忻州刺史。[6]二年，從討鎮州，[7]收天長、臨城，[8]志勤皆先登陷陣，勇敢無前。王暉據雲州叛，[9]討平之，[10]以志勤爲大同軍防禦使、檢校司空。[11]乾寧初，代康君立爲昭義節度使。光化元年十二月，[12]以疾卒於潞，時年六十二。《永樂大典》卷二萬一千三百六十六。[13]

[1]張濬：人名。河間（今河北河間市）人。唐僖宗時爲户部侍郎、同中書門下平章事，唐昭宗時爲尚書左僕射，後爲朱温所殺。傳見《舊唐書》卷一七九、《新唐書》卷一八五。

[2]陰地：關隘名。位於今山西靈石縣西南。

[3]李承嗣：人名。代州雁門（今山西代縣）人。唐末、五代將領。傳見本書本卷。

[4]韓建：人名。許州長社（今河南許昌市）人。唐末、五代軍閥。傳見本書卷一五、《新五代史》卷四〇。　蒙坑：地名。位於今山西襄汾縣南。

[5]晋：州名。治所在今山西臨汾市。　絳：州名。治所在今山西新絳縣。

[6]忻州：州名。治所在今山西忻州市。

[7]鎮州：州名。治所在今河北正定縣。

[8]天長：地名。又名天長鎮。位於今河北井陘礦區西南。

臨城：縣名。治所在今河北臨城縣。

[9]王暉：人名。籍貫不詳。時爲代州刺史，以城降契丹。事見本書卷一〇七《史弘肇傳》、《通鑑》卷二八五。

[10]王暉據雲州叛，討平之：《輯本舊史》卷五三《李存璋傳》及明本《册府》卷三四七《將帥部·佐命門八》均記載討平王暉於光化二年（899）之後，《輯本舊史》卷五二《李承嗣傳》記此事於乾寧五年（898）。若討平王暉在光化二年後，則與本傳牴牾。

[11]檢校司空：官名。爲散官或加官，以示恩寵加此官，無實際執掌。司空，與太尉、司徒並爲三公。　大同軍防禦使：明本《册府》卷三八七《將帥部·褒異門一三》作“大同軍節度”。

[12]光化：唐昭宗李曄年號（898—901）。

[13]《大典》卷二一三六六“薛”字韻“姓氏（五）”事目。

史建瑭

史建瑭，字國寶。父敬思，[1]雁門人，仕郡至牙校。武皇節制雁門，敬思爲九府都督，[2]從入關，定京師。及鎮太原，爲裨將。[3]中和四年，[4]從援陳、許，爲前鋒，敗黄巢於汴上，追賊至徐、兖，[5]常將騎挺身酣戰，勇冠諸軍。是時，天下之師雲集，軍中無不推伏。六月，衛從武皇入汴州，[6]舍於上源驛。是夕爲汴人所攻，敬思方大醉，因蹶然而興，操弓與汴人鬭，矢不虚發，汴人死者數百。夜分冒雨方達汴橋，[7]左右扶武皇決圍而去，敬思後拒，血戰而殁。武皇還營，知失敬思，流涕久之。

[1]敬思：人名。即史敬思。唐末五代李克用部將。事見本書本卷、《通鑑》卷二五五。

[2]敬思爲九府都督：《輯本舊史》之影庫本粘籤："'九府'，原本作'凡府'，考《新唐書》，唐官制有九府都督，《歐陽史》亦作九府，今改正。"見《新五代史》卷二五本傳，《新唐書》未見。《宋本册府》卷三七四《將帥部·忠門五》作"先鋒都督"，卷三九六《將帥部·勇敢門三》作"元府都督"。

[3]裨將：指副將。

[4]中和：唐僖宗李儇年號（881—885）。

[5]徐：州名。治所在今江蘇徐州市。　兖：州名。治所在今山東濟寧市兖州區。

[6]汴州：州名。治所在今河南開封市。

[7]汴橋：橋名。位於今河南開封市。

建瑭以父廕少仕軍門。光化中，典昭德軍。[1]與李嗣昭攻汾州，[2]率先登城，擒叛將李瑭以獻，[3]授檢校工部尚書。李思安之圍上黨也，[4]建瑭爲前鋒，與總管周德威赴援。[5]時汴人夾城深固，援路斷絶，建瑭日引精騎，設伏擒生，夜犯汴營，驅斬千計，敵人不敢芻牧。汴將王景仁營於柏鄉，[6]建瑭與周德威先出井陘。[7]高邑之戰，[8]日已晡晚，汴軍有歸志，建瑭督部落精騎先陷其陣，夾攻魏、滑之間，[9]遂長驅追擊，夜入柏鄉，俘斬數千計，論功加檢校左僕射，師旋，留戍趙州。[10]汴將氏延賞數犯趙之南鄙，[11]建瑭設伏柏鄉，獲延賞，獻之。

[1]昭德軍：方鎮名。治所在相州（今河南安陽市）。

[2]李嗣昭：人名。汾州（今山西汾陽市）人。唐末、五代李克用義子、部將。傳見本書卷五二、《新五代史》卷三六。

[3]李瑭：人名。籍貫不詳。唐末李克用部將，汾州刺史，後投降朱温，爲李嗣昭擒斬。事見本書卷二六、《新五代史》卷三六。

[4]李思安：人名。陳留（今河南開封市陳留鎮）人。五代後梁將領。傳見本書卷一九。　上黨：即潞州。治所在今山西長治市。

[5]總管：官名。即"蕃漢内外馬步軍總管"。五代後唐置，爲蕃漢馬步軍總指揮官。　周德威：人名。馬邑（今山西朔州市朔城區）人。唐末、五代河東將領。傳見本書卷五六、《新五代史》卷二五。

[6]王景仁：人名。廬州合淝（今安徽合肥市）人。本名王茂章。五代後梁將領。傳見本書卷二三、《新五代史》卷二三。　柏鄉：縣名。治所在今河北柏鄉縣。

[7]井陘：關隘名。位於今河北井陘礦區北井陘山上。　建瑭與周德威先出井陘：《輯本舊史》之影庫本粘籤："井陘，原本作'井除'，今從《通鑑》改正。"見《通鑑》卷二六七開平四年（910）十一月條，又見明本《册府》卷三八七《將帥部·褒異門一三》、《新五代史》卷二五本傳。

[8]高邑：縣名。一作"鄗（hào）邑"。治所在今河北高邑縣。　高邑之戰：五代時後梁與後晋之間一場重要的戰役。此戰後，梁軍失去河北戰場的主動權。

[9]魏：州名。治所在今河北大名縣。　滑：州名。治所在今河南滑縣。

[10]趙州：州名。治所在今河北趙縣。

[11]氏延賞：人名。籍貫不詳。五代將領。事見本書本卷、卷二九、卷六五、卷一〇六。

九年，[1]梁祖親攻蓨縣，[2]時王師併攻幽州，聲言汴軍五十萬，將寇鎮、定。[3]都將符存審謂建瑭曰：[4]"梁軍倘以五十萬來，我等何以待之？"裨將趙行實曰：[5]"走入土門爲上策。"[6]存審曰："事未可知，但老賊在東，别將西來，尚可徐圖。"不旬日，楊師厚圍棗彊，[7]賀德倫圍蓨縣，[8]梁祖自至，攻城甚急。存審曰："吾王方事北面，南鄙之事，付我等數人。今西道無兵，坐滋賊勢，何以爲謀。老賊若不下蓨、阜，必西攻深、冀，與公等料閲騎軍，偵視賊勢。"乃選精騎八百趨信都，[9]存審扼下博橋，[10]建瑭與李嗣肱分道擒生。[11]建瑭乃分麾下三百騎爲五軍，[12]自將一軍深入，各命俘掠梁軍之芻牧者還，會下博橋。翌日，諸軍皆至，獲芻牧者數百人，聚而殺之，緩數十人，令其逸去，各曰："沙陀軍大至矣！"梁軍震恐。明日，建瑭、嗣肱爲梁軍服色，與芻牧者相雜，晡晚，及賀德倫寨門，[13]殺守門者，縱火大譟，俘斬而去。是夜，梁祖燒營而遁，比至貝州，[14]迷失道路，委棄兵仗，不可勝計。

[1]九年：《輯本舊史》卷二八《唐莊宗紀二》繫此事於"九年三月"。

[2]梁祖：即後梁太祖朱温。　蓨縣：縣名。治所在今河北景縣。

[3]定：州名。治所在今河北定州市。

[4]符存審：人名。陳州宛丘（今河南淮陽縣）人。五代後唐將領。傳見本書卷五六、《新五代史》卷二五。

[5]趙行實：人名。籍貫不詳。五代將領。事見本書本卷、卷

二八、卷八四。

[6]土門：關隘名。即井陘關。位於今河北井陘礦區北井陘山上。

[7]楊師厚：人名。潁州斤溝（今安徽太和縣阮橋鎮斤溝村）人。唐末、五代將領。傳見本書卷二二、《新五代史》卷二三。　棗彊：縣名。治所在今河北棗强縣。

[8]賀德倫：人名。其先係河西部落人，後居滑州（今河南滑縣）。後梁將領。傳見本書卷二一、《新五代史》卷四四。中華書局本有校勘記："原作'貨德倫'，據殿本、劉本、孔本、邵本校、彭校改。"

[9]信都：縣名。治所在今河北衡水市冀州區。

[10]下博橋：地名。位於今河北深州市東南下博鄉。

[11]李嗣肱：人名。沙陀部人。李克修之子。五代後唐將領。傳見本書卷五〇、《新五代史》卷一四。

[12]建瑭乃分麾下三百騎爲五軍：《舊五代史考異》案："《歐史》：建瑭分其麾下五百騎爲五隊，一之衡水，一之南宫，一之信都，一之阜城，而自將其一。《薛史》作三百騎，史異文也。"見《新五代史》卷二五本傳。《宋本册府》卷三六七《將帥部·機略門七》亦作"五百騎"。

[13]及賀德倫寨門：中華書局本有校勘記："'寨'，原作'塞'，據殿本、劉本、孔本、邵本校、彭校改。影庫本批校：'"寨"訛"塞"。'"

[14]貝州：州名。治所在今河北清河縣。　比至貝州：中華書局本有校勘記："'比'，原作'北'，據殿本改。按貝州位於信都、下博之南。"

十二年，魏博歸款，[1]建瑭與符存審前軍屯魏縣。[2]十三年，敗劉鄩於故元城，[3]收澶州，[4]以建瑭爲刺史、

檢校司空、外衙騎軍都將，尋歷貝、相二州刺史，[5]屯於德勝。[6]十八年，與閻寶討張文禮，[7]爲馬軍都將。[8]八月，收趙州，獲刺史王鋋。[9]進逼鎮州，爲流矢所中，[10]卒於軍，時年四十六。[11]《永樂大典》卷一萬一百八十三。[12]

[1]魏博：方鎮名。唐廣德元年（763）所置河北三鎮之一。治所在魏州（今河北大名縣）。天祐三年（906）號天雄軍。五代後梁乾化二年（912）爲梁所併。　魏博歸款：《輯本舊史》之影庫本粘籤："'歸款'，原本作'歸隸'，今據文改正。"

[2]魏縣：縣名。治所在今河北魏縣。

[3]劉鄩：人名。密州安丘（今山東安丘市）人。後梁將領。傳見本書卷二三、《新五代史》卷二二。　元城：縣名。治所在今河北大名縣。　敗劉鄩於故元城："故"字，中華書局本沿《輯本舊史》闕，據《輯本舊史》卷八《梁末帝紀上》貞明二年（916）三月條、卷二八《唐莊宗紀二》天祐十三年三月條以及《通鑑》卷二六九貞明二年二月條、《新五代史》卷二五本傳補。

[4]澶州：州名。唐、五代初，治所在河南清豐縣。後晋天福四年（939），移治於今河南濮陽縣。

[5]相：州名。治所在今河南安陽市。　尋歷貝、相二州刺史：中華書局本有校勘記："'貝'，《册府》（宋本）卷三九六作'洺'。"《宋本册府》卷三九六《將帥部·勇敢門三》作"累立戰勳，歷澶、洺、相三州刺史"。明本《册府》"洺"作"洛"。

[6]德勝：地名。位於今河南濮陽縣。原爲黄河渡口，晋軍筑德勝南、北二城於此，遂爲城名。

[7]閻寶：人名。鄆州（今山東東平縣）人。後梁、後唐將領。傳見本書卷五九、《新五代史》卷四四。　張文禮：人名。被王鎔收爲義子後，賜姓王，名德明。燕（今河北北部）人。五代將

領。傳見本書卷六二。

[8]馬軍都將：即馬軍統兵將領。

[9]王鋋：人名。籍貫不詳。五代後唐將領。本書僅此一見。

[10]爲流矢所中：中華書局本有校勘記："'所'字原闕，據殿本、孔本補。影庫本批校：'爲流矢所中，脱"所"字。'"又，明本《册府》卷四二五《將帥部·死事門二》作："日以輕騎逼門，爲伏弩所中，歸營而卒。"

[11]時年四十六：《輯本舊史》之案語："《歐陽史》作四十二。"見《新五代史》卷二五本傳。《輯本舊史》卷七六《晋高祖紀二》天福二年十月："故相州刺史史建瑭、故代州刺史王建及並贈太保。"

[12]《大典》卷一〇一八三"史"字韻"姓氏（一）"事目。

李承嗣

李承嗣，代州雁門人。[1]父佐方。[2]承嗣少仕郡，補右職。中和二年，從武皇討賊關輔，[3]爲前鋒。王師之攻華陰，[4]黄巢令僞客省使王汀會軍機於黄揆，[5]承嗣擒之以獻。賊平，以功授汾州司馬，[6]改榆次鎮將。[7]光啓初，[8]從討蔡賊於陳、許。[9]上源之難，遣承嗣奉表行在，陳訴其事，觀軍容田令孜館而慰諭，[10]令達情於武皇，姑務叶和，仍授以左散騎常侍。[11]朱玫之亂，[12]遣承嗣率軍萬人援鄜州，[13]至渭橋迎扈車駕。[14]王行瑜既殺朱玫，[15]承嗣會鄜、夏之師入定京城，[16]獲僞相裴徹、鄭昌圖，[17]函送朱玫、襄王首獻於行在。[18]駕還宫，賜號迎鑾功臣、檢校工部尚書、守嵐州刺史，[19]賜犒軍錢

二萬貫。

[1]代州：州名。治所在今山西代縣。

[2]佐方：人名。即李佐方。本書僅此一見。

[3]關輔：地名。漢景帝二年（155）分内史爲左、右内史，與主爵中尉（不久改爲主爵都尉）同治長安，管轄京畿地區，合稱“三輔”。

[4]華陰：縣名。治所在今陝西華陰市。

[5]客省使：官名。客省長官。唐代宗時始置，五代沿置。掌接待四方奏計及外族使者。　王汀：人名。本書僅此一見。　黄揆：人名。曹州冤句（今山東菏澤市）人。黄巢堂弟、部將。事見本書本卷，《通鑑》卷二五三、卷二五五、卷二五六。

[6]司馬：官名。州郡佐官，名義上紀綱衆務、通判列曹、品高俸厚，實際上無具體職事，多用以安置貶謫官員，或用作遷轉官階。上州從五品下，中州正六品下，下州從六品上。

[7]榆次：縣名。治所在今山西晋中市榆次區。　鎮將：官名。鎮的長官。五代時，節度使自補親隨爲鎮將，與縣令分庭抗禮，公事得以專達於州。

[8]光啓：唐僖宗李儇年號（885—888）。

[9]蔡賊：指秦宗權。許州（今河南許昌市）人。唐末軍閥。唐僖宗廣明年間（880—881）割據蔡州。傳見《舊唐書》卷二〇〇下、《新唐書》卷二二五下。

[10]田令孜：人名。蜀（今四川）人。唐末宦官首領。傳見《舊唐書》卷一八四、《新唐書》卷二〇八。

[11]左散騎常侍：官名。門下省屬官。掌侍奉規諷，備顧問應對。正三品下。

[12]朱玫：人名。邠州（今陝西彬縣）人。唐末軍閥。傳見《新唐書》卷二二四下。

[13]鄜州：州名。治所在今陝西富縣。

[14]渭橋：漢、唐時長安渭水上所建橋梁。參見辛德勇《古代交通與地理文獻研究》，商務印書館 2018 年版。

[15]王行瑜：人名。邠州（今陝西彬縣）人。唐末軍閥。傳見《舊唐書》卷一七五、《新唐書》卷二二四下。

[16]夏：州名。治所在今陝西靖邊縣。

[17]裴徹：人名。籍貫不詳。唐末大臣。嗣襄王李熅稱帝所署宰相。事見《舊唐書》卷一九下。　鄭昌圖：人名。唐末大臣。嗣襄王李熅稱帝所署宰相。事見《舊唐書》卷一九下。《輯本舊史》之影庫本粘籤："原本作'易圖'，今從《新唐書》改正。"見《新唐書》卷九《僖宗本紀》光啓三年（887）三月癸未條。

[18]襄王：即嗣襄王李熅。光啓二年，田令孜劫走僖宗。邠寧節度使朱玫於鳳翔擁李熅監國，隨即稱帝，年號建貞。後爲亂軍所殺。傳見《舊唐書》卷一七五、《新唐書》卷八二。

[19]嵐州：州名。治所在今山西嵐縣。

時車駕初還，三輔多盜，[1]承嗣按兵警禦，輦轂乂安。及還屯於鄜，留別將馬嘉福五百騎宿衛。[2]孟方立之襲遼州也，[3]武皇遣承嗣設伏於榆社以待之，[4]邢人既至，承嗣發伏，擊其歸兵，大敗之，獲其將奚忠信，[5]以功授洺州刺史。[6]及張濬之加兵於太原也，[7]時鳳翔軍營霍邑，[8]承嗣帥一軍攻之，岐人夜遁，追擊至趙城，[9]合大軍攻平陽，[10]旬有三日而拔。[11]師旋，改教練使、檢校司徒。[12]

[1]三輔：地區名。漢代時以京兆、左馮翊、右扶風爲三輔，轄境相當於陝西省中部地區。至唐代仍沿襲此稱呼。

［2］別將：官名。一般也作偏將代稱。唐軍設有別將一職，各折衝府亦設別將。　馬嘉福：人名。籍貫不詳。本書僅此一見。

［3］遼州：州名。治所在今山西左權縣。

［4］榆社：縣名。治所在山西榆社縣。

［5］奚忠信：人名。孟方立部將。籍貫不詳。事見本書本卷、卷二五，《通鑑》卷二五七、卷二五八。

［6］洺州：州名。治所在今河北邯鄲市永年區。

［7］及張濬之加兵於太原也：《輯本舊史》卷二五《唐武皇紀上》大順元年（890）："十月，張浚之師入晋州，遊軍至汾、隰。武皇遣薛鐵山、李承嗣將騎三千出陰地關，營於洪洞，遣李存孝將兵五千，營於趙城。"《通鑑》卷二五八大順元年十月條《考異》引《薛史·武皇紀》同。

［8］鳳翔軍：方鎮名。治所在今陝西鳳翔縣。　霍邑：地名。位於今山西霍州市。

［9］趙城：縣名。治所在今山西洪洞縣北。

［10］平陽：地名。位於今山西臨汾市。

［11］"時鳳翔軍營霍邑"至"旬有三日而拔"：《通鑑》卷二五八大順元年十月條《考異》引《薛史·李承嗣傳》："初，大軍入陰地，薛志勤與承嗣率騎三千抗之，敗韓建之軍於蒙坑，進收晋、絳，以功授忻州刺史。時鳳翔軍營霍邑，承嗣帥一軍收之，岐人夜遁，追擊至趙城，合大軍攻平陽，旬有三日而拔。"

［12］教練使：官名。唐末、五代方鎮軍將。分左、右兩員，多選善兵法武藝者，掌軍事訓練。

乾寧二年，兖、鄆爲汴人所攻，[1]勢漸危蹙，遣使乞師於武皇，武皇遣承嗣帥三千騎假道於魏，渡河援之。時李存信屯於莘縣，[2]既而羅弘信背盟，[3]掩擊王師，因兹隔絶。[4]及瑄、瑾失守，[5]承嗣與朱瑾、史儼同

入淮南。[6]承嗣、史儼皆驍將也，淮人得之，軍聲大振。武皇深惜之，如失左右手，乃遣趙岳間道使於淮南，[7]請歸承嗣等，楊行密許之，[8]遣使陳令存請修好於武皇。[9]其年九月，汴將龐師古、葛從周出師，[10]將收淮南，朱瑾率淮南軍三萬，與承嗣設伏於清口，[11]大敗汴人，生獲龐師古。行密嘉其雄才，留而不遣，仍奏授檢校太尉，[12]領鎮海軍節度使。[13]天祐九年，[14]淮人聞莊宗有柏鄉之捷，乃以承嗣爲楚州節度使，[15]以張犄角。十七年七月，卒於楚州，時年五十五。《永樂大典》卷二萬三百五十。[16]

[1]鄆：州名。治所在今山東東平縣。

[2]莘縣：縣名。治所在今山東莘縣。

[3]羅弘信：人名。魏州貴鄉（今河北大名縣）人。唐末、五代軍閥。傳見《舊唐書》卷一八一、《新唐書》卷二一〇。

[4]“乾寧二年”至“因兹隔絶”：“遣使乞師於武皇，武皇遣承嗣”，中華書局本有校勘記：“‘使’上原無‘遣’字，‘遣承嗣’上原無‘武皇’二字，據《册府》卷三四七、卷四四四補。”見明本《册府》卷三四七《將帥部·佐命門八》、《宋本册府》卷四四四《將帥部·陷没門》。又，“三千騎”，《新五代史》卷四二《朱瑾傳》作“騎兵五千”。《輯本舊史》卷二六《唐武皇紀下》載：“乾寧三年正月，汴人大舉以攻兖、鄆，朱瑄、朱瑾再乞師於武皇，假道於魏州，羅弘信許之。乃令都指揮使李存信將步騎三萬與李承嗣、史儼會軍，以拒汴人。存信軍於莘，與朱瑾合勢，頻挫汴軍，汴帥患之，乃間魏人。存信御兵無法，稍侵魏之芻牧者，弘信乃與汴帥通，出師三萬攻存信軍。存信揭營而退，保於洺州。”

[5]瑄：人名。即朱瑄。一作朱宣。宋州下邑（今河南夏邑

縣）人。唐末、五代軍閥，後爲天平軍節度使。傳見《舊唐書》卷一八二、《新唐書》卷一八八、本書卷一三、《新五代史》卷四二。　瑾：名。即朱瑾。宋州下邑（今河南夏邑縣）人。唐末軍閥。傳見《舊唐書》卷一八二、本書卷一三、《新五代史》卷四二。

［6］史儼：人名。代州雁門（今山西代縣）人。李克用部將。傳見本書本卷。　淮南：方鎮名。治所在揚州（今江蘇揚州市）。　承嗣與朱瑾、史儼同入淮南：《舊五代史考異》："案《十國春秋·吴列傳》：太祖署爲淮南行軍副使。"《新唐書》卷一八八《楊行密傳》："未幾，泰寧節度使朱瑾率部將侯瓚來歸，太原將李承嗣、史儼、史建章亦來奔。"《輯本舊史》卷二六《唐武皇紀下》乾寧四年（897）正月："汴軍陷兖、鄆，騎將李承嗣、史儼與朱瑾同奔於淮南。"

［7］趙岳：人名。籍貫不詳。李克用僚佐。事見本書本卷、卷八二。

［8］楊行密：人名。廬州合淝（今安徽合肥市）人。唐末軍閥，五代十國吴國政權奠基者，後被追尊爲吴國太祖。傳見《新唐書》卷一八八、本書卷一三四、《新五代史》卷六一。

［9］陳令存：人名。籍貫不詳。本書僅此一見。

［10］龐師古：人名。曹州（今山東菏澤市）人。唐末將領。事朱温甚謹，未曾離左右，屢有戰功。唐昭宗乾寧四年伐楊行密，死於陣中。傳見本書卷二一、《新五代史》卷二一。　葛從周：人名。濮州甄城（今山東鄄城縣）人。唐末、五代後梁將領。傳見本書卷一六、《新五代史》卷二一。

［11］清口：地名。原爲泗水入淮之口，位於今江蘇淮安市淮陰區。　與承嗣設伏於清口：《輯本舊史》之影庫本粘籤："'清口'，原本作'請口'，今從《十國春秋》改正。"見《通鑑》卷二六一乾寧四年十一月條。

［12］檢校太尉：官名。爲散官或加官，以示恩寵，無實際

執掌。

[13]鎮海軍：方鎮名。治所在潤州（今江蘇鎮江市）。

[14]天祐：唐昭宗李曄開始使用的年號（904）。唐哀帝李柷即位後沿用（904—907）。唐亡後，河東李克用、李存勗仍稱天祐，沿用至天祐二十年（923）。五代其他政權亦有行此年號者，如南吴、吴越等，使用時間長短不等。

[15]楚州：州名。治所在今江蘇淮安市。

[16]《大典》卷二〇三五〇爲“戚”字韻“姓氏”事目，與本傳内容無關，誤。

史儼

史儼，代州雁門人。以便騎射給事於武皇，爲帳中親將。驍果絶衆，善擒生設伏，望塵揣敵，所向皆捷。自武皇入定三輔，誅黄巢，每出師皆從。乾寧中，從討王行瑜，師次渭北，遣儼率五百騎護駕石門。[1]時京城大擾，士庶奔迸，散布南山，[2]儼分騎警衛，比駕還京，盜賊不作。以功授檢校右散騎常侍，[3]屯於三橋者累月，[4]昭宗寵錫優異。[5]明年，與李承嗣率騎渡河援兖、鄆。時汴軍雄盛，自青、徐、兖、鄆，[6]栅壘相望，儼與騎將安福順等，[7]每以數千騎直犯營壘，[8]左俘右斬，汴軍爲之披靡。及朱瑾失守，與李承嗣等奔淮南。淮人比善水軍，不閑騎射，既得儼等，軍聲大振。尋挫汴軍於清口。其後併鍾傳，[9]擒杜洪，[10]削錢鏐，[11]成行密之霸跡者，皆儼與承嗣之力也。淮人館遇甚厚，妻孥第舍必推其甲，故儼等盡其死力。[12]天祐十三年，卒於廣

陵。[13]《永樂大典》卷一萬一百八十三。[14]

[1]石門：地名。即石門鎮，唐時爲横水栅。《讀史方輿紀要》卷四四："横水栅，在府（大同府）北。"即今山西大同市北。　遣儼率五百騎護駕石門："五百騎"，《輯本舊史》卷二六《唐武皇紀下》、《宋本册府》卷七《帝王部・創業門三》、《新唐書》卷二一八《沙陀傳》、《通鑑》卷二六〇乾寧二年（895）八月辛卯條作"三千騎"，《舊唐書》卷二〇上《唐昭宗紀》乾寧二年八月條、明本《册府》卷三四七《將帥部・佐命門八》、卷三九〇《將帥部・警備門》作"五百騎"。

[2]南山：山名。位於今河南洛陽市。　士庶奔迸，散布南山：中華書局本有校勘記："'奔迸'，原作'多'，據《册府》卷三四七、卷三八七、卷三九〇改。殿本、孔本作'奔逃'。"見《宋本册府》卷三八七《將帥部・褒異門一三》。

[3]檢校右散騎常侍：官名。爲散官或加官，以示恩寵，無實際執掌。　以功授檢校右散騎常侍：中華書局本有校勘記："'授'字原闕，據殿本、彭校、《册府》卷三四七補。"

[4]三橋：地名。位於今陝西西安市西北三橋鎮。

[5]昭宗：即唐昭宗李曄，888年至904年在位。紀見《舊唐書》卷二〇上、《新唐書》卷一〇。

[6]青：州名。治所在今山東青州市。

[7]安福順：人名。籍貫不詳。李克用部下番將。事見《通鑑》卷二五九、卷二六〇。　儼與騎將安福順等：《舊五代史考異》："案：史儼援兖、鄆在乾寧二年冬。《薛史・梁太祖紀》：正月，擒蕃將安福順。然則安福順不當與史儼同行，疑傳文有訛字。"

[8]每以數千騎直犯營壘："數千騎"，《宋本册府》卷四一四《將帥部・赴援門》作"數十騎"。

[9]鍾傳：人名。洪州高安（今江西高安市）人。唐末軍閥。

傳見《新唐書》卷一九〇、本書卷一七、《新五代史》卷四一。

[10]杜洪：人名。鄂州（今湖北武漢市武昌區）人。唐末軍閥，出身伶人。傳見《新唐書》卷一九〇、本書卷一七。　擒杜洪：《輯本舊史》之影庫本粘籤："'杜洪'，原本作'社珙'，今從《新唐書》改正。"見《新唐書》卷一八八《楊行密傳》。

[11]錢鏐：人名。杭州臨安（今浙江杭州市臨安區）人。五代時期吴越國的建立者。傳見本書卷一三三、《新五代史》卷六七。

[12]故儼等盡其死力：《舊五代史考異》："案《十國春秋》云：儼累官滁州刺史。"《通鑑》卷二六七開平二年（908）十一月載："淮南遣滁州刺史史儼拒之，彦卿引歸。"

[13]廣陵：地名。位於今江蘇揚州市。

[14]《大典》卷一〇一八三"史"字韻"姓氏（一）"事目。

蓋寓

蓋寓，蔚州人。祖祚，[1]父慶，世爲州之牙將。[2]武皇起雲中，寓與康君立等推轂佐佑之，因爲腹心。武皇節制雁門，署職爲都押牙，領嵐州刺史。洎移鎮太原，改左都押牙、檢校左僕射。武皇與之決事，言無不從，凡出征伐，靡不衛從。[3]乾寧二年，從入關討王行瑜，特授檢校太保、開國侯，食邑一千户，領容管觀察經略使。[4]光化初，車駕還京，授檢校太傅，[5]封成陽郡公。

[1]祚：人名。即蓋祚。本書僅此一見。

[2]慶：人名。即蓋慶。本書僅此一見。　牙將：官名。古代軍隊中的中低級軍官。

［3］凡出征伐，靡不衛從：《輯本舊史》之案語："案《通鑑》：光啓二年，駕幸興元，大將蓋寓説克用曰：'鑾輿播遷，天下皆歸咎於我，今不誅朱玫，黜李煴，無以自湔洗。'克用從之。又，《通鑑考異》引《紀年録》云：僞使至太原，太祖詰其事狀，曰：'皆朱玫所爲。'將斬之以徇，大將蓋寓等言云云。太祖燔僞詔，械其使，馳檄喻諸鎮曰：'今月二十日，得襄王僞詔及朱玫文字，云："田令孜脅遷鑾駕，播越梁、洋，行至半途，六軍變擾，遂至蒼黄而晏駕，不知弑逆者何人。永念丕基不可無主，昨四鎮藩后推朕纂承，已於正殿受册畢，改元大赦者。"李煴出自贅疣，名汙藩邸，智昏菽麥，識昧機權。李符擄之以塞辭，朱玫賣之以爲利。吕不韋之奇貨，可見姦邪；蕭世誠之土囊，期於旺夕。近者，當道徑差健步，奉表起居，行朝現住巴、梁，宿衛比無騷動。而朱玫脅其孤騃，自號台衡，敢首亂階，明言晏駕，熒惑藩鎮，凌弱廟朝'云云。案：此事甚有關係，不知《薛史》何以不載，今附録於此。"見《通鑑》卷二五六。　左都押牙：諸書記載同，唯明本《册府》卷四〇七《將帥部·諫諍門》作"右都押牙"。

［4］容管：方鎮名。"容州管内經略使"簡稱"容管經略使"。治所在容州（今廣西容縣）。　"乾寧二年"至"領容管觀察經略使"："乾寧二年"，《宋本册府》卷三八七《將帥部·褒異門一三》作"乾化三年"，誤。《舊唐書》卷二〇上《昭宗紀》乾寧二年（895）八月："辛丑，制削奪王行瑜在身官爵。改授李克用邠寧四面行營都統。其大將蓋寓李存信閻鍔、判官王讓李襲吉等，並降詔錫賚。"《通鑑》卷二六〇乾寧二年十二月："乙未，進李克用爵晋王，加李罕之兼侍中，以河東大將蓋寓領容管觀察使。"又，《通鑑》卷二六一乾寧四年六月："置寧遠軍于容州，以李克用大將蓋寓領節度使。"

［5］檢校太傅：官名。爲散官或加官，以示恩寵，無實際執掌。

寓性通黠，多智數，善揣人主情。武皇性嚴急，左右難事，無委遇者，小有違忤，即置於法，唯寓承顏希旨，規其趨向，[1]婉辭順意，以盡參裨。武皇或暴怒將吏，事將不測，寓欲救止，必佯佐其怒以責之，武皇怡然釋之。有所諫諍，必徵近事以爲喻。自武皇鎮撫太原，最推親信，中外將吏，無不景附，朝廷藩鄰，信使結託，先及武皇，次入寓門。既總軍中大柄，其名振主，梁祖亦使姦人離間，暴揚於天下，言蓋寓已代李，聞者寒心，武皇略無疑間。[2]

[1]規其趨向："趨向"，明本《册府》卷三四七《將帥部·佐命門八》、卷四〇五《將帥部·識略門四》作"趣向"。

[2]"自武皇鎮撫太原"至"武皇略無疑間"："武皇鎮撫太原"，明本《册府》卷九九《帝王部·親信門》作"武皇初鎮撫太原"；"言蓋寓已代李"，明本《册府》卷九九作"言蓋寓已代李克用"。

初，武皇既平王行瑜，旋師渭北，暴雨六十日，[1]諸將或請入覲，且云："天顔咫尺，安得不行覲禮。"武皇意未決，寓白曰："車駕自石門還京，[2]寢未安席，比爲行瑜兄弟驚駭乘輿，[3]今京師未寧，姦宄流議，大王移兵渡渭，必恐復動宸情。君臣始終，不必朝覲，[4]但歸藩守，姑務勤王，是忠臣之道也。"武皇笑曰："蓋寓尚阻吾入覲，況天下人哉！"即日班師。

[1]暴雨六十日：《通鑑》卷二六〇乾寧二年（895）載，十一

月丁卯平邠州，不久旋軍渭北，十二月辛亥東歸，前後不及三十日。

[2]車駕自石門還京：《輯本舊史》之影庫本粘籤："原本作'右門'，今從《通鑑》改正。"《通鑑》未見記載，而見於明本《册府》卷三四七《將帥部·佐命門八》、卷四〇七《將帥部·諫諍門》以及《新五代史》卷四《唐莊宗紀上》乾寧二年十一月條。

[3]比爲行瑜兄弟驚駭乘輿：中華書局本有校勘記："'驚'原作'警'，據殿本、《册府》卷三四七、卷四〇七改。"

[4]不必朝覲："必"字，明本《册府》卷三四七、卷四〇七作"在"。

天祐二年三月，寓病篤，武皇日幸其第，手賜藥餌。初，寓家每事珍膳，窮極海陸，精於厨饌，[1]武皇非寓家所獻不食，每幸寓第，其往如歸，恩寵之洽，時無與比。及其卒也，[2]哭之彌慟。莊宗即位，[3]追贈太師。[4]《永樂大典》卷一萬八千一百二十八。[5]

[1]精於厨饌："厨饌"，原作"府饌"，據彭校、明本《册府》卷九九《帝王部·親信門》改。

[2]及其卒也：《通鑑》卷二六五天祐二年（905）三月："壬辰，河東都押牙蓋寓卒，遺書勸李克用省營繕，薄賦斂，求賢俊。"

[3]莊宗：即後唐莊宗李存勗。沙陀部人。五代後唐王朝的建立者。紀見本書卷二七至卷三四、《新五代史》卷五。

[4]太師：官名。與太傅、太保合稱三師，唐後期、五代多爲大臣、勳貴加官。正一品。

[5]《大典》卷一八一二八"將"字韻"後唐將（一）"事目。

伊廣　附李承勳

伊廣，字言，[1]元和中右僕射慎之後。[2]廣，中和末除授忻州刺史，遇天下大亂，乃委質於武皇。廣襟情灑落，善占對，累歷右職，授汾州刺史。時武皇主盟，諸侯景附，軍機締結，聘遺旁午，廣奉使稱旨，累遷至檢校司徒。乾寧四年，從征劉仁恭，[3]武皇之師不利於成安寨，[4]廣歿於賊。

[1]字言：《輯本舊史》之案語："原本闕一字。"

[2]右僕射：官名。秦始置。隋、唐前期以左、右僕射佐尚書令總理六官，綱紀庶務，如不置尚書令，則總判省事，爲宰相之職。唐後期多爲大臣加銜。從二品。　慎：人名。即伊慎。唐後期將領。傳見《舊唐書》卷一五一、《新唐書》卷一七〇。

[3]劉仁恭：人名。深州（今河北深州市）人。唐末、五代軍閥。傳見《新唐書》卷二一二。

[4]成安寨：地名。今地不詳。　武皇之師不利於成安寨："成安寨"，《輯本舊史》卷二六《唐武皇紀下》、卷五三《李存信傳》以及《新五代史》卷四《唐莊宗紀上》作"安塞"，《輯本舊史》卷一三五《劉守光傳》、《通鑑》卷二六一乾寧四年（897）九月丁丑條作"安塞軍"。

有女爲莊宗淑妃。[1]子承俊，[2]歷貝、遼二州刺史。《永樂大典》卷一萬八千一百二十八。[3]

[1]有女爲莊宗淑妃：《會要》卷一内職條，《輯本舊史》卷三二《唐莊宗紀六》同光二年（924）六月甲申條、卷四九《伊德妃

傳》、卷八一《晉少帝紀一》天福八年（943）正月條，《新五代史》卷一四《德妃伊氏傳》皆作伊氏爲德妃，非淑妃。

[2]承俊：人名。即伊承俊。本書僅此一見。

[3]《大典》卷一八一二八“將”字韻“後唐將（一）”事目。

李承勳者，與廣同爲牙將，善於奉使，名聞軍中。承勳累遷至太原少尹。[1]劉守光之僭號也，[2]莊宗遣承勳往使，伺其釁端。[3]承勳至幽州，見守光，如藩方聘問之禮。謁者曰：“燕王爲帝矣，可行朝禮。”[4]承勳曰：“吾大國使人，太原亞尹，是唐帝除授，燕主自可臣其部人，安可臣我哉！”守光聞之不悦，拘留於獄，數日而出，訊之曰：[5]“臣我乎？”承勳曰：“燕君能臣我王，則我臣之，吾有死而已，安敢辱命！”會王師討守光，承勳竟歿於燕。[6]《永樂大典》卷一萬八千一百二十八。[7]

[1]少尹：官名。唐、五代於三京、鳳翔等府均置少尹，爲尹的副職。協助尹通判列曹諸務。從四品下。

[2]劉守光：人名。深州樂壽（今河北獻縣）人。唐末五代幽州節度使劉仁恭之子。劉守光囚父自立，號大燕皇帝，後爲晉王李存勗俘殺。傳見本書卷一三五、《新五代史》卷三九。

[3]伺其釁端：“伺”，原作“問”，據《御覽》卷二五二引《五代史·後唐書》、明本《册府》卷六六一《奉使部·守節門》改。

[4]可行朝禮：《輯本舊史》之影庫本粘籤：“‘朝禮’，原本作‘廟禮’，考《通鑑》作朝禮，《契丹國志》亦云：李承勳使于燕，燕人請以朝禮見。今改正。”《通鑑》《契丹國志》均不記“朝禮”，

而明本《册府》卷六六一《奉使部·守節門》、《輯本舊史》卷二七《唐莊宗紀一》天祐八年（911）十月條作“朝禮”。

[5]訊之曰：“訊”，原作“詰”，據《御覽》卷二五二引《五代史·後唐書》、明本《册府》卷六六一改。

[6]承勳竟歿於燕：李承勳出使劉守光事，見於《輯本舊史》卷二七《唐莊宗紀一》天祐八年（911）十月條、明本《册府》卷六六一《奉使部·守節門》、《新五代史》卷三九《劉守光傳》、《通鑑》卷二六八乾化元年（911）十月條。然，《輯本舊史》卷二七《唐莊宗紀一》記載此事於莊宗征討劉守光之前，與他書異。

[7]《大典》卷一八一二八“將”字韻“後唐將（一）”事目。

史敬鎔

史敬鎔，太原人。事武皇爲帳中綱紀，[1]甚親任之。莊宗初嗣晋王位，李克寧陰搆異圖，[2]將害莊宗。事發有日矣，克寧密引敬鎔，以邪謀告，[3]既而敬鎔上白貞簡太后，[4]太后惶駭，[5]召張承業、李存璋等圖之。[6]克寧等伏誅，以功累歷州郡。同光初，[7]爲華州節度使，[8]移鎮安州。[9]天成中，[10]入爲金吾上將軍。[11]期年，復授鄧州，[12]至鎮數月卒。贈太尉。[13]《永樂大典》卷一萬一百八十三。[14]

[1]綱紀：亦作紀綱。泛指僕從。

[2]李克寧：人名。沙陀部人。李克用之弟。唐末、五代後唐將領。傳見本書卷五〇、《新五代史》卷一四。

[3]以邪謀告：殿本、孔本、明本《册府》卷七五九《總録

部·忠門二》作“以邪謀諭之”。

[4]貞簡太后：即後唐莊宗生母曹太后。貞簡，謚號。傳見本書卷四九、《新五代史》卷一四。

[5]太后惶駭：中華書局本有校勘記：“‘太后’二字原闕，據《册府》卷七五九補。”

[6]張承業：人名。同州（今陝西大荔縣）人。唐末五代宦官，河東監軍。傳見本書卷七二、《新五代史》卷三八。

[7]同光：後唐莊宗李存勗年號（923—926）。

[8]華州：州名。治所在今陝西渭南市華州區。　同光初，爲華州節度使：《輯本舊史》卷三〇《唐莊宗紀四》同光元年（923）十一月：“壬戌，以左金吾衛大將軍史敬鎔爲左街使。”同書卷三三《唐莊宗紀七》同光三年十二月壬戌：“以左金吾大將軍史敬鎔爲華州節度使。”史敬鎔任華州節度使在同光三年十二月，稱“同光初”不準確。

[9]安州：州名。治所在今湖北安陸市。　移鎮安州：《輯本舊史》卷三七《唐明宗紀三》天成元年（926）八月辛丑：“以前華州節度使史敬鎔爲安州節度使。”

[10]天成：後唐明宗李嗣源年號（926—930）。

[11]金吾上將軍：官名。即金吾衛上將軍。唐置，掌宫禁宿衛。唐代十六衛之一。從二品。　天成中，入爲金吾上將軍：《輯本舊史》卷三九《唐明宗紀五》天成三年六月己卯：“以前安州節度使史敬鎔爲右金吾上將軍。”同書卷四〇《唐明宗紀六》天成四年十月：“庚子，以右金吾上將軍史敬鎔爲左金吾上將軍。”

[12]鄧州：州名。治所在今河南鄧州市。　期年，復授鄧州：《輯本舊史》卷三八《唐明宗紀四》天成二年九月：“己巳，鄧州節度使史敬鎔加檢校太保。”同書卷六四《劉玘傳》：“明宗即位，遷鄧州節度使。天成末，以史敬鎔代之。”同書卷四一《唐明宗紀七》長興元年（930）四月：“庚申，以左金吾上將軍史敬鎔爲鄧州節度使。”

[13]太尉：官名。與司徒、司空並爲三公，唐後期、五代多爲大臣、勳貴加官。正一品。

[14]《大典》卷一〇一八三“史”字韻“姓氏（一）”事目。

舊五代史　卷五六

唐書三十二

列傳第八

周德威

周德威，字鎮遠，小字陽五，[1]朔州馬邑人也。[2]初事武皇爲帳中騎督，[3]驍勇便騎射，膽氣智數皆過人，久在雲中，[4]諳熟邊事，望煙塵之警，懸知兵勢。乾寧中，[5]爲鐵林軍使，[6]從武皇討王行瑜，[7]以功加檢校左僕射，[8]移内衙軍副。[9]光化二年三月，[10]汴將氏叔琮率衆逼太原，[11]有陳章者，[12]以虓勇知名，衆謂之“夜叉”，言於叔琮曰：“晋人所恃者周陽五，願擒之，請賞以郡。”[13]陳章嘗乘驄馬朱甲以自異。武皇戒德威曰：“我聞陳夜叉欲取爾求郡，宜善備之。”德威曰：“陳章大言，未知鹿死誰手。”他日致師，戒部下曰：“如陣上見陳夜叉，爾等但走。”德威微服挑戰，部下僞退，陳章縱馬追之，[14]德威背揮鐵檛擊墮馬，生獲以獻，[15]由

是知名。

［1］小字陽五：中華書局本有校勘記："'陽五'，《册府》卷三九三同，邵本、《册府》卷三四七、卷三九六、《通鑑》卷二六一作'楊五'。本書各處同。《舊五代史考異》卷二：'案《葛從周碑》作楊五。'今檢葛從周墓碑（拓片刊《北京圖書館藏中國歷代石刻拓本匯編》第三十六册）作'揚五'。"明本《册府》卷三九三《將帥部·威名門二》、《新五代史》卷二五《周德威傳》作"陽五"；明本《册府》卷三四七《將帥部·佐命門八》、宋本與明本《册府》卷三九六《將帥部·勇敢門三》，《通鑑》卷二六一光化二年（899）三月壬午條及胡注、卷二六八乾化二年（912）五月甲申條、卷二六九貞明元年（915）八月條及胡注均作"楊五"。"楊"與"揚"可通。

［2］朔州：州名。治所在今山西朔州市朔城區。　馬邑：縣名。治所在今山西朔州市朔城區東北馬邑村。

［3］武皇：後唐太祖李克用謚號。此指李克用。莊宗即位，追謚武皇帝，廟號太祖，陵在雁門。李克用，沙陀部人，生於神武川新城（一説今山西朔州市朔城區之梵王寺村，一説今山西應縣縣城，一説今山西懷仁縣之日中城）。五代後唐實際奠基者。紀見本書卷二五、卷二六，《新五代史》卷四。　帳中騎督：官名。掌管騎兵的中級軍官。

［4］雲中：縣名。治所在今山西大同市。

［5］乾寧：唐昭宗李曄年號（894—898）。

［6］鐵林軍使：官名。所部統兵將領。鐵林爲部隊番號。

［7］王行瑜：人名。邠州（今陝西彬縣）人。唐末軍閥。傳見《舊唐書》卷一七五、《新唐書》卷二二四下。

［8］檢校左僕射：官名。左僕射爲隋唐宰相名號。檢校左僕射爲散官或加官，以示恩寵，無實際執掌。　以功加檢校左僕射：

“加”，《册府》卷三四七《將帥部·佐命門八》作“授”。

[9]内衙軍副：官名。中級統兵官。

[10]光化：唐昭宗李曄年號（898—901）。

[11]氏叔琮：人名。河南尉氏（今河南尉氏縣）人。唐末將領。傳見本書卷一九、《新五代史》卷四三。　太原：府名。治所在今山西太原市。

[12]陳章：人名。一作陳璋。潁川（今河南許昌市）人。唐末藩鎮將領。事見《新唐書》卷一〇、卷一八九。

[13]“光化二年三月”至“請賞以郡”：《輯本舊史》之影庫本粘籤：“光化，原本作‘先作’，今從《新唐書》改正。”查《新唐書》，未見此記載。《册府》卷三九三《將帥部·威名門二》、卷三九六《將帥部·勇敢門三》均作“光化二年三月”，而《舊唐書》卷二〇上《昭宗紀》則繫此事於“四月”。“願擒之，請賞以郡”，《舊五代史考異》：“《歐陽史》作梁軍圍太原，令軍中曰：‘能生得周陽五者爲刺史。’與《薛史》微異。”見《新五代史》卷二五。

[14]陳章縱馬追之：中華書局本有校勘記：“‘馬’字原闕，據《册府》卷三九三、卷三九六補。”

[15]生獲以獻：《舊五代史考異》：“《通鑑》作‘以戟擒之’，與《薛史》異。”《通鑑》卷二六一光化二年（899）三月壬午條：“德威微服往挑戰，謂其屬曰：‘汝見陳夜叉即走。’章果逐之，德威奮鐵檛擊之墜馬，生擒以獻。”未言“以戟”。

天復中，[1]我師不利於蒲縣，[2]汴將朱友寧、氏叔琮來逼晉陽。[3]時諸軍未集，城中大恐，德威與李嗣昭選募鋭兵分出諸門，[4]攻其壘，擒生斬馘，汴人枝梧不暇，乃退。[5]

[1]天復：唐昭宗李曄年號（901—904）。

[2]蒲縣：縣名。治所在今山西蒲縣。中華書局本有校勘記："'蒲縣'，原作'潘縣'，據劉本、本書卷二六《唐武皇紀下》、卷三五《唐明宗紀一》、《册府》卷三四七、《通鑑》卷二六三改。"

[3]朱友寧：人名。朱温之侄，唐末、五代將領。傳見《新五代史》卷一三。　晋陽：縣名。治所在今山西太原市。

[4]李嗣昭：人名。汾州（今山西汾陽市）人。唐末、五代李克用義子、部將。傳見本書卷五二、《新五代史》卷三六。

[5]"天復中"至"乃退"："德威與李嗣昭選募鋭兵分出諸門"，中華書局本有校勘記："'分'字原闕，據本書卷五二《李嗣昭傳》、《册府》卷三四七、卷四〇〇補。"見明本《册府》卷三四七《將帥部·佐命門八》、《宋本册府》卷四〇〇《將帥部·固守門二》。《通鑑》卷二六三天復二年（902）二月己丑條："嗣昭等屯蒲縣。"《輯本舊史》卷二六《唐武皇紀下》天復二年二月諸條："李嗣昭、周德威領大軍自慈、隰進攻晋、絳，營於蒲縣。乙未，汴將朱友寧、氏叔琮將兵十萬，營於蒲縣之南。乙巳，汴帥自領軍至晋州，德威之軍大恐。"同年三月諸條："丁巳，有虹貫德威之營。戊午，氏叔琮率軍來戰，德威逆擊，爲汴人所敗，兵仗、輜車委棄殆盡。朱友寧長驅至汾州，慈、隰二州復爲汴人所據。辛酉，汴軍營於晋陽之西北，攻城西門，周德威、李嗣昭緣山保其餘衆而旋。武皇驅丁壯登陴拒守，汴軍攻城日急，武皇召李嗣昭、周德威等謀將出奔雲州，嗣昭以爲不可。李存信堅請且入北蕃，續圖進取，嗣昭等固争之，太妃劉氏亦極言於内，乃止。居數日，亡散之士復集，軍城稍安。李嗣昭與李嗣源夜入汴軍，斬將搴旗，敵人扞禦不暇，自相驚擾。丁卯，朱友寧燒營而遁，周德威追至白壁關，俘斬萬計，因收復慈、隰、汾等三州。"卷三五《唐明宗紀一》天復中："昭宗之幸鳳翔也，梁祖率衆攻圍岐下，武皇奉詔應援，遣李嗣昭、周德威出師晋、絳，營於蒲縣。"

天祐三年，[1]與李嗣昭合燕軍攻潞州，[2]降丁會，[3]以功加檢校太保、代州刺史，[4]代嗣昭爲蕃漢都將。[5]李思安之寇潞州也，[6]德威軍於余吾。[7]時汴軍十萬築夾城，圍潞州，内外斷絶，德威以精騎薄之，屢敗汴人，進營高河，[8]令遊騎邀其芻牧。汴軍閉壁不出，乃自東南山口築甬道樹栅以通夾城，[9]德威之騎軍，倒牆堙塹，日數十戰，前後俘馘，不可勝紀。梁有驍將黄角鷹、方骨崙，[10]皆生致之。

[1]天祐：唐昭宗李曄開始使用的年號（904）。唐哀帝李柷即位後沿用（904—907）。唐亡後，河東李克用、李存勗仍稱天祐，沿用至天祐二十年（923）。五代其他政權亦有行此年號者，如南吴、吴越等，使用時間長短不等。

[2]潞州：州名。治所在今山西長治市。

[3]丁會：人名。壽春（今安徽壽縣）人。唐末將領。傳見本書卷五九、《新五代史》卷四四。

[4]檢校太保：官名。爲散官或加官，以示恩寵加此官，無實際執掌。太保，與太師、太傅合稱三師。　代州：州名。治所在今山西代縣。

[5]"天祐三年"至"代嗣昭爲蕃漢都將"：《宋本册府》卷三八七《將帥部·褒異門一三》同，卷四一四《將帥部·赴援門》："天祐三年，幽州求援，德威與李嗣昭合燕軍五萬攻潞州，降丁會。明年正月，授德威檢校太保、代州刺史，督内外衙蕃漢馬步諸軍。"

[6]李思安：人名。河南陳留（今河南開封市陳留鎮）人。後梁將領。傳見本書卷一九。

[7]余吾：地名。位於山西屯留縣城西北余吾鎮。

[8]高河：水名。位於今山西長治市西南高河。

[9]乃自東南山口築甬道樹栅以通夾城：中華書局本有校勘記："'南'原作'門'，據本書卷二六《唐武皇紀下》、《册府》卷三四七、《通鑑》卷二六六改。"見《輯本舊史》卷二六《唐武皇紀下》天祐四年（907）五月條、明本《册府》卷三四七《將帥部·佐命門八》、《通鑑》卷二六六開平元年（907）八月丁巳條。開平元年即天祐四年。

[10]黄角鷹、方骨崙：人名。本書皆僅此一見。中華書局本有校勘記："'方骨崙'，《册府》卷三四七作'房骨崙'。"

五年正月，武皇疾篤，德威退營亂柳。[1]武皇厭代，四月，命德威班師。時莊宗初立，[2]德威外握兵柄，頗有浮議，内外憂之。德威既至，單騎入謁，伏靈柩哭，哀不自勝，由是羣情釋然。是月二十四日，從莊宗再援潞州。二十九日，德威前軍營横碾，[3]距潞四十五里。五月朔，晨霧晦暝，王師伏於三垂崗下，[4]翌日，直趨夾城，斬關破壘，梁人大敗，解潞州之圍。初，德威與李嗣昭有私憾，武皇臨終顧謂莊宗曰："進通忠孝不負我，重圍累年，似與德威有隙，以吾命諭之，若不解重圍，殁有遺恨。"莊宗達遺旨，德威感泣，由是勵力堅戰，竟破强敵，與嗣昭歡愛如初。以功加檢校太保、同平章事、振武節度使。[5]

[1]亂柳：地名。位於今山西沁縣南。

[2]莊宗：即李存勗。五代後唐開國皇帝。紀見本書卷二七至卷三四，《新五代史》卷四、卷五。

[3]横碾：《輯本舊史》之影庫本粘籤："《通鑑》作黄展，今考《册府元龜》引《薛史》亦作横碾，姑仍其舊。"又《舊五代史考

異》:“《莊宗紀》作黄展。”此粘籤及《考異》之“黄碾”，中華書局本云原作“黄展”，並據卷二七《唐莊宗紀一》、《通鑑》卷二六六改。見《輯本舊史》卷二七《唐莊宗紀一》天祐五年（908）四月己巳條、《通鑑》卷二六六開平二年（908）四月己巳條。明本《册府》卷三四七《將帥部·佐命門八》作“横碾”，宋本及明本《册府》卷四一四《將帥部·赴援門》均作“横碾”，《宋本册府》卷四五《帝王部·謀略門》唐莊宗條天祐四年四月作“黄碾”，《新五代史》卷二二《康懷英傳》作“北黄碾”。

[4]三垂崗：山名。一作“三垂岡”，又名三垂山。位於今山西潞城市。

[5]同平章事：官名。“同中書門下平章事”之簡稱。唐高宗以後，凡實際任宰相之職者，常在其本官後加同平章事的職銜。後成爲宰相專稱。後晋天福五年（940），升中書門下平章事爲正二品。　振武：方鎮名。治所在金河縣（今内蒙古和林格爾縣）。節度使：官名。唐時在重要地區所設掌握一州或數州軍、民、財政的長官。

七年，[1]岐人攻靈、夏，[2]遣使來求助，德威渡河以應之，師還，授蕃漢馬步總管。[3]七年十一月，汴人據深、冀，[4]汴將王景仁軍八萬次柏鄉，[5]鎮州節度使王鎔來告難，[6]帝遣德威率前軍出井陘，[7]屯於趙州。[8]十二月，帝親征，二十五日，進薄汴營，距柏鄉五里，[9]營於野河上。[10]汴將韓勍率精兵三萬，[11]鎧甲皆被繒綺，金銀炫曜，望之森然，我軍懼形於色。德威謂李存璋曰：[12]“賊結陣而來，觀其形勢，志不在戰，欲以兵甲燿威耳。我軍人乍見其來，謂其鋒不可當，此時不挫其鋭，吾軍不振矣！”乃遣存璋諭諸軍曰：“爾見此賊軍

否？是汴州天武健兒，[13]皆屠沽傭販，虚有表耳，縱被精甲，[14]十不當一，擒獲足以爲資。”德威自率精騎擊其兩偏，左馳右决，出没數四。是日，獲賊百餘人，賊渡河而退。德威謂莊宗曰：“賊驕氣充盛，宜按兵以待其衰。”[15]莊宗曰：“我提孤軍，救難解紛，三鎮烏合之衆，利在速戰，卿欲持重，吾懼其不可使也。”德威曰：“鎮、定之士，[16]長於守城，列陣野戰，素非便習。我師破賊，唯恃騎軍，平田廣野，易爲施功。今壓賊營，令彼見我虚實，則勝負未可必也。”莊宗不悦，退卧帳中。德威患之，謂監軍張承業曰：[17]“王欲速戰，將烏合之徒，欲當劇賊，所謂不量力也。去賊咫尺，限此一渠水，彼若早夜以略彴渡之，吾族其爲俘矣。若退軍鄗邑，[18]引賊離營，彼出則歸，[19]復以輕騎掠其芻餉，不踰月，敗賊必矣。”承業入言，莊宗乃釋然。德威得降人問之，曰“景仁下令造浮橋數百”，[20]果如德威所料。二十七日，乃退軍保鄗邑。

[1]七年：《輯本舊史》原作“六年”，中華書局本有校勘記：“殿本、孔本、本書卷二七《唐莊宗紀一》、《册府》卷三四七作‘七年’。《通鑑》卷二六七繫其事於開平四年，按開平四年即天祐七年。”但未改，今據改。

[2]靈：州名。治所在今寧夏吴忠市。　夏：州名。治所在今陝西靖邊縣。

[3]蕃漢馬步總管：官名。五代後唐置，爲蕃漢馬步軍總指揮官。

[4]深：州名。治所在今河北深州市。　冀：州名。治所在今

河北衡水市冀州區。

[5]王景仁：人名。合淝（今安徽合肥市）人。後梁將領。傳見本書卷二三、《新五代史》卷二三。　柏鄉：縣名。治所在今河北柏鄉縣。　汴將王景仁軍八萬次柏鄉："八萬"，《新五代史》卷二五《周德威傳》作"七萬"。

[6]鎮州：州名。治所在今河北正定縣。　王鎔：人名。回鶻人。唐末、五代軍閥，朱溫後封趙王。傳見本書卷五四、《新五代史》卷三九。

[7]井陘：關隘名。位於今河北井陘礦區。

[8]趙州：州名。治所在今河北趙縣。

[9]距柏鄉五里：《輯本舊史》之影庫本粘籤："五里，原本作'互里'，考《通鑑》及《歐陽史》俱作五里，今改正。"見《新五代史》卷二五《周德威傳》、《通鑑》卷二六七開平四年（910）十二月壬午條，亦見《輯本舊史》卷二七《唐莊宗紀一》天祐七年（910）十二月壬午條、明本《册府》卷三四七《將帥部・佐命門八》。

[10]營於野河上：中華書局本有校勘記："'上'，《册府》卷三四七、《新五代史》卷二五《周德威傳》、《通鑑》卷二六七作'北'。"作"北"較優。

[11]韓勍：人名。籍貫不詳。後梁將領。事見本書卷七、《新五代史》卷四五。

[12]李存璋：人名。雲中（今山西大同市）人。唐末、五代後唐將領。傳見本書卷五三、《新五代史》卷三六。

[13]汴州：州名。治所在今河南開封市。　天武：部隊番號。《輯本舊史》之影庫本粘籤："天武，原本作'太武'，考《薛史》前後俱作天武，今改正。"明本《册府》卷三四七《將帥部・佐命門八》、卷四二八《將帥部・料敵門》，《通鑑》卷二六七開平四年十二月癸未條均作"天武"。

[14]縱被精甲：《册府》卷三四七《將帥部・佐命門八》、卷

四二八《將帥部·料敵門》作“徒被精甲”。

[15]“德威謂莊宗曰”至“宜按兵以待其衰”：《舊五代史考異》：“《歐陽史》祇載德威勉諭其衆，即告莊宗曰：‘賊兵甚鋭，未可與争。’不載精騎擊退賊兵之事。考下文有‘去賊咫尺，限此一渠水’云云，則賊渡河而退一節，紀載殊不可闕。”見《新五代史》卷二五。

[16]定：州名。治所在今河北定州市。

[17]監軍：官名。爲臨時差遣，代表朝廷協理軍務、督察將帥。五代時常以宦官爲監軍。　張承業：人名。同州（今陝西大荔縣）人。唐末五代宦官，河東監軍。傳見本書卷七二、《新五代史》卷三八。

[18]鄗邑：縣名。治所在今河北高邑縣。

[19]彼出則歸：《册府》卷三四七《將帥部·佐命門八》、卷四二八《將帥部·料敵門》及《通鑑》卷二六七開平四年十二月條於其後均有“彼歸則出”四字。

[20]曰“景仁下令造浮橋數百”：中華書局本有校勘記：“‘曰’字原闕，據《册府》卷三四七、卷四二八補。‘數百’，原作‘數日’，據《册府》卷三四七、卷四二八改。按《新五代史》卷二五《周德威傳》敘其事作：‘曰：“治舟數百，將以爲浮梁。”’”亦見《通鑑》卷二六七開平四年十二月條。

八年正月二日，德威率騎軍致師於柏鄉，設伏於村塢間，令三百騎以壓汴營。[1]王景仁悉其衆結陣而來，德威轉戰而退，汴軍因而乘之，至於鄗邑南。時步軍未成列，德威陣騎河上以抗之。亭午，兩軍皆陣，莊宗問戰時，德威曰：“汴軍氣盛，可以勞逸制之，造次較力，[2]殆難與敵。古者師行不踰一舍，蓋慮糧餉不給，士有饑色。今賊遠來決戰，縱挾糗糒，亦不遑食。晡晚

之後，饑渴内侵，戰陣外迫，士心既倦，將必求退。乘其勞弊，以生兵制之，縱不大敗，偏師必喪。以臣所籌，利在晡晚。”諸將皆然之。時汴軍以魏博之人爲右廣，[3]宋汴之人爲左廣，[4]自未至申，陣勢稍却，德威麾軍呼曰：“汴軍走矣！”塵埃漲天，魏人收軍漸退，莊宗與史建瑭、安金全等因衝其陣，[5]夾攻之，大敗汴軍，殺戮殆盡，王景仁、李思安僅以身免，獲將校二百八十人。[6]

[1]令三百騎以壓汴營：《輯本舊史》之影庫本粘籤：“三百騎，原本作‘七百’，考《通鑑》及《歐陽史》俱作三百，今改正。”《新五代史》卷二五《周德威傳》：“德威晨遣三百騎，叩梁營挑戰，自以勁兵三千繼之。”《通鑑》卷二六七乾化元年（911）正月丁亥條：“周德威與别將史建瑭、李嗣源將精騎三千壓梁壘門而詬之，王景仁、韓勍怒，悉衆而出。”《輯本舊史》卷二七《唐莊宗紀一》天祐八年（911）正月丁亥條：“周德威、史建瑭帥三千騎致師於柏鄉，設伏於村塢間，遣三百騎直壓其營。”

[2]造次較力：中華書局本有校勘記：“‘較’原作‘輕’，據《册府》卷三四七、卷三六七改。”見明本《册府》卷三四七《將帥部・佐命門八》、《宋本册府》卷三六七《將帥部・機略門七》。

[3]魏博：方鎮名。治所在魏州貴鄉縣（今河北大名縣）。　右廣：春秋楚軍制。分左右廣，各有兵車十五乘，一説各有三十乘。

[4]宋：州名。治所在今河南商丘市睢陽區。　汴：州名。治所在今河南開封市。

[5]史建瑭：人名。雁門（今山西代縣）人。唐九府都督史敬思之子。五代後唐將領。傳見本書卷五五、《新五代史》卷二五。

安金全：人名。代北（今山西北部）人。後唐將領。傳見本書卷六一、《新五代史》卷二五。

[6]獲將校二百八十人：《輯本舊史》卷二七《唐莊宗紀一》天祐八年正月丁亥條"擒梁將陳思權以下二百八十五人"，《新五代史》卷五《唐本紀》作"三百人"。

八月，劉守光僭稱大燕皇帝。[1]十二月，遣德威率步騎三萬出飛狐，[2]與鎮州將王德明、定州將程巖等軍進討。[3]九年正月，收涿州，[4]降刺史劉知温。[5]五月七日，劉守光令驍將單廷珪督精甲萬人出戰，[6]德威遇於龍頭崗。[7]初，廷珪謂左右曰："今日擒周陽五。"既臨陣，見德威，廷珪單騎持槍，窮追德威，[8]垂及，德威側身避之，廷珪少退，德威奮檛擊墜其馬，生獲廷珪，賊黨大敗，斬首三千級，獲大將李山海等五十二人。[9]十二日，德威自涿州進軍良鄉、大城。[10]守光既失廷珪，自是奪氣。德威之師，屢收諸郡，降者相繼。十年十一月，擒守光父子，幽州平。[11]十二月，授德威檢校侍中、幽州盧龍等軍節度使。[12]

[1]劉守光：人名。深州樂壽（今河北獻縣）人。唐末幽州節度使劉仁恭之子。劉守光囚父自立，後號大燕皇帝，爲後唐莊宗李存勗俘殺。傳見本書卷一三五、《新五代史》卷三九。

[2]飛狐：路名。北起今山西大同市，南抵今河北定州市。

[3]王德明：人名。即張文禮。張文禮被王鎔收爲義子後，賜姓王，名德明。傳見本書卷六二。　程巖：人名。本書僅此一見。

[4]涿州：州名。治所在今河北涿州市。

[5]刺史：官名。漢武帝始置。州一級行政長官，總掌考核官

史、勸課農桑、地方教化等事。唐中期以後，節度、觀察使轄州而設，刺史爲其屬官，職任漸輕。從三品至正四品下。　劉知温：人名。籍貫不詳。五代官員。事見本書本卷。

[6]單廷珪：人名。籍貫不詳。劉守光麾下將領。事見本書本卷、卷七〇。《輯本舊史》之影庫本粘籤："單廷珪，《薛史·唐本紀》作單無敵，前後異名，辨證在《唐紀》。"查《唐本紀》未有此記載。但《輯本舊史》卷二《梁太祖紀二》光化二年（899）三月條之原輯者案語："《通鑑》：單可及，幽州驍將，號'單無敵'。《舊唐書》作生擒單可及，《薛史·梁紀》作單無敵蓋仍當時軍檄之文也。"此案語所言"薛史梁紀"實録自明本《册府》卷一八七，未可遽言"薛史"；所言《通鑑》見卷二六一，《舊唐書》見卷二〇上。

[7]龍頭崗：地名。位於今北京市東南。

[8]窮追德威：中華書局本有校勘記："'窮'原作'躬'，據彭校、《册府》卷三四七、卷三九六改。"見明本《册府》卷三四七《將帥部·佐命門八》、《宋本册府》卷三九六《將帥部·勇敢門三》。

[9]李山海：人名。本書僅此一見。

[10]良鄉：縣名。治所在今北京房山區。　大城：縣名。治所在今河北大城縣。　德威自涿州進軍良鄉、大城：《輯本舊史》之影庫本粘籤："良鄉，原本作'宜卿'，今從《通鑑》改正。"亦見《册府》卷三四七。又，"大城"，《通鑑》卷二六八乾化二年（912）五月《考異》引《莊宗實録》及《薛史》之《莊宗紀》《周德威傳》均作"大城莊"，疑脱"莊"字。

[11]幽州：州名。治所在今北京市。

[12]檢校侍中：官名。爲以示恩寵的散官或加官，無實職。　盧龍：方鎮名。治所在幽州（今北京市）。　十二月，授德威檢校侍中、幽州盧龍等軍節度使：《輯本舊史》卷二八《唐莊宗紀二》天祐十年（913）十二月庚午條："墨制授周德威幽州節度使。"

德威性忠孝，感武皇獎遇，嘗思臨難忘身。[1]十二年，[2]汴將劉鄩自洹水乘虚將寇太原，[3]德威在幽州聞之，徑以五百騎馳入土門，[4]聞鄩軍至樂平不進，[5]德威徑至南宫以候汴軍。[6]初，劉鄩欲據臨清以扼鎮、定轉餉之路，[7]行次陳宋口，[8]德威遣將擒數十人，皆傳刃於背，縶而遣之。[9]既至，謂劉鄩曰："周侍中已據宗城矣！"[10]德威其夜急騎扼臨清，劉鄩乃入貝州。[11]是時德威若不至，則勝負未可知也。

[1]嘗思臨難忘身：《舊五代史考異》："案《遼史》：周德威初至鎮，盧文進引遼師攻之，城幾陷，以救得免。此事《薛史》列傳不載。"見《遼史》卷一《太祖紀》神册二年（917）二月、三月條。

[2]十二年：《輯本舊史》原作"十二月"。中華書局本有校勘記："本書卷二八《唐莊宗紀二》繫其事於天祐十二年。《通鑑》卷二六九繫其事於貞明元年，按貞明元年即天祐十二年。"但未改，今據改。

[3]劉鄩：人名。密州安丘（今山東安丘市）人。唐末、五代將領。傳見本書卷二三、《新五代史》卷二二。　洹水：水名。即今河南北部衛河支流安陽河。

[4]土門：關隘名。即井陘關。位於今河北井陘礦區北井陘山上。　徑以五百騎馳入土門："五百騎"，《新五代史》卷二五《周德威傳》作"千騎"。

[5]樂平：縣名。治所在今山西昔陽縣。

[6]南宫：縣名。治所在今河北南宫市。

[7]臨清：縣名。治所在今河北臨西縣。　劉鄩欲據臨清以扼鎮、定轉餉之路：中華書局本有校勘記："'鎮'，原作'真'，據殿

本、《册府》卷三四七、卷三六七改。”見明本《册府》卷三四七《將帥部·佐命門八》、《宋本册府》卷三六七《將帥部·機略門七》。

[8]陳宋口：地名。位於今河北邢臺市西北、黄榆嶺北。

[9]“德威遣將擒數十人”至“縶而遣之”：《舊五代史考異》：“《通鑑》從《莊宗實録》作擒其斥候者數十人，斷腕而縱之。”見《通鑑》卷二六九貞明元年（915）七月條。

[10]周侍中已據宗城矣：中華書局本有校勘記：“句下《通鑑》卷二六九《考異》引《薛史》有‘鄩軍大駭’四字。”“宗城”，《舊五代史考異》：“《通鑑》作臨清，《考異》曰：‘劉鄩見在宗城，《薛史》云周侍中據宗城，蓋臨清字誤耳。’”見《通鑑》卷二六九貞明元年七月條。

[11]貝州：州名。治所在今河北清河縣。

十四年三月，契丹寇新州，[1]德威不利，退保范陽。[2]敵衆攻城僅二百日，[3]外援未至，德威撫循士衆，晝夜乘城，竟獲保守。十五年，我師營麻口渡，[4]將大舉以定汴州。德威自幽州率本軍至，十二月二十三日，軍次胡柳陂。[5]詰旦，騎報曰：“汴軍至矣！”莊宗使問戰備，德威奏曰：“賊倍道而來，未成營壘，我營栅已固，守備有餘，既深入賊疆，須決萬全之策。此去大梁信宿，[6]賊之家屬，盡在其間，人之常情，孰不以家國爲念？以我深入之衆，抗彼激憤之軍，不以方略制之，恐難必勝。王但按軍保栅，臣以騎軍疲之，使彼不得下營，際晚，糧餉不給，[7]進退無據，因以乘之，破賊之道也。”莊宗曰：“河上終日挑戰，恨不遇賊，今款門不戰，非壯夫也。”乃率親軍成列而出，德威不獲已，從之。謂其子曰：“吾不知其死所矣！”莊宗與汴將王彦章

接戰，[8]大敗之。德威之軍在東偏，汴之游軍入我輜重，[9]衆駭，奔入德威軍，因紛擾無行列。德威兵少，不能解，父子俱戰歿。先是，鎮星犯上將，[10]星占者云，不利大將。是夜收軍，德威不至，莊宗慟哭，謂諸將曰："喪我良將，吾之咎也。"

［1］契丹：古部族、政權名。公元4世紀中葉宇文部爲前燕攻破，始分離而成單獨的部落，自號契丹。唐貞觀中，置松漠都督府，以其首領爲都督。唐末强盛，916年迭剌部耶律阿保機建立契丹國（遼）。先後與五代、北宋並立，保大五年（1125）爲金所滅。參見張正明《契丹史略》，中華書局1979年版。　新州：州名。治所在今河北涿鹿縣。

［2］范陽：縣名。三國魏黄初七年（226）改涿郡置。治所在今河北涿州市。　"十四年三月"至"退保范陽"：《舊五代史考異》："《遼史·太祖紀》：神册二年三月辛亥，攻幽州，節度使周德威以幽、并、鎮、定、魏五州兵拒戰于居庸關之西，戰于新州東，大破之，斬首三萬級。又《通鑑》：契丹主帥衆三十萬，德威衆寡不敵，大爲契丹所敗。"此《考異》中華書局本有校勘記："'戰于新州東'，'新州'原作'西州'，據殿本、劉本、《遼史》卷一《太祖紀上》改。"

［3］敵衆攻城僅二百日：中華書局本有校勘記："'城'字原闕，據《册府》卷四〇〇補。"見《宋本册府》卷四〇〇《將帥部·固守門二》。

［4］麻口渡：地名。五代黄河渡口。位於今山東鄄城縣。《新五代史》卷二五《周德威傳》作"麻家渡"。

［5］胡柳陂：地名。位於今河南濮陽縣。

［6］大梁：地名。指開封。　信宿：謂兩三日。

［7］糧餉不給：中華書局本有校勘記："'餉'，《册府》卷五六

同，《册府》卷一二五、卷三四七、卷三六七、卷四四四、《武經總要後集》卷二作‘爨’。”見《宋本册府》卷五六《帝王部·節儉門》、卷三六七《將帥部·機略門七》、卷四四四《將帥部·陷没門》，明本《册府》卷一二五《帝王部·料敵門》、卷三四七《將帥部·佐命門八》。

[8]王彦章：人名。鄆州壽張（今山東梁山縣壽張集）人。五代後梁將領。傳見本書卷二一、《新五代史》卷三二。

[9]汴之游軍入我輜重：《輯本舊史》之影庫本粘籤："輜重，原本作'輕重'，今從《通鑑》改正。"見《通鑑》卷二七〇貞明四年（918）十二月條。

[10]鎮星：星名。即土星。約二十八年行經黄道二十八宿一周天，每年經一宿，似輪流坐鎮，故名。星占家認爲，鎮星五行屬土，時令屬夏，方位屬中央，主宫庭。故鎮星必待四星有失而後動。　上將：星名。太微垣東蕃南邊第四星或西蕃南邊第一星。上將，《宋本册府》卷三七四《將帥部·忠門五》、明本《册府》卷四二五《將帥部·死事門二》作"文昌上將"。

德威身長面黑，笑不改容，凡對敵列陣，凛凛然有肅殺之風，中興之朝，號爲名將。及其殁也，人皆惜之。同光初，[1]追贈太師。[2]天成中，[3]詔與李嗣昭、符存審配饗莊宗廟廷。[4]晋高祖即位，[5]追封燕王。[6]

[1]同光：後唐莊宗李存勖年號（923—926）。

[2]太師：官名。與太保、太傅並爲三師。唐後期、五代多爲大臣、勳貴加官。正一品。

[3]天成：後唐明宗李嗣源年號（926—930）。　天成中：《輯本舊史》卷四二《唐明宗紀八》長興二年（931）四月戊戌條："故昭義節度使李嗣昭、故幽州節度使周德威、故汴州節度使符存

審，並配饗莊宗廟庭。”非“天成中”。

[4]符存審：人名。陳州宛丘人（今河南淮陽縣）。後唐將領。傳見本書本卷、《新五代史》卷二五。

[5]晋高祖：即石敬瑭，沙陀部人。五代後唐將領、後晋開國皇帝。紀見本書卷七五至卷八〇、《新五代史》卷八。

[6]追封燕王：《輯本舊史》卷七六《晋高祖紀二》天福二年（937）十月條：“故幽州節度使周德威追封燕王。”

子光輔，[1]歷汾、汝州刺史。[2]《永樂大典》卷九千九百九十七。[3]

[1]光輔：人名。即周光輔。周德威之子。五代後唐、後晋將領。《輯本舊史》卷九一有《周光輔傳》。但注録自《大典》卷五四一〇，爲“橋”字韻“橋名”事目，誤。

[2]汾：州名。治所在今山西汾陽市。　汝州：州名。治所在今河南汝州市。

[3]《大典》卷九九九七爲“占”字韻“占法（二〇）”事目，與本傳無涉。據陳垣《舊五代史輯本引書卷數多誤例》謂應作卷八九九七爲“周”字韻“姓氏（八）”事目。

符存審　子彦超等

符存審，字德詳，陳州宛丘人，[1]舊名存。父楚，[2]本州牙將。[3]存審少豪俠，多智算，言兵家事。乾符末，[4]河南盜起，[5]存審鳩率豪右，庇捍州里。會郡人李罕之起自羣盜，[6]授光州刺史，[7]因往依之。中和末，[8]罕之爲蔡寇所逼，棄郡投諸葛爽，[9]存審從至河陽，[10]

爲小校，[11]屢戰蔡賊有功。諸葛爽卒，罕之爲其部將所逼，出保懷州，[12]部下分散，存審乃歸於武皇。武皇署右職，令典義兒軍，賜姓名。

[1]陳州：州名。治所在今河南淮陽縣。　宛丘：縣名。治所在今河南淮陽縣。　陳州宛丘人：《輯本舊史》之原輯者案語："《歐陽史·義兒傳》，唯符存審不在其列，別自爲傳。蓋存審子彦卿有女爲宋太宗后，故存其本姓也。"見《新五代史》卷二五《符存審傳》。

[2]楚：人名。即符楚。本書僅此一見。

[3]牙將：官名。古代軍隊中的中低級軍官。

[4]乾符：唐僖宗李儇年號（874—879）。

[5]河南：泛指黄河以南地區。

[6]李罕之：人名。陳州項城（今河南沈丘縣）人。唐末五代軍閥。傳見《新唐書》卷一八七、本書卷一五、《新五代史》卷四二。

[7]光州：州名。治所在今河南潢川縣。

[8]中和：唐僖宗李儇年號（881—885）。

[9]諸葛爽：人名。青州博昌（今山東博興縣）人。唐末軍閥，時爲河陽節度使。傳見《舊唐書》卷一八二、《新唐書》卷一八七。

[10]河陽：方鎮名。治所在孟州（今河南孟州市）。

[11]小校：即低級軍官。

[12]懷州：州名。治所在今河南沁陽市。　出保懷州：《輯本舊史》之影庫本粘籤："懷州，原本作'淮州'，今從《新唐書》改正。"見《新唐書》卷一八七《李罕之傳》，亦見《通鑑》卷二五九乾寧元年（894）十二月甲寅條胡注。

存審性謹厚，寵遇日隆，自是武皇四征，[1]存審常從，所至立功。從討赫連鐸，[2]冒刃死戰，血流盈袖，武皇手自封瘡，日夕臨問。[3]乾寧初，討李匡儔，[4]存審前軍拔居庸關。[5]明年，從討邠州。[6]時邠之勁兵屯龍泉寨，[7]四面懸崖，石壁險固，存審奮力拔之。師旋，授檢校左僕射。副李嗣昭討李瑭於汾州，[8]擒之，以功改左右廂步軍都指揮使。[9]天祐三年，授蕃漢馬步副指揮使，[10]與李嗣昭降丁會於上黨，[11]從周德威破賊於夾城，以功加檢校司徒，[12]授忻州刺史，領蕃漢馬步都指揮使。[13]七年，加檢校太保，充蕃漢副總管。[14]莊宗擊汴人於柏鄉，留存審守太原。八年三月，代李存璋戍趙州。[15]九年，梁祖攻蓨縣，[16]存審與史建瑭、李嗣肱赴援，[17]屯下博橋，[18]汴人驚亂，燒營而遁，以功遥領邢洺磁團練使。[19]

[1]自是武皇四征：中華書局本有校勘記："'四'原作'西'，據殿本、《册府》卷三四七、《續世説》卷五改。"見明本《册府》卷三四七《將帥部·佐命門八》。

[2]赫連鐸：人名。唐末代北吐谷渾首領。咸通九年（868）隨唐軍鎮壓龐勳起義，勢力漸强。乾符五年（878），襲占沙陀李國昌父子所據之振武（治今内蒙古和林格爾縣西北）、雲州（今山西大同市）。與李國昌父子争奪代北，官至雲州刺史、大同軍防禦使，守雲州十餘年。後爲李克用擒殺。事見《舊唐書》卷一九下、本書卷二五、《新五代史》卷四。

[3]"從討赫連鐸"至"日夕臨問"：《宋本册府》卷三九六《將帥部·勇敢門三》李存審條前有："李存審，事太祖爲五院都知兵馬使。"

[4]李匡儔：人名。范陽（今北京市）人。幽州節度使李全忠之子、李匡威之弟。唐末軍閥。傳見《舊唐書》卷一八〇、《新唐書》卷二一二。

[5]居庸關：關隘名。位於今北京市昌平區。　乾寧初，討李匡儔，存審前軍拔居庸關：《輯本舊史》卷二六《唐武皇紀下》乾寧元年（894）十二月壬子條："燕兵復合于居庸關拒戰，武皇命精騎以疲之，令步將李存審由他道擊之，自午至晡，燕軍復敗。"

[6]邠州：州名。治所在今陝西彬縣。　明年，從討邠州：《輯本舊史》卷二六《唐武皇紀下》乾寧二年八月條："武皇進營渭北，遣史儼將三千騎往石門扈駕，遣李存信、李存審會鄜、延之兵攻行瑜之梨園寨。"

[7]龍泉寨：地名。即龍泉鎮。位於今陝西旬邑縣。

[8]李瑭：人名。籍貫不詳。唐末李克用部將，汾州刺史，後投降朱温，爲李嗣昭擒斬。事見本書本卷、卷一四、卷一五、卷二六、卷五五。中華書局本有校勘記："'李瑭'原作'李康'，據殿本、劉本、本書卷五二《李嗣昭傳》、《册府》卷三四七、《新五代史》卷二五《周德威傳》改。"見明本《册府》卷三四七《將帥部・佐命門八》、《新五代史》卷二五《符存審傳》。

[9]左右厢步軍都指揮使：官名。五代時侍衛親軍長官。多由皇帝親信擔任。

[10]蕃漢馬步副指揮使：官名。馬步軍統兵將領。

[11]上黨：即潞州。治所在今山西長治市。

[12]檢校司徒：官名。爲散官或加官，以示恩寵，無實際執掌。　以功加檢校司徒：中華書局本有校勘記："'以功'二字原闕，據殿本、孔本、《册府》卷三八七補。"見《宋本册府》卷三八七《將帥部・褒異門一三》。

[13]都指揮使：官名。唐末五代軍隊多置都指揮使、指揮使，爲統兵將領。

[14]七年，加檢校太保，充蕃漢副總管：中華書局本有校勘

記："'加'字原闕，據《册府》卷三八七補；'副'字原闕，據《册府》卷三四七、卷三八七補。據本卷下文，天祐十六年，符存審方代周德威爲内外蕃漢馬步總管。"

［15］八年三月，代李存璋戍趙州：《宋本册府》卷四一四《將帥部·赴援門》作："天祐八年，存審以三千騎屯趙州。"此"三月"當爲"八年三月"。今據補。

［16］梁祖：即後梁太祖朱温。　蓨縣：縣名。治所在今河北景縣。

［17］李嗣肱：人名。沙陀部人。李克修之子。五代後唐將領。傳見本書卷五〇、《新五代史》卷一四。　存審與史建瑭、李嗣肱赴援：《輯本舊史》之影庫本粘籤："嗣肱，原本作'嗣臆'，考《通鑑》及《歐陽史》俱作'肱'，今改正。"見《新五代史》卷一四《李嗣肱傳》、《通鑑》卷二六八乾化二年（912）三月諸條。五代無"李嗣臆"。

［18］下博橋：地名。位於今河北深州市東南下博鄉。

［19］邢：州名。治所在今河北邢臺市。　洺：州名。治所在今河北邯鄲市永年區。　磁：州名。治所在今河北磁縣。　團練使：官名。唐代中期以後，於不設節度使的地區設團練使，掌本區各州軍事。　以功遥領邢洺磁團練使：《舊五代史考異》："《歐陽史》作遷領邢州團練使。"見《新五代史》卷二五。《宋本册府》卷三六七《將帥部·機略門七》："符存審爲蕃漢馬步都指揮使。天祐九年，莊宗討劉守光於幽州，梁太祖因此北伐，至于棗疆（當爲棗彊，下同）。存審以騎軍三千屯于趙州。初，梁軍聲言五十萬，存審以兵少不敵，心頗憂之，謂裨將趙行實曰：'朱公儻以五十萬來，義軍少，我作何禦待？'行實曰：'誠如是，走入土門爲上策。'存審曰：'賊軍未至，難便從公之上策。但得老賊在東，别將西來，尚可從容畫策。'不旬日，楊師厚攻棗强，賀德倫寇蓨縣，攻城甚急。存審謂趙行實、史建瑭曰：'吾王方事北面，南鄙之事，付我等數人。今西道無兵，蓨縣危急，我等坐觀其弊，何以自安？老賊

既下蓨城，必西寇深、冀。不預爲方略，則滋曼難圖。與公等輕騎而行，偵其所向。’乃選精騎八百，急趨信都，扼下博橋道。存審令史建瑭、李都督分道擒生。建瑭分麾下五百騎爲五軍，一軍之衡水，一軍之南宫，一軍之信都，一軍之阜城，自將一軍深入，各命俘賊討芻糧者十人，而會于下博橋。翊日，諸軍所至皆獲賊芻蕘者數百，聚而殺之，内緩縶一人，令其逸去。或教其去者云：‘可以報朱公，禡爾戰地，礪爾戈矛，晋王大軍至矣。’諸軍逸去者皆教以是言，賊聞大駭。李都督、史建瑭各領百餘騎，爲賊旗幟服色，與芻糧者相雜而行，至暮，及賀德倫營門，殺其門者，縱火大呼，俘斬而旋。其芻蕘者斷手臂，得歸皆言我兵大至，朱温大駭，遂命夜遁，趨於貝郡。蓨人持耰鋤白梃，追擊汴軍，收其輜車鎧仗，不可勝計。朱温先氣痼發動，因是愈甚，留貝州旬日，不能乘肩輿，疾作暴怒，其將張正言、許從實、朱彦柔皆斬於軍門，以其亡師蓨縣故也。”

十二年，魏博歸款於莊宗，莊宗遣存審率前鋒據臨清，[1]以俟進取。莊宗入魏，存審屯魏縣以抗劉鄩。[2]六月，鄩營莘縣，[3]存審與鎮、定之師營莘西三十里，[4]一日數戰。八月，率師攻張源德於貝州。[5]十三年二月，劉鄩自莘悉衆來襲我魏州，[6]存審以大軍踵其後，戰於故元城，[7]大敗汴人，從收澶、衛、磁、洺等州。[8]秋，邢州閻寶降，[9]授存審安國軍節度、邢洺磁等州觀察使。[10]十月，戴思遠棄滄州，[11]毛璋以城降，[12]授存審檢校太傅、横海軍節度使，[13]兼領魏博馬步軍都指揮使。[14]明年，就加平章事。

[1]莊宗遣存審率前鋒據臨清：中華書局本有校勘記：“‘莊宗’

二字原闕，據《册府》卷三四七補。”見明本《册府》卷三四七《將帥部·佐命門八》。《輯本舊史》卷二八《唐莊宗紀二》天祐十二年（915）三月條：“帝命馬步副總管李存審自趙州帥師屯臨清，帝自晋陽東下，與存審會。”

［2］魏縣：縣名。治所在今河北魏縣。

［3］莘縣：縣名。治所在今山東莘縣。

［4］存審與鎮、定之師營莘西三十里：中華書局本有校勘記：“‘鎮’原作‘真’，據殿本、《册府》卷三四七改。影庫本批校云：‘真定，原本係鎮、定。’”

［5］張源德：人名。籍貫不詳。五代後梁將領。傳見本書附録、《新五代史》卷三三。

［6］魏州：州名。治所在今河北大名縣。

［7］元城：縣名。治所在今河北大名縣。

［8］澶：州名。唐大曆七年（772）治今河南清豐縣，後晋天福四年（939）移治今河南濮陽縣。　衛：州名。治所在今河南衛輝市。

［9］閻寶：人名。鄆州（今山東東平縣）人。後梁、後唐將領。傳見本書卷五九、《新五代史》卷四四。

［10］安國軍：方鎮名。治所在邢州（今河北邢臺市）。　授存審安國軍節度、邢洺磁等州觀察使：《舊五代史考異》：“《五代會要》，同光元年始改邢州爲安國軍，據《薛史》此傳，則晋人得邢州即改軍額，疑《會要》誤也。詳見《通鑑考異》。”《會要》卷二四《諸道節度使軍額》條：“邢州，梁開平二年六月，建爲保義軍節度，割洺、惠二州隸之。至後唐同光元年，改爲歸德軍。”《通鑑》卷二六九貞明二年（916）八月條：“以李存審爲安國節度使，鎮邢州。”胡注：“邢州，梁保義軍；既入于晋，自此遂改爲安國軍。《考異》曰：王溥《五代會要》、《薛史·地理志》、樂史《寰宇記》皆云‘梁建保義軍，唐同光元年改爲安國軍’。而《莊宗》、《明宗實録·列傳》《薛史·存審傳》皆云‘次年授安國節度使’。

恐是纔屬晋即改軍額，《會要》等書誤云同光元年。”

[11]戴思遠：人名。籍貫不詳。五代後梁、後唐將領。傳見本書卷六四。　滄州：州名。治所在今河北滄縣舊州鎮。

[12]毛璋：人名。滄州（今河北滄縣舊州鎮）人。五代後唐將領。傳見本書卷七三、《新五代史》卷二六。

[13]檢校太傅：官名。爲散官或加官，以示恩寵，無實際執掌。　横海軍：方鎮名。治所在滄州（今河北滄縣舊州鎮）。

[14]“十月”至“兼領魏博馬步軍都指揮使”：《輯本舊史》卷二八《唐莊宗紀二》天祐十三年八月條：“以忻州刺史、蕃漢副總管李存審爲邢州節度使。”同年九月條：“梁滄州節度使戴思遠棄城遁去，舊將毛璋入據其城。”又：“以李存審爲滄州節度使。”《通鑑》同《輯本舊史·本紀》，繫此事於九月。明本《册府》卷三六九《將帥部·攻取門二》：“符存審遥領邢洺磁團練使。唐昭宗天祐十二年八月，將兵五千討張源德於貝州。時城中賊衆三千，每夜分出剽掠，州民苦之，皆願塹其城以安耕作。及存審至，賊保壁自固，因以八縣丁壯塹而圍之。九月，賊衆三千披甲出城，我將甘言諭之，俱釋兵解甲。既而四面陳兵，皆殺之，貝州平。”

十四年八月，將兵援周德威於幽州，敗契丹之衆。冬，破汴將安彦之於楊劉，[1]諸軍進營麻口。時梁將謝彦章營行臺村，[2]莊宗勇於接戰，每以輕騎當之，[3]遇窘者數四。存審每俟其出，必叩馬諫曰：[4]“王將復唐宗社，宜爲天下自愛，搴旗挑戰，一劍之任，無益聖德，請責効於臣。古人不以賊遺君父，[5]臣雖不武，敢不代君之憂。”莊宗即時迴駕。

[1]安彦之：人名。籍貫不詳。後梁將領。事見本書本卷、卷

一八。　楊劉：地名。唐宋時期黄河渡口。位於今山東東阿縣。

[2]謝彦章：人名。許州（今河南許昌市）人。五代後梁將領。傳見本書卷一六、《新五代史》卷二三。　行臺村：地名。位於今河南濮陽市濮城鎮東北。參見《讀史方輿紀要》卷三四、本書卷二八。

[3]每以輕騎當之："當之"，《宋本册府》卷三七四《將帥部·忠門五》作"當賊"。

[4]存審每俟其出，必叩馬諫曰：《册府》卷三七四《將帥部·忠門五》作"存審凌旦俟其出，必叩馬泣諫曰"。

[5]古人不以賊遺君父：《册府》卷三七四《將帥部·忠門五》作"昔耿弇不以賊遺君父"。

十五年十二月，[1]戰於胡柳，[2]晡晚之後，存審引所部銀槍効節軍，[3]敗梁軍於土山下。是日辰巳間，周德威戰歿，一軍逗撓，梁軍四集，存審與其子彦圖冒刃血戰，[4]出没賊陣，與莊宗軍合。午後，師復集，擊敗汴人。

[1]十五年十二月：《輯本舊史》原無"十五年"三字。中華書局本有校勘記："'十二月'，本書卷二八《唐莊宗紀二》、《新五代史》卷五《唐本紀》繫其事於天祐十五年十二月。本書卷九《梁末帝紀中》、《新五代史》卷三《梁本紀》、《通鑑》卷二七〇繫其事於貞明四年十二月，按貞明四年即天祐十五年。"但未補，今據補。本書同卷《周德威傳》亦繫此事於天祐十五年（918）。

[2]胡柳：地名。位於今河南濮陽市東南。

[3]存審引所部銀槍効節軍：《輯本舊史》之影庫本粘籤："銀鎗，原本作'行鎗'，考《通鑑》：唐莊宗初得魏博，以其降卒置銀鎗效節都。《歐陽史》亦作銀鎗，今改正。"然《新五代史》卷

二三《楊師厚傳》、《通鑑》卷二六九貞明元年（915）三月丁卯條實作“銀槍”，今回改。

[4]彦圖：人名。即符彦圖。符存審子。事見本書本卷、《新五代史》卷二五。　存審與其子彦圖冒刃血戰：“彦圖”，《宋本册府》卷三九六《將帥部·勇敢門三》作“彦饒、彦圖”。

十六年春，[1]代周德威爲内外蕃漢馬步總管，於德勝口築南北城以據之。[2]七月，[3]汴將王瓚自黎陽渡河寇澶州，[4]存審拒戰，瓚退，營於楊村渡，[5]控我上游。自是日與交鋒，對壘經年，大小凡百餘戰。

[1]十六年春：《輯本舊史》卷二九《唐莊宗紀三》、明本《册府》卷四一〇《將帥部·壁壘門》繫此事於正月。

[2]德勝口：地名。原爲德勝渡，爲黄河重要渡口之一。李存勗部將李存審築於黄河津要處德勝口，有南北二城。南城在今河南濮陽市東南，北城即今河南濮陽市。

[3]七月：《輯本舊史》卷二九《唐莊宗紀三》、《通鑑》卷二七〇繫此事於八月。

[4]王瓚：人名。太原祁（今山西祁縣）人。唐河中節度使王重盈之子。五代後梁將領，官至開封尹。傳見本書卷五九。　黎陽：縣名。治所在今河南浚縣。

[5]楊村渡：地名。位於今河南濮陽縣西南。

十七年，[1]汴將劉鄩攻同州，[2]朱友謙求援於我，[3]遣存審與李嗣昭將兵赴之。九月，次河中，進營朝邑。[4]時河中久臣於梁，衷持兩端，[5]及諸軍大集，芻粟暴貴，嗣昭懼其翻覆，將急戰以定勝負。居旬日，梁軍

逼我營。會望氣者言，西南黑氣如鬬雞之狀，當有戰陣。存審曰："我方欲决戰，而形於氣象，得非天贊歟！"是夜，閲其衆，詰旦進軍。梁軍來逆戰，大敗之，追斬二千餘級。自是梁軍保壘不出。存審謂嗣昭曰："吾初懼劉鄩據渭河，偏師既敗，彼若退歸，懼我踵之，獸窮搏人，勿謂無事，可開其歸路，然後追奔。"乃令王建及牧馬於沙苑，[6]劉鄩、尹皓知之，[7]保衆退去，遂解同州之圍。[8]存審略地至奉先，[9]謁諸帝陵，乃班師。[10]

[1]十七年：《輯本舊史》卷二九《唐莊宗紀三》繫此事於七月。

[2]同州：州名。治所在今陝西大荔縣。

[3]朱友謙：人名。許州（今河南許昌市）人。唐末、五代軍閥。傳見本書卷六三、《新五代史》卷四五。

[4]河中：方鎮名。治所在河中府（今山西永濟市）。　朝邑：縣名。治所在今陝西大荔縣。

[5]衷持兩端：中華書局本有校勘記："'衷'原作'衆'，據《册府》卷三四七、卷三九八改。"見明本《册府》卷三四七《將帥部·佐命門八》、《宋本册府》卷三九八《將帥部·明天時門》。

[6]王建及：人名。許州（今河南許昌市）人。五代後唐將鎮。以功賜姓名"李建及"。傳見本書卷六五、《新五代史》卷二五。　沙苑：地名。位於今陝西大荔縣東南。

[7]尹皓：人名。籍貫不詳。後梁將領。傳見本書附録。

[8]遂解同州之圍：《舊五代史考異》："案《歐陽史》：鄩以爲晋軍且懈，乃夜遁去。存審追擊于渭河，又大敗之。"見《新五代史》卷二五《符存審傳》。

[9]奉先：縣名。治所在今陝西蒲城縣。有唐橋陵、泰陵等唐代帝王陵墓。

[10]存審略地至奉先，謁諸帝陵，乃班師：《輯本舊史》卷一〇《梁末帝紀下》貞明六年（920）九月條："晋王遣都將李嗣昭、李存審、王建及率師來援同州，戰于城下。我師敗績，諸將以餘衆退保華州羅文寨。"《宋本册府》卷三六七《將帥部·機略門七》："（天祐）十七年七月，梁將劉鄩、尹浩寇同州。先是，河中節度使朱友謙以兵收復同州，以其子令德主留務。時友謙貌順友貞，請同州節。友貞怒其侵己，不時與之，遂絶友貞，請旄節於我，因授之。友貞乃遣劉鄩與華州節度使尹浩帥兵寇同州，塹其城。友謙力不能救，請師于我。帝遣蕃漢馬步總管李存審、昭義節度使李嗣昭、代州刺史王建及帥師赴援。九月，王師大集於河中，朝至夕渡。時汴人不意王師速至。劉鄩曰：'蒲人事晋，心異貌恭，假有乞師，争無猜審？至於師行次舍，倍道兼程，計其行途，未能及此。'李存審聞之，笑謂軍吏曰：'兵法有出奇無窮者，兵若自天而墜。劉鄩善將，何其昧哉！'汴人素輕蒲兵，每遇遊騎挑戰，必窮追襲。存審初至，率精甲千人，内選二百處蒲人之間，直壓賊壘。賊出千騎，結陣而追之，遽見我師，大駭而走，獲賊騎五十而旋。自是賊軍憚戰。明日，進軍朝邑。時蒲中蒭粟暴貴，糧餉不給。駐軍旬浹，人皆思戰。李存審欲徐圖勝負，不時聽從。存審謂嗣昭曰：'我率偏師入寇境，蒲中久爲賊有，人心尚懷兩端，事一差跌，則吾屬無類。且蒲人羸懦，不可驅以争鋒。惟悉我師，又衆寡不敵。持久則資糧不足，求戰則勝負難知。每一揣謀，令人鬚白。公方略如何？'嗣昭曰：'我數千里興兵與人解鬬。儻無成績，則失屬亡師。今日良圖，無踰急戰。'存審曰：'予所料度，非不至此。但同州南距渭河，又數十里連接華州。若逼動賊軍，夾河結壘，持久不戰，以逸待勞，俟我饋運不充，蒲人離貳，事生不測，吾輩安歸？不如示弱按兵，侈其鬬志，觀其進取，然後決機。軍士口譚，未可取信。'嗣昭曰：'善。'又旬日，望氣者言：'夜見西面

黑氣如鬬鷄之狀，必有戰陣。’存審曰：‘吾方欲决戰，而形於氣象，得非天贊我歟！’召嗣昭、友謙聚謀，下令軍中，誡示所向。遲明進軍，距於賊壘。賊罄壘而出。蒲人在南，我師在北。騎軍既接，蒲人小退。賊呼曰：‘冀王走矣。’爲賊所躡。嗣昭以精騎抗之，大軍繼逼，賊遂奔潰，追斬二千級。值夜劉鄩以餘衆保營，自是閉壁不出。居半月，存審謂嗣昭曰：‘予所料者，懼劉鄩據渭結營，持久待我。今精兵亡敗，退走無門，戰窮搏人，勿謂無事。不如開其走路，然後追奔。’因令王建及牧馬于沙苑。劉鄩知之，遂宵遁。我師追及渭河，棄鎧投仗相蹈藉，所收輜重不可勝計。劉鄩、尹浩單騎獲免。”

十八年，王師討張文禮於鎮州，[1]李嗣昭、李存進相次戰歿。[2]十九年，遣存審率師進攻叛帥於城下，文禮之將李再豐陰送款於存審，[3]我師中夜登城，擒文禮之子處球等，[4]露布以獻，鎮州平，以功加檢校太傅、兼侍中。[5]

[1]張文禮：人名。燕（指今河北北部、北京、天津一帶）人。後唐將領。傳見本書卷六二。

[2]李存進：人名。振武（唐代治今内蒙古和林格爾縣）人。五代後唐將領。本姓孫，名重進，李克用以之爲義兒軍使，賜姓名。傳見本書卷五三、《新五代史》卷三六。

[3]李再豐：人名。籍貫不詳。五代將領。事見本書本卷、卷六二。　文禮之將李再豐陰送款於存審：《輯本舊史》之影庫本粘籤：“李再豐，原本作‘稱豐’，今據《歐陽史》改正。”見《新五代史》卷二五《符存審傳》。

[4]處球：人名。即張處球。張文禮之子。事見本書卷二九。

[5]侍中：官名。秦始置。隋、唐前期爲門下省長官。唐後期

多爲大臣加銜，不參與政務，實際職務由門下侍郎執行。正二品。

二十年正月，師旋於魏州，莊宗出城迎勞，就第宴樂。無何，契丹犯燕薊，[1]郭崇韜奏曰：[2]“汴寇未平，繼韜背叛，北邊遮虜，[3]非存審不可。”上遣中使諭之，[4]存審臥病羸瘠，附奏曰：“臣効忠稟命，靡敢爲辭，但痾恙纏綿，未堪祇役。”既而詔存審以本官充幽州盧龍節度使，[5]自鎮州之任。同光初，加開府儀同三司、檢校太師、中書令、食邑千户，[6]賜號忠烈扶天啟運功臣。[7]

[1]燕薊：地區名。即今河北北部、北京市、天津市一帶。

[2]郭崇韜：人名。代州雁門（今山西代縣）人。五代後唐大臣。傳見本書卷五七、《新五代史》卷二四。

[3]北邊遮虜：中華書局本之《輯本舊史》作“北邊捍禦”，有校勘記：“《册府》卷三四七作‘北邊遮虜’。”但未改。此因《輯本舊史》忌清諱而改，今據明本《册府》卷三四七《將帥部·佐命門八》回改。

[4]中使：即宦官。

[5]既而詔存審以本官充幽州盧龍節度使：《輯本舊史》卷二九《唐莊宗紀三》同光元年（923）三月己卯條：“以横海軍節度使、内外蕃漢馬步總管李存審爲幽州節度使。”

[6]檢校太師：官名。爲散官或加官，以示恩寵，無實際執掌。中書令：官名。漢代始置，隋、唐前期爲中書省長官，屬宰相之職，唐後期多爲授予元勳大臣的虚銜。正二品。

[7]“同光初”至“賜號忠烈扶天啟運功臣”：《輯本舊史》卷二九《唐莊宗紀三》同光元年閏四月丁丑條：“以幽州節度使李存

審爲檢校太師，兼中書令。”

十月，平梁，遷都洛陽。[1]存審以身爲大將，不得預收復中原之功，舊疾愈作，堅求入覲尋醫，以情告郭崇韜。時崇韜自負一時，佐命之功，無出己右，功名事望，素在存審之下，權勢既隆，人士輻湊，不欲存審加於己上，每有章奏求覲，即陰沮之。存審妻郭氏泣訴於崇韜曰：[2]“吾夫於國，粗効驅馳，與公鄉里親舊，公忍令死棄北荒，何無情之如是！”崇韜益慚懸。明年春，疾甚，上章懇切，乞生覲天顔，不許。存審伏枕而歎曰：“老夫歷事二主，垂四十年，幸而遇今日天下一家，遠夷極塞，皆得面覲彤墀，射鉤斬袪之人，孰不奉觴丹陛，獨予壅隔，豈非命哉！”[3]漸增危篤，崇韜奏請許存審入覲。四月，制授存審宣武軍節度使、諸道蕃漢馬步總管，[4]詔未至，五月十五日卒於幽州官舍，時年六十三，遺命葬太原。存審遺奏陳敘不得面覲，詞旨悽惋。莊宗震悼久之，廢朝三日，贈尚書令。[5]

[1]洛陽：地名。治所在今河南洛陽市。

[2]郭氏：符存審妻。本書僅此一見。

[3]“存審以身爲大將”至“豈非命哉”：亦見明本《册府》卷三三九《宰輔部·忌害門》郭崇韜條。

[4]宣武軍：方鎮名。唐舊鎮，治所在汴州（今河南開封市）。後梁開平元年（907）升汴州爲東京開封府。開平三年置宣武軍於宋州（今河南商丘市）。後唐同光元年（923）改宋州宣武軍爲歸德軍。廢東京開封府，重建宣武軍於汴州。後晉天福三年（938），

改爲東京開封府。除天福十二年、十三年短暫改爲宣武軍外，汴京均爲東京開封府。　制授存審宣武軍節度使、諸道蕃漢馬步總管：《輯本舊史》之影庫本粘籤："宣武，原本脱'武'字，今據《歐陽史》增入。"見《新五代史》卷二五《符存審傳》。《輯本舊史》卷三一《唐莊宗紀五》同光二年四月丁丑條："以前幽州節度使、内外蕃漢馬步總管、檢校太師、兼中書令李存審爲宣武軍節度使，餘如故。"

[5]尚書令：官名。秦始置。隋、唐前期爲尚書省長官，與中書令、侍中並爲宰相。唐後期多爲大臣加銜，不參與政務。正二品。　贈尚書令：《輯本舊史》卷四二《唐明宗紀八》長興二年（931）四月戊戌條："故昭義節度使李嗣昭、故幽州節度使周德威、故汴州節度使符存審，並配饗莊宗廟庭。"

存審少在軍中，識機知變，行軍出師，法令嚴明，決策制勝，從無遺悔，功名與周德威相匹，皆近代之良將也。[1]常戒諸子曰："予本寒家，少小攜一劍而違鄉里，四十年間，位極將相。其間屯危患難，履鋒冒刃，入萬死而無一生，身方及此，前後中矢僅百餘。"[2]乃出鏃以示諸子，因以奢侈爲戒。

[1]皆近代之良將也：中華書局本有校勘記："'將'字原闕，據《册府》卷三九三、《續世説》卷九補。"見明本《册府》卷三九三《將帥部·威名門二》。

[2]前後中矢僅百餘：中華書局本有校勘記："'中'字原闕，據《册府》卷八一七、《續世説》卷九補。"見《宋本册府》卷八一七《總録部·訓子門二》。

存審微時，嘗爲俘囚，將就戮於郊外，臨刑指危垣謂主者曰："請就戮於此下，冀得壞垣覆尸，旅魂之幸也。"主者哀之，爲移次焉。遷延之際，主將擁妓而飲，思得歌者以助歡。妓曰："俘囚有符存審者，妾之舊識，每令擊節，以贊歌令。"主將欣然，馳騎而捨之，豈非命也！《永樂大典》卷一萬八千一百二十八。[1]

[1]《大典》卷一八一二八"將"字韻"後唐將（一）"事目。

彦超，存審之長子也。少事武皇，累歷牙職。存審卒，莊宗以彦超爲汾州刺史。同光末，魏州軍亂，詔彦超赴北京巡檢。[1]先是，朝廷令内官吕、鄭二人在太原，[2]一監兵，一監倉庫。及明宗入洛，[3]皇弟存霸單騎奔河東，[4]與吕、鄭謀殺彦超與留守張憲。[5]彦超覺之，密與憲謀，未決，部下大譟，州兵畢集，張憲出奔。是夕，軍士殺吕、鄭、存霸於衙城。詰旦，聞洛城禍變，彦超告諭三軍。[6]明宗又令其弟龍武都虞候彦卿馳騎安撫。[7]六月，彦超入覲，明宗召見撫諭，尋授晋州留後。未行，會其弟前曹州刺史彦饒平宣武亂軍，明宗喜，召彦超謂之曰："吾得爾兄弟力，餘更何憂，爾爲我往河東撫育耆舊。"即授北京留守、太原尹。[8]明年冬，移授昭義節度使。[9]四年，授驍衛上將軍，[10]改金吾上將軍。[11]長興元年，[12]授泰寧軍節度使，[13]尋移鎮安州。[14]

[1]北京：即太原府。治所在今山西太原市。　巡檢：官名。又稱“巡檢使”。五代始設巡檢，設於京師、陪都、重要的州及邊防重鎮。

[2]吕、鄭：具體姓名不詳。後唐莊宗宦官。事見本書本卷、卷六九。

[3]明宗：即李嗣源。沙陀部人。原名邈佶烈，李克用養子。五代後唐明宗，926年至933年在位。紀見本書卷三五至卷四四、《新五代史》卷六。

[4]存霸：人名。即李存霸。沙陀部人。李克用之子，五代後唐將領。傳見本書卷五一、《新五代史》卷一四。　河東：方鎮名。治所在今山西太原市。

[5]留守：官名。皇帝出巡或親征時指定親王或大臣留守京城，綜理軍事、行政、民事、財政等事務，稱京城留守。在陪都或軍事重鎮也常設留守，以地方長官兼任。　張憲：人名。晋陽（今山西太原市）人。後唐官員。傳見本書卷六九、《新五代史》卷二八。　與吕、鄭謀殺彦超與留守張憲：中華書局本有校勘記：“‘吕’字原闕，據殿本、劉本、《册府》卷七八補。影庫本批校：與吕、鄭謀殺彦超，脱‘吕’字，應增。’”見明本《册府》卷七八《帝王部·委任門二》。《舊五代史考異》：“案：《歐陽史》作張憲欲納存霸，《薛史》作存霸謀殺張憲、彦超，兩史紀載微異。”《輯本舊史》之影庫本粘籤：“《通鑑考異》云：《薛史·張憲傳》作張憲謀奉存霸爲主，《符彦超傳》又作存霸謀殺彦超，前後互異，今附識于此。”見《輯本舊史》卷六九《張憲傳》、《新五代史》卷二八《張憲傳》、《通鑑》卷二七五天成元年（926）四月條《考異》。

[6]彦超告諭三軍：《舊五代史考異》：“案《宋史·張昭傳》云：昭爲張憲推官，莊宗及難，聞鄴中兵士推戴明宗，憲部將符彦超合戍將應之。憲死，有害昭者，執之以送彦超，彦超曰：‘推官正人，無得害之。’又逼昭爲榜，安撫軍民。”見《宋史》卷二六一。明本《册府》卷四二三《將帥部·討逆門》：“符彦超爲汾州刺

史。同光末，魏州軍亂，天下騷動，詔彦超北京巡檢。朝廷先令内養吕、鄭二人，一監兵，一監倉庫，留守張憲與彦超承應不暇。及蕭牆變起，明宗入洛。皇弟存詔單騎入河東，與二寺人謀殺彦超、張憲，據城自衛。彦超預知其謀，夜密謁憲曰：‘摠管入洛。存詔此來無善意，濟之以吕、鄭，吾徒禍不旋踵矣。宜出機先，無落腐人之手。’憲儒者，又以莊宗故吏，不忍背之，猶豫未决。是日，彦超部下大譟，趨紙橋。至暝，牢城兵軍集，憲出奔，殺吕、鄭、存詔於衙城。詰旦，號令諸軍，三城晏然。”

［7］龍武：部隊番號。　都虞候：官名。唐、五代方鎮高級軍官。　彦卿：人名。即符彦卿。陳州宛丘（今河南淮陽縣）人。後周、宋初將領。周世宗宣懿皇后、宋太宗懿德皇后，皆符彦卿女。傳見《宋史》卷二五一。

［8］太原尹：官名。唐開元十一年（723）改并州爲太原府，治所在今山西太原市。由太原尹總其政務。從三品。　即授北京留守、太原尹：《輯本舊史》卷三六《唐明宗紀二》天成元年五月庚午條：“以權知北京軍府事、汾州刺史符彦超爲晋州留後。”同年六月甲寅條：“以晋州留後符彦超爲北京留守。”

［9］昭義：方鎮名。治所在潞州（今山西長治市）。　移授昭義節度使：《輯本舊史》卷三八《唐明宗紀四》天成二年十二月庚辰條：“以北京留守符彦超爲潞州節度使。”

［10］驍衛上將軍：官名。唐置，掌宫禁宿衛。唐代置十六衛之一。從二品。

［11］金吾上將軍：官名。唐置，掌宫禁宿衛。唐代置十六衛之一。從二品。　“四年”至“改金吾上將軍”：《輯本舊史》卷四〇《唐明宗紀六》天成四年六月癸丑條：“以前潞州節度使符彦超爲左驍衛上將軍。”同年十月庚子條：“以左驍衛上將軍符彦超爲右金吾上將軍。”

［12］長興：後唐明宗李嗣源年號（930—933）。

［13］泰寧軍：方鎮名。治所在兖州（今山東濟寧市兖州區）。

[14]安州：州名。治所在今湖北安陸市。　“長興元年”至“尋移鎮安州”：《輯本舊史》卷四一《唐明宗紀七》長興元年(930)四月庚申條：“以右金吾上將軍符彦超爲兖州節度使。”卷四二《唐明宗紀八》長興二年九月丙戌條：“以前兖州節度使符彦超爲左龍武統軍。”卷四四《唐明宗紀一〇》長興四年三月己亥條：“以左龍武統軍符彦超爲安州節度使。”

彦超厮養中有王希全者,[1]小字佛留，粗知書計，委主貨財，歲久耗失甚多，彦超止於訶譴而已。應順元年正月,[2]佛留聞朝廷多事，因與任貨兒等謀亂。[3]一夕，扣門言朝廷有急遞至，彦超出至廳事，佛留挾刃害之。詰旦，本州節度副使李端召州兵攻佛留等殺之,[4]餘衆奔淮南,[5]擒彦超部將趙温等二十六人誅之。[6]彦超贈太尉。[7]

[1]王希全：人名。籍貫不詳。五代後唐時人。事見本書本卷、卷四五。

[2]應順：後唐閔帝李從厚年號(934)。

[3]任貨兒：人名。本書僅此一見。中華書局本有校勘記：“任貨兒,《通鑑》卷二七八作‘任賀兒’。”見《通鑑》卷二七八清泰元年(934)閏正月己酉條。

[4]節度副使：官名。唐、五代方鎮屬官。位於行軍司馬之下、判官之上。　李端：人名。籍貫不詳。五代藩鎮將領。本書僅此一見。　本州節度副使李端召州兵攻佛留等殺之：中華書局本有校勘記：“‘殺之’，殿本、孔本作‘敗之’。”

[5]淮南：方鎮名。治所在揚州(今江蘇揚州市)。

[6]趙温：人名。本書僅此一見。

[7]太尉：官名。與司徒、司空並爲三公，唐後期、五代多爲大臣、勳貴加官。正一品。　彦超贈太尉：《輯本舊史》卷四五《唐閔帝紀》應順元年（934）閏正月丁巳條："安州奏，此月七日夜，節度使符彦超爲部曲王希全所害，廢朝一日。"

存審次子彦饒，《晋史》有傳。[1]次彦卿，皇朝前鳳翔節度使、守太師、中書令，[2]封魏王，今居於洛陽。次彦能，[3]終於楚州防禦使。[4]次彦琳，[5]仕皇朝爲金吾上將軍，卒於任。《永樂大典》卷一萬八千一百二十八。[6]

[1]彦饒：人名。即符彦饒。陳州宛丘（今河南淮陽縣）人。符存審次子。五代後唐、後晋將領。傳見本書卷九一、《新五代史》卷二五。　存審次子彦饒，《晋史》有傳：《符彦饒傳》見《輯本舊史》卷九一。

[2]鳳翔：方鎮名。治所在鳳翔府（今陝西鳳翔縣）。　皇朝前鳳翔節度使、守太師、中書令：中華書局本有校勘記："'皇朝前'，原作'歷官'，據殿本改。劉本作'皇朝歷官'。按《宋史》卷二五一《符彦卿傳》，彦卿開寶二年六月移鳳翔節度，後因事罷，居洛陽，無復任官。"

[3]彦能：人名。即符彦能。陳州宛丘（今河南淮陽縣）人。符存審之子。事見本書卷一一四。

[4]楚州：州名。治所在今江蘇淮安市。　防禦使：官名。唐代始置，設有都防禦使、州防禦使兩種。常由刺史或觀察使兼任，實際上爲唐代後期州或方鎮的軍政長官。

[5]彦琳：人名。即符彦琳。陳州宛丘（今河南淮陽縣）人。符存審之子。五代將領。事見本書卷九〇、卷一一一。

[6]《大典》卷一八一二八"將"字韻"後唐將（一）"事目。

今注本二十四史

舊五代史

九

唐書〔五〕

宋 薛居正等 撰
陳智超 紀雪娟 主持校注

中國社會科學出版社

舊五代史　卷五七

唐書三十三

列傳第九

郭崇韜

郭崇韜，字安時，代州雁門人也。[1]父弘正。[2]崇韜初爲李克脩帳下親信，克脩鎮昭義，[3]崇韜累典事務，以廉幹稱。克脩卒，武皇用爲典謁，奉使鳳翔稱旨，[4]署教練使。[5]崇韜臨事機警，應對可觀，莊宗嗣位，[6]尤器重之。天祐十四年，用爲中門副使，與孟知祥、李紹宏俱參機要。[7]俄而紹宏出典幽州留事，[8]知祥懇辭要職。先是，中門使吴珙、張虔厚忠而獲罪。[9]知祥懼，求爲外任，妻瓊華公主泣請於貞簡太后。[10]莊宗謂知祥曰："公欲避路，當舉其代。"知祥因舉崇韜。乃署知祥爲太原軍城都虞候。[11]自是崇韜專典機務，艱難戰伐，靡所不從。

［1］代州：州名。治所在今山西代縣。　雁門：方鎮名。治所在代州（今山西代縣）。

［2］弘正：人名。即郭弘正。本書僅此一見。中華書局本有校勘記："'弘正'，《册府》卷三〇九作'弘政'。"見《宋本册府》卷三〇九《宰輔部·佐命門二》。

［3］李克脩：人名。沙陀部人。李克用之弟，唐末將領。傳見本書卷五〇、《新五代史》卷一四。　昭義：方鎮名。治所在潞州（今山西長治市）。

［4］武皇：即李克用。沙陀部人，生於神武川新城（一説是今山西朔州市朔城區之梵王寺村，一説是今山西應縣縣城，一説在今山西懷仁縣之日中城）。唐末軍閥。受封晋王。五代後唐太祖。紀見本書卷二五、《新五代史》卷四。　典謁：官名。東宫屬官。掌引見賓客。從九品下。　鳳翔：方鎮名。治所在鳳翔府（今陝西鳳翔縣）。

［5］教練使：官名。唐、五代方鎮使府軍將。選善兵法武藝者充任，掌教練兵法及武藝，亦或領兵出戰。《輯本舊史》之影庫本粘籤："教練使，原本作'教諫'，今從《歐陽史》改正。"見《新五代史》卷二四《郭崇韜傳》。

［6］莊宗：即李存勗。小字亞子，沙陀部人，太原（今山西太原市）人。晋王李克用之子，後唐開國皇帝。923年至926年在位。紀見本書卷二七至卷三四及《新五代史》卷四至卷五。

［7］天祐：唐昭宗李曄開始使用的年號（904），唐哀帝李柷沿用（904—907）。唐亡後，河東李克用、李存勗仍稱天祐，沿用至天祐二十年（923）。五代十國其他政權亦有行此年號者，如南吴、吴越等。　中門副使：官名。中門使副職，五代時晋王李存勗所置。爲節度使屬官，執掌同於朝廷之樞密使。　孟知祥：人名。邢州龍岡（今河北邢臺市）人。李克用女婿，五代後蜀開國皇帝。傳見本書卷一三六、《新五代史》卷六四。　李紹宏：人名。又作馬紹宏。籍貫不詳。後唐莊宗近臣。傳見本書卷七二。

［8］幽州：州名。治所在今北京市。《輯本舊史》之影庫本粘籤："幽州，原本作'曲州'，今從《通鑑》改正。"見《通鑑》卷二七〇貞明五年（919）三月條。

［9］中門使：官名。五代時晋王李存勗所置，爲節度使屬官，執掌同於朝廷之樞密使。　吴珙：人名。籍貫不詳。五代後唐將領。事見本書卷二七、《新五代史》卷二四。《通鑑》卷二七〇貞明五年三月條作"吴珪"。　張虔厚：人名。籍貫不詳。五代後唐將領。事見本書本卷、《新五代史》卷二四。

［10］瓊華公主：孟知祥之妻。事見本書本卷、卷一三六。　貞簡太后：後唐李克用妻曹氏謚號。曹氏，太原（今山西太原市）人。後唐莊宗之母。傳見本書卷四九、《新五代史》卷一四。

［11］都虞候：官名。唐五代方鎮高級軍官。　乃署知祥爲太原軍城都虞候：中華書局本有校勘記："'軍'下原有'在'字。據本書卷二九《唐莊宗紀三》、《册府》卷三〇九删。"《宋本册府》卷三〇九《宰輔部・佐命門二》："太祖杖鉞雁門也，崇韜爲李克脩之綱紀，從定京師，平巢賊。克脩卒昭義，崇韜累典軍中物務，頗稱廉幹。克脩卒，歸隸太原，以爲典謁，嘗奉使鳳翔稱旨，遷左教練西宫使。帝平定魏博，召充副中門使，與孟知祥俱參機要。崇韜懷抱豁如，果于臨事，承授決斷，略無疑滯，以此恩顧日隆。先是，吴珙、張虔厚相繼爲中門使，功多赤族，故知祥堅請外任。瓊華長公主泣請知祥於皇太后。帝重違之，以知祥爲河東軍城都虞侯。自是崇韜專典要密，軍籌計畫，多所參决，艱難戰伐，靡所不從。"

十八年，從征張文禮於鎮州。[1]契丹引衆至新樂，王師大恐，諸將咸請退還魏州，[2]莊宗猶豫未决，崇韜曰："阿保機祇爲王郁所誘，[3]本利貨財，非敦鄰好，苟前鋒小衄，遁走必矣。況我新破汴寇，威振北地，[4]乘此驅攘，焉往不捷！[5]且事之濟否，亦有天命。"莊宗從

之，王師果捷。明年，李存審收鎮州，[6]遣崇韜閲其府庫，或以珍貨賂遺，一無所取，但市書籍而已。莊宗即位於魏州，崇韜加檢校太保、守兵部尚書，充樞密使。[7]是時，衛州陷於梁，[8]澶相之間，[9]寇鈔日至，民流地削，軍儲不給，羣情恟恟，以爲霸業終不能就，崇韜寢不安席。俄而王彦章陷德勝南城，[10]敵勢滋蔓，汴人急攻楊劉城，[11]明宗在鄆，[12]音驛斷絶。莊宗登城四望，計無所出。崇韜啓曰："段凝阻絶津路，[13]苟王師不南，鄆州安能保守！臣請於博州東岸立栅，[14]以固通津，但慮汴人偵知，徑來薄我，請陛下募敢死之士，日以挑戰，如三四日間賊軍未至，[15]則栅壘成矣。"崇韜率毛璋等萬人夜趨博州，[16]視矛戟之端有光，崇韜曰："吾聞火出兵刃，破賊之兆也。"至博州，渡河版築，晝夜不息。崇韜於葭葦間據胡床假寢，覺褲中冷，左右視之，乃蛇也，其忘疲勵力也如是。[17]居三日，梁軍果至，[18]城壘低庳，沙土散惡，戰具不完，汴將王彦章、杜晏球率衆攻擊，[19]軍不得休息。崇韜身先督衆，四面拒戰，有急即應。城垂陷，俄報莊宗領親軍次西岸，梁軍聞之退走，因解楊劉之圍。[20]

[1]張文禮：人名。被王鎔收爲義子後，賜姓王，名德明。燕（今河北北部）人。五代將領。傳見本書卷六二。　鎮州：州名。治所在今河北正定縣。

[2]契丹：古部族、政權名。公元4世紀中葉宇文部爲前燕攻破，始分離而成單獨的部落，自號契丹。唐貞觀中，置松漠都督府，以其首領爲都督。唐末强盛，916年迭剌部耶律阿保機建立契

丹國（遼）。先後與五代、北宋並立，保大五年（1125）爲金所滅。参見張正明《契丹史略》，中華書局 1979 年版。　新樂：縣名。治所在今河北新樂市。　魏州：州名。治所在今河北大名縣城。

［3］阿保機：人名。姓耶律，契丹迭剌部人。唐末契丹族首領、遼開國太祖。紀見《遼史》卷一、卷二。　王郁：人名。京兆萬年（今陝西西安市長安區）人。唐義武軍節度使王處直之子，李克用之婿。五代、遼將領。傳見《遼史》卷七五。中華書局本有校勘記："'王郁'原作'王都'，據本書卷一三七《契丹傳》、《册府》卷三〇九、卷三四七、《新五代史》卷七二《四夷附録》、《通鑑》卷二七一改。"見《宋本册府》卷三〇九《宰輔部·佐命門二》、明本《册府》卷三四七《將帥部·佐命門八》。

［4］威振北地：明本《册府》卷三四七《將帥部·佐命門八》作"威振北蕃"，《宋本册府》卷三〇九《宰輔部·佐命門二》作"威振北藩"。

［5］焉往不捷：明本《册府》卷三四七《將帥部·佐命門八》作"往無不捷"，《宋本册府》卷三〇九《宰輔部·佐命門二》作"無往不捷"。

［6］李存審：人名。陳州宛丘（今河南淮陽縣）人。原姓符名存。五代後唐將領。傳見本書卷五六、《新五代史》卷二五。　李存審收鎮州：中華書局本有校勘記："'收'，原作'牧'，據殿本、劉本、《册府》卷四〇六改。"見明本《册府》卷四〇六《將帥部·清儉門》。

［7］檢校太保：官名。爲散官或加官，以示恩寵，無實際執掌。　兵部尚書：官名。尚書省兵部主官。掌兵衛、武選、車輦、甲械、廄牧之政令。正三品。　樞密使：官名。樞密院長官。五代時以士人爲之，備顧問，參謀議，出納詔奏，權侔宰相。参見李全德《唐宋變革期樞密院研究》，國家圖書館出版社 2009 年版。　充樞密使：《輯本舊史》卷二九《唐莊宗紀三》同光元年（923）四月

條："以中門使郭崇韜、昭義監軍使張居翰並爲樞密使。"

[8]衛州：州名。治所在河南衛輝市。　衛州陷於梁：《輯本舊史》之影庫本粘籤："陷于梁，原本作'韜于梁'，今據文改正。"

[9]澶：州名。唐、五代初，治所在河南清豐縣。後晋天福四年（939），移治於今河南濮陽市。　相：州名。治所在今河南安陽市。

[10]王彦章：人名。鄆州壽張（今山東梁山縣壽張集）人。五代後梁將領。傳見本書卷二一、《新五代史》卷三二。　德勝：地名。原爲德勝渡，黄河重要渡口之一。李存勗部將李存審築於黄河津要處德勝口，有南北二城。南城在今河南濮陽市東南，北城在今河南濮陽市區。

[11]楊劉城：地名。即今山東東阿縣東北楊柳鄉。唐、五代時有城臨河津，爲黄河下游重鎮，今城已堙廢不可考。

[12]明宗：即李嗣源。沙陀部人。原名邈佶烈，李克用養子。五代後唐明宗，926年至933年在位。紀見本書卷三五至卷四四、《新五代史》卷六。　鄆：州名。治所在今山東東平縣。

[13]段凝：人名。開封（今河南開封市）人。後梁將領。其妹爲朱温美人，因其妹而成爲朱温親信。傳見本書卷七三、《新五代史》卷四五。

[14]博州：州名。治所在今山東聊城市。　臣請於博州東岸立柵：《輯本舊史》之影庫本粘籤："請于博州，原本作'諸於傳州'，今據《册府元龜》改正。"見明本《册府》卷三四七《將帥部·佐命門八》。

[15]如三四日間賊軍未至：《舊五代史考異》："《歐陽史》作十日。"見《新五代史》卷二四《郭崇韜傳》。

[16]毛璋：人名。滄州（今河北滄縣舊州鎮）人。五代後唐將領。傳見本書卷七三、《新五代史》卷二六。

[17]"至博州"至"其忘疲勵力也如是"：明本《册府》卷四三一《將帥部·勤戎事門》條："郭崇韜爲樞密使。莊宗與汴軍戰

於楊劉，勢甚危迫。崇韜率師至博州，斬伐林樹，徹廬舍，渡河，明東庀役徒設版築（原文如此，因無他書可校，姑存之），晝夜不息。崇韜據胡床指揮於葭蘆間，忽覺袴中令（當爲‘冷’），視之，乃蛇也。其忘疲勵力也如是。”“明東”，《四庫》本作“明約束”，疑是。

[18]梁軍果至：《舊五代史考異》：“《歐陽史》作六日壘成，彥章果引兵急攻之。”見《新五代史》卷二四。

[19]杜晏球：人名。原名王晏球。洛陽（今河南洛陽市）人。少遇亂，汴人杜氏養之爲子，因冒姓杜氏，又名杜晏球。五代將領。傳見本書卷六四、《新五代史》卷四六。

[20]因解楊劉之圍：《宋本册府》卷三〇九《宰輔部·佐命門二》：“後從帝親征王德明於鎮州。時德明誘契丹之衆至新樂。虜騎已渡沙河，我軍大恐，或有斂輜車而去者。李存渥斬之，不能止。諸將咸云：‘賊城兵數不少，今濟之以鮮卑，王師不敵。如被中外夾攻，吾族盡矣。不如退師還鄴，俟其罷退，再議起居。’帝猶豫未能決。崇韜曰：‘臣聞阿保機爲王郁所誘，僶俛而來，本利貨財，非敦鄰好。一逢挫敗，遁走必矣。況我新破汴寇，威振北藩。乘此驅攘，無往不捷。況事之濟否，亦有天命。戎狄雖衆，其如我何？’帝然其策，因喻諸將破賊於新城。阿保機遁走。”

未幾，汴將康延孝來奔，[1]崇韜延於卧内，訊其軍機。延孝曰：“汴人將四道齊舉，以困我軍。”莊宗憂之，召諸將謀進取之策。宣徽使李紹宏請棄鄆州，與汴人盟，以河爲界，無相侵寇。[2]莊宗不悦，獨卧帳中，召崇韜謂曰：“計將安出？”對曰：“臣不知書，不能徵比前古，請以時事言之。且陛下十五年起義圖霸，爲雪家讎國耻，甲胄生蟣虱，黎人困輸輓。[3]今纂崇大號，

河朔士庶，[4]日望盪平，纔得汶陽尺寸之地，[5]不能保守，況盡有中原乎！將來歲賦不充，物議咨怨，設若劃河爲界，誰爲陛下守之？臣自延孝言事以來，晝夜籌度，料我兵力，算賊事機，不出今年，雌雄必决。[6]聞汴人决河，自滑至鄆，[7]非舟楫不能濟。又聞精兵盡在段凝麾下，王彦章日寇鄆境，彼既以大軍臨我南鄙，又憑恃決河，謂我不能南渡，志在收復汶陽，此汴人之謀也。臣謂段凝保據河壖，苟欲持我，臣但請留兵守鄴，[8]保固楊劉，陛下親御六軍，長驅倍道，直指大梁，[9]汴城無兵，望風自潰。若使僞主授首，賊將自然倒戈，半月之間，天下必定。如不决此計，傍採浮譚，臣恐不能濟也。今歲秋稼不登，軍糧纔支數月，决則成敗未知，不决則坐見不濟。臣聞作舍道邊，三年不成，帝王應運，必有天命，成敗天也，在陛下獨斷。”莊宗蹶然而興曰：“正合吾意，丈夫得則爲王，失則爲擄，行計決矣！”即日下令軍中，家口並還魏州。莊宗送劉皇后與興聖宫使繼岌至朝城西野亭，[10]泣别曰：“事勢危蹙，今須一決，事苟不濟，無復相見。”乃留李紹宏及租庸使張憲守魏州，[11]大軍自楊劉濟河。是歲，擒王彦章，誅梁氏，降段凝，皆崇韜贊成其謀也。

[1]康延孝：人名。代北（今山西代縣）人。五代後唐將領。傳見本書卷七四、《新五代史》卷四四。

[2]宣徽使：官名。唐始置。宣徽南院使、北院使通稱宣徽使。初用宦官，五代以後改用士人。通掌内諸司及三班内侍之名籍，郊祀、朝會、宴享供帳之儀，檢視内外進奉名物。參見王永平《論唐

代宣徽使》，《中國史研究》1995 年第 1 期；王孫盈政《再論唐代的宣徽使》，《中華文史論叢》2018 年第 3 期。　“宣徽使李紹宏請棄鄆州”至“無相侵寇”：《舊五代史考異》：“《歐陽史》作諸將皆言隔河難守，據《薛史》則請以河爲界者，李紹宏一人耳，與《歐陽史》異。”見《新五代史》卷二四《郭崇韜傳》。

[3]黎人困輪輓：《輯本舊史》之影庫本粘籤：“輪輓，原本作‘輪輓’，今據文改正。”

[4]河朔：古地區名。泛指黄河以北地區。

[5]汶陽：縣名。治所在今山東泰安市。

[6]雌雄必決：中華書局本有校勘記：“‘必’原作‘不並’，據殿本、《册府》卷三四七改。”見明本《册府》卷三四七《將帥部·佐命門八》。

[7]滑：州名。治所在今河南滑縣。　鄆：州名。治所在今山東東平縣。

[8]鄴：地名。即鄴都。治所在今河北大名縣。五代後唐同光元年（923），改魏州爲興唐府，建號東京。三年，改東京爲鄴都。

[9]大梁：地名。位於今河南開封市。

[10]劉皇后：指後唐莊宗皇后劉氏。魏州成安（今河北成安縣）人。傳見本書卷四九、《新五代史》卷一四。　興聖宫使：官名。掌後唐宫衛。《輯本舊史》之影庫本粘籤：“興聖宫使，原本脱‘興’字，今據《歐陽史》增入。”見《新五代史》卷二四。　繼岌：人名。即李繼岌。後唐莊宗長子。傳見本書卷五一、《新五代史》卷一四。　朝城：縣名。治所在今山東莘縣。

[11]租庸使：官名。唐代時爲主持催徵租庸地税的財政官員。後梁、後唐時，租庸使取代鹽鐵、度支、户部，爲主管中央財政的長官。　張憲：人名。晋陽（今山西太原市）人。後唐官員。傳見本書卷六九、《新五代史》卷二八。

莊宗至汴州，宰相豆盧革在魏州，[1]令崇韜權行中書事，[2]俄拜侍中、兼樞密使，[3]及郊禮畢，以崇韜兼領鎮冀節度使，[4]進封趙郡公，邑二千户，賜鐵券，恕十死。[5]崇韜既位極人臣，權傾内外，謀猷獻納，必盡忠規，士族朝倫，頗亦收獎人物，内外翕然稱之。初收汴洛，稍通賂遺，親友或規之，崇韜曰："余備位將相，禄賜巨萬，但僞梁之日，賂遺成風，今方面藩侯，多梁之舊將，皆吾君射鈎斬袪之人也，一旦革面，化爲吾人，堅拒其請，得無懼乎？藏余私室，無異公帑。"及郊禋，崇韜悉獻家財，以助賞給。[6]

[1]汴州：州名。治所在今河南開封市。　豆盧革：人名。先世爲鮮卑慕容氏，後改豆盧氏。唐同州刺史豆盧籍之孫，舒州刺史豆盧瓚之子。五代後唐宰相。傳見本書卷六七、《新五代史》卷二八。

[2]權行中書事：官名。代理宰相職權。當時門下侍郎、同中書門下平章事豆盧革在鄴都。　令崇韜權行中書事：《輯本舊史》卷三〇《唐莊宗紀四》同光元年（923）十月丁亥條："以樞密使、檢校太保、守兵部尚書郭崇韜權行中書公事。"

[3]侍中：官名。秦始置。隋、唐前期爲門下省長官。唐後期多爲大臣加銜，不參與政務，實際職務由門下侍郎執行。正二品。

[4]鎮冀：方鎮名。治所在鎮州（今河北正定縣）。　節度使：官名。唐時在重要地區所設掌握一州或數州軍、民、財政的長官。　以崇韜兼領鎮冀節度使：中華書局本有校勘記："'冀'下原有'州'字，據《册府》卷一三三、《職官分紀》卷一二删。"見《宋本册府》卷一三三《帝王部·褒功門二》。

[5]賜鐵券，恕十死：《輯本舊史》卷三〇《唐莊宗紀四》同

光元年十月甲午條："以樞密使、檢校太保、守兵部尚書、太原縣男郭崇韜爲開府儀同三司、守侍中、監修國史、兼真定尹、成德軍節度使，依前樞密使、太原郡侯，仍賜鐵券。"

[6]洛：州名。即洛陽。治所在今河南洛陽市。　"初收汴洛"至"以助賞給"：參見明本《册府》卷三二三《宰輔部·機略門》。

時近臣勸莊宗以貢奉物爲内庫，珍貨山積。公府賞軍不足，崇韜奏請出内庫之財以助，莊宗沉吟有靳惜之意。是時，天下已定，寇讎外息，莊宗漸務華侈，以逞己欲。洛陽大内宏敞，宫宇深邃，宦官阿意順旨，以希恩寵，聲言宫中夜見鬼物，不謀同辭。莊宗駭異其事，且問其故。宦者曰："見本朝長安大内，[1]六宫嬪御，殆及萬人，椒房蘭室，無不充牣。今宫室大半空閑，鬼神尚幽，[2]亦無所怪。"繇是景進、王允平等於諸道採擇宫人，[3]不擇良賤，内之宫掖。

[1]長安：地名。唐代都城。位於今陝西西安市。

[2]鬼神尚幽：《輯本舊史》之影庫本粘籤："尚幽，原本作'尚豳'，今從《册府元龜》改正。"查《册府》，未見此記載。

[3]景進：人名。籍貫不詳。五代後唐莊宗朝伶官。傳見《新五代史》卷三七。　王允平：人名。籍貫不詳。五代後唐官員。事見本書本卷、《新五代史》卷二四。

三年夏，雨，河大水，壞天津橋。[1]是時酷暑尤甚。莊宗常擇高樓避暑，皆不稱旨。宦官曰："今大内樓觀，不及舊時長安卿相之家，舊日大明、興慶兩宫，樓觀百

數，皆雕楹畫栱，干雲蔽日，今官家納凉無可御者。”[2]莊宗曰：“余富有天下，豈不能辦一樓！”即令宫苑使經營之，[3]猶慮崇韜有所諫止，使謂崇韜曰：“今年惡熱，朕頃在河上，五六月中，與賊對壘，行宫卑濕，介馬戰賊，恒若清凉。今晏然深宫，不耐暑毒，何也？”崇韜奏：“陛下頃在河上，汴寇未平，廢寢忘食，心在戰陣，祁寒溽暑，不介聖懷。今寇既平，中原無事，縱耳目之玩，不憂戰陣，雖層臺百尺，廣殿九筵，未能忘熱於今日也。願陛下思艱難創業之際，則今日之暑，坐變清凉。”莊宗默然。王允平等竟加營造，崇韜復奏曰：“内中營造，日有縻費，屬當災饉，且乞權停。”不聽。

[1]天津橋：洛陽橋名。位於今河南洛陽市。

[2]大明：宫名。與太極宫、興慶宫並爲唐代“三内”。位於今陝西西安市。　興慶：宫名。與太極宫、大明宫並爲唐代“三内”。位於今陝西西安市。

[3]宫苑使：官名。掌管京師地區宫苑和宫苑所屬的莊田管理事務。

初，崇韜與李紹宏同爲内職，及莊宗即位，崇韜以紹宏素在己上，舊人難制，即奏澤潞監軍張居翰同掌樞密，以紹宏爲宣徽使。紹宏大失所望，泣涕憤鬱。崇韜乃置内勾使，應三司財賦，皆令勾覆，令紹宏領之，冀塞其心，紹宏快悵不已。[1]崇韜自以有大功，河洛平定之後，權位熏灼，恐爲人所傾奪，乃謂諸子曰：“吾佐主上，大事了矣，今爲羣邪排毁，吾欲避之，歸鎮常

山，爲菟裘之計。”[2]其子廷説等曰：[3]“大人功名及此，一失其勢，便是神龍去水，爲螻蟻所制，尤宜深察。”門人故吏又謂崇韜曰：“侍中勳業第一，雖羣官側目，必未能離間。宜於此時堅辭機務，上必不聽，是有辭避之名，塞其讒慝之口。魏國夫人劉氏有寵，[4]中宫未正，宜贊成册禮，上心必悦。内得劉氏之助，羣閹其如余何！”崇韜然之，於是三上章堅辭樞密之位，優詔不從。崇韜乃密奏請立魏國夫人爲皇后，復奏時務利害二十五條，皆便於時，取悦人心，[5]又請罷樞密院事，各歸本司，以輕其權，然宦官造謗不已。三年，堅乞罷兼領節鉞，許之。[6]

[1]澤潞：方鎮名。治所在潞州（今山西長治市）。　監軍：官名。爲臨時差遣，代表朝廷協理軍務、督察將帥。五代時常以宦官爲監軍。　張居翰：人名。籍貫不詳。唐末五代宦官。傳見本書卷七二、《新五代史》卷三八。　内勾使：官名。五代後唐莊宗時，以馬紹宏爲内勾使，掌勾三司財賦。　“初”至“紹宏快悵不已”：“崇韜與李紹宏同爲内職”，《輯本舊史》之影庫本粘籤：“内職，原本作‘納職’，考《五代會要》云：五代承唐制，樞密使爲内職。原本‘納’字誤，今改正。”檢《會要》，未見此記載。但《會要》卷一六内侍省條：“後唐同光元年十一月，以左監門衛將軍判内侍省李紹宏兼内句。紹宏在莊宗皇帝龍潛日，爲中門使。及即位，命潞州監軍張居翰與郭崇韜爲樞密使，以紹宏爲宣徽使，心常不足。崇韜知之，乃置内句之名，凡天下錢穀簿書，悉委裁決。州縣供帳煩費，議者非之。”

[2]常山：此指稱鎮州。治所在今河北正定縣。　菟裘：指代官員告老退隱。

［3］廷説：人名。郭崇韜之子。中華書局本有校勘記："'廷説'，原作'延説'，本卷下文：'崇韜有子五人……廷説誅於洛陽。'《通鑑》卷二七四：'乃下詔暴郭崇韜之罪，并殺其子廷説、廷讓、廷議。'據改。"見《通鑑》卷二七四天成元年（926）正月甲子條。

［4］魏國夫人劉氏：即後唐莊宗神閔敬皇后劉氏。莊宗同光二年（924）二月，立劉氏爲皇后。劉氏出生低微，好興利聚財。事見本書卷四九《唐后妃列傳》、《新五代史》卷五《唐本紀》。《輯本舊史》之影庫本粘籤："魏國，原本作'衛國'，今據《歐陽史》改正。"見《新五代史》卷二四《郭崇韜傳》。

［5］復奏時務利害二十五條，皆便於時，取悦人心：《輯本舊史》卷三一《唐莊宗紀五》同光二年二月癸巳條："樞密使郭崇韜奏時務利便一十五件，優詔褒美。"與傳"二十五條"異。

［6］節鉞：即符節與斧鉞。古代帝王以授出征將帥，"節"以明信，"鉞"以示威。　三年，堅乞罷兼領節鉞，許之：《舊五代史考異》於此處録明本《册府》卷四〇九文字，但不完整。中華書局本針對此《考異》有校勘記。現摘録明本《册府》卷三三一、卷四〇九兩條，略去中華書局本有校勘記。卷三三一《宰輔部·退讓門二》："後唐郭崇韜爲樞密使、中書令。同光二年二月上表陳情曰：'臣聞底力辭封者，貞臣之至節；慢官速戾者，有國之常刑。其或任重才輕，智小謀大。縱君恩念舊，貽覆餗之譏；倘官業無章，何顯陟明之道？臣本轅牙小校，樗朽凡姿。在公雖歷於年深，臨事莫聞於日益。頃者皇帝陛下雄圖方運，陽德初潛，爰將整於規繩，乃俾司於機務。此際臣亦内循短淺，累具退陳。而陛下天睠不回，國權堅付。在一時而難違重命，許五年而别選通人。邇來雖昧經綸，强施勤拙，至於戡夷巨孽，纘紹鴻基，雪三百年社稷深冤，立十九葉宗祊大事，皆謀從聖慮，斷在宸衷。兼列校之同心，非微臣之獨計。況今名昇台輔，任處樞衡。珥貂冕於朝端，統龍旌於閫外。恩榮有進，功德無稱。終憂即鹿之嫌，寧抑懸貆之刺。今則陛

下功全報本，禮極配天，衣冠盡列於明廷，名器宜推於碩德。況臣才謨素寡，齒髮漸衰。以有限之精神，當無窮之事務，必須下傾肝血，上告天聰。冀勞逸之稍均，庶初終之可保。伏望陛下念臣不逮，察臣繇衷。其樞密使比列親班，實爲要執。即復本朝規制，宜選内官掌臨。一則使權職有分，一則免心力俱耗。輒兹傾瀝，非敢闇欺。干犯冕旒，伏增隕越。’詔報曰：‘卿名高釣渭，才大築巖。夙符封社於周王，早契夢魂於殷主。顧君臣之際會，實社稷之威靈。所以翊贊沖人，纘承丕祚。頃歲以梁城構逆，唐室罹災，群兇競起於萑蒲，九廟皆生於禾黍。忍耻而徒思嘗膽，平居而未見沃心。爾能竭乃沉謀，資予大計，遂訓齊虎旅，平殄梟巢，文軌混同，梯航盡入，延景運於綴旒之後，建殊庸於誓帶之前。今況纔告類於郊壇，方卜年於洛宅。始欲與卿平章理道，講貫化源，長遵馭朽之規，每聽從繩之諫。雖遷廊廟，尚委樞機。縱領藩垣，不離都輦。而又别頒金篆，求佐瑶圖。今則忽睹表章，遽辭繁揔。進退徒聞於知足，始終寧稱於注懷。是宜勵力扶持，勉思翼戴。既叶雲從之義，更申日益之功。將致君而須歷重權，方爲主而難持謙柄。覽卿陳乞，俾我焦勞。宜體朕懷，即斷來表。’崇韜又表曰：‘臣以機務寔繁，智力俱困，輒有聞天之請，願辭密地之權。豈謂聖旨俄宣，皇情未允，捧對而水湯滿腹，揣脩而芒刺盈軀。臣以委質無材，受恩踰等，强展神扶之力，每懷曠敗之憂。自陛下委寄重難，纏綿歲序，臨事而退思補過，竭力而知無不爲。當陛下沿河料敵之時，對寨交鋒之日，臣若固將丹素，堅有讓陳，不唯招避事之譏，抑亦顯不忠之罪。況今元兇已殄，丕構彌隆，圓丘陳報本之儀，寰海被無私之化。英髦星萃，拔邁雲臻。緬惟不逮之才，豈掩旁求之命？矧乃一身多疾，三處持權，捫心益懼於滿盈，持德每虞於忝據。伏望陛下特迴睿炤，廼悉煩襟，終乞輟此要樞，歸於内列。一則表大國有進賢之道，二則免微臣獨竊位之名。干冒宸嚴，無任迫切。’詔答曰：‘卿忠孝有稱，古今無比。竭智術而扶持景運，蹈讓謙和而統冠群英。鬱有勳庸，刊於簡册。昨以剪平元惡，開拓丕

基，權謀雖出於朕懷，叶贊全資於爾力。是乃委司鈞軸，任揔兵符。樞機兼掌於金藏，盟約備頒於鐵券。實諧倚注，雅稱褒隆。豈其忽覽封章，堅辭密務，在卿幽明監德，内外推仁，可保於千載一時，何軫於前思後慮？況朕綏寧寰海纔欲半年，告類圓丘未踰一月。耆德便歸退静，群情莫測其緣。方賴嘉謀，永俾闕政。卿宜勉持幹恪，永惓繁難，更圖遠大之功，共保初終之道。’其年八月，崇韜又上表曰：‘臣伏念朝廷起軍之際，陛下决於宸斷，撫臣背曰：“此去必蕩寇讎，可期清泰。事了之後，與卿一鎮。”臣仰奉成算，固絶他疑。果賴神謀，尋平僞孽。今乾坤交泰，弓矢載櫜，徽章以正於母儀，嘉禮獲申於元子。須傾血懇，仰瀆宸嚴。但以密近之權，合歸重望，鈞衡之柄，宜屬通材。至於所領節旄，雖是陛下所許，伏緣鎮州在北，狂虜未除，慮有奔衝，須爲控扼。亦希付於上將，所貴殿彼一隅。伏望陛下道極炤臨，仁深覆載，念臣久司繁重，憫臣方在衰羸，退放居閒，俾從遵養。臣無任祈天，瀝懇之至。’帝召崇韜，面諭之曰：‘吾在朝城，許卿重鎮，不許退閒。卿與國同休，去將安往？促復乃位，餘勿復言。’”卷四〇九《將帥部·退讓門二》：“後唐郭崇韜爲侍中、樞密使，兼領鎮州。莊宗謂之曰：‘吾欲移卿兼領汴州，授總管鎮陽節制。’總管則明宗也，與李紹斌爲聲援，庶濟軍機。崇韜曰：‘計無便於此者。’因曰：‘臣内權機務，外預平章，日侍天顔，手持國柄，名位亦已極矣，恩寵亦已加矣。如此富貴，何假遥領藩方？臣中夜思忖，歷數創業功臣，有隨陛下出生入死、接鋒冒刃而經百餘戰者，今位不過典方州，恩不過功臣名號。臣惟涯分，徒以指蹤畫策，仰贊睿謨，餘無汗馬之勞。今日窮榮極盛，陛下雖私臣恩舊，然萬手所指，臣何自安？臣每歷懇披陳，聖旨未迴臨炤。今陛下議安邊事，委任勳賢，獲臣初心，不勝大願。其汴州節制，乞陛下擇親王鎮撫。臣晝夜思之，汴州關東之會府，當天下之要衝，地富人繁，國之根本。除命親賢勳德，不可輕授於人。縱臣領之，臣又不歸治所，令人攝職，何異空城？臣與國之情，議須及此，乞不以臣爲慮，别慊聖懷，取

臣芻議爲使。’帝曰：‘卿言忠藎，予忍奪卿土宇乎！’翼日，上章辭節鎮，批答云：‘豈可朕居億兆之尊，俾卿無尺寸之地。卿雖堅讓，朕意何安？’崇韜再表懇瀝，批答曰：‘朕以卿久司樞要，常處重難。或遲疑未决之機，詢諸先見；或憂撓不定之事，訪自必成。至於贊朕丕基，登兹大寶，衆興異論，卿獨堅言，天命不可違，唐祚必須復，請納家族，明設誓文。及其密取汶陽，興師入不測之地；潛通河口，貢謀占必濟之津。人所不知，卿惟合意。迨中都嘯聚，群黨窺凌，朕决議平妖，兼收浚水，雖云先定，更審前籌，果盡贊成，悉諧沈算，斯即何須冒刃，始顯殊庸。况常山陸梁，正虞未復，卿能撫衆，共定群心，惟朕知卿，他人寧表。所以賞卿之寵，實異等倫；沃朕之心，非虛渥澤。今卿再三謙遜，重疊退辭，始納常陽，請歸上將，又稱梁苑不可兼權。如此周身，貴全名節，古人操守，未可比方，既覽堅辭，難沮來表。其再讓汴州，所宜依允。’”《輯本舊史》卷三二《唐莊宗紀六》同光三年二月條：“樞密使郭崇韜上表辭兼鎮。時帝命李紹斌鎮幽州，以其時望未重，欲以李嗣源爲鎮帥，且爲紹斌聲援，移郭崇韜兼領汴州。召崇韜議之，崇韜奏以爲當，因懇辭兼領。”

會客省使李嚴使西川迴，言王衍可圖之狀，[1]莊宗與崇韜議討伐之謀，方擇大將。時明宗爲諸道兵馬總管當行，[2]崇韜自以宦者相傾，欲立大功以制之，乃奏曰：“契丹犯邊，北面須藉大臣，全倚總管鎮禦。臣伏念興聖宫使繼岌，德望日隆，大功未著，宜依故事，以親王爲元帥，付以討伐之權，俾成其威望。”[3]莊宗方愛繼岌，即曰：“小兒幼稚，安能獨行，卿當擇其副。”崇韜未奏，莊宗曰：“無踰於卿者。”乃以繼岌爲都統，崇韜爲招討使。[4]是歲九月十八日，率親軍六萬，進討蜀

川。[5]崇韜將發，奏曰："臣以非才，謬當戎事，仗將士之忠力，憑陛下之威靈，庶幾克捷。若西川平定，陛下擇帥，如信厚善謀，事君有節，則孟知祥有焉，望以蜀帥授之。如宰輔闕人，張憲有披榛之勞，爲人謹重而多識。其次李琪、崔居儉，中朝士族，富有文學，可擇而任之。"[6]莊宗御嘉慶殿，置酒宴西征諸將，[7]舉酒屬崇韜曰："繼岌未習軍政，卿久從吾戰伐，西面之事，屬之於卿。"

[1]客省使：官名。唐代宗時始置，五代沿置。客省長官，掌接待四方奏計及外族使者。　李嚴：人名。幽州（今北京市）人。五代後唐官員。傳見本書卷七〇、《新五代史》卷二六。　西川：方鎮名。劍南西川的簡稱。治所在成都府（今四川成都市）。　王衍：人名。許州舞陽（今河南舞陽縣）人。王建幼子，五代十國前蜀皇帝。傳見本書卷一三六、《新五代史》卷六三。

[2]諸道兵馬總管：官名。掌管諸道兵馬軍事。

[3]元帥：官名。即"天下兵馬大元帥"。總掌天下兵馬。爲特設超品之官職。

[4]都統：官名。即行營都統。唐末設諸道行營都統，作爲各道出征兵士的統帥。　招討使：官名。唐始置。戰時任命，兵罷則省。常以大臣、將帥或地方軍政長官兼任。掌招撫討伐等事務。　乃以繼岌爲都統，崇韜爲招討使：伐蜀之事詳見《輯本舊史》卷三三《唐莊宗紀七》同光三年（925）九月。

[5]蜀川：此處指代前蜀政權。

[6]李琪：人名。河西燉煌（今甘肅敦煌市）人。後梁、後唐官員。傳見本書卷五八、《新五代史》卷五四。　崔居儉：人名。清河（今河北清河縣）人。崔蕘之子。五代大臣。傳見本書附録、

《新五代史》卷五五。　“崇韜將發”至“可擇而任之”：《宋本册府》卷四一三《將帥部·薦賢門》：“後唐郭崇韜爲樞密使。會魏王征蜀，崇韜爲副。將發，上疏曰：‘陛下委臣以戎事，仗將士之忠孝，憑陛下之威靈，鼓行而西，庶幾集事。如蜀川平定，陛下擇帥撫臨，以臣料之，信厚善謀，事君有禮，則北京副留守孟知祥有焉。願陛下使之爲帥。如臣出征之後，宰輔闕人，則鄴都副留守張憲有披荆草昧之勞，爲人謹重而多識；其次則吏部尚書李琪、御史中丞崔居儉，皆中朝士族，富有文學。陛下擇才相之，臣亦無敢謬舉。餘則臣所不知。”

[7]嘉慶殿：宮殿名。位於今河南洛陽市。　置酒宴西征諸將：中華書局本有校勘記：“‘西征’原作‘征西’，據《永樂大典》卷一八二〇八引五代《薛史》、《册府》卷七八、卷三二三乙正。影庫本粘籤：征西，原本脱‘征’字，今據《册府元龜》增入。”見明本《册府》卷七八《帝王部·委任門二》、卷三二三《宰輔部·總兵門》。

軍發，十月十九日入大散關，[1]崇韜以馬箠指山險謂魏王曰：“朝廷興師十萬，已入此中，儻不成功，安有歸路？今岐下飛輓，才支旬日，必須先取鳳州，[2]收其儲積，方濟吾事。”乃令李嚴、康延孝先馳書檄，以諭僞鳳州節度使王承捷。[3]及大軍至，承捷果以城降，得兵八千，軍儲四十萬。次至故鎮，僞命屯駐指揮使唐景思亦以城降，[4]得兵四千。又下三泉，得軍儲三十餘萬。自是師無匱乏，軍聲大振。[5]其招懷制置，官吏補署，[6]師行籌畫，軍書告諭，皆出於崇韜，繼岌承命而已。莊宗令内官李廷安、李從襲、吕知柔爲都統府紀綱，[7]見崇韜幕府繁重，將吏輻輳，降人争先賂遺，都

統府唯大將省謁，牙門索然，繇是大爲詬耻。及六軍使王宗弼歸款，[8]行賂先招討府。王衍以成都降，崇韜居王宗弼之第，宗弼選王衍之妓妾珍玩以奉崇韜，求爲蜀帥。[9]又與崇韜子廷誨謀，[10]令蜀人列狀見魏王，請奏崇韜爲蜀帥。繼岌覽狀謂崇韜曰："主上倚侍中如衡華，[11]安肯棄元老於蠻夷之地，況余不敢議此。"李從襲等謂繼岌曰："郭公收蜀部人情，意在難測，王宜自備。"由是兩相猜察。[12]

[1]大散關：關隘名。位於今陝西寶鷄市大散嶺上。

[2]魏王：即李繼岌。後唐莊宗長子，時封魏王。傳見本書卷五一、《新五代史》卷一四。　岐下：岐山以下。此指鳳翔。　鳳州：州名。治所在今陝西鳳縣。

[3]王承捷：人名。籍貫不詳。五代前蜀將領。事見本書本卷、卷三三、卷五一。《輯本舊史》之影庫本粘籤："王承捷，原本作'丞捷'，今據《九國志》改正。"查《九國志》，未見此記載。

[4]故鎮：地名。又作"固鎮"。位於今甘肅徽縣。　屯駐指揮使：官名。唐末、五代藩鎮皆置都指揮使、指揮使，爲統兵將領。　唐景思：人名。秦州（今甘肅天水市）人。五代將領。傳見本書卷一二四、《新五代史》卷四九。

[5]三泉：縣名。治所在今陝西寧强縣。　軍聲大振：明本《册府》卷四一八《將帥部·嚴整門》："郭崇韜爲樞密使，從魏王平蜀。大軍入西川城，戒諸軍剽掠，法令嚴峻，軍士强估一錢，必論之法，市不改肆。"

[6]官吏補署：中華書局本有校勘記："'署'原作'置'，據《册府》卷三六七、卷六七〇改。"見《宋本册府》卷三六七《將帥部·機略門七》、卷六七〇《内臣部·誣構門》。

[7]李廷安：人名。籍貫不詳。後唐宦官。事見本書卷七四。李從襲：人名。籍貫不詳。後唐宦官。事見《通鑑》卷二七四。吕知柔：人名。籍貫不詳。後唐宦官。事見本書卷三三。

[8]六軍使：官名。總領左右羽林、左右龍武、左右神武六部皇宫禁軍。《輯本舊史》之影庫本粘籤："六軍，原本作'大軍'，今據《九國志》改正。"見《九國志》卷一二《王宗弼傳》。　王宗弼：人名。籍貫不詳。王建養子，前蜀高級官員。事見本書本卷、卷三三。

[9]成都：府名。治所在今四川成都市。　"王衍以成都降"至"求爲蜀帥"："求爲蜀帥"，中華書局本有校勘記："《册府》卷六七〇同，句下殿本有'崇韜許之'四字。《舊五代史考異》卷二：案《通鑑》作崇韜陽許之。"見《宋本册府》卷六七〇《内臣部·誣構門》、《通鑑》卷二七四同光三年十二月條。《舊五代史考異》："案《九國志·王宗弼傳》：宗弼送款于魏王，乃還成都，盡輦内藏之寶貨，歸于其家。魏王遣使徵犒軍錢數千萬，宗弼輒靳之，魏王甚怒。及王師至，令其子承班齎衍玩用直百萬，獻于魏王，并賂郭崇韜，請以己爲西川節度使。魏王曰：'此吾家之物，焉用獻爲！'魏王入城，翼日，數其不忠之罪，並其子斬之于市。"

[10]廷誨：人名。即郭廷誨。代州雁門（今山西代縣）人。郭崇韜之子。事見本書本卷。

[11]衡、華：即衡山、華山。皆爲五嶽之一。

[12]由是兩相猜察：此段參見《宋本册府》卷六七〇《内臣部·誣構門》。

莊宗令中官向延嗣賫詔至蜀，[1]促班師，詔使至，崇韜不郊迎，延嗣憤憤。從襲謂之曰："魏王，貴太子也，主上萬福，郭公專弄威柄，旁若無人。昨令蜀人請己爲帥，郭廷誨擁徒出入，貴擬王者，所與狎遊，無非

軍中驍果，蜀中凶豪，晝夜妓樂歡宴，指天畫地，父子如此，可見其心。今諸軍將校，無非郭氏之黨，魏王懸軍孤弱，一朝班師，必恐紛亂，吾屬莫知暴骨之所！"因相向垂涕。延嗣使還具奏，皇后泣告莊宗，乞保全繼岌。莊宗復閱蜀簿曰："人言蜀中珠玉金銀，不知其數，何如是之微也！"延嗣奏曰："臣問蜀人，知蜀中寶貨皆入崇韜之門，言崇韜得金萬兩，銀四十萬，名馬千匹，王衍愛妓六十，樂工百，犀玉帶百。廷誨自有金銀十萬兩，犀玉帶五十，藝色絶妓七十，樂工七十，他財稱是。魏王府，蜀人賂遺不過匹馬而已。"莊宗初聞崇韜欲留蜀，心已不平，又聞全有蜀之妓樂珍玩，怒見顏色。即令中官馬彦珪馳入蜀視崇韜去就，[2]如班師則已，如實遲留，則與繼岌圖之。彦珪見皇后曰："禍機之發，間不容髮，何能數千里外復稟聖旨哉！"皇后再言之，莊宗曰："未知事之實否，詎可便令果決？"皇后乃自爲教與繼岌，令殺崇韜。時蜀土初平，山林多盜，孟知祥未至，崇韜令任圜、張筠分道招撫，[3]慮師還後，部曲不寧，故歸期稍緩。[4]

[1]中官：即宦官。　向延嗣：人名。籍貫不詳。後唐宦官。事見《通鑑》卷二七四。《輯本舊史》之影庫本粘籤："向延嗣，原本作'廷嗣'，今據《通鑑》改正。"見《通鑑》卷二七四同光三年（925）閏十二月辛亥條。

[2]馬彦珪：人名。籍貫不詳。後唐宦官。事見《通鑑》卷二七四。

[3]任圜：人名。京兆三原（今陝西三原縣）人。五代後唐將

領、大臣。傳見本書卷六七、《新五代史》卷二八。　張筠：人名。海州（今江蘇連雲港市海州區）人。五代後梁、後唐軍閥。傳見本書卷九〇、《新五代史》卷四七。

［4］故歸期稍緩：此段參見《宋本册府》卷六七〇《内臣部·誣構門》。

四年正月六日，馬彦珪至軍，决取十二日發成都赴闕，令任圜權知留事，以俟知祥。諸軍部署已定，彦珪出皇后教以示繼岌，繼岌曰："大軍將發，他無釁端，安得爲此負心事！公輩勿復言。"從襲等泣曰："聖上既有口敕，王若不行，苟中途事泄，爲患轉深。"繼岌曰："上無詔書，徒以皇后教令，安得殺招討使！"從襲等巧造事端以間之，繼岌既無英斷，僶俛從之。詰旦，從襲以繼岌之命召崇韜計事，繼岌登樓避之，崇韜入，左右檛殺之。崇韜有子五人，廷信、廷誨隨父死於蜀，[1]廷説誅於洛陽，廷讓誅於魏州，[2]廷議誅於太原，[3]家産籍没。明宗即位，詔令歸葬，仍賜太原舊宅。廷誨、廷讓各有幼子一人，姻族保之獲免。崇韜妻周氏，携養於太原。[4]

［1］廷信：人名。郭崇韜之子。事見《新五代史》卷五。

［2］廷讓：人名。郭崇韜之子。《輯本舊史》之影庫本粘籤："廷讓，原本作'承誼'，今據《歐陽史》改正。"見《新五代史》卷二四《郭崇韜傳》。

［3］廷議：人名。郭崇韜之子。　太原：府名。治所在今山西太原市。

［4］周氏：人名。郭崇韜之妻。事迹不詳。　携養於太原：此

段參見《宋本册府》卷六七〇《内臣部·誣構門》。

崇韜服勤盡節，佐佑王家，草昧艱難，功無與比，西平巴蜀，宣暢皇威，[1]身死之日，夷夏冤之。然議者以崇韜功烈雖多，事權太重，不能處身量力，而聽小人誤計，欲取太山之安，如急行避跡，其禍愈速。性復剛戾，遇事便發，既不知前代之成敗，又未體當時之物情，以天下爲己任，孟浪之甚也。[2]及權傾四海，車騎盈門，士人諂奉，漸别流品。同列豆盧革謂崇韜曰：[3]"汾陽王，代北人，徙家華陰，[4]侍中世在鴈門，得非祖德歟？"崇韜應曰："經亂失譜諜，先人常云去汾陽王四世。"革曰："故祖德也。"因是旌别流品，援引薄徒，委之心腹；佐命勳舊，一切鄙棄。舊僚有干進者，崇韜謂之曰："公雖代邸之舊，然家無門閥，深知公才技，不敢驟進者，慮名流嗤余故也。"及征蜀之行，於興平拜尚父子儀之墓。[5]嘗從容白繼岌曰："蜀平之後，王爲太子，待千秋萬歲，神器在手，宜盡去宦官，優禮士族，不唯疏斥閹寺，騸馬亦不可復乘。"[6]由是内則伶官巷伯，[7]怒目切齒；外則舊僚宿將，戟手痛心。掇其族滅之禍，有自來矣。復以諸子驕縱不法，既定蜀川，輦運珍貨，實於洛陽之第，籍没之日，泥封尚濕。雖莊宗季年爲羣小所惑，致功臣不保其終，亦崇韜自貽其災禍也。《永樂大典》卷二萬二千一百六十。[8]

[1]宣暢皇威：中華書局本有校勘記："句下《册府》卷六七〇有'誣構而誅其禍已酷'八字。"見《宋本册府》卷六七〇《内臣

部·誣構門》。

[2]孟浪：魯莽輕率。

[3]漸别流品。同列豆盧革謂崇韜：中華書局本有校勘記："'别'，《册府》卷三三六作'學'。"《舊五代史考異》："自'漸别流品'至此十二字，原本闕佚，今從《册府元龜》增入。"見明本《册府》卷三三六《宰輔部·識闇門》。

[4]汾陽王：即郭子儀。華州鄭縣（今陝西渭南市華州區）人。唐代大將，平定安史之亂的功臣。傳見《舊唐書》卷一二〇、《新唐書》卷一三七。　代北：方鎮名。治所在代州（今山西代縣）。　華陰：縣名。治所在今陝西華陰市。

[5]興平：縣名。治所在今陝西興平市。　子儀：人名。即郭子儀。

[6]騸馬亦不可復乘：中華書局本有校勘記："'亦'字原闕，據明本《册府》卷九四二、《新五代史》卷二四《郭崇韜傳》、《通鑑》卷二七四補。"《舊五代史考異》："《通鑑》作'扇馬'，考胡三省注引《薛史》亦作'騸馬'，今仍其舊。"見明本《册府》卷九四二《總録部·禍敗門》、《新五代史》卷二四《郭崇韜傳》、《通鑑》卷二七四同光三年閏十二月辛亥條。

[7]由是内則伶官巷伯：中華書局本有校勘記："'由是'二字原闕，據《册府》卷九四二、《通鑑》卷二七四補。"

[8]《大典》卷二二一六〇"郭"字韻"姓氏（五）"事目。

史臣曰：夫出身事主，得位遭時，功不可以不圖，名不可以不立。洎功成而名遂，則望重而身危，貝錦於是成文，良玉以之先折，故崇韜之誅，蓋爲此也。是知强吴滅而范蠡去，全齊下而樂生奔，[1]苟非其賢，孰免於禍，明哲之士，當鑒於斯！《永樂大典》卷二萬二千一百六十。[2]

［1］范蠡：人名。春秋末政治家、軍事家。輔佐越王勾踐滅吴國。事見《史記》卷四一。　樂生：人名。即樂毅。戰國後期軍事家。輔佐燕昭王攻打齊國，振興燕國。傳見《史記》卷八〇。

［2］《大典》卷二二一六〇“郭”字韻“姓氏（五）”事目。

舊五代史　卷五八

唐書三十四

列傳第十

趙光逢　弟光胤

趙光逢，字延吉。曾祖植，嶺南節度使。[1]祖存約，興元府推官。[2]父隱，右僕射。[3]光逢與弟光裔，皆以文學德行知名。[4]

[1]植：人名。即趙植。曾任工部侍郎、嶺南節度使。事見《舊唐書》卷一三。　嶺南：方鎮名。治所在今廣東廣州市。　節度使：官名。唐時在重要地區所設掌握一州或數州軍、民、財政的長官。

[2]存約：人名。即趙存約。曾任李絳幕府。事見《舊唐書》卷一六、卷一七下。　興元府：府名。治所在今陝西漢中市。　推官：官名。唐肅宗以後置，五代沿置。爲節度、觀察、團練、防禦等使的屬官。度支、鹽鐵等使也置推官掌理刑案之事。　推官：中華書局本有校勘記：“‘推官’，《新唐書》卷七三下《宰相世系表

三》下作‘判官’。按《舊唐書》卷一七下《文宗紀》：‘興元軍亂……判官薛齊、趙存約死之。’”

[3]隱：人名。即趙隱。京兆奉天（今陝西乾縣）人。唐懿宗、僖宗朝宰相。傳見《舊唐書》卷一七八、《新唐書》卷一八二。　右僕射：官名。即尚書右僕射。秦始置。隋、唐前期以左、右僕射佐尚書令總理六官，綱紀庶務；如不置尚書令，則總判省事，爲宰相之職。唐後期多爲大臣加銜。從二品。　父隱，右僕射：《舊五代史考異》：“《舊唐書·趙隱傳》云：隱，字大隱，京兆奉天人也。大中三年，應進士登第，累加尚書左僕射，廣明中卒。考《薛史》作右僕射，與《舊唐書》異。”見《舊唐書》卷一七八《趙隱傳》。《新唐書》卷一八二《趙隱傳》同。《舊唐書》卷一九下《僖宗紀》中和元年（881）五月條：“特進尚書右僕射趙隱卒，贈司空。”

[4]光裔：人名。即趙光裔。籍貫不詳。五代官員。事見本書卷三二、卷一二八，《新五代史》卷六五。《舊五代史考異》：“《舊唐書》：光裔，光啓三年進士擢第，累遷司勳郎中、弘文館學士，改膳部郎中、知制誥。季述廢立之後，旅遊江表以避患，嶺南劉隱深禮之，奏爲副使，因家嶺外。”見《舊唐書》卷一七八《趙光裔傳》。

光逢幼嗜墳典，[1]動守規檢，議者目之爲“玉界尺”。[2]僖宗朝，登進士第。[3]踰月，辟度支巡官，歷官臺省，内外兩制，俱有能名，轉尚書左丞、翰林承旨。[4]

[1]墳典：亦稱“典墳”。泛指古代書籍。

[2]議者目之爲“玉界尺”：《輯本舊史》之原輯者案語：“《歐陽史》：時人稱其方直溫潤，謂之‘玉界尺’。”見《新五代史》卷

三五《趙光逢傳》。亦見《宋本册府》卷七二九《幕府部·辟署門四》、卷七七七《總録部·名望門二》。明本《册府》卷七九四《總録部·矜嚴門》:"後唐趙光逢風神秀異,從微至著,動守規檢,見者肅然,議者器之,自爲'玉界尺'。"

[3]僖宗:即唐僖宗李儇。873年至888年在位。黄巢起義後,於廣明元年(880)占據長安,唐僖宗被迫奔蜀。紀見《舊唐書》卷一九下、《新唐書》卷九。 僖宗朝,登進士第:《輯本舊史》之原輯者案語:"原本作'昭宗朝,登進士第'。據《舊唐書》,光逢係乾符五年進士,當作'僖宗',今改正。"見《舊唐書》卷一七八《趙光逢傳》。《宋本册府》卷七二九、卷七七七均作"昭宗朝,登進士第"。

[4]度支巡官:官名。度支使屬官。地位在判官、推官之下,掌巡察及有關事務。 辟度支巡官:《册府》卷七二九後有"鳳翔支使"四字。 臺省:泛指御史臺、尚書省、中書省、門下省。 内外兩制:唐開元末置學士院,翰林學士入院一年,則加知制誥銜,專掌任免宰相、册立太子、宣布征伐等特殊詔令,稱爲内制。而中書舍人所撰擬的詔敕稱爲外制。兩種官員總稱兩制。 尚書左丞:官名。尚書省佐貳官。唐中期以後,與尚書右丞實際主持尚書省日常政務,權任甚重。正四品上。後梁開平二年(908)改爲左司侍郎,後唐同光元年(923)復舊爲左丞。正四品。 翰林承旨:官名。爲翰林學士之首。掌拜免將相、號令征伐等詔令的起草。《舊唐書·職官志二·翰林院》:"例置學士六人,内擇年深德重者一人爲承旨,所以獨承密命故也。" "踰月"至"轉尚書左丞、翰林承旨":《舊五代史考異》:"《舊唐書》云:釋褐鳳翔推官,入朝爲監察御史,丁父憂免。僖宗還京,授太常博士,歷禮部司勳吏部三員外郎,集賢殿學士,轉禮部郎中。景福中,以祠部郎中知制誥,尋召充翰林學士,正拜中書舍人、户部侍郎、學士承旨,改兵部侍郎、尚書左丞,學士如故。《舊唐書》所載光逢爵秩較《薛史》爲詳,今備録之。"見《舊唐書》卷一七八。又《舊唐書》卷

二〇上《昭宗紀》乾寧二年（895）三月條："以翰林學士承旨、兵部侍郎、知制誥趙光逢爲尚書左丞，依前充職。"

昭宗幸石門，[1]光逢不從，昭宗遣内養戴知權詔赴行在，[2]稱疾解官。駕在華州，拜御史中丞。[3]時有道士許巖士、[4]瞽者馬道殷出入禁庭，[5]驟至列卿宫相，因此以左道求進者衆，光逢持憲紀治之，皆伏法，自是其徒頗息。改禮部侍郎、知貢舉。[6]光化中，[7]王道寖衰，南北司爲黨，光逢素惟慎静，慮禍及己，因挂冠伊洛，[8]屏絶交遊，凡五六年。[9]門人柳璨登庸，[10]除吏部侍郎、太常卿。[11]入梁爲中書侍郎、平章事，[12]累轉左僕射、兼租庸使，[13]上章求退，以太子太保致仕。[14]梁末帝愛其才，徵拜司空、平章事。[15]無幾以疾辭，授司徒致仕。[16]

[1]昭宗：即唐昭宗李曄，888年至904年在位。紀見《舊唐書》卷二〇上、《新唐書》卷一〇。　石門：地名。位於今陝西三原縣。

[2]内養：指代宦官。　戴知權：人名。唐昭宗時宦官。本書僅此一見。　行在：即行在所。指帝王行幸所在之地。

[3]華州：州名。治所在今陝西渭南市華州區。　御史中丞：官名。如不置御史大夫，則爲御史臺長官。掌司法監察。正四品下。

[4]許巖士：人名。籍貫不詳。唐昭宗時曾任將作監。事見《舊唐書》卷二〇上、卷一七九。　時有道士許巖士：《舊五代史考異》："原本脱'士'字，今據《新唐書》及《通鑑》增入。"見《新唐書》卷一〇《昭宗紀》乾寧四年（897）二月條、卷一八三

《朱朴傳》，《通鑑》卷二六〇乾寧三年七月條、卷二六一乾寧四年二月條。又見《舊唐書》卷二〇上《昭宗紀》乾寧四年八月條、卷一七九《朱朴傳》，明本《册府》卷三三五《宰輔部·竊位門》朱朴條。

［5］馬道殷：人名。籍貫不詳。唐末官員。事見本書卷一五。

［6］禮部侍郎：官名。尚書省禮部次官。協助禮部尚書掌禮儀、祭享、貢舉之政。正四品下。　知貢舉：官名。唐始置，爲主持禮部會試的考官。

［7］光化：唐昭宗李曄年號（898—901）。

［8］南北司：唐代稱宰相爲南司，因其在宫禁的南邊；稱宦官爲北司，因其在宫禁的北邊。　伊洛：伊水和洛水，位於洛陽附近。

［9］凡五六年：《舊唐書》卷一七八《趙光逢傳》作“六七年”。《輯本舊史》較準確。

［10］柳璨：人名。河東（今山西永濟市）人。唐末宰相、文學家、史學家。傳見《舊唐書》卷一七九、《新唐書》卷二二三下。　登庸：舉用。　門人柳璨登庸：《輯本舊史》之原輯者案語：“《歐陽史》：柳璨與光逢有舊恩。”《舊五代史考異》：“《唐摭言》云：光化二年，趙光逢放柳璨及第，光逢後三年不遷，時璨自内庭大拜，光逢始以左丞徵入。未幾，璨坐罪誅死，光逢膺大用。與《薛史》微異。”見《新五代史》卷三五《趙光逢傳》、《唐摭言》卷一五《雜記》。

［11］吏部侍郎：官名。尚書省吏部次官。協助吏部尚書掌文選、勳封、考課之政。正四品上。　太常卿：官名。西漢置太常，南朝梁始置太常卿。太常寺長官。掌宗廟祭祀禮樂及教育等。正三品。　除吏部侍郎、太常卿：《舊唐書》卷二〇下《哀帝紀》天祐元年（904）十月：“吏部侍郎趙光逢進開國公，加食邑三百户。”卷一七八《趙光逢傳》：“昭宗遷洛，起爲吏部侍郎，復爲左丞，歷太常卿。”

［12］中書侍郎：官名。中書省副長官。唐後期三省長官漸爲榮銜，中書、門下侍郎却因參議朝政而職位漸重，常常用爲以“同三品”或“同平章事”任宰相者的本官。正三品。　平章事：官名。“同中書門下平章事”之簡稱。唐高宗以後，凡實際任宰相之職者，常在其本官後加同平章事的職銜。後成爲宰相專稱。　入梁爲中書侍郎、平章事：《宋本册府》卷一九九《閏位部·命相門》梁太祖條：“開平三年九月，太常卿趙光逢爲中書侍郎、平章事。”《通鑑》卷二六七開平三年（909）九月辛亥條：“以太常卿趙光逢爲中書侍郎，翰林奉旨工部侍郎杜曉爲户部侍郎，並同平章事。”亦見《新五代史》卷二《梁本紀》同日。

［13］左僕射：官名。左僕射爲隋唐宰相名號。唐後期多爲散官或加官，以示恩寵，無實際執掌。從二品。　租庸使：官名。唐代爲主持催徵租庸地税的財政官員。後梁、後唐時，租庸使取代鹽鐵、度支、户部，爲主管中央財政的長官。　累轉左僕射、兼租庸使：《輯本舊史》之影庫本粘籤：“左僕射，原本脱‘左’字，今據《歐陽史》增入。”見《新五代史》卷三五。明本《册府》卷三三一《宰輔部·退讓門二》：“梁趙光逢爲中書侍郎、平章事，累轉僕射兼租庸使。”《輯本舊史》卷八《梁末帝紀上》貞明元年（915）三月丁卯條：“以右僕射兼門下侍郎、同平章事、監修國史、判度支趙光逢爲太子太保致仕。”《通鑑》卷二六九貞明元年三月丁卯條：“以右僕射兼門下侍郎、同平章事趙光逢爲太子太保，致仕。”《輯本舊史》與《通鑑》均作“右僕射”，與傳異。

［14］太子太保：官名。與太子太師、太子太傅統稱太子三師。隋唐以後多作加官或贈官。從一品。

［15］司空：官名。與太尉、司徒並爲三公，唐後期、五代多爲大臣、勳貴加官。正一品。　徵拜司空、平章事：《宋本册府》卷一九九：“貞明二年八月，以太子太保致仕趙光逢爲司空兼門下侍郎平章事。”《輯本舊史》卷八《梁末帝紀上》貞明二年八月丁酉條：“以開府儀同三司、太子太保致仕趙光逢爲司空兼門下侍郎、

平章事、弘文館大學士、延資庫使，充諸道鹽鐵轉運使。”

[16]司徒：官名。與太尉、司空並爲三公，唐後期、五代多爲大臣、勳貴加官。正一品。　授司徒致仕：《輯本舊史》之原輯者案語：“《唐摭言》云：光逢膺大用，居重地十餘歲，七表乞骸，守司空致仕。居二年，復徵拜上相。”見《唐摭言》卷一五。《輯本舊史》卷九《梁末帝紀中》貞明四年四月己巳條：“以開府儀同三司、守司空、兼門下侍郎、同平章事趙光逢爲司徒致仕，兼加食邑五百户，以光逢累上章請老故也。”

同光初，弟光胤爲平章事，[1]時謁問於私第，嘗語及政事，他日，光逢署其户，[2]曰：“請不言中書事。”其清浄寡慾端默如此。嘗有女冠寄黄金一鎰於其室家，[3]時屬亂離，[4]女冠委化於他土。[5]後二十年，金無所歸，納於河南尹張全義，[6]請付諸宫觀，其舊封尚在。兩登廊廟，四退丘園，百行五常，[7]不欺闇室，搢紳咸仰以爲名教主。天成初，遷太保致仕，[8]封齊國公。[9]卒於洛陽，[10]詔贈太傅。[11]《永樂大典》卷一萬八千九百九十一。[12]

[1]同光：後唐莊宗李存勗年號（923—926）。

[2]他日，光逢署其户：中華書局本有校勘記：“《册府》卷三二一作‘他日至止光逢已署其户’，《職官分紀》卷三引《五代史》‘署’作‘書’，餘同。”見明本《册府》卷三二一《宰輔部·畏慎門》。

[3]嘗有女冠寄黄金一鎰於其室家：“女冠”，《宋本册府》卷七八七《總録部·德行門》同，明本《册府》卷三一〇《宰輔部·德行門》作“女貞”。女冠指女道士。

[4]時屬亂離：中華書局本有校勘記："'時'原作'併'，據殿本、劉本、《職官分紀》卷三改。"

[5]委化：去世的諱稱。

[6]河南尹：官名。唐開元元年（713）改洛州爲河南府，治所在今河南洛陽市，河南府尹總其政務。從三品。　張全義：人名。後因犯諱，改名張宗奭。亦作"張言"。濮州臨濮（今山東鄄城縣）人。唐末、五代將領。傳見本書卷六三、《新五代史》卷四五。

[7]百行五常：《輯本舊史》之影庫本粘籤："五常，原本作'五諦'，今據《錦繡萬花谷》所引《薛史》改正。"明本《册府》卷三一〇《宰輔部·德行門》亦作"五常"。

[8]天成：後唐明宗李嗣源年號（926—930）。　太保：官名。與太師、太傅合稱三師。正一品。

[9]封齊國公：《輯本舊史》卷三八《唐明宗紀四》天成二年（927）三月乙卯條："開府儀同三司，司徒致仕趙光逢可太保致仕，仍封齊國公。"

[10]洛陽：地名。即今河南洛陽市。　卒於洛陽：《輯本舊史》卷三八《唐明宗紀四》天成二年十二月壬辰條："以太傅致仕齊國公趙光逢卒輟朝。"

[11]太傅：官名。與太師、太保合稱三師，唐後期、五代多爲大臣、勳貴加官。正一品。

[12]《大典》卷一八九九一爲"令"字韻，與本條内容不符。據陳垣《舊五代史輯本引書卷數多誤例》，應爲卷一六九九一"趙"字韻"姓氏（七）"事目。且據《光胤傳》末所録亦當爲卷一六九九一。

光胤，光逢之弟也，[1]俱以詞藝知名，亦登進士第。[2]光胤仕梁，[3]歷清顯，[4]伯仲之間，咸以方雅自高，

北人聞其名者，皆望風欽重。[5]

[1]光胤，光逢之弟也：中華書局本有校勘記："光胤，原作'趙光胤'，據殿本改。按《趙光胤附兄光逢傳》後，據史例不當有'趙'字。"《輯本舊史》之原輯者案語："新、舊《唐書》俱云：趙隱子三人，光逢、光裔、光胤。爲後唐相者，光胤也。《薛史》原本避宋諱，宋諱稱光胤爲光裔，似混二人爲一，今改正。"見《舊唐書》卷一七八《趙隱傳》、《新唐書》卷一八二《趙隱傳》。

[2]亦登進士第：《輯本舊史》之原輯者案語："案《舊唐書》云：大順二年，進士登第。天祐初，累官至駕部郎中。"見《舊唐書》卷二〇天祐元年（904）十二月及卷一七八。

[3]光胤仕梁：《輯本舊史》卷九《梁末帝紀中》貞明四年（918）四月壬申條："以太子賓客趙光胤爲吏部侍郎。"卷一〇《梁末帝紀下》貞明六年四月丙午條："吏部侍郎趙光胤爲尚書左丞。"《宋本册府》卷五五〇《詞臣部·選任門》："梁趙光裔，太祖始授禪，自外制入爲翰林學士。時詔制叢委，中命迅急，光裔遣詞供職，典而有體，時所許焉。三年秋，以兄光逢作相，不樂在密勿之地，堅辭得請，出拜太常少卿。乾化二年，復命爲中書舍人、翰林學士。"

[4]歷清顯：《宋本册府》卷七八三《總録部·兄弟齊名門》作"歷清顯官"。

[5]皆望風欽重：《宋本册府》卷七七七《總録部·名望門二》："後唐宰相趙光裔，唐天祐中歷官省閣，伯仲皆以廉絜方正流聞于時。自梁孽未亡時，趙氏伯仲之名北人皆所傾慕。位至平章事。"

及莊宗平定汴洛，[1]時盧程以狂妄免，郭崇韜自勳臣拜，[2]議者以爲國朝典禮故實，須訪前代名家，咸曰

光胤有宰相器。薛廷珪、李琪當武皇爲晋王時，嘗因爲册使至太原，[3]故皆有宿望，當時咸謂宜處台司。郭崇韜採言事者云，廷珪朽老，浮華無相業；琪雖文學高，傾險無士風，皆不可相，乃止。同光元年十一月，光胤與韋説並拜平章事。[4]

[1]莊宗：即李存勗。小字亞子，沙陀部人，太原（今山西太原市）人。晋王李克用之子，後唐開國皇帝。紀見本書卷二七至卷三四及《新五代史》卷四、卷五。　汴：州名。治所在今河南開封市。

[2]盧程：人名。唐朝右族。唐末進士，五代後唐宰相。傳見本書卷六七、《新五代史》卷二八。　郭崇韜：人名。代州雁門（今山西代縣）人。五代後唐大臣。傳見本書卷五七、《新五代史》卷二四。

[3]薛廷珪：人名。河東（今山西永濟市蒲州鎮）人。唐末五代官員。傳見本書卷六八。　李琪：人名。河西燉煌（今甘肅敦煌市）人。後梁、後唐官員。傳見本書本卷、《新五代史》卷五四。　武皇：即李克用。沙陀部人，生於神武川新城（一説是今山西朔州市朔城區之梵王寺村，一説是今山西應縣縣城，一説在今山西懷仁縣之日中城）。唐末軍閥。受封晋王。五代後唐太祖。紀見本書卷二五至卷二六、《新五代史》卷四。　太原：府名。治所在今山西太原市。

[4]韋説：人名。籍貫不詳。福建觀察使韋岫之子。後唐宰相。傳見本書卷六七。　光胤與韋説並拜平章事：《輯本舊史》卷三〇《唐莊宗紀四》同光元年（923）十一月丁巳條："以銀青光禄大夫、尚書左丞趙光胤爲中書侍郎、平章事、集賢殿大學士。"

光胤生於季末，漸染時風，雖欲躍鱗振翮，仰希前

輩，然才力無餘，未能恢遠，朝廷每有禮樂制度、沿革擬議，以爲己任，同列既匪博通，見其浮譚横議，莫之測也。豆盧革雖憑門地，在本朝時，仕進尚微，久從使府，朝章典禮，未能深悉，光胤每有發論，革但唯唯而已。後革奏議或當，光胤謂羣官曰："昨有所議，前座一言粗當，近日差進，學者其可已乎！"其自負如此。[1]

[1]豆盧革：人名。先世爲鮮卑慕容氏，後改豆盧氏。唐同州刺史豆盧籍之孫，舒州刺史豆盧瓚之子。五代後唐宰相。傳見本書卷六七、《新五代史》卷二八。　"光胤生於季末"至"其自負如此"：參見明本《册府》卷三三八《宰輔部·專恣門》。

先是，條制："權豪强買人田宅，或陷害籍没，顯有屈塞者，許人自理。"内官楊希朗者，故觀軍容使復恭從孫也，[1]援例理復恭舊業。事下中書，光胤謂崇韜曰："復恭與山南謀逆，顯當國法，本朝未經昭雪，安得論理？"[2]崇韜私抑宦者，因具奏聞。希朗泣訴於莊宗，莊宗令自見光胤言之。希朗陳訴："叔祖復光有大功於王室，[3]伯祖復恭爲張濬所搆，[4]得罪前朝，當時强臣掣肘，國命不行。及王行瑜伏誅，[5]德音昭洗，制書尚在。相公本朝氏族，諳練故事，安得謂之未雪耶？若言未雪，吾伯氏彦博，[6]洎諸昆仲，監護諸鎮，何途得進！"漸至聲色俱厲。光胤方恃名德，爲其所折，悒然不樂。又以希朗幸臣，慮摭他事危己，心不自安。三年夏四月，病疽卒。[7]贈左僕射。《永樂大典》卷一萬六千九百九十一。[8]

[1]楊希朗：人名。籍貫不詳。五代時期内官。事見本書本卷、卷三一。　觀軍容使：官名。唐朝始設，負責監視出征將帥之高級軍職，多以掌權宦官擔任。　復恭：人名。即楊復恭。閩（今福建福州市）人。唐末宦官、將領，與李克用相善。傳見《舊唐書》卷一八四、《新唐書》卷二〇八。　故觀軍容使復恭從孫也：中華書局本有校勘記："'從孫'原作'從子'，據殿本改。按本卷下文楊希朗稱復恭爲伯祖。"

[2]山南：道名、方鎮名。治所在襄州（今湖北襄陽市）。唐貞觀元年（627）依山川形便置，轄境當今陝西秦嶺、河南伏牛山以南，湖北隨州、仙桃二市以西，四川廣元、南充二市以南以及甘肅東南角地區。

[3]復光：人名。即楊復光。閩（今福建福州市）人。唐末宦官。傳見《舊唐書》卷一八四、《新唐書》卷二〇七。《輯本舊史》之影庫本粘籤："復光，原本作'復充'，今據《新唐書》改正。"見《新唐書》卷二〇七《楊復光傳》。又見《舊唐書》卷一八四《楊復光傳》。

[4]張濬：人名。河間（今河北河間市）人。唐僖宗時爲户部侍郎、同中書門下平章事，唐昭宗時爲尚書左僕射，後爲朱温所殺。傳見《舊唐書》卷一七九、《新唐書》卷一八五。

[5]王行瑜：人名。邠州（今陝西彬縣）人。唐末軍閥。傳見《舊唐書》卷一七五、《新唐書》卷二二四下。

[6]彦博：人名。即楊彦博。楊希朗之兄。事迹不詳。

[7]三年夏四月，病疽卒：《輯本舊史》卷三二《唐莊宗紀六》同光三年（925）四月庚寅條："中書侍郎兼工部尚書、平章事趙光胤卒，廢朝三日。"亦見《宋本册府》卷六六九《内臣部·恣横門》楊希朗條。

[8]《大典》卷一六九九一"趙"字韻"姓氏（七）"事目。

鄭珏

鄭珏，昭宗朝宰相綮之姪孫。[1]父徽，河南尹張全義判官。[2]光化中，登進士第，[3]歷弘文館校書、集賢校理、監察御史。[4]入梁爲補闕、起居郎，召入翰林，累遷禮部侍郎充職。[5]珏文章美麗，旨趣雍容，自策名登朝，張全義皆有力焉。[6]貞明中，拜平章事。[7]莊宗入汴，責授萊州司户，[8]未幾，量移曹州司馬。[9]張全義言於郭崇韜，將復相之，尋入爲太子賓客。[10]

[1]綮：人名。即鄭綮。鄭州滎陽（今河南滎陽市）人。唐末官員，官至禮部侍郎、同中書門下平章事。傳見《舊唐書》卷一七九、《新唐書》卷一八三。

[2]徽：人名。即鄭徽。鄭州滎陽（今河南滎陽市）人。唐末、五代後梁官員。事見本書卷二四。　判官：官名。爲長官的佐吏，協理政事，或備差遣。　父徽，河南尹張全義判官：《宋本册府》卷八五三《總録部·姻好門》："後唐鄭珏，昭宗朝宰臣鄭棨之姪孫。父徽，光啓初爲河南尹張全義判官。全義子衍婚徽女，珏以家世依張氏家于洛陽。"

[3]光化中，登進士第：《輯本舊史》之原輯者案語："《歐陽史》云：珏少依全義，居河南，舉進士數不中，全義以珏屬有司，乃得及第。"見《新五代史》卷五四《鄭珏傳》。《宋本册府》卷八二八《總録部·論薦門》張全義條："後唐張全義爲河南尹。鄭珏以家世依全義家于洛陽，應進士十九年不登第。户部侍郎李渥寓居洛都，素爲全義所禮。光化三年，渥爲禮部侍郎，知貢舉。全義以書薦託，珏方擢第。"

[4]弘文館：官署名。弘文館爲唐代中央官學之一。設館主一

人，總領館務；判館事一人，管理日常事務。學士無員限，掌校正圖籍，教授生徒，並參議政事。五品以上稱爲學士，六品以下稱爲直學士，又有文學直館學士，均以他官兼領。　校書：官名。即弘文館校書郎。掌校理典籍、刊正錯謬。正九品下。　集賢校理：官名。唐玄宗時始置。掌校理集賢殿圖籍。　監察御史：官名。唐代屬御史臺之察院，掌監察中央機構、州縣長官及祭祀、庫藏、軍旅等事。唐中期以後，亦作爲外官所帶之銜。正八品下。

［5］補闕：官名。唐代諫官。武則天時始置。分爲左右，左補闕隸於門下省，右補闕隸於中書省。掌規諫諷諭，大事可以廷議，小事則上封奏。從七品上。　起居郎：官名。唐代始置，屬門下省。與中書省起居舍人同掌起居注，記皇帝言行。從六品上。“入梁爲補闕、起居郎”至“累遷禮部侍郎充職”：《宋本册府》卷九四五《總録部・附勢門》：“後唐鄭珏，少依河南尹張全義，初爲集賢校理。昭宗幸洛陽，珏爲監察御史。朱温革命於汴州，改左補闕、起居郎。時張衍爲諫議大夫，珏文章美麗，旨趣雍容，後進推服，復以全義之門人，權要獎遇之。召入翰林，爲學士，歷考功員外郎，右司郎中，皆知制誥，正授舍人、翰林承旨，轉禮部侍郎。珏自成名至昇朝掌翰墨，皆全義爲之提挈。”

［6］張全義皆有力焉：《輯本舊史》之原輯者案語：“《歐陽史》云：梁諸大臣以全義故，數薦之。”見《新五代史》卷五四。

［7］貞明：後梁末帝朱友貞年號（915—921）。　貞明中，拜平章事：《舊五代史考異》：“《通鑑考異》引《唐餘録》云：貞明二年十月丁酉，禮部侍郎鄭珏爲中書侍郎、平章事。”見《通鑑》卷二六九貞明二年（916）十月丁酉條《考異》所引《唐餘録・均帝紀》。

［8］萊州：州名。治所在今山東萊州市。　司户：官名。州“司户參軍事”省稱。州級政府僚佐。掌本州屬縣之户籍、賦税、倉庫受納等事。上州從七品下，中州正八品下，下州從八品下。莊宗入汴，責授萊州司户：明本《册府》卷三三九《宰輔部・不

忠門》："後唐鄭珏初任梁，末帝時爲平章事。同光元年，莊宗敗王彦章於中都，長驅趨汴。梁帝聞梁師將至，召宰相李振、敬翔等號哭謀所向，皆猶預不決。珏對曰：'臣有一策，可以緩外寇，不知陛下能行乎？'梁帝曰：'卿意如何？'珏曰：'願得陛下傳國寶，臣懷之以入晋軍，可以緩其師，以俟段凝。'梁帝曰：'事急矣。此物固無惜，但卿此行，得事了不，卿更籌之。'珏俛首曰：'了則不了。'左右縮頭耻笑。翼日，莊宗入汴州，珏率僞百官迎謁。是日，謫授萊州司户參軍。"

[9]曹州：州名。治所在今山東曹縣西北。　司馬：官名。州軍佐官，名義上紀綱衆務，通判列曹，品高俸厚，實際上無具體職事，多用以安置貶謫官員，或用作遷轉官階。上州從五品下，中州正六品下，下州從六品上。

[10]太子賓客：官名。爲太子官屬。唐高宗顯慶元年（656）始置。掌侍從規諫、贊相禮儀。正三品。

明宗即位，任圜自蜀至，安重誨不欲圜獨拜宰輔，[1]共議朝望一人共之。孔循言珏貞明時久在中書，[2]性畏慎而長者，美詞翰，好人物。重誨即奏與任圜並命爲相。有頃，珏以老病耳疾，不任中書事，四上章請，[3]明宗惜之，久而方允，乃授開府儀同三司、行尚書左僕射致仕，仍賜鄭州莊一區。[4]明宗自汴還洛陽，遣中使撫問，[5]賜錢二十萬，食羊百口。長興初卒，[6]贈司空。

[1]明宗：即五代後唐明宗李嗣源。沙陀部人。原名邈佶烈，李克用養子。926年至933年在位。紀見本書卷三五至卷四四、《新五代史》卷六。　任圜：人名。京兆三原（今陝西三原縣）人。

五代後唐明宗時拜同中書門下平章事，後與權臣安重誨失和，被誣與叛臣朱守殷通謀而見殺。傳見本書卷六七、《新五代史》卷二八。安重誨：人名。應州（今山西應縣）人。五代後唐大臣。傳見本書卷六六、《新五代史》卷二四。

[2]孔循：人名。籍貫不詳。五代後唐大臣。傳見《新五代史》卷四三。

[3]四上章請：明本《册府》卷三三五《宰輔部·自全門》、《宋本册府》卷八九九《總録部·致政門》後皆有"老"字。

[4]開府儀同三司：官名。魏晋始置，隋唐時爲文散官之最高官階。多授功勳重臣。從一品。　尚書左僕射：官名。秦始置，隋、唐時爲散官之最高官階，多授功勳重臣。從二品。　鄭州：州名。治所在今河南鄭州市。

[5]中使：指宫中派出的使者，多爲宦官。

[6]長興：後唐明宗李嗣源年號（930—933）。　長興初卒：《輯本舊史》卷四三《唐明宗紀九》長興三年（932）十一月癸未條："以左僕射致仕鄭珏卒廢朝。"三年不得言"初"。

初，珏應進士，十九年方登第，名姓爲第十九人，自登第凡十九年爲宰相，又昆仲之次第十九，時亦異之。[1]

[1]"初"至"時亦異之"：《輯本舊史》之原輯者案語："《古今事類》云：鄭珏當唐昭宗時作相，文章理道，典贍華美。小字十九郎，應舉十九年方及第，又第十九人，至相亦十九年，時皆異之。考珏以光化中登第，歷相梁、唐，而《古今事類》以爲唐昭宗時作相，誤也。"

子遘，太平興國中任正郎。[1]《永樂大典》卷一萬八

千八百八十一。[2]

[1]遘：人名。即鄭遘。事迹不詳。　太平興國：北宋太宗趙炅年號（976—984）。　正郎：尚書省六部諸司郎中的通稱。

[2]《大典》卷一八八八一“鄭”字韻“姓氏（一〇）”事目。

崔協

崔協，字思化。[1]遠祖清河太守第二子寅，仕後魏爲太子洗馬，[2]因爲清河小房，至唐朝盛爲流品。曾祖邠，太常卿。[3]祖瓘，吏部尚書。[4]父彦融，楚州刺史。[5]彦融素與崔蕘善，[6]嘗爲萬年令，[7]蕘謁於縣，彦融未出，見案上有尺題，皆賂遺中貴人，蕘知其由徑，始惡其爲人。及除司勳郎中，蕘爲左丞，通刺不見，[8]蕘謂曰："郎中行止鄙雜，故未見。"[9]宰相知之，[10]改楚州刺史，卒於任，誡其子曰："世世無忘蕘。"[11]故其子弟常云"崔讎"。[12]

[1]字思化：中華書局本有校勘記："崔協墓志（拓片刊《洛陽新獲七朝墓志》）作'司化'。"《宋本册府》卷九二〇《總録部·讎怨門二》未明言其字，明本《册府》卷九二〇《總録部·讎怨門二》作"字文交"。

[2]清河：郡名。治所在今河北清河縣。　太守：官名。秦置，爲一郡之最高行政長官。　寅：人名。即崔寅。事迹不詳。　後魏：即北魏。　太子洗馬：官名。太子屬官。掌經籍，出入侍從。從五品下。

[3]清河小房：指清河崔氏的一支，清河崔氏爲中國魏晋至隋唐時的著名大族。　邠：人名。即崔邠。清河武城（今河北故城縣）人。唐代大臣。傳見《舊唐書》卷一五五、《新唐書》卷一六三。　太常卿：官名。太常寺長官。掌祭祀禮儀等事。正三品。

[4]瓘：人名。即崔瓘。唐代大臣。事見本書本卷。　吏部尚書：官名。尚書省吏部最高長官，與二侍郎分掌六品以下文官選授、勳封、考課之政令。正三品。　"曾祖邠"至"吏部尚書"：《宋本册府》卷七八三《總録部·世德門》："後唐崔協曾祖邠爲太常卿。祖瓘，吏部尚書，咸有名德，朝議稱仰。協終於相位。"

[5]彦融：人名。即崔彦融。唐代大臣，曾任户部郎中、長安令、刑部員外郎。事見《舊唐書》卷一九下、卷一七七。　楚州：州名。治所在今江蘇淮安市。　刺史：官名。州一級行政長官。漢武帝時始置，總掌考覈官吏、勸課農桑、地方教化等事。唐中期以後，節度使、觀察使轄州而設，刺史爲其屬官，職任漸輕。從三品至正四品下。

[6]崔蕘：人名。衛州（今河南衛輝市）人。崔蠡之子。傳見《舊唐書》卷一一七、《新唐書》卷一四四。《輯本舊史》之影庫本粘籤："原本作'崔堯'，今據《北夢瑣言》改正。"見《北夢瑣言》卷一八《明宗命相》。

[7]萬年：縣名。治所在今陝西西安市長安區。　令：官名。即縣令。縣的行政長官，掌治本縣。唐代之縣，分赤（京）、次赤、畿、次畿、望、緊、上、中、中下、下十等。縣令分六等，正五品上至從七品下。

[8]司勳郎中：官名。唐尚書省吏部司勳司長官。掌官吏勳級。從五品上。　左丞：官名。尚書省佐貳官。唐中期以後，與尚書右丞實際主持尚書省日常政務，權任甚重。正四品上。後梁開平二年(908）改爲左司侍郎，後唐同光元年（923）復舊爲左丞。正四品。　通刺：通報名片以求延見。　及除司勳郎中，蕘爲左丞，通刺不見：明本《册府》卷九二〇《總録部·讎怨門二》作"及彦

融除司勳郎中，蕘已爲左丞，通刺不見，初以爲戲，再聞名於將命者”。

［9］故未見：明本《册府》卷九二〇《總録部·讎怨門二》作“故非敢見”。

［10］宰相知之：明本《册府》卷九二〇《總録部·讎怨門二》作“丞相知之”。

［11］世世無忘蕘：明本《册府》卷九二〇《總録部·讎怨門二》作“世世無忘崔蕘”。

［12］故其子弟常云崔讎：中華書局本有校勘記：“‘云崔讎’，殿本作‘與蕘讎’，明本《册府》卷九二〇作‘云世讎’。”

協即彦融之子也。幼有孝行，登進士第，釋褐爲度支巡官、渭南尉，直史館，[1]歷三署。[2]入梁爲左司郎中、萬年令、給事中，[3]累官至兵部侍郎。[4]與中書舍人崔居儉相遇於幕次，[5]協厲聲而言曰：“崔蕘之子，何敢相見！”居儉亦報之。左降太子詹事，[6]俄拜吏部侍郎。同光初，改御史中丞，[7]憲司舉奏，多以文字錯誤，屢受責罰。[8]協器宇宏爽，高談虚論，多不近理，時人以爲虚有其表。天成初，遷禮部尚書、太常卿，因樞密使孔循保薦，拜平章事。[9]

［1］釋褐：易粗布衣而服官服，指代做官。　渭南：縣名。治所在今陝西渭南市。　尉：官名。即縣尉。掌管一縣緝捕盜賊、按察奸宄之事。從八品下至從九品下不等。　直史館：官名。唐天寶以後，他官兼領史職者，稱史館修撰。初入史館者稱爲直館。元和六年（811）宰相裴垍建議：登朝官領史職者爲修撰，以官階高的一人判館事；未登朝官均爲直館。

［2］歷三署：《舊唐書》卷二〇下《哀帝紀》天祐二年（905）四月辛丑條："吏部員外郎崔協……宜賜緋魚袋。"同年十二月辛卯條："户部郎中崔協……隨册禮使柳璨魏國行事。"

［3］左司郎中：官名。爲尚書左丞副貳，協掌尚書都省事務，監管吏、户、禮部諸司政務。位在諸司郎中上。從五品上。　給事中：官名。秦始置。隋、唐以來，爲門下省屬官。掌讀署奏抄、駁正違失。正五品上。

［4］兵部侍郎：官名。尚書省兵部次官。協助兵部尚書掌武官銓選、勛階、考課之政。正四品下。　累官至兵部侍郎：《通鑑》卷二七二同光元年（923）二月丁卯條："梁主遣兵部侍郎崔協等册命吴越王鏐爲吴越國王。"

［5］中書舍人：官名。中書省屬官。掌起草文書、呈遞奏章、傳宣詔命等。正五品上。　崔居儉：人名。清河（今河北清河縣）人。五代後梁至後晋官員。傳見本書附録、《新五代史》卷五五。

［6］太子詹事：官名。掌領太子之詹事府，爲太子官屬之長。正三品。

［7］同光初，改御史中丞：《輯本舊史》卷三〇《唐莊宗紀四》同光元年十二月乙酉條："以兵部侍郎崔協爲吏部侍郎。"卷三一《唐莊宗紀五》同光二年二月癸卯條："以吏部侍郎崔協爲御史中丞。"卷三三《唐莊宗紀七》同光三年七月壬子條："以御史中丞崔協爲禮部尚書。"

［8］憲司：御史的别稱。　憲司舉奏，多以文字錯誤，屢受責罰：《宋本册府》卷五二二《憲官部·譴讓門》："後唐崔協爲御史中丞。莊宗同光中，與殿中侍御史韋棁、魏遜詣東上閤門進狀待罪，罰俸有差，刑獄奏牘脱略文字故也。"

［9］禮部尚書：官名。尚書省禮部長官。掌禮儀、祭享、貢舉之政。正三品。　樞密使：官名。樞密院長官。唐代宗時始以宦官掌機密，至昭宗時借朱温之力盡誅宦官，始改以士人任樞密使。備顧問，參謀議，出納詔奏，權侔宰相。參見李全德《唐宋變革期樞

密院研究》，國家圖書館出版社2009年版。 “天成初”至“拜平章事”：《輯本舊史》卷三六《唐明宗紀二》天成元年（926）六月己丑條：“以禮部尚書崔協爲太常卿、判吏部尚書銓事。”卷三八《唐明宗紀四》天成二年正月癸亥條：“以太常卿崔協爲中書侍郎、平章事。”亦見明本《册府》卷七四《帝王部·命相門四》。

初，豆盧革、韋説得罪，執政議命相，樞密使孔循意不欲河朔人居相位，任圜欲相李琪，而鄭珏素與琪不協，孔循亦惡琪，謂安重誨曰：“李琪非無藝學，但不廉耳。朝論莫若崔協。”重誨然之，因奏擇相，明宗曰：“誰可？”乃以協對。任圜奏曰：“重誨被人欺賣，如崔協者，少識文字，時人謂之‘没字碑’。臣比不知書，無才而進，已爲天下笑，何容中書之内，更有笑端！”明宗曰：“易州刺史韋肅，人言名家，待我嘗厚，置於此位何如？肅苟未可，則馮書記是先朝判官，稱爲長者，與物無競，可以相矣。”道嘗爲莊宗霸府書記，故明宗呼之。[1]朝退，宰臣、樞密使休於中興殿之廡下，[2]孔循拂衣而去，曰：“天下事一則任圜，二則任圜，崔協暴死則已，不死會居此位。”重誨私謂圜曰：“今相位缺人，協且可乎？”圜曰：“朝廷有李琪者，學際天人，奕葉軒冕，論才校藝，可敵時輩百人。而讒夫巧沮，忌害其能，必捨琪而相協，如棄蘇合之丸，[3]取蛣蜣之轉也。”[4]重誨笑而止。然重誨與循同職，循日言琪之短、協之長，故重誨竟從之。而協登庸之後，廟堂化筆，假手於人。[5]朝廷以國庠事重，命協兼判祭酒事，[6]協上奏每歲補監生二百爲定，[7]物議非之。[8]四年春，駕自夷門

還京，從至須水驛，中風暴卒。詔贈尚書左僕射，謚曰恭靖。[9]

[1]河朔：古地區名。泛指黄河以北地區。　易州：州名。治所在今河北易縣。　韋肅：人名。籍貫不詳。五代後唐官員。事見本書本卷、卷四一。　馮書記：即馮道。瀛州景城（今河北滄縣）人。五代時官拜宰相，歷仕後唐、後晋、後漢、後周，亦曾臣服於契丹。傳見本書卷一二六、《新五代史》卷五四。　“初”至“故明宗呼之”：“則馮書記是先朝判官”，《輯本舊史》之影庫本粘籤：“馮書記，原本作‘筆記’，今據《通鑑》改正。”見《通鑑》卷二七五天成二年（927）正月癸亥條。明本《册府》卷三三七《宰輔部·樹黨門》孔循條：“明宗天成初，宰相豆盧革、韋説得罪，執政相與議宰相。時經始之初，言事者衆，咸以循少侍宫禁，諳故實，知朝廷人士之才行，樞密使安重誨多聽之。循意不欲河朔人居相位，初已援引鄭珏入中書，至是任圜欲相李琪，而鄭珏與琪先梁時同在翰林爲學士，二人不相善，居常切齒。循既以珏爲門人，亦排斥李琪，謂重誨曰：‘李琪非無藝學，但不廉耳。宰相，人士之表儀，但得身端有器度，足以輔弼矣。朝論所與，莫若崔協。’重誨以爲然。後重誨内殿奏中書闕人，欲擇丞相。帝曰：‘誰可相者？’乃以崔協對。任圜曰：‘重誨未諳朝中人物，被人欺賣。如崔協者，天下皆知少識文字，時人呼爲“無字碑”。臣以陛下藩邸之年，即迴天睠，無才幸進此，不知書。一旦驟塵輔弼，終朝若負芒刺。以臣一人，取笑足矣，何容中書之内更益笑端！’帝曰：‘宰相重位，卿等更自審詳。然吾在藩時，識易州刺史韋肅，人言名家，待我嘗厚，置於此位何如？肅苟未可，則馮書記先朝判官，稱爲長者，多才博學，與物無競，可以相矣。’書記即馮道人也，嘗爲莊宗霸府書記，帝素款顔，偶不記名，但云書記。”

[2]中興殿：宫殿名。爲洛陽宫城之便殿。位於今河南洛陽市。

［3］蘇合之丸：即蘇合丸。中藥名。主治勞瘵骨蒸、疰忤心痛、霍亂吐利、時氣鬼魅、瘴瘧疫癘、瘀血月閉、痃癖疔腫、驚癇中風、中氣痰厥及昏迷等症。《輯本舊史》之影庫本粘籤："蘇合，原本作'蘇全'，今據《通鑑》及《歐陽史》改正。"見《通鑑》卷二七五天成二年正月癸亥條、《新五代史》卷二八《任圜傳》。

［4］蛣蜣之轉：即蜣螂轉丸。中藥名。鹹苦大寒，無毒。主治黄疸、煩熱、傷寒時氣及霍亂吐瀉、反胃，並療一切瘺瘡。

［5］假手於人：《宋本册府》卷九四五《總録部·附勢門》："崔協，明宗天成初爲太常卿，判尚書銓。時孔循任事，因其門人求爲輔相。二年正月七日，成命將出，任圜言於執政曰：'圜比無學術，謬參文吏，聖上以遭逢運會，俾待罪廊廟，四輔之重，已虚一位。今聞崔協雖爲名族，本不讀書，校其識見，恐不及圜。'孔循忿其言，拂衣而出，稱疾不朝者數日。帝俾重誨諭之，方入。翌日，降制拜平章事。登庸之後，廟堂化筆，假手於人前，不同於己者，思騁其欲，鋒鋩露見，多爲近侍所沮。"亦見明本《册府》卷三三五《宰輔部·不稱門》。

［6］祭酒：官名。即國子祭酒。古代國子學或太學長官。晋武帝司馬炎始置。掌邦國儒學訓導之政令，領太學、國子學及國子監所屬各學。從三品。　命協兼判祭酒事：《輯本舊史》卷三九《唐明宗紀五》天成三年正月己未條："中書門下奏，國子祭酒望令宰相兼判。乃詔崔協判之。"明本《册府》卷三二九《宰輔部·兼領門》："崔協，明宗天成三年正月己未中書門下奏：'國子祭酒闕。伏以祭酒之資，歷朝所貴。爰從近代，不重此官。經天緯地莫如文，戡定禍亂莫如武。武不可不講，文不可不脩。況屬聖朝，方勤庶政，須弘雅道，以振時風。望令宰臣兼判國子祭酒事。如蒙允許，望内賜處分。'奉敕令崔協兼判。"

［7］協上奏每歲補監生二百爲定：《宋本册府》卷六二〇《卿監部·舉職門》："崔協爲宰相兼判國子祭酒。天成三年八月，奏請國子監每年祗置監生二百人。自後更與諸道相次解送，至十月三十

日滿數爲定。又請頒下諸道州府，各置官學，如有鄉黨備諸文行可舉者，録其事實，申報監司，方與解送。但一身就業，不得影庇户門。兼太學書生，亦依此例，不得因此便取公牒，輒免本户差役。又每年於二百人數内，不繫時節，有投名者，先令學官考試，校其學業深淺，方議收補姓名。敕：‘宜依長定二百人，其中有藝業精博者，令準近敕考試，及格解送禮部。及第後，據人數却填。’五年正月，國子監又奏：‘當監舊例，初補監生，有束脩錢兩貫文。及第後，光學錢壹貫文。切緣當監諸色舉人及第後，近再多不於監司出給光學文抄，及不納光學文錢，只守選限年滿，便赴南曹參選。南曹近年選人，並不收置監司光學文抄爲憑。請自後欲準例應諸色舉人及第後，並却於監司出給光學文抄，並納光學錢等。各有所業，次第以備，當逐年修葺公使，奉敕宜準往例指揮。兼自今後凡補監生，須令情願住在監中修學，則得給牒收補。仍據所業次第，逐季考試申奏。其勘到見管監生一百七十八人，仍勒準此指揮。如收補年深，未聞藝業，虚霑補牒，不赴試期，亦委監司檢點其姓名年月，一一分析申奏。’長興元年春，國子監又請以學生束脩及光學錢備監屯修葺公使，從之。”

[8]物議非之：《舊五代史考異》：“《北夢瑣言》：明宗問宰相馮道：‘盧質近日喫酒否？’對曰：‘質曾到臣居，亦飲數爵，臣勸不令過度，事亦如酒，過則患生。’崔協强言于坐曰：‘臣聞食醫心鏡，酒極好，不假藥餌，足以安心神。’左右見其膚淺，不覺哂之。”此《考異》中華書局本有校勘記：“‘不假藥餌’，‘假’原作‘加’，據《北夢瑣言》卷一九改。”見《北夢瑣言》卷一九《崔協對敭》。

[9]夷門：地名。原指戰國魏都大梁城東門，故址在今河南開封城内東北隅。夷門位於夷山，夷山因山勢平夷而得名，故門亦以山爲名。此處代指開封。　須水驛：地名。位於今河南鄭州市西。

“四年春”至“謚曰恭靖”：明本《册府》卷八一《帝王部·慶賜門三》唐明宗條天成四年二月戊申條：“宴群臣於玉華殿。樂作，

王晏球馳報已獲王都首級，生禽契丹秃餒等二千餘人，百官就班稱賀。崔協酒酣不能拤，蹈踣於地，命左右掖之方興。不久，協卒，宴罷，賜物加等。”《輯本舊史》卷四〇《唐明宗紀六》天成四年二月丁卯，“宰相崔協卒，詔贈尚書右僕射”。《通鑑》卷二七六天成四年二月丁卯條：“門下侍郎、同平章事崔協卒於須水。”

子頎、頌、壽貞，[1]惟頌仕皇朝，官至左諫議大夫，終於鄜州行軍司馬。[2]《永樂大典》卷二千七百四十。[3]

[1]頎：人名。即崔頎。崔協之子。曾任偃師簿。事見本書卷一三一《王延傳》、《册府》卷六五一《貢舉部·清正門》。　頌：人名。即崔頌。崔協之子。五代、宋初官員。傳見《宋史》卷四三一。　壽貞：人名。即崔壽貞。崔協之子。事迹不詳。

[2]左諫議大夫：官名。隸門下省。唐代置左、右諫議大夫各四人，分隸門下省、中書省。掌諫諭得失，侍從贊相。正四品下。　鄜州：州名。治所在今陝西富縣。　行軍司馬：官名。出征將領及節度使的屬官。掌軍籍符伍、號令印信，是藩鎮重要的軍政官員。

[3]《大典》卷二七四〇“崔”字韻“姓氏”事目（八）。

李琪

李琪，字台秀。五代祖憕，天寶末禮部尚書、東都留守。[1]安禄山陷東都，遇害，累贈太尉，[2]謚曰忠懿。[3]憕孫寀，元和朝位至給事中。[4]寀子敬方，文宗朝諫議大夫。[5]敬方子縠，[6]廣明中爲晋公王鐸都統判官，[7]以收復功爲諫議大夫。

[1]憕：人名。即李憕。太原文水（今山西文水縣）人。唐代大臣。傳見《舊唐書》卷一八七下、《新唐書》卷一九一。　天寶：唐玄宗李隆基年號（742—756）。　東都：即洛陽。　留守：官名。古代皇帝出巡或親征時指定親王或大臣留守京城，綜理國家軍事、行政、民事、財政等事務，稱京城留守。在陪都或軍事重鎮也常設留守，以地方長官兼任。

[2]安禄山：人名。營州柳城（今遼寧朝陽市南）人。唐代叛將，發動了安史之亂。傳見《舊唐書》卷二〇〇上、《新唐書》卷二二五上。　太尉：官名。與司徒、司空並爲三公，唐後期、五代多爲大臣、勳貴加官。正一品。

[3]謚曰忠懿：中華書局本有校勘記："'忠懿'，本書卷二四《李珽傳》、《新唐書》卷一九一《李憕傳》同，《舊唐書》卷一六《穆宗紀》、卷一八七下《李憕傳》、《册府》卷九八、卷四六八、《唐會要》卷五五作'忠烈'。"見明本《册府》卷九八《帝王部·徵聘門》、卷四六八《臺省部·薦舉門》。

[4]寀：人名。即李寀。事迹不詳。　元和：唐憲宗李純的年號（806—820）。

[5]敬方：人名。即李敬方。唐代大臣，曾任歙州刺史、台州刺史，有文采。事見《新唐書》卷六〇。　文宗：即唐文宗李昂。唐穆宗之子。827年至840年在位。被宦官王守澄等擁立即位，後欲剷除宦官，任用李訓、鄭注，利用宦官間的派别鬥争，殺死王守澄。大和九年（835），發動甘露之變，事敗，宦官大肆誅殺朝官，他亦被宦官鉗制。紀見《舊唐書》卷一七上至卷一七下、《新唐書》卷八。　諫議大夫：官名。秦始置，掌朝政議論。隋唐仍置，有左、右諫議大夫四人，分屬門下、中書二省。掌諫諭得失，侍從贊相。唐後期、五代多以本官領他職。唐初爲正五品上，會昌二年（842）升爲正四品下。後晋天福五年（940）爲正四品，後周顯德五年（958）復改爲正五品上。

[6]縠：人名。即李縠。咸通進士。唐末爲浙東觀察推官，兼

殿中侍御史。事見《唐詩紀事》卷六四《李穀》。

[7]廣明：唐僖宗李儇年號（880—881）。　王鐸：人名。太原（今山西太原市）人。唐末軍閥，曾積極參與平定黄巢起義。傳見《舊唐書》卷一六四、《新唐書》卷一八五。　都統判官：官名。行營都統屬官。佐都統處理行營軍政事務。　廣明中爲晋公王鐸都統判官：《舊五代史考異》："《太平廣記》引《李琪集序》作父敬，佐王鐸滑州幕。考李琪祖名敬方，其父不得名敬，疑《太平廣記》傳寫之訛。"見《太平廣記》卷一七五。

琪即穀之子也，年十三，詞賦詩頌，大爲王鐸所知，然亦疑其假手。一日，鐸召穀讌於公署，[1]密遣人以《漢祖得三傑》賦題就其第試之，[2]琪援筆立成。賦尾云："得士則昌，非賢罔共。龍頭之友斯貴，鼎足之臣可重，宜哉項氏之敗亡，一范增而不能用。"[3]鐸覽而駭之，曰："此兒大器也，將擅文價。"[4]

[1]鐸召穀讌於公署：《輯本舊史》之影庫本粘籤："召穀，原本作'茗穀'，今據文改正。"

[2]漢祖：人名。即漢高祖劉邦。沛豐邑中陽里（今江蘇豐縣）人。前 206 年至前 195 年在位。紀見《漢書》卷一上至卷一下。

[3]項氏：人名。即項羽。名籍，字羽，下相（今江蘇宿遷市西南）人。傳見《史記》卷七。　范增：人名。居鄛（今安徽桐城市南）人，秦末項羽謀士。傳見《史記》卷七。

[4]將擅文價：《舊五代史考異》："《太平廣記》：琪總角謁鐸，鐸顧曰：'適蜀中詔到，用夏州拓跋思恭爲收復都統，可作一詩否?'即秉筆立製，云：'飛騎經巴棧，洪恩及夏臺。將從天上去，人自日邊來。此處金門遠，何時玉輦迴。早平關右賊，莫待詔書

傕。’鐸益奇之，因執琪手曰：‘此真鳳毛也。’時年十四。明年，丁母憂，因流寓青、齊。然糠照薪，俾夜作晝，覽書數千卷，間爲詩賦。唐僖宗再幸梁洋，竊賦云：‘哀痛不下詔，登封誰上書。’”此《考異》中華書局本有校勘記：“‘因流寓青齊’，‘青齊’原作‘齊魯’，據殿本、劉本、《太平廣記》卷一七五引《李琪集序》改。”

昭宗時，李谿父子以文學知名。[1]琪年十八，袖賦一軸謁谿。谿覽賦驚異，倒屣迎門，出琪《調啞鐘》、《捧日》等賦，[2]謂琪曰：“余嘗患近年文士辭賦，皆數句之後，未見賦題，吾子入句見題，偶屬典麗，吁可畏也。”琪由是益知名，舉進士第。天復初，[3]應博學宏詞，居第四等，授武功縣尉，辟轉運巡官，遷左拾遺、殿中侍御史。[4]自琪爲諫官憲職，凡時政有所不便，必封章論列，文章秀麗，覽之者忘倦。

[1]李谿：人名。江夏（今湖北武漢市武昌區）人。唐代大臣。傳見《舊唐書》卷一五七、《新唐書》卷一四六。中華書局本有校勘記：“‘李谿’，《御覽》卷五八七引《後唐書》、《册府》卷八四一、卷九〇〇同，《舊唐書》卷一五七、《新唐書》卷一四六有《李磎傳》，即其人。本卷下文同。”見《宋本册府》卷八四一《總録部·文章門五》、明本《册府》卷九〇〇《總録部·干謁門》。

[2]出琪調啞鐘、捧日等賦：《輯本舊史》之影庫本粘籤：“調啞鐘、捧日等賦，疑有脱字，考《夏文莊集》所引《薛史》與《永樂大典》同，今姑仍其舊。”

[3]天復：唐昭宗李曄年號（901—904）。　天復初：中華書局本有校勘記：“‘天復’，原作‘天福’，據殿本、劉本、邵本校、《册

府》卷六〇五改。”見《宋本册府》卷六五〇《貢舉部·應舉門》。

[4]博學宏詞：科舉考試科目之一。屬制科。選拔能文之士。 武功：縣名。治所在今陝西武功縣。 縣尉：官名。縣佐官，掌軍事、治安。 巡官：官名。唐代節度使、觀察使、團練使、防禦使屬官，位判官、推官下。另有營田巡官、轉運巡官、館驛巡官等名目，皆因使而置。 左拾遺：官名。唐代門下省所屬諫官。掌規諫、薦舉人才。從八品上。 殿中侍御史：官名。三國魏始置。唐前期屬御史臺之殿院，掌宫門、庫藏及糾察殿庭供奉朝會儀式，及分掌左、右巡，負責京師治安、京畿軍兵。唐後期常爲外官所帶憲銜。從七品下。

琪兄珽，亦登進士第，才藻富贍，兄弟齊名，而尤爲梁祖所知，以珽爲崇政學士。[1]琪自左補闕入爲翰林學士，[2]累遷户部侍郎、翰林承旨。[3]梁祖西抗邠、岐，北攻澤、潞，出師燕、趙，[4]經略四方，暫無寧歲，而琪以學士居帳中，專掌文翰，下筆稱旨，寵遇踰倫。是時，琪之名播於海内。琪重然諾，憐才獎善，家門雍睦。貞明、龍德中，[5]歷兵、禮、吏侍郎，受命與馮錫嘉、張衮、[6]郄殷象同撰《梁太祖實録》三十卷，[7]遷御史中丞，累擢尚書左丞、中書門下平章事。[8]時琪與蕭頃同爲宰相，[9]頃性畏慎深密，琪倜儻負氣，不拘小節，中書奏覆，多行其志，而頃專掎摭其咎。會琪除吏，是試攝名銜，[10]改“攝”爲“守”，爲頃所奏，梁帝大怒，將投諸荒裔，而爲趙巖輩所援，[11]罷相，爲太子少保。[12]

[1]珽：人名。即李珽。唐末、五代官員。傳見《舊唐書》卷

二四。　梁祖：即梁太祖朱温。宋州碭山（今安徽碭山縣）人。五代後梁太祖。紀見《舊五代史》卷一至卷七、《新五代史》卷一至卷二。　崇政學士：官名。即崇政院直學士。後梁太祖開平二年（908）置二人，選有政術、文學者充任，後改爲直崇政院。

[2]左補闕：官名。唐代諫官。武則天時始置。分爲左、右，左補闕隸於門下省，右補闕隸於中書省。掌規諫諷諭，大事可以廷議，小事則上封奏。從七品上。　翰林學士：官名。由南北朝始設之學士發展而來，唐玄宗改翰林供奉爲翰林學士，備顧問，代王言。掌拜免將相、號令征伐等詔令的起草。　琪自左補闕入爲翰林學士：《輯本舊史》之原輯者案語："《北夢瑣言》云：梁李相國琪，唐末以文學策名，仕至御史。昭宗播遷，衣冠蕩析，琪藏跡於荆楚間，自晦其迹，號華原李長官。其堂兄光符宰宜都，嘗厭薄之。琪寂寞，每臨流踞石，摘樹葉而試草制詞，吁嗟怏悵，而投葉水中。梁祖受禪，徵入，拜翰林學士。今考《梁書·李珽傳》，珽歷爲成汭、趙匡凝掌書記，蓋昭宗末年，珽、琪兄弟皆客荆楚，後乃受知於梁祖也。"見《北夢瑣言》卷六。

[3]户部侍郎：官名。尚書省户部次官。協助户部尚書掌天下田户、均輸、錢穀之政令。正四品下。

[4]邠：州名。治所在今陕西彬縣。　岐：封國名。時鳳翔節度使李茂貞爲岐王，故稱。　澤：州名。治所在今山西澤州縣。　潞：州名。治所在今山西長治市。　燕：泛指今河北北部。　趙：州名。治所在今河北趙縣。

[5]龍德：後梁末帝朱友貞年號（921—923）。　貞明、龍德中：《輯本舊史》之影庫本粘籤："原本脱'德'字，今據《梁末帝紀》增入。"見《輯本舊史》卷一〇《梁末帝紀下》。

[6]馮錫嘉：人名。籍貫不詳。五代官員。事見本書卷一八、卷三〇。　張衮：人名。籍貫不詳。後梁大臣。事見本書卷三、卷九、卷一八。中華書局本有校勘記："原作'張充'，據本書卷一八《敬翔傳》、《册府》卷五五七改。按《宋史》卷二〇三《藝文志

二》記《梁太祖實録》撰者有張衮。”見《宋本册府》卷五五七《國史部·採撰門三》。

[7]郄殷象：人名。籍貫不詳。唐末、五代官員。事見《舊唐書》卷二〇上、本書本卷。

[8]累擢尚書左丞、中書門下平章事：《輯本舊史》卷一〇《梁末帝紀下》貞明六年（920）四月乙巳條：“以尚書左丞李琪爲中書侍郎、平章事。”

[9]蕭頃：人名。京兆萬年（今陝西西安市長安區）人。唐末進士，五代後梁宰相、後唐大臣。傳見本書本卷。

[10]是試攝名銜：明本《册府》卷三三四《宰輔部·謙讓門》後有“衆署之後”四字。

[11]趙巖：人名。陳州宛丘（今河南淮陽縣）人。唐忠武軍節度使趙犨之子。五代後梁大臣。事見本書卷一四、《新五代史》卷四二。　而爲趙巖輩所援：“趙巖輩”，《册府》卷三三四《宰輔部·謙讓門》作“趙巖、張漢傑”。

[12]太子少保：官名。與太子少師、太子少傅統稱太子三少。隋唐以後多作加官或贈官。從二品。

莊宗入汴，素聞琪名，累欲大任。同光初，歷太常卿、吏部尚書。[1]

[1]歷太常卿、吏部尚書：《輯本舊史》卷三一《唐莊宗紀五》同光二年（924）三月己酉條：“以太子少保李琪爲刑部尚書。”卷三二《唐莊宗紀六》同光三年六月戊子條：“以刑部尚書李琪充昭宗、少帝改卜園陵禮儀使。”卷三三《唐莊宗紀七》同光三年七月己酉條：“以刑部尚書李琪充大行皇太后山陵禮儀使。”

三年秋，[1]天下大水，國計不充，莊宗詔百僚許上

封事，陳經國之要。琪因上疏曰：[2]

［1］三年秋：《輯本舊史》卷三三《唐莊宗紀七》同光三年（925）七月戊午條："以刑部尚書、判太常卿、兼判吏部尚書銓事李琪爲吏部尚書，依前判太常卿。"

［2］琪因上疏曰：《會要》卷二七、《宋本册府》卷五〇九《邦計部·鬻爵贖罪門》繫上疏時間爲閏十二月。

臣聞王者富有兆民，深居九重，所重患者，百姓凋耗而不知，四海困窮而莫救，下情不得上達，羣臣不敢指言。今陛下以水潦之災，軍食乏闕，焦勞罪己，迫切疚懷，避正殿以責躬，訪多士而求理，則何思而不獲，何議而不臧？止在改而行之，足以擇其善者。

臣聞古人有言曰：穀者，人之司命也；地者，穀之所生也；人者，君之所理也。有其穀則國力備，定其地則人食足，察其人則徭役均，知此三者，爲國之急務也。軒黄已前，[1]不可詳記。自堯湮洪水，禹作司空，於時辨九等之田，收什一之税，其時户口一千三百餘萬，[2]定墾地約九百二十萬頃，[3]最爲太平之盛。及商革夏命，重立田制，每私田十畝，種公田一畝，水旱同之，亦什一之義也。洎乎周室，立井田之法，大約百里之國，提封萬井，出車百乘，戎馬四千匹。[4]畿内兵車萬乘，馬四萬匹，以田法論之，亦什一之制也。故當成、康之世，[5]比堯、舜之朝，户口更增二十餘萬，非

他術也，蓋三代以前，皆量入以爲出，計農以立軍，雖逢水旱之災，而有凶荒之備。

[1]軒黄：黄帝、軒轅氏的簡稱。

[2]其時户口一千三百餘萬：中華書局本有校勘記："'口'字原闕，據《五代會要》卷二五補。"

[3]定墾地約九百二十萬頃：《輯本舊史》之影庫本粘籤："約九百，原本作'絲八百'，今據《文獻通考》改正。"見《文獻通考》卷三《田賦考三》。

[4]戎馬四千匹：中華書局本有校勘記："'四千'，殿本、劉本作'四百'。按《舊五代史考異》卷二：'案原本作"四千"，今據《漢書》改正。'"但據《漢書·刑法志》，當爲"四百"。

[5]成、康之世：指西周初年周成王、周康王。史稱其時天下安寧，刑措不用。故後世稱政治之盛，每比迹成康。

降及秦漢，重税工商，急關市之征，倍舟車之算，人户既以減耗，古制猶以兼行，按此時户口，尚有千二百餘萬，墾田亦八百萬頃。至乎三國並興，兩晋之後，則農夫少於軍衆，戰馬多於耕牛，供軍須奪於農糧，秣馬必侵於牛草，[1]於是天下户口，只有二百四十餘萬。洎隋文之代，與漢比隆，[2]及煬帝之年，又三分去一。[3]

[1]秣馬必侵於牛草：《輯本舊史》之影庫本粘籤："秣馬，原本作'積馬'，今據《文獻通考》改正。"見《文獻通考》卷三《田賦考三》。

[2]隋文：即隋文帝楊堅，隋朝建立者。581年至604年在位。

紀見《隋書》卷一、卷二。　與漢比隆：中華書局本有校勘記："'與'原作'兩'，據《五代會要》卷二五改。"

[3]煬帝：即隋煬帝楊廣。604年至618年在位。紀見《隋書》卷三、卷四。　又三分去一：中華書局本有校勘記："'一'，《五代會要》卷二五作'二'。"

我唐太宗文皇帝，[1]以四夷初定，百姓未豐，延訪羣臣，各陳所見，惟魏徵獨勸文皇力行王道，[2]由是輕徭薄賦，不奪農時，進賢良，悦忠直，天下粟價，斗直兩錢。自貞觀至於開元，[3]將及一千九百萬户，五千三百萬口，墾田一千四百萬頃，比之堯舜，又極增加。是知救人瘼者，以重斂爲病源；料兵食者，以惠農爲軍政。仲尼云：[4]"百姓足，君孰與不足。"臣之此言，是魏徵所以勸文皇也，伏惟深留宸鑒。如以六軍方闕。不可輕徭，兩税之餘，猶須重斂，則但不以折納爲事，一切以本色輸官，又不以紐配爲名，止以正耗加納，猶應感悦，未至流亡。況今東作是時，[5]羸牛將駕，數州之地，千里運糧，有此差徭，必妨春種，今秋若無糧草，何以贍軍。

[1]太宗文皇帝：即唐代第二位皇帝李世民。隴西成紀（今甘肅秦安縣）人。626年至649年在位。通過"玄武門之變"掌權。在位期間，虛心納諫，文治武功，開創"貞觀之治"。紀見《舊唐書》卷二至卷三、《新唐書》卷二。

[2]魏徵：人名。一説曲陽（今河北曲陽縣）人，一説館陶（今河北館陶縣）人。唐朝大臣，以直言敢諫而聞名，襄助唐太宗

締造“貞觀之治”。傳見《舊唐書》卷七一、《新唐書》卷九七。

[3]貞觀：唐太宗李世民年號（627—649）。　開元：唐玄宗李隆基年號（713—741）。

[4]仲尼：即孔子。

[5]今東作是時：《輯本舊史》之影庫本粘籤：“‘是時’二字疑有舛誤，考《五代會要》亦作‘是時’，今姑仍其舊。”見《會要》卷二五。

臣伏思漢文帝時，[1]欲人務農，乃募人入粟，得拜爵及贖罪，景帝亦如之。[2]後漢安帝時，[3]水旱不足，三公奏請，富人入粟，得封關内侯及公卿以下散官。[4]本朝乾元中，[5]亦曾如此。今陛下縱不欲入粟授官，願明降制旨下諸道，合差百姓轉般之處，[6]有能出力運官物到京師者，[7]五百石以上，白身授一初任州縣官，有官者依資遷授，欠選者便與放選；[8]千石以上至萬石，不拘文武，明示賞酬。免令方春農人流散，斯亦救民轉倉贍軍之一術也。

[1]漢文帝：即劉恒。西漢皇帝。前180年至前157年在位，開啓了“文景之治”。紀見《漢書》卷四。

[2]景帝：即漢景帝劉啓。西漢皇帝。前157年至前141年在位。後世將其和文帝統治時期合稱“文景之治”。紀見《漢書》卷五。

[3]安帝：即漢安帝劉祜。東漢皇帝。106年至125年在位。紀見《後漢書》卷五。

[4]得封關内侯及公卿以下散官：中華書局本有校勘記：“‘封’字原闕，據《册府》卷五〇九、《五代會要》卷二七補。”見《宋

本册府》卷五〇九《邦計部・鬻爵贖罪門》。

[5]乾元：唐肅宗李亨年號（758—760）。

[6]合差百姓轉般之處：中華書局本有校勘記："'般'原作'倉'，據《册府》卷五〇九、《五代會要》卷二七改。"

[7]京師：即後唐都城洛陽（今河南洛陽市）。　有能出力運官物到京師者：中華書局本有校勘記："'者'字原闕，據《册府》卷五〇九、《五代會要》卷二七補。"

[8]欠選者便與放選：《輯本舊史》之影庫本粘籤："放選，原本作'於選'，今據《文獻通考》改正。"見《文獻通考》卷三《田賦考三》。

莊宗深重之，尋命爲國計使，[1]垂爲輔相，俄遇蕭牆之難而止。

[1]國計使：官名。五代始置，後梁、後唐及閩國皆有設置，掌財賦税收、錢穀用度。　尋命爲國計使：《輯本舊史》卷三四《唐莊宗紀八》同光四年（926）二月乙巳條："以吏部尚書李琪爲國計使。"《宋本册府》卷五〇九《邦計部・鬻爵贖罪門》："勑：李琪所論召募轉倉斛斗，與官行賞，委租庸司下諸州府，有應募者，聞奏施行。"

及明宗即位，豆盧革、韋説得罪，任圜陳奏，請命琪爲相，爲孔循、鄭珏排沮，乃相崔協。琪時爲御史大夫，[1]安重誨於臺門前專殺殿直馬延。[2]雖曾彈奏，而依違詞旨，不敢正言其罪，以是託疾，三上章請老，朝旨不允，除授尚書右僕射。[3]自是之後，尤爲宰執所忌，凡有奏陳，靡不望風横沮。天成末，明宗自汴州還洛，

琪爲東都留司官班首，奏請至偃師奉迎。時琪奏中有“敗契丹之凶黨，破真定之逆城”之言，詔曰：“契丹即爲凶黨，真定不是逆城，李琪罰一月俸。”[4]又嘗奉敕撰《霍彦威神道碑》文。[5]琪，梁之故相也，敘彦威仕梁歷任，不言其僞。中書奏曰：“不分真僞，是混功名，望令改撰。”詔從之。[6]多此類也。

［1］御史大夫：官名。秦始置，與丞相、太尉合稱三公。至唐代，在御史中丞之上設御史大夫一人，爲御史臺長官，專掌監察、執法。正三品。　琪時爲御史大夫：《輯本舊史》卷三六《唐明宗紀二》天成元年（926）六月己丑條：“以吏部尚書、判太常卿事李琪爲御史大夫。”

［2］殿直：官名。五代後唐始置，爲皇帝侍從之官。後晋高祖天福五年（940）又改殿前承旨爲殿直。　馬延：人名。籍貫不詳。後唐明宗天成元年七月，權臣安重誨出，殿直馬延誤衝其前導，安重誨怒而於御史臺門前殺之。事見本書本卷、《新五代史》卷六《唐本紀六》。《輯本舊史》之影庫本粘籤：“馬延，原本作‘馬廷’，考《歐陽史》及《通鑑》俱作‘馬延’，今改正。”

［3］三上章請老，朝旨不允，除授尚書右僕射：中華書局本有校勘記：“‘右’原作‘左’，據本書卷三八《唐明宗紀四》、卷三九《唐明宗紀五》、《册府》卷四八一、《新五代史》卷五四《李琪傳》改。”見明本《册府》卷四八一《臺省部·輕躁門》。《輯本舊史》卷三七《唐明宗紀三》天成元年十月庚戌條：“以吏部侍郎盧文紀爲御史中丞，時御史大夫李琪三上表求解任故也。”卷三八《唐明宗紀四》天成二年二月戊申條：“以御史大夫李琪爲右僕射。”卷三九《唐明宗紀五》天成三年五月丁未條：“以右僕射李琪爲太子少傅。”《宋本册府》卷五二〇《憲官部·彈劾門三》：“李琪爲御史大夫。時安重誨爲樞密使，而弄權任氣，制置諸夏，當纘紹之

初，内外無不畏懾。過御史臺門，有内臣誤衝行李，遂追斬於馬前。時琪彈奏之，以功大莫之動也。”卷五二一《憲官部·不稱門》：“李琪，明宗天成初爲御史大夫。時樞密使安重誨宅與御史臺差相對。重誨前騶至臺門，殿直馬延衝前騶，重誨即命斬於臺門。琪以重誨權重，不敢舉其過，又慮諫官論奏，乃白於宰相任圜，託先聞於重誨，即具上聞。琪即奏重誨言於臺門斬人事，辭旨依違，不敢正言其罪。”

[4]偃師：縣名。治所在今河南偃師市。　真定：縣名。治所在今河北正定縣。　“天成末”至“李琪罰一月俸”：《輯本舊史》卷四〇《唐明宗紀六》天成四年二月丁卯條：“東都留守、太子少傅李琪等奏，至偃師縣奉迎。時琪奏章中有‘敗契丹之凶黨，破真定之逆城’之言。詔曰：‘契丹即爲凶黨，真定不是逆城，李琪罰一月俸。’”此事亦見《宋本册府》卷九五四《總録部·寡學門》。其下有注：“史臣曰：大駕還京，留司官出城奉迎，載於典禮。李琪好動移班師，稱中山爲真定，躁人之詞，俱失實也。”

[5]霍彦威：人名。洺州曲周（今河北曲周縣）人。五代將領。傳見本書卷六四。

[6]“中書奏曰”至“詔從之”：見《輯本舊史》卷四〇天成四年八月戊戌條。亦見《宋本册府》卷五五三《詞臣部·獻替門二》。

琪雖博學多才，拙於遵養時晦，知時不可爲，然猶多岐取進，動而見排，由己不能鎮静也。以太子太傅致仕。[1]長興中，卒於福善里第，[2]時年六十。子貞，[3]官至邑宰。琪以在内署時所爲制詔，編爲十卷，目曰《金門集》，大行於世。《永樂大典》卷一萬三百八十九。[4]

[1]太子太傅：官名。與太子太師、太子太保統稱太子三師。

隋唐以後多作加官或贈官。從一品。　以太子太傅致仕：中華書局本有校勘記："'太子太傅'，本書卷四一《唐明宗紀七》、《新五代史》卷五四《李琪傳》作'太子少傅'。《舊五代史考異》卷二：'案《歐陽史》作少傅。'"《輯本舊史》卷三九《唐明宗紀五》天成三年（928）五月丁未條："以右僕射李琪爲太子少傅。"卷四一《唐明宗紀七》長興元年（930）十月壬辰條："以太子少傅李琪卒廢朝。"

[2]福善里：地名。位於今河南洛陽市。

[3]貞：人名。即李貞。事迹不詳。

[4]《大典》卷一〇三八九"李"字韻"姓氏（三四）"事目。

蕭頃

蕭頃，字子澄，京兆萬年人。[1]故相倣之孫，京兆尹廩之子。[2]頃幼聰悟，[3]善屬文，昭宗朝擢進士第，歷度支巡官、太常博士、右補闕。[4]時國步艱難，連帥倔强，率多奏請，欲立家廟於本鎮，[5]頃上章論奏，乃止。累遷吏部員外郎。[6]先是，張濬自中書出爲右僕射，梁祖判官高劭使祖鏖求一子出身官，[7]省寺皆稱無例，濬曲爲行之，指揮甚急，吏徒惶恐。頃判云："僕射未集郎官，未赴省上，[8]指揮公事，[9]且非南宫舊儀。"[10]濬聞之，慚悚致謝，頃由是知名，梁祖亦奬之。頃入梁，歷給諫、御史中丞、禮部侍郎、知貢舉，咸有能名。自吏部侍郎拜中書門下平章事，與李琪同輔梁室，[11]事多矛盾。莊宗入汴，頃坐貶登州司户，量移濮州司馬。[12]數年，遷太子賓客。天成初，爲禮部尚書、太常卿、太

子少保致仕。[13]卒時年六十九。輟朝一日，贈太子少師。[14]《永樂大典》卷五千二百二十五。[15]

[1]京兆：府名。治所在今陝西西安市。

[2]倣：人名。即蕭倣。咸通中任宰輔。傳見《舊唐書》卷一七二。　京兆尹：官名。唐開元元年（713）改雍州置京兆府，治所在今陝西西安市。以京兆尹總其政務。從三品。　廩：人名。即蕭廩。傳見《舊唐書》卷一七二。

[3]頃幼聰悟：中華書局本有校勘記："'幼'字原闕，據《册府》卷七九九補。"見《宋本册府》卷七九九《總録部·聰悟門》。

[4]太常博士：官名。漢代始置。爲太常寺屬官。掌辨五禮，討論謚法，贊相導引。從七品上。　右補闕：官名。唐代諫官。武則天時始置。分爲左、右，左補闕隸於門下省，右補闕隸於中書省。掌規諫諷諭，大事可以廷議，小事則上封奏。從七品上。

[5]欲立家廟於本鎮：中華書局本有校勘記："《册府》卷五四七同，句下《册府》卷四六五有'朝旨將俞允'五字。"見《宋本册府》卷五四七《諫諍部·直諫門十四》、明本《册府》卷四六五《臺省部·識量門》。

[6]員外郎：官名。尚書省郎官之一。爲郎中的副職，協助負責諸司事務。從六品上。

[7]高劭：人名。幽州（今北京市）人。淮南節度使高駢之從子。五代將領。傳見本書卷二〇。　梁祖判官高劭使祖廕求一子出身官：中華書局本有校勘記："'使'下原有'梁'字，據《御覽》卷二一六引《五代史·後唐書》、《册府》卷四五九删。"見《宋本册府》卷四五九《臺省部·公正門》。

[8]未赴省上：中華書局本有校勘記："'未'字原闕，據《御覽》卷二一六引《五代史·後唐書》、《册府》卷四五九補。按《通鑑》卷二二二胡注：'僕射、尚書赴省供職曰赴上。'"

［9］指揮公事：中華書局本有校勘記："《御覽》卷二一六引《五代史·後唐書》作'指揮吏曹公事'。"

［10］且非南宫舊儀：中華書局本有校勘記："'且'，《御覽》卷二一六引《五代史·後唐書》同，《册府》卷四五九作'俱'。"

［11］與李琪同輔梁室：《輯本舊史》之影庫本粘籤："同輔，原本作'同轉'，今據文改正。"

［12］登州：州名。治所在今山東蓬萊市。　濮州：州名。治所在今山東鄄城縣。

［13］天成初，爲禮部尚書、太常卿、太子少保致仕：《輯本舊史》卷三八《唐明宗紀四》天成二年（927）五月癸丑條："以太常卿蕭頃爲吏部尚書。"卷四一《唐明宗紀七》長興元年（930）五月癸未條："太子少傅蕭頃卒，廢朝。"

［14］太子少師：官名。與太子少傅、太子少保統稱太子三少。隋唐以後多作加官或贈官。從二品。

［15］《大典》卷五二二五"蕭"字韻"姓氏（八）"事目。

史臣曰：夫相輔之才，從古難得，蓋文學政事，履行謀猷，不可缺一故也。如數君子者，皆互有所長，亦近代之良相也。如齊公之明節，李琪之文章，足以圭表搢紳，笙簧典誥，陟之廊廟，宜無愧焉。《永樂大典》卷二千七百四十。[1]

［1］《大典》卷二七四〇"崔"字韻"姓氏（八）"事目。

舊五代史　卷五九

唐書三十五

列傳第十一

丁會

丁會，字道隱，壽州壽春人。父季。會幼放蕩縱横，不治農産，恒隨哀挽者學紼謳，尤嗜其聲。[1]既長，遇亂，合雄兒爲盜，[2]有志功名。黄巢渡淮，會從梁祖爲部曲，梁祖鎮汴，會歷都押衙。[3]自梁祖誅宗權，併時溥，屠朱瑄，走朱瑾，會恒以兵從，多立奇功。[4]文德中，表授懷州刺史，歷滑州留後、河陽節度使、檢校司徒。自河陽以疾致政於洛陽。[5]梁祖季年猜忌，故將功大者多遭族滅，會陰有避禍之志，稱疾者累年。[6]

[1]壽州：州名。治所在今安徽壽縣。　壽春：縣名。治所在今安徽壽縣。　季：人名。即丁季。事迹不詳。　紼謳：挽歌。“丁會”至“尤嗜其聲”：亦見《宋本册府》卷八五五《總録部·

曠達門》。

［2］合雄兒爲盜：《輯本舊史》之影庫本粘籤：“雄兒，原本作‘維兒’，今據《册府元龜》改正。”查《册府》，未見此記載。

［3］黄巢：人名。曹州冤句（今山東菏澤市）人。唐末農民起義領袖。傳見《舊唐書》卷二〇〇下、《新唐書》卷二二五下。　梁祖：即五代後梁太祖朱温。907 年至 912 年在位。紀見本書卷一至卷七、《新五代史》卷一至卷二。　部曲：家兵、私兵。　汴：州名。治所在今河南開封市。　都押衙：官名。“押衙”即“押牙”。唐、五代時期節度使辟署的屬官，有稱左、右都押衙或都押衙者。掌領方鎮儀仗侍衛、統率軍隊。參見劉安志《唐五代押牙（衙）考略》，武漢大學魏晋南北朝隋唐史研究室編《魏晋南北朝隋唐史資料》第 16 輯，武漢大學出版社 1998 年版。

［4］宗權：人名。即秦宗權。蔡州上蔡（今河南汝南縣）人。傳見《舊唐書》卷二〇〇下、《新唐書》卷二二五下。　時溥：人名。徐州彭城（今江蘇徐州市）人。唐末地方武裝首領。平定了黄巢之亂，後割據徐州。傳見《舊唐書》卷一八二、《新唐書》卷一八八。　朱瑄：人名。宋州下邑（今河南夏邑縣）人。唐末軍閥，後爲天平軍節度使。傳見《舊唐書》卷一八二、《新唐書》卷一八八、本書卷一三、《新五代史》卷四二。　朱瑾：人名。宋州下邑（今河南夏邑縣）人。朱瑄堂弟，唐末將領。傳見《新五代史》卷四二。　“自梁祖誅宗權”至“多立奇功”：亦見《宋本册府》卷三六〇《將帥部·立功門一三》。“誅宗權”，《通鑑》卷二五七文德元年（888）十二月條：“蔡將申叢執宗權，折其足而囚之，降於全忠，全忠表叢爲蔡州留後。”“併時溥”，《通鑑》卷二五九景福二年（893）四月戊子條：“龐師古拔彭城，時溥舉族登燕子樓自焚死。”“屠朱瑄”，《通鑑》卷二六一乾寧四年（897）二月戊申條：“全忠乃送瑾妻於佛寺爲尼，斬朱瑄於汴橋。”“走朱瑾”，《通鑑》卷二五八大順二年（891）十二月乙酉條：“汴將丁會、張歸霸與朱瑾戰於金鄉，大破之，殺獲殆盡，瑾單騎走免。”按：以上梁祖四

事，均在文德中或文德後，故與下文“文德中”時間次序不符。《輯本舊史》卷一九《朱珍傳》：“太祖初起兵，珍與龐師古、許唐、李暉、丁會、氏叔琮、鄧季筠、王武等八十餘人以中涓從，摧堅陷陣，所向盪决。”又：“太祖遂徑往蕭縣，距蕭一舍，珍率將校迎謁，太祖令武士執之，責其專殺，命丁會行戮。”

[5]文德：唐僖宗李儇年號（888）。 懷州：州名。治所在今河南沁陽市。 刺史：官名。州一級行政長官。漢武帝時始置，總掌考覈官吏、勸課農桑、地方教化等事。唐中期以後，節度使、觀察使轄州而設，刺史爲其屬官，職任漸輕。從三品至正四品下。 滑州：州名。治所在今河南滑縣。 留後：官名。原非正式命官，唐朝節度使入朝或宰相、親王遥領節度使不臨鎮則置。安史之亂後，節度使多以子弟或親信爲留後，以代行節度使職務，亦有軍士、叛將自立爲留後者。掌一州或數州軍政。北宋始爲朝廷正式命官。 河陽：方鎮名。全稱“河陽三城”。治所在孟州（今河南孟州市）。 節度使：官名。唐時在重要地區所設掌握一州或數州軍政、民政、財政的長官。 檢校司徒：官名。爲散官或加官，以示恩寵，無實際執掌。司徒，與太尉、司空並爲三公。 洛陽：地名。即今河南洛陽市。 “文德中”至“自河陽以疾致政於洛陽”：《宋本册府》卷一八七《閏位部·勳業門五》梁太祖條：“文德元年四月，河南尹張全義襲李罕之於河陽，克之。罕之單騎出奔，因乞師於太原，李克用爲發萬騎以援之。罕之遂收其餘衆，與晋軍合勢，急攻河陽。全義危急，遣使求救於汴，帝遣丁會、牛存節、葛從周領兵赴之，大戰於温縣，晋人與罕之俱敗。於是河橋解圍，全義歸於洛陽，因以丁會爲河陽留後。”《輯本舊史》卷二五《唐武皇紀上》文德元年三月條：“河南尹張全義潛兵夜襲李罕之於河陽，城陷，舉族爲全義所擄，罕之踰垣獲免，遂來歸於武皇。遣李存孝、薛阿檀、史儼兒、安金俊、安休休將七千騎送罕之至河陽。汴將丁會、牛存節、葛從周將兵赴援，李存孝率精騎逆戰於温縣。”卷五二《李嗣昭傳》：“李罕之襲我潞州也，嗣昭率師攻潞州，

與汴將丁會戰於含口。”《新五代史》卷一《梁本紀》文德元年三月條：“張全義取河陽，逐李罕之。罕之奔于河東。李克用遣兵圍河陽，全義來求救，遣丁會、牛存節救之，擊敗河東兵于沇河。”卷四四《丁會傳》：“光啓四年，東都張全義襲破河陽，逐李罕之，罕之召晋兵圍河陽，全義告急。是時，梁軍在魏，乃遣會及葛從周等將萬人救之。會等行至河陰，謀曰：‘罕之料吾不敢渡九鼎，以吾兵少而來遠，且不虞吾之速至也。出其不意，掩其不備者，兵家之勝策也。’乃渡九鼎，直趨河陽，戰于沇水，罕之大敗，河陽圍解。”光啓四年即文德元年。《册府》卷一八七梁太祖條：“大順元年十二月辛丑，帝遣丁會、葛從周率衆渡河取黎陽、臨河。”亦見《通鑑》卷二五八大順元年同日條。同條：“大順二年八月己丑，帝遣丁會急攻宿州，刺史張筠堅守其壁，會乃率衆於州東築堰，壅汴水以浸其城。”同卷同條：“景福元年正月，遣丁會於兖州界徙其民數千户於許州。”同卷同條：“光化二年六月，帝表丁會爲潞州節度使，以李罕之疾亟故也。又遣葛從周由固鎮路入於潞州，以援丁會。”《輯本舊史》卷二六《唐武皇紀下》繫此事於五月。《通鑑》卷二六一光化二年（899）正月條：“朱全忠表李罕之爲昭義節度使，又表權知河陽留後丁會、武寧留後王敬蕘、彰義留後張珂並爲節度使。”同年三月丁巳條：“朱全忠遣河陽節度使丁會攻澤州，下之。”同年五月壬寅條：“又遣丁會將兵繼之。”同年六月丁卯條：“以丁會爲昭義節度使。”《新五代史》卷四四《丁會傳》：“大順元年，梁軍擊魏，會及葛從周破黎陽、臨河，遂敗羅弘信于内黄。梁軍攻時溥於徐州，遣會别攻宿州，刺史張筠閉城距守，會堰汴水浸其東城，城壞，筠降。兖州朱瑾以兵萬餘擊單父，會及瑾戰于金鄉，大敗之。光化二年，李罕之叛晋，以潞州降梁。會自河陽攻晋澤州，下之。乃以會爲昭義軍留後。會畏梁太祖雄猜，常稱疾者累年。”

[6]季年：即晚年。　“梁祖季年猜忌”至“稱疾者累年”：《輯本舊史》之原輯者案語：“《通鑑考異》謂梁祖季年無誅戮大臣

之事。考朱珍、李讜諸人先後爲梁祖所殺，丁會蓋鑒於前事也。”見《通鑑》卷二六二天復元年（901）閏六月《考異》：“薛居正《五代史》會傳：‘自河陽以疾致政于洛陽。梁祖季年猜忌，故將功大者多遭族滅，會陰有避禍之志，稱疾者累年。天復元年，梁祖奄有河中、晋絳，乃起會爲昭義節度使。’按光化二年六月，會自河陽爲昭義節度使。九月，李克用取潞州，表孟遷爲節度使。時罕之已卒，必是會却領河陽，至此纔二年，則非致政稱疾累年也。又，是時全忠未嘗誅戮大將；疑會降河東後，作傳者誤以天祐中事在前言之耳。”《通鑑》卷二五八龍紀元年（889）七月條：“全忠如蕭縣，未至，珍出迎，命武士執之，責以專殺而誅之。諸將霍存等數十人叩頭爲之請，全忠怒，以牀擲之，乃退。”同卷大順元年九月戊申條：“全忠庭責諸將橈敗之罪，斬李讜、李重胤而還。”《舊唐書》卷二〇上《昭宗紀》光化二年六月條：“制以檢校司徒、孟州刺史、河陽節度使丁會爲澤、潞等節度使，從全忠奏也。”

天復元年，梁祖奄有河中、晋、絳，[1]乃起會爲昭義節度使。[2]昭宗幸洛陽，加同平章事。[3]其年昭宗遇弑，哀問至，會三軍縞素，流涕久之。時梁祖親討劉守文於滄州，駐軍於長蘆。天祐三年十二月，王師攻會，居旬日，會以潞州歸於武皇。[4]引見，會泣曰：“臣非不能守潞，但以汴王篡弱唐祚，猜嫌舊將，臣雖蒙保薦之恩，而不忍相從，今所謂吐盜父之食以見王也。”武皇納之，賜甲第於太原，位在諸將上。[5]五年，汴將李思安圍潞州，以會爲都招討使、檢校太尉。[6]

[1]天復：唐昭宗李曄年號（901—904）。　河中：方鎮名。治所在河中府（今山西永濟市）。　晋：州名。治所在今山西臨汾

市。　絳：州名。治所在今山西新絳縣。

［2］昭義：方鎮名。治所在潞州（今山西長治市）。　乃起會爲昭義節度使：《通鑑》卷二六二天復元年（901）五月條："朱全忠遣丁會代守潞州。"同年閏六月條："以河陽節度使丁會爲昭義節度使。"《輯本舊史》卷二六《唐武皇紀下》天復元年五月條："汴帥以丁會爲潞州節度使。"《新五代史》卷四四《丁會傳》："天復元年，太祖復起會爲昭義軍節度使。"

［3］昭宗：即唐昭宗李曄，888年至904年在位。紀見《舊唐書》卷二〇上、《新唐書》卷一〇。　同平章事：官名。"同中書門下平章事"之簡稱。唐高宗以後，凡實際任宰相之職者，常在其本官後加同平章事的職銜。後成爲宰相專稱。後晋天福五年（940），升中書門下平章事爲正二品。

［4］劉守文：人名。深州（今河北深州市）人。唐末盧龍節度使劉仁恭長子。唐末軍閥。後梁開平三年（909），被其弟劉守光殺死。事見本書卷二、卷四、卷九八及《新五代史》卷五六、卷七二。　滄州：州名。治所在今河北滄縣舊州鎮。　長蘆：縣名。治所在今河北滄州市。　天祐：唐昭宗李曄開始使用的年號（904），唐哀帝李柷沿用（904—907）。唐亡後，河東李克用、李存勗仍稱天祐，沿用至天祐二十年（923）。五代十國其他政權亦有行此年號者，如南吴、吴越等。　潞州：州名。治所在今山西長治市。　武皇：即李克用。沙陀部人，生於神武川新城（一説今山西朔州市朔城區之梵王寺村，一説今山西應縣縣城，一説今山西懷仁縣之日中城）。唐末軍閥，受封晋王。五代後唐太祖。紀見本書卷二五至卷二六、《新五代史》卷四。　"其年昭宗遇弑"至"會以潞州歸於武皇"："天祐三年十二月"，《輯本舊史》原無"天祐"，中華書局本有校勘記："本書卷二六《唐武皇紀下》、《舊唐書》卷二〇下《哀帝紀》繫其事於天祐三年。"但未補。上文有"天復"年號，如不補"天祐"，則蒙上文使人誤以爲天復三年事，故補"天祐"二字。《舊五代史考異》："《北夢瑣言》云：梁祖雄猜，疑忌功臣，

忽謂敬翔曰：‘吾夢丁會在前祇候，吾將乘馬欲出，圉人以馬就臺，忽爲丁會跨之以出，時夢中怒，叱喝數聲，因驚覺，甚惡之。’是月，丁會舉潞州軍民歸河東矣。”見《北夢瑣言》卷一六。《宋本册府》卷一八七《閏位部·勳業門五》梁太祖條：“天祐三年閏十二月，晋人、燕人同攻潞帥，丁會舉城降于太原，帝聞之，遂自長蘆班師。”亦見《通鑑》卷二六五天祐三年閏十二月條。《輯本舊史》卷二六繫此事於十二月而非閏月。

[5]太原：府名。治所在今山西太原市。　“引見”至“位在諸將上”：“而不忍相從”，《輯本舊史》之影庫本粘籤：“原本脱‘相從’二字，今據《册府元龜》增入。”查《册府》，未見此記載。《通鑑》卷二六五天祐三年閏十二月條：“及李嗣昭攻潞州，會舉軍降於河東。李克用以嗣昭爲昭義留後。會見克用，泣曰：‘會非力不能守也。梁王陵虐唐室，會雖受其舉拔之恩，誠不忍其所爲，故來歸命耳。’克用厚待之，位於諸將之上。”

[6]李思安：人名。河南陳留（今河南開封市陳留鎮）人。五代後梁將領。傳見本書卷一九。　都招討使：官名。唐始置。戰時任命，兵罷則省。常以大臣、將帥或地方軍政長官兼任。掌招撫、討伐等事務。　檢校太尉：官名。爲散官或加官，以示恩寵，無實際執掌。太尉，與司徒、司空並爲三公。　“五年”至“檢校太尉”：《通鑑》卷二六六開平二年四月壬子條：“晋王大閲士卒，以前昭義節度使丁會爲都招討使。”

莊宗嗣王位，與會决謀，破汴軍於夾城。[1]七年十一月，卒於太原。[2]莊宗即位，追贈太師。[3]

[1]莊宗：即後唐莊宗李存勗。五代後唐王朝的建立者。紀見本書卷二七至卷三四、《新五代史》卷五。　“莊宗嗣王位”至“破汴軍於夾城”：《輯本舊史》卷二七《唐莊宗紀一》天祐六年

(907) 八月條:“帝御軍南征，先遣周德威、李存審、丁會統大軍出陰地關，攻晉州，爲地道，壞城二十餘步，城中血戰拒守。”

[2]七年十一月，卒於太原:《輯本舊史》卷二七天祐七年十一月條:“是月，行營都招討使丁會卒。”

[3]太師：官名。與太傅、太保合稱三師，唐後期、五代多爲大臣、勳貴加官。正一品。　莊宗即位，追贈太師：亦見《輯本舊史》卷三二《唐莊宗紀六》同光二年 (924) 五月辛酉條:“故澤潞節度使丁會贈太師。”

有子七人，知沆爲梁祖所誅，餘皆歷内職。[1]《永樂大典》卷一萬八千一百二十九。[2]

[1]知沆：人名。即丁知沆。事迹不詳。

[2]中華書局本有校勘記:“檢《永樂大典目録》，卷一八一八九爲‘將’字韻 (元將一四) 事目，與本則内容不符，恐有誤記。陳垣《舊五代史輯本引書卷數多誤例》謂應作卷一八一二九‘將’字韻 (後唐將二)。”今據改。

閻寶

閻寶，字瓊美，鄆州人。父佐，海州刺史。[1]寶少事朱瑾爲牙將，瑾之失守於兖也，寶與瑾將胡規、康懷英歸汴梁，皆擢任之。[2]自梁祖陳師河朔，争霸關西，寶與葛從周、丁會、賀德倫、李思安各爲大將，統兵四出，所至立功，歷洺、隨、宿、鄭四州刺史。[3]天祐六年，梁祖以寶爲邢洺節度使、檢校太傅。[4]莊宗定魏博，十三年，攻相、衛、洺、磁，[5]下之，寶獨保邢州，[6]城

孤援絶。八月，賓以邢州降，莊宗嘉之，進位檢校太尉、同平章事，遥領天平軍節度使、東南面招討等使，[7]待以賓禮，位在諸將上，每有謀畫，與之參決。

[1]鄆州：州名。治所在今山東東平縣。　佐：人名。即閻佐。事迹不詳。　海州：州名。治所在今江蘇連雲港市海州區。　“閻寳”至“海州刺史”：《新輯會證》卷五九《閻寳傳》：“《耕耘論叢》第二輯刊一九九七年洛陽古代藝術館徵集到開運二年王虚中傳閻寳子閻弘祚墓誌，稱‘曾祖諱少均，任黄州别駕，夫人侯氏；祖諱佐，任海州太守，夫人張氏，追封清河太君’。可略補先世事跡。”參見陳尚君《舊五代史新輯會證》，復旦大學出版社 2006 年版。

[2]牙將：官名。古代軍隊中的中低級軍官。　兖：州名。治所在今山東濟寧市兖州區。　胡規：人名。兖州（今山東濟寧市兖州區）人。唐末、五代將領。傳見本書卷一九。　康懷英：人名。本名懷貞，避後梁末帝朱友貞諱改懷英。兖州（今山東濟寧市兖州區）人。唐末、五代將領。傳見本書卷二三、《新五代史》卷二二。　“賓少事朱瑾爲牙將”至“皆擢任之”：《輯本舊史》卷一三《朱瑾傳》：“及鄆州陷，龐師古乘勝攻兖，瑾與李承嗣方出兵求芻粟於豐沛間，瑾之二子及大將康懷英、判官辛綰、小校閻寳以城降師古。”亦見明本《册府》卷四三八《將帥部・奔亡門》朱瑾條。

[3]河朔：泛指黄河以北地區。　關西：泛指函谷關或潼關以西的地區。　葛從周：人名。濮州鄄城（今山東鄄城縣）人。唐末、五代後梁將領。傳見本書卷一六、《新五代史》卷二一。　丁會：人名。壽州壽春（今安徽壽縣）人。唐末將領。傳見本書本卷、《新五代史》卷四四。　賀德倫：人名。先世爲河西部落人，後居滑州（今河南滑縣）。五代後梁、後唐將領。傳見本書卷二一、

《新五代史》卷四四。　洺：州名。治所在今河北邯鄲市永年區。　隨：州名。治所在今湖北隨州市。　宿：州名。治所在今安徽宿州市。　鄭：州名。治所在今河南鄭州市。　“自梁祖陳師河朔”至“歷洺、隨、宿、鄭四州刺史”：《輯本舊史》卷二六《唐武皇紀下》光化三年（900）十月條：“遣李嗣昭率步騎三萬攻懷州，下之。進攻河陽，汴將閻寶率軍來援，嗣昭退保懷州。”《宋本册府》卷三六〇《將帥部·立功門一三》：“閻寶，唐末爲梁祖四鎮牙將。自梁祖陳師河朔，争霸關西，寶與葛從周、丁會、賀德倫、李思安各爲大將，擁兵四出，所至立功，累遷邢、洺節度使。”“擁兵四出”，明本《册府》卷三六〇《將帥部·立功門一三》作“擁兵西出”。卷一八七《閏位部·勳業門五》梁太祖條：“光化三年十月，晋人以帝宿兵於趙，遂南下太行，急攻河陽，留後侯言與都將閻寶力戰固守，僅而獲全。”卷四〇〇《將帥部·固守門二》：“閻寶爲佐國軍都將，時并人攻河陽，留後侯言不意其至也，壘卑而士弱，素無捍守具，孟人震駭，攻且急，破我羊馬垣。寶乃率部下勇戰，擊刺于壕外，復戰于壁下，攘退之，始備樓櫓，設陴格。蕃戎遁去，壁乃完，寶之力也。”

［4］邢洺：方鎮名。治所在今河北邢臺市。　檢校太傅：官名。爲散官或加官，以示恩寵，無實際執掌。　天祐六年，梁祖以寶爲邢洺節度使、檢校太傅：《舊五代史考異》：“《歐陽史》：太祖時，爲諸軍都虞候，末帝時，以寶爲保義軍節度使。與《薛史》詳略先後互異。”見《新五代史》卷四四《閻寶傳》。《輯本舊史》卷二七《唐莊宗紀一》天祐七年十二月丁巳條：“梁祖聞帝軍屯趙州，命寧國軍節度使王景仁爲北面行營招討使，韓勍爲副，相州刺史李思安爲前鋒，會魏州之兵以討王鎔。又令閻寶、王彦章率二千騎會景仁於邢洺。”明本《册府》卷二〇五《閏位部·巡幸門》梁太祖乾化元年（本作“五年”。乾化共兩年，且下文有“二年”，故此爲“元年”之誤）（911）十月辛亥條：“制以……諸軍都虞候閻寶爲御營使。”

［5］魏博：方鎮名。治所在魏州貴鄉縣（今河北大名縣）。

相：州名。治所在今河南安陽市。　衛：州名。治所在今河南衛輝市。　磁：州名。治所在今河北磁縣。

[6]邢州：州名。治所在今河北邢臺市。　寶獨保邢州：《輯本舊史》卷二八《唐莊宗紀二》天祐十三年（916）六月條："命偏師攻閻寶於邢州。"亦見《通鑑》卷二六九貞明二年（916）六月條。貞明二年即天祐十三年。

[7]天平軍：方鎮名。治所在鄆州（今山東東平縣）。　招討使：官名。唐始置。戰時任命，兵罷則省。常以大臣、將帥或地方軍政長官兼任。掌招撫、討伐等事務。　"八月"至"東南面招討等使"：《宋本册府》卷三六九《將帥部·攻取門二》："閻寶遥領天平軍節度使、東南面招討等使。"《輯本舊史》卷八《梁末帝紀上》貞明二年七月甲寅條："邢州節度使閻寶以城降於晉王。"《輯本舊史》卷二八《唐莊宗紀二》天祐十三年八月條："邢州節度使閻寶請以城降。"貞明二年即天祐十三年。《新五代史》卷五《唐本紀》、《通鑑》卷二六九亦繫此事於八月。

契丹之寇幽州也，周德威危急，寶與李存審從明宗擊契丹於幽州西北，解圍而還。[1]胡柳之役，諸軍逗撓，汴軍登無石山，[2]其勢甚盛。莊宗望之，畏其不敵，且欲保營。寶進曰："王深入敵境，偏師不利，王彦章騎軍已入濮州，山下唯列步兵，向晚皆有歸志，我盡鋭擊之，敗走必矣。今若引退，必爲所乘，我軍未集，更聞賊勝，即不戰而自潰也。凡決勝料勢，決戰料情，情勢已得，斷在不疑。今王之成敗，在此一戰，若不決勝，設使餘衆渡河，河朔非王有也，王其勉之。"[3]莊宗聞之聳聽，曰："微公幾失計。"即引騎大譟，奮稍登山，大敗汴人。

［1］契丹：古部族、政權名。公元 4 世紀中葉宇文部爲前燕攻破，始分離而成單獨的部落，自號契丹。唐貞觀中，置松漠都督府，以其首領爲都督。唐末强盛，916 年迭剌部耶律阿保機建立契丹國（遼）。先後與五代、北宋並立，保大五年（1125）爲金所滅。參見張正明《契丹史略》，中華書局 1979 年版。　幽州：州名。治所在今北京市。　周德威：人名。朔州馬邑（今山西朔州市朔城區東北）人。唐末、五代河東將領。傳見本書卷五六、《新五代史》卷二五。　李存審：人名。陳州宛丘（今河南淮陽縣）人。原姓符名存。五代後唐將領。傳見本書卷五六、《新五代史》卷二五。　明宗：即李嗣源。沙陀部人。原名邈佶烈，李克用養子。五代後唐明宗，926 年至 933 年在位。紀見本書卷三五至卷四四、《新五代史》卷六。　“契丹之寇幽州也”至“解圍而還”：《輯本舊史》卷二八《唐莊宗紀二》天祐十四年（917）二月條：“時李存審請急救燕薊，且曰：‘我若猶豫未行，但恐城中生事。’李嗣源曰：‘願假臣突騎五千，以破契丹。’閻寶曰：‘但當蒐選鋭兵，控制山險，强弓勁弩，設伏待之。’帝曰：‘吾有三將，無復憂矣！’”同年四月條：“命李嗣源率師赴援，次於淶水，又遣閻寶率師夜過祁溝，俘擒而還。周德威遣人告李嗣源曰：‘契丹三十萬，馬牛不知其數，近日所食羊馬過半，阿保機責讓盧文進，深悔其來。契丹勝兵散布射獵，阿保機帳前不滿萬人，宜夜出奇兵，掩其不備。’嗣源具以事聞。”同年七月辛未條：“帝遣李存審領軍與嗣源會於易州，步騎凡七萬。於是三將同謀，銜枚束甲，尋澗谷而行，直抵幽州。”同年八月甲午條：“自易州北循山而行，李嗣源率三千騎爲前鋒。庚子，循大房嶺而東，距幽州六十里。契丹萬騎遽至，存審、嗣源極力以拒之，契丹大敗，委棄毳幕、氈廬、弓矢、羊馬不可勝紀，進軍追討，俘斬萬計。”同月辛丑條：“大軍入幽州，德威見諸將，握手流涕。翌日，獻捷於鄴。”同年九月條：“班師，帝授存審檢校太傅，嗣源檢校太保，閻寶加同平章事。”《宋本册府》卷三六七《將帥部・機略門七》閻寶條：“天祐十四年，從明宗援幽州，

敗契丹，指陳方略，多中事機。”亦見《輯本舊史》卷三五《唐明宗紀一》天祐十四年四月條。明本《册府》卷一二八《帝王部·明賞門二》唐莊宗天祐十四年九月條：“班師，帝以横海軍節度使李存審檢校太傅，邢洺節度使閻寶檢校太尉，並平章事，方鎮如故，將士賞給有差。”

[2]胡柳：地名。即胡柳陂。位於今河南濮陽市。　無石山：山名。具體所指不詳。

[3]王彦章：人名。鄆州壽張（今山東梁山縣壽張集）人。五代後梁將領。傳見本書卷二一、《新五代史》卷三二。　濮州：州名。治所在今山東鄄城縣。中華書局本有校勘記：“‘濮州’，《册府》卷三六七同，本書卷九《梁末帝紀中》、卷二八《唐莊宗紀二》、《册府》卷二一七、《通鑑》卷二七〇作‘濮陽’。按《通鑑》卷二七一考異據《莊宗實録》謂當作‘濮陽’。”見《輯本舊史》卷九《梁末帝紀中》貞明四年（918）十二月、貞明五年十二月條，卷二八天祐十五年十二月條，《宋本册府》卷三六七《將帥部·機略門七》，明本《册府》卷二一七《閏位部·交侵門》梁末帝貞明四年十二月二十三日條，《通鑑》卷二七〇貞明四年十二月甲子條。　“凡决勝料勢，决戰料情”：中華書局本有校勘記：“‘料勢决戰’四字原闕，據《册府》卷三六七、《新五代史》卷四四《閻寶傳》補。”見《宋本册府》卷三六七、《新五代史》卷四四《閻寶傳》。《輯本舊史》卷二八《唐莊宗紀二》天祐十五年十二月條：“閻寶曰：‘深入賊境，逢其大敵，期於盡鋭，以决雌雄。況賊帥奔亡，衆心方恐，今乘高擊下，勢如破竹矣。’”《通鑑》卷二七〇貞明四年十二月條：“天平節度使、東南面招討使閻寶曰：‘王彦章騎兵已入濮陽，山下惟步卒，向晚皆有歸志，我乘高趣下擊之，破之必矣。今王深入敵境，偏師不利，若復引退，必爲所乘。諸軍未集者聞梁再克，必不戰自潰。凡决勝料敵，惟觀情勢，情勢已得，斷在不疑。王之成敗，在此一戰；若不决力取勝，縱收餘衆北歸，河朔非王有也。’”

十八年，張文禮殺王鎔叛，竇帥師進討。[1]八月，收趙州，進渡滹水，擒賊黨張友順以獻。九月，進逼真定，結營西南隅，掘塹柵以環之，决大悲寺漕渠以浸其郛。十九年正月，契丹三十萬來援鎮州，前鋒至新樂，衆心憂之。竇見莊宗，指陳方略，軍情乃安。虜退，加檢校侍中。[2]三月，城中饑，王處瑾之衆出城求食，竇縱其出，伏兵截擊之。饑賊大至，諸軍未集，爲賊所乘，竇乃收軍退保趙州，[3]因慚憤成疾，疽發背而卒，[4]時年六十。同光初，[5]追贈太師，晋天福中，追封太原郡王。[6]

[1]張文禮：人名。燕（今河北北部）人。五代將領。傳見本書卷六二。　王鎔：人名。回鶻人。唐末、五代軍閥，朱温後封其爲趙王。傳見本書卷五四、《新五代史》卷三九。　十八年，張文禮殺王鎔叛，竇帥師進討："張文禮殺王鎔叛"，《輯本舊史》之影庫本粘籤："'張文禮'，原本作'大禮'，今據《歐陽史》改正。"見《新五代史》卷四四《閻竇傳》。《輯本舊史》卷二九《唐莊宗紀三》天祐十八年（921）三月條："河中節度使朱友謙、昭義節度使李嗣昭、滄州節度使李存審、定州節度使王處直、邢州節度使李嗣源、成德軍兵馬留後張文禮、遥領天平軍節度使閻竇、大同軍節度使李存璋、新州節度使王郁、振武節度使李存進、同州節度使朱令德，各遣使勸進，請帝紹唐帝位，帝報書不允。"同年八月庚申條："令天平節度使閻竇、成德兵馬留後符習率兵討張文禮于鎮州。"同月甲子條："於是習等率諸將三十餘人，慟哭於牙門，請討文禮。帝因授習成德軍兵馬留後，以部下鎮冀兵致討於文禮，又遣閻竇以助之，以史建瑭爲前鋒。甲子，攻趙州，刺史王鋋送符印以迎，閻竇遂引軍至鎮州城下，營於西北隅。"同年十月辛酉條："閻

寳上言，定州節度使王處直爲其子都幽於别室，都自稱留後。”

［2］趙州：州名。治所在今河北趙縣。　滹水：河流名。發源於今山西繁峙縣，東流入今河北省，過正定縣，向東流入渤海。　張友順：人名。籍貫不詳。唐末、五代將領。事見《通鑑》卷二七一。　真定：縣名。治所在今河北正定縣。　大悲寺：寺院名。位於今河北正定縣城西郭外。　鎮州：州名。治所在今河北正定縣。　新樂：縣名。治所在今河北新樂市。　檢校侍中：官名。爲散官或加官，以示恩寵，無實際執掌。　“八月”至“加檢校侍中”：“虜退”，《輯本舊史》原作“敵退”。此爲清輯者忌諱而改，今據《册府》卷三八七回改。《宋本册府》卷三六〇《將帥部·立功門一三》：“（天祐）十八年，張文禮謀叛，以寳爲招討使，進攻之，下趙州，渡滹水而軍，擒文禮所署深州刺史張友順，折足送於行臺，營於西北隅。洎十九年正月，契丹大至，衆心危懼，寳備陳方略，遂挫獯戎，加檢校侍中。”卷三八七《將帥部·褒異門一三》：“張文禮之殺王鎔叛，寳帥師進討，及契丹來援鎮州，前鋒至新樂，衆心憂之，寳見莊宗，指陳方略，軍情乃安。虜退，加檢校侍中。”此條《册府》應録自本書本卷《閻寳傳》原文。

［3］王處瑾：人名。籍貫、事迹不詳。本書僅此一見。　“三月”至“寳乃收軍退保趙州”：《輯本舊史》卷二九《唐莊宗紀三》天祐十九年三月丙午條：“王師敗於鎮州城下，閻寳退保趙州。”《通鑑》卷二七一龍德二年（922）二月條：“晋天平節度使兼侍中閻寳築壘以圍鎮州，决滹沱水環之。内外斷絶，城中食盡，丙午，遣五百餘人出求食。寳縱其出，欲伏兵取之；其人遂攻長圍，寳輕之，不爲備，俄數千人繼至。諸軍未集，鎮人遂壞長圍而出，縱火攻寳營，寳不能拒，退保趙州。”明本《册府》卷四四七《將帥部·輕敵門》：“唐天祐十九年，討鎮州。鎮人累月受圍，城中艱食，穀價騰貴，饑餓者多，計無所出，屢來求戰。城中五百餘人攻我長國，寳輕之，不爲堅。敵俄而數千人，維志奮力死戰。我救兵不至，賊壞城而出，縱火攻寳營。不能拒戰，引師而退。鎮人壞我

營壘，取其芻粟者累日。”“長國”疑“長圍”之誤。

[4]疽發背而卒：《輯本舊史》卷二九天祐十九年四月己卯條：“天平節度使閻寶卒。”《通鑑》卷二七一龍德二年四月甲戌條：“閻寶慚憤，疽發於背，甲戌，卒。”《宋本册府》卷九二六《總録部·愧恨門》：“因慙憤成疾，疽發背而卒。”

[5]同光：五代後唐莊宗李存勗年號（923—926）。

[6]天福：五代後晋高祖石敬瑭年號（936—942）。出帝石重貴沿用至九年（944）。後漢高祖劉知遠繼位後沿用一年，稱天福十二年（947）。　晋天福中，追封太原郡王：《輯本舊史》卷七六《晋高祖紀二》天福二年（937）十月壬午條：“故天平軍節度使閻寶追封太原郡王。”

有子八人，弘倫、弘儒皆位至郡守。[1]《永樂大典》卷九千八百二。[2]

[1]弘倫、弘儒：人名。即閻宏倫、閻宏儒，事迹不詳。　郡守：官名。郡級行政機構最高長官。　有子八人，弘倫、弘儒皆位至郡守：《通鑑》卷二九〇廣順二年（952）正月條：“前陝州司馬閻弘魯，寶之子也。”閻弘魯，《輯本舊史》卷一三〇有傳。本傳首條注有閻弘祚墓誌，可參見。

[2]《大典》卷九八〇二“閻”字韻“姓氏（二）”事目。

符習

符習，趙州昭慶縣人。[1]少從軍，事節度使王鎔，積功至列校。[2]自莊宗經略河朔，與鎔連衡，常令習率師從莊宗征討。鎔爲張文禮所害，時習在德勝寨，文禮

上書請習等歸鎮。習雨泣訴於莊宗曰："臣本趙人，家世事王氏，故使嘗授臣一劍，俾臣平蕩凶寇。自聞變故，徒懷冤憤，欲以自刭，無益於營魂。且張文禮乃幽、滄叛將，趙王知人不盡，過意任使，致被反噬。臣雖不武，願在霸府血戰而死，不能委身於凶首。"莊宗曰："爾既懷舊君之愛，可復讎乎？吾當助爾。"習等舉身投地，號慟感激，謝曰："王必以故使輔翼之勞，雪其冤恥，臣不敢期師旅爲助，但悉本軍可以誅其逆豎。"莊宗即令閻寶、史建瑭助習討文禮，乃以習爲成德軍兵馬留後。[3]及文禮誅，將正授節鉞，習不敢當其任，辭曰："臣緣故使未葬，又無嗣息，臣合服斬縗，候臣禮制畢聽命。"及莊宗兼領鎮州，乃割相、衛二州置義寧軍，[4]以習爲節度使。習奏曰："魏博六州，見係霸府，不宜遽有割隸。但授臣河南一鎮，臣自攻取。"乃授天平軍節度、東南面招討使。[5]

[1]昭慶縣：縣名。治所在今河北隆堯縣。

[2]列校：指代諸校或校尉。　"少從軍"至"積功至列校"：中華書局本有校勘記："'列校'，《册府》卷七二五、卷八〇四作'都校'。"見明本《册府》卷七二五《幕府部·盡忠門》、《宋本册府》卷八〇四《總録部·義門四》。"少從軍"，《册府》卷八〇四作"少以軍卒"。

[3]德勝寨：地名。即德勝城，又名德勝渡，爲黄河重要渡口之一。有南、北二城，南城在今河南濮陽市東南，北城在今河南濮陽市區。　滄：州名。治所在今河北滄縣。　史建瑭：人名。雁門（今山西代縣）人。唐九府都督史敬思之子。五代後唐將領。傳見本書本卷、《新五代史》卷二五。　成德軍：方鎮名。治所在恒州

（今河北正定縣）。　兵馬留後：官名。唐五代時，代行方鎮長官之職者稱留後。代行州兵馬使之職者，即爲兵馬留後。掌本州兵馬。

“鎔爲張文禮所害”至“乃以習爲成德軍兵馬留後”：“莊宗即令閻寶、史建瑭助習討文禮”，“史建瑭”，《輯本舊史》之影庫本粘籤：“原本作‘逮塘’，今據《通鑑》改正。”見《通鑑》卷二七一龍德元年（921）八月庚申條。據《輯本舊史》卷五四，王鎔遇害在天祐十八年（921）十二月。天祐十八年即龍德元年。《輯本舊史》卷二九《唐莊宗紀三》天祐十八年八月庚申條：“令天平節度使閻寶、成德兵馬留後符習率兵討張文禮于鎮州。”同卷天祐十九年九月條：“帝以符習爲鎮州節度使。”《通鑑》卷二七一龍德元年七月條：“晋人屢於塞上及河津獲文禮蠟丸絹書，晋王皆遣使歸之，文禮慚懼。文禮忌趙故將，多所誅滅。符習將趙兵萬人從晋王在德勝，文禮請召歸，以他將代之，且以習子蒙爲都督府參軍，遣人齎錢帛勞行營將士以悦之。習見晋王，泣涕請留。晋王曰：‘吾與趙王同盟討賊，義猶骨肉，不意一旦禍生肘腋，吾誠痛之。汝苟不忘舊君，能爲之復讎乎？吾以兵糧助汝。’習與部將三十餘人舉身投地慟哭曰：‘故使授習等劍，使之攘除寇敵。自聞變故以來，冤憤無訴，欲引劍自剄，顧無益於死者。今大王念故使輔佐之勤，許之復冤，習等不敢煩霸府之兵，願以所部徑前搏取凶豎，以報王氏累世之恩，死不恨矣！’”同年八月庚申條：“晋王以習爲成德留後。”《宋本册府》卷八〇四《總録部·義門四》：“鎔爲大將王德明所害，德明據鎮州。時習在德勝行臺。德明上書，請習歸藩。莊宗詔習，謂之曰：‘王德明召爾歸藩，自爲行計。’習雨泣而進曰：‘臣本趙人，家世事王氏，常效忠義。而德明乃幽、滄叛卒，趙王知人不盡，過意任使，果致此反噬。臣等雖不武，願在霸府，血戰而死。不能委身於兇首，被其屠割。’莊宗曰：‘爾等既懷舊君之恩，則能復仇乎？吾當助爾。’習等舉身投地，號動感激，良久，謝曰：‘王必以故使輔翼之勞，雪其冤耻，臣不敢期師旅爲助，但悉本軍，可以誅其逆豎。’莊宗即令閻寶、史建塘助習興師討德明，乃以習

爲鎮冀節度留後。”亦見明本《册府》卷七二五《幕府部·盡忠門》，文字微有異。

[4]義寧軍：方鎮名。後唐擬以相、衛二州置義寧軍以處符習，因符習請辭而止。

[5]乃授天平軍節度、東南面招討使：《輯本舊史》卷二九天祐十九年九月條："乃以符習遥領天平軍節度使。"同卷同光元年（923）閏四月丁丑條："安國軍節度使符習加同平章事。"《新五代史》卷二六《符習傳》："乃拜習天平軍節度使、東南面招討使，習亦未嘗攻取。"《宋本册府》卷八〇四《總録部·義門四》："乃授天平軍節度，鄆齊棣觀察、東南面招討等使。"

習有器度，性忠壯，自莊宗十年沿河戰守，習常以本軍從，心無顧望，諸將服其爲人。[1]同光初，以習爲邢州節度，明年，移鎮青州。[2]四年二月，趙在禮盜據魏州，習受詔以淄青之師進討，[3]至則會軍亂，習乃退軍渡河。明宗自鄴赴洛，[4]遣使召之，習不時而至。既至，謁明宗於胙縣。[5]霍彦威謂習曰："主上所知者十人，公在其四，何猶豫乎！"[6]習乃從明宗入汴。明宗即位，加兼侍中，令歸本鎮。[7]屬青州守將王公儼拒命，復授天平軍節度使。[8]

[1]"習有器度"至"諸將服其爲人"：明本《册府》卷七二五《幕府部·盡忠門》作"習有器度，性忠壯，於荷恩感遇之際，而能奮勵思報。自莊宗十年沿河拒戰，左掎右角，習常以本軍景從，心無顧望，諸將服其爲人"。

[2]青州：州名。治所在今山東青州市。　"同光初"至"移鎮青州"：《輯本舊史》卷三一《唐莊宗紀五》同光二年（924）三

月乙巳條："以滄州節度使、檢校太傅、同平章事符習爲青州節度使。"卷三二《唐莊宗紀六》同光三年正月庚戌條："命青州節度使符習修酸棗河堤。先是，梁末帝決河隄，引水東注至鄆、濮，以限我軍，至是方修之。"同年二月丙子條："符習奏，修隄役夫遇雪寒逃散。"同年三月壬寅條："符習奏，修河隄畢功。"

[3]趙在禮：人名。涿州（今河北涿州市）人。五代後唐、後晋將領。傳見本書卷九〇、《新五代史》卷四六。　魏州：州名。治所在今河北大名縣。　淄青：方鎮名。即平盧，治所在青州（今山東青州市）。

[4]鄴：地名。即鄴都。治所在今河北大名縣。五代後唐同光元年，改魏州爲興唐府，建號東京，三年改東京爲鄴都。

[5]胙縣：縣名。即胙城縣，避後梁太祖朱温之父朱誠諱改。治所在今河南延津縣。

[6]主上所知者十人，公在其四，何猶豫乎："知"，《新五代史》卷二六《符習傳》作"殺"。《輯本舊史》卷三五《唐明宗紀一》同光四年四月己丑條："是日，羣臣諸將上箋勸進，帝面諭止之。樞密使李紹宏、張居翰、宰相豆盧革、韋説、六軍馬步都虞候朱守殷、青州節度使符習、徐州節度使霍彦威、宋州節度使杜晏球、兖州節度使房知温等頓首言曰：'帝王應運，蓋有天命，三靈所屬，當協冥符。福之所鍾，不可以謙遜免；道之已喪，不可以智力求。前代因敗爲功，殷憂啓聖，少康重興於有夏，平王再復於宗周，其命維新，不失舊物。今日廟社無依，人神乏主，天命所屬，人何能争！光武所謂"使成帝再生，無以讓天下"。願殿下俯徇樂推，時哉無失，軍國大事，望以教令施行。'帝優答不從。"

[7]侍中：官名。秦始置。隋、唐前期爲門下省長官。唐後期多爲大臣加銜，不參與政務，實際職務由門下侍郎執行。正二品。

明宗即位，加兼侍中，令歸本鎮：《輯本舊史》卷三六《唐明宗紀二》天成元年（926）五月丙辰條："青州節度使、檢校太傅、同平章事符習加兼侍中。"卷三七《唐明宗紀三》天成元年八月辛丑

條："以前青州節度使符習爲鄆州節度使。"同月丁未條："初，同光中，符習爲青州節度使，宦官楊希望爲監軍，專制軍政。趙在禮之據魏州，習奉詔以本軍進討。俄而帝爲亂軍所劫，習即罷歸。希望遣兵邀之，習懼而還。至滑州，帝遣人招之，習至，乃從帝入汴。希望聞魏軍亂，遣兵圍守習家，欲盡殺之。公儼素受希望奬愛，謂希望曰：'内侍宜分腹心之兵，監四面守陴者，則誰敢異圖？'希望從之。公儼乘其無備，圍希望之第，擒而殺之。公儼遂與州將李謹等謀據州城，以邀符節，即令軍府飛章留己，兼揚言符習在鎮，人不便其政，帝乃除公儼爲登州刺史。公儼不時赴任，即以霍彦威代符習，聚兵淄州，以圖進取。彦威至淄州，會詔使至青州告諭，公儼即赴所任。彦威懲其初心，遣人擒公儼於北海縣，與同黨斬於州東。"卷三八《唐明宗紀四》天成二年八月癸卯條："鄆州節度使符習加檢校太尉。"同年十一月乙卯條："青州霍彦威、鄆州符習來朝。"

[8]王公儼：人名。籍貫不詳。五代後唐將領。事見本書卷三七。　屬青州守將王公儼拒命，復授天平軍節度使：《舊五代史考異》："《宋史·顔衎傳》：天成初，爲鄒平令。符習初鎮天平，習武臣之廉慎者，以書告屬邑，毋聚斂爲獻賀。衎未領書，以故規行之，尋爲吏所訟，習遽召衎笞之，幕客軍吏，咸以爲辱及正人，習甚悔焉，即表爲觀察判官，且塞前事。"見《宋史》卷二七〇《顔衎傳》。《新五代史》卷二六《符習傳》："平盧監軍楊希望聞習爲明宗所召，乃以兵圍習家屬，將殺之。指揮使王公儼素爲希望所信，紿希望曰：'内侍盡忠朝廷，誅反者家族，孰敢不效命！宜分兵守城，以虞外變，習家不足慮也。'希望信之，乃悉分其兵守城，公儼因擒希望斬之，習家屬由是獲免。而公儼宣言青人不便習之嚴急，不欲習復來，因自求爲節度使。明宗乃以房知温代習鎮平盧，拜公儼登州刺史。公儼不時承命，知温擒而殺之。習復鎮天平，徙鎮宣武。"

四年，移汴州節度使。[1]安重誨素不悦習，會汴人言習厚賦民錢，以代納藁，及納軍租，多收加耗，由是罷歸京師。[2]授太子太師致仕，[3]求歸故里，許之，乃歸昭慶縣。明宗以其子令謙爲趙州刺史。[4]習飛鷹痛飲，周遊田里，不集朋徒，不過郡邑，如此累年，中風而卒。贈太師。[5]

[1]四年，移汴州節度使：《輯本舊史》卷四〇《唐明宗紀六》天成四年三月（929）乙未條："以前鄆州節度使符習爲汴州節度使。"卷五四《王昭誨傳》："時鎔故將符習爲汴州節度使，會昭誨來投，即表其事曰：'故趙王王鎔小男昭誨，年十餘歲遇禍，爲人所匿免，今尚爲僧，名崇隱，謹令赴闕。'"又："符習因以女妻之。"

[2]安重誨：人名。應州（今山西應縣）人。五代後唐大臣。傳見本書卷六六、《新五代史》卷二四。　京師：即後唐都城洛陽（今河南洛陽市）。　"安重誨素不悦習"至"由是罷歸京師"：《舊五代史考異》："《通鑑》：習自恃宿將，議論多抗安重誨，故重誨求其過，奏之。"見《通鑑》卷二七七長興元年（930）四月丁酉條。

[3]太子太師：官名。與太子太傅、太子太保統稱太子三師。隋唐以後多作加官或贈官。從一品。　授太子太師致仕：《輯本舊史》卷四一《唐明宗紀七》長興元年四月丁酉條："前汴州節度使、檢校太尉、兼侍中符習可太子太師致仕，進封衛國公。"亦見《宋本册府》卷八九九《總録部·致政門》、《通鑑》卷二七七長興元年四月丁酉條。

[4]令謙：人名。即符令謙。初仕後唐爲趙州刺史，不周歲而部内大理。俄以病終於官。事見《册府》卷六八三《牧守部·遺愛門二》。　"求歸故里"至"明宗以其子令謙爲趙州刺史"：《新五代史》卷二六《符習傳》："習二子：令謙、蒙。令謙，有勇力，善騎射，以父任爲將，官至趙州刺史，有善政，卒于州，州人號泣

送葬者數千人，當時號爲良刺史。”《宋本册府》卷八九九《總録部·致政門》：“習家素貧，求歸田里，許之，乃歸招慶縣。時其子令謙爲趙州刺史。”

［5］“習飛鷹痛飲”至“贈太師”：“習飛鷹痛飲”，中華書局本有校勘記：“‘飛鷹’，原作‘飛揚’，據《文莊集》卷三一《奉和御製讀五代史後唐史》注、《册府》卷八九九改。《舊五代史考異》卷二：‘原本作飛鷹，今考杜詩“痛飲狂歌空度日，飛揚跋扈爲誰雄”，“鷹”字蓋“揚”字之訛，今改正。’”《輯本舊史》卷四四《唐明宗紀十》長興四年八月辛酉條：“以太子太師致仕符習卒廢朝，贈太師。”

子蒙嗣，位至禮部侍郎，《晋書》有傳。[1]《永樂大典》卷一萬八千一百二十九。[2]

［1］蒙：人名。即符蒙。五代後晋官員，歷任鎮州節度副使、右諫議大夫、給事中。事見本書卷七七、卷八一、卷八三、卷一二三。　《晋書》有傳：中華書局本有校勘記：“以上四字原闕，據孔本補。”《輯本舊史·晋書》無《符蒙傳》，應增。　禮部侍郎：官名。尚書省禮部次官。協助禮部尚書掌禮儀、祭享、貢舉之政。正四品下。

［2］《大典》卷一八一二九“將”字韻“後唐將（二）”事目。

烏震

烏震，冀州信都人也。[1]少孤，自勤於鄉校。弱冠從軍，初爲鎮州隊長，以功漸升都將，與符習從征於河

上，頗得士心。[2]聞張文禮弒王鎔，志復主讎，雪泣請行。[3]兵及鎮陽，文禮執其母妻洎兒女十口誘之，不迴，攻城日急。文禮忿之，咸割鼻斷腕，不絶於膚，放至軍門，觀者皆不忍正視。震一慟而止，憤激奮命，身先矢石。[4]鎮州平，以功授震深、趙二州刺史。[5]其性純質，以清直御下，在河北獨有政聲，移易州刺史，兼北面水陸轉運招撫等使。[6]契丹犯塞，漁陽路梗，震率師運糧，三入薊門，擢爲河北道副招討，遥領宣州節度使，[7]代房知温軍於盧臺。[8]及至軍，會戍兵龍晊所部鄴都奉節等軍數千人作亂，未及交印而遇害。明宗聞之，廢朝一日，詔贈太傅。[9]震略涉書史，尤嗜左氏傳，好爲詩，善筆札，凡郵亭佛寺，多有留題之跡。及其遇禍，燕趙之士皆歎惜之。[10]《永樂大典》卷一萬八千一百二十九。[11]

[1]冀州：州名。治所在今河北衡水市冀州區。　信都：縣名。治所在今河北衡水市冀州區。

[2]符習：人名。趙州（今河北趙縣）人。五代後唐將領。傳見本書本卷、《新五代史》卷二六。　“弱冠從軍”至“頗得士心”：“以功漸升都將”，中華書局本有校勘記：“‘都將’原作‘部將’，據《册府》卷八〇四、卷九二三改。”見《宋本册府》卷八〇四《總録部·義門四》、卷九二三《總録部·不忠門》。《新五代史》卷二六《烏震傳》：“少事趙王王鎔爲軍卒，稍以功遷裨校，隸符習軍。”

[3]聞張文禮弒王鎔，志復主讎，雪泣請行：《輯本舊史》卷二九《唐莊宗紀三》天祐十八年（921）八月條：“帝令傳旨於習及别將趙仁貞、烏震等，明正文禮弒逆之罪，且言：‘爾等荷戟從征，蓋君父之故，銜冤報恩，誰人無心。吾當給爾資糧，助爾兵甲，當

試思之！’於是習等率諸將三十餘人，慟哭於牙門，請討文禮。”亦見《宋本册府》卷八〇四《總録部・義門四》。

［4］鎮陽：地名。即鎮州。治所在今河北正定縣。　“兵及鎮陽”至“身先矢石”：“鎮陽”，中華書局本有校勘記：“原作‘恒陽’，據《册府》卷八〇四、卷九二三改。據《太平寰宇記》卷六二，恒陽即曲陽，隸定州。按本書卷六二《張文禮傳》，文禮時據鎮州，與恒陽無涉。”《新五代史》卷二六《烏震傳》：“震從習討文禮，而家在趙，文禮執震母妻及子十餘人以招震，震不顧。文禮乃皆斷其手鼻，割而不誅，縱至習軍，軍中皆不忍正視。震一慟而止，憤激自勵，身先士卒。”

［5］深：州名。治所在今河北深州市。　以功授震深、趙二州刺史：《輯本舊史》卷二九《唐莊宗紀三》天祐十九年九月條：“帝以……烏震爲趙州刺史。”亦見《通鑑》卷二七一龍德二年（922）九月條。龍德二年即天祐十九年。《宋本册府》卷六八三《牧守部・遺愛門》：“烏震初爲趙州刺史，疏財禮士，有安民之政，轉深州刺史，人頗思之。”卷六七七《牧守部・能政門》：“烏震爲深州刺史，常交儒者，以講誦爲樂。其性純質，以清直御下，河北諸郡獨有政聲。”

［6］易州：州名。治所在今河北易縣。　北面水陸轉運招撫使：官名。掌轉運、招撫、征伐之事。係臨時設置之統兵官。　移易州刺史，兼北面水陸轉運招撫等使：“移易州刺史”，中華書局本有校勘記：“‘易州’，《册府》卷四八三、《新五代史》卷二六《烏震傳》作‘冀州’。按本書卷三八《唐明宗紀四》：‘以前北面水陸轉運招撫使、守冀州刺史烏震領宣州節度使。’《舊五代史考異》卷二：‘《歐陽史》作冀州。’”見《宋本册府》卷四八三《邦計部・褒寵門》。“兼北面水陸轉運招撫等使”，中華書局本有校勘記：“‘北面’，原作‘南北面’，據《册府》卷四八三、《新五代史》卷二六《烏震傳》改。”

［7］漁陽：縣名。治所在今天津市薊州區。　薊門：地名。位

於今天津市薊州區。　宣州：州名。治所在今安徽宣城市。　“契丹犯塞”至“遥領宣州節度使”：《輯本舊史》卷三八《唐明宗紀四》天成二年（927）二月戊子條：“以前北面水陸轉運招撫使、守冀州刺史烏震領宣州節度使。”

［8］房知温：人名。兖州瑕丘（今山東濟寧市兖州區）人。五代後唐將領。傳見本書卷九一、《新五代史》卷四六。　盧臺：軍（政區）名。治所在今天津市寧河區蘆臺鎮。參見余蔚《中國行政區劃通史》（遼金卷），復旦大學出版社2012年版，第326頁。

［9］龍晊（zhì）：人名。籍貫不詳。五代後唐時作亂戍兵首領。事見本書卷三八。　太傅：官名。與太師、太保合稱三師，唐後期、五代多爲大臣、勳貴加官。正一品。　“及至軍”至“詔贈太傅”：“會戍兵龍晊所部鄴都奉節等軍數千人作亂”，《輯本舊史》之影庫本粘籤：“龍晊，原本作‘龍姪’，今據《歐陽史》改正。”“詔贈太傅”，《舊五代史考異》：“《歐陽史》作太師。”見《新五代史》卷二六。《輯本舊史》卷三八《唐明宗紀四》天成二年四月辛巳條：“房知温奏：‘前月二十一日，盧臺戍軍亂，害副招討寧國軍節度使烏震，尋與安審通斬殺亂兵訖。’帝聞之，廢朝一日，贈震太傅。”前月二十一日爲天成二年三月壬申日。卷九一《房知温傳》：“後除烏震爲招討副使，代知温歸鎮。知温怒震遽至，有怨言，因縱博，誘牙兵殺震於席上。”《新五代史》卷六《唐本紀》天成二年三月條：“盧臺亂，殺其將烏震。”卷四六《房知温傳》：“明宗遣烏震往代知温還鎮，其戍卒效節軍將龍晊等攻震殺之。”《通鑑》卷二七五天成二年三月壬申條：“房知温怨震驟來代己，震至，未交印。壬申，震召知温及諸道先鋒馬軍都指揮使、齊州防禦使安審通博於東寨，知温誘龍晊所部兵殺震於席上。”

［10］“震略涉書史”至“燕趙之士皆歎惜之”：《新五代史》卷二六有歐陽修論：“嗚呼！忠孝以義則兩得，吾既已言之矣。若烏震者，可謂忠乎？甚矣，震之不思也。夫食人之禄而任人之事，事有任，專其責，而其國之利害，由己之爲不爲。爲之雖利於國，

而有害於其親者，猶將辭其禄而去之。矧其事衆人所皆可爲，而任不專己，又其爲與不爲，國之利害不繫焉者如是，而不顧其親，雖不以爲利，猶曰不孝，況因而利之乎！夫能事其親以孝，然後能事其君以忠，若烏震者，可謂大不孝矣，尚何有於忠哉！”

[11]《大典》卷一八一二九“將”字韻“後唐將（二）”事目。

王瓚

王瓚，故河中節度使重盈之諸子也。[1]天復初，梁祖既平河中，追念王氏舊恩，辟瓚爲賓佐。梁祖即位，歷諸衛大將軍，[2]兖、華兩鎮節度使，開封尹。[3]貞明五年，代賀瓌統軍駐於河上。時李存審築壘於德勝渡。秋八月，瓚率汴軍五萬，自黎陽渡河，將掩擊魏州，明宗出師拒之。瓚至頓丘而旋，於楊村夾河築壘，架浮航，自滑饋運相繼。[4]瓚嚴於軍法，令行禁止，然機略應變，則非所長。十一月，瓚率其衆觀兵於戚城，明宗以前鋒擊之，獲其將李立。十二月，邏騎報汴之饋糧千計，沿河而下，可掩而取之。莊宗遣徒兵五千，設伏以待之，使騎軍循河南岸西上，俘獲饋役數千。瓚結陣河曲，以待王師，既而兵合，一戰敗之，瓚衆走保南城，瓚以小舟北渡僅免。是日，獲馬千餘匹，俘斬萬級，王師乘勝徇地曹濮。梁主以瓚失律，令戴思遠代還。[5]

[1]重盈：人名。即王重盈。太原祁（今山西祁縣）人。河中節度使王重榮之兄。唐末軍閥。事見《舊唐書》卷一八二、《新唐

書》卷一八七。

［2］諸衛大將軍：官名。唐代置十六衛，掌宫禁宿衛。正三品。

［3］兖：泰寧軍治所。　華：感化軍治所。　開封尹：官名。五代除後唐外均定都開封，因置開封府尹，執掌京師政務。從三品。

［4］貞明：後梁末帝朱友貞年號（915—921）。　賀瓌：人名。濮陽（今河南濮陽市）人。後梁將領。傳見本書卷二三、《新五代史》卷二三。　黎陽：縣名。治所在今河南浚縣。　頓丘：縣名。治所在今河南清豐縣。　楊村：地名。位於今河南濮陽市西南。　“貞明五年”至“自滑饋運相繼”：《輯本舊史》卷九《梁末帝紀中》貞明五年（919）八月條：“是月，命開封尹王瓚爲北面行營招討使。瓚乃與許州留後王彦章等率大軍自黎陽濟，營於楊村，造浮梁以通津路。”卷一三《蔣殷傳》：“時華州節度使王瓚，殷之從弟也，懼其連坐，上章言殷本姓蔣，非王氏之子也。”卷二九《唐莊宗紀三》天祐十六年（919）八月條：“梁將王瓚帥衆數萬自黎陽渡河，營於楊村，造舟爲梁，以通津路。”卷五六《符存審傳》天祐十六年七月條：“汴將王瓚自黎陽渡河寇澶州，存審拒戰，瓚退，營於楊村渡，控我上游，自是日與交鋒，對壘經年，大小凡百餘戰。”天祐十六年即貞明五年。《新五代史》卷三《梁本紀》貞明五年八月乙未條：“開封尹王瓚爲北面行營招討使。”卷五《唐本紀五》天祐十六年正月條：“梁王瓚攻德勝南城，不克。”

［5］戚城：地名。位於今河南濮陽市區。　李立：人名。籍貫不詳。王瓚部將。事見本書本卷。　河曲：地名。位於今河南濮陽市一帶。　曹：州名。治所在今山東曹縣西北。　梁主：即後梁末帝朱友貞。後梁太祖朱温之子。913年至923年在位。紀見本書卷八至卷一〇、《新五代史》卷三。　戴思遠：人名。籍貫不詳。五代後梁、後唐將領。傳見本書卷六四。　“十一月”至“令戴思遠代還”：《新五代史》卷五《唐莊宗下》天祐十六年十月條：“十月，廣德勝北城。十二月，敗梁軍于河南。”《輯本舊史》卷六五《李建及傳》：“其年（天祐十六年）十二月，與汴將王瓚戰於戚城，

建及傷手，莊宗解御衣金帶賜之。”《輯本舊史》卷五九《王瓚傳》：“瓚衆走保南城”，《輯本舊史》卷二九《唐莊宗紀三》天祐十六年十二月條作“保北城”。《通鑑》卷二七一貞明五年十二月條亦作“保北城”。《輯本舊史》卷五三《李存進傳》：“（天祐）十九年，汴將王瓚率衆逼北城，爲地穴火車，百道進攻。”

及王師襲汴，時瓚爲開封尹。梁主聞王師將至，自登建國門樓，日夜垂泣，時持國寶謂瓚曰：“吾終保有此者，繫卿耳。”令瓚閱市人散徒，登城爲備。[1]洎明宗至封丘門，瓚開門迎降。[2]翌日，莊宗御玄德殿，瓚與百官待罪及進幣馬，詔釋之，[3]仍令收梁主屍，備櫓櫝權厝於佛寺，漆首函送於郊社。[4]

[1]建國門：宮城門。爲開封皇城南門。位於今河南開封市。“及王師襲汴”至“登城爲備”：“開封尹”，中華書局本有校勘記：“原作‘開封府尹’，據《永樂大典》卷六八五〇引五代《薛史》、《册府》卷二〇、《通鑑》卷二七二改。影庫本粘籤：‘開封’，原本脱‘封’字，今據《通鑑》增入。”見明本《册府》卷二〇《帝王部·功業門二》、《通鑑》卷二七二同光元年（923）十月丁丑條。亦見《宋本册府》卷一六六《帝王部·招懷門四》、卷九〇九《總録部·憂懼門》。《輯本舊史》卷一〇《梁末帝紀下》龍德二年（922）十月條：“帝聞中都之敗，唐軍長驅將至，遣張漢倫馳驛召段凝於河上，漢倫墮馬傷足，復限水潦，不能進。時禁軍尚有四千人，朱珪請以拒唐軍，帝不從，登建國門召開封尹王瓚，謂之曰：‘段凝未至，社稷繫卿方略。’瓚即驅軍民登城爲備。”

[2]封丘門：城門名。位於今河南開封市。　洎明宗至封丘門，瓚開門迎降：《輯本舊史》卷一〇《梁末帝紀下》龍德二年十月條：“唐軍攻封丘門，王瓚迎降。”《輯本舊史》卷三〇《唐莊宗紀

四》同光元年十月己卯條："遲明，前軍至汴城，嗣源令左右捉生攻封丘門，梁開封尹王瓚請以城降。俄而帝與大軍繼至，王瓚迎帝自大梁門入。"《輯本舊史》卷三五《唐明宗紀一》天祐二十年（923）十月己卯條："遲明，帝先至汴州，攻封丘門，汴將王瓚開門迎降。"《新五代史》卷六《唐本紀六》同光元年條："郭崇韜亦勸莊宗入汴，莊宗以爲然。遣嗣源以千騎先至汴州，攻封丘門，王瓚開門降。"

[3]玄德殿：宫殿名。位於今河南開封市。　"翌日"至"詔釋之"：《册府》卷一六六同光元年十月己卯條："車駕至汴州。梁開封尹王瓚恐懼，出城迎降，伏地請死。帝曰：'朕與卿家世密親，兵或阻闊，卿時竭心所事，人臣之節也，何罪之有？'乃命復舊職。"亦見《宋本册府》卷九〇九《總録部·憂懼門》。

[4]梏櫝：泛指棺材。　權厝：臨時置棺待葬。　"仍令收梁主屍"至"漆首函送於郊社"：《通鑑》卷二七二同光元年十月辛巳條："詔王瓚收朱友貞尸，殯於佛寺，漆其首，函之，藏於太社。"

居數日，段凝上疏奏："梁朝掌事權者趙巖等，並助成虐政，結怨於人，聖政維新，宜誅首惡，以謝天下。"於是張漢傑、張漢融、張漢倫、張希逸、趙縠、朱珪等並族誅，家財籍没。[1]瓚聞諸族當法，憂悸失次，每出則與妻子訣别。郭崇韜遣人慰譬之，詔授宣武軍節度副使，知府事，檢校太傅如故。[2]瓚心憂疑成疾，十二月卒。贈太子太師。[3]

[1]段凝：人名。開封（今河南開封市）人。其妹爲朱温美人，因其妹而爲朱温親信。五代後梁將領，後投後唐。傳見本書卷

七三、《新五代史》卷四五。　趙巖：人名。陳州宛丘（今河南淮陽縣）人。朱溫女婿，忠武軍節度使趙犨次子。事見本書卷三〇、《新五代史》卷四二。　張漢傑：人名。清河（今河北清河縣）人。張歸霸之子。五代後梁將領。傳見本書附録、《新五代史》卷二二。　張漢融：人名。張歸弁之子。事見本書卷三〇。　張漢倫：人名。清河（今河北清河縣）人。張漢傑之兄。五代後梁大臣。事見《通鑑》卷二七二。　張希逸：人名。籍貫不詳。五代後梁將領。事見本書卷九、卷三〇。　趙縠：人名。一作"趙鵠"。籍貫不詳。後梁大臣。事見本書卷九、《册府》卷九二七。　朱珪：人名。籍貫不詳。五代後梁將領，時爲後梁檢校太傅、匡國軍節度觀察留後、行營諸軍馬步都虞候。傳見本書附録。

[2]郭崇韜：人名。代州雁門（今山西代縣）人。五代後唐大臣。傳見本書卷五七、《新五代史》卷二四。　宣武軍：方鎮名。唐舊鎮，治所在汴州（今河南開封市）。後梁開平元年（907）升汴州爲東京開封府。開平三年（909）置宣武軍於宋州（今河南商丘市睢陽區）。後唐同光元年（923）改宋州宣武軍爲歸德軍。廢東京開封府，重建宣武軍於汴州。後晋天福三年（938），改爲東京開封府。除天福十二年（947）、十三年（948）短暫改爲宣武軍外，汴京均爲東京開封府。　節度副使：官名。唐五代方鎮屬官。位於行軍司馬之下、判官之上。　"居數日"至"檢校太傅如故"：《輯本舊史》之原輯者案語："《歐陽史》云：瓚伏地請死，莊宗勞而起之，曰：'朕與卿家世婚姻，然人臣各爲主耳，復何罪邪！'因以爲開封尹，遷宣武軍節度使。據《薛史》則瓚以宣武軍節度副使知府事，未嘗遷秩也。"《宋本册府》卷九〇九《總録部·憂懼門》："及誅張漢傑、朱珪輩，瓚大恐，憂駭不自安，所有家財相繼入貢。帝慰諭之。"《輯本舊史》卷三〇《唐莊宗紀四》同光元年十一月乙卯條："以特進、檢校太傅、開封尹、判六軍諸衛事、充功德使王瓚爲宣武軍節度副使，權知軍州事。"

[3]贈太子太師：《輯本舊史》卷三一《唐莊宗紀五》同光二

年正月己巳條："故宣武軍節度副使、權知軍州事、檢校太傅王瓚贈太子太師。"

瓚雖爲治嚴肅，而慘酷有家世風。自歷守藩鎮，頗能除盜，而明不能照下。及尹正京邑，[1]委政於愛婿牙將辛廷蔚，[2]曲法納賄，因緣爲奸。初，汴人駐軍於河上，軍計不足，瓚請率汴之富户，出助軍錢，賦取不均，人靡控訴，至有雉經者，又有富室致賂幸而免率者。[3]及明宗即位，素知廷蔚之奸，乃勒歸田里。然瓚能優禮搢紳，抑挫豪猾，故當時士流皆稱仰焉。《永樂大典》卷六千八百五十。[4]

[1]及尹正京邑：中華書局本有校勘記："'正'原作'政'，據殿本、劉本、永樂大典卷六八五〇引五代《薛史》、《册府》卷六九八改。"見《宋本册府》卷六九八《牧守部·失政門》。

[2]辛廷蔚：人名。籍貫、事迹不詳。本書僅此一見。

[3]又有富室致賂幸而免率者：中華書局本有校勘記："'幸'，《永樂大典》卷六八五〇引五代《薛史》作'卒'。"

[4]中華書局本有校勘記："'六千八百五十'，原作'六千六百八十'，檢《永樂大典目録》，卷六六八〇爲'江'字韻'鎮江府十七'，與本則内容不符。按此則實出《永樂大典》卷六八五〇，據改。"今據改。

袁象先

袁象先，宋州下邑人也。[1]自稱唐中宗朝中書令、南陽郡王恕己之後。[2]曾祖進朝，成都少尹，梁以象先

貴，累贈左僕射。[3]祖忠義，忠武軍節度判官，累贈司空。[4]父敬初，太府卿，累贈司徒、駙馬都尉。[5]敬初娶梁祖之妹，初封沛郡太君。開平中，[6]追封長公主。貞明中，追封萬安大長公主。

[1]宋州：州名。治所在今河南商丘市睢陽區。　下邑：縣名。治所在今河南夏邑縣。

[2]唐中宗：即唐朝皇帝李顯。唐高宗之子。683 年至 684 年及 705 年至 710 年在位。高宗死後即位，武則天臨朝稱制。次年，中宗被廢爲廬陵王。神龍元年（705），宰相張柬之等率羽林軍入宫，迫武則天退位，中宗復辟。在位期間，寵任韋后及安樂公主，政事腐敗，生活淫靡。後爲韋后毒死。紀見《舊唐書》卷七、《新唐書》卷四。　中書令：官名。漢代始置，隋、唐前期爲中書省長官，屬宰相之職；唐後期多爲授予元勳大臣的虚銜。正二品。　恕己：人名。即袁恕己。滄州東光（今河北東光縣）人。唐中宗朝宰相。傳見《舊唐書》卷九一、《新唐書》卷一二〇。

[3]進朝：人名。即袁進朝。事迹不詳。　成都：府名。治所在今四川成都市。　少尹：官名。唐、五代於三京、鳳翔等府均置少尹，爲尹的副職。協助尹通判列曹諸務。從四品下。　左僕射：官名。秦始置。隋、唐前期，以左、右僕射佐尚書令總理六部、綱紀庶務；如不置尚書令，則總判省事，爲宰相之職。唐後期多爲大臣加銜。從二品。

[4]忠義：人名。即袁忠義。事迹不詳。　忠武軍：方鎮名。治所在許州（今河南許昌市）。　節度判官：官名。唐末、五代藩鎮僚佐，位行軍司馬下。　司空：官名。與太尉、司徒並爲三公。唐後期、五代多爲大臣、勳貴加官。正一品。

[5]敬初：人名。即袁敬初。事迹不詳。　太府卿：官名。南朝梁始置。太府寺長官。掌國家財帛庫藏出納、關市税收等務。從

三品。　司徒：官名。與太尉、司空並爲三公，唐後期、五代多爲大臣、勳貴加官。正一品。　駙馬都尉：漢武帝始置，魏晋以後，公主夫婿多加此稱號。從五品下。

[6]開平：後梁太祖朱温年號（907—911）。

象先即梁祖之甥也。性寬厚，不忤於物，幼遇亂，慨然有憂時之意。象先嘗射一水鳥，不中，箭落水中，下貫雙鯉，見者異之。梁祖鎮夷門，象先起家授銀青光禄大夫、檢校太子賓客、兼御史中丞。[1]景福元年，自檢校左省常侍，遷檢校工部尚書，充元從馬軍指揮使兼左静邊都指揮使。[2]乾寧五年，再遷檢校右僕射、左領軍衛將軍同正，充宣武軍内外馬步軍都指揮使。[3]光化二年，權知宿州軍州事。[4]

[1]夷門：地名。原指戰國魏都大梁城東門，故址在今河南開封城内東北隅。夷門位於夷山，夷山因山勢平夷而得名，故門亦以山爲名。此處代指開封。　銀青光禄大夫：官名。唐、五代散官。從三品。　檢校太子賓客：官名。太子賓客爲太子官屬，掌侍從規諫、贊相禮儀。檢校太子賓客爲散官或加官，以示恩寵，無實際執掌。按，五代十國時期，檢校制度作爲榮譽頭銜使用，以區别於行政編制。　御史中丞：官名。如不置御史大夫，則爲御史臺長官。掌司法監察。正四品下。

[2]景福：唐昭宗李曄年號（892—893）。　檢校左省常侍：官名。爲散官或加官。　檢校工部尚書：官名。爲散官或加官。　元從馬軍指揮使：官名。所部統兵將領。元從，自初始即追隨在側的部屬。元從馬軍爲部隊番號。

[3]乾寧：唐昭宗李曄年號（894—898）。　檢校右僕射：官

名。爲散官或加官。　同正："同正員"省稱，係屬編外官，待遇同正員之意。　内外馬步軍都指揮使：官名。節度使所屬最重要的將領，統帥軍隊。

［4］光化：唐昭宗李曄年號（898—901）。

天復元年，表授刺史，充本州團練、埇橋鎮遏都知兵馬使。[1]會淮寇大至，圍迫州城，象先殫力禦備，時援兵未至，頗懷憂沮。一日，登北城，憩其樓堞之上，怳然若寢，夢人告曰："我陳璠也，[2]嘗板築是城，舊第猶在，今爲軍舍，可爲我立廟，即助公陰兵。"象先納之。[3]翌日，淮寇急攻其壘，梯轒角進，是日州城幾陷。頃之，有大風雨，居民望見城上兵甲無算，寇不能進，即時退去。象先方信鬼神之助，乃爲之立祠，至今里人禱祝不輟。三年，權知洺州軍州事。[4]

［1］團練：官名。唐代中期以後，於不設節度使的地區設團練使，掌本區各州軍事。　埇橋：地名。位於今安徽宿州市城南古汴河上。　鎮遏都知兵馬使：官名。唐、五代方鎮自置之部隊統率官，稱兵馬使，其權尤重者稱兵馬大使或都知兵馬使。掌兵馬訓練、指揮。

［2］陳璠：人名。籍貫不詳。五代十國吴國將領。事見本書本卷、卷一三、卷一六。《輯本舊史》之影庫本粘籤："'陳璠'，原本作'揀璠'，今據《册府元龜》改正。"見《宋本册府》卷三九八《將帥部·冥助門》。明本作"陳蕃"。

［3］象先納之：中華書局本有校勘記："'納'，《册府》（宋本）卷三九八作'諾'，明本作'許'。"

［4］權知洺州軍州事：《輯本舊史》之影庫本粘籤："'洺州'，

原本作‘洛州’，今從《歐陽史》改正。”見《新五代史》卷四五《袁象先傳》。

天祐三年，授陳州刺史、檢校司空。[1]是歲，陳州大水，民饑，有物生於野，形類蒲萄，其實可食，貧民賴焉。[2]梁開平二年，授左英武軍使，再遷左神武、右羽林統軍。[3]三年，轉右衛上將軍，[4]封汝南縣男。四年，權知宋州留後，到任五月，改天平軍兩使留後。時鄆境再饑，户民流散，象先即開倉賑卹，蒙賴者甚衆。五年，梁祖北征，以象先爲鎮定東南行營都招討應接副使，進封開國伯。領兵攻蓨縣，不克而還。[5]俄奉詔自鄆赴闕，鄆人遮留，毁石橋而不得進，乃自他門而逸。[6]尋授左龍武統軍兼侍衛親軍都指揮使。[7]

[1]陳州：州名。治所在今河南淮陽縣。　檢校司空：官名。爲散官或加官。

[2]“是歲”至“貧民賴焉”：亦見《宋本册府》卷六八一《牧守部·感瑞門》。《宋本册府》卷二〇二《帝王部·祥瑞門二》梁太祖開平元年（907）四月戊辰條：“陳州袁象先進白兔一，付史館編録，兼示百官。”

[3]左英武軍使：官名。“英武”爲部隊番號，掌領本軍軍務，或兼理地方政務。　左神武：官名。即左神武統軍。唐代左神武軍統兵官。唐“北衙六軍”之一。其品秩，《唐會要》卷七一、《舊唐書》卷一二記載爲“從二品”，《通鑑》卷二二九記載爲“從三品”。　右羽林統軍：官名。唐代右羽林軍統兵官。唐置六軍，分左、右羽林，左、右龍武，左、右神武等，即“北衙六軍”。興元元年（784），六軍各置統軍，以寵功勳臣。其品秩，《唐會要》卷

七一、《舊唐書》卷一二記載爲“從二品”,《通鑑》卷二二九記載爲“從三品”。

[4]右衛上將軍：官名。唐置，掌宮禁宿衛。唐代十六衛之一。從二品。

[5]定：州名。治所在今河北定州市。　東南行營都招討應接副使：官名。爲招討應接使副將，多以大臣、將帥或地方軍政長官兼任，掌管鎮壓起義、抗禦外敵、討伐叛亂等事。　蓨縣：縣名。治所在今河北景縣。　“五年”至“不克而還”：亦見明本《册府》卷四三八《將帥部·無功門》。

[6]“俄奉詔自鄆赴闕”至“乃自他門而逸”：亦見《宋本册府》卷六八三《牧守部·遺愛門》。

[7]左龍武統軍：官名。唐代左龍武軍統兵官。唐置“北衙六軍”之一。其品秩，《唐會要》卷七一、《舊唐書》卷一二記載爲“從二品”,《通鑑》卷二二九記載爲“從三品”。　侍衛親軍都指揮使：官名。五代時侍衛親軍之長官。多由皇帝親信擔任。　尋授左龍武統軍兼侍衛親軍都指揮使：《新五代史》卷四五《袁象先傳》:“太祖即位，累遷左龍武統軍、在京馬步軍都指揮使。”

乾化三年，與魏博節度使楊師厚合謀，誅朱友珪於洛陽。[1]梁末帝即位，以功授檢校太保、同平章事，遥領洪州節度使、行開封尹、判在京馬步諸軍事，進封開國公。[2]四年，授青州節度使，加檢校太傅。未幾，移鎮宋州，加檢校太尉。象先在宋凡十年。[3]

[1]乾化：五代後梁太祖朱温年號（911—912）。末帝朱友貞沿用（913—915）。　楊師厚：人名。潁州斤溝（今安徽太和縣阮橋鎮斤溝村）人。唐末、五代後梁將領。傳見本書卷二二、《新五代史》卷二三。　朱友珪：人名。後梁太祖朱温次子，殺朱温自

立。後追廢爲庶人。事見本書卷八《梁末帝紀上》、《新五代史》卷三《梁本紀三》。　“乾化三年”至“誅朱友珪於洛陽”：《輯本舊史》卷八《梁末帝紀上》乾化二年（912）六月三日條：“（趙）巖時典禁軍，洎還洛，以謀告侍衛親軍袁象先。”又：“（楊師厚）乃令小校王舜賢至洛，密與趙巖、袁象先圖議。”又：“帝乃遣人告趙巖、袁象先、傅暉、朱珪等。十七日，象先引禁軍千人突入宮城，遂誅友珪。”卷二八《唐莊宗紀二》天祐九年（912）二月庚戌條：“以……青州賀德倫爲應接使，鄆州袁象先爲副。”天祐九年即乾化二年。《新五代史》卷四五《袁象先傳》：“太祖遇弒，友珪立。末帝留守東都，以大事謀於趙巖，巖曰：‘此事如反掌耳，但得招討楊令公一言諭禁軍，則事可成。’末帝即遣人之魏州，以謀告楊師厚，師厚遣裨將王舜賢至洛陽與象先謀，象先許諾。是時，龍驤軍將劉重遇戍于懷州，以其軍作亂，友珪遣霍彦威擊敗于鄢陵，其餘兵奔散，捕之甚急。末帝即召龍驤軍在東京者告之曰：‘上以重遇故，欲盡召龍驤軍至洛而誅之。’乃僞爲友珪詔書示之，龍驤軍恐懼，不知所爲，因告之曰：‘友珪弒父與君，天下之賊也！爾能趨洛陽擒之，以其首祭先帝，則所謂轉禍而爲福也。’軍士踴躍曰：‘王言是也。’末帝即馳奏，言龍驤軍反。象先聞之，即引禁軍千人入宮攻友珪，友珪死。”《宋本册府》卷一八八《閏位部·紹位門》梁末帝條：“乾化二年六月三日，庶人友珪爲逆，遂即僞位。明年改元鳳曆，是年二月，侍衛親軍使袁象先引禁兵誅友珪。”

[2]檢校太保：官名。爲散官或加官，以示恩寵，無實際執掌。太保，與太師、太傅合稱三師。　洪州：州名。治所在今江西南昌市。　“梁末帝即位”至“進封開國公”：《輯本舊史》卷八《梁末帝紀上》乾化三年四月癸未條：“以西京内外諸軍馬步軍都指揮使、檢校司徒、左龍虎統軍、濮陽郡開國侯袁象先爲特進、檢校太保、同平章事，充鎮南軍節度、江南西道觀察處置等使、開封尹、判在京馬步諸軍事，進封開國公，增食邑一千户。”《新五代史》卷四五《袁象先傳》：“末帝即位，拜象先鎮南軍節度使、同中書門

下平章事、開封尹、判在京馬步軍諸軍事。”

[3]象先在宋凡十年：《新五代史》卷四五《袁象先傳》云“在宋州十餘年”。《廿二史考異》卷六三：“象先以貞明四年爲平盧節度使，其徙鎮宣武，未詳何年。就使當年移鎮，而自貞明四年戊寅至同光元年癸未，相距止六歲，安得有十餘年之久乎？”

初，梁祖領四鎮，統兵十萬，威震天下，關東藩守，皆其將吏，方面補授，由其保薦，四方輿金輦璧，駿奔結轍，納賂於其庭。如是者十餘年，寖成風俗，藩侯牧守，下逮羣吏，罕有廉白者，率皆掊斂剥下，以事權門。象先恃甥舅之勢，所至藩府，侵刻誅求尤甚，以此家財鉅萬。莊宗初定河南，象先率先入覲，輦珍幣數十萬，遍賂權貴及劉皇后、伶官巷伯，居旬日，内外翕然稱之。[1]

[1]劉皇后：指後唐莊宗劉皇后。魏州成安（今河北成安縣）人。傳見本書卷四九、《新五代史》卷一四。　“莊宗初定河南”至“内外翕然稱之”：《新五代史》卷四五《袁象先傳》：“莊宗滅梁，象先來朝洛陽，輦其資數十萬，賂唐將相、伶官、宦者及劉皇后等，由是内外翕然稱其爲人。”亦見《宋本册府》卷九四五《總録部·巧宦門》。《通鑑》卷二七二同光元年（923）十月條：“宋州節度使袁象先首來入朝，陝州留後霍彦威次之。象先輦珍貨數十萬，徧賂劉夫人及權貴、伶官、宦者，旬日，中外争譽之，恩寵隆異。”

初，梁將未復官資者，凡上章奏姓名而已。郭崇韜奏曰：“河南征鎮將吏，昭洗之後，未有新官，每上表

章，但書名姓，未頒綸制，必負憂疑。”即日，復以象先爲宋、亳、輝、潁節度使，[1]依前檢校太尉、平章事，仍賜姓，名紹安，[2]尋令歸鎮。明年，以郊禮，象先復來朝。是時，制改宋州宣武軍爲歸德軍，[3]因侍宴，莊宗謂象先曰：“歸德之名，無乃著題否?”象先拜謝而退，即命歸鎮。其年夏，以疾卒於治所，年六十一。[4]册贈太師。周廣順中，[5]贈中書令，追封楚國公。

[1]宋：州名。治所在今河南商丘市睢陽區。　亳：州名。治所在今安徽亳州市。　輝：州名。治所在今安徽碭山縣。　潁：州名。治所在今安徽阜陽市。　復以象先爲宋亳輝潁節度使：中華書局本有校勘記：“‘輝’字上原有‘耀’字，據劉本删。按本書卷四《梁太祖紀四》：‘（開平三年五月）升宋州爲宣武軍節鎮，仍以亳、輝、潁爲屬郡。’”此條校勘記中所引《梁太祖紀》，録自《通鑑》卷二六七開平四年（910）四月丁卯條胡注引《薛史》。

[2]仍賜姓，名紹安：《通鑑》卷二七二同光元年（923）十一月乙巳條：“賜宣武節度使袁象先姓名曰李紹安。”《宋本册府》卷九四五《總録部·巧宦門》：“後唐袁象先，朱温之甥也，爲宋州節度使。莊宗既平梁汴，象先厚以賂遺於權貴劉皇后及閹徒，因而恩寵隆異，賜姓名李紹安，復爲宋州節度使。”《輯本舊史》卷三〇《唐莊宗紀四》同光元年十一月乙巳條：“以宋州節度使、檢校太尉、平章事袁象先依前爲宋州節度使，仍賜姓，名紹安。”

[3]歸德軍：方鎮名。治所在宋州（今河南商丘市睢陽區）。　制改宋州宣武軍爲歸德軍：《輯本舊史》之影庫本粘籤：“‘宋州’，原本作‘宗州’，今從《通鑑》改正。”見《通鑑》卷二七二同光元年十一月丙辰條。《輯本舊史》卷三一《唐莊宗紀五》同光二年四月癸未條：“以宋州節度使李紹安依前檢校太尉、同平章事、宋州節度使。”

[4]年六十一：《輯本舊史》卷三二《唐莊宗紀六》同光二年六月甲戌條："宋州奏，節度使李紹安卒。"《新五代史》卷四五《袁象先傳》作"年六十"。

[5]廣順：五代後周太祖郭威年號（951—953）。

象先二子，長曰正辭，歷衢、雄二州刺史。次曰㠑，至周顯德中，終於滄州節度使。[1]《永樂大典》卷五千一百十四。[2]

[1]正辭：人名。即袁正辭。曾任左監門衛大將軍。事見《册府》卷九三六《總録部·吝嗇門》。　衢：州名。治所在今浙江衢州市。　雄：州名。治所在今河北雄縣。　㠑：人名。即袁㠑。五代將領，歷任復州刺史、左龍武大將軍、左神武統軍、宣徽南院使、延州節度使等。事見本書本卷、卷一一二、卷一一四等。　顯德：五代後周太祖郭威年號（954）。世宗柴榮、恭帝柴宗訓沿用（954—960）。　"象先二子"至"終於滄州節度使"：《新五代史》卷四五《袁象先傳》："象先二子：正辭，官至刺史；巇，周世宗時爲横海軍節度使。象先平生所積財産數千萬，邸舍四千間，其卒也，不以分諸子，而悉與正辭。正辭初以父任爲飛龍副使。唐廢帝時，獻錢五萬緡，領衢州刺史。晋高祖入立，復獻五萬緡，求爲真刺史。拜雄州刺史，州在靈武之西，吐蕃界中。正辭憚，不欲行，復獻錢數萬，乃得免。正辭不勝其忿，以衣帶自經，其家人救之而止。出帝時，又獻錢三萬緡、銀萬兩。出帝憐之，欲與一内郡，未及而卒。正辭積錢盈室，室中嘗有聲如牛，人以爲妖，勸其散積以禳之。正辭曰：'吾聞物之有聲，求其同類爾，宜益以錢，聲必止。'聞者傳以爲笑。"《宋本册府》卷八一二《總録部·富門》："袁正辭，父象先，梁祖之甥，爲宋亳節度使，在州十餘年，積財百餘萬。"《宋本册府》卷四八五《邦計部·濟軍門》晋高祖條天

福二年（937）九月乙亥："雄州刺史袁正辭進助國錢三萬貫。"明本同卷《邦計部·輸財門》："晋袁正辭，初仕梁。乾化、貞明中，歷飛龍沂州副使。後唐清泰中，進錢五萬貫，尋領衢州刺史。及高祖即位後，獻錢五萬貫，出典雄州。辭以州在靈武西鄙，處吐蕃部族之中，不願適任，進亦及如前，方免其行。少帝開運元年，加檢討司徒，使與朝請。二年，助國錢三萬，銀一萬兩。"《宋本册府》卷九三六《總録部·吝嗇門》："袁正辭爲左監門衛大將軍，無他才，善治生。雖承父舊基，亦自能營構，故其家益富。嘗於積鏹之室，有吼聲聞於外，人勸其散施以禳其兆。正辭曰：'此必謁其同輩，宜更增之。'其庸暗多此類也。及清泰、天福、開運之際，厚貢求郡，止得虚名而已，三朝不遂其志，以至馬墮折足而終。"《宋本册府》卷八二五《總録部·名字門二》："袁光輔，同光中爲復州刺史。天成初上言：'叔父幼年遇亂離索，與臣同名，臣今欲改名巖。'從之。"《輯本舊史》卷四八《唐末帝紀下》清泰三年（936）八月癸亥條："以左龍武大將軍袁巖爲右監門上將軍。"卷一一〇《周太祖紀一》乾祐三年（950）十一月十九日條："隱帝遣左神武統軍袁巖、前鄧州節度使劉重進率禁軍來拒，與前開封尹侯益等屯赤崗，是夜俱退。"卷一一一《周太祖紀二》廣順元年（951）二月癸巳條："以宣徽北院使袁巖爲左武衛上將軍，充宣徽南院使。"同月癸卯條："詔宣徽南院使袁巖權知開封府事。"卷一一二《周太祖紀三》廣順二年十月戊戌條："以宣徽南院使袁巖權知永興軍府事。"卷一一三《周太祖紀四》顯德元年（954）正月壬辰條："以宣徽南院使知永興軍府事袁巖爲延州節度使。"卷一一四《周世宗紀一》顯德元年七月乙酉條："袁巖加檢校太尉。"卷一一五《周世宗紀二》顯德二年六月癸亥條："以前延州節度使袁巖爲滄州節度使。"《通鑑》卷二八九乾祐三年十一月壬午條："帝復遣左神武統軍袁巖、前威勝節度使劉重進等帥禁軍與侯益等會屯赤岡。"同月甲申條："侯益、吳虔裕、張彦超、袁巖、劉重進皆潛往見郭威。"同月壬辰條："以袁巖爲宣徽南院使。"

[2]《大典》卷五一一四“袁”字韻“姓氏（五）”事目。

張温

張温，字德潤，魏州魏縣人也。[1]始仕梁祖爲步直小將，改崇明都校。[2]貞明初，蔣殷以徐州叛，從劉鄩討平之，[3]改左右捉生都指揮使。[4]莊宗伐邢臺，獲之，用爲永清都校，歷武州刺史、山後八軍都將。[5]從莊宗襲契丹於幽州，收新州，歷銀槍効義都指揮使，再任武州刺史。同光初，北戎陷嬀、儒、檀、順、平、薊六州，武州獨全，改授蔚州刺史。[6]天成初，歷振武、昭武留後，尋授利州節度使，入爲右衛上將軍。無幾，授洋州節度使、右龍武統軍，改雲州節制。[7]清泰初，屯兵雁門，逐契丹出塞，移鎮晋州，嬰疾而卒。[8]詔贈太尉。[9]《永樂大典》卷六千六百六十。[10]

[1]魏縣：縣名。治所在今河北魏縣。

[2]步直、崇明：皆爲部隊番號。　始仕梁祖爲步直小將，改崇明都校：《舊五代史考異》：“温于潼關擒劉浣，見《梁紀》，此傳不載。”此所謂《梁紀》，指《輯本舊史》卷四《梁太祖紀四》開平三年（909）六月條：“劉知俊弟内直右保勝指揮使知浣自洛奔至潼關，右龍虎軍十將張温以上二十二人於潼關擒獲劉知浣，送至行在。敕：‘劉知浣，逆黨之中最爲頭角；龍虎軍，親兵之内實冠爪牙。昨者攻取潼關，率先用命；尋則擒獲知浣，最上立功。頗壯軍威，將除國難。所懸賞格，便可支分；許賜官階，固須除授。但昨捉獲劉知浣是張温等二十二人，一時向前，共立功效，其賞錢一千貫文，數内一百貫文與最先打倒劉知浣衙官李稠，四十三貫文與十

將張温，二十人各與錢四十二貫八百五十文。立功敕命便授郡府，亦緣同時立功人數不少，所除刺史，難議偏頗。宜令逐月共支給正刺史料錢二百貫文，數内十將張温一人每月與十貫文，餘二十一人每月每人各分九貫文，仍起七月一日以後支給。人與轉官職，仍勘名銜，分析申奏，當與施行。’”此條録自《册府》，不得稱爲《梁紀》，見明本《册府》卷二一〇《閏位部·明賞門》梁太祖開平三年六月條。

［3］蔣殷：人名。河中節度使王重盈養子。後梁太祖時官至宣徽院使。朱友珪篡位稱帝，被任爲徐州節度使。末帝時拒不免官，兵敗自殺。傳見本書卷一三、《新五代史》卷四三。　徐州：州名。治所在今江蘇徐州市。　劉鄩：人名。密州安丘（今山東安丘市）人。唐末、五代將領。傳見本書卷二三、《新五代史》卷二二。　“貞明初”至“從劉鄩討平之”：《輯本舊史》之影庫本粘籤：“‘貞明’，原本作‘貞宗’，今據《薛史·梁書》改正。”《輯本舊史》卷八《梁末帝紀上》：“貞明元年春，牛存節、劉鄩拔徐州，逆賊蔣殷舉族自燔而死，於火中得其屍，梟首以獻。”此句《輯本舊史》之原輯者案語：“牛存節等克徐州，《薛史·本紀》及《蔣殷傳》俱不書月，《五代春秋》及《歐陽史》皆作正月，《通鑑》作二月，據《通鑑考異》引《朱友貞傳》又作乾化四年十一月，疑皆屬傳聞之辭，當以《薛史》爲正。”

［4］捉生都指揮使：官名。所部統兵將領。“捉生”爲部隊番號。

［5］邢臺：此處代指唐末、五代方鎮保義軍，治所在邢州（今河北邢臺市）。　永清：部隊番號。　武州：州名。治所在文德縣（今河北張家口市宣化區）。　山後八軍都將：官名。唐五代時方鎮屬將。　“莊宗伐邢臺”至“歷武州刺史、山後八軍都將”：《輯本舊史》卷八貞明二年（916）六月條：“晋人急攻邢州，帝遣捉生都將張温率步騎五百人入于邢州，至内黄，温率衆降於晋人。”卷二八《唐莊宗紀二》天祐十三年（916）六月條：“命偏師攻閻寶於

邢州，梁主遣捉生都將張温率步騎百五百爲援，至内黄，温率衆來奔。”貞明二年與天祐十三年爲同一年。亦見《新五代史》卷三《梁本紀三》貞明二年六月條、卷四四《閻寶傳》。

［6］新州：州名。治所在今河北涿鹿縣。　銀槍効義：部隊番號。　媯：州名。治所在今河北懷來縣。　儒：州名。治所在今北京市延慶區。　檀：州名。治所在今北京市密雲區。　順：州名。治所在今北京市順義區。　平：州名。治所在今河北盧龍縣。　薊：州名。治所在今天津市薊州區。　蔚州：州名。治所在今河北蔚縣。　“從莊宗襲契丹於幽州”至“改授蔚州刺史”：“北戎陷媯、儒、檀、順、平、薊六州”之“北戎”，《輯本舊史》原作“契丹”。《宋本册府》卷三六〇《將帥部·立功門一三》：“天祐中，從莊宗襲契丹于幽州，收新州，歷銀槍效義都指揮使。同光初，北戎陷媯、儒、檀、順、平、薊六州，武州獨全，改授蔚州刺史。”明本《册府》卷四二九《將帥部·守邊門》：“張温爲武州刺史，同光初，北戎陷媯、儒、檀、順、平、蘇六州，武州獨全。”知《輯本舊史》因忌清諱篡改，今回改。

［7］天成：後唐明宗李嗣源年號（926—930）。　振武：方鎮名。後梁貞明二年以前，治所位於單于都護府城（今内蒙古和林格爾縣）。貞明二年，單于都護府城爲契丹占據。此後至後唐清泰三年（936），治所位於朔州（今山西朔州市朔城區）。後晋隨燕雲十六州割予契丹，改名順義軍。　昭武：方鎮名。即昭武軍。治所在利州（今四川廣元市）。　利州：州名。治所在今四川廣元市。　洋州：州名。治所在今陝西洋縣。　雲州：州名。治所在今山西大同市。　節制：節度使的簡稱。　“天成初”至“改雲州節制”：《輯本舊史》卷三六《唐明宗紀二》天成元年（926）五月壬午條：“以前蔚州刺史張温爲振武留後。”卷三七《唐明宗紀三》天成元年十一月乙亥條：“以前振武留後張温爲利州昭武軍留後。”卷三九《唐明宗紀五》天成三年十月戊辰條：“以前雲州節度使張温復爲雲州節度使。”此條中華書局本有校勘記：“朱玉龍《方鎮表》：‘按莊

宗、明宗《本紀》及《通鑑》，皆無同光、天成年間張温鎮雲州的記載，據《舊史》卷五九《張温傳》云“天成初，歷振武、昭武留後，尋授利州節度使，入爲右衛上將軍。無幾，授洋州節度使、右龍武統軍，改雲州節制。清泰初，屯兵雁門”。據此，張温節制雲州則當在長興末、清泰初。又卷六一《張敬詢傳》云，天成二年，詔還京師，復授大同節度使；四年，徵爲左驍衛上將軍。因疑“張温”爲“張敬詢”之誤。’”卷四〇《唐明宗紀六》天成四年五月乙酉條：“以左驍衛上將軍張温爲洋州節度使。”卷四二《唐明宗紀八》長興二年（931）六月庚午條：“以邠州節度使張温爲右龍武統軍。”卷四四《唐明宗紀十》長興四年三月戊子條：“以右龍武統軍張温爲雲州節度使。”

[8]清泰：五代後唐廢帝李從珂年號（934—936）。　雁門：關名。位於今山西代縣西北。　晋州：州名。治所在今山西臨汾市。　“清泰初”至“嬰疾而卒”：《輯本舊史》卷四七《唐末帝紀中》清泰二年正月乙丑條：“雲州節度使張温移鎮晋州。”同年十月庚午條：“以晋州節度使張温卒廢朝。”

[9]太尉：官名。與司徒、司空並爲三公，唐後期、五代多爲大臣、勳貴加官。正一品。

[10]《大典》卷六六六〇爲“江”字韻“詩文（二）”事目，與本傳無涉，疑爲卷六三五〇“張”字韻“姓氏（二〇）”事目，因後唐張姓將領傳記都收入此卷。

李紹文

李紹文，鄆州人，本姓張，名從楚。少事朱瑄爲帳下，瑄敗，歸於梁祖，爲四鎮牙校，累典諸軍。天祐八年，從王景仁戰，敗於柏鄉，紹文與别將曹儒收殘衆，退保相州。[1]王師之攻魏州也，紹文率衆自黎陽將渡河。

時汴人大恐，河無舟檝，紹文懼爲王師所逼，乃剽黎陽、臨河、内黄至魏州，歸於莊宗。[2]莊宗嘉納之，賜姓名，分其兩將三千人爲左右匡霸軍旅，仍令紹文、曹儒分將之。從周德威討劉守光，進檢校司空，移將匡衛軍。[3]十二年，授博州刺史，[4]預破劉鄩於故元城，歷貝、隰、代三郡刺史，[5]領天雄軍馬步副都將，屯於德勝。從閻寶討張文禮，爲馬步軍都虞候。[6]明宗收鄆州，以紹文爲右都押衙、馬步軍都將，從破王彦章於中都。同光中，歷徐滑二鎮副使，知府事。[7]三年，從郭崇韜討西川，爲洋州節度留後，領鎮江軍節度。[8]天成初，爲武信軍節度使，尋卒於鎮。[9]《永樂大典》卷一萬一百八十九。[10]

[1]王景仁：人名。廬州合淝（今安徽合肥市）人。本名王茂章。五代後梁將領。傳見本書卷二三、《新五代史》卷二三。　柏鄉：縣名。治所在今河北柏鄉縣。　曹儒：人名。籍貫不詳。五代後梁、後唐將領。事見本書卷二七。

[2]臨河：縣名。治所在今河南浚縣東北。　内黄：縣名。治所在今河南内黄縣。　“時汴人大恐”至“歸於莊宗”：《輯本舊史》卷二七《唐莊宗紀一》天祐八年（911）二月癸亥條：“黎陽都將張從楚、曹儒以部下兵三千人來降，立其軍爲左右匡霸使。”

[3]劉守光：人名。深州樂壽（今河北獻縣）人。幽州節度使劉仁恭之子。唐末、五代軍閥。後自稱大燕皇帝，年號應天。被後唐莊宗擊敗，俘後被斬。傳見本書卷一三五、《新五代史》卷三九。

[4]博州：州名。治所在今山東聊城市。　十二年，授博州刺史：《宋本册府》卷三六〇《將帥部·立功門一三》：“天祐八年，自梁將歸於莊宗，賜姓名，累加博州刺史。”卷三八七《將帥部·

褒異門一三》："李紹文，莊宗時爲博州刺史。"

［5］元城：縣名。治所在今河北大名縣。　貝：州名。治所在今河北清河縣。　隰（xí）：州名。治所在今山西隰縣。　代：州名。治所在今山西代縣。　歷貝、隰、代三郡刺史：亦見《册府》卷三六〇《將帥部·立功門一三》。卷三八七《將帥部·褒異門一三》作"歷貝、隰二州刺史"。

［6］天雄軍：方鎮名。治所在魏州（今河北大名縣）。　馬步副都將：官名。唐、五代時節度使屬將。　閻寶：人名。鄆州（今山東東平縣）人。五代後唐將領。傳見本書本卷、《新五代史》卷四四。　馬步軍都虞候：官名。五代侍衛親軍馬步軍統兵官，位僅次於馬步軍都指揮使、副都指揮使。

［7］右都押衙：官名。"押衙"即"押牙"。唐、五代時期節度使辟署的屬官，有稱左、右都押衙或都押衙者。掌領方鎮儀仗侍衛、統率軍隊。參見劉安志《唐五代押牙（衙）考略》，武漢大學魏晋南北朝隋唐史研究室編《魏晋南北朝隋唐史資料》第16輯，武漢大學出版社1998年版。　馬步軍都將：官名。唐、五代時節度使屬將。　中都：縣名。治所在今山東汶上縣。　"以紹文爲右都押衙、馬步軍都將"至"歷徐滑二鎮副使，知府事"：亦見《册府》卷三六〇、卷三八七。

［8］西川：方鎮名。劍南西川的簡稱。治所在成都府（今四川成都市）。　鎮江軍：方鎮名。治所在夔州（今重慶奉節縣）。　"三年"至"領鎮江軍節度"：《輯本舊史》卷三三《唐莊宗紀九》同光三年（925）十二月丁卯條："以武寧軍節度副使李紹文爲洋州觀察留後。"卷三四《唐莊宗紀一〇》同光四年二月戊申條："以洋州留後李紹文爲夔州節度使。"

［9］武信軍：方鎮名。治所在遂州（今四川遂寧市）。　天成初，爲武信軍節度使，尋卒於鎮：《輯本舊史》卷三六《唐明宗紀二》天成元年（926）五月甲子條："以夔州節度使李紹文爲遂州節度使。"武信軍治遂州。卷三八《唐明宗紀四》天成二年三月乙卯

條：“以武信軍節度使李紹文卒廢朝。”《通鑑》卷二七五繫李紹文卒月於天成二年正月壬戌條記事。

[10]《大典》卷一〇一八九爲“史”字韻“姓氏（七）”事目，與本傳無涉，應爲卷一〇三八九“李”字韻“姓氏（三四）”事目。

史臣曰：昔丁會之事梁祖也，功既隆矣，禍將及矣，挺身北首，故亦宜然，然食人之禄，豈合如是哉！閻寶再降於人，夫何足貴焉。符習雪故主之沉冤，享通侯之貴位，乃趙之奇士也。[1]烏震不憫其親，仁斯鮮矣，雖慕樂羊之跡，豈事文侯之宜。[2]瓚洎象先而下，皆降將也，又何足以譏焉。《永樂大典》卷一萬一百八十九。[3]

[1]乃趙之奇士也：《輯本舊史》之影庫本粘籤：“‘奇士’，原本脱‘士’字，今考《夏文莊集》所引《薛史》作‘奇士’，今改正。”見《文莊集》卷三一。

[2]樂羊：人名。戰國時魏將。魏文侯時，經魏相翟璜推薦，被魏文侯任爲將。攻打中山時，中山君烹其子，而遺之羹。樂羊坐於幕下而食之，以取信於魏君。後拔中山，文侯封樂羊於靈壽。後世子孫居此，樂毅爲其後代。事見《史記》卷八〇《樂毅列傳》。文侯：即魏文侯。戰國魏國的建立者。公元前445年至前396年在位。事見《史記》卷四四《魏世家》。

[3]《大典》卷一〇一八九爲“史”字韻“姓氏（七）”事目，與本傳無涉，疑爲卷一〇三八九“李”字韻“姓氏（三〇四）”事目。

舊五代史　卷六〇

唐書三十六

列傳第十二

李襲吉

李襲吉，自言右相林甫之後。父圖，爲洛陽令，因家焉。[1]襲吉，乾符末應進士舉，[2]遇亂，避地河中，依節度使李都，爲榷鹽判官。[3]及王重榮代，[4]不喜文士。時喪亂之後，衣冠多逃難汾晋間，襲吉訪舊至太原，武皇署爲府掾，[5]出宰榆社。[6]光啓初，武皇遇難上源，記室歿焉，既歸鎮，辟掌奏者，多不如指。或有薦襲吉能文，召試稱指，即署爲掌書記。[7]襲吉博學多通，尤諳悉國朝近事，爲文精意練實，[8]動據典故，無所放縱，羽檄軍書，辭理宏健。自武皇上源之難，與梁祖不協。[9]乾寧末，劉仁恭負恩，[10]其間論列是非，交相聘答者數百篇，警策之句，播在人口，文士稱之。

［1］林甫：人名。即李林甫。唐朝宗室。唐玄宗朝宰相。傳見《舊唐書》卷一〇六、《新唐書》卷二二三上。　圖：人名。即李圖。事迹不詳。　洛陽：地名。即今河南洛陽市。　令：官名。爲縣的行政長官，掌治本縣。唐代之縣，分赤（京）、次赤、畿、次畿、望、緊、上、中、中下、下十等。縣令分六等，正五品上至從七品下。河南縣令爲京縣令，正五品上。　“李襲吉”至“因家焉”：“李襲吉”，《輯本舊史》之原輯者案語：“《北夢瑣言》作李習吉。”見《北夢瑣言》卷一四外藩從事於東省上事條、卷一七李習吉溺黄河條。“自言右相林甫之後”，中華書局本有校勘記：“‘右相’，原作‘左相’，據《北夢瑣言》卷一七改。《舊唐書》卷一〇六《李林甫傳》記李林甫爲右相。”

［2］乾符：唐僖宗李儇年號（874—879）。　乾符末應進士舉：《舊五代史考異》：“《唐新纂》作應廣文舉，不第。”　“乾符末”，《新五代史》卷二八《李襲吉傳》作“乾符中”。

［3］河中：方鎮名。治所在河中府（今山西永濟市）。　節度使：官名。唐時在重要地區所設掌握一州或數州軍事、民事、財政的長官。　李都：人名。籍貫不詳。五代後梁將領。事見本書本卷、卷一八。　榷鹽：中華書局本有校勘記：“‘榷’原作‘擢’，據邵本校、《册府》卷七二九、《新五代史》卷二八《李襲吉傳》改。‘鹽’下原有‘鐵’字，據《册府》卷七二九、《新五代史》卷二八《李襲吉傳》删。”見《宋本册府》卷七二九《幕府部·辟署門四》。　判官：官名。唐、五代方鎮僚屬，位在行軍司馬下。分掌使衙内各曹事，並協助使職官員通判衙事。

［4］王重榮：人名。太原祁（今山西祁縣）人。唐末、五代軍閥。傳見《舊唐書》卷一八二、《新唐書》卷一八七。

［5］汾：州名。治所在今山西汾陽市。　晉：州名。治所在今山西臨汾市。　太原：府名。治所在今山西太原市。　武皇：即李克用。沙陀部人，生於神武川新城（一説是今山西朔州市朔城區之梵王寺村，一説是今山西應縣縣城，一説在今山西懷仁縣之日中

城)。唐末軍閥，後唐太祖。紀見本書卷二五至卷二六、《新五代史》卷四。　府掾：京府判司，即府諸曹參軍。

[6]榆社：縣名。治所在今山西榆社縣。"'榆社'，《册府》卷七二九同，《新五代史》卷二八《李襲吉傳》、《北夢瑣言》卷一七作'榆次'。"《輯本舊史》之原輯者案語，"《北夢瑣言》作攝榆次令"。見《北夢瑣言》卷一七。

[7]光啓：唐僖宗李儇年號（885—887）。　上源：地名。即上源驛。位於唐汴州城（今河南開封市）内。　記室：官名。東漢置，三公府至郡縣皆設此官，掌章表、書記、文檄等。後世因之。　掌書記：官名。唐、五代方鎮僚屬，位在判官下。掌表奏書檄、文辭之事。　"光啓初，武皇遇難上源"至"即署爲掌書記"：《宋本册府》卷七一八《幕府部·才學門》："後唐李襲吉，爲武皇河東節度副使，好學有筆述，雖軍前馬上，手不釋卷，凡太原自中和末所發箋奏軍書，皆襲吉所爲也。昭宗重其文章，因入奏，授諫議大夫，使上事北省以榮之。上事竟，遣歸太原，復其戎職。"卷七二九《幕府部·辟署四》爲："光啓初，武皇遇難上源，記室殁焉。既歸鎮，辟掌奏者，多不如旨。或有薦襲吉能文，召試稱旨，即奏爲掌書記，三遷節度副使。"

[8]爲文精意練實：中華書局本有校勘記："'精'原作'積'，據殿本、劉本、《御覽》卷五九五引《後唐書》改。"今從改。

[9]梁祖：即五代後梁太祖朱温。907年至912年在位。紀見本書卷一至卷七、《新五代史》卷一至卷二。

[10]乾寧：唐昭宗李曄年號（894—898）。　劉仁恭：人名。深州（今河北深州市）人。唐末、五代軍閥。傳見《新唐書》卷二一二。

三年，遷節度副使，從討王行瑜，拜右諫議大夫。[1]及師還渭北，[2]武皇不獲入覲，爲武皇作《違離

表》，中有警句云："穴禽有翼，[3]聽舜樂以猶來；[4]天路無梯，望堯雲而不到。"昭宗覽之嘉歎。[5]洎襲吉入奏，面詔諭之，優賜特異。[6]其年十二月，師還太原，王珂爲浮梁於夏陽渡，[7]襲吉從軍。時笮斷航破，武皇僅免，襲吉墜河，得大冰承足，沿流七八里，還岸而止，救之獲免。

[1]節度副使：官名。唐、五代方鎮屬官。位於行軍司馬之下、判官之上。　王行瑜：人名。邠州（今陝西彬縣）人。唐末軍閥。傳見《舊唐書》卷一七五、《新唐書》卷二二四下。　右諫議大夫：官名。隸中書省。唐代置左、右諫議大夫各四人，分隸門下省、中書省。掌諫諭得失、侍從贊相。正四品下。

[2]渭北：即渭河以北地區。

[3]穴禽有翼：中華書局本有校勘記："'翼'原作'異'，據彭校、《文昌雜録》卷六引《違離表》改。"

[4]聽舜樂以猶來：《輯本舊史》之影庫本粘籤："'猶來'，原本作'獨來'，今從《文昌雜録》改正。"見《文昌雜録》卷六。

[5]昭宗：即李曄。888 年至 904 年在位。紀見《舊唐書》卷二〇上、《新唐書》卷一〇。

[6]洎襲吉入奏，面詔諭之，優賜特異：《輯本舊史》之原輯者案語："《北夢瑣言》云：習吉從李克用至渭南，令其入奏，帝重其文章，授諫議大夫，使上事北省以榮之。據《薛史》，則襲吉先授諫議，非至入奏時始授也，當由先經奏授，至入奏時復于本省上事耳。《北夢瑣言》多傳聞之辭，故有互異。"見《北夢瑣言》卷一四外藩從事於東省上事條。《北夢瑣言》卷一七李習吉溺黄河條："太原李克用自渭北班師，次河西縣，王珂於冰上搆浮航，公渡浮航，馬足陷橋。李習吉從，馬軼墜河，習吉抱冰，舟人拯之獲免。王珂懼，公謂曰：'公之於吾，非機橋者，何嫌之有？李諫議有聞

於時，則不吾知也。’置酒笑樂而罷。”

[7]王珂：人名。王重榮兄王重簡之子，出繼王重榮。唐末、五代軍閥。傳見《舊唐書》卷一八二、《新唐書》卷一八七、本書卷一四、《新五代史》卷四二。　夏陽渡：渡口名。位於今陝西合陽縣東。

天復中，[1]武皇議欲脩好於梁，命襲吉爲書以貽梁祖，書曰：

一别清德，十五餘年，失意杯盤，争鋒劍戟。山高水闊，難追二國之歡；雁逝魚沉，久絶八行之賜。比者，僕與公實聯宗姓，原忝恩知，投分深情，將期棲托，論交馬上，薦美朝端，傾嚮仁賢，未省疏闕。豈謂運由奇特，謗起奸邪。毒手尊拳，交相於暮夜；[2]金戈鐵馬，蹂踐於明時。狂藥致其失歡，陳事止於堪笑。今則皆登貴位，盡及中年，[3]蘧公亦要知非，[4]君子何勞用壯。今公貴先列辟，名過古人。合縱連衡，本務家邦之計；拓地守境，要存子孫之基。文王貴奔走之交，仲尼譚損益之友，[5]僕顧慚虚薄，舊忝眷私，一言許心，萬死不悔，壯懷忠力，猶勝他人，盟於三光，願赴湯火。公又何必終年立敵，懇意相窺，徇一時之襟靈，取四郊之倦弊，[6]今日得其小衆，明日下其危牆，弊師無遺鏃之憂，鄰壤抱剥床之痛。又慮悠悠之黨，妄瀆聽聞，見僕韜勇枕威，戢兵守境，不量本末，誤致窺覦。且僕自壯歲已前，業經陷敵，以殺戮爲東作，號兼并爲永謀。及其首陟師壇，躬被

公衮，天子命我爲羣后，明公許我以下交，所以斂迹愛人，蓄兵務德，收燕薊則還其故將，入蒲阪而不負前言。[7]況五載休兵，三邊校士，鐵騎犀甲，雲屯谷量。馬邑兒童，皆爲鋭將；[8]鷲峯宫闕，咸作京坻。問年猶少於仁明，語地幸依於險阻，有何覘睹，便誤英聰。況僕臨戎握兵，粗有操斷，屈伸進退，久貯心期。勝則撫三晋之民，敗則徵五部之衆，長驅席卷，反首提戈。但慮隳突中原，爲公後患，四海羣謗，盡歸仁明，終不能見僕一夫，得僕一馬。鋭師儻失，則難整齊，請防後艱，願存前好。矧復陰山部落，是僕懿親；迴紇師徒，累從外舍。[9]文靖求始畢之衆，[10]元海徵五部之師，[11]寬言虚詞，猶或得志。今僕散積財而募勇輩，輦寶貨以誘義戎，徵其密親，啗以美利，控弦跨馬，寧有數乎？但緣荷位天朝，惻心疲瘵，峨峨亭障，未忍起戎。亦望公深識鄙懷，洞迴英鑒，論交釋憾，慮禍革心，不聽浮譚，以傷霸業。夫《易》惟忌滿，道貴持盈，儻恃勇以喪師，如擎盤而失水，爲蛇刻鵠，[12]幸賜徊翔。僕少負褊心，天與直氣，間謀詭論，誓不爲之。唯將藥石之譚，願托金蘭之分。儻愚衷未豁，彼抱猶迷，假令罄三朝之威，窮九流之辯，遣迴肝膈，如俟河清。今者執簡吐誠，願垂保鑒。僕自眷私睽阻，翰墨往來，或有鄙詞，稍侵英德，[13]亦承嘉論，每賜駡言。敘歡既罷於尋戈，[14]焚謗幸蠲其載筆，窮因尚口，樂貴和心，願祛沉鬪

之嫌，以復塤篪之好。今者卜於曩分，不欲因人，專遣使乎，直詣鈴閤。古者兵交兩地，使在其間，致命受辭，幸存前志。昔賢貴於投分，義士難於屈讎，若非仰戀恩私，安可輕露肝膈。悽悽丹慊，炳炳血情，臨紙嚮風，千萬難述。

[1]天復：唐昭宗李曄年號（901—904）。李克用沿用至天復七年（907）。

[2]交相於暮夜：《輯本舊史》之影庫本粘籤："'交相'，原本作'相交'，《歐陽史》作'交相'。據《集韻》云'相，持也'。當以《歐陽史》爲是，今改正。"見《新五代史》卷二八《李襲吉傳》。

[3]盡及中年：中華書局本有校勘記："'及'原作'反'，據殿本、劉本、彭校改。影庫本批校：'反'字應是'及'字之訛。"

[4]蘧公：人名。即蘧瑗，字伯玉，春秋時期衛國大夫，輔佐衛獻公、衛殤公、衛靈公三代國君。事見《史記》卷六七《仲尼弟子列傳》。

[5]文王：即周文王姬昌。周朝奠基者，爲周武王克商奠定基礎。事見《史記》卷四《周本紀》。　仲尼：即孔子。

[6]取四郊之倦弊：中華書局本有校勘記："'四郊'原作'西郊'，據殿本、劉本、邵本校、彭校改。"

[7]燕薊：地區名。即今河北北部、北京市、天津市一帶。　蒲阪：地名。一名蒲津。位於今山西永濟市蒲州鎮與陝西大荔縣朝邑鎮之間黄河上。

[8]馬邑：縣名。治所在今山西朔州市朔城區東北馬邑村。

[9]陰山：地名。即今内蒙古陰山山脉。　迴紇：部族名。又作"回鶻"。原係突厥鐵勒部的一支。唐天寶三載（744）建立回鶻汗國，9世紀中葉，回鶻汗國瓦解。其中一支爲甘州回鶻。11世

紀初，甘州回鶻爲西夏所滅。參見楊蕤《回鶻時代：10—13 世紀陸上絲綢之路貿易研究》，中國社會科學出版社 2015 年版。

[10]文靖：人名。疑爲“文静”，即劉文静。自云彭城（今江蘇徐州市）人，代居京兆之武功。唐代大將，開國元勳之一。傳見《舊唐書》卷五七、《新唐書》卷八八。按《舊唐書》卷五七《劉文静傳》、《新唐書》卷八八《劉文静傳》、《通鑑》卷一八四皆記劉文静使突厥見始畢可汗事。　始畢：人名。突厥可汗。事見《舊唐書》卷一九四上。

[11]元海：人名。即劉淵。新興（今山西忻州市）人。字元海，匈奴族，十六國時漢國建立者。傳見《晋書》卷一〇一。

[12]爲蛇刻鵠：中華書局本有校勘記：“‘鵠’原作‘鶴’，據邵本校改。按《後漢書》卷二四《馬援傳》：‘効伯高不得，猶爲謹敕之士，所謂刻鵠不成尚類鶩者也。’”

[13]稍侵英德：中華書局本有校勘記：“‘德’，殿本作‘聽’。”

[14]敘歡既罷於尋戈：“尋戈”，《輯本舊史》之影庫本粘籤：“原本作‘尋伐’，今據《册府元龜》改正。”見明本《册府》卷三三六《宰輔部·識闇門》。

梁祖覽之，至“毒手尊拳”之句，怡然謂敬翔曰：[1]“李公斗絶一隅，[2]安得此文士，如吾之智算，得襲吉之筆才，虎傅翼矣。”又讀至“馬邑兒童”“陰山部落”之句，梁祖怒謂敬翔曰：“李太原喘喘餘息，[3]猶氣吞宇宙，可詬罵之。”及翔爲報書，詞理非勝，由是襲吉之名愈重。[4]

[1]敬翔：人名。同州馮翊（今陝西大荔縣）人。唐末朱温謀士，後梁大臣。傳見本書卷一八、《新五代史》卷二一。　怡然謂

敬翔曰：中華書局本有校勘記："'怡然'下《御覽》卷九五九引《後唐書》有'大笑'二字。"

[2]李公斗絶一隅：《北夢瑣言》卷一七李習吉溺黄河條作"李公計絶一隅"。

[3]李太原：即李克用。

[4]由是襲吉之名愈重：《輯本舊史》之原輯者案語："《通鑑考異》引唐末《見聞録》載全忠回書云：前年洹水，曾獲賢郎；去歲青山，又擒列將。蓋梁之書檄，皆此類也。""去歲青山"，中華書局本有校勘記："'歲'原作'年'，據殿本、《通鑑》卷二六二《考異》引唐末《見聞録》改。"見《通鑑》二六二天復元年(901)二月條。《北夢瑣言》卷一四外藩從事於東省上事條："梁太祖每覽太原書檄，遥景重之，曰：'我何不得此人也？陳琳、阮瑀，亦不是過。'"《通鑑》卷二六三天復二年三月條："克用以使引咨幕府曰：'不貯軍食，何以聚衆？不置兵甲，何以克敵？不脩城池，何以扞禦？利害之間，請垂議度！'掌書記李襲吉獻議，略曰：'國富不在倉儲，兵强不由衆寡，人歸有德，神固害盈。聚斂寧有盜臣，苛政有如猛虎，所以鹿臺將散，周武以興；齊庫既焚，晏嬰入賀。'又曰：'伏以變法不若養人，改作何如舊貫！韓建蓄財無數，首事朱温；王珂變法如麻，一朝降賊；中山城非不峻，蔡上兵非不多；前事甚明，可以爲戒。且霸國無貧主，强將無弱兵。伏願大王崇德愛人，去奢省役，設險固境，訓兵務農。定亂者選武臣，制理者選文吏，錢穀有句，刑法有律。誅賞由我，則下無威福之弊；近密多正，則人無譖謗之憂。順天時而絶欺誣，敬鬼神而禁淫祀，則不求富而國富，不求安而自安。外破元凶，内康疲俗，名高五霸，道冠八元。至於率閭閻，定間架，增麴蘗，檢田疇，開國建邦，恐未爲切。'"

自廣明大亂之後，[1]諸侯割據方面，競延名士，以

掌書檄。是時梁有敬翔，燕有馬郁，[2]華州有李巨川，[3]荆南有鄭準，[4]鳳翔有王超，[5]錢塘有羅隱，[6]魏博有李山甫，[7]皆有文稱，與襲吉齊名於時。

[1]廣明：唐僖宗李儇年號（880—881）。

[2]燕：封國名。指唐末河北方鎮盧龍軍。劉仁恭、劉守光父子先後爲盧龍節度使、燕王。　馬郁：人名。范陽（今河北涿州市）人。唐末、五代大臣。傳見本書卷七一。

[3]華州：州名。治所在今陝西渭南市華州區。時爲鎮國軍治所。　李巨川：人名。隴右（今青海海東市樂都區）人。唐末大臣、文學家。傳見《舊唐書》卷一九〇下、《新唐書》卷二二四下、《北夢瑣言》卷一五韓建賣李巨川條等。

[4]荆南：方鎮名。治所在荆州（今湖北荆州市）。　鄭準：人名。滎陽（今河南滎陽市）人。唐文學家。工文辭，擅長箋奏。乾寧中進士，爲荆南節度使成汭推官。著有《渚宫集》，已佚。《輯本舊史》之原輯者案語："《唐新纂》云：鄭準，士族，未第時，佐荆門上谷蓮幕。飛書走檄，不讓古人，秉直去邪，無慚往哲。考準爲成汭書記，汭封上谷郡王。"

[5]鳳翔：方鎮名。治所在鳳翔府（今陝西鳳翔縣）。　王超：人名。籍貫不詳。曾任鳳翔判官、興元留後。《輯本舊史》之原輯者案語："《北夢瑣言》云：唐末，鳳翔判官王超，推奉李茂貞，挾曹、馬之勢，牋奏文檄，恣意翱翔。後爲興元留後，遇害，有《鳳鳴集》三十卷行於世。"見《北夢瑣言》卷七王超牋奏條。

[6]錢塘：代指吴越政權。　羅隱：人名。新城（今浙江杭州市富陽區）人。五代十國吴越官員。傳見本書卷二四。

[7]魏博：方鎮名。治所在魏州貴鄉縣（今河北大名縣）。　李山甫：人名。籍貫不詳。數舉進士被黜，依魏幕府。事見《新唐書》卷一八五。

襲吉在武皇幕府垂十五年，視事之暇，唯讀書業文，手不釋卷。性恬於榮利，獎誘後進，不以己能格物。參決府事，務在公平，不交賂遺，綽綽有士大夫之風概焉。天祐三年六月，[1]以風病卒於太原。同光二年，追贈禮部尚書。[2]《永樂大典》卷一萬三百八十。[3]

[1]天祐：唐昭宗李曄開始使用的年號（904—907）。唐哀帝李柷沿用。唐亡後，河東李克用、李存勗仍稱天祐，沿用至天祐二十年（923）。五代十國其他政權亦有行此年號者，如南吳、吳越等。

[2]同光：後唐莊宗李存勗年號（923—926）。　禮部尚書：官名。尚書省禮部長官。掌天下禮儀、祭享、貢舉之政令，員一人，正三品。　同光二年，追贈禮部尚書：《輯本舊史》卷三二《唐莊宗紀六》同光二年（924）六月甲申條："故河東節度副使、守左諫義大夫李襲吉贈禮部尚書。"《新五代史》卷二八《李襲吉傳》："莊宗即位，贈襲吉禮部尚書。"《宋本册府》卷一七二《帝王部·求舊門二》同光二年六月條："贈故河東節度副使、右諫議大夫李襲吉禮部尚書。"

[3]《大典》卷一〇三八〇"李"字韻"姓氏（二三）"事目。

王緘

王緘，幽州劉仁恭故吏也。少以刀筆直記室，仁恭假以幕職，令使鳳翔。還經太原，屬仁恭阻命，武皇留之。緘堅辭復命，書詞稍抗，武皇怒，下獄詰之，謝罪聽命，乃署爲推官，歷掌書記。從莊宗經略山東，承制

授檢校司空、魏博節度副使。[1]緘博學善屬文，燕薊多文士，緘後生，未知名。及在太原，名位驟達。燕人馬郁，有盛名於鄉里，而緘素以吏職事郁。及郁在太原，謂緘曰："公在此作文士，所謂避風之鳥，受賜於魯人也。"每於公宴，但呼王緘而已。[2]十年，從征幽州，既獲仁恭父子，莊宗命緘爲露布，觀其旨趣。緘起草無所辭避，義士以此少之。[3]胡柳之役，緘隨輜重前行，殁於亂兵。[4]際晚，盧質還營，莊宗問副使所在，曰："某醉，不之知也。"既而緘凶問至，莊宗流涕久之，得其喪，歸葬太原。[5]《永樂大典》六千八百五十。[6]

[1]幽州：州名。治所在今北京市。　推官：官名。唐肅宗以後置，五代沿置。爲節度、觀察、團練、防禦等使的屬官。度支、鹽鐵等使也置推官掌理刑案之事。　莊宗：即李存勗。代北沙陀部人。後唐開國皇帝。紀見本書卷二七至卷三四、《新五代史》卷四至卷五。　檢校司空：官名。爲散官或加官，以示恩寵，無實際執掌。　"王緘"至"承制授檢校司空、魏博節度副使"："王緘"，中華書局本有校勘記："《永樂大典》卷六八五〇引五代《薛史》作'王緘者'，疑本係附傳。"《舊五代史考異》："《契丹國志·韓延徽傳》：延徽自契丹奔晋，晋王欲置之幕府掌書記，王緘嫉之。延徽不自安，求東歸省母，遂復入契丹，寓書于晋王，敘所以北去之意。且曰：'非不戀英主，非不思故鄉，所以不留，正懼王緘之讒耳。'"見《契丹國志》卷一六。亦見《宋本册府》卷七二九《幕府部·辟署門四》、《新五代史》卷七二《四夷附録一》、《通鑑》卷二六九貞明二年（916）條。《通鑑》卷二六六開平二年（908）四月壬子條："乃遣（張）承業及判官王緘乞師於鳳翔，又遣使賂契丹王阿保機求騎兵。"

［2］“緘博學善屬文”至“但呼王緘而已”：“避風”，《輯本舊史》之影庫本粘籤：“原本作‘避鳳’，今據《莊子》改正。”見《莊子·至樂》。亦見明本《册府》卷九三九《總録部·譏誚門》。《輯本舊史》卷六九《張憲傳》：“時霸府初開，幕客馬郁、王緘，燕中名士，盡與之遊。”

［3］露布：本指不加封檢、公開宣佈之制書。此處有“檄文”性質。　“十年”至“義士以此少之”：“緘起草無所辭避”，明本《册府》卷九四三《總録部·不誼門》“起草”前有“既”字。《通鑑》卷二六九乾化三年（913）十二月條：“王命掌書記王緘草露布，緘不知故事，書之於布，遣人曳之。”

［4］胡柳：地名。即胡柳陂。位於今河南濮陽市。　胡柳之役，緘隨輜重前行，歿於亂兵：《輯本舊史》卷六七《盧程傳》：“初，判官王緘從軍掌文翰，胡柳之役，緘歿於軍。”《通鑑》卷二七〇貞明四年十一月條：“魏博節度副使王緘與輜重俱行，亦死。”亦見《宋本册府》卷七六三《總録部·死節門》。

［5］盧質：人名。河南（今河南洛陽市）人。五代大臣。傳見本書卷九三、《新五代史》卷五六。　“際晚，盧質還營”至“歸葬太原”：《輯本舊史》卷三二《唐莊宗紀六》同光二年（924）十月辛巳條：“故天雄軍節度副使王緘贈司空。”《宋本册府》卷一七二《帝王部·求舊門二》後唐莊宗同光二年十一月條：“贈故天雄軍節度副使王緘爲司徒。緘，燕人，初爲劉仁恭幕吏。天祐四年，仁恭遣緘使鳳翔，路由太原。及復命，燕晋不通，帝留之，言不遜，命縶於獄，尋脱之，署巡官，帝待之甚厚。時有馬郁者，亦仁恭之幕賓也。三年冬，仁恭令郁將兵三萬，會于晋陽，攻潞州，因兹亦留於晋。帝以郁爲留守判官。郁、緘俱有文才，然郁博通多識，才性朗俊，下筆成章。郁死，軍書墨制，多出於緘。初從定魏州，爲節度判官，期年爲副使，帝寵顧甚隆。及胡柳之役，緘於輜重間爲亂兵所殺。帝聞之欷然，曰：‘副使應至不測。’翊日，得其喪以歸，至是追贈。”亦見卷七六三《總録部·死節門》。

［6］《大典》卷六八五〇“王”字韻“姓氏（三五）”事目。

李敬義

李敬義，本名延古，太尉衛公德裕之孫。[1]初隨父燁貶連州，遇赦得還。嘗從事浙東，自言遇涿道士，謂之曰：“子方厄運，不宜仕進。”敬義悚然對曰：“吾終老賤哉？”涿曰：“自此四十三年，必遇聖王大任，子其志之。”敬義以爲然，乃無心仕宦，退歸洛南平泉舊業。[2]爲河南尹張全義所知，[3]歲時給遺特厚，出入其門，欲署幕職，堅辭不就。

［1］太尉：官名。與司徒、司空並爲三公，唐後期、五代多爲大臣、勳貴加官。正一品。　德裕：人名。即李德裕。趙郡（今河北趙縣）人。李吉甫之子。唐武宗朝宰相。傳見《舊唐書》卷一七四、《新唐書》卷一八〇。　太尉衛公德裕之孫：亦見《宋本册府》卷七二九《幕府部・辟署門四》、卷七八一《總録部・節操門》、卷八九五《總録部・達命門》。

［2］燁：人名。即李燁。李德裕之子。曾任檢校祠部員外郎、汴宋亳觀察判官、郴縣尉。傳見《舊唐書》卷一七四、《新唐書》卷一八〇。　連州：州名。治所在桂陽縣（今廣東連州市）。　涿道士：人名。本書僅此一見。　洛南：洛陽南部。　平泉：即平泉莊。李德裕所築之平泉山莊，故址位於今河南洛陽市。　“初隨父燁貶連州”至“退歸洛南平泉舊業”：“初隨父燁貶連州”，中華書局本有校勘記：“‘燁’，原作‘煒’，據《舊唐書》卷一七四《李燁傳》、《新唐書》卷一八〇《李延古傳》、卷七二上《宰相世系表二上》、李燁墓誌（拓片刊《隋唐五代墓誌匯編・洛陽卷》第十四

册）改。”《宋本册府》卷八九五《總録部・達命門》：“幼隨父貶連州，後遇赦，得還洛陽，居平泉别墅。自言未冠時爲浙東從事，遇術人卓道士，謂之曰：‘子自此四十三年方大遇。’由是無心仕進。後至河東留守判官，工部尚書。”

[3]河南尹：官名。唐開元元年（713）改洛州爲河南府，治所在今河南洛陽市，河南府尹總其政務。從三品。　張全義：人名。後因犯諱，改名張宗奭。亦作“張言”。濮州臨濮（今山東鄄城縣）人。唐末、五代後梁、後唐將領。傳見本書卷六三、《新五代史》卷四五。

初，德裕之爲將相也，大有勳於王室，出藩入輔，綿歷累朝。及留守洛陽，有終焉之志，於平泉置别墅，採天下奇花異竹、珍木怪石，爲園池之玩。自爲家戒序録，志其草木之得處，刊於石，云：“移吾片石，[1]折樹一枝，非子孫也。”洎巢、蔡之亂，洛都灰燼，[2]全義披榛而創都邑，李氏花木，多爲都下移掘，樵人鬻賣，園亭掃地矣。有醒酒石，德裕醉即踞之，最保惜者。光化初，中使有監全義軍得此石，[3]置於家園。敬義知之，泣謂全義曰：“平泉别業，吾祖戒約甚嚴，子孫不肖，動違先旨。”因托全義請石於監軍。[4]他日宴會，全義謂監軍曰：“李員外泣告，言内侍得衛公醒酒石，[5]其祖戒堪哀，内侍能迴遺否？”監軍忿然厲聲曰：“黄巢敗後，誰家園池完復，豈獨平泉有石哉！”全義始受黄巢僞命，以爲詬己，大怒曰：“吾今爲唐臣，非巢賊也。”即署奏笞斃之。

［1］移吾片石：《舊五代史考異》："原本脱'移'字，今據《册府元龜》增入。"查《册府》，未見此記載。

［2］巢：人名。即黄巢。曹州冤句（今山東菏澤市）人。唐末農民起義領袖。傳見《舊唐書》卷二〇〇下、《新唐書》卷二二五下。　蔡：人名。此處代指秦宗權。許州（今河南許昌市）人。傳見《舊唐書》卷二〇〇下、《新唐書》卷二二五下。

［3］光化：唐昭宗李曄年號（898—901）。　中使：官名。泛指朝廷派出的使臣。多由宦官擔任。

［4］監軍：官名。爲臨時差遣，代表朝廷協理軍務、督察將帥。唐、五代時常以宦官爲監軍。

［5］内侍：對宦官的泛稱。

昭宗遷都洛陽，[1]以敬義爲司勳員外郎。[2]柳璨之陷裴、趙諸族，[3]希梁祖旨奏云："近年浮薄相扇，趨競成風，乃有卧邀軒冕，視王爵如土梗者。司空圖、李敬義三度除官，[4]養望不至，咸宜屏黜，以勸事君者。"翌日，詔曰："司勳員外郎李延古，世荷國恩，兩葉相位，幸從筮仕，累忝寵榮，多歷歲時，不趨班列。而自遷都卜洛，紀律載張，去明庭而非遥，處别墅而無懼，罔思報效，姑務便安，爲臣之節如斯，貽厥之謀何在！須加懲責，以肅朝倫，九寺勾稽，尚謂寬典，可責授衛尉寺主簿。"[5]司空圖亦追停前詔，任從閑適。圖，《唐史》有傳。[6]時全義既不能庇護，乃密託楊師厚，[7]令敬義潛往依之，因挈族客居衛州者累年，師厚給遺周厚。[8]

［1］昭宗遷都洛陽：《舊唐書》卷二〇《昭宗紀上》、《新唐書》卷一〇《昭宗紀》繫此事於天祐元年（904）正月。

[2]司勳員外郎：官名。尚書省郎官之一。爲司勳郎中的副職，協助負責司勳事務。從六品上。

[3]柳璨：人名。河東（今山西永濟市）人。唐末宰相、文學家、史學家。傳見《舊唐書》卷一七九、《新唐書》卷二二三下。　裴：人名。即裴樞。絳州聞喜（今山西聞喜縣）人。唐末宰相。傳見《舊唐書》卷一一三、《新唐書》卷一四〇。　趙：人名。即趙崇。籍貫不詳。唐昭宗朝宰相。事見《舊唐書》卷二〇上下、《新唐書》卷一八三。

[4]司空圖：人名。臨淄（今山東淄博市臨淄區）人。一説河中虞鄉（今山西永濟市）人。唐末進士、官員。後隱居中條山。傳見本書附録、《舊唐書》卷一九〇下、《新唐書》卷一九四。

[5]九寺：古代九卿寺的總稱。漢以太常、光禄、衛尉、太僕、廷尉、鴻臚、宗正、司農、少府爲九卿。　衛尉寺：官署名。北齊始置，掌軍器儀仗、祭祀幕帳之類，長官爲衛尉寺卿或衛尉卿，少卿爲副官。　主簿：官名。漢代以後歷朝均置。唐代京城百司和地方官署，均設主簿。管理文書簿籍，參議本署政事，爲官署中重要佐官。其官階品秩，因官署而不同。

[6]圖，《唐史》有傳：《司空圖傳》見《舊唐書》卷一九〇下、《新唐書》卷一九四。《輯本舊史》之原輯者案語：“《舊唐書·哀帝紀》：六月戊申，敕前司勳員外郎、賜緋魚袋李延古責授衛尉寺主簿。八月壬寅，敕前大中大夫、尚書兵部侍郎、賜紫金魚袋司空圖放還中條山。蓋延古與司空圖同時被劾，其降敕則有先後也。”此案語之“八月壬寅”，中華書局本有校勘記：“‘八月’原作‘九月’，據《舊唐書》卷二〇《哀帝紀》改。”但司空圖實卒於梁時，且王禹偁《五代史闕文》司空圖條自注云“已上《梁史》舊文”，故《司空圖傳》應收入《梁書》列傳中。

[7]楊師厚：人名。潁州斤溝（今安徽太和縣阮橋鎮斤溝村）人。唐末、五代後梁將領。傳見本書卷二二、《新五代史》卷二三。

[8]衛州：州名。治所在今河南衛輝市。　因挈族客居衛州者

累年，師厚給遺周厚：《宋本册府》卷七二九《幕府部·辟署門四》："昭宗遷都洛陽，敬義爲司勳員外郎，辭疾不授，責授衛尉寺主簿，後挈族客居衛州者累年。"

十二年，莊宗定河朔，史建瑭收新鄉，[1]敬義謁見。是歲，上遣使迎至魏州，署北京留守判官，[2]承制拜工部尚書，奉使王鎔。[3]敬義以遠祖趙郡，[4]見鎔展維桑之敬，鎔遣判官李翥送《贊皇集》三卷，[5]令謁前代碑壠，使還，歸職太原。監軍張承業尤不悦本朝宰輔子孫，[6]待敬義甚薄，或面折於公宴，或指言德裕過惡，敬義不得志，鬱憤而卒。同光二年，贈右僕射。[7]《永樂大典》卷一萬三百八十九。[8]

[1]河朔：古地區名。泛指黄河以北地區。　史建瑭：人名。雁門（今山西代縣）人。五代將領。傳見本書卷五五、《新五代史》卷二五。　新鄉：地名。位於今河南新鄉市。

[2]魏州：州名。治所在今河北大名縣。　北京：地名。後唐同光元年（923）十一月改西京太原府爲北京，亦稱北都。治所在今山西太原市。沿至後晋、後漢不改。　留守：官名。古代皇帝出巡或親征時指定親王或大臣留守京城，綜理國家軍事、行政、民事、財政等事務，稱京城留守。在陪都或軍事重鎮也常設留守，以地方長官兼任。　判官：官名。爲長官的佐吏，協理政事，或備差遣。此處蓋爲山陵判官。掌佐山陵使副監造後唐明宗陵寢。　署北京留守判官：亦見《宋本册府》卷七二九《幕府部·辟署門四》。

[3]工部尚書：官名。尚書省工部長官。掌百工、屯田、山澤之政令。正三品。　王鎔：人名。回鶻人。唐末、五代軍閥，朱温後封其爲趙王。傳見本書卷五四、《新五代史》卷三九。

[4]趙郡：郡名。東漢建安十七年（212）改趙國置趙郡，治所在邯鄲縣（今河北邯鄲市）。轄境相當今河北趙縣、元氏、高邑、内丘、臨城、柏鄉、贊皇等縣及平鄉、隆堯二縣部分地區。

[5]維桑：亦即“惟桑”，指代故鄉。　李翥：人名。籍貫不詳。事見本書卷二九。

[6]張承業：人名。同州（今陝西大荔縣）人。唐末、五代宦官，河東監軍。傳見本書卷七二、《新五代史》卷三八。

[7]右僕射：官名。秦始置。隋、唐前期以左、右僕射佐尚書令總理六官，綱紀庶務，如不置尚書令，則總判省事，爲宰相之職。唐後期多爲大臣加銜。從二品。　同光二年，贈右僕射：《輯本舊史》卷三二《唐莊宗紀六》同光二年六月甲申條：“故河東留守判官、工部尚書李敬義贈右僕射。”“右僕射”，《宋本册府》卷一七二《帝王部·求舊門二》同光二年六月條作“尚書左僕射”。

[8]《大典》卷一〇三八九“李”字韻“姓氏（三四）”事目。《輯本舊史》於此下録《五代史闕文》：“司空圖，字表聖，自言泗州人。少有俊才，咸通中，一舉登進士第。雅好爲文，躁於進取，頗自矜伐，端士鄙之。初，從事使府，及登朝，驟歷清要。巢賊之亂，車駕播遷，圖有先人舊業在中條山，極林泉之美，圖自禮部員外郎，因避地焉，日以詩酒自娱。屬天下板蕩，士多往依之，互相推獎，由是聲名藉甚。昭宗反正，以户部侍郎徵至京師。圖既負才慢世，謂己當爲宰輔，時要惡之，稍抑其鋭，圖憤憤謝病，復歸中條。與人書疏，不名官位，但稱知非子，又稱耐辱居士。其所居曰禎貽谿，谿上結茅屋，命曰休休亭，常自爲記云。臣謹按：圖，河中虞鄉人，少有文彩，未爲鄉里所稱。會王凝自尚書郎出爲絳州刺史，圖以文謁之，大爲凝所賞歎，由是知名。未幾，凝入知制誥，遷中書舍人、知貢舉，擢圖上第。頃之，凝出爲宣州觀察使，辟圖爲從事。既渡江，御史府奏圖監察，下詔追之。圖感知己之恩，不忍輕離幕府，滿百日不赴闕，爲臺司所劾，遂以本官分司。久之，徵拜禮部員外郎，俄知制誥，故集中有文曰‘戀恩稽

命，點繫洛師，于今十年，方忝綸閣’，此豈躁於進取者耶！舊史不詳，一至于此。圖見唐政多僻，中官用事，知天下必亂，即棄官歸中條山。尋以中書舍人徵，又拜禮部、户部侍郎，皆不起。及昭宗播遷華下，圖以密邇乘輿，即時奔問，復辭還山，故詩曰‘多病形容五十三，誰憐借笏趁朝參’，此豈有意於相位耶！河中節度使王重榮請圖撰碑，得絹數千匹，圖致於虞鄉市心，恣鄉人所取，一日而盡。是時，盜賊充斥，獨不入王官谷，河中士人依圖避難，全者甚衆。昭宗東遷，又以兵部侍郎召至洛下，爲柳璨所阻，一謝而退。梁祖受禪，以禮部尚書徵，辭以老疾，卒時年八十餘。臣又按：梁室大臣，如敬翔、李振、杜曉、楊涉等，皆唐朝舊族，本當忠義立身，重侯累將，三百餘年，一旦委質朱梁，其甚者贊成弑逆。惟圖以清直避世，終身不事梁祖，故《梁史》揭圖小瑕以泯大節者，良有以也。”見《五代史闕文·梁史三篇》中之《司空圖傳》。引文下有影庫本粘籤：“《五代史闕文》避宋諱稱敬翔爲‘恭翔’，今姑存其舊。”中華書局本對此引文有校勘記兩處，今從之，不録校記原文。

盧汝弼[1]

[1]《輯本舊史》之影庫本粘籤：“《盧汝弼傳》，《永樂大典》闕全篇，今據散見諸韻者尚得三條，今考其前後，敘次成篇，以存梗概。”《新五代史》卷二八《李襲吉傳》後附見《盧汝弼傳》。

盧汝弼，字子諧，不知何許人也。祖綸，唐貞元中有詩名。[1]父簡求，爲河東節度使。[2]汝弼少力學，不喜爲世冑，篤意科舉，登進士第，文彩秀麗，一時士大夫稱之。[3]

[1]綸：人名。即盧綸。河中蒲州（今山西永濟市）人。唐代詩人，"大曆十才子"之一。傳見《新唐書》卷二〇三。　貞元：唐德宗李适年號（785—805）。

[2]簡求：人名。即盧簡求。范陽（今河北涿州市）盧氏族人，家於河中蒲州（今山西永濟市）。唐代進士、官員。傳見《舊唐書》卷一六三、《新唐書》卷一七七。　河東：方鎮名。治所在太原府（今山西太原市）。

[3]"盧汝弼"至"一時士大夫稱之"："字子詰"，《舊五代史考異》作"字子諧"。又云："《通鑑》：汝弼，范陽人。"查《通鑑》，未見此記載。《新五代史》卷二八《李襲吉傳》："父簡求，爲河東節度使，爲唐名家，故汝弼亦多知唐故事。"《宋本册府》卷七一八《幕府部·才學門》："汝弼美書翰，文彩綺麗，人士稱之。"《宣和書譜》卷六："復留意書翰，作正書，取法有歸。當五季，士風凋弊，以字畫名家者尤少。汝弼能力振所學，誠不易得。官至祠部郎中、知制誥，贈兵部尚書。今御府所藏正書一。"《宋本册府》卷八九五《總録部·運命門》："汝弼富文才，美禮翰，人士傾慕。太祖以爲節度副使。入制奏署，多成其手。"《北夢瑣言》卷四陸扆相六月及第條："（盧光啓）族弟汝弼，嘗爲張相出征判官，傳檄四方。其略云：'致赤子之流離，自朱耶之版蕩。'自謂人曰：'天生朱耶赤子，供我之筆也。'俊邁亦有族昆之風。"

唐昭宗景福中，擢進士第，歷臺省。昭宗自秦遷洛，時爲祠部郎中、知制誥。時梁祖凌弱唐室，殄滅衣冠，懼禍渡河，由上黨歸於晋陽。[1]天祐三年，歸于武皇，代李襲吉爲副使。軍國政務，委其參決。[2]累奏户部侍郎。[3]初，武皇平王行瑜，天子許承制授將吏官秩。是時，藩侯倔强者多僞行墨制，武皇耻而不行，長吏皆表授。及莊宗嗣晋王位，承制置吏，又得汝弼，有若符

契，由是除補之命，皆出汝弼之手。既而畿内官吏，考課議擬，奔走盈門，頗以賄賂聞，士論少之。[4]莊宗嘉其才，不之詰。[5]

[1]景福：唐昭宗李曄年號（892—893）。　秦：指代唐都西安。　洛：即洛陽。　祠部郎中：官名。尚書祠部郎中省稱。禮部所屬祠部司長官。掌祠祀祭享、天文漏刻、巫術醫藥及僧尼道士等事。從五品上。　知制誥：官名。掌起草皇帝的詔、誥之事，原爲中書舍人之職。唐開元末置學士院，翰林學士入院一年，則加知制誥銜，專掌任免宰相、册立太子、宣布征伐等特殊詔令，稱爲内制。而中書舍人所撰擬的詔敕稱爲外制。兩種官員總稱兩制官。　上黨：即潞州。治所在今山西長治市。　晋陽：縣名。治所在今山西太原市。　“唐昭宗景福中”至“由上黨歸於晋陽”：《大典》卷一六四九五“難”字韻“事韻”事目。但此段之文無“難”字，《大典》卷數誤，但不知應爲何卷。《宋本册府》卷七二九《幕府部·辟署門四》：“唐大順中登進士第，宣歙觀察使裴樞辟爲判官。……從昭宗遷雒，移疾，退居。客游上黨，過潞府，爲太原所攻。節度使丁會歸降，汝弼從會至太原。武皇奏爲節度副使，累奏户部侍郎。”

[2]李襲吉：人名。洛陽（今河南洛陽市）人。唐末進士，官員。效力李克用幕府十五年。傳見本書本卷、《新五代史》卷二八。　“天祐三年”至“委其參决”：亦見《宋本册府》卷七一八《幕府部·才學門》。

[3]户部侍郎：官名。尚書省户部次官。協助户部尚書掌天下田户、均輸、錢穀之政令。正四品下。　累奏户部侍郎：亦見《宋本册府》卷七二九《幕府部·辟署門四》。

[4]“初”至“士論少之”：《大典》卷二五三二“齋”字韻“齋名”事目。但此段之文無“齋”字，《大典》卷數誤，但不知

應爲何卷。

[5]莊宗嘉其才，不之詰：亦見《宋本册府》卷九四二《總録部·黷貨門》。

暨帝平定趙、魏，汝弼每請謁迎勞，必陳説天命，顒俟中興，帝亦以宰輔期之。建國前，卒於晉。[1]同光二年六月，贈兵部尚書。[2]

[1]趙：州名。治所在今河北趙縣。　“暨帝平定趙、魏”至“卒於晉”：《宋本册府》卷八九五《總録部·運命門》。“卒於晉”，中華書局本有校勘記：“彭校作‘卒於晉陽’。”

[2]兵部尚書：官名。尚書省兵部長官。掌兵衛、武選、車輦、甲械、厩牧之政令。正三品。　同光二年六月，贈兵部尚書：《宋本册府》卷一七二《帝王部·求舊門二》。《舊五代史考異》：“《宣和書譜》：贈兵部尚書。”見《宣和書譜》卷六。

李德休

李德休，字表逸，趙郡贊皇人也。[1]祖絳，山南西道節度使，《唐史》有傳。[2]父璋，宣州觀察使。[3]德休登進士第，歷鹽鐵官、渭南尉、右補闕、侍御史。[4]天祐初，兩京喪亂，乃寓跡河朔，定州節度使王處直辟爲從事。[5]莊宗即位於魏州，徵爲御史中丞，[6]轉兵部、吏部侍郎，[7]權知左丞，以禮部尚書致仕。[8]卒，時年七十四。[9]贈太子少保。[10]《永樂大典》卷一萬三百八十九。[11]

[1]李德休，字表逸：《舊五代史考異》：“原本作‘德林’，今

考其字表逸，‘林’字蓋‘休’字之訛，今改正。”　贊皇：縣名。治所在今河北贊皇縣。

［2］絳：人名。即李絳。唐朝宰相。傳見《舊唐書》卷一六四、《新唐書》卷一五二。　山南西道：方鎮名。治所在興元府（今陝西漢中市）。　“祖絳”至“《唐史》有傳”：《通鑑》卷二七二同光元年（923）四月條：“德休，絳之孫也。”李絳傳見《舊唐書》卷一六四、《新唐書》卷一五二。

［3］璋：人名。即李璋。曾任侍御史、宣歙觀察使。事見《舊唐書》卷一六四、《新唐書》卷一五二。　宣州：州名。治所在今安徽宣城市。　觀察使：官名。唐代後期出現的地方軍政長官。唐玄宗開元二十一年（733）置十五道採訪使，唐肅宗乾元元年（758）改爲觀察使。無旌節，地位低於節度使。掌一道州縣官的考績及民政。

［4］鹽鐵官：官名。即“鹽鐵巡官”，鹽鐵使屬官。地位在判官、推官之下，掌巡察及有關事務。中華書局本有校勘記：“‘鹽鐵官’，李德休墓誌（拓片刊《隋唐五代墓誌匯編·洛陽卷》第十五册）作‘鹽鐵巡官’。”　渭南：縣名。治所在今陝西渭南市。　尉：官名。即縣尉，縣之佐官，掌軍事、治安。官階從八品下至從九品下不等。　右補闕：官名。唐代諫官。武則天時始置。分爲左右，左補闕隸於門下省，右補闕隸於中書省。掌規諫諷諭，大事可以廷議，小事則上封奏。從七品上。　侍御史：官名。秦始置。掌糾舉百官，推鞫獄訟。從六品下。

［5］定州：州名。治所在今河北定州市。　王處直：人名。京兆萬年（今陝西西安市長安區）人。唐末、五代軍閥。傳見本書卷五四、《新五代史》卷三九。　從事：泛指一般屬官。

［6］御史中丞：官名。如不置御史大夫，則爲御史臺長官。掌司法監察。正四品下。　徵爲御史中丞：《輯本舊史》卷二九《唐莊宗紀三》同光元年四月條：“以前定州掌書記李德休爲御史中丞。”卷三〇《唐莊宗紀四》同光元年十月乙未條：“詔宰相豆盧革

權判吏部上銓，御史中丞李德休權判東、西銓事。”《通鑑》卷二七二同光元年四月條：“又以義武掌書記李德休爲御史中丞。”

[7]兵部：官名。即兵部侍郎。尚書省兵部次官。協助兵部尚書掌武官銓選、勛階、考課之政。正四品下。　吏部侍郎：官名。尚書省吏部次官。協助吏部尚書掌文選、勳封、考課之政。正四品上。　轉兵部、吏部侍郎：《輯本舊史》卷三一《唐莊宗紀五》同光二年二月癸卯條：“以御史中丞李德休爲兵部侍郎。”卷三二《唐莊宗紀六》同光二年十一月辛亥條：“以兵部侍郎李德休爲吏部侍郎。”

[8]左丞：官名。即尚書左丞。尚書省佐貳官。唐中期以後，與尚書右丞實際主持尚書省日常政務，權任甚重。正四品上。後梁開平二年（908）改爲左司侍郎，後唐同光元年（923）復舊爲左丞。正四品。　禮部尚書：官名。尚書省禮部長官。掌禮儀、祭享、貢舉之政。正三品。　致仕：指古代高級官員退休。　權知左丞，以禮部尚書致仕：《輯本舊史》卷三八《唐明宗紀四》天成二年（927）二月戊申條：“以吏部侍郎李德休爲禮部尚書。”《宋本册府》卷八九九《總録部・致政門》：“李德休爲吏部侍郎，權知左丞，未幾，乃上章乞致仕，從之，以禮部尚書致仕。”

[9]卒，時年七十四：《輯本舊史》卷四二《唐明宗紀八》長興二年（931）八月條：“禮部尚書致仕李德休卒。”

[10]太子少保：官名。與太子少師、太子少傅統稱太子三少。隋唐以後多作加官或贈官。從二品。

[11]《大典》卷一〇三八九“李”字韻“姓氏（三四）”事目。《新輯會證》本傳録《隋唐五代墓誌匯編・洛陽卷》第十五册所收洛陽出土楊凝式撰《唐故禮部尚書致仕贈太子少保趙郡李公墓志銘并序》，可參見。

蘇循　子楷

蘇循，父特，陳州刺史。[1]循，咸通中登進士第，[2]累歷臺閣，昭宗朝，再至禮部尚書。循性阿諛，善承順苟容，以希進取。[3]昭宗自遷洛之後，梁祖凶勢日滋，唐室舊臣，陰懷主辱之憤，名族之胄，往往有違禍不仕者，唯循希旨附會。[4]及梁祖失律於淮南，西屯於壽春，要少帝欲授九錫。朝臣或議是非，循揚言云："梁王功業顯大，曆數有歸，朝廷速宜揖讓。"[5]當時朝士畏梁祖如虎，罔敢違其言者。明年，梁祖逼禪，循爲册禮副使。[6]梁祖既受命，宴於玄德殿，舉酒曰："朕夾輔日淺，代德未隆，置朕及此者，羣公推崇之意也。"楊涉、張文蔚慚懼失對，致謝而已。循與張禕、薛貽矩因盛陳梁祖之德業，應天順人之美。[7]循自以奉册之勞，旦夕望居宰輔，而敬翔惡其爲人，謂梁祖曰："聖祚維新，宜選端士，以鎮風俗。如循等輩，俱無士行，實唐家之鴟梟，當今之狐魅，彼專賣國以取利，不可立維新之朝。"

[1]特：人名。即蘇特。唐文宗時大臣。大中二年（848）五月自陳州刺史拜，除鄭州刺史。事見《元和姓纂》卷三。　陳州：州名。治所在今河南淮陽縣。　刺史：官名。州一級行政長官。漢武帝時始置，總掌考核官吏、勸課農桑、地方教化等事。唐中期以後，節度使、觀察使轄州而設，刺史爲其屬官，職任漸輕。從三品至正四品下。

[2]咸通：唐懿宗李漼年號（860—874）。

[3]"循性阿諛"至"以希進取"：《新五代史》卷三五《蘇循傳》："爲人巧佞，阿諛無廉耻，惟利是趨。"亦見《宋本册府》

卷九二三《將帥部·不忠門》。

[4]“昭宗自遷洛之後”至“唯循希旨附會”:《新五代史》卷三五《蘇循傳》:“事唐爲禮部尚書。是時,太祖已弑昭宗,立哀帝,唐之舊臣皆憤惋切齒,或俛首畏禍,或去不仕,而循特附會梁,以希進用。”《舊唐書》卷二〇上《昭宗紀》天復三年(903)正月癸丑條:“上令禮部尚書蘇循傳詔,賜全忠玉帶,仍令全忠處分蔣玄暉侍帝左右。”

[5]淮南:方鎮名。治所在揚州(今江蘇揚州市)。　壽春:縣名。治所在今安徽壽縣。　少帝:即唐哀帝李柷。唐昭宗之子。904年至907年在位,年號天祐。爲朱温所殺。紀見《舊唐書》卷二〇下、《新唐書》卷一〇。　九錫:“錫”通“賜”,意爲皇帝賜予大臣的九種物品,是對大臣最高的尊崇和禮遇。　“及梁祖失律於淮南”至“朝廷速宜揖讓”:《新五代史》卷三五《蘇循傳》:“梁兵攻楊行密,大敗于淠河,太祖躁忿,急於禪代,欲邀唐九錫。羣臣莫敢當其議,獨循倡言:‘梁王功德,天命所歸,宜即受禪。’”《舊唐書》卷二〇下《哀帝紀》天祐二年(905)七月壬午條:“宰臣柳璨、禮部尚書蘇循充皇太后册禮使。”《通鑑》卷二六五天祐二年十一月庚辰條:“柳璨、蔣玄暉等議加朱全忠九錫,朝士多竊懷憤邑。禮部尚書蘇循獨揚言曰:‘梁王功業顯大,曆數有歸,朝廷速宜揖讓。’”《宋本册府》卷九二三《總録部·不忠門》:“朱温之失律江西也,屯于壽春,要少帝欲授九錫。朝臣或議是非。循揚言云:‘梁王功業顯大,曆數有歸,朝廷速宜揖讓。’”

[6]册禮副使:官名。册禮使副職。舉行册封典禮時臨時設置的官職,册封儀式結束即罷。　循爲册禮副使:亦見《宋本册府》卷九二三、《新五代史》卷三五、《通鑑》卷二六六開平元年(907)三月甲辰條。

[7]玄德殿:宫殿名。位於今河南開封市。　楊涉:人名。同州馮翊(今陝西大荔縣)人。唐宰相楊收之孫,吏部尚書楊嚴之子。唐哀帝時拜中書侍郎、同中書門下平章事。傳見《新五代史》

卷三五。　張文蔚：人名。瀛洲河間（今河北河間市）人。唐末、後梁大臣。傳見本書卷一八、《新五代史》卷三五。　張禕：人名。籍貫不詳。唐末刑部尚書、太子太保。事見《舊唐書》卷二〇下。“張禕”，《輯本舊史》之影庫本粘籤：“原本作‘張偉’，今據《通鑑》改正。”見《通鑑》卷二六六開平元年四月甲子條，亦見《新五代史》卷三五。　薛貽矩：人名。河東聞喜（今山西聞喜縣）人。唐末、後梁大臣。傳見本書卷一八、《新五代史》卷三五。

初，循子楷，乾寧二年登進士第，中使有奏御者云：“今年進士二十餘人，僥倖者半，物論以爲不可。”昭宗命學士陸扆、馮渥重試於雲韶殿，及格者一十四人。詔云：“蘇楷、盧賡等四人，詩句最卑，蕪累頗甚，曾無學業，敢竊科名，浼我至公，難從濫進，宜付所司落下，不得再赴舉場。”楷以此慚恨，長幸國家之災。昭宗遇弒，輝王嗣位，國命出於朱氏，楷始得爲起居郎。[1]

[1]陸扆：人名。嘉興（今浙江嘉興市）人。唐德宗朝宰相陸贄族孫。唐昭宗朝宰相。傳見《舊唐書》卷一七九、《新唐書》卷一八三。　馮渥：人名。籍貫不詳。曾任秘書監。事見《舊唐書》卷二〇下。　雲韶殿：殿名。唐長安大明宮便殿之一，嘗制試舉人。　盧賡：人名。盧渥之子。登進士第後盧賡稱疾不至，宣令舁入。又云華陰省親，其父渥進狀乞落下。事見《全唐詩》卷七〇五。　輝王：即唐哀帝李柷。　朱氏：即五代後梁太祖朱温。宋州碭山（今安徽碭山縣）人。紀見本書卷一至卷七、《新五代史》卷一至卷二。　起居郎：官名。唐代始置，屬門下省。與中書省起居舍人同掌起居注，記皇帝言行。從六品上。　“初”至“楷始得

爲起居郎"：《舊唐書》卷二〇下《哀帝紀》天祐二年（905）四月辛丑條："起居舍人……蘇楷……宜賜緋魚袋……以奉山陵之勞也。"《通鑑》卷二六五天祐二年十月甲午條："起居郎蘇楷，禮部尚書循之子也，素無才行，乾寧中登進士第，昭宗覆試黜之，仍永不聽入科場。甲午，楷帥同列上言：'謚號美惡，臣子不得而私。先帝謚號多溢美，乞更詳議。'事下太常。"明本《册府》卷四八〇《臺省部·姦邪門二》："蘇楷，哀帝天祐末爲起居郎。楷，禮部尚書循之子，凡劣無藝。乾寧二年，應進士登第。後物論以爲濫，昭宗命翰林學士陸扆、秘書監馮渥覆試，黜落，永不許入舉場。楷負愧銜怨。"《北夢瑣言》卷一七駮昭宗謚號條："昭宗先謚聖穆景文孝皇帝，廟號昭宗。起居郎蘇楷等駮議，請改爲恭靈莊閔皇帝，廟號襄宗。蘇楷者，禮部尚書蘇循之子，乾寧二年應進士。楷人才寢陋，兼無德行，昭宗惡其濫進，率先黜落，由是怨望，專幸邦國之災。其父循，姦邪附會，無譽於時，故希旨苟進。梁祖識其險詖，滋不悦，時爲敬翔、李振所鄙。"

柳璨陷害朝臣，衣冠惕息，無敢言者。初，梁祖欲以張廷範爲太常卿，[1]裴樞以爲不可。[2]柳璨懼梁祖之毒，乃歸過於樞，故裴、趙罹白馬之禍。[3]楷因附璨，復依廷範。時有司初定昭宗謚號，楷謂廷範曰："謚者所以表行實，前有司之謚先帝爲昭宗，所謂名實不副。司空爲樂卿，[4]余忝史職，典章有失，安得不言。"乃上疏曰："帝王御宇，察理亂以審污隆；祀享配天，資謚號以定升降。故臣下君上，皆不得而私也。先帝睿哲居尊，恭儉垂化，其於善美，孰敢蔽虧。然而否運莫興，至理猶鬱，遂致四方多事，萬乘播遷。始則宦豎凶狂，受幽辱於東内；終則嬪嬙悖亂，罹夭閼於中闈。其於易

名，宜循考行。有司先定尊謚曰聖穆景文孝皇帝，廟號昭宗，敢言溢美，似異直書。今郊禋有日，祫祭惟時，將期允愜列聖之心，更在詳議新廟之稱，庶使叶先朝罪己之德，表聖上無私之明。”[5]太常卿張廷範奏議曰：“昭宗初實彰於聖德，後漸減於休明，致季述幽辱於前，茂貞劫幸於後，[6]雖數拘厄運，亦道失始終。違陵寢於西京，徙兆民於東洛，[7]軔輦輅未踰於寒暑，行大事俄起於宮闈。謹聞執事堅固之謂恭，亂而不損之謂靈，武而不遂之謂莊，在國逢難之謂閔，因事有功之謂襄。今請改謚曰恭靈莊閔皇帝，廟號襄宗。”輝王荅詔曰：“勉依所奏，哀咽良深。”楷附會幸災也如是。[8]

[1]張廷範：人名。清河（今河北清河縣）人。唐末朱温屬吏。初爲優伶，奉命護送昭宗東遷洛陽，後爲朱温貶殺。傳見《新唐書》卷二二三下。　太常卿：官名。太常寺長官。掌宗廟禮儀。正三品。

[2]裴樞以爲不可：《輯本舊史》之影庫本粘籤：“‘裴樞’，原本作‘裴驅’，今據《唐書》改正。”見《舊唐書》卷二〇下《哀帝紀》天祐二年（905）四月條。

[3]白馬：縣名。治所在今河南滑縣。

[4]司空：官名。與太尉、司徒並爲三公。唐後期、五代多爲大臣、勳貴加官。正一品。　樂卿：太常卿的别稱。

[5]“乃上疏曰”至“表聖上無私之明”：《輯本舊史》之原輯者案語：“《舊唐書》云：蘇楷目不知書，僅能執筆，其文羅衮作也。”見《舊唐書》卷二〇下天祐二年十月條。

[6]季述：人名。即劉季述。籍貫不詳。唐末宦官。顯於唐僖宗、唐昭宗時期，累遷至樞密使。傳見《新唐書》卷二〇八。　茂

貞：人名。即李茂貞。深州博野（今河北蠡縣）人。唐末、五代軍閥。傳見本書卷一三二、《新五代史》卷四〇。

[7]西京：五代後唐同光元年（923）十一月復唐舊制，以京兆府（治今陝西西安市）爲西京，至五代後晋天福三年（938）罷京。　東洛：指東都洛陽。

[8]楷附會幸災也如是：明本《册府》卷四八〇《臺省部·姦邪門二》："會朱全忠逆君上，宰相柳璨陷害朝臣，乃與起居郎羅衮、起居舍人鼎連署狀，駁昭宗謚號。楷目不知書，手僅能執筆，其文羅衮作也。時政出賊臣，哀帝不能制。太常卿張廷範改謚曰'恭靈莊閔孝皇帝'，廟號'襄宗'。全忠雄猜鑒物，自楷駁謚後，深鄙之。既傳代之後，楷、循父子皆斥逐，不令在朝。"

及梁祖即位於汴，楷自以遭遇千載一時，敬翔深鄙其行。尋有詔云："蘇楷、高貽休、蕭聞禮等，人才寢陋，不可塵穢班行，並勒歸田里。"循、楷既失所望，懼以前過獲罪，乃退歸河中依朱友謙。[1]莊宗將即位於魏州，時百官多缺，乃求訪本朝衣冠，友謙令赴行臺。時張承業未欲莊宗即尊位，諸將賓僚無敢贊成者。及循至，入衙城見府廨即拜，謂之拜殿。時將吏未行蹈舞禮，及循朝謁，即呼萬歲舞抃，泣而稱臣，莊宗大悦。翌日，又獻大筆三十管，曰"畫日筆"，莊宗益喜。承業聞之怒，會盧汝弼卒，即令循守本官，代爲副使。[2]明年春，循因食蜜雪，傷寒而卒。同光二年，贈左僕射，[3]以楷爲員外郎。[4]天成中，累歷使幕，會執政欲糾其駁謚之罪，竟以憂慚而卒。《永樂大典》卷二千三百九十。[5]

［1］汴：地名。即今河南開封市。　高貽休：人名。籍貫、事迹不詳。本書僅此一見。　蕭聞禮：人名。籍貫、事迹不詳。本書僅此一見。　朱友謙：人名。許州（今河南許昌市）人。唐末、五代軍閥。傳見本書卷六三、《新五代史》卷四五。　“及梁祖即位於汴”至“乃退歸河中依朱友謙”：《通鑑》卷二六六開平元年（907）五月戊戌條：“禮部尚書蘇循及其子起居郎楷自謂有功於梁，當不次擢用；循朝夕望爲相。帝薄其爲人，敬翔及殿中監李振亦鄙之。翔言於帝曰：‘蘇循，唐之鴟梟，賣國求利，不可以立於惟新之朝。戊戌，詔循及刑部尚書張禕等十五人並勒致仕，楷斥歸田里。循父子乃之河中依朱友謙。’”《北夢瑣言》卷一七駮昭宗謚號條：“梁祖建號，詔曰：‘蘇楷、高貽休、蕭聞禮，皆人才寢陋，不可塵污班行，並停見任，放歸田里。蘇循可令致仕。’河朔人士，目蘇楷爲‘衣冠土梟’。”

［2］盧汝弼：人名。范陽（今河北涿州市）盧氏族人，家於河中蒲州（今山西永濟市）。唐代詩人盧綸之孫。唐末進士，唐、五代後唐官員。傳見本書本卷。　“莊宗將即位於魏州”至“代爲副使”：“時百官多缺”，中華書局本有校勘記：“‘官’原作‘家’，據殿本、劉本改。按《新五代史》卷三五《蘇循傳》、《通鑑》卷二七一皆記時莊宗求唐舊臣以備百官之闕。”《通鑑》卷二七一龍德元年（921）七月條：“晋王既許藩鎮之請，求唐舊臣，欲以備百官。朱友謙遣前禮部尚書蘇循詣行臺，循至魏州，入牙城，望府廨即拜，謂之拜殿。見王呼萬歲舞蹈，泣而稱臣。翌日，又獻大筆三十枚，謂之‘畫日筆’。王大喜，即命循以本官爲河東節度副使，張承業深惡之。”《宋本册府》卷九二三《將帥部·不忠門》蘇循條：“朱温既僭僞位，敬翔惡其爲人，父子放歸田里。乃寓居河中積年，會莊宗將副人望，求唐室舊臣，遣使自河中徵赴鄴都。初，監軍事使張承業惜經國之費，未欲議即尊之事。諸將賓僚，無敢言者。及循至鄴，入荷城，拜魏師廳，謂之拜殿。翌日，獻畫日筆三十管，冀悦帝心。其諂進如此。承業聞之，怒。會河東節度副使盧

汝弼卒，因以代之。”亦見明本《册府》卷九三八《總録部·姦佞門二》。

［3］左僕射：官名。秦始置。隋、唐前期，以左、右僕射佐尚書令總理六官、綱紀庶務；如不置尚書令，則總判省事，爲宰相之職。唐後期多爲大臣加銜。從二品。　同光二年，贈左僕射：《輯本舊史》卷三二《唐莊宗紀六》同光二年（924）六月甲申條：“故河東節度副使、禮部尚書蘇循贈左僕射。”

［4］員外郎：官名。尚書省郎官之一。爲郎中的副職，協助負責諸司事務。從六品上。

［5］《大典》卷二三九〇“蘇”字韻“姓氏（一）”事目。

史臣曰：昔武皇之樹霸基，莊宗之開帝業，皆旁求多士，用佐丕圖。故數君子者，或以書檄敏才，或以縉紳舊族，咸登貴仕，諒亦宜哉！唯蘇循贊梁祖之强禪，蘇楷駁昭宗之舊謚，士風臣節，豈若是乎！斯蓋文苑之豺狼，儒林之荆棘也。《永樂大典》卷二千三百九十。[1]

［1］《大典》卷二三九〇“蘇”字韻“姓氏（一）”事目。

舊五代史　卷六一

唐書三十七

列傳第十三

安金全　猶子審通

安金全，代北人。[1]世爲邊將，少驍果，便騎射。[2]武皇時爲騎將，屢從征討。莊宗之救潞州及平河朔，皆有戰功，累爲刺史，以老病退居太原。[3]天祐中，汴將王檀率師三萬，乘莊宗在鄴，來襲并州。時城無備兵，敵軍奄至，監軍張承業大恐，計無所出，閱諸司丁匠，登陴禦捍。外攻甚急，金全遽出謂承業曰："老夫退居抱病，不任軍事，然吾王家屬在此，王業本根之地，如一旦爲敵所有，大事去矣。請以庫甲見授，爲公備寇。"承業即時授之。金全被甲跨馬，召率子弟及退閑諸將，得數百人，夜出北門，擊賊於羊馬城内。梁人驚潰，由是退却。俄而石君立自潞州至，汴軍退走。微金全之奮命，城幾危矣。[4]莊宗性矜伐，凡大將立功，不時行賞，

故金全終莊宗世，名位不進。[5]明宗與之有舊，[6]及登極，授金全同平章事，充振武軍節度使。[7]在任二年，治民爲政非所長，詔赴闕，俄而病卒。[8]廢視朝二日。初，南北對壘，汴之游騎每出，必爲金全所獲，故梁之偵邏者咸懼，目之爲“安五道”，蓋比鬼將有五道之名也。[9]

[1]代北：方鎮名。治所在代州（今山西代縣）。

[2]世爲邊將，少驍果，便騎射：《新五代史》卷二五《安金全傳》：“爲人驍果，工騎射，號能擒生踏伏。”《新輯會證》本傳：“《北京圖書館藏中國歷代石刻拓本匯編》三八册收咸平三年張宗誨撰《安守忠墓誌》，稱金全父‘諱山盛，唐朔州都指揮使，累贈太傅’。守忠爲金全孫，審琦次子。”

[3]武皇：即李克用。沙陀部人，生於神武川新城（一説是今山西朔州市朔城區之梵王寺村，一説是今山西應縣縣城，一説在今山西懷仁縣之日中城）。唐末軍閥，受封晉王。五代後唐太祖。紀見本書卷二五至卷二六、《新五代史》卷四。　騎將：泛指騎兵將領。　莊宗：即李存勗，小字亞子，沙陀部人，太原（今山西太原市）人。晉王李克用之子，後唐開國皇帝。紀見本書卷二七至卷三四、《新五代史》卷四、卷五。　潞州：州名。治所在今山西長治市。　河朔：古地區名。泛指黄河以北地區。　刺史：官名。州一級行政長官。漢武帝時始置，總掌考核官吏、勸課農桑、地方教化等事。唐中期以後，節度使、觀察使轄州而設，刺史爲其屬官，職任漸輕。從三品至正四品下。　太原：府名。治所在今山西太原市。　“武皇時爲騎將”至“以老病退居太原”：《輯本舊史》卷二七《唐莊宗紀一》天祐八年（911）正月丁亥條：“李嗣源率親軍與史建瑭、安金全兼北部吐渾諸軍衝陣夾攻，梁軍大敗。”卷二八《唐莊宗紀二》天祐十年三月條：“周德威遣李嗣源、李嗣本、安金

全率兵救武州，降元行欽以歸。”明本《册府》卷三四七《將帥部·佐命門八》：“安金全，武皇時爲騎將，屢從征伐，莊宗之救潞州及平河朔，皆有戰功，累爲刺史。”《宋本册府》卷三六〇《將帥部·立功門一三》：“安金全，武皇時爲騎將，屢從征伐，所在立功。莊宗之救潞州及平河朔，凡有戰陣，金全皆有功，累爲刺史。”卷三八七《將帥部·褒異門一三》：“安金全，武皇時爲騎將，屢從征伐，莊宗之救潞州及平河朔，皆有戰功，累遷刺史。”

[4]天祐：唐昭宗李曄開始使用的年號（904—907）。唐哀帝李柷沿用。唐亡後，河東李克用、李存勗仍稱天祐，沿用至天祐二十年（923）。五代十國其他政權亦有行此年號者，如南吴、吴越等。　汴：代指朱温勢力。　王檀：人名。京兆（今陝西西安市）人。後梁將領。傳見本書卷二二、《新五代史》卷二三。　鄴：地名。即鄴都。治所在今河北大名縣。五代後唐同光元年（923），改魏州爲興唐府，建號東京，三年改東京爲鄴都。　并州：州名。治所在今山西太原市。　監軍：官名。爲臨時差遣，代表朝廷協理軍務、督察將帥。唐、五代時常以宦官爲監軍。　張承業：人名。同州（今陝西大荔縣）人。唐末、五代宦官，河東監軍。傳見本書卷七二、《新五代史》卷三八。　羊馬城：在城墻與城壕之間修築的矮墻。或稱“牛馬城”。　石君立：人名。又名石家財。趙州昭慶（今河北隆堯縣）人。五代將領。傳見本書卷六五。　“天祐中”至“城幾危矣”：亦見《宋本册府》卷三九六《將帥部·勇敢門三》。《輯本舊史》之原輯者案語：“《遼史》，安金全以幽州戰敗，故退廢不用，此事《薛史》不載。”《遼史》卷一《太祖紀上》神册二年（917）二月：“晋新州裨將盧文進殺節度使李存矩來降。進攻其城，刺史安金全遁。以文進部將劉殷爲刺史。”神册二年爲天祐十四年。《輯本舊史》卷二八《唐莊宗紀二》天祐十三年二月條：“時安金全、張承業堅守於内，嘉才救援於外，檀懼，乃燒營而遁，追擊至陰地關。”同卷天祐十四年二月甲午條：“契丹攻新州甚急，刺史安金全棄城而遁，契丹以文進部將劉殷爲刺史。”《新五

代史》卷二五《安金全傳》："莊宗已下魏博，與梁相距河上。梁將王檀襲太原，晋兵皆從莊宗于河上，太原無備，監軍張承業大恐，率諸司工匠登城扞禦，而外攻甚急。金全彊起謂承業曰：'太原，晋之根本也。一旦不守，則大事去矣！老夫誠憊矣，然尚能爲公破賊。'承業喜，授以甲兵。金全被甲跨馬，召率子弟及故將吏得百餘人，夜出北門，擊檀於羊馬城中，檀軍驚潰，而晋救兵稍至。"《通鑑》卷二六九貞明二年（916）二月條："匡國節度使王檀密疏請發關西兵襲晋陽，帝從之，發河中、陝、同、華諸鎮兵合三萬，出陰地關，奄至晋陽城下，晝夜急攻；城中無備，發諸司丁匠及驅市人乘城拒守，城幾陷者數四，張承業大懼。代北故將安金全退居太原，往見承業曰：'晋陽根本之地，若失之，則大事去矣。僕雖老病，憂兼家國，請以庫甲見授，爲公擊之。'承業即與之。金全帥其子弟及退將之家得數百人，夜出北門，擊梁兵於羊馬城内；梁兵大驚，引却。昭義節度使李嗣昭聞晋陽有寇，遣牙將石君立將五百騎救之；君立朝發上黨，夕至晋陽。梁兵扼汾河橋，君立擊破之，徑至城下大呼曰：'昭義侍中大軍至矣。'遂入城。夜，與安金全等分出諸門擊梁兵，梁兵死傷什二三。詰朝，王檀引兵大掠而還。"《宋本册府》卷四〇〇《將帥部·固守門二》："安金全爲騎將，累從莊宗征伐，後爲刺史，以老病退居太原。天祐十三年，梁將王檀寇晋陽，既敗，檀怒，募勇敢者，夜半數道急攻，兵既不敵，乃驅率居人，以爲備守使。監軍使張承業形于懼色，聚衆而謀曰：'事急矣。吾王家屬在此，如失根本，大事去矣。'金全曰：'僕雖老病，家國是憂，當死戰于城下。'因與石嘉才率騎軍分爲數道，募勇敢者副之，入羊馬垣横擊之，賊衆大擾，守陴者下大木轥之，賊衆驚潰，轉死移傷者十二三，明日燒營而遁，追擊至陰地關而回。時劉鄩敗於莘縣，王檀遁於晋陽，俱以敗事聞。朱友貞方視朝，遽退而言曰：'吾事去矣。'"

［5］"莊宗性矜伐"至"名位不進"：《通鑑》卷二六九貞明二年二月條："晋王性矜伐，以策非己出，故金全等賞皆不行。"《新

五代史》卷二五《安金全傳》："然莊宗不以金全爲能，終其世不録其功。"明本《册府》卷一八一《帝王部·疑忌門》："安金全爲朔州刺史，事莊宗爲騎將。莊宗神勇冠世，而性忌，不欲臣下勝己。故金全與王建及位不踰刺史，移稱疾以避禍。"

[6]明宗：即李嗣源。沙陀部人。原名邈佶烈，李克用養子。五代後唐明宗，926年至933年在位。紀見本書卷三五至卷四四、《新五代史》卷六。

[7]同平章事：官名。"同中書門下平章事"之簡稱。唐高宗以後，凡實際任宰相之職者，常在其本官後加同平章事的職銜。後成爲宰相專稱。後晋天福五年（940），升中書門下平章事爲正二品。　振武軍：方鎮名。後梁貞明二年以前，治所位於單于都護府城（今内蒙古和林格爾縣）。貞明二年，單于都護府城爲契丹占據。此後至後唐清泰三年（936），治所位於朔州（今山西朔州市朔城區）。後晋隨燕雲十六州割予契丹，改名順義軍。　節度使：官名。唐時在重要地區所設掌握一州或數州軍事、民事、財政的長官。授金全同平章事，充振武軍節度使：《輯本舊史》卷三六《唐明宗紀二》天成元年（926）五月壬戌條："以前相州刺史、北京左右厢都指揮使安金全爲安北都護、振武節度使、同平章事。"《新五代史》卷二五《安金全傳》："拜金全振武軍節度使、同中書門下平章事。"《通鑑》卷二七五天成元年五月壬戌條："帝以前相州刺史安金全有功於晋陽，壬戌，以金全爲振武節度使、同平章事。"《宋本册府》卷一七二《帝王部·求舊門二》唐明宗條："安金全初事莊宗，爲騎將，與帝（明宗）尤相善。天成初，召金全歸朝，授振武節鉞，同平章事。"

[8]俄而病卒：《輯本舊史》卷四一《唐明宗紀七》長興元年（930）六月甲辰條："前振武節度使安金全卒。"

[9]"初，南北對壘"至"蓋比鬼將有五道之名也"：《宋本册府》卷三九六《將帥部·勇敢門三》："安金全爲振武軍節度使。時梁孽未平，兩軍對壘。汴之游騎每出，必爲金全所獲。故賊之偵邏

者咸懼之，目之爲‘五道’，蓋比陰鬼將有五道之名以取人命故也。”明本《册府》卷三九三《將帥部·威名門二》：“安金全爲騎將，時梁國未平，兩軍對壘，汴之游騎每出，必爲金全所獲，故賊之偵邏者咸懼之，目爲‘五道’，蓋比陰鬼將有五道之名，以取人命故也。”

子審琦等皆位至方鎮，别有《傳》。[1]《永樂大典》卷一萬八千一百二十九。[2]

[1]子審琦等皆位至方鎮，别有傳：《輯本舊史》卷一二三有《安審琦傳》。

[2]《大典》卷一八一二九“將”字韻“後唐將（二）”事目。

審通，金全之猶子也。幼事莊宗，累有戰功，轉先鋒指揮使。[1]同光初，爲北京右廂馬軍都指揮使，屯奉化軍。[2]四年春，赴明宗急詔，軍趨夷門，[3]爲前鋒。天成初，授單州刺史，[4]改齊州防禦使，兼諸道先鋒馬軍都指揮使。[5]奉詔北征，從房知温營於盧臺。會龍晊部下兵亂，審通脱身酒筵，奪船以濟，促騎士介馬，及亂兵南行，盡戮之，[6]以功授檢校太傅、滄州節度使。[7]圍王都於中山，[8]躬冒矢石，爲飛石所中而卒。[9]贈太尉。[10]《永樂大典》卷一萬二千五十四。[11]

[1]先鋒指揮使：官名。先鋒，即先鋒部隊。指揮使，爲所部統兵將領。

[2]同光：後唐莊宗李存勗年號（923—926）。　北京：指五

代後唐的北都太原。《新五代史》卷五《莊宗紀》載，同光元年(923)“十一月乙巳，復北都爲鎮州，太原爲北都”。　右厢馬軍都指揮使：官名。所部統兵將領。“右厢馬軍”爲部隊番號。　奉化軍：方鎮名。治所在江州（今江西九江市）。　同光初，爲北京右厢馬軍都指揮使，屯奉化軍：亦見明本《册府》卷三四七《將帥部・佐命門八》。《通鑑》卷二七四天成元年（926）三月辛未條："北京右厢馬軍都指揮使安審通屯奉化軍。"

[3]夷門：地名。原指戰國魏都大梁城東門，故址在今河南開封城内東北隅。夷門位於夷山，夷山因山勢平夷而得名，故門亦以山爲名。此處代指開封。

[4]天成：後唐明宗李嗣源年號（926—930）。　單州：州名。治所在今山東單縣。　天成初，授單州刺史："單州"，《輯本舊史》之影庫本粘籤："原本作'禪州'，今據《通鑑》改正。"查《通鑑》，未見此記載。但可參見明本《册府》卷三四七《將帥部・佐命門八》。五代無"禪州"，單州則多見。

[5]齊州：州名。治所在今山東濟南市。　防禦使：官名。唐代始置，設有都防禦使、州防禦使兩種。常由刺史或觀察使兼任，實際上爲唐代後期州或方鎮的軍政長官。　改齊州防禦使，兼諸道先鋒馬軍都指揮使：《輯本舊史》卷三六《唐明宗紀二》天成元年五月戊辰條："以諸道馬步副都指揮使安審通爲齊州防禦使。"亦見明本《册府》卷三四七《將帥部・佐命門八》、卷三八七《將帥部・褒異門一三》。

[6]房知温：人名。兖州瑕丘（今山東濟寧市兖州區）人。五代後唐將領。傳見本書卷九一、《新五代史》卷四六。　盧臺：軍鎮名。治所在今天津寧河區盧臺鎮。參見余蔚《中國行政區劃通史》（遼金卷），復旦大學出版社 2012 年版，第 326 頁。　龍晊(zhì)：人名。籍貫不詳。五代後唐官員。事見本書卷三八。"奉詔北征"至"及亂兵南行，盡戮之"："從房知温營於盧臺"，中華書局本有校勘記："'盧臺'，原作'蘆臺'，據殿本、劉本、本

書卷三八《唐明宗紀四》、卷五九《烏震傳》、卷九一《房知温傳》、《册府》卷三六〇改。《通鑑》卷二六七胡注：‘盧臺軍，宋爲乾寧軍地。《九域志》：“乾寧軍在滄州西北九十里。”’”《輯本舊史》卷三七《唐明宗紀三》天成元年八月己亥條：“幽州奏，契丹寇邊，詔齊州防禦使安審通率師禦之。”卷三八《唐明宗紀四》天成二年四月辛巳條：“房知温奏：‘前月二十一日，盧臺戍軍亂，害副招討寧國軍節度使烏震，尋與安審通斬殺亂兵訖。’”前月二十一日爲天成二年三月壬申日。同月庚寅條：“安審通戢騎軍不動，知温與審通謀伺便攻之，令亂兵卷甲南行。”亦見卷九一《房知温傳》。《通鑑》卷二七五天成二年三月壬申條：“房知温怨震驟來代己，震至，未交印。壬申，震召知温及諸道先鋒馬軍都指揮使、齊州防禦使安審通博於東寨，知温誘龍晊所部兵殺震於席上，其衆譟於營外，安審通脱身走，奪舟濟河，將騎兵按甲不動。知温恐事不濟，亦上馬出門，甲士攬其轡曰：‘公當爲士卒主，去欲何之?’知温紿之曰：‘騎兵皆在河西，不收取之，獨有步兵，何能集事!’遂躍馬登舟濟河，與審通合謀擊亂兵，亂兵遂南行。”亦見《宋本册府》卷三六〇《將帥部·立功門一三》。

[7]檢校太傅：官名。爲散官或加官，以示恩寵，無實際執掌。滄州：州名。治所在今河北滄縣舊州鎮。　以功授檢校太傅、滄州節度使：《輯本舊史》卷三八《唐明宗紀四》天成二年四月癸巳條：“齊州防禦使安審通加檢校太傅，並賞盧臺之功也。”同年七月壬申條：“以齊州防禦使安審通爲滄州節度使。”卷三九《唐明宗紀五》天成三年四月壬寅條：“以滄州節度使兼北面行營馬軍都指揮使安審通爲副招討使兼諸道馬軍都指揮使。”明本《册府》卷一二八《帝王部·明賞門二》天成元年四月條：“齊州防禦使安審通加檢校太傅，食邑四百户。”亦見《册府》卷三六〇《將帥部·立功門一三》。

[8]王都：人名。中山陘邑（今河北定州市）人。本姓劉，後爲義武軍節度使王處直養子。五代軍閥。傳見本書卷五四。　中

山：地名。位於今河北定州市。

[9]爲飛石所中而卒：《輯本舊史》卷三九《唐明宗紀五》天成三年七月丁未條："以滄州節度使安審通卒於師輟朝。"明本《册府》卷四二五《將帥部·死事門二》："圍中山，躬冒矢石，以先士卒，志平氛祲，爲飛矢所中，卒。"《通鑑》卷二七六天成三年七月乙巳條："北面招討使安審通卒。"

[10]太尉：官名。與司徒、司空並爲三公，唐後期、五代多爲大臣、勳貴加官。正一品。　贈太尉：《輯本舊史》卷七六《晋高祖紀二》天福二年（937）十二月條："故横海軍節度使安審通贈太師。"

[11]《大典》卷一二〇五四爲"酒"字韻"成均祭酒等官"事目，誤。中華書局本有校勘記云疑出自卷一二〇四四"酒"字韻"事韻（一二）"，應出自該卷"酒筵"事目。

安元信

安元信，字子言，[1]代北人。父順琳，爲降野軍使。[2]元信以將家子，便騎射，幼事武皇，從平巢、蔡。[3]光啓中，吐渾赫連鐸寇雲中，武皇使元信拒之，元信兵敗於居庸關。武皇性嚴急，元信不敢還，遂奔定州，王處存待之甚厚，用爲突騎都校。[4]乾寧中，處存子部嗣位。時梁軍攻河朔三鎮，奔命不暇，梁將張存敬軍奄至城下，既無宿備，部懼，挈其族奔太原，元信從之，武皇待之如初，用爲鐵林軍使。[5]

[1]安元信，字子言：《舊五代史考異》："五代時唐、晋俱有安元信，《薛史》並爲立傳，今附識于此。"分别見於《輯本舊史》

卷六一、卷九〇。明本《册府》卷四三八《將帥部・奔亡門》云“安元信字子元”。

[2]順琳：人名。即安順琳。事迹不詳。本書僅此一見。　降野軍使：官名。掌領本軍軍務，兼理地方政務。

[3]巢：人名。即黄巢。曹州冤句（今山東菏澤市）人。唐末農民起義領袖。傳見《舊唐書》卷二〇〇下、《新唐書》卷二二五下。　蔡：即秦宗權。中和四年（884）秦宗權據蔡州稱帝，光啓三年（887）秦宗權全力進攻汴州，朱温力挫之。

[4]光啓：唐僖宗李儇年號（885—888）。　赫連鐸：人名。唐末代北吐谷渾首領。咸通九年（868）隨唐軍鎮壓龐勛起義。與李國昌父子争奪代北，官至唐雲州刺史、大同軍防禦使，守雲州十餘年。後爲李克用擒殺。事見《舊唐書》卷一九下。　雲中：縣名。治所在今山西大同市。　居庸關：關隘名。位於今北京昌平區西北。　定州：州名。治所在今河北定州市。　王處存：人名。京兆萬年（今陝西西安市長安區）人。唐末軍閥。傳見《舊唐書》卷一八二、《新唐書》卷一八六。　突騎都校：官名。五代時設此官，爲統兵的中級軍官。　“光啓中”至“用爲突騎都校”：明本《册府》卷四三二《將帥部・立後效門》：“唐光啓末，燕帥李威與吐渾酋長赫連鐸入寇大同，武皇遣元信拒之，以衆寡不侔，爲流矢所中，兵敗居庸關。懼武皇法峻，南奔中山。中山連帥王帥王處存喜而納之，用爲突騎都校，奏授檢校工部尚書。”明本《册府》卷四三八《將帥部・奔亡門》：“唐光啓中，幽州軍與吐渾赫連鐸合從寇太原，頗爲憂患。太祖征吐渾，平之，遂入居庸。元信時爲前鋒，遇幽州軍少，鬬之不勝。”

[5]乾寧：唐昭宗李曄年號（894—898）。　郜：人名。即王郜。京兆萬年（今陝西西安市長安區）人。唐末軍閥。事見本書卷二六、卷五二。　張存敬：人名。譙郡（今河南商丘市）人。唐末、五代將領。傳見本書卷二〇、《新五代史》卷二一。　鐵林軍使：官名。所部統兵將領。“鐵林”爲部隊番號。　“乾寧中”至

“用爲鐵林軍使”：明本《册府》卷四三二《將帥部·立後效門》：“乾寧末，處存卒，子郜嗣，爲梁人所攻，歸太原，與元信偕行。武皇待之如舊，授元信鐵林軍使。”《宋本册府》卷三六〇《將帥部·立功門一三》：“安元信，初仕後唐，爲鐵林都校。”

梁將氏叔琮之攻河東也，别將葛從周自馬嶺入，元信伏于榆次，挫其前鋒。梁將李思安之攻上黨也，王師將壁高河，爲梁軍所逼。别將秦武者，尤爲難敵，元信與鬭，斃之，繇是梁軍解去，城壘得立。武皇賜所乘馬及細鎧仗，遷突陣都將。[1]

[1]氏叔琮：人名。河南尉氏（今河南尉氏縣）人。唐末將領。傳見本書卷一九、《新五代史》卷四三。　别將：官名。與主力軍配合作戰的部隊將領。　葛從周：人名。濮州鄄城（今山東鄄城縣）人。唐末、五代後梁將領。傳見本書卷一六、《新五代史》卷二一。　馬嶺：地名。位於今山西太谷縣東南。　榆次：縣名。治所在今山西晋中市榆次區。　李思安：人名。河南陳留（今河南開封市陳留鎮）人。五代後梁將領。傳見本書卷一九。　上黨：即潞州。治所在今山西長治市。　高河：水名。位於今山西長治市西南高河。　秦武：人名。籍貫、事迹不詳。本書僅此一見。　突陣都將：官名。唐五代時節度使屬將。　“梁將氏叔琮之攻河東也”至“遷突陣都將”：亦見《宋本册府》卷三六〇《將帥部·立功門一三》、明本《册府》卷三四七《將帥部·佐命門八》。“别將葛從周自馬嶺入”，《輯本舊史》卷二六《唐武皇紀下》天復元年（901）四月條云：“汴將氏叔琮率兵五萬自太行路寇澤潞……葛從周領兖、鄆之衆自土門入，張歸厚以邢洺之衆自馬嶺入。”與傳異。明本《册府》卷四三二《將帥部·立後效門》：“俄以梁將氏叔琮引兵五萬薄我城下，郡縣多陷。梁又遣葛從周出軍馬嶺。武皇遣元

信以精騎擊而退之，以功奏加檢校尚書左僕射。”《宋本册府》卷八四六《總録部·善射門》：“安元信，少有勇力，自後唐太祖領太原，隸於麾下。天祐三年，梁人圍李嗣昭於上黨，與上將周德威救之。一日，德威爲敵所困，梁之驍將有奉武者屢犯我軍。元信飛一矢，隨而斃之，德威軍遂振。太祖聞之，以所乘馬并器仗賜之，奏加檢校司空。明年，莊宗解圍上黨，承制授元信遼州刺史，加檢校司徒。”

莊宗嗣晋王位，元信從救上黨，破夾寨，復澤潞，以功授檢校司空、遼州刺史，賜玉鞭名馬。[1]柏鄉之役，日晚戰酣，元信重傷，莊宗自臨傅藥。[2]其年，改檢校司徒、武州刺史，充内衙副都指揮使、山北諸州都團練副使。[3]從莊宗定魏博，移爲博州刺史。與梁對壘得勝渡，元信爲右廂排陣使，未幾，爲大同軍節度使。[4]莊宗平定河南，移授横海軍節度使。時契丹犯邊，元信與霍彦威從明宗屯常山，元信恃功，每對明宗以成敗勇怯戲侮彦威，彦威不敢答。明宗曰：“成由天地，不由於人。當氏叔琮圍太原，公有何勇？今國家運興，致我等富貴，勿以小勝小捷挂於口吻，取笑於長者。”乃起謝，元信不復以彦威爲戲。[5]

[1]澤潞：方鎮名。治所在潞州（今山西長治市）。　檢校司空：官名。爲散官或加官，以示恩寵，無實際執掌。司空，與太尉、司徒並爲三公。　遼州：州名。治所在今山西左權縣。　“莊宗嗣晋王位”至“賜玉鞭名馬”：“賜玉鞭名馬”，中華書局本有校勘記：“‘玉鞭’，《册府》卷三四七、卷三八七作‘玉鞍’。”見明本《册府》卷三四七《將帥部·佐命門八》、《宋本册府》卷三八

七《將帥部・褒異門一三》。此事亦見《宋本册府》卷三六〇《將帥部・立功門一三》。

［2］柏鄉：縣名。治所在今河北柏鄉縣。　“柏鄉之役”至“莊宗自臨傅藥”：《宋本册府》卷一三五《帝王部・愍征役門》：“後唐莊宗初嗣晋王位，柏鄉之役，日晚戰酣，突陣都將遼州刺史安元信傷重，帝自臨傅藥撫諭。”

［3］檢校司徒：官名。爲散官或加官，以示恩寵，無實際執掌。司徒，與太尉、司空並爲三公。　武州：州名。治所在今河北張家口市宣化區。　内衙副都指揮使：官名。都指揮使副手，爲統兵將領。内衙都指揮使掌宫廷警衛。　山北諸州都團練副使：官名。都團練使副職。都團練使，亦稱都團練守捉使，大者領州十餘，小者二三州，以保境、安民、懲奸爲務。　“其年”至“山北諸州都團練副使”：亦見明本《册府》卷三四七《將帥部・佐命門八》、《宋本册府》卷三八七《將帥部・褒異門一三》。《宋本册府》卷三六〇《將帥部・立功門一三》：“後爲山北管内團練使。莊宗降邢臺，破劉鄩於故元城，皆預其功。俄遷博州刺史。”

［4］魏博：方鎮名。即魏博軍，亦稱“天雄軍”。唐天祐元年（904）以魏博節度使號爲天雄軍，治所在魏州（今河北大名縣）。　博州：州名。治所在今山東聊城市。　得勝渡：地名。位於今河南濮陽市。原爲黄河渡口，晋軍築德勝南、北二城於此，遂爲城名。　右厢排陣使：官名。唐節度使所屬武官中有排陣使，五代後梁時設於諸軍，爲先鋒之職。參見王軼英《中國古代排陣使述論》，《西北大學學報》2010 年第 6 期。　大同軍：方鎮名。治所在雲州（今山西大同市）。　“從莊宗定魏博”至“爲大同軍節度使”：《輯本舊史》卷三二《唐莊宗紀六》同光二年（924）八月丙子條：“以雲州刺史、雁門以北都知兵馬使安元信爲大同軍節度留後。”同卷同光三年二月甲戌條：“以大同軍留後安元信爲滄州節度使。”同年六月丁卯條：“以滄州節度使安元信充北面行營馬步軍都排陣使。”明本《册府》卷七八《帝王部・委任門二》：“安元信，從莊

宗定魏博，元城之戰，尅捷居多，移爲博州刺史，與梁軍對壘得勝，遷元信爲右厢排陣使。王處直引契丹背盟，北邊俶擾，以元信久在邊，用爲大同軍節度使。”卷一二〇《帝王部·選將門二》：“末帝清泰二年，以安元信爲大同軍節度使。元信初從莊宗定魏博，元城之戰，克捷居多，移爲博州刺史。與梁軍對壘德勝渡，元信爲右厢排陣使。王處直引契丹背盟，北邊俶擾，以元信久在邊，故有是命。”

［5］河南：府名。治所在今河南洛陽市。　横海軍：方鎮名。治所在滄州（今河北滄縣舊州鎮）。　契丹：古部族、政權名。公元4世紀中葉宇文部爲前燕攻破，始分離而成單獨的部落，自號契丹。唐貞觀中，置松漠都督府，以其首領爲都督。唐末强盛，916年迭剌部耶律阿保機建立契丹國（遼）。先後與五代、北宋並立，保大五年（1125）爲金所滅。參見張正明《契丹史略》，中華書局1979年版。　霍彦威：人名。洺州曲周（今河北曲周縣）人。後唐將領。傳見本書卷六四、《新五代史》卷四六。　常山：即鎮州，治所在今河北正定縣。　“莊宗平定河南”至“元信不復以彦威爲戲”：“勿以小勝小捷挂於口吻，取笑於長者”，中華書局本有校勘記：“以上十五字原闕，據《册府》卷四五一補。”“乃起謝，元信不復以彦威爲戲”，中華書局本有校勘記：“‘乃起謝元信’，殿本作‘元信乃起謝’，《册府》卷四五一作‘彦威起謝元信’。”明本《册府》卷四五一《將帥部·矜伐門》：“安元信爲横海軍節度使，時契丹犯邊，元信與霍彦威從明宗屯常山。元信恃功，每對明帝，以成敗勇怯戲侮彦威，彦威不敢答。明宗曰：‘成敗天也，不繇於人。當時，叔琮圍太原，公有何勇？念國家運興，致汝等富貴，勿以小勝小捷挂於口吻，取笑於長者。’彦威起謝，元信不復以彦威爲戲。”

明宗即位，以元信嘗爲内衙都校，尤厚待之，加同

中書門下平章事。明年，移鎮徐州。[1]王師之討高季興，[2]襄帥劉訓逗撓軍期，[3]移授元信山南東道節度使以代訓。[4]歲餘，改歸德軍節度使，[5]就加兼侍中。[6]明宗不豫，求入。末帝即位，授潞州節度使，加檢校太尉。[7]清泰三年二月，以疾卒於鎮，時年七十四。贈太師。晋高祖即位，以元信宿望，令禮官定謚曰忠懿。[8]

[1]内衙都校：官名。五代宫廷宿衛統兵官。内衙，宫廷之别稱。　徐州：州名。治所在今江蘇徐州市。　“明宗即位”至“移鎮徐州”：“以元信嘗爲内衙都校”，中華書局本有校勘記：“‘衙’原作‘衛’，據殿本、劉本改。”《輯本舊史》卷三六《唐明宗紀二》天成元年（926）五月丙辰條：“滄州節度使、檢校太傅安元信加同平章事，移鎮徐州。”卷三八《唐明宗紀四》天成二年七月壬申條：“徐州節度使安元信移鎮襄州。”卷四一《唐明宗紀七》長興元年（930）十二月庚子條：“以前襄州節度使安元信爲宋州節度使。”

[2]高季興：人名。原名高季昌，陝州硤石（今河南三門峽市）人。南平（即荆南）開國君主。傳見本書卷一三三、《新五代史》卷六九。

[3]襄：州名。治所在今湖北襄陽市。　劉訓：人名。隰州永和（今山西永和縣）人。五代藩鎮將領。傳見本書本卷。

[4]山南東道：方鎮名。治所在襄州（今湖北襄陽市）。

[5]歸德軍：方鎮名。治所在宋州（今河南商丘市睢陽區）。本後梁宣武軍，後唐改名歸德軍。

[6]侍中：官名。秦始置。隋、唐前期爲門下省長官。唐後期多爲大臣加銜，不參與政務，實際職務由門下侍郎執行。正二品。　就加兼侍中：《輯本舊史》卷四四《唐明宗紀一〇》長興四年二月己未條：“宋州節度使安元信加兼侍中。”

［7］末帝：即五代後唐廢帝李從珂。鎮州平山（今河北平山縣）人。本姓王，後唐明宗李嗣源擄其母魏氏，遂養爲己子。應順元年（934）四月，李從珂入洛陽即帝位。清泰三年（936）五月，石敬瑭謀反，以出賣燕雲十六州、自稱兒臣的條件求得契丹援助，石敬瑭攻入洛陽，廢帝自焚死，後唐亡。紀見本書卷四六至卷四八、《新五代史》卷七。　檢校太尉：官名。爲散官或加官，以示恩寵，無實際執掌。　末帝即位，授潞州節度使，加檢校太尉：《輯本舊史》卷四六《唐末帝紀上》清泰元年六月壬午條："以前宋州節度使安元信爲檢校太尉、兼侍中、潞州節度使。"

［8］清泰：五代後唐末帝李從珂年號（934—936）。　太師：官名。與太傅、太保合稱三師，唐後期、五代多爲大臣、勳貴加官。正一品。　晉高祖：即石敬瑭。沙陀部人。五代後唐將領、後晉開國皇帝。紀見本書卷七五至卷八〇、《新五代史》卷八。　"清泰三年二月"至"令禮官定謚曰忠懿"：《輯本舊史》卷四八《唐末帝紀下》清泰三年二月丁亥條："以昭義節度使安元信卒，廢朝。"《宋本册府》卷五九六《掌禮部·謚法門二》："安元信爲昭義軍節度，澤潞等州觀察、處置等使。卒，贈太師。太常博士賈緯議謚曰：'叨居禮職，式考儒經，德雖以百行相成，謚乃取一善爲定。公經邦緯俗，積行累功，宜立總名，用彰殊烈。案《謚法》：事君盡節曰忠，體和居中曰懿。《左傳》曰："公家之事，知無不爲，忠也。"《春秋正義》曰："保己精粹，立行純厚，懿也。"公抑揚事任，周旋盛明，嘗險阻艱難，秉溫良恭儉。或宣風千里，有負繈之民；或布政百城，致隨軒之雨。道光群后，功著歷朝。凡士大夫，歎開幕之芙蕖久謝；無賢不肖，感成蹊之桃李空存。焕彼緹緗，豐諸碑版。今被實録，非讓古人。事君既有忠規，爲臣足以禦衆。復彰懿行，從政備焉。前代所高，斯謚爲當。今請謚曰忠懿。'從之。"卷八二〇《總録部·立祠門》："安元信爲山北諸州團練使。清泰元年，領上黨，加檢校太尉，累加食邑三千户，實封二百户，進封至武威郡公。三年二月，以疾終於位，時年七十四，贈太師，

葬於太原交城。……帝以元信宿望，命禮部定謚，表迹業也，仍賜建神道碑，使禮部郎中吕咸休爲其文。”

有子六人，長曰友權，歷諸衛大將軍。[1]次曰友親，仕皇朝爲滁州刺史，[2]卒於任。《永樂大典》卷一萬八千一百二十九。[3]

[1]友權：人名。即安友權。事迹不詳。本書僅此一見。　諸衛大將軍：官名。唐代置十六衛，掌宫禁宿衛。正三品。　歷諸衛大將軍：《宋本册府》卷八二〇《總録部·立祠門》作“官至武衛大將軍”。

[2]友親：人名。即安友親。事迹不詳。本書僅此一見。　滁州：州名。治所在今安徽滁州市。　仕皇朝爲滁州刺史：中華書局本有校勘記：“‘仕皇朝’三字原闕，據殿本、劉本、孔本補。”

[3]《大典》卷一八一二九“將”字韻“後唐將（二）”事目。

安重霸　弟道進

安重霸，雲州人也。[1]性狡譎，多智算。初，自代北與明宗俱事武皇，因負罪奔梁，在梁復以罪奔蜀，蜀以蕃人善騎射，因爲親將。蜀後主王衍，[2]幼年襲位，其政多僻。宦官王承休居中用事，[3]與成都尹韓昭内外相結，[4]專採擇聲色，以固寵幸。武臣宿將，居常切齒。重霸諂事承休，特見委信。[5]

[1]雲州：州名。治所在今山西大同市。

[2]蜀：五代十國之前蜀。　王衍：人名。許州舞陽（今河南舞陽縣）人。王建幼子，五代十國前蜀皇帝。傳見本書卷一三六、《新五代史》卷六三。

[3]王承休：人名。籍貫不詳。五代十國前蜀宦官。事見吴任臣《十國春秋》卷四六。

[4]成都尹：官名。成都地方最高行政長官。　韓昭：人名。長安（今陝西西安）人。五代十國前蜀官員。傳見《十國春秋》卷四六。

[5]重霸諂事承休，特見委信：《舊五代史考異》："《北夢瑣言》：重霸爲簡州刺史，瀆貨無厭。"見《北夢瑣言》卷一日本國王子棋條。

梁末，岐下削弱，蜀人奪取秦、成、階等州，重霸説承休求鎮秦州。仍於軍中選山東驍果，得數千人，號龍武都，以承休爲軍帥，重霸副焉，俱在天水。歲餘，承休欲求旄鉞，乃以隴西花木入獻，又稱秦州山水之美，人物之盛，請後主臨幸，而韓昭贊成之。[1]

[1]岐下：岐山以下。此指鳳翔。　秦：州名。治所在今甘肅秦安縣。　成：州名。治所在今甘肅成縣。　階：州名。治所在今甘肅隴南市武都區。　都：軍隊的編制單位。《武經總要》卷二："凡五百人爲一指揮，其別有五都，都一百人，統以一營居之。"都的長官稱爲都頭。　天水：地名。位於今甘肅天水市。　"梁末"至"而韓昭贊成之"："蜀人奪取秦、成、階等州"，中華書局本有校勘記："'奪'原作'獨'，據殿本、劉本改。邵本校作'進'。"《舊五代史考異》："《太平廣記》引王氏《見聞録》云：承休請從諸軍揀選官健，得驍勇數千，號龍武軍，承休自爲統帥，並特加衣糧，日有優給。因乞秦州節度使，且云：'願與陛下于秦州採掇美

麗。’且説秦州風土，多出國色，仍請幸天水。少主甚悦，即遣仗節赴鎮，應所選龍武精鋭，並充衙隊從行。”見《太平廣記》卷二四一王承休條。《通鑑》卷二七三同光二年（924）十月辛未條：“蜀宣徽北院使王承休請擇諸軍驍勇者萬二千人，置駕下左、右龍武步騎四十軍，兵械給賜皆優異於他軍，以承休爲龍武軍馬步都指揮使，以裨將安重霸副之，舊將無不憤耻。重霸，雲州人，以狡佞賄賂事承休，故承休悦之。”同卷同光三年九月條：“蜀安重霸勸王承休請蜀主東遊秦州。承休到官，即毁府署，作行宫，大興力役，强取民間女子教歌舞，圖形遺韓昭，使言於蜀主；又獻花木圖，盛稱秦州山川土風之美。”

同光三年十月，蜀主率衆數萬，由劍閣將出興、鳳，[1]以遊秦州。至興州，遇魏王繼岌軍至，[2]狼狽而旋。承休遽聞東師入討，大恐，計無從出，問於重霸。對曰：“開府何患？蜀中精兵，不下十萬，咫尺之險，安有不濟？縱東軍盡如狼虎，豈能入劍門！[3]然國家有患，開府特受主知，不得失於奔赴，此州制置事定，無虞得失，重霸願從開府赴闕。”承休素信以爲忠赤。重霸出秦州金帛以賂羣羌，買由文山路歸蜀。[4]承休擁龍武軍及招置僅萬人從行，令重霸權握部署，州人祖送，秦州軍亦列部隊。承休登乘，重霸馬前辭曰：“國家費盡事力，收獲隴西，若從開府南行，隴州即時疏失，請開府自行，重霸且爲國守藩。”[5]承休既去，重霸在秦州，聞明宗起河北，即時遣使以秦、成等州來降。[6]

[1]劍閣：指劍閣道。位於今四川劍閣縣東北，爲古代川陜之間的重要通道。《水經注·漾水》：“連山絶險，飛閣通衢，故謂之

劍閣也。" 興：州名。治所在今陝西略陽縣。 鳳：州名。治所在今陝西鳳縣。

[2]繼岌：人名。即李繼岌。後唐莊宗李存勗長子。傳見本書卷五一、《新五代史》卷一四。

[3]劍門：關隘名。即劍門關。位於今四川劍閣縣劍門鎮北大劍山口。

[4]羌：古族名。分布在汧隴和關中地區。 文山：關隘名。位於今四川松潘縣東小河鄉北。

[5]龍武軍：唐禁軍名。開元二十六年（738）於左右羽林軍中移出左右萬騎營，别置左右龍武軍。掌禁軍宿衛、扈從。 隴州：州名。治所在今陝西隴縣。

[6]"同光三年十月"至"即時遣使以秦、成等州來降"："同光三年十月"，中華書局本有校勘記："'三年'原作'二年'，據本書卷三三《唐莊宗紀七》、《通鑑》卷二七三改。""狼狽而旋"，《輯本舊史》之原輯者案語："《九國志》作王衍將之秦州，以王宗弼力諫而止，與《薛史》異。"見《九國志》卷六《王宗弼傳》。"重霸出秦州金帛以賂羣羌"，中華書局本有校勘記："'金帛以'原作'以金帛'，據殿本、孔本改。影庫本批校：'重霸出秦州金帛以賂羣羌，繕本改作"以金帛"，文氣不順。'""買由文山路歸蜀"，中華書局本有校勘記："'由文'，孔本作'扶州'。'文'，殿本作'州'。按《通鑑》卷二七三：'重霸請賂羌人，買文、扶州路以歸。'"《輯本舊史》之原輯者案語："《九國志》作取路以歸蜀，文義較爲明晰。"《通鑑》卷二七三同光三年（925）十月條："天雄節度使王承休與副使安重霸謀掩擊唐軍，重霸曰：'擊之不勝，則大事去矣。蜀中精兵十萬，天下險固，唐兵雖勇，安能直度劍門邪！然公受國恩，聞難不可不赴，願與公俱西。'承休素親信之，以爲然。重霸請賂羌人買文、扶州路以歸；承休從之，使重霸將龍武軍及所募兵萬二千人以從。將行，州人餞於城外。承休上道，重霸拜於馬前曰：'國家竭力以得秦、隴，若從開府還朝，誰當守之！

開府行矣，重霸請爲公留守。’承休業已上道，無如之何，遂與招討副使王宗汭自扶、文而南；其地皆不毛，羌人抄之，且戰且行，士卒凍餒，比至茂州，餘衆二千而已。重霸遂以秦、隴來降。”亦見《輯本舊史》卷三三《唐莊宗紀七》同光三年十月條。

天成初，用爲閬州團練使，未幾，召還爲左衛大將軍，常以姦佞揣人主意，明宗尤愛之。長興末，明宗謂侍臣曰：“安重霸，朕之故人，以秦州歸國，其功不細，酬以團練、防禦，恐非懷來之道。”范延光曰：“將校内有自河東、河北從陛下龍飛故人，尚有未及團防者，今若遽授重霸方鎮，恐爲人竊議。”明宗不悦。未幾，竟以同州節鉞授之。[1]清泰初，移授西京留守、京兆尹。[2]先是，秦雍之間，[3]令長設酒食，私丐於部民者，俗謂之“擣蒜”。及重霸之鎮長安，[4]亦爲之，故秦人目重霸爲“擣蒜老”。其年冬，改雲州節度，[5]居無何，以病求代，時家寄上黨，及歸而卒。[6]重霸善悦人，好賂遺，時人目之爲俊。[7]

[1]閬州：州名。治所在今四川閬中市。　團練使：官名。唐代中期以後，於不設節度使的地區設團練使，掌本區各州軍事。左衛大將軍：官名。唐置，掌宫禁宿衛。唐代置十六衛，即左右衛、左右驍衛、左右武衛、左右威衛、左右領軍衛、左右金吾衛、左右監門衛、左右千牛衛，各置上將軍，從二品；大將軍，正三品；將軍，從三品。　長興：後唐明宗李嗣源年號（930—933）。　范延光：人名。鄴郡臨漳（今河北臨漳縣）人。五代後唐、後晋將領。傳見本書卷九七、《新五代史》卷五一。　河東：方鎮名。治所在太原（今山西太原市）。　河北：即河北道。唐貞觀十道、

開元十五道之一。開元以後治魏州（今河北大名縣）。轄境相當於今北京、天津、河北、遼寧大部，河南、山東古黄河以北地區。　同州：州名。治所在今陝西大荔縣。　"天成初"至"竟以同州節鉞授之"：《輯本舊史》卷四四《唐明宗紀一〇》長興四年（933）三月癸巳條："以右威衛上將軍安重霸爲同州節度使。"《宋本册府》卷八九九《總録部・致政門》："安重霸，長興初以虢州刺史除監門衛上將軍致仕。"明本《册府》卷四〇一《將帥部・行軍法門》："安重霸爲同州節度使。長興末，上言斬都頭張播，使酒訛言故。"

[2]西京留守：官名。唐代始置。皇帝出巡或親征時指定親王或大臣留守，綜理軍事、行政、民事、財政。　京兆尹：官名。唐開元元年（713）改雍州置京兆府，治所在今陝西西安市。以京兆尹總其政務。從三品。　清泰初，移授西京留守、京兆尹：《輯本舊史》卷四六《唐末帝紀上》清泰元年（934）五月戊申條："以同州節度使安重霸爲西京留守。"

[3]雍：地名。即京兆府，治所在今陝西西安市。

[4]長安：地名。即今陝西西安市。

[5]改雲州節度：《輯本舊史》卷四七《唐末帝紀中》清泰二年正月乙丑條："以西京留守安重霸爲雲州節度使。"

[6]"居無何"至"及歸而卒"：《輯本舊史》卷四七《唐末帝紀中》清泰二年八月條："潞州奏，前雲州節度使安重霸卒。"

[7]好賂遺，時人目之爲俊：中華書局本有校勘記："《册府》卷九三九作'好賂遺君側，人目之爲傀胡'。"見明本《册府》卷九三九《總録部・譏誚門》。

弟道進，性尤兇惡，事莊宗，以試劍殺人，奔淮南。[1]重霸在蜀，聞之蜀主，取之於吴，用爲裨將，隨重霸爲龍武小將，戍長道，又以殺人奔歸洛陽。[2]

[1]淮南：方鎮名。治所在揚州（今江蘇揚州市）。　“弟道進”至“奔淮南”：“弟道進”，中華書局本有校勘記：“‘道進’，原作‘重進’，據孔本、《册府》（宋本）卷九四一、《太平廣記》卷二六九引《玉堂閒話》改。影庫本粘籤：‘重進’，原本作‘道進’，今從《册府元龜》改正。’《舊五代史考異》卷二：‘《玉堂閒話》作季弟道進。’”見《宋本册府》卷九四一《總録部·殘虐門》、《太平廣記》卷二六九引《玉堂閒話》卷三安道進條。“性尤兇惡”，中華書局本有校勘記：“‘性’字原闕，據《册府》卷九四一補。”《舊五代史考異》：“《玉堂閒話》云：安重進，性兇險，莊宗潛龍時爲小校，常佩劍列于翊衛。後携劍南馳，投于梁祖，梁祖壯之，俾隸淮之鎮戍。復以射殺掌庾吏，逃竄江湖，淮帥得之，擢爲裨將。”見《太平廣記》卷二六九。

[2]吴：五代十國之吴國。後晉天福二年（937），吴主楊溥禪位於徐知誥，知誥即皇帝位於金陵，史稱南唐。　裨將：官名。即副將的統稱，相對主將而言。亦稱裨將軍。　長道：縣名。治所在今甘肅禮縣東北長道鎮。　洛陽：地名。即今河南洛陽市。此處代指後唐。　“重霸在蜀”至“又以殺人奔歸洛陽”：“又以殺人奔歸洛陽”，中華書局本有校勘記：“‘以’字原闕，據《册府》卷九四一補。”《舊五代史考異》：“《玉堂閒話》云：蜀破，道進東歸，明宗補爲諸州馬步軍都指揮使。後有過，鞭背卒。”見《太平廣記》卷二六九。

重霸之子曰懷浦，晋天福中爲禁軍指揮使。[1]契丹寇澶州，以臨陣忸怩，爲景延廣所誅。[2]《永樂大典》卷一萬八千一百二十九。[3]

[1]懷浦：人名。即安懷浦。曾任護聖左第四軍指揮使、行營馬軍都指揮。事見《册府》卷一二三《帝王部·征討門》。　天

福：五代後晋高祖石敬瑭年號（936—942）。出帝石重貴沿用至九年（944）。後漢高祖劉知遠繼位後沿用一年，稱天福十二年（947）。　指揮使：官名。唐末五代軍隊多置都指揮使、指揮使，爲統兵將領。　晋天福中爲禁軍指揮使：明本《册府》卷一二三《帝王部·征討門三》晋高祖天福六年十一月條："以護聖左第四軍指揮使安懷浦爲行營馬軍都指揮。"

［2］澶州：州名。唐、五代初，治所在今河南清豐縣。後晋天福四年，移治於今河南濮陽市。　景延廣：人名。陝州（今河南三門峽市陝州區）人。五代後晋將領。傳見本書卷八八、《新五代史》卷二九。

［3］《大典》卷一八一二九"將"字韻"後唐將（二）"事目。

劉訓

劉訓，字遵範，隰州永和人也。出身行間，初事武皇爲馬軍隊長，漸至散將。[1]屬河中王氏昆仲有尋戈之役，訓從史儼攻陝州。[2]武皇討王行瑜，以訓爲前鋒，[3]後隸河中，爲隰州防禦都將。居無何，殺陝州刺史，以郡歸莊宗，歷瀛州刺史。[4]同光初，拜左監衛大將軍。[5]三年，授襄州節度使。[6]四年四月，洛陽有變，訓以私忿害節度副使胡裝，族其家，聞者冤之。[7]天成中，荆南高季興叛，詔訓爲南面行營招討使，知荆南行府事。[8]是時，湖南馬殷請以舟師會，及王師至荆渚，殷軍方到岳州，仍傳意於訓，許助軍儲弓甲之類，久之，略無至者。[9]荆渚地氣卑濕，漸及霖潦，糧運不繼，人多疾疫。訓本無將略，人咸苦之。及孔循至，得襄之小

校獻竹龍之術，乃造竹龍二道，傳於城下，竟無所濟，遂罷兵，令將士散略居民而迴。[10]詔訓赴闕，尋責授檀州刺史，續敕濮州安置。[11]未幾，起爲龍武大將軍，尋授建雄軍節度使，移鎮延平。卒贈太尉。[12]《永樂大典》卷九千九十八。[13]

[1]隰州：州名。治所在今山西隰縣。　永和：縣名。治所在今山西永和縣。　散將：官名。統兵將領。　“劉訓”至“漸至散將”：亦見明本《册府》卷三四七《將帥部·佐命門八》。

[2]河中：府名。唐開元八年（720）改蒲州爲河中府，因地處黄河中游而得名，其後名稱屢有改易。治所在今山西永濟市。　王氏昆仲：即王珂、王珙兄弟，争奪河中節度使。　尋戈：動用刀兵。　史儼：人名。代州雁門（今山西代縣）人。李克用部將。傳見本書卷五五。　陝州：州名。治所在今河南三門峽市陝州區。　屬河中王氏昆仲有尋戈之役，訓從史儼攻陝州：此事見《輯本舊史》卷一四《王珂傳》，繫於唐僖宗光啓三年（887）。

[3]王行瑜：人名。邠州（今陝西彬縣）人。唐末軍閥。傳見《舊唐書》卷一七五、《新唐書》卷二二四下。　武皇討王行瑜，以訓爲前鋒：此事《輯本舊史》卷二六《唐武皇紀下》繫於乾寧二年（895）六月至十一月。

[4]防禦都將：官名。唐、五代時節度使屬將。明本《册府》卷三四七《將帥部·佐命門八》作“守禦都將”。　瀛州：州名。治所在今河北河間市。　殺陝州刺史：明本《册府》卷三四七《將帥部·佐命門八》無“陝州”二字。

[5]左監衛大將軍：官名。即“左監門衛大將軍”。唐代置十六衛之一，掌宫禁宿衛。正三品。　拜左監衛大將軍：《輯本舊史》卷三二《唐莊宗紀六》同光二年（924）七月辛亥條：“以鄆州副使李紹珙爲襄州留後。”李紹珙即劉訓，見下條校勘記。

[6]三年，授襄州節度使：《輯本舊史》卷三三《唐莊宗紀七》同光三年八月己丑條："以襄州留後李紹珙爲襄州節度使。"卷三六《唐明宗紀二》天成元年（926）六月戊子條："前襄州節度使李紹珙起復，依前襄州節度使，仍復本姓名曰劉訓。"卷三七《唐明宗紀三》天成元年八月壬子條："襄州節度使劉訓加檢校太傅。"

[7]胡裝：人名。胡曾之孫。五代官員。傳見本書卷六九。"四年四月"至"聞者冤之"：《輯本舊史》卷六九《胡裝傳》："同光初，以裝爲給事中，從幸洛陽。時連年大水，百官多窘，裝求爲襄州副使。四年，洛陽變擾，節度使劉訓以私忿族裝，誣奏云裝欲謀亂，人士冤之。"

[8]荆南：方鎮名。治所在荆州（今湖北荆州市）。　行營招討使：官名。五代自後梁至後周均設行營招討使，負責地方征討、招撫之事。掌管區域較大而且長官資深者，則委以諸道行營都招討使和副都招討使，否則爲行營招討使和副招討使。　"天成中"至"知荆南行府事"：《輯本舊史》卷三八《唐明宗紀四》天成二年二月壬寅條："制曰：荆南節度使、開府儀同三司、守太尉、兼尚書令、南平王高季興可削奪官爵，仍令襄州節度使劉訓充南面招討使、知荆南行府事，許州節度使夏魯奇爲副招討使，統蕃漢馬步四萬人進討，以其叛故也。又命湖南節度使馬殷以全軍會合。"《新五代史》卷六《唐本紀》繫此事於戊戌。該月壬午朔，戊戌爲十七日，壬寅爲二十一日。

[9]湖南：方鎮名。又稱武安軍節度。治所在潭州（今湖南長沙市）。　馬殷：人名。許州鄢陵（今河南鄢陵縣）人，一説上蔡（今河南上蔡縣）人。五代十國南楚開國君主。傳見本書卷一三三、《新五代史》卷六六。　荆渚：指荆州。　岳州：州名。治所在今湖南岳陽市。　"是時"至"略無至者"：《舊五代史考異》："《通鑑》：劉訓至荆南，楚王殷遣都指揮使許德勛等將水軍屯岳州。高季興堅壁不戰，求救于吴，吴人遣水軍援之。"見《通鑑》卷二七五天成二年三月條。

［10］孔循：人名。籍貫不詳。五代後唐大臣。傳見《新五代史》卷四三。　小校：低級軍官。　“荆渚地氣卑濕”至“令將士散略居民而迴”：“及孔循至”，《册府》作“及招討使孔循至”。“得襄之小校獻竹龍之術”，《輯本舊史》之影庫本粘籤：“‘獻竹龍之術’，原本脱‘獻’字，今據《册府元龜》增入。”見明本《册府》卷四三八《將帥部·無功門》，但無“獻”字。“令將士散略居民而迴”，“令”《册府》作“領”。《輯本舊史》卷三八《唐明宗紀四》天成二年四月辛丑條：“遣樞密使孔循赴荆南城下，時招討使劉訓有疾故也。”明本《册府》卷一二三《帝王部·征討門》天成二年四月條：“與劉訓等詔曰：‘朕昨以妙選師臣，往除凶孽，自長驅於鋭旅，將并擊於孤城。已發使臣，疊頒詔諭，料龍韜之此舉，顧蟻蛭以即平。今已漸向炎蒸，不可持久。切在訓齊貔虎，速進梯衝，必期此月之中，須殄干天之逆。貴令戰士免至疲勞，兼冀生民早諧蘇息。惟卿忠烈，體朕憂勤，儻能克副於指呼，便見立成其功效，固於酬奬，予無吝焉。’癸卯，有内臣自荆南至，云暑雨方甚，兵士苦之。及劉訓有疾，乃命樞密使孔循徑往荆南城下。”

［11］檀州：州名。治所在今北京市密雲區。　濮州：州名。治所在今山東鄄城縣。　“詔訓赴闕”至“續敕濮州安置”：《輯本舊史》卷三八《唐明宗紀四》天成二年六月壬辰條：“南面招討使、知荆南行府事、襄州節度使、檢校太傅劉訓責授檢校右僕射、守檀州刺史。訓南征無功，故有是譴。”同年七月壬申條：“逐劉訓於濮州。”明本《册府》卷四五〇《將帥部·譴讓門》：“後唐劉訓爲襄州節度使，檢校太傅。”

［12］龍武大將軍：官名。唐朝置左右龍武軍。各置大將軍一人，掌統北衙禁兵，督攝左右厢飛騎儀仗。正二品。　建雄軍：方鎮名。後唐同光元年改建寧軍爲建雄軍。治所在晉州（今山西臨汾市）。　延平：此處當指“延州”，治所在今陝西延安市。《新輯會證》本傳：“彰武軍即延州，但唐五代時延州并無‘延平’的别名。”　“未幾”至“卒贈太尉”：《輯本舊史》卷三九《唐明宗紀

五》天成三年二月丁酉條："以責授檀州刺史劉訓爲右龍武大將軍。"《宋本册府》卷一四九《帝王部·捨過門》："明宗天成三年二月敕：'朕聞爲賢諱過，含垢匿瑕，而皆載在《春秋》，顯其懲勸。是以孟明不懈，遂霸西戎；曹沫有謀，克寧東魯。列國之臣尚爾，爾何異焉？責授檀州刺史劉訓，早負變通，咸推忠壯。自隰川而向化，繼領竹符；平汶上以立功，遂分茅社。去春以荆門叛逆，須議討除，將戮賊臣，俾司戎律。攻城稍滯，略地未前。屬炎熇以班師，責逗遛而削爵。自居遠郡，俄换流年。亟聞惕厲以自新，宜降恩華而求舊。使昇環列，取象鈎陳。可守右龍武大將軍。'"《輯本舊史》卷三九《唐明宗紀五》天成三年八月丁丑條："以檢校尚書右僕射、守右龍武大將軍劉訓爲晋州節度使、檢校太傅。"卷四二《唐明宗紀八》長興二年十二月丁巳條："以彰武軍節度使劉訓卒廢朝。"

［13］《大典》卷九〇九八"劉"字韻"姓氏"事目。《新輯會證》本傳："《光緒山西通志》卷九三：彰武軍節度使劉訓碑，舊在永和縣東南五十里，見《縣誌》。"

張敬詢

張敬詢，勝州金河縣人，世爲振武軍牙校。祖仲阮，歷勝州刺史，父漢環，事武皇爲牙將。敬詢當武皇時，專掌甲坊十五年，以稱職聞。[1]復以女爲武皇子存霸妻，[2]益見親信。莊宗即位，以爲沁州刺史，秩滿，復用爲甲坊使。[3]莊宗經略山東，敬詢從軍，歷博、澤、慈、隰四州刺史。[4]同光末，授耀州團練使。[5]郭崇韜之征蜀也，[6]以敬詢善督租賦，乃表爲利州留後。[7]明宗即位，正授昭武軍節度使。[8]天成二年，詔還京師，復授

大同節度使。至鎮，招撫室韋萬餘帳。[9]四年，徵爲左驍上將軍。明年，授滑州節度使。以河水連年溢堤，乃自酸棗縣界至濮州，廣堤防一丈五尺，東西二百里，民甚賴之。三年，秩滿歸京。卒，輟視朝一日。[10]《永樂大典》卷六千三百五十。[11]

[1]勝州：州名。治所在今内蒙古准格爾旗。　金河縣：縣名。隋置，屬雲州，治所在今内蒙古托克托縣北中灘鄉哈拉板申村大黑河東岸古城；一説在今托克托縣西南之沙拉湖灘附近。以金河（今大黑河）爲名。隋開皇二十年（600）改屬勝州。後廢。唐天寶四年（745）復置，爲振武軍治所，移治今和林格爾縣西北土城子。後廢。　牙校：低級軍官。　仲阮：人名。即張仲阮。事迹不詳。　漢環：人名。即張漢環。事迹不詳。　牙將：官名。古代軍隊中的中低級軍官。　“張敬詢”至“以稱職聞”：《宋本册府》卷八四四《總録部·勤幹門》：“後唐張敬詢，少事武皇，性勤幹。時太祖收市甲馬，屢濟國難，尤留意於兵仗。敬詢自軍吏至牙校，專掌甲坊十五年，尤稱職。”

[2]存霸：人名。即李存霸。沙陀部人。李克用之子，五代軍閥。傳見本書卷五一、《新五代史》卷一四。

[3]沁州：州名。治所在今山西沁源縣。　甲坊使：官名。唐代置。掌製鎧甲，屬少府。從九品下。

[4]澤：州名。治所在今山西澤州縣。　慈：州名。治所在今山西吉縣。

[5]耀州：州名。治所在今陝西銅川市耀州區。

[6]郭崇韜：人名。代州雁門（今山西代縣）人。五代後唐將領。傳見本書卷五七、《新五代史》卷二四。　郭崇韜之征蜀也：《輯本舊史》卷三三《唐莊宗紀七》、《新五代史》卷五《唐莊宗紀下》、《通鑑》卷二七三俱載郭崇韜征蜀事在同光三年（925）九月

庚子日。

［7］利州：州名。治所在今四川廣元市。　留後：官名。原非正式命官，唐朝節度使入朝或宰相、親王遥領節度使不臨鎮則置。安史之亂後，節度使多以子弟或親信爲留後，以代行節度使職務，亦有軍士、叛將自立爲留後者。掌一州或數州軍政。北宋始爲朝廷正式命官。

［8］昭武軍：方鎮名。治所在利州（今四川廣元市）。

［9］京師：即後唐都城洛陽（今河南洛陽市）。　室韋：古族名。又作“失韋”“失圍”，一説即鮮卑的别譯。北魏時始見記載。源出東胡，與契丹同源，在南爲契丹，在北號室韋。南北朝時分爲五部，至隋唐時漸分爲三十餘部。曾附屬於突厥汗國，唐代東突厥汗國、後突厥汗國、回鶻汗國衰亡後，大量室韋人遷入蒙古高原，遼金時遍佈大漠南北。中唐以後，文獻上又把室韋稱作“達怛”。參見張久和《原蒙古人的歷史：室韋、達怛研究》，高等教育出版社 1998 年版。　“天成二年”至“招撫室韋萬餘帳”：《輯本舊史》卷三六《唐明宗紀二》天成元年（926）六月戊申條：“以利州節度觀察留後張敬詢爲利州節度使。”卷三八《唐明宗紀四》天成二年四月辛丑條：“以前利州節度使張敬詢爲雲州節度使。”此傳“大同節度使”於紀作“雲州節度使”，因於大同置雲州故也。《宋本册府》卷三九七《將帥部·懷撫門》：“張敬詢，爲大同軍節度使。至鎮，招撫室韋曷剌鉢于越萬餘帳，以捍北邊。”

［10］酸棗縣：縣名。治所在今河南延津縣西南。　滑州：州名。治所在今河南滑縣。　“四年”至“輟視朝一日”：《輯本舊史》卷四〇《唐明宗紀六》天成四年十月庚子條：“以雲州節度使張敬詢爲左驍衛上將軍。”此條中華書局本有校勘記：“‘雲州節度使’，朱玉龍《方鎮表》：‘據《明宗紀》，本年六月敬詢已被楊漢章代歸；至十月，不得復作“雲州節度使”，疑“雲州”上脱“前”字。’”卷四一《唐明宗紀七》長興元年（930）四月庚申條：“以驍衛上將軍張敬詢爲滑州節度使。”卷四四《唐明宗紀一

〇》長興四年十月丁未條："以前滑州節度使張敬詢卒廢朝。"

[11]《大典》卷六三五〇"張"字韻"姓氏"事目。

劉彦琮

劉彦琮，字比德，雲中人也。事武皇，累從征役。先是，絳州刺史王瓘叛，武皇言於彦琮，意欲致之。無幾，從獵於汾、晋之郊，彦琮奔絳，瓘以爲附己，待之甚厚，因命爲騎將。會瓘出獵，於馳驅之際，彦琮刃瓘之首來獻，武皇甚奇之。[1]從莊宗解上黨之圍。同光初，稍遷至鐵林指揮使、磁州刺史。[2]從明宗赴難京師，授華州留後，尋正授節旄。[3]天成三年，改左武衛上將軍。[4]未幾，改陝州節度使，尋移鎮邠州，卒於鎮，時年六十四。贈太傅。[5]《永樂大典》卷六千二十。[6]

[1]絳州：州名。治所在今山西新絳縣。《輯本舊史》之影庫本粘籤："絳州，原本作'維州'，今據《通鑑》改正。"查《通鑑》，未見此記載。但明本《册府》卷三四七《將帥部·佐命門八》、卷七五九《總録部·忠門》均作"絳州"。　王瓘：人名。籍貫、事迹不詳。本書僅此一見。　汾：州名。治所在今山西汾陽市。　晋：州名。治所在今山西臨汾市。　因命爲騎將：中華書局本有校勘記："'騎將'，《册府》卷三四七、卷七五九作'親騎'。"　於馳驅之際："馳驅"，《册府》卷三四七、卷七五九作"驅馳"。　"劉彦琮"至"武皇甚奇之"：《宋本册府》卷七六六《總録部·攀附門二》："劉彦琮，雲中人，唐末武皇作鎮晋陽，有撥亂夷兇之志。彦琮乃謁于軍門，致之麾下。自是從征，興復王室。後至邠州節度使。"

[2]鐵林指揮使：官名。所部統兵將領。鐵林爲部隊番號。

磁州：州名。治所在今河北磁縣。

［3］華州：州名。治所在今陝西渭南市華州區。　“從明宗赴難京師”至“尋正授節旄”：“從明宗赴難京師”，中華書局本有校勘記：“‘從’原作‘後’，據劉本、《册府》卷三八七改。”《輯本舊史》卷三六《唐明宗紀二》天成元年（926）五月癸酉條：“以前磁州刺史劉彦琮爲同州留後。”此條中華書局本有校勘記：“本書卷六一《劉彦琮傳》：‘明宗赴難京師，授華州留後，尋正授節旄。’卷三八《唐明宗紀四》：‘（天成二年）以華州留後劉彦琮爲本州節度使。’朱玉龍《方鎮表》：‘“同州”當爲“華州”之誤。’天成元年鎮同州者爲李存敬、王思同、盧質。”見《輯本舊史》卷三八《唐明宗紀四》天成二年四月丁亥條。

［4］左武衛上將軍：官名。唐代置十六衛之一，掌宫禁宿衛。從二品。　天成三年，改左武衛上將軍：《輯本舊史》卷三九《唐明宗紀五》天成三年六月己卯條：“以前華州節度使劉彦琮爲左武衛上將軍。”

［5］邠州：州名。治所在今陝西彬縣。　太傅：官名。與太師、太保合稱三師，唐後期、五代多爲大臣、勳貴加官。正一品。“未幾”至“贈太傅”：《輯本舊史》卷四一《唐明宗紀七》長興元年（930）三月丙戌條：“以左武衛上將軍劉彦琮爲陝州節度使、檢校太保。”同年十月己亥條：“陝州節度使劉彦琮移鎮邠州。”卷四二《唐明宗紀八》長興二年閏五月癸丑條：“以邠州節度使劉行琮卒廢朝，贈太傅。”

［6］《大典》卷六〇二〇爲“陽”字韻“南陽府”事目，與本傳無涉，無法確定出處，存疑。

袁建豐

袁建豐，武皇破巢時得於華陰，年方九歲，愛其精

神爽俊，俾收養之。[1]漸長，列於左右，復習騎射，補鐵林都虞候。[2]從破邠州王行瑜，以功遷左親騎軍使，轉突騎指揮使。[3]從莊宗解圍上黨，破柏鄉陣，累功遷右僕射、左廂馬軍指揮使。[4]明宗爲内衙指揮使，[5]建豐爲副。北討劉守光，常身先士伍，轉都教練使，權蕃漢副總管。[6]莊宗入鄴，以心腹幹能，選爲魏府都巡檢使。[7]破劉鄩，下衛、磁、洺三郡有功，加檢校司空，授洺州刺史。[8]於臨洺西敗梁將王遷數千人，[9]生獲將領七十餘人，俄拜相州刺史，徵赴河上，預戰於胡柳陂。[10]建豐領相州軍士行營在外，委州事於小人，失於撫馭，指揮使孟守謙據城以叛，[11]建豐引兵討平之。改隰州刺史，染風痹於任。明宗嗣位，念及平昔副貳之舊，詔赴洛下，親幸其第，撫問隆厚，加檢校太傅，遥授鎮南節度使，俾請俸自給。[12]後卒於洛陽，年五十六。廢朝一日，贈太尉。[13]

[1]華陰：縣名。治所在今陝西華陰市。　“袁建豐”至“俾收養之”：袁建豐，《新五代史》卷二五有傳，其事亦見明本《册府》卷三四七《將帥部·佐命門八》、《宋本册府》卷三八七《將帥部·褒異門一三》。

[2]鐵林都虞候：官名。鐵林軍統兵官。“鐵林”爲部隊番號。都虞候，次於都指揮使、副都指揮使。

[3]左親騎軍使：官名。所部統兵將領。“親騎”爲部隊番號。　突騎指揮使：官名。所部統兵將領。“突騎”爲部隊番號。　“從破邠州王行瑜”至“轉突騎指揮使”：“轉突騎指揮使”，《輯本舊史》之原輯者案語：“《歐史》作突陣指揮使。”見《新五代史》卷二五《袁建豐傳》。

［4］右僕射：官名。秦始置。隋、唐前期以左、右僕射佐尚書令總理六官，綱紀庶務，如不置尚書令，則總判省事，爲宰相之職。唐後期多爲大臣加銜。從二品。　左厢馬軍指揮使：官名。所部統兵將領。左厢馬軍，當爲河東的馬軍建制。

［5］内衙指揮使：官名。所部統兵將領。

［6］劉守光：人名。深州樂壽（今河北獻縣）人。幽州節度使劉仁恭之子。唐末、五代軍閥。後自稱大燕皇帝，年號應天。被後唐莊宗擊敗，俘後被斬。傳見本書卷一三五、《新五代史》卷三九。　教練使：官名。唐末、五代節度使屬官，諸州亦置此職。掌訓練軍士。　蕃漢副總管：官名。五代後唐置，爲蕃漢軍副總指揮官。

［7］魏府：地名。即魏州。治所在今河北大名縣。　巡檢使：官名。五代始設巡檢於京師、陪都、重要的州及邊防重鎮。

［8］劉鄩：人名。密州安丘（今山東安丘市）人。唐末、五代將領。傳見本書卷二三、《新五代史》卷二二。　衛：州名。治所在今河南衛輝市。　洺：州名。治所在今河北邯鄲市永年區。　“破劉鄩”至“授洺州刺史”：“破劉鄩”，中華書局本有校勘記：“‘破’字原闕，據彭校、《册府》卷三四七、卷三八七補。殿本、劉本作‘從征劉鄩’。”

［9］臨洺：縣名。治所在今河北邯鄲市永年區。　王遷：人名。籍貫不詳。五代後梁將領。事見《新五代史》卷二五。《新五代史》卷二五《袁建豐傳》作“王千”。

［10］相州：州名。治所在今河南安陽市。　胡柳陂：地名。位於今河南濮陽市。

［11］孟守謙：人名。人名。籍貫不詳。五代後唐將領。《新五代史》卷二五《袁建豐傳》作“孟謙”。《舊五代史考異》：“《歐陽史》作孟謙。”明本《册府》卷六九四《牧守部·武功門二》、《宋本册府》卷六九八《牧守部·失政門》皆作“孟守謙”。

［12］洛下：指代洛陽。　鎮南：方鎮名。治所在洪州（今江西南昌市）。　“明宗嗣位”至“俾請俸自給”：“加檢校太傅”，《舊

五代史考異》："《歐陽史》作太尉。"見《新五代史》卷二五《袁建豐傳》。《輯本舊史》卷三七《唐明宗紀三》天成元年（926）九月己未條："幸至德宫，遂幸前隰州刺史袁建豐之第。帝嘗爲太原内牙親將，建豐爲副，至是建豐風疾沈廢，故親幸其第以撫之。"同年十月甲午條："以前隰州刺史袁建豐遥領洪州節度使。"此處作"洪州節度使"，因鎮南軍治洪州。亦見《宋本册府》卷一七二《帝王部·求舊門二》。

[13]廢朝一日，贈太尉：《輯本舊史》卷三九《唐明宗紀五》天成三年正月丙辰條："以鎮南軍節度使袁建豐卒廢朝，詔贈太尉。"

子可鈞，仕皇朝，位至諸衛大將軍。[1]《永樂大典》卷一萬八千一百二十九。[2]

[1]可鈞：人名。即袁可鈞。本書僅此一見。

[2]《大典》卷一八一二九"將"字韻"後唐將"事目。

西方鄴

西方鄴，定州滿城人也。父再遇，爲州軍校。[1]鄴居軍中，以勇力聞。年二十，南渡河遊梁，不見用，復歸。莊宗以爲奉義指揮使，累從征伐有功。[2]同光中，爲曹州刺史，以州兵屯汴州。[3]明宗自魏反兵，南渡河，而莊宗東幸汴州。汴州節度使孔循懷二志，使北門迎明宗，西門迎莊宗，所以供帳委積如一，曰："先至者入之。"鄴因責循曰："主上破梁而得公，有不殺之恩，奈何欲納總管而負國？"循不答。鄴度循不可争，而石敬

瑭妻，[4]明宗女也，時方在汴，鄩欲殺之以堅人心。循知其謀，取之藏其家，鄩無如之何。而明宗已及汴，乃將麾下兵五百騎西迎莊宗，見於汜水，[5]嗚咽泣下，莊宗亦爲之噓唏，乃使以兵爲先鋒。莊宗至汴西，不得入，還洛陽，遇弒。明宗入洛，鄩請死於馬前，明宗嘉歎久之。

[1]滿城：縣名。治所在今河北保定市滿城區。　再遇：人名。即西方再遇。五代後梁將領。事見《新五代史》卷二五。　"西方鄩"至"爲州軍校"："西方鄩"，中華書局本有校勘記："按本傳文字與《新五代史》卷二五《西方鄩傳》略同，疑係誤輯《新五代史》。"《輯本舊史》之原輯者案語："《歐史》作汴州軍校，疑原本脱一字。"《新五代史》卷二五《西方鄩傳》亦云"爲州軍校"。中華書局本《新五代史》對此有校勘記："'州'原作'汴州'，據宗文本改。按西方鄩墓誌云其父終於定州都指揮使，本卷下文復云鄩'年二十，南渡河遊梁'，知其父非汴州軍校。"

[2]奉義指揮使：官名。所部統兵將領。奉義爲部隊番號。"年二十"至"累從征伐有功"："莊宗以爲奉義指揮使"，《輯本舊史》原作"莊宗以爲孝義指揮使"，中華書局本有校勘記："'孝義指揮使'，《册府》卷一二〇、卷三六〇、卷三八七、卷三九六作'奉義指揮使'。按西方鄩墓誌（拓片刊《千唐誌齋藏誌》）：'以功補奉義指揮使。'"但未改。見明本《册府》卷一二〇《帝王部·選將門》，《宋本册府》卷三六〇《將帥部·立功門一三》、卷三八七《將帥部·褒異門一三》、卷三九六《將帥部·勇敢門三》。今據改。

[3]曹州：州名。治所在今山東曹縣西北。

[4]石敬瑭：人名。沙陀部人。五代後唐將領、後晉開國皇帝。紀見本書卷七五至卷八〇、《新五代史》卷八。

[5]汜水：縣名。治所在今河南滎陽市汜水鎮。

明年，荆南高季興叛，明宗遣襄州節度使劉訓等招討，而以東川董璋爲東南招討使，乃拜鄴夔州刺史，副璋，以兵出三峽。[1]已而訓等無功見黜，諸將皆罷，璋未嘗出兵，惟鄴獨取三州，乃以夔州爲寧江軍，拜鄴節度使。[2]已而又取歸州，數敗季興之兵。[3]鄴，武人，所爲多不中法度，判官譚善達數以諫鄴，鄴怒，遣人告善達受人金，下獄。善達素剛，辭益不遜，遂死于獄中。鄴病，見善達爲祟，卒于鎮。[4]《永樂大典》卷一萬八千一百二十九。[5]

[1]東川：方鎮名。唐至德二載（757）分劍南節度使東部地區置劍南東川節度使。治所在梓州（今四川三臺縣）。　董璋：人名。籍貫不詳。五代後梁、後唐將領。傳見本書卷六二、《新五代史》卷五一。　東南招討使：官名。唐始置。戰時任命，兵罷則省。常以大臣、將帥或地方軍政長官兼任。掌東南部招撫、討伐等事。“東南”《輯本舊史》原作“西南”。中華書局本有校勘記：“‘西南’，《通鑑》卷二七五作‘東南’。按西方鄴墓誌記鄴時爲東南面招討副使，據本卷下文，鄴爲董璋之副。”但未改。《通鑑》卷二七五天成二年（927）二月壬寅條：“以……東川節度使董璋充東南面招討使，新夔州刺史西方鄴副之。”亦見《輯本舊史》卷三八《唐明宗紀四》天成二年二月壬寅條，明本《册府》卷一二〇《帝王部·選將門二》、卷一二三《帝王部·征討門三》。今據以上諸書改。《新五代史》卷二五《西方鄴傳》作“西南面招討使”。　夔州：州名。治所在今重慶奉節縣。　三峽：長江三峽。或即瞿塘峽、巫峽和西陵峽。

［2］寧江軍：方鎮名。治所在夔州（今重慶奉節縣）。　“已而訓等無功見黜”至“拜鄴節度使”：《輯本舊史》卷三八天成二年七月甲子條：“夔州刺史西方鄴奏，殺敗荆南賊軍，收峽内三州。”同月丙寅條：“升夔州爲寧江軍，以鄴爲節度使。”

［3］歸州：州名。治所在今湖北秭歸縣。　已而又取歸州，數敗季興之兵：《舊五代史考異》：“《通鑑》不載取歸州事，《歐陽史》與《薛史》同。近人撰《十國春秋》者，謂他書不載取歸州之事，疑《歐陽史》有誤。蓋《薛史》世久失傳，《十國春秋》所引悉本《通鑑考異》，殊不知《歐陽史·西方鄴傳》本于《薛史》，有可徵信也。”《輯本舊史》卷三九《唐明宗紀五》天成三年三月癸亥條：“西方鄴上言，收復歸州。”同月己巳條：“西方鄴奏，於歸州殺敗荆南賊軍。”

［4］判官：官名。唐、五代方鎮僚屬，位在行軍司馬下。分掌使衙内各曹事，並協助使職官員通判衙事。　譚善達：人名。籍貫不詳。五代後唐官員。事見本書本卷、《新五代史》卷二五。“鄴，武人”至“卒于鎮”：明本《册府》卷四四〇《將帥部·忌害門》：“西方鄴爲夔州節度使，爲政貪虐。判官譚善達每諫其失，鄴忿之，令左右告善達受人金。下獄拷掠，死於獄中。”亦見《宋本册府》卷七一九《幕府部·公正門》譚善達條、卷九三一《總録部·枉横門》譚善達條、卷九四一《總録部·殃報門》。《輯本舊史》卷四〇《唐明宗紀六》天成四年五月丙子條：“以夔州節度使西方鄴卒輟朝。”

［5］《大典》卷一八一二九“將”字韻“後唐將”事目。

張遵誨

張遵誨，魏州人也。父爲宗城令，羅紹威殺牙軍之歲，爲梁軍所害。遵誨奔太原，武皇以爲牙門將。莊宗

定山東，遵誨以典客從，歷幽、鎮二府馬步都虞候。[1]同光中，爲金吾大將軍。[2]明宗即位，任圜保薦，授西都副留守知留守事、京兆尹。[3]天成四年，入爲客省使、守衛尉卿。[4]及將有事於南郊，爲修儀仗法物使。初，遵誨自以歷位尹正，與安重誨素亦相款，衷心有望於節鉞。及郊禋畢，止爲絳州刺史，鬱鬱不樂。离京之日，白衣乘馬於隼旟之下，至郡無疾，翌日而卒。[5]《永樂大典》卷六千三百五十。[6]

[1]魏州：州名。治所在今河北大名縣。　宗城：縣名。治所在今河北威縣。　令：官名。爲縣的行政長官，掌治本縣。唐代之縣，分赤（京）、次赤、畿、次畿、望、緊、上、中、中下、下十等。縣令分六等，正五品上至從七品下。　羅紹威：人名。魏州貴鄉（今河北大名縣）人。唐末軍閥。傳見本書卷一四、《新五代史》卷三九。　牙門將：官名。牙門中統領士兵指揮作戰。　典客：官名。亦稱客將。唐末、五代藩鎮負責接待使節、賓客、出使等外交職責的武官。詳見吴麗娱《試論晚唐五代的客將、客司與客省》，《中國史研究》2002 年第 4 期。　幽：州名。治所在今北京市。　鎮：州名。治所在今河北正定縣。　馬步都虞候：官名。五代侍衛親軍馬步軍統兵官，僅次於馬步軍都指揮使、副都指揮使。

"張遵誨"至"歷幽、鎮二府馬步都虞候"：《輯本舊史》之影庫本粘籤："幽、鎮，原本作'幽鏦'，今據五代時盧龍軍稱幽州、魏博軍稱鎮州，'鏦'字係'鎮'字之訛，今改正。"羅紹威殺牙軍，《輯本舊史》卷一四《羅紹威傳》繫於天祐三年（906）正月。《宋本册府》卷七六六《總録部・攀附門二》："張遵誨，父爲宗城令，羅紹威殺衙軍之歲，爲梁軍所害。遵誨奔太原，武皇以爲牙門將。時朱温篡逆，據有兩京，武皇與邠、鳳同謀興復，命遵誨知岐

州留務，在岐下累年。莊宗平定山東，遵誨以典客從。歷幽、鎮二府馬步都虞侯。”

[2]金吾大將軍：官名。即金吾衛大將軍。唐置，掌宫禁宿衛。唐代十六衛之一，正三品。

[3]任圜：人名。京兆三原（今陕西三原縣）人。五代後唐將領、大臣。傳見本書卷六七、《新五代史》卷二八。　西都：指後唐西都京兆府（今陕西西安市）。後梁以開封爲東都，洛陽爲西都。後唐恢復唐制，以洛陽爲東都，長安爲西都。　“明宗即位”至“授西都副留守知留守事、京兆尹”：《輯本舊史》卷三六《唐明宗紀二》天成元年（926）五月戊寅條：“以左金吾大將軍張遵誨爲西京副留守、知留守事。”卷三九《唐明宗紀五》天成三年六月戊戌條：“以西京副留守、知留守事張遵誨行京兆尹。”

[4]客省使：官名。客省長官。唐代宗時始置，五代沿置。掌接待四方奏計及外族使者。　衛尉卿：官名。北魏置，隋、唐、五代爲衛尉寺長官。掌供宫廷、祭祀、朝會之儀仗帷幕，通判本寺事務。從三品。

[5]修儀仗法物使：官名。掌修儀仗法物。　安重誨：人名。應州（今山西應縣）人。五代後唐大臣。傳見本書卷六六、《新五代史》卷二四。　“及將有事於南郊”至“翌日而卒”：《輯本舊史》卷四〇《唐明宗紀六》天成四年六月癸卯條：“以前西京副留守事張遵誨行衛尉事，充客省使。”同年八月甲辰條：“客省使、衛尉卿張遵誨爲修裝法物使。”明本《册府》卷九三八《總録部·姦佞門二》：“張遵誨爲客省使。明宗將有事于南郊，爲修儀仗法物使。初，遵誨以歷位尹正，與安重誨素亦相款，心有望於節鉞。重誨嘗視法物於修行寺，因過遵誨之第，遵誨於中堂出女妓珍幣以爲壽。有彈箏妓尤善，欲以奉重誨。時樞密學士史圭、閻至等在席，素惡遵誨之阿諛，有不平之色。重誨曰：‘吾自有妓媵，不煩掠美於人。’自是左右益言其短。及郊禋畢，以爲絳州刺史，鬱鬱不樂。離京之日，白衣乘馬於隼旟之下。至郡，無幾而卒。”

［6］《大典》卷六三五〇“張”字韻“姓氏（二〇）”事目。

孫璋

孫璋，齊州歷城人。[1]出身行間，隸梁將楊師厚麾下，稍補奉化軍使。[2]莊宗入鄴，累遷澶州都指揮使。明宗鎮常山，擢爲裨校。[3]鄴兵之變，從明宗赴難京師。天成初，歷趙登二州刺史、齊州防禦使。王都之據中山，璋爲定州行營都虞候，賊平，加檢校太保。[4]長興初，授鄜州節度使，罷鎮，卒於洛陽，年六十一。贈太尉。[5]《永樂大典》卷三千四百六十一。[6]

［1］歷城：地名。即今山東濟南市，西漢置歷城縣於此，故稱。

［2］楊師厚：人名。潁州斤溝（今安徽太和縣阮橋鎮斤溝村）人。唐末、五代後梁將領。傳見本書卷二二、《新五代史》卷二三。

［3］裨校：低級軍官。

［4］趙：州名。治所在今河北趙縣。　登：州名。治所在今山東蓬萊市。　行營都虞候：官名。五代時期出征軍隊高級統率官。　檢校太保：官名。爲散官或加官，以示恩寵，無實際執掌。太保，與太師、太傅合稱三師。　“天成初”至“加檢校太保”：《宋本册府》卷三六〇《將帥部·立功門一三》：“孫璋爲齊州防禦使。天成中，王都據中山叛，以璋爲定州行營都虞侯。賊平，加檢校太保。”亦見卷三八七《將帥部·褒異門一三》。

［5］鄜州：州名。治所在今陝西富縣。　“長興初”至“贈太尉”：《輯本舊史》卷四一《唐明宗紀七》長興元年（930）七月甲申條：“以前齊州防禦使孫璋爲鄜州節度使。”卷四三《唐明宗紀九》長興三年三月庚子條：“以前鄜州節度使孫璋卒廢朝。”

［6］《大典》卷三四六一“渾”字韻“姓氏”事目，與本傳無涉，應爲卷三五六一“孫”字韻“姓氏（八）”事目。

史臣曰：“夫天地斯晦，則帝王於是龍飛；雲雷搆屯，則王侯以之蟬蜕。良以適遭亂世，得奮雄圖，故金全而下，咸以軍旅之功，坐登藩閫之位，垂名簡册，亦可貴焉。惟重霸以姦險而仗旄鉞，蓋非數子之儔也。”《永樂大典》卷三千四百六十一。[1]

［1］《大典》卷三四六一爲“渾”字韻“姓氏”事目，與本傳無涉，應爲卷三五六一“孫”字韻“姓氏（八）”事目。

舊五代史　卷六二

唐書三十八

列傳第十四[1]

[1]按，本卷末無史論。

孟方立[1]　從弟遷

[1]孟方立：《輯本舊史》之原輯者案語："《薛史·孟方立傳》，《永樂大典》闕佚，今就《通鑑考異》所引用者録之，僅存梗概。"後録《新唐書·孟方立傳》。現補輯。

孟方立，邢州平鄉人也。少爲軍卒，以勇力選爲隊將。[1]中和二年，爲澤州天井關戍將，時黄巢犯關輔，州郡易帥有同博弈。先是，沈詢、高湜相繼爲昭義節度，怠於軍政，及有歸秦、劉廣之亂，方立見潞帥交代之際，乘其無備，率戍兵徑入潞州，自稱留後。[2]方立以邢爲府，以審誨知潞州事。[3]潞人祈師於武皇，中和三年十月，武皇遣李克脩將兵赴之，方立拒戰，大敗

之。由是連收澤、潞二郡，乃以克脩爲節度使。[4]李克脩攻孟方立，甲午，擒其將吕臻於焦岡，拔故鎮、武安、臨洺、邯鄲、沙河；以大將安金俊爲邢州刺史。[5]孟方立遣其將奚忠信將兵三萬襲遼州，李克脩邀擊，大破之，擒忠信送晋陽。[6]六月，李存孝下洺、磁兩郡，方立遣馬溉、袁奉韜盡率其衆逆戰於琉璃陂，存孝擊之，盡殪，生獲馬溉、奉韜。初，方立性苛急，恩不逮下，攻圍累旬，夜自巡城慰論，守陴者皆倨。方立知其不可用，乃飲酖而卒。[7]

[1]邢州：州名。治所在今河北邢臺市。　平鄉：縣名。治所在今河北平鄉縣。　隊將：低級武將。　“孟方立”至“以勇力選爲隊將”：《新五代史》卷四二《孟方立傳》。《通鑑》卷二五四中和元年（881）九月條、《新唐書》卷一八七《孟方立傳》僅言其爲“邢州人”。

[2]中和：唐僖宗李儇年號（881—885）。　澤州：州名。治所在今山西晋城市。　天井關：關隘名。又稱太行關。位於今山西晋城市南太行山頂。　黄巢：人名。曹州冤句（今山東菏澤市）人。唐末農民起義領袖。傳見《舊唐書》卷二〇〇下、《新唐書》卷二二五下。　沈詢：人名。蘇州吴（今江蘇蘇州市）人。唐末大臣、將領。後昭義軍亂被殺。傳見《舊唐書》卷一四九、《新唐書》卷一三二。　高湜：人名。籍貫不詳。高釴之子。曾任右諫議大夫、禮部侍郎。後任昭義節度使被逐。事見《新唐書》卷一七七。　昭義：方鎮名。治所在潞州（今山西長治市）。　節度：官名。唐時在重要地區所設掌握一州或數州軍、民、財政的長官。　歸秦：人名。籍貫不詳。沈詢家奴。唐懿宗咸通四年（863），昭義節度使沈詢家奴歸秦與沈詢侍婢私通。被發現後歸秦勾結潞州牙將

作亂，殺沈詢。事見《舊唐書》卷一四九。　劉廣：人名。籍貫不詳。唐末將領。中和元年，澤潞高潯牙將劉廣擅還據潞州。後被孟方立所殺。事見本書卷九〇、《通鑑》卷二五五。　潞州：州名。治所在今山西長治市。　留後：官名。原非正式命官，唐朝節度使入朝或宰相、親王遥領節度使不臨鎮則置。安史之亂後，節度使多以子弟或親信爲留後，以代行節度使職務，亦有軍士、叛將自立爲留後者。掌一州或數州軍政。北宋始爲朝廷正式命官。　“中和二年”至“自稱留後”：《通鑑》卷二五四中和元年九月條《考異》引薛居正《五代史·孟方立傳》。《通鑑》該條正文：“昭義十將成麟殺高潯，引兵還據潞州；天井關戍將孟方立起兵攻麟，殺之。方立，邢州人也。”《舊唐書》卷一九下《唐僖宗紀》中和元年九月條：“是月，（高）潯天井關戍將孟方立率戍卒攻劉廣，殺之。方立遂自稱留後，仍移軍鎮於邢州。”《新唐書》卷九《唐僖宗紀》中和元年九月己巳條：“昭義軍戍將孟方立殺成麟，自稱留後。”《新唐書》卷一八七《孟方立傳》：“始爲澤州天井戍將，稍遷游弈使。中和元年，昭義節度使高潯擊黄巢，戰石橋，不勝，保華州，爲裨將成鄰所殺，還據潞州。衆怒，方立率兵攻鄰，斬之，自稱留後。”《新五代史》卷四二《孟方立傳》：“唐廣明中，潞州節度使高潯攻諸葛爽于河陽，遣方立將兵出天井關爲先鋒。潯爲其將劉廣所逐，廣爲亂軍所殺。方立聞亂，引兵自天井入據潞州，唐因以爲昭義軍節度使。”

[3]審誨：人名。即祁審誨。籍貫不詳。鄭昌圖時昭義監軍。事見《通鑑》卷二五五。　方立以邢爲府，以審誨知潞州事：《通鑑》卷二五五中和二年條《考異》引薛居正《五代史·孟方立傳》。《通鑑》該條正文：“孟方立既殺成麟，引兵歸邢州，潞人請監軍吴全勗知留後。是歲，王鐸墨制以方立知邢州事，方立不受，囚全勗；與鐸書，願得儒臣鎮潞州，鐸以鄭昌圖知昭義軍事。既而朝廷以右僕射、租庸使王徽同平章事，充昭義節度使，徽以車駕播遷，中原方擾，方立專據山東邢、洺、磁三州，度朝廷力不能制，

辭不行，請且委昌圖。詔以徽爲大明宫留守、京畿安撫制置脩奉園陵使。昌圖至潞州，不三月而去，方立遂遷昭義軍於邢州，自稱留後，表其將李殷鋭爲潞州刺史。"《新唐書》卷一八七《孟方立傳》："擅裂邢、洺、磁爲鎮，治邢爲府，號昭義軍。潞人請監軍使吴全勗知兵馬留後。時王鐸領諸道行營都統，以潞未定，墨制假方立檢校左散騎常侍、兼御史大夫，知邢州事。方立不受，囚全勗，以書請鐸，願得儒臣守潞。鐸使參謀中書舍人鄭昌圖知昭義留事，欲遂爲帥。僖宗自用舊宰相王徽領節度。時天子在西，河、關雲擾，方立擅地而李克用窺潞州，徽度朝廷未能制，乃固讓昌圖。昌圖治不三月，輒去。方立更表李殷鋭爲刺史。"

[4]武皇：即李克用。沙陀部人，生於神武川新城（一説是今山西朔州市朔城區之梵王寺村，一説是今山西應縣縣城，一説在今山西懷仁縣之日中城）。唐末軍閥，受封晋王。五代後唐太祖。紀見本書卷二五至卷二六、《新五代史》卷四。　李克脩：人名。沙陀部人。李克用之弟，唐末將領。傳見本書卷五〇、《新五代史》卷一四。　"潞人祈師於武皇"至"乃以克脩爲節度使"：《通鑑》卷二五五中和三年十月條《考異》引薛居正《五代史·孟方立傳》。《通鑑》該條正文："昭義節度使孟方立，以潞州地險人勁，屢篡主帥，欲漸弱之，乃遷治所於邢州，大將家及富室皆徙山東，潞人不悦。監軍祁審誨因人心不安，使武鄉鎮使安居受潛以蠟丸乞師於李克用，請復軍府於潞州。冬，十月，克用遣其將賀公雅等赴之，爲方立所敗；又遣李克脩擊之，辛亥，取潞州，殺其刺史李殷鋭。是後克用每歲出兵争山東，三州之人半爲俘馘，野無稼穡矣。"《新唐書》卷一八七《孟方立傳》："謂潞險而人悍，數賊大帥爲亂，欲銷懦之，乃徙治龍岡。州豪桀重遷，有懟言。會克用爲河東節度使，昭義監軍祁審誨乞師，求復昭義軍。克用遣賀公雅、李筠、安金俊三部將擊潞州，爲方立所破。又使李克脩攻取之，殺殷鋭，遂并潞州，表克脩爲節度留後。初，昭義有潞、邢、洺、磁四州，至是，方立自以山東三州爲昭義，而朝廷亦命克脩以潞州舊軍畀之。

昭義有兩節，自此始。”《輯本舊史》卷二五《唐武皇紀上》中和三年十一月條：“平潞州，表其弟克修爲昭義節度使。潞帥孟方立退保於邢州。”《新五代史》卷四《唐莊宗紀上》中和三年十一月：“遣其弟克脩攻昭義孟方立，取其澤、潞二州。方立走山東，以邢、洺、磁三州自别爲昭義軍。”《新五代史》卷四二《孟方立傳》：“昭義所節制澤、潞、邢、洺、磁五州，而治潞州。方立以謂潞州山川高險，而人俗勁悍，自劉稹以來嘗逐其帥，且己邢人也，因徙其軍于邢州。而潞人怨方立之徙也，因以澤、潞二州歸于晋。晋遣李克脩爲澤、潞節度使，方立以邢、洺、磁三州自爲昭義軍。”

[5]吕臻：人名。籍貫不詳。唐末將領。事見本書卷五〇。　焦岡：地名。位於今河北武安縣西。　故鎮：地名。又作“固鎮”。在今河北武安縣西南。　武安：縣名。治所在今河北武安市。　臨洺：縣名。治所在今河北邯鄲市永年區。　邯鄲：地名。治所在今河北邯鄲市。　沙河：水名。源於今山西靈丘縣太白山南麓，流經河北阜平、曲陽、新樂、定州、安國等地，在安國市與磁河匯合。　安金俊：人名。籍貫不詳。唐末李克用部將。事見《舊唐書》卷二〇上、《新唐書》卷一八七及本書卷二五。　刺史：官名。州一級行政長官。漢武帝時始置，總掌考核官吏、勸課農桑、地方教化等事。唐中期以後，節度使、觀察使轄州而設，刺史爲其屬官，職任漸輕。從三品至正四品下。　“李克脩攻孟方立”至“以大將安金俊爲邢州刺史”：《通鑑》卷二五六光啓二年（886）九月甲午條。同卷前一年光啓元年八月條：“洺州刺史馬爽，與昭義行軍司馬奚忠信不叶，起兵屯邢州南；脅孟方立請誅忠信；既而衆潰，爽奔魏州，忠信使人賂樂彦禎而殺之。”《新唐書》卷一八七《孟方立傳》：“方立倚朱全忠爲助，故克用擊邢、洺、磁無虚歲，地爲鬬場，人不能稼。光啓二年，克脩擊邢州，取故鎮，進攻武安。方立將吕臻、馬爽戰焦岡，爲克脩所破，斬首萬級，執臻等，拔武安、臨洺、邯鄲、沙河。克用以安金俊爲邢州刺史，招撫之。”《輯本舊史》卷二五《唐武皇紀上》光啓二年九月條：“武皇遣昭義節度使

李克修討孟方立於邢州，大敗方立之衆於焦崗，斬首數千級。以大將安金俊爲邢州刺史，以撫其降人。”同年十月條：“進攻邢州，邢人出戰，又敗之。孟方立求援於鎮州，鎮人出兵三萬以援方立。克修班師。”《新五代史》卷四二《孟方立傳》：“晋數遣李存孝等出兵以窺山東，三州之人俘掠殆盡，赤地數千里，無復耕桑者累年。方立以孤城自守，求救于梁，梁方東事兖、鄆，不能救也。”

[6]奚忠信：人名。孟方立部將。籍貫不詳。事見本書卷二五《唐武皇本紀上》《通鑑》卷二五七、卷二五八。　遼州：州名。治所在今山西左權縣。　晋陽：縣名。治所在今山西太原市。　“孟方立遣其將奚忠信將兵三萬襲遼州”至“擒忠信送晋陽”：《通鑑》卷二五七文德元年（888）十月條。《新唐書》卷一八七《孟方立傳》：“方立丐兵於王鎔，鎔以兵三萬赴之，克脩還。後二年，方立督部將奚忠信兵三萬攻遼州，以金啖赫連鐸與連和。會契丹攻鐸，師失期，忠信三分其兵鼓而行，克用伏兵于險，忠信前軍没。既戰，大敗，執忠信，餘衆走，脱歸者纔十二。”《輯本舊史》卷二五《唐武皇紀上》文德元年十月條：“邢州孟方立遣大將奚忠信將兵三萬寇遼州，武皇大破之，斬首萬級，生擒奚忠信。”《新五代史》卷四二《孟方立傳》：“文德元年，方立乞兵于王鎔以攻晋，鎔許之。方立乃遣其將奚忠信攻晋遼州，而鎔以佗故不能出兵。兵既失約，忠信大敗，而晋兵乘勝攻之。”

[7]李存孝：人名。本名安敬思。代州飛狐（今河北淶源縣）人。唐末李克用養子、部將。傳見本書卷五三、《新五代史》卷三六。　洺：州名。治所在今河北邯鄲市永年區。　磁：州名。治所在今河北磁縣。　馬溉：人名。籍貫不詳。李克用部將。事見本書卷二五《唐武皇本紀上》。　袁奉韜：人名。籍貫不詳。後唐將領。事見本書本卷、卷五三。　琉璃陂：地名。位於今河北邢臺市西南。　“六月”至“乃飲酖而卒”：《通鑑》卷二五八龍紀元年（889）六月條《考異》引薛居正《五代史·孟方立傳》。《通鑑》該條正文：“李克用大發兵，遣李罕之、李存孝攻孟方立，六月，

拔磁、洺二州。方立遣大將馬溉、袁奉韜將兵數萬拒之，戰於琉璃陂，方立兵大敗，二將皆爲所擒，克用乘勝進攻邢州。方立性猜忌，諸將多怨，至是皆不爲方立用，方立慙懼，飲藥死。弟攝洺州刺史遷，素得士心，衆奉之爲留後，求援於朱全忠。全忠假道於魏博，羅弘信不許；全忠乃遣大將王虔裕將精甲數百，間道入邢州共守。”《新唐書》卷一八七《孟方立傳》：“龍紀元年，克用使李罕之、李存孝擊邢，攻磁、洺，方立戰琉璃陂，大敗，禽其二將，被斧鑕，徇邢壘呼曰：‘孟公速降，有能斬其首者，假三州節度使！’方立力屈，又屬州殘墮，人心恐。性剛急，持下少恩，夜自行陴，兵皆倨，告勞。自顧不可復振，乃還，引酖自殺。”《輯本舊史》卷二五《唐武皇紀上》龍紀元年五月條：“遣李罕之、李存孝攻邢州。”同年六月條：“邢將馬溉率兵數萬來拒戰，罕之敗之於琉璃陂，生擒馬溉，狥於城下。孟方立恚恨，飲酖而死。”《新五代史》卷四二《孟方立傳》：“方立將石元佐者，善兵而多智，方立嘗信用之。忠信之敗也，元佐爲晋將安金俊所得，金俊厚遇之，問以攻邢之策，元佐曰：‘方立善守而邢城堅，若攻之，必不得志。宜急攻其磁州，方立來救，可以敗也。’金俊以爲然。軍于滏水之西，方立果帥兵來救，爲金俊所敗，馳入邢州，閉壁不復出。外無救兵，城中食且盡，方立夜出巡城，號令守者，守者皆不應，方立知不可，乃歸，飲酖而卒。”

其從弟洺州刺史遷，素得士心，衆乃推爲留後，求援於汴。時梁祖方攻時溥，援兵不出。[1]大順元年二月，遷執王虔裕等乞降，武皇令安金俊代之。[2]李克用表汾州刺史孟遷爲昭義留後。[3]以昭義留後孟遷爲節度使。[4]叔琮進攻潞州，昭義節度使孟遷降之。氏叔琮過上黨，孟遷挈族隨之南徙。以孟遷爲河陽節度使，從朱全忠之請也。[5]梁太祖惡其反覆，殺之。[6]

[1]汴：州名。治所在今河南開封市。此處指朱温政權。　梁祖：即後梁太祖朱温。　時溥：人名。徐州彭城（今江蘇徐州市）人。唐末地方武裝首領。平定了黄巢之亂，後割據徐州。傳見《舊唐書》卷一八二、《新唐書》卷一八八。　“其從弟洺州刺史遷”至“援兵不出”：《通鑑》卷二五八龍紀元年（889）六月條《考異》引薛居正《五代史·孟方立傳》。《輯本舊史》卷二五《唐武皇紀上》龍紀元年六月條：“三軍立其姪遷爲留後，使求援於汴。汴將王虔裕率精甲數百入於邢州，罕之等班師。”此句《輯本舊史》有原輯者案語：“案《舊唐書·昭宗紀》、《歐陽史·莊宗紀》皆以孟遷爲方立之弟，《新唐書·孟方立傳》作方立之子，《薛史·武皇紀》又作方立之姪，未詳孰是。”《舊唐書》卷二〇上《唐昭宗紀》龍紀元年六月辛酉條：“邢洺節度使孟方立卒，三軍推其弟洺州刺史遷爲留後，太原李克用出軍攻之。”《新唐書》卷一八七《孟方立傳》：“從弟遷，素得士心，衆推爲節度留後，請援於全忠。”《新五代史》卷四二《孟方立傳》：“軍中以其弟洺州刺史遷爲留後，求救於梁。梁太祖遣王虔裕將騎兵三百助遷守，遷執虔裕降晋。”《新唐書》卷一八七《孟方立傳》：“全忠方攻時溥，不即至，命王虔裕以精甲數百赴之，假道羅弘信，不許，乃趨間入邢州。”

[2]大順：唐昭宗李曄年號（890—891）。　王虔裕：人名。瑯琊臨沂（今山東臨沂市）人。唐末、五代將領。傳見本書卷二一、《新五代史》卷二三。　“大順元年二月”至“武皇令安金俊代之”：《通鑑》卷二五八大順元年（890）二月條《考異》引薛居正《五代史·孟遷傳》。《通鑑》該條正文：“李克用急攻邢州，孟遷食竭力盡，執王虔裕及汴兵以降。克用寵任之，以遷爲軍城都虞候。”《舊唐書》卷二〇上《唐昭宗紀》大順元年二月條：“太原都將安金俊攻圍邢州歷年，城中食盡，邢洺觀察使孟遷以城降，乃以孟遷之族歸太原。”《新唐書》卷一八七《孟方立傳》：“大順元年，存孝復攻邢，遷挈邢、洺、磁三州降，執王虔裕三百人獻之，遂遷

太原。表安金俊爲邢、洺、磁團練使，以遷爲汾州刺史。”《輯本舊史》卷二五《唐武皇紀上》大順元年二月條：“遣李存孝攻邢州，孟遷以邢、洺、磁三州降，執汴將王虔裕三百人以獻。武皇徙孟遷於太原，以安金俊爲邢洺團練使。”《新五代史》卷四《唐本紀》：“大順元年，克用擊破孟遷，取邢、洺、磁三州。”卷四二《孟方立傳》：“梁太祖遣王虔裕將騎兵三百助遷守，遷執虔裕降晋。晋徙遷族於太原，以爲汾州刺史。”

[3]汾州：州名。治所在今山西汾陽市。　李克用表汾州刺史孟遷爲昭義留後：《通鑑》卷二六一光化二年（899）九月條。《輯本舊史》卷二六《唐武皇紀下》光化二年九月條：“武皇表汾州刺史孟遷爲潞州節度使。”

[4]以昭義留後孟遷爲節度使：見《通鑑》卷二六二光化三年七月庚戌條。《舊唐書》卷二〇上《唐昭宗紀》光化三年七月庚戌條：“制昭義節度留後、光禄大夫、檢校司空、上柱國孟遷爲檢校司徒，兼潞州大都府長史，充昭義節度副大使、知節度事、潞磁邢洺等州觀察處置使，仍封平昌縣男，食邑三百户，從李克用奏也。”

[5]叔琮：人名。即氏叔琮。河南尉氏（今河南尉氏縣）人。唐末將領。傳見本書卷一九、《新五代史》卷四三。　上黨：即潞州。治所在今山西長治市。　河陽：縣名。治所在今河南孟州市。　朱全忠：即後梁太祖朱温。　“叔琮進攻潞州”至“從朱全忠之請也”：《通鑑》卷二六二天復元年（901）三月、五月、閏六月諸條。《舊唐書》卷二〇上天復元年四月癸丑條：“汴軍大舉攻太原，氏叔琮以兵三萬由天井關進攻澤潞，節度使孟遷以上黨降。”同年閏六月辛巳條：“制以河陽節度丁會依前檢校司徒，兼潞州大都督府長史、昭義節度等使，代孟遷；以遷檢校司徒，爲河陽節度。全忠奏也。”《輯本舊史》卷二六天復元年四月條：“武皇令李嗣昭將三千騎赴澤州援李存璋而歸，賀德倫、氏叔琮軍至潞州，孟遷開門迎……是時，偏將李審建先統兵三千在潞州，亦與孟遷降於汴。”同年五月條：“氏叔琮既旋軍，過潞州，擄孟遷以歸。汴帥以

丁會爲潞州節度使。”《新五代史》卷四二《孟方立傳》:“天復元年，梁遣氏叔琮攻晋，出天井關。遷開門降，爲梁兵鄉道，以攻太原，不克。叔琮軍還，過潞，以遷歸於梁。”

[6]梁太祖惡其反覆，殺之:《新五代史》卷四二。

孟遷，方立從弟也。[1]

[1]孟遷，方立從弟也:《輯本舊史》卷六二《孟方立傳》，録自《通鑑考異》引《薛史》。《輯本舊史》卷二五《唐武帝紀上》引原輯者案語:“《舊唐書·昭宗紀》、《歐陽史·莊宗紀》，皆以孟遷爲方立之弟，《新唐書·孟方立傳》作方立之子，《薛史·武皇紀》又作方立之姪，未詳孰是。”

遷素得士心，方立卒，衆乃推爲留後，求援于汴。時梁祖方攻時溥，援兵不出。大順元年，遷執王虔裕等乞降，武皇令安金俊代之。[1]

[1]“遷素得士心”至“武皇令安金俊代之”:《輯本舊史》卷六二《孟方立傳》。“方立卒”，據同卷補。

全忠方攻時溥，不即至，命王虔裕以精甲數百赴之，假道羅弘信，不許，乃趨間入邢州。[1]大順元年，存孝復攻邢，遷挈邢、洺、磁三州降，執王虔裕三百人獻之，遂遷太原，[2]表安金俊爲邢、洺、磁團練使，以遷爲汾州刺史。[3]

[1]羅弘信：人名。魏州貴鄉（今河北大名縣）人。唐末、五

代軍閥。傳見《舊唐書》卷一八一、《新唐書》卷二一〇。

[2]太原：府名。治所在今山西太原市。

[3]"全忠方攻時溥"至"以遷爲汾州刺史"：《新唐書》卷一八七《孟方立傳》。

天復元年，梁遣氏叔琮攻晋，出天井關，遷開門降，爲梁兵鄉道以攻太原，不克，叔琮軍還過潞，以遷歸于梁，梁太祖惡其反覆，殺之。[1]

[1]"天復元年"至"殺之"：《新五代史》卷四二《孟方立傳》。

張文禮

張文禮，燕人也。初爲劉仁恭裨將，性兇險，多奸謀，辭氣庸下，與人交言，癖於不遜，自少及長，專蓄異謀。及從劉守文之滄州，委將偏師。守文省父燕薊，據城爲亂，及敗，奔於王鎔。察鎔不親政事，遂曲事當權者，以求銜達。每對鎔自言有將才，孫、吴、韓、白，莫己若也。鎔賞其言，給遺甚厚，因録爲義男，賜姓，名德明，由是每令將兵。[1]自柏鄉戰勝之後，常從莊宗行營。[2]素不知書，亦無方略，惟於懦兵之中萋菲上將，言甲不知進退、乙不識軍機，以此軍人推爲良將。[3]

[1]燕：地名。約相當於今河北北部。　劉仁恭：人名。深州

（今河北深州市）人。唐末、五代軍閥。傳見《新唐書》卷二一二。　裨將：指副將。　劉守文：人名。深州（今河北深州市）人。唐末盧龍節度使劉仁恭長子。唐末軍閥。後梁開平三年(909)，被其弟劉守光殺死。事見本書卷二、卷四、卷九八及《新五代史》卷五六、卷七二。　滄州：州名。治所在今河北滄縣舊州鎮。　燕薊：地區名。即今河北北部、北京市、天津市一帶。　王鎔：人名。回鶻人。唐末、五代軍閥，朱温後封趙王。傳見本書卷五四、《新五代史》卷三九。　孫：孫武。　吴：吴起。　韓：韓信。　白：白起。以上四人皆爲著名軍事家，多謀善算的傑出將領。　"張文禮"至"由是每令將兵"：明本《册府》卷九三八《總録部·姦佞門二》："張文禮，初鎮州大將也。自燕歸於王鎔，察鎔不親政事，遂曲事當權者，以求銜達。每對鎔自言有將才，孫、吴、韓、白，莫己匹也。鎔賞其言，大悦，爲小校，給遺甚厚，與姓，爲義男，改名德明。自是調發兵馬，每將軍令。"

［2］柏鄉：縣名。治所在今河北柏鄉縣。　莊宗：即後唐莊宗李存勗。沙陀部人。五代後唐王朝的建立者。紀見本書卷二七至卷三四、《新五代史》卷五。　自柏鄉戰勝之後，常從莊宗行營：《輯本舊史》之影庫本粘籤："柏鄉，原本作'桓鄉'，今從《通鑑》改正。"柏鄉之戰見《通鑑》卷二六七開平四年（910）十一月。五代無"桓鄉"。

［3］"素不知書"至"以此軍人推爲良將"：《宋本册府》卷九五四《總録部·虚名門》："後唐張文禮，初爲鎮州大將，從莊宗行營，素不知書，亦無兵家方略。唯於懦卒中萋菲上將，自言甲不知進退、乙不識兵機，以此軍人推爲良將。"《通鑑》卷二六七乾化元年（911）二月庚午條："趙王鎔自來謁晋王於趙州，大犒將士，自是遣其養子德明將三十七都常從晋王征討。德明本姓張名文禮，燕人也。"

初，梁將楊師厚在魏州，文禮領趙兵三萬夜掠經、宗，因侵貝郡。[1]師厚先率步騎數千人，[2]設伏於唐店。[3]文禮大掠而旋，士皆卷甲束兵，夜凱歌，行至唐店，師厚伏兵四面圍合，殺戮殆盡，文禮單騎僅免，自爾猶對諸將大言。或讓之曰："唐店之功，不須多伐。"文禮大慚。在鎮州既久，見其政荒人僻，常蓄異圖，酒酣之後，對左右每泄惡言，聞者莫不寒心。惟王鎔略無猜間，漸爲腹心，乃以符習代其行營，以文禮爲防城使，自此專伺間隙。及鎔殺李弘規，委政於其子昭祚。昭祚性褊戾，未識人間情僞，素養名持重，坐作貴人，既事權在手，朝夕欲代其父，向來附勢之徒，無不族滅。[4]

[1]楊師厚：人名。潁州斤溝（今安徽太和縣阮橋鎮斤溝村）人。唐末、五代後梁將領。傳見本書卷二二、《新五代史》卷二三。　魏州：州名。治所在今河北大名縣。　趙：封國名。此處代指唐末河北方鎮成德軍。時王鎔爲成德軍節度使、趙王。　經：縣名。即經城縣。治所在今河北威縣北經鎮。　宗：縣名。即宗城縣。治所在今河北威縣東南。　貝郡：州名。即貝州。治所在今河北清河縣。

[2]師厚先率步騎數千人：中華書局本有校勘記："'步騎'，孔本作'部騎'。"

[3]唐店：地名。位於今河北廣宗縣南。

[4]鎮州：州名。治所在今河北正定縣。　符習：人名。趙州昭慶（今河北隆堯縣）人。五代後唐將領。傳見本書卷五九、《新五代史》卷二六。　防城使：官名。掌城防事宜。　李弘規：人名。籍貫不詳。唐末、五代宦官。事見《新五代史》卷五七。　昭

祚：人名。即王昭祚。回鶻部人。王鎔之子，梁太祖朱温之婿。傳見本書卷五四。　“在鎮州既久”至“委政於其子昭祚”：“委政於其子昭祚”，《輯本舊史》之影庫本粘籤：“昭祚，原本作‘昭福’，今從《歐陽史》改正。”見《新五代史》卷三九《王鎔傳》。“昭祚性傗戾”，中華書局本有校勘記：“‘昭祚’二字原闕，據《册府》卷九四三補。《通鑑》卷二七一敘其事作‘昭祚性矯愎’。”“既事權在手”，中華書局本有校勘記：“‘手’原作‘于’，據劉本、《册府》卷九四三改。”明本《册府》卷九四三《總録部·不誼門》：“文禮見鎔之政荒僻，嘗蓄異圖，酒酣之後，對左右每惡言，聞者莫不寒心。唯鎔待之如初，畧無猜間。及獻言者漸爲腹心，乃以符習代其行營，以文禮爲防城使，自此專其間隙。及鎔殺李宏規，委政於其子昭祚。”　既事權在手：中華書局本有校勘記：“‘手’原作‘于’，據劉本、《册府》卷九四三改。”

初，李弘規、李藹持權用事，樹立親舊，分董要職，故奸宄之心不能摇動，文禮頗深畏憚。及弘規見殺，其部下五百人懼罪，將欲奔竄，聚泣偶語，未有所之。文禮因其離心，密以奸辭激之曰：“令公命我盡坑爾曹，我念爾曹十餘年荷戈隨我，爲家爲國，我若不即殺汝，則得罪於令公；我若不言，又負爾輩。”衆軍皆泣。是夜作亂，殺王鎔父子，舉族灰滅，惟留王昭祚妻朱氏，以通梁人，尋間道告於梁曰：“王氏喪於亂軍，普寧公主無恙。”文禮徇賊帥張友順所請，因爲留後，於潭城視事。以事上聞，兼要節旄，尋亦奉牋勸進，莊宗姑示含容，乃可其請。[1]

[1]李藹：人名。籍貫不詳。趙王鎔藩鎮僚佐。持權用事。事

見本書本卷、《通鑑》卷二七一。　朱氏：即後梁太祖朱温之女普寧公主。　張友順：人名。籍貫不詳。唐末、五代將領。事見《通鑑》卷二七一。　潭城：地名。五代時鎮州牙城偏北，位於今河北正定縣。　“初，李弘規、李藹持權用事”至“乃可其請”：“我念爾曹十餘年荷戈隨我”，中華書局本有校勘記：“‘曹’字原闕，據《册府》卷九四三補。《通鑑》卷二七一敘其事作‘吾念爾曹無罪併命’。”“衆軍皆泣”，中華書局本有校勘記：“‘皆’，《册府》卷九四三、《通鑑》卷二七一作‘感’。”“以通梁人”，中華書局本有校勘記：“‘以’字原闕，據《册府》卷一八七、卷九四三補。”《輯本舊史》卷二九《唐莊宗紀三》天祐十八年（921）二月條：“是月，鎮州大將張文禮殺其帥王鎔……時張文禮遣使請旄節於帝，帝曰：‘文禮之罪，期於無赦，敢邀予旄節！’左右曰：‘方今事繁，不欲與人生事。’帝不得已而從之，乃承制授文禮鎮州兵馬留後。”《舊五代史考異》：“《歐陽史》作正月，趙將張文禮弒其君鎔。《五代春秋》作三月，趙人張文禮弒其君鎔。與《薛史》繫二月前後互異。”《新五代史》卷五《唐本紀》：“（天祐）十八年正月……趙將張文禮弒其君鎔，文禮來請命。二月，以文禮爲鎮州兵馬留後。”《宋本册府》卷一七八《帝王部・姑息門三》：“後唐莊宗天祐十八年，鎮州大將張文禮殺其帥王鎔。文禮請旄節於帝。帝曰：‘文禮之罪，期於不赦，適當斬首，以謝冤魂，詎敢邀于旄節？’賓友曰：‘王氏之冤，實文禮禮（明本此四字作“實繇文禮”，較優），方事之殷，且須含垢，不欲與人生事。但假之以吾命，徐爲後圖。’帝不得已，從之。四月，乃遣上介盧質承制，授文禮鎮州兵馬留後。”《册府》此句有注：“文禮既殺王鎔父子，舉族灰滅，鎔子及其妻朱氏，以通梁人，尋問道告於梁曰：‘王氏喪於亂軍，普寧公主無恙。’文禮狗賊張友順所請，因爲留後，於渾城視事，以俟上疏，兼要節旄，尋亦奉牋勸進。莊宗姑示含容，而可其請。”明本《册府》卷四三九《將帥部・要君門》：“張文禮爲鎮州大將，既殺王鎔，請旄節于朝廷。莊宗曰：‘文禮之罪，期於不赦，適當斬首，

以謝冤魂，輒敢邀予旄節？’賓友賀曰：‘王氏之冤，實在文禮。方事之殷，且須含垢，不欲與人生事，但假之以告命，徐爲後圖。’帝不得已而從之。”卷九四三《總録部·不誼門》：“初，李弘規、李藹持權使事，樹立兄弟子姪及諸親舊，分董要職，故奸宄之心，不能摇動。文禮頗深畏憚。及弘規見殺，其部下五百人懼罪，將欲奔竄，聚泣偶語，未有所之。文禮因其離心，密以奸詞激之，曰：‘令公命我盡坑爾曹。我念爾曹十餘年荷戈隨我，爲國爲家，不忍一朝併膏鋒刃。我若不即殺汝，則得罪於令公。我若不言，又負爾輩。事既如斯，其將奈何？’衆軍感泣，是夜作亂，殺王鎔父子，舉族灰滅，唯留王昭祚妻朱氏以通汴人，尋間道告曰：‘王氏喪於亂軍，普寧公主無恙。’文禮狥賊帥張友順所請，因爲留後，於潭城視事，以事上聞，兼要旄節，亦奉牋勸進。上含容之，可其請。”《通鑑》卷二七一貞明六年（920）條：“初，劉仁恭使牙將張文禮從其子守文鎮滄州，守文詣幽州省其父，文禮於後據城作亂，滄人討之，奔鎮州。文禮好誇誕，自言知兵，趙王鎔奇之，養以爲子，更名德明，悉以軍事委之。德明將行營兵從晋王，鎔欲寄以腹心，使都指揮使符習代還，以爲防城使。鎔晚年好事佛及求仙，專講佛經，受符籙，廣齋醮，合煉仙丹，盛飾館宇於西山，每往遊之，登山臨水，數月方歸，將佐士卒陪從者常不下萬人，往來供頓，軍民皆苦之。是月，自西山還，宿鶻營莊，石希蒙勸王復之他所；李弘規言于王曰：‘晋王夾河血戰，櫛風沐雨，親冒矢石，而王專以供軍之資奉不急之費，且時方艱難，人心難測，王久虚府第，遠出遊從，萬一有姦人爲變，閉關相距，將若之何？’王將歸，希蒙密言於王曰：‘弘規妄生猜間，出不遜語以劫脅王，專欲誇大於外，長威福耳。’王遂留，信宿無歸志。弘規乃教内牙都將蘇漢衡帥親軍，擐甲拔刃，詣帳前白王曰：‘士卒暴露已久，願從王歸！’弘規因進言曰：‘石希蒙勸王遊從不已，且聞欲陰謀弑逆，請誅之以謝衆。’王不聽，牙兵遂大噪，斬希蒙首，訴於前。王怒且懼，亟歸府。是夕，遣其長子副大使昭祚與王德明將兵圍弘規及李藹之第，族誅

之，連坐者數十家。又殺蘇漢衡，收其黨與，窮治反狀，親軍大恐。”同卷龍德元年（921）二月條：“趙王既殺李弘規、李藹，委政於其子昭祚。昭祚性驕愎，既得大權，畾時附弘規者皆族之。弘規部兵五百人欲逃，聚泣偶語，未知所之。會諸軍有給賜，趙王忿親軍之殺石希蒙，獨不時與，衆益懼。王德明素蓄異志，因其懼而激之曰：‘王命我盡阬爾曹。吾念爾曹無罪併命，欲從王命則不忍，不然又獲罪於王，奈何？’衆皆感泣。是夕，親軍有宿於潭城西門者，相與飲酒而謀之。酒酣，其中驍健者曰：‘吾曹識王太保意，今夕富貴决矣！’即逾城入。趙王方焚香受籙，二人斷其首而出，因焚府第。軍校張友順帥衆詣德明第，請爲留後，德明復姓名曰張文禮，盡滅王氏之族，獨置昭祚之妻普寧公主以自託於梁。”同年三月條：“張文禮遣使告亂于晋王，且奉牋勸進，因求節鉞。晋王方置酒作樂，聞之，投盃悲泣，欲討之。僚佐以爲文禮罪誠大，然吾方與梁争，不可更立敵於肘腋，宜且從其請以安之。王不得已，夏，四月，遣節度判官盧質承制授文禮成德留後。”

文禮比斯役小人，驟居人上，行步動息，皆不自安。出則千餘人露刃相隨，日殺不辜，道路以目，常慮我師問罪，奸心百端。南通朱氏，北結契丹，往往擒獲其使，莊宗遣人送還，文禮由是愈恐。是歲八月，莊宗遣閻寶、史建瑭及趙將符習等率王鎔本軍進討。師興，文禮病疽腹，及聞史建瑭攻下趙州，驚悸而卒。其子處瑾、處球秘不發喪，軍府内外，皆不知之，每日於寢宫問安。處瑾與其腹心韓正時參决大事，同謀奸惡。[1]初，文禮疽未發時，舉家咸見鬼物，昏暝之後或歌或哭，又野河色變如血，[2]游魚多死，浮于水上，識者知其必敗。

［1］契丹：古部族、政權名。公元4世紀中葉宇文部爲前燕攻破，始分離而成單獨的部落，自號契丹。唐貞觀中，置松漠都督府，以其首領爲都督。唐末强盛，916年迭剌部耶律阿保機建立契丹國（遼）。先後與五代、北宋並立，保大五年（1125）爲金所滅。參見張正明《契丹史略》，中華書局1979年版。　閻寶：人名。鄆州（今山東東平縣）人。五代後梁、後唐將領。傳見本書卷五九、《新五代史》卷四四。　史建瑭：人名。雁門（今山西代縣）人。唐九府都督史敬思之子。五代後唐將領。傳見本書卷五五、《新五代史》卷二五。　趙州：州名。治所在今河北趙縣。　處瑾：人名。即張處瑾。燕（今河北北部）人。五代後唐將領。事見本書本卷、《新五代史》卷三九。　處球：人名。即張處球。燕（今河北北部）人。事見本書本卷、《新五代史》卷三九。　韓正時：人名。籍貫不詳。五代後唐官員。事見本書卷二九。　“是歲八月”至“同謀奸惡”：《輯本舊史》之原輯者案語：“《遼史·太祖紀》：天贊元年四月癸亥，張文禮求援。五月丁未，張文禮卒，其子處瑾遣人奉表來謝。所紀月日與《薛史》異。”見《遼史》卷二《太祖紀下》：“每日於寢宮問安”，中華書局本有校勘記：“‘寢宫’，《册府》卷九四三作‘寢室前’。”《輯本舊史》卷二九《唐莊宗紀三》天祐十八年（921）八月庚申條：“令天平節度使閻寶、成德兵馬留後符習率兵討張文禮于鎮州。初，王鎔令偏將符習以本部兵從帝屯於德勝。文禮既行弑逆，忌鎔故將，多被誅戮，因遣使聞於帝，欲以佗兵代習歸鎮，習等懼，請留。帝令傳旨於習及别將趙仁貞、烏震等，明正文禮弑逆之罪，且言：‘爾等荷戟從征，蓋君父之故，銜冤報恩，誰人無心。吾當給爾資糧，助爾兵甲，當試思之！’於是習等率諸將三十餘人，慟哭於牙門，請討文禮。帝因授習成德軍兵馬留後，以部下鎮冀兵致討於文禮，又遣閻寶以助之，以史建瑭爲前鋒。甲子，攻趙州，刺史王鋋送符印以迎，閻寶遂引軍至鎮州城下，營於西北隅。是月，張文禮病疽而卒，其子處瑾代掌軍事。”明本《册府》卷九四三《總録部·不誼門》：“文禮

比斷役小人，偶居重任，行步動息，皆不自安，出則千餘人露刃相隨，賊殺不辜，莫可勝載。自度罪逆難容，尚慮王師問罪。奸心百變，或陳情梁汴，託援契丹，多脩絹書，藏於蠟彈。塞上烽鋪，黄河渡口，往往擒獲其使。莊宗遣人送還，繇是愈切慙恐。先是腹上患疽，醫藥無効，聞史建瑭下趙州，驚悸而卒。其子處瑾秘喪，軍府内外皆不之知，每日於寢室前問安如生。處瑾與其腹心韓正時參决大事，同謀姦惡。”《通鑑》卷二七一龍德元年（921）七月條：“晋王既許藩鎮之請，求唐舊臣，欲以備百官。朱友謙遣前禮部尚書蘇循詣行臺，循至魏州，入牙城，望府廨即拜，謂之拜殿。見王呼萬歲舞蹈，泣而稱臣。翌日，又獻大筆三十枚，謂之‘畫日筆’。王大喜，即命循以本官爲河東節度副使，張承業深惡之。張文禮雖受晋命，内不自安，復遣間使因盧文進求援於契丹；又遣間使來告曰：‘王氏爲亂兵所屠，公主無恙。今臣已北召契丹，乞朝廷發精甲萬人相助，自德、棣渡河，則晋人遁逃不暇矣。’帝疑未决。敬翔曰：‘陛下不乘此釁以復河北，則晋人不可復破矣。宜徇其請，不可失也。’趙、張輩皆曰：‘今强寇近在河上，盡吾兵力以拒之，猶懼不支，何暇分萬人以救張文禮乎！且文禮坐持兩端，欲以自固，於我何利焉！’帝乃止。晋人屢於塞上及河津獲文禮蠟丸絹書，晋王皆遣使歸之，文禮慚懼。文禮忌趙故將，多所誅滅。符習將趙兵萬人從晋王在德勝，文禮請召歸，以他將代之，且以習子蒙爲都督府參軍，遣人齎錢帛勞行營將士以悦之。習見晋王，泣涕請留，晋王曰：‘吾與趙王同盟討賊，義猶骨肉，不意一旦禍生肘腋，吾誠痛之。汝苟不忘舊君，能爲之復讎乎？吾以兵糧助汝。’習與部將三十餘人舉身投地慟哭曰：‘故使授習等劍，使之攘除寇敵。自聞變故以來，冤憤無訴，欲引劍自剄，顧無益於死者。今大王念故使輔佐之勤，許之復冤，習等不敢煩霸府之兵，願以所部徑前搏取凶豎，以報王氏累世之恩，死不恨矣！’”同年八月諸條：“庚申，晋王以習爲成德留後，又命天平節度使閻寶、相州刺史史建瑭將兵助之，自邢洺而北。文禮先病腹疽；甲子，晋兵拔趙州，刺史王鋋

降，晋王復以爲刺史，文禮聞之，驚懼而卒。其子處瑾祕不發喪，與其黨韓正時謀悉力拒晋。”

[2]野河：水名。又稱槐水。上游即今河北贊皇縣槐河，唐時下游流經今趙縣南東入洨水，五代下游改經高邑縣東南、柏鄉縣北，東入洨河。

十九年三月，閻寶爲處瑾所敗，莊宗以李嗣昭代之。四月，嗣昭爲流矢所中，尋卒於師，命李存進繼之。[1]存進亦以戰殁，乃以符存審爲北面招討使，攻鎮州。是時，處瑾危蹙日甚。昭義軍節度判官任圜馳至城下，諭以禍福，處瑾登陴以誠告，乃遣牙將張彭送款于行臺。俄而李存審師至城下。是夜，趙將李再豐之子沖投縋以接王師，故諸軍登城，遲明畢入，獲處瑾、處球、處琪，并其母及同惡人等，皆折足送行臺，鎮人請醢而食之。又發文禮之尸，磔之於市。[2]《永樂大典》卷六千三百五十。[3]

[1]李嗣昭：人名。汾州（今山西汾陽市）人。唐末、五代李克用義子、部將。傳見本書卷五二、《新五代史》卷三六。　李存進：人名。振武（今山西朔州市）人。本姓孫，名重進，李克用以之爲義兒軍使，賜姓名。五代後唐將領。傳見本書卷五三、《新五代史》卷三六。　“十九年三月”至“命李存進繼之”：《輯本舊史》卷二九《唐莊宗紀三》天祐十九年（922）三月丙午條：“王師敗於鎮州城下，閻寶退保趙州。時鎮州累月受圍，城中艱食，王師築壘環之，又決滹沱水以絶城中出路。是日，城中軍出，攻其長圍，皆奮力死戰，王師不能拒，引師而退。鎮人壞其營壘，取其芻糧者累日。帝聞失律，即以昭義節度使李嗣昭爲北面招討使，進攻

鎮州。”同年四月諸條：“嗣昭爲流矢所中，卒於師。己卯，天平節度使閻寶卒。以振武節度使李存進爲北面招討使。”

［2］符存審：人名。陳州宛丘（今河南淮陽縣）人。後唐將領。傳見本書卷五六、《新五代史》卷二五。　北面招討使：官名。不常置，爲一路或數路地區統兵官。掌招撫、討伐等事。兵罷則省。　節度判官：官名。唐、五代方鎮僚屬，位在行軍司馬下。分掌使衙内各曹事，並協助節度使通判衙事。　任圜：人名。京兆三原（今陝西三原縣）人。五代後唐將領、大臣。傳見本書卷六七、《新五代史》卷二八。　牙將：官名。低級武職。　張彭：人名。籍貫不詳。五代後唐官員。事見本書本卷、卷七六。　送款：投誠、投降。　行臺：官署名。尚書省在京城稱中臺、内臺，在外稱行臺。自魏晋至唐初，天子、大臣在外征討，或置行臺隨軍。　李存審：人名。即上文之符存審。原姓符，名存。五代後唐將領。李克用賜姓名李存審。傳見本書卷五六、《新五代史》卷二五。　李再豐：人名。籍貫不詳。五代將領。事見本書本卷、卷五六。《輯本舊史》之影庫本粘籤：“李再豐，原本作‘稱豐’，今從《通鑑》改正。”　沖：人名。即李沖。籍貫不詳。李再豐之子。事見本書卷二九。　處琪：人名。即張處琪。燕（今河北北部）人。事見《新五代史》卷三九。　磔：分裂肢體以殺人示衆。　“存進亦以戰殁”至“磔之於市”：《輯本舊史》卷二九天祐十九年九月諸條：“戊寅朔，張處球悉城中兵奄至東垣渡，急攻我之壘門。時騎軍已臨賊城，不覺其出，李存進惶駭，引十餘人鬭於橋上，賊退，我之騎軍前後夾擊之，賊衆大敗，步兵數千，殆無還者。是役也，李存進戰殁於師，以蕃漢馬步總管李存審爲北面招討使，以攻鎮州。丙午夜，趙將李再豐之子沖投縋以接王師，諸軍登城，遲明畢入，鎮州平。獲處球、處瑾、處琪并其母及同惡高濛、李翥、齊儉等，皆折足送行臺，鎮人請醢而食之，發張文禮尸，磔於市。”《通鑑》卷二七一龍德二年（922）九月諸條：“戊寅朔，張處瑾使其弟處球乘李存進無備，將兵七千人奄至東垣渡。時晋之騎兵亦向鎮州城，

兩不相遇。鎮兵及存進營門，存進狼狽引十餘人鬬于橋上，鎮兵退，晋騎兵斷其後，夾擊之，鎮兵殆盡，存進亦戰没。晋王以蕃漢馬步總管李存審爲北面招討使。鎮州食竭力盡，處瑾遣使詣行臺請降，未報，存審兵至城下。丙午夜，城中將李再豐爲内應，密投縋以納晋兵，比明畢登，執處瑾兄弟家人及其黨高濛、李翥、齊儉送行臺，趙人皆請而食之，磔張文禮尸於市。趙王故侍者得趙王遺骸於灰燼中，晋王命祭而葬之。”亦見明本《册府》卷九四二《總録部・禍敗門》。

[3]《大典》卷六三五〇“張”字韻“姓氏”事目。

董璋

董璋，本梁之驍將也。幼與高季興、孔循俱事豪士李七郎爲童僕。李初名讓，嘗以厚賂奉梁祖，梁祖寵之，因畜爲假子，賜姓朱，名友讓。[1]璋既壯，得隸於梁祖帳下，後以軍功遷爲列校。[2]

[1]高季興：人名。原名高季昌。陝州硤石（今河南三門峽市陝州區硤石鄉）人。五代十國南平（即荆南）開國君主。傳見本書卷一三三、《新五代史》卷六九。　孔循：人名。籍貫不詳。五代後唐大臣。傳見《新五代史》卷四三。　李七郎：原名李讓。朱温養子。更名朱友讓。事見本書本卷、卷一三三，《新五代史》卷五一、卷六九。　“幼與高季興”至“名友讓”：《新五代史》卷五一《董璋傳》：“少與高季興、孔循俱爲汴州富人李讓家僮。梁太祖鎮宣武，養讓爲子，是爲朱友讓。”卷四三《孔循傳》：“（循）少孤，流落於汴州，富人李讓闌得之，養以爲子。”卷六九《高季興傳》：“季興少爲汴州富人李讓家僮。梁太祖初鎮宣武，讓以入貲得幸，養爲子，易其姓名曰朱友讓。”

[2]列校：泛指統兵將領。　“璋既壯”至“後以軍功遷爲列校”：《新五代史》卷五一《董璋傳》：“其僮奴以友讓故，皆得事梁太祖，璋以軍功爲指揮使。”

梁龍德末，潞州李繼韜送款於梁。時潞將裴約方領兵戍澤州，不狥繼韜之命，據城以自固。梁末帝遣璋攻陷澤州，遂授澤州刺史。[1]是歲，莊宗入汴，璋來朝，莊宗素聞其名，優以待之。尋令却赴舊任，歲餘代歸。時郭崇韜當國，[2]待璋尤厚。同光二年夏，命爲邠州留後，三年秋，正授旄鉞。[3]九月，大舉伐蜀，以璋爲行營右厢馬步都虞候。時郭崇韜爲招討使，凡有軍機，皆召璋參决。[4]是冬，蜀平，以璋爲劍南東川節度副大使、知節度事。天成初，加檢校太傅。[5]二年，加同平章事。[6]

[1]龍德：後梁末帝朱友貞年號（921—923）。　李繼韜：人名。李嗣昭之子。後唐將領。傳見本書卷五二、《新五代史》卷三六。　裴約：人名。籍貫不詳。初爲潞州牙將，五代後唐將領。傳見本書卷五二、《新五代史》卷三二。　梁末帝：人名。即後梁末帝朱友貞，913年至923年在位。紀見本書卷八至卷一〇、《新五代史》卷三。　“梁龍德末”至“遂授澤州刺史”：《輯本舊史》之影庫本粘籤：“裴約，原本作‘裴維’，今從《歐陽史》改正。”《新五代史》卷五《唐本紀》同光元年（923）八月條：“梁人克澤州，守將裴約死之。”《輯本舊史》卷二九《唐莊宗紀三》同光元年閏四月甲午條：“帝召李嗣源謀曰：‘昭義阻命，梁將董璋攻迫澤州，梁志在澤潞，不慮別有事生，汶陽無備，不可失也。’”卷五二《裴約傳》：“既而梁以董璋爲澤州刺史，率衆攻城，約拒久之，

告急於莊宗。”《宋本册府》卷三六九《將帥部·攻取門二》:“董璋,初仕梁,爲列校。龍德末,潞州李繼韜送款於梁,時潞將裴約方領兵戍澤州,不徇繼韜之命,據城以自固。梁末帝遣璋率師攻陷之,即以璋爲澤州刺史。”《通鑑》卷二七二同光元年三月條:“安義舊將裴約戍澤州,泣諭其衆曰:‘余事故使踰二紀,見其分財享士,志滅仇讎。不幸捐館,柩猶未葬,而郎君遽背君親,吾寧死不能從也!’遂據州自守。梁主以其驍將董璋爲澤州刺史,將兵攻之。”

[2]郭崇韜:人名。代州雁門(今山西代縣)人。五代後唐大臣。傳見本書卷五七、《新五代史》卷二四。

[3]同光:後唐莊宗李存勗年號(923—926)。　邠州:州名。治所在今陝西彬縣。　“同光二年夏”至“正授旄鉞”:“同光二年夏”,中華書局本有校勘記:“‘二年’,原作‘三年’,據本書卷三二《唐莊宗紀六》改。”《通鑑》卷二七三同光二年正月條:“契丹出塞。召李嗣源旋師,命泰寧節度使李紹欽、澤州刺史董璋戍瓦橋。”《輯本舊史》卷三二《唐莊宗紀六》同光二年七月辛亥條:“以前澤州刺史董璋爲邠州留後。”但七月爲秋季,不當言夏。卷三三《唐莊宗紀七》同光三年八月己丑條:“以邠州留後董璋爲邠州節度使。”

[4]蜀:五代十國之前蜀。　行營右厢馬步都虞候:官名。五代時期出征軍隊高級統兵官。　“九月”至“皆召璋參决”:“以璋爲行營右厢馬步都虞候”,《輯本舊史》之影庫本粘籤:“馬步,原本作‘馬部’,今從《通鑑》改正。”見《通鑑》卷二七三同光三年九月庚子條。《輯本舊史》卷三三《唐莊宗紀七》同光三年九月庚子條:“是日,命大舉伐蜀。詔曰:‘邠州節度使董璋充行營右厢馬步都虞候。’”《新五代史》卷五一《董璋傳》:“崇韜伐蜀,以璋爲行營右厢馬步軍都虞候。軍事大小,皆與璋參决。”

[5]劍南東川:方鎮名。治所在梓州(今四川三臺縣)。　節度副大使:官名。方鎮中僅次於節度使之使職,如持節,則位同於

節度使。 天成：五代後唐明宗李嗣源年號（926—930）。 檢校太傅：官名。爲散官或加官，以示恩寵，無實際執掌。 “是冬”至“加檢校太傅”：《輯本舊史》卷三三《唐莊宗紀七》同光三年十二月壬戌條：“以邠州節度使、檢校太保董璋爲劍南東川節度副大使、知節度事。”卷三四《唐莊宗紀八》同光四年二月壬子條：“東川董璋奏，準詔誅遂州節度使李令德於本州，夷其族。”卷三六《唐明宗紀二》天成元年（926）六月戊申條：“劍南東川節度副大使、知節度事董璋加檢校太傅。”卷三八《唐明宗紀四》天成二年二月壬寅條：“以東川節度使董璋充東南面招討使。”同年七月壬戌條：“東川董璋加爵邑。”《通鑑》卷二七四同光三年十二月條：“平蜀之功，李紹琛爲多，位在董璋上。而璋素與郭崇韜善，崇韜數召璋與議軍事。紹琛心不平，謂璋曰：‘吾有平蜀之功，公等樸樕相從，反呫囁於郭公之門，謀相傾害。吾爲都將，獨不能以軍法斬公邪！’璋訴於崇韜。十二月，崇韜表璋爲東川節度使，解其軍職。紹琛愈怒，曰：‘吾冒白刃，陵險阻，定兩川，璋乃坐有之邪！’乃見崇韜言：‘東川重地，任尚書有文武才。宜表爲帥。’崇韜怒曰：‘紹琛反邪，何敢違吾節度！’紹琛懼而退。”同卷天成元年二月丁酉條：“郭崇韜之死也，李紹琛謂董璋曰：‘公復欲呫囁誰門乎？’璋懼，謝罪。魏王繼岌軍還至武連，遇敕使，諭以朱友謙已伏誅，令董璋將兵之遂州誅朱令德。時紹琛將後軍在魏城，聞之，以帝不委己殺令德而委璋，大驚。俄而璋過紹琛軍，不謁。”同月甲寅條：“董璋將兵二萬屯綿州，會任圜討李紹琛。”又：“是日，任圜軍追及紹琛於漢州，紹琛出兵逆戰；招討掌書記張礪請伏精兵於後，以羸兵誘之，圜從之，使董璋以東川羸兵先戰而却。紹琛輕圜書生，又見其兵羸，極力追之，伏兵發，大破之，斬首數千級。”同年三月乙丑條：“孟知祥自至漢州犒軍，與任圜、董璋置酒高會，引李紹琛檻車至座中，知祥自酌大卮飲之。”

[6]同平章事：官名。“同中書門下平章事”之簡稱。唐高宗以後，凡實際任宰相之職者，常在其本官後加同平章事的職銜。後

成爲宰相專稱。後晋天福五年（940），升中書門下平章事爲正二品。

是時安重誨當國，採人邪謀，言孟知祥必不爲國家使，唯董璋性忠義，可特寵任，令圖知祥。又璋之子光業爲宫苑使，在朝結託勢援，争言璋之善、知祥之惡。恩寵既優，故璋益恣其暴戾。[1]初，奉使東川者，皆言璋不恭於朝廷。四年夏，時明宗將議郊天，遣客省使李仁矩齎詔示諭兩川，又遣安重誨馳書於璋，以徵貢奉，約以五十萬爲數。既而璋訴以地狹民貧，許貢十萬而已。翌日，璋於衙署設宴以召仁矩，日既中而不至，璋使人偵之，仁矩方擁倡婦與賓友酣飲於驛亭。璋大怒，遽領數百人，執持戈戟，驟入驛中，令洞開其門。仁矩惶駭，走入閣中，良久引出。璋坐，立仁矩於階下，戟手駡曰："當我作魏博都監，爾爲通引小將，其時去就，已有等威。今日我爲藩侯，爾銜君命，宿張筵席，比爲使臣，何敢至午不來，自共風塵躭酗，豈於王事如此不恭。衹如西川解斬客省使李嚴，謂我不能斬公耶！"因目肘腋，欲令執拽仁矩，仁矩涕淚拜告，僅而獲免。璋乃馳騎入衙，竟徹饌而不召。洎仁矩復命，益言璋不法。未幾，重誨奏以仁矩爲閬州團練使，尋升爲節鎮。[2]

[1]安重誨：人名。應州（今山西應縣）人。五代後唐大臣。傳見本書卷六六、《新五代史》卷二四。　孟知祥：人名。邢州龍岡（今河北邢臺市）人。李克用女婿。五代十國後蜀開國君主。傳

見本書卷一三六、《新五代史》卷六四。　光業：人名。即董光業。籍貫不詳。五代後唐東川節度使董璋之子。事見本書本卷、《新五代史》卷二六。　宫苑使：官名。唐始置，以宦官充，五代改用士人。掌管京師地區宫苑和宫苑所屬的莊田管理事務。　“是時安重誨當國”至“故璋益恣其暴戾”：《新五代史》卷五一《董璋傳》：“孟知祥鎮西川，其後，二人有異志，安重誨居中用事，議者多言知祥必不爲唐用，而能制知祥者璋也，往往稱璋忠義，重誨以爲然，頗優寵之。以故璋益横。”《通鑑》卷二七六天成三年（928）三月條：“孟知祥屢與董璋争鹽利，璋誘商旅販東川鹽入西川，知祥患之，乃於漢州置三場重征之，歲得錢七萬緡，商旅不復之東川。”

［2］明宗：即五代後唐明宗李嗣源。沙陀部人。原名邈佶烈，李克用養子。926年至933年在位。紀見本書卷三五至卷四四、《新五代史》卷六。　客省使：官名。客省長官。唐代宗時始置，五代沿置。掌接待四方奏計及外族使者。　李仁矩：人名。籍貫不詳。五代後唐將領，唐明宗舊將。傳見本書卷七〇、《新五代史》卷二六。　魏博：方鎮名。治所在魏州貴鄉縣（今河北大名縣）。　都監：官名。唐代中葉命將出征，常以宦官爲監軍、都監。後爲臨時委任的統兵官，稱都監、兵馬都監。掌屯戍、邊防、訓練之政令。　通引小將：低級軍官。　西川：方鎮名。治所在成都府（今四川成都市）。　李嚴：人名。幽州（今北京）人。五代後唐官員。後爲孟知祥所殺。傳見本書卷七〇、《新五代史》卷二六。　閬州：州名。治所在今四川閬中市。　團練使：官名。唐代中期以後，於不設節度使的地區設團練使，掌本區各州軍事。　節鎮：指節度使。　“初，奉使東川者”至“尋升爲節鎮”：“遣客省使李仁矩齎詔示諭兩川”，中華書局本有校勘記：“‘示’字原闕，據殿本、孔本補。”“璋於衙署設宴以召仁矩”，《輯本舊史》之影庫本粘籤：“‘設宴’，原本作‘敝宴’，今從《歐陽史》改正。”《新五代史》卷五一《董璋傳》：“天成四年，明宗祀天南郊，詔兩川貢助南郊物

五十萬，使李仁矩齎安重誨書往諭璋。璋訴不肯出，秪十萬而已。又因事欲殺仁矩，仁矩涕泣而免。歸言璋必反。其後使者至東川，璋益倨慢，使者還，多言璋欲反狀。重誨患之，乃稍擇將吏爲兩川刺史，以精兵爲其牙衛，分布其諸州。又分閬州置保寧軍，以仁矩爲節度使，遣姚洪將兵千人從仁矩戍閬州。"《通鑑》卷二七六天成三年五月條："帝將祀南郊，遣客省使李仁矩以詔諭兩川，令西川獻錢一百萬緡，東川五十萬緡；皆辭以軍用不足，西川獻五十萬緡，東川獻十萬緡。仁矩，帝在藩鎮時客將也，爲安重誨所厚，恃恩驕慢。至梓州，董璋置宴召之，日中不往，方擁妓酣飲。璋怒，從卒徒執兵入驛，立仁矩於階下而詬之曰：'公但聞西川斬李客省，謂我獨不能邪！'仁矩流涕拜請，僅而得免；既而厚賂仁矩以謝之。仁矩還，言璋不法。未幾，帝復遣通事舍人李彦珣詣東川，入境，失小禮，璋拘其從者，彦珣奔還。"同年九月條："鄜州兵戍東川者歸本道，董璋擅留其壯者，選羸老歸之，仍收其甲兵。"同年十二月條："安重誨既以李仁矩鎮閬州，使與綿州刺史武虔裕皆將兵赴治。虔裕，帝之故吏，重誨之外兄也。重誨使仁矩詗董璋反狀，仁矩增飾而奏之。朝廷又使武信節度使夏魯奇治遂州城隍，繕甲兵，益兵戍之。璋大懼。時道路傳言，又將割綿、龍爲節鎮，孟知祥亦懼。璋素與知祥有隙，未嘗通問，至是，璋遣使詣成都，請爲其子娶知祥女；知祥許之，謀併力以拒朝廷。"

長興元年夏，明宗以郊禋禮畢，加璋檢校太尉。時兩川刺史嘗以兵爲牙軍，小郡不下五百人，璋已疑間，及聞除仁矩鎮閬州，璋由是謀反乃決。仍先與其子光業書曰："朝廷割吾支郡爲節制，屯兵三千，是殺我必矣。爾見樞要道吾言，如朝廷更發一騎入斜谷，則吾必反，與汝訣矣。"光業以書呈樞密承旨李虔徽。會朝廷再發中使荀咸乂將兵赴閬州，光業謂虔徽曰："咸乂未至，

吾父必反。吾身不足惜，慮勞朝廷徵發。請停咸乂之行，吾父必保常日。”[1]重誨不從，咸乂未至，璋已擅追綿州刺史武虔裕，囚於衙署。虔裕，安重誨之心腹也，故先囚之。[2]五月，璋傳檄於利、閬、遂等州，責以間諜朝廷。尋率其兵陷閬州，擒節度使李仁矩、軍校姚洪等害之。[3]先是，璋欲謀叛，先遣使持厚幣於孟知祥，求爲婚家。且言爲朝廷猜忌，將有替移，去則喪家，住亦致討，地狹兵少，獨力不任，願以小兒結婚愛女。時知祥亦貳於朝廷，因許以爲援。既而知祥出師以圍遂州，故璋攻閬州得恣其毒焉。[4]

[1]長興：五代後唐明宗李嗣源年號（930—933）。　檢校太尉：官名。爲散官或加官，以示恩寵，無實際執掌。太尉，與司徒、司空並爲三公。　斜谷：地名。即褒斜道之東口。位於今陝西眉縣西南。　樞密承旨：官名。五代設樞密院承旨和樞密院副承旨，以各衛將軍擔任。主管樞密院承旨司之事。　李虔徽：人名。籍貫不詳。五代後唐官員。事見《新五代史》卷二四。　中使：皇宫中派出的使臣。多由宦官擔任。　荀咸乂：人名。籍貫不詳。五代後唐官員。事見《新五代史》卷二六。　“長興元年夏”至“吾父必保常日”：《輯本舊史》卷四一《唐明宗紀七》長興元年(930)九月癸未條：“利、閬、遂三州奏，東川節度使董璋謀叛，結連西川孟知祥。”《通鑑》卷二七七長興元年正月條：“董璋遣兵築七寨於劍門。”同年二月壬子條：“孟知祥、董璋同上表，言‘兩川聞朝廷於閬中建節，綿、遂益兵，無不憂恐。’上以詔書慰諭之。”同年四月甲午條：“董璋恐綿州刺史武虔裕窺其所爲，夏，四月，甲午朔，表兼行軍司馬，囚之府廷。”同年五月丙寅條：“董璋閲集民兵，皆剪髮黥面，復於劍門北置永定關，布列烽火。”同年

七月戊辰條："董璋遣兵掠遂、閬鎮戍，秋，七月，戊辰，兩川以朝廷繼遣兵屯遂、閬，復有論奏，自是東北商旅少敢入蜀。"同年八月條："董璋之子光業爲宮苑使，在洛陽，璋與書曰：'朝廷割吾支郡爲節鎮，屯兵三千，是殺我必矣。汝見樞要爲吾言：如朝廷更發一騎入斜谷，吾必反！與汝訣矣。'光業以書示樞密承旨李虔徽。未幾，朝廷又遣别將荀咸乂將兵戍閬州，光業謂虔徽曰：'此兵未至，吾父必反。吾不敢自愛，恐煩朝廷調發，願止此兵，吾父保無他。'虔徽以告安重誨，重誨不從。璋聞之，遂反。利、閬、遂三鎮以聞，且言已聚兵將攻三鎮。重誨曰：'臣久知其如此，陛下含容不討耳。'帝曰：'我不負人，人負我則討之。'"

[2]綿州：州名。治所在今四川綿陽市。　武虔裕：人名。籍貫不詳。五代後唐將領。事見本書本卷、卷六六，《新五代史》卷六四。　"重誨不從"至"故先囚之"：《輯本舊史》之影庫本粘籤："武虔裕，原本作'虛裕'，今從《歐陽史》改正。"《輯本舊史》卷六六《安重誨傳》："時以東川帥董璋恃險難制，乃以武虔裕爲綿州刺史，董璋益懷疑忌，遂縶虔裕以叛。"

[3]利：州名。治所在今四川廣元市利州區。　遂：州名。治所在今四川遂寧市。　姚洪：人名。籍貫不詳。五代後唐將領。傳見本書卷七〇、《新五代史》卷三三。　"五月"至"擒節度使李仁矩、軍校姚洪等害之"：《輯本舊史》卷四一《唐明宗紀七》長興元年九月條："癸未，利、閬、遂三州奏，東川節度使董璋謀叛，結連西川孟知祥。"同年十月乙巳條："供奉官張仁暉自利州迴，奏董璋攻陷閬州，節度使李仁矩舉家遇害。"《新五代史》卷五一《董璋傳》："璋及知祥覺唐疑己，且削其地，遂連謀以反。璋因爲其子娶知祥女以相結。又遣其將李彥釗扼劍門關爲七砦，於關北增置關，號'永定'。凡唐戍兵東歸者，皆遮留之，獲其逃者，覆以鐵籠，火炙之，或封肉釘面，割心而啖。長興元年九月，知祥攻陷遂州，璋攻陷閬州，執李仁矩、姚洪，皆殺之。"《通鑑》卷二七七長興元年九月癸亥條："（孟知祥）遣使約董璋同舉兵。璋移檄

利、閬、遂三鎮，數其離間朝廷，引兵擊閬州。”同月庚辰條：“東川兵至閬州，諸將皆曰：‘董璋久蓄反謀，以金帛啗其士卒，鋭氣不可當，宜深溝高壘以挫之，不過旬日，大軍至，賊自走矣。’李仁矩曰：‘蜀兵懦弱，安能當我精卒！’遂出戰，兵未交而潰歸。董璋晝夜攻之，庚辰，城陷，殺仁矩，滅其族。初，璋爲梁將，指揮使姚洪嘗隸麾下，至是，將兵千人戍閬州；璋密以書誘之，洪投諸厠。城陷，璋執洪而讓之曰：‘吾自行間獎拔汝，今日何相負？’洪曰：‘老賊！汝昔爲李氏奴，掃馬糞，得臠炙，感恩無窮。今天子用汝爲節度使，何負於汝而反邪？汝猶負天子，吾受汝何恩，而云相負哉！汝奴材，固無耻；吾義士，豈忍爲汝所爲乎！吾寧爲天子死，不能與人奴並生！’璋怒，然鑊於前，令壯士十人刲其肉自啗之，洪至死罵不絶聲。帝置洪二子於近衛，厚給其家。”

［4］“先是”至“故璋攻閬州得恣其毒焉”：參見《輯本舊史》卷一三六《孟知祥傳》。明本《册府》卷二二七《僭僞部·謀略門》後蜀孟知祥條：“其後朝廷每除劍南牧守，皆令提兵而往，或千或百，分守郡城。時董璋作鎮東川已數年矣，亦有雄據之意。會唐朝以夏魯奇鎮遂州，李仁矩鎮閬州，皆領兵數千人赴鎮，復授以密旨，令制禦兩川。董璋覺之，乃與知祥通好，結爲婚家，以固輔車之勢。知祥慮唐軍驟至，與遂、閬兵合，則勢不可支吾，遂與璋協謀，令璋以本部軍先取閬州，知祥遣大將軍李行罕、趙廷隱等率軍圍遂州。”

其年秋，詔削奪璋在身官爵，命天雄軍節度使石敬瑭爲東川行營招討使，率師以討之。[1]璋之子宫苑使光業并其族，並斬於洛陽。[2]及石敬瑭率師進討，以糧運不接班師。明宗方務懷柔，乃放西川進奏官蘇愿、東川軍將劉澄各歸本道，別無詔旨，祗云兩務求安。[3]時孟知祥其骨肉在京師者俱無恙焉，因遣使報璋，欲連表稱

謝。璋怒曰："西川存得弟姪，遂欲再通朝廷，璋之兒孫已入黄泉，何謝之有!"自是璋疑知祥背己，始搆隙矣。三年四月，璋率所部兵萬餘人以襲知祥。知祥與諸將率師拒之，戰於漢州之彌牟鎮。璋軍大敗，得數十騎，復奔於東川。[4]先是，前陵州刺史王暉爲璋所邀，[5]寓於東川，至是因璋之敗，率衆以害之，傳其首於西川。《永樂大典》卷一萬八千一百三十。[6]

[1]天雄軍：方鎮名。治所在魏州（今河北大名縣）。　石敬瑭：人名。沙陀部人，晋陽（今山西太原市）人。五代後晋開國君主。在位期間割華北北部幽、雲諸州予契丹。紀見本書卷七五至卷八〇、《新五代史》卷八。　行營招討使：官名。唐始置。戰時任命，兵罷則省。常以大臣、將帥或地方軍政長官兼任。掌招撫、討伐等事務。　"其年秋"至"率師以討之"：《輯本舊史》卷四一《唐明宗紀七》長興元年（930）九月丙戌條："詔東川節度使董璋可削奪在身官爵，仍徵兵進討。"同月丁亥條："以西川節度使孟知祥兼西南面供饋使，天雄軍節度使石敬瑭兼東川行營都招討使，以遂州節度使夏魯奇兼東川行營招討副使。"同年十月乙巳條："供奉官張仁暉自利州迴，奏董璋攻陷閬州。"同年十一月壬申條："黔南節度使楊漢章棄城奔忠州，爲董璋所攻也。"同月乙亥條："制西川節度使孟知祥削奪官爵，以其同董璋叛也。"同月辛巳條："西面軍前奏，今月十三日，階州刺史王弘贇、瀘州刺史馮暉，自利州取山路出劍門關外倒下，殺敗董璋守關兵士三千人，收復劍州。"《通鑑》卷二七七長興元年十月戊戌條："董璋引兵趣利州，遇雨，糧運不繼，還閬州。知祥聞之，驚曰：'比破閬中，正欲徑取利州，其帥不武，必望風遁去。吾獲其倉廩，據漫天之險，北軍終不能西救武信。今董公僻處閬州，遠棄劍閣，非計也。'欲遣兵三千助守劍門；璋固辭曰：'此已有備。'"同年十一月乙卯條："董璋遣使

至成都告急。知祥聞劍門失守，大懼，曰：‘董公果誤我！’”同月庚辰條：“董璋自閬州將兩川兵屯木馬寨。”同月甲申條：“董璋遣前陵州刺史王暉將兵三千會李肇等分屯劍州南山。”

[2]洛陽：地名。即今河南洛陽市。　璋子光業，見本傳正文。《輯本舊史》卷四一《唐明宗紀七》長興元年十月丁未條：“宮苑使董光業并妻子並斬於都市，璋之子也。”

[3]進奏官：官名。爲進奏院長官。唐、五代藩鎮皆置邸於京師，爲駐京城的辦事機構。唐肅宗、代宗時稱上都留後院，大曆十二年（777）改稱上都進奏院。五代時，州郡不隸藩鎮者，亦置邸京師。以進奏官主其事，掌傳送文書、情報，主持本鎮、州郡進奉。　蘇愿：人名。籍貫不詳。五代後唐官員，孟知祥屬官。事見《新五代史》卷五一、卷六四。　劉澄：人名。籍貫不詳。五代後唐將領，董璋屬官。事見本書本卷。

[4]京師：即後唐都城汴州（今河南洛陽市）。　漢州：州名。治所在今四川廣漢市。　彌牟鎮：地名。位於今四川成都市東北彌牟鎮。　“時孟知祥其骨肉在京師者俱無恙焉”至“復奔於東川”：《輯本舊史》之原輯者案語：“《九國志·趙季良傳》：季良嘗與知祥從容語曰：‘璋性狼戾，若堅守一城，攻之難克。’及聞璋起兵，知祥憂形於色。季良曰：‘璋不守巢穴，此天以授公也。’既而璋果敗。”此句中華書局本有校勘記：“‘趙季良傳’，原作‘李良傳’，據殿本、《九國志》卷七改。下文‘季良嘗與知祥從容語曰’‘季良曰’句中‘季’字原均闕，據殿本、《九國志》卷七補。影庫本批校：‘李良傳’應作‘趙季良傳’，下文‘良曰’應作‘季良曰’。”又《輯本舊史》之原輯者案語：“《九國志·趙廷隱傳》：董璋襲廣漢，將攻成都，時東川廩藏充實，部下多敢死之士，其來也，衆皆畏之。知祥親督諸將，與璋戰雞縱橋前，頗爲所挫。廷隱僞遯，璋逐之，知祥與張公鐸繼進，璋軍亂不成列，廷隱整陣，與知祥合擊之，璋軍大敗。”《通鑑》卷二七七長興二年二月丙午條：“董璋亦還東川，留兵三千戍果、閬。”同年十一月癸巳條：“蘇願

至成都，孟知祥聞甥姪在朝廷者皆無恙，遣使告董璋，欲與之俱上表謝罪。璋怒曰：‘孟公親戚皆完，固宜歸附；璋已族滅，尚何謝爲！詔書皆在蘇願腹中，劉澄安得豫聞，璋豈不知邪！’由是復爲怨敵。”同卷長興三年三月條：“孟知祥三遣使説董璋，以主上加禮於兩川，苟不奉表謝罪，恐復致討；璋不從。三月，辛丑，遣李昊詣梓州，極論利害，璋見昊，詬怒，不許。昊還，言於知祥曰：‘璋不通謀議，且有窺西川之志，公宜備之。’”同年四月乙丑條：“東川節度使董璋會諸將謀襲成都，皆曰必克；前陵州刺史王暉曰：‘劍南萬里，成都爲大，時方盛夏，師出無名，必無成功。’璋不從。”同年五月壬午條：“董璋檄書至。璋兵至漢州，潘仁嗣與戰于赤水，大敗，爲璋所擒，璋遂克漢州。”同月甲申條：“璋望西川兵盛，退陳於武侯廟下，璋帳下驍卒大譟曰：‘日中曝我輩何爲！何不速戰！’璋乃上馬。前鋒始交，東川右厢馬步都指揮使張守進降於知祥，言‘璋兵盡此，無復後繼，當急擊之’。知祥登高冢督戰，左明義指揮使毛重威、左衝山指揮使李瑭守雞蹤橋，皆爲東川兵所殺。趙廷隱三戰不利，牙内都指揮副使侯弘實兵亦却，知祥懼，以馬箠指後陳。張公鐸帥衆大呼而進，東川兵大敗，死者數千人，擒東川中都指揮使元瓆、牙内副指揮使董光演等八十餘人。璋拊膺曰：‘親兵皆盡，吾何依乎！’與數騎遁去，餘衆七千人降，復得潘仁嗣。知祥引兵追璋至五侯津，東川馬步都指揮使元瑰降。西川兵入漢州府第，求璋不得，士卒争璋軍資，故璋走得免。趙廷隱追至赤水，又降其卒三千人。”同月乙酉條：“璋至梓州，肩輿而入，王暉迎問曰：‘太尉全軍出征，今還者無十人，何也?’璋涕泣不能對。至府第，方食。暉與璋從子牙内都虞侯延浩帥兵三百大譟而入。璋引妻子登城，子光嗣自殺。璋至北門樓，呼指揮使潘稠使討亂兵，稠引十卒登城，斬璋首，乃取光嗣首以授王暉，暉舉城迎降。”同月丁亥條：“趙廷隱獻董璋首。”《輯本舊史》卷四三《唐明宗紀九》長興三年六月戊午條：“荆南奏：‘東川董璋領兵至漢州，西川孟知祥出兵逆戰，璋大敗，得部下人二十餘，走入東川

城，尋爲前陵州刺史王暉所殺，孟知祥已入梓州。’”同卷九月條：“（李瓌）又奏五月三日，大破東川董璋之衆於漢州，收下東川。”明本《册府》卷二二七《僭僞部·謀略門》後蜀孟知祥條：“長興元年冬，唐軍伐蜀，至劍門。二年二月，以遂、閬既陷，又糧運不接，乃班師。三年，知祥又破董璋，乃自領東、西兩川節度使。”

[5]陵州：州名。治所在今四川仁壽縣。　王暉：人名。籍貫不詳。五代後唐官員。事見本書卷四三。

[6]《大典》卷一八一三〇“將”字韻“後唐將”事目。

舊五代史　卷六三

唐書三十九

列傳第十五

張全義

張全義，字國維，濮州臨濮人。[1]初名居言，[2]賜名全義，梁祖改爲宗奭，[3]莊宗定河南，[4]復名全義。祖璉，父誠，[5]世爲田農。全義爲縣嗇夫，嘗爲令所辱。[6]

[1]濮州：州名。治所在今山東鄄城縣。　臨濮：縣名。治所在今山東鄄城縣。

[2]初名居言：《輯本舊史》之原輯者案語："新、舊《唐書》作張言，《薛史·李罕之傳》亦作張言，與此傳異。"見《舊唐書》卷一八二《諸葛爽傳》、卷二〇〇下《黄巢傳》，《新唐書》卷一八七《諸葛爽傳》《李罕之傳》。《宋本册府》卷八二五《總録部·名字門二》作"初名言"。

[3]梁祖：即後梁太祖朱温。宋州碭山（今安徽碭山縣）人。五代後梁開國皇帝。紀見本書卷一至卷七、《新五代史》卷一至

卷二。

［4］莊宗：即後唐莊宗李存勗。沙陀部人。五代後唐王朝的建立者。紀見本書卷二七至卷三四、《新五代史》卷五。　河南：方鎮名。治所在汴州（今河南開封市）。

［5］璉：人名。即張璉。事迹不詳。　誠：人名。即張誠。事迹不詳。

［6］嗇夫：吏或鄉官。　令：官名。即縣令。唐代之縣，分赤（京）、次赤、畿、次畿、望、緊、上、中、中下、下十等。縣令分六等，正五品上至從七品下。

乾符末，黄巢起冤句，[1]全義亡命入巢軍。巢入長安，以全義爲吏部尚書，充水運使。[2]巢敗，依諸葛爽於河陽，累遷至裨校，屢有戰功，爽表爲澤州刺史。[3]

［1］乾符：唐僖宗李儇年號（874—879）。　黄巢：人名。曹州冤句（今山東菏澤市）人。唐末農民起義領袖。傳見《舊唐書》卷二〇〇下、《新唐書》卷二二五下。　冤句：縣名。治所在今山東菏澤市。

［2］長安：地名。位於今陝西西安市。　吏部尚書：官名。尚書省吏部最高長官，與二侍郎分掌六品以下文官選授、勳封、考課之政令。正三品。　水運使：官名。此爲黄巢特署職官。負責軍需的水路轉運、供給。

［3］諸葛爽：人名。青州博昌（今山東博興縣）人。唐末軍閥，時爲河陽軍節度使。傳見《舊唐書》卷一八二、《新唐書》卷一八七。　河陽：方鎮名。治所在孟州（今河南孟州市）。　裨校：低職武官。　澤州：州名。治所在今山西晋城市。　刺史：官名。州一級行政長官。漢武帝時始置，總掌考核官吏、勸課農桑、地方教化等事。唐中期以後，節度使、觀察使轄州而設，刺史爲其屬

官，職任漸輕。從三品至正四品下。　“巢敗”至“爽表爲澤州刺史”：《輯本舊史》之原輯者案語：“《洛陽搢紳舊聞記·齊王張令公外傳》云：王在巢軍中，知其必敗，遂翻身歸國，唐授王澤州刺史。考是書則全義因巢敗始歸諸葛爽，乃表爲澤州刺史也。《舊聞記》殊失事實。”

光啓初，爽卒，其子仲方爲留後。部將劉經與李罕之争據洛陽，罕之敗經於聖善寺，乘勝欲攻河陽，營於洛口。[1]經遣全義拒之，全義乃與罕之同盟結義，返攻經於河陽，爲經所敗，收合餘衆，與罕之據懷州，乞師於武皇。武皇遣澤州刺史安金俊助之，進攻河陽，劉經、仲方委城奔汴，罕之遂自領河陽，表全義爲河南尹。[2]

[1]光啓：唐僖宗李儇年號（885—888）。　仲方：人名。即諸葛仲方。青州博昌（今山東博興縣）人。唐末軍閥。事見《通鑑》卷二五六。　留後：官名。唐、五代節度使多以子弟或親信爲留後，以代行節度使職務，亦有軍士、叛將自立爲留後者。掌一州或數州軍政。　劉經：人名。籍貫不詳。諸葛爽部將。事見本書卷一五、《通鑑》卷二五六。　李罕之：人名。陳州項城（今河南沈丘縣）人。唐末、五代軍閥。傳見《新唐書》卷一八七、本書卷一五、《新五代史》卷四二。　洛陽：地名。治所在今河南洛陽市。　聖善寺：寺院名。位於今河南洛陽市。本書卷一五《李罕之傳》言李罕之“以聖善寺爲府”。　洛口：地名。位於今河南鞏義市東北伊洛河入黄河之口。　“光啓初”至“營於洛口”：“聖善寺”，《輯本舊史》之影庫本粘籤：“聖善寺，原本作‘聖喜’，今從《新唐書》改正。”《舊唐書》卷七《中宗紀》、《新唐書》卷三四《五

行志一》皆作“聖善寺”。《新唐書》卷一八七《李罕之傳》：“俄而爽死，其將劉經、張言共立爽子仲方，欲去罕之。而罕之故與郭璆有隙，擅殺璆，軍中不悦。經間衆怒，襲其壁，罕之退保乾壕，經追擊，反爲所敗，乘勝入屯洛陽苑中。”

［2］懷州：州名。治所在今河南沁陽市。　武皇：即李克用。沙陀部人，生於神武川新城（一説今山西朔州市朔城區之梵王寺村，一説今山西應縣縣城，一説今山西懷仁縣之日中城）。唐末軍閥，受封晋王。五代後唐太祖。紀見本書卷二五至卷二六、《新五代史》卷四。　安金俊：人名。籍貫不詳。唐末李克用部將。事見《舊唐書》卷二〇上、卷一八七及本書卷二五。　汴：州名。治所在今河南開封市。　河南尹：官名。唐開元元年（713）改洛州爲河南府，治所在今河南洛陽市，河南府尹總其政務。從三品。“經遣全義拒之”至“表全義爲河南尹”：《舊五代史考異》：“案張齊賢撰《齊王張令公外傳》云：初過三城，謁節度使諸葛爽。爽有人倫之鑒，覩王之狀貌，待之殊厚，謂王曰：‘他時名位在某之上，勉之！’爽既没，王漸貴，追思疇昔見知之恩未嘗報，乃圖其形像於其私第，日焚香供養之，至於終身。案：諸葛爽死，全義親逐其子而據其地，乃復懸像事之，以明其不背本，此劇賊欺人之術耳。”《新唐書》卷一八七《李罕之傳》：“經戰不勝，還河陽。罕之屯鞏，將度汜，經遣張言拒河上，反與罕之合，攻經不克，屯懷州。孫儒逐仲方，取河陽，自稱節度使。俄而宗權敗，棄河陽走，罕之、言進收其衆，丐援河東，克用遣安金俊率兵助之，得河陽。克用表罕之爲節度使、同中書門下平章事。有詔與屬籍。又表言爲河南尹、東都留守。”

全義性勤儉，善撫軍民，雖賊寇充斥，而勸耕務農，由是倉儲殷積。[1]罕之貪暴不法，軍中乏食，每取給於全義。二人初相得甚歡，而至是求取無厭，動加淩

轢，全義苦之。[2]文德元年四月，罕之出軍寇晋、絳，全義乘其無備，潛兵襲取河陽，全義乃兼領河陽節度。罕之求援於武皇，武皇復遣兵助攻河陽，會汴人救至而退。梁祖以丁會守河陽，全義復爲河南尹、檢校司空。全義感梁祖援助之恩，自是依附，皆從其制。[3]

［1］“全義性勤儉”至“由是倉儲殷積”：《舊五代史考異》：“《洛陽搢紳舊聞記》：王每喜民力耕織者，某家今年蠶麥善，去都城一舍之内，必馬足及之。悉召其家老幼，親慰勞之，賜以酒食茶綵，丈夫遺之布袴，婦人裙衫，時民間尚衣青，婦人皆青絹爲之。取其新麥新繭，對之喜動顔色，民間有竊言者曰：‘大王見好聲妓，等閑不笑，惟見好蠶麥即笑爾。’其真朴皆此類。每觀秋稼，見田中無草者，必下馬命賓客觀之，召田主慰勞之，賜之衣物。若見禾中有草，地耕不熟，立召田主集衆决責之。若苗荒地生，詰之，民訴以牛疲或闕人耕鋤，則田邊下馬，立召其鄰伍責之曰：‘此少人牛，何不衆助之。’鄰伍皆伏罪，即赦之。自是洛陽之民無遠近，民之少牛者相率助之，少人者亦然。田夫田婦，相勸以耕桑爲務，是以家有蓄積，水旱無飢民。王誠信，每水旱祈祭，必具湯沐，素食别寢，至祠祭所，儼然若對至尊，容如不足。遇旱，祈禱未雨，左右必曰：‘王可開塔’，即無畏師塔也，在龍門廣化寺。王即依言而開塔，未嘗不澍雨，故當時俚諺云：‘王禱雨，買雨具。’”

［2］“罕之貪暴不法”至“全義苦之”：《舊五代史考異》：“《新唐書·李罕之傳》云：張言善積聚，罕之食乏，士仰以給，求之無涯，言不能厭，罕之拘河南官吏笞督之。又東方貢輸行在者，多爲罕之所邀。與《薛史》互有異同。”中華書局本有校勘記：“‘吏’字原闕，據《新唐書》卷一八七《李罕之傳》補。”又《舊五代史考異》：“《齊王外傳》云：罕之鎮三城，知王專以教民耕織爲務，常宣言于衆曰：‘田舍翁何足憚。’王聞之，蔑如也。每飛

尺書于王，求軍食及縑帛，王曰：‘李太傅所要，不得不奉之。’左右及賓席咸以爲不可與，王曰：‘第與之。’似若畏之者，左右不之曉。罕之謂王畏己，不設備。因罕之舉兵收懷、澤，王乃密召屯兵，潛師夜發，遲明入三城。罕之乃逃遁投河東，朝廷即授王兼鎮三城。”見《新唐書》卷一八七《李罕之傳》。中華書局本有校勘記：“‘飛’，原作‘非’，據《洛陽搢紳舊聞記》卷二改。”又：“‘因罕之舉兵……鎮三城’以上四十字原闕，據殿本補。”

[3]文德：唐僖宗李儇年號（888）。　晋：州名。治所在今山西臨汾市。　絳：州名。治所在今山西新絳縣。　節度：官名。即節度使。唐時在重要地區所設掌握一州或數州軍事、民事、財政的長官。　丁會：人名。壽州壽春（今安徽壽縣）人。唐末將領。傳見本書卷五九、《新五代史》卷四四。　檢校司空：官名。爲散官或加官，以示恩寵加此官，無實際執掌。司空，與太尉、司徒並爲三公。　“文德元年四月”至“皆從其制”：《宋本册府》卷一八七《閏位部·勳業門五》：“河南尹張全義襲李罕之於河陽，克之。罕之單騎出奔，因乞師於太原，李克用爲發萬騎以援之，罕之遂收其餘衆，與晋軍合勢，急攻河陽。全義危急，遣使求救於汴，帝遣丁會、牛存節、葛從周領兵赴之，大戰於温縣，晋人與罕之俱敗。於是河橋解圍，全義歸於洛陽，因以丁會爲河陽留後。”

初，蔡賊孫儒、諸葛爽争據洛陽，迭相攻伐，七八年間，都城灰燼，滿目荆榛。全義初至，唯與部下聚居故市，井邑窮民，不滿百户。全義善於撫納，課部人披榛種藝，且耕且戰，以粟易牛，歲滋墾闢，招復流散，待之如子。每農祥勸耕之始，全義必自立畎畝，餉以酒食，政寬事簡，吏不敢欺。數年之間，京畿無閑田，編户五六萬，乃築壘於故市，建置府署，以防外寇。[1]

[1]蔡：州名。治所在今河南汝南縣。　孫儒：人名。河南府（今河南洛陽市）人。唐末軍閥。傳見《新唐書》卷一八八。"初，蔡賊孫儒、諸葛爽争據洛陽"至"以防外寇"："蔡賊孫儒、諸葛爽争據洛陽"，中華書局本有校勘記："諸葛爽，原作'諸葛奭'，據殿本、劉本、孔本、邵本校改。按：《舊唐書》卷一八二、《新唐書》卷一八七有《諸葛爽傳》。"又《輯本舊史》之影庫本粘籤："披榛，原本作'被蓁'，今據《歐陽史》改正。"《新五代史》卷四五《張全義傳》未見。《舊五代史考異》："《齊王外傳》云：王始至洛，於麾下百人中，選可使者一十八人，命之曰屯將。每人給旗一口，榜一道，於舊十八縣中，令招農户，令自耕種，流民漸歸。王於百人中，又選可使者十八人，命之曰屯副，民之來者撫綏之，除殺人者死，餘但加杖而已，無重刑，無租税，流民之歸漸衆。王又麾下選書計一十八人，命之曰屯判官。不一二年，十八屯申每屯户至數千。王命農隙，每選丁夫教以弓矢槍劍，爲起坐進退之法。行之一二年，每屯增户，大者六七千，次者四千，下之三二千，共得丁夫閑弓矢者、槍劍者二萬餘人。有賊盗即時擒捕之，關市人賦幾于無籍。刑寬事簡，遠近歸之如市，五年之内，號爲富庶，於是奏每縣除令簿主之。""十八屯申每屯户至數千"，中華書局本有校勘記："'申每屯'三字原闕，據殿本、《洛陽搢紳舊聞記》卷二補。"明本《册府》卷二五《帝王部·符瑞門四》天祐二年（905）八月條："河南府奏洛苑谷水屯百姓馬，會穀地内有嘉禾合穗，謹隨表進者。詔曰：'多稼如雲，已稱大稔，異畝同穎，益表殊祥。張全義尹正邦畿，從容廊廟，動必垂於惠化，静每著於燮調。佐時之略彌章，阜俗之風益顯。爰昭玄貺，可卜豐年。訓農遐掩於衛文，獻瑞迴同於唐叔，載觀禎異，尤切歎嘉。仍付史館。'"卷一四《帝王部·都邑門二》天祐二年十月條："勑：'洛城坊曲内，舊有朝臣及諸司宅舍，經亂荒榛。張全義葺理以來，皆以耕墾，既供軍賦，即係公田。或恐妄有披論，認爲世業，須煩按驗，遂啓幸門。其都内坊曲及畿内已耕殖田土，諸色人並不得論認。如

要田業，一任買置。凡論認者，不在給還之限。如有本主元自差人勾當，不在此限。如荒田無主，即許識認，付河南府。”《宋本册府》卷六七八《牧守部·勸課門》張全義條：“洛都自黄巢大亂之後，繼之以蔡賊，十餘年間，寇盜往來，都城灰燼，無寸椽尺梠，滿目荆榛。李罕之尹正也，唯部下聚居坊市。窮民不滿百户，加以罕之貪殘，治民無術，流人來者，尋復散去。及全義爲尹，鉏萊披榛，招復流庸，待之如子。每歲農務勸耕之始，全義必自立畎畝間，諭其耕者，賞以酒食，政寬事簡，吏不敢犯。繇是數年之間，京畿無閑田，民户數十萬。”據此段所引《册府》，“李罕之尹正也，唯部下聚居坊市”與《輯本舊史》本傳所言“全義初至，唯與部下聚居故市”不同。《新五代史》卷四五《張全義傳》：“是時，河南遭巢、儒兵火之後，城邑殘破，户不滿百，全義披荆棘，勸耕殖，躬載酒食，勞民畎畝之間，築南、北二城以居之。數年，人物完盛，民甚賴之。”

梁祖迫昭宗東遷，命全義繕治洛陽宫城，累年方集。昭宗至洛陽，梁祖將圖禪代，慮全義心有異同，乃以判官韋震爲河南尹，移全義爲天平軍節度使、守中書令、東平王。[1]其年八月，昭宗遇弑，輝王即位。[2]十月，復以全義爲河南尹，兼忠武軍節度使、判六軍諸衛事。[3]梁祖建號，以全義兼河陽節度使，封魏王。[4]開平二年，册拜太保、兼陝虢節度使、河南尹。[5]四年，册拜太傅、河南尹、判六軍、兼鄭滑等州節度使。[6]乾化元年，册拜太師。[7]二年，朱友珪簒逆，以全義爲守太尉、河南尹、宋亳節度使、兼國計使。[8]梁末帝嗣位於汴，以全義爲洛京留守，[9]兼鎮河陽。未幾，授天下兵馬副元帥。[10]

［1］昭宗：即唐昭宗李曄，888 年至 904 年在位。紀見《舊唐書》卷二〇上、《新唐書》卷一〇。　判官：官名。爲長官的佐吏，協理政事，或備差遣。　韋震：人名。雍州萬年（今陝西西安市長安區）人。後梁將領。傳見本書附録、《新五代史》卷四三。　天平軍：方鎮名。治所在鄆州（今山東東平縣）。　中書令：官名。漢代始置，隋、唐前期爲中書省長官，屬宰相之職；唐後期多爲授予元勳大臣的虚銜。正二品。　“梁祖迫昭宗東遷”至“東平王”：《舊五代史考異》：“案《齊王外傳》云：梁祖兼四鎮，王累表讓兼鎮，蓋潛識梁祖姦雄，避其權位，欲圖自全之計爾。”《輯本舊史》之原輯者案語：“《洛陽搢紳舊聞記》：齊王與梁祖互爲中書令、尚書令，及梁祖兼四鎮，齊王累表讓兼鎮，蓋潛識梁祖姦雄，避其權位，欲圖自全之計。梁祖經營霸業，外則干戈屢動，内則帑庾俱虚，齊王悉心盡力，傾竭財資助之。”見《洛陽搢紳舊聞記》卷二。

［2］輝王：即唐哀帝李柷，904 年至 907 年在位。

［3］忠武軍：方鎮名。治所在許州（今河南許昌市）。

［4］“梁祖建號”至“封魏王”：《宋本册府》卷一九六《閏位部·封建門五》開平元年五月條：“進封河南尹兼河陽節度使張全義爲魏王。”

［5］開平：後梁太祖朱温年號（907—911）。　太保：官名。與太師、太傅並爲三師。唐後期、五代多爲大臣、勳貴加官。正一品。　陝虢：方鎮名。即保義軍。唐龍紀元年（889）以陝虢節度使爲保義軍節度使，治所在陝州（今河南三門峽市陝州區）。　“開平二年”至“河南尹”：“河南尹”，中華書局本有校勘記：“‘河南尹’，原作‘河陽尹’，據劉本改。按時河陽未置府，故不設尹。”

［6］太傅：官名。與太師、太保並爲三師。始設於周代。掌佐天子、理陰陽、經邦弘化。唐後期、五代多爲大臣、勳貴加官。正一品。　鄭：州名。治所在今河南鄭州市。　滑：州名。治所在今

河南滑縣。

[7]乾化：五代後梁太祖朱温年號（911—912）。末帝朱友貞沿用（913—915）。　太師：官名。與太傅、太保合稱三師。唐後期、五代多爲大臣、勳貴加官。正一品。

[8]朱友珪：人名。後梁太祖朱温次子，殺朱温自立。後被追廢爲庶人。傳見本書卷一二、《新五代史》卷一三。　太尉：官名。與司徒、司空並爲三公。唐後期、五代多爲大臣、勳貴加官。正一品。　宋亳：方鎮名。即宣武軍。唐建中二年（781）以宋亳節度爲宣武軍。後梁宣武軍治所在汴州（今河南開封市）。　國計使：官名。五代始置，後梁、後唐及閩國皆有設置，掌財賦税收、錢穀用度。　"二年"至"兼國計使"："兼國計使"，《輯本舊史》之影庫本粘籤："國計使，原本作'圖計使'，考《五代會要》云：梁以建昌宫使治財賦，後改爲國計使。今改正。"見《會要》卷二四建昌宫使條。

[9]梁末帝：即後梁末帝朱友貞，朱温第四子，殺其兄朱友珪而自立。爲李存勗大軍包圍後自殺身死，後梁由是滅亡。913年至923年在位。紀見本書卷八至卷一〇、《新五代史》卷三。　洛京：即洛陽。　留守：官名。古代皇帝出巡或親征時指定親王或大臣留守京城，綜理國家軍事、行政、民事、財政等事務，稱京城留守。在陪都或軍事重鎮也常設留守，以地方長官兼任。

[10]天下兵馬副元帥：唐代朝廷有重大軍事行動，則置元帥，統率天下軍隊。副元帥爲元帥之副。

梁帝季年，趙、張用事，段凝爲北面招討使，驟居諸將之右。全義知其不可，遣使啓梁末帝曰："老臣受先朝重顧，蒙陛下委以副元帥之名。臣雖遲暮，尚可董軍，請付北面兵柄，庶分宵旰。段凝晚進，德未服人，恐人情不和，敗亂國政。"不聽。[1]全義託附朱氏垂三十

年，梁祖末年，猜忌宿將，欲害全義者數四，全義卑身曲事，悉以家財貢奉。洎梁祖河朔喪師之後，月獻鎧馬，以補其軍；又以服勤盡瘁，無以加諸，故竟免於禍。[2]全義妻儲氏，明敏有才略。梁祖自柏鄉失律後，連年親征河朔，心疑全義，或左右讒間，儲氏每入宫，委曲伸理。有時怒不可測，急召全義，儲氏謁見梁祖，厲聲言曰："宗奭種田叟耳，三十餘年，洛城四面，開荒斸棘，招聚軍賦，資陛下創業。今年齒衰朽，指景待盡，而大家疑之，何也？"梁祖遽笑而謂曰："我無惡心，嫗勿多言。"[3]

[1]趙：人名。即趙巖。陳州宛丘（今河南淮陽縣）人。朱温女婿，忠武軍節度使趙犨次子。事見本書卷三〇、《新五代史》卷四二。　張：人名。即張漢倫。清河（今河北清河縣）人。張漢傑之兄。後梁大臣。傳見本書附録。　段凝：人名。開封（今河南開封市）人。五代後梁將領，其妹爲朱温美人，因其妹而爲朱温親信。後投後唐。傳見本書卷七三、《新五代史》卷四五。　北面招討使：官名。不常置，爲一路或數路地區統兵官。掌招撫、討伐等事。兵罷則省。　"梁帝季年"至"不聽"：亦見《宋本册府》卷三八九《將帥部·請行門》。

[2]河朔：泛指黄河以北地區。　"全義託附朱氏垂三十年"至"故竟免於禍"："全義託附朱氏垂三十年"，"附"字據《宋本册府》卷七九〇《總録部·知幾門二》補。中華書局本有校勘記："卑身曲事，'卑'原作'單'，據《册府》卷七九〇改。"

[3]柏鄉：縣名。治所在今河北柏鄉縣。　"全義妻儲氏"至"嫗勿多言"：《舊五代史考異》："《齊王外傳》云：梁祖猜忌王，慮爲後患，前後欲殺之者數四，夫人儲氏面請梁祖得免，梁祖遂以

其子福王納齊王之女。”《新輯會證》引《五代史輯本證補》：“光啓間，全義據洛陽，至梁祖乾化末，不滿三十年，傳云‘三十餘年’，誤。”

莊宗平梁，全義自洛赴覲，泥首待罪。莊宗撫慰久之，以其年老，令人掖而昇殿，宴賜盡歡，詔皇子繼岌、皇弟存紀等皆兄事之。[1]先是，天祐十五年，梁末帝自汴趨洛，[2]將祀於圜丘。時王師攻下楊劉，徇地曹、濮，[3]梁末帝懼，急歸於汴，其禮不遂，然其法物咸在。至是，全義乃奏曰：“請陛下便幸洛陽，臣已有郊禮之備。”翌日，制以全義復爲尚書令、魏王、河南尹。[4]明年二月，郊禋禮畢，以全義爲守太尉、中書令、河南尹，改封齊王，兼領河陽。[5]先是，朱梁時供御所費，皆出河南府，其後孔謙侵削其權，[6]中官各領内司使務，或豪奪其田園居第，全義乃悉録進納。四年，落河南尹，授忠武軍節度使、檢校太師、尚書令。[7]會趙在禮據魏州，[8]諸軍進討無功。[9]時明宗已爲羣小間言，[10]端居私第。全義以卧疾聞變，憂懼不食，[11]薨於洛陽私第，時年七十五。天成初，册贈太師，謚曰忠肅。[12]

[1]繼岌：人名。即李繼岌。五代後唐莊宗長子。傳見本書卷五一、《新五代史》卷一四。　存紀：人名。李克用之子，莊宗李存勗之弟。傳見本書卷五一、《新五代史》卷一四。　“莊宗平梁”至“皇弟存紀等皆兄事之”：《舊五代史考異》：“《齊王外傳》云：再上表敘述，屢爲朱梁窺圖，偶脱虎口，逼爲親，且非素志。《乞雪表》數句云：‘伏念臣曾棲惡木，曾飲盗泉，實有瑕疵，未蒙

昭雪。’復下昭雪之令。亦見《洛陽搢紳舊聞記》。”《乞雪表》，中華書局本有校勘記：“‘表’字原闕，據《洛陽搢紳舊聞記》卷二補。”又據《洛陽搢紳舊聞記》卷二，“未蒙昭雪”下有“鴻辭也”三字。又《輯本舊史》之原輯者案語：“《通鑑》：全義獻幣馬千計，帝命皇子繼岌、皇弟存紀等兄事之。是全義之得幸於莊宗，由幣馬也。《洛陽搢紳舊聞記》：‘齊王上表待罪，莊宗降詔釋之。及召見，大喜，開懷慰納，若見平生故人，盡魚水之契焉。’此蓋黨于全義者虚譽之辭。”“盡魚水之契焉”，《舊聞記》作“盡魚水之情焉”。亦見明本《册府》卷七六《帝王部·禮大臣門》。

[2]天祐：唐昭宗李曄開始使用的年號（904—907）。唐哀帝李柷沿用。唐亡後，河東李克用、李存勗仍稱天祐，沿用至天祐二十年（923）。五代十國其他政權亦有行此年號者，如南吴、吴越等。

[3]楊劉：地名。在今山東東阿縣東北姚寨鎮楊柳村。唐、五代時有城臨河津，爲黄河下游重鎮，今城已堙廢不可考。　曹：州名。治所在今山東曹縣西北。　濮：州名。治所在今山東鄄城縣。

[4]尚書令：官名。秦始置。隋、唐前期爲尚書省長官，與中書令、侍中並爲宰相。唐後期多爲大臣加銜，不參與政務。正二品。

[5]“明年二月”至“兼領河陽”：“郊禋禮畢”，《輯本舊史》之原輯者案語：“《歐陽史》作全義再朝京師，吴縝纂誤嘗辨證之。”“改封齊王”，中華書局本有校勘記：“‘齊王’原作‘濟王’，據殿本、劉本、本書卷三一《唐莊宗紀五》，《册府》卷九九、卷一二九改。”見明本《册府》卷九九《帝王部·推誠門》、《宋本册府》卷一二九《帝王部·封建門》。

[6]孔謙：人名。魏州（今河北大名縣）人。後唐大臣，善聚斂錢財，爲李存勗籌劃軍需。傳見本書卷七三、《新五代史》卷二六。

[7]檢校太師：官名。爲散官或加官，以示恩寵，無實際執掌。

太師，與太傅、太保並爲三師。　“四年”至“尚書令”：《輯本舊史》卷三〇《唐莊宗紀四》同光元年（923）十一月己未條：“以洛京留守、判六軍諸衛事、守太尉、兼中書令、河南尹、魏王張全義爲檢校太師、守尚書令，餘如故。”卷三一《唐莊宗紀五》同光二年二月辛巳條：“以檢校太師、守尚書令、河南尹、判六軍諸衛事、魏王張全義爲守太尉、兼中書令、河陽節度使、河南尹，改封齊王。”卷三四《唐莊宗紀八》同光四年二月壬子條：“以守太尉、中書令、河南尹兼河陽節度使、齊王張全義爲檢校太師兼尚書令，充許州節度使。”忠武軍治所在許州（今河南許昌市）。

[8]趙在禮：人名。涿州（今河北涿州市）人。五代後唐、後晋將領。傳見本書卷九〇、《新五代史》卷四六。　魏州：州名。治所在今河北大名縣。

[9]諸軍進討無功：“諸軍”，中華書局本有校勘記：“‘諸’原作‘都’，據《册府》卷九〇九改。”見《宋本册府》卷九〇九《總録部・憂懼門》。

[10]明宗：即五代後唐明宗李嗣源。沙陀部人。原名邈佶烈，李克用養子。926年至933年在位。紀見本書卷三五至卷四四、《新五代史》卷六。　時明宗已爲羣小間言：“言”，原作“諜”，據《册府》卷九〇九改。

[11]憂懼不食：《輯本舊史》之原輯者案語：“《通鑑》：‘全義力請明宗出師，及聞明宗兵變，故憂懼。’與此微異。”見《通鑑》卷二七四天成元年（926）三月辛未條。

[12]天成：後唐明宗李嗣源年號（926—930）。　“天成初”至“謚曰忠肅”：《輯本舊史》卷三六《唐明宗紀二》天成元年六月己丑條：“故忠武軍節度使、檢校太師兼尚書令，齊王張全義贈太師。”

全義歷守太師、太傅、太尉、中書令，封王，邑萬

三千户。凡領方鎮洛、鄆、陝、滑、宋，三蒞河陽，再領許州，内外官歷二十九任，尹正河洛，凡四十年。位極人臣，善保終吉者，蓋一人而已。全義朴厚大度，敦本務實，起戰士而忘功名，尊儒業而樂善道。家非士族，而獎愛衣冠，開幕府辟士，必求望實；屬邑補奏，不任吏人；位極王公，不衣羅綺；心奉釋、老，而不溺左道。如是數者，人以爲難。[1]自莊宗至洛陽，趨向者皆由徑以希恩寵，全義不改素履，盡誠而已。言事者以梁祖爲我世讎，宜斲棺燔柩，全義獨上章申理，議者嘉之。劉皇后嘗從莊宗幸其第，奏云："妾孩幼遇亂，失父母，欲拜全義爲義父。"許之。全義稽首奏曰："皇后萬國之母儀，古今未有此事，臣無地自處。"莊宗敦逼再三，不獲已，乃受劉后之拜。既非所願，君子不以爲非。[2]然全義少長軍中，[3]立性朴滯，凡百姓有詞訟，以先訴者爲得理，以是人多枉濫，爲時所非。又嘗怒河南縣令羅貫，[4]因憑劉后譖於莊宗，俾貫非罪而死，露屍於府門，冤枉之聲，聞於遠近，斯亦良玉之微瑕也。《永樂大典》卷六千三百五十。[5]

[1]鄆：州名。治所在今山東東平縣。　陝：州名。治所在今河南三門峽市陝州區。　宋：州名。治所在今河南商丘市睢陽區。　許州：州名。治所在今河南許昌市。　釋：佛教。　老：道教。　"全義歷守太師"至"人以爲難"：亦見《宋本册府》卷七八二《總録部·榮遇門》。"尊儒業而樂善道"，中華書局本有校勘記："'尊'，《册府》卷三一〇作'不'。""心奉釋、老，而不溺左道"，中華書局本有校勘記："不溺左道，'左'原作'枉'，據殿

本、劉本、《册府》卷三一〇改。影庫本批校：‘枉道’之‘枉’，原本作‘在’字，誤。按文義，似作‘左’字理較長，刊本改。”“如是數者”，中華書局本有校勘記：“‘是’字原闕，據《册府》卷三一〇補。”見明本《册府》卷三一〇《宰輔部·德行門》。

[2]劉皇后：指後唐莊宗劉皇后。魏州成安（今河北成安縣）人。傳見本書卷四九、《新五代史》卷一四。　“劉皇后嘗從莊宗幸其第”至“君子不以爲非”：《輯本舊史》卷三二《唐莊宗紀六》同光二年（924）十二月庚午條：“帝與皇后劉氏幸張全義第，酒酣，帝命皇后拜全義爲養父，全義惶恐致謝，復出珍貨貢獻。翌日，皇后傳制，命學士草謝全義書，學士趙鳳密疏陳國后無拜人臣爲父之禮，帝雖嘉之，竟不能已其事。”同月庚寅條：“詔河南尹張全義爲洛京留守，判在京諸軍事。”與本傳互有異同。明本《册府》卷一一四《帝王部·巡幸門三》：“後唐莊宗同光元年十一月，詔將自汴歸洛，有事於南郊。河南尹張全義進迎駕法物儀仗。甲子，帝發汴州。”

[3]然全義少長軍中：中華書局本有校勘記：“句下《册府》卷六九九有‘不明刑法’四字。”見《宋本册府》卷六九九《牧守部·枉濫門》。

[4]河南縣：縣名。治所在今河南洛陽市。　羅貫：人名。籍貫不詳。後唐官員，進士及第。傳見本書卷七一。

[5]《大典》卷六三五〇“張”字韻“姓氏”事目。《輯本舊史》於此後録《五代史闕文》：“梁乾化元年七月辛丑，梁祖幸全義私第。甲辰，歸大内。《梁史》稱：‘上不豫，厭秋暑，幸宗奭私第數日，宰臣視事於仁政亭，崇政諸司並止於河南府廨署。’世傳梁祖亂全義之家，婦女悉皆進御，其子繼祚不勝憤耻，欲剸刃於梁祖。全義止之曰：‘吾頃在河陽，遭李罕之之難，引太原軍圍閉經年，啗木屑以度朝夕，死在頃刻，得他救援，以至今日，此恩不可負也。’其子迺止。《梁史》云云者，諱國惡也。臣謹案，《春秋》莊二年，《經》曰：‘十有二月，夫人姜氏會齊侯于禚。’《傳》曰：

'書姦也。'夫《經》言會者，諱惡，禮也。《傳》書姦者，暴其罪以垂誡也。又莊二十二年，《傳》書：陳完飲桓公酒，公曰：'以火繼之。'辭曰：'臣卜其晝，未卜其夜。'豈有天子幸人臣之家，留止數日，姦亂萌矣。况全義本出巢賊，敗依河陽節度使諸葛爽，爽用爲澤州刺史。及爽死，全義事爽子仲方，即與李罕之同逐仲方，罕之帥河陽，全義爲河南尹，未幾，又逐罕之，自據河陽，其翻覆也如此。自是托迹朱梁，斲喪唐室，惟勤課勸，其實斂民附賊，以固恩寵。梁時，月進鎧馬，以補軍實。及梁祖爲友珪所弑，首進錢一百萬，以助山陵。莊宗平中原，全義合與敬翔、李振等族誅，又通賂於劉皇后，乘莊宗幸洛，言臣已有郊天費用。夫全義匹夫也，豈能自殖財賦？其剥下奉上也又如此。晚年保證明宗，欲爲子孫之福，師方渡河，鄴都兵亂，全義憂恨不食，終以餓死。未死前，其子繼業訟弟汝州防禦使繼孫，莊宗貶房州司户，賜自盡。其制略曰：'侵奪父權，惑亂家事，縱鳥獸之行，畜梟獍之心。'其御家無法也又如此。河南令羅貫，方正文章之士，事全義稍慢，全義怒告劉皇后，斃貫於枯木之下，朝野冤之。洛陽監軍使嘗收得李太尉平泉莊醒酒石，全義求之，監軍不與，全義立殺之，其附勢作威也又如此。蓋亂世賊臣耳，得保首領，爲幸已多。晉天福中，其子繼祚謀反伏誅，識者知餘殃在其子孫也。臣讀《莊宗實録》，見史官敘《全義傳》，虚美尤甚，至今負俗無識之士，尚以全義爲名臣，故因補闕文，粗論事迹云。"此《五代史闕文》中"縱鳥獸之行"，中華書局本有校勘記："'縱'原作'繼'，據《五代史闕文》改。"

朱友謙

朱友謙，字德光，許州人，本名簡。祖巖，父琮，世爲陳許小校。廣明之亂，簡去鄉里，事澠池鎮將柏夔爲部隸。嘗爲盜於石壕、三鄉之間，剽劫行旅。[1]後事

陜州節度使王珙，積勞至軍校。[2]珙性嚴急，御下無恩，牙將李璠者，[3]珙深所倚愛，小有違忤，暴加箠擊，璠陰銜之。光化元年，珙與弟河中節度使珂相持，[4]干戈日尋，珙兵屢敗，部伍離心。二年六月，璠殺珙，歸附汴人，梁祖表璠爲陜州節度使。[5]璠亦苛慘，軍情不叶，簡復攻璠，璠冒刃獲免，逃歸於汴。[6]

[1]巖：人名。即朱巖。事迹不詳。　琮：人名。即朱琮。事迹不詳。　陳許：方鎮名。治所在許州（今河南許昌市）。　小校：官名。五代時期軍隊中下級軍官的别稱，可越級提拔爲副指揮使或指揮使。　廣明：唐僖宗李儇年號（880—881）。　澠池：地名。位於今河南澠池縣。　鎮將：官名。鎮的長官。五代時，節度使自補親隨爲鎮將，與縣令分庭抗禮，公事得以專達於州。　柏夔：人名。籍貫、事迹不詳。本書僅此一見。　石壕：地名。亦作“石濠”，位於今河南三門峽市。　三鄉：地名。位於今河南宜陽縣。　“朱友謙”至“剽劫行旅”：《輯本舊史》之影庫本粘籤：“石壕，原本作‘古壕’，今從《通鑑》改正。”《新五代史》卷四五《朱友謙傳》：“朱友謙，字德光，許州人也，初名簡。以卒隸澠池鎮，有罪亡去，爲盗石濠、三鄉之間，商旅行路皆苦之。”

[2]王珙：人名。河中（今山西永濟市）人。唐河中節度使王重盈之子。傳見《新唐書》卷一八七。　軍校：即牙校，爲低級武職。

[3]牙將：官名。爲唐朝節度使的親兵，爲藩鎮軍隊中的精鋭部隊。　李璠：人名。籍貫不詳。唐末、五代將領。事見本書卷一、《新五代史》卷一。

[4]光化：唐昭宗李曄年號（898—901）。　河中：府名。治所在今山西永濟市。　珂：人名。即王珂。河中（今山西永濟市）人。王重榮兄重簡之子，出繼重榮。唐末軍閥。傳見《舊唐書》卷

一八二、《新唐書》卷一八七、本書卷一四、《新五代史》卷四二。

[5]“二年六月”至“梁祖表璠爲陝州節度使”：《新五代史》卷四五《朱友謙傳》：“陝州節度使王珙，爲人嚴酷，與其弟珂爭河中，戰敗，其牙將李璠與友謙謀，共殺珙，附于梁，梁太祖表璠代珙。”

[6]“璠亦苛慘”至“逃歸於汴”：《輯本舊史》之原輯者案語：“《新唐書·王重榮傳》：李璠爲節度使凡五月，爲部將朱簡所殺。據《薛史》則璠逃歸於汴，未嘗見殺也。通鑑從《薛史》。”《新五代史》卷四五《朱友謙傳》亦從《輯本舊史》。但《宋本册府》卷一八七《閏位部·勳業門五》光化二年（899）十一月條：“陝州都將朱簡殺留後李璠，自稱留後，送款於帝。”《通鑑》卷二六一光化二年十一月條亦作：“陝州都將朱簡殺李璠，自稱留後，附朱全忠，仍請更名友謙，預於子姪。”

三年，梁祖表簡爲陝州留後。[1]九月，天子授以旄鉞。車駕在鳳翔，[2]梁祖往來，簡事之益謹，奏授平章事。[3]天復末，[4]昭宗遷都洛陽，駐蹕於陝。時朝士經亂，簪裳不備，簡獻上百副，請給百官，朝容稍備。以迎奉功，遷檢校侍中。[5]簡與梁祖同宗，乃陳情於梁祖曰：“僕位崇將相，比無勳勞，皆元帥令公生成之造也。願以微生灰粉爲効，乞以姓名，肩隨宗室。”梁祖深賞其心，乃名之爲友謙，編入屬籍，待遇同於己子。[6]友謙亦盡心叶贊，功烈居多。梁祖建號，移授河中節度使、檢校太尉，累拜中書令，封冀王。[7]

[1]三年，梁祖表簡爲陝州留後：《新五代史》卷四五《朱友謙傳》：“梁太祖又表友謙代璠。”

［2］鳳翔：方鎮名。治所在鳳翔府（今陝西鳳翔縣）。

［3］平章事：官名。唐高宗以後，凡實際任宰相之職者，常在其本官後加同平章事的職銜。後成爲宰相專稱。

［4］天復：唐昭宗李曄年號（901—904）。

［5］檢校侍中：官名。爲散官或加官，以示恩寵，無實際執掌。

［6］待遇同於己子：《舊五代史考異》："《歐陽史》作録以爲子。"見《新五代史》卷四五。

［7］檢校太尉：官名。爲散官或加官，以示恩寵，無實際執掌。

"梁祖建號"至"封冀王"：《輯本舊史》之影庫本粘籤："冀王，原本作'翼王'，今從《通鑑》改正。"《輯本舊史》之原輯者案語："案《太平廣記》：路德延，天祐中爲左拾遺，會河中節度使領鎮，辟掌書記。友謙初頗禮待之，然德延性浮薄驕慢，動多忤物，友謙稍解體，德延乃作《孩兒詩》五十韻以刺友謙。友謙聞而大怒，有以掇禍，乃因醉沈之黄河。"見《太平廣記》卷一七五、卷二六四。

及朱友珪弑逆，友謙意不懌，雖勉奉僞命，中懷怏怏。友珪徵之，友謙辭以北面侵軼，謂賓友曰："友珪是先帝假子，敢行大逆，余位列維城，恩踰父子，論功校德，何讓伊人，詎以平生附托之恩，屈身於逆豎之手！"遂不奉命。其年八月，友珪遣大將牛存節、康懷英、韓勍攻之，友謙乞師於莊宗。莊宗親總軍赴援，與汴軍遇於平陽，大破之。因與友謙會於猗氏，友謙盛陳感慨，願敦盟約，莊宗歡甚。友謙乘醉鼾寢於帳中，莊宗熟視之，謂左右曰："冀王真貴人也，但恨其臂短耳。"[1]及梁末帝嗣位，以恩禮結其心，友謙亦遜辭稱籓，行其正朔。

[1]牛存節：人名。青州博昌（今山東博興縣）人。唐末將領。傳見本書卷二二、《新五代史》卷二二。　康懷英：人名。本名懷貞，避後梁末帝朱友貞諱改懷英。兖州（今山東濟寧市兖州區）人。唐末、五代將領。傳見本書卷二三、《新五代史》卷二二。　韓勍（qíng）：人名。籍貫不詳。五代後梁將領。事見本書卷七、《新五代史》卷四五。　平陽：地名。位於今山西臨汾市。　猗氏：縣名。治所在今山西臨猗縣。　"及朱友珪弑逆"至"但恨其臂短耳"：《舊五代史考異》："《歐陽史》作友珪立，加友謙侍中。吴縝已辨其誤。"《輯本舊史》之原輯者案語："《歐陽史》：友珪遣招討使韓勍將康懷英等擊友謙。《通鑑》作九月丁未，以感化節度使康懷貞爲都招討使，更以韓勍副之。懷貞等與忠武節度使牛存節合兵五萬屯河中。三書所載，俱有異同。"《册府》所載與本傳同。"康懷貞爲都招討使"，中華書局本有校勘記："'都'原作'副'，據《通鑑》卷二六八改。"見《通鑑》卷二六八乾化二年（912）九月丁未條。《舊五代史考異》："《歐陽史》：晋王出澤潞以救之，追懷英于解州，大敗之。追至白逕嶺，夜秉炬擊之，懷英又敗。"見《新五代史》卷四五《朱友謙傳》。其中，"追懷英于解州"，《新五代史》作"遇懷英于解縣"。《宋本册府》卷八《帝王部·創業門四》天祐九年（912）："六月，梁祖爲其子友珪所弑。八月，友珪遣其將韓勍、康懷英、牛存節率兵五萬急攻河中，朱友謙遣使求援，帝令李存審率師救之。十月，帝自澤、潞赴河中，遇梁將康懷英於平陽，破之，斬首千餘級，追至白徑嶺，友謙會帝於猗氏，梁軍解圍而去。"《宋本册府》卷一四八《帝王部·知臣門》："後唐莊宗初爲晋王，梁冀王朱友謙爲友珪所伐，乞師於帝，帝親總軍赴援，與汴軍遇於平陽，大破之，因與友謙會於猗氏。友謙盛陳感慨，願敦盟約。帝歡甚。友謙乘醉鼾於帳中。帝熟視之，謂左右曰：'冀王真貴人也，但恨其臂短耳。'"參見《通鑑》卷二六八乾化二年十月條。

天祐十七年，友謙襲取同州，以其子令德爲帥，請節鉞於梁，不獲。[1]友謙即請之於莊宗，莊宗令幕客王正言以節旄賜之，梁將劉鄩、尹皓攻同州，友謙來告急，莊宗遣李嗣昭、李存審將兵赴之，敗汴軍於滑北，解圍而還。[2]初，劉鄩兵至，蒲中倉儲匱乏，[3]人心離貳，軍民將校，咸欲歸梁。友謙諸子令錫等亦説其父曰："晋王雖推心於我，[4]然懸兵赴援，急難相應，寧我負人，擇福宜重。請納款於梁，候劉鄩兵退後，與晋王修好。"友謙曰："晋王親赴予急，夜半秉燭戰賊，面爲盟誓，不負初心。昨聞吾告難，命將星行，助我資糧，分我衣屨，而欲翻覆背惠，所謂鄧祁侯云'人將不食吾餘'也。"[5]及破梁軍，加守太尉、西平王。[6]

[1]同州：州名。治所在今陝西大荔縣。　令德：人名。即朱令德。事見本書卷一〇、卷二九，《新五代史》卷四五。　"天祐十七年"至"不獲"：《舊五代史考異》："《歐陽史》：末帝初不許，已而許之，制命未至，友謙復叛。《通鑑》從《歐陽史》。"見《新五代史》卷四五《朱友謙傳》及《通鑑》卷二七一貞明六年(920)四月己酉條。《輯本舊史》卷一〇《梁末帝紀下》貞明六年六月條："先是，河中朱友謙襲陷同州，節度使程全暉單騎奔京師。友謙以其子令德爲同州留後，表求節旄，不允；既而帝慮友謙怨望，遂命兼鎮同州，制命將下而友謙已叛，遣使求援於晋，故命將討之。"

[2]幕客：幕賓。　王正言：人名。鄆州（今山東東平縣）人。後唐官員。傳見本書卷六九。　劉鄩：人名。密州安丘（今山東安丘市）人。唐末、五代將領。傳見本書卷二三、《新五代史》卷二二。　尹皓：人名。籍貫不詳。後梁將領。傳見本書附録。

李嗣昭：人名。汾州（今山西汾陽市）人。唐末、五代李克用義子、部將。傳見本書卷五二、《新五代史》卷三六。　李存審：人名。原姓符，名存。陳州宛丘（今河南淮陽縣）人。五代後唐將領。傳見本書卷五六、《新五代史》卷二五。　“友謙即請之於莊宗”至“解圍而還”：“莊宗令幕客王正言以節旄賜之”，中華書局本有校勘記：“‘莊宗’二字原闕，據《册府》卷四四六補。《通鑑》卷二七一《考異》引《莊宗列傳》作‘上’。”《輯本舊史》之影庫本粘籤：“尹皓，原本作‘伊皓’，今從《通鑑》改正。”見《通鑑》卷二七一龍德元年（921）五月條。亦見《新五代史》卷二二《劉鄩傳》。

[3]蒲中：此處指河中府。唐開元八年（720）改蒲州爲河中府，因地處黄河中游而得名，其後名稱屢有改易。治所在今山西永濟市。

[4]令錫：人名。即朱令錫。許州（今河南許昌市）人。五代將領。朱友謙之子。事見本書本卷。　晋王：即後唐莊宗李存勗。

[5]鄧祁侯：人名。春秋鄧國君。助楚文王熊貲借道鄧境伐申後被滅。

[6]及破梁軍，加守太尉、西平王：《宋本册府》卷一三三《帝王部·褒功門二》：“朱友謙自梁歸順。破梁軍，加守太尉、西平王。”

同光元年，莊宗滅梁，友謙覲於洛陽。莊宗置宴饗勞，寵錫無算，親酌觴，屬友謙曰：“成吾大業者，公之力也。”[1]既歸藩，請割慈、隰二郡，依舊隸河中，不許，詔以絳州隸之。又請安邑、解縣兩池榷鹽，每額輸省課，許之。[2]及郊禮畢，以友謙爲守太師、尚書令，進食邑至萬八千户。三年，賜姓，名繼麟，編入屬籍，賜之鐵券，恕死罪。[3]以其子令德爲遂州節度使，[4]令錫

爲許州節度使。一門三鎮，諸子爲刺史者六七人，將校剖竹者又五六人，[5]恩寵之盛，時無與比。

[1]同光：後唐莊宗李存勗年號（923—926）。　“同光元年”至“公之力也”：《宋本册府》卷一三三《帝王部·褒功門二》：“同光初，莊宗滅梁，友謙覲於洛陽。莊宗置宴饗勞，寵錫無算，親酌觴，屬友謙曰：‘成吾大業者，公之力也。’”

[2]慈：州名。治所在今山西吉縣。　隰：州名。治所在今山西隰縣。　絳州：州名。治所在今山西新絳縣。　安邑：縣名。治所在今山西運城市。中華書局本有校勘記：“‘安邑’二字原闕，據《册府》卷一六六、《通鑑》卷二七三補。”　解縣：縣名。治所在今山西運城市解州鎮。　“既歸藩”至“許之”：“每額輸省課”，中華書局本有校勘記：“《通鑑》卷二七三敘其事作‘每季輸省課’。按《舊唐書》卷一八二《王重榮傳》：‘舊事，河中節度兼榷使，每年額輸省課。’”《輯本舊史》卷一四六《食貨志》：“唐同光二年二月，詔曰：‘會計之重，鹹鹺居先，矧彼兩池，實有豐利。……宜令河中節度使冀王李繼麟兼充制置度支、安邑、解縣兩池榷鹽使。’”《宋本册府》卷一六六《帝王部·招懷門四》：“（同光元年）十一月，梁河中節度使、西平王朱友謙自河中至，見于玄德殿，進金鞍、名馬，帝慰勞加等，友謙乞割磁、隰依舊爲蒲之屬郡，乃以絳州隸之。又求爲安邑、解縣兩池榷鹽使，亦許之。”《宋本册府》卷四九四《邦計部·山澤門二》：“後唐莊宗同光二年二月勑：‘會計之重，鹹鹺是先。矧彼兩池，實有豐利。……宜令李繼麟兼充制置度支、安邑、解縣兩池榷鹽使，便可制置，一一條貫，所有合置官吏等，亦委自便選差。’”《通鑑》卷二七三同光二年（924）二月己卯條：“河中節度使李繼麟請榷安邑、解縣鹽，每季輸省課。己卯，以繼麟充制置兩池榷鹽使。”

[3]“及郊禮畢”至“恕死罪”：“三年”，中華書局本有校勘

記：“本書卷三〇《唐莊宗紀四》、《通鑑》卷二七二繫其事於同光元年。”見該年十一月條。《册府》卷一六六《帝王部·招懷門四》：“尋加守太師、尚書令，進邑至一萬八千户，西平王如故，又賜姓，名繼麟，兼賜鐵券，恕死罪。”

[4]遂州：州名。治所在今四川遂寧市。

[5]剖竹：即剖符。古代授官封爵，以竹符爲信，剖分爲二，一給本人，一留朝廷。泛指任命外官。

莊宗季年，稍怠庶政，巷伯伶官，干預國事。時方面諸侯皆行賂遺，或求賂於繼麟，雖僶俛應奉，不滿其請。且曰：“河中土薄民貧，厚貺難辦。”由是羣小咸怨，遂加誣搆。郭崇韜討巴、蜀，徵師於河中，繼麟令其子令德率師赴之。伶官景進與其黨搆曰：“昨王師初起，繼麟以爲討己，頗有拒命之意，若不除移，如國家有急，必爲後患。”郭崇韜既誅，宦官愈盛，遂搆成其罪，謂莊宗曰：“崇韜强項於蜀，蓋與河中響應。”繼麟聞之懼，將赴京師，面訴其事。其部將曰：“王有大功於國，密邇京城，羣小流言，何足介意。端居奉職，讒邪自銷，不可輕行。”繼麟曰：“郭公功倍於我，尚爲人搆陷，吾若得面天顔，自陳肝膈，則流言者獲罪矣。”四年正月，繼麟入覲。景進謂莊宗曰：“河中人有告變者，言繼麟與崇韜謀叛，聞崇韜死，又與李存乂搆逆，當斷不斷，禍不旋踵。”羣閹異口同辭，莊宗駭惑不能決。是月二十三日，授繼麟滑州節度使。是夜，令朱守殷以兵圍其第，擒之，誅於徽安門外。詔繼岌誅令德於遂州，王思同誅令錫於許州，命夏魯奇誅其族於河中。

初，魯奇至，友謙妻張氏率其家屬二百餘口見魯奇曰："請疏骨肉名字，無致他人横死。"將刑，張氏持先賜鐵券授魯奇曰："皇帝所賜也。"是時，百口塗地，冤酷之聲，行路流涕。[1]

[1]巷伯：宦官、太監。因居宫巷，故名。　伶官：古代樂人。後唐莊宗朝用伶人爲官，故稱伶官。事見《新五代史》卷三七。　郭崇韜：人名。代州雁門（今山西代縣）人。五代後唐大臣。傳見本書卷五七、《新五代史》卷二四。　巴：州名。治所位於今四川巴中市巴州區。　蜀：地區名。今四川地區。　景進：人名。籍貫不詳。五代後唐莊宗朝伶官。傳見《新五代史》卷三七。　李存乂：人名。李克用子，李存勗弟。同光三年（925）封睦王。後以郭崇韜之婿故爲莊宗李存勗所殺。傳見本書卷五一、《新五代史》卷一四。　滑州：州名。治所在今河南滑縣。　朱守殷：人名。籍貫不詳。五代後唐將領。傳見本書卷七四、《新五代史》卷五一。　徽安門：洛陽城北面以西之門。位於今河南洛陽市。　王思同：人名。幽州（今北京市）人。五代後唐將領。傳見本書卷六五、《新五代史》卷三三。　夏魯奇：人名。青州（今山東青州市）人。五代後唐將領。傳見本書卷七〇、《新五代史》卷三三。"莊宗季年"至"行路流涕"：《輯本舊史》之影庫本粘籤："河中，原本作'荷平'，今從《歐陽史》改正。""郭崇韜既誅"，中華書局本有校勘記："'既'原作'即'，據殿本、邵本校改。"《輯本舊史》之影庫本粘籤："遂州，原本作'還州'，今從《歐陽史》改正。"見《新五代史》卷四五《朱友謙傳》。《舊五代史考異》："案吴縝《纂誤》云：《史彦瓊傳》，友謙有子建徽被殺。《傳》止述二子，亦闕文也。"《册府》亦止述二子。又校勘記："許州，'州'字原闕，據殿本、劉本、邵本、《新五代史》卷四五《朱友謙傳》、《通鑑》卷二七四補。"《宋本册府》卷九三三《總録部・誣構門

二》："又詔繼岌殺令德於遂州，令王思同殺令錫於許州，令李紹奇赤其族於河中。紹奇至，友謙妻張氏盡率其族二百口，謂紹奇曰：'予骨肉不多，婢僕無罪，請疏其名籍，無致冤負。'因閲婢僕百餘人，以骨肉百餘口歸法。將就戮，張氏復入，持鐵券而出示紹奇曰：'此是皇帝去年所賜之物，婦人不知書，此上有何言語？'詔使慚而無對。良久，就戮，百口塗地，血流盈庭，怨酷之聲，聞於行路，人士至今冤之。""夏魯奇"，《册府》作"李紹奇"，蓋因其在莊宗時曾賜名爲李紹奇。

先是，河中衙城閽者夜見婦人數十，袨服靚粧，[1]僕馬炫耀，自外馳騁，笑語趨衙城。閽者不知其故，不敢詰，至門排騎而入，既而扃鎖如故，復無人迹，乃知妖鬼也。又繼麟夜登逍遥樓，聞哭聲四合，詰旦訊之，[2]巷無喪者，隔歲乃族誅。及明宗即位，始下詔昭雪焉。《永樂大典》卷二千三十一。[3]

[1]袨服靚粧：中華書局本有校勘記："'袨'原作'袛'，據殿本、劉本、《册府》卷九五一改。"見《宋本册府》卷九五一《總録部·咎徵門》朱繼麟條。

[2]逍遥樓：樓名。位於河中府（今山西永濟市）。　又繼麟夜登逍遥樓，聞哭聲四合，詰旦訊之：中華書局本有校勘記："'夜'字原闕，據《册府》卷九五一補。""旦"原作"日"，據《册府》卷九五一《總録部·咎徵門二》改。

[3]《大典》卷二〇三一"朱"字韻"姓氏"事目。《新輯會證》本傳後有注："《唐文續拾》卷七收許九言《故鳳翔節度使秦王贈尚書令李公楚國夫人高平朱氏墓誌銘並序》，朱氏爲友謙長女，因嫁秦王李茂貞子從曮而免于難。朱氏始號高平縣主，改封楚國夫人，乾祐二年卒，年五十一。"

令德，朱友謙之子也。[1]

[1]令德，朱友謙之子也：《輯本舊史》卷九《梁末帝紀中》貞明四年（918）六月甲辰條："以金紫光禄大夫、檢校司徒、歙州刺史令德爲忠武軍節度觀察留後。"卷二九《唐莊宗紀三》天祐十八年（921）三月條："同州節度使朱令德遣使勸進，請帝紹唐帝位，帝報書不允。"卷三三《唐莊宗紀七》同光三年（925）十二月壬戌條："以同州節度使、檢校太保、同平章事李令德爲遂州節度使。"因其父賜姓李，故令德亦隨之姓李。卷三四《唐莊宗紀八》同光四年二月壬子條："東川董璋奏，準詔誅遂州節度使李令德於本州，夷其族。"《通鑑》卷二七三同光三年九月庚子條："同州節度使李令德充行營副招討使。"卷二七四天成元年（926）正月庚申條："大軍之征蜀也，繼麟閲兵，遣其子令德將之以從。"同月庚辰條："詔魏王繼岌誅令德於遂州。"《故鳳翔節度使秦王贈尚書令李公楚國夫人高平朱氏墓誌銘並序》記友謙長女遠嫁鳳翔，幸免此難。

史臣曰：全義一逢亂世，十領名藩，而能免梁祖之雄猜，受莊宗之厚遇，雖由恭順，亦繫貨財。傳所謂"貨以藩身"者，全義得之矣。友謙嚮背爲謀，二三其德，考其行事，亦匪純臣。然全族之誅，禍斯酷矣，得非鬼神害盈，而天道惡滿乎！《永樂大典》卷二千三十一。[1]

[1]《大典》卷二〇三一"朱"字韻"姓氏"事目。

舊五代史　卷六四

唐書四十

列傳第十六

霍彦威

霍彦威，字子重，洺州曲周人也。[1]梁將霍存得之於村落間。[2]年十四，從征討。[3]存憐其爽邁，養爲己子。[4]存，《梁史》有傳。彦威未弱冠，爲梁祖所知，[5]擢在左右，漸升戎秩，亟立戰功。嘗中流矢，眇其一目。開平二年，自開封府押衙、右親從指揮使、檢校司空授右龍驤軍使。[6]三年，自右監門衛將軍授左天武軍使，[7]遷右監門上將軍。[8]乾化三年，與袁象先同誅朱友珪，梁末帝授洺州刺史，轉河陽留後。[9]乾化末，邠州留後李保衡背李茂貞以城歸梁，梁以彦威爲邠州節度使。[10]其年五月，茂貞遣將劉知俊率大軍攻之，彦威固守踰年，竟不能下。或得其俘，悉令放之，秦人懷其惠，遂無侵擾。[11]轉滑州節度使，移鎮鄆州，[12]兼北面

行營招討，[13]總大軍於河上。師徒屢敗，降授陝州留後。[14]

［1］洺州：州名。治所在今河北邯鄲市永年區。　曲周：縣名。治所在今河北曲周縣。　洺州曲周人也：《宋本册府》卷八六三《總録部・爲人後門》作“不知何許人”。

［2］霍存：人名。洺州曲周（今河北曲周縣東北）人。後梁將領。傳見本書卷二一、《新五代史》卷二一。

［3］年十四，從征討：《宋本册府》卷八六三《總録部・爲人後門》作：“年十四，初列於厮養，從存征戍。”

［4］養爲己子：《輯本舊史》之案語：“《通鑑注》以彦威爲霍存之子，與《薛史》異。”查未見。《輯本舊史》卷二一《霍存傳》則作“子彦威”。

［5］梁祖：即後梁太祖朱温。宋州碭山（今安徽碭山縣）人。五代後梁開國皇帝。907 年至 912 年在位。紀見本書卷一至卷七、《新五代史》卷一至卷二。

［6］開平：後梁太祖朱温年號（907—911）。　開封府：府名。治所在今河南開封市。　押衙：官名。即“押牙”。唐、五代時期節度使辟署的屬官。掌領方鎮儀仗侍衛。參見劉安志《唐五代押牙（衙）考略》，武漢大學魏晋南北朝隋唐史研究室編《魏晋南北朝隋唐史資料》第 16 輯，武漢大學出版社 1998 年版。　右親從指揮使：官名。唐、五代親從部隊指揮官。　檢校司空：官名。爲散官或加官，以示恩寵，無實際執掌。司空，與太尉、司徒並爲三公。　右龍驤軍使：官名。所部統兵將領。龍驤爲部隊番號。

［7］右監門衛將軍：官名。唐置，掌宫禁宿衛。唐代置十六衛，即左右衛、左右驍衛、左右武衛、左右威衛、左右領軍衛、左右金吾衛、左右監門衛、左右千牛衛，各置上將軍，從二品；大將軍，正三品；將軍，從三品。　左天武軍使：官名。所部統兵將領。天

武爲部隊番號。

[8]右監門上將軍：官名。即右監門衛上將軍。唐置十六衛之一，掌宫禁宿衛。從二品。"衛"字原闕，據《新五代史》卷四六《霍彦威傳》補。

[9]乾化：五代後梁太祖朱温年號（911—912）。末帝朱友貞沿用（913—915）。　袁象先：人名。宋州下邑（今河南夏邑縣）人。五代後梁將領，後投後唐。傳見本書卷五九、《新五代史》卷四五。　朱友珪：人名。後梁太祖朱温次子，殺朱温自立。後追廢爲庶人。事見本書卷八、《新五代史》卷三。　梁末帝：即後梁末帝朱友貞。後梁太祖朱温之子。913年至923年在位。紀見本書卷八至卷一〇、《新五代史》卷三。　刺史：官名。漢武帝時始置。州一級行政長官，總掌考核官吏、勸課農桑、地方教化等事。唐中期以後，節度使、觀察使轄州而設，刺史爲其屬官，職任漸輕。從三品至正四品下。　河陽：方鎮名。全稱"河陽三城"。治所在孟州（今河南孟州市）。　留後：官名。唐、五代節度使多以子弟或親信爲留後，以代行節度使職務，亦有軍士、叛將自立爲留後者。掌一州或數州軍政。

[10]邠州：州名。治所在今陝西彬縣。　李保衡：人名。楊崇本養子。事見本書本卷、卷八、卷一三，《新五代史》卷四〇。　李茂貞：人名。深州博野（今河北蠡縣）人。唐末、五代軍閥。傳見本書卷一三二、《新五代史》卷四〇。　節度使：官名。唐時在重要地區所設掌握一州或數州軍、民、財政的長官。　"乾化末"至"梁以彦威爲邠州節度使"：《輯本舊史》卷八《梁末帝紀上》貞明元年（915）四月條："以河陽留後霍彦威爲邠州節度使。"《通鑑》卷二六九貞明元年四月（乾化五年十一月始改元貞明）條："李繼徽假子保衡殺李彦魯，自稱静難留後，舉邠、寧二州來附。詔以保衡爲感化節度使，以河陽留後霍彦威爲静難節度使。"静難爲軍號，邠州爲治所。

[11]劉知俊：人名。徐州沛縣（今江蘇沛縣）人。唐末、五

代將領。傳見本書卷一三、《新五代史》卷四四。　秦人：此處代指李茂貞軍隊。　“其年五月”至“遂無侵擾”：《輯本舊史》卷八《梁末帝紀上》貞明元年五月條：“是月，鳳翔李茂貞遣僞署涇州節度使劉知俊率師攻邠州，以李保衡歸順故也。自是，凡攻圍十四月，節度使霍彦威、諸軍都指揮使黄貴堅守捍寇，會救軍至，岐人乃退。”

[12]滑州：州名。治所在今河南滑縣。　鄆州：州名。治所在今山東東平縣。　移鎮鄆州：《輯本舊史》卷九《梁末帝紀中》貞明三年正月己卯條：“以宣義軍節度副大使、知節度事、北面行營副招討等使、特進、檢校太傅霍彦威爲天平軍節度副大使、知節度事。”宣義爲滑州節度軍號，天平爲鄆州節度軍號。

[13]北面行營招討：武官名。五代自後梁至後周均設行營招討使，負責某一路、某一道或某一方征討、招撫之事。掌管區域較大而且長官資深者，則委以諸道行營都招討使和副都招討使，否則爲行營招討使和副招討使。

[14]陜州：州名。治所在今河南三門峽市陜州區。　降授陜州留後：《通鑑》卷二七一龍德元年（921）四月條：“陳州刺史惠王友能反，舉兵趣大梁，詔陜州留後霍彦威、宣義節度使王彦章、控鶴指揮使張漢傑將兵討之。友能至陳留，兵敗，走還陳州，諸軍圍之。”

莊宗入汴，[1]彦威自陜馳至請罪，詔釋之。一日，莊宗於崇元殿宴諸將，彦威與段凝、袁象先等預會。酒酣，莊宗舉酒屬明宗曰：“此席宴客，皆吾前歲之勁敵也，一旦與吾同宴，蓋卿前鋒之効也。”彦威等伏陛謝罪，莊宗曰：“與卿話舊，無足畏也。”因賜御衣、器幣，盡歡而罷。[2]尋放歸藩。[3]

[1]莊宗：即後唐莊宗李存勗。沙陀部人。五代後唐王朝的建立者。923年至926年在位。紀見本書卷二七至卷三四、《新五代史》卷五。　汴：州名。治所在今河南開封市。

[2]崇元殿：五代後梁開平元年（907）改汴京正殿爲崇元殿。位於今河南開封市。　段凝：人名。開封（今河南開封市）人。五代後梁將領，其妹爲朱温美人，因其妹而爲朱温親信。後投後唐。傳見本書卷七三、《新五代史》卷四五。　明宗：李嗣源，沙陀部人，應州金城（今山西應縣）人。李克用養子，逼宫李存勗後自立爲後唐皇帝。926年至933年在位。紀見本書卷三五至卷四四、《新五代史》卷六。　“一日”至“盡歡而罷”：《新五代史》卷四六《霍彦威傳》，“彦威等伏陛謝罪”作“彦威等惶恐伏地請死”，並云：“莊宗勞之曰：‘吾與總管（指明宗）戲爾，卿無畏也。’賜姓名曰李紹真。”《輯本舊史》卷三〇《唐莊宗紀四》繫賜宴事於同光元年（923）十月己亥條，不記賜姓名事。

[3]尋放歸藩：《輯本舊史》卷三〇《唐莊宗紀四》同光元年十一月辛酉條：“以鎮國軍留後、檢校太傅霍彦威爲保義軍節度留後。”鎮國爲梁陝州節度軍號，保義爲唐陝州節度軍號。

明年，從明宗平潞州，授徐州節度使。[1]契丹犯塞，莊宗以明宗爲北面招討使，命彦威爲副。[2]彦威善言論，頗能接奉，明宗尤重之。趙太叛於邢州，奉詔討平之。[3]時趙在禮據魏州，與明宗會兵於鄴下，[4]大軍夕亂，明宗爲其所逼，彦威從入魏州。[5]皇甫暉等尤忌彦威，[6]欲殺之，彦威機辯開説，竟免。及出，彦威部下兵士獨全，衛護明宗至魏縣。[7]時明宗欲北趨常山，彦威與安重誨懇請赴闕。[8]從至洛陽，彦威首率卿相勸進於至德宫。[9]旬日之間，内外機事，皆決於彦威。擅收

段凝、温韜下獄，[10]將置於法。安重誨曰："温、段罪惡，負於梁室，衆所知矣。今主上克平内艱，冀安萬國，豈爲公報仇耶？"至天成初，[11]除鄆州節度使。值青州王公儼拒命，改平盧軍節度，[12]至鎮，擒公儼，斬之。[13]明年冬，肆覲於汴州，明宗接遇甚厚，累官至檢校太尉、兼中書令。[14]三年冬，卒於理所，年五十七。奏至之日，明宗方出近郊。忽聞奏訃，掩泣歸宫，輟朝三日，至月終不舉樂。[15]册贈太師、晋國公，[16]謚曰忠武。子承訓，弟彦珂，[17]累歷刺史。皇朝乾德中，[18]立明宗廟於洛州，[19]詔以彦威配饗廟庭。《永樂大典》卷一萬八千一百二十九。[20]

[1]潞州：州名。治所在今山西長治市。　徐州：州名。治所在今江蘇徐州市。　"明年"至"授徐州節度使"：《輯本舊史》卷三一《唐莊宗紀五》同光二年（924）四月丙申條："潞州小校楊立據城叛，以李嗣源爲招討使，陝州留後李紹真爲副，率師以討之。"同書卷三二《唐莊宗紀六》同光二年五月丙寅條："李嗣源奏收復潞州。"同年六月丙子條："李嗣源遣使部送潞州叛將楊立等到闕，並磔於市。潞州城峻而隍深，至是帝命剗平之，因詔諸方鎮撤防城之備焉。"同月丙戌條："以前保義軍留後李紹真爲徐州節度使。"

[2]契丹：古部族、政權名。公元4世紀中葉宇文部爲前燕攻破，始分離而成單獨的部落，自號契丹。唐貞觀中，置松漠都督府，以其首領爲都督。唐末强盛，916年迭剌部耶律阿保機建立契丹國（遼）。先後與五代、北宋並立，保大五年（1125）爲金所滅。參見張正明《契丹史略》，中華書局1979年版。　北面招討使：官名。不常置，爲一路或數路地區統兵官。掌招撫、討伐等

事。兵罷則省。　“契丹犯塞”至“命彦威爲副”：《輯本舊史》及《通鑑》皆繫此事於同光二年正月，在平潞州之前。《輯本舊史》卷三一《唐莊宗紀五》同光二年正月甲辰條：“幽州上言，契丹入寇至瓦橋，以天平軍節度使李嗣源爲北面行營都招討使，陝州留後霍彦威爲副，率軍援幽州。”同月癸丑條：“幽州北面軍前奏，契丹還塞，詔李嗣源班師。”《通鑑》卷二七三同光二年正月甲辰條略同。

［3］趙太：人名。籍貫不詳。五代後唐將領。事見本書卷三四、《新五代史》卷四六。　邢州：州名。治所在今河北邢臺市。　趙太叛於邢州，奉詔討平之：《輯本舊史》卷三一《唐莊宗紀五》同光二年四月庚辰條：“庚辰，賜霍彦威姓，名曰紹真。”《通鑑》卷二七三同光二年四月庚辰條：“庚辰，賜前保義留後霍彦威姓名李紹真。”又，《輯本舊史》卷三四《唐莊宗紀八》同光四年二月庚子條：“邢州左右步直軍四百人據城叛，推軍校趙太爲留後，詔東北面副招討使李紹真率兵討之。”同年三月丁未條：“李紹真奏，收復邢州，擒賊首趙太等二十一人，狥於鄴都城下，皆磔於軍門。”“趙太”，《輯本舊史》之影庫本粘籤：“趙太，原本作‘趙木’，今從《歐陽史》改正。”見《新五代史》卷四六《霍彦威傳》。《輯本舊史》卷三四《唐莊宗紀八》同光四年二月庚子條、三月丁未（應爲丁巳）條本作“趙太”。同月庚戌（應爲庚申）條：“李紹真自邢州赴鄴都城下。”《通鑑》卷二七四同光四年三月丁巳、庚申條：“三月丁巳朔，李紹真奏克邢州，擒趙太等。庚申，紹真引兵至鄴都，營於城西北，以太等徇於鄴都城下而殺之。”按，《輯本舊史》卷三四《唐莊宗紀八》同光四年三月干支有誤，三月丁未應爲丁巳（初一），同月庚戌應爲庚申（初四）。

［4］趙在禮：人名。涿州（今河北涿州市）人。五代後唐、後晉將領。傳見本書卷九〇、《新五代史》卷四六。　魏州：州名。治所在今河北大名縣。　鄴：地名。即鄴都。治所在今河北大名縣。五代後唐同光元年，改魏州爲興唐府，建號東京，三年改東京

爲鄴都。

［5］彦威從入魏州：《舊五代史考異》："案《歐陽史》：明宗擁兵入城，彦威獨不入，與《薛史》異。"《新五代史》卷四六《霍彦威傳》："彦威與安重誨勸明宗許之，乃擁兵入城，與在禮合，彦威獨不入。"明本《册府》卷一一《帝王部·繼統門三》："時霍彦威所將鎮州兵五千人營西北隅，一軍獨不亂，聞帝得出，又本藩使長也，其將校相率歸帝，繇是牙軍稍集。"亦似彦威未入城。

［6］皇甫暉：人名。魏州（今河北大名縣）人，五代藩鎮將領。傳見本書附録、《新五代史》卷四九。

［7］魏縣：縣名。治所在今河北魏縣。

［8］常山：即鎮州，治所在今河北正定縣。　安重誨：人名。應州（今山西應縣）人。五代後唐大臣。傳見本書卷六六、《新五代史》卷二四。

［9］洛陽：地名。即今河南洛陽市。　至德宫：宫名。五代後唐天成元年（926）築。位於今河南洛陽市。

［10］温韜：人名。京兆華原（今陝西銅川市耀州區）人。唐末李茂貞部將，五代後梁、後唐將領。傳見本書卷七三、《新五代史》卷四〇。

［11］天成：後唐明宗李嗣源年號（926—930）。

［12］青州：州名。治所在今山東青州市。　王公儼：人名。籍貫不詳。五代後唐將領。事見本書卷三七。　平盧軍：方鎮名。治所在青州（今山東青州市）。

［13］擒公儼，斬之：《舊五代史考異》："案《歐陽史》：彦威徙鎮平盧，朱守殷反，伏誅。考朱守殷反，明宗遣范延光馳兵斬之，非由彦威之力，宜以《薛史》所載爲得其實。"《新五代史》卷四六《霍彦威傳》："彦威徙鎮平盧。朱守殷反，伏誅，彦威遣使者馳騎獻兩箭爲賀，明宗賜兩箭以報之。"可知此處《新五代史》所載爲霍彦威在平盧任上以兩箭賀明宗誅朱守殷，而《舊五代史考異》以爲霍彦威本人平朱守殷，誤。又，《輯本舊史》卷三六《唐

明宗紀二》天成元年（926）五月丙辰條："徐州節度使李紹真等上言，'前朝寵賜姓名，今乞還舊。……詔並可之，李紹真復曰霍彥威'。"

[14]檢校太尉：官名。爲散官或加官，以示恩寵加此官，無實際執掌。太尉，與司徒、司空並爲三公。　中書令：官名。漢代始置，隋、唐前期爲中書省長官，屬宰相之職；唐後期多爲授予元勳大臣的虛銜。正二品。

[15]"三年冬"至"至月終不舉樂"：《舊五代史考異》："案《五代會要》：天成四年六月敕：'故平盧軍節度使霍彥威，勛名顯著，宅兆已營，爰遵定謚之規，俾議送終之制，宜以三公禮葬。'"此據《會要》卷一一功臣條。

[16]太師：官名。與太傅、太保合稱三師，唐後期、五代多爲大臣、勳貴加官。正一品。

[17]承訓：人名。即霍承訓。事迹不詳。　彥珂：人名。即霍彥珂。事迹不詳。

[18]乾德：宋太祖趙匡胤年號（963—968）。

[19]立明宗廟於洛州："洛州"，中華書局本有校勘記："原作'洛川'，據殿本、劉本、邵本改。"

[20]《大典》卷一八一二九"將"字韻"後唐將（二）"事目。

王晏球

王晏球，字瑩之，自言洛都人。[1]少遇亂，爲蔡賊所掠，汴人杜氏畜之爲子，[2]因冒姓杜氏。晏球少沉勇有斷，倜儻不羣。梁祖之鎮汴也，選富家子有材力者置之帳下，號曰"廳子都"。[3]晏球預選，從梁祖征伐，所至立功，累遷廳子都指揮使。[4]梁開平三年，自開封府

押衙充直左耀武指揮使，授右千牛衛將軍，[5]軍職如故。朱友珪之篡位也，懷州龍驤守禦軍作亂，欲入京城，已至河陽，[6]友珪命晏球出騎迎戰擊亂軍，獲軍使劉重遇，以功轉左龍驤第一指揮使。[7]

[1]洛都：即洛陽。

[2]蔡賊：指秦宗權。許州（今河南許昌市）人。唐末軍閥。傳見《舊唐書》卷二〇〇下、《新唐書》卷二二五下。　杜氏：人名。汴州（今河南開封市）人。王晏球養父。

[3]號曰"廳子都"：《舊五代史考異》："案《清異録》：宣武廳子都，尤勇悍，其弩張一大機，則十二小機皆發，用連珠大箭，無遠不及，晋人極畏此。"此據《清異録》卷上《武器門》。又，《輯本舊史》之影庫本粘籤："廳子都，原本作'聽于都'，今從《通鑑》注所引《薛史》改正。"《通鑑》卷二六七乾化元年（911）二月庚午條胡注："梁祖選富家子有材力者置帳下，號廳子都。薛居正曰：太祖置廳子都，最爲親軍。"《新五代史》卷四六《王晏球傳》亦作"廳子都"。

[4]指揮使：官名。唐末、五代軍隊多置都指揮使、指揮使，爲統兵將領。

[5]左耀武指揮使：官名。唐末、五代軍隊統兵將領。耀武爲部隊番號。　右千牛衛將軍：官名。唐置十六衛之一，掌宫禁宿衛。從三品。

[6]懷州：州名。治所在今河南沁陽市。

[7]軍使：官名。掌領本軍軍務，或兼理地方政務。　劉重遇：人名。籍貫不詳。五代後梁將領。事見本書本卷、卷八，《新五代史》卷四五。

梁末帝嗣位，以晏球爲龍驤四軍都指揮使。[1]貞明

二年四月十九日夜，汴州捉生都將李霸等作亂，縱火焚剽，攻建國門，[2]梁末帝登樓拒戰。晏球聞亂，先得龍驤馬五百騎屯於鞠場，[3]俄而亂兵以竿曁麻布沃油焚建國樓，[4]勢將危急。晏球隔門窺亂兵，[5]見無甲胄，即出騎擊之，奮力血戰，[6]俄而羣賊散走。梁末帝見騎軍討賊，呼曰："非吾龍驤之士乎？"晏球奏曰："亂者惟李霸一都，陛下但守宫城，遲明臣必破之。"[7]既而晏球盡戮亂軍，全營族誅，以功授單州刺史。[8]尋領軍於河上，爲行營馬軍都指揮兼諸軍排陣使。[9]

[1]龍驤四軍都指揮使：官名。龍驤爲五代後晋禁軍名。唐末五代軍隊皆置都指揮使、指揮使，爲領兵將領。

[2]貞明：五代後梁末帝年號（915—921）。　捉生：部隊番號。　都將：即軍將。官名。唐、五代時節度使屬將。　李霸：人名。籍貫不詳。五代後梁將領。事見本書本卷、卷八，《新五代史》卷四六。　建國門：宫城門。爲開封皇城南門。位於今河南開封市。

[3]鞠場：蹴鞠場地。　先得龍驤馬五百騎屯於鞠場：中華書局本有校勘記："'騎'字原闕，據《册府》卷三六〇、《新五代史》卷四六《杜晏球傳》、《通鑑》卷二六九補。"此據《宋本册府》卷三六〇《將帥部·立功門一三》、《新五代史》卷四六《王晏球傳》、《通鑑》卷二六九貞明二年（916）四月癸卯條。按，《新五代史》卷四六爲《王晏球傳》，中華書局本訛爲"《杜晏球傳》"，蓋因其嘗冒姓杜氏之故。

[4]建國樓：後梁都城開封宫城正南門樓，位於今河南開封市。《宋本册府》卷三六〇、《新五代史》卷四六《王晏球傳》均作"建國門"。《通鑑》卷二六九貞明二年四月癸卯條：亂兵"攻建國

門，帝登樓拒戰。龍驤四軍都指揮使杜晏球以五百騎屯毬場，賊以油沃幕，長木揭之，欲焚樓”。胡注：“建國門，大梁宮城正南門。”帝所登之樓胡注“謂建國門樓也”。可知本傳建國樓即建國門樓之簡稱。

[5]晏球隔門窺亂兵：中華書局本有校勘記：“‘亂兵’原作‘兵亂’，據殿本、孔本、邵本校、彭校、《册府》卷三六〇改。影庫本批校：‘“亂兵”訛“兵亂”。’”《宋本册府》卷三六〇《將帥部·立功門一三》作“亂卒”，與“亂兵”同義。

[6]即出騎擊之，奮力血戰：《宋本册府》卷三六〇《將帥部·立功門一三》：“即出騎擊之，亂兵北走，屯國門下，晏球奮力血戰。”

[7]“晏球奏曰”至“遲明臣必破之”：《宋本册府》卷三六〇《將帥部·立功門一三》：“晏球曰：‘臣已敗賊，請陛下勿憂。’”宮城，《輯本舊史》之影庫本粘籤：“原本作‘官城’，今從《通鑑》改正。”此據《通鑑》卷二六九貞明二年四月癸卯條，原文曰：“陛下但帥控鶴守宮城。”《新五代史》卷四六《王晏球傳》亦作“宮城”。

[8]單州：州名。治所在今山東單縣。　以功授單州刺史：“單州”，《宋本册府》卷三六〇《將帥部·立功門一三》、《通鑑》卷二六九貞明二年四月癸卯條俱作“單州”。《新五代史》卷四六《王晏球傳》作“澶州”，但原文注：“古本作單。”

[9]行營馬軍都指揮：官名。即行營馬軍都指揮使。行營馬軍長官。五代軍隊編制，五百人爲一指揮，設指揮使、副指揮使；十指揮爲一軍，設都指揮使、副都指揮使。　諸軍排陣使：官名。唐節度使所屬武官中有排陣使，五代後梁時設於諸軍，爲先鋒之職。參見王軼英《中國古代排陣使述論》，《西北大學學報》2010年第6期。

莊宗入汴，晏球率騎軍入援。至封丘，[1]聞梁末帝

殂，即解甲降於莊宗。明年，與霍彦威北捍契丹，授齊州防禦使、北面行營馬軍都指揮使，[2]仍賜姓氏，名紹虔。鄴之亂，明宗入赴内難，晏球時在瓦橋，[3]遣人招之。明宗至汴，晏球率騎從至京師，以平定功授宋州節度使，[4]上章求還本姓名。天成二年，授北面行營副招討使，[5]以兵戍滿城。[6]是歲，[7]王都據定州叛，[8]契丹遣奚首領秃餒率騎千餘來援都，[9]突入定州，晏球引軍保曲陽。[10]王都、秃餒出軍拒戰，晏球督厲軍士，令短兵擊賊，戒之曰："迴首者死。"符彦卿以龍武左軍攻其左，[11]高行周以龍武右軍攻其右，[12]奮劍揮檛，應手首落，賊軍大敗於嘉山之下，[13]追襲至於城門。俄而契丹首領惕隱率勇騎五千至唐河。[14]是時大雨，晏球出師逆戰，惕隱復敗。追至易州，[15]河水暴漲，所在陷没，俘獲二千騎而還。惕隱以餘衆北走幽州，趙德鈞令牙將武從諫以騎邀擊。[16]德鈞分扼諸要路，旬日之内，盡獲惕隱已下酋長七百餘人，契丹遂弱。[17]晏球圍城既久，帝遣使督攻城，晏球曰："賊壘堅峻，但食三州租税，撫恤黎民，愛養軍士，彼自當魚潰。"帝然其言。

[1]封丘：縣名。治所在今河南封丘縣。

[2]齊州：州名。治所在今山東濟南市。　防禦使：官名。唐代始置，設有都防禦使、州防禦使兩種。常由刺史或觀察使兼任，實際上爲唐代後期州或方鎮的軍政長官。

[3]瓦橋：即瓦橋關。位於今河北雄縣西南。唐置。五代後晋初地入契丹。後周顯德六年（959）收復，建爲雄州。與益津關、淤口關合稱三關。

[4]宋州：州名。治所在今河南商丘市睢陽區。　以平定功授宋州節度使：明本《册府》卷一二八《帝王部·明賞門二》，天成元年（926）"七月，宋州節度使王晏球與護駕親軍都指揮使張虔釗攻定州，帝令中使押御馬二匹賜晏球、虔釗"。

[5]天成二年，授北面行營副招討使："使"字原闕，據《宋本册府》卷三六〇《將帥部·立功門一三》、《通鑑》卷二七六天成三年四月癸巳條補。明本《册府》卷四一〇《將帥部·壁壘門》："王晏球，爲北面招討副使。天成二年九月，奏准宣差兵士，築城於閻溝店。初，詔城良鄉，復設壁於此，蓋取幽涿之中塗，以備鮮卑之抄掠也。"

[6]滿城：縣名。治所在今河北保定市滿城區。

[7]是歲：中華書局本有校勘記："按本書卷三九《唐明宗紀五》、《新五代史》卷六《唐本紀》、《通鑑》卷二七六繫其事於天成三年。"明本《册府》卷一二三《帝王部·征討門三》，天成"三年四月，北面副招討使王晏球以定州節度使王都反狀聞。……制：北面行營權副招討、歸德軍節度使王晏球，可充北面招討使、權知定州軍州事、北面行營馬軍都指揮"。同書卷一二八《帝王部·明賞門二》："（天成三年）六月，招討王晏球獻曲陽之捷，令殿直陳知隱押銀腰帶鞍轡，賜北面立功將校。"同書卷四三五《將帥部·獻捷門二》，天成三年"七月己丑，北面招討使、定州刺史王晏球獻所獲戎馬一百匹。甲子，晏球使人馳報：'十九日，契丹七十騎來援定州，遂逆戰於唐河北，敗之，襲至蒲城，又掩殺二千級，捉馬千匹。'内外稱賀。己巳，驛騎入報：'二十一日，又於陽州掩殺契丹四十餘里，擒獲殆盡。'"

[8]王都：人名。原名劉雲郎。中山陘邑（今河北定州市）人。妖人李應之送與王處直爲養子，改姓名爲王都。後爲義武軍節度使。傳見本書卷五四、《新五代史》卷三九。　定州：州名。治所在今河北定州市。　王都據定州叛：《舊五代史考異》："案《通鑑》：遣人説北面副招討王晏球，晏球不從，乃以金遺晏球帳下，

使圖之，不克。癸巳，晏球以都反狀聞。壬寅，以王晏球爲北面招討使，權知定州行州事。”此據《通鑑》卷二七六天成三年四月癸巳、壬寅條，原文曰：“又遣人説北面副招討使、歸德節度使王晏球，晏球不從；乃以金遺晏球帳下，使圖之，不克。癸巳，晏球以都反狀聞，詔宣徽使張延朗與北面諸將議討之。……壬寅，以王晏球爲北面招討使，權知定州行州事。” “叛”，中華書局本有校勘記：“‘叛’字原闕，據《册府》卷四五、卷三八七、卷四〇五補。按孔本注：‘案：以下疑有闕文。’” 此據《宋本册府》卷四五《帝王部·權略門》、卷三八七《將帥部·褒異門一三》及明本《册府》卷四〇五《將帥部·識略門》。《宋本册府》卷三六〇《將帥部·立功門一三》作“王都謀叛，據定州”，下有“乃以晏球爲招討使攻之時都北連契丹”十六字，疑即闕文。

[9]奚：中古時代居住在今中國東北地區的少數民族。傳見《舊唐書》卷一九九下、《新唐書》卷二一九。詳見王凱《20 世紀 80 年代以來奚族研究綜述》，《東北史地》2011 年第 1 期；畢德廣《唐代奚族居地的變遷》，《中國歷史地理論叢》2014 年第 1 期；畢德廣《遼代奚境變遷考論》，《中國邊疆史地研究》2014 年第 3 期；王麗娟《奚族文獻史料探究》，《宋史研究論叢》2015 年第 2 期。

秃餒：人名。奚人。契丹將領。事見《通鑑》卷二七六。 契丹遣奚首領秃餒率騎千餘來援都：中華書局本有校勘記：“‘契丹’二字原闕，據殿本、劉本、孔本、邵本校、彭校、《册府》卷三六〇、《新五代史》卷三九《王都傳》補。”“奚首領”原闕，據《宋本册府》卷三六〇《將帥部·立功門一三》補。《宋本册府》卷九八七《外臣部·征討門六》：“（天成三年）四月，定州王都作亂，求援於契丹，耶律德光遂陷平州，遣秃餒以騎五千援都於中山。北面行營招討使王晏球破之於曲陽，秃餒走保賊城。”

[10]曲陽：縣名。治所在今河北曲陽縣。

[11]符彦卿：人名。陳州宛丘（今河南淮陽縣）人。後周、宋初將領。周世宗宣懿皇后、宋太宗懿德皇后，皆符彦卿女。傳見

《宋史》卷二五一。　龍武左軍：禁軍番號。唐代所置左、右神武天騎，左、右羽林，左、右龍武等六軍，稱“北衙六軍”。

[12]高行周：人名。嬀州懷戎（今河北懷來縣）人。五代後唐至後周將領。傳見本書卷一二三、《新五代史》卷四八。　高行周以龍武右軍攻其右：《舊五代史考異》：“案：《歐陽史》作高行珪。”此據《新五代史》卷四六《王晏球傳》。《輯本舊史》卷三八《唐明宗紀四》天成二年五月癸亥條：“以前復州刺史高行周爲右龍武統軍。”同年九月己未條：“以前雲州節度使高行珪爲鄧州節度使。”《宋本册府》卷四五《帝王部·權略門二》、卷三六〇《將帥部·立功門一三》亦作“高行周”，可知當作“高行周”爲是。

[13]嘉山：地名。位於今河北曲陽縣東北。

[14]惕隱：官名。出自契丹語。遼朝惕隱主要分爲兩類。中央惕隱掌管皇族教化和皇族户籍；地方惕隱，即遼朝在各部族及屬國屬部設置的惕隱，各部族的惕隱配合部族節度使管理部族事務，屬國屬部惕隱一般爲該部酋長。參見鞠賀《遼朝惕隱研究》，《西北民族大學學報》2019 年第 1 期。　唐河：水名。源自今河北唐縣北，南流經唐縣東，至今定州市北入滱水。　俄而契丹首領惕隱率勇騎五千至唐河：《舊五代史考異》：“案：《歐陽史》作七千騎。”此據《新五代史》卷四六《王晏球傳》。《宋本册府》卷九八七《外臣部·征討門六》天成三年六月，“詔王晏球攻取定州，詔達怛及諸蕃東入契丹界以張軍勢”；“七月，契丹遣惕隱率七千騎救定州”。

[15]易州：州名。治所在今河北易縣。

[16]幽州：州名。治所在今北京市。　趙德鈞：人名。幽州（今北京市）人。初爲幽州節度使劉守光部將，後爲後唐將領，後又投降遼國。傳見本書卷九八。　牙將：官名。唐朝節度使的親兵，爲藩鎮軍隊中的精鋭部隊。　武從諫：人名。太原（今山西太原市）人，符存審副將。事見本書卷一二一及《新五代史》卷一九。

[17]盡獲惕隱已下酋長七百餘人，契丹遂弱：《宋本册府》卷九八七《將帥部·獻捷門二》作：“生擒首領惕隱等五十餘人，接

殺皆盡。”同書卷四五《帝王部·權略門》：“明宗天成末，王都據定州叛，契丹王遣原知感等九人將騎三萬援都，嘉山之戰，爲王晏球、符彦卿、高行周追擊敗之，至幽州界，並爲趙德鈞所擒，獻於京師。諸將請誅之，帝曰：‘此八九人，胡之驍將也，彼以死報主，蕃中絶望也。不如留之，以愧其情，必紓邊患。’長興中，乃賜姓名，易蕃號。”同書卷八一《帝王部·慶賜門三》：“王晏球馳報已獲王都首級，生禽契丹秃餒等二千餘人。”明本《册府》卷一二《帝王部·告功門》：“明宗天成四年二月，王晏球平定州王都，獻俘馘。帝御咸安樓受之。刑部侍郎張文寶奏曰：‘逆賊王都首級，請付所司。’大理卿蕭希甫受之以出，獻于郊社畢，於街市號令王都男四人、弟一人，秃餒父子二人並磔於開封橋，文武百官稱賀于樓前。”同書卷四三五《將帥部·獻捷門二》，天成四年“二月乙巳，北面馳報：‘是月三日，收復定州。’帝大悦。……戊申，宴群臣於玉華殿，樂作，王晏球馳報：‘已獲王都首級，生擒契丹秃餒等二千餘人。’宴罷，賜物加等。辛酉，定州獻俘馘”。

晏球能與將士同其甘苦，所得禄賜私財，盡以饗士，日具飲饌，與將校筵宴，待軍士有禮，軍中無不敬伏。其年冬，平賊。自初戰至於城拔，不戮一士，上下歡心，物議以爲有將帥之略，以功授天平軍節度使。[1]未幾，移鎮青州，就加兼中書令。[2]長興三年，卒於鎮，時年六十。[3]贈太尉。[4]

[1]天平軍：方鎮名。治所在鄆州（今山東東平縣）。　以功授天平軍節度使：亦見明本《册府》卷四〇五《將帥部·識略門四》。《輯本舊史》卷四〇《唐明宗紀六》天成四年（929）二月辛亥條：“以北面行營招討使、宋州節度使王晏球爲鄆州節度使，加兼侍中。”天平爲軍號，鄆州爲治所。可知其出鎮時間。明本《册

府》卷一二八《帝王部·明賞門二》，天成“四年二月辛亥，下制曰：‘朕嘗披國史，備閱軍功，裴度之破淮西，無遺廟筭；石雄之攻山北，益展皇威。莫不仰遺烈於祖宗，委全才於將相。而自中山逆命，外域朋姦，奪戎旅以鷹揚，屠賊城而魚爛。夕聞告捷，明賞殊勳，竭忠建策，興復功臣。北面行營招討、歸德軍節度、宋亳單潁等州觀察處置、亳州太清宫等使、權知定州軍州事、特進檢校太傅、同中書門下平章事、使持節宋州諸軍事、宋州刺史、上柱國、瑯琊郡開國侯、食邑一千户王晏球，長劍倚天，洪河帶地，居萬夫之長，擅三傑之名，黄石兵書，運子房之籌略；清淮公族，興仲爽之源流。自統雄師，往收逆壘，摧曲陽之堅陣，厭滱水以驚波。爰築室以反耕，攻圍雉堞；果折骸而易子，傾覆烏巢。招降之士庶數千，撲之兇狂非一，王都授首，秃餒生擒，火焚而惡蔓皆除，雷掃而妖氛併息，諒兹丕績，宜降優恩，廼眷汶陽，實惟巨鎮。據犬牙之内地，當馬頰之要津，是命疇以勳庸，福其黎庶，進公國之品秩，崇藩后之等威。俾濬鳳池，仍加蟬冕，帷幄共推於重席，井田兼别於真封。於戲！解甲休兵，實歸於上將，安民和衆，議伏於賢臣。永保令猷，無替朕命。可依前檢校太傅兼侍中、使持節鄆州諸軍事、守鄆州刺史、充天平軍節度、齊棣等州觀察處置使，仍進封開國公，加食邑一千五百户，食實封一百户。’”

［2］未幾，移鎮青州，就加兼中書令：《輯本舊史》卷四一《唐明宗紀七》長興元年三月丙子條：“鄆州節度使王晏球移鎮青州。”同書卷四三《唐明宗紀九》長興三年（932）七月己丑條：“青州節度使王晏球加兼中書令。”《宋本册府》卷六八九《牧守部·革弊門》：“王晏球，長興中爲青州節度使，奏：‘臣所部州縣，點檢到見役節級所由等四千五百餘人，今留合充役者二千八百人，餘並放歸農訖。’明宗優詔褒之。”

［3］長興：後唐明宗李嗣源年號（930—933）。　長興三年，卒於鎮，時年六十：《輯本舊史》卷四三《唐明宗紀九》長興三年八月辛亥條：“青州節度使王晏球卒，廢朝二日。”《舊五代史考

異》:“案:《歐陽史》作年六十二。”此據《新五代史》卷四六《王晏球傳》。

[4]太尉:官名。與司徒、司空並爲三公,唐後期、五代多爲大臣、勳貴加官。正一品。

子徹,[1]位至懷州刺史。《永樂大典》卷一萬八千一百二十九。[2]

[1]徹:人名。即王徹。曾任隰州刺史。後因犯贜伏法。事見本書卷九三《張仁愿傳》。

[2]《大典》卷一八一二九“將”字韻“後唐將(二)”事目。

戴思遠

戴思遠,本梁之故將也。初事梁祖,以武幹知名。開平元年,自右羽林統軍加檢校司徒,出爲晉州刺史。[1]二年,授右監門上將軍,尋改華州防禦使。[2]三年,自左天武使復授右羽林統軍。[3]郢王友珪篡位,授洺州團練使。[4]貞明中,爲邢州留後,遷本州節度使。屬燕將張萬進殺滄州留後劉繼威,[5]以城歸梁,末帝命思遠鎮之。莊宗平定魏博,以兵臨滄德,[6]思遠棄鎮渡河歸汴,[7]累遷天平軍節度使兼北面招討使,將兵與莊宗對壘。久之,莊宗討張文禮於鎮州,契丹來援,莊宗追襲契丹至幽州。思遠聞之,總兵以襲魏州,至魏店,遇明宗騎軍適至,思遠乃涉洹水,陷成安,復歸楊村

砦，盡率其衆，攻德勝北城。城中危急，符存審晝夜乘城以拒之。[8]莊宗自薊五日馳至魏州，[9]思遠聞之解去。及明宗襲下鄆州，思遠罷軍權，[10]降授宣化軍留後。[11]

[1]右羽林統軍：官名。唐代右羽林軍統兵官。唐置六軍，分左、右羽林，左、右龍武，左、右神武，即"北衙六軍"。興元元年（784），六軍各置統軍，以寵功勳臣。其品秩，《唐會要》卷七一、《舊唐書》卷一二記載爲"從二品"，《通鑑》卷二二九記載爲"從三品"。　檢校司徒：官名。爲散官或加官，以示恩寵，無實際執掌。　晋州：州名。治所在今山西臨汾市。

[2]右監門上將軍：官名。唐置，掌宫禁宿衛。唐代置十六衛之一。從二品。　華州：州名。治所在今陝西渭南市華州區。

[3]左天武使：官名。即左天武指揮使。所部統兵將領。左天武爲部隊番號。

[4]團練使：官名。唐代中期以後，於不設節度使的地區設團練使，掌本區各州軍事。　授洺州團練使：《輯本舊史》之影庫本粘籤："洺州，原本作'洛州'，今從《歐陽史》改正。"此未知所據具體内容。

[5]張萬進：人名。雲州（今山西大同市）人。唐末、五代將領。傳見本書卷一三。明本《册府》卷四五〇《將帥部·失守門》作"張方進"，因《輯本舊史》有《張萬進傳》，故《册府》誤。　滄州：州名。治所在今河北滄縣舊州鎮。　劉繼威：人名。深州樂壽（今河北獻縣）人。劉守光之子。五代將領。事見本書卷一三《張萬進傳》，《通鑑》卷二六七、卷二六八。

[6]魏博：方鎮名。治所在魏州（今河北大名縣）。　德：州名。治所在今山東德州市陵城區。

[7]思遠棄鎮渡河歸汴：《輯本舊史》卷二八《唐莊宗紀二》天祐十三年（916）九月條："梁滄州節度使戴思遠棄城遁去。"天

祐十三年九月，即貞明二年（916）九月。

［8］張文禮：人名。燕（今河北北部）人。五代將領。傳見本書卷六二。　魏店：地名。又稱魏縣城、舊縣店。位於今河北大名縣西。　洹水：水名。即今河南北境安陽河。　成安：縣名。治所在今河北成安縣。　楊村砦：地名。又名楊村寨。位於今河南濮陽縣西南。　德勝北城：德勝城，又名德勝渡，爲黄河重要渡口之一。有南、北二城，皆位於今河南濮陽市。　符存審：人名。陳州宛丘（今河南淮陽縣）人。原姓符名存。五代後唐將領。傳見本書卷五六、《新五代史》卷二五。　“久之”至“符存審晝夜乘城以拒之”：明本《册府》卷二一七《閏位部·交侵門》：“龍德元年春正月，戴思遠率師襲魏州。時晋方攻鎮州，故思遠乘虚以襲之，陷城安而還，遂急攻德勝北城，晋將李存審極力拒守。”其中“城安”誤，蓋有成安縣屬魏州。“李存審”即“符存審”，賜姓李也。又“以襲”，《輯本舊史》之影庫本粘籤：“以襲，原本作‘以寵’，今據文改正。”又，《輯本舊史》卷二九《唐莊宗紀三》天祐十八年十月己未條：“梁將戴思遠攻德勝北城。”知其攻德勝北城時間在龍德元年十月。又，《輯本舊史》卷二九《唐莊宗紀三》天祐十九年正月條：“春正月甲午，帝至新城，契丹前鋒三千騎至新樂。是時，梁將戴思遠乘虚以寇魏州，軍至魏店，李嗣源自領兵馳入魏州。梁人知其有備，乃西渡洹水，陷成安而去。……是月，梁將戴思遠寇德勝北城，築壘穿塹，地道雲梯，晝夜攻擊，李存審極力拒守，城中危急。帝自幽州聞之，倍道兼行以赴，梁人聞帝至，燒營而遁。”同年八月條：“梁將戴思遠又陷共城、新鄉等邑，自是澶淵之西、相州之南，皆爲梁人所據。”

［9］薊：縣名。治所在今天津市薊州區。

［10］思遠罷軍權：《輯本舊史》卷二一《王彦章傳》：“三年四月晦，晋帥陷鄆州，中外大恐。五月，以彦章代戴思遠爲北面招討使。”

［11］宣化軍：方鎮名。治所在鄧州（今河南鄧州市）。

其年，莊宗入汴，思遠自鄧州入朝，復令歸鎮。[1]明宗即位，移授洋州節度使。[2]及西川俱叛，[3]思遠以董璋故人，[4]避嫌請代，徵入朝宿衛，以年告老，授太子少保致仕。[5]清泰二年八月，[6]卒於家。《永樂大典》卷一萬五千二十二。[7]

［1］鄧州：州名。治所在今河南鄧州市。　“其年”至“復令歸鎮”：明本《册府》卷九九《帝王部·推誠門》：“同光元年，帝入雒，宴於崇元殿，明宗及僞庭大將軍預焉。帝酒酣，顧明宗曰：‘今辰宴客，皆吾前日之勍敵也，一旦與吾同筵，蓋卿前鋒之功也。’僞將霍彦威、戴思遠伏階叩頭，帝曰：‘與卿話舊，無足畏也。’因賜御衣酒器，盡歡而罷。帝營德勝也，彦威、思遠皆爲軍帥，屯楊村寨，日與帝挑戰交兵，故有是言。”此事亦略見於同書卷一三三《帝王部·褒功門二》、《輯本舊史》卷三〇《唐莊宗紀四》同光元年（923）十月己亥條。

［2］洋州：州名。治所在今陝西洋縣。

［3］西川：方鎮名。治所在成都（今四川成都市）。　及西川俱叛：中華書局本有校勘記：“按孟知祥據西川，董璋據東川，疑‘西’爲‘兩’之訛。”

［4］董璋：人名。籍貫不詳。五代後梁、後唐將領。傳見本書卷六二、《新五代史》卷五一。

［5］太子少保：官名。與太子少師、太子少傅統稱太子三少。隋唐以後多作加官或贈官。從二品。　致仕：官員告老辭官。　授太子少保致仕：《輯本舊史》卷三九《唐明宗紀五》天成三年（928）八月辛卯條作“太子太保”，同書卷四七《唐末帝紀中》清泰二年（935）八月己丑條又作“太子少保”。《宋本册府》卷八九九《總録部·致政門》：“戴思遠以前洋州節度使，除守太子少保致仕。”故當作“太子少保”。

[6]清泰：五代後唐廢帝李從珂年號（934—936）。

[7]《大典》卷一五〇二二“戴”字韻“姓氏（二）”事目。

朱漢賓

朱漢賓，字績臣，亳州譙縣人也。[1]父元禮，始爲郡將。[2]梁太祖聞其名，擢爲軍校，[3]從龐師古渡淮，戰没於淮南。[4]漢賓少有膂力，形神壯偉，膽氣過人。梁祖以其父死王事，選置帳下，編入屬籍。梁祖之攻兖、鄆也，朱瑾募驍勇數百人，[5]黥雙雁於其頰，[6]號爲“雁子都”。[7]梁祖聞之，亦選數百人，别爲一軍，號爲“落雁都”。署漢賓爲軍使，當時目爲“朱落雁”。[8]後與諸將破蔡賊有功，天復中，[9]授右羽林統軍。入梁，歷天威軍使、左羽林統軍，[10]出爲磁州刺史、滑宋二州留後、亳曹二州刺史、[11]安州節度使。[12]

[1]亳州：州名。治所在今安徽亳州市。　譙縣：縣名。治所在今安徽亳州市。

[2]元禮：人名。即朱元禮。唐末、後梁將領。事見本書本卷。

[3]軍校：即牙校，爲低級武職。

[4]龐師古：人名。曹州（今山東菏澤市）人。唐末將領。事朱温甚謹，未曾離左右，屢有戰功。唐昭宗乾寧四年（897）伐楊行密，死於陣中。傳見本書卷二一、《新五代史》卷二一。

[5]兖：州名。治所在今山東濟寧市兖州區。　朱瑾：人名。宋州下邑（今河南夏邑縣）人。朱瑄堂弟，唐末將領。傳見《舊唐書》卷一八二、本書卷一三、《新五代史》卷四二。

[6]黥雙雁於其頰：中華書局本有校勘記：“‘頰’，原作

‘額’，據殿本、《册府》卷四一三、《新五代史》卷四五《朱漢賓傳》、《近事會元》卷三改。”見《宋本册府》卷四一三《將帥部·召募門》。

［7］號爲“雁子都”：《輯本舊史》之案語：“此追敘梁祖攻兖、鄆事。《歐陽史》作‘是時，梁方東攻兖、鄆’，則失其事之前後矣。《歐陽史》誤以雁子都爲梁軍名，吴縝嘗辨其誤。”案語中“此追敘梁祖攻兖、鄆事。《歐陽史》作‘是時，梁方東攻兖、鄆’，則失其事之前後矣”二十九字原闕，據《舊五代史考異》卷二《梁太祖紀二》補，然《新五代史》卷四五《朱漢賓傳》曰：“是時，梁方東攻兖、鄆，鄆州朱瑾募其軍中驍勇者，黥雙雁于其頰，號‘雁子都’。太祖聞之，乃更選勇士數百人，號‘落雁都’，以漢賓爲指揮使。及漢賓貴，人猶以爲‘朱落雁’。”則歐陽脩未嘗以雁子都爲梁軍名。

［8］當時目爲“朱落雁”：《宋本册府》卷八四六《總録部·善射門》：“朱漢賓少時善射，嘗因與同輩出獵，指一飛雁，隨矢而落，其鏃正中其臆，臆上貫一金錢，字有篆文，示其郡之碩學，皆無識者。人甚異之，由是人皆號曰‘朱落雁’（一云嘗爲落雁軍校）。”

［9］天復：唐昭宗年號（901—904）。　天復中：中華書局本有校勘記：“原作‘天福’，據《册府》卷三六〇改。”此據《宋本册府》卷三六〇《將帥部·立功門一三》。

［10］天威：部隊番號。　軍使：官名。掌領本軍軍務，或兼理地方政務。《新唐書》卷五〇《兵志》：“唐初，兵之戍邊者，大曰軍，小曰守捉，曰城，曰鎮……武德至天寶以前邊防之制，其軍、城、鎮、守捉皆有使。”　左羽林統軍：官名。唐代左羽林軍統兵官。唐置六軍，分左、右羽林，左、右龍武，左、右神武，即“北衙六軍”。興元元年（784），六軍各置統軍，以寵功勳臣。其品秩，《唐會要》卷七一、《舊唐書》卷一二記載爲“從二品”，《通鑑》卷二二九記載爲“從三品”。

[11]磁州：州名。治所在今河北磁縣。　曹：州名。治所在今山東曹縣。

[12]安州：州名。治所在今湖北安陸市。　安州節度使：《輯本舊史》卷一〇《梁末帝紀下》貞明六年（920）正月戊子條："以曹州刺史朱漢賓爲安州宣威軍節度使。"明本《册府》卷三九三《將帥部·威名門二》："漢朱漢賓爲安州節度使。至郡期年，敵不敢犯，一境賴之。"朱漢賓未及後漢時，《册府》誤。

莊宗至洛陽，漢賓自鎮入覲，復令還鎮。明年，授左龍武統軍。[1]莊宗嘗幸漢賓之第，漢賓妻進酒上食，奏家樂以娱之，自是漢賓頗蒙寵待。[2]同光四年正月，冀王朱友謙入朝，明宗居洛陽，以友謙故人，置酒於第。莊宗諸弟在席，友謙坐在永王存霸之上。酒酣，漢賓以大觴奉友謙曰："公雖名位高，坐於皇弟之上，非宜也。僕與公俱在梁朝，以宗盟相厚，自公入朝，三發單函候問，略無報復，忽余卑位，不亦甚乎！"元行欽恐其紛然，爲解之，方止。不數日，友謙赤族。[3]趙在禮據魏州，元行欽率軍進討，詔漢賓權知河南府事。[4]明宗以漢賓爲右衛上將軍，[5]時樞密使安重誨方當委重，[6]漢賓密令結托，得爲婚家。天成末，爲潞州節度使，移鎮晋州。重誨既誅，漢賓復爲上將軍。明年秋，漢賓告老，授太子少保致仕。[7]清泰二年六月卒，[8]時年六十四。

[1]左龍武統軍：官名。唐代左龍武軍統兵官。唐置六軍，分左、右羽林，左、右龍武，左、右神武，即"北衙六軍"。興元元

年（784），六軍各置統軍，以寵功勳臣。其品秩，《唐會要》卷七一、《舊唐書》卷一二記載爲“從二品”，《通鑑》卷二二九記載爲“從三品”。　授左龍武統軍：《新五代史》卷四五《朱漢賓傳》：“罷漢賓爲右龍武統軍。”

［2］“莊宗嘗幸漢賓之第”至“自是漢賓頗蒙寵待”：明本《册府》卷一一四《帝王部·巡幸門三》：同光三年（925）四月，“又幸左龍武統軍朱漢賓之第，夜漏三刻還宫”。又見《輯本舊史》卷三二《唐莊宗紀六》同光三年四月乙亥條。

［3］同光：後唐莊宗李存勗年號（923—926）。　朱友謙：人名。許州（今河南許昌市）人。唐末、五代軍閥。傳見本書卷六三、《新五代史》卷四五。　存霸：人名。即李存霸。沙陀部人。李克用之子，五代軍閥。傳見本書卷五一、《新五代史》卷一四。　元行欽：人名。幽州（今北京市）人。五代後唐將領。傳見本書卷七〇、《新五代史》卷二五。　“同光四年正月”至“友謙赤族”：《宋本册府》卷九二〇《總録部·讎怨門二》：“朱漢賓，莊宗時爲左龍武統軍、河中節度使。朱友謙入朝，時西軍未還，閹伶用事，害友謙者不一，而漢賓伺知之。時明宗居洛陽，以友謙故人，置酒於第。莊宗諸弟在席。時，友謙賜姓名繼麟，坐在永王存霸之上。酒酣，漢賓以大觥奉友謙，曰：‘公雖名位高，坐於皇弟之上，非宜也。僕與公俱在梁朝，以宗姓相厚。自公入朝，三發單函候問，略無報復。忽予卑位，不易甚乎！’元行欽恐紛然，乃解之曰：‘素爲昆仲，今讓兄何也？’明宗曰：‘統軍亦須飲大器。’方止。不數日，友謙赤族。”與此稍異。

［4］河南府：府名。治所在今河南洛陽市。

［5］右衛上將軍：官名。唐置，掌宫禁宿衛。唐代十六衛之一。從二品。

［6］樞密使：官名。樞密院長官。唐代宗時始以宦官掌機密，至昭宗時借朱温之力盡誅宦官，始改以士人任樞密使。備顧問，參謀議，出納詔奏，權侔宰相。參見李全德《唐宋變革期樞密院研

究》，國家圖書館出版社2009年版。　時樞密使安重誨方當委重：中華書局本有校勘記："'時'字原闕，據《册府》卷四四〇、卷八五三補。"此據明本《册府》卷四四〇《將帥部·忌害門》、《宋本册府》卷八五三《總録部·姻好門》。

［7］明年秋，漢賓告老，授太子少保致仕：《輯本舊史》卷四二《唐明宗紀八》長興二年（931）八月己巳條："太傅致仕王建立、太子少保致仕朱漢賓皆上章求歸鄉里。"知所謂"明年秋"爲長興二年八月。

［8］清泰二年六月卒：《宋本册府》卷八九九《總録部·致政門》："及重誨伏誅，乃請致仕，非其志也。高祖即位，起爲潞州平陽節度使。舊有風痺，乃上表求退。朝廷允之，以太子少保致仕。漢賓還洛陽，有第在懷仁里，北限洛水，南枕通衢，層屋連甍，修木交幹，笙歌羅綺，日以自娱。養彼天和，保其餘齒，乃近朝知止之良將也。"據此，則朱漢賓似後晋高祖時歿。然據《輯本舊史》卷四七《唐末帝紀中》清泰二年（935）六月丁卯條："以太子少保致仕朱漢賓卒，廢朝。"又據明本《册府》卷六六四《奉使部·受賂門》有末帝清泰中，史在德弔祭朱漢賓事，則非晋高祖時方歿。且潞州節度使從無平陽之號，疑此條史料得自傳聞之辭。

漢賓少勇健，及晚歲飲啖過人，[1]其狀貌偉如也。凡所履歷，不聞踰法。梁時，嘗領軍屯魏州莘縣，[2]適值連帥去郡，諸軍咸以利見誘，請自爲留後，漢賓則斬其言者，拒而不從，聞者賞焉。在曹州日，[3]飛蝗去境，父老歌之。臨平陽遇旱，親齋潔禱龍子祠，[4]踰日雨足，四封大稔，咸以爲善政之所致也。及致仕，東還亳郡，[5]見鄉舊親戚淪没者，有塋兆未辦，則給以棺斂；有婚嫁未畢，則助以資幣，受其惠者數百家，郡人義

之。尋還洛陽，有第在懷仁里，北限洛水，[6]南枕通衢，層屋連甍，修木交幹，笙歌羅綺，日以自娱，養彼天和，保其餘齒，此乃近朝知止之良將也。晋高祖即位，贈太子少傅，[7]謚曰貞惠。[8]

[1]少勇健，及晚歲飲啖過人：《宋本册府》卷八四五《總録部·膂力門》、卷八八三《總録部·形貌門》："少有膂力，形神壯偉，膽氣過人。"

[2]莘縣：縣名。治所在今山東莘縣。《輯本舊史》之影庫本粘籤："莘縣，原本作'華縣'，考《新唐書·地理志》魏州有莘縣，無'華縣'，今改正。"見《新唐書》卷三九《地理志三》。

[3]在曹州日：中華書局本有校勘記："'州'字原闕，據《册府》卷六八一補。"此據《宋本册府》卷六八一《牧守部·感瑞門》。

[4]平陽：地名。位於今山西臨汾市。　龍子祠：祠堂名。位於今山西臨汾市姑射山東平水之源。

[5]亳郡：即亳州。治所在今安徽亳州市。

[6]懷仁里：里名。位於今河南洛陽市。　洛水：即今洛河。

[7]晋高祖：即後晋高祖石敬瑭。　太子少傅：官名。與太子少保、太子少師合稱"三少"，唐後期、五代多爲大臣、勳貴加官。從二品。

[8]謚曰貞惠：《舊五代史考異》："《五代會要》作正慧，引太常博士林弼議曰：'漢賓散己俸以代荒逋，濟疲俗而臻富庶，所涖之地，綽有政聲，知進退存亡之理，得善始令終之道。謹案謚法，中道不撓、保節揚名曰正；愛民好學、寬裕慈仁曰慧，請謚曰正慧。'從之。《薛史》及《歐陽史》俱作'貞惠'，未知何據。"見《會要》卷一二謚條、《新五代史》卷四五《朱漢賓傳》，《會要》實作"正惠"。《宋本册府》卷五九六《掌禮部·謚法門二》："後

唐朱漢賓，太子少保致仕，卒，贈太子少傅。至晉天福二年，太常博士林弼議謚曰：‘漢賓常恃倜儻，不習廉隅。遏鄴都姦卒之訛言，時銷叛亂；却華帥親隨之浮議，俗致安康。開國承家，忠貞保義。而又散己俸而代逋欠，闢荒榛而種粢粹。民有袴襦之謠，野無萑蒲之患。安民禁暴，威惠兼行。而又知進退存亡之理，得善始令終之名，亦其爲知機其神也。謚法，忠道不撓、保節揚名曰貞；愛民好學、寬裕慈仁曰惠。請謚貞惠。’可之。”

有子四人，長曰崇勳，官至左武衛將軍。[1]《永樂大典》卷二千三十一。[2]

[1]崇勳：人名。即朱崇勳。事見本書本卷。　左武衛將軍：官名。唐置十六衛之一，掌宮禁宿衛。從三品。　有子四人，長曰崇勳，官至左武衛將軍：明本《册府》卷六六四《奉使部・受賂門》：“後唐史在德爲著作郎。末帝清泰中，充太子少保致仕朱漢賓弔祭使，賻絹數百疋，就亳州賜之。在德移文本州，取木輿百餘擎，張皇其事，以邀饋遺。漢賓之子悉力以奉之。”

[2]《大典》卷二〇三一“朱”字韻“姓氏（五）”事目。

孔勍

孔勍，字鼎文，兖州人，後徙家宿州。[1]少便騎射，爲軍中小校，事梁祖漸至郡守，累遷齊州防禦使、唐鄧節度使。[2]梁貞明中，王球據襄州叛，[3]勍討平之，因授山南東道節度使。[4]莊宗至洛陽，勍自鎮來朝，復令歸鎮，尋移昭義節度使。[5]同光季年，監軍楊繼源與都將謀據潞州，[6]事泄，勍誅之。[7]明宗即位之歲，詔還京

師，授河陽節度使。未幾，以太子太師致仕。[8]卒，年七十九，贈太尉。《永樂大典》卷一萬八千一百二十九。[9]

[1]宿州：州名。治所在今安徽宿州市。

[2]小校：低級軍官。　唐鄧：方鎮名。治所在唐州（今河南唐河縣）。

[3]王球：人名。籍貫不詳。時王班爲故河陽將領，纍以軍功爲郡守，主留事於襄陽，被小將王球所殺。事見本書本卷、卷四、卷二七及《通鑑》卷二六七。中華書局本有校勘記："'王球'，《册府》卷三六〇同，本書卷四《梁太祖紀四》、《通鑑》卷二六七作'王求'。"此據《宋本册府》卷三六〇《將帥部·立功門一三》、《通鑑》卷二六七開平三年（909）七月戊寅條及九月丁酉條。　襄州：州名。治所在今湖北襄陽市。

[4]山南東道：方鎮名。治所在襄州（今湖北襄陽市）。　因授山南東道節度使：《輯本舊史》卷九《梁末帝紀中》貞明五年（919）五月己巳條："山南東道節度使、檢校太傅孔勍加同平章事。"

[5]昭義：方鎮名。治所在潞州（今山西長治市）。　尋移昭義節度使：明本《册府》卷一六九《帝王部·納貢獻門》："安義孔勍進寶裝、酒器。"安義即昭義，後唐莊宗所改，明宗復改昭義。此處姑仍舊。

[6]監軍：官名。爲臨時差遣，代表朝廷協理軍務、督察將帥。唐、五代時常以宦官爲監軍。　楊繼源：人名。籍貫不詳。曾任安義監軍，謀殺節度使孔勍。事見《通鑑》卷二七四。

[7]事泄，勍誅之：《輯本舊史》卷三六《唐明宗紀二》天成元年（926）六月庚子條："澤潞節度使、檢校太傅、同平章事孔勍加兼侍中。"

[8]太子太師：官名。與太子太傅、太子太保統稱太子三師。

隋唐以後多作加官或贈官。從一品。

[9]《大典》卷一八一二九“將”字韻“後唐將（二）”事目。

劉玘

劉玘，汴州雍丘人也。[1]世爲宣武軍牙將。[2]玘少負壯節，梁祖鎮汴州，玘求自試，補隊長。從梁祖征伐，所至有功，遷爲牙將，歷滑、徐、襄三州都指揮使。[3]開平中，襄帥王班爲帳下所害，[4]亂軍推玘爲留後，玘詭從之，翌日受賀，衙庭享士，伏甲幕下，中筵盡斬其亂將以聞。[5]以功歷復、亳二州刺史，[6]徵爲侍衛都將，[7]出爲安州刺史。貞明中，爲晋州留後。[8]莊宗至汴，玘來朝。玘在晋州八年，日與上黨、太原之師交鬬於境上。[9]莊宗見而勞之曰："劉侯無恙，控我晋陽之南鄙，[10]歲時久矣，不早相見。"玘頓首謝罪。復命歸鎮，正授節旄，移鎮安州。[11]明宗即位，遷鄧州節度使。天成末，以史敬鎔代之。[12]玘還京師，卒。贈侍中。[13]

[1]雍丘：縣名。治所在今河南杞縣。

[2]宣武軍：方鎮名。唐舊鎮，治所在汴州（今河南開封市）。後梁開平元年（907）升汴州爲東京開封府。開平三年置宣武軍於宋州（今河南商丘市睢陽區）。後唐同光元年（923）改宋州宣武軍爲歸德軍；廢東京開封府，重建宣武軍於汴州。後晋天福三年（938），改爲東京開封府。除天福十二年、十三年短暫改爲宣武軍外，汴京均爲東京開封府。

[3]都指揮使：官名。唐末、五代藩鎮皆置都指揮使、指揮使，爲統兵將領。

［4］王班：人名。籍貫不詳。故河陽將領，累以軍功爲郡守，主留事於襄陽，被小將王求所殺。傳見本書附録。　襄帥王班爲帳下所害：《輯本舊史》之影庫本粘籤："王班，原本作'王斌'，今從《册府元龜》改正。"此據明本《册府》卷四二三《將帥部·討逆門》。

［5］"亂軍推玘爲留後"至"中筵盡斬其亂將以聞"：《舊五代史考異》："案《通鑑考異》引《梁祖實録》：八月丁酉，賜劉玘、王延順物，以其違亂將之命來歸。《編遺録》斬李洪勑云：'始扶劉玘，既奔竄以歸朝。'若使玘翌日便斬亂將，則襄州何以至九月始收復。蓋玘脱身歸朝，及梁亡入唐，妄云斬亂將以自誇大耳。"此據《通鑑》卷二六七開平三年七月戊寅條《考異》。"中筵""以聞"，中華書局本有校勘記："四字原闕，據《通鑑》卷二六七《考異》引《薛史·玘傳》、《册府》卷四二三補。"見《通鑑》卷二六七開平三年七月戊寅條《考異》。

［6］復：州名。治所在今湖北天門市。　以功歷復、亳二州刺史：《通鑑》卷二六七開平三年七月戊寅條《考異》引《薛史·劉玘傳》云："以功爲復州刺史。"

［7］侍衛都將：官名。唐、五代時節度使屬將。

［8］爲晋州留後：《輯本舊史》卷九《梁末帝紀中》貞明三年（917）四月辛巳條："以前安州刺史劉玘權知晋州軍州事。"同年六月壬辰條："以權知晋州建寧軍軍州事、前安州刺史劉玘爲建寧軍節度觀察留後。"

［9］上黨：即潞州。治所在今山西長治市。　太原：府名。治所在今山西太原市。

［10］晋陽：地名。太原故城别稱，爲宋太宗火燒、水淹而毁。城址位於今山西太原市晋源區。

［11］正授節旄，移鎮安州：《輯本舊史》卷一〇《梁末帝紀下》龍德元年（921）二月庚午條："以晋州建寧軍節度觀察留後劉玘爲晋州節度使、檢校太保。"知其於龍德元年已得正授，不待莊

宗。明本《册府》卷九九《帝王部·推誠門》："正授旌節，尋有詔授封安遠軍。"《宋本册府》卷一六六《帝王部·招懷門四》："正授旄節，尋有詔改授安遠軍。"《通鑑》卷二七二同光元年（923）十二月壬申條後："安州爲安遠軍。"

[12]史敬鎔：人名。太原（今山西太原市）人。五代後唐將領。傳見本書卷五五。

[13]侍中：官名。秦始置。隋、唐前期爲門下省長官。唐後期多爲大臣加銜，不參與政務，實際職務由門下侍郎執行。正二品。

有子師道，仕皇朝，爲右贊善大夫，[1]卒。《永樂大典》卷九千九十八。[2]

[1]師道：人名。即劉師道。事見本書本卷。　右贊善大夫：官名。即太子右贊善大夫。掌規諫太子過失、贊相禮儀等事。正五品。

[2]《大典》卷九〇九八"劉"字韻"姓氏（二六）"事目。

周知裕

周知裕，字好問，幽州人也。少事燕帥劉仁恭爲騎將，表爲嬀州刺史。[1]久之，移刺德州。天祐四年，劉守光既平滄州，[2]乃以其幼子繼威爲留後，大將張萬進與知裕佐之。[3]繼威沖幼，宣淫於萬進之家，萬進殺之。詰旦，召知裕告其故，萬進自稱留後，署知裕爲景州刺史。[4]會萬進納款於梁，知裕先奔於汴，梁主厚待之。特置歸化軍，[5]以知裕爲指揮使。凡軍士自河朔歸梁者，[6]皆隸於部下。梁與莊宗交戰於河上，[7]摧堅挫鋭，惟恃歸化一軍，然歲將一紀，位不及郡守。

［1］劉仁恭：人名。深州（今河北深州市）人。唐末、五代軍閥。傳見《新唐書》卷二一二。　騎將：泛指騎兵將領。　嬀州：州名。治所在今河北懷來縣。

［2］天祐：唐昭宗李曄開始使用的年號（904），唐哀帝李柷沿用（904—907）。唐亡後，河東李克用、李存勗仍稱天祐，沿用至天祐二十年（923）。五代十國其他政權亦有行此年號者，如南吴、吴越等。　劉守光：人名。深州樂壽（今河北獻縣）人。唐末幽州節度使劉仁恭之子。劉守光囚父自立，後號大燕皇帝，爲晋王李存勗俘殺。傳見本書卷一三五、《新五代史》卷三九。

［3］繼威：人名。即劉繼威。深州樂壽（今河北獻縣）人。劉守光之子。五代將領。事見本書卷一三《張萬進傳》及《通鑑》卷二六七、卷二六八。　張萬進：人名。雲州（今山西大同市）人。唐末、五代將領。傳見本書卷一三。

［4］景州：州名。治所在今河北東光縣。

［5］特置歸化軍：《輯本舊史》之影庫本粘籤："歸化，原本作'歸比'，今從《通鑑》改正。"

［6］河朔：古地區名。泛指黄河以北地區。　凡軍士自河朔歸梁者：《新五代史》卷四五《周知裕傳》："凡與晋戰所得，及兵背晋而歸梁者。"

［7］梁與莊宗交戰於河上：中華書局本有校勘記："'上'字原闕，據殿本、劉本補。"

同光初，莊宗入汴，知裕隨段凝軍解甲封丘。明宗時爲總管，[1]受降於郊外，見知裕甚喜，遥相謂曰："周歸化今爲吾人，何樂如之！"因令諸子以兄事之。莊宗撫憐尤異，而諸校心妬之。有壯士唐從益者，[2]因獵射之，知裕遁而獲免。莊宗遂誅從益，出知裕爲房州刺史。[3]魏王繼岌伐蜀，召爲前鋒騎將。[4]明宗即位，移刺

絳州,[5]改淄州刺史、宿州團練使。[6]知裕老於軍旅，勤於稼穡，凡爲郡勸課,[7]皆有政聲，朝廷嘉之,[8]遷安州留後。淮上之風惡病者,[9]至於父母有疾，不親省視，甚者避於他室，或時問訊，即以食物揭於長竿之首，委之而去。知裕心惡之，召鄉之頑狠者訶詰教導，俾知父子骨肉之恩，繇是弊風稍革。長興末，入爲右神武統軍。[10]清泰初，卒於官。[11]贈太傅。[12]《永樂大典》卷八千九百九十九。[13]

[1]總管：官名。即蕃漢内外馬步軍總管。五代後唐置，爲蕃漢馬步軍總指揮官。

[2]唐從益：人名。籍貫、事迹不詳。本書僅此一見。

[3]房州：州名。治所在今湖北房縣。

[4]繼岌：人名。即李繼岌。後唐莊宗長子。傳見本書卷五一、《新五代史》卷一四。

[5]絳州：州名。治所在今山西新絳縣。

[6]淄州：州名。治所在今山東淄博市淄川區。　宿州團練使：《宋本册府》卷六七三《牧守部·褒寵門二》作“宿衛團練使”，卷六七七《牧守部·能政門》、卷六七八《牧守部·勸課門》皆作“宿州團練使”，考宿州、衛州不相接壤，作宿州是。

[7]凡爲郡勸課：《宋本册府》卷六七七《牧守部·能政門》、卷六七八《牧守部·勸課門》同，卷六七三《牧守部·褒寵門二》作“凡爲郡課”。

[8]朝廷嘉之：中華書局本有校勘記：“‘嘉’原作‘喜’，據《册府》卷六七三、卷六七七、卷六七八改。”

[9]淮上之風惡病者：“淮上”，《宋本册府》卷六八九《牧守部·革弊門》作“淮土”。

［10］右神武統軍：官名。唐代右神武軍統兵官。唐置六軍，分左、右羽林，左、右龍武，左、右神武，即“北衙六軍”。興元元年（784），六軍各置統軍，以寵功勳臣。其品秩，《唐會要》卷七一、《舊唐書》卷一二記載爲“從二品”，《通鑑》卷二二九記載爲“從三品”。　長興末，入爲右神武統軍：中華書局本有校勘記：“‘右’，本書卷四三《唐明宗紀九》作‘左’。”此據《輯本舊史》卷四三《唐明宗紀九》長興三年（932）三月庚戌條。又，《輯本舊史》卷四六《唐末帝紀上》清泰元年（934）六月丁酉條亦作“左神武統軍”。

［11］清泰初，卒於官：《舊五代史考異》：“案：《歐陽史》作應順中卒。”此據《新五代史》卷四五《周知裕傳》。《輯本舊史》卷四六《唐末帝紀上》清泰元年六月丁酉條：“左神武統軍周知裕卒，贈太傅。”應順元年（934）四月，末帝改元清泰，而六月已在清泰，故《新五代史》稍有偏差。

［12］太傅：官名。與太師、太保合稱三師，唐後期、五代多爲大臣、勳貴加官。正一品。

［13］《大典》卷八九九九“周”字韻“姓氏（一〇）”事目。

史臣曰：夫才之良者，在秦亦良也，在虞亦良也。故彦威而下，昔爲梁臣，不虧亮節，洎歸唐祚，亦無醜聲，蓋松貞不變於四時，玉粹寧虞其烈燄故也。況彦威之輔明宗也，有翊戴之績；晏球之伐中山也，[1]著戡定之功。方之數公，尤爲優矣。《永樂大典》卷八千九百九十七。[2]

［1］中山：此處代指唐末河北方鎮義武軍（治所在定州）。

［2］《大典》卷八九九七“周”字韻“姓氏（八）”事目。

今注本二十四史

舊五代史

一〇

唐書〔六〕

宋　薛居正等　撰

陳智超　紀雪娟　主持校注

中國社會科學出版社

舊五代史　卷六五

唐書四十一

列傳第十七[1]

[1]按，本卷末無史論。

李建及

李建及，許州人。[1]本姓王，父質。[2]建及少事李罕之爲紀綱，[3]光啓中，罕之謁武皇於晉陽，[4]因選部下驍勇者百人以獻，建及在籍中。後以功署牙職，典義兒軍，[5]及賜姓名。天祐七年，改匡衛軍都校。[6]柏鄉之役，汴將韓勍追周德威至高邑南野河上，鎮、定兵扼橋道，[7]韓勍選精兵堅奪之。[8]莊宗登高而望，[9]鎮、定兵將衄，謂建及曰："如賊過橋，則勢不可遏，卿計如何？"建及於部下選士二百，[10]挺槍大譟，刺汴軍，[11]却之於橋下。二月，王師攻魏，[12]魏人夜出犯我營，建及設伏待之，扼其歸路，盡殪之。劉鄩之營莘縣，[13]月餘不出，忽一旦縱兵攻鎮、定之營，軍中騰亂，建及率銀槍勁兵千人赴之，擊敗汴軍，追奔至其壘。元城之戰，建及首陷其陣，授天雄軍教練使。[14]八月，遷遼州刺史。[15]

[1]許州：州名。治所在今河南許昌市。

[2]質：人名。即王質。事迹不詳。

[3]李罕之：人名。陳州項城（今河南沈丘縣）人。唐末五代軍閥。傳見《新唐書》卷一八七、本書卷一五、《新五代史》卷四二。　紀綱：泛指僕從。

[4]光啓：唐僖宗李儇年號（885—888）。　武皇：後唐太祖李克用謚號。莊宗即位，追謚武皇帝，廟號太祖，陵在雁門。李克用，沙陀部人，生於神武川新城（一説今山西朔州市朔城區之梵王寺村，一説今山西應縣縣城，一説今山西懷仁縣之日中城）。五代後唐實際奠基者。紀見本書卷二五至卷二六、《新五代史》卷四。　晋陽：縣名。治所在今山西太原市。

[5]義兒軍：李克用擇選雄傑勇武之士，養以爲兒，所統軍隊號“義兒軍”。

[6]天祐：唐昭宗李曄開始使用的年號（904），唐哀帝李柷延用（904—907）。唐亡後，李克用、李存勗仍稱天祐，沿用至天祐二十年（923）。南吴、吴越亦有行此年號者。　匡衛軍都校：官名。所在州軍統兵將領。《宋本册府》卷三六七《將帥部·機略門七》、卷三九六《將帥部·勇敢門三》均作“衛軍都校”。《輯本舊史》之案語：“《歐陽史》作匡衛指揮使。”此據《新五代史》卷二五《王建及傳》。

[7]柏鄉：地名。位於今河北柏鄉縣。　汴：此處指代後梁。　韓勍：人名。籍貫不詳。後梁將領。事見本書卷七、《新五代史》卷四五。　周德威：人名。朔州馬邑（今山西朔州市朔城區東北）人。唐末、五代河東將領。傳見本書卷五六、《新五代史》卷二五。

高邑：縣名。一作“鄗（hào）邑”。治所在今河北高邑縣。　野河：水名。又稱槐水。上游即今河北贊皇縣槐河，唐時下游流經今趙縣南東入洨水，五代下游改經高邑縣東南、柏鄉縣北，東入洨河。　鎮：州名。治所在今河北正定縣。　定：州名。治所在今河北定州市。

[8]韓勍選精兵堅奪之：中華書局本有校勘記：“‘堅’，原作‘先’，據《永樂大典》卷六八五〇引《五代薛史》、《册府》卷三九六改。”

[9]莊宗：即後唐莊宗李存勗。沙陀部人。五代後唐王朝的建立者。923年至926年在位。紀見本書卷二七至卷三四、《新五代史》卷五。

[10]建及於部下選士二百：“下”字原闕，據《大典》卷六八五〇、《宋本册府》卷三九六補。

[11]刺汴軍：中華書局本有校勘記：“‘刺’原作‘禦’，據《永樂大典》卷六八五〇引《五代薛史》、《册府》卷三九六改。”

[12]魏：州名。治所在今河北大名縣。此處蓋以魏州代指方鎮魏博軍。

[13]劉鄩：人名。密州安丘（今山東安丘市）人。唐末、五代將領。傳見本書卷二三、《新五代史》卷二二。　莘縣：縣名。治所在今山東莘縣。

[14]元城：縣名。治所在今河北大名縣。　天雄軍：方鎮名。治所在魏州（今河北大名縣）。　教練使：官名。唐末、五代節度使屬官，諸州亦置此職。掌訓練軍士。

[15]遼州：州名。治所在今山西左權縣。　刺史：官名。漢武帝始置。州一級行政長官，總掌考核官吏、勸課農桑、地方教化等事。唐中期以後，節度使、觀察使轄州而設，刺史爲其屬官，職任漸輕。從三品至正四品下。

十四年，從擊契丹於幽州，[1]破之。十二月，從攻楊劉，[2]自寅至午，[3]汴軍嬰城拒守，建及自負葭葦堙塹，率先登梯，遂拔之。胡柳之役，[4]前軍逗撓，際晚，汴軍登土山，建及一戰奪之。莊宗欲收軍，詰朝合戰。建及橫矟當前，曰："賊大將已亡，乘此易擊，王但登山，觀臣破賊！"即引銀槍效節軍大呼奮擊，[5]三軍增氣，由是王師復振，以功授檢校司空、魏博内外衙都將。[6]

[1]契丹：古部族、政權名。公元4世紀中葉宇文部爲前燕攻破，始分離而成單獨的部落，自號契丹。唐貞觀中，置松漠都督府，以其首領爲都督。唐末强盛，916年迭剌部耶律阿保機建立契丹國（遼）。先後與五代、北宋並立，保大五年（1125）爲金所滅。參見張正明《契丹史略》，中華書局1979年版。　幽州：州名。治所在今北京市。

[2]楊劉：地名。即今山東東阿縣東北楊柳鄉。唐、五代時有城臨河津，爲黄河下游重鎮，今城已堙廢不可考。

[3]自寅至午：中華書局本有校勘記："'午'，《册府》卷三六九作'禾'。"見《宋本册府》卷三六九《將帥部·攻取門二》。

[4]胡柳：地名。位於今河南濮陽市東南。

[5]銀槍效節軍：爲後梁楊師厚私人護衛隊，因兵士武器爲長槍而得名。楊師厚去世後，該部歸李存勗。　即引銀槍效節軍大呼奮擊：中華書局本有校勘記："'軍'字原闕，據《永樂大典》卷六八五〇、《宋本册府》卷三九六補。"見《宋本册府》卷三九六《將帥部·勇敢門三》。

[6]檢校司空：官名。爲散官或加官，以示恩寵加此官，無實際執掌。司空，與太尉、司徒並爲三公。　魏博：方鎮名。治所在

魏州（今河北大名縣）。　內外衙都將：官名。唐五代時節度使屬將。"授"字原闕，據殿本補。

十六年，[1]汴將賀瓌攻德勝南城，[2]以戰船十餘艘，竹笮維之，扼斷津路，王師不得渡。城中矢石將盡，守城將氏延賞危急，[3]莊宗令積帛軍門，召能破賊船者。津人有馬破龍者，[4]能水游，乃令往見延賞，延賞言："危窘極矣，所爭晷刻。"時棹船滿河，流矢雨集，建及被重鎧，執矟呼曰："豈有限一衣帶水，縱賊如此！"乃以二船實甲士，皆短兵持斧，徑抵梁之戰艦，斧其笮；又令上流具瓮，積薪其上，順流縱火，以攻其艦。[5]須臾，烟焰騰熾，梁軍斷纜而遁；建及乃入南城，賀瓌解圍而去。[6]其年十二月，與汴將王瓚戰於戚城，[7]建及傷手，莊宗解御衣、金帶賜之。

[1]十六年：《宋本册府》卷三六七《將帥部·機略門七》作"十七年"，誤。

[2]賀瓌：人名。濮陽（今河南濮陽市）人。後梁將領。傳見本書卷二三、《新五代史》卷二三。　德勝南城：地名。德勝原爲黄河渡口，晋軍築德勝南、北二城於此，遂爲城名。位於今河南濮陽市。

[3]氏延賞：人名。籍貫不詳。五代將領。事見本書本卷、卷二九、卷五五、卷一〇六。《輯本舊史》之影庫本粘籤："氏延賞，原本作'士延賞'，今從《通鑑》改正。"見《通鑑》卷二七〇貞明五年（919）四月條。《宋本册府》卷四一四《將帥部·赴援門》亦作"氏延賞"。

[4]馬破龍：人名。籍貫不詳。事見《通鑑》卷二七〇。

［5］“又令上流具瓮”至“以攻其艦”：《舊五代史考異》：“《通鑑》作木罌載薪，沃油然火，于上流縱之，與《薛史》異。《歐陽史》作以大甕積薪，自上流縱火，與《薛史》同。”此據《通鑑》卷二七〇貞明五年四月條、《新五代史》卷二五《王建及傳》。《宋本册府》卷三九六《將帥部·勇敢門三》載此戰頗詳，録之如下：“十六年，梁將賀瓌寇德勝南城，圍塹既周，又以蒙衝戰艦斷我津渡，百道攻城，萬旅齊進。負芻運石，堙塞池塹。我營將士氏延賞於城中多蓄芻草。每賊乘城，束蘊灌膏，燔焰騰天，賊燋爛於下，不可勝紀。莊宗馳騎而往陣於北岸，津路不通，延賞告矢石將盡，上積錢帛於軍門，募能破賊船者。於是獻伎者數十，或言能吐火焚舟，或言能游水破艦，或言能禁呪兵刃。悉命試之，卒無成効。城中危急，所争晷漏，虎臣不能勇，智士不能謀，莊帝形於憂色。建及擐甲而進曰：‘賊帥傾巢昧死，冀兹一舉。如我師不南，則彼爲得計。今豈可限一衣帶水，而縱敵憂君？今日勝負，臣當効命！’遂以巨索聯舟十艘，選効節勇卒三百人，持斧披鎧，鼓枻而行，中流擊之。賊樓船三層，蒙以牛革，懸板爲楯，如埤堄之制。我船將近，流矢雨集。建及率持斧者入賊蒙衝間，斬其竹，破賊懸楯，以稍刺之，因於上流取甕百，以木夾口，竹笮維之。又以巨索牽制，積芻薪於上，灌脂沃膏，火發亘天。别維巨艦，中實甲士，乘煙鼓譟，賊斷紲而下。沉溺者殆半，我軍由是得渡。莊宗曰：‘周瑜得黄蓋而挫曹公，吾有建及卒破賊艦。奇才猛將，何代無之。’”事亦繫《宋本册府》卷三六七。“豈有限一衣帶水”，中華書局本有校勘記：“‘限’字原闕，據《册府》卷三六七、卷三九六、卷四一四補。”

［6］賀瓌解圍而去：中華書局本有校勘記：“‘圍’字原闕，據《永樂大典》卷六八五〇引五代《薛史》、《册府》卷四一四補。”

［7］王瓚：人名。太原祁（今山西祁縣）人。唐河中節度使王重盈之子。五代後梁將領，官至開封尹。傳見本書卷五九。　戚城：地名。位於今河南濮陽市區。

建及有膽氣，慷慨不羣，臨陣鞠旅，意氣横壯。自莊宗至魏州，建及都總内外衙銀槍效節帳前親軍，[1]善於撫御，所得賞賜，皆分給部下，絶甘分少，頗洽軍情。又累立戰功，雄勇冠絶，雌劣者忌讒之。時宦官韋令圖監建及軍，[2]每於莊宗前言："建及以家財驟施，其趣向志意不小，不可令典衙兵。"莊宗因猜之。建及性既忠藎，雖知讒搆，不改其操。[3]

[1]建及都總内外衙銀槍效節帳前親軍：《輯本舊史》之影庫本粘籤："效節，原本作'郊節'，考《通鑑》注云：效節都係唐時軍名。今改正。"此據《通鑑》卷二七〇貞明五年（919）四月條胡注，原文曰："李建及即王建及，時爲銀槍大將。銀槍，晋王帳前親兵也，故曰親將。"

[2]韋令圖：人名。籍貫不詳。五代後唐宦官。事見本書本卷。

[3]不改其操：《輯本舊史》之影庫本粘籤："不改，原本作'不敢'，今據文改正。"

十七年三月，授代州刺史。[1]八月，與李存審赴河中，解同州之圍。[2]建及少遇禍亂，久從戰陣，矢石所中，肌無完膚，復有功見疑，私心憤鬱。是歲，卒於太原，[3]時年五十七。《永樂大典》卷一萬八千一百二十九。[4]

[1]代州：州名。治所在今山西代縣。

[2]李存審：人名。陳州宛丘（今河南淮陽縣）人。原姓符，名存。五代後唐將領。傳見本書卷五六、《新五代史》卷二五。河中：方鎮名。治所在河中府（今山西永濟市）。　同州：州名。治所在今陝西大荔縣。

[3]太原：府名。治所在今山西太原市。

[4]一萬八千一百二十九：原文作“一萬八千二十九”，中華書局本有校勘記：“檢《永樂大典目録》，卷一八二〇九‘將’字韻‘列國鄭衛燕楚將（一）’，與本則内容不符，恐有誤記。陳垣《舊五代史輯本引書卷數多誤例》謂應作一八一二九，‘將’字韻‘後唐將’。本卷下文《石君立傳》《高行珪傳》同。”今從陳垣説改。

石君立

石君立，趙州昭慶人也，[1]亦謂之石家才。[2]初事代州刺史李克柔，後隸李嗣昭爲牙校，[3]歷典諸軍。夾城之役，[4]君立每出挑戰，壞汴軍栅壘，俘擒而還。八年，與汴軍戰於龍化園，[5]敗之，獲其大將卜渥以獻。[6]嗣昭每出征，俾君立爲前鋒，敵人畏之。王檀之逼晋陽也，城中無備，安金全驅市人以登陴，保聚不完。時莊宗在魏博，救應不暇，人心危懼，嗣昭遣君立率五百騎，自上黨朝發暮至。王檀游軍扼汾橋，君立一戰敗之，徑至城下，馳突斬擊，出入如神，大呼曰：“昭義侍中大軍至矣！”是夜入城，與安金全等分出諸門擊殺於外，遲明，梁軍敗走。[7]

[1]趙州：州名。治所在今河北趙縣。　昭慶：縣名。治所在今河北隆堯縣。

[2]石家才：中華書局本有校勘記：“原作‘石家財’，據本書卷九《梁末帝紀中》貞明五年十二月戊戌條，《册府》卷二一七、卷三六九改。”此據《輯本舊史》卷九《梁末帝紀中》、明本《册

府》卷二一七《閏位部·交侵門》、《宋本册府》卷三六九《將帥部·攻取門二》。《大典》卷六八五〇《王檀傳》亦作“石家才”。《宋本册府》卷四〇〇《將帥部·固守門二》、卷四一四《將帥部·赴援門》作“石嘉才”，明本《册府》卷四〇〇《將帥部·固守門二》作“石嘉材”。

[3]李克柔：人名。李克用之弟。事見本書卷五〇、卷五二。　李嗣昭：人名。汾州（今山西汾陽市）人。唐末、五代李克用義子、部將。傳見本書卷五二、《新五代史》卷三六。　牙校：爲低級武官。

[4]夾城之役：李克用及李存勗與後梁之間的戰役。開平元年（907），後梁派康懷英築城圍晋將李嗣昭於潞州。後李思安築夾城爲蚰蜒塹以圍之，踰年不能下。最終李嗣源破夾城東北隅，康懷英出天井關而遁。潞州圍解。

[5]龍化園：地名。其地不詳。“龍化園”，中華書局本有校勘記：“《册府》卷三六〇作‘龍花園’。”此據《宋本册府》卷三六〇《將帥部·立功門一三》。

[6]卜渥：人名。籍貫、事迹不詳。本書僅此一見。《輯本舊史》之影庫本粘籤：“卜渥，原本作‘卞渥’，今據《册府元龜》改正。”此據《宋本册府》卷三六〇《將帥部·立功門一三》。

[7]王檀：人名。京兆（今陝西西安市）人。後梁將領。傳見本書卷二二、《新五代史》卷二三。　安金全：人名。代北（今山西北部）人。後唐將領。傳見本書卷六一、《新五代史》卷二五。　上黨：即潞州，治所在今山西長治市。　汾橋：橋名。位於今山西太原市。　昭義侍中：指代李嗣昭，李嗣昭鎮昭義，官侍中，故稱之。　“王檀之逼晋陽也”至“梁軍敗走”：《宋本册府》卷四一四《將帥部·赴援門》：“石嘉才，爲李嗣昭騎將。天祐十三年，梁將劉鄩既敗據滑州，梁主召之不至。是月，梁遣别將王檀率衆五萬自河中入陰地，寇我晋陽、昭義。李嗣昭遣嘉才率騎三百赴援。賊方至，營壘未成，城中有故將安金全率驍騎夜出薄之，賊衆大

潰，俘斬而還。賊人自是膽破。”“上黨”，《宋本册府》卷三六九《將帥部·攻取門二》言：“自潞州以援。”“昭義”，《輯本舊史》之影庫本粘籤：“昭義，原本作‘紹義’，考《薛史》前後多稱李嗣昭爲昭義侍中，今改正。”

十七年，將兵屯德勝。時汴軍自滑州轉餉以給楊村砦，[1]莊宗親率騎軍於河外，循岸而上，邀擊之。汴人距楊村五十里，[2]於河曲潘張村築壘以貯軍儲，[3]莊宗令諸軍攻之。汴人設伏於要路，逆戰僞敗，王師乘之，蹴入壘門，梁伏兵起，因與血戰。君立與鎮州大將王釗等隔入賊壘，[4]時諸將部校陷賊者十餘人，君立被執，送於汴。梁主素知其驍勇，[5]欲用之爲將，械而下獄。久之，梁主遣人誘之，君立曰：“敗軍之將，難與議勇，如欲將我，我雖真誠效命，能信我乎？人皆有君，吾何忍反爲仇人哉！”既而諸將被戮，尚惜君立不之害。同光元年，[6]莊宗至汴前一日，梁主始令殺之。《永樂大典》卷一萬八千一百二十九。[7]

[1]滑州：州名。治所在今河南滑縣。　楊村砦：地名。位於今河南濮陽縣西南。

[2]楊村：地名。位於今河南濮陽縣西南。　汴人距楊村五十里：“距”，原作“拒”，據《宋本册府》卷四四四《將帥部·陷没門》改。

[3]河曲：地名。位於今河南濮陽市一帶。　潘張村：地名。位於今河南范縣西南、濮陽縣西北。

[4]王釗：人名。籍貫事跡不詳。後唐將領。本書僅此一見。　君立與鎮州大將王釗等隔入賊壘：中華書局本有校勘記：“‘等’

字原闕，據《册府》卷四四四補。”

［5］梁主：即後梁末帝朱友貞。

［6］同光：後唐莊宗李存勗年號（923—926）。

［7］一萬八千一百二十九：原文作“一萬八千二十九”，《大典》中屬“將”字韻“列國鄭衛燕楚將（一）”事目。據陳垣《舊五代史輯本引書卷數多誤例》：“卷六五李建及、石君立、高行珪傳，卷六六《康義誠傳》，均引《大典》一八〇二九，係‘將’字韻，鄭衛燕楚將，誤。應作一八一二九，後唐將。”故改之。

高行珪

高行珪，燕人也。[1]家世勇悍，與弟行周俱有武藝，[2]初仕燕爲騎將，[3]驍果出諸將之右。燕帥劉守光僭逆不道，[4]莊宗令周德威征之，守光大懼，以行珪爲武州刺史，[5]令張犄角之勢。時明宗將兵助德威平燕，[6]俄聞行珪至，率騎以禦之。明宗諭以逆順之理，行珪乃降。[7]守光將元行欽在山北，[8]聞行珪有變，即率部下軍衆以攻行珪。行珪遣弟行周告急於周德威，[9]德威命明宗、李嗣本、安金全將兵援之。[10]明宗破行欽於廣邊軍，[11]行欽亦降。尋以行珪爲朔州刺史，歷忻、嵐二郡，[12]遷雲州留後。[13]天成初，授鄧州節度使，尋移鎮安州。[14]

［1］燕：地名。今河北北部。

［2］行周：人名。即高行周。嬀州懷戎（今河北懷來縣）人。五代後唐至後周將領。傳見本書卷一二三、《新五代史》卷四八。

與弟行周俱有武藝：“弟行周”，《宋本册府》卷三九六《將帥部·勇敢門三》亦作“弟行周”，唯《新五代史》卷四八《高行周傳》謂行珪爲行周堂兄弟。

[3]騎將：泛指騎兵將領。

[4]劉守光：人名。深州樂壽（今河北獻縣）人。唐末、五代幽州節度使劉仁恭之子。劉守光囚父自立，後號大燕皇帝，爲晋王李存勗俘殺。傳見本書卷一三五、《新五代史》卷三九。

[5]武州：州名。治所在今河北張家口市宣化區。

[6]明宗：即後唐明宗李嗣源。沙陀部人，應州金城（今山西應縣）人。李克用養子，逼宫李存勗後自立爲後唐皇帝。926年至933年在位。紀見本書卷三五至卷四四、《新五代史》卷六。

[7]行珪乃降：《輯本舊史》之影庫本粘籤：“《通鑑考異》云：據《唐實録》，高行珪降在劉守光既平之後，與《薛史》異，今附識于此。”此據《通鑑》卷二六八乾化三年（913）三月條《考異》。又據《輯本舊史》卷二八《唐莊宗紀二》天祐十年（913）三月丙寅條“武州刺史高行珪遣使乞降”，亦在平定劉守光之前。

[8]元行欽：人名。幽州（今北京市）人。五代後唐將領。傳見本書卷七〇、《新五代史》卷二五。　山北：地區名。亦稱山後。五代時稱今北京、河北軍都山、燕山以北地區爲山後。

[9]行珪遣弟行周告急於周德威：《舊五代史考異》：“案《歐陽史》：行珪夜縋行周馳入晋，見莊宗，莊宗因遣明宗救武州。比至，行欽已解去，行珪乃降。是行珪先求救于晋而後降也。《薛史》作降晋後告急，微有異同。”此據《新五代史》卷四八《高行周傳》。

[10]李嗣本：人名。雁門（今山西代縣）人。李克用義子，本姓張。五代後唐將領。傳見本書卷五二、《新五代史》卷三六。

德威命明宗、李嗣本、安金全將兵援之：《宋本册府》卷四〇〇《將帥部·固守門二》載此救援之事頗詳：“高行珪爲武州刺史，時太原軍攻燕經年，城中芻粟少，劉守光令散員大將元行欽率散員騎四千於山後牧馬，兼爲外援。及燕城危蹙，甲士亡散，守光召行欽，行欽部下諸將以守光必敗，赴召無益，乃請行欽爲燕帥，稱留後。行欽無如之何，乃謂諸將曰：‘我爲帥，亦須歸幽州。’衆然之，行欽以行珪在武州，慮爲後患，乃令人於懷戎掠得其子，縶之自隨。至武州，謂行珪曰：‘將士立我爲留後，共汝父同行，先定軍府，然後降太原，若不從，必殺爾子。’行珪曰：‘大王委爾親兵，遂圖叛逆，吾死不能從也。’其子泣告行珪，行珪謂曰：‘元公謀逆，何以狥從？與爾决矣。’行珪城守月餘，城中食盡，士有飢色，乃召集居人謂曰：‘非不爲父老惜家屬，不幸軍士乏食，可斬予首出降。’即坐見寧帖。行珪爲治有恩，衆泣曰：‘願出私糧濟軍，以死共守。’乃夜縋其弟行周入太原軍。既見，莊宗即令明宗率騎援之，比至，行欽解圍矣。”

[11]廣邊軍：地名。位於今河北赤城縣。

[12]朔州：州名。治所在今山西朔州市朔城區。　忻：州名。治所在今山西忻州市。　嵐：州名。治所在今山西嵐縣。

[13]雲州：州名。治所在今山西大同市。　留後：官名。原非正式命官，唐朝節度使入朝或宰相、親王遥領節度使不臨鎮則置。安史之亂後，節度使多以子弟或親信爲留後，以代行節度使職務，亦有軍士、叛將自立爲留後者。掌一州或數州軍政。北宋始爲朝廷正式命官。　遷雲州留後：《輯本舊史》卷三六《唐明宗紀二》天成元年（926）六月丙申條：“新州留後張廷裕、雲州留後高行珪，並正授本軍節度使。”知有正授，本傳未及。

[14]天成：後唐明宗李嗣源年號（926—930）。　鄧州：州名。治所在今河南鄧州市。　節度使：官名。唐時在重要地區所設掌握一州或數州軍、民、財政的長官。　安州：州名。治所在今湖北安陸市。

行珪性貪鄙，短於爲政，在安州日，行事多不法。副使范延策者，[1]幽州人也，性剛直，累爲賓職，[2]及佐行珪，覩其貪猥，因强諫之，行珪不從。後延策因入奏，獻封章於闕下，事有三條：一請不禁過淮猪羊，而禁絲綿匹帛，以實中國；一請於山林要害置軍鎮，以絶寇盗；一述藩侯之弊，請敕從事明諫静之，不從，令諸軍校列班廷諍。行珪聞之，深銜之。後因戍兵作亂，[3]誣奏延策與之同謀，父子俱戮於汴，聞者冤之。未幾，行珪以疾卒。詔贈太尉。[4]《永樂大典》卷一萬八千一百二十九。[5]

[1]范延策：人名。幽州（今北京市）人。高行珪僚佐，因剛直被殺。傳見本書附録。

[2]賓職：幕客或州軍長官僚屬。

[3]後因戍兵作亂：《輯本舊史》卷三九《唐明宗紀五》天成三年（928）十月甲子條："安州節度使高行珪奏，屯駐左神捷、左懷順軍士作亂，已逐殺出城。"明本《册府》卷一二八《帝王部·明賞門二》：天成三年，"十月甲子，安州上言，屯駐左神捷、右懷順兵士作叛，主帥高行珪襲殺出城"。左懷順或右懷順，待考。

[4]太尉：官名。與司徒、司空並爲三公。唐後期、五代多爲大臣、勳貴加官。正一品。

[5]一萬八千一百二十九：原文作"一萬八千二十九"，《大典》中屬"將"字韻"列國鄭衛燕楚將（一）"事目。據陳垣《舊五代史輯本引書卷數多誤例》："卷六五李建及、石君立、高行珪傳，卷六六《康義誠傳》，均引《大典》一八〇二九，係'將'字韻，鄭衛燕楚將，誤。應作一八一二九，後唐將。"今據改。

張廷裕

張廷裕，代北人也。[1]幼事武皇於雲中，從平黄巢，討王行瑜，自行間漸升爲小將。[2]莊宗定魏，補天雄軍左厢馬步都虞候，歷蔚、慈、隰三州刺史。[3]同光三年，除新州節度使。[4]塞上多事，廷裕無控制之術，邊鄙常聳。天成三年，卒於治所。詔贈太保。[5]《永樂大典》卷五千三百六十。[6]

[1]代北：方鎮名。治所在代州（今山西代縣）。

[2]雲中：縣名。治所在今山西大同市。　黄巢：人名。曹州冤句（今山東菏澤市）人。唐末農民起義領袖。傳見《舊唐書》卷二〇〇下、《新唐書》卷二二五下。　王行瑜：人名。邠州（今陝西彬縣）人。唐末軍閥。傳見《舊唐書》卷一七五、《新唐書》卷二二四下。　小將：低級武官。

[3]左厢馬步都虞候：官名。五代時期出征軍隊高級統兵官。　蔚：州名。治所在今河北蔚縣。　慈：州名。治所在今山西吉縣。　隰：州名。治所在今山西隰縣。

[4]新州：州名。治所在今河北涿鹿縣。　同光三年，除新州節度使：《輯本舊史》卷三二《唐莊宗紀六》同光二年（924）八月丙子條："以隰州刺史張廷裕爲新州威塞軍節度留後。"按，新州爲威塞軍治所。

[5]太保：官名。與太師、太傅並爲三師。唐後期、五代多爲大臣、勳貴加官。正一品。

[6]《大典》卷五三六〇"朝"字韻"元朝儀（三）"事目。據陳垣《舊五代史輯本引書卷數多誤例》："卷六五《張廷裕傳》，卷一二九《張彦超傳》，均引《大典》五三六〇，係'朝'字韻，

誤。或應作六三六〇，‘張’字韻。”《大典》卷六三六〇“張”字韻“姓氏（三〇）”事目。中華書局本有校勘記則疑出自《大典》卷六三五〇“張”字韻“姓氏（二〇）”事目。

王思同

王思同，幽州人也。父敬柔，歷瀛、平、儒、檀、營五州刺史。[1]思同母即劉仁恭之女也，[2]故思同初事仁恭爲帳下軍校。[3]會劉守光攻仁恭於大安山，[4]思同以部下兵歸太原，時年十六，武皇命爲飛勝指揮使。[5]從莊宗平定山東，[6]累典諸軍。

[1]敬柔：人名。即王敬柔。事見本書本卷。　瀛：州名。治所在今河北河間市。　平：州名。治所在今河北盧龍縣。　儒：州名。治所在今北京市延慶區。　檀：州名。治所在今北京市密雲區。　營：州名。治所在今遼寧朝陽市。

[2]劉仁恭：人名。深州（今河北深州市）人。唐末、五代軍閥。傳見《新唐書》卷二一二。

[3]軍校：即牙校，爲低級武職。　故思同初事仁恭爲帳下軍校：“帳下軍校”，《舊五代史考異》：“案：《歐陽史》作銀胡簶指揮使。”見《新五代史》卷三三《王思同傳》。

[4]大安山：山名。位於今北京市房山區西北。

[5]飛勝指揮使：官名。所部統兵將領。飛勝爲部隊番號。中華書局本有校勘記：“原作‘飛騰指揮使’，據《册府》卷九三九、《新五代史》卷三三《王思同傳》改。《舊五代史考異》卷二：‘《歐陽史》作飛勝指揮使。’影庫本粘籤：‘飛騰指揮使，疑有舛誤。考《册府元龜》亦作“飛騰”，今無可復考，姑仍其舊。’”

此據明本《册府》卷九三九《總録部·譏誚門》。

[6]山東：太行山以東。昭義軍所管五州，澤、潞二州在太行山以西，邢、洺、磁三州在太行山以東。

思同性疏俊，粗有文，性喜爲詩什，與人唱和，自稱薊門戰客。魏王繼岌待之若子。[1]時内養吕知柔侍興聖宫，[2]頗用事，思同不平之。吕爲終南山詩，[3]末句有“頭”字，思同和曰：“料伊直擬衝霄漢，賴有青天壓着頭。”其所爲詩句，[4]皆此類也。每從征，必在興聖帳下，然同光朝，位止鄭州刺史。[5]明宗在軍時，素知之，即位後，用爲同州節度使。[6]未幾，移鎮隴右。[7]

[1]繼岌：人名。即李繼岌。後唐莊宗長子。傳見本書卷五一、《新五代史》卷一四。

[2]内養：指宦官。　吕知柔：人名。籍貫不詳。後唐宦官。事見《新五代史》卷一四。　興聖宫：宫殿名。在洛陽宫城内。位於今河南洛陽市。

[3]終南山：中華書局本有校勘記：“原作‘中南山’，據殿本、劉本、《永樂大典》卷六八五〇引五代《薛史》、《册府》卷九三九、卷九五四改。”此據明本《册府》卷九三九《總録部·譏誚門》、《宋本册府》卷九五四《總録部·妄作門》。

[4]其所爲詩句：“所爲詩句”，《宋本册府》卷九五四《總録部·妄作門》作“可笑詩句”。

[5]鄭州：州名。治所在今河南鄭州市。　位止鄭州刺史：《舊五代史考異》：“案：《歐陽史》作以功遷神武十軍都指揮使，累遷鄭州防禦使。”此據《新五代史》卷三三《王思同傳》。《輯本舊史》卷三五《唐明宗紀一》同光四年（926）四月庚子條：“以鄭

州防禦使王思同爲同州留後。”《宋本册府》卷三六〇《將帥部·立功門一三》：“王思同爲馬軍左厢都指揮使，領薊州刺史。同光中，從明帝援糧入幽州，逐虜有功，遷鄭州防禦使。”可知其不僅爲鄭州刺史，亦嘗爲防禦使。

[6]用爲同州節度使：《輯本舊史》卷三五《唐明宗紀一》同光四年四月庚子條：“以鄭州防禦使王思同爲同州留後。”知似先爲留後，後得正授。

[7]隴右：地名。隴山（今六盤山）以西、黄河以東甘、陝各地。

思同好文士，無賢不肖，必館接賄遺，歲費數十萬。在秦州累年，[1]邊民懷惠，華戎寧息。長興元年，入朝，見於中興殿。[2]明宗問秦州邊事，對曰：“秦州與吐蕃接境，蕃部多違法度。[3]臣設法招懷，沿邊置寨四十餘所，控其要害。每蕃人互市、飲食之界上，[4]令納器械。”因手指畫秦州山川要害控扼處。明宗曰：“人言思同不管事，豈及此耶！”時兩川叛，欲用之，且留左右，故授右武衛上將軍。[5]八月，授西南面行營馬步都虞候。[6]九月，授京兆尹、西京留守。[7]伐蜀之役，爲先鋒指揮使。[8]石敬瑭入大散關。[9]思同恃勇先入劍關，[10]大軍未相繼援，[11]復被董璋兵逐出之。[12]及敬瑭班師，思同以曾獲劍門之功，移鎮山南西道。[13]三年，兩川交兵，明宗慮併在一人，則朝廷難制，密詔思同相度形勢，即乘間用軍，事未行而董璋敗。八月，復爲京兆尹兼西京留守。

［1］秦州：州名。治所在今甘肅天水市。

［2］長興：後唐明宗李嗣源年號（930—933）。　中興殿：宫殿名。在洛陽宫城内。位於今河南洛陽市。

［3］吐蕃：古部族、政權名。唐朝時藏族先民在青藏高原建立吐蕃政權。自7至9世紀，共歷九主，二百餘年。參見才讓《吐蕃史稿》，人民出版社2010年版。

［4］每蕃人互市、飲食之界上："互市"，《輯本舊史》之影庫本粘籤："互市，原本作'五市'。今據《册府元龜》改正。"此據明本《册府》卷四二九《將帥部·守邊門》。《大典》卷六八五〇亦作"互市"。

［5］兩川：指唐、五代方鎮劍南東川、劍南西川，簡稱兩川或東、西川。唐至德二載（757）分劍南節度使東部地區置劍南東川節度使，治所在梓州（今四川三臺縣）；西部地區置劍南西川節度使，治所在成都府（今四川成都市）。　右武衛上將軍：官名。唐置，掌宫禁宿衛。唐代置十六衛，各置上將軍，從二品；大將軍，正三品；將軍，從三品。　故授右武衛上將軍：中華書局本有校勘記："'上'字原闕，據《永樂大典》卷六八五〇引五代《薛史》、《通鑑》卷二七七補。"《輯本舊史》卷四一《唐明宗紀七》長興元年（930）九月庚寅條："以右武衛上將軍王思同爲京兆尹。"《宋本册府》卷三六〇《將帥部·立功門一三》："長興中，自秦州節度使入爲右武衛上將軍。"

［6］西南面行營馬步都虞候：官名。五代時期出征軍隊高級統兵官。　授西南面行營馬步都虞候：《宋本册府》卷三六〇《將帥部·立功門一三》作"除西南面行營馬步軍都虞候"。

［7］京兆尹：官名。唐開元元年（713）改雍州置京兆府，治所在今陝西西安市。以京兆尹總其政務。從三品。　西京留守：官名。唐代始置。皇帝出巡或親征時指定親王或大臣留守，綜理軍事、行政、民事、財政。　授京兆尹、西京留守：中華書局本有校勘記："'授'字原闕，據《永樂大典》卷六八五〇引五代《薛

史》補。"

[8]先鋒指揮使：官名。先鋒，即先鋒部隊。指揮使，爲所部統兵將領。

[9]石敬瑭：人名。沙陀部人。五代後唐將領、後晋開國皇帝。紀見本書卷七五至卷八〇、《新五代史》卷八。　大散關：地名。即散關。秦嶺著名關隘之一。位於今陝西寶鷄市西南大散嶺上。

[10]劍關：關隘名。即劍門關。位於今四川劍閣縣劍門鎮北大劍山口。　思同恃勇先入劍關："劍關"，《宋本册府》卷一三四《帝王部·念功門》、《通鑑》卷二七七長興元年十一月條作"劍門"。《宋本册府》卷三六〇《將帥部·立功門一三》作"思同以偏衆取小劍門入，倒迴收下劍門"。

[11]大軍未相繼援：中華書局本有校勘記："'援'字原闕，據《永樂大典》卷六八五〇引《五代薛史》補。"

[12]董璋：人名。籍貫不詳。五代後梁、後唐將領。傳見本書卷六二、《新五代史》卷五一。

[13]山南西道：方鎮名。治所在梁州（今陝西漢中市）。　移鎮山南西道：《輯本舊史》卷四二《唐明宗紀八》長興二年三月乙亥條："以西京留守、權知興元軍府事王思同爲山南西道節度使，充西面行營馬步軍都虞候。"

時潞王鎮鳳翔，[1]與之鄰境，及潞王不禀朝旨，致書於秦、涇、雍、梁、邠諸帥，[2]言："賊臣亂政，屬先帝疾篤，謀害秦王，[3]迎立嗣君，自擅權柄，以致殘害骨肉，摇動藩垣。懼先人基業忽焉墜地，故誓心入朝以除君側。事濟之後，謝病歸藩。然藩邸素貧，兵力俱困，[4]欲希國士，共濟急難。"乃令小伶安十十以五弦妓見思同，[5]因歡諷動，又令軍校宋審温者，[6]請使於雍，若不從命，即獨圖之。又令推官郝昭、府吏朱延乂以書檄起兵。[7]會副部署藥彦稠至，[8]方宴，而妓、使適至，乃縶之於獄。彦稠請誅審温，拘送昭赴闕。時思同已遣其子入朝言事，朝廷嘉之，乃以思同爲鳳翔行營都部署，[9]起軍營於扶風。[10]

[1]潞王：即後唐廢帝李從珂。鎮州平山（今河北平山縣）人。本姓王，後唐明宗李嗣源擄其母魏氏，遂養爲己子。應順元年（934）四月，李從珂入洛陽即帝位。清泰三年（936）五月，石敬瑭謀反，廢帝自焚死，五代後唐亡。紀見本書卷四六至卷四八、《新五代史》卷七。　鳳翔：方鎮名。治所在鳳翔府（今陝西鳳翔縣）。

[2]涇：州名。治所在今甘肅涇川縣。　雍：地名。即京兆府，今陝西西安市。　梁：州名。治所在今陝西漢中市。　邠：州名。治所在今陝西彬縣。

[3]秦王：即李從榮。沙陀部人。後唐明宗李嗣源次子。傳見本書卷五一、《新五代史》卷一五。

[4]然藩邸素貧，兵力俱困："兵力"，《宋本册府》卷三七四《將帥部·忠門五》作"兵食"。

[5]安十十：人名。籍貫不詳。李從珂伶奴。事見本書本卷。　乃令小伶安十十以五弦妓見思同：中華書局本有校勘記："'安十十'原作'女十人'，據《册府》卷三七四、卷六八六、卷八四八改。'妓'，原作'技'，據《永樂大典》卷六八五〇引五代《薛史》、《册府》卷三七四（宋本）、卷六八六改，《册府》卷三七四（明本）、卷八四八作'謁'。《舊五代史考異》卷二：'案《歐陽史》作"遣伶奴安十十以五絃謁思同"。'影庫本粘籤：'《歐陽史》作"潞王五弦妓見思同"，原本"技"字疑誤，據《薛史》上文有"小伶女十人"，則下文不應復稱爲"五弦妓"，蓋歐、薛二史語有

繁簡，各自成文也，今附識于此。’”見《新五代史》卷三三《王思同傳》、《宋本册府》卷六八六《牧守部・忠門二》，《宋本册府》卷八四八《總録部・任俠門》闕王思同條，故據明本。

[6]宋審温：人名。籍貫、事迹不詳。本書僅此一見。　又令軍校宋審温者：中華書局本有校勘記：“‘令’字原闕，據《册府》卷三七四補。”

[7]推官：官名。唐始置，唐代後期節度、觀察、團練、防禦等使的屬官，掌推按刑獄。此外，度支、鹽鐵等使也置推官。　郝昭：人名。籍貫不詳。李從珂屬官。事見本書本卷。“郝昭”，中華書局本有校勘記：“《册府》卷三七四、卷六八六同，《册府》卷一七二（宋本）、卷三七四（明本）、《新五代史》卷三三《王思同傳》、《通鑑》卷二七九作‘郝詡’。本卷下一處同。《舊五代史考異》卷二：‘案：《歐陽史》作郝詡，《通鑑》從《歐陽史》。’”此分别據《宋本册府》卷三七四《將帥部・忠門五》、卷六八六《牧守部・忠門二》、卷一七二《帝王部・求舊門二》，《新五代史》卷三三《王思同傳》，《通鑑》卷二七九清泰元年二月辛卯條。　朱延乂：人名。籍貫、事迹不詳。本書僅此一見。“朱延乂”，中華書局本有校勘記：“《册府》卷三七四、卷六八六同，《册府》卷一七二、《通鑑》卷二七九作‘朱廷乂’。”

[8]藥彦稠：人名。沙陀部人。五代後唐將領。傳見本書卷六六、《新五代史》卷二七。

[9]行營都部署：官名。凡行軍征討，掛帥率軍戰鬥，總管行營事務。　乃以思同爲鳳翔行營都部署：《輯本舊史》卷四五《唐閔帝紀》應順元年二月丁酉條：“王思同加同平章事，充西面行營都部署。”《通鑑》卷二七九清泰元年二月條：“辛卯，以王思同爲西面行營馬步軍都部署。……丁酉，加王思同同平章事，知鳳翔行府。”

[10]扶風：縣名。治所在今陝西扶風縣。歸鳳翔府轄。

三月十四日，與張虔釗會於岐下，[1]梯衝大集。十五日，進收東西關城，城中戰備不完，然死力禦扞，外兵傷夷者十二三。十六日，復進攻其城，潞王登陴泣諭於外，[2]聞者悲之。張虔釗性褊，詰旦，西南用軍，與都監皆血刃以督軍士，軍士齊詬，反攻虔釗，虔釗躍馬避之。時羽林指揮使楊思權引軍自西門先入，[3]思同未之知，猶督士登城。俄而嚴衛指揮使尹暉呼曰："西城軍已入城受賞矣，[4]軍士可解甲！"棄仗之聲，振動天地。日午，亂軍畢集，涇州張從賓、邠州康福、河中安彥威皆遁去。[5]十七日，思同與藥彥稠、萇從簡俱至長安，[6]劉遂雍閉關不內，乃奔潼關。[7]

[1]張虔釗：人名。遼州（今山西左權縣）人。五代後唐、後蜀將領。傳見本書卷七四。　岐下：岐山以下。此指鳳翔。

[2]潞王登陴泣諭於外：明本《册府》卷一一《帝王部·繼統門三》載其告諭之文："我年未二十，從先帝征伐，出生入死，金瘡滿身，樹立社稷，軍士從我登陣者多矣。今朝廷信任賊臣，殘害骨肉，且我有何罪！"

[3]羽林指揮使：官名。所部統兵將領。羽林爲部隊番號。楊思權：人名。邠州新平（今陝西彬縣）人。五代後唐、後晋將領。傳見本書卷八八、《新五代史》卷四八。　時羽林指揮使楊思權引軍自西門先入：明本《册府》卷一一《帝王部·繼統門三》："時羽林都指揮使楊思權謂衆曰：'大相公，吾主也。'遂引軍自西門入。"《宋本册府》卷三七四《將帥部·忠門五》："時羽林指揮使楊思權引軍自西門先入，降從珂。"

[4]嚴衛指揮使：官名。所部統兵將領。嚴衛爲部隊番號。後唐明宗長興三年（932），改在京左右羽林四十指揮爲嚴衛左右軍。

尹暉：人名。魏州大名（今河北大名縣）人。五代後唐、後晋將領。傳見本書卷八八、《新五代史》卷四八。　西城軍已入城受賞矣：中華書局本有校勘記："'西城'，《永樂大典》卷六八五〇引五代《薛史》同，《册府》卷三七四、《新五代史》卷三三《王思同傳》、《通鑑》卷二七九作'城西'。"

[5]張從賓：人名。籍貫不詳。五代後唐、後晋將領。傳見本書卷九七。　康福：人名。蔚州（今河北蔚縣）人。五代後唐、後晋將領。傳見本書卷九一、《新五代史》卷四六。　安彦威：人名。崞縣（今山西原平市）人。五代後唐、後晋將領。傳見本書卷九一、《新五代史》卷四七。

[6]萇從簡：人名。陳州（今河南淮陽縣）人。五代後唐、後晋將領。傳見本書卷九四、《新五代史》卷四七。中華書局本有校勘記："原作'萇從諫'，據殿本、《册府》（明本）卷三七四改。按本書卷九四有《萇從簡傳》。"　長安：地名。即今陝西西安市。

[7]劉遂雍：人名。籍貫不詳。五代將領。事見《新五代史》卷三三。　潼關：關隘名。位於今陝西潼關縣。

二十二日，[1]潞王至昭應，[2]前鋒執思同來獻。王謂左右曰："思同計乖於事，然盡心於所奉，亦可嘉也。"顧謂趙守鈞曰：[3]"思同，爾之故人，可行迓之於路，達予撫慰之意。"思同至，潞王讓之曰："賊臣傾我國家，[4]殘害骨肉，非予弟之過。我起兵岐山，[5]蓋誅一二賊臣耳，爾何首鼠兩端，多方悮我，今日之罪，其可逃乎！"思同曰："臣起自行間，受先朝爵命，秉旄仗鉞，累歷重藩，終無顯效以答殊遇。臣非不知攀龍附鳳則福多，扶衰救弱則禍速，但惟瞑目之後，無面見先帝。釁鼓膏原，縲囚之常分也。"潞王爲之改容，徐謂之曰：

"且憩歇。"潞王欲宥之,[6]而楊思權之徒耻見其面，屢啓於劉延朗,[7]言思同不可留，慮失士心。又潞王入長安時，尹暉盡得思同家財及諸妓女，故尤惡思同，與劉延朗亟言之。屬潞王醉,[8]不待報，殺思同并其子德勝。潞王醒，召思同，左右報已誅之矣。潞王怒延朗，累日嗟惜之。[9]及漢高祖即位，詔贈侍中。[10]《永樂大典》卷六千八百五十。[11]

[1]二十二日：《輯本舊史》卷四六《唐末帝紀上》應順元年（934）三月二十三日條："二十三日，次靈口，誅王思同。"明本《册府》卷一一《帝王部·繼統門三》："二十三日，次靈口，駕下軍執王思同來降，是日，誅之。"

[2]昭應：縣名。治所在今陝西西安市臨潼區華清池西北。

[3]趙守鈞：人名。籍貫不詳。事見本書本卷。《輯本舊史》之影庫本粘籤："趙守鈞，原本作'字鈞'，今從《通鑑》改正。"按《通鑑》卷二七九清泰元年（934）三月條未見趙守鈞其人，影庫本粘籤恐誤，《宋本册府》卷三七四《將帥部·忠門五》作"趙守鈞"。

[4]賊臣傾我國家："國家"，《大典》卷六八五〇無"家"字，《宋本册府》卷三七四《將帥部·忠門五》作"家國"。

[5]岐山：山名。位於今陝西岐山縣東北。

[6]潞王欲宥之："宥"，原作"用"，《宋本册府》卷三七四、《通鑑》卷二七九清泰元年三月癸亥條作"宥"，《大典》卷六八五〇作"有"。按："有"通"宥"，寬恕、赦免之義，思同與潞王之對話已表現出不能爲之所用之决心，故當爲"宥"。

[7]劉延朗：人名。宋州虞城（今河南虞城縣）人。五代後唐大臣。傳見本書卷六九、《新五代史》卷二七。　屢啓於劉延朗："於"字原闕，據《大典》卷六八五〇、《宋本册府》卷三七四補。

［8］屬潞王醉："潞"字原闕，據《大典》卷六八五〇、《宋本册府》卷三七四補。

［9］德勝：人名。即王德勝。事迹不詳。　"殺思同並其子德勝"至"累日嗟惜之"：《輯本舊史》卷四五《唐閔帝紀》應順元年三月癸亥條："以康義誠爲鳳翔行營都招討使，餘如故；以王思同爲副招討使。"同月甲子條："甲子，陝州奏，潞王至潼關，害西面都部署王思同。"

［10］漢高祖：即石敬瑭。　侍中：官名。秦始置。隋、唐前期爲門下省長官。唐後期多爲大臣加銜，不參與政務，實際職務由門下侍郎執行。正二品。

［11］六千八百五十：中華書局本有校勘記："原作'六千六百七十一'，檢《永樂大典目録》，卷六六七一'江'字韻'鎮江府八'，與本則内容不符。按本書實出《永樂大典》卷六八五〇，據改。"《大典》卷六八五〇"王"字韻"姓氏（三五）"事目，現存。

索自通

索自通，字得之，太原清源人也。[1]父繼昭，以自通貴，授國子監祭酒致仕。[2]自通少能騎射，嘗於山墅射獵。莊宗鎮太原時，遇之於野，訊其姓名，即補右番廳直軍使。[3]後因從獵，射中走鹿，轉指揮使。佐周德威攻燕軍於涿州，[4]擒燕將郭在鈞。[5]從莊宗定魏博，改突騎指揮使。[6]明宗即位，自隨駕左右廂馬軍都指揮使授忻州刺史。[7]歲餘召還，復典禁兵，領韶州刺史，出爲大同軍節度使。[8]累歲移鎮忠武，改京兆尹、西京留守。[9]楊彦温據河中作亂，[10]自通率師討平之，授河中節度使。尋自鄜州入爲右龍武統軍。[11]初，自通既平楊彦温，[12]代末帝鎮河中，[13]臨事失於周旋，末帝深銜之。[14]及末帝即位，自通憂悸求死。[15]清泰元年七月，因朝退涉洛，自溺而卒。[16]

[1]清源：縣名。位於今山西清徐縣。

[2]繼昭：人名。即索繼昭。事迹不詳。　國子監祭酒：官名。古代國子學或太學長官。晋武帝司馬炎始置。掌邦國儒學訓導之政令，領太學、國子學及國子監所屬各學。從三品。

[3]右番廳直軍使：官名。所部統兵將領。廳直爲部隊番號。

[4]涿州：州名。治所在今河北涿州市。

[5]郭在鈞：人名。籍貫、事跡不詳。本書僅此一見。中華書局本有校勘記："《册府》卷三四七、卷三六〇作'郭在均'。"見明本《册府》卷三四七《將帥部·佐命門八》、《宋本册府》卷三六〇《將帥部·立功門一三》。

[6]突騎指揮使：官名。所部統兵將領。突騎爲部隊番號。

[7]左右廂馬軍都指揮使：官名。所部統兵將領。左右廂馬軍爲部隊番號。　隨駕左右廂馬軍都指揮使授忻州刺史："使"字原闕，據《輯本舊史》卷三六《唐明宗紀二》天成元年（926）五月壬午條、明本《册府》卷三四七《將帥部·佐命門八》補。

[8]韶州：州名。治所在今廣東韶關市。　大同軍：方鎮名。治所在雲州（今山西大同市）。　復典禁兵，領韶州刺史，出爲大同軍節度使：《輯本舊史》卷三九《唐明宗紀五》天成三年九月乙亥條："以捧聖左右廂副都指揮使索自通爲雲州節度使。"知所典禁兵爲捧聖軍，雲州爲大同軍治所。"復"，明本《册府》卷三四七《將帥部·佐命門八》作"後"。

[9]忠武：方鎮名。貞元十年（794）以陳許節度使爲忠武軍，治所在許州（今河南許昌市）。天復元年（901）移治陳州（今河

南淮陽縣）。　累歲移鎮忠武，改京兆尹、西京留守：《輯本舊史》卷三九《唐明宗紀五》天成三年十月甲子，“詔升壽州爲忠正軍”；同月戊辰條，“以雲州節度使索自通領壽州節度使”。《輯本舊史》卷四〇《唐明宗紀六》天成四年五月己卯條：“以忠武軍節度使索自通爲京兆尹，充西京留守。”據朱玉龍《五代十國方鎮年表》，天成四年忠武軍節度使爲孔循，非索自通。此處“忠武”當爲“忠正”之誤。

[10]楊彦温：人名。汴州（今河南開封市）人。後唐將領。傳見本書卷七四。

[11]鄜州：州名。治所在今陝西富縣。　右龍武統軍：官名。《新唐書·兵志》：“武德六年，以天下既定，遂廢十二軍，改驃騎曰統軍，車騎曰别將。”唐代禁軍左右龍武軍、左右神武軍、左右神策軍各置統軍一人，位次於大將軍。

[12]初，自通既平楊彦温：“楊彦温”，《輯本舊史》之影庫本粘籤：“楊彦温，原本作‘湯彦温’，考《通鑑·歐陽史》俱作楊彦温，今改正。”此據《通鑑》卷二七七長興元年（930）四月壬寅條、《新五代史》卷六《唐明宗紀》。《宋本册府》卷三六〇《將帥部·立功門一三》、卷六九四《牧守部·武功門二》、卷九〇九《總録部·憂懼門》以及明本《册府》卷四三五《將帥部·獻捷門二》均作“楊彦温”。

[13]末帝：即後唐廢帝李從珂。　代末帝鎮河中：《宋本册府》卷九〇九《總録部·憂懼門》：“楊彦温據河中叛逆，自通出師。討平之時，末帝鎮河中，臨事失於周旋，帝深銜之。及帝即位，自通爲右龍武統軍，常憂悸求死。清泰元年七月，因朝退，涉洛水陽墮而卒。”其中無“代”字，然索自通確嘗鎮河中。

[14]臨事失於周旋，末帝深銜之：《舊五代史考異》：“案《通鑑》：自通至鎮，承安重誨指，籍軍府甲仗數上之，以爲從珂私造，賴王德妃居中保護，從珂由是得免。”此據《通鑑》卷二七七長興元年四月壬寅條。

[15]及末帝即位，自通憂悸求死：明本《册府》卷一一四《帝王部·巡幸門三》："末帝清泰元年六月庚辰，幸至德宫，又幸房知温、安元信、范延光、索自通、李從敏居第，各賜繒帛、銀器，至夕還宫。"

[16]清泰：五代後唐廢帝李從珂年號（934—936）。　洛：即今洛河。

子萬進，周顯德中，歷任方鎮。[1]《永樂大典》卷一萬八千一百二十九。[2]

[1]萬進：人名。即索萬進。五代後周將領。事見本書卷一〇三、卷一一三。　顯德：五代後周太祖郭威年號（954）。世宗柴榮、恭帝柴宗訓沿用（954—960）。

[2]《大典》卷一八一二九"將"字韻"後唐將（二）"事目。

舊五代史　卷六六

唐書四十二

列傳第十八

安重誨[1]

[1]《輯本舊史》之影庫本粘籤："《安重誨傳》，《永樂大典》全篇已佚，今就其散見各韻者共得五條，《册府元龜》所引《薛史》共得三條，《通鑑注》所引《薛史》一條，排比先後，以存梗概。"

安重誨，其先本北部酋豪。父福遷，爲河東將，救兗、鄆而没。[1]

[1]福遷：人名。即安福遷。五代後晋將領。事見本書卷二六、《新五代史》卷二四。　河東：方鎮名。治所在太原（今山西太原市）。　兗：州名。治所在今山東濟寧市兗州區。　鄆：州名。治所在今山東東平縣。　"安重誨"至"救兗、鄆而没"：《通鑑》卷二六九貞明二年（916）九月條胡注引《薛史》。"酋豪"，《輯本

舊史》原作“豪長”。中華書局本有校勘記：“‘豪長’，《通鑑》卷二六九胡注引《薛史》作‘酋豪’。”但未改，今據改。“爲河東將”，中華書局本有校勘記：“‘爲’原作‘於’，據殿本、劉本、《通鑑》卷二六九胡注引《薛史》改。”《新五代史》卷二四《安重誨傳》：“安重誨，應州人也。其父福遷，事晋爲將，以驍勇知名。梁攻朱宣於鄆州，晋兵救宣，宣敗，福遷戰死。”

重誨自明宗龍潛時得給事左右。[1]及鎮邢州，以重誨爲中門使。[2]隨從征討，凡十餘年，委信無間，勤勞亦至。洎鄴城之變，[3]佐命之功，獨居其右。明宗踐祚，領樞密使，俄遷左領軍衛大將軍充職。[4]

[1]明宗：即李嗣源。沙陀部人。原名邈佶烈，李克用養子。五代後唐明宗，926年至933年在位。紀見本書卷三五至卷四四、《新五代史》卷六。

[2]邢州：州名。治所在今河北邢臺市。　中門使：官名。五代時晋王李存勗所置。爲節度使屬官，執掌同於朝廷之樞密使。《通鑑》卷二六九貞明二年（916）九月條：“嗣源以安重誨爲中門使，委以心腹，重誨亦爲嗣源盡力。”

[3]鄴城：地名。即鄴都。治所在今河北大名縣。

[4]樞密使：官名。樞密院長官。唐代宗時始以宦官掌機密，至昭宗時借朱温之力盡誅宦官，改以士人任樞密使。備顧問，參謀議，出納詔奏，權侔宰相。參見李全德《唐宋變革期樞密院研究》，國家圖書館出版社2009年版。　左領軍衛大將軍：官名。唐置，掌宫禁宿衛。唐代置十六衛，即左右衛、左右驍衛、左右武衛、左右威衛、左右領軍衛、左右金吾衛、左右監門衛、左右千牛衛。各置上將軍，從二品；大將軍，正三品；將軍，從三品。　“重誨自明宗龍潛時得給事左右”至“俄遷左領軍衛大將軍充職”：亦見明

本《册府》卷三〇九《宰輔部·佐命門二》。《輯本舊史》之原輯者案語："以下有闕文。"明本《册府》卷九九《帝王部·親信門》："明宗在藩邸時，安重誨得給事左右，年尚幼而勤恪穎悟，出於時輩，漸得帝意。帝之鎮邢臺也，俾職閽司，隨從征討，垂十餘年，親信無間，歷數鎮，咸委心腹之任。及鄴城之變也，天下之心知所歸矣，佐命之功，獨居其右。"《新五代史》卷二四《安重誨傳》："重誨少事明宗，爲人明敏謹恪。明宗鎮安國，以爲中門使。及兵變于魏，所與謀議大計，皆重誨與霍彦威决之。明宗即位，以爲左領軍衛大將軍、樞密使，兼領山南東道節度使。固辭不拜，改兵部尚書，使如故。在位六年，累加侍中兼中書令。"《通鑑》卷二七五天成元年（926）四月乙未條："以中門使安重誨爲樞密使。"

（天成元年四月）監國令所在訪求諸王。[1]通王存確、雅王存紀匿民間，或密告安重誨，重誨與李紹真謀曰："今殿下既監國典喪，諸王宜早爲之所，以壹人心。[2]殿下性慈，不可以聞。"乃密遣人就田舍殺之。後月餘，監國乃聞之，切責重誨，傷惜久之。[3]

[1]天成：五代後唐明宗李嗣源年號（926—930）。

[2]存確：人名。即李存確。李克用之子，莊宗李存勗之弟。傳見本書卷五一、《新五代史》卷一四。　存紀：人名。即李存紀。李克用之子，莊宗李存勗之弟。傳見本書卷五一、《新五代史》卷一四。　李紹真：人名。即霍彦威。洺州曲周（今河北曲周縣）人。五代後梁將領霍存養子，後梁、後唐將領。傳見本書卷六四、《新五代史》卷四六。

[3]"監國令所在訪求諸王"至"傷惜久之"：《通鑑》卷二七五。《新五代史》卷一四《太祖子》："存紀、存確聞郭從謙反，奔于南山，匿民家。明宗詔河南府及諸道：'諸王出奔，所至送赴闕；

如不幸物故者，收瘞以聞。’存紀等所匿民家以告安重誨，重誨謂霍彥威曰：‘二王逃難，主上尋求，恐其失所。今上既監國典喪，此禮如何？’彥威曰：‘上性仁慈，不可聞奏。宜密爲之所，以安人情。’乃即民家殺之。”

帝目不知書，四方奏事皆令安重誨讀之，重誨亦不能盡通，乃奏稱：“臣徒以忠實之心事陛下，得典樞機，今事粗能曉知，至於古事，非臣所及。願倣前朝侍講、侍讀，近代直崇政、樞密院，選文學之臣與之共事，以備應對。”[1]乃置端明殿學士，（天成元年五月）乙亥，以翰林學士馮道、趙鳳爲之。[2]

[1]侍講、侍讀：官名。唐玄宗嘗選耆儒，每日一人侍讀，以質史籍疑義，至是，置集賢院侍講學士、侍讀直學士。　直崇政、樞密院：官名。五代後梁設崇政院，後唐同光元年（923）改名樞密院。與中書分理朝政。

[2]端明殿學士：官名。五代後唐明宗朝始置，以翰林學士充任，負責誦讀四方書奏。　翰林學士：官名。由南北朝始設之學士發展而來，唐玄宗改翰林供奉爲翰林學士，備顧問，代王言。掌拜免將相、號令征伐等詔令的起草。　馮道：人名。瀛州景城（今河北滄縣）人。五代時官拜宰相，歷仕後唐、後晋、後漢、後周，亦曾臣服於契丹。傳見本書卷一二六、《新五代史》卷五四。　趙鳳：人名。幽州（今北京市）人。五代後唐大臣。傳見本書卷六七、《新五代史》卷二八。　“帝目不知書”至“以翰林學士馮道、趙鳳爲之”：《通鑑》卷二七五。

重誨嘗出，過御史臺門，殿直馬延悮衝其前導，重誨怒，即臺門斬延而後奏。[1]是時，隨駕廳子軍士桑弘遷，毆傷相州録事參軍；親從兵馬使安虔，走馬沖宰相前導。[2]弘遷罪死，虔決杖而已。重誨以斬延，乃請降敕處分，明宗不得已從之，由是御史、諫官無敢言者。[3]

[1]御史臺：官署名。秦漢始置。爲古代國家的監察機構。掌糾察官吏違法，肅正朝廷綱紀。大事廷辨，小事奏彈。　殿直：官名。五代後唐禁軍低級軍官。　馬延：人名。籍貫不詳。後唐明宗天成元年（926）七月，權臣安重誨出，殿直馬延誤衝其前導，安重誨怒而於御史臺門前殺之。事見本書卷五八《李琪傳》、《新五代史》卷六《唐本紀》。

[2]廳子軍：衙門裏當差的小吏組成的軍隊。　桑弘遷：人名。籍貫不詳。五代後唐時人。事見《新五代史》卷二四。　相州：州名。治所在今河南安陽市。　録事參軍：官名。州府屬官，總掌諸曹事務。官品爲從六品至從八品不等。　兵馬使：官名。唐、五代親從部隊統率官。掌兵馬訓練、指揮。　安虔：人名。籍貫不詳。五代後唐將領。事見《新五代史》卷二四。

[3]御史：掌諫諍的官員的統稱。御史臺執掌監察官員的泛稱。　諫官：掌諫諍的官員的統稱。　“重誨嘗出”至“由是御史、諫官無敢言者”：《新五代史》卷二四《安重誨傳》。《新五代史》卷六《唐本紀》天成元年七月庚申條：“安重誨殺殿直馬延于御史臺門。”《通鑑》卷二七五天成元年七月條：“安重誨恃恩驕横，殿直馬延誤衝前導，斬之於馬前，御史大夫李琪以聞。秋，七月，重誨白帝下詔，稱延陵突重臣，戒諭中外。”

天成中，任圜以功拜平章事判三司，[1]重誨忌之，嘗會于私第，有妓善歌，重誨求之不得，嫌隙漸深。先是，使人食券皆出於户部，[2]重誨止之，俾須内出，争於御前，往復數四，竟爲所沮，求罷三司，俄除太子少保致仕，出居磁州。[3]駕幸夷門，至鄭門，聞朱守殷叛，[4]重誨接便慮爲結構，立遣人稱制，就害之。又符習爲邢洺節度使。[5]初，習與霍彦威畫赴難之謀，[6]重誨名位猶下二人，既藉宿望，議論多抗，重誨銜之。習在鎮以軍政委判官劉搏，性褊而猾，物論惡之，有言於重誨者，重誨具以聞。[7]天成四年召習京師，復授宣武軍節度使，[8]重誨心猶不悦，會汴人言習厚賦錢以代納藁，及軍租加省耗，繇是罷歸京師私第，授太子太師致仕。[9]又皇甫立，代北人也，明宗之刺代州，署爲牙校，[10]從歷藩鎮，性純謹，明宗委信之。王建立、安重誨策名委質皆在立後。[11]明宗踐祚，以立爲忻州刺史，[12]頻詔安重誨授一藩鎮，重誨奏曰："立嘗申意於臣，且願舊地。"繇是遷改留滯，蓋重誨扼之也。[13]

[1]天成：五代後唐明宗李嗣源年號（926—930）。　任圜：人名。京兆三原（今陝西三原縣）人。後唐將領、大臣。傳見本書卷六七、《新五代史》卷二八。　平章事：即"同中書門下平章事"的簡稱。唐高宗以後，凡實際任宰相之職者，常在其本官後加同平章事的職銜。後成爲宰相專稱。　三司：官署名。唐末、五代稱鹽鐵、度支、户部爲三司，其分則爲三個獨立部門，合則稱爲三司。三司掌管統籌國家財政之事。

[2]户部：官署名。主管全國田户、均輸、錢穀之政令。

[3]太子少保：官名。與太子少傅、太子少師合稱"三少"，

唐後期、五代多爲大臣、勳貴加官。從二品。　磁州：州名。治所在今河北磁縣。

［4］夷門：地名。原指戰國魏都大梁城東門，故址在今河南開封城内東北隅。夷門位於夷山，夷山因山勢平夷而得名，故門亦以山爲名。此處代指開封。　鄭門：唐以後大梁城（今河南開封市）西面南第一門。　朱守殷：人名。籍貫不詳。五代後唐將領。傳見本書卷七四、《新五代史》卷五一。

［5］符習：人名。趙州昭慶（今河北隆堯縣）人。五代後唐將領。傳見本書卷五九、《新五代史》卷二六。　邢洺：方鎮名。治所在今河北邢臺市。　節度使：官名。唐時在重要地區所設掌握一州或數州軍事、民事、財政的長官。

［6］霍彦威：人名。洺州曲周（今河北曲周縣）人。五代後梁將領霍存養子。後梁、後唐將領。傳見本書卷六四、《新五代史》卷四六。

［7］判官：官名。唐中期後，凡觀察、防禦、團練、節度各使及元帥府，皆設判官爲其僚屬。協理政事，或備差遣。　劉摶：人名。籍貫、事迹不詳。本書僅此一見。

［8］京師：指洛陽。治所在今河南洛陽市。　宣武軍：方鎮名。唐舊鎮，治所在汴州（今河南開封市）。後梁開平元年（907）升汴州爲東京開封府。開平三年置宣武軍於宋州（今河南商丘市睢陽區）。後唐同光元年（923）改宋州宣武軍爲歸德軍。廢東京開封府，重建宣武軍於汴州。後晋天福三年（938），改爲東京開封府。除天福十二年、十三年短暫改爲宣武軍外，汴京均爲東京開封府。

［9］汴：州名。治所在今河南開封市。　太子太師：官名。與太子太傅、太子太保統稱太子三師。隋唐以後多作加官或贈官。從一品。

［10］皇甫立：人名。代北人。後唐將領。傳見本書卷一〇六。　代北：方鎮名。治所在代州（今山西代縣）。　代州：州名。治所在今山西代縣。　牙校：低級武官。

[11]王建立：人名。遼州榆社（今山西榆社縣）人。五代後唐、後晋大臣。傳見本書卷九一、《新五代史》卷四六。

[12]忻州：州名。治所在今山西忻州市。　刺史：官名。州一級行政長官。漢武帝時始置，總掌考核官吏、勸課農桑、地方教化等事。唐中期以後，節度使、觀察使轄州而設，刺史爲其屬官，職任漸輕。從三品至正四品下。

[13]“天成中”至“蓋重誨扼之也”：明本《册府》卷三三九《宰輔部·嫉害門》。《通鑑》卷二七六天成二年十月條：“或謂安重誨曰：‘失職在外之人，乘賊未破，或能爲患，不如除之。’重誨以爲然，奏遣使賜任圜死。端明殿學士趙鳳哭謂重誨曰：‘任圜義士，安肯爲逆！公濫刑如此，何以贊國！’”卷二七七長興元年（930）四月丁酉條：“宣武節度使符習，自恃宿將，論議多抗安重誨，重誨求其過失，奏之；丁酉，詔習以太子太師致仕。”《宋本册府》卷四五九《臺省部·公正門》趙鳳條：“時任圜爲宰相，恃明宗舊恩，行事無邊幅，爲巧宦者所傾，以至罷相，歸磁州。朱守殷以汴州叛，明宗親征，未及鄭州，巧宦者謂安重誨曰：‘比失權者三、四人在外地，如朝夕未能破賊，被此輩陰結狡徒，爲患非細。’乃指任圜在滏陽，即日馳驛，賜圜自盡。既而鳳知之，哭謂重誨曰：‘任圜義士，肯造逆謀以讎君父乎？公如此濫刑，何以安國！’重誨笑而不責。”《新五代史》卷二四《安重誨傳》：“宰相任圜判三司，以其職事與重誨争，不能得，圜怒，辭疾，退居于磁州。朱守殷以汴州反，重誨遣人矯詔馳至其家，殺圜而後白，誣圜與守殷通謀，明宗皆不能詰也。而重誨恐天下議己，因取三司積欠二百余萬，請放之，冀以悦人而塞責，明宗不得已，爲下詔蠲除之。其威福自出，多此類也。”

是時，四方奏事，皆先白重誨然後聞。河南縣獻嘉禾，[1]一莖五穗，重誨視之曰：“僞也。”笞其人而遣之。

夏州李仁福進白鷹，[2]重誨却之，明日，白曰："陛下詔天下毋得獻鷹鷂，而仁福違詔獻鷹，臣已却之矣。"重誨出，明宗陰遣人取之以入。佗日，按鷹于西郊，戒左右："無使重誨知也！"宿州進白兔，[3]重誨曰："兔陰且狡，雖白何爲！"遂却而不白。明宗爲人雖寬厚，然其性夷狄，果於殺人。馬牧軍使田令方所牧馬，[4]瘠而多斃，坐劾當死，重誨諫曰："使天下聞以馬故，殺一軍使，是謂貴畜而賤人。"令方因得減死。[5]明宗遣回鶻侯三馳傳至其國。侯三至醴泉縣，縣素僻，無驛馬，其令劉知章出獵，不時給馬，侯三遽以聞。明宗大怒，械知章至京師，將殺之，重誨從容爲言，乃得不死。《永樂大典》卷一萬一千六百五十四。[6]

[1]河南縣：縣名。治所在今河南洛陽市。

[2]夏州：州名。治所在今陝西靖邊縣。　李仁福：人名。党項拓跋族人。五代党項首領。傳見本書卷一三二、《新五代史》卷四〇。

[3]宿州：州名。治所在今安徽宿州市。

[4]馬牧軍使：官名。掌戰馬畜牧等事。　田令方：人名。籍貫不詳。五代後唐官員。事見《新五代史》卷二四。

[5]"是時"至"令方因得減死"：《新五代史》卷二四《安重誨傳》。

[6]回鶻：部族名。原係突厥鐵勒部的一支。唐天寶三載（744）建立回鶻汗國，9世紀中葉，回鶻汗國瓦解。參見楊蕤《回鶻時代：10—13世紀陸上絲綢之路貿易研究》，中國社會科學出版社2015年版。　侯三：人名。回鶻人。五代後唐時人，明宗部屬。事見本書本卷。　醴泉縣：縣名。治所在今陝西禮泉縣。　劉知

章：人名。籍貫不詳。五代後唐官員。事見本書本卷。　“明宗遣回鶻侯三馳傳至其國”至“乃得不死”：《大典》卷一一六五四“馬”字韻“事韻（五）”事目。

明宗幸汴州，重誨建議，欲因以伐淮，而明宗難之。[1]其後户部尚書李鏻得吴諜者言：“徐知誥欲奉吴國以稱藩，願得安公一言以爲信。”[2]鏻即引諜者見重誨。重誨大喜，以爲然，乃以玉帶與諜者，使遺知誥爲信，其直千緡。[3]《永樂大典》卷一萬五千五百三十。

[1]淮：地名。即淮南。今淮河以南、長江以北地區。時屬南唐。

[2]李鏻：人名。唐朝宗室。五代大臣。傳見本書卷一〇八、《新五代史》卷五七。　吴：五代十國之吴國。　徐知誥：人名。即李昪。徐州（今江蘇徐州市）人。五代十國南唐開國皇帝。937年至943年在位。傳見本書卷一三四、《新五代史》卷六二。

[3]玉帶：通常指由玉質構件裝飾的革製腰帶，裝飾精美，風格多樣，多佩於正式禮服或官服之外。　“明宗幸汴州”至“其直千緡”：《大典》卷一五五三〇“信”字韻“事韻（二）”事目。“重誨建議”至“願得安公一言以爲信”，中華書局本有校勘記：“殿本作‘重誨建議，欲因以伐淮南，明宗難之。後李鏻得淮南諜者，言：‘徐知誥欲奉其國稱藩臣，願得安令公一言爲信。’”“明宗遣回鶻侯三馳傳至其國”至“其直千緡”，中華書局本有校勘記：“按以上二則文字與《新五代史》卷二四《安重誨傳》略同，疑係清人誤輯。”

錢鏐據有兩浙，號兼吴越而王，自梁及莊宗，常異其禮，以羈縻臣屬之而已。明宗即位，鏐遣使朝京師，寓書重誨，其禮慢，重誨怒，未有以發，乃遣其嬖吏韓玫、副供奉官烏昭遇復使於鏐，[1]昭遇本僞梁之承旨，數使吴越。先是，以其數將命，故令使之。昭遇至彼，每以國情私於吴人，仍名吴越國王錢鏐爲殿下，自稱臣，指兩地則云南朝北朝，及昭遇謁鏐，稱見拜蹈，如事至尊。副使韓玫數讓之，昭遇對其人誚玫曰："昭遇事過五朝天子，四爲吴越使，時事數變，昭遇猶在，公輩何凝滯邪？"復陰許鏐陳奏所求之事。使回，玫具陳其事，故停削鏐官爵，令致仕。是日以烏昭遇下御史臺，尋賜自盡。後有自杭州使還者，言昭遇無臣鏐事，皆玫誣搆，云玫恃安重誨之勢，頗凌烏昭遇，嘗於杭州，既醉，以馬箠擊昭遇，鏐欲奏之，昭遇祈而乃止。及復命，翻誣昭遇。人頗以爲冤。[2]

[1]錢鏐：人名。杭州臨安（今浙江杭州市臨安區）人。五代時期吴越國的建立者。傳見本書卷一三三《世襲列傳》、《新五代史》卷六七《吴越世家》。　兩浙：地區名。浙東、浙西的合稱。泛指今浙江全省及江蘇南部一角。　吴越：五代時十國之一。後梁開平元年（907），封鎮海節度使錢鏐爲吴越王，領有今浙江之地及江蘇的一部分。北宋太平興國三年（978），錢俶向北宋納土，吴越亡。　莊宗：即後唐莊宗李存勗。沙陀部人。後唐開國皇帝。923年至926年在位。紀見本書卷二七至卷三四、《新五代史》卷四至卷五。　韓玫：人名。籍貫不詳。五代後唐官員。事見《新五代史》卷六七。　供奉官：官名。泛指侍奉皇帝左右的臣僚，亦爲東、西頭供奉官通稱。　烏昭遇：人名。籍貫不詳。五代後唐官員。傳見本書附録。　"錢鏐據有兩浙"至"副供奉官烏昭遇復

使於鏐"：《新五代史》卷二四《安重誨傳》。《通鑑》卷二七六天成三年（928）二月庚辰條："吴自莊宗滅梁以來，使者往來不絶。庚辰，吴使者至，安重誨以爲楊溥敢與朝廷抗禮，遣使窺覘，拒而不受，自是遂與吴絶。"《輯本舊史》卷一三三《錢鏐傳》："明宗即位之初，安重誨用事，鏐嘗與重誨書，云'吴越國王謹致書于某官執事'，不叙暄涼，重誨怒其無禮。屬供奉官烏昭遇使於兩浙，每以朝廷事私於吴人，仍目鏐爲殿下，自稱臣，謁鏐行舞蹈之禮。及迴，使副韓玫具述其事，重誨因削鏐元帥、尚父、國王之號，以太師致仕。"《通鑑》卷二七六天成四年九月癸巳條："吴越王鏐居其國好自大，朝廷使者曲意奉之則贈遺豐厚，不然則禮遇疏薄。嘗遺安重誨書，辭禮頗倨。帝遣供奉官烏昭遇、韓玫使吴越，昭遇與玫有隙，使還，玫奏：'昭遇見鏐，稱臣拜舞，謂鏐爲殿下，及私以國事告鏐。'安重誨奏賜昭遇死。癸巳，制鏐以太師致仕，自餘官爵皆削之，凡吴越進奏官、使者、綱吏，令所在繫治之。鏐令子傳瓘等上表訟冤，皆不省。"卷二七七長興二年（931）三月乙酉條："復以錢鏐爲天下兵馬都元帥、尚父、吴越國王，遣監門上將軍張籛往諭旨，以曏日致仕，安重誨矯制也。"

[2]杭州：州名。治所在今浙江杭州市。　"昭遇本僞梁之承旨"至"人頗以爲冤"：明本《册府》卷九三三《總録部·構陷門》韓玫條。《新五代史》卷二四《安重誨傳》："而玫恃重誨勢，數淩辱昭遇，因醉使酒，以馬箠擊之。鏐欲奏其事，昭遇以爲辱國，固止之。及玫還，返譖於重誨曰：'昭遇見鏐，舞蹈稱臣，而以朝廷事私告鏐。'昭遇坐死御史獄，乃下制削奪鏐官爵，以太師致仕，於是錢氏遂絶於唐矣。"

潞王從珂爲河中節度使，[1]重誨以謂從珂非李氏子，後必爲國家患，乃欲陰圖之。從珂閲馬黄龍莊，其牙内指揮使楊彦温閉城以叛。[2]從珂遣人謂彦温曰："我遇汝厚，何苦而反邪？”報曰：“彦温非叛也，得樞密院宣，請公趨歸朝廷耳！”從珂走虞鄉，馳騎上變。[3]明宗疑其事不明，欲究其所以，乃遣殿直都知范氲以金帶襲衣、金鞍勒馬賜彦温，拜彦温絳州刺史，[4]以誘致之。重誨固請用兵，明宗不得已，乃遣侍衛指揮使藥彦稠、西京留守索自通率兵討之，[5]而誡曰：“爲我生致彦温，吾將自訊其事。”彦稠等攻破河中，希重誨旨，斬彦温以滅口。重誨率群臣稱賀，明宗大怒曰：“朕家事不了，卿等不合致賀！”從珂罷鎮，居清化里第。[6]重誨數諷宰相，言從珂失守，宜得罪，馮道因白請行法。明宗怒曰：“吾兒爲姦人所中，事未辨明，公等出此言，是不欲容吾兒人間邪？”趙鳳因言：“《春秋》責帥之義，所以勵爲臣者。”明宗曰：“皆非公等意也！”道等惶恐而退。居數日，道等又以爲請，明宗顧左右而言他。明日，重誨乃自論列，明宗曰：“公欲如何處置，我即從公！”重誨曰：“此父子之際，非臣所宜言，惟陛下裁之。”明宗曰：“吾爲小校時，[7]衣食不能自足，此兒爲我擔石灰，拾馬糞，以相養活，今貴爲天子，獨不能庇之邪！使其杜門私第，亦何與公事！”重誨由是不復敢言。孟知祥鎮西川，董璋鎮東川，[8]二人皆有異志，重誨每事裁抑，務欲制其姦心，凡兩川守將更代，多用己所親信，必以精兵從之，漸令分戍諸州，以虞緩急。二人覺之，以爲圖己，益不自安。既而遣李嚴爲西川監軍，[9]知祥大怒，斬嚴；又分閬州爲保寧軍，以李仁矩爲節度使以制璋，[10]且削其地，璋以兵攻殺仁矩。二人遂皆反。唐兵戍蜀者，積三萬人，其後知祥殺璋，兼據兩川，而唐之精兵皆陷蜀。[11]

［1］從珂：即五代後唐廢帝李從珂。鎮州平山（今河北平山縣）人。本姓王，後唐明宗李嗣源擄其母魏氏，遂養爲己子。應順元年（934）四月，李從珂入洛陽即帝位。清泰三年（936）五月，石敬瑭謀反，廢帝自焚死，後唐亡。紀見本書卷四六至卷四八、《新五代史》卷七。　河中：方鎮名。治所在河中府（今山西永濟市）。

［2］閲馬：校閲軍馬，引申爲檢閲部隊。　黄龍莊：地名。其地不詳，疑位於虞鄉縣（今山西永濟市）一帶。　牙内指揮使：官名。即衙内指揮使。唐、五代時期衙内指揮使爲節度使府衙内之牙將，掌統最親近衛兵。　楊彦温：人名。汴州（今河南開封市）人。五代後唐將領。傳見本書卷七四。

［3］虞鄉：縣名。治所在今山西永濟市。　上變：向朝廷報告緊急事變。多指密告謀反。

［4］殿直都知：官名。五代後唐禁軍軍官。　范氲：人名。籍貫不詳。五代後唐將領。事見本書本卷。　絳州：州名。治所在今山西新絳縣。

［5］侍衛指揮使：官名。當即侍衛親軍都指揮使。五代侍衛親軍長官。多爲皇帝親信。後梁始置侍衛親軍，爲禁軍的一支，後唐沿置並成爲禁軍主力，下設馬軍、步軍。　藥彦稠：人名。沙陀部人。五代後唐將領。傳見本書本卷、《新五代史》卷二七。　西京：指京兆府（今陝西西安市）。　留守：官名。在陪都或軍事重鎮所設留守，由地方行政長官兼任。　索自通：人名。太原清源（今山西清徐縣）人。五代後唐將領。傳見本書卷六五。

［6］清化里：里坊名。位於今河南洛陽市。

［7］小校：官名。五代時期軍隊中下級軍官的别稱，可越級提

拔爲副指揮使或指揮使。

[8]孟知祥：人名。邢州龍岡（今河北邢臺市）人。李克用女婿，五代十國後蜀開國皇帝。傳見本書卷一三六、《新五代史》卷六四。　西川：方鎮名。劍南西川的簡稱。治所在成都府（今四川成都市）。　董璋：人名。籍貫不詳。五代後梁、後唐將領。傳見本書卷六二、《新五代史》卷五一。　東川：方鎮名。治所在梓州（今四川三臺縣）。

[9]李嚴：人名。幽州（今北京市）人。五代後唐官員。後爲孟知祥所殺。傳見本書卷七〇、《新五代史》卷二六。　監軍：官名。爲臨時差遣，代表朝廷協理軍務、督察將帥。五代時常以宦官爲監軍。

[10]閬州：州名。治所在今四川閬中市。　保寧軍：方鎮名。治所在閬州（今四川閬中市）。　李仁矩：人名。籍貫不詳。後唐明宗舊將。傳見本書卷七〇、《新五代史》卷二六。

[11]“潞王從珂爲河中節度使”至“而唐之精兵皆陷蜀”：《新五代史》卷二四《安重誨傳》。《通鑑》卷二七五天成元年（926）十月條：“安重誨以知祥及東川節度使董璋皆據險要，擁強兵，恐久而難制；又知祥乃莊宗近姻，陰欲圖之。”

重誨爲樞密使，四五年間，獨綰大任，否臧自若，環衛、酋長、貴戚、近習，無敢干政者。弟牧鄭州，子鎮懷孟，身爲中令，任過其才，議者謂必有覆餗之禍。無何，有吏人李虔徽弟揚言於衆云：“相者言之狀，今將統軍征淮南。”時有軍將密以是聞，深駭上聽。[1]明宗謂重誨曰：“聞卿樹心腹，私市兵仗，欲自討淮南，有之否？”重誨惶恐，奏曰：“興師命將，出自宸衷，必是奸人結構，臣願陛下窮詰所言者。”翌日，帝召侍衛指揮使安從進、藥彦稠等，謂之曰："有人告安重誨私置兵仗，將不利於社稷，其若之何?"從進等奏曰："此是奸人結搆，離間陛下勳舊。且重誨事陛下三十年，從微至著，無不盡心，今日何苦乃圖不軌！臣等以家屬保明，必無此事。"帝意乃解。[2]遂使中使就第召重誨，具以告事人邊彦温之言諭之，因面窮詰彦温，具狀誣告，即斬彦温於市，李行德、張儉並族誅。[3]

[1]鄭州：州名。治所在今河南鄭州市。　懷：州名。治所在今河南沁陽市。　孟：州名。治所在今河南孟州市。　李虔徽：人名。籍貫不詳。五代後唐官員。事見《新五代史》卷二四。　淮南：指十國之吴國。景福元年（892）楊行密爲淮南節度使。天復二年（902）封爲吴王，建立吴國。　"重誨爲樞密使"至"深駭上聽"：明本《册府》卷九四二《總録部·禍敗門》。"相者言之狀"，《輯本舊史》録《册府》時作"聞相者言其貴不可言"，"深駭上聽"作"頗駭上聽"。《新五代史》卷二四《安重誨傳》："初不以其事聞，其後逾年，知誥之問不至，始奏貶鏻行軍司馬。已而捧聖都軍使李行德、十將張儉告變，言：'樞密承旨李虔徽語其客邊彦温云：'重誨私募士卒，繕治甲器，欲自伐吴。又與諜者交私。'明宗以問重誨，重誨惶恐，請究其事。明宗初頗疑之，大臣左右皆爲之辨，既而少解，始告重誨以彦温之言，因廷詰彦温，具伏其詐，於是君臣相顧泣下。彦温、行德、儉皆坐族誅。"《通鑑》卷二七七長興元年（930）八月乙未條："捧聖軍使李行德、十將張儉引告密人邊彦温告'安重誨發兵，云欲自討淮南；又引占相者問命。'帝以問侍衛都指揮使安從進、藥彦稠，二人曰：'此姦人欲離間陛下勳舊耳。重誨事陛下三十年，幸而富貴，何苦謀反！臣等請以宗族保之。'帝乃斬彦温，召重誨慰撫之，君臣相泣。""有吏人李虔徽弟"至"今將統軍征淮南"，明本《册府》卷九三三《總録

部·誣構門》張儉條："張儉者，捧聖軍使李行德十將也。長興初，儉奏據告密人邊彦温云：'樞密承旨李虔徽弟説國家征發兵師，樞密使安重誨自爲都統，欲討淮南。'又云：'占相人言"安重誨貴不可言"。'"

［2］安從進：人名。索葛部人。五代後唐、後晋將領。傳見本書卷九八、《新五代史》卷五一。　"明宗謂重誨曰"至"帝意乃解"：《輯本舊史》引此條繫於《大典》卷四六一"中"字韻，與本傳無涉。"有人告安重誨私置兵仗"，中華書局本有校勘記："'兵仗'，《册府》卷九三三作'兵仗綱紀'。"　"臣等以家屬保明"，《輯本舊史》之影庫本粘籤："'家屬'原本作'家没'，今據文改正。"明本《册府》卷九三三《總録部·誣構門二》作"家族"。

［3］中使：皇宫中派出的使臣。多由宦官擔任。　邊彦温：人名。籍貫不詳。五代後唐官員。事見本書卷四一。　李行德：人名。籍貫不詳。五代後唐將領。事見本書卷四一。　張儉：人名。籍貫不詳。五代後唐將領。事見本書卷四一。　"遂使中使就第召重誨"至"李行德、張儉並族誅"：明本《册府》卷九三三《總録部·誣構門二》張儉條。

重誨三上表乞解機務，詔不允。復面奏："乞與臣一鎮，以息謗議。"明宗不悦。重誨奏不已，明宗怒，謂曰："放卿出，朕自有人！"即令武德使孟漢瓊至中書，與宰臣商量重誨事。馮道言曰："諸人苟惜安令公，解樞務爲便。"趙鳳曰："大臣豈可輕動，公失言也。"道等因附漢瓊奏曰："此斷自宸旨，然重臣不可輕議移改。"由是兼命范延光爲樞密使，重誨如故。[1]《永樂大典》卷一萬一百一。

[1]武德使：官名。五代後唐置，爲武德司長官，掌檢校皇城啓閉與警衛。　孟漢瓊：人名。籍貫不詳。五代後唐宦官。傳見本書卷七二。　中書：官署名。"中書門下"的簡稱。唐代以來爲宰相處理政務的機構。參見劉後濱《唐代中書門下體制研究——公文形態·政務運行與制度變遷》，齊魯書社2004年版。　范延光：人名。相州臨漳（今河北臨漳縣）人。五代後唐、後晋將領。傳見本書卷九七、《新五代史》卷五一。　"重誨三上表乞解機務"至"重誨如故"：《大典》卷一〇一一三"旨"字韻"事韻（二）"事目。亦見明本《册府》卷七八《帝王部·委任門二》。《新五代史》卷二四《安重誨傳》："重誨因求解職，明宗慰之曰：'事已辨，慎無措之胸中。'重誨論請不已，明宗怒曰：'放卿去，朕不患無人！'顧武德使孟漢瓊至中書，趣馮道等議代重誨者。馮道曰：'諸公苟惜安公，使得罷去，是紓其禍也。'趙鳳以爲大臣不可輕動。遂以范延光爲樞密使，而重誨居職如故。"《通鑑》卷二七七長興元年（930）九月甲戌條："安重誨久專大權，中外惡之者衆；王德妃及武德使孟漢瓊浸用事，數短重誨於上。重誨内憂懼，表解機務，上曰：'朕無間於卿，誣罔者朕既誅之矣，卿何爲爾？'甲戌，重誨復面奏曰：'臣以寒賤，致位至此，忽爲人誣以反，非陛下至明，臣無種矣。由臣才薄任重，恐終不能鎮浮言，願賜一鎮以全餘生。'上不許；重誨求之不已，上怒曰：'聽卿去，朕不患無人！'前成德節度使范延光勸上留重誨，且曰：'重誨去，誰能代之？'上曰：'卿豈不可？'延光曰：'臣受驅策日淺，且才不逮重誨，何敢當此！'上遣孟漢瓊詣中書議重誨事，馮道曰：'諸公果愛安令，宜解其樞務爲便。'趙鳳曰：'公失言！'乃奏大臣不可輕動。"

時以東川帥董璋恃險難制，乃以武虔裕爲綿州刺史，董璋益懷疑忌，遂縶虔裕以叛。及石敬瑭領王師伐蜀，峽路艱阻，糧運不繼，明宗憂之，而重誨請行。翌日，領數騎而出，日馳數百里，西諸侯聞之，莫不惶駭。所在錢帛糧料，星夜輦運，人乘斃踣於山路者不可勝紀，百姓苦之。[1]《永樂大典》卷一萬八千一百三十九。重誨至鳳翔，節度使朱弘昭延于寢室，令妻子奉食器，敬事尤謹。重誨坐中言及："昨被人讒搆，幾不保全，賴聖上保鑒，苟獲全族。"因泣下。重誨既辭，弘昭遣人具奏："重誨怨望出惡言，不可令至行營，恐奪石敬瑭兵柄。"而宣徽使孟漢瓊自西迴，亦奏。重誨已至三泉，復詔歸闕。再過鳳翔，朱弘昭拒而不納，重誨懼，急騎奔程，未至京師，制授河中帥。既至鎮，心不自安，而請致仕。制初下，其子崇贊、崇緒走歸河中。二子初至，重誨駭然曰："二渠安得來？"家人欲問故，重誨曰："吾知之矣，此非渠意，是他人教來。吾但以一死報國家，餘復何言！"翌日，中使至，見重誨，號泣久之。重誨曰："公但言其故，勿過相愍。"中使曰："人言令公據城異志矣！"重誨曰："吾一死未塞責，已負君親，安敢輒懷異志，遽勞朝廷興師，增聖上宵旰，則僕之罪更萬萬矣！"時遣翟光鄴使河中，如察重誨有異志，則誅之。既至，李從璋自率甲士圍其第，仍拜重誨於其庭，重誨下階迎拜曰："太傅過禮。"俛首方拜，從璋以檛擊其首，其妻驚走抱之，曰："令公死亦不遲，太傅何遽如此！"并擊重誨妻首碎，並剥其衣服，夫妻裸形踣于廊下，血流盈庭。翌日，副使判官白從璋願以衣服覆其屍，堅請方許。及從璋疏重誨家財，不及數千緡，議者以重誨有經綸社稷之大功，然志大才短，不能回避權寵，親禮士大夫，求周身輔國之遠圖，而悉自恣胸襟，果貽顛覆。[2]

[1]武虔裕：人名。籍貫不詳。五代後唐將領。事見《新五代史》卷六四。　綿州：州名。治所在今四川綿陽市。　石敬瑭：人名。沙陀部人，晋陽（今山西太原市）人。五代後晋開國君主。在位期間割華北北部幽、雲諸州予契丹。紀見本書卷七五至卷八〇、《新五代史》卷八。　“時以東川帥董璋恃險難制”至“百姓苦之”：《大典》卷一八一二九“將”字韻“後唐將（二）”事目。　“而重誨請行”，中華書局本有校勘記：“句下《册府》卷九四二有‘纔許便辭’四字。”“星夜輦運”，中華書局本有校勘記：“句下《册府》卷九四二有‘齊赴利州’四字。”《新五代史》卷二四《安重誨傳》：“董璋等反，遣石敬瑭討之，而川路險阻，糧運甚艱，每費一石，而致一斗。自關以西，民苦輸送，往往亡聚山林爲盗賊。明宗謂重誨曰：‘事勢如此，吾當自行。’重誨曰：‘此臣之責也。’乃請行。關西之人聞重誨來，皆已恐動，而重誨日馳數百里，遠近驚駭。督趣糧運，日夜不絶，斃踣道路者，不可勝數。”《輯本舊史》卷四一《唐明宗紀七》長興元年（930）十二月甲寅條：“遣樞密使安重誨赴西面軍前。時帝以蜀路險阻，進兵艱難，潼關已西，物價甚賤，百姓挽運至利州，率一斛不得一斗，謂侍臣曰：‘關西勞擾，未有成功，誰能辦吾事者！朕須自行。’安重誨曰：‘此臣之責也，臣請行。’帝許之。言訖而辭，翌日遂行。”《通鑑》卷二七七長興元年十二月諸條：“石敬瑭征蜀未有功，使者自軍前來，多言道險狹，進兵甚難，關右之人疲於轉餉，往往竄匿山谷，聚爲盗賊。上憂之，壬子，謂近臣曰：‘誰能辦吾事者！吾當自行耳。’安重誨曰：‘臣職忝機密，軍威不振，臣之罪也，臣請自往督戰。’上許之。重誨即拜辭，癸丑，遂行，日馳數百里。西方藩鎮聞之，無不惶駭。錢帛、芻糧晝夜輦運赴利州，人畜斃踣於山谷者

不可勝紀。”明本《册府》卷一二三《帝王部·征討門三》唐明宗條長興元年十二月條：“遣樞密使安重誨赴西面軍前。時帝以蜀路險阻，進兵艱難，潼關以西，物價絶賤，百姓般糧往利州，每費一斛，不得一斗，至令噍類壤壤，逃竄山谷，或聚爲盜，慮不堪命。帝念饋輓之苦，形于顔色，謂近臣曰：‘關勞擾軍前，未有成功，孰能辦吾事者！朕須自行。’重誨奏曰：‘此臣之責也！臣今請行。’許之，言訖面辭，翼月發赴軍前，邠州節度使李敬周，如京師羅延魯，供奉官周務謙、丁延徽、陳審瓊、韓玫、符彦倫等並從重誨西行。”

［2］鳳翔：方鎮名。治所在鳳翔府（今陝西鳳翔縣）。　朱弘昭：人名。太原（今山西太原市）人。後唐明宗朝樞密使、宰相。傳見本書本卷、《新五代史》卷二七。　宣徽使：官名。宣徽院長官。總領宫内諸司、内侍名籍、郊祭、朝會等事。　三泉：縣名。治所在今陝西寧强縣。　崇贇、崇緒：人名。即安崇贇、安崇緒。安重誨之子。五代後唐官員。事見本書卷四二。　翟光鄴：人名。濮州鄄城（今山東鄄城縣）人，五代將領。傳見本書卷一二九、《新五代史》卷四九。　李從璋：人名。五代後唐明宗從子。後唐、後晉將領。傳見本書卷八八、《新五代史》卷一五。　太傅：官名。與太師、太保並爲三師。唐後期、五代多爲大臣、勳貴加官。正一品。　副使判官：官名。唐、五代方鎮僚屬，位在行軍司馬下。分掌使衙内各曹事，並協助使職官員通判衙事。　“重誨至鳳翔”至“果貽顛覆”：明本《册府》卷九四二《總録部·禍敗門》。　“昨被人讒搆”，中華書局本有校勘記：“‘被’原作‘有’，據《册府》卷九四二改。”“復詔歸闕”，中華書局本有校勘記：“‘詔’原作‘令’，據《册府》（宋本）卷九四二改，明本無此字。”　“二渠安得來”，中華書局本有校勘記：“‘二’字原闕，據《册府》卷九四二、《新五代史》卷二四《安重誨傳》補。”《新五代史》無“二”字。“家人欲問故”，《輯本舊史》之影庫本粘籤：“原本作‘家人欲問故里’，今以文義求之，‘里’字當係衍文，今删去。”“此非渠意”，《册府》原作“非此渠意”，按文義應爲“此非”，今

從中華書局本改。《輯本舊史》於此後録《五代史補》："初，知祥將據蜀也，且上表乞般家屬。時樞密使安重誨用事，拒其請，知祥曰：'吾知之矣。'因使密以金百兩爲賂，重誨喜而爲敷奏，詔許之。及家屬至，知祥對僚吏笑曰：'天下聞知安樞密，將謂天地間未有此，誰知只銷此百金耶，亦不足畏也。'遂守險拒命。"又録《五代史闕文》："明宗令翟光鄴、李從璋誅重誨於河中私第，從璋奮檛擊重誨於地，重誨曰：'某死無恨，但恨不與官家誅得潞王，他日必爲朝廷之患。'言終而絶。臣謹案：《明宗實録》是清泰帝朝修撰，潞王即清泰帝也。史臣避諱，不敢直書。嗚呼，重誨之志節泯矣！"《輯本舊史》卷四二《唐明宗紀八》長興二年閏五月諸條："庚寅，制河中節度使、檢校太師、兼中書令安重誨可太子太師致仕。是日，重誨男崇緒等潛歸河中。……丁酉，安重誨奏：'男崇贊、崇緒等到州，臣已拘送赴闕。'崇緒至陝州，詔令下獄。己亥，詔安重誨宜削奪在身官爵，並妻阿張、男崇贊、崇緒等並賜死，其餘親不問。"《輯本舊史》卷一〇〇《漢高祖紀下》天福十二年（947）閏七月丙寅條："故河中節度使安重誨贈尚書令。"《新五代史》卷六《唐明宗本紀》長興二年閏五月丁酉條："殺太子太師致仕安重誨及其妻張氏、子崇贊、崇緒。"《宋本册府》卷一五四《帝王部·明罰門三》長興二年閏五月條："誅河中節度新除太子太師致仕安重誨詔曰：'朕猥以眇躬，纘承丕構，欲華夷之共泰，於刑賞以無私。其有位極人臣，寵逾涯分，擅威權而積惡，詢物議以難容，苟緩刑章，是滋凶慝。安重誨始從幼稚，獲備指揮，既倚注以漸深，亦旌酬而益甚。自朕紹興王業，委掌樞機，官列三公，望崇四輔，謂勤劬之可恃，每率暴以居懷。且孟知祥、董璋，自守藩維，素堅臣節，輒從間諜，令負憂疑。擢任姻親，往分符竹，潛設猜防之計，擅興割據之言，兩川飲恨以俱深，一旦飛章而頓絶。又錢鏐位冠王公，嘗輸愛戴，朕方禮優元老，恩遇遠人，而重誨採掇瑕疵，遽行止絶。且去年郊天禮畢，率土乂康，重誨既縮國權，復希兵柄，輒出渡淮之語，貴邀統衆之名，事雖不行，謀實可懼。

其後終興戈甲，遽討巴邛，將士疲勞，梯船阻絶。又遣專臨寨所，俾料軍儲，恣威虐以復多，致民兵之共怨。朕尚存大體，特示優恩，爰自禁庭，委之藩翰，方繁共理，旋乃貢章。豈謂别有動摇，潛懷怨望，長子崇緒，親居内職，次子崇贊，顯列朝行，遣彼元隨，偷歸本道。據兹悖逆，須究端由，勞千里以興師，致四方之駭聽，果明罪釁，難逭誅夷。其安重誨宜削奪在身官爵，仍並男崇贊、崇緒及重誨妻、向張等四人，宜並賜死。'"《新五代史》卷二四《安重誨傳》："重誨過鳳翔，節度使朱弘昭延之寢室，使其妻子奉事左右甚謹。重誨酒酣，爲弘昭言：'昨被讒構，幾不自全，賴人主明聖，得保家族。'因感歎泣下。重誨去，弘昭馳騎上言：'重誨怨望，不可令至行營，恐其生事。'而宣徽使孟漢瓊自行營使還，亦言西人震駭之狀，因述重誨過惡。重誨行至三泉，被召還。過鳳翔，弘昭拒而不納，重誨懼，馳趨京師。未至，拜河中節度使。重誨已罷，希旨者争求其過。宦者安希倫，坐與重誨交私，常與重誨陰伺宫中動息，事發棄市。重誨益懼，因上章告老，以太子太師致仕。而以李從璋爲河中節度使，遣藥彦稠率兵如河中虞變。重誨子崇緒、崇贊，宿衛京師，聞制下，即日奔其父。重誨見之，驚曰：'渠安得來！'已而曰：'此非渠意，爲人所使耳。吾以一死報國，餘復何言！'乃械送二子于京師，行至陜州，下獄。明宗又遣翟光業至河中，視重誨去就，戒曰：'有異志，則與從璋圖之。'又遣宦者使於重誨。使者見重誨，號泣不已，重誨問其故，使者曰：'人言公有異志，朝廷遣藥彦稠率師至矣！'重誨曰：'吾死未塞責，遽勞朝廷興師，以重明主之憂。'光業至，從璋率兵圍重誨第，入拜於庭。重誨降而答拜，從璋以檛擊其首，重誨妻走抱之而呼曰：'令公死未晚，何遽如此！'又擊其首，夫妻皆死，流血盈庭。從璋檢責其家貲，不及數千緡而已。明宗下詔，以其絶錢鏐，致孟知祥、董璋反，及議伐吴，以爲罪。並殺其二子，其餘子孫皆免。重誨得罪，知其必死，歎曰：'我固當死，但恨不與國家除去潞王！'此其恨也。"

朱弘昭

朱弘昭，太原人也。[1]祖玟，父叔宗，皆爲本府牙將。[2]弘昭事明宗，在藩方爲典客。天成元年，爲文思使，[3]歷東川副使。[4]二年餘，除左衛大將軍，充内客省使。[5]三年，轉宣徽南院使。[6]明宗親祀南郊，弘昭爲大内留守，加檢校太傅。[7]出鎮鳳翔，會朝廷命石敬瑭帥師伐蜀，久未成功，安重誨自請西行。至鳳翔，弘昭迎謁馬首，請館於府署，妻子羅拜，捧卮爲壽。弘昭密遣人謂敬瑭曰："安公親來勞軍，觀其舉措孟浪，儻令得至，恐士心迎合，[8]則不戰而自潰也。可速拒之，必不敢前，則師徒萬全也。"敬瑭聞其言大懼，即日燒營遁還。重誨聞之，不敢西行，[9]因返旆東還。復過鳳翔，弘昭拒而不納。及重誨得罪，其年弘昭入朝，授左武衛上將軍，[10]充宣徽南院使。

[1]太原：府名。治所在今山西太原市。

[2]玟：人名。即朱玟。事迹不詳。　叔宗：人名。即朱叔宗。事迹不詳。　牙將：官名。牙兵爲唐朝節度使的親兵，爲藩鎮軍隊中的精鋭部隊。

[3]文思使：官名。文思院長官。掌造宫廷所需之物。唐代置文思院，以宦官爲文思使。五代後梁時改文思院爲乾文院，文思使改稱乾文院使。後唐時復舊。

[4]歷東川副使：《宋本册府》卷九四〇《總録部·患難門》朱弘昭條模糊不清，遂據明本："朱弘昭爲文思使，與安重誨情不協，故罕得居内任。天成二年秋，以李嚴爲西蜀監軍，乃用弘昭爲東川副使。嚴至成都，爲孟知祥所害。弘昭懼，求還京師。董璋待

之雖厚，而嘗猜防伺察。弘昭坦懷從命，而璋不疑，尤重之。會有軍事，雖論列，乃令弘昭入覲，僞辭之，不獲，繇是免禍。”

[5]左衛大將軍：官名。唐置，掌宫禁宿衛。唐代十六衛之一，正三品。　内客省使：官名。中書省所屬内客省長官。唐始置，五代沿置。

[6]宣徽南院使：官名。唐始置。宣徽南院長官。初用宦官，五代以後改用士人。與宣徽北院使通掌内諸司及三班内侍之名籍，郊祀、朝會、宴享供帳之儀，檢視内外進奉名物。參見王永平《論唐代宣徽使》，《中國史研究》1995 年第 1 期；王孫盈政《再論唐代的宣徽使》，《中華文史論叢》2018 年第 3 期。

[7]大内留守：官名。凡有郊廟、朝獻等大禮，皇帝合當齋戒於祭所，則差大内留守，禮畢即罷。本書卷四一載：“中書奏郊天有日，合差大内留守。”　檢校太傅：官名。爲散官或加官，以示恩寵，無實際執掌。

[8]迎合：《輯本舊史》之影庫本粘籤：“迎合，原本作‘逆合’，今據文改正。”

[9]“敬瑭聞其言大懼”至“不敢西行”：《舊五代史考異》：“案《歐陽史》：敬瑭以糧餉不繼，遽燒營還軍，重誨亦以被讒召還。”見《新五代史》卷二七《朱弘昭傳》。

[10]左武衛上將軍：官名。唐置，掌宫禁宿衛。唐代十六衛之一，從二品。

長興三年十二月，[1]代康義誠爲襄州節度使。[2]四年，秦王從榮爲元帥，[3]屢宣惡言，執政大臣皆懼，謀出避之。樞密使范延光、趙延壽日夕更見，[4]涕泣求去，明宗怒而不許。延壽使其妻興平公主入言於中，[5]延光亦因孟漢瓊、王淑妃進説，[6]故皆得免。未幾，趙延壽出鎮汴州，召弘昭於襄陽，代爲樞密使，加同平章事。[7]十月，范延光出鎮常山，以三司使馮贇與弘昭對掌樞務，[8]與康義誠、孟漢瓊同謀以殺秦王。[9]

[1]長興：五代後唐明宗李嗣源年號（930—933）。

[2]康義誠：人名。沙陀部人。五代後唐將領。傳見本書本卷、《新五代史》卷二七。　襄州：州名。治所在今湖北襄陽市。　代康義誠爲襄州節度使：明本《册府》卷一二〇《帝王部·選將門二》："長興三年十月戊午，帝御廣壽殿，謂范延光、秦王從榮等曰：'契丹欲謀犯塞邊上，宜得嚴重帥臣。卿等商量誰爲可者以聞。'甲戌，秦王從榮奏：'伏見北面奏報，契丹族帳近塞，吐渾、突厥已侵邊地。北面戍卒雖多，未有統率，早宜命大將。'帝曰：'卿等商量定未？'具奏曰：'將校之中，康義誠可。'帝曰：'召義誠來。'遂令宣徽使朱弘昭往知襄州事代義誠還京師。"同書卷九四〇《總録部·患難門》："後爲襄州節度使，襄州留軍有朽腐甲胄數百，弘昭奏不堪完補，詔投之於漢水。詔至，弘昭集賓佐棄之，登南城，依却敵以視。無何，懸鐘格木朽墮，弘昭至城墇，絆之於木，左右梯而下之。幸無損，但喪魄讋氣而已。"

[3]從榮：人名。即李從榮。沙陀部人。後唐明宗李嗣源次子。傳見本書卷五一、《新五代史》卷一五。

[4]趙延壽：人名。本姓劉，恒山（今河北正定縣）人。後唐明宗李嗣源女婿，後降契丹，引導契丹攻滅後晋。傳見本書卷九八、《遼史》卷七六。

[5]興平公主：後唐明宗李嗣源之女，趙延壽之妻。事見本書卷九八。

[6]王淑妃：後唐明宗妃嬪。傳見本書卷五一、《新五代史》卷一五。

[7]襄陽：縣名。治所在今湖北襄陽市。　"未幾"至"加同平章事"：明本《册府》卷七八《帝王部·委任門二》："朱弘昭爲

山南東道節度使。長興四年九月，詔爲檢校太尉、同中書門下平章事，充樞密使。制下，弘昭面訴曰：‘臣厮養之才，智謀極短，遇陛下典運，驟至方鎮，嘗懼不任，況内秉大權，必孤獎擢，伏乞别選才能。’上叱之曰：‘公輩皆欲去朕左右，怕在眼前，養爾輩何爲？’弘昭退謝，不敢復言。”

[8]常山：古郡名。即鎮州，治所在今河北正定縣。　三司使：官名。後唐明宗天成元年（926）將晚唐以來的户部、度支、鹽鐵三部合爲一職，設三司使統之。主管國家財政。　馮贇：人名。太原（今山西太原市）人。五代後唐明宗朝宰相、三司使。傳見本書附録、《新五代史》卷二七。《輯本舊史》之影庫本粘籤：“馮贇，原本作‘爲贇’，今從《通鑑》改正。”見《通鑑》卷二七八長興四年十月乙卯條。

[9]與康義誠、孟漢瓊同謀以殺秦王：明本《册府》卷四四六《將帥部·觀望門》：“明宗不豫，秦王諷義誠爲助。義誠曲意承奉，亦非其誠。及朱弘昭、馮贇等懼禍，謀於義誠。義誠但云：‘僕爲將校，不敢預議，但相公所使耳。’”

閔帝即位，[1]弘昭以爲由己得立，故於庶事高下在心，及赦後覃恩，弘昭首自平章事超加中書令。[2]素猜忌潞王，致其釁隙，以致禍敗。潞王至陝，閔帝懼，欲奔，馳手詔召弘昭圖之。[3]時將軍穆延輝在弘昭第，[4]曰：“急召，罪我也，其如之何？吾兒婦，君之女也，可速迎歸，無令受禍。”中使繼至，弘昭援劍大哭，[5]至後庭欲自裁，[6]家人力止之。使促之急，弘昭曰：“窮至此耶！”乃自投於井。安從進既殺馮贇，斷弘昭首，俱傳於陝州。及漢高祖即位，贈尚書令。[7]《永樂大典》卷二千三十二。[8]

[1]閔帝：即五代後唐愍帝李從厚。明宗李嗣源第三子。生於太原，小字菩薩奴。長興元年（930）封宋王，移鎮鄴都。明宗死後即位，改元應順（934）。潞王李從珂反於鳳翔，愍帝出逃至衛州，被廢爲鄂王，尋被縊殺。紀見本書卷四五、《新五代史》卷七。

[2]中書令：官名。漢代始置，隋、唐前期爲中書省長官，屬宰相之職；唐後期多爲授予元勳大臣的虛銜。正二品。

[3]陝：州名。治所在今河南三門峽市陝州區。　“素猜忌潞王”至“馳手詔召弘昭圖之”：《宋本册府》卷九四二《總録部·禍敗門》：“弘昭素猜忌潞王，致其背誕，以潞王至陝，閔帝懼，欲奔，馳自首詔弘昭圖之。”

[4]穆延輝：人名。籍貫不詳。五代後唐將領。事見本書本卷、卷四六。“穆延輝”，《宋本册府》卷九四二同。《新五代史》卷二七《朱弘昭傳》作“穆延暉”。

[5]弘昭援劍大哭：中華書局本有校勘記：“‘援’，《册府》卷九四二、《新五代史》卷二七《朱弘昭傳》作‘拔’。”

[6]後庭：《宋本册府》卷九四二作“後亭”。

[7]漢高祖：即劉知遠。太原（今山西太原市）人。五代後漢開國皇帝。947年至948年在位。紀見本書卷九九至卷一〇〇、《新五代史》卷一〇。　尚書令：官名。秦始置。隋、唐前期爲尚書省長官，與中書令、侍中並爲宰相。因以李世民爲之，後皆不授，唐高宗廢其職。唐後期以李適、郭子儀有功而特授此職，爲大臣榮銜，不參與政務。五代因之。唐時爲正二品，後梁開平三年（909）升爲正一品。

[8]《大典》卷二〇三二“朱”字韻“姓氏（六）”事目。

朱洪實

朱洪實，[1]不知何許人。以武勇累歷軍校，[2]長興中，爲馬軍都指揮使。[3]秦王爲元帥，以洪實驍果，尤寵待之，歲時曲遺，頗厚於諸將。及朱弘昭爲樞密使，勢燄尤甚，[4]洪實以宗兄事之，意頗相協。弘昭將殺秦王，以謀告之，洪實不以爲辭。時康義誠以其子事於秦府，故恒持兩端。及秦王兵扣端門，洪實爲孟漢瓊所使，率先領騎軍自左掖門出逐秦王，[5]自是義誠陰銜之。[6]

[1]朱洪實：《舊五代史考異》："案：《歐陽史》作朱弘實。"此據《新五代史》卷七《唐愍帝紀》、卷一五《秦王從榮傳》、卷二七《康義誠傳》。明本《册府》卷一八一《帝王部·無斷門》作"朱洪寔"。

[2]軍校：即牙校，爲低級武職。

[3]馬軍都指揮使：官名。所部統兵將領。　長興中，爲馬軍都指揮使：明本《册府》卷四九八《邦計部·漕運門》：長興四年（933）二月，"尋命奉聖軍都指揮朱洪實開河灣"。《輯本舊史》卷四五《唐閔帝紀》應順元年（934）正月甲申條作"捧聖左右厢都指揮使"。

[4]勢燄尤甚："甚"，《宋本册府》卷九四五《總録部·附勢門》作"盛"。

[5]端門：自漢代以來，宫城南門多有稱端門者。　左掖門：洛陽宫城門名。位於今河南洛陽市。　"弘昭將殺秦王"至"率先領騎軍自左掖門出逐秦王"：明本《册府》卷九三五《總録部·構患門》載之甚詳，録於下："朱弘昭、馮贇並爲樞密使。時秦王從榮屢宣忿言，執政大臣皆懼禍。及明宗疾篤，秦王知人情不附己，恐大事乖誤，與將吏謀以兵入侍，先制權臣，謂康義誠曰：'予欲居中侍醫藥，何處宿止爲便？'對曰：'子待父疾，何向不可？'仍懷疑慮。十一月十九日，令牙將馬延嗣謂贇曰：'秦王明日

入侍，公等止於何處?’贇跪對曰：‘奉詔。’二十日五鼓，馬延嗣復至贇第：‘秦王言公等處事所宜和允，各有家族，禍福頃刻。’贇復跪對。是日，遂馳馬守右掖門，至廣壽殿門，見朱、康，具述延嗣語。又謂義誠曰：‘秦王言禍福頃刻，事即可知。此事宗社所繫，侍中勿顧慮也。’義誠未暇對，監門報秦王領兵在端門外。二人切告義誠，對曰：‘惟公所使。’孟漢瓊拂衣而言曰：‘諸君平時惟恨禄位不大，及危疑之際，便持兩端，非丈夫也。’乃至雍和殿奏曰：‘從榮謀大逆，陳兵在端門。’明宗愕然，問義誠，不能游詞，言事實。明宗曰：‘爾圖之，勿驚動京師。’孟漢瓊率控鶴指揮李重吉、馬軍指揮朱洪實等拒戰，是日誅之，遂令漢瓊自赴魏州迎愍帝。”《通鑑》卷二七八繫誅秦王從榮事於長興四年十一月壬辰，謂：“孟漢瓊被甲乘馬，召馬軍都指揮使朱洪實，使將五百騎討從榮。”

[6]自是義誠陰銜之：《輯本舊史》之影庫本粘籤：“陰銜，原本作‘陰衛’，今據文改正。”《通鑑》卷二七九清泰元年（934）三月辛酉條謂“康義誠由是恨之”。

閔帝嗣位，洪實自恃領軍之功，義誠每言，不爲之下。[1]應順元年三月辛酉，[2]義誠將出征，[3]閔帝幸左藏庫，親給軍士錢帛。[4]是時，義誠與洪實同於庫中面論用兵利害，[5]洪實言：“自出軍討逆，[6]累發兵師，今聞小岈，無一人一騎來者。不如以禁軍據門自固，[7]彼安敢徑來，然後徐圖進取，全策也。”義誠怒曰：“若如此言，洪實反也。”[8]洪實曰：“公自反，誰反!”[9]其聲漸厲。帝聞，召而訊之，洪實猶理前謀，又曰：“義誠言臣圖反，據發兵計，義誠反必矣。”閔帝不能明辨，遂命誅洪實。[10]既而義誠果以禁軍迎降潞王，故洪實之死，後人皆以爲冤。《永樂大典》卷二千三十二。[11]

［1］“閔帝嗣位”至“不爲之下”：《輯本舊史》卷四五《唐閔帝紀》應順元年（934）正月甲申條：“以捧聖左右厢都指揮使、欽州刺史朱洪實爲寧國軍節度使，加檢校太保，充侍衛馬軍都指揮使。”《通鑑》卷二七八清泰元年（934）正月甲申條：“朱弘昭、馮贇忌侍衛馬軍都指揮使安彦威，侍衛步軍都指揮使、忠正節度使張從賓，甲申，出彦威爲護國節度使，以捧聖馬軍都指揮使朱洪實代之。”

［2］應順元年三月辛酉：《宋本册府》卷四五六《將帥部·不和門》繫於三月，未書日，且言朱洪實“判六軍諸衛”；《通鑑》卷二七九亦繫於三月辛酉條。明本《册府》卷一八一《帝王部·無斷門》繫於二月辛酉。

［3］義誠將出征：明本《册府》卷一八一《帝王部·無斷門》、《宋本册府》卷四五六《將帥部·不和門》作“義誠將議出征。”

［4］左藏庫：官署名。負責收納各地所輸財賦，以供官吏、軍兵俸給及賞賜等費用。

［5］義誠與洪實同於庫中面論用兵利害：《舊五代史考異》：“案：《歐陽史》云：洪實見軍士無鬭志，而義誠盡將以西，疑其二心。”此據《新五代史》卷二七《康義誠傳》。

［6］自出軍討逆：中華書局本有校勘記：“‘自’字原闕，據《册府》卷一八一、卷四五六補。”見明本《册府》卷一八一《帝王部·無斷門》、《宋本册府》卷四五六《將帥部·不和門》。

［7］不如以禁軍據門自固：明本《册府》卷一八一《帝王部·無斷門》同，《宋本册府》卷四五六《將帥部·不和門》闕“以”字。《通鑑》卷二七九清泰元年三月辛酉條：“洪實欲以禁軍固守洛陽。”

［8］洪實反也：“也”，明本《册府》卷一八一《帝王部·無斷門》、《宋本册府》卷四五六《將帥部·不和門》作“矣”。

［9］公自反，誰反：明本《册府》卷一八一《帝王部·無斷門》、《宋本册府》卷四五六《將帥部·不和門》作“公自惟

誰反?”

［10］遂命誅洪實:“誅”，明本《册府》卷一八一《帝王部·無斷門》作“逐”。

［11］《大典》卷二〇三二“朱”字韻“姓氏（六）”事目。

康義誠

康義誠，字信臣，代北三部落人也。[1]少以騎射事武皇，從莊宗入魏博，[2]補突騎軍使，[3]累遷本軍都指揮使。[4]同光末，[5]從明宗討鄴城，軍亂，迫明宗爲主，明宗不然。義誠進曰:“主上不慮社稷阽危，不思戰士勞苦，荒躭禽色，溺於酒樂。今從衆則有歸，守節則將死。”明宗納其言，由是委之心膂。明宗即位，加檢校司空，領富州刺史，[6]總突騎如故。尋轉捧聖都指揮使，領汾州刺史。[7]明宗幸汴，平朱守殷，改侍衛馬軍都指揮使，[8]領江西節度使。車駕歸洛，授侍衛馬步軍都指揮使、河陽節度使。[9]長興末，加同平章事。[10]

［1］三部落:或即沙陀、薩葛、安慶三部落。《舊唐書》卷一九下載，中和元年（881）“二月，代州北面行營都監押陳景思率沙陀、薩葛、安慶等三部落與吐渾之衆三萬赴援關中”。參見蔡家藝《沙陀部人歷史雜探》，《民族研究》2001年第1期。

［2］武皇:即李克用。沙陀部人，生於神武川新城（一説是今山西朔州市朔城區之梵王寺村，一説是今山西應縣縣城，一説在今山西懷仁縣之日中城）。唐末軍閥，受封晋王。五代後唐追尊爲太祖武皇帝。紀見本書卷二五至卷二六、《新五代史》卷四。　魏博:方鎮名。治所在魏州貴鄉縣（今河北大名縣）。

［3］突騎軍使：官名。所部統兵將領。突騎爲部隊番號。中華書局本有校勘記："'軍'字原闕，據《册府》卷三四七補。"見明本《册府》卷三四七《將帥部·佐命門八》。

［4］都指揮使：官名。唐末、五代軍隊多置都指揮使、指揮使，爲統兵將領。

［5］同光：後唐莊宗李存勗年號（923—926）。

［6］檢校司空：官名。爲散官或加官，以示恩寵，無實際執掌。　富州：州名。治所在今廣西昭平縣。

［7］捧聖都指揮使：官名。捧聖爲五代禁軍番號，因全爲騎兵，故又稱"捧聖馬軍"。捧聖都指揮使，爲捧聖軍統兵官。　汾州：州名。治所在今山西汾陽市。　領汾州刺史：中華書局本有校勘記："'領'，原作'鎮'，據邵本校改。'汾州'，原作'邠州'，據本書卷三六《唐明宗紀二》、《新五代史》卷二七《康義誠傳》改。《舊五代史考異》卷二：'案：《歐陽史》作"汾州"。'"見《輯本舊史》卷三六《唐明宗紀二》天成元年（926）五月戊寅條。

［8］侍衛馬軍都指揮使：官名。爲侍衛親軍馬軍司長官。五代後梁始置侍衛親軍，爲禁軍的一支，後唐沿置並成爲禁軍主力，下設馬軍、步軍。　改侍衛馬軍都指揮使："侍衛馬軍都指揮使"，《新五代史》卷二七《康義誠傳》、明本《册府》卷九九《帝王部·親信門》作"侍衛親軍馬步軍都指揮使"。

［9］江西節度使：即"江南西道節度使"簡稱。治所在洪州（今江西南昌市）。　洛：地名。即後唐都城洛陽。位於今河南洛陽市。　侍衛馬步軍都指揮使：官名。侍衛親軍長官。多由皇帝親信擔任。　河陽：縣名。治所在今河南孟州市。　"領江西節度使"至"河陽節度使"：《輯本舊史》卷三九《唐明宗紀五》天成三年正月戊辰條："以隨駕馬軍都指揮使、富州刺史康義誠兼領鎮南軍節度使。"又，同年四月乙酉條："以隨駕馬軍都指揮使康義誠爲侍衛親軍馬步軍都指揮使。"又，同書卷四〇《唐明宗紀六》天成四年四月壬子條："以侍衛親軍都指揮使、鎮南軍節度使康義誠爲河

陽節度使。”又，同書卷四一《唐明宗紀七》長興元年（930）三月丙戌條：“以侍衛親軍馬步軍都指揮使、河陽節度使康義誠爲襄州節度使、檢校太傅。”又，同書卷四三《唐明宗紀九》長興三年十二月戊午條：“康義誠爲河陽節度使。”“侍衛馬步軍都指揮使”，明本《册府》卷四四六《將帥部·觀望門》作“侍衛親軍都指揮使”。

[10]《舊五代史考異》：“案：《玉堂閒話》云：長興中，侍衛使康義誠，常軍中差人于私宅充院子，亦曾小有笞責。忽一日，憐其老而詢其姓氏，則曰：‘姓康。’别詰其鄉土、親族、息嗣，方知是父，遂相持而泣，聞者莫不驚異。”見《太平廣記》卷五〇〇康義誠條。

秦王爲天下兵馬元帥，[1]氣焰燻灼，大臣皆懼，求爲外任。義誠以明宗委遇，無以解退，乃令其子以弓馬事秦王以自結。[2]明宗不豫，秦王諷義誠爲助，[3]義誠曲意承奉，亦非真誠。及朱弘昭、馮贇等懼禍，謀於義誠，義誠但云：[4]“僕爲將校，不敢預議，但相公所使耳。”及秦王既誅，明宗宴駕，閔帝即位，加檢校太尉、兼侍中，判六軍諸衛事。[5]未幾，鳳翔變起，西軍不利，義誠懼，乃請行，蓋欲盡率駕下諸軍送降於潞王求免也。[6]會與朱洪實議事不叶，洪實因厲聲言義誠苞藏之志，閔帝曖昧，不能明辨，而誅洪實。及義誠率軍至新安，[7]諸軍争先趨陜，解甲迎降，義誠以部下數十人見潞王請罪，潞王雖罪其奸回，未欲行法。清泰元年四月，[8]斬於興教門外，[9]夷其族。《永樂大典》卷一萬八千一百二十九。[10]

[1]天下兵馬元帥：官名。唐代朝廷有重大軍事行動時則置，統率天下軍隊。

[2]乃令其子以弓馬事秦王以自結：中華書局本有校勘記："'以自結'，殿本、孔本、《册府》卷四四六作'冀自保全'。"見明本《册府》卷四四六《將帥部·觀望門》。

[3]秦王諷義誠爲助：《輯本舊史》之影庫本粘籤："諷義誠，原本作'捧義誠'，今據《册府元龜》改正。"見明本《册府》卷四四六《將帥部·觀望門》。

[4]義誠但云：中華書局本有校勘記："'義誠'二字原闕，據《册府》卷四四六補。"見明本《册府》卷四四六《將帥部·觀望門》。

[5]檢校太尉：官名。爲散官或加官，以示恩寵，無實際執掌。太尉，與司徒、司空並爲三公。　判六軍諸衛事：官名。沿唐代舊制，置六軍諸衛，以判六軍諸衛事爲禁軍六軍與諸衛的最高統帥。

加檢校太尉、兼侍中，判六軍諸衛事：《通鑑》卷二七八應順元年（934）正月壬午條："加河陽節度使兼侍衛都指揮使康義誠兼侍中，判六軍諸衛事。"

[6]"鳳翔變起"至"送降於潞王求免也"：《輯本舊史》卷四五《唐閔帝紀》應順元年三月癸亥條："以康義誠爲鳳翔行營都招討使，餘如故。"《通鑑》卷二七九同日亦繫此事。

[7]新安：縣名。治所在今河南新安縣。

[8]清泰：五代後唐廢帝李從珂年號（934—936）。　清泰元年四月：《通鑑》卷二七九繫於清泰元年四月戊子條。

[9]興教門：唐、五代洛陽城皇宫南面三門之一。

[10]原作"《永樂大典》一萬八千二十九"，中華書局本有校勘記："檢《永樂大典目録》，卷一八〇二九'將'字韻'列國鄭衛燕楚將'，與本則内容不符，恐有誤記。陳垣《舊五代史輯本引書卷數多誤例》謂應作一八一二九'將'字韻'後唐將'。"據陳垣説改，《大典》卷一八一二九"將"字韻"後唐將"（二）事目。

藥彦稠

藥彦稠，沙陀三部落人。幼以騎射事明宗，累遷至列校。明宗踐阼，領澄州刺史、河陽馬步都將。[1]從王晏球討王都於定州，平之，領壽州節度使、侍衛步軍都虞候。[2]屬河中指揮使楊彦温作亂，彦稠改侍衛步軍都指揮使，充河中副招討使，[3]將兵討平之。無幾，党項劫迴鶻入朝使，詔彦稠屯朔方，就討党項之叛命者，搜索盜賊，盡獲迴鶻所貢駞馬、寶玉，擒首領而還。[4]尋授邠州節度使。[5]遣會兵制置鹽州，[6]蕃戎逃遁，獲陷蕃士庶千餘人，並遣復鄉里。[7]受詔與延州節度使進攻夏州，[8]累月不克，兵罷歸鎮。閔帝嗣位，與王思同攻鳳翔，爲副招討使。[9]禁軍之潰，彦稠欲沿流而遁，爲軍士所擒而獻之。時末帝已至華州，令拘於獄，誅之。[10]漢高祖即位，與王思同並制贈侍中。《永樂大典》卷一萬八千一百二十九。[11]

[1]澄州：州名。治所在今廣西上林縣。　馬步都將：官名。馬步軍統兵將領。

[2]王晏球：人名。洛陽（今河南洛陽市）人。五代將領。傳見本書卷六四、《新五代史》卷四六。　王都：人名。中山陘邑（今河北定州市）人。本姓劉，後爲義武軍節度使王處直養子。五代軍閥。傳見本書卷五四、《新五代史》卷三九。　定州：州名。治所在今河北定州市。　壽州：州名。治所在今安徽壽縣。此處代指治所在壽州的方鎮忠正軍。　侍衛步軍都虞候：官名。五代侍衛親軍步軍司的統兵官，次於步軍都指揮使、副都指揮使。

［3］侍衛步軍都指揮使：官名。五代始置。侍衛親軍步軍司長官。統領侍衛步軍。　副招討使：官名。招討使副職。戰時任命，兵罷則省。掌招撫、討伐等事務。　充河中副招討使：《舊五代史考異》："案：《歐陽史》作招討使。"見《新五代史》卷二七《藥彦稠傳》。又，《輯本舊史》卷四一《唐明宗紀七》長興元年（930）六月丁酉條："以護駕步軍都指揮使、澄州刺史藥彦稠爲壽州節度使，兼護駕步軍都指揮使。"

［4］朔方：方鎮名。治所在靈州（今寧夏吴忠市）。　"無幾"至"擒首領而還"：《宋本册府》卷一五八《帝王部·誡勵門三》："（長興）三年正月，詔藥彦稠、康福往方渠鎮討党項叛命者。丁酉，康福等率騎軍先進，帝御興教門樓，誡以賞罰之令而遣之。"明本《册府》卷一六八《帝王部·却貢獻門》：長興三年二月，"藥彦稠進迴鶻可汗先遣使送金裝胡簶遺秦王，爲党項所掠，至是獲之而獻。帝曰：'此物已經剽掠，況曾曉諭，凡破賊所獲，軍中自收。今後却賜彦稠，所貴示人以信。'彦稠又進納党項所劫迴鶻玉二團，尋却賜之"。《宋本册府》卷九八七《外臣部·征討門六》："（長興）三年正月，遣邠州節度使藥彦稠、靈武節度使康福等率步騎七千往方渠鎮，討党項之叛命者。"同年二月，"藥彦稠奏，誅党項河埋三族，韋悉、褒勒、彊賴、埋厮骨尾各一族，屈悉堡三族，計十族，得七百餘人，黑玉一團"。

［5］邠州：州名。治所在今陝西彬縣。此處指静難軍。

［6］鹽州：州名。治所在今陝西定邊縣。　遣會兵制置鹽州："遣"，《宋本册府》卷三九七《將帥部·懷撫門》作"詔"。

［7］並遣復鄉里：中華書局本有校勘記："'並'字原闕，據《册府》卷三九七補。"見《宋本册府》卷三九七。

［8］延州：州名。治所在今陝西延安市。　受詔與延州節度使進攻夏州：《輯本舊史》之案語："原本有闕文，《歐陽史》作靈武康福。"見《新五代史》卷二七《藥彦稠傳》。中華書局本有校勘記："殿本注：'脱兩字。'郭武雄證補：據同書《明宗紀》長興四

年三月，時延州節度使蓋安從進也。故脱文當係‘安從’兩字，接下一‘進’字，合爲安從進。”《輯本舊史》卷四三《唐明宗紀九》長興三年正月己丑條：“遣邠州節度使藥彦稠、靈武節度使康福率步騎七千往方渠討党項之叛者。”

[9]王思同：人名。幽州（今北京市）人。五代後唐將領。傳見本書卷六五、《新五代史》卷三三。　爲副招討使：《輯本舊史》卷四五《唐閔帝紀》應順元年（936）二月丁酉條作“爲副部署”。

[10]華州：州名。治所在今陝西渭南市華州區。　“禁軍之潰”至“誅之”：明本《册府》卷一一《帝王部·繼統門三》：應順元年三月，“二十四日，次華州，收節度使藥彦稠繫獄”。

[11]《大典》卷一八一二九“將”字韻“後唐將（二）”事目。

宋令詢

宋令詢，不知何許人也。閔帝在藩時，補爲客將。[1]知書樂善，動皆由禮。長興中，閔帝連殿大藩，遷爲都押衙，[2]參輔閫政，甚有時譽，閔帝深委之。及閔帝嗣位，朱、馮用事，[3]不欲閔帝之舊臣在於左右，乃出爲磁州刺史。閔帝蒙塵於衛，令詢日令人奔問。及聞帝遇害，大慟半日，自經而卒。[4]《永樂大典》卷一萬三千四十四。[5]

[1]客將：官名。亦稱典客。唐末、五代藩鎮負責接待使節、賓客、出使等外交職責的武官。詳見吴麗娱《試論晚唐五代的客將、客司與客省》，《中國史研究》2002年第4期。

[2]都押衙：官名。“押衙”即“押牙”。唐、五代時期節度使

辟署的屬官，有稱左、右都押衙或都押衙者。掌領方鎮儀仗侍衛、統率軍隊。參見劉安志《唐五代押牙（衙）考略》，武漢大學歷史系魏晋南北朝隋唐史研究室編《魏晋南北朝隋唐史資料》第16輯，武漢大學出版社1998年版。《輯本舊史》之影庫本粘籤："都押衙，原本作'挾衙'，考《契丹國志》云：'宋王舊押衙宋令詢聞變，自經卒。'原本'挾'字係傳寫之訛，今改正。"《契丹國志》卷二《太宗紀上》天顯八年（934）四月條，似未載。《輯本舊史》卷四五《閔帝紀》長興四年（933）十二月丙辰條作"元從都押衙"。

[3]朱：即朱弘昭。　馮：即馮贇。

[4]衛：州名。治所在今河南衛輝市。　"閔帝蒙塵於衛"至"自經而卒"：《契丹國志》卷二《太宗紀上》天顯八年四月（後唐閔帝應順元年四月，以潞王從珂立，改元清泰元年）條："又明日，太后令潞王即位於柩前。遣王弘贄遷愍帝於衛州廨内，隨遣弘贄之子王巒往鴆之。愍帝不飲，巒縊殺之。帝之在衛州，惟磁州刺史宋令詢遣使問起居，聞其遇害，慟哭半日，自縊死。"

[5]《大典》卷一三〇四四"宋"字韻"姓氏（三）"事目。

史臣曰：夫代大匠斲者，猶傷其手，況代天子執賞罰之柄者乎！是以古之賢人，當大任、秉大政者，莫不卑以自牧，推之不有，廓自公之道，絶利己之欲，然後能保其身而脱其禍也。而重誨何人，安所逃死？古語云："無爲權首，反受其咎。"重誨之謂歟！自弘昭而下，力不能衛社稷，謀不能安國家，相踵而亡，又誰咎也。唯令詢感故君之舊恩，由大慟而自絶，以茲殞命，足以垂名。[1]《永樂大典》卷一萬三千四十四。[2]

[1]足以垂名：中華書局本有校勘記："'足'，原作'定'，據

殿本、劉本改。影庫本批校：'足以垂名，"足"訛"定"。'"

［2］《大典》卷一三〇四四"宋"字韻"姓氏（三）"事目。

舊五代史　卷六七

唐書四十三

列傳第十九

豆盧革

豆盧革，祖籍，同州刺史。[1]父瓚，舒州刺史。[2]革少值亂離，避地鄜、延，[3]轉入中山，王處直禮之，[4]辟于幕下，有奏記之譽。[5]因牡丹會賦詩，諷處直以桑柘爲意，言甚古雅，漸加器仰，轉節度判官。[6]而理家無法，獨請謁見處直，處直慮布政有缺，有所規諫，斂板出迎，乃爲嬖人祈軍職矣。[7]

[1]籍：人名。即豆盧籍。先世爲鮮卑慕容氏，後改豆盧氏。唐代官員，曾任右諫議大夫。事見《舊唐書》卷一七二、《新唐書》卷一六六。　同州：州名。治所在今陝西大荔縣。　刺史：官名。州一級行政長官。漢武帝時始置，總掌考核官吏、勸課農桑、地方教化等事。唐中期以後，節度使、觀察使轄州而設，刺史爲其

屬官，職任漸輕。從三品至正四品下。

[2]瓚：人名。即豆盧瓚。唐同州刺史豆盧籍之子，五代後唐宰相豆盧革之父。唐朝官員。事見《舊唐書》卷二〇〇下。　舒州：州名。治所在今安徽潛山縣。　父瓚，舒州刺史：《輯本舊史》之殿本注："《宣和書譜》云：'失其世系。'"見《宣和書譜》卷六《正書四》豆盧革條。

[3]鄜：州名。治所在今陝西富縣。　延：州名。治所在今陝西延安市。

[4]中山：地名。此處代指唐末河北方鎮義武軍（治所在定州）。時王都任義武軍節度使。《宋本册府》卷七二九《幕府部·辟署門四》作"山中"，似誤，蓋王處直爲易定節度使，即古中山地。　王處直：人名。京兆萬年（今陝西西安市長安區）人。唐末、五代軍閥，長期爲義武軍節度使。傳見本書卷五四、《新五代史》卷三九。《輯本舊史》之影庫本粘籤："王處直，原本作'處真'，今據《新唐書》改正。"此據《新唐書》卷一八六《王處存傳》。

[5]奏記：官名。即掌書記。唐、五代方鎮僚屬，位在判官下。掌表奏書檄、文辭之事。

[6]桑柘：桑樹與柘樹，代指農桑之事。　節度判官：官名。唐末、五代藩鎮僚佐，位行軍司馬下。

[7]"獨請謁見處直"至"乃爲擘人祈軍職矣"：《宋本册府》卷七三〇《幕府部·貪縱門》作："有日獨請謁見，處直慮布政有闕，疑有所勉，斂板出迎，革立通尺牘，處直搢笏披之，乃爲擘人祈軍職也。"

天祐末，莊宗將即位，[1]講求輔相，盧質以名家子舉之，徵拜行臺左丞相。[2]同光初，拜平章事。[3]及登廊廟，事多錯亂，至于官階擬議，前後倒置，屢爲省郎蕭希甫駁正，[4]革改之，無難色。莊宗初定汴、洛，革引薦韋説，[5]冀諳事體，與己同功。説既登庸，[6]復事流品，舉止輕脱，怨歸於革。又革、説之子俱授拾遺，[7]父子同官，爲人所刺，遂改授員外郎。[8]革請説之子濤爲弘文館學士，説請革之子昇爲集賢學士，[9]交易市恩，[10]有同市井，識者醜之。革自作相之後，不以進賢勸能爲務，唯事修鍊，求長生之術，嘗服丹砂，嘔血數日，垂死而愈。

[1]天祐：唐昭宗李曄開始使用的年號，唐哀帝李柷沿用，共四年（904—907）。唐亡後，河東李克用、李存勗仍稱天祐，沿用至天祐二十年（923）。五代十國其他政權亦有行此年號者，如南吴、吴越等。　莊宗：人名。即李存勗。代北沙陀部人，五代後唐開國皇帝。紀見本書卷二七至卷三四、《新五代史》卷四至卷五。

[2]盧質：人名。河南（今河南洛陽市）人。五代大臣。傳見本書卷九三、《新五代史》卷五六。　行臺：官署名。尚書省在京城稱中臺、内臺，在外稱行臺。自魏晋至唐初，天子、大臣在外征討，或置行臺隨軍。　左丞相：官名。秦漢始置，與右丞相同爲百官之長，輔佐皇帝綜理全國事務。

[3]同光：後唐莊宗李存勗年號（923—926）。　平章事：官名。即“同中書門下平章事”。唐高宗以後，凡實際任宰相之職者，常在其本官後加同平章事的職銜。後成爲宰相專稱。　同光初，拜平章事：明本《册府》卷七四《帝王部·命相門四》：“後唐莊宗同光元年四月，即位于魏。是月，以行臺左丞相豆盧革爲門下侍郎、平章事、太清宫使。”《輯本舊史》卷三〇《唐莊宗紀四》同光元年（923）十月乙未條：“詔宰相豆盧革權判吏部上銓。”同年十一月戊午條：“以中書侍郎、平章事豆盧革判租庸使，兼諸道鹽鐵轉

運等使。”同書卷三二《唐莊宗紀六》同光二年六月甲戌條：“中書侍郎兼吏部尚書、平章事、弘文館大學士豆盧革，加右僕射，餘如故。”同年十月己巳條：“以宰臣豆盧革、韋説充册使。”

［4］省郎：尚書省六部二十四司郎中、員外郎的通稱。　蕭希甫：人名。宋州（今河南商丘市睢陽區）人。五代後梁、後唐官員。傳見本書卷七一、《新五代史》卷二八。

［5］汴：州名。治所在今河南開封市。　洛：地名。即洛陽。位於今河南洛陽市。　韋説：人名。京兆萬年（今陝西西安市長安區）人。唐福建觀察使韋岫之子。唐末進士，五代後梁大臣、後唐宰相。傳見本書本卷。

［6］登庸：舉用。

［7］拾遺：官名。唐武則天於垂拱元年（685）置拾遺，分左右。左拾遺隸門下省，右拾遺隸中書省，與左、右補闕共掌諷諫，大事廷議，小事則上封事。從八品上。　又革、説之子俱授拾遺：中華書局本有校勘記：“‘革’字原闕，據《册府》卷三三七補。《新五代史》卷二八《豆盧革傳》敘其事作‘二人各以其子爲拾遺’。”見明本《册府》卷三三七《宰輔部·徇私門》、《新五代史》卷二八《豆盧革傳》。

［8］員外郎：官名。尚書省郎官之一。爲郎中的副職，協助負責諸司事務。從六品上。

［9］濤：人名。即韋濤。事見本書卷三六、卷三七。　弘文館學士：官名。弘文館爲唐代中央官學之一。設館主一人，總領館務；判館事一人，管理日常事務。學士無員限，掌校正圖籍、教授生徒，並參議政事。五品以上稱爲學士，六品以下稱爲直學士，又有文學直館學士，均以他官兼領。　昪：人名。即豆盧昪。事見本書卷三六、卷三七。　集賢學士：官名。集賢院文史官，唐開元十三年（725）始置，大曆中改爲集賢殿學士，五代時與集賢院學士並置。授予丞相及其他侍從官，掌秘書圖書等事。由五品以上官充任。

[10]交易市恩：中華書局本有校勘記："殿本《册府》卷三三七作'交致阿私'，孔本作'交致阿思'。"見明本《册府》卷三三七《宰輔部·徇私門》。

天成初，將葬莊宗，以革爲山陵使。[1]及木主歸廟，不出私第，專候旄鉞，數日無耗，爲親友促令入朝。安重誨對衆辱之曰：[2]"山陵使名銜尚在，不候新命，便履公朝，意謂邊人可欺也。"側目者聞之，思有所中。[3]初，蕭希甫有正諫之望，革嘗阻之，遂上疏論革與説苟且自容，致君無狀。復誣其縱田客殺人，[4]冒元亨上第。[5]遂貶爲辰州刺史，[6]仍令所在馳驛發遣。後鄭珏、任圜等連上三章，[7]請不行後命，乃下制曰："豆盧革、韋説等，身爲輔相，手握權衡，或端坐稱臣，或半笑奏事，於君無禮，舉世寧容。革則暫委利權，便私俸禄，文武百辟皆從五月起支，父子二人偏自正初給遣。説則自居重位，全紊大綱。敘蔭貪榮，亂兒孫於昭穆；賣官潤屋，换令録之身名。醜行疊彰，群情共怒，雖居牧守，未塞非尤。革可責授費州司户參軍，説可夷州司户參軍，皆員外置同正員，並所在馳驛發遣。"尋貶陵州長流百姓，委長吏常知所在。[8]天成二年夏，詔令逐處刺史監賜自盡，其骨肉並放逐便。[9]

[1]天成：五代後唐明宗李嗣源年號（926—930）。　山陵使：官名。亦稱山陵儀仗使。唐貞觀中始置。掌議帝后陵寢制度、監造帝后陵寢。

[2]木主：木制的牌位。　安重誨：人名。應州（今山西應

縣）人。五代後唐大臣。傳見本書卷六六、《新五代史》卷二四。

[3]思有所中：《輯本舊史》之影庫本粘籤："所中，原本作'所衆'，今據文改正。"

[4]復誣其縱田客殺人：《舊五代史考異》："案：《寶真齋法書贊》載《豆盧革田園帖》云：大德欲要一居處，畿甸間舊無田園，鄘州雖有三兩處莊子，緣百姓租佃多年，累有令公大王書，請却給還人户，蓋不欲侵奪疲民，兼慮無知之輩，妄有影庇色役云云。岳珂曰：此帖乃與僧往還書，其畏强藩、避罪罟，蓋慄慄淵冰，然其後卒以故縱田客貶夜郎，正坐所畏，信乎亂邦之不可居也。是時據鄘乃高萬興，官檢校太師、中書令，封北平王，即革所謂'令公大王'者。官故梁授，唐命維新，而靦面正朝者，不能致褫鞶之誅，而反竊貢秉旄之佞，唐之不競，有自來矣。"見岳珂《寶真齋法書贊》卷八《豆盧革田園帖》。

[5]冒元亨上第：《輯本舊史》之影庫本粘籤："冒元亨上第，疑有舛誤。考《册府元龜》所引《薛史》與《永樂大典》同。今無可復考，姑仍其舊。"

[6]辰州：州名。治所在今湖南沅陵縣。

[7]鄭珏：人名。滎陽（今河南滎陽市）鄭氏族人。唐末進士，五代後梁、後唐宰相。傳見本書卷五八、《新五代史》卷五四。 任圜：人名。京兆三原（今陝西三原縣）人。五代後唐將領、大臣。傳見本書本卷、《新五代史》卷二八。

[8]昭穆：此處指家族的輩分。 費州：州名。治所在今貴州思南縣。 司户參軍：官名。簡稱"司户"。州級政府僚佐。掌本州屬縣之户籍、賦税、倉庫受納等事。上州從七品下，中州正八品下，下州從八品下。 夷州：州名。治所在今貴州鳳岡縣。 員外置同正員：古代官員名額有定數，是爲"正員額"。在正員額以外所任官員，稱爲"員外置"。"員外置同正員"是指雖在正員額之外，但待遇同於正員官。 陵州：州名。治所在今四川仁壽縣。 長流：遠途流放。 "乃下制曰"至"委長吏常知所在"：《輯本

舊史》卷三六《唐明宗紀二》天成元年（926）七月癸未條："癸未，詔辰州刺史豆盧革可責授費州司户參軍。"同月甲申條詔："革可陵州長流百姓。"同書卷三七《唐明宗紀三》天成元年八月丁亥條："詔革縱逢恩赦，不在原宥之限。"

[9]"天成二年夏"至"其骨肉並放逐便"：中華書局本有校勘記："'逐'原作'遂'，據殿本、劉本、孔本校、本書卷三八《唐明宗紀四》改。影庫本批校：'"放逐便"，"逐"訛"遂"。'"豆盧革善書法，載於《宣和書譜》卷六《正書四》豆盧革條："作正書，雖有隱者態度，然要之不出五季人物風氣，其點畫同爲一律，非若楊凝式之書，在季世翰墨中如景星鳳凰之傑出，宜革輩皆不以書得名也。今御府所藏一十：正書《開講帖》《友文公大德帖》《鄭長官帖》《王朗君帖》；行書《大德帖》《吾師帖》《寒食帖》《買花帖》《頂辭帖》《田園貼》。"《通鑑》卷二七六天成二年七月癸巳條："癸巳，以與高季興夔、忠、萬三州爲豆盧革、韋説之罪，皆賜死。"

子昇，官至檢校正郎，服金紫，尋亦削奪。[1]《永樂大典》卷二千二百一十四。[2]

[1]檢校正郎：官名。爲散官或加官，以示恩寵，無實際執掌。"子昇"至"尋亦削奪"：《輯本舊史》卷三六《唐明宗紀二》天成元年（926）甲申條詔："貶同州長春宫判官、朝請大夫、檢校尚書禮部郎中、賜紫金魚袋豆盧昇。"同書卷三七《唐明宗紀三》天成元年八月丁亥條，詔昇仍削除自前所受官秩。

[2]劉承幹嘉業堂一九二五年刊本《舊史》作"卷三千二百一十四"。卷三二一四"雲"字韻"《大雲經》（三）"事目，則嘉業堂刊本誤。應爲《大典》卷二二一四"盧"字韻"姓氏（九）"事目。

韋説

韋説，福建觀察使岫之子也。[1]唐末爲殿中侍御史，坐事貶南海，後事梁爲禮部侍郎。[2]

[1]福建：方鎮名。治所在今福建福州市。　觀察使：官名。唐代後期出現的地方軍政長官。唐玄宗開元二十一年（733）置十五道採訪使，唐肅宗乾元元年（758）改爲觀察使。無旌節，故地位低於節度使。掌一道州縣官的考績及民政。　岫：人名。即韋岫。唐代官員，曾任庫部郎中、泗州刺史、福州觀察使。事見《舊唐書》卷一九下、《新唐書》卷二二五下。　韋説，福建觀察使岫之子也：《輯本舊史》之原輯者案語："以下疑有闕文。"

[2]殿中侍御史：唐官名。掌糾察朝儀，兼知庫藏出納及宫内門事及京畿糾察事宜，位從七品下。　南海：指南海郡，治番禺縣。隋代改番禺縣爲南海縣，故治在今廣州市。唐時又置番禺縣，二縣同城。五代南漢撤銷南海縣，分置常康、咸寧二縣和永豐、重合二場。　禮部侍郎：官名。禮部副長官。佐禮部尚書掌部事。正四品。　"唐末爲殿中侍御史"至"後事梁爲禮部侍郎"：《新五代史》卷二八《豆盧革傳》。明本《册府》卷三三五《宰輔部·不稱門》豆盧革條："豆盧革，同光初自定州判官徵拜門下侍郎平章事，及登廊廟，初無才業，事多錯亂。平梁之後，引薦韋説，冀諳事體，與己同功。説復事流品，舉止輕脱，怨歸於革。"亦見明本《册府》卷三三七《宰輔部·樹黨門》豆盧革條。

莊宗定汴洛，説與趙光胤同制拜平章事。[1]説性謹重，奉職官常，不造事端。時郭崇韜秉政，説等承順而已，政事得失，無所措言。[2]

[1]趙光胤：人名。京兆奉天（今陝西乾縣）人。唐末宰相趙光逢之弟。唐末進士，五代後梁大臣、後唐宰相。傳見本書卷五八。

[2]郭崇韜：人名。代州雁門（今山西代縣）人。五代後唐大臣。傳見本書卷五七、《新五代史》卷二四。　“莊宗定汴洛”至“無所措言”：“奉職官常”，中華書局本有校勘記：“‘官’字原闕，據《册府》卷三三六補。”見明本《册府》卷三三六《宰輔部·依違門》。明本《册府》卷三三五《宰輔部·自全門》：“韋說，莊宗時爲禮部侍郎同平章事，與郭崇韜秉政，説承順而已，政事得失，無所指言……”明本《册府》卷三三六《宰輔部·識暗門》豆盧革條：“同光三年冬，洛下饋運不充，軍士乏食，日致怨咨，帝深憂，問所司濟贍之術，革與宰相韋説依阿狥時，竟無奇説。但云：‘陛下威德冠天下，今西蜀平定，珍貨甚多，可以取之以給軍士。水旱作沴，天之常道，不足聖憂。’”

初，或有言于崇韜，銓選踰濫，選人或取他人出身名銜，或取父兄資緒，與令史囊槖罔冒，崇韜乃條奏其事。[1]其後郊天，行事官數千人，多有告敕僞濫，因定去留，塗毁告身者甚衆，選人號哭都門之外。[2]議者亦以爲積弊累年，一旦澄汰太細，懼失惟新含垢之意。時説與郭崇韜同列，不能執而止之，頗遭物議。説之親黨告之，説曰：“此郭漢子之意也。”及崇韜得罪，説懼流言所鍾，乃令門人左拾遺王松、吏部員外郎李慎儀等上疏，[3]云“崇韜往日專權，不閑故事，塞仕進之門，非獎善之道。”疏下中書，説等覆奏，深詆崇韜，識者非之。又有王傪者，[4]能以多岐取事，納賂於説，説以其名犯祖諱，遂改之爲“操”，擬官於近甸。及明宗即位，説常慮身危，每求庇于任圜，常保護之。説居有井，昔與鄰家共之，因嫌鄙雜，築垣於外。鄰人訟之，爲希甫疏論，以爲井有貨財，及案之本人，惟稱有破釜一所，反招虚妄。初貶敘州刺史，尋責授夷州司户參軍。[5]

[1]銓選：量才授官，朝廷選拔官吏的制度。　選人：候選官員。唐制，凡以科舉、門蔭、雜色入流等資格參加吏部銓選官吏的人，通稱爲選人。

[2]告身：授官的文憑。唐沿北朝之制，凡任命官員，不論流内、視品及流外，均給以告身。

[3]左拾遺：官名。唐代門下省所屬的諫官。掌規諫，薦舉人才。從八品上。　王松：人名。京兆（今陝西西安市）人。唐僖宗宰相王徽之子。五代後唐至後漢官員。傳見本書附録、《新五代史》卷五七。　吏部員外郎：官員。輔佐尚書、郎中掌考天下文吏之班秩階品。從六品。　李慎儀：人名。籍貫不詳。五代後唐、後晋官員。事見本書本卷、卷七六、卷七九、卷八二、卷八四。

[4]王傪：人名。籍貫不詳。事見本書卷三六。“王傪”，《輯本舊史》卷三六原作“王參”，中華書局本有校勘記：“本書卷六七《韋説傳》、《通鑑》卷二七五作‘王傪’，《册府》卷三三八作‘王修’。《舊五代史考異》卷二：‘案王參，疑有舛誤，據《册府元龜》引《薛史》亦作王參，今無可考，姑仍其舊。’”“傪”與“修”形近易訛。見明本《册府》卷三三八《宰輔部·奢侈門》。

[5]敘州：州名。治所在今湖南洪江市。　“初”至“尋責授夷州司户參軍”：“選人或取他人出身名銜”，中華書局本有校勘記：“‘名’字原闕，據《册府》卷三三五補。”見明本《册府》卷三三五《宰輔部·自全門》。“乃令門人左拾遺王松、吏部員外郎李慎儀等上疏”，中華書局本有校勘記：“‘李慎儀’，原作‘李慎義’，據殿本、本書卷一四八《選舉志》、《册府》卷六三二改。”“爲希

甫疏論"，省蕭希甫之姓，疑似前有闕文。《輯本舊史》卷三〇《唐莊宗紀四》同光元年（923）十一月丁巳條："以朝散大夫、禮部侍郎韋説守本官、同平章事。"卷三二《唐莊宗紀六》同光二年六月甲戌條："禮部侍郎、平章事韋説加中書侍郎。"同年十月庚午條："正衙命使册淑妃韓氏、德妃伊氏，以宰臣豆盧革、韋説充册使。"同年十一月壬寅條："時有選人吴延皓取亡叔告身，改舊名求仕，事發，延皓付河南府處死，崔沂已下貶官，宰相豆盧革、趙光胤、韋説詣閤門待罪，詔釋之。"卷三四《唐莊宗紀八》同光四年三月丙子條："樞密使李紹宏與宰相豆盧革、韋説會於中興殿之廊下，商議軍機，因奏：'魏王西征兵士將至，車駕且宜控汜水，以俟魏王。'從之。"卷三六《唐明宗紀二》天成元年（926）五月丙辰條："韋説進位門下侍郎兼户部尚書、監修國史，並依舊平章事。"同年七月諸條："己卯，韋説貶溆州刺史，仍令所在，馳驛發遣，爲諫議大夫蕭希甫疏奏故也。制略曰：'革則縱田客以殺人，説則侵鄰家而奪井。'……庚辰，……宰相鄭珏、任圜再見安重誨，救解革、説，請不復追行後命，又三上表救解，俱留中不報。……癸未，詔辰州刺史豆盧革可責授費州司户參軍，溆州刺史韋説可責授夷州司户參軍，皆員外置同正員，仍令馳驛發遣。甲申，又詔曰：'……革可陵州長流百姓，説可合州長流百姓。'"

初，説在江陵，與高季興相知，及入中書，亦常通信幣。[1]自討西蜀，季興請攻峽内，莊宗許之："如能得三州，俾爲屬郡。"西川既定，季興無尺寸之功。洎明宗纘承，季興頻請三郡，朝廷不得已而與之。革、説方在中書，亦預其議。及季興佔據，獨歸其罪，流於合州。[2]明年夏，詔曰："陵州、合州長流百姓豆盧革、韋説，頃在先朝，擢居重任，欺公害物，黷貨賣官。静惟肇亂之端，更有難容之事，且夔、忠、萬三州，[3]地連巴蜀，路扼荆蠻，藉皇都弭難之初，徇逆帥僭求之勢，罔予視聽，率意割移。將千里之土疆，開通狡穴；動兩川之兵賦，禦捍經年。致朕莫遂偃戈，猶煩運策。近者西方鄴雖復要害，[4]高季興尚固窠巢，增吾旰食之憂，職爾朋奸之計。而又自居貶所，繼出流言。苟刑戮之稽時，處忠良於何地？宜令逐處刺史監賜自盡。”[5]《永樂大典》卷一萬七千九百一十。[6]

[1]江陵：地名。荆州别稱，治所在今湖北荆州市。　高季興：人名。原名高季昌，陝州硤石（今河南三門峽市）人。五代十國南平（即荆南）開國君主。傳見本書卷一三三、《新五代史》卷六九。　信幣：泛指修好通聘問的書劄、禮單及禮品。

[2]合州：州名。治所在今重慶合川區。

[3]夔：州名。治所在今重慶奉節縣。　忠：州名。治所在今重慶忠縣。　萬：州名。治所在今重慶萬州區。

[4]西方鄴：人名。定州滿城（今河北保定市滿城區）人。五代後唐將領。傳見本書卷六一、《新五代史》卷二五。

[5]“初”至“宜令逐處刺史監賜自盡”：“西川既定”，中華書局本有校勘記：“‘西川’，《册府》卷三三七作‘兩川’，《通鑑》卷二七五《考異》引《明宗實録》及《薛史·韋説傳》、《册府》卷三三八作‘三川’。”“流於合州”，《輯本舊史》之影庫本粘籤：“合州，原本作‘白州’，今據《五代春秋》改正。”“藉皇都弭難之初”，中華書局本有校勘記：“‘藉’原作‘接’，據殿本、劉本改。‘初’，殿本、劉本、孔本作‘功’。”《輯本舊史》之原輯者案語：“説子濤，晋天福初，爲尚書膳部員外郎，卒。”明本《册府》卷三三七《宰輔部·徇私門》：“後唐韋説與豆盧革作相。革、説之

子俱授拾遺，父子同官，爲人所刺，遂改授員外郎。革請説之子濤爲宏文館學士，説請革之子昇爲集賢學士，交致阿私，有同市井，識者醜之。”

［6］《大典》卷一七九一〇“相”字韻“五代後梁相、後唐相”事目。

盧程

盧程，唐朝右族。[1]祖懿，父藴，歷仕通顯。[2]程，天復末登進士第，崔魏公領鹽鐵，署爲巡官。[3]昭宗遷洛陽，柳璨陷右族，程避地河朔，客遊燕、趙，或衣道士服，干謁藩伯，人未知之。[4]豆盧革客遊中山，依王處直，盧汝弼來太原。[5]程與革、弼皆朝族知舊，[6]因往來依革，處直禮遇未優，故投于太原；汝弼因爲延譽，莊宗署爲推官，尋改支使。[7]程褊淺無他才，惟矜恃門地，[8]口多是非，篤厚君子尤薄之。

［1］右族：豪姓望族。

［2］懿：人名。即盧懿。唐代官員。曾任吏部侍郎、檢校工部尚書，兼鳳翔尹、御史大夫、鳳翔隴右節度使。事見《舊唐書》卷一八下。　藴：人名。即盧藴。唐代官員。曾任駕部侍郎。事見《册府》卷六四四《貢舉部·考試門二》。　“盧程”至“歷仕通顯”：《舊五代史考異》：“案：《歐陽史》作不知其世家何人也，似誤。”見《新五代史》卷二八《盧程傳》。

［3］天復：唐昭宗李曄年號（901—904）。　崔魏公：人名。即崔胤。清河武城（今山東武城縣）。唐末宰相。傳見《舊唐書》卷一七七、《新唐書》卷二二三下。　鹽鐵：官署名。即鹽鐵司。

唐末、五代稱鹽鐵、度支、户部爲三司，掌管統籌國家財政之事。鹽鐵司掌管鹽、鐵、茶專賣及徵税等事務。　巡官：官名。唐代節度使、觀察使、團練使、防禦使屬官，位在判官、推官下。掌巡察及處理某些事務。

[4]昭宗：即唐昭宗李曄，888 年至 904 年在位。紀見《舊唐書》卷二〇上、《新唐書》卷一〇。　洛陽：地名。即今河南洛陽市。　柳璨：人名。河東（今山西永濟市）人。唐末宰相、文學家、史學家。傳見《舊唐書》卷一七九、《新唐書》卷二二三下。　河朔：古地區名。泛指黄河以北地區。　燕、趙：泛指今河北省北部。　“昭宗遷洛陽”至“人未知之”：明本《册府》卷九四九《總録部·逃難門二》：“尋遇朱梁弑逆，衣冠多罹其毒，避地河朔，客遊燕趙。數年或衣儒衣，或服道服，出入公侯之門。深爲涿州牧、衡唐令所厚，卜居從之。”

[5]豆盧革：人名。先世爲鮮卑慕容氏，後改豆盧氏。唐同州刺史豆盧籍之孫，舒州刺史豆盧瓚之子。五代後唐宰相。傳見本書本卷、《新五代史》卷二八。　盧汝弼：人名。范陽（今河北涿州市）盧氏族人，家於河中蒲州（今山西永濟市）。唐代詩人盧綸之孫。唐末進士，唐、五代後唐官員。傳見本書卷六〇。　太原：府名。治所在今山西太原市。

[6]程與革、弼皆朝族知舊：中華書局本有校勘記：“‘革弼’，殿本、劉本作‘汝弼’。”

[7]推官：官名。唐始置，唐代後期節度、觀察、團練、防禦等使的屬官，掌推按刑獄。此外，度支、鹽鐵等使也置推官。　支使：官名。唐、五代節度使、觀察使等下屬官員中有支使，其職與掌書記同。位在副使、判官之下，推官之上。掌表奏書檄等。

[8]惟矜恃門地：中華書局本有校勘記：“‘矜’原作‘務’，據《册府》卷九一七改。”見《宋本册府》卷九一七《總録部·矜衒門》。

初，判官王緘從軍掌文翰，胡柳之役，[1]緘没於軍。[2]莊宗歸寧太原，置酒公宴，舉酒謂張承業曰：[3]“予今於此會取一書記，[4]先以巵酒辟之。”即舉酒屬巡官馮道，[5]道以所舉非次，抗酒辭避。[6]莊宗曰：“勿謙挹，無踰於卿也。”時以職列序遷，則程當爲書記，汝弼亦左右之。程既失職，私懷憤惋，謂人曰：“主上不重人物，使田里兒居余上。”先是，莊宗嘗於帳中召程草奏，程曰：“叨忝成名，不閑筆硯。”由是文翰之選，不及於程。時張承業專制河東留守事，[7]人皆敬憚。舊例，支使監諸廩出納，程訴于承業曰：“此事非僕所長，請擇能者。”承業叱之曰：“公稱文士，即合飛文染翰，[8]以濟霸圖。[9]嘗命草辭，自陳短拙，及留職務，又以爲辭，公所能者何也？”程垂泣謝之。[10]後歷觀察判官。[11]

[1]王緘：人名。籍貫不詳。幽州劉仁恭故吏，後歷任河東李存勗掌書記、檢校司空、魏博節度副使。傳見本書卷六〇。　胡柳：地名。即胡柳陂。位於今河南濮陽市。

[2]緘没於軍：中華書局本有校勘記：“‘没’原作‘役’，據殿本、孔本、邵本校、彭校改。影庫本批校：‘緘没於軍，“没”訛“役”。’”

[3]張承業：人名。同州（今陝西大荔縣）人。唐末、五代宦官，河東監軍。傳見本書卷七二、《新五代史》卷三八。

[4]予今於此會取一書記：中華書局本有校勘記：“‘予’原作‘子’，據殿本、劉本、孔本、邵本校、《册府》卷七二九改。影庫本批校：‘予於此會，“予”訛“子”。’”見《宋本册府》卷七二九《幕府部·辟署門四》。

[5]馮道：人名。瀛州景城（今河北滄縣）人。五代時官拜宰相，歷仕後唐、後晋、後漢、後周，亦曾臣事契丹。傳見本書卷一二六、《新五代史》卷五四。

[6]抗酒辭避：《宋本册府》卷七二九作“抗酒辭”。

[7]河東：方鎮名。治所在太原府（今山西太原市）。　留守：官名。古代皇帝出巡或親征時指定親王或大臣留守京城，綜理國家軍事、行政、民事、財政等事務，稱京城留守。在陪都或軍事重鎮也常設留守。

[8]合飛文染翰：《宋本册府》卷七三〇《幕府部・譴斥門》作“合飛書草檄”。“染翰”，《輯本舊史》之影庫本粘籤：“染翰，原本作‘築翰’，今據文改正。”

[9]以濟霸圖：中華書局本有校勘記：“‘圖’，原作‘國’，據《册府》卷七三〇、卷九五四改。”按《宋本册府》卷七三〇《幕府部・譴斥門》作“開濟霸圖”，卷九五四《總録部・愚暗門》作“以濟霸圖”。

[10]垂泣謝之：“泣”，《宋本册府》卷七三〇《幕府部・譴斥門》作“涕”。

[11]觀察判官：官名。唐肅宗以後置，五代沿置。觀察使屬官，參理田賦事，用觀察使印、署狀。

莊宗將即位，求四鎮判官可爲宰輔者。時盧汝弼、蘇循相次淪没，[1]當用判官盧質。質性疏放，不願重位，求留太原，乃舉定州判官豆盧革，[2]次舉程，即詔徵之，並命爲平章事。[3]程本非重器，驟歷顯位，舉止不恒。時朝廷草創，庶物未備，班列蕭然，寺署多缺。程、革受命之日，即乘肩輿，騶導喧沸。莊宗聞訶導之聲，詢於左右，曰：“宰相擔子入門。”莊宗駭異，登樓視之，笑曰："所謂似是而非者也。" 頃之，遣程使晉陽宫册皇太后。[4]山路險阻,往復綿邈,程安坐肩輿,所至州縣,驅率丁夫,長吏迎謁,拜伏輿前,少有忤意,因加笞辱。

[1]蘇循：人名。籍貫不詳。唐末進士。唐、五代官員。傳見本書卷六〇、《新五代史》卷三五。

[2]定州：州名。治所在今河北定州市。

[3]並命爲平章事：《輯本舊史》之影庫本粘籤："平章，原本作'平張'，今據文改正。" 明本《册府》卷七四《帝王部·命相門四》、卷三三六《宰輔部·强很門》，《宋本册府》卷九四四《總録部·佻薄門》，《新五代史》卷二八《盧程傳》，《通鑑》卷二七二同光元年（923）四月己巳條，均載命盧程爲平章事。

[4]晉陽宫：宫殿名。位於今山西太原市。

及汴將王彦章陷德勝南城，急攻楊劉，[1]莊宗御軍苦戰，臣下憂之，咸白宰臣，欲連章規諫，請不躬御士伍。豆盧革言及漢高臨廣武事，[2]矢及於胸，紿云中足。程曰："此劉季失策。"[3]衆皆縮頸。嘗論近世士族，或曰："員外郎孔明龜，[4]善和宰相之令緒，宣聖之系孫，[5]得非盛歟！" 程曰："止於孔子之後，盛則吾不知也。"[6]親黨有假驢夫於程者，[7]程帖府給之，[8]府吏訴云無例，程怒鞭吏背。時任圜爲興唐少尹，[9]莊宗從姊婿也，[10]憑其寵戚，因詣程。程方衣鶴氅、華陽巾，憑几决事，見圜怒詈曰："是何蟲豸，恃婦力耶！[11]宰相取給於府縣，得不識舊體！" 圜不言而退，是夜，馳至博平，[12]面訴於莊宗。莊宗怒，謂郭崇韜曰："朕誤相此癡物，敢辱予九卿。”促令自盡。崇韜亦怒，事幾不測，賴盧質横身解之，遂降爲右庶子。[13]莊宗既定河南，程隨百官從幸洛陽，沿路墜馬，因病風而卒。贈禮部尚書。[14]《永樂大典》卷二千二百一十二。[15]

［1］王彦章：人名。鄆州壽張（今山東梁山縣壽張集）人。五代後梁將領。傳見本書卷二一、《新五代史》卷三二。　德勝南城：地名。德勝原爲黄河渡口，晋軍築德勝南、北二城於此，遂爲城名。位於今河南濮陽市。　楊劉：地名。位於今山東東阿縣東北楊柳鎮。

［2］漢高：即西漢開國皇帝劉邦。　廣武：地名。位於今河南滎陽市東北廣武山上。　豆盧革言及漢高臨廣武事：中華書局本有校勘記："'臨'字原闕，據殿本、孔本、《册府》卷三三六、卷九四四補。"見明本《册府》卷三三六《宰輔部·强很門》、《宋本册府》卷九四四《總録部·佻薄門》。

［3］劉季：即劉邦。沛（今江蘇沛縣）人。西漢王朝建立者。紀見《史記》卷八。

［4］孔明龜：人名。籍貫、事迹不詳。本書僅此一見。明本《册府》卷三三六《宰輔部·强很門》作"孔龜明"。　員外郎孔明龜：明本《册府》卷三三六、《宋本册府》卷九四四《總録部·佻薄門》俱作"員外孔龜明"。

［5］令緒：美稱他人的後代。　宣聖：即孔子。　系孫：遠世子孫。

［6］盛則吾不知也：中華書局本有校勘記："'吾不'原作'不吾'，據殿本、《册府》卷三三六、卷九四四乙正。"見明本《册府》卷三三六、《宋本册府》卷九四四《總録部·佻薄門》。

［7］親黨有假驢夫於程者："驢夫"，明本《册府》卷三三六《宰輔部·强很門》作"遞乘"。

[8]程帖府給之："帖府"，《新五代史》卷二八《盧程傳》作"帖興唐府"。

[9]興唐：府名。同光元年（923）由魏州改名而來。治所在今河北大名縣。　少尹：官名。唐、五代於三京、鳳翔等府均置少尹，爲府尹的副職。協助府尹通判列曹諸務。從四品下。　時任圜爲興唐少尹："任圜"，中華書局本有校勘記："《册府》卷三三六同，《通鑑》卷二七二作'任團'，本卷下文《任圜傳》記武皇以宗女妻任圜弟團。本傳下文同。"明本《册府》卷三三六《宰輔部·强很門》、《通鑑》卷二七二同光元年七月甲子條後。

[10]莊宗從姊婿也：《舊五代史考異》："案：《歐陽史》誤作莊宗姊婿也。"見《新五代史》卷二八《盧程傳》。明本《册府》卷三三六《宰輔部·强很門》作"帝妹婿"。

[11]鶴氅：用鶴羽或其他鳥類羽毛織成的披衣，也稱"鶴氅裘"。其形制是直領、大袖，衣形寬鬆。　華陽巾：道士或隱士所戴的一種頭巾，亦泛指士人頭巾。

[12]博平：縣名。治所在今山東茌平縣博平鎮。

[13]右庶子：官名。亦稱太子右庶子。太子府屬官。掌侍從太子左右，獻納啓奏，宣傳令言。正四品下。

[14]禮部尚書：官名。尚書省禮部長官。掌禮儀、祭享、貢舉之政。正三品。

[15]《大典》卷二二一二"盧"字韻"姓氏（七）"事目。

趙鳳[1]

[1]《輯本舊史》之影庫本粘籤："《趙鳳傳》，《永樂大典》闕全篇，其散見各韻者尚得三條，今次第編排，以存大概。"

趙鳳，幽州人也。少爲儒，唐天祐中，燕帥劉守光盡率部内丁夫爲軍伍，而黥其面，爲儒者患之，多爲僧以避之，鳳亦落髮至太原。頃之，從劉守奇奔梁，梁用守奇爲博州刺史，表鳳爲判官。[1]《永樂大典》卷一萬六千四百六十五。[2]

[1]幽州：州名。治所在今北京市。　劉守光：人名。深州樂壽（今河北獻縣）人。唐末幽州節度使、燕王劉仁恭之子。劉守光囚父自立，後號大燕皇帝，爲晋王李存勗俘殺。傳見本書卷一三五、《新五代史》卷三九。　劉守奇：人名。深州樂壽（今河北獻縣）人。唐末幽州節度使、燕王劉仁恭之子，劉守光之弟。唐末、五代將領。事見本書卷八、卷一三。　博州：州名。治所在今山東聊城市。　"趙鳳"至"表鳳爲判官"：《輯本舊史》之原輯者案語："下有闕文。《歐陽史》云：守奇卒，鳳去，爲鄆州節度判官。"見《新五代史》卷二八《趙鳳傳》。亦見《宋本册府》卷九四〇《總録部・患難門》、卷九五五《總録部・知舊門》，明本《册府》卷九四九《總録部・逃難門二》。

[2]《大典》卷一六四六五"疝"字韻"諸疝證治（四）"事目，與本傳無涉。

爲鄆州節度判官。唐莊宗聞鳳名，得之甚喜，以爲護鑾學士。後莊宗即位，拜鳳中書舍人。[1]《永樂大典》卷一萬三千四百二十四。[2]

[1]鄆州：此處代指天平軍。　中書舍人：官名。中書省屬官。掌起草文書、呈遞奏章、傳宣詔命等。正五品上。　"爲鄆州節度判官"至"拜鳳中書舍人"：《輯本舊史》之原輯者案語："《五代會要》作護鑾書制學士。《歐陽史》云：莊宗即位，拜中書舍人、

翰林學士。時皇后及羣小用事，鳳言皆不見納。”《新五代史》卷二八《趙鳳傳》：“全義養子郝繼孫犯法死，宦官、伶人冀其貲財，固請籍没，鳳又上書言：‘繼孫爲全義養子，不宜有别籍之財，而於法不至籍没，刑人利財，不可以示天下。’是時，皇后及群小用事，鳳言皆不見納。”《輯本舊史》卷三〇《唐莊宗紀四》同光元年（923）十一月丁巳條：“以扈鑾書制學士、行尚書倉部員外郎趙鳳爲倉部郎中，知制誥，充翰林學士。”卷九四《張廷蘊傳》：“廷蘊所識不過數字，而性重文士。下汶陽日，首獲鄆帥戴思遠判官趙鳳，訊之曰：‘爾狀貌必儒人也，勿隱其情。’鳳具言之，尋引薦於明宗，明宗令送赴行臺，尋除鳳翰林學士。及鳳入相，頗與廷蘊相洽，數言於近臣安重誨，重誨亦以廷蘊苦戰出於諸將之右，力保薦之。”明本《册府》卷三二四《宰輔部·薦賢門》郭崇韜條：“明宗拔鄆州，得天平軍節度判官趙鳳，送之于莊宗。崇韜素聞其名，及見與語，乃薦用爲扈鑾學士。”亦見卷八二八《總録部·論薦門》。

［2］《大典》卷一三四二四“士”字韻“學士（一四）”事目。

及入汴，改授禮部員外郎。[1]莊宗及劉皇后幸張全義第，[2]后奏曰：“妾五六歲失父母，每見老者，思念尊親泣下，以全義年德，妾欲父事之，以慰孤女之心。”莊宗許之，命鳳作箋上全義，定往來儀注。鳳上書極諫，不納。天成初，置端明殿學士，[3]鳳與馮道俱任其職。時任圜爲宰相，爲安重誨所傾，以至罷相歸磁州。[4]及朱守殷以汴州叛，[5]馳驛賜圜自盡。既而鳳哭謂安重誨曰：“任圜義士也，肯造逆謀以讎君父乎？如此濫刑，何以安國！”重誨笑而不責。是冬，權知貢舉。[6]

[1]禮部員外郎：官名。掌貳尚書、侍郎。舉其儀制，而辨其名數。從六品上。

[2]劉皇后：指五代後唐莊宗劉皇后。魏州成安（今河北成安縣）人。傳見本書卷四九、《新五代史》卷一四。　張全義：人名。後因犯諱，改名張宗奭。亦作“張言”。濮州臨濮（今山東鄄城縣）人。唐末、五代後梁、後唐將領。傳見本書卷六三、《新五代史》卷四五。

[3]端明殿學士：官名。後唐明宗時始置，以翰林學士充任，負責誦讀四方書奏。

[4]磁州：州名。治所在今河北磁縣。

[5]朱守殷：人名。籍貫不詳。五代後唐將領。傳見本書卷七四、《新五代史》卷五一。

[6]知貢舉：官名。唐始置，爲主持禮部會試的考官。　“及入汴”至“權知貢舉”：“及入汴”至“不納”，中華書局本有校勘記：“以上八十字原闕，據殿本、劉本補。”明本《册府》卷五五三《詞臣部·獻替門二》：“命劉皇后拜張全義爲養父，后傳教，令草謝全義書，鳳以國后無拜人臣爲父之禮，乃密上疏，陳其失曰：‘臣叨被睿慈、獲親密，勿在可言之地，居掌誥之司。其或事異常規，禮關草創。程式先謀於國輔，封章然貢於天聰。庶顯公忠，免貽錯失。今月九日，中宫傳命，令修張全義書題，將行父事之儀，有玷君臨之道。既行文翰，難決否臧，奉行則罔叶國經，違命則恐虧臣節，遂修記事，取則宰臣，貴動合於楷模，期永垂爲規範。以兹奉職，庶顯致君。臣聞覆萬物者天，載萬物者地，非聖主無以體乾道，非賢后無以法坤儀，百代攸同，二儀無改。伏惟陛下恢張九五，統馭玄黄，外設明廷，内崇陰教，言動而華夷知仰，弛張而幽顯欽承。張全義雖位極於王公，而名不離於臣校。承陛下曲旨，受皇后重儀，致紊彝章，不防輿議。臣又聞纂洪基者真主，行直道者忠臣，不可務一時之緘藏，失久長之體制，得不恭陳手疏，罄露血誠。庶裨益於神聰，免隳弛於王度。伏乞皇帝陛下俯容狂瞽，動畏

簡書，時開睿敏之懷，永守文明之訓，使聖后式全其内則，元臣可保於令圖。永揚日月之光，載理乾坤之體。臣職叨侍從，名忝論司，儻避事以不言，是偷安而冒寵。’疏奏，帝雖嘉其直誠，而劉后已拜全義，追改無及。”亦見《通鑑》卷二七三同光二年（924）十二月庚午條，《輯本舊史》卷三二《唐莊宗紀六》同光二年十二月庚午條，《宋本册府》卷一八〇《帝王部·失政門》唐莊宗同光二年十二月庚午條。《輯本舊史》卷三七《唐明宗紀三》天成元年（926）十月庚戌條："以中書舍人、端明殿學士趙鳳爲户部侍郎，並依前充職。"

明年春，有僧自西國取經回，得佛牙大如拳，褐漬皺裂，進于明宗。鳳揚言曰："曾聞佛牙錘鍛不壞，請試之。"隨斧而碎。時宫中所施已逾數千緡，聞毁乃止。及車駕還洛，留知汴州事，尋授中書侍郎、平章事。[1]長興中，[2]安重誨出鎮河中，人無敢言者，惟鳳極言於上前曰："重誨是陛下家臣，其心終不背主，五年秉權，賢豪俯伏，但不周防，自貽浸潤。"明宗以爲朋黨，不悦其奏。重誨獲罪，乃出邢州節度使。[3]及閔帝蒙塵于衛州，[4]鳳集賓佐軍校，垂涕曰："主上播遷，渡河而北，吾輩安坐不赴奔問，於禮可乎？"軍校曰："唯公所使。"將行，聞閔帝遇弑而止。清泰初，召還，授太子太保。[5]既而病足，不能朝謁。疾篤，自爲蓍筮，卦成，投蓍而歎曰："吾家世無五十者，而復窮賤；吾年已五十，又爲將相，豈有遐壽哉！"清泰二年三月卒。鳳性豁達，輕財重義，凡士友以窮厄告者，必傾其資而餉之，人士以此多之也。[6]《永樂大典》卷一萬七千九百一十。[7]

[1]中書侍郎：官名。中書省副長官。唐後期三省長官漸爲榮銜，中書侍郎、門下侍郎却因參議朝政而職位漸重，常用爲以“同三品”或“同平章事”任宰相者的本官。正三品。

[2]長興：五代後唐明宗李嗣源年號（930—933）。

[3]邢州：州名。治所在今河北邢臺市。　節度使：官名。唐時在重要地區所設掌握一州或數州軍事、民事、財政的長官。

[4]閔帝：即五代後唐廢帝李從厚。亦稱愍帝。明宗李嗣源第三子。生於太原，小字菩薩奴。長興元年（930）封宋王，移鎮鄴都。明宗死後即位，改元應順（934）。潞王李從珂反於鳳翔，閔帝出逃至衛州，被廢爲鄂王，尋被縊殺。紀見本書卷四五、《新五代史》卷七。　衛州：州名。治所在今河南衛輝市。

[5]清泰：五代後唐廢帝李從珂年號（934—936）。　太子太保：官名。與太子太師、太子太傅統稱太子三師。隋唐以後多作加官或贈官。從一品。

[6]“明年春”至“人士以此多之也”：“尋授中書侍郎”，中華書局本有校勘記：“‘中書侍郎’，本書卷四〇《唐明宗紀六》、《新五代史》卷六《唐本紀》、卷二八《趙鳳傳》、《通鑑》卷二七六作‘門下侍郎’。”《舊五代史考異》：“李之儀《姑溪居士集》：鳳爲《莊宗實録》，將何挺論劉昫疏不載，昫既相，遂引鳳共政事。”　“及閔帝蒙塵于衛州”至“聞閔帝遇弑而止”，中華書局本有校勘記：“以上五十三字原闕，據殿本補。”“授太子太保”，中華書局本有校勘記：“‘太子’二字原闕，據本書卷四六《唐末帝紀上》、《册府》卷八〇四、卷八九五、《新五代史》卷二八《趙鳳傳》補。”明本《册府》卷八一二《總録部・好施門》：“後唐趙鳳，性豁達，輕財重義，凡士友以窮厄告者，必傾其資而餉之，或賓友過從，飲之食之，無倦色。位至平章事。”卷四三三《將帥

部·輕財門》："趙鳳爲邢州節度使，在鎮所請俸禄之餘，分給將校賓佐，故雖危難之中，軍民帖然。"《宋本册府》卷六四一《貢舉部·條制門三》唐明宗天成三年（928）條："趙鳳知貢舉，場中利病，備達天聽，因勑：'進士帖經，通三即可，五科試本業後對策全精即可。諸經學帖經，及格後於大經汎問五義，面書於試紙，令直解其理，通三即可。對策並須理有指歸，言關體要。'"《輯本舊史》卷三九《唐明宗紀五》天成三年十一月丙申條："帝謂侍臣曰：'古鐵券如何？'趙鳳對曰：'帝王誓文，許其子子孫孫長享爵禄。'帝曰：'先朝所賜，惟朕與郭崇韜、李繼麟三人爾，崇韜、繼麟尋已族滅，朕之危疑，慮在旦夕。'於是嗟歎久之，趙鳳曰：'帝王執信，故不必銘金鏤石矣。'"卷四〇《唐明宗紀六》天成四年二月辛酉條："以端明殿學士趙鳳權知汴州軍州事。"同年四月甲寅條："以端明殿學士趙鳳爲門下侍郎兼工部尚書、平章事。"同年八月庚戌條："以宰臣、監修國史趙鳳兼判集賢院事。"亦見明本《册府》卷一〇四《帝王部·訪問門》。《宋本册府》卷四七五《臺省部·奏議六》鄭紞條："鄭紞爲膳部郎中。天成三年九月乙亥，奏：'諸司、諸使職掌人吏，乘暖坐，帶銀魚，席帽輕衣，肥馬，參雜庭臣，尊卑無别，污染時風，請下禁止。'帝嘉其事，促行之，中書覆爲不可，趙鳳亟言於執政曰：'此禮戒人，不可不切。'爲權吏所庇，竟寢其事。"亦見明本《册府》卷三三五《宰輔部·竊位門》。明本《册府》卷五五七《國史部·採撰門》："趙鳳監修國史。天成四年七月，鳳奏：'當館奉勑修懿祖、獻祖、太祖、莊宗四帝《實録》，自今年六月初一日起，手旋具進呈次。伏以凡關纂述，務合品題，承乾御宇之君，行事方云實録。追尊册號之帝，約文只可紀年。所修前件史書，今欲自莊宗一朝名爲實録，其太祖已上並目爲紀年。'從之。至其年十一月，史館上新修懿祖、獻祖、太祖《紀年録》共二十卷，《莊宗實録》三十卷，鳳及修撰張昭遠、吕咸休各賜繒綵銀器等。"亦見卷五五四《國史部·恩獎門》，《會要》卷一八修國史條。《輯本舊史》卷四〇《唐明宗紀六》天成四年十一月癸未條："祕書少監于嶠配振武長流百姓，永不齒任，爲宰臣趙鳳誣奏也。"明本《册府》卷四八一《臺省部·輕躁門》于嶠條："于嶠，天成初爲户部員外郎、知制誥。逾歲當轉，未行，聞周倉、程遜轉舍人，甚怒，退朝謁宰相趙鳳，欲以言訟，鳳知其故，辭未之見，乃叱：'閽伯省吏！'語言不遜，揮袂而去。吏譖於鳳，言嶠詬詈，又溺於客次，鳳怒，翌日上章貶謫。"《輯本舊史》卷四一《唐明宗紀七》長興元年四月戊申條："趙鳳加吏部尚書。"明本《册府》卷三三七《宰輔部·徇私門》："趙鳳爲中書侍郎平章事。長興元年八月壬寅，明宗御中興殿對，鳳奏曰：'一日已來，臣等竊知有姦人熒惑陛下，誣陷大臣，未知信否？'上曰：'閑事卿勿復言，朕已處置訖。'鳳堅奏曰：'所聞之事不小，陛下不得以爲閑。'自數日已來，衆口籍籍，言安重誨幾傾家族，因指殿以諭之曰：'此殿宏壯，所以不騫不撓者，棟梁柱石之所扶持也。如狂人折一柱，壞一棟，則殿危矣。重誨歷艱險，經危難，事陛下，致君爲中興主，人欲誣搆陷之，是壞陛下棟梁柱石也！'上因改容報曰：'予雖不信，然生此讒隙者，皆兇徒也。'"《通鑑》卷二七七長興元年八月壬寅條："趙鳳奏：'切聞近有姦人誣陷大臣，摇國柱石，行之未盡。'帝乃收李行德、張儉，皆族之。"《輯本舊史》卷四三《唐明宗紀九》長興三年七月丁未條："以門下侍郎兼吏部尚書、同平章事、監修國史趙鳳爲檢校太傅、同平章事，充邢州節度使。"卷四五《唐閔帝紀》應順元年閏正月癸卯條："邢州節度使趙鳳加爵邑。"《宋本册府》卷三七四《將帥部·忠門五》："趙鳳爲邢州節度使，明宗厭代，潞鄂搆難，俄聞鄂王出奔，鳳流涕集賓佐軍校曰：'主上播遷，渡河而北，吾輩安坐，不赴奔問，於理可乎？'軍校曰：'惟公所使！'尋聞王弘贄殺鄂王左右，留王衛州，又得清泰檄書而止。"《輯本舊史》卷四六《唐末帝紀上》清泰元年八月乙未條："以前邢州節度使趙鳳爲太子太保。"卷四七《唐末帝紀中》清泰二年（935）三月戊戌條："故太子太保趙鳳贈太傅。"明本《册府》卷五三三《諫諍部·規諫門一〇》："趙鳳，明宗朝爲端明殿學士。有周玄豹者，自言善相術，明宗爲將時，玄豹曰：‘貴不可言。’帝素異之。即位後，命爲少列，頻召之。鳳奏曰：‘玄豹是臣鄉里人，待臣不薄。前代術士，妄言致人破家滅族者多矣。玄豹藝術雖精，臣不欲置之都下。昔言陛下應運，今已効矣。陛下無事更詢，而輕薄狡妄之徒，不知命有定分，若玄豹至京師，則人士湊其門，臣竊思之無益。’於是乃止。”

[7]《大典》卷一七九一〇“相”字韻“五代相”事目。

李愚

李愚，字子晦。自稱趙郡平棘西祖之後，[1]家世爲儒。父瞻業，應進士不第，遇亂，徙家渤海之無棣，[2]以詩書訓子孫。愚童齔時，謹重有異常兒，年長方志學，徧閱經史。慕晏嬰之爲人，[3]初名晏平。[4]爲文尚氣格，有韓柳體。[5]厲志端莊，風神峻整，非禮不言，行不苟且。愚初以艱貧，求爲假官，滄州盧彦威署安陵簿。[6]丁憂，服闋，隨計之長安。[7]屬關輔亂離，[8]頻年罷舉，客於蒲、華之間。[9]

[1]平棘：縣名。治所在今河北趙縣。　西祖：趙郡李氏爲中古時期北方望族。西晋時，先祖李楷爲避趙王司馬倫之亂，舉家遷徙趙郡平棘。李楷育有五子，後來形成三大房系，即南祖房、西祖房、東祖房。這三支也成爲趙郡李氏的顯著支派。

[2]瞻業：人名。即李瞻業。事迹不詳。　渤海：郡名。隋大業中以滄州改。治所在今山東陽信縣。　無棣：縣名。治所在今山東慶雲縣。

[3]晏嬰：即晏子。春秋末齊國大夫，事齊靈公、莊公、景公

三位君主。謚平，亦稱晏平仲。事見《史記》卷三二。

[4]初名晏平：《輯本舊史》之影庫本粘籤："晏平，原本作'晏來'，今據《册府元龜》改正。"見明本《册府》卷七九二《總録部·慕賢門》。

[5]韓：即韓愈。河陽（今河南孟州市）人。唐中葉官員、文學家。傳見《舊唐書》卷一六〇、《新唐書》卷一七六。　柳：即柳宗元。河東解縣（今山西運城市）人。唐代文學家。倡導古文運動，爲唐宋八大家之一。傳見《舊唐書》卷一六〇、《新唐書》卷一六八。

[6]滄州：州名。治所在今河北滄縣舊州鎮。　盧彦威：人名。籍貫不詳。五代軍閥。事見《舊唐書》卷一九下至卷二〇下。　安陵：縣名。治所在今河北景縣。　簿：官名。即主簿。漢代以後歷朝均置。唐代京城百司和地方官署，均設主簿。管理文書簿籍，参議本署政事，爲官署中重要佐官。其官階品秩因官署而不同。

[7]丁憂：原指遇到父母喪事。後多專指官員居喪。　服闋：因父母去世，服喪三年，期滿除服，稱服闋。　長安：地名。即今陝西西安市。

[8]關輔：地名。漢景帝二年（前155）分内史爲左、右内史，與主爵中尉（不久改爲主爵都尉）同治長安，管轄京畿地區，合稱"三輔"。武帝太初元年（前104）改爲京兆尹、左馮翊、右扶風。轄境相當於今陝西中部地區。

[9]蒲：州名。即蒲州。唐開元八年（720）改蒲州爲河中府，因地處黄河中游而得名，其後名稱屢有改易。治所在今山西永濟市。　華：州名。治所在今陝西渭南市華州區。　客於蒲、華之間："蒲華"，《宋本册府》卷七六二《總録部·忠義門三》作"蒲津"，然從"之間"而言，當以"蒲華"爲是。

光化中，軍容劉季述、王奉先廢昭宗，[1]立德王裕，[2]月餘，[3]諸侯無奔問者。愚時在華陰，致書於華帥韓建，[4]其略曰："僕關東一布衣爾，幸讀書爲文，每見君臣父子之際，有傷教害義之事，常痛心切齒，恨不得抽腸蹀血，肆之市朝。明公居近關重鎮，君父幽辱月餘，坐視凶逆，而忘勤王之舉，僕所未諭也。僕竊計中朝輔弼，雖有志而無權；外鎮諸侯，[5]雖有權而無志。惟明公忠義，社稷是依。往年車輅播遷，號泣奉迎，累歲供饋，再復朝廟，義感人心，至今歌詠。此時事勢，尤異於前，明公地處要衝，位兼將相，自宮闈變故，已涉旬時，若不號令率先，以圖反正，遲疑未決，一朝山東侯伯唱義連衡，鼓行而西，明公求欲自安，如何決策！此必然之勢也。不如馳檄四方，諭以逆順，軍聲一振，則元兇破膽，浹旬之間，二豎之首傳於天下，計無便於此者。"建深禮遇之，堅辭還山。天復初，[6]駕在鳳翔，[7]汴軍攻蒲、華，愚避難東歸洛陽。時衛公李德裕孫道古在平泉舊墅，[8]愚往依焉。子弟親採梠負薪，以給朝夕，未嘗干人。故少師薛廷珪掌貢籍之歲，[9]登進士第，又登宏詞科，[10]授河南府參軍，遂卜居洛表白沙之別墅。[11]

[1]光化：唐昭宗李曄年號（898—901）。　軍容：官名。即觀軍容使。唐代後期爲監視出戰將帥所設的最高軍職，多以掌權的宦官擔任。後以"軍容"爲對宦官的稱呼。　劉季述：人名。籍貫不詳。唐末宦官。顯於唐僖宗、唐昭宗時期，累遷至樞密使。傳見《新唐書》卷二〇八。　王奉先：人名。籍貫不詳。唐末宦官。事見《舊唐書》卷一八四。"王奉先"，中華書局本有校勘記："《舊

唐書》卷一八四《楊復恭傳》、《册府》卷七六二同，本書卷二《梁太祖紀二》、《舊唐書》卷二〇上《昭宗紀》、《新唐書》卷一〇《昭宗紀》、《册府》卷一八七作‘王仲先。’”見《宋本册府》卷七六二《總録部·忠義門三》、卷一八七《閏位部·勳業門五》。

[2]裕：人名。即李裕。唐昭宗長子，封德王。乾寧四年(897)，册封爲皇太子。傳見《舊唐書》卷一七五、《新唐書》卷八二。　德王裕：中華書局本有校勘記：“原作‘裕王’，據本書卷二《梁太祖紀二》、《册府》卷一八七改。《舊唐書》卷一七五有《德王裕傳》。”

[3]月餘：中華書局本有校勘記：“原作‘五月餘’，據《册府》卷七六二改。按《通鑑》卷二六二，昭宗被廢在光化三年十一月，次年正月初復位，其間僅三月。《通鑑》繫李愚上韓建書事於十一月。”見《通鑑》卷二六二光化三年（900）十一月條。

[4]華陰：縣名。治所在今陝西華陰市。　韓建：人名。許州長社（今河南許昌市）人。唐末、五代軍閥。傳見本書卷一五、《新五代史》卷四〇。

[5]外鎮諸侯：《輯本舊史》之影庫本粘籤：“外鎮，原本作‘外鈐’，今從《通鑑》改正。”見《通鑑》卷二六二光化三年十一月條。

[6]天復：中華書局本有校勘記：“原作‘天福’，據劉本、《册府》卷九〇二改。按天復爲昭宗年號。”見《宋本册府》卷九〇二《總録部·安貧門》。

[7]鳳翔：方鎮名。治所在鳳翔府（今陝西鳳翔縣）。

[8]李德裕：人名。趙郡（今河北趙縣）人。李吉甫之子。唐武宗朝宰相。傳見《舊唐書》卷一七四、《新唐書》卷一八〇。　道古：人名。即李道古。趙郡（今河北趙縣）人。李德裕之孫，李燁之子。唐末、五代大臣。事見《新唐書》卷一八〇、《通鑑》卷二六五。　平泉：即平泉莊。李德裕所築之平泉山莊，故址位於今河南洛陽市。中華書局本有校勘記：“《册府》卷六五〇、卷七八

五、卷九〇二、卷九四九同，本書卷六〇《李敬義傳》、《舊唐書》卷一七四《李德裕傳》、《新五代史》卷四五《張全義傳》記居平泉者爲延古，《新唐書》卷七二上《宰相世系表二上》記李德裕孫殷衡、延古。”見《宋本册府》卷六五〇《貢舉部·應舉門》、卷七八五《總録部·守道門》、卷九〇二《總録部·安貧門》，明本《册府》卷九四九《總録部·逃難門二》。

[9]少師：官名。即太子少師。與太子少傅、太子少保合稱“三少”，唐後期、五代多爲大臣、勳貴加官。從二品。　薛廷珪：人名。河東（今山西永濟市西南蒲州鎮）人。唐末、五代官員。傳見本書卷六八。

[10]宏詞科：科舉考試科目之一。屬制科。選拔能文之士。　又登宏詞科：《宋本册府》卷六四一《貢舉部·條制門三》：“伏緣近年别無事例，今檢《登科録》内，於僞梁開平三年應宏詞登科二人，前進士余渥、承旨舍人李愚；考官二人，司勳郎中崔景、兵部員外郎張貽憲。”《宋本册府》卷六四五《貢舉部·科目門》同。知其登宏詞科在五代後梁開平三年（909）。

[11]河南府：府名。治所在今河南洛陽市。　參軍：官名。唐於府稱士曹參軍，州稱司士參軍，縣稱司士佐。掌河津及營造橋梁、廨宇等事。　白沙：地名。位於今河南洛陽市。《通鑑》卷二七四胡三省注：“自白沙至龕澗，其地皆在洛陽東。”

梁有禪代之謀，柳璨希旨教害朝士，愚以衣冠自相殘害，乃避地河朔，與宗人李延光客於山東。[1]梁末帝嗣位，[2]雅好儒士，延光素相款奉，得侍講禁中，屢言愚之行高學贍，有史魚、蘧瑗之風。[3]召見，嗟賞久之，擢爲左拾遺。俄充崇政院直學士，[4]或預咨謀，而儼然正色，不畏强禦。衡王入朝，[5]重臣李振輩皆致拜，惟愚長揖。末帝讓之曰：“衡王，朕之兄。朕猶致拜，崇政使李振等皆拜,[6]爾何傲耶!”對曰:“陛下以家人禮兄,振等私臣也。臣居朝列,與王無素,安敢諂事。”其剛毅如此。晉州節度使華温琪在任違法,[7]籍民家財,[8]其家訟於朝,制使劾之,伏罪。梁末帝以先朝草昧之臣,不忍加法,愚堅按其罪。[9]梁末帝詔曰:“朕若不與鞫窮,謂予不念赤子;若或遂行典憲,謂余不念功臣。爲爾君者,不亦難乎!其華温琪所受臟,宜官給代還所訟之家。”貞明中,通事舍人李霄傭夫毆傔舍人致死,[10]法司按律,罪在李霄。愚白:“李霄手不鬬毆,傭夫歐之致死,[11]安得坐其主耶!”以是忤旨。愚自拾遺再遷膳部員外郎、賜緋,改司勳員外郎、賜紫,[12]至是罷職,歷許、鄧觀察判官。[13]

[1]李延光:人名。籍貫不詳。五代後梁、後唐官員。事見本書卷三八。

[2]梁末帝:即後梁末帝朱友貞。後梁太祖朱温之子。913年至923年在位。紀見本書卷八至卷一〇、《新五代史》卷三。

[3]史魚:人名。春秋時衛國大夫。以剛正不阿著稱。事見《論語·衛靈公第十五》。　蘧瑗:人名。春秋時衛國大夫。爲人勤於改過。事見《淮南子·原道訓》。

[4]崇政院直學士:官名。五代後梁置,選有政術、文學者充任。五代後唐同光元年(923),改樞密院直學士。充皇帝侍從,備顧問應對。

[5]衡王:即朱友諒。朱全昱之子,五代後梁太祖朱温之侄。後梁建國,初封衡王,後襲封廣王。傳見本書卷一二、《新五代史》卷一三。《輯本舊史》之影庫本粘籤:“衡王,原本作‘衛王’,今據《歐陽史·家人傳》改正。”見《新五代史》卷一三《廣王

全昱傳》。

[6]李振：人名。河西（今甘肅武威）人。唐潞州節度使李抱真曾孫。五代後梁大臣。傳見本書卷一八、《新五代史》卷四三。

[7]晋州：州名。治所在今山西臨汾市。　華温琪：人名。宋州下邑（今河南夏邑縣）人。唐末爲黄巢部下，五代時爲後梁、後唐將領。傳見本書卷九〇、《新五代史》卷四七。

[8]籍民家財：中華書局本有校勘記："句下《册府》卷二〇九、卷六一七有'入己'二字。"此據明本《册府》卷二〇九《閏位部·念功門》、《宋本册府》卷六一七《刑法部·正直門》。

[9]愚堅按其罪：《宋本册府》卷六一七《刑法部·正直門》無"堅"字。

[10]貞明：後梁末帝朱友貞年號（915—921）。　通事舍人：官名。東晋始置。唐代爲中書省屬官，全稱中書通事舍人。掌殿前承宣通奏。從六品上。　李霄：人名。籍貫不詳。後唐官員。事見本書本卷。　僦舍：租賃房屋。

[11]傭夫毆之致死：中華書局本有校勘記："'毆之'二字原闕，據《册府》卷六一六補。"見《宋本册府》卷六一六《刑法部·議讞門》。

[12]膳部員外郎：官名。膳部郎中的副職。從六品上。　賜緋：輿服制度。皇帝頒賜緋色官服。唐代五品、四品官服緋。後世或沿用此制，品級不盡相同。　司勳員外郎：官名。吏部尚書司勳司副長官。掌邦國官人之勳級。從六品上。　賜紫：皇帝頒賜紫色官服。唐代官員三品以上服紫。特殊情況下，京官散階未及三品者可以賜紫，以示尊寵。

[13]許：州名。治所在今河南許昌市。　鄧：州名。治所在今河南鄧州市。　至是罷職，歷許、鄧觀察判官：《舊五代史考異》："案：《歐陽史》作罷爲鄧州觀察判官。"見《新五代史》卷五四《李愚傳》。

初在内職，磁州舉子張礪依焉。[1]貞明中，礪自河陽北歸莊宗，補授太原府掾，出入崇闥之間，揄揚愚之節概，及言愚之所爲文《仲尼遇》《顔回壽》《夷齊非餓人》等篇，[2]北人望風稱之。[3]洎莊宗都洛陽，鄧帥俾奏章入朝，諸貴見之，禮接如舊。尋爲主客郎中，數月，召爲翰林學士。[4]三年，魏王繼岌征蜀，請爲都統判官，仍帶本職從軍。[5]時物議以蜀險阻，未可長驅，郭崇韜問計於愚，愚曰："如聞蜀人厭其主荒恣，倉卒必不爲用。宜乘其人情二三，[6]風馳電擊，彼必破膽，安能守險?"及前軍至固鎮，[7]收軍食十五萬斛，崇韜喜，謂愚曰："公能料事，吾軍濟矣!"招討判官陳乂至寶鷄，[8]稱疾乞留在後。愚厲聲曰："陳乂見利則進，懼難則止。今大軍涉險，人心易惑，正可斬之以徇。"由是軍人無遲留者。是時，軍書羽檄，皆出其手。蜀平，就拜中書舍人。師還，明宗即位。時西征副招討使任圜爲宰相，[9]雅相欽重，屢言於安重誨，請引爲同列，屬孔循用事，援引崔協以塞其請。[10]俄以本職權知貢舉，改兵部侍郎，充翰林承旨。[11]長興初，除太常卿，[12]屬趙鳳出鎮邢臺，[13]乃拜中書侍郎、平章事，[14]轉集賢殿大學士。[15]

[1]内職：晚唐、五代時期皇帝試圖越過現有機構和機制，依靠自己身邊的謀士和辦事人員，直接處理政務軍機。這批謀士和辦事人員即"内職"，其中較有代表性的群體是諸使和使臣。參見趙冬梅《文武之間：北宋武選官研究》，北京大學出版社 2010 年版。張礪：人名。籍貫不詳。五代後唐翰林學士。後入契丹，爲翰林

學士。傳見本書卷九八、《遼史》卷七六。　磁州舉子張礪依焉："磁州"，中華書局本有校勘記："原作'慈州'，據劉本、《册府》卷八四一改。按本書卷九八《張礪傳》：'張礪，字夢臣，磁州滏陽人。'"見《宋本册府》卷八四一《總録部·文章門五》。

[2]河陽：方鎮名。全稱"河陽三城"。治所在孟州（今河南孟州市）。　"貞明中"至"等篇"："貞明中""補授""崇闉之間""及言""夷齊非餓人"，《宋本册府》卷八四一分别作"末帝貞明中""版授""崇達之門""及""夷齊非餓"。"顔回壽"，《輯本舊史》之影庫本粘籤："'顔回壽'，原本作'顔回儔'，今據《夏文莊集》所引《薛史》改正。"按《夏文莊集》卷三一《奉和御製讀五代史後唐史注》作"顔子壽"。

[3]北人望風稱之：此句下《宋本册府》卷八四一尚有一句："愚爲文尚氣格，効韓、柳諸公之立意。"

[4]主客郎中：官名。尚書省禮部主客司長官。掌接待外國使臣等事。從五品上。　翰林學士：官名。由南北朝始設之學士發展而來，唐玄宗改翰林供奉爲翰林學士，備顧問，代王言。掌拜免將相、號令征伐等詔令的起草。

[5]繼岌：人名。即李繼岌。五代後唐莊宗長子。傳見本書卷五一、《新五代史》卷一四。　都統判官：官名。行營都統屬官。佐都統處理行營軍政事務。

[6]宜乘其人情二三：中華書局本有校勘記："'情'字原闕，據《册府》卷七二一補。"見明本《册府》卷七二一《幕府部·謀畫門二》。

[7]固鎮：地名。位於今甘肅徽縣。

[8]招討判官：官名。行營都統屬官。佐都統處理行營軍政事務。　陳乂：人名。薊門（今北京昌平區）人。五代後梁時爲太子舍人。後唐莊宗時從郭崇韜伐蜀，署爲招討判官。明宗時歷知制誥、中書舍人、左散騎常侍。傳見本書卷六八。　寶鷄：縣名。治所在今陝西寶鷄市。　招討判官陳乂至寶鷄：《輯本舊史》之影庫

本粘籤："賨鷄，原本作'賓鷄'，今據《通鑑》改正。"見《通鑑》卷二七三莊宗同光三年（925）十月條。

[9]招討使：官名。唐始置。戰時任命，兵罷則省。常以大臣、將帥或地方軍政長官兼任。掌招撫、討伐等事務。

[10]崔協：人名。清河（今河北清河縣）人。唐末進士，五代後梁時仕至中書舍人，後唐時爲宰相。傳見本書卷五八。

[11]兵部侍郎：官名。尚書省兵部次官。協助兵部尚書掌武官銓選、勛階、考課之政。正四品下。　翰林承旨：官名。爲翰林學士之首。掌拜免將相、號令征伐等詔令的起草。《舊唐書》卷四三《職官志二》"翰林院"："例置學士六人，内擇年深德重者一人爲承旨，所以獨承密命故也。"

[12]太常卿：官名。西漢置太常，南朝梁始置太常卿。太常寺長官。掌宗廟祭祀禮樂及教育等。正三品。　長興初，除太常卿：《宋本册府》卷九〇九《總録部·憂懼門》此句下尚有一句："時大臣加恩，所爲制詞不愜，愚尤深憂惴。家皇城内，國忌日行香，即宿于洛水南佛寺，以防糾劾。"

[13]趙鳳：人名。幽州（今北京市）人。五代後唐大臣。傳見本書本卷、《新五代史》卷二八。　邢臺：此處代指安國軍，治所在邢州（今河北邢臺市）。

[14]乃拜中書侍郎、平章事：《舊五代史考異》："案：《歐陽史》作任圜罷相，乃拜愚中書侍郎、同平章事，吴縝嘗辨其誤。據《薛史》，愚代趙鳳爲相，非繼任圜也。"《輯本舊史》之殿本注："案：《歐陽史》：任圜罷相，乃拜愚中書侍郎、同平章事。吴縝《纂誤》云：《明宗紀》天成二年六月，任圜罷，長興二年，李愚爲平章事。自任圜罷至此已五年矣，與愚入相年月太遠。蓋史之所書，本謂趙鳳而誤爲任圜也。"中華書局本《新五代史》卷五四《李愚傳》校勘記："'任圜罷相乃拜愚中書侍郎同平章事'據本書卷六《唐本紀》、《舊五代史》卷六七《李愚傳》，長興二年（931）三月，趙鳳罷相，李愚爲中書侍郎、平章事，而任圜罷相在天成二

年六月，距李愚入相尚有五年。吴縝《纂誤》卷下疑‘史之所書本謂趙鳳，而誤爲任圜也’。”又，明本《册府》卷七四《帝王部·命相門四》：長興二年三月，“制曰：‘朝議大夫、守太常卿、上柱國、隴西縣開國男、食邑三百户、賜紫金魚袋李愚，可正議大夫、守中書侍郎、平章事、集賢殿大學士。’”可知其拜相時間。

[15]集賢殿大學士：官名。唐中葉置，位在學士之上，以宰相兼。掌修書之事。

長興季年，秦王恣横，[1]權要之臣，避禍不暇，邦之存亡，無敢言者。愚性剛介，往往形於言，然人無唱和者。[2]後轉門下侍郎、監修國史、兼吏部尚書，與諸儒修成《創業功臣傳》三十卷。[3]愚初不治第，既命爲相，官借延賓館居之。[4]嘗有疾，詔近臣宣諭，延之中堂，設席惟筦秸，使人言之，明宗特賜帷帳茵褥。[5]

[1]秦王：即李從榮。沙陀部人。五代後唐明宗李嗣源次子。傳見本書卷五一、《新五代史》卷一五。

[2]然人無唱和者：明本《册府》卷三三五《宰輔部·自全門》此句下尚有一句：“但舉六典之舊事，書之粉牆；補六經之闕文，刻其印板。其經緯大略，曾無所施。”

[3]門下侍郎：官名。門下省次官，常加“同中書門下平章事”銜爲宰相。正二品。　監修國史：官名。北齊始置史館，以宰相爲之。唐史館沿置，爲宰相兼職。　吏部尚書：官名。尚書省吏部長官，與二侍郎分掌六品以下文官選授、勳封、考課之政令。正三品。

[4]延賓館：接待賓客的館舍。

[5]明宗特賜帷帳茵褥：中華書局本有校勘記：“‘特’原作‘時’，據殿本、劉本、孔本校、彭校、《文莊集》卷三一《奉和御

製讀五代史後唐史注》改。”又，《輯本舊史》之案語：“《職官分紀》云：‘長興四年，愚病，明宗遣中使宣問。愚所居寢室，蕭然四壁，病榻弊氈而已。中使具言其事，帝曰：宰相月俸幾何？而委頓如此。詔賜絹百匹、錢百千、帷帳什物一十二事。’所載較《薛史》爲詳，今録以備參考。”《職官分紀》所載實已載於明本《册府》卷三一〇《宰輔部·威重門》，字句稍異。

閔帝嗣位，志修德政，易月之制纔除，便延訪學士讀《貞觀政要》《太宗實録》，有意於致理。愚私謂同列曰：“吾君延訪，少及吾輩，位高責重，事亦堪憂，奈宗社何！”皆惕息而不敢言。以恩例進位左僕射。[1]清泰初，徽陵禮畢，馮道出鎮同州，愚加特進、太微宫使、弘文館大學士。[2]宰相劉昫與馮道爲婚家，[3]道既出鎮，兩人在中書，或舊事不便要釐革者，對論不定。愚性太峻，因曰：“此事賢親家翁所爲，[4]更之不亦便乎！”昫憾其言切，於是每言必相折難，或至喧呼。無幾，兩人俱罷相，守本官。[5]清泰二年秋，愚已嬰疾，率多請告，累表乞骸，不允，尋卒於位。[6]《永樂大典》卷一萬三百八十九。[7]

[1]左僕射：官名。秦始置。隋唐前期，以左、右僕射佐尚書令總理六官、綱紀庶務；如不置尚書令，則總判省事，爲宰相之職。唐後期多爲大臣加銜。從二品。《輯本舊史》卷四五《閔帝紀》應順元年（934）正月庚辰條作“右僕射”。

[2]徽陵：五代後唐明宗李嗣源陵墓。位於今河南新安縣。後晋石敬瑭將後唐愍帝（閔帝）、李從榮、李重吉皆祔葬於此。　特進：官名。西漢末期始置，授給列侯中地位較特殊者。隋唐時期，

特進爲散官，授給有聲望的文武官員。正二品。　太微宫使：官名。唐天寶元年（742）於東都積善坊建玄元皇帝廟，次年更名太微宫，故址在今河南洛陽市洛水南岸。掌事者稱宫使。　弘文館大學士：官名。宋敏求《春明退朝録》："唐制，宰相四人，首相爲太清宫使，次三相皆帶館職，洪文館大學士、監修國史、集賢殿大學士，以此爲次序。"

[3]劉昫（xù）：人名。涿州歸義（今河北容城縣）人。五代大臣，曾任宰相、監修國史，領銜撰進《舊唐書》。傳見本書卷八九、《新五代史》卷五五。　宰相劉昫與馮道爲婚家：中華書局本有校勘記："'爲'字原闕，據殿本、《册府》卷三三七補。《新五代史》卷五五《劉昫傳》敘其事作'爲姻家'。'家'，原作'嫁'，據殿本、彭校、《册府》卷三三三、卷三三七改。"見明本《册府》卷三三三《宰輔部・罷免門二》、卷三三七《宰輔部・不協門》。

[4]此事賢親家翁所爲：中華書局本有校勘記："'親'字原闕，據邵本校、彭校、《册府》卷三三三、《新五代史》卷五五《劉昫傳》補。影庫本粘籤：'賢家翁，《通鑑》作"賢親家"，疑原本有誤。然《册府元龜》所引《薛史》亦作"賢家翁"，今仍其舊。'"見《通鑑》卷二七九清泰元年（934）六月條。

[5]兩人俱罷相，守本官：《輯本舊史》原輯者案語："《錦繡萬花谷》云：愚爲相迂闊，廢帝謂愚等無所事，常目爲'粥飯僧'，以爲飲食終日，無所用心。"見《錦繡萬花谷前集》卷一〇。亦見《新五代史》卷五四《李愚傳》。《宋本册府》卷一五八《帝王部・誡勵門三》："末帝清泰元年七月，宰臣李愚、劉昫因論公事於政事堂相詬，辭甚鄙惡，各欲非時見訟是非。帝令劉延郎宣諭：'卿皆輔弼之臣，萬國式瞻，不宜如是！此後不得更然。'"《通鑑》卷二七九清泰元年十月戊寅條："戊寅，左僕射、門下侍郎同平章事李愚罷守本官，吏部尚書兼門下侍郎、同平章事、判三司劉昫罷爲右僕射。"

[6]尋卒於位：中華書局本有校勘記："'尋'字原闕，據《册

府》卷三三一補。”見明本《册府》卷三三一《宰輔部·退讓門二》。

［7］《大典》卷一〇三八九“李”字韻“姓氏（三四）”事目。

任圜

任圜，京兆三原人。[1]祖清，成都少尹。[2]父茂弘，避地太原，奏授西河令，[3]有子五人，曰圖、回、圜、團、囦，[4]風彩俱異。武皇愛之，以宗女妻團，[5]歷代、憲二郡刺史。[6]李嗣昭典兵於晋陽，[7]與圜遊處甚洽。及鎮澤潞，請爲觀察支使，解褐，賜朱紱。[8]圜美姿容，有口辯。[9]嗣昭爲人間搆於莊宗，方有微隙，圜奉使往來，常申理之，克成友于之道，圜之力也。及丁母憂，莊宗承制起復潞州觀察判官，[10]賜紫。

［1］京兆：府名。治所在今陝西西安市。　三原：縣名。治所在今陝西三原縣。

［2］清：人名。即任清。事迹不詳。　成都：府名。治所在今四川成都市。

［3］茂弘：人名。即任茂弘。事迹不詳。　西河：縣名。治所在今山西汾陽縣。　令：官名。即縣令。爲縣的行政長官，掌治本縣。唐代之縣，分赤（京）、次赤、畿、次畿、望、緊、上、中、中下、下十等。縣令分六等，正五品上至從七品下。　父茂弘，避地太原，奏授西河令：《宋本册府》卷八五三《總録部·姻好門》作：“考茂弘，乾符末選授夏縣主簿，避地太原，西河令。”

［4］曰圖、回、圜、團、囦：“囦”中華書局本有校勘記：“原作‘冏’，據《册府》卷三〇〇、卷七八三、卷八五三（宋本）改。”

見明本《册府》卷三〇〇《外戚部·選尚門》，《宋本册府》卷七八三《總録部·兄弟齊名門》、卷八五三《總録部·姻好門》。

[5]武皇：即李克用。沙陀部人，生於神武川新城（一説今山西朔州市朔城區之梵王寺村，一説今山西應縣縣城，一説今山西懷仁縣之日中城）。唐末軍閥，受封晋王。五代後唐追尊爲太祖武皇帝。紀見本書卷二五至卷二六、《新五代史》卷四。　以宗女妻圜：中華書局本有校勘記："句下《册府》卷八五三有'因'字，疑爲'囧'之譌。"

[6]代：州名。治所在今山西代縣。　憲：州名。治所在今山西婁煩縣。　歷代、憲二郡刺史：中華書局本有校勘記："《册府》（宋本）卷八五三敘其事作'任圖代、憲二郡守，回交城令'。"

[7]李嗣昭：人名。汾州（今山西汾陽市）人。唐末、五代李克用義子、部將。傳見本書卷五二、《新五代史》卷三六。　晋陽：縣名。治所在今山西太原市。

[8]澤潞：方鎮名。治所在潞州（今山西長治市）。　觀察支使：官名。唐置，爲觀察使佐官，位在觀察副使之下，判官之上。掌支州、支郡考績。　解褐：又作"釋褐"。除去布衣，换上官服。指初仕。　朱紱：古代祭服上的紅色蔽膝，後多借指官服。　"及鎮澤潞"至"賜朱紱"：《宋本册府》卷七二九《幕府部·辟署門四》作："及鎮澤潞，請爲觀察判官，制授廷評，解褐，賜朱紱。"

[9]圜美姿容，有口辯：《宋本册府》卷八八五《總録部·和解門》作："圜美姿容，有口辯，論解其事，令人喜聽。"

[10]潞州觀察判官：《輯本舊史》卷二九《唐莊宗紀三》同光元年（923）四月條作"澤潞節度判官"，澤潞節度使治潞州，兼任觀察使，故有觀察判官之謂。

常山之役，嗣昭爲帥，卒於軍，[1]圜代總其事，[2]號令如一，敵人不知。莊宗聞之，倍加獎賞。是秋，復以上黨之師攻常山，[3]城中萬人突出，大將孫文進死之，[4]賊逼我軍，圜麾騎士擊之，頗有殺獲。嘗以禍福諭其城中，鎮人信之，使人乞降。[5]及城潰，誅元惡之外，官吏咸保其家屬，亦圜所庇護焉。莊宗改鎮州爲北京，以圜爲工部尚書兼真定尹、北京副留守，[6]知留守事。[7]明年，郭崇韜兼鎮，改行軍司馬，充北面水陸轉運使，[8]仍知府事。同光三年，歸朝，守工部尚書。

[1]常山：此處指稱鎮州。治所在今河北正定縣。　卒於軍：中華書局本有校勘記："'卒'字原闕，據《册府》卷七一七補。"見《宋本册府》卷七一七《幕府部·智識門》。

[2]圜代總其事：《舊五代史考異》："案：《歐陽史》作嗣昭戰歿，圜代將其事。"見《新五代史》卷二八《任圜傳》，原文爲："嗣昭戰歿，圜代將其軍。"

[3]上黨：此處代指澤潞節度。

[4]孫文進：人名。籍貫不詳。五代將領。事見本書本卷、明本《册府》卷七二四。

[5]鎮：州名。治所在今河北正定縣。　使人乞降：中華書局本有校勘記："'人'字原闕，據《册府》卷七二四補。"見明本《册府》卷七二四《幕府部·武功門》。

[6]工部尚書：官名。尚書省工部長官。掌百工、屯田、山澤之政令。正三品。　真定尹：官名。即真定府尹。真定府即鎮州，治所在今河北正定縣。真定尹總其政務。從三品。　北京副留守：官名。北京，即鎮州真定府。古代在都城、陪都或軍事重鎮所設留守、副留守，由地方行政長官兼任。　以圜爲工部尚書兼真定尹、北京副留守：《輯本舊史》之影庫本粘籤："真定，原本作'真寶'，今據《歐陽史》改正。"見《新五代史》卷二八《任圜傳》。

[7]知留守事：明本《册府》卷七一六《幕府部·倚任門》：

"晋張彭，仕後唐爲真定留守任圜推官，事無巨細，悉訪於彭。"

[8]行軍司馬：官名。節度使屬官。掌軍籍符伍、號令印信，是藩鎮重要的軍政官員。　水陸轉運使：官名。掌一方水陸轉運賦税諸事。爲差遣職事。　充北面水陸轉運使：《輯本舊史》卷三一《唐莊宗紀五》同光二年（924）四月壬申條："壬申，以成德軍節度行軍司馬、權知府事任圜爲檢校右僕射、權北面水陸轉運制置使。"

崇韜伐蜀，奏令從征。西蜀平，署圜黔南節度使，[1]懇辭，遂止。魏王班師，行及利州，康延孝叛，[2]以勁兵八千欲迴劫西川。[3]繼岌聞之，夜半命中使李廷安召圜，[4]圜方寢，廷安登其床以告之，圜衣不及帶，遽見繼岌。繼岌泣而言曰："紹琛負恩，[5]非尚書不能制。"即署圜爲招討副使，與都指揮使梁漢顒等率兵攻延孝於漢州，[6]擒之以旋。[7]至渭南，繼岌遇害。[8]圜代總全師，朝於洛陽。明宗嘉其功，拜平章事、判三司。[9]

[1]黔南：方鎮名。治所在黔州（今重慶彭水縣）。

[2]利州：州名。治所在今四川廣元市。　康延孝：人名。代北（今山西代縣）人。五代後唐將領。傳見本書卷七四、《新五代史》卷四四。

[3]以勁兵八千欲迴劫西川："欲"字原闕，據明本《册府》卷四二三《將帥部·討逆門》、《宋本册府》卷三六〇《將帥部·立功門一三》補。

[4]中使：即宦官。　李廷安：人名。籍貫不詳。後唐宦官。事見本書卷七四。

[5]紹琛：人名。即康延孝。　紹琛負恩：《輯本舊史》之影

庫本粘籤："紹琛，原本作'昭深'，考《歐陽史》雜傳，康延孝賜名紹琛，今改正。"見《新五代史》卷四四《康延孝傳》。

[6]都指揮使：官名。唐末、五代軍隊多置都指揮使、指揮使，爲統兵將領。　梁漢顒：人名。太原（今山西太原市）人。五代後唐將領。傳見本書卷八八。　漢州：州名。治所在今四川廣漢市。

[7]擒之以旋：中華書局本有校勘記："'以'字原闕，據《册府》卷三六〇補。"見《宋本册府》卷三六〇《將帥部·立功門一三》。明本《册府》卷四二三載討康延孝事頗詳："蜀平，魏王班師。及利州，先鋒使康延孝叛，以勁兵欲回劫西川，繼岌遣人馳書諭之。夜半，令中使李延安召圜，因署爲副招討使，令圜率兵七千餘騎，與都指揮使梁漢顒、監軍李延安討之。圜先令都將何建宗擊劍門，下之。圜以大軍至漢州，延孝來逆戰。圜命董璋以東川懦卒當其鋒，伏精兵於其後。延孝擊退東川之軍，急追之，遇伏兵起，延孝敗，馳入漢州，閉壁不出。西川孟知祥以兵二萬與圜，令合勢攻之。漢州四面樹竹木爲栅，圜陣於金雁橋，即率諸軍鼓譟而進，四面縱火，風焰亘空。延孝危急，引騎出戰，遇陣於金雁橋，又敗之。延孝以十數騎奔綿州，何建崇追及擒之。圜命載以檻車，至鳳翔，詔誅之。"

[8]渭南：縣名。治所在今陝西渭南市。

[9]三司：官署名。五代後唐明宗天成元年（926）合鹽鐵、度支、户部爲一職，始稱三司，爲中央最高之理財機構。　拜平章事、判三司：明本《册府》卷七四《帝王部·命相門四》：天成元年五月，制："正議大夫、守工部尚書、上柱國、樂安縣開國男、食邑三百户、賜紫金魚袋任圜……可金紫光禄大夫、中書侍郎、兼工部尚書、平章事、判三司。"

圜揀拔賢俊，杜絶倖門。百官俸入爲孔謙減折，[1]圜以廷臣爲國家羽儀，故優假班行，禁其虚估，[2]期月之内，府庫充贍，朝廷修葺，軍民咸足。雖憂國如家，而切於功名，故爲安重誨所忌。嘗與重誨會於私第，有妓善歌，重誨求之不得，嫌隙自兹而深矣。先是，使人食券皆出於户部，[3]重誨止之，俾須内出，争於御前，往復數四，竟爲所沮，[4]因求罷三司。天成二年，除太子少保致仕，[5]出居磁州。及朱守殷叛，重誨乘間誣其結搆，立遣人稱制就害之，乃下詔曰："太子少保致仕任圜，早推勳舊，曾委重難，既退免於劇權，俾優閑於外地，而乃不遵禮分，潛附守殷，緘題罔避於嫌疑，情旨頗彰於怨望。自收汴壘，備見蹤由，若務含弘，是孤典憲，尚全大體，止罪一身。宜令本州於私第賜自盡。"圜受命之日，聚族酣飲，神情不撓。清泰中，制贈太傅。[6]

[1]孔謙：人名。魏州（今河北大名縣）人。五代後唐大臣，善聚斂錢財，爲李存勗籌劃軍需。傳見本書卷七三、《新五代史》卷二六。　百官俸入爲孔謙減折：中華書局本有校勘記："'爲'，《册府》卷三二九作'久爲'。"見明本《册府》卷三二九《宰輔部·任職門》。

[2]禁其虚估：明本《册府》卷三二九作："禁其虚佑，欲致恭於儒道。"

[3]使人食券皆出於户部："食券"，《舊五代史考異》："《通鑑》作館券。"見《通鑑》卷二七五天成二年（927）五月條。

[4]"重誨止之"至"竟爲所沮"：《舊五代史考異》："案：《通鑑》：安重誨與圜争于上前，往復數四，聲色俱厲。上退朝，宫人問上：'適與重誨論事爲誰？'上曰：'宰相。'宫人曰：'妾在長安宫中，未嘗見宰相、樞密奏事敢如是者，蓋輕大家耳！'上愈不

悦。”見《通鑑》卷二七五天成二年五月條。

[5]太子少保：官名。與太子少師、太子少傅統稱太子三少。隋唐以後多作加官或贈官。從二品。　致仕：官員告老辭官。　除太子少保致仕：《宋本册府》卷八九九《總録部·致政門》：“任圜爲太子少保，表請致仕。敕宣以本官致仕，兼許尋醫。”

[6]太傅：名。與太師、太保合稱三師，唐後期、五代多爲大臣、勳貴加官。正一品。　清泰中，制贈太傅：《舊五代史考異》：“案：《歐陽史》作愍帝即位，贈圜太傅，《薛史》作廢帝清泰中，未知孰是。”見《新五代史》卷二八《任圜傳》。

子徹，仕皇朝，位至度支郎中，[1]卒。《永樂大典》卷九千三百五十二。[2]

[1]度支郎中：官名。尚書省户部度支司長官。掌判天下租賦、財利收入總額，計度和供給國家支出。從五品上。

[2]《大典》卷九三五二“任”字韻“姓氏（二）”事目。

史臣曰：革、説承舊族之胄，佐新造之邦，業雖謝于財成，罪未聞于昭著，而乃爲權臣之所忌，顧後命以無逃，静而言之，亦可憫也。盧程器狹如是，形渥攸宜。趙鳳、李愚，咸以文學之名，俱踐巖廊之位，校其貞節，愚復優焉。任圜有縱横濟物之才，無明哲保身之道，退猶不免，齂可悲哉！《永樂大典》卷一萬七千九百一十。[1]

[1]《大典》卷一七九一〇“相”字韻“後唐相”事目。

舊五代史　卷六八

唐書四十四

列傳第二十

薛廷珪

薛廷珪，其先河東人也。[1]父逢，咸通中爲祕書監，[2]以才名著于時。廷珪，中和年在西川登進士第，累歷臺省。[3]乾寧中，爲中書舍人。[4]駕在華州，改散騎常侍，尋請致仕，客遊蜀川。[5]昭宗遷洛陽，徵爲禮部侍郎。[6]時柳璨屠害朝士，[7]衣冠畢罹其毒，廷珪以居常退讓獲全。[8]入梁爲禮部尚書。[9]莊宗平定河南，[10]以廷珪年老，除太子少師致仕。[11]同光三年九月卒，贈右僕射。[12]所著《鳳閣書詞》十卷、《克家志》五卷，[3]並行于世。初，廷珪父逢，著《鑿混沌》《真珠簾》等賦，[14]大爲時人所稱。廷珪既壯，亦著賦數十篇，同爲一集，故目曰《克家志》。《永樂大典》卷二萬一千三百六十七。[15]

[1]河東：方鎮名。治所在太原府（今山西太原市西南晋源鎮）。

[2]逢：人名。即薛逢。唐代大臣。傳見《舊唐書》卷一九〇下、《新唐書》卷二〇三。　咸通：唐懿宗李漼年號（860—874）。　祕書監：官名。秘書省長官。東漢始置，掌圖書秘記等。從三品。

[3]中和：唐僖宗李儇年號（881—885）。　西川：方鎮名。治所在成都（今四川成都市）。　臺省：泛指御史臺、尚書省、中書省、門下省。　累歷臺省：《舊五代史考異》："案《舊唐書》：大順初，累遷司勳員外郎、知制誥。"見《舊唐書》卷一九〇下《薛逢傳》。

[4]乾寧：唐昭宗李曄年號（894—898）。　中書舍人：官名。中書省屬官。掌起草文書、呈遞奏章、傳宣詔命等。正五品上。　爲中書舍人：《宋本册府》卷六五八《奉使部·才學門》："後唐薛廷珪，初仕唐，昭宗乾寧中，爲中書舍人。晋太祖初平王行瑜，歸藩，天子册封晋王，以廷珪爲册使。廷珪富文才，好爲篇什，遇物屬詠，獻詩於太祖。嘉賞其才，酬以幣、馬復命。"

[5]華州：州名。治所在今陝西渭南市華州區。　散騎常侍：官名。門下省屬官。掌侍奉規諷，備顧問應對。正三品下。　致仕：官員告老辭官。

[6]昭宗：即唐昭宗李曄。888年至904年在位。紀見《舊唐書》卷二〇上、《新唐書》卷一〇。　洛陽：地名。即今河南洛陽市。　禮部侍郎：官名。尚書省禮部次官。協助禮部尚書掌禮儀、祭享、貢舉之政。正四品下。　徵爲禮部侍郎：《舊五代史考異》："案《舊唐書》：光化中，復爲中書舍人，遷刑部、吏部二侍郎，權知禮部貢舉，拜尚書左丞。"見《舊唐書》卷一九〇下《薛逢傳》。又《宋本册府》卷六五〇《貢舉部·應舉門》：李愚，"故少師薛廷珪掌貢籍之歲，登進士第"。同書卷六五一《貢舉部·謬濫門》："梁太祖開平三年五月，敕：'禮部所放進士薛鈞，是左司侍

郎薛廷珪男。方持省轄，固合避嫌。其薛鈞宜令所司落下。’”同書卷八二〇《總録部·立祠門》：“韓遜嗣襲靈州節度使，善於爲理，部民請立生祠堂於其地，太祖許之，仍詔禮部侍郎薛廷珪撰碑文以賜之，其廟至今在焉。”

［7］柳璨：人名。河東（今山西太原市）人。唐末宰相、文學家、史學家。傳見《舊唐書》卷一七九、《新唐書》卷二二三下。

［8］廷珪以居常退讓獲全：《舊五代史考異》：“案《新唐書》：朱全忠兼四鎮，廷珪以官告使至汴，客將先見，諷其拜。廷珪佯不曉，曰：‘吾何德，敢受令公拜乎！’及見，卒不肯加禮。”見《新唐書》卷二〇三《薛逢傳》。

［9］禮部尚書：官名。尚書省禮部長官。掌禮儀、祭享、貢舉之政。正三品。

［10］莊宗：即李存勗。沙陀部人，太原（今山西太原市）人。李克用之子，五代後唐開國皇帝。923 年至 926 年在位。紀見本書卷二七至卷三四、《新五代史》卷四至卷五。　河南：府名。治所在今河南洛陽市。

［11］太子少師：官名。與太子少傅、太子少保合稱三少，唐後期、五代多爲大臣、勳貴加官。從二品。　除太子少師致仕：《輯本舊史》卷三一《唐莊宗紀五》同光二年（924）正月戊午條：“以前太子少師薛廷珪爲檢校户部尚書、太子少師致仕。”又，《舊五代史考異》：“案《通鑑》：廷珪與李琪嘗爲太祖册禮使。”見《通鑑》卷二七二同光元年十一月丁巳條。

［12］同光：五代後唐莊宗李存勗年號（923—926）。　右僕射：官名。唐後期多爲大臣加銜。從二品。

［13］鳳閣書詞：中華書局本有校勘記：“原作‘鳳閣詞書’，據《册府》卷八四一《新唐書》卷六〇《藝文志四》、《宋史》卷二〇八《藝文志七》改。按《通鑑》卷二六一考異嘗引薛廷珪《鳳閣書詞》。”見《宋本册府》卷八四一《總録部·文章門五》、《通鑑》卷二六一乾寧四年（897）八月條《考異》。

[14]著《鑿混沌》《真珠簾》等賦：《輯本舊史》之影庫本粘籤："珠簾，原本作'殊廉'，今從《文苑英華》改正。"

[15]《大典》卷二一三六七"薛"字韻"姓氏（六）"事目。

崔沂

崔沂，[1]大中時宰相魏公鉉之幼子也。[2]兄沆，廣明初亦爲宰輔。[3]沂舉進士第，歷監察、補闕。[4]昭宗時，累遷至員外郎、知制誥。[5]性抗厲守道，而文藻非優，嘗與同舍顔蕘、錢珝俱秉筆，[6]見蕘、珝贍速，草制數十，無妨譚笑，而沂自愧。翌日，謁國相訴曰："沂疏淺，不足以供詞翰之職。"相輔然之，移爲諫議大夫。[7]入梁，爲御史司憲，[8]糾繆繩違，不避豪右。

[1]崔沂：《舊五代史考異》："案《新唐書·宰相世系表》：沂，字德潤。"見《新唐書》卷二下《宰相世系表二下》。

[2]大中：唐宣宗李忱年號（847—859），唐懿宗沿用（859—860）。　鉉：人名。即崔鉉。唐代宰相。傳見《舊唐書》卷一六三、《新唐書》卷一六〇。　大中時宰相魏公鉉之幼子也："鉉"，明本《册府》卷八六七《總録部·自知門》作"玄"，誤。

[3]沆：人名。即崔沆。唐代宰相。傳見《舊唐書》卷一六三、《新唐書》卷一六〇。　廣明：唐僖宗李儇年號（880—881）。

[4]監察：官名。即監察御史。唐代屬御史臺之察院，掌監察中央機構、州縣長官及祭祀、庫藏、軍旅等事。唐中期以後，亦作爲外官所帶之銜。正八品下。　補闕：官名。唐武則天時始置。分爲左右，左補闕隸於門下省，右補闕隸於中書省。掌規諫諷諭，大

事可以廷議，小事則上封奏。從七品上。

［5］員外郎：官名。尚書省郎官之一。爲郎中的副職，協助負責諸司事務。從六品上。中華書局本有校勘記："'郎'字原闕，據《册府》卷五五三、卷八六七補。"見《宋本册府》卷五五三《詞臣部·稽緩門》、明本《册府》卷八六七《總録部·自知門》。知制誥：官名。掌起草皇帝的詔、誥之事，原爲中書舍人之職。唐開元末置學士院，翰林學士入院一年，則加知制誥銜，專掌任免宰相、册立太子、宣布征伐等特殊詔令，稱爲内制。而中書舍人所撰擬的詔敕稱爲外制。兩種官員總稱兩制官。

［6］同舍：《輯本舊史》之影庫本粘籤："'同舍'，原本作'周舍'，今據文改正。"《宋本册府》卷五五三《詞臣部·稽緩門》、明本《册府》卷八六七《總録部·自知門》亦作"同舍"。　顔蕘：人名。籍貫不詳。唐代官員。曾任中書舍人。事見《舊唐書》卷二〇上。　錢珝：人名。吴郡人。吏部尚書錢徽之子。善文辭，宰相王摶薦知制誥，進中書舍人。摶得罪，珝貶撫州司馬。事見《新唐書》卷一七七《錢徽傳》。

［7］諫議大夫：官名。唐代置左、右諫議大夫各四人，分隸門下省、中書省。掌諫諭得失，侍從贊相。正四品下。　"翌日"至"移爲諫議大夫"：明本《册府》卷八六七《總録部·自知門》："翌日，謁國相訴曰：'沂疏淺，不足供詞翰之職，守官則敢不策厲，以報掄選。'相輔然之，移爲諫議。"

［8］御史司憲：官名。五代後梁置，掌監察百官。

開平中，金吾街使寇彦卿入朝，過天津橋，[1]市民梁現者不時迴避，[2]前導伍伯捽之，投石欄以致斃。彦卿自前白於梁祖，[3]梁祖命通事舍人趙可封宣諭，[4]令出私財與死者之家，以贖其罪。沂奏劾曰："彦卿位是人臣，無專殺之理。況天津橋，御路之要，正對端門，[5]

當車駕出入之途，非街使震怒之所。況梁現不時迴避，其過止於鞭笞，捽首投軀，深乖朝憲，請論之以法。”梁祖惜彦卿，令沂以過失論，沂引《鬭競律》，以怙勢力爲罪首，下手者減一等；又“鬭毆”條，不鬭，故毆傷人者，加傷罪一等。沂表入，責授彦卿游擊將軍、左衛中郎將。[6]沂剛正守法，人士多之。遷左司侍郎，改太常卿，[7]轉禮部尚書。

[1]開平：五代後梁太祖朱温年號（907—911）。　金吾街使：官名。“左右金吾衛左、右街使”的省稱。掌分察六街徼巡。入夜則以騎卒巡行、武官暗探。　寇彦卿：人名。河南開封（今河南開封市）人。唐末、五代將領。傳見本書卷二〇、《新五代史》卷二一。　天津橋：橋名。位於今河南洛陽市。

[2]梁現：人名。籍貫不詳。平民。事見本書本卷、卷二〇。《輯本舊史》之影庫本粘籤：“梁現，《册府元龜》作梁觀，考《通鑑》注亦作現，今仍其舊。”見《宋本册府》卷五二〇下《憲官部·彈劾門三》、《通鑑》卷二六七開平四年（910）四月辛巳條胡注。

[3]梁祖：即后梁太祖朱温。　彦卿自前白於梁祖：“自前白”，中華書局本有校勘記：“《册府》卷五二〇下、《通鑑》卷二六七作‘自首’。”見《宋本册府》卷五二〇下、《通鑑》卷二六七開平四年四月辛巳條。

[4]通事舍人：官名。東晋始置。唐代爲中書省屬官，全稱中書通事舍人。掌殿前承宣通奏。從六品上。　趙可封：人名。籍貫不詳。本書僅此一見。

[5]端門：自漢代以來，宫城南門多有稱端門者。

[6]游擊將軍：武散官名。唐制秩從五品。　左衛中郎將：官名。左衛爲唐置十六衛之一，掌宫禁宿衛。將軍缺員，中郎將則代

之，掌貳上將軍事。

[7]左司侍郎：官名。唐左司管吏、户、禮部，右司管兵、刑、工部。正四品上。　太常卿：官名。西漢置太常，南朝梁始置太常卿。太常寺長官。掌宗廟祭祀禮樂及教育等。正三品。

貞明中，帶本官充西京副留守。[1]時張全義爲留守、[2]天下兵馬副元帥、河南尹、判六軍諸衛事、守太尉、中書令、魏王，[3]名位之重，冠絶中外。沂至府，客將白以副留守合行廷禮，沂曰："張公官位至重，然尚帶府尹之名，不知副留守見尹之儀何如？"全義知之，遽引見沂，勞曰："彼此有禮，俱老矣，勿相勞煩。"莊宗興復唐室，復用爲左丞，判吏部尚書銓選司，[4]坐累謫石州司馬。[5]明宗即位，[6]召還，復爲左丞。以衰疾告老，授太子少保致仕。[7]卒於龍門之别墅，[8]時年七十餘。贈太子少傅。[9]《永樂大典》卷二千七百四十。[10]

[1]貞明：五代後梁末帝朱友貞年號（915—921）。　西京：指洛陽（今河南洛陽市）。　留守：官名。在陪都或軍事重鎮所設留守，由地方行政長官兼任。

[2]張全義：人名。後因犯諱，改名張宗奭。亦作"張言"。濮州臨濮（今山東鄄城縣）人。唐末、五代後梁、後唐將領。傳見本書卷六三、《新五代史》卷四五。　時張全義爲留守：中華書局本有校勘記："'爲'字原闕，據《册府》卷六七四補。"見《宋本册府》卷六七四《牧守部・公正門》。

[3]天下兵馬副元帥：唐代朝廷有重大軍事行動，則置元帥，統率天下軍隊。副元帥爲元帥之副。　河南尹：官名。唐開元元年（713）改洛州爲河南府，治所在今河南洛陽市，河南府尹總其政

務。從三品。　判六軍諸衛事：官名。後唐沿唐代舊制，置六軍諸衛，以判六軍諸衛事爲禁軍六軍與諸衛的最高統帥。　太尉：官名。與司徒、司空並爲三公，唐後期、五代多爲大臣、勳貴加官。正一品。　中書令：官名。漢代始置，隋、唐前期爲中書省長官，屬宰相之職；唐後期多爲授予元勳大臣的虛銜。正二品。

[4]左丞：官名。尚書省佐貳官。唐中期以後，與尚書右丞實際主持尚書省日常政務，權任甚重。正四品上。後梁開平二年（908）改爲左司侍郎，後唐同光元年（923）復舊爲左丞。正四品。　吏部尚書銓選司："銓選司"，查唐無此司名。中華書局本有校勘記："本書卷三〇《唐莊宗紀四》、卷三二《唐莊宗紀六》作'銓事'。"見《輯本舊史》卷三〇《唐莊宗紀四》同光二年（924）十二月乙酉條、卷三二《唐莊宗紀六》同光二年十一月壬寅條。

[5]石州：州名。治所在今山西吕梁市離石區。　司馬：官名。州軍佐官，名義上紀綱衆務，通判列曹，品高俸厚，實際上無具體職事，多用以安置貶謫官員，或用作遷轉官階。上州從五品下，中州正六品下，下州從六品上。　坐累謫石州司馬：《輯本舊史》卷三二《唐莊宗紀六》同光二年十一月壬寅條："尚書左丞、判吏部尚書銓事崔沂貶麟州司馬。"

[6]明宗：即李嗣源。沙陀部人，應州金城（今山西應縣）人。李克用養子，逼宫李存勗後自立爲後唐皇帝。926年至933年在位。紀見本書卷三五至卷四四、《新五代史》卷六。

[7]太子少保：官名。與太子少傅、太子少師合稱"三少"，唐後期、五代多爲大臣、勳貴加官。從二品。

[8]龍門：地名。位於今河南洛陽市。因兩山相對如闕，伊河從中流過，又名伊闕。唐以後習稱龍門。

[9]太子少傅：官名。與太子少保、太子少師合稱三少，唐後期、五代多爲大臣、勳貴加官。從二品。

[10]《大典》卷二七四〇"崔"字韻"姓氏（八）"事目。

劉岳

劉岳，字昭輔。其先遼東襄平人，[1]元魏平定遼東，徙家于代，隨孝文遷洛，[2]遂爲洛陽人。[3]八代祖民部尚書、渝國公政會，[4]武德時功臣。[5]祖符，蔡州刺史。[6]父珪，洪洞縣令。[7]符有子八人，皆登進士第。珪之母弟瓌、玕，[8]異母弟崇夷、崇龜、崇望、崇魯、崇謩。[9]崇龜，乾寧中廣南節度使；[10]崇望，乾寧中宰相；崇魯、崇謩、崇夷，並歷朝省。

[1]遼東：郡名。戰國燕置，治所在襄平。轄境相當於今遼寧大淩河以東、開原市以南，朝鮮清川江下游以北地區。西晋改爲遼東國。後復爲郡。十六國後燕時地入高句麗。北燕僑治遼東郡於今遼寧西部。北魏廢。　襄平：縣名。縣治故址在今遼寧遼陽市西北隅靠近太子河注入遼河處。

[2]元魏：北朝時期的魏朝，孝文帝遷都洛陽，改本姓拓跋爲元，史稱元魏。　代：指代郡。北魏置，治平城（今山西大同市北）。　孝文：即北魏孝文帝元宏。471 年至 499 年在位。紀見《魏書》卷七、《北史》卷三。

[3]遂爲洛陽人：《新唐書》卷九〇《劉政會傳》："劉政會，滑州胙人。"

[4]民部尚書：官名。唐因避唐太宗諱改吏部爲民部。尚書省民部長官，與二侍郎分掌六品以下文官選授、勳封、考課之政令。正三品。　政會：人名。即劉政會。滑州胙城（今河南延津縣）人。隋末、唐初將領、官員。傳見《舊唐書》卷五八、《新唐書》卷九〇。　八代祖民部尚書、渝國公政會：《輯本舊史》之影庫本粘籤："渝國公，原本作'論國公'，今據《新唐書·劉政會傳》改

正。”見《新唐書》卷九〇《劉政會傳》。

［5］武德：唐高祖李淵年號（618—626）。

［6］符：人名。即劉符。事迹不詳。　蔡州：州名。治所在今河南汝南縣。　刺史：官名。州一級行政長官。漢武帝時始置，總掌考核官吏、勸課農桑、地方教化等事。唐中期以後，節度使、觀察使轄州而設，刺史爲其屬官，職任漸輕。從三品至正四品下。

［7］珪：人名。即劉珪。事迹不詳。　洪洞：縣名。治所在今山西洪洞縣。　縣令：官名。爲縣的行政長官，掌治本縣。唐代之縣，分赤（京）、次赤、畿、次畿、望、緊、上、中、中下、下十等。縣令分六等，正五品上至從七品下。

［8］瓌、玕：即劉瓌、劉玕。事迹不詳。中華書局本有校勘記：“‘玕’，《册府》卷八六六作‘瑋’，《新唐書》卷七一上《宰相世系表一上》作‘玗’。”見明本《册府》卷八六六《總録部・貴盛門》。

［9］崇夷：人名。即劉崇夷。事跡不詳。事見本書本卷。　崇龜：人名。即劉崇龜。劉崇望兄。唐代官員。傳見《舊唐書》卷一七九《劉崇望傳》、《新唐書》卷九〇《劉崇望傳》。　崇望：人名。即劉崇望。唐代宰相。傳見《舊唐書》卷一七九、《新唐書》卷九〇。《輯本舊史》之影庫本粘籤：“崇望，原本作‘崇梁’，考新、舊《唐書》及《北夢瑣言》俱作‘崇望’，知原本‘梁’字係傳寫之誤，今改正。”見《舊唐書》卷一七九《劉崇望傳》、《新唐書》卷九〇《劉崇望傳》和《北夢瑣言》卷一一心疾不妨文章條。　崇魯：人名。即劉崇魯。劉崇望弟。唐代官員。傳見《舊唐書》卷一七九、《新唐書》卷九〇。　崇謩：人名。即劉崇謩。劉崇望弟。唐代官員。傳見《舊唐書》卷一七九。

［10］廣南：《舊唐書》卷一七九《劉崇望傳》記，劉崇龜任廣州刺史、清海軍節度、嶺南東道觀察處置等使。清海軍，治所在廣州（今廣東廣州市）。　節度使：官名。唐時在重要地區所設掌握一州或數州軍事、民事、財政的長官。

岳少孤，亦進士擢第，歷户部巡官、鄭縣簿、直史館，[1]轉左拾遺、侍御史。[2]梁貞明初，召入翰林爲學士。岳爲文敏速，尤善談諧，在職累遷户部侍郎，[3]在翰林十二年。莊宗入汴，隨例貶均州司馬，[4]尋丁母憂，許自貶所奔喪，服闋，授太子詹事。[5]明宗即位，歷兵部吏部侍郎、[6]祕書監、太常卿。卒，年五十六。贈吏部尚書。[7]

[1]巡官：官名。鹽鐵使屬官。地位在判官、推官之下，掌巡察及有關事務。　鄭縣：縣名。治所在今陝西渭南市華州區。　簿：官名。即主簿。漢代以後歷朝均置。唐代京城百司和地方官署，均設主簿。管理文書簿籍，參議本署政事，爲官署中重要佐官。其官階品秩，因官署而不同。　直史館：官名。唐天寶以後，他官兼領史職者，稱史館修撰。初入史館者稱爲直館。元和六年（811）宰相裴垍建議：登朝官領史職者爲修撰，以官階高的一人判館事；未登朝官均爲直館。

[2]左拾遺：官名。唐代門下省所屬的諫官。掌規諫，薦舉人才。從八品上。　侍御史：官名。三國魏始置。唐前期屬御史臺之殿院，掌宫門、庫藏及糾察殿庭供奉朝會儀式，及分掌左、右巡，負責京師治安、京畿軍兵。唐後期常爲外官所帶憲銜。從七品下。

[3]户部侍郎：官名。尚書省户部次官。協助户部尚書掌天下田户、均輸、錢穀之政令。正四品下。

[4]汴：州名。治所在今河南開封市。　均州：州名。治所在今湖北丹江口市。

[5]太子詹事：官名。掌領太子之詹事府，爲太子官屬之長。正三品。

[6]兵部：指兵部侍郎。官名。尚書省兵部次官。協助兵部尚書掌武官銓選、勛階、考課之政。正四品下。　吏部侍郎：官名。

尚書省吏部次官。協助吏部尚書掌文選、勳封、考課之政。正四品上。

[7]吏部尚書：官名。尚書省吏部長官，與二侍郎分掌六品以下文官選授、勳封、考課之政令。正三品。

岳文學之外，通於典禮。天成中，奉詔撰《新書儀》一部，文約而理當，[1]今行於世。

[1]天成：五代後唐明宗李嗣源年號（926—930）。　文約而理當：《舊五代史考異》："案：《歐陽史》謂其事出鄙俚，兩史褒貶，微有異同。"見《新五代史》卷五五《劉岳傳》。

子温叟，仕至御史中丞。[1]《永樂大典》卷九千九十八。[2]

[1]温叟：人名。即劉温叟。洛陽（今河南洛陽市）人。五代後唐至宋初官員。傳見《宋史》卷二六二。　御史中丞：官名。如不置御史大夫，則爲御史臺長官。掌司法監察。正四品下。　子温叟，仕至御史中丞：《舊五代史考異》："案《東都事略》：温叟以父名岳，終身不聽樂。《宋史》云：晉少帝時，温叟充翰林學士。初，岳仕後唐，嘗居内署，至是温叟復居斯任，時人榮之。温叟既受命，歸爲母壽，候立堂下，須臾，聞樂聲，兩青衣舉箱出庭，奉紫袍兼衣。母命捲簾，見温叟曰：'此即爾父在禁中日内庫所賜者。'温叟拜受泣下。案：岳仕梁已爲翰林學士，《宋史》作仕後唐，歷内署，微異。"又，《輯本舊史》之孔本案語："《國老談苑》云：劉温叟方正守道，以名教爲己任。幼孤，事母以孝聞。其母甚賢。初爲翰林學士，私庭拜母，母即命二婢箱擎公服、金帶，置于階下，謂温叟曰：'此汝父長興中入翰林時所賜也。自先君子薨背以

來，常懼家門替墜，今汝能自致青雲，繼父之職，可服之無愧矣！'因欷歔掩泣。温叟伏地號慟，退就别寢，素衣蔬食，追慕數日，然後服之，士大夫以爲得禮。考劉岳在貞明中已爲翰林學士，至唐長興中復爲學士，《薛史》未及詳載。"見《東都事略》卷三〇《劉温叟傳》、《宋史》卷二六二《劉温叟傳》、《國老談苑》卷一。《輯本舊史》卷八二《晋少帝紀二》開運元年（944）六月戊戌條："以刑部郎中劉温叟改都官郎中，充翰林學士。"同書卷八四《晋少帝紀四》開運二年六月癸酉條："翰林學士、都官郎中劉温叟加知制誥。"同書卷一一四《周世宗紀一》顯德元年（954）七月丙申條："丙申，以中書舍人、史館修撰、判館事劉温叟爲禮部侍郎，判館如故。"同書卷一一五《周世宗紀二》顯德二年三月壬辰條，詔劉温叟失於選士放罪。同年四月戊午條："以禮部侍郎劉温叟爲太子詹事。"同書卷一二〇《周恭帝紀》顯德六年九月乙丑條："以太子詹事劉温叟爲工部侍郎、判國子祭酒事。"

[2]《大典》卷九〇九八"劉"字韻"姓氏（二六）"事目。

封舜卿[1]

[1]《輯本舊史》之原輯者案語："《封舜卿傳》，《永樂大典》中僅存一條，今採《册府元龜》以存梗概。"

封舜卿，仕梁，爲禮部侍郎、知貢舉。[1]

[1]禮部侍郎：官名。尚書省禮部次官。協助禮部尚書掌禮儀、祭享、貢舉之政。正四品下。　知貢舉：官名。唐始置，爲主持禮部會試的考官。　"封舜卿"至"知貢舉"：亦見明本《册府》卷九三九《總録部·譏誚門》。《舊五代史考異》："原本有闕文。據《新唐書·宰相世系表》，封氏世居渤海蓨縣。舜卿，字贊聖。父

敖，字碩夫，户部尚書，渤海縣男。《唐書》有傳。”此《考異》中華書局本有校勘記：“‘舜卿，字贊聖。父敖，字碩夫，户部尚書’，‘聖父敖字碩夫户部’八字原闕，據殿本、劉本、《新唐書》卷七一下《宰相世系表一下》補。”《輯本舊史》之原輯者案語：“《太平廣記》引《王氏見聞録》云：‘封舜卿文詞特異，才地兼優。梁使聘於蜀，時岐、梁眦睚，關路不通，遂泝漢江而上。’考《薛史·本紀》及《通鑑》俱不載封舜卿使蜀事。”《太平廣記》卷二五七《嘲誚五》：“朱梁封舜卿文詞特異，才地兼優，恃其聰俊。率多輕薄。梁祖使聘于蜀，時岐、梁眦睚，關路不通，遂溯漢江而上，路出全州，土人全宗朝爲帥。封至州，宗朝致筵于公署。封素輕其山州，多有傲睨，全之人莫敢不奉之。及執斝索令，曰：‘麥秀兩岐。’伶人愕然相顧：‘未嘗聞之，且以他曲相同者代之。’封擺頭曰：‘不可。’又曰：‘麥秀兩岐。’復無以措手。主人耻而復惡，杖其樂將。停盞移時，逡巡，盞在手，又曰：‘麥秀兩岐。’既不獲之，呼伶人前曰：‘汝雖是山民，亦合聞大朝音律乎！’全人大以爲耻。次至漢中，伶人已知全州事，憂之。及飲會，又曰：‘麥秀兩岐。’亦如全之筵，三呼不能應。有樂將王新殿前曰：‘略乞侍郎唱一遍。’封唱之未遍，已入樂工之指下矣。由是大喜，吹此曲，訖席不易之。其樂工白帥曰：‘此是大梁新翻，西蜀亦未嘗有之，請寫譜一本。’急遞入蜀，具言經過二州事。洎封至蜀，置設。弄參軍後，長吹麥秀兩岐於殿前，施芟麥之具，引數十輩貧兒，襤褸衣裳，携男抱女，挈筐籠而拾麥，仍合聲唱，其詞淒楚，及其貧苦之意，不喜人聞。封顧之，面如土色，卒無一詞，慙恨而返，乃復命。歷梁、漢、安、康等道，不敢更言‘兩岐’字。蜀人嗤之。”《舊唐書》卷二〇下《哀帝紀》天祐元年（904）十月丙申條：“户部郎中知制誥封舜卿等加勛階。”明本《册府》卷二〇五《閏位部·巡幸門》梁太祖條開平元年（907）十月條：“帝以用軍，未暇西幸，文武百官等久居東京，漸及疑冴，令就便各許歸安，只留宰臣韓建、薛貽矩，翰林學士張策、韋郊、杜曉，中書舍人封舜卿、張衮并左右御史、司天監、宗正寺兼要當諸司節級外，其宰臣張文蔚已下文武百官並先於西京祗俟。”

開平三年，奉使幽州，以門生鄭致雍從行，[1]復命之日，又與致雍同受命入翰林爲學士。致雍有俊才，舜卿雖有文辭，才思拙澀，及試五題，不勝困弊，因託致雍秉筆，當時譏者以爲座主辱門生。[2]

[1]幽州：州名。治所在今北京市。　鄭致雍：人名。籍貫、事迹不詳。本書僅此一見。

[2]“開平三年”至“當時譏者以爲座主辱門生”：明本《册府》卷九三九《總録部·譏誚門》。《輯本舊史》之原輯者案語：“以下有闕文。”亦見《宋本册府》卷五五三《詞臣部·稽緩門》。

莊宗同光以來，累歷清顯。封氏自大和以來，世居兩制，以文筆稱于時。舜卿從子渭，昭宗遷洛時，爲翰林學士，舜卿爲中書舍人，叔姪對掌内外制。從子翹，於梁貞明中亦爲翰林學士。[1]天成中，爲給事中，因轉對上言，以星辰合度，風雨應時，請以御前香一合，帝親爇一炷，餘令於塔廟中焚之，貴表精至。議者以翹時推名族，出翰苑，登瑣闈，甚有巖廊之望，而忽有此請，乃近諸妖佞耳，物望由是減之。[2]《永樂大典》卷六千三十四。[3]

[1]大和：唐文宗李昂年號（827—835）。　渭：人名。即封渭。唐代官員。曾任中書舍人、齊州司户。事見《舊唐書》卷二〇

下。　内外制：内制（翰林學士）、外制（知制誥、中書舍人）的連稱。　翺：人名。即封翺。五代後梁、後唐官員。曾任刑部員外郎、翰林學士、中書舍人。事見本書卷九、卷四二。　“莊宗同光以來”至“於梁貞明中亦爲翰林學士”：《宋本册府》卷七七一《總録部·世官門》。《輯本舊史》卷三一《唐莊宗紀五》同光二年（924）正月戊午條：“以前太子賓客封舜卿爲太子少保致仕。”卷四一《唐明宗紀七》長興元年（930）十一月己巳條：“故太子少保致仕封舜卿贈太子少傅。”

[2]給事中：官名。秦始置。隋、唐以來，爲門下省屬官。掌讀署奏抄、駁正違失。正五品上。　“天成中”至“物望由是減之”：中華書局本有校勘記：“‘請御前香一合’，‘以’字原闕，據《册府》卷四八二補。”又：“‘出翰苑’，‘翰’原作‘朝’，據《册府》卷四八二改。”

[3]檢《永樂大典目録》，卷六〇三四爲“陽”字韻，與本則内容不符，恐有誤記。陳垣《舊五代史輯本引書卷數多誤例》謂應作卷六六三四“香”字韻。

竇夢徵

竇夢徵，同州人。[1]少苦心爲文，登進士第，歷校書郎，[2]自拾遺召入翰林，充學士。梁貞明中，加兩浙錢鏐元帥之命。[3]夢徵以鏐無功於中原，兵柄不宜虚授，其言切直。梁末帝以觸時忌，[4]左授外任。[5]有頃，復召爲學士。及莊宗入汴，夢徵以例貶沂州，[6]居嘗感梁末帝舊恩，因爲《祭故君文》云：“嗚呼！四海九州，天迴眷命，一女二夫，人之不幸。當革故以鼎新，若金銷而火盛，必然之理，夫何足競”云。秉筆者皆許之，尋量移宿州。[7]天成初，還中書舍人，復入爲翰林學士、工部侍郎。[8]卒，贈禮部尚書。[9]夢徵隨計之秋，文稱甚高，尤長於牋啓，編爲十卷，目曰《東堂集》，行於世。《永樂大典》卷一萬九千三百五十四。[10]

[1]同州：州名。治所在今陝西大荔縣。　竇夢徵，同州人：《舊五代史考異》："案：《通鑑》作棣州人。"見《通鑑》卷二六九貞明二年（916）七月壬戌條。

[2]校書郎：官名。東漢始置，掌典校收藏於蘭臺的圖書典籍，亦稱校書郎中。唐秘書省及著作局皆置，正九品上；弘文館亦置，從九品上。

[3]拾遺：官名。始設於武后垂拱元年（685）。諫官。負責諷諫皇帝，察納百官。　兩浙：地區名。浙東、浙西的合稱。泛指今浙江全省及江蘇南部一角。　錢鏐：人名。杭州臨安（今浙江杭州市臨安區）人。五代時期吴越國的建立者。傳見本書卷一三三《世襲列傳》、《新五代史》卷六七《吴越世家》。　元帥：官名。此處指天下兵馬元帥。唐代朝廷若有重大軍事行動，則置此官，以統率天下軍隊。

[4]梁末帝：即後梁末帝朱友貞。後梁太祖朱温之子。913年至923年在位。紀見本書卷八至一〇、《新五代史》卷三。

[5]左授外任：《舊五代史考異》："案《玉堂閒話》：夢徵抱麻哭於朝，翌日，謫掾于東州。《通鑑》採用之。據《梁末帝紀》，夢徵貶蓬萊尉。"殿本亦引《玉堂閒話》："竇以錢公無功于本朝，僻在一方，坐邀恩澤，不稱是命，乃抱麻哭于朝。翌日，竇謫掾于東州。"見《太平廣記》卷一五八竇夢徵條。

[6]沂州：州名。治所在今山東臨沂市。　夢徵以例貶沂州：《輯本舊史》之影庫本粘籤："沂州，原本作'忻州'，今據《莊宗本紀》改正。"見《輯本舊史》卷三〇《唐莊宗紀四》同光元年

(923) 十月丙午條，貶竇夢徵爲沂州司馬。

[7]宿州：州名。治所在今安徽宿州市。

[8]工部侍郎：官名。尚書省工部次官。協助尚書掌管百工、山澤、水土之政令，考其功以昭賞罰，總所統各司之事。正四品下。

[9]卒，贈禮部尚書：《舊五代史考異》："案《玉堂閒話》云：竇失意被謫，嘗鬱鬱不樂，曾夢有人謂曰：'君無自苦，不久當復故職。然將來慎勿爲丞相，苟有是命，當萬計避之。'其後竇復居禁職。有頃，遷工部侍郎。竇忽憶夢中所言，深惡其事。然已受命，不能遜避，未幾果卒。"見《太平廣記》卷一五八竇夢徵條。

[10]《大典》卷一九三五四"竇"字韻"姓氏（五）"事目。

李保殷

李保殷，河南洛陽人也。昭宗朝，自處士除太子正字，改錢塘縣尉。[1]浙東帥董昌辟爲推官，[2]調補河府兵曹參軍，歷長水令、毛詩博士，累官至太常少卿、端王傅。[3]入爲大理卿，[4]撰《刑律總要》十二卷；與兵部侍郎郗殷象論刑法事。[5]左降房州司馬。[6]同光初，授殿中監，[7]以其素有明閑法律之譽，[8]拜大理卿；未滿秩，屢爲人所制。[9]保殷曰："人之多辟，無自立辟。"乃謝病以歸，卒於洛陽思順里。[10]《永樂大典》卷一萬三百八十九。[11]

[1]處士：閑居未仕或不仕之人。　太子正字：官名。東宫屬官，掌校讎刊正東宫的文章典籍。從九品上。　錢塘：縣名。治所

在今浙江杭州市。　縣尉：官名。掌管一縣緝捕盜賊、按察奸宄之事。從八品下至從九品下不等。

［2］董昌：人名。杭州臨安（今浙江杭州市）人。唐末方鎮將領。傳見《新唐書》卷二二五下。　推官：官名。唐肅宗以後置，五代沿置。爲節度、觀察、團練、防禦等使的屬官。度支、鹽鐵等使也置推官掌理刑案之事。

［3］兵曹參軍：官名。"兵曹參軍事"的省稱。掌武官選、兵甲、器仗、門禁、管鑰、軍防、烽候、傳驛、畋獵。正九品上。　長水：縣名。治所在今河南洛寧縣西長水鎮。　博士：官名。起於先秦。古代學官。　太常少卿：官名。太常寺次官。佐太常卿掌宗廟祭祀禮樂及教育等。正四品上。　端王：後唐無端王，疑誤。

［4］大理卿：官名。大理寺長官。負責大理寺的具體事務，掌邦國折獄詳刑之事。從三品。

［5］郗殷象：人名。籍貫不詳。唐末、五代官員。事見《舊唐書》卷二〇下、《通鑑》卷二六二。

［6］左降：官吏貶降秩位。多指京官降職到州郡。　房州：州名。治所在今湖北房縣。

［7］殿中監：官名。殿中省長官。掌宮廷供奉之事。從三品。

［8］以其素有明閑法律之譽：中華書局本有校勘記："'閑'字原闕，據《册府》卷八一三補。"見明本《册府》卷八一三《總録部·退迹門》。

［9］屢爲人所制：中華書局本有校勘記："'屢'，原作'屬'，據邵本校、《册府》卷八〇五、卷八一三改。"見《宋本册府》卷八〇五《總録部·棄官門》。

［10］思順里：地名。位於今河南洛陽市。"思順里"原闕，據明本《册府》卷八一三補。

［11］《大典》卷一〇三八九"李"字韻"姓氏（三四）"事目。

歸藹

歸藹，字文彦，吴郡人也。曾祖登，祖融，父仁澤，位皆至列曹尚書、觀察使。[1]藹登進士第，及升朝，遍歷三署。[2]同光初，爲尚書右丞，[3]遷刑、户二部侍郎，以太子賓客致仕。[4]卒，年七十六。《永樂大典》卷二千七百二。[5]

[1]吴郡：地名。治所在今江蘇蘇州市。　登：人名。即歸登。唐代官員。曾任工部侍郎、户部侍郎、工部尚書。傳見《舊唐書》卷一四九、《新唐書》卷一六四。　融：人名。即歸融。唐代官員。曾任御史中丞、京兆尹、吏部侍郎、禮部尚書。傳見《舊唐書》卷一四九、《新唐書》卷一六四。　仁澤：人名。即歸仁澤。唐代官員。曾任禮部侍郎。事見《登科記考》卷二三。　觀察使：官名。唐代後期出現的地方軍政長官。唐玄宗開元二十一年（733）置十五道採訪使，唐肅宗乾元元年（758）改爲觀察使。無旌節，地位低於節度使。掌一道州縣官的考績及民政。

[2]遍歷三署：《輯本舊史》之原輯者案語："以下疑有闕文。據《舊唐書·昭宗紀》：天祐元年七月，宴于文思殿。朱全忠入，百官或坐于廊下，全忠怒，笞通引官何凝。丙寅，制金紫光禄大夫、行御史中丞、上柱國韓儀責授棣州司馬，侍御史歸藹責授登州司户，坐百官慠全忠也。此事應見《薛史》，今無可考。"見《舊唐書》卷二〇上《昭宗紀》天祐元年（904）七月丙寅條。

[3]尚書右丞：官名。尚書省佐貳官。唐中期以後，與尚書左丞實際主持尚書省日常政務，權任甚重。後梁開平二年（908）改爲右司侍郎，後唐同光元年（923）復舊爲右丞。唐時爲正四品下，後唐長興元年（930）升爲正四品。　爲尚書右丞：中華書局本有校勘記："'右'，《册府》卷八六六同，本書卷三三《唐莊宗紀七》

作‘左’。”此據明本《册府》卷八六六《總録部・貴盛門》、《輯本舊史》卷三三《唐莊宗紀七》同光三年（925）七月壬子條。

[4]太子賓客：官名。爲太子官屬。唐高宗顯慶元年（656）始置。掌侍從規諫、贊相禮儀。正三品。

[5]《大典》卷二七〇二“歸”字韻“事韻（六）詩文（一）”事目。中華書局本據《永樂大典目録》，疑本則出自卷二七〇三“歸”字韻“姓氏”事目。

孔邈[1]

[1]《輯本舊史》之原輯者案語：“《孔邈傳》，《永樂大典》中僅存一條。考《册府元龜》云：乾寧五年，登進士第，除校書郎。崔遠在中書，奏萬年尉、充集賢校理，以親舅獨孤損方在廊廟，避嫌不赴職。蓋《册府元龜》兼採《後唐實録》之文，與《薛史》異。孔邈在後唐不應一無表見，今無可復考，謹録原本如右。”

孔邈，兖州曲阜人，[1]文宣王四十一代孫。身長七尺餘，神氣温厚，綽有素風。[2]乾寧五年，登進士第，歷校書郎、萬年尉，充集賢校理。[3]《永樂大典》卷二千九百二十五。[4]蕭頃爲御史中丞，請孔邈爲御史。[5]乾化元年，貶爲同州澂縣尉，以扈從北征後至行在故也。[6]

[1]兖州：州名。治所在今山東濟寧市兖州區。　曲阜：縣名。治所在今山東曲阜市。“兖州曲阜人”五字原闕，中華書局本於“孔邈”下有校勘記云“句下《册府》卷七二九、卷八〇八、卷八八三有‘兖州曲阜人’五字”，但未補入，現據補。見《宋本册府》卷七二九《幕府部・辟署門四》、卷八八三《總録部・形貌

門》，明本《册府》卷八〇八《總録部·遠名勢門》。

［2］文宣王：即孔子。　神氣温厚，綽有素風：中華書局本有校勘記："'温厚'，《册府》卷八八三作'温克'，又句下有'綽有素風'四字。""綽有素風"四字原闕，據《宋本册府》卷八八三補。

［3］乾寧五年："乾寧五年"四字原闕，據《宋本册府》卷七二九、明本《册府》卷八〇八《總録部·遠名勢門》補。　萬年：縣名。治所在今陝西西安市。　尉：即縣尉。掌分判諸司，收率課調。品秩雖卑，然科第出身的士人初仕仍須由此而進。品秩從八品下至從九品下。　集賢校理：官名。唐玄宗時始置。掌校理集賢殿圖籍。　歷校書郎、萬年尉，充集賢校理：《輯本舊史》之原輯者案語："《孔邈傳》，《永樂大典》中僅存一條。考《册府元龜》云：乾寧五年，登進士第，除校書郎。崔遠在中書，奏萬年尉、充集賢校理，以親舅獨孤損方在廊廟，避嫌不赴職。蓋《册府元龜》兼採《後唐實録》之文，與《薛史》異。孔邈在後唐不應一無表見，今無可復考，謹録原本如右。"見《宋本册府》卷七二九《幕府部·辟署門四》、明本《册府》卷八〇八《總録部·遠名勢門》。《宋本册府》卷七二九句下有："謁羅紹威於鄴下，辟爲判官。"明本《册府》卷八〇八《總録部·避嫌門》："孔邈爲萬年尉充集賢校理，以親舅獨孤損在中書，避嫌不赴職。"

［4］《大典》卷二九二五"身"字韻"事韻（四）"，或"身長"事目。

［5］蕭頃：人名。京兆萬年（今陝西西安市長安區）人。唐、五代官員。傳見本書卷五八。　蕭頃爲御史中丞，請孔邈爲御史：《宋本册府》卷五一三《憲官部·引薦門》。同書卷五二二《憲官部·譴讓門》："孔邈爲殿中侍御史。"

［6］乾化：五代後梁太祖朱温年號（911—912），末帝朱友貞沿用（913—915）。　瀓縣：縣名。即瀓城縣。治所在今陝西澄城縣。　乾化元年，貶爲同州瀓縣尉，以扈從北征後至行在故也：

《宋本册府》卷五二二《憲官部・譴讓門》。

孔邈爲吏部郎中。[1]爲諫議大夫，以年老致仕。[2]天成四年四月，卒。[3]

[1]吏部郎中：官名。尚書省吏部頭司吏部司長官。掌文官階品、朝集、禄賜，給其告身、假使以及選補流外官等事。《新唐書》記正五品上。　孔邈爲吏部郎中：《宋本册府》卷四七五《臺省部・奏議門六》，原文爲："孔邈爲吏部郎中。天成二年八月庚辰，上言曰：'臣聞賞延於世，寔皇王體國之規；立身揚名，爲人子承家之道。苟推誠於忠孝，必懷慶於子孫。存殁共瞻，君親是望。伏自陛下中興大業，念舊録勳，賞賜無時，渥恩咸徧，尚慮有奮身爲國，迹殞魂孤，姓名不達於乾坤，骨肉飢寒於道路，不因詔書博訪，所在不與申聞。伏乞特下外藩，如有身殁王事，忠節顯彰，軍伍備聞，恩澤未及者，必令具録聞奏。如有子孫，便委所司齒録，便父母有可依之地，妻孥免無告之心。如秖有孤遺，亦便令救卹。即已往者，知皇恩不棄，將來者罄臣節何疑？楚師忘寒，空憑念問；周文葬骨，唯示深仁。冀於有道之朝，不漏無垠之澤。'上先是已行詔命，及覽是奏，促再行之。"同書卷六三二《銓選部・條制門四》："（天成）二年正月，吏部郎中孔邈奏：'近見選人，或以志在循陔，難違色養；或以家同懸磬，不辨裂裳。致違調選之期，遂遇廢沉之例。臣愚，伏請自天成元年已前，有出身分明者，悉許注擬。況三蜀之内，員闕極多，俾出自於朝恩，免使希於假攝。'"

[2]爲諫議大夫，以年老致仕：《宋本册府》卷八九九《總録部・致政門》。《輯本舊史》卷三八《唐明宗紀四》天成二年（927）八月丁酉條："以吏部郎中、襲文宣公孔邈爲左諫議大夫。"

[3]天成四年四月，卒：《輯本舊史》卷四〇《唐明宗紀六》天成四年四月丙辰條："諫議大夫致仕、襲文宣公孔邈卒。"據補。

張文寶

張文寶，昭宗朝諫議大夫顗之子也。[1]文寶初依河中朱友謙爲從事。[2]莊宗即位於魏州，[3]以文寶知制誥，歷中書舍人、刑部侍郎、左散騎常侍、[4]知貢舉，遷吏部侍郎。[5]文寶性雅淡稽古。長興初，奉使浙中，泛海船壞，水工以小舟救，文寶與副使吏部郎中張絢信風至淮南界，[6]僞吳楊溥禮待甚至，[7]兼厚遺錢幣、食物。文寶受其食物，反其錢幣，吳人善之，送文寶等復至杭州宣國命，還青州，[8]卒。

[1]顗：人名。即張顗。唐代大臣。事見《舊唐書》卷二〇上。

[2]河中：府名。治所在今山西永濟市。　朱友謙：人名。許州（今河南許昌市）人。朱温養子，唐末、五代大臣。傳見本書卷六三、《新五代史》卷四五。　從事：泛指一般屬官。

[3]魏州：州名。治所在今河北大名縣。

[4]刑部侍郎：官名。尚書省刑部次官。協助刑部尚書掌天下刑法及徒隸、勾覆、關禁之政令。正四品下。　左散騎常侍：中華書局本有校勘記："'左'，本書卷四〇《唐明宗紀六》、卷四二《唐明宗紀八》作'右'。《新五代史》卷五五《李懌傳》：'時右散騎常侍張文寶知貢舉。'"見《輯本舊史》卷四〇《唐明宗紀六》天成四年（929）十一月戊辰條、卷四二《唐明宗紀八》長興二年（931）閏五月庚寅條。明本《册府》卷五〇二《邦計部·常平門》："後唐明宗天成二年六月，中書舍人張文寶請復常平倉。"《宋本册府》卷五五三《詞臣部·獻替門二》："張文寶爲中書舍人。天成二年十一月，文寶上言曰：'巡狩省方，唐虞之舊典，弔民伐罪，

湯武之前功。陛下親統貔貅，盡除梟鏡，刷蕩瑕穢，殄息氛埃。天威已震於華夷，濡澤又沾於幽顯，動植蘇泰，遐邇歡康。所宜旋軫神都，凝旒紫禁，居中土而表正，來萬國以均輸，允叶億兆之心，共樂雍熙之化。'"

[5]遷吏部侍郎：《輯本舊史·唐明宗紀八》長興二年閏五月庚寅條："以右散騎常侍張文寶爲兵部侍郎。"同書卷四三《唐莊宗紀九》長興三年十月己未條："以兵部侍郎張文寶爲吏部侍郎。"知其以兵部爲吏部。

[6]張絢：人名。籍貫、事迹不詳。本書僅此一見。　淮南：今淮河以南、長江以北地區。當時屬吴境。　文寶與副使吏部郎中張絢信風至淮南界：《舊五代史考異》："案：《通鑑》作風飄至天長。胡三省注疑天長地不通海。《薛史》作淮南界，爲得其實。"《輯本舊史》之孔本案語："《通鑑》作風飄至天長，從者二百人，所存者五人。胡三省云：天長縣在揚州西一百一十里，其地北不至淮，東不至海，豈小舟隨風所能至。通州海門縣崇明鎮東海中有大洲，謂之天賜鹽場，舟人揚帆遇順，東南可以徑至明州定海，西南可以至許浦、達蘇州，恐是此處。"見《通鑑》卷二七八長興四年九月丙申條及胡注。

[7]吴：五代十國之吴國。後晋天福二年（937），吴主楊溥禪位於徐知誥，知誥即皇帝位於金陵，史稱南唐。　楊溥：人名。五代十國吴國皇帝，後禪位於徐知誥。傳見《新五代史》卷六一。

[8]杭州：州名。治所在今浙江杭州市。　青州：州名。治所在今山東青州市。

子吉，嗣位邑宰。[1]《永樂大典》卷六千三百九十。[2]

[1]吉：人名。即張吉。事迹不詳。　邑宰：縣令的別稱。

[2]《大典》卷六三九〇"張"字韻"姓氏（六〇）"事目。

陳乂

陳乂，薊門人也。[1]少好學，善屬文。因避亂，客於浮陽，轉徙於大梁。[2]梁將張漢傑延於私邸，表授太子舍人。[3]莊宗平梁，郭崇韜遥領常山，[4]召居賓榻。崇韜從魏王繼岌伐蜀，署爲招討判官。[5]崇韜死，明宗即位，隨任圜歸闕，[6]圜薦之於朝，除膳部員外郎、知制誥，累遷中書舍人。[7]乂性陰僻，寡與人合，不爲當路所與。[8]尋移左散騎常侍，由是忿以成疾，踰月而卒。

[1]薊門：地名。位於今北京市昌平區。　薊門人也：《輯本舊史》之影庫本粘籤："'薊門'，原本作'葪門'，今據文改正。"《宋本册府》卷四一三《將帥部·薦賢門》張漢傑條云"薊門人陳乂"。

[2]浮陽：縣名。治所在今河北滄縣東南。

[3]張漢傑：人名。清河（今河北清河縣）人。五代後梁大臣，張歸霸之子。傳見本書附録、《新五代史》卷二二。　太子舍人：官名。撰寫章、表等文字。正六品上。

[4]郭崇韜：人名。代州雁門（今山西代縣）人。五代後唐大臣。傳見本書卷五七、《新五代史》卷二四。　常山：此處代指成德軍節度。

[5]繼岌：人名。即李繼岌。五代後唐莊宗長子。傳見本書卷五一、《新五代史》卷一四。　招討判官：官名。行營招討使屬官。佐招討使處理行營軍政事務。　署爲招討判官：明本《册府》卷七二一《幕府部·謀畫門二》："招討判官陳乂至寶鷄稱疾，乞留在後，（李）愚厲聲曰：'陳乂見利則進，懼難則止，今大軍涉險，人心易惑，正可斬之以殉。'由是軍中無敢遲留者。"

[6]任圜：京兆三原（今陝西三原縣）人。五代後唐明宗時拜

同中書門下平章事，後與權臣安重誨失和，被誣與叛臣朱守殷通謀而見殺。傳見本書卷六七、《新五代史》卷二八。

[7]膳部員外郎：官名。尚書省郎官之一。爲膳部郎中的副職，協助負責諸司事務。從六品上。　累遷中書舍人：《舊五代史考異》："案：《通鑑》作閏月，以膳部郎中、知制誥陳乂爲給事中，充樞密直學士，與此傳互有詳略。"見《通鑑》卷二七八清泰元年(934)閏正月條。《輯本舊史》卷四五《唐閔帝紀》應順元年(934)閏正月癸卯條亦曰："以膳部郎中、知制誥陳乂並爲給事中，充樞密院直學士。"

[8]"乂性陰僻"至"不爲當路所與"：明本《册府》卷九三八《總録部・姦佞門二》："陳乂爲給事中，充樞密直學士。性姦險，好爲陰計。始在梁，事張漢傑，滅宗。莊宗時，佐郭崇韜伐蜀，而郭又覆族。至是，朱弘昭拔用之，不兩月，弘昭及禍。其時僻政拙謀，而乂有力焉。"

乂微有才術，嘗自恃其能。[1]爲判官日，[2]人有造者，垂帷深處，罕見其面。及居西掖，[3]而姿態愈倨，位竟不至公卿，蓋器度促狹者也。然乂性孤執，尤廉於財。長興中，嘗自舍人銜命册晉國公主石氏於太原，晉高祖善待之，[4]但訝其高岸。人或有獻可於乂，宜陳一謳頌以稱晉高祖之美，可邀其厚賄耳。[5]乂曰："人生貧富，咸有定分，未有持天子命，違禮以求利，既損國綱，且虧士行，乂今生所不爲也。"聞者嘉之。[6]晉高祖即位，贈禮部尚書。《永樂大典》卷三千一百三十五。[7]

[1]嘗自恃其能："嘗"，明本《册府》卷四七八《臺省部・簡傲門》作"常"。

［2］爲判官日：《宋本册府》卷九三〇《總録部·傲慢門》作“爲常山判官日”，明本《册府》同卷則作“爲恒山判官”。

［3］西掖：中書省的别稱。

［4］晋國公主石氏：即五代後晋高祖石敬瑭之妹，五代後晋將領杜重威之妻。事見本書卷一〇九、《新五代史》卷五二。　太原：府名。治所在今山西太原市。　晋高祖：即後晋高祖石敬瑭。沙陀部人。五代後唐將領、後晋開國皇帝。紀見本書卷七五至卷八〇、《新五代史》卷八。

［5］可邀其厚賄耳：中華書局本有校勘記：“‘厚賄’，《册府》卷六五四同，《御覽》卷二二二引《五代史·晋史》、《册府》卷六六一作‘異待’。”見《宋本册府》卷六五四《奉使部·廉慎門》、明本《册府》卷六六一《奉使部·守節門》。

［6］聞者嘉之：《宋本册府》卷六五四同，明本《册府》卷六六一作“聞者無不嘉之”。

［7］《大典》卷三一三五“陳”字韻“姓氏（九）”事目。

劉贊

劉贊，[1]魏州人也。幼有文性。父玭，爲令録，[2]誨以詩書，夏月令服青襦單衫。玭每肉食，别置蔬食以飯贊，謂之曰：“肉食，君之禄也。爾欲食肉，當苦心文藝，自可致之，吾禄不可分也。”繇是贊及冠有文辭，年三十餘登進士第。魏州節度使羅紹威署巡官，罷歸京師，依開封尹劉鄩。[3]久之，租庸使趙巖表爲巡官，[4]累遷至金部員外郎，[5]職如故。莊宗入汴，租庸副使孔謙以贊里人，[6]表爲鹽鐵判官。[7]天成中，歷知制誥、中書舍人。[8]與學士竇夢徵同年登第，[9]鄰居友善，夢徵卒，[10]贊與同年楊凝式緦麻爲位而哭，[11]其家無嫡長，與視喪事，卹其孀稚，人士稱之。改御史中丞、刑部侍郎。[12]

[1]劉贊：《舊五代史考異》："案：《通鑑》作劉瓚。"見《通鑑》卷二七八長興四年（933）四月癸丑條。

[2]玭：人名。即劉玭。事見本書本卷。　令録：縣令、録事參軍的合稱。

[3]羅紹威：人名。五代後梁將領。傳見本書卷一四、《新五代史》卷三九。　巡官：官名。唐代節度使、觀察使、團練使、防禦使屬官，位在判官、推官下。掌巡察及處理某些事務。　開封：地名。即今河南開封市。　劉鄩：人名。密州安丘（今山東安丘市）人。唐末、五代將領。傳見本書卷二三、《新五代史》卷二二。

[4]租庸使：官名。唐主持催徵租庸地税的中央使臣。五代後梁、後唐時，租庸使取代鹽鐵、度支、户部，爲中央財政長官。　趙巖：人名。陳州宛丘（今河南淮陽縣）人。唐忠武軍節度使趙犨之子。五代後梁大臣。事見本書卷八、《新五代史》卷四二。

[5]金部員外郎：官名。尚書省郎官之一。爲金部郎中的副職，協助負責諸司事務。從六品上。中華書局本有校勘記："'金部'，殿本作'户部'。"

[6]孔謙：人名。魏州（今河北大名縣）人。後唐大臣，善聚斂錢財，爲李存勗籌劃軍需。傳見本書卷七三、《新五代史》卷二六。　里人：《宋本册府》卷九五五《總録部·知舊門》作"鄉黨"。

[7]鹽鐵判官：官名。掌鹽鐵政務及税收。

[8]歷知制誥、中書舍人：《輯本舊史》卷三八《唐明宗紀四》天成二年（927）九月條："以比部郎中、知制誥劉贊爲中書舍人。"《宋本册府》卷五五三《詞臣部·獻替門二》："劉贊爲比部郎中、知制誥。明宗天成二年八月，贊上言曰：'臣聞信者使民不惑，義

者使民知禁。非信無以彰明德，非義無以顯聖猷。此乃三代英風，百王令則。伏惟陛下恭臨寶位，虔紹鴻圖，握金鏡而照萬方，運璇璣而調四序。遐敷至德，廣納忠言，凡列周行，許陳封事。雖皆聽覽，而尚寡依行，縱所依行，亦未遵守。自此或有益國利人之術，除奸去弊之謀，可以擇其所長，便爲永制。仍乞特頒詔令，峻立條章。豈唯示信義於域中，抑亦振威風於海内。既遵法度，必致治平。'"

[9]竇夢徵：人名。同州（今陝西大荔縣）人，一作棣州（今山東惠民縣）人。唐末進士，五代後梁、後唐官員。傳見本書本卷。

[10]夢徵卒：中華書局本有校勘記："《御覽》卷二二二引《五代史·後唐書》、《册府》卷八八二作'夢徵早卒'。"按，明本《册府》卷八八二《總録部·交友門二》同，《宋本册府》卷八八二則作"夢早卒"。

[11]楊凝式：人名。華陰（今陝西華陰市）人。唐末、五代官員。傳見本書卷一二八、《新五代史》卷三五。　緦麻：麻布所製之喪服。古人居喪期間的服飾，可分斬衰、齊衰、大功、小功、緦麻五種。

[12]改御史中丞、刑部侍郎：《舊五代史考異》："案：《通鑑》作兵部侍郎。"見《通鑑》卷二七八長興四年四月癸丑條。

贊性雍和，與物無忤，居官畏慎，人若以私干之，[1]雖權豪不能移其操。未幾，改秘書監，兼秦王傅。[2]贊節概貞素，忽聞其命，掩泣固辭，竟不能止。[3]時秦王參佐，皆新進小生，動多輕脱，每稱頌秦王功德，阿意順旨，祗奉談笑，惟贊從容諷議，必獻嘉言。秦王常接見賓僚及遊客，於酒筵之中，悉令秉筆賦詩。[4]贊爲師傅，亦與諸客混，然容狀不悦。秦王知其意，自是戒典客，贊至勿通，令每月一度至衙。[5]贊既官係王府，不敢朝參，不通慶弔，但閉關暗嗚而已。及秦王得罪，或言贊止於朝降，[6]而贊已服麻衣備驢乘在門矣。[7]聞其言曰："豈有國君之嗣，一旦舉室塗地，而賓佐朝降？得免死，幸也。"[8]俄而臺史示敕，長流嵐州，[9]即時赴貶所。在嵐州踰年，清泰二年春，[10]詔歸田里。妻紇干氏塗中卒，[11]贊比羸瘠，慟哭殆絶，因之亦病，行及石會關而卒，[12]時年六十餘。《永樂大典》卷九千九十九。[13]

[1]人若以私干之：《宋本册府》卷四五九《臺省部·公正門》同，同書卷七一九《幕府部·公正門》作"人若以私故干之"。

[2]秦王：即秦王從榮。沙陀部人。五代後唐明宗李嗣源次子。傳見本書卷五一、《新五代史》卷一五。　兼秦王傅：《舊五代史考異》："案《册府元龜》：秦王爲元帥，秦王府判官、太子詹事王居敏與贊鄉曲之舊，以秦王盛年自恣，須朝中選端士納誨，冀其稟畏，乃奏薦贊焉。"《宋本册府》卷七〇八《宫臣部·選任門》闕，此據明本。《宋本册府》卷七一九《幕府部·公正部》所記略同。

[3]掩泣固辭，竟不能止：《舊五代史考異》："案《通鑑》：瓚自以左遷，泣訴，不得免。胡三省注云：唐制，六部侍郎除吏部之外，餘皆從四品下；王傅從三品。然六部侍郎爲嚮用，王傅爲左遷，以職事有閒劇之不同也。當是時，從榮地居儲副，則秦王傅不可以閒官言。蓋以從榮輕佻峻急，恐豫其禍，故求脱耳。"見《通鑑》卷二七八長興四年（933）四月癸丑條及胡注。

[4]悉令秉筆賦詩：《舊五代史考異》："案《册府元龜》：時從榮溺于篇章，凡門客及通謁遊士，必坐于客次，自出題目，令賦一章，然後接見。"見明本《册府》卷七〇九《宫臣部·正直門》。

[5]"自是戒典客"至"令每月一度至衙"：《舊五代史考異》：

“案《言行龜鑑》載：劉贊諫秦王曰：‘殿下宜以孝敬爲職，浮華非所尚也。’秦王不悦，戒閽者後弗引進。”

[6]或言贊止於朝降：《輯本舊史》之影庫本粘籤：“‘朝降’二字疑有舛誤，考《册府元龜》所引《薛史》亦作‘朝降’，詳其文義，當爲降爲京朝官不至外謫也，今仍其舊。”見《宋本册府》卷七一九《幕府部·公正門》。

[7]而贊已服麻衣備驢乘在門矣：中華書局本有校勘記：“‘贊’字原闕，據《册府》卷七一九、卷七三〇補。”見《宋本册府》卷七一九《幕府部·公正門》、卷七三〇《幕府部·連累門》。

[8]“聞其言曰”至“幸也”：《宋本册府》卷七一九《幕府部·公正門》、卷七三〇《幕府部·連累門》作：“聞其安慰曰：‘此存撫之情也。豈有國君之嗣，一旦舉世塗地，而參佐朝降？免死，幸也。’”

[9]嵐州：州名。治所在今山西嵐縣。

[10]清泰：五代後唐廢帝李從珂年號（934—936）。

[11]紇干氏：人名。劉贊之妻。本書僅此一見。

[12]石會關：關隘名。位於今山西省榆社縣西北。爲澤、潞和太原間交通要扼之地。

[13]《大典》卷九〇九九“劉”字韻“姓氏（二七）”事目。

史臣曰：自唐祚横流，衣冠掃地，苟無端士，孰恢素風。如廷珪之文學，崔沂之剛正，劉岳之典禮，舜卿之掌誥，洎夢徵而下，皆蔚有貞規，無虧懿範，固可以爲搢紳之圭表，聳朝廷之羽儀，以之垂名，夫何不韙。《永樂大典》卷二千七百四十。[1]

[1]《大典》卷二七四〇“崔”字韻“姓氏（八）”事目。

舊五代史　卷六九

唐書四十五

列傳第二十一[1]

[1]按，本卷末無史論。

張憲

張憲，字允中，晉陽人，世以軍功爲牙校。[1]憲始童丱，喜儒學，勵志橫經，不捨晝夜。太原地雄邊服，[2]人多尚武，恥于學業，惟憲與里人藥縱之精力遊學，[3]弱冠盡通諸經，尤精《左傳》。[4]嘗袖行所業，謁判官李襲吉，[5]一見欣歎。既辭，謂憲曰："子勉之，將來必成佳器。"石州刺史楊守業喜聚書，[6]以家書示之，聞見日博。

[1]晉陽：縣名。治所在今山西太原市。　牙校：爲低級武官。
[2]太原：府名。治所在今山西太原市。
[3]藥縱之：人名。太原（今山西太原市）人。五代後唐官

員。傳見本書卷七一。

[4]《左傳》:《春秋左氏傳》的簡稱，也稱《左氏春秋》。中國古代編年體史書，儒家經典之一。相傳爲春秋魯太史左丘明所作。近人認爲係戰國初年人據各國史料編成。全書共三十卷。其内容是以史實爲《春秋》作解，記事起於魯隱公元年（前722），止於魯悼公四年（前464）。

[5]判官：官名。唐、五代方鎮僚屬，位在行軍司馬下。分掌使衙内各曹事，並協助使職官員通判衙事。　李襲吉：人名。洛陽（今河南洛陽市）人。唐末進士，官員。傳見本書卷六〇、《新五代史》卷二八。

[6]石州：州名。治所在今山西吕梁市離石區。　刺史：官名。州一級行政長官。漢武帝時始置，總掌考核官吏、勸課農桑、地方教化等事。唐中期以後，節度使、觀察使轄州而設，刺史爲其屬官，職任漸輕。從三品至正四品下。　楊守業：人名。籍貫不詳。五代將領。曾任河東馬步軍都虞候。事見明本《册府》卷七六八《總録部·儒學門二》。

莊宗爲行軍司馬，[1]廣延髦俊，素知憲名，令朱守殷齎書幣延之。[2]歲餘，釋褐交城令。[3]秩滿，莊宗嗣世，補太原府司録參軍。[4]時霸府初開，幕客馬郁、王緘，燕中名士，盡與之遊。[5]十二年，莊宗平河朔，念藩邸之舊，徵赴行臺。[6]十三年，授監察，賜緋，署魏博推官，[7]自是恒簪筆扈從。十五年，王師戰胡柳，周德威軍不利，[8]憲與同列奔馬北渡；梁軍急追，殆將不濟。至晚渡河，人皆陷水而没，[9]憲與從子朗履冰而行；將及岸，冰陷，朗號泣，[10]以馬箠引之，憲曰："吾兒去矣，勿使俱陷。"朗曰："忍覩季父如此，[11]俱死無恨。"

朗偃伏引箠，憲躍身而出。是夜，莊宗令于軍中求憲，或曰："與王緘俱歿矣！"莊宗垂涕求尸，數日，聞其免也，遣使慰勞。尋改掌書記、水部郎中，賜金紫，歷魏博觀察判官。[12]從討張文禮，鎮州平，授魏博、鎮冀十郡觀察判官，改考功郎中，兼御史中丞，權鎮州留事。[13]

[1]莊宗：即李存勗，小字亞子，沙陀部人，太原（今山西太原市）人。李克用之子，後唐開國皇帝。紀見本書卷二七至卷三四、《新五代史》卷四至卷五。　行軍司馬：官名。出征將領及節度使的屬官。掌軍籍符伍、號令印信，是藩鎮重要的軍政官員。

[2]朱守殷：人名。籍貫不詳。五代後唐將領。傳見本書卷七四、《新五代史》卷五一。

[3]交城：縣名。治所在今山西交城縣。《輯本舊史》之影庫本粘籤："交城，原本作'友城'，今據《歐陽史》改正。"　令：官名。即縣令。爲縣的行政長官，掌治本縣。唐代之縣，分赤（京）、次赤、畿、次畿、望、緊、上、中、中下、下十等。縣令分六等，正五品上至從七品下。《新五代史》卷二八《張憲傳》未見其任交城令。

[4]司録參軍：官名。唐以三京府及鳳翔、成都、河中、江陵、興元、興德六府的録事參軍爲司録參軍，都督府及諸州仍爲録事參軍。五代沿置。掌符印，參議府政得失。正七品上。

[5]馬郁：人名。范陽（今河北涿州市）人。唐末、五代大臣。傳見本書卷七一。　王緘：人名。幽州劉仁恭故吏。後爲河東李克用、李存勗重臣。傳見本書卷六〇。　燕：今河北北部。

[6]河朔：泛指黄河以北地區。　行臺：官署名。尚書省在京城稱中臺、内臺，在外稱行臺。自魏晋至唐初，天子、大臣在外征討，或置行臺隨軍。

［7］監察：即監察御史。唐代屬御史臺之察院，掌監察中央機構、州縣長官及祭祀、庫藏、軍旅等事。唐中期以後，亦作爲外官所帶之銜。正八品下。　賜緋：輿服制度。皇帝頒賜緋色官服。唐代五品、四品官服緋。後世或沿用此制，品級不盡相同。　魏博：方鎮名。治所在魏州（今河北大名縣）。　推官：官名。唐始置，唐代後期節度、觀察、團練、防禦等使的屬官，掌推按刑獄。此外，度支、鹽鐵等使也置推官。

［8］胡柳：地名。位於今河南濮陽市東南五十里。　周德威：人名。馬邑（今山西朔州市）人。唐末、五代河東將領。傳見本書卷五六、《新五代史》卷二五。

［9］人皆陷水而没：中華書局本有校勘記："'皆'，《册府》卷七五六作'多'。"此據《宋本册府》卷七五六《總録部·孝門六》。

［10］朗：人名。即張朗。事見本書本卷。　朗號泣：中華書局本有校勘記："'號'字原闕，據《册府》卷七五六補。"

［11］季父：叔父。　忍覩季父如此：中華書局本有校勘記："'覩'字原闕，據《册府》卷七五六補。"

［12］掌書記：官名。唐、五代方鎮僚屬，位在判官下。掌表奏書檄、文辭之事。　水部郎中：官名。尚書省屬官。位在侍郎之下、員外郎之上。掌天下川瀆陂池之政令，以導達溝洫，堰決河渠。凡舟楫溉灌之利，咸總而舉之。從五品上。　賜金紫：賞賜官員穿紫服佩金魚袋，以示榮寵。　觀察判官：官名。觀察使屬官。唐中期始設，與諸幕職官分治案事、佐理府政。奏請有出身人及六品以下正員官充任。

［13］張文禮：人名。燕（今河北北部）人。後唐將領。傳見本書卷六二。　鎮州：州名。治所在今河北正定縣。　鎮冀：方鎮名。治所在鎮州（今河北正定縣）。　考功郎中：官名。唐、五代尚書省吏部考功司長官，掌考察内外百官及功臣家傳、碑、頌、誄、謚等事。從五品上。　御史中丞：官名。如不置御史大夫，則

爲御史臺長官。掌司法監察。正四品下。

莊宗即位，詔還魏都，授尚書工部侍郎，充租庸使。[1]八月，改刑部侍郎，判吏部銓，兼太清宫副使。[2]莊宗遷洛陽，以憲檢校吏部尚書、興唐尹、東京副留守，[3]知留守事。憲學識優深，尤精吏道，剖析聽斷，人不敢欺。三年春，車駕幸鄴，時易定王都來朝，[4]宴於行宫，將擊鞠。初，莊宗行即位之禮，卜鞠場吉，因築壇於其間，至是詔毁之。[5]憲奏曰："即位壇是陛下祭接天神受命之所，[6]自風燥雨濡之外，不可輒毁，亦不可修。魏繁陽之壇，漢汜水之墠，[7]到今猶有兆象。存而不毁，古之道也。"即命治之于宫西。數日，未成。會憲以公事獲譴，閤門待罪，上怒，戒有司速治行宫之庭，礙事者畢去，竟毁即位壇。[8]憲私謂郭崇韜曰：[9]"不祥之甚，忽其本也。"秋，崇韜將兵征蜀，以手書告憲曰："允中避事久矣，余受命西征，已奏還公黄閤。"[10]憲報曰："庖人之代尸祝，所謂非吾事也。"時樞密承旨段佪當權任事，[11]以憲從龍舊望，不欲憲在朝廷。會孟知祥鎮蜀川，選北京留守，[12]佪揚言曰："北門，國家根本，非重德不可輕授，今之取才，非憲不可。"趨時者因附佪勢，巧中傷之。又曰："憲有相業，然國祚中興，宰相在天子面前，得失可以改作；一方之事，制在一人，惟北面事重。"十一月，[13]授憲銀青光禄大夫、檢校吏部尚書、太原尹、北京副留守，[14]知府事。

［1］魏都：地名。即魏州。位於今河北大名縣東北。後唐同光元年（923），莊宗在魏州稱帝，建立後唐。　工部侍郎：官名。尚書省工部次官。協助尚書掌管百工、山澤、水土之政令，考其功以昭賞罰，總所統各司之事。正四品下。　租庸使：官名。唐代爲主持催徵租庸地税的財政官員。五代後梁、後唐時，租庸使取代鹽鐵、度支、户部，爲中央財政長官。

［2］刑部侍郎：官名。尚書省刑部次官。協助刑部尚書掌天下刑法及徒隸、勾覆、關禁之政令。正四品下。　吏部銓：官署名。吏部三銓（吏部尚書銓、吏部西銓、吏部東銓）的省稱。負責官員銓選。　太清宫副使：祠禄官。在京宫觀官始置於唐，天寶間有太清宫使、九成宫使等。唐首相帶太清宫使。

［3］洛陽：地名。即今河南洛陽市。　檢校吏部尚書：官名。爲散官或加官，以示恩寵，無實際執掌。　興唐尹：官名。五代後唐同光元年，改魏州爲興唐府。以興唐尹總其政務。從三品。

［4］鄴：地名。即鄴都。治所在今河北大名縣。五代後唐同光元年改魏州爲興唐府，建號東京。三年，改東京爲鄴都。　易定：即義武軍節度使。治所在定州（今河北定州市）。　王都：人名。原名“劉雲郎”。中山陘邑（今河北定州市）人。妖人李應之養子，後送與王處直，改姓名爲王都。後爲義武軍節度使。傳見本書卷五四、《新五代史》卷三九。

［5］至是詔毀之：《輯本舊史》之影庫本粘籤：“《通鑑》作莊宗議毀即位壇，張憲請拓其旁地，仍留壇基。與《薛史》微異，今附識于此。”見《通鑑》卷二七三同光三年正月條。

［6］即位壇是陛下祭接天神受命之所：中華書局本有校勘記：“‘祭接’，《册府》卷五四七作‘際接’。”見《宋本册府》卷五四七《諫諍部·直諫門一四》。

［7］繁陽：三國魏文帝黄初元年（220）築，故址位於今河南内黄縣西北。　氾水：故道自今山東曹縣西北，從古濟水分出，東北流經定陶縣南，注入古菏澤。久湮。《漢書·高帝紀下》：“漢王

即皇帝位於氾水之陽。”　漢氾水之墠：中華書局本有校勘記：“‘墠’，原作‘壇’，據殿本、孔本、《册府》卷五四七改。”“氾水”，原作“汜水”，《宋本册府》卷五四七作“氾水”，劉本作“汜水”，《史記》卷八《高祖紀》漢五年（前202）正月甲午條載，漢高祖“即皇帝位氾水之陽”，據改。《新五代史》卷二八《張憲傳》作“鄗南”，《後漢書》卷一上《光武帝紀上》載光武帝“命有司設壇場於鄗南千秋亭五成陌”。可見，本書與《新五代史》言及漢即位壇時所指不同。

［8］“數日”至“竟毁即位壇”：《舊五代史考異》：“案：《歐陽史》作場未成，莊宗怒，命兩虞候亟毁壇以爲場。與《薛史》異，《通鑑》從《歐陽史》。”見《新五代史》卷二八《張憲傳》、《通鑑》卷二七三同光三年正月條。

［9］郭崇韜：人名。代州雁門（今山西代縣）人。五代後唐大臣。傳見本書卷五七、《新五代史》卷二四。

［10］黄閤：即中書。

［11］樞密承旨：官名。五代設樞密院承旨和樞密院副承旨，以各衛將軍擔任。主管樞密院承旨司之事。《輯本舊史》之影庫本粘籤：“樞密承旨，原本脱‘密’字，今據文增入。”　段徊：人名。籍貫不詳。五代後唐官員，時任樞密承旨。事見本書卷三二《唐莊宗紀六》、卷三三《唐莊宗紀七》。

［12］孟知祥：人名。邢州龍岡（今河北邢臺市）人。李克用女婿，五代十國後蜀開國皇帝。傳見本書卷一三六、《新五代史》卷六四。　北京：指五代後唐的北都太原。

［13］十一月：中華書局本有校勘記：“本書卷三三《唐莊宗紀七》、《通鑑》卷二七四繫其事於十二月。”見《輯本舊史》卷三三《唐莊宗紀七》同光三年十二月丙子條、《通鑑》卷二七四同光三年十二月丙子條。

［14］銀青光禄大夫：官名。漢代置光禄大夫。魏晋以後，光禄大夫之位重者，加銀章青綬，因稱銀青光禄大夫。北周、隋爲散

官。唐貞觀後列入文散官。從三品。　太原尹：官名。唐開元十一年（723）改并州爲太原府，治所在今山西太原市。太原尹總其政務。從三品。　北京副留守：中華書局本有校勘記："'副'字原闕，據本書《唐莊宗紀七》、《册府》卷九五二補。"見明本《册府》卷九五二《總録部·忌害門》。《通鑑》卷二七四同光三年十二月丙子條作"知北都留守事"。

四年二月，趙在禮入魏州。[1]時憲家屬在魏，關東俶擾，在禮善待其家，遣人齎書至太原誘憲。憲斬其使，書不發函而奏。既而明宗爲兵衆所劫，[2]諸軍離散，地遠不知事實，或謂憲曰："蜀軍未至，洛陽窘急，總管又失兵權，制在諸軍之手，又聞河朔推戴，事若實然，或可濟否？"憲曰："治亂之機，間不容髮，以愚所斷，事未可知。愚聞藥縱之言，總管德量仁厚，素得士心，餘勿多言，志此而已。"四月五日，李存沼自洛陽至，[3]口傳莊宗命，並無書詔，惟云天子授以隻箭，傳之爲信。衆心惑之，時事莫測。左右獻畫曰："存沼所乘馬，已戢其飾，復召人謀事，必行陰禍，因欲據城。寧我負人，宜早爲之所，但戮吕、鄭二宦，[4]且繫存沼，徐觀其變，事萬全矣。"憲良久曰："吾本書生，無軍功而致身及此，一旦自布衣而紆金紫，向來仕宦非出他門，此畫非吾心也。事苟不濟，以身徇義。"[5]翌日，符彦超誅吕、鄭，[6]軍城大亂，燔剽達曙。憲初聞有變，出奔忻州。[7]既而有司糾其委城之罪，四月二十四日，賜死于晉陽之千佛院。[8]幼子凝隨父走，[9]亦爲收者加害。明宗郊禮大赦，有司請昭雪，從之。憲沈静寡欲，喜聚圖書，家書五千卷，視事之餘，手自刊校。善彈琴，不飲酒，賓僚宴語，但論文嘯詠而已，士友重之。

[1]趙在禮：人名。涿州（今河北涿州市）人。五代後唐、後晋將領。傳見本書卷九〇、《新五代史》卷四六。　魏州：州名。治所在今河北大名縣。

[2]明宗：即李嗣源。沙陀部人。原名邈佶烈，李克用養子。五代後唐明宗，926年至933年在位。紀見本書卷三五至卷四四、《新五代史》卷六。

[3]李存沼：人名。沙陀部人。李克用之子，五代後唐將領。傳見本書卷五一、《新五代史》卷一四。"李存沼"，中華書局本有校勘記："原作'李存渥'，據邵本校、《通鑑》卷二七五《考異》引《薛史·張憲傳》改。本卷下文同。影庫本粘籤：'存渥，原本作"存治"，今據《通鑑》改正。'《舊五代史考異》卷二：'案《歐陽史》作永王存霸。考《唐家人傳》，存渥與劉皇后同奔至風谷，爲部下所殺，是存渥未至太原，其至太原者，存霸也。是傳作存渥，疑誤。'"見《通鑑》卷二七五天成元年（926）四月乙未條《考異》、《新五代史》卷一四《李存霸傳》。

[4]吕、鄭：具體姓名不詳。後唐莊宗宦官。事見本書卷五六。　但戮吕、鄭二宦：《輯本舊史》之影庫本粘籤："吕、鄭二宦，原文似有脱誤。據《通鑑》注云：莊宗先遣宦者吕、鄭二人使於晋陽，及存渥逃至，吕、鄭欲與之謀變，後爲符彦超所殺。較《薛史》爲明晰，今附識于此。"見《通鑑》卷二七五天成元年四月壬辰條胡注。

[5]"憲良久曰"至"以身徇義"：《舊五代史考異》："按《東都事略·張昭傳》：昭勸憲奉表明宗以勸進，憲曰：'吾書生也，天子委以保釐之任，吾豈苟生者乎！'昭曰：'此古之大節，公能行之，忠臣也。'憲既死，論者以昭能成憲之節。"見《東都事略》

卷三〇《張昭傳》。

［6］符彦超：人名。陳州宛丘（今河南淮陽縣）人。五代後唐將領，符存審之子。傳見本書卷五六、《新五代史》卷二五。

［7］忻州：州名。治所在今山西忻州市。　憲初聞有變，出奔忻州：中華書局本有校勘記："'忻州'，原作'沂州'，據《通鑑》卷二七五、《歐陽文忠公文集》卷六九《與王深甫論五代張憲帖》改。《太平寰宇記》卷四二：'（忻州）南至太原府一百八十里。'"此據《通鑑》卷二七五天成元年四月壬辰條。

［8］千佛院：寺院名。位於今山西太原市。　賜死于晉陽之千佛院：《輯本舊史》之影庫本粘籤："《東都事略·張昭傳》云：張憲聞莊宗之變，昭勸其盡節，憲遂自經。《薛史》作賜死于晉陽。與《東都事略》互異，今附識于此。"見《東都事略》卷三〇《張昭傳》。

［9］凝：人名。即張凝。事迹不詳。

憲長子守素，仕晉，位至尚書。[1]《永樂大典》卷六千三百五十。[2]

［1］守素：人名。即張守素。晉陽（今山西太原市）人。五代後晉官員。事見本書本卷。　"憲長子守素"至"位至尚書"：《輯本舊史》卷七九《晉高祖紀五》天福六年正月戊寅條："差給事中張瑑、户部郎中張守素就行册禮。"

［2］《大典》卷六三五〇"張"字韻"姓氏（二〇）"事目。

王正言

王正言，鄆州人。[1]父志，濟陰令。[2]正言早孤貧，爲沙門，[3]學工詩，密州刺史賀德倫令歸俗，[4]署郡職。

德倫鎮青州,[5]表爲推官；移鎮魏州，改觀察判官。莊宗平定魏博，正言仍舊職任，小心端慎，與物無競。嘗爲同職司空頲所凌,[6]正言降心下之。頲誅，代爲節度判官。[7]同光初，守户部尚書、興唐尹。[8]時孔謙爲租庸副使,[9]常畏張憲挺特,[10]不欲其領使，乃白郭崇韜留憲于魏州，請宰相豆盧革判租庸。[11]未幾，復以盧質代之。[12]孔謙白云:“錢穀重務，宰相事多，簿籍留滯。”又云:“盧質判二日，便借官錢，皆不可任。”意謂崇韜必令己代其任，時物議未允而止，謙沮喪久之。李紹宏曰:[13]“邦計國本，時號怨府，非張憲不稱職。”即日徵之。孔謙、段佪白崇韜曰:“邦計雖重，在侍中眼前，但得一人爲使即可。[14]魏博六州户口，天下之半，王正言操守有餘，智力不足，若朝廷任使，庶幾與人共事；若專制方隅，未見其可。張憲才器兼濟，宜以委之。”崇韜即奏憲留守魏州，徵王正言爲租庸使。正言在職，主諾而已，權柄出于孔謙。正言不耐繁浩，簿領縱横，觸事遺忘，物論以爲不可，即以孔謙代之，正言守禮部尚書。[15]三年冬，代張憲爲興唐尹，留守鄴都。時武德使史彦瓊監守鄴都,[16]廪帑出納，兵馬制置，皆出彦瓊，將佐官吏，頤指氣使，正言不能以道御之，但趑趄聽命。至是，貝州戍兵亂,[17]入魏州，彦瓊望風敗走，亂兵剽劫坊市。正言促召書吏寫奏章，家人曰:“賊已殺人縱火，都城已陷，何奏之有!”是日，正言引諸僚佐謁趙在禮,[18]望塵再拜請罪。在禮曰:“尚書重德，勿自卑屈，余受國恩，與尚書共事，但思歸之衆，倉卒見迫耳。”因拜正言，厚加慰撫。明宗即位，正言求爲平盧軍行軍司馬，[19]因以授之，竟卒于任。《永樂大典》卷六千八百五十。[20]

[1]鄆州：州名。治所在今山東東平縣。

[2]志：人名。即王志。事迹不詳。　濟陰：縣名。治所在今山東曹縣西北。

[3]沙門：即僧人。　爲沙門：中華書局本有校勘記："'爲'，原作'從'，據《册府》卷七二九改。《永樂大典》卷六八五〇引五代《薛史》無'從'字。按本卷下文：'密州刺史賀德倫令歸俗。'"見《宋本册府》卷七二九《幕府部・辟署門四》。

[4]密州：州名。治所在今山東諸城市。　賀德倫：人名。其先係河西部落人，後居滑州（今河南滑縣）。五代後梁將領。傳見本書卷二一、《新五代史》卷四四。

[5]青州：州名。治所在今山東青州市。

[6]司空頲：人名。貝州清陽（今河北清河縣）人。唐末、五代將領。傳見本書卷七一、《新五代史》卷五四。

[7]節度判官：官名。唐、五代方鎮僚屬，位在行軍司馬下。分掌使衙内各曹事，並協助使職官員通判衙事。

[8]同光：五代後唐莊宗李存勗年號（923—926）。　户部尚書：官名。尚書省户部長官。掌管全國土地、户籍、賦税、財政收支諸事。正三品。

[9]孔謙：人名。魏州（今河北大名縣）人。後唐大臣，善聚斂錢財，爲李存勗籌劃軍需。傳見本書卷七三、《新五代史》卷二六。　租庸副使：官名。佐理催徵租庸地税的財政官員。後唐時，租庸使取代鹽鐵、度支、户部，爲中央財政長官。

[10]張憲：人名。晋陽（今山西太原市）人。後唐官員。傳見本書本卷、《新五代史》卷二八。

[11]豆盧革：人名。先世爲鮮卑慕容氏，後改豆盧氏。唐同州刺史豆盧籍之孫，舒州刺史豆盧瓚之子。五代後唐宰相。傳見本書卷六七、《新五代史》卷二八。

[12]盧質：人名。河南（今河南洛陽市）人。五代大臣。傳見本書卷九三、《新五代史》卷五六。

[13]李紹宏：人名。又作馬紹宏。籍貫不詳。後唐莊宗近臣。傳見本書卷七二。

[14]侍中：官名。秦始置。隋、唐前期爲門下省長官。唐後期多爲大臣加銜，不參與政務，實際職務由門下侍郎執行。正二品。

[15]禮部尚書：官名。尚書省禮部長官，掌禮儀、祭享、貢舉之政。正三品。

[16]武德使：官名。五代後唐置，爲武德司長官，亦帶職外任，權位極重。《輯本舊史》之影庫本粘籤："'武德'，原本作'務德'，今從通鑑改正。"見《通鑑》卷二七四天成元年（926）二月條。《宋本册府》卷六九八《牧守部·懦劣門》《失政門》亦作"武德"。 史彦瓊：人名。後唐莊宗時伶人。爲武德使，居鄴都，掌魏博六州之政。傳見本書附録、《新五代史》卷三七。

[17]貝州：州名。治所在今河北清河縣。

[18]正言引諸僚佐謁趙在禮：《舊五代史考異》："案《通鑑》：正言索馬，不能得，乃帥僚佐步出府門謁在禮。"見《通鑑》卷二七四天成元年二月癸巳條。

[19]平盧軍：方鎮名。治所在青州（今山東青州市）。

[20]《大典》卷六八五〇"王"字韻"姓氏（三五）"事目。

胡裝

胡裝，禮部尚書曾之孫。[1]汴將楊師厚之鎮魏州，[2]

裝與副使李嗣業有舊，[3]因往依之，薦授貴鄉令。[4]及張彦之亂，[5]嗣業遇害，裝罷秩，客于魏州。莊宗初至，裝謁見，求假官，司空頲以其居官貪濁，不得調者久之。十三年，莊宗還太原，裝候于離亭；謁者不内，乃排闥而入，曰："臣本朝公卿子孫，從兵至此。殿下比興唐祚，[6]勤求英俊，以壯霸圖。臣雖不才，比于進九九，納豎刁、頭須，[7]亦所庶幾。而羈旅累年，執事者不垂顧録臣，[8]臣不能赴海觸樹，走胡適越，[9]今日歸死于殿下也！"莊宗愕然曰："孤未之知，何至如是！"賜酒食慰遣之，謂郭崇韜曰："便與擬議。"是歲，署館驛巡官。[10]未幾，授監察御史裏行，遷節度巡官，賜緋魚袋；尋歷推官、檢校員外郎。[11]裝學書無師法，工詩非作者，僻于題壁，所至宫亭寺觀，必書爵里，人或譏之，不以爲愧。時四鎮幕賓皆金紫，裝獨耻銀艾。十七年，莊宗自魏州之德勝，[12]與賓僚城樓餞别，既而羣僚離席，裝獨留，獻詩三篇，意在章服。莊宗舉大鍾屬裝曰："員外能釂此乎？"裝飲酒素少，略無難色，爲之一舉而釂，[13]莊宗即解紫袍賜之。同光初，以裝爲給事中，[14]從幸洛陽。時連年大水，百官多窘，裝求爲襄州副使。[15]四年，洛陽變擾，節度使劉訓以私忿族裝，[16]誣奏云裝欲謀亂，人士冤之。《永樂大典》卷二千二百四十二。[17]

[1]胡裝，禮部尚書曾之孫：中華書局本有校勘記："《册府》卷七二九、卷九〇〇同，《通鑑》卷二七〇：'裝，証之曾孫也。'按《舊唐書》卷一六三、《新唐書》卷一六四有《胡証傳》。"見

《宋本册府》卷七二九《幕府部·辟署門四》、明本《册府》卷九〇〇《總録部·自薦門》。然，胡證未仕禮部尚書，此處疑誤。

[2]楊師厚：人名。潁州斤溝（今安徽太和縣阮橋鎮斤溝村）人。唐末、五代後梁將領。傳見本書卷二二、《新五代史》卷二三。

[3]李嗣業：人名。籍貫不詳。後梁將領。事見本書卷一三《王師範傳》。

[4]貴鄉：縣名。治所在今河北大名縣。

[5]張彦：人名。籍貫不詳。五代後梁軍校。事見本書卷八《梁末帝紀上》。

[6]"從兵至此"至"殿下比興唐祚"：明本《册府》卷九〇〇《總録部·自薦門》作"從知至此，殿下比雪唐祚"。

[7]豎刁：人名。籍貫不詳。或作"豎刀""豎貂"。春秋時齊桓公寵臣。齊相管仲死後，與易牙等專權。桓公死後，與易牙等殺害大臣，逐太子昭，立公子無詭，齊國大亂。事見《史記》卷三二《齊太公世家》。《輯本舊史》之影庫本粘籤："豎刁，原本作'堅刀'，今據文改正。" 頭須：人名。初爲小吏，没有跟從晋文公出逃，後求見大公。事見《左傳·僖公二十四年》。

[8]執事者不垂顧録臣："臣"字原闕，據明本《册府》卷九〇〇《總録部·自薦門》補。

[9]走胡適越："胡"，明本《册府》卷九〇〇《總録部·自薦門》作"湖"。

[10]館驛巡官：官名。巡官之一種。唐代節度使、觀察使、團練使、防禦使下皆置巡官，位判官、推官下，有營田巡官、轉運巡官、館驛巡官等名目。館驛巡官下設四人，掌館驛。

[11]監察御史裏行：官名。以資淺者充御史，未爲正官帶"裏行"。掌與監察御史同。 節度巡官：官名。唐代節度使、觀察使、團練使、防禦使屬官，位在判官、推官下。掌巡察及處理某些事務。 檢校員外郎：官名。爲散官或加官，以示恩寵，無實際執掌。

[12]德勝：地名。原爲黄河渡口，晋軍築德勝南、北二城於此，遂爲城名。位於今河南濮陽縣。

[13]爲之一舉而醻："爲之"，《宋本册府》卷九三六《總録部·躁競門》作"日唯"。

[14]給事中：官名。秦始置。隋唐以來，爲門下省屬官。掌讀署奏抄、駁正違失。正五品上。

[15]襄州：州名。治所在今湖北襄陽市。

[16]節度使：官名。唐時在重要地區所設掌握一州或數州軍事、民事、財政的長官。　劉訓：人名。隰州永和（今山西永和縣）人。五代藩鎮將領。傳見本書卷六一。

[17]《大典》卷二二四二"胡"字韻"姓氏（二）"事目。劉承幹嘉業堂一九二五年刊本《舊史》作"卷二千二百四十三"。

孔循

孔循，幼孤，流落洛都，市人李讓畜之，[1]然性黠慧。讓以軍功爲朱温所寵，温以讓爲子，號朱友讓，循又姓朱。[2]循漸長成，尤穎悟，朱温選爲綱紀。[3]温之乳媪掌事者而循親之，乳媪爲之義母。媪之外夫趙氏，循又隨媪夫姓曰趙，名殷衡。昭宗自鳳翔還京，左右前後皆朱温之腹心，時殷衡年十七八，爲宣徽副使，及東遷洛都，殷衡與蔣玄暉、張廷範等受朱温密旨，[4]同弑昭宗。輝王即位，蔣玄暉爲樞密使，[5]因事與殷衡不相協。時朱温欲受九錫即禪輝王位，朱温在宿州行營，[6]玄暉自往，咨謀其事，稍遲留，朱温怒，玄暉會殷衡至，温問不行九錫之繇，殷衡曰："玄暉與張廷範同謀恢復唐家，向何皇后前同立盟誓，[7]以此故不欲王速行九錫。"

温怒，是日遣使與殷衡同來，遂殺何皇后及蔣玄暉、張廷範、柳璨等十餘族。[8]殷衡以功爲權樞密副使，[9]朱温之世掌要密權。[10]

［1］洛都：即洛陽。　李讓：人名。即朱友讓。汴州（今河南開封市）人。汴州富人，朱温養子。董璋、高季興、孔循皆爲其家僮。事見《新五代史》卷五一《董璋傳》、卷六九《南平世家·高季興》。

［2］朱温：人名。宋州碭山（今安徽碭山縣）人。五代後梁太祖。紀見本書卷一至卷七、《新五代史》卷一。

［3］綱紀：亦作紀綱。泛指僕從。

［4］昭宗：即唐昭宗李曄，888 年至 904 年在位。紀見《舊唐書》卷二〇上、《新唐書》卷一〇。　鳳翔：方鎮名。治所在鳳翔府（今陝西鳳翔縣）。　宣徽副使：官名。宣徽使副職。唐始置。宣徽南院使、北院使通稱宣徽使。初用宦官，五代以後改用士人。通掌内諸司及三班内侍之名籍，郊祀、朝會、宴享供帳之儀，檢視内外進奉名物。參見王永平《論唐代宣徽使》，《中國史研究》1995 年第 1 期；王孫盈政《再論唐代的宣徽使》，《中華文史論叢》2018 年第 3 期。　蔣玄暉：人名。籍貫不詳。唐末大臣。傳見《新唐書》卷二二三下。　張廷範：人名。清河（今河北清河縣）人。唐末大臣。傳見《新唐書》卷二二三下。

［5］輝王：即唐哀帝李柷。　樞密使：官名。樞密院長官。唐代宗時始以宦官掌機密，至昭宗時借朱温之力盡誅宦官，始改以士人任樞密使。備顧問，參謀議，出納詔奏，權侔宰相。參見李全德《唐宋變革期樞密院研究》，國家圖書館出版社 2009 年版。

［6］九錫：中國古代皇帝賜給有功諸侯、大臣的九種禮器，是最高禮遇的表示。參見劉凱《九錫淵源考辨》，《中國史研究》2018 年第 1 期。　宿州：州名。治所在今安徽宿州市。

[7]何皇后：即唐昭宗皇后。梓州（今四川三臺縣）人。傳見《新唐書》卷七七。

[8]柳璨：人名。河東（今山西永濟市）人。唐末宰相、文學家、史學家。傳見《舊唐書》卷一七九、《新唐書》卷二二三下。

[9]樞密副使：官名。樞密院副長官。

[10]“孔循”至“朱温之世掌要密權”：明本《册府》卷九三八《總録部·姦佞門二》。《新五代史》卷四三《孔循傳》：“孔循，不知其家世何人也。少孤，流落於汴州，富人李讓闌得之，養以爲子。梁太祖鎮宣武，以李讓爲養子，循乃冒姓朱氏。稍長，給事太祖帳中，太祖諸兒乳母有愛之者，養循爲子，乳母之夫姓趙，循又冒姓爲趙氏，名殷衡。昭宗東遷洛陽，太祖盡去天子左右，悉以梁人代之，以王殷爲宣徽使，循爲副使。循與蔣玄暉、張廷範等共與弑昭宗之謀，其後循與玄暉有隙，哀帝即位，將有事於南郊，循因與王殷譖于太祖曰：‘玄暉私侍何太后，與廷範等奉天子郊天，冀延唐祚。’太祖大怒。是時，梁兵攻壽春，大敗而歸，哀帝遣裴迪勞軍，太祖見迪，怒甚，迪還，哀帝不敢郊，封太祖魏王，備九錫，太祖拒而不受。玄暉與宰相柳璨相次馳至梁自解，璨曰：‘自古王者之興，必有封國，而唐所以不即遜位者，當先建國備九錫，然後禪也。’太祖曰：‘我不由九錫作天子，可乎？’璨懼，馳去。太祖遣循與王殷弑何皇后，因殺璨及玄暉、廷範等，以循爲樞密副使。”亦見《通鑑》卷二六五天祐二年（905）十一月庚午、辛巳、癸巳，十二月乙未、丁酉、辛丑諸條。

唐亡，事梁爲汝州防禦使、左衛大將軍、租庸使，[1]同光初歸姓孔，名循。[2]莊宗末，知汴州軍州事，會明宗自鄴城南趨夷門，莊宗東出汜水，循西則奉表迎奉，亦遣人北輸密款，曰：“先至者得之。”[3]明宗先至，遂納之。[4]

[1]汝州：州名。治所在今河南汝州市。　防禦使：官名。地方軍事長官。常由刺史或觀察使兼任。　左衛大將軍：官名。掌宫禁宿衛。正三品。　唐亡，事梁爲汝州防禦使、左衛大將軍、租庸使：《新五代史》卷四三《孔循傳》。

[2]同光初歸姓孔，名循：明本《册府》卷八二五《總録部·名字門二》。《通鑑》卷二七三同光二年（924）八月癸酉條："以副使、衛尉卿孔謙爲租庸使，右威衛大將軍孔循爲副使。循即趙殷衡也，梁亡，復其姓名。"

[3]汴州：州名。治所在今河南開封市。　夷門：此代指開封。因戰國魏都大梁城東門而得名。故址在今河南開封城内東北隅。夷門位於夷山，夷山因山勢平夷而得名，故門亦以山爲名。　汜水：縣名。治所在今河南滎陽市汜水鎮。　"莊宗末"至"先至者得之"：《通鑑》卷二七四天成元年（926）三月辛巳條。明本《册府》卷九三八《總録部·姦佞門二》："莊宗末，知汴州軍州事，會明宗自鄴城南趨夷門，莊宗東出汜水，循西則奉表迎奉，亦遣人北輸密款。"

[4]明宗先至，遂納之：《新五代史》卷四三《孔循傳》。明本《册府》卷七六六《總録部·攀附門二》："孔循同光末權知汴州事，會明宗自鄴都至，循致饁勞軍，供備充至，明宗悦。及定京師，爲樞密使兼秘書監。"

明宗即位，以爲樞密使。明宗幸汴州，循留守東都，民有犯麴者，循族殺其家，明宗知其寃，因詔天下除麴禁，許民得造麴。[1]

[1]東都：即洛陽。　"明宗即位"至"許民得麴曲"：《新五代史》卷四三《孔循傳》。《輯本舊史》卷三九《唐明宗紀五》天成三年（928）七月己未條："詔弛麴禁，許民間自造，於秋苗上納

徵麴價，畝出五錢。時孔循以麴法殺一家於洛陽，或獻此議，以爲愛其人，便於國，故行之。”《通鑑》卷二七六天成三年七月己未條：“東都民有犯私麴者，留守孔循族之，或請聽民造麴，而於秋税畝收五錢；己未，敕從之。”明本《册府》卷五〇四《邦計部·榷酤門》唐明宗條天成三年七月：“時孔循以麴法殺一家於洛陽，或獻此議，以爲愛其人，便於國，故行之。”

天成二年，以荆南高季興謀叛不恭，安重誨、任圜同謀討伐。[1]季興幼與循同爲朱友讓之隸，義如兄弟，及議興師，循心不欲，以爲水潦將降，懼不成功。及劉訓進兵，果不克捷，兵不能退，帝即令循往軍前。循既至，遣門客李湜入荆州見季興，且述循意，即時師旋。[2]

[1]天成：五代後唐明宗李嗣源年號（926—930）。　荆南：又稱南平。五代十國之一。後梁開平元年（907）朱温命高季興爲荆南節度使，後梁末帝時封季興爲渤海王。同光二年（924）受後唐封爲南平王。　高季興：人名。原名高季昌。陝州硤石（今河南三門峽市陝州區硤石鄉）人。五代十國南平（即荆南）開國君主。傳見本書卷一三三、《新五代史》卷六九。　安重誨：人名。應州（今山西應縣）人。五代後唐大臣。傳見本書卷六六、《新五代史》卷二四。　任圜：人名。京兆三原（今陝西三原縣）人。五代後唐將領、大臣。傳見本書卷六七、《新五代史》卷二八。

[2]荆州：州名。治所在今湖北荆州市。　李湜：人名。籍貫、事迹不詳。事見本書本卷《孔循傳》。　“天成二年”至“即時師旋”：明本《册府》卷三三九《宰輔部·不忠門》。明本《册府》卷一二三《帝王部·征討門三》唐明宗條天成二年（927）四月癸卯：“有内臣自荆南至，云暑雨方甚，兵士苦之，及劉訓有疾，乃命樞密

使孔循徑往荆南城下。”“乃命樞密使孔循徑往荆南城下”，卷一三六《帝王部·慰勞門》唐明宗條天成二年四月作“是日差孔循徑往勞問”。

循性柔而狡，安重誨初不察其爲人，多從其言。重誨嘗受詔以秦王從榮兄弟欲娶重誨女爲妻，[1]循謂重誨曰：“不可！公爲樞密侍臣，不宜與皇子婚媾。”乃止。明宗幸汴州，循爲洛京留守，時重誨門人或言循之難測，愛間諜人事，不可令居樞密。循知之，即令人結託，方便聞奏，言：“願以息女妃皇子。”帝即以鄂王許之。[2]重誨繇是大怒，因奏落樞密，出鎮爲許州節度。[3]爲政嚴明，軍民畏而愛之。[4]

[1]從榮：人名。即李從榮。沙陀部人。五代後唐明宗李嗣源次子。傳見本書卷五一、《新五代史》卷一五。

[2]鄂王：即五代後唐愍帝（閔帝）李從厚。明宗李嗣源第三子。生於太原，小字菩薩奴。長興元年（930）封宋王，移鎮鄴都。明宗死後即位，改元應順（934）。潞王李從珂反於鳳翔，愍帝出逃至衛州，被廢爲鄂王，尋被縊殺。紀見本書卷四五、《新五代史》卷七。

[3]許州：州名。治所在今河南許昌市。 “循性柔而狡”至“出鎮爲許州節度”：明本《册府》卷三三九《宰輔部·邪佞門》。《新五代史》卷四三《孔循傳》：“循爲人柔佞而險猾，安重誨尤親信之，凡循所言，無不聽用。明宗嘗欲以皇子娶重誨女，重誨以問循，循曰：‘公爲機密之臣，不宜與皇子婚。’重誨信之，乃止。而循陰使人白明宗，求女妻皇子，明宗即以宋王從厚娶循女。重誨始惡其爲人，出循爲忠武軍節度使。”

［4］爲政嚴明，軍民畏而愛之：明本《册府》卷六八九《牧守部·威嚴門》，亦見卷三三九《宰輔部·邪佞門》。《通鑑》卷二七六天成三年（928）二月乙未條："樞密使、同平章事孔循，性狡佞，安重誨親信之。帝欲爲皇子娶重誨女，循謂重誨曰：'公職居近密，不宜復與皇子爲婚。'重誨辭之。久之，或謂重誨曰：'循善離間人，不可置之密地。'循知之，陰遣人結王德妃，求納其女；德妃請娶循女爲從厚婦，帝許之。重誨大怒，乙未，以循同平章事，充忠武節度使兼東都留守。"同年十一月庚寅條："皇子從厚納孔循女爲妃，循因之得之大梁，厚結王德妃之黨，乞留。安重誨具奏其事，力排之，禮畢，促令歸鎮。"

復移鎮滄州。[1]及重誨將失勢，内廷論樞密使，帝曰："孔循舊嘗爲之，不亦可乎？"循在滄州，聞上言，即治行裝。將入朝，會從榮以鄂王妻父尤忌疾之，初聞帝有徵循之言，正人無不憂之，咸以爲將來無益於社稷，俄而循卒。[2]

［1］滄州：州名。治所在今河北滄縣舊州鎮。

［2］"復移鎮滄州"至"俄而循卒"：明本《册府》卷三三九《宰輔部·邪佞門》。《新五代史》卷四三《孔循傳》："徙鎮横海，卒於鎮，年四十八，贈太尉。"

崔貽孫

崔貽孫，[1]祖玄亮，[2]左散騎常侍。[3]父芻言，潞州判官。[4]貽孫以門族登進士第，以監察升朝，歷清資美職。及爲省郎，使于江南迴，[5]以橐裝營別墅于漢上之轂城，[6]退居自奉。清江之上，緑竹遍野，[7]狹徑深密，維舟曲岸，人莫造焉，時人甚高之。及李振貶均州，[8]貽孫曲奉之。振入朝，貽孫累遷丞郎。[9]同光初，除吏部侍郎，[10]銓選疎謬，貶官塞地，[11]馳驛至潞州，致書于府帥孔勍曰：[12]"十五年轂城山裏，自謂逸人；二千里沙塞途中，今爲逐客。"勍以其年八十，[13]奏留府下。明年，量移澤州司馬，[14]遇赦還京。[15]宰相鄭珏以姻戚之分，復擬吏部侍郎，[16]天官任重，昏耄罔知，後遷禮部尚書，致仕而卒。[17]有子三人，自貽孫左降之後，各于舊業争分其利，甘旨醫藥，莫有奉者。貽孫以書責之云："生有明君宰相，死有天曹地府，吾雖考終，豈放汝耶!"《永樂大典》卷二千七百四十。[18]

[1]崔貽孫：《舊五代史考異》："案：《新唐書·宰相世系表》：貽孫，字伯垂。"見《新唐書》卷七二下《宰相世系表二下》。

[2]玄亮：人名。即崔玄亮。磁州（今河北磁縣）人。唐代大臣。傳見《舊唐書》卷一六五、《新唐書》卷一六四。《舊五代史考異》："案世系表：玄亮，字晦叔，虢州刺史。"見《新唐書》卷七二下《宰相世系表二下》。

[3]左散騎常侍：官名。門下省屬官。掌侍奉規諷，備顧問應對。正三品下。

[4]芻言：人名。即崔芻言。唐代官員。歷潞州判官、昭義節度判官。事見《新唐書》卷七二下《宰相世系表二下》。　潞州：州名。治所在今山西長治市。

[5]省郎：尚書省六部二十四司郎中、員外郎的通稱。　使于江南迴：中華書局本有校勘記："'使'字原闕，據《册府》卷八一三、卷九一七補。"見明本《册府》卷八一三《總録部·退迹門》、

卷九一七《總録部·改節門》。

［6］穀城：縣名。治所在今湖北穀城縣。　以槖裝營别墅于漢上之穀城：中華書局本有校勘記："'槖'，原作'橐'，據殿本、彭校、《册府》卷八一三、卷九一七改。"

［7］緑竹遍野："遍"，明本《册府》卷八一三《總録部·退迹門》、卷九一七《總録部·改節門》作"亘"。

［8］李振：人名。河西（今甘肅武威市）人。五代後梁大臣。祖居西域，祖、父在唐皆官郡守。傳見本書卷一八、《新五代史》卷四三。　均州：州名。治所在今湖北丹江口市。《輯本舊史》之影庫本粘籤："'均州'，原本作'珣州'，今從《歐陽史》改正。"

［9］丞郎：尚書左右丞與六部尚書、侍郎的合稱。

［10］吏部侍郎：官名。尚書省吏部次官。協助吏部尚書掌文選、勳封、考課之政。正四品上。

［11］貶官塞地：《輯本舊史》卷三二《唐莊宗紀六》同光二年（924）十一月壬寅條："吏部侍郎崔貽孫貶朔州司馬。"

［12］孔勍：人名。兖州（今山東濟寧市兖州區）人。唐末、五代藩鎮軍閥。傳見本書卷六四。

［13］年八十：《宋本册府》卷九〇九《總録部·窮愁門》作"年過八十"。

［14］澤州：州名。治所在今山西晋城市。　司馬：官名。州郡佐官。名義上紀綱衆務，通判列曹，品高俸厚，實際上無具體職事，多用以安置貶謫官員，或用作遷轉官階。上州從五品下，中州正六品下，下州從六品上。

［15］遇赦還京：明本《册府》卷九三九《總録部·譏誚門》："崔貽孫爲吏部侍郎，黜於塞北，遇赦還京。時崔沂方爲左丞，沂之年小貽孫數歲。貽孫切於其闕，每言於僚友曰：'崔丞已薄桑榆，何無止足！'"

［16］鄭珏：人名。籍貫不詳。後梁、後唐宰相。傳見本書卷五八、《新五代史》卷五四。　宰相鄭珏以姻戚之分，復擬吏部侍郎：

《輯本舊史》卷三八《唐明宗紀四》天成二年（927）二月戊申條，“以前吏部侍郎崔貽孫爲吏部侍郎”。“姻”，明本《册府》卷三三七《宰輔部·徇私門》作“嬰”。

[17]致仕而卒：《輯本舊史》卷三九《唐明宗紀五》天成三年二月條：“以禮部尚書崔貽孫卒輟朝。”《舊五代史考異》：“案：《北夢瑣言》：崔貽孫年過八十，求進不休，囊槖之資，素有貯積，性好干人，喜得小惠。”見《北夢瑣言》卷一九老益貪條。《宋本册府》卷六三八《銓選部·不稱門》：“後唐崔貽孫爲吏部侍郎。性好干人，喜得小惠。天官任重，昏耄罔知，瞽目將瞑，猶以所欲，託於選人。銓管難虚，遂除禮部尚書致仕。”

[18]《大典》卷二七四〇“崔”字韻“姓氏（八）”事目。

孟鵠

孟鵠，魏州人。莊宗初定魏博，選幹吏以計兵賦，以鵠爲度支孔目官。明宗時爲邢洺節度使，每曲意承迎，明宗甚德之。[1]及孔謙專典軍賦，徵督苛急，明宗嘗切齒。及即位，鵠自租庸勾官擢爲客省副使、樞密承旨，遷三司副使。[2]出爲相州刺史。[3]會范延光再遷樞密，[4]乃徵鵠爲三司使。初，鵠有計畫之能，及專掌邦賦，操剸依違，[5]名譽頓減。期年發疾，求外任，仍授許州節度使。謝恩退，帝目送之，顧謂侍臣曰：“孟鵠掌三司幾年，得至方鎮？”范延光奏曰：“鵠于同光世已爲三司勾官，天成初爲三司副使，出刺相州，入判三司又二年。”[6]帝曰：“鵠以幹事，遽至方鎮，争不勉旃。”[7]鵠與延光俱魏人，[8]厚相結託，暨延光掌樞務，援引判三司，又致節鉞，明宗知之，故以此言譏之。到任未周歲，卒。贈太傅。[9]《永樂大典》卷一萬三千一百六十。[10]

[1]孔目官：官名。唐玄宗開元五年（717），始於集賢殿置孔目官一人，掌檔案及圖書目録。後諸鎮節度使府皆置孔目官，掌管檔案及文書收發，綜理衆務，其職掌略似於諸州、府之録事參軍，爲幕府要職之一。　邢洺：方鎮名。治所在今河北邢臺市。　“莊宗初定魏博”至“明宗甚德之”：《宋本册府》卷八四四《總録部·勤幹門》作：“莊宗初定魏博，選幹吏以計兵職，鵠爲度支孔目官，掌邢洺錢穀司。明宗時爲邢洺節度使，軍賦三分之一屬霸府，鵠於調筭之間不至苛急，每事曲意承迎，帝心甚德之。”較《輯本舊史》詳。

[2]租庸勾官：官名。租庸使屬官。掌署名勾訖。　客省副使：官名。唐代宗朝始置。客省副長官。佐客省使掌款待外國與少數民族使者，及文武官朝見皇帝禮儀等。　三司副使：官名。三司副長官。五代後唐明宗天成元年（926）將晚唐以來的户部、度支、鹽鐵三部合爲一職，設三司使統之。《舊五代史考異》：“案：《北夢瑣言》作三司勾押官。”見《北夢瑣言》卷一九明宗諷孟鵠條。按：所謂三司勾押官，疑非指某一特定官名，而指三司任上諸官，蓋《北夢瑣言》減省之語。又，《輯本舊史》卷四二《唐明宗紀八》長興二年（931）五月辛巳條：“以前相州刺史孟鵠爲左驍衛大將軍，充三司使。”而同書卷四三《唐明宗紀九》長興三年十一月辛巳條則作“三司使、左武衛大將軍”。

[3]相州：州名。治所在今河南安陽市。

[4]范延光：人名。相州臨漳（今河北臨漳縣）人。五代後唐、後晉將領。傳見本書卷九七、《新五代史》卷五一。

[5]操剸依違：中華書局本有校勘記：“‘剸’，原作‘刺’，據孔本、《册府》卷五一一改。殿本作‘割’。”見《宋本册府》卷五

一一《邦計部·曠敗門》。

[6]二年：明本《册府》卷三三七《宰輔部·樹黨門》作“三年”。

[7]帝曰：鵠以幹事，遽至方鎮，争不勉旃：明本《册府》卷三三七《宰輔部·樹黨門》作：“帝曰：‘鵠實幹事人，以至此方鎮，争不勉旃。’”

[8]鵠與延光俱魏人：此後，明本《册府》卷三三七《宰輔部·樹黨門》有“鵠在相州延光自鎮州歸朝鵠”十二字。

[9]太傅：官名。與太師、太保合稱三師，唐後期、五代多爲大臣、勳貴加官。正一品。

[10]《大典》卷一三一六〇“孟”字韻“姓氏（四）”事目。

孫岳

孫岳，稷州人也。[1]强幹有才用，歷府衛右職。天成中，爲潁耀二州刺史、[2]閬州團練使，[3]所至稱治，遷鳳州節度使。[4]受代歸京，秦王從榮欲以岳爲元帥府都押衙。[5]事未行，馮贇舉爲三司使，[6]時預密謀。朱、馮患從榮之恣横，岳曾極言其禍福之端，[7]康義誠聞之不悦。[8]及從榮敗，義誠召岳同至河南府檢閲府藏。[9]時紛擾未定，義誠密遣騎士射之，岳走至通利坊，[10]爲騎士所害，識與不識皆痛之。[11]

[1]稷州：州名。治所在武功縣（今陝西武功縣西北武功鎮）。中華書局本有校勘記：“‘稷州’，殿本作‘冀州’。”

[2]潁：州名。治所在今安徽阜陽市。　耀：州名。治所在今

陝西銅川市耀州區。　爲潁耀二州刺史：《輯本舊史》卷三六《唐明宗紀二》天成元年（926）六月己巳條："以鄴都副留守孫岳爲潁州團練使。"又，同書卷三七《唐明宗紀三》天成元年十二月壬寅條："潁州刺史孫岳加檢校太保，獎能政也。"又，同書卷三八《唐明宗紀四》天成二年二月壬辰條："以潁州刺史孫岳爲耀州團練使。"

［3］閬州：州名。治所在今四川閬中市。　團練使：官名。唐代中期以後，於不設節度使的地區設團練使，掌本區各州軍事。閬州團練使：《輯本舊史》卷四一《唐明宗紀七》長興元年（930）四月庚申條："以閬州防禦使孫岳爲鳳州節度使。"

［4］鳳州：州名。治所在固道郡梁泉縣（今陝西鳳縣東北鳳州鎮）。　遷鳳州節度使：《輯本舊史》卷四二《唐明宗紀八》長興二年十一月壬寅條："以鳳州節度使孫岳充西面閣道使。"

［5］都押衙：官名。"押衙"即"押牙"。唐、五代時期節度使辟署的屬官，有稱左、右都押衙或都押衙者。掌領方鎮儀仗侍衛、統率軍隊。參見劉安志《唐五代押牙（衙）考略》，武漢大學歷史系魏晋南北朝隋唐史研究室編《魏晋南北朝隋唐史資料》第16輯，武漢大學出版社1998年版。

［6］馮贇：人名。太原（今山西太原市）人。五代後唐明宗朝宰相、三司使。傳見本書附録、《新五代史》卷二七。

［7］岳曾極言其禍福之端：中華書局本有校勘記："'福'字原闕，據《册府》卷九三一、《通鑑》卷二七八補。"見《宋本册府》卷九三一《總録部·枉横門》、《通鑑》卷二七八長興四年十月癸巳條。

［8］康義誠：人名。沙陀部人。五代後唐將領。傳見本書卷六六、《新五代史》卷二七。

［9］河南府：府名。治所在今河南洛陽市。

［10］通利坊：坊名。位於今河南洛陽市。

［11］識與不識皆痛之：《輯本舊史》卷四五《唐閔帝紀》長興

四年十二月癸亥條："故檢校太尉、右衛上將軍、充三司使孫岳贈太尉、齊國公。"

子璡，歷諸衛將軍、藩閫節度副使。[1]《永樂大典》卷三千五百七十一。[2]

[1]璡：人名。即孫璡。事迹不詳。　節度副使：官名。唐五代方鎮屬官。位於行軍司馬之下、判官之上。

[2]原作"《永樂大典》卷三千五百九十一"，檢《永樂大典目録》，卷三五九一"臻""榛"等字韻，與本則内容不符，恐有誤記。陳垣《舊五代史輯本引書卷數多誤例》謂應作卷三五七一"孫"字韻。"據陳垣説改，《大典》卷三五七一"孫"字韻"姓氏（一八）"事目。

張延朗[1]

[1]中華書局本引影庫本粘籤："《張延朗傳》，《永樂大典》原本有刪節，今就散見各韻者得二條，排比前後，以存梗概。"

張延朗，汴州開封人也。事梁，以租庸吏爲鄆州糧料使。[1]明宗克鄆州，得延朗，復以爲糧料使，後徙鎮宣武、成德，以爲元從孔目官。[2]長興元年，始置三司使，拜延朗特進、工部尚書，充諸道鹽鐵轉運等使，兼判户部度支事，[3]詔以延朗充三司使。[4]《永樂大典》卷六千三百五十一。[5]

[1]開封：府名。治所在今河南開封市。　糧料使：官名。唐

後期或爲節度使屬官，或由度支使差派。掌供應軍餉、糧草。

[2]宣武：方鎮名。治所在汴州（今河南開封市）。　成德：方鎮名。治所在鎮州（今河北正定縣）。　元從：自初始即追隨在側的部屬。

[3]長興：五代後唐明宗李嗣源年號（930—933）。　特進：官名。西漢末期始置，授給列侯中地位較特殊者。隋唐時期，特進爲散官，授給有聲望的文武官員。正二品。　工部尚書：官名。尚書省工部長官。掌百工、屯田、山澤之政令。正三品。　鹽鐵轉運：官名。即鹽鐵轉運使。唐代鹽鐵使多與轉運使聯爲一職，亦有專職和兼領他職者。　兼判户部度支事：安史之亂後，因軍事供應浩繁，以宰相爲度支使，由户部尚書、侍郎或他官兼領度支事務，稱度支使或判度支事、知度支事，權任極重，與鹽鐵使、判户部事或户部使合稱“三司”。

[4]“張延朗”至“詔以延朗充三司使”：中華書局本有校勘記：“按此節文字，‘張延朗’至‘以爲元從孔目官’四十九字，‘拜延朗特進，至‘詔以延朗充三司使’三十三字，與《新五代史》卷二六《張延朗傳》全同，唯‘長興元年始置三司使’九字係據傳文節寫。疑係誤輯《新五代史》。”見《新五代史》卷二六《張延朗傳》。《輯本舊史》卷三五《唐明宗紀一》同光四年（926）四月乙未條：“以鎮州別駕張延朗爲樞密副使。”同書卷三八《唐明宗紀四》天成二年五月癸亥條：“遣宣徽使張延朗調發郡縣糧運赴荆南城下，仍以軍法從事。”同年六月丁亥條：“以宣徽北院使張延朗爲右武衛大將軍、判三司，依前宣徽使檢校司徒。”同書卷三九《唐明宗紀五》天成三年（928）三月戊辰條：“以宣徽北院使、判三司張延朗爲宣徽南院使。”同年閏八月乙丑條：“陜州節度使李從敏移鎮滄州。以宣徽南院使張延朗爲陜州節度使。”同書卷四一《唐明宗紀七》長興元年三月壬午條：“許州節度使孔循移鎮滄州，陜州節度使張延朗移鎮許州，加檢校太傅。”同年八月乙未條：“以前許州節度使張延朗爲檢校太傅、行兵部尚書，充三司使。三司之

有使額，自延朗始也。初，中書覆奏，授延朗諸道鹽鐵轉運等使，兼判户部度支事。奏入，宣旨曰：'會計之司，國朝重事，將總成其事額，俾專委於近臣，貴便一時，何循往例，兼移内職，可示新規。張延朗可充三司使，班在宣徽使下。"同書卷四二《唐明宗紀八》長興二年（931）五月庚申條："以三司使、行工部尚書張延朗爲兖州節度使。"同書卷四四《唐明宗紀一〇》長興四年十月庚午條："以前兖州節度使張延朗爲秦州節度使。"明本《册府》卷四〇一《將帥部·行軍法門》："張延朗爲陝州節度使，上言右都押衙楊洪賓不伏指揮，已處斬訖。"同書卷四三五《將帥部·獻捷門二》天成三年六月己丑條："張延朗自定州迴，押領到所獲賊將五十餘人。帝御咸安門，觀其獻俘。"同書卷四九八《邦計部·漕運門》天成二年十一月壬子條："三司使張延朗奏：'於洛中預備一二年軍糧，除水運外，深冬百姓稍閑，請差運糧一轉。帝然之。（又云延朗奏敕諸道船糧百石，以實京師。）"《新五代史》卷六《唐明宗紀》長興元年八月乙未條："忠武軍節度使張延朗爲三司使。"《通鑑》卷二七五天成元年四月乙未條："以中門使安重誨爲樞密使，鎮州别駕張延朗爲副使。延朗，開封人也，仕梁爲租庸吏，性纖巧，善事權貴，以女妻重誨之子，故重誨引之。"同卷天成二年六月己丑條："以宣徽北院使張延朗判三司。"同書卷二七六天成三年四月癸巳條："初，義武節度使兼中書令王都鎮易定十餘年，自除刺史以下官，租賦皆贍本軍。及安重誨用事，稍以法制裁之；帝亦以都篡父位，惡之，時契丹數犯塞，朝廷多屯兵於幽、易間，大將往來，都陰爲之備，浸成猜阻。都恐朝廷移之他鎮，腹心和昭訓勸都爲自全之計，都乃求婚於盧龍節度使趙德鈞。又知成德節度使王建立與安重誨有隙，遣使結爲兄弟，陰與之謀復河北故事，建立陽許而密奏之。都又以蠟書遺青、徐、潞、益、梓五帥，離間之。又遣人説北面副招討使歸德節度使王晏球，晏球不從；乃以金遺晏球帳下，使圖之，不克；癸巳，晏球以都反狀聞，詔宣徽使張延朗與北面諸將議討之。"同年五月乙丑等條："王晏球聞契丹發兵救定州，將大軍趣望都，遣張延朗分兵退保新樂。延朗遂之真定，留趙州刺史朱建豐將兵脩新樂城。契丹已自他道入定州，與王都夜襲新樂，破之，殺建豐。乙丑，王晏球、張延朗會於行唐，丙寅，至曲陽。王都乘勝，悉其衆與契丹五千騎合萬餘人，邀晏球等於曲陽，丁卯，戰于城南。晏球集諸將校令之曰：‘王都輕而驕，可一戰擒也。今日，諸君報國之時也。悉去弓矢，以短兵擊之，回顧者斬！’於是騎兵先進，奮檛揮劍，直衝其陣，大破之，僵尸蔽野；契丹死者過半，餘衆北走；都與禿餒得數騎，僅免。”同書卷二七七長興元年八月乙未條後：“以前忠武節度使張延朗行工部尚書，充三司使。三司使之名自此始。”

[5]《大典》卷六三五一“張”字韻“姓氏（二一）”事目。

末帝即位，授禮部尚書兼中書侍郎、平章事、判三司。[1]延朗再上表辭曰：[2]“臣濫承雨露，擢處鈞衡，[3]兼叨選部之銜，仍掌計司之重。況中省文章之地，洪鑪陶鑄之門，臣自揣量，何以當處。是以繼陳章表，疊貢情誠，乞寢睿恩，[4]免貽朝論。豈謂御批累降，聖旨不移，決以此官，委臣非器，所以强收涕泗，勉遏怔忪，重思事上之門，細料盡忠之路。[5]竊以位高則危至，寵極則謗生，君臣莫保于初終，分義難防于毀譽。臣若保兹重任，忘彼至公，徇情而以免是非，偷安而以固富貴，[6]則内欺心腑，[7]外負聖朝，何以報君父之大恩，望子孫之延慶。臣若但行王道，唯守國章，任人必取當才，決事須依正理，確違形勢，[8]堅塞倖門，則可以振舉弘綱，彌縫大化，助陛下含容之澤，彰國家至理之風，然而讒邪者必起憾詞，憎嫉者寧無謗議。或慮至尊未悉，群謗難明，不更拔本尋源，便俟甘瑕受玷，縱臣心可忍，[9]臣耻可消，只恐山林草澤之人，稱量聖制；冠履軒裳之士，輕慢朝廷。

臣又以國計一司，掌其經費，利權二務，[10]職在捃收。將欲養四海之貧民，無過薄賦；贍六軍之勁士，[11]又藉豐儲。利害相隨，取與難酌，若使罄山採木，竭澤求魚，[12]則地官之教化不行，國本之傷殘益甚，取怨黔首，是黷皇風。[13]況諸道所徵賦租，雖多數額，[14]時逢水旱，或遇蟲霜，其間則有減無添，所在又申逃係欠。乃至軍儲官俸，[15]常汲汲于供須；[16]夏税秋租，每懸懸于繼續。況今内外倉庫，多是罄空；遠近生民，或聞饑歉。伏見朝廷尚添軍額，更益師徒，非時之博糴難爲，異日之區分轉大。[17]竊慮年支有闕，國計可憂。望陛下節例外之破除，放諸項以儉省，[18]不添冗食，且止新兵，務急去繁，以寬經費，減奢從儉，[19]漸俟豐盈，則屈者知恩，叛者從化，弭兵有日，富俗可期。

臣又聞治民尚清，爲政務易，易則煩苛並去，清則偏黨無施，若擇其良牧，委在正人，則境内蒸黎，必獲蘇息，官中倉庫，亦絶侵欺。伏望誠見在之處官，無乖撫俗。擇將來之涖事，更審求賢。儻一一得人，則農無所苦；人人致理，則國復何憂。但奉公善政者，不惜重酬，昧理無功者，勿頒厚俸，益彰有道，兼絶徇情。伏望陛下，念臣布露之前言，閔臣驚憂于後患，察臣愚直，杜彼讒邪，臣即但副天心，[20]不防人口，庶幾萬一，仰答聖明。"[21]

末帝優詔答之，召于便殿，謂之曰："卿所論奏，深中時病，形之切言，頗救朕失。國計事重，日得商量，無勞過慮也。"[22]延朗不得已而承命。《永樂大典》卷一萬七千九百一十。[23]

[1]末帝：即五代後唐廢帝李從珂，又稱末帝。鎮州平山（今河北平山縣）人。本姓王氏，爲後唐明宗養子，改名從珂。紀見本書卷四六至卷四八、《新五代史》卷七。　中書侍郎：官名。中書省副長官。唐後期三省長官漸爲榮銜，中書侍郎、門下侍郎却因參議朝政而職位漸重，常常用爲以"同三品"或"同平章事"任宰相者的本官。正三品。　平章事：官名。"同中書門下平章事"的簡稱。唐高宗以後，凡實際任宰相之職者，常在其本官後加同平章事的職銜。後成爲宰相專稱。　授禮部尚書兼中書侍郎、平章事、判三司：中華書局本有校勘記："'吏部'，原作'禮部'，據《册府》卷三二九、《新五代史》卷二六《張延朗傳》改。按本卷下文云其'兼叨選部之銜'。"見明本《册府》卷三二九《宰輔部·兼領門》："張延朗，末帝清泰二年，自雄武軍節度使授吏部尚書兼中書侍郎、平章事、判三司。"《輯本舊史》卷四六《唐末帝紀上》清泰元年（934）十一月辛丑條："秦州節度使張延朗奏，率師伐蜀。"同年十二月乙亥條："以秦州節度使張延朗爲中書侍郎、同平章事、判三司。"明本《册府》卷一八一《帝王部·疑忌門》應順元年三月條："遣供奉官王廷悦、劉贇各以玉帶、金錯刀賜秦州張延朗、興元張虔（釗）、劉竺帥，各進潞王書，疑其兩端，故有是賜。"同書卷七四《帝王部·命相門四》清泰元年十二月條："以泰（秦）州節度使張延朗爲中書侍郎、平章事。"《新五代史》卷七《唐廢帝紀》清泰元年十二月乙亥條："雄武軍節度使張延朗爲中書侍郎、同中書門下平章事。"《通鑑》卷二七九清泰元年十月戊子條後"雄武節度使張延朗將兵圍文州，階州刺史郭知瓊拔尖石寨。蜀李延厚將果州兵屯興州，遣先登指揮使范延暉將兵救文州，延朗

解圍而歸”。同年十二月乙亥條：“徵雄武節度使張延朗爲中書侍郎、同平章事、判三司。”

［2］延朗再上表辭曰：明本《册府》卷三一四《宰輔部·謀猷門四》作“清泰二年，上表曰”。

［3］擢處鈞衡：明本《册府》卷三一四作“擢在均衡”。

［4］乞寢睿恩：中華書局本有校勘記：“‘寢’，原作‘請’，據《册府》卷三一四改。”

［5］細料盡忠之路：“盡”，明本《册府》卷三一四作“進”。

［6］偷安而以固富貴：明本《册府》卷三一四作“固位而偷安富貴”。

［7］則内欺心腑：“腑”，明本《册府》卷三一四作“府”。

［8］確違形勢：“違”，明本《册府》卷三一四作“爲”。

［9］縱臣心可忍：中華書局本有校勘記：“‘縱’字原闕，據《册府》卷三一四補。”

［10］利權二務：“二”，明本《册府》卷三一四作“幹”。

［11］贍六軍之勁士：“士”，明本《册府》卷三一四作“卒”。

［12］竭澤求魚：《輯本舊史》之影庫本粘籤：“‘竭澤’，原本作‘渴懌’，今據《册府元龜》改正。”見明本《册府》卷三一四。

［13］是黷皇風：“黷”，明本《册府》卷三一四作“瀆”。

［14］雖多數額：“多”，明本《册府》卷三一四作“廣”。

［15］乃至軍儲官俸：“至”，明本《册府》卷三一四作“置”。

［16］汲汲：明本《册府》卷三一四作“急急”。

［17］異日之區分轉大：“異”，明本《册府》卷三一四作“繫”。

［18］放諸項以儉省：明本《册府》卷三一四作“於諸頭之儉省”。

［19］減奢從儉：“奢”，明本《册府》卷三一四作“省”。

［20］臣即但副天心：“但”，明本《册府》卷三一四作“俾”。

［21］仰答聖明：“仰”，明本《册府》卷三一四作“少”。

[22]“末帝優詔答之”至“無勞過慮也”：明本《册府》卷三一四作：“帝優詔答之，召於便殿，謂之曰：‘爾所論奏，深中時病。朕於恩澤之中，不無假借，添置軍旅，比緣戎事。近細思之，於事無益，形之切言，深敕救朕失。國計事重，日得商量，無勞過慮也。’”

[23]《大典》卷一七九一〇“相”字韻“後唐相”事目。

清泰二年四月，[1]延朗奏：“州縣官徵科賞罰，例縣令、録事參軍正官，一年依限徵科了絶加階，二年依限與試銜，三年揔及限與服色。如攝令一年内了絶仍攝，二年三年内揔及限，與真命。主簿一年、二年，[2]如縣令條，三年揔了，别任使。本判官一年加階，二年改試銜，三年轉官。本曹官省限内了絶，與試銜轉官。諸節級三年内揔了絶，與賞錢三十千。其賞罰，依天成四年五月五日敕。”從之。[3]

[1]清泰：五代後唐廢帝李從珂年號（934—936）。

[2]主簿：官名。漢代以後歷朝均置。唐代京城百司和地方官署，均設主簿。管理文書簿籍，參議本署政事，爲官署中重要佐官。其官階品秩，因官署而不同。

[3]“清泰二年四月”至“從之”：《宋本册府》卷六三六《銓選部·考課門二》。《輯本舊史》卷四七《唐末帝紀中》清泰二年（935）四月辛巳條：“宰臣判三司張延朗奏：‘州縣官徵科條格，其令録在任徵科，依限了絶，一年加階，兩年與試銜，三年皆及限了絶，與服色。攝任者一年内了絶，仍攝，二年三年内皆及限，與真命。其主簿同縣令條。本判官一年加階，二年改試銜，三年轉官。本曹官省限内了絶，與試銜。諸節級三年内並了絶者，與賞錢三十貫。其責罰，依天成四年五月五日敕施行。’從之。”同月癸未

條：“張延朗兼集賢殿大學士。”同年十月甲戌條：“幸趙延壽、張延朗第。”明本《册府》卷一一四《帝王部·巡幸門三》清泰二年十月甲戌條：“移幸三司張延朗第，昏暝還宫。”

延朗有心計，善理繁劇。[1]晋高祖在太原，朝廷猜忌，不欲令有積聚，係官財貨留使之外，延朗悉遣取之，晋高祖深銜其事。及晋陽起兵，末帝議親征，然亦採浮論，不能果決，延朗獨排衆議，請末帝北行，識者韙之。晋高祖入洛，送臺獄以誅之。其後以選求計使，難得其人，甚追悔焉。[2]《永樂大典》卷一萬七千九百一十。[3]

［1］延朗有心計，善理繁劇：《新五代史》卷二六《張延朗傳》：“延朗號爲有心計，以三司爲己任，而天下錢穀亦無所建明。明宗常出遊幸，召延朗共食，延朗不至，附使者報曰：‘三司事忙，無暇。’聞者笑之。”

［2］晋高祖：即五代後晋高祖石敬瑭。沙陀部人。五代後唐將領、後晋開國皇帝。紀見本書卷七五至卷八〇、《新五代史》卷八。“晋高祖在太原”至“甚追悔焉”：《輯本舊史》卷七六《晋高祖紀二》天福元年（936）十一月甲申條：“制：‘大赦天下，應中外諸色職掌官吏内曾有受僞命者，一切不問。僞庭賊臣張延朗、劉延皓、劉延朗等，並姦邪害物，貪猥弄權，罪既滿盈，理難容貸。除此三人已行敕命指揮外，其有宰臣馬裔孫、樞密使房暠、宣徽使李專美、河府節度使韓昭裔等四人，並令釋放。’”《新五代史》卷二六《張延朗傳》：“晋高祖有異志，三司財貨在太原者，延朗悉調取之，高祖深以爲恨。晋兵起，廢帝欲親征，而心畏高祖，遲疑不決，延朗與劉延朗等勸帝必行。延朗籍諸道民爲丁及括其馬，

丁、馬未至，晉兵入京師，高祖得延朗，殺之。”《宋本册府》卷九五五《總録部·知舊門》：“張義爲監察御史。廣順二年十月，賜緋魚笏，王峻之奏也。義，唐三司使延朗之子也。峻嘗事延朗，故有是請。”《新五代史》卷八《晉高祖紀》天福元年閏十一月甲申條：“大赦，殺張延朗、劉延朗，赦房暠。”《通鑑》卷二八〇天福元年九月丁未等條：“丁未，唐主下詔親征。雍王重美曰：‘陛下目疾未平，未可遠涉風沙；臣雖童稚，願代陛下北行。’帝意本不欲行，聞之，頗悦。張延朗、劉延皓及宣徽南院使劉延朗皆勸帝行，帝不得已，戊申，發洛陽，謂盧文紀曰：‘朕雅聞卿有相業，故排衆議首用卿，今禍難如此，卿嘉謀皆安在乎？’文紀但拜謝，不能對。己酉，遣劉延朗監侍衛步軍都指揮使符彦饒軍赴潞州，爲大軍後援。諸軍自鳳翔推戴以來，驕悍不爲用，彦饒恐其爲亂，不敢束之以法。帝至河陽，心憚北行，召宰相、樞密使議進取方略，盧文紀希帝旨，言：‘國家根本，太半在河南。胡兵倏來忽往，不能久留；晉安大寨甚固，況已發三道兵救之。河陽天下津要，車駕宜留此鎮撫南北，且遣近臣往督戰，苟不能解圍，進亦未晚。’張延朗欲因事令趙延壽得解樞務，因曰：‘文紀言是也。’帝訪於餘人，無敢異言者。澤州刺史劉遂凝，鄩之子也，潛自通於石敬瑭，表稱車駕不可逾太行。帝議近臣可使北行者，張延朗與翰林學士須昌和凝等皆曰：‘趙延壽父德鈞以盧龍兵來赴難，宜遣延壽會之。’庚戌，遣樞密使、忠武節度使、隨駕諸軍都部署、兼侍中趙延壽將兵二萬如潞州。辛亥，帝如懷州。以右神武統軍康思立爲北面行營馬軍都指揮使，帥扈從騎兵赴團柏谷。”同年十月壬戌條：“冬，十月，壬戌，詔大括天下將吏及民間馬；又發民爲兵，每七户出征夫一人，自備鎧仗，謂之‘義軍’，期以十一月俱集，命陳州刺史郎萬金教以戰陳，用張延朗之謀也。凡得馬二千餘匹，征夫五千人，實無益於用，而民間大擾。”同年閏十一月壬申條：“唐主還至河陽，命諸將分守南、北城。張延朗請幸滑州，庶與魏博聲勢相接，唐主不能決。”同月壬午等條：“初，帝在河東，爲唐朝所忌，中書侍郎、同平章事、判三司張延朗不欲河東多蓄積，凡財賦應留使之外盡收取之，帝以是恨之。壬午，百官入見，獨收延朗付御史臺，餘皆謝恩。甲申，車駕入宫，大赦：'應中外官吏一切不問，惟賊臣張延朗、劉延皓、劉延朗姦邪貪猥，罪難容貸；中書侍郎平章事馬胤孫、樞密使房暠、宣徽使李專美、河中節度使韓昭胤等，雖居重位，不務詭隨，並釋罪除名；中外臣僚先歸順者，委中書門下别加任使。'劉延皓匿於龍門，數日，自經死。劉延朗將奔南山，捕得，殺之。斬張延朗；既而選三司使，難其人，帝甚悔之。"

[3]《大典》卷一七九一〇"相"字韻"後唐相"事目。

劉延皓

劉延皓，應州渾元人。[1]祖建立，父茂成，[2]皆以軍功推爲邊將。延皓即劉后之弟也。[3]末帝鎮鳳翔，署延皓元隨都校，奏加檢校户部尚書。[4]清泰元年，除宫苑使，[5]加檢校司空。[6]俄改宣徽南院使、檢校司徒。[7]二年，遷樞密使、太保，[8]出爲鄴都留守、檢校太傅。[9]延皓御軍失政，爲屯將張令昭所逐，[10]出奔相州，尋詔停所任。及晋高祖入洛，延皓逃匿龍門廣化寺，[11]數日，自經而死。

[1]應州：州名。治所在今山西應縣。　渾元：縣名。治所在今山西渾源縣。

[2]建立：人名。即劉建立。事迹不詳。　茂成：人名。即劉茂成。事迹不詳。《輯本舊史》之案語："《歐陽史》作茂威。"見《新五代史》卷一六《廢帝皇后劉氏傳》。

[3]劉后：即五代後唐廢帝皇后劉氏。　延皓即劉后之弟也：

《舊五代史考異》："案：《通鑑考異》引《廢帝實録》，延皓，皇后之姪，與《薛史》異。《歐陽史》與《薛史》同。"見《通鑑》卷二八〇天福元年（936）六月庚申條《考異》、《新五代史》卷一六《廢帝皇后劉氏傳》。

[4]都校：官名。禁軍統兵官。　檢校户部尚書：官名。爲散官或加官，以示恩寵，無實際執掌。

[5]宫苑使：官名。唐始置，以宦官充，五代改用士人。掌管京師地區宫苑和宫苑所屬的莊田。《輯本舊史》之影庫本粘籤："宫苑使，原本作'宫阮使'，今據《五代會要》改正。"按：《會要》未見相關原文。

[6]檢校司空：官名。爲散官或加官，以示恩寵，無實際執掌。司空，與太尉、司徒並爲三公。

[7]檢校司徒：官名。爲散官或加官，以示恩寵，無實際執掌。司徒，與太尉、司空並爲三公。

[8]太保：官名。與太師、太傅並爲三師。唐後期、五代多爲大臣、勳貴加官。正一品。　二年，遷樞密使、太保：《輯本舊史》卷四七《唐末帝紀中》、《通鑑》卷二七九清泰二年（935）四月辛卯條："以宣徽南院使劉延皓爲刑部尚書，充樞密使。"《新五代史》卷七《唐廢帝紀》繫其事於五月辛卯條。

[9]檢校太傅：官名。爲散官或加官，以示恩寵，無實際執掌。　出爲鄴都留守、檢校太傅：《舊五代史考異》："案：《歐陽史》作天雄軍節度使。"見《新五代史》卷一六《廢帝皇后劉氏傳》。又據《輯本舊史》卷四七《唐末帝紀中》清泰二年七月丁酉條："以樞密使劉延皓爲天雄軍節度使。"

[10]張令昭：人名。籍貫不詳。五代後唐將領。事見本書卷四八。　爲屯將張令昭所逐：明本《册府》卷一二三《帝王部·征討門三》："末帝清泰三年五月，鄴都屯駐捧聖都虞候張令昭逐節度使劉延皓，據城叛。"

[11]龍門：地名。位於今河南洛陽市。因兩山相對如闕，伊河

從中流過，又名伊闕。唐以後習稱龍門。　廣化寺：寺廟名。位於今河南洛陽市。

延皓始以后戚自藩邸出入左右，甚以温厚見稱，故末帝嗣位之後，委居近密。及出鎮大名，[1]而所執一變，掠人財賄，納人園宅，聚歌僮爲長夜之飲，而三軍所給不時，内外怨之，因爲令昭所逐。時執政以延皓失守，請舉舊章，末帝以劉后内政之故，止從罷免而已，由是清泰之政弊矣。《永樂大典》卷九千九十九。[2]

[1]大名：地名。治所在今河北大名縣。
[2]《大典》卷九〇九九“劉”字韻“姓氏（二七）”事目。

劉延朗

劉延朗，宋州虞城人也。[1]末帝鎮河中時，爲軍城馬步都虞候，[2]後納爲腹心。及鎮鳳翔，[3]署爲孔目吏。末帝將圖起義，爲捍禦之備，延朗計公私粟帛，以贍其急。及西師納降，末帝赴洛，皆無所闕焉，末帝甚賞之。清泰初，除宣徽北院使，[4]俄以劉延皓守鄴，改副樞密使，累官至檢校太傅。[5]時房暠爲樞密使，[6]但高枕閑眠，啓奏除授，一歸延朗，由是得志。凡藩侯郡牧，自外入者，必先賂延朗，後議進貢，賂厚者先居内地，賂薄者晚出邊藩，故諸將屢有怨讟，末帝不能察之。及晉高祖入洛，延朗將竄于南山，[7]與從者數輩，過其私第，指而歎曰：“我有錢三十萬貫聚于此，不知爲何人所得。”其愚暗如此。尋捕而殺之。《永樂大典》卷九千九十九。[8]

[1]宋州：州名。治所在今河南商丘市睢陽區。　虞城：縣名。治所在今河南虞城縣。

[2]河中：方鎮名。治所在河中府（今山西永濟市）。　軍城馬步都虞候：官名。唐、五代方鎮高級軍官。

[3]鳳翔：《輯本舊史》之影庫本粘籤："原本作'鳳翊'，今從《通鑑》改正。"見《通鑑》卷二七九清泰元年（934）三月庚申條。

[4]宣徽北院使：官名。唐始置。宣徽北院的長官。初用宦官，五代以後改用士人。與宣徽南院使通掌内諸司及三班内侍之名籍，郊祀、朝會、宴享供帳之儀，檢視内外進奉名物。參見王永平《論唐代宣徽使》，《中國史研究》1995 年第 1 期；王孫盈政《再論唐代的宣徽使》，《中華文史論叢》2018 年第 3 期。　除宣徽北院使：《舊五代史考異》："案《歐陽史》：廢帝既立，以延朗爲莊宅使。"見《新五代史》卷二七《劉延朗傳》。據《輯本舊史》卷四六《唐末帝紀上》清泰元年四月丁亥條："劉延朗爲莊宅使。"又五月丙午條："以莊宅使劉延朗爲樞密副使。"

[5]累官至檢校太傅：《輯本舊史》卷四六《唐末帝紀上》清泰元年五月己未條："以樞密副使劉延朗爲左領軍大將軍，職如故。"同書卷四七《唐末帝紀中》清泰二年四月辛卯條："以樞密副使劉延朗爲左領軍上將軍，充宣徽北院使兼樞密副使。"同書卷四八《唐末帝紀下》清泰三年十一月戊子條："以趙延壽爲河東道南面行營招討使，以劉延朗副之。"

[6]房暠：人名。京兆長安（今陝西西安市）人。五代後唐、後晉大臣。傳見本書卷九六。

[7]南山：山名。位於今河南洛陽市。

[8]《大典》卷九〇九九"劉"字韻"姓氏（二七）"事目。

舊五代史　卷七〇

唐書四十六

列傳第二十二[1]

[1]按，本卷末無史論。

元行欽

元行欽，本幽州劉守光之愛將。[1]守光之奪父位也，令行欽攻大安山，[2]又令殺諸兄弟。天祐九年，周德威攻圍幽州，守光困蹴，令行欽於山北募兵，以應契丹。[3]時明宗爲將，[4]攻行欽於山北，與之接戰，矢及明宗馬鞍，[5]既而以勢迫來降。[6]明宗憐其有勇，奏隸爲假子，後因從征討，恩禮特隆。常臨敵擒生，必有所獲，名聞軍中。莊宗東定趙、魏，[7]選驍健置之麾下，因索行欽，明宗不得已而遣之。時有散指揮都頭，名爲散員，命行欽爲都部署，[8]賜姓，名紹榮。莊宗好戰，勇于大敵，或臨陣有急兵，行欽必横身解鬬翼衛之。莊宗嘗於德勝也，與汴軍戰于潘張，[9]王師不利，諸軍奔亂。

莊宗得三四騎而旋，中野爲汴軍數百騎攢矟攻之，事將不測，行欽識其幟，急馳一騎至，[10]奮劍斷二矛，斬一級，汴軍乃解圍，翼莊宗還宮。莊宗因流涕言曰："富貴與卿共之。"自是寵冠諸將，官至檢校太傅、忻州刺史。[11]及莊宗平梁，授武寧軍節度使。[12]嘗因内宴羣臣，使相預會，行欽官爲保傅，當地褥下坐。[13]酒酣樂作，莊宗敘生平戰陣之事，因左右顧視，曰："紹榮安在？"所司奏云："有敕，使相預會，紹榮散官，殿上無位。"[14]莊宗徹會不懌。翌日，以行欽爲同平章事，[15]由是不宴百官於内殿，但宴武臣而已。[16]

[1]幽州：州名。治所在今北京市。　劉守光：人名。深州樂壽（今河北獻縣）人。唐末幽州節度使劉仁恭之子。劉守光囚父自立，後號大燕皇帝，爲晋王李存勗俘殺。傳見本書卷一三五、《新五代史》卷三九。

[2]大安山：山名。位於今北京房山區西北。原作"大恩山"，《舊五代史考異》："《歐陽史》作大安山，考《通鑑》注引《薛史》亦作大恩。"見《新五代史》卷二五《元行欽傳》、《通鑑》卷二六六開平元年（907）四月己酉條胡注。按：《通鑑》正文作"大安山"，胡注曰："《薛史》：幽州西有名山曰大安山。"見《輯本舊史》卷一三五《劉守光傳》，該傳言劉仁恭盡斂銅錢於大安山巔，并禁江表茶商，自擷山中草葉爲茶，以邀厚利，"改山名爲大恩山"。又，《新唐書》卷二一二《劉仁恭傳》載，劉仁恭築館大安山，掠子女充之，"禁南方茶，自擷山爲茶，號山曰大恩，以邀利"。《輯本舊史》卷六五《王思同傳》、卷一三五《劉守光傳》，《新唐書》卷二一二《劉仁恭傳》，《新五代史》卷二五《元行欽傳》、卷三九《劉守光傳》，言及元行欽攻劉仁恭，均記於大安山，

可知“大恩山”僅爲仁恭自稱，當時並未被公認，故改之。

[3]天祐：唐昭宗李曄開始使用的年號（904）。唐哀帝李柷即位後沿用（904—907）。唐亡後，河東李克用、李存勗仍稱天祐，沿用至天祐二十年（923）。五代其他政權亦有行此年號者，如南吴、吴越等，使用時間長短不等。　周德威：人名。馬邑（今山西朔縣）人。唐末、五代河東將領。傳見本書卷五六、《新五代史》卷二五。　山北：地區名。亦稱山後。五代時稱今北京、河北軍都山、燕山以北地區爲山後。　契丹：古部族、政權名。公元4世紀中葉宇文部爲前燕攻破，始分離而成單獨的部落，自號契丹。唐貞觀中，置松漠都督府，以其首領爲都督。唐末强盛，916年迭刺部耶律阿保機建立契丹國（遼）。先後與五代、北宋並立，保大五年（1125）爲金所滅。參見張正明《契丹史略》，中華書局1979年版。

[4]明宗：即李嗣源。沙陀部人。原名邈佶烈，李克用養子。五代後唐明宗，926年至933年在位。紀見本書卷三五至卷四四、《新五代史》卷六。

[5]矢及明宗馬鞍：《宋本册府》卷一六六《帝王部·招懷門四》同。《新五代史》卷二五《元行欽傳》曰：“明宗七射中行欽，行欽拔矢而戰，亦射明宗中股。”與此稍異。

[6]既而以勢迫來降：《舊五代史考異》：“案《通鑑考異》引《周太祖實録》云：燕城危蹙，甲士亡散，劉守光召元行欽。行欽部下諸將以守光必敗，赴召無益，乃請行欽爲燕帥，稱留後，行欽無如之何。據《薛史》，行欽未嘗自稱留後，《實録》誤也。”見《通鑑》卷二六八乾化三年（913）三月條《考異》。明本《册府》卷二〇《帝王部·功業門二》：“（天祐）十年，莊宗遣周德威伐幽州，帝分兵略定山後八軍，與劉守光愛將元行欽戰於廣邊軍，凡八陣，帝控弦發矢，七中行欽，遂降之。”

[7]莊宗：即李存勗，小字亞子，沙陀部人，太原（今山西太原市）人。晋王李克用之子，五代後唐開國皇帝。紀見本書卷二七至卷三四及《新五代史》卷四至卷五。　趙：此處代指唐末河北方

鎮成德軍。時王鎔爲成德軍節度使、趙王。　魏：即魏博軍。治所在魏州（今河北大名縣）。莊宗救趙破燕取魏博。事見《新五代史》卷五《唐莊宗紀下》。

[8]都頭：官名。唐末、五代時，“都”爲指揮以下的軍事編制。《武經總要》卷二：“凡五百人爲一指揮，其别有五都，都一百人，統以一營居之。”都的長官稱爲都頭。　散員、都部署：官名。統領諸雜指揮軍。具體執掌不詳。

[9]德勝：地名。即德勝城，又名德勝渡，爲黄河重要渡口之一。有南、北二城，皆位於今河南濮陽市。　汴：州名。治所在今河南開封市。此處代指後梁。　潘張：地名。位於今山東鄄城縣。

[10]急馳一騎至：中華書局本有校勘記：“‘至’字原闕，據《册府》卷三九六補。”此據《宋本册府》卷三九六《將帥部·勇敢門三》。

[11]檢校太傅：官名。爲散官或加官，以示恩寵，無實際執掌。　忻州：州名。治所在今山西忻州市。　刺史：官名。漢武帝時始置。州一級行政長官，總掌考核官吏、勸課農桑、地方教化等事。唐中期以後，節度使、觀察使轄州而設，刺史爲其屬官，職任漸輕。從三品至正四品下。

[12]武寧軍：方鎮名。治所在徐州（今江蘇徐州市）。　節度使：官名。唐時在重要地區所設掌握一州或數州軍事、民事、財政的長官。　及莊宗平梁，授武寧軍節度使：“武寧軍節度使”，即徐州節度使。據《舊唐書》卷一四《順宗紀》貞元二十一年（805）三月條“徐州節度賜名武寧軍”。《舊唐書》卷三八《地理志一》：“武寧軍，治徐州，管徐、泗、濠、宿四州。”《輯本舊史》卷三〇《唐莊宗紀四》同光元年（923）十一月辛丑朔條：“以雜指揮散員都部署、特進、檢校太傅、忻州刺史李紹榮爲徐州節度使”；同書卷三二《唐莊宗紀六》同光二年六月丙戌條：“以徐州節度使李紹榮爲宋州節度使”。

[13]當地褥下坐：《宋本册府》卷三八七《將帥部·褒異門一

三》作“合地褥而坐”。

[14]使相：官名。唐朝後期，宰相常兼節度使，節度使亦常加宰相銜，皆稱使相。五代時，節度使多帶宰相銜，但不預朝廷政事。　散官：亦稱階官或寄禄官，爲無實際職務官員的總稱。

[15]同平章事：官名。“同中書門下平章事”之簡稱。唐高宗以後，凡實際任宰相之職者，常在其本官後加同平章事的職銜。後成爲宰相專稱。

[16]但宴武臣而已：明本《册府》卷一一一《帝王部·宴享門三》、卷一一四《帝王部·巡幸門三》：同光二年十一月戊午，“又至宋州節度使元行欽之第，縱酒作樂，一鼓三籌歸宫”。

三年，行欽喪婦。莊宗有所愛宫人生皇子者，劉皇后心忌之，[1]會行欽入侍，莊宗勞之曰：“紹榮喪婦復娶耶？吾給爾婚財。”皇后指所忌宫人謂莊宗曰：“皇帝憐紹榮，可使爲婦。”莊宗難違所請，微許之。皇后即命紹榮謝之，未退，肩輿已出。莊宗心不懌，佯不豫者累日，業已遣去，無如之何。及貝州軍亂，趙在禮入魏州，[2]莊宗方擇將，皇后曰：“小事不勞大將，促紹榮指揮可也。”乃以行欽爲鄴都行營招撫使，[3]領騎二千進討。洎至鄴城，攻之不能下，退保於澶州。[4]未幾，諸道之師稍集，復進軍於鄴城之南。及明宗爲帥，領軍至鄴，行欽來謁於軍中，拜起之際，誤呼萬歲者再，明宗驚駭，遏之方止。既而明宗營於城西，行欽營於城南。三月八日夜，明宗爲亂軍所迫，唯行欽之軍不動，按甲以自固。明宗密令張虔釗至行欽營，[5]戒之曰：“且堅壁勿動，計會同殺亂軍，莫錯疑誤。”行欽不聽，將步騎萬人棄甲而退。自知失策，且保衛州，[6]因誣奏明宗曰："鎮帥已入賊軍，終不爲國使。"[7]明宗既劫出鄴城，令人走馬上章，申理其事，言："臣且於近郡聽進止。"莊宗覽奏釋然曰："吾知紹榮妄矣。"因令白從訓與明宗子繼璟至軍前，[8]欲令見明宗，行欽縶繼璟於路。明宗凡奏軍機，拘留不達，故旬日之間，音驛斷絶。及莊宗出成皋，知明宗在黎陽，[9]復令繼璟渡河召明宗，行欽即殺之，仍勸班師。四月一日，莊宗既崩，行欽引皇后、存渥，[10]得七百騎出師子門，[11]將之河中就存霸，[12]沿路部下解散，從者數騎而已。四日，至平陸縣界，爲百姓所擒，縣令裴進折其足，[13]檻車以獻。明宗即位，詔削奪行欽在身官爵，斬於洛陽。[14]《永樂大典》卷一萬八千一百二十九。[15]

[1]劉皇后：指五代後唐莊宗劉皇后。魏州成安（今河北成安縣）人。傳見本書卷四九、《新五代史》卷一四。

[2]貝州：州名。治所在今河北清河縣。　趙在禮：人名。涿州（今河北涿州市）人。五代後唐、後晋將領。傳見本書卷九〇、《新五代史》卷四六。　魏州：州名。治所在今河北大名縣。

[3]鄴都：地名。治所在今河北大名縣。五代後唐同光元年(923)，改魏州爲興唐府，建號東京，三年改東京爲鄴都。　行營招撫使：官名。掌招撫征伐之事。係臨時設置之統兵官。　乃以行欽爲鄴都行營招撫使："招撫"，《輯本舊史》之影庫本粘籤："招撫，原本作'詔拊'，今從《通鑑》改正。"見《通鑑》卷二七四天成元年二月丙申條。明本《册府》卷一二三《帝王部·征討門三》："（同光）四年二月，貝州屯駐兵士擅離本州入鄴，推趙在禮爲兵馬留後。帝怒，令宋州節度使元行欽率騎三千赴鄴都招撫之。"

[4]澶州：州名。唐、五代初，治所在河南清豐縣。後晋天福四年（939），移治於今河南濮陽市。　"洎至鄴城"至"退保於澶州"：明本《册府》卷一一《帝王部·繼統門三》："同光四年二月，趙在禮盜據魏州，莊宗遣元行欽將兵攻之，不利。"

[5]張虔釗：人名。遼州（今山西左權縣）人。後唐、後蜀將領。傳見本書卷七四。

[6]衛州：州名。治所在今河南衛輝市。

[7]鎮：州名。治所在今河北正定縣。

[8]白從訓：人名。籍貫不詳。後唐宦官。事見本書本卷、卷三五。　繼璟：人名。後唐明宗李嗣源之子。傳見本書卷五一、《新五代史》卷一五。《新五代史》卷二五《元行欽傳》作"從璟"。《宋本册府》卷二八六《宗室部·忠門二》："後唐贈太保從璟，明宗長子。明宗在魏府，爲軍士所逼。莊宗詔從璟，謂曰：'爾父於國有大功，忠孝之心，朕自明信。今爲亂兵所劫，爾宜自去宣朕旨，無令有疑。'從璟行至中途，爲元行欽所制，復與歸洛下。莊宗改其名爲繼璟，以爲己子，命再往。從璟固執不行，願死於御前，以明丹赤。從莊宗赴汴州，明宗之親舊多策馬而去。左右或勸從璟，令自脱，終無行意，尋爲元行欽所殺。天成初，贈太保。"

[9]成皋：地名。位於今河南滎陽市西北。　黎陽：縣名。治所在今河南浚縣。

[10]存渥：人名。李克用之子、後唐莊宗李存勗之弟。傳見本書卷五一、《新五代史》卷一四。

[11]師子門：城門名。位於今河南洛陽市。

[12]河中：方鎮名。治所在河中府（今山西永濟市）。　存霸：人名。即李存霸。沙陀部人。李克用之子，五代軍閥。傳見本書卷五一、《新五代史》卷一四。《輯本舊史》之影庫本粘籤："存霸，原本脱'存'字，今據《通鑑》增入。"見《通鑑》卷二七五天成元年四月丁亥條。

[13]平陸：縣名。治所在今山西平陸縣。　縣令：官名。縣的行政長官，掌治本縣。唐代之縣，分赤（京）、次赤、畿、次畿、望、緊、上、中、中下、下十等。縣令分六等，正五品上至從七品下。　裴進：人名。籍貫、事迹不詳。本書僅此一見。　縣令裴進折其足：《舊五代史考異》："案：《歐陽史》作虢州刺史石潭折其足。"見《新五代史》卷二五《元行欽傳》。

[14]洛陽：地名。即今河南洛陽市。

[15]原作"《永樂大典》卷一萬八千一百八十九"，中華書局本有校勘記："檢《永樂大典目録》，卷一八一八九'將'字韻'元將'，與本則内容不符，恐有誤記。陳垣《舊五代史輯本引書卷數多誤例》謂應作一八一二九'將'字韻'後唐將'。本卷下文《姚洪傳》同。"按陳垣《舊五代史輯本引書卷數多誤例》："卷七〇元行欽、姚洪傳，均引《大典》一八一八九，係'將'字韻，元將，誤。應作一八一二九，後唐將。"今據改，《大典》卷一八一二九"將"字韻"後唐將（二）"事目。

夏魯奇

夏魯奇，字邦傑，青州人也。[1]初事宣武軍爲軍校，與主將不協，遂歸于莊宗，以爲護衛指揮使。[2]從周德威攻幽州，燕將有單廷珪、元行欽，[3]時稱驍勇，魯奇與之鬭，兩不能解，將士皆釋兵縱觀。[4]幽州平，魯奇功居多。梁將劉鄩在洹水，[5]莊宗深入致師，鄩設伏於魏縣西南葭蘆中。[6]莊宗不滿千騎，[7]汴人伏兵萬餘，[8]大譟而起，圍莊宗數重。魯奇與王門關、烏德兒等奮命決戰，[9]自午至申，俄而李存審兵至方解。[10]魯奇持槍携劍，獨衛莊宗，手殺百餘人。烏德兒等被擒，魯奇傷痪偏體，自是莊宗尤憐之，歷磁州刺史。[11]中都之戰，汴人大敗，魯奇見王彦章，識之，單馬追及，槍擬其頸；彦章顧曰："爾非余故人乎?"即擒之以獻。莊宗壯之，賞絹千疋。[12]梁平，授鄭州防禦使。[13]四年，授河陽節度使。[14]天成初，移鎮許州，加同平章事。[15]

[1]青州：州名。治所在今山東青州市。

[2]宣武軍：方鎮名。唐舊鎮，治所在汴州（今河南開封市）。後梁開平元年（907）升汴州爲東京開封府。開平三年置宣武軍於宋州（今河南商丘市睢陽區）。後唐同光元年（923）改宋州宣武軍爲歸德軍，廢東京開封府，重建宣武軍於汴州。後晋天福三年（938），改爲東京開封府。除天福十二年、十三年短暫改爲宣武軍外，汴京均爲東京開封府。　軍校：輔佐將帥的軍官。　護衛指揮使：官名。所部統兵將領。　"初事宣武軍爲軍校"至"以爲護衛指揮使"：明本《册府》卷三九三《將帥部·威名門二》："夏魯奇，初在梁事王彦章爲軍吏，與主將不協，遂歸于莊宗，以爲護衛指揮使。""護衛指揮使"，明本《册府》卷三四七《將帥部·佐命門八》作"護衙指揮"。

[3]單廷珪：人名。籍貫不詳。劉守光麾下將領。事見本書本卷、卷五六。　元行欽：人名。幽州（今北京市）人。五代後唐將領。傳見本書本卷、《新五代史》卷二五。

[4]縱觀：明本《册府》卷三四七作"從觀"。

[5]劉鄩：人名。密州安丘（今山東安丘市）人。唐末、五代將領。傳見本書卷二三、《新五代史》卷二二。　洹（huán）水：縣名。治所在今河北魏縣。　梁將劉鄩在洹水：《輯本舊史》之影庫本粘籤："洹水，原本作'桓水'，今從《歐陽史》改正。"見《新五代史》卷三三《夏魯奇傳》。

[6]魏縣：縣名。治所在今河北大名縣。

［7］不滿千騎：《舊五代史考異》："案：《歐陽史》作'莊宗以百騎覘敵'，《通鑑》作'百餘騎'。"見《新五代史》卷三三《夏魯奇傳》、《通鑑》卷二六九貞明元年（915）七月條。明本《册府》卷三四七亦作"不滿千騎"。

［8］伏兵萬餘：《舊五代史考異》："案：《通鑑》作伏兵五千。"此據《通鑑》卷二六九貞明元年七月條。明本《册府》卷三四七亦作"伏兵萬餘"。

［9］王門關、烏德兒：人名。籍貫不詳。後唐將領。事見本書本卷。

［10］李存審：人名。陳州宛丘（今河南淮陽縣）人。原姓符名存。後唐將領。傳見本書卷五六、《新五代史》卷二五。

［11］磁州：州名。治所在今河北磁縣。

［12］中都：縣名。治所在今山東汶上縣。　王彦章：人名。鄆州壽張（今山東梁山縣壽張集）人。後梁將領。傳見本書卷二一、《新五代史》卷三二。　"中都之戰"至"賞絹千疋"：《舊五代史考異》："案《九國志·趙庭隱傳》：王彦章守中都，庭隱在其軍中。及彦章敗，庭隱爲莊宗所獲，將以就戮，大將夏魯奇奏曰：'此雉也，其材可用。'遂釋之。"見《九國志》卷七《趙庭隱傳》。明本《册府》卷四三五《將帥部·獻捷門二》：同光二年（924），"龍武大將軍夏魯奇擒梁將王彦章以獻。帝壯之，賞絹一千匹"。

［13］鄭州：州名。治所在今河南鄭州市。　防禦使：官名。唐代始置，設有都防禦使、州防禦使兩種。常由刺史或觀察使兼任，實際上爲唐代後期州或方鎮的軍政長官。

［14］河陽：方鎮名。治所在孟州（今河南孟州市）。

［15］天成：後唐明宗李嗣源年號（926—930）。　許州：方鎮名。治所在許州（今河南許昌市）。　"天成初"至"加同平章事"：《輯本舊史》卷三六《唐明宗紀二》天成元年（926）五月戊午條："河陽節度使夏魯奇加檢校太傅。"

魯奇性忠義，尤通吏道，撫民有術。及移鎮許田，孟州之民萬衆遮道，[1]斷韆卧轍，五日不發。父老詣闕請留，明宗令中使諭之，[2]方得離州。明宗討荆南，魯奇爲副招討使，[3]頃之，[4]移鎮遂州。[5]董璋之叛，[6]與孟知祥攻遂州，[7]援路斷絶，[8]兵盡食窮，魯奇自刎而卒，時年四十九。帝聞其死也，慟哭之，厚給其家，[9]贈太師、齊國公。[10]《永樂大典》卷一萬八千一百二十九。[11]

[1]許田：地名。位於今河南許昌市東北。　孟州：州名。治所在今河南孟州市。

[2]中使：官名。泛指朝廷派出的使臣。多由宦官擔任。

[3]荆南：方鎮名。治所在荆州（今湖北荆州市）。　副招討使：官名。行營統兵官。位次行營都統、招討使。掌招撫討伐事務。

[4]頃之：中華書局本有校勘記："原作'領之'，據殿本、劉本、孔本、邵本校改。"

[5]遂州：方鎮名。即武信軍。治所在今四川遂寧市。　移鎮遂州：《輯本舊史》之案語："《九國志·李仁罕傳》云：夏魯奇稟朝廷之命，繕治甲兵，將圖蜀，孟知祥與董璋謀先取魯奇，令仁罕攻遂州。"見《九國志》卷七《李仁罕傳》。明本《册府》卷二五《帝王部·符瑞門四》："（天成）四年七月，遂州夏魯奇進嘉禾，一莖九穗。敕旨：'三秀靈芝，標仙籍而罔資世務；九莖嘉穀，按地諜而實表豐年。既呈殊異之祥，雅叶治平之運。宜付史館編記。'"又同書卷四五三《將帥部·怯懦門》："後唐夏魯奇奏：'臣考限已滿，乞差替人。'懼董璋侵噬故也。"

[6]董璋：人名。籍貫不詳。五代後梁、後唐將領。傳見本書卷六二、《新五代史》卷五一。

[7]孟知祥：人名。邢州龍岡（今河北邢臺市）人。李克用女

婿，五代十國後蜀開國皇帝。傳見本書卷一三六、《新五代史》卷六四。　與孟知祥攻遂州：明本《册府》卷一二三《帝王部·征討門三》：長興元年（930）九月，“又詔西川節度使孟知祥兼東川西面供饋使，天雄軍節度使石敬瑭充東川行營都招討使，武信軍節度使夏魯奇爲之副”。

[8]援路斷絶：《輯本舊史》之案語：“《九國志·李肇傳》：蜀師圍夏魯奇于遂州，唐師來援，劍門不守，肇領兵赴普安以拒之，唐師不得進。”見《九國志》卷七《李肇傳》。

[9]厚給其家：《宋本册府》卷一三一《帝王部·延賞門二》：“（清泰）三年二月，以太子正字夏光隱爲國子太學博士。故遂州節度使魯奇之子，以父殁於本州，以死扞董璋而毀族，故有是命。”

[10]太師：官名。與太傅、太保合稱三師，唐後期、五代多爲大臣、勳貴加官。正一品。

[11]《大典》卷一八一二九“將”字韻“後唐將（二）”事目。

姚洪

姚洪，本梁之小校也。[1]在梁時，經事董璋。長興初，[2]率兵千人戍閬州。[3]璋叛，領衆攻閬州，璋密令人誘洪，洪以大義拒之。及璋攻城，洪悉力拒守者三日，禦備既竭，城陷被擒。璋謂洪曰：[4]“爾頃爲健兒，由吾獎拔至此；吾書誘諭，投之於厠，[5]何相負耶？”洪大罵曰：“老賊，爾爲天子鎮帥，何苦反耶！爾既辜恩背主，[6]吾與爾何恩，而云相負？爾爲李七郎奴，[7]掃馬糞，得一臠殘炙，感恩無盡。今明天子付與茅土，貴爲諸侯，而驅徒結黨，圖爲反噬。爾本奴才，則無耻；吾忠義之士，不忍爲也。吾可爲天子死，不能與人奴苟生！”璋怒，令軍士十人，持刀刲割其膚，燃鑊於前，自取啖食，洪至死大駡不已。明宗聞之泣下，置洪二子於近衛，給賜甚厚。《永樂大典》卷一萬八千一百二十九。[8]

[1]小校：即低級軍官。

[2]長興：五代後唐明宗李嗣源年號（930—933）。

[3]閬州：州名。治所在今四川閬中市。　率兵千人戍閬州：《宋本册府》卷三七四《將帥部·忠門五》作“率兵十人戍閬州”；同書卷七六三《總録部·忠烈門》：“率兵千人鎮閬州。”

[4]璋謂洪曰：《宋本册府》卷三七四無“洪”字。

[5]投之於厠：中華書局本有校勘記：“‘厠’，原作‘側’，據劉本、彭校、《册府》卷三七四、卷七六三、《通鑑》卷二七七、《新五代史》卷三三《姚洪傳》改。”見《通鑑》卷二七七長興元年（930）九月甲戌條後。

[6]爾既辜恩背主：“辜”，《宋本册府》卷三七四作“孤”。

[7]李七郎：即朱友讓。原名李七郎，爲汴州豪商，與朱温結交，被收爲義子，改名朱友讓。後收高季興爲義子。

[8]原作“《永樂大典》卷一萬八千一百八十九”，屬“將”字韻“元將（一八）”事目。陳垣《舊五代史輯本引書卷數多誤例》：“卷七〇元行欽、姚洪傳，均引《大典》一八一八九，係‘將’字韻，元將，誤。應作一八一二九，後唐將。”今據改，《大典》卷一八一二九“將”字韻“後唐將（二）”事目。

李嚴

李嚴，幽州人，本名讓坤。初仕燕，[1]爲刺史，涉獵書傳，便弓馬，有口辯，多遊藝，[2]以功名自許。同光中，爲客省使，[3]奉使於蜀，及與王衍相見，[4]陳使者之禮，因於笏記中具述莊宗興復之功，其警句云："纔過汶水，[5]縛王彥章於馬前；旋及夷門，斬朱友貞於樓上。"[6]嚴復聲韻清亮，蜀人聽之愕然。時蜀僞樞密使宋光嗣召嚴曲宴，[7]因以近事訊於嚴。嚴對曰："吾皇前年四月即位於鄴宫，當月下鄆州。[8]十月四日，親統萬騎破賊中都，乘勝鼓行，遂誅汴孽，僞梁尚有兵三十萬，謀臣猛將，解甲倒戈。西盡甘涼，[9]東漸海外，[10]南踰閩、浙，北極幽陵。[11]牧伯侯王，稱藩不暇，家財入貢，府實上供。吴國本朝舊臣，岐下先皇元老，[12]遣子入侍，述職稱藩。淮海之君，卑辭厚貢，湖湘、荆楚、杭越、甌閩，異貨奇珍，府無虚月。吾皇以德懷來，以威款附，順則涵之以恩澤，逆則問之以干戈，四海車書，大同非晚。"光嗣曰："荆、吴即余所未知，[13]唯岐下宋公，[14]我之姻好，洞見其心，反覆多端，專謀跋扈，大國不足信也。[15]似聞契丹部族，近日稍强，大國可無慮乎？"[16]嚴曰："子言契丹之强盛，孰若僞梁？"曰："比梁差劣也。"嚴曰："吾國視契丹如蚤蝨耳，以其無害，不足爬搔。吾良將勁兵布天下，彼不勞一郡之兵，一校之衆，則懸首槀街，盡爲奴擄。但以天生四夷，當置度外，[17]不在九州之本，未欲窮兵黷武故也。"[18]光嗣聞嚴辯對，[19]畏而奇之。時王衍失政，嚴知其可取，使還具奏，故平蜀之謀，始於嚴。[20]

[1]燕：此處指劉仁恭、劉守光父子政權。

[2]多遊藝：中華書局本有校勘記："《册府》卷七八六作'多曲藝'。"見《宋本册府》卷七八六《總録部·多能門》。

[3]同光：五代後唐莊宗李存勗年號（923—926）。　客省使：官名。唐代宗時始置，五代沿置。客省長官，掌接待四方奏計及外族使者。

[4]王衍：人名。許州舞陽（今河南舞陽縣）人。王建幼子，五代十國前蜀皇帝。傳見本書卷一三六、《新五代史》卷六三。

[5]汶水：水名。即今山東大汶河。源出山東萊蕪市北，西流經東平縣南，至梁山東南入濟水。《輯本舊史》之影庫本粘籤："汶水，原本作'濟水'，今從《册府元龜》改正。"見《宋本册府》卷五七《帝王部·英斷門》。

[6]夷門：地名。原指戰國魏都大梁城東門，故址在今河南開封城内東北隅。夷門位於夷山，夷山因山勢平夷而得名，故門亦以山爲名。　朱友貞：人名。即五代後梁末帝。後梁太祖朱温之子。913年至923年在位。紀見本書卷八至卷一〇、《新五代史》卷三。

[7]樞密使：官名。樞密院長官。唐代宗時始以宦官掌機密，至昭宗時借朱温之力盡誅宦官，始改以士人任樞密使。備顧問，參謀議，出納詔奏，權侔宰相。參見李全德《唐宋變革期樞密院研究》，國家圖書館出版社2009年版。　宋光嗣：人名。籍貫不詳。五代十國前蜀大臣、宦官。事見本書本卷《李嚴傳》、《新五代史》卷六三。

[8]鄆州：州名。治所在今山東東平縣。

[9]甘凉：甘州（治所在今甘肅張掖市）、凉州（治所在今甘肅武威市）的合稱，代指唐朝在河西地區設置的河西軍。

[10]海外：《宋本册府》卷六六〇《奉使部·敏辯門二》同，同書卷六五二《奉使部·宣國威門》作"渤海"。

[11]幽陵：指唐代所置幽陵都督府。唐貞觀二十一年（647）以鐵勒拔野古部置，屬燕然都護府。約在今俄羅斯、蒙古國鄂嫩河

以東及蒙古國克魯倫河南北地區。永淳、垂拱時突厥、鐵勒相繼叛唐後，内遷於夏州以北河套内地。屬安北都護府。

[12]岐下：岐山以下。此指鳳翔。

[13]荆、吴即余所未知：中華書局本有校勘記："'荆吴即'三字原闕，據《册府》卷六六〇補。《册府》（宋本）卷六五二作'荆吴則僕所未知'。"

[14]宋公：即岐王李茂貞。李茂貞原名宋文通。宋光嗣侍奉前蜀高祖王建的女兒普慈公主，公主爲岐王李茂貞的侄兒李繼崇之妻，故稱姻好。

[15]大國不足信也：中華書局本有校勘記："'國'字原闕，據《册府》卷六五二、卷六六〇補。"

[16]似聞契丹部族，近日稍强，大國可無慮乎：《宋本册府》卷六六〇同，同書卷六五二《奉使部·宣國威門》："似聞契丹之族近日强盛，大國得無備乎？"

[17]當置度外：中華書局本有校勘記："孔本、《册府》卷六六〇作'終難絶類'。"

[18]未欲窮兵黷武故也：中華書局本有校勘記："'故'字原闕，據《册府》卷六五二、卷六六〇補。"

[19]光嗣聞嚴辯對：中華書局本有校勘記："'嚴'字原闕，據《册府》卷六五二、卷六六〇補。"

[20]故平蜀之謀，始於嚴：明本《册府》卷二三三《僭僞部·矜大門》："（同光）三年八月戊辰，客省使李嚴使蜀迴。初，帝令嚴市蜀中珍玩，蜀法嚴峻，不許奇貨東出，其許市者謂之入草物。嚴不獲珍貨，歸而奏之，帝大怒曰：'物歸中夏者，命之曰入草，王衍寧免爲入草之人耶？'由是伐蜀之意鋭矣。"《宋本册府》卷六五二《奉使部·宣國威門》："後唐李嚴爲客省使。同光初，僞蜀王衍使人致書，其詞甚抗。莊宗遣嚴報聘，且市中宫中珍玩，蜀人皆禁而不東。"

郭崇韜起軍之日，[1]以嚴爲三川招撫使，[2]嚴與先鋒使康延孝將兵五千，[3]先驅閣道，[4]或馳以詞説，或威以兵鋒，大軍未及，所在降下。延孝在漢州，[5]王衍與書曰："可請李司空先來，[6]余即舉城納款。"衆咸以討蜀之謀始於嚴，衍以甘言，將誘而殺之，欲不令往。嚴聞之喜，即馳騎入益州，[7]衍見嚴於母前，以母、妻爲託。即日，引蜀使歐陽彬迎謁魏王繼岌。[8]蜀平班師，會明宗即位，遷泗州防禦使兼客省使。[9]長興初，安重誨謀欲控制兩川，嚴乃求爲西川兵馬都監，[10]庶効方略。孟知祥覺之，既至，執而害之。[11]贈太保。[12]

[1]郭崇韜：人名。代州雁門（今山西代縣）人。五代後唐大臣。傳見本書卷五七、《新五代史》卷二四。

[2]三川：唐中葉後，以劍南西川、劍南東川及山南西道三鎮合稱"三川"。　招撫使：官名。掌招撫征伐之事。係臨時設置之統兵官。　以嚴爲三川招撫使："招撫使"，《舊五代史考異》："案：《歐陽史》作招討使。"見《新五代史》卷二六《李嚴傳》。《輯本舊史》卷三三《唐莊宗紀七》同光三年（925）九月庚子條、《通鑑》卷二七三同光三年九月條曰"西川管内招撫使"。

[3]先鋒使：官名。負責打探敵情、勘測地形、衝鋒陷陣等。　康延孝：人名。代（今山西代縣）人。後唐將領。傳見本書卷七四、《新五代史》卷四四。

[4]先驅閣道：《輯本舊史》之影庫本粘籤："閣道，原本作'闕道'，今從《通鑑》改正。"按，《通鑑》未見此説。

[5]漢州：州名。治所在今四川廣漢市。

[6]李司空：即李嚴。司空爲官名。與太尉、司徒並爲三公。唐後期、五代多爲大臣、勳貴加官。正一品。

［7］益州：州名。治所在今四川成都市。　即馳騎入益州："益州"，《舊五代史考異》："案：《歐陽史》仍作益州。吴縝《纂誤》云：成都，唐初雖嘗有益州之名，尋即改爲蜀郡，後遂升爲府。自唐末歷五代，不復謂之益州，況此正古蜀郡成都之地，而古益州實不在此。"見《新五代史》卷二六《李嚴傳》。《宋本册府》卷六五六《奉使部·立功門一三》："嚴聞之喜，曰：'俟魏王至，吾兩人大功立矣。'即馳騎入益州。"

［8］歐陽彬：人名。衡山（今湖南衡山縣）人。五代官員。事見本書本卷、卷三二。　繼岌：人名。即李繼岌。後唐莊宗長子，時封魏王。傳見本書卷五一、《新五代史》卷一四。

［9］泗州：州名。治所在今江蘇泗洪縣東南，今已没入洪澤湖中。　客省使：官名。唐代宗時始置，掌接待四方奏計及外族使者。五代沿置。

［10］安重誨：人名。應州（今山西應縣）人。五代後唐大臣。傳見本書卷六六、《新五代史》卷二四。　兩川：指唐、五代方鎮劍南東川、劍南西川，簡稱兩川或東、西川。唐至德二載（757）分劍南節度使東部地區置劍南東川節度使，治所在梓州（今四川三臺縣）。劍南西川，治所在成都府（今四川成都市）。　兵馬都監：官名。唐代中葉命將出征，常以宦官爲監軍、都監。後爲臨時委任的統兵官，稱都監、兵馬都監。掌屯戍、邊防、訓練之政令。

［11］執而害之：《舊五代史考異》："案《九國志·王彦銖傳》：李嚴之爲監軍也，密懷異謀，知祥數其過，命彦銖擒斬之，嚴之左右無敢動者。"見《九國志》卷七《王彦銖傳》。明本《册府》卷二二七《僭僞部·謀略門》："是時客省使李嚴以嘗使於蜀，洞知其利病，因獻謀於重誨，請以己爲西川監軍，庶效方略，以制知祥。朝廷可之。及嚴至蜀，知祥延揖甚至，徐謂嚴曰：'都監前因奉使請兵伐蜀，遂使東西兩朝俱至破滅，三川之人，其怨已深。今既復來，人情大駭，固奉爲不暇也。'即遣人緝下階，斬於階前。"

［12］太保：官名。與太師、太傅並爲三師。唐後期、五代多爲

大臣、勳貴加官。正一品。

嚴之母，賢明婦人。初，嚴將赴蜀，母曰："汝前啓破蜀之謀，今又入蜀，將死報蜀人矣！與汝永訣。"既而果如其言。《永樂大典》卷一萬三百八十九。[1]

［1］《大典》卷一〇三八九"李"字韻"姓氏(三四)"事目。

李仁矩

李仁矩，本明宗在藩鎮時客將也。[1]明宗即位，録其趨走之勞，擢居内職，[2]復爲安重誨所庇，故數年之間，遷爲客省使、左衛大將軍。天成中，因奉使東川，董璋張筵以召之，仁矩貪於館舍，與倡妓酣飲，日既中而不至，大爲璋所詬辱，自是深銜之。長興初，璋既跋扈於東川，重誨奏以仁矩爲閬州節度使，[3]俾伺璋之反狀，時物議以爲不可。[4]及仁矩至鎮，偵璋所爲，曲形奏報，地里遐僻，朝廷莫知事實，激成璋之逆節，由仁矩也。長興元年冬十月，璋自率凶黨，以攻其城。[5]仁矩召軍校謀守戰利害，皆曰："璋久圖反計，以賂誘士心，凶氣方盛，未可與戰，宜堅壁以守之。[6]儻旬浹之間，大軍東至，即賊必退。"仁矩曰："蜀兵懦，安能當我精甲！"即驅之出戰，兵未交，爲賊所敗。既而城陷，仁矩被擒，舉族爲璋所害。《永樂大典》卷一萬三百八十九。[7]

［1］客將：官名。亦稱典客。唐末、五代藩鎮負責接待使節、賓客、出使等外交職責的武官。詳見吴麗娱《試論晚唐五代的客將、客司與客省》，《中國史研究》2002 年第 4 期。

［2］内職：晚唐、五代時期皇帝試圖越過現有機構和機制，依靠自己身邊的謀士和辦事人員，直接處理政務軍機。這批謀士和辦事人員即“内職”，其中較有代表性的群體是諸使和“使臣”。詳見趙冬梅《文武之間：北宋武選官研究》，北京大學出版社 2010 年版，第 9 頁。

［3］左衛大將軍：官名。唐置，掌宫禁宿衛。唐代置十六衛，即左右衛、左右驍衛、左右武衛、左右威衛、左右領軍衛、左右金吾衛、左右監門衛、左右千牛衛。各置上將軍，從二品；大將軍，正三品；將軍，從三品。　“遷爲客省使”至“重誨奏以仁矩爲閬州節度使”：《輯本舊史》卷四〇《唐明宗紀六》天成四年（929）十月壬子條：“以内客省使、左衛大將軍李仁矩爲閬州節度使。”

［4］時物議以爲不可：中華書局本有校勘記：“‘可’字原闕，據劉本、《册府》卷四四七補。”見明本《册府》卷四四七《將帥部・輕敵門》。明本《册府》卷四四六《將帥部・生事門》：“初，朝廷昇閬州爲節度，制以仁矩代孫岳，物議不可。”

［5］“及仁矩至鎮”至“以攻其城”：《輯本舊史》之案語：“《九國志・趙季良傳》云：朝廷以夏魯奇、李仁矩分鎮遂、閬，季良言於孟知祥曰：‘朝廷增兵二鎮，張掎角之勢，將有不測之變也。公處親賢之地，以忠信見疑，儻失先機，則禍不旋踵矣。’知祥曰：‘計將安出？’季良曰：‘我甲兵雖衆，而勢孤易動，請與東川董璋合從，先平遂、閬，則朝廷兵至，我無内顧之憂矣。’知祥從之。蓋董璋之攻閬州，其謀皆由于知祥也。”見《九國志》卷七《趙季良傳》。

［6］宜堅壁以守之：“守”，明本《册府》卷四四七《將帥部・輕敵門》作“老”。

［7］《大典》卷一〇三八九“李”字韻“姓氏(三四)”事目。

康思立

康思立，晉陽人也。[1]少善騎射，事武皇爲爪牙，署河東親騎軍使。[2]莊宗嗣位，從解圍於上黨，敗梁人於柏鄉，[3]及平薊丘，[4]後戰於河上，皆有功，累承制加檢校户部尚書、右突騎指揮使。[5]莊宗即位，繼改軍帥，賜忠勇拱衛功臣，加檢校尚書右僕射。[6]天成元年，授應州刺史，尋移嵐州，充北面諸蕃部族都監。[7]三年，遷宿州團練使。[8]四年，領昭武軍節度、利巴集等州觀察處置等使，改賜耀忠保節功臣。[9]長興初，朝廷舉兵討東川董璋，詔兼西面行營軍馬都指揮使。[10]二年，移鎮陝州。[11]清泰初，改授邢臺，[12]累官至檢校太傅，封會稽郡開國侯。[13]二年，入爲右神武統軍。[14]三年，充北面行營馬軍都指揮使。是歲閏十一月，卒於軍，年六十三。

[1]晉陽：縣名。治所在今山西太原市。

[2]武皇：即李克用。後唐莊宗即位，追謚其爲武皇帝，廟號太祖，陵在雁門。李克用，沙陀部人，生於神武川新城（一説今山西朔州市朔城區之梵王寺村，一説今山西應縣縣城，一説今山西懷仁縣之日中城）。五代後唐實際奠基者。紀見本書卷二五至卷二六，事見《新五代史》卷四。　河東：方鎮名。治所在今山西太原市。　親騎軍使：官名。所部統兵將領。親騎爲部隊番號。

[3]上黨：即潞州。治所在今山西長治市。　柏鄉：縣名。治所在今河北柏鄉縣。

[4]薊丘：地名。位於薊城（今北京城西南）西北隅。中華書局本有校勘記："'薊丘'，原作'薊兵'，據《册府》卷三六〇、

卷三八七改。”見《宋本册府》卷三六〇《將帥部·立功門一三》、卷三八七《將帥部·褒異門一三》。

［5］檢校户部尚書：檢校官名。地方使職帶檢校三公、三師及臺省官之類，表示遷轉經歷和尊崇的地位，檢校户部尚書爲其中之一階，爲虚銜。　右突騎指揮使：官名。所部統兵將領。突騎爲部隊番號。

［6］檢校尚書右僕射：官名。尚書右僕射。秦始置。隋、唐前期以左、右僕射佐尚書令總理六官，綱紀庶務；如不置尚書令，則總判省事，爲宰相之職。唐後期多爲大臣加銜。檢校官無實際執掌。從二品。

［7］應州：州名。治所在今山西應縣。　嵐州：州名。治所在今山西嵐縣。　都監：官名。唐代中葉命將出征，常以宦官爲監軍、都監。後爲臨時委任的統兵官，稱都監、兵馬都監。掌屯戍、邊防、訓練之政令。

［8］宿州：州名。治所在今安徽宿州市。　團練使：官名。唐代中期以後，於不設節度使的地區設團練使，掌本區各州軍事。

［9］昭武軍：方鎮名。治所在利州（今四川廣元市）。　利：州名。治所在今四川廣元市。　巴：州名。治所在今四川巴中市。　集：州名。治所在今四川南江縣。　觀察處置使：官名。即觀察使之全稱。唐代後期初設的地方軍政長官。唐玄宗開元二十一年（733）置十五道採訪使，唐肅宗乾元元年（758）改爲觀察使。無旌節，地位低於節度使。掌一道州縣官的考績及民政。

［10］西面行營軍馬都指揮使：官名。疑爲“西面行營馬軍都指揮使”，行營馬軍長官。五代軍隊編制，五百人爲一指揮，設指揮使、副指揮使；十指揮爲一軍，設都指揮使、副都指揮使。

［11］陜州：州名。治所在今河南三門峽市陜州區。　移鎮陜州：《舊五代史考異》：“案《通鑑》：潞王至靈寶，思立謀固守陜城以俟康義誠。先是，捧聖五百騎戍陜，爲潞王前鋒，至城下，呼城上人曰：‘禁軍十萬已奉新帝，爾輩數人奚爲！徒累一城人塗地

耳!’於是捧聖卒争出迎，思立不能禁，亦出迎。”見《通鑑》卷二七九清泰元年（934）三月條。明本《册府》卷一一《帝王部·繼統門三》：清泰元年三月“二十六日，是日，陝州節度使康思立奉迎”。同書卷三九《帝王部·睦親門》：“閔帝應順元年正月，陝州康思立言河中節度使洋王從璋在任日，用内省絹未填。帝以昆仲，不之報。”

[12]清泰：五代後唐廢帝李從珂年號（934—936）。 邢臺：此處代指安國軍，治所在邢州（今河北邢臺市）。 改授邢臺：《新五代史》卷二七《康思立傳》作“徙安遠，又徙安國”，邢臺即安國，則爲兩任。

[13]會稽：縣名。治所在今浙江紹興市越城區。

[14]右神武統軍：官名。唐代右神武軍統兵官。唐置六軍，分左、右羽林，左、右龍武，左、右神武等，即“北衙六軍”。興元元年（784），六軍各置統軍，以寵勳臣。其品秩，《唐會要》卷七一、《舊唐書》卷一二記載爲“從二品”，《通鑑》卷二二九興元元年正月辛丑條記載爲“從三品”。

思立本出陰山諸部，性純厚，善撫將士，[1]明宗素重之，故即位之始，首以應州所生之地授焉。[2]其後歷二郡三鎮，[3]皆得百姓之譽。末帝以其年高，[4]徵居環衛。及出幸懷州，以北師不利，乃命思立統駕下騎軍赴團柏谷以益軍勢，俄而楊光遠以大軍降於太原，[5]思立因憤激，疾作而卒焉。晋高祖即位，追其宿舊，爲輟朝一日，贈太子少師。[6]《永樂大典》卷一萬八千一百二十九。[7]

[1]陰山：山名。即今内蒙古河套西北之陰山山脉。 善撫將

士：《宋本册府》卷一四八《帝王部·知臣門》、卷七八二《總録部·榮遇門》作“善撫御”。

[2]首以應州所生之地授焉：中華書局本有校勘記：“‘首’字原闕，據《永樂大典》卷一三四五一引五代《薛史》後唐《康思立傳》補。”見《大典》卷一三四五一“士”字韻“將士”事目。

[3]其後歷二郡三鎮：中華書局本有校勘記：“‘二郡’原作‘三郡’，據《册府》卷一四八改。按本傳上文云康思立自應州刺史後又歷嵐州、宿州二郡。”見《宋本册府》卷一四八《帝王部·知臣門》。

[4]末帝：即後唐廢帝李從珂，又稱末帝。鎮州平山（今河北平山縣）人。本姓王氏，爲後唐明宗養子，改名從珂。紀見本書卷四六至卷四八、《新五代史》卷七。

[5]懷州：州名。治所在今河南沁陽市。　團柏谷：地名。位於今山西祁縣，是太原與上黨地區間交通要道。　楊光遠：人名。沙陀部人。五代後唐、後晋將領。傳見本書卷九七、《新五代史》卷五一。

[6]太子少師：官名。與太子少傅、太子少保合稱“三少”，唐後期、五代多爲大臣、勳貴加官。從二品。“太子少師”，《舊五代史考異》：“《歐陽史》作太子少傅。”按：《新五代史》卷二七《康思立傳》實作“太子少師”。

[7]《大典》卷一八一二九“將”字韻“後唐將(二)”事目。

張敬達

張敬達，字志通，代州人，[1]小字生鐵。父審，素有勇，事武皇爲列校，歷廳直軍使，[2]同光初卒於軍。敬達少以騎射著名，莊宗知之，召令繼父職，平河南有功，繼加檢校工部尚書。[3]明宗即位，歷捧聖指揮使、檢校尚書左僕射。[4]長興中，改河東馬步軍都指揮使，超授檢校司徒，領欽州刺史。[5]三年，加檢校太保、應州節度使。[6]四年，遷雲州。[7]時以契丹率族帳自黑榆林捺剌泊移至没越泊，[8]云借漢界水草，敬達每聚兵塞下，以遏其衝。契丹竟不敢南牧，邊人賴之。[9]

[1]代州：州名。治所在今山西代縣。

[2]審：人名。即張審。事迹不詳。　列校：指代諸校或校尉。　廳直軍使：官名。所部統兵將領。廳直爲部隊番號。

[3]檢校工部尚書：檢校官名。爲散官或加官。地方使職帶檢校三公、三師及臺省官之類，表示遷轉經歷和尊崇的地位，檢校工部尚書爲其中之一階，爲虛銜。無實際執掌。

[4]捧聖指揮使：官名。所部統兵將領。捧聖爲部隊番號。　檢校尚書左僕射：官名。尚書左僕射，隋唐宰相名號。檢校尚書左僕射爲散官或加官。

[5]馬步軍都指揮使：官名。五代時侍衛親軍長官。多由皇帝親信擔任。　檢校司徒：官名。司徒，與太尉、司空並爲三公。檢校司徒爲散官或加官。　欽州：州名。治所在今廣西欽州市。

[6]檢校太保：官名。爲散官或加官。　應州：州名。治所在今山西應縣。　加檢校太保、應州節度使：《輯本舊史》卷四〇《唐明宗紀六》天成四年（929）六月壬寅條："以北京馬步軍都指揮使兼欽州刺史張敬達爲鳳州節度使。"郭武雄《五代史輯本證補》："張敬達蓋由北京馬步指揮使、欽州刺史授應州節度使，非鳳州節度使也。"參見郭武雄《五代史輯本證補》，臺灣商務印書館1976年版。

[7]雲州：州名。治所在今山西大同市。

[8]黑榆林：地名。位於獨石口北百六十里元上都故址（今内蒙古錫林郭勒盟正藍旗召乃門蘇木）以西之榆木山。參見賈敬顔《五代宋金元人邊疆行記十三種疏證稿》，中華書局2004年版。

捺剌泊：水名。《新五代史》卷七二《四夷附録一》作“揆剌泊”。賈敬顔指出，捺剌泊或爲後日所稱之羊城濼，在今河北沽源縣東北。參見《五代宋金元人邊疆行記十三種疏證稿》。　没越泊：地名。位於今内蒙古呼和浩特市附近。《讀史方輿紀要》卷四四《山西六·大同府》：“没越泊，在府西北。《一統志》：‘没越濼、大鹽濼俱在府西四百里，近古豐州。’”　時以契丹率族帳自黑榆林捺剌泊移至没越泊：中華書局本有校勘記：“‘捺剌泊’三字原闕，據《通鑑》卷二七八胡注引《薛史》補。‘移’字原闕，據《册府》卷四二九補。‘没越泊’三字原闕，據《通鑑》卷二七八胡注引《薛史》、《册府》卷四二九補。”見《通鑑》卷二七八長興三年（932）十一月己丑條胡注、明本《册府》卷四二九《將帥部·守邊門》。

[9]契丹竟不敢南牧，邊人賴之：契丹南下事詳見《宋本册府》卷九八〇《外臣部·通好門》：“（長興三年）十一月乙巳，雲州節度使張敬達奏：探得契丹王在黑榆林南捺剌泊率蕃族三百帳，見製造攻城之具，云蕃界無草，欲借漢界水草。詔親直指揮使張萬全、供奉官周務謙賫書國信雜綵五百疋、銀器二百兩，往賜契丹王。”其中以此事在長興三年（932）十一月，而本傳謂四年遷雲州，待考。

清泰中，自彭門移鎮平陽，[1]加檢校太傅，從石敬瑭爲北面兵馬副總管，仍屯兵雁門。[2]未幾，晋高祖建義，[3]末帝詔以敬達爲北面行營都招討使，[4]仍使悉引部下兵圍太原，以定州節度使楊光遠副焉。[5]尋統兵三萬，營于晋安鄉。[6]末帝自六月繼有詔促令攻取，敬達設長城連栅、雲梯飛礮，使工者運其巧思，窮土木之力。時督事者每有所構，[7]則暴風大雨，平地水深數尺，而城柵崩墮，竟不能合其圍。九月，契丹至，敬達大敗，尋爲所圍。晋高祖及蕃衆自晋安寨南門外，[8]長百餘里，闊五十里，布以氈帳，用毛索掛鈴，[9]而部伍多犬，以備警急。營中嘗有夜遁者，出則犬吠鈴動，跬步不能行焉。自是敬達與麾下部曲五萬人，馬萬匹，無由四奔，但見穹廬如崗阜相屬，諸軍相顧失色。始則削木篩糞，以飼其馬，日望朝廷救軍，及馬漸羸死，[10]則與將士分食之，馬盡食殫。副將楊光遠、次將安審琦知不濟，[11]勸敬達宜早降以求自安。敬達曰："吾受恩於明宗，位歷方鎮，主上授我大柄，而失律如此，已有愧於心也。今救軍在近，旦暮雪耻有期，諸公何相迫耶！待勢窮，則請殺吾，携首以降，亦未爲晚。"光遠、審琦知敬達意未决，恐坐成魚肉，遂斬敬達以降。[12]

[1]彭門：地名。彭城縣或彭城郡的别稱。治所在今江蘇徐州市。本書卷四七《唐末帝紀中》云，清泰二年（935）十一月，"以徐州節度使張敬達爲晋州節度使"。　平陽：地名。位於今山西臨汾市。

[2]石敬瑭：人名。沙陀部人。五代後唐將領、後晋開國皇帝。紀見本書卷七五至卷八〇、《新五代史》卷八。　北面兵馬副總管：官名。北面行營副長官。　雁門：方鎮名。治所在代州（今山西代縣）。

[3]晋高祖：即石敬瑭。　建義：起兵。

[4]北面行營都招討使：官名。五代時掌一方招撫討伐等事務。戰時任命，兵罷則省。常以大臣、將帥或地方軍政長官兼任。　末帝詔以敬達爲北面行營都招討使："北面行營都招討使"，《舊五代史考異》："案：《歐陽史》作太原四面招討使。"見《新五代史》

卷三三《張敬達傳》。《輯本舊史》卷四八《唐末帝紀下》清泰三年五月乙卯條作“太原四面兵馬都部署，尋改爲招討使”。

[5]太原：府名。治所在今山西太原市。　定州：州名。治所在今河北定州市。

[6]晋安鄉：地名。位於今山西太原市。

[7]時督事者每有所構：中華書局本有校勘記：“‘事’，原作‘布’，據殿本、劉本、孔本、《册府》卷八、卷三七四、卷四四四改。”見《宋本册府》卷八《帝王部·創業門四》、卷三七四《將帥部·忠門五》、卷四四四《將帥部·陷没門》。

[8]尋爲所圍。晋高祖及蕃衆自晋安寨南門外：中華書局本有校勘記：“《册府》（宋本）卷四四四作‘尋爲晋祖及蕃衆所迫，一夕圍合，蕃衆自晋安寨南門外’，《册府》（宋本）卷三七四略同。影庫本粘籤：‘原本脱“所圍”二字，今據《册府元龜》增入。’今檢《册府》，無‘所圍’二字。”《宋本册府》卷八：清泰三年九月，“時張敬達、楊光遠列陣西山之下，士未及伍，而（高）行周、（符）彦卿爲伏兵所斷，捨軍而退，敬達等步兵大敗，死者萬人”。明本《册府》卷四四三《將帥部·敗衄門三》：“張敬達爲校尉太保、應州刺史。清泰三年九月，敬達奏：‘此月十五日，與契丹戰于太原城下，王師敗績。’時契丹主自率部族來援太原，高行周、符彦卿率左右廂騎軍出鬬，蕃軍引退。巳時後，蕃軍復成列。張敬達、楊光遠、安審琦等陣於賊西北，倚山横陣。諸將奮擊，蕃軍屢却。至晡，我騎軍將移陣，蕃軍如山而進，王師大敗，投兵仗相籍而死者山積。是夕，收拾餘衆，保於晋祠南晋安寨。蕃軍塹而圍之。自是，音問阻絶，朝廷大怒。”《宋本册府》卷九八七《外臣部·征討門六》：“詔遣侍衛步軍都指揮使符彦饒率兵屯河陽，詔范延光率兵繇青山路趨榆次，詔幽州趙德鈞繇飛狐路出賊軍後，耀州防禦使潘環合防戍軍出慈、隰，以援張敬達。”

[9]用毛索掛鈴：中華書局本有校勘記：“‘掛’字原闕，據殿本、劉本、邵本、彭本補。《册府》卷三七四、卷四四四作‘懸’。”

［10］及馬漸羸死：中華書局本有校勘記："'馬'字原闕，據《册府》卷三七四、卷四四四補。"

［11］安審琦：人名。沙陀部人。五代將領。歷仕後唐、後晋、後漢、後周。傳見本書卷一二三。

［12］遂斬敬達以降：《舊五代史考異》："案《契丹國志》：楊光遠謀害張敬達，諸將高行周陰爲之備，敬達疎于防禦，推遠行周等。清晨，光遠上謁，見敬達左右無人，遂殺之。"見《契丹國志》卷二《太宗紀上》天顯十年（後唐清泰二年，935）十一月條。

末帝聞其殁也，愴慟久之。時戎王告其部曲及漢之降者曰："爲臣當如此人！"[1]令部人收葬之。晋高祖即位後，所有田宅，咸賜其妻子焉。[2]時議者以敬達嘗事數帝，亟立軍功，及領藩郡，不聞其濫，繼屯守塞垣，復能撫下，而臨難固執，不求苟免，乃近代之忠臣也。晋有天下，不能追懋官封，賞其事蹟，非激忠之道也。《永樂大典》卷六千三百五十一。[3]

［1］戎王：即耶律德光。契丹族。遼太祖耶律阿保機次子。遼朝太宗皇帝。927年至947年在位。紀見《遼史》卷三至卷四。

［2］所有田宅，咸賜其妻子焉：明本《册府》卷一六九《帝王部·納貢獻門》："晋高祖天福二年二月丙戌，故晋州節度使張敬達母朱氏進銀器、駝馬，謝恩賜還舊業。"

［3］中華書局本有校勘記："檢《永樂大典目録》，卷六六五一'江'字韻'江名（一）'與本則内容不符，恐有誤記。陳垣《舊五代史輯本引書卷數多誤例》謂應作卷六三五一'張'字韻'姓氏（二一）'。"今據陳垣説改。

舊五代史　卷七一

唐書四十七

列傳第二十三[1]

[1]按，本卷末無史論。

馬郁

馬郁，其先范陽人。[1]郁少警悟，有俊才，多智數，[2]言辯縱横，下筆成文。乾寧末，爲幽州府刀筆小吏。[3]時節帥李匡威爲王鎔所殺，[4]鎔書報其弟匡儔，[5]云匡威謀危軍府，衷甲竊發，與三軍接戰而歿。[6]匡儔遣使於鎔，問謀亂本末，幕客爲書，多不如旨。郁時直記室，[7]即起草，爲之條列事狀，云可疑者十，詞理俊贍，以此知名。《永樂大典》卷三千三百九十四。[8]因得署幕職。[9]嘗使於王鎔，[10]鎮州官妓有轉轉者，[11]美麗善歌舞，因宴席，郁累挑之。鎔幕客張澤亦以文章有名，[12]謂郁曰："子能座上成賦，可以此妓奉酬。"[13]郁抽筆操紙，即時成賦，擁妓而去。《永樂大典》卷一萬四千八百二十八。[14]

[1]范陽：地名。位於今北京市。　馬郁，其先范陽人：《舊五代史考異》："案：尹洙《河南集·韓國華誌銘》作燕客馬彧，韓琦《安陽集·重修五代祖塋域記》亦作幕吏馬彧。考宋人説部載韓定辭唱和詩俱作馬彧，與《薛史》異。惟《雲谷雜記》從《通鑑》作郁，與《薛史》同。"中華書局本對此有校勘記："'韓國華'，原作'韓重華'，據《河南先生文集》卷一六改。按《宋史》卷二七七有《韓國華傳》。'馬彧'，原作'馬郁'，據殿本、《安陽集》卷四六《重修五代祖塋域記》改。"《宋本册府》卷七一八《幕府部·才學門》、卷七二九《幕府部·辟署門四》作"馬郁，幽州人"。

[2]多智數："多"字據《宋本册府》卷七一八補。

[3]乾寧：唐昭宗李曄年號（894—898）。　幽州：州名。治所在今北京市。中華書局本有校勘記："'幽州'二字原闕，據《册府》卷七一八補。"　爲幽州府刀筆小吏：《北夢瑣言》卷一三"李全忠蘆生三節"條："有馬郁者，少負文藝。匡威曾問其年，郁曰：'弱冠後，兩周星。'傲形於色。後匡威繼父爲侯，首召馬郁問曰：'子今弱冠後幾周星歲？'郁但頓顙謝罪，匡威曰：'好子之事，吾平生所愛也，何懼之有？'因署以府職。"《宋本册府》卷九四四《總録部·佻薄門》："馬郁，唐末爲幽州刀筆小吏。少負文藝。節度使李全忠子威曾問其年，郁曰：'弱冠後兩周星歲。'傲形于色。後威繼父爲帥，首召郁問曰：'子今弱冠後幾周星歲？'郁但頓顙謝罪，威曰：'如子之事，吾平生之所愛也，何懼之有？'因署以府職。"按，李威即李匡威，宋人爲避宋太祖諱而省"匡"字，下同。

[4]李匡威：人名。范陽（今河北涿州市）人。幽州節度使李全忠之子，襲父位爲節度使。唐末軍閥。傳見《舊唐書》卷一八〇、《新唐書》卷二一二。　王鎔：人名。回鶻人。唐末、五代軍閥，朱温後封趙王。傳見本書卷五四、《新五代史》卷三九。

時節帥李匡威爲王鎔所殺："時節帥"三字據《宋本册府》卷七一八補。

［5］匡儔：人名。即李匡儔。新、舊《唐書》作"李匡籌"。范陽（今河北涿州市）人。幽州節度使李全忠之子、李匡威之弟，唐末軍閥。傳見《舊唐書》卷一八〇、《新唐書》卷二一二。

［6］"云匡威謀危軍府"至"與三軍接戰而歿"：此十八字據《宋本册府》卷七一八補。

［7］郁時直記室：中華書局本有校勘記："'時'，原作'將'，據殿本、劉本、《册府》卷七一八改。"

［8］《大典》卷三三九四"文"字韻"事韻"，應爲"下筆成文"事目。《輯本舊史》之孔本案語："《太平廣記》：匡儔忿其兄之見殺，即舉全師伐趙之東鄙，將釋其憤氣，而致十疑之書。趙王遣記室張澤以事實答之，其略曰：'營中將士，或可追呼；天上雷霆，何人計會。'詞多不載。"中華書局本有校勘記："'伐'，原作'代'，據《太平廣記》卷一九二引《劉氏耳目記》改。"

［9］因得署幕職：此五字據《宋本册府》卷七一八補。

［10］嘗使於王鎔：中華書局本有校勘記："'使'，原作'侍'，據《册府》卷七三〇改。"《宋本册府》卷七三〇《幕府部·貪縱門》："嘗使於鎮州王鎔。"

［11］鎮州：州名。治所在今河北正定縣。　鎮州官妓有轉轉者：中華書局本有校勘記："'鎮州'下原有'中'字，據《册府》卷七三〇删。"

［12］張澤：人名。籍貫不詳。事見本書本卷。　鎔幕客張澤亦以文章有名："鎔""有"二字據《宋本册府》卷七三〇補。

［13］子能座上成賦，可以此妓奉酬：《輯本舊史》之影庫本粘籤："座上，原本作'産上'，今據文改正。"《宋本册府》卷七三〇亦作"座上"。《舊五代史考異》："案：《太平廣記》作韓定辭請馬郁爲賦，與《薛史》異。"見《太平廣記》卷二〇〇《文章三·韓定辭》引《北夢瑣言》。

［14］《大典》卷一四八二八“賦”字韻“賦題（三）”事目。

劉仁恭入燕，用爲掌書記。[1]唐天祐元年，汴人寇滄景，仁恭求援於武皇，武皇徵其兵，同攻潞州。仁恭遣郁與監軍張居翰率師數萬赴會。[2]澤潞既平，仁恭爲其子守光所囚，兄守文又失滄景，乃留郁不遣，署爲副留守。[3]

［1］劉仁恭：人名。深州（今河北深州市）人。唐末、五代軍閥，時爲幽州節度使。傳見《新唐書》卷二一二。　掌書記：官名。唐、五代方鎮僚屬，位在判官下。掌表奏書檄、文辭之事。

［2］天祐：唐昭宗李曄開始使用的年號（904），唐哀帝李柷沿用（904—907）。唐亡後，河東李克用、李存勗仍稱天祐，沿用至天祐二十年（923）。五代十國其他政權亦有行此年號者，如南吴、吴越等。　滄景：方鎮名。即横海軍。治所在滄州（今河北滄縣舊州鎮）。　武皇：後唐太祖李克用謚號。莊宗即位，追謚武皇帝，廟號太祖，陵在雁門。李克用，沙陀部人，生於神武川新城（一説今山西朔州市朔城區之梵王寺村，一説今山西應縣縣城，一説今山西懷仁縣之日中城）。五代後唐實際奠基者。紀見本書卷二五至卷二六、《新五代史》卷四。　潞州：州名。治所在今山西長治市。　監軍：官名。爲臨時差遣，代表朝廷協理軍務、督察將帥。唐、五代時常以宦官爲監軍。　張居翰：人名。籍貫不詳。唐末、五代宦官。傳見本書卷七二、《新五代史》卷三八。

［3］澤潞：方鎮名。治所在潞州（今山西長治市）。　守光：人名。即劉守光。深州樂壽（今河北獻縣）人。唐末、五代幽州節度使劉仁恭之子。劉守光囚父自立，後號大燕皇帝，爲晋王李存勗俘殺。傳見本書卷一三五、《新五代史》卷三九。　守文：人名。

即劉守文。深州（今河北深州市）人。唐末盧龍節度使劉仁恭長子。唐末軍閥。後梁開平三年（909），被其弟劉守光殺死。事見本書卷二、卷四、卷九八及《新五代史》卷五六、卷七二。　副留守：官名。古代在都城、陪都或軍事重鎮所設留守，由地方行政長官兼任。副留守爲留守之貳。　“劉仁恭入燕”至“署爲副留守”：《宋本册府》卷七二九《幕府部·辟署門四》。《輯本舊史》卷二六《唐武皇紀下》天祐三年（906）九月條：“汴帥親率兵攻滄州，幽州劉仁恭遣使來乞師，武皇乃徵兵於仁恭，將攻潞州，以解滄州之圍。仁恭遣掌書記馬郁、都指揮使李溥等將兵三萬，會於晋陽，武皇遣周德威、李嗣昭合燕軍以攻澤潞。”同書卷七二《張居翰傳》：“天祐三年，汴人攻滄州，仁恭求援於武皇，乃遣居翰與書記馬郁等率兵助武皇同攻潞州，武皇因留之不遣。”同書卷一三五《劉守光傳》：“自（天祐三年）七月至十月，仁恭遣使求援於晋，前後百餘輩，武皇乃徵兵於燕，仁恭遣都將李溥夏侯景、監軍張居翰、書記馬郁等，以兵三萬來會。十二月，合晋師以攻潞州，降丁會，乃解滄州之圍。”《宋本册府》卷一七二《帝王部·求舊門二》同光二年（923）十一月條：“（王）緘，燕人，初爲劉仁恭幕吏。天祐四年，仁恭遣緘使鳳翔，路由太原，及復命，燕晋不通。帝留之，言不遜，命繫於獄，尋脱之，署巡官，帝待之甚厚。時有馬郁者，亦仁恭之幕賓也。三年冬，仁恭令郁將兵三萬，會于晋陽，攻潞州，因兹亦留於晋。帝以郁爲留守判官。郁、緘俱有文才，然郁博通多識，才性朗俊，下筆成章。郁死，軍書墨制多出於緘。”明本《册府》卷九三九《總録部·譏誚門》：“王緘，幽州劉仁恭故吏也。莊宗承制，授魏博節度副使。緘博學善屬文，燕薊多文士，緘後生，未知名。及在太原，名位驟達。燕人馬郁，有盛名於鄉里，而緘素以吏職事郁。及郁在太原，謂緘曰：‘公在此作文士，所謂避風之鳥，受賜於魯人也。’每於公宴，但呼王緘而已。”其事亦見《輯本舊史》卷六〇《王緘傳》。《宋本册府》卷九四四《總録部·佻薄門》：“郁初與同幕王緘皆事燕王劉仁恭，郁本府名位先達，緘學術雖優，然才性梗滯，居燕時職官未達，故郁在河東稠人廣衆之中頤指緘，有所請謁，呼王緘而已。常閱所爲文，因謂之曰：‘孰知王緘中道有言語，得無異乎？’”

郁在武皇幕，累官至檢校司空、祕書監。[1]武皇與莊宗禮遇俱厚，[2]歲時給賜優異。[3]監軍張承業，[4]本朝舊人，權貴任事，人士脅肩低首候之。唯郁以滑稽侮狎，[5]其往如歸，有時直造卧内。每賓僚宴集，承業出異方珍果陳列于前，客無敢先嘗者，當郁前者，食之必盡。[6]承業私戒主膳者曰：“他日馬監至，唯以乾藕子置前而已。”[7]郁至窺之，知其不可啖，[8]異日，韡中出一鐵檛，碎而食之，[9]承業大笑曰：“爲公易饌，勿敗余食案。”[10]其後率如此。《册府元龜》卷八百五十五。[11]

[1]檢校司空：官名。爲散官或加官，以示恩寵加此官，無實際執掌。司空，與太尉、司徒並爲三公。　祕書監：官名。東漢始置。掌圖書秘記等事宜。從三品。

[2]莊宗：人名。即李存勗。沙陀部人，後唐開國皇帝。923年至926年在位。紀見本書卷二七至卷三四、《新五代史》卷四至卷五。

[3]歲時給賜優異：中華書局本有校勘記：“‘歲時’二字原闕，據殿本、孔本、《册府》卷七二九、卷八五五補。”見《宋本册府》卷七二九《幕府部・辟署門四》、卷八五五《總録部・縱逸門》。

[4]張承業：人名。同州（今陝西大荔縣）人。唐末、五代宦官，河東監軍。傳見本書卷七二、《新五代史》卷三八。

[5]唯郁以滑稽侮狎：“唯”字據《御覽》卷九七五《果部一二・蓮》條引《後唐書》補。

[6]“承業出異方珍果陳列于前”至“食之必盡”：《舊五代史考異》：“案：《太平御覽》引《後唐書》作陳列于前，客無敢先嘗者，當郁前者，食之必盡。”《御覽》卷九七五實作：“承業出異方珍果陳列於前，客無敢先嘗者，當郁前者，食必盡。”“異方”“客無敢先嘗者”“當郁前者”等十二字據《御覽》補。

[7]唯以乾藕子置前而已：“藕”，《御覽》卷九七五作“蓮”。

[8]郁至窺之，知其不可啖：中華書局本有校勘記：“‘之知’二字原闕，據《册府》卷八五五、《御覽》卷九七五引《後唐書》改。”

[9]韗中出一鐵檛，碎而食之：《御覽》卷九七五作：“韗中置鐵鎚，出以擊之。”

[10]爲公易饌，勿敗余食案：中華書局本有校勘記：“‘易’，原作‘設異’，據《册府》（宋本）卷八五五、《御覽》卷九七五引《後唐書》改。”“勿敗余食案”，《宋本册府》卷八五五作“勿敗余食按”，《御覽》卷九七五作“勿敗予桉”。

[11]《宋本册府》卷八百五十五《總録部·縱逸門》。

郁在莊宗幕府，自李襲吉卒後，每有四方會盟書檄，多命郁爲之，答吴蜀書、與王檀檄，皆郁文也。[1]

[1]李襲吉：人名。洛陽（今河南洛陽市）人。唐末進士、官員。傳見本書卷六〇、《新五代史》卷二八。　吴：五代十國之吴國。　蜀：五代十國之前蜀。　王檀：人名。京兆（今陝西西安市）人。後梁將領。傳見本書卷二二、《新五代史》卷二三。“郁在莊宗幕府”至“皆郁文也”：《宋本册府》卷七一八《幕府部·才學門》。《宋本册府》卷九四四《總録部·佻薄門》：“後爲莊宗太原副留守。”

郁在莊宗幕，寄寓他土，年老思歸，[1]每對莊宗歔欷，[2]言家在范陽，乞骸歸國，以葬舊山。莊宗謂之曰："自卿去國已來，同舍孰在？守光尚不能容父，能容卿乎！孤不惜卿行，[3]惜卿不得死爾。[4]"郁既無歸路，衷懷嗚悒，[5]竟卒于太原。[6]《册府元龜》卷九百五十三。[7]

[1]年老思歸："歸"，原作"鄉"，據《宋本册府》卷九五三《總録部·傷感門》改。

[2]歔欷：原作"欷歔"，據《宋本册府》卷九五三改。

[3]孤不惜卿行：中華書局本有校勘記："'行'字原闕，據殿本、《册府》卷九五三補。"

[4]惜卿不得死爾：中華書局本有校勘記："'惜'，原作'但'，據《册府》（宋本）卷九五三改。孔本作'以'。"

[5]衷懷嗚悒："悒"，原作"咽"，據《宋本册府》卷九五三改。

[6]太原：府名。治所在今山西太原市。

[7]《宋本册府》卷九五三《總録部·傷感門》。《輯本舊史》之案語："《馬郁傳》，《永樂大典》僅存二條，今採《册府元龜》以補其闕。"

司空頲

司空頲，貝州人。[1]唐僖宗時，舉進士不中，[2]退之中條山，依司空圖，圖以宗姓，指授爲文刀尺，薦託於朝。[3]屬天子播遷，三輔大亂，[4]乃還鄉里。羅紹威爲節度副大使，頲以所業干之，[5]幕客公乘億爲延譽，[6]羅弘信署爲府參軍，辟館驛巡官，[7]改節度巡官，歷掌書記。[8]張彦之亂，命判官王正言草奏，正言素不能文，不能下筆，彦怒詬曰："鈍漢乃辱我！"推之下榻。問孰可草奏者，有言頲，羅王時書記，乃馳騎召之。頲揮筆成文，詆斥梁君臣，彦甚喜，以爲判官。[9]及張彦復脅賀德倫降於唐，[10]德倫遣頲先奉狀太原。[11]莊宗仍以頲爲判官，後以頲權軍府事。[12]頲有姪在梁，遣家奴以書召之，都虞候張裕擒其家奴，以謂通于梁，遂見殺。[13]《永樂大典》卷三千三百九十四。[14]

[1]貝州：州名。治所在今河北清河縣。　貝州人：《輯本舊史》之影庫本粘籤："貝州人，《歐陽史》作博陽，今附識于此。"《新五代史》卷五四《司空頲傳》作："司空頲，貝州清陽人也。"《宋本册府》卷七二九《幕府部・辟署門四》："司空頲，貝州清陽人。"同書卷九五三《總録部・不遇門》："司空頲，貝州青陽人。"

[2]僖宗：即唐僖宗李儇。873 年至 888 年在位。紀見《舊唐書》卷一九下、《新唐書》卷九。　唐僖宗時，舉進士不中：《宋本册府》卷七二九："景福中，舉進士不第。"同書卷九五三："舉進士不第。"

[3]中條山：山名。位於今山西西南部，黄河與涑水、沁河之間。　司空圖：人名。臨淄（今山東淄博市臨淄區）人。一説河中虞鄉（今山西永濟市）人。唐末進士、官員。後隱居中條山。傳見本書附録、《舊唐書》卷一九〇下、《新唐書》卷一九四。　"退之中條山"至"薦託於朝"：此二十三字據《宋本册府》卷九五三補。

[4]三輔：地區名。漢代時以京兆尹、左馮翊、右扶風爲三輔，轄境相當於陝西省中部地區。至唐代仍沿襲此稱呼。

[5]羅紹威：人名。魏州貴鄉（今河北大名縣）人。唐末軍

閥。傳見本書卷一四、《新五代史》卷三九。　節度副大使：官名。方鎮中僅次於節度使之使職，如持節，則位同於節度使。　羅紹威爲節度副大使，頲以所業干之：亦見明本《册府》卷九〇〇《總録部·干謁門》。同書卷七一六《幕府部·倚任門》："後唐司空頲爲魏州節度使羅紹威掌書記。紹威聚書萬卷，尤工篇什，每公私宴集，無不屬和。幕中皆知名士，而頲益蒙眷遇，軍機政術必先圖議。誅牙軍之謀，頲亦預焉。"

[6]公乘億：人名。籍貫不詳。事見本書卷二四。　延譽：極力讚揚，使名譽遠播。　幕客公乘億爲延譽：中華書局本有校勘記："'幕客'，原作'慕容'，據殿本、劉本、邵本、《册府》卷七二九、卷九〇〇改。影庫本粘籤：'"慕容"二字，疑"幕客"之訛。今考《册府元龜》亦作"慕容"，今姑仍其舊，附識于此。'"《宋本册府》卷七二九、明本《册府》卷九〇〇本作"幕客"。《輯本舊史》卷二四《孫騭傳》載："唐光啓中，魏博從事公乘億以女妻之，因教以牋奏程式。億既死，魏帥以章表牋疏淹積，兼月不能發一字，或以騭爲言，即署本職，主奏記事。"

[7]羅弘信：人名。魏州貴鄉（今河北大名縣）人。唐末、五代軍閥。傳見《舊唐書》卷一八一、《新唐書》卷二一〇。　參軍：官名。州府屬官。總掌諸曹事務。官品爲從六品至從八品不等。　館驛巡官：官名。巡官之一種。唐代節度使、觀察使、團練使、防禦使下皆置巡官，位判官、推官下，有營田巡官、轉運巡官、館驛巡官等名目。館驛巡官下設四人，掌館驛。

[8]節度巡官：官名。唐代節度使屬官，位在判官、推官下。掌巡察及處理某些事務。　改節度巡官，歷掌書記：此九字據《宋本册府》卷七二九補。《新五代史》卷五四《司空頲傳》："紹威卒，入梁爲太府少卿。"

[9]張彦：人名。籍貫不詳。五代後梁軍校。事見本書卷八、卷二八。　判官：官名。唐、五代方鎮僚屬，位在行軍司馬下。分判倉曹、兵曹、騎曹、胄曹事。　王正言：人名。鄆州（今山東東

平縣）人。五代後唐官員。傳見《舊五代史》卷六九。　“張彦之亂”至“以爲判官”：《輯本舊史》卷八《梁末帝紀上》貞明元年（915）四月條：“時有文吏司空頲者，甚有筆才，彦召見，謂曰：‘爲我更草一狀，詞宜抵突，如更敢違，則渡河擒之。’乃奏曰：‘臣累拜封章，上聞天聽，在軍衆無非共切，何朝廷皆以爲閑。半月三軍切切，而戈矛未息；一城生聚皇皇，而控告無門。惟希俯鑒丹衷，苟從衆欲，須垂聖允，斷在不疑。如或四向取謀，但慮六州俱失，言非意外，事在目前。’”《宋本册府》卷七一八《幕府部・才學門》：“司空頲，初爲羅紹威魏州掌書記，後爲楊師厚招討判官。師厚卒，賀德倫初至，三軍亂，張彦召德倫判官王正言，令草奏。正言本非文士，又爲亂兵所迫，汗流浹背，秉筆不能措一詞。張彦怒，排之榻下，曰：‘鈍漢笑我！’叱書吏曰：‘誰能爲我草奏者？’吏曰：‘司空郎中，羅令公幕客，有俊才。’即馳騎召之。頲已被剽奪，弊衣而至，長揖彦，即操筆於白刃間，神氣自若，筆不停輟，連草數奏。張彦讀至‘軍府無非甚切，朝廷却以爲閑；必若四向取謀，但恐六州俱失’，彦甚怪其意，即日與之僕馬，乃令德倫請爲判官。”

［10］賀德倫：人名。先世爲河西部落人，後居滑州（今河南滑縣）。五代後梁、後唐將領。傳見本書卷二一、《新五代史》卷四四。

［11］德倫遣頲先奉狀太原：《輯本舊史》之案語：“《北夢瑣言》載其狀詞云：屈原哀郢，本非怨望之人；樂毅辭燕，且異傾邪之行。”見《北夢瑣言》卷一七魏博衙軍條；“樂毅辭燕”，原作“樂毅歸燕”，據《北夢瑣言》卷一七改。《輯本舊史》卷二一《賀德倫傳》：“晋王自黄澤嶺東下，至臨清，德倫遣從事司空頲密啓晋王，訴以張彦凌辱之事。”同書卷二八《唐莊宗紀二》天祐十二年（915）三月條：“賀德倫遣從事司空頲至軍，密啓張彦狂勃之狀，且曰：‘若不翦此亂階，恐貽後悔。’帝默然，遂進軍永濟。”《通鑑》卷二六九貞明元年（915）五月條：“德倫遣判官司空頲犒軍，

密言於晋王曰：‘除亂當除根。’因言張彦凶狡之狀，勸晋王先除之，則無虞矣。王默然。”

［12］莊宗仍以頊爲判官，後以頊權軍府事：《宋本册府》卷七三〇《幕府部・貪縱門》：“司空頊爲莊宗魏博節度判官。是時，帝方事河南，連年征役，魏博軍政，决之於頊。累遷檢校右僕射，權軍府事，長吏補署多通賂遺，家畜妓妾，不修廉隅，同職惡之。”《新五代史》卷五四《司空頊傳》：“德倫以魏博降晋，晋王兼領天雄，仍以頊爲判官。梁、晋相距河上，常以頊權軍府事。頊爲郭崇韜所惡，崇韜數言其受賂。”

［13］都虞候：官名。五代時期出征軍隊高級統兵官。　張裕：人名。籍貫不詳。五代後唐將領。事見本書本卷。　“頊有姪在梁”至“遂見殺”：《舊五代史考異》：“案《通鑑》：晋王責頊曰：‘自吾得魏博，庶事悉以委公，公何得見欺如是，獨不可先相示耶！’揖令歸第，是日族誅于軍門。”見《通鑑》卷二六九貞明元年六月庚寅條。《宋本册府》卷一七五《帝王部・悔過門》：“後唐莊宗初爲晋王，既誅從事司空頊，尋亦悔之。明年，駐軍於河上，軍校郭夜乂者有罪伏誅，元行欽已下惜其驍勇，列拜以救之。帝厲聲曰：‘殺司空頊時，爾等何不救邪！’其追惜之意如此。”《新五代史》卷五四《司空頊傳》：“都虞候張裕多過失，頊屢以法繩之。頊有姪在梁，遣家奴召之，裕擒其家奴，以謂通書于梁。莊宗族殺之。”

［14］《大典》卷三三九四“文”字韻“事韻”，應爲“揮筆成文”事目。

曹廷隱

曹廷隱，魏州人也，爲本州典謁、虞候。[1]賀德倫使西迎莊宗於晋陽，[2]莊宗既得鄴城，[3]擢爲馬步都虞候，[4]以其稱職，自是遷拜日隆。天成初，除齊州防禦使。[5]下車嚴整，頗有清白之譽。時有孔目吏范弼者，[6]爲人剛愎，視廷隱蔑如也。弼監軍廩，鬻空乏以取貲；[7]又私貨官鹽，廷隱按之，遂奏其事。弼家人訴於執政，並下御史府劾之。弼雖伏法，廷隱以所奏不實，亦流永州，[8]續敕賜自盡，[9]時人冤之。《永樂大典》卷四千二百十三。[10]

[1]魏州：州名。治所在今河北大名縣。　典謁：官名。東宫屬官。掌引見賓客。從九品下。　虞候：官名。唐、五代方鎮高級軍官。

[2]晋陽：縣名。治所在今山西太原市。

[3]鄴城：地名。即鄴都。治所在今河北大名縣。五代後唐同光元年（923），改魏州爲興唐府，建號東京。三年，改東京爲鄴都。

[4]馬步都虞候：官名。五代侍衛親軍馬步軍統兵官，僅次於馬步軍都指揮使、副都指揮使。

[5]天成：後唐明宗李嗣源年號（926—930）。　齊州：州名。治所在今山東濟南市。　防禦使：官名。唐代始置，設有都防禦使、州防禦使兩種。常由刺史或觀察使兼任，實際上爲唐代後期州或方鎮的軍政長官。

[6]孔目吏：吏職名。即孔目官。唐置，爲各府州及方鎮孔目院屬員，掌文書簿籍或財計出納事務，隸都孔目。因軍府細事皆經其手，一孔一目無不綜理，故名。　范弼：人名。籍貫、事迹不詳。本書僅此一見。

[7]鬻空乏以取貲：《輯本舊史》之影庫本粘籤："鬻空乏以取貲，原本疑有舛誤。《册府元龜》所引《薛史》與《永樂大典》同，今無可復考，姑仍其舊。"

[8]永州：州名。治所在今湖南永州市。　亦流永州：《宋本册府》卷一五〇《帝王部·寬刑門》：長興三年（932）“十一月甲辰，敕龍鷺、毛璋、陶玘、曹廷隱、成景弘等，或子或弟，本無相及至刑，尋示寬恩，各免連坐，止令州府别係職官。而聞收管已來，縻係之後，頗極窮困，宜放營生，仰逐處開落姓名，乃給公憑，放逐穩便。”同書卷六九九《牧守部·譴讓門》：“曹廷隱爲齊州防禦使，天成三年，以舉奏失實，配流永州。”

[9]續敕賜自盡：《宋本册府》卷一五八《帝王部·誡勵門三》：“天成三年八月，下制誡勵長吏曰：‘廷隱以全虧公道，不獲已而就極刑。’”注曰：“曹廷隱爲齊州防禦使，奏孔目吏伏法不實，敕自盡。”

[10]《大典》卷四二一三“顔”字韻“姓氏（七）”事目，但與“曹廷隱”之姓不合，誤，但不知爲何誤。

蕭希甫

蕭希甫，[1]宋州人也。[2]少舉進士，爲梁開封尹袁象先書記。[3]象先爲青州節度使，[4]以希甫爲巡官，希甫不樂，乃棄其母妻，變姓名，亡之鎮州，自稱青州掌書記，進謁王鎔。鎔以希甫爲參軍，尤不樂，居歲餘，又亡之易州，削髮爲僧，居百丈山。[5]莊宗將建國，置百官，李紹宏薦爲魏州推官。[6]

[1]蕭希甫：中華書局本有校勘記：“傳首節、次節與《新五代史》卷二八《蕭希甫傳》略同，疑係清人雜採改寫成篇。”

[2]宋州：州名。治所在今河南商丘市睢陽區。

[3]開封尹：即開封府尹。五代除後唐外均都汴州，升汴州爲

開封府，置開封尹或知開封府事。執掌京師政務。從三品。　袁象先：人名。宋州下邑（今河南夏邑縣）人。五代後梁將領，後投後唐。傳見本書卷五九、《新五代史》卷四五。

[4]青州：州名。治所在今山東青州市。　節度使：官名。唐時在重要地區所設掌握一州或數州軍事、民事、財政的長官。

[5]易州：州名。治所在今河北易縣。　百丈山：山名。位於今河北易縣。　"少舉進士"至"居百丈山"：《宋本册府》卷九三六《總録部·躁競門》："蕭希甫初在梁，登進士第。初依開封尹袁象先，典書奏。象先移鎮青州，希甫從行，求爲管記，象先未之許，署爲巡官。憤憤不樂。俄而，象先出軍於河上，希甫棄其母妻，夜渡河入於貝郡，易姓名爲皇甫校書，遂之鎮州。王鎔署参軍，希甫時稱青州書記、前進士，既至，欲居賓席，一旦失望，屢有流言，鎮州惡之。居期年，從鎔游王母觀，希甫復遁於易州百丈山，落髮爲僧。"

[6]李紹宏：人名。又作馬紹宏。籍貫不詳。後唐莊宗近臣。傳見本書卷七二。　推官：官名。唐肅宗以後置，五代沿置。爲節度、觀察、團練、防禦等使的屬官。度支、鹽鐵等使也置推官掌理刑案之事。

同光初，有詔定内宴儀，問希甫樞密使得坐否，希甫以爲不可。樞密使張居翰聞之怒，謂希甫曰："老夫歷事三朝天子，見内宴數百，子本田舍兒，安知宫禁事！"希甫不能對。初，莊宗欲以希甫知制誥，宰相豆盧革等附居翰，共排斥之，以爲駕部郎中。[1]希甫失志，尤怏怏。莊宗滅梁室，遣希甫宣慰青、齊，[2]希甫始知其母已死，妻袁氏亦改嫁。希甫乃發哀服喪，居于魏州。人有引漢李陵書以譏之曰：[3]"老母終堂，生妻去室。”

[1]同光：五代後唐莊宗李存勗年號（923—926）。　樞密使：官名。樞密院長官，五代時以士人爲之，備顧問，參謀議，出納詔奏，權侔宰相。參見李全德《唐宋變革期樞密院研究》，國家圖書館出版社2009年版。　張居翰：人名。唐末、五代宦官。傳見本書卷七二、《新五代史》卷三八。　知制誥：官名。掌起草皇帝的詔、誥之事，原爲中書舍人之職。唐開元末置學士院，翰林學士入院一年，則加知制誥銜，專掌任免宰相、册立太子、宣布征伐等特殊詔令，稱爲内制。而中書舍人所撰擬的詔敕稱爲外制。兩種官員總稱兩制官。　豆盧革：人名。先世爲鮮卑慕容氏，後改豆盧氏。唐同州刺史豆盧籍之孫，舒州刺史豆盧瓚之子。五代後唐宰相。傳見本書卷六七、《新五代史》卷二八。　駕部郎中：官名。尚書兵部駕部司長官。掌輿輦、車乘、傳驛、廄牧等事。從五品上。郎中爲尚書省屬官，位在侍郎之下、員外郎之上。　“同光初”至“以爲駕部郎中”：《宋本册府》卷六六九《内臣部·恣横門》：“張居翰爲樞密使，時蕭希甫知制誥，有詔定内宴樞密使坐宴否，希甫以爲不可坐。居翰聞之怒，召希甫責曰：‘據子所言，有何按據？老夫事過三朝天子，逮内宴數百，子本田舍兒，憑何所見，有此横議？如有按據，即具奏聞。’希甫無以對。由是居翰及李紹宏等切齒怒之，宰相豆盧革等亦希旨排斥，乃以希甫爲駕部郎中。”

[2]齊：州名。治所在今山東濟南市。

[3]李陵：人名。隴西成紀（今甘肅秦安縣）人。西漢將領李廣之孫。漢武帝時將領，後投降匈奴。傳見《漢書》卷五四。

天成初，欲召爲諫議，豆盧革、韋説沮之。[1]明宗卒以希甫爲諫議大夫，復爲匭函使。[2]其後革、説爲安重誨所惡，[3]希甫希旨，誣奏革縱田客殺人，而説與鄰人争井，井有寶貨。有司推勘井中，惟破釜而已，[4]革、説卒皆貶死。希甫拜左散騎常侍，[5]躁進尤甚。引告變人李筠夜扣内門，[6]通變書云："修堤兵士，欲取郊天日舉火爲叛。"安重誨不信之。斬告變者，軍人訴屈，請希甫啖之。既而詔曰："左散騎常侍、集賢殿學士判院事蕭希甫，[7]身處班行，職非警察，輒引凶狂之輩，上陳誣骫之詞，逼近郊禋，扇摇軍衆。李筠既當誅戮，希甫寧免謫遷，可貶嵐州司户參軍，[8]仍馳驛發遣。"長興中，[9]卒于貶所。

[1]諫議：官名。即諫議大夫。秦始置，掌朝政議論。隋唐仍置，有左、右諫議大夫各四人，分屬門下、中書二省。掌諫諭得失，侍從贊相。唐後期、五代多以本官領他職。正四品下。　韋説：人名。京兆萬年（今陝西西安市長安區）人。唐福建觀察使韋岫之子。唐末進士，後梁大臣、後唐宰相。傳見本書卷六七。

[2]明宗：即李嗣源。沙陀部人。原名邈佶烈，李克用養子。五代後唐明宗，926 年至 933 年在位。紀見本書卷三五至卷四四、《新五代史》卷六。　匭函使：官名。武則天時期，熔銅爲匭，每日置之於朝堂，以收天下表疏。　明宗卒以希甫爲諫議大夫，復爲匭函使：《輯本舊史》卷三六《唐明宗紀二》天成元年六月乙巳條："以兵部郎中蕭希甫爲左諫議大夫。"《宋本册府》卷四七五《臺省部・奏議門六》："蕭希甫，爲左諫議大夫，知匭院。"

[3]安重誨：人名。應州（今山西應縣）人。五代後唐大臣。傳見本書卷六六、《新五代史》卷二四。

[4]惟破釜而已：《輯本舊史》之影庫本粘籤："破釜，原本作'破斧'，今從《歐陽史》改正。"此見《新五代史》卷二八《蕭希甫傳》。

［5］左散騎常侍：官名。門下省屬官。掌侍奉規諷，備顧問應對。正三品下。　希甫拜左散騎常侍：中華書局本有校勘記："'左'，《册府》卷四八一作'右'。"見明本《册府》卷四八一《臺省部·輕躁門》。《輯本舊史》卷四一《唐明宗紀七》長興元年（930）正月丙子條亦作"右"。

［6］李筠：人名。籍貫不詳。五代後唐將領。事見本書本卷。

［7］集賢殿學士：官名。唐中葉置，位在集賢殿大學士之下。掌修書之事。

［8］嵐州：州名。治所在今山西嵐縣。　司户參軍：官名。簡稱"司户"。州級政府僚佐。掌本州屬縣之户籍、賦税、倉庫受納等事。上州從七品下，中州正八品下，下州從八品下。

［9］長興：後唐明宗李嗣源年號（930—933）。

子士明，仕周，終于邑宰。[1]《永樂大典》卷五千二百二十五。[2]

［1］士明：人名。即蕭士明。事迹不詳。　周：五代十國之後周。　邑宰：縣令。

［2］《大典》卷五二二五"蕭"字韻"姓氏（八）"事目。

藥縱之

藥縱之，太原人，少爲儒。[1]明宗刺代州，署爲軍事衙推。[2]從明宗鎮邢州，[3]爲掌書記，歷天平、宣武兩鎮節度副使。[4]明宗鎮常山，[5]被病不從。及即位，縱之見于洛邑，[6]安重誨怒其觀望，久無所授。明宗曰："德勝用兵時，[7]縱之饑寒相伴，[8]不離我左右。今有天下，何人不富貴，何爲獨棄縱之！”浹旬，授磁州刺史。[9]歲餘，自户部侍郎遷吏部侍郎，[10]銓綜之法，[11]惘然莫知。長興初，爲曹州刺史。[12]清泰元年九月，[13]以疾受代而卒。《永樂大典》卷二萬一千六百十七。[14]

[1]少爲儒：中華書局本有校勘記：“《册府》卷七六八作‘少學爲儒’。”按《宋本册府》卷七六八《總録部·儒學門二》：“後唐藥縱之，太原人，少學爲儒，依河東馬步軍都虞候楊守業，守業有書數千卷。太原俗尚武，儒者少，故縱之以儒爲業。”

[2]代州：州名。治所在今山西代縣。　軍事衙推：幕職名。唐代軍府或州郡節度使、觀察使、團練使的僚屬，助理軍政。

[3]邢州：州名。治所在今河北邢臺市。

[4]天平：方鎮名。治所在鄆州（今山東東平縣）。　宣武：方鎮名。治所在汴州（今河南開封市）。　節度副使：官名。唐、五代方鎮屬官。位於行軍司馬之下、判官之上。

[5]常山：古郡名。常用於指稱鎮州。治所在今河北正定縣。

[6]洛邑：即洛陽。

[7]德勝：地名。即德勝城，又名德勝渡，爲黄河重要渡口之一。有南、北二城，皆位於今河南濮陽市。《輯本舊史》之影庫本粘籤：“德勝，原本作‘得勝’，考《薛史》梁、唐帝紀皆作德勝，今改正。”此據《輯本舊史》卷九《梁末帝紀中》貞明五年（919）正月條、卷二九《唐莊宗紀三》天祐十六年（919）正月條等。

[8]縱之饑寒相伴：中華書局本有校勘記：“‘伴’原作‘半’，據殿本、劉本改。”

[9]磁州：州名。治所在今河北磁縣。　刺史：官名。漢武帝時始置。州一級行政長官，總掌考核官吏、勸課農桑、地方教化等事。唐中期以後，節度使、觀察使轄州而設，刺史爲其屬官，職任漸輕。從三品至正四品下。

［10］户部侍郎：官名。尚書省户部次官。協助户部尚書掌天下田户、均輸、錢穀之政令。正四品下。　吏部侍郎：官名。尚書省吏部次官。協助吏部尚書掌文選、勳封、考課之政。正四品上。　自户部侍郎遷吏部侍郎：《輯本舊史》卷四二《唐明宗紀八》長興二年（931）四月癸卯條："以汴州節度副使藥縱之爲户部侍郎。"又，同書卷四三《唐明宗紀九》長興三年十月己未條："以户部侍郎藥縱之爲兵部侍郎。"同年十二月壬戌條："以兵部侍郎藥縱之爲吏部侍郎。"

［11］銓綜之法：選拔羅致人才。

［12］曹州：州名。治所在今山東曹縣西北。

［13］清泰：五代後唐廢帝李從珂年號（934—936）。

［14］《永樂大典》卷二一六一七"藥"字韻"姓氏"事目。劉承幹嘉業堂一九二五年刊本《舊史》作"卷二萬一千六百七十"。《大典》卷二一六七〇爲"樂"字韻"晋樂"事目，與本篇内容不符，嘉業堂刊本誤。

賈馥

賈馥，故鎮州節度使王鎔判官也。家聚書三千卷，手自刊校。張文禮殺王鎔，[1]時莊宗未即尊位，文禮遣馥至鄴都勸進，因留鄴下，[2]棲遲郵舍。莊宗即位，授鴻臚少卿。[3]後以鴻臚卿致仕，[4]復歸鎮州，結茅齋於别墅，[5]自課兒孫，耕牧爲事。馥初累爲鎮冀屬邑令，[6]所蒞有能政。性恬澹，與物無競，乃鎮州士人之秀者也。《永樂大典》卷一萬一千七百十四。[7]

［1］張文禮：人名。燕（今河北北部）人。五代後唐將領。傳

見本書卷六二。

[2]因留鄴下："因留"，《宋本册府》卷七六六《總録部·攀附門二》作"自留"。

[3]鴻臚少卿：鴻臚寺少卿簡稱。鴻臚寺副長官，協助鴻臚寺卿掌賓客及凶儀之事，領典客、司儀二署。從四品上。

[4]鴻臚卿：官名。秦稱典客，漢初改大行令，漢武帝時改大鴻臚，北齊置鴻臚寺，以鴻臚寺卿爲主官，後代沿置。掌四夷朝貢、宴飲賞賜、送迎外使等禮儀活動。從三品。　後以鴻臚卿致仕：《宋本册府》卷八九九《總録部·致政門》："賈馥爲鴻臚少卿，年纔七十，上表請致仕。許之，乃以鴻臚卿致仕，賜紫金魚袋。"

[5]結茅齋於別墅：中華書局本有校勘記："'齋'字原闕，據《册府》卷八九九補。"

[6]鎮冀：方鎮名。治所在鎮州（今河北正定縣）。　邑令：即縣令。

[7]《大典》卷一一七一四"賈"字韻"姓氏（四）"事目。

馬縞

馬縞，少嗜學，[1]以明經及第，登拔萃之科。[2]仕梁爲太常修撰，累歷尚書郎，參知禮院事，遷太常少卿。[3]梁代諸王納嬪，公主下嫁，皆於宫殿門庭行揖讓之禮，縞以爲非禮，上疏止之，物議以爲然。[4]《永樂大典》卷二萬二千六百五。[5]

[1]少嗜學：中華書局本有校勘記："'學'，原作'學儒'，據殿本、《册府》卷六五〇改。"見《宋本册府》卷六五〇《貢舉部·應舉門》。《宋本册府》卷七六八《總録部·儒學門二》："馬

縞，少嗜儒書，頗通經義，五禮、五樂，常所經心，而著述文章，亦粗偕流輩。位終國子博士。”

[2]明經：科舉考試科目之一。主要考察士人對經文的熟悉程度，也考時務策。　拔萃：唐時選人未滿期限，而能試判三條，謂之拔萃，中試者即授官。

[3]尚書郎：官名。即郎中。尚書省屬官。分曹處理政事。吏部郎中正五品下，餘司郎中皆從五品上。　太常少卿：官名。太常寺次官。佐太常卿掌宗廟祭祀禮樂及教育等。正四品上。

[4]“梁代諸王納嬪”至“物議以爲然”：《輯本舊史》卷一〇《梁末帝紀下》龍德元年（921）三月壬寅條：“改襄州鄀縣爲沿夏縣，亳州焦夷縣爲夷父縣，密州漢諸縣爲膠源縣，從中書舍人馬縞請也。”《宋本册府》卷五九三《掌禮部·奏議門二一》：“梁末帝貞明中，諸王納妃，公主下降，皆宫殿門庭行揖讓之禮，物議非之。太常少卿馬縞上疏曰：‘臣聞《詩》美何穠，《傳》稱築館。將就肅雍之德，必分内外之規。故曰主王姬者自公門出。舊禮以几筵告于宗廟，以候迎者，故於朝之外朝門築館，得禮之正也。昔漢賈誼上書云：“古者見君之乘車必下，見君之几杖必起，入正門必趨。”又孟子云：“朝廷不越位而與人言，不踰階而相揖。”孔丘過位色勃，蘧瑗望闕風趨。近亦有僕射與員外郎共列謝官班次，蓋以公器不私，尊無二上，亦得禮之正也。臣竊以入正門必趨，不踰階相揖，著於前史，實有舊文。則豈可臣下而於宫殿門庭行賓主揖讓之儀，使華夏觀禮之人惑於非據。言動必書之史，疑爽彝倫。臣雖處典司，寧分禮道，以其所見，恐未合宜。伏乞宣付中書門下，參酌可否施行。’”

[5]《大典》卷二二六〇五“揖”字韻“事韻”，應爲“揖讓之禮”事目。《輯本舊史》之殿本案語：“以下有闕文。”《輯本舊史》卷三八《唐明宗紀四》天成二年（927）三月壬子條：“三月壬子朔，以中書舍人馬縞爲刑部侍郎。”同書卷三九《唐明宗紀五》天成三年七月己未條：“刑部侍郎馬縞貶綏州司馬。”《宋本册

府》卷五九三天成元年條："中書舍人馬縞上言曰：'伏以宗廟立制，今古通規，損益所宜，徵求可見。伏惟陛下俯徇群願，入纘丕基，率土推誠，遐方向化。臣是以竊窺舊典，敢有上聞。伏見漢晋已來，以諸侯王宗室承襲帝統，除七廟之外，皆別追尊親廟。漢光武皇帝立先四代於南陽，其後自安帝已下，亦皆遐考前修，追崇先代。四時禋祀，陳豐潔於豆登；多士駿奔，認等差於藻棁。伏以陛下奄有四海，爲天下君，雖繼統承祧，無忘日慎，而敦本崇往，尚鬱時思。伏乞以兩漢舊事，別立親廟於便地。履霜露以陳誠，薦馨香而盡敬。禮於是在，誰曰不然！'詔下南宫集百寮定議。禮部尚書蕭頃等議曰：'伏見方册所載，聖槩斯存，將達蘋藻之誠，宜新粢棁之制。伏惟陛下以孝敬日躋之德，上合穹旻；秉恭儉罔怠之規，再康寰宇。爰臻至化，難抑時思。馬縞儒學優深，禮法明練，所奏果符於睿旨，載詳固叶於典經。臣等集議，其追尊位號，及建廟都邑，則乞發自宸衷，特降制命。'"同卷天成二年春："太常博士王丕等引漢桓帝入嗣尊其祖河間孝王曰孝穆皇帝、蠡吾侯曰孝崇皇帝爲例，請付太常定謚議。刑部侍郎、權判太常卿馬縞復議曰：'伏准兩漢舊事，以諸侯王宗室入承帝統，亦必追尊父祖，修樹園陵。西漢宣帝、東漢光武孝享之道，故事具存。自安帝入嗣，遂有皇太后令別崇謚法，追曰某皇，所謂孝德、孝穆之類是也。前代惟孫皓自烏程侯繼嗣，追父和爲文皇帝，事出非常，不堪垂訓。據禮院狀，漢安帝已下，若據本紀，又不見有"帝"字。伏以謚法："德象天地曰帝。"伏緣禮院已曾奏聞，難將兩漢故事便述尊名。'詔右僕射李琪集百寮議，曰：'伏以別置四廟，徵漢室以定儀；崇上尊名，詳謚法以取證。伏覩歷代已來宗廟成制，繼襲無異，沿革或殊。伏惟陛下應運開祥，體乾覆物。纘紹之德，咸頌聖於鴻圖；孝思之心，廼垂光于帝範。馬縞所奏，禮有按據。乞下制命，令馬縞虔依典册，以述尊名。'帝手詔報曰：'朕聞開國承家，得以制禮作樂，故三皇不相襲，五帝不相沿，隨代創規，於理無爽。矧或情關祖禰，事繫蒸嘗，將崇追遠之文，以示化民之道。馬縞秉持古學，歷覽群書。援兩漢之舊儀，雖明按據；考百王之立制，未盡變通。且議謚追尊，稱皇與帝，既有減增之字，合陳褒貶之詞。大約二名俱爲尊稱。若三皇之代，則不可加“帝”；五帝之代，亦不可言“皇”。爰自秦朝，便兼其號。爾後纂業承基之主，握乾應運之君，洎至我唐，不易斯義。至若玄元皇帝，事隔千祀，宗追一源，猶顯册於鴻名，豈須遵於漢典。況朕居九五之位，爲億兆之尊，不可總二名於眇躬，惜一字於先代。苟隨執議，何表孝誠？又如堯咸舜韶，夏松殷柏，隨時變禮，厥理斯存。縞則以徵事上言，深觀動静；朕則以奉先爲切，慮致因循。須定一塗，以安四廟。可特委宰臣與百官詳定，集兩班於中書，逐班各陳所見。’”此詔亦略見《輯本舊史》卷一四二《禮志上》。《新五代史》卷五五《馬縞傳》：“唐莊宗時，累遷中書舍人、刑部侍郎、權判太常卿。明宗入立，繼唐太祖、莊宗而不立親廟。縞言：‘漢諸侯王入繼統者，必别立親廟，光武皇帝立四廟于南陽，請如漢故事，立廟以申孝享。’明宗下其議，禮部尚書蕭頃等請如縞議。宰相鄭珏等議引漢桓靈爲比，以謂靈帝尊其祖解瀆亭侯淑爲孝元皇，父萇爲孝仁皇，請下有司定謚四代祖考爲皇，置園陵如漢故事。事下太常，博士王丕議漢桓帝尊祖爲孝穆皇帝，父爲孝崇皇帝。縞以謂孝穆、孝崇有‘皇’而無‘帝’，惟吴孫皓尊其父和爲文皇帝，不可以爲法。右僕射李琪等議與縞同。明宗詔曰：‘五帝不相襲禮，三王不相沿樂，惟皇與帝，異世殊稱。爰自嬴秦，已兼厥號，朕居九五之位，爲億兆之尊，奈何總二名於眇躬，惜一字於先世。’乃命宰臣集百官於中書，各陳所見。李琪等請尊祖禰爲皇帝，曾高爲皇。宰相鄭珏合羣議奏曰：‘禮非天降而本人情，可止可行，有損有益。今議者引古，以漢爲據，漢之所制，夫復何依？開元時，尊皋陶爲德明皇帝，涼武昭王爲興聖皇帝，皆立廟京師，此唐家故事也。臣請四代祖考皆加帝如詔旨，而立廟京師。’詔可其加‘帝’，而立廟應州。”《通鑑》卷二七六天成二年十二月戊寅條後：“中書舍人馬縞請用漢光武故事，七廟之外别立親廟。”

长興四年，爲户部侍郎。[1]縞時年已八十，及爲國子祭酒，八十餘矣，[2]形氣不衰。[3]《册府元龜》卷七百八十四。[4]于事多遺忘，嘗言元稹不應進士，[5]以父元魯山名進故也，[6]多如此類。又上疏："古者無嫂叔服，文皇創意，以兄弟之親，不宜無服，乃議服小功。今令文省服制條爲兄弟之妻大功，不知何人議改，而置於令文。"諸博士駁云："律令，國之大經。馬縞知禮院時，不曾論定，今遽上疏駁令式，罪人也。"[7]《册府元龜》卷九百五十四。[8]

[1]長興四年，爲户部侍郎：《輯本舊史》卷四二《唐明宗紀八》長興二年（931）八月癸亥條："以祕書監馬縞爲太子賓客。"同書卷四四《唐明宗紀一〇》長興四年八月辛未條："以太子賓客馬縞爲户部侍郎。"《宋本册府》卷六〇八《學校部・刊校門》："馬縞爲太子賓客。長興三年四月，勅：'近以遍注石經，雕刻印板，委國學每經差專知業博士儒徒五六人勘讀并注。今更於朝官内别差五人充詳勘官。太子賓客馬縞、太常丞陳觀、祠部員外郎兼太常博士段顒、太常博士路航、屯田員外郎田敏等，朕以正經事大，不同諸書，雖已委國學差官勘注，蓋緣文字極多，尚恐偶有差誤。馬縞已下，皆是碩儒，各專經業，更令詳勘，貴必精研。兼宜委國子監於諸色選人中召能書人，謹楷寫出族，付匠人雕刻。每五百紙與減一選，所減等第，優與選轉官資。'時宰相馮道以諸經舛謬，與同列李愚委學官等，取西京鄭覃所刊石經，雕爲印板，流布天下，後進賴之。"

[2]國子祭酒：官名。國子祭酒爲國子監的主管官。掌教授生徒。從三品。　縞時年已八十，及爲國子祭酒，八十餘矣：《舊五代史考異》："案：《馬縞傳》，原本殘闕。《歐陽史》云：卒年八

十，贈兵部尚書。據《薛史》，縞爲國子祭酒已八十餘矣，與《歐陽史》異。又《直齋書録解題》云：《中華古今注》，後唐太學博士馬縞撰。考《歐陽史》雜傳亦不載馬縞爲太學博士。”見《直齋書録解題》卷一〇《雜家類》、《新五代史》卷五五《馬縞傳》。《新五代史》卷五五《馬縞傳》：“縞，明宗時嘗坐覆獄不當，貶綏州司馬。復爲太子賓客，遷户部、兵部侍郎。盧文紀作相，以其迂儒鄙之，改國子祭酒。卒，年八十，贈兵部尚書。”《宋史》卷二〇五《藝文志四》：“馬縞《中華古今注》三卷。”

[3]形氣不衰：《宋本册府》卷九五四《總録部・寡學門》作“形氣不甚衰”。

[4]《宋本册府》卷七八四《總録部・壽考門》。

[5]元稹：人名。河南（今河南洛陽市）人。唐憲宗朝宰相，著名詩人。傳見《舊唐書》卷一六六、《新唐書》卷一七四。　嘗言元稹不應進士：中華書局本有校勘記：“‘嘗’字原闕，據《册府》卷九五四補。”

[6]元魯山：人名。即元德秀。河南（今河南洛陽市）人。唐代詩人。傳見《舊唐書》卷一九〇下、《新唐書》卷一九四。

[7]文皇：即唐太宗李世民。隴西成紀（今甘肅秦安縣）人。626年至649年在位。通過“玄武門之變”掌權，開創史稱“貞觀之治”的歷史時期。紀見《舊唐書》卷二、卷三及《新唐書》卷二。　“又上疏”至“罪人也”：《輯本舊史》卷四七《唐末帝紀中》清泰二年（935）十二月己丑條：“以兵部侍郎馬縞兼國子祭酒。”《宋本册府》卷五九四《掌禮部・奏議門二二》：“（清泰）三年二月，太常禮院奏：‘據兵部侍郎馬縞上疏言：“古禮，嫂叔無服。蓋推而遠之。按《五禮精義》，貞觀十四年魏徵等議，親兄弟之妻，請服小功五月。令所司給假，差錯爲大功九月。”太常博士段顒稱：“自來給假，元依令式。若云違古，不獨嫂叔一條。舊爲親姨服小功，今令式服大功。爲親舅服小功，今服大功。爲妻父母緦，今服小功。爲女婿爲外甥緦，今並服小功。此五條在令式，與《精義》

不同。”未審依馬縞所奏，爲復且依令式？’右贊善大夫趙咸又議曰：‘臣聞三代之制禮，無降減之名；五服之容喪，有寧戚之義。此蓋聖人隨時設教，稱情立文，沿革不同，吉凶相變。或服由恩制，喪以禮加。太宗文皇帝引彼至仁，推其大義，因覽同爨有緦之義，遂制嫂叔小功之服。列聖遵行，已爲故事。傳於令式，加至大功。今馬縞奏論，以爲錯謬。況縞昔事本朝，曁至梁室，曾爲博士，累歷歲年，今始奏陳，未爲允當。謹按《儀禮》，凡制五服，或以名加，或以尊制，或推恩而有服，或引義而當喪。故嫂叔大功，良有以也。其如叔以嫂之子爲猶子，爲猶子之妻，叔服大功。今嫂是猶子之母，安可却服小功？若以名加，嫂豈疏於猶子之婦；若以尊制，嫂豈卑於猶子之妻？論恩則有生同骨肉之情，引義則死同宅兆之理。若以推而遠之爲是，即令式兼無小功。既有稱情制宜之文，何止大功九月。請依令式，永作彝倫。’敕下尚書省集百官議。尚書左僕射劉昫等議曰：‘伏以嫂叔服小功五月，《開元禮》《會要》皆同，其令式正文内，元無喪服制度，只一本内編在假寧令後，不言奉敕編附年月。除此一條，又檢七條令式與《開元禮》相違者。所司行已多年，固難輕改。既當議事，須按舊章。今若鄙宣父之前經，紊周公之往制，隳太宗之故事，廢開元之禮文，而欲取差誤之近規，行編附之新意，稱制度且違大典，言令式又非正文。若便改更，恐難經久。臣等集議，嫂叔服並諸服紀，並請依《開元禮》爲定。如要給假，却請下太常依《開元禮》内五服制度，録出一本，編附令文。’從之。”《新五代史》卷五五《馬縞傳》：“劉岳脩書儀，其所增損，皆决於縞。縞又言：‘縗麻喪紀，所以别親疏，辨嫌疑。禮，叔嫂無服，推而遠之也。唐太宗時，有司議爲兄之妻服小功五月，今有司給假爲大功九月，非是。’廢帝下其議，太常博士段顒議‘嫂服給假以大功者，令文也，令與禮異者非一，而喪服之不同者五。禮，姨、舅皆服小功，令皆大功。妻父母、壻、外甥皆服緦，令皆小功。禮、令之不可同如此’。右贊善大夫趙咸又議曰：‘喪，與其易也，寧戚。儀禮五服，或以名加，或因尊制，推恩引義，各有所當。據禮爲兄之子妻服大功，今爲兄之子母服小功，是輕重失其倫也。以名則兄子之妻疏，因尊則嫂非卑，嫂服大功，其來已久。令，國之典，不可滅也。’司封郎中曹琛請下其議，并以禮、令之違者定議。詔尚書省集百官議。左僕射劉昫等議曰：‘令於喪服無正文，而嫂服給大功假，乃假寧附令，而敕無年月，請凡喪服皆以《開元禮》爲定，下太常具五服制度，附于令。’令有五服，自縞始也。”

［8］《宋本册府》卷九五四《總録部·寡學門》。《輯本舊史》之影庫本粘籤：“案：《馬縞傳》，《永樂大典》僅存一條，其全篇已佚。今據《册府元龜》所引二條補綴於後，雖未具顛末，猶略存其大概焉。”

清泰三年五月丁酉，以國子祭酒馬縞卒廢朝。[1]

［1］廢朝：又稱輟朝。古代帝王遇親喪或文武大臣病故，停止視朝數日，以示哀悼。　清泰三年五月丁酉，以國子祭酒馬縞卒廢朝：《輯本舊史》卷四八《唐末帝紀下》清泰三年（936）五月丁酉條。

羅貫

羅貫，不知何許人。進士及第，累歷臺省官，自禮部員外郎爲河南令。[1]貫爲人强直，正身奉法，不避權豪。時宦官、伶人用事，凡請託於貫者，其書盈閤，一無所報，皆以示郭崇韜，崇韜因奏其事，[2]由是左右每言貫之失。先是，梁時張全義專制京畿，河南、洛陽僚佐，[3]皆由其門下，事全義如厮僕。及貫授命，持本朝事體，奉全義稍慢，部民爲府司庇護者，必奏正之。全義怒，因令女使告劉皇后從容白於莊宗，[4]宦官又言其短，莊宗深怒之。會莊宗幸壽安山陵，[5]道路泥濘，莊宗訪其主者，宦官曰："屬河南縣。"促令召貫至，奏曰："臣初不奉命，請詰稟命者。"帝曰："卿之所部，反問他人，何也？"命下府獄，府吏榜笞，促令伏款。翌日，傳詔殺之。郭崇韜奏曰："貫别無贓狀，橋道不修，法未當死。"莊宗怒曰："母后靈駕將發，天子車輿往來，橋道不修，是誰之過也？"崇韜奏曰："貫縱有死罪，俟款狀上奏，所司議讞，以朝典行之，死當未晚。今以萬乘之尊，怒一縣令，俾天下人言陛下使法不公矣！"莊宗曰："既卿所愛，任卿裁決。"因投袂入宫。崇韜從而論列，莊宗自闔殿門，不得入。即令伏法，曝屍於府門，冤痛之聲，聞於遠邇。《永樂大典》卷五千六百七十八。[6]

[1]臺省官：泛指御史臺、尚書省、中書省、門下省的官員。　禮部員外郎：官名。掌貳尚書、侍郎。舉其儀制，而辨其名數。從六品上。　河南：縣名。治所在今河南洛陽市。

[2]郭崇韜：人名。代州雁門（今山西代縣）人。五代後唐大臣。傳見本書卷五七、《新五代史》卷二四。中華書局本有校勘記："'崇韜'二字原闕，據《册府》卷七〇一補。"見《宋本册府》卷七〇一《令長部·公正門》。

[3]張全義：人名。亦作"張言"。濮州臨濮（今山東鄄城縣）人。唐末、五代後梁、後唐將領。傳見本書卷六三、《新五代史》卷四五。　洛陽：地名。即今河南洛陽市。

[4]劉皇后：指後唐莊宗皇后劉氏。魏州成安（今河北成安

縣）人。傳見本書卷四九、《新五代史》卷一四。

［5］壽安山陵：後唐莊宗之母曹太后陵墓。位於壽安縣（今河南宜陽縣）。《輯本舊史》之影庫本粘籤："壽安，原本作'壽奄'，考《五代會要》，貞簡太后陵名壽安，今改正。"《會要》卷四皇后陵條本作"貞簡皇太后葬於坤陵"。坤陵在壽安縣境。

［6］《大典》卷五六七八"羅"字韻"姓氏（一）"事目。

淳于晏

淳于晏，[1]登州人，[2]以明經登第。自霍彦威爲小校，晏寄食于門下。彦威嘗因兵敗，獨脱其身，左右莫有從者，惟晏杖劍從之，徒步草莽。自是，彦威高其義，相得甚歡。[3]及歷數鎮，皆爲從事，[4]軍府之事，至于私門，事無巨細，皆取决于晏，雖爲幕賓，有若家宰。[5]爾後公侯門客，往往效之，時謂之"效淳"。[6]故彦威所至稱治，由晏之力也。[7]

［1］淳于晏：中華書局本有校勘記："《淳于晏傳》原闕，據殿本、劉本補。影庫本批校：'《張格傳》前尚有《淳于晏傳》一篇，脱落未寫。''淳于晏'下《册府》卷七二五、卷八〇四有'登州人'三字。"見明本《册府》卷七二五《幕府部·盡忠門》、《宋本册府》卷八〇四《總録部·義門四》。

［2］登州：州名。治所在今山東蓬萊市。　登州人：此三字原闕，《輯本舊史》於"淳于晏"三字後有案語："以下有闕文。"明本《册府》卷七二五、《宋本册府》卷八〇四均作"淳于晏，登州人"。《新五代史》卷四六《霍彦威傳》："彦威客有淳于晏者，登州人也。"《通鑑》卷二七四天成元年（926）三月丁卯條後亦載：

"晏，登州人也。"據補。

[3]霍彦威：人名。洺州曲周（今河北曲周縣）人。五代後梁將領霍存之養子。後梁、後唐將領。傳見本書卷六四、《新五代史》卷四六。　小校：官名。五代時期軍隊中下級軍官的别稱，可越級提拔爲副指揮使或指揮使。　"自霍彦威爲小校"至"相得甚歡"：亦見《宋本册府》卷八〇四。明本《册府》卷七二五："自霍彦威爲裨將，日寄食於門下。彦威嘗敗，獨脱其身，左右莫繼，唯晏杖劍從之，徒步草莽。自是，彦威高其氣義，相得甚歡。"《新五代史》卷四六《霍彦威傳》："彦威客有淳于晏者，登州人也，少舉明經及第，遭世亂，依彦威，自彦威爲偏裨時已從之。彦威嘗戰敗脱身走，麾下兵無從者，獨晏徒步以一劍從之榛棘間以免。彦威高其義，所歷方鎮，常辟以自從，至其家事無大小，皆决於晏，彦威以故得少過失。"

[4]從事：泛指一般屬官。　及歷數鎮，皆爲從事：亦見明本《册府》卷七一六《幕府部·倚任門》。明本《册府》卷七二五："及歷數鎮，皆爲判官。"

[5]"軍府之事"至"有若家宰"：亦見明本《册府》卷七一六，唯"皆取决于晏"《册府》作"俱取决于晏"。明本《册府》卷七二五："軍府之事，咸取决焉。至於私門簿籍，婢僕支分，事無巨細，但取决於晏，幕下兼家宰之任。"

[6]爾後公侯門客，往往效之，時謂之"效淳"：亦見明本《册府》卷七一六。明本《册府》卷七二五："爾後公卿之門客，往往效焉，時謂之'效淳'。"《新五代史》卷四六《霍彦威傳》："當時諸鎮辟召寮屬，皆以晏爲法。"

[7]故彦威所至稱治，由晏之力也：亦見明本《册府》卷七一六。明本《册府》卷七二五："俾彦威數鎮稱治，晏之盡心，他人又不可階也。"按，本段《輯本舊史》未注出處，或輯自明本《册府》卷七一六、卷七二五。

同光末，彦威從明宗入魏州，監軍使謀害彦威家屬及所留部曲，欲據城拒命。晏率部將先殺之。天成初，彦威授平盧軍節度使，以晏爲副使。[1]

[1]監軍使：官名。五代時期後唐設置，派於諸道，掌監護軍隊。　部曲：其意有三説。一是古代軍隊的編制單位，後借指軍隊；二是古代豪門大族的私人軍隊，帶有人身依附性質；三是部屬、部下。　平盧軍：方鎮名。治所在青州（今山東青州市）。"同光末"至"以晏爲副使"：明本《册府》卷七二四《幕府部·武功門》。《輯本舊史》卷三八《唐明宗紀四》天成二年九月己巳條："以青州節度副使淳于晏爲亳州團練使。"同書卷九四《方太傳》：方太"嘗戍登州，劫海客，事洩，刺史淳于晏匿之，遇赦免"。《通鑑》卷二七四天成元年（926）三月丁卯條後："時近侍爲諸道監軍者，皆恃恩與節度使争權，及鄴都軍變，所在多殺之。安義監軍楊繼源謀殺節度使孔勍，勍先誘而殺之。武寧監軍以李紹真從李嗣源，謀殺其元從，據城拒之；權知留後淳于晏帥諸將先殺之。"但諸書均不載淳于晏之結局。

張格

張格，字承之，故宰相濬之子也。[1]濬爲梁祖所忌，潛遣人害於長水。[2]格易姓名，流轉入蜀。[3]王建僭號，[4]以格爲宰相。格所生母，當濬之遇害，潛匿於民間，落髮爲尼，流浪於函、洛。[5]王建聞之，潛使人迎之入蜀，賜紫，[6]加號慈福大師。及建卒，蜀人以格爲山陵使，[7]格有難色。未幾得罪，出爲茂州刺史，[8]僞制責詞云："送往辭命，不忠也；喪母匿喪，非孝也。"王衍嗣僞位後數年，[9]復用爲宰相。同光末，蜀平，格至洛陽，[10]授太子賓客。[11]任圜愛其才，奏爲三司副使，[12]尋卒於位。格有文章，明吏事，時頗稱之。《永樂大典》卷六千三百五十。[13]

[1]濬：人名。即張濬。河間（今河北河間市）人。唐僖宗時爲户部侍郎、同中書門下平章事，唐昭宗時爲尚書左僕射，後爲朱温所殺。傳見《舊唐書》卷一七九、《新唐書》卷一八五。

[2]梁祖：即五代後梁太祖朱温。　長水：縣名。位於今河南洛寧縣西長水鎮。

[3]流轉入蜀：《輯本舊史》之案語："《舊唐書·張濬傳》云：永寧縣吏葉彦者，張氏待之素厚，告格曰：'相公之禍不可免，郎君宜自爲計。'濬曰：'留則併命，去或可免，冀存後嗣。'格拜辭而去，葉彦率義士三十人送渡漢江而旋。格由荆江上峽入蜀。"此據《舊唐書》卷一七九《張濬傳》。

[4]王建：人名。許州舞陽（今河南舞陽縣）人。唐末軍閥、五代十國前蜀開國皇帝。傳見本書卷一三六、《新五代史》卷六三。

[5]函：州名。治所在今河南洛寧縣東北。

[6]賜紫：皇帝頒賜紫色官服。唐代官員三品以上服紫。特殊情況下，京官散階未及三品者可以賜紫，以示尊寵。

[7]山陵使：官名。亦稱山陵儀仗使。唐貞觀中始置。掌議帝后陵寢制度、監造帝后陵寢。

[8]茂州：州名。治所在今四川茂縣。

[9]王衍：人名。許州舞陽（今河南舞陽縣）人。五代十國前蜀君主，後爲後唐莊宗李存勗所殺。傳見本書卷一三六、《新五代史》卷六三。

[10]格至洛陽：《輯本舊史》之案語："《舊唐書》云：任圜携格還洛，格感葉彦之惠，訪之，身已殁，厚卹其家。又考張濬第三

子仕吴，改名李儼，見《九國志》。”此據《舊唐書》卷一七九《張濬傳》、《九國志》卷三《朱延壽傳》。

[11]太子賓客：官名。爲太子官屬。掌侍從規諫、贊相禮儀。正三品。

[12]任圜：京兆三原（今陕西三原縣）人。後唐明宗時拜同中書門下平章事，後與權臣安重誨失和，被誣與叛臣朱守殷通謀而死。傳見本書卷六七、《新五代史》卷二八。　三司副使：官名。五代後唐明宗天成元年（926）將晚唐以來的户部、度支、鹽鐵三部合爲一職，設三司使統之。　任圜愛其才，奏爲三司副使：《宋本册府》卷一六六《帝王部·招懷門四》：“大（天）成元年八月，以僞蜀開府儀同三司、行尚書右僕射兼中書侍郎、同中書門下平章事、上柱國、趙國公、食邑五千户張格，可金紫光禄大夫、檢校兵部尚書、守太子賓客、上柱國，仍封南陽縣開國伯，食邑七百户，充三司副使。從判三司宰臣任圜所奏請也。”

[13]《大典》卷六三五〇“張”字韻“姓氏（二〇）”事目。

許寂　附誠惠

許寂，字閑閑。[1]祖秘，名聞會稽。[2]寂少有山水之好，汎覽經史，窮三式，[3]尤明易象。[4]久棲四明山，[5]不干時譽。昭宗聞其名，[6]徵赴闕，召對於内殿。會昭宗方與伶人調品篳篥，[7]事訖，方命坐，賜湯果，[8]問易義。既退，寂謂人曰：“君在淫聲，[9]不在政矣。寂聞君人者，將昭德塞違，以臨照百官，百官或象之。今不厭賤事，自求其工，君道替矣。”尋請還山，寓居於江陵，[10]以茹芝絶粒，自適其性。天祐末，節度使趙匡凝昆季深禮遇之,[11]師授保養之道。唐末,除諫官,不起,漢南謂之徵君。[12]梁攻襄陽,[13]匡凝兄弟棄鎮奔蜀,寂偕行。歲餘,蜀主王建待以師禮,位至蜀相。同光末,平蜀,與王衍俱徙于東,[14]授工部尚書致仕,[15]卜居于洛。時寂已年高,精彩猶健,沖漠寡言,時獨語云"可怪可怪",[16]人莫知其際。[17]清泰三年六月卒,時年八十餘。子孫位至省郎。

[1]許寂,字閑閑:《續世説》卷八《棲逸類》許寂條:"許寂,字閑之。"

[2]秘:人名。即許秘。事迹不詳。　會稽:縣名。治所在今浙江紹興市越城區。

[3]窮三式:《輯本舊史》之影庫本粘籤:"三式,疑有舛誤。考《册府元龜》亦作'三式',今姑仍其舊,附識於此。"見明本《册府》卷八一〇《總録部·隱逸門二》。

[4]尤明易象:《舊五代史考異》:"案《太平廣記》云:寂學易于晉徵君。"見《太平廣記》卷一九六許寂條。

[5]四明山:山名。位於今浙江寧波市西南。

[6]昭宗:即唐昭宗李曄,888 年至 904 年在位。紀見《舊唐書》卷二〇上、《新唐書》卷一〇。

[7]篳篥:樂器名。源於西域龜兹,爲竪管中插哨嘴樂器。

[8]賜湯果:中華書局本有校勘記:"'湯'字原闕,據《册府》卷七九〇、卷七九六、卷八一〇、《續世説》卷八補。"見《宋本册府》卷七九〇《總録部·知幾門二》、卷七九六《總録部·先見門二》,明本《册府》卷八一〇《總録部·隱逸門》。

[9]君在淫聲:中華書局本有校勘記:"'在淫',原作'淫在',據彭校、《册府》卷七九〇、卷七九六、卷八一〇乙正。《續世説》卷八作'君好淫聲'。"見《續世説》卷八《棲逸類》許

寂條。

[10]江陵：縣名。治所在今湖北荆州市。

[11]趙匡凝：人名。蔡州（今河南汝南縣）人。趙德諲之子，唐末將領。傳見本書卷一七、《新五代史》卷四一。

[12]諫官：掌諫諍的官員的統稱。　漢南：地區名。指今湖北漢水下游南側地區。　徵君：指代曾經朝廷徵聘而不肯受職的隱士。

[13]襄陽：縣名。治所在今湖北襄陽市。

[14]與王衍俱徙于東：中華書局本有校勘記："'徙'，原作'從'，據《册府》卷八三六、《續世説》卷八改。"見《宋本册府》卷八三六《總録部·養生門》。

[15]工部尚書：官名。尚書省工部長官。掌百工、屯田、山澤之政令。正三品。

[16]時獨語云"可怪可怪"：中華書局本有校勘記："'獨'，原作'蜀'，據殿本、劉本、《册府》卷七八四、卷八三六、《續世説》卷八改。"見《宋本册府》卷七八四《總録部·壽考門》及卷八三六《總録部·養生門》。

[17]人莫知其際：《宋本册府》卷八三六《總録部·養生門》此句下尚有"人言有還丹煮金之術，不知信否"一句。

同光時，以方術著者，又有僧誠惠。《永樂大典》卷一萬六百二十五。[1]

[1]《大典》卷一〇六二五"許"字韻"姓氏（三）"事目，《輯本舊史》之影庫本粘籤："誠惠，係許寂附傳，《永樂大典》割截分載，今仍爲連綴，以仍其舊。"按：《誠惠傳》，今進行輯補，見下文。

誠惠，不知何許人。[1]幼於五臺山出家，[2]能修戒律，稱通皮、骨、肉三命，[3]人初歸向，聲名漸遠，四方供饋，不遠千里而至者衆矣。自云能役使毒龍，可致風雨，其徒號曰降龍大師。天祐十八年，鎮州大水，壞其南城。誠惠謂人曰："彼無信心，吾使一小龍驚之耳。"由是氣焰彌盛，人多畏之。同光初，至鄴下，權貴皆拜之，樞密郭崇韜初欲不拜，即慮其謗己，乃因御前見之，故得免私禮。[4]三年，[5]京師旱，[6]莊宗迎至洛下，親拜之，六宮參禮，士庶瞻仰，謂朝夕可致甘澤。禱祝數旬，略無徵應。或謂官以祈雨無驗，將加焚燎，誠惠懼而遁去。及卒，賜號法雨大師，塔曰慈雲之塔。[7]《永樂大典》卷九百二十五。[8]

[1]不知何許人：此五字據《宋本册府》卷九二二《總録部·妖妄門二》補。

[2]五臺山：山名。位於今山西五臺縣東北。　幼於五臺山出家："幼"，原作"初"，據《宋本册府》卷九二二改。

[3]稱通皮、骨、肉三命：《宋本册府》卷九二二作"稱會皮骨三命"。

[4]"天祐十八年"至"故得免私禮"：此七十六字據《宋本册府》卷九二二補。《新五代史》卷一四《莊宗神閔敬皇后劉氏傳》："又有僧誠惠，自言能降龍。嘗過鎮州，王鎔不爲之禮，誠惠怒曰：'吾有毒龍五百，當遣一龍揭片石，常山之人，皆魚鱉也。'會明年滹沱河大水，壞鎮州關城，人皆以爲神。莊宗及后率諸子、諸妃拜之，誠惠端坐不起，由是士無貴賤皆拜之，獨郭崇韜不拜也。"

[5]三年：此二字據《宋本册府》卷九二二、卷九二六《總録

部·愧恨門》補。

[6]京師：指洛陽。治所在今河南洛陽市。

[7]“或謂官以祈雨無驗”至“塔曰慈雲之塔”：明本《册府》卷五二《帝王部·崇釋氏門二》天成二年（927）十月條：“十月，五臺山王子寺主僧人廷果，狀稱爲先師廣法大師誠惠建塔，請名謚爲法雨大師慈雲之塔。”《宋本册府》卷九二二：“或謂誠惠曰：‘官以師祈雨無徵，將加焚燎焉。’誠惠聞之懼，遂潛去，至其寺，慙恚而終。天成中，其徒弟廷果等建塔訖，請名謚於朝，賜號法雨大師慈雲之塔。”同書卷九二六：“或以焚燎爲聞，懼之，潛去，至其寺，慙恚而終。”《通鑑》卷二七三同光三年（925）四月癸亥條後：“初，五臺僧誠惠以妖妄惑人，自言能降伏天龍，命風召雨；帝尊信之，親帥后妃及皇弟、皇子拜之，誠惠安坐不起，羣臣莫敢不拜。時大旱，帝自鄴都迎誠惠至洛陽，使祈雨，士民朝夕瞻仰，數旬不雨。或謂誠惠：‘官以師祈雨無驗，將焚之。’誠惠逃去，慚懼而卒。”

[8]《大典》卷九二五“師”字韻“事韻（五）”事目，或因誠惠賜號法雨大師故。

周玄豹

周玄豹者，[1]本燕人，世爲從事。玄豹少爲僧，其師有知人之鑒，從遊十年餘，[2]苦辛無憚，師知其可教，遂以袁、許之術授之。[3]大略狀人形貌，比諸龜魚禽獸，目視臆斷，咸造其理。及還鄉，遂歸俗。初，盧程寄褐遊燕，[4]與同志二人謁焉。玄豹退謂鄉人張殷衮曰：[5]“適二君子，明年花發，俱爲故人。唯彼道士，佗年甚貴。”至來歲，二子果卒。[6]又二十年，盧程登庸於鄴下。玄豹歸晋陽，張承業信重之，言事數中。承業俾明宗易衣列於諸校之下，以佗人詐之，而玄豹指明宗於末，緩言曰："骨法非内衙太保歟！"[7]咸伏其異。或問明宗之福壽，惟云末後爲鎮州節度使，時明宗爲内衙都校，[8]纔兼州牧而已。昭懿皇后夏氏方侍巾櫛，[9]偶忤旨，大爲明宗檟楚。玄豹偶見之曰：[10]"此人有藩侯夫人之位，當生貴子。"明宗赫怒因解，後其言果驗。太原判官司馬揆謁玄豹，[11]謂揆曰："公五日之中，奉使萬里，未見迴期。"揆數日後，因酒酣，爲衣領扼之而卒。莊宗署玄豹北京巡官。明宗即位之明年，一日謂侍臣曰："方士周玄豹，昔曾言朕諸事有徵，可詔北京津置赴闕。"[12]趙鳳奏曰："袁、許之事，玄豹所長者，以陛下貴不可言，今既驗矣，餘無可問。若詔赴闕下，則奔競之徒，争問吉凶，恐近於妖惑。"[13]乃止。令以金帛厚賜之，授光禄卿致仕。[14]尋卒於太原，年八十餘。[15]

《永樂大典》卷八千九百九十七。[16]

[1]周玄豹者：《輯本舊史》之影庫本粘籤："周玄豹，《錦繡萬花谷》作'崔玄豹'，係傳寫之訛。考《歐陽史》《通鑑》俱作'周'，今仍其舊。"見《新五代史》卷二八《趙鳳傳》、《通鑑》卷二七六天成二年（927）十二月戊寅朔條。

[2]十年餘：《宋本册府》卷八六〇《總録部·相術門》作"十餘年"。

[3]袁、許：漢許負和唐袁天綱的並稱。二人皆精相人之術。

[4]盧程：人名。范陽盧氏族人。唐末進士，五代後唐宰相。傳見本書卷六七、《新五代史》卷二八。盧程，《北夢瑣言》卷一

九周玄豹條作“盧澄”。　盧程寄褐遊燕：《宋本册府》卷八六〇作“盧程寄褐嘗遊于燕”。

[5]張殷衮：人名。籍貫、事迹不詳。本書僅此一見。　玄豹退謂鄉人張殷衮曰：中華書局本有校勘記：“‘退’字原闕，據《御覽》卷七三一引《後周史》、《册府》卷八六〇、《北夢瑣言》卷一九補。”

[6]二子果卒：《宋本册府》卷八六〇作“二子果零落於趙魏間”。

[7]骨法非内衙太保歟：《輯本舊史》之案語：“以上疑有脱誤。《北夢瑣言》作‘骨法非常，此爲内衙太保乎！’”此據《北夢瑣言》卷一九周玄豹條。中華書局本有校勘記：“《册府》卷八六〇作‘骨法非常，此爲内衙太保歟’。”

[8]内衙都校：官名。五代時設此官，爲統兵的中級軍官。

[9]昭懿皇后夏氏：即後唐明宗夏皇后。秦王李從榮及愍帝（閔帝）之生母。後唐莊宗朝病卒。明宗朝追封爲皇后。傳見本書卷四九、《新五代史》卷一五。

[10]玄豹偶見之曰：中華書局本有校勘記：“‘偶’字原闕，據《册府》卷八六〇補。”

[11]司馬揆：人名。籍貫不詳。事見本書本卷、卷三二、卷一三五。　判官：《宋本册府》卷八六〇作“察判”。

[12]北京：指五代後唐的北都太原。《新五代史》卷五《唐莊宗紀下》載，同光元年（923）“十一月乙巳，復北都爲鎮州，太原爲北都”。

[13]趙鳳：人名。幽州（今北京市）人。後唐大臣。傳見本書卷六七、《新五代史》卷二八。　“趙鳳奏曰”至“恐近於妖惑”：《宋本册府》卷五三三《諫諍部·規諫門一〇》：“鳳奏曰：‘玄豹是臣鄉里人，待臣不薄。前代術士妄言，致人破家滅族者多矣。玄豹藝術雖精，臣不欲置之都下。昔言陛下應運，今已効矣。陛下無事更詢，而輕薄狡妄之徒，不知命有定分，若玄豹至京師，

則人士湊其門。臣竊思之，無益於事。’”《通鑑》卷二七六天成二年十二月條作：“趙鳳曰：‘玄豹言陛下當爲天子，今已驗矣，無所復詢。若置之京師，則輕躁狂險之人必輻輳其門，爭問吉凶。自古術士妄言，致人族滅者多矣，非所以靖國家也。’”

［14］光禄卿：官名。南朝梁天監七年（508）改光禄勳置，隋唐沿置。掌宫殿門户、帳幕器物、百官朝會膳食等。從三品。

［15］尋卒於太原，年八十餘：《北夢瑣言》卷一九周玄豹條作“年八十而終”。

［16］《大典》卷八九九七“周”字韻“姓氏（八）”事目。

舊五代史　卷七二

唐書四十八

列傳第二十四

張承業

張承業，字繼元，本姓康，同州人。[1]咸通中，内常侍張泰畜爲假子。[2]光啓中，主部陽軍事，賜紫，入爲内供奉。[3]武皇之討王行瑜，承業累奉使渭北，因留監武皇軍事，賊平，改酒坊使。[4]三年，昭宗將幸太原，以承業與武皇善，乃除爲河東監軍，[5]密令迎駕。既而昭宗幸華州，就加左監門衛將軍。[6]駕在鳳翔，承業屢請出師晋絳，以爲岐人掎角。[7]崔魏公之誅宦官也，[8]武皇僞戮罪人首級以奉詔，匿承業於斛律寺。[9]昭宗遇弑，乃復請爲監軍。

[1]同州：州名。治所在今陝西大荔縣。

[2]咸通：唐懿宗李漼年號（860—874）。　内常侍：官名。

内侍省屬官，通判内侍省事。正五品下。　張泰：人名。籍貫不詳。唐末宦官。事見本書本卷、《新五代史》卷三八。　咸通中，内常侍張泰畜爲假子：明本《册府》卷六六五《内臣部・恩寵門》："初仕昭宗爲内常侍。"

[3]光啓：唐僖宗李儇年號（885—888）。　郃陽：縣名。治所在今陝西合陽縣東南。　賜紫：皇帝頒賜紫色官服。特殊情況下，京官散階未及三品者可以賜紫，未及五品者可以賜緋，以示尊寵。　内供奉：官名。唐代侍奉皇帝左右之官，謂之供奉，在宫内侍奉者，稱内供奉。

[4]武皇：即李克用。沙陀部人，生於神武川新城（一説是今山西朔州市朔城區之梵王寺村，一説是今山西應縣縣城，一説在今山西懷仁縣之日中城）。唐末軍閥，受封晋王。五代後唐追尊爲太祖武皇帝。紀見本書卷二五至卷二六、《新五代史》卷四。　王行瑜：人名。邠州（今陝西彬縣）人。唐末軍閥。傳見《舊唐書》卷一七五、《新唐書》卷二二四下。　渭北：即渭河以北地區。　酒坊使：官名。唐始置。爲諸司使之一。掌内酒坊事。

[5]昭宗：即唐昭宗李曄，888 年至 904 年在位。紀見《舊唐書》卷二〇上、《新唐書》卷一〇。　太原：府名。治所在今山西太原市。　河東：方鎮名。治所在太原（今山西太原市）。　監軍：官名。爲臨時差遣，代表朝廷協理軍務，督察將帥。五代時常以宦官爲監軍。

[6]華州：州名。治所在今陝西渭南市華州區。　左監門衛將軍：官名。唐置十六衛之一。掌宫禁宿衛。從三品。

[7]鳳翔：方鎮名。治所在鳳翔府（今陝西鳳翔縣）。　晋：州名。治所在今山西臨汾市。　絳：州名。治所在今山西新絳縣。　岐人：指岐王李茂貞（856—924）的軍隊。

[8]崔魏公：即崔胤。清河武城（今山東武城縣）人。唐末宰相。傳見《舊唐書》卷一七七、《新唐書》卷二二三下。《輯本舊史》之影庫本粘籤："宋初修《五代史》，避太祖御名，于唐宰相崔

胤或稱爲崔裔，此傳又稱爲崔魏公，前後異稱，殊失史家紀實之體。今存其舊，仍附識于此。”

[9]斛律寺：寺院名。位於今山西太原市。《通鑑》卷二六六開平元年（907）四月條胡三省注：“斛律寺，蓋高齊建霸府於晉陽，斛律氏貴盛時所立。”

夾城之役，遣承業求援於鳳翔。[1]時河中阻絶，自離石渡河，[2]春冰方泮，凌澌奔蹴，艤舟不得渡，因禱河神。是夜，夢神人謂曰：“子但渡，流冰無患。”既寤，津吏報曰：“河冰合矣。”凌晨，躡冰而濟，旋踵冰解。使還，武皇病篤，啓手之夕，召承業屬之曰：[3]“吾兒孤弱，羣庶縱横，[4]後事公善籌之。”承業奉遺顧，爰立嗣王，平内難，策略居多。既終易月之制，即請出師救潞，[5]破賊夾城。莊宗深感其意，[6]兄事之，親幸承業私第，升堂拜母，賜遺優厚。時莊宗初行墨制，[7]凡除拜之命，皆成於盧汝弼之手。[8]汝弼既自爲户部侍郎，[9]乃請與承業改官及開國邑，承業拒而不受。其後終身但稱本朝舊官而已。[10]天祐中，[11]幽州劉守光敗，其府掾馮道歸太原，承業辟爲本院巡官。[12]承業重其文章履行，甚見待遇。時有周玄豹者，[13]善人倫鑒，與道不洽，[14]謂承業曰：“馮生無前程，公不可過用。”管記盧質聞之曰：“我曾見杜黄裳司空寫真圖，[15]道之狀貌酷類焉，將來必副大用，玄豹之言，不足信也。”承業薦爲霸府從事焉。[16]

[1]夾城之役：李克用及李存勗與後梁之間的戰役。開平元年

(907)，後梁派康懷英築城圍晉將李嗣昭於潞州。後李思安築夾城爲蚰蜒塹以圍之，逾年不能下。最終李嗣源破夾城東北隅，康懷英出天井關而遁。潞州圍解。

[2]河中：方鎮名。治所在河中府（今山西永濟市）。　離石：縣名。治所在今山西吕梁市離石區。

[3]啓手：善終的代稱。　召承業屬之曰：明本《册府》卷三四七《將帥部·佐命門八》李存璋條："（天祐）五年，武皇疾篤，召張承業與存璋授遺詔。"

[4]羣庶縱横：中華書局本有校勘記："'庶'，原作'臣'，據《册府》卷六六六、卷六六八改。按時李克用未稱制，不得稱羣下爲臣，羣庶蓋指克用諸弟及義兒。"見《宋本册府》卷六六六《内臣部·忠直門》、卷六六八《内臣部·翊佐門》。

[5]潞：州名。治所在今山西長治市。

[6]莊宗：即李存勗，小字亞子，沙陀部人，太原（今山西太原市）人。晉王李克用之子，五代後唐開國皇帝。紀見本書卷二七至卷三四、《新五代史》卷四至卷五。

[7]墨制：皇帝直接發出，不經外廷的詔令。唐李肇《翰林志》載陸贄上疏曰："伏詳舊式及國朝典故，凡有詔令，合由於中書。如或墨制施行，所司不須承受。"《輯本舊史》之影庫本粘籤："墨制，原本作'里制'，今從《通鑑》改正。"見《通鑑》卷二六六開平二年五月條。

[8]盧汝弼：人名。范陽（今河北涿州市）盧氏族人，家於河中蒲州（今山西永濟市）。唐代詩人盧綸之孫。唐代進士，唐、五代後唐官員。傳見本書卷六〇。

[9]户部侍郎：官名。尚書省户部次官。協助户部尚書掌天下田户、均輸、錢穀之政令。正四品下。

[10]其後終身但稱本朝舊官而已：中華書局本有校勘記："'其後'下《册府》卷六六六有'終身'二字。"但未補，今據《宋本册府》卷六六六《内臣部·賢行門》補。

[11]天祐：唐昭宗李曄開始使用的年號（904），唐哀帝李柷沿用（904—907）。唐亡後，河東李克用、李存勗仍稱天祐，沿用至天祐二十年（923）。五代十國其他政權亦有行此年號者，如南吴、吴越等。　天祐中：《宋本册府》卷八《帝王部·創業門四》後唐莊宗條："（天祐十年）六月，帝遣監軍張承業至幽州。"

[12]幽州：州名。治所在今北京市。　劉守光：人名。深州樂壽（今河北獻縣）人。幽州節度使劉仁恭之子。唐末、五代軍閥。後自稱大燕皇帝，年號應天。被李存勗擊敗，俘後被斬。傳見本書卷一三五、《新五代史》卷三九。　府掾：府署辟置的僚屬。　馮道：人名。瀛州景城（今河北滄縣）人。五代時官拜宰相，歷仕後唐、後晋、後漢、後周，亦曾臣服於契丹。傳見本書卷一二六、《新五代史》卷五四。　巡官：官名。唐代節度使、觀察使、團練使、防禦使屬官，位判官、推官下。另有營田巡官、轉運巡官、館驛巡官等名目，皆因使而置。

[13]周玄豹：人名。燕地（今河北北部）人。五代後唐時術士、官員。傳見本書卷七一。

[14]與道不洽："洽"，原作"合"，據《輯本舊史》卷一二六《馮道傳》，《宋本册府》卷六六六《内臣部·薦賢門》、卷八四三《總録部·知人門二》盧質條改。

[15]管記：即書記。掌管文書的官員。　盧質：人名。河南（今河南洛陽市）人。五代大臣。傳見本書卷九三、《新五代史》卷五六。　杜黄裳：人名。京兆萬年（今陝西西安市長安區）人。唐代宰相。傳見《舊唐書》卷一四七、《新唐書》卷一六九。　司空：官名。與太尉、司徒並爲三公，唐後期、五代多爲大臣、勳貴加官。正一品。

[16]霸府：藩王或大臣的幕府。　從事：泛指一般屬官。

柏鄉之役，[1]王師既逼汴營，周德威慮其奔衝，[2]堅請退舍。[3]莊宗怒其懦，不聽，垂帳而寢，諸將不敢言事，咸詣監軍請白。承業遽至牙門，[4]褰帳而入，撫莊宗曰："此非王安寢時，周德威老將，洞識兵勢，姑務萬全，言不可忽。"莊宗蹶然而興曰："予方思之。"其夕，收軍保鄗邑。[5]德威討劉守光，令承業往視賊勢，因請莊宗自行，果成大捷。承業感武皇厚遇，自莊宗在魏州垂十年，[6]太原軍國政事，一委承業，而積聚庾帑，收兵市馬，招懷流散，勸課農桑，成是霸基者，承業之忠力也。

[1]柏鄉：縣名。治所在今河北柏鄉縣。

[2]周德威：人名。朔州馬邑（今山西朔州市朔城區東北）人。唐末、五代河東將領。傳見本書卷五六、《新五代史》卷二五。

[3]堅請退舍：中華書局本有校勘記："'退'，原作'過'，據《册府》卷六六八、《職官分紀》卷四六、《新編古今事文類聚外集》卷六注引《五代史》改。"見《宋本册府》卷六六八《内臣部·規諫門》。

[4]牙門：古代軍營大門。因門前立有牙旗，故稱。

[5]鄗邑：縣名。治所在今河北高邑縣。《宋本册府》卷六六八作"高邑"。

[6]魏州：州名。治所在今河北大名縣。

時貞簡太后、韓淑妃、伊德妃、[1]諸宅王之貴介弟在晋陽宫，[2]或不以其道干於承業，悉不聽，踰法禁者必懲，繇是貴戚斂手，民俗丕變。或有中傷承業於莊宗者，言專弄威柄，廣納賂遺。莊宗歲時還晋陽宫省太后，須錢蒱博、給伶官，嘗置酒於泉府，[3]莊宗酣飲，[4]

命興聖宫使李繼岌爲承業起舞,[5]既竟,承業出寶帶、幣馬奉之。莊宗指錢積謂承業曰:“和哥無錢使,七哥與此一積寶馬,[6]非殊惠也。”承業謝曰:“郎君歌舞,[7]承業自出已俸錢。此錢是大王庫物,准擬支贍三軍,不敢以公物爲私禮也。”莊宗不悦,使酒侵承業。承業曰:“臣老敕使。非爲子孫之謀,惜錢爲大王基業,[8]王若自要散施,何訪老夫?[9]不過財盡兵散,一事無成。”莊宗怒,顧元行欽曰:“取劍來!”[10]承業引莊宗衣,泣而言曰:“僕荷先王遺顧,誓爲本朝誅汴賊,爲王惜庫物,斬承業首,[11]死亦無愧於先王,今日請死!”閻寶解承業手,[12]令退。承業詬寶曰:“黨朱温逆賊,[13]未嘗有一言效忠,而敢依阿諂附。”[14]揮拳踣之。太后聞莊宗酒失,急召入。莊宗性至孝,聞太后召,叩頭謝承業曰:“吾杯酒之間,忤於七哥,太后必怪吾。七哥爲吾痛飲兩卮分謗,可乎?”莊宗連飲四鍾,勸承業,竟不飲。莊宗歸宫,太后使人謂承業曰:“小兒忤特進,[15]已笞矣,可歸第。”翌日,太后與莊宗俱幸其第,慰勞之。自是私謁幾絶。

[1]貞簡太后:即五代後唐莊宗生母曹太后。貞簡,謚號。傳見本書卷四九、《新五代史》卷一四。　韓淑妃:莊宗正室。籍貫不詳。傳見本書卷四九、《新五代史》卷一四。　伊德妃:莊宗嬪妃。籍貫不詳。傳見本書卷四九、《新五代史》卷一四。　韓淑妃、伊德妃:《輯本舊史》原作“韓德妃、伊淑妃”,中華書局本有校勘記:“‘韓德妃’‘伊淑妃’,本書卷四九《后妃列傳》、《新五代史》卷一四《唐太祖家人傳》作‘韓淑妃’‘伊德妃’。”但未改,

今據改。

［2］晉陽宮：宮殿名。位於今山西太原市。　諸宅王之貴介弟在晉陽宮：中華書局本有校勘記："'貴'字下原有'洎王之'三字，據《册府》卷六六六、《職官分紀》卷四六、《新編古今事文類聚外集》卷六删。影庫本粘籤：'諸宅王之貴，原本疑有舛誤，今無可復考，姑仍其舊。'"見《宋本册府》卷六六六《内臣部·忠直門》。

［3］蒱博：古代博戲名。又稱樗蒱、摴蒱，泛指賭博。　伶官：古代樂人。後唐莊宗朝用伶人爲官，故稱伶官。事見《新五代史》卷三七。　泉府：指儲備錢財的府庫。

［4］酣飲：《宋本册府》卷六六六作"酒酣"。

［5］興聖宮使：官名。掌後唐宮衛。　李繼岌：人名。沙陀部人，代州雁門（今山西代縣）人。五代後唐莊宗李存勗長子。曾率軍攻滅前蜀，聞其父爲亂兵所殺後自縊身亡。傳見本書卷五一、《新五代史》卷一四。

［6］和哥無錢使，七哥與此一積寶馬：中華書局本有校勘記："殿本、劉本同。《册府》卷六六六'和哥'下注云：'繼岌小字和哥。''七哥'下注云：'七哥謂承業也。'"見《宋本册府》卷六六六。

［7］郎君歌舞：中華書局本有校勘記："'歌舞'，原作'哥勞'，據《册府》卷六六六、《職官分紀》卷四六、《新編古今事文類聚外集》卷六改。"見《宋本册府》卷六六六。

［8］惜錢爲大王基業：《輯本舊史》之影庫本粘籤："惜錢，原本作'借錢'，今從《通鑑》改正。"此據《通鑑》卷二七〇貞明三年（917）十月條。《宋本册府》卷六六六亦作"惜錢"。

［9］王若自要散施，何訪老夫：《舊五代史考異》："《通鑑》作王自取用之，何問僕爲！"此據《通鑑》卷二七〇貞明三年十月條。又，"何訪老夫"，中華書局本有校勘記："'訪'，原作'妨'，據《册府》卷六六六改。影庫本粘籤：'何妨老夫，原本疑有訛字。

考《册府元龜》所引《薛史》與《永樂大典》同，今仍其舊。’”見《宋本册府》卷六六六《内臣部·忠直門》。

[10]元行欽：人名。幽州（今北京市）人。後唐將領。傳見本書卷七〇、《新五代史》卷二五。

[11]爲王惜庫物，斬承業首：《宋本册府》卷六六六作“王爲惜庫物，斬張承業首”。

[12]閻寶：人名。鄆州（今山東東平縣）人。後梁、後唐將領。傳見本書卷五九、《新五代史》卷四四。

[13]朱温：人名。宋州碭山（今安徽碭山縣）人。後梁太祖。紀見本書卷一至卷七、《新五代史》卷一。

[14]而敢依阿諂附：中華書局本有校勘記：“‘阿’字原闕，據《册府》卷六六六補。”見《宋本册府》卷六六六。

[15]特進：官名。西漢末期始置，授給列侯中地位較特殊者。隋唐時期，特進爲散官，授給有聲望的文武官員。正二品。

十四年，承制授開府儀同三司、左衛上將軍、[1]燕國公，固辭不受。是時，盧質在莊宗幕下，嗜酒輕傲，嘗呼莊宗諸弟爲豚犬，莊宗深銜之。承業慮質被禍，因乘間謂莊宗曰：“盧質多行無禮，臣請爲大王殺之，可乎？”莊宗曰：“予方招禮賢士，以開霸業，七哥何言之過也！”承業因聳立而言曰：“大王若能如此，何憂不得天下！”其後盧質雖或縱誕，[2]莊宗終能容之，蓋承業爲之藻藉也。

[1]開府儀同三司：官名。魏晋始置，隋唐時爲散官之最高官階。多授功勳重臣。從一品。　左衛上將軍：官名。掌宫禁宿衛。唐代置十六衛之一。從二品。　《輯本舊史》之影庫本粘籤：“左

衛，原本作‘右衛’，今從《册府元龜》改正。”按，檢《册府》，未見此記載。

[2]其後盧質雖或縱誕：中華書局本有校勘記：“‘或’，原作‘成’，據《册府》卷六六六改。”見《宋本册府》卷六六六《内臣部·賢行門》。

十八年，莊宗受諸道勸進，將纂帝位。承業以爲晉王三代有功於國，先人怒朱氏弑逆，將復舊邦，讎既未平，不宜輕受推戴。方疾作，肩輿之鄴宮，[1]見莊宗曰："王父子血戰三十餘年，蓋言報國仇讎，復唐宗社。今元凶未滅，民賦已殫，而遽先大號，蠹耗財力，臣以爲不可一也。臣自咸通已來，伏事宮掖，每見國家册命大禮，儀仗法物，百司庶務，經年草定，臨事猶有不可。王若化家爲國，新立廟朝，不可乖於制度。制禮作樂，未見其人，臣以爲不可二也。舉事量力而行，不可信於游譚也。"[2]莊宗曰："奈諸將何！"承業知莊宗不從，因號泣而言之。十九年十一月二日，以疾卒于晉陽之第，[3]時年七十七。貞簡太后聞喪，遽至其第盡哀，爲之行服，如兒姪禮。同光初，贈左武衛上將軍，謚曰貞憲。[4]《永樂大典》卷一萬六千四百五十。[5]

[1]鄴：地名。治所在今河北大名縣。五代後唐同光元年(923）改魏州爲興唐府，建號東京。三年，改東京爲鄴都。

[2]"見莊宗曰"至"不可信於游譚也"：《舊五代史考異》："案《通鑑考異》引秦再思《洛中記異》云：承業諫帝曰：‘大王何不待誅克梁孽，更平吴、蜀，俾天下一家，且先求唐氏子孫立

之，後更以天下讓有功者，何人輒敢當之！讓一月即一月牢，讓一年即一年牢。設使高祖再生，太宗復出，又胡爲哉！今大王一旦自立，頓失從前仗義征伐之旨，人情怠矣。老夫是閹官，不愛大王官職富貴，直以受先王付囑之重，欲爲大王立萬年之基爾。'”見《通鑑》卷二七一龍德元年（921）正月條《考異》。“臣自咸通已來”，《輯本舊史》之影庫本粘籤：“咸通，原本作‘成通’，今從《唐書》改正。”

［3］晋陽：縣名。治所在今山西太原市。　以疾卒于晋陽之第：《舊五代史考異》：“案：《歐陽史》作不食而卒。《通鑑》作邑邑成疾，不復起。”見《新五代史》卷三八《張承業傳》、《通鑑》卷二七一龍德元年正月條《考異》。《宋本册府》卷六六八《内臣部·規諫門》作：“承業自是多病，日加危篤，卒於官。”

［4］同光：後唐莊宗李存勗年號（923—926）。　左武衛上將軍：官名。唐置，掌宫禁宿衛。唐代置十六衛之一，從二品。　貞憲：《舊五代史考異》：“《歐陽史》作正憲。”見《新五代史》卷三八《張承業傳》。　《新五代史》當避宋仁宗趙禎諱，故改爲“正”字。

［5］《大典》卷一六四五〇“宦”字韻“宦官（五）”事目。《輯本舊史》之案語：“《五代史闕文》：莊宗將即位於魏州，承業自太原至，謂莊宗曰：‘吾王世奉唐家，最爲忠孝，自貞觀以來，王室有難，未嘗不從。所以老奴三十餘年爲吾王捃拾財賦、召補軍馬者，誓滅逆賊朱温，復本朝宗社耳。今河朔甫定，朱氏尚存，吾王遽即大位，可乎？’云云。莊宗曰：‘奈諸將意何！’承業知不可諫止，乃慟哭曰：‘諸侯血戰者，本爲李家，今吾王自取之，誤老奴矣！’即歸太原，不食而死。臣謹按：《莊宗實録》敘承業諫即位事甚詳，惟‘吾王自取’之言不書，史官諱之也。”《宋本册府》卷六六八作：“帝初獲玉璽，諸將勸帝復唐正朔。承業自太原急趣謁帝，從容言曰：‘老奴受先王顧命，謹事郎君，利害否臧，盡合忠言。殿下父子血戰三十餘年，蓋緣報國復仇，爲唐宗社。今元凶

未殄，軍賦不充，河朔數州，弊於供億，日望殿下掃除梁汴，休戰息民。今元惡未平，遽先大號，費養兵之事力，困凋弊之生靈，臣以此爲一未可也。曰咸通中便在宫掖，每見國家册命大禮，儀仗法物，百司庶務，經年草定，臨事猶闕。今殿下既化家爲國，新創廟朝，典禮制度，須取太常準約。方今禮院未見其人，儻失舊章，爲人輕笑，二未可也。老臣愚懇未願殿下受人推戴者此也。大凡舉事，量力而行，悠悠之譚，無益實事。'因泣下沾衿，帝曰：'子非所願，奈諸將何？'承業自是多病，日加危篤，卒於官。凶問至，帝悲慟，連日輟食，因言曰：'天奪孤之子布也。'"

張居翰

張居翰，字德卿。咸通初，掖廷令張從玫養之爲子，[1]以廕入仕。中和三年，[2]自容管監軍判官入爲學士院判官，[3]遷樞密承旨、内府令，賜緋。[4]昭宗在華下，[5]超授内常侍，出監幽州軍事，秩滿詔歸，節度使劉仁恭表留之。[6]天復中，[7]詔誅宦官，仁恭紿奏殺之，匿於大安山之北谿。[8]

[1]掖廷令：官名。内侍省掖庭局長官，員二人，掌管宫人簿賬及女工事務。從七品下。　張從玫：人名。籍貫不詳。事見本書本卷、《新五代史》卷三八。

[2]中和：唐僖宗李儇年號（881—885）。

[3]容管：方鎮名。治所在容州（今廣西容縣）。　監軍判官：官名。爲長官的佐吏，協理政事，或備差遣。　自容管監軍判官入爲學士院判官："容管監軍判官"，中華書局本有校勘記："《張居翰墓誌》（拓片刊《西安碑林博物館新藏墓誌彙編》）作'容南護軍

判官’。”

［4］樞密承旨：官名。五代設樞密院承旨和樞密院副承旨，以各衛將軍擔任。主管樞密院承旨司之事。　内府令：官名。内侍省内府局長官。掌中藏寶貨、給納名數。正八品下。　賜緋：輿服制度。皇帝頒賜緋色官服。唐代五品、四品官服緋。後世或沿用此制，品級不盡相同。

［5］華下：即華州。《輯本舊史》之影庫本粘籤：“華下，原本作‘華夏’，今據文改正。”《宋本册府》卷六六七《内臣部·監軍門》亦作“華下”。

［6］節度使：官名。唐時在重要地區所設掌握一州或數州軍事、民事、財政的長官。　劉仁恭：人名。深州（今河北深州市）人。唐末、五代軍閥。傳見《新唐書》卷二一二。

［7］天復：唐昭宗李曄年號（901—904）。　天復中：《輯本舊史》之影庫本粘籤：“天復，原本誤作‘天福’，今從《唐書》改正。”

［8］大安山：山名。位於今北京市房山區西北。

天祐三年，汴人攻滄州，[1]仁恭求援於武皇，乃遣居翰與書記馬郁等率兵助武皇同攻潞州，[2]武皇因留之不遣。李嗣昭節制昭義，[3]以居翰監其軍，[4]以燕軍三千爲部下。[5]俄而汴將李思安築夾城以圍潞州，[6]居翰與嗣昭登城保守，以至解圍。自是嗣昭每出征，令居翰知留後事。[7]同光元年夏四月，召爲樞密使，加特進，與郭崇韜對掌機務。十月，莊宗將渡河，留居翰與李紹宏同守魏州。莊宗入汴，加驃騎大將軍，知内侍省事，依前充樞密使。[8]同光時，宦官干政，[9]邦家之務皆出於郭崇韜。居翰自以羈旅乘時，擢居重地，每於宣授，不敢有所是非，承顔免過而已，以此脱季年之禍。四年三月，僞蜀王衍既降，詔遷其族於洛陽。[10]行及秦川，時關東已亂，[11]莊宗慮衍爲變，遣中官向延嗣馳騎齎詔殺之。[12]詔云："王衍一行，並宜殺戮。"其詔已經印畫，時居翰在密地，覆視其詔，即就殿柱揩去"行"字，改書"家"字。及衍就戮於秦川驛，[13]止族其近屬而已，其僞官及從行者尚千餘人，皆免其枉濫，居翰之力也。

[1]滄州：州名。治所在今河北滄縣舊州鎮。

[2]書記：官名。唐、五代方鎮僚屬，位在判官下。掌表奏書檄、文辭之事。　馬郁：人名。范陽（今河北涿州市）人。唐末、五代大臣。傳見本書卷七一。　潞州：州名。治所在今山西長治市。

[3]李嗣昭：人名。汾州（今山西汾陽市）人。唐末、五代李克用義子、部將。傳見本書卷五二、《新五代史》卷三六。　昭義：方鎮名。治所在潞州（今山西長治市）。

[4]以居翰監其軍：《輯本舊史》之影庫本粘籤："監其軍，原本作'其事'，今據文改正。"

[5]燕：封國名。指唐末河北方鎮盧龍軍。劉仁恭、劉守光父子先後爲盧龍節度使、燕王。

[6]李思安：人名。陳留（今河南開封市陳留鎮）人。五代後梁將領。傳見本書卷一九。

[7]留後：官名。原非正式命官，唐朝節度使入朝或宰相、親王遥領節度使不臨鎮則置。安史之亂後，節度使多以子弟或親信爲留後，以代行節度使職務，亦有軍士、叛將自立爲留後者。掌一州或數州軍政。北宋始爲朝廷正式命官。

[8]樞密使：官名。樞密院長官。唐代宗時始以宦官掌機密，至昭宗時借朱温之力盡誅宦官，始改以士人任樞密使。備顧問，參

謀議，出納詔奏，權侔宰相。參見李全德《唐宋變革期樞密院研究》，國家圖書館出版社 2009 年版。　郭崇韜：人名。代州雁門（今山西代縣）人。五代後唐大臣。傳見本書卷五七、《新五代史》卷二四。　李紹宏：人名。又作馬紹宏。籍貫不詳。後唐莊宗近臣。傳見本書本卷。　驃騎大將軍：武散官名。唐始置。从一品。　内侍省：官署名。專掌宮廷内部事務的宦官機構。　"召爲樞密使"至"依前充樞密使"：《輯本舊史》卷三二《唐莊宗紀六》同光二年（924）六月甲午條："以樞密使、特進、左領軍衛上將軍、知内侍省事張居翰爲驃騎大將軍、守左驍衛上將軍，進封開國伯，賜功臣號。"明本《册府》卷六六五《内臣部·恩寵門》："張居翰，莊宗末爲樞密使，官至驃騎大將軍，賜號竭誠保運致理功臣。"

［9］宦官干政：《宋本册府》卷六六六《内臣部·賢行門》作"内職干政"，似更善。

［10］蜀：五代十國之前蜀。　王衍：人名。許州舞陽（今河南舞陽縣）人。王建幼子，五代十國前蜀皇帝。傳見本書卷一三六、《新五代史》卷六三。　洛陽：地名。即今河南洛陽市。

［11］秦川：地區名。泛指今陝西、甘肅二省秦嶺以北的平原。

［12］中官：即宦官。　向延嗣：人名。籍貫不詳。後唐宦官。事見《通鑑》卷二七四。　遣中官向延嗣馳騎齎詔殺之：中華書局本有校勘記："'遣'字原闕，據《册府》卷六六六、《通鑑》卷二七四補。"見《宋本册府》卷六六六、《通鑑》卷二七四天成元年（926）三月甲戌條。

［13］秦川驛：驛名。唐京兆府驛站。今地不詳。

明宗入洛，居翰謁見於至德宮，待罪雪涕，[1]乞歸田里，詔許之，乃辭歸長安。[2]仍以其子延貴爲西京職事，[3]以供侍養。天成三年四月，以疾卒於長安，時年七十一。居翰性和而静，諳悉舊事。在潞州累年，每春課人育蔬種樹，敦本惠農，有仁者之心焉。《永樂大典》卷一萬六千四百五十。[4]

[1]至德宫：宫殿名。位於今河南洛陽市。　居翰謁見於至德宫，待罪雪涕："至德宫待罪雪涕"，明本《册府》卷六六五《内臣部·思寵門》作"致德宫雪泣待罪"。

[2]長安：地名。位於今陝西西安市。

[3]延貴：人名。即張延貴。事迹不詳。　西京：地名。五代後唐莊宗同光元年（923）四月以太原爲西京，十二月，詔改僞梁永平軍大安府復爲西京京兆府。

[4]《大典》卷一六四五〇"宦"字韻"宦官（五）"事目。

馬紹宏[1]

[1]《輯本舊史》之影庫本粘籤："《馬紹宏傳》，《永樂大典》疑有删節，今無可復考，姑仍其舊。"

馬紹宏，閹官也。[1]初與孟知祥同爲中門使，[2]及周德威薨，莊宗兼領幽州，令紹宏權知州事。[3]即位之初，郭崇韜勳望高，舊在紹宏之下，時徵潞州監軍張居翰與崇韜並爲樞密使，紹宏失望，乃以爲宣徽使，以己合當樞任，[4]志常鬱鬱，[5]側目於崇韜。崇韜知其慊也，乃置内勾之目，令天下錢穀簿書，悉委裁遣。既而州郡供報，輒滋煩費，議者以爲十羊九牧，深所不可，内勾之目，人以爲是妖言。[6]《永樂大典》卷一萬九千六百四十四。[7]

[1]馬紹宏，閹官也：《舊五代史考異》：“案：《莊宗紀》作李紹宏，蓋嘗賜姓。”中華書局本對此有校勘記：“‘紀’字原闕，據殿本《考證》、劉本《考證》補。”《輯本舊史》卷二九《唐莊宗紀三》天祐十六年（919）三月條：“帝兼領幽州，遣近臣李紹宏提舉府事。”《新五代史》卷三八《宦者傳》：“有宣徽使馬紹宏者，嘗賜姓李，頗見信用。然誣殺大臣，黷貨賂，專威福，以取怨於天下者，左右狎暱，黄門内養之徒也。是時，明宗自鎮州入覲，奉朝請於京師。莊宗頗疑其有異志，陰遣紹宏伺其動静，紹宏反以情告明宗。明宗自魏而反，天下皆知禍起於魏，孰知其啓明宗之二心者，自紹宏始也!”《通鑑》卷二七〇貞明五年（919）三月條：“紹宏，宦者也，本姓馬，晋王賜姓名，使與知嵐州事孟知祥俱爲中門使。”同書卷二七五天成元年四月庚子條：“李紹宏請復姓馬。”

[2]孟知祥：人名。邢州龍岡（今河北邢臺市）人。李克用女婿，五代十國後蜀開國皇帝。傳見本書卷一三六、《新五代史》卷六四。　中門使：官名。五代時晋王李存勗所置。爲節度使屬官，執掌同於朝廷之樞密使。

[3]令紹宏權知州事：見《輯本舊史》卷二九《唐莊宗紀三》天祐十六年三月條。同書卷五二《李嗣昭傳》：“十六年，嗣昭代周德威權幽州軍府事，九月，以李紹宏代。”《宋本册府》卷九八七《外臣部·征討門六》：“（天祐）十八年十二月，契丹阿保機寇幽州，節度使李紹宏帥士固守。”《通鑑》卷二七一龍德元年（921）十二月辛未條：“十二月，辛未，（契丹主）攻幽州，李紹宏嬰城自守。”

[4]張居翰：人名。籍貫不詳。唐末、五代宦官。傳見本書本卷、《新五代史》卷三八。　宣徽使：官名。唐始置。宣徽南院使、北院使通稱宣徽使。初用宦官，五代以後改用士人。通掌内諸司及三班内侍之名籍，郊祀、朝會、宴享供帳之儀，檢視内外進奉名物。參見王永平《論唐代宣徽使》，《中國史研究》1995年第1期；王孫盈政《再論唐代的宣徽使》，《中華文史論叢》2018年第3期。

“即位之初”至“以己合當樞任”:《舊五代史考異》:“案《宋史·趙上交傳》:南遊洛陽，與中官驃騎大將軍馬紹宏善，紹宏領北面轉運制置大使，表爲判官。考紹宏爲北面轉運制置大使，《薛史》不載。”見《宋史》卷二六二《趙上交傳》。《輯本舊史》卷一〇六《劉審交傳》:“同光初，趙德鈞鎮幽州，朝廷以内官馬紹宏爲北面轉運使。”明本《册府》卷六六五《内臣部·恩寵門》:“李紹宏，爲宣徽南院使，判内侍省兼内外特進左監門衛將軍，同正上柱國。”“乃以爲宣徽使”，明本《册府》卷六六五無“以”字。

[5]志常鬱鬱：中華書局本有校勘記:“‘志’字原闕，據《册府》卷六六五補。”

[6]“崇韜知其慊也”至“人以爲是妖言”:《宋本册府》卷四八三《邦計部總序》:“同光元年十一月，以左監門衛將軍、判内侍省李紹宏兼内勾，凡天下錢穀簿書，悉委裁遣。自是州縣供帳煩費，議者非之。”《通鑑》卷二七三同光二年（924）二月辛巳條:“郭崇韜知李紹宏怏怏，乃置内句使，掌句三司財賦，以紹宏爲之，冀弭其意，而紹宏終不悦，徒使州縣增移報之煩。”

[7]《大典》卷一九六四四“牧”字韻“事韻（三）”，應爲“十羊九牧”事目，《舊五代史考異》:“案：下有闕文。據《通鑑》，李嗣源爲謡言所屬危殆者數四，賴宣徽使李紹宏左右營護，以是得全。天成元年二月己丑朔，以宣徽南院使李紹宏爲樞密使。”見《通鑑》卷二七四天成元年（926）正月庚辰條及二月己丑條。《輯本舊史》卷三四《唐莊宗紀八》同光四年二月己丑條:“以宣徽南院使、知内侍省、兼内勾、特進、右領軍衛上將軍李紹宏爲驃騎大將軍、守左武衛上將軍、知内侍省，充樞密使。”《新五代史》卷五《唐莊宗紀下》同光四年二月己丑條:“宣徽南院使李紹宏爲樞密使。”

同光二年四月，加紹宏右領軍衛上將軍，封隴西縣開國男，食邑三百户，仍賜推忠翊佐功臣。[1]明宗長興三年，卒。[2]

[1]右領軍衛上將軍：官名。掌宫禁宿衛。唐代置十六衛之一。從二品。　“同光二年四月”至“仍賜推忠翊佐功臣”：明本《册府》卷六六五《内臣部·恩寵門》。《輯本舊史》卷三一《唐莊宗紀五》同光二年（924）四月辛卯條：“以宣徽南院使、判内侍省、兼内勾、特進、左監門將軍同正李紹宏爲右領軍衛上將軍。”同書卷三二《唐莊宗紀六》同光二年五月甲寅條：“以滄州節度李紹斌充東北面招討使，以兖州節度使李紹欽爲副招討使，以宣徽使李紹宏爲招討都監，率大軍渡河而北，時幽州上言契丹將寇河朔故也。”《宋本册府》卷九八七《外臣部·征討門六》：“（同光二年）五月，幽州上言契丹阿保機將寇河朔，以滄州節度使李紹斌爲東北面招討使，以兖州節度使李紹欽爲副招討使，以宣徽使李紹宏爲招討都監，率大軍渡河而北。”《通鑑》卷二七三同光二年正月甲辰條：“春，正月，甲辰，幽州奏契丹入寇，至瓦橋。以天平軍節度使李嗣源爲北面行營都招討使，陜州留後霍彦威副之，宣徽使李紹宏爲監軍，將兵救幽州。”同卷同光三年九月丁酉條：“丁酉，帝與宰相議伐蜀，威勝節度使李紹欽素諂事宣徽使李紹宏，紹宏薦‘紹欽有蓋世奇才，雖孫、吴不如，可以大任。’郭崇韜曰：‘段凝亡國之將，姦諂絶倫，不可信也。’”同書卷二七四天成元年（926）二月丙申條：“丙申，史彦瓊至洛陽。帝問可爲大將者於樞密使李紹宏，紹宏復請用李紹欽，帝許之，令條上方略。”

[2]明宗：即五代後唐明宗李嗣源。沙陀部人。原名邈佶烈，李克用養子。926年至933年在位。紀見本書卷三五至卷四四、《新五代史》卷六。　長興：後唐明宗李嗣源年號（930—933）。　明宗長興三年，卒：《輯本舊史》卷四三《唐明宗紀九》長興三年（932）四月壬戌條：“前樞密使、驃騎大將軍馬紹宏卒。”據補。

孟漢瓊

孟漢瓊，本鎮州王鎔之小豎也。[1]明宗鎮常山，得侍左右。[2]明宗即位，自諸司使累遷宣徽南院使。[3]漢瓊性通黠，善交構。[4]初見秦王權重，乃挾王淑妃勢，[5]傾心事之；及朱、馮用事，[6]又與之締結。秦王領兵至天津橋，[7]時漢瓊與朱、馮及康義誠方會議於内庭，[8]謀猶未決，漢瓊獨出死力，先入殿門，奏於明宗，語在《秦王傳》。漢瓊即自介馬以召禁軍。秦王既誅，翌日，令漢瓊馳騎召閔帝於鄴。[9]閔帝嗣位，尤恃恩寵，期月之内，累加開府儀同三司、驃騎大將軍。[10]西軍既叛，閔帝急召漢瓊，欲令先入于鄴，漢瓊藏匿不見。潞王行及陝州，[11]乃悉召諸妓妾訣别，欲手刃之，衆知其心，率皆藏竄。初，潞王失守於河中，勒歸於清化里第。[12]時王淑妃恒令漢瓊傳教旨於潞王，王善待之，故漢瓊自謂潞王於己有恩。至是，乃單騎至澠池謁見潞王，[13]因自慟哭，欲有所陳。潞王曰："諸事不言可知。"漢瓊即自預從臣之列，尋戮於路左。《永樂大典》卷一萬三千一百六十。[14]

[1]王鎔：人名。回鶻人。唐末、五代軍閥，朱温後封趙王。傳見本書卷五四、《新五代史》卷三九。　小豎：對宦官的蔑稱。

[2]常山：古郡名。此指鎮州，治所在今河北正定縣。　明宗鎮常山，得侍左右：《宋本册府》卷一五四《帝王部·明罰門三》作"明宗在真定時入侍"。

[3]諸司使：官署名。唐宋禁内各官署的統稱。　宣徽南院使：

官名。唐始置。宣徽南院的長官。初用宦官，五代以後改用士人。與宣徽北院使通掌内諸司及三班内侍之名籍，郊祀、朝會、宴享供帳之儀，檢視内外進奉名物。參見王永平《論唐代宣徽使》，《中國史研究》1995年第1期；王孫盈政《再論唐代的宣徽使》，《中華文史論叢》2018年第3期。　自諸司使累遷宣徽南院使：中華書局本有校勘記："'南'，《册府》卷六六五、卷九二三作'北'。按本書卷四二《唐明宗紀八》、《通鑑》卷二七七記長興二年五月以孟漢瓊充宣徽北院使。"此據明本《册府》卷六六五《内臣部·恩寵門》、《宋本册府》卷九二三《總録部·不忠門》。按《輯本舊史》卷四三《唐明宗紀九》長興三年（932）十一月辛巳條："以宣徽北院使孟漢瓊判院事。"

［4］漢瓊性通黠，善交構：《宋本册府》卷一五四作"性通黠，能交構朋黨"。

［5］秦王：即李從榮。沙陀部人。五代後唐明宗李嗣源次子。傳見本書卷五一、《新五代史》卷一五。　王淑妃：後唐明宗妃嬪。傳見本書卷五一、《新五代史》卷一五。　乃挾王淑妃勢：中華書局本有校勘記："'乃'，原作'及'，據《册府》卷一五四、卷九二三改。"

［6］朱：即朱弘昭。太原（今山西太原市）人。後唐明宗朝樞密使、宰相。傳見本書卷六六、《新五代史》卷二七。　馮：即馮贇。太原（今山西太原市）人。五代後唐明宗朝宰相、三司使。傳見《新五代史》卷二七。　及朱、馮用事：《輯本舊史》之影庫本粘籤："朱、馮用事，原本作'朱憑'，下文又有'朱馮'。考《通鑑》，明宗，朱弘昭、馮贇並掌財賦，故稱朱、馮，原本'憑'字誤，今改正。"見《宋本册府》卷九二三、《通鑑》卷二七八長興四年十一月辛卯條。

［7］天津橋：橋名。位於今河南洛陽市。

［8］康義誠：人名。沙陀部人。五代後唐將領。傳見本書卷六六、《新五代史》卷二七。

［9］閔帝：即後唐閔帝李從厚。明宗李嗣源第三子。紀見本書卷四五、《新五代史》卷七。　令漢瓊馳騎召閔帝於鄴：《舊五代史考異》："案《通鑑》：遣漢瓊徵從厚，且權知天雄軍府事。"見《通鑑》卷二七八長興四年十一月甲午條。

［10］"閔帝嗣位"至"累加開府儀同三司、驃騎大將軍"：《輯本舊史》卷四五《唐閔帝紀》應順元年（934）閏正月癸卯條："宣徽南院使、驃騎大將軍、左衛上將軍、知内侍省孟漢瓊加開府儀同三司，賜忠貞扶運保泰功臣。"

［11］潞王：即後唐廢帝李從珂。鎮州平山（今河北平山縣）人。本姓王，後唐明宗李嗣源擄其母魏氏，遂養爲己子。紀見本書卷四六至卷四八、《新五代史》卷七。　陝州：州名。治所在今河南三門峽市陝州區。

［12］清化里：里坊名。位於今河南洛陽市。

［13］澠池：縣名。治所在今河南澠池縣。

［14］《大典》卷一三一六〇"孟"字韻"姓氏（五）"事目。

史臣曰：承業感武皇之大惠，佐莊宗之中興，既義且忠，何以階也。夫如是，則晉之勃貂，秦之景監，[1]去之遠矣。居翰改一字於詔書，救千人之濫死，可不謂之仁人矣乎！如紹宏之争權，漢瓊之搆禍，乃宦者之常態也，又何足以道哉！《永樂大典》卷一萬三千一百六十。[2]

［1］勃貂：人名。又名寺人披、勃鞮。春秋時晉國宦官，吕省、郤芮謀反，他營救晉文公。晉國收降原國後，又舉薦趙衰。事見《左傳·僖公二十五年》。　景監：人名。秦孝公宦官，曾把商鞅引見給孝公。事見《史記》卷六八《商君列傳》。

［2］《大典》卷一三一六〇"孟"字韻"姓氏（五）"事目。

今注本二十四史

舊五代史

一一

唐書〔七〕晉書〔一〕

宋 薛居正等 撰

陳智超 紀雪娟 主持校注

中国社会科学出版社

舊五代史　卷七三

唐書四十九

列傳第二十五

毛璋

毛璋，本滄州小校。梁將戴思遠帥滄州，時莊宗已定魏博，思遠勢蹙，棄州遁去，璋據城歸莊宗，歷貝州、遼州刺史。[1]璋性凶悖，有膽略，從征河上，屢有戰功。梁平，授華州節度使。[2]王師討蜀，以璋爲行營右厢馬軍都指揮使；[3]蜀平，璋功居多。明年，蕭牆禍起，繼岌自西川至渭南，[4]部下散亡，其川貨、妓樂，爲璋所掠。明宗嗣位，[5]録平蜀功，授邠州節度使。[6]

[1]滄州：州名。治所在今河北滄縣舊州鎮。　小校：即低級軍官。　戴思遠：人名。籍貫不詳。五代後梁、後唐將領。傳見本書卷六四。　莊宗：即李存勗，小字亞子，沙陀部人，太原（今山西太原市）人。晋王李克用之子，後唐開國皇帝。紀見本書卷二七

至卷三四及《新五代史》卷四至卷五。　魏博：方鎮名。治所在魏州貴鄉縣（今河北大名縣）。　貝州：州名。治所在今河北清河縣。　遼州：州名。治所在今山西左權縣。　刺史：官名。漢武帝時始置。州一級行政長官。總掌考核官吏、勸課農桑、地方教化等事。唐中期以後，節度使、觀察使轄州而設，刺史爲其屬官，職任漸輕。從三品至正四品下。　"毛璋"至"歷貝州、遼州刺史"：《舊五代史考異》："案《玉堂閒話》云：戴思遠任浮陽日，有部曲毛璋，爲性輕悍。嘗與數十卒追捕盜賊，還宿于逆旅，毛枕劍而寢。夜分，其劍忽大吼，躍出鞘外，從卒聞者愕然驚異，毛亦神之。乃持劍祝曰：'某若異日有此山河，爾當更鳴躍，否則已。'毛復寢，未熟，劍吼躍如初，毛深自負。其後戴離鎮，毛請留，戴從之。未幾，毛以州歸命于唐莊宗，莊宗以毛爲其州刺史，後竟帥滄海。"見《太平廣記》卷一三八戴思遠條。《宋本册府》卷八《帝王部·創業門四》後唐莊宗條："（天祐十三年）九月，帝還晋陽。梁滄州節度使戴思遠棄城遁，舊將毛璋入其城，復命明宗帥師招撫之，毛璋以城降，以李存審爲節度使。"同書卷一六六《帝王部·招懷門四》："（天祐十三年）九月，梁將戴思遠爲滄州帥。時已定魏博，思遠勢蹙，棄州遁走，毛璋乘虚據之，以城歸國。"明本《册府》卷一八一《帝王部·疑忌門》："天祐十三年，滄州小校毛璋以城歸款。莊宗命明宗率師至滄州慰撫軍民。明宗既至，毛璋開門迎謁，遣璋入覲，軍城乂安。"

[2]華州：州名。治所在今陝西渭南市華州區。　節度使：官名。唐時在重要地區所設掌握一州或數州軍事、民事、財政的長官。　授華州節度使：《輯本舊史》卷三一《唐莊宗紀五》同光二年（924）二月己丑條："以成德軍馬步軍都指揮使、右監門衛大將軍毛璋爲華州節度使。"

[3]蜀：即五代十國之前蜀。　行營右厢馬軍都指揮使：官名。行營馬軍長官。五代軍隊編制，五百人爲一指揮，設指揮使、副指揮使；十指揮爲一軍，設都指揮使、副都指揮使。中華書局本有校

勘記："'右厢馬軍都指揮使'，《册府》卷三六〇、卷四五五同，本書卷三三《唐莊宗紀七》、《册府》卷一二三、《通鑑》卷二七三作'左厢馬步都虞候'。"分别見《宋本册府》卷三六〇《將帥部·立功門一三》、卷四五五《將帥部·貪黷門》、《輯本舊史》卷三三《唐莊宗紀七》同光三年九月庚子條、明本《册府》卷一二三《帝王部·征討門三》、《通鑑》卷二七三同光三年九月庚子條。又，《宋本册府》卷三六〇"行營右厢馬軍都指揮使"後有"充魏王繼岌前驅"。"行營"，《輯本舊史》之影庫本粘籤："行營，原本脱'行'字，今據《莊宗本紀》增入。"

[4]繼岌：人名。即李繼岌。後唐莊宗長子，時封魏王。傳見本書卷五一、《新五代史》卷一四。　西川：方鎮名。治所在成都府（今四川成都市）。　渭南：縣名。治所在今陝西渭南市。

[5]明宗：即李嗣源。沙陀部人。李克用養子，逼宫李存勗後自立爲後唐皇帝。紀見本書卷三五至卷四四、《新五代史》卷六。

[6]邠州：州名。治所在今陝西彬縣。　授邠州節度使：《輯本舊史》卷三六《唐明宗紀二》天成元年（926）五月丙辰條："邠州節度使、檢校太保毛璋加同平章事。"

璋既家富於財，有蜀之妓樂，驕僭自大，動多不法，招致部下，繕理兵仗。朝廷移授昭義節度使，[1]璋謀欲不奉詔，判官邊蔚密言規責，[2]乃僶俛承命。洎至潞州，[3]狂妄不悛，每擁川妓於山亭院，服赭黄，縱酒，令爲王衍在蜀之戲。[4]事聞於朝，徵爲金吾上將軍。[5]其年秋，東川節度使董璋上言：[6]"毛璋男廷贇齎父書往西川，[7]慮有陰事。"因追廷贇及同行人趙延祚，與璋俱下御史臺獄。[8]廷贇乃璋之假姪，稱有叔在蜀，欲往省之，亦無私書，詔停任，令歸私第。初，延祚在獄，多言璋陰事，璋許重賂，以塞其口。及免，延祚徵其賂，璋拒而不與，以至延祚詣臺訴璋翻覆，復下御史臺訊鞫。中丞吕夢奇以璋前蒙昭雪，[9]今延祚以責賂之故，復加織羅，故稍佑璋。及款狀上聞，或云夢奇受璋賂，所以獄不盡情，執之，移於軍巡。璋具狀曾許延祚賂未與，又云曾借馬與夢奇，别無行賂之事。朝廷懲其宿惡，長流儒州，[10]賜死於路。[11]《永樂大典》卷一萬八千一百三十。[12]

[1]昭義：方鎮名。治所在潞州（今山西長治市）。

[2]判官：官名。爲長官的佐吏，協理政事，或備差遣。　邊蔚：人名。京兆長安（今陝西西安市）人。五代大臣。傳見本書卷一二八。

[3]潞州：州名。治所在今山西長治市。

[4]王衍：人名。許州舞陽（今河南舞陽縣）人。前蜀君主，後爲後唐莊宗李存勗所殺。傳見本書卷一三六、《新五代史》卷六三。

[5]金吾上將軍：官名。即金吾衛上將軍。唐置，掌宫禁宿衛。唐代置十六衛，即左右衛、左右驍衛、左右武衛、左右威衛、左右領軍衛、左右金吾衛、左右監門衛、左右千牛衛。各置上將軍，從二品；大將軍，正三品；將軍，從三品。　徵爲金吾上將軍：《輯本舊史》卷三九《唐明宗紀五》天成三年（928）正月辛酉條："以前潞州節度使毛璋爲右金吾上將軍。"同年六月己卯條："以右金吾上將軍毛璋爲左金吾上將軍。"

[6]東川：方鎮名。治所在梓州（今四川三臺縣）。　董璋：人名。籍貫不詳。五代後梁、後唐將領。傳見本書卷六二、《新五代史》卷五一。

［7］廷贇：人名。籍貫不詳。事見本書本卷、《新五代史》卷二六。

［8］趙延祚：人名。籍貫不詳。五代後唐時人。事見本書本卷、《新五代史》卷二六。　御史臺：官署名。秦漢始置。古代國家的監察機構。掌糾察官吏違法、肅正朝廷綱紀。大事廷辨，小事奏彈。

［9］中丞：官名。即御史中丞。如不置御史大夫，則爲御史臺長官。掌司法監察。正四品下。　吕夢奇：人名。籍貫不詳。五代後唐官員。事見本書本卷、《新五代史》卷二六。

［10］儒州：州名。治所在今北京市延慶區。

［11］賜死於路：《新五代史》卷二六《毛璋傳》："已而令所在賜自盡。"與此稍異。

［12］《大典》卷一八一三〇"將"字韻"後唐將（三）"事目。

聶嶼

聶嶼，[1]鄴中人。[2]少爲僧，漸學吟詠。鄭珏之再主禮闈也，[3]嶼與鄉人趙都俱赴鄉薦，都納賄於珏，人報翌日登第，嶼聞不捷，詬來人以嚇之，珏懼，俾俱成名。[4]《永樂大典》卷二萬一千一百六十一。[5]

［1］聶嶼：《輯本舊史》之影庫本粘籤："《聶嶼傳》，《永樂大典》僅存一條，今録《册府元龜》以補其闕。"

［2］鄴中：地名。位於今河北臨漳縣。

［3］鄭珏：人名。滎陽（今河南滎陽市）人。五代後梁、後唐宰相。傳見本書卷五八、《新五代史》卷五四。　鄭珏之再主禮闈

也：《輯本舊史》之劉本案語："鄭珏之再主禮闈也，刻本作知貢舉。"《宋本册府》卷九一七《總録部·改節門》無"也"字。

[4]趙都：人名。籍貫、事迹不詳。本書僅此一見。　"嶼與鄉人趙都俱赴鄉薦"至"俾俱成名"：亦見《宋本册府》卷九一七。同書卷六五一《貢舉部·謬濫門》："乾化中，翰林學士鄭珏連知貢舉。鄴中人聶嶼與鄉人趙都俱隨鄉薦，都納賄於珏，人報翌日登第，嶼聞不捷，詬來人以嚇之，珏懼，亦俾成名。"

[5]《大典》卷二一一六一爲"孛"字韻"釋書佛説"等事目，與本條内容無涉，但不知爲何誤。

漸爲拾遺，依郭崇韜爲鎮州書記。[1]明宗時，爲起居舍人。[2]雙眸若懸，性氣乖僻，人多忌之。天成初，除鄴都留守判官，與趙敬怡、吕夢奇不足。又改河東節判，及至，常鄙其土風，薄其人士。或達于安重誨，會敬怡入爲樞密使，與夢奇同搆殺之。[3]嶼早依郭崇韜門庭，致身朱紫，名登兩史，浙江使迴，生涯巨萬。嶼爲河東節判時，郭氏次子之婦，孀居于家，嶼喪偶未久，復忍而納幣，人皆罪之。明宗在藩邸時，素聞其醜聲，天成中，與温韜等同詔賜死。[4]《册府元龜》卷九百四十三。[5]

[1]拾遺：官名。唐武則天於垂拱元年（685）置拾遺，分左右。左拾遺隸門下省，右拾遺隸中書省，與左、右補闕共掌諷諫，大事廷議，小事則上封事。從八品上。　郭崇韜：人名。代州雁門（今山西代縣）人。五代後唐大臣。傳見本書卷五七、《新五代史》卷二四。　鎮州：州名。治所在今河北正定縣。　書記：官名。唐、五代方鎮僚屬，位在判官下。掌表奏書檄、文辭之事。　漸爲

拾遺，依郭崇韜爲鎮州書記：中華書局本有校勘記："以上十三字原闕，據殿本補。"

［2］起居舍人：官名。隋始置，貞觀二年（628）省。明慶中又置，與起居郎分在左右。掌修記言之史，録天子之制誥德音，如記事之制，以記時政損益。季終，則授之於國史。从六品上。

［3］天成：後唐明宗李嗣源年號（926—930）。 鄴都：地名。治所在今河北大名縣。五代後唐同光元年（923），改魏州爲興唐府，建號東京，三年改東京爲鄴都。 留守判官：官名。留守司僚屬，分掌留守司各曹事，並協助留守通判陪都事。 趙敬怡：人名。籍貫不詳。五代後唐大臣。事見本書本卷、卷三八、卷三九、卷四〇。 吕夢奇：人名。籍貫不詳。五代後唐官員。事見本書卷三六、《新五代史》卷二六。 節判：官名。唐、五代方鎮僚屬，位在行軍司馬下。分掌使衙内各曹事，並協助使職官員通判衙事。 安重誨：人名。應州（今山西應縣）人。五代後唐大臣。傳見本書卷六六、《新五代史》卷二四。 樞密使：官名。樞密院長官，五代時以士人爲之，備顧問，參謀議，出納詔奏，權侔宰相。參見李全德《唐宋變革期樞密院研究》，國家圖書館出版社 2009 年版。 "雙眸若懸"至"與夢奇同搆殺之"：中華書局本有校勘記："以上六十九字原闕，據殿本補。影庫本批校：'《聶嶼傳》較原本稍節删。'又'節判'，殿本原作'節度'，據《册府》卷九五二改。'安重誨'，殿本原闕'安'字，據《册府》卷九五二補。"明本《册府》卷九五二《總録部·交惡門》："聶嶼爲鄴都留守判官，與趙敬怡、吕夢奇不足。又改河東節判，及至，常鄙其土風，薄其人士。或達於安重誨，值敬怡入司密勿，與夢奇同搆殺之。"

［4］温韜：人名。後唐莊宗賜名李紹沖。京兆華原（今陝西銅川市耀州區）人。唐末李茂貞部將，五代後梁、後唐將領。傳見本書本卷、《新五代史》卷四〇。 天成中，與温韜等同詔賜死：《輯本舊史》卷三九《唐明宗紀五》天成三年（928）九月乙未條："詔德州流人温韜、遼州流人段凝、嵐州司户陶玘、憲州司户石知

訥、原州司馬聶嶼，並宜賜死於本處，暴其宿惡而誅之也。”《宋本册府》卷一五四《帝王部・明罰門三》天成三年九月條：“勑：‘先監送諸州罪人温韜等，流言亂政，在憲典以難容；稔惡幸災，固人祇之共怒。温韜生爲黔首，起自緑林，依憑中夏干戈，劫盜本朝陵寢。段凝豺狼，類性梟獍，爲謀無辜而幾害平人，得便而常懷逆節。陶記（玘）曾司藩翰，恣黷貨財，自處竄流，彌興怨望。石知訥比居賓佐，合務贊禅，當守殷門，據夷門發文字，扇摇戎帥。聶嶼擢從班列，委佐親賢，不守條章，强買店宅，其後細詢行止，頗駭聽聞，喪妻未及於半年，别成姻媾；棄母動逾於千里，不奉晨昏。而皆自抵刑章，各居竄逐，都無省過，但出怨詞。在朕意雖欲含弘，於物論固難容赦，尚全大體，只罪一身。並令本處賜死。’”

[5]明本《册府》卷九四三《總録部・不誼門》。

温韜

温韜，華原人。[1]少爲盜，據華原，事李茂貞，名彦韜，[2]後降于梁，更名昭圖。[3]爲耀州節度，唐諸陵在境者悉發之，取所藏金寶，而昭陵最固，悉藏前世圖書，鍾王紙墨，筆迹如新。[4]《永樂大典》卷一萬一千五百七十六。[5]移許州節度使，[6]累官至檢校太尉、平章事。[7]韜素善趙巖，每依附之。莊宗入汴，巖恃韜與己素厚，遂奔許州，韜延之于第，斬首傳送闕下。[8]《册府元龜》卷九百四十三。同光初，[9]韜來朝，郭崇韜曰：“此劫陵賊，罪不可赦。”韜納賂劉后，賜姓，名紹沖，遽遣還鎮。[10]《永樂大典》卷一萬一千五百七十六。明宗即位，流于德州，俄賜死。[11]

[1]華原：縣名。治所在今陝西銅川市耀州區。

[2]李茂貞：人名。深州博野（今河北蠡縣）人。唐末、五代軍閥。傳見本書卷一三二、《新五代史》卷四〇。　事李茂貞，名彦韜：《新五代史》卷四〇《温韜傳》："後事李茂貞，爲華原鎮將，冒姓李，名彦韜。茂貞以華原縣爲耀州，以韜爲刺史。"同書卷六〇《職方考》："耀州，本華原縣，唐末屬李茂貞，建爲耀州，置義勝軍。梁末帝時，茂貞養子温韜以州降梁，梁改耀州爲崇州，義勝曰静勝。"《通鑑》卷二六八乾化元年（911）三月己酉條："岐王募華原賊帥温韜以爲假子，以華原爲耀州，美原爲鼎州。置義勝軍，以韜爲節度使，使帥邠、岐兵寇長安。詔感化節度使康懷貞、忠武節度使牛存節以同華、河中兵討之。己酉，懷貞等奏擊韜於車度，走之。"

[3]後降于梁，更名昭圖：《通鑑》卷二六九貞明元年（915）十二月乙未條："岐義勝節度使、同平章事李彦韜知岐王衰弱，十二月，舉耀、鼎二州來降。彦韜即温韜也。乙未，詔改耀州爲崇州，鼎州爲裕州，義勝軍爲静勝軍，復彦韜姓温氏，名昭圖，官任如故。"

[4]耀州：州名。治所在今陝西銅川市耀州區。　昭陵：唐太宗李世民的陵墓。位於今陝西禮泉縣東北四十五里九嵕山。　鍾：即鍾繇。潁川長社（今河南長葛市東）人。三國時魏國大臣、書法家。傳見《三國志》卷一三。　王：即王羲之。琅琊臨沂（今山東臨沂市）人。東晋書法家。傳見《晋書》卷八〇。　"爲耀州節度"至"筆迹如新"：《輯本舊史》卷九六《鄭玄素傳》："玄素爲温韜甥，韜嘗發昭陵，盡得之，韜死，書歸玄素焉。"《宋本册府》卷四五五《將帥部·貪黷門》："温韜，仕梁爲耀州節度使。在州七年，唐帝諸陵，發掘殆遍，盡取其金寶，惟乾陵以風雨屢作終不能發。"《通鑑》卷二六七開平二年（908）十月條："華原賊帥温韜聚衆嵯峨山，暴掠雍州諸縣，唐帝諸陵發之殆徧。"

[5]《大典》卷一一五七六"寶"字韻"事韻（三）"，應爲

“金寶”事目。《輯本舊史》之殿本案語：“以下有闕文。”

[6]許州：州名。治所在今河南許昌市。

[7]檢校太尉：官名。爲散官或加官，以示恩寵，無實際執掌。太尉，與司徒、司空並爲三公。　平章事：官名。唐高宗以後，實際任宰相之職者，常在其本官後加同平章事的職銜。後成爲宰相專稱。　移許州節度使，累官至檢校太尉、平章事：“官”，原作“遷”，據明本《册府》卷九四三《總録部·不誼門》改。《輯本舊史》卷一〇《梁末帝紀下》龍德元年（921）正月甲辰條：“以河東道行營西面應接使、前静勝軍節度、崇裕等州觀察處置等使、特進、檢校太尉、同平章事温昭圖爲匡國軍節度、陳許蔡等州觀察處置等使。”《通鑑》卷二七一貞明六年九月條：“河中兵進攻崇州，静勝節度使温昭圖甚懼。帝使供奉官竇維説之曰：‘公所有者華原、美原兩縣耳，雖名節度使，實一鎮將，比之雄藩，豈可同日語也，公有意欲之乎？’昭圖曰：‘然。’維曰：‘當爲公圖之。’即教昭圖表求移鎮，帝以汝州防禦使華温琪權知静勝留後。”

[8]趙巖：人名。陳州宛丘（今河南淮陽縣）人。唐忠武軍節度使趙犨之子。五代後梁大臣。事見本書卷三〇、《新五代史》卷四二。　汴：州名。治所在今河南開封市。　“韜素善趙巖”至“斬首傳送闕下”：《通鑑》卷二七二同光元年（923）十月戊寅條：“或告唐軍已過曹州，塵埃漲天，趙巖謂從者曰：‘吾待温許州厚，必不負我。’遂奔許州。”

[9]同光：後唐莊宗李存勗年號（923—926）。

[10]劉后：指後唐莊宗劉皇后。魏州成安（今河北成安縣）人。傳見本書卷四九、《新五代史》卷一四。　“韜納賂劉后”至“遽遣還鎮”：《輯本舊史》卷三〇《唐莊宗紀四》同光元年十一月乙巳條：“以許州匡國軍節度使、檢校太尉、同平章事温韜依前許州節度使，仍賜姓，名紹沖。”《新五代史》卷一四《莊宗神閔敬皇后劉氏傳》：“許州節度使温韜以后佞佛，因請以私第爲佛寺，爲后薦福。”同書卷四〇《温韜傳》：“莊宗滅梁，韜自許來朝，因伶

人景進納賂劉皇后，皇后爲言之，莊宗待韜甚厚，賜姓名曰李紹沖。”《通鑑》卷二七二同光元年十一月乙巳條：“匡國節度使温韜入朝，賜姓名曰李紹沖。紹沖多齎金帛賂劉夫人及權貴伶宦，旬日，復遣還鎮。郭崇韜曰：‘國家爲唐雪耻，温韜發唐山陵殆徧，其罪與朱温相埒耳，何得復居方鎮，天下義士其謂我何！’上曰：‘入汴之初，已赦其罪。’竟遣之。”

［11］德州：州名。治所在今山東德州市陵城區。　“明宗即位”至“俄賜死”：見《宋本册府》卷九四二《總録部·禍敗門》。《輯本舊史》卷三八《唐明宗紀四》天成二年七月壬申條：逐“温韜於德州。”同書卷三九《唐明宗紀五》天成三年九月乙未條：“詔德州流人温韜、遼州流人段凝、嵐州司户陶玘、憲州司户石知訥、原州司馬聶嶼，並宜賜死於本處，暴其宿惡而誅之也。”《北夢瑣言》卷一八明宗誅諸兇條：“明宗即位之初，誅租庸使孔謙、歸德軍節度使元行欽、鄧州節度温韜、太子少保段凝、汴州麴務辛廷蔚、李繼宣等。孔謙者，魏州孔目吏，莊宗圖霸，以供饋兵食，謙有力焉。既爲租庸使，曲事嬖倖，奪宰相權，專以聚斂爲意，剥削萬端，以犯衆怒，伏誅。元行欽爲莊宗愛將，出入宫禁，曾無間隔，害明宗之子從璟，以是伏誅。段凝事梁，以姦佞進身至節將，末年綰軍權，束手歸朝。温韜兇惡，發掘西京陵寢，莊宗中興，不寘其罪，厚賂伶官閹人，與段凝皆賜國姓，或擁旄鉞，明宗採衆議而誅之。辛廷蔚，開封尹王瓚之牙將也，朱友貞時，廷蔚依瓚勢，曲法亂政，汴人惡之。李繼宣，汴將孟審澄之子，亡命歸莊宗，劉皇后蓄爲子。時宫掖之間，穢聲流聞。此四兇，帝在藩邸時，惡其爲人，故皆誅之。莊宗皇帝爲唐雪耻，號爲中興，而温韜毁發諸帝寢陵，宜加大辟，而賜國姓，付節旄，由是知中興之説謬矣。”《通鑑》卷二七五天成元年四月辛丑條：“自監國入洛，内外機事皆決於李紹真。紹真擅收威勝節度使李紹欽、太子少保李紹沖下獄，欲殺之。安重誨謂紹真曰：‘温、段罪惡皆在梁朝，今殿下新平内難，冀安萬國，豈專爲公報仇邪！’紹真由是稍沮。辛丑，監國教，李

紹沖、紹欽復姓名爲温韜、段凝，並放歸田里。”同書卷二七六天成二年七月癸巳條：“流段凝於遼州，温韜於德州，劉訓於濮州。”同卷天成三年九月乙未條：“敕以温韜發諸陵，段凝反覆，令所在賜死。”

長子延濬，清泰中爲汜水關使；[1]次延沼，[2]爲父牙帳都校；[3]次延衮，[4]鄧州副指揮使；[5]咸聚居許下。晋天福初，聞張從賓作亂于河陽，咸往依之。從賓慮其難制，悉斬于帳下。[6]《册府元龜》卷九百四十二。[7]

[1]延濬：人名。即温延濬。五代後唐官員。事見本書本卷、《新五代史》卷五一。　清泰：五代後唐廢帝李從珂年號（934—936）。　汜水關：關隘名。位於今河南滎陽市汜水鎮。原作“泥水關”，據《宋本册府》卷九四二《總録部·禍敗門》改。

[2]延沼：人名。即温延沼。五代後唐官員。事見本書本卷、《新五代史》卷五一。中華書局本有校勘記：“‘延沼’，原作‘延招’，據劉本、《册府》卷九四二改。”

[3]牙帳：將帥營帳。　都校：官名。禁軍統兵官。

[4]延衮：人名。即温延衮。五代後唐官員。事見本書本卷、《新五代史》卷五一。“延衮”，原作“延袤”，據《宋本册府》卷九四二、《通鑑》卷二八一天福二年（937）七月壬子條改。

[5]鄧州：州名。治所在今河南鄧州市。　指揮使：官名。所部統兵將領。　鄧州副指揮使：“副”字原闕，據《宋本册府》卷九四二補。

[6]晋：即五代十國之後晋。　天福：五代後晋高祖石敬瑭年號（936—942）。出帝石重貴沿用至九年（944）。後漢高祖劉知遠繼位後沿用一年，稱天福十二年（947）。　張從賓：人名。籍貫不詳。五代將領。後晋時起兵響應范延光叛亂，兵敗溺亡。傳見本書

卷九七。　河陽：方鎮名。全稱“河陽三城”。治所在孟州（今河南孟州市）。　“晋天福初”至“悉斬于帳下”：《通鑑》卷二八一天福二年七月壬子條：“范延光遣使以蠟丸招誘失職者，右武衛上將軍婁繼英、右衛大將軍尹暉在大梁，温韜之子延濬、延沼、延衮居許州，皆應之。延光令延濬兄弟取許州，聚徒已及千人。繼英、暉事泄，皆出走。壬子，敕以延光姦謀，誣汙忠良，自今獲延光諜人，賞獲者，殺諜人，禁蠟書，勿以聞。暉將奔吴，爲人所殺。繼英奔許州，依温氏。忠武節度使萇從簡盛爲之備，延濬等不得發，欲殺繼英以自明，延沼止之，遂同奔張從賓。繼英知其謀，勸從賓執三温，皆斬之。”

[7]見《宋本册府》卷九四二《總録部·禍敗門》。《輯本舊史》傳末之案語：“《温韜傳》，《永樂大典》闕全篇，今採《册府元龜》增補。”

段凝

段凝，開封人也。[1]本名明遠，少穎悟，多智數。初爲澠池簿，[2]脱荷衣以事梁祖，[3]梁祖漸器之。開平三年十月，自東頭供奉官授右威衛大將軍，[4]充左軍巡使兼水北巡檢使。[5]凝妹爲梁祖美人，故稍委心腹。四年五月，授懷州刺史。[6]

[1]開封：縣名。治所在今河南開封市。

[2]澠池：地名。位於今河南澠池縣。　簿：官名。漢代以後歷朝均置。唐代京城百司和地方官署，均設主簿。管理文書簿籍，參議本署政事，爲官署中重要佐官。其官階品秩，因官署而不同。

[3]荷衣：荷葉縫製的衣服。比喻高潔。　梁祖：即五代後梁

太祖朱温。

［4］開平：後梁太祖朱温年號（907—911）。　東頭供奉官：官名。泛指侍奉皇帝左右的臣僚，亦爲東、西頭供奉官通稱。　右威衛大將軍：官名。掌宫禁宿衛。唐代十六衛之一，正三品。　自東頭供奉官授右威衛大將軍：《輯本舊史》之影庫本粘籤："威衛，原本作'威軍'，今據《五代會要》改正。"見《會要》卷一二屯衛條。

［5］左軍巡使：官名。唐末始置。五代後梁在開封府置左、右軍巡使，以牙校充任。掌京城内巡警等事。　巡檢使：官名。五代始置於京師、陪都、重要的州及邊防重鎮。

［6］懷州：州名。治所在今河南沁陽市。

乾化元年十二月，[1]梁祖北征迴，過郡，凝貢獻加等，梁祖大悦。梁祖復北征，[2]凝迎奉進貢，有加於前。梁祖次相州，刺史李思安迎奉疏怠，[3]梁祖怒，貶思安。制云："懷州刺史段明遠，少年治郡，庶事惟公，兩度祗奉行鑾，數程宿食本界，動無遺闕，舉必周豐，蓋能罄竭於家財，務在顯酬夫明奬。觀明遠之忠勤若此，見思安之悖慢何如！"[4]其見賞如此。其後，遷鄭州刺史，監大軍於河上。[5]梁末帝以戴思遠爲北面招討使。[6]行師不利，用王彦章代之，[7]受任之翌日，取德勝之南城，[8]軍聲大振。張漢倫等推功於凝，[9]凝掎摭彦章之失以間之。[10]梁末帝怒，罷彦章兵權。凝納賂於趙、張二族，[11]求爲招討使，敬翔、李振極言不可，[12]竟不能止。凝以衆五萬營於高陵津，[13]裨將康延孝叛歸莊宗，[14]延孝具陳梁軍虚實，莊宗遂決長驅之計。

[1]乾化：五代後梁太祖朱温年號（911—912）。末帝朱友貞沿用（913—915）。

[2]梁祖復北征：中華書局本有校勘記："'征'字原闕，據《册府》卷六九七補。"見《宋本册府》卷六九七《牧守部·邪佞門》。

[3]相州：州名。治所在今河南安陽市。　李思安：人名。河南陳留（今河南開封市陳留鎮）人。五代後梁將領。傳見本書卷一九。

[4]見思安之悖慢何如：《輯本舊史》之影庫本粘籤："悖慢何如，原本作'悖曼如何'，今從《通鑑》改正。"見《通鑑》卷二六八乾化二年（912）二月丁卯條。

[5]鄭州：州名。治所在今河南鄭州市。　遷鄭州刺史，監大軍於河上：《舊五代史考異》："案《歐陽史》：遷凝鄭州刺史，使監兵于河上，李振亟請罷之，太祖曰：'凝未有罪。'振曰：'待其有罪，則社稷亡矣！'然終不罷也。據此，則凝監河上軍爲梁祖時事。《通鑑考異》云：晋人取魏博，然後與梁以河爲境，故常以大兵守之，太祖時未也。就使當時屯兵河上，亦未繫社稷之安危，此必均王時事也。"見《新五代史》卷四五《段凝傳》、《通鑑》卷二七二同光元年（923）八月甲戌條《考異》。

[6]梁末帝：即後梁末帝朱友貞。後梁太祖朱温之子。913 年至 923 年在位。紀見本書卷八至卷一〇、《新五代史》卷三。　北面招討使：官名。不常置，爲一路或數路地區統兵官。掌招撫討伐等事務。兵罷則省。

[7]王彦章：人名。鄆州壽張（今山東梁山縣壽張集）人。後梁將領。傳見本書卷二一、《新五代史》卷三二。

[8]德勝：地名。位於今河南濮陽市。原爲黄河渡口，晋軍筑德勝南、北二城於此，遂爲城名。

[9]張漢倫：人名。清河（今河北清河縣）人。張漢傑之兄。後梁大臣。事見本書卷三〇、卷五九、《通鑑》卷二七二同光元年

十月條。

[10]凝掎摭彦章之失以間之：《舊五代史考異》："案《通鑑》：彦章棄鄒家口，復趨楊劉。遊奕將李紹興敗梁遊兵于清丘驛南，段凝以爲唐兵已自上流渡，驚駭失色，面數彦章，尤其深入。"見《通鑑》卷二七二同光元年（923）七月丁未、甲寅條。中華書局本有校勘記："'間'，《册府》卷四四〇作'聞'。"明本《册府》卷四四〇《將帥部·交結門》作"凝掎摭彦章之短以聞"。對《舊五代史考異》所引《通鑑》文中之清丘驛，中華書局本有校勘記："原作'清丘縣'，據《通鑑》卷二七二改。胡注：'春秋，晋、宋、曹、衛同盟於清丘，今在濮陽縣東南。'此因古地名以名驛也。"

[11]趙、張二族：即趙巖、張漢倫家族。

[12]敬翔：人名。同州馮翊（今陝西大荔縣）人。唐末朱温謀士，五代後梁大臣。傳見本書卷一八、《新五代史》卷二一。　李振：人名。河西（今甘肅武威）人。唐潞州節度使李抱真之曾孫。五代後梁大臣。傳見本書卷一八、《新五代史》卷四三。

[13]高陵津：關津名。又名盧津關。位於今河南范縣。　凝以衆五萬營於高陵津：《宋本册府》卷三八七《將帥部·褒異門一三》李存賢條："（天祐）十九年，汴將段凝軍五萬營臨晋，存賢拒退之。"明本《册府》卷四五三《將帥部·翻覆門》："段凝率衆五萬，營於王府。"據《輯本舊史》卷七四《康延孝傳》，"王府"爲"王村"之誤。

[14]裨將：亦稱裨將軍。副將的統稱，相對主將而言。　康延孝：人名。代北（今山西代縣）人。五代後唐將領。傳見本書卷七四、《新五代史》卷四四。

未幾，莊宗入汴，凝自滑率兵而南，[1]前鋒杜晏球至封丘，[2]解甲聽命。翌日，凝率大軍乞降於汴郊，莊宗釋之，復以凝爲滑州兵馬留後，[3]賜姓，名紹欽。有頃，正授節度，改兗州節度使。[4]凝初見莊宗，因伶人景進通貨於宮掖。[5]凝天性姦佞，巧言飾智，善候人意。其年，契丹寇幽州，[6]命宣徽使李紹宏監護諸軍，[7]以禦契丹，凝與董璋戍瓦橋關。[8]凝巧事紹宏，紹宏嘗乘間奏凝蓋世奇才，[9]可以大任，屢請以兵柄委之。郭崇韜奏曰：[10]"段凝，亡國敗軍之將，奸諂難狀，不可信也。"凝在藩鎮，私用庫物數萬計，有司促償，中旨貰其負。[11]同光三年四月，移授鄧州節度使。四年二月，趙在禮據鄴城，[12]李紹宏請用凝爲大將，莊宗許之，令具方略條奏。凝所請偏裨皆取其己黨，莊宗疑之，乃止。明宗至洛陽，霍彦威怒其前事，與温韜同收下獄，詔釋之，放歸田里。[13]明年，竄於遼州，竟與温韜同制賜死。《永樂大典》卷一萬八千一百三十。[14]

[1]滑：州名。治所在今河南滑縣。

[2]杜晏球：人名。原名王晏球。洛陽（今河南洛陽市）人。少遇亂，汴人杜氏畜之爲子，因冒姓杜氏，又名杜晏球。五代將領。傳見本書卷六四、《新五代史》卷四六。　封丘：縣名。治所在今河南封丘縣。

[3]兵馬留後：官名。唐、五代時，代行方鎮長官之職者稱留後。代行州兵馬使之職者，即爲兵馬留後。掌本州兵馬。

[4]兗州：州名。治所在今山東濟寧市兗州區。

[5]景進：人名。籍貫不詳。五代後唐莊宗朝伶官。傳見《新五代史》卷三七。

[6]契丹：古部族、政權名。公元4世紀中葉宇文部爲前燕攻破，始分離而成單獨的部落，自號契丹。唐貞觀中，置松漠都督

府，以其首領爲都督。唐末强盛，916年迭剌部耶律阿保機建立契丹國（遼）。先後與五代、北宋並立，保大五年（1125）爲金所滅。參見張正明《契丹史略》，中華書局1979年版。　幽州：州名。治所在今北京市。

[7]宣徽使：官名。唐始置。宣徽南院使、北院使通稱宣徽使。初用宦官，五代以後改用士人。通掌内諸司及三班内侍之名籍，郊祀、朝會、宴享供帳之儀，檢視内外進奉名物。參見王永平《論唐代宣徽使》，《中國史研究》1995年第1期；王孫盈政《再論唐代的宣徽使》，《中華文史論叢》2018年第3期。　李紹宏：人名。籍貫不詳。後唐莊宗近臣。事見本書卷二九、卷三四、卷三五、卷五七。

[8]瓦橋關：唐置。位於今河北雄縣。五代後晋初地入契丹。後周顯德六年（959）收復，建爲雄州。與益津關、淤口關合稱三關。

[9]紹宏嘗乘間奏凝蓋世奇才：中華書局本有校勘記："'紹宏'二字原闕，據《册府》卷九三八補。"見明本《册府》卷九三八《總録部·姦佞門二》。

[10]郭崇韜奏曰：中華書局本有校勘記："'奏'字原闕，據殿本、孔本、《册府》卷九三八補。"

[11]中旨貰其負：中華書局本有校勘記："'旨'字原闕，據《册府》卷九三八補。"

[12]趙在禮：人名。涿州（今河北涿州市）人。五代後唐、後晋將領。傳見本書卷九〇、《新五代史》卷四六。

[13]洛陽：地名。即今河南洛陽市。　霍彦威：人名。洺州曲周（今河北曲周縣）人。五代後梁將領霍存養子。後梁、後唐將領。傳見本書卷六四、《新五代史》卷四六。　温韜：人名。京兆華原（今陝西銅川市耀州區）人。唐末李茂貞部將，五代後梁、後唐將領。傳見本書本卷、《新五代史》卷四〇。　"明宗至洛陽"至"放歸田里"：《宋本册府》卷一五四《帝王部·明罰門三》：

“明宗天成元年四月辛丑，勅：‘鄧州節度使李紹欽，太子少保李紹沖，汴州都麴務使辛廷尉、李繼宣等，並勒歸田里。’紹欽本姓温，名韜；紹沖本姓段，名凝；廷尉，僞開封尹王瓚之牙將也，朱友貞時依瓚勢曲法亂政，汴人深惡之；繼宣，汴將孟審澄之子，審澄誅，亡命歸莊宗，劉皇后蓄之爲子。時宫掖之間，穢聲流聞，比之四凶。帝在藩邸時惡其爲人，故並誅黜之。”

[14]《大典》卷一八一三〇“將”字韻“後唐將（三）”事目。

孔謙

孔謙，[1]莊宗同光初，爲租庸副使。[2]謙本魏州之幹吏，[3]自天祐十二年帝平定魏博，[4]會計皆委制置。謙能曲事權要，效其才力，帝委以泉貨之務，設法箕斂，七八年間，軍儲獲濟。[5]及帝即位于鄴城，謙謂己當爲租庸使，[6]物議以謙雖有經營濟贍之勞，然人地尚卑，不欲驟總重任。樞密使郭崇韜舉魏博觀察判官張憲爲租庸使，[7]以謙爲副，[8]謙悒然不樂者久之。

[1]孔謙：《舊五代史考異》：“案：《通鑑》作魏州人。”《通鑑》卷二六九貞明元年（915）六月庚寅條作“魏州孔目吏孔謙”。《新五代史》卷二六《孔謙傳》：“孔謙，魏州人也，爲魏州孔目官。”

[2]租庸副使：官名。佐理催徵租庸地税的財政官員。五代後唐時，租庸使取代鹽鐵、度支、户部，爲中央財政長官。

[3]魏州：州名。治所在今河北大名縣。“魏”字原闕，據《宋本册府》卷九二四《總録部・傾險門》、卷九四五《總録部・巧宦

門》補。

［4］天祐：唐昭宗李曄開始使用的年號（904），唐哀帝李柷沿用（904—907）。唐亡後，河東李克用、李存勗仍稱天祐，沿用至天祐二十年（923）。五代十國其他政權亦有行此年號者，如南吴、吴越等。　自天祐十二年帝平定魏博：中華書局本有校勘記："句上原有'上'字，據《册府》卷九二四（宋本）、卷九四五删。"

［5］"會計皆委制置"至"軍儲獲濟"：《宋本册府》卷四八三《邦計部・材略門》："後唐孔謙，莊宗爲晋王時，以謙爲支度使。河上用兵及燕趙征討，前後十餘年，飛輓徵取，不至匱乏。莊宗成霸業，謙有調發之力焉。"《通鑑》卷二六九貞明元年六月庚寅條："魏州孔目吏孔謙，勤敏多計數，善治簿書，晋王以爲支度務使。謙能曲事權要，由是寵任彌固。魏州新亂之後，府庫空竭，民間疲弊，而聚三鎮之兵，戰於河上，殆將十年，供億軍須，未嘗有闕，謙之力也。然急徵重斂，使六州愁苦，歸怨於王，亦其所爲也。"

［6］謙謂己當爲租庸使：中華書局本有校勘記："'謂'字原闕，據《册府》（宋本）卷九二四補。《新五代史》卷二六《孔謙傳》敘其事作'謙自謂當爲租庸使'。"　《通鑑》卷二七二同光元年（923）四月己巳條："支度務使孔謙自謂才能勤效，應爲租庸使；衆議以謙人微地寒，不當遽總重任，故崇韜薦張憲，以謙副之，謙亦不悦。"

［7］觀察判官：官名。唐肅宗以後置，五代沿置。觀察使屬官，參理田賦事，用觀察使印、署狀。　張憲：人名。晋陽（今山西太原市）人。後唐大臣。傳見本書卷六九、《新五代史》卷二八。　樞密使郭崇韜舉魏博觀察判官張憲爲租庸使：《輯本舊史》之影庫本粘籤："'判官'下，原本有闕文，考《歐陽史》係'判官張憲'，今增入。"見《新五代史》卷二六《孔謙傳》。

［8］以謙爲副：《輯本舊史》卷三〇《唐莊宗紀四》同光元年十二月甲午條："以租庸副使、光禄大夫、檢校司徒、守衛尉卿孔謙爲鹽鐵轉運副使。"

帝既平梁汴，謙徑自魏州馳之行在，[1]因謂崇韜曰：“魏都重地，須大臣彈壓，以謙籌之，非張憲不可。”崇韜以爲忠告，即奏憲爲鄴都副留守，乃命宰臣豆盧革專判租庸。[2]謙彌失望，乃尋革過失。時革以手書便省庫錢數十萬，謙密以手書示崇韜，[3]微諷聞於革。革懼，上表請崇韜專其事，崇韜亦辭避。[4]帝問：“當委何人爲可？”崇韜曰：“孔謙雖久掌貨泉，然物議未當居大任，以臣所見，却委張憲爲便。”帝促徵之。憲性精辨，爲趨時者所忌，人不祐之。謙乘間訴于豆盧革曰：“租庸錢穀，悉在眼前，委一小吏可辦。鄴都本根之地，不可輕付于人。興唐尹王正言無裨益之才，[5]徒有獨行，詔書既徵張憲，復以何人爲代？”豆盧革言于崇韜，崇韜曰：“鄴都分司列職，皆主上舊人，委王正言何慮不辦？”革曰：“俱是失也，設不獲已，以正言掌租庸，取畫于大臣，[6]或可辦矣，若付之方面，必敗人事。”謙以正言非德非勳，懦而易制，曰：“此議爲便。”然非己志。尋掎正言之失，泣訴于崇韜，厚賂閹伶，以求進用，人知奸諂，沮之，乃上章請退。帝怒其規避，將置于法，樂人景進于帝前解喻而止。王正言風病恍惚，不能綜三司事，景進屢言于帝，乃以正言守禮部尚書，[7]以謙爲租庸使。[8]《册府元龜》卷九百二十四。

[1]行在：即行在所。指帝王行幸所在之地。

[2]豆盧革：人名。先世爲鮮卑慕容氏，後改豆盧氏。唐同州刺史豆盧籍之孫，舒州刺史豆盧瓚之子。五代後唐宰相。傳見本書卷六七、《新五代史》卷二八。

［3］謙密以手書示崇韜：中華書局本有校勘記："'密'字原闕，據《册府》（宋本）卷九二四補。"見《宋本册府》卷九二四《總録部·傾險門》。

［4］"微諷聞於革"至"崇韜亦辭避"：中華書局本有校勘記："'微諷聞於革革懼上表請崇韜專其事崇韜'，以上十七字原闕，據《册府》卷九二四補。"

［5］興唐尹：官名。五代後唐同光元年（923），改魏州爲興唐府。以興唐尹總其政務。從三品。　王正言：人名。鄆州（今山東東平縣）人。後唐大臣。傳見本書卷六九。

［6］取畫于大臣：中華書局本有校勘記："'畫'原作'書'，據劉本、《宋本册府》卷九二四改。"

［7］三司：官署名。五代後唐明宗天成元年（926）合鹽鐵、度支、户部爲一職，始稱三司，爲中央最高之理財機構。　禮部尚書：官名。尚書省禮部長官。掌禮儀、祭享、貢舉之政。正三品。

［8］以謙爲租庸使：《輯本舊史》卷三一《唐莊宗紀五》同光二年二月庚午條："租庸使孔謙奏：'諸道綱運商旅，多於私路苟免商税，請令所在關防，嚴加捉搦。'從之。"同書卷三二《唐莊宗紀六》同光二年八月癸酉條："以租庸副使、守衛尉卿孔謙爲租庸使。"同月癸未條："癸未，租庸使孔謙進封會稽縣男，仍賜豐財贍國功臣。"《宋本册府》卷四八三《邦計部·褒寵門》："後唐孔謙，莊宗同光元年爲租庸使、守衛尉卿。二年八月，賜豐財贍國功臣。"明本《册府》卷五〇四《邦計部·關市門》："後唐莊宗同光二年二月庚午，租庸使孔謙奏：'諸道綱運商旅，多於私路苟免商税，不繇官路往來。宜令所在關防，嚴加捉搦。山谷私由道路，仍須鄣塞，以戢行人。'"《通鑑》卷二七三同光二年二月己巳條："二月，己巳朔，上祀南郊，大赦。孔謙欲聚斂以求媚，凡赦文所蠲者，謙復徵之。自是每有詔令，人皆不信，百姓愁怨。"同年四月條："孔謙貸民錢，使以賤估償絲，屢檄州縣督之。翰林學士承旨、權知汴州盧質上言：'梁趙巖爲租庸使，舉貸誅斂，結怨于人。陛下革故

鼎新，爲人除害，而有司未改其所爲，是趙巖復生也。今春霜害稼，繭絲甚薄，但輸正税，猶懼流移，况益以稱貸，人何以堪！臣惟事天子，不事租庸，敕旨未頒，省牒頻下，願早降明命！'帝不報。”同年七月癸卯條：“孔謙復短王正言於郭崇韜，又厚賂伶官，求租庸使，終不獲，意怏怏，癸卯，表求解職；帝怒，以爲避事，將置於法，景進救之，得免。”同年八月癸酉條：“租庸使王正言病風，恍惚不能治事，景進屢以爲言。癸酉，以副使、衛尉卿孔謙爲租庸使，右威衛大將軍孔循爲副使。”

謙以國用不足，奏：“諸道判官員數過多，請只置節度、觀察判官、書記、支使、推官各一員。[1]留守置判官各一員。[2]三京府置判官、推官，餘並罷。[3]俸錢。[4]”又奏：“百官俸錢雖多，折支非實，請減半數，皆支實錢。”並從之。未幾，半實俸復從虚折。[5]《永樂大典》卷四千六百七十九。[6]

[1]支使：官名。唐、五代節度使、觀察使等下屬官員中有支使，其職與掌書記同。位在副使、判官之下，推官之上。掌表奏書檄等。　推官：官名。唐肅宗以後置，五代沿置。爲節度、觀察、團練、防禦等使的屬官。度支、鹽鐵等使也置推官掌理刑案之事。“諸道判官員數過多”至“推官各一員”：《會要》卷二七諸色料錢上作：“同光三年二月十九日，租庸院奏：‘諸道藩鎮，請祇置節度使、副、節度觀察判官、掌書記、推官共五員。’”《宋本册府》卷五〇八《邦計部·俸禄門四》云：“孔謙乃奏：‘使幕祇置節度、觀察、判官、書記、支使、推官十一員。’”

[2]留守置判官各一員：中華書局本有校勘記：“《五代會要》卷二七敘其事作‘請置判官、推官二員’。”《會要》諸色料錢上實云：“留守兼判六軍，請置副使、判官、推官三員；留守不判六軍，

請置判官、推官二員。”《宋本册府》卷五〇八云：“留守置判官各一員。”

［3］三京府置判官、推官，餘並罷：中華書局本有校勘記：“‘三京’，《五代會要》卷二七敘其事作‘四京’。”《會要》諸色料錢上：“四京府請祇置推官一員，如已有判官，即不置推官，其請受准留守推官例，其料錢准百官例折支。”《宋本册府》卷五〇八云：“三京府置判官，餘並罷。”

［4］俸錢：中華書局本有校勘記：“《册府》卷五〇八作‘俸錢自節度判官三十千已降有差’。”

［5］半實俸復從虛折：中華書局本有校勘記：“‘實’，原作‘年’，據《册府》卷五〇八改。”《宋本册府》卷五〇八作“所及一半實俸，廢從虛折”。

［6］《大典》卷四六七九“錢”字韻“事韻（六）”，應爲“俸錢”或“實錢”事目。《輯本舊史》之案語：“《孔謙傳》，《永樂大典》僅存一條，今録《册府元龜》以存梗概。”《舊五代史考異》：“案：以下原闕。《北夢瑣言》云：明宗即位，誅租庸使孔謙等。孔謙者，魏州孔目，莊宗圖霸，以供饋兵食，謙有力焉。既爲租庸使，曲事嬖倖，奪宰相權，專以聚斂爲意，剥削爲端。以犯衆怒伏誅。”見《北夢瑣言》卷一八明宗誅諸兇條。《宋本册府》卷五〇八：“同光初，租庸使孔謙以軍儲不給，白於郭崇韜云：‘諸道奏請，判官員外數過多，徒費軍食，請爲定額。’乃奏使幕祇置節度、觀察、判官、書記、支使、推官十一員，留守置判官各一員，三京府置判官，餘並罷。俸錢自節度判官三十千已降，有差。謙又奏：‘百官俸錢數目雖多，折支非實，請減半數，皆支實錢。’並從之。洎同光末，謙得罪，廢租庸使額。謙之弊政，皆削除，惟有定官員、減俸錢之事，因循未革，所及一半實俸，廢從虛折。議者非之。”

同光三年秋，兩河大水，户口流亡，都下供饋不充，軍士乏食。謙日於上東門外竚望輦轂，計數旋給諸軍，各出怨言，以至於亂。明宗至洛陽，乃下詔暴謙罪惡，削奪官爵，斬於都市，籍没其家。[1]

[1]上東門：城門名。爲洛陽城門。位於今河南洛陽市。“同光三年秋”至“籍没其家”：《宋本册府》卷五一一《邦計部·曠敗門》。同書卷一六〇《帝王部·革弊門二》：“明宗天成元年四月，誅租庸使孔謙，停租庸名額，依舊爲鹽鐵、户部、度支三司，委宰臣豆盧革專判。”《輯本舊史》卷三三《唐莊宗紀七》同光三年（925）七月己酉條：“以刑部尚書李琪充大行皇太后山陵禮儀使，河南尹張全義充山陵橋道排頓使，孔謙充監護使。”同年閏十二月甲午條：“是時，兩河大水，户口流亡者十四五，都下供饋不充，軍士乏食，乃有鬻子去妻，老弱採拾於野，殍踣於行路者。州郡飛輓，旋給京師，租庸使孔謙日於上東門外佇望其來，算而給之。加以所在泥潦，輦運艱難，愁歎之聲，盈於道路，四方地震，天象乖越。帝深憂之，問所司濟贍之術。孔謙比以吏進，故無保邦濟民之要務，唯以急刻賦斂爲事。”同書卷三五《唐明宗紀一》同光四年四月庚子條：“敕曰：‘租庸使孔謙，濫承委寄，專掌重權，侵剥萬端，姦欺百變。遂使生靈塗炭，軍士飢寒，成天下之瘡痍，極人間之疲弊。載詳衆狀，側聽輿辭，難私降黜之文，合正殛誅之典。宜削奪在身官爵，按軍令處分。雖犯衆怒，特貸全家，所有田宅，並從籍没。’是日，謙伏誅。敕停租庸名額，依舊爲鹽鐵、户部、度支三司，委宰臣豆盧革專判。”《新五代史》卷六《唐明宗紀》天成元年（926）四月乙未條：“殺元行欽及租庸使孔謙。”《通鑑》卷二七四同光三年十二月己卯條：“是歲大饑，民多流亡，租賦不充，道路塗潦，漕輦艱澀，東都倉廩空竭，無以給軍士。租庸使孔謙日於上東門外望諸州漕運，至者隨以給之。軍士乏食，有

雇妻鬻子者，老弱採蔬於野，百十爲群，往往餒死，流言怨嗟，而帝遊畋不息。”同書卷二七五天成元年四月庚子條：“監國下教，數租庸使孔謙奸佞侵刻窮困軍民之罪而斬之，凡謙所立苛斂之法皆罷之，因廢租庸使及内勾司，依舊爲鹽鐵、户部、度支三司，委宰相一人專判。”

李鄴

李鄴，魏州人也。幼事楊師厚，[1]及莊宗入魏，漸轉裨將，歷數郡刺史，後遷亳州。[2]爲政貪穢，有奴爲人持金以賂鄴，奴隱其金，鄴殺之。其家上訴，因訐其陰事，詔貶郴州司户參軍，[3]又貶崖州長流百姓，[4]所在賜自盡。《永樂大典》卷一萬三百八十九。[5]

[1]楊師厚：人名。潁州斤溝（今安徽太和縣阮橋鎮斤溝村）人。唐末、五代後梁將領。傳見本書卷二二、《新五代史》卷二三。

[2]亳州：州名。治所在今安徽亳州市。

[3]郴州：州名。治所在今湖南郴州市。　司户參軍：官名。簡稱“司户”。州級政府僚佐。掌本州屬縣之户籍、賦税、倉庫受納等事。上州從七品下，中州正八品下，下州從八品下。

[4]崖州：州名。治所在今海南瓊山市。　長流：遠途流放，長期流放。

[5]《大典》卷一〇三八九“李”字韻“姓氏（三四）”事目。按《宋本册府》卷七〇〇《牧守部·貪黷門》：“李鄴爲亳州刺史。明宗天成二年，詔配崖州長流百姓，所在賜自盡。鄴爲政貪穢，有奴爲人轉金，冀迴公道，奴匿其金。鄴知，遂殺之。其家人上論，訴其私事，遂伏法。”

史臣曰：易云："積不善之家，必有餘殃。"又曰："惡不積不足以滅身。"如毛璋之儔，可謂積惡而滅其身矣，況温韜之發陵寢，段凝之敗國家，罪不容誅，死猶差晚。餘皆瑣瑣，何足議焉。《永樂大典》卷一萬三百八十九。[1]

[1]《大典》卷一〇三八九"李"字韻"姓氏（三四）"事目。

舊五代史　卷七四

唐書五十

列傳第二十六

康延孝

康延孝，塞北部落人也。[1]初隸太原，因得罪，亡命于汴梁。[2]開平、乾化中，[3]自隊長積勞至部校。[4]梁末帝時，[5]頻立軍功。同光元年八月，段凝率衆五萬營於王村，時延孝爲右先鋒指揮使，率百騎來奔。[6]莊宗得之，[7]喜，解御衣金帶以賜之。翌日，賜田宅於鄴，[8]以爲捧日軍使兼南面招討指揮使、[9]檢校司空，[10]守博州刺史。[11]莊宗屏人問梁兵機，延孝備陳利害，語在《莊宗紀》中。同光元年，[12]莊宗平汴，延孝頗有力焉，以功授檢校太保、鄭州防禦使，[13]賜姓，名紹琛。明年，郊禮畢，授保義軍節度使。[14]

[1]康延孝，塞北部落人也：《宋本册府》卷一六六《帝王

部·招懷門四》："延孝，本晋陽人，家世部族。"《新五代史》卷四四《康延孝傳》："代北人也。"《通鑑》卷二七二同光元年（923）六月乙亥條："延孝者，太原胡人。"

［2］太原：府名。治所在今山西太原市。此處代指李克用。　汴梁：地名。即開封府。治所在今河南開封市。此處代指朱温。　"初隸太原"至"亡命于汴梁"：《宋本册府》卷一六六："少隸太祖軍，負罪奔於梁。"《新五代史》卷四四《康延孝傳》："爲太原軍卒，有罪亡命于梁。"

［3］開平：五代後梁太祖朱温年號（907—911）。　乾化：五代後梁太祖朱温年號（911—912），末帝朱友貞沿用（913—915）。

［4］部校：低級軍官。　積勞至部校：《宋本册府》卷一六六作"漸至偏裨"。

［5］梁末帝：即後梁末帝朱友貞。後梁太祖朱温之子。913 年至 923 年在位。紀見本書卷八至卷一〇、《新五代史》卷三。

［6］同光：五代後唐莊宗李存勗年號（923—926）。　段凝：人名。開封（今河南開封市）人。其妹爲朱温美人，因其妹而爲朱温親信。後梁、後唐將領。傳見本書卷七三、《新五代史》卷四五。　王村：地名。位於今河南濮陽市。《通鑑》卷二七二同光元年八月戊子條胡注："王村，亦因土人王氏聚居之地爲名。"　右先鋒指揮使：官名。先鋒，即先鋒部隊。指揮使，爲所部統兵將領。　"同光元年八月"至"率百騎來奔"：《宋本册府》卷一六六記載有異："同光元年八月，梁行營右先鋒指揮使康延孝自高陵津渡剽於臨河，帝以騎軍挑戰。延孝率百餘騎倒戈來歸。……性剛烈負氣，不居人下，知賊庭終敗來奔。"《通鑑》卷二七二同光元年八月戊戌條，"康延孝帥百餘騎來奔"。"右先鋒指揮使"，中華書局本有校勘記："'右'，《册府》卷一六六、《通鑑》卷二七二同，本書卷二九《唐莊宗紀三》、《册府》卷一二六、《新五代史》卷四四《康延孝傳》作'左右'。"此據《通鑑》卷二七二同光元年六月乙亥條、《輯本舊史》卷二九《唐莊宗紀三》同光元年八月戊戌條、明

本《册府》卷一二六《帝王部·納降門》。

［7］莊宗：即後唐莊宗李存勗。沙陀部人。五代後唐王朝的建立者。紀見本書卷二七至卷三四、《新五代史》卷五。

［8］鄴：地名。治所在今河北大名縣。五代後唐同光元年（923）改魏州爲興唐府，建號東京。三年，改東京爲鄴都。

［9］捧日軍使：官名。所部統兵將領。捧日爲部隊番號。　南面招討指揮使：官名。唐末、五代軍隊統兵將領。　以爲捧日軍使兼南面招討指揮使：《宋本册府》卷三八七《將帥部·褒異門一三》、《新五代史》卷四四《康延孝傳》同。《宋本册府》卷一六六作“捧日都軍使兼南面招討都指揮使”。《通鑑》卷二七二同光元年八月戊戌條作“南面招討都指揮使”。“招討”，《宋本册府》卷三六〇《將帥部·立功門一三》作“招收”；《輯本舊史》之影庫本粘籤：“招討，原本作‘招收’，今據《通鑑》改正。”見《通鑑》卷二七二同光元年八月戊戌條。

［10］檢校司空：官名。爲散官或加官，以示恩寵，無實際執掌。司空，與太尉、司徒並爲三公。中華書局本有校勘記：“‘司空’，《册府》卷一六六、卷三八七作‘司徒’。”

［11］博州：州名。治所在今山東聊城市。　刺史：官名。州一級行政長官。漢武帝時始置，總掌考核官吏、勸課農桑、地方教化等事。唐中期以後，節度使、觀察使轄州而設，刺史爲其屬官，職任漸輕。從三品至正四品下。

［12］同光元年：中華書局本有校勘記：“以上四字原闕，據《册府》卷三六〇補。按下文‘明年’‘三年’皆承‘同光元年’而言。”

［13］檢校太保：官名。爲散官或加官，以示恩寵，無實際執掌。太保，與太師、太傅合稱三師。　鄭州：州名。治所在今河南鄭州市。　防禦使：官名。唐代始置，設有都防禦使、州防禦使兩種。常由刺史或觀察使兼任，實際上爲唐代後期州或方鎮的軍政長官。

[14]保義軍：方鎮名。唐龍紀元年（889）以陝虢節度使爲保義軍節度使，治所在陝州（今河南三門峽市陝州區）。　節度使：官名。唐時在重要地區所設掌握一州或數州軍事、民事、財政的長官。

三年，討蜀，以延孝爲西南行營馬步軍先鋒、[1]排陣斬斫等使。[2]延孝性驍健，狥利奮不顧身。以前鋒下鳳州，收固鎮，降興州，敗王衍軍於三泉，[3]所俘蜀軍皆諭而釋之，自是晝夜兼行。王衍自利州奔歸成都，斷吉柏津浮梁，[4]以絶諸軍。[5]延孝復造浮梁以渡，進收綿州，王衍復斷綿江浮梁而去。[6]水深無舟檝可渡，延孝謂招撫使李嚴曰：[7]"吾懸軍深入，利在急兵。乘王衍破膽之時，人心離沮，但得百騎過鹿頭關，[8]彼即迎降不暇。如俟修繕津梁，便留數日，若王衍堅閉近關，折吾兵勢，儻延旬浹，則勝負莫可知也，宜促騎渡江。"因與李嚴乘馬浮江，於是得濟者僅千人，步軍溺死者亦千餘人。延孝既濟，長驅過鹿頭，進據漢州。[9]居三日，部下後軍方至。僞蜀六軍使王宗弼令人持牛酒幣馬歸款。[10]旬日間，[11]兩川平定，延孝止漢州以俟繼岌。[12]平蜀之功，延孝居最。

[1]以延孝爲西南行營馬步軍先鋒：《宋本册府》卷三六〇《將帥部·立功門一三》康延孝條作"西南面行營馬步軍先鋒"，宋彦筠條作"宋彦筠初仕後唐，典禁軍。同光中，伐蜀之役，彦筠率所部從康延孝爲前鋒"。

[2]排陣斬斫：官名。即排陣斬斫使。多以任節度使的武臣出

任，或由軍事指揮官兼任，多側重監督軍隊。參見王軼英《中國古代排陣使述論》，《西北大學學報》2010 年第 6 期。明本《册府》卷四一六《將帥部·傳檄門二》："時排陣斬斫使康延孝將勁騎三千、步兵萬人爲前鋒。"

[3]鳳州：州名。治所在今陝西鳳縣東北鳳州鎮。　固鎮：地名。位於今甘肅徽縣。　興州：州名。治所在今陝西略陽縣。　王衍：人名。許州舞陽（今河南舞陽縣）人。王建幼子，五代十國前蜀皇帝。傳見本書卷一三六、《新五代史》卷六三。　三泉：地名。位於今四川廣元市。

[4]利州：州名。治所在今四川廣元市。　成都：府名。治所在今四川成都市。　吉柏津：渡口。在吉柏江上。位於今四川廣元市西南昭化鎮北。

[5]以絶諸軍：中華書局本有校勘記："'諸'，《武經總要後集》卷一〇作'追'。"

[6]綿州：州名。治所在今四川綿陽市。　綿江：水名。今名綿遠河，四川沱江上源之一，源出四川綿竹市。

[7]招撫使：官名。掌招撫征伐之事。係臨時設置之統兵官。　李嚴：人名。幽州（今北京市）人。五代後唐官員。傳見本書卷七〇、《新五代史》卷二六。

[8]鹿頭關：位於今四川德陽市北鹿頭灣。唐築，與白馬關西東相對。唐代不但爲劍州（治今四川劍閣縣）、綿州（治今四川綿陽市）西南入成都之門户，且爲梓州（治今四川三臺縣）西入成都必經之地，故爲東西兩川交通要隘、成都北面門户。《輯本舊史》之影庫本粘籤："鹿頭，原本作'虎頭'，下文又作'鹿頭'，考《通鑑》及《九國志》俱作'鹿'，今改正。"此據《通鑑》卷二七四同光三年（925）十一月丁未條。

[9]漢州：州名。治所在今四川廣漢市。

[10]六軍使：官名。總領左右羽林、左右龍武、左右神武六部皇宫禁軍。　王宗弼：籍貫不詳。王建養子，五代十國前蜀高級官

員。事見本書卷三三、卷五七及《新五代史》卷六三。

[11]旬日間：中華書局本有校勘記："'間'字原闕，據《册府》卷三六七補。"此據《宋本册府》卷三六七《將帥部·機略門七》。

[12]兩川：指唐、五代方鎮劍南東川、劍南西川，簡稱兩川或東、西川。唐至德二載（757）分劍南節度使東部地區置劍南東川節度使，治所在梓州（今四川三臺縣）；劍南西川，治所在成都府（今四川成都市）。　繼岌：人名。即李繼岌。後唐莊宗長子。傳見本書卷五一、《新五代史》卷一四。

時邠州節度使董璋爲行營右廂馬步使，[1]華州節度使毛璋爲行營左廂馬步使，[2]以軍禮當事延孝。郭崇韜以私愛董璋，[3]及西川平定之後，崇韜每有兵機，必召璋參决，延孝不平。時延孝軍於城西，毛璋軍於城東，董璋軍於城中。閏十二月，[4]延孝因酒酣謂董璋曰："吾有平蜀之功，公等僕遬相從，反首鼠於侍中之門，[5]謀相傾陷，吾爲都將，公乃裨校，[6]力能斬公。"[7]璋惶恐，謝之而退。酒罷，璋訴于郭崇韜，崇韜陰銜之，[8]乃署董璋爲東川節度使，落軍職。延孝怒，謂毛璋曰："吾冒白刃，犯險阻，平定兩川，董璋何功，遽有其地！"二人因謁見崇韜，曰："東川重地，宜擇良帥，工部任尚書有文武才幹，[9]甚洽衆心，請表爲東川帥。"崇韜怒曰："紹琛反耶？敢違吾節度！"延孝等惶恐而退。未幾，崇韜爲繼岌所害，二人因責董璋曰："公復首鼠何門？"璋俛首祈哀而已。

[1]邠州：州名。治所在今陝西彬縣。　董璋：人名。籍貫不

詳。五代後梁、後唐將領。傳見本書卷六二、《新五代史》卷五一。 行營右廂馬步使：官名。五代時期出征軍隊高級統兵官。

[2]華州：州名。治所在今陝西渭南市華州區。 毛璋：人名。滄州（今河北滄縣舊州鎮）人。五代後唐將領。傳見本書卷七三、《新五代史》卷二六。

[3]郭崇韜：人名。代州雁門（今山西代縣）人。五代後唐大臣。傳見本書卷五七、《新五代史》卷二四。

[4]閏十二月：中華書局本有校勘記："本書卷三三《唐莊宗紀七》、《通鑑》卷二七四繫董璋爲東川節度使事於十二月。"

[5]侍中：官名。秦始置。隋、唐前期爲門下省長官。唐後期多爲大臣加銜，不參與政務，實際職務由門下侍郎執行。正二品。

[6]都將：官名。唐、五代時方鎮屬將。 裨校：即低職武官。

[7]力能斬公：中華書局本有校勘記："'公'，原作'首'，據《册府》卷四五六改。《通鑑》卷二七四、《新五代史》卷四四《康延孝傳》敘其事作'獨不能以軍法斬公邪'。"此據《宋本册府》卷四五六《將帥部·不和門》、《通鑑》卷二七四同光三年（926）十二月條。

[8]崇韜陰銜之：中華書局本有校勘記："'崇韜'二字原闕，據《册府》卷四五六補。"

[9]任尚書：即任圜。此事亦見《通鑑》卷二七四同光三年十二月條。 工部任尚書有文武才幹：《輯本舊史》之影庫本粘籤："'工部'下原脱'任'字，今據《通鑑》增入。"此據《通鑑》卷二七四同光三年十二月條。

四年正月甲申，大軍發成都，繼岌令延孝以一萬二千人爲後軍。二月癸巳，中軍次武連，中使詔至，[1]諭以西平王朱友謙有罪伏誅，[2]命繼岌殺其子遂州節度使令德，[3]延孝大驚。俄而董璋率兵之遂州，遇延孝不謁，延孝怒，謂諸校曰："南平梁汴，西定巴邛，畫策之謀，始於郭公，而汗馬之勞，力摧强敵，即吾也。若以背僞歸國，掎角而成霸業，即西平王之功第一。西平與郭公皆以無罪赤族，歸朝之後，次當及我矣！"丙申，延孝次劍州。[4]時延孝部下皆鄜、延、河中舊將，[5]焦武等知西平王被禍，[6]兼誅令德，號哭軍門，訴於延孝曰："西平無罪，二百口伏誅，河中舊將，無不從坐，某等必死矣！"時魏王繼岌到泥溪，[7]延孝報繼岌云："河中兵士號哭，欲爲亂。"丁酉，延孝至劍州，遂擁衆迴，自稱西川節度、三川制置等使，[8]以檄招諭蜀人，[9]三日間，衆及五萬。

[1]武連：縣名。治所在今四川劍閣縣武連鎮。　中使：即宦官。

[2]朱友謙：人名。許州（今河南許昌市）人。唐末、五代軍閥。傳見本書卷六三、《新五代史》卷四五。　諭以西平王朱友謙有罪伏誅：中華書局本有校勘記："原作'朱友麟'，據殿本、劉本、孔本改。按本書卷三四《唐莊宗紀》八，同光四年朱友謙被誅。"此據《輯本舊史》卷三四《唐莊宗紀八》同光四年（926）正月戊寅條。

[3]遂州：方鎮名。即武信軍。治所在遂州（今四川遂寧市）。　令德：人名。即李令德。原名朱令德。許州（今河南許昌市）人。五代將領。朱友謙之子。事見本書卷六三、《新五代史》卷四五。

[4]劍州：州名。治所在今四川劍閣縣。

[5]鄜：州名。治所在今陝西富縣。　延：州名。治所在今陝西延安市。　河中：方鎮名。治所在河中府（今山西永濟市）。

[6]焦武：人名。籍貫不詳。河中軍將領。事見《通鑑》卷二七四。

[7]泥溪：地名。當指泥溪河（白龍江支流）。位於今四川廣元市昭化鎮西。

[8]自稱西川節度、三川制置等使：中華書局本有校勘記："'三川'，原作'三州'，據《武經總要後集》卷一〇、《通鑑》卷二七四、《新五代史》卷四四《康延孝傳》改。"此據《通鑑》卷二七四天成元年（926）二月丁酉條。

[9]以檄招諭蜀人：中華書局本有校勘記："'蜀人'，原作'人'，據《武經總要後集》卷一〇、《通鑑》卷二七四、《新五代史》卷四四《康延孝傳》改。"

己亥，繼岌至利州。是夜，守吉柏津使密告魏王曰：[1]"得紹琛文字，令斷吉柏浮梁。"繼岌懼，乃令梁漢顒以兵控吉柏津。[2]延孝已擁衆急趨西川，繼岌遣人馳書諭之。夜半，令監軍使李廷安召任圜，因署爲副招討使。[3]令圜率兵七千騎，與都指揮使梁漢顒、監軍李廷安討之。[4]辛丑，圜先令都將何建崇擊劍門，[5]下之。甲寅，圜以大軍至漢州，延孝來逆戰，圜令董璋以東川懦卒當其鋒，伏精兵於其後，延孝擊退東川之兵，急追之，遇伏兵起，延孝敗，馳入漢州，閉壁不出。西川孟知祥以兵二萬，與圜合勢攻之。[6]漢州四面樹竹木爲栅。[7]

[1]守吉柏津使密告魏王曰："守吉柏津使"，《輯本舊史》之案語："原本疑有闕文。"

[2]梁漢顒：人名。太原（今山西太原市）人。五代將領。傳

見本書卷八八。

[3]監軍使：官名。五代後唐設置，派於諸道，掌監護軍隊。　李廷安：人名。籍貫不詳。後唐宦官。事見本書本卷、卷五七、卷六七。　任圜：人名。京兆三原（今陝西三原縣）人。後唐將領、大臣。傳見本書卷六七、《新五代史》卷二八。　招討使：官名。唐始置。戰時任命，兵罷則省。常以大臣、將帥或地方軍政長官兼任。掌招撫、討伐等事。

[4]都指揮使：官名。唐末、五代軍隊多置都指揮使、指揮使，爲統兵將領。　與都指揮使梁漢顒、監軍李廷安討之："李廷安"，明本《册府》卷四二三《將帥部·討逆門》作"李延安"。

[5]何建崇：人名。籍貫不詳。後唐將領。事見本書本卷、《通鑑》卷二七四。　劍門：關隘名。即劍門關。位於今四川劍閣縣北六十里劍門鎮北大劍山口。　圜先令都將何建崇擊劍門：中華書局本有校勘記："'圜'字原闕，據《册府》卷四二三、《通鑑》卷二七四補。"此據明本《册府》卷四二三、《通鑑》卷二七四天成元年（926）二月辛丑條。

[6]孟知祥：人名。邢州龍岡（今河北邢臺市）人。五代十國後蜀開國君主。傳見本書卷一三六、《新五代史》卷六四。　"甲寅"至"與圜合勢攻之"：《輯本舊史》之案語："《九國志·李延厚傳》：康延孝入漢州，知祥遣延厚率兵二千會李仁罕討之，將行，誓士卒曰：'今出師不三旬必破賊，乃立功圖賞之日也。士卒忠奮者立東厢，衰疾者立西厢，無自苦也。'得請行者七百人，逐延孝西寨，斬首百餘級，竟拔其城。"此據《九國志》卷七《李延厚傳》。

[7]漢州四面樹竹木爲棚：中華書局本有校勘記："'漢州'下《武經總要後集》卷一四、《通鑑》卷二七四有'無城塹'三字。"見《通鑑》卷二七四天成元年三月乙丑條。

三月乙丑，圜陣於金雁橋，[1]即率諸軍鼓譟而進，四面縱火，風焰亘空。延孝危急，[2]引騎出戰，遇陣於金雁橋，[3]又敗之，以十數騎奔綿州；[4]何建崇追及，擒之，任圜命載以檻車。時孟知祥與任圜、董璋置酒高會，因引令延孝檻車至會。知祥問曰："明公頃自梁朝脱身歸命，纔平汴水，節制陜郊，近領前鋒，克平劍外，歸朝之後，授爵册勳，巨鎮尊官，誰與爲競！奈何躁憤，自毁功庸，入此檻車，還爲鄧艾，[5]深可痛惜，誰肯愍之！"知祥因手自注盃以飲之。延孝曰："自知富貴難消，官職已足。然郭崇韜佐命元勳，輔成大業，不動干戈，收獲兩川，自古殊功，但恐不及，一旦何罪，闔門被誅；延孝之徒，何保首領？以此思慮，不敢歸朝，天道相違，一旦至此，亦其命也，夫復何言！"及圜班師，行次鳳翔，中使向延嗣齎詔至，[6]遂誅之。部下懷其首級，瘗於昭應縣民陳暉地。[7]天成初，[8]其子發之携去。《永樂大典》卷一萬八千一百三十。[9]

[1]金雁橋：亦名"雁橋"。位於今四川廣漢市北鴨子河上。

[2]延孝危急：中華書局本有校勘記："句上原有'於是'二字，據殿本、孔本、《武經總要後集》卷一四、《册府》卷四二三删。"見明本《册府》卷四二三《將帥部·討逆門》。

[3]遇陣於金雁橋：《輯本舊史》之影庫本粘籤："金雁，原本作'京雁'，今從《通鑑》改正。"見《通鑑》卷二七四天成元年(926) 三月乙丑條。

[4]以十數騎奔綿州："綿州"，中華書局本有校勘記："《武經總要後集》卷一四、《通鑑》卷二七四作'綿竹'。"見《通鑑》卷

二七四天成元年三月乙丑條。

[5]鄧艾：人名。義陽棘陽（今河南新野縣）人。三國時魏名將。初爲司馬懿掾屬，建議屯田兩淮，廣開漕渠，並著《濟河論》加以闡述。曾率軍出陰平道伐蜀，迫使劉禪投降。後遭鍾會誣告被誅。傳見《三國志》卷二八。

[6]鳳翔：方鎮名，治所在鳳翔府（今陝西鳳翔縣）。　向延嗣：人名。籍貫不詳。五代後唐宦官。事見《通鑑》卷二七四。

[7]昭應縣：縣名。治所在今陝西西安市臨潼區華清池西北。　陳暉：人名。籍貫不詳。昭應縣民。事跡不詳。

[8]天成：後唐明宗李嗣源年號（926—930）。

[9]《大典》卷一八一三〇“將”字韻“後唐將（三）”事目。

朱守殷

朱守殷，小字會兒。莊宗就學，以斯養之役給事左右。及莊宗即位，爲長直軍使，[1]雖列戎行，不聞戰攻。每構人之短長，中於莊宗，漸以心腹受委。[2]河上對壘，稍遷蕃漢馬步都虞候。守殷守德勝寨，爲梁將王彥章所攻，守殷無備，遂陷南寨。莊宗聞之曰：“駑才，大悮予事！”因撤北寨，往固楊劉。[3]明宗在鄆州，密請以覆軍之罪罪之，莊宗私於腹心，忍而不問。[4]同光二年，爲振武節度使，不之任，仍兼領蕃漢馬步軍。京城初定，内外警巡，恃憑主恩，蔑視勳舊，與景進互相表裏，又强作宿德之態，言語遲緩，自謂沉厚。[5]

[1]長直軍使：官名。所部統兵將領。長直爲部隊番號。

［2］“朱守殷”至“漸以心腹受委”：《宋本册府》卷九二七《總録部·讒佞門》：“朱守殷，本名會兒，莊宗就學時諸奴也。及莊宗嗣位，以本院僕從爲長直軍使，雖列戎行，不聞戰功。每搆人之短長，中於莊宗，漸以爲腹心。”《新五代史》卷五一《朱守殷傳》作：“然好言人陰私長短以自結，莊宗以爲忠。”《通鑑》卷二六六開平二年（908）二月壬戌條：“李存顥等爲（李）克寧謀，因晋王過其第，殺承業、存璋，奉克寧爲節度使，舉河東九州附于梁，執晋王及太夫人曹氏送大梁。太原人史敬鎔，少事晋王克用，居帳下，見親信，克寧欲知府中陰事，召敬鎔，密以謀告之。敬鎔陽許之，入告太夫人，太夫人大駭，召張承業，指晋王謂之曰：‘先王把此兒臂授公等，如聞外間謀欲負之，但置吾母子有地，勿送大梁，自他不以累公。’承業惶恐曰：‘老奴以死奉先王之命，此何言也！’晋王以克寧之謀告，且曰：‘至親不可自相魚肉，吾苟避位，則亂不作矣。’承業曰：‘克寧欲投大王母子於虎口，不除之豈有全理！’乃召李存璋、吴珙及假子李存敬、長直軍使朱守殷，使陰爲之備。壬戌，置酒會諸將於府舍，伏甲執克寧、存顥於座。晋王流涕數之曰：‘兒曏以軍府讓叔父，叔父不取。今事已定，奈何復爲此謀，忍以吾母子遺仇讎乎！’克寧曰：‘此皆讒人交構，夫復何言！’是日，殺克寧及存顥。”

［3］蕃漢馬步都虞候：官名。五代蕃漢馬步軍統兵官，僅次於都指揮使、副都指揮使。　德勝寨：地名。原爲德勝渡，黄河重要渡口之一。李存勗部將李存審築於黄河津要處德勝口，有南北二城。南城在今河南濮陽市東南五里，北城在今河南濮陽市區。　王彦章：人名。鄆州壽張（今山東梁山縣壽張集）人。五代後梁將領。傳見本書卷二一、《新五代史》卷三二。　楊劉：地名。位於今山東東阿縣東北楊柳鎮。　“河上對壘”至“往固楊劉”：亦見明本《册府》卷四五〇《將帥部·失守門》。《輯本舊史》卷二九《唐莊宗紀三》同光元年（923）閏四月壬寅條：“時朱守殷守德勝南城，帝懼彦章奔衝，遂幸澶州。”同年五月辛酉條：“彦章夜率舟

師自楊村浮河而下，斷德勝之浮橋，攻南城，陷之。帝令中書焦彦賓馳至楊劉，固守其城，令朱守殷徹德勝北城屋木攻具，浮河而下，以助楊劉。是時，德勝軍食芻茭薪炭數十萬計，至是令人輦負入澶州，事既倉卒，耗失殆半。朱守殷以所毁屋木編栰，置步軍於其上。王彦章以舟師沿流而下，各行一岸，每遇轉灘水匯，即中流交鬬，流矢雨集，或全舟覆没，一彼一此，終日百戰，比及楊劉，殆亡其半。”明本《册府》卷四四三《將帥部·敗衄門三》：“朱守殷，莊宗時爲蕃漢馬步都虞候。時河上對壘，帝潛師之下鄆州也。守殷方守德勝寨，爲王彦章攻之，全失禦備。賊衆斷其浮橋，遂失南寨。莊宗聞之曰：‘駑才，大悮予事！’因徹北寨，往固楊劉。與彦章軍沿流並進，相遇即戰。比至，重傷者十有八九，定霸之基幾墜於此。”《通鑑》卷二七二同光元年四月條：“帝聞之，自將親軍屯澶州，命蕃漢馬步都虞候朱守殷守德勝，戒之曰：‘王鐵槍勇決，乘憤激之氣，必來唐突，宜謹備之！’守殷，王幼時所役蒼頭也。”同年五月辛酉等條：“梁主召問王彦章以破敵之期，彦章對曰：‘三日。’左右皆失笑。彦章出，兩日，馳至滑州。辛酉，置酒大會，陰遣人具舟於楊村；夜命甲士六百，皆持巨斧，載冶者，具鞴炭，乘流而下。會飲尚未散，彦章陽起更衣，引精兵數千循河南岸趨德勝。天微雨，朱守殷不爲備，舟中兵舉鎖燒斷之，因以巨斧斬浮橋，而彦章引兵急擊南城。浮橋斷，南城遂破，時受命適三日矣。守殷以小舟載甲士濟河救之，不及。彦章進攻潘張、麻家口、景店諸寨，皆拔之，聲勢大振。帝遣宦者焦彦賓急趣楊劉，與鎮使李周固守，命守殷棄德勝北城，撤屋爲栰，……王彦章亦撤南城屋材浮河而下，各行一岸，每遇灣曲，輒於中流交鬬，飛矢雨集，或全舟覆没，一日百戰，互有勝負。比及楊劉，殆亡士卒之半。”《輯本舊史》之影庫本粘籤：“駑才，原本作‘駑木’；北寨，原本作‘此塞’，今俱從《通鑑》改正。”按，《通鑑》未見此説，二者均見於明本《册府》卷四四三；“北寨”，明本《册府》卷四五〇作“此寨”。“大悮”，《新五代史》卷五一《朱守殷傳》作“果悮”。

［4］明宗：即五代後唐明宗李嗣源。沙陀部人。原名邈佶烈，李克用養子。926 年至 933 年在位。紀見本書卷三五至卷四四、《新五代史》卷六。　鄆州：方鎮名。治所在鄆州（今山東東平縣）。　“明宗在鄆州”至“忍而不問”：亦見明本《册府》卷四五〇。《輯本舊史》卷三五《唐明宗紀一》同光三年十二月條：“諸軍馬步都虞候朱守殷奉密旨伺帝起居，守殷陰謂帝曰：‘德業振主者身危，功蓋天下者不賞，公可謂振主矣，宜自圖之，無與禍會。’帝曰：‘吾心不負天地，禍福之來，吾無所避，付之於天，卿勿多談也。’”明本《册府》卷四四三：“明宗聞於鄆州，密請以覆軍之罪罪之，莊宗私於腹心，忍而不問。”《新五代史》卷五一《朱守殷傳》：“是時，明宗自鎮州來朝，居于私第。莊宗方惑羣小，疑忌大臣，遣守殷伺察明宗動静。守殷陰使人告明宗曰：‘位高人臣者身危，功蓋天下者不賞，公可謂位高而功著矣。宜自圖歸藩，無與禍會也！’明宗曰：‘吾洛陽一匹夫爾，何能爲也！’既而明宗卒反于魏。”《通鑑》卷二七二同光元年六月乙亥條：“李嗣源密表請正朱守殷覆軍之罪；帝不從。”同書卷二七四天成元年（926）正月戊寅條後：“成德節度使兼中書令李嗣源亦爲謡言所屬，帝遣朱守殷察之；守殷私謂嗣源曰：‘令公勳業振主，宜自圖歸藩以遠禍。’嗣源曰：‘吾心不負天地，禍福之來，無所可避，皆委之於命耳。’”

［5］振武：方鎮名。後梁貞明二年（916）以前，治所位於單于都護府城（今内蒙古和林格爾縣）。貞明二年單于都護府城爲契丹占據。此後至後唐清泰三年（936），治所位於朔州（今山西朔州市朔城區）。後晋隨燕雲十六州割予契丹，改名順義軍。　景進：人名。籍貫不詳。五代後唐莊宗朝伶官。傳見《新五代史》卷三七。　“同光二年”至“自謂沉厚”：《輯本舊史》卷三一《唐莊宗紀五》同光二年二月丁亥條：“以蕃漢馬步都虞候兼東京馬步軍都指揮使、檢校太保朱守殷爲振武節度使，加檢校太傅。”同書卷三二《唐莊宗紀六》同光三年三月甲午條：“振武軍節度使、洛京内外蕃漢馬步使朱守殷奏，昨修月陂堤，至德宫南獲玉璽一紐，獻

之。詔示百官，驗其文曰‘皇帝行寶’四字，方圓八寸，厚二寸，背紐交龍，光瑩精妙。守殷又於積善坊役所得古文錢四百六十六，内二十六文曰‘得一元寶’，四百四十曰‘順天元寶’，上之。”同書卷三三《唐莊宗紀七》同光三年十一月戊戌條：“以振武節度使朱守殷爲兗州節度使。”同書卷三四《唐莊宗紀八》同光四年正月庚辰條：“以河中節度使、守太師、兼尚書令、西平王李繼麟爲滑州節度使，尋令朱守殷以兵圍其第，誅之，夷其族。”《御覽》卷八三六《資産部一六》錢下條引《後唐書》：“朱守殷奏：‘於積善坊役所得古文錢四百五十六，文曰“得一元寶”；四百四十，文“順天元寶”。’守殷進納。勑：‘凡窺奇異，盡繫休明。所獲錢文，式昭玄貺。得一者，佇歸於一統；順天者，式契於天心。道煥一時，事光千載。殊休繼出，信史必書，宜付史館。’”明本《册府》卷四五一《將帥部·矜伐門》：“朱守殷爲振軍節度使，不之任，仍兼蕃漢馬步使。京城初定，内外警巡，恃憑主恩，蔑視勳舊，與景進互相表裏，又强作宿德之態，言語遲緩，自謂沉厚。”《通鑑》卷二七四天成元年正月戊寅條後：“景進言：‘河中人有告變，言李繼麟與郭崇韜謀反；崇韜死，又與存乂連謀。’宦官因共勸帝速除之，帝乃徙繼麟爲義成節度使，是夜，遣蕃漢馬步使朱守殷以兵圍其第，驅繼麟出徽安門外殺之，復其姓名曰朱友謙。”《輯本舊史》之案語：“以下疑有闕文。據《歐陽史》，莊宗東討，守殷將騎軍。”見《新五代史》卷五一《朱守殷傳》，云：“莊宗東討，守殷將騎軍陣宣仁門外以俟駕。”

及郭從謙犯興教門，步軍始亂，中使急召騎士，守殷按甲不進。莊宗獨領宦官斫射，屢退，而騎軍終不至。莊宗既崩，守殷擁衆方在北邙，憩於茂林之下。迨聞凶問，乃入内，選嬪御及珍寶以歸，恣軍士劫掠京都，翌日方定，率諸校迎明宗於東郊。[1]天成初，授河南尹，判六軍諸衛事，加侍中，移汴州節度使。[2]車駕將巡幸，外議諠然，初以爲平吴，又云制置東諸侯。守殷乃生雲夢之疑，遂殺都校馬彦超、副使宋敬殷。[3]守殷驅市人閉壁以叛，明宗途次京水，[4]聞之，親統禁軍，倍程直抵其壘，長圍夾攻，縋城甚衆。守殷力屈，盡殺其族，引頸令左右盡其命。[5]王師入城，索其黨，盡誅之。詔鞭守殷尸，梟首懸於都市，滿七日，傳送洛陽。[6]《永樂大典》卷二千三十一。[7]

［1］郭從謙：人名。籍貫不詳。五代後唐將領、伶人。傳見本書附録、《新五代史》卷三七。　興教門：洛陽皇宫南面三門之一。位於今河南洛陽市内。　北邙：山名。亦作北山、郟山、芒山。位於今河南洛陽市北。　"及郭從謙犯興教門"至"率諸校迎明宗於東郊"：《輯本舊史》卷三五《唐明宗紀一》同光四年（926）四月丁亥等條："四月丁亥朔，至罌子谷，聞蕭牆釁作，莊宗晏駕，帝慟哭不自勝。詰旦，朱守殷遣人馳報：'京城大亂，燔剽不息，請速至京師。'己丑，帝至洛陽，止於舊宅，分命諸將止其焚掠。百官弊衣旅見，帝謝之，斂袵泣涕。時魏王繼岌征蜀未還，帝謂朱守殷曰：'公善巡撫，以待魏王。吾當奉大行梓宫山陵禮畢，即歸藩矣。'是日，羣臣諸將上牋勸進，帝面諭止之。樞密使李紹宏、張居翰、宰相豆盧革、韋説、六軍馬步都虞候朱守殷、青州節度使符習、徐州節度使霍彦威、宋州節度使杜晏球、兖州節度使房知温等頓首言曰：'帝王應運，蓋有天命，三靈所屬，當協冥符。福之所鍾，不可以謙遜免；道之已喪，不可以智力求。前代因敗爲功，殷憂啓聖，少康重興於有夏，平王再復於宗周，其命惟新，不失舊物。今日廟社無依，人神乏主，天命所屬，人何能争！光武所謂：使成帝再生，無以讓天下。願殿下俯徇樂推，時哉無失，軍國大

事，望以教令施行。’帝優答不從。”《新五代史》卷一四《唐太祖家人傳》：“莊宗遇弑，後宫散走，朱守殷入宫，選得三十餘人。虢國夫人夏氏以嘗幸於莊宗，守殷不敢留。”同書卷五一《朱守殷傳》：“郭從謙作亂，犯興教門以入，莊宗亟召守殷等軍，守殷按軍不動。莊宗獨與諸王宦官百餘人射賊，守殷等終不至，方移兵憩北邙山下，聞莊宗已崩，即馳入宫中，選載嬪御、寶貨以歸，縱軍士劫掠，遣人趣明宗入洛。”《通鑑》卷二七五天成元年（926）四月丁亥條：“時蕃漢馬步使朱守殷將騎兵在外，帝遣中使急召之，欲與同擊賊；守殷不至，引兵憩於北邙茂林之下。”“宫人多逃散，朱守殷入宫，選宫人三十餘人，各令自取樂器珍玩，内於其家。”同月戊子等條：“朱守殷遣使馳白嗣源，以‘京城大亂，諸軍焚掠不已，願亟來救之！’乙丑，嗣源入洛陽，止于私第，禁焚掠，拾莊宗骨於灰燼之中而殯之。”“嗣源謂朱守殷曰：‘公善巡徼，以待魏王。淑妃、德妃在宫，供給尤宜豐備。吾俟山陵畢，社稷有奉，則歸藩爲國家捍禦北方耳。’”

[2]河南尹：官名。唐開元元年（713）改洛州爲河南府，治所在今河南洛陽市，河南府尹總其政務。從三品。　判六軍諸衛事：官名。後唐沿唐代舊制，置六軍諸衛，以判六軍諸衛事爲禁軍六軍與諸衛的最高統帥。　侍中：官名。秦始置。隋、唐前期爲門下省長官。唐後期多爲大臣加銜，不參與政務，實際職務由門下侍郎執行。正二品。　汴州：州名。治所在今河南開封市。　“天成初”至“移汴州節度使”：《輯本舊史》卷三六《唐明宗紀二》天成元年五月丙辰條：“兗州節度使、檢校太傅朱守殷加同平章事，充河南尹、判六軍諸衛事。”同書卷三八《唐明宗紀四》天成二年八月癸卯條：“汴州節度使朱守殷加兼侍中。”明本《册府》卷八《帝王部·創業門四》天成元年十月條：“十月，明宗幸汴，以帝爲御營使，始次滎水。汴帥朱守殷叛命，命帝董親軍倍道星行，信宿及浚城，一鼓而登之。守殷自屠其家，賊中遂定。”明本《册府》卷四五四《將帥部·奢侈門》：“朱守殷，天成中爲河南尹、判六軍

諸衛事。與諸貴要、近臣、宰執交歡宴會。時集於府第，復妓侍盈室。”《新五代史》卷五一《朱守殷傳》：“明宗即位，拜守殷同中書門下平章事、河南尹、判六軍諸衛事。明年，遷宣武軍節度使。”

［3］吴：五代十國之吴國。　雲夢之疑：指代劉邦僞遊雲夢，詐捕韓信事。事見《史記》卷八《高祖本紀》。　馬彦超：人名。籍貫不詳。五代後唐將領。事見《新五代史》卷五一。　宋敬殷：人名。籍貫不詳。五代後唐將領。事見明本《册府》卷六五《帝王部·發號令門四》、卷一一八《帝王部·親征門三》。　“車駕將巡幸”至“遂殺都校馬彦超、副使宋敬殷”：《輯本舊史》卷三八《唐明宗紀四》天成二年十月丁亥條：“帝宿於滎陽。汴州朱守殷奏，都指揮使馬彦超謀亂，已處斬訖。”《輯本舊史》之案語：“《歐陽史》云：守殷將叛，召都指揮使馬彦超與計事，彦超不從，守殷殺之。明宗憐彦超之死，以其子承祚爲洺州長史。”見《新五代史》卷五一《朱守殷傳》。“宋敬殷”，中華書局本有校勘記：“原作‘宋敬’，據《册府》卷六五、卷一一八改。《册府》卷九二作‘宋景殷’，係避宋諱改。”見明本《册府》卷六五天成二年十月條、卷一一八天成二年十月乙酉等條、卷九二《帝王部·赦宥門一一》天成二年十月辛丑條；據《宋史》卷一《太祖紀一》，宋翼祖名趙敬，敬生弘殷，是爲宣祖，則知《册府》避此二祖諱改之。《新五代史》卷五一《朱守殷傳》：“九月，明宗詔幸汴州，議者喧然，或以爲征吴，或以爲東諸侯有屈彊者，將制置之。守殷尤不自安，乃殺指揮使馬彦超，閉城反。”《通鑑》卷二七六天成二年十月乙酉等條：“冬，十月，乙酉，帝發洛陽，將如汴州；丁亥，至滎陽。民間訛言帝欲自擊吴，又云欲制置東方諸侯。宣武節度使、檢校侍中朱守殷疑懼，判官高密孫晟勸守殷反，守殷遂乘城拒守。帝遣宣徽使范延光往諭之，延光曰：‘不早擊之，則汴城堅矣；願得五百騎與俱。’帝從之。延光暮發，未明行二百里，抵大梁城下，與汴人戰，汴人大驚。戊子，帝至京水，遣御營使石敬瑭將親兵倍道繼之。”同月己丑條：“己丑，帝至大梁，四面進攻，吏民縋城出

降者甚衆。守殷知事不濟，盡殺其族，引頸命左右斬之。乘城者望見乘輿，相帥開門降。孫晟奔吴，徐知誥客之。"

[4]京水：河流名。汴水支流，位於今河南鄭州市西北。今已堙廢。《輯本舊史》之影庫本粘籤："京水，原本作'涼水'，今從《通鑑》改正。"見《通鑑》卷二七六天成二年十月戊子條，《輯本舊史》卷三八《唐明宗紀四》天成二年十月戊子條、《新五代史》卷五一《朱守殷傳》亦作"京水"，明本《册府》卷八天成元年十月條作"涼水"。

[5]守殷力屈，盡殺其族，引頸令左右盡其命：《輯本舊史》卷三八《唐明宗紀四》天成二年十月戊子條："次京水，知朱守殷反，帝親統禁軍倍程前進。翌日，至汴州，攻其城，拔之，守殷伏誅。"同書卷一〇〇《漢高祖紀下》天福十二年（947）閏七月丙寅條："故汴州節度使朱守殷贈中書令。"《新五代史》卷六《唐明宗紀》天成二年十月乙酉等條："宣武軍節度使朱守殷反，馬步軍都指揮使馬彦超死之。己丑，守殷自殺。"《舊五代史考異》："案《儒林公議》云：朱守殷與霍彦威同立明宗，尋判諸軍事兼河南尹，旋除宣武軍節度使。時樞密使安重誨用事，汴之財利，遣中人筦榷之。守殷軍用不給，累表抗論，重誨既而復奪之，守殷不平，頗出怨言。重誨奏其反狀，明宗親率師討之。車駕至汴，守殷自以本無不臣之意，爲權臣誣奏，登城門望明宗叩頭，號哭稱冤。明宗思其功，許以開門自新，重誨已麾軍登陴，勢不可遏，城陷誅之。考守殷之叛，《歐陽史》《通鑑》與《薛史》無異辭，而《儒林公議》以爲守殷本無反心，爲重誨所陷，蓋傳聞之互異也。"

[6]洛陽：地名。即今河南洛陽市。

[7]《大典》卷二〇三一"朱"字韻"姓氏（五）"事目。

楊立

楊立者，潞州之小校。[1]初事李嗣昭及李繼韜，[2]皆畜養甚厚。繼韜被誅，憤憤失志。同光二年四月，有詔以潞兵三萬人戍涿州，[3]將發，其衆謀曰："我輩事故使二十年，衣食豐足，未嘗邊塞征行，苟於邊上差跌，白骨何歸？不如據城自固，事成則富貴耳。"因聚徒百餘輩，攻子城東門，城中大擾。副使李繼珂及監軍張弘祚出奔。[4]立自稱留後，[5]率軍民上表請旄節。莊宗怒，命明宗與李紹真攻討，一月拔之，[6]生擒立及其同惡十餘人，送於闕下，皆磔於市。潞州城峻而隍深，故立輒敢據之，莊宗因茲詔諸道撤防城之備焉。《永樂大典》卷六千五十二。[7]

[1]潞州：州名。治所在今山西長治市。　小校：即低級軍官。

[2]李嗣昭：人名。汾州（今山西汾陽市）人。唐末、五代李克用義子、部將。傳見本書卷五二、《新五代史》卷三六。　李繼韜：人名。汾州（今山西汾陽市）人。李嗣昭之子。五代後梁、後唐將領。傳見本書卷五二、《新五代史》卷三六。

[3]涿州：州名。治所在今河北涿州市。　有詔以潞兵三萬人戍涿州：《舊五代史考異》："案：《通鑑》作發安義兵三千戍涿州。"見《通鑑》卷二七三同光二年（924）四月條。

[4]李繼珂：人名。籍貫不詳。後唐將領。事見本書本卷、卷五二。　張弘祚：人名。籍貫不詳。後唐將領。事見《通鑑》卷二七三。中華書局本有校勘記："'張弘祚'，原作'張機祚'，據《通鑑》卷二七三改。影庫本粘籤：'"張機祚"，原本作"飢祚"，今從《通鑑》改正。'"見《通鑑》卷二七三同光二年四月條。

[5]留後：官名。原非正式命官，唐朝節度使入朝或宰相、親王遥領節度使不臨鎮則置。安史之亂後，節度使多以子弟或親信爲留後，以代行節度使職務，亦有軍士、叛將自立爲留後者。掌一州或數州軍政。五代沿之。北宋始爲朝廷正式命官，初爲虚銜，宋徽宗政和七年（1117）改名爲承宣使。

[6]李紹真：人名。即霍彦威。洺州曲周（今河北曲周縣）人。五代後梁將領霍存養子，後梁、後唐將領。傳見本書卷六四、《新五代史》卷四六。　命明宗與李紹真攻討，一月拔之：明本《册府》卷一二三《帝王部·征討門三》："後唐莊宗同光三年四月，潞州小校楊立據城叛。以蕃漢馬步軍總管李嗣源，陝西留後李紹貞爲副，率師以討之。詔令河中馬步兵士五千人騎發赴潞州。"注曰："五月，收復潞州。"同書卷一六六《帝王部·招懷門四》：同光三年"五月，潞州賊首領楊立遣守將韓暉奉表，乞行赦宥。帝令樞密副使宋唐玉賫敕招撫。"此次招撫或因李嗣源等兵臨城下之故，然未見於傳文，則似李嗣源破城在即，未便再予赦宥。此外，三年皆二年之誤。又，李紹真，《舊五代史考異》："案：《通鑑》作李紹榮。"見《通鑑》卷二七三同光二年四月條。李紹真即霍彦威，明本《册府》卷四三五《將帥部·獻捷門二》："同光二年五月，潞州招討霍彦威平潞州，擒叛將楊立，獻捷以聞。"

[7]《大典》卷六〇五二"楊"字韻"姓氏（一二）"事目。

竇廷琬

竇廷琬者，世爲青州牙將，[1]梁祖擢置左右。[2]同光初，爲復州遊奕使，[3]姦盜屏跡，歷貝州刺史。[4]未幾，請制置慶州鹽池，[5]逐年出絹十萬疋、米十萬斛，[6]遂以廷琬爲慶州防禦使。俾制置之，由是嚴刑峻法，屢撓邊人。課利不集，詔移任於金州。[7]廷琬據慶州叛，詔邠州節度使李敬周率兵討平之，[8]夷其族。《永樂大典》卷一萬九千三百五十四。[9]

[1]青州：州名。治所在今山東青州市。　牙將：官名。古代軍隊中的中低級軍官。

[2]梁祖：即五代後梁太祖朱温。　梁祖擢置左右：《輯本舊史》卷九《梁末帝紀中》貞明三年（917）十一月戊子條："以河潼軍使竇廷琬爲寧州刺史。"

[3]復州：州名。治所在今湖北天門市。　遊奕使：官名。負責軍事巡邏偵察。

[4]貝州：州名。治所在今河北清河縣。

[5]慶州：州名。治所在今甘肅慶城縣。

[6]米十萬斛：中華書局本有校勘記："本書卷三八《唐明宗紀四》作'米萬石'，《册府》卷四九四作'米五萬石'。"此據《輯本舊史》卷三八《唐明宗紀四》天成二年（927）十一月庚申條、《宋本册府》卷四九四《邦計部·山澤門二》。

[7]金州：州名。治所在今陝西安康市。

[8]李敬周：人名。又名李周。邢州内丘（今河北内丘縣）人。五代後唐、後晉將領。傳見本書卷九一、《新五代史》卷四七。《通鑑》卷二七六天成三年十月戊申條作"李敬通"，其校勘記："章：十二行本'通'作'周'；乙十一行本同。"明本《册府》卷一二三《帝王部·征討門三》："（天成三年）十月，詔邠州節度使李從敬攻慶州，以刺史竇廷琬拒命故也。"注："十二月，平廷琬。"

[9]《大典》卷一九三五四"竇"字韻"姓氏（五）"事目。

張虔釗

張虔釗，遼州人也。[1]初爲太原牙校，以武勇聞於流輩，武皇、莊宗之世，累補左右突騎軍使。[2]明宗素聞虔釗有將帥才，及即位，擢爲護駕親軍都指揮使，領春州刺史。[3]天成中，與諸將圍王都於中山，[4]大敗契丹於嘉山之下，[5]及定州平，[6]以功授滄州節度使。[7]移鎮徐州。[8]長興中，爲山南西道節度使兼西面馬步軍都部署。[9]及末帝起于鳳翔，閔帝詔令虔釗帥部兵會王師於岐下。[10]洎西師俱變，虔釗憤惋，退歸興元，因與洋州節度使孫漢韶俱送款於蜀。孟知祥待之尤厚，僞授本鎮節度使，俾知祥坐獲山南之地，由虔釗之故也。[11]孟昶嗣僞位，加檢校太師、兼中書令。[12]晉開運末，蜀人聞契丹入洛，令虔釗率衆數萬，將寇秦、雍。俄聞漢高祖已定中原，虔釗無功而退。[13]行至興州，感憤而卒。《永樂大典》卷六千三百五十。[14]

[1]遼州：州名。治所在今山西左權縣。　張虔釗，遼州人也：《輯本舊史》之案語："《九國志》云：虔釗，遼州榆社人。父簡，唐檢校尚書左僕射。"見《九國志》卷七《張虔釗傳》。

[2]牙校：即軍校，爲低級武職。　突騎軍使：官名。所部統兵將領。突騎爲部隊番號。　累補左右突騎軍使：《輯本舊史》之案語："《九國志》云：莊宗嘗以偏師取鎮陽，命虔釗率騎爲先鋒，屢挫賊鋭，遂陷其城。"見《九國志》卷七《張虔釗傳》。

[3]護駕親軍都指揮使：官名。五代時侍衛親軍長官。多由皇帝親信擔任。　春州：州名。唐武德四年（621）置，治所在今廣東陽春市。

[4]王都：人名。中山陘邑（今河北定州市）人。本姓劉，後爲義武軍節度使王處直養子。五代軍閥。傳見本書卷五四、《新五代史》卷三九。　中山：地名。位於今河北定州市。　與諸將圍王

都於中山：明本《册府》卷一二三《帝王部·征討門三》：天成三年（928）四月，“以鄭州防禦使張虔釗爲北面兵馬都監”。同書卷一二八《帝王部·明賞門二》：天成元年，“七月，宋州節度使王晏球與護駕親軍都指揮使張虔釗攻定州，帝令中使押御馬二匹，賜晏球、虔釗”。

［5］契丹：古部族、政權名。公元4世紀中葉宇文部爲前燕攻破，始分離而成單獨的部落，自號契丹。唐貞觀中，置松漠都督府，以其首領爲都督。唐末强盛，916年迭剌部耶律阿保機建立契丹國（遼）。先後與五代、北宋並立，保大五年（1125）爲金所滅。參見張正明《契丹史略》，中華書局1979年版。　嘉山：地名。位於今河北曲陽縣東北十里。

［6］定州：州名。治所在今河北定州市。

［7］滄州：州名。治所在今河北滄縣舊州鎮。　以功授滄州節度使：《輯本舊史》之案語：“《北夢瑣言》云：虔釗鎮滄州日，因亢旱民饑，發廩賑之，方上聞，帝甚嘉奬。他日秋成，倍斗徵斂，朝論鄙之。”此據《北夢瑣言》卷九明宗不樂進馬條。明本《册府》卷一二八：天成四年二月，“北面行營兵馬都監、鄭州防禦使張虔釗，可光禄大夫、檢校司徒、使持節滄州諸軍事、守滄州刺史，充横海軍節度觀察等使，仍封清河縣開國子，食邑五百户”。

［8］徐州：州名。治所在今江蘇徐州市。　移鎮徐州：《輯本舊史》卷四一《唐明宗紀七》長興元年（930）三月壬午條：“滄州節度使張虔釗移鎮徐州，加檢校太保。”

［9］長興：五代後唐明宗李嗣源年號（930—933）。　山南西道：方鎮名。治所在興元府（今陝西漢中市）。　西面馬步軍都部署：官名。爲臨時委任的軍區統帥。掌管行營屯戍、攻防等事務。　爲山南西道節度使兼西面馬步軍都部署：《輯本舊史》卷四四《唐明宗紀十》長興四年九月戊子條：“山南西道節度使、檢校太傅張虔釗加同平章事。”又，同書卷四五《唐閔帝紀》應順元年（934）正月戊戌條：“山南西道節度使、檢校太傅、同平章事張虔

釗，加檢校太尉。”

［10］末帝：即後唐廢帝李從珂，又稱末帝。鎮州平山（今河北平山縣）人。本姓王，爲後唐明宗養子，改名從珂。紀見本書卷四六至卷四八、《新五代史》卷七。　閔帝：即五代後唐閔帝李從厚。亦作“愍帝”。明宗李嗣源第三子。生於太原，小字菩薩奴。紀見本書卷四五、《新五代史》卷七。　岐下：岐山以下。此指鳳翔。

［11］興元：府名。治所在今陝西漢中市。　洋州：州名。治所在今陝西洋縣。　孫漢韶：人名。太原（今山西太原市）人。後唐、後蜀將領。傳見孫漢韶墓誌（拓片刊《成都出土歷代墓銘券文圖録綜釋》，文物出版社2012年版）。　山南：方鎮名。即山南西道。治所在興元府（今陝西漢中市）。　“洎西師俱變”至“由虔釗之故也”：《輯本舊史》之案語：“《北夢瑣言》云：入蜀，取人産業，黷貨無厭，蜀民怨之。”見《北夢瑣言》卷九明宗不樂進馬條。

［12］孟昶：人名。邢州龍岡（今河北邢臺市）人。孟知祥之子。五代後蜀皇帝，934年至965年在位。傳見本書卷一三六、《新五代史》卷六四。　檢校太師：官名。爲散官或加官，以示恩寵，無實際執掌。　中書令：官名。漢代始置，隋、唐前期爲中書省長官，屬宰相之職，唐後期多爲授予元勳大臣的虛銜。正二品。

［13］開運：五代後晋出帝石重貴年號（944—946）。　秦：州名。治所在今甘肅天水市。　雍：地名。即京兆府，治所在今陝西西安市。　漢高祖：即五代後漢高祖劉知遠。紀見本書卷九九至卷一〇〇、《新五代史》卷一〇。　“晋開運末”至“虔釗無功而退”：《輯本舊史》之案語：“《九國志》云：歷左右匡聖馬步軍都指揮使，出爲昭武軍節度使。及漢祖即位，乃移鎮梁州，以覬朝廷之變。會晋昌軍節度使趙匡贊、鳳翔節度使侯益俱謀歸蜀，遂以虔釗爲北面行營招討使，應接經營。俄而趙匡贊、侯益請昶出師，掠定三秦，因命虔釗與韓保貞等總師五萬出散關，雄武軍節度使何重

建出隴右，奉鑾肅衛都虞候李廷珪出子午谷，會于雍州。廷珪始出子午谷，聞匡贊爲王景崇所逼，棄城自拔東去，遂先退師。時虔釗、福誠、保貞師次陳倉，謀不相叶，而侯益聞匡贊已去，廷珪班師，亦誠款中變，閉壘不出。司天監趙廷樞累以雲氣不利爲諷，保貞乃與福誠率所部取隴州道，會重建歸蜀，虔釗留寶雞，以勢孤不可深入，遂班師。”見《九國志》卷九《張虔釗傳》。

［14］《大典》卷六三五〇“張”字韻“姓氏（二〇）”事目。

楊彦温

楊彦温，汴州人，本梁朝之小校也。莊宗朝，累遷裨將。[1]天成中，爲河中副指揮使，及末帝鎮河中，尤善待之，因奏爲衙内都指揮使。[2]長興元年四月，乘末帝閲馬於黄龍莊，[3]據城謀叛。末帝遣人詰之曰：“吾善待汝，何苦爲叛？”彦温報曰：“某非敢負恩，緣奉樞密院宣頭，[4]令某拒命，請相公但歸朝廷。”[5]數日，詔末帝歸朝。明宗疑其詐，不欲興兵，授彦温絳州刺史。[6]安重誨堅請出師，即命西京留守索自通、侍衛步軍指揮使藥彦稠等帥兵攻之。[7]五日而拔，自閉門及敗，凡十三日。初，彦稠出師，明宗戒之曰：“與朕生致彦温，吾將自訊之。”及收城，斬首傳送，明宗深怒彦稠等。時議者以當時四海恬然，五兵載戢，蒲非邊郡，[8]近在國門，而彦温安敢狂悖。皆以爲安重誨方弄國權，尤忌末帝之名，故巧作窺圖，究莫能傾陷也。彦温愚昧，爲人所嗾，故滅其族焉。《永樂大典》卷六千五十一。[9]

[1]禆將：指副將。

[2]衙内都指揮使：官名。唐、五代時期衙内指揮使爲節度使府衙内之牙將，統最親近衛兵，高一級的稱衙内都指揮使。

[3]黄龍莊：地名。其地不詳，疑位於虞鄉縣（今山西永濟市）一帶。

[4]緣奉樞密院宣頭：《輯本舊史》之影庫本粘籤："宣頭，原本作'宜頭'，《通鑑》作'宣頭'。胡三省注云：中書用劄，樞密院用宣，今改正。"此據《通鑑》卷二七七長興元年（930）四月壬寅條。然《通鑑》原文作"受樞密院宣耳"，胡注爲："樞密院用宣，三省用堂帖。今堂帖謂之省劄，宣謂之密劄。"

[5]請相公但歸朝廷：《宋本册府》卷五七《帝王部·明察門》此下尚有一句："蒲民感末帝惠養之恩，揭竿持梃敵彦温之徒者甚衆，竟以堅甲利兵不勝而退。"

[6]絳州：州名。治所在今山西新絳縣。

[7]安重誨：人名。應州（今山西應縣）人。五代後唐大臣。傳見本書卷六六、《新五代史》卷二四。　西京留守：官名。唐玄宗久住東都洛陽，天寶元年（742）以京師長安爲西京，改西都留守爲西京留守，仍掌京師軍政要務。肅宗以後稱長安爲上都，仍沿用西京留守舊稱。　索自通：人名。太原清源（今山西清徐縣）人。五代後唐將領。傳見本書卷六五。　侍衛步軍指揮使：官名。五代時皇帝親軍侍衛步軍司長官。　藥彦稠：人名。沙陀部人。五代後唐將領。傳見本書卷六六、《新五代史》卷二七。

[8]蒲：州名。即河中府。治所在今山西永濟市。

[9]原文作"《永樂大典》卷六千三百五十一"，中華書局本有校勘記："檢《永樂大典目録》，卷六三五一係'張'字韻'姓氏二十一'，與本則内容不符，恐有誤記。陳垣《舊五代史輯本引書卷數多誤例》謂應作卷六〇五一'楊'字韻'姓氏十一'。本卷下一則同。"今據陳垣説改。

史臣曰：《春秋·傳》云："夫不令之臣，天下之所惡也。"故不復較其優劣焉。唯虔釗因避地以偷生，彥温乃爲人之所嗾，比諸叛臣，亦可矜也。《永樂大典》卷六千五十一。[1]

[1]原作"《永樂大典》卷六千三百五十一"，查《大典》卷六三五一"張"字韻"姓氏（二一）"事目，與楊氏不合，陳垣《舊五代史輯本引書卷數多誤例》謂應作卷六〇五一"楊"字韻"姓氏（一一）"事目，今據改。

舊五代史　卷七五

晉書一

高祖紀第一

高祖聖文章武明德孝皇帝，姓石氏，諱敬瑭，太原人也。[1]本衛大夫碏、漢丞相奮之後，漢衰，關輔亂，子孫流汎西裔，故有居甘州者焉。[2]四代祖璟，以唐元和中與沙陀軍都督朱耶氏自靈武入附，憲宗嘉之，隸爲河東陰山府裨校，以邊功累官至朔州刺史。[3]天福二年，[4]追尊爲孝安皇帝，廟號靖祖，陵曰義陵；祖妣秦氏，追謚爲孝安元皇后。三代祖郴，早薨，贈左散騎常侍，追尊爲孝簡皇帝，廟號肅祖，陵曰惠陵；[5]祖妣安氏，追謚孝簡恭皇后。皇祖諱昱，任振武防禦使，贈尚書右僕射，追尊孝平皇帝，廟號睿祖，陵曰康陵；[6]祖妣米氏，追謚孝平獻皇后。皇考諱紹雍，番字臬捩鷄，善騎射，有經遠大略，事後唐武皇及莊宗，累立戰功，與周德威相亞，歷平、洺二州刺史，薨於任，贈太傅，追尊爲孝元皇帝，廟號憲祖，陵曰昌陵；[7]皇妣何氏，追謚孝元懿皇后。帝即孝元之第二子也，以唐景福元年二月二十八日生於太原汾陽里，時有白氣充庭，人甚異焉。[8]及長，性沈澹，寡言笑，讀兵法，重李牧、周亞夫行事。[9]唐明宗爲代州刺史，每深心器之，因妻以愛女。[10]唐莊宗聞其善射，擢居左右。明宗請隸大軍，從之。後明宗從莊宗征行，命帝領親騎，號"左射軍"，倚以心腹。[11]

[1]高祖聖文章武明德孝皇帝：中華書局本有校勘記："'章武'，其孫石延煦墓誌（拓片刊《文物》二〇〇四年第十一期）作'彰武'，本書各處同。"　姓石氏：《舊五代史考異》："案：《歐陽史》作其姓石氏，不知其得姓之始。"見《新五代史》卷八《晉高祖紀》。　太原：府名。治所在今山西太原市。

[2]碏：人名。即石碏。春秋時衛國大夫。事見《春秋左傳》隱公三年、四年。　奮：人名。即石奮。温縣（今河南温縣）人。漢初官員，漢高祖以其姐爲美人，漢文帝時官至太中大夫。傳見《史記》卷一〇三、《漢書》卷四六。　"姓石氏"至"漢丞相奮之後"：《舊五代史考異》："案：《歐陽史》作其姓石氏，不知其得姓之始。"見《新五代史》卷八《晉高祖紀》。明本《册府》卷一《帝王部·帝系門》載："至漢，奮自河内徙家長安，與子慶等德位俱盛，時號萬石君。"　關輔：古地區名。關中與三輔（京兆尹、左馮翊、右扶風）的合稱。相當於今陝西關中地區。　甘州：州名。治所在今甘肅張掖市。

[3]璟：人名。即石璟。唐末將領。五代後晉高祖石敬瑭的四代祖。事見本書本卷《晉高祖紀一》。　元和：唐憲宗李純年號（806—820）。　沙陀：部族名。原義爲沙漠。沙陀部源出西突厥。隋文帝開皇二年（582），突厥汗國分裂爲東、西突厥。處月部爲西突厥所屬部落，朱邪（又作朱耶）是處月的别部。唐初，處月部居

於大磧（今古爾班通古特沙漠），因稱沙陀突厥。唐中期時西突厥、處月部均已衰落，朱邪部遂自號沙陀，其首領以朱邪爲姓。事見《新唐書》卷二一八、本書卷二五、《新五代史》卷四末歐陽修考證。參見樊文禮《沙陀的族源及其早期歷史》，《民族研究》1999年第6期。　都督：官名。唐前期在邊疆地區設置羈縻都督府，以都督掌所部軍民政務。　靈武：郡名。治所在今寧夏吴忠市。唐肅宗乾元元年（758），改名靈州。《輯本舊史》之影庫本粘籤："靈武，原本作'靈戊'，據《新唐書·沙陀傳》：朱耶氏自沙州入居靈武。今改正。"見《新唐書》卷二一八。　憲宗：即李純，805年至820年在位。唐朝第十一位皇帝，唐德宗李适之孫、唐順宗李誦之子。紀見《舊唐書》卷一四至卷一五、《新唐書》卷七。　河東：方鎮名。治所在太原（今山西太原市）。　陰山府：唐羈縻府名。唐憲宗元和三年（808）置，位於今内蒙古境内。　朔州：州名。治所在今山西朔州市朔城區。　刺史：官名。漢武帝時始置。州一級行政長官，總掌考核官吏、勸課農桑、地方教化等事。唐中期以後，節度使、觀察使轄州而設，刺史爲其屬官，職任漸輕。從三品至正四品下。

[4]天福：五代後晉高祖石敬瑭年號（936—942）。出帝石重貴沿用至九年（944）。後漢高祖劉知遠繼位後沿用一年，稱天福十二年（947）。

[5]左散騎常侍：官名。門下省屬官。掌侍奉規諷，備顧問應對。《新唐書》記正三品下。中華書局本有校勘記："'左'，《册府》卷一作'右'。"

[6]昱：中華書局本沿《輯本舊史》作"翌"，並有校勘記："《通曆》卷一四同，《册府》卷一、《五代會要》卷一、《新五代史》卷八《晉本紀》作'昱'。"今據《會要》卷一《追謚皇帝》條、明本《册府》卷一、《新五代史》卷八改。　振武：方鎮名。五代後梁貞明二年（916）以前，治所位於單于都護府城（今内蒙古和林格爾縣）。貞明二年單于都護府城爲契丹占據。此後至後唐

清泰三年（936），治所位於朔州（今山西朔州市朔城區）。後晋隨燕雲十六州割予契丹，改名順義軍。　防禦使：官名。唐代始置，設有都防禦使、州防禦使兩種。常由刺史或觀察使兼任，實際上爲唐代後期州或方鎮的軍政長官。　尚書右僕射：官名。秦始置。隋、唐前期，以左、右僕射佐尚書令總理六官，綱紀庶務；如不置尚書令，則總判省事，爲宰相之職。唐後期多爲大臣加銜。從二品。

[7]紹雍：人名。即石紹雍。番名臬（niè）捩（liè）鷄。沙陀部人。李克用部將、五代後唐將領。後晋高祖石敬瑭之父。事見本書本卷。《舊五代史考異》："案：原本作'詔雍'，今從《五代會要》改正。"見《會要》卷一《追謚皇帝》條。　臬捩鷄：中華書局本有校勘記："'臬捩鷄'，原作'臬捩鷄'，據殿本、劉本、邵本校、彭校、《通曆》卷一四、《册府》卷一、《五代會要》卷一、《新五代史》卷八《晋本紀》改。"　唐武皇：即李克用。沙陀部人，生於神武川新城（一説是今山西朔州市朔城區之梵王寺村，一説是今山西應縣縣城，一説在今山西懷仁縣之日中城）。唐末軍閥，受封晋王。五代後唐太祖，謚武皇帝。紀見本書卷二五至卷二六，事見《新五代史》卷四。　莊宗：即後唐莊宗李存勗。沙陀部人。五代後唐王朝的建立者。紀見本書卷二七至卷三四、《新五代史》卷四至卷五。　周德威：人名。朔州馬邑（今山西朔州市朔城區東北）人。唐末、五代河東將領。傳見本書卷五六、《新五代史》卷二五。　平：州名。治所在今河北盧龍縣。　洺：州名。治所在今河北邯鄲市永年區。　太傅：官名。與太師、太保並爲三師。唐後期、五代多爲大臣、勳貴加官。正一品。

[8]景福：唐昭宗李曄年號（892—893）。　汾陽里：中華書局本有校勘記："原作'派陽里'，據彭校、《册府》卷二、《會要》卷一改。"見《會要》卷一帝號條、明本《册府》卷二《帝王部·誕聖門》。

[9]李牧：人名。趙國人。戰國末年趙國將領。傳見《史記》

卷八一。　周亞夫：人名。沛（今江蘇沛縣）人。周勃次子，西漢文帝、景帝時著名將領。傳見《史記》卷五七、《漢書》卷四〇。

［10］唐明宗：即五代後唐明宗李嗣源。沙陀部人。原名邈佶烈，李克用養子。926年至933年在位。紀見本書卷三五至卷四四、《新五代史》卷六。　代州：州名。治所在今山西代縣。

［11］左射軍：部隊番號。五代後唐時石敬瑭所部。中華書局本沿輯本舊史作“三討軍”，並引《輯本舊史》之案語：“案：《歐陽史》作左射軍。”中華書局本有校勘記：“‘三討軍’，《册府》卷八、卷四四、《新五代史》卷八《晉本紀》作‘左射軍’。《通鑑》卷二七一記石敬瑭爲左射軍使。”《宋本册府》卷八《帝王部·創業門四》載，明宗“妻以愛女，領親騎左射軍”；《宋本册府》卷四四《帝王部·神武門》作“晉高祖初事後唐明宗，領親騎左射軍”。《新五代史》卷八《晉高祖紀》載“常隸明宗帳下，號左射軍”。《通鑑》卷二七一貞明五年十月條作“左射軍使石敬瑭”，本卷下文載天祐十五年（918）十二月晉、梁軍大戰於胡柳陂，正作“左射軍”。據改。

天祐十二年，莊宗併有河北之地，開府於鄴，梁遣上將劉鄩以兵五萬營於莘。[1]

［1］天祐：唐昭宗李曄開始使用的年號（904）。唐哀帝李柷即位後沿用（904—907）。唐亡後，河東李克用、李存勗仍稱天祐，沿用至天祐二十年（923）。五代其他政權亦有行此年號者，如南吴、吴越等，使用時間長短不等。　鄴：地名。即鄴城。治所在今河北大名縣。　劉鄩：人名。密州安丘（今山東安丘市）人。唐末、五代將領。傳見本書卷二三、《新五代史》卷二二。　莘：縣名。治所在今山東莘縣。

十三年二月，鄩引兵突至鄴城，薄於城下，莊宗至自甘陵，兵未陣，多爲鄩所掩截。[1]帝領十餘騎，橫槊深入，東西馳突，無敢當者，卒全部伍而旋。莊宗壯之，拊其背曰："將門出將，言不謬爾。"因頒以器帛，復親爲啗酥，當時以爲異恩，由是知名。[2]明年，鄩兵陣於莘之西北，明宗從莊宗酣戰。久之，塵埃四合，帝與明宗俱陷陣内，帝挺身躍劍，反復轉鬪，行數十里，逐鄩於故元城之東。[3]是日，鄩軍殺傷過半。

[1]鄴城：中華書局本沿《輯本舊史》作"清平"，鄴城附近無清平，據《宋本册府》卷八《帝王部·創業門四》改。　甘陵：地名。位於貝州（今河北清河縣）。　多爲鄩所掩截："截"，中華書局本沿《輯本舊史》闕，據《宋本册府》卷八補。

[2]啗酥：《新五代史》卷八《晉高祖紀》載，"莊宗拊其背而壯之，手啗以蘇，啗蘇，夷狄所重，由是名動軍中"。

[3]元城：縣名。治所在今河北大名縣。

十五年，唐軍拔楊劉鎮，梁將賀瓌設伏於無石山，明宗爲瓌所迫，帝爲後殿，破梁軍五百餘騎，按轡而還。[1]十二月，莊宗與梁軍大戰於胡柳陂，衆號十萬，總管周德威將左軍，雜以燕人，前鋒不利，德威死之。[2]莊宗率步衆五千，固守高陵，以避敵之鋭。[3]明宗獨完右廣，[4]伏於土山之下，顧謂帝曰："梁人首獲其利，旌旂甚整，何計可以挫之？"帝曰："臘後寒如此，[5]出手墮指，彼多步衆，易進難退，莫若啜糒飲水，徐而困之。且超乘徒行，其勢不等，一擊而破，期在必勝。”明宗曰：“是吾心也。”會日暮，梁軍列於平野，五六萬人爲一方陣，麾游騎以迫唐軍，帝曰：“敵將遁矣！”乃請明宗令士整冑寬而羅之，命左射軍三百人鳴矢馳轉，漸束其勢，以數千騎合之。敵人迨夜旌旗皆靡，[6]而一角先潰，三面踵之，其牙竿相擊，若火爆之聲，横屍積甲，不可勝計。由是梁人勢削，莊宗進營德勝渡。[7]

[1]楊劉鎮：地名。位於今山東東阿縣。 賀瓌：人名。濮陽（今河南濮陽市）人。五代後梁將領。傳見本書卷二三、《新五代史》卷二三。 無石山：山名。位於今山東東阿縣一帶。具體所指不詳。

[2]胡柳陂：地名。位於今河南濮陽市東南五十里。 總管：官名。即“蕃漢馬步總管”。五代後唐置，爲蕃漢馬步軍總指揮官。 燕：地區名。此指唐末、五代河北方鎮盧龍軍，治所在幽州（今北京市）。周德威時任盧龍軍節度使、蕃漢馬步總管。

[3]高陵：地名。位於今河南濮陽市。

[4]明宗獨完右廣：《輯本舊史》之影庫本粘籤：“右廣，原本作‘右黄’，據《册府元龜》作‘右廣’，《薛史·莊宗紀》亦作‘廣’，今改正。”見《宋本册府》卷八《帝王部·創業門四》，《輯本舊史·莊宗紀》未見。

[5]臘後寒如此：中華書局本有校勘記：“‘後’，《通曆》卷一四、《册府》卷八作‘候’”見《通曆》卷一四《晋高祖》。

[6]敵人：中華書局本沿《輯本舊史》闕，據《册府》卷八補。

[7]德勝渡：地名。又稱“德勝口”，爲黄河重要渡口之一。李存勗部將李存審築於黄河津要處德勝口，有南北二城。南城在今河南濮陽市東南五里，北城即今河南濮陽市。

十八年十月，又從明宗戰梁人於德勝渡，敗其將戴思遠，殺二萬餘人。[1]

[1]戴思遠：人名。籍貫不詳。五代後梁、後唐將領。傳見本書卷六四。

十九年，戰胡盧套，唐軍稍卻，帝睹其敵鋭，拔劍闢道，肩護明宗而退，敵人望之，無敢襲者。[1]

[1]胡盧套：地名。當位於今河南濮陽縣。

二十年十月，從明宗觀梁人之楊村寨，[1]部曲皆不擐甲，俄而敵出不意，以兵掩明宗，刃將及背，帝挾戰戟而進，一擊而凶酋落馬者數輩，明宗遂解其難。是歲，莊宗即位於鄴，改元同光，遣明宗越河，懸軍深入以取鄆。[2]鄆人始不之覺，帝以五十騎從明宗涉濟，突東門而入，鄆兵來拒，帝中刃，翼明宗，羅兵通衢，嶷然不動，會後騎繼至，遂拔中城以據之，汶陽遂定。[3]既而平汴水，滅梁室，成莊宗一統，集明宗大勳，帝與唐末帝功居最，莊宗朝官未顯者，以帝不好矜伐故也，唯明宗心知之。[4]

[1]楊村寨：地名。位於今河南濮陽縣西南。

[2]同光：五代後唐莊宗李存勗年號（923—926）。　鄆：州名。治所在今山東東平縣。

[3]濟：河流名。發源於今河南境内，經今山東入渤海。今黄

河下游河道即濟水故道。　汶陽：縣名。治所在今山東泰安市。汶陽遂定：中華書局本沿《輯本舊史》闕，據《册府》卷八《帝王部·創業門四》補。

[4]汴水：河流名。隋開通濟渠，因其自滎陽至開封一段即原來的汴水，故唐、宋人將出自河至入淮之通濟渠東段全流統稱爲汴水或汴渠。此處代指汴京開封府、後梁政權。　成莊宗一統：中華書局本有校勘記："'成'，殿本、《通曆》卷一四作'致'。"見《通曆》卷一四《晋高祖》。　唐末帝：即李從珂，又作唐廢帝。鎮州（今河北正定縣）人。後唐明宗養子。紀見本書卷四六至卷四八、《新五代史》卷七。

同光四年二月，趙在禮據鄴爲亂，朝廷遣元行欽招之不下，[1]羣議紛然，以爲非明宗不可，莊宗乃以明宗爲統帥。時帝從行，至魏，諸軍有變，叩馬請明宗帝河北。[2]明宗受霍彦威勸，將自訴於天子，遂佯諾，諸軍亦恐事不果而散者甚衆，明宗所全者，唯常山一軍而已。[3]西次魏縣，[4]帝密言於明宗曰："猶豫者兵家大忌，必若求訴，宜决其行。某願率三百騎先趨汴水，以探虎口，如遂其志，請大軍速進。夷門者，天下之要害也，據之可以自雪。[5]安有上將與三軍言變，他日有平手乎！危在頃刻，不宜恬然。"明宗至相州，遂分驍騎三百付之，遣帝由黎陽濟河，自汴西門而入，因據其城。[6]及明宗入汴，莊宗親統師亦至城之西北五里，登高歎曰："吾不濟矣！"由此莊宗從兵大潰，來歸明宗。明宗尋遣帝令率兵爲前鋒，趨汜水關，俄而莊宗遇内難而崩。[7]是月，明宗入洛，嘉帝之功，自總管府都校署陝府兵馬留後。[8]

［1］趙在禮：人名。涿州（今河北涿州市）人。五代後唐、後晉將領。傳見本書卷九〇、《新五代史》卷四六。　元行欽：人名。幽州（今北京市）人。後唐將領。傳見本書卷七〇、《新五代史》卷二五。　招之不下：《輯本舊史》之影庫本粘籤："招之，原本作'詔之'，今據《册府元龜》改正。"

［2］魏：州名。治所在今河北大名縣。

［3］霍彦威：人名。洺州曲周（今河北曲周縣）人。五代後梁將領霍存養子。後梁、後唐將領。傳見本書卷六四、《新五代史》卷四六。　常山：古郡名。其地在今河北正定縣、元氏縣一帶。此處代指方鎮成德軍，時石敬瑭爲成德軍節度使。

［4］魏縣：縣名。治所在今河北魏縣。

［5］夷門：地名。原指戰國魏都大梁城東門，故址在今河南開封城内東北隅。夷門位於夷山，夷山因山勢平夷而得名，故門亦以山爲名。此處代指開封。

［6］相州：州名。治所在今河南安陽市。　黎陽：縣名。治所在今河南浚縣。　汴：州名。治所在今河南開封市。

［7］汜水關：關隘名。位於今河南滎陽市汜水鎮。《輯本舊史》之影庫本粘籤："汜水，原本作'汎水'，今從《通鑑》改正。"見《通鑑》卷二七四同光四年（926）三月條。

［8］總管府：指蕃漢馬步軍都總管府。後唐明宗李嗣源即位前任蕃漢馬步軍都總管。　都校：官名。五代時置的中級統兵官。　陝府：府名。即陝州。治所在今河南三門峽市陝州區。　兵馬留後：官名。唐、五代時，代行方鎮長官之職者稱留後。代行州兵馬使之職者，即爲兵馬留後。掌本州兵馬。

明宗即位，改元天成，五月，加帝光禄大夫、檢校司徒，充陝州保義軍節度使，賜竭忠建策興復功臣，歲未期而軍民之政大治焉。[1]

[1]天成：後唐明宗李嗣源年號（926—930）。　光禄大夫：官名。唐、五代文散官。從二品。　檢校司徒：官名。爲散官或加官，以示恩寵加此官，無實際執掌。司徒，與太尉、司空並爲三公。　保義軍節度使：官名。保義軍爲方鎮名，治所在陝州（今河南三門峽市陝州區）。節度使爲唐時在重要地區所設掌握一州或數州軍事、民事、財政的長官。明本《册府》卷八《帝王部·創業門四》作："以帝爲保義軍節度、陝虢等州觀察處置等使。"　賜竭忠建策興復功臣：中華書局本沿《輯本舊史》闕，然下文有關賜功臣内容均見載，故據明本《册府》卷八、《新五代史》卷八《晋高祖紀》補。

二年二月，加檢校太傅、兼六軍諸衛副使，進封開國伯，增食邑四百户。[1]是月，帝赴闕，以倅六軍諸衛事故也。[2]八月，加食邑八百户，實封一百户，旌爲政之效也。[3]十月，明宗幸汴，以帝爲御營使。[4]車駕次京水，飛報汴州節度使朱守殷叛，明宗命帝董親軍倍道星行，信宿及浚城，一戰而拔之。[5]尋以帝爲宣武軍節度使、侍衛親軍馬步軍都指揮使兼六軍諸衛副使，進封開國公，加食邑五百户，賜耀忠匡定保節功臣。[6]

[1]檢校太傅：官名。爲散官或加官，以示恩寵，無實際執掌。　六軍諸衛副使：官名。後唐沿唐代舊制，置六軍、諸衛。以判六軍諸衛事爲禁軍六軍與諸衛的最高統帥，六軍諸衛副使爲其貳。　食邑：即封地、封邑。食邑之名，蓋取受封者不之國，僅食其租税

之意。

［2］倅（cuì）：意爲輔助的，副職。

［3］實封：即食邑實封，簡稱“食實封”。唐制，封爵本有食邑若干户的規定，如親王食邑一萬户，郡王食邑五千户，國公食邑三千户，依次遞減，至男爵食邑三百户。但是上述封户並無其實，是爲虚封。只有加上“食實封若干户”之類的名號，才能享有相應的封户租税。

［4］御營使：官名。五代皇帝多親自率兵征戰，故設御營使負責行營守衛，多由親信將領、寵臣充任。《輯本舊史》之影庫本粘籤：“御營使，原作‘御榮’，今從《五代會要》改正。”但《會要》未見記載，《輯本舊史》卷四一《唐明宗紀七》長興元年（930）二月乙巳條、明本《册府》卷八《帝王部·創業門四》、《新五代史》卷八《晋高祖紀》、《通鑑》卷二七六天成二年（927）十月戊子條均作“御營使”，據改。

［5］京水：河流名。汴水支流，位於今河南鄭州市西北。今已堙廢。　朱守殷：人名。籍貫不詳。少事李存勗，五代後唐將領。傳見本書卷七四、《新五代史》卷五一。　浚城：地名。位於今河南開封市。

［6］宣武軍：唐五代方鎮名。治宋州（今河南商丘市睢陽區）。　侍衛親軍馬步軍都指揮使：官名。五代時侍衛親軍的最高長官。多由皇帝親信擔任。中華書局本有校勘記：“‘馬’字原闕，據本書卷三八《唐明宗紀四》、《册府》卷八、《新五代史》卷八《晋本紀》、《通鑑》卷二七六補。”見明本《册府》卷八、《通鑑》卷二七六天成二年十月癸卯條，又見《輯本舊史》卷三八《唐明宗紀四》天成二年十月癸卯條（作侍衛親軍馬步指揮使）、《新五代史》卷八《晋高祖紀》，據補。　耀忠匡定保節功臣：功臣號。唐宋時期官員、將領榮譽加銜的一種。

三年四月，車駕還洛，制加檢校太傅、同中書門下平章事、興唐尹、鄴都留守、天雄軍節度使。[1]五月丁未，加駙馬都尉。[2]

[1]三年四月：中華書局本有校勘記："'三年'二字原闕，據本書卷三九《唐明宗紀五》、《册府》卷八、《新五代史》卷八《晉本紀》、《通鑑》卷二七六補。"今從。見《輯本舊史》卷三九《唐明宗紀五》天成三年四月戊寅條、明本《册府》卷八《帝王部·創業門四》、《新五代史》卷八《晉高祖紀》、《通鑑》卷二七六天成三年四月戊寅條。　同中書門下平章事：官名。簡稱"同平章事"。唐高宗以後，凡實際任宰相之職者，常在其本官後加同平章事的職銜。後成爲宰相專稱。後晉天福五年（940），升中書門下平章事爲正二品。　興唐尹：官名。五代後唐同光元年（923），改魏州爲興唐府。以興唐尹總其政務。從三品。　鄴都留守：官名。後唐同光元年初改魏州爲興唐府，建號東京，不久又改東京爲鄴都。後晉亦曾以此爲鄴都。治所在今河北大名縣。時鄴都爲陪都，常設留守以拱衛京師，以地方長官兼任。　天雄軍：方鎮名。亦稱"魏博軍"。唐天祐元年（904）以魏博節度使號爲天雄軍。治所在魏州（今河北大名縣）。

[2]駙馬都尉：漢武帝始置，魏晉以後，公主夫婿多加此稱號。從五品下。

長興元年二月，明宗南郊禮畢，加檢校太尉，增食邑五百户，尋詔歸任。[1]時鄴都繁富爲天下之冠，而土俗獷悍，民多争訟，帝令投函府門，一一覽之，及踰年，盈積几案，滯於獄者甚衆，時論以此少之。[2]九月，東川董璋叛，朝廷命帝爲東川行營都招討使、兼知東川行府事。[3]十月，至自魏博，董衆西征。

[1]長興：五代後唐明宗李嗣源年號（930—933）。　南郊：意爲都城南面之郊。代指南面郊區之祭天場所（圜丘），亦指祭天之禮（郊天）。古人用“郊”“南郊”“有事於南郊”指代在南郊之圜丘舉行的郊天典禮。　檢校太尉：官名。爲散官或加官，以示恩寵，無實際執掌。太尉，與司徒、司空並爲三公。

[2]時論以此少之：中華書局本有校勘記：“‘少’，原作‘減’，據《永樂大典》卷九七六二引《五代史·晋高祖紀》改。”今從。見《大典》卷九七六二“函”字韻“投函”事目。

[3]東川：方鎮名。唐至德二載（757）分劍南節度使東部地區置劍南東川節度使。治所在梓州（今四川三臺縣）。　董璋：人名。籍貫不詳。五代後梁、後唐將領。傳見本書卷六二、《新五代史》卷五一。　都招討使：官名。唐貞元時始置。戰時任命，兵罷則省。常以大臣、將帥或地方軍政長官兼任。掌招撫討伐等事務。

二年春，以川路險艱，糧運不繼，詔班師。四月，復兼六軍諸衛副使。六月，改河陽節度使，仍兼兵柄。[1]是時，秦王從榮奏：[2]“伏見北面頻奏報，契丹族帳近塞，吐渾、突厥已侵邊地，戍兵雖多，未有統帥，早宜命大將一人，以安雲朔。”[3]明宗曰：“卿等商量。”從榮與諸大臣奏曰：“將校之中，唯石敬瑭、康義誠二人可行。”[4]帝素不欲爲禁軍之副，即奏曰：“臣願北行。”[5]明宗曰：“卿爲吾行，事無不濟。”及受詔，不落六軍副使，帝復遷延辭避。

[1]河陽：方鎮名。全稱“河陽三城”。治所在孟州（今河南

孟州市)。

[2]從榮：人名。即李從榮。沙陀部人。五代後唐明宗李嗣源次子。傳見本書卷五一、《新五代史》卷一五。

[3]契丹族帳近塞：中華書局本有校勘記："'族'下原有'旋'字，據劉本、邵本校、《册府》卷一二〇、卷九九四删。今從。殿本、《通曆》卷一四作'契丹族移帳近塞'。"見明本《册府》卷一二〇《帝王部·選將門二》、《宋本册府》卷九九四《外臣部·備御門七》、《通曆》卷一四《晋高祖》。　契丹：部族、政權名。公元4世紀中葉宇文部爲前燕攻破，始分離而成單獨的部落，自號契丹。唐貞觀中，置松漠都督府，以其首領爲都督。唐末强盛，916年迭剌部耶律阿保機建立契丹國（遼）。先後與五代、北宋並立，保大五年（1125）爲金所滅。參見張正明《契丹史略》，中華書局1979年版。　吐渾：部族名。吐谷渾的省稱。源出鮮卑，後遊牧於今甘肅、青海一帶。參見周偉洲《吐谷渾資料輯録》(增訂本)，商務印書館2017年版。　突厥：部族名。6至8世紀活躍於北亞和中亞，稱雄於漠北、西域。隋文帝開皇二年(582)，突厥汗國分裂爲東、西突厥。唐中期時西突厥、東突厥均已衰落。此處的突厥當爲其某一餘部。　雲朔：地區名。"雲"指雲州，治所在今山西大同市。"朔"指朔州，治所在今山西朔州市朔城區。

[4]康義誠：人名。沙陀部人。五代後唐將領。傳見本書卷六六、《新五代史》卷二七。

[5]北行：《宋本册府》卷八《帝王部·創業門四》作"此行"。

三年十一月乙酉，[1]明宗復謂侍臣曰："雲州奏，契丹自幽州移帳，言就放牧，終冬不退，其患深矣。"[2]樞密使范延光奏曰：[3]"已議石敬瑭與康義誠北行，然其定奪，即在宸旨。"帝奏曰："臣雖不才，争敢避事，但進退惟命。”明宗曰：“卿爲吾行，甚叶衆議。”由是遂定。丁亥，加兼侍中、太原尹、北京留守、河東節度使、兼大同振武彰國威塞等軍蕃漢馬步軍總管，改賜竭忠匡運寧國功臣。[4]翌日，宴於中興殿，帝捧觴上壽，[5]因奏曰：“臣雖微怯，惟邊事敢不盡其忠力，但臣遠違玉階，無以時申補報。”帝因再拜告辭，明宗泣下霑衿，左右怪其過傷，果與帝因此爲訣，不復相見矣。

[1]三年十一月乙酉：中華書局本沿《輯本舊史》缺“三年”二字，並有校勘記：“本書卷四三《唐明宗紀九》、《通鑑》卷二七八繫其事於長興三年十一月。”今據《輯本舊史》卷四三《唐明宗紀九》、《通鑑》卷二七八長興三年（932）十一月乙酉條補。

[2]幽州：州名。治所在今北京市。

[3]樞密使：官名。樞密院長官。五代時以士人爲之，備顧問，參謀議，出納詔奏，權侔宰相。參見李全德《唐宋變革期樞密院研究》，國家圖書館出版社2009年版。　范延光：人名。鄴郡臨漳（今河北臨漳縣）人。五代後唐、後晉將領。傳見本書卷九七、《新五代史》卷五一。

[4]侍中：官名。秦始置。隋、唐前期爲門下省長官。唐後期多爲大臣加銜，不參與政務，實際職務由門下侍郎執行。正二品。　太原尹：官名。唐代太原地方最高行政長官。　北京：指五代後唐的北都太原。《新五代史》卷五《唐莊宗紀下》載，同光元年（923）“十一月乙巳，復北都爲鎮州，太原爲北都”。　大同：方鎮名。治所在雲州（今山西大同市）。　振武：方鎮名。後梁貞明二年（916）以前，治所位於單于都護府城（今内蒙古和林格爾縣）。貞明二年單于都護府城爲契丹占據。此後至後唐清泰三年（936），治所位於朔州（今山西朔州市朔城區）。後晉隨燕雲十六州割予契丹，改名順義軍。　彰國：方鎮名。治所在應州（今山西

應縣）。　威塞：方鎮名。治所在新州（今河北涿鹿縣）。　蕃漢馬步軍總管：官名。五代後唐置，爲蕃漢馬步軍總指揮官。

[5]中興殿：宮殿名。位於今河南洛陽市。　捧觴上壽：石敬瑭捧着酒杯，向後唐明宗敬酒祝壽。

四年十二月，明宗晏駕，帝聞之，長慟若喪考妣。[1]

[1]四年十二月：中華書局本沿《輯本舊史》缺"四年"二字，並有校勘記："本書卷四四《唐明宗紀十》、《通鑑》卷二七八繫其事於長興四年十二月。"《輯本舊史》卷四四《唐明宗紀十》載，明宗長興四年（933）十一月戊戌崩，十二月癸卯發哀，據補。

應順元年正月，閔帝即位，加中書令，及增食邑。[1]帝性簡儉，未嘗以聲色滋味輒自宴樂，每公退，必召幕客論民間利害及刑政得失，明而難犯，事多親決。[2]有店婦與軍士訟，云"曝粟於門，爲馬所食"。而軍士懇訴，無以自明。帝謂鞫吏曰："雖屬官，吾可市而代之。[3]兩訟未分，何以爲斷，可殺馬刳腸而視其粟，有則軍士誅，無則婦人死。"遂殺馬，馬腸無粟，因戮其婦人。境内肅然，莫敢以欺事言者。三月，移鎮常山，所歷方鎮，以孝治爲急，見民間父母在昆弟分索者，必繩而殺之。[4]勤於吏事，廷無滯訟。常山屬邑曰九門，有人鬻地與異居兄，議價不定，乃移於他人。[5]他人須兄立券，兄固抑之，因訴於令。[6]令以弟兄俱不義，送府。帝監之曰："人之不義，由牧長新至，教化所未能及，吾甚愧焉。若以至理言之，兄利良田，弟求善價，順之則是，沮之則非，其兄不義之甚也，宜重笞焉。[7]市田以高價者取之。”上下服其明。及岐陽兵亂，推潞王爲天子，閔帝急詔帝赴闕，欲以社稷爲託。[8]閔帝自洛陽出奔於衛，相遇於途，遂與閔帝迴入衛州。[9]時閔帝左右將不利於帝，帝覺之，因擒其從騎百餘人。閔帝知事不濟，與帝長慟而别，帝遣刺史王弘贄安置閔帝於公舍而去，尋爲潞王所害，帝後長以此愧心焉。[10]

[1]應順：五代後唐閔帝李從厚年號（934）。　閔帝：又作“愍帝”，即後唐閔帝李從厚。明宗李嗣源第三子。紀見本書卷四五、《新五代史》卷七。　中書令：官名。漢代始置，隋、唐前期爲中書省長官，屬宰相之職，唐後期多爲授予元勳大臣的虚銜。正二品。

[2]未嘗以聲色滋味輒自宴樂：“聲色”，明本《册府》卷一八《帝王部·帝德門》作“絲竹”。　利害：明本《册府》卷一八作“稼穡”。

[3]雖屬官，吾可市而代之：原無。據《御覽》卷八四〇《百穀部四》粟條引《晋史》補。

[4]移鎮常山：《輯本舊史》之影庫本粘籤：“移鎮，原本作‘以鎮’，今據文改正。”

[5]九門：地名。位於今河北石家莊市藁城區。

[6]令：官名。即縣令。縣的行政長官，掌治本縣。唐代之縣，分赤（京）、次赤、畿、次畿、望、緊、上、中、中下、下十等。縣令分六等，正五品上至從七品下。

[7]笞：五刑之一。用竹板或荆條拷打犯人脊背或臀腿。

[8]岐陽：縣名。治所在今陝西岐山縣。《輯本舊史》之影庫

本粘籤："岐陽，原本作'伎陽'，今從《通鑑》改正。"多見《通鑑》記載，如卷二八八乾祐元年（948）八月戊子條。

[9]洛陽：後唐都城。位於今河南洛陽市。　衛：州名。治所在今河南衛輝市。

[10]王弘贄：人名。籍貫不詳。後唐明宗時爲衛州刺史。潞王李從珂起兵東進，後唐閔帝奔投衛州。從珂稱帝，他受命鴆殺閔帝。後晋時曾官鳳翔行軍司馬。傳見本書附録、《新五代史》卷四八。

清泰元年五月，復授太原節度使、北京留守，加檢校太師，兼中書令，充大同振武彰國威塞等軍蕃漢馬步總管。[1]

[1]清泰：五代後唐廢帝李從珂年號（934—936）。　五月：《輯本舊史》卷四六《唐末帝紀上》作"五月丙午"。　加檢校太師，兼中書令：中華書局本沿《輯本舊史》闕，據《輯本舊史》卷四六《唐末帝紀上》補。　蕃漢馬步總管："總管"，《輯本舊史》卷四六《唐末帝紀上》作"都部署"。

二年夏，帝屯軍於忻州。朝廷遣使送夏衣，傳詔撫諭，後軍人遽呼萬歲者數四，帝懼，斬挾馬都將李暉以下三十餘人以狥，乃止。[1]

[1]忻州：州名。治所在今山西忻州市。　挾馬都將：官名。唐、五代時節度使屬將。本書卷四七《唐末帝紀中》作"挾馬都指揮使"，本書中屢見"夾馬指揮使"。中華書局本有校勘記："'都'字原闕，據本書卷四七《唐末帝紀中》、《册府》卷八、《通

鑑》卷二七九補。”見《輯本舊史》卷四七《唐末帝紀中》清泰二年（935）七月丙申條、《宋本册府》卷八《帝王部·創業門四》、《通鑑》卷二七九清泰二年六月條。　李暉：人名。籍貫不詳。五代後唐將領。事見本書卷四七。　三十餘人：《通鑑》卷二七九清泰二年六月條作“三十六人”。

三年五月，移授鄆州節度使，進封趙國公，仍改扶天啓運中正功臣。尋降詔促帝赴任，帝心疑之，乃召僚佐議曰：“孤再受太原之日，主上面宣云：‘與卿北門，一生無議除改。’今忽降此命，莫是以去年忻州亂兵見迫，過相猜乎？[1]又今年千春節，公主入覲，[2]當辭時，謂公主曰：‘爾歸心甚急，欲與石郎反耶？’此疑我之狀，固且明矣。今天子用后族，委邪臣，沈湎荒惑，萬機停壅，失刑失賞，不亡何待！吾自應順中少主出奔之日，覩人情大去，不能扶危持顛，憤憤於方寸者三年矣。今我無異志，朝廷自啓禍機，不可安然死於道路。況太原險固之地，積粟甚多，若且寬我，我當奉之。必若加兵，我則外告鄰方，北搆强虜，興亡之數，皎皎在天。[3]今欲發表稱疾，以俟其意，諸公以爲何如？”[4]判官趙瑩懼形於色，但唯唯，掌書記桑維翰、都押衙劉知遠贊成密計，遂拒末帝之命。[5]朝廷以帝不奉詔，降旨削奪官爵，即詔晋州節度使、北面副招討使張敬達領兵圍帝於晋陽。[6]帝尋命桑維翰詣諸道求援，契丹遣人復書諾之，約以中秋赴義。[7]

[1]莫是以去年忻州亂兵見迫：《輯本舊史》之影庫本粘籤：

“忻州，原本作‘沂州’，今據《通鑑》改正。”見《通鑑》卷二八〇天福元年（936）九月條。

[2]千春節：五代後唐廢帝李從珂誕節。本書卷四六《唐末帝紀上》載：“中書門下奏：‘請以正月二十三日皇帝誕慶日爲千春節。’從之。”　公主：即後唐明宗李嗣源之女、後晋高祖石敬瑭之妻李氏。後唐時封永寧公主。後晋出帝即位，尊爲皇太后。與晋出帝一同被俘至遼國。傳見本書卷八六、《新五代史》卷一七。

[3]北搆强虜：“虜”，中華書局本沿《輯本舊史》作“敵”，據《宋本册府》卷八《帝王部·創業門四》改。

[4]諸公以爲何如：《舊五代史考異》：“案《玉堂閒話》云：晋祖在并部，嘗從容謂賓佐云：‘近因晝寢，忽夢若頃年在洛京時，與天子連鑣于路，過舊第，天子請某入其第，某遜讓者數四，不得已即促轡而入，至廳事下馬，升自阼階，西向而坐，天子已馳車去矣。其夢如此。’羣僚莫敢有所答。是年冬，果有鼎革之事。蓋晋祖懷不軌之心久矣，故托夢以惑衆也。”見《太平廣記》卷一三六晋高祖條引《玉堂閒話》。

[5]判官：官名。唐、五代方鎮僚屬，位在行軍司馬下。分掌使衙内各曹事，並協助使職官員通判衙事。　趙瑩：人名。華州華陰（今陝西華陰市）人。五代後晋宰相。傳見本書卷八九、《新五代史》卷五六。　判官趙瑩懼形於色，但唯唯：原無，據《宋本册府》卷八《帝王部·創業門四》補。　掌書記：官名。唐制，唐、五代節度、觀察等使所屬均有掌書記一職，位在副使、判官之下，掌表奏書檄。遼節度使亦置。　桑維翰：人名。洛陽（今河南洛陽市）人。初爲石敬瑭節度掌書記，石敬瑭稱帝後出任翰林學士、知樞密院事等職。傳見本書卷八九、《新五代史》卷二九。　都押衙：官名。“押衙”即“押牙”。唐、五代時期節度使辟署的屬官，有稱左、右都押衙或都押衙者。掌領方鎮儀仗侍衛、統率軍隊。參見劉安志《唐五代押牙（衙）考略》，武漢大學歷史系魏晋南北朝隋唐史研究室編《魏晋南北朝隋唐史資料》第16輯，武漢大學出版

社 1998 年版。　劉知遠：人名。西突厥沙陀部人，後世居於太原。五代後唐、後晋將領，後漢高祖。紀見本書卷九九至卷一〇〇、《新五代史》卷一〇。

［6］晋州：州名。治所在今山西臨汾市。　晋州節度使：中華書局本沿《輯本舊史》作“晋州刺史”，有校勘記：“《册府》卷八作‘晋州節度使’。《新五代史》卷七《唐本紀》敘其事作‘建雄軍節度使’，《通鑑》卷二八〇略同。按建雄軍治晋州。”見明本《册府》卷八《帝王部・創業門四》、《通鑑》卷二八〇天福元年五月甲午條。張敬達爲晋州節度使，見《輯本舊史》卷四七《唐末帝紀中》清泰二年（935）十一月庚子條。今據改。　副招討使：官名。爲招討使副貳。戰時任命，兵罷則省。佐招討使掌招撫討伐等事務。中華書局本有校勘記：“本書卷七〇《張敬達傳》、《册府》卷四四四、卷九八七作‘都招討使’。”見《宋本册府》卷四四四《將帥部・陷落門》、卷九八七《外臣部・征討門六》。　張敬達：人名。代州（今山西代縣）人。五代後唐將領。傳見本書卷七〇、《新五代史》卷三三。《輯本舊史》之影庫本粘籤：“張敬達，原本作‘敬遠’，今從《歐陽史》改正。”見《新五代史》卷八《晋高祖紀》。　晋陽：縣名。治所在今山西太原市。亦爲太原故稱，此處代指太原府。

［7］帝尋命桑維翰詣諸道求援，契丹遣人復書諾之，約以中秋赴義：《舊五代史考異》：“案《遼史・太宗紀》云：七月丙申，唐河東節度使石敬瑭爲其主所討，遣趙瑩求救，時趙德鈞亦遣使至，河東復遣桑維翰來告急，遂許興師。八月庚午，自將以援敬瑭。”見《遼史》卷三《太宗紀上》天顯十一年（937）七月丙申條。

六月，北面招討指揮使安重榮以部曲數千人入城。[1]七月，代州屯將安元信率一軍，與西北面先鋒指揮使安審信引五百騎俱至。[2]八月，懷州彰聖軍使張萬迪等各率千餘騎來降。[3]是月，外衆攻我甚急，帝親當矢石，人心雖固，廩食漸困。九月辛丑，契丹主率衆自雁門而南，旌騎不絶五十里餘。[4]先使人報帝云："吾欲今日便破賊，可乎？"帝使人馳告曰："皇帝赴難，比要成功，賊勢至厚，可明旦穩審議戰，未爲晚也。"使未達，契丹已與南軍騎將高行周、符彦卿等合戰。[5]時張敬達、楊光遠列陣西山下，士未及成伍，而行周、彦卿爲伏兵所斷，捨軍而退，敬達等步兵大敗，死者萬人。[6]是夜，帝出北門與戎王相見，戎王執帝手曰："恨會面之晚。"因論父子之義。[7]明日，帝與契丹圍敬達營寨，南軍不復出矣。帝與契丹本無結好，自末帝見迫之後，遣心腹何福以刀錯爲信，一言親赴其難，迅若流電，信天意耶！[8]己酉，唐末帝率親軍步騎三萬出次河橋。[9]辛亥，末帝詔樞密使趙延壽分衆二萬爲北面招討使，又詔魏博節度使范延光統本軍二萬人屯遼州。[10]十月，幽州節度使趙德鈞領所部萬餘人自上黨吴兒谷合延壽兵屯團柏谷，與敬達寨相去百里，彌月竟不能相通。[11]

[1]招討指揮使：中華書局本有校勘記："'招討'，原作'招收'，據劉本、彭校、《册府》卷八改。"今從。見《宋本册府》卷八《帝王部·創業門四》。　安重榮：人名。朔州（今山西朔州市朔城區）人。五代後唐、後晉將領。傳見本書卷九八、《新五代史》卷五一。

[2]安元信：人名。朔州馬邑（今山西朔州市朔城區東北）人。五代後唐、後晉將領。傳見本書卷九〇。　先鋒指揮使：官

名。先鋒，即先鋒部隊。指揮使，爲所部統兵將領。　安審信：人名。沙陀部人。五代將領安審琦從兄。五代後唐至後周將領。傳見本書卷一二三。

[3]懷州：州名。治所在今河南沁陽市。　彰聖軍使：官名。所部統兵將領。彰聖爲禁軍番號，後唐清泰元年（934）六月，改捧聖左右軍爲彰聖左右軍。《新五代史》卷七《唐廢帝紀》作“彰聖指揮使”。“彰聖軍”，中華書局本有校勘記：“原作‘彰德軍’，據殿本、本書卷四八《唐末帝紀下》、《册府》卷八、《新五代史》卷七《唐本紀》、《通鑑》卷二八〇改。按《通鑑》卷二八〇胡注：‘彰聖軍本洛城屯衛兵也，先是分屯懷州。’”見《輯本舊史》卷四八《唐末帝紀下》清泰元年六月庚午條、《新五代史》卷七《唐廢帝紀》、《通鑑》卷二八〇天福元年（936）七月條胡注。　張萬迪：人名。籍貫不詳。五代後唐、後晋將領。傳見《新五代史》卷三三。《輯本舊史》卷四八《唐末帝紀下》記張萬迪來降事於七月。

[4]契丹主：契丹皇帝，指耶律德光。耶律德光爲遼太祖耶律阿保機次子，遼朝太宗皇帝。紀見《遼史》卷三至卷四。“契丹主”，《通曆》卷一四《晋高祖》作“契丹酋長耶律氏”、《册府》卷八《帝王部·創業門四》作“契丹大酋長邪律氏”、《新五代史》卷八《晋高祖紀》作“契丹耶律德光”，《通鑑》卷二八〇與本卷同。　自雁門而南：《舊五代史考異》：“案《遼史》：九月丁酉，入雁門。戊戌，次忻州。己亥，次太原。”見《遼史》卷三《太宗紀上》。雁門，位於今山西代縣西北。

[5]高行周：人名。嬀州懷戎（今河北懷來縣）人。五代後唐至後周將領。傳見本書卷一二三、《新五代史》卷四八。　符彦卿：人名。陳州宛丘（今河南淮陽縣）人。五代、宋初將領。後周世宗宣懿皇后、宋太宗懿德皇后，皆符彦卿之女。傳見《宋史》卷二五一。

[6]楊光遠：人名。沙陀部人。五代後唐、後晋將領。傳見本

書卷九七、《新五代史》卷五一。

[7]是夜，帝出北門與戎王相見，戎王執帝手曰："恨會面之晚。"因論父子之義：《舊五代史考異》："案《遼史》：敬瑭率官屬來見，帝執手撫慰之。《契丹國志》云：敬瑭見契丹帝，問曰：'皇帝遠來，士馬疲倦，遽與唐大戰而勝，何也？'帝曰：'始我謂唐必斷雁門諸路，伏兵險要，不可得進，使人偵視皆無之，是以長驅而深入。我氣方鋭，乘此擊之，是以勝之。'敬瑭歎服。"見《契丹國志》卷二《太宗嗣聖皇帝上》、《遼史》卷三《太宗紀上》天顯十一年九月條。

[8]何福：人名。籍貫不詳。五代後唐、後晋時人，石敬瑭心腹。事見本書本卷。　以刀錯爲信：《輯本舊史》之影庫本粘籤："刀錯，原本作'刀錫'，今從《册府元龜》改正"。見明本《册府》卷四九九《邦計部·錢幣門》。

[9]河橋：地名。位於今河南孟州市。

[10]趙延壽：人名。常山（今河北正定縣）人。本姓劉，爲後唐將領趙德鈞養子。仕至後唐樞密使，遼朝幽州節度使、燕王。傳見本書卷九八、《遼史》卷七六。　遼州：州名。治所在今山西左權縣。

[11]趙德鈞：人名。幽州（今北京市）人。初爲幽州節度使劉守光部將，再爲後唐將領，最後投降遼國。傳見本書卷九八。　上黨：即潞州。治所在今山西長治市。　吴兒谷：地名。位於今山西黎城縣。　團柏谷：地名。位於今山西祁縣，爲太原與上黨地區間交通要道。中華書局本有校勘記："原本作'團谷口'，據殿本、本書卷四八《唐末帝紀下》、卷九八《趙德鈞傳》、《册府》卷八改。《通鑑》卷二八〇作'團柏谷口'。"《舊五代史考異》："案《遼史》：初圍晋安，分遣精兵守其要害，以絶援兵之路，趙延壽等皆逗留不進。"見《遼史》卷三《太宗紀上》天顯十一年（937）十月條。

十一月，戎王會帝於營，謂帝曰："我三千里赴義，事須必成。觀爾體貌恢廓，識量深遠，真國主也。天命有屬，時不可失，欲徇蕃漢羣議，册爾爲天子。"帝飾讓久之。既而諸軍勸請相繼，戎王乃命築壇於晋陽城南，册帝爲大晋皇帝，戎王自解衣冠授焉。[1]文曰：

維天顯十一年歲次丙申十一月丙戌朔十二日丁酉，[2]大契丹皇帝若曰：於戲！元氣肇開，樹之以君；天命不恒，人輔以德。故商政衰而周道盛，秦德亂而漢圖昌，人事天心，古今靡異。咨爾子晋王，神鍾睿哲，天贊英雄，叶夢日以儲祥，應澄河而啓運。迨事數帝，歷試諸艱。武略文經，迺由天縱；忠規孝節，固自生知。猥以眇躬，奄有北土，暨明宗之享國也，與我先哲王保奉明契，所期子孫順承，患難相濟，丹書未泯，白日難欺，顧予纂承，匪敢失墜。爾惟近戚，實系本枝，所以余視爾若子，爾待予猶父也。朕昨以獨夫從珂，本非公族，竊據寶圖，棄義忘恩，逆天暴物，誅剪骨肉，離間忠良，聽任矯諛，威虐黎獻，華夷震悚，内外崩離。知爾無辜，爲彼致害，敢徵衆旅，來逼嚴城，雖併吞之志甚堅，而幽顯之情何負。達予聞聽，[3]深激憤驚，乃命興師，爲爾除患，親提萬旅，遠殄羣凶，但赴急難，罔辭艱險。果見神祇助順，卿士叶謀，旗一麾而棄甲平山，鼓三作而殭屍遍野。雖以遂予本志，快彼羣心，將期税駕金河，班師玉塞。矧今中原無主，四海未寧，茫茫生民，若墜塗炭。況萬幾不可以暫廢，大寶不可以久虚，拯溺救焚，當在此日。爾有庇民之德，格于上下；爾有戡難之勳，[4]光于區宇；爾有無私之行，通乎神明；爾有不言之信，彰乎兆庶。予懋乃德，嘉乃丕績，天之曆數在爾躬，是用命爾，當踐皇極。仍以爾自兹并土，首建義旂，宜以國號曰晋，朕永與爲父子之邦，保山河之誓。於戲！補百王之闕禮，行兹盛典；成千載之大義，遂我初心。爾其永保兆民，勉持一德，慎乃有位，允執厥中，亦惟無疆之休，其誡之哉！

禮畢，帝鼓吹導從而歸。[5]

[1]戎王乃命築壇於晋陽城南：中華書局本有校勘記："'戎王'二字原闕，據《册府》卷八補。《通曆》卷一四作'契丹'。按《新五代史》卷七二《四夷附録》、《通鑑》卷二八〇皆記契丹築壇册石敬瑭事。"《舊五代史考異》："案：《通鑑》作築壇于柳林，《遼史》亦作設壇晋陽。"見《通鑑》卷二八〇天福元年（936）十一月丁酉條、《遼史》卷三《太宗紀上》天顯十一年（937）十月丁卯條。　册帝爲大晋皇帝：中華書局本有校勘記："'帝'，原作'立'，據殿本、劉本、孔本、《通曆》卷一四、《册府》卷八改。"《舊五代史考異》："案《遼史·太宗紀》：十一年冬十月甲子，封敬瑭爲晋王。十一月丁酉，册敬瑭爲大晋皇帝。《薛史》及《通鑑》《歐陽史》俱不載先封晋王事。"中華書局本引孔本："案《遼史》：十月甲子，封敬瑭爲晋王，幸其府，敬瑭與妻李氏率其親屬捧觴上壽。考《通鑑》及《契丹國志》俱不載先封晋王。"見《遼史》卷三《太宗紀上》。

[2]天顯十一年：中華書局本沿《輯本舊史》作"天顯九年"，有校勘記："據《遼史》卷三《太宗紀》，丙申年當爲天顯十一年，即清泰三年。"丙申年確爲晋天福元年、遼天顯十一年，該年十一月丙戌確爲初一，丁酉確爲十二日，故改。

[3]達予聞聽：中華書局本有校勘記："'予'，原作'于'，據殿本、孔本改。"

[4]爾有戡難之勳：《輯本舊史》之影庫本粘籤："戡難，原本作'甚艱'，今從《契丹國志》改正。"《契丹國志》未見記載。

[5]禮畢，帝鼓吹導從而歸：《舊五代史考異》："案《通鑑考異》引《廢帝實録》：契丹立晋，在閏月丁卯。《歐陽史》及《通鑑》并從《薛史》，作十一月丁酉。"見《新五代史》卷八《晋高祖紀》、《通鑑》卷二八〇天福元年十一月條。

始梁開國之歲，即前唐天祐四年也，潞州行營使李思安奏：[1]"壺關縣庶穰鄉鄉人伐樹，[2]樹倒自分兩片，内有六字如左書，云'天十四載石進'。"梁祖令藏於武庫，然莫詳其義。至帝即位，識者曰"'天'字取'四'字中兩畫加之於傍，則'丙'字也，'四'字去中之兩畫，[3]加十字，則'申'字也。"帝即位之年乃丙申也。又，易云："晋者，進也。"國號大晋，皆符契焉。

又帝即位之前一年，年在乙未，鄴西有栅曰李固，清、淇合流在其側。[4]栅有橋，橋下大鼠與蛇鬬，鬬及日之申，蛇不勝而死，行人觀者數百，識者志之，後唐末帝果滅於申。

又末帝，真定常山人也，[5]有先人舊廬，其側有古佛刹，刹有石像，忽摇動不已，人皆異之。及重圍晋陽，帝遣心腹何福輕騎求援北蕃，[6]蕃主自將諸部赴之，不以繒帛，不以珠金，若響應聲，謂福曰："吾已兆於夢，皆上帝命我，非我意也。"[7]時援兵未至，僞將張敬達引軍逼城設栅，栅將成，忽有大風暴雨，栅無以立。[8]後築長連城，城欲就，又爲水潦所壞，城終不能合。[9]晋陽有北宫，宫城之上有祠曰毗沙門天王，帝曾焚修默而禱之。經數日，城西北闉正受敵處，軍候報稱，夜來有一人長丈餘，介金執殳，行於城上，久方不見，帝心異之。

又牙城有僧坊曰崇福，坊之廡下西北隅有泥神，神之首忽一日有煙生，其騰郁如曲突之狀。[10]坊僧奔赴，以爲人火所延，及俯而視之，無所有焉。事尋達帝，帝召僧之臘高者問焉，僧曰："貧道見莊宗將得天下，曾有此煙，觀此噴湧，甚於當時，兆可知矣。"自此，日旁多有五色雲氣，如蓮芰之狀。帝召占者視之，謂曰："此驗應誰？"占者曰："見處爲瑞，更應何人！"

又帝每詰旦使人慰撫守陴者，[11]率以爲常，忽一夕已暝，城上有號令之聲，聲不絶者三，帝使人問之，將吏云："從上傳來者。"皆知神助。時城中復有數家井泉，暴溢不止。及蕃軍大至，合勢破之，[12]末帝之衆，似拉朽焉，斯天運使然，非人力也。

[1]潞州：州名。治所在今山西長治市。　行營使：官名。五代後唐置，掌行營軍馬。　李思安：人名。陳留（今河南開封市陳留鎮）人。五代後梁將領。傳見本書卷一九。

[2]壺關縣：縣名。治所在今山西長治市。　庶穰鄉：地名。位於今山西長治市。

[3]'四'字去中之兩畫：《舊五代史考異》："案：原本作'中去之兩畫'，今從《册府元龜》改正。"見明本《册府》卷二一

《帝王部·徵應門》。

[4]清：河流名。即清水。爲衛河上游。古濟水自巨野澤以下，别名清水，宋後通稱清河。　淇：河流名。即淇水、淇河，南流至今河南衛輝市淇門鎮入河。

[5]真定：1. 府名。五代後唐長興三年（932）由鎮州升爲真定府。後晋復爲鎮州。2. 縣名。爲鎮州州治。治所在今河北正定縣。　常山：古郡名。此亦指鎮州，治所在今河北正定縣。

[6]帝遣心腹何福輕騎求援北蕃：《輯本舊史》之案語："案：原本闕'帝遣心腹'四字，今從《册府元龜》增入。"見明本《册府》卷二一。"輕騎"，中華書局本有校勘記："原作'徑騎'，據殿本、劉本、《通曆》卷一四改。彭校、《册府》卷二一作'單騎'。影庫本批校：'"徑騎"，疑當作"輕騎"。'"

[7]吾已兆於夢，皆上帝命我，非我意也：《舊五代史考異》："案《契丹國志》引《紀異録》云：契丹主德光嘗晝寢，夢一神人花冠美姿容，輜軿甚盛，忽自天而下，衣白衣，佩金帶，執銷鍒，有異獸十二隨其後，内一黑兔入德光懷而失之。神人語德光曰：'石郎使人唤汝，汝須去。'覺告其母，母忽之，不以爲異。後復夢，即前神人也，衣冠儀貌，儼然如故，曰：'石郎已使人來唤汝。'既覺而驚，復以告母。母曰：'可命筮。'乃召巫筮，言：'太祖從西樓來，言中國將立天王，要爾爲助，爾須去。'未浹旬，石敬瑭反於河東，爲後唐張敬達所敗，亟遣趙瑩持表重賂，許割燕雲，求兵爲援，契丹主曰：'我非爲石郎興師，乃奉天帝敕使也。'"見《契丹國志》卷二《太宗嗣聖皇帝上》。對《舊五代史考異》所引之"有異獸十二隨其後"，中華書局本有校勘記："'獸'，原作'人'，據《契丹國志》卷二改。"

[8]僞將張敬達引軍逼城設栅：中華書局本有校勘記："'設'，原作'投'，據殿本、劉本、《通曆》卷一四、《册府》卷二一改。"

忽有大風暴雨：中華書局本有校勘記："'忽'，原作'必'，據殿本、《通曆》卷一四、《册府》卷二一改。影庫本批校：'"必有"，按文氣應作“忽有”。’”

[9]後築長連城，城欲就：“連”字，中華書局本沿《輯本舊史》缺，從上下文可知，此“長連城”指張敬達所築以圍高祖之城，非指長城。故下文又云“城欲就，又爲水潦所壞，城終不能合”。今據明本《册府》卷二一補。“城欲就”，中華書局本有校勘記：“‘欲’字原闕，據彭校、《册府》卷二一補。”

[10]又牙城有僧坊曰崇福：《輯本舊史》之影庫本粘籤：“崇福，原本作‘從福’，今從《册府元龜》改正。”見明本《册府》卷二一。

[11]又帝每詰旦使人慰撫守陴者：“人”字，中華書局本沿《輯本舊史》缺，據明本《册府》卷二一補。

[12]合勢破之：中華書局本有校勘記：“邵本校無‘之’字。”

是日，[1]帝言於戎王，願以雁門已北及幽州之地爲戎王壽，仍約歲輸帛三十萬，戎王許之。[2]《永樂大典》卷一萬五千六百四十三。[3]

[1]是日：即遼天顯十一年、後唐清泰三年、後晋天福元年（丙申，936）十一月十二日丁酉。

[2]三十萬：《會要》卷二九《契丹》作“十三萬”。

[3]《大典》卷一五六四三“晋”字韻“五代後晋高祖（一）”事目。

舊五代史　卷七六

晋書二

高祖紀第二

天福元年十一月己亥，帝御北京崇元殿，降制："改長興七年爲天福元年，大赦天下。[1]十一月九日昧爽已前，應在京及諸州諸色罪犯，及曾授僞命職掌官吏，并見禁囚徒，已結正未結正，已發覺未發覺，罪無輕重，常赦不原者，咸赦除之。應明宗朝所行敕命法制，仰所在遵行，不得改易。[2]其在京鹽貨，元是官場出糶，自今後並不禁斷，一任人户取便糴易，仍下太原府，更不得開場糶貨。[3]其麴每斤與減價錢三十文。"[4]以節度判官趙瑩爲翰林學士承旨、守尚書户部侍郎、知河東軍府事，[5]以節度掌書記桑維翰爲翰林學士、守尚書禮部侍郎、知樞密院事，[6]以觀察判官薛融爲吏部郎中兼侍御史知雜事，[7]太原縣令羅周岳爲左諫議大夫，[8]節度推官竇貞固爲翰林學士，[9]軍城都巡檢使劉知遠爲侍衛馬軍都指揮使，[10]客將景延廣爲步軍都指揮使，[11]太原少尹李玘爲尚書工部侍郎。[12]

[1]天福：五代後晋高祖石敬瑭年號（936—942）。出帝石重貴沿用至九年（944）。後漢高祖劉知遠繼位後沿用一年，稱天福十二年（947）。　北京：指五代後唐的北都太原府（今山西太原市西南晋源鎮）。《新五代史》卷五《莊宗紀》載，同光元年（923）“十一月乙巳，復北都爲鎮州，太原爲北都”。　崇元殿：宫殿名。位於今山西太原市。　制：帝王命令的一種。唐制，凡行大賞罰，授大官爵，釐革舊政，赦宥慮囚，皆用制書。由中書舍人起草擬定。禮儀等級較高。　長興：後唐明宗李嗣源年號（930—933）。長興四年李嗣源去世，其子李從厚繼位，次年改元清泰，則長興衹有四年。後晋初沿用長興年號，是爲了否定後唐閔帝李從厚、末帝李從珂的合法性。

[2]明宗：即五代後唐明宗李嗣源。沙陀部人。原名邈佶烈，李克用養子。926年至933年在位。紀見本書卷三五至卷四四、《新五代史》卷六。

[3]在京鹽貨：《册府》卷四九四作“在京鹽價”。　出糶（tiào）：賣出糧食。據中華書局本有校勘記：“‘糶’，原作‘糴’，據《册府》卷四九四改。”見《宋本册府》卷四九四《邦計部·山澤門二》天福元年（936）十一月九日即位制。　更不得開場糶貨：據中華書局本有校勘記：“‘糶’，原作‘糴’，據《册府》卷九三、卷四九四改。”見明本《册府》卷九三《帝王部·赦宥門一二》，《册府》卷四九四作“一任人户取便糶易”。

[4]其麴（qū）每斤與減價錢三十文：《輯本舊史》之影庫本粘籤：“其麴，原本作‘其麪’，今從《文獻通考》改正。”見《通考》卷一五《徵榷考二·鹽鐵》，又見《册府》卷九三。

[5]節度判官：官名。唐、五代方鎮僚屬，位在行軍司馬下。分掌使衙内各曹事，並協助使職官員通判衙事。　趙瑩：人名。華

州華陰（今陝西華陰市）人。五代後晋宰相。傳見本書卷八九、《新五代史》卷五六。　翰林學士承旨：官名。爲翰林學士之首。掌拜免將相、號令征伐等詔令的起草。《舊唐書》卷四三《職官志二》翰林院條："例置學士六人，内擇年深德重者一人爲承旨，所以獨承密命故也。"　尚書户部侍郎：官名。尚書省户部次官。協助户部尚書掌天下田户、均輸、錢穀之政令。正四品下。　知河東軍府事：官名。臨時差遣，爲河東軍的實際長官，地位亞於河東節度使。

［6］節度掌書記：官名。唐五代方鎮僚屬，位在判官下。掌表奏書檄、文辭之事。　桑維翰：人名。洛陽（今河南洛陽市）人。初爲石敬瑭節度掌書記，石敬瑭稱帝後出任翰林學士、知樞密院事等職。傳見本書卷八九、《新五代史》卷二九。　翰林學士：官名。由南北朝始設之學士發展而來，唐玄宗改翰林供奉爲翰林學士，備顧問，代王言。掌拜免將相、號令征伐等詔令的起草。　尚書禮部侍郎：官名。尚書省禮部次官。協助禮部尚書掌禮儀、祭享、貢舉之政。正四品下。　知樞密院事：官名。五代後晋天福元年（936）始置，主管樞密院政務。

［7］觀察判官：官名。唐肅宗以後置，五代沿置。觀察使屬官。參理田賦事，用觀察使印、署狀。　薛融：人名。汾州平遥（今山西平遥縣）人。五代後唐、後晋官員。傳見本書卷九三、《新五代史》卷五六。　吏部郎中：官名。尚書省吏部頭司吏部司長官。掌文官階品、朝集、禄賜，給其告身、假使以及選補流外官等事。《新唐書》記正五品上。　侍御史知雜事：官名。唐置，以資深御史充任，總管御史臺庶務。五代沿置。

［8］太原縣令：官名。爲太原縣的行政長官，掌治本縣。唐代之縣，分赤（京）、次赤、畿、次畿、望、緊、上、中、中下、下十等。縣令分六等，正五品上至從七品下。太原縣令爲京縣令，正五品上。　羅周岳：人名。籍貫不詳。五代後唐、後晋官員。事見本書本卷、卷七八、卷八一、卷八四。　左諫議大夫：官名。隸門

下省。唐代置左、右諫議大夫各四人，分隸門下省、中書省。掌諫諭得失、侍從贊相。正四品下。

［9］節度推官：官名。唐肅宗以後置，五代沿置。爲節度使屬官，位次於判官、掌書記。掌理刑案之事。　竇貞固：人名。同州白水（今陝西白水縣）人。歷仕後唐至後周，曾任後漢宰相。傳見《宋史》卷二六二。

［10］軍城都巡檢使：官名。軍城當指河東軍駐地太原府。五代始設巡檢、都巡檢、都巡檢使於京師、陪都、重要的州及邊防重鎮。掌地方治安。　劉知遠：人名。沙陀部人，世居於太原。五代後唐、後晋將領，後漢高祖。947 年至 948 年在位。紀見本書卷九九至卷一〇〇、《新五代史》卷一〇。　侍衛馬軍都指揮使：官名。五代時皇帝親軍侍衛馬軍司長官。

［11］客將：官名。亦稱典客。唐末、五代藩鎮負責接待使節、賓客、出使等外交職責的武官。詳見吴麗娱《試論晚唐五代的客將、客司與客省》，《中國史研究》2002 年第 4 期。　景延廣：人名。陝州（今河南三門峽市陝州區）人。五代後晋將領。傳見本書卷八八、《新五代史》卷二九。　步軍都指揮使：官名。五代置。爲侍衛親軍步兵統兵長官。

［12］太原少尹：官名。太原府次長官。唐、五代於三京、鳳翔等府均置少尹，爲尹的副職。協助尹通判列曹諸務。從四品下。李玘：人名。籍貫不詳。五代後晋官員。事見本書本卷。《輯本舊史》之影庫本粘籤："原本作'李玑'，今從《通鑑》改正。"未見於《通鑑》，但《輯本舊史》卷七六《晋高祖紀二》天福二年正月丙寅條、卷八二《晋少帝紀二》天福八年十月壬申條、卷八四《晋少帝紀四》開運三年（946）七月壬辰條、卷八七《石重乂傳》均作"李玘"，據改。　尚書工部侍郎：官名。尚書省工部次官。協助工部尚書掌管百工山澤水土之政令，考其功以詔賞罰，總所同各司之事。正四品下。

閏十一月甲子，晉安寨副招討使楊光遠等殺上將張敬達，以諸軍來降。[1]丙寅，制以翰林學士承旨、知河東軍府事、户部侍郎、知制誥趙瑩爲門下侍郎、同中書門下平章事、監修國史，以翰林學士、權知樞密使事、禮部侍郎、知制誥桑維翰爲中書侍郎、同中書門下平章事、集賢殿大學士，依前知樞密院事，並賜推忠興運致理功臣。[2]甲戌，車駕至昭義，受趙德鈞、延壽降。[3]是日，戎王舉酒言於帝曰：[4]“予遠來赴義，大事已成，皇帝須赴京都，今令大相温勒兵相送至河梁，要過河者，任意多少，予亦且在此州，俟京洛平定，便當北轅。”[5]執手相泣，久不能别。脱白貂裘以衣帝，贈細馬二十匹、戰馬一千二百匹，[6]仍誡曰：“子子孫孫，各無相忘。”己卯，至河陽北，節度使萇從簡來降，舟楫已具。[7]庚辰，望見洛陽烟火相次，有將校飛狀請進。辛巳，唐末帝聚其族，與親將宋審虔等登玄武樓，縱火自焚而死。[8]至晚，車駕入洛。唐兵解甲待罪，皆慰而舍之。帝止潛龍舊第，百官稍稍見焉。詔御史府促朝官入見，詔文武兩班臣僚應事僞庭者並釋罪。是日，百辟謝恩於宫門之外。甲申，車駕入内，御文明殿受朝賀，用唐禮樂。[9]制：“大赦天下，應中外諸色職掌官吏内曾有受僞命者，一切不問。僞庭賊臣張延朗、劉延皓、劉延朗等，[10]並姦邪害物，貪猥弄權，罪既滿盈，理難容貸。除此三人已行敕命指揮外，其有宰臣馬裔孫、樞密使房暠、宣徽使李專美、河府節度使韓昭裔等四人，並令釋放。[11]少帝宜令中書門下追尊定謚，擇日禮葬；妃孔氏，宜行追册祔葬。[12]應天下歸順節度使、刺史下賓席郡職及將校等，委中書門下各與改轉官資。[13]其北京管内鹽鐺户，合納逐年鹽利，昨者僞命指揮，[14]每斗須令人户折納白米一斗五升，極知百姓艱苦。自今後宜令人户以元納食鹽石斗數目，每斗依時價計定錢數，[15]以錢數取人户便穩，折納斛斗。其洛京管内逐年所配人户食鹽，起來年每斤特與減價錢十文。應諸道商税，仰逐處將省司合收税條例，牓於本院前，牓内該設名目者，即得收税。"

[1]晋安寨：地名。位於今山西太原市。　副招討使：官名。行營統兵官。位次行營都統、招討使。掌招撫討伐事務。　楊光遠：人名。沙陀部人。五代後唐、後晋將領。傳見本書卷九七、《新五代史》卷五一。　張敬達：人名。代州（今山西代縣）人。五代後唐將領。傳見本書卷七〇、《新五代史》卷三三。

[2]知制誥：官名。掌起草皇帝的詔、誥之事。原爲中書舍人之職。唐開元末置學士院，翰林學士入院一年，則加知制誥銜，專掌任免宰相、册立太子、宣布征伐等特殊詔令，稱爲内制。而中書舍人所撰擬的詔敕稱爲外制。兩種官員總稱兩制官。　門下侍郎：官名。門下省次官，常加"同中書門下平章事"銜爲宰相。正三品。　同中書門下平章事：官名。簡稱"同平章事"。唐高宗以後，凡實際任宰相之職者，常在其本官後加同平章事的職銜，後成爲宰相專稱。後晋天福五年（940），升中書門下平章事爲正二品。　監修國史：官名。北齊始置史館，以宰相爲之。唐史館沿置，爲宰相兼職。　中書侍郎：官名。中書省副長官。唐後期三省長官漸爲榮銜，中書、門下侍郎却因參議朝政而職位漸重，常常用爲以"同三品"或"同平章事"任宰相者的本官。正三品。　集賢殿大學士：

官名。唐中葉置，位在學士之上，以宰相兼。掌修書之事。　“丙寅”至“推忠興運致理功臣”：“知河東軍府事趙瑩”之“事”，“權知樞密使事桑維翰”之“使”，據明本《册府》卷七四《帝王部·命相門四》改補。又，《通鑑》卷二八〇天福元年（936）閏十一月丙寅條載：“以重貴爲北京留守、太原尹、河東節度使。”

［3］甲戌，車駕至昭義：《舊五代史考異》：“案：《歐陽史》及《通鑑》並從《薛史》作甲戌至潞州。《遼史》作辛未，與《薛史》異。”《新五代史》卷八《晋高祖紀》天福元年閏十一月甲戌條作“趙德鈞及其子延壽叛于唐來降，契丹鏁之以歸”。《遼史》卷三《太宗紀上》天顯十一年閏十一月辛未條作“兵度團柏谷，以酒肴祀天地。俄追及德鈞父子，乃率衆降。次潞州，召諸將議，皆請班師，從之”。甲戌爲十九日，辛未爲十六日。　趙德鈞：人名。幽州（今北京市）人。初爲幽州節度使劉守光部將，再爲後唐將領，後投降契丹。傳見本書卷九八。　延壽：人名。即趙延壽。常山（今河北正定縣）人。本姓劉，爲趙德鈞養子。五代時後唐將領。後唐明宗李嗣源女婿。曾任後唐樞密使，鎮守徐州。後與德鈞降契丹，爲幽州節度使，封燕王，進大丞相，導契丹南下攻後晋，企圖代晋稱帝。契丹滅晋後，任中京留守。契丹主死，自稱權知南朝軍國事。不久爲契丹永康王耶律阮所執，死於契丹。傳見本書卷九八、《遼史》卷七六。

［4］戎王：指遼太宗耶律德光。石敬瑭以割幽雲十六州並向耶律德光稱子稱臣爲條件，乞求耶律德光出兵滅後唐。事見本書卷七五。

［5］大相温：官名。遼國大詳穩司長官。“相温”又譯作斯温、撒温、索温、左温、詳穩，其原音爲 sagun，爲回紇汗國統率兵馬的軍官稱號，實際上是漢文“將軍”的突厥文和回鶻文音譯。參見楊若薇《契丹王朝政治軍事制度研究》，中國社會科學出版社 1991 年版。　京洛：洛陽之別稱，代指中原。

［6］贈細馬二十匹：《輯本舊史》之影庫本粘籤：“細馬，《通

鑑》作‘良馬’，疑原本有誤，考《契丹國志》亦作‘細馬’，今仍其舊。”見《通鑑》卷二八〇天福元年閏十一月甲戌條，但《契丹國志》卷二一外國貢進禮物條作“散馬”，非“細馬”。

[7]己卯，至河陽北：《舊五代史考異》：“案：《薛史·唐紀》作庚辰，晉帝至河陽，《遼史》又作辛巳，並與此《紀》異。《通鑑》作己卯，與此《紀》同。”見《輯本舊史》卷四八《唐末帝紀下》、《通鑑》卷二八〇、《遼史》卷三《太宗紀上》。己卯爲二十四日，庚辰爲二十五日，辛巳爲二十六日。　節度使：官名。唐時在重要地區所設掌握一州或數州軍、民、財政的長官。　萇從簡：人名。陳州（今河南淮陽縣）人。五代後唐、後晉將領。傳見本書卷九四、《新五代史》卷四七。

[8]唐末帝：即後唐末帝李從珂。又謚廢帝。鎮州（今河北正定縣）人。後唐明宗養子。明宗入洛陽，以功拜河中節度使，封潞王。紀見本書卷四六至卷四八、《新五代史》卷七。　宋審虔：人名。籍貫不詳。五代後唐官員。事見本書卷四八。　玄武樓：門樓名。位於洛陽。

[9]文明殿：宫殿名。爲洛陽宫城之前殿。位於今河南洛陽市。

[10]張延朗：人名。汴州開封（今河南開封市）人。後唐三司使。傳見本書卷六九、《新五代史》卷二六。　劉延皓：人名。應州渾元（今山西渾源縣）人。後唐大臣，後唐末帝劉皇后之弟。傳見本書卷六九、《新五代史》卷一六。　劉延朗：人名。宋州虞城（今河南虞城縣）人。五代後唐大臣。傳見本書卷六九、《新五代史》卷二七。《輯本舊史》之影庫本粘籤：“原本脱‘劉延朗’三字，今從《册府元龜》增入。”見明本《册府》卷九三《帝王部·赦宥門一二》。

[11]馬裔孫：人名。《新五代史》作“馬胤孫”。棣州滴河（今山東商河縣）人。後唐進士、宰相。傳見本書卷一二七、《新五代史》卷五五。　樞密使：官名。樞密院長官，五代時以士人爲之，備顧問，參謀議，出納詔奏，權侔宰相。參見李全德《唐宋變

革期樞密院研究》，國家圖書館出版社 2009 年版。　房暠：人名。京兆長安（今陝西西安市）人。五代後唐、後晋大臣。傳見本書卷九六。　宣徽使：官名。唐始置。宣徽南院使、北院使通稱宣徽使。初用宦官，五代以後改用士人。通掌内諸司及三班内侍之名籍，郊祀、朝會、宴享供帳之儀，檢視内外進奉名物。詳見王永平《論唐代宣徽使》，《中國史研究》1995 年第 1 期；王孫盈政《再論唐代的宣徽使》，《中華文史論叢》2018 年第 3 期。　李專美：人名。京兆萬年（今陝西西安市長安區）人。五代後梁、後唐、後晋官員。傳見本書卷九三。　河府：府名。當即河中府。治所在今山西永濟市。　韓昭裔：人名。《新五代史》作"韓昭胤"。籍貫不詳。五代後唐大臣，末帝親信。歷任鳳翔節度判官、樞密使、同平章事，官至尚書左僕射。事見本書本卷、卷四六、卷四七。

［12］少帝：即後唐閔帝李從厚。李從厚爲後唐明宗李嗣源第三子。紀見本書卷四五、《新五代史》卷七。　中書門下：官署名。唐代以來爲宰相處理政務的機構。參見劉後濱《唐代中書門下體制研究——公文形態·政務運行與制度變遷》，齊魯書社 2004 年版。　孔氏：即後唐閔帝孔皇后。後唐廢帝李從珂入立，孔皇后及四子皆見殺。晋高祖立，追謚曰哀。傳見《新五代史》卷一五。

［13］應天下歸順節度使："歸順"，《輯本舊史》原闕，中華書局本未補，據明本《册府》卷九三《帝王部·赦宥部一二》補。　刺史：官名。漢武帝時始置。州一級行政長官，總掌考覈官吏、勸課農桑、地方教化等事。唐中期以後，節度使、觀察使轄州而設，刺史爲其屬官，職任漸輕。從三品至正四品下。

［14］鹽鐺户：製鹽的民户。唐宋時期，河東、陝西、河北的部分地方刮鹹土煮鹽，官府籍民户有鹹土者爲鐺户。　昨者僞命指揮：明本《册府》卷九三《帝王部·赦宥部一二》"指揮"下有"使"字。

［15］每斗依時價計定錢數，以錢數取人户便穩：《輯本舊史》原闕"以錢數"三字，據明本《册府》卷四九四《邦計部·山澤

門二》補。

十二月乙酉朔，幸河陽，餞送大相温、蕃部兵士歸國，詔降末帝爲庶人。丁亥，制以司空馮道守本官兼門下侍郎、平章事、弘文館大學士，以步軍都指揮使符彦饒爲滑州節度使，以河陽節度使萇從簡爲許州節度使，以澤州刺史劉遂凝爲華州節度使，以皇子重乂爲河南尹。[1]庚寅，以滑州節度判官石光贊爲宗正卿。[2]辛卯，以舊相姚顗爲刑部尚書。[3]時自秋不雨，經冬無雪，命羣官徧加祈禱。癸巳，以邠州節度使張希崇爲靈武節度使，鄧州節度使皇甫遇爲定州節度使。[4]詔國朝文物制度、起居入閤，宜依唐明宗朝事例施行。[5]鎮州衙内都虞候祕瓊作亂，逐副使李彦琦，殺都指揮使胡章。[6]同州小校門鐸殺節度使楊漢賓，燒劫州城。[7]丙申，帝爲明宗皇后曹氏薨舉哀於長春殿，輟朝三日。[8]詔封故東丹王李贊華爲燕王，遣前單州刺史李肅部署歸葬本國。[9]以右拾遺吴涓爲左補闕，充樞密院學士。[10]己亥，以汴州節度使李周充西京留守，以前河中節度使李從璋爲鄧州節度使。[11]慈州奏，草寇攻城，三日而退。[12]庚子，帝爲皇弟故彰聖指揮使敬威、沂州指揮使敬德、檢校太子賓客敬殷舉哀於長春殿。[13]以舊相盧文紀爲吏部尚書。[14]以皇城使周瓌爲大將軍，充三司使。[15]以右贊善大夫馬重績爲司天監。[16]青州奏，節度使房知温卒，詔鄆州王建立以所部牙兵往青州安撫。[17]中書門下奏："請以來年二月二十八日帝慶誕日爲天和節。"[18]從之。

［1］司空：官名。與太尉、司徒並爲三公。唐後期、五代多爲大臣、勳貴加官。正一品。　馮道：人名。瀛州景城（今河北滄縣）人。後唐、後晋時歷任宰相。後漢、後周時任太師。歷仕四朝，居相位二十余載。傳見本書卷一二六、《新五代史》卷五四。　弘文館大學士：官名。唐初置，位在學士之上，以次相兼。　符彦饒：人名。陳州宛丘（今河南淮陽縣）人。符存審次子。五代後唐、後晋將領。傳見本書卷九一、《新五代史》卷二五。　滑州：州名。治所在今河南滑縣。　河陽：方鎮名。全稱"河陽三城"。治所在孟州（今河南孟州市）。　許州：州名。治所在今河南許昌市。　澤州：州名。治所在今山西澤州縣。　劉遂凝：人名。密州安丘（今山東安丘市）人。劉鄩之子。五代將領。歷任華州節度使、右龍武統軍、左驍衛上將軍。傳見本書卷一三一。中華書局本作"劉凝"，並有校勘記："'劉凝'，本書卷七八《晋高祖紀四》、《通鑑》卷二八〇作'劉遂凝'。"今據《輯本舊史》卷七八《晋高祖紀四》天福四年（939）四月己卯條、卷八一《晋少帝紀一》天福七年十二月乙丑條、《通鑑》卷二八〇天福元年九月條作"劉遂凝"。此人即劉鄩之子。《輯本舊史》卷二三《劉鄩傳》末明言"子遂凝、遂雍别有傳"。兩傳失傳，需增輯。又鄩之猶子遂清，《輯本舊史》卷九六亦有傳，"遂"字不可删。　華州：州名。治所在今陝西渭南市華州區。　重乂：人名。即石重乂。後晋高祖石敬瑭之子。傳見本書卷八七、《新五代史》卷一七。　河南尹：官名。唐開元元年（713）改洛州爲河南府，治所在今河南洛陽市。以河南府尹總其政務。從三品。

［2］石光贊：人名。五代後晋宗室、官員。事見本書本卷。　宗正卿：官名。秦始置宗正，南朝梁始有宗正卿之官。由宗室充任。掌皇族外戚屬籍。正三品。

［3］姚顗：人名。京兆萬年（今陝西西安市長安區）人。唐末進士，五代後梁、後唐、後晋大臣。傳見本書卷九二、《新五代史》卷五五。《輯本舊史》之影庫本粘籤："'姚顗'，原本作'姚覬'，

今從《歐陽史》改正。”見《新五代史》卷八《晋高祖紀》天福元年閏十一月辛巳條，又《通鑑》卷二八〇天福元年十二月辛卯條“以唐中書侍郎姚顗爲刑部尚書”。　刑部尚書：官名。尚書省刑部主官。掌天下刑法及徒隸、勾覆、關禁之政令。正三品。

[4]邠州：州名。治所在今陝西彬縣。　張希崇：人名。幽州薊縣（今北京市）人。五代後唐將領。傳見本書卷八八、《新五代史》卷四七。　靈武：郡名。治所在今寧夏吴忠市。乾元元年(758)，改名靈州。此處代指治所在靈州的方鎮朔方軍。　鄧州：州名。治所在今河南鄧州市。　皇甫遇：人名。常山（今河北正定縣）人。五代後唐、後晋將領。傳見本書卷九五、《新五代史》卷四七。　定州：州名。治所在今河北定州市。

[5]起居入閤：指五日起居、朔望入閤兩種朝會制度。據《新五代史》卷五四《李琪傳》載，後唐明宗天成元年（926）創置五日起居，李琪請罷五日起居，恢復朔望入閤，“明宗曰：五日起居，吾思所以數見羣臣也，不可罷。而朔望入閤可復。”

[6]鎮州：州名。治所在今河北正定縣。　衙内都虞候：官名。《新五代史》卷五一載祕瓊之職爲“衙内指揮使”。衙内指揮使爲節度使府衙内之牙將，統最親近衛兵，衙内都虞候爲其副貳。　祕瓊：人名。平山（今河北平山縣）人。五代後晋將領。傳見本書卷九四。　副使：官名。即節度副使。唐五代方鎮屬官。位於行軍司馬之下、判官之上。　李彦琦：人名。籍貫不詳。五代後晋將領。事見本書本卷。　都指揮使：官名。五代軍隊編制，五百人爲一指揮，設指揮使、副指揮使；十指揮爲一軍，設都指揮使、副都指揮使。　胡章：人名。籍貫不詳。五代後晋時的地方將領。事見本書本卷。

[7]同州：州名。治所在今陝西大荔縣。　門鐸：人名。籍貫不詳。五代後晋將領。事見本書本卷。　楊漢賓：人名。籍貫不詳。五代後唐、後晋將領。事見《通鑑》卷二七七、卷二八〇。

[8]曹氏：即後唐明宗曹皇后。籍貫不詳。閔帝時封皇太后。

後唐亡，與末帝一同自焚而死。傳見本書卷四九、《新五代史》卷一五。　舉哀：發喪並舉行悼念儀式。　長春殿：宫殿名。位於今河南洛陽市。　輟朝：又稱廢朝。古代帝王遇親喪或文武大臣病故，停止視朝數日，以示哀悼。

［9］李贊華：人名。本名耶律倍，小名突欲。遼太祖耶律阿保機長子，封東丹王。其弟耶律德光即位，是爲遼太宗。突欲憤而降後唐，明宗賜名李贊華。傳見《遼史》卷七二。　單州：州名。治所在今山東單縣。　李肅：人名。籍貫不詳。五代後晉官員。事見本書本卷。

［10］右拾遺：官名。唐武則天於垂拱元年（685）置拾遺，分左、右。左拾遺隸門下省，右拾遺隸中書省，與左、右補闕共掌諷諫，大事廷議，小事則上封事。從八品上。　吴涓：人名。籍貫不詳。五代後晉官員，曾任右拾遺、左補闕、樞密直學士、知制誥等職。事見本書本卷。　左補闕：官名。唐代諫官。武則天垂拱元年（685）始置。分爲左右，左補闕隸於門下省，右補闕隸於中書省。掌規諫諷諭，大事可以廷議，小事則上封奏。從七品上。　樞密院學士：官名。即樞密直學士。五代後唐莊宗同光元年（923）改直崇政院置，選有政術、文學者充任。備顧問應對。

［11］汴州：州名。治所在今河南開封市。　李周：人名。原名李敬周。邢州内丘（今河北内丘縣）人。後晉將領。傳見本書卷九一、《新五代史》卷四七。　西京留守：官名。唐玄宗久住東都洛陽，天寶元年（742）以京師長安爲西京，改西都留守爲西京留守，仍掌京師軍政要務。肅宗以後稱長安爲上都，仍沿用西京留守舊稱。　河中：方鎮名。治所在河中府（今山西永濟市）。　李從璋：人名。後唐明宗從子。五代後唐、後晉將領。傳見本書卷八八、《新五代史》卷一五。

［12］慈州：中華書局本有校勘記：“慈州，殿本作‘磁州’。”當作磁州爲是。磁州，治所在今河北磁縣。

［13］彰聖指揮使：官名。所部統兵將領。彰聖爲禁軍番號，後

唐清泰元年（934）六月，改捧聖左右軍爲彰聖左右軍。　敬威：人名。即石敬威。後晋高祖石敬瑭之弟。傳見本書卷八七、《新五代史》卷一七。《輯本舊史》作“敬殷”，中華書局本有校勘記：“‘敬殷’，本書卷八〇《晋高祖紀六》作‘威’。案‘敬’係避晋高祖諱省。本書卷八七《廣王敬威傳》、《新五代史》卷一七《晋家人傳》、《通鑑》卷二八〇皆記爲彰聖指揮使者係敬威。”但未改。今據《輯本舊史》卷八〇《晋高祖紀六》天福七年正月辛酉條、卷八七《廣王敬威傳》、《新五代史》卷一七《晋家人傳》、《通鑑》卷二八〇天福元年六月丙子條，改。　沂州：州名。治所在今山東臨沂市。　指揮使：官名。唐末、五代藩鎮皆置都指揮使、指揮使，爲統兵將領。　敬德：人名。即石敬德。後晋高祖石敬瑭之弟。傳見《新五代史》卷一七。　檢校太子賓客：官名。太子賓客爲太子官屬，掌侍從規諫、贊相禮儀。檢校太子賓客爲散官或加官，以示恩寵，無實際執掌。　敬殷：人名。即石敬殷。後晋高祖石敬瑭之弟。傳見《新五代史》卷一七。《輯本舊史》作“敬友”，中華書局本有校勘記：“‘敬友’，本書卷八〇《晋高祖紀六》作‘殷’。案‘敬’係避晋高祖諱省。《新五代史》卷一七《晋家人傳》記贈檢校太子賓客者爲敬殷，按新、舊《五代史》無敬友其人。”但未改。今據《新五代史》卷一七《晋家人傳》改。

[14]盧文紀：人名。京兆萬年（今陝西西安市長安區）人。唐末進士，五代宰相。傳見本書卷一二七、《新五代史》卷五五。　吏部尚書：官名。尚書省吏部長官，與二侍郎分掌六品以下文官選授、勳封、考課之政令。正三品。

[15]皇城使：官名。唐末始置，爲皇城司的長官，一般爲君主的親信充任，以拱衛皇城。　周瓌：人名。晋陽（今山西太原市）人。五代後晋將領。傳見本書卷九五。　三司使：官名。五代後唐明宗天成元年（926）將晚唐以來的户部、度支、鹽鐵三部合爲一職，設三司使統之。主管國家財政。

[16]右贊善大夫：官名。即太子右贊善大夫。掌規諫太子過

失、贊相禮儀等事。正五品上。中華書局本作"左贊善大夫"，並有校勘記："'左'，本書卷九六《馬重績傳》、《新五代史》卷五七《馬重績傳》作'右'。"但未改。今據《輯本舊史》卷九六《馬重績傳》、《新五代史》卷五七《馬重績傳》改。　馬重績：人名。其先出於北狄，籍貫不詳。五代後唐、後晋官員，天文曆法領域的專家。傳見本書卷九六、《新五代史》卷五七。　司天監：官名。爲司天監的長官，掌天文、曆法以及占候等事。

[17]青州：州名。治所在今山東青州市。　房知温：人名。兗州瑕丘（今山東濟寧市兗州區）人。五代後唐將領。傳見本書卷九一、《新五代史》卷四六。　鄆州：州名。治所在今山東東平縣。　王建立：人名。遼州榆社（今山西榆社縣）人。五代後唐、後晋大臣。傳見本書卷九一、《新五代史》卷四六。　牙兵：五代時期藩鎮親兵。參見來可泓《五代十國牙兵制度初探》，《學術月刊》1995年第11期。

[18]天和節：後晋高祖石敬瑭誕節。

天福二年春正月甲寅朔，帝御文明殿受朝賀，仗衛如式。乙卯，日有蝕之。[1]是夜，有赤白氣相間，如耕壟竹林之狀，自亥至丑，生北濁，過中天，明滅不定，徧二十八宿，徹曙方散。丁巳，故皇弟敬威、敬德、敬殷並贈太傅，皇子重裔、重進、重英並贈太保。[2]右神武統軍康思立卒，輟視朝，贈太子少師。[3]是日，詔曰："唐莊宗陵名與國諱同，宜改爲伊陵。[4]應京畿及諸州縣舊有唐朝諸帝陵并真源等縣，並不爲次赤，却以畿甸緊望爲定。[5]其逐處縣令，不得以陵臺結銜，考滿日，依出選門官例指揮，隔任後準格例施行。[6]其宋州亳州節度使、刺史，落太清宫使、副名額。"[7]庚申，以前吏部郎中兼侍御史知雜事王松爲左諫議大夫，水部郎中王易簡本官知制誥。[8]定州奏，契丹改幽州爲南京。[9]中書奏，請立宗廟，從之。以翰林學士、工部侍郎和凝爲禮部侍郎，依前充職。[10]詔内外文武臣僚並與加恩，皇基初造，示普恩也。[11]太子少保致仕華温琪卒，贈太子太保。[12]是日，詔："應朝臣中有藉才特除外任者，秩滿無遺闕，將來擬官之時，在外一任同在朝一任升進。其就便自求外職及不是特達選任者，不在此限。"安州上言，節度使盧文進殺行軍副使，率部下親兵過淮。[13]以前天平軍節度使、檢校太尉、兼侍中王建立爲平盧軍節度使，以守司空、門下侍郎、平章事、弘文館大學士馮道兼諸道鹽鐵轉運等使。[14]天雄軍節度使、兼中書令范延光改封秦國公，加食邑實封；鳳翔節度使、兼中書令、西平王李從曮加食邑實封。[15]乙丑，以端明殿學士、禮部侍郎吕琦爲檢校工部尚書、秘書監。[16]丙寅，改中興殿爲天福殿，門名從之。[17]湖南節度使、楚王馬希範加食邑實封，改賜功臣名號。[18]前昭義節度使、檢校太傅、同平章事高行周起復右金吾衛大將軍，依前昭義軍節度使。泰寧軍節度使李從温，荆南節度使、南平王高從誨，歸德軍節度使趙在禮，並加食邑實封，改功臣名號。[19]以端明殿學士、户部侍郎李崧爲兵部侍郎、判户部，以左諫議大夫王松判度支。[20]丁卯，魏府范延光奏：[21]"當管夏津鎮捕賊兵士誤殺却新齊州防禦使祕瓊。"[22]初，延光將萌異志。使人潛結於瓊，諾之。及是，以瓊背其謀，密使精騎殺之，由是延光反狀明矣。

以工部侍郎李玘檢校右僕射，爲汾州刺史。[23]以前彰國軍節度使尹暉爲左千牛衛上將軍。[24]是日，詔曰："西天中印土摩竭陀舍衛國大菩提寺三藏阿闍梨沙門室利縛羅，宜賜號弘梵大師。"[25]庚午，涇州節度使李德琉、徐州節度使安彦威、秦州節度使康福、延州節度使劉景巖、襄州節度使安從進、夏州節度使李彝殷，並加食邑實封。[26]壬申，正衙備禮册贈故皇弟、皇子等。[27]丙子，故契丹人皇王歸葬，輟視朝一日。[28]改汴州雍丘縣爲杞縣，避廟諱也。[29]戊寅，以兵部侍郎、判户部李崧爲中書侍郎、同中書門下平章事，充樞密使；以權知樞密使事、中書侍郎、同中書門下平章事、集賢殿學士桑維翰爲樞密使。是日，詔曰："應天開國，恭己臨人，宜覃繼絶之恩，以廣延洪之道。宜於唐朝宗屬中取一人封公世襲，[30]兼隋之酅公爲二王後，以後周介公備三恪，主其祭祀，及赴大朝會。"[31]以前鎮國軍節度使皇甫立爲左神武統軍，以前宗正卿李郁爲太子賓客。[32]庚辰，以吏部侍郎龍敏判户部。[33]

［1］乙卯，日有蝕之：《舊五代史考異》："案：《五代春秋》作正月乙卯朔，日食。據《通鑑考異》引《十國紀年》，蜀人亦以乙卯爲朔。蓋晋人避正朝日食，故改甲寅朔耳。"見《五代春秋》卷下《晋高祖》、《通鑑》卷二八一天福二年（937）正月乙卯條。

［2］敬威：《輯本舊史》原闕，中華書局本亦未補，據《輯本舊史》卷八七《廣王敬威傳》，敬威亦於天福二年贈太傅，故補。太傅：官名。與太師、太保並爲三師。唐後期、五代多爲大臣、勳貴加官。正一品。　重裔：人名。即石重裔。或即石重胤，清人

避清世宗“胤禛”諱，改“胤”爲“裔”。石重胤，後晋高祖石敬瑭之弟。傳見本書卷八七、《新五代史》卷一七。　重進：人名。即石重進。後晋高祖石敬瑭之子。傳見本書卷八七、《新五代史》卷一七。　重英：人名。即石重英。後晋高祖石敬瑭之子。傳見本書卷八七、《新五代史》卷一七。　太保：官名。與太師、太傅並爲三師。唐後期、五代多爲大臣、勳貴加官。正一品。

[3]右神武統軍：官名。唐代禁軍右神武軍的將領。初左、右神武軍置大將軍各一人，將軍各三人。興元元年（784）增置統軍各一人，位於將軍之上，爲大將軍之副職。從二品。　康思立：人名。晋陽（今山西太原市）人。五代後唐、後晋將領。傳見本書卷七〇、《新五代史》卷二七。　太子少師：官名。與太子少傅、太子少保統稱太子三少。隋唐以後多作加官或贈官。從二品。

[4]唐莊宗：人名。即李存勗。代北沙陀部人，後唐開國皇帝。紀見本書卷二七至卷三四、《新五代史》卷四至卷五。　伊陵：五代後唐莊宗陵寢。原稱雍陵。位於今河北新安縣。

[5]真源：縣名。本穀陽縣。唐高宗乾封元年（666）以玄元皇帝老子生於此，改爲真源縣。治所在今河南鹿邑縣。　次赤：唐代的第二等縣。唐代的縣分爲七或十個等級，十個等級爲赤（京）、次赤（次京）、畿、次畿、望、緊、上、中、中下、下。參見賴瑞和《唐代基層文官》，中華書局2008年版。

[6]隔任後準格例施行：《宋本册府》卷六三三《銓選部·條制門五》在“準格例施行”前有“據資品”三字。

[7]宋州：州名。治所在今河南商丘市睢陽區。　亳州：州名。治所在今安徽亳州市。　太清宫使：官名。太清宫是奉祀老子的道觀，位於真源縣。太清宫爲太清宫的主管官員。《輯本舊史》之影庫本粘籤：“‘太清’，原本作‘大靖’，今從《五代會要》改正。”見《會要》卷一二觀開平元年（907）五月六日敕、同光元年（923）十月條。

[8]王松：人名。京兆（今陝西西安市）人。唐僖宗宰相王徽

之子。五代後唐至後漢官員。傳見本書附録、《新五代史》卷五七。

水部郎中：官名。唐、五代工部水部司的主官。掌修水利、治河渠及舟船賦税等水事。從五品上。　王易簡：人名。京兆（今陝西西安市）人。五代後梁進士，五代、宋初大臣。傳見《宋史》卷二六二。

［9］契丹：部族、政權名。公元4世紀中葉宇文部爲前燕所攻破，始分離而成單獨的部落，自號契丹。唐貞觀中，置松漠都督府，以其首領爲都督。唐末强盛，916年迭剌部耶律阿保機建立契丹國（遼）。先後與五代、北宋並立，保大五年（1125）爲金所滅。參見張正明《契丹史略》，中華書局1979年版。　幽州：州名。治所在今北京市。　南京：遼國五京之一。治所在今北京市。《舊五代史考異》："案：《歐陽史》作燕京，《通鑑》《遼史》《契丹國志》並作南京。"見《通鑑》卷二八一天福二年正月條、《新五代史》卷七二《四夷附録一》、《契丹國志》卷二《太宗嗣聖皇帝上》會同元年（938）條、《遼史》卷三《太宗紀上》天顯三年（928）十二月條。

［10］和凝：人名。鄆州須昌（今山東東平縣）人。後晉宰相。傳見本書卷一二七、《新五代史》卷五六。

［11］"中書奏"至"示普恩也"：此段各條前後順序有誤。中書請立宗廟事在正月壬戌，見明本《册府》卷三一《帝王部·奉先門四》；下詔加恩事在正月庚申，據明本《册府》卷八一《帝王部·慶賜門三》。庚申爲七日，壬戌爲九日。由於不能確定此段全部條目之時間，故暫不調整順序。

［12］太子少保：官名。與太子少傅、太子少師合稱"三少"，唐後期、五代多爲大臣、勳貴加官。從二品。　致仕：指古代高級官員退休。　華温琪：人名。宋州下邑（今河南夏邑縣）人。唐末爲黄巢部下，五代時爲後梁、後唐將領。傳見本書卷九〇、《新五代史》卷四七。　太子太保：官名。與太子太師、太子太傅統稱太子三師。隋唐以後多作加官或贈官。從一品。

［13］安州：州名。治所在今湖北安陸市。　盧文進：人名。范陽（今河北涿州市）人。五代後唐、後晋、吴國、南唐將領。傳見本書卷九七、《新五代史》卷四八。　行軍副使：官名。當爲執掌部隊調度、作戰之軍事副官。　“安州上言”至“率部下親兵過淮”：《舊五代史考異》：“案：盧文進棄鎮奔吴，《通鑑》作元年十二月，《五代春秋》《歐陽史》作二年正月，與《薛史》同。”見《新五代史》卷八《晋高祖紀》天福二年正月癸亥條、《通鑑》卷二八〇天福元年十二月辛丑條、《五代春秋》卷下《晋高祖》天福二年正月條。

［14］天平軍：方鎮名。治所在鄆州（今山東東平縣）。　檢校太尉：官名。爲散官或加官，以示恩寵加此官，無實際執掌。太尉，與司徒、司空並爲三公。　侍中：官名。秦始置。隋、唐前期爲門下省長官。唐後期多爲大臣加銜，不參與政務，實際職務由門下侍郎執行。正二品。　平盧軍：方鎮名。治所在青州（今山東青州市）。　諸道鹽鐵轉運等使：官名。簡稱鹽鐵使。爲鹽鐵司長官。鹽鐵與度支、户部合稱“三司”。主掌漕運及專賣事務。

［15］天雄軍：方鎮名。亦稱“魏博軍”。唐天祐元年（904）以魏博節度使號爲天雄軍，治所在魏州（今河北大名縣）。　中書令：官名。漢代始置，隋、唐前期爲中書省長官，屬宰相之職；唐後期多爲授予元勳大臣的虚銜。正二品。　范延光：人名。鄴郡臨漳（今河北臨漳縣）人。五代後唐、後晋將領。傳見本書卷九七、《新五代史》卷五一。　食邑實封：簡稱“食實封”。唐制，封爵本有食邑若干户的規定，如親王食邑一萬户，郡王食邑五千户，國公食邑三千户，依次遞減，至男爵食邑三百户。但是上述封户並無其實，是爲虚封。只有加上“食實封若干户”之類的名號，才能享有相應的封户租税。　鳳翔：方鎮名。治所在鳳翔府（今陝西鳳翔縣）。　李從曮：人名。深州博野（今河北蠡縣）人。李茂貞長子，唐末、五代軍閥。傳見本書卷一三二。

［16］端明殿學士：官名。後唐明宗時始置，以翰林學士充任，

負責誦讀四方書奏。　吕琦：人名。幽州安次（今河北廊坊市）人。五代後唐、後晉官員。傳見本書卷九二、《新五代史》卷五六。　檢校工部尚書：官名。爲散官或加官，以示恩寵，無實際執掌。　秘書監：官名。秘書省長官，掌圖書秘記等。從三品。

[17]中興殿：五代後唐朝廷内殿。本名崇勳殿，同光二年（924）改名中興殿，位於今河南洛陽市。

[18]湖南：方鎮名。又稱武安軍節度。治所在潭州（今湖南長沙市）。　馬希範：人名。許州鄢陵（今河南鄢陵縣）人，一説扶溝（今河南扶溝縣）人。五代十國南楚國主馬殷子。後唐明宗長興三年（932）至後晉開運四年（947）在位。傳見本書卷一三三、《新五代史》卷六六。

[19]昭義：方鎮名。即昭義軍。治所在潞州（今山西長治市）。　檢校太傅：官名。爲散官或加官，以示恩寵，無實際執掌。　昭義：方鎮名。即昭義軍。治所在潞州（今山西長治市）。　高行周：人名。嬀州（今河北懷來縣）人。五代名將。傳見本書卷一二三、《新五代史》卷四八。　右金吾衛大將軍：官名。唐置，掌宫禁宿衛。唐代置十六衛，即左右衛、左右驍衛、左右武衛、左右威衛、左右領軍衛、左右金吾衛、左右監門衛、左右千牛衛，各置上將軍，從二品；大將軍，正三品；將軍，從三品。　泰寧軍：方鎮名。治所在兖州（今山東濟寧市兖州區）。　李從温：人名。代州崞縣（今山西原平市）人，後唐明宗李嗣源之侄，後養爲己子。其從妹爲石敬瑭后，後爲忠武軍節度使、河陽三城節度使。傳見本書卷八八。　荆南：五代十國之一。又稱南平。後梁開平元年（907）朱温命高季興爲荆南節度使，梁末帝時封季興爲渤海王。後唐同光三年（925）受後唐封爲南平王。　高從誨：人名。陝州硤石（今河南三門峽市陝州區）人，南平國主高季興長子。傳見本書卷一三三、《新五代史》卷六九。　歸德軍：方鎮名。治所在宋州（今河南商丘市睢陽區）。本後梁宣武軍，後唐改名歸德軍。　趙在禮：人名。涿州（今河北涿州市）人。五代後唐、後晉將領。傳見

本書卷九〇、《新五代史》卷四六。

[20]李崧：人名。深州饒陽（今河北饒陽縣）人。後晋宰相，歷仕後唐至後漢。傳見本書卷一〇八、《新五代史》卷五七。　兵部侍郎：官名。尚書省兵部次官。協助兵部尚書掌武官銓選、勳階、考課之政。正四品下。　判户部：官名。唐末五代稱鹽鐵、度支、户部爲三司，掌管統籌國家財政之事。户部掌户口、財賦等事務。判户部爲户部的長官。　判度支：官名。安史之亂後，因軍事供應浩繁，以宰相爲度支使，由户部尚書、侍郎或他官兼領度支事務，稱度支使或判度使、知度支事，權任極重，與鹽鐵使、判户部或户部使合稱“三司”。掌管天下租賦物産，歲計所出而支調之。

[21]丁卯：《輯本舊史》原闕，中華書局本亦未補，據《新五代史》卷八《晋高祖紀》天福二年正月丁卯條、《通鑑》卷二八一天福二年正月條補，否則下文之“是日”將蒙上文被誤認爲前一日之丙寅。　魏府：即魏州。唐五代方鎮魏博軍的治所。位於今河北大名縣。

[22]夏津鎮：地名。位於今山東夏津縣。　齊州：州名。治所在今山東濟南市。　防禦使：官名。唐代始置，設有都防禦使、州防禦使兩種。常由刺史或觀察使兼任，實際上爲唐代後期州或方鎮的軍政長官。

[23]檢校右僕射：官名。右僕射爲隋唐宰相名號。檢校右僕射爲散官或加官，以示恩寵，無實際執掌。　汾州：州名。治所在今山西汾陽市。

[24]彰國軍：方鎮名。治所在應州（今山西應縣）。　尹暉：人名。魏州大名（今河北大名縣）人。五代後唐、後晋將領。傳見本書卷八八。　左千牛衛上將軍：官名。唐置，掌宫禁宿衛。唐代十六衛之一。從二品。

[25]中印土：又作中天竺、中印度。時印度被分爲東、西、南、北、中五部分。玄奘《大唐西域記》記中印度有摩竭陀等三十國。《舊唐書》卷一九八《西戎傳》記：“中天竺據四天竺之會，其

都城週迴七十餘里，北臨禪連河。”中印度位於今印度北部及尼泊爾一帶。 摩竭陀：中印度古國名。又作摩羯陀國、摩伽陀國、摩竭提國、默竭陀國、默竭提國、摩訶陀國。爲佛陀住世時印度十六大國之一。都王舍城，其領域相當於現今印度比哈爾邦的巴特那（Patna）及加雅（Gaya）地方。 舍衛國：中印度古國名。舍衛本爲北憍薩羅國都城名，爲區别於南憍薩羅國，故以都城代稱。此國之位置，據英國考古學家康林罕（A. Cunningham）推定，近於尼泊爾之奥都（Oudh，古稱沙只）北方約九十餘公里處，即拉布提河（Rapti）左岸之沙赫瑪赫（Sahet Mahet）。 大菩提寺：寺院名。爲佛陀成道處。位於印度比哈兒邦菩提迦耶（Buddha Gaya, Bihar）南十公里處。 三藏阿闍梨沙門：三藏，經律論也。經説定學，律説戒學，論説慧學。因之而通三藏達三學者，稱爲三藏。阿闍梨，又作阿舍梨、阿闍梨、阿只利、阿遮利耶。略稱闍梨。意譯爲軌範師、正行、悦衆、應可行、應供養、教授、智賢、傳授。意即教授弟子，使之行爲端正合宜，而自身又堪爲弟子楷模之師，故又稱導師。沙門，又作娑門、桑門、喪門、沙門那，譯曰息、息心、静志、净志、乏道、貧道等。爲出家者之總稱。 室利縛羅：僧人名。此僧人後晋時被賜號“弘梵”，鄭炳林認爲，疑後唐普化大師即後晋賜號弘梵大師之室利縛羅（詳見鄭炳林《敦煌地理文書彙輯校注》，甘肅教育出版社 1989 年版，第 318 頁）。榮新江指出，弘梵大師與後唐普化大師的名字和來歷，有某些相似之處，但是否爲同一人尚難確定（詳見《敦煌文獻所見晚唐五代宋初的中印文化交往》，收録於榮新江《絲綢之路與東西文化交流》，北京大學出版社 2015 年版，第 114 頁）。楊寶玉認爲二人爲同一人的可能性非常大，或許在後唐時被尊稱爲普化大師，後晋時被賜號“弘梵”（詳見《敦煌文書與五代時期五臺山佛教史研究——以 P. 3931 爲例》，收録於楊寶玉《高臺魏晋墓與河西歷史文化研究》，甘肅教育出版社 2012 年版，第 179 頁）。若室利縛羅即普化大師，據 P. 3931《印度普化大師遊五臺山啓文》，“師乃生長在摩竭陀國内，出家於那爛陀寺中”。

［26］涇州：州名。治所在今甘肅涇川縣。此處指代彰義軍。　李德珫：人名。應州金城（今山西應縣）人。五代後唐、後晉將領。傳見本書卷九〇。　徐州：州名。治所在今江蘇徐州市。　安彦威：人名。崞縣（今山西原平市）人。五代後唐、後晉將領。傳見本書卷九一、《新五代史》卷四七。　秦州：州名。治所在今甘肅天水市。　康福：人名。蔚州（今河北蔚縣）人。五代後唐將領。傳見本書卷九一、《新五代史》卷四六。　延州：州名。治所在今陝西延安市。　劉景巖：人名。延州（今陝西延安市）人。高允權妻之祖父，家富於財，爲高允權所誣殺。傳見《新五代史》卷四七。　襄州：州名。治所在今湖北襄陽市。　安從進：人名。索葛部人。五代後唐、後晉將領。傳見本書卷九八、《新五代史》卷五一。　夏州：州名。治所在今陝西靖邊縣。　李彝殷：人名。又名李彝興。党項族，夏州（今陝西靖邊縣）人。五代、宋初軍閥。傳見本書卷一三二、《宋史》卷四八五。

［27］正衙：即正殿。唐代以大明宫宣政殿爲正衙。唐後期以來，在正衙舉行的每日朝參，亦稱正衙。

［28］故契丹人皇王歸葬：《輯本舊史》之影庫本粘籤：“人皇王，原本作‘天皇王’，考《契丹國志》，東丹王稱人皇王，今改正。”見《契丹國志》卷一《太祖大聖皇帝》天贊六年（927）七月條。　輟視朝一日：“一日”，明本《册府》卷九七六《外臣部·褒異門三》作“三日”。

［29］雍丘縣：縣名。即杞縣。治所在今河南杞縣。

［30］宜於唐朝宗屬中取一人封公世襲：《舊五代史考異》：“案：《五代會要》載原敕云：其唐朝宗屬中，舊在朝及諸道爲官者，各據資歷，考限滿日，從品秩序遷；已有出身，任令參選。”見《會要》卷五二王三恪條。

［31］酅公：即酅國公。五代二王三恪制度下，隋朝楊氏後裔受封的爵名。　二王後：中國古代新王朝建立後封前朝的皇室後裔，

給以爵位，以示敬重。參見謝元魯《隋唐五代的特殊貴族——二王三恪》，《中國史研究》1994 年第 2 期。　後周介公：五代二王三恪制度下，北周宇文氏後裔受封的爵名。　三恪：中國古代新王朝建立後封前朝的皇室後裔，給以爵位，以示敬重。參見謝元魯《隋唐五代的特殊貴族——二王三恪》。　大朝會：朝會典禮。後唐以來規定在元正、冬至、五月朔舉行。大朝會之日，有司排辦盛大的儀仗，在京文武百官以及地方官員在京者、藩國使人，共同向皇帝朝參、致賀、上壽，並以宴會結束典禮。

[32]鎮國軍：方鎮名。治所在華州（今陝西渭南市華州區）。　皇甫立：人名。代北（今山西代縣）人。五代後唐至後漢將領。傳見本書卷一〇六。　左神武統軍：官名。唐德宗時於左右龍武、神武、神策各軍大將軍之下，各置統軍一或二人。從二品。《輯本舊史》原闕“左”字，中華書局本有校勘記：“‘神武統軍’，本書卷一〇六《皇甫立傳》作‘左神武統軍’。”但未補，今據補。　李郁：人名。唐代宗室。五代後唐、後晉官員。傳見本書卷九六。　太子賓客：官名。爲太子官屬。唐高宗顯慶元年（656）始置。掌侍從規諫、贊相禮儀。正三品。

[33]龍敏：人名。幽州永清（今河北永清縣）人。五代大臣。傳見本書卷一〇八、《新五代史》卷五六。

二月丙戌，以尚食使安友規充葬明宗皇后監護使，以河陽節度使安審暉爲鄜州節度使。[1]癸巳，詔停北京西北面計度司事。[2]吴越國王錢元瓘加食邑實封，改賜功臣名號。[3]己亥，詔：“應諸道行軍副使等得替後，且就私家取便安止，限一年後方得赴闕，當便與比擬。”[4]壬寅，詔：“應諸道馬步都虞候，自今後朝廷更不差補，委自藩方，於本州衙前大將中慎選久歷事任、曉會刑獄者充，以三年爲限，[5]仍不得於元隨職員内差補。”以左散騎常侍孔昭序爲太子賓客。[6]尚書左僕射劉昫、右僕射盧質並加食邑實封。[7]甲辰，以滄州留後馬全節爲横海軍節度使，以太子賓客韓惲爲貝州刺史，左羽林統軍羅周敬爲右金吾衛上將軍。[8]丙午，以皇子左驍衛上將軍重信爲檢校太保、河陽三城節度使，以權知河陽軍州事周瓌爲安州節度使。[9]詔："中外臣僚，或因差使出入，並不得薦屬人於藩鎮希求事任。如有犯者，並準唐長興二年敕條處分。”戊申，中書舍人陳乂改左散騎常侍。[10]應在朝文武百僚及見任刺史，先代未封贈者，與加封贈；母、妻未敘封者，並與敘封。辛亥，天和節，帝御長春殿，召左右街僧録威儀殿内譚經，循舊式也。[11]

[1]尚食使：官名。唐始置，以宦官充任，掌供皇帝膳食。　安友規：人名。籍貫不詳。五代後漢將領。事見本書本卷。　葬明宗皇后監護使：官名。爲喪葬禮儀行事官。監護後唐明宗曹皇后葬禮事宜。　安審暉：人名。籍貫不詳。五代後晋高級將領。傳見本書卷一二三。　鄜州：州名。治所在今陝西富縣。

[2]計度司：財政官署名。掌藩鎮、出征部隊財政事務。

[3]吴越國王錢元瓘加食邑實封：中華書局本有校勘記："本卷下文：‘（十一月戊辰）鎮海鎮東節度使、吴越王錢元瓘加天下兵馬副元帥，封吴越國王’，則元瓘時仍爲吴越王。”　吴越：五代十國之吴越國。後梁開平元年（907），封鎮海節度使錢鏐爲吴越王，領有今浙江之地、江蘇南部及福建北部。北宋太平興國三年（978），錢弘俶向北宋納土，吴越亡。　錢元瓘：人名。祖籍臨安（今浙江杭州市臨安區）。錢鏐之子。五代十國吴越國國主，932 年至 941 年

在位。傳見本書卷一三三、《新五代史》卷六七。

［4］應諸道行軍副使等得替後：《宋本册府》卷六三三《銓選部·條制門五》在“諸道”後有“前任”二字。　當便與比擬：《宋本册府》卷六三三《銓選部·條制門五》作“朝廷當據職資便與比擬”。

［5］馬步都虞候：官名。唐五代方鎮高級軍官。位次都副指揮使。　衙前大將：官名。唐五代方鎮軍官。　以三年爲限：中華書局本有校勘記：“‘爲’字原闕，據《五代會要》卷二四補。”見《會要》卷二四《諸使雜録》天福二年（937）二月“是月敕”條。

［6］左散騎常侍：官名。門下省屬官。掌侍奉規諷，備顧問應對。正三品下。　孔昭序：人名。籍貫不詳。五代後唐官員。事見本書本卷、卷一二七。

［7］尚書左僕射：官名。秦始置。隋、唐前期，以左、右僕射佐尚書令總理六官、綱紀庶務；如不置尚書令，則總判省事，爲宰相之職。唐後期多爲大臣加銜。從二品。　劉昫：人名。涿州歸義縣（今河北容城縣）人。五代大臣，曾任宰相、監修國史，領銜撰進《舊唐書》。傳見本書卷八九、《新五代史》卷五五。　右僕射：官名。秦始置。隋、唐前期以左、右僕射佐尚書令總理六官，綱紀庶務，如不置尚書令，則總判省事，爲宰相之職。唐後期多爲大臣加銜。從二品。中華書局本有校勘記：“‘右’，原作‘左’，據殿本、邵本校、本書卷九三《盧質傳》改。”　盧質：人名。河南（今河南洛陽市）人。五代大臣。傳見本書卷九三、《新五代史》卷五六。

［8］滄州：州名。治所在今河北滄縣舊州鎮。　留後：官名。唐、五代節度使多以子弟或親信爲留後，以代行節度使職務，亦有軍士、叛將自立爲留後者。掌一州或數州軍政。　馬全節：人名。魏郡元城（今河北大名縣）人。五代後唐、後晋將領。傳見本書卷九〇、《新五代史》卷四七。　横海軍：方鎮名。治所在滄州（今河北滄縣舊州鎮）。　韓惲：人名。太原晋陽（今山西太原市）

人。五代後唐、後晋官員。傳見本書卷九二。　貝州：州名。治所在今河北清河縣。　左羽林統軍：官名。左羽林軍統兵官。左羽林爲唐代“北衙六軍”之一。從二品。　羅周敬：人名。魏州貴鄉（今河北大名縣）人。五代軍閥。傳見本書卷九一。　右金吾衛上將軍：官名。唐置，掌宫禁宿衛。唐代十六衛之一。從二品。

[9]左驍衛上將軍：官名。唐置，掌宫禁宿衛。唐代十六衛之一。從二品。　重信：人名。即石重信。後晋高祖石敬瑭之子。傳見本書卷八七、《新五代史》卷一七。　檢校太保：官名。爲散官或加官，以示恩寵加此官，無實際執掌。太保，與太師、太傅合稱“三師”。　權知河陽軍州事：官名。方鎮河陽三城的實際長官。地位亞於河陽節度使。

[10]中書舍人：官名。中書省屬官。掌起草文書、呈遞奏章、傳宣詔命等。正五品上。　陳乂：人名。薊門（今北京昌平區）人。後梁時爲太子舍人。後唐莊宗時從郭崇韜伐蜀，署爲招討判官。明宗時歷知制誥、中書舍人、左散騎常侍。傳見本書卷六八。

[11]天和節：《輯本舊史》之影庫本粘籤：“‘天和’，原本作‘天河’，今從《五代會要》改正。”見《會要》卷一《帝號》晋高祖條。　左右街僧録：官名。左街僧録、右街僧録的合稱。掌理僧尼名籍、僧官補任等事宜。　威儀殿：宫殿名。位於今河南開封市。

三月甲寅朔，制北京留守、太原尹、皇子重貴封食邑三百户，刑部侍郎張鵬改兵部侍郎。[1]己未，御史臺奏：[2]“唐朝定令式，南衙常參文武百僚，每日朝退，於廊下賜食，謂之常食。[3]自唐末亂離，常食漸廢，仍於入閤起居日賜食，每入閤禮畢，閤門宣放仗，羣官俱拜，謂之謝食。[4]至僞主清泰年中，入閤禮畢，更差中使至正衙門口宣賜食，百官立班重謝，此則交失唐朝賜食之意，於禮實爲太煩。[5]臣恐因循，漸失根本，起今後入閤賜食，望不差中使口宣，準唐明宗朝事例處分。"從之。[6]庚申，[7]中書奏："準敕，故庶人三月七日以王禮葬，其妻男等並以禮葬，請輟其日朝參一日。"從之。以宣徽南院使楊彦詢爲左監門衛上將軍，依前充宣徽使。[8]兖州李從温奏，節度副使王謙搆軍士作亂，尋已處置。[9]丙寅，詔："王者省方設教，靡憚於勤勞；養士撫民，必從其宜便。顧惟涼德，肇啟丕圖，常務去乎煩苛，冀漸臻於富庶。[10]念京城俶擾之後，屬舟船焚爇之餘，饋運頓虧，支費殊闕。將別謀於飛輓，慮轉困於生靈，以此疚心，未嘗安席。今以夷門重地，梁苑雄藩，水陸交通，舟車必集，爰資經度，須議按巡，寧免暫勞，所期克濟，取今月二十六日巡幸汴州"云。[11]以前貝州刺史史圭爲刑部侍郎，充諸道鹽鐵轉運副使；前澤州刺史閻至爲户部侍郎。[12]詔"車駕經過州府管界，[13]所有名山大川、帝王陵廟、名臣祠墓，[14]去路十里内者，[15]宜令本州排比祇候，車駕經過日，[16]以酒脯祭告。"左僕射劉昫等議立宗廟，以立高祖已下四親廟，其始祖一廟，伏候聖裁。[17]御史中丞張昭遠議，請依隋唐之制，立四廟，推四世之中名位高者爲太祖。[18]詔下百官定議，百官請依唐制，追尊四廟爲定，從之。甲戌，以右龍武統軍楊思權爲左衛上將軍。[19]乙亥，前鄜州節度使張萬進加檢校太傅，前宋州節度使李從敏加檢校太尉。[20]以吏部郎中兼侍御史知雜事薛融爲左諫議大夫，以兵部郎中段希堯爲右諫議大夫。[21]戊寅，以户部尚書王權爲兵部尚書，工部尚書崔居儉爲户部尚書，兵部尚書李鏻爲太子少保，兵部尚書致仕裴皞爲工部尚書，東上閤門使李守貞爲右龍武將軍充職。[22]庚辰，車駕離京。

[1]三月甲寅朔："朔"，《輯本舊史》原闕，中華書局本亦未補，據正史本紀計時規則，凡朔日有記事，在該日干支下需加"朔"字。　北京留守：官名。後晋以太原府爲北京。唐、五代在都城、陪都或軍事重鎮所設留守，由地方行政長官兼任。　太原尹：官名。唐開元十一年（723）改并州爲太原府，治所在今山西太原市。太原尹總其政務。從三品。　重貴：人名。即石重貴。沙陀部人。後晋高祖石敬瑭從子，後晋少帝。紀見本書卷八一至卷八五、《新五代史》卷九。　食邑：即採邑，官員可以收其賦税自用的封地。　刑部侍郎：官名。尚書省刑部次官。協助刑部尚書掌天下刑法及徒隸、勾覆、關禁之政令。正四品下。　張鵬：人名。鎮州鼓城（今河北晋州市晋州鎮鼓城村）人。時爲成德軍節度副使，因言論失當爲節度使高行周奏殺。傳見本書卷一〇六。

[2]御史臺：官署名。爲中央監察機構。

[3]南衙：唐代宫城位於長安城的北部。皇城在宫城之南，中央的省、臺、寺、監各官署都設在皇城，故稱南衙或南司。　常參：唐代皇帝每日御正殿，受群臣朝參、奏事，稱常參。後沿稱常日早朝。《會要》卷六廊下餐條、明本《册府》卷一〇八《帝王部·朝會門二》、《宋本册府》卷五一七《憲官部·振舉門二》均作"常參官"。　常食：又稱廊下食、廊下餐。

[4]閤門：唐代大明宫之正殿（宣政殿）、内殿（紫宸殿）以東、西上閤門相連，閤門遂爲外朝、内朝之分界。五代宫殿承唐制，亦設閤門。

[5]清泰：五代後唐廢帝李從珂年號（934—936）。　中使：

皇宫中派出的使臣。多由宦官擔任。

［6］“己未”至“從之”：本段末有《舊五代史考異》：“案《五代會要》載：其年四月，御史臺奏：‘文武百官，每月朔望入閤禮畢，賜廊下食。在京時祇於朝堂幕次兩廊下，今在行朝，于正衙門外權爲幕次，房廊隘狹，伏恐五月一日朝會禮畢，准例賜食于幕次，難爲排比。伏見唐明宗時，兩省官于文明殿前廊下賜食，今未審入閤日權于正衙門内兩廊下排比賜食，爲復别有處分？’敕：宜依唐明宗時舊規，廊下賜食。”對《舊五代史考異》所引之“在京時祇於朝堂幕次兩廊下”，中華書局本有校勘記：“‘朝堂’原作‘廟堂’，據《五代會要》卷六改。”見《會要》卷六廊下餐條。

［7］庚申：《輯本舊史》原闕，中華書局本未補，據《通鑑》卷二八一補。

［8］宣徽南院使：官名。唐始置。宣徽南院的長官。初用宦官，五代以後改用士人。與宣徽北院使通掌内諸司及三班内侍之名籍，郊祀、朝會、宴享供帳之儀，檢視内外進奉名物。參見王永平《論唐代宣徽使》，《中國史研究》1995年第1期；王孫盈政《再論唐代的宣徽使》，《中華文史論叢》2018年第3期。　楊彦詢：人名。河中寶鼎（今山西萬榮縣西南）人。五代後唐、後晋將領。傳見本書卷九〇、《新五代史》卷四七。　左監門衛上將軍：官名。唐置，掌宫禁宿衛。唐代十六衛之一。從二品。

［9］兖州：州名。治所在今山東濟寧市兖州區。　王謙：人名。籍貫不詳。五代後晋方鎮將領。事見本書本卷。

［10］常務去乎煩苛：中華書局本有校勘記：“‘乎’，原作‘于’，據《册府》卷一一四改。”見明本《册府》卷一一四《帝王部·巡幸門三》。

［11］夷門：地名。原指戰國魏都大梁城東門，故址在今河南開封城内東北隅。夷門位於夷山，夷山因山勢平夷而得名，故門亦以山爲名。此處代指開封。　梁苑：地名。代指開封。《輯本舊史》之影庫本粘籤：“‘梁苑’，原本作‘梁莊’，今從《册府元龜》改

正。”見《册府》卷一一四。　取今月二十六日巡幸汴州云：中華書局本有校勘記：“‘二十六日’，《册府》卷一一四作‘二十七日’。按本卷下文云‘庚辰，車駕離京’，《通鑑》卷二八一略同。是月甲寅朔，庚辰爲二十七日。”　“丙寅”至“取今月二十六日巡幸汴州云”：本條末有《舊五代史考異》：“案《通鑑》：范延光聚卒繕兵，悉召巡内刺史集魏州，將作亂。會帝謀徙都大梁，桑維翰曰：‘大梁北控燕趙，南通江淮，水陸都會，資用富饒。今延光反形已露，大梁距魏不過十驛，彼若有變，大軍尋至，所謂疾雷不及掩耳也。’丙寅，下詔，託以洛陽漕運有闕，東巡汴州。”事見《通鑑》卷二八一。

[12]史圭：人名。常山石邑（今河北石家莊市）人。五代後唐、後晋官員。傳見本書卷九二、《新五代史》卷五六。　諸道鹽鐵轉運副使：官名。簡稱鹽鐵副使。爲鹽鐵司副長官。鹽鐵與度支、户部合稱“三司”。佐鹽鐵使掌漕運及專賣事務。　澤州：州名。治所在今山西澤州縣。　閻至：人名。籍貫不詳。五代後唐、後晋官員。事見本書卷三八、卷四一。

[13]車駕經過州府管界：明本《册府》卷三四《帝王部·崇祭祀門三》、卷一一四《帝王部·巡幸門》、《宋本册府》卷一七四《帝王部·修廢門》作“經過河南府、河陽、鄭州、汴州管界”。

[14]名臣祠墓：中華書局本有校勘記：“‘祠墓’，原作‘等’，據殿本、劉本改。”今從。

[15]去路十里内者：中華書局本有校勘記：“‘内’字原闕，據《册府》卷三四、卷一一四補。”今從。

[16]車駕經過日：中華書局本有校勘記：“‘車’字原闕，據《册府》卷三四、卷一一四、卷一七四補。”今從。

[17]宗廟：中國古代禮制中，天子七廟，即“四親”之廟、“二祧”之廟以及“始祖”之廟。《禮記·王制》亦有“天子七廟，三昭三穆，與太祖之廟而七”之説。

[18]御史中丞：官名。如不置御史大夫，則爲御史臺長官。掌

司法監察。正四品下。　張昭遠：人名。即“張昭”。濮州范縣（今河南范縣）人。五代後唐至宋初官員。傳見《宋史》卷二六三。

［19］楊思權：人名。邠州新平（今陝西彬縣）人。五代後梁、後唐、後晋將領。傳見本書卷八八、《新五代史》卷四八。　左衛上將軍：官名。唐置，掌宫禁宿衛。唐代十六衛之一。從二品。

［20］張萬進：人名。雲州（今山西大同市）人。唐末將領。傳見本書卷一三。　李從敏：人名。後唐明宗之侄。傳見本書卷一二三、《新五代史》卷一五。

［21］兵部郎中：官名。唐高祖改兵曹郎置，二人，一掌武官階品、衛府名數、校考、給告身之事；一掌軍籍、軍隊調遣名數、朝集、禄賜、告假等事。高宗、武則天、玄宗時，一度隨本部改名司戎大夫、夏官郎中、武部郎中。五代因之。從五品上。　段希堯：人名。河内（今河南沁陽市）人。五代大臣。傳見本書卷一二八、《新五代史》卷五七。　右諫議大夫：官名。隸中書省。唐代置左、右諫議大夫各四人，分隸門下省、中書省。掌諫諭得失、侍從贊相。正四品下。

［22］户部尚書：官名。户部最高長官。掌管全國土地、户籍、賦税、財政收支諸事。正三品。　王權：人名。太原（今山西太原市）人。五代官員。傳見本書卷九二、《新五代史》卷五六。　兵部尚書：官名。尚書省兵部主官。掌兵衛、武選、車輦、甲械、厩牧之政令。正三品。　工部尚書：官名。尚書省工部主官。掌百工、屯田、山澤之政令。正三品。　崔居儉：人名。清河（今河北清河縣）人。五代後梁至後晋官員。傳見本書附録、《新五代史》卷五五。　李鏻：人名。唐朝宗室、五代大臣。傳見本書卷一〇八、《新五代史》卷五七。《輯本舊史》之影庫本粘籤：“李鏻，原本作‘李鄰’，今從《歐陽史》改正。”見《新五代史》卷五七《李鏻傳》，又可參見《輯本舊史》卷一〇八《李鏻傳》。　裴皞：人名。世居河東（今山西太原市），出自中眷裴氏。五代後唐、後

晉官員。傳見本書卷九二、《新五代史》卷五七。　東上閤門使：官名。與西上閤門使共稱“閤門使”。唐代始設，掌扈從乘輿、朝會禮儀、大宴引贊、引接朝見等事務。　李守貞：人名。河陽（今河南孟州市）人。五代將領。傳見本書卷一〇九、《新五代史》卷五二。　右龍武將軍：官名。唐代禁軍右龍武軍統兵官。從三品。

夏四月癸未朔，至鄭州，防禦使白景友進牲餼器皿，[1]帝曰："不出民力否？"景友曰："臣畏陛下法，皆辦於己俸。"命收之。甲申，駕入汴州。丁亥，制："應天福二年四月五日昧爽已前，諸道州府見禁囚徒，大辟已下，罪無輕重，並釋放。天福元年已前，諸道州府應係殘欠租稅，並特除免。諸道係徵諸色人欠負省司錢物，宜令自僞清泰元年終已前所欠者，據所通納到物業外，並與除放。昨者，行至鄭州滎陽縣界，路旁見有蟲食及旱損桑麥處，委所司差人檢覆，量與蠲免租稅。[2]河陽管内酒户百姓，應欠天福元年閏十一月二十五日已前，不敷年額麴錢，並放。[3]其諸處應經兵火者，亦與指揮。當罪即誅，式明常典；既往可憫，宜示深仁。僞清泰中，臣僚内有從坷誅戮者，並許收葬。[4]天下百姓，有年八十已上者，與免一子差徭，仍逐處簡署上佐官。梁故滑州節度使王彦章，効命當時，致身所事，稟千年之生氣，流百代之令名，宜令超贈太師，子孫量才敘録。[5]應諸道州府管界，有自僞命抽點鄉兵之時，多是結集劫盜，因此畏懼刑章，藏隱山谷，宜令逐處曉諭招攜，各令復業。自今年四月五日已前爲非者，一切不問；如兩月不歸業者，復罪如初。"丁酉，宣武軍節度使、侍衛親軍使楊光遠加兼侍中。[6]己亥，陝州節度使、侍衛都虞候劉知遠加檢校太保。[7]庚子，北京、鄴都、徐兖二州並奏旱。[8]詔："今後立妃，及拜免三師、三公、宰相，及命將、封親王公主，宜令並降制命，餘從令式處分。"[9]

[1]夏四月癸未朔：《輯本舊史》原闕"夏"字，中華書局本亦未補，據正史本紀記時規則，四時首月如有記事，在該月前加四時，如無記事，則順延至下月。　鄭州：州名。治所在今河南鄭州市。　白景友：人名。籍貫不詳。五代後晋官員。事見本書本卷。

[2]滎陽縣：縣名。治所在今河南滎陽市。　路旁見有蟲食及旱損桑麥處：《輯本舊史》之影庫本粘籤："'桑麥'，原本作'乘麥'，今據《五代會要》改正。"《會要》未見記載，見明本《册府》卷九三《帝王部·赦宥門一二》天福二年（937）四月丁亥制條。　蠲（juān）免：蠲放、免除之意。

[3]酒户：從事釀酒沽賣之人户。　麴錢：政府對"麴"征收的酒業專賣税。"麴"亦稱麯、曲。指酒母，釀酒或製醬用的發酵物。

[4]臣僚内有從珂誅戮者：《輯本舊史》原闕"珂"字。中華書局本有校勘記："'從'，《册府》卷九三同，《册府》卷四二作'從珂'。"未補。今據《宋本册府》卷四二《帝王部·仁慈門》補，因前文已明言爲末帝從珂清泰年間事。

[5]王彦章：人名。鄆州壽張（今山東梁山縣壽張集）人。五代後梁將領。傳見本書卷二一、《新五代史》卷三二。　稟千年之生氣：中華書局本有校勘記："'稟'，《册府》卷九三作'凛'。""稟"勝於"凛"。　太師：官名。與太傅、太保合稱"三師"，唐後期、五代多爲大臣、勳貴加官。正一品。

[6]宣武軍：方鎮名。治所在汴州（今河南開封市）。　侍衛

親軍使：官名。即侍衛親軍都指揮使。五代時侍衛親軍之長官。多由皇帝親信擔任。

[7]陝州：州名。治所在今河南三門峽市陝州區。

[8]鄴都：地名。治所在今河北大名縣。五代後唐同光元年(923)，改魏州爲興唐府，建號東京。三年改東京爲鄴都。

[9]及拜免三師、三公、宰相："三師"，《輯本舊史》原闕，中華書局本亦未補，據《會要》卷一三《翰林院》天福二年四月敕條補。

五月壬子朔，帝御崇元殿受朝賀，仗衛如式。[1]詔洛京、魏府管内所徵今年夏苗税物等，宜放五分之一，以微旱故也。[2]丙辰，御史中丞張昭遠奏："汴州在梁室朱氏稱制之年，有京都之號，及唐莊宗平定河南，復廢爲宣武軍。[3]至明宗行幸之時，掌事者因緣修葺衙城，遂挂梁室時宫殿門牌額，當時識者或竊非之。一昨車駕省方，暫居梁苑，臣觀衙城内齋閣牌額，一如明宗行幸之時，無都號而有殿名，恐非典據。臣竊尋秦漢已來，寰海之内，鑾輿所至，多立宫名。近代隋室於揚州立江都宫，太原立汾陽宫，岐州立仁壽宫。[4]唐朝於太原立晉陽宫，同州立長春宫，岐州立九成宫。[5]宫中殿閣，皆題署牌額，以類皇居。[6]請準故事於汴州衙城門權挂一宫門牌額，則其餘齋閣，並可取便爲名。"[7]敕：行闕宜以大寧宫爲名。[8]湖南青草廟舊封安流侯，進封廣利公；洞庭廟舊封利涉侯，進封靈濟公；磊石廟舊封昭靈侯，進封威顯公；黄陵二妃廟舊封懿節廟，改封昭烈廟，從馬希範之請也。[9]戊午，以前成德軍節度判官張彭爲太府卿。[10]壬戌，詔在朝文武臣僚，每人各進封事一件，仍須實封通進，務裨闕政，用副虚懷。甲子，以虞部郎中、知制誥于嶠爲中書舍人，以户部郎中于遘爲虞部郎中、知制誥。[11]故太子少保致仕朱漢賓贈司空。[12]乙丑，六宅使王繼弘送義州衙前收管，前洺州團練使高信送復州收管，二人於崇禮門内喧争，爲臺司所劾故也。[13]戊辰，翰林學士、户部員外郎、知制誥竇貞固改工部郎中、知制誥，翰林學士、都官郎中、知制誥李慎儀改中書舍人，仍賜金紫，並依舊充職。[14]庚午，制封皇長女爲長安公主，封皇第十一妹烏氏爲壽安長公主，皇第十二妹史氏爲永壽長公主，皇第十三妹杜氏爲樂平長公主。[15]壬申，天雄軍節度使、守太傅、兼中書令、興唐尹范延光進封臨清王，加食邑三千户；鳳翔節度使、檢校太師、兼中書令、西平王李從曮進封岐王。[16]丙子，平盧軍節度使、兼中書令王建立進封臨淄王。昭信軍節度使、侍衛步軍都指揮使景延廣改寧江軍節度使，典軍如故。[17]太常卿梁文矩奏定四廟謚號、廟號、陵號，太常少卿裴坦奏定四廟皇后追尊謚號，從之。[18]戊寅，以中書舍人、權知貢舉王延爲御史中丞，以翰林學士、户部侍郎、知制誥崔棁爲兵部侍郎充承旨，以翰林學士承旨、兵部侍郎程遜爲檢校禮部尚書、太常卿，以檢校吏部尚書、太常卿梁文矩爲吏部尚書，以御史中丞張昭遠爲户部侍郎，以吏部尚書盧文紀爲太子少傅。[19]己卯，詔太社内先收掌唐朝罪人首級等，宜令骨肉或親舊僚屬收葬，其喪葬儀注不得過制。[20]

［1］五月壬子朔：《輯本舊史》“五月”上原有“夏”字，今因本年四月已有記事，故删。

［2］夏苗税物：中華書局本有校勘記：“‘物’，原作‘麥’，據殿本、孔本、《册府》卷四九二改。”見《宋本册府》卷四九二《邦計部·蠲复門四》天福二年（937）五月敕條。

［3］河南：府名。治所在今河南洛陽市。

［4］揚州：州名。治所在今江蘇揚州市。　岐州：州名。治所在今陜西鳳翔縣。《輯本舊史》之影庫本粘籤：“岐州，原本作‘岐周’，今據《五代會要》改正。”見《會要》卷五太寧宫條天福二年五月記事。

［5］同州：州名。治所在今陜西大荔縣。

［6］皆題署牌額：中華書局本有校勘記：“‘額’字原闕，據《册府》卷一四、《五代會要》卷五補。”見《會要》卷五太寧宫條、明本《册府》卷一四《帝王部·都邑門二》，又見《通鑑》卷二八一天福二年五月丙辰條胡注。

［7］則其餘齋閣：中華書局本有校勘記：“‘其’字原闕，據《册府》卷一四、《五代會要》卷五補。”又見《通鑑》卷二八一天福二年五月丙辰條胡注。

［8］大寧宫：後晋時開封宫城名。位於今河南開封市。

［9］洞庭廟舊封利涉侯，進封靈濟公：中華書局本有校勘記：“‘利涉侯’三字原闕，據《五代會要》卷一一、《册府》卷三四補。《舊五代史考異》卷二：‘案洞庭廟不載舊封，疑有脱文，考《五代會要》《十國春秋》並與《薛史》同。’”見《會要》卷一一封嶽瀆天福二年五月敕條，其中，“湖南青草廟”，《會要》作“青草湖廟”，“洞庭廟”，《會要》作“洞庭湖廟”；《十國春秋》卷六八《楚二·文昭王世家》記載與《會要》同；又見明本《册府》卷三四《帝王部·崇祭祀門三》。　進封威顯公：《舊五代史考異》：“案《五代會要》作廣利威顯公。”見《會要》卷一一封嶽瀆條。

［10］成德軍：方鎮名。治所在恒州（今河北正定縣）。　張彭：人名。籍貫不詳。五代後唐官員。事見本書本卷、卷四五、卷四七。　太府卿：官名。南朝梁始置。太府寺長官。掌國家財帛庫藏出納、關市税收等務。從三品。

［11］虞部郎中：官名。唐、五代工部虞部司的長官，掌京城街道、苑囿、山澤草木及百官外國客人的時蔬薪炭供給、畋獵等事。從五品上。　于嶠：人名。籍貫不詳。歷任後唐左拾遺、秘書少監，後晋知制誥、中書舍人。事見本書本卷、卷三〇、卷四〇。　于遘：人名。籍貫不詳。五代後晋官員。事見本書本卷。

［12］朱漢賓：人名。亳州譙縣（今安徽亳州市）人。五代後梁、後唐將領。傳見本書卷六四、《新五代史》卷四五。

［13］六宅使：官名。唐置，管理諸皇子宅、諸王府事務。五代沿置，爲諸司使之一，無職掌，僅作爲武臣遷轉之階。　王繼弘：人名。冀州南宫（今河北南宫市）人。五代後晋將領。傳見本書卷一二五。　義州：州名。治所在今河南信陽市。《宋本册府》卷一五四《帝王部·明罰門三》作“儀州”。　洺州：州名。治所在今河北邯鄲市永年區。　團練使：官名。唐代中期以後，於不設節度使的地區設團練使，掌本區各州軍政。　高信：人名。籍貫不詳。五代後晋將領。事見本書本卷。　復州：州名。治所在今湖北天門市。　崇禮門：宫門名。位於今河南開封市。本書卷三《太祖紀第三》載，梁太祖開平元年（907）四月以“正衙東門爲崇禮門”。　臺司：指御史臺。

［14］户部員外郎：官名。尚書省户部之户部司的屬官，爲户部郎中的副職。協助郎中掌户部司事務。從六品上。　工部郎中：官名。尚書省屬官，位在侍郎之下、員外郎之上。主持尚書省工部工部司事務。從五品上。　都官郎中：官名。尚書省刑部都官司長官。掌徒刑流放配隸等事。從五品上。　李慎儀：人名。籍貫不詳。五代後唐、後晋官員，官至尚書左丞、太常卿。事見本書本卷、卷八四。

［15］皇長女：中華書局本作“皇第二十一女”，並有校勘記：“‘第二十一女’，《五代會要》卷二作‘長女’。按本書卷七九《晋高祖紀五》：‘長安公主薨，帝之長女也。’”但未改。《會要》卷二《公主》晋高祖長女長安公主條載：“降楊承祚，天福二年五月封，至六年五月卒”，《輯本舊史》卷七九《晋高祖紀五》天福六年二月癸丑條載“長安公主薨，帝之長女”，雖長安公主卒月，《會要》與《輯本舊史》記載不同，但均載長安公主爲晋高祖之長女，據改。　烏氏：即後晋壽安長公主，爲後晋高祖石敬瑭第十一妹。　史氏：即後晋永壽長公主，爲後晋高祖石敬瑭第十二妹。　杜氏：即後晋樂平長公主，爲後晋高祖石敬瑭第十三妹。

［16］檢校太師：官名。爲散官或加官，以示恩寵，無實際執掌。太師，與太傅、太保並爲三師。

［17］昭信軍：方鎮名。治所在均州（今湖北丹江口市）。　侍衛步軍都指揮使：官名。侍衛親軍步軍司最高長官。中華書局本有校勘記：“‘步軍’，原作‘馬軍’，據本書卷七八《晋高祖紀四》、卷八八《景延廣傳》、《新五代史》卷二九《景延廣傳》及本卷上文改。”見《輯本舊史》本卷天福元年十一月己亥載以“客將景延廣爲步軍都指揮使”、卷七八《晋高祖紀四》天福四年正月甲寅“以侍衛步軍都指揮使、寧江軍節度使景延廣爲義成軍節度使”。　景延廣：人名。陝州（今河南三門峽市陝州區）人。五代後晋將領。傳見本書卷八八、《新五代史》卷二九。　寧江軍：方鎮名。治所在夔州（今重慶奉節縣）。

［18］太常卿：官名。西漢置太常，南朝梁始置太常卿。太常寺長官。掌宗廟祭祀禮樂及教育等。正三品。　梁文矩：人名。鄆州（今山東東平縣）人。五代後梁至後晋官員。傳見本書卷九二。《輯本舊史》之影庫本粘籤：“梁文矩，原本作‘文舉’，今從《歐陽史》改正。”《新五代史》無梁文矩之記載。但《輯本舊史》《會要》《册府》《通鑑》均有記載。如，《輯本舊史》卷三八《唐明宗紀四》天成二年（927）四月丙午條、《會要》卷一六《太常寺》

長興三年（932）正月條、明本《册府》卷三一《帝王部·奉先門四》天福二年五月條、《通鑑》卷二八一天福三年二月庚辰條。　太常少卿：官名。太常寺次官。佐太常卿掌宗廟祭祀禮樂及教育等。正四品上。　裴坦：人名。籍貫不詳。五代後晋官員。事見本書卷八〇、卷八一。中華書局本有校勘記："原作'裴垣'，據《册府》卷三一改。按本書卷八〇《晋高祖紀六》有太常卿裴坦。"見《輯本舊史》卷八〇《晋高祖紀六》天福七年五月壬子載"太常卿裴坦爲左諫議大夫"，又見明本《册府》卷三一。

[19]權知貢舉：官名。唐始置，爲主持禮部會試的考官。　王延：人名。鄭州長豐（今河北文安縣南）人。五代大臣，歷仕五代各朝。傳見本書卷一三一、《新五代史》卷五七。　崔棁（zhuō）：人名。博陵安平（今河北安平縣）人。後梁進士，歷仕後梁、後唐、後晋。傳見本書卷九三、《新五代史》卷五五。　承旨：官名。即翰林學士承旨。爲翰林學士之首。掌拜免將相、號令征伐等詔令的起草。《舊唐書》卷四三《職官志二》"翰林院"："例置學士六人，内擇年深德重者一人爲承旨，所以獨承密命故也。"　程遜：人名。壽春（今安徽壽縣）人。後唐、後晋官員。傳見本書卷九六。　檢校禮部尚書：官名。爲散官或加官，以示恩寵，無實際執掌。　檢校吏部尚書：官名。爲散官或加官，以示恩寵，無實際執掌。　太子少傅：官名。與太子少保、太子少師合稱"三少"，唐後期、五代多爲大臣、勳貴加官。從二品。

[20]太社：神壇名。祭祀土地神的神壇。　親舊僚屬："親"原作"先"，據《宋本册府》卷四二《帝王部·仁慈門》及《通鑑》卷二八一天福二年五月己卯條改。《輯本舊史》之案語："案：改葬梁末帝，因婁繼英之請也。事未及行而繼英誅死，至九月甲寅，始命安崇阮改葬，詳見《通鑑》。"見《通鑑》卷二八一天福二年五月己卯條、九月甲寅條。

六月壬午朔，制："宗正卿石光贊奏：滎陽道左有萬石君石奮之廟，德行懿美，宜示封崇，用光遠祖之徽猷，益茂我朝之盛典。[1]贈奮太傅。"癸未，契丹使夷離畢來聘，進馬二百匹，及人參、貂鼠皮、走馬、木椀等物。[2]乙酉，翰林學士、司封員外郎、知制誥王仁裕改都官郎中，右贊善大夫盧損改右散騎常侍，前有朝貶故也。[3]以祕書少監致仕劉頎爲鴻臚卿致仕，前光禄少卿尹玉羽以少府監致仕。[4]丙戌，宰臣李崧上表讓樞密使於趙瑩，以瑩佐命之元臣也。詔不允。以前義成軍節度使李彦舜爲左武衛大將軍，以左散騎常侍唐汭爲檢校禮部尚書、國子祭酒，以前左龍武統軍李承約爲左驍衛上將軍。[5]戊子，宰臣趙瑩自契丹使回。[6]癸巳，東都奏，瀍、澗河溢，壞金沙灘内舍屋。[7]幽州趙思温奏：[8]"瀛、莫兩州，元係當道，其刺史常行周、白彦球乞發遣至臣本府。"[9]詔遣行周等赴闕。甲午，六宅使張言自魏府迴，奏范延光叛命。[10]滑州符彦饒飛奏，有兵士自北來，傳范延光到黎陽，乞發兵屯禦。[11]宣遣客省使李守貞往延光所問罪。[12]尋命護聖都指揮使白奉進領騎士一千五百赴白馬渡巡檢。[13]乙未，魏府范延光男閑廄使守圖送御史臺。[14]攝荆南節度行軍司馬、檢校太保、歸州刺史王保義加檢校太傅，知武泰軍節度觀察留後，充荆南行軍司馬兼沿淮巡檢使。[15]襄州奏，江水漲一丈二尺。丁酉，遣内班史進能押信箭一對，往滑州賜符彦饒。[16]以前磁州刺史劉審交爲魏府計度使，以東都巡檢使張從賓充魏府西南面都部署。[17]戊戌，遣侍衛都軍使楊光遠領步騎一萬赴滑州。[18]以東都副留守張延播充洛京都巡檢使。[19]白奉進奏："捉得賊卒張柔，稱范延光差澶州刺史馮暉充一行都部署，元從都押衙孫鋭充一行兵馬都監。"[20]帝覽奏，謂侍臣曰："朕雖寡德寡謀，自謂不居延光之下，而馮暉、孫鋭過於兒戲，朝夕就擒，安能抗拒大軍爲我之患乎！"天平軍節度使安審琦起復舊任，翰林學士、禮部侍郎和凝改端明殿學士。[21]乙巳，范延光差牙將王知新齎表到闕，不令朝見，收付武德司。[22]丁未，詔侍衛使楊光遠充魏府四面都部署，以張從賓充副、兼諸軍都虞候，昭義節度使高行周充魏府西面都部署。[23]是日，張從賓亦叛，與范延光叶謀，害皇子河陽節度使重信、皇子東都留守重乂。[24]己酉，以奉國都指揮使侯益、護聖都指揮使杜重威領步騎五千往屯汜水關，備從賓之亂也。[25]

[1]石奮：人名。温縣（今河南温縣）人。漢初官員，漢高祖以其姐爲美人，漢文帝時官至太中大夫。傳見《史記》卷一〇三、《漢書》卷四六。

[2]夷離畢：官名。遼國夷離畢院長官。掌刑獄。中華書局本有校勘記："原作'伊勒希巴'，注云：'舊作"夷離畢"，今改正。'按此係輯録《舊五代史》時所改，今恢復原文。" 進馬二百匹："進馬"原作"致馬"，據《宋本册府》卷九七二《外臣部·朝貢門五》改。

[3]司封員外郎：官名。尚書省吏部司封郎中的副職。佐郎中掌封爵、命婦、朝會及賜予等事。從六品上。 王仁裕：人名。天水（今甘肅天水市）人。五代後唐、後晋、後漢官員。傳見本書卷一二八、《新五代史》卷五七。 盧損：人名。范陽（今河北涿

州）人。唐末、五代官員。傳見本書卷一二八。　右散騎常侍：官名。中書省屬官。掌侍奉規諷，備顧問應對。正三品下。

［4］祕書少監：官名。唐承隋制，置秘書省，設秘書少監二人協助秘書監工作。從四品上。　劉頎：人名。籍貫不詳。五代後唐、後晋官員。事見本書本卷、卷四八。　鴻臚卿：官名。秦稱典客，漢初改大行令，漢武帝時改大鴻臚，北齊置鴻臚寺，以鴻臚寺卿爲主官，後代沿置。掌四夷朝貢、宴飲賞賜、送迎外使等禮儀活動。從三品。　光禄少卿：官名。光禄寺副長官。光禄卿掌祭祀、朝會、宴享酒醴膳羞之事，修其儲謹其出納之政，少卿爲之貳。從四品上。　尹玉羽：人名。京兆長安（今陝西西安市）人。五代後梁、後唐、後晋官員。傳見本書卷九三。　少府監：官名。少府監長官，隋初置，唐初廢，太宗時復置。掌百工技巧之事。從三品。

［5］義成軍：方鎮名。治所在滑州（今河南滑縣）。　李彦舜：人名。酸棗（今河南開封市）人。五代後唐、後晋、後漢將領。事見本書卷四七、《通鑑》卷二八八。　左武衛大將軍：官名。唐置，掌宫禁宿衛。唐代十六衛之一。正三品。　唐汭：人名。籍貫不詳。五代後唐、後晋官員。事見本書本卷、卷四五。　國子祭酒：官名。國子監長官。掌領太學、國子學及國子監所屬各學。從三品。　左龍武統軍：官名。唐代左龍武軍統兵官。至德二載（757）唐肅宗置禁軍，也叫神武天騎，分爲左、右神武天騎及左、右羽林，左、右龍武等六軍，稱“北衙六軍”。職掌左右厢飛騎儀仗，階陛禁衛，馳道内仗，並負責飛騎番上宿衛。從二品。　李承約：人名。薊州（今天津市薊州區）人。五代後唐、後晋將領。傳見本書卷九〇、《新五代史》卷四七。

［6］戊子，宰臣趙瑩自契丹使回：《舊五代史考異》：“案：《薛史》不載趙瑩出使之月日，《五代春秋》作三月，趙瑩使契丹，《歐陽史》作四月。”見《五代春秋》卷下晋高祖條作“三月庚辰，帝幸汴州，趙瑩使契丹”，《新五代史》卷八《晋高祖紀》載天福二年（937）四月丁亥“趙瑩使於契丹”。

［7］東都：即洛陽。　瀍：河流名。即瀍水。東流至洛陽西注入洛河。　澗：河流名。即澗水。東流至洛陽西注入洛河。　金沙灘：地名。位於今河南洛陽市。

［8］趙思温：人名。盧龍（今河北盧龍縣）人。原爲後唐將領，官至平州刺史，兼平、營、薊三州都指揮使。後降遼，從伐渤海，爲漢軍團練使。遼太宗時，以功擢檢校太保，歷任保静、盧龍、臨海軍節度使。傳見《遼史》卷七六。

［9］瀛：州名。治所在今河北河間市。　莫：州名。治所在今河北任丘市。　常行周：人名。籍貫不詳。五代將領。瀛、莫隸屬幽州，石敬瑭割讓幽雲十六州予遼國，故趙思温向後晋索要二人。事見本書本卷。　白彦球：人名。籍貫不詳。五代將領。事見本書本卷。

［10］張言：人名。籍貫不詳。五代後晋官員。事見本書本卷、卷八〇。

［11］黎陽：縣名。治所在今河南浚縣東。

［12］客省使：官名。唐代宗時始置，五代沿置。客省長官。掌接待四方奏計及外族使者。《輯本舊史》之影庫本粘籤："原本作'安省'，今從《五代會要》改正。"《會要》有多處記載，如卷五諸宫條後之《雜録》開平元年（907）八月敕條。

［13］護聖都指揮使：官名。所部統兵將領。護聖爲五代後晋禁軍，分爲左右厢。　白奉進：人名。雲州清塞軍（今山西陽高縣）人。五代後唐、後晋將領。傳見本書卷九五。　一千五百：《輯本舊史》卷九一《符彦饒傳》、卷九五《白奉進傳》，皆作"三千"。　白馬渡：地名。位於今河南滑縣。

［14］閑厩使：官名。唐置，分領殿中省、太僕寺之事，而專掌輿輦牛馬和鵰、鶻、鷂、鷹、狗五坊。　守圖：人名。即范守圖。鄴郡臨漳（今河北臨漳縣）人。范延光之子。五代後晋官員。事見本書本卷。

［15］行軍司馬：官名。出征將領及節度使的屬官。掌軍籍符

伍、號令印信，是藩鎮重要的軍政官員。　歸州：州名。治所在今湖北秭歸縣。　王保義：人名。籍貫不詳。五代地方將領，爲南平高季興部下。事見本書本卷。《輯本舊史》之影庫本粘籤："王保義，原本作'倧義'，今從《十國春秋》改正。"《十國春秋》多見，如卷一〇二《荆南三·王保義傳》。《輯本舊史》一〇二《漢隱帝紀中》乾祐二年（949）四月丙子條、卷一三三《世襲列傳二》，《新五代史》卷六九《南平世家九》、《通鑑》卷二八二天福六年（941）五月丁亥條亦作"王保義"。　武泰軍：方鎮名。治所在黔州（今重慶彭水苗族土家族自治縣）。　節度觀察留後：官名。唐、五代時，代行方鎮長官之職者稱留後。代行觀察使之職者，即爲觀察留後。掌一州或數州軍政。　巡檢使：官名。唐末、五代置。設於京師、陪都、重要的州及邊防重鎮。掌巡邏檢查事務。

[16]内班：爲宦官所任官職。《通鑑》卷二八三："遣内班賜光遠玉帶、禦馬，以安其意。"胡三省注："内班，蓋宦者也。"　史進能：人名。籍貫不詳。五代後晋宦官。事見本書本卷。　信箭：作爲憑證的令箭。

[17]磁州：州名。治所在今河北磁縣。　劉審交：人名。幽州文安（今河北文安縣）人。唐末爲幽州將領、官員，後爲五代後唐至後晋官員。傳見本書卷一〇六、《新五代史》卷四八。　計度使：官名。掌藩鎮、出征部隊財政事務。　張從賓：人名。籍貫不詳。五代後唐、後晋將領。傳見本書卷九七。　都部署：官名。五代後唐始置，爲臨時委任的大軍區統帥。掌管屯戍、攻防等事務。

[18]戊戌：二字原闕，據《通鑑》卷二八一補。丁酉爲十六日，戊戌爲十七日。　侍衛都軍使：官名。即侍衛親軍馬步軍都指揮使。爲侍衛親軍的最高長官。

[19]東都副留守：官名。東都留守的副官。古代在都城、陪都或軍事重鎮所設留守，由地方行政長官兼任。副留守爲留守之貳。　張延播：人名。汶陽（今山東泰安市）人。五代後唐、後晋將

領。傳見本書卷九七。　都巡檢使：官名。五代始設巡檢於京師、陪都、重要的州及邊防重鎮，設於都城的稱京城巡檢使、都巡檢、都巡檢使。掌地方治安。

[20]張柔：人名。籍貫不詳。五代後晋士兵。事見本書本卷。　澶州：州名。唐、五代初，治所在今河南清豐縣。後晋天福四年(939)，移治於今河南濮陽市。　馮暉：人名。魏州（今河北大名縣）人。五代後唐至後周將領。傳見本書卷一二五、《新五代史》卷四九。　元從：自初始即追隨在側的部屬。　都押衙：官名。“押衙”同“押牙”。唐、五代時期節度使辟署的屬官，有稱左、右都押衙或都押衙者。掌領方鎮儀仗侍衛、統率軍隊。參見劉安志《唐五代押牙（衙）考略》，武漢大學歷史系魏晋南北朝隋唐史研究室編《魏晋南北朝隋唐史資料》第16輯，武漢大學出版社1998年版。　孫鋭：人名。籍貫不詳。五代後晋將領。事見本書本卷。　兵馬都監：官名。唐代中葉命將出征，常以宦官爲監軍、都監。後爲臨時委任的統兵官，稱都監、兵馬都監。掌屯戍、邊防、訓練之政令。

[21]安審琦：人名。沙陀部人。五代將領。歷仕後唐、後晋、後漢、後周。傳見本書卷一二三。　翰林學士、禮部侍郎和凝改端明殿學士：《通鑑》卷二八一繫於“辛丑”。丁酉爲十六日，辛丑爲二十日。

[22]王知新：人名。籍貫不詳。五代後晋將領，范延光屬官。事見本書本卷。　武德司：官署名。五代後唐始置。掌皇宫警衛、侍從監察等。宋時更名爲皇城司。參見趙雨樂《從武德使到皇城使——唐宋政治變革的個案研究》，《唐研究》第6卷，北京大學出版社2000年版。

[23]侍衛使：官名。即侍衛親軍馬步軍都指揮使。爲侍衛親軍的最高長官。　魏府四面都部署：中華書局本有校勘記：“‘都’字原闕，據殿本、《册府》卷一二三、《新五代史》卷八《晋本紀》、《通鑑》卷二八一補。”見明本《册府》卷一二三《帝王部·征討

門三》。　都虞候：官名。唐五代方鎮、部隊的高級軍官。

[24]留守：官名。古代皇帝出巡或親征時指定親王或大臣留守京城，綜理國家軍事、行政、民事、財政等事務，稱京城留守。在陪都或軍事重鎮也常設留守，以地方長官兼任。

[25]奉國都指揮使：官名。奉國爲五代後晋禁軍名。唐末五代軍隊皆置都指揮使、指揮使，爲領兵將領。　侯益：人名。汾州平遥（今山西平遥縣）人。五代後唐至宋初將領。傳見《宋史》卷二五四。　杜重威：人名。其先朔州（今山西朔州市朔城區）人，後徙居太原。五代後晋、後漢將領。傳見本書卷一〇九、《新五代史》卷五二。　汜水關：關隘名。位於今河南滎陽市汜水鎮。"是日"至"備從賓之亂也"：《舊五代史考異》："案《通鑑》：七月，張從賓攻汜水關，殺巡檢使宋廷浩。帝戎服，嚴整輕騎，將奔晋陽以避之。桑維翰叩頭苦諫曰：'賊鋒雖盛，勢不能久，請少待之，不可輕動。'帝乃止。"見《通鑑》卷二八一。

秋七月辛亥朔，兩浙錢元瓘奏：[1]"弟吴越土客馬步諸軍都指揮使、静海軍節度使元球，[2]非時入府，欲謀爲亂，腰下搜得匕首，已誅戮訖。"詔削元球在身官爵。甲寅，奉國都指揮使馬萬奏，滑州節度使符彦饒作亂，屠害侍衛馬軍都指揮使白奉進，尋以所部兵擒到彦饒，差立功都虞候方太押送赴闕。[3]尋賜死於路。是日，削奪范延光在身官爵。以馬萬爲滑州節度使；以昭義節度使高行周爲河南尹、東都留守，充西面行營諸軍都部署；以護聖左右廂都指揮使杜重威爲昭義軍節度使兼侍衛馬軍都指揮使，充西面行營副部署；以奉國都指揮使侯益爲河陽節度使；以右神武統軍王周充魏府行營步軍都指揮使；以滑州節度使馬萬充魏府行營馬軍都指揮使；以左僕射劉昫充東都留守，兼判河南府事。[4]辛酉，[5]杜重威等奏："收下汜水關，破賊千人，張從賓及其殘黨奔投入河；[6]兼收到護聖指揮使曹再晟一百人騎，稱背賊投來，並送赴行闕。"[7]升貝州爲防禦使額。皇子故東都留守重乂贈太傅，皇子故河陽節度使重信贈太尉。[8]敕："朋助張從賓逆人張延播、張繼祚等十人，宜令收捕，親的骨肉並處斬。"[9]丁卯，以唐開府儀同三司、守太尉、兼中書令、西平王李晟五代孫臓爲耀州司户參軍，示勸忠之義也。[10]壬申，帝御崇元殿，備禮册四廟，親授寶册於使攝太尉、守司空、門下侍郎、平章事馮道，使副攝司徒、守工部尚書裴皞，赴洛京行禮。[11]甲戌，以宰臣趙瑩判户部，以吏部侍郎判户部龍敏爲東都副留守。詔洛京留司百官並赴闕。安州軍亂，指揮使王暉害節度使周瓌於理所，遣右衛上將軍李金全領千騎赴安州。[12]

[1]秋七月辛亥朔："秋""朔"二字原闕。據正史本紀計時規則補。　兩浙：地區名。浙東、浙西的合稱。泛指今浙江全省及江蘇南部一角。

[2]土客馬步諸軍都指揮使：官名。所部統兵將領。中華書局本有校勘記："'土'，原作'士'，據彭校、《通鑑》卷二八一改。"今從。　静海軍：方鎮名。治所在交州（今廣東廣州市番禺區）。　元球：中華書局本作"元球"，《通鑑》從《吴越備史》《九國志》作"元球"，據改。又《通鑑》卷二八一繫此事於二月戊午殺元球之時。

[3]馬萬：人名。澶州（今河南濮陽市）人。五代後唐、後晉、後漢將領。傳見本書卷一〇六。　方太：人名。青州千乘（今

山東高青縣）人。五代後晋將領，契丹滅晋後降於後蜀。傳見本書卷九四。

[4]侍衛馬軍都指揮使：《輯本舊史》之案語："原本脱'馬軍都'三字，今從《通鑑》增入。"見《通鑑》卷二八一。　以奉國都指揮使侯益爲河陽節度使：《舊五代史考異》："案《宋史·侯益傳》：晋祖召益謂曰：'宗社危若綴旒，卿能爲朕死耶？'益曰：'願假鋭卒五千人，破賊必矣。'以益爲西面行營副都部署。據《薛史》，高行周爲都部署，杜重威爲副部署，不言侯益爲副都部署，與《宋史》異。"見《宋史》卷二五四《侯益傳》。　王周：人名。魏州（今河北大名縣）人。五代後唐、後晋、後漢將領。傳見本書卷一〇六、《新五代史》卷四八。　行營馬軍都指揮使：《舊五代史考異》："案：原本脱'馬軍都'三字，今從《通鑑》增入。"未見《通鑑》有相關記載，亦不見於本書卷一〇六《馬萬傳》。　河南府：府名。治所在今河南洛陽市。

[5]辛酉：原闕，據《新五代史》卷八《晋高祖紀》補。

[6]"杜重威等奏"至"奔投入河"：《舊五代史考異》："案《宋史·侯益傳》：益率禁兵數千人，次虎牢，從賓軍萬餘人，夾汜水而陣。益親鼓士乘之，大敗其衆，擊殺殆盡，汜水爲之不流，從賓乘馬入河溺死。據《薛史》，衹言破賊千人，與《宋史》異。"見《宋史》卷二五四《侯益傳》。

[7]護聖指揮使：官名。所部統兵將領。護聖爲後晋禁軍。五代軍隊編制，五百人爲一指揮，設指揮使、副指揮使；十指揮爲一軍，設都指揮使、副都指揮使。　曹再晟：人名。籍貫不詳。五代後晋將領。事見本書本卷。

[8]太尉：官名。與司徒、司空並爲三公，唐後期、五代多爲大臣、勳貴加官。正一品。

[9]張繼祚：人名。濮州臨濮（今山東鄄城縣）人。張全義之子。五代將領。傳見本書卷九六。

[10]開府儀同三司：官名。曹魏始置，隋、唐時爲散官之最高

官階，多授功勛重臣。從一品。　李晟：人名。洮州臨潭（今甘肅臨潭縣）人。唐中期名將。傳見《舊唐書》卷一三三、《新唐書》卷一五四。　諴：人名。即李諴。李晟後人。後晋官員。事見本書本卷。　耀州：州名。治所在今陝西銅川市耀州區。　司户參軍：官名。簡稱“司户”。府、州級政府僚佐。掌本府、州屬縣之户籍、賦税、倉庫受納等事。上州從七品下，中州正八品下，下州從八品下。

［11］攝：官員任用類别之一。爲代理、兼職。　司徒：官名。與太尉、司空並爲三公，唐後期、五代多爲大臣、勳貴加官。正一品。

［12］指揮使：官名。唐末、五代藩鎮皆置都指揮使、指揮使，爲領兵將領。　王暉：人名。籍貫不詳。五代後晋將領。事見本書本卷。　周瓌：人名。亦作“周環”。晋陽（今山西太原市）人。五代將領。傳見本書卷九五。《輯本舊史》之影庫本粘籤：“周瓌，原本作‘周璀’，今從《通鑑》改正。”見《通鑑》卷二八一。又，《舊五代史考異》：“案：王暉害周瓌，《五代春秋》《通鑑》俱不書日，《歐陽史》作丙子，《薛史》作甲戌，諸史所載俱異。”　右衛上將軍：官名。唐置，掌宫禁宿衛。唐代十六衛之一。從二品。　李金全：人名。吐谷渾人。早年爲後唐明宗李嗣源奴僕，驍勇善戰，因功升遷。後晋時封安遠軍節度使，後投奔南唐。傳見本書卷九七、《新五代史》卷四八。

八月辛巳朔，以許州節度使萇從簡爲徐州節度使，以陝州節度使、侍衛馬步軍都虞候劉知遠爲許州節度使，以權北京留守、徐州節度使安彦威爲太原尹、北京留守、河東節度使。[1]宰臣監修國史趙瑩奏：“請循近例，依唐明宗朝，凡有内庭公事及言動之間，委端明殿學士或樞密院學士侍立冕旒，繫日編録，逐季送當館。

其百司公事，亦望逐季送當館，旋要編修日曆。”[2]從之。丁亥，以前宋州節度使李從敏爲陝州節度使。[3]戊子，以尚書左丞鄭韜光爲户部尚書致仕。[4]改玄德殿爲廣政殿，門名從之。[5]庚子，華州渭河泛溢，害稼。[6]宰臣馮道加開府儀同三司，食邑實封；左僕射劉昫加特進，兼鹽鐵轉運等使。[7]故東京留守判官李遐可贈右諫議大夫，其母田氏封京兆郡太君，子孫量才敘録，仍加賻贈，長給遐在身禄俸，終母之世。[8]先是，遐監左藏庫於洛陽，會張從賓叛，令强取錢帛，遐拒而不與，因而遇害，故有是命。[9]乙巳，詔“天下見禁囚徒，除十惡五逆、放火劫舍、持杖殺人、合造毒藥、官典犯贓、欠負官錢外，其餘不問輕重、已發覺未發覺、已結正未結正，並從釋放。應自張從賓作亂以來，有曾被張從賓及張延播脅從染污者，及符彦饒下隨身軍將等，兼安州王暉徒黨，除已誅戮外，並從釋放，一切不問。張繼祚在喪紀之中，承逆豎之意，顯從叛亂，難貸刑章。乃睠先臣，實有遺德，遽兹乏祀，深所軫懷。其一房家業，準法雖已籍没，所有先臣并祖父母墳莊祠堂，並可交付骨肉主張。應自梁朝、後唐以來，前後奉使及北京沿邊管界擄掠往向北人口，宜令官給錢物，差使齎持，往彼收贖，放歸本家”云。繼祚，故齊王全義之子也，故有是詔。[10]丙午，詔：“天下刑獄繫囚染疾者，宜差醫工治療，官中量給藥價。事輕者仍許家人看候，合杖者俟損日決遣。”

［1］八月辛巳朔：天福二年（937）八月辛巳朔，《輯本舊史》原闕“朔”字，中華書局本亦未補，據正史本紀計時規則補。　侍衛馬步軍都虞候：官名。五代侍衛親軍馬步軍統兵官，位僅次於馬步軍都指揮使、副都指揮使。　權：官員任用類别之一。與“攝”相近，是一種暫時的委任。　河東：方鎮名。治所在太原府（今山西太原市）。

［2］日曆：由史官逐日撰寫有關朝政事務的史册。屬於當代歷史的編撰體裁。唐永貞元年（805），始令史官撰寫。

［3］宋州：《輯本舊史》之影庫本粘籤：“宋州，原本作‘家州’，今從《歐陽史》改正。”宋州，多見於《新五代史》，如卷六〇《職方考三》。

［4］尚書左丞：官名。尚書省佐貳官。唐中期以後，與尚書右丞實際主持尚書省日常政務，權任甚重。正四品上。後梁開平二年（908）改爲左司侍郎，後唐同光元年（923）復舊爲左丞。正四品。　鄭韜光：人名。河清（今河南孟州市）人。滎陽（今河南滎陽市）子弟，唐憲宗朝宰相鄭絪之曾孫，唐宣宗外甥。自唐末至後晋，歷仕諸朝。傳見本書卷九二。

［5］玄德殿：殿名。即廣政殿。位於今河南開封市。

［6］華州渭河泛溢：中華書局本有校勘記：“‘華州’下殿本有‘奏’字。”

［7］特進：官名。西漢末期始置，授給列侯中地位較特殊者。隋唐時期，特進爲散官，授給有聲望的文武官員。正二品。

［8］留守判官：官名。留守司僚屬，分掌留守司各曹事，並協助留守通判陪都事。　李遐：人名。兖州（今山東濟寧市兖州區）人。五代後唐、後晋官員。傳見本書卷九三。　賻贈：賻是以財物幫助生者治辦喪事，贈是以奠品吊祭死者。《儀禮·既夕禮》：“知死者贈，知生者賻。”

［9］左藏庫：官署名。後梁始置。負責收納各地所輸財賦，以供官吏、軍兵俸給及賞賜等費用。

[10]齊王全義：即張全義。濮州臨濮（今山東鄄城縣）人。唐末、五代後梁、後唐將領。傳見本書卷六三、《新五代史》卷四五。《輯本舊史》之影庫本粘籤："齊王，原本作'濟王'，今從《歐陽史》改正。"

九月庚戌朔，以前太府卿兼通事舍人陳瓚爲衛尉卿兼通事舍人。[1]壬子，故安遠軍節度使周瓌贈太傅。[2]甲寅，皇子北京留守、知河東軍府事、太原尹重貴加檢校太保，爲右金吾衛上將軍。以右龍武統軍安崇阮爲右衛上將軍，以前保大軍節度使、檢校太傅張萬進爲右龍衛軍統軍，以右領軍衛上將軍、權知安州軍州事李金全爲安遠軍節度使。魏府招討使楊光遠進攻城圖。[3]戊午，以太子賓客孔昭序爲工部尚書致仕。將作少監高鴻漸上言：[4]"伏覩近年已來，士庶之家，死喪之苦，當殯葬之日，被諸色音聲伎藝人等作樂攪擾，求覓錢物，請行止絶。"從之。庚申，静江軍節度使、檢校太尉、同平章事馬希杲加階爵及功臣名號。[5]以前兵部侍郎楊凝式爲檢校兵部尚書、太子賓客。[6]故右金吾衛上將軍羅周敬贈太傅。乙丑，鄧州節度使李從璋卒，贈太師。改興唐府爲廣晋府，興唐縣爲廣晋縣。[7]癸酉，以左諫議大夫、判度支王松爲尚書工部侍郎。甲戌，貝、衛兩州奏，河溢害稼。[8]乙亥，以將作監王岆爲太子賓客。[9]

[1]通事舍人：官名。東晋始置。唐代爲中書省屬官，全稱中書通事舍人。掌殿前承宣通奏。從六品上。　陳瓚：人名。籍貫不詳。五代後晋官員。事見本書本卷。　衛尉卿：官名。東漢始置。

唐代爲衛尉寺長官。掌器械文物，總武庫、武器、守宫三署之官屬。從三品。

[2]安遠軍：方鎮名。治所在安州（今湖北安陸市）。

[3]安崇阮：人名。潞州上黨（今山西長治市）人。五代後唐、後晉將領。傳見本書卷九〇。　保大軍：方鎮名。治所在鄜州（今陝西富縣）。中華書局本有校勘記："'保大'，原作'保太'，據本書卷八八《張萬進傳》改。按本卷上文云'前鄜州節度使張萬進加檢校太傅'，鄜州置保大軍。"　檢校太傅張萬進爲右龍衛軍統軍：中華書局本有校勘記："'太傅'，原作'太尉'，據殿本、孔本改。按本卷上文記張萬進於三月乙亥加檢校太傅。龍衛軍，按五代龍衛軍僅此一見，《事物紀原》卷一〇龍衛條引《宋朝會要》云，太平興國二年（977）正月，詔改龍捷軍爲龍衛軍。故龍衛軍入宋方置，此處疑有訛誤。"今據改。　右領軍衛上將軍：官名。唐置，掌宫禁宿衛。唐代十六衛之一。從二品。　招討使：官名。唐貞元時始置。戰時任命，兵罷則省。常以大臣、將帥或地方軍政長官兼任。掌招撫討伐等事務。

[4]將作少監：官名。爲將作監副長官。佐掌監署中雜作，典工役。從四品下。　高鴻漸：人名。籍貫不詳。五代後晉官員，曾任將作少監、大理少卿。事見本書卷七八。

[5]静江軍：方鎮名。治所在桂州（今廣西桂林市）。　馬希杲：人名。五代十國之南楚開國君主馬殷之子，馬希範之弟。希杲在南楚擔任要職，後晉時被殺。傳見《十國春秋》卷七一。《輯本舊史》之影庫本粘籤："希杲，原本作'希皋'，今從《十國春秋》改正。"見《十國春秋》卷六八《楚二》。《十國春秋》爲清吴任臣撰。《輯本舊史》卷三七《唐明宗紀三》天成元年（926）十二月庚子條、卷八一《晉少帝紀一》天福八年（943）三月乙丑條、卷八三《晉少帝紀三》開運元年（944）七月辛巳條、卷八四《晉少帝紀四》開運二年八月戊子等條，均作"希杲"。

[6]楊凝式：人名。華陰（今陝西華陰市）人。唐末宰相楊涉

之子。唐末進士，歷仕五代各朝。傳見本書卷一二八、《新五代史》卷三五。　檢校兵部尚書：官名。爲散官或加官，以示恩寵，無實際執掌。

[7]興唐府：府名。即廣晋府。治所在今河北大名縣。　興唐縣：縣名。即廣晋縣。治所在今河北大名縣。

[8]衛：州名。治所在今河南衛輝市。

[9]將作監：官名。秦代設將作少府，唐代改將作監，其長官亦稱爲將作監。掌宫廷器物置辦及宫室修建事宜。从三品。　王峄：人名。籍貫不詳。五代後晋官員。事見本書本卷。

冬十月壬午，以宣徽南院使、左監門衛上將軍楊彦詢爲鄧州威勝軍節度使。[1]詔選人試判兩道。[2]以左司郎中張瑑爲右諫議大夫，以刑部侍郎、鹽鐵轉運副使史圭爲吏部侍郎。[3]以曹州刺史宋光業爲宣徽北院使；以左金吾衛大將軍高漢筠爲左驍衛大將軍，充内客省使；以宣徽北院使、左驍衛大將軍劉處讓爲左監門衛上將軍，充宣徽南院使。[4]丙戌，遣使祀五嶽四瀆。[5]故天平軍節度使閻寶追封太原郡王，故大同軍節度使李存璋贈太師，故瀛州刺史李嗣頵贈太尉，故相州刺史史建瑭、故代州刺史王建及並贈太保，故幽州節度使周德威追封燕王。[6]

[1]冬十月壬午："冬"字原闕，中華書局本亦未補。據正史本紀計時規則補。　威勝軍：方鎮名。治所在鄧州（今河南鄧州市）。

[2]選人：此處當指候選補闕的官員。　試判：判，判詞。試寫判詞是選拔人才的一種考試方式。

[3]左司郎中：官名。爲尚書左丞副貳，協掌尚書都省事務，

監管吏、户、禮部諸司政務。位在諸司郎中上。從五品上。　張璪：人名。籍貫不詳。五代後晋官員，後出任給事中、三白渠制置使。事見本書卷七九。

［4］曹州：州名。治所在今山東曹縣西北。　宋光業：人名。又作“宋光鄴”。籍貫不詳。五代後晋官員。事見本書卷八〇、卷八三。　宣徽北院使：官名。唐始置。宣徽北院的長官。初用宦官，五代以後改用士人。與宣徽南院使通掌内諸司及三班内侍之名籍，郊祀、朝會、宴享供帳之儀，檢視内外進奉名物。參見王永平《論唐代宣徽使》，《中國史研究》1995 年第 1 期；王孫盈政《再論唐代的宣徽使》，《中華文史論叢》2018 年第 3 期。　高漢筠：人名。齊州歷山（今山東濟南市歷城區）人。五代後唐、後晋將領。傳見本書卷九四。　内客省使：官名。中書省所屬内客省長官。唐始置，五代沿置。　劉處讓：人名。滄州（今河北滄縣舊州鎮）人。五代後唐、後晋將領。傳見本書卷九四、《新五代史》卷四七。

［5］五嶽四瀆：東嶽泰山、西嶽華山、南嶽衡山（一説霍山）、北嶽恒山、中嶽嵩山爲五嶽。江、河、淮、濟爲四瀆。

［6］閻寶：人名。鄆州（今山東東平縣）人。五代後梁、後唐將領。傳見本書卷五九、《新五代史》卷四四。　大同軍：方鎮名。治所在雲州（今山西大同市）。　李存璋：人名。雲中（今山西大同市）人。五代後唐將領。傳見本書卷五三、《新五代史》卷三六。　李嗣頵：人名。籍貫不詳。五代後晋將領。事見本書卷三九。　相州：州名。治所在今河南安陽市。　史建瑭：人名。雁門（今山西代縣）人。五代將領。傳見本書卷五五、《新五代史》卷二五。　代州：州名。治所在今山西代縣。　王建及：人名。許州（今河南許昌市）人。五代後唐將領。傳見《新五代史》卷二五。　周德威：人名。馬邑（今山西朔州市）人。唐末、五代河東將領。傳見本書卷五六、《新五代史》卷二五。　燕王：《輯本舊史》之影庫本粘籤：“燕王，原本作‘莾王’，今從《薛史·唐書》改正。”見《輯本舊史》卷五六《周德威傳》。

十一月庚戌朔，賜楊光遠空名官告，自司空至常侍凡四十道，將士立功者，得補之而後奏。[1]中書上言："準唐貞元二年九月五日敕，文官充翰林學士及皇太子諸王侍讀，武官充禁軍職事，並不常朝參，其在三館等諸職事者，並朝參訖各歸所務。[2]自累朝以來，文武在内廷充職兼判三司，或帶職額及六軍判官等，例不赴常朝，元無正敕。[3]準近敕，文武職事官未升朝者，按舊制並赴朔望朝參。[4]其翰林學士、侍讀、三館職事，望準元敕處分。其諸在内廷諸司使等，每受正官之時，來赴正衙謝後，不赴常朝，大朝會不離禁廷位次。[5]三司職官免常朝，唯赴大朝會。其京司未升朝官員，祇赴朔望朝參，帶諸司職掌者不在此例。[6]文官除端明殿翰林學士、樞密院學士、中書省知制誥外，有兼官兼職者，仍各發遣本司公事。"[7]從之。丙辰，太子賓客王岻卒。[8]改洛京潛龍宅爲廣德宫，北京潛龍宅爲興義宫。[9]戊午，中書奏："準雜令，車駕巡幸所祇承者，賜贈並同京官。"[10]從之。戊辰，鎮海鎮東節度使、吴越王錢元瓘加天下兵馬副元帥，封吴越國王。[11]庚午，以右拾遺李澣充翰林學士。[12]甲戌，命太常卿程遜、兵部員外郎韋棁充吴越國王加恩使。[13]丙子，[14]以户部侍郎張昭遠守本官，充翰林學士，仍知制誥。丁丑，湖南馬希範貢寶裝龍鳳器用、結銀花果子等物，帝覽之，謂侍臣曰："奇巧蕩心，斯何用耳！但以來遠之道，不欲阻其意。" 聞者服之。壬申，[15]安州李金全上言："奉詔抽臣元隨左都押衙胡漢筠，其人染重病，候損日赴闕。"[16]

漢筠本滑吏也，從金全歷數鎮，而濫聲喧聞，帝知之，欲授以他職，免陷功臣。漢筠懼其罪，遂託疾，由是勸金全貳於朝廷，自此始也。

［1］十一月庚戌朔："朔" 字原闕，中華書局本亦未補。據正史本紀計時規則補。　楊光遠：中華書局本有校勘記："'楊' 字原闕，據殿本、《册府》卷一二三補。" 見明本《册府》卷一二三《帝王部·征討門三》天福二年（937）十一月條。

［2］貞元：唐德宗李适年號（785—805）。　侍讀：官名。爲陪侍帝王、皇子、諸王讀書論學的官職。　三館：指弘文館、集賢館、史館。

［3］判三司：官名。通掌鹽鐵、度支、户部三個部門事務。　判官：官名。爲長官的佐吏，協理政事，或備差遣。

［4］朔望朝參：每月朔望日，在京百官依照禮儀向皇帝行朝參禮儀。屬於朝會禮制的一種。

［5］諸司使：唐五代設置使、司以專掌某項事務，隨着使、司設置的增多，遂統稱諸司、諸司使。

［6］其京司未升朝官員：中華書局本有校勘記："'京司'，原作'京師'，據殿本、劉本、《册府》卷一〇八改。" 見明本《册府》卷一〇八《帝王部·朝會門二》天福二年十一月條，然《會要》卷五朔望朝參條天福二年十一月記事亦作 "京師"。

［7］端明殿翰林學士：中華書局本有校勘記："原作 '翰林端明殿學士'，據殿本、劉本、《册府》卷一〇八、《五代會要》卷五改。" 見《會要》卷五朔望朝參條天福二年十一月記事。

［8］丙辰：中華書局本有校勘記："原作 '丙申'，據殿本改。影庫本粘籤：'丙申，以《長曆》推之，當作丙辰。今無别本可校，姑仍其舊，附識於此。' 按是月庚戌朔，無丙申，丙辰爲初七。" 此條前爲庚戌（初一）記事，後爲戊午（初九）記事，應改爲丙辰。

［9］改洛京潛龍宅爲廣德宫，北京潛龍宅爲興義宫：“洛京”，中華書局本有校勘記：“原作‘潞京’，據彭校、《册府》卷一四、《五代會要》卷五改。”見《會要》卷五諸宫條天福二年十一月記事、明本《册府》卷一四《帝王部·都邑門二》天福二年十一月條。又，在“北京潛龍宅爲興義宫”後，《會要》卷五諸宫條尚載有“北京舊莊爲慶昌宫”八字。

［10］賜贈並同京官：中華書局本有校勘記：“‘贈’，殿本、孔本、《册府》卷六一作‘會’。”見明本《册府》卷六一《帝王部·立制度門二》天福二年十一月戊午條。

［11］鎮海：方鎮名。治所在潤州（今江蘇鎮江市）。　鎮東：方鎮名。治所在越州（今浙江紹興市）。　錢元瓘：《輯本舊史》之影庫本粘籤：“元瓘，原本作‘元權’，今從《十國春秋》改正。”《十國春秋》爲清人吴任臣著，《通鑑》卷二八一天福二年十一月戊辰條即作“元瓘”，可據。　天下兵馬副元帥：官名。在名義上是天下兵馬的副統帥，實際上僅是榮譽稱號，無實職。

［12］李澣：人名。京兆萬年（今陝西西安市長安區）人。歷仕後唐、後晋，後與徐台符被契丹挾而北行，在遼任宣政殿學士、禮部尚書等。傳見《遼史》卷一〇三、《宋史》卷二六二。

［13］兵部員外郎：官名。兵部郎中之副職，協理諸項軍務。從六品上。　韋棁：人名。籍貫不詳。五代後晋官員。事見本書本卷。　加恩使：官名。爲特設的差遣，事畢即廢。

［14］丙子：中華書局本有校勘記：“原作‘甲子’，下文‘丁丑’，原作‘乙丑’，據殿本改。影庫本粘籤：‘甲子，以《長曆》推之，當作丙子，下文乙丑當作丁丑，今姑仍其舊，附識於此。’按是月庚戌朔，甲子、乙丑不當在甲戌後，丙子爲二十七日，丁丑爲二十八日。”

［15］壬申：《輯本舊史》之影庫本粘籤：“壬申，以《長曆》推之，當作十二月壬午，原文似有脱誤，今無別本可校，姑且仍其舊。”十一月壬申爲二十三日，爲何置於甲戌（二五）、丙子（二

七）之後？但影庫本粘籤所云“當作十二月壬午”，亦無他證，姑仍保留。

[16]胡漢筠：人名。籍貫不詳。五代後晋時的地方將領。事見本書本卷、卷九七。

十二月，以監察御史徐台符爲尚書膳部員外郎、知制誥，以右補闕、史館修撰吴承範爲尚書屯田員外郎、知制誥。[1]左諫議大夫薛融改中書舍人，辭而不拜。尚書水部郎中、知制誥王易簡改中書舍人。故隴西郡王李嗣昭追封韓王，故横海軍節度使安審通贈太師。[2]辛丑，湖南節度使、兼中書令楚王馬希範加食邑實封，改賜扶天佐運同德致理功臣。甲辰，車駕幸相國寺祈雪。[3]《永樂大典》卷一萬五千六百四十三。[4]

[1]監察御史：官名。屬御史臺之察院，爲御史臺各種御史之一。掌監察中央機構、州縣長官及祭祀、庫藏、軍旅等事。唐中期以後，亦作爲外官所帶之銜。正八品下。　徐台符：人名。真定獲鹿（今河北石家莊市鹿泉區）人。歷仕後唐、後晋，後被契丹挾而北行。後漢隱帝時自幽州逃歸，又仕後周。傳見本書附録。　尚書膳部員外郎：官名。尚書省禮部膳部司的副長官。佐本司郎中掌管百官飲食餚饌，及祭祀宴享等方面的政令。從六品上。　右補闕：官名。唐代諫官。武則天時始置。分爲左右，左補闕隸於門下省，右補闕隸於中書省。掌規諫諷諭，大事可以廷議，小事則上封奏。從七品上。　史館修撰：官名。史館中負責修史的官員。中華書局本有校勘記：“‘館’，原作‘官’，據本書卷九二《吴承範傳》、《册府》卷五五四改。”見《宋本册府》卷五五四《國史部·恩奬門》。　吴承範：人名。魏州（今河北大名縣）人。五代後唐、後

晋官員。傳見本書卷九二。　尚書屯田員外郎：官名。尚書省工部屯田司郎中的副職。佐郎中掌屯田政令等。從六品上。

[2]李嗣昭：人名。汾州（今山西汾陽市）人。唐末、五代李克用義子、部將。傳見本書卷五二、《新五代史》卷三六。　安審通：人名。籍貫不詳。五代後唐、後晋將領。事見本書卷三八。

[3]相國寺：全稱大相國寺。位於今河南開封市内。

[4]《大典》卷一五六四三“晋”字韻“五代晋高祖（一）”事目。

舊五代史　卷七七

晉書三

高祖紀第三

天福三年春正月戊申朔，帝御崇元殿受朝賀，仗衛如式。[1]己酉，百官守司，以太史先奏日蝕故也，至是不虧，内外稱賀。[2]壬戌，是夜以上元張燈於京城，縱都人遊樂，帝御大寧宫門樓觀之。[3]丙申，端明殿學士、禮部侍郎和凝兼判度支；[4]工部侍郎、判度支王松改尚書刑部侍郎；[5]户部郎中高延賞改左諫議大夫，充諸道鹽鐵轉運副使。[6]壬申，以前右諫議大夫薛融爲左諫議大夫。[7]前興元節度使張筠卒於西京，輟視朝一日。[8]

[1]天福：五代後晉高祖石敬瑭年號（936—942）。出帝石重貴沿用至九年（944）。後漢高祖劉知遠繼位後沿用一年，稱天福十二年（947）。　春正月："春"字原闕，中華書局本亦未補，據正史本紀計時之規則補。　崇元殿：宫殿名。五代後梁開平元年（907）改汴京正殿爲崇元殿。位於今河南開封市。　受朝賀：即大

朝會典禮。大朝會之日，有司排辦盛大的儀仗，在京文武百官以及地方官員在京者、藩國使人，共同向皇帝朝參、致賀、上壽，並以宴會結束典禮。

［2］太史：官名。西周始設，初掌起草文書、修撰史籍、校訂曆法。後職位漸低、事權漸分，隋唐時專掌天文曆法。　“己酉”至“内外稱賀”：《輯本舊史》卷一三九《天文志·日食》載：“正月戊申朔，司天先奏，其日日蝕。至是日不蝕，内外稱賀。”

［3］大寧宫：後晋時開封宫城名。位於今河南開封市。

［4］丙申：中華書局本作“丙寅”。　端明殿學士：官名。後唐明宗時始置，以翰林學士充任，負責誦讀四方書奏。　禮部侍郎：官名。尚書省禮部次官。協助禮部尚書掌禮儀、祭享、貢舉之政。正四品下。　和凝：人名。鄆州須昌（今山東東平縣）人。歷仕後梁至後周，五代官員、詞人。傳見本書卷一二七、《新五代史》卷五六。　判度支：官名。度支爲財政官署，掌管天下租賦物産，歲計所出而支調之，故名。安史亂後，因軍事供應浩繁，以宰相爲度支使，由户部尚書、侍郎或他官兼領度支事務，稱度支使或判度使、知度支事，權任極重，與鹽鐵使、判户部或户部使合稱“三司”。

［5］工部侍郎：官名。尚書省工部次官。協助工部尚書掌管百工、山澤、水土之政令，考其功以詔賞罰，總所同各司之事。正四品下。中華書局本有校勘記：“原作‘工部郎中’，據殿本、劉本改。按本書卷七六《晋高祖紀二》：‘（天福二年九月）癸酉，以左諫議大夫、判度支王松爲尚書工部侍郎。’影庫本粘籤：‘工部郎中，原本脱“中”字，今據《通鑑》增入。’今檢《通鑑》未記此事。”見《輯本舊史》卷七六《晋高祖紀二》天福二年（937）九月癸酉條。　王松：人名。京兆（今陝西西安市）人。唐僖宗宰相王徽之子。五代後唐至後漢官員。傳見本書附録、《新五代史》卷五七。　尚書刑部侍郎：官名。尚書省刑部次官。協助刑部尚書掌天下刑法及徒隸、勾覆、關禁之政令。正四品下。

[6]户部郎中：官名。即尚書省户部頭司户部司長官。掌户口、土田、賦役、貢獻、優復、婚姻、繼嗣等事。從五品上。　高延賞：人名。籍貫不詳。五代後唐時爲三司判官，後晋時爲户部郎中、左諫議大夫、鹽鐵副使。事見本書本卷、卷八九。　左諫議大夫：官名。隸門下省。唐代置左、右諫議大夫各四人，分隸門下省、中書省。掌諫諭得失、侍從贊相。正四品下。　諸道鹽鐵轉運副使：官名。簡稱鹽鐵副使。爲鹽鐵司副長官。鹽鐵與度支、户部合稱“三司”。佐鹽鐵使掌漕運及專賣事務。

[7]右諫議大夫：官名。隸中書省。唐代置左、右諫議大夫各四人，分隸門下省、中書省。掌諫諭得失、侍從贊相。正四品下。中華書局本有校勘記：“‘右’，本書卷七六《晋高祖紀二》作‘左’。按本書卷九三《薛融傳》：‘天福二年，自左諫議大夫遷中書舍人，自以文學非優，不敢拜命，復爲諫議。’”《輯本舊史》卷七六《晋高祖紀二》天福二年三月乙亥載“以吏部郎中兼侍御史、知雜事薛融爲左諫議大夫”；同卷十二月條又載“左諫議大夫薛融改中書舍人，辭而不拜”。《新五代史》卷五六《薛融傳》載：“高祖入立，拜吏部郎中，兼侍御史知雜事。累拜左諫議大夫，遷中書舍人。”均未載薛融曾爲右諫議大夫。　薛融：人名。汾州平遥（今山西平遥縣）人。五代後唐、後晋官員。傳見本書卷九三、《新五代史》卷五六。

[8]興元：府名。治所在今陝西漢中市。　節度使：官名。唐時在重要地區所設掌握一州或數州軍、民、財政的長官。　張筠：人名。海州（今江蘇連雲港市海州區）人。五代十國藩鎮軍閥。傳見本書卷九〇、《新五代史》卷四七。　西京：指京兆府（今陝西西安市）。　輟視朝：即輟朝。古代帝王遇親喪或文武大臣病故，停止視朝數日，以示哀悼。　前興元節度使張筠卒於西京，輟視朝一日：《舊五代史考異》：“案《五代會要》：太常禮院申：‘准故事，前節度使無例輟朝。’敕：‘宜特輟一日朝參。’”見《會要》卷六輟朝條晋天福三年正月記事。

二月庚辰，左散騎常侍張允進《駮赦論》，帝覽而嘉之，降詔獎飾，仍付史館。[1]甲申，荆南節度使高從誨加食邑實封。[2]戊子，翰林學士李澣賜緋魚袋。[3]以尚書屯田員外郎、知制誥吴承範爲庫部員外郎，充樞密院直學士。[4]乙未，御札曰：[5]“曾有宣示百官，令進封事，今據到者未及十人。朕雖無德，自行敕後已是數月，至於假手於人，[6]也合各有一件事敷奏，食禄於朝，豈當如是！言而不用，朕所甘心；用而不言，誰之責也？”[7]丙申，制武清軍節度使馬希蕚改武平軍節度使。[8]辛丑，中書上言：[9]“《禮經》云：‘禮不諱嫌名，二名不偏諱。’注云：‘嫌名，謂音聲相近，若禹與雨、丘與區也。[10]二名不偏諱，謂孔子之母名徵在，言在不稱徵，言徵不稱在。’此古禮也。唐太宗二名並諱，玄宗二名亦同，[11]人姓與國諱音聲相近是嫌名者，亦改姓氏，與古禮有異。廟諱平聲字，即不諱餘三聲；諱側聲，即不諱平聲字。所諱字正文及偏旁闕點畫，[12]望依令式施行。”詔曰：“朝廷之制，今古相沿，道在人弘，禮非天降。方開曆數，虔奉祖宗，雖踰孔子之文，未爽周公之訓。所爲二名及嫌名事，宜依唐禮施行。”[13]乙巳，天和節，宴近臣於廣政殿。[14]

[1]左散騎常侍：官名。門下省屬官。掌侍奉規諷，備顧問應對。正三品下。　張允：人名。鎮州束鹿（今河北辛集市）人。五代後唐至後漢官員。傳見本書卷一〇八、《新五代史》卷五七。　史館：官署名。唐天寶以後，他官兼領史職者，稱史館修撰。初入史館者稱爲直館。元和六年（811）宰相裴垍建議，登朝官領史職

者爲修撰，以官階高的一人判館事；未登朝官均爲直館。《五代會要》記載：尹拙爲左拾遺，王慎徽爲右拾遺，並直史館，《薛史》闕載王慎徽。見《會要》卷一八、《册府》卷五五四。

[2]荆南：五代十國之一。又稱南平。後梁開平元年（907）朱温命高季興爲荆南節度使，梁末帝時封季興爲渤海王。同光二年（924）受後唐封爲南平王。　高從誨：人名。陝州硤石（今河南三門峽市陝州區）人，南平國主高季興長子。傳見本書卷一三三、《新五代史》卷六九。　食邑實封：簡稱“食實封”。唐制，封爵本有食邑若干户的規定，如親王食邑一萬户，郡王食邑五千户，國公食邑三千户，依次遞減，至男爵食邑三百户。但是上述封户並無其實，是爲虚封。衹有加上“食實封若干户”之類的名號，才能享有相應的封户租税。

[3]翰林學士：官名。由南北朝始設之學士發展而來，唐玄宗改翰林供奉爲翰林學士，備顧問、代王言。掌拜免將相、號令征伐等詔令的起草。　李澣：人名。京兆萬年（今陝西西安市長安區）人。歷仕後唐、後晋，後與徐台符被契丹挾而北行，在遼任宣政殿學士、禮部尚書等。傳見《遼史》卷一〇三、《宋史》卷二六二。　緋魚袋：指緋衣與魚符袋。唐制，五品以上官員服緋衣，佩魚符，魚符盛以袋。

[4]尚書屯田員外郎：官名。尚書省工部屯田司郎中的副職。佐郎中掌屯田政令等。從六品上。　知制誥：官名。掌起草皇帝的詔、誥之事，原爲中書舍人之職。唐開元末置學士院，翰林學士入院一年，則加知制誥銜，專掌任免宰相、册立太子、宣布征伐等特殊詔令，稱爲内制。而中書舍人所撰擬的詔敕稱爲外制。兩種官員總稱兩制官。　吴承範：人名。魏州（今河北大名縣）人。五代後唐、後晋官員。傳見本書卷九二。　庫部員外郎：官名。尚書省户部庫部司員外郎的省稱。庫部郎中之副職，掌戎器、鹵簿儀仗。從六品上。　樞密院直學士：官名。五代後唐同光元年（923），改直崇政院置，選有政術、文學者充任。充皇帝侍從，備顧問應對。

[5]御札：又作“御劄”。皇帝手劄、手詔。

[6]至於假手於人：明本《册府》卷一〇三《帝王部·招諫門二》天福三年二月條作“至懵人也”。

[7]“言而不用”至“誰之責也”：明本《册府》卷一〇三於其前有“可不知貞觀政要説”八字。

[8]武清軍：方鎮名。治所在衡州（今湖南衡陽市）。　馬希萼：人名。五代十國南楚君主，武穆王馬殷之子，弑殺馬希廣後自立爲王，不恤政事，後爲馬希崇所代，終被南唐所俘。事見本書本卷、卷八一、卷一〇二、卷一三三，《新五代史》卷六六。　武平軍：方鎮名。治所在朗州（今湖南常德市）。中華書局本有校勘記：“‘武平軍’，原作‘威武軍’，據本書卷八一《晉少帝紀一》改。按威武軍治福州，非馬氏所轄，武平軍治朗州。影庫本粘籤：‘威武軍，原本脱“威”字，今據《十國春秋》增入。’今檢《十國春秋》未記此事，此處所脱當是‘平’字。”見《輯本舊史》卷八一《晉少帝紀一》天福八年（943）三月己丑條，《新五代史》卷六六《楚馬希廣傳》亦言希萼爲朗州節度使。

[9]中書：官署名。“中書門下”的簡稱。唐代以來爲宰相處理政務的機構。參見劉後濱《唐代中書門下體制研究——公文形態·政務運行與制度變遷》，齊魯書社2004年版。

[10]若禹與雨、丘與區也：中華書局本有校勘記：“‘雨’，原作‘宇’，據殿本，《五代會要》卷四，《册府》卷三一、卷五九四改。《禮記·曲禮》注：‘嫌名謂音聲相近，若“禹”與“雨”、“丘”與“區”也。’”見《會要》卷四諱條天福三年二月記事、明本《册府》卷三一《帝王部·奉先門四》天福三年二月辛丑條、《宋本册府》卷五九四《掌禮部·奏議門二二》天福三年二月辛丑條。

[11]唐太宗：即唐代第二位皇帝李世民。隴西成紀（今甘肅秦安縣）人。626年至649年在位。通過“玄武門之變”掌權，開創“貞觀之治”。紀見《舊唐書》卷二至卷三、《新唐書》卷二。

玄宗：即唐玄宗李隆基。隴西成紀（今甘肅秦安縣）人。712 年至 756 年在位。開創"開元盛世"，因"安史之亂"退位爲太上皇。紀見《舊唐書》卷八至卷九、《新唐書》卷五。

［12］所諱字正文及偏旁闕點畫：《會要》卷四諱條、《册府》卷五九四於"闕點畫"前有"皆"字。

［13］"詔曰"至"宜依唐禮施行"：《舊五代史考異》："案：太原縣有史匡翰碑，立於天福八年。匡翰，建瑭之子也。碑於'瑭'字空文以避諱，而建瑭父敬思，仍書'敬'字，蓋當時避諱之體如此。"

［14］天和節：後晉高祖石敬瑭誕節。　廣政殿：殿名。本書卷七六載，天福二年八月戊子，"改玄德殿爲廣政殿"。位於在今河南開封市。

三月戊午，鴻臚卿致仕劉頎卒，贈太子賓客。[1]壬戌，東上閤門使、前司農卿蘇繼顔改鴻臚卿充職。[2]迴鶻可汗王仁美進野馬、獨峯駞、玉團、硇砂等方物。[3]甲戌，永壽長公主薨，輟朝一日。[4]故涇州節度觀察留後盧順密贈右驍衛上將軍。[5]丁丑，詔禁止私下打造鑄瀉銅器。

［1］鴻臚卿致仕劉頎卒：《輯本舊史》作"鴻臚卿劉頎卒"，中華書局本從之，今據《輯本舊史》卷七六《晉高祖紀二》天福二年（937）六月乙酉記事補。　鴻臚卿：官名。南朝梁武帝天監七年（508）改大鴻臚置，爲十二卿之一，掌接待周邊少數民族賓客、朝會禮儀贊導等，九班。唐朝加掌喪葬禮儀。五代沿置。從三品。　致仕：官員告老辭官。　劉頎：人名。籍貫不詳。五代後唐、後晉官員。事見本書本卷、卷四八、卷七六。　太子賓客：官名。爲太子官屬。唐高宗顯慶元年（656）始置。掌侍從規諫、贊相禮儀。

正三品。

[2]東上閤門使：官名。與西上閤門使共稱“閤門使”。唐代始設，掌扈從乘輿、朝會禮儀、大宴引贊、引接朝見等事務。　司農卿：官名。司農寺長官。掌管倉廩、籍田、苑囿諸事。從三品。　蘇繼顔：人名。籍貫不詳。五代後唐、後晋官員。事見本書本卷、卷四七。

[3]迴鶻：部族名、政權名。又作回鶻、回紇。原係突厥鐵勒部的一支。唐天寶三載（744）建立回鶻汗國，8世紀末9世紀初，回鶻與吐蕃争奪北庭和安西並最終取勝，統治西域。9世紀中葉，回鶻汗國瓦解。參見楊蕤《回鶻時代：10—13世紀陸上絲綢之路貿易研究》，中國社會科學出版社2015年版。　仁美：人名。即藥羅葛仁美。甘州回鶻首任可汗，尊號烏母主可汗，後唐封賜英義可汗。事見《新五代史》卷五。　玉團：《輯本舊史》之影庫本粘籤：“原本作‘玉圍’，今從《歐陽史》改正。”見《新五代史》卷七四《四夷附録三》回鶻條。又，《輯本舊史》卷一三八《外國列傳二》沙州條載其貢物中亦有“玉團”，同卷回鶻條並載有天福五年正月、廣順元年（951）二月貢“玉團”記事。　方物：諸侯國、藩屬國貢獻的地方特産。

[4]永壽長公主：後晋高祖石敬瑭第十二妹，夫家姓史，天福二年五月庚午受封永壽長公主。事見本書本卷、卷七六、卷八一。

[5]涇州：州名。治所在今甘肅涇川縣。　節度觀察留後：官名。唐、五代時，代行方鎮長官之職者稱留後。代行觀察使之職者，即爲觀察留後。掌一州或數州軍政。　盧順密：人名。汶陽（今山東泰安市）人。五代後唐、後晋將領。傳見本書卷九五。　右驍衛上將軍：官名。唐置，掌宫禁宿衛。唐代置十六衛，即左右衛、左右驍衛、左右武衛、左右威衛、左右領軍衛、左右金吾衛、左右監門衛、左右千牛衛，各置上將軍，從二品；大將軍，正三品；將軍，從三品。

夏四月丁亥，以尚書吏部侍郎盧詹爲尚書左丞。[1]中書舍人李詳上疏：[2]“請沙汰在朝文武臣僚，以減冗食，仍條貫藩侯郡守，凡遇溥恩，不得多奏衙前職員，[3]妄邀恩澤。”疏奏，嘉之。戊子，宣武軍節度使、侍衛親軍馬步軍都指揮使、廣晋府行營都招討使楊光遠加兼中書令。[4]昭義節度使、侍衛馬軍都指揮使、廣晋府行營都排陣使杜重威，河陽節度使兼奉國左右廂都指揮使、廣晋府行營馬步都虞候侯益，並加檢校太傅。[5]鳳翔節度使、檢校太師、兼中書令、岐王李從曮進封秦王，平盧軍節度使、檢校太尉、兼中書令、臨淄王王建立進封東平王。[6]甲午，泰寧軍節度使李從温，西京留守、京兆尹李周，歸德軍節度使趙在禮，並加兼侍中。[7]是月，諸道藩侯郡守皆等第加恩。改雍熙樓爲章和樓，避廟諱也。

[1]夏四月丁亥：“夏”字原闕，據正史本紀四時記載之規則補。　尚書吏部侍郎：官名。尚書省吏部次官。協助吏部尚書掌文選、勳封、考課之政。正四品上。　盧詹：人名。京兆長安（今陝西西安市）人。唐末、五代官員。傳見本書卷九三。　尚書左丞：官名。尚書省佐貳官。唐中期以後，與尚書右丞實際主持尚書省日常政務，權任甚重。正四品上。後梁開平二年（908）改爲左司侍郎，後唐同光元年（923）復舊爲左丞。正四品。

[2]中書舍人：官名。中書省屬官。掌起草文書、呈遞奏章、傳宣詔命等。正五品上。　李詳：人名。籍貫不詳。五代後唐至後周官員，歷任左補闕、中書舍人、尚書右丞、吏部侍郎。事見本書本卷、卷四二、卷八四、卷一一一。《輯本舊史》之影庫本粘籤：“李詳，原本作‘李祥’，今從《册府元龜》改正。”見《宋本册

府》卷五五三《詞臣部·獻替門二》李詳條。又，《輯本舊史》卷七八《晋高祖紀四》天福四年（939）九月丙申載“中書舍人李詳改禮部侍郎”。

［3］衙前：唐宋州府衙門胥佐統稱。唐末五代多由衙校充當，稱將吏衙前，屬軍職，分管州府各種公務，有都知兵馬使、兵馬使、中軍使、都押衙、押衙、教練使、子城使等名目。

［4］宣武軍節度使：中華書局本有校勘記：“‘使’字原闕，據劉本補。”　宣武軍：方鎮名。治所在汴州（今河南開封市）。　侍衛親軍馬步軍都指揮使：官名。五代時侍衛親軍長官。多爲皇帝親信。　廣晋府：府名。五代後晋天福二年改興唐府置廣晋府，治元城、廣晋二縣（今河北大名縣）。　行營都招討使：官名。自後梁至後周均設此職，掌同招討使，負責某一路、某一道或某一方征討招撫之事。掌管區域較大而且主官資深者，則委以諸道行營都招討使和副都招討使，否則爲行營招討使和副招討使。　楊光遠：人名。沙陀部人。五代後唐、後晋將領。傳見本書卷九七、《新五代史》卷五一。　中書令：官名。漢代始置，隋、唐前期爲中書省長官，屬宰相之職；唐後期多爲授予元勳大臣的虚銜。正二品。

［5］昭義：方鎮名。治所在潞州（今山西長治市）。　侍衛馬軍都指揮使：官名。五代時皇帝親軍侍衛馬軍司長官。　行營都排陣使：官名。唐節度使所屬武官中有排陣使、都排陣使，五代後梁以後設於諸軍、行營，爲先鋒之職。參見王軼英《中國古代排陣使述論》，《西北大學學報》2010年第6期。　杜重威：人名。其先朔州（今山西朔州市朔城區）人，後徙居太原。五代後晋、後漢將領。傳見本書卷一〇九、《新五代史》卷五二。　河陽：方鎮名。全稱“河陽三城”。治所在孟州（今河南孟州市）。　奉國左右厢都指揮使：官名。“奉國”爲五代後晋禁軍，分左右厢。唐末、五代軍隊皆置都指揮使、指揮使，爲領兵將領。　行營馬步都虞候：官名。五代時期出征軍隊高級統兵官。　侯益：人名。汾州平遥（今山西平遥縣）人。五代後唐至宋初將領。傳見《宋史》卷二五

四。　檢校太傅：官名。爲散官或加官，以示恩寵，無實際執掌。

［6］鳳翔：方鎮名。治所在鳳翔府（今陝西鳳翔縣）。　檢校太師：官名。爲散官或加官，以示恩寵，無實際執掌。　李從曮：人名。深州博野（今河北蠡縣）人。李茂貞之子，後晋時封秦王。傳見本書卷一三二。　平盧軍：方鎮名。治所在青州（今山東青州市）。　檢校太尉：官名。爲散官或加官，以示恩寵加此官，無實際執掌。太尉，與司徒、司空並爲三公。　王建立：人名。遼州榆社（今山西榆社縣）人。五代後唐、後晋大臣。傳見本書卷九一、《新五代史》卷四六。

［7］泰寧軍：方鎮名。治所在兖州（今山東濟寧市兖州區）。　李從温：人名。代州崞縣（今山西原平北）人，後唐明宗李嗣源之侄，後養爲己子。其從妹爲石敬瑭后，後爲忠武軍節度使、河陽三城節度使。傳見本書卷八八。　西京留守：官名。唐玄宗久住東都洛陽，天寶元年（742）以京師長安爲西京，改西都留守爲西京留守，仍掌京師軍政要務。肅宗以後稱長安爲上都，仍沿用西京留守舊稱。　京兆尹：官名。唐開元元年（713）改雍州置京兆府，治所在今陝西西安市。以京兆尹總其政務。從三品。　李周：人名。邢州内丘（今河北内丘縣）人。五代後唐、後晋將領。傳見本書卷九一、《新五代史》卷四七。　歸德軍：方鎮名。治所在宋州（今河南商丘市睢陽區）。本後梁宣武軍，後唐改名歸德軍。　趙在禮：人名。涿州（今河北涿州市）人。五代後唐、後晋將領。傳見本書卷九〇、《新五代史》卷四六。　侍中：官名。秦始置。隋、唐前期爲門下省長官。唐後期多爲大臣加銜，不參與政務，實際職務由門下侍郎執行。正二品。

五月丁未朔，帝御崇元殿受朝，仗衛如式。丁巳，詔應諸州縣名犯廟諱者並改之。庚申，以楊光遠男承祚爲檢校工部尚書、左威衛將軍、駙馬都尉。[1]丁卯，魏府行營步軍都指揮使、檢校司徒、右神武統軍王周加檢校太保。[2]戊辰，故振武節度使李嗣本贈太尉。[3]己巳，詔："中外臣僚帶平章事、侍中、中書令及諸道節度使，並許私門立戟，仍並官給及據官品依令式處分。"[4]

[1]承祚：人名。即楊承祚。沙陀部人。五代後唐、後晋將領楊光遠之子，後晋高祖石敬瑭女婿。五代後晋官員。事見本書卷七九、八二。　檢校工部尚書：檢校官名。地方使職帶檢校三公、三師及臺省官之類，表示遷轉經歷和尊崇的地位，檢校工部尚書爲其中之一階，爲虚銜。　左威衛將軍：官名。唐置，掌宫禁宿衛。唐代十六衛之一。從三品。　駙馬都尉：漢武帝始置，魏晋以後，公主夫婿多加此稱號。從五品下。

[2]魏府：地名。即魏州廣晋府，唐五代方鎮魏博軍的治所。位於今河北大名縣。　行營步軍都指揮使：官名。行營步軍長官。五代軍隊編制，五百人爲一指揮，設指揮使、副指揮使；十指揮爲一軍，設都指揮使、副都指揮使。　檢校司徒：官名。爲散官或加官，以示恩寵加此官，無實際執掌。司徒，與太尉、司空並爲三公。　右神武統軍：官名。唐、五代禁軍右神武軍的將領。初左、右神武軍置大將軍各一人，將軍各三人。興元元年（784）增置統軍各一人，位於將軍之上，爲大將軍之副職。從二品。　王周：人名。魏州（今河北大名縣）人。五代後唐、後晋、後漢將領。傳見本書卷一〇六、《新五代史》卷四八。　檢校太保：官名。爲散官或加官，以示恩寵，無實際執掌。

[3]振武：方鎮名。治所在今山西朔州市。　李嗣本：人名。雁門（今山西代縣）人。李克用義子，本姓張。五代後唐將領。傳見本書卷五二、《新五代史》卷三六。　太尉：官名。與司徒、司空並爲三公，唐後期、五代多爲大臣、勳貴加官。正一品。

[4]平章事：官名。即"同中書門下平章事"。唐高宗以後，

凡實際任宰相之職者，常在其本官後加同平章事的職銜。後成爲宰相專稱。後晋天福五年（940），升中書門下平章事爲正二品。　私門立戟：帝王外出巡幸，在止宿處插戟爲門，稱戟門，亦作“棨門”。唐制，三品以上官員可於私門立戟，以示顯貴。　仍並官給及據官品依令式處分：“仍並官給”後明本《册府》卷六一《帝王部·立制度門二》尚有“並各賜詔書”五字，“及”字，《册府》作“仍”。

六月丁丑，右監門衛上將軍王彦璘卒。[1]甲申，以太子詹事王居敏制置安邑、解縣兩池榷鹽事。[2]丙戌，左諫議大夫薛融上疏，請罷修洛京大内，優詔褒之，尋罷營造。[3]庚寅，翰林學士、尚書工部郎中、知制誥竇貞固改中書舍人充職。[4]户部尚書致仕蕭蘧卒，贈右僕射。[5]詔貢舉宜權停一年，以員闕少而選人多，常調有淹滯故也。[6]丁酉，詔：“尚書省司門應管諸關令丞等，[7]宜準唐天成四年四月四日敕，本司不得差補，祇委關鎮使鈐轄；[8]見差補者，並晝時勒停訖奏聞。”“應常帶使相節度使，[9]自楊光遠已下凡七人，並改鄉里名號。”

[1]右監門衛上將軍：官名。唐置，掌宫禁宿衛。唐代十六衛之一。從二品。　王彦璘：人名。籍貫不詳。五代後晋將領。事見本書本卷。

[2]太子詹事：官名。掌領太子之詹事府，爲太子官屬之長。正三品。　王居敏：人名。籍貫不詳。五代後唐、後晋官員。事見本書本卷、卷八四等。《輯本舊史》之影庫本粘籤：“王居敏，原本作‘君敏’，今據《通鑑》改正。”見《通鑑》卷二七八長興四年

(933）四月癸丑條。又，《輯本舊史》卷八四《晋少帝紀四》開運二年（945）九月壬子條載“以前太子詹事王居敏爲鴻臚卿”。安邑：縣名。治所在今山西運城市。　解縣：縣名。治所在今山西運城市解州鎮。　榷鹽：食鹽專賣。

[3]丙戌：中華書局本沿《輯本舊史》未補，《通鑑》卷二八一繫此事於天福三年（938）六月丙戌，天福三年六月丙子朔，丙戌爲十一日，此條前爲甲申（九日）記事，其後爲庚寅（十五日)、丁酉（二十二日）記事，故可據補。　洛京：即西京洛陽府。五代後晋改洛京爲西京，位於今河南洛陽市。後漢、後周、北宋皆以洛陽爲西京。

[4]尚書工部郎中：官名。尚書省屬官，位在侍郎之下、員外郎之上。主持尚書省工部之工部司事務。從五品上。　竇貞固：人名。同州白水（今陜西白水縣）人。五代後唐至後周大臣，後唐進士，後漢宰相。傳見《宋史》卷二六二。

[5]户部尚書：官名。户部最高長官。掌管全國土地、户籍、賦税、財政收支諸事。正三品。　蕭蘧：人名。籍貫不詳。唐末曾任主客郎中、永樂令，五代後唐時爲太子賓客、户部尚書。事見《舊唐書》卷二〇下、本書本卷。　右僕射：官名。秦始置。隋、唐前期以左、右僕射佐尚書令總理六官，綱紀庶務，如不置尚書令，則總判省事，爲宰相之職。唐後期多爲大臣加銜。從二品。

[6]貢舉：即科舉考試。原意爲地方向中央貢獻、推舉人才。

[7]尚書省：官署名。東漢始置尚書臺，至南北朝始稱尚書省。隋唐時期與中書省、門下省並稱“三省”，爲最高政務機關。　司門：官署名。即尚書省刑部司門司。以司門郎中、員外郎主其事。掌門關、橋樑、道路之禁令，稽察官吏、軍民、商販出入違法者。　諸關令丞：即關令、關丞。唐時有驛道的爲上關，無驛道的爲中關，其餘爲下關。各置關令、關丞，負責稽察行人。從八品下至從九品下不等。中華書局本有校勘記：“‘關’，原作‘闕’，據《五代會要》卷一六改。本卷下一處同。”見《會要》卷一六司門條。

[8]天成：後唐明宗李嗣源年號（926—930）。　關鎮使：即關使、鎮使。關使掌關禁、稽察奸僞、驗證公文券引，品秩高於關令、關丞。鎮使掌治賊盜、安集户口。　鈐轄：中華書局本有校勘記："'鈐轄'，原作'鈐轄'，據殿本、劉本、邵本、彭本、《五代會要》卷一六改。影庫本批校：'鈐轄，"鈐"訛"鈐"，今改。'"見《會要》卷一六司門條所載天福三年六月敕。

[9]使相：官名。唐朝後期，宰相常兼節度使，節度使亦常加宰相銜，皆稱使相。五代時，節度使多帶宰相銜，但不預朝廷政事。

秋七月丙午朔，差左諫議大夫薛融、秘書監吕琦、駕部員外郎兼侍御史知雜事劉皥、刑部郎中司徒詡、大理正張仁瑑，同共詳定唐明宗朝編敕。[1]庚戌，御史中丞王延改尚書右丞，尚書右丞盧導改尚書吏部侍郎，以左諫議大夫薛融爲御史中丞。[2]辛酉，製皇帝受命寶，以"受天明命，惟德允昌"爲文。[3]據六典，受命寶者，天子修封禪、禮神祇則用之，其始皆破皇業錢以製之。[4]皇業者，藩邸主事之所有也。壬戌，虞部郎中、知制誥于遘改中書舍人。[5]宰臣趙瑩、桑維翰、李崧各改鄉里名號。[6]荆南節度使高從誨本貫汴州浚儀縣王畿鄉表節東坊，改爲擁旌鄉浴鳳里。[7]

[1]秋七月：《輯本舊史》"秋"字原闕，中華書局本亦未補。據正史本紀計時規則補。　祕書監：官名。秘書省長官，掌圖書秘記等。從三品。　吕琦：人名。幽州安次（今河北廊坊市）人。五代後唐、後晋官員。傳見本書卷九二、《新五代史》卷五六。　駕部員外郎：官名。唐代駕部郎中的副職。協助長官掌輿輦、車乘、

傳驛、廄牧等事。從六品上。　侍御史知雜事：官名。唐置，以資深御史充任，總管御史臺庶務。五代沿置。　劉皞：人名。涿州歸義縣（今河北容城縣）人。後晋宰相劉昫之弟。後梁時在劉去非門下，隨劉去非入荆南，後爲後唐至後周官員。傳見本書卷一三一。　刑部郎中：官名。尚書省刑部頭司刑部司長官。掌司法及審覆大理寺及州府刑獄。從五品上。　司徒詡：人名。清河郡（今河北清河縣）人。五代後唐官員。傳見本書卷一二八。　大理正：官名。大理寺官員，地位在大理寺丞之上。掌參議刑獄，詳正科條。從五品下。　張仁瑑：人名。籍貫不詳。五代後晋至後周官員，曾任後晋大理正，後周左庶子、大理卿。事見本書本卷、卷一一二。　唐明宗：即五代後唐明宗李嗣源。沙陀部人。原名邈佶烈，李克用養子。926年至933年在位。紀見本書卷三五至卷四四、《新五代史》卷六。　編敕：文書名。五代、宋時法制，除沿用唐代律、令、格、式外，又將皇帝因某人、某事而發佈的詔敕彙集成册，即爲“編敕”。

[2]御史中丞：官名。御史臺副長官。如不置御史大夫，則爲御史臺長官。掌司法監察。正四品下。　王延：人名。鄭州長豐（今河北文安縣）人。五代大臣，歷事五代各朝。傳見本書卷一三一、《新五代史》卷五七。　尚書右丞：官名。尚書省佐貳官。唐中期以後，與尚書左丞實際主持尚書省日常政務，權任甚重。後梁開平二年（908）改爲右司侍郎，後唐同光元年（923）復舊爲右丞。唐時爲正四品下，後唐長興元年（930）升爲正四品。　盧導：人名。范陽（今河北涿州市）人。唐末進士，五代後梁、後唐、後晋官員。傳見本書卷九二、《新五代史》卷五四。

[3]辛酉，製皇帝受命寶，以“受天明命，惟德允昌”爲文：《舊五代史考異》：“案《五代會要》：天福三年六月，中書門下奏：‘准敕，製皇帝受命寶。今按唐貞觀十六年，太宗文皇帝所刻之璽，白玉爲螭首，其文曰“皇帝景命，有德者昌”。’敕：‘宜以“受天明命，惟德允昌”爲文刻之。’”見《會要》卷一三符寶郎條天福

三年（938）六月記事，“所刻之璽”，《會要》作“刻之玄璽”，明本《册府》卷六一《帝王部·立制度門二》天福三年七月作“刻受命玄璽”。　皇帝受命寶：皇帝印璽。八寶之一。帝王受命於天，故制受命寶，修封禪、禮神祇用之。

［4］封禪：祭禮名。出於春秋、戰國時齊魯儒生的設想。封禪爲古代帝王祭祀天地的典禮，在泰山上築壇祭天曰“封”，以報天之功；在泰山之南梁父山上辟場祭地曰“禪”，以報地之功。

［5］虞部郎中：官名。唐、五代工部虞部司的長官。掌京城街道、苑囿、山澤草木及百官外國客人的時蔬薪炭供給、畋獵等事。從五品上。　于邁：人名。籍貫不詳。五代後晉官員。事見本書本卷。

［6］趙瑩：人名。華州華陰（今陝西華陰市）人。五代後晉宰相。傳見本書卷八九、《新五代史》卷五六。　桑維翰：人名。洛陽（今河南洛陽市）人。初爲石敬瑭節度掌書記，石敬瑭稱帝後出任翰林學士、知樞密院事等職。傳見本書卷八九、《新五代史》卷二九。　李崧：人名。深州饒陽（今河北饒陽縣）人。五代大臣。傳見本書卷一〇八、《新五代史》卷五七。

［7］汴州：州名。治所在今河南開封市。　浚儀縣：縣名。治所在今河南開封市。

八月戊寅，以左僕射劉昫爲契丹册禮使，左散騎常侍韋勳副之，給事中盧重爲契丹皇太后册禮使。[1]壬午，魏府軍前奏，前澶州刺史馮暉自逆城來歸。[2]癸未，定州奏，境内旱，民多流散。[3]詔曰：“朕自臨寰宇，每念生民，務切撫綏，期於富庶，屬干戈之未戢，慮徭役之或煩。惟彼中山，偶經夏旱，因兹疾苦，遽至流移，達我聽聞，深懷憫惻。應定州所差軍前夫役逃户夏秋税並放。”[4]甲申，襄州奏，漢江水漲一丈一尺。[5]己丑，以前澶州刺史馮暉爲檢校太保，充義成軍節度使。[6]詔："河府、同州、絳州等三處災旱，逃移人户下所欠累年殘税，并今年夏税差科及麥苗子沿徵諸色錢物等並放。[7]其逃户下秋苗，據見檢到數，不計足元額及出剩頃畝，並放一半。[8]委觀察使散行曉諭，專切招攜，[9]應歸業户人，仍指揮逐縣切加安撫。”丙申，翰林學士、中書舍人竇貞固上言："請令文武百僚，逐司之内，各奏舉一人，述其人有某能，堪爲某官某職，據所薦否臧，定舉主黜陟。”[10]疏奏，嘉之，仍令文武百官於縉紳之内、草澤之中，知灼然有才器者，列名以奏。宴契丹册禮使於廣政殿。戊戌，鄆州奏，陽穀縣界河決。[11]青州王建立奏，高麗國宿衛質子王仁翟乞放歸鄉里，從之。[12]辛丑，鎮、邢、定三州奏，奉詔共差樂官六十七人往契丹。[13]詔："魏府城下，自屯軍已來，墳墓多經劚掘，雖已差人收掩，今更遣太僕卿邢德昭往伸祭奠。”[14]

[1]“八月戊寅”至“契丹皇太后册禮使”：《舊五代史考異》："案《歐陽史》：八月戊寅，馮道及左僕射劉昫爲契丹册禮使。《通鑑》：戊寅，以馮道爲太后册禮使，左僕射劉昫爲契丹主册禮使。據《薛史》，則爲太后册禮使者乃盧重，非馮道也。”見《新五代史》卷八《晋高祖紀》、《通鑑》卷二八一，《通鑑》本條《考異》所引《晋高祖實録》與《通鑑》記載相同。又，《宋本册府》卷九八〇《外臣部·通好門》所載與《輯本舊史》同。　劉昫：人名。涿州歸義縣（今河北容城縣）人。五代大臣，曾任宰相、監修國

史，領銜撰進《舊唐書》。傳見本書卷八九、《新五代史》卷五五。契丹：部族、政權名。公元4世紀中葉宇文部爲前燕攻破，始分離而成單獨的部落，自號契丹。唐貞觀中，置松漠都督府，以其首領爲都督。唐末强盛，916年迭剌部耶律阿保機建立契丹國（遼）。先後與五代、北宋並立，保大五年（1125）爲金所滅。參見張正明《契丹史略》，中華書局1979年版。　册禮使：官名。爲臨時委任的差遣。主持册命禮儀。　韋勳：人名。籍貫不詳。五代後晋至後周官員，歷任後晋左散騎常侍、工刑户三部侍郎、太子賓客，後周兵部侍郎、尚書右丞。事見本書本卷至卷八四、卷一一一至卷一一二。　給事中：官名。秦始置。隋唐以來，爲門下省屬官。掌讀署奏抄、駁正違失。正五品上。　盧重：人名。籍貫不詳。五代後晋官員，歷任給事中、左散騎常侍、秘書監。事見本書本卷、卷七八、卷八一。　契丹皇太后：指耶律阿保機皇后述律氏。時遼太宗耶律德光在位，尊述律氏爲皇太后。傳見《遼史》卷七一。

［2］澶州：州名。唐、五代初，治所在今河南清豐縣。後晋天福四年（939），移治於今河南濮陽市。　刺史：官名。漢武帝時始置。州一級行政長官，總掌考覈官吏、勸課農桑、地方教化等事。唐中期以後，節度、觀察使轄州而設，刺史爲其屬官，職任漸輕。從三品至正四品下。　馮暉：人名。魏州（今河北大名縣）人。五代後唐至後周將領。傳見本書卷一二五、《新五代史》卷四九。

［3］癸未：《輯本舊史》原闕，據《宋本册府》卷四九二《邦計部·蠲復門四》補。八月乙亥朔，此條前記事，戊申爲四日，壬午爲八日，癸未爲九日，其後之記事，戊戌爲二十四日，故應補。中華書局本未補。　定州：州名。治所在今河北定州市。

［4］夏秋税：唐代起推行兩税法，分别於夏、秋兩季征收賦税，夏秋兩税爲國家正税。中華書局本有校勘記："'夏秋税'，《册府》卷四九二作'夏税'。"　放：蠲放、免除之意。

［5］襄州：州名。治所在今湖北襄陽市。　漢江：河流名。長江支流，即今漢江。源出今陝西西南部，在今湖北武漢市匯入

長江。

［6］檢校太保：中華書局本有校勘記："'檢校'，原作'檢討'，據殿本、劉本、《馮暉墓誌》（拓片刊《五代馮暉墓》）改。"　義成軍：方鎮名。亦稱永平軍。治所在滑州（今河南滑縣）。

［7］河府：府名。當即河中府。治所在今山西永濟市西南蒲州鎮。　同州：州名。治所在今陝西大荔縣。　絳州：州名。治所在今山西新絳縣。　夏稅差科：依照"差科簿"征收兩稅中的夏稅。　麥苗子沿徵諸色錢物：正稅以外，各種雜稅的統稱。

［8］秋苗：即兩稅中的秋稅，又稱秋租。　足：中華書局本作"是"。　元額：原定額度。指兩稅法制定之初規定的納稅額度，亦指與原納稅額度對應的田畝面積。

［9］觀察使：官名。唐代後期出現的地方軍政長官。唐玄宗開元二十一年（733）置十五道採訪使，唐肅宗乾元元年（758）改爲觀察使。無旌節，地位低於節度使。掌一道州縣官的考績及民政。　專切招攜：中華書局本有校勘記："'招'字原闕，據《册府》卷四九二補。"

［10］"丙申"至"定舉主黜陟"："丙申"，中華書局本沿《輯本舊史》闕，據明本《册府》卷六八《帝王部·求賢門》補。丙申爲二十二日。《舊五代史考異》："案：《宋史·竇貞固傳》載此疏，略云：'爲國之要，進賢是先。陛下方樹丕基，宜求多士，乞降詔百僚，令各司議定一人，有何能識，堪何職官，朝廷依奏用之。若能符薦引，果謂當才，所奏之官，望加獎賞。如乖其舉，或涉徇私，所奏之官，宜加黜罰。自然官由德序，位以才升。三人同行，尚聞擇善；十目所視，必不濫知。臣職在論思，敢陳狂狷。'"見《宋史》卷二六二《竇貞固傳》。

［11］鄆州：州名。治所在今山東東平縣。　陽穀縣：縣名。治所在今山東陽穀縣。

［12］青州：州名。治所在今山東青州市。　王建立：《輯本舊史》之影庫本粘籤："王建立，原本作'建位'，今從《通鑑》改

正。”見《通鑑》卷二八〇天福元年（936）十二月庚子條。《宋本册府》卷九九六《外臣部·納質門》天福三年八月記此事與本紀同，亦作“王建立”。　高麗國：朝鮮半島古國。即王氏高麗。918年，後三國之一的高句麗將領王建自立爲王，改國號爲高麗，935年滅新羅，次年滅後百濟，再次統一朝鮮。參見［朝］鄭麟趾等《高麗史》，西南師範大學出版社 2014 年。　王仁翟：人名。朝鮮人。五代後晋時入中原爲質子。事見本書本卷。

[13]鎮：州名。治所在今河北正定縣。　邢：州名。治所在今河北邢臺市。

[14]自屯軍以來：《宋本册府》卷四二《帝王部·仁慈門》天福三年八月敕作“自去歲屯軍以來”。　太僕卿：官名。漢代始置，太僕寺長官，掌御用車馬及國家畜牧事宜。正三品。　邢德昭：人名。籍貫不詳。五代後晋官員，歷任太僕卿、衛尉卿等職。事見本書本卷、卷一三八。

九月己酉，宫苑使焦繼勳自軍前押范延光牙將馬諤齎歸命請罪表到闕。[1]壬子，延光領部下將士素服於本府門俟命，[2]有詔釋罪。乙卯，詔司空、兼門下侍郎、平章事馮道官一品，給門戟十六枝，中書侍郎平章事桑維翰、李崧給門戟十二枝。[3]己未，宣遣静鞭官劉守威、左金吾仗勘契官王英、司天臺鷄叫學生商暉等，並赴契丹。[4]庚申，契丹使人往洛京般取趙氏公主。[5]襄州奏，漢江水漲三丈，出岸害稼。東都奏，洛陽水漲一丈五尺，壞下浮橋。乙丑，于闐國王楊仁美遣使貢方物，迴鶻可汗遣使貢駞馬。[6]丙寅，趙延壽進馬謝恩，放燕國長公主歸幽州。[7]范延光差節度副使李式到闕，奉表首罪，兼進玉帶一條。[8]遣宣徽南院使劉處讓權知魏府軍府事。[9]己巳，復范延光官爵，其制略曰："頃朕始登大寶，未静中原，六飛纔及於京師，千里未通於懷抱。楚王求舊，方在遺簪；曾子傳疑，忽成投杼。尋聞悛悔，遽戮奸回，干戈俄至於經時，雷雨因思於作解。果馳賓介，疊貢表章，向丹闕以傾心，瀝衷誠而効順。而況保全黎庶，完整甲兵，納款斯來，其功非細。得不特頒鐵契，重建牙章，封本郡之土茅，移樂郊之旌鉞。至於將吏，咸降絲綸。於戲！上玄之運四時，不忒者信；大道之崇三寶，所重者慈。活萬户之傷夷，息六師之勞瘁，遂予仁惻，旌爾變通。永貽子孫，長守富貴，敬佩光寵，可不美歟！可復推誠奉義佐運致理功臣、天雄軍節度、管内觀察處置等使、開府儀同三司、守太傅、兼中書令、廣晋尹、上柱國、臨清王，[10]食邑一萬户，食實封一千户，改授鄆州刺史、天平軍節度、鄆齊棣等州觀察處置等使，賜鐵券，[11]改封高平郡王，仍令擇日備禮册命。"以天雄軍節度副使、檢校刑部尚書李式檢校尚書右僕射，充亳州團練使；[12]以貝州刺史孫漢威爲檢校太保、隴州防禦使；[13]以天雄軍三城都巡檢使薛霸爲檢校司空、衛州刺史；[14]以天雄軍馬步軍都指揮使王建爲檢校司空、虢州刺史；[15]以天雄軍内外馬軍都指揮使藥元福爲檢校司空、深州刺史；[16]以天雄軍内外步軍都指揮使安元霸爲檢校司空、隨州刺史；[17]以天雄軍都監、前河陽行軍司馬李彦珣爲檢校司空、坊州刺史。[18]李式，延光之舊僚也，其餘皆延光之將佐也，故有是命。庚午，遣客省使李守貞押器幣賜魏府立功將校。[19]辛未，以魏府招討使楊光遠檢校太師、兼中書令，行廣晋尹，充天雄軍節度使。[20]

[1]宫苑使：官名。唐始置，以宦官充任，五代改用士人。掌京師地區宫苑和宫苑所屬的莊田管理事務。　焦繼勳：人名。許州長社（今河南許昌市）人。五代、宋初將領。傳見《宋史》卷二六一。　范延光：人名。鄴郡臨漳（今河北臨漳縣）人。五代後唐、後晋將領。傳見本書卷九七。　牙將：官名。古代軍隊中的中低級軍官。　馬謂：人名。籍貫不詳。五代後晋藩鎮將領，後周時爲供奉官。事見本書本卷、卷一一三。

[2]壬子，延光領部下將士素服於本府門俟命：中華書局本有校勘記："'兵士'，原作'部士'，據《册府》卷一二六改。劉本作'將士'。"見明本《册府》卷一二六《帝王部·納降門》天福三年（938）九月壬子條。今據劉本改爲"將士"，因更合情理。《舊五代史考異》："案：《歐陽史》作九月己酉，赦范延光，蓋併書于奉表請罪之日也。"事見《新五代史》卷八《晋高祖紀》。

[3]司空：官名。與太尉、司徒並爲三公。唐後期、五代多爲大臣、勳貴加官。正一品。　門下侍郎：官名。門下省副長官。唐後期三省長官漸爲榮銜，中書、門下侍郎却因參議朝政而職位漸重，常常用爲以"同三品"或"同平章事"任宰相者的本官。正三品。　馮道：人名。瀛州景城（今河北滄縣）人。五代時官拜宰相，歷仕後唐、後晋、後漢、後周，亦曾臣事契丹。傳見本書卷一二六、《新五代史》卷五四。　中書侍郎：官名。中書省副長官，唐後期三省長官漸爲榮銜，中書、門下侍郎却因參議朝政而職位漸重，常常以"同三品"或"同平章事"任宰相實職。正三品。

[4]静鞭官：官名。爲皇帝儀仗隊成員。掌振鞭發聲，使人肅静。　劉守威：人名。籍貫不詳。五代後晋官員。事見本書本卷。左金吾仗勘契官：官名。隸金吾衛。爲皇帝儀仗隊成員。掌出入

殿門時，勘驗覈對符契。　王英：人名。《新五代史》卷八作“王殷”。籍貫不詳。五代後晋官員。事見本書本卷。《輯本舊史》之案語：“王英，《歐史》作王殷。”　司天臺鷄叫學生：官名。隸司天監。掌報昏曉。　商暉：人名。《新五代史》卷八作“殷暉”。籍貫不詳。五代後晋官員。事見本書本卷。《輯本舊史》之案語：“商暉，案：‘《歐史》作殷暉。’”中華書局本引劉本之案語：“宋避‘殷’作‘商’。”見《新五代史》卷八《晋高祖紀》。

［5］庚申，契丹使人往洛京般取趙氏公主：《舊五代史考異》：“案《宋史·趙贊傳》：‘德鈞父子降晋，契丹盡錮之北去，贊獨與母公主留西洛。天福三年，晋祖命贊奉母歸薊門。’”見《宋史》卷二五四《趙贊傳》。　趙氏公主：即興平公主、燕國長公主。後唐明宗李嗣源之女，趙延壽之妻。事見本書卷九八。

［6］于闐：西域古國名。治所在今新疆和田地區。參見張廣達、榮新江《于闐史叢考》（增訂本），中國人民大學出版社 2008 年版。　楊仁美：中華書局本有校勘記：“‘楊仁美’，《册府》卷九六五、《新五代史》卷八《晋本紀》、卷七四《四夷附録》及本卷下文皆記于闐國王名‘李聖天’。《宋史》卷四九〇《于闐傳》：‘晋天福中，其王李聖天自稱唐之宗屬，遣使來貢。’”見《宋本册府》卷九六五《外臣部·封册門三》天福三年十月制、《新五代史》卷八天福三年十月庚子條、卷七四《于闐傳》及本卷十月條。

［7］丙寅，趙延壽進馬謝恩，放燕國長公主歸幽州：《舊五代史考異》：“案：《通鑑》不載趙延壽進馬之事。胡三省云：延壽妻，唐明宗女也。延壽在北用事，故來取之。”見《通鑑》卷二八一天福三年九月壬子條。該條載“契丹遣使如洛陽，取趙延壽妻唐燕國長公主以歸”後有胡注：“延壽入契丹，其妻留洛，今延壽在北用事，故來取之。”　趙延壽：人名。常山（今河北正定縣）人，本姓劉，爲後唐將領趙德鈞養子。仕至後唐樞密使，遼朝幽州節度使、燕王。傳見本書卷九八。　幽州：州名。治所在今北京市。

［8］節度副使：官名。唐、五代方鎮屬官。位於行軍司馬之下、

判官之上。　李式：人名。籍貫不詳。五代後晋官員。事見本書本卷。

[9]宣徽南院使：官名。唐始置。宣徽南院的長官。初用宦官，五代以後改用士人。與宣徽北院使通掌内諸司及三班内侍之名籍，郊祀、朝會、宴享供帳之儀，檢視内外進奉名物。參見王永平《論唐代宣徽使》，《中國史研究》1995年第1期；王孫盈政《再論唐代的宣徽使》，《中華文史論叢》2018年第3期。　劉處讓：人名。滄州（今河北滄縣舊州鎮）人。五代後唐、後晋將領。傳見本書卷九四、《新五代史》卷四七。　權知魏府軍府事：官名。臨時設置的差遣，暫代天雄軍節度使之職，爲天雄軍實際長官。

[10]天雄軍：方鎮名。治所在魏州（今河北大名縣）。　管内觀察處置等使：官名。唐玄宗以後，採訪、觀察、都統等使加“處置”，賦予處理、決斷權。開元二十二年（734）初置採訪處置使，以御史中丞盧絢等爲之，乾元元年（758）改爲觀察處置使。掌一道州縣官的考績及民政。　開府儀同三司：官名。魏晋始置，隋唐時爲散官之最高官階。多授功勛重臣。從一品。　守太傅：中華書局本有校勘記：“‘守’字原闕，據殿本、本書卷七六《晋高祖紀二》補。”見《輯本舊史》卷七六《晋高祖紀二》天福二年五月壬申條。　太傅：官名。與太師、太保合稱三師，唐後期、五代多爲大臣、勳貴加官。正一品。　上柱國：官名。北周武帝建德四年（575），置上柱國爲高級勛官。隋唐沿置。五代後唐明宗天成三年（928）詔，今後凡加勛，先自武騎尉，經十二轉方授予上柱國。正二品。

[11]天平軍：方鎮名。治所在鄆州（今山東東平縣）。　鄆齊棣等州觀察處置等使：《輯本舊史》之案語：“原本有闕文。”中華書局本作“鄆齊等州觀察處置等使”，並有校勘記：“按天平軍領鄆、齊、棣三州，‘齊’下疑《永樂大典》避明成祖諱闕‘棣’字。”但未補。今據後晋時天平軍之統轄區域補入棣州之“棣”字。天雄軍之範圍可參見《五代十國方鎮年表》。而“棣”字之

闕，當是《永樂大典》避明成祖諱所致，今回改。　齊：州名。治所在今山東濟南市。　棣：州名。治所在今山東惠民縣。　鐵券：帝王頒賜給功臣的鐵契，上刻文字，表示世代可以享受某些特權，如犯罪可以赦免等，以鐵製成，便於久存。

[12]檢校刑部尚書：官名。刑部尚書爲尚書省刑部主官，掌天下刑法及徒隸、勾覆、關禁之政令。加檢校則爲散官或加官，以示恩寵，無實際執掌。　檢校尚書右僕射：官名。唐前期以左、右僕射佐尚書令總理六官，綱紀庶務，唐後期多爲大臣加銜。加檢校則爲散官或加官，以示恩寵，無實際執掌。　亳州：州名。治所在今安徽亳州市。　團練使：官名，唐代中期以後，於不設節度使的地區設團練使，掌本區各州軍事。

[13]以貝州刺史孫漢威爲檢校太保、隴州防禦使：中華書局本有校勘記："'爲'字原闕，據殿本、孔本及本卷下文補。"　貝州：州名。治所在今河北清河縣。　孫漢威：人名。籍貫不詳。五代後晋將領。事見本書本卷。　隴州：州名。治所在今陝西隴縣。　防禦使：官名。唐代始置，設有都防禦使、州防禦使兩種。常由刺史或觀察使兼任，實際上爲唐代後期州或方鎮的軍政長官。

[14]都巡檢使：官名。五代始設巡檢於京師、陪都、重要的州及邊防重鎮，設於都城的稱京城巡檢使、都巡檢、都巡檢使。掌地方治安。　薛霸：人名。籍貫不詳。五代後晋將領。事見本書本卷。　檢校司空：官名。爲散官或加官，以示恩寵加此官，無實際執掌。司空，與太尉、司徒並爲三公。　衛州：州名。州名。治所在今河南衛輝市。

[15]馬步軍都指揮使：官名。唐末、五代方鎮統兵主帥。詳見杜文玉《晚唐五代都指揮使考》，《學術界》1995年第1期。　王建：人名。籍貫不詳。五代後晋將領。事見本書本卷。　檢校司空：官名。爲散官或加官，以示恩寵加此官，無實際執掌。司空，與太尉、司徒並爲三公。　虢州：州名。治所在今河南靈寶市。

[16]馬軍都指揮使：官名。唐末、五代方鎮馬軍長官。五代軍

隊編制，五百人爲一指揮，設指揮使、副指揮使；十指揮爲一軍，設都指揮使、副都指揮使。 藥元福：人名。晉陽（今山西太原市）人。五代後唐至宋初將領。傳見《宋史》卷二五四。 深州：州名。治所在今河北深州市。

[17]步軍都指揮使：官名。唐末、五代方鎮步軍長官。 安元霸：人名。籍貫不詳。五代後晉將領。事見本書本卷。 隨州：州名。治所在今湖北隨州市。

[18]都監：官名。唐代中葉命將出征，常以宦官爲監軍、都監。後爲臨時委任的統兵官，稱都監、兵馬都監。掌屯戍、邊防、訓練之政令。 行軍司馬：官名。出征將領及節度使的屬官。掌軍籍符伍、號令印信，是藩鎮重要的軍政官員。掌接待四方奏計及外族使者。 李彦珣：人名。邢州（今河北邢臺市）人。五代後唐、後晉官員。傳見本書卷九四。 坊州：州名。治所在今陝西黄陵縣。

[19]客省使：契丹官名。客省，唐代宗時始置，遼太宗會同元年（938）沿置。客省使爲客省長官。 李守貞：人名。河陽（今河南孟州市）人。五代將領。傳見本書卷一〇九、《新五代史》卷五二。

[20]招討使：官名。唐貞元年間始置。戰時任命，兵罷則省。常以大臣、將帥或地方軍政長官兼任。掌招撫討伐等事務。 檢校太師：官名。爲散官或加官，以示恩寵，無實際執掌。太師，與太傅、太保並爲三師。 廣晋尹：官名。五代後晋天福二年（937）改興唐府（魏州、鄴都）置廣晋府，治元城、廣晋二縣（今河北大名縣）。府尹爲最高長官，總其政務。從三品。 天雄軍：《輯本舊史》之影庫本粘籤：“‘天雄’，原本作‘天榮’，今從《通鑑》改正。”見《通鑑》卷二八一天福三年九月辛未條。

冬十月乙亥，福建節度使王繼恭遣使貢方物。[1]戊寅，北朝命使以寶册上帝徽號曰英武明義皇帝。[2]是日，左右金吾、六軍儀仗、太常鼓吹等並出城迎引至崇元殿前，陳列如儀。[3]鄆州范延光奏到任内。庚辰，[4]御札曰："爲國之規，在於敏政；建都之法，務要利民。歷考前經，朗然通論，顧惟涼德，獲啓丕基。當數朝戰伐之餘，是兆庶傷殘之後，車徒既廣，帑廪咸虚。經年之輓粟飛芻，繼日而勞民動衆，常煩漕運，不給供須。今汴州水陸要衝，山河形勝，乃萬庾千箱之地，是四通八達之郊。爰自按巡，益觀宜便，俾升都邑，以利兵民。汴州宜升爲東京，置開封府，仍升開封、浚儀兩縣爲赤縣，其餘升爲畿縣。[5]應舊置開封府時所管屬縣，並可仍舊割屬收管，亦升爲畿縣。其洛京改爲西京；其雍京改爲晋昌軍，留守改爲節度觀察使，依舊爲京兆府，列在七府之上；[6]其曹州改爲防禦州。[7]其餘制置，並委中書門下商量施行。"[8]丙戌，以護聖左廂都指揮使、曹州刺史張彦澤爲鎮國軍節度使。[9]以工部尚書裴皞爲尚書右僕射致仕。[10]是日，詔改大寧宫門爲明德門；[11]又改京城諸門名額：南門尉氏以薰風爲名，西二門鄭門、梁門以金義、乾明爲名，北二門酸棗門、封丘門以玄化、宣陽爲名，東二門曹門、宋門以迎春、仁和爲名。戊子，以右金吾大將軍馬從斌爲契丹國信使，考功郎中劉知新副之。[12]以前天平軍節度使、檢校太尉、同平章事安審琦爲晋昌軍節度使、行京兆尹。[13]襄州奏，江水漲害稼。壬辰，以樞密使、中書侍郎平章事、集賢殿大學士桑維翰兼兵部尚書，樞密使、中書侍郎平章事、端明殿學士李崧皆罷樞密使。[14]戊戌，大赦天下，以魏府初平故也。庚子，楊光遠朝覲到闕，對於便殿，錫賚甚厚。于闐國王李聖天册封爲大寶于闐國王。[15]以杭州嘉興縣爲秀州，從錢元瓘之奏也。[16]

[1]冬十月乙亥："冬"字，中華書局本沿《輯本舊史》闕，據正史本紀四時記載之規則補。　福建：方鎮名。治所在福州（今福建福州市）。　王繼恭：人名。閩王王昶之子，《通鑑》卷二八一載繼恭係王昶之弟。閩國將領。事見本書卷一三四、《新五代史》卷六八。

[2]戊寅，北朝命使以寶册上帝徽號曰英武明義皇帝："北朝"，中華書局本沿《輯本舊史》作"契丹"，明本《册府》卷一七《帝王部・尊號門二》作"北朝"，據改。又，《舊五代史考異》："案：《歐陽史》作契丹使中書令韓頻來奉册。"見《新五代史》卷八《晋高祖紀》天福三年（938）十月戊寅條。

[3]左右金吾：部隊番號。即唐代十六衛中的左右金吾衛。負責宿衛宫禁，隨從皇帝出行。　六軍：指唐代所置左、右神武，左、右羽林，左、右龍武六軍，亦泛指皇帝的禁衛軍。　太常鼓吹：太常寺鼓吹局之樂班。

[4]庚辰：中華書局本有校勘記："原作'丙辰'，據殿本、《新五代史》卷八《晋本紀》改。影庫本粘籤：'丙辰，以《長曆》推之，當作庚辰，今無别本可校，姑仍其舊。'。按是月甲戌朔，無丙辰，庚辰爲初七。"此條之前記事爲戊寅（五日），此後爲丙戌（十三日）。

[5]開封：縣名。治所在今河南開封市。

[6]雍京：即京兆府。治所在今陝西西安市。

[7]曹州：州名。治所在今山東曹縣西北。

[8]中書門下：官署名。唐代以來爲宰相處理政務的機構。參見劉後濱《唐代中書門下體制研究——公文形態・政務運行與制度

變遷》，齊魯書社 2004 年版。

［9］護聖左厢都指揮使：官名。所部統兵將領。“護聖”爲部隊番號，分左右厢。中華書局本有校勘記：“‘左’，《新五代史》卷五二《張彦澤傳》作‘右’。”　張彦澤：人名。突厥人，徙居太原。五代後晋將領，投降於契丹。傳見本書卷九八、《新五代史》卷五二。　鎮國軍：方鎮名。治所在華州（今陝西渭南市華州區）。

［10］工部尚書：官名。尚書省工部主官。掌百工、屯田、山澤之政令。正三品。　裴皥：人名。世居河東（今山西太原市），出自中眷裴氏。五代後唐、後晋官員。傳見本書卷九二、《新五代史》卷五七。

［11］是日：此條在“丙戌”條後，蒙上文應仍爲“丙戌”。明本《册府》卷一四《帝王部·都邑門二》作“丁亥”，在丙戌後一日。　詔改大寧宫門爲明德門：“明德門”，明本《册府》卷一四同，《會要》卷五《太寧宫》條天福三年十月敕作“太寧宫門樓宜以顯德爲名”。

［12］“戊子”至“考功郎中劉知新副之”：《舊五代史考異》：“案：馬從斌使契丹，以報其加尊號也。考《通鑑》則始以命王權，權辭以老疾，乃改命從斌耳。《歐陽史》止書從斌，不載劉知新。《五代春秋》作十月，馮道使於契丹。”見《五代春秋》卷下《晋高祖》條天福三年十月記事、《新五代史》卷八《晋高祖紀》天福三年十月戊子條、《通鑑》卷二八一天福三年十月戊子條。　右金吾大將軍：官名。唐置，掌宫禁宿衛。唐代十六衛之一。正三品。　馬從斌：人名。籍貫不詳。五代後晋官員。事見本書本卷。　國信使：官名。古代負責出使外邦的使臣，多因相應事件或節日而派遣。　考功郎中：官名。唐、五代尚書省吏部考功司長官，掌考察内外百官及功臣家傳、碑、頌、誄、謚等事。從五品上。　劉知新：人名。籍貫不詳。五代後晋官員，歷任考功郎中、吏部郎中、右諫議大夫、給事中、右散騎常侍。事見本書本卷、卷八二、卷八四。

［13］安審琦：人名。沙陀部人。五代將領。歷仕後唐、後晋、後漢、後周。傳見本書卷一二三。

［14］“壬辰”至“皆罷樞密使”：中華書局本沿《輯本舊史》作：“壬辰，以樞密使、中書侍郎平章事、集賢殿大學士桑維翰兼兵部尚書，皆罷樞密使。”既言“皆罷”，必不止桑維翰一人。《輯本舊史》之案語：“以上疑有闕文。據《通鑑考異》引《晋高祖實録》，維翰與李崧並罷樞密使。”見《通鑑》卷二八一天福三年十月戊子條《考異》引《晋高祖實録》：“天福三年十月壬辰，維翰、崧罷樞密使。”故本條據輯本《晋高祖本紀》記載補入李崧罷樞密使時之官職。據本書卷七六載，天福二年正月丙寅，“以端明殿學士、户部侍郎李崧爲兵部侍郎、判户部”。同月戊寅，“以兵部侍郎、判户部李崧爲中書侍郎、同中書門下平章事，充樞密使”。本書卷七七載，三年九月乙卯，“中書侍郎平章事桑維翰、李崧給門戟十二枝”。故罷樞密使時，李崧爲端明殿學士、中書侍郎平章事、樞密使。中華書局本未補。　樞密使：官名。唐代宗時始以宦官掌機密，至昭宗借朱温之力盡誅宦官，始改以士人任樞密使。參見李全德《唐宋變革期樞密院研究》，國家圖書館出版社 2009 年版。　中書侍郎平章事：官名。以中書侍郎的本官任“平章事”之職。唐高宗以後，凡實際任宰相之職者，常在其本官後加同平章事的職銜。後成爲宰相專稱。後晋天福五年（940），升中書門下平章事爲正二品。

［15］于闐國王李聖天册封爲大寶于闐國王：中華書局本有校勘記：“‘爲’字原闕，據殿本、《册府》卷九六五、《新五代史》卷八《晋本紀》補。”見明本《册府》卷九六五《外臣部·封册門三》天福三年十月制、《新五代史》卷八《晋高祖紀》天福三年十月庚子條。　李聖天：人名。出身於于闐王族尉遲氏。于闐國王。事見《新五代史》卷八。參見張廣達、榮新江《于闐史叢考》（增訂本），中國人民大學出版社 2008 年版。

［16］杭州：州名。治所在今浙江杭州市。　秀州：州名。原爲杭州嘉興縣。治所在今浙江嘉興市。　錢元瓘：人名。祖籍臨安

（今浙江杭州市臨安區）人。錢鏐之子。五代十國吴越國國主，932年至941年在位。傳見本書卷一三三、《新五代史》卷六七。

十一月甲辰朔，樞密直學士、祠部員外郎吴涓可金部郎中、知制誥，樞密直學士、庫部員外郎吴承範可祠部郎中、知制誥。[1]乙巳，鄆州范延光來朝。丙午，封閩王昶爲閩國王，加食邑一萬五千户。[2]又以中吴建武等軍節度使、檢校太師、兼中書令、蘇州誠州刺史錢元璙爲太傅，以清海軍節度使、廣州刺史錢元璹爲檢校太尉、兼中書令，仍改名元懿。[3]應有魏府行營將校及六軍諸道、本城將校等，[4]並與加恩。戊申，以門下侍郎平章事、監修國史、判户部趙瑩兼吏部尚書。[5]以威武軍節度、福建管内觀察處置等使王繼恭爲特進、檢校太傅，仍封臨海郡王。[6]以魏博節度使楊光遠爲守太尉、洛京留守、兼河陽節度使，判六軍諸衛事。[7]端明殿學士、尚書禮部侍郎、判度支和凝改尚書户部侍郎充職。[8]庚戌，鄆州范延光上表乞休退，詔不允。辛亥，升廣晋府爲鄴都，置留守。升廣晋、元城兩縣爲赤縣，屬府諸縣升爲畿縣。[9]升相州爲彰德軍，置節度觀察使，以澶、衛二州爲屬郡，其澶州仍升爲防禦州，移於德勝口爲治所。[10]升貝州爲永清軍，置節度觀察使，以博、冀二州爲屬郡。[11]以西京留守高行周爲廣晋尹、鄴都留守；[12]廣晋府行營中軍使、貝州防禦使王廷胤加檢校太傅，充相州彰德軍節度使；[13]廣晋府行營步軍都指揮使、右神武統軍王周爲貝州永清軍節度使。甲寅，以范延光爲太子太師致仕。[14]丙辰，以祕書監吕琦爲禮部侍郎，歸德軍節度使趙在禮改天平軍節度使，昭義軍節度使兼侍衛親軍馬步軍都虞候杜重威改忠武軍節度使，[15]忠武軍節度使、侍衛親軍馬步軍都指揮使劉知遠改歸德軍節度使，前河陽節度使兼奉國左右厢都指揮使侯益改昭義軍節度使。[16]癸亥，割濮州濮陽縣隸澶州。[17]詔許天下私鑄錢，以"天福元寶"爲文。[18]丙寅冬至，帝御崇元殿受朝賀，仗衛如式。

[1]十一月甲辰朔："朔"字原闕，據正史本紀四時記載之規則補。中華書局本未補。　樞密直學士：官名。五代後唐莊宗同光元年（923），改直崇政院置，選有政術、文學者充任。備顧問應對。　祠部員外郎：官名。爲祠部郎中的副職，協助負責禮部祠部司的事務。從六品上。　吴涓：人名。籍貫不詳。五代後晋官員，曾任右拾遺、左補闕、樞密直學士、知制誥等職。事見本書本卷、卷七六。　金部郎中：官名。金部爲户部四司之一，由金部郎中主其政，金部員外郎爲副。掌金錢、布帛之庫藏和發放，定度、量、衡之標準。從五品上。　庫部員外郎：官名。爲庫部郎中的副職，協助負責兵部庫部司的事務。從六品上。　吴承範：人名。魏州（今河北大名縣）人。五代後唐、後晋官員。傳見本書卷九二。　祠部郎中：官名。禮部祠部司主官。掌祠祀祭享、天文漏刻、巫術醫藥及僧尼道士等事。從五品上。

[2]閩：國名。即五代十國之閩國。　王昶：人名。原名王繼鵬。五代十國閩國國君。傳見本書卷一三四、《新五代史》卷六八。

[3]中吴：方鎮名。吴越置，治所在蘇州（今江蘇蘇州市）。　建武：方鎮名。治所在邕州（今廣西南寧市）。　蘇州：州名。治所在今江蘇蘇州市。　誠州：州名。即邕州。治所在今廣西南寧市。　錢元璙：人名。錢鏐之子。五代後唐、後晋將領。事見本書卷三二、卷三七、卷八〇、卷一三三等。　太傅：官名。與太師、

太保並爲三師。唐後期、五代多爲大臣、勳貴加官。正一品。　清海軍：方鎮名。治所在廣州（今廣東廣州市）。　廣州：州名。治所在今廣東廣州市。　錢元璹：人名。又名元懿、傳懿，錢鏐之子。見《吴越備史》卷一貞明三年（917）三月條。事見本書本卷、卷一九、卷四四等。

[4]應有魏府行營將校及六軍諸道、本城將校等：中華書局本有校勘記："'有'，原作'付'，據殿本改。"

[5]監修國史：官名。北齊始置史館，以宰相爲之。唐史館沿置，爲宰相兼職。　户部：官署名。唐末五代稱鹽鐵、度支、户部爲三司，掌管統籌國家財政之事。户部掌户口、財賦等事務。　趙瑩：人名。華州華陰（今陝西華陰市）人。五代後晋宰相。傳見本書卷八九、《新五代史》卷五六。

[6]威武軍：方鎮名。治所在福州（今福建福州市）。　特進：官名。西漢末期始置，授給列侯中地位較特殊者。隋唐時期，特進爲散官，授給有聲望的文武官員。正二品。

[7]魏博：方鎮名。治所在魏州（今河北大名縣）。　判六軍諸衛事：官名。五代後唐沿唐代舊制，置六軍諸衛，以判六軍諸衛事爲禁軍六軍與諸衛的最高統帥。

[8]尚書禮部侍郎：官名。尚書省禮部次官。協助禮部尚書掌禮儀、祭享、貢舉之政。正四品下。　尚書户部侍郎：官名。尚書省户部次官。協助户部尚書掌天下田户、均輸、錢穀之政令。正四品下。

[9]廣晋：縣名。治所在今河北大名縣。　元城：縣名。治所在今河北大名縣。

[10]相州：州名。治所在今河南安陽市。　彰德軍：方鎮名。治所在相州（今河南安陽市）。　澶：州名。唐武德四年（621）治澶水縣（今河南濮陽市西），大曆七年（772）治頓丘縣（今河南清豐縣西南），五代後晋天福四年（939）移治德勝城（今河南濮陽市東南），後周徙治今濮陽市。　衛：州名。治所在今河南衛

輝市。　德勝口：地名。原爲德勝渡，爲黄河重要渡口之一。李存勗部將李存審築於黄河津要處德勝口，有南北二城。南城在今河南濮陽市東南五里，北城即今河南濮陽市。

［11］貝州：州名。治所在今河北清河縣。　永清軍：方鎮名。後晋天福三年置。治所在貝州（今河北清河縣）。　博：州名。治所在今山東聊城市。　冀：州名。治所在今河北衡水市冀州區。

［12］高行周：人名。幽州（今北京市）人。生於嬀州（今河北懷來縣）。五代名將。傳見本書卷一二三、《新五代史》卷四八。　廣晋尹：中華書局本有校勘記："'尹'字原闕，據本書卷八〇《晋高祖紀六》、《通鑑》卷二八一補。"見《輯本舊史》卷八〇《晋高祖紀六》天福六年七月癸亥條、《通鑑》卷二八一天福三年十一月辛亥條。

［13］行營中軍使：官名。五代十國時期設置的行營統兵將領。　王廷胤：人名。即王庭胤。京兆萬年（今陝西西安市長安區）人。王處存之孫。五代軍閥。傳見本書卷八八。參見《王廷胤墓志》，王仁波《隋唐五代墓志彙編·洛陽卷》（第十五册），天津古籍出版社2009年版。

［14］太子太師：官名。與太子太傅、太子太保統稱太子三師。隋唐以後多作加官或贈官。從一品。

［15］祕書監：官名。秘書省長官。掌圖書秘記等。從三品。　吕琦：人名。幽州安次（今河北廊坊市）人。五代後唐、後晋官員。傳見本書卷九二、《新五代史》卷五六。　天平軍：方鎮名。治所在鄆州（今山東東平縣）。　昭義軍：方鎮名。治所在潞州（今山西長治市）。　侍衛親軍馬步軍都虞候：官名。五代、北宋侍衛親軍馬步軍統兵官，僅次於馬步軍都指揮使、副都指揮使。　杜重威：《輯本舊史》之影庫本粘籤："杜重威，原本作'仲威'，考重威至少帝時始避諱改名仲威，不應于《高祖紀》先避'重'字，今改正。"　忠武軍：方鎮名。治所在陳州（今河南淮陽縣）。

［16］劉知遠：人名。沙陀部人，後世居於太原。五代後唐、後

晋將領，後漢高祖。紀見本書卷九九、卷一〇〇，《新五代史》卷一〇。

[17]濮陽縣：縣名。治所在今河南濮陽市。

[18]“癸亥”至“以‘天福元寶’爲文”：《舊五代史考異》：“案洪遵《泉志》引宋白《續通典》云：天福三年十一月，詔三京、鄴都、諸道州府，無問公私，應有銅者，並許鑄錢，仍以‘天福元寶’爲文，左環讀之。委鹽鐵使鑄樣，頒下諸道。”“詔許天下私鑄錢”，蒙上文應爲癸亥（二十日），《新五代史》卷八《晋高祖紀》繫此事於壬戌（十九日），相差一日。

十二月甲戌朔，以前兵部尚書梁文矩爲太子少師，以鎮州節度副使符蒙爲右諫議大夫，以吏部郎中曹國珍爲左諫議大夫。[1]丙子，以前涇州彰義軍節度使李德琉爲晋州建雄軍節度使，加同平章事。[2]以皇子右金吾衛上將軍重貴爲檢校太傅、開封尹，封鄭王，加食邑三千户。[3]戊寅，大寶于闐國進奉使、檢校太尉馬繼榮可鎮國大將軍，使副黄門將軍、國子少監張再通可試衛尉卿，監使殿頭承旨、通事舍人吴順規可試將作少監。[4]迴鶻使都督李萬金可歸義大將軍，監使雷福德可順化將軍。[5]是日，詔：“宜令天下無問公私，應有銅欲鑄錢者，一任取便酌量輕重鑄造。”[6]戊子，以河陽潛龍舊宅爲開晋禪院，邢州潛龍舊宅爲廣法禪院。龍武統軍李從昶卒，輟朝一日，贈太尉。[7]《永樂大典》卷一萬五千六百四十二。[8]

[1]兵部尚書：官名。尚書省兵部主官。掌兵衛、武選、車輦、甲械、厩牧之政令。正三品。　梁文矩：人名。鄆州（今山東東平

縣）人。五代後梁至後晋官員。傳見本書卷九二。　太子少師：官名。與太子少傅、太子少保合稱“三少”，唐後期、五代多爲大臣、勳貴加官。從二品。　鎮州：州名。治所在今河北正定縣。　符蒙：人名。籍貫不詳。五代後晋官員，歷任鎮州節度副使、右諫議大夫、給事中。事見本書本卷、卷八一、卷八三、卷一二三。　吏部郎中：官名。尚書省吏部頭司吏部司長官。掌文官階品、朝集、禄賜，給其告身、假使以及選補流外官等事。《新唐書》記正五品上。　曹國珍：人名。幽州固安（今河北固安縣）人。五代後晋官員。傳見本書卷九三。

[2]丙子：百衲本無此二字，今據中華書局本補。　涇州彰義軍：方鎮名。治所在涇州（今甘肅涇川縣）。　李德琉：人名。應州金城（今山西應縣）人。五代後唐、後晋將領。傳見本書卷九〇。　晋州建雄軍：方鎮名。後唐同光元年（923）改建寧軍爲建雄軍。治所在晋州（今山西臨汾市）。

[3]皇子：中華書局本有校勘記：“‘皇子’，原作‘皇太子’，據本書卷七六《晋高祖紀二》、卷七八《晋高祖紀四》改。按《新五代史》卷八《晋本紀》敘其事作‘封子重貴爲鄭王’。”《輯本舊史》卷七六《晋高祖紀二》天福二年（937）三月甲寅條、九月甲寅條，卷七八《晋高祖紀四》天福四年三月己未條，卷七九《晋高祖紀五》天福五年正月辛巳條，卷八〇《晋高祖紀六》天福六年八月戊子條、天福七年正月丙寅條均記載重貴爲“皇子”。　右金吾衛上將軍：官名。唐置，掌宫禁宿衛。唐代十六衛之一。從三品。　重貴：人名。即石重貴。沙陀部人。後晋高祖石敬瑭從子，後晋少帝。紀見本書卷八一至卷八五、《新五代史》卷九。　開封尹：官名。五代除後唐外均定都開封，因置開封府尹。執掌京師政務。從三品。

[4]進奉使：蕃國派遣向朝廷進奉的使者。　馬繼榮：人名。于闐使者。事見本書本卷，《新五代史》卷八、卷七四。　鎮國大將軍：官名。作爲授予蕃國君主、官員、使者的榮譽稱號。　黄門將軍：官名。作爲授予蕃國君主、官員、使者的榮譽稱號。　國子

少監：官名。唐、五代無國子少監，此當作爲授予蕃國君主、官員、使者的榮譽稱號。　張再通：人名。于闐使者。事見本書本卷。　衛尉卿：官名。原爲衛尉寺長官，此處作爲授予蕃國君主、官員、使者的榮譽稱號。　監使：官名。監督、陪同使者的官員，爲臨時差遣。　殿頭承旨：官名。爲内侍官稱，當爲殿頭之長。　通事舍人：官名。東晋始置。唐代爲中書省屬官，全稱中書通事舍人。掌殿前承宣通奏。從六品上。　吴順規：人名。籍貫不詳。五代後晋官員。事見本書本卷。　將作少監：官名。爲將作監副長官。掌監署中雜作，典工役。從四品下。

[5]都督：官名。唐前期在邊疆地區和戰略要地設置都督府，管理地方軍政。掌管數州兵馬、甲械、城隍、鎮戍、糧廪，總判府事，一般兼任所在州刺史，兼理民政。到唐玄宗以後，都督逐漸爲節度使所取代。大都督爲從二品，中都督爲正三品，下都督爲從三品。　李萬金：人名。回鶻使者。事見本書本卷。　歸義大將軍：官名。作爲授予蕃國君主、官員、使者的榮譽稱號。　雷福德：人名。籍貫不詳。五代後晋官員。事見本書本卷。　順化將軍：官名。作爲授予蕃國君主、官員、使者的榮譽稱號。

[6]“是日”至“一任取便酌量輕重鑄造”：《舊五代史考異》：“案《泉志》云：天福元寶錢，徑七分，重二銖四參。銅質薄小，字文昏昧，蓋以私鑄不精也。”

[7]龍武統軍：官名。唐代龍武軍統兵官。至德二載（757）唐肅宗置禁軍，也稱神武天騎，分爲左、右神武天騎及左、右羽林，左、右龍武等六軍，稱“北衙六軍”。職掌左右厢飛騎儀仗、階陛禁衛、馳道内仗，並負責飛騎番上宿衛。從二品。　李從昶：人名。李茂貞第二子。傳見本書卷一三二。

[8]《大典》卷一五六四二“晋”字韻“五代後晋高祖（一）”事目。

舊五代史　卷七八

晉書四

高祖紀第四

天福四年春正月癸卯朔，帝御崇元殿受朝賀，仗衛如式。[1]丙午，召太子太師致仕范延光宴于便殿，以延光歸命之後，慮懷疑懼，故休假之内，錫以款密。[2]帝謂之曰："無忿疾以傷厥神，無憂思以勞厥衷，朕方示信於四方，豈食言於汝也。"延光俯伏拜謝，其心遂安。丁未，以西京副留守龍敏爲吏部侍郎。[3]戊申，盜發唐閔帝陵。[4]己酉，朔方軍節度使張希崇卒，贈太師。[5]辛亥，以澶州防禦使張從恩爲樞密副使。[6]甲寅，以侍衛步軍都指揮使、寧江軍節度使景延廣爲義成軍節度使，以義成軍節度使馮暉爲朔方軍節度使。[7]乙卯，左諫議大夫曹國珍上言：[8]"請於内外臣僚之中，選才略之士，聚《唐六典》、前後《會要》、《禮閣新儀》、《大中統類》、律令格式等，精詳纂集，俾無漏落，别爲書一部，目爲《大晉政統》。"從之。其詳議官，宜差太子少師梁文矩、左散騎常侍張允、大理卿張澄、國子祭酒唐汭、大理少卿高鴻漸、國子司業田敏、禮部郎中吕咸休、司勳員外郎劉濤、刑部員外郎李知損、監察御史郭延升等一十九人充。[9]文矩等咸曰："改前代禮樂刑憲爲《大晋政統》，則《堯典》、《舜典》當以晋典革名。"列狀駁之曰："作者之謂聖，述者之謂明，苟非聖明，焉能述作。若運因革故，則事乃維新，或改正朔而變犧牲，或易服色而殊徽號。是以五帝殊時，不相沿樂；三王異世，不相襲禮。至於近代，率由舊章；比及前朝，是滋條目。[10]多因行事之失，改爲立制之初，或臣奏條章，君行可否，皆表其年月，紀以姓名，聚類分門，成文作則。莫不悉稽前典，垂範後昆，述自聖賢，歷於朝代，得金科玉條之號，設亂言破律之防，守而行之，其來尚矣。皇帝陛下運齊七政，曆契千年，爰從創業開基，莫不積功累德。所宜直筆，具載鴻猷，若備録前代之編年，目作聖朝之政統，此則是名不正也。夫名不正則言不順，而媚時掠美，非其實矣。若翦截其辭，此則是文不備也。夫文不備則啟争端，而禮樂刑政，於斯亂矣。若改舊條而爲新制，則未審何門可以刊削，何事可以編聯，既當革故從新，又須廢彼行此，則未知國朝能守而不失乎？[11]臣等同共參詳，未見其可。"疏奏，嘉之，其事遂寢。辛酉，以前晋昌軍節度使李周爲静難軍節度使。[12]是日，封皇第十一妹安定郡主爲延慶長公主，皇第十二妹廣平郡主爲清平長公主。[13]

[1]天福：五代後晋高祖石敬瑭年號（936—942）。出帝石重貴沿用至九年（944）。後漢高祖劉知遠繼位後沿用一年，稱天福十二年（947）。　癸卯朔：中華書局本有校勘記："'朔'字原闕，據《册府》卷一〇八補。按是月癸卯朔。"見明本《册府》卷一〇八《帝王部·朝會門二》，即使無《册府》此條，亦可據並應據正史本紀四時記載之規則補。　崇元殿：宫殿名。五代後梁開平元年（907）改汴京正殿爲崇元殿。位於今河南開封市。　受朝賀：即大朝會典禮。大朝會之日，有司排辦盛大的儀仗，在京文武百官以及地方官員在京者、藩國使人，共同向皇帝朝參、致賀、上壽，並以宴會結束典禮。

[2]太子太師：官名。與太子太傅、太子太保統稱太子三師。隋唐以後多作加官或贈官。從一品。　致仕：官員告老辭官。　范延光：人名。鄴郡臨漳（今河北臨漳縣）人。五代後唐、後晋將領。傳見本書卷九七。

[3]西京：指京兆府（今陝西西安市）。　副留守：官名。古代在都城、陪都或軍事重鎮所設留守，由地方行政長官兼任。副留守爲留守之貳。　龍敏：人名。幽州永清（今河北永清縣）人。五代大臣，歷仕後唐、後晋。傳見本書卷一〇八、《新五代史》卷五六。　吏部侍郎：官名。尚書省吏部次官。協助吏部尚書掌文選、勳封、考課之政。正四品上。

[4]唐閔帝：即李從厚。後唐閔帝。明宗李嗣源第三子。紀見本書卷四五、《新五代史》卷七。

[5]朔方軍：方鎮名。治所在靈州（今寧夏吴忠市）。　節度使：官名。唐時在重要地區所設掌握一州或數州軍、民、財政的長官。　張希崇：人名。幽州薊縣（今北京市）人。五代後唐將領。傳見本書卷八八、《新五代史》卷四七。《輯本舊史》之影庫本粘籤："希崇，原本作'希宗'，今從《通鑑》改正。"見《通鑑》卷二八二天福四年（939）正月條。　太師：官名。與太傅、太保合稱三師，唐後期、五代多爲大臣、勳貴加官。正一品。

[6]辛亥：《輯本舊史》原闕，中華書局本亦未補，據《新五代史》卷八《晋高祖紀》、《通鑑》卷二八二補。　澶州：州名。唐、五代初，治所在今河南清豐縣。後晋天福四年，移治於今河南濮陽市。　防禦使：官名。唐代始置，設有都防禦使、州防禦使兩種。常由刺史或觀察使兼任，實際上爲唐代後期州或方鎮的軍政長官。《輯本舊史》之影庫本粘籤："原本作'防御'，今從《通鑑》改正。"見《通鑑》卷二八二。　張從恩：人名。太原人。五代後晋外戚、將領。仕至宋初。傳見《宋史》卷二五四。　樞密副使：官名。樞密院副長官。中華書局本有校勘記："'副'字原闕，據殿本、《新五代史》卷八《晋本紀》、《宋史》卷二五四《張從恩傳》、《通鑑》卷二八二及本卷下文補。《舊五代史考異》卷三：'案原本作樞密使，考下文亦作樞密副使，今從《歐陽史》及《宋史·張從恩傳》改正。'"

[7]侍衛步軍都指揮使：官名。五代時皇帝親軍侍衛步軍司之最高長官。　寧江軍：方鎮名。治所在夔州（今重慶奉節縣白帝城）。　景延廣：人名。陝州（今河南三門峽市陝州區）人。五代後晋將領。傳見本書卷八八、《新五代史》卷二九。　義成軍：方鎮名。亦稱永平軍。治所在滑州（今河南滑縣）。　馮暉：人名。魏州（今河北大名縣）人。五代後唐至後周將領。傳見本書卷一二五、《新五代史》卷四九。

[8]左諫議大夫：官名。隸門下省。唐代置左、右諫議大夫各四人，分隸門下省、中書省。掌諫諭得失、侍從贊相。正四品下。　曹國珍：人名。幽州固安（今河北固安縣）人。五代後晋官員。傳見本書卷九三。

[9]太子少師：官名。與太子少傅、太子少保統稱太子三少。隋唐以後多作加官或贈官。從二品。中華書局本有校勘記："'太子少師'，原作'太子少卿'，據本書卷七七《晋高祖紀三》、卷九二《梁文矩傳》，《册府》卷五五九、卷六〇七改。"見《輯本舊史》卷七七天福三年十二月甲戌條、《宋本册府》卷五五九《國史部·

論議門》、明本《册府》卷六〇七《學校部·譔集門》。　梁文矩：人名。鄆州（今山東東平縣）人。五代後梁至後晉官員。傳見本書卷九二。　左散騎常侍：官名。門下省屬官。掌侍奉規諷、備顧問應對。正三品下。　張允：人名。鎮州束鹿（今河北辛集市）人。五代後唐至後漢官員。傳見本書卷一〇八、《新五代史》卷五七。　大理卿：官名。爲大理寺長官。負責大理寺的具體事務，掌邦國折獄詳刑之事。從三品。　張澄：人名。籍貫不詳。五代後晋官員。事見本書本卷、卷七九。　國子祭酒：官名。國子監的主管官。掌教授生徒。從三品。　唐汭：人名。籍貫不詳。五代後唐、後晋官員。事見本書卷四五、卷七六。　大理少卿：官名。爲大理寺的副長官。協助大理卿負責本寺的具體事務。從四品上。　高鴻漸：人名。籍貫不詳。五代後晋官員。事見本書本卷、卷七六。　國子司業：官名。隋始置。國子監次官。佐祭酒掌監事。從四品下。　田敏：人名。淄州鄒平（今山東鄒平縣）人。五代、宋初大臣、學者。傳見《宋史》卷四三一。　禮部郎中：官名。尚書省禮部頭司禮部司長官。掌禮樂、學校、衣冠、符印、表疏、圖書、册命、祥瑞、鋪設，及百官、宮人喪葬贈賻之數。從五品上。　吕咸休：人名。籍貫不詳。五代後晋、後周官員。事見本書卷一一二。　司勳員外郎：官名。尚書省吏部司勛司次官。協助郎中掌官吏勛級。從六品上。　劉濤：人名。徐州彭城（今江蘇徐州市）人。五代後唐進士，歷仕後唐至宋代。傳見《宋史》卷二六二。　刑部員外郎：官名。刑部郎中之副職，協助刑部郎中掌律法、按覆大理及天下奏讞。從六品上。　李知損：人名。大梁（今河南開封市北）人。五代十國官員。傳見本書卷一三一。　監察御史：官名。唐代屬御史臺之察院，爲御史臺各種御史之一。掌監察中央機構、州縣長官及祭祀、庫藏、軍旅等事。唐中期以後，亦作爲外官所帶之銜。正八品下。　郭延升：人名。籍貫不詳。五代後晋官員。事見本書本卷。　一十九人："九"字疑衍。中華書局本有校勘記："'一十九人'，《册府》卷五五九、卷六〇七作'一十人'。按本卷上文列梁文矩、張允、張澄、唐汭、高鴻漸、田敏、吕咸休、劉濤、李知損、郭延升共十人。”

[10]是滋條目：中華書局本有校勘記：“原作‘日滋條目’，據《册府》卷五五九、六〇七改。影庫本粘籤：‘條目，原本作“真目”，今從《册府元龜》改正。’”

[11]則未知國朝能守而不失乎：中華書局本有校勘記：“‘失’原作‘守’，據《册府》卷五五九、卷六〇七改。”

[12]晋昌軍：方鎮名。治所在京兆府（今陝西西安市）。後晋改永平軍置，後漢改爲永興軍。　李周：人名。原名李敬周。邢州内丘（今河北内丘縣）人。五代後唐、後晋將領。傳見本書卷九一、《新五代史》卷四七。　静難軍：方鎮名。治所在邠州（今陝西彬縣）。

[13]延慶長公主：後晋高祖石敬瑭之第十一妹，原封安定郡主。後晋出帝時，追封爲邠國大長公主。事見本書卷八一。　清平長公主：後晋高祖石敬瑭之第十二妹，原封廣平郡主。事見本書本卷。

二月辛卯，改東京玉華殿爲永福殿。[1]中書上言：[2]“太原潛龍莊望建爲慶昌宫，使相鄉望改爲龍飛鄉，都尉里望改爲神光里。”從之。丁酉，宰臣馮道、左散騎常侍韋勳、禮部員外郎楊昭儉自契丹使迴。[3]帝慰勞備至，錫賚豐厚。庚子，以天和節宴羣官於廣政殿，賜物有差。[4]

[1]永福殿：五代宫殿名。位於今河南開封市。

[2]中書：官署名。“中書門下”的簡稱。唐代以來爲宰相處理政務的機構。參見劉後濱《唐代中書門下體制研究——公文形態・政務運行與制度變遷》，齊魯書社2004年版。

[3]“丁酉”至“自契丹使迴”：《舊五代史考異》：“案：馮道出使之期，當從《五代春秋》作三年九月，至四年二月始得歸也。”見《五代春秋》卷下晉高祖條。　馮道：人名。瀛州景城（今河北滄縣）人。五代時官拜宰相，歷仕後唐、後晉、後漢、後周，亦曾臣事契丹。傳見本書卷一二六、《新五代史》卷五四。　韋勳：人名。籍貫不詳。五代後晉至後周官員，歷任後晉左散騎常侍、工刑户三部侍郎、太子賓客，後周兵部侍郎、尚書右丞。事見本書卷七七至卷八四、卷一一一至卷一一二。　禮部員外郎：官名。尚書省禮部之禮部司的次官，禮部郎中的副職。協理本司事務。從六品上。　楊昭儉：人名。京兆長安（今陝西西安市）人。五代後周、宋初大臣。傳見《宋史》卷二六九。　契丹：部族名。源出東胡。唐末强盛，916年建國號契丹（遼）。傳見《魏書》卷一〇〇、《隋書》卷八四、《北史》卷九四、《舊唐書》卷一九九下、《新唐書》卷二一九。參見孫進己、孫泓《契丹民族史》，廣西師範大學出版社2010年版。

[4]天和節：後晉高祖石敬瑭誕節。　廣政殿：殿名。據本書卷七六載，“天福二年八月戊子，改玄德殿爲廣政殿”。位於在今河南開封市。

三月癸卯朔，左僕射劉昫、給事中盧重自契丹使迴，頒賜器幣如馮道等。[1]乙巳，迴鶻可汗仁美遣使貢方物，中有玉狻猊，實奇貨也。[2]丙午，涇州節度使張萬進卒，贈太師。[3]己未，皇子開封尹鄭王重貴、歸德軍節度使兼侍衛親軍馬步軍都指揮使劉知遠、忠武軍節度使杜重威，並加同中書門下平章事。[4]天平軍節度使趙在禮封衛國公。[5]庚申，遣内臣趙處玭以版詔徵華山隱者前右拾遺鄭雲叟、玉笥山道士羅隱之。[6]靈州戍將王彦忠據懷遠城作叛，帝遣供奉官齊延祚乘驛而往，彦忠率衆出降，延祚矯制殺之。[7]詔：“齊延祚辜我誓言，擅行屠戮，彰殺降之罪，隳示信之文，宜除名，決重杖一頓配流。王彦忠贈官收葬。”辛酉，封迴鶻可汗仁美爲奉化可汗。[8]癸亥，以左龍武統軍皇甫立爲鎮國軍節度使，鎮國軍節度使張彦澤爲彰義軍節度使。[9]

[1]三月癸卯朔：《輯本舊史》之影庫本粘籤：“原本作‘癸亥’，以前後干支考之，當作‘癸卯’，今改正。”陳垣《二十史朔閏表》亦作“癸卯朔”。　左僕射：官名。秦始置。隋、唐前期，以左、右僕射佐尚書令總理六官、綱紀庶務；如不置尚書令，則總判省事，爲宰相之職。唐後期多爲大臣加銜。從二品。　劉昫：人名。涿州歸義縣（今河北容城縣）人。五代大臣，曾任宰相、監修國史，領銜撰進《舊唐書》。傳見本書卷八九、《新五代史》卷五五。　給事中：官名。秦始置。隋唐以來，爲門下省屬官。掌讀署奏抄、駁正違失。正五品上。　盧重：人名。籍貫不詳。五代後晋官員，歷任給事中、左散騎常侍、秘書監。事見本書本卷、卷七七、卷八一。

[2]迴鶻：部族名、政權名。又作回鶻、回紇。原係突厥鐵勒部的一支。唐天寶三載（744）建立回鶻汗國，8世紀末9世紀初，回鶻與吐蕃争奪北庭和安西並最終取勝，統治西域。9世紀中葉，回鶻汗國瓦解。參見楊蕤《回鶻時代：10—13世紀陸上絲綢之路貿易研究》，中國社會科學出版社2015年版。　仁美：人名。即藥羅葛仁美。甘州回鶻首任可汗，尊號烏母主可汗，後唐封賜英義可汗。事見《新五代史》卷五。　狻猊：傳説中的猛獸，亦指獅子。

[3]涇州：州名。治所在今甘肅涇川縣。　張萬進：人名。突厥人。五代後唐、後晋將領。傳見本書卷八八。

[4]開封尹：官名。五代除後唐外均定都開封，因置開封府尹。

執掌京師政務。從三品。　重貴：人名。即石重貴。沙陀部人。後晋高祖石敬瑭從子，後晋少帝。紀見本書卷八一至卷八五、《新五代史》卷九。　歸德軍：方鎮名。治所在宋州（今河南商丘市睢陽區）。　侍衛親軍馬步軍都指揮使：官名。五代時侍衛親軍長官。多由皇帝親信擔任。　劉知遠：人名。沙陀部人，世居於太原。五代後唐、後晋將領，後漢高祖。紀見本書卷九九、卷一〇〇，《新五代史》卷一〇。　忠武軍：方鎮名。治所在許州（今河南許昌市）。　杜重威：人名。其先朔州（今山西朔州市朔城區）人，後徙居太原。五代後晋、後漢將領。傳見本書卷一〇九、《新五代史》卷五二。　同中書門下平章事：官名。簡稱"同平章事"。唐高宗以後，凡實際任宰相之職者，常在其本官後加同平章事的職銜。後成爲宰相專稱。後晋天福五年（940），升中書門下平章事爲正二品。

[5]天平軍：方鎮名。治所在鄆州（今山東東平縣）。　趙在禮：人名。涿州（今河北涿州市）人。五代後唐、後晋將領。傳見本書卷九〇、《新五代史》卷四六。

[6]趙處玭：人名。籍貫不詳。五代後晋宦官。事見本書本卷。　華山：山名。古稱太華山、西嶽。位於今陝西華陰市。　右拾遺：官名。唐武則天於垂拱元年（685）置拾遺，分左、右。左拾遺隸門下省，右拾遺隸中書省，與左、右補闕共掌諷諫，大事廷議，小事則上封事。從八品上。中華書局本有校勘記："'右'，本書卷九三《鄭雲叟傳》、《册府》卷九八、《新五代史》卷三四《鄭遨傳》作'左'。本卷下一處同。《舊五代史考異》卷三：'案《歐陽史》作左拾遺，考《薛史》前後俱作右拾遺，今仍其舊。'"見明本《册府》卷九八《帝王部·徵聘門》。　鄭雲叟：人名。本名遨，字雲叟。滑州白馬（今河南滑縣）人。唐末五代隱士。傳見本書卷九三。　玉笥山：山名。位於今江西峽江縣。　羅隱之：人名。籍貫不詳。五代道士。事見本書卷九三。

[7]靈州：州名。治所在今寧夏吴忠市。　王彦忠：人名。籍

貫不詳。五代後晋時地方將領。事見本書本卷。　懷遠：縣名。懷遠城即懷遠縣城。治所在今寧夏銀川市。　供奉官：泛指侍奉皇帝左右的臣僚，亦爲東、西頭供奉官通稱。　齊延祚：人名。籍貫不詳。五代後晋官員。事見本書本卷。

[8]辛酉：辛酉爲十三日。《新五代史》卷八《晋高祖紀》記此事於“四月辛巳”。明本《册府》卷九六五《外臣部・封册門三》記於“天福四年三月”，《通鑑》卷二八二記載與本卷同。

[9]左龍武統軍：官名。唐代左龍武軍統兵官。左龍武爲唐代“北衙六軍”之一。職掌左右厢飛騎儀仗、階陛禁衛、馳道内仗，並負責飛騎番上宿衛。從二品。　皇甫立：人名。代北（今山西代縣）人。五代後唐、後晋、後漢將領。傳見本書卷一〇六。《輯本舊史》原作“皇甫遇”，中華書局本有校勘記：“朱玉龍《方鎮表》：‘按舊史高祖、少帝紀，天福元年十二月，皇甫遇自鄧州移鎮定州；四年七月，由定州徙潞州；五年七月，由潞州改晋州；七年七月，自晋州移河陽；八年三月，自河陽罷歸。兩五代史《皇甫遇傳》與之略同，亦無鎮華州之説。考舊史卷八一《少帝紀一》，天福七年十二月乙丑，有“以前華州節度使皇甫立爲左金吾衛上將軍”文，因疑“皇甫遇”或爲“皇甫立”之誤’。”但未改。據《輯本舊史》卷七六《晋高祖紀二》天福二年（937）正月，“以前鎮國軍節度使皇甫立爲神武統軍”；卷八一《晋少帝紀一》天福七年十二月乙丑，“以前華州節度使皇甫立爲左金吾衛上將軍”；卷九五《皇甫遇傳》：“高祖入洛，移領中山，俄聞與鎮州安重榮爲婚家，乃移鎮上黨，又改平陽，咸以憸人執事，政事隳紊。”《新五代史》卷四七《皇甫遇傳》：“晋高祖時，歷義武、昭義、建雄、河陽四鎮，罷爲神武統軍。”據此，改“皇甫遇”爲“皇甫立”。　鎮國軍節度使：鎮國軍，方鎮名。治所在華州（今陝西渭南市華州區）。　張彦澤爲彰義軍節度使：中華書局本有校勘記：“朱玉龍《方鎮表》：‘“張彦澤”上有脱文。舊史卷八九《張彦澤傳》云：“從楊光遠圍范延光于鄴，以功授華州節度使，尋移鎮涇州。”涇州

軍號彰義。’按本書卷七七《晋高祖紀三》：‘（天福三年十月）以護聖左廂都指揮使、曹州刺史張彦澤爲鎮國軍節度使。’華州號鎮國軍，‘張彦澤’上疑脱‘鎮國軍節度使’六字。”但未補，今據補。張彦澤，人名。突厥人，徙居太原。五代後晋將領，後投降契丹。傳見本書卷九八、《新五代史》卷五二。彰義軍，方鎮名。治所在涇州（今甘肅涇川縣）。

夏四月壬申朔，以河中節度副使薛仁謙爲衛尉卿。[1]丙子，以汝州防禦使宋彦筠爲同州節度使；以護聖左右廂都指揮使李懷忠爲侍衛親軍馬軍都指揮使，領壽州忠正軍節度使；以奉國左右廂都指揮使郭謹爲侍衛親軍步軍都指揮使、夔州寧江軍節度使。[2]戊寅，詔廢長春宫使額。[3]己卯，改明德殿爲滋德殿，宫城南門同名故也。[4]以華州節度使劉遂凝爲右龍武統軍，以右龍武統軍張廷藴爲絳州刺史。[5]庚辰，徵前右拾遺鄭雲叟爲右諫議大夫，玉笥山道士羅隱之賜號希夷先生。甲申，以翰林學士承旨、兵部侍郎崔棁權判太常卿，以端明殿學士、户部侍郎和凝爲翰林學士承旨。[6]樞密院學士、尚書倉部郎中司徒詡，樞密院學士、尚書工部郎中顔衎並落職守本官，樞密副使張從恩改宣徽使，初廢樞密院故也。[7]先是，桑維翰免樞密之務，以劉處讓代之，奏議多不稱旨，及處讓丁母憂，遂以密院印付中書，故密院廢焉。[8]丙戌，以韓昭裔爲兵部尚書致仕，馬裔孫爲太子賓客致仕，房暠爲右驍衛大將軍致仕，皆唐末帝之舊臣也。[9]戊子，升永、岳二州爲團練使額，改湘川縣爲全州，從馬希範之奏也。[10]

［1］河中：府名。治所在今山西永濟市。　節度副使：官名。唐五代方鎮屬官。位於行軍司馬之下、判官之上。　薛仁謙：人名。開封浚儀（今河南開封市）人，祖籍河東。宋初宰相薛居正之父。歷仕五代後唐至後周。傳見本書卷一二八。　衛尉卿：官名。東漢始置。唐代爲衛尉寺長官。掌器械文物，總武庫、武器、守宫三署之官屬。從三品。

［2］汝州：州名。治所在今河南汝州市。　宋彦筠：人名。雍丘（今河南杞縣）人。五代後唐至後周將領。傳見本書卷一二三。　同州：州名。治所在今陝西大荔縣。　護聖左右廂都指揮使：官名。所部統兵將領。“護聖”爲後晋禁軍番號，分爲左右廂。“左右廂”，原作“左右軍”，中華書局本有校勘記：“‘左右軍’，本書卷一二四《李懷忠傳》作‘左右廂’。”但未據此改，今從《輯本舊史》卷一二四《李懷忠傳》改。　李懷忠：人名。太原晋陽（今山西太原市）人。五代後唐、後晋將領。傳見本書卷一二四。　侍衛親軍馬軍都指揮使：官名。五代始置，爲侍衛親軍之馬軍司的最高長官。　壽州：州名。治所在今安徽壽縣。　忠正軍：方鎮名。治所在壽州（今安徽壽縣）。　奉國左右廂都指揮使：官名。所部統兵將領。奉國爲五代後晋禁軍番號，分左右廂。　郭謹：人名。晋陽（今山西太原市）人。五代後晋、後漢將領。傳見本書卷一〇六。　侍衛親軍步軍都指揮使：官名。五代始置，爲侍衛親軍之步軍司的最高長官。　夔州：州名。治所在今重慶奉節縣。　寧江軍：方鎮名。治所在夔州（今重慶奉節縣）。

［3］戊寅，詔廢長春宫使額：《舊五代史考異》：“案：《五代會要》載原敕云：同州長春宫使額宜停，沿宫職務，委州司制置。”見《會要》卷五長春宫條。

［4］滋德殿：宫殿名。位於今河南開封市。

［5］華州：州名。治所在今陝西渭南市華州區。　劉遂凝：人名。密州安丘（今山東安丘市）人。五代將領。歷任華州節度使、右龍武統軍、左驍衛上將軍。傳見本書卷一三一。　右龍武統軍：

官名。唐代右龍武軍統兵官。唐肅宗至德二載（757）置禁軍，分爲左、右神武天騎，左、右羽林軍，左、右龍武軍，稱“北衙六軍”。職掌左右厢飛騎儀仗、階陛禁衛、馳道内仗，並負責飛騎番上宿衛。從二品。　張廷藴：人名。開封襄邑（今河南睢縣）人。五代後唐、後晋將領。傳見本書卷九四、《新五代史》卷四七。中華書局本有校勘記：“原作‘張延藴’，中華書局本據邵本校、本書卷九四《張廷藴傳》改。”今從。　絳州：州名。治所在今山西新絳縣。《輯本舊史》之影庫本粘籤：“原本作‘降州’，今從《通鑑》改正。”“絳州”多見《通鑑》記載，如卷二七九清泰元年二月條，五代亦無降州。　刺史：官名。漢武帝時始置。州一級行政長官，總掌考覈官吏、勸課農桑、地方教化等事。唐中期以後，節度、觀察使轄州而設，刺史爲其屬官，職任漸輕。從三品至正四品下。

[6]翰林學士承旨：官名。爲翰林學士之首。掌拜免將相、號令征伐等詔令的起草。《舊唐書》卷四三《職官志二》“翰林院”：“例置學士六人，内擇年深德重者一人爲承旨，所以獨承密命故也。”　兵部侍郎：官名。兵部副長官，與尚書分掌武官銓選、勳階、考課之政。正四品下。　崔棁（zhuō）：人名。博陵安平（今河北安平縣）人。後梁進士，歷仕後梁、後唐、後晋。傳見本書卷九三、《新五代史》卷五五。　太常卿：官名。太常寺長官。掌祭祀禮儀等事。正三品。　端明殿學士：官名。後唐明宗時始置，以翰林學士充任，負責誦讀四方書奏。　户部侍郎：官名。尚書省户部次官。協助户部尚書掌天下田户、均輸、錢穀之政令。正四品下。　和凝：人名。鄆州須昌（今山東東平縣）人。歷仕後梁至後周，五代官員、詞人。傳見本書卷一二七、《新五代史》卷五六。

[7]樞密院學士：官名。即樞密直學士。五代後唐莊宗同光元年（923）改直崇政院置，選有政術、文學者充任。備顧問應對。　尚書倉部郎中：官名。尚書省户部倉部司長官。掌天下軍儲出納、租税録糧倉廪之事，以木契百合諸司出給之數，以義倉、常平

倉備凶年，平穀價。從五品上。　司徒詡：人名。清河郡（今河北清河縣）人。五代後唐官員。傳見本書卷一二八。　尚書工部郎中：官名。尚書省屬官，位在侍郎之下、員外郎之上。主持尚書省工部之工部司事務。從五品上。　顏衎（kàn）：人名。兖州曲阜（今山東曲阜市）人。自言爲顏回後裔。五代後梁至後周官員，仕至權知開封府。宋初卒於家。傳見《宋史》卷二七〇。　樞密副使：官名。樞密院副長官。　宣徽使：官名。唐始置。宣徽南院使、北院使通稱宣徽使。初用宦官，五代以後改用士人。通掌内諸司及三班内侍之名籍，郊祀、朝會、宴享供帳之儀，檢視内外進奉名物。詳見王永平《論唐代宣徽使》，《中國史研究》1995年第1期；王孫盈政《再論唐代的宣徽使》，《中華文史論叢》2018年第3期。　樞密院：官署名。唐代宗曾設樞密使，以宦官充任。五代時，後梁設置崇政院，掌管軍國大政；後唐改稱樞密院，與中書分理朝政。

［8］桑維翰：人名。洛陽（今河南洛陽市）人。五代後唐進士，後晋宰相、樞密使。傳見本書卷八九、《新五代史》卷二九。　劉處讓：人名。滄州（今河北滄縣舊州鎮）人。五代後唐、後晋將領。傳見本書卷九四、《新五代史》卷四七。　丁母憂：明本《册府》卷三三三《宰輔部·罷免門二》天福四年（939）四月條作“丁繼母憂”。

［9］韓昭裔：人名。即“韓昭胤”。籍貫不詳。五代後唐大臣，末帝親信。歷任鳳翔節度判官、樞密使、同平章事，官至尚書右僕射。事見本書本卷、卷四六、卷四七。　兵部尚書：官名。尚書省兵部主官。掌兵衛、武選、車輦、甲械、厩牧之政令。正三品。　馬裔孫：人名。《新五代史》作“馬胤孫”。棣州滴河（今山東商河縣）人。後唐進士、宰相。傳見本書卷一二七、《新五代史》卷五五。　太子賓客：官名。爲太子官屬。唐高宗顯慶元年（656）始置。掌侍從規諫、贊相禮儀。正三品。　房暠：人名。京兆長安（今陝西西安）人。五代後唐、後晋大臣。傳見本書卷九六。　右

驍衛大將軍：官名。唐置，掌宫禁宿衛。唐代十六衛之一。正三品。　唐末帝：即後唐末帝李從珂，又謚末帝。鎮州（今河北正定縣）人。本姓王，後唐明宗李嗣源擄其母魏氏，遂養爲己子。應順元年（934）四月，李從珂入洛陽即帝位。清泰三年（936）石敬瑭謀反，攻入洛陽，末帝自焚死。紀見本書卷四六至卷四八、《新五代史》卷七。

[10]永：州名。治所在今湖南永州市。　岳：州名。治所在今湖南岳陽市。　團練使：官名，唐代中期以後，於不設節度使的地區設團練使，掌本區各州軍事。　湘川縣：縣名。治所在今廣西全州縣。　全州：州名。治所在今廣西全州縣西。　馬希範：人名。許州鄢陵（今河南鄢陵縣）人，一説扶溝（今河南扶溝縣）人。五代十國南楚國主馬殷之子。南楚國主。後唐明宗長興三年（932）至後晋開運四年（947）在位。傳見本書卷一三三、《新五代史》卷六六。

五月壬寅朔，帝御崇元殿受朝，仗衛如式。癸卯，以左僕射劉昫兼太子太保，封譙國公。[1]乙巳，昭順軍節度使姚彦章卒。[2]升靈州方渠鎮爲威州，隸於靈武，改舊威州爲清邊軍。[3]戊申，湖南節度使馬希範加天策上將軍。[4]以前邠州節度使安叔千爲滄州節度使。[5]庚戌，虞部郎中楊昭儉可本官知制誥。[6]辛亥，置静海軍於温州，從錢元瓘之請也。[7]壬子，以侍御史盧價爲户部員外郎、知制誥。[8]户部尚書崔居儉卒。[9]甲寅，詔止絶朝臣不得外州府求覓表狀，奏薦交親。乙卯，升金州爲節鎮，以懷德軍爲使額。[10]以齊州防禦使潘環爲懷德軍節度使。[11]右諫議大夫致仕鄭雲叟賜號逍遥先生，仍給致仕官俸。丁巳，以刑部尚書姚顗爲户部尚書，以兵部侍郎、權判太常卿事崔梲爲尚書左丞，以工部侍郎任贊爲兵部侍郎，以禮部尚書李懌爲刑部尚書，以左丞盧詹爲禮部尚書，以左散騎常侍韋勳爲工部侍郎。[12]庚申，廢華清宫爲靈泉觀。[13]辛酉，御史臺奏：[14]“省郎知雜之時，赴臺禮上，軍巡邸吏之輩，咸集公參，赤縣府司，悉呈杖印。[15]今後年深御史判雜上事，欲依前例。”從之。丙寅，以鎮海軍衙内統軍、上直馬步軍都監、檢校太傅、睦州刺史陸仁章爲同平章事，遥領遂州武信軍節度使；以鎮海軍興武左右開道都指揮使、明州刺史仰仁詮爲檢校太傅、同平章事，領宣州寧國軍節度使；從錢元瓘之請也。[16]

[1]太子太保：官名。與太子太師、太子太傅統稱太子三師。隋唐以後多作加官或贈官。從一品。

[2]昭順軍：方鎮名。吴國置，又稱德勝軍。治所在廬州（今安徽合肥市）。　姚彦章：人名。汝南（今河南汝南縣）人。後唐天成二年（927），馬殷建楚國，姚彦章以功拜左丞相。傳見本書附録。

[3]方渠鎮：地名。後晋天福四年（939）置爲威州。位於今甘肅環縣。　靈武：郡名。治所在今寧夏吴忠市。乾元元年（758），改名靈州。此處代指治所在靈州的方鎮朔方軍。　清邊軍：軍府名。後晋天福四年由威州改置。治所在今寧夏同心縣。《會要》卷二四軍條天福四年五月記事作“清遠軍”。

[4]湖南：方鎮名。又稱武安軍。治所在潭州（今湖南長沙市）。　天策上將軍：官名。唐初始置。五代後梁復置，以授楚王馬殷。位在王公之上。

[5]邠州：州名。治所在今陝西彬縣。　安叔千：人名。沙陀

部人。五代後唐至後周將領。傳見本書卷一二三、《新五代史》卷四八。　滄州：州名。治所在今河北滄縣舊州鎮。

[6]虞部郎中：官名。唐、五代工部虞部司的長官，掌京城街道、苑囿、山澤草木及百官外國客人的時蔬薪炭供給、畋獵等事。從五品上。　知制誥：官名。掌起草皇帝的詔、誥之事，原爲中書舍人之職。唐開元末置學士院，翰林學士入院一年，則加知制誥銜，專掌任免宰相、册立太子、宣布征伐等特殊詔令，稱爲内制。而中書舍人所撰擬的詔敕稱爲外制。兩種官員總稱兩制官。

[7]静海軍：方鎮名。治所在温州（今浙江温州市）。《輯本舊史》之影庫本粘籤："静海，原本作'清海'。今從《十國春秋》改正。"静海軍多見於《十國春秋》，如卷二七《南唐十三・張彦卿傳》。但《十國春秋》爲清人吴任臣著，如有五代或宋代人著作可據，不必以《十國春秋》爲據。《輯本舊史》對静海軍即多有記載，如卷七六《晋高祖紀二》天福二年七月辛亥條，可見至遲在此時南唐已自設静海軍。　温州：州名。治所在今浙江温州市。　錢元瓘：人名。祖籍臨安（今浙江杭州市）。錢鏐之子。五代十國吴越國國王，932 年至 941 年在位。傳見本書卷一三三、《新五代史》卷六七。

[8]侍御史：官名。秦始置。掌糾舉百官，推鞫獄訟。從六品下。　盧價：人名。祖籍范陽（今河北涿州市）人，世居懷州河内（今河南沁陽市）。五代大臣。事見羅火金《五代時期盧價墓誌考》，《中國歷史文物》2009 年第 2 期。　户部員外郎：官名。尚書省户部之户部司的屬官，爲户部郎中的副職。協助郎中掌户部司事務。從六品上。

[9]户部尚書：官名。户部最高長官。掌管全國土地、户籍、賦税、財政收支諸事。正三品。　崔居儉：人名。清河（今河北清河縣）人。五代後梁至後晋官員。傳見本書附録、《新五代史》卷五五。中華書局本作"崔儉"，並有校勘記："'崔儉'，本書卷七六《晋高祖紀二》作'崔居儉'。按《新五代史》卷五五有《崔居儉

傳》。”見《輯本舊史》卷七六《晋高祖紀二》天福二年三月戊寅條、《新五代史》本傳。

[10]金州：州名。治所在今陝西安康市。　懷德軍：方鎮名。治所在金州（今陝西安康市）。

[11]齊州：州名。治所在今山東濟南市。　潘環：人名。洛陽人。五代後梁至後漢將領。傳見本書卷九四。

[12]刑部尚書：官名。尚書省刑部主官。掌天下刑法及徒隸、勾覆、關禁之政令。正三品。　姚顗：人名。京兆萬年（今陝西西安市長安區）人。唐末進士，五代後梁、後唐、後晋大臣。傳見本書卷九二、《新五代史》卷五五。　尚書左丞：官名。尚書省佐貳官。唐中期以後，與尚書右丞實際主持尚書省日常政務，權任甚重。正四品上。後梁開平二年（908）改爲左司侍郎，後唐同光元年（923）復舊爲左丞。正四品。　工部侍郎：官名。尚書省工部次官。協助尚書掌管百工、山澤、水土之政令，考其功以詔賞罰，總所同各司之事。正四品下。　任贊：人名。籍貫不詳。五代後唐官員。事見本書本卷、卷四四。　禮部尚書：官名。尚書省禮部主官。掌禮儀、祭享、貢舉之政。正三品。　李懌：人名。京兆（今陝西西安市）人。唐末進士，歷仕五代後梁至後晋，歷太常卿、工部、禮部、刑部尚書。傳見本書卷九二、《新五代史》卷五五。　盧詹：人名。京兆長安（今陝西西安市）人。唐末、五代官員。傳見本書卷九三。

[13]華清宫：宫殿名。位於今陝西西安市臨潼區。

[14]御史臺：官署名。爲中央監察機構。

[15]省郎知雜：以尚書省郎中、員外郎的“官”充任侍御史知雜事之“職”。　軍巡：官名。軍巡院屬員。唐末、五代於京城置軍巡院。掌京城内争鬥、推鞫、救火等事。　邸吏：藩鎮進奏院的屬員。唐、五代藩鎮皆置邸於京師，稱爲進奏院，爲駐京城的辦事機構。　公參：官員因公相見之禮。此指新官上任，屬下各級官吏對新任長官行參拜之禮。　赤縣府司：《宋本册府》卷五一七

《憲官部·振舉門二》作“府司並兩縣”。　悉呈杖印：“杖印”，《會要》卷一七侍御史條作“印狀”，《册府》卷五一七作“印枚”。

[16]鎮海軍：方鎮名。治所在潤州（今江蘇鎮江市）。　上直馬步軍都監：官名。唐代中葉命將出征，常以宦官爲監軍、都監。後爲臨時委任的統兵官，稱都監、兵馬都監。掌屯戍、邊防、訓練之政令。　檢校太傅：官名。爲散官或加官，以示恩寵，無實際執掌。　睦州：州名。治所在今浙江建德市。　陸仁章：人名。睦州（今浙江建德市）人。五代十國之吴越國官員，官至同参相府事。傳見本書附録、《十國春秋》卷八六。　遥領：雖居此官職，然實際上並不赴任。　遂州：州名。治所在今四川遂寧市。　武信軍：方鎮名。治所在遂州（今四川遂寧市）。　興武左右開道都指揮使：官名。所部統兵將領。興武爲部隊番號。　明州：州名。治所在今浙江寧波市。　仰仁詮：人名。湖州（今浙江湖州市）人。五代十國之吴越國官員，官至寧國軍節度使、同參相府事。傳見《十國春秋》卷八六。中華書局本有校勘記：“原作‘仰仁銓’，據《通鑑》卷二七八、卷八二改。按《姓氏急就篇》卷上：‘吴越有寧國節度使仰仁詮。’影庫本粘籤：‘“仰仁銓”，原本作“任銓”，今從《十國春秋》改正。’檢《十國春秋》作‘仰仁詮’。”見《通鑑》卷二七八長興四年（933）十二月條、卷二八二天福五年二月壬戌條。中華書局本作《通鑑》卷八二，誤。　宣州：州名。治所在今安徽宣城市。　寧國軍：方鎮名。治所在宣州（今安徽宣城市）。

六月辛未朔，陳郡民王武穿地得黄金數餅，州牧取而貢之，[1]帝曰：“宿藏之物，既非符寶，不合入官。”命付所獲之家。庚辰，西京大風雨，應天福門屋瓦皆飛，鴟吻俱折。[2]辛卯，詔禮部貢舉宜權停一年。[3]

[1]陳郡：郡名。秦至隋時設置，隋時改置淮陽郡，唐五代時

置陳州。治所在陳縣（今河南淮陽縣）。　王武：人名。陳郡（今河南淮陽縣）人。五代後晋時人。事見本書本卷。

[2]天福門：殿門名。爲洛陽天福殿之正門。位於西京（今河南洛陽市）。　鴟吻：宫殿屋脊兩端的建築構件。形似一個帶短尾的獸頭，作張口吞脊狀，故名鴟吻。係由鴟尾演化而來。用以鎮壓火災。

[3]禮部：官署名。尚書省六部之一。掌禮儀、祭祀、科舉考試及接待四方賓客之事。　貢舉：地方官府逐級向朝廷舉薦人才。隋唐以後多指科舉考試。

秋七月庚子朔，日有蝕之。西京大水，伊、洛、瀍、澗盡溢，壞天津橋。[1]癸卯，以華清宫使李頃爲右領軍衛上將軍。[2]甲辰，以定州節度使皇甫遇爲潞州節度使、檢校太尉，以潞州節度使侯益爲徐州節度使。[3]戊申，御史中丞薛融等上詳定編敕三百六十八道，分爲三十一卷。[4]是日，詔："先令天下州郡公私鑄錢，近多鉛錫相兼，缺薄小弱，有違條制。今後祇官鑄錢，私鑄錢下禁依舊法。"[5]壬戌，以太子少師梁文矩爲太子太保致仕。[6]

[1]伊：河流名。即伊水，爲洛河支流。位於今河南省境内，流經洛陽。　洛：河流名。又稱洛水，爲黄河支流。位於今河南省境内，流經洛陽。　瀍（chán）：河流名。即瀍水，爲洛河支流。　澗：河流名。即澗水，爲洛河支流。　天津橋：洛陽橋名。位於今河南洛陽市。

[2]華清宫使：官名。爲華清宫的主管官員。　李頃：人名。陳州項城（今河南沈丘縣）人。唐末、五代軍閥李罕之的兒子。五

代後唐、後晉將領。傳見本書卷九一。　右領軍衛上將軍：官名。唐置，掌宮禁宿衛。從三品。

[3]定州：州名。治所在今河北定州市。　皇甫遇：人名。常山（今河北正定縣）人。五代後唐、後晉將領。傳見本書卷九五、《新五代史》卷四七。　潞州：州名。治所在今山西長治市。　檢校太尉：官名。爲散官或加官，以示恩寵，無實際執掌。　侯益：人名。汾州平遥（今山西平遥縣）人。五代、後唐至宋初將領。傳見《宋史》卷二五四。　以潞州節度使侯益爲徐州節度使：《舊五代史考異》："案《宋史·侯益傳》：天福四年，晋祖追念虎牢之功，遷武寧軍節度、同平章事。《薛史》不載同平章事。《五代會要》所載天福中使相有侯益，與《宋史》同。"見《會要》卷一帝號條晉高祖記事、《宋史》卷二五四。　徐州：州名。治所在今江蘇徐州市。此處代指方鎮武寧軍。

[4]御史中丞：官名。御史臺副長官如不置御史大夫，則爲御史臺長官。掌司法監察。正四品下。　薛融：人名。汾州平遥（今山西平遥縣）人。五代後唐、後晉官員。傳見本書卷九三、《新五代史》卷五六。　三十一卷：《宋本册府》卷六一三《刑法部·定律令門五》作"二十卷"，明本《册府》作"十二卷"，《會要》卷九定格令條與本紀同。

[5]是日：即天福四年七月戊申。　"是日"至"今後祇官鑄錢，私鑄錢下禁依舊法"：《舊五代史考異》："案《歐陽史》：七月丙辰，復禁鑄錢。《薛史》作七月戊申。"見《新五代史》卷八《晉高祖紀》，《通鑑》卷二八二亦作"丙辰"。戊申爲九日，丙辰爲十七日。

[6]太子少師：中華書局本有校勘記："'太子少師'，原作'太子少保'，據本書卷七七《晋高祖紀三》、卷九二《梁文矩傳》改。"見《輯本舊史》卷七七《晋高祖紀三》天福三年（938）十二月甲戌條。

閏七月庚午朔，百官不入閤，雨霑服故也。[1]壬申，以中書侍郎、平章事、集賢殿大學士桑維翰爲檢校司空、兼侍中、相州彰德軍節度使，以彰德軍節度使王庭胤爲義武軍節度使。[2]尚書户部奏：[3]“李自倫義居七世，準敕旌表門閭。[4]先有登州義門王仲昭六代同居，其旌表有廳事步欄，前列屏樹烏頭，正門閥閲一丈二尺，二柱相去一丈，柱端安瓦桶，墨染，號爲烏頭，築雙闕一丈，在烏頭之南三丈七尺，夾街十有五步，槐柳成列。[5]今舉此爲例，則令式不該。”詔：“王仲昭正廳烏頭門等事，不載令文，又無敕命，既非故事，難黷大倫，宜從令式，祇表門閭。[6]於李自倫所居之前，量地之宜，高其外門，門安綽楔，門外左右各建一臺，高一丈二尺，廣狹方正，稱臺之形，圬以白泥，四隅染赤。[7]其行列樹植，隨其事力，其同籍課役，一準令文。”壬午，濮州刺史武從諫勒歸私第，受贓十五萬故也。[8]丁酉，故皇子河南尹重乂妻虢國夫人李氏落髮爲尼，賜名悟因，仍錫紫衣、法號及夏臘二十。[9]

[1]入閤：即朔望入閤。“自正衙喚仗，由閤門而入”，故稱。唐時朔望入閤於大明宫紫宸殿舉行。五代後唐時，於洛陽文明殿舉行。

[2]中書侍郎：官名。中書省副長官。唐後期三省長官漸爲榮銜，中書、門下侍郎却因參議朝政而職位漸重，常常用爲以“同三品”或“同平章事”任宰相者的本官。正三品。　集賢殿大學士：官名。唐中葉置，位在學士之上，以宰相兼。掌修書之事。　檢校司空：官名。爲散官或加官，以示恩寵，無實際執掌。　侍中：官

名。秦始置。隋、唐前期爲門下省長官。唐後期多爲大臣加銜，不參與政務，實際職務由門下侍郎執行。正二品。　相州：州名。治所在今河南安陽市。　彰德軍：方鎮名。治所在相州（今河南安陽市）。　王庭胤：人名。即王廷胤。長安（今陝西西安市）人。唐末五代軍閥王處存之孫。五代後唐至後晋將領。傳見本書卷八八。參見《王廷胤墓志》，王仁波《隋唐五代墓志彙編·洛陽卷》（第十五册）。　義武軍：鎮名。治所在定州（今河北定州市）。

[3]尚書户部奏：户部奏旌表日，本卷作閏七月，《會要》卷一五户部條作閏七月，明本《册府》卷六一《帝王部·立制度門二》作閏七月壬申、《宋本册府》卷一四〇《帝王部·旌表門四》作閏七月丙子；而《新五代史》卷三四《李自倫傳》作九月丙子。

[4]李自倫義居七世：《輯本舊史》之影庫本粘籤："義居七世，據《歐陽史》云：李自倫高祖訓，訓生粲，粲生則，則生忠，忠生自倫，自倫生光厚，六世同居。《薛史》作'七世'，未詳孰是。"又《舊五代史考異》："案《歐陽史》作六世。又旌表門閭，《歐陽史》作正月，與《薛史》作閏七月異。"見《新五代史》卷三四《一行傳》、《會要》卷一五户部條、《宋本册府》卷一四〇與《新五代史》同，均作"六世"；明本《册府》卷六一與本紀同，作"七世"。　旌表：朝廷對忠孝節義之人，以立牌坊、賜匾額等方式加以表彰。

[5]登州：州名。治所在今山東蓬萊市。中華書局本有校勘記："'登州'，原作'鄧州'，據《册府》卷六一、卷一四〇，《五代會要》卷一五，《新五代史》卷三四《李自倫傳》改。《舊五代史考異》卷三：'案王仲昭，《歐陽史》作登州人。'"　烏頭之南：《輯本舊史》之影庫本粘籤："烏頭之南，原本作'之内'，今從《歐陽史》改正。"見《新五代史》卷三四《李自倫傳》。

[6]王仲昭正廳烏頭門等事："事"，原作"制"，據《會要》卷一五户部條、明本《册府》卷六一、《宋本册府》卷一四〇改。既非故事，難黷大倫：中華書局本引孔本案語："案《五代會要》

作既非故實，恐紊彝章。”見《會要》卷一五户部條。

［7］門安綽楔：中華書局本作“門外安綽楔”，並有校勘記：“‘安’字原闕，據殿本、《册府》卷六一、卷一四〇，《五代會要》卷一五，《新五代史》卷三四《李自倫傳》補。”然諸本均無“外”字，故删去。《輯本舊史》之影庫本粘籤：“‘綽楔’，原本作‘掉揳’，今從《歐陽史》改正。”見《新五代史》卷三四《李自倫傳》。　四隅染赤：原作“漆赤”，據《會要》卷一五户部條，《册府》卷六一、卷一四〇改。

［8］濮州：州名。治所在今山東鄄城縣。　武從諫：人名。太原（今山西太原市）人。符存審副將。事見本書本卷、卷一二一。

［9］河南尹：官名。唐開元元年（713）改洛州爲河南府，治所在今河南洛陽市。以河南府尹總其政務。從三品。　重乂：人名。即石重乂。後晋高祖石敬瑭之子。傳見本書卷八七、《新五代史》卷一七。　李氏：即石重乂之妻李氏。事見本書本卷。　夏臘：指僧人出家的時長。僧人以夏臘紀年，並以夏臘之多少定僧侣之長幼。

八月己亥朔，河決博平，甘陵大水。[1]辛丑，以守司空、兼門下侍郎、平章事、弘文館大學士馮道爲守司徒、兼侍中，封魯國公。[2]壬寅，詔曰：“皇圖革故，庶政惟新，宜設規程，以諧公共。其中書印祇委上位宰臣一人知當。”[3]戊申，前兵部尚書王權授太子少傅致仕。[4]己酉，以天下兵馬副元帥、鎮海鎮東等軍節度使、檢校太師、行中書令、吴越國王錢元瓘爲天下兵馬元帥。[5]壬子，升亳州爲防禦使額，依舊隸宋州。[6]丙辰，司天監馬重績等進所撰新曆，降詔褒之，詔翰林學士承旨和凝制序，命之曰《調元曆》。[7]

[1]博平：縣名。治所在今山東聊城市茌平縣博平鎮。　甘陵：地名。位於山東臨清市。

[2]弘文館大學士：官名。唐置，位在學士之上，以宰相兼。　司徒：官名。與太尉、司空並爲三公。唐後期、五代多爲大臣、勳貴加官。正一品。

[3]中書印：即中書門下之印。

[4]王權：人名。太原（今山西太原市）人。五代官員。傳見本書卷九二、《新五代史》卷五六。　太子少傅：官名。與太子少保、太子少師合稱“三少”，唐後期、五代多爲大臣、勳貴加官。從二品。

[5]天下兵馬副元帥：唐代朝廷有重大軍事行動，則置元帥，統率天下軍隊。副元帥爲元帥之副。　鎮東：方鎮名。治所在越州（今浙江紹興市）。　檢校太師：官名。爲散官或加官，以示恩寵，無實際執掌。太師，與太傅、太保並爲三師。　中書令：官名。漢代始置，隋、唐前期爲中書省長官，屬宰相之職；唐後期多爲授予元勳大臣的虚銜。正二品。　吴越國王：中華書局本沿《輯本舊史》作“吴越王”，並有校勘記：“‘吴越王’，本書卷八〇《晋高祖紀六》作‘吴越國王’。按本書卷七六《晋高祖紀二》：‘（天福二年十一月）鎮海鎮東節度使、吴越王錢元瓘加天下兵馬副元帥，封吴越國王。’”但未改，今據《輯本舊史》卷七六及卷八〇《晋高祖紀六》天福六年（941）十月甲寅條改。　天下兵馬元帥：官名。唐代朝廷有重大軍事行動則置，在實際或名義上統帥天下軍隊。

[6]亳州：州名。治所在今安徽亳州市。　宋州：州名。治所在今河南商丘市睢陽區。

[7]丙辰：《新五代史》卷八《晋高祖紀》作“三月丙辰”。　司天監：官名。爲司天監之長官。掌天文、曆法以及占候等事。參見趙貞《唐宋天文星占與帝王政治》，北京師範大學出版社2016年版。　馬重績：人名。其先出於北狄，後居于太原。學術數、通曆

法，五代後唐、後晋時爲大理司直、司天監。傳見本書卷九六、《新五代史》卷五七。《輯本舊史》之影庫本粘籤："馬重績，原本作'崇績'，今從《五代會要》改正。"見《會要》卷一〇《曆》條天福四年八月記事。　調元曆：後晋高祖時，司天監馬重績始造新曆，以雨水正月朔爲歲首。晋高祖賜名爲《調元曆》，命翰林學士承旨和凝撰序，於天福四年三月頒行。

九月辛未，以右羽林統軍周密爲鄜州節度使。[1]癸酉，升婺州爲武勝軍額。[2]丁丑，宴羣臣於永福殿。[3]契丹使粘木孤來聘，致牛馬犬腊顛騣十駟。[4]己卯，遥領洮州保順軍節度使鮑君福加檢校太師、兼侍中，判湖州諸軍事。[5]辛巳，相州節度使桑維翰上言："管内所獲賊人，從來籍沒財産，請止之。"詔："今後凡有賊人，準格律定罪，不得沒納家資，天下諸州準此。"癸未，封唐許王李從益爲郇國公，奉唐之祀，服色旌旗一依舊制。[6]仍以西京至德宫爲廟，牲幣器服悉從官給。[7]丙戌，高麗王王建遣使貢方物。[8]己丑，以中書侍郎、平章事李崧權判集賢殿事。[9]庚寅，詔停寒食、七夕、重陽及十月暖帳内外羣官貢獻。[10]丙申，以威勝軍節度副使羅周岳爲給事中，中書舍人李詳改禮部侍郎，禮部侍郎吕琦改刑部侍郎，刑部侍郎王松改户部侍郎，户部侍郎閻至改兵部侍郎，中書舍人王易簡充史館修撰、判館事。[11]

[1]右羽林統軍：官名。唐代右羽林軍統兵官。至德二載(757)唐肅宗置禁軍，也叫神武天騎，分爲左、右神武天騎，左、

右羽林軍，左、右龍武軍，稱“北衙六軍”。此時復置左右羽林，仍置統軍爲羽林軍統兵官。從二品。　周密：人名。應州神武川（今山西山陰縣）人。五代將領。傳見本書卷一二四。　鄜州：州名。治所在今陝西富縣。

［2］婺州：州名。治所在今浙江金華市婺城區。　武勝軍：方鎮名。治所在婺州（今浙江金華市）。

［3］永福殿：五代宫殿名。位於今河南開封市。

［4］粘木孤：人名。契丹使者。事見本書本卷。中華書局本有校勘記：“原作‘默納庫’，注云：‘舊作“粘木孤”，今改正。’按此係輯録《舊五代史》時所改，今恢復原文。”又，《舊五代史考異》：“案《遼史》：會同二年正月戊申，晋遣金吾衛大將軍馬從斌、考功郎中劉知新來貢珍幣。丙辰，晋遣使謝免沿邊四州錢幣。七月戊申，晋遣使進犀帶。閏月乙酉，遣使賜晋良馬。八月己丑，晋遣使貢歲幣，奏輸戌、亥二歲金幣于燕京。”見《遼史》卷四《太宗紀下》。　致牛馬犬腊顛騍十駟：中華書局本有校勘記：“‘犬腊顛騍十駟’，原作‘等物’，據《册府》卷九七二改。殿本、劉本作‘犬腊顛騍十四’。”見《宋本册府》卷九七二《外臣部・朝貢門五》。

［5］洮州：州名。治所在今甘肅臨潭縣。　保順軍：方鎮名。治所在洮州（今甘肅臨潭縣）。　鮑君福：人名。籍貫不詳。五代後唐、後晋將領。傳見本書附録。　湖州：州名。治所在今浙江湖州市。

［6］癸未，封唐許王李從益爲郇國公：《舊五代史考異》：“案《五代會要》：九月，敕‘周受龍圖，立夏、殷之祀；唐膺鳳曆，開酅、介之封。乃睠前朝，載稽舊典，宜封土宇，俾奉宗祧。宜以郇國三千户封唐許王李從益爲郇國公’云。”見《會要》卷五“二王三恪”條、《宋本册府》卷一七三《帝王部・繼絶門》。　李從益：人名。沙陀部人。後唐明宗李嗣源幼子。契丹蕭翰北歸，以其爲傀儡統治中原地區。傳見本書卷五一。

［7］至德宫：宫殿名。五代後唐天成元年（926）築。位於今河南洛陽市。

［8］高麗：朝鮮半島古國。即王氏高麗。918年，後三國之一的高句麗將領王建自立爲王，改國號爲高麗，935年滅新羅，次年滅後百濟，再次統一朝鮮。參見［朝］鄭麟趾等《高麗史》（卷一），西南師範大學出版社2014年版。　王建：人名。高麗開國皇帝，廟號太祖。參見［朝］鄭麟趾等《高麗史》（卷一）。

［9］李崧：人名。深州饒陽（今河北饒陽縣）人。五代大臣。傳見本書卷一〇八、《新五代史》卷五七。

［10］寒食：節令名。時間多在清明節前一至三日，農曆三月之中。寒食日禁火寒食，故名。　七夕：節令名。農曆七月七日爲牛郎織女相會之夜，婦女於七夕向織女星乞求智巧。　重陽：節令名。農曆九月九日。古人於重陽節登高、賞菊、飲菊花酒、佩插茱萸、吃重陽糕，以祈避邪去惡，延壽得福。　羣官貢獻：中華書局本有校勘記："'羣'，原作'郡'，據殿本、劉本、邵本校、《册府》卷一六八改。"明本《册府》卷一六八《帝王部・却貢獻門》作"内外羣后"，"后"爲"官"之訛。

［11］威勝軍：方鎮名。治所在鄧州（今河南鄧州市）。　羅周岳：人名。籍貫不詳。五代後唐、後晋官員。事見本書卷八一。　李詳：人名。籍貫不詳。五代後唐至後周官員，歷任左補闕、中書舍人、尚書右丞、吏部侍郎。事見本書卷四二、卷七七、卷八四、卷一一一。　禮部侍郎：官名。尚書省禮部次官。協助禮部尚書掌禮儀、祭享、貢舉之政。正四品下。　吕琦：人名。幽州安次（今河北廊坊市）人。五代後唐、後晋官員。傳見本書卷九二、《新五代史》卷五六。　刑部侍郎：官名。尚書省刑部次官。協助刑部尚書掌天下刑法及徒隸、勾覆、關禁之政令。正四品下。　王松：人名。京兆（今陝西西安市）人。唐僖宗宰相王徽之子。五代後唐至後漢官員。傳見本書附録、《新五代史》卷五七。　户部侍郎：官名。尚書省户部次官。協助户部尚書掌天下田户、均輸、錢穀之政

令。正四品下。　閻至：人名。籍貫不詳。五代後唐、後晉官員。事見本書卷三八、卷四一。　王易簡：人名。京兆（今陝西西安市）人。五代後梁進士，五代、宋初大臣。傳見《宋史》卷二六二。　史館修撰：官名。唐天寶以後，他官兼領史職者，稱史館修撰。判館事，以“史館修撰”之職爲史館的長官，負責史館事務。

冬十月戊戌朔，故昭信軍節度使白奉進贈太尉。[1]丙午，以太常卿程遜没于海，廢朝一日，贈右僕射。[2]庚戌，閩王王昶、威武軍節度使王繼恭遣僚佐林恩、鄭元弼等朝貢，致書於宰執，無人臣之禮。[3]帝怒，詔令不受所貢，應諸州綱運，並令林思、鄭元弼等押歸本道。[4]既而兵部員外郎李知損上疏，請禁錮使人，籍没綱運，可之，收林思等下獄。[5]丙辰，溪州刺史彭士愁，以錦、獎之兵與蠻部萬人掠辰、澧二境，湖南節度使馬希範遣牙兵拒之而退。[6]金州山賊度從讜等寇洵陽，遣兵討平之。[7]

[1]昭信軍：方鎮名。治所在均州（今湖北丹江口市）。　白奉進：人名。雲州清塞軍（今山西陽高縣）人。五代後唐、後晉將領。傳見本書卷九五。　太尉：官名。與司徒、司空並爲三公，唐後期、五代多爲大臣、勳貴加官。正一品。

[2]程遜：人名。壽春（今安徽壽縣）人。後唐、後晉官員。傳見本書卷九六。　廢朝：又稱輟朝。古代帝王遇親喪或文武大臣病故，停止視朝數日，以示哀悼。　右僕射：官名。秦始置。隋、唐前期以左、右僕射佐尚書令總理六官，綱紀庶務，如不置尚書令，則總判省事，爲宰相之職。唐後期多爲大臣加銜。從二品。

[3]閩：國名。即五代十國之閩國。　王昶：人名。原名王繼

鵬。五代十國閩國國君。傳見本書卷一三四、《新五代史》卷六八。　威武軍：方鎮名。治所在福州（今福建福州市）。　王繼恭：人名。閩王王昶之子，《通鑑》卷二八一載繼恭係王昶之弟。閩國將領。事見本書卷一三四、《新五代史》卷六八。　林恩：人名。籍貫不詳。五代十國之閩國官員。中華書局本有校勘記："原作'林思'，據《册府》卷二二三，《通鑑》卷二八一、卷二八二改。本卷下文同。"事見明本《册府》卷二三三《僭僞部·矜大門》，《通鑑》卷二八一天福三年（938）十一月戊申條、卷二八二天福四年十月條。　鄭元弼：人名。仙游（今福建仙游縣）人。五代十國閩國官員。事見本書本卷、《新五代史》卷六八。　致書於宰執：《輯本舊史》之影庫本粘籤："致書，原本作'致聿'，今據文改正。"

[4]綱運：成批運送大宗貨物。每批以若干車或船爲一"綱"，是謂"綱運"。

[5]兵部員外郎：官名。兵部郎中之副職，協理諸項軍務。從六品上。　李知損：人名。大梁（今河南開封市北）人。五代十國官員。傳見本書卷一三一。

[6]溪州：州名。治所在今湖南永順縣。　彭士愁：人名。一作彭士然。又名彥晞。唐末五代溪州刺史彭瑊之子。五代後梁開平四年（910）襲父職，後晋天福四年（939）率溪、獎、錦三州"蠻"攻辰、澧等州。事見本書本卷、《通鑑》卷二八二。　錦：州名。治所在今湖南麻陽縣。　獎：州名。治所在今湖南芷江侗族自治縣。中華書局本有校勘記："'獎'原作'蔣'，據《新五代史》卷六六《馬希範傳》改。按《通鑑》卷二八二前作'蔣'，後作'獎'，胡注云：'"蔣"當作"獎"。唐長安四年。以沅州之夜郎、渭溪二縣置舞州……大曆五年，又更名獎州。'"見《通鑑》卷二八二天福四年八月條。　辰：州名。治所在今湖南沅陵縣。　澧：州名。治所在今湖南澧縣。　牙兵：五代時期藩鎮親兵。參見來可泓《五代十國牙兵制度初探》，《學術月刊》1995年第11期。

[7]金州：州名。治所在今陝西安康市。　度從讜：人名。籍貫不詳。五代後晋時人，曾帥山賊爲寇。事見本書本卷。　洵陽：縣名。治所在今陝西旬陽縣。

十一月甲戌，以太子賓客李延範爲司農卿。[1]乙亥，詔立唐高祖、太宗及莊宗、明宗、閔帝五廟於洛陽。[2]丁丑，祠部郎中、知制誥吴承範改中書舍人，充翰林學士；翰林學士、中書舍人竇貞固改御史中丞；御史中丞薛融改尚書右丞；尚書右丞王延改吏部侍郎；尚書左丞崔棁改太常卿。[3]戊寅，史館奏："請令宰臣一人撰録時政記，逐時以備撰述。"[4]從之。己卯，吏部侍郎龍敏改尚書左丞。己丑，以太子賓客楊凝式爲禮部尚書致仕。詔建錢鑪於欒川。[5]丙申，諫議大夫致仕逍遥先生鄭雲叟卒。

[1]李延範：人名。籍貫不詳。五代後晋官員。事見本書本卷。　司農卿：官名。司農寺長官。掌管倉廩、籍田、苑囿諸事。從三品上。

[2]乙亥，詔立唐高祖、太宗及莊宗、明宗、閔帝五廟於洛陽：《舊五代史考異》："案：立唐廟於西京，《歐陽史》作十二月，與《薛史》作十一月異。"《新五代史》卷八《晋高祖紀》亦記載於十一月，《考異》誤。　唐高祖：即李淵。唐朝建立者。618年至626年在位。紀見《舊唐書》卷一、《新唐書》卷一。　太宗：即唐代第二位皇帝李世民。隴西成紀（今甘肅秦安縣）人。626年至649年在位。通過"玄武門之變"掌權，開創"貞觀之治"。紀見《舊唐書》卷二至卷三、《新唐書》卷二。　莊宗：即後唐莊宗李存勗。沙陀部人。五代後唐王朝的建立者。紀見本書卷二七至卷三

四、《新五代史》卷五。　明宗：即後唐明宗李嗣源。紀見本書卷三五至卷四四、《新五代史》卷六。

[3]祠部郎中：官名。禮部祠部司主官。掌祠祀祭享、天文漏刻、巫術醫藥及僧尼道士等事。從五品上。　吴承範：人名。魏州（今河北大名縣）人。五代後唐、後晉官員。傳見本書卷九二。　中書舍人：官名。中書省屬官。掌起草文書、呈遞奏章、傳宣詔命等。正五品上。　翰林學士：官名。由南北朝始設之學士發展而來，唐玄宗改翰林供奉爲翰林學士，備顧問，代王言，掌拜免將相、號令征伐等詔令的起草。　竇貞固：人名。同州白水（今陝西白水縣）人。五代後唐至宋初大臣，後唐進士，後漢宰相。傳見《宋史》卷二六二。　尚書右丞：官名。尚書省佐貳官。唐中期以後，與尚書左丞實際主持尚書省日常政務，權任甚重。後梁開平二年（908）改爲右司侍郎，後唐同光元年（923）復舊爲右丞。唐時爲正四品下，後唐長興元年（930）升爲正四品。中華書局本有校勘記："'右'，原作'左'，據本書卷九三《薛融傳》、《新五代史》卷五六《薛融傳》改。按本卷下文云'己卯，吏部侍郎龍敏改尚書左丞'，則時薛融非尚書左丞。"　王延：人名。鄭州長豐（今河北文安縣南）人。五代大臣，歷事五代各朝。傳見本書卷一三一、《新五代史》卷五七。

[4]史館：官署名。官修史書之機構。北齊始置。唐初隸秘書省著作局。唐貞觀三年（629）移於禁中，隸門下省。修本朝史由史官負責，修前代史多由他官編纂，宰相監修，正式確立史館修史、宰相監修之制。開元二十五年（737），徙史館於中書省。天寶後，他官兼領史職者，謂之史館修撰，初入者爲直館。　"戊寅"至"逐時以備撰述"：《舊五代史考異》："案《五代會要》：史館奏：'唐長壽二年，右丞姚璹奏，帝王謨訓，不可闕文，其仗下所言軍國政事，令宰臣一人撰録，號《時政記》。唐明宗朝，又委端明殿學士撰録，逐季送付史館，伏乞遵行者。宜令宰臣一人撰述。'"見《會要》卷一八史館雜録條天福四年（939）十一月

記事。

[5]錢鑪：冶銅鑄錢之鑪。　欒川：縣名。治所在今河南欒川縣。

十二月丁酉朔，百官不入閤，大雪故也。己亥，故皇子重英妻張氏落髮爲尼，賜名悟慎，并夏臘二十。[1]庚戌，禮官奏："來歲正旦，王公上壽，皇帝舉酒，奏《玄同之樂》；再飲，奏《文同之樂》；三飲，奏同前。"[2]從之，歌辭不録。丙辰，詔今後城郭村坊，不得創造僧尼院舍。[3]丁巳，帝謂宰臣曰："大雪害民，五旬未止，京城祠廟，悉令祈禱，了無其驗，豈非凉德不儲，神休未洽者乎？"因令出薪炭米粟給軍士貧民等。壬戌，禮官奏："正旦上壽，宫懸歌舞未全，且請雜用九部雅樂，歌教坊法曲。"[4]從之。《永樂大典》卷一萬五千六百四十四。[5]

[1]重英：人名。即石重英。後晋高祖石敬瑭之子。傳見本書卷八七、《新五代史》卷一七。　張氏：即石重英之妻張氏。事見本書卷八〇。

[2]正旦：即正月初一，元旦。　上壽：群臣朝見帝王祝壽之禮。爲大朝會禮儀的組成部分。

[3]丙辰：明本《册府》卷五二《帝王部·崇釋道門二》同，《通鑑》卷二八二作"丙戌"。丙辰爲二十日，該月無丙戌，《通鑑》誤。

[4]宫懸：宫殿内懸掛鐘磬等樂器於架上，排在四面，故稱宫懸。　九部雅樂：宫廷中用於祭祀、禮儀慶典的音樂。　教坊法曲：教坊爲管理宫廷音樂表演人員的機構，此處當指宫廷燕樂之教

坊樂。法曲爲宫廷燕樂曲種之一，因産生於唐玄宗時的梨園法部而得名。

[5]《大典》卷一五六四四“晋”字韻“五代後晋高祖（二）”事目。

舊五代史　卷七九

晋書五

高祖紀第五

天福五年春正月丁卯朔，帝御崇元殿受朝賀，仗衛如式。[1]降德音：[2]“應天福三年終已前，[3]公私債欠，一切除放。”壬申，蜀人寇西鄙，羣盗張達、任康等劫清水德鐵之城以應之。[4]癸酉，湖南奏，閩人殺王昶，夷其族，王延羲因民之欲而定之。[5]甲戌，遣宣徽使楊彦詢使於契丹。[6]辛巳，皇子開封尹、鄭王重貴加檢校太尉。[7]己丑，迴鶻可汗仁美遣使貢良馬、白玉，謝册命也。[8]庚寅，以二王後、前右贊善大夫、襲酅國公楊延壽爲太子左諭德，三恪後、汝州襄城縣令、襲介國公宇文頡加食邑三千户。[9]辛卯，升絳州爲防禦州。[10]癸巳，以左神武統軍陸思鐸爲右羽林統軍，以隴州防禦使何福進爲右神武統軍。[11]甲午，太常少卿裴羽奏：[12]“請追謚唐莊宗皇后劉氏爲神閔敬皇后，明宗皇后曹氏請追謚爲和武顯皇后，閔帝魯國夫人孔氏請追謚爲閔哀皇后。"[13]從之。丙申，河中節度使安審信奏：[14]"軍校康從受、李崇、孫大裕、張崇、于千等以所部兵爲亂，尋平之，死者五百人。"[15]

[1]天福：五代後晋高祖石敬瑭年號（936—942）。出帝石重貴沿用至九年（944）。後漢高祖劉知遠繼位後沿用一年，稱天福十二年（947）。　崇元殿：五代後梁開平元年（907）改汴京正殿爲崇元殿。位於今河南開封市。　受朝賀：即大朝會典禮。大朝會之日，有司排辦盛大的儀仗，在京文武百官以及地方官員在京者、藩國使人，共同向皇帝朝參、致賀、上壽，並以宴會結束典禮。

[2]德音：詔書的一種。唐宋時期皇帝發布德政時所用，如大赦囚徒、賑救灾荒等。

[3]應天福三年終已前：中華書局本沿《輯本舊史》無"已前"二字，《宋本册府》卷四九二《邦計部·蠲復門四》有"已前"二字。而誤"三年"爲"元年"，但《册府》所録天福三年（938）八月詔已放此前之債欠，故可據之補"已前"二字。

[4]蜀：即後蜀。五代十國政權之一。後唐清泰元年（934），蜀王孟知祥稱帝於成都（今四川成都市），國號蜀，史稱後蜀。轄境相當今四川和陝西南部、甘肅東南部、湖北西南部地區。事見本書卷一三六《僭僞列傳三》、《新五代史》卷六四《後蜀世家》。　張達：人名。籍貫不詳。五代後晋時爲"盜"。事見本書本卷。　任康：人名。籍貫不詳。五代後晋時爲"盜"。事見本書本卷。　清水：縣名。治所在今甘肅清水縣。　德鐵之城：《輯本舊史》之影庫本粘籤："德鐵之城，原本作'得鐵'，考《通鑑》注云：德鐵在清水砦，今改正。"查《通鑑》胡注未見此記載，存疑。

[5]湖南：方鎮名。又稱武安軍節度。治所在潭州（今湖南長沙市）。　閩：國名。即五代十國之閩國。　王昶：人名。原名王繼鵬。五代十國閩國康宗。傳見本書卷一三四《僭僞列傳一》、

《新五代史》卷六八《閩世家》。　王延羲：人名。五代十國閩國景宗，性嗜酒殘暴，後爲部將連重遇、朱文進所殺。傳見本書卷一三四《僭僞列傳一》、《新五代史》卷六八《閩世家》。

［6］宣徽使：官名。唐後期置。宣徽院的長官，初用宦官，五代以後改用士人。掌内諸司及三班内侍之名籍，郊祀、朝會、宴享供帳之儀，應内外進奉，悉檢視名物，用其印。　楊彦詢：人名。河中寶鼎（今山西萬榮縣西南）人。五代後唐、後晋將領。傳見本書卷九〇、《新五代史》卷四七。　契丹：部族、政權名。公元4世紀中葉宇文部爲前燕所攻破，始分離而成單獨的部落，自號契丹。唐貞觀中，置松漠都督府，以其首領爲都督。唐末强盛，916年迭剌部耶律阿保機建立契丹國（遼）。先後與五代、北宋並立，保大五年（1125）爲金所滅。參見張正明《契丹史略》，中華書局1979年版。

［7］開封尹：官名。五代除後唐外均定都開封，因置開封府尹。執掌京師政務。從三品。　重貴：人名。即石重貴。沙陀部人。後晋高祖石敬瑭從子，後晋少帝。紀見本書卷八一至卷八五、《新五代史》卷九。　檢校太尉：官名。爲散官或加官，以示恩寵加此官，無實際執掌。太尉，與司徒、司空並爲三公。

［8］迴鶻：部族名、政權名。又作回鶻、回紇。原係突厥鐵勒部的一支。唐天寶三載（744）建立回鶻汗國，8世紀末9世紀初，回鶻與吐蕃争奪北庭和安西並最終取勝，統治西域。9世紀中葉，回鶻汗國瓦解。參見楊蕤《回鶻時代：10—13世紀陸上絲綢之路貿易研究》，中國社會科學出版社2015年版。　仁美：人名。即藥羅葛仁美。甘州回鶻首任可汗，尊號烏母主可汗，後唐封賜英義可汗。事見《新五代史》卷五。

［9］二王後：中國古代新王朝建立後封前朝的皇室後裔，給以爵位，以示敬重。參見謝元魯《隋唐五代的特殊貴族——二王三恪》，《中國史研究》1994年第2期。　右贊善大夫：官名。即太子右贊善大夫。掌規諫太子過失、贊相禮儀等事。正五品上。　酇

國公：五代二王三恪制度下，隋朝楊氏後裔受封的爵名。　楊延壽：人名。五代後晋時襲封酅國公，後被除名流配。事見本書本卷、卷八四。　太子左諭德：官名。唐高宗時始置。掌諭太子以道德、隨事諷贊。正四品下。　三恪後：中國古代新王朝建立後封前朝的皇室後裔，給以爵位，以示敬重。參見謝元魯《隋唐五代的特殊貴族——二王三恪》，《中國史研究》1994 年第 2 期。"三恪後"，中華書局本沿《輯本舊史》缺"後"字，據《宋本册府》卷一七三《帝王部·繼絶門》補，亦可參見本條前之"二王後"楊延壽。　汝州：州名。治所在今河南汝州市。　襄城：縣名。治所在今河南襄城縣。　縣令：官名。爲縣的行政長官，掌治本縣。唐代之縣，分赤（京）、次赤、畿、次畿、望、緊、上、中、中下、下十等。縣令分六等，正五品上至從七品下。　介國公：五代二王三恪制度下，北周宇文氏後裔受封的爵名。　宇文頡：人名。五代後晋時襲封介國公。事見本書本卷、卷四八。　食邑：即封地、封邑。食邑之名，蓋取受封者不之國，僅食其租税之意。

[10]絳州：州名。治所在今山西新絳縣。　防禦州：設置防禦使的州。地位次於設置節度使的州，高於團練州、刺史州。

[11]左神武統軍：官名。左神武軍的統兵官。左神武爲唐代"北衙六軍"之一。從二品。　陸思鐸：人名。澶州臨黄（今河南範縣）人。五代後梁至後晋將領。傳見本書卷九〇、《新五代史》卷四五。　右羽林統軍：官名。右羽林軍的統兵官。右羽林爲唐代"北衙六軍"之一。從二品。　隴州：州名。治所在今陝西隴縣。　防禦使：官名。唐代始置，設有都防禦使、州防禦使兩種。常由刺史或觀察使兼任，實際上爲唐代後期州或方鎮的軍政長官。　何福進：人名。太原（今山西太原市）人。五代後唐至後周將領。傳見本書卷一二四。　右神武統軍：官名。右神武軍的統兵官。右神武爲唐代"北衙六軍"之一。從二品。

[12]太常少卿：官名。太常寺次官。佐太常卿掌宗廟祭祀禮樂及教育等。正四品上。　裴羽：人名。河東聞喜（今山西聞喜縣）

人。唐僖宗朝宰相裴贄之子。唐末出仕，歷仕五代後梁至後周，官至左散騎常侍。傳見本書卷一二八、《新五代史》卷五七。

［13］唐莊宗：即李存勗，小字亞子，沙陀部人，太原（今山西太原市）人。晉王李克用之子，後唐開國皇帝。紀見本書卷二七至卷三四、《新五代史》卷四至卷五。　劉氏：指後唐莊宗劉皇后。魏州成安（今河北成安縣）人。傳見本書卷四九、《新五代史》卷一四。　明宗：即李嗣源。沙陀部人，應州金城（今山西應縣）人。李克用養子，逼宫李存勗後自立爲後唐皇帝。紀見本書卷三五至卷四四、《新五代史》卷六。　曹氏：指後唐明宗曹皇后。籍貫不詳。閔帝時封皇太后。後唐亡，與廢帝一同自焚而死。傳見本書卷四九、《新五代史》卷一五。　和武顯皇后：中華書局本沿《輯本舊史》作“和武憲皇后”，並有校勘記：“‘憲’，本書卷四九《后妃傳》、《五代會要》卷一作‘顯’。”但未改。《會要》卷一皇后條載晉天福五年（940）正月二十八日（甲午）“追册曰和武顯皇后”。《輯本舊史》卷四九《后妃傳》中之《和武顯皇后曹氏傳》爲僅存一條之殘傳，但亦稱爲和武顯皇后，録自《大典》卷一三三五二“謚”字韻“歷代皇后謚”事目，今據改。　閔帝：即後唐閔帝李從厚。明宗李嗣源第三子。紀見本書卷四五、《新五代史》卷七。　孔氏：指後唐閔帝孔皇后。籍貫不詳。傳見《新五代史》卷一五。

［14］河中：府名。治所在今山西永濟市蒲州鎮。　節度使：官名。唐時在重要地區所設掌握一州或數州軍、民、財政的長官。安審信：人名。沙陀部人。五代將領安審琦從兄。五代後唐至後周將領。傳見本書卷一二三。

［15］康從受、李崇、孫大裕、張崇、于千：皆爲後晉時河中作亂兵校。籍貫均不詳。事見本書本卷。

二月丁酉朔，沙州歸義軍節度使曹議金卒，贈太師，以其子元德襲其位。[1]乙巳，御史中丞竇貞固奏：[2]“國忌日，宰臣跪爐焚香，文武百僚列坐。[3]竊惟禮例，有所未安。今欲請宰臣仍舊跪爐，百僚依班序立。”詔可之，仍令行香之後，[4]飯僧百人，永爲定制。庚戌，北京留守安彦威來朝，帝慰接甚厚，賜上樽酒。[5]壬子，升中書門下平章事爲正二品。[6]丁巳，青州節度使、東平王王建立來朝。[7]己未，以中書門下侍郎爲清望正三品，諫議大夫、御史中丞爲清望正四品。[8]

[1]沙州：州名。治所在今甘肅敦煌市。　歸義軍：唐晚期至北宋前期以沙州爲中心的漢人地方政權。唐廷封張議潮爲歸義軍節度使。子孫相繼傳至張承奉，自稱“白衣天子”，建號“西漢金山國。至五代後梁乾化三年（914），張承奉死，歸義軍政權轉入長史曹議金之手。曹氏子孫相承，傳至曹賢順，至宋仁宗景祐三年（1036），爲西夏元昊所滅。河西遂被西夏占領，直至蒙古滅夏（1227），元朝統一。　曹議金：人名。祖籍亳州（今安徽亳州市），世居敦煌（今甘肅敦煌市）。五代時期歸義軍節度使。事見本書本卷、卷一三八，《新五代史》卷七四。參見榮新江《歸義軍史研究——唐宋時代敦煌歷史考索》，上海古籍出版社 2015 年版。“議金”，《輯本舊史》作“義金”，引影庫本粘籤：“‘義金’，原本作‘議金’，今從《歐陽史》改正。”見《新五代史》卷五《唐莊宗紀下》。然據現存敦煌文書及明本《册府》卷四三六《將帥部·繼襲門》，均作“議金”，故舊史不誤，今改回。　太師：官名。與太傅、太保合稱三師，唐後期、五代多爲大臣、勳貴加官。正一品。　元德：人名。即曹元德。沙州（今甘肅敦煌市西）人。歸義軍節度使曹議金長子。五代時期歸義軍節度使。改變歸義軍政權對甘州回鶻政權的依附地位，由“父子之國”而爲“兄弟之邦”。事

見本書本卷、卷一三八，《新五代史》卷七四、敦煌文書 P. 3556、P. 4291、P. 2992、P. 2033。

［2］御史中丞：官名。如不置御史大夫，則爲御史臺長官。掌司法監察。正四品下。　竇貞固：人名。同州白水（今陝西白水縣）人。五代後唐至宋初大臣，後唐進士，後漢宰相。傳見《宋史》卷二六二。

［3］國忌日，宰臣跪爐焚香，文武百僚列坐：國忌指帝、后的忌日。中華書局本引孔本案語："案：《五代會要》作宰臣跪爐，僧人表讚，文武百官，儼然列坐。"見《會要》卷四忌日條。

［4］仍令行香之後：中華書局本有校勘記："'令'字原無，據《册府》卷三一、《五代會要》卷四補。"見《會要》卷四《忌日》條、明本《册府》卷三一《帝王部·奉先門四》、《宋本册府》卷五九四《掌禮部·奏議門二二》。

［5］北京：指五代後唐的北都太原。　留守：官名。古代皇帝出巡或親征時指定親王或大臣留守京城，綜理國家軍事、行政、民事、財政等事務，稱京城留守。在陪都或軍事重鎮也常設留守，以地方長官兼任。　安彦威：人名。崞縣（今山西原平市）人。五代後唐、後晋將領。傳見本書卷九一、《新五代史》卷四七。

［6］中書門下平章事：官名。即"同中書門下平章事"。唐高宗以後，凡實際任宰相之職者，常在其本官後加同平章事的職銜。後成爲宰相專稱。後晋天福五年（940），升中書門下平章事爲正二品。

［7］青州：州名。治所在今山東青州市。　王建立：人名。遼州榆社（今山西榆社縣）人。五代後唐、後晋大臣。傳見本書卷九一、《新五代史》卷四六。

［8］中書門下侍郎：中書侍郎、門下侍郎的合稱。　諫議大夫：官名。秦始置，掌朝政議論。隋唐仍置，有左、右諫議大夫四人，分屬門下、中書二省。掌諫諭得失，侍從贊相。唐後期、五代多以本官領他職。唐初爲正五品上，會昌二年（842）升爲正四品下。

後晋天福五年（940）爲正四品，後周顯德五年（958）復改爲正五品上。

三月丁卯朔，左散騎常侍張允改禮部侍郎。[1]辛未，宋州歸德軍節度使、侍衛親軍馬步軍都指揮使劉知遠加特進，改鄴都留守、廣晋尹，典軍如故。[2]以兖州節度使李從温爲徐州節度使，[3]以北京留守安彦威爲宋州節度使。壬申，詔朝臣覲省父母，依天成例頒賜茶藥。[4]癸酉，以青州節度使王建立爲昭義軍節度使，進封韓王，仍割遼、沁二州爲昭義屬郡，以建立本遼州人，用成其衣錦之美也。[5]以晋州節度使李德琉爲北京留守，以潞州節度使皇甫遇爲晋州節度使。[6]是日，容州節度使馬存卒。[7]甲戌，以給事中李光廷爲左散騎常侍，亳州團練使李式爲給事中。[8]乙亥，相州節度使桑維翰加檢校司徒，改兖州節度使。[9]許州節度使杜重威改鄆州節度使，河中節度使安審信改許州節度使。[10]丁丑，長安公主出降駙馬都尉楊承祚。[11]戊寅，詔："中書門下五品已上官於兩省上事，宰臣押角之禮；[12]及第舉人與主司選勝筵宴，及中書舍人靸鞋接見舉人；[13]兼兵部、禮部引人過堂之日幕次酒食會客，悉宜廢之。"[14]己卯，以前樞密使劉處讓爲相州節度使。[15]辛巳，湖南遣牙將劉勍領兵大破溪峒羣蠻，收溪、錦、獎三州。[16]丁亥，以秦州節度使康福爲河中節度使，以徐州節度使侯益爲秦州節度使。[17]庚寅，御明德樓，餞送昭義軍節度使王建立，賜玉斧、蜀馬。[18]甲午，詔吏部三銓聽四時選，擬官旋奏，不在團甲之限。[19]

［1］左散騎常侍：官名。門下省屬官。掌侍奉規諷，備顧問應對。正三品下。中華書局本有校勘記：“‘左’原作‘右’，據本書卷七七《晋高祖紀三》、卷七八《晋高祖紀四》、卷一〇八《張允傳》，《新五代史》卷五七《張允傳》改。”見《輯本舊史》卷七七《晋高祖紀三》天福三年（938）二月庚辰條、卷七八《晋高祖紀四》天福四年正月乙卯條，《新五代史》卷五七《張允傳》。　張允：人名。鎮州束鹿（今河北辛集市）人。五代後唐至後漢官員。傳見本書卷一〇八、《新五代史》卷五七。　禮部侍郎：官名。尚書省禮部次官。協助禮部尚書掌禮儀、祭享、貢舉之政。正四品下。

［2］宋州：州名。治所在今河南商丘市睢陽區。　歸德軍：方鎮名。治所在宋州（今河南商丘市睢陽區）。本後梁宣武軍，後唐改名歸德軍。　侍衛親軍馬步軍都指揮使：官名。五代時侍衛親軍的最高長官。多由皇帝親信擔任。　劉知遠：人名。西突厥沙陀部人，後世居於太原。五代後唐、後晋將領，後漢高祖。紀見本書卷九九至卷一〇〇、《新五代史》卷一〇。　特進：官名。西漢末期始置，授給列侯中地位較特殊者。隋唐時期，特進爲文散官，授給有聲望的官員。正二品。　鄴都：地名。後晋陪都。治所在今河北大名縣。　廣晋尹：官名。五代後晋天福二年改興唐府（魏州、鄴都）置廣晋府，治元城、廣晋二縣（今河北大名縣）。府尹爲最高長官，總其政務。從三品。

［3］兖州：州名。治所在今山東濟寧市兖州區。　李從温：人名。代州崞縣（今山西原平市）人，後唐明宗李嗣源之侄，後養爲己子。其從妹爲石敬瑭的皇后，後爲忠武軍節度使、河陽三城節度使。傳見本書卷八八。　徐州：州名。治所在今江蘇徐州市。

［4］天成：後唐明宗李嗣源年號（926—930）。

［5］昭義軍：方鎮名。治所在潞州（今山西長治市）。　遼：州名。治所在今山西左權縣。　沁：州名。治所在今山西沁源縣。

［6］晋州：州名。治所在今山西臨汾市。　李德琉：人名。應

州金城（今山西應縣）人。五代後唐、後晋將領。傳見本書卷九〇。　潞州：州名。治所在今山西長治市。　皇甫遇：人名。常山（今河北正定縣）人。五代後唐、後晋將領。傳見本書卷九五、《新五代史》卷四七。

[7]容州：州名。治所在今廣西北流市。　馬存：人名。籍貫不詳。五代後唐將領。事見本書本卷、卷三二、卷四七。

[8]給事中：官名。秦始置。隋唐以來，爲門下省屬官。掌讀署奏抄、駁正違失。正五品上。　李光廷：人名。籍貫不詳。五代後晋官員，後出任秘書監。事見本書本卷、卷八〇。　亳州：州名。治所在今安徽亳州市。　團練使：官名。唐代中期以後，於不設節度使的地區設團練使，掌本區各州軍事。　李式：人名。籍貫不詳。五代後晋官員。事見本書卷七七。

[9]相州：州名。治所在今河南安陽市。　桑維翰：人名。洛陽（今河南洛陽市）人。五代後唐進士，後晋宰相、樞密使。傳見本書卷八九、《新五代史》卷二九。　檢校司徒：官名。爲散官或加官，以示恩寵，無實際執掌。司徒，與太尉、司空並爲三公。

[10]許州：五代方鎮忠武軍（匡國軍）治所，在今河南許昌市。　杜重威：人名。其先朔州（今山西朔州市朔城區）人，後徙居太原。五代後晋、後漢將領。傳見本書卷一〇九、《新五代史》卷五二。　鄆州：州名。治所在今山東東平縣。

[11]長安公主：即後晋高祖石敬瑭之女，後晋將領楊承祚之妻。事見本書本卷、卷七六。　駙馬都尉：官名。漢武帝時始置，魏晋以後，公主夫婿多加此稱號。從五品下。　楊承祚：人名。籍貫不詳。五代後晋官員，後晋高祖石敬瑭女婿。事見本書本卷、卷八二、卷八六。

[12]宰臣押角之禮：《輯本舊史》之影庫本粘籤："押角，《舊唐書·裴坦傳》作'壓角'，《文昌雜録》引宋次道云：舍人上事，必設紫褥於庭，面北拜廳閣，立褥之東北隅，謂之'壓角'。疑原本'押'字有誤，據《五代會要》仍作'押角'。又《文昌雜録》

引李涪《刊誤》云：兩省官上事日，宰臣臨焉，上事者設牀几，面南而坐，判三道案。宰相别施一牀，連上事官坐於四隅，謂之‘押角’。則‘壓’‘押’二字，可以通用，今仍其舊。”見《會要》卷一三中書門下條、《文昌雜録·補遺》。《舊唐書》無《裴坦傳》，《裴坦傳》見《新唐書》卷一八二。

［13］中書舍人：官名。中書省屬官。掌起草文書、呈遞奏章、傳宣詔命等。正五品上。

［14］兵部：官署名。爲尚書省六部之一，統兵部、職方、駕部、庫部四司，掌管全國武官選用和兵籍、武器、軍令等政。　禮部：官署名。爲尚書省六部之一，統禮部、祠部、膳部、主客四司。掌國之禮樂、祭祀、朝會、宴饗、學校、貢舉之政令。

［15］樞密使：官名。樞密院長官。五代時以士人爲之，備顧問，參謀議，出納詔奏，權侔宰相。參見李全德《唐宋變革期樞密院研究》，國家圖書館出版社 2009 年版。　劉處讓：人名。滄州（今河北滄縣舊州鎮）人。五代後唐、後晋將領。傳見本書卷九四、《新五代史》卷四七。

［16］牙將：官名。古代軍隊中的中低級軍官。　劉勍：人名。籍貫不詳。五代十國之南楚的將領。事見本書本卷。　溪：州名。治所在今湖南永順縣。　錦：州名。治所在今湖南麻陽縣。　奬：州名。治所在今湖南芷江侗族自治縣。中華書局本有校勘記：“‘奬’原作‘蔣’，據《通鑑》卷二八二改。”見《通鑑》卷二八二天福五年正月乙未條。

［17］秦州：州名。治所在今甘肅天水市。　康福：人名。蔚（今河北蔚縣）人。後唐、後晋將領。傳見本書卷九一、《新五代史》卷四六。　侯益：人名。汾州平遥（今山西平遥縣）人。五代、後唐至宋初將領。傳見《宋史》卷二五四。

［18］明德樓：城樓名。位於今河南開封市。

［19］吏部三銓：唐代文官的選任，由吏部尚書一人、侍郎二人分掌其事。《新唐書·選舉志下》記載，“凡選有文武，文選吏部

主之，武選兵部主之，皆爲三銓，尚書、侍郎分主之”。　團甲：唐銓選之制，在吏、兵二部唱名注官完畢，須將所擬之官以類相從，編爲甲曆，稱爲“團甲”，送呈尚書都省審覆。

夏四月丙申朔，宴羣臣於永福殿。[1]戊戌。曹州防禦使石暉卒，帝之從弟也。[2]禮官奏：“天子爲五服之内親本服周者，三哭而止。”[3]從之。己亥，罷洛陽、京兆進苑囿瓜菓，憫勞人也。[4]壬寅，右僕射致仕裴皡卒，贈太子太保。[5]丙午，詔曰：“承旨者，承時君之旨，非近侍重臣無以稟朕旨，宣予言，是以大朝會宰臣承旨，草制詔學士承旨，若無區别，何表等威。除翰林承旨外，殿前承旨宜改爲殿直，密院承旨宜改爲承宣，御史臺、三司、閤門、客省所有承旨，並令别定其名。”[6]庚戌，以滄州節度使馬全節爲安州節度使。[7]禮部侍郎張允奏，請廢明經、童子科，從之。[8]因詔宏詞、拔萃、明算、道舉、百篇等科並停之。[9]

[1]永福殿：五代宫殿名。位於今河南開封市。

[2]曹州：州名。治所在今山東曹縣西北。　石暉：人名。籍貫不詳。五代後晋官員。事見本書本卷。

[3]五服：五等喪服制度。指斬衰、齊衰、大功、小功、緦麻五服。其中，齊衰的服期是一年，稱爲“服周”。

[4]京兆：府名。治所在今陝西西安市。

[5]右僕射：官名。秦始置。隋、唐前期以左、右僕射佐尚書令總理六官，綱紀庶務，如不置尚書令，則總判省事，爲宰相之職。唐後期多爲大臣加銜。從二品。　致仕：官員告老辭官。　裴皡：人名。世居河東（今山西太原市），出自中眷裴氏。五代後唐、

後晋官員。傳見本書卷九二、《新五代史》卷五七。　太子太保：官名。與太子太師、太子太傅統稱太子三師。隋唐以後多作加官或贈官。從一品。

［6］翰林承旨：官名。即翰林學士承旨。爲翰林學士之首。掌拜免將相、號令征伐等詔令的起草。《舊唐書·職官志二·翰林院》："例置學士六人，内擇年深德重者一人爲承旨，所以獨承密命故也。"　殿前承旨：官名。即"殿直"。爲皇帝的侍從之官。　樞密院承旨：官名。五代設樞密院承旨、副承旨，主管樞密院承旨司之事。後改爲"承宣"。　御史臺：官署名。爲中央監察機構。　三司：官署名。五代後唐明宗天成元年（926）合鹽鐵、度支、户部爲一職，始稱三司，爲中央最高之理財機構。　閤門：唐代大明宫之正殿（宣政殿）、内殿（紫宸殿）以東、西上閤門相連，閤門遂爲外朝、内朝之分界。因設閤門使，掌内外通報、宣旨。五代、宋朝相沿設置閤門、閤門使。　客省：官署名。掌接待四方奏計及外族使者。

［7］滄州：州名。治所在今河北滄縣舊州鎮。　馬全節：人名。魏郡元城（今河北大名縣）人。五代後唐、後晋將領。傳見本書卷九〇、《新五代史》卷四七。　安州：州名。治所在今湖北安陸市。

［8］明經：科舉考試科目之一。主要考察士人對經文的熟悉程度，也考時務策。　童子科：科舉考試科目之一。唐制，十歲以下能通經者皆可應童子科試。《輯本舊史》之影庫本粘籤："童子科，原本闕'科'字，今據《五代會要》增入。"見《會要》卷二三童子條。

［9］宏詞、拔萃、明算、道舉、百篇：皆爲科舉考試的科目。"宏詞"即博學宏詞科，"拔萃"即書判拔萃。

五月癸酉，宋州貢瑞麥兩歧。甲申，以前徐州節度使萇從簡爲右金吾衛上將軍。[1]丙戌，安州節度使李金全叛，詔新授安州節度使馬全節以洛、汴、汝、鄭、鄆、宋、陳、蔡、曹、濮十州之兵討之，以前鄜州節度使安審暉爲副，以内客省使李守貞爲都監，仍遣供奉官劉彦瑶奉詔以諭。[2]金全命麾下齊謙以詔送於淮夷，雲夢人齊峴斬謙，歸其詔於闕。[3]辛卯，昭義節度使韓王王建立薨，輟朝二日，册贈尚書令。[4]

[1]萇從簡：人名。陳州（今河南淮陽縣）人。五代後唐、後晋將領。傳見本書卷九四、《新五代史》卷四七。　右金吾衛上將軍：官名。唐置，掌宫禁宿衛。唐代置十六衛，即左右衛、左右驍衛、左右武衛、左右威衛、左右領軍衛、左右金吾衛、左右監門衛、左右千牛衛，各置上將軍，從二品；大將軍，正三品；將軍，從三品。中華書局本有校勘記："'右'，本書卷八〇《晋高祖紀六》同，本書卷九四《萇從簡傳》、《册府》卷四四八、《新五代史》卷四七《萇從簡傳》作'左'。"見《輯本舊史》卷八〇《晋高祖紀六》天福六年（941）十二月癸卯條、明本《册府》卷四四八《將帥部·殘酷門》。

[2]"丙戌"至"十州之兵討之"：《舊五代史考異》："案《五代春秋》：五月，李金全叛附于吴，馬全節帥師討安州，吴人救安州，全節敗吴師，克安州，金全奔吴。六月，放吴俘還。《歐陽史》作五月，李金全叛。六月，克安州。馬令《南唐書》作六月，安州節度使李金全來降，遣鄂州屯營使李承裕帥師迎之。紀月互異。"見《五代春秋》卷下晋高祖條、《新五代史》卷八《晋高祖紀》、《南唐書》卷一《先主》。　李金全：人名。吐谷渾族。早年爲後唐明宗李嗣源奴僕，驍勇善戰，因功升遷。後晋時封安遠軍節度使，後投奔南唐。傳見本書卷九七、《新五代史》卷四八。　洛：州名。即洛陽。治所在今河南洛陽市。　汴：州名。治所在今河南開封市。　汝：州名。治所在今河南汝州市。　鄭：州名。治所在

今河南鄭州市。　鄆：州名。治所在今山東東平縣。原作“單”，據明本《册府》卷一二三《帝王部·征討門三》、《宋本册府》卷一六六《帝王部·招懷門四》改。　陳：州名。治所在今河南淮陽縣。　蔡：州名。治所在今河南汝南縣。　曹：州名。治所在今山東曹縣。　濮：州名。治所在今山東鄄城縣。　鄜州：州名。治所在今陝西富縣。此處指保大軍。　安審暉：人名。沙陀部人。安審琦之兄。五代十國時期高級將領。傳見本書卷一二三。　内客省使：官名。中書省所屬内客省長官。唐始置，五代沿置。　李守貞：人名。河陽（今河南孟州市）人。五代將領。傳見本書卷一〇九、《新五代史》卷五二。　都監：官名。唐代中葉命將出征，常以宦官爲監軍、都監。後爲臨時委任的統兵官，稱都監、兵馬都監。掌屯戍、邊防、訓練之政令。　供奉官：泛指侍奉皇帝左右的臣僚，亦爲東、西頭供奉官通稱。　劉彦瑶：人名。籍貫不詳。五代後晋官員。事見本書本卷。

［3］齊謙：人名。籍貫不詳。五代後晋時的藩鎮將領。事見本書本卷。　淮夷：指五代十國之南唐。　雲夢：縣名。治所在今湖北雲夢縣。　齊峴：人名。雲夢（今湖北雲夢縣）人。五代後晋時人。事見本書本卷。

［4］輟朝：又稱廢朝。古代帝王遇親喪或文武大臣病故，停止視朝數日，以示哀悼。　尚書令：官名。秦始置。隋、唐前期爲尚書省長官，與中書令、侍中並爲宰相。因以李世民爲之，後皆不授，唐高宗廢其職。唐後期以李適、郭子儀有功而特授此職，爲大臣榮銜，不參與政務。五代因之。唐時爲正二品，後梁開平三年（909）升爲正一品。

六月壬寅，少府監致仕尹玉羽卒。[1]癸卯，淮南使李承裕代李金全，金全南走，承裕以淮兵二千守其城。[2]甲辰，馬全節自應山縣進軍於大化鎮。[3]戊申，與鄂州賊軍陣於安陸之南，三戰而後克之，斬首三千級，生擒千餘人。[4]供奉官安友謙登鋒力戰，奮不顧身，全節賞其忠勇，使馳獻捷書，暍死於路。[5]是日，削奪李金全官爵。丁巳，淮夷僞校李承裕率衆掠城中資貨而遁，馬全節入城撫其遺民，遣安審暉率兵以逐承裕，擒而斬之。執其僞都監杜光鄴及淮南軍五百餘人，露布獻於闕下。[6]帝曰："此輩何罪。"皆厚給放還。癸亥，道士崇真大師張薦明賜號通玄先生。[7]是時，帝好《道德經》，嘗召薦明講説其義，帝悦，故有是命。尋令薦明以《道德》二經雕上印板，命學士和凝别撰新序，冠于卷首，俾頒行天下。[8]

[1]六月壬寅："六月"二字原闕，《舊五代史考異》："案：壬寅上疑脱'六月'兩字。"但未言其根據。天福五年（940）五月丙寅朔，有記事之癸酉爲初八，甲申爲十九，丙戌爲二一，辛卯爲二六，該月無壬寅。六月乙未朔，壬寅爲初八。以下之記事，癸卯爲初九，戊申爲十四，故據補"六月"兩字。中華書局本未補。　少府監：官名。少府監長官，隋初置，唐初廢，太宗時復置。掌百工技巧之事。從三品。　尹玉羽：人名。京兆長安（今陝西西安市）人。五代後梁、後唐、後晋官員。傳見本書卷九三。

[2]李承裕：人名。籍貫不詳。五代十國時期南唐將領。事見本書本卷、《通鑑》卷二八二。

[3]應山縣：縣名。治所在今湖北廣水市。　大化鎮：地名。屬應山縣。位於今湖北廣水市南。參見《通鑑》卷二八二。

[4]鄂州：州名。治所在今湖北武漢市武昌區。　安陸：地名。位於今湖北安陸市。

[5]安友謙：人名。籍貫不詳。五代後晋將領。事見本書本卷。

[6]僞都監：《舊五代史考異》："案：馬令《南唐書》作監軍通事舍人。" 杜光鄴：人名。籍貫不詳。五代十國之南唐將領。事見本書本卷。《輯本舊史》之影庫本粘籤："杜光鄴，《通鑑》作'光業'，《十國春秋》仍作'鄴'，今從其舊。"見《通鑑》卷二八二天福五年六月丁未條、馬令《南唐書》卷一《先主》、《十國春秋》卷一五《南唐一》。《新五代史》卷六二《南唐世家·李昪傳》亦作"鄴"。 露布：指勝利報捷的文書。

[7]張薦明：人名。燕（今北京、天津、河北北部一帶）人。五代後晋時的著名道士。傳見《新五代史》卷三四。

[8]學士：官名。即翰林學士。由南北朝始設之學士發展而來，唐玄宗時改翰林供奉爲翰林學士，備顧問、代王言。掌拜免將相、號令征伐等詔令的起草。 和凝：人名。鄆州須昌（今山東東平縣）人。歷仕後梁至後周，五代官員、詞人。傳見本書卷一二七、《新五代史》卷五六。

秋七月甲子朔，降安州爲防禦使額，以申州隸許州。[1]丙寅，安州節度使馬全節加檢校太尉，改昭義軍節度使。前鄜州節度使安審暉加檢校太傅，爲威勝軍節度使。[2]丁卯，湖南奏：遣天策府步騎將張少敵領兵五萬，樓船百艘，次於岳陽，將進討淮夷也。[3]甲戌，宣徽使楊彦詢加檢校太傅，充安國軍節度使。[4]乙亥，户部尚書致仕鄭韜光卒，贈右僕射。[5]戊寅，福州王延羲遣商人間路貢表自述。[6]戊子，宿州奏，[7]淮東鎮移牒云：本國奏書於上國皇帝，曰："久增景慕，莫會光塵，但循戰國之規，敢預睦鄰之道。一昨安州有故，脱難相歸，邊校貪功，乘便據壘，[8]矧機宜之孰在，顧茫昧以難申。否臧皆凶，乃大易之明義；進取不止，亦聖人之厚顔。適屬暑雨稍頻，江波甚漲，指揮未到，事實已違。今者猥沐睿咨，曲形宸旨，歸其俘獲，示以英仁。其如軍法朝章，彼此不可；揚名建德，曲直相懸。雖認好生，匪敢聞命。其杜光鄴等五百七人，已令却過淮北。"帝復書曰："昨者災生安陸，釁接漢陽，當三伏之炎蒸，動兩朝之師旅。[9]豈期邊帥，不禀上謀，洎復城池，備知本末。尋已捨諸俘執，還彼鄉閭，不唯念效命之人，兼亦敦善鄰之道。今承來旨，將正朝章，希循宥罪之文，用廣崇仁之美。其杜光鄴等再令歸復。"尋遣使押光鄴等於桐墟渡淮，淮中有棹船，甲士拒之，南去不果。[10]詔光鄴等歸京師，授以職秩，其戎士五百人，立爲顯義都。[11]

[1]申州：州名。治所在今河南信陽市。

[2]檢校太傅：官名。爲散官或加官，以示恩寵，無實際執掌。　威勝軍：方鎮名。治所在鄧州（今河南鄧州市）。

[3]天策府：官署名。五代十國之南楚所置，掌南楚軍事征伐。　步騎將：官名。五代十國之南楚所置統兵官。　張少敵：人名。籍貫不詳。五代十國之南楚將領。事見本書本卷、《新五代史》卷六六。　岳陽：縣名。治所在今湖南岳陽市。

[4]安國軍：方鎮名。唐同光元年（923）改保義軍置，治所在邢州（今河北邢臺市）。

[5]户部尚書：官名。户部最高長官。掌管全國土地、户籍、賦税、財政收支諸事。正三品。　鄭韜光：人名。河清（今河南孟州市）人。滎陽（今河南滎陽市）子弟，唐憲宗朝宰相鄭絪之曾孫，唐宣宗外甥。自唐末至後晉，歷仕諸朝。傳見本書卷九二。

[6]福州：州名。治所在今福建福州市。

[7]宿州：州名。治所在今安徽宿州市。

[8]乘便據壘：《輯本舊史》之影庫本粘籤："據壘，原本作'居壘'，今從《通鑑》改正。"見《通鑑》卷二八二天福五年(940)六月條。

[9]漢陽：縣名。治所在今湖北武漢市漢陽區。

[10]桐墟：《舊五代史考異》："案：原本作'桐廬'。據《通鑑》注引《九域志》云：宿州蘄縣有桐墟鎮，自桐墟而南，至渦口則濟淮矣。今改正。"見《通鑑》卷二八二天福五年六月條胡注。

[11]顯義都：《輯本舊史》之影庫本粘籤："顯義都，原本脱'義'字，今考《通鑑》云：帝悉授唐諸將官，以其士卒爲顯義都，命舊將劉康領之。今增入。"見《通鑑》卷二八二天福五年六月條，"唐諸官"，《通鑑》作"唐諸將官"。

八月丁酉，帝觀稼於西郊。[1]己亥，詳定院以先奉詔詳定冬、正朝會禮節、樂章、二舞行列等事上之，事具《樂志》。[2]庚子，以前金州防禦使田武爲金州懷德軍節度使。[3]辛丑，升復、郢二郡爲防禦使額。[4]戊午，左龍武統軍相里金卒，廢朝一日，贈太師。[5]己未，太子太師致仕范延光卒於河陽，廢朝二日，贈太師。[6]

[1]觀稼：又作"閲稼"。查看農作物生長情況，以表現朝廷重農的態度。

[2]詳定院：官署名。臨時設置的禮樂詳定機構。　二舞：指文、武二舞。西周樂制，後代帝王亦多沿用。五代後晋時復用二舞。

[3]金州：州名。治所在今陝西安康市。　田武：人名。元城(今河北大名縣)人。五代後唐、後晋將領。傳見本書卷九〇。

懷德軍：方鎮名。治所在金州（今陝西安康市）。

[4]復：州名。治所在今湖北天門市。　郢：州名。治所在今湖北鍾祥市。

[5]左龍武統軍：官名。左龍武軍統兵官。左龍武爲唐代“北衙六軍”之一。掌宿衛宮禁。從二品。　相里金：人名。并州（今山西太原市）人。五代後晋將領。傳見本書卷九〇、《新五代史》卷四七。　太師：中華書局本有校勘記：“‘太師’，《相里金神道碑》（拓片刊《北京圖書館藏中國歷代石刻拓本匯編》第三十六册）作‘太子太師’。”

[6]己未，太子太師致仕范延光卒於河陽，廢朝二日：《舊五代史考異》：“案：《歐陽史》作西京留守楊光遠殺太子太師范延光。考本傳，延光本爲楊光遠推墮溺水死，爲之輟朝，諱之也。”見《輯本舊史》卷九七《范延光傳》、《新五代史》卷八《晋高祖紀》。　范延光：人名。鄴郡臨漳（今河北臨漳縣）人。五代後唐、後晋將領。傳見本書卷九七、《新五代史》卷五一。　河陽：方鎮名。全稱“河陽三城”。治所在孟州（今河南孟州市）。

九月丁卯，宰臣李崧加集賢殿大學士，以翰林學士承旨、户部侍郎和凝爲中書侍郎、平章事。[1]丙子，廢翰林學士院，其公事並歸中書舍人。[2]丁丑，以翰林學士、中書舍人李愼儀爲右散騎常侍，以翰林學士、左右補闕李澣爲吏部員外郎，以右散騎常侍趙光輔爲太子賓客，以太子賓客韓惲爲兵部尚書，以右諫議大夫段希堯爲萊州刺史。[3]甲申，西京留守楊光遠加守太尉、兼中書令，充平盧軍節度使，封東平王。[4]戊子，改東京上源驛爲都亭驛。[5]

[1]九月丁卯：中華書局本沿《輯本舊史》，“九月”二字原闕。《舊五代史考異》：“案：《歐陽史》作九月丁卯，原本疑有脱字。”未補。見《新五代史》卷八《晋高祖紀》。天福五年（940）九月癸亥朔，丁卯爲初五，以下諸條記事，丙子爲十四，丁丑十五，甲申二二，戊子二六，故補“九月”二字。　李崧：人名。深州饒陽（今河北饒陽縣）人。五代大臣。傳見本書卷一〇八、《新五代史》卷五七。　集賢殿大學士：官名。唐中葉置，位在學士之上，以宰相兼。掌修書之事。　户部侍郎：官名。尚書省户部次官。協助户部尚書掌天下田户、均輸、錢穀之政令。正四品下。　中書侍郎：官名。中書省副長官。唐後期三省長官漸爲榮銜，中書、門下侍郎却因參議朝政而職位漸重，常常用爲以“同三品”或“同平章事”任宰相者的本官。正三品。

[2]翰林學士院：官署名。開元二十六年（738）唐玄宗改翰林供奉爲翰林學士，於翰林院之外，另置學士院，令翰林學士入直其中，直屬皇帝。掌起草任免將相等的機密詔令，並備皇帝咨詢。

[3]李慎儀：人名。籍貫不詳。五代後唐、後晋官員。事見本書本卷、卷八四。　右散騎常侍：官名。中書省屬官。掌侍奉規諷，備顧問應對。正三品下。　左右補闕：唐五代置有左補闕、右補闕。左補闕隸於門下省，右補闕隸於中書省。掌規諫諷諭，大事可以廷議，小事則上封奏。從七品上。此處疑有衍字。　李澣：人名。京兆萬年（今陝西西安市長安區）人。歷仕後唐、後晋，後與徐台符被契丹挾而北行，在遼任宣政殿學士、禮部尚書等。傳見《遼史》卷一〇三、《宋史》卷二六二。　吏部員外郎：官名。尚書省吏部頭司次官。佐吏部郎中掌文官階品、朝集、録賜，給其告身、假使以及選補流外官等事。從六品上。　趙光輔：人名。籍貫不詳。五代後晋官員。事見本書卷四七、卷八一。中華書局本有校勘記：“‘趙光輔’，原作‘趙元輔’，據本書卷四七《唐末帝紀中》改。本書各處同。按《五代會要》卷七有太子賓客、判太常寺事趙光輔，即其人。”見《輯本舊史》卷四七《唐末帝紀中》清泰二年

(935)三月丙午條、《會要》卷七廟樂條晋高祖記事。　太子賓客：官名。爲太子官屬。唐高宗顯慶元年(656)始置。掌侍從規諫、贊相禮儀。正三品。　韓惲：人名。太原晋陽(今山西太原市)人。五代後唐、後晋官員。傳見本書卷九二。　兵部尚書：官名。尚書省兵部主官。掌兵衛、武選、車輦、甲械、厩牧之政令。正三品。　右諫議大夫：官名。隸中書省。唐代置左、右諫議大夫各四人，分隸門下省、中書省。掌諫諭得失、侍從贊相。正四品下。　段希堯：人名。河内(今河南沁陽市)人。五代大臣。傳見本書卷一二八、《新五代史》卷五七。　萊州：州名。治所在今山東萊州市。　刺史：官名。漢武帝時始置。州一級行政長官，總掌考覈官吏、勸課農桑、地方教化等事。唐中期以後，節度、觀察使轄州而設，刺史爲其屬官，職任漸輕。從三品至正四品下。

[4]西京：指京兆府(今陝西西安市)。　楊光遠：人名。沙陀部人。五代後唐、後晋將領。傳見本書卷九七、《新五代史》卷五一。　太尉：官名。與司徒、司空並爲三公，唐後期、五代多爲大臣、勳貴加官。正一品。　中書令：官名。漢代始置，隋、唐前期爲中書省長官，屬宰相之職；唐後期多爲授予元勳大臣的虚銜。正二品。　平盧軍：方鎮名。治所在青州(今山東青州市)。

[5]東京：後晋天福三年(938)升汴州爲開封府(今河南開封市)，建爲東京。後漢、後周及北宋皆都於此，俗稱汴京。　上源驛：地名。位於今河南開封市内。

冬十月丁酉，制：天下兵馬元帥、鎮海鎮東浙江東西等道節度使、中書令、吴越國王錢元瓘加守尚書令，充天下兵馬都元帥。[1]戊戌，户部尚書姚顗卒，廢朝一日，贈右僕射。[2]癸卯，湖南上言，福建王延羲與弟延政互起干戈，内相侵伐。[3]甲辰，升萊州爲防禦使額，以汝州防禦使楊承貴領之。[4]以新授萊州刺史段希堯爲懷州刺史。[5]丁未，契丹使舍利來聘，致馬百疋及玉鞍、狐裘等。[6]己酉，宴羣臣於永福殿，賜帛有差。癸丑，詔："今後竊盗贓滿五匹者處死，三匹已上者決杖配流，以盗論者准律文處分。"[7]又詔："過格選人等，可赴吏部南曹召保，委正身者降一資注官。"[8]

[1]鎮海：方鎮名。治所在潤州（今江蘇鎮江市）。　鎮東：方鎮名。治所在越州（今浙江紹興市）。　浙江東西：即浙東、浙西，又稱"兩浙"。轄境爲今浙江全省及江蘇南部。　吴越國王：中華書局本沿《輯本舊史》作"吴越王"，並有校勘記："'吴越王'，本書卷八〇《晋高祖紀六》作'吴越國王'。按本書卷七六《晋高祖紀二》：'（天福二年十一月）鎮海鎮東節度使、吴越王錢元瓘加天下兵馬副元帥，封吴越國王。'"但未改。錢元瓘已於天福二年（937）十一月封吴越國王，《輯本舊史》卷八〇《晋高祖紀六》天福六年十一月甲寅條又載遣聶延祚等持節册天下兵馬都元帥、守尚書令、吴越國王錢元瓘，故據改。　錢元瓘：人名。祖籍臨安（今浙江杭州市臨安區）。錢鏐之子。五代十國吴越國國主，932年至941年在位。傳見本書卷一三三、《新五代史》卷六七。　天下兵馬都元帥：官名。名義上天下兵馬的最高統帥。爲榮譽職銜，無實職。

[2]姚顗：人名。京兆萬年（今陝西西安市長安區）人。唐末進士，五代後梁、後唐、後晋大臣。傳見本書卷九二、《新五代史》卷五五。　右僕射：中華書局本有校勘記："'右'，本書卷九二《姚顗傳》作'左'。"

[3]延政：人名。即王延政。王審知之子，五代十國閩國末代君主。傳見本書卷一三四、《新五代史》卷六八。

[4]楊承貴：人名。籍貫不詳。五代後晋官員。事見本書本卷。

[5]懷州：州名。治所在今河南沁陽市。

［6］舍利：人名。契丹使者。舍利原爲官稱，即“郎君”。隸著帳郎君院，屬北面官。管理宫中雜役等。此以官稱（或專名）代人名。事見本書本卷。中華書局本有校勘記：“原作‘錫里’，注云：‘舊作“舍利”，今改正。’按此係輯録《舊五代史》時所改，今恢復原文。”又，《舊五代史考異》：“案《遼史》：會同三年三月戊辰，遣使使晋，乙未，晋遣使來覲。四月壬寅，遣人使晋，丙午，晋遣宣徽使楊端、王朓等來問起居，丙辰，晋遣使進茶藥，癸亥，晋遣使賀端午。五月庚辰，晋遣使進弓矢，甲申，遣皇子天德及檢校司徒邸用和使晋。六月庚子，晋遣使來見。九月丙戌，晋遣使貢名馬。十月庚申，晋遣使貢布。十二月丙申，遣使使晋。”見《遼史》卷四《太宗紀下》。就《舊五代史考異》所引之“十月庚申”，中華書局本有校勘記：“‘十月’二字原闕，據《遼史》卷四《太宗紀下》補。”

［7］今後竊盗贓滿五匹者處死：中華書局本有校勘記：“‘五匹’二字原闕，據《册府》卷六一三、《五代會要》卷九補。”見《會要》卷九《定贓》條、《宋本册府》卷六一三《刑法部·定律令門五》。

［8］可赴吏部南曹召保：《宋本册府》卷六三三《銓選部·條制門五》作“可赴吏部南曹準格召保”。

十一月壬戌，遥領遂州武信軍節度使、鎮海軍衙内統軍、檢校太傅、同平章事陸仁章卒，贈太子太傅。[1]甲子，滑州節度使景延廣加檢校太傅，改陜州保義軍節度使。[2]以鄭州防禦使、駙馬都尉史匡翰爲義成軍節度使。[3]戊辰，曹州防禦使石贇加檢校太保，充河陽三城節度使。[4]庚午，以翰林學士、户部侍郎張昭遠爲兵部侍郎。[5]丙子，冬至，帝御崇元殿受朝賀，始用二舞。

帝舉觴，奏《玄同之樂》；登歌，奏《文同之樂》；舉食，文舞歌《昭德之舞》，武舞歌《成功之舞》。典禮久廢，至是復興，觀者悦之。[6]丁丑，吴越國進奉使陳元亮進《冬日觀仗詩》一首，帝覽之稱善，賜服馬器幣。[7]癸未，移德州長河縣，大水故也。[8]甲申，制授閩國王延羲檢校太師、兼中書令、福州威武軍節度使，封閩國王。[9]以兩浙西南面安撫使錢元懿爲檢校太尉、兼中書令，遥領廣州清海軍節度使。[10]又以恩州團練使錢鐸爲檢校太尉、同平章事，遥領楚州順化軍節度使。[11]丁亥，割衛州黎陽縣隸滑州。[12]

[1]遥領：雖居此官職，然實際上並不赴任。　遂州：州名。治所在今四川遂寧市。　武信軍：方鎮名。治所在遂州（今四川遂寧市）。　鎮海軍：方鎮名。治所在潤州（今江蘇鎮江市）。　衙内統軍：官名。所部統兵將領。“衙内”爲節度使的近衛部隊。　陸仁章：人名。睦州（今浙江建德市）人。五代十國之吴越國官員，官至同參相府事。傳見本書附録、《十國春秋》卷八六。中華書局本沿《輯本舊史》作“陸仁璋”，並有校勘記：“本書卷七八《晋高祖紀四》，《通鑑》卷二六七、卷二七七，《吴越備史》卷二作‘陸仁章’。”但未改。見《輯本舊史》卷七八《晋高祖紀四》天福四年（939）五月丙寅條，《通鑑》卷二六七開平三年四月條、卷二七七長興三年三月條。今據改。　太子太傅：官名。與太子太師、太子太保統稱太子三師。隋唐以後多作加官或贈官。從一品。

[2]滑州：州名。治所在今河南滑縣。　景延廣：人名。陝州（今河南三門峽市陝州區）人。五代後晋將領。傳見本書卷八八、《新五代史》卷二九。　陝州：州名。治所在今河南三門峽市陝州區。　保義軍：方鎮名。治所在陝州（今河南三門峽市陝州區）。

［3］史匡翰：人名。雁門（今山西代縣）人。史建瑭之子。後晋高祖石敬瑭的妹婿。五代後唐、後晋將領。傳見本書卷八八、《金石萃編》卷一二〇《義成軍節度使贈太保史匡翰碑》。　義成軍：方鎮名。亦稱永平軍。治所在滑州（今河南滑縣）。

［4］石贇：人名。籍貫不詳。五代後晋將領。事見本書卷八〇、卷八二。　檢校太保：官名。爲散官或加官，以示恩寵，無實際執掌。　河陽三城：方鎮名。簡稱"河陽"。治所在孟州（今河南孟州市）。

［5］以翰林學士、户部侍郎張昭遠爲兵部侍郎：中華書局本有校勘記："本書卷八〇《晋高祖紀六》復記'（天福六年十一月）户部侍郎張昭遠爲兵部侍郎'，兩者疑有一誤，本卷下文天福六年二月仍記張昭遠爲户部侍郎。"見《輯本舊史》卷八〇《晋高祖紀六》天福六年十一月甲子條。要解釋兩者之矛盾，需據《宋史》卷二六三《張昭（即張昭遠，入後漢後因避高祖劉知遠名諱去"遠"字，入宋後亦未回改）傳》：後唐清泰三年遷禮部侍郎，晋天福二年改户部侍郎，因父直卒，歸西洛。五年，服闋，召爲户部侍郎。後詔昭兼判史院事，改兵部侍郎。　張昭遠：人名。即"張昭"。濮州范縣（今河南范縣）人。五代後唐至宋初官員。傳見《宋史》卷二六三。　兵部侍郎：官名。尚書省兵部次官。協助兵部尚書掌武官銓選、勳階、考課之政。正四品下。

［6］典禮久廢：《輯本舊史》之影庫本粘籤："原本脱'典禮'二字，今據《歐陽史》增入。"《新五代史》未見記載。

［7］進奉使：藩屬國派遣向朝廷進奉的使者。　陳元亮：人名。永春（今福建永春縣）人。五代十國之吴越國官員。傳見《十國春秋》卷三一。

［8］德州：州名。治所在今山東德州市陵城區。　長河縣：縣名。治所在今山東德州市。

［9］檢校太師：官名。爲散官或加官，以示恩寵，無實際執掌。　威武軍：方鎮名。治所在福州（今福建福州市）。

［10］錢元懿：人名。五代十國之吴越國王錢鏐的第五子。受封金華郡王。傳見《十國春秋》卷八三。　廣州：州名。治所在今廣東廣州市。　清海軍：方鎮名。治所在廣州（今廣東廣州市）。

［11］恩州：州名。治所在今廣東陽江市。　團練使：官名。唐代中期以後，於不設節度使的地區設團練使，掌本區各州軍事。　錢鐸：人名。籍貫不詳。五代十國之吴越國官員。事見本書卷八四。中華書局本有校勘記："原作'錢驛'，據劉本、邵本校、本書卷八四《晋少帝紀四》改。"見《輯本舊史》卷八四《晋少帝紀四》開運二年（945）十一月戊申條。　楚州：州名。治所在今江蘇淮安市。　順化軍：方鎮名。治所在楚州（今江蘇淮安市）。

［12］衛州：州名。治所在今河南衛輝市。　黎陽縣：縣名。治所在今河南浚縣。

十二月壬辰朔，遥領洮州保順軍節度使、檢校太尉、兼侍中、判湖州軍州事鮑君福卒，贈太傅。[1]丙申，詔：故静海軍兼東南面安撫制置使、檢校太傅、温州刺史錢弘僎贈太子太傅，故吴越兩軍節度副使、檢校太尉錢弘儔贈太子太師。[2]

［1］洮州：州名。治所在今甘肅臨潭縣。　保順軍：方鎮名。治所在洮州（今甘肅臨潭縣）。　侍中：官名。秦始置。隋、唐前期爲門下省長官。唐後期多爲大臣加銜，不參與政務，實際職務由門下侍郎執行。正二品。　湖州：州名。治所在今浙江湖州市。　鮑君福：人名。籍貫不詳。五代後唐、後晋將領。傳見本書附録。　太傅：官名。與太師、太保並爲三師。唐後期、五代多爲大臣、勳貴加官。正一品。

［2］静海軍：方鎮名。治所在温州（今浙江温州市）。　安撫制置使：官名。臨時差遣，用兵時爲控制地方秩序而設。　温州：

州名。治所在今浙江温州市。　錢弘僎：人名。五代十國之吴越國王錢元瓘長子。受封瓊山侯。傳見《十國春秋》卷八三。中華書局本有校勘紀："原作'錢弘巽'，據彭校、《吴越備史》卷二、《全唐文》卷八五九《吴越文穆王錢元瓘碑銘》改。"見《吴越備史》卷二庚子（天福）五年（940）春二月甲辰條。錢鏐孫輩名下一字均爲單人旁，本條下文錢弘僔亦可證，故應改正。　節度副使：官名。唐、五代方鎮屬官。位於行軍司馬之下、判官之上。　錢弘僔：人名。五代十國之吴越國王錢元瓘之子。被立爲世子，早卒。傳見《十國春秋》卷八三。　太子太師：官名。與太子太傅、太子太保統稱太子三師。隋唐以後多作加官或贈官。從一品。

天福六年春正月辛酉朔，帝御崇元殿受朝賀，仗衛如式。刑部員外郎李象上《二舞賦》，帝覽而嘉之，命編諸史册。[1]甲子，同州指揮使成殷謀亂事洩，伏誅。[2]時節度使宋彦筠御下無恩，既貪且鄙，故殷與子彦璋陰搆部下爲亂，會有告者，遂滅其黨。[3]乙丑，青州奏，海凍百餘里。丙寅，遣供奉官張澄等領兵二千，發并、鎮、忻、代四州山谷吐渾，令還舊地。[4]先是，吐渾苦契丹之虐，受鎮州安重榮誘召，叛而南遷，入常山、太原二境，帝以契丹歡好之國，故遣歸之。[5]戊辰，詔："應諸州無屬州錢處，今後冬至、寒食、端午、天和節及諸色謝賀，不得進貢。"[6]壬申，以左司郎中趙上交爲諫議大夫。[7]戊寅，封唐叔虞爲興安王，臺駘爲昌寧公，差給事中張璩、户部郎中張守素就行册禮。[8]又詔："嶽鎮海瀆等廟宇，並令崇飾，仍禁樵採。"[9]丙戌，故皇第二叔檢校司徒萬友贈太師，皇第三叔檢校司空萬銓贈太尉，皇兄故檢校左僕射敬儒贈太傅。[10]

[1]刑部員外郎：官名。刑部郎中之副職，協助刑部郎中掌律法、按覆大理及天下奏讞。從六品上。　李象：人名。籍貫不詳。五代後晋官員。事見本書本卷、卷一四七。

[2]同州：州名。治所在今陝西大荔縣。　指揮使：官名。唐末五代軍隊多置都指揮使、指揮使，爲統兵將領。　成殷：人名。籍貫不詳。五代後晋的地方將領。事見本書本卷。

[3]宋彦筠：人名。雍丘（今河南杞縣）人。五代後唐至後周將領。傳見本書卷一二三。　彦璋：人名。即宋彦璋。雍丘（今河南杞縣）人。五代後晋將領，作亂被殺。事見本書本卷。

[4]"丙寅"至"令還舊地"：《輯本舊史》之影庫本粘籤："并、鎮，原本作'并真'，今從《通鑑》改正。"見《通鑑》卷二八二。《舊五代史考異》："案：晋逐吐谷渾在天福六年，《通鑑》與《薛史》同。考天福六年即遼會同四年也。《遼史》作會同三年，晋以并、鎮、忻、代之吐谷渾來歸，與《薛史》異。"見《通鑑》卷二八二、《遼史》卷四《太宗紀下》。　張澄：人名。籍貫不詳。五代後晋官員。事見本書本卷。　并：州名。治所在今山西太原市。　鎮：州名。治所在今河北正定縣。　忻：州名。治所在今山西忻州市。　代：州名。治所在今山西代縣。　吐渾：部族名。吐谷渾的省稱。源出鮮卑，後游牧於今甘肅、青海一帶。參見周偉洲《吐谷渾資料輯録》（增訂本），商務印書館2017年版。

[5]安重榮：人名。朔州（今山西朔州市朔城區）人。五代後唐、後晋將領。傳見本書卷九八、《新五代史》卷五一。　常山：即鎮州，治所在今河北正定縣。

[6]天和節：後晋高祖石敬瑭誕節。

[7]左司郎中：官名。爲尚書左丞副貳，協掌尚書都省事務，監管吏、户、禮部諸司政務。位在諸司郎中上。從五品上。　趙上

交：人名。涿州范陽（今河北涿州市）人。本名遠，字上交，避後漢高祖劉知遠諱，遂以字爲名。五代、宋初官員。傳見《宋史》卷二六二。　諫議大夫：官名。秦始置，掌朝政議論。隋唐仍置，有左、右諫議大夫四人，分屬門下、中書二省。掌諫諭得失，侍從贊相。唐後期、五代多以本官領他職。唐初爲正五品上，會昌二年（842）升爲正四品下。後晋天福五年（940）爲正四品，後周顯德五年（958）復改爲正五品上。

[8]唐叔虞：人名。姓姬名虞。西周成王之弟。受封於唐，故稱唐叔虞。後代改國號曰晋。爲周代晋國的始祖。傳見《史記》卷三九。　臺駘：上古神話、傳説人物。《左傳·昭公元年》："昔金天氏有裔子曰昧，爲玄冥師，生允格、臺駘。臺駘能業其官，宣汾、洮，障大澤，以處大原。帝用嘉之，封諸汾川，沈、姒、蓐、黄，實其守祀。"中華書局本有校勘記："'臺駘'下原有'神'字，據《册府》卷三四、《新五代史》卷八《晋本紀》删。案臺駘，少皥之後。"見明本《册府》卷三四《帝王部·崇祭祀門二》。　張瑑：人名。籍貫不詳。五代後晋官員，後出任給事中、三白渠制置使。事見本書卷七六。　户部郎中：官名。即尚書省户部頭司户部司長官。掌户口、土田、賦役、貢獻、優復、婚姻、繼嗣等事。從五品上。　張守素：人名。籍貫不詳。五代後晋官員。事見本書本卷、《新五代史》卷二七。

[9]並令崇飾：中華書局本引孔本案語："案：《五代會要》作宜各令修葺。"見《會要》卷三《嶽瀆》條。

[10]檢校司徒：官名。爲散官或加官，以示恩寵加此官，無實際執掌。司徒，與太尉、司空並爲三公。　萬友：人名。即石萬友。沙陀部人。後晋高祖石敬瑭的叔父。傳見《新五代史》卷一七。　檢校司空：官名。爲散官或加官，以示恩寵加此官，無實際執掌。司空，與太尉、司徒並爲三公。　萬銓：人名。即石萬銓。沙陀部人。後晋高祖石敬瑭的叔父。傳見《新五代史》卷一七。中華書局本有校勘記："'萬銓'，《册府》卷二七七同，本書卷八七

《廣王敬威傳》、《新五代史》卷一七《晋家人傳》作‘萬詮’。”見明本《册府》卷二七七《宗室部·褒寵門三》,《宋本册府》卷二七三《宗室部·智識門》亦同。　檢校左僕射:官名。左僕射爲隋唐宰相名號。檢校左僕射爲散官或加官,以示恩寵,無實際執掌。　敬儒:人名。即石敬儒。沙陀部人。後晋高祖石敬瑭之兄,出帝石重貴之父。傳見《新五代史》卷一七。

二月辛卯朔,[1]詔:“天下郡縣,不得以天和節禁屠宰,輒滯刑獄。”壬辰,置浮橋於德勝口。[2]甲午,詔:“諸衛上將軍月俸舊三十千,令增至五十千。”戊戌,以三恪後、汝州襄城縣令、襲介國公宇文頡爲太子率更令。[3]己亥,詔兵部侍郎張昭遠、起居郎賈緯、秘書少監趙熙、吏部郎中鄭受益、左司員外郎李爲光等同修唐史,仍以宰臣趙瑩監修。[4]壬寅,以三白渠制置使張璩爲給事中。[5]戊申,詔侯伯來朝、君臣相見賞宴貢奉,今後宜停。起居郎賈緯以所撰《唐年補遺録》六十五卷上之,帝覽之嘉歎,賜以器幣,仍付史館。[6]癸丑,長安公主薨,帝之長女也,笄年降於駙馬楊承祚,帝悼惜之甚,輟視朝二日,追贈秦國公主。

[1]二月辛卯朔:“朔”字原闕,據《二十史朔閏表》及正史本紀四時記載之規則補。

[2]德勝口:地名。原爲德勝渡,爲黄河重要渡口之一。位於今河南濮陽市。

[3]三恪後:中華書局本沿《輯本舊史》闕“後”字,今據《宋本册府》卷一七三《帝王部·繼絶門》補。　太子率更令:官名。秦始置。唐代爲率更寺之長官。掌宗族次序、禮樂、刑罰及漏

刻之政。從四品上。“率更”，《輯本舊史》之影庫本粘籤：“原本作‘率吏’，今從《唐書・百官志》改正。”見《新唐書》卷四九上《百官志上・率更寺》條。

［4］兵部侍郎：中華書局本沿《輯本舊史》誤“兵部侍郎”爲“户部侍郎”，今改。詳見本卷上文天福五年（940）十一月庚午條校勘記。　起居郎：官名。唐代始置，屬門下省。與中書省起居舍人同掌起居注，記皇帝言行。從六品上。　賈緯：人名。鎮州獲鹿（今河北石家莊市鹿泉區）人。五代後唐至後周官員。傳見本書卷一三一、《新五代史》卷五七。　秘書少監：官名。唐承隋制，置秘書省，設秘書少監二人協助秘書監工作。從四品上。　趙熙：人名。京兆奉天（今陝西乾縣）人。唐宰相趙光逢侄。於晋州爲契丹搜刮錢財嚴急，爲百姓所殺。傳見本書卷九三。　鄭受益：人名。鄭州滎陽（今河南滎陽市）人。唐朝宰相鄭餘慶之曾孫。五代後梁至後晋官員。傳見本書卷九六。　左司員外郎：官名。隸尚書都省，與左司郎中同爲尚書左丞副貳。協掌尚書都省事務，監管吏、户、禮部諸司政務。從六品上。　李爲光：人名。籍貫不詳。五代後晋官員，參與編修《舊唐書》。事見本書本卷。　趙瑩：人名。華州華陰（今陝西華陰市）人。五代後晋宰相。傳見本書卷八九、《新五代史》卷五六。

［5］三白渠：唐代關中平原太白、中白、南白三渠的合稱。　制置使：官名。唐後期置，爲臨時軍事長官。

［6］起居郎賈緯以所撰唐年補遺録六十五卷上之：《舊五代史考異》：“案《五代會要》：起居郎賈緯奏曰：‘伏以唐高祖至代宗已有紀傳，德宗亦存實録，武宗至濟陰廢帝凡六代，惟有《武宗實録》一卷，餘皆闕略。臣今搜訪遺聞及耆舊傳説，編成六十五卷，目爲《唐朝補遺録》，以備將來史館修述。’”見《會要》卷一八《前代史》條。又，《舊五代史考異》作“唐年補録”，《會要》卷一八本作“唐朝補遺録”，《宋本册府》卷五五七《國史部・採撰門》亦作“唐年補遺録”，據補“遺”字。　史館：官署名。負責

官方修史的機構。北齊始置。唐初隸秘書省著作局。唐貞觀三年（629）移於禁中，隸門下省。修本朝史由史官負責，修前代史多由他官編纂，宰相監修，正式確立史館修史、宰相監修之制。開元二十五年（737），徙史館於中書省。天寶後，他官兼領史職者，謂之史館修撰，初入者爲直館。

三月甲子，河中節度使康福進封許國公。乙丑，左驍衛上將軍李承約卒。[1]癸酉，詔天福四年終已前，百姓所欠夏秋租税，一切除放。[2]

[1]左驍衛上將軍：中華書局本有校勘記："'左'，原作'右'，據殿本，孔本，本書卷七六《晉高祖紀二》、卷九〇《李承約傳》，《新五代史》卷四七《李承約傳》改。"見《輯本舊史》卷七六《晉高祖紀二》天福二年（937）六月丙戌條、《新五代史》卷四七《李承約傳》。

[2]"癸酉"至"一切除放"：《宋本册府》卷四九二《邦計部·蠲復門四》作："天福二年至四年夏秋租税，一切除放。"

夏四月庚寅朔，湖南奏，溪州刺史彭士愁、五溪酋長等乞降，已立銅柱於溪州，鑄誓狀於其上，以《五溪銅柱圖》上之。[1]丙申，詔顯義指揮使劉康部下兵五百人放還淮海，即安州所俘也。[2]己亥，虞部郎中、知制誥楊昭儉遷中書舍人，户部侍郎王松改御史中丞，禮部郎中馮玉改司門郎中、知制誥。[3]辛丑，宰臣監修國史趙瑩奏：[4]"奉詔差張昭遠等五人同修唐史，内起居郎賈緯丁憂去官，請以刑部侍郎吕琦、侍御史尹拙同與編修。"[5]又奏："史館所闕唐朝實録，請下敕購求。"並從之。[6]壬寅，以户部員外郎、知制誥盧價爲虞部郎中、知制誥，以昭義節度副使陳玄爲光禄卿致仕。[7]乙巳，齊魯民饑，詔兖、鄆、青三州發廩賑貸。[8]

[1]彭士愁：人名。一作彭士然。又名彦晞。唐末五代溪州刺史彭瑊之子。五代後梁開平四年（910）襲父職，後晋天福四年（939）率溪、奬、錦三州“蠻”攻辰、澧等州。事見本書本卷、《通鑑》卷二八二。　五溪：廣義的五溪爲今沅水中上游地區。狹義的五溪指五條沅水支流，即巫水（雄溪）、渠水（满溪）、酉水（酉溪）、㵲水（潕溪）、辰水（辰溪），古稱“武陵五溪”。位於今湖南懷化市。

[2]顯義指揮使：官名。所部統兵將領。顯義爲部隊番號。　劉康：人名。籍貫不詳。五代後晋將領。事見本書本卷。　五百人：《宋本册府》卷四二《帝王部·仁慈門》作“百人”。

[3]虞部郎中：官名。唐、五代工部虞部司的長官，掌京城街道、苑囿、山澤草木及百官外國客人的時蔬薪炭供給、畋獵等事。從五品上。　知制誥：官名。掌起草皇帝的詔、誥之事，原爲中書舍人之職。唐開元末置學士院，翰林學士入院一年，則加知制誥銜，專掌任免宰相、册立太子、宣布征伐等特殊詔令，稱爲内制。而中書舍人所撰擬的詔敕稱爲外制。兩種官員總稱兩制官。　楊昭儉：人名。京兆長安（今陝西西安市）人。五代後周、宋初大臣。傳見《宋史》卷二六九。　王松：人名。京兆（今陝西西安市）人。唐僖宗宰相王徽之子。五代後唐至後漢官員。傳見本書附録、《新五代史》卷五七。　禮部郎中：官名。尚書省禮部頭司禮部司長官。掌禮樂、學校、衣冠、符印、表疏、圖書、册命、祥瑞、鋪設，及百官、宫人喪葬贈賻之數。從五品上。　馮玉：人名。定州（今河北定州市）人。五代後晋外戚、宰相。傳見本書卷八九、《新五代史》卷五六。　司門郎中：官名。爲尚書省刑部司門司長

官。掌門關、橋樑、道路之禁令，稽察官吏、軍民、商販出入違法者。從五品上。

［4］監修國史：官名。北齊始置史館，以宰相爲之。唐史館沿置，爲宰相兼職。

［5］刑部侍郎：官名。尚書省刑部次官。協助刑部尚書掌天下刑法及徒隸、勾覆、關禁之政令。正四品下。　吕琦：人名。幽州安次（今河北廊坊市）人。五代後唐、後晋官員。傳見本書卷九二、《新五代史》卷五六。　侍御史：官名。秦始置。掌糾舉百官、推鞫獄訟。從六品下。　尹拙：人名。潁州汝陰（今安徽阜陽市）人。歷仕後梁、後唐、後晋、後漢、後周五代。傳見《宋史》卷四三一。

［6］“辛丑”至“並從之”：中華書局本有校勘記：“‘並’字原闕，據殿本、《舊五代史考異》卷三引文補。”又，《舊五代史考異》：“案《五代會要》云：監修國史趙瑩奏：‘自李朝喪亂，迨五十年，四海沸騰，兩都淪覆，今之書府，百無二三。臣等近奉綸言，俾令撰述，褒貶或從於新意，纂修須案于舊章，既闕簡編，先虞漏略。今據史館所闕唐書、實録，請下敕命購求。況咸通中宰臣韋保衡與蔣伸、皇甫焕撰武宗、宣宗兩朝實録，又光化初，宰臣裴贄撰僖宗、懿宗兩朝實録，皆遇多事，或值播遷，雖聞撰述，未見流傳。其韋保衡、裴贄合有子孫見居職任，或門生故吏曾記纂修，聞此討論，諒多欣愜。請下三京、諸道及内外臣僚，凡有將此數朝實録詣闕進納，量其文武才能，不拘資地，除授一官。如卷帙不足，據數進納，亦請不次獎酬，以勸來者。自會昌至天祐垂六十年，其初李德裕平上黨，著武宗伐叛之書；其後康承訓定徐方，有武寧本末之傳。如此事類，記述頗多。請下中外臣僚及名儒宿學，有于此六十年内撰述得傳記及中書、銀臺、史館日曆、制敕、册書等，不限年月多少，並許詣闕進納。如年月稍多，記録詳備，請特行簡拔，不限資序。臣與張昭遠等所撰《唐史》，敘《本紀》以綱帝業，《列傳》以述功臣，十《志》以書刑政。所陳條例，請下所

司。’從之。”見《會要》卷一八前代史條。然《舊五代史考異》在“武宗、宣宗兩朝實録”後闕“又光化初宰臣裴贄撰僖宗懿宗兩朝實録”十七字。

[7]户部員外郎：官名。尚書省户部之户部司的屬官，爲户部郎中的副職。協助郎中掌户部司事務。從六品上。　盧價：人名。祖籍范陽（今河北涿州市），世居懷州河内（今河南沁陽市）。五代大臣。事見羅火金《五代時期盧價墓志考》，《中國歷史文物》2009年第2期。　陳玄：人名。京兆（今陝西西安市）人。五代後唐、後晋官員、醫學家。傳見本書卷九六。　光禄卿：官名。光禄寺長官。掌祭祀、朝會、宴鄉酒醴膳羞之事，修其儲謹其出納之政。從三品。

[8]發廪賑貸：明本《册府》卷一〇六《帝王部·惠民門二》作“發管内倉糧”。賑貸爲灾荒時的賑濟措施之一，由各級政府貸借給受灾民户糧食、種子、耕牛、農具、現錢等，以幫助農民維持生活、恢復生産。參見黄曉巍《宋代賑貸初探》，《中國經濟史研究》2014年第3期。

五月庚申朔，以前邢州節度使丁審琪爲延州節度使，延州節度使劉景巖爲邠州節度使。[1]故皇子杲册贈太尉，進封陳王。[2]庚午，涇州奏，雨雹，川水大溢，壞州郡鎮戍二十四城。[3]甲戌，北京遣牙將劉從以吐渾大首領白承福、念龐里、赫連功德來朝。[4]邢州上言，吐渾移族帳於鎮州封部。

[1]邢州：州名。治所在今河北邢臺市。　丁審琪：人名。籍貫不詳。五代後晋將領。事見本書本卷、卷八一、卷八四。　延州：州名。治所在今陝西延安市。　劉景巖：人名。延州（今陝西延安市）人。高允權妻之祖父，家富於財，爲高允權誣殺。傳見

《新五代史》卷四七。　邠州：州名。治所在今陝西彬縣。

［2］杲：人名。即石重杲。後晋高祖石敬瑭之子。《新五代史》卷一七《晋家人傳》云："陳王重杲，高祖幼子也。小字馮六，未名而卒，贈太傅，追封陳王，賜名重杲。出帝天福八年五月，加贈太師。"

［3］涇州：州名。治所在今甘肅涇川縣。此處指代彰義軍。

［4］甲戌，北京遣牙將劉從以吐渾大首領白承福、念龐里、赫連功德來朝：《舊五代史考異》："案《通鑑》：四月辛巳，北京留守李德琉遣牙校以吐谷渾酋長白承福入朝。《薛史》作五月甲戌，與《通鑑》異。《歐陽史》從《薛史》。"見《新五代史》卷八《晋高祖紀》天福六年（941）五月條、《通鑑》卷二八二。　劉從：人名。籍貫不詳。五代後晋時藩鎮將領。事見本書本卷。　白承福：人名。五代時代北吐谷渾首領。吐谷渾族。後唐同光元年（923），被莊宗任爲寧朔、奉化兩府都督，賜姓名爲李紹魯。事見《新五代史》卷七四《四夷附録·吐渾》。　念龐里：人名。代北吐谷渾首領。事見本書本卷。　赫連功德：人名。代北吐谷渾首領。事見本書本卷。

六月丙申，以前衛尉卿趙延乂爲司天監。[1]丁酉，詔："今後藩侯郡守，凡有善政，委倅貳官條件聞奏，百姓官吏等不得遠詣京闕。"[2]壬寅，右領軍衛上將軍李頃卒，贈太師。[3]甲辰，迦葉彌陁國僧啌哩以佛牙泛海而至。[4]丙午，高麗國王王建加開府儀同三司、檢校太師，食邑一萬户。[5]戊午，鎮州節度使安重榮執契丹使拽剌，遣輕騎掠幽州南境之民，處於博野，[6]仍貢表及馳書天下，述契丹援天子父事之禮，貪傲無厭，困耗中國，已繕治甲兵，將與決戰。帝發所諭而止之，重榮跋扈愈甚，由是與襄州節度使安從進潛相搆謀爲不軌。[7]
《永樂大典》卷一萬五千六百四十四。[8]

［1］衛尉卿：名。原爲衛尉寺長官，此處作爲授予蕃國君主、官員、使者的榮譽稱號。　趙延乂：人名。一作“趙延義”。秦州（今甘肅天水市）人。五代十國時前蜀大臣趙温珪之子。通術數。傳見本書卷一三一、《新五代史》卷五七。　司天監：官名。爲司天監之長官。掌天文、曆法以及占候等事。參見趙貞《唐宋天文星占與帝王政治》，北京師範大學出版社 2016 年版。

［2］倅貳官：即佐貳官。主官的副職或輔佐官。

［3］右領軍衛上將軍：官名。唐置，掌宫禁宿衛。唐代十六衛之一。從二品。“右領軍衛”，中華書局本沿《輯本舊史》缺“軍”字，今據《輯本舊史》卷七八《晋高祖紀四》天福四年（939）七月癸卯條、卷九一《李頃傳》補。然《輯本舊史》卷九一《李頃傳》作“左領軍衛”。　李頃：人名。一作“李頎”。陳州項城（今河南沈丘縣）人。李罕之之子。傳見本書卷九一。

［4］迦葉彌陁國：即迦濕彌邏國。《漢書》作罽賓，《唐書》稱個失蜜、迦濕彌羅。位於犍陀羅東北方，喜馬拉雅山麓，即今之喀什米爾地區。　啌哩：僧人名。此事另見《册府》卷五二《帝王部·崇釋氏第二》。　佛牙：佛牙舍利。自北魏至宋，屢有西域僧人或使者獻佛牙舍利記載。五代後唐明宗受後蜀孟知祥獻佛牙舍利，《册府》卷五二《帝王部·崇釋氏門二》記，後唐末帝清泰三年（936），“西京左右街僧録可肇等齎佛牙到闕”。

［5］高麗：古國名。又稱高句麗。故地在今朝鮮半島北部。公元 4 世紀後强大，與新羅、百濟鼎足争雄。總章元年（668），爲唐所滅。公元 918 年，後三國（即朝鮮新羅、後百濟、泰封）之一泰封國武將王建推翻其統治者弓裔，稱王，改國號高麗，都開京（今朝鮮開城），史稱“王氏高麗”。漸合并新羅、後百濟，重新統一

朝鮮半島。参見［朝］鄭麟趾等著《高麗史》（卷一），西南師範大學出版社 2014 年版；楊軍《高句麗民族與國家的形成和演變》，中國社會科學出版社 2006 年版。　王建：人名。朝鮮王氏高麗開國國王，廟號太祖。参見［朝］鄭麟趾等《高麗史》（卷一），西南師範大學出版社 2014 年。　開府儀同三司：官名。魏晋始置，隋唐時爲散官之最高官階。多授功勛重臣。從一品。

［6］鎮州節度使安重榮執契丹使拽剌：中華書局本有校勘記："原作'伊嗽'，注云：'舊作"拽剌"，今改正。'按此係輯録《舊五代史》時所改，今恢復原文。"又，《舊五代史考異》："案：《遼史》作二月，晋安重榮執使者拽剌。《薛史》作六月，先後互異。"《遼史》卷四《太宗紀下》會同四年（941）二月條云："是月，晋鎮州安重榮執遼使者拽剌。"對《舊五代史考異》所引之"安重榮"，中華書局本有校勘記："原作'安從榮'，據孔本、《遼史》卷四《太宗紀下》改。"　拽剌：初爲官吏名，後爲職役名。契丹語音譯，意爲壯士、勇士，或作"曳剌"。遼有拽剌軍，直隸於朝廷。亦用作官名，有旗鼓拽剌，掌護衛皇帝儀仗旗鼓；軍中拽剌，司邊防偵候，傳報軍情；祗候郎君拽剌，屬祗候郎君班詳穩司，掌御前祗應之事。　幽州：州名。治所在今北京市。　博野：縣名。治所在今河北蠡縣。

［7］襄州：州名。治所在今湖北襄陽市。　安從進：人名。索葛部人。五代後唐、後晋將領。傳見本書卷九八、《新五代史》卷五一。

［8］《大典》卷一五六四四"晋"字韻"五代後晋高祖（二）"事目。

舊五代史　卷八〇

晉書六

高祖紀第六

天福六年秋七月己未朔，帝御崇元殿視朝。[1]庚申，升陳州爲防禦使額。[2]辛酉，以前鄧州節度使馬萬爲貝州節度使。[3]壬戌，涇州奏，西凉府留後李文謙今年二月四日閉宅門自焚，遣元入西凉府譯語官與來人齎三部族蕃書進之。[4]以三司使劉審交爲陳州防禦使。[5]癸亥，以前鄆州節度使趙在禮爲許州節度使，以前鄴都留守、廣晉尹高行周爲河南尹、西都留守。[6]詔改拱辰、威和、内直等軍並爲興順。[7]甲子，以宣徽使、權西京留守張從恩判三司。[8]己巳，以鄴都留守兼侍衛親軍馬步軍都指揮使、廣晉尹劉知遠爲太原尹，充北京留守、河東節度使，仍割遼、沁二州却隸河東。[9]以北京留守李德珫爲廣晉尹，充鄴都留守；以昭義節度使馬全節爲邢州節度使，加同平章事。[10]甲戌，詔："今後諸道行軍副使，不得奏薦骨肉爲殿直、供奉官。"[11]己卯，以前陝州節度使李從敏爲昭義軍節度使，以陝州節度使景延廣爲河陽三城節度使兼侍衛親軍馬步軍都虞候，以河陽節度使石贇爲陝州節度使。[12]壬午，突厥遣使朝貢。[13]以遥領壽州忠正軍節度使兼侍衛馬軍都指揮使李懷忠爲同州節度使，以宣徽北院使李守貞遥領忠正軍節度使、侍衛馬軍都指揮使。[14]甲申，降御札，取八月五日暫幸鄴都，沿路供頓，並委所司以官物排比，州縣不得科率人户。[15]丙戌，以右諫議大夫趙遠爲中書舍人，吏部郎中鄭受益爲右諫議大夫，刑部郎中殷鵬爲水部郎中、知制誥。[16]

[1]天福：五代後晋高祖石敬瑭年號（936—942）。出帝石重貴沿用至九年（944）。後漢高祖劉知遠繼位後沿用一年，稱天福十二年（947）。　崇元殿：宫殿名。五代後梁開平元年（907）改汴京正殿爲崇元殿。位於今河南開封市。《輯本舊史》之影庫本粘籤："崇元殿，原本作'崇班'，考《薛史》前後俱作'崇元'，今改正。"梁太祖即位，即命正殿爲崇元殿，以後唐、晋、漢、周各朝相沿，見《宋本册府》卷一九六《閏位部·建都門》及《輯本舊史》各帝本紀。

[2]陳州：州名。治所在今河南淮陽縣。　防禦使：官名。唐代始置，設有都防禦使、州防禦使兩種。常由刺史或觀察使兼任，實際上爲唐代後期州或方鎮的軍政長官。

[3]鄧州：州名。治所在今河南鄧州市。　節度使：官名。唐時在重要地區所設掌握一州或數州軍、民、財政的長官。　馬萬：人名。澶州（今河南濮陽縣）人。五代後唐、後晋、後漢將領。傳見本書卷一〇六。《輯本舊史》原作"焦方"，中華書局本沿之並有校勘記："按焦方，新、舊《五代史》僅此一見，本書卷一〇六

《馬萬傳》：‘萬鎮鄧州，未幾罷鎮，授上將軍。’又本書卷八一《晋少帝紀一》：‘（天福七年十二月）以前貝州節度使馬萬爲右驍衛上將軍。’疑‘焦方’係‘馬萬’之訛。”但未改。《輯本舊史》卷七六《晋高祖紀二》天福二年（937）七月甲寅條載：“奉國都指揮使馬萬奏，滑州節度使符彦饒作亂，……尋以所部兵擒到彦饒。……是日，以馬萬爲滑州節度使。”“以滑州節度使馬萬充魏府行營馬軍都指揮使。”《新五代史》卷八《晋高祖紀》天福二年七月壬子條載：“義成軍亂。”甲寅條載：“戍將奉國都指揮使馬萬執符彦饒歸于京師，命殺之于赤岡。”《通鑑》卷二八一天福二年七月乙卯條載：“帝以滑州奏事皆馬萬爲首，擢萬爲義成節度使。”今據上述諸書改“焦方”爲“馬萬”。　貝州：州名。治所在今河北清河縣。

［4］涇州：州名。治所在今甘肅涇川縣。此處指代彰義軍。　西涼府：府名。五代以涼州爲西涼府。治所在今甘肅武威市。時西涼府爲吐蕃部落所占據。　留後：官名。唐、五代節度使多以子弟或親信爲留後，以代行節度使職務，亦有軍士、叛將自立爲留後者。掌一州或數州軍政。　李文謙：人名。籍貫不詳。五代後唐、後晋時西涼府留後。事見本書本卷、卷一三八。　遣元入西涼府譯語官與來人齎三部族蕃書進之：中華書局本有校勘記：“‘譯語官’下《册府》卷九八〇有‘楊行實’三字。”見《宋本册府》卷九八〇《外臣部·通好門》。

［5］三司使：官名。後唐明宗天成元年（926）將晚唐以來的户部、度支、鹽鐵三部合爲一職，設三司使統之。主管國家財政。　劉審交：人名。幽州文安（今河北文安縣）人。唐末爲幽州將領、官員，後爲五代後唐至後晋官員。傳見本書卷一〇六、《新五代史》卷四八。

［6］鄆州：州名。治所在今山東東平縣。　趙在禮：人名。涿州（今河北涿州市）人。五代後唐、後晋將領。傳見本書卷九〇、《新五代史》卷四六。　許州：州名。治所在今河南許昌市。　鄴都：地名。治所在今河北大名縣。五代後唐同光元年（923），改魏

州爲興唐府，建號東京，三年改東京爲鄴都。　留守：官名。古代皇帝出巡或親征時指定親王或大臣留守京城，綜理國家軍事、行政、民事、財政等事務，稱京城留守。在陪都或軍事重鎮也常設留守，以地方長官兼任。　廣晋尹：官名。五代後晋天福二年改興唐府（魏州、鄴都）置廣晋府，治元城、廣晋二縣（今河北大名縣）。府尹爲最高長官，總其政務。從三品。　高行周：人名。幽州（今北京市）人，生於嬀州（今河北懷來縣）。五代名將。傳見本書卷一二三、《新五代史》卷四八。　河南尹：官名。唐開元元年（713）改洛州爲河南府，治所在今河南洛陽市，河南府尹總其政務。從三品。　西都：地名。五代梁開平元年建都開封府，號東都，改唐東都河南府洛陽爲西都。

[7]興順：五代後晋禁軍番號。由拱辰、威和、内直等軍改置。

[8]宣徽使：官名。唐始置。宣徽南院使、北院使通稱宣徽使。初用宦官，五代以後改用士人。通掌内諸司及三班内侍之名籍，郊祀、朝會、宴享供帳之儀，檢視内外進奉名物。參見王永平《論唐代宣徽使》，《中國史研究》1995 年第 1 期；王孫盈政《再論唐代的宣徽使》，《中華文史論叢》2018 年第 3 期。　張從恩：人名。太原人。五代後晋外戚、將領。仕至宋初。傳見《宋史》卷二五四。　三司：官署名。五代後唐明宗天成元年合鹽鐵、度支、户部爲一職，始稱三司，爲中央最高之理財機構。

[9]侍衛親軍馬步軍都指揮使：官名。五代時侍衛親軍長官。多爲皇帝親信。　劉知遠：人名。沙陀部人，後世居於太原。五代後唐、後晋將領，後漢高祖。紀見本書卷九九至卷一〇〇、《新五代史》卷一〇。　太原尹：官名。唐開元十一年（723）改并州爲太原府，治所在今山西太原市。太原尹總其政務。從三品。　北京：指五代後唐的北都太原。《新五代史》卷五《莊宗紀》載，同光元年“十一月乙巳，復北都爲鎮州，太原爲北都”。　河東：方鎮名。治所在太原府（今山西太原市）。　遼：州名。治所在今山西左權縣。　沁：州名。治所在今山西沁源縣。

[10]李德珫：人名。應州金城（今山西應縣）人。五代後唐、後晉將領。傳見本書卷九〇。　昭義：方鎮名。又稱澤潞。至德元載（756）置澤潞沁節度使，治所在潞州（今山西長治市）。廣德元年（763）又置相、衛六州節度使，治所在相州（今河南安陽市）。　馬全節：人名。魏郡元城（今河北大名縣）人。五代後唐、後晉將領。傳見本書卷九〇、《新五代史》卷四七。　邢州：州名。治所在今河北邢臺市。　同平章事：官名。"同中書門下平章事"之簡稱。唐高宗以後，凡實際任宰相之職者，常在其本官後加同平章事的職銜。後成爲宰相專稱。後晉天福五年（940），升中書門下平章事爲正二品。

[11]行軍副使：官名。當爲執掌部隊調度、作戰之軍事副官。　殿直：官名。五代後唐始置，爲皇帝侍從之官。後晉高祖天福五年（940）又改殿前承旨爲殿直。　供奉官：泛指侍奉皇帝左右的臣僚，亦爲東、西頭供奉官通稱。

[12]陝州：州名。治所在今河南三門峽市陝州區。　李從敏：人名。後唐明宗之侄。傳見本書卷一二三、《新五代史》卷一五。　景延廣：人名。陝州（今河南三門峽市陝州區）人。五代後晉將領。傳見本書卷八八、《新五代史》卷二九。　河陽三城：方鎮名。治所在孟州（今河南孟州市）。　侍衛親軍馬步軍都虞候：官名。五代、北宋侍衛親軍馬步軍統兵官，僅次於馬步軍都指揮使、副都指揮使。　石贇：人名。籍貫不詳。五代後晉將領。事見本書卷七九、卷八二。

[13]突厥：部族名。6世紀至8世紀活躍於北亞和中亞，稱雄於漠北、西域。隋文帝開皇二年（582），突厥汗國分裂爲東、西突厥。唐中期以後西突厥、東突厥均已衰落。

[14]遥領：雖居此官職，然實際上並不赴任。　壽州：州名。治所在今安徽壽縣。　忠正軍：方鎮名。治所在壽州（今安徽壽縣）。　侍衛馬軍都指揮使：官名。五代時皇帝親軍侍衛馬軍司長官。中華書局本有校勘記："'都'字原闕，據本書卷八一《晉少帝

紀一》及本卷下文補。”本卷天福七年三月丁丑條實作“侍衛馬步軍指揮使”。《輯本舊史》卷八一《晉少帝紀一》天福七年七月辛丑作“滑州義成軍節度使兼侍衛馬軍都指揮使李守貞”。　李懷忠：人名。太原晋陽（今山西太原市）人。五代後唐至後周將領。傳見本書卷一二四。　同州：州名。治所在今陝西大荔縣。　宣徽北院使：官名。唐始置。宣徽北院的長官。初用宦官，五代以後改用士人。與宣徽南院使通掌内諸司及三班内侍之名籍，郊祀、朝會、宴享供帳之儀，檢視内外進奉名物。參見王永平《論唐代宣徽使》，《中國史研究》1995 年第 1 期；王孫盈政《再論唐代的宣徽使》，《中華文史論叢》2018 年第 3 期。　李守貞：人名。河陽（今河南孟州市）人。五代後晋、後漢將領。傳見本書卷一〇九、《新五代史》卷五二。

［15］御札：“札”同“劄”。皇帝親自書寫的手札。爲天子詔令的一種。　取八月五日暫幸鄴都：“八月五日”，明本《册府》卷一一四《帝王部・巡幸門三》七月甲申條載御札作“今月五日”，然甲申已爲二十六日，明本《册府》誤。

［16］右諫議大夫：官名。隸中書省。唐代置左、右諫議大夫各四人，分隸門下省、中書省。掌諫諭得失、侍從贊相。正四品下。　趙遠：人名。籍貫不詳。五代後晋官員，後出任户部侍郎、御史中丞。事見本書卷八四。　中書舍人：官名。中書省屬官，掌起草文書、呈遞奏章、傳宣詔命等。正五品上。　吏部郎中：官名。尚書省吏部頭司吏部司長官。掌文官階品、朝集、禄賜，給其告身、假使以及選補流外官等事。《新唐書》記正五品上。　鄭受益：人名。鄭州滎陽（今河南滎陽市）人。唐朝宰相鄭餘慶之曾孫。五代後梁至後晋官員。傳見本書卷九六。　刑部郎中：官名。尚書省刑部頭司刑部司長官。掌司法及審覆大理寺及州府刑獄。從五品上。　殷鵬：人名。魏州大名（今河北大名縣）人。五代後晋官員。傳見本書卷八九。《輯本舊史》之影庫本粘籤：“殷鵬，原本作‘殷鶤’，今從《歐陽史》改正。”見《新五代史》卷五六《馮玉傳》，

更可見《輯本舊史》卷八九《殷鵬傳》。　水部郎中：官名。唐、五代工部水部司的主官。掌修水利、治河渠及舟船賦税等水事。從五品上。　知制誥：官名。掌起草皇帝的詔、誥之事，原爲中書舍人之職。唐開元末置學士院，翰林學士入院一年，則加知制誥銜，專掌任免宰相、册立太子、宣布征伐等特殊詔令，稱爲内制。而中書舍人所撰擬的詔敕稱爲外制。兩種官員總稱“兩制”。

八月戊子朔，以皇子開封尹、鄭王重貴爲東京留守，以天平軍節度使兼侍衛親軍馬步軍副都指揮使杜重威爲侍衛親軍馬步軍都指揮使，以宣徽南院使張從恩爲東京内外兵馬都監。[1]改奉德馬軍爲護聖。[2]放文武百官朝參，取便先赴鄴都。壬辰，車駕發東京。己亥，至鄴，左右金吾、六軍儀仗排列如儀，迎引入内。[3]改舊澶州爲德清軍。[4]以内客省使劉遂清爲宣徽北院使，判三司。[5]壬寅，制：“應天福六年八月十五日昧爽已前，諸色罪犯，常赦所不原者，咸赦除之；其持仗行劫及殺人賊，並免罪移鄉，配逐處軍都收管；[6]犯枉法贓者，雖免罪不得再任用；諸徒流人並放還；貶降官等未量移者與量移，已量移者約資敘進用。[7]天福五年終已前殘税並放。應河東起義之初及收復鄴都、汜水立功將校，並與加恩；[8]亡殁者與追贈。自東京至鄴都緣路，昨因行幸，有損踐田苗處，據頃畝與放今年租税。鄴都管内，有潛龍時在職者，並與加恩。耆年八十已上者，版授上佐官。天下農器，並許百姓自鑄造。亡命山澤者，招喚歸業；百日不出者，復罪如初。唐梁國公狄仁傑宜追贈官秩。[9]應天福三年終已前，敗闕場院官無家業者，並與除放，其人免罪，永不任使。[10]私下債負徵利及一倍者並放，主持者不在此限。”丁未，以客省使、將作監丁知浚爲内客省使，引進使、鴻臚卿王景崇爲客省使，殿中監、判四方館事劉政恩爲引進使。[11]壬子，改鄴都皇城南門應天門爲乾明門，大明館爲都亭驛。[12]甲寅，遣光禄卿張澄、國子博士謝攀使高麗行册禮。[13]

［1］開封尹：官名。五代除後唐外均定都開封，因置開封府尹。執掌京師政務。從三品。　重貴：人名。即石重貴。沙陀部人。後晋高祖石敬瑭從子，後晋少帝。紀見本書卷八一至卷八五、《新五代史》卷九。　東京：指後晋都城開封府（今河南開封市）。　天平軍：方鎮名。治所在鄆州（今山東東平縣）。　侍衛親軍馬步軍副都指揮使：官名。侍衛親軍司的副長官。　杜重威：人名。後晋將領。朔州（今山西朔州市朔城區）人。五代將領、石敬瑭妹婿。傳見本書卷一〇九、《新五代史》卷五二。　宣徽南院使：官名。唐始置。宣徽南院的長官。初用宦官，五代以後改用士人。與宣徽北院使通掌内諸司及三班内侍之名籍，郊祀、朝會、宴享供帳之儀，檢視内外進奉名物。參見王永平《論唐代宣徽使》，《中國史研究》1995 年第 1 期；王孫盈政《再論唐代的宣徽使》，《中華文史論叢》2018 年第 3 期。　兵馬都監：官名。唐代中葉命將出征，常以宦官爲監軍、都監。後爲臨時委任的統兵官，稱都監、兵馬都監。掌屯戍、邊防、訓練之政令。

［2］改奉德馬軍爲護聖：《會要》卷一二京城諸軍條作：“改奉德兩軍爲護聖左右軍。”奉德、護聖皆爲部隊番號。

［3］左右金吾：部隊番號。即左、右金吾衛。掌宫禁宿衛、儀仗陳列。　六軍：左、右神武天騎，左、右羽林，左、右龍武六軍。

［4］澶州：州名。唐、五代初，治所在今河南清豐縣。後晋天

福四年（939）移治於今河南濮陽市。《會要》卷二四軍條“澶州”下有“頓丘鎮”三字。　德清軍：軍府名。治所在今河南清豐縣。

[5]内客省使：官名。中書省所屬内客省長官。唐始置，五代沿置。　劉遂清：人名。青州北海（今山東濰坊市）人。五代後梁、後唐官員。傳見本書卷九六。

[6]其持仗行劫及殺人賊：中華書局本有校勘記：“‘劫’原作‘劍’，據殿本、劉本、邵本校、《册府》卷九四改。”明本《册府》卷九四《帝王部·赦宥門一三》載此制甚詳。　收管：收容管理。

[7]貶降官等未量移者與量移：中華書局本有校勘記：“‘者’字原闕，據《册府》卷九四補。”今從。量移，指官員因罪貶謫到邊遠地方任職，可酌情移至近地任官。　已量移者約資敘進用：中華書局本有校勘記：“‘已量移’三字原闕，據《册府》卷九四補。”今從。“進”字《輯本舊史》原亦闕，中華書局本未校出，今據《册府》卷九四補。

[8]汜水：縣名。治所在今河南滎陽市汜水鎮。

[9]狄仁傑：人名。并州太原（今山西太原市）人。唐代、武周官員。傳見《舊唐書》卷八九、《新唐書》卷一一五。

[10]應天福三年終已前：中華書局本有校勘記：“‘終’字原闕，據《册府》卷九四、卷四九二補。”見《册府》卷九四及《宋本册府》卷四九二《邦計部·蠲復門四》。　場院官：指監臨諸場、院、庫、務、局、監等各種税收、庫藏、雜作、專賣事務的官員。

[11]客省使：官名。唐代宗時始置，五代沿置。客省長官。掌接待四方奏計及外族使者。　將作監：官名。秦代設將作少府，唐代改將作監，其長官即爲將作監。掌宮廷器物置辦及宮室修建事宜。从三品。　丁知浚：人名。籍貫不詳。五代後晋至後周官員。事見本書卷一一三。《輯本舊史》之影庫本粘籤：“丁知浚，原本作‘知浚’，今從《册府元龜》改正。”《册府》無有關丁知浚之記載，但《輯本舊史》卷一一三《周太祖紀四》廣順三年（953）十月甲

寅條有載“以前光禄卿丁知浚復爲光禄卿”。　引進使：官名。五代後梁始置，爲引進司的主官，五代諸司使之一。掌臣僚及外國與少數民族進奉禮物諸事。　鴻臚卿：官名。秦稱典客，漢初改大行令，漢武帝時改大鴻臚，北齊置鴻臚寺，以鴻臚寺卿爲主官，後代沿置。掌四夷朝貢、宴飲賞賜、送迎外使等禮儀活動。從三品。　王景崇：人名。邢州（今河北邢臺市）人。後漢時升任鳳翔節度使。傳見本書附録、《新五代史》卷五三。　殿中監：官名。殿中省長官。掌宫廷供奉之事。從三品。　判四方館事：官名。隋始置四方館，以通事謁者爲主官。唐、五代沿置，以通事舍人或判四方館事爲主官。掌四方往來及互市事務。　劉政恩：人名。籍貫不詳。五代後唐、後晋官員。事見本書卷四三。

［12］大明館爲都亭驛：“大明館”，中華書局本有校勘記：“《册府》卷一四作‘大名館’。”見明本《册府》卷一四《帝王部·都邑門二》。

［13］光禄卿：官名。光禄寺長官。掌祭祀、朝會、宴饗酒醴膳羞之事，修其儲議其出納之政。從三品。　張澄：人名。籍貫不詳。五代後晋官員。事見本書卷七九。　國子博士：官名。即國子監博士。掌教三品以上及國公子孫、從二品以上曾孫爲生者。正五品上。　謝攀：人名。籍貫不詳。五代後晋官員。事見本書本卷。　高麗：政權名。公元918年，後三國（即朝鮮新羅、後百濟、泰封）之一泰封國武將王建推翻其統治者弓裔，稱王，改國號高麗，都開京（今朝鮮開城），史稱“王氏高麗”。漸合并新羅、後百濟，重新統一朝鮮半島。參見［朝］鄭麟趾等著《高麗史》（卷一），西南師範大學出版社2014年版。　册禮：凡皇帝上尊號、追謚，帝與皇后發訃告，立後妃，封親王、皇子、大長公主，拜三師、三公、三省長官等用册，並舉行册禮。　甲寅，遣光禄卿張澄、國子博士謝攀使高麗行册禮：《會要》卷三〇《高麗》條載：晋天福“六年八月，其國王王建爲開府儀同三司、檢校太師、使持節玄菟州都督，充大義軍使、高麗國王。命國子博士謝攀持節就册之。”

明本《册府》卷九六五《外臣部·封册門三》略同。《新五代史》卷八《晋高祖紀》天福六年八月甲寅條作："光禄卿張澄使於契丹。"

九月己未，以兵部侍郎閻至爲吏部侍郎。[1]辛酉，滑州河決，一概東流，鄉村户民攜老幼登丘冢，爲水所隔，餓死者甚衆。[2]壬申，中吴建武等軍節度使、守太傅、兼中書令、行蘇州睦州刺史錢元璙進封彭城郡王，遥領廣州清海軍節度使、判婺州軍州事錢元懿爲檢校太師。[3]乙亥，遣前邢州節度使楊彦詢使于契丹，錫賚甚厚。[4]丁丑，吐渾遣使朝貢。[5]壬午夜，有彗星出於西方，長二丈餘，在房一度，尾跡穿天市垣東行，踰月而滅。[6]丙戌，兗州上言，水自西來，漂没秋稼。[7]

[1]兵部侍郎：官名。尚書省兵部次官。協助兵部尚書掌武官銓選、勳階、考課之政。正四品下。　閻至：人名。籍貫不詳。五代後唐、後晋官員。事見本書卷三八、卷四一。　吏部侍郎：官名。尚書省吏部次官。協助吏部尚書掌文選、勳封、考課之政。正四品上。

[2]滑州：州名。治所在今河南滑縣。　一概東流："概"，《輯本舊史》原作"溉"，有影庫本粘籤："原本疑有誤字。考《薛史·五行志》亦作一溉東流，今姑存其舊。"誤。《輯本舊史》卷一四一《五行志·水渰風雨》作"一概東流"，據改。中華書局本未改。

[3]中吴：方鎮名。吴越置，治所在蘇州（今江蘇蘇州市）。中華書局本有校勘記："'中吴'，原作'忠武'，據本書卷七七《晋高祖紀三》、卷八一《晋少帝紀一》改。按《吴越備史》卷一：

‘（同光二年十一月）升蘇州爲中吴軍。’”忠武軍治所先後在同州（梁）及許州（唐），均不在吴越轄境内，故據《輯本舊史》卷七七《晋高祖紀三》天福三年（938）十一月丙午條、卷八一《晋少帝紀一》天福七年十二月辛未條、《吴越備史》卷三改。《吴越備史》繫於天福七年三月乙丑，此爲元瓘卒時；《輯本舊史》卷八一《晋少帝紀一》繫於追封廣陵郡王之時。元瓘即傳瓘。　建武：方鎮名。治所在邕州（今廣西南寧市）。　太傅：官名。與太師、太保並爲三師。唐後期、五代多爲大臣、勳貴加官。正一品。　中書令：官名。漢始置，隋、唐前期爲中書省長官，屬宰相之職；唐後期多爲授予元勳大臣的虚銜。正二品。　蘇州：州名。治所在今江蘇蘇州市。　睦州：州名。治所在今浙江建德市。　刺史：官名。漢武帝時始置。州一級行政長官，總掌考覈官吏、勸課農桑、地方教化等事。唐中期以後，節度使、觀察使轄州而設，刺史爲其屬官，職任漸輕。從三品至正四品下。　錢元璙：人名。錢鏐之子。五代後唐、後晋將領。事見本書本卷、卷三二、卷三七、卷一三三。　廣州：州名。治所在今廣東廣州市。　清海軍：方鎮名。治所在廣州（今廣東廣州市）。　婺州：州名。治所在今浙江金華市婺城區。　錢元懿：人名。又名傳懿、元璹。五代十國之吴越國王錢鏐的第五子。受封金華郡王。傳見《十國春秋》卷八三。　檢校太師：官名。爲散官或加官，以示恩寵，無實際執掌。太師，與太傅、太保並爲三師。

[4]乙亥，遣前邢州節度使楊彦詢使于契丹，錫賚甚厚：《舊五代史考異》：“案：《歐陽史》《通鑑》俱從《薛史》作九月。《遼史》作二月己未，晋遣楊彦詢來貢，且言鎮州安重榮跋扈狀，遂留不遣，與《薛史》異。”見《遼史》卷四《太宗紀下》會同四年（即晋天福六年，941）二月己未條載：“晋遣楊彦詢來貢，且言鎮州安重榮跋扈狀，遂留不遣。”又，《輯本舊史》之影庫本粘籤：“《通鑑》云：帝以安重榮殺其使者，恐其犯塞，故遣彦詢使於契丹。今附識於此。”對粘籤所引之“故遣彦詢使於契丹”，中華書

局本有校勘記:"'契丹'原作'蜀',據《通鑑》卷二八二改。"又,《輯本舊史》卷九〇《楊彦詢傳》言:"會車駕幸鄴,表求入覲,高祖慮契丹怒安重榮之殺行人也,移兵犯境,復命彦詢使焉。"高祖幸鄴在天福六年八月己亥,《遼史》作二月己未,誤。　楊彦詢:人名。河中寶鼎(今山西萬榮縣西南)人。五代後唐、後晋將領。傳見本書卷九〇、《新五代史》卷四七。　契丹:部族、政權名。公元4世紀中葉宇文部爲前燕所攻破,始分離而成單獨的部落,自號契丹。唐貞觀中,置松漠都督府,以其首領爲都督。唐末彊盛,916年迭剌部耶律阿保機建立契丹國(遼)。先後與五代、北宋並立,保大五年(1125)爲金所滅。參見張正明《契丹史略》,中華書局1979年版。

[5]吐渾:部族名。吐谷渾的省稱。源出鮮卑,後游牧於今甘肅、青海一帶。參見周偉洲《吐谷渾資料輯録》(增訂本),商務印書館2017年版。

[6]彗星:星名。又稱掃把星。古代以爲妖星之屬,是兵興、大水的徵兆。　房:星宿名。據《晋書·天文志》,房四星,亦曰天駟,爲天馬,主車駕。房星明,則王者明。　天市垣:星宿名。共二十三星,在房、心兩宿東北。

[7]兖州:州名。治所在今山東濟寧市兖州區。

冬十月丁亥朔,遣鴻臚少卿魏玭等四人,分往滑、濮、鄆、澶視水害苗稼。[1]己丑,詔以胡梁渡月城爲大通軍,浮橋爲大通橋。[2]壬寅,詔唐梁國公狄仁傑可贈太師。[3]丁未,鄭王夫人張氏薨。[4]福州王延羲遣使貢方物。[5]甲寅,遣太子賓客聶延祚、吏部郎中盧撰持節册天下兵馬都元帥、守尚書令、吴越國王錢元瓘。[6]

[1]鴻臚少卿:官名。鴻臚寺副長官。佐鴻臚卿掌四夷朝貢、

宴飲賞賜、送迎外使等禮儀活動。從四品上。　魏玭：人名。籍貫不詳。五代後晋官員。事見本書卷一四一。　濮：州名。治所在今山東鄄城縣。

[2]胡梁渡：地名。一作“胡良渡”。位於今河南滑縣。中華書局本有校勘記：“原作‘胡梁度’，據《通鑑》卷二八一胡注引《薛史》、《五代會要》卷二四改。”見《會要》卷二四《軍》條、《通鑑》卷二八一天福二年（937）六月辛丑條及所附胡注引《薛史》。《會要》繫此事於九月。　大通軍：軍府名。治所在今河南滑縣。

[3]太師：官名。與太傅、太保合稱三師，唐後期、五代多爲大臣、勳貴加官。正一品。

[4]丁未：《輯本舊史》原載丁未條於十一月。中華書局本沿之。然據《二十史朔閏表》載十一月丁巳朔，無丁未，丁未爲十月二十一日。據改。　張氏：指後晋高祖石敬瑭之子石重英之妻張氏。事見本書卷七八。

[5]福州：州名。治所在今福建福州市。　王延羲：人名。五代十國閩國景宗，性嗜酒殘暴，後爲部將連重遇、朱文進所殺。傳見本書卷一三四《僭僞列傳一》、《新五代史》卷六八《閩世家》。

[6]甲寅：《輯本舊史》原載甲寅條於十一月。中華書局本沿之。十一月丁巳朔，無甲寅，甲寅爲十月二十八日。據改。《吴越備史》卷二繫於三月丙寅。　太子賓客：官名。爲太子官屬。唐高宗顯慶元年（656）始置。掌侍從規諫、贊相禮儀。正三品。　聶延祚：人名。籍貫不詳。五代後唐、後晋官員。事見本書本卷、卷四二、卷四八、卷八二。　盧撰：人名。籍貫不詳。五代後晋、後漢官員。事見本書本卷、卷八五、卷一〇二。　天下兵馬都元帥：官名。名義上天下兵馬的最高統帥。爲榮譽職銜，無實職。中華書局本有校勘記：“‘都’字原闕，據本書卷七九《晋高祖紀五》、《通鑑》卷二八二及本卷下文補。”見《輯本舊史》卷七九《晋高祖紀五》天福五年十月丁酉條、本卷天福六年十二月乙巳條。　尚

書令：官名。秦始置。隋、唐前期爲尚書省長官，與中書令、侍中並爲宰相。因以李世民爲之，後皆不授，唐高宗廢其職。唐後期以李適、郭子儀有功而特授此職，爲大臣榮銜，不參與政務。五代因之。唐時爲正二品，後梁開平三年（909）升爲正一品。　吴越：五代十國之吴越國。後梁開平元年（907），封鎮海節度使錢鏐爲吴越王，領有今浙江之地、江蘇南部及福建北部。北宋太平興國三年(978)，錢弘俶向北宋納土，吴越亡。　錢元瓘：人名。祖籍臨安(今浙江杭州市臨安區)。錢鏐之子。五代十國吴越國國主，932年至941年在位。傳見本書卷一三三、《新五代史》卷六七。

十一月甲子，以御史中丞王松爲尚書右丞，中書舍人、史館修撰判館事王易簡爲御史中丞，户部侍郎張昭遠爲兵部侍郎，國子祭酒田敏以本官兼户部侍郎。[1]辛未，太妃、皇后至自東京。[2]壬申，遣給事中李式、考功郎中張鑄持節册閩國王王延羲。[3]甲戌，太子少傅致仕王權卒，贈左僕射。[4]丁丑，襄州安從進舉兵叛，以西京留守高行周爲南面行營都部署，率兵討之，以前同州節度使宋彦筠爲副，以宣徽南院使張從恩監護焉。[5]

[1]御史中丞：官名。御史臺副長官。如不置御史大夫，則爲御史臺長官。掌司法監察。正四品下。　王松：人名。京兆（今陝西西安市）人。唐僖宗宰相王徽之子。五代後唐至後漢官員。傳見本書附録、《新五代史》卷五七。　尚書右丞：官名。尚書省佐貳官。唐中期以後，與尚書左丞實際主持尚書省日常政務，權任甚重。後梁開平二年（908）改爲右司侍郎，後唐同光元年（923）復舊爲右丞。唐時爲正四品下，後唐長興元年（930）升爲正四品。　中書舍人：官名。中書省屬官。掌起草文書、呈遞奏章、傳宣詔

命等。正五品上。　史館修撰判館事：官名。以“史館修撰”之職爲史館的長官，負責史館事務。　王易簡：人名。京兆（今陝西西安市）人。五代後梁進士，五代、宋初大臣。傳見《宋史》卷二六二。　户部侍郎：官名。尚書省户部次官。協助户部尚書掌天下田户、均輸、錢穀之政令。正四品下。　張昭遠：人名。即“張昭”。濮州范縣（今河南范縣）人。五代後唐至宋初官員。傳見《宋史》卷二六三。　兵部侍郎：官名。尚書省兵部次官。協助兵部尚書掌武官銓選、勳階、考課之政。正四品下。　國子祭酒：官名。國子監的主管官。掌教授生徒。從三品。　田敏：人名。鄒平（今山東鄒平縣）人。五代、宋初學者，歷仕梁、唐、晋、漢、周，官至工部尚書。以太子少保致仕，與太常卿劉岳撰《删定書儀》。傳見《宋史》卷四三一。

［2］太妃：指後晋高祖石敬瑭生母劉氏。後尊爲皇太后。事見《新五代史》卷一七。　皇后：指後唐明宗李嗣源之女、後晋高祖石敬瑭之妻李皇后。代北沙陀部人。傳見本書卷八六、《新五代史》卷一七。

［3］給事中：官名。秦始置。隋唐以來，爲門下省屬官。掌讀署奏抄、駁正違失。正五品上。　李式：人名。籍貫不詳。五代後晋官員。事見本書卷七七。　考功郎中：官名。唐、五代尚書省吏部考功司長官，掌考察内外百官及功臣家傳、碑、頌、誄、謚等事。從五品上。　張鑄：人名。河南洛陽（今河南洛陽市）人。五代後梁進士，歷仕五代至宋初。傳見《宋史》卷二六二。　閩：國名。即五代十國之閩國。

［4］太子少傅：官名。與太子少保、太子少師合稱“三少”，唐後期、五代多爲大臣、勳貴加官。從二品。　致仕：官員告老辭官。　王權：人名。太原（今山西太原市）人。五代官員。傳見本書卷九二、《新五代史》卷五六。中華書局本有校勘記：“原作‘王瓘’，據本書卷七八《晋高祖紀四》、卷九二《王權傳》、《新五代史》卷五六《王權傳》改。”見《輯本舊史》卷七八《晋高祖紀

四》天福四年（939）八月戊申條。　左僕射：官名。秦始置。隋、唐前期，以左、右僕射佐尚書令總理六官、綱紀庶務；如不置尚書令，則總判省事，爲宰相之職。唐後期多爲大臣加銜。從二品。

［5］丁丑，襄州安從進舉兵叛：《舊五代史考異》："案：《歐陽史》《五代春秋》俱作十月，《通鑑》從《薛史》作十一月。《遼史》作十二月戊子，晋遣使來告山南節度使安從進反，則因其赴告之月而書之也。"見《新五代史》卷八《晋高祖紀》天福六年十月條，《通鑑》卷二八二同《輯本舊史》，《五代春秋》卷下晋高祖條亦同。《遼史》卷四《太宗紀下》繫於會同四年（即晋天福六年，941）十二月戊子條。　襄州：州名。治所在今湖北襄陽市。　安從進：人名。索葛部人。五代後唐、後晋將領。傳見本書卷九八、《新五代史》卷五一。　行營都部署：官名。凡行軍征討，掛帥率軍戰鬥，總管行營事務。　同州：州名。治所在今陝西大荔縣。　宋彦筠：人名。雍丘（今河南杞縣）人。五代後唐至後周將領。傳見本書卷一二三。

十二月丙戌朔，以東京留守、開封尹、鄭王重貴爲廣晋尹，進封齊王；以鄴都留守、廣晋尹李德琉爲開封尹，充東京留守。南面軍前奏，十一月二十七日，武德使焦繼勳、先鋒都指揮使郭金海等於唐州南遇安從進賊軍一萬餘人，大破之，生擒衙内都指揮使安弘義，獲山南東道之印，其安從進單騎奔逸。[1]丁亥，詔襄州行營都部署高行周權知襄州軍州事。是日，鎮州節度使安重榮稱兵向闕，以侍衛親軍馬步軍都指揮使杜重威爲北面行營招討使，率兵擊之，以邢州節度使馬全節爲副，以前貝州節度使王周爲馬步軍都虞候。[2]癸巳，武德使焦繼勳奏，安從進遣弟從貴領兵千人，取接均州刺史蔡行遇，尋領所部兵掩殺賊軍七百餘人，生擒安從貴，截其雙腕，却放入城。[3]戊戌，以皇子重睿爲銀青光禄大夫、檢校尚書左僕射。[4]己亥，北面軍前奏，十三日未時，於宗城縣西南大破鎮州賊軍，殺一萬五千人，餘黨走保宗城縣。[5]是夜三更，破縣城，前深州刺史史虔武自縛歸降，獲馬三千疋，絹三萬餘疋，餘物稱是。[6]安重榮脱身遁走。是日，百官稱賀。癸卯，削奪安從進、安重榮在身官爵。右金吾上將軍萇從簡卒，廢朝，贈太師。[7]乙巳，天下兵馬都元帥、守尚書令、吴越國王錢元瓘薨，廢朝三日，謚曰文穆。是日，帝習射於後苑，諸軍都指揮使已上悉預焉，賜物有差。丁未，南面行營都部署高行周奏，今月十三日，部領大軍至襄州城下，相次降賊軍二千人。其降兵馬軍詔以"彰聖"爲號，步軍以"歸順"爲號。庚戌，以權知吴越國事錢弘佐爲起復鎮軍大將軍、檢校太師、兼中書令、杭州越州大都督、鎮海鎮東等軍節度使，封吴越國王。[8]壬子，杜重威部領大軍至鎮州城下。

[1]"武德使焦繼勳"至"大破之"：《舊五代史考異》："案《宋史·陳思讓傳》：思讓爲先鋒右厢都監，從武德使焦繼勳領兵進討，遇從進之師于唐州花山下，急擊，大破之。"對《舊五代史考異》所引之"從武德使焦繼勳領兵進討"，中華書局本有校勘記："'使'字原闕，據《宋史》卷二六一《陳思讓傳》補。"　武德使：官名。五代後唐置，爲武德司長官，掌檢校皇城啓閉與警衛。　焦繼勳：人名。許州長社（今河南許昌市）人。五代、宋初將領。傳見《宋史》卷二六一。　先鋒都指揮使：官名。先鋒，即先

鋒部隊。都指揮使，爲所部統兵將領。　郭金海：人名。突厥人。五代後唐、後晋將領。傳見本書卷九四。　唐州：州名。治所在今河南唐河縣。　生擒衙内都指揮使安弘義：《舊五代史考異》："案：《宋史·焦繼勳傳》作擒其牙將安洪義、鮑洪等五十餘人。"見《宋史》卷二六一《焦繼勳傳》。　衙内都指揮使：官名。節度使府衙内之牙將，統最親近衛兵。　安弘義：人名。籍貫不詳。五代後晋時的藩鎮將領。事見本書本卷。　山南東道：方鎮名。治所在襄州（今湖北襄陽市）。　其安從進單騎奔逸：《輯本舊史》之影庫本粘籤："安從進單騎奔逸，《通鑑》作從進以數十騎奔還襄州，與《薛史》微異，今附識於此。"　"南面軍前奏"至"其安從進單騎奔逸"：中華書局本引孔本所載原輯者案語："案焦繼勳等破安從進于唐州，《歐陽史》作十二月，《通鑑》作十一月。"見《新五代史》卷八《晋高祖紀》天福六年（941）十二月丙戌條、《通鑑》卷二八二天福六年十一月庚辰條。

［2］是日，鎮州節度使安重榮稱兵向闕：《舊五代史考異》："案：安重榮反在十二月丁亥，《五代春秋》誤繫于十月。《歐陽史》《通鑑》俱從《薛史》，《遼史》作十一月丙寅，晋以討安重榮來告，與《薛史》異。"見《新五代史》卷八《晋高祖紀》天福六年十二月戊戌條、《通鑑》卷二八二天福六年十二月戊戌條、《五代春秋》卷下晋高祖天福六年十月條、《遼史》卷四《太宗紀下》會同四年十一月丙寅條。又，中華書局本有校勘記："'《歐陽史》《通鑑》俱從《薛史》《遼史》作十一月丙寅晋以討安重榮來告與《薛史》異'，以上二十九字原闕，據《舊五代史考異》卷三補。"鎮州，州名。治所在今河北正定縣。安重榮，人名。朔州（今山西朔州市朔城區）人。五代後唐、後晋將領。傳見本書卷九八、《新五代史》卷五一。　行營招討使：官名。唐始置。戰時任命，兵罷則省。常以大臣、將帥或地方軍政長官兼任。掌招撫討伐等事務。　王周：人名。魏州（今河北大名縣）人。五代後唐、後晋、後漢將領。傳見本書卷一〇六、《新五代史》卷四八。

［3］從貴：人名。即安從貴。安從進之弟。事見本書本卷。　均州：州名。治所在今湖北丹江口市。　蔡行遇：人名。籍貫不詳。五代後晋將領。事見本書本卷、卷八二。

［4］重睿：人名。即石重睿。後晋高祖石敬瑭之子。傳見《新五代史》卷一七。　銀青光禄大夫：官名。漢代置光禄大夫。魏晋以後，光禄大夫之位重者，加銀章青綬，因稱銀青光禄大夫。北周、隋爲散官。唐貞觀後列入文散官。從三品。　檢校尚書左僕射：官名。尚書左僕射，隋唐宰相名號。檢校尚書左僕射爲散官或加官，以示恩寵，無實際執掌。

［5］宗城縣：縣名。治所在今河北威縣。《輯本舊史》之影庫本粘籤："宗城，原本作'宋城'，據《通鑑》注云：宗城縣在魏州西北。今改正。"《通鑑》卷二八二天福六年十二月戊戌條胡注引《九域志》：宗城縣在鎮州之西北一百七十里。

［6］深州：州名。治所在今河北深州市。　史虔武：人名。籍貫不詳。五代後晋官員。事見本書本卷。

［7］右金吾上將軍：官名。右金吾衛爲唐代十六衛之一。掌宫禁宿衛。從二品。　萇從簡：人名。陳州（今河南淮陽縣）人。五代後唐、後晋將領。傳見本書卷九四、《新五代史》卷四七。　廢朝：又稱輟朝。古代帝王遇親喪或文武大臣病故，停止視朝數日，以示哀悼。

［8］錢弘佐：人名。吴越國王錢元瓘的第六子。繼任吴越國王。傳見本書卷一三三、《新五代史》卷六七、《十國春秋》卷八〇。　起復：官吏服喪未滿而再起用。　鎮軍大將軍：《吴越備史》卷三天福六年十一月作"鎮國大將軍"。　杭州：州名。治所在今浙江杭州市。　越州：州名。治所在今浙江紹興市。　大都督：官名。三國時始設，戰時統領地方軍政大權，後漸成常設，位高而權重。正二品。　鎮海鎮東等軍節度使：中華書局本有校勘記："'鎮海鎮東'，原作'鎮海東'，據殿本、邵本校、《通鑑》卷二八二、《吴越備史》卷三改。"見《通鑑》卷二八二天福六年十二月庚戌

條，《吴越備史》卷三天福六年十一月條。　鎮海：方鎮名。治所在潤州（今江蘇鎮江市）。　鎮東：方鎮名。治所在越州（今浙江紹興市）。

天福七年春正月丙辰朔，不受朝賀，用兵故也。戊午，以前將作監李鍇爲少府監。[1]北面招討使杜重威奏，今月二日收復鎮州，斬安重榮，傳首闕下。[2]帝御乾明樓，宣露布訖，大理卿受馘，付市徇之，百官稱賀。[3]曲赦廣晋府禁囚。辛酉，追贈皇弟三人：故沂州馬步軍都指揮使、贈太傅德再贈太尉，追封福王；故檢校太子賓客、贈太傅殷再贈太尉，追封通王；故彰聖右第三軍都指揮使、常州刺史、贈太傅威再贈太尉，追封廣王。[4]壬戌，追贈皇子五人：故右衛將軍、贈太保重英再贈太傅，追封虢王；故權東京留守、河南尹、贈太傅重乂再贈太尉，追封壽王；故皇城副使、贈太保重裔再贈太傅，追封郯王；故河陽節度使、贈太尉重信再贈太師，追封沂王；故左金吾衛將軍、贈太保重進再贈太傅，追封夔王。[5]癸亥，改鎮州爲恒州，成德軍爲順國軍。[6]丙寅，以門下侍郎、平章事、監修國史趙瑩爲侍中。[7]青州節度使楊光遠加食邑，改賜功臣名號。[8]兖州節度使桑維翰加檢校太保；河東節度使劉知遠加兼侍中；以鄆州節度使、北面行營招討使、侍衛親軍都指揮使杜重威爲恒州順國軍節度使，加兼侍中；皇子廣晋尹兼功德使、齊王重貴加兼侍中。[9]秦州節度使侯益加特進，增食邑。[10]丁卯，以判四方館事孟承誨爲太府卿充職。[11]戊辰，以滄州節度使安叔千爲邢州節度使，以北面行營副招討使、邢州節度使馬全節爲定州節度使，以定州節度使王庭胤爲滄州節度使，以前邢州節度使楊彦詢爲華州節度使。[12]恒州立功將校王令温以降，等第除郡。[13]庚午，契丹遣使來聘。是日上元節，六街諸寺燃燈，御乾明門觀之，夜半還宫。[14]壬申，延州節度使丁審琪加爵邑，鄧州節度使安審暉加檢校太傅，陜州節度使石贇加檢校太傅。[15]乙亥，契丹遣使來聘。河陽節度使兼侍衛馬步軍都虞候景延廣加檢校太尉，改鄆州節度使，典軍如故。[16]以前貝州節度使、北面行營馬步軍都虞候王周爲河陽節度使，加檢校太保。[17]丁丑，以刑部侍郎竇貞固爲門下侍郎，以禮部郎中邊歸讜爲比部郎中、知制誥。[18]壬午，以河陽節度使王周爲涇州節度使，以恒州節度副使王欽祚爲殿中監。[19]

[1]李鍇：人名。籍貫不詳。五代後晋至後周官員。事見本書卷八四、卷一二〇。　少府監：官名。少府監長官，隋初置，唐初廢，太宗時復置。掌百工技巧之事。從三品。

[2]今月二日收復鎮州：中華書局本有校勘記："'二日'，原作'已'，據殿本、孔本、《五代會要》卷五改。"見《會要》卷五獻俘條天福七年（942）正月記事。　"北面招討使杜重威奏"至"傳首闕下"：《舊五代史考異》："案《遼史》云：戊辰，晋函安重榮首來獻，上數欲親討重榮，至是乃止。"見《遼史》卷四《太宗紀下》會同五年（942）正月戊辰條。

[3]乾明樓：《輯本舊史》之影庫本粘籤："乾明樓，原本作'韓明'。《薛史》前後皆作'乾明'，《五代會要》亦作'乾'，今改正。"《會要》卷五大内條鄴都："晋天福六年八月改皇城南門應天門爲乾明門。"《輯本舊史》卷七七天福三年十月丙戌條，改京

城西二門梁門爲乾明門。本卷天福七年閏三月壬寅，詔改皇城南門爲乾明門，等等。　露布：指勝利報捷的文書。　大理卿：官名。爲大理寺長官。負責大理寺的具體事務，掌邦國折獄詳刑之事。從三品。

［4］沂州：州名。治所在今山東臨沂市。　馬步軍都指揮使：官名。所在州軍統兵將領。　德：人名。即石敬德。後晋高祖石敬瑭之弟。傳見《新五代史》卷一七。此次追贈之三皇弟德、殷、威，《會要》卷一一封建條載“德”作“敬德”，“殷”作“敬殷”，《薛史》蓋避高祖諱而去“敬”字，“威”亦應如此。　太尉：官名。與司徒、司空並爲三公，唐後期、五代多爲大臣、勳貴加官。正一品。　檢校太子賓客：官名。太子賓客爲太子官屬，掌侍從規諫、贊相禮儀。檢校太子賓客爲散官或加官，以示恩寵，無實際執掌。　殷：人名。即石敬殷。後晋高祖石敬瑭之弟。傳見《新五代史》卷一七。　彰聖右第三軍都指揮使：官名。所部統兵將領。彰聖，禁軍番號。右第三，彰聖軍的序列。五代軍隊編制，五百人爲一指揮，設指揮使、副指揮使；十指揮爲一軍，設都指揮使、副都指揮使。　常州刺史：常州，州名。治所在今江蘇常州市。《輯本舊史》原作“長州”。中華書局本有校勘記：“邵本校、本書卷八七《廣王敬威傳》作‘常州刺史’。”“長州”僅此一見，常州則多見，中華書局本未改，今據改。　威：人名。即石敬威。後晋高祖石敬瑭之弟。傳見本書卷八七、《新五代史》卷一七。

［5］右衛將軍：官名。唐置，掌宮禁宿衛。唐代十六衛之一。從三品。　太保：官名。與太師、太傅並爲三師。唐後期、五代多爲大臣、勳貴加官。正一品。　重英：人名。即石重英。後晋高祖石敬瑭之子。傳見本書卷八七、《新五代史》卷一七。　重乂：人名。即石重乂。後晋高祖石敬瑭之子。傳見本書卷八七、《新五代史》卷一七。　皇城副使：官名。爲皇城司副長官。佐皇城使拱衛皇城。　重裔：人名。即石重裔。或即石重胤，清人避清世宗“胤禛”諱，改“胤”爲“裔”。石重胤，後晋高祖石敬瑭之弟。傳見

本書卷八七、《新五代史》卷一七。　重信：人名。即石重信。後晋高祖石敬瑭之子。傳見本書卷八七、《新五代史》卷一七。　左金吾衛將軍：官名。唐置，掌宫禁宿衛。唐代十六衛之一。從三品。　重進：人名。即石重進。後晋高祖石敬瑭之子。傳見本書卷八七、《新五代史》卷一七。

[6]成德軍：方鎮名。治所在恒州（今河北正定縣）。

[7]門下侍郎：官名。門下省副長官。唐後期三省長官漸爲榮銜，中書、門下侍郎却因參議朝政而職位漸重，常常用爲以“同三品”或“同平章事”任宰相者的本官。正三品。　監修國史：官名。北齊始置史館，以宰相爲之。唐史館沿置，爲宰相兼職。　趙瑩：人名。華州華陰（今陝西華陰市）人。五代後晋宰相。傳見本書卷八九、《新五代史》卷五六。　侍中：官名。秦始置。隋、唐前期爲門下省長官。唐後期多爲大臣加銜，不參與政務，實際職務由門下侍郎執行。正二品。

[8]青州：州名。治所在今山東青州市。　楊光遠：人名。沙陀部人。五代後唐、後晋將領。傳見本書卷九七、《新五代史》卷五一。　食邑：即封地、封邑。食邑之名，蓋取受封者不之國，僅食其租税之意。

[9]桑維翰：人名。洛陽（今河南洛陽市）人。五代後唐進士，後晋宰相、樞密使。傳見本書卷八九、《新五代史》卷二九。　檢校太保：官名。爲散官或加官，以示恩寵，無實際執掌。太保，與太師、太傅合稱三師。　功德使：官名。唐始置，五代沿置。總領僧尼屬籍及功役。

[10]秦州：州名。治所在今甘肅天水市秦州區。　侯益：人名。汾州平遥（今山西平遥縣）人。五代後唐至宋初將領。傳見《宋史》卷二五四。　特進：官名。西漢末期始置，授給列侯中地位較特殊者。隋唐時期，特進爲文散官，授給有聲望的官員。正二品。

[11]孟承誨：人名。大名（今河北大名縣）人。後晋官員。

傳見本書卷九六。　太府卿：官名。太府寺長官。掌國家財帛庫藏出納、關市稅收等務。從三品。

[12]滄州：州名。治所在今河北滄縣舊州鎮。　安叔千：人名。沙陀部人。五代後唐至後周將領。傳見本書卷一二三、《新五代史》卷四八。　副招討使：官名。行營統兵官。位次行營都統、招討使。掌招撫討伐事務。　馬全節：《輯本舊史》之影庫本粘籤："馬全節，原本作'王節'，今從《歐陽史》改正。"見《新五代史》卷四七《馬全節傳》、《輯本舊史》卷九〇《馬全節傳》。　定州：州名。治所在今河北定州市。　王庭胤：人名。京兆萬年（今陝西西安市長安區）人。五代後唐、後晉將領。傳見本書卷八八。　華州：州名。治所在今陝西渭南市華州區。

[13]王令温：人名。瀛州河間（今河北河間市）人。五代後晉將領。傳見本書卷一二四。王令温，《輯本舊史》原作王温，中華書局本有校勘記："'王温'，郭武雄《證補》：'疑即本書《列傳》之王令温。'本書卷一二四《王令温傳》：'及安重榮稱兵於鎮州，晉祖以令温爲行營馬軍都指揮使……以功授亳州防禦使。'"但未改，今據改。

[14]上元節：即正月十五日的元宵節。　乾明門：開封城門名。位於今河南開封市。

[15]延州：州名。治所在今陝西延安市。　丁審琪：人名。籍貫不詳。五代後晉將領。事見本書卷八一、卷八四。中華書局本有校勘記："原作'丁審琦'，據本書卷七九《晉高祖紀五》、卷八一《晉少帝紀一》改。"見《輯本舊史》卷七九《晉高祖紀五》天福六年五月庚申條、卷八一《晉少帝紀一》天福七年十二月乙丑條、卷八四《晉少帝紀四》開運二年八月丙子條。　安審暉：沙陀部人。安審琦之兄。五代十國時期高級將領。傳見本書卷一二三。　鄧州節度使安審暉加檢校太傅：檢校太傅爲散官或加官，以示恩寵，無實際執掌。中華書局本有校勘記："'安審暉'，原作'安審徽'，據本書卷七九《晉高祖紀五》、卷八一《晉少帝紀一》改。

按本書卷一二三有《安審暉傳》。又據本書七九《晋高祖紀五》，安審暉天福五年七月已加檢校太傅，本書卷一二三《安審暉傳》：‘襄州平，就加檢校太尉。’疑‘太傅’係‘太尉’之訛。”見《輯本舊史》卷七九《晋高祖紀五》天福五年七月丙寅條載：“前鄜州節度使安審暉加檢校太傅，爲威勝軍節度使（治鄧州）。”卷一二三《安審暉傳》：“襄州平，就加檢校太尉。”襄州收復的時間，見卷八一《晋少帝紀一》天福七年八月甲子條載：“襄州行營都部署高行周奏，收復襄州，安從進自焚而死。”即安審暉加檢校太傅在天福五年七月丙寅，加檢校太尉於天福七年八月平襄州後，並無可疑，故不需改。　陝州：州名。治所在今河南三門峽市陝州區。石贇：人名。籍貫不詳。五代後晋將領。事見本書卷七九、卷八二。

[16]檢校太尉：官名。爲散官或加官，以示恩寵，無實際執掌。太尉，與司徒、司空並爲三公。

[17]行營馬步軍都虞候：官名。五代時期出征軍隊高級統兵官。

[18]刑部侍郎：官名。尚書省刑部次官。協助刑部尚書掌天下刑法及徒隸、勾覆、關禁之政令。正四品下。　竇貞固：人名。同州白水（今陝西白水縣）人。五代後唐至宋初大臣，後唐進士，後漢宰相。傳見《宋史》卷二六二。　禮部郎中：官名。尚書省禮部頭司禮部司長官。掌禮樂、學校、衣冠、符印、表疏、圖書、册命、祥瑞、鋪設，及百官、宫人喪葬贈賻之數。從五品上。　邊歸讜：人名。幽州薊（今天津市薊州區）人。傳見《宋史》卷二六二。　比部郎中：官名。唐、五代刑部比部司長官，掌管勾會内外賦斂、經費俸禄等。從五品上。《輯本舊史》之影庫本粘籤：“比部郎中，原本脱‘郎’字，今據文增入。”

[19]涇州：州名。治所在今甘肅涇川縣。此處指代彰義軍。節度副使：官名。唐五代方鎮屬官。位於行軍司馬之下、判官之上。　王欽祚：人名。籍貫不詳。五代後晋官員。事見本書本卷、

卷一〇九。

二月丁亥，皇妹清平公主進封衛國長公主。[1]契丹遣使來聘。己丑，宴於武德殿，新恒州節度使杜重威已下、諸軍副兵馬使已上悉預焉，賜物有差。[2]己亥，以曹州防禦使何建爲延州留後。[3]涇州奏，差押牙陳延暉齎敕書往西涼府，本府都指揮使等請以陳延暉爲節度使。[4]辛丑，宰臣李崧丁母憂，起復舊任。[5]延州蕃寇作亂，同州、鄜州各起牙兵討平之。[6]丙午，詔："鄧、唐、隨、郢諸州多有曠土，宜令人户取便開耕，與免五年差税。"[7]

[1]衛國長公主：即後晋高祖石敬瑭第十一妹壽安長公主，後進封衛國長公主。後晋出帝時進封衛國大長公主。嫁與烏氏爲妻。事見本書卷七六、卷八一及《通鑑》卷二八五。

[2]武德殿：宫殿名。位於今河南開封市。　諸軍副兵馬使已上悉預焉：副兵馬使爲方鎮自置之部隊統率官，兵馬使的副官。掌兵馬訓練、指揮。中華書局本有校勘記："'上'原作'下'，據殿本改。"今從。

[3]曹州：州名。治所在今山東曹縣西北。　何建：人名。其先迴鶻人也，代居雲朔間（今山西北部）。五代後晋將領，契丹滅晋，遂投降後蜀。傳見本書卷九四。

[4]押牙：官名。即"押衙"。唐、五代時期節度使辟署的屬官，掌領方鎮儀仗侍衛、統率軍隊。參見劉安志《唐五代押牙（衙）考略》，武漢大學歷史系魏晋南北朝隋唐史研究室編《魏晋南北朝隋唐史資料》第16輯，武漢大學出版社1998年版。　陳延暉：人名。籍貫不詳。五代後晋時的藩鎮將領。事見本書本卷。

[5]李崧：人名。深州饒陽（今河北饒陽縣）人。後晋宰相，歷仕後唐至後漢。傳見本書卷一〇八、《新五代史》卷五七。　丁母憂：指遭母親喪事。

[6]同州：州名。治所在今陝西大荔縣。　鄜州：州名。治所在今陝西富縣。　牙兵：五代時期藩鎮親兵。參見來可泓《五代十國牙兵制度初探》，《學術月刊》1995年第11期。

[7]唐：州名。治所在今河南唐河縣。　隨：州名。治所在今湖北隨州市。　郢：州名。治所在今湖北鍾祥市。　與免五年差稅：明本《册府》卷七〇《帝王部・務農門》天福七年（942）二月丙午條較詳，作"仍自開耕後，與免五年差徭"。

三月己未，兵部尚書韓惲卒。[1]庚申，遣前齊州防禦使宋光鄴、翰林茶酒使張言使于契丹。[2]壬戌，分命朝臣諸寺觀神祠禱雨。[3]丙寅，皇后爲妹契丹樞密使趙延壽妻燕國長公主卒於幽州，舉哀於外次。[4]辛未，滑州節度使、駙馬都尉史匡翰卒，輟朝，贈太保。[5]詔唐州湖陽縣蓼山神祠宜賜號爲"蓼山顯順之神"。[6]乙亥，以晋昌軍節度使安審琦爲河中節度使，以前亳州防禦使王令温爲貝州節度使。[7]丙子，賜宰臣李崧白藤肩輿，以起復故也。[8]丁丑，以晋州節度使皇甫遇爲河陽節度使，以壽州節度使兼侍衛馬軍都指揮使李守貞爲滑州節度使，以夔州節度使兼侍衛步軍都指揮使郭謹爲相州節度使，皆典軍如故。[9]宰臣於寺觀禱雨。

[1]兵部尚書：官名。尚書省兵部主官。掌兵衛、武選、車輦、甲械、厩牧之政令。正三品。　韓惲：人名。太原晋陽（今山西太原市）人。五代後唐、後晋官員。傳見本書卷九二。

[2]齊州：州名。治所在今山東濟南市。　宋光鄴：人名。又作“宋光業”。籍貫不詳。五代後晋官員。事見本書本卷、卷七六、卷八三。《舊五代史考異》：“案：《遼史》避諱作宋暉業。”《遼史》乃避遼太宗耶律德光之諱。　翰林茶酒使：官名。掌内廷茶酒供應之事。　張言：人名。籍貫不詳。五代後晋官員。事見本書本卷、卷七六。

[3]分命朝臣諸寺觀神祠禱雨：“神祠”，中華書局本沿《輯本舊史》闕，據《宋本册府》卷一四五《帝王部·弭災門三》補。

[4]樞密使：官名。遼國樞密院長官。　趙延壽：人名。本姓劉，常山（今河北正定縣）人。後唐明宗李嗣源女婿，後降契丹，引導契丹攻滅後晋。傳見本書卷九八、《遼史》卷七六。　燕國長公主：後唐明宗李嗣源之女興平公主，趙延壽之妻。事見本書卷九八。　幽州：州名。治所在今北京市。　舉哀：發喪並舉行悼念儀式。

[5]駙馬都尉：漢武帝始置，魏晋以後，公主夫婿多加此稱號。從五品下。　史匡翰：人名。雁門（今山西代縣）人。史建瑭之子。後晋高祖石敬瑭的妹婿。五代後唐、後晋將領。傳見本書卷八八、《金石萃編》卷一二〇《義成軍節度使贈太保史匡翰碑》。

[6]湖陽縣：縣名。治所在今河南唐河縣。　蓼山神祠宜賜號爲“蓼山顯順之神”：“顯順之神”，明本《册府》卷三四《帝王部·崇祭祀門三》載天福七年（942）二月敕作“顯聖之神”。

[7]晋昌軍：方鎮名。治所在京兆府（今陝西西安市）。　安審琦：人名。沙陀部人。五代將領。歷仕後唐、後晋、後漢、後周。傳見本書卷一二三。　河中：方鎮名。治所在河中府（今山西永濟市）。　亳州：州名。治所在今安徽亳州市。

[8]肩輿：兩人肩抬的小轎。形制爲在二長竿中設軟椅以坐人。

[9]晋州：州名。治所在今山西臨汾市。　皇甫遇：人名。常山（今河北正定縣）人。五代後唐、後晋將領。傳見本書卷九五、《新五代史》卷四七。　壽州：州名。治所在今安徽壽縣。　侍衛

馬軍都指揮使：中華書局本有校勘記："原作'侍衛馬步軍指揮使'，據殿本、本書卷八一《晉少帝紀一》改。"見《輯本舊史》卷八一《晉少帝紀一》天福七年七月癸卯條。　夔州：州名。治所在今重慶奉節縣。　侍衛步軍都指揮使：官名。皇帝侍衛親軍步軍司最高長官。　郭謹：人名。晉陽（今山西太原市）人。五代後晉、後漢將領。傳見本書卷一〇六。　相州：州名。治所在今河南安陽市。

閏月丙戌，以兵部郎中司徒詡爲左諫議大夫。[1]戊子，兖州節度使桑維翰加特進，封開國公。庚寅，以延州留後何建爲延州節度使。以引進使兼殿中監劉政恩爲太子詹事。[2]壬辰，宋州節度使安彦威奏，修滑州黄河功畢，詔於河決之地建碑立廟。[3]丙申，以鄜州節度使周密爲晉州節度使，以左羽林統軍符彦卿爲鄜州節度使。[4]壬寅，詔百官五日一度起居，日輪定兩員，具所見以封事奏聞。[5]詔改鄴都宣明門爲朱鳳門；武德殿爲視政殿、文思殿爲崇德殿、晝堂爲天清殿、寢殿爲乾福殿，其門悉從殿名。[6]皇城南門爲乾明門，北門爲玄德門，東門爲萬春門，西門爲千秋門。[7]羅城南塼門爲廣運門，觀音門爲金明門，橙槽門爲清景門，寇氏門爲永芳門，朝臣門爲景風門。[8]大城南門爲昭明門，觀音門爲廣義門，北河門爲靖安門，魏縣門爲膺福門，寇氏門爲迎春門，朝城門爲興仁門，上斗門爲延清門，下斗門爲通遠門。[9]戊申，宋州節度使安彦威封邠國公，賞修河之勞也。癸丑，涇州節度使王周奏，前節度使張彦澤在任日不法事二十六條已改正停廢，詔褒之。[10]是春，鄜都、鳳翔、兖、陝、汝、恒、陳等州旱，鄆、曹、澶、博、相、洺諸州蝗。[11]

[1]兵部郎中：官名。唐高祖改兵曹郎置，員二人，一掌武官階品、衛府名數、校考、給告身之事；一掌軍籍、軍隊調遣名數、朝集、禄賜、告假等事。高宗、武則天、玄宗時，一度隨本部改名司戎大夫、夏官郎中、武部郎中。五代因之。從五品上。　司徒詡：人名。清河郡（今河北清河縣）人。五代後唐官員。傳見本書卷一二八。　左諫議大夫：官名。隸門下省。唐代置左、右諫議大夫各四人，分隸門下省、中書省。掌諫諭得失，侍從贊相。正四品下。中華書局本有校勘記："'左'，原作'右'，據本書卷八一《晋少帝紀一》、卷一二八《司徒詡傳》改。"見《輯本舊史》卷八一《晋少帝紀一》天福八年（943）三月癸卯條、卷一二八《司徒詡傳》。

[2]太子詹事：官名。掌領太子之詹事府，爲太子官屬之長。正三品。

[3]"壬辰"至"修滑州黄河功畢"：《舊五代史考異》："案：修河事，《薛史》紀于閏月壬辰，《歐陽史》作三月，歸德軍節度使安彦威塞決河于滑州，蓋以奉使之月言，《薛史》以奏功之日言也。"見《新五代史》卷八《晋高祖紀》天福七年三月條。　宋州：州名。治所在今河南商丘市睢陽區。　安彦威：人名。崞縣（今山西原平市）人。五代後唐、後晋將領。傳見本書卷九一、《新五代史》卷四七。

[4]周密：人名。應州神武川（今山西山陰縣）人。五代將領。傳見本書卷一二四。　左羽林統軍：官名。唐代左羽林軍統兵官。左羽林爲唐代"北衙六軍"之一。從二品。　符彦卿：人名。陳州宛丘（今河南淮陽縣）人。五代後唐至宋初將領。後周世宗宣懿皇后、宋太宗懿德皇后，皆符彦卿之女。傳見《宋史》卷二

五一。

[5]五日一度起居：朝會禮名。簡稱“内殿起居”“五日起居”。參見《册府》卷一〇八。　具所見以封事奏聞：中華書局本引孔本：“案：《五代會要》作實封以聞。”見《會要》卷五《待制官》條作“具所見實封以聞”。

[6]朱鳳門：《舊五代史考異》：“案：《五代會要》作來鳳門。”見《會要》卷五大内條鄴都。　崇德殿：《輯本舊史》之影庫本粘籤：“崇德殿，原本作‘從德’，今據《五代會要》改正。”見《會要》卷五大内條鄴都。　天清殿：明本《册府》卷一四《帝王部·都邑門二》作“太清殿”。

[7]“皇城南門”至“千秋門”：《舊五代史考異》：“案《五代會要》：晋改皇城四門爲乾明、玄德、萬春、千秋，在天福六年，《薛史》統繫于七年，與《會要》異。”見《會要》卷五大内條。

[8]寇氏門：中華書局本有校勘記：“劉本、彭校、《五代會要》卷一九作‘冠氏門’。”見《會要》卷一九大名府條。　朝臣門：中華書局本有校勘記：“彭校、《册府》卷一四、《五代會要》卷一九作‘朝城門’。”

[9]靖安門：中華書局本有校勘記：“原作‘静安門’，據《册府》卷一四、《會要》卷一九改。”　膺福門：中華書局本有校勘記：“原作‘應福門’，據《册府》卷一四、《會要》卷一九改。”　寇氏門：中華書局本有校勘記：“劉本、彭校、《五代會要》卷一九作‘冠氏門’，《册府》卷一四作‘尉氏門’。”　朝城門：中華書局本有校勘記：“彭校、《册府》卷一四作‘朝臣門’。”《册府》實作朝城門。　通遠門：《會要》卷一九大名府條作“適遠門”。

[10]張彦澤：人名。突厥人，徙居太原。五代後晋將領，後投降契丹。傳見本書卷九八、《新五代史》卷五二。

[11]鳳翔：方鎮名。治所在今陝西鳳翔縣。　汝：州名。治所在今河南汝州市。　博：州名。治所在今山東聊城市。　洺：州名。治所在今河北邯鄲市永年區。

夏四月甲寅朔，避正殿不視朝，日蝕故也。[1]是日，太陽不虧，百官上表稱賀。詔沿河藩郡節度使、刺史並兼管内河堤使。[2]己未，右諫議大夫鄭受益兩疏論張彦澤在涇州之日，違法虐民，支解掌書記張式、部曲楊洪等，請下所司，明申其罪，皆留中不出。[3]庚申，刑部郎中李濤、張麟，員外郎麻麟、王禧，同詣閤門上疏，論張彦澤罪犯，詞甚懇切。[4]辛酉，詔："張彦澤刳剔賓從，誅剥生聚，冤聲穢跡，流聞四方，章表繼來，指陳甚切。尚以曾施微功，特示寬恩，深懷曲法之慚，貴徇議勞之典。其張彦澤宜削一階，仍降爵一級。[5]其張式宜贈官，張式父鐸、弟守貞、男希範並與除官。[6]仍於涇州賜錢十萬，差人津置張式靈柩并骨肉歸鄉，所有先收納却張式家財物畜，並令却還。其涇州新歸業户，量與蠲減税賦。"翌日，以前涇州節度使張彦澤爲左龍武大將軍。[7]戊辰，廢雄州爲昌化軍，警州爲威肅軍，其軍使委本道差補。[8]故涇州節度掌書記張式贈尚書虞部郎中，以式父鐸爲沁州司馬致仕，弟守貞爲貝州清河縣主簿，男希範爲興元府文學。[9]甲戌，詔皇子齊王就前河中府節度使康福第，以教坊樂宴會前、見任節度使。[10]戊寅，前慶州刺史米廷訓追奪在身官爵，配流麟州，坐姦妻兄之女也。[11]是月，州郡十六處蝗。

[1]避正殿：國有災異禍亂，則君主避正殿，以示自我貶抑，向天請罪。

[2]詔沿河藩郡節度使、刺史並兼管内河堤使：明本《册府》卷四九七《邦計部·河渠門二》作："宜令沿河廣晋、開封府尹，

逐處觀察、防禦使、刺史等並兼河堤使。”

[3]右諫議大夫：《輯本舊史》之影庫本粘籤：“原本脱‘諫’字，今從《通鑑》增入。”見《通鑑》卷二八三天福七年（942）四月己未條。　掌書記：官名。唐、五代方鎮僚屬，位在判官下。掌表奏書檄、文辭之事。　張式：人名。籍貫不詳。五代後晋時地方官員。事見本書本卷、《新五代史》卷五二。　楊洪：人名。籍貫不詳。五代後晋時軍閥張彦澤的部曲，爲張彦澤所虐殺。事見本書本卷。　留中：指君主把臣僚進呈的奏疏、表狀留下，不置可否，不作批答。

[4]李濤：人名。京兆萬年（今陝西西安市長安區）人。唐敬宗子郇王瑋後裔，後漢宰相。傳見《宋史》卷二六二。　張麟：人名。籍貫不詳。五代後晋官員。事見本書本卷、《新五代史》卷五二。　員外郎：官名。尚書省郎官之一。爲郎中的副職，協助負責諸司事務。從六品上。　麻麟：人名。籍貫不詳。五代後晋官員。事見本書本卷。《新五代史》卷五二《張彦澤傳》作“麻濤”，而《宋本册府》卷一六二《帝王部·命使門二》、《宋本册府》卷四六〇《臺省部·正直門》、明本《册府》卷四六七《臺省部·奏議門七》均作“麻麟”。　王禧：人名。籍貫不詳。五代後晋官員。事見本書本卷、卷一一一，《新五代史》卷五二。　閤門：唐代大明宫之正殿（宣政殿）、内殿（紫宸殿）以東、西上閤門相連，閤門遂爲外朝、内朝之分界。五代宫殿承唐制，亦設閤門。“庚申”至“詞甚懇切”：《舊五代史考異》：“案《宋史·李濤傳》：涇帥張彦澤殺記室張式，奪其妻，式家人詣闕上訴，晋祖以彦澤有軍功，釋其罪。濤伏閤抗疏，請置于法。晋祖召見諭之，濤植笏叩階，聲色俱厲，晋祖怒叱之，濤執笏如初。晋祖曰：‘吾與彦澤有誓約，恕其死。’濤厲聲曰：‘彦澤私誓，陛下不忍食其言；范延光嘗賜鐵券，今復安在？’晋祖不能答，即拂衣起。”對《舊五代史考異》所引之“案《宋史》……請置于法”，中華書局本有校勘記：“‘涇帥張彦澤……釋其罪’三十一字及‘請置于法’四字原

闕，據殿本、《宋史》卷二六二《李濤傳》補。”

［5］仍降爵一級：中華書局本有校勘記：“‘級’，原作‘紀’，據彭校、《通鑑》卷二八三改。”見《通鑑》卷二八三天福七年四月辛酉條。

［6］鐸：人名。即張鐸。張式之父。事見本書本卷、《新五代史》卷五二。　守貞：人名。即張守貞。張式之弟。事見本書本卷、《新五代史》卷五二。　希範：人名。即張希範。張式之子。事見本書本卷、《新五代史》卷五二。

［7］翌日：《通鑑》卷二八三作丙寅。　以前涇州節度使張彦澤爲左龍武大將軍：《輯本舊史》之影庫本粘籤：“左龍武，原本‘左’作‘右’，今從《歐陽史》及《通鑑》改正。”見《新五代史》卷五二《張彦澤傳》、《通鑑》卷二八三、宋史卷二六九《楊昭儉傳》。《舊五代史考異》：“案《宋史·楊昭儉傳》：昭儉與李濤論張彦澤，不報。會有詔命朝臣轉對，或有封事，亦許以不時條奏。昭儉復上疏曰：‘天子君臨四海，日有萬幾，懋建諍臣，彌縫其闕。今則諫臣雖設，言路不通，藥石之論不達于聖聰，而邪佞之徒取容于左右。御史臺紀綱之府、彈糾之司，銜冤者固當昭雪，爲蠹者難免放流。陛下臨御以來，寬仁太甚，徒置兩司，殆如虚器。遂令節使慢侮朝章，屠害幕吏，始訴冤于丹闕，反執送于本藩，苟安跋扈之心，莫恤冤抑之苦，願回宸斷，誅彦澤以謝軍吏。’”

［8］雄州：州名。治所在今河北雄縣。此時降爲昌化軍。　警州：州名。治所在今寧夏平羅縣。此時降爲威肅軍。

［9］尚書虞部郎中：官名。唐、五代工部虞部司的長官，掌京城街道、苑囿、山澤草木及百官外國客人的時蔬薪炭供給、畋獵等事。從五品上。　司馬：官名。州軍佐官，名義上紀綱衆務、通判列曹、品高俸厚，實際上無具體職事，多用以安置貶謫官員，或用作遷轉官階。上州從五品下，中州正六品下，下州從六品上。　清河縣：縣名。治所在今河北清河縣。　主簿：官名。漢代以後歷朝均置。唐代京城百司和地方官署，均設主簿。管理文書簿籍，參議

本署政事，爲官署中重要佐官。其官階品秩，因官署而不同。　興元府：府名。治所在今陝西漢中市。　文學：官名。唐大曆十四年（779）十二月敕諸州經學博士改爲文學。品秩同參軍，位在參軍上。按州府等級，從六品至從八品不等。

[10]河中府：府名。治所在今山西永濟市。中華書局本有校勘記："'中'字原無，據劉本及本書卷九一《康福傳》補。"　康福：人名。蔚（今河北蔚縣）人。後唐、後晋將領。傳見本書卷九一、《新五代史》卷四六。　教坊：官署名。亦稱教坊司，爲宣徽院下屬機構，設有提點、使、副使、判官等官員。掌殿庭音樂、總判院事。

[11]慶州：州名。治所在今甘肅慶陽市慶城縣。　米廷訓：人名。籍貫不詳。五代後晋官員。事見本書本卷。　麟州：州名。治所在今陝西神木市。

五月己亥，中書門下奏：[1]"時屬炎蒸，事宜簡省，應五日百官起居，望令押班宰臣一員押百官班，其轉對官兩員，封事付閤門使引進，本官起居後隨百僚退，不用别出謝恩。[2]其文武内外官僚乞假、寧覲、搬家、婚葬、病損，並門見門辭。[3]諸道進奉物等，不用殿前排列，引進使引至殿前奏云'某等進奉'，奏訖，其進奉使出。[4]其進奉專使朝見日，班首一人致詞，都附起居。刺史并行軍副使、諸道馬步軍都指揮使已下，差人到闕，並門見門辭。州縣官謝恩日，甲頭一人都致詞，不用逐人告官。其供奉官、殿直等，如是當直及合於殿前排立者，即入起居；如不當直排立者，不用每日起居。委宣徽使點檢，常須整齊。"從之。時帝不豫，難於視朝故也。[5]左威衛上將軍衛審峹卒，贈太子少保。[6]乙巳，尊皇太妃劉氏爲皇太后。[7]丁未，工部侍郎韋勳改刑部侍郎。[8]壬子，以左散騎常侍李光廷爲祕書監，給事中蕭愿爲右散騎常侍，左諫議大夫曹國珍爲給事中，太常卿裴坦爲左諫議大夫。[9]是月，州郡五奏大水，十八奏旱蝗。[10]

[1]中書門下：官署名。唐代以來爲宰相處理政務的機構。參見劉後濱《唐代中書門下體制研究——公文形態·政務運行與制度變遷》，齊魯書社 2004 年版。

[2]押班：朝會時領班，管理百官朝會位次。初以監察御史押班，後由宰執負責。　轉對官：參加轉對的官員。朝會時，百官輪流對議朝政於君前，稱爲轉對。　封事：中華書局本有校勘記："'事'字原闕，據《册府》卷一〇八、《五代會要》卷六補。"見明本《册府》卷一〇八《帝王部·朝會門二》、《會要》卷六輟朝條後之雜録條。　閤門使：官名。唐代始設，掌扈從乘輿、朝會禮儀、大宴引贊、引接朝見等事務。　本官起居後隨百僚退：中華書局本有校勘記："'起居後'三字原闕，據《册府》卷一〇八、《五代會要》卷六補。"

[3]寧覲：返鄉省親。

[4]奏訖，其進奉使出：進奉使指方鎮、藩屬國派遣向朝廷進奉的使者。中華書局本有校勘記："殿本作'奏訖令進奉使便出'，劉本作'奏訖令進奉使出'，《册府》卷一〇八作'奏訖其進奉物便出'。"

[5]時帝不豫，難於視朝故也：《舊五代史考異》："案《遼史》：二月甲午，遣使使晉，索吐谷渾叛者。《契丹國志》云：遼以晉招納吐谷渾，遣使責讓，晉高祖憂悒成疾。"見《遼史》卷四《太宗紀下》、《契丹國志》卷二《太宗嗣聖皇帝》會同六年（943）六月條。

[6]左威衛上將軍：官名。唐置，掌宫禁宿衛。唐代十六衛之一。從二品。　衛審峹：人名。徐州（今江蘇徐州市）人。五代後晋官員。事見本書本卷、《通鑑》卷二七六。　太子少保：官名。與太子少傅、太子少師合稱“三少”，唐後期、五代多爲大臣、勳貴加官。從二品。

[7]乙巳，尊皇太妃劉氏爲皇太后：《舊五代史考異》：“徐無黨《五代史記注》云：高祖所生母也。”見《新五代史》卷八《晋高祖紀》天福七年（943）五月乙巳條徐注。

[8]工部侍郎：官名。尚書省工部次官。協助尚書掌管百工山澤水土之政令，考其功以詔賞罰，總所同各司之事。正四品下。　韋勳：人名。籍貫不詳。五代後晋至後周官員，歷任後晋左散騎常侍、工刑户三部侍郎、太子賓客，後周兵部侍郎、尚書右丞。事見本書卷七七至卷八四、卷一一一至卷一一二。　刑部侍郎：官名。尚書省刑部次官。協助刑部尚書掌天下刑法及徒隸、勾覆、關禁之政令。正四品下。

[9]左散騎常侍：官名。門下省屬官。掌侍奉規諷，備顧問應對。正三品下。　李光廷：人名。籍貫不詳。五代後晋官員，後出任秘書監。事見本書本卷。　祕書監：官名。秘書省長官，掌圖書秘記等。從三品。　蕭愿：人名。京兆萬年（今陝西西安市長安區）人。五代後梁宰相蕭頃之子。五代後唐至後周官員。傳見本書卷一二八。《輯本舊史》之影庫本粘籤：“原本作‘肅原’，今據《列傳》改正。”見《輯本舊史》卷一二八《蕭愿傳》。　右散騎常侍：官名。中書省屬官。掌侍奉規諷，備顧問應對。正三品下。　曹國珍：人名。幽州固安（今河北固安縣）人。五代後晋官員。傳見本書卷九三。　太常卿：官名。太常寺長官。掌祭祀禮儀等事。正三品。　裴坦：人名。籍貫不詳。五代後晋官員。事見本書卷八一。

[10]是月：中華書局本有校勘記：“‘月’，原作‘日’，據殿本、劉本改。”

六月丁巳，以兖州節度使桑維翰爲晋昌軍節度使，以前許州節度使安審信爲兖州節度使。[1]襄州都部署高行周奏，安從進觀察判官李光圖出城請援，送赴闕。[2]乙丑，帝崩於保昌殿，壽五十一，遺制齊王重貴於柩前即皇帝位，喪紀並依舊制，山陵務從節儉；馬步諸軍優給，並從嗣君處分。[3]

[1]安審信：人名。沙陀部人。五代將領安審琦從兄。五代後唐至後周將領。傳見本書卷一二三。原作“安審琦”，中華書局本有校勘記：“張森楷《校勘記》：‘“琦”當作“信”。安審信、審琦傳並有自許州遷兖州之文。而審琦爲許、兖在出帝世，是時方爲晋昌，未鎮許州。唯《本紀》天福五年有審信爲許州之文，六年趙在禮代之，故稱“前許州”，決知此爲審信，非審琦也。’按本書上文，安審琦方自晋昌移鎮河中，又本書卷八三《晋少帝紀三》稱安審信爲前兖州節度使，知其嘗歷兖州。”但未改。見《輯本舊史》卷八三《晋少帝紀三》開運元年（944）八月辛丑條。今據改。

[2]觀察判官：官名。唐肅宗以後置，五代沿置。觀察使屬官，參理田賦事，用觀察使印、署狀。 李光圖：人名。籍貫不詳。五代後晋時的藩鎮官員。事見本書本卷。

[3]乙丑，帝崩於保昌殿：《舊五代史考異》：“案《通鑑考異》云：《漢高祖實録》：晋高祖大漸，召近臣屬之曰：‘此天下，明宗之天下，寡人竊而處之久矣。寡人既謝，當歸許王，寡人之願也。’此説難信。今從《薛史》。”見《通鑑》卷二八三天福七年（943）五月條《考異》。 山陵：帝王墳墓的代稱。 馬步諸軍優給：中華書局本有校勘記：“‘給’原作‘紀’，據彭校改。”

八月，太常卿崔棁上謚曰聖文章武明德孝皇帝，廟號高祖，以其年十一月十日庚寅葬於顯陵，宰臣和凝撰謚册哀册文。[1]《永樂大典》卷一萬五千六百四十四。[2]

[1]崔棁：人名。博陵安平（今河北安平縣）人。後梁進士，歷仕後梁、後唐、後晋。傳見本書卷九三、《新五代史》卷五五。《會要》卷一《帝號》條作“崔協”，誤。　顯陵：五代後晋高祖石敬瑭陵墓。位於今河南宜陽縣。　和凝：人名。鄆州須昌（今山東東平縣）人。歷仕後梁至後周，五代官員、詞人。傳見本書卷一二七、《新五代史》卷五六。

[2]《大典》卷一五六四四爲“晋”字韻“五代後晋高祖（二）”事目。《輯本舊史》在此後録《五代史補》：“高祖尚明宗女，宫中謂之石郎。及將起兵于太原，京師夜間狼皆羣走，往往入宫中，愍帝患之，命諸班能射者分投捕逐，謂之‘射狼’。或遇諸塗，問曰：‘汝何從而來？’對曰：‘看射狼。’未幾，高祖至。蓋‘射’音與‘石’相近也。”《五代史闕文》：“梁開平初，潞州行營使李思安奏：函關縣穰鄉民伐樹，樹仆，自分爲二，中有六字如左書，云‘天十四載石進’，梁帝藏於武庫，時莫詳其義。至帝即位，識者曰：‘天’字取‘四’字兩畫加之于傍，即‘丙’字也，‘四’字去中之兩畫加‘十’字，即‘申’字也。帝即位之年，迺‘丙申’也。進者晋也，石者姓也。臣謹按，天祐二十年歲在癸未，其年莊宗建號，改同光元年，至清泰三年歲在丙申，其年晋祖即位，改元天福元年，自未至申，凡十四載矣，故讖書云‘天十四載石進’者，言自天祐滅後十四載石氏興於晋也，豈不明乎！而拆字解讖以就丙申，非也。”對《輯本舊史》引文中之“至清泰三年歲在丙申”，中華書局本有校勘記：“‘在’字原闕，據《五代史闕文》補。”

史臣曰：晋祖潛躍之前，沈毅而已。及其爲君也，旰食宵衣，禮賢從諫，慕黄老之教，樂清净之風，以絁爲衣，以麻爲履，故能保其社稷，高朗令終。然而圖事之初，召戎爲援，獫狁自兹而孔熾，黔黎由是以罹殃。迨至嗣君，兵連禍結，卒使都城失守，舉族爲俘。亦猶決鯨海以救焚，何逃没溺；飲鴆漿而止渴，終取喪亡。謀之不臧，何至於是！儻使非由外援之力，自副皇天之命，以兹睿德，惠彼蒸民，雖未足以方駕前王，亦可謂仁慈恭儉之主也。《永樂大典》卷一萬五千六百四十四。[1]

［1］《大典》卷一五六四四"晋"字韻"五代後晋高祖（二）"事目。

今注本二十四史

舊五代史

一二

晉書〔二〕

宋　薛居正等　撰

陳智超　紀雪娟　主持校注

中國社会科学出版社

舊五代史　卷八一

晉書七

少帝紀第一

少帝，名重貴，高祖之從子也。[1]考諱敬儒，母安氏，以唐天祐十一年六月二十七日，生帝於太原汾陽里。[2]敬儒嘗爲後唐莊宗騎將，[3]早薨，高祖以帝爲子。帝少而謹厚，高祖愛之，洎歷方鎮，嘗遣從行，委以庶事，但性好馳射，有祖禰之風。高祖鎮太原，[4]命瑯琊王震以《禮記》教帝，[5]不能領其大義，謂震曰："非我家事業也。"及高祖受圍於太原，親冒矢石，數獻可於左右，高祖愈重焉。高祖受契丹册，[6]將入洛，欲留一子撫晉陽，先謀於戎王，戎王曰："使諸子盡出，吾當擇之。"乃於行中指帝謂高祖曰："此眼大者可矣。"遂以帝爲北京留守，授金紫光禄大夫、檢校司徒、行太原尹，知河東管内節度觀察事。[7]

[1]高祖：即後晉皇帝石敬瑭。五代時後晉王朝的建立者。沙

陀部人。紀見本書卷七五至卷八〇、《新五代史》卷八。

[2]天祐：唐昭宗李曄開始使用的年號（904）。唐哀帝李柷即位後沿用（904—907）。唐亡後，河東李克用、李存勗仍稱天祐，沿用至天祐二十年（923）。五代其他政權亦有行此年號者，如南吴、吴越等，使用時間長短不等。　考：代指去世的父親。　敬儒：即石敬儒。沙陀部人。後晉高祖石敬瑭兄。傳見《新五代史》卷一七。　考諱敬儒：《新五代史》卷九《晋出帝紀》作："出帝父敬儒，高祖兄也。"《通鑑》卷二八〇天福元年（936）閏十一月丙寅條同。

[3]莊宗：即後唐莊宗李存勗。五代後唐王朝的建立者。紀見本書卷二七至卷三四、《新五代史》卷五。

[4]高祖鎮太原：《輯本舊史》之影庫本粘籤："'鎮太原'上原本脱'高祖'二字，今從《册府元龜》增入。"有關晋高祖鎮太原之記載，可見明本《册府》卷三〇〇《外戚部·選尚門》。

[5]瑯琊：古邑名。位於今山東南部。　王震：人名。瑯琊（今山東南部）王氏族人。後晋官員。事見本書本卷。　禮記：書名。又稱《小戴記》或《小戴禮記》。儒家經典之一。秦漢以前諸家禮儀論著選集。　命瑯琊王震以禮記教帝：據《舊五代史考異》所載："案：《歐陽史》作博士王震。"見《新五代史》卷九。

[6]契丹：古部族、政權名。公元 4 世紀中葉宇文部爲前燕所攻破，始分離而成單獨的部落，自號契丹。唐貞觀中，置松漠都督府，以其首領爲都督。唐末强盛，916 年迭剌部耶律阿保機建立契丹國（遼）。先後與五代、北宋並立，保大五年（1125）爲金所滅。參見張正明《契丹史略》，中華書局 1979 年版。

[7]北京留守：官名。後晋以太原府爲北京。唐、五代在都城、陪都或軍事重鎮設留守，由地方行政長官兼任。　金紫光禄大夫：官名。光禄大夫加金印紫綬，正三品。　檢校司徒：官名。爲散官或加官，以示恩寵加此官，無實際執掌。司徒，與太尉、司空並爲三公。　太原尹：官名。唐、五代太原地方最高行政長官。從三

品。　河東：方鎮名。治所在太原（今山西太原市西南晋源鎮）。　行太原尹，知河東管内節度觀察事：《新五代史》卷九作“行太原尹，……知河東節度事”，與《輯本舊史》略同。《通鑑》卷二八〇天福元年閏十一月條丁卯作“太原尹、河東節度使”。

天福二年九月，徵赴闕，授光禄大夫、檢校太保、右金吾衛上將軍。[1]

[1]天福：五代後晋高祖石敬瑭年號（936—942）。出帝石重貴沿用至九年（944）。後漢高祖劉知遠繼位後沿用一年，稱天福十二年（947）。　光禄大夫：官名。漢代始設，由中大夫改置。從二品。　檢校太保：官名。爲散官或加官，以示恩寵加此官，無實際執掌。太保，與太師、太傅合稱三師。　右金吾衛上將軍：官名。唐置，掌宫禁宿衛。唐代置十六衛，即左右衛、左右驍衛、左右武衛、左右威衛、左右領軍衛、左右金吾衛、左右監門衛、左右千牛衛，各置上將軍，從二品；大將軍，正三品；將軍，從三品。事見《輯本舊史》卷七六《晋高祖紀二》天福二年（937）九月，“甲寅，皇子北京留守、知河東軍府事、太原尹重貴加檢校太保，爲右金吾衛上將軍”；卷七七《晋高祖紀三》天福三年十二月丙子，“以皇子右金吾衛上將軍重貴爲檢校太傅、開封尹，封鄭王，加食邑三千户”。《新五代史》卷九《晋出帝紀》天福二年九月條、《通鑑》卷二八一天福三年十二月癸亥作“左金吾衛上將軍”。

三年十二月，授開封尹，加檢校太傅，封鄭王，增食邑三千户，俄加檢校太尉、同中書門下平章事。[1]

[1]檢校太傅：官名。爲散官或加官，以示恩寵，無實際執掌。　檢校太尉：官名。爲散官或加官，以示恩寵，無實際執掌。　同

中書門下平章事：官名。簡稱“同平章事”。唐高宗以後，凡實際任宰相之職者，常在其本官後加同平章事的職銜。後成爲宰相專稱。後晋天福五年（940），升中書門下平章事爲正二品。

六年，高祖幸鄴，改廣晋尹，進封齊王。七年正月，加兼侍中。[1]

[1]鄴：地名。即鄴都。治所在今河北大名縣。五代後唐同光元年（923），改魏州爲興唐府，建號東京，三年改東京爲鄴都。侍中：官名。秦始置。隋、唐前期爲門下省長官。唐後期多爲大臣加銜，不參與政務，實際職務由門下侍郎執行。正二品。　六年，高祖幸鄴，改廣晋尹，進封齊王：據《舊五代史考異》載：“案：以下疑脱‘七年正月，加兼侍中’八字。”當是。否則下文“是歲六月十三日乙丑高祖崩”蒙上文必使人誤以爲高祖崩於天福六年。中華書局本“六年”條下引劉本案語：“此歲爲天福七年，此承上六年爲言，於中當有脱文。”但未補。今據同書卷八〇《晋高祖紀六》天福七年（942）正月丙寅條補。

是歲六月十三日乙丑，高祖崩，承遺制命柩前即皇帝位。[1]帝在并州未著人望，及保釐浚郊，大有寬裕之稱。[2]從幸鄴都，[3]是歲遇旱，高祖遣祈雨於白龍潭，[4]有白龍見於潭心，是夜澍雨尺餘，人皆異之，至是果登大位焉。丁卯，賜侍衛諸軍將校錢一百貫下至五貫，[5]以初即位示賚也。戊辰，宰臣馮道等率百僚請聽政，[6]凡三上表，允之。庚午，始聽政於崇德殿門偏廊，分命廷臣以嗣位奏告天地宗廟社稷。遣右驍衛將軍石德超等押先皇御馬二匹，往相州西山撲祭，用北俗禮也。[7]丙子，以司徒、兼侍中馮道爲大行皇帝山陵使，門下侍郎竇貞固副之，太常卿崔棁爲禮儀使，户部侍郎吕琦爲鹵簿使，御史中丞王易簡爲儀仗使。[8]己卯，遣判四方館事朱崇節、右金吾衛大將軍梁言持國信物使於契丹。[9]是時，河南、河北、關西並奏蝗害稼。

[1]“是歲”至“即皇帝位”：《通鑑》卷二八三天福七年(942)五月：“帝寢疾，一旦，馮道獨對。帝命幼子重睿出拜之，又令宦者抱重睿置道懷中，其意蓋欲道輔立之。”“六月，乙丑，帝殂。道與天平節度使、侍衛馬步都虞候景延廣議，以國家多難，宜立長君，乃奉廣晋尹、齊王重貴爲嗣。是日，齊王即皇帝位。”

[2]并州：州名。唐開元十一年（723）改爲太原府。治所在今山西太原市西南晋源鎮。 保釐：保境安民、治理地方之意。 浚郊：指五代後晋都城開封市郊，因開封附近有浚水，故名。

[3]鄴都：明本《册府》卷二一《帝王部·徵應門》作“大名”，且繫此事於天福三年。

[4]白龍潭：地名。位於今河北魏縣西南。

[5]賜侍衛諸軍將校錢一百貫下至五貫：中華書局本有校勘記載：“‘五貫’，《册府》卷八一作‘五十貫’。”見明本《册府》卷八一《帝王部·慶賜門三》天福七年六月丁卯條。

[6]馮道：人名。瀛州景城（今河北滄縣）人。五代時官拜宰相，歷仕後唐、後晋、後漢、後周，亦曾臣服於契丹。傳見本書卷一二六、《新五代史》卷五四。

[7]右驍衛將軍：官名。唐置，掌宫禁宿衛。唐代十六衛之一。從三品。 石德超：人名。籍貫不詳。五代後晋將領。事見本書本卷。 相州：州名。治所在今河南安陽市。 撲祭：祭禮名。殺馬祭祀。爲沙陀等塞北部族的祭祀禮儀。

[8]司徒：官名。與太尉、司空並爲三公，唐後期、五代多爲

大臣、勳貴加官。正一品。　大行皇帝：古代對已死而停棺未葬的皇帝的諱稱。“大行”意爲一去不復返。　山陵使：官名。亦稱山陵儀仗使。唐貞觀中始置。掌議帝后陵寢制度、監造帝后陵寢。詳見吴麗娛《唐代的皇帝喪葬與山陵使》，《魏晋南北朝隋唐史資料》2008年第1期。　門下侍郎：官名。門下省副長官。唐後期三省長官漸爲榮銜，中書、門下侍郎却因參議朝政而職位漸重，常常用爲以“同三品”或“同平章事”任宰相者的本官。正三品。　竇貞固：人名。同州白水（今陝西白水縣）人。五代後唐至宋初大臣，後唐進士，後漢宰相。傳見《宋史》卷二六二。　太常卿：官名。西漢置太常，南朝梁始置太常卿。太常寺長官。掌宗廟祭祀禮樂及教育等。正三品。　崔棁：人名。博陵安平（今河北安平縣）人。五代官員。傳見本書卷九三、《新五代史》卷五五。　禮儀使：官名。有重大禮儀事務則臨時置使，掌禮儀事務，事畢即罷。　户部侍郎：官名。尚書省户部次官。協助户部尚書掌土地、人户、錢谷、貢賦之政。正四品下。　吕琦：人名。幽州安次（今河北廊坊市安次區）人。五代官員。以剛直、才幹著稱。未及重用而去世。傳見本書卷九二、《新五代史》卷五六。　鹵簿使：官名。掌帝后出行車駕儀仗。　御史中丞：官名。如不置御史大夫，則爲御史臺長官。掌司法監察。正四品下。　王易簡：人名。京兆（今陝西西安市）人。五代後梁進士，五代、宋初大臣。傳見《宋史》卷二六二。　儀仗使：官名。皇帝大駕出行時，總掌儀仗事務。　“丙子”至“御史中丞王易簡爲儀仗使”：《舊五代史考異》：“案徐無黨《五代史記》注云：‘舊史《實録》無橋道頓遞使，疑不置或闕書，漢高祖亦然’。”據《輯本舊史》《新五代史》，後唐（明宗、閔帝）、後周（世宗、恭帝）皆設置有橋道頓遞使。

［9］判四方館事：官名。隋始置四方館，以通事謁者爲主官。唐、五代沿置，以通事舍人或判四方館事爲主官。掌四方往來及互市事務。　朱崇節：人名。籍貫不詳。五代後梁官員。事見《舊唐書》卷一七九及本書本卷。《舊五代史考異》載：“案：《歐陽史》

作館使宋崇節。”誤。《新五代史》卷九《晋出帝紀》及卷三六《李存孝傳》均作“朱崇節”。　右金吾衛大將軍：官名。唐置，掌宫禁宿衛。唐代十六衛之一。正三品。“衛”字《輯本舊史》闕，中華書局本沿之未補，據《新五代史》卷九補。　梁言：人名。籍貫不詳。五代官員。事見本書本卷。

秋七月癸未朔，百官素服臨於天清殿。[1]戊子，詔：“應宫殿、州縣及官名、府號、人姓名，與先帝諱同音者悉改之。”[2]改西京明堂殿爲宣德殿，中書政事堂爲政事廳，堂後官房頭爲録事，餘爲主事。[3]己丑，大行皇帝大祥，帝釋縗服，百官衣縿。辛卯，帝除禫服，百官吉服。[4]壬辰，太皇太后劉氏崩，高祖之庶母也。遺詔服紀園陵毋用后禮，皇帝不得廢軍國機務。既而禮官奏：“準令式，爲祖父母齊縗周，又準《喪葬令》，皇帝本服周者，三哭而止。請準後唐同光三年，皇太妃北京薨，莊宗於洛京西内發哀素服，不視事三日。”從之。[5]仍遣國子祭酒兼户部侍郎田敏奏告高祖靈座。[6]癸巳，右諫議大夫鄭受益、中書舍人楊昭儉並停見任，以請假在外，不赴國哀故也。[7]丁酉，宰臣馮道等率文武百僚詣崇德殿門拜表，請御正殿，凡三上表，允之。安州奏，水平地深七尺。[8]庚子，帝御正殿，宣制：“大赦天下，四京及諸道州府諸色罪犯，[9]除十惡五逆、殺人强盗、官典犯贓、合造毒藥、屠牛鑄錢外，[10]其餘罪犯，咸赦除之。襄州安從進如能果決輸誠，並從釋放。[11]其中外臣僚將校，並與加恩。天下有蟲蝗處，並與除放租税。”辛丑，恒州順國軍節度使杜威、河東節度使劉知遠，[12]並加檢校太師，仍增爵邑。青州平盧軍節度使楊光遠加守太師。[13]癸卯，鄆州天平軍節度使兼侍衛馬步都虞候景延廣加特進、同中書門下平章事，充侍衛親軍都指揮使。[14]滑州義成軍節度使兼侍衛馬軍都指揮使李守貞，相州彰德軍節度使、侍衛步軍都指揮使郭謹，並加檢校太傅，仍增爵邑。[15]宰臣馮道等上表，請依舊置樞密使，略曰："竊以樞密使創自前朝，置諸近侍，其來已久，所便尤多。頃歲樞密使劉處讓偶屬家艱，爰拘喪制，既從罷免，暫議改更，不曾顯降敕文，永停使額。所願各歸職分，豈敢苟避繁難，伏請依舊置樞密使。"[16]初，高祖事後唐明宗，睹樞密使安重誨秉政擅權，賞罰由己，常惡之，及登極，故斷意廢罷，一委中書。[17]至是馮道等厭其事繁，故復請置之，庶分其權。表凡三上，不允。乙巳，徐州節度使李從温、宋州節度使安彦威並加兼中書令，西都留守、充襄州行營都部署高行周加兼侍中，鳳翔節度使李從曮加守太保。[18]遣中使就中書賜宰臣馮道生辰器幣，道以幼屬亂離，早喪父母，不記生日，堅辭不受。丙午，以給事中羅周岳爲左散騎常侍，以右諫議大夫符蒙爲給事中，以祕書少監兼廣晋少尹邊蔚爲左散騎常侍，以廣晋少尹張煦爲右諫議大夫，以廣晋府判官、光禄少卿邊光範爲右諫議大夫。[19]丁未，荆南節度使、南平王高從誨加兼尚書令，湖南節度使、楚王馬希範加守太傅。[20]自是藩侯郡守，皆第加官封，示溥恩也。是月，州郡十七蝗。

［1］天清殿：宫殿名。位於今河南開封市。

［2］與先帝諱同音者悉改之：據中華書局本有校勘記："'悉'字原闕，據《大金集禮》卷二三引《舊五代史·晋紀》補。"明本《册府》卷三《帝王部·名諱門》天福七年（942）敕："應殿名及州縣名、職名等，有與高祖諱犯者悉改之。"

［3］政事堂：官署名。唐代以降宰相議事辦公之所。初設於門下省，後遷至中書省，唐玄宗時改稱中書門下，後又有更革。　録事：官名。古代各級官府所設屬官，掌文書記録流轉等事。　主事：官名。古代各級官府所設屬官，協辦各類政務。　"改西京明堂殿爲宣德殿"至"餘爲主事"：據殿本《輯本舊史》之案語："《東都事略·陶穀傳》：穀本姓唐，避晋祖諱改姓陶，蓋當時避諱之體如此。"見《東都事略》卷三〇《陶穀傳》，原文作："因避晋高祖諱而更爲陶，遂不復其舊。"

［4］縗服：我國古代喪服的一種。　縿：我國古代旌旗的正幅。　禫服：又稱"除服"或"脱孝"。中國古代喪葬風俗的一種，守孝期滿而可行禮除服。

［5］同光：後唐莊宗李存勗年號（923—926）。　從之：《輯本舊史》之影庫本粘籤："原本作'存之'，今據文改正。"

［6］國子祭酒：官名。國子監長官。從三品。　田敏：人名。淄州鄒平（今山東鄒平縣）人。五代、宋初大臣、學者。傳見《宋史》卷四三一。

［7］右諫議大夫：官名。隸中書省。唐代置左、右諫議大夫各四人，分隸門下省、中書省。掌諫諭得失、侍從贊相。正四品下。　鄭受益：人名。鄭州滎陽（今河南滎陽市）人。唐朝宰相鄭餘慶之曾孫。五代後梁至後晋官員。傳見本書卷九六。　中書舍人：官名。中書省屬官。掌起草文書、呈遞奏章、傳宣詔命等。正五品上。　楊昭儉：人名。京兆長安（今陝西西安市）人。五代後周、宋初大臣。傳見《宋史》卷二六九。

［8］安州：州名。治所在今湖北安陸市。

［9］四京及諸道州府諸色罪犯："四京及"三字《輯本舊史》闕，中華書局本沿之未補，今據明本《册府》卷九四《帝王部·赦宥門一三》所載天福七年七月庚子制補。

［10］合造毒藥：中華書局本有校勘記："'造'原作'作'，據《册府》卷九四改。"

［11］襄州：州名。治所在今湖北襄陽市。　安從進：人名。索葛部人。五代後唐、後晋將領。傳見本書卷九八、《新五代史》卷五一。

［12］恒州：州名。即鎮州。治所在今河北正定縣。　節度使：官名。唐時在重要地區所設掌握一州或數州軍、民、財政的長官。　杜威：人名。即杜重威，避後晋出帝石重貴諱稱杜威。其先朔州（今山西朔州市朔城區）人，後徙居太原。五代後晋、後漢將領。傳見本書卷一〇九、《新五代史》卷五二。　劉知遠：人名。沙陀部人，後世居於太原。五代後唐、後晋將領，後漢高祖。紀見本書卷九九至卷一〇〇、《新五代史》卷一〇。　恒州順國軍節度使杜威、河東節度使劉知遠：據《輯本舊史》案語載："杜重威避少帝諱去'重'字，至漢始復，故少帝紀皆作杜威。"

［13］檢校太師：官名。爲散官或加官，以示恩寵，無實際執掌。　青州：州名。治所在今山東青州市。　平盧軍：方鎮名。治所在青州（今山東青州市）。　楊光遠：人名。沙陀部人。五代後唐、後晋將領。傳見本書卷九七、《新五代史》卷五一。　太師：官名。與太傅、太保合稱三師，唐後期、五代多爲大臣、勳貴加官。正一品。

［14］鄆州：州名。治所在今山東東平縣。　天平軍：方鎮名。治所在鄆州（今山東東平縣）。　侍衛馬步都虞候：官名。五代侍衛親軍馬步軍統兵官，僅次於馬步軍都指揮使、副都指揮使。　景延廣：人名。陝州（今河南三門峽市陝州區）人。五代後晋將領。傳見本書卷八八、《新五代史》卷二九。　特進：官名。西漢末期始置，授給列侯中地位較特殊者。隋唐時期，特進爲文散官，授給

有聲望的官員。正二品。　侍衛親軍都指揮使：官名。五代時侍衛親軍之長官。多爲皇帝親信。《通鑑》卷二八三天福七年七月癸卯條作“侍衛馬步都指揮使”。

［15］滑州：州名。治所在今河南滑縣。　義成軍：方鎮名。治所在滑州（今河南滑縣）。　侍衛馬軍都指揮使：官名。五代時皇帝親軍侍衛馬軍司長官。　李守貞：人名。河陽（今河南孟州市）人。五代將領。傳見本書卷一〇九、《新五代史》卷五二。　相州：州名。治所在今河南安陽市。　彰德軍：方鎮名。治所在相州（今河南安陽市）。　侍衛步軍都指揮使：官名。五代始置。皇帝侍衛親軍步軍司最高長官。　郭謹：人名。晋陽（今山西太原市）人。五代後晋、後漢將領。傳見本書卷一〇六。

［16］樞密使：官名。樞密院長官。五代時以士人爲之，備顧問、參謀議，出納詔奏，權侔宰相。參見李全德《唐宋變革期樞密院研究》，國家圖書館出版社 2009 年版。　劉處讓：人名。滄州（今河北滄縣舊州鎮）人。五代後唐、後晋將領。傳見本書卷九四、《新五代史》卷四七。

［17］明宗：即五代後唐明宗李嗣源。沙陀部人。原名邈佶烈，李克用養子。926 年至 933 年在位。紀見本書卷三五至卷四四、《新五代史》卷六。　安重誨：人名。應州（今山西應縣）人。五代後唐大臣。傳見本書卷六六、《新五代史》卷二四。

［18］徐州：州名。治所在今江蘇徐州市。　李從温：人名。代州崞縣（今山西原平市）人。五代後唐、後晋大臣。好財利。傳見本書卷八八。　宋州：州名。治所在今河南商丘市睢陽區。　安彦威：人名。代州崞縣（今山西原平市）人。五代後唐、後晋大臣。以知兵、謹厚著稱。傳見本書卷九一、《新五代史》卷四七。　中書令：官名。漢代始置，隋、唐前期爲中書省長官，屬宰相之職，唐後期多爲授予元勳大臣的虚銜。正二品。　留守：官名。在都城、陪都或軍事重鎮所設留守，由地方行政長官兼任。　行營都部署：官名。凡行軍征討，挂帥率軍戰鬥，總管行營事務。　高行

周：人名。媯州懷戎（今河北懷來縣）人。五代後唐至後周將領。傳見本書卷一二三、《新五代史》卷四八。　鳳翔：方鎮名。治所在鳳翔府（今陝西鳳翔縣）。　李從曮：人名。深州博野（今河北蠡縣）人。李茂貞長子，唐末、五代軍閥。傳見本書卷一三二。　太保：官名。與太師、太傅並爲三師。唐後期、五代多爲大臣、勳貴加官。正一品。

［19］給事中：官名。秦始置。隋唐以來，爲門下省屬官。掌讀署奏抄，駁正違失。正五品上。　羅周岳：人名。籍貫不詳。五代官員。事見本書本卷及卷七六、卷七八、卷八四。　左散騎常侍：官名。門下省屬官。掌侍奉規諷，備顧問應對。正三品下。　符蒙：人名。籍貫不詳。五代官員。事見本書本卷及卷三二、卷七七、卷八三、卷一二三。　祕書少監：官名。唐承隋制，置秘書省，設秘書少監二人協助秘書監工作。從四品上。　少尹：官名。唐、五代於三京、鳳翔等府均置少尹，爲府尹的副職。協助府尹通判列曹諸務。從四品下。　邊蔚：人名。京兆長安（今陝西西安市）人。五代大臣。傳見本書卷一二八。　張煦：人名。籍貫不詳。後周時擔任散騎常侍、刑部尚書、兵部尚書等職。事見本書本卷、卷八四、卷一一一至卷一一四。　判官：官名。此處指山陵判官。協助山陵使、副使處理帝后陵寢制度、監造帝后陵寢。　光禄少卿：官名。北魏始設，歷代沿置，光禄寺副長官。掌宫廷飲宴食材採辦諸事。從四品。　邊光範：人名。并州陽曲（今山西太原市）人。歷仕五代後唐、後晉至宋代。傳見《宋史》卷二六二。　左散騎常侍：據中華書局本有校勘記："'左'，原作'右'，據本書卷八二《晉少帝紀二》、卷一二八《邊蔚傳》及本卷下文改。"見本卷天福八年（943）二月甲戌條、下卷天福八年十月己巳條。

［20］荆南：方鎮名。唐至德二年（757）置。治所在荆州（今湖北荆沙市荆州區）。後唐同光二年（925）高季興受封爲南平王。　高從誨：人名。陝州硤石（今河南三門峽市陝州區）人，南平國主高季興長子。傳見本書卷一三三、《新五代史》卷六九。　尚書

令：官名。秦始置。隋、唐前期爲尚書省長官，與中書令、侍中並爲宰相。因以李世民爲之，後皆不授，唐高宗廢其職。唐後期以李適、郭子儀有功而特授此職，爲大臣榮銜，不參與政務。五代因之。唐時爲正二品，後梁開平三年（909）升爲正一品。　湖南：方鎮名。治所在潭州（今湖南長沙市）。　馬希範：人名。許州鄢陵（今河南鄢陵縣）人。五代十國南楚國主馬殷子。後唐明宗長興三年（932）至後晋開運四年（947）在位。傳見本書卷一三三、《新五代史》卷六六。　太傅：官名。與太師、太保合稱三師，唐後期、五代多爲大臣、勳貴加官。正一品。

八月壬子朔，百官素服臨於天清殿。乙卯，以左散騎常侍羅周岳爲東京副留守。戊午，襄州行營都部署高行周奏，收復襄州，安從進自焚而死，生擒男弘贊斬之。[1]庚申，以山陵禮儀使、太常卿崔棁爲太子賓客，分司西都，病故也。[2]壬戌，晋昌軍節度使桑維翰加檢校太傅。[3]甲子，宰臣馮道加守太尉，趙瑩加中書令，李崧加左僕射兼門下侍郎，和凝加右僕射。[4]契丹遣使致慰禮馬二十匹及羅絹等物。前河中節度使康福卒，[5]贈太師，謚曰武安。戊辰，以太子太保兼尚書左僕射劉昫爲太子太傅。[6]詔賜襄州城内百姓粟，[7]大户二斛，小户一斛，以久困重圍也。己巳，以太子賓客趙元輔權判太常卿事，充山陵禮儀使。[8]庚午，葬太皇太后於魏縣秦固村。[9]癸酉，契丹遣使致祭於高祖，賻禮御馬二匹、羊千口、絹千匹。契丹主母亦遣使來慰。詔："免襄州城内人户今年秋來年夏屋税，[10]其城外下營處與放二年租税。應被安從進脅從者，一切不問。"丁丑，百官素服臨於天清殿。己卯，分命朝臣詣寺觀禱雨。辛巳，兩浙節度使吴越國王錢弘佐、福建節度使王延羲，並加食邑，仍改賜功臣名號。[11]是月，河中、河東、河西、徐、晉、商、汝等州蝗。[12]

[1]戊午：《輯本舊史》原作“是日”，孔本有案語：“高行周克襄州，《五代春秋》及《通鑑》俱不書日，《遼史》作甲子，晉復襄州，蓋以奏聞之日爲收城之日也。歐陽史作八月戊午，高行周克襄州，當得其實。”見《新五代史》卷九《晉出帝紀》，繫於天福七年（942）八月戊午（七日），《輯本舊史》原附於甲子（十三日）條後，《遼史》卷四《太宗紀下》會同五年（即晉天福七年，942）亦繫於八月甲子條，均誤。中華書局本未改正。今從《新五代史》。

[2]太子賓客：官名。爲太子官屬。唐高宗顯慶元年（656）始置。掌侍從規諫，贊相禮儀。正三品。

[3]晉昌軍：方鎮名。治所在京兆府（今陝西西安市）。　桑維翰：人名。洛陽（今河南洛陽市）人。五代後唐進士，後晉宰相、樞密使。傳見本書卷八九、《新五代史》卷二九。

[4]太尉：官名。與司徒、司空並爲三公，唐後期、五代多爲大臣、勳貴加官。正一品。　趙瑩：人名。華州華陰（今陝西華陰市）人。五代後晉宰相。傳見本書卷八九、《新五代史》卷五六。　李崧：人名。深州饒陽（今河北饒陽縣）人。後晉宰相，歷仕後唐至後漢。傳見本書卷一〇八、《新五代史》卷五七。　左僕射：官名。秦始置。隋唐前期以左、右僕射佐尚書令總理六官，綱紀庶務，如不置尚書令，則總判省事，爲宰相之職。唐後期多爲大臣加銜。從二品。　和凝：人名。鄆州須昌（今山東東平縣）人。後晉宰相。傳見本書卷一二七、《新五代史》卷五六。　右僕射：官名。秦始置。隋、唐前期以左、右僕射佐尚書令總理六官，綱紀庶務，

如不置尚書令，則總判省事，爲宰相之職。唐後期多爲大臣加銜。從二品。

[5]康福：人名。蔚州（今河北蔚縣）人。五代後唐將領。傳見本書卷九一、《新五代史》卷四六。　前河中節度使康福卒：中華書局本有校勘記："'河中'，原作'河東'，據本書卷八〇《晋高祖紀六》、卷九一《康福傳》改。"見《輯本舊史》卷七九天福五年三月丁亥條、卷八〇天福七年四月甲戌條、卷九一《康福傳》，又見《新五代史》卷四六《康福傳》。

[6]太子太保：官名。與太子太師、太子太傅統稱太子三師。隋唐以後多作加官或贈官。從一品。　劉昫：人名。涿州歸義縣（今河北容城縣）人。五代大臣，曾任宰相、監修國史，領銜撰進《舊唐書》。傳見本書卷八九、《新五代史》卷五五。　太子太傅：官名。與太子太師、太子太保統稱太子三師。隋唐以後多作加官或贈官。從一品。

[7]詔賜襄州城内百姓粟：中華書局本有校勘記："原作'百官'，據殿本、《册府》卷一〇六改。"見明本《册府》卷一〇六《帝王部·惠民門二》天福七年八月詔。

[8]趙元輔：人名。籍貫不詳。五代官員。事見本書本卷及卷七九。

[9]魏縣：縣名。治所在今河北魏縣。　秦固村：地名。位於今河北邯鄲市。

[10]今年秋來年夏：中華書局本有校勘記："'今年秋來年夏'，原作'今年夏秋來'，據《册府》卷四九二改。"見《宋本册府》卷四九二《邦計部·蠲復門四》天福七年八月詔。今據改。

[11]錢弘佐：人名。五代十國吴越君主。傳見本書卷一三三、《新五代史》卷六七、《十國春秋》卷八〇。　王延羲：人名。五代十國閩國景宗，性嗜酒殘暴，後爲部將連重遇、朱文進所殺。傳見本書卷一三四、《新五代史》卷六八。　"丁丑"至"仍改賜功臣名號"：丁丑、己卯、辛巳三條，中華書局本均置於九月，且以

丁丑爲朔日。但九月壬午朔，丁丑爲八月二十六、己卯爲八月二十八、辛巳爲八月三十，故需將此三條移至八月。

［12］晉：州名。治所在今山西臨汾市。　商：州名。治所在今陝西商洛市商州區。　汝：州名。治所在今河南汝州市。

九月癸未，帝御乾明門，觀襄州行營都部署高行周、都監張從恩等獻俘馘。[1]有司宣露布訖，[2]以安從進男弘受等四十四人徇於市，皆斬之。曲赦京城禁囚。甲申，宴班師將校於崇德殿，賜物有差。乙酉，宰臣和凝上《迴河頌》，賜鞍馬器帛。丁亥，以宋州歸德軍節度使安彦威爲西京留守兼河南尹；以襄州行營都部署、西京留守高行周爲宋州節度使，加檢校太師。[3]戊子，降襄州爲防禦使額，均、房二州割屬鄧州，升泌州爲團練使額。[4]己丑，以東京留守兼開封尹李德琉爲廣晋尹；以宣徽南院使、襄州行營都監張從恩爲東京留守兼開封尹，加檢校太尉；以前同州節度使、襄州行營副部署宋彦筠爲鄧州威勝軍節度使，加檢校太尉。[5]山陵禮儀使撰高祖祔饗太廟酌獻樂章，上之。[6]庚寅，詔今後除授留守，宜降麻制。[7]癸巳，永壽長公主史氏進封魯國大長公主，壽安長公主烏氏進封衛國大長公主，樂平長公主杜氏進封宋國大長公主。[8]荆南高從誨累表讓尚書令之命。己亥，追封故秦國公主爲梁國長公主，故永壽長公主爲岐國大長公主，故延慶長公主爲邠國大長公主。[9]辛丑，以義成軍節度使兼侍衛馬軍都指揮使李守貞充大行皇帝山陵都部署。[10]壬寅，以宣徽北院使、判三司劉遂清爲鄭州防禦使，以澶州防禦使李承福爲宣徽北院使。[11]癸卯，詔大行皇帝十一月十日山陵，宜自十月一日至十一月二十日不坐，放文武百官朝參。甲辰，上大行皇帝尊謚寶册，[12]百官素服班於天清殿。禮儀使撰進高祖祔饗太廟酌獻樂章舞名，[13]請以《咸和之舞》爲名。從之。

[1]都監：官名。唐代中葉命將出征，常以宦官爲監軍、都監。後爲臨時委任的統兵官，稱都監、兵馬都監。掌屯戍、邊防、訓練之政令。　張從恩：人名。太原人。五代後晋外戚、將領。仕至宋初。傳見《宋史》卷二五四。

[2]露布：不加密封的文書，亦稱“露版”或“露板”。漢代唯赦令、贖令，召三公詣朝堂受制書，司徒印封，露布下州郡。魏晋以下，每戰勝則書捷狀建於竿頭，使天下皆知之，或白其事而告天下。

[3]歸德軍：方鎮名。治所在宋州（今河南商丘市睢陽區）。本後梁宣武軍，後唐改名歸德軍。

[4]防禦使：官名。唐代始置，設有都防禦使、州防禦使兩種。常由刺史或觀察使兼任，實際上爲唐代後期州或方鎮的軍政長官。　均：州名。治所在今湖北丹江口市。　房：州名。治所在今湖北房縣。　鄧州：州名。治所在今河南鄧州市。　泌州：州名。治所在今河南唐河縣。

[5]李德珫：人名。應州金城（今山西應縣）人。後唐、後晋大臣。傳見本書卷九〇。　廣晋：府名。五代後晋天福二年（937）改興唐府置廣晋府，治元城、廣晋二縣（今河北大名縣）。　宣徽南院使：官名。唐始置。宣徽南院的長官。初用宦官，五代以後改用士人。與宣徽北院使通掌内諸司及三班内侍之名籍，郊祀、朝會、宴享供帳之儀，檢視内外進奉名物。參見王永平《論唐代宣徽使》，《中國史研究》1995 年第 1 期；王孫盈政《再論唐代的宣徽

使》,《中華文史論叢》2018 年第 3 期。　同州：州名。治所在今陝西大荔縣。　行營副部署：官名。行營都部署副職。　宋彦筠：人名。雍丘（今河南杞縣）人。五代後唐、後晋將領。傳見本書卷一二三。　威勝軍：方鎮名。治所在鄧州（今河南鄧州市）。

［6］祔：祭禮名。據《儀禮·既夕禮》載："明日以其班祔。"鄭玄注："祔，猶屬也。"行祔禮以將七廟神主牌位附屬於太廟。太廟：帝王的祖廟。用以供奉、祭祀皇帝先祖。

［7］麻制：唐宋時代委任宰執大臣的詔命，因書於麻紙而得名。

［8］長公主：我國古代對皇帝姐妹的稱呼。　大長公主：我國古代對皇帝姑母的稱呼。　"癸巳"至"宋國大長公主"：《輯本舊史》之"永壽長公主史氏""樂平長公主杜氏"，中華書局本改作"樂平長公主史氏""鄭國長公主杜氏"，並有校勘記："'樂平長公主'，原作'樂平公主'，據本書卷七六《晋高祖紀二》及本卷下文改。本書卷七六《晋高祖紀二》：'（天福二年五月）皇第十二妹史氏爲永壽長公主，皇第十三妹杜氏爲樂平長公主。'《金石萃編》卷一二〇史匡翰碑云匡翰尚魯國大長公主。《通鑑》卷二八一：'重威，朔州人也，尚帝妹樂平長公主。'則樂平長公主係杜重威妻。"《輯本舊史》卷七六《晋高祖紀二》繫封皇妹史氏爲永壽長公主、杜氏爲樂平長公主於天福二年（937）五月庚午。《通鑑》卷二八一記杜重威尚樂平長公主在天福二年六月己亥。中華書局本有校勘記所引與文獻所載不符，故今恢復《輯本舊史》原文。又，"衛國大長公主"，中華書局本有校勘記："'衛國'，殿本作'魏國'。"

［9］秦國公主：中華書局本有校勘記："原作'秦國長公主'，據《五代會要》卷二改。按本書卷七九《晋高祖紀五》：'（天福六年）長安公主薨，帝之長女也……追贈秦國公主。'"《輯本舊史》卷七九《晋高祖紀五》天福六年二月癸丑條："長安公主薨，帝之長女也。笄年降於駙馬楊永祚，帝悼惜之甚，追贈秦國公主。"《會要》卷二公主條云"六年五月卒，追封秦國公主，至七年九月，又

追封梁國長公主。”今據改。

［10］山陵都部署：官名。掌營建、保衛皇室山陵諸事。

［11］宣徽北院使：官名。唐始置。宣徽北院的長官。初用宦官，五代以後改用士人。與宣徽南院使通掌内諸司及三班内侍之名籍，郊祀、朝會、宴享供帳之儀，檢視内外進奉名物。參見王永平《論唐代宣徽使》，《中國史研究》1995年第1期；王孫盈政《再論唐代的宣徽使》，《中華文史論叢》2018年第3期。　判三司：官名。通掌鹽鐵、度支、户部三個部門事務。爲三司使之起始。　劉遂清：人名。青州北海（今山東濰坊市）人。五代後唐、後晉官員。治理地方多有善政。傳見本書卷九六。　鄭州：州名。治所在今河南鄭州市。　澶州：州名。唐、五代初，治所在今河南清豐縣。後晉天福四年（939）移治於今河南濮陽市。　李承福：人名。漢陽（今湖北武漢市漢陽區）人。五代後晉官員。傳見本書卷九〇。

［12］甲辰，上大行皇帝尊謚寶册：據《舊五代史考異》載："案《五代會要》：天福七年，中書門下奏：山陵禮儀使狀：高祖尊謚號及廟號，伏准故事，將啟殯宫前，擇日命太尉率百僚奉謚册，告天于圜丘畢，奉謚册跪讀于靈前。此累朝之制，蓋以天命尊極，不可稽留。今所上高祖聖文章武明德孝皇帝尊謚寶册，伏緣去洛京地遠，寶册難以往來，當司詳酌，伏請祗差官往洛京，奏告南郊太廟。其日，中書門下文武百官立班，中書令、侍中升靈座前讀寶册，行告謚之禮。”又，文中“告天于圜丘畢”，中華書局本有校勘記：“‘于’原作‘子’，據殿本、劉本、《五代會要》卷一改。”見《會要》卷一雜録條晉天福七年八月條。

［13］禮儀使撰進高祖祔饗太廟酌獻樂章舞名：據《輯本舊史》之影庫本粘籤："禮儀使，原本作‘禮俊使’，據上文云：山陵禮儀使撰高祖祔饗太廟樂章上之。蓋先進樂章，至此乃請定舞名也。原本‘俊’字誤，今改正。”參《宋本册府》卷五七〇《掌禮部·作樂門六》天福七年條。

冬十月辛亥朔，百官素服臨於天清殿。襄州利市廟封爲順正王，[1]仍令本州修崇廟宇。癸亥，啟攢宫，百官衣初喪服入臨。甲子，靈駕進發，帝於朱鳳門外行遣奠之祭，辭畢還宫。丁丑，太保盧質卒，贈太子太師，謚曰文忠。[2]己卯，宰臣李崧母喪，歸葬深州，遣使弔祭之。[3]庚辰，契丹遣使致祭於高祖，賻馬三匹、衣三襲。[4]

[1]襄州利市廟封爲順正王：據中華書局本有校勘記載："'順正王'，《册府》卷三四同，《五代會要》卷一一作'顯正王'。"見《會要》卷一一封嶽瀆條、明本《册府》卷三四《帝王部·崇祭祀門三》天福七年（942）十月條。

[2]盧質：人名。河南（今河南洛陽市）人。五代大臣。傳見本書卷九三、《新五代史》卷五六。　太子太師：官名。與太子太傅、太子太保統稱太子三師。隋唐以後多作加官或贈官。從一品。

[3]深州：州名。治所在今河北深州市。

[4]"庚辰"至"衣三襲"：據《新五代史》卷九《晋出帝紀》載，十月"己未，契丹使舍利來"。

十一月庚寅，葬高祖皇帝於顯陵。壬辰，湖南奏，前洪州節度使馬希振卒。[1]戊戌，詔宰臣等分詣寺廟祈雪。庚子，祔高祖神主於太廟。辛丑，以右金吾衛大將軍、權判三司董遇爲三司使。[2]詔："州郡税鹽，過税斤七錢，住税斤十錢，[3]州府鹽院並省司差人勾當。"先是，諸州府除蠶鹽外，每年海鹽界分約收鹽價錢一十七萬貫，[4]高祖以所在禁法，抵犯者衆，遂開鹽禁，許通商，令州郡配徵人户食鹽錢，上户千文，下户二百，分爲五等，時亦便之。至是掌賦者欲增財利，難於驟變前法，乃重其關市之征，蓋欲絶其興販歸利於官也。其後鹽禁如故，鹽錢亦徵，至今爲弊焉。是日，詔："天地、宗廟、社稷及諸祠祭等，訪聞所司承管，多不精潔。宜令三司預支一年禮料物色，於太廟置庫收貯，差宗正丞主掌，委監察御史監當，[5]祭器祭服等未備者修製。"[6]

[1]洪州：州名。治所在今江西南昌市。　馬希振：人名。許州鄢陵（今河南鄢陵縣）人。五代十國南楚（亦稱馬楚）開國君主馬殷之子。事見本書本卷、《新五代史》卷六六。

[2]董遇：人名。籍貫不詳。五代後晋官員。事見本書本卷及卷八三。

[3]過税斤七錢，住税斤十錢：《會要》卷二六鹽條。《宋本册府》卷四九四《邦計部·山澤門二》同，明本《册府》兩"錢"字均作"分"。但宋、明兩本《册府》均誤繫於天福六年（941）十一月。

[4]每年海鹽界分約收鹽價錢一十七萬貫：中華書局本有校勘記："'十'，原作'千'，據本書卷一四六《食貨志》、《五代會要》卷二六、《册府》卷四九四改。"見《會要》卷二六鹽條天福七年十一月記事。

[5]宗正丞：官名。隋、唐、五代置爲宗正寺佐官，位次少卿，員二人，掌判本寺日常公務。從六品上。　監察御史：官名。屬御史臺之察院，掌監察中央機構、州縣長官及祭祀、庫藏、軍旅等事。唐中期以後，亦作爲外官所帶之銜。正八品下。

[6]"委監察御史監當"：據中華書局本有校勘記載："'監察御史'，原作'監察使'，據殿本、孔本改。《五代會要》卷四、《册府》卷三四引天福七年十一月敕云以監察御史宋彦昇監庫。"

見《會要》卷四緣祀裁製條天福七年十一月敕。　“是日”至“祭器祭服等未備者修製”：《舊五代史考異》：“案《五代會要》：敕差宗正丞石載仁專主掌，監察御史宋彦昇監庫，兼差供奉官陳審璘往洛京，于太廟内穩便處修蓋庫屋五間，俟畢日，催促所支物色，監送入庫交付訖，取收領文狀歸閣。每有祠祭，諸司合請禮料。至時委監庫御史宋彦昇、宗正丞石載仁旋行給付。其大祠、中祠兼令監察御史檢點，小祠即令行事官檢點。如致慢易，本司准格科罪。其祭器未有者修製，已有者更仰整飭。”對《舊五代史考異》所引《會要》文，“于太廟内穩便處修蓋庫屋五間”，中華書局本有校勘記：“‘穩便’，原作‘隱便’，據孔本、《五代會要》卷四改。”“諸司合請禮料”，中華書局本有校勘記：“‘合’，原作‘各’，據《五代會要》卷四改。”

十二月辛酉，以威武軍節度副使、充福建管内諸軍都指揮使王亞澄爲威武軍副大使，知節度事。[1]詔：“諸道州府，每遇大祭祀、冬正、寒食、立春、立夏，雨雪未晴，不得行極刑，如有已斷下文案，可取次日及雨雪定後施行。”乙丑，以前鄧州節度使安審暉爲左羽林統軍，以前延州節度使丁審琪爲右羽林統軍，以前金州節度使潘環爲左神武統軍，以前華州節度使皇甫立爲左金吾衛上將軍，以右龍武統軍劉遂凝爲左驍衛上將軍，以前貝州節度使馬萬爲右驍衛上將軍，以左龍武大將軍張彦澤爲右武衛上將軍。[2]丙寅，宰臣馮道、滑州節度使兼侍衛馬軍都指揮使李守貞、河陽節度使皇甫遇、西京留守安彦威、廣晋尹李德珫，並加爵邑，以山陵充奉之勞也。己巳，回鶻進奉使密里等各授懷化歸德大將軍、將軍郎將，放還蕃。[3]庚午，故洪州節度使馬希振追封齊國公。辛未，故中吴建武等軍節度使、彭城郡王錢元璙追封廣陵郡王。[4]丙子，于闐、回鶻皆遣使貢方物。[5]

[1]威武軍：方鎮名。治所在福州（今福建福州市）。　節度副使：官名。唐、五代方鎮屬官。位於行軍司馬之下、判官之上。　王亞澄：人名。光州固始（今河南固始縣）人。五代十國閩國景宗王曦之子。事見本書本卷及《新五代史》卷六八。　副大使：官名。即節度副大使。方鎮中僅次於節度使之使職，如持節，則位同於節度使。

[2]安審暉：人名。沙陀部人。安審琦之兄。五代十國時期高級將領。傳見本書卷一二三。　左羽林統軍：官名。左羽林軍統兵官。至德二年（757）唐肅宗置禁軍，也叫神武天騎，分爲左、右神武天騎，左、右羽林軍，左、右龍武軍，稱"北衙六軍"。從二品。　延州：州名。治所在今陝西延安市。　丁審琪：人名。籍貫不詳。五代十國藩鎮軍閥。事見本書本卷及卷七九、卷八四、卷九四。　右羽林統軍：官名。右羽林軍統兵官。從二品。　金州：州名。治所在今陝西安康市。　潘環：人名。洛陽（今河南洛陽市）人。五代藩鎮軍閥。傳見本書卷九四。　左神武統軍：官名。左神武軍統兵官。從二品。　華州：州名。治所在今陝西渭南市華州區。　皇甫立：人名。代北（今山西代縣）人。五代後唐、後晋藩鎮將領。傳見本書卷一〇六。　左金吾衛上將軍：官名。唐置，掌宫禁宿衛。唐代十六衛之一。從二品。　右龍武統軍：官名。右龍武軍統兵官。從二品。　劉遂凝：人名。密州安丘（今山東安丘市）人。劉鄩之子。五代將領。歷任華州節度使、右龍武統軍、左驍衛上將軍。傳見本書卷一三一。　左驍衛上將軍：官名。唐置，掌宫禁宿衛。唐代十六衛之一。從二品。　貝州：州名。治所在今河北清河縣。　馬萬：人名。澶州（今河南濮陽市）人。五代後唐、後晋、後漢將領。傳見本書卷一〇六。　右驍衛上將軍：官

名。唐置，掌宫禁宿衛。唐代十六衛之一。從二品。　左龍武大將軍：官名。左龍武軍統兵官。從二品。　張彦澤：人名。太原（今山西太原市）人。五代後唐、後晋藩鎮軍閥。後投於契丹。後因擅殺遭誅，行刑時市人争食其肉。傳見本書卷九八、《新五代史》卷五二。　右武衛上將軍：官名。唐置，掌宫禁宿衛。唐代十六衛之一。從二品。

[3]回鶻：部族、政權名。又作回紇。原係突厥鐵勒部的一支。唐天寶三載（744）建立回紇汗國，8世紀末9世紀初，回鶻與吐蕃争奪北庭和安西並最終取勝，統治西域。9世紀中葉，回鶻汗國瓦解。參見楊蕤《回鶻時代：10—13世紀陸上絲綢之路貿易研究》，中國社會科學出版社2015年版。　進奉使：官名。掌出使外國、進呈禮物。　密里：人名。籍貫不詳。回鶻官員。本書僅此一見。　郎將：官名。將軍、大將軍屬官。

[4]中吴：方鎮名。治所在蘇州（今江蘇蘇州市）。　建武：方鎮名。治所在邕州（今廣西南寧市）。　錢元璙：人名。錢鏐之子。五代後唐、後晋將領。事見本書本卷、卷三二、卷三七、卷一三三等。

[5]于闐：西域古國名。都城在今新疆和田地區。參見張廣達、榮新江《于闐史叢考》（增訂本），中國人民大學出版社2008年版。

天福八年春正月辛巳，盗發唐坤陵，莊宗母曹太后之陵也。河南府上言："逃户凡五千三百八十七，餓死者兼之。"詔："諸道以廪粟賑饑民，民有積粟者，均分借便，以濟貧民。"時州郡蝗旱，百姓流亡，餓死者千萬計，東都人士僧道，請車駕復幸東京。後唐莊宗德妃伊氏自契丹遣使貢馬。[1]庚寅，沙州留後曹元深加檢校太傅，充沙州歸義軍節度使。[2]癸巳，發禁軍萬人并家口赴東京。乙巳，于闐、回鶻入朝使劉再成等並授懷化大將軍、將軍郎將，放還蕃。[3]

[1]後唐莊宗德妃伊氏自契丹遣使貢馬：據《輯本舊史》之影庫本粘籤："德妃，原本作'得妃'，今從《歐陽史》改正。"見《新五代史》卷一四《唐太祖家人傳二》載伊德妃晋高祖反時，爲契丹所虜。

[2]沙州：州名。治所在今甘肅敦煌市。　留後：官名。唐、五代節度使多以子弟或親信爲留後，以代行節度使職務，亦有軍士、叛將自立爲留後者。掌一州或數州軍政。　曹元深：人名。沙州（今甘肅敦煌市西）人。曹議金次子，元德之弟。五代時期歸義軍節度使。事見本書本卷、卷一三八，《新五代史》卷九、卷七四、敦煌文書 P. 4046。　歸義軍：唐晚期至北宋前期以沙州爲中心的漢人地方政權。唐廷封張議潮爲歸義軍節度使。子孫相繼傳至張承奉，自稱"白衣天子"，建號"西漢金山國"。至五代後梁乾化三年（914），張承奉死，歸義軍政權轉入長史曹議金之手。曹氏子孫相承，傳至曹賢順，至宋仁宗景祐三年（1036），爲西夏元昊所滅。河西遂被西夏占領，直至蒙古滅夏（1227），元朝統一。

[3]劉再成：人名。籍貫不詳。于闐、回鶻使臣。事見本書本卷。中華書局本有校勘記："《新五代史》卷九《晋本紀》、卷七四《四夷附録》作'劉再昇'。"《新五代史》僅載劉再昇爲于闐使，不及回鶻使。

二月庚戌，御札取今月十一日車駕還東京，沿路州府，不用修飾行宮，食宿頓遞，並以官物供給，文武臣僚除有公事合隨駕外，並先次進發。壬子，[1]以侍衛親軍使景延廣充御營使。癸丑，以廣晋尹李德珫權鄴都留守。己未，車駕發鄴都，曲赦都下禁囚。甲子，次封丘，文武百官見於行宮。[2]乙丑，至東京。[3]甲戌，以東京留守張從恩爲權鄴都留守，以皇弟檢校司徒重睿爲檢校太保、開封尹，年幼未出閣，差左散騎常侍邊蔚知府事。[4]丁丑，以前太僕卿薛仁謙爲衛尉卿。[5]河中逃户凡七千七百五十九。是時天下饑，穀價翔踴，[6]人多餓殍。右金吾衛上將軍劉處讓卒，贈太尉。

[1]壬子：二字原闕，今據《新五代史》卷九《晋出帝紀》補。

[2]封丘：縣名。治所在今河南封丘縣。

[3]乙丑，至東京：據《舊五代史考異》："案：《遼史》作丁未，晋主至汴，與《薛史》異。《五代春秋》《歐陽史》《通鑑》並從《薛史》。"《舊五代史考異》所引《遼史》卷四《太宗紀下》會同六年（即晋天福八年）繫此事在三月丁未，非二月。見《五代春秋》卷下《晋少帝》天福八年（943）二月乙丑條、《新五代史》卷九天福八年二月乙未條、《通鑑》卷二八三天福八年二月乙丑條。

[4]重睿：人名。即石重睿。後晋高祖石敬瑭之子。傳見本書卷八七、《新五代史》卷一七。

[5]太僕卿：官名。漢代始置，太僕寺長官，掌御用車馬及國家畜牧事宜。正三品。　薛仁謙：人名。開封浚儀（今河南開封市）人。五代後唐、後晋官員。傳見本書卷一二八。　衛尉卿：官名。東漢始設，歷代沿置。掌武庫、器械、儀仗諸事。從三品。

[6]穀價翔踴：《宋本册府》卷四九二《邦計部・蠲复門四》天福八年二月條作"河南穀價暴加"。

三月己卯朔，以中書令、監修國史趙瑩爲晋昌軍節度使；以晋昌軍節度使桑維翰爲侍中、監修國史。[1]辛巳，以左散騎常侍盧重爲祕書監，以東京副留守羅周岳爲右散騎常侍。[2]癸未，青州節度使、東平王楊光遠進封壽王，北京留守劉知遠、恒州節度使杜威並加兼中書令。乙酉，以鄜州節度使符彦卿爲河陽節度使；以權鄴都留守、前開封尹張從恩爲鄴都留守、廣晋尹；以右羽林統軍丁審琪爲鄜州節度使。[3]丁亥，天策上將軍、湖南節度使、楚王馬希範加守尚書令、兼中書令。己丑，桂州節度使馬希杲依前檢校太尉、兼侍中，兼知朗州軍州事；朗州武平軍節度使馬希萼加檢校太尉，進封爵邑；以武平軍節度副使、岳州團練使馬希贍爲檢校太尉，領廬州昭順軍節度使；以武安軍節度副使、永州團練使馬希廣爲檢校太尉，領洪州鎮南軍節度使；皆楚王馬希範之弟也。[4]庚寅，以宣徽北院使李承福爲右武衛大將軍，充宣徽南院使；以前鄭州防禦使劉繼勳爲左千牛衛大將軍，充宣徽北院使。[5]國子祭酒兼户部侍郎田敏以印本《五經》書上進，[6]賜帛五十段。甲午，有白烏棲於作坊桐樹，作坊使周務勍捕而進之。[7]辛丑，引進使、太府卿孟承誨使契丹。[8]詔京百司攝官親公事及五年，與授初官。癸卯，以左諫議大夫司徒詡爲給事中，左司郎中王仁裕爲右諫議大夫，前鴻臚卿王均爲少府監。[9]

[1]監修國史：官名。北齊始置史館，以宰相爲之。唐史館沿置，爲宰相兼職。　“三月己卯朔”至“監修國史”：據《舊五代

史考異》載："案：《通鑑》作晋昌節度使、兼侍中桑維翰爲侍中。胡三省注云：桑維翰始居藩鎮而兼侍中，今入朝，正爲門下省長官。"見《通鑑》卷二八三天福八年（943）三月己卯條及該條胡注。

［2］盧重：人名。籍貫不詳。五代後唐、後晋官員。事見本書本卷。　祕書監：官名。漢代設秘書監，晋代初置秘書寺，後改秘書省。隋唐沿置。以秘書監、秘書少監爲正副長官。掌古今經籍圖書、國史實録、天文曆數之事。從三品。　右散騎常侍：官名。中書省屬官。掌侍從規諫、顧問應對等事。正三品下。

［3］鄜州：州名。治所在今陝西富縣。　符彦卿：人名。陳州宛丘（今河南淮陽縣）人。五代至宋初高級將領、藩鎮軍閥。傳見《宋史》卷二五一。　河陽：縣名。治所在今河南孟州市。

［4］桂州：州名。治所在今廣西桂林市。　馬希杲：人名。南楚武穆王馬殷之子。五代十國藩鎮軍閥。事見本書本卷及卷七六、卷八三、卷八四。傳見《十國春秋》卷七一。　朗州：州名。治所在今湖南常德市。　武平軍：方鎮名。治所在朗州（今湖南常德市）。中華書局本有校勘記："'武平'，原作'平武'，據殿本、劉本、邵本校乙正。"《輯本舊史》多處有武平軍之記載，如卷四二《唐明宗紀八》長興二年（931）八月條，又見《通鑑》卷二七六天成二年（927）八月條胡注。　馬希萼：人名。五代十國南楚君主，南楚武穆王馬殷之子，弑殺馬希廣後自立爲王，不恤政事，後爲馬希崇所代，終爲南唐所俘。傳見《新五代史》卷六六。　岳州：州名。治所在今湖南岳陽市。　團練使：官名，唐代中期以後，於不設節度使的地區設團練使，掌本區各州軍事。　馬希瞻：中華書局本有校勘記："殿本、劉本、《通鑑》卷二七六作'馬希瞻'。本書各處同。""希瞻"，見《通鑑》卷二七六天成三年三月條、卷二八八乾祐二年（949）十月丁亥條；"希贍"，又見《輯本舊史》卷一〇二《漢隱帝紀中》乾祐二年十二月庚午條。　廬州：州名。治所在今安徽合肥市。　昭順軍：中華書局本作"昭信軍"，

並有校勘記："本書卷四二《唐明宗紀八》、《五代會要》卷二四記置昭信軍於虔州，又據本書卷四二《唐明宗紀八》，廬州置昭順軍。"見《會要》卷二四"諸道節度使軍額"條。《輯本舊史》卷四二《唐明宗紀八》長興二年閏五月，"癸丑（應爲癸巳，《輯本舊史》誤），升廬州爲昭順軍"；八月，"辛丑（應爲辛酉，《輯本舊史》誤），升虔州爲昭信軍"。今回改。　武安軍：方鎮名。治所在潭州（今湖南長沙市）。　永州：州名。治所在今湖南永州市。　馬希廣：人名。五代十國南楚君主，南楚武穆王馬殷之子。南楚文昭王馬希范去世後被擁立爲王，後爲馬希萼篡位所殺。傳見《新五代史》卷六六。　鎮南軍：方鎮名。治所在洪州（今江西南昌市）。中華書局本有校勘記："'鎮南軍'原作'鎮南州'，據劉本、邵本校改。按《通鑑》卷二五〇：'（咸通六年五月辛丑）置鎮南軍於洪州。'"

[5]右武衛大將軍：官名。唐置，掌宫禁宿衛。唐代十六衛之一。正三品。　劉繼勳：人名。衛州（今河南衛輝市）人。五代後唐、後晉藩鎮軍閥。傳見本書卷九六。　左千牛衛大將軍：官名。唐置，掌宫禁宿衛。唐代十六衛之一。正三品。

[6]國子祭酒兼户部侍郎田敏以印本五經書上進：據《輯本舊史》之影庫本粘籤："以印本《五經》書上進，考唐天成二年已開雕，至此始得印本書也。今附識於此。"

[7]作坊使：官名。唐有作坊，五代置作坊使，爲作坊監官，掌器物造作，　周務勍：據中華書局本有校勘記："原作'周務掠'，據《永樂大典》卷二三四五引《五代史·後晉少帝紀》改。　有白烏棲於作坊桐樹：中華書局本有校勘記載："'於'字原闕，據《永樂大典》卷二三四五引《五代史後晉少帝紀》補。"見《大典》卷二三四五"烏"字韻"白烏"事目。　有白烏棲於作坊桐樹，作坊使周務勍捕而進之：按《册府》卷二五：'作坊使周務勍上言，令捕而進之。'"見《大典》卷二三四五"烏"字韻"白烏"事目，明本《册府》卷二五《帝王部·符瑞門四》。

[8]引進使：官名。五代後梁始置，爲引進司的主官，五代諸司使之一。掌臣僚及外國與少數民族進奉禮物諸事。　太府卿：官名。南朝梁始置。太府寺長官。掌國家財帛庫藏出納、關市税收等務。從三品。　孟承誨：人名。大名（今河北大名縣）人。後晋官員。傳見本書卷九六。

[9]左諫議大夫：官名。隸門下省。唐代置左、右諫議大夫各四人，分隸門下省、中書省。掌諫諭得失、侍從贊相。正四品下。　司徒詡：人名。清河郡（今河北清河縣）人。五代後唐官員。傳見本書卷一二八。　左司郎中：官名。爲尚書左丞副貳，協掌尚書都省事務，監管吏、户、禮部諸司政務。位在諸司郎中上。從五品上。　王仁裕：人名。天水（今甘肅天水市）人。五代後唐、後晋、後漢藩鎮軍閥。傳見本書卷一二八、《新五代史》卷五七。　右諫議大夫：中華書局本有校勘記："'右'，王仁裕神道碑（拓片見《玉堂閒話評註》）作'左'。"　鴻臚卿：官名。秦稱典客，漢初改大行令，漢武帝時改大鴻臚，北齊置鴻臚寺，以鴻臚寺卿爲主官，後代沿置。掌四夷朝貢、宴飲賞賜、送迎外使等禮儀活動。從三品。　王均：人名。籍貫不詳。五代後唐、後晋官員。事見本書本卷。　少府監：官名。少府監長官，隋初置，唐初廢，太宗時復置。掌百工技巧之事。從三品。

夏四月戊申朔，日有蝕之。庚戌，以許州節度使趙在禮爲徐州節度使，以徐州節度使李從温爲許州節度使。[1]己巳，中書門下奏："請以六月二十七日降誕日爲啟聖節。"從之。是月，河南、河北、關西諸州旱蝗，分命使臣捕之。[2]

[1]許州：州名。治所在今河南許昌市。　趙在禮：人名。涿州（今河北涿州市）人。五代後唐、後晋將領。傳見本書卷九〇、

《新五代史》卷四六。

[2]是月，河南、河北、關西諸州旱蝗，分命使臣捕之：據《舊五代史考異》："案：《歐陽史》作供奉官張福率威順軍捕蝗于陳州。"見《新五代史》卷九《晋出帝紀》天福八年（943）四月條。

五月己卯，追封皇故長姊爲吴國長公主。癸未，皇姪女永福縣主薨，輟朝三日，追封平昌郡主。[1]丁亥，皇第二叔祖贈太師萬友追封秦王；皇第三叔祖贈太尉萬銓贈太師，追封趙王。[2]皇伯贈太傅敬儒贈太師，追封宋王；皇叔贈太尉福王德贈太師，追封如故；皇叔贈太傅暉贈太師，追封韓王；皇叔贈太尉通王殷、皇叔贈太尉廣王威、皇兄贈太傅郯王重裔並贈太師，追封如故。皇兄贈太師沂王重信追封楚王；皇兄贈太傅虢王重英、皇兄贈太尉壽王重乂、皇兄贈太傅夔王重進、皇弟贈太尉陳王重杲等並贈太師，追封如故。[3]仍令所司擇日册命。辛卯，以御史中丞王易簡爲尚書右丞，以禮部侍郎張允爲御史中丞，以中書舍人吴承範爲禮部侍郎，以吏部侍郎王延爲尚書右丞，以尚書右丞王松爲吏部侍郎，以兵部侍郎張昭遠爲吏部侍郎，以户部侍郎吕琦爲兵部侍郎，以刑部侍郎韋勳爲户部侍郎，以工部侍郎李詳爲刑部侍郎。[4]癸巳，命宰臣馮道等分詣寺觀禱雨。[5]己亥，飛蝗自北翳天而南。太子賓客崔棁卒。[6]甲辰，詔："應三京、鄴都、諸道州府見禁罪人，除十惡五逆、行劫殺人、僞行印信、合造毒藥、官典犯贓外，人犯死罪者减一等，餘並放。"[7]是時所在旱蝗，故有是詔。乙巳，幸相國寺祈雨。

[1]縣主：命婦封號。東漢時公主封縣者稱縣公主，晋與南朝諸王女皆封縣主。唐代以諸王之女爲縣主，視正二品。　郡主：命婦封號。始見於晋。隋、唐用以封皇太子之女，視從一品。

[2]萬友：人名。沙陀部人。後晋皇帝石敬瑭叔叔。傳見《新五代史》卷一七。　萬銓：人名。沙陀部人。後晋皇帝石敬瑭叔叔。傳見《新五代史》卷一七。據《輯本舊史》之案語："原本作'詮'，今從《歐陽史》改。"本條案語誤，《新五代史》卷一七《晋家人傳》作"萬詮"。又，中華書局本有校勘記："'萬銓'，《册府》卷二七七同，本書卷八七《廣王敬威傳》、《新五代史》卷一七《晋家人傳》作'萬詮'。"《輯本舊史》卷七九《晋高祖紀五》天福六年（941）正月丙戌條及明本《册府》卷二七七《宗室部·褒寵門三》作"萬銓"。

[3]敬德、敬暉、敬殷、敬威：人名。沙陀部人。後晋皇帝石敬瑭諸弟。傳見《新五代史》卷七一。　重裔、重信、重英、重乂、重進、重杲：人名。沙陀部人。後晋皇帝石敬瑭諸子。傳見《新五代史》卷七一。　重英、皇兄贈太尉壽王：九字原闕，中華書局本有校勘記："張森楷校勘記：'案《宗室傳》作虢王重英、壽王重乂，新《家人傳》同上。《高祖紀》天福七年，重英再贈太傅，追封虢王；重乂再贈太尉，追封壽王。則是贈太傅虢王者重英，非重乂也。虢王下蓋脱"重英、皇兄贈太尉壽王"九字，各本並譌。'"但未補。今據《輯本舊史》卷八〇《晋高祖紀六》天福七年正月辛酉條、卷八七《宗室列傳二》、《新五代史》卷一七《晋家人傳》補。　皇兄贈太傅夔王重進：中華書局本有校勘記："'太傅'，原作'太師'，據本書卷八〇《晋高祖紀六》改。"見《輯本舊史》卷八〇《高祖紀六》天福七年正月壬戌條。《新五代史》卷一七《晋家人傳》："并贈重進以故左金吾衛將軍贈太保。七

年正月，皆加贈太傅，追封重英虢王，重胤郯王，重進夔王。出帝天福八年五月，皆加贈太師。”

[4]尚書右丞：官名。尚書省佐貳官。唐中期以後，與尚書左丞實際主持尚書省日常政務，權任甚重。後梁開平二年（908）改爲右司侍郎，後唐同光元年（923）復舊爲右丞。唐時爲正四品下，後唐長興元年（930）升爲正四品。中華書局本有校勘記：“‘右’，原作‘左’，據本書卷八二《晋少帝紀二》改。按《宋史》卷二六二《王易簡傳》：‘又拜御史中丞，歷右丞、吏部侍郎、左丞。’本卷下一處同。”見《輯本舊史》卷八二《晋少帝紀二》開運元年（944）六月戊辰條、本卷天福八年六月丙寅條及《宋史·王易簡傳》。　禮部侍郎：官名。尚書省禮部次官。協助禮部尚書掌禮儀、祭享、貢舉之政。正四品下。　張允：人名。鎮州束鹿（今河北辛集市）人。五代後唐至後漢官員。傳見本書卷一〇八、《新五代史》卷五七。　吴承範：人名。魏州（今河北大名縣）人。五代後唐、後晋文士、官員。傳見本書卷九二。　吏部侍郎：官名。尚書省吏部次官。協助吏部尚書掌文選、勳封、考課之政。正四品上。　王延：人名。鄭州長豐（今河北文安縣南）人。五代大臣，歷仕五代各朝。傳見本書卷一三一、《新五代史》卷五七。　王松：人名。京兆（今陝西西安市）人。唐僖宗宰相王徽之子。五代後唐至後漢官員。傳見本書附録、《新五代史》卷五七。　兵部侍郎：官名。尚書省兵部次官。協助兵部尚書掌武官銓選、勳階、考課之政。正四品下。　張昭遠：人名。籍貫不詳。五代後唐官員。事見本書本卷。　刑部侍郎：官名。尚書省刑部次官。協助刑部尚書掌天下刑法及徒隸、勾覆、關禁之政令。正四品下。　韋勳：人名。籍貫不詳。五代後唐、後晋官員。事見本書本卷、《遼史》卷四。　工部侍郎：官名。尚書省工部次官。協助尚書掌管百工山澤水土之政令，考其功以詔賞罰，總所同各司之事。正四品下。　李詳：人名。籍貫不詳。五代後唐至後周官員，歷任左補闕、中書舍人、尚書右丞、吏部侍郎。事見本書本卷及卷四二、卷七七、卷八四、

卷一一一。

[5]命宰臣馮道等分詣寺觀祈雨：中華書局本沿《輯本舊史》無“馮道”二字，據《宋本册府》卷一四五《帝王部·弭災門三》補。

[6]太子賓客崔棁卒：中華書局本有校勘記：“‘崔棁’，原作‘李棁’，據本書卷九三《崔棁傳》及本卷上文改。”見本卷天福七年（942）六月丙子條，又見《新五代史》卷五五《崔棁傳》。

[7]“應三京、鄴都、諸道州府”至“餘並放”：中華書局本沿《輯本舊史》無“應三京鄴都”五字，有校勘記：“《册府》卷九四敘其事云：‘除十惡行劫諸殺人者及僞行印信、合造毒藥、官典犯贓外，人犯死罪者減一等，餘並放。’”今據明本《册府》卷九四《帝王部·赦宥門一三》補。

六月庚戌，以螟蝗爲害，詔侍衛馬軍都指揮使李守貞往皋門祭告，仍遣諸司使梁進超等七人分往開封府界捕之。[1]乙卯，以左羽林統軍安審暉爲潞州節度使。[2]宿州奏，飛蝗抱草乾死。丙辰，貝州奏，逃户凡三千七百。[3]丁巳，[4]遣供奉官衛延韜詣嵩山投龍祈雨。[5]戊午，以西京留守馬從斌爲左監門衛上將軍。[6]開封府界飛蝗自死。庚申，河南府奏，飛蝗大下，遍滿山野，草苗木葉食之皆盡，人多餓死。禮部侍郎吴承範卒。丙寅，以將册皇太后，遣尚書右丞王易簡奏告天地。陝州奏，蝗飛入界，傷食五稼及竹木之葉，逃户凡八千一百。丁卯，以給事中符蒙爲禮部侍郎，以左諫議大夫裴坦爲給事中。[7]辛未，遣内外臣僚二十八人分往諸道州府率借粟麥。[8]時使臣希旨，立法甚峻，民間碓磑泥封之，隱其數者皆斃之，由是人不聊生，物情胥怨。是月，諸州郡大蝗，所至草木皆盡。《永樂大典》卷一萬五千六百四十九。[9]

[1]侍衛馬軍都指揮使：中華書局本有校勘記："'馬軍'，原作'馬步軍'，據本書卷八二《晋少帝紀二》、卷一〇九《李守貞傳》、《册府》卷一四五及本卷上文改。" 皋門：即王宫的郭門。古代天子宫城有五門，自内而外，第五道門稱皋門。 梁進超：人名。籍貫不詳。五代後晋官員。事見本書本卷。 "六月庚戌"至"分往開封府界捕之"：《輯本舊史》卷八一《晋少帝紀一》天福七年（942）十二月條、卷八二《晋少帝紀二》開運元年（944）正月條、《宋本册府》卷一四五《帝王部·弭災門三》。《舊五代史考異》載："《歐陽史》作癸亥，供奉官七人帥奉國軍捕蝗于京畿，與《薛史》異。"又，對《舊五代史考異》所引《新五代史》之"帥奉國軍捕蝗于京畿"，中華書局本有校勘記："原作'分往開封府界及京畿'，據殿本、劉本、《歐陽史》卷九《晋本紀》改。"但《舊五代史考異》並未誤引《新五代史》卷九《晋出帝紀》。

[2]潞州：州名。治所在今山西長治市。

[3]宿州：州名。治所在今安徽宿州市。

[4]丁巳：中華書局本沿《輯本舊史》闕，據《宋本册府》卷一四五補。天福八年六月丁未朔，此條前之丙辰爲十日，後之戊午爲十二日，丁巳爲十一日。

[5]供奉官：官名。泛指侍奉皇帝左右的臣僚，亦爲東、西頭供奉官通稱。 投龍：我國古代一種有巫術色彩的祈雨儀式。詳見張澤洪《唐代道教的投龍儀式》，《陝西師範大學學報》2007 年第 1 期；謝一峰《唐宋間國家投龍儀之變遷》，《宋史研究論叢》2015 年第 1 期。

[6]馬從斌：人名。籍貫不詳。五代後晋官員。事見本書本卷及卷七七。 左監門衛上將軍：官名。唐置，掌宫禁宿衛。唐代十

六衛之一。從二品。

［7］裴坦：人名。籍貫不詳。五代後晋官員。事見本書本卷。

［8］“辛未”至“分往諸道州府率借粟麥”：據《舊五代史考異》：“案《通鑑》：七月己丑，詔以年饑，國用不足，遣使者六十餘人于諸道括民穀。與《薛史》異。”見《通鑑》卷二八三。又，《新五代史》載此事於六月，卷九作：“辛未，括借民粟，殺藏粟者。”

［9］《大典》卷一五六四九“晋”字韻“五代後晋出帝（一）”事目。

舊五代史　卷八二

晉書八

少帝紀第二

天福八年秋七月丁丑朔，京師雨水深三尺。[1]辛巳，許州節度使李從温來朝，進封楚國公。[2]壬午，以前河陽節度使皇甫遇爲右龍武統軍。[3]丁亥，以宣徽南院使李承福爲同州節度使。[4]癸巳，改陝州甘棠驛爲通津驛，避廟諱也。[5]甲午，正衙命册皇太后，以宰臣李崧充使，右散騎常侍李慎儀爲副。[6]丁酉，幸南莊，召從駕臣僚習射，路左農人各賜布衫麻屨。[7]

[1]天福：五代後晋高祖石敬瑭年號（936—942）。出帝石重貴沿用至九年（944）。後漢高祖劉知遠繼位後沿用一年，稱天福十二年（947）。

[2]許州：州名。治所在今河南許昌市。　節度使：官名。唐時在重要地區所設掌握一州或數州軍、民、財政的長官。　李從温：人名。代州崞縣（今山西原平市）人。五代後唐、後晋大臣。

好財利。傳見本書卷八八。　進封楚國公：中華書局本有校勘記："'楚國公'，本書卷八八《李從温傳》作'趙國公'。按本書卷九〇《趙在禮傳》記天福八年四月進封楚國公。"

[3]河陽：縣名。治所在今河南孟州市。　皇甫遇：人名。常山（今河北正定縣）人。五代後唐、後晋將領。傳見本書卷九五、《新五代史》卷四七。　右龍武統軍：官名。唐代右龍武軍統兵官。至德二載（757）唐肅宗置禁軍，也叫神武天騎，分爲左、右神武天騎，左、右羽林軍，左、右龍武軍，稱"北衙六軍"。從二品。

[4]宣徽南院使：官名。唐始置。宣徽南院的長官。初用宦官，五代以後改用士人。與宣徽北院使通掌内諸司及三班内侍之名籍，郊祀、朝會、宴享供帳之儀，檢視内外進奉名物。參見王永平《論唐代宣徽使》，《中國史研究》1995 年第 1 期；王孫盈政《再論唐代的宣徽使》，《中華文史論叢》2018 年第 3 期。　李承福：人名。漢陽（今湖北武漢市漢陽區）人。五代後晋官員。傳見本書卷九〇。　同州：州名。治所在今陝西大荔縣。

[5]陝州：州名。治所在今河南三門峽市陝州區。　甘棠驛：地名。位於今河南三門峽市陝州區。　癸巳，改陝州甘棠驛爲通津驛，避廟諱也：據《舊五代史考異》載："案《東都事略·陶穀傳》：穀本姓唐，避晋祖諱改姓陶，蓋當時避諱及偏旁字及同音字也。"見《東都事略》卷三〇《陶穀傳》。

[6]李崧：人名。深州饒陽（今河北饒陽縣）人。後晋宰相，歷仕後唐至後漢。傳見本書卷一〇八、《新五代史》卷五七。　右散騎常侍：官名。中書省屬官。掌侍奉規諷、備顧問應對。正三品下。　李慎儀：人名。籍貫不詳。五代後唐、後晋官員。事見本書本卷及卷八四。

[7]南莊：地名。其地不詳，疑位於開封城外。

八月戊申，左衛上將軍楊思權卒，贈太傅。[1]辛亥，分命朝臣一十三人分檢諸州旱苗。涇、青、磁、鄴都共奏逃户凡五千八百九十。[2]諸縣令佐以天災民餓，攜牌印納者五。癸酉，以前昭義節度使李從敏爲左龍武統軍。[3]

[1]左衛上將軍：官名。唐置，掌宫禁宿衛。唐代置十六衛，即左右衛、左右驍衛、左右武衛、左右威衛、左右領軍衛、左右金吾衛、左右監門衛、左右千牛衛，各置上將軍，從二品；大將軍，正三品；將軍，從三品。中華書局本有校勘記："'左'，原作'右'，據本書卷七六《晋高祖紀二》、卷八八《楊思權傳》、《新五代史》卷四八《楊思權傳》改。"見《輯本舊史》卷七六《晋高祖紀二》天福二年（937）三月甲戌條。　楊思權：人名。邠州新平（今陝西彬縣）人。五代、後梁、後唐、後晋將領。傳見本書卷八八、《新五代史》卷四八。　太傅：官名。與太師、太保合稱三師，唐後期、五代多爲大臣、勳貴加官。正一品。

[2]涇：州名。治所在今甘肅涇川縣。　青：州名。治所在今山東青州市。　磁：州名。治所在今河北磁縣。　鄴都：地名。治所在今河北大名縣。五代後唐同光元年（923），改魏州爲興唐府，建號東京。三年，改東京爲鄴都。

[3]昭義：方鎮名。治所在潞州（今山西長治市）。　李從敏：人名。後唐明宗之侄。傳見本書卷一二三、《新五代史》卷一五。　左龍武統軍：官名。唐代左龍武軍統兵官。職掌左右厢飛騎儀仗，階陛禁衛，馳道内仗，並負責飛騎番上宿衛。從二品。

九月戊寅，尊秦國夫人安氏爲皇太妃，帝所生母也。丁亥，追册故魏國夫人張氏爲皇后，帝之元妃也。是日，[1]以金部郎中、知制誥馮玉爲檢校尚書右僕射，充潁州團練使。[2]戊子，前潁州團練使田令方追奪在身官爵，勒歸私第，坐前任耀州日，額外配民麴錢納歸私室故也。[3]延州奏，綏州刺史李彝敏拋棄郡城，與弟彝俊等五人將骨肉二百七十口來投，當州押送赴闕，稱與兄夏州節度使彝殷偶起猜嫌，互相攻伐故也。[4]辛卯，夏州奏，差宥州刺史李仁立權知綏州。[5]癸巳，故絳州刺史張從訓贈太尉，追册皇后之父也。[6]甲午，夏州李彝殷奏："衙内都指揮使拓拔崇斌等五人作亂，當時收擒處斬訖。[7]相次綏州刺史李彝敏擅將兵士，直抵城門，尋差人掩殺，彝敏知事不濟，與弟五人將家南走。"詔："李彝敏潛結凶黨，顯恣逆謀，骨肉之間，尚興屠害，照臨之内，難以含容，送夏州處斬。"丙申，幸大年莊，遂幸侍衛使景延廣第，延廣進金玉器玩，賜延廣玉帶名馬，母妻、賓佐、部曲、僮僕錫賚咸及之。[8]庚子，以右諫議大夫邊光範爲給事中，以吏部郎中劉知新爲右諫議大夫。[9]是月，諸州郡括借到軍食，以籍來上，吏民有隱落者，並處極法。州郡二十七蝗，餓死者數十萬。

[1]是日：殿本、劉本作"丙子"。天福八年（943）九月丙子朔，戊寅爲初三，上條丁亥爲十一日，下條之戊子爲十二日，故此"是日"應蒙上爲丁亥而非丙子。殿本、劉本誤。

[2]金部郎中：官名。魏晉始設，唐代爲户部金部司主官。掌庫藏、金寶、貨物、權衡、度量諸事。從五品上。　知制誥：官名。掌起草皇帝的詔、誥之事，原爲中書舍人之職。唐開元末置學士院，翰林學士入院一年，則加知制誥銜，專掌任免宰相、册立太子、宣布征伐等特殊詔令，稱爲内制。而中書舍人所撰擬的詔敕稱

爲外制。兩種官員總稱兩制官。　馮玉：人名。定州（今河北定州市）人。五代後晋外戚、宰相。傳見本書卷八九、《新五代史》卷五六。　檢校尚書右僕射：官名。爲散官或加官，以示恩寵，無實際執掌。　潁州：州名。治所在今安徽阜陽市。　團練使：官名，唐代中期以後，於不設節度使的地區設團練使，掌本區各州軍事。

［3］田令方：人名。籍貫不詳。五代後唐官員。事見本書本卷、《新五代史》卷二四。　耀州：州名。治所在今陝西銅川市耀州區。

［4］延州：州名。治所在今陝西延安市。　綏州：州名。治所在今陝西綏德縣。　刺史：官名。漢武帝時始置。州一級行政長官，總掌考覈官吏、勸課農桑、地方教化等事。唐中期以後，節度使、觀察使轄州而設，刺史爲其屬官，職任漸輕。從三品至正四品下。　李彝敏：人名。党項人。五代時定難軍節度使李仁福子。後因參與内部政争而死。事見本書本卷及卷一三二。　彝俊：人名。李彝敏弟。事見本書本卷。　夏州：州名。治所在今陝西靖邊縣。　彝殷：党項人。又名李彝興。五代時定難軍節度使李彝超弟。傳見本書卷一三二、《宋史》卷四八五。

［5］宥州：州名。治所在今内蒙古鄂托克旗。　李仁立：人名。籍貫不詳。五代藩鎮軍閥。事見本書本卷。

［6］絳州：州名。治所在今山西新絳縣。《輯本舊史》之影庫本粘籤："原本作'鋒州'；刺史，原本脱'史'字，今從《册府元龜》增改。"《宋本册府》卷三〇三《外戚部·褒寵門》、《宋本册府》卷八二五《總録部·名字門》均無此記載，據《輯本舊史》卷九一《張從訓傳》改補。五代亦無"鋒州"。　張從訓：人名。回鶻人。五代藩鎮軍閥。傳見本書卷九一。　太尉：官名。與司徒、司空並爲三公，唐後期、五代多爲大臣、勳貴加官。正一品。

［7］衙内都指揮使：官名。唐、五代時期衙内指揮使爲節度使府衙内之牙將，統最親近衛兵，高一級的稱衙内都指揮使。　拓拔崇斌：人名。籍貫不詳。五代藩鎮將領。事見本書本卷。

［8］大年莊：地名。其地不詳，疑位於開封城外。　侍衛使：

官名。五代時禁軍統兵將領。　景延廣：人名。陝州（今河南三門峽市陝州區）人。五代後晋將領。傳見本書卷八八、《新五代史》卷二九。

[9]右諫議大夫：官名。隸中書省。唐代置左、右諫議大夫各四人，分隸門下省、中書省。掌諫諭得失、侍從贊相。正四品下。　邊光範：人名。并州陽曲（今山西太原市）人。歷仕五代後唐、後晋至宋代。傳見《宋史》卷二六二。　給事中：官名。秦始置。隋唐以來，爲門下省屬官。掌讀署奏抄、駁正違失。正五品上。　吏部郎中：官名。尚書省吏部頭司吏部司長官。掌文官階品、朝集、録賜，給其告身、假使以及選補流外官等事。《新唐書》記正五品上。　劉知新：人名。籍貫不詳。五代官員。事見本書本卷及卷七七。

冬十月戊申，制以吴國夫人馮氏爲皇后，仍令所司擇日備禮册命。庚戌，封皇第十一妹爲嘉興長公主，第十二妹爲永泰長公主。是夕五更，有彗見於東方，在角，旬日而滅。[1]壬子，以權知延州軍州事、前鳳州防禦使史威爲延州留後。[2]甲寅，以國子祭酒兼户部侍郎田敏充弘文館學士，判館事；以吏部侍郎張昭遠充史館修撰，判館事；以給事中司徒詡充集賢殿學士，判院事。[3]西京奏，百姓馬知饒殺男吴九不死，以其侵母食也，詔赦之。[4]甲子，以前延州節度使何建爲涇州節度使。[5]丙寅，以涇州節度使王周爲陝府節度使。[6]己巳，以左散騎常侍、權知開封府事邊蔚爲工部侍郎，依前知府事。[7]壬申，以前兵部侍郎李玘爲吏部侍郎。[8]癸酉，命使攝太尉、右僕射、平章事和凝，使副攝司徒、給事中邊光範追册故魏國夫人張氏爲皇后，奉寶册至西莊影殿行禮，鹵簿儀仗如式。[9]

[1]角：星宿名。二十八宿中東宫蒼龍七宿的首宿。共兩星。星次屬壽星，分野主鄭地兖州。

[2]鳳州：州名。治所在今陝西鳳縣。　防禦使：官名。唐代始置，設有都防禦使、州防禦使兩種。常由刺史或觀察使兼任，實際上爲唐代後期州或方鎮的軍政長官。　史威：中華書局本有校勘記："'史威'，原作'杜威'，據本書卷八三《晋少帝紀三》、卷一二四《史懿傳》改。按史威本名史匡威，避周太祖諱改爲史匡懿，宋人復諱作史懿。"《輯本舊史》卷八三開運元年（944）八月甲子條載："以延州節度使史威爲澶州節度使"；同年十一月壬午條載："以澶州節度使史威爲貝州節度使"。　留後：官名。唐、五代節度使多以子弟或親信爲留後，以代行節度使職務，亦有軍士、叛將自立爲留後者。掌一州或數州軍政。

[3]國子祭酒：官名。古代國子學或太學長官。晋武帝司馬炎始置，掌領太學、國子學及國子監所屬各學。從三品。　户部侍郎：官名。尚書省户部次官。協助户部尚書掌土地、人户、錢谷、貢賦之政。正四品下。　田敏：人名。淄州鄒平（今山東鄒平縣）人。五代、宋初大臣、學者。傳見《宋史》卷四三一。　弘文館學士：官名。弘文館爲唐代中央官學之一。設館主一人，總領館務；判館事一人，管理日常事務。學士無員限，掌校正圖籍，教授生徒，並參議政事。五品以上稱爲學士，六品以下稱爲直學士，又有文學直館學士，均以他官兼領。　吏部侍郎：官名。尚書省吏部次官。協助吏部尚書掌文選、勳封、考課之政。正四品上。　張昭遠：人名。即"張昭"。濮州范縣（今河南濮陽市）人。五代後唐至宋初官員。傳見《宋史》卷三六三〇。　史館修撰：官名。唐天寶以後，他官兼領史職者，稱史館修撰。　司徒詡：人名。清河郡（今河北清河縣）人。五代後唐官員。傳見本書卷一二八。　集賢

殿學士：官名。唐中葉置，位在集賢殿大學士之下。掌修書之事。

［4］馬知饒：人名。籍貫不詳。五代百姓。事見本書本卷。　吴九：人名。籍貫不詳。五代百姓。事見本書本卷。

［5］何建：人名。回鶻人。五代將領、藩鎮軍閥。後投於孟昶。傳見本書卷九四。

［6］王周：人名。魏州（今河北大名縣）人。五代後唐、後晋、後漢將領。傳見本書卷一〇六、《新五代史》卷四八。

［7］左散騎常侍：官名。門下省屬官。掌侍奉規諷、備顧問應對。正三品下。　邊蔚：人名。京兆長安（今陝西西安市）人。五代大臣。傳見本書卷一二八。　工部侍郎：官名。尚書省工部次官。協助尚書掌管百工、山澤、水土之政令，考其功以詔賞罰，總所同各司之事。正四品下。

［8］兵部侍郎：官名。尚書省兵部次官。協助兵部尚書掌武官銓選、勳階、考課之政。正四品下。　李玘：人名。籍貫不詳。五代官員。事見本書本卷。

［9］右僕射：官名。秦始置。隋、唐前期以左、右僕射佐尚書令總理六官，綱紀庶務，如不置尚書令，則總判省事，爲宰相之職。唐後期多爲大臣加銜。從二品。　平章事：官名。又稱“同平章事”。唐高宗以後，凡實際任宰相之職者，常在其本官後加同平章事的職銜。後成爲宰相專稱。後晋天福五年（940），升中書門下平章事爲正二品。　和凝：人名。鄆州須昌（今山東東平縣）人。後晋宰相。傳見本書卷一二七、《新五代史》卷五六。　司徒：官名。與太尉、司空並爲三公。唐後期、五代多爲大臣、勳貴加官。正一品。

十一月丁丑，以鄧州節度使宋彦筠爲晋州節度使，以涇州節度使何建爲鄧州節度使。[1]己卯，以前鄴都留守、廣晋尹李德珫爲涇州節度使。[2]丙申，所司奏議，故天下兵馬都元帥、吴越國王錢元瓘謚曰莊穆，詔改爲文穆。[3]戊戌，遣前復州防禦使吴巒權知貝州軍事，詔節度使王令温赴闕。[4]庚子，單州軍事判官趙岳奏："刺史楊承祚初夜開門出城，稱爲母病往青州寧親，於孔目官齊琪處留下牌印，臣已行用權知州事。"[5]辛丑，高麗遣使朝貢。[6]昭化軍節度使、瑞慎等州觀察等使杜建徽進封郎國公。[7]壬寅，遣侍衛步軍都指揮使郭謹領兵赴鄆州。[8]

[1]鄧州：州名。治所在今河南鄧州市。　宋彦筠：人名。雍丘（今河南杞縣）人。五代後唐、後周將領。傳見本書卷一二三。　晋州：州名。治所在今山西臨汾市。

[2]留守：官名。在都城、陪都或軍事重鎮所設留守，由地方行政長官兼任。　廣晋尹：官名。五代後晋天福二年（937）改興唐府（魏州、鄴都）置廣晋府，治元城、廣晋二縣（今河北大名縣）。府尹爲最高長官，總其政務。從三品。　李德琉：人名。應州金城（今山西應縣）人。後唐、後晋大臣。傳見本書卷九〇。

[3]天下兵馬都元帥：官名。唐代朝廷有重大軍事行動則置，統率天下軍隊。　錢元瓘：人名。祖籍臨安（今浙江杭州市臨安區）。錢鏐之子。五代十國吴越國國主，932年至941年在位。傳見本書卷一三三、《新五代史》卷六七。

[4]復州：州名。治所在今湖北天門市。　吴巒：人名。汶陽盧縣（今山東濟南市長清區）人。五代藩鎮將領。後與契丹交戰而死。傳見本書卷九五。　貝州：州名。治所在今河北清河縣。　王令温：人名。瀛州河間（今河北河間市）人。五代後晋將領。傳見本書卷一二四。

[5]單州：州名。治所在今山東單縣。　軍事判官：官名。唐

中期節度使、觀察使及設團練使、防禦使之州皆置爲幕職，由各使自行辟舉。五代後唐明宗時設刺史之州亦改防禦判官而置，不得兼録事參軍。　趙岳：人名。籍貫不詳。五代藩鎮官員。事見本書本卷。　楊承祚：人名。籍貫不詳。五代後晋官員，後晋高祖石敬瑭女婿。事見本書卷七九。　孔目官：官名。五代藩鎮幕府僚佐。掌蕃漢兵馬、軍機要事。　齊琪：人名。籍貫不詳。五代藩鎮官員。事見本書本卷。　“庚子”至“臣已行用權知州事”：《通鑑》卷二八三載：天福八年十一月“戊戌，承祚稱母病，夜，開門奔青州。庚子，以左飛龍使金城何超權知單州。”《新五代史》卷九《晋出帝紀》：天福八年十一月“戊戌，齊州刺史楊承祚奔于青州。”誤單州爲齊州，天福八年十一月乙亥朔，戊戌二十四日，庚子二十六日。

[6]高麗：古國名。又稱高句麗。故地在今朝鮮半島北部。公元4世紀後强大，與新羅、百濟鼎足争雄。總章元年（668），爲唐所滅。公元918年，後三國（即朝鮮新羅、後百濟、泰封）之一泰封國武將王建推翻其統治者弓裔，稱王，改國號高麗，都開京（今朝鮮開城市），史稱“王氏高麗”。漸合并新羅、後百濟，重新統一朝鮮半島。參見［朝］鄭麟趾等著《高麗史》，西南師範大學出版社2014年版；楊軍《高句麗民族與國家的形成和演變》，中國社會科學出版社2006年版。

[7]昭化軍：方鎮名。治所在慎州（今北京房山區）。　瑞：州名。羈縻州（古代朝廷在邊遠少數民族地區所置之州）。唐貞觀十年（636）於營州界置，隸營州都督。處突厥烏突汗達幹部落。神龍初隸幽州都督。治所爲來遠縣，後移治於良鄉縣之廣陽城（今北京市房山區良鄉鎮東北廣陽城村）。　慎：州名。羈縻州。唐朝始置。隸於營州，領粟末靺鞨烏素固部落。萬歲通天年間，營州陷於契丹，因以南遷淄、青州之境，神龍初僑治良鄉之都鄉城（今北京市房山區西南）。後廢。　觀察：官名。即觀察使。唐代後期出現的地方軍政長官。唐玄宗開元二十一年（733）置十五道採訪使，

唐肅宗乾元元年（758）改爲觀察使。無旌節，故地位低於節度使。掌一道州縣官的考績及民政。　杜建徽：人名。新城（今浙江杭州市富陽區）人。五代藩鎮軍閥。事見本書本卷八、卷九、卷四四。

［8］壬寅：《輯本舊史》原闕，中華書局本未補，今據《通鑑》卷二八三補。　侍衛步軍都指揮使：官名。皇帝侍衛親軍步軍司最高長官。　郭謹：人名。晋陽（今山西太原市）人。五代後晋、後漢將領。傳見本書卷一〇六。　鄆州：州名。治所在今山東東平縣。

十二月乙巳朔，遣左領軍衛將軍蔡行遇押兵士屯於鄆州，仍遣供奉官殿直二十六人，自河陰至海口，分擘地分巡檢，以青州節度使楊光遠謀叛故也。[1]庚戌，前左御正齊國夫人吴氏已降二十一人，並進封郡國夫人，[2]太后宫、皇后宫知客夫人等亦如之。太子太保致仕梁文矩卒，贈太子太傅。[3]癸丑，詔河陽節度使符彦卿、宋州節度使高行周、貝州節度使王令温、同州節度使李承福、陳州梁漢璋、亳州李蕚、懷州薛懷讓並赴闕，分命使臣諸州郡巡檢，以契丹入寇故也。[4]遣給事中邊光範、前登州刺史郭彦威使於契丹，行至恒州，敵已犯境，不能進，留於公館數月，不達其命而回。[5]甲寅，以單州刺史楊承祚爲登州刺史，從其便也。華州陝府奏，逃户凡一萬二千三百。[6]乙丑，臘，車駕不出。詔前陝州節度使石贇率諸節度使畋於近郊。太子賓客聶延祚卒。[7]丁卯，詔宣徽使劉繼勳就杜威園亭會節度使、統軍等習射。[8]淄州奏，青州節度使楊光遠反，遣兵士取淄州，劫刺史翟進宗入青州。[9]是冬大飢，河南諸州餓死者二萬六千餘口。

[1]左領軍衛將軍：官名。唐置，掌宫禁宿衛。唐代十六衛之一。從三品。　蔡行遇：人名。籍貫不詳。五代將領。事見本書本卷及卷八〇。　殿直：官名。五代後晋改殿前承旨爲殿直，爲皇帝的侍從官。　河陰：縣名。治所在今河南滎陽市。　青州：州名。治所在今山東青州市。　楊光遠：人名。沙陀部人。五代後唐、後晋將領。傳見本書卷九七、《新五代史》卷五一。

[2]前左御正齊國夫人吴氏已降二十一人，並進封郡國夫人：《輯本舊史》之影庫本粘籤："'前左御正'，原本脱'左'字，今從《五代會要》增入。"見《會要》卷一内職條，但其進封敕文記於天福八年（943）十一月。

[3]太子太保：官名。與太子太師、太子太傅統稱太子三師。隋唐以後多作加官或贈官。從一品。　梁文矩：人名。鄆州（今山東東平縣）人。五代官員。傳見本書卷九二。　太子太傅：官名。與太子太師、太子太保統稱太子三師。隋唐以後多作加官或贈官。從一品。

[4]河陽：縣名。治所在今河南孟州市。　符彦卿：人名。陳州宛丘（今河南淮陽縣）人。後周、宋初將領。周世宗宣懿皇后、宋太宗懿德皇后，皆符彦卿女。傳見《宋史》卷二五一。　宋州：州名。治所在今河南商丘市睢陽區。　高行周：人名。嬀州懷戎（今河北懷來縣）人。五代後唐至後周將領。傳見本書卷一二三、《新五代史》卷四八。　陳州：州名。治所在今河南淮陽縣。　梁漢璋：人名。應州（今山西應縣）人。五代後唐、後晋將領。傳見本書卷九五。　亳州：州名。治所在今安徽亳州市。　李萼：人名。籍貫不詳。五代藩鎮將領。傳見本書附録。　懷州：州名。治所在今河南沁陽市。　薛懷讓：人名。祖先爲戎人，徙居太原（今山西太原市）。五代將領。傳見《宋史》卷二五四。　契丹：古部

族、政權名。公元4世紀中葉宇文部爲前燕攻破，始分離而成單獨的部落，自號契丹。唐貞觀中，置松漠都督府，以其首領爲都督。唐末强盛，916年迭剌部耶律阿保機建立契丹國（遼）。先後與五代、北宋並立，保大五年（1125）爲金所滅。参見張正明《契丹史略》，中華書局1979年版。

[5]前登州刺史：據《舊五代史考異》："案：《歐陽史》作登州刺史。"見《新五代史》卷九《晋出帝紀》天福八年（943）十二月癸丑條。《宋本册府》卷六五四《奉使部·恩奬門》亦作"前登州刺史"。登州，州名。治所在今山東蓬萊市。　郭彦威：人名。籍貫不詳。五代後晋官員。事見本書本卷。　恒州：州名。即鎮州。治所在今河北正定縣。　"遣給事中邊光範"至"不達其命而回"：據《舊五代史考異》："案《遼史》：天福八年二月乙卯，晋遣使進先帝遺物。辛酉，晋遣使請居汴，從之。三月丁未，晋主至汴，遣使來謝。五月己亥，遣使如晋，致生辰禮。六月辛酉，晋遣使貢金。秋八月丁未朔。晋復貢金。己未，如奉聖州，晋遣其子延煦來朝。"見《遼史》卷四《太宗紀下》會同六年（943）二月乙卯、辛酉等條。

[6]華州：州名。治所在今陝西渭南市華州區。

[7]石贇：人名。沙陀部人。五代藩鎮軍閥。事見本書本卷。　太子賓客：官名。爲太子官屬。唐高宗顯慶元年（656）始置。掌侍從規諫、贊相禮儀。正三品。　聶延祚：人名。籍貫不詳。五代官員。事見本書本卷及卷八〇。

[8]宣徽使：官名。唐後期置。宣徽院的長官。初用宦官，五代以後改用士人。掌内諸司及三班内侍之名籍，郊祀、朝會、宴享供帳之儀，應内外進奉，悉檢視名物，用其印。　劉繼勳：人名。衛州（今河南衛輝市）人。五代後唐、後晋藩鎮軍閥。傳見本書卷九六。　杜威：人名。即杜重威，避後晋出帝石重貴諱稱杜威。其先朔州（今山西朔州市朔城區）人，後徙居太原。五代後晋、後漢將領。傳見本書卷一〇九、《新五代史》卷五二。

[9]淄州：州名。治所在今山東淄博市淄川區。　翟進宗：人名。籍貫不詳。歷仕後唐、後晋，爲淄州刺史。傳見《新五代史》卷三三。　“淄州奏”至“劫刺史翟進宗入青州”：據《舊五代史考異》載：“案：光遠叛，《五代春秋》作十一月，《歐陽史》作十二月。”見《五代春秋》卷下《晋少帝》、《新五代史》卷九。劫刺史翟進宗入青州：中華書局本有校勘記：“‘劫’字原闕，據孔本、《通鑑》卷二八三補。按《新五代史》卷三三《翟進宗傳》：‘進宗爲淄州刺史……楊光遠反，以騎兵數百脅取……至青州。’”《新五代史》並云“（張）萬迪聽命，而進宗獨不屈，光遠遂殺進宗”。《通鑑》卷二八三載楊光遠劫淄州刺史翟進宗入青州事於十二月乙巳日（初一）。

開運元年春正月甲戌朔，是夕陣雲掩北斗之魁星。[1]乙亥，滄、恒、貝、鄴馳告，契丹前鋒趙延壽、趙延昭引五萬騎入寇，將及甘陵，青州楊光遠召之也。[2]己卯，契丹陷貝州，知州吴巒死之。庚辰，以宋州節度使高行周爲北面行營都部署，以河陽節度使符彦卿爲馬軍左厢排陣使，以右神武統軍皇甫遇爲馬軍右厢排陣使，以陝州節度使王周爲步軍左厢排陣使，以左羽林統軍潘環爲步軍右厢排陣使。[3]太原奏，契丹入雁門，圍忻、代二州。[4]恒、滄、邢三州上言，契丹大至。是歲，天下餓死者數十萬人，詔逐處長吏瘞之。壬午，詔取此月十三日車駕北征，以前邠州節度使李周爲權東京留守。[5]乙酉，[6]車駕發東京。丁亥，敵騎至黎陽，[7]以侍衛馬軍都指揮使李守貞爲前軍都虞候。[8]河北危蹙，諸州求救者人使相望。戊子，車駕至澶州。[9]以貝州節度使王令温爲鄧州節度使。時令温弟令崇自契丹至，訴以舉族陷於甘陵，故有是命。辛卯，鄴都留守張從恩遣人夜縋城間行，奏契丹主以鐵騎三四萬建牙帳於元城，以趙延壽爲魏博節度使，改封魏王，延壽日率騎軍摩壘而退。[10]甲午，以北京留守劉知遠爲幽州道行營招討使，以恒州節度使杜威副之，定州節度使馬全節爲都虞候，其職員將校委招討使便宜署置。[11]乙未，大霧中有白虹相偶，占者曰："斯爲海淫，其下必將有戰。"詔率天下公私之馬以資騎軍。[12]丙申，契丹攻黎陽，遣右武衛上將軍張彥澤等率勁騎三千以禦之。[13]己亥，遣譯語官孟守忠致書於契丹主，求修舊好。[14]守忠自敵帳迴，契丹主復書曰："已成之勢，不可改也。"[15]辛丑，太原奏，與契丹偉王戰於秀容，[16]斬首三千級，生擒五百人，獲敵將一十七人，賊軍散入鵶鳴谷，已進軍追襲。[17]

[1]開運：後晋出帝石重貴年號（944—946）。

[2]滄：州名。治所在今河北滄縣舊州鎮。　趙延壽：人名。常山（今河北正定縣）人，本姓劉，爲後唐將領趙德鈞養子。仕至後唐樞密使，遼朝幽州節度使、燕王。傳見本書卷九八。　趙延昭：中華書局本有校勘記："《册府》卷一一八同，《通鑑》卷二八三，《五代會要》卷二九，《契丹國志》卷二、卷一六作'趙延照'。本卷下文同。"見明本《册府》卷一一八《帝王部·親征門三》，《會要》卷二九"契丹"條，《通鑑》卷二八三開運元年（944）正月乙亥條，《契丹國志》卷二《太宗皇帝上》會同八年（945）正月條、卷一六《韓延壽傳》會同八年記事。　甘陵：地名。指代貝州，治所在今河北清河縣。　"乙亥"至"青州楊光遠召之也"：據《舊五代史考異》載："案：《歐陽史》作甲戌朔，

契丹寇滄州。據《遼史》云：甲戌朔，趙延壽、延昭率前鋒五萬騎次任丘，與《歐陽史》合。”見《新五代史》卷九《晋出帝紀》開運元年正月甲戌條，但《遼史》卷四《太宗紀下》及卷七六《趙延壽傳》均不見此記事。《通鑑》卷二八三同《輯本舊史》，亦載乙亥日邊藩馳告契丹入寇。

[3]行營都部署：官名。凡行軍征討，掛帥率軍戰鬥，總管行營事務。　馬軍左厢排陣使：官名。唐節度使所屬武官中有排陣使，五代後梁以後設於諸軍，爲先鋒之職。參見王軼英《中國古代排陣使述論》，《西北大學學報》2010 年第 6 期。　右神武統軍：官名。唐代右神武軍統兵官。至德二年（757）唐肅宗置禁軍，也叫神武天騎，分爲左、右神武天騎，左、右羽林軍，左、右龍武軍，稱“北衙六軍”。從二品。　左羽林統軍：官名。唐代左羽林軍統兵官。北衙六軍之一。從二品。　潘環：人名。洛陽（今河南洛陽市）人。五代藩鎮軍閥。傳見本書卷九四。

[4]雁門：地名。位於今山西代縣西北。　忻：州名。治所在今山西忻州市。　代：州名。治所在今山西代縣。　太原奏，契丹入雁門，圍忻、代二州：據《舊五代史考異》載：“案《通鑑》，契丹入雁門不書日，《遼史》作丙子，入雁門，圍忻、代。”《通鑑》卷二八三開運元年正月庚辰條載“太原奏契丹入雁門關”。《遼史》卷四會同七年正月甲戌、丙子諸條載遼軍圍忻、代州。又《新五代史》卷九作“契丹入雁門，寇代州”。繫於正月庚辰（七日），非不書日期。

[5]邠州：州名。治所在今陝西彬縣。　李周：人名。原名李敬周。邢州内丘（今河北内丘縣）人。後晋將領。傳見本書卷九一、《新五代史》卷四七。　權東京留守：明本《册府》卷一一八、《通鑑》卷二八三作“東京留守”，《新五代史》卷九作“留守東京”。

[6]乙酉：《輯本舊史》本卷、《新五代史》卷九、《通鑑》卷二八三均記載，乙酉（十二日）發東京，然據同月壬午條載詔書云

取此月十三日（丙戌）北征，似十三乃十二之誤。

[7]黎陽：縣名。治所在今河南浚縣。　丁亥，敵騎至黎陽：據《舊五代史考異》載："案：《歐陽史》作丙戌，契丹寇黎陽。"中華書局本引孔本："《通鑑》作丁亥，渭州奏，契丹至黎陽。"見《新五代史》卷九、《通鑑》卷二八三。然《通鑑》作"滑州"非"渭州"，孔本誤引。

[8]侍衛馬軍都指揮使：官名。五代時皇帝親軍侍衛馬軍司長官。　李守貞：人名。河陽（今河南孟州市）人。五代將領。傳見本書卷一〇九、《新五代史》卷五二。　都虞候：官名。爲唐末、五代時期前軍統兵官。

[9]澶州：州名。唐、五代初，治所在今河南清豐縣。後晋天福四年（939）移治於今河南濮陽縣。

[10]張從恩：人名。太原人。五代後晋外戚、將領。仕至宋初。傳見《宋史》卷二五四。　牙帳：將帥營帳。　元城：縣名。治所在今河北大名縣。　魏博：方鎮名。治所在魏州貴鄉縣（今河北大名縣）。　"辛卯"至"延壽日率騎軍摩壘而退"：據《舊五代史考異》載："案《遼史·太宗紀》：正月己丑，次元城，授延壽魏博等州節度使，封魏王，率所部屯南樂。蓋遼人封延壽自在己丑，晋人至辛卯始得奏聞也。《歐陽史》作辛卯，契丹屯于元城，趙延壽寇南樂，殊誤。"對《舊五代史考異》所引之"《歐陽史》作辛卯契丹屯于元城趙延壽寇南樂殊誤"，中華書局本有校勘記："'《歐陽史》作辛卯契丹屯于元城趙延壽寇南樂殊誤'，以上二十字原闕，據《舊五代史考異》卷三補。"見《新五代史》卷九、《遼史》卷四。

[11]劉知遠：人名。西突厥沙陀部人，後世居於太原。五代後唐、後晋將領，後漢高祖。紀見本書卷九九至卷一〇〇、《新五代史》卷一〇。　幽州：州名。治所在今北京市。　行營招討使：官名。唐始置。戰時任命，兵罷則省。常以大臣、將帥或地方軍政長官兼任。掌招撫討伐等事務。　定州：州名。治所在今河北定州

市。　馬全節：人名。魏郡元城（今河北大名縣）人。五代後唐、後晉將領。傳見本書卷九〇、《新五代史》卷四七。

[12]詔率天下公私之馬以資騎軍：《新五代史》卷九《晉少帝紀》載括馬於甲午條下，與本卷相差一日。

[13]右武衛上將軍：官名。掌宮禁宿衛。唐置十六衛之一。從二品。　張彥澤：人名。突厥人，徙居太原。五代後晉將領，投降於契丹。傳見本書卷九八、《新五代史》卷五二。

[14]孟守忠：人名。籍貫不詳。五代官員。事見本書本卷。

[15]"己亥"至"不可改也"：據《舊五代史考異》載："案《遼史》云：辛丑，晉遣使來修舊好，詔割河北諸州及遣桑維翰、景延廣來議。與《薛史》微異。"見《遼史》卷四，己亥二十六日，辛丑二十八日，相差兩日。

[16]秀容：縣名。治所在今山西忻州市。　與契丹偉王戰於秀容：中華書局本有校勘記："'偉王'二字原闕，據《通曆》卷一四、《册府》卷一一八、《新五代史》卷九《晉本紀》補。'秀容'，原作'秀谷'，據劉本、孔本、《册府》卷一一八、《通鑑》卷二八三、《新五代史》卷九《晉本紀》改。"見《通曆》卷一四晉少帝天福九年（七月改爲開運）正月條、明本《册府》卷一一八《帝王部·親征門五》天福九年（944）正月辛丑條、《新五代史》卷九《晉出帝紀》開運元年（944）正月辛丑條、《通鑑》卷二八三開運元年正月辛丑條。

[17]鵶鳴谷：地名。位於今山西壽陽縣東南。

二月甲辰朔，遣石贇守麻家口，何建守楊劉鎮，白再榮守馬家渡，安彥威守河陽。[1]鄆州奏，博州刺史周儒以城降契丹，[2]又與楊光遠人使往返，引契丹於馬家渡濟河。[3]時郭謹在汶陽，遣左武衛將軍蔡行遇率數百騎赴之，遇伏兵於葭葦中，突然而出，轉鬭數合，部下皆遁，行遇爲賊所執，鋒鏑重傷，不能乘馬，坐畚中舁至幕帳。[4]乙巳，[5]遣李守貞等水陸進兵而下，以救汶陽。丙午，先鋒指揮使石公霸與契丹遇於戚城之北，爲契丹所圍。[6]高行周、符彦卿方息於林下，聞賊至，駭愕，督軍而進，契丹衆甚盛，被圍數重，遣人馳告景延廣，請益師。延廣遲留，候帝進止，行周等大譟，瞋目奮擊賊衆，傷死者甚多，帝自御親兵救之方解。[7]登戚城古臺，[8]置酒以勞三將，[9]咸咎延廣不遣兵赴難，相對泣下。戊申，契丹築壘於馬家渡東岸，以騎軍列於外，以禦王師，李守貞以師搏之，遂破其衆。賊騎散走，赴河溺死者數千，遂拔其壘。初，西岸敵軍數萬，鼓譟揚旗以助其勢，及見東岸兵敗，號哭而去。獲馬八百匹，生擒賊將七十八人、部衆五百人，送行在，餘衆數千，悉斬之。[10]辛亥，夏州節度使李彝殷合蕃漢之兵四萬抵麟州，濟河，侵契丹之境，以牽脅之。[11]壬子，以彝殷爲契丹西南面招討使。易州刺史安審約奏，戰契丹於北平，賊退保祁溝關，斷其橋梁而還。[12]癸丑，博州殘兵至自賊中。周儒之降也，賊執其軍士，將獻於幕帳，行次中途，守者夜寢，其中軍士一人自解桎梏，爲諸兵釋縛，取賊戈矛，盡殺援者二百餘人，南走而歸，至河無舟，浮水而過，溺死之餘，所存者六十七人。是日，日有黄白暈，二白虹夾日而行。己未，滄州奏，賊衆三千人援送所掠人口寶貨等，由長蘆入蕃，以輕騎邀之，斬獲千餘人，人口輜重悉委之而走。庚申，宰臣馮道等再上表請聽樂，皆不允。[13]時帝自期年之後，於宫中間舉細聲女樂，及親征以來，日於左右召淺蕃軍校，奏三絃胡琴，和以羌笛，擊節鳴鼓，更舞迭歌，以爲娱樂。常謂侍臣曰："此非音樂也。"故馮道等奏請舉樂，詔旨未允而止。壬戌，楊光遠率兵圍棣州，刺史李瓊以州兵擊之，棄營而遁。[14]冀州奏，敗賊軍於城下，見舁棺者，訊其降者，曰："戚城之戰，上將金頭王中流矢而死，此其櫬也。"癸亥，以鄧州節度使何建爲東南面馬步軍都部署，率師屯汶陽。[15]甲子，蜀人寇我階州。[16]

[1]麻家口：今地不詳。　何建：《通鑑》卷二八四開運元年（944）二月甲辰條作"何重建"。　楊劉鎮：地名。位於今山東東阿縣。　白再榮：人名。蕃部（北方少數民族）人。五代將領。傳見本書卷一〇六、《新五代史》卷四八。　馬家渡：地名。五代黄河渡口。位於今山東鄆城縣一帶。《新五代史》卷九《晋出帝紀》開運元年二月戊申條與本卷同，《通鑑》卷二八四、《遼史》卷四《太宗紀下》會同七年（944）二月記事均作"馬家口"。　安彦威：人名。崞縣（今山西原平市）人。五代後唐、後晋將領。傳見本書卷九一、《新五代史》卷四七。

[2]博州：州名。治所在今山東聊城市。　周儒：人名。籍貫不詳。五代後晋官員。事見本書本卷。　鄆州奏，博州刺史周儒以城降契丹：據《舊五代史考異》載："案《五代春秋》：正月，契丹陷博州。《歐陽史》作正月辛丑，《薛史》及《遼史》作二月。"中華書局本引殿本案語："案：博州刺史周儒降于契丹，《歐陽史》《通鑑》《契丹國志》俱作正月，是書及《遼史》作二月。"見《五代春秋》卷下《晋少帝》開運元年正月乙酉條、《新五代史》卷九《晋出帝紀》開運元年正月辛丑條、《通鑑》卷二八四、《契丹國志》卷二《太宗上》會同八年正月條、《遼史》卷四會同七年二月

甲辰條。

[3]又與楊光遠人使往返，引契丹於馬家渡濟河：中華書局本有校勘記："'人使往返'，原作'潛約光遠'，據孔本、《册府》卷四四四改。按《新五代史》卷五一《楊光遠傳》：'（周）儒果引契丹自馬家渡濟河。'"見《宋本册府》卷四四四《將帥部·陷没門》。《通鑑》卷二八三開運元年正月條作"又與楊光遠通使往還，引契丹自馬家口濟河"。

[4]汶陽：縣名。治所在今山東泰安市。　左武衛將軍：官名。唐置，掌宫禁宿衛。唐代十六衛之一。從三品。

[5]乙巳：二字原闕，據《通鑑》卷二八四開運元年二月條補。中華書局本未補。

[6]先鋒指揮使：官名。先鋒，即先鋒部隊。指揮使，爲所部統兵將領。　石公霸：人名。籍貫不詳。後晉將領，時任先鋒指揮使。事見本書本卷。　戚城：地名。位於今河南濮陽市。

[7]"丙午"至"傷死者甚多"：據《舊五代史考異》載："案《宋史·符彦卿傳》：契丹騎兵數萬，圍高行周于鐵邱，諸將莫敢當其鋒，彦卿獨引數百騎擊之，遼人遁去，行周得免。《高懷德傳》：至戚城，被圍數重，援兵不至，危甚，懷德左右射，縱横馳突，衆皆披靡，挾父而出。"見《宋史》卷二五一《符彦卿傳》、卷二五〇《高懷德傳》。

[8]登戚城古臺：中華書局本有校勘記："'戚城'，《册府》卷一三六作'戚城南'。"見《宋本册府》卷一三六《帝王部·慰勞門》。

[9]置酒以勞三將：中華書局本有校勘記："'三'，《册府》卷一三六作'二'。""二將"指高行周、符彦卿，"三將"則包括遲留之景延廣。

[10]送行在，餘衆數千，悉斬之：《輯本舊史》原無"餘衆數千"四字，中華書局本沿之，據明本《册府》卷一一八《帝王部·親征門三》補。

[11]麟州：州名。治所在今陝西神木縣。

[12]易州：州名。治所在今河北易縣。　安審約：人名。籍貫不詳。五代藩鎮將領。事見本書本卷及卷八三、卷八四。　北平：封國名。此處代指方鎮義武軍。治所在定州（今河北定州市）。五代後梁、後唐時，王處直受封爲義武節度使、北平王。王處直養子王都殺王處直，繼位爲義武節度使。天成四年（929），後唐攻破定州城，王都自焚死。　祁溝關：關隘名。又名岐溝關。位於今河北涿州市西南。

[13]長蘆：縣名。治所在今河北滄州市。　馮道：人名。瀛州景城（今河北滄縣）人。五代時官拜宰相，歷仕後唐、後晉、後漢、後周，亦曾臣事契丹。傳見本書卷一二六、《新五代史》卷五四。

[14]棣州：州名。治所在今山東惠民縣。中華書局本有校勘記："'棣州'，原作'冀州'，據殿本、劉本、孔本、《通鑑》卷二八四改。按本書卷九四《李瓊傳》：'俄遷棣州刺史。遇楊光遠以青州叛，自統本部兵攻其城。'"見《通鑑》卷二八四開運元年二月壬戌條。　李瓊：人名。籍貫不詳。五代十國藩鎮將領。事見本書本卷、《新五代史》卷六六。

[15]以鄧州節度使何健爲東南面馬步軍都部署：中華書局本有校勘記："'東南面'，《通鑑》卷二八四作'東面'。"

[16]階州：州名。治所在今甘肅隴南市武都區。

三月癸酉朔，契丹主領兵十餘萬來戰。時契丹僞棄元城寨已旬日矣，伏精騎於頓丘故城，以待王師。[1]設伏累日，人馬饑頓，趙延壽謀曰："晉軍悉在河上，畏我鋒鋭，不敢前進，不如徑造城下，四面而進，攻奪其橋梁，天下定矣。"契丹主然之。是日，前軍高行周在戚城之南，賊將趙延壽、趙延昭以數萬騎出王師之西，契丹主自擁精騎出王師之東，兩軍接戰，交相勝負。至晡時，契丹主以勁兵中央出而來，帝御親軍列爲後陣，東西濟河，爲偃月之勢，旗幟鮮盛，士馬嚴整。契丹主望之，謂左右曰："楊光遠言晋朝兵馬半已餓死，今日觀之，何其壯耶！"敵騎往來馳突，王師植立不動，萬弩齊彀，飛矢蔽空，賊軍稍却。會有亡者告契丹主曰："南軍東面人少，沿河城栅不固，可以攻之。"契丹乃率精騎以攻東邊，王師敗走，敵騎追之。時有夾馬軍士千餘人在堤間治水寨，旗幟之末出於堰埭，敵望見之，以爲伏兵所起，追騎乃止。久之復戰，王師又退，李守超以數百騎短兵直進擊之，[2]敵稍却。戰場之地，人馬死者無算，斷箭殘鏃交横，[3]厚數寸。遇夜，賊擊鉦抽軍而退，夜行三十里而舍焉。[4]護聖指揮使協霸亡入賊中，[5]夷其族。護聖第二軍都指揮使安重懷、指揮使烏韓七、監軍何彦超等臨陣畏怯，手失兵仗，悉斬之。[6]乙亥，契丹主帳内小校竊其主所乘馬來奔，云："契丹已傳木書，收軍北去。"[7]齊州奏，青州賊軍寇明水鎮。[8]壬午，禮部尚書盧詹卒，贈太子少保。[9]甲申，契丹車帳已過貝州，以趙延昭守貝州。[10]辛卯，定州馬全節攻泰州，拔之，俘其兵士二千人，雜畜戎仗稱是。[11]癸巳，[12]北京留守、兼中書令劉知遠封太原王，餘如故。[13]是日，詔天下抽點鄉兵，凡七户出一士，六户資之，仍自具兵仗，以"武定"爲軍號。[14]太常丞王緒棄市。[15]緒家於青州，常致書於楊光遠，緒有妾之兄慊緒不爲賙給，遂告與光遠連謀，密書述朝廷機事，遂收捕斬之。

［1］元城寨：地名。或位於今河北大名縣附近。　頓丘：縣名。治所在今河南清豐縣。　"三月癸酉朔"至"以待王師"：據《舊五代史考異》載："案《通鑑》：鄴都留守張從恩屢奏敵已遁去，大軍欲進追之，會霖雨而止。"見《通鑑》卷二八四。

［2］李守超以數百騎短兵直進擊之：中華書局本有校勘記："'李守超'，《册府》卷一一八作'李守貞'。按《册府》卷四四八，李守超係守貞之弟。"見明本《册府》卷一一八《帝王部·親征門三》開運二年（945）三月甲辰條、明本《册府》卷四四八《將帥部·殘酷門·李守超》條。

［3］斷箭殘鏃交横：中華書局本有校勘記："'交'字原闕，據《册府》卷一一八補。"

［4］遇夜，賊擊鉦抽軍而退，夜行三十里而舍焉：中華書局本引孔本案語："《歐陽史》作癸酉，及契丹戰於戚城，契丹去。蓋戚城之戰，兩軍互有勝負，《歐陽史》以《薛史》爲據也。《五代春秋》作三月，及契丹戰於戚城，王師敗績。疑未詳考。"見《新五代史》卷九《晋出帝紀》、《五代春秋》卷下《晋少帝》，《通鑑》卷二八四載此事亦在癸酉。

［5］護聖指揮使：官名。所部統兵將領。護聖爲部隊番號。護聖指揮使協霸亡入賊中：《輯本舊史》之案語："'協霸'二字上疑有脱文。"從"協霸"之官職"護聖指揮使"及隨契丹北歸的經歷來看，與白再榮的情況頗吻合。《輯本舊史》卷一〇六《白再榮傳》："本蕃部人也。少从軍，累遷護圣左厢都指揮使。晋末，契丹犯闕，明年，契丹主北去，再榮从部帳至真定。"《新五代史》卷四八《白再榮傳》："唐、晋之間爲護聖指揮使。契丹犯京師，再榮從契丹北歸，至鎮州，契丹留麻答守鎮州而去，晋人從者多留焉。"協霸是否是白再榮，待考。

［6］安重懷：人名。籍貫不詳。五代將領。事見本書本卷。　烏韓七：人名。籍貫不詳。五代將領。事見本書本卷。　監軍：官名。爲臨時差遣，代表朝廷協理軍務、督察將帥。五代時常以宦官爲監軍。　何彦超：人名。籍貫不詳。五代官員。事見本書本卷。

［7］"乙亥"至"收軍北去"：據《舊五代史考異》載："案《契丹國志》云：景延廣疑有詐，閉壁不敢追。遼帝北歸，所過焚掠民物殆盡。"見《契丹國志》卷三《太宗嗣聖皇帝下》會同九年（946）三月條。

［8］明水鎮：地名。位於今山東濟南市章丘區。

［9］禮部尚書：官名。尚書省禮部主官。掌禮儀、祭享、貢舉之政。正三品。　盧詹：人名。京兆長安（今陝西西安市）人。五代官員，性情剛直。傳見本書卷九三。　太子少保：官名。與太子少傅、太子少師合稱"三少"，唐後期、五代多爲大臣、勳貴加官。從二品。

［10］"甲申"至"以趙延昭守貝州"：據《舊五代史考異》載："案《遼史》：三月壬午，留趙延昭守貝州，徙所俘户於内地。四月癸丑，還次南京。"對《舊五代史考異》所引之"留趙延昭守貝州"，中華書局本有校勘記："'趙延昭'，原作'趙德昭'，據殿本、《遼史》卷四《太宗紀下》改。"見《遼史》卷四《太宗紀下》會同六年十二月丁未條、會同七年三月壬午條。

［11］泰州：州名。治所在今江蘇泰州市。

［12］癸巳：中華書局本有校勘記："原作'己亥'，據殿本、孔本改。影庫本批校：'"癸巳"訛"己亥"。'"《新五代史》卷九《晋出帝紀》：開運元年三月，"癸巳，籍民爲武定軍"。而劉知遠封王事與"籍民爲武定軍"同日，故從中華書局本有校勘記改。

［13］中書令：官名。漢代始置，隋、唐前期爲中書省長官，屬宰相之職；唐後期多爲授予元勳大臣的虛銜。正二品。

［14］以"武定"爲軍號：中華書局本有校勘記："'定'字原闕，據殿本、劉本、《通曆》卷一四、《通鑑》卷二八四、《五代會

要》卷一二補。‘軍’字原闕，據殿本、孔本補。”《輯本舊史》卷八三《晋少帝紀三》開運二年正月，“改諸道武定軍爲天威軍”。又，《會要》卷一二軍雜録條：“開運元年三月，命諸道州府縣點集鄉兵，率以税户七家共出一卒，兵杖器械共力營之。至五月，敕諸道新點鄉兵，宜以武定爲名。”《通鑑》卷二八四開運元年五月：“丙戌，詔諸州所籍鄉兵，號武定軍，凡得七萬餘人。”故據改爲“武定軍”。然，《會要》《通鑑》均載五月方定武定軍名號，非三月。

[15]太常丞：官名。西漢始設，歷代沿置，太常之副官。掌本部日常事務。從五品下。　王緒：人名。青州（今山東青州市）人。五代後晋官員。事見本書本卷、卷八八。

夏四月，車駕在澶州。滄州奏，契丹陷德州，刺史尹居璠爲敵所執。[1]甲辰，鄴都留守張從恩來朝。丁未，加從恩平章事，還鄴。己酉，詔取今月八日車駕還京，令高行周、王周留鎮澶淵，近地兵馬委便宜制置。甲寅，至自澶州，曲赦京城大辟以下罪人。丁巳，升冀州爲防禦使額。[2]同、華奏，人民相食。己未，以右武衛上將軍張彦澤爲右神武統軍。辛酉，以鄆州節度使、侍衛親軍都指揮使景延廣爲西京留守；以宋州節度使高行周爲侍衛親軍都指揮使；以侍衛親軍都虞候、義成軍節度使李守貞爲兖州節度使，典軍如故。[3]是日，分命文武臣僚三十六人往諸道州府括率錢帛，以資軍用。[4]癸亥，以西京留守安彦威爲晋昌軍節度使，以晋昌軍節度使趙瑩爲華州節度使，以左龍武統軍皇甫遇爲滑州節度使。[5]是日，置酒宫中，召景延廣謂之曰：“卿有佐命之功，命保釐伊洛，非酬勳之地也。”因解御衣、寶帶以賜之。丙寅，隴州奏，餓死者五萬六千口。[6]

[1]尹居璠：人名。籍貫不詳。五代地方官員。事見本書本卷及《遼史》卷四。　滄州奏，契丹陷德州，刺史尹居璠爲敵所執：《遼史》卷四《太宗紀下》繫契丹陷德州並擒刺史事於五月癸酉。

[2]澶州：地名。位於今河南濮陽市西北。　冀州：州名。治所在今河北衡水市冀州區。

[3]侍衛親軍都指揮使：官名。五代時侍衛親軍長官。多爲皇帝親信。　侍衛親軍都虞候：武官名。五代時期侍衛親軍的高級統率官，判六軍諸衛事。　義成軍：方鎮名。治所在滑州（今河南滑縣）。　兖州：州名。治所在今山東濟寧市兖州區。

[4]以資軍用：中華書局本有校勘記："原作'以次軍用'，據殿本、劉本、《册府》卷一五八改。"見《宋本册府》卷一五八《帝王部·誡勵門三》。

[5]晋昌軍：方鎮名。治所在雍州、京兆府（今陝西西安市）。　趙瑩：人名。華州華陰（今陝西華陰市）人。五代後晋宰相。傳見本書卷八九、《新五代史》卷五六。　滑州：州名。治所在今河南滑縣。

[6]隴州：州名。治所在今陝西隴縣。

五月壬申朔，太原劉知遠奏，邊境未寧，軍用甚廣，所封王爵，乞未行册命。戊寅，遣侍衛親軍都虞候李守貞率步騎二萬，討楊光遠於青州。丁亥，以鄴都留守張從恩爲貝州行營都部署，[1]以滑州節度使皇甫遇爲行營都虞候，以左神武統軍潘環掌騎兵，右神武統軍張彦澤掌步兵。辛卯，張從恩奏，貝州賊將趙延昭縱火大掠，棄城而遁。[2]以李守貞爲青州行營都部署，以河陽節度使符彦卿副之。戊戌，以前鄧州節度使何建爲貝州永清軍節度使。[3]是月，澤潞上言，餓死者凡五千餘人。[4]

[1]以鄴都留守張從恩爲貝州行營都部署：據《舊五代史考異》載："案《通鑑》：張從恩上言：'趙延昭雖據貝州，麾下將士久客思歸，宜速進軍攻之。'詔以從恩爲貝州行營都部署。"對《舊五代史考異》所引"宜速進軍攻之"，中華書局本有校勘記："'之'字原闕，據《通鑑》卷二八四補。"

[2]"辛卯"至"棄城而遁"：據《舊五代史考異》載："案《通鑑》：延昭屯于瀛莫，阻水自固。"見《通鑑》卷二八四。

[3]前鄧州節度使：中華書局本作"鄧州節度使"，並有校勘記："按本卷上文記何建事作'前鄧州節度使'，又云：'（開運元年正月）以貝州節度使王令温爲鄧州節度使。'則何建時已受代，'鄧州'上疑脱'前'字。"但未改。輯本本卷開運元年（944）二月癸亥載何建時作"前鄧州節度使"，據改。

[4]澤潞：方鎮名。治所在潞州（今山西長治市）。

六月辛丑朔，王師拔淄州，斬楊光遠僞署刺史劉翰。[1]癸卯，[2]以太尉、兼侍中馮道爲檢校太師、兼侍中，充同州節度使。[3]丙午，詔復置樞密院。[4]丁未，以侍中桑維翰爲中書令，充樞密使。[5]權開封府尹李周卒，輟朝，贈太師。[6]辛亥，以邢州節度使安叔千爲晋州節度使，加同平章事；以晋州節度使宋彦筠爲陝州節度使；以吏部郎中李穀充樞密直學士。[7]丙辰，滑州河決，漂注曹、單、濮、鄆等州之境，[8]環梁山合於汶、濟。[9]戊午，升府州爲團練使額。庚申，襄州獻白鵲。[10]甲子，復置翰林學士。[11]乙丑，宰臣等三上表請聽樂，詔允之。戊辰，以門下侍郎王松爲左丞；以右丞王易簡爲吏部侍郎；以右散騎常侍蕭愿爲祕書監；[12]以右諫議大夫王仁裕爲給事中；[13]以給事中李式爲左散騎常侍；以金部郎中、知制誥徐台符爲翰林學士；以禮部郎中李澣本官知制誥，充翰林學士；以邢部郎中劉温叟改都官郎中，充翰林學士；以主客員外郎范質充翰林學士；御史張宜改倉部員外郎、知制誥。[14]庚午，以前晉州節度使周密爲右龍武統軍，[15]以同州節度使李懷忠爲右羽林統軍。[16]《永樂大典》卷一萬五千六百四十九。[17]

[1]劉翰：人名。籍貫不詳。五代地方官員。事見本書本卷。

[2]癸卯：中華書局本有校勘記："原作'辛卯'，據《通鑑》卷二八四改。按是月辛丑朔，無辛卯，癸卯爲初三。影庫本粘籤：'辛卯，以前後干支計之，當作"癸卯"，今無别本可校，姑仍其舊，附識于此。'"

[3]侍中：官名。秦始置。隋、唐前期爲門下省長官。唐後期多爲大臣加銜，不參與政務，實際職務由門下侍郎執行。正二品。檢校太師：官名。爲散官或加官，以示恩寵，無實際執掌。太師，與太傅、太保並爲三師。

[4]樞密院：官署名。唐代自天寶以後，宦官之權始大，領禁軍，典兵機文書。代宗時始定樞密使之名，但仍無公署，惟掌收受章奏、傳達皇帝旨意。昭宗藉朱温之力，盡誅宦官，始以士人任樞密使。後梁開平元年（907）改樞密院爲崇政院，樞密使爲崇政院使，改用士人，備皇帝顧問，其地位相當於宰相。後唐復樞密院之名。

[5]桑維翰：人名。洛陽（今河南洛陽市）人。初爲石敬瑭節

度掌書記，石敬瑭稱帝後出任翰林學士、知樞密院事等職。傳見本書卷八九、《新五代史》卷二九。　樞密使：官名。樞密院長官。五代時以士人爲之，備顧問，參謀議，出納詔奏，權侔宰相。參見李全德《唐宋變革期樞密院研究》，國家圖書館出版社 2009 年版。

［6］開封府尹：官名。五代除後唐外均定都開封，因置開封府尹。執掌京師政務。從三品。　李周：人名。原名李敬周。邢州内丘（今河北内丘縣）人。後晋將領。傳見本書卷九一、《新五代史》卷四七。　太師：官名。與太傅、太保並爲三師，唐後期、五代多爲大臣、勳貴加官。正一品。

［7］邢州：州名。治所在今河北邢臺市。　安叔千：人名。沙陀部人。五代後唐至後周將領。傳見本書卷一二三、《新五代史》卷四八。　李穀：人名。潁州汝陰（今安徽阜陽市）人。後周宰相。傳見《宋史》卷二六二。　樞密直學士：官名。五代後唐莊宗同光元年（923），改直崇政院置，選有政術、文學者充任。備顧問應對。

［8］丙辰，滑州河決，漂注曹、單、濮、鄆等州之境：《輯本舊史》之影庫本粘籤："曹、單，原本作'曹鄆'，今從《五代會要》改正。"《會要》不見記載，見《通鑑》卷二八四。《舊五代史考異》："案《宋史·楊昭儉傳》：河決數郡，大發丁夫，以本部帥董其役，既而塞之。晋少帝喜，詔立碑紀其事。昭儉表諫曰：'陛下刻石紀功，不若降哀痛之詔；摛華頌美，不若頒罪己之文。'言甚切至，少主嗟賞之，卒罷其事。"見《宋史》卷二六九《楊昭儉傳》。

［9］梁山：山名。位於今山東梁山縣東南。　汶：河流名。即今山東大汶河。　濟：河流名。發源於今河南境内，經山東入渤海。今黄河下游河道即濟水故道。

［10］府州：州名。治所在今陝西府谷縣。　襄州：州名。治所在今湖北襄陽市。

［11］翰林學士：官名。由南北朝始設之學士發展而來，唐玄宗

改翰林供奉爲翰林學士，備顧問，代王言，掌拜免將相、號令征伐等詔令的起草。

[12]門下侍郎：官名。門下省次官，常加“同中書門下平章事”銜爲宰相。正二品。　王松：人名。京兆（今陝西西安市）人。唐僖宗宰相王徽之子。五代後唐至後漢官員。傳見本書附録、《新五代史》卷五七。　左丞：官名。尚書省佐貳官。唐中期以後，與尚書右丞實際主持尚書省日常政務，權任甚重。正四品上。後梁開平二年（908）改爲左司侍郎，後唐同光元年（923）復舊爲左丞。正四品。　右丞：官名。尚書省佐貳官。唐中期以後，與尚書左丞實際主持尚書省日常政務，權任甚重。正四品上。後梁開平二年（908）改爲右司侍郎，後唐同光元年（923）復舊爲右丞。唐時爲正四品下，後唐長興元年（930）升爲正四品。　王易簡：人名。京兆（今陝西西安市）人。五代後梁進士，五代、宋初大臣。傳見《宋史》卷二六二。　蕭愿：人名。籍貫不詳。五代官員。傳見本書卷一二八。　祕書監：官名。秘書省長官，掌圖書秘記等。從三品。

[13]王仁裕：人名。天水（今甘肅天水市）人。五代後唐、後晋藩鎮軍閥。傳見本書卷一二八、《新五代史》卷五七。　以右諫議大夫王仁裕爲給事中：中華書局本有校勘記：“‘右’，王仁裕神道碑（拓片刊《玉堂閒話評註》）作‘左’。”

[14]李式：人名。籍貫不詳。五代後晋官員。事見本書本卷及卷七七。　左散騎常侍：官名。門下省屬官。掌侍奉規諷，備顧問應對。正三品下。　徐台符：人名。鎮州獲鹿（今河北石家莊市鹿泉區）人。五代時期大臣。傳見本書附録。　禮部郎中：官名。尚書省禮部頭司禮部司長官。掌禮樂、學校、衣冠、符印、表疏、圖書、册命、祥瑞、鋪設，及百官、宫人喪葬贈賻之數。從五品上。　李澣：人名。京兆萬年（今陝西西安市長安區）人。歷仕後唐、後晋，後與徐台符被契丹挾而北行，在遼任宣政殿學士、禮部尚書等。傳見《遼史》卷一〇三、《宋史》卷二六二。　邢部郎中：官

名。刑部頭司長官，掌司法覆審及州府刑獄。從五品上。　劉温叟：人名。洛陽（今河南洛陽市）人。五代、宋初官員。傳見《宋史》卷二六二。　都官郎中：官名。尚書省刑部都官司長官。掌徒刑流放配隸等事。從五品上。　主客員外郎：官名。禮部主客司長官主客郎中的副職。佐長官郎中掌接待外國使臣等事。從六品上。　范質：人名。大名宗城（今河北威縣）人。後周、宋初宰相。傳見《宋史》卷二四九。　御史：御史臺執掌監察官員的泛稱。　張宜：人名。籍貫不詳。五代官員。事見本書本卷。　倉部員外郎：官名。户部倉部司次官。隋代始設，司本曹籍帳，侍郎缺則代理曹事。唐代復置。從六品上。

[15]以前晋州節度使周密爲右龍武統軍：中華書局本有校勘記："'右'，原作'左'，據本書卷八四《晋少帝紀四》、卷一二四《周密傳》改。"見《輯本舊史》卷八四《晋少帝紀四》開運三年（946）八月辛未條。

[16]李懷忠：人名。太原晋陽（今山西太原市）人。五代後唐至後周將領。傳見本書卷一二四。　以同州節度使李懷忠爲右羽林統軍：中華書局本有校勘記："'右'，原作'左'，據本書卷八四《晋少帝紀四》、卷一二四《李懷忠傳》改。"見《輯本舊史》卷八四《晋少帝紀四》開運二年八月戊寅條。

[17]《大典》卷一五六四九"晋"字韻"五代後晋出帝（一）"事目。

舊五代史　卷八三

晉書九

少帝紀第三

開運元年秋七月辛未朔，帝御崇元殿，大赦天下，改天福九年爲開運元年。[1]河北諸州，曾經虜騎剽攘，與免今年秋税。諸軍將士等第各賜優給。諸州率借錢帛，赦書到日，畫時罷徵，出一千貫已上者與免科徭，一萬貫已上者與授本州上佐云。[2]是日宣赦未畢，會大雷雨，匆遽而罷。時都下震死者數百人，明德門内震落石龍之首，識者以爲“石”乃國姓，蓋不祥之甚也。癸酉，以定州節度使馬全節爲鄴都留守，加兼侍中；以昭義節度使安審暉爲邢州節度使，加檢校太師。[3]乙亥，前陝州節度使王周加檢校太尉，改定州節度使；鄴都留守張從恩改鄆州節度使。[4]禮官奏：“天子三年喪畢，祫享於太廟，高祖聖文章武明德孝皇帝今年八月喪終畢，[5]合以十月行大祫之禮，冬季祠祭，改薦爲祫。”從之。丁丑，虞部員外郎、知制誥陶穀改倉部郎中、知制誥，大理卿吴德謙改祕書監致仕。[6]辛巳，以左龍武統軍李從敏爲潞州節度使，天策府都護軍、桂州節度使、知朗州軍事馬希杲加檢校太師。[7]壬午，降金州爲防禦州，降萊州爲刺史州。[8]户部侍郎田敏改兵部侍郎；刑部侍郎李詳改尚書右丞；[9]以潁州團練使馮玉爲户部侍郎，充端明殿學士；中書舍人趙上交改刑部侍郎。[10]己丑，以樞密使、中書令桑維翰充弘文館大學士，太子太傅、譙國公劉昫爲守司空、兼門下侍郎、平章事、監修國史、判三司。[11]宰臣李崧、和凝進封爵邑。[12]庚寅，宣徽北院使劉繼勳改宣徽南院使，三司使董遇改宣徽北院使。[13]辛卯，以前陝州節度使石贇爲鄧州節度使。同州節度使李承福卒，贈太傅。[14]

[1]天福：五代後晋高祖石敬瑭年號（936—942）。出帝石重貴沿用至九年（944）。後漢高祖劉知遠繼位後沿用一年，稱天福十二年（947）。　開運：後晋出帝石重貴年號（944—946）。

[2]河北諸州：明本《册府》卷九四《帝王部·赦宥門一三》開運元年（944）七月辛未作“魏、博、貝、冀、滄、景、德等州”。　虜騎剽攘：中華書局本沿《輯本舊史》作“契丹蹂踐處”，係四庫館臣忌清諱竄改，今據明本《册府》卷九四回改。　諸軍將士：明本《册府》卷九四作“將校兵士”。　一萬貫已上者與授本州上佐云：明本《册府》卷九四作“一萬貫已上者咸授官秩，無資給者，與本處上佐”。上佐，官名。州郡、軍府高級佐官的通稱。

[3]定州：州名。治所在今河北定州市。　節度使：官名。唐時在重要地區所設掌握一州或數州軍、民、財政的長官。　馬全節：人名。魏郡元城（今河北大名縣）人。五代後唐、後晋將領。傳見本書卷九〇、《新五代史》卷四七。　鄴都：地名。治所在今

河北大名縣。五代後唐同光元年（923），改魏州爲興唐府，建號東京。三年，改東京爲鄴都。　留守：官名。唐、五代在都城、陪都或軍事重鎮所設留守，由地方行政長官兼任。　侍中：官名。秦始置。隋、唐前期爲門下省長官。唐後期多爲大臣加銜，不參與政務，實際職務由門下侍郎執行。正二品。　昭義：方鎮名。治所在潞州（今山西長治市）。　安審暉：人名。沙陀部人。安審琦之兄。五代十國時期高級將領。傳見本書卷一二三。　邢州：州名。治所在今河北邢臺市。　檢校太師：官名。爲散官或加官，以示恩寵，無實際執掌。太師，與太傅、太保並爲三師。

［4］陝州：州名。治所在今河南三門峽市陝州區。　王周：人名。魏州（今河北大名縣）人。五代後唐、後晉、後漢將領。傳見本書卷一〇六、《新五代史》卷四八。　檢校太尉：官名。爲散官或加官，以示恩寵，無實際執掌。　張從恩：人名。太原人。五代後晉外戚、將領。仕至宋初。傳見《宋史》卷二五四。　鄆州：州名。治所在今山東東平縣。

［5］祫享：中國古代舉行的皇室合祭儀式。詳見朱溢《唐至北宋時期的太廟禘祫禮儀》，《復旦學報》2012年第1期。　高祖聖文章武明德孝皇帝今年八月喪終畢：《輯本舊史》之影庫本粘籤："明德，原本缺'德'字，今從《歐陽史》增入。"見《新五代史》卷八《晉高祖紀》。《輯本舊史》卷七五《晉高祖紀一》、卷八〇《晉高祖紀六》天福七年八月條同。

［6］虞部員外郎：官名。唐、宋工部設虞部，其長官稱郎中，副長官稱員外郎，掌山澤苑囿、場冶薪炭等事。從五品上。　知制誥：官名。掌起草皇帝的詔、誥之事，原爲中書舍人之職。唐開元末置學士院，翰林學士入院一年，則加知制誥銜，專掌任免宰相、冊立太子、宣布征伐等特殊詔令，稱爲內制。而中書舍人所撰擬的詔敕稱爲外制。兩種官員總稱兩制官。　陶穀：人名。邠州新平（今陝西彬縣）人。五代、宋初大臣。傳見《宋史》卷二六九。　倉部郎中：官名。尚書省户部倉部司長官。掌天下庫儲，出納租

税、禄糧、倉廪之事。以木契百，合諸司出給之數，以義倉、常平倉備凶年，平穀價。從五品上。　大理卿：官名。爲大理寺長官。負責大理寺的具體事務，掌邦國折獄詳刑之事。從三品。　吴德謙：人名。籍貫不詳。五代官員。事見本書本卷。　祕書監：官名。漢代設秘書監，晉代初置秘書寺，後改秘書省。隋唐沿置。以秘書監、秘書少監爲正、副長官。掌古今經籍圖書、國史實録、天文曆數之事。

[7]左龍武統軍：官名。唐代左龍武軍統兵官。職掌左右厢飛騎儀仗，階陛禁衛、馳道内仗，並負責飛騎番上宿衛。從二品。　李從敏：人名。後唐明宗之侄。傳見本書卷一二三、《新五代史》卷一五。　潞州：州名。治所在今山西長治市。　天策府：唐高祖以李世民功高，遂封天策上將，開府稱天策府。五代時後梁授馬殷爲天策上將軍，亦稱開府。　都護軍：部隊番號。　桂州：州名。治所在今廣西桂林市。　朗州：州名。治所在今湖南常德市。　馬希杲：人名。南楚武穆王馬殷之子。五代十國藩鎮軍閥。傳見《十國春秋》卷七一。

[8]金州：州名。治所在今陝西安康市。　萊州：州名。治所在今山東萊州市。

[9]户部侍郎：官名。尚書省户部次官。協助户部尚書掌土地、人户、錢谷、貢賦之政。正四品下。　田敏：人名。淄州鄒平（今山東鄒平縣）人。五代、宋初大臣、學者。傳見《宋史》卷四三一。　兵部侍郎：官名。尚書省兵部次官。協助兵部尚書掌武官銓選、勳階、考課之政。正四品下。　刑部侍郎：官名。尚書省刑部次官。協助刑部尚書掌天下刑法及徒隸、勾覆、關禁之政令。正四品下。　李詳：人名。籍貫不詳。五代後唐至後周官員，歷任左補闕、中書舍人、尚書右丞、吏部侍郎。事見本書本卷及卷四二、卷七七、卷八四、卷一一一。中華書局本有校勘記："原作'李祥'，據本書卷八一《晉少帝紀一》、卷八四《晉少帝紀四》改。"《輯本舊史》卷七七《晉高祖紀三》天福三年（938）四月丁亥條、卷七

八《晋高祖紀四》天福四年九月丙申條、卷八一《晋少帝紀一》天福八年五月辛卯條、卷八四《晋少帝紀四》開運三年七月壬辰條皆作“李詳”。　尚書右丞：官名。尚書省佐貳官。唐中期以後，與尚書左丞實際主持尚書省日常政務，權任甚重。後梁開平二年（908）改爲右司侍郎，後唐同光元年（923）復舊爲右丞。唐時爲正四品下，後唐長興元年（930）升爲正四品。

[10]潁州：州名。治所在今安徽阜陽市。　團練使：官名，唐代中期以後，於不設節度使的地區設團練使，掌本區各州軍事。　馮玉：人名。定州（今河北定州市）人。五代後晋外戚、宰相。傳見本書卷八九、《新五代史》卷五六。　端明殿學士：官名。五代後唐天成元年（926）明宗初即位，每有四方書奏，多令樞密使安重誨進讀，不曉文義。於是孔循獻議，設端明殿學士，命馮道等爲之，位在翰林學士之上。此後沿置。　中書舍人：官名。中書省屬官。掌起草文書、呈遞奏章、傳宣詔命等。正五品上。　趙上交：人名。本名遠，字上交，避漢祖諱，遂以字稱。涿州范陽（今河北涿州市）人。五代官員。傳見《宋史》卷二六二。

[11]樞密使：官名。樞密院長官。五代時以士人爲之，備顧問、參謀議，出納詔奏，權侔宰相。參見李全德《唐宋變革期樞密院研究》，國家圖書館出版社2009年版。　中書令：官名。漢代始置，隋、唐前期爲中書省長官，屬宰相之職，唐後期多爲授予元勳大臣的虚銜。正二品。　桑維翰：人名。洛陽（今河南洛陽市）人。五代後唐進士，後晋宰相、樞密使。傳見本書卷八九、《新五代史》卷二九。　弘文館：官署名。唐設此館，屬門下省。掌詳正圖籍，教授生徒等。　太子太傅：官名。與太子太師、太子太保統稱太子三師。隋唐以後多作加官或贈官。從一品。　劉昫：人名。涿州歸義縣（今河北容城縣）人。五代大臣，曾任宰相、監修國史，領銜撰進《舊唐書》。傳見本書卷八九、《新五代史》卷五五。　司空：官名。與司徒、太尉並爲三公，唐後期、五代多爲大臣、勳貴加官。正一品。　門下侍郎：官名。門下省次官，常加“同中

書門下平章事”銜爲宰相。正二品。　平章事：官名。又稱“同平章事”。唐高宗以後，凡實際任宰相之職者，常在其本官後加同平章事的職銜。後成爲宰相專稱。後晋天福五年（940），升中書門下平章事爲正二品。　監修國史：官名。北齊始置史館，以宰相爲之。唐史館沿置，爲宰相兼職。　判三司：官名。通掌鹽鐵、度支、户部三個部門事務。爲三司使之起始。

[12]李崧：人名。深州饒陽（今河北饒陽縣）人。後晋宰相，歷仕後唐至後漢。傳見本書卷一〇八、《新五代史》卷五七。　和凝：人名。鄆州須昌（今山東東平縣）人。後晋宰相。傳見本書卷一二七、《新五代史》卷五六。

[13]宣徽北院使：官名。唐始置。宣徽北院的長官。初用宦官，五代以後改用士人。與宣徽南院使通掌内諸司及三班内侍之名籍，郊祀、朝會、宴享供帳之儀，檢視内外進奉名物。參見王永平《論唐代宣徽使》，《中國史研究》1995年第1期；王孫盈政《再論唐代的宣徽使》，《中華文史論叢》2018年第3期。　劉繼勳：人名。衛州（今河南衛輝市）人。五代後唐、後晋藩鎮軍閥。傳見本書卷九六。《輯本舊史》之影庫本粘籤：“劉繼勳，原本作‘斷勳’，今從《通鑑》改正。”見《通鑑》卷二八一天福三年十一月辛亥條。《輯本舊史》卷八一《晋少帝紀一》天福八年三月庚寅條、卷八二《晋少帝紀二》天福八年十二月丁卯條、卷八四《晋少帝紀四》開運二年五月甲寅條皆作“劉繼勳”，卷九六有《劉繼勳傳》。　宣徽南院使：官名。唐始置。宣徽南院長官。初用宦官，五代以後改用士人。與宣徽北院使通掌内諸司及三班内侍之名籍，郊祀、朝會、宴享供帳之儀，檢視内外進奉名物。參見王永平《論唐代宣徽使》、王孫盈政《再論唐代的宣徽使》。　三司使：官名。五代後唐明宗天成元年（926）將晚唐以來的户部、度支、鹽鐵三部合爲一職，設三司使統之。主管國家財政。　董遇：人名。籍貫不詳。五代後晋官員。事見本書本卷及卷八一。

[14]石贇：人名。沙陀部人。五代藩鎮軍閥。事見本書本卷。

鄧州：州名。治所在今河南鄧州市。　同州：州名。治所在今陝西大荔縣。　李承福：人名。漢陽（今湖北武漢市漢陽區）人。五代後晋官員。傳見本書卷九〇。　太傅：官名。與太師、太保並爲三師。唐後期、五代多爲大臣、勳貴加官。正一品。

八月辛丑朔，[1]命十五將以禦契丹，[2]北京留守劉知遠充北面行營都統，[3]鎮州節度使杜威充北面行營都招討使，[4]鄆州節度使張從恩充馬步軍都監，[5]西京留守景延廣充馬步軍都排陣使，[6]徐州節度使趙在禮充馬步軍都虞候，[7]晋州節度使安叔千充馬步軍左厢排陣使，[8]前兖州節度使安審信充馬步軍右厢排陣使，[9]河中節度使安審琦充馬步軍都指揮使，[10]河陽節度使符彦卿充馬軍左厢都指揮使，[11]滑州節度使皇甫遇充馬軍右厢都指揮使，[12]右神武統軍張彦澤充馬軍排陣使，[13]滄州節度使王廷胤充步軍左厢都指揮使，[14]陝州節度使宋彦筠充步軍右厢都指揮使，[15]前金州節度使田武充步軍左厢排陣使，[16]左神武統軍潘環充步軍右厢排陣使。[17]壬寅，閩王王延羲爲其下連重遇、朱文進所害，衆推文進知留後事，稱天福年號，間道以聞。[18]甲辰，太子少傅盧文紀改太子太傅，太子少保李鏻改太子太保，刑部尚書李懌改户部尚書，給事中司徒詡改右散騎常侍，以府州刺史折從阮爲安北都護，充振武節度使。[19]是夜，熒惑入南斗。[20]乙巳，詔復置明經、童子二科。[21]己酉，以鄧州節度使王令温爲延州節度使。[22]癸丑，以威武軍兵馬留後、權知閩國事朱文進爲檢校太傅、福州威武軍節度使、知閩國事。[23]癸亥，升澶州爲節鎮，以鎮寧爲軍額，割濮州爲屬郡。[24]甲子，以延州節度使史威爲澶州節度使。[25]

[1]八月辛丑朔：中華書局本有校勘記："'朔'字原闕，據《新五代史》卷九《晋本紀》、《通鑑》卷二八四補。按是月辛丑朔，本書卷九〇《趙在禮傳》：'開運元年……八月朔，降制命一十五將。'"正文本紀記時規則，凡每月朔日有記事，均需在該日干支下加"朔"字。

[2]契丹：古部族、政權名。公元4世紀中葉宇文部爲前燕所攻破，始分離而成單獨的部落，自號契丹。唐貞觀中，置松漠都督府，以其首領爲都督。唐末强盛，916年迭剌部耶律阿保機建立契丹國（遼）。先後與五代、北宋並立，保大五年（1125）爲金所滅。參見張正明《契丹史略》，中華書局1979年版。　命十五將以禦契丹：《舊五代史考異》："案《東都事略·范質傳》：晋出帝命十五將出征。是夕，質宿直，出帝命諸學士分草制，質曰：'宫城已閉，慮泄機事。'遂獨爲之。《歐陽史》云：劉知遠爲北面行營都統，杜威爲都招討使，蓋略之也。"見《新五代史》卷九《晋出帝紀》、《東都事略》卷一八《范質傳》。

[3]劉知遠：人名。西突厥沙陀部人，後世居於太原。五代後唐、後晋將領，後漢高祖。紀見本書卷九九至卷一〇〇、《新五代史》卷一〇。　行營都統：官名。唐末設諸道行營都統，作爲各道出征兵士的統帥。

[4]鎮州：州名。治所在今河北正定縣。　杜威：人名。即杜重威，避後晋出帝石重貴諱稱杜威。其先朔州（今山西朔州市朔城區）人，後徙居太原。五代後晋、後漢將領。傳見本書卷一〇九、《新五代史》卷五二。　行營都招討使：官名。五代時掌一方招撫討伐等事務。戰時任命，兵罷則省。常以大臣、將帥或地方軍政長官兼任。

[5]都監：官名。唐代中葉命將出征，常以宦官爲監軍、都監。後爲臨時委任的統兵官，稱都監、兵馬都監。掌屯戍、邊防、訓練之政令。

[6]景延廣：人名。陝州（今河南三門峽市陝州區）人。五代後晋將領。傳見本書卷八八、《新五代史》卷二九。　都排陣使：官名。多以任節度使的武臣出任，或由軍事指揮官兼任，多側重監督軍隊。參見王軼英《中國古代排陣使述論》，《西北大學學報》2010年第6期。

[7]徐州：州名。治所在今江蘇徐州市。　趙在禮：人名。涿州（今河北涿州市）人。五代後唐、後晋將領。傳見本書卷九〇、《新五代史》卷四六。　馬步軍都虞候：官名。五代、北宋侍衛親軍馬步軍統兵官，僅次於馬步軍都指揮使、副都指揮使。

[8]晋州：州名。治所在今山西臨汾市。　安叔千：人名。沙陀部人。五代後唐至後周將領。傳見本書卷一二三、《新五代史》卷四八。

[9]兖州：州名。治所在今山東濟寧市兖州區。　安審信：人名。沙陀部人。五代將領安審琦從兄。五代後唐至後周將領。傳見本書卷一二三。

[10]河中：府名。治所在今山西永濟市。　安審琦：人名。沙陀部人。五代將領。歷仕後唐、後晋、後漢、後周。傳見本書卷一二三。　馬步軍都指揮使：官名。五代時侍衛親軍之長官。多爲皇帝親信。

[11]河陽：縣名。治所在今河南孟州市。　符彦卿：人名。陳州宛丘（今河南淮陽縣）人。後周、宋初將領。周世宗宣懿皇后、宋太宗懿德皇后，皆符彦卿女。傳見《宋史》卷二五一。

[12]皇甫遇：人名。常山（今河北正定縣）人。五代後唐、後晋將領。傳見本書卷九五、《新五代史》卷四七。　馬軍右厢都指揮使：中華書局本有校勘記："'馬軍'，原作'馬步軍'，據殿本、孔本、《通鑑》卷二八四胡注引《薛史》、《册府》卷一二〇

改。”見明本《册府》卷一二〇《帝王部·選將門二》開運元年(944)八月制,《通鑑》卷二八四開運元年八月辛丑條胡注引《薛史》。又,《新五代史》卷四七《皇甫遇傳》作“馬軍都指揮使”。

[13]右神武統軍:官名。唐代右神武軍統兵官。至德二載(757)唐肅宗置禁軍,也叫神武天騎,分爲左、右神武天騎,左、右羽林軍,左、右龍武軍,稱“北衙六軍”。從二品。　張彦澤:人名。突厥人,徙居太原。五代後晋將領,投降於契丹。傳見本書卷九八、《新五代史》卷五二。

[14]滄州:州名。治所在今河北滄縣舊州鎮。　王廷胤:人名。籍貫不詳。五代藩鎮軍閥。事見本書本卷。

[15]陜州節度使宋彦筠充步軍右廂都指揮使:中華書局本有校勘記:“‘步軍’,原作‘馬軍’,據殿本、孔本、《通鑑》卷二八四胡注引《薛史》、《册府》卷一二〇改。”

[16]金州:州名。治所在今陜西安康市。　田武:人名。元城(今河北大名縣)人。五代後唐、後晋將領。傳見本書卷九〇。

[17]左神武統軍潘環充步軍右廂排陣使:《輯本舊史》之孔本:“案《遼史》:七月辛卯,晋遣張暉奉表乞和,留暉不遣。蓋其時桑維翰爲相,乞和于契丹,既不見許,遂分命十五將以禦之也。”見《遼史》卷四《太宗紀下》會同七年(944)七月辛卯條。

[18]王延羲:人名。五代十國閩國景宗,性嗜酒殘暴,後爲部將連重遇、朱文進所殺。傳見本書卷一三四、《新五代史》卷六八。　連重遇:人名。籍貫不詳。五代十國閩國將領。與朱文進先後殺閩康宗王繼鵬、閩景宗王延羲,繼而擁立朱文進,後爲部將林仁翰所殺。事見本書本卷,《新五代史》卷六七、卷六八。　朱文進:人名。五代十國閩國將領。與連重遇先後殺閩康宗王繼鵬、閩景宗王延羲而自立,曾爲後晋出帝册爲閩國王,後爲部將林仁翰所殺。事見本書本卷及《新五代史》卷六七、卷六八。

[19]太子少傅:官名。與太子少保、太子少師合稱“三少”,唐後期、五代多爲大臣、勳貴加官。從二品。　盧文紀:人名。京

兆萬年（今陝西西安市長安區）人。唐末進士，五代宰相。傳見本書卷一二七、《新五代史》卷五五。　太子少保：官名。與太子少傅、太子少師合稱“三少”，唐後期、五代多爲大臣、勳貴加官。從二品。　李鏻：中華書局本有校勘記：“原作‘李麟’，據劉本，本書卷七六《晋高祖紀二》、卷一〇〇《漢高祖紀下》、卷一〇八《李鏻傳》改。”見《輯本舊史》卷七六《晋高祖紀二》天福二年（937）三月戊寅條、卷一〇〇《漢高祖紀下》天福十二年十月癸未條。　太子太保：官名。與太子太師、太子太傅統稱太子三師。隋唐以後多作加官或贈官。從一品。據中華書局本有校勘記，本書卷九〇《華温琪傳》，《册府》卷三八七、卷八八三作“太子少保”。　刑部尚書：官名。尚書省刑部主官。掌天下刑法及徒隸、勾覆、關禁之政令。正三品。　李懌：人名。京兆（今陝西西安市）人。五代官員。傳見本書卷九二、《新五代史》卷五五。　户部尚書：官名。唐代始置，户部最高長官。掌土地、人民、錢穀之政。正三品。　給事中：官名。秦始置。隋唐以來，爲門下省屬官。掌讀署奏抄、駁正違失。正五品上。　司徒詡：人名。清河郡（今河北清河縣）人。五代後唐官員。傳見本書卷一二八。　右散騎常侍：官名。中書省屬官。掌侍奉規諷，備顧問應對。正三品下。　府州：州名。治所在今陝西府谷縣。　刺史：官名。漢武帝始置。州一級行政長官，總掌考覈官吏、勸課農桑、地方教化等事。唐中期以後，節度使、觀察使轄州而設，刺史爲其屬官，職任漸輕。從三品至正四品下。　折從阮：人名。雲中（今山西大同）人，羌族折掘氏。五代後唐、後晋、後漢、後周將領。傳見本書卷一二五、《新五代史》卷五〇。　安北都護：官名。安北都護府長官。據《通鑑》卷二六九胡三省注，唐中葉以後，振武節度使皆帶安北都護。參見李大龍《都護制度研究》，黑龍江教育出版社2003年版。　振武：方鎮名。後梁貞明二年（916）以前，治所位於單于都護府城（今内蒙古和林格爾縣）。貞明二年單于都護府城爲契丹所占據。此後至後唐清泰三年（936），治所位於朔州（今山西朔州市朔城區)。後晋隨燕雲十六州割予契丹，改名順義軍。

[20]熒惑：天文學名詞。即火星。熒惑意爲眩惑，因火星位置隱現不定，令人迷惑，故名。　南斗：星名。即斗宿。有六顆星，形似古代酒器，位於南天，稱南斗以區别北斗。　是夜，熒惑入南斗：亦見《輯本舊史》卷一三九《天文志》五星凌犯條。

[21]明經：科舉考試科目之一。主要考察士人對經文的熟悉程度，也考時務策。　童子：選舉制度。即童子科。唐始設。十歲以下能通一經及《孝經》《論語》，全通者授官。

[22]王令温：人名。瀛州河間（今河北河間市）人。五代後晋將領。傳見本書卷一二四。　延州：州名。治所在今陝西延安市。

[23]威武軍：方鎮名。治所在福州（今福建福州市)。　兵馬留後：官名。唐五代時，代行方鎮長官之職者稱留後。代行州兵馬使之職者，即爲兵馬留後。掌本州兵馬。　檢校太傅：官名。爲散官或加官，以示恩寵，無實際執掌。

[24]澶州：州名。唐、五代初，治所在河南清豐縣。後晋天福四年（939)，移治於今河南濮陽縣。　鎮寧：方鎮名。治所在澶州(今河南濮陽市)。　濮州：州名。治所在今山東鄄城縣。

[25]史威：人名。籍貫不詳。五代藩鎮軍閥。事見本書本卷及卷八四。

九月庚午朔，日有蝕之。乙酉，以户部侍郎韋勳爲太子賓客，[1]以前棣州刺史段希堯爲户部侍郎，[2]以光禄卿張仁愿爲大理卿。[3]己丑，禮部侍郎符蒙卒。[4]壬辰，太原奏，代州刺史白文珂破契丹於七里烽，斬首千餘級，生擒將校七十餘人。[5]癸巳，以前隴州防禦使翟光鄴爲宣徽北院使。[6]己亥，以滄州節度使王廷胤卒輟朝，贈中書令。

[1]韋勳：人名。籍貫不詳。五代後唐、後晋官員。事見本書本卷、《遼史》卷四。　太子賓客：官名。爲太子官屬。唐高宗顯慶元年（656）始置。掌侍從規諫、贊相禮儀。正三品。　以户部侍郎韋勳爲太子賓客：中華書局本有校勘記："'以'字原闕，據殿本補。"

[2]棣州：州名。治所在今山東惠民縣。　段希堯：人名。河内（今河南沁陽市）人。五代大臣。傳見本書卷一二八、《新五代史》卷五七。　以前棣州刺史段希堯爲户部侍郎：原作"以前州刺史段希堯爲户部侍郎"，在"前"字後，《輯本舊史》之案語作"原本闕一字"，中華書局本有校勘記："'州'上殿本、劉本有'棣'字。《宋史》卷二七〇《段思恭傳》記其父希堯天福中爲棣州刺史，疑《永樂大典》避明成祖諱闕'棣'字。"但未補。《輯本舊史》卷一二八《段希堯傳》："（天福）六年秋，移棣州刺史、兼榷鹽礬制置使。少帝嗣位，加檢校司空。開運中，歷户部、兵部侍郎。"據補"棣"字。

[3]光禄卿：官名。漢代始置，隋唐沿置。掌宿衛宫殿門户諸事。正三品。　張仁愿：人名。開封陳留（今河南開封）人。五代後梁、後唐、後晋官員。傳見本書卷九三。　大理卿：官名。大理寺長官。負責大理寺的具體事務，掌邦國折獄詳刑之事。從三品。

[4]禮部侍郎：官名。尚書省禮部次官。協助禮部尚書掌禮儀、祭享、貢舉之政。正四品下。　符蒙：人名。籍貫不詳。五代官員。事見本書本卷及卷三二、卷七七、卷一二三。

[5]代州：州名。治所在今山西代縣。　白文珂：人名。太原（今山西太原市）人。王章岳父，後漢隱帝時宰相。傳見本書卷一二四。　七里烽：地名。位於今河北獻縣。　"壬辰"至"生擒將校七十餘人"：據《舊五代史考異》："案：《通鑑》作丙子，契丹寇遂城、樂壽，深州刺史康彦進擊却之，與《薛史》異。《歐陽史》《契丹國志》並與《薛史》同。"見《新五代史》卷九《晋出帝紀》、《通鑑》卷二八四、《契丹國志》卷二《太宗上》。"七里

烽”“七十餘人”，明本《册府》卷四三五《將帥部·獻捷門二》分作“七里峯”“七千餘人”。《新五代史》卷九同《輯本舊史》作“七里烽”。

[6]隴州：州名。治所在今陝西隴縣。　防禦使：官名。唐代始置，設有都防禦使、州防禦使兩種。常由刺史或觀察使兼任，實際上爲唐代後期州或方鎮的軍政長官。　翟光鄴：人名。濮州鄄城（今山東鄄城縣）人，五代將領。傳見本書卷一二九、《新五代史》卷四九。

冬十月壬寅，兩浙節度使、吴越國王錢弘佐加守太尉。[1]庚戌，以徐州節度使、北面行營馬步都虞候趙在禮爲北面行營副都統，鄴都留守馬全節爲北面行營副招討使。[2]甲寅，以起居郎、知制誥賈緯爲户部郎中、知制誥。[3]戊午，詔曰：“朕虔承顧命，獲嗣丕基，常懼顛危，不克負荷，宵分日昃，罔敢怠寧，夕惕晨興，每懷祗畏。但以恩信未著，德教未敷，理道不明，咎徵斯至。向者，頻年災沴，稼穡不登，萬姓飢荒，道殣相望，上天垂譴，涼德所招。仍屬干戈尚興，邊陲多事。倉廩不足，則輟人之餱食；帑藏不足，則率人之資財；兵士不足，則取人之丁中；戰騎不足，則假人之乘馬。雖事不獲已，而理將若何！訪聞差去使臣，殊乖體認，不能敦於勉諭，而乃臨以威刑，自有所聞，益深愧悼。旋屬守臣叛命，戎虜犯邊，[4]致使甲兵不暇休息，軍旅有征戰之苦，人民有飛輓之勞，疲瘵未蘇，科徭尚急，言念於兹，寢食何安！得不省過興懷，側身罪己，載深減損，思召和平？所宜去無用之資，罷不急之務，棄華取實，惜費省功，一則符先帝慈儉之規，一則慕前王朴素之德。[5]向者，造作軍器，破用稍多，但取堅剛，不須華楚，今後作坊製造器械，[6]不得更用金銀裝飾。比於遊畋，素非所好，凡諸服御，尤欲去奢，應天下府州不得以珍寶玩好及鷹犬爲貢。在昔聖帝明君，無非惡衣菲食，況予薄德，[7]所合恭行，今後太官尚膳，[8]減去多品，衣服帷帳，務去華飾，在禦寒温而已。峻宇雕牆，昔人所誡，玉杯象箸，前代攸非，今後凡有營繕之處，丹堊雕鏤，不得過度，宫闈之内，有非理費用，一切禁止。於戲！繼聖承祧，握樞臨極，昧於至道，若履春冰。屬以天災流行，國步多梗，因時致懼，引咎推誠，期於將來，庶幾有補。更賴王公將相、貴戚豪宗，各啓乃心，率由兹道，共臻富庶，以致康寧。凡百臣僚，宜體朕意。"

[1]吴越國王：《輯本舊史》之影庫本粘籤："吴越國王，原本脱'吴'字，今據《歐陽史》增入。"見《新五代史》卷六七《吴越世家》。　錢弘佐：人名。五代十國吴越君主。傳見本書卷一三三、《新五代史》卷六七。

[2]北面行營馬步都虞候：官名。五代時期出征軍隊高級統兵官。　北面行營副都統：官名。唐末設諸道行營都統、副都統，作爲各道出征兵士的正、副統帥。　北面行營副招討使：官名。不常置，爲一路或數路地區統兵官。掌招撫討伐等事務。兵罷則省。位於招討使下。

[3]起居郎：官名。唐代始置，屬門下省。與中書省起居舍人同掌起居注，記皇帝言行。從六品上。　賈緯：人名。鎮州獲鹿（今河北石家莊市鹿泉區）人。五代官員。多任史籍編纂之責。傳

見本書卷一三一、《新五代史》卷五七。　户部郎中：官名。唐代始置。户部下設四司，其中“户部司”由郎中二人分掌，故稱。掌天下户口、土地庶政。從五品上。

[4]戎虜犯邊：《輯本舊史》作“敵騎入邊”，中華書局本沿之，有校勘記：“《册府》卷一四五作‘戎虜犯邊’。”但未改。此爲《輯本舊史》忌清諱竄改，今回改。今據《宋本册府》卷一四五《帝王部·弭災門三》回改，但《册府》記此事於開運元年九月，誤，應爲十月記事。下同。

[5]一則慕前王朴素之德：中華書局本有校勘記：“‘一則’二字原闕，據《册府》卷一四五補。”

[6]今後作坊製造器械：中華書局本有校勘記：“‘造’字原闕，據《册府》卷一四五補。”

[7]況予薄德：中華書局本有校勘記：“‘予’，原作‘于’，據《册府》卷一四五改。”

[8]今後太官常膳：中華書局本有校勘記：“‘太官常膳’，原作‘大官尚膳’，據《册府》卷一四五改。”

十一月壬申，詔曰：“蕃寇未平，邊陲多事，即日雖無侵軼，亦須廣設隄防。朕將親率虎貔，躬擐甲胄，候聞南牧，即便北征，不須先定日辰，别行告諭。所有供億，宜令三司預行計度，合隨從諸司職員，並宜常備行計”云。己卯，以陳州刺史梁漢璋充侍衛馬軍都指揮使。[1]壬午，以貝州節度使何建爲澶州節度使兼北面行營馬軍右厢排陣使，以澶州節度使史威爲貝州節度使。[2]丙戌，以前金州節度使田武爲滄州節度使兼北面行營步軍右厢都指揮使，以前相州節度使郭謹爲鄜州節度使。[3]

[1]陳州：州名。治所在今河南淮陽縣。　梁漢璋：人名。應州（今山西應縣）人。五代後唐、後晉將領。傳見本書卷九五。　侍衛馬軍都指揮使：官名。爲侍衛親軍馬軍司長官。後梁始置侍衛親軍，爲禁軍的一支，後唐沿置並成爲禁軍主力，下設馬、步軍。

[2]貝州：州名。治所在今河北清河縣。　何建：人名。回鶻人。五代將領、藩鎮軍閥。後投於孟昶。傳見本書卷九四。

[3]以前金州節度使田武爲滄州節度使兼北面行營步軍右厢都指揮使：中華書局本有校勘記："'金州'，原作'金吾'，據殿本、劉本、邵本校改。按本卷上文：'(開運元年八月）前金州節度使田武充步軍左厢排陣使。'"又，《輯本舊史》卷七九《晉高祖紀五》天福五年（940）八月："庚子，以前金州防禦使田武爲金州懷德軍節度使。"　相州：州名。治所在今河南安陽市。　郭謹：人名。晉陽（今山西太原市）人。五代後晉、後漢將領。傳見本書卷一〇六。　鄜州：州名。治所在今陝西富縣。

十二月己亥朔，幸皋門，射中白兔。[1]癸丑，福州節度使朱文進加同平章事，封閩國王。丁巳，青州楊光遠降。[2]光遠子承勳等斬觀察判官丘濤，牙將白延祚、楊贍、杜延壽等首級，[3]送於招討使李守貞，乃縱火大譟，劫其父，處於私第，以城納款，遣即墨縣令王德柔貢表待罪。[4]楊光遠亦遣節度判官楊麟奉表請死。詔釋之。[5]

[1]射中白兔：中華書局本有校勘記："'白兔'，《册府》卷一一五作'白鹿'。"見明本《册府》卷一一五《帝王部·蒐狩門》開運元年（944）十二月己亥條，《新五代史》卷九《晉出帝紀》同《輯本舊史》。

［2］青州：州名。治所在今山東青州市。　楊光遠：人名。沙陀部人。五代後唐、後晋將領。傳見本書卷九七、《新五代史》卷五一。

［3］觀察判官：官名。唐肅宗以後置，五代沿置。觀察使屬官，參理田賦事，用觀察使印、署狀。　丘濤：人名。籍貫不詳。五代後晋將領，楊光遠屬官。事見本書本卷、卷九七。　牙將：官名。古代軍隊中的中低級軍官。　白延祚：人名。籍貫不詳。五代後晋將領，楊光遠屬官。事見本書本卷及卷九七。　楊贍：人名。籍貫不詳。五代後晋將領，楊光遠屬官。事見本書本卷及卷九七。中華書局本有校勘記："'楊贍'，《册府》卷一二六同，殿本、劉本、《新五代史》卷五一《楊光遠傳》作'楊瞻'。"見明本《册府》卷一二六《帝王部·納降門》開運元年十二月條。　杜延壽：人名。籍貫不詳。五代後晋將領，楊光遠屬官。事見本書本卷及卷九七。

［4］李守貞：人名。河陽（今河南孟州市）人。五代後晋、後漢將領。傳見本書卷一〇九、《新五代史》卷五二。　即墨縣：縣名。治所在今山東青島市即墨區。　王德柔：人名。籍貫不詳。五代地方官員。事見本書本卷。

［5］節度判官：官名。唐、五代方鎮僚屬，位在行軍司馬下。分掌使衙内各曹事，並協助使職官員通判衙事。　楊麟：人名。籍貫不詳。五代地方官員。事見本書本卷。

閏月庚午，以楊承信爲右羽林將軍，承祚爲右驍衛將軍，[1]皆光遠之子，先詣闕請罪，故特授是官。癸酉，李守貞奏，楊光遠卒。初，光遠既上表送降，帝以光遠頃歲太原歸命，欲曲全之，議者曰："豈有反狀滔天而赦之也！"乃命守貞便宜處置，守貞遣人拉殺之，以病卒聞。乙酉，前登州刺史張萬迪削奪官爵處斬，青州節度判官楊麟配流威州，掌書記任邈配流原州，支使徐晏配流武州，縱逢恩赦，不在放還之限，並以楊光遠叛故也。[2]工部尚書、權知貢舉竇貞固奏："試進士諸科舉人入策，舊例夜試，以三條燭盡爲限，天成二年改令晝試，今欲依舊夜試。"[3]從之。曲赦青州管内罪人，立功將士各賜優給，青州吏民爲楊光遠詿誤者，一切不問。青州行營招討使、兖州節度使兼侍衛都虞候李守貞加同平章事，副招討使、河陽節度使符彦卿改許州節度使。[4]丙戌，降青州爲防禦使額，以萊州刺史楊承勳爲汝州防禦使。[5]己丑，以工部尚書竇貞固爲禮部尚書，太常卿王延爲工部尚書，左丞王松爲太常卿，以前尚書右丞龍敏爲尚書左丞。[6]癸巳，以前安州防禦使李建崇爲河陽兵馬留後，以宣徽使翟光鄴爲青州防禦使，以内客省使李彦韜爲宣徽北院使。[7]甲午，以給事中邊光範爲左散騎常侍，以樞密直學士、吏部郎中李穀爲給事中，依前充職。[8]是月，契丹耶律德光與趙延壽領全軍入寇，圍恒州，分兵陷鼓城、槀城、元氏、高邑、昭慶、寧晋、蒲澤、欒城、柏鄉等縣，前鋒至邢州，河北諸州告急。[9]詔張從恩、馬全節、安審琦率師屯邢州，趙在禮屯鄴都。

[1]楊承信：人名。沙陀部人。楊光遠子。五代、宋初藩鎮軍閥、朝廷大臣。傳見《宋史》卷二五二。　右羽林將軍：官名。唐代右羽林軍統兵官。從二品。右羽林軍爲"北衙六軍"之一。　承祚：人名。即楊承祚。沙陀部人。楊光遠子。後晋高祖石敬瑭女婿。事見本書本卷、卷八二。　右驍衛將軍：官名。唐置，掌宫禁

宿衛。唐代置十六衛，即左右衛、左右驍衛、左右武衛、左右威衛、左右領軍衛、左右金吾衛、左右監門衛、左右千牛衛。各置上將軍，從二品；大將軍，正三品；將軍，從三品。中華書局本有校勘記："'右驍衛將軍'，原作'右驍騎衛將軍'，據本書卷九七《楊光遠傳》、《宋史》卷二五一《楊承信傳》改。"

[2]登州：州名。治所在今山東蓬萊市。　張萬迪：人名。籍貫不詳。五代後唐、後晋將領。傳見《新五代史》卷三三。　威州：州名。後晋天福四年（939）置，治所在今甘肅環縣。　掌書記：官名。唐、五代方鎮僚屬，位在判官下。掌表奏書檄、文辭之事。　任邈：人名。籍貫不詳。五代藩鎮官員。事見本書本卷。　原州：州名。治所在今甘肅鎮原縣。　支使：官名。唐代節度使、觀察使等屬官，位在副使、判官之下，職與掌書記同，有出身者稱書記，無出身者稱支使，掌表奏書檄諸事，　徐晏：人名。籍貫不詳。五代藩鎮官員。事見本書本卷。　武州：州名。治所在文德縣（今河北張家口市宣化區）。

[3]工部尚書：官名。尚書省工部主官。掌百工、屯田、山澤之政令。正三品。　權知貢舉：官名。唐始置，爲主持禮部會試的考官。　竇貞固：人名。同州白水（今陝西白水縣）人。五代後唐至宋初大臣，後唐進士，後漢宰相。傳見《宋史》卷二六二。

[4]河陽：縣名。治所在今河南孟州市。　許州：州名。治所在今河南許昌市。

[5]楊承勳：人名。沙陀部人。平盧軍節度使楊光遠之子。歷任後晋萊州刺史、汝州防禦使、鄭州防禦使。事見本書本卷及卷八五。　汝州：州名。治所在今河南汝州市。

[6]禮部尚書：官名。尚書省禮部主官。掌禮儀、祭享、貢舉之政。正三品。　王延：人名。鄭州長豐（今河北文安縣）人。五代大臣，歷仕五代各朝。傳見本書卷一三一、《新五代史》卷五七。　左丞：官名。即尚書左丞。尚書省佐貳官。唐中期以後，與尚書右丞實際主持尚書省日常政務，權任甚重。正四品上。後梁開平二

年（908）改爲左司侍郎，後唐同光元年（923）復舊爲左丞。正四品。　王松：人名。京兆（今陝西西安市）人。唐僖宗宰相王徽之子。五代後唐至後漢官員。傳見本書附録、《新五代史》卷五七。　尚書右丞：中華書局本有校勘記："'右'，本書卷七八《晋高祖紀四》作'左'。按本書卷一〇八《龍敏傳》：'遷尚書左丞。丁父憂，服闋，復本官。'"見《輯本舊史》卷七八《晋高祖紀四》天福四年（939）十一月己卯條。　龍敏：人名。幽州永清（今河北永清縣）人。五代大臣。傳見本書卷一〇八、《新五代史》卷五六。

［7］安州：州名。治所在今湖北安陸市。　李建崇：人名。潞州（今山西長治市）人。五代後唐至後周將領。傳見本書卷一二九。中華書局本有校勘記："原作'李建業'，據本書卷一二九《李建崇傳》及本卷下文改。"見本卷開運二年（945）正月甲寅條。　内客省使：官名。中書省内客省長官。　李彦韜：人名。太原（今山西太原市）人。後晋出帝寵臣，與宦官近臣相勾結，排擠文臣。傳見本書卷八八。

［8］邊光範：人名。并州陽曲（今山西太原市）人。歷仕五代後唐、後晋至宋代。傳見《宋史》卷二六二。　左散騎常侍：官名。門下省屬官。掌侍奉規諷，備顧問應對。正三品下。　樞密直學士：官名。五代後唐莊宗同光元年（923），改直崇政院置，選有政術、文學者充任。備顧問應對。　吏部郎中：官名。尚書省吏部頭司吏部司長官。掌文官階品、朝集、録賜，給其告身、假使以及選補流外官等事。《新唐書》記正五品上。　李穀：人名。潁州汝陰（今安徽阜陽市）人。五代後周宰相。傳見《宋史》卷二六二。

［9］耶律德光：人名。遼朝皇帝，契丹族，遼太祖耶律阿保機次子。謚號太宗。紀見《遼史》卷三至卷四。　趙延壽：人名。本姓劉，恒山（今河北正定縣）人。後唐明宗李嗣源女婿，後降契丹，引導契丹攻滅後晋。傳見《遼史》卷七六。　恒州：州名。即鎮州。治所在今河北正定縣。　鼓城：地名。位於今河北晋州市西。　槀城：縣名。治所在今河北石家莊市槀城區。　元氏：縣

名。治所在今河北元氏縣。　高邑：縣名。治所在今河北石家莊市高邑縣。　昭慶：縣名。治所在今河北隆堯縣。　寧晋：縣名。治所在今河北寧晋縣。　蒲澤：縣名。治所在今河北新河縣。　欒城：縣名。治所在今河北石家莊市欒城區。　柏鄉：縣名。治所在今河北柏鄉縣。　"是月"至"柏鄉等縣"：據《舊五代史考異》載："案《遼史》：己卯，圍恒州，下其九縣。《歐陽史》繫於乙酉之後，疑誤。"見《新五代史》卷九《晋出帝紀》、《遼史》卷四《太宗紀下》會同七年（944）閏十二月己卯條。

開運二年春正月戊戌朔，帝不受朝賀，不豫故也。己亥，張從恩部領兵士自邢州退至相州，人情震恐。趙在禮還屯澶州，馬全節歸鄴都，遣右神武統軍張彦澤屯黎陽，詔西京留守景延廣將兵守胡梁渡。[1]契丹寇邢州。侍衛馬軍都指揮使梁漢璋改鄭州防禦使，典軍如故。以齊州防禦使劉在明爲相州留後。[2]癸卯，以客省使孟承誨爲内客省使。[3]滑州奏，今月二日至四日，相州路烽火不至。甲辰，以前汝州防禦使宋光鄴爲左驍衛大將軍。[4]詔青州行營將校，自副兵馬使以上，各賜功臣名號。乙巳，帝復常膳。以左威衛上將軍袁曩爲客省使，上將軍如故。[5]詔滑州節度使皇甫遇率兵赴邢州，馬全節赴相州。契丹寇洺、磁，犯鄴都西北界，所在告急。壬子，王師與契丹相拒於相州北安陽河上，皇甫遇、慕容彦超率前鋒與敵騎戰於榆林店，遇馬中流矢，僅而獲免。[6]是夜，張從恩引軍退保黎陽，唯留五百人守安陽河橋。既而知州符彦倫與軍校謀曰："此夜紛紜，人無固志，五百疲兵，安能守橋！"即抽入相州，嬰城爲備。

至曙，賊軍萬餘騎已陣於安陽河北，彦倫令城上揚旗鼓譟，賊不之測。至辰時，渡河而南，悉陳甲騎於城下，如攻城之狀。彦倫曰："此虜將走矣。"[7]乃出甲士五百於城北，張弓弩以待之，虜果引去。[8]當皇甫遇榆林戰時，至晚敵衆自相驚曰："晋軍悉至矣。"戎王在邯鄲聞之，即時北遁，官軍亦南保黎陽。甲寅，以河陽留後李建崇爲邢州留後，以鳳州防禦使方太爲河陽留後。[9]詔李守貞領兵屯滑州，以宣徽北院使李彦韜權侍衛馬步都虞候。改諸道武定軍爲天威軍。[10]己未，以前許州節度使李從温爲北面行營都招撫使，以鄆州節度使張從恩權東京留守。[11]辛酉，相州奏，契丹抽退，其鄉村避寇百姓，已發遣各歸本家營種。初，帝以不豫初平，未任親御軍旅，既而張從恩、馬全節相次奏賊軍充斥，恒州杜威告事勢危急，帝曰："此賊未平，[12]固難安寢，當悉衆一戰，以救朔方生靈，若晏安遲疑，則大河以北，淪爲寇壤矣。"即日命諸將點閱，以定行計。壬戌，[13]下詔親征。誅楊光遠部下指揮使張迴等五人，以戎事方興，慮其扇摇故也。[14]癸亥，以樞密直學士李穀爲三司副使，判留司三司公事。[15]乙丑，車駕發離京師。是月，京城北壕春冰之上有文，若大樹花葉，凡數十株，宛若圖畫，觀者如堵。

[1]胡梁渡：地名。即胡良渡。位於今河南滑縣東北。　黎陽：縣名。治所在今河南浚縣。

[2]齊州：州名。治所在今山東濟南市歷城區。　劉在明：人名。幽州（今北京市）人。五代將領，能征慣戰。傳見本書

卷一〇六。

[3]客省使：官名。唐代宗時始置，五代沿置。客省長官，掌接待四方奏計及外族使者。　孟承誨：人名。大名（今河北大名縣）人。後晋官員。傳見本書卷九六。　内客省使：官名。唐置，爲中書省四方館内客省長官。五代沿置。

[4]滑州：州名。治所在今河南滑縣。　宋光鄴：人名。籍貫不詳。五代藩鎮將領。事見本書本卷及卷八〇。　左驍衛大將軍：官名。唐置，掌宫禁宿衛。唐代十六衛之一。正三品。

[5]左威衛上將軍：官名。唐置，掌宫禁宿衛。唐代十六衛之一。從二品。　袁曦：人名。籍貫不詳。五代藩鎮將領。事見本書本卷。

[6]洺：州名。即洺州。治所在今河北邯鄲市永年區。　磁：州名。即磁州。治所在今河北磁縣。　安陽河：水名。即洹水。位於今河南安陽市北。　慕容彦超：人名。沙陀部人（一説"吐谷渾部人"）。五代後漢將領，後漢高祖劉知遠同母弟。傳見本書卷一三〇、《新五代史》卷五三。　榆林店：地名。位於今河北臨漳縣西南。　"壬子"至"僅而獲免"：據《舊五代史考異》："案《遼史》云：皇甫遇與濮州刺史慕容彦超將兵千騎，來覘遼軍。至鄴都，遇遼軍數萬，且戰且却，至榆林店，遼軍繼至，遇與彦超力戰百餘合，遇馬斃步戰，安審琦引騎兵踰水以救，遼軍乃還。與《薛史》所載，互有詳略。"見《遼史》卷四《太宗紀下》會同八年（945）正月條。

[7]符彦倫：人名。陳州宛丘（今河南淮陽縣）人。五代藩鎮官員。事見本書本卷。　此虜將走矣："虜"，《輯本舊史》作"敵"，中華書局本沿之未改，此乃《輯本舊史》忌清諱竄改，今據明本《册府》卷四二八《將帥部・料敵門》晋符彦倫條改。

[8]虜果引去："虜"，《輯本舊史》作"契丹"，中華書局本沿之未改，據明本《册府》卷四二八改。

[9]鳳州：州名。治所在今陝西鳳縣。　方太：人名。青州千

乘（今山東高青縣）人。五代藩鎮將領。傳見本書卷九四。　以鳳州防禦使方太爲河陽留後：原作“以鳳州防禦使爲河陽留後”，在“鳳州防禦使”後，有《輯本舊史》之案語：“原本下有闕文。”中華書局本有校勘記：“按本書卷九四《方太傳》：‘改鳳州防禦使，行至中途，遷河陽留後。’卷八四《晉少帝紀四》：‘以前河陽留後方太爲邢州留後。’‘鳳州防禦使’下疑脱‘方太’二字。”但未補。見《輯本舊史》卷八四《晉少帝紀四》開運二年（945）十月庚寅條。又，《輯本舊史》卷九四《方太傳》載：“從少帝幸澶州，與契丹戰于戚城，中數創，改鳳州防禦使，行至中途，遷河陽留後，移邢州留後。”故此處之闕文當爲“方太”，據補。

[10]武定軍：方鎮名。治所在洋州（今陝西洋縣）。

[11]李從温：人名。代州崞縣（今山西原平市）人。五代後唐、後晉大臣。好財利。傳見本書卷八八。

[12]此賊未平：中華書局本有校勘記：“‘此’，殿本、劉本作‘北’。”

[13]壬戌：《輯本舊史》作“辛酉”，中華書局本沿之，並有校勘記：“按本卷上文是月已有辛酉，此處不當復見。《通鑑》卷二八四繫其事於‘壬戌’。按是月戊戌朔，辛酉爲二十四日，壬戌爲二十五日。”“辛酉”，本月兩次出現，誤，據《通鑑》卷二八四開運二年正月壬戌條改。

[14]張迴：人名。籍貫不詳。五代藩鎮將領。事見本書本卷。

[15]三司副使：官名。三司副長官，輔佐三司使。

二月戊辰朔，車駕次滑州。己巳，渡浮橋，幸黎陽勞軍，至晚還滑州。以滄州節度使田武充東北面行營都部署。甲戌，幸澶州，以景延廣爲隨駕馬步軍都鈐轄。[1]丙子，大閲諸軍于戚城東，帝親臨之。[2]戊寅，北面行營副招討使馬全節、行營都監李守貞、右神武統軍張彦澤等以前軍先發。[3]己卯，以許州節度使符彦卿爲北面行營馬軍都指揮使，以左神武統軍潘環爲北面行營步軍都指揮使。辛巳，幸楊村故壘。[4]符彦卿、皇甫遇、李殷率諸軍進發。以左散騎常侍邊光範爲樞密直學士。乙酉，[5]詔："河北諸州，應蕃寇經由之地，吏民遭殺害者，委所在收瘞，量事祭奠。"丙戌，[6]詔恒州杜威與馬全節等會合進軍。幸鐵丘閲馬，因幸趙在禮、李從温軍。[7]是日大雪。戊子，安審琦、梁漢璋領兵北征。府州防禦使折從阮奏，部領兵士攻圍契丹勝州，降之，見進兵趨朔州。[8]甲午，以河中節度使安審琦爲北面行營馬步軍都虞候，許州節度使符彦卿充馬步軍左厢都指揮使，滑州節度使皇甫遇充馬步軍右厢都指揮使，侍衛馬軍都指揮使梁漢璋充馬軍左右厢都指揮使，侍衛步軍都指揮使李殷充步軍左右厢都指揮使，右神武統軍張彦澤充馬軍左右厢都排陣使，[9]左神武統軍潘環充步軍左右厢排陣使。[10]丙申，以端明殿學士、尚書户部侍郎馮玉爲户部尚書，充樞密使。

[1]都鈐轄：官名。即都部署。　甲戌，幸澶州：《通鑑》卷二八四作："甲戌，帝發滑州。乙亥，至澶州。"相差一日。

[2]大閲諸軍于戚城東："東"字原闕，據明本《册府》卷一一八《帝王部·親征門三》開運二年（945）二月丙子條補。

[3]"戊寅"至"張彦澤等以前軍先發"：《通鑑》卷二八四作："己卯，馬全節等諸軍以次北上。"

[4]潘環：人名。洛陽人。五代後梁至後漢將領。傳見本書卷九四。　楊村：地名。位於今河南濮陽市西南。

[5]李殷：人名。薊州（天津薊州區）。五代後唐、後晉、後漢官員。傳見本書卷一〇六。　乙酉：《輯本舊史》闕，中華書局本沿之未補，今據《宋本册府》卷一三五《帝王部·愍征役門》開運二年二月乙酉敕補。

[6]丙戌：原載於“幸鐵丘閲馬”前，今據《通鑑》卷二八四移至此處。

[7]鐵丘：地名。位於今河南濮陽市。

[8]勝州：州名。治所在今内蒙古准格爾旗。　朔州：州名。治所在今山西朔州市朔城區。

[9]右神武統軍張彦澤充馬軍左右厢都排陣使：中華書局本有校勘記：“‘右’，原作‘左’，據本書卷八二《晉少帝紀二》、《册府》卷一二〇、《通鑑》卷二八四及本卷上文改。”見《輯本舊史》卷八二《晉少帝紀二》開運元年五月丁亥條、明本《册府》卷一二〇《帝王部·選將門二》、《新五代史》卷五二《張彦澤傳》、《通鑑》卷二八四開運二年正月條。

[10]左神武統軍潘環充步軍左右厢排陣使：中華書局本有校勘記：“‘左神武統軍’，原作‘右神武統軍’，據本書卷八二《晉少帝紀二》、卷八四《晉少帝紀四》、卷九四《潘環傳》，《册府》卷一二〇及本卷上文改。‘都’字原闕，據殿本及本卷上文補。”見《輯本舊史》卷八二《晉少帝紀二》開運元年五月丁亥條、卷八四《晉少帝紀四》開運二年五月戊戌條。

三月戊戌，契丹陷祁州，刺史沈斌死之。[1]甲辰，杜威奏，與李守貞、馬全節、安審琦、皇甫遇部領大軍赴定州。易州刺史安審約奏，二月三日夜，差壯丁斫敵營，殺賊千餘人。[2]是日，以符彦卿爲北面行營馬步軍左右厢都排陣使，以皇甫遇爲北面行營馬步軍左厢排陣使，以王周爲馬步軍右厢排陣使。[3]乙巳，左補闕袁範先陷契丹，自賊中逃歸。[4]丁未，畋於戚城，還幸景延廣、安審信軍。[5]庚戌，王師攻泰州，刺史晋廷謙以城降。[6]辛亥，易州奏，郎山寨將孫方簡破契丹千餘人，斬蕃將諧里相公，擄其妻以獻。[7]甲寅，杜威奏，收復滿城，獲契丹首領没剌相公，并蕃漢兵士二千人。[8]以前户部尚書李懌爲兵部尚書。乙卯，杜威奏，收復遂城。[9]丙辰，奏大軍自遂城却退至滿城。時賊將趙延壽部曲來降，言："契丹主昨至古北口、幽州走報漢軍大下，收却泰州。尋下令諸部，令輜重入塞，輕騎却迴。戎王率五萬餘騎，來勢極盛，明日前鋒必至，請爲之備。"[10]杜威、李守貞謀曰："我師糧運不繼，深入賊疆，而逢大敵，亡之道也。不如退還泰州，觀其兵勢强弱而禦之。"軍士皆以爲然。是日，還滿城。丁巳，至泰州。[11]戊午，契丹前鋒已至。己未，大軍發泰州而南，契丹踵其後。是日，次陽城。庚申，賊騎如牆而來，我步軍爲方陣以禦之，選勁騎擊賊，鬬二十餘合，南行十餘里，賊勢稍却，渡白溝而去。[12]辛酉，杜威召諸將議曰："戎首自來，實爲勍敵，若不血戰，吾輩何以求免。"諸將然之。是日，敵騎還遶官軍，相去數里。明日，我軍成列而行，蕃漢轉鬬，殺聲震地，纔行十餘里，軍中人馬飢乏。癸亥，大軍至白團衛村下營，[13]人馬俱渴，營中掘井，及水輒壞，兵士取其泥，絞汁而飲，敵衆圍繞，漸東其營。[14]是日，東北風猛，揚塵折樹，契丹主坐奚車中謂衆曰：[15]"漢軍盡來，祇有此耳，今日並可生擒，然後平定天下。"令下馬拔鹿角，飛矢雨集。軍士大呼曰:“都招討使何不用軍,而令士卒虛死!”[16]諸將咸請擊之,杜威曰:“俟風勢稍慢,觀其進退。”守貞曰:“此風助我也,彼衆我寡,黑風之內,莫測多少,若俟風止,我輩無噍類矣。”即呼諸軍齊力擊賊,張彦澤、符彦卿、皇甫遇等率騎奮擊,風勢尤猛,沙塵如夜,敵遂大敗。時步騎齊進,追襲二十餘里,至陽城東,賊軍稍稍成列,我騎復擊之,乃渡河而去。[17]守貞曰:“今日危急極矣,幸諸君奮命,吾事獲濟。兩日以來,人馬渴乏,今喫水之後,脚重難行,速宜收軍定州,保全而還,上策也。”由是諸將整衆而還。是時,契丹主坐奚車中,[18]及敗走,車行十餘里,追兵既急,獲一橐駞,乘之而走。乙丑,杜威等大軍自定州班師入恒州。

[1]祁州:州名。治所在今河北無極縣。　沈斌:人名。一作“沈贇”。徐州下邳(今江蘇睢寧縣)人。五代後梁、後唐、後晋將領。傳見本書卷九五、《新五代史》卷三三。　契丹陷祁州:《輯本舊史》之影庫本粘籤:“祁州,原本作‘祈’,今從《五代春秋》改正。”見《五代春秋》卷下《晋少帝》。又,明本《册府》卷一一八《帝王部·親征門三》、《通鑑》卷二八四記契丹陷祁州於二月,《新五代史》卷九《晋出帝紀》與本卷同。

[2]易州:州名。治所在今河北易縣。　安審約:人名。籍貫不詳。五代藩鎮將領。事見本書本卷及卷八二、卷八四。

[3]“杜威奏”至“以王周爲馬步軍右廂排陣使”:中華書局本置於乙巳條袁範先自賊中逃歸後,且無記日。據明本《册府》卷一一八《帝王部·親征門三》,知此段内容當屬甲辰日。又,《通鑑》卷二八四載“乙巳,杜威等諸軍會於定州”,則有關軍隊將領

的任命當在乙巳日前，據改。“二月三日夜”，中華書局本有校勘記：“‘日’字原闕，據殿本，《册府》卷一一八、卷四三五補。”見明本《册府》卷四三五《將帥部·獻捷門二》開運二年（945）三月條。

［4］左補闕：官名。唐代諫官。武則天時始置。分爲左右，左補闕隸於門下省，右補闕隸於中書省。掌規諫諷諭，大事可以廷議，小事則上封奏。從七品上。　袁範：人名。籍貫不詳。五代官員。事見本書本卷。

［5］戚城：地名。位於今河南濮陽市區。

［6］泰州：州名。治所在今河北保定市。　晋廷謙：人名。五代後晋官員。事見本書本卷、《新五代史》卷四七。　刺史晋廷謙以城降：中華書局本有校勘記：“原作‘晋庭謙’，據《册府》卷一一八、卷一六六（宋本）、卷四三五，《通鑑》卷二八四，《新五代史》卷四七《馬全節傳》改。”見《宋本册府》卷一六六《帝王部·招懷門四》開運二年三月條、《通鑑》卷二八四開運二年三月庚戌條。

［7］辛亥：《輯本舊史》闕，中華書局本亦未補，今據明本《册府》卷一一八、《新五代史》卷九《晋出帝紀》開運二年三月辛亥條補。　郎山寨將孫方簡破契丹千餘人：中華書局本有校勘記：“‘郎山寨’，原作‘郎山塞’，據劉本、邵本校、《册府》卷一一八、卷四三五改。”“孫方簡”，《舊五代史考異》：“案：《歐陽史》作孫方諫。”見《新五代史》卷九《晋出帝紀》。然，據《輯本舊史》卷一二五《孫方諫傳》載：“本名方簡，廣順初以犯廟諱故改焉。”故，晋少帝時，仍作“孫方簡”。又，“郎山”，《輯本舊史》之影庫本粘籤：“郎山，《宋史》作狼山，《東都事略》仍作郎山，蓋地名多用對音字，今仍其舊。”又，明本《册府》卷五二《帝王部·崇釋氏門二》、明本《册府》卷四三五均作“郎山”，明本《册府》卷一一八、《新五代史》卷九則作“狼山”。　靳蕃將諧里相公：“諧里”，中華書局本有校勘記：“原作‘轄里’，注云：

‘舊作“諧里”，今改正。’按此係輯録《舊五代史》時所改，今恢復原文。”明本《册府》卷一一八、明本《册府》卷四三五均作“諧里”。

[8]滿城：縣名。治所在今河北保定市滿城區。　獲契丹首領没剌相公：“没剌”，中華書局本有校勘記：“原作‘默埒’，注云：‘舊作“没剌”，今改正。’按此係輯録《舊五代史》時所改，今恢復原文。”見明本《册府》卷一一八。

[9]兵部尚書：官名。尚書省兵部主官。掌兵衛、武選、車輦、甲械、厩牧之政令。正三品。　遂城：縣名。治所在今河北保定市徐水區。

[10]古北口：關隘名。又稱“虎北口”。位於今北京密雲區東北。地勢險要，兵家要地。　幽州：州名。治所在今北京市。

[11]丁巳，至泰州：《通鑑》卷二八四作：“丙辰，退保泰州。”

[12]陽城：縣名。治所在今山西陽城縣。　白溝：水名。拒馬河自河北淶水縣南流而入，至定興縣南爲白溝。後遼宋時以此爲界河。　“庚申”至“渡白溝而去”：《舊五代史考異》：“案《通鑑》：庚申，契丹大至，晉軍與戰，逐北十餘里，契丹踰白溝而去。《歐陽史》：庚申，杜威及契丹戰于陽城，敗之。俱與《薛史》同。惟《遼史》云：己未，重威、守貞引兵南遁，追至陽城，大敗之。復以步卒爲方陣來拒，與戰二十餘合。是遼師未嘗言敗也。蓋當時南北軍俱有掩飾，故紀載不同如此。”見《通鑑》卷二八四開運二年三月庚申條、《新五代史》卷九《晉出帝紀》開運二年三月庚申條、《遼史》卷四《太宗紀下》會同八年（945）三月己未條。

[13]癸亥，大軍至白團衛村下營：據《舊五代史考異》：“《歐陽史》作衛村，《通鑑考異》引《漢高祖實録》作白檀，《遼史》從《薛史》。”見《新五代史》卷九《晉出帝紀》開運二年三月庚申條。《通鑑》卷二八四《考異》作：“《漢高祖實録》作‘白檀’。今從《晉少帝實録》。”《通鑑》卷二八四開運二年三月癸亥條仍作

“白團衛村”，又見《遼史》卷四《太宗紀下》會同八年三月癸亥條。

［14］“人馬俱渴”至“漸東其營”：據《舊五代史考異》：“《宋史·藥元福傳》：晋師列方陣，設拒馬爲行砦，契丹以奇兵出陣後，斷糧道。”見《宋史》卷二五四《藥元福傳》。

［15］契丹主坐奚車中謂衆曰：中華書局本作“契丹主坐車中謂衆曰”，並有校勘記：“‘車’，孔本、《通鑑》卷二八四、《新五代史》卷七二《四夷附録》、《契丹國志》卷三作‘奚車’。”“奚”字，據孔本、《通鑑》、《新五代史》、《契丹國志》補。

［16］都招討使何不用軍：中華書局本沿《輯本舊史》作“招討使何不用軍”，並有校勘記：“‘招討使’，《通鑑》卷二八四作‘都招討使’，《遼史》卷四《太宗紀下》作‘都招討’。按本卷上文：‘（開運元年八月）鎮州節度使杜威充北面行營都招討使。’”“都”字，據《通鑑》《遼史》及本卷上文補。

［17］即呼諸軍齊力擊賊：中華書局本有校勘記：“‘諸軍’，劉本、邵本作‘諸將’。”　“張彦澤”至“敵遂大敗”：據《舊五代史考異》：“《宋史·符彦卿傳》：時晋師居下風，將戰，弓弩莫施。彦卿謂張彦澤、皇甫遇曰：‘與其束手就擒，曷若死戰，然未必死。’彦澤然之，遂潛兵尾其後，順風擊之，契丹大敗。又《藥元福傳》：守貞與元福謀曰：‘軍中饑渴已甚，若候風反出戰，吾屬爲虜矣。彼謂我不能逆風以戰，宜出其不意以擊之，此兵家之奇也。’元福乃率麾下開拒馬出戰，諸將繼至，契丹大敗。”見《宋史》卷二五一《符彦卿傳》、卷二五四《藥元福傳》。　“時步騎齊進”至“乃渡河而去”：《舊五代史考異》：“按：晋師敗契丹於陽城在三月癸亥，《遼史》與《薛史》同，《歐陽史》作庚申，誤。”見《新五代史》卷九《晋出帝紀》開運二年三月庚申條、《遼史》卷四《太宗紀下》會同八年三月癸亥條。

［18］契丹主坐奚車中：中華書局本作“契丹主坐車中”，並有校勘記：“‘車’，孔本、《册府》卷一一八、《通鑑》卷二八四作

‘奚車’。” 今從孔本、明本《册府》、《通鑑》。

夏四月丙子，以車駕將還京，差官往西京告天地宗廟社稷。辛巳，駕發澶州。甲申，至京師，曲赦在京禁囚。己丑，[1]詔鄴都依舊爲天雄軍。庚寅，河東節度使劉知遠封北平王；恒州節度使杜威加守太傅；徐州趙在禮移鎮兖州；宋州節度使兼侍衛親軍馬步都指揮使高行周移鎮鄆州，侍衛如故；鄴都留守馬全節改天雄軍節度使；兖州節度使兼侍衛都虞候李守貞移鎮宋州，加檢校太師、兼侍衛親軍副都指揮使；[2]河中節度使安審琦加兼侍中，移鎮許州；許州節度使符彦卿加同平章事，移鎮徐州；滑州節度使皇甫遇加同平章事。壬辰，西京留守景延廣加邑封，改功臣。秦州節度使侯益移鎮河中。定州節度使王周加檢校太師。[3]《永樂大典》卷一萬五千六百四十九。[4]

[1]己丑：中華書局本有校勘記：“原作‘己亥’，據《通鑑》卷二八四改。按是月丙寅朔，無己亥，己丑爲二十四日。影庫本粘籤：‘己亥，以前後干支推之，當作“丁亥”，今無别本可考，姑仍其舊。’”

[2]加檢校太師、兼侍衛親軍副都指揮使：中華書局本有校勘記：“‘都’字原闕，據本書卷八四《晋少帝紀四》補。”見《輯本舊史》卷八四《晋少帝紀四》開運三年（946）正月己酉條、《新五代史》卷五二《李守貞傳》。

[3]秦州：州名。治所在今甘肅天水市。 侯益：人名。汾州平遥（今山西平遥縣）人。五代後唐至宋初將領。傳見《宋史》卷二五四。

［4］《大典》卷一五六四九“晋”字韻“五代後晋出帝（一）”事目。

舊五代史　卷八四

晉書十

少帝紀第四

開運二年夏五月丙申朔，帝御崇元殿受朝，大赦天下。[1]丁酉，以右驍衛上將軍馬萬爲左金吾上將軍致仕。[2]戊戌，陝州節度使宋彥筠移鎮鄧州，澶州節度使何建移鎮河陽。[3]以左神武統軍潘環爲澶州節度使，以宣徽北院使李彥韜遥領壽州節度使兼侍衛馬軍都指揮使，以滄州節度使田武遥領夔州節度使兼侍衛步軍都指揮使。[4]辛亥，白虹貫日。壬子，宰臣桑維翰、劉昫、李崧、和凝並加階爵。[5]禮部尚書竇貞固改刑部尚書，太常寺卿王松改工部尚書。[6]以尚書左丞龍敏爲太常卿；以翰林學士承旨、兵部侍郎李慎儀爲尚書左丞；以御史中丞張允爲兵部侍郎、知制誥，充翰林學士承旨；以左諫議大夫顔衎爲御史中丞；[7]以兵部侍郎、弘文館學士、判館事田敏爲國子祭酒；以户部侍郎段希堯爲兵部侍郎；以工部侍郎邊蔚爲户部侍郎，依前權知開封府事；

以左散騎常侍李式爲工部侍郎；以給事中王仁裕爲左散騎常侍。[8]甲寅，以華州節度使趙瑩爲開封尹，以皇弟開封尹重睿爲秦州節度使，以宣徽南院使劉繼勳爲華州節度使，以前鄆州節度使張從恩爲晋州節度使。[9]丙辰，杜威來朝。定州奏，大風雹，北岳廟殿宇樹木悉摧拔之。[10]

［1］開運：後晋出帝石重貴年號（944—946）。

［2］右驍衛上將軍：官名。唐置，掌宫禁宿衛。唐代置十六衛，即左右衛、左右驍衛、左右武衛、左右威衛、左右領軍衛、左右金吾衛、左右監門衛、左右千牛衛，各置上將軍，從二品；大將軍，正三品；將軍，從三品。"驍"字中華書局本沿《輯本舊史》闕，《輯本舊史》卷八一《晋少帝紀一》天福七年十二月乙丑條"以前貝州節度使馬萬爲右驍衛上將軍"，據補。　馬萬：人名。澶州（今河南濮陽市）人。五代後唐、後晋、後漢將領。傳見本書卷一〇六。《輯本舊史》之影庫本粘籤："馬萬，原本誤衍'行'字，今從《通鑑》删去。"見《通鑑》卷二八一天福二年七月條。　左金吾上將軍：官名。唐代十六衛之一，掌宫禁宿衛。從二品。　致仕：官員告老辭官。

［3］陝州：州名。治所在今河南三門峽市陝州區。　節度使：官名。唐時在重要地區所設掌握一州或數州軍、民、財政的長官。　宋彦筠：人名。雍丘（今河南杞縣）人。五代後唐、後周將領。傳見本書卷一二三。　鄧州：州名。治所在今河南鄧州市。中華書局本有校勘記："'鄧州'，原作'鄭州'，據本書卷一二三《宋彦筠傳》、《宋彦筠墓誌》（拓片刊北京圖書館藏《中國歷代石刻拓本匯編》第三十六册）及本卷下文改。"本卷下文八月丙子條載"西京留司御史臺奏：'新授鄧州節度使宋彦筠'"云云。《輯本舊史》卷一二三《宋彦筠傳》載"晋少帝嗣位，再領鄧州"。　澶州：州

名。唐、五代初，治所在河南清豐縣。後晉天福四年（939），移治於今河南濮陽縣。　何建：人名。回鶻人。五代將領、藩鎮軍閥。後投於孟昶。傳見本書卷九四。　河陽：縣名。治所在今河南孟州市。

[4]左神武統軍：官名。唐代左神武軍統兵官。至德二載（757）唐肅宗置禁軍，也叫神武天騎，分爲左、右神武天騎，左、右羽林軍，左、右龍武軍，稱“北衙六軍”。從二品。　潘環：人名。洛陽（今河南洛陽市）人。五代藩鎮軍閥。傳見本書卷九四。　宣徽北院使：官名。唐始置。宣徽北院的長官。初用宦官，五代以後改用士人。與宣徽南院使通掌内諸司及三班内侍之名籍，郊祀、朝會、宴享供帳之儀，檢視内外進奉名物。參見王永平《論唐代宣徽使》，《中國史研究》1995年第1期；王孫盈政《再論唐代的宣徽使》，《中華文史論叢》2018年第3期。　李彦韜：人名。太原（今山西太原市）人。後晉出帝寵臣，與宦官近臣相勾結，排擠文臣。傳見本書卷八八。　壽州：州名。治所在今安徽壽縣。　侍衛馬軍都指揮使：官名。五代時皇帝親軍侍衛馬軍司最高長官。　滄州：州名。治所在今河北滄縣舊州鎮。　田武：人名。元城（今河北大名縣）人。五代後唐、後晉將領。傳見本書卷九〇。　夔州：州名。治所在今重慶奉節縣。　侍衛步軍都指揮使：官名。皇帝侍衛親軍步軍司最高長官。

[5]白虹：一種特殊的大氣光學現象。　桑維翰：人名。洛陽（今河南洛陽市）人。初爲石敬瑭節度掌書記，石敬瑭稱帝後出任翰林學士、知樞密院事等職。傳見本書卷八九、《新五代史》卷二九。　劉昫：人名。涿州歸義縣（今河北容城縣）人。五代大臣，曾任宰相、監修國史，領銜撰進《舊唐書》。傳見本書卷八九、《新五代史》卷五五。　李崧：人名。深州饒陽（今河北饒陽縣）人。後晉宰相，歷仕後唐至後漢。傳見本書卷一〇八、《新五代史》卷五七。　和凝：人名。鄆州須昌（今山東東平縣）人。後晉宰相。傳見本書卷一二七、《新五代史》卷五六。

［6］禮部尚書：官名。尚書省禮部主官。掌禮儀、祭享、貢舉之政。正三品。　竇貞固：人名。同州白水（今陝西白水縣）人。五代後唐至宋初大臣，後唐進士，後漢宰相。傳見《宋史》卷二六二。　刑部尚書：官名。尚書省刑部主官。掌天下刑法及徒隸、勾覆、關禁之政令。正三品。　太常寺卿：官名。西漢置太常，南朝梁始置太常卿。太常寺長官。掌宗廟祭祀禮樂及教育等。正三品。　王松：人名。京兆（今陝西西安市）人。唐僖宗宰相王徽之子。五代後唐至後漢官員。傳見本書附録、《新五代史》卷五七。　工部尚書：官名。尚書省工部主官。掌百工、屯田、山澤之政令。正三品。

［7］尚書左丞：官名。尚書省佐貳官。唐中期以後，與尚書右丞實際主持尚書省日常政務，權任甚重。正四品上。後梁開平二年（908）改爲左司侍郎，後唐同光元年（923）復舊爲左丞。正四品。　龍敏：人名。幽州永清（今河北永清縣）人。五代大臣。傳見本書卷一〇八、《新五代史》卷五六。　翰林學士承旨：官名。爲翰林學士之首。掌拜免將相、號令征伐等詔令的起草。　兵部侍郎：官名。尚書省兵部次官。協助兵部尚書掌武官銓選、勳階、考課之政。正四品下。　李慎儀：人名。籍貫不詳。五代後唐、後晋官員。事見本書本卷及卷七六。　御史中丞：官名。如不置御史大夫，則爲御史臺長官。掌司法監察。正四品下。　張允：人名。鎮州束鹿（今河北辛集市）人。五代後唐至後漢官員。傳見本書卷一〇八、《新五代史》卷五七。　知制誥：官名。掌起草皇帝的詔、誥之事，原爲中書舍人之職。唐開元末置學士院，翰林學士入院一年，則加知制誥銜，專掌任免宰相、册立太子、宣布征伐等特殊詔令，稱爲内制。而中書舍人所撰擬的詔敕稱爲外制。兩種官員總稱兩制。　左諫議大夫：官名。隸門下省。唐代置左、右諫議大夫各四人，分隸門下省、中書省。掌諫諭得失、侍從贊相。正四品下。　顔衎：人名。兖州曲阜（今山東曲阜市）人。五代、宋初地方官員、大臣。以行政才干聞名。傳見《宋史》卷二七〇。　以左諫議

大夫顏衎爲御史中丞：《舊五代史考異》："案《宋史·顏衎傳》：喪亂之後，朝綱不振，衎執憲頗有風采，嘗上言：'纔除御史者旋授外藩賓佐，復有以私故細事求假外拜，州郡無參謁之儀，出入失風憲之體，漸恐四方得以輕易，百辟無所準繩。請自今藩鎮幕僚，勿得任臺官，雖親王宰相出鎮，亦不得奏充賓佐；非奉制勘事，勿得出京；自餘不令釐雜務。'詔惟辟召入幕如故，餘從其請。"對《舊五代史考異》所引"詔惟辟召入幕如故"，中華書局本有校勘記："'如故'二字原闕，據《宋史》卷二七〇《顏衎傳》補。"《舊五代史考異》所引《宋史》卷二七〇《顏衎傳》前有："開運末，授左諫議大夫，權判河南府，召拜御史中丞。"

[8]弘文館學士：官名。弘文館爲唐代中央官學之一。設館主一人，總領館務；判館事一人，管理日常事務。學士無員限，掌校正圖籍，教授生徒，並參議政事。五品以上稱爲學士，六品以下稱爲直學士，又有文學直館學士，均以他官兼領。　田敏：人名。淄州鄒平（今山東鄒平縣）人。五代、宋初大臣、學者。傳見《宋史》卷四三一。　國子祭酒：官名。國子監的主管官。掌教授生徒。從三品。　户部侍郎：官名。尚書省户部次官。協助户部尚書掌土地、人户、錢穀、貢賦之政。正四品下。　段希堯：人名。河内（今河南沁陽市）人。五代大臣。傳見本書卷一二八、《新五代史》卷五七。　工部侍郎：官名。尚書省工部次官。協助尚書掌管百工、山澤、水土之政令，考其功以詔賞罰，總所同各司之事。正四品下。　邊蔚：人名。京兆長安（今陝西西安市）人。五代大臣。傳見本書卷一二八。　左散騎常侍：官名。門下省屬官。掌侍奉規諷，備顧問應對。正三品下。　李式：人名。籍貫不詳。五代後晋官員。事見本書卷七七。　給事中：官名。秦始置。隋唐以來，爲門下省屬官。掌讀署奏抄、駁正違失。正五品上。　王仁裕：人名。天水（今甘肅天水市）人。五代後唐、後晋藩鎮軍閥。傳見本書卷一二八、《新五代史》卷五七。

[9]華州：州名。治所在今陝西渭南市華州區。　趙瑩：人名。

華州華陰（今陝西華陰市）人。五代後晋宰相。傳見本書卷八九、《新五代史》卷五六。　開封尹：官名。五代除後唐外均定都開封，因置開封府尹。執掌京師政務。從三品。　重睿：人名。即石重睿。後晋高祖石敬瑭之子。傳見本書卷八七、《新五代史》卷一七。　秦州：州名。治所在今甘肅天水市。　宣徽南院使：官名。唐始置。宣徽南院的長官。初用宦官，五代以後改用士人。與宣徽北院使通掌内諸司及三班内侍之名籍，郊祀、朝會、宴享供帳之儀，檢視内外進奉名物。參見王永平《論唐代宣徽使》，《中國史研究》1995 年第 1 期；王孫盈政《再論唐代的宣徽使》，《中華文史論叢》2018 年第 3 期。　劉繼勳：人名。衛州（今河南衛輝市）人。五代後唐、後晋藩鎮軍閥。傳見本書卷九六。　鄆州：州名。治所在今山東東平縣。　張從恩：人名。太原人。五代後晋外戚、將領。仕至宋初。傳見《宋史》卷二五四。　晋州：州名。治所在今山西臨汾市。

[10]杜威：人名。即杜重威，避後晋出帝石重貴諱稱杜威。其先朔州（今山西朔州市朔城區）人，後徙居太原。五代後晋、後漢將領。傳見本書卷一〇九、《新五代史》卷五二。　定州：州名。治所在今河北定州市。　北岳廟：古代祭祀北岳恒山的廟宇。位於今河北曲陽縣。

六月乙丑朔，帝御崇元殿，百官入閤。監修國史劉昫、史官張昭遠等以新修《唐書紀》、《志》、《列傳》并《目録》凡二百三卷上之，賜器帛有差。[1]癸酉，以恒州節度使杜威爲天雄軍節度使，充鄴都留守；以鄴都留守馬全節爲恒州節度使。[2]以翰林學士、金部郎中、知制誥徐台符爲中書舍人；以翰林學士、禮部郎中、知制誥李澣爲中書舍人；翰林學士、都官郎中劉温叟加知制誥；翰林學士、主客員外郎范質改比部郎中、知制誥，並依舊充職。[3]祠部員外郎、知制誥張沆本官充學士，以太常少卿陶穀爲中書舍人。[4]乙亥，以邠州節度使劉景巖爲陝州節度使。[5]己卯，新授恒州節度使馬全節卒，輟朝，贈中書令。[6]壬午，大理卿張仁愿卒，贈祕書監。遣刑部尚書竇貞固等分詣寺觀禱雨。[7]己丑，以定州節度使王周爲恒州節度使，以前易州刺史安審約爲定州留後。[8]是月，兩京及州郡十五並奏旱。

[1]監修國史：官名。北齊始置史館，以宰相爲之。唐史館沿置，爲宰相兼職。　張昭遠：人名。范縣（今河南范縣）人。五代、宋初大臣。傳見《宋史》卷二六三。《輯本舊史》之影庫本粘籤："原本作'張昭'。考《宋史·張昭傳》：昭初名昭遠，漢避高祖諱去'遠'字。《薛史·晋紀》不宜預稱爲'張昭'，當傳寫脱落，今增入。"見《宋史》卷二六三《張昭傳》。　以新修唐書紀、志、列傳并目録凡二百三卷上之：《舊五代史考異》："案：《郡齋讀書志》《直齋書録解題》並作二百卷，《五代會要》作二百二卷，目録一卷。"見《會要》卷一八"前代史"條開運二年六月作"史館上新修前朝李氏書，紀、志、列傳共二百二十卷，並目録一卷，都計二十帙"。又見《郡齋讀書志》卷二上、《直齋書録解題》卷四《正史類》。

[2]恒州：州名。即鎮州。治所在今河北正定縣。　天雄軍：方鎮名。治所在魏州（今河北大名縣）。　鄴都：地名。治所在今河北大名縣。五代後唐同光元年（923）改魏州爲興唐府，建號東京。三年，改東京爲鄴都。　留守：官名。在都城、陪都或軍事重鎮所設留守，由地方行政長官兼任。　馬全節：人名。魏郡元城（今河北大名縣）人。五代後唐、後晋將領。傳見本書卷九〇、

《新五代史》卷四七。

[3]翰林學士：官名。由南北朝始設之學士發展而來，唐玄宗改翰林供奉爲翰林學士，備顧問，代王言。掌拜免將相、號令征伐等詔令的起草。　金部郎中：官名。魏晋始設，唐代爲户部金部司主官。掌庫藏、金寶、貨物、權衡、度量諸事。從五品上。　徐台符：人名。鎮州獲鹿（今河北石家莊市鹿泉區）人。五代大臣。傳見本書附録。　中書舍人：官名。中書省屬官。掌起草文書、呈遞奏章、傳宣詔命等。正五品上。　禮部郎中：官名。尚書省禮部頭司禮部司長官。掌禮樂、學校、衣冠、符印、表疏、圖書、册命、祥瑞、鋪設，及百官、宫人喪葬贈賻之數。從五品上。　李澣：人名。京兆萬年（今陝西西安市長安區）人。歷仕後唐、後晋，後與徐台符被契丹挾而北行，在遼任宣政殿學士、禮部尚書等。傳見《宋史》卷二六二、《遼史》卷一〇三。中華書局本有校勘記："原作'李瀚'，據殿本、劉本、邵本校、本書卷八二《晋少帝紀二》、《宋史》卷二六二《李澣傳》改。"見《輯本舊史》卷八二《晋少帝紀二》開運元年六月戊辰條。　都官郎中：官名。尚書省刑部都官司長官。掌徒刑、流放、配隸等事。從五品上。　劉温叟：人名。洛陽（今河南洛陽市）人。五代後唐至宋初官員。傳見《宋史》卷二六二。　主客員外郎：官名。主客郎中的副職。佐長官郎中掌接待外國使臣等事。從六品上。　范質：人名。大名宗城（今河北威縣）人。後周、宋初宰相。傳見《宋史》卷二四九。　比部郎中：官名。唐、五代刑部比部司長官，掌管勾會内外賦斂、經費俸録等。從五品上。

[4]祠部員外郎：官名。隋唐時始置，與祠部郎中同掌祭祀、占卜、天文、漏刻、國忌、廟諱、醫藥、僧尼簿籍等事。從六品上。　張沆：人名。徐州（今江蘇徐州市）人。五代官員。傳見本書卷一三一。　太常少卿：官名。太常寺次官。佐太常卿掌宗廟祭祀禮樂及教育等。正四品上。　陶穀：人名。邠州新平（今陝西彬縣）人。五代、宋初大臣。傳見《宋史》卷二六九。　以太常少

卿陶穀爲中書舍人：《舊五代史考異》："案《宋史·陶穀傳》：穀性急率，嘗與兖帥安審信集會，杯酒相失，爲審信所奏，時方姑息武臣，穀坐責授太常少卿。嘗上言：'頃涖西臺，每見臺司詳斷刑獄，少有即時決者。至于閭閻夫婦，小有争訟，淹滯即時；坊市死亡喪葬，必候臺司判狀；奴婢病亡，亦須檢驗。吏因緣爲姦，而邀求不已，經旬不獲埋瘞，望申條約，以革其弊。'從之。俄拜中書舍人。"見《宋史》卷二六九《陶穀傳》。

[5]邠州：州名。治所在今陝西彬縣。　劉景巖：人名。延州（今陝西延安市）人。高允權妻之祖父，家富於財，爲高允權所誣殺。傳見《新五代史》卷四七。　乙亥：中華書局本沿《輯本舊史》作"己亥"，並引《輯本舊史》之影庫本粘籤："己亥，以前後干支推之，當作'乙亥'，今無别本可校，姑仍其舊。"本月乙丑朔，癸酉（九日）、己卯（十五日），本條位於癸酉與己卯之間，確應爲乙亥（十一日），據改。

[6]輟朝：又稱廢朝。古代帝王遇親喪或文武大臣病故，停止視朝數日，以示哀悼。　中書令：官名。漢代始置，隋、唐前期爲中書省長官，屬宰相之職；唐後期多爲授予元勳大臣的虚銜。正二品。

[7]大理卿：官名。爲大理寺長官。負責大理寺的具體事務，掌邦國折獄詳刑之事。從三品。　張仁愿：人名。開封陳留（今河南開封市祥符區）人。五代官員。以司法才幹見長。傳見本書卷九三。　祕書監：官名。秘書省長官，掌圖書秘記等。從三品。

[8]王周：人名。魏州（今河北大名縣）人。五代後唐、後晉、後漢將領。傳見本書卷一〇六、《新五代史》卷四八。　易州：州名。治所在今河北易縣。　刺史：官名。漢武帝始置。州一級行政長官，總掌考覈官吏、勸課農桑、地方教化等事。唐中期以後，節度使、觀察使轄州而設，刺史爲其屬官，職任漸輕。從三品至正四品下。　安審約：人名。籍貫不詳。五代藩鎮將領。事見本書本卷及卷八二。　留後：官名。唐、五代節度使多以子弟或親信爲留

後，以代行節度使職務，亦有軍士、叛將自立爲留後者。掌一州或數州軍政。

秋七月乙未朔，以侍衛步軍都指揮使、領夔州節度使田武爲昭義軍節度使。[1]甲寅，左諫議大夫李元龜奏請禁止天下僧尼典買院舍，從之。[2]丙辰，前少府監李鍇貶坊州司户，坐冒請逃死吏人衣糧入己故也。[3]庚申，以前齊州防禦使薛可言爲延州兵馬留後。[4]

[1]昭義軍：方鎮名。治所在潞州（今山西長治市）。

[2]李元龜：人名。籍貫不詳。五代官員。事見本書本卷。

[3]少府監：官名。少府監長官，隋初置，唐初廢，太宗時復置。掌百工技巧之事。從三品。　李鍇：人名。籍貫不詳。五代官員。事見本書本卷、卷八〇、卷一二〇。　坊州：州名。治所在今陝西黄陵縣。　司户：官名。即司户參軍，唐代以降地方佐官。

[4]齊州：州名。治所在今山東濟南市。　防禦使：官名。唐代始置，設有都防禦使、州防禦使兩種。常由刺史或觀察使兼任，實際上爲唐代後期州或方鎮的軍政長官。　薛可言：人名。籍貫不詳。五代將領、地方軍閥。事見本書本卷一〇〇、卷一〇一、卷一一一。　延州：州名。治所在今陝西延安市。　“秋七月乙未朔”至“以前齊州防禦使薛可言爲延州兵馬留後”：據中華書局本引孔本：“案《遼史》云：七月，晋遣孟守中奉表請和，《通鑑》作張暉，與《遼史》人名互異。今以《遼史》前後考之，則張暉請和在開運元年，至二年復遣孟守中也。《薛史》闕而不載，蓋當時《實録》爲之諱言。”《新五代史》卷二九《景延廣傳》、卷七二《契丹傳》均載張暉請和在開運二年（即遼會同八年，945），亦見《通鑑》卷二八四開運二年六月條。輯本卷八二《晋少帝紀二》開運元年正月己亥條、《通鑑》卷二八三開運元年正月戊戌條載遣譯

者孟守忠致書於契丹，求修舊好，契丹主復書曰："已成之勢不可改也。"《遼史》卷四《太宗紀下》會同七年（即晋開運元年）七月辛卯條則載"晋遣張暉奉表乞和，留暉不遣"。

八月甲子朔，日有蝕之。中書舍人陶穀奏，請權廢太常寺二舞郎，從之。[1]丙寅，宰臣和凝罷相，守右僕射。[2]以樞密使馮玉爲中書侍郎、平章事，使如故。[3]乙亥，詔："諸御史今後除準式請假外，不得以細故小事請假離京；除奉制命差推事及按察外，不得以諸雜細務差出。"丙子，以靈州節度使馮暉爲邠州節度使，加檢校太尉；以前鄜州節度使丁審琪爲左羽林統軍；以前鄜州節度使郭謹爲左神武統軍。[4]西京留司御史臺奏："新授鄧州節度使宋彦筠於銀沙灘斬廳頭鄭温。"[5]詔鞫之，款云："彦筠出身軍旅，不知事體，不合專擅行法。"詔釋其罪。以工部尚書王松權知貢舉。[6]丁丑，以前晋州節度使安叔千爲右金吾上將軍；以三司副使、給事中李穀爲磁州刺史，充北面水陸轉運使。[7]分遣使臣於諸道率馬。戊寅，以左金吾上將軍皇甫立爲左衛上將軍，以右羽林統軍李懷忠爲左武衛上將軍。[8]庚辰，新授潞州節度使田武卒，輟朝，贈太尉。[9]戊子，湖南奏，静江軍節度使馬希杲卒。[10]

[1]二舞郎：官名。唐宋時置。太常寺屬官，掌祭祀拜舞器物及禮儀。

[2]右僕射：官名。秦始置。隋、唐前期，以左、右僕射佐尚書令總理六官、綱紀庶務；如不置尚書令，則總判省事，爲宰相之

職。唐後期多爲大臣加銜。從二品。

［3］樞密使：官名。樞密院長官，五代時以士人爲之，備顧問，參謀議，出納詔奏，權侔宰相。參見李全德《唐宋變革期樞密院研究》，國家圖書館出版社2009年版。　馮玉：人名。定州（今河北定州市）人。五代後晋外戚、宰相。傳見本書卷八九、《新五代史》卷五六。　中書侍郎：官名。中書省副長官。唐後期三省長官漸爲榮銜，中書、門下侍郎却因參議朝政而職位漸重，常常用爲以“同三品”或“同平章事”任宰相者的本官。正三品。　平章事：官名。又稱“同平章事”。唐高宗以後，凡實際任宰相之職者，常在其本官後加同平章事的職銜。後成爲宰相專稱。後晋天福五年（940），升中書門下平章事爲正二品。

［4］靈州：州名。治所在寧夏吴忠市。　馮暉：人名。魏州（今河北大名縣）人。五代後唐至後周將領。傳見本書卷一二五、《新五代史》卷四九。　鄜州：州名。治所在今陝西富縣。　左羽林統軍：官名。左羽林軍統兵官。從二品。左羽林軍爲“北衙六軍”之一。　郭謹：人名。晋陽（今山西太原市）人。五代後晋、後漢將領。傳見本書卷一〇六。　左神武統軍：官名。唐代左神武軍統兵官。從二品。左神武軍爲“北衙六軍”之一。

［5］銀沙灘：地名。今地不詳。　廳頭：官名。守衛廳堂的低級軍官。　鄭温：人名。籍貫不詳。五代後晋將領。事見本書本卷。

［6］知貢舉：官名。唐始置，爲主持禮部會試的考官。

［7］安叔千：人名。沙陀部人。五代後唐至後周將領。傳見本書卷一二三、《新五代史》卷四八。　右金吾上將軍：官名。唐置，掌宫禁宿衛。唐代十六衛之一。從二品。　三司副使：官名。三司副長官，輔佐三司使。　李穀：人名。潁州汝陰（今安徽阜陽市）。五代後周宰相。傳見《宋史》卷二六二。　磁州：州名。治所在今河北磁縣。　水陸轉運使：官名。掌一方水陸轉運、賦税諸事。爲差遣職事。

[8]皇甫立：人名。代北（今山西代縣）人。五代後唐、後晋藩鎮將領。傳見本書卷一〇六。　左衛上將軍：官名。唐置，掌宫禁宿衛。唐代十六衛之一。從二品。　李懷忠：人名。太原晋陽（今山西太原市）人。五代、後唐、後晋高級將領。傳見本書卷一二四。　左武衛上將軍：官名。唐置，掌宫禁宿衛。唐代十六衛之一。從二品。

[9]潞州：州名。治所在今山西長治市。　太尉：官名。與司徒、司空並爲三公，唐後期、五代多爲大臣、勳貴加官。正一品。

[10]戊子：中華書局本有校勘記："句下原有'朔'字，據殿本、孔本删。按是月甲子朔，戊子爲二十五日。影庫本粘籤：'戊子朔，疑衍"朔"字，或上下有脱文，今無别本可校，姑仍其舊。'"　静江軍：方鎮名。治所在桂州（今廣西桂林市）。　馬希杲：人名。南楚武穆王馬殷之子。五代十國藩鎮軍閥。傳見《十國春秋》卷七一。

九月丙申，以西京留守、北面馬步軍都排陣使景延廣爲北面行營副招討使。[1]丁酉，以刑部侍郎趙遠爲户部侍郎，以工部侍郎李式爲刑部侍郎，以中書舍人盧價爲工部侍郎。[2]價久次綸闈，舊例合轉禮部侍郎或御史中丞，宰臣馮玉擬此官，桑維翰以爲資望淺，不署狀。無何，維翰休沐數日，玉獨奏行之，維翰由是不樂，與玉有間矣。[3]己亥，幸繁臺觀馬，遂幸李守貞第。[4]庚子，以晋州節度使張從恩爲潞州節度使。吏部侍郎張昭遠加階爵，酬修唐史之勞也。[5]戊申，升曹州爲節鎮，以威信軍爲軍額。[6]詔李守貞率兵屯澶州。己酉，月掩昴宿。[7]以宣徽北院使焦繼勳爲宣徽南院使，以内客省使孟承誨爲宣徽北院使。[8]壬子，以前太子詹事王居敏爲鴻臚卿，李專美爲大理卿，以太子賓客致仕馬裔孫爲太子詹事。[9]甲寅，移泰州理所於滿城縣。[10]乙卯，詔相州節度使張彥澤率兵屯恒州。[11]

[1]馬步軍都排陣使：官名。多以任節度使的武臣出任，或由軍事指揮官兼任，多側重監督軍隊。參見王軼英《中國古代排陣使述論》，《西北大學學報》2010年第6期。　景延廣：人名。陜州（今河南三門峽市陜州區）人。五代後晋將領。傳見本書卷八八、《新五代史》卷二九。　副招討使：官名。招討使副職。戰時任命，兵罷則省。掌招撫討伐等事務。

[2]刑部侍郎：官名。尚書省刑部次官。協助刑部尚書掌天下刑法及徒隸、勾覆、關禁之政令。正四品下。　趙遠：人名。籍貫不詳。五代官員。事見本書本卷及卷八〇。　盧價：人名。祖籍范陽（今河北涿州市）人，世居懷州河内（今河南沁陽市）。五代大臣。事見羅火金《五代時期盧價墓志考》，《中國歷史文物》2009年第2期。

[3]綸闈：中書省的代稱。　禮部侍郎：官名。尚書省禮部次官。協助禮部尚書掌禮儀、祭享、貢舉之政。正四品下。　休沐：古代官員的例行休假。

[4]繁臺：地名。又稱禹王臺。位於今河南開封市。　李守貞：人名。河陽（今河南孟州市）人。五代將領。傳見本書卷一〇九、《新五代史》卷五二。　己亥，幸繁臺觀馬，遂幸李守貞第：《舊五代史考異》："案：《歐陽史》作閱馬于萬龍岡。"見《新五代史》卷九《晋出帝紀》開運二年（945）九月己亥條，云"閱馬于萬龍岡，幸李守貞第"。《新五代史》亦數見繁臺。

[5]吏部侍郎：官名。尚書省吏部次官。協助吏部尚書掌文選、勳封、考課之政。正四品上。　吏部侍郎張昭遠加階爵：《舊五代史考異》："案《宋史·張昭遠傳》：加金紫階，進爵邑。"見《宋

史》卷二六三《張昭傳》。

[6]曹州：州名。治所在今山東曹縣西北。　威信軍：方鎮名。治所在曹州（今山東曹縣西北）。

[7]昴宿：星官名。二十八宿之一，西方白虎七宿的第四宿，有七顆亮星。

[8]焦繼勳：人名。許州長社（今河南許昌市）人。五代、宋初將領。傳見《宋史》卷二六一。　内客省使：官名。中書省内客省長官。　孟承誨：人名。大名（今河北大名縣）人。後晋官員。傳見本書卷九六。

[9]太子詹事：官名。掌領太子之詹事府，爲太子官屬之長。正三品。　王居敏：人名。籍貫不詳。五代後唐官員。事見本書本卷、卷四四。　鴻臚卿：官名。秦稱典客，漢初改大行令，漢武帝時改大鴻臚，北齊置鴻臚寺，以鴻臚寺卿爲主官，後代沿置。掌四夷朝貢、宴飲賞賜、送迎外使等禮儀活動。從三品。　李專美：人名。京兆萬年（今陝西西安市長安區）人。五代後梁、後唐、後晋官員。傳見本書卷九三。　太子賓客：官名。爲太子官屬。唐高宗顯慶元年（656）始置。掌侍從規諫，贊相禮儀。正三品。　馬裔孫：人名。棣州商河（今山東商河縣）人。五代大臣。傳見本書卷一二七、《新五代史》卷五五。

[10]泰州：州名。治所在今江蘇泰州市。　滿城縣：縣名。治所在今河北保定市滿城區。

[11]相州：州名。治所在今河南安陽市。　張彦澤：人名。突厥人，徙居太原。五代後晋將領，後投降契丹。傳見本書卷九八、《新五代史》卷五二。

冬十月戊辰，[1]以河陽節度使何建爲涇州節度使，以許州節度使李從温爲河陽節度使，以前鄧州節度使石贇爲曹州節度使。[2]庚午，遣使太子賓客羅周岳、使副太子右庶子王延濟册兩浙節度使錢弘佐爲守太尉。[3]辛未，右金吾衛上將軍楊彦詢卒，贈太子太師。[4]丁丑，高麗遣使貢方物。[5]庚辰，以前延州節度使王令温爲靈州節度使。庚寅，以邢州兵馬留後劉在明爲晋州兵馬留後，以前河陽留後方太爲邢州留後。[6]癸巳，升陳州爲節鎮，以鎮安軍爲軍額。[7]

[1]冬十月戊辰：《輯本舊史》之影庫本粘籤："戊寅，以《長曆》推之，當作'戊辰'，今無别本可校，姑仍其舊。"開運二年（945）十月甲子朔，戊寅（十五日）、庚午（七日）、辛未（八日）、丁丑（十四）。故"戊寅"置於庚午、辛未、丁丑前必誤，應爲"丙寅"或"戊辰"，戊辰之可能性更大，故改。

[2]涇州：州名。治所在今甘肅涇川縣。　許州：州名。治所在今河南許昌市。　李從温：人名。代州崞縣（今山西原平市）人。五代後唐、後晋大臣。好財利。傳見本書卷八八。　鄧州：州名。治所在今河南鄧州市。中華書局本有校勘記："'鄧州'，原作'鄭州'，據本書卷八三《晋少帝紀三》改。按《新五代史》卷一七《晋家人傳》：'開運元年七月，復出爲威勝軍節度使。'威勝軍治鄧州。"見《輯本舊史》卷八三《晋少帝紀三》開運元年七月辛卯條、《新五代史》卷一七《晋家人傳·敬贇傳》。今據改。　石贇：人名。沙陀部人。五代藩鎮軍閥。事見本書本卷。

[3]羅周岳：人名。籍貫不詳。五代官員。事見本書本卷及卷七六、卷七八、卷八一。　太子右庶子：官名。隋唐時置，分左、右庶子，右庶子二人統典書坊，掌侍從、獻納、啓奏諸事。正四品下。　王延濟：人名。籍貫不詳。五代官員。事見本書本卷。　錢弘佐：人名。五代十國吴越君主。傳見本書卷一三三、《新五代史》卷六七。

[4]楊彦詢：人名。河中寶鼎（今山西萬榮縣西南）人。五代

後唐、後晋將領。傳見本書卷九〇、《新五代史》卷四七。　太子太師：官名。與太子太傅、太子太保統稱太子三師。隋唐以後多作加官或贈官。從一品。

[5]高麗：朝鮮半島古國。即王氏高麗。918 年，後三國之一的高句麗將領王建自立爲王，改國號爲高麗，935 年滅新羅，次年滅後百濟，再次統一朝鮮。參見［朝］鄭麟趾等《高麗史》，西南師範大學出版社 2014 年。　方物：古時指地方特産。

[6]王令温：人名。瀛州河間（今河北河間市）人。五代後晋將領。傳見本書卷一二四。　邢州：州名。治所在今河北邢臺市。　劉在明：人名。幽州（今北京市）人。五代將領，能征慣戰。傳見本書卷一〇六。　方太：人名。青州千乘（今山東高青縣）人。五代藩鎮將領。傳見本書卷九四。

[7]陳州：州名。治所在今河南淮陽縣。　鎮安軍：方鎮名。治所在陳州（今河南淮陽縣）。

十一月戊戌，以邠州節度使馮暉兼侍衛步軍都指揮使，充北面行營先鋒馬步軍都指揮使。[1]以權知高麗國事王武爲檢校太保、使持節玄菟州都督、充大義軍使，封高麗國王。[2]癸卯，日南至，帝御崇元殿受朝賀。戊申，兩浙奏，順化軍節度使錢鐸卒。[3]甲申，[4]以壽州節度使、侍衛馬軍都指揮使李彦韜爲陳州節度使，典軍如故。丙辰，前商州刺史李俊除名，坐受財枉法也。[5]

[1]馬步軍都指揮使：官名。五代時侍衛親軍長官。多爲皇帝親信。

[2]王武：人名。高麗太祖王建之子。高麗國王，廟號惠宗。參見［朝］鄭麟趾等《高麗史》卷二，西南師範大學出版社 2014

年版。　檢校太保：官名。爲散官或加官，以示恩寵加此官，無實際執掌。太保，與太師、太傅合稱三師。　玄菟州：唐渤海國置，屬新城州都督府。治所在玄菟城（今遼寧瀋陽市東上柏官屯）。　大義軍使：官名。掌領本軍軍務，兼理地方政務。

[3]順化軍：方鎮名。治所在楚州（今江蘇淮安市）。　錢鐸：人名。籍貫不詳。五代藩鎮官員。事見本書本卷及卷七九。

[4]甲寅：中華書局本有校勘記："原作'甲申'，據殿本、劉本、孔本改。按是月甲午朔，無甲申，甲寅爲二十一日。影庫本粘籤：'甲申，以《長曆》推之，當作"甲寅"，今無別本可校，姑仍其舊。'"開運二年十一月甲午朔，此日記事在戊申後丙辰前，戊申爲十五日，丙辰爲二十三日，當作"甲寅"。

[5]丙辰：中華書局本有校勘記："原作'丙申'，據殿本、劉本、孔本改。按是月甲午朔，丙申不當在戊申後，丙辰爲二十三日。影庫本粘籤：'又丙申，以《長曆》推之，當作丙辰，今亦仍其舊。'"　商州：州名。治所在今陝西商洛市商州區。　李俊：《輯本舊史》之影庫本粘籤："李俊，《歐陽史》作重俊，蓋少帝時避御名，故去'重'字，今仍其舊。"《輯本舊史》卷八八《李重璋傳》有重俊附傳。又附見《新五代史》卷一五《李從温傳》。

十二月乙丑，以兩浙節度使、吴越國王錢弘佐兼東南面兵馬都元帥。[1]丙寅，以吴越國金馬左厢都指揮使、湖州刺史胡進思遥領虔州昭信軍節度使，以吴越國金馬右厢都指揮使、明州刺史闞璠遥領宣州寧國軍節度使，並典軍如故。[2]左羽林統軍丁審琪卒，贈太尉。[3]辛未，以工部侍郎盧價爲禮部侍郎，以右散騎常侍、集賢殿學士、判院事司徒詡爲工部侍郎，依前充職。[4]以前中書舍人殷鵬爲給事中，充樞密直學士；以給事中劉知新爲右散騎常侍。[5]乙亥，陝府節度使劉景巖來朝。丁丑，狩於近郊，臘也。[6]己卯，光禄卿致仕陳玄卒於太原。[7]庚辰，命使册高麗國王王武。癸未，以前兗州節度使安審信爲華州節度使。[8]丁亥，以樞密使、中書令桑維翰爲開封尹；以司空、門下侍郎、平章事劉昫判三司；以左僕射、門下侍郎、平章事李崧爲守侍中，充樞密使；以開封尹趙瑩爲中書令、弘文館大學士；以宣徽南院使焦繼勳知陝州軍州事。[9]己丑，邠州節度使馮暉準詔來朝。

[1]兵馬都元帥：官名。唐代朝廷有重大軍事行動則置，統率天下軍隊。

[2]吴越：五代十國之吴越國。後梁開平元年（907），封鎮海節度使錢鏐爲吴越王，領有今浙江之地、江蘇南部及福建北部。北宋太平興國三年（978），錢弘俶向北宋納土，吴越亡。　湖州：州名。治所在今浙江湖州市。　胡進思：中華書局本有校勘記："原作'胡思進'，據本書卷一三三錢鏐傳、《册府》卷四三六、《新五代史》卷六七《吴越世家》、《通鑑》卷二八三、《吴越備史》卷三改。按《寶刻叢編》卷一四有《吴越胡進思造傅大士像塔記》。影庫本粘籤：'胡思進，《十國春秋》作進思，據《九國志》與《薛史》同，今仍其舊。'今檢《九國志》卷五作'胡進思'。"見明本《册府》卷四三六《將帥部·繼襲門》錢鏐條、《通鑑》卷二八三天福八年（943）七月乙巳條。　遥領：雖居此官職，然實際上並不赴任。　虔州：州名。治所在今江西贛州市。　昭信軍：方鎮名。治所在虔州（今江西贛州市）。　明州：州名。治所在今浙江寧波市。　闞璠：人名。籍貫不詳。五代十國藩鎮將領。本書僅此一見。　宣州：州名。治所在今安徽宣城市。　寧國軍：方鎮名。

治所在宣州（今安徽宣城市）。

[3]丁審琪：人名。籍貫不詳。五代十國藩鎮軍閥。事見本書本卷及卷七九、卷八一、卷九四。

[4]右散騎常侍：官名。中書省屬官。掌侍奉規諷，備顧問應對。正三品下。　集賢殿學士：官名。唐中葉置，位在集賢殿大學士之下。掌修書之事。　司徒詡：人名。清河郡（今河北清河縣）人。五代後唐官員。傳見本書卷一二八。

[5]殷鵬：人名。魏州大名（今河北大名縣）人。後晋大臣。傳見本書卷八九。　劉知新：人名。籍貫不詳。五代官員。事見本書本卷及卷七七。

[6]臘也：中華書局本有校勘記："'臘'，原作'獵'，影庫本批校：'"獵"應作"臘"。'據改。"又據《新五代史》卷九《晋出帝紀》作："開運二年十二月丁丑，臘，畋于郊。""臘"與"獵"既不同音，亦不同義。

[7]光禄卿：官名。漢代始置，隋唐沿置。掌宿衛宫殿門户諸事。正三品。　陳玄：人名。京兆府（今陝西西安市）人。五代官員。又以醫術聞名。傳見本書卷九六。

[8]兖州：州名。治所在今山東濟寧市兖州區。　安審信：人名。沙陀部人。五代將領安審琦從兄。五代後唐至後周將領。傳見本書卷一二三。

[9]開封尹：官名。五代除後唐外均定都開封，因置開封府尹。執掌京師政務。從三品。　司空：官名。與太尉、司徒並爲三公，唐後期、五代多爲大臣、勳貴加官。正一品。　門下侍郎：官名。門下省副長官。唐後期三省長官漸爲榮銜，中書、門下侍郎却因參議朝政而職位漸重，常常用爲以"同三品"或"同平章事"任宰相者的本官。正三品。　判三司：官名。通掌鹽鐵、度支、户部三個部門事務。地位高於三司使。　左僕射：官名。秦始置。隋唐前期，以左、右僕射佐尚書令總理六官、綱紀庶務；如不置尚書令，則總判省事，爲宰相之職。唐後期多爲大臣加銜。從二品。　侍

中：官名。秦始置。隋、唐前期爲門下省長官。唐後期多爲大臣加銜，不參與政務，實際職務由門下侍郎執行。正二品。　弘文館：官署名。弘文館爲唐代中央官學之一。設館主一人，總領館務；判館事一人，管理日常事務。學士無員限，掌校正圖籍，教授生徒，並參議政事。五品以上稱爲學士，六品以下稱爲直學士，又有文學直館學士，均以他官兼領。　以宣徽南院使焦繼勳知陝州軍州事：《舊五代史考異》："案《宋史·焦繼勳傳》：西人寇邊，朝議發師致討，繼勳抗疏請行，拜秦州觀察使兼諸蕃水陸轉運使。既至，推恩信，設方略，招誘諸部，相率奉玉帛牛酒乞盟，邊境以安。俄徙知陝州。"見《宋史》卷二六一《焦繼勳傳》，與《舊五代史考異》所引稍有不同，"招誘諸部"爲"招誘諸郡酋長"。

是歲，帝每遇四方進獻器皿，多以銀於外府易金而入，謂左右曰："金者貴而且輕，便於人力。"識者以爲北遷之兆也。[1]

[1]是歲，帝每遇四方進獻器皿，多以銀於外府易金而入：《舊五代史考異》："案《宋史·劉濤傳》：少帝奢侈，常以銀易金，廣其器皿。李崧判三司，令上庫金之數。及崧以原簿校之，少數千鎰。崧責曰：'帑庫通式，一日不受虛數，毫釐則有重典。'濤曰：'帑司常有報不盡數，以備宣索。'崧令有司劾濤，濤事迫，以情告樞密使桑維翰，乃止罰一月俸。"見《宋史》卷二六二《劉濤傳》，"一日不受虛數"，傳原作"一曰不受虛數"。

開運三年春正月癸巳朔，帝御崇元殿受朝賀，仗衛如式。詔改鑄天下合同印、書詔印、御前印，並以黃金爲之。[1]己亥，貝州梁漢璋奏，蕃寇屯聚，將謀入寇。

詔符彦卿屯荆州口。[2]癸卯，以前華州節度使劉繼勳爲同州節度使，以陝州節度使劉景巖爲鄧州節度使。[3]丙午，以宣徽南院使、知陝州事焦繼勳爲陝州留後。丁未，刑部員外郎王涓賜私家自盡，坐私用官錢經營求利故也。[4]右司郎中李知損貶均州司户，員外置，馳驛發遣，坐前任度支判官日與解縣榷鹽使王景遇交游借貸故也。[5]己酉，詔侍衛親軍副都指揮使李守貞率師巡撫北邊。辛亥，以皇弟秦州節度使重睿爲許州節度使，以許州節度使安審琦爲兖州節度使，以兖州節度使趙在禮爲晋昌軍節度使。[6]癸丑，以涇州節度使何建爲秦州節度使，以前貝州節度使史威爲涇州節度使。[7]乙卯，定州奏，契丹入寇。己未，二王後、守太僕少卿、襲酅國公楊延壽除名配流威州，終身勿齒。[8]延壽奉命於磁州檢苗，受贓二百餘匹，準律當絞，有司以二王後入議，故貸其死。

[1]御前印：中華書局本有校勘記："'印'字原闕，據《册府》卷六一補。"見明本《册府》卷六一《帝王部·立制度門二》開運三年正月條。

[2]貝州：州名。治所在今河北清河縣。　梁漢璋：人名。應州（今山西應縣）人。五代後唐、後晋將領。傳見本書卷九五。　符彦卿：人名。陳州宛丘（今河南淮陽縣）人。後周、宋初將領。周世宗宣懿皇后、宋太宗懿德皇后，皆符彦卿女。傳見《宋史》卷二五一。　荆州：州名。治所在今湖北江陵縣。　詔符彦卿屯荆州口：《舊五代史考異》："案《宋史·符彦卿傳》：再出河朔，彦卿不與，易其行伍，配以羸師數千戍荆州口。"見《宋史》卷二五一《符彦卿傳》。

[3]同州：州名。治所在今陝西大荔縣。

[4]王涓：人名。籍貫不詳。五代官員。事見本書本卷。　刑部員外郎王涓賜私家自盡：中華書局本有校勘記："'郎'字原闕，據殿本補。'王涓'，殿本作'王洧'。"　坐私用官錢經營求利故也：中華書局本有校勘記："'故'字原闕，據殿本、劉本補。"

[5]右司郎中：官名。尚書右丞副貳，協掌尚書都省事務，監管兵、刑、工部諸司政務，舉稽違，署符目，知直宿，位在諸司郎中上。從五品上。　李知損：人名。大梁（今河南開封市北）人。五代十國官員。傳見本書卷一三一。　均州：州名。治所在今湖北丹江口市。　判官：官名。爲長官的佐吏，協理政事，或備差遣。　解縣：縣名。治所在今山西運城市解州鎮。　榷鹽使：官名。唐德宗時置，掌安邑、解縣兩鹽池事務。詳見齊濤《論唐代榷鹽制度》，《山東大學學報》1989 年第 4 期。　王景遇：人名。籍貫不詳。五代官員。事見本書本卷及卷一三一。

[6]安審琦：人名。沙陀部人。五代將領。歷仕後唐、後晉、後漢、後周。傳見本書卷一二三。　趙在禮：人名。涿州（今河北涿州市）人。五代後唐、後晉將領。傳見本書卷九〇、《新五代史》卷四六。　晉昌軍：方鎮名。治所在京兆府（今陝西西安市）。

[7]史威：人名。按史威本名史匡威，避周太祖諱改爲史匡懿，宋人復諱作史懿。事見本書本卷、卷一〇〇。

[8]太僕少卿：官名。北魏始置。太僕卿副貳，太僕寺次官。佐太僕卿掌車馬及牲畜之政令。從四品上。　楊延壽：人名。籍貫不詳。五代官員。事見本書本卷及卷七九。　威州：州名。後晉天福四年（939）置，治所在今甘肅環縣。

二月壬戌朔，日有蝕之。詔滑州皇甫遇率兵援糧入易、定等州。[1]甲子，以滄州留後王景爲本州節度使。[2]右僕射和凝逐月別給錢五萬、傔糧芻粟等，優舊相也。

辛未，魯國大長公主史氏薨，輟朝三日。丙子，光禄卿致仕王弘贄卒，贈太常卿。[3]迴鶻遣使貢方物。[4]升桂州全義縣爲溥州，仍隸桂州，其全義縣改爲德昌縣，從湖南馬希範所請也。[5]壬午，以前晋昌軍節度使安彦威充北面行營副都統，以宣徽北院使兼太府卿孟承誨爲右武衛大將軍充職。[6]是日，幸南莊，命臣僚泛舟飲酒，因幸杜威園，醉方歸内。甲申，河陽節度使李從温薨，輟朝，贈太師。[7]

[1]滑州：州名。治所在今河南滑縣。　皇甫遇：人名。常山（今河北正定縣）人。五代後唐、後晋將領。傳見本書卷九五、《新五代史》卷四七。　易州：州名。治所在今河北易縣。

[2]王景：人名。萊州掖縣（今山東萊州市）人。五代、宋初將領。傳見《宋史》卷二五二。

[3]王弘贄：人名。籍貫不詳。五代藩鎮軍閥。傳見本書附録、《新五代史》卷四八。　太常卿：官名。西漢置太常，南朝梁始置太常卿。太常寺長官。掌宗廟祭祀禮樂及教育等。正三品。

[4]迴鶻：古部族名。原係突厥鐵勒部的一支。唐天寶三載（744）建立回鶻汗國，9世紀中葉，回鶻汗國瓦解。其中一支爲甘州回鶻。11世紀初，甘州回鶻爲西夏所滅。參見楊蕤《回鶻時代——10—13世紀陸上絲綢之路貿易研究》，中國社會科學出版社2015年版。

[5]桂州：州名。治所在今廣西桂林市。　全義縣：縣名。治所在今廣西興安縣。　溥州：州名。治所在今廣西興安縣。　馬希範：人名。許州鄢陵（今河南鄢陵縣）人，一説扶溝（今河南扶溝縣）人。五代十國南楚國主馬殷子。後唐明宗長興三年（932）至後晋開運四年（947）在位。傳見本書卷一三三、《新五代史》卷六六。

[6]安彦威：人名。崞縣（今山西原平市）人。五代後唐、後晉將領。傳見本書卷九一、《新五代史》卷四七。　行營副都統：官名。唐末設諸道行營都統、副都統，作爲各道出征兵士的正、副統帥。　太府卿：官名。南朝梁始置。太府寺長官。掌國家財帛庫藏出納、關市税收等務。從三品。　右武衛大將軍：官名。唐置，掌宫禁宿衛。唐代十六衛之一。正三品。

[7]南莊：地名。其地不詳，疑位於開封城外。

三月壬辰朔，以權知河西節度事張遵古爲河西留後。[1]乙未，以御史中丞顔衎爲户部侍郎，以户部侍郎趙遠爲御史中丞。丙申，以邠州節度使兼侍衛步軍都指揮使馮暉爲河陽節度使，以前涇州節度使李德琉爲邠州節度使。[2]李守貞奏，大軍至衡水。[3]己亥，奏獲鄚州刺史趙思恭。[4]癸卯，奏大軍迴至冀州。[5]户部侍郎顔衎上表，以母老乞解官就養，從之。戊申，以皇子齊州防禦使延煦爲澶州節度使。[6]辛亥，密州上言，飢民殍者一千五百。庚申，以瓜州刺史曹元忠爲沙州留後。[7]

[1]河西：方鎮名。治所在涼州（今甘肅武威市）。　張遵古：人名。籍貫不詳。五代藩鎮軍閥。事見本書本卷。

[2]李德琉：人名。應州金城（今山西應縣）人。後唐、後晉大臣。傳見本書卷九〇。

[3]衡水：縣名。治所在今河北衡水市。

[4]鄚州：州名。治所在今河北任丘市鄚州鎮。中華書局本有校勘記："'鄚州'，原作'鄭州'，據殿本、劉本、本書卷一〇九《李守貞傳》改。"《輯本舊史》卷一〇九《李守貞傳》，"思恭"作"思英"。　趙思恭：人名。籍貫不詳。五代地方官員。事見本

書本卷。

[5]冀州：州名。治所在今河北衡水市冀州區。

[6]延煦：人名。即石延煦。後晉出帝之子。傳見《新五代史》卷一七。

[7]密州：州名。治所在今山東諸城市。　瓜州：州名。治所在今甘肅瓜州縣。　曹元忠：人名。沙州（今甘肅敦煌市西）人。曹議金第三子，元德、元深之弟。五代時期歸義軍節度使。事見敦煌文書P. 3388、S. 4398、S. 2687、P. 3879。參見榮新江《歸義軍史研究——唐宋時代敦煌歷史考索》，上海古籍出版社2015年版。　沙州：州名。治所在今甘肅敦煌市。

夏四月辛酉朔，李守貞自北班師到闕。[1]太原奏，吐渾白可久奔歸契丹，諸侯咸有異志。[2]乙亥，宰臣詣寺觀禱雨。[3]曹州奏，部民相次餓死凡三千人。時河南、河北大飢，殍殕甚衆，沂、密、兖、鄆寇盜羣起，所在屯聚，剽劫縣邑，吏不能禁。[4]兖州節度使安審琦出兵捕逐，爲賊所敗。戊寅，幸相國寺禱雨。皇子延煦與晉昌軍節度使趙在禮結婚，命宗正卿石光贊主之。[5]

[1]李守貞自北班師到闕：中華書局本有校勘記："'闕'原作'關'，據殿本、劉本、邵本校改。"

[2]吐渾：部族名。吐谷渾的省稱。源出鮮卑，後游牧於今甘肅、青海一帶。參見周偉洲《吐谷渾資料輯録》（修訂本），商務印書館2017年版。　白可久：人名。吐渾使者。事見《新五代史》卷七四。

[3]乙亥：中華書局本有校勘記："原作'乙未'，據殿本改。按是月辛酉朔，無乙未，乙亥爲十五日。影庫本粘籤：'乙未，以

《長暦》推之，當作“乙亥”，今無别本可校，姑仍其舊。’”《册府》卷一四五《帝王部·弭災門三》亦載此事，但宋本作“四月乙未”，明本作“四月己未”，均誤。

[4]沂：州名。治所在今山東臨沂市。

[5]宗正卿：官名。秦始置宗正，南朝梁始有宗正卿之官。由宗室充任。掌皇族外戚屬籍。正三品。　石光贊：人名。籍貫不詳。歷任滑州節度判官、宗正卿、太子賓客。事見本書卷七六及卷一一四。

皇子延煦與晋昌軍節度使趙在禮結婚：《舊五代史考異》：“案：皇子延煦娶趙在禮女，《通鑑》作三月庚申，與《薛史》作四月戊寅異。”見《通鑑》卷二八五，三月庚申爲二十九日。

五月庚寅朔，以兵部郎中劉暭爲太府卿。[1]戊戌，以前同州節度使馮道爲鄧州節度使。[2]定州奏，部民相次擄殺流移，約五千餘户。青州奏，全家殍死者一百一十二户。沂州奏，淮南遣海州刺史領兵一千五百人，應接賊頭常知及，詔兖州安審琦領兵捕逐。[3]甲辰，以前太子賓客韋勳爲太子賓客。[4]兖州安審琦奏，淮賊抽退，賊頭常知及與其次首領武約等並乞歸命。[5]丁未，幸大年莊，游船習射。[6]帝醉甚，賜羣官器帛有差，夜分方歸内。[7]戊申，以鄜州留後李殷爲定州節度使。[8]辛亥，詔皇甫遇爲北面行營都部署，張彦澤爲副，李殷爲都監，領兵赴易、定等州，尋止其行。[9]甲寅，以貝州留後梁漢璋爲貝州節度使，以左神武統軍郭謹爲鄜州節度使。

[1]兵部郎中：官名。唐高祖改兵曹郎置，員二人，一掌武官階品、衛府名數、校考、給告身之事；一掌軍籍、軍隊調遣名數、

朝集、録賜、告假等事。高宗、武則天、玄宗時，一度隨本部改名司戎大夫、夏官郎中、武部郎中。五代因之。從五品上。　劉暤：人名。籍貫不詳。五代官員。事見本書本卷。

[2]馮道：人名。瀛州景城（今河北滄縣）人。五代時官拜宰相，歷仕後唐、後晋、後漢、後周，亦曾臣服於契丹。傳見本書卷一二六、《新五代史》卷五四。

[3]海州：州名。治所在今江蘇連雲港市海州區。　常知及：人名。籍貫不詳。五代地方武裝頭領。事見本書本卷。

[4]韋勳：人名。籍貫不詳。五代後唐、後晋官員。事見本書本卷、《遼史》卷四。

[5]武約：人名。籍貫不詳。五代地方武裝頭領。事見本書本卷。

[6]丁未：中華書局本有校勘記："原作'辛未'，據殿本、孔本、《册府》卷一一四改。按是月庚寅朔，無辛未，丁未爲十八日。影庫本粘籤：'辛未，以《長曆》推之，當作"丁未"，今無别本可校，姑仍其舊。'"又，明本《册府》卷一一一《帝王部·宴享門》記作"五年辛未"，明本《册府》卷一一四《帝王部·巡幸門三》記作"四月丁未"，一誤年，一誤月。　大年莊：地名。今地不詳，疑位於開封城外。

[7]賜羣官器帛有差：中華書局本有校勘記："'有'，原作'過'，據殿本、劉本、《册府》卷一一四改。"

[8]李殷：人名。薊州（治今天津薊州區）人。後唐、後晋將領。傳見本書卷一〇六。

[9]行營都部署：官名。凡行軍征討，掛帥率軍戰鬥，總管行營事務。　都監：官名。唐代中葉命將出征，常以宦官爲監軍、都監。後爲臨時委任的統兵官，稱都監、兵馬都監。掌屯戍、邊防、訓練之政令。

六月庚申朔，登州奏，文登縣部内有銅佛像四、瓷佛像十，自地踴出。[1]狼山招收指揮使孫方簡叛，據狼山歸契丹。[2]乙丑，詔諸道不得横薦官僚，如本處幕府有闕，即得奏薦。丙寅，以前昭義軍節度使李從敏爲河陽節度使，以河陽節度使兼侍衛步軍都指揮使馮暉爲靈州節度使。[3]壬午，以鄆州節度使兼侍衛親軍都指揮使高行周爲宋州節度使，加兼中書令，充北面行營副都統；以宋州節度使、侍衛親軍副都指揮使李守貞爲鄆州節度使充侍衛親軍都指揮使。[4]定州奏，蕃寇壓境。詔李守貞爲北面行營都部署，滑州皇甫遇爲副，相州張彦澤充馬軍都指揮使，定州李殷充步軍都指揮使。

[1]登州：州名。治所在今山東蓬萊市。　文登縣：縣名。治所在今山東威海市文登區。

[2]狼山：地名。位於今河北易縣。　孫方簡：人名。籍貫不詳。五代藩鎮官員。事見本書本卷及卷八三、卷一〇一。　狼山招收指揮使孫方簡叛，據狼山歸契丹：《舊五代史考異》："案《遼史》：五月庚戌，晋易州戍將孫方簡請内附。蓋方簡歸契丹自在五月，至六月晋人始奏聞也。《歐陽史》從《薛史》作六月。"見《新五代史》卷九《晋出帝紀》開運三年（946）六月條、《遼史》卷四《太宗紀下》會同九年（946）五月庚戌條。

[3]李從敏：人名。後唐明宗之侄。傳見本書卷一二三、《新五代史》卷一五。

[4]高行周：人名。嬀州懷戎（今河北懷來縣）人。五代後唐至後周將領。傳見本書卷一二三、《新五代史》卷四八。　宋州：州名。治所在今河南商丘市睢陽區。　以宋州節度使、侍衛親軍副都指揮使李守貞爲鄆州節度使充侍衛親軍都指揮使：中華書局本沿

《輯本舊史》無“李守貞”以下十八字，其下有《輯本舊史》之案語：“以下原本有闕文。”中華書局本有校勘記：“‘副’字原闕，據本書卷八三《晉少帝紀三》及本卷上文補。按本書卷八三《晉少帝紀三》：‘（開運二年四月）兖州節度使兼侍衛都虞候李守貞移鎮宋州，加檢校太師、兼侍衛親軍副都指揮使。’本卷下文：‘秋九月壬辰，鄆州節度使、侍衛親軍都指揮使李守貞加兼侍中。’張其凡《五代禁軍初探》謂此處疑闕‘李守貞爲鄆州節度使充侍衛親軍都指揮使’十八字。”但未補，今補。

秋七月壬辰，[1]以禮部尚書王延爲刑部尚書，以工部尚書王松爲禮部尚書，以太常卿龍敏爲工部尚書，以左丞李愼儀爲太常卿，以吏部侍郎張昭遠爲左丞，以右丞李詳爲吏部侍郎，以前義州刺史李玘爲右丞。[2]前晋昌軍節度使安彦威薨，輟朝，贈太師。[3]丙申，兩浙節度使、吴越國王錢弘佐加守太師，北京留守、河東節度使、北平王劉知遠加守太尉。[4]滄州奏，蕃寇攻饒安縣。楊劉口河決西岸，水闊四十里。[5]以前鄧州節度使劉景巖爲太子太師致仕。辛亥，宋州穀熟縣河水雨水一概東流，漂没秋稼。[6]丁巳，大理卿李專美卒。戊午，詔僞清泰朝經削奪官爵朱弘昭、馮贇、康義誠、王思同、藥彦稠等，並復其官爵。[7]自夏初至是，河南、河北諸州郡餓死者數萬人，羣盗蜂起，剽略縣鎮，霖雨不止，川澤泛漲，損害秋稼。

[1]秋七月壬辰：《輯本舊史》中“秋”字原在下文“九月壬辰”之上，中華書局本沿之，今據正史本紀四時記載之規則移於此處。

[2]王延：人名。鄭州長豐（今河北文安縣南）人。五代大臣，歷仕五代各朝。傳見本書卷一三一、《新五代史》卷五七。李詳：人名。籍貫不詳。五代後唐至後周官員，歷任左補闕、中書舍人、尚書右丞、吏部侍郎。事見本書本卷、卷四二、卷五五、卷七七、卷一一一。　義州：州名。治所在今河南信陽市。　李玘：人名。籍貫不詳。五代官員。事見本書本卷。

[3]太師：官名。與太傅、太保並爲三師。唐後期、五代多爲大臣、勳貴加官。正一品。

[4]劉知遠：人名。沙陀部人，後世居於太原。五代後唐、後晉將領，後漢高祖。紀見本書卷九九至卷一〇〇、《新五代史》卷一〇。

[5]饒安縣：縣名。治所在今河北孟村回族自治縣。　楊劉口：地名。位於今山東菏澤市。

[6]穀熟縣：縣名。治所在今河南虞城縣。

[7]清泰：五代後唐廢帝李從珂年號（934—936）。　朱弘昭：人名。太原（今山西太原市）人。後唐明宗朝樞密使、宰相。傳見本書卷六六、《新五代史》卷二七。　馮贇：人名。太原（今山西太原市）人。五代後唐明宗朝宰相、三司使。傳見本書附録、《新五代史》卷二七。　康義誠：人名。沙陀部人。五代後唐將領。傳見本書卷六六、《新五代史》卷二七。　王思同：人名。幽州（今北京市）人。後唐將領。傳見本書卷六五、《新五代史》卷三三。　藥彦稠：人名。沙陀部人。五代後唐將領。傳見本書卷六六、《新五代史》卷二七。

八月己未朔，以左諫議大夫裴羽爲給事中。[1]庚申，李守貞、皇甫遇駐軍定州。辛酉，幸南莊，召從臣宴樂，至暮還宫。詔潞州運糧十三萬赴恒州。癸亥，以右散騎常侍張煦爲青州刺史。[2]李守貞奏，大軍至望都縣，相次至長城北，遇虜寇千餘騎，[3]轉鬬四十里，斬蕃將解里相公。[4]丁卯，詔班師。庚午，以前亳州防禦使邊蔚爲户部侍郎；以刑部侍郎李式爲户部侍郎，充三司副使；以禮部侍郎盧價爲刑部侍郎；以樞密直學士、左散騎常侍邊光範爲禮部侍郎充職。[5]辛未，以右龍武統軍周密爲延州節度使。[6]癸酉，河東節度使劉知遠奏，誅吐渾大首領白承福、白鐵匱、赫連海龍等，并夷其族凡四百口，蓋利其孳畜財寶也，人皆冤之。[7]甲戌，以大理少卿劇可久爲大理卿。[8]棣州刺史慕容彦超削奪在身官爵，房州安置，坐前任濮州擅出省倉麥及私賣官麴，準法處死，太原節度使劉知遠上表救之，故貸其死。[9]丙戌，靈州馮暉奏，與威州刺史藥元福於威州土橋西一百里遇吐蕃七千餘人，大破之，斬首千餘級。[10]是月，秦州雨，兩旬不止；鄴都雨水一丈；洛京、鄭州、貝州大水。鄴都夏津臨清兩縣，餓死民凡三千三百。盜入臨濮、費縣。[11]

[1]裴羽：人名。河東聞喜（今山西聞喜縣）人。五代官員。傳見本書卷一二八、《新五代史》卷五七。

[2]張煦：人名。籍貫不詳。後周時擔任散騎常侍、刑部尚書、兵部尚書等職。事見本書卷一一一至一一三、卷一一四。　青州：州名。治所在今山東青州市。

[3]望都縣：縣名。治所在今河北望都縣。　虜寇：《輯本舊史》作“敵”乃忌清諱改，中華書局本沿之。據明本《册府》卷四三五《將帥部·獻捷門二》開運三年（946）八月條、《宋本册府》卷九八七《外臣部·征討門六》開運三年八月條回改。又，

《通鑑》卷二八五八月條胡注引《薛史》作“李守貞奏大軍至望都縣，相次至長城北，遇虜轉鬬”。

［4］靳藩將解里相公：中華書局本有校勘記：“‘解里’，原作‘嘉哩’，注云：‘舊作“解里”，今改正。’按此係輯録《舊五代史》時所改，今恢復原文。”明本《册府》卷四三五、《宋本册府》卷九八七均作“解里”。

［5］亳州：州名。治所在今安徽亳州市。　樞密直學士：官名。五代後唐莊宗同光元年（923），改直崇政院置，選有政術、文學者充任。備顧問應對。　邊光範：人名。并州陽曲（今山西太原市）人。歷仕五代後唐、後晋至宋代。傳見《宋史》卷二六二。　以樞密直學士、左散騎常侍邊光範爲禮部侍郎充職：《舊五代史考異》：“案《宋史·邊光範傳》：少帝以光範藩邸舊僚，待遇尤厚。因遊宴，見光範位翰林學士下，即日拜尚書禮部侍郎、知制誥，充翰林學士，仍直樞密院。”見《宋史》卷二六二《邊光範傳》。

［6］右龍武統軍：官名。唐代右龍武軍統兵官。從二品。右龍武軍爲“北衙六軍”之一。　周密：人名。應州神武川（今山西山陰縣）人。五代將領。傳見本書卷一二四。

［7］白承福：人名。五代時代北吐谷渾首領。吐谷渾族。後唐同光元年（923），被莊宗任爲寧朔、奉化兩府都督，賜姓名爲李紹魯。事見《新五代史》卷七四《四夷附録·吐渾》。　白鐵匱：人名。白承福麾下將領。事見本書本卷及《新五代史》卷七四。　赫連海龍：人名。白承福麾下將領。事見本書本卷及《新五代史》卷七四。

［8］大理少卿：官名。爲大理寺的副長官。協助大理卿負責本寺的具體事務。從四品上。　劇可久：人名。涿州范陽（今河北涿州市）人。五代、宋初大臣，以司法才干著稱。傳見《宋史》卷二七〇。

［9］棣州：州名。治所在今山東惠民縣。　慕容彦超：人名。沙陀部人（一説“吐谷渾部人”）。五代後漢將領，後漢高祖劉知遠同母弟。傳見本書卷一三〇、《新五代史》卷五三。　房州：州

名。治所在今湖北房縣。　濮州：州名。治所在今山東鄄城縣。

[10]藥元福：人名。晋陽（今山西太原市）人。五代後唐至宋初將領。傳見《宋史》卷二五四。《輯本舊史》之影庫本粘籤："藥元福，原本作'元補'，今從《錦繡萬花谷》所引《薛史》改正。"見《錦繡萬花谷·前集》卷一五。又，明本《册府》卷四三五、《通鑑》卷二八五均作"元福"。《宋史》卷二五四有《藥元福傳》，詳載開運年間與契丹戰鬥事及元福與馮暉於威州土橋西一百里與吐蕃接戰事。

[11]夏津：縣名。治所在今山東夏津縣。　臨濮：縣名。治所在今山東鄄城縣。　費縣：縣名。治所在今山東費縣。

九月壬辰，[1]鄆州節度使、侍衛親軍都指揮使李守貞加兼侍中，滑州節度使皇甫遇進封邠國公，相州節度使張彦澤加檢校太尉。[2]甲午，以權知威武軍節度使李弘達爲檢校太尉、同平章事，充福建節度使，知閩國事。[3]乙未，前商州刺史李俊賜自盡，坐與親妹姦及行劍斫殺女使，又殺部曲孫漢榮，强姦其妻，準法棄市，詔賜死於家。[4]己亥，張彦澤奏，破蕃賊於定州界，[5]斬首二千餘級，追襲百餘里，生擒蕃將四人，摘得金耳環二副進呈。[6]癸卯，太原奏，破契丹於陽武谷，殺七千餘人。[7]甲辰，以天策上將軍、江南諸道都統、楚王馬希範兼諸道兵馬都元帥。詔開封府，以霖雨不止，應京城公私僦舍錢放一月。乙巳，詔安審琦率兵赴鄴都、皇甫遇赴相州。丙午，以太子少保楊凝式爲太子少傅，以刑部尚書王延爲太子少保，前潁州團練使竇貞固爲刑部尚書。[8]是月，河南、河北、關西諸州奏，大水霖雨不止，溝河泛溢，水入城郭及損害秋稼。[9]是月，契丹瀛州刺史劉延祚，詐爲書與樂壽監軍王巒，願以本城歸順，且言城中蕃軍不滿千人，請朝廷發軍襲取之，己爲内應。[10]又云："今秋苦雨，川澤漲溢，自瓦橋已北，水勢無際。戎王已歸本國，若聞南夏有變，地遠阻水，雖欲奔命，無能及也。"又巒繼有密奏，言瀛、鄚可取之狀。先是，前歲中車駕駐於河上，曾遣邊將遺書於幽州趙延壽，勸令歸國，延壽尋有報命，依違而已。是歲三月，復遣鄴都杜威致書於延壽，且述朝旨，啖以厚利，仍遣洺州軍將趙行實齎書而往，潛申款密。[11]行實曾事延壽，故遣之。[12]七月，行實自燕迴，得延壽書，且言："久陷虜廷，[13]願歸中國，乞發大軍應接，即拔身南去。"敍致懇切，辭旨綿密，時朝廷欣然信之，復遣趙行實計會延壽大軍應接之所。又有瀛州大將遣所親齎蠟書至闕下，[14]告云欲謀翻變，以本城歸命。未幾，會彼有告變者，事不果就。至是，瀛州守將劉延祚受戎王之命，詐輸誠款，以誘我軍，國家深以爲信，遂有出師之議。《永樂大典》卷一萬五千六百四十九。[15]

[1]九月壬辰：原作"秋九月壬辰"，因前文七月壬辰條已補"秋"，據本紀四時之記載規則删去"秋"字。

[2]檢校太尉：官名。爲散官或加官，以示恩寵加此官，無實際執掌。太尉，與司徒、司空並爲三公。

[3]威武軍：方鎮名。治所在福州（今福建福州市）。　李弘達：人名。籍貫不詳。五代藩鎮軍閥、大臣。事見本書本卷。

[4]李俊：人名。籍貫不詳。五代地方官員。事見本書本卷。

孫漢榮：人名。籍貫不詳。五代後唐時人。事見本書本卷。　詔賜死於家：中華書局本有校勘記："'賜'字原闕，據殿本、劉本、孔本、本書卷八八《李重俊傳》補。"

［5］己亥，張彦澤奏，破蕃賊於定州界：《舊五代史考異》："案：《歐陽史》作辛丑，張彦澤及契丹戰于新興，敗之。"見《新五代史》卷九《晋出帝紀》開運三年（946）九月辛丑條。該月戊子朔，己亥爲十二日，辛丑爲十四日。

［6］"斬首二千餘級"至"摘得金耳環二副進呈"：中華書局本引孔本："案《遼史》云：八月，趙延壽與晋張彦澤戰於定州，敗之。與《薛史》異。《通鑑》作張彦澤奏，敗契丹於定州北，又敗之於泰州，斬首二千級。與《薛史》符合。"見《通鑑》卷二八五開運三年九月甲午條、《遼史》卷四《太宗紀下》會同九年（即晋開運三年）九月條載"趙延壽與晋張彦澤戰于定州，敗之。"

［7］陽武谷：地名。位於今河南原陽縣。　破契丹於陽武谷：中華書局本有校勘記："'於'字原闕，據殿本、孔本、《册府》卷四三五補。'陽'，原作'楊'，據本書卷九九《漢高祖紀上》、《通鑑》卷二八〇《考異》引《薛史》、《册府》卷四三五改。'谷'，原作'穀'，據殿本、劉本、孔本、本書卷九九《漢高祖紀上》、《通鑑》卷二八〇《考異》引《薛史》、《册府》卷四三五改。"見《輯本舊史》卷九九《漢高祖紀上》開運三年九月條、明本《册府》卷四三五《將帥部·獻捷門二》開運三年八月癸卯條、《通鑑》卷二八〇天福元年（936）九月條《考異》引《薛史》。

［8］楊凝式：人名。華陰（今陝西渭南）人。五代大臣。傳見本書卷一二八。　太子少傅：官名。與太子少保、太子少師合稱"三少"，唐後期、五代多爲大臣、勳貴加官。從二品。　太子少保：官名。與太子少傅、太子少師合稱"三少"，唐後期、五代多爲大臣、勳貴加官。從二品。　潁州：州名。治所在今安徽阜陽市。　團練使：官名。唐代中期以後，於不設節度使的地區設團練使。掌本區各州軍事。

[9]溝河泛溢：中華書局本有校勘記："'泛溢'，原作'泛濫'，據殿本、劉本、孔本、邵本改。"

[10]瀛州：州名。治所在今河北河間市。　劉延祚：人名。深州（今河北深州市）人。劉守文之子。事見《新五代史》卷三九。　樂壽：縣名。治所在今河北獻縣。　監軍：官名。爲臨時差遣，代表朝廷協理軍務，督察將帥。五代時常以宦官爲監軍。中華書局本有校勘記："原作'將軍'，據本書卷一三七《契丹傳》、《通曆》卷一四、《册府》卷九九八、《通鑑》卷二八五改。劉本作'軍監'。"見《宋本册府》卷九九八《外臣部·姦詐門》、《通鑑》卷二八五開運三年九月丙辰條。　王巒：人名。籍貫不詳。王弘贄之子。事見本書卷四五。　契丹瀛州刺史劉延祚，詐爲書與樂壽監軍王巒，願以本城歸順：《舊五代史考異》："案：瀛州刺史下疑脱'劉延祚'三字。《通鑑考異》云：《歐陽史》作高牟翰。案《陷蕃記》前云'延祚詐輸誠款'，後云'大軍至瀛州，偵知蕃將高牟翰潛師而出'，蓋延祚爲刺史，牟翰乃戍將耳。"見《新五代史》卷七二《契丹傳》、《通鑑》卷二八五開運三年九月條。據上述諸書，補"劉延祚"三字。

[11]鄚：州名。治所在今河北任丘市。　洺州：州名。治所在今河北邯鄲市永年區。　軍將：即都將。官名。唐、五代時節度使屬將。　趙行實：人名。籍貫不詳。五代軍官。事見本書本卷。

[12]"是歲三月"至"故遣之"：中華書局本引孔本："案：《遼史》作晉主遣延壽族人趙延實以書來招。"見《遼史》卷七六《趙延壽傳》。然，孔本誤"趙行實"作"趙延實"。又可見《册府》卷九九八。

[13]久陷虜廷：中華書局本沿輯本舊史作"邊廷"，此乃《輯本舊史》忌清諱所改，據《宋本册府》卷九九八回改。

[14]又有瀛州大將遣所親齎蠟書至闕下：中華書局本有校勘記："'又'字原闕，據《册府》卷九九八補。"

[15]《大典》卷一五六四九"晉"字韻"五代後晉出帝（一）"事目。

舊五代史　卷八五

晉書十一

少帝紀第五

開運三年冬十月甲子，正衙命使册皇太妃安氏。[1]乙丑，以樞密直學士、禮部侍郎邊光範爲翰林學士，以給事中邊歸讜爲左散騎常侍，以翰林學士、祠部員外郎、知制誥張沆爲右諫議大夫。[2]辛未，以鄴都留守杜威爲北面行營都招討使，[3]以侍衛親軍都指揮使、鄆州節度使李守貞爲兵馬都監，兖州安審琦爲左右厢都指揮使，徐州符彦卿爲馬軍左厢都指揮使，[4]滑州皇甫遇爲馬軍右厢都指揮使，貝州梁漢璋爲馬軍都排陣使，[5]前鄧州節度使宋彦筠爲步軍左厢都指揮使，[6]奉國左厢都指揮使王饒爲步軍右厢都指揮使，洺州團練使薛懷讓爲先鋒都指揮使。[7]癸酉，册吴國夫人馮氏爲皇后。乙亥，以侍衛馬軍都指揮使李彦韜權知侍衛司事。[8]丙戌，鳳翔節度使、秦王李從曮薨，輟朝，贈尚書令。[9]丁亥，邠州節度使李德玧卒，輟朝，贈太尉。[10]

［1］開運：後晋出帝石重貴年號（944—946）。

［2］樞密直學士：官名。五代後唐莊宗同光元年（923），改直崇政院置，選有政術、文學者充任。備顧問應對。　禮部侍郎：官名。尚書省禮部次官。協助禮部尚書掌禮儀、祭享、貢舉之政。正四品下。　邊光範：人名。并州陽曲（今山西太原市）人。歷仕五代後唐、後晋至宋代。傳見《宋史》卷二六二。　翰林學士：官名。由南北朝始設之學士發展而來，唐玄宗改翰林供奉爲翰林學士，備顧問，代王言。掌拜免將相、號令征伐等詔令的起草。　給事中：官名。秦始置。隋唐以來，爲門下省屬官。掌讀署奏抄、駁正違失。正五品上。　邊歸讜：人名。幽州薊（今天津市薊州區）人。傳見《宋史》卷二六二。　左散騎常侍：官名。門下省屬官。掌侍奉規諷，備顧問應對。正三品下。　祠部員外郎：官名。隋唐時始置，與祠部郎中同掌祭祀、占卜、天文、漏刻、國忌、廟諱、醫藥、僧尼簿籍等事。從六品上。　知制誥：官名。掌起草皇帝的詔、誥之事，原爲中書舍人之職。唐開元末置學士院，翰林學士入院一年，則加知制誥銜，專掌任免宰相、册立太子、宣布征伐等特殊詔令，稱爲内制。而中書舍人所撰擬的詔敕稱爲外制。兩種官員總稱兩制官。　張沆：人名。徐州（今江蘇徐州市）人。五代官員。傳見本書卷一三一。　右諫議大夫：官名。隸中書省。唐代置左、右諫議大夫各四人，分隸門下省、中書省。掌諫諭得失，侍從贊相。正四品下。

［3］鄴都：地名。治所在今河北大名縣。五代後唐同光元年，改魏州爲興唐府，建號東京。三年改東京爲鄴都。　留守：官名。皇帝出巡或親征時指定親王或大臣留守京城，綜理軍事、行政、民事、財政等事務，稱京城留守。在陪都或軍事重鎮也常設留守，以地方長官兼任。　杜威：人名。即杜重威，避後晋出帝石重貴諱稱杜威。其先朔州（今山西朔州市朔城區）人，後徙居太原。五代後晋、後漢將領。傳見本書卷一〇九、《新五代史》卷五二。　都招討使：官名。唐始置。戰時任命，兵罷則省。常以大臣、將帥或地

方軍政長官兼任。掌招撫討伐等事務。　以鄴都留守杜威爲北面行營都招討使：《舊五代史考異》："案：《通鑑》載當時敕牓曰：先取瀛、鄚，安定關南；次復幽、燕，盪平塞北。蓋狃於陽城之役而驟驕也。"見《通鑑》卷二八五開運三年（946）十月辛未條。

[4]侍衛親軍都指揮使：官名。五代時侍衛親軍長官。多爲皇帝親信。　鄆州：州名。治所在今山東東平縣。　節度使：官名。唐時在重要地區所設掌握一州或數州軍、民、財政的長官。　李守貞：人名。河陽（今河南孟州市）人。五代將領。傳見本書卷一〇九、《新五代史》卷五二。　兵馬都監：官名。唐代中葉命將出征，常以宦官爲監軍、都監。後爲臨時委任的統兵官，稱都監、兵馬都監。掌屯戍、邊防、訓練之政令。　兗州：州名。治所在今山東濟寧市兗州區。　安審琦：人名。沙陀部人。五代將領。歷仕後唐、後晉、後漢、後周。傳見本書卷一二三。　徐州：州名。治所在今江蘇徐州市。　符彦卿：人名。陳州宛丘（今河南淮陽縣）人。後周、宋初將領。周世宗宣懿皇后、宋太宗懿德皇后，皆符彦卿女。傳見《宋史》卷二五一。　馬軍左廂都指揮使：官名。所部統兵將領。馬軍左廂爲部隊番號。

[5]滑州：州名。治所在今河南滑縣。　皇甫遇：人名。常山（今河北正定縣）人。五代後唐、後晉將領。傳見本書卷九五、《新五代史》卷四七。　貝州：州名。治所在今河北清河縣。　梁漢璋：人名。應州（今山西應縣）人。五代後唐、後晉將領。傳見本書卷九五。　馬軍都排陣使：官名。唐節度使所屬武官中有排陣使，五代後梁以後設於諸軍，爲先鋒之職。參見王軼英《中國古代排陣使述論》，《西北大學學報》2010年第6期。

[6]鄧州：州名。治所在今河南鄧州市。　宋彦筠：人名。雍丘（今河南杞縣）人。五代後唐、後周將領。傳見本書卷一二三。　步軍左廂都指揮使：官名。所部統兵將領。步軍左廂爲部隊番號。　前鄧州節度使宋彦筠爲步軍左廂都指揮使：中華書局本沿《輯本舊史》作"前鄧州宋彦筠爲步軍左廂都指揮使"，"前鄧州"

後，有《輯本舊史》之案語："原本有闕文。"《輯本舊史》卷八一《晉少帝紀一》天福七年（942）九月己丑，"以前同州節度使、襄州行營副部署宋彥筠爲鄧州威勝軍節度使，加檢校太尉"；卷八二《晉少帝紀二》天福八年，"十一月丁丑，以鄧州節度使宋彥筠爲晉州節度使"；卷八四《晉少帝紀四》開運二年夏五月戊戌"陝州節度使宋彥筠移鎮鄧州"；卷一二三《宋彥筠傳》："晉初，自汝州防禦使討安從進于襄陽，以功拜鄧州節度使，累官至檢校太尉。未幾，歷晉、陝二鎮。晉少帝嗣位，再領鄧州，尋移鎮河中。"今據上述諸條在"鄧州"後補入"節度使"三字。

[7]奉國左廂都指揮使：官名。所部統兵將領。奉國左廂爲部隊番號。　王饒：人名。慶州華池（今甘肅華池縣）人。五代大臣。傳見本書卷一二五。　步軍右廂都指揮使：官名。所部統兵將領。步軍右廂爲部隊番號。　洺州：州名。治所在今河北邯鄲市永年區。　團練使：官名。唐代中期以後，於不設節度使的地區設團練使，掌本區各州軍政。　薛懷讓：人名。祖先爲戎人，徙居太原（今山西太原市）。五代將領。傳見《宋史》卷二五四。　先鋒都指揮使：官名。先鋒，即先鋒部隊。都指揮使，爲所部統兵將領。

[8]李彥韜：人名。太原（今山西太原市）人。後晉出帝寵臣，與宦官近臣相勾結，排擠文臣。傳見本書卷八八。　侍衛司：官署名，五代及宋初置。全稱侍衛親軍馬步軍指揮使司，與殿前司分領全國禁軍。

[9]鳳翔：方鎮名。治所在鳳翔府（今陝西鳳翔縣）。　李從曮：人名。深州博野（今河北蠡縣）人。李茂貞長子，唐末、五代軍閥。傳見《舊五代史》卷一三二。　輟朝：又稱廢朝。古代帝王遇親喪或文武大臣病故，停止視朝數日，以示哀悼。　尚書令：官名。秦始置。隋、唐前期爲尚書省長官，與中書令、侍中並爲宰相。因以李世民爲之，後皆不授，唐高宗廢其職。唐後期以李適、郭子儀有功而特授此職，爲大臣榮銜，不參與政務。五代因之。唐時爲正二品，後梁開平三年（909）升爲正一品。

[10]邠州：州名。治所在今陝西彬縣。　李德琉：人名。應州金城（今山西應縣）人。五代大臣、將領。傳見本書卷九〇。　太尉：官名。與司徒、司空並爲三公。正一品。

十一月戊子朔，以給事中盧撰爲右散騎常侍，以尚書兵部郎中兼侍御史知雜事陳觀爲左諫議大夫。[1]觀以祖諱“義”，乞改官，尋授給事中。庚寅，樞密使、中書侍郎兼户部尚書、平章事馮玉加尚書右僕射。[2]以皇子鎮寧軍節度使延煦爲陝州節度使，以陝州留後焦繼勳爲鳳翔留後，以前定州留後安審約爲邠州留後。[3]以右僕射和凝爲左僕射。[4]甲午，兩浙節度使吴越國王錢弘佐起復舊任。[5]丁酉，詔李守貞知幽州行府事。戊申，日南至，御崇元殿受朝賀。[6]是月，北面行營都招討使杜威率諸將領大軍自鄴北征，師次瀛州城下，貝州節度使梁漢璋戰死。[7]杜威等以漢璋之敗，遂收軍而退。行次武强，聞戎王入寇，欲取直路，自冀、貝而南。[8]會張彦澤領騎自鎮、定至，且言契丹可破之狀，於是大軍西趨鎮州。[9]

[1]盧撰：人名。籍貫不詳。五代官員。事見本書本卷及卷八〇、卷一〇二。　兵部郎中：官名。唐高祖改兵曹郎置，員二人，一掌武官階品、衛府名數、校考、給告身之事；一掌軍籍、軍隊調遣名數、朝集、録賜、告假等事。高宗、武則天、玄宗時，一度隨本部改名司戎大夫、夏官郎中、武部郎中。五代因之。從五品上。　侍御史知雜事：官名。唐置，以資深御史充任，總管御史臺庶務。五代沿置。　陳觀：人名。籍貫不詳。五代官員。事見本書本卷及卷一〇九、卷一一二、卷一二九。　左諫議大夫：官名。隸

門下省。唐代置左、右諫議大夫各四人，分隸門下省、中書省。掌諫諭得失、侍從贊相。正四品下。中華書局本有校勘記："'左'，《册府》卷八六三作'右'。"見《宋本册府》卷八六三《總録部·名諱門》陳觀條。

[2]樞密使：官名。樞密院長官，五代時以士人爲之，備顧問，參謀議，出納詔奏，權侔宰相。參見李全德《唐宋變革期樞密院研究》，國家圖書館出版社2009年版。　中書侍郎：官名。中書省副長官。唐後期三省長官漸爲榮銜，中書、門下侍郎却因參議朝政而職位漸重，常常用爲以"同三品"或"同平章事"任宰相者的本官。正三品。　户部尚書：官名。唐代始置，户部最高長官。掌土地、人民、錢穀之政。正三品。　平章事：官名。"同中書門下平章事"之簡稱。唐高宗以後，凡實際任宰相之職者，常在其本官後加同平章事的職銜。後成爲宰相專稱。後晋天福五年（940），升中書門下平章事爲正二品。　馮玉：人名。定州（今河北定州市）人。五代後晋外戚、宰相。傳見本書卷八九、《新五代史》卷五六。　尚書右僕射：官名。秦始置。隋、唐前期，以左、右僕射佐尚書令總理六官，綱紀庶務；如不置尚書令，則總判省事，爲宰相之職。唐後期多爲大臣加銜。從二品。

[3]鎮寧軍：方鎮名。治所在澶州（今河南濮陽市）。　延煦：人名。即石延煦。後晋出帝之子。傳見《新五代史》卷一七。　陝州：州名。治所在今河南三門峽市陝州區。　焦繼勳：人名。許州長社（今河南許昌市）人。五代、宋初將領。傳見《宋史》卷二六一。　定州：州名。治所在今河北定州市。　安審約：人名。籍貫不詳。五代藩鎮將領。事見本書本卷及卷八二、卷八四。"安審約"，中華書局本沿《輯本舊史》作"安審琦"，並有校勘記："本書卷八四《晋少帝紀四》：'（開運二年六月）以前易州刺史安審約爲定州留後。'卷一〇二《漢隱帝紀中》：'（乾祐二年五月）以前邠州節度使安審約爲左神武統軍。'又本卷上文方敘'（十月乙丑）兖州安審琦爲左右厢都指揮使'，疑'安審琦'爲'安審約'之

訛。”又，《輯本舊史》卷八二《晉少帝紀二》開運元年（944）二月壬子條載易州刺史安重約奏戰契丹於北平。卷八三開運二年三月乙巳條載易州刺史安審約奏二月三夜殺賊千餘人。卷八四開運二年六月己丑條載以前易州刺史安審約爲安州留後。另據《輯本舊史》卷一二三《安審琦傳》："晉祖踐阼，加檢校太傅、同平章事，充天平軍節度使兼侍衛馬步軍都指揮使，旋以母喪起復。天福三年，就加檢校太尉，尋改晉昌軍節度使、京兆尹。七年，移鎮河中。晉少帝嗣位，加檢校太師。開運末，朝廷以北戎入寇，以審琦爲北面行營馬軍左右廂都指揮使，與諸將會兵於洺州。”可見，安審琦不曾任職定州，故本條可確改"安審琦"爲"安審約"。

[4]右僕射：官名。秦始置。隋、唐前期以左、右僕射佐尚書令總理六官，綱紀庶務；如不置尚書令，則總判省事，爲宰相之職。唐後期多爲大臣加銜。從二品。　和凝：人名。鄆州須昌（今山東東平縣）人。後晉宰相。傳見本書卷一二七、《新五代史》卷五六。　左僕射：官名。秦始置。隋、唐前期，以左、右僕射佐尚書令總理六官、綱紀庶務；如不置尚書令，則總判省事，爲宰相之職；唐後期多爲大臣加銜。從二品。

[5]兩浙：地區名。浙東、浙西的合稱。泛指今浙江全省及江蘇南部一角。　吴越：五代十國之吴越國。後梁開平元年（907），封鎮海節度使錢鏐爲吴越王，領有今浙江之地、江蘇南部及福建北部。北宋太平興國三年（978），錢弘俶向北宋納土，吴越亡。　錢弘佐：人名。五代十國吴越君主。傳見本書卷一三三、《新五代史》卷六七。　起復：官吏服喪未滿而再起用。

[6]幽州：州名。治所在今北京市。　崇元殿：殿名。五代後梁開平元年改汴京正殿爲崇元殿。位於今河南開封市。

[7]瀛州：州名。治所在今河北河間市。　北面行營都招討使杜威率諸將領大軍自鄴北征："都"字中華書局本沿《輯本舊史》闕，據本卷上文十月辛未條補。

[8]武强：縣名。治所位於今河北武强縣。　冀：州名。治所

在今河北衡水市冀州區。

[9]契丹：古部族、政權名。公元4世紀中葉宇文部爲前燕攻破，始分離而成單獨的部落，自號契丹。唐貞觀中，置松漠都督府，以其首領爲都督。唐末强盛，916年迭剌部耶律阿保機建立契丹國（遼）。先後與五代、北宋並立，保大五年（1125）爲金所滅。參見張正明《契丹史略》，中華書局1979年版。　鎮州：州名。治所在今河北正定縣。

十二月丁巳朔，李穀自書密奏，且言大軍危急之勢，請車駕幸滑州，遣高行周、符彦卿扈從，及發兵守澶州、河陽，以備敵之奔衝。遣軍將關勳走馬上之。[1]己未，杜威奏，駐軍於中渡橋。[2]庚申，以前司農卿儲延英爲太子賓客。[3]詔徐州符彦卿屯澶州。辛酉，詔澤潞、鄴都、邢洺、河陽運糧赴中渡，杜威遣人口奏軍前事宜，勢迫故也。壬戌，又遣高行周屯澶州、景延廣守河陽。博野縣都監張鵬入奏蕃軍事勢。[4]丙寅，定州李殷奏，前月二十八日夜，領捉生四百人往曲陽嘉山下，逢賊軍車帳，殺千餘人，獲馬二百匹。[5]詔宋州高行周充北面行營都部署、符彦卿充副、邢州方太充都虞候，領後軍駐於河上，以備敵騎之奔衝也。[6]時契丹游騎涉滹水而南，至欒城縣。自是中渡寨爲蕃軍隔絶，探報不通，朝廷大恐，故委行周等繼領大師守扼津要，且以張其勢也。[7]己巳，邢州方太奏，此月六日，契丹與王師戰於中渡，王師不利，奉國都指揮使王清戰死。[8]庚午，幸沙臺射兔。壬申，始聞杜威、李守貞等以此月十日率諸軍降於契丹。[9]是夜，相州節度使張彦澤受契丹命，率先鋒虜騎二千人，自封丘門斬關而入。[10]癸酉旦，張彥澤頓兵於明德門外，京城大擾。前曹州節度使石贇死，帝之堂叔也。[11]時自中渡寨隔絶之後，帝與大臣端坐憂危，國之衛兵，悉在北面，計無所出。十六日，聞滹水之降，是夜，偵知張彥澤已至滑州，召李崧、馮玉、李彥韜入内計事，方議詔河東劉知遠起兵赴難，至五鼓初，張彥澤引蕃騎入京。宫中相次火起，帝自攜劍驅擁后妃已下十數人，將同赴火，爲親校薛超所持，俄彥澤自寬仁門遞入契丹主與皇太后書，帝乃止，旋令撲滅煙火。[12]大内都點檢康福全在寬仁門宿衛，登樓覘賊，彥澤呼而下之。[13]癸酉，帝奉表於戎主曰："孫臣某言：今月十七日寅時，相州節度使張彥澤、都監傅住兒部領大軍入京，[14]齎到翁皇帝賜太后書，示諭於滹沱河降下杜重威一行馬步兵士，[15]見領蕃漢步騎來幸汴州者。往者，唐運告終，中原失馭，數窮否極，天缺地傾。先人有田一成，有衆一旅，兵連禍結，力屈勢孤。翁皇帝救患摧剛，興利除害，躬擐甲胄，深入寇場。犯露蒙霜，度雁門之險；馳風擊電，行中冀之誅。[16]黄鉞一麾，天下大定，勢凌宇宙，義感神明，功成不居，遂興晋祚，則翁皇帝有大造於石氏也。旋屬天降鞠凶，先君即世，臣遵承遺旨，纘紹前基。諒闇之初，荒迷失次，凡有軍國重事，皆委將相大臣。至於擅繼宗祧，既非禀命；輕發文字，輒敢抗尊。自啓釁端，果貽赫怒，禍至神惑，運盡天亡。十萬師徒，皆望風而束手；億兆黎庶，悉延頸以歸心。臣負義包羞，貪生忍耻，自貽顛覆，上累祖宗，偷度朝昏，苟存視息。翁皇帝若惠顧疇昔，稍霽雷霆，未賜靈誅，不絕先祀，則百口荷更生之德，一門銜無報之恩，雖所愿焉，非敢望也。臣與太后并妻馮氏及舉家戚屬，見於郊野面縛俟罪次。所有國寶一面、金印三面，今遣長子陜府節度使延煦、次子曹州節度使延寶管押進納，并奉表請罪，陳謝以聞。”甲戌，張彦澤遷帝與太后及諸宫屬於開封府，遣控鶴指揮使李榮將兵監守。[17]是夜，開封尹桑維翰、宣徽使孟承誨皆遇害。[18]帝以契丹主將至，欲與太后出迎，彦澤先表之，稟契丹主之旨報云：“比欲許爾朝覲上國，臣僚奏言，豈有兩箇天子道路相見！今賜所佩刀子，以慰爾心。”己卯，皇子延煦、延寶自帳中迴，得僞詔慰撫，帝表謝之。時契丹主以所送傳國寶製造非工，與載籍所述者異，使人來問。帝進狀曰：“頃以僞主王從珂於洛京大内自焚之後，[19]其真傳國寶不知所在，必是當時焚之。先帝受命，旋製此寶，在位臣僚，備知其事，臣至今日，敢有隱藏”云。時移内庫至府，帝使人取帛數段，主者不與，謂使者曰：“此非我所有也。”又使人詣李崧求酒，崧曰：“臣有酒非敢愛惜，慮陛下杯酌之後憂躁，所作别有不測之事，臣以此不敢奉進。”丙戌晦，百官宿封禪寺。

[1]李穀：人名。潁州汝陰（今安徽阜陽市）人。後周宰相。傳見《宋史》卷二六二。　高行周：人名。嬀州懷戎（今河北懷來縣）人。五代後唐至後周將領。傳見本書卷一二三、《新五代史》卷四八。　澶州：州名。唐、五代初，治所在今河南清豐縣。

後晋天福四年（939）移治於今河南濮陽縣。　河陽：縣名。治所在今河南孟州市。　軍將：官名。爲無品的低下武職，供差遣役使。　闞勳：人名。籍貫不詳。五代軍官。事見本書本卷。　“十二月丁巳朔”至“走馬上之”：《舊五代史考異》：“案：以下有闕文。據《通鑑》云：丁巳朔，李穀自書密奏，具言大軍危急之勢，請車駕幸滑州，遣高行周、符彦卿扈從，及發兵守澶州、河陽，以備敵之奔衝。遣軍將闞勳走馬上之。”見《通鑑》卷二八五開運三年（946）十二月丁巳條，但中華書局本沿《輯本舊史》未補，今據補。

[2]己未，杜威奏，駐軍於中渡橋：《舊五代史考異》：“案《通鑑》云：甲寅，杜威等至中渡橋。十二月己未，帝始聞大軍屯中渡。胡三省注云：强寇深入，諸軍孤危，而驛報七日始達，晋之爲兵可知矣。《歐陽史》作己未，杜威軍于中渡，蓋以奏聞之日爲駐軍之日。”見《新五代史》卷九《晋出帝紀》開運三年十二月己未條、《通鑑》卷二八五開運三年十二月己未條及該條胡注。

[3]司農卿：官名。唐司農寺長官。掌國家之農耕、倉儲以及宫廷百官供應。從三品。　儲延英：人名。籍貫不詳。五代官員。事見本書本卷。　太子賓客：官名。爲太子官屬。唐高宗顯慶元年（656）始置。掌侍從規諫、贊相禮儀。正三品。

[4]景延廣：人名。陝州（今河南三門峽市陝州區）人。五代後晋將領。傳見本書卷八八、《新五代史》卷二九。　博野縣：縣名。治所在今河北蠡縣。　張鵬：人名。鎮州鼓城（今河北晋州市）人。後爲高行周所殺。傳見本書卷一〇六。

[5]李殷：人名。薊州（治今天津薊州區）人。後唐、後晋將領。傳見本書卷一〇六。　捉生：抓獲活的敵人。此處應爲部隊番號。　曲陽：縣名。治所在今河北曲陽縣。　嘉山：山名。位於今河北曲陽縣東。

[6]宋州：州名。治所在今河南商丘市睢陽區。　行營都部署：官名。凡行軍征討，掛帥率軍戰鬥，總管行營事務。　邢州：州

名。治所在今河北邢臺市。　方太：人名。青州千乘（今山東高青縣）人。五代藩鎮將領。傳見本書卷九四。　都虞候：官名。唐五代方鎮高級軍官。

［7］滹水：河流名。發源於今山西繁峙縣，東流入今河北省，過正定縣，向東流入渤海。　欒城縣：縣名。治所在今河北石家莊市欒城區。　中渡寨：今地不詳。　時契丹游騎涉滹水而南：中華書局本有校勘記："'涉'，原作'步'，據殿本、孔本改。影庫本批校：'涉滹水而南，"涉"訛"步"。'"

［8］奉國都指揮使：官名。奉國爲五代後晋禁軍名。唐末五代軍隊皆置都指揮使、指揮使，爲領兵將領。　王清：人名。洺州曲周（今河北曲周縣）人。五代後晋將領。傳見本書卷九五、《新五代史》卷三三。　"己巳"至"奉國都指揮使王清戰死"：中華書局本引孔本："案《遼史》云：杜威、張彦澤引兵據中渡橋，趙延壽以步兵前擊，高彦温以騎兵乘之，追奔逐北。殭屍數萬，斬其將王清，宋彦筠墮水死，重威等退保中渡寨，義武軍節度使李殷以城降。遂進兵，夾滹沱而營，去中渡寨三里，分兵圍之，夜則列騎環守，晝則出兵抄掠。復命趙延壽分兵圍守，自將騎卒夜渡河出其後，攻下欒城，降騎卒數千，分遣將士據其要害。下令軍中預備軍食，三日不得舉煙火，但獲晋人即黥而縱之，諸饋運見者皆棄而走。於是晋兵内外隔絶，食盡勢窮。考《遼史》所載與《通鑑》大略相同，惟宋彦筠墮水死，《通鑑》作彦筠浮水抵岸得免。自將騎卒，《通鑑》作潛遣其將蕭翰、通事劉重進將百騎及羸卒並西山，出晋軍之後。稍有異同，可資互證云。"見《通鑑》卷二八五開運三年十二月條、《遼史》卷四《太宗紀下》會同九年十一月丙申條，《通鑑》所載與《遼史》多異。

［9］沙臺：地名。位於今河南開封市。　壬申，始聞杜威、李守貞等以此月十日率諸軍降於契丹：《舊五代史考異》："案《遼史》：杜重威等降於遼，在十二月丙寅，與《薛史》同。《歐陽史》作壬戌，疑誤。"引文中之"十二月丙寅"，中華書局本有校勘記：

"'十二月'原作'四月'，據《遼史》卷四《太宗紀下》改。"中華書局本引劉本："考歐紀，壬戌之日，自紀滹沱戰敗，而杜威等之降上不繫日，觀《杜重威傳》明著十二月丙寅，于《薛史》未嘗不合也。"見《輯本舊史》卷一〇九《杜重威傳》、《新五代史》卷九《晋出帝紀》、《通鑑》卷二八五、《遼史》卷四。

[10]相州：州名。治所在今河南安陽市。　封丘門：五代後梁都城開封城北墻西門。位於今河南開封市。　率先鋒虜騎二千人："虜騎"二字《輯本舊史》原闕，中華書局本有校勘記："'先鋒'下《通曆》卷一四有'虜騎'二字。"但未補。今從《通曆》卷一四晋少帝條補。

[11]曹州：州名。治所在今山東曹縣西北。　石贇：人名。沙陀部人。五代藩鎮軍閥。事見本書本卷。

[12]薛超：人名。籍貫不詳。五代後晋將領。事見本書本卷。　寬仁門：宫城門。爲開封城之宫城東門。位於今河南開封市。　俄彦澤自寬仁門遞入契丹主與皇太后書："彦澤"二字原闕，據《通鑑》卷二八五開運三年十二月癸酉條補。

[13]大内都點檢：官名。五代後唐始置，凡車駕行幸及出征則置。後周世宗顯德中選驍勇之士充殿前諸班，改稱殿前都點檢。　康福全：人名。籍貫不詳。五代後晋將領。事見本書本卷。

[14]傳住兒：人名。籍貫不詳。遼國將領。事見《新五代史》卷五二。中華書局本有校勘記："原作'富珠哩'，注云：'舊作"傳住兒"，今改正。'按此係輯録《舊五代史》時所改，今恢復原文。"

[15]示諭於滹沱河降下杜重威一行馬步兵士：中華書局本有校勘記："'諭'字原闕，據《通曆》卷一四補。"

[16]雁門：地名。位於今山西代縣西北。　中冀：指中原。

[17]控鶴指揮使：官名。所部統兵將領。控鶴爲禁軍番號。　李榮：人名。籍貫不詳。五代將領。事見本書本卷及《遼史》卷四。　甲戌，張彦澤遷帝與太后及諸宫屬於開封府：中華書局本有

校勘記："'宫'字原闕，據殿本、孔本補。"

［18］開封尹：官名。五代除後唐外均定都開封，因置開封府尹。執掌京師政務。從三品。　桑維翰：人名。洛陽（今河南洛陽市）人。初爲石敬瑭節度掌書記，石敬瑭稱帝後出任翰林學士、知樞密院事等職。傳見本書卷八九、《新五代史》卷二九。　宣徽使：官名。唐始置。宣徽南院使、北院使通稱宣徽使。初用宦官，五代以後改用士人。通掌内諸司及三班内侍之名籍，郊祀、朝會、宴享供帳之儀，檢視内外進奉名物。參見王永平《論唐代宣徽使》，《中國史研究》1995 年第 1 期；王孫盈政《再論唐代的宣徽使》，《中華文史論叢》2018 年第 3 期。　孟承誨：人名。大名（今河北大名縣）人。後晋官員。傳見《舊五代史》卷九六。

［19］僞主王從珂：即後唐廢帝李從珂。鎮州（今河北正定縣）人。本姓王，後唐明宗李嗣源擄其母魏氏，遂養爲己子。應順元年（934）四月，李從珂入洛陽即帝位。清泰三年（936）五月，石敬瑭謀反，廢帝自焚死，後唐亡。紀見本書卷四六至卷四八、《新五代史》卷七。

明年正月丁亥朔，[1]契丹主次東京城北，百官列班，遥辭帝于寺，詣北郊以迎契丹主。帝舉族出封丘門，[2]肩轝至野，戎主不與帝相見，[3]遣泊封禪寺。文武百官素服紗帽，迎謁契丹主於郊次，俯伏俟罪，契丹主命起之，親自慰撫。契丹主遂入大内，至昏出宫，是夜宿於赤堈。[4]僞詔應晋朝臣僚一切仍舊，朝廷儀制並用漢禮。戊子，殺鄭州防禦使楊承勳，[5]責以背父之罪，令左右臠割而死。己丑，斬張彦澤於市，以其剽劫京城，恣行屠害也。[6]庚寅，洛京留守景延廣自扼吭而死。辛卯，契丹以僞制，降帝爲光禄大夫、檢校太尉，封負義侯，黄龍府安置，其地在渤海國界。[7]癸巳，遷帝於封禪寺，遣蕃大將崔廷勳將兵守之。[8]癸卯，帝與皇太后李氏、皇太妃安氏、皇后馮氏、皇弟重睿、皇子延煦延寶俱北行，以宫嬪五十人、内官三十人、東西班五十人、醫官一人、控鶴官四人、御厨七人、茶酒司三人、儀鸞司三人、軍健二十人從行。[9]宰臣趙瑩、樞密使馮玉、侍衛馬軍都指揮使李彦韜隨帝入蕃，契丹主遣三百騎援送而去。所經州郡，長吏迎奉，皆爲契丹主阻絶，有所供饋亦不通。[10]嘗一日，帝與太后不能得食，乃殺畜而啖之。帝過中渡橋，閲杜重威營寨之迹，[11]慨然憤歎，謂左右曰："我家何負，爲此賊所破。天乎！天乎！"於是號慟而去。至幽州，傾城士庶迎看於路，[12]見帝慘沮，無不嗟嘆。駐留旬餘，州將承契丹命，犒帝於府署，趙延壽母以食饌來獻。自范陽行數十程，過薊州、平州，至榆關沙塞之地，略無供給，每至宿頓，無非路次，一行乏食，宫女、從官但採木實野蔬，以救飢弊。[13]又行七八日至錦州，契丹迫帝與妃后往拜阿保機遺像，帝不勝屈辱，泣曰："薛超誤我，不令我死，以至今日也！"[14]又行數十程，渡遼水，至黄龍府，此即戎王所命安置之地也。[15]六月，契丹國母召帝一行往懷密州，州在黄龍府西北千餘里。行至遼陽，皇后馮氏以帝陷蕃，過受艱苦，令内官潛求毒藥，將自飲之，并以進帝，不果而止。[16]又行二百里，會國母爲永康王所執，永康王請帝却往遼陽城駐泊，帝遣使奉表於永康，且賀克捷，自是帝一行稍得供給。[17]

［1］明年正月丁亥朔："丁亥"二字，中華書局本沿《輯本舊史》闕，見《通鑑》卷二八六天福十二年（947）正月丁亥條，據正史記時規則，凡該月朔日有記事者，必加"朔"字，據補。

［2］帝舉族出封丘門：中華書局本有校勘記："'舉'字原闕，據殿本、《通曆》卷一四補。影庫本批校：'帝舉族出封丘門，脱"舉"字。'"見《通曆》卷一四晋少帝條該年正月朔記事。

［3］戎主不與帝相見：中華書局本沿《輯本舊史》作"契丹主不與之見"，據《通鑑》卷二八六天福十二年正月丁亥條《考異》引《薛史·帝紀》改。

［4］赤堈：今地不詳。

［5］鄭州：州名。治所在今河南鄭州市。　防禦使：官名。唐代始置，設有都防禦使、州防禦使兩種。常由刺史或觀察使兼任，實際上爲唐代後期州或方鎮的軍政長官。　楊承勳：人名。沙陀部人。平盧軍節度使楊光遠之子。歷任後晋萊州刺史、汝州防禦使、鄭州防禦使。傳見本書卷九七。　戊子，殺鄭州防禦使楊承勳：《舊五代史考異》："案《遼史》云：以其弟承信爲平盧軍節度使，襲父爵。"見《遼史》卷四《太宗紀下》大同元年（947）正月戊子條，《通鑑》卷二八六天福十二年正月戊子條更詳。

［6］己丑，斬張彦澤於市，以其剽劫京城，恣行屠害也：《舊五代史考異》："案《遼史》云：以張彦澤擅徙重貴開封，殺桑維翰，縱兵大掠，不道，斬于市。"見《遼史》卷四《太宗紀下》大同元年正月己丑條，亦見《通鑑》卷二八六天福十二年正月己丑條。

［7］光禄大夫：官名。漢代始設，由中大夫改置。從二品。"降帝爲光禄大夫、檢校太尉"，《舊五代史考異》："案：《遼史》避諱作崇禄。"見《遼史》卷四《太宗紀下》大同元年正月辛卯條。　檢校太尉：官名。爲散官或加官，以示恩寵加此官，無實際執掌。太尉，與司徒、司空並爲三公。　黄龍府：府名。治所在今吉林農安縣。　渤海國：古國名。武周聖曆元年（698）粟末靺鞨

首領大祚榮建立政權。唐玄宗先天二年（713），唐朝册封大祚榮爲渤海郡王，其國遂以渤海爲名。時渤海國已爲遼所滅，其地爲遼所有。傳見《舊五代史》卷一三八、《新五代史》卷七四。　契丹以僞制：中華書局本沿《輯本舊史》作“契丹制”，並有校勘記：“‘契丹’下《通曆》卷一四有‘以僞’二字。”但未改。今從《通曆·晋少帝條》改，因本卷爲《晋紀》。

[8]崔廷勳：人名。籍貫不詳。五代後晋將領。傳見本書卷九八。

[9]内官三十人：《舊五代史考異》：“案：《遼史》作内官三人。”《遼史》卷四《太宗紀下》大同元年正月癸卯條作“内宦三人”。　東西班：禁軍名。騎兵。隸殿前司。　控鶴官：官名。唐末以後，皇帝的宿衛官以控鶴爲名。掌御前宿衛。　茶酒司：官署名。掌宫中供酒及茶、果。　茶酒司三人：中華書局本有校勘記：“‘司’字原闕，據《新五代史》卷一七《晋家人傳》、《遼史》卷四《太宗紀下》《契丹國志》卷三補。”見《新五代史》卷一七《晋家人傳》高祖皇后李氏條、《契丹國志》卷三會同十一年（按此誤，實天禄二年，即公元948年）正月條。　儀鸞司：官署名。掌宫廷儀仗。　軍健：士卒的别稱。　軍健二十人從行：《舊五代史考異》：“案：《遼史》作健卒十人。”見《遼史》卷四《太宗紀下》大同元年正月癸卯條。

[10]所經州郡，長吏迎奉，皆爲契丹主阻絶：《舊五代史考異》：“案《宋史·李穀傳》：少帝蒙塵而北，舊臣無敢候謁者，穀獨拜迎于路，君臣相對泣下。穀曰：‘臣無狀，負陛下。’因傾囊以獻。”見《宋史》卷二六二《李穀傳》。

[11]閲杜重威營寨之迹：中華書局本有校勘記：“‘閲’下殿本有‘前’字。”

[12]至幽州，傾城士庶迎看於路：《舊五代史考異》：“案《宣政雜録》云：徽宗北狩，經薊縣梁魚務，有還鄉橋，石少帝所命名也，里人至今呼之。”見《説郛》卷二六所引《宣政雜録》。

［13］薊州：州名。治所在今天津薊州區。　平州：州名。治所在今河北盧龍縣。　榆關：關隘名。即今山海關。位於今河北秦皇島市。

［14］錦州：州名。遼置。治所在今遼寧錦州市。　阿保機：人名。姓耶律。契丹迭剌部人。唐末契丹族首領、遼開國太祖。紀見《遼史》卷一、卷二。

［15］遼水：河流名。即今遼河。位於今遼寧中部。

［16］懷密州：州名。遼置。治所在今内蒙古科爾沁右翼中旗、扎魯特旗一帶。　遼陽：府名。遼置。治所在今遼寧遼陽市。

［17］永康王：即遼世家耶律阮。紀見《遼史》卷五。

漢乾祐元年四月，永康王至遼陽，帝與太后、皇后並詣帳中，帝御白衣紗帽，永康止之，以常服謁見。[1]帝伏地雨泣，自陳過咎，永康使左右扶帝上殿，慰勞久之，因命設樂行酒，從容而罷。永康帳下從官及教坊内人望見故主，不勝悲咽，内人皆以衣帛藥餌獻遺於帝。及永康發離遼陽，取内官十五人、東西班十五人及皇子延煦，並令隨帳上陘，陘即蕃王避暑之地也。有禪奴舍利者，[2]即永康之妻兄也，知帝有小公主在室，詣帝求之，帝辭以年幼不可。又有東西班數輩善於歌唱，禪奴又請之，帝乃與之。後數日，永康王馳取帝幼女而去，以賜禪奴。至八月，永康王下陘，太后馳至霸州，詣永康，求於漢兒城寨側近賜養種之地，永康許諾，令太后於建州住泊。[3]

［1］乾祐：後漢高祖劉知遠、隱帝劉承祐年號（948—950）。北漢亦用此年號。　帝與太后、皇后並詣帳中："皇后"二字原闕，

據《新五代史》卷一七《高祖皇后李氏傳》補。

[2]有禪奴舍利者：中華書局本有校勘記："原作'綽諾錫里'，注云：'舊作"禪奴舍利"，今改正。'按此係輯録《舊五代史》時所改，今恢復原文。"

[3]陘：山名。即陘頭，又名凉山。位於今河北赤城縣獨石口外灤河上游。　霸州：州名。治所在河北霸州市。　建州：州名。遼置。治所在今遼寧朝陽市。

漢乾祐二年二月，帝自遼陽城發赴建州。行至中路，太妃安氏得疾而薨，乃焚之，載其燼骨而行。帝自遼陽行十數日，過儀州、霸州，[1]遂至建州。節度使趙延暉盡禮奉迎，館帝於衙署中。其後割寨地五十餘頃，其地至建州數十里，帝乃令一行人員於寨地内築室分耕，給食於帝。是歲，述律王子遣契丹數騎詣帝，[2]取内人趙氏、聶氏疾馳而去，趙、聶者，帝之寵姬也，及其被奪，不勝悲憤。

[1]霸州：中華書局本有校勘記："原作'灞州'，據殿本、劉本、《通鑑》卷二八八胡注引《薛史》改。"

[2]述律王子：人名。即遼穆宗耶律璟，951 年至 969 年在位。遼太宗耶律德光之子。紀見《遼史》卷六。中華書局本有校勘記："原作'舒嚕'，注云：'舊作"述律"，今改正。'按此係輯録《舊五代史》時所改，今恢復原文。"

漢乾祐三年八月，太后薨。周顯德初，有漢人自塞北而至者，言帝與后及諸子俱無恙，猶在建州，其隨從職官役使人輩，自蕃中亡歸、物故者大半矣。[1]《永樂大典》卷一萬五千六百四十九。[2]

［1］顯德：後周太祖郭威年號（954—960）。　“周顯德初”至“物故者大半矣”：《舊五代史考異》：“案《郡齋讀書志》云：《晋朝陷蕃記》，范質撰。質，石晋末在翰林，爲出帝草降表，知其事爲詳。記少帝初遷于黄龍府，後居于建州，凡十八年而卒。案：契丹丙午歲入汴，順數至甲子歲爲十八年，實太祖乾德二年也。”見《郡齋讀書志》卷七。

［2］《大典》卷一五六四九爲“晋”字韻“五代後晋出帝（一）”事目。《輯本舊史》在此後録《五代史補》：“少主之嗣位也，契丹以不俟命而擅立；又景延廣辱其使，契丹怒，舉國南侵。以駙馬都尉杜重威等領駕下精兵甲禦之于中渡河橋。既而契丹之衆已深入，而重威等奏報未到朝廷。時桑維翰罷相，爲開封府尹，謂僚佐曰：‘事急矣，非大臣鉗口之時。’乃叩内閣求見，欲請車駕親征，以固將士之心。而少主方在後苑調鷹，至暮竟不召。維翰退而歎曰：‘國家阽危如此，草澤逋客亦宜下問，況大臣求見而不召耶！事亦可知矣。’未幾，杜重威之徒降于契丹，少主遂北遷。”

史臣曰：少帝以中人之才，嗣將墜之業，屬上天不祐，仍歲大飢，尚或絶强敵之歡盟，鄙輔臣之謀略。奢淫自縱，謂有泰山之安；委託非人，坐受平陽之辱。族行萬里，身老窮荒，自古亡國之醜者，無如帝之甚也。千載之後，其如耻何，傷哉！《永樂大典》卷一萬五千六百四十九。[1]

［1］《大典》卷一五六四九“晋”字韻“五代後晋出帝（一）”事目。

舊五代史　卷八六

晉書十二

后妃列傳第一[1]

[1]《輯本舊史》之原輯者案語："《薛史·晉后妃傳》，《永樂大典》已佚，今取《歐陽史·晉家人傳》與《五代會要》諸書互校，則事多舛誤。如李太后在長興中進封魏國公主，清泰二年改封晉國長公主，而《歐陽史》則云清泰二年封魏國長公主。少帝册故妃張氏爲皇后，而《歐陽史》不載其姓氏。蓋《歐陽史》以文章自負，祇取《薛史》原文任意删削，未嘗考其事之本末也。今採《五代會要》《通鑑》《契丹國志》《文獻通考》所載晉后妃事，分注互綴，以補《薛史》之闕，且以備《歐陽史》之考證焉。"

李皇后

高祖皇后李氏，唐明宗皇帝女也。[1]后初號永寧公主，清泰二年封魏國長公主。[2]自廢帝立，常疑高祖必反。[3]三年，公主自太原入朝千春節，辭歸，留之不得。[4]廢帝醉，語公主曰："爾歸何速，欲與石郎反邪？"

既醒，左右告之，廢帝大悔。公主歸，以語高祖，高祖由是益不自安。高祖即位，公主當爲皇后。天福二年三月，有司言："皇太妃尊號已正，請上寶册。"[5]太妃，高祖庶母劉氏也。高祖以宗廟未立，謙抑未皇。七年夏五月，高祖已病，乃詔尊太妃爲皇太后，然卒不奉册而高祖崩。故后訖高祖世亦無册命。出帝天福八年七月，册尊皇后爲皇太后。[6]

[1]高祖：即後晋高祖石敬瑭。沙陀部人。五代後唐將領、後晋開國皇帝。紀見本書卷七五至卷八〇、《新五代史》卷八。　唐明宗：即李嗣源。沙陀部人。原名邈佶烈，李克用養子。五代後唐明宗，926年至933年在位。紀見本書卷三五至卷四四、《新五代史》卷六。

[2]清泰：五代後唐廢帝李從珂年號（934—936）。

[3]廢帝：即後唐廢帝李從珂。鎮州平山（今河北平山縣）人。本姓王，後唐明宗李嗣源擄其母魏氏，遂養爲己子。應順元年（934）四月，李從珂入洛陽即帝位。清泰三年（936）五月，石敬瑭謀反，廢帝自焚死，後唐亡。紀見本書卷四六至卷四八、《新五代史》卷七。

[4]千春節：五代後唐廢帝李從珂誕節。

[5]天福：五代後晋高祖石敬瑭年號（936—942）。出帝石重貴沿用至九年（944）。後漢高祖劉知遠繼位後沿用一年，稱天福十二年（947）。　寶册：寶璽和册書。從唐朝開始，册封皇后等用寶册。

[6]"高祖皇后李氏"至"册尊皇后爲皇太后"：《新五代史》卷一七《高祖皇后李氏傳》。其中"清泰二年封魏國長公主"誤，當爲"晋國長公主"。《會要》卷一皇后條："晋高祖皇后李氏，唐明宗第五女，天成三年四月，封永寧公主，長興四年九月，晋封魏

國公主，清泰二年三月，改封晋國長公主。至天福元年十一月，尊爲皇后，七年六月，尊爲皇太后。開運四年正月，與少帝同遷于契丹之黄龍府，漢乾祐三年八月二十五日，崩于番中之建州。”《通考》卷二五六《帝系考·后妃七》：“天福二年，有司請立皇后，帝以宗廟未立，謙抑未遑。帝崩，出帝即位，乃尊爲皇太后。”

太后爲人强敏，高祖常嚴憚之。出帝馮皇后用事，太后數訓戒之，出帝不從，乃及于敗。

開運三年十二月，耶律德光已降晋兵，遣張彦澤先犯京師，[1]以書遺太后，具道已降晋軍，且曰：“吾有梳頭妮子竊一藥囊以奔于晋，今皆在否？吾戰陽城時，亡奚車一乘，在否？”[2]又問契丹先爲晋獲者及景延廣、桑維翰等所在。[3]太后與帝聞彦澤至，欲自焚，嬖臣薛超勸止之。[4]及得德光所與書，乃滅火，出止苑中。帝召當直學士范質，[5]謂曰：“杜郎一何相負？昔先帝起太原時，欲擇一子留守，謀之北朝皇帝，皇帝以屬我，我素以爲其所知，卿爲我草奏具言之，庶幾活我子母。”[6]質爲帝草降表曰：

[1]開運：後晋出帝石重貴年號（944—946）。 耶律德光：人名。契丹人。遼太祖耶律阿保機次子。遼朝太宗皇帝。紀見《遼史》卷三至卷四。 張彦澤：人名。突厥人，徙居太原。五代後晋將領，投降於契丹。傳見本書卷九八、《新五代史》卷五二。

[2]陽城：縣名。治所在今山西陽城縣。 奚車：奚族所創之車。其形制後廣前窄，大輪長轂，駕駝。宜行山路，契丹人多乘用之。

[3]契丹：古部族、政權名。公元4世紀中葉宇文部爲前燕攻

破，始分離而成單獨的部落，自號契丹。唐貞觀中，置松漠都督府，以其首領爲都督。唐末强盛，916年迭剌部耶律阿保機建立契丹國（遼）。先後與五代、北宋並立，保大五年（1125）爲金所滅。參見張正明《契丹史略》，中華書局1979年版。　景延廣：人名。陝州（今河南三門峽市陝州區）人。五代後晋將領。傳見本書卷八八、《新五代史》卷二九。　桑維翰：人名。洛陽（今河南洛陽市）人。五代後唐進士，後晋宰相、樞密使。傳見本書卷八九、《新五代史》卷二九。

[4]薛超：人名。籍貫不詳。五代後晋官員。事見本書本卷。

[5]當直學士：指翰林學士輪值者。翰林學士由南北朝始設之學士發展而來，唐玄宗改翰林供奉爲翰林學士，備顧問，代王言，掌拜免將相、號令征伐等詔令的起草。　范質：人名。大名宗城（今河北威縣）人。五代後周至北宋初年宰相。傳見《宋史》卷二四九。

[6]杜郎：即杜重威。“杜郎一何相負”蓋指杜重威降遼之事。杜重威，其先朔州（今山西朔州市朔城區）人，後徙居太原。五代後晋、後漢將領。傳見本書卷一〇九、《新五代史》卷五二。

孫男臣重貴言：頃者唐運告終，中原失馭，數窮否極，天缺地傾。先人有田一成，有衆一旅，兵連禍結，力屈勢孤。翁皇帝救患摧剛，興利除害，躬擐甲胄，深入寇場。犯露蒙霜，度雁門之險；馳風掣電，行中冀之誅。[1]黄鉞一麾，天下大定。勢凌宇宙，義感神明。功成不居，遂興晋祚。則翁皇帝有大造於石氏也。

[1]雁門：關名。位於今山西代縣西北。　中冀：指中原。

旋屬天降鞠凶，先君即世，臣遵承遺旨，纂紹前基。諒闇之初，荒迷失次，凡有軍國重事，皆委將相大臣。至於擅繼宗祧，既非稟命；輕發文字，輒敢抗尊。自啓釁端，果貽赫怒，禍至神惑，運盡天亡。十萬師徒，望風束手；億兆黎庶，延頸歸心。臣負義包羞，貪生忍恥，自貽顛覆，上累祖宗，偷度朝昏，苟存視息。翁皇帝若惠顧疇昔，稍霽雷霆，未賜靈誅，不絶先祀，則百口荷更生之德，一門銜無報之恩。雖所願焉，非敢望也。臣與太后、妻馮氏於郊野面縛俟罪次。

又爲太后表曰：

晉室皇太后新婦李氏妾言：張彦澤、傅住兒等至，伏蒙皇帝阿翁降書安撫者。[1]妾伏念先皇帝頃在并汾，[2]適逢屯難，危同累卵，急若倒懸，智勇俱窮，朝夕不保。皇帝阿翁發自冀北，親抵河東，跋履山川，逾越險阻。立平巨孽，遂定中原，救石氏之覆亡，立晉朝之社稷。不幸先帝厭代，嗣子承祧，不能繼好息民，而反虧恩辜義。兵戈屢動，駟馬難追。戚實自貽，咎將誰執！今穹旻震怒，中外攜離，上將牽羊，六師解甲。[3]妾舉宗負釁，視景偷生，惶惑之中，撫問斯至，明宣恩旨，曲示含容，慰諭丁寧，神爽飛越。豈謂已垂之命，忽蒙更生之恩。省罪責躬，九死未報。今遣孫男延煦、延寶，奉表請罪，陳謝以聞。[4]

[1]傅住兒：人名。籍貫不詳。遼國將領。事見本書本卷及《新五代史》卷五二。

[2]并：州名。治所在今山西太原市。　汾：州名。治所在今

山西汾陽市。

[3]牽羊：即牽羊禮。中國古代一種特殊的獻俘儀式。參見杜凱月《野蠻與文明：金國牽羊獻俘禮管窺》，《地方文化研究》2020年第2期。

[4]延煦：人名。即石延煦。後晋出帝之子。傳見《新五代史》卷一七。　延寶：人名。即石延寶。後晋出帝之子。傳見《新五代史》卷一七。

德光報曰："可無憂，管取一喫飯處。"

四年正月丁亥朔，德光入京師，帝與太后肩輿至郊外，德光不見，館于封禪寺，遣其將崔廷勳以兵守之。[1]是時，雨雪寒凍，皆苦饑。太后使人謂寺僧曰："吾嘗於此飯僧數萬，今日豈不相憫邪？"[2]寺僧辭以虜意難測，不敢獻食。帝陰祈守者，乃稍得食。

[1]肩輿：兩人肩抬的小轎。形制爲在二長竿中設軟椅以坐人。　封禪寺：寺名。位於今河南開封市鐵塔公園。初建於北齊天保十年（559），名獨居寺。唐玄宗開元十七年（729），詔改爲封禪寺。　崔廷勳：人名。籍貫不詳。五代後晋將領。傳見本書卷九八。

[2]飯僧：中國古代佛教信徒善舉的一種，通過向僧侣提供齋飯以祈福。

辛卯，德光降帝爲光禄大夫、檢校太尉，封負義侯，遷於黄龍府。[1]德光使人謂太后曰："吾聞重貴不從母教而至于此，可求自便，勿與俱行。"太后答曰："重貴事妾甚謹。所失者，違先君之志，絶兩國之歡。然重貴此去，幸蒙大惠，全生保家。母不隨子，欲何所歸？"

于是，太后與馮皇后、皇弟重睿、皇子延煦、延寶等舉族從帝而北。[2]以宫女五十、宦者三十、東西班五十、醫官一、控鶴官四、御厨七、茶酒司三、儀鸞司三、六軍士二十人從，衛以騎兵三百。[3]所經州縣，皆故晋將吏，有所供饋，不得通。路傍父老，争持羊酒爲獻，衛兵擁隔，不使見帝，皆涕泣而去。

[1]光禄大夫：官名。唐、五代文散官。從二品。　檢校太尉：官名。爲散官或加官，以示恩寵，無實際執掌。太尉，與司徒、司空並爲三公。　黄龍府：府名。治所在今吉林農安縣。

[2]重睿：人名。即石重睿。後晋高祖石敬瑭之子。傳見《新五代史》卷一七。

[3]東西班：禁軍名。騎兵。隸殿前司。　控鶴官：官名。唐末以後，皇帝的宿衛官以控鶴爲名。掌御前宿衛。　茶酒司：官署名。掌宫中供酒及茶、果。　儀鸞司：官署名。掌宫廷儀仗。

自幽州行十餘日，過平州，出榆關，行砂磧中，饑不得食，遣宫女、從官採木實、野蔬而食。[1]又行七八日，至錦州。虜人迫帝與太后拜阿保機畫像。[2]帝不勝其辱，泣而呼曰："薛超誤我，不令我死！"又行五六日，過海北州，至東丹王墓，遣延煦拜之。[3]又行十餘日，渡遼水，至渤海國鐵州。[4]又行七八日，過南海府，遂至黄龍府。是歲六月，契丹國母徙帝、太后于懷密州。[5]州去黄龍府西北一千五百里。行過遼陽二百里，而國母爲永康王所囚，永康王遣帝、太后還止遼陽，稍供給之。[6]明年四月，永康王至遼陽，帝白衣紗帽，與太后、皇后詣帳中上謁。永康王止帝，以常服見，帝伏地雨泣，自陳過咎。永康王使人扶起之，與坐，飲酒奏樂。而永康王帳下伶人、從官，望見故主，皆泣下，悲不自勝，争以衣服藥餌爲遺。

[1]幽州：州名。治所在今北京市。　平州：州名。治所在今河北盧龍縣。　榆關：關隘名。即今山海關。位於今河北秦皇島市。

[2]錦州：州名。遼置。治所在今遼寧錦州市。　阿保機：人名。姓耶律。契丹迭剌部人。唐末契丹族首領、遼開國太祖。紀見《遼史》卷一、卷二。

[3]海北州：州名。遼置。治所在今遼寧義縣。　東丹王：即耶律倍。遼太祖耶律阿保機長子，小名突欲。封東丹王。後其弟遼太宗耶律德光即位，耶律倍憤而降後唐，明宗賜名李贊華。傳見《遼史》卷七二。

[4]遼水：河流名。即今遼河。位於今遼寧中部。　渤海國：古國名。武周聖曆元年（698）粟末靺鞨首領大祚榮建立政權。唐玄宗先天二年（713），唐朝册封大祚榮爲渤海郡王，其國遂以渤海爲名。時渤海國已爲遼所滅，其地爲遼所有。傳見本書卷一三八、《新五代史》卷七四。　鐵州：州名。渤海國置。治所在今吉林敦化市。

[5]南海府：府名。渤海國置。治所在今朝鮮咸興市。　懷密州：州名。遼置。治所約在今内蒙古科爾沁右翼中旗、扎魯特旗一帶。參見馮永謙《遼史地理志考補——上京道、東京道失載之州軍》，《社會科學戰綫》1998年第4期。

[6]永康王：即遼世宗耶律阮。紀見《遼史》卷五。　遼陽：府名。遼置。治所在今遼寧遼陽市。

五月，永康王上陘，取帝所從行宦者十五人、東西班十五人及皇子延煦而去。永康王妻兄禪奴愛帝小女，求之，帝辭以尚幼。[1]永康王馳一騎取之，以賜禪奴。陘，虜地，尤高涼。[2]虜人常以五月上陘避暑，八月下陘。至八月，永康王下陘，太后自馳至霸州見永康王，求於漢兒城側賜地種牧以爲生。[3]永康王以太后自從，行十餘日，遣與延煦俱還遼陽。

[1]禪奴：人名。契丹貴族。事見本書本卷。

[2]陘：山名。即陘頭、凉陘，又名炭山。爲遼國夏捺鉢目的地。位於今河北赤城縣獨石口外灤河上游。

[3]霸州：州名。治所在今河北霸州市。　漢兒城：地名。亦作漢城。位於今遼寧朝陽縣南五十家子古城。

明年乃漢乾祐二年，其二月，徙帝、太后于建州。[1]自遼陽東南行千二百里至建州，節度使趙延輝避正寢以館之。[2]去建州數十里外得地五十餘頃，帝遣從行者耕而食之。

[1]乾祐：後漢高祖劉知遠、隱帝劉承祐年號（948—950）。北漢亦用此年號。　建州：州名。遼置。治所在今遼寧朝陽市。

[2]節度使：官名。唐宋時期在重要地區所設掌握一州或數州軍、民、財政的長官。　趙延輝：人名。籍貫不詳。遼朝地方官員。事見本書本卷。

明年三月，太后寢疾，無醫藥，常仰天而泣。南望戟手罵杜重威、李守貞等曰："使死者無知則已，若其有知，不赦爾於地下！"[1]八月疾亟，謂帝曰："我死，焚其骨送范陽佛寺，無使我爲虜地鬼也！"[2]遂卒。帝與皇后、宮人、宦者、東西班，皆被髪徒跣，扶舁其柩至賜地，焚其骨，穿地而葬焉。

周顯德中，有中國人自契丹亡歸者言，見帝與皇后諸子皆無恙。後不知其所終。[3]

[1]李守貞：人名。河陽（今河南孟州市）人。五代將領。傳見本書卷一〇九、《新五代史》卷五二。

[2]范陽：縣名。治所在今河北涿州市。

[3]顯德：後周太祖郭威年號（954—960）。　"太后爲人强敏"至"後不知其所終"：《新五代史》卷一七《高祖皇后李氏傳》。其内容亦見《契丹國志》卷三《太宗嗣聖皇帝下》、卷四《世宗天授皇帝》、卷二〇《晋表》（晋出帝、皇太后降表）。

安太妃

安太妃，代北人也，不知其世家，爲敬儒妻，生出帝，封秦國夫人。[1]出帝立，尊爲皇太妃。妃老而失明，從出帝北遷，自遼陽徙建州，卒於道中。臨卒，謂帝曰："當焚我爲灰，南向颺之，庶幾遺魂得反中國也。"既卒，砂磧中無草木，乃毀奚車而焚之，載其燼骨至建州。李太后亦卒，遂并葬之。[2]

[1]代北：方鎮名。治所在代州（今山西代縣）。　敬儒：人

名。即石敬儒。沙陀部人。後晉高祖石敬瑭之兄，出帝石重貴之父。傳見《新五代史》卷一七。

［2］“安太妃”至“遂并葬之”：《新五代史》卷一七《安太妃傳》。《輯本舊史》之原輯者案語：“《文獻通考》云：安太妃，代北人，不知其世家。生出帝，帝立，尊爲皇太妃。《契丹國志》云：天禄二年春二月，徙晉侯、太后于建州，中途安太妃卒，遺命晉侯曰：‘焚骨爲灰，南向颺之，庶幾遺魂得返中國也。’”見《通考》卷二五六《帝系考·后妃七》安太妃條，《契丹國志》卷四天禄二年（即漢乾祐元年，948）二月條。《輯本舊史》卷九一《安彦威傳》：“彦威與太妃爲同宗，少帝事以爲舅，彦威未嘗以爲言。及卒，太妃臨哭，人始知其爲國戚，當時益重其人焉。”《通鑑》卷二八六天福十二年（947）正月癸卯條：“晉主與李太后、安太妃、馮后及弟睿、子延煦、延寶俱北遷。”

張皇后

少帝皇后張氏，天福八年十月追册。[1]

［1］少帝皇后張氏，天福八年十月追册：《會要》卷一《皇后》條。《輯本舊史》之原輯者案語：“《五代會要》云：天福八年十月追册。考《薛史·少帝紀》云：追册故妃張氏爲皇后。《張從訓傳》亦云，高祖鎮太原，爲少帝娶從訓長女爲妃。是《薛史》當有《張皇后傳》，《歐陽史》削而不書，殊爲疏矣。”中華書局本有校勘記：“張從訓，原作‘張知訓’，據殿本、《舊五代史考異》卷三、本書卷九一《張從訓傳》改。”《輯本舊史》卷八二《晉少帝紀二》天福八年（943）十月癸酉條：“命使攝太尉、右僕射、平章事和凝，使副攝司徒、給事中邊光範追册故魏國夫人張氏爲皇后，奉寶册至西莊影殿行禮，鹵簿儀仗如式。”卷九一《張從訓傳》：

“高祖之鎮太原也，爲少帝娶從訓長女爲妃。”

馮皇后

少帝皇后馮氏，開運三年十月册。[1]定州人也。父濛，爲州進奏吏，居京師，以巧佞爲安重誨所喜，以爲鄴都副留守。[2]高祖留守鄴都，得濛驩甚，乃爲重胤娶濛女，後封吴國夫人。[3]重胤早卒，后寡居，有色，出帝悦之。高祖崩，梓宫在殯，出帝居喪中，納之以爲后。[4]是日，以六軍仗衛、太常鼓吹，命后至西御莊，見于高祖影殿。[5]羣臣皆賀。帝顧謂馮道等曰："皇太后之命，與卿等不任大慶。"[6]羣臣出，帝與皇后酣飲歌舞，過梓宫前，醊而告曰："皇太后之命，與先帝不任大慶。"左右皆失笑，帝亦自絶倒，顧謂左右曰："我今日作新女壻，何似生？"后與左右皆大笑，聲聞于外。后既立，專内寵，封拜宫官尚宫、知客等皆爲郡夫人，又用男子李彦弼爲皇后宫都押衙。[7]其兄玉執政，内外用事，晋遂以亂。契丹犯京師，暴帝之惡于天下曰："納叔母於中宫，亂人倫之大典。"后隨帝北遷。哀帝之辱，數求毒藥，欲與帝俱飲以死，而藥不可得。後不知其所終。[8]

[1]少帝皇后馮氏，開運三年十月册：《五代會要》卷一《皇后》條。本條後《輯本舊史》原輯者引《通鑑》云："天福八年冬十月戊申，立吴國夫人馮氏爲皇后。初，高帝愛少弟重胤，養以爲子。及留守鄴都，娶副留守馮濛女爲其婦。重胤早卒，馮夫人寡

居，有美色，帝見而悦之。高祖崩，梓宫在殯，帝遂納之。群臣皆賀，帝謂馮道等曰：‘皇太后之命，與卿等不任大慶。’郡臣出，帝與夫人酣飲，過梓宫前，醊而告曰：‘皇太后之命，與先帝不任大慶。’左右失笑，帝亦自笑，謂左右曰：‘我今日作新婿何如？’夫人與左右皆大笑，太后雖恚，而無如之何。既正位中宫，頗預政事。后兄玉，時爲禮部郎中、鹽鐵判官，帝驟擢用至端明殿學士、户部侍郎，與議政事。”又引《文獻通考》云：“契丹入京師，后隨帝北遷，不知所終。”另所引《五代會要》晋内職事與外戚事，文繁不録。

［2］濛：人名。即馮濛。定州（今河北定州市）人。五代後唐官員。事見《通鑑》卷二八三。　州進奏吏：州郡在京師置進奏院，置進奏官吏，掌文書投遞承傳。　安重誨：人名。應州（今山西應縣）人。五代後唐大臣。傳見本書卷六六、《新五代史》卷二四。　鄴都：地名。治所在今河北大名縣。五代後唐同光元年(923)，改魏州爲興唐府，建號東京，三年改東京爲鄴都。　副留守：官名。古代在都城、陪都或軍事重鎮所設留守，由地方行政長官兼任。副留守爲留守之貳。

［3］重胤：人名。即石重胤。後晋高祖石敬瑭之弟。事見本書本卷及《新五代史》卷一七。

［4］梓宫：帝后所用之棺槨。以梓木爲之，故名。

［5］六軍仗衛：以六軍將士組成的儀仗隊、護衛隊。　太常鼓吹：太常寺鼓吹局之樂班。　西御莊：地名。當位於今河南開封市。　高祖影殿：供奉後晋高祖石敬瑭遺像的殿堂。

［6］馮道：人名。瀛州景城（今河北滄縣）人。五代時官拜宰相，歷仕後唐、後晋、後漢、後周，亦曾臣事契丹。傳見本書卷一二六、《新五代史》卷五四。

［7］尚宫：宫中女官名。掌導引皇后、總理宫務。正五品。　知客：宫中女官名。執掌不詳。　郡夫人：命婦封號名。　李彦弼：人名。籍貫不詳。五代後晋時人。事見本書本卷及《新五代

史》卷一七。　都押衙：官名。“押衙”即“押牙”。唐、五代時期開府建衙的高官辟署的屬官，有稱左、右都押衙或都押衙者。掌領儀仗侍衛等。參見劉安志《唐五代押牙（衙）考略》，武漢大學歷史系魏晋南北朝隋唐史研究室編《魏晋南北朝隋唐史資料》第16輯，武漢大學出版社1998年版。

［8］“定州人也”至“後不知其所終”：《新五代史》卷一七《出帝皇后馮氏傳》。亦見《通鑑》卷二八三天福八年（943）十月戊申條。諸公主、夫人，文多不録。

舊五代史　卷八七

晋書十三

宗室列傳第二[1]

[1]《舊五代史考異》:“晋宗室列傳,《永樂大典》僅存四篇,餘多殘闕。”

廣王敬威　弟贇

廣王敬威,字奉信,高祖之從父弟也。父萬詮,贈太尉,追封趙王。[1]敬威少善騎射,事後唐莊宗,以從戰有功,累歷軍職。[2]明宗即位,擢爲奉聖指揮使。[3]天成、應順中,凡十改軍額,累官至檢校工部尚書,賜忠順保義功臣。[4]清泰中,加兵部尚書、彰聖都指揮使,遥領常州刺史。[5]及高祖建義於太原,敬威時在洛下,[6]知禍必及,召所親謂曰:“夫人生而有死,理之常也。我兄方圖大舉,余固不可偷生待辱,取笑一時。”乃自殺於私邸,[7]人甚壯之。天福二年,册贈太傅,葬於河南縣。[8]七年，追封廣王。[9]

子訓嗣，官至左武衛將軍。[10]敬威弟贇。《永樂大典》卷六千七百六十。[11]

[1]高祖：後晋高祖石敬瑭。五代後晋王朝的建立者。紀見本書卷七五至卷八〇、《新五代史》卷八。　太尉：官名。與司徒、司空並爲三公，唐後期、五代多爲大臣、勳貴加官。正一品。　“廣王敬威”至“追封趙王”：《新五代史》卷一七《晋家人傳》：“高祖二叔父，一兄六弟，七子二孫。……二叔父曰萬友、萬詮，兄曰敬儒，弟曰敬威、敬德、敬殷、敬贇、敬暉、重胤，子曰重貴、重信、重乂、重英、重進、重睿、重杲，孫曰延煦、延寶。孝平皇帝生孝元皇帝、萬友、萬詮，孝元皇帝生高祖，萬友生敬威、敬贇，萬詮生敬暉，而敬儒、敬德、敬殷、重胤皆不知其於高祖爲親疎也。”又：“敬威、敬德、重胤、重英，高祖反時死。”

[2]莊宗：即後唐莊宗李存勗。五代後唐王朝的建立者。紀見本書卷二七至卷三四、《新五代史》卷五。

[3]擢爲奉聖指揮使：《輯本舊史》之影庫本粘籤：“‘奉聖’，原本作‘奏聖’，今從《歐陽史》改正。”查《新五代史》，“奉聖”僅一見，即卷一五《唐明宗家人傳》之《秦王從榮傳》長興四年：“從榮大宴元帥府，諸將皆有頒給：控鶴、奉聖、嚴衛指揮使，人馬一匹、絹十匹；其諸軍指揮使，人絹十匹；都頭已下，七匹至三匹。又請嚴衛、捧聖千人爲牙兵，每入朝，以數百騎先後，張弓挾矢，馳走道上，見者皆震慴。”然多有“捧聖指揮使”之記載。疑此處當爲“捧聖”。

[4]天成：後唐明宗李嗣源年號（926—930）。　應順：後唐愍帝（閔帝）李從厚年號（934）。　檢校工部尚書：官名。爲散官或加官，以示恩寵，無實際執掌。　賜忠順保義功臣：中華書局本有校勘記：“‘忠’，原作‘中’，據殿本、劉本改。”

[5]清泰：五代後唐廢帝李從珂年號（934—936）。　兵部尚書：官名。尚書省兵部主官。掌兵衛、武選、車輦、甲械、廄牧之政令。正三品。　彰聖都指揮使：官名。所部統兵將領。彰聖爲禁軍番號。後唐清泰元年（934）六月，改捧聖左右軍爲彰聖左右軍。　遥領：雖居此官職，然實際上並不赴任。　常州：州名。治所在今江蘇常州市。　刺史：官名。漢武帝時始置。州一級行政長官，總掌考覈官吏、勸課農桑、地方教化等事。唐中期以後，節度使、觀察使轄州而設，刺史爲其屬官，職任漸輕。從三品至正四品下。　“清泰中”至“常州刺史”：《新五代史》卷一七：“唐廢帝時爲彰聖右第三都指揮使，領常州刺史。”

[6]洛下：地名。即洛陽城。

[7]“及高祖建義於太原”至“乃自殺於私邸”：《新五代史》卷一七：“聞高祖舉兵太原，謂人曰：‘生而有死，人孰能免？吾兄方舉大事，吾不可偷生取辱，見笑一時。’遂自殺。”《通鑑》卷二八〇繫敬威自殺於天福元年（936）秋七月戊子。

[8]太傅：官名。與太師、太保並爲三師。唐後期、五代多爲大臣、勳貴加官。正一品。　河南縣：縣名。位於今河南洛陽市。　天福二年，册贈太傅：《新五代史》卷一七：“天福二年正月，贈敬威、敬德皆爲太傅。”

[9]七年：中華書局本有校勘記：“本書卷八〇《晋高祖紀六》、《新五代史》卷一七《晋家人傳》繫其事於天福七年。”《新五代史》卷一七：“七年正月，追封敬威廣王，敬德福王，敬殷通王，皆贈太尉。”又：“出帝天福八年五月，加贈三皇叔（敬威、敬德、敬殷）皆爲太師。”但未改。今改。

[10]左武衛將軍：官名。唐置，掌宫禁宿衛。唐代置十六衛，即左右衛、左右驍衛、左右武衛、左右威衛、左右領軍衛、左右金吾衛、左右監門衛、左右千牛衛，各置上將軍，從二品；大將軍，正三品；將軍，從三品。

[11]《大典》卷六七六〇“王”字韻“宗室封王（二四）”

事目。《舊五代史考異》："《歐陽史》：高祖有兄敬儒，弟敬德、敬殷，《薛史》不爲立傳，疑有闕文。又贇，《歐陽史》作敬贇。"

贇，字德和。爲陝州節度使。[1]少帝即位，加同平章事。[2]贇性驕慢，每使者至，必問曰："小姪安否？"恣爲暴虐，陝人苦之。[3]召還京師，以其皇叔不能責也，斥其元從都押衙蘇彦存、鄭温遇以警之。[4]契丹犯邊，敬贇從出帝幸澶淵，使以兵備汶陽，守麻家渡，未嘗見敵，皆無功。[5]開運元年七月，復出爲威勝軍節度使。[6]歲餘，出帝以曹州爲威信軍，授敬贇節度使。[7]在曹貪暴尤甚，久之，召還。張彦澤兵犯京師，敬贇夜走，踰城東垣，墮沙濠溺死，時年四十九。[8]

[1]陝州：州名。治所在今河南三門峽市陝州區。　節度使：官名。唐時在重要地區所設掌握一州或數州軍、民、財政的長官。

[2]少帝：即後晉少帝石重貴。石敬瑭從子。紀見本書卷八一至卷八五、《新五代史》卷九。　同平章事：官名。"同中書門下平章事"之簡稱。唐高宗以後，凡實際任宰相之職者，常在其本官後加同平章事的職銜。後成爲宰相專稱。後晉天福五年（940），升中書門下平章事爲正二品。

[3]"贇，字德和"至"陝人苦之"：《輯本舊史》未注出處。贇，當爲敬贇，避高祖諱去"敬"字。中華書局本有校勘記："'贇字德和'至'陝人苦之'，以上四十八字原闕，據殿本補。""贇字德和"，《輯本舊史》有原輯者案語："以下有闕文。""陝人苦之"，《輯本舊史》有原輯者案語："以下闕。《薛史·少帝紀》：開運三年十二月，前曹州節度使石贇死，帝之堂叔也。《歐陽史》作墮沙濠溺死。"此案語中華書局本有校勘記："'濠'字原闕，據《新五代

史》卷一七《晋家人傳》補。"《新五代史》卷一七《晋家人傳》："少無賴，竄身民間。高祖使人求得之，補太原牙將。即位，以爲飛龍皇城使，累遷曹州防禦使。"《輯本舊史》卷七九《晋高祖紀五》天福五年（940）十一月戊辰條："曹州防禦使石贇加檢校太保，充河陽三城節度使。"《輯本舊史》卷八〇《晋高祖紀六》天福六年七月己卯條："以河陽節度使石贇爲陝州節度使。"同卷天福七年正月壬申條："陝州節度使石贇加檢校太傅。"卷八二《晋少帝紀二》天福八年十二月乙丑條："詔前陝州節度使石贇率諸節度使畋於近郊。"同卷開運元年（944）二月甲辰條："遣石贇守麻家口。"卷八三《晋少帝紀三》開運元年七月辛卯條："以前陝州節度使石贇爲鄧州節度使。"

[4]都押衙：官名。"押衙"即"押牙"。唐、五代時期節度使辟署的屬官，有稱左、右都押衙或都押衙者。掌領方鎮儀仗侍衛、統率軍隊。參見劉安志《唐五代押牙（衙）考略》，武漢大學歷史系魏晋南北朝隋唐史研究室編《魏晋南北朝隋唐史資料》第16輯，武漢大學出版社1998年版。　蘇彦存：人名。籍貫不詳。五代後晋將領。事見本書本卷。　鄭温遇：人名。籍貫不詳。五代後晋將領。事見本書本卷、《新五代史》卷一七。　"召還京師"至"斥其元從都押衙蘇彦存、鄭温遇以警之"：見《新五代史》卷一七《晋家人傳》。又："敬贇性貪暴，高祖爲擇賢佐吏輔之，而敬贇亦憚高祖嚴，未嘗敢犯法。"

[5]契丹：古部族、政權名。公元4世紀中葉宇文部爲前燕攻破，始分離而成單獨的部落，自號契丹。唐貞觀中，置松漠都督府，以其首領爲都督。唐末强盛，916年迭剌部耶律阿保機建立契丹國（遼）。先後與五代、北宋並立，保大五年（1125）爲金所滅。參見張正明《契丹史略》，中華書局1979年版。　澶淵：地名。位於今河南濮陽市西北。　汶陽：古地名。位於今山東泰安市一帶。　麻家渡：地名。五代黄河渡口。位於今山東鄄城縣。

[6]開運：後晋出帝石重貴年號（944—946）。　威勝軍：方

鎮名。治所在鄧州（今河南鄧州市）。

［7］曹州：州名。治所在今山東曹縣西北。　威信軍：方鎮名。治所在曹州（今山東曹縣西北）。

［8］張彦澤：人名。突厥人，徙居太原。五代後晋將領，投降於契丹。傳見本書卷九八、《新五代史》卷五二。　“契丹犯邊”至“時年四十九”：《新五代史》卷一七《晋家人傳》。《輯本舊史》卷八四《晋少帝紀四》開運二年十月戊寅條：“以前鄭州節度使石贇爲曹州節度使。”卷一〇〇《漢高祖紀下》天福十二年七月壬申條：“故曹州節度使石贇贈侍中。”

韓王暉

韓王暉，[1]字德昭，睿祖孝平皇帝之孫，高祖之從弟也。[2]父萬友，追封秦王。[3]暉生而龐厚，剛毅雄直，有器局，行不由徑，臨事多智，故高祖於宗族之中獨厚遇之。初，張敬達之圍晋陽也，高祖署暉爲突騎都將，常引所部，出敵之不意，深入力戰，雖夷傷流血，矢鏃貫骨，而辭氣益厲，高祖壯之。[4]天福二年，遥授濠州刺史，充皇城都部署。[5]四年，加檢校司徒，授曹州防禦使，加檢校太保。[6]其涖任也，[7]廉愛恤下，不營財利，不好伎樂，部人安之。歲餘，以疾終於官，[8]歸葬太原。八年，册贈太師，[9]追封韓王。[10]子曦嗣。[11]《永樂大典》卷六千七百六十。[12]

［1］韓王暉：《舊五代史考異》：“《歐陽史》作敬暉。”見《新五代史》卷一七《韓王敬暉傳》。明本《册府》卷二七一《宗室部・武勇門》、卷二八一《宗室部・領鎮門四》、卷二九六《宗室

部·追封門》同。此爲避晋帝“石敬瑭”諱，故删“敬”字。

[2]高祖之從弟也：中華書局本有校勘記：“‘從弟’，原作‘從兄’，據本書卷七九《晋高祖紀五》，《册府》卷二七一、卷二八一改。”見明本《册府》卷二八一《宗室部·領鎮門四》。卷二九六《宗室部·追封門》亦作“高祖弟”。《新五代史》卷一七《晋家人傳五》：“晋氏始出夷狄而微，終爲夷狄所滅，故其宗室次序本末不能究見。其可見者，曰高祖二叔父，一兄六弟，七子二孫。……二叔父曰萬友、萬詮，兄曰敬儒，弟曰敬威、敬德、敬殷、敬贇、敬暉、重胤。”亦以爲高祖之弟。

[3]父萬友，追封秦王：《輯本舊史》卷七九《晋高祖紀五》天福六年（941）正月丙戌條：“故皇第二叔檢校司徒萬友贈太師，皇第三叔檢校司空萬銓贈太尉。”卷八一《晋少帝紀一》天福八年五月丁亥條：“皇第二叔祖贈太師萬友追封秦王；皇第三叔祖贈太尉萬銓贈太師，追封趙王。”《新五代史》卷一七：“孝平皇帝生孝元皇帝、萬友、萬詮，孝元皇帝生高祖，萬友生敬威、敬贇，萬詮生敬暉，而敬儒、敬德、敬殷、重胤皆不知其於高祖爲親疎也。”

[4]張敬達：人名。代州（今山西代縣）人。五代後唐將領。傳見本書卷七〇、《新五代史》卷三三。　晋陽：縣名。治所在今山西太原市。　突騎都將：官名。所部統兵將領。突騎爲部隊番號。　“初，張敬達之圍晋陽也”至“高祖壯之”：“深入力戰”，明本《册府》卷二七一作“深入敵戰”；“而辭氣益厲”作“而辭氣益勵”。“張敬達之圍晋陽”，《輯本舊史》卷七五《晋高祖紀一》繫於清泰三年（936）五月。

[5]天福：五代後晋高祖石敬瑭年號（936—942）。出帝石重貴沿用至九年（944）。後漢高祖劉知遠繼位後沿用一年，稱天福十二年（947）。　濠州：州名。治所在今安徽鳳陽縣。　都部署：官名。五代後唐始置，爲臨時委任的大軍區統帥。掌管屯戍、攻防等事務。

[6]檢校司徒：官名。爲散官或加官，以示恩寵，無實際執掌。

檢校太保：官名。爲散官或加官，以示恩寵加此官，無實際執掌。太保，與太師、太傅合稱三師。

[7]葅任：《輯本舊史》之影庫本粘籤："葅任，原本作'鳌仕'，今據文改正。"

[8]歲餘，以疾終於官：《輯本舊史》卷七九天福五年四月戊戌條："曹州防禦使石暉卒，帝之從弟也。禮官奏：'天子爲五服之内親本服周者，三哭而止。'從之。"

[9]八年，册贈太師：《舊五代史考異》："《歐陽史》作贈太傅，加贈太師。"見《新五代史》卷一七。

[10]追封韓王：《輯本舊史》卷八一天福八年五月丁亥條："皇叔贈太傅暉贈太師，追封韓王。"

[11]子曦嗣：《舊五代史考異》："《宋史·石曦傳》：天福中，以曦爲右神武將軍，歷漢至周，爲右武衛、左神武二將軍。恭帝即位，初爲左衛將軍，會高麗王昭加恩，命曦副左驍衛將軍戴交充使。淳化四年卒。""左驍衛將軍"，《宋史》卷二七一《石曦傳》作"左驍衛大將軍"。

[12]《大典》卷六七六〇"王"字韻"宗室封王"事目。

高祖諸子

鄓王重胤。[1]

[1]鄓王重胤：中華書局本有校勘記："四字原闕，據殿本、劉本補。'鄓王'，殿本、劉本原作'剡王'，據本書卷八〇《晉高祖紀六》、卷八一《晉少帝紀一》、《册府》卷二九六、《舊五代史考異》卷三改。"《舊五代史考異》："鄓王以下諸王傳，《永樂大典》原闕。"《歐陽史》云："重胤，高祖弟也，亦不知其爲親疏，然高祖愛之，養以爲子，故于名加'重'而下齒諸子。《通鑑》《齊王

紀》同。重胤婦馮氏、後爲少帝后，歐陽史載契丹入京師，暴少帝之惡于天下，曰：'納叔母于宫中，亂人倫之大典。'是重胤實爲高祖弟也。《五代會要》作高祖第三子重胤，天福七年四月，追封郯王。考郯王，歐陽史作鄭王，封爵亦異。又案薛史唐紀，清泰三年，誅皇城副使石重裔，敬瑭之子也。考《會要》載高祖諸子，無别名重裔者，重裔疑即重胤，史氏避宋太祖諱，故作'裔'。然《通鑑·高祖紀》作敬瑭之子重胤，齊王紀又作高祖少弟重胤早卒，似兩紀實有兩人，姑存之以備考。"

虢王重英。[1]

[1]虢王重英：中華書局本有校勘記："以上四字原闕，據殿本補。"殿本案："虢王傳，永樂大典原闕。考《五代會要》云：重英，高祖長子，天福七年四月追封。是書《唐紀》，清泰三年七月己丑，誅右衛上將軍石重英。"其中"天福七年四月追封"，中華書局本有校勘記："'七年'，原作'四年'，據《五代會要》卷二改。本卷注文下一處同。"《舊五代史考異》："案《五代會要》云：重英，高祖長子，天福七年四月追封。《薛史·唐紀》，清泰三年七月己丑，誅右衛上將軍石重英。《通鑑考異》引《廢帝實録》作姪男供奉官重英。又廣本'英'作'殷'。"

晋高祖長子重英，虢王；第三子重胤，郯王，並天福七年四月追封。[1]重胤，高祖弟也，亦不知其爲親疎，然高祖愛之，養以爲子，故於名加"重"而下齒諸子。重胤、重英，高祖反時死。當高祖起太原，重英爲右衛大將軍，重胤爲皇城副使，居京師。[2]聞高祖舉事，匿民家井中，捕得誅之，并族民家。天福二年二月，高祖爲二子發哀，皆贈爲太保。[3]七年正月，皆加贈太傅，追封重英虢王、重胤郯王。出帝天福八年五月，皆加贈太師。[4]

［1］“晉高祖長子重英”至“並天福七年四月追封”：《會要》卷二《諸王》條。

［2］右衛大將軍：官名。唐置，掌宫禁宿衛。唐代十六衛之一。正三品。　皇城副使：官名。爲皇城司副長官。佐皇城使拱衛皇城。

［3］太保：官名。與太師、太傅並爲三師。唐後期、五代多爲大臣、勳貴加官。正一品。

［4］太師：官名。與太傅、太保合稱三師，唐後期、五代多爲大臣、勳貴加官。正一品。　“重胤”至“皆加贈太師”：《新五代史》卷一七：“晉氏始出夷狄而微，終爲契丹所滅，故其宗室次序本末不能究見。其可見者，曰高祖二叔父，一兄六弟，七子二孫，而有略有詳，非惟禍亂多故而失其事實，抑亦無足稱焉者。然粗存其見者，以備其闕云。……弟曰敬威、敬德、敬殷、敬贇、敬暉、重胤。”同卷《出帝皇后馮氏傳》：“高祖留守鄴都，得（馮）濛驩甚，乃爲重胤娶濛女，後封吴國夫人。重胤早卒。”《輯本舊史》卷四八清泰三年（936）七月己丑條：“誅右衛上將軍石重英、皇城副使石重裔，皆敬瑭之子也。”此句有《舊五代史考異》：“重英，《通鑑》作重殷，又《通鑑考異》引《廢帝實録》作‘姪男尚食使重乂、供奉官重英’。並與《薛史》不同。”卷七六《晉高祖紀二》天福二年（937）正月丁巳條：“故皇子重裔、重英贈太保。”卷八〇《晉高祖紀六》天福七年正月壬戌條：“故右衛將軍、贈太保重英再贈太傅，追封虢王；故皇城副使、贈太保重裔再贈太傅，追封郯王。”此追封時間與《新五代史》同，與《會要》異。《通鑑》卷二八〇天福元年七月條：“石敬瑭之子右衛上將軍重殷、皇

城副使重裔聞敬瑭舉兵，匿於民間井中。……七月戊子，獲重殷、重裔，誅之。”《通鑑考異》：“《薛史》：‘七月己丑，誅右衛上將軍石重英、皇城副使石重裔，皆敬瑭之子也。’《廢帝實録》云：‘石諱妷男尚食使重乂、供奉官重英。’與《薛史》不同。案重乂敬瑭子，即位後爲張從賓所殺。《實録》誤也。廣本‘英’作‘殷’，今從之。”卷二八三天福八年十月條：“初，高祖愛少弟重胤，養以爲子；及留守鄴都，娶副留守安喜馮濛女爲其婦。重胤早卒。”明本《册府》卷二九六《宗室部·追封門》：“郯王重裔，高祖子。天福二年正月，贈太保。七年正月，贈太傅，追封。”

楚王重信，字守孚，高祖第二子，後唐明宗之外孫也。[1]少敏悟，有智思。[2]天成中，始授銀青光禄大夫、檢校左散騎常侍，俄加檢校刑部尚書，守相州長史，未幾，遷金紫光禄大夫，超拜檢校司徒，守左金吾衛大將軍。[3]重信歷事唐明宗及閔帝、末帝，不恃貴戚，能克己復禮，常恂恂如也，甚爲時論所稱。[4]高祖即位，出鎮孟津，到任踰月，去民病十餘事，朝廷有詔褒之。[5]是歲，范延光叛命於鄴，詔遣前靈武節度使張從賓發河橋屯兵數千人，東討延光。[6]既而從賓與延光合謀爲亂，遂害重信於理所，時年二十，遠近聞者，爲之歎惜。[7]詔贈太尉。時執事奏曰：“兩漢子弟，生死無歷三公位者。”高祖曰：“此兒爲善被禍，予甚愍之，自我作古，寧有例乎。”遂行册命。[8]以其年十月，葬河南萬安山。[9]天福七年，追封沂王，少帝嗣位，改封楚王。[10]妃南陽白氏，昭信軍節度使奉進之女也。[11]重信有子二人，皆幼，長於公宫，及少帝北遷，不知其所終。《永樂大典》卷六千七百六十。[12]

[1]明宗：即五代後唐明宗李嗣源。926 年至 933 年在位。原名邈佶烈，沙陀部人，爲李克用養子。同光四年（926），莊宗李存勗在兵變中被殺，李嗣源入洛陽，稱監國，後稱帝，改名亶。在位時，精減宫人伶官，廢内藏庫，百姓賴以休息。李嗣源病危時，次子李從榮作亂被殺，悲駭憂慮而死。紀見本書卷三五、《新五代史》卷六。　高祖第二子：《舊五代史考異》："《五代會要》作第四子。"見《會要》卷二《諸王》條。《新五代史》卷一七《晋家人傳》："高祖七子二孫。……子曰重貴、重信、重乂、重英、重進、重睿、重杲。"

[2]少敏悟，有智思：《新五代史》卷一七《楚王重信傳》："高祖李皇后生楚王重信，其諸子皆不知其母。……重信爲人敏悟，多智而好禮。"

[3]銀青光禄大夫：官名。漢代置光禄大夫。魏晋以後，光禄大夫之位重者，加銀章青綬，因稱銀青光禄大夫。北周、隋爲散官。唐貞觀後列入文散官。從三品。　檢校左散騎常侍：官名。爲散官或加官，以示恩寵，無實際執掌。　檢校刑部尚書：官名。爲散官或加官，以示恩寵，無實際執掌。　相州：州名。治所在今河南安陽市。　長史：官名。州府屬官。協助處理州府公務。正四品上至正六品上。　金紫光禄大夫：官名。本兩漢光禄大夫。魏晋以後，光禄大夫之位重者，加金章紫綬，因稱金紫光禄大夫。北周、隋爲散官。唐貞觀後列入文散官。正三品。　左金吾衛大將軍：官名。唐置，掌宫禁宿衛。唐代十六衛之一。正三品。

[4]閔帝：即後唐閔帝李從厚。後唐明宗李嗣源第三子。934 年在位。紀見本書卷四五、《新五代史》卷七。　末帝：即後梁朱友貞。朱温第三子。鳳曆元年（913）殺其兄友珪自立。即位後連年與河東李存勗争戰，龍德三年（923），後唐軍陷洛陽，友貞自

殺，後梁亡。紀見本書卷八至卷一〇、《新五代史》卷三。

［5］孟津：地名。位於今河南洛陽市孟津縣會盟鎮，黄河中下游分界綫、重要渡口。　“高祖即位”至“朝廷有詔褒之”：《輯本舊史》卷七六《晋高祖紀二》天福二年（936）二月丙午條：“以皇子左驍衛上將軍重信爲檢校太保、河陽三城節度使。”《新五代史》卷一七：“天福二年二月，以左驍衛上將軍拜河陽三城節度使，有善政，高祖下詔褒之。”

［6］范延光：人名。鄴郡臨漳（今河北臨漳縣）人。五代後唐、後晋將領。傳見本書卷九七。　鄴：地名。即鄴都。治所在今河北大名縣。五代後唐同光元年（923），改魏州爲興唐府，建號東京。三年，改東京爲鄴都。　靈武：郡名。治所在今寧夏吴忠市。乾元元年（758），改名靈州。此處代指治所在靈州的方鎮朔方軍。　張從賓：人名。籍貫不詳。五代將領。後晋時起兵響應范延光叛亂，兵敗溺亡。傳見本書卷九七。

［7］“既而從賓與延光合謀爲亂”至“爲之嘆惜”：《輯本舊史》卷七六《晋高祖紀二》天福二年六月丁未條：“是日，張從賓亦叛，與范延光叶謀，害皇子河陽節度使重信、皇子東都留守重乂。”卷九七《張從賓傳》：“及范延光據鄴城叛，詔從賓爲副部署使，從楊光遠同討延光。會延光使人誘從賓，從賓時在河陽，乃起兵以應之。先害皇子重信，及入洛，又害皇子重乂。”《新五代史》卷八《晋本紀》天福二年六月條：“從賓寇河陽，殺皇子重信。”《通鑑》卷二八一天福二年六月條：“詔張從賓發河南兵數千人擊范延光。延光使人誘從賓，從賓遂與之同反，殺皇子河陽節度使重信。”

［8］遂行册命：亦見明本《册府》卷二七七《宗室部・褒寵門三》。《輯本舊史》卷七六《晋高祖紀二》天福二年七月辛酉條：“皇子故河陽節度使重信贈太尉。”

［9］萬安山：山名。位於今河南洛陽市。

［10］“天福七年”至“改封楚王”：《輯本舊史》卷八〇《晋

高祖紀六》天福七年正月辛酉條："故河陽節度使、贈太尉重信再贈太師，追封沂王。"《輯本舊史》卷八一《晋少帝紀一》天福八年五月丁亥條："皇兄贈太師沂王重信追封楚王。"《新五代史》卷一七天福七年正月"加贈太師，追封沂王。出帝天福八年五月，易封楚王。"明本《册府》卷二九六《宗室部·追封門》："沂王重信，高祖子，天福二年爲河陽節度使，遇害，贈太尉。七年正月，贈太師，追封。"《會要》卷二："天福七年四月追封。"

[11]南陽：縣名。治所在今河南南陽市。　昭信軍：方鎮名。唐光化元年（898）升昭信軍防禦使爲節度使，初治所在金州（今陝西安康市）。天祐二年（905）改昭信節度置，治所在均州（今湖北丹江口市）。　奉進：人名。即白奉進。雲州清塞軍（今山西陽高縣）人。五代後唐、後晋將領。傳見本書卷九五。　妃南陽白氏，昭信軍節度使奉進之女也：《輯本舊史》卷九五《白奉進傳》："始奉進有女嫁於皇子重信，故高祖尤所倚愛。"

[12]《大典》卷六七六〇"王"字韻"宗室封王"事目。

壽王重乂，字弘理，高祖第三子也。[1]幼岐嶷，好儒書，亦通兵法。高祖素所鍾愛，及即位，自北京皇城使拜左驍衛大將軍。[2]車駕幸浚郊，加檢校司空，權東都留守。[3]未幾，鄴都范延光叛，朝廷遣楊光遠討之，詔前靈武節度使、洛都巡檢使張從賓發盟津屯兵赴鄴下。[4]會從賓密通延光，與婁繼英等先劫河橋，次亂洛邑，因害重乂於河南府，時年十九。[5]從賓敗，高祖發哀於便殿，輟視朝三日，詔贈太傅。[6]是歲冬十月，詔遣莊宅使張穎監護喪事，葬於河南府萬安山。[7]天福中，追封壽王。[8]妃李氏，汾州刺史玘之女也。[9]重乂無子，妃後落髮爲尼，開運中，卒於京師。《永樂大典》卷六千七百六十。[10]

［1］“壽王重乂”至“高祖第三子也”：《舊五代史考異》：“《五代會要》作第二子，《通鑑考異》作姪男。”見《會要》卷二《諸王》條。《通鑑》卷二八〇天福元年（936）七月戊子條《考異》曰：“《薛史》：‘七月己丑，誅右衛上將軍石重英、皇城副使石重裔，皆敬瑭之子也。’《廢帝實録》云：‘石諱姝男尚食使重乂，供奉官重英。’與《薛史》不同。按重乂敬瑭子，即位後爲張從賓所殺，《實録》誤也。《廣本》‘英’作‘殷’，今從之。”

［2］北京：即太原府。治所在今山西太原市。　皇城使：官名。唐末始置，爲皇城司的長官，一般爲君主的親信充任，以拱衛皇城。　左驍衛大將軍：官名。唐置，掌宫禁宿衛。唐代置十六衛之一。正三品。

［3］檢校司空：官名。爲散官或加官，以示恩寵，無實際執掌。　留守：官名。古代皇帝出巡或親征時指定親王或大臣留守京城，綜理國家軍事、行政、民事、財政，稱京城留守。在陪都或軍事重鎮也常設留守。　“車駕幸浚郊”至“權東都留守”：《輯本舊史》之影庫本粘籤：“浚郊，原本作‘洨效’，今據《册府元龜》改正。”見《宋本册府》卷一四〇《帝王部·旌表門四》晋高祖條天福元年六月。《輯本舊史》卷七六《晋高祖紀二》天福元年十二月丁亥條：“以皇子重乂爲河南尹。”《宋本册府》卷六八八《牧守部·愛民門》：“晋東都留守石重人（乂）奏：皇后一行發往汴州。所有沿路支贍諸雜物色等，並和雇脚乘般馱，不擾百姓。”

［4］楊光遠：人名。沙陀部人。五代後唐、後晋將領。傳見本書卷九七、《新五代史》卷五一。　巡檢使：官名。五代始置，設於京師、陪都、重要的州及邊防重鎮。　盟津：地名。古黄河渡口。在今河南孟津縣。

［5］婁繼英：人名。籍貫不詳。五代後梁、後唐、後晋將領。傳見《新五代史》卷五一。　河橋：古橋名。又命河陽橋。位於今河南孟縣西南、孟津縣東北黄河上。　河南府：府名。治所在今河南洛陽市。　"未幾"至"時年十九"：《輯本舊史》卷七六《晋高祖紀二》天福二年六月甲午條："六宅使張言自魏府迴，奏范延光叛命。"同月丁未條："詔侍衛使楊光遠充魏府四面都部署；以張從賓充副，兼諸軍都虞候；昭義節度使高行周充魏府西面都部署。是日，張從賓亦叛，與范延光叶謀，害皇子河陽節度使重信、皇子東都留守重乂。"卷九七《張從賓傳》："及范延光據鄴城叛，詔從賓爲副部署使，從楊光遠同討延光。會延光使人誘從賓，從賓時在河陽，乃起兵以應之。先害皇子重信，及入洛，又害皇子重乂，取内庫金帛以給部伍，因東據汜水關，且欲觀望軍勢。"《新五代史》卷八《晋本紀》天福二年六月："從賓寇河陽，殺皇子重信；寇河南，殺皇子重乂。"《通鑑》卷二八一天福二年六月條："詔張從賓發河南兵數千人擊范延光。延光使人誘從賓，從賓遂與之同反，殺皇子河陽節度使重信。使上將軍張繼祚知河陽留後。繼祚，全義之子也。從賓又引兵入洛陽，殺皇子權東都留守重乂，以東都副留守、都巡檢使張延播知河南府事。"

［6］輟視朝：又稱輟朝、廢朝。古代帝王遇親喪或文武大臣病故，停止視朝數日，以示哀悼。　詔贈太傅：《輯本舊史》卷七六天福二年七月辛亥條："皇子故東都留守重乂贈太傅。"

［7］莊宅使：官名。唐始置。掌管兩京地區官府掌握的莊田、磨坊、店鋪、菜園、車坊等産業。　張穎：人名。太原（今山西太原市）人。五代後晋官員。傳見本書卷一二九。

［8］天福中，追封壽王：《輯本舊史》卷八〇《晋高祖紀六》天福七年正月壬戌條："故權東京留守、河南尹、贈太傅重乂再贈太尉，追封壽王。"卷八一《晋少帝紀一》天福八年五月丁亥條：皇兄贈太傅虢王重乂贈太師。明本《册府》卷二九六《宗室部·追封門》："壽王重乂（誤作'重文'），高祖子，天福二年權東都

留守，遇害，贈太傅，七年正月，贈太尉，追封。”

［9］汾州：州名。治所在今山西汾陽市。　玘：人名。籍貫不詳。五代藩鎮軍閥。事見本書本卷。

［10］《大典》卷六七六〇“王”字韻“宗室封王”事目。《輯本舊史》於段末有案語：“晋宗室傳，原本多闕佚，今姑仍原文。”

夔王重進，高祖第五子，天福七年四月追封。[1]

［1］“夔王重進”至“天福七年四月追封”：《會要》卷二諸王條。“夔王重進”，中華書局本有校勘記：“以上四字原闕，據殿本、劉本補。”《輯本舊史》卷七六《晋高祖紀二》天福二年正月丁巳條：“故皇子重進贈太保。”卷八〇《晋高祖紀六》天福七年正月壬戌條：“追贈皇子五人：故左金吾衛將軍、贈太保重進再贈太傅，追封夔王。”卷八一《晋少帝紀一》天福八年五月丁亥條：“皇兄贈太傅夔王重進贈太師，追封如故。”

陳王重杲，[1]高祖幼子也。小字馮六，未名而卒，贈太傅，追封陳王，賜名重杲。出帝天福八年五月，加贈太師。[2]

［1］陳王重杲：中華書局本有校勘記：“四字原闕，據殿本、劉本補。”

［2］“高祖幼子也”至“加贈太師”：《新五代史》卷一七《重杲傳》。《舊五代史考異》：“《歐陽史》云：高祖少子曰馮六，未名而卒，贈太傅，追封陳王，賜名重杲。舊説以重睿爲幼子，非也。今考《五代會要》作高祖第六子重杲，第七子重睿，與《歐陽史》異。”《會要》卷二諸王條：“晋高祖第六子重杲，陳王，天

福六年五月追封。”明本《册府》卷二九六《宗室部·追封門》：“晋陳王重杲，高祖子，幼亡，天福六年五月追封。”

重睿，高祖第七子，許州節度使，未封王。[1]

[1]重睿：中華書局本有校勘記：“以上二字原闕，據殿本、劉本補。”　許州：州名。治所在今河南許昌市。　“高祖第七子”至“未封王”：《會要》卷二諸王條。《舊五代史考異》：“《契丹國志》云：高祖憂悒成疾，一旦馮道獨封，高祖命幼子重睿出拜之，又令宦者抱置道懷中，蓋欲馮道輔立之。高祖崩，道與侍衛馬步都虞候景延廣議，以國家多難，宜立長君，乃奉齊王重貴爲嗣。《五代會要》云：重睿，高祖第七子，許州節度使，未封王。《歐陽史》云：從出帝北遷，不知其所終。”見《契丹國志》卷二會同六年（即晋天福八年，943）條。《新五代史》卷一七：“高祖少子曰馮六，未名而卒，而舊説以重睿爲幼子者，非也。”同卷《重睿傳》：“重睿爲人貌類高祖。”又：“出帝以重睿爲檢校太保、開封尹，以左散騎常侍邊蔚權知開封府事。開運二年五月，拜重睿雄武軍節度使。歲餘，徙鎮忠武。皆不之鎮。”

少帝諸子

延煦、延寶，高祖諸孫也，出帝以爲子。[1]

[1]延煦、延寶：中華書局本分别有校勘記：“以上二字原闕，據殿本、劉本補。”　高祖諸孫也，出帝以爲子：《新五代史》卷一七《延煦傳》《延寶傳》，《會要》卷二諸王條：“少帝長子延煦，遥領陝府節度使；第二子延寶，遥領曹州節度使。按《實録》，皆帝之從子，養爲己子。”《通鑑》卷二八五開運三年（946）三月庚

申條："延煦及弟延寶，皆高祖諸孫，帝養以爲子。"同年十二月甲戌條："楚國夫人丁氏，延煦之母也，有美色。"《舊五代史考異》："案《五代會要》云：延煦，少帝長子，遥領陝府節度使。《通鑑》云：趙在禮家貲爲諸帥之最，帝利其富，爲皇子鎮寧節度使延煦娶其女。在禮自費緡錢十萬，縣官之費，數倍過之。""延寶，少帝次子，遥領曹州節度使。《通鑑》云：延煦及弟延寶皆高祖諸孫，帝養以爲子。《會要》引《實録》亦云皆帝之從子，養以爲子。歐陽史云：延煦等從帝北遷，後不知其所終。"此二則《考異》中華書局本有校勘記："'陝府'，原作'陝西'；'曹州'原作'魯州'，據《五代會要》卷二改。"

開運二年秋，以延煦爲鄭州刺史。[1]延煦少，不能視事，以一宦者從之，又選尚書郎路航參知州事。[2]宦者遂專政事，每詬辱航，出帝召航還。已而徙延煦齊州防禦使。[3]三年，拜鎮寧軍節度使。[4]是時，河北用兵，天下旱蝗，民餓死者百萬計，而諸鎮争爲聚斂，趙在禮所積鉅萬，爲諸侯王最。[5]出帝利其貲，乃以延煦娶在禮女，在禮獻絹三千匹，前後所獻不可勝數。三年五月，遣宗正卿石光贊以聘幣一百五十床迎于其第，出帝宴在禮萬歲殿，所以賜予甚厚，君臣窮極奢侈，時人以爲榮。[6]在禮謂人曰："吾此一婚，其費十萬。"十一月，徙延煦鎮保義。[7]

[1]鄭州：州名。治所在今河南鄭州市。

[2]尚書郎：官名。即郎中。尚書省屬官。分曹處理政事。從五品上。　路航：人名。籍貫不詳。五代後晋官員。事見本書本卷及卷一四三。　參知州事：官名。爲州刺史佐貳官。佐刺史掌本州

政務。

[3]齊州：州名。治所在今山東濟南市。　防禦使：官名。唐代始置，設有都防禦使、州防禦使兩種。常由刺史或觀察使兼任，實際上爲唐代後期、五代州或方鎮的軍政長官。

[4]鎮寧軍：方鎮名。治所在澶州（今河南濮陽市）。

[5]趙在禮：人名。涿州（今河北涿州市）人。五代後唐、後晋將領。傳見本書卷九〇、《新五代史》卷四六。

[6]宗正卿：官名。秦始置宗正，南朝梁始有宗正卿之官。由宗室充任。掌皇族外戚屬籍。正三品。　石光贊：人名。五代後晋宗室、官員。事見本書本卷、卷七六。　萬歲殿：宫殿名。後梁、後漢東京開封城内宫殿。位於今河南開封市。

[7]保義：方鎮名。治所在陝州（今河南三門峽市陝州區）。

"開運二年秋"至"徙延煦鎮保義"：《新五代史》卷一七《延煦傳》《延寶傳》。《會要》卷二四親王遥領節度使條："開運三年三月，以皇子延煦遥領鎮寧軍節度，澶、相等州觀察、處置、管内河堤等使。至其年十一月，改領保義軍節度，陝、虢等州觀察、處置等使。"《通鑑》卷二八五開運三年（946）三月庚申條："晋昌節度使兼侍中趙在禮更歷十鎮，所至貪暴，家貲爲諸帥之最。帝利其富，三月，庚申，爲皇子鎮寧節度使延煦娶其女。在禮自費緡錢十萬，縣官之費，數倍過之。"

自延煦爲齊州防禦使，而延寶代爲鄭州刺史。及契丹滅晋，出帝與太后遣延煦、延寶齎降表、玉璽、金印以歸契丹，而延寶時亦爲威信軍節度使矣。契丹得璽，以爲製作非工，與前史所傳者異，命延煦等還報求真璽。出帝以狀答曰："頃潞王從珂自焚於洛陽，玉璽不知所在，疑已焚之。先帝受命，命玉工製此璽，在位羣臣皆知之。"[1]乃已。後延煦等從帝北遷，不知其所終。[2]

[1]王從珂：人名。即後唐廢帝李從珂。鎮州平山（今河北平山縣）人。本姓王，後唐明宗李嗣源擄其母魏氏，遂養爲己子。應順元年（934）四月，李從珂入洛陽即帝位。清泰三年（936）五月，石敬瑭謀反，廢帝自焚死，後唐亡。紀見本書卷四六至卷四八、《新五代史》卷七。

[2]“自延煦爲齊州防禦使”至“不知其所終”：《新五代史》卷一七《延煦傳》《延寶傳》。《宋本册府》卷五九四《掌禮部·奏議門二二》周太祖廣順三年（953）二月：“開運末，契丹陷中原，張彦澤入京城。晉主奉表歸命於虜主，遣皇子延煦等奉國寶并命印三面送與虜主。其國寶即天福初所造者也。延煦等迴，虜主與晉帝詔曰：‘所進國寶驗來非真傳國寶。其真寶速進來。’晉主奏曰：‘真傳國寶因清泰末僞主從珂以寶自焚，自此亡失。先帝登極之初，特製此寶。左右臣寮備知，固不敢别有藏匿也。’”《通鑑》卷二八五開運三年十二月癸酉條：“帝坐苑中，與后妃相聚而泣，召翰林學士范質草降表，自稱‘孫男臣重貴，禍至神惑，運盡天亡。今與太后及妻馮氏，舉族於郊野面縛待罪次。遣男鎮寧節度使延煦、威信節度使延寶，奉國寶一、金印三出迎。’”又同月己卯條：“延煦、延寶自牙帳還，契丹主賜帝手詔，且遣解里謂帝曰：‘孫勿憂，必使汝有噉飯之所。’帝心稍安，上表謝恩。契丹以所獻傳國寶追琢非工，又不與前史相應，疑其非真，以詔書詰帝，使獻真者。帝奏：‘頃王從珂自焚，舊傳國寶不知所在，必與之俱燼。此寶先帝所爲，羣臣備知。臣今日焉敢匿寶！’乃止。”

舊五代史　卷八八

晉書十四

列傳第三

景延廣

景延廣，字航川，[1]陝州人也。[2]父建，累贈太尉。[3]延廣少習射，以挽强見稱。[4]梁開平中，邵王朱友誨節制於陝，[5]召置麾下，友誨坐謀亂，延廣竄而獲免。後事華州連帥尹皓，皓引薦列校，隸于汴軍，從王彦章拒莊宗於河上。[6]及中都之敗，彦章見擒，而延廣被數創，歸於汴。[7]

[1]字航川：中華書局本有校勘記："三字原闕，據殿本、劉本補。按《新五代史》卷二九《景延廣傳》記其字航川。"

[2]陝州：州名。治所在今河南三門峽市陝州區。

[3]建：人名。即景建。陝州（今河南三門峽市陝州區）人。事見本書本卷及《新五代史》卷二九。　太尉：官名。與司徒、司

空並爲三公，唐後期、五代多爲大臣、勳貴加官。正一品。

[4]“父建”至“以挽强見稱”：《新五代史》卷二九：“父建善射，嘗教延廣曰：‘射不入鐵，不如不發。’由是延廣以挽强見稱。”

[5]開平：後梁太祖朱温年號（907—911）。　朱友誨：人名。朱温長兄朱全昱之子。後梁太祖時封邵王，曾任控鶴指揮使、陝州節度使。末帝時因舉兵反叛被囚。後唐入汴時被殺。傳見本書卷一二、《新五代史》卷一三。　邵王朱友誨節制於陝：《輯本舊史》之影庫本粘籤：“‘邵王朱友誨’，原本作‘郡王諸友謀’，今從《歐陽史》改正。”見《新五代史》卷二九。

[6]華州：州名。治所在今陝西渭南市華州區。　尹皓：人名。籍貫不詳。後梁將領。傳見本書附録。　王彦章：人名。鄆州壽張（今山東梁山縣壽張集）人。後梁將領。傳見本書卷二一、《新五代史》卷三二。　莊宗：人名。即李存勗。沙陀族。後唐開國皇帝。紀見本書卷二七至卷三四、《新五代史》卷四至卷五。

[7]中都：縣名。治所在今山東汶上縣。

唐天成中，明宗幸夷門，會朱守殷拒命，尋平之，延廣以軍校連坐，將棄市。[1]高祖時爲六軍副使，掌其事，見而惜之，乃密遣遁去，尋收爲客將。[2]及張敬達之圍晋陽，高祖付以戎事，甚有干城之功。[3]高祖即位，授侍衛步軍都指揮使、檢校司徒、遥領果州團練使，轉檢校太保，領夔州節度使。[4]四年，出鎮滑臺。[5]五年，加檢校太傅，移鎮陝府。[6]六年，召爲侍衛馬步軍都虞候，移鎮河陽。[7]七年，轉侍衛親軍都指揮使、檢校太尉。[8]

［1］天成：後唐明宗李嗣源年號（926—930）。　明宗：即李嗣源。沙陀部人。原名邈佶烈，李克用養子。五代後唐明宗，926年至933年在位。紀見本書卷三五至卷四四、《新五代史》卷六。　夷門：原指城門名。故址在今河南開封城内東北隅。夷門位於夷山，夷山因山勢平夷而得名，故門亦以山爲名。此處代指開封。　朱守殷：人名。籍貫不詳。五代後唐將領。傳見本書卷七四、《新五代史》卷五一。　棄市：古代刑法名。即在鬧市執行死刑，並陳屍街頭示衆。

［2］高祖：即後晉高祖石敬瑭。沙陀部人。五代後唐將領、後晉開國皇帝。紀見本書卷七五至卷八〇、《新五代史》卷八。　六軍副使：官名。即"六軍諸衛副使"。後唐沿唐代舊制，置六軍、諸衛。以判六軍諸衛事爲禁軍六軍與諸衛的最高統帥，六軍諸衛副使爲其貳。　客將：官名。亦稱典客。唐末、五代藩鎮負責接待使節、賓客、出使等外交職責的武官。詳見吴麗娱《試論晚唐五代的客將、客司與客省》，《中國史研究》2002年第4期。

［3］張敬達：人名。代州（今山西代縣）人。五代後唐將領。傳見本書卷七〇、《新五代史》卷三三。　晋陽：縣名。治所在今山西太原市。

［4］侍衛步軍都指揮使：官名。皇帝侍衛親軍步軍司最高長官。　檢校司徒：官名。爲散官或加官，以示恩寵加此官，無實際執掌。　遥領：雖居此官職，然實際上並不赴任。　果州：州名。治所在今四川南充市。　團練使：官名，唐代中期以後，於不設節度使的地區設團練使，掌本區各州軍事。　檢校太保：官名。爲散官或加官，以示恩寵，無實際執掌。　夔州：州名。治所在今重慶奉節縣。　節度使：官名。唐時在重要地區所設掌握一州或數州軍、民、財政的長官。　"高祖即位"至"領夔州節度使"：《輯本舊史》卷七六《晋高祖紀二》天福元年（936）十一月己亥條："以客將景延廣爲步軍都指揮使。"同卷天福二年五月丙子條："昭信軍節度使、侍衛步軍都指揮使景延廣改寧江軍節度使，典軍如故。"

《新五代史》卷二九《景延廣傳》:“高祖即位,以爲侍衛步軍都指揮使,領果州團練使,徙領寧江軍節度使。”寧江軍治夔州。

[5]滑臺:地名。位於今河南滑縣。

[6]檢校太傅:官名。爲散官或加官,以示恩寵,無實際執掌。

[7]侍衛馬步軍都虞候:官名。五代侍衛親軍馬步軍統兵官,位僅次於馬步軍都指揮使、副都指揮使。　河陽:方鎮名。全稱“河陽三城”。治所在孟州(今河南孟州市)。　“四年,出鎮滑臺”至“移鎮河陽”:《輯本舊史》卷七八《晉高祖紀四》天福四年正月甲寅條:“以侍衛步軍都指揮使、寧江軍節度使景延廣爲義成軍節度使。”卷七九《晉高祖紀五》天福五年十一月甲子條:“滑州節度使景延廣加檢校太傅,改陝州保義軍節度使。”卷八〇《晉高祖紀六》天福六年七月己卯條:“以陝州節度使景延廣爲河陽三城節度使兼侍衛親軍馬步軍都虞候。”《新五代史》卷二九:“天福四年,出鎮義成,又徙保義,復召爲侍衛馬步軍都虞候,徙鎮河陽三城,遷馬步軍都指揮使,領天平。”

[8]侍衛親軍都指揮使:官名。五代時侍衛親軍之長官。多爲皇帝親信。　檢校太尉:官名。爲散官或加官,以示恩寵,無實際執掌。　七年,轉侍衛親軍都指揮使、檢校太尉:《輯本舊史》卷八〇天福七年正月乙亥條:“河陽節度使兼侍衛馬步軍都虞候景延廣加檢校太尉,改鄆州節度使,典軍如故。”卷八一《晉少帝紀一》天福七年七月癸卯條:“鄆州天平軍節度使兼侍衛馬步都虞候景延廣加特進、同中書門下平章事,充侍衛親軍都指揮使。”《通鑑》卷二八三天福七年七月癸卯條:“加景延廣同平章事,兼侍衛馬步都指揮使。”《新五代史》卷九《晉本紀》天福七年八月庚申條:“天平軍節度使景延廣進錢粟助作山陵。”

其年夏,高祖晏駕,延廣與宰臣馮道等承顧命,以少帝爲嗣。[1]既發喪,都人不得偶語,百官赴臨,未及内門，皆令下馬，由是有驕暴之失。[2]少帝既嗣位，延廣獨以爲己功，尋加同平章事，彌有矜伐之色。[3]始朝廷遣使告哀北虜，無表致書，去臣稱孫。虜怒，遣使來讓，延廣乃奏令契丹迴圖使喬榮告戎王曰："先帝則北朝所立，今上則中國自册，爲鄰爲孫則可，無稱臣之理。"且言："晉朝有十萬口横磨劍，翁若要戰則早來，他日不禁孫子，則取笑天下，當成後悔矣。"由是與虜立敵，干戈日尋。[4]初，高祖在位時，宣借楊光遠騎兵數百，延廣請下詔追還，光遠由此忿延廣，怨朝廷，遣間使汎海搆虜。[5]

[1]馮道：人名。瀛州景城（今河北滄縣）人。五代時官拜宰相，歷仕後唐、後晋、後漢、後周，亦曾臣服於契丹。傳見本書卷一二六、《新五代史》卷五四。　少帝：即後晋少帝石重貴。石敬瑭從子。紀見本書卷八一至卷八五、《新五代史》卷九。

[2]由是有驕暴之失：明本《册府》卷四五四《將帥部·專恣門》作"頗有驕暴之失"。

[3]同平章事：官名。"同中書門下平章事"之簡稱。唐高宗以後，凡實際任宰相之職者，常在其本官後加同平章事的職銜。後成爲宰相專稱。後晋天福五年（940），升中書門下平章事爲正二品。

[4]北虜：此指契丹。古部族、政權名。公元4世紀中葉宇文部爲前燕所攻破，始分離而成單獨的部落，自號契丹。唐貞觀中，置松漠都督府，以其首領爲都督。唐末强盛，916年迭剌部耶律阿保機建立契丹國（遼）。先後與五代、北宋並立，保大五年（1125）爲金所滅。參見張正明《契丹史略》，中華書局1979年版。

"始朝廷遣使告哀北虜"至"干戈日尋"："始朝廷遣使告哀北

虜”，中華書局本有校勘記：“‘始’字原闕，據《册府》卷四四六、卷九三五補。”見明本《册府》卷四四六《將帥部·生事門》、卷九三五《總録部·構患門》。此句“北虜”，下文“虜怒”與“由是與虜立敵”之“虜”，四庫館臣忌清諱均篡改作“契丹”，中華書局本未改，今據明本《册府》回改。“延廣乃奏令契丹迴圖使喬榮告戎王曰”，中華書局本有校勘記：“‘迴圖使’原作‘迴國使’，據彭校，《册府》卷四四六、卷九七二，《契丹國志》卷二改。按《通鑑》卷二八三：‘初，河陽牙將喬榮從趙延壽入契丹，契丹以爲迴圖使。’胡注：‘凡外國與中國貿易者，置迴圖務，猶今之迴易場也。’”見《通鑑》卷二八三天福八年（943）九月戊子條，《宋本册府》卷九七二《外臣部·朝貢門五》。“戎王”，明本《册府》卷九三五作“邪律氏”。“喬榮”，《通鑑考異》曰：“《漢隱帝實録》作‘喬熒’。《陷蕃記》作‘喬瑩’。今從《晋少帝》、《漢高祖實録》、薛史《景延廣傳》、《契丹傳》。”《輯本舊史》之原輯者案語：“《歐陽史》作喬瑩，《遼史》同《薛史》。《契丹國志》云：先是，河陽牙將喬榮從趙延壽入遼，遼帝以爲回圖使，置邸大梁。至是，景延廣説帝囚榮于獄，凡遼國販易在晋境者皆殺之，奪其貨。大臣皆言遼國不可負，乃釋榮，慰賜而遣之。”見《遼史》卷四《太宗下》會同五年（942）七月條，《契丹國志》卷二太宗會同七年（即天福八年）九月條。此案語中華書局本有校勘記：“‘《契丹國志》……遼帝以爲回圖使……而遣之’，以上七十三字原闕，據《舊五代史考異》卷三補。‘回圖使’，《舊五代史考異》原作‘回國使’，據《契丹國志》卷二改。”明本《册府》卷四四六、卷九三五亦作“喬榮”。“今上則中國自册”之“自册”，《輯本舊史》原作“自策”，據明本《册府》卷四四六、卷九三五改。《新五代史》卷二九《景延廣傳》亦作“自册”。“無稱臣之理”之“稱”，中華書局本有校勘記：“‘稱’字原闕，據《册府》卷四四六、卷九三五補。”“由是與虜立敵干戈日尋”，明本《册府》卷九三五後有“所謂惟口起戎是也”。《輯本舊史》卷一三七

《契丹傳》："及少帝嗣位，遣使入契丹。德光以少帝不先承禀，擅即尊位，所齎文字，略去臣禮，大怒，形于責讓，朝廷使去，即加譴辱。會契丹迴圖使喬榮北歸，侍衛親軍都指揮使景延廣謂榮曰：'先朝是契丹所立，嗣君乃中國自册，稱孫可矣，稱臣未可。中國自有十萬口横磨劍，要戰即來。'榮至本國，具言其事，德光大怒。會青州楊光遠叛，遣使搆之。明年冬，德光率諸部南下。"《新五代史》卷二九："（喬）瑩知其言必起兩國之争，懼後無以取信也，因請載于紙，以備遺忘。延廣敕吏具載以授瑩，瑩藏其書衣領中以歸，具以延廣語告契丹，契丹益怒。"《通鑑》卷二八三天福七年條："帝（晋少帝）之初即位也，大臣議奉表稱臣告哀於契丹，景延廣請致書稱孫而不稱臣。李崧曰：'屈身以爲社稷，何耻之有！陛下如此，他日必躬擐甲胄，與契丹戰，於時悔無益矣。'延廣固争，馮道依違其間。帝卒從延廣議。契丹大怒，遣使來責讓，且言：'何得不先承禀，遽即帝位？'延廣復以不遜語答之。"同卷天福八年九月戊子條："初，河陽牙將喬榮從趙延壽入契丹，契丹以爲回圖使，往來販易於晋，置邸大梁。及契丹與晋有隙，景延廣説帝囚榮於獄，悉取邸中之貨。凡契丹之人販易在晋境者，皆殺之，奪其貨。大臣皆言契丹有大功，不可負。戊子，釋榮，慰賜而歸之。榮辭延廣，延廣大言曰：'歸語而主，先帝爲北朝所立，故稱臣奉表。今上乃中國所立，所以降志於北朝者，正以不敢忘先帝盟約故耳。爲鄰稱孫，足矣，無稱臣之理。北朝皇帝勿信趙延壽誑誘，輕侮中國。中國士馬，爾所目睹。翁怒則來戰，孫有十萬横磨劍，足以相待。他日爲孫所敗，取笑天下，毋悔也！'榮自以亡失貨財，恐歸獲罪，且欲爲異時據驗，乃曰：'公所言頗多，懼有遺忘，願記之紙墨。'延廣命吏書其語以授之，榮具以白契丹主。契丹主大怒，入寇之志始決。晋使如契丹，皆縶之幽州，不得見。桑維翰屢請遜辭以謝契丹，每爲延廣所沮。帝以延廣爲有定策功，故寵冠羣臣，又總宿衛兵，故大臣莫能與之争。河東節度使劉志遠，知延廣必致寇，而畏其方用事，不敢言，但益募兵，奏置興捷、武節等十餘軍以備契丹。"

［5］楊光遠：人名。沙陀部人。五代後唐、後晋將領。傳見本書卷九七、《新五代史》卷五一。　"延廣請下詔追還"：中華書局本有校勘記："'追'，原作'遣'，據劉本，《册府》卷四四六、卷九三五改。""遣間使汎海搆虜"，校勘記："'間'字原闕，據《册府》卷四四六、卷九三五補。'釁'，《册府》卷四四六、卷九三五作'虜'。"此處"釁"字中華書局本未改，今據明本《册府》回改。明本《册府》卷四四六："初，高祖在位時，宣借楊光遠騎兵數百，延廣請下詔追還。光遠繇此忿延廣，怨朝廷。廣遣間使，汎海搆虜。"卷九三五："又請下詔追楊光遠。高祖在位時，宣借騎兵，光遠忿延廣，怨朝廷，遂遣間使汎海搆虜。"《輯本舊史》卷八一《晋少帝紀一》天福八年二月庚戌條："以侍衛親軍使景延廣充御營使。"《新五代史》卷九《晋本紀》繫此事於壬子日。

天福八年十二月，虜乃南牧。九年正月，陷甘陵，河北儲蓄悉在其郡。[1]少帝大駭，親率六師，進駐澶淵，延廣爲上將，凡六師進退，皆出胸臆，少帝亦不能制，衆咸憚而忌之。[2]虜既至城下，使人宣言曰："景延廣喚我來相殺，何不急戰!"一日，高行周與蕃軍相遇於近郊，以衆寡不敵，急請濟師，延廣勒兵不出，是日行周幸而獲免。[3]及虜退，延廣猶閉栅自固，士大夫曰："昔與虜絶好，言何勇也；今虜至若是，氣何憊也。"[4]時延廣在軍，母凶問至，自澶淵津北移於津南，不信宿而復蒞戎事，曾無戚容，下俚之士亦聞而惡之。[5]時有太常丞王緒者，因使德州迴，與延廣有隙，因誣奏與楊光遠通謀，遣吏縶於麾下，鍛成其事。[6]判官盧億累勸解不從，尋有詔棄市，時甚冤之。[7]少帝還京，嘗幸其第，進獻錫賚，有如酬酢，權寵恩渥，爲一朝之冠。[8]俄與宰臣桑維翰不協，少帝亦憚其難制，遂罷兵權，出爲洛都留守、兼侍中。[9]由是鬱鬱不得志，亦意北虜强盛，國家不濟，身將危矣，但縱長夜飲，無復以夾輔爲意。[10]

[1]天福：五代後晋高祖石敬瑭年號（936—942）。出帝石重貴沿用至九年（944）。後漢高祖劉知遠繼位後沿用一年，稱天福十二年（947）。　虜乃南牧："虜"，《輯本舊史》原作"契丹"，明本《册府》卷四五四《將帥部·豪横門》作"北虜南攻"，卷九三五《總録部·構患門》作"虜"。今回改。下文"虜既至城下""及虜退""昔與虜絶好""今虜至若是"之"虜"字，亦據明本《册府》相應卷回改。　甘陵：地名。指代貝州，治所在今河北清河縣。

[2]澶淵：地名。位於今河南濮陽市西北。

[3]高行周：人名。嬀州懷戎（今河北懷來縣）人。五代後唐至後周將領。傳見本書卷一二三、《新五代史》卷四八。　"天福八年十二月"至"是日行周幸而獲免"：《輯本舊史》卷八二《晋少帝紀二》開運元年（944）二月丙午條："先鋒指揮使石公霸與契丹遇於戚城之北，爲契丹所圍。高行周、符彦卿方息於林下，聞賊至，駭愕，督軍而進，契丹衆甚盛，被圍數重，遣人馳告景延廣，請益師。延廣遲留，候帝進止，行周等大譟，瞋目奮擊賊衆，傷死者甚多，帝自御親兵救之方解。"《通鑑》卷二八四開運元年二月丙午條："契丹圍高行周、符彦卿及先鋒指揮使石公霸於戚城。先是景延廣令諸將分地而守，無得相救。行周等告急，延廣徐白帝，帝自將救之。契丹解去，三將泣訴救兵之緩，幾不免。"此事參見《宋本册府》卷一三六《帝王部·慰勞門》晋少帝天福九年三月條、卷三九六《將帥部·勇敢門三》石公霸條，明本《册府》卷

四五三《將帥部・怯懦門》。《新五代史》卷九《晋本紀》開運元年正月壬午條："景延廣爲御營使。"亦見《通鑑》卷二八三開運元年正月壬午條。

［4］"及虜退"至"氣何憊也"：亦見明本《册府》卷四五三、卷九三五。《輯本舊史》之原輯者案語："《契丹國志》云：遼帝帳中有小校亡去，云：'遼帝已傳木書，收軍北去。'景延廣疑有詐，閉壁不敢追。遼帝北歸，所過焚掠、民物殆盡。"見《契丹國志》卷二《太宗上》會同八年（即開運二年，945）三月條。《新五代史》卷二九《景延廣傳》："然延廣方握親兵，恃功恣横，諸將皆由其節度，帝亦不能制也。契丹嘗呼晋人曰：'景延廣唤我來，何不速戰?'是時，諸將皆力戰，而延廣未嘗見敵。契丹已去，延廣獨閉壁不敢出。自延廣一言而契丹與晋交惡，凡號令征伐一出延廣，晋大臣皆不得與，故契丹凡所書檄，未嘗不以延廣爲言。"

［5］"時延廣在軍"至"下俚之士亦聞而惡之"：亦見《宋本册府》卷九二三《總録部・不孝門》，明本《册府》卷九三五。

［6］太常丞：官名。西漢置。爲太常副貳，掌本寺日常公務，從五品下。　王緒：人名。青州（今山東青州市）人。五代後晋官員。事見本書本卷、卷八二。　德州：州名。治所在今山東德州市陵城區。

［7］判官：官名。爲長官的佐吏，協理政事，或備差遣。此處蓋爲山陵判官。掌佐山陵使副監造後唐明宗陵寢。　盧億：人名。懷州河内（今河南沁陽市）人。五代、宋初大臣。傳見《宋史》卷二六四。

［8］"少帝還京"至"爲一朝之冠"："有如酬酢"，中華書局本有校勘記："'有如'原作'如有'，據殿本、邵本校、《永樂大典》卷一六二一八引《五代史・晋景延廣傳》、《册府》卷四五四乙正。"見明本《册府》卷四五四《將帥部・專恣門》，《大典》卷一六二一八"冠"字韻"一朝之冠"事目。《新五代史》卷二九："天福八年秋，出帝幸大年莊還，置酒延廣第。延廣所進器服、鞍

馬、茶牀、椅榻皆裹金銀，飾以龍鳳。又進帛五千匹，綿一千四百兩，馬二十二匹，玉鞍、衣襲、犀玉、金帶等，請賜從官，自皇弟重睿，下至伴食刺史、重睿從者各有差。帝亦賜延廣及其母、妻、從事、押衙、孔目官等稱是。時天下旱蝗，民餓死者歲十數萬，而君臣窮極奢侈以相誇尚如此。"

[9]桑維翰：人名。洛陽（今河南洛陽市）人。五代後唐進士，後晋宰相、樞密使。傳見本書卷八九、《新五代史》卷二九。 留守：官名。皇帝出巡或親征時指定親王或大臣留守京城，綜理軍事、行政、民事、財政等事務，稱京城留守。在陪都或軍事重鎮也常設留守，以地方長官兼任。 侍中：官名。秦始置。隋、唐前期爲門下省長官。唐後期多爲大臣加銜，不參與政務，實際職務由門下侍郎執行。正二品。

[10]"俄與宰臣桑維翰不協"至"無復以夾輔爲意"：《舊五代史考異》："《宋史·盧多遜傳》：父億。景延廣鎮天平，表億掌書記，留守西洛，又爲判官。時國用窘乏，取民財以助軍，河南府計出二十萬緡，延廣欲並緣以圖羨利，增爲三十七萬緡。億諫曰：'公位兼將相，既富且貴，今國帑空竭，不得已而取資於民，公何忍利之乎！'延廣慚而止。"見《宋史》卷二六四。《輯本舊史》卷八二開運元年四月辛酉條："以鄆州節度使、侍衛親軍都指揮使景延廣爲西京留守。"同月癸亥條："是日，置酒宮中，召景延廣謂之曰：'卿有佐命之功，命保釐伊洛，非酬勳之地也。'因解御衣、寶帶以賜之。"卷八三《晋少帝紀三》開運元年八月辛丑條："西京留守景延廣充馬步軍都排陣使。"同卷開運二年正月己亥條："詔西京留守景延廣將兵守胡梁渡。"同年二月甲戌條："幸澶州，以景延廣爲隨駕馬步軍都鈐轄。"同年四月壬辰條："西京留守景延廣加邑封，改功臣。"卷八四《晋少帝紀四》開運二年九月丙申條："以西京留守、北面馬步軍都排陣使景延廣爲北面行營副招討使。"明本《册府》卷四五四《將帥部·奢侈門》："既罷兵權，出爲雒都留守、兼侍中。由是鬱鬱不得志，亦意北虜强盛，國家不濟，身將危矣。

前汴水葺一第，占其全坊。在雒又起邸舍園池，爲水南之甲。所積巨萬，車馬妓樂，無不稱是。但縱長夜之飲，無復以憂國爲心。”《通鑑》卷二八四開運元年四月辛酉條：“侍衛馬步都指揮使、天平節度使、同平章事景延廣，既爲上下所惡，帝亦憚其不遜難制；桑維翰引其不救戚城之罪，辛酉，加延廣兼侍中，出爲西京留守。……延廣鬱鬱不得志，見契丹强盛，始憂國破身危，遂日夜縱酒。”

開運三年冬，契丹渡滹水，詔遣屯孟津，[1]將戒途，由府署正門而出，所乘馬騰立不進，幾墜於地，乃易乘而行，時以爲不祥之甚。及王師降契丹，延廣狼狽而還。時契丹主至安陽，遣别部隊長率騎士數千，與晋兵相雜，趨河橋入洛，以取延廣。戒曰：“如延廣奔吴走蜀，便當追而致之。”[2]時延廣顧慮其家，未能引決。[3]契丹既奄至，乃與從事閻丕輕騎謁契丹主於封丘，與丕俱見縶焉。[4]延廣曰：“丕，臣之從事也，以職相隨，何罪而亦爲縲囚？”契丹釋之，因責延廣曰：“致南北失歡，良由爾也。”乃召喬榮質證前事，凡有十焉。始榮將入蕃時，紿延廣云：“某恐忽忘所達之語，請紀於翰墨。”延廣信之，乃命吏備記其事。榮亦憸巧善事人者也，慮他日見詰，則執之以取信，因匿其文於衣中。至是，延廣始以他語抗對，榮乃出其文以質之，延廣頓爲所屈。每服一事，則受牙籌一莖，此契丹法也。[5]延廣受至八莖，但以面伏地，契丹遂咄之，命鎖延廣臂，將送之北土。是日，至於陳橋民家草舍，延廣懼燔灼之害，至夜分伺守者怠，則引手自扼其吭，尋卒焉。[6]雖事已窮頓，人亦壯之，時年五十六。漢高祖登極，詔贈中書令。[7]

[1]開運：後晋出帝石重貴年號（944—946）。　滹水：河流名。發源於今山西繁峙縣，東流入今河北省，過正定縣，再向東流入渤海。　孟津：地名。位於今河南洛陽市孟津縣會盟鎮，黄河中下游分界綫、重要渡口。　詔遣屯孟津：《輯本舊史》卷八五《晋少帝紀五》開運三年（946）十二月壬戌條："遣景延廣守河陽。"

[2]吳：五代十國之吳國、南唐。　蜀：五代十國之後蜀。

[3]"時契丹主至安陽"至"未能引决"：《舊五代史考異》："《東都事略·昝居潤傳》：昝居潤嘗爲樞密院小吏，景延廣留守西京，補爲右職。契丹犯京師，以兵圍延廣家，故吏悉避去，居潤爲全護其家。時論稱之。"《輯本舊史》之原輯者案語："《宋史·昝居潤傳》：晋室將亡，景延廣委其族，自洛赴難，與是書異。""昝居潤嘗爲樞密院小吏"，中華書局本有校勘記："以上十字原闕，據殿本、劉本、孔本補。"見《東都事略》卷二一《昝居潤傳》、《宋史》卷二六二。

[4]從事：泛指一般屬官。　閻丕：人名。籍貫不詳。五代後晋官員。事見本書本卷。　封丘：縣名。治所在今河南封丘縣。"契丹既奄至"至"與丕俱見縶焉"：《舊五代史考異》："《遼史》：將軍康祥執景延廣來獻。"見《遼史》卷四《太宗下》會同九年（946）十二月條。

[5]牙籌：象牙製成的籌碼，計數用。

[6]陳橋：地名。位於開封城外。　"至是"至"尋卒焉"：《輯本舊史》卷八五開運四年正月庚寅條："洛京留守景延廣自扼吭而死。"《通鑑》卷二八五開運三年十二月己卯條："契丹主至相州，即遣兵趣河陽捕景延廣。延廣蒼猝無所逃伏，往見契丹主於封丘。契丹主詰之曰：'致兩主失歡，皆汝所爲也。十萬横磨劍安在！'召喬榮，使相辯證，事凡十條。延廣初不服，榮以紙所記語示之，乃

服。每服一事，輒授一籌。至八籌，延廣但以面伏地請死，乃鎖之。”卷二八六天福十二年正月庚寅條：“契丹送景延廣歸其國，庚寅，宿陳橋，夜，伺守者稍怠，扼吭而死。”

［7］漢高祖：即後漢高祖劉知遠。沙陀部人，後世居於太原。五代後唐、後晉將領，後漢開國皇帝。紀見本書卷九九至卷一〇〇、《新五代史》卷一〇。　中書令：官名。漢代始置，隋、唐前期爲中書省長官，屬宰相之職；唐後期多爲授予元勳大臣的虛銜。正二品。　漢高祖登極，詔贈中書令：《輯本舊史》之原輯者案語：“《歐陽史》作贈侍中。據《薛史》，延廣出爲洛都留守，已兼侍中矣，贈官當是中書令。”見《新五代史》卷二九《景延廣傳》。此句中華書局本有校勘記：“‘據《薛史》’……‘當是中書令’，以上二十三字原闕，據《舊五代史考異》卷三補。”《輯本舊史》卷一〇〇《漢高祖紀下》天福十二年閏七月乙丑條：“故西京留守景延廣贈中書令。”

延廣少時，嘗泛洞庭湖，中流阻風，帆裂桅折，衆大恐。[1]頃之，舟人指波中曰：“賢聖來護，此必有貴人矣。”尋獲濟焉。竟位至將相，非偶然也。《永樂大典》卷一萬八千一百三十一。[2]

［1］洞庭湖：湖名。位於今湖南北部。　帆裂桅折：中華書局本有校勘記：“‘折’原作‘拆’，據殿本、劉本、邵本校改。”

［2］《大典》卷一八一三一“將”字韻“後晉將（二）”事目。

李彥韜

李彥韜，太原人也。少事邢州節度使閻寶爲皂隸，寶卒，高祖收於帳下。[1]及起義，以少帝留守北京，因留彦韜爲腹心，歷客將、牙門都校，以纖巧故，厚承委用。[2]及少帝嗣位，授蔡州刺史，入爲内客省使、宣徽南院使。[3]未幾，遥領壽州節度使，充侍衛馬軍都指揮使、檢校太保，[4]俄改陳州節度使，典軍如故。[5]每在帝側，升除將相，但與宦官近臣締結，致外情不通，陷君於危亡之地。嘗謂人曰："朝廷所設文官將何用也？"且欲澄汰而除廢之，則可知其輔弼之道也。[6]及契丹犯闕，遷少帝於開封府。一日，少帝遣人急召彦韜，將與計事，彦韜辭不赴命，少帝怏恨久之，其負國辜君也如是。[7]及少帝北遷，戎王遣彦韜從行，洎至蕃中，隸於國母帳下。[8]永康王舉兵攻國母，以偉王爲前鋒，國母發兵拒之，以彦韜爲排陣使，彦韜降於偉王，偉王置之帳下，其後卒於幽州。[9]《永樂大典》卷一萬三百八十九。[10]

[1]邢州：州名。治所在今河北邢臺市。　閻寶：人名。鄆州（今山東東平縣）人。五代後梁、後唐將領。傳見本書卷五九、《新五代史》卷四四。　皂隸：泛指官府中的差役。

[2]"少事邢州節度使閻寶爲皂隸"至"厚承委用"：《通鑑》卷二八四開運二年（945）二月丙申條："端明殿學士、户部侍郎馮玉，宣徽北院使、權侍衛馬步都虞候太原李彦韜，皆挾恩用事，惡中書令桑維翰，數毁之。帝欲罷維翰政事，李崧、劉昫固諫而止。維翰知之，請以玉爲樞密副使，玉殊不平。丙申，中旨以玉爲户部尚書、樞密使，以分維翰之權。彦韜少事閻寶，爲僕夫，後隸高祖帳下。高祖自太原南下，留彦韜侍帝，爲腹心，由是有寵。性纖巧，與嬖幸相結，以蔽帝耳目；帝委信之，至於升黜將相，亦得預

議。常謂人曰：‘吾不知朝廷設文官何所用，且欲澄汰，徐當盡去之。’”卷二八五開運二年丁亥條：“初，帝疾未平，會正旦，樞密使、中書令桑維翰遣女僕入宫起居太后，因問：‘皇弟睿近讀書否？’帝聞之，以告馮玉，玉因譖維翰有廢立之志，帝疑之。李守貞素惡維翰，馮玉、李彦韜與守貞合謀排之；以中書令行開封尹趙瑩柔而易制，共薦以代維翰。”

［3］蔡州：州名。治所在今河南汝南縣。　刺史：官名。漢武帝始置。州一級行政長官，總掌考覈官吏、勸課農桑、地方教化等事。唐中期以後，節度使、觀察使轄州而設，刺史爲其屬官，職任漸輕。從三品至正四品下。　内客省使：官名。中書省所屬内客省長官。唐始置，五代沿置。　宣徽南院使：官名。唐始置。宣徽南院長官。初用宦官，五代以後改用士人。與宣徽北院使通掌内諸司及三班内侍之名籍，郊祀、朝會、宴享供帳之儀，檢視内外進奉名物。參見王永平《論唐代宣徽使》，《中國史研究》1995 年第 1 期；王孫盈政《再論唐代的宣徽使》，《中華文史論叢》2018 年第 3 期。“宣徽南院使”，中華書局本有校勘記：“本書卷八三《晋少帝紀三》作‘宣徽北院使’。按《通鑑》卷二八四有‘宣徽北院使、權侍衛馬步都虞候太原李彦韜’。”見《輯本舊史》卷八三《晋少帝紀三》開運元年閏十二月癸巳條，《通鑑》卷二八四開運二年二月丙申條。

［4］壽州：州名。治所在今安徽壽縣。　侍衛馬軍都指揮使：官名。五代時皇帝親軍侍衛馬軍司長官。　遥領壽州節度使，充侍衛馬軍都指揮使、檢校太保：“壽州節度使”，中華書局本有校勘記：“‘使’字原闕，據劉本、邵本補。”《輯本舊史》卷八三開運二年正月條：“以宣徽北院使李彦韜權侍衛馬步都虞候。”此日疑爲甲寅日。卷八四《晋少帝紀四》開運二年五月戊戌條：“以宣徽北院使李彦韜遥領壽州節度使兼侍衛馬軍都指揮使。”

［5］陳州：州名。治所在今河南淮陽縣。　俄改陳州節度使，典軍如故：《輯本舊史》卷八四《晋少帝紀四》開運二年十一月甲

寅條："以壽州節度使、侍衛馬軍都指揮使李彦韜爲陳州節度使，典軍如故。"此句中華書局本有校勘記："甲寅，原作'甲申'，據殿本、劉本、孔本改。按是月甲午朔，無甲申，甲寅爲二十一日。影庫本粘籤：'甲申，以《長曆》推之，當作甲寅，今無别本可校，姑仍其舊。'"

[6]"每在帝側"至"則可知其輔弼之道也"：明本《册府》卷四五二《將帥部·識闇門》："晋李彦韜爲陳州節度使，每在少帝側，昇降將相，但與宦官近臣締結，致外情不通，陷君於危亡之地。嘗謂人曰：'朝廷所設文官將何用也？'且欲澄汰，徐而廢之。"

[7]"及契丹犯闕"至"其負國辜君也如是"：《輯本舊史》卷八五《晋少帝紀五》開運三年十月："乙亥，以侍衛馬軍都指揮使李彦韜權知侍衛司事。"同年十二月癸酉條："是夜，偵知張彦澤已至滑州，召李崧、馮玉、李彦韜入内計事。"《通鑑》卷二八五開運三年十二月甲戌條："帝使取内庫帛數段，主者不與，曰：'此非帝物也。'又求酒於李崧，崧亦辭以他故不進。又欲見李彦韜，彦韜亦辭不往。帝惆悵久之。"同卷開運三年六月丙寅條："初，朔方節度使馮暉在靈武，得羌、胡心，市馬期年，得五千匹，朝廷忌之，徙鎮邠州及陜州，入爲侍衛步軍都指揮使，領河陽節度使。暉知朝廷之意，悔離靈武，乃厚事馮玉、李彦韜，求復鎮靈州。"同月乙丑條："時馬軍都指揮使、鎮安節度使李彦韜方用事，視守貞蔑如也。守貞在外所爲，事無大小，彦韜必知之，守貞外雖敬奉而内恨之。"同年八月甲戌條："濮州刺史慕容彦超坐違法科斂，擅取官麥五百斛造麴，賦與部民。李彦韜素與彦超有隙，發其事，罪應死。彦韜趣馮玉使殺之。"

[8]"及少帝北遷"至"隸於國母帳下"：《輯本舊史》卷八五開運四年正月癸卯條："侍衛馬軍都指揮使李彦韜隨帝入蕃。"《通鑑》卷二八六天福十二年（947）正月癸卯條："晋主與李太后、安太妃、馮后及弟睿、子延煦、延寶俱北遷，後宫左右從者百餘人。契丹遣三百騎援送之；又遣晋中書令趙瑩、樞密使馮玉、馬軍都指

揮使李彥韜與之俱。”

［9］永康王：即遼世宗耶律阮。紀見《遼史》卷五。　偉王：即遼朝皇室耶律安端。又作耶律阿敦。遼太祖阿保機弟。遼大同元年（947）四月，太宗耶律德光卒，耶律安端擁耶律阮繼位，與淳欽皇太后兵戰泰德泉，大勝。九月，封“明王”，或作“偉王”，主政東丹國。事見《遼史》卷五《世宗紀》。　排陣使：官名。唐節度使所屬武官中有排陣使，五代後梁以後設於諸軍，爲先鋒之職。參見王軼英《中國古代排陣使述論》，《西北大學學報》2010年第6期。　幽州：州名。治所在今北京市。　“永康王舉兵攻國母”至“偉王置之帳下”：《通鑑》卷二八七天福十二年六月壬申條：“契丹述律太后聞契丹主自立，大怒，發兵拒之。契丹主以偉王爲前鋒，相遇於石橋。初，晉侍衛馬軍都指揮使李彥韜從晉主北遷，隸述律太后麾下，太后以爲排陳使。彥韜迎降於偉王，太后兵由是大敗。”

［10］《大典》卷一〇三八九“李”字韻“姓氏（三四）”事目。

張希崇

張希崇，字德峯，幽州薊縣人也。父行簡，假薊州玉田令。[1]希崇少通《左氏春秋》，復癖於吟詠。[2]天祐中，劉守光爲燕帥，性慘酷，不喜儒士，希崇乃擲筆以自效，守光納之，漸升爲裨將。[3]俄而守光敗，唐莊宗命周德威鎮其地，希崇以舊籍列於麾下，尋遣率偏師守平州。[4]

［1］行簡：人名。即張行簡。幽州薊縣（今天津市薊州區）

人。五代官員。張希崇之父。事見本書本卷。　假：官制用語。代理、兼攝之意。　薊州：州名。治所在今天津薊州區。　玉田：縣名。治所在今河北玉田縣。

［2］《左氏春秋》：《春秋左氏傳》的簡稱，也稱《左傳》。中國古代編年體史書，儒家經典之一。相傳爲春秋魯太史左丘明所作。近人認爲係戰國初年人據各國史料編成。全書共三十卷。其内容是以史實爲《春秋》作解，記事起於魯隱公元年（前722），止於魯悼公四年（前464）。

［3］天祐：唐昭宗李曄開始使用的年號（904）。唐哀帝李柷即位後沿用（904—907）。唐亡後，河東李克用、李存勗仍稱天祐，沿用至天祐二十年（923）。五代其他政權亦有行此年號者，如南吴、吴越等，使用時間長短不等。　劉守光：人名。深州樂壽（今河北獻縣）人。唐末、五代藩鎮軍閥。曾割據稱帝，後爲李存勗所殺。傳見本書卷一三五、《新五代史》卷三九。　裨將：官名。即副將的統稱，相對主將而言。亦稱裨將軍。

［4］周德威：人名。朔州馬邑（今山西朔州市朔城區東北）人。唐末、五代河東將領。傳見本書卷五六、《新五代史》卷二五。　平州：州名。治所在今河北盧龍縣。　“天祐中”至“尋遣率偏師守平州”：中華書局本有校勘記：“‘儒士’，《册府》卷九〇〇作‘文士’。”《舊五代史考異》：“《歐陽史》作劉守光不喜儒士，希崇因事軍中爲偏將，將兵守平州。是守光未敗即守平州，非爲德威所遣也，與《薛史》異。”見《新五代史》卷四七《張希崇傳》。“劉守光爲燕帥，性慘酷，不喜儒士，希崇乃擲筆以自效”，明本《册府》卷九〇〇《總録部·干謁門》作“劉守光爲連帥，慘酷不喜文士，希崇乃擲筆入謁軍門，以求自效”。《宋本册府》卷三八八《將帥部·儒學門》：“張希崇爲靈武節度使。初，自虜南歸，過故鄉，謁中朝執政及臨郡與屬邑令，多爲章句。雖非工，甚關理道，有古人之趣。性嗜書，涖事之餘，手不釋卷。”

阿保機南攻，陷其城，掠希崇而去。阿保機詢希崇，乃知其儒人也，因授元帥府判官，後遷盧龍軍行軍司馬，繼改蕃漢都提舉使。[1]天成初，僞平州節度使盧文進南歸，契丹以希崇繼其任，遣腹心總虜騎三百以監之。[2]希崇莅事數歲，虜主漸加寵信，坦然無復疑也。一日，登郡樓私自計曰："昔班仲升西戍，不敢擅還，以承詔故也。我今入關，斷在胸臆，何恬安於不測之虜而自滯耶！"[3]乃召漢人部曲之翹楚者，謂曰："我陷身此地，飲酪被毛，生不見其所親，死爲窮荒之鬼，南望山川，度日如歲，爾輩得無思鄉者乎！"部曲皆泣下沾衣，且曰："明公欲全部曲南去，善則善矣，如虜卒何？"希崇曰："俟明日首領至牙帳，[4]則先擒之，虜無統攝，其黨必散。且平州去虜帳千餘里，待報至徵兵，踰旬方及此，則我等已入漢界深矣，何用以小衆爲病！"衆大喜。[5]是日，希崇於郡齋之側，坎隙地，貯以石灰。明旦，首領與羣從至，希崇飲以醇酎數鍾，既醉，悉投於灰穽中斃焉。[6]其徒營於北郭，遣人攻之，皆潰圍奔去，亦捨而不追，希崇遂以管内生口二萬餘南歸。[7]唐明宗嘉之，授汝州防禦使。[8]

[1]盧龍軍：方鎮名。治所在幽州（今北京市）。　行軍司馬：官名。節度使屬官。掌軍籍符伍、號令印信，是藩鎮重要的軍政官員。　蕃漢都提舉使：官名。唐、五代方鎮高級統兵官。

[2]盧文進：人名。范陽（今河北涿州市）人。後唐將領，先後投降契丹、南唐。傳見本書卷九七、《新五代史》卷四八。

[3]班仲升：人名，即班超，字仲升。扶風安陵（今陝西咸陽

市）人。東漢著名政治家、外交家、軍事家。在西域維護了東漢的統治秩序，保護了“絲綢之路”的暢通。永元三年（91）任西域都護，後封定遠侯。永元十四年（102），以老邁病逝於洛陽。傳見《後漢書》卷四七。

［4］明公欲全部曲南去，善則善矣，如虜卒何：《舊五代史考異》：“《歐陽史》作麾下皆言兵多，不可俱亡，因勸希崇獨去。”見《新五代史》卷四七《張希崇傳》。亦見《通鑑》卷二七六天成三年（928）八月條，《宋本册府》卷八七九《總録部·計策門二》，明本《册府》卷四〇五《將帥部·識略門四》。　牙帳：將帥營帳。

［5］“天成初”至“衆大喜”：“虜騎”原作“邊騎”，“虜主”原作“契丹主”，“不測之虜”原作“不測之地”，“虜卒”原作“敵衆”，“虜無統領”原作“契丹無統攝”，“虜帳”原作“王帳”，“小衆”原作“衆少”，均據明本《册府》改。“坦然無復疑也”，《宋本册府》卷八七九《總録部·計策門二》補。“沾衣”“俟明日”，明本《册府》作“沾襟”“候明日”，均可通。

［6］醇（chún）酎（zhòu）：指醇香濃郁的美酒。

［7］“是日”至“希崇遂以管内生口二萬餘南歸”：《舊五代史考異》：“《遼史》：天顯元年七月，盧龍行軍司馬張崇叛奔唐，疑希崇在遼祇名崇，歸唐後始加‘希’字也。然希崇歸唐在遼太宗時，而《遼史》繫于《太祖紀》，又希崇本繼盧文進，而《遼史》書其降在盧國用歸唐之前，年月皆舛誤。”此句中華書局本有校勘記：“‘盧文進’，原作‘盧文勝’，據本卷正文改。”見《遼史》卷二《太祖紀》下。“貯以石灰”，中華書局本有校勘記：“‘以’字原闕，據《册府》卷四〇五、卷八七九補。”“亦捨而不追”，據《宋本册府》卷八七九《總録部·計策門二》補。

［8］汝州：州名。治所在今河南汝州市。　防禦使：官名。唐代始置，設有都防禦使、州防禦使兩種。常由刺史或觀察使兼任，實際上爲唐代後期州或方鎮的軍政長官。　唐明宗嘉之，授汝州防

禦使：《輯本舊史》卷三九《唐明宗紀五》天成三年閏八月乙卯條：“契丹平州刺史張希崇上表歸順。”同年十一月壬午條：“以契丹所署平州刺史、光禄大夫、檢校太保張希崇爲汝州刺史，加檢校太傅。”卷四四《唐明宗紀十》長興四年（933）五月條：“庚子，以靈武留後張希崇爲本州節度使。”“汝州刺史”，《通鑑》卷二七六天成三年閏八月條同。《新五代史》卷四七作“汝州防禦使”。明本《册府》卷一一一《帝王部·宴享門三》唐明宗條天成三年十月戊午：“契丹署平州刺史張希崇將麾下八十餘人歸闕，見於玄德殿，便召赴宴。”亦見《宋本册府》卷一六六《帝王部·招懷門四》天成三年十月戊午條。明本《册府》卷一七〇《帝王部·來遠門》唐明宗條天成三年十一月：“以契丹僞署平州刺史、光禄大夫、檢校太保張希崇爲汝州刺史，加檢校太傅。”

希崇既之任，遣人迎母赴郡，母及境，希崇親肩板輿行三十里，觀者無不稱歎。[1]歷三年，遷靈州兩使留後。[2]先是，靈州戍兵歲運糧經五百里，[3]有剽攘之患。希崇乃告諭邊士，廣務屯田，歲餘，軍食大濟。璽書褒之，因正授旄節。[4]清泰中，希崇厭其雜俗，頻表請覲，詔許之。[5]至闕未久，朝廷以安邊有聞，議内地處之，改邠州節度使。[6]及高祖入洛，與契丹方有要盟，慮其爲所取，乃復除靈武。[7]希崇歎曰：“我應老於邊城，賦分無所逃也。”[8]因鬱鬱不得志，久而成疾，卒於任，時年五十二。希崇自小校累官至開府儀同三司、檢校太尉，三歷方面，封清河郡公，食邑二千户，賜清邊奉國忠義功臣，亦人生之榮盛者也。[9]

［1］“希崇既之任”至“觀者無不稱歎”：《宋本册府》卷一三

一《帝王部·延賞門》:“張希崇爲汝州防禦使。母先爲尼，賜紫衣師號。”

[2]靈州：州名。治所在寧夏吴忠市。　歷三年，遷靈州兩使留後：“三”，《輯本舊史》原作“二”。中華書局本有校勘記：“據本書卷三九《唐明宗紀五》、卷四二《唐明宗紀八》，張希崇天成三年授汝州防禦使，長興二年爲靈州兩使留後，其間歷三年。”今據改。《輯本舊史》卷四二《唐明宗紀八》長興二年（931）十一月丁酉條：“以汝州防禦使張希崇爲靈州兩使留後。”《宋本册府》卷三九七《將帥部·懷撫門》:“張希崇鎮靈武。閔帝應順元年正月，沙州、瓜州遣牙將各以方物朝貢，回鶻可汗仁美遣使獻故可汗仁裕遺留貢物、鞍馬、器械，仁美又獻馬、玉、團玉、鞦轡、硇砂、羚羊角、波斯寶緤、玉帶。蓋希崇招懷，邊鎮内附故也。”

[3]靈州戍兵歲運糧經五百里：中華書局本有校勘記：“‘運’原作‘軍’。據殿本、彭校、《册府》卷五〇三改。”見明本《册府》卷五〇三《邦計部·屯田門》。

[4]旄節：亦作“髦節”“毛節”。使臣所持之信物。以竹爲柄，以犛牛尾爲垂飾。

[5]清泰：五代後唐廢帝李從珂年號（934—936）。

[6]邠州：州名。治所在今陝西彬縣。

[7]“希崇乃告諭邊士”至“乃復除靈武”:“靈武”，中華書局本引《舊五代史考異》:“《通鑑》：帝與契丹修好，慮其復取靈武。”《通鑑》卷二八〇天福元年（936）十二月癸巳條：“初，朔方節度使張希崇爲政有威信，民夷愛之，興屯田以省漕運；在鎮五年，求内徙，唐潞王以爲静難節度使。帝與契丹修好，恐其復取靈武。癸巳，復以希崇爲朔方節度使。”“慮其爲所取”，《宋本册府》卷八九五《總録部·運命門》作“慮其必爲所取”。《輯本舊史》卷七六《晋高祖紀二》天福元年十二月癸巳條：“以邠州節度使張希崇爲靈武節度使。”明本《册府》卷五〇三：“先是，州界與戎人交處，每歲以戍兵運糧，經五百里，有剽擴之患。希崇及開故屯

田，諭邊士，使播種，軍食大濟，璽書褒之，因正授戎節。"《新五代史》卷四七《張希崇傳》："希崇撫養士卒，招輯夷落，自回鶻、瓜沙皆遣使入貢。居四歲，上書求還内地，徙鎮邠寧。"

[8]我應老於邊城，賦分無所逃也：《新五代史》卷四七："吾當老死邊徼，豈非命邪！"亦見《宋本册府》卷八七九《總録部·計策門二》。"我"字下《册府》卷八九五有"合"字。

[9]開府儀同三司：官名。曹魏始置，隋、唐時爲散官之最高官階，多授功勛重臣。從一品。　食邑：即封地、封邑。食邑之名，蓋取受封者不之國，僅食其租税之意。　"希崇自小校累官至開府儀同三司、檢校太尉"至"亦人生之榮盛者也"：《輯本舊史》之原輯者案語："《歐陽史》作贈太師。"見《新五代史》卷四七。《輯本舊史》卷七八《晋高祖紀四》天福四年正月己酉條："朔方軍節度使張希崇卒，贈太師。"

希崇素樸厚，尤嗜書，莅事之餘，手不釋卷，不好酒樂，不蓄姬僕，祁寒盛暑，必儼其衣冠，厮養之輩，未嘗聞褻慢之言。事母至謹，每食必侍立，俟盥漱畢方退，[1]物議高之。性雖仁恕，或遇姦惡，則嫉之若仇。[2]在邠州日，有民與郭氏爲義子，自孩提以至成人，因乖戾不受訓，遣之。郭氏夫婦相次俱死。郭氏有嫡子，已長，時郭氏諸親與義子相約，云是親子，欲分其財物，助而訟之，前後數政不能理，遂成疑獄。希崇覽其訴，判云："父在已離，母死不至。止稱假子，孤二十年撫養之恩；儻曰親兒，犯三千條悖逆之罪。頗爲傷害名教，安敢理認田園！其生涯並付親子，所訟人與朋姦者，委法官以律定刑。"聞者服其明。[3]希崇亦善觀象，在靈州日，見月掩畢口大星，經月復爾，乃歎曰："畢口大星，邊將也，月再掩之，吾其終歟！”果卒於郡。[4]

[1]每食必侍立，俟盥漱畢方退：《宋本册府》卷七五六《總録部·孝門六》作“每食則侍立，而後進待盥漱畢方退”。

[2]則嫉之若仇：明本《册府》卷八〇八《總録部·嫉惡門》作“仇讎”。

[3]“在邠州日”至“聞者服其明”：“因乖戾不受訓”：《宋本册府》卷六九五《牧守部·折獄門》作“因愎戾不受訓”；“判云”作“斷云”；“其生涯並付親子”作“其生涯並付血裔”。

[4]畢：星名。二十八宿之一。　“希崇亦善觀象”至“果卒於郡”：《新五代史》卷四七《張希崇傳》：“天福三年，月掩畢口大星，希崇歎曰：‘畢口大星，邊將也，我其當之乎！’明年正月卒，贈太師。”

子仁謙爲嗣，歷引進副使。[1]《永樂大典》卷六千三百五十一。[2]

[1]引進副使：官名。五代置，引進司副長官。協助引進使掌臣僚藩屬進奉禮物事宜。

[2]《大典》卷六三五一“張”字韻“姓氏（二一）”事目。《宋本册府》卷一五〇《帝王部·寬刑門》唐明宗條長興三年三月有殿直張紹謙奏，言其父爲靈武節度使希崇。

王廷胤

王廷胤，字紹基，其先長安人也。[1]祖處存，定州節度使。父鄴，晉州節度使。[2]廷胤，唐莊宗之内表也。

性勇剽狡捷，鷹瞬隼視，喑嗚眦睚，則挺劍而不顧。少爲晉陽軍校，以攻城野戰爲務，暑不息嘉樹之陰，寒不處密室之下，與軍伍食不異味，居不異適，故莊宗於親族之中獨加禮遇。莊宗、明宗朝，累歷貝、忻、密、澶、隰、相六州刺史。[3]國初，范延光據鄴稱亂，高祖以廷胤累朝宿將，詔爲魏府行營中軍使兼貝州防禦使。[4]城降賞勞，授相州節度使，尋移鎮定州。[5]先是，契丹欲以王處直之子威爲定州節度使，處直則廷胤之叔祖也。處直爲養子都所篡，時威北走契丹，契丹納之。[6]至是契丹遣使諭高祖云："欲使王威襲先人土地，如我蕃中之制。"高祖答以："中國將校自刺史、團練、防禦使序遷，方授旄節，請遣威至此任用，漸令升進，乃合中土舊規。"戎王深怒其見拒，使人復報曰："爾自諸侯爲天子，有何階級耶？"高祖畏其滋蔓，則厚賂力拒其命，契丹怒稍息，遂連升廷胤，俾鎮中山，且欲塞其意也。[7]少帝嗣位，改滄州節度使，累官至檢校太尉。開運元年秋，卒於位，年五十四。贈中書令。[8]

[1]"王廷胤"至"其先長安人也"："王廷胤"，中華書局本有校勘記："原作'王庭胤'，《永樂大典》卷六八五一引五代《薛史》、本書各卷作'廷''庭'不一。今據王廷胤墓志（拓片刊《北京圖書館藏中國歷代石刻拓本匯編》第三十六册）改。本書各處同。"《新五代史》《通鑑》亦作"廷胤"。"其先長安人也"，《輯本舊史》原無"長"字，但有原輯者案語："'安'字上有脱文。《歐陽史·王處直傳》作京兆萬年人，疑是長安。"見《新五代史》卷三九《王處直傳》。中華書局本有校勘記："'安'上殿

本、《永樂大典》卷六八五一引五代《薛史》有‘長’字。”但未補，今據補。《新五代史》卷三九：“（王）處存有子鄴，鄴子廷胤，與莊宗連外姻，爲人驍勇，自爲軍校，能與士卒同辛苦。”

[2]定州：州名。治所在今河北定州市。　晋州：州名。治所在今山西臨汾市。

[3]貝：州名。治所在今河北清河縣。　忻：州名。治所在今山西忻州市。　密：州名。治所在今山東諸城市。　澶：州名。治所在今河南濮陽市。　隰：州名。治所在今山西隰縣。　相：州名。治所在今河南安陽市。　累歷貝、忻、密、澶、隰、相六州刺史：《輯本舊史》之原輯者案語：“《歐陽史》不載相州。”見《新五代史》卷三九。

[4]范延光：人名。鄴郡臨漳（今河北臨漳縣）人。五代後唐、後晋將領。傳見本書卷九七、《新五代史》卷五一。　魏府：地名。即魏州，唐五代方鎮魏博軍的治所。位於今河北大名縣。　行營中軍使：官名。五代時期統兵將領。

[5]“國初”至“尋移鎮定州”：《輯本舊史》卷七七《晋高祖紀三》天福三年（938）十一月辛亥條：“廣晋府行營中軍使、貝州防禦使王廷胤加檢校太傅，充相州彰德軍節度使。”卷七八《晋高祖紀四》天福四年閏七月壬申條：“以彰德軍節度使王廷胤爲義武軍節度使。”《通鑑》卷二八一天福三年十一月辛亥條：“貝州防禦使王廷胤爲彰德節度使。廷胤，處存之孫。”《新五代史》卷三九：“范延光反于鄴，晋高祖以廷胤爲楊光遠行營中軍使。破延光有功，拜彰德軍節度使。”

[6]王處直：人名。京兆萬年（今陝西西安市長安區）人。唐末五代軍閥，長期爲義武節度使。傳見本書卷五四、《新五代史》卷三九。　威：人名。即王威。京兆萬年（今陝西西安市長安區）人。王處直幼子。事見本書本卷。　都：人名。即王都。中山陘邑（今河北定州市）人。本姓劉，後爲義武軍節度使王處直之養子。五代軍閥。傳見本書卷五四。

[7]中山：地名。此處代指唐末河北方鎮義武軍（治所在定州）。　“先是”至“且欲塞其意也”：《新五代史》卷三九：“初，處直爲都所囚，幼子威北走契丹。契丹謂晋高祖曰：‘吾欲使威襲其先人爵土，如何？’高祖對曰：‘中國之法，自將校爲刺史，升團練防禦而至節度使。請送威歸中國，漸進之。’契丹怒曰：‘爾自諸侯爲天子，豈有漸乎？’高祖聞之，遽徙廷胤鎮義武，曰：‘此亦王氏之後也。’”《通鑑》卷二八二天福四年閏七月壬申條：“初，義武節度使王處直子威，避王都之難，亡在契丹，至是，義武缺帥，契丹主遣使來言，‘請使威襲父土地，如我朝之法’。帝辭以‘中國之法必自刺史、團練、防禦序遷乃至節度使，請遣威至此，漸加進用’。契丹主怒，復遣使來言曰：‘爾自節度使爲天子，亦有階級邪！’帝恐其滋蔓不已，厚賂契丹，且請以處直兄孫彰德節度使廷胤爲義武節度以厭其意。契丹怒稍解。”

[8]“少帝嗣位”至“贈中書令”：《輯本舊史》卷八〇《晋高祖紀六》天福七年正月戊辰條：“以定州節度使王廷胤爲滄州節度使。”卷八三《晋少帝紀三》開運元年（944）八月辛丑條：“滄州節度使王廷胤充步軍左厢都指揮使。”同年九月己亥條：“以滄州節度使王廷胤卒輟朝，贈中書令。”

有子五人，長曰昭敏，仕至金吾將軍，卒。[1]《永樂大典》卷一萬八千一百三十一。[2]

[1]昭敏：人名。長安（今陝西西安市）人。王廷胤之子。五代將領。事見本書本卷。　金吾將軍：官名。唐置，掌宫禁宿衛。唐代置十六衛，即左右衛、左右驍衛、左右武衛、左右威衛、左右領軍衛、左右金吾衛、左右監門衛、左右千牛衛，各置上將軍，從二品；大將軍，正三品；將軍，從三品。

[2]《大典》卷一八一三一“將”字韻“后晋將（二）”事

目。《新輯會證》本傳録《北京圖書館藏中國歷代石刻拓本彙編》第三十六册之《王廷胤墓志》，爲開運二年（945）“鄉貢進士蘇畋撰”，題爲《大晋故竭忠匡運佐國功臣横海軍節度滄景德州觀察處置管内河堤等使充北面行營步軍左右厢都指揮使特進檢校太師使持節滄州諸軍事行滄州刺史兼御史大夫上柱國太原郡開國公食邑三千户實封一百户贈侍中王公墓志銘》，可參見。

史匡翰

史匡翰，字元輔，雁門人也。[1]父建瑭，事莊宗爲先鋒將，敵人畏之，謂之“史先鋒”，累立戰功，《唐書》有傳。[2]匡翰起家襲九府都督，歷代州遼州副使、檢校太子賓客。[3]同光初，爲嵐、憲、朔等州都游奕使，改天雄軍牢城都指揮使，再加檢校户部尚書，領潯州刺史。[4]天成中，授天雄軍步軍都指揮使，歲餘，遷侍衛彰聖馬軍都指揮使。[5]高祖有天下也，授檢校司空、懷州刺史。[6]其妻魯國長公主，即高祖之妹也。[7]尋轉控鶴都指揮使、兼和州刺史、駙馬都尉，俄授檢校司徒、鄭州防禦使，未幾，遷義成軍節度、滑濮等州觀察處置、管内河隄等使。[8]丁母憂，尋起復本鎮。[9]

[1]雁門：縣名。治所在今山西代縣。

[2]“史匡翰”至“《唐書》有傳”：《宋本册府》、明本《册府》各處作“史翰”，當避宋諱故略去“匡”字。《史建瑭傳》，見《輯本舊史》卷三一，《新五代史》卷二五。

[3]九府都督：唐代於回鶻地區設九個都督府，爲羈縻都督府。其都督或即其部族首領。九府都督或爲其通名。　代州：州名。治

所在今山西代縣。　遼州：州名。治所在今山西左權縣。　檢校太子賓客：官名。爲散官或加官，以示恩寵加此官，無實際執掌。

［4］同光：後唐莊宗李存勖年號（923—926）。　嵐：州名。治所在今山西嵐縣。　憲：州名。治所在今山西婁煩縣。　朔：州名。治所在今山西朔州市朔城區。　游奕使：官名。唐中期以後兵多地廣者置之，主巡營、防遏諸事。　天雄軍：方鎮名。治所在魏州（今河北大名縣）。　牢城都指揮使：官名。州鎮統兵官。　檢校户部尚書：檢校官名。地方使職帶檢校三公、三師及臺省官之類，表示遷轉經歷和尊崇的地位，檢校户部尚書爲其中之一階，爲虚銜。　潯州：州名。治所在今廣西桂平市。

［5］步軍都指揮使：官名。五代時皇帝親軍侍衛步軍司之最高長官。　侍衛彰聖馬軍都指揮使：官名。五代時皇帝親軍侍衛馬軍司長官。

［6］檢校司空：官名。爲散官或加官，以示恩寵，無實際執掌。　懷州：州名。治所在今河南沁陽市。

［7］其妻魯國長公主，即高祖之妹也：《新五代史》卷二五《史建瑭傳》："建瑭子匡翰，尚晋高祖女，是爲魯國長公主。"中華書局本《新五代史》之校勘記引《史匡翰碑》與《輯本舊史》卷八一《晋少帝紀一》，證其妻當爲晋祖之妹。

［8］控鶴都指揮使：官名。所部統兵將領。控鶴爲五代禁軍番號。　和州：州名。治所在今安徽和縣。　駙馬都尉：漢武帝始置，魏晋以後，公主夫婿多加此稱號。從五品下。　鄭州：州名。治所在今河南鄭州市。　義成軍：方鎮名。治所在滑州（今河南滑縣）。　觀察處置：官名。即觀察處置使。唐玄宗以後，採訪、觀察、都統等使加"處置"，賦予處理、決斷權。開元二十二年（734）初置採訪處置使，以御史中丞盧絢等爲之，乾元元年（758）改爲觀察處置使。　河隄使：官名。掌巡護河防事宜。　未幾，遷義成軍節度、滑濮等州觀察處置、管内河隄等使：《輯本舊史》卷七九《晋高祖紀五》天福五年（940）十一月甲子條："以

鄭州防禦使、駙馬都尉史匡翰爲義成軍節度使。”

[9]丁母憂：指遭母親喪事。　起復：官吏服喪未滿而再起用。　丁母憂，尋起復本鎮：《輯本舊史》之原輯者案語：“陶穀撰匡翰碑文云：‘圃田待理，漢殿掄才，功臣旌佐國之名，出守奉專城之寄。’蓋鄭州即在義成軍管内，匡翰雖遷官，不離本鎮也。”

匡翰剛毅有謀略，御軍嚴整，接下以禮，與部曲語，未嘗不稱名，歷數郡皆有政聲。[1]尤好《春秋左氏傳》，每視政之暇，延學者講説，躬自執卷受業焉，時發難問，窮於隱奥，流輩或戲爲“史三傳”。[2]既自端謹，不喜人醉。幕客有關徹者，狂率酣醟。[3]一日使酒，怒目謂匡翰曰：“明公昔刺覃懷，與徹主客道至，事無不可，今領節鉞，數不相容。[4]且書記趙礪，險詖之人也，脅肩諂笑，黷貨無厭，而明公待之甚厚，徹今請死。[5]近聞張彦澤臠張式，未聞史匡翰斬關徹，恐天下談者未有比類。”[6]匡翰不怒，引滿自罰而慰勉之，其寬厚如此。天福六年，白馬河決，匡翰祭之，見一犬有角，浮於水，心甚惡之，後數月遘疾而卒于鎮，年四十。詔贈太保。[7]

[1]未嘗不稱名：《輯本舊史》原無“不”字。中華書局本有校勘記：“《册府》卷三八八作‘未嘗不稱名’，《新五代史》卷二五《史匡翰傳》作‘未嘗不名’。”但未補，今據補。　“匡翰剛毅有謀略”至“歷數郡皆有政聲”：《宋本册府》卷三八八《將帥部・有禮門》：“晋史翰爲義成軍節度使。性剛毅，有沉謀，御軍嚴整，而推恩信於士伍，接下以禮，與部曲語，未嘗不稱名。”《輯本舊史》之原輯者案語：“陶穀撰碑文云：‘齋壇峻而金鼓嚴，麻案宣

而油幢出。控梁苑之西郊，殷乎威望；撫國僑之遺俗，綽有政聲。'與《薛史》合。"

[2]流輩或戲爲"史三傳"：《輯本舊史》之影庫本粘籤："原本作'覰爲'，今從《册府元龜》改正。"見《宋本册府》卷三八八《將帥部·儒學門》。

[3]闕徹：中華書局本有校勘記："闕徹，《册府》卷四三一、卷九一四（明本）同，《新五代史》卷二五《史匡翰傳》，《册府》卷九一四（宋本）、卷九一八作'闕澈'。本卷下文同。"見明本《册府》卷四三一《將帥部·器度門》、卷九一四《總録部·酒失門》，《宋本册府》卷九一四《總録部·酒失門》、卷九一八《總録部·詆訐門》。

[4]怒目謂匡翰曰：《輯本舊史》原無"目"字，今據上述《册府》諸卷補。　覃懷：地名。位於今河南沁陽市。　與徹主客道至：《輯本舊史》之影庫本粘籤："'道至'二字原文疑有舛誤。考《册府元龜》所引《薛史》與《永樂大典》同，今姑仍其舊。"

[5]書記：官名。唐制，唐、五代節度、觀察等使所屬均有掌書記一職，位在副使、判官之下，掌表奏書檄。遼節度使亦置。　趙礪：人名。籍貫不詳。五代官員。事見本書本卷。

[6]張彦澤：人名。突厥人，徙居太原。五代後晋將領，後投降於契丹。傳見本書卷九八、《新五代史》卷五二。　張式：人名。籍貫不詳。五代後晋官員。事見本書卷八〇。　未聞史匡翰斬闕徹：中華書局本有校勘記："'史'字原缺，據劉本，《册府》卷四三一、卷九一四、卷九一八（宋本），《新五代史》卷二五《史匡翰傳》補。"　恐天下談者未有比類：中華書局本有校勘記："'類'字原闕，據殿本，孔本，彭校，《册府》卷四三一、卷九一四、卷九一八補。影庫本批校：'未有比類，脱類字。'"

[7]白馬河：水名。黄河支流，以流經白馬縣而得名。位於今河南滑縣北。　匡翰祭之：《宋本册府》卷九五一《總録部·咎徵門二》作"翰自祭之"。《輯本舊史》卷八〇《晋高祖紀六》天福

七年（942）三月辛未條："滑州節度使、駙馬都尉史匡翰卒，輟朝，贈太保。" 太保：官名。與太師、太傅並爲三師。唐後期、五代多爲大臣、勳貴加官。正一品。

子彦容，歷宫苑使，湊、單、宿三州刺史。[1]《永樂大典》卷一萬一百八十三。[2]

[1]宫苑使：官名。唐始置，以宦官充，五代改用士人。掌管京師地區宫苑和宫苑所屬的莊田管理事務。 湊：州名。治所在今河南汝南縣。 單：州名。治所在今山東單縣。 宿：州名。治所在今安徽宿州市。

[2]《大典》卷一〇一八三"史"字韻"姓氏（一）"事目。《新輯會證》本傳録《金石萃編》卷一二〇收陶穀撰《義成軍節度使贈太保史匡翰碑銘並序》，可參見。

梁漢顒

梁漢顒，太原人也。少事後唐武皇，初爲軍中小校，善騎射，勇於格戰。莊宗之破劉仁恭、王德明，及與梁軍對壘於德勝，皆預其戰，累功至龍武指揮使、檢校司空。[1]梁平，授檢校司徒、濮州刺史。同光三年，魏王繼岌統軍伐蜀，以漢顒爲魏王中軍馬步都虞候。[2]天成初，授許州兵馬留後、檢校太保，尋爲邠州節度使。[3]歲餘，加檢校太傅，充威勝軍節度、唐鄧等州觀察處置等使，在鎮二年，移鎮洋州。[4]長興四年夏，以眼疾授太子少師致仕。[5]高祖素與漢顒有舊，及即位之初，漢顒進謁，再希任使，除左威衛上將軍。[6]天福七年冬，以疾卒於洛陽，年七十餘。贈太子太保。[7]《永樂大典》卷六千六百十四。[8]

[1]劉仁恭：人名。深州（今河北深州市）人。唐末、五代軍閥，時爲幽州節度使。傳見《新唐書》卷二一二。　王德明：人名。即張文禮。張文禮被王鎔收爲義子後，賜姓王，名德明。燕（今河北北部）人。後唐將領。傳見本書卷六二。　德勝：地名。原爲德勝渡，黄河重要渡口之一。李存勗部將李存審築於黄河津要處德勝口，有南北二城。南城在今河南濮陽市東南五里，北城在今河南濮陽市區。　龍武指揮使：官名。所部統兵將領。龍武爲五代禁軍番號。　“梁漢顒，太原人也”至“檢校司空”：《宋本册府》卷三六〇《將帥部・立功門一三》。

[2]繼岌：人名。即李繼岌。後唐莊宗長子，時封魏王。傳見本書卷五一、《新五代史》卷一四。　蜀：即後蜀。五代十國政權之一。後唐清泰元年（934），蜀王孟知祥稱帝於成都（今四川成都市），國號蜀，史稱後蜀。轄境相當今四川和陝西南部、甘肅東南部、湖北西南部地區。事見本書卷一三六《僭僞列傳》、《新五代史》卷六四《後蜀世家》。　馬步都虞候：官名。五代侍衛親軍馬步軍統兵官，僅次於馬步軍都指揮使、副都指揮使。　“同光三年”至“以漢顒爲魏王中軍馬步都虞候”：《輯本舊史》卷三三《唐莊宗紀七》同光三年（925）九月辛丑條：“繼岌既受都統之命，以梁漢顒充中軍馬步都虞侯兼馬步軍都指揮使。”卷六七《任圜傳》：“即署圜爲招討副使，與都指揮使梁漢顒等率兵攻延孝於漢州，擒之。”卷七四《康延孝傳》同光四年二月己亥條：“繼岌至利州。是夜，守吉柏津使密告魏王曰：‘得紹琛文字，令斷吉柏浮梁。’繼岌懼，乃令梁漢顒以兵控吉柏津。延孝已擁衆急趨西川，繼岌遣人馳書諭之。夜半，令監軍使李延安召任圜，因署爲副招討

使，令圜率兵七千騎，與都指揮使梁漢顒、監軍李延安討之。”亦見《通鑑》卷二七四天成元年（926）二月己亥條。《明本册府》卷二六九《宗室部·將兵門》後唐魏王繼岌條：“伐蜀，置中軍，以梁漢顒充軍馬步都虞侯兼中軍馬步都指揮事。”

［3］許州：州名。治所在今河南許昌市。　兵馬留後：官名。唐五代時，代行方鎮長官之職者稱留後。代行州兵馬使之職者，即爲兵馬留後。掌本州兵馬。

［4］威勝軍：方鎮名。治所在鄧州（今河南鄧州市）。　唐：州名。治所在今河南唐河縣。　鄧：州名。治所在今河南鄧州市。觀察處置使：官名。即觀察使之全稱。唐代後期出現的地方軍政長官。唐玄宗開元二十一年（733）置十五道採訪使，唐肅宗乾元元年（758）改爲觀察使。無旌節，地位低於節度使。掌一道州縣官的考績及民政。　洋州：州名。治所在今陝西洋縣。中華書局本有校勘記：“原作‘許州’。本書卷四四《唐明宗紀十》：‘前洋州節度使梁漢顒以太子少傅致仕。’知其曾歷洋州。影庫本粘籤：‘“許州”，原本作“詳州”，今從《通鑑》改正。’今檢《通鑑》無此事，‘詳州’係‘洋州’之訛。據改。又梁漢顒墓志（拓片刊《洛陽出土歷代墓志輯繩》）記其自鄧州節度任上‘秩滿歸京，官復環衛’，未記嘗歷許州或洋州。”《宋本册府》卷九三六《總録部·躁競門》作“洋州”，明本作“揚州”。　“天成初”至“移鎮洋州”：《輯本舊史》卷三七《唐明宗紀三》天成元年十一月庚午條：“河陽留後梁漢顒爲邠州節度使。”卷三九《唐明宗紀五》天成三年九月丙申條：“以邠州節度使梁漢顒爲右威衛上將軍。”

［5］長興：後唐明宗李嗣源年號（930—933）。　太子少師：官名。與太子少傅、太子少保合稱“三少”，唐後期、五代多爲大臣、勳貴加官。從二品。　致仕：官員告老辭官。　長興四年夏，以眼疾授太子少師致仕：《輯本舊史》卷四一《唐明宗紀七》長興元年（930）七月甲戌條：“以左威衛上將軍梁漢顒爲鄧州節度使。”並出校勘記引《輯本舊史·唐明宗紀五》，“左”作“右”，其墓志

亦作“右”。卷四四《唐明宗紀十》長興四年四月甲寅條：“前鄧州節度使梁漢顒以太子少師致仕。”同年九月壬戌條：“前洋州節度使梁漢顒以太子少傅致仕。”按是月甲戌朔，無壬戌。《宋本册府》卷九三六《總録部·躁競門》：“後唐長興四年夏，以眼疾授太子少師致仕。”

[6]左威衛上將軍：官名。唐置，掌宫禁宿衛。唐代十六衛之一。從二品。

[7]太子太保：官名。與太子太師、太子太傅統稱太子三師。隋唐以後多作加官或贈官。從一品。　贈太子少保：中華書局本有校勘記：“梁漢顒墓志作‘贈太子太師’。”明本《册府》卷四〇六《將帥部·清儉門》：“梁漢顒爲威衛上將軍。漢顒雖起於行陣，植性温厚，軍政之暇，不倦接納。歷數鎮，家無餘積，亦武臣之廉者。”

[8]《大典》卷六六一四“梁”字韻“姓氏（三）”事目。《新輯會證》本傳録《洛陽出土歷代墓志輯繩》收劉皞撰《晋故左威衛上將軍贈太子太師安定郡梁公墓銘並序》，可參見。

楊思權

楊思權，邠州新平人也。[1]梁乾化初爲軍校，貞明二年，轉弓箭指揮使、檢校左僕射，累遷控鶴右第一軍使。[2]唐莊宗平梁，補右廂夾馬都指揮使。[3]天成初，遷右威衛將軍，加檢校司空。[4]

[1]新平：縣名。治所在今陝西彬縣。

[2]乾化：五代後梁太祖朱温年號（911—912），末帝朱友貞沿用（913—915）。　貞明：後梁末帝朱友貞年號（915—921）。弓箭指揮使：官名。所部統兵將領。“弓箭”或爲遠程箭射部隊。

檢校左僕射：官名。左僕射爲隋唐宰相名號。檢校左僕射爲散官或加官，以示恩寵，無實際執掌。　控鶴右第一軍使：官名。"控鶴"爲禁軍番號。軍使，唐末、五代邊防將領。

[3]右廂夾馬都指揮使：官名。所部統兵將領，"夾馬"爲部隊番號。

[4]右威衛將軍：官名。唐置，掌宫禁宿衛。十六衛之一，從三品。中華書局本有校勘記："'將軍'原作'軍將'，據殿本、劉本、孔本乙正。"

會秦王從榮鎮太原，明宗乃以馮贇爲副留守，以思權爲北京步軍都指揮使，以佐佑之。[1]從榮幼驕狠，不親公務，明宗乃遣紀綱一人素善從榮者，與之遊處，俾從容諷導之。[2]嘗私謂從榮曰："河南相公恭謹好善，親禮端士，有老成之風，相公處長，更宜自勵，勿致聲問在河南之下。"從榮不悦，因告思權曰："朝廷人皆推從厚，共非短我，吾將廢棄矣。"思權曰："請相公勿憂，萬一有變，但思權在處有兵甲，足以濟事。"乃勸從榮招置部曲，調弓礪矢，陰爲之備。思權又謂使者曰："朝廷教君伴相公，終日言弟賢兄弱，何也？吾輩苟在，豈不能與相公爲主耶？"使者懼，告馮贇，乃密奏之，明宗乃詔思權赴京師，以秦王之故，亦弗之罪也。[3]長興末，爲右羽林都指揮使，遣戍興元。[4]

[1]從榮：人名。即李從榮。沙陀部人。後唐明宗李嗣源次子。傳見本書卷五一、《新五代史》卷一五。　馮贇：人名。太原（今山西太原市）人。五代後唐明宗朝宰相、三司使。傳見本書附録、《新五代史》卷二七。　"會秦王從榮鎮太原"至"以佐佑之"：

《通鑑》卷二七六天成三年（928）四月條："以鄴都留守從榮爲河東節度使、北都留守，以客省使太原馮贇爲副留守，夾馬指揮使新平楊思權爲步軍都指揮使以佐之。"

[2]紀綱：對僕役的一種代稱。

[3]"從榮幼驕狠"至"亦弗之罪也"：亦見《通鑑》卷二七六天成三年條。

[4]興元：府名。治所在今陝西漢中市。

閔帝嗣位，奉詔從張虔釗討鳳翔，洎至岐下，思權首倡倒戈以攻虔釗。尋領部下軍率先入城，[1]謂唐末帝曰："臣既赤心奉殿下，俟京城平定，與臣一鎮，勿置在防禦、團練使内。"乃懷中出紙一幅，謂末帝曰："願殿下親書臣姓名以志之。"末帝命筆，書"可邠寧節度使"。及即位，授推誠奉國保乂功臣、静難軍節度、邠寧慶衍等州觀察處置等使、檢校太保。[2]清泰三年，入爲右龍武軍統軍。[3]高祖即位，除左衛上將軍，進封開國公。[4]天福八年，以疾卒，年六十九。贈太傅。[5]《永樂大典》卷六千五十二。[6]

[1]閔帝：後唐閔帝李從厚。明宗李嗣源第三子。紀見本書卷四五、《新五代史》卷七。　張虔釗：人名。遼州（今山西左權縣）人。後唐、後蜀將領。傳見本書卷七四。　鳳翔：方鎮名。治所在鳳翔府（今陝西鳳翔縣）。　思權首倡倒戈以攻虔釗。尋領部下軍率先入城：《輯本舊史》卷四五《唐閔帝紀》應順元年（934）三月庚申條："西面步軍都監王景從等自軍前至，奏：'今月十五日，大軍進攻鳳翔。十六日，嚴衛右廂都指揮使尹暉引軍東面入城，右羽林都指揮使楊思權引軍西面入城，山南軍潰。'"卷四六《唐末

帝紀上》應順元年三月十六日條："時羽林都指揮使楊思權謂衆曰：'大相公，吾主也。'遂引軍自西門入。"《新五代史》卷四八《楊思權傳》："潞王從珂反鳳翔，興元張虔釗會諸鎮兵討賊。諸鎮兵圍鳳翔，思權攻城西，嚴衛指揮使尹暉攻城東，破其兩關城。從珂登城呼外兵，告以己非反者，其語甚哀，外兵聞者皆悲之，而虔釗督戰甚急，軍士反兵逐虔釗。思權因呼其衆曰：'潞王真吾主也。'即擁軍士入城降。暉聞思權已降，亦麾其軍使解甲，由是諸鎮之兵皆潰。"亦見明本《册府》卷四三九《將帥部·要君門》。《新五代史》卷七《唐本紀》應順元年三月丙辰條："思同兵潰，嚴衛指揮使尹暉、羽林指揮使楊思權以其軍叛降于從珂。"

[2]静難軍：方鎮名。唐光啓元年（885）以邠寧節度使號静難軍，治所在今陝西彬縣。北宋初廢。　邠寧：方鎮名。治所在今陝西彬縣。　寧：州名。治所在今甘肅寧縣。　慶：州名。治所在今甘肅慶城縣。　衍：州名。治所在今甘肅寧縣南六十里政平鄉。"及即位"至"檢校太保"：《輯本舊史》卷四六《唐末帝紀上》應順元年五月戊申條："以羽林右第一軍都指揮使、春州刺史楊思權爲邠州節度使。"明本《册府》卷四三九《將帥部·要君門》："及即位，授推誠奉國保乂功臣、静難軍節度、邠寧慶衍等州觀察處置等使、檢校太保。"《通鑑》卷二七九清泰元年（934）五月戊申條："以羽林軍使楊思權爲静難節度使。"《宋本册府》卷六九七《牧守部·邪佞門》："楊思權爲邠州節度使，進新修佛寺圖。思權前帥禁軍倒戈入岐州，違負朝廷，獲節旄之賞，心常媿畏。邠即思權故里，遂率民修寺，冀銷陰禍故也。"

[3]清泰三年，入爲右龍武軍統軍：《輯本舊史》卷四八《唐末帝紀下》清泰三年閏十一月辛酉條："以前邠州節度使楊思權爲右龍武統軍。"

[4]左衛上將軍：官名。唐置，掌宫禁宿衛。唐代十六衛之一。從二品。　"高祖即位"至"進封開國公"：《輯本舊史》卷七六《晋高祖紀二》天福二年（937）三月甲戌條："以右龍武統軍楊思

權爲左衛上將軍。”

［5］太傅：官名。與太師、太保並爲三師。唐後期、五代多爲大臣、勳貴加官。正一品。　“天福八年”至“贈太傅”：《輯本舊史》卷八二《晉少帝紀二》天福八年八月戊申條：“左衛上將軍楊思權卒，贈太傅。”　《新五代史》卷四八：“天福八年，卒於京師。”

［6］《大典》卷六〇五二“楊”字韻“姓氏（一二）”事目。

尹暉

尹暉，魏州人也。[1]少以勇健事魏帥楊師厚爲軍士，唐莊宗入魏，擢爲小校，從征河上，每於馬前步鬬有功。[2]莊宗即位，連改諸軍指揮使。天成、長興中，領數郡刺史，累遷嚴衛都指揮使。[3]唐應順中，王師討末帝於岐下，暉與楊思權首歸，末帝約以鄴都授之。[4]末帝即位，高祖入洛，嘗遇暉於通衢，暉馬上橫鞭以揖高祖。高祖忿之，後因謁謂末帝曰：“尹暉常才，以歸命稱先，陛下欲令出鎮名藩，外論皆云不當。”末帝乃授暉應州節度使。[5]高祖即位，改右衛大將軍。[6]時范延光據鄴謀叛，以暉失意，密使人齎蠟彈，[7]以榮利啖之。暉得延光文字，懼而思竄，[8]欲沿汴水奔於淮南。[9]高祖聞之，尋降詔招喚，未出王畿，爲人所殺。子勳，事皇朝，累歷軍職，遷内外馬步都軍頭，見爲郢州防禦使。[10]《永樂大典》卷一萬八千一百三十一。[11]

［1］魏州：州名。治所在今河北大名縣。　魏州人也：《新五

代史》卷四八《尹暉傳》作“魏州大名人”。

[2]楊師厚：人名。潁州斤溝（今安徽太和縣阮橋鎮斤溝村）人。唐末、五代將領。傳見本書卷二二、《新五代史》卷二三。

[3]嚴衛都指揮使：官名。嚴衛爲五代後晋禁軍名。

[4]應順：後唐愍帝（閔帝）李從厚年號（934）。　楊思權：人名。邠州新平（今陝西彬縣）人。五代後唐、後晋將領。傳見本書本卷、《新五代史》卷四八。　鄴都：地名。治所在今河北大名縣。五代後唐同光元年（923）改魏州爲興唐府，建號東京。三年，改東京爲鄴都。　“唐應順中”至“末帝約以鄴都授之”：《輯本舊史》卷四五《唐閔帝紀》應順元年（934）三月：“庚申，西面步軍都監王景從等自軍前至，奏：‘今月十五日，大軍進攻鳳翔。十六日，嚴衛右厢都指揮使尹暉引軍東面入城，右羽林都指揮使楊思權引軍西面入城，山南軍潰。’”卷六五《王思同傳》：“時羽林指揮使楊思權引軍自西門先入，思同未之知，猶督士登城。俄而嚴衛指揮使尹暉呼曰：‘西城軍已入城受賞矣，軍士可解甲！’棄仗之聲，振動天地。”亦見《輯本舊史》卷四六《唐末帝紀上》應順元年三月十六日條，《新五代史》卷七《唐愍帝紀》，明本《册府》卷一一《帝王部·繼統門》唐末帝條。《輯本舊史》卷四六《唐末帝紀上》清泰元年（934）五月：“辛亥，以嚴衛都指揮使尹暉爲齊州防禦使。”同年十二月丁卯條：“以齊州防禦使尹暉爲彰國軍節度使。”

[5]應州：州名。治所在今山西應縣。

[6]高祖即位，改右衛大將軍：《輯本舊史》卷七六《晋高祖紀二》天福二年（937）正月乙丑條：“以前彰國軍節度使尹暉爲左千牛衛上將軍。”《通鑑》卷二八〇天福元年七月丁酉條：“雲州步軍指揮使桑遷奏應州節度使尹暉逐雲州節度使沙彦珣，收其兵應河東。丁酉，彦珣表遷謀叛應河東，引兵圍子城。彦珣犯圍走出西山，據雷公口，明日，收兵入城擊亂兵，遷敗走，軍城復安。是日，尹暉執遷送洛陽，斬之。”《新五代史》卷八《晋本紀》天福

二年七月壬子條："右衛大將軍尹暉叛奔于吴，不克，伏誅。"亦見明本《册府》卷四三八《將帥部·奔亡門》。

［7］蠟彈：古代一種用於情報交换或傳遞的秘密工具。詳見孫方圓《兵道尚詭：試説宋代的軍用蠟丸》，《軍事歷史》2018年第2期。　密使人齎蠟彈：中華書局本有校勘記："'蠟彈'，原作'臘彈'，據殿本、劉本、彭校、《册府》卷四三八改。"

［8］懼而思竄："思"，中華書局本有校勘記："《册府》卷四三八作'私'。"

［9］汴水：水名。隋開通濟渠，因其自滎陽至開封一段即原來的汴水，故唐、宋人將出自河至入淮之通濟渠東段全流統稱爲汴水或汴渠。　淮南：方鎮名。治所在揚州（今江蘇揚州市）。

［10］勳：人名。即尹勳。魏州大名（今河北大名縣）人。事見本書本卷。　内外馬步都軍頭：官名。禁軍軍職，掌宿衛。　郢州：州名。治所在今湖北鍾祥市。

［11］《大典》卷一八一三一"將"字韻"後晋將（二）"事目。《宋本册府》卷一六六《帝王部·招懷門四》晋高祖條天福二年七月條："勑：'……近聞尹暉忽然出外，不赴朝參，又婁繼英誤有傳聞，亦兹潛匿。且尹暉、婁繼英位居班列，事合審詳，不謂此持，偶乖斟酌。'"又："暉，魏州人也。少以勇健事連帥楊師厚爲爪牙。莊宗並其地（弟）昇爲小校。從戰河上，每於馬前步鬬有功。莊宗即位，連改諸軍指揮使。明宗天成後，領數郡刺史。應順中，王師討潞王於岐下，暉與楊思權首歸潞王，潞王約以鄴園授之。潞王即僞位，帝入洛，嘗遇暉通衢。暉馬上横鞭揖帝，帝甚怒之。及因朝謁，謂僞主曰：'尹暉常才，以歸命稍先，陛下欲令出鎮名藩，外論皆云不當。'僞主乃授應州節度。帝即位，改西衛將軍。時延光以暉失意，密使間人以榮利啖之。暉懼，沿汴水欲奔歸淮南，未出王畿，爲人所殺。"

李從璋　子重俊

李從璋，字子良，後唐明宗皇帝之猶子也。少善騎射，從明宗歷戰河上，有平梁之功。唐同光末，魏之亂軍迎明宗爲帝，從璋時引軍自常山過邢，邢人以從璋爲留後。[1]踰月，明宗即位，受詔領捧聖左厢都指揮使，時天成元年五月也。[2]八月，改大内皇城使，加檢校司徒、彰國軍節度使，賜竭忠建策興復功臣。[3]旋以達靼諸部入寇，從璋率麾下出討，一鼓而破，有詔褒之。[4]

[1]常山：即鎮州，治所在今河北正定縣。　從璋時引軍自常山過邢，邢人以從璋爲留後：《輯本舊史》卷三二《唐莊宗紀六》同光二年（924）十月甲午條："以宣武軍節度押牙李從温、李從璋、李從榮、李從厚、李從璨並銀青光禄大夫，檢校右散騎常侍兼御史大夫。"《通鑑》卷二七四天成元年（926）三月辛未條："嗣源從子從璋自鎮州引兵而南，過邢州，邢人奉爲留後。"

[2]捧聖左厢都指揮使：官名。捧聖左厢，禁軍番號。五代軍隊編制，五百人爲一指揮，設指揮使、副指揮使；十指揮爲一軍，設都指揮使、副都指揮使。

[3]大内皇城使：官名。唐末始置，爲皇城司長官，一般由君主的親信充任，以拱衛皇城。　"踰月"至"賜竭忠建策興復功臣"：《輯本舊史》卷三六《唐明宗紀二》天成元年（926）七月辛巳條："以捧聖嚴衛左厢馬步軍都指揮使李從璋領饒州刺史，充大内皇城使。"卷三八《唐明宗紀四》天成二年三月甲子條："以大内皇城使、守饒州刺史李從璋爲應州節度使。"同年十二月乙酉條："以彰國軍節度使李從璋昧於政理，詔歸闕。"《宋本册府》卷六九八《牧守部·失政門》："李從璋爲彰國軍節度使。明宗天成中，以

璋昧於政理，詔歸闕。”《新五代史》卷一五《李從璋傳》：“明宗即位，以爲捧聖左厢都指揮使，改皇城使，領饒州刺史，拜彰國軍節度使，徙鎮義成。”

[4]達靼：部族名。其名始見於唐開元二十年（732）突厥文《闕特勤碑》。唐末活躍於陰山一帶。參見白玉冬《九姓達靼游牧王國史研究》，中國社會科學出版社2017年版。　“旋以達靼諸部入寇”至“有詔褒之”：《宋本册府》卷三六〇《將帥部·立功門一三》繫此事於天成二年。

三年四月，移鎮滑臺。[1]時明宗駐蹕於大梁，從璋嘗召幕客謀曰：“車駕省方，藩臣咸有進獻，吾爲臣爲子，安得後焉。欲取倉廩羨餘，以助其用，諸君以爲何如？”内有賓介白曰：“聖上寬而難犯，行宫在近，忽致上達，則一幕俱罹其罪。”從璋怒，翌日，欲引弓射所言者，朝廷知之，改授右驍衛上將軍。[2]

[1]滑臺：《輯本舊史》之影庫本粘籤：“原本作‘體臺’，今從《通鑑》改正。”查《通鑑》，未見此記載。《輯本舊史》卷三九《唐明宗紀五》天成三年（928）二月乙未條：“應州節度使李從璋移鎮滑州。”

[2]右驍衛上將軍：官名。唐置，掌宫禁宿衛。唐代十六衛之一。從二品。

長興元年十月，出鎮陝州。[1]二年五月，遷河中節度使。[2]三年，就加檢校太傅，[3]賜忠勤静理崇義功臣。四年五月，制封洋王。[4]是歲，明宗厭代，閔帝嗣位，尋受命代潞王於岐下，會潞王舉兵入洛，事遂寢。[5]高祖即位之元年十二月，授威勝軍節度使，降封隴西郡公。二年九月，終於任，年五十一。鄧人爲之罷市，思遺愛也。詔贈太師。[6]

[1]出鎮陝州：《輯本舊史》卷四一《唐明宗紀七》長興元年(930) 五月壬辰條："以前滑州節度使李從璋爲右驍衛上將軍。"同年十月己亥條："以左驍衛上將軍李從璋爲陝州節度使。"

[2]遷河中節度使：《輯本舊史》卷四二《唐明宗紀八》長興二年閏五月壬辰條："陝州節度使李從璋移鎮河中。"《通鑑》卷二七七長興二年閏五月壬辰條："以保義節度使李從璋爲護國節度使。"《新五代史》卷七《唐本紀》長興三年："初，安重誨得罪，罷河中，以從璋爲代。"卷一五《李從璋傳》："居久之，出鎮保義，徙河中。"

[3]三年，就加檢校太傅：《舊五代史考異》："從璋爲河中節度，以代安重誨也。《五代史闕文》：從璋見重誨，拜于庭下，重誨驚曰：'太傅過禮。'據此傳，從璋至三年始加檢校太傅，徙鎮河中時，不應先稱爲太傅。"見《輯本舊史》卷六六《安重誨傳》。《輯本舊史》卷四三《唐明宗紀九》長興三年十一月己亥條："河中節度使李從璋加檢校太傅。"《宋本册府》卷九四六《總録部·失禮門》："後唐李從璋爲河中節度使。明宗長興四年七月，從璋奏：'臣母亡，請准式假，仍請定服制。'從璋，帝從子，今屬籍如皇子而請爲母服，失禮也。禮寺知其不可無所，上聞而止。"《通鑑》卷二七七長興二年閏五月："光鄴至河中，李從璋以甲士圍其第，自入見重誨，拜于庭下。重誨驚，降階答拜，從璋奮撾擊其首；妻張氏驚救，亦撾殺之。"亦見《新五代史》卷二四《安重誨傳》。

[4]四年五月，制封洋王：《輯本舊史》卷四四《唐明宗紀十》長興四年五月戊寅條："河中節度使李從璋封洋王。"亦見《新五代史》卷六《唐明宗紀》長興四年五月條。

［5］“是歲”至“事遂寢”：《輯本舊史》卷四五《唐閔帝紀》應順元年二月己卯條：“以前河中節度使、洋王從璋權知鳳翔軍軍府事。”同年三月辛亥條：“前河中節度使、洋王從璋加檢校太傅。”明本《册府》卷三九《帝王部·睦親門》：“閔帝應順元年正月，陝州康思立言：河中節度使洋王從璋在任日用内省絹未填，帝以昆仲不之報。”卷二六八《帝王部·來朝門》：“後唐閔帝應順元年閏正月癸亥，洋王從璋自河中入覲，獻甲馬二十匹。”卷二七七《宗室部·褒寵門三》：“洋王從璋，明宗猶子。清泰元年，詔從璋及涇王從敏月各給俸錢一十萬，米麥各五十石，傔三十人，衣糧馬五十匹芻粟。二王自方鎮入朝，自是留雒陽私第。”此條卷五〇八《邦計部·俸禄門四》“五十”作“十五”。卷一六九《帝王部·納貢獻門》唐廢帝清泰元年（934）十月丙戌條：“皇子河南尹重美、洋王從璋、涇王從敏、宣徽使李專美獻煖帳、羊酒、爐餅、火具。”《通鑑》卷二七九清泰元年二月乙酉條：“潞王既與朝廷猜阻，朝廷又命洋王從璋權知鳳翔。從璋性粗率樂禍，前代安重誨鎮河中，手殺之。”同月丁酉條：“洋王從璋行至關西，聞鳳翔拒命而還。”

［6］太師：官名。與太保、太傅並爲三師。唐後期、五代多爲大臣、勳貴加官。正一品。　“二年九月”至“詔贈太師”：《輯本舊史》卷七六《晋高祖紀二》天福元年（936）十二月己亥條：“以前河中節度使李從璋爲鄧州節度使。”同卷天福二年九月乙丑條：“鄧州節度使李從璋卒，贈太師。”

從璋性貪黷，懼明宗嚴正，自滑帥入居環衛之後，以除拜差跌，心稍悛悟，後歷數鎮，與故時幕客不足者相遇，無所憾焉。蒲、陝之日，政有善譽，改賜“忠勤静理”之號，良以此也。及高祖在位，愈畏其法，故殁於南陽，人甚惜之，[1]亦明宗宗室之白眉也。子重俊。《永樂大典》卷一萬八千一百二十。[2]

[1]南陽：縣名。治所在今河南南陽市。　“從璋性貪黷”至“人甚惜之”：亦見《宋本册府》卷八九七《總録部·改過門》。

[2]《大典》卷一八一二〇“將”字韻“唐將（一二）”事目。中華書局本有校勘記：“與本則内容不符，恐有誤記。陳垣《舊五代史輯本引書卷數多誤例》謂應作卷一八一三〇‘將’字韻‘後晋將（一）’。”

重俊，唐長興、清泰中，歷諸衛將軍；高祖即位，遥領池州刺史；少帝嗣位，授虢州刺史。[1]性貪鄙，常爲郡人所訟，下御史臺，抵贓至重，太后以猶子之故救之，乃歸罪於判官高獻，止罷其郡。[2]未幾，復居環列，出典商州。[3]商民素貧，重俊臨之，割剥幾盡。復御家不法，其奴僕若履湯蹈火，忤其意者，或鞭之，或刃之。又殺從人孫漢榮，掠其妻，及受代歸洛，漢榮母燕氏獲其子婦，以訴於府尹景延廣。[4]牙將張守英謂燕曰：“重俊前朝枝葉，今上中表，河南尹其何以理？不若邀其金帛，私自和解，策之上也。”[5]從其言，授三百緡而止。後以青衣趙滿師因不勝楚毒，踰垣訴景延廣，云重俊與妹私姦及前後不法事，延廣奏之。[6]詔遣刑部郎中王瑜鞫之，盡得其實，併以穢跡彰露，而賜死於家。[7]《永樂大典》卷一萬三百八十九。[8]

[1]池州：州名。治所在今安徽池州市。　虢州：州名。治所在今河南靈寶市。

[2]御史臺：官署名。秦漢始置。古代國家的監察機構。掌糾察官吏違法、肅正朝廷綱紀。大事廷辨，小事奏彈。　高獻：人名。籍貫不詳。五代後唐官員。事見本書本卷。

［3］商州：州名。治所在今陝西商洛市商州區。

［4］孫漢榮：人名。籍貫不詳。五代後唐時人。事見本書本卷、卷八四。　景延廣：人名。陝州（今河南三門峽市陝州區）人。五代後晋將領。傳見本書本卷、《新五代史》卷二九。

［5］牙將：官名。古代軍隊中的中低級軍官。　張守英：人名。籍貫不詳。五代藩鎮軍官。事見本書本卷。

［6］青衣：婢女的一種代稱。　趙滿師：人名。籍貫不詳。李府婢女。事見本書本卷。

［7］刑部郎中：官名。尚書省刑部頭司刑部司長官。掌司法及審覆大理寺及州府刑獄。從五品上。　王瑜：《輯本舊史》之影庫本粘籤："'王瑜'，原本作'王踰'，今從《通鑑》改正。"查《通鑑》，未見此記載。　"性貪鄙"至"而賜死於家"：《輯本舊史》卷八四《晋少帝紀四》開運二年（945）十一月丙辰條："前商州刺史李俊除名，坐受財枉法也。"此句中華書局本引影庫本粘籤："李俊，《歐陽史》作重俊，蓋少帝時避御名，故去'重'字，今仍其舊。"同卷開運三年九月："乙未，前商州刺史李俊賜自盡，坐與親妹姦及行劍斫殺女使，又殺部曲孫漢榮，强姦其妻，準法棄市，詔賜死於家。"《新五代史》卷一五《李從温傳》開運二年："是時，從璋子重俊爲虢州刺史，坐贓，亦以太后故，罪其判官高獻而已。重俊復爲商州刺史。坐與其妹姦及殺其僕孫漢榮掠其妻，賜死。"明本《册府》卷九四二《總録部·黷貨門》："晋王瑜爲太府少卿，杜重威之鎮東平也，瑜父欽祚爲節度使，及重威移帥崇山，瑜乃僥求苟合。代其父位後，自常州一載，再遷刑部郎中。"明本《册府》卷四四九《將帥部·專殺門》："李俊爲商州刺史。少帝開運二年，俊奏：'元隨吴漢筠監軍資庫擅用官錢二十貫文，已處斬訖。'刺史無軍權。部曲有罪，奏聽進止可也。不奏而殺，物議非之。"

［8］《大典》卷一〇三八九"李"字韻"姓氏（三四）"事目。《新輯會證》本傳録《洛陽出土歷代墓志輯繩》收楊敏昇傳《晋故隴西□李公墓志銘并序》，可參見。

李從温

李從温，字德基，代州崞縣人，後唐明宗之猶子也。[1]明宗微時，從温執僕御之役，後養爲己子，及歷諸藩，署爲牙校，命典廄庫。[2]唐同光中，奏授銀青光禄大夫、檢校右散騎常侍，累加檢校司空，充北京副留守。[3]明宗即位，授安國節度使、檢校司徒。[4]長興元年四月，入爲右武衛上將軍。[5]是歲，復出鎮許田。[6]明年，移北京留守，加太傅。[7]四年正月，改天平軍節度使。五月，制封兖王。十一月，移鎮定州，兼北面行營副招討使，尋又移鎮常山。[8]清泰中，加同平章事，改鎮彭門。[9]高祖即位之明年，就加侍中。[10]七年，加兼中書令。[11]八年，再爲許州節度使、開府儀同三司，封趙國公，累加食邑一萬户，實食封一千二百户。[12]開運二年，改河陽三城節度使。[13]三年二月，卒于任，年六十三。贈太師，[14]追封隴西郡王。

[1]崞縣：縣名。治所在今山西原平市。

[2]牙校：即軍校。爲低級武職。

[3]銀青光禄大夫：官名。漢代置光禄大夫。魏晋以後，光禄大夫之位重者，加銀章青綬，因稱銀青光禄大夫。北周、隋爲散官。唐貞觀後列入文散官。從三品。　檢校右散騎常侍：官名。爲散官或加官，以示恩寵，無實際執掌。　“唐同光中”至“充北京副留守”：《輯本舊史》卷三二《唐莊宗紀六》同光二年（924）十月甲午條：“以宣武軍節度押牙李從温、李從璋、李從榮、李從璨並銀青光禄大夫、檢校右散騎常侍兼御史大夫。”

［4］“明宗即位”至“檢校司徒”：《輯本舊史》卷三六《唐明宗紀二》天成元年（926）五月己未條：“北京馬步都指揮使李從温奏，準詔誅宦官。”卷三九《唐明宗紀五》天成三年三月丁巳條：“以前北京副留守李從温爲邢州節度使。”《通鑑》卷二七五天成元年五月丁巳條：“宦官數百人竄匿山林，或落髮爲僧，至晋陽者七十餘人，詔北都指揮使李從温悉誅之。從温，帝之姪也。”

［5］長興元年四月，入爲右武衛上將軍：中華書局本有校勘記：“‘右’，本書卷四一《唐明宗紀七》作‘左’。”《輯本舊史》卷四一《唐明宗紀七》長興元年（930）四月癸丑條：“以前邢州節度使、檢校司徒李從温爲左武衛上將軍。”

［6］是歲，復出鎮許田：《輯本舊史》卷四一長興元年六月丁巳條：“以左武衛上將軍李從温爲許州節度使。”

［7］明年，移北京留守，加太傅：《輯本舊史》卷四二《唐明宗紀八》長興二年九月癸卯條：“許州節度使李從温移鎮河東。”

［8］天平軍：方鎮名。治所在鄆州（今山東東平縣）。　天平軍節度使：中華書局本有校勘記：“‘天平軍’，原作‘太平軍’，據劉本、邵本校、彭本改。按本書卷四四《唐明宗紀十》：‘以前河東節度使李從温爲鄆州節度使。’按天平軍治鄆州。”《輯本舊史》卷四四《唐明宗紀十》長興四年正月庚子條：“以前河東節度使李從温爲鄆州節度使。”同年五月戊寅條：“鄆州節度使李從温封兖王。”同年十一月乙酉條：“以鄆州節度使李從温爲定州節度使。”《通鑑》卷二七八長興四年五月戊寅條：“從子天平節度使從温爲兖王。”

［9］彭門：地名。彭城縣代稱。治所在今江蘇徐州市。　“清泰中”至“改鎮彭門”：《輯本舊史》卷四七《唐末帝紀中》清泰二年（935）二月庚午條：“定州節度使、兖王從温移鎮兖州。”卷四八《唐末帝紀下》清泰三年五月丙申條：“以雍王重美與汴州節度使范延光結婚，詔兖王從温主之。”

［10］高祖即位之明年，就加侍中：《輯本舊史》卷七六《晋高祖紀二》天福二年（937）正月丙寅條：“泰寧軍節度使李從温加食

邑實封，改功臣名號。”同年三月己未條：“兗州李從温奏，節度副使王謙搆軍士作亂，尋已處置。”卷七七《晉高祖紀三》天福三年四月甲午條：“泰寧軍節度使李從温加兼侍中。”卷七九《晉高祖紀五》天福五年三月辛未條：“以兗州節度使李從温爲徐州節度使。”

[11]七年，加兼中書令：《輯本舊史》卷八一《晉少帝紀一》天福七年七月乙巳條：“徐州節度使李從温加兼中書令。”

[12]“八年”至“實食封一千二百户”：《輯本舊史》卷八一天福八年四月庚戌條：“以徐州節度使李從温爲許州節度使。”卷八二《晉少帝紀二》天福八年七月辛巳條：“許州節度使李從温來朝，進封楚國公。”此句中華書局本有校勘記：“‘楚國公’，本書卷八八《李從温傳》作‘趙國公’。按本書卷九〇《趙在禮傳》記其天福八年四月進封楚國公。”則《李從温傳》作“趙國公”是。

[13]開運二年，改河陽三城節度使：《輯本舊史》卷八三《晉少帝紀三》開運二年（945）正月己未條：“以前許州節度使李從温爲北面行營都招撫使。”卷八四《晉少帝紀四》開運二年十月戊寅條：“以許州節度使李從温爲河陽節度使。”此句《輯本舊史》之影庫本粘籤：“戊寅，以《長曆》推之，當作‘戊辰’，今無别本可校，姑仍其舊。”《新五代史》卷一五《李從温傳》：“歷安國、忠武、義武、成德、武寧五節度使，封兗王。晉高祖立，復爲忠武軍節度使。”又：“開運二年，徙河陽三城，卒於官。”

[14]贈太師：《輯本舊史》卷八四開運三年二月甲申條：“河陽節度使李從温薨，輟朝，贈太師。”

從温始以明宗本枝，歷居藩翰，無文武才畧資濟代之用，凡臨民以貨利爲急。在常山日，覩牙署池潭凡十餘頃，皆立木爲岸，而以脩篁環之，從温曰：“此何用爲?”悉命伐竹取木，鬻於列肆，獲其直以實用帑焉。高祖即位，從温時在兗州，多創乘輿器服，爲宗族切戒，從温弗聽。其妻關氏，素耿介，一日厲聲於牙門云："李從温欲爲亂，擅造天子法物。"[1]從温敬謝，悉命焚之，家無敗累，關氏之力也。[2]後以多畜駝馬，縱牧近郊，民有訴其害稼者，從温曰："若從爾之意，則我産畜何歸乎?"其昏愚多此類也。高祖性至察，知而不問。少帝嗣位，太后教曰："吾只有此兄，慎勿繩之。"故愈加姑息，以致年逾耳順，終于牖下，乃天幸也。[3]《永樂大典》卷一萬三百八十九。[4]

[1]兖州：州名。治所在今山東濟寧市兖州區。　關氏：人名。籍貫不詳。李從温之妻。事見本書本卷。　牙門：古代軍中主帥帳前大門的别稱。

[2]"高祖即位"至"關氏之力也"：《新五代史》卷一五《李從温傳》："晋高祖立，復爲忠武軍節度使。從温爲人貪鄙，多作天子器服以自僭。宗族、賓客諫之，不聽。其妻關氏大呼于牙門曰：'從温欲反，而造天子服器。'從温大恐，乃悉毁之。"

[3]"少帝嗣位"至"乃天幸也"：《新五代史》卷一五："明宗諸子八人，至晋出帝時六已亡殁，惟從温、從敏在。太后常曰：'吾惟有一兄，豈可繩之以法!'從温由此益驕。嘗誣親吏薛仁嗣等爲盗，悉籍没其家貲數千萬。仁嗣等詣闕自訴，事下有司。從温具伏。出帝懼傷太后意，釋之而不問。"

[4]《大典》卷一〇三八九"李"字韻"姓氏（三四）"事目。

張萬進

張萬進，突厥南鄙人也。[1]祖拽斤，父臘。[2]萬進白晳美髯，少而無賴。事唐武皇，以騎射著名，攻城野戰，奮不顧命。嘗與梁軍對陣，持鋭首短刀，躍馬獨進，及兵刃既刓，則易以大鎚，左右奮擊，出没進退，無敢當者。唐莊宗、明宗素憐其雄勇，復奬其戰功，故累典大郡。[3]天成、長興中，歷威勝、保大兩鎮節制。[4]

[1]突厥：部族名。6世紀至8世紀活躍於北亞和中亞，稱雄於漠北、西域。隋文帝開皇二年（582），突厥汗國分裂爲東、西突厥。唐中期時西突厥、東突厥均已衰落。此處的突厥當爲其某一餘部。

[2]拽斤：人名。張萬進祖父。本書僅此一見。　臘：人名。即張臘。張萬進父。本書僅此一見。

[3]“少而無賴”至“故累典大郡”：《宋本册府》卷三九六《將帥部·勇敢門三》作“少而無賴。初事唐武皇，以騎射著名，攻城野戰，勇不顧命。嘗與梁師對陣，持鋭首短刀，躍馬獨進，務逞其志，殺而不獲。及兵刃毁弱，則易以大鎚，左右奮擊，出没往返，彌縫皆斷，無敢當者。莊宗、明宗素憐其雄武，復奬其戰功，故累典大郡”。

[4]威勝：方鎮名。治所在乾州（今陝西乾縣）。　保大：方鎮名。治所在鄜州（今陝西富縣）。　天成、長興中，歷威勝、保大兩鎮節制：《輯本舊史》卷四〇《唐明宗紀六》天成四年（929）六月丙午條：“以沂州刺史張萬進爲安北都護，充振武軍節度使。”卷四三《唐明宗紀九》長興三年（932）八月甲寅條：“以前振武節度使張萬進爲鄧州節度使。”卷四七《唐末帝紀中》清泰二年（935）四月乙酉條：“以前武勝軍節度使張萬進爲鄜州節度使。”明本《册府》卷四四八《將帥部·殘酷門》：“張萬進，歷威勝、保大、彰義三軍節度使。”

高祖有天下，命爲彰義軍節度使，[1]所至不治，政由羣下。洎至涇原日，[2]凶恣彌甚，每日於公庭列大鼎，烹肥羜，割胾方寸以噉賓佐，皆流淚不能大嚼，俟其他顧，則致袂中。又命巨觶行酒，訴則辱之，乃有持杯僞飲，褰領褾而納之者。既沉湎無節，唯婦言是用，其妻與幕吏張光載干預公政，納錢數萬，補一豪民爲捕賊將，領兵數百人入新平郡境。[3]邠帥以其事上奏，有詔詰之，光載坐流罪，配于登州。[4]

[1]彰義軍：方鎮名。治所在涇州（今甘肅涇川縣）。　命爲彰義軍節度使：《輯本舊史》卷七六《晋高祖紀二》天福二年（937）三月乙亥條："前鄜州節度使張萬進加檢校太傅。"同年九月甲寅條："以前保大軍節度使、檢校太傅張萬進爲右龍衛軍統軍。"

[2]涇原：方鎮名。治所在涇州（今甘肅涇川縣）。　洎至涇原日：《輯本舊史》之影庫本粘籤："原本作'陘厚'，今從《册府元龜》改正。"見明本《册府》卷四五四《將帥部·豪横門》。

[3]張光載：人名。籍貫不詳。五代藩鎮官員。事見本書本卷。　新平郡：縣名。治所在今陝西彬縣。　領兵數百人入新平郡境：中華書局本有校勘記："句上《册府》卷四五四有'後'字。"

[4]流罪：隋朝確定死、流、徒、杖、笞爲"五刑"。唐律規定，流刑分三等：二千里、二千五百里、三千里。直至明清相沿不變。　登州：州名。治所在今山東蓬萊市。

天福四年三月，萬進疾篤，月餘，州兵將亂，乃召副使萬庭圭委其符印。[1]記室李昇素憾凌虐，知其將亡，謂庭圭曰："氣息將奄，不保晨暮，促移就第，豈不宜乎！"[2]庭圭從之，萬進尋卒，遂以籃轝祕屍而出，[3]即馳騎而奏之，詔命既至，而後發喪。其妻素狠戾，謂長子彦球曰："萬庭圭逼迫危病，驚擾而死，不手戮之，奚爲生也！"[4]庭圭聞之，不敢往弔。萬進假殯於精舍之下，至輴車東轅，凡數月之間，郡民數萬，無一饋奠者。[5]爲不善者，衆必棄之，信矣夫！《永樂大典》卷六千三百五十一。[6]

[1]萬庭圭：人名。籍貫不詳。五代藩鎮官員。事見本書本卷。

[2]記室：官名。或稱記室令史、記室督、記室參軍等。東漢始置，後代因之。王公及大將軍府多設此官，掌章表書記文檄諸事。李昇：人名。籍貫不詳。五代藩鎮官員。事見本書本卷。

[3]籃（lán）轝（yú）：古代的竹制交通工具，形製不一，需人力扛舉，類似簡易轎子。

[4]彦球：人名。張萬進之子。突厥人。事見本書本卷。

[5]"天福四年三月"至"無一饋奠者"：中華書局本有校勘記："'乃召副使萬庭圭委其符印'，'召'原作'詔'，據《册府》卷四四八、卷四五四改。'萬庭圭'，《册府》卷四四八作'萬廷圭'，卷四五四作'萬廷珪'。'遂以籃轝祕屍而出'，'籃'原作'藍'，據劉本、邵本校，《册府》卷四四八、卷四五四改。"見明本《册府》卷四四八《將帥部·殘酷門》、卷四五四《將帥部·豪横門》。明本《册府》卷四四八，"疾篤"作"疾羸綿目"，"將奄"作"奄奄"，"祕屍而出"作"祕屍而出，浹旬不舉"，"即馳騎而奏之"作"馳騎而奏，慮其有變"，"郡民數萬無一饋奠者"作"郡民百萬無涕洟饋奠者"。《輯本舊史》卷七八《晋高祖紀四》天福四年（939）三月丙午條："涇州節度使張萬進卒，贈太師。"

[6]《大典》卷六三五一"張"字韻"姓氏（二一）"事目。

史臣曰：延廣功扶二帝，任掌六師，亦可謂晋之勳臣矣。然而昧經國之遠圖，肆狂言於强敵，卒使邦家蕩覆，宇縣丘墟，書所謂“唯口起羞”者，其斯人之謂歟！彦韜既負且乘，任重才微，盗斯奪之，固其宜矣。希崇蔚有雄幹，老於塞垣，未盡其才，良亦可惜。楊、尹二將，因倒戈而仗鉞，豈義士之所爲。其餘蓋以勳以親，咸分屏翰，唯萬進之醜德，又何暇於譏焉！《永樂大典》卷六千三百五十一。[1]

[1]《大典》卷六三五一“張”字韻“姓氏（二一）”事目。

舊五代史　卷八九

晋書十五

列傳第四

桑維翰

桑維翰，字國僑，洛陽人也。父珙，[1]事河南尹張全義爲客將。[2]維翰身短面廣，殆非常人，既壯，每對鑑自歎曰："七尺之身，安如一尺之面！"由是慨然有公輔之望。[3]性明惠，善詞賦。[4]

［1］父珙：中華書局本有校勘記："'珙'，原作'拱'，據殿本、《册府》卷一五四、卷七七二改。按本書卷九六《張繼祚傳》：'宰臣桑維翰以父珙早事齊王，奏欲雪之。'"見《宋本册府》卷一五四《帝王部·明罰門三》廣順三年（953）二月條、卷七七二《總録部·志節門》桑維翰條。

［2］河南尹：官名。唐玄宗開元元年（713）改洛州爲河南府，治所在今河南洛陽市。以河南府尹總其政務。從三品。　張全義：人名。濮州臨濮（今山東鄄城縣）人。唐末將領，後降於諸葛爽。

傳見本書卷六三、《新五代史》卷四五。　客將：官名。亦稱典客。唐末、五代方鎮負責接待使節、賓客、出使等外交職責的武官。詳見吴麗娯《試論晚唐五代的客將、客司與客省》，《中國史研究》2002年第4期。

[3]由是慨然有公輔之望：亦見《宋本册府》卷七七二。《舊五代史考異》："《三楚新録》云：馬希範入覲，途經淮上，時桑維翰旅遊楚、泗間，知其來，遽謁之曰：'僕聞楚之爲國，挾天子而令諸侯，其勢不可謂卑也；加以利盡南海，公室大富。足下之來也，非傾府庫之半，則不足以供芻粟之費。今僕貧者，敢以萬金爲請，惟足下濟之。'希範輕薄公子，覩維翰形短而腰長，語魯而且醜，不覺絶倒而笑。既而與數百縑，維翰大怒，拂衣而去。"見《三楚新録》卷一。其中，"公室大富"前有"而"字，"足下之來也"無"也"字，"與數百縑"上有"贈"字。

[4]善詞賦：《舊五代史考異》："《春渚記聞》云：桑維翰試進士，有司嫌其姓，黜之。或勸勿試，維翰持鐵硯示人曰：'鐵硯穿，乃改業。'著《日出扶桑賦》以見志。"今查《春渚記聞》，未見此記載。《新五代史》卷二九《桑維翰傳》："初舉進士，主司惡其姓，以'桑''喪'同音。人有勸其不必舉進士，可以從佗求仕者，維翰慨然，乃著《日出扶桑賦》以見志。又鑄鐵硯以示人曰：'硯弊則改而佗仕。'卒以進士及第。"

唐同光中，登進士第。[1]高祖領河陽，辟爲掌書記，歷數鎮皆從，及建義太原，首預其謀。[2]復遣爲書求援於北虜，虜果應之。俄以趙德鈞發使聘虜，高祖懼其改謀，命維翰詣虜帳，述其始終利害之義，虜心乃定。[3]及高祖建號，制授翰林學士、禮部侍郎，知樞密院事，[4]尋改中書侍郎、平章事、集賢殿大學士，充樞密院使。[5]高祖幸夷門，范延光據鄴叛，張從賓復自河、洛舉兵向闕，人心恟恟。[6]時有人候於維翰者，維翰從容談論，怡怡如也，時皆服其度量。[7]

[1]同光：後唐莊宗李存勗年號（923—926）。　登進士第：古代科舉殿試及第即爲進士。隋煬帝大業年間始置進士科，唐亦設此科，中試者皆稱進士。　唐同光中，登進士第：《舊五代史考異》："張齊賢《張齊王全義外傳》云：桑魏公將應舉，父乘間告王云：'某男粗有文性，今被同人相率取解，俟王旨。'齊王曰：'有男應舉，好事，將卷軸來，可令秀才來。'桑相之父趨下再拜。既歸，令子侵早投書啓，獻文字數軸。王令請桑秀才，其父教之趨階，王曰：'不可，既應舉便是貢士。'以客禮見，王一見奇之，禮待頗厚。是年，王力言于當時儒臣，且推薦之，由是擢上第。"見《洛陽縉紳舊聞記》卷二《齊王張令公外傳》。其中，"今被同人相率取解"，"取解"上有"欲"字；"可令秀才來"，"令"作"教"；"其父教之趨階"，無"其"字；"以客禮見"，前有"可歸客司謂魏公父曰他道路不同莫管他終"十八字；"王一見奇之"，"見"下有"甚"字。《輯本舊史》卷三二《唐莊宗紀六》同光三年（925）四月丁亥條："禮部貢院新及第進士四人，其王澈改爲第一，桑維翰第二，符蒙正第三，成僚第四。"卷九二《裴皞傳》："皞累知貢舉，稱得士，宰相馬裔孫、桑維翰皆其所取進士也。"

[2]高祖：即石敬瑭。太原（今山西太原市）人。沙陀部人。後晋開國君主。紀見本書卷七五至卷八〇、《新五代史》卷八。　河陽：縣名。治所在今河南孟州市。　掌書記：官名。唐、五代方鎮僚屬，位在判官下。掌表奏書檄、文辭之事。《新五代史》卷二九《桑維翰傳》作"河陽節度掌書記"。《宋本册府》卷三〇九《宰輔部·佐命門二》："桑維翰，自後唐末帝清泰三年爲太原掌書記。"《輯本舊史》卷七五《晋高祖紀一》清泰三年（936）代五月："掌書記桑維翰、都押牙劉知遠贊成密計，遂拒末帝之命。"亦

見《新五代史》卷一〇《漢本紀》。

[3]趙德鈞：人名。幽州（今北京市）人。初爲幽州節度使劉守光部將，再爲後唐將領，後投降遼國。傳見本書卷九八。《輯本舊史》之影庫本粘籤："原本作'得均'，今從《歐陽史》改正。"見《新五代史》卷二九《桑維翰傳》。　"復遣爲書求援於北虜"至"虜心乃定"："發使聘虜"《輯本舊史》作"發使聘契丹"，"詣虜帳"作"詣幕帳"，"虜心乃定"作"其約乃定"，中華書局本有校勘記僅校出："'其約'，《册府》卷六五五作'虜心'。"且未改。此皆因四庫館臣忌清諱而改。今據《宋本册府》卷六五五《奉使部·智識門》回改。《舊五代史考異》："《通鑑》云：趙德鈞以金帛賂契丹主，云：'若立己爲帝，請即以見兵南平洛陽，與契丹爲兄弟之國，仍許石氏常鎮河東。'契丹主自以深入敵境，晋安未下，德鈞兵尚强，范延光在其東，又恐山北諸州邀其歸路，欲許德鈞之請。帝聞之，大懼，亟使維翰見契丹主，説之曰：'大國舉義兵以救孤危，一戰而唐兵瓦解，退守一栅，食盡力窮。趙北平父子不忠不信，畏大國之强，且素蓄異志，按兵觀變，非以死徇國之人，何足可畏，而信其誕妄之辭，貪豪末之利，棄垂成之功乎！且使晋得天下，將竭中國之財以奉大國，豈此小利之比乎！'契丹主曰：'爾見捕鼠者乎，不備之，猶或齧傷其手，况大敵乎！'對曰：'今大國已扼其喉，安能齧人乎！'契丹主曰：'吾非有渝前約也，但兵家權謀不得不爾。'對曰：'皇帝以信義救人之急，四海之人俱屬耳目，奈何二三其命，使大義不終，臣竊爲皇帝不取也。'跪于帳前，自旦之暮，涕泣争之。契丹主乃從之，指帳前石謂德鈞使者曰：'我已許石郎，此石爛，可改矣。'"見《通鑑》卷二八〇天福元年（936）閏十一月條。《舊五代史考異》所引《通鑑》中"契丹主乃從之"，中華書局本有校勘記："'主'字原闕，據孔本、《通鑑》卷二八〇補。"

[4]翰林學士：官名。由南北朝始設之學士發展而來，唐玄宗改翰林供奉爲翰林學士，備顧問、代王言。掌拜免將相，號令征伐

等詔令的起草。　禮部侍郎：官名。尚書省禮部次官。協助禮部尚書掌禮儀、祭享、貢舉之政。正四品下。　知樞密院事：官名。後晉高祖天福元年（936）始置，主管樞密院政務。　“及高祖建號”至“知樞密院事”：《輯本舊史》卷七六《晉高祖紀二》天福元年十一月己亥條：“以節度掌書記桑維翰爲翰林學士、守尚書禮部侍郎、知樞密院事。”《新五代史》卷八《晉本紀》天福元年十一月己亥條：“掌書記桑維翰爲翰林學士、尚書禮部侍郎，知樞密使事。”《通鑑》卷二八〇天福元年十一月己亥條：“以掌書記桑維翰爲翰林學士、禮部侍郎、權知樞密使事。”

[5]中書侍郎：官名。中書省副長官。唐後期三省長官漸爲榮銜，中書、門下侍郎却因參議朝政而職位漸重，常常用爲以“同三品”或“同平章事”任宰相者的本官。正三品。　平章事：官名。即“同中書門下平章事”，亦稱“同平章事”。唐高宗以後，凡實際任宰相之職者，常在其本官後加同平章事的職銜。後成爲宰相專稱。後晉天福五年（940），升中書門下平章事爲正二品。　集賢殿大學士：官名。唐中葉置，位在學士之上，以宰相兼。掌修書之事。　樞密院使：官名。樞密院長官，五代時以士人爲之，備顧問，參謀議，出納詔奏，權侔宰相。參見李全德《唐宋變革期樞密院研究》，國家圖書館出版社 2009 年版。　尋改中書侍郎、平章事、集賢殿大學士，充樞密院使：《輯本舊史》卷七六《晉高祖紀二》天福元年閏十一月丙寅條：“制……以翰林學士、權知樞密事、禮部侍郎、知制誥桑維翰爲中書侍郎、同中書門下平章事、集賢殿大學士，依前知樞密院事，賜推忠興運致理功臣。”同卷天福二年正月戊寅條：“以權知樞密使事、中書侍郎、同中書門下平章事、集賢殿學士桑維翰爲樞密使。”《新五代史》卷八天福元年閏十一月丙寅條：“桑維翰爲中書侍郎、同中書門下平章事，兼樞密使。”《新五代史》卷二九《桑維翰傳》：“遷中書侍郎、同中書門下平章事，兼樞密使。”《通鑑》卷二八〇天福元年閏十一月丙寅條：“以趙瑩爲門下侍郎，桑維翰爲中書侍郎，並同平章事；維翰仍權知樞

密使事。”

[6]夷門：原指戰國魏都大梁城東門，故址在今河南開封城内東北隅。夷門位於夷山，夷山因山勢平夷而得名，故門亦以山爲名。此處代指開封。　范延光：人名。鄴郡臨漳（今河北臨漳縣）人。後唐、後晋將領。傳見本書卷九七。　鄴：地名。即鄴都。治所在今河北大名縣。後唐莊宗同光元年（923），改魏州爲興唐府，建號東京。三年，改東京爲鄴都。　張從賓：人名。籍貫不詳。後唐、後晋將領。傳見本書卷九七。

[7]“高祖幸夷門”至“時皆服其度量”：《輯本舊史》卷七七《晋高祖紀三》天福三年七月壬戌條：“宰臣趙瑩、桑維翰、李崧各改鄉里名號。”同年九月乙卯條：“詔……中書侍郎平章事桑維翰、李崧給門戟十二枝。”同年十月壬辰條：“以樞密使、中書侍郎平章事、集賢殿大學士桑維翰兼兵部尚書，皆罷樞密使。”此句有《輯本舊史》之原輯者案語：“以上疑有闕文。據《通鑑考異》引《晋高祖實録》，維翰與李崧並罷樞密使。”見《通鑑》卷二八一天福三年十月戊子日之《考異》。《輯本舊史》卷七八《晋高祖紀四》天福四年四月甲申條：“先是，桑維翰免樞密之務，以劉處讓代之，奏議多不稱旨，及處讓丁母憂，遂以密院印付中書，故密院廢焉。”《通鑑》卷二八一天福二年三月丙寅條：“范延光聚卒繕兵，悉召巡内刺史集魏州，將作亂。會帝謀徙都大梁，桑維翰曰：‘大梁北控燕、趙，南通江、淮，水陸都會，資用富饒。今延光反形已露，大梁距魏不過十驛，彼若有變，大軍尋至，所謂疾雷不及掩耳也。’丙寅，下詔，託以洛陽漕運有闕，東巡汴州。”同年六月條：“時羽檄縱横，從官在大梁者無不恟懼，獨桑維翰從容指畫軍事，神色自若，接對賓客，不改常度，衆心差安。”

及楊光遠平鄴，[1]朝廷慮兵驕難制，維翰請速散其衆，尋移光遠鎮洛陽，光遠由是怏怏，上疏論維翰去公狥私，除改不當，復營邸肆於兩都之下，與民争利。高祖方姑息外將，事不獲已，因授維翰檢校司空、兼侍中，出爲相州節度使，時天福四年七月也。[2]先是，相州管内所獲盜賊，皆籍没其財産，云是河朔舊例。[3]及維翰作鎮，以律無明文，具事以奏之。詔曰："桑維翰佐命功全，臨戎寄重，舉一方之往事，合四海之通規。況賊盜之徒，律令具載，比爲撫萬姓而安萬國，豈忍罪一夫而破一家。聞將相之善言，成國家之美事，既資王道，實契人心。今後凡有賊人，准格律定罪，不得没納家貲，天下諸州皆准此處分。"自是劫賊之家，皆免籍没，維翰之力也。[4]歲餘，移鎮兖州。[5]

[1]楊光遠：人名。沙陀部人。後唐、後晋將領。傳見本書卷九七、《新五代史》卷五一。

[2]檢校司空：官名。爲散官或加官，以示恩寵，無實際執掌。　侍中：官名。秦始置。隋、唐前期爲門下省長官。唐後期多爲大臣加銜，不參與政務，實際職務由門下侍郎執行。正二品。　相州：州名。治所在今河南安陽市。　節度使：官名。唐宋時期在重要地區所設掌握一州或數州軍、民、財政的長官。　天福：五代後晋高祖石敬瑭年號（936—942）。出帝石重貴沿用至九年（944）。後漢高祖劉知遠繼位後沿用一年，稱天福十二年（947）。　"及楊光遠平鄴"至"時天福四年七月也"：中華書局本有校勘記："本書卷七八《晋高祖紀四》、《通鑑》卷二八一《考異》引《晋高祖實録》繫其事於天福四年閏七月。"　《通鑑》卷二八一天福三年（938）十月戊子條《考異》："竇貞固《晋少帝實録》及《薛史·劉處讓傳》云：'楊光遠入朝，遂於高祖前面言執政之失；乃罷維翰等樞密使，以處讓爲之。'《楊光遠傳》云：'范延光降，光遠面

奏維翰擅權；高祖以光遠方有功於國，乃出維翰領安陽，光遠爲西京留守。’今按《晋高祖實録》，天福三年十月壬辰，維翰、崧罷樞密使。庚子，光遠始入朝，對於便殿；十一月戊申，光遠爲西京留守。天福四年閏七月壬申，維翰出爲相州節度使。蓋《處讓》《光遠傳》之誤。《晋少帝實録》及《薛史·桑維翰傳》敘光遠鎮洛陽後疏維翰出相州，是也。”《輯本舊史》卷七八《晋高祖紀四》天福四年閏七月壬申條：“以中書侍郎、平章事、集賢殿大學士桑維翰爲檢校司空、兼侍中、相州彰德軍節度使。”卷九七《楊光遠傳》：“桑維翰爲樞密使，往往彈射其事，光遠心銜之。及延光降，光遠入朝，面奏維翰擅權，高祖以光遠方有功於國，乃出維翰鎮相州，光遠爲西京留守，兼鎮河陽，因罷其兵權。”此句有《舊五代史考異》：“《通鑑考異》云：《晋高祖實録》：‘天福三年十月壬辰，維翰、崧罷樞密使。庚子，光遠始入朝，對于便殿。十一月戊申，光遠爲西京留守。天福四年閏七月壬申，維翰出爲相州節度使。’與此傳先後互異。”卷一〇八《李崧傳》：“（崧）與桑維翰並兼樞密使。維翰鎮相州，未幾，廢樞密院。”又：“晋少帝嗣位，復用桑維翰爲樞密使，命崧兼判三司。未幾，代維翰爲樞密使。與馮玉對掌機密。”《新五代史》卷五一《楊光遠傳》：“光遠自魏來朝，屢指維翰擅權難制，高祖不得已，罷出維翰於相州，亦徙光遠西京留守，兼鎮河陽，奪其兵職。”《通鑑》卷二八二天福四年閏七月：“西京留守楊光遠疏中書侍郎、同平章事桑維翰遷除不公及營邸肆於兩都，與民争利；帝不得已，閏月壬申，出維翰爲彰德節度使兼侍中。”明本《册府》卷三二二《宰輔部·出鎮門》桑維翰條：“天福四年七月，出爲檢校司空、兼侍中、相州節度使。”

[3]河朔：古地區名。泛指黄河以北地區。

[4]“先是，相州管内所獲盜賊”至“維翰之力也”：《輯本舊史》卷一四七《刑法志》天福四年九月：“相州節度使桑維翰奏：‘管内所獲賊人，從來籍没財産，云是鄴都舊例，格律未見明文。’敕：‘今後凡有賊人，准格定罪，不得没納家貲。天下諸州，准此

處分。’”《宋本册府》卷六一三《刑法部·定律令門五》天福四年九月條：“相州節度使桑維翰上言：‘管内獲賊人，從來籍没財産，云是鄴都舊例，格律未見明文。’”

[5]兖州：州名。治所在今山東濟寧市兖州區。　歲餘，移鎮兖州：《輯本舊史》卷七九《晋高祖紀五》天福五年三月乙亥條：“相州節度使桑維翰加檢校司徒，改兖州節度使。”桑維翰於相州任上不足一年。

時吐渾都督白承福爲契丹所迫，舉衆内附，高祖方通好於契丹，拒而不納。[1]鎮州節度使安重榮患契丹之强，欲謀攻襲，戎使往返路出於真定者，[2]皆潛害之，密與吐渾深相結，至是納焉，而致於朝。既而安重榮抗表請討契丹，且言吐渾之請。是時安重榮握强兵，據重鎮，恃其驍勇，有飛揚跋扈之志。晋祖覽表，猶豫未决。維翰知重榮已畜奸謀，且懼朝廷違其意，乃密上疏曰：

[1]吐渾：部族名。吐谷渾的省稱。源出鮮卑，後游牧於今甘肅、青海一帶。參見周偉洲《吐谷渾資料輯録》（增訂本），商務印書館2017年版。　都督：官名。唐前期在邊疆地區和戰略要地設置都督府，管理地方軍政。掌管數州兵馬、甲械、城隍、鎮戍、糧廩，總判府事，一般兼任所在州刺史，兼理民政。到唐玄宗以後，都督逐漸爲節度使所取代。大都督爲從二品，中都督爲正三品，下都督爲從三品。　白承福：五代時北吐谷渾首領。吐谷渾族。後唐莊宗同光元年（923），被任爲寧朔、奉化兩府都督，賜姓名爲李紹魯。事見《新五代史》卷七四《四夷附録·吐渾》。　契丹：部族名、政權名。公元4世紀中葉鮮卑族宇文部爲前燕攻破，

始分離而成單獨的部落，自號契丹。唐貞觀中，置松漠都督府，以其首領爲都督。唐末强盛，916 年迭剌部耶律阿保機建立契丹國（遼）。先後與五代、北宋並立，遼天祚帝保大五年（1125）爲金所滅。參見張正明《契丹史略》，中華書局 1979 年版。

［2］鎮州：州名。治所在今河北正定縣。　安重榮：人名。朔州（今山西朔州市朔城區）人。後唐、後晉將領。傳見本書卷九八、《新五代史》卷五一。　戎使：中華書局本有校勘記："'使'原作'師'，據《册府》卷九九四、《通鑑》卷二八二、《契丹國志》卷二改。"見《宋本册府》卷九九四《外臣部·備禦門七》。《通鑑》卷二八二天福六年（941）六月條："成德節度使安重榮耻臣契丹，見契丹使者，必箕踞慢駡，使過其境，或潛遣人殺之。契丹以讓帝，帝爲之遜謝。"《通鑑》所載此句亦見於《契丹國志》卷二，其中"契丹"均作"遼"。按："師"者人數衆多，與"潛害"不合，故"戎使"較爲妥當。　真定：縣名。治所在今河北正定縣。

竊以防未萌之禍亂，立不拔之基扃，上繫聖謀，動符天意，非臣淺陋所可窺圖。然臣逢世休明，致位通顯，無功報國，省己愧心，其或事繫安危，理關家國，苟猶緘默，實負君親，是以區區之心，不能自已。

近者，相次得進奏院狀報：吐渾首領白承福已下舉衆内附，鎮州節度使安重榮上表請討契丹。臣方遥隔朝闕，[1]未測端倪。竊思陛下頃在并、汾，[2]初罹屯難，師少糧匱，援絶計窮，勢若綴旒，困同懸磬。契丹控弦玉塞，躍馬龍城，直度陰山，徑絶大漠，萬里赴難，一戰夷凶，救陛下累卵之危，成陛下覆盂之業。[3]皇朝受命，於此六年，夷夏通歡，亭障無事。[4]雖卑辭降節，屈萬乘之尊；而庇國息民，實數世之利。今者，安重榮表契丹之罪，方恃勇以請行；白承福畏契丹之强，將假手以報怨。恐非遠慮，有惑聖聰。

[1]臣方遥隔朝闕：中華書局本有校勘記："'隔'字原闕，據《册府》卷九九四補。"見《宋本册府》卷九九四《外臣部·備禦門七》。

[2]并：州名。治所在今山西太原市。　汾：州名。治所在今山西汾陽市。

[3]覆盂：《輯本舊史》之影庫本粘籤："原本作'復于'，今從《通鑑》改正。"查《通鑑》，未見此記載。見《宋本册府》卷九九四。

[4]夷夏：《輯本舊史》原作"彼此"。中華書局本有校勘記："'彼此'，《册府》卷九九四作'夷夏'。"見《宋本册府》卷九九四。此爲輯者因忌清諱而改，今回改。

方今契丹未可與争者，有其七焉：契丹數年來最强盛，侵伐鄰國，吞滅諸蕃，救援河東，功成師克。山後之名藩大郡，盡入封疆；中華之精甲利兵，悉歸虜北。[1]即今土地廣而人民衆，戎器備而戰馬多。此未可與争者一也。[2]契丹自告捷之後，鋒鋭氣雄；南軍因敗衄已來，心沮膽怯。況今秋夏雖稔，而帑廩無餘；黎庶雖安，而貧弊益甚；戈甲雖備，而鍛礪未精；士馬雖多，而訓練未至。此未可與争者二也。契丹與國家恩義非輕，信誓甚篤，雖多求取，未至侵淩，豈可先發釁端，自爲戎首。縱使因兹大克，則後患仍存；其或偶失沉機，則追悔何及。兵者凶器也，戰者危事也，苟議輕舉，安得萬全。此未可與争者三也。[3]王者用兵，觀釁而動。是以漢宣帝得志於匈奴，因單于之争立；唐太宗立功於突厥，由頡利之不道。[4]方今契丹主抱雄武之量，[5]有戰伐之機，部族輯睦，蕃國畏伏，土地無災，孳畜繁庶，蕃漢雜用，國無釁隙。此未可與争者四也。引弓之民，遷徙鳥舉，行逐水草，軍無饋運，居無竈幕，住無營栅，[6]便苦澀，任勞役，不畏風霜，不顧饑渴，皆華人之所不能。此未可與争者五也。戎人皆騎士，利在坦途；中國用徒兵，喜於隘險。趙、魏之北，燕、薊之南，千里之間，地平如砥，步騎之便，較然可知。國家若與契丹相持，則必屯兵邊上。少則懼夷狄之衆，[7]固須堅壁以自全；多則患飛輓之勞，必須逐寇而速返。我歸而彼至，我出而彼迴，則禁衛之驍雄，疲於奔命，鎮、定之封境，略無遺民。此未可與争者六也。議者以陛下於契丹有所供億，謂之耗蠹，有所卑遜，謂之屈辱，微臣所見，則曰不然。且以漢祖英雄，猶輸貨於冒頓；神堯武略，尚稱臣於可汗。[8]此謂達於權變，善於屈伸，所損者微，所利者大。必若因兹交搆，遂成釁隙，自此則歲歲徵發，日日轉輸，困天下之生靈，空國家之府藏，此謂耗蠹，不亦甚乎！兵戈既起，將帥擅權，武吏功臣，過求姑息，邊藩遠郡，得以驕矜，外剛内柔，上凌下僭，此爲屈辱，又非多乎！此未可與争者七也。

[1]虜北：《輯本舊史》原作“廬帳”。中華書局本有校勘記：“‘廬帳’，《册府》卷九九四作‘虜北’。”見《宋本册府》卷九九四《外臣部·備禦門七》。此因輯者忌清諱而改，今回改。

[2]此未可與争者一也：中華書局本有校勘記：“‘者’字原闕，據殿本、《册府》卷九九四及本卷下文補。”見《宋本册府》卷九九四。

[3]此未可與争者三也：中華書局本有校勘記：“‘此’字原闕，據殿本、《册府》卷九九四及本卷下文補。”見《宋本册府》卷九九四。

[4]漢宣帝：即劉詢，原名劉病已，漢武帝劉徹曾孫，西漢第十位皇帝，前74年至前49年在位。以賢明著稱。紀見《漢書》卷八。　匈奴：部族名、政權名。西周、春秋時稱獫狁、戎狄。戰國時游牧於燕、趙、秦以北地區。秦漢之際，匈奴冒頓單于統一各部，擊敗東胡、月氏，勢力强盛，建立起匈奴政權。漢和帝時，遣大將軍竇憲率軍擊敗北匈奴，迫使其部分西遷，越過中亞後到達歐洲，留居漠北的餘部匯入鮮卑部落。南匈奴屯居朔方、五原、雲中（今内蒙古境内）等郡，東漢末分爲五部。兩晉十六國時匈奴族先後在黄河流域建立漢（前趙）、夏、北凉等國，經過南北朝時代北方的民族大融合，逐漸在歷史上消失。參見陳序經《匈奴史稿》，中國人民大學出版社2007年版。　單于：古代北方少數民族首領的名號。　唐太宗：即李世民，隴西成紀（今甘肅秦安縣）人。626年至649年在位。通過“玄武門之變”掌權，開創史稱“貞觀之治”的歷史時期。紀見《舊唐書》卷二、卷三及《新唐書》卷二。　突厥：部族名、政權名。公元6至8世紀活躍於北亞和中亞，稱雄於漠北、西域。西魏廢帝元年（552），首領土門大破柔

然，自號伊利可汗，建立突厥汗國，置汗庭於鬱督軍山（今蒙古國杭愛山東段）。隋文帝開皇二年（582），突厥汗國分裂爲東、西突厥。唐中期以後西突厥、東突厥均已衰落。參見吴玉貴《突厥汗國與隋唐關係史研究》，中國社會科學出版社 2007 年版。　頡利：人名。即東突厥頡利可汗。複姓阿史那氏，名咄苾，突厥族。東突厥啓民可汗之子。與唐朝多有争戰，後兵敗被俘，東突厥由是滅亡。事見《舊唐書》卷一九四上、《新唐書》卷二一五上。

[5]方今契丹主抱雄武之量：中華書局本有校勘記："'主'，原作'王'，據殿本、劉本、邵本校、彭本改。"

[6]住無營柵：中華書局本有校勘記："'住'，原作'往'，據殿本、劉本、《册府》卷九九四改。"見《宋本册府》卷九九四。

[7]夷狄：《輯本舊史》原作"强敵"。中華書局本有校勘記："'强敵'，《册府》卷九九四作'夷狄'。"見《宋本册府》卷九九四。此因輯者忌清諱而改，今回改。

[8]漢祖：即漢高祖劉邦。前 206 年至前 195 年在位。紀見《史記》卷八、《漢書》卷一。　冒頓：人名。匈奴族。著名軍事統帥。統一北方草原，建立匈奴帝國。事見《史記》卷一一〇、《漢書》卷九四上。　神堯：對唐高祖李淵的敬稱。　可汗：古代北方少數民族首領的名號。

願陛下思社稷之大計，採將相之善謀，勿聽樊噲之空言，宜納婁敬之逆耳。[1]然後訓撫士卒，養育黔黎，積穀聚人，勸農習戰，以俟國有九年之積，兵有十倍之强，主無内憂，民有餘力，[2]便可以觀彼之變，待彼之衰，用己之長，攻彼之短，舉無不克，動必成功。此計之上者也，惟陛下熟思之。

[1]樊噲：人名。泗水郡沛縣（今江蘇沛縣）人。西漢開國將帥。傳見《史記》卷九五、《漢書》卷四一。　婁敬：人名。齊（今山東濟南市）人。西漢初期大臣。傳見《史記》卷九九、《漢書》卷四三。

[2]民有餘力：中華書局本有校勘記："'有'，原作'無'，據殿本、劉本、邵本校、《册府》卷九九四改。"見《宋本册府》卷九九四《外臣部·備禦門七》。

臣又以鄴都襟帶山河，表裏形勝，原田沃衍，户賦殷繁，乃河朔之名藩，實國家之巨屏。即今主帥赴闕，軍府無人，臣竊思慢藏誨盜之言，恐非勇夫重閉之意，愿迴深慮，免起奸謀。欲希陛下暫整和鑾，略謀巡幸。雖櫛風沐雨，上勞於聖躬；而杜漸防微，實資於睿略。省方展義，今也其時。臣受主恩深，憂國情切，智小謀大，理淺詞繁，俯伏惟懼於僭踰，裨補或希於萬一，謹冒死以聞。

疏奏，留中不出。[1]高祖召使人於内寢，傳密旨於維翰曰："朕比以北面事之，煩懣不快，今省所奏，釋然如醒，朕計已决，卿可無憂。"[2]

[1]留中不出：皇帝將朝臣的奏章留於宫中，不交議亦不批答。詳見傅禮白《宋朝的章奏制度與政治决策》，《文史哲》2004年第4期。

[2]事之：中華書局本有校勘記："'事之'，《册府》卷九九四、《新五代史》卷二九《桑維翰傳》作'之事'。"《宋本册府》卷九九四《外臣部·備禦門七》此句作"朕比日於南面之事"。

《新五代史》卷二九《桑維翰傳》："高祖召維翰使者至卧内，謂曰：'北面之事，方撓吾胸中，得卿此疏，計已决矣，可無憂也。'"兩者均誤，不取。

七年夏，高祖駕在鄴都，維翰自鎮來朝，改授晋昌軍節度使。[1]少帝嗣位，徵拜侍中、監修國史，頻上言請與契丹和，爲上將景延廣所否。[2]明年，楊光遠構契丹，有澶淵之役，凡制敵下令，皆出於延廣，維翰與諸相無所與之。及契丹退，維翰使親黨受寵於少帝者密致自薦，曰："陛下欲制北戎以安天下，非維翰不可。"[3]少帝乃出延廣守洛，以維翰守中書令，再爲樞密使、弘文館大學士，繼封魏國公。[4]事無巨細，一以委之，數月之間，百度寖理。然權位既重，而四方賂遺，咸湊其門，故仍歲之間，積貨鉅萬，由是澆競輩得以興謗。未幾，内客省使李彦韜、端明殿學士馮玉皆以親舊用事，與維翰不協，間言稍入，維翰漸見疏忌，將加黜退，[5]賴宰相劉昫、李崧奏云：[6]"維翰元勳，且無顯過，不宜輕有進退。"少帝乃止。尋以馮玉爲樞密使，以分維翰之權。[7]

[1]晋昌軍：方鎮名。治所在雍州京兆府（今陝西西安市）。改授晋昌軍節度使：《輯本舊史》卷八〇《晋高祖紀六》天福七年（942）正月丙寅條："兖州節度使桑維翰加檢校太保。"同年閏三月戊子條："兖州節度使桑維翰加特進，封開國公。"同年六月丁巳條："以兖州節度使桑維翰爲晋昌軍節度使。"卷八一《晋少帝紀一》天福七年八月壬戌條："晋昌軍節度使桑維翰加檢校太傅。"

《宋本册府》卷八二一《總録部·崇釋氏門》："桑維翰爲侍中，天福末奏：'臣洛京章善坊捨宅爲僧院，乞賜名額。'勑以奉先禪院爲名。"

［2］少帝：即後晉少帝石重貴。石敬瑭從子。紀見本書卷八一至卷八五、《新五代史》卷九。　監修國史：官名。北齊始置史館，以宰相爲之。唐史館沿置，爲宰相兼職。　景延廣：人名。陝州（今河南三門峽市陝州區）人。後晉將領。傳見本書卷八八、《新五代史》卷二九。　少帝嗣位，徵拜侍中：《輯本舊史》卷八一《晋少帝紀一》天福八年三月己卯條："以晋昌軍節度使桑維翰爲侍中、監修國史。"此句有《舊五代史考異》："《通鑑》作晋昌節度使、兼侍中桑維翰爲侍中。胡三省注云：'桑維翰始居藩鎮而兼侍中，今入朝，正爲門下省長官。'"見《新五代史》卷九《晋本紀》天福八年三月己卯條、《通鑑》卷二八三天福八年三月己卯條。

［3］"及契丹退"至"非維翰不可"：據《舊五代史考異》載："《歐陽史》作維翰陰使人説帝，與《薛史》同。《通鑑》作或謂帝曰：'欲安天下，非桑維翰不可。'與《薛史》異。"見《新五代史》卷二九《桑維翰傳》、《通鑑》卷二八四開運元年（944）六月乙巳條。《輯本舊史》卷八二《晋少帝紀二》開運元年正月己亥條之原輯者案語："《遼史》云：辛丑，晋遣使來修舊好，詔割河北諸州及遣桑維翰、景延廣來議。與《薛史》微異。"見《遼史》卷四《太宗紀下》會同七年（944）三月辛丑。《輯本舊史》卷一三七《契丹傳》："晋相桑維翰勸少帝求和於契丹，以紓國難，少帝許之，乃遣使奉表稱臣，卑辭首過。使迴，德光報曰：'但使桑維翰、景延廣自來，并割鎮、定與我，則可通和也。'朝廷知其不可，乃止。"

［4］中書令：官名。漢代始置，隋、唐前期爲中書省長官，屬宰相之職；唐後期多爲授予元勳大臣的虚銜。正二品。　樞密使：官名。樞密院長官。五代時以士人爲之，備顧問，參謀議，出納詔

奏，權侔宰相。參見李全德《唐宋變革期樞密院研究》，國家圖書館出版社2009年版。　弘文館：官署名。弘文館爲唐代中央官學之一。設館主一人，總領館務；判館事一人，管理日常事務。學士無員限，掌校正圖籍，教授生徒，並參議政事。五品以上稱爲學士，六品以下稱爲直學士，又有文學直館學士，均以他官兼領。“少帝乃出延廣守洛”至“再爲樞密使、弘文館大學士”：《輯本舊史》卷八二開運元年六月丁未條：“以侍中桑維翰爲中書令，充樞密使。”卷八三《晉少帝紀三》開運元年七月己丑條：“以樞密使、中書令桑維翰充弘文館大學士。”《新五代史》卷九《晉本紀九》開運元年六月丁未條：“侍中桑維翰爲中書令，充樞密使。”

[5]内客省使：官名。中書省内客省長官。　李彦韜：人名。太原（今山西太原市）人。後晉少帝寵臣，與宦官近臣相勾結，排擠文臣。傳見本書卷八八。　端明殿學士：官名。後唐明宗始置，以翰林學士充任，負責誦讀四方書奏。　馮玉：人名。定州（今河北定州市）人。後晉外戚、宰相。傳見本書本卷、《新五代史》卷五六。

[6]劉昫：人名。涿州歸義縣（今河北容城縣）人。五代大臣，曾任宰相、監修國史，領銜撰進《舊唐書》。傳見本書本卷、《新五代史》卷五五。　李崧：人名。深州饒陽（今河北饒陽縣）人。後晉宰相，歷仕後唐至後漢。傳見本書卷一〇八、《新五代史》卷五七。

[7]尋以馮玉爲樞密使，以分維翰之權：《輯本舊史》卷八九《趙瑩傳》：“開運末，馮玉、李彦韜用事，以桑維翰才望素重，而瑩柔而可制，因共稱之，乃出維翰，復瑩相位，加弘文館大學士。”卷九四《劉處讓傳》：“先是，桑維翰、李崧兼充樞密使，處讓以莊宗已來樞密使罕有宰臣兼者，因萌心以覬其位。及楊光遠討伐鄴城，軍機大事，高祖每命處讓宣達。時光遠恃軍權，多有越體論奏，高祖依違而已，光遠慊之，頻與處讓宴語及之，處讓訴曰：‘非聖旨也，皆出維翰等意。’及楊光遠入朝，遂於高祖前面言執政

之失，高祖知其故，不得已乃罷維翰等，以處讓爲樞密使。”卷一〇九《李守貞傳》：“桑維翰以元勳舊德爲樞密使，守貞位望素處其下，每憚之，與李彦韜、馮玉輩協力排斥，維翰竟罷樞務。”並可參考卷一四九《職官志·内職》晋天福四年四月、開運元年六月條。《新五代史》卷二九《桑維翰傳》：“以玉爲樞密使，既而以爲相。維翰日益見疎。”《通鑑》卷二八四開運二年二月丙申條：“中旨以玉爲户部尚書、樞密使，以分維翰之權。”

後因少帝微有不豫，維翰曾密遣中使達意於太后，請爲皇弟重睿擇師傅以教導之，少帝以此疑其有他。[1]俄而馮玉作相，與維翰同在中書，會舍人盧價秩滿，玉乃下筆除價爲工部侍郎，[2]維翰曰：“詞臣除此官稍慢，恐外有所議。”因不署名，屬維翰休假，玉竟除之，自此維翰與玉尤不相協。俄因少帝以重睿擇師傅事言於玉，[3]玉遂以詞激帝，帝尋出維翰爲開封府尹，維翰稱足疾，罕預朝謁，不接賓客。[4]

[1]中使：官名。泛指朝廷派出的使臣。多由宦官擔任。　重睿：人名。即石重睿。後晋高祖石敬瑭之子。傳見《新五代史》卷一七。　教導：《輯本舊史》原作“教道”，據明本《册府》卷三三七《宰輔部·不協門》改。　“後因少帝微有不豫”至“少帝以此疑其有他”：《通鑑》卷二八五開運二年（945）十二月條：“初，帝疾未平，會正旦，樞密使、中書令桑維翰遣女僕入宫起居太后，因問：‘皇弟睿近讀書否？’帝聞之，以告馮玉，玉因譖維翰有廢立之志；帝疑之。”明本《册府》卷三三七“以此”作“由此”。

[2]舍人：官名。中書省屬官。掌起草文書、呈遞奏章、傳宣

詔命等。正五品上。　盧價：人名。祖籍范陽（今河北涿州市），世居懷州河内（今河南沁陽市）。五代大臣。參見羅火金《五代時期盧價墓誌考》，《中國歷史文物》2009年第2期。《輯本舊史》之影庫本粘籤："原本作'盧侍'，今從《歐陽史》改正。"見《新五代史》卷五六《馮玉傳》。《輯本舊史》卷八四《晋少帝紀四》開運二年九月丁酉條："以中書舍人盧價爲工部侍郎。價久次綸闈，舊例合轉禮部侍郎或御史中丞，宰臣馮玉擬此官，桑維翰以爲資望淺，不署狀。無何，維翰休沐數日，玉獨奏行之，維翰由是不樂，與玉有間矣。"　工部侍郎：官名。尚書省工部次官。協助尚書掌管百工山澤水土之政令，考其功以詔賞罰，總所同各司之事。正四品下。

[3]俄因少帝以重睿擇師傅事言於玉：《輯本舊史》原無"事"字，據明本《册府》卷三三七補。

[4]開封府尹：官名。五代除後唐外均都汴州，升汴州爲開封府，置開封尹或知開封府事，執掌京師政務。從三品。　"帝尋出維翰爲開封府尹"至"不接賓客"：《輯本舊史》卷八四《晋少帝紀四》開運二年十二月丁亥條："以樞密使、中書令桑維翰爲開封尹。"《通鑑》卷二八五開運二年十二月丁亥條："罷維翰政事，爲開封尹。維翰遂稱足疾，希復朝謁，杜絶賓客。"亦見《新五代史》卷九《晋本紀》開運二年十二月丁亥條。

是歲，秋霖經月不歇。一日，維翰出府門，由西街入内，至國子監門，馬忽驚逸，御者不能制，維翰落水，久而方蘇。[1]或言私邸亦多怪異，親黨咸憂之。及戎王至中渡橋，維翰以國家安危繫在朝夕，迺詣執政異其議，又求見帝，復不得對。維翰退而謂所親曰："若以社稷之靈，天命未改，非所能知也；若以人事言之，晋氏將不血食矣。"[2]

[1]國子監：官署名。晉代始設國子學，隋代改稱國子監。古代中國最高學府和教育管理機構，設國子祭酒爲最高長官。中華書局本有校勘記："'監'字原闕，據《册府》卷九五一補。"見《宋本册府》卷九五一《總録部·咎徵門二》。

[2]"及戎王至中渡橋"至"晉氏將不血食矣"：《輯本舊史》卷八五《晉少帝紀五》之末有原輯者案語："《五代史補》：少主之嗣位也，契丹以不俟命而擅立；又景延廣辱其使，契丹怒，舉國南侵。以駙馬都尉杜重威等領駕下精兵甲禦之于中渡河橋。既而契丹之衆已深入，而重威等奏報未到朝廷。時桑維翰罷相，爲開封府尹，謂僚佐曰：'事急矣，非大臣鉗口之時。'乃叩内閣求見，欲請車駕親征，以固將士之心。而少主方在後苑調鷹，至暮竟不召。維翰退而歎曰：'國家阽危如此，草澤逋客亦宜下問，況大臣求見而不召耶！事亦可知矣。'未幾，杜重威之徒降于契丹，少主遂北遷。"見《五代史補》卷三。《新五代史》卷二九《桑維翰傳》："契丹屯中渡，破欒城，杜重威等大軍隔絶，維翰曰：'事急矣！'乃見馮玉等計事，而謀不合。又求見帝，帝方調鷹於苑中，不暇見，維翰退而歎曰：'晉不血食矣！'"《通鑑》卷二八五開運三年(946)十二月辛酉條："開封尹桑維翰，以國家危在旦夕，求見帝言事；帝方在苑中調鷹，辭不見。又詣執政言之，執政不以爲然。退，謂所親曰：'晉氏不血食矣！'"

開運三年十二月十日，王師既降契丹，十六日，張彦澤以前鋒騎軍陷都城，戎王遣使遺太后書云："可先使桑維翰、景延廣遠來相接，甚是好事。"[1]是日凌旦，都下軍亂，宫中火發。維翰時在府署，左右勸使逃避，維翰曰："吾國家大臣，何所逃乎？"即坐以俟命。時少帝已受戎王撫慰之命，乃謀自全之計，因思維翰在相時，累貢謀畫，請與虜和，慮戎王到京窮究其事，則顯彰己過，故欲殺維翰以滅其口，因令圖之。[2]張彥澤既受少帝密旨，[3]復利維翰家財，乃稱少帝命召維翰。維翰束帶乘馬，行及天街，與李崧相遇，交談之次，有軍吏於馬前揖維翰赴侍衛司，維翰知其不可，顧謂崧曰："侍中當國，今日國亡，翻令維翰死之，何也?"[4]崧甚有愧色。是日，彥澤遣兵守之，[5]十八日夜，爲彥澤所害，[6]時年四十九。即以衣帶加頸，報戎王云維翰自經而死。戎王報曰："我本無心害維翰，維翰不合自剄。"戎王至闕，使人驗其狀，令殯於私第，厚撫其家，所有田園邸第，並令賜之。[7]及漢高祖登極，詔贈尚書令。[8]

[1]開運：後晋少帝石重貴年號（944—946）。　張彥澤：人名。突厥人，徙居太原。後晋將領，投降於契丹。傳見本書卷九八、《新五代史》卷五二。

[2]請與虜合：《輯本舊史》原作"請與契丹合"。《新輯會證》："據《資治通鑑考異》卷三〇引《薛史》、《大事紀續編》卷七五引《舊史》改。"見《通鑑》卷二八五開運三年（946）甲戌條《考異》。《新五代史》卷二九《桑維翰傳》："自契丹與晋盟，始成於維翰，而終敗於景延廣，故自兵興，契丹凡所書檄，未嘗不以此兩人爲言。耶律德光犯京師，遣張彥澤遺太后書，問此兩人在否，可使先來。而帝以維翰嘗議毋絶盟而己違之也，不欲使維翰見德光，因諷彥澤圖之，而彥澤亦利其貲産。"

[3]張彥澤既受少帝密旨：《舊五代史考異》："《通鑑考異》云：彥澤既降契丹，豈肯復受少帝之命，當係彥澤自以私怨殺維翰，非受命于少帝也。"《通鑑》卷二八五開運三年十二月甲戌條《考異》云："是時豈肯復從少帝之命!"

[4]侍衛司：官署名。五代及宋初置。全稱侍衛親軍馬步軍指

揮使司，與殿前司分領全國禁軍。

[5]彦澤遣兵守之：《通鑑》卷二八五開運三年十二月癸酉條："彦澤踞坐見維翰，維翰責之曰：'去年拔公於罪人之中，復領大鎮，授以兵權，何乃負恩至此！'彦澤無以應，遣兵守之。"

[6]十八日夜，爲彦澤所害：《輯本舊史》卷八五《晋少帝紀五》開運三年十二月甲戌條："是夜，開封尹桑維翰、宣徽使孟承誨皆遇害。"是月丁巳朔，十八日即爲甲戌。卷九八《張彦澤傳》開運三年十二月："時桑維翰爲開封尹，彦澤召至麾下，待之不以禮。維翰責曰：'去年拔公於罪人之中，復領大鎮，授以兵權，何負恩一至此耶？'彦澤無以對。是夜殺維翰，盡取其家財。"《新五代史》卷九《晋本紀》開運三年十二月壬申條："張彦澤犯京師，殺開封尹桑維翰。"《太平廣記》卷一四五有桑維翰遇害前之傳説。

[7]所有田園邸第，並令賜之：中華書局本有校勘記："'田園'，邵本作'田宅'。"《舊五代史考異》："《歐陽史》作以尸賜其家，而貲財悉爲彦澤所掠。"見《新五代史》卷二九。

[8]漢高祖：後漢開國皇帝劉知遠，太原（今山西太原市）人，沙陀部人。紀見本書卷九九、卷一〇〇及《新五代史》卷一〇。　尚書令：官名。秦始置。隋、唐前期爲尚書省長官，與中書令、侍中並爲宰相。因以李世民爲之，後皆不授，唐高宗廢其職。唐後期以李適、郭子儀有功而特授此職，爲大臣榮銜，不參與政務。五代因之。唐時爲正二品，後梁開平三年（909）升爲正一品。《輯本舊史》卷一〇〇《漢高祖紀下》天福十二年（947）閏七月乙丑條："故開封尹桑維翰贈尚書令。"

維翰少時所居，恒有魑魅，家人咸畏之，維翰往往被竊其衣，撮其巾櫛，而未嘗改容。[1]當兩朝秉政，出上將楊光遠、景延廣俱爲洛川守；[2]又嘗一制除節將十五人，各領軍職，無不屈而服之。理安陽除民弊二十餘事，在兗海擒豪賊過千人，亦寇恂、尹翁歸之流也。[3]

[1]“維翰少時所居”至“而未嘗改容”：《宋本册府》卷八五〇《總録部·器量門》“恒”“咸”均作“常”。宋真宗爲《册府元龜》之實際主持人，名恒。

[2]洛川：縣名。治所在今陝西延安市。

[3]安陽：縣名。治所在今河南安陽市。　兗海：方鎮名。治所在兗州（今山東濟寧市兗州區）。　寇恂：人名。上谷昌平（今北京市昌平區）人。東漢開國功臣，“雲臺二十八將”之一。傳見《後漢書》卷一六。　尹翁歸：人名。河東平陽（今山西臨汾市）人。西漢官員。傳見《漢書》卷七六。

開運中，朝廷以長子坦爲屯田員外郎，次子塤爲祕書郎。[1]維翰謂同列曰：“漢代三公之子爲郎，廢已久矣，近或行之，甚諠外議。”乃抗表固讓不受，尋改坦爲大理司直，塤爲祕書省正字，議者美之。[2]

[1]屯田員外郎：官名。屯田郎中的副職。與郎中共掌屯田政令等。從六品上。　祕書郎：官名。魏晋始置。唐代掌經史子集四部圖書經籍。從六品上。

[2]大理司直：官名。大理寺屬官。掌出使推按，凡承制推訊長吏，當停務禁錮者，請魚書以往。從六品上。　祕書省：官署名。漢代設秘書監，晋代初置秘書寺，後改秘書省。隋唐沿置。以秘書監、秘書少監爲正副長官。掌古今經籍圖書、國史實録、天文曆數之事。　“開運中”至“議者美之”：亦見《宋本册府》卷一三一《帝王部·延賞門二》。

初，高祖在位時，詔廢翰林學士院，由是併内外制皆歸閣下，命舍人直内廷，數年之間，尤重其選。及維翰再居宥密，不信宿，奏復置學士院，凡署職者，皆其親舊。時議者以維翰相業素高，公望所屬，雖除授或黨，亦弗之咎也。《永樂大典》卷七千三百三十九。[1]

[1]《大典》卷七三三九“桑”字韻“姓氏”事目。《輯本舊史》録《五代史補》：“桑維翰形貌甚怪，往往見之者失次。張彦澤素以驍勇稱，每謁候，雖冬月未嘗不雨汗。及中渡變生，彦澤引蕃部至，欲逞其威，乃領衆突入開封府，弓矢亂發，且問：‘桑維翰安在？’維翰聞之，乃厲聲曰：‘吾爲大臣，使國家如此，其死宜矣。張彦澤安得無禮！’乃升廳安坐，數之曰：‘汝有何功，帶使相，已臨方面，當國家危急，不能盡犬馬之力以爲報効，一旦背叛，助契丹作威爲賊，汝心安乎？’彦澤覩其詞氣慨然，股慄不敢仰視，退曰：‘吾不知桑維翰何人，今日之下，威稜猶如此，其再可見耶！’是夜，令壯士就府縊殺之。當維翰之縊也，猶瞋目直視，嘘其氣再三，每一嘘皆有火出，其光赫然，三嘘之外，火盡滅，就視則奄然矣。”見《五代史補》卷三《桑維翰責張彦澤》條。“助契丹作威爲賊”，“契丹”原文爲“戎狄”，乃《輯本舊史》忌清諱改。《輯本舊史》卷九六《陳保極傳》：“初，桑維翰登第之歲，保極時在秦王幕下，因戲謂同輩曰：‘近知今歲有三箇半人及第。’蓋其年收四人，保極以維翰短陋，故謂之半人也。天福中，維翰既居相位，保極時在曹郎，慮除官差跌，心不自安，乃乞假南遊，將謀退跡。既而襄鄧長吏以行止入奏，維翰乃奏於高祖曰：‘保極閩人，多狡，恐逃入淮海。’即以詔追赴闕，將下臺鍜成其事，同列李崧極言以解之，因令所司就所居鞫之，貶爲衛尉寺丞，仍奪金紫。尋復爲倉部員外郎，竟以銜憤而卒。”

趙瑩

趙瑩，字玄輝，華陰人也。[1]曾祖溥，江陵縣丞。[2]祖孺，祕書正字。父居晦，爲農。瑩風儀美秀，性復純謹。梁龍德中，始解褐爲康延孝從事。[3]後唐同光中，延孝鎮陝州，會莊宗伐蜀，命延孝爲騎將。[4]將行，留瑩監修金天神祠。[5]功既集，忽夢神召於前亭，待以優禮，謂瑩曰："公富有前程，所宜自愛。"因遺一劍一笏，覺而駭異。[6]明宗即位，以高祖爲陝府兩使留後，[7]瑩時在郡，以前官謁之，一見如舊相識，即奏署管記。高祖歷諸鎮皆從之，累使闕下，官至御史大夫，賜金紫。[8]高祖再鎮并州，位至節度判官。[9]高祖建號，授瑩翰林學士承旨、金紫光禄大夫、户部侍郎，知太原府事，尋遷門下侍郎、同平章事、監修國史。[10]車駕入洛，使持聘謝契丹，及還，加光禄大夫、兼吏部尚書、判户部。[11]

[1]玄輝：中華書局本有校勘記："《册府》卷八九三作'玄暉'。趙瑩墓誌（拓片刊《大唐西市博物館藏墓誌》）云其字'光圖'。"見《宋本册府》卷八九三《總録部·夢徵門二》。　華陰：縣名。治所在今陝西華陰市。《輯本舊史》之影庫本粘籤："原本作'華夏'，今從《歐陽史》改正。"見《新五代史》卷五六《趙瑩傳》。

[2]江陵：縣名。治所在今湖北荆州市。　縣丞：官名。戰國時始設，歷代通常沿置，爲縣令之佐貳。掌文書、倉庫諸事。正八品。

[3]龍德：後梁末帝朱友貞年號（921—923）。　解褐：古代

入仕爲官的一種説法。　康延孝：人名。代（今山西代縣）人。後唐將領。傳見本書卷七四、《新五代史》卷四四。　從事：泛指一般屬官。　梁龍德中，始解褐爲康延孝從事：《宋本册府》卷七二九《幕府部·辟署門四》："晋趙瑩初依梁將康延孝。延孝奔唐莊宗，同光初用爲鄭州防禦使，表瑩爲判官。三年，延孝爲陝帥，又署賓職。"

[4]陝州：州名。治所在今河南三門峽市陝州區。　莊宗：即後唐莊宗李存勗。沙陀部人。後唐開國皇帝。紀見本書卷二七至卷三四、《新五代史》卷四至卷五。

[5]金天神祠：寺觀名。具體供奉神主不詳。

[6]"後唐同光中"至"覺而駭異"：亦見《宋本册府》卷八九三。

[7]明宗：即後唐明宗李嗣源。沙陀部人。原名邈佶烈，李克用養子。926年至933年在位。紀見本書卷三五至卷四四、《新五代史》卷六。　留後：官名。唐、五代節度使多以子弟或親信爲留後，以代行節度使職務，亦有軍士、叛將自立爲留後者。掌一州或數州軍政。　以高祖爲陝府兩使留後：《宋本册府》卷七二九同，《宋本册府》卷三〇九《宰輔部·佐命門二》作"以高祖爲陝府長史留後"。

[8]御史大夫：官名。秦始置，與丞相、太尉合稱三公。至唐代，在御史中丞之上設御史大夫一人，爲御史臺長官，專掌監察、執法。正三品。　賜金紫：官名。本兩漢光禄大夫。魏晋以後，光禄大夫之位重者，加金章紫綬，因稱金紫光禄大夫。北周、隋爲散官。唐貞觀後列入文散官。正三品。

[9]并州：州名。治所在今山西太原市。　節度判官：官名。唐、五代方鎮僚屬，位在行軍司馬下。分掌使衙内各曹事，並協助使職官員通判衙事。　高祖再鎮并州，位至節度判官：《輯本舊史》卷四八《唐末帝紀下》清泰三年（936）六月丙子條："詔河東將佐節度判官趙瑩以下十四人並籍没家産。"卷七五《晋高祖紀一》清

泰三年五月《舊五代史考異》："《遼史·太宗紀》云：七月丙申，唐河東節度使石敬瑭爲其主所討，遣趙瑩求救，時趙德鈞亦遣使至，河東復遣桑維翰來告急，遂許興師。八月庚午，自將以援石敬瑭。"同年十一月，《舊五代史考異》："《契丹國志》引《紀異録》云：唐石敬瑭反於河東，爲後唐張敬達所敗，亟遣趙瑩持表重賂，許割燕、雲，求兵爲援。"見《遼史》卷三《太宗紀上》天顯十一年（937）七月丙申、《契丹國志》卷二。

［10］翰林學士承旨：官名。爲翰林學士之首。掌拜免將相、號令征伐等詔令的起草。《舊唐書》卷四三《職官志二·翰林院》："例置學士六人，内擇年深德重者一人爲承旨，所以獨承密命故也。"　户部侍郎：官名。尚書省户部次官。協助户部尚書掌天下田户、均輸、錢穀之政令。正四品下。　門下侍郎：官名。門下省副長官。唐後期三省長官漸爲榮銜，中書、門下侍郎却因參議朝政而職位漸重，常常用爲以"同三品"或"同平章事"任宰相者的本官。正三品。　"高祖建號"至"監修國史"：《輯本舊史》卷七六《晋高祖紀二》天福元年（936）十一月己亥條："以節度判官趙瑩爲翰林學士承旨、守尚書户部侍郎、知河東軍府事。"同年閏十一月丙寅條："制以翰林學士承旨、知河東軍府、户部侍郎、知制誥趙瑩爲門下侍郎、同中書門下平章事、監修國史。"《新五代史》卷八《晋本紀》天福元年閏十一月丙寅條："翰林學士承旨、尚書户部侍郎趙瑩爲門下侍郎。"《宋本册府》卷三〇九作"翰林承旨，金紫光禄大夫，户部侍郎，知太原府事。尋遷門下侍郎、同平章事、監修國史。"明本《册府》卷七四《帝王部·命相門四》晋高祖天福元年閏十一月條："翰林學士承旨、知河東軍府事、正議大夫、尚書户部侍郎、知制誥、賜紫金魚袋趙瑩，儒中端士，席上正人，襟靈而萬里坦夷，行葉而四時繁茂……瑩可紫金光禄大夫、門下侍郎、平章事、集賢殿大學士，依前權知樞密使事。"《通鑑》卷二八〇天福元年十一月己亥條："以節度判官趙瑩爲翰林學士承旨、户部侍郎、知河東軍府事。"

[11]吏部尚書：官名。尚書省吏部最高長官。與二侍郎分掌六品以下文官選授、勳封、考課之政令。正三品。　"車駕入洛"至"判户部"：《輯本舊史》卷七六《晋高祖紀二》天福二年六月丙戌條："宰臣李崧上表讓樞密使於趙瑩，以瑩佐命之元臣也。詔不允。"同月戊子條："宰臣趙瑩自契丹使回。"此句有《舊五代史考異》："《薛史》不載趙瑩出使之月日，《五代春秋》作三月趙瑩使契丹，《歐陽史》作四月。"同年七月甲戌條："以宰臣趙瑩判户部。"同年八月辛巳條："宰臣監修國史趙瑩奏：'請循近例，依唐明宗朝，凡有内庭公事及言動之間，委端明殿學士或樞密院學士侍立冕旒，繫日編録，逐季送當館。其百司公事，亦望逐季送當館，旋要編修日曆。'從之。"卷七七《晋高祖紀三》天福三年七月壬戌條："宰臣趙瑩、桑維翰、李崧各改鄉里名號。"同年十一月戊申條："以門下侍郎平章事、監修國史、判户部趙瑩兼吏部尚書。"卷一三七《契丹傳》："晋高祖入洛，尋遣宰相趙瑩致謝于契丹。"《新五代史》卷八《晋本紀》天福二年四月丁亥條："趙瑩使于契丹。"卷七二《四夷附録一》："高祖復遣趙瑩、馮道等以太常鹵簿奉册德光及其母尊號。"

初，瑩爲從事，丁母憂，高祖不許歸華下，以麤縗隨幕，[1]人或短之。及入相，以敦讓汲引爲務。監修國史日，以唐代故事殘缺，署能者居職，纂補實録及修正史二百卷行於時，瑩首有力焉。[2]少帝嗣位，拜守中書令。[3]明年，檢校太尉，本官出爲晋昌軍節度使。[4]是時，天下大蝗，境内捕蝗者獲蝗一斗，給粟一斗，使飢者獲濟，遠近嘉之。[5]未幾，移鎮華州，歲餘入爲開封尹。[6]

[1]麤（cū）縗（cuī）：古代用粗麻製作的一種喪服。

[2]實録：編年體史書的一種形式，是詳記一朝皇帝史實的編年史長編。唐初設史館，每一新皇帝繼位，都要詔令史官根據前代皇帝的起居注、時政記、目録等材料重新彙總，修成前朝皇帝的實録，以便爲日後修正史積累資料。後成爲定制。從唐至清，歷代都有實録。　"監修國史日"至"瑩首有力焉"：《輯本舊史》卷七九《晋高祖紀五》天福六年（941）二月己亥條："詔户部侍郎張昭遠、起居郎賈緯、秘書少監趙熙、吏部郎中鄭受益、左司員外郎李爲光等同修唐史，仍以宰臣趙瑩監修。"亦見《輯本舊史》卷一三一《賈緯傳》，詳見《宋本册府》卷五五四《國史部・選任門》、卷五五七《國史部・採撰門三》、卷五六〇《國史部・記注門》。

[3]少帝嗣位，拜守中書令：《輯本舊史》卷八〇《晋高祖紀六》天福七年正月丙寅條："以門下侍郎、平章事、監修國史趙瑩爲侍中。"卷八一《晋少帝紀一》天福七年八月甲子條："趙瑩加中書令。"《通鑑》卷二八三天福七年八月甲子條："以趙瑩爲中書令。"

[4]檢校太尉：官名。爲散官或加官，以示恩寵，無實際執掌。太尉，與司徒、司空並爲三公。　本官出爲晋昌軍節度使：《輯本舊史》卷八一《晋少帝紀一》天福八年三月己卯條："以中書令、監修國史趙瑩爲晋昌軍節度使。"《通鑑》卷二八三天福八年三月己卯條："以中書令趙瑩爲晋昌節度使兼中書令。"《新五代史》卷九《晋本紀》天福八年三月己卯條："趙瑩罷。"同卷開運二年（945）十二月條："開封尹趙瑩爲中書令。"

[5]"是時"至"遠近嘉之"：《輯本舊史》卷一四一《五行志・蝗》："晋天福七年四月，山東、河南、關西諸郡蝗害稼，至八年四月，天下諸道州飛蝗害田，食草木葉皆盡。詔州縣長吏捕蝗。華州節度使楊彦詢、雍州節度使趙瑩命百姓捕蝗一斗，以禄粟一斗償之。"亦見《宋本册府》卷六七五《牧守部・仁惠門》。

[6]華州：州名。治所在今陝西渭南市華州區。　未幾，移鎮

華州，歲餘入爲開封尹：《輯本舊史》卷八二《晉少帝紀二》開運元年四月癸亥條："以晉昌軍節度使趙瑩爲華州節度使。"卷八四《晉少帝紀四》開運二年五月甲寅條："以華州節度使趙瑩爲開封尹。"

開運末，馮玉、李彦韜用事，以桑維翰才望素重，而瑩柔而可制，因共稱之，乃出維翰，復瑩相位，加弘文館大學士。[1]及李崧、馮玉議出兵應接趙延壽，而以杜重威爲招討都部署，瑩私謂馮、李曰："杜中令國之懿親，所求未愜，心恒怏怏，安可更與兵權？若有事邊陲，只李守貞將之可也。"[2]

[1]"開運末"至"加弘文館大學士"：《輯本舊史》卷八四《晉少帝紀四》開運二年（945）十二月丁亥條："以開封尹趙瑩爲中書令、弘文館大學士。"《新五代史》卷九《晉本紀》開運二年十二月丁亥條："開封尹趙瑩爲中書令。"卷五六《趙瑩傳》："是時，出帝童昏，馮玉、李彦韜等用事，與桑維翰争權，乃共譖去之，以瑩柔而易制，故復引以爲相。"《通鑑》卷二八五開運二年十二月丁亥條："李守貞素惡維翰，馮玉、李彦韜與守貞合謀排之；以中書令行開封尹趙瑩柔而易制，共薦以代維翰。丁亥，罷維翰政事，爲開封尹；以瑩爲中書令，李崧爲樞密使、守侍中。"

[2]李崧：人名。深州饒陽（今河北饒陽縣）人。後晉宰相，歷仕後唐至後漢。傳見本書卷一〇八、《新五代史》卷五七。　趙延壽：人名。本姓劉，恒山（今河北正定縣）人。後唐明宗李嗣源女婿，後降契丹，引導契丹攻滅後晉。傳見《遼史》卷七六。　杜重威：人名。其先朔州（今山西朔州市朔城區）人，後徙居太原。後晉、後漢將領。傳見本書卷一〇九、《新五代史》卷五二。　招討都部署：官名。凡遇戰事，掌率軍征戰。　李守貞：人名。河陽

（今河南孟州市）人。五代將領。傳見本書卷一〇九、《新五代史》卷五二。　“及李崧、馮玉議出兵應接趙延壽”至“只李守貞將之可也”：中華書局本有校勘記：“‘招討都部署’，原作‘都督部署’，據殿本改。”《通鑑》卷二八五開運三年十月辛未條：“及將北征，帝與馮玉、李崧議，以威爲元帥，守貞副之。趙瑩私謂馮、李曰：‘杜令國戚，貴爲將相，而所欲未厭，心常慊慊，豈可復假以兵權！必若有事北方，不若止任守貞爲愈也。’不從。”

及虜陷京城，虜主遷少帝於北塞，瑩與馮玉、李彦韜俱從。[1]契丹永康王代立，僞授瑩太子太保。[2]周廣順初，遣尚書左丞田敏報命於契丹，遇瑩於幽州。[3]瑩得見華人，悲悵不已，謂田敏曰：“老身漂零，寄命於此，[4]近聞室家喪逝，弱子無恙，蒙中朝皇帝倍加存恤，東京舊第本屬公家，亦聞優恩特給善價，老夫至死無以報效。”於是南望稽首，涕泗横流。先是，漢高祖以入蕃將相第宅徧賜隨駕大臣，故以瑩第賜周太祖。[5]太祖時爲樞密副使，召瑩子前刑部郎中易則告之曰：“所賜第，除素屬版籍外，如有别契券爲己所置者，可歸本直。”[6]即以千餘緡遺易則。易則惶恐辭讓，周太祖堅與之方受，故瑩言及之。未幾，瑩卒於幽州，時年六十七。

［1］“及虜陷京城”至“李彦韜俱從”：《輯本舊史》之影庫本粘籤：“李彦韜，原本脱‘彦’字，今從《通鑑》增入。”見《通鑑》卷二八六天福十二年（947）正月癸卯條。《輯本舊史》卷八五《晋少帝紀五》開運四年（947）正月癸卯條：“宰臣趙瑩、樞密使馮玉、侍衛馬軍都指揮使李彦韜隨帝入蕃，契丹主遣三百騎援送

而去。”“虜”及“虜主”，《輯本舊史》原作“契丹”及“契丹主”，乃忌清諱而改，今據《宋本册府》卷九四〇《總録部·患難門》及卷九五三《總録部·傷感門》回改。

[2]永康王：即遼世宗耶律阮。紀見《遼史》卷五。　太子太保：官名。與太子太師、太子太傅統稱太子三師。隋唐以後多作加官或贈官。從一品。《舊五代史考異》：“《遼史》作太子太傅。”見《遼史》卷五《世宗紀》、卷四七《百官志三》。《輯本舊史》原無“僞”字，據《宋本册府》卷九五三補。

[3]廣順：後周太祖郭威年號（951—953）。　尚書左丞：官名。尚書省佐貳官。唐中期以後，與尚書右丞實際主持尚書省日常政務，權任甚重。正四品上。後梁開平二年（908）改爲左司侍郎，後唐同光元年（923）復舊爲左丞。正四品。　田敏：人名。淄州鄒平（今山東鄒平縣）人。五代、宋初大臣、學者。傳見《宋史》卷四三一。　幽州：州名。治所在今北京市。

[4]寄命於此：中華書局本有校勘記：“‘命’字原闕，據《册府》卷九四〇、卷九五三補。”

[5]周太祖：即後周太祖郭威。邢州堯山（今河北隆堯縣）人。後周的建立者。紀見本書卷一一〇至卷一一三、《新五代史》卷一一。

[6]樞密副使：官名。樞密院副長官。　刑部郎中：官名。尚書省刑部頭司刑部司長官。掌司法及審覆大理寺及州府刑獄。從五品上。　易則：人名。即趙易則。華州華陰（今陝西華陰市）人。趙瑩之子。五代大臣。事見本書本卷。

瑩初被疾，遣人祈告於虜主，願歸骨於南朝，使羈魂幸復鄉里，虜主閔而許之。及卒，遣其子易從、家人數輩護喪而還，[1]仍遣大將送至京師。太祖閔瑩死于異域，而知夷狄亦能不違物性，歸其喪柩，感歎久之，詔贈太傅，仍賜其子絹五百疋，以備喪事，令歸葬於華陰故里。[2]《永樂大典》卷一萬六千九百九十一。[3]

［1］易從：人名。即趙易從。華州華陰（今陝西華陰市）人。趙瑩之子。事見本書本卷。

［2］太傅：官名。與太師、太保合稱“三師”，唐後期、五代多爲大臣、勳貴加官。正一品。　“瑩初被疾”至“令歸葬於華陰故里”：兩“虜主”，《輯本舊史》原作“契丹主”；“閔瑩死于異域而知夷狄亦能不違物性歸其喪柩”，《輯本舊史》原無，均原輯者忌清諱删改，今據《宋本册府》卷九四〇《總録部・患難門》回改。《輯本舊史》卷一一一《周太祖紀二》廣順元年（951）八月壬寅條：“契丹遣幽州牙將曹繼筠來歸故晋中書令趙瑩之喪，詔贈太傅，仍賜其子絹五百匹，以備喪事，歸葬於華陰故里。”《新五代史》卷一一《周本紀》廣順元年八月壬寅條：“契丹來歸趙瑩之喪。”亦見《宋本册府》卷一四〇《帝王部・旌表門四》廣順元年八月條、卷九四〇《總録部・患難門》、卷九八〇《外臣部・通好門》廣順元年八月條。《宋本册府》卷九八〇載契丹護送喪柩之大將爲幽州教練使曹繼筠。

［3］《大典》卷一六九九一“趙”字韻“姓氏（七）”事目。

劉昫

劉昫，字耀遠，[1]涿州歸義人也。祖乘，幽府左司馬；父因，幽州巡官。[2]昫神彩秀拔，文學優贍，與兄晅、弟暤，俱有鄉曲之譽。[3]唐天祐中，契丹陷其郡，昫被俘，至新州，逃而獲免。[4]後隱居上谷大寧山，與吕夢奇、張麟結庵共處，以吟誦自娱。[5]

[1]字耀遠：中華書局本有校勘記："耀遠，《册府》卷七八三作'輝達'。"見《宋本册府》卷七八三《總録部·兄弟齊名門》。

[2]左司馬：官名。即行軍左司馬。與行軍右司馬同掌弼戎政，專器械、糧糒、軍籍。　巡官：官名。唐代節度使、觀察使、團練使、防禦使屬官，位在判官、推官下。掌巡察及處理某些事務。

[3]"昫神彩秀拔"至"俱有鄉曲之譽"：《新五代史》卷五五《劉昫傳》："昫爲人美風儀，與其兄暄、弟皞，皆以好學知名燕、薊之間"。劉皞，本書卷一三一有傳。

[4]天祐：唐昭宗李曄開始使用的年號（904）。唐哀帝李柷即位後沿用（904—907）。唐亡後，河東李克用、李存勗仍稱天祐，沿用至天祐二十年（923）。五代其他政權亦有行此年號者，如南吴、吴越等，使用時間長短不等。　新州：州名。治所在今河北涿鹿縣。

[5]吕夢奇：人名。山東萊州（今山東萊州市）人。五代官員。事見本書本卷、本書卷三六、《新五代史》卷二六。　張麟：人名。籍貫不詳。後晋官員。事見本書卷八〇。　後隱居上谷大寧山：中華書局本有校勘記："'隱'字原闕，據《册府》卷七二九、卷八八二、卷九四九補。'上谷'，原作'上國'，據《册府》卷七二九、卷八八二、卷九四九改。"見《宋本册府》卷七二九《幕府部·辟署門四》、卷八八二《總録部·交友門二》，明本《册府》卷九四九《總録部·逃難門二》。大寧山，《宋本册府》卷八八二作"太寧山"。

會定州連帥王處直以其子都爲易州刺史，署昫爲軍事衙推。[1]及都去任，乞假還鄉，都招昫至中山。[2]會其兄暄自本郡至，都薦於其父，尋署爲節度衙推，不踰歲，命爲觀察推官。[3]歷二年，都篡父位。時都有客和少微素嫉暄，搆而殺之，昫越境而去，寓居浮陽，節度使李存審辟爲從事。[4]莊宗即位，授太常博士，尋擢爲翰林學士，繼改膳部員外郎，賜緋；比部郎中，賜紫。[5]丁母憂，服闋，授庫部郎中，依舊充職。明宗即位，拜中書舍人，歷户部侍郎、端明殿學士。[6]明宗重其風儀，愛其温厚，長興中，拜中書侍郎兼刑部尚書、平章事。[7]時昫入謝，遇大祠，明宗不御中興殿，閤門使白："舊禮，宰相謝恩，須於正殿通喚，請候來日。"[8]樞密使趙延壽曰："命相之制，下已數日，[9]中謝無宜後時。"因即奏之，遂謝於端明殿。昫自端明殿學士拜相，而謝於本殿，士子榮之。

[1]定州：州名。治所在今河北定州市。　王處直：人名。京兆萬年（今陝西西安市長安區）人。唐末、五代軍閥，長期爲義武節度使。傳見本書卷五四、《新五代史》卷三九。　易州：州名。治所在今河北易縣。　刺史：官名。漢武帝始置。州一級行政長官，總掌考覈官吏、勸課農桑、地方教化等事。唐中期以後，節度、觀察使轄州而設，刺史爲其屬官，職任漸輕。從三品至正四品下。

[2]中山：地名。此處代指唐末河北方鎮義武軍（治所在今河北定州市）。

[3]節度衙推：官名。唐末、五代方鎮屬官。　觀察推官：官名。唐肅宗以後置，五代沿置。觀察使屬官，掌理刑案之事。"會定州連帥王處直以其子都爲易州刺史"至"命爲觀察推官"：亦見《宋本册府》卷七二九《幕府部·辟署門四》及明本《册府》卷九四九《總録部·逃難門》。

[4]和少微：人名。籍貫不詳。王都門客。事見本書本卷及《宋史》卷二六二。　浮陽：縣名。治所在今河北滄縣。　李存審：

人名。原姓符，名存。陳州宛丘（今河南淮陽縣）人。後唐將領。傳見本書卷五六、《新五代史》卷二五。

[5]太常博士：官名。漢代始置。爲太常寺屬官。掌辨五禮，討論謚法，贊相導引。從七品上。　膳部：官署名。尚書省禮部膳部司的簡稱。掌管百官飲食餚饌，及祭祀宴饗等方面的政令。　員外郎：官名。尚書省郎官之一。爲郎中的副職，協助負責諸司事務。從六品上。　比部郎中：官名。唐、五代刑部比部司長官，掌管勾會内外賦斂、經費俸禄等。從五品上。　“莊宗即位”至“賜紫”：《輯本舊史》卷三〇《唐莊宗紀四》同光元年（923）十一月丁巳條：“以翰林學士、守尚書膳部員外郎劉昫爲比部郎中、知制誥，依前充職。”

[6]中書舍人：官名。中書省屬官。掌起草文書、呈遞奏章、傳宣詔命等。正五品上。　户部侍郎：《舊五代史考異》：“《歐陽史》作兵部侍郎。案：《薛史·唐明宗紀》作兵部侍郎，與此傳異。《歐陽史》從《薛史》本紀。”《輯本舊史》卷三九《唐明宗紀五》天成三年（928）八月癸酉條本作“户部侍郎”。《新五代史》卷五五《劉昫傳》、《宋本册府》卷七八二《總録部·榮遇門》則作“兵部侍郎”。《輯本舊史》卷三七《唐明宗紀三》天成元年十一月己未條：“以翰林學士、尚書户部郎中、知制誥劉昫爲中書舍人充職。”卷三九《唐明宗紀五》天成三年八月癸酉條：“以翰林學士守中書舍人李懌、劉昫並爲户部侍郎充職。”卷四二《唐明宗紀八》長興二年（931）八月辛未條：“以翰林學士、兵部侍郎劉昫守本官，充端明殿學士。”即在天成三年八月至長興二年八月這三年間，劉昫由户部侍郎轉兵部侍郎。

[7]長興：後唐明宗李嗣源年號（930—933）。　刑部尚書：官名。尚書省刑部主官。掌天下刑法及徒隸、勾覆、關禁之政令。正三品。　長興中，拜中書侍郎兼刑部尚書、平章事：《輯本舊史》卷四一《唐明宗紀七》長興元年九月乙酉條：“以翰林學士、户部侍郎劉昫爲兵部侍郎。”同卷長興元年二月己亥條：“翰林學士劉昫

奏：'新學士入院，舊試五題，請今後停試詩賦，祇試麻制、答蕃書、批答共三道。仍請内賜題目，定字數，付本院召試。'從之。"此句有《輯本舊史》之原輯者案語："案《五代會要》載劉昫原奏云：'舊例，學士入院，除中書舍人不試，餘官皆先試麻制、答蕃、批答各一道，詩、賦各一道，號曰五題，並于當日呈納。從前每遇召試，多預出五題，潛令宿搆，其無黨援者，即日起草，罕能成功。今請權停詩、賦，祇試三道，仍内賜題目，兼定字數。'從之。"卷四四《唐明宗紀十》長興四年正月庚寅條："以端明殿學士、尚書兵部侍郎劉昫爲中書侍郎、平章事。"同年九月丙戌條："宰臣劉昫加刑部尚書。"同年十二月癸卯條："是日發哀，百僚縞素於位，中書侍郎、平章事劉昫宣遺制，宋王從厚於柩前即皇帝位，服紀以日易月，一如舊制云。"《新五代史》卷五五《劉昫傳》："長興三年，拜中書侍郎兼刑部尚書、同中書門下平章事。"《通鑑》卷二七八長興四年正月庚寅條："以端明殿學士歸義劉昫爲中書侍郎、同平章事。"亦見《宋本册府》卷七八二。

[8]中興殿：宫殿名。在洛陽宫城内。位於今河南洛陽市。　閤門使：官名。唐代始設，掌扈從乘輿、朝會禮儀、大宴引贊、引接朝見等事務。中華書局本有校勘記："'使'字原闕"，據《册府》卷七八二補。　須於正殿通喚：中華書局本有校勘記："'於'字原闕，據《册府》卷七八二補。"見《宋本册府》卷七八二。

[9]下已數日：《通鑑》卷二七五天成元年五月乙亥條胡三省注作"已下三日"。《宋本册府》卷七八二作"下已三日"。

清泰初，兼判三司，加吏部尚書、門下侍郎、監修國史。[1]時與同列李愚不協，動至忿争，時論非之。[2]未幾，俱罷知政事，昫守右僕射，以張延朗代判三司。[3]初，唐末帝自鳳翔至，切於軍用，時王玫判三司，詔問錢穀，玫具奏其數，及命賞軍，甚愆於素。[4]末帝怒，用昫代玫，昫乃搜索簿書，命判官高延賞計窮詰，勾及積年殘租，或場務販負，皆虛係賬籍，條奏其事，請可徵者急督之，無以償官者蠲除之。吏民相與歌詠，唯主典怨沮。及罷相之日，羣吏相賀，昫歸，無一人從之者，蓋憎其太察故也。[5]

[1]三司：官署名。後唐明宗天成元年（926）合鹽鐵、度支、户部爲一職，始稱三司，爲中央最高之理財機構。　“清泰初”至“監修國史”：《輯本舊史》卷四五《唐閔帝紀》應順元年（934）正月庚辰條：“宰臣劉昫加吏部尚書。”卷四六《唐末帝紀上》應順元年四月庚辰條：“以宰臣劉昫判三司。”此句《輯本舊史》之原輯者案語：“《夢溪筆談》載應順元年案檢一通，乃除宰相劉昫兼判三司堂檢，前有擬狀云：‘具官劉昫，右經國才高，正君志切，方屬體元之運，實資謀始之規。宜注宸衷，委司判計，漸期富庶，永贊聖明。臣等商量，望授依前中書侍郎兼吏部尚書、同中書門下平章事，充集賢殿大學士、兼判三司，散官、勳封如故，未審可否？如蒙允許，望付翰林降制處分，謹録奏聞。’其後有制書曰：‘宰臣劉昫，右可兼判三司公事，宜令中書門下依此施行。付中書門下，准此。四月十日。’用御前新鑄之印。押檢二人，乃馮道、李愚也。案此條可考見五代時案檢之式，今附録於此。”同卷清泰元年五月戊申條：“中書門下奏，太常禮院狀，明宗以此月二十日祔廟，宰臣攝太尉行事。緣馮道在假，李愚十八日私忌，在致齋内，劉昫又奏判三司免祀事，詔禮官參酌。”此句《舊五代史考異》：“案《五代會要》：清泰元年五月，宰臣劉昫奏：‘中書以近敕祠祭行事官致齋内，唯祀事得行，其餘悉斷。又宰臣行事致齋内，不押班，不赴内殿起居，不知印。臣緣判三司公事，其祀事、國忌行香，伏乞特免。’從之。”同月己未條：“中書侍郎、兼吏部尚書、同平章事、集賢院大學士、判三司劉昫加門下侍郎兼吏部尚書、平章事、監修

國史、判三司。”同年六月癸未條：“三司使劉昫奏：‘天下户民，自天成二年括定秋夏田税，迨今八年。近者相次有百姓詣闕訴田不均，累行蠲放，漸失税額，望差朝臣一概檢視。’不報。”同書卷一四三《禮志下》：“清泰元年五月，中書門下奏：‘據太常禮院申，明宗聖德和武欽孝皇帝今月二十日祔廟，太尉合差宰臣攝行。緣馮道在假；李愚十八日私忌，在致齋内；今劉昫又奏見判三司事煩，請免祀事。今與禮官參酌，諸私忌日，遇大朝會，入閤宣召，尚赴朝參。今祔饗事大，忌日屬私，致齋日請比大朝會宣召例，差李愚行事。’從之。”

[2]李愚：人名。渤海無棣（今山東慶雲縣）人。唐末進士，唐末、五代大臣。傳見本書卷六七、《新五代史》卷五四。

[3]右僕射：官名。秦始置。隋、唐前期，以左、右僕射佐尚書令總理六官、綱紀庶務；如不置尚書令，則總判省事，爲宰相之職。唐後期多爲大臣加銜。從二品。　張延朗：人名。汴州開封（今河南開封市）人。後唐三司使。傳見本書卷六九、《新五代史》卷二六。　“時與同列李愚不協”至“以張延朗代判三司”：《輯本舊史》卷四六《唐末帝紀上》清泰元年（934）七月丁未條：“是日，宰臣李愚、劉昫因論公事，於政事堂相詬，辭甚鄙惡，帝令樞密副使劉延朗宣諭曰：‘卿等輔弼之臣，不宜如是，今後不得更然。’”卷四七《唐末帝紀中》清泰二年十二月己丑條：“以尚書右僕射劉昫爲左僕射。”卷六七《李愚傳》：“宰相劉昫與馮道爲婚家，道既出鎮，兩人在中書，或舊事不便要釐革者，對論不定。愚性太峻，因曰：‘此事賢親家翁所爲，更之不亦便乎。’昫憾其言切，於是每言必相折難，或至喧呼。無幾，兩人俱罷相守本官。”卷一四九《職官志·三公》：“劉昫又以罷相爲僕射，出入就列，一與馮道同，議者非之。”《通鑑》卷二七九清泰元年七月辛亥條：“劉昫與馮道昏姻。昫性苛察，李愚剛褊；道既出鎮，二人論議多不合，事有應改者，愚謂昫曰：‘此賢親家所爲，更之不亦便乎！’昫恨之，由是動成忿争，至相詬罵，各欲非時求見，事多凝滯。帝

患之，欲更命相，問所親信以朝臣聞望宜爲相者，皆以尚書左丞姚顗、太常卿盧文紀、祕書監崔居儉對；論其才行，互有優劣。帝不能決，乃置其名於琉璃瓶，夜焚香祝天，且以筯挾之，首得文紀，次得顗。"《新五代史》卷七《唐本紀》清泰元年十月戊寅條："李愚、劉昫罷。"亦見《新五代史》卷五四《李愚傳》。《宋本册府》卷一五八《帝王部·誡勵門三》唐末帝清泰元年七月條："宰臣李愚、劉昫因論公事於政事堂相詬，辭甚鄙惡，各欲非時見訟是非，帝令劉延朗宣諭：'卿皆輔弼之臣，萬國式瞻，不宜如是，此後不得更然。'"明本《册府》卷三三三《宰輔部·罷免門二》清泰二年十月戊寅條："制尚書左僕射、門下侍郎、同平章事、弘文館大學士、太微宫使、趙郡公、食邑二千石、食實封二百户李愚可守本官，門下侍郎兼吏部尚書同平章事、監修國史、判三司、彭城郡公、邑千五百户劉昫可守尚書右僕射，皆免知政事。昫司邦計，意在至公，欲除積弊，傷於太察。初，帝自鳳翔至，切於軍賞，時王致（玫）判三司，詔問錢穀，奏數百萬在。及慶賜無幾，帝怒，用昫代致（玫）。昫性初疾惡，又懼訶譴，及搜索簿書，命判官高延賞計窮詰，乃積年殘租。或主務不怠，詰之不已，屢遷歲時。計司主典利其所係，不欲搜擿，至是藏蓋彰露，昫具條奏。可徵者急督之，無以償者以籍進。韓昭備言，繇是逋者咸蠲除之，窮民相與歌詠，唯王典怨沮，乃謀僞書昫名差務官，昫疑不繇己，詰之，獄成。云自昫别室内弟。御史陳觀鞫訊，遣吏取公文，昫曰：'吾一病妻，比無别室，御史見凌，亦須循理。'觀仍遣吏不已。及罷相之日，群吏携三司印復萃月華門外，聞宣昫罷，乃相賀快活矣。及昫歸第，三司無一人從至第者。傳所謂盗憎民惡，其可忽諸。李愚褊急，素不悦馮道。昫與道婚家，及道出鎮，凡中書積滯事，愚指昫云：'君親家翁所爲。'昫與之口訟，動至色厲，吏俱惡之。乃揚言於外，二人欲相毆，穢語及之，愚之秉執，昫之多防。帝採其言，俱罷之。"明本《册府》卷三三七《宰輔部·不協門》："李愚爲平章事，與劉昫俱在中書。時馮道已出鎮同州，而昫與道爲婚家。而愚性太峻，或因舊事不便，要釐革者，對論不協，愚必曰‘此事賢家翁所爲，更之不亦便乎？’昫憾其言切，於是每言必相詰難，或至喧呼，無幾，兩人俱罷相。”

[4]唐末帝：即後唐末帝李從珂。又稱廢帝。鎮州（今河北正定縣）人。後唐明宗養子，明宗入洛陽，他率兵追隨，以功拜河中節度使，封潞王。紀見本書卷四六至卷四八、《新五代史》卷七。　鳳翔：方鎮名。治所在鳳翔府（今陝西鳳翔縣）。　王玫：人名。籍貫不詳。後唐、後晋大臣。事見《通鑑》卷二七九。　“初，唐末帝自鳳翔至”至“甚愆於素”：《舊五代史考異》：“《通鑑》云：帝問王玫以府庫之實，對有數百萬在。既而閲實，金、帛不過三萬兩、匹。”見《通鑑》卷二七九清泰元年四月乙亥條。

[5]“末帝怒”至“蓋憎其太察故也”：《舊五代史考異》：“《通鑑》：清泰元年八月，免諸道逋租三百三十八萬。”此句之“清泰元年八月”，中華書局本有校勘記：“‘元年’，原作‘二年’，據《通鑑》卷二七九改。”《通鑑》卷二七九清泰元年八月庚午條：“帝以王玫對左藏見財失實，故以劉昫代判三司。昫命判官高延賞鉤考窮覈，皆積年逋欠之數，姦吏利其徵責匄取，故存之。昫具奏其狀，且請察其可徵者急督之，必無可償者悉蠲之，韓昭胤極言其便。八月，庚午，詔長興以前户部及諸道逋租三百三十八萬，虚煩簿籍，咸蠲免勿徵。貧民大悦，而三司吏怨之。”《輯本舊史》卷四六《唐末帝紀上》清泰元年十月戊寅條：“宰臣李愚、劉昫罷相，以愚守左僕射，昫守右僕射。”《新五代史》卷五五《劉昫傳》：“先是，馮道與昫爲姻家而同爲相，道罷，李愚代之。愚素惡道爲人，凡事有稽失者，必指以誚昫曰：‘此公親家翁所爲也！’昫性少容恕，而愚特剛介，遂相詆訴。相府史吏惡此兩人剛直，因共揚言，其事聞，廢帝並罷之，以昫爲右僕射。是時，三司諸吏提印聚立月華門外，聞宣麻罷昫相，皆歡呼相賀曰：‘自此我曹快活矣！’昫在相位，不習典故。初，明宗崩，太常卿崔居儉以故事當爲禮儀使，居儉辭以祖諱蠡。馮道改居儉祕書監，居儉怏怏失職。中書舍

人李詳爲居儉誥詞，有‘聞名心懼’之語，昫輒易曰‘有耻且格’。居儉訴曰：‘名諱有令式，予何罪也？’當時聞者皆傳以爲笑。及爲僕射，入朝遇雨，移班廊下，御史臺吏引僕射立中丞御史下，昫詰吏以故事，自宰相至臺省皆不能知。是時，馮道罷相爲司空。自隋、唐以來，三公無職事，不特置，及道爲司空，問有司班次，亦皆不能知，由是不入朝堂，俟臺官、兩省入而後入，宰相出則隨而出。至昫爲僕射，自以由宰相罷與道同，乃隨道出入，有司不能彈正，而議者多竊笑之。”

天福初，張從賓作亂於洛陽，害皇子重乂，詔爲東都留守，判河南府事，尋以本官判鹽鐵。[1]未幾，奉使入契丹，還遷太子太保兼左僕射，封譙國公，俄改太子太傅。[2]開運初，授司空、平章事、監修國史，復判三司。[3]契丹主至，不改其職。昫以眼疾乞休致，契丹主降僞命授昫守太保。[4]契丹主北去，留於東京。其年夏，以病卒，[5]年六十。漢高祖登極，贈太保。[6]

[1]重乂：人名。即石重乂。後晉高祖石敬瑭之子。傳見本書卷八七、《新五代史》卷一七。　留守：官名。古代皇帝出巡或親征時指定親王或大臣留守京城，綜理國家軍事、行政、民事、財政等事務，稱京城留守。在陪都或軍事重鎮也常設留守，以地方長官兼任。　河南府：府名。治所在今河南洛陽市。　“詔爲東都留守”至“尋以本官判鹽鐵”：《輯本舊史》卷七六《晉高祖紀二》天福二年（937）二月壬寅條：“尚書左僕射劉昫、右僕射盧質並加食邑實封。”同年三月丙寅條：“左僕射劉昫等議立宗廟，以立高祖已下四親廟，其始祖一廟，伏候聖裁。”同年七月甲寅條：“削奪范延光在身官爵。以左僕射劉昫充東都留守，兼判河南府事。”同年

八月庚子條："左僕射劉昫加特進，兼鹽鐵轉運等使。"

[2]太子太傅：官名。與太子太師、太子太保統稱"太子三師"。隋、唐以後多作加官或贈官。從一品。　"未幾"至"俄改太子太傅"：《輯本舊史》卷七七《晋高祖紀三》天福三年八月戊寅條："以左僕射劉昫爲契丹册禮使，左散騎常侍韋勳副之，給事中盧重爲契丹皇太后册禮使。"卷七八《晋高祖紀四》天福四年三月癸卯條："左僕射劉昫、給事中盧重自契丹使迴，頒賜器幣如馮道等。"同年五月癸卯條："以左僕射劉昫兼太子太保，封譙國公。"卷八一《晋少帝紀一》天福七年八月戊辰條："以太子太保兼尚書左僕射劉昫爲太子太傅。"卷一三七《契丹傳》："天福三年，又遣宰臣馮道、左僕射劉昫等持節册德光及其母氏徽號，齎鹵簿、儀仗、法服、車輅於本國行禮。"《新五代史》卷八《晋本紀》天福三年八月戊寅條："馮道及左僕射劉昫爲契丹册禮使。"《宋本册府》卷六五四《奉使部·恩奬門》："天福四年，與給事中盧重自契丹使迴，頒賜器幣。"

[3]司空：官名。與太尉、司徒並爲三公。唐後期、五代多爲大臣、勳貴加官。正一品。　"開運初"至"復判三司"：《輯本舊史》卷八三《晋少帝紀三》開運元年（944）七月己丑條："以太子太傅、譙國公劉昫爲守司空、兼門下侍郎、平章事、監修國史、判三司。"卷八四《晋少帝紀四》開運二年五月壬子條："宰臣桑維翰、劉昫、李崧、和凝並加階爵。"同年六月乙丑條："監修國史劉昫、史官張昭遠等以新修《唐書·紀》《志》《列傳》并目録凡二百三卷上之，賜器帛有差。"同年十二月丁亥條："以司空、門下侍郎、平章事劉昫判三司。"《新五代史》卷九《晋本紀》開運元年七月己丑條："太子太傅劉昫守司空兼門下侍郎、同中書門下平章事。"卷五五《劉昫傳》："開運中，拜司空、同中書門下平章事，復判三司。"《通鑑》卷二八四開運元年七月己丑條："以太子太傅劉昫爲司空兼門下侍郎、同平章事。"

[4]契丹主降僞命授昫守太保：《舊五代史考異》："《歐陽史》

作罷爲太保。”《新五代史》卷五五《劉昫傳》：“契丹犯京師，昫以目疾罷爲太保。”

[5]其年夏，以病卒：《新五代史》卷一〇《漢本紀》開運四年：“是夏，劉昫薨。”

[6]贈太保：《輯本舊史》卷一〇〇《漢高祖紀下》天福十二年七月辛丑條：“故守司空、兼門下侍郎、平章事、譙國公劉昫贈太保。”

初，昫避難河朔，匿於北山蘭若，有賈少瑜者爲僧，輟衾袍以温燠之。[1]及昫官達，致少瑜進士及第，拜監察御史，聞者義之。[2]《永樂大典》卷九千九十八。[3]

[1]北山：地名。今地不詳。　蘭若：佛寺的代稱。　賈少瑜：人名。籍貫不詳。五代僧侣。事見本書本卷。

[2]監察御史：官名。唐代屬御史臺之察院，掌監察中央機構、州縣長官及祭祀、庫藏、軍旅等事。唐中期以後，亦作爲外官所帶之銜。正八品下。

[3]《大典》卷九〇九八“劉”字韻“姓氏（二六）”事目。

馮玉

馮玉，字璟臣，定州人也。[1]父濛，爲州進奏吏，居京師，以巧佞爲安重誨所喜，以爲鄴都副留守。高祖留守鄴都，得濛，懽甚，乃爲重胤娶濛女，後封吴國夫人。[2]玉少應進士不第。唐長興中，宣徽使馮贇出鎮太原，玉以宗盟之分往依之，贇乃奏玉爲從事，府罷入朝，拜監察御史。[3]累遷禮部郎中，爲鹽鐵判官。晉出帝納玉姊爲后，玉以后戚知制誥，拜中書舍人。玉不知書，而與殷鵬同爲舍人，制誥常遣鵬代作。[4]

［1］馮玉，字璟臣，定州人也：《新五代史》卷五六《馮玉傳》。“馮玉”下有《舊五代史考異》：“案：以下有闕文。《歐陽史》云：字景臣，定州人。”《新五代史》原作字“璟臣”，《舊五代史考異》誤。《宋本册府》卷七二九《幕府部·辟署門五》馮玉條亦作字“璟臣”。又有《輯本舊史》之影庫本粘籤：“《馮玉傳》，《永樂大典》闕全篇。其散見各韻者，尚存三條，今排比前後，以存大概。”

［2］安重誨：人名。應州（山西應縣）人。後唐大臣。傳見本書卷六六、《新五代史》卷二四。　“父濛”至“後封吴國夫人”：《新五代史》卷一七《出帝皇后馮氏傳》。馮玉妹後爲晋少帝后，據《馮氏傳》可知其父名。

［3］宣徽使：官名。唐始置。宣徽南院使、北院使通稱宣徽使。初用宦官，五代以後改用士人。通掌内諸司及三班内侍之名籍，郊祀、朝會、宴享供帳之儀，檢視内外進奉名物。參見王永平《論唐代宣徽使》，《中國史研究》1995年第1期；王孫盈政《再論唐代的宣徽使》，《中華文史論叢》2018年第3期。　馮贇：人名。太原（今山西太原市）人。五代後唐明宗朝宰相、三司使。傳見本書附録、《新五代史》卷二七。　“玉少應進士不第”至“拜監察御史”：《宋本册府》卷七二九。《新五代史·馮玉傳》作：“少舉進士不中。馮贇爲河東節度使，辟爲推官，入拜監察御史。”

［4］禮部郎中：官名。尚書省禮部頭司禮部司長官。掌禮樂、學校、衣冠、符印、表疏、圖書、册命、祥瑞、鋪設，及百官、宫人喪葬贈賻之數。從五品上。　鹽鐵判官：官名。掌鹽鐵政務及税收。　“累遷禮部郎中”至“制誥常遣鵬代作”：見《新五代史·馮玉傳》。“晋出帝納玉姊爲后”，中華書局本有校勘記：“本書卷一

七《晋家人傳》、《舊五代史》卷八九《馮玉傳》、《通鑑》卷二八三，晋出帝皇后爲馮玉妹。按吴光耀《纂誤續補》卷五：‘“姊”字疑“妹”字傳寫之誤。’”《輯本舊史》卷七九《晋高祖紀五》天福六年（941）四月己亥條：“禮部郎中馮玉改司門郎中、知制誥。”《輯本舊史》卷八九《殷鵬傳》：“（殷鵬）擢拜中書舍人，與馮玉同職。玉本非代言之才，所得除目，多託鵬爲之。玉嘗以‘姑息’字問於人，人則以‘辜負’字教之，玉乃然之，當時以爲笑端。”《通鑑》卷二八三天福八年十月戊申條：“立吴國夫人馮氏爲皇后……初，高祖愛少弟重胤，養以爲子；及留守鄴都，娶副留守安喜馮濛女爲其婦。重胤早卒，馮夫人寡居，有美色，帝見而悦之；高祖崩，梓宫在殯，帝遂納之。羣臣皆賀，帝謂馮道等曰：‘皇太后之命，與卿等不任大慶。’羣臣出，帝與夫人酣飲，過梓宫前，醊而告曰：‘皇太后之命，與先帝不任太慶。’左右失笑，帝亦自笑，顧謂左右曰：‘我今日作新壻，何如？’夫人與左右皆大笑。太后雖恚，而無如之何。既正位中宫，頗預政事。后兄玉，時爲禮部郎中、鹽鐵判官，帝驟擢用至端明殿學士、户部侍郎，與議政事。”

少帝嗣位，納馮后於中宫，后即玉之妹也。玉既聯戚里，恩寵彌厚，俄自知制誥、中書舍人出爲潁州團練使，遷端明殿學士、户部侍郎，尋加右僕射，軍國大政，一以委之。[1]《永樂大典》卷一萬三百三十。[2]

[1]潁州：州名。治所在今安徽阜陽市。　團練使：官名。唐代中期以後，於不設節度使的地區設團練使，掌本區各州軍事。　户部侍郎：官名。尚書省户部次官。協助户部尚書掌天下田户、均輸、錢穀之政令。正四品下。　“少帝嗣位”至“一以委之”：《輯本舊史》卷八二《晋少帝紀二》天福八年（943）九月丁亥條：“以金部郎中、知制誥馮玉爲檢校尚書右僕射，充潁州團練使。”卷

八三《晋少帝紀三》開運元年（944）七月壬午條："以潁州團練使馮玉爲户部侍郎，充端明殿學士。"卷八四《晋少帝紀四》開運二年八月丙寅條："以樞密使馮玉爲中書侍郎、平章事，使如故。"同年九月丁酉條："以中書舍人盧價爲工部侍郎。價久次綸閣，舊例合轉禮部侍郎或御史中丞，宰臣馮玉擬此官，桑維翰以爲資望淺，不署狀。無何，維翰休沐數日，玉獨奏行之，維翰由是不樂，與玉有間矣。"此事亦見明本《册府》卷三三七《宰輔部·不協門》。《輯本舊史》卷八五《晋少帝紀五》開運三年十一月庚寅條："樞密使、中書侍郎兼户部尚書、平章事馮玉加尚書右僕射。"卷八九《桑維翰傳》："（桑維翰）權位既重，而四方賂遺，咸湊其門，故仍歲之間，積貨鉅萬，由是澆競輩得以興謗。未幾，内客省使李彦韜、端明殿學士馮玉皆以親舊用事，與維翰不協，間言稍入，維翰漸見疏忌，將加黜退，賴宰相劉昫、李崧奏云：'維翰元勳，且無顯過，不宜輕有進退。'少帝乃止。尋以馮玉爲樞密使，以分維翰之權。"同卷《殷鵬傳》："及玉爲樞密使，擢爲本院學士，每有庶僚秉鞚謁玉，故事，宰臣以履見之，鵬多在玉所，見客亦然。有丞郎王易簡退而有言，鵬銜之。"《新五代史》卷九《晋本紀》開運二年二月丙申條："端明殿學士、尚書户部侍郎馮玉爲户部尚書、樞密使。"卷五六《馮玉傳》："頃之，玉出爲潁州團練使，拜端明殿學士、户部侍郎，遷樞密使、中書侍郎、同中書門下平章事。"《通鑑》卷二八四開運二年二月丙申條："端明殿學士、户部侍郎馮玉，宣徽北院使、權侍衛馬步都虞候太原李彦韜，皆挾恩用事，惡中書令桑維翰，數毁之。帝欲罷維翰政事，李崧、劉昫固諫而止。維翰知之，請以玉爲樞密副使，玉殊不平。丙申，中旨以玉爲户部尚書、樞密使，以分維翰之權。"

［2］《大典》卷一〇三三〇"璽"字韻"玉璽"事目。《舊五代史考異》："以下有闕文。《通鑑》云：玉每喜承迎帝意，由是益有寵。嘗有疾在家，帝謂諸宰相曰：'自刺史而上，俟馮玉出，乃得除。'其倚任如此。玉乘勢弄權，四方賂遺，輻輳其門，由是朝

政日壞。”見《通鑑》卷二八五開運二年八月丙寅條。其中，“玉每喜承迎帝意”作“玉每善承迎帝意”，“自刺史而上”作“自刺史以上”，“由是朝政日壞”作“由是朝政益壞”，均通。

時少帝方務奢逸，後宮大恣華侈，玉希旨取容，未嘗諫止，故少帝愈寵焉。[1]因少帝以重睿擇師傅事言于玉，遂以詞激少帝，尋出維翰爲開封尹。[2]熊皦以少帝開運三年謫授商州上津縣令。[3]皦嘗爲延州劉景巖從事。景巖入移内地，皦有力焉。後景巖承詔休致，心甚不樂，前使皦送金帶遺宰臣馮玉，玉不受。皦時爲左補闕，雖云歸帶與景巖之來使，而不甚明。景巖以失意怨皦，因誣其隱帶以達玉。玉奏之，故有是謫。[4]

[1]“時少帝方務奢逸”至“故少帝愈寵焉”：明本《册府》卷三三五《宰輔部·竊位門》。

[2]“因少帝以皇弟重睿擇師傅事言于玉”至“尋出維翰爲開封尹”：明本《册府》卷三三七《宰輔部·不協門》桑維翰條。

[3]熊皦：人名。或作“熊皎”。九華山（今安徽青陽縣）人。五代大臣。事見《唐才子傳》卷一〇。　商州：州名。治所在今陝西商洛市商州區。　上津：縣名。治所在今湖北鄖西縣上津鎮。

[4]左補闕：官名。唐代諫官。武則天時始置。分爲左、右，左補闕隸於門下省，右補闕隸於中書省。掌規諫諷諭，大事可以廷議，小事則上封奏。從七品上。　“熊皦以少帝開運三年謫授商州上津縣令”至“故有是謫”：明本《册府》卷九四九《總録部·亡命門》。

張彦澤陷京城，軍士争湊其第，家財巨萬，一夕罄空。翌日，玉假蓋而出，猶繞指以諂彥澤，且請令引送玉璽於契丹主，將利其復用。[1]《永樂大典》卷一萬三百三十。[2]少帝蒙塵，終無一言勸之以死，共欲偷其視息，深爲士大夫所耻。[3]

[1]“張彥澤陷京城”至“將利其復用”：《大典》卷一〇三三〇“璽”字韻“玉璽”事目。明本《册府》卷三三九《宰輔部·邪佞門》作：“開運末，張彥澤引契丹陷京城，軍士争湊其第，家財巨萬，一夕罄空。翼日，玉假蓋而出，猶繞指以謟彥澤，且請引送玉璽於虜主，將利其復用。”亦見《新五代史》卷五六《馮玉傳》。

[2]《大典》卷一〇三三〇“璽”字韻“玉璽”事目。

[3]“少帝蒙塵”至“深爲士大夫所耻”：明本《册府》卷三三九。“其”疑爲“安”之誤。

玉從少帝北遷，契丹命爲太子少保。[1]至周太祖廣順三年，其子傑自幽州不告父而亡歸，玉懼譴責，尋以憂恚卒於蕃中。[2]《永樂大典》卷一萬七千一百九十五。[3]

[1]太子少保：官名。與太子少傅、太子少師合稱“太子三少”，唐後期、五代多爲大臣、勳貴加官。從二品。

[2]廣順三年：中華書局本有校勘記：“‘三年’，原作‘二年’，據《册府》（宋本）卷九二三、《新五代史》卷五六《馮玉傳》改。”　其子傑自幽州不告父而亡歸：中華書局本有校勘記：“‘其子’二字原闕，據殿本、劉本補。影庫本粘籤：‘“二年”下，以文義推之，當有“其子”二字，今原文脱落，未敢以意增補，姑仍其舊，附識于此。’”《宋本册府》卷九二三《總録部·不孝門》馮傑條云：“馮傑，晋宰相玉之子也。玉從少帝北遷，虜僞命爲太

子少保。至周太祖廣順三年，傑至幽州不告父而亡歸。玉懼虜譴責，尋以憂恚卒於蕃中。”《新五代史》卷五六《馮玉傳》：“周廣順三年，其子傑自契丹逃歸，玉懼，以憂卒。”《輯本舊史》在傳後録《五代史補》：“《五代史補》：馮玉嘗爲樞密使，有朝使馬承翰素有口辯，一旦持刺來謁玉，玉覽刺輒戲曰：‘馬既有汗，宜卸下鞍。’承翰應聲曰：‘明公姓馮，可謂死囚逢獄。’玉自以言失，遽延而謝之。”見《五代史補》卷四馮玉爲馬承翰所譏條。

[3]《大典》卷一七一九五“孝”字韻“不孝”等事目。

殷鵬

殷鵬，字大舉，大名人也。[1]以儁秀爲鄉曲所稱，弱冠擢進士第。[2]唐閔帝之鎮魏州，聞其名，辟爲從事。[3]及即位，命爲右拾遺，歷左補闕、考功員外郎，充史館修撰，遷刑部郎中。[4]鵬姿顏若婦人，而性巧媚。天福中，擢拜中書舍人，與馮玉同職。[5]玉本非代言之才，所得除目，多託鵬爲之。玉嘗以“姑息”字問於人，人則以“辜負”字教之，玉乃然之，當時以爲笑端。鵬之才比玉雖優，其纖佞過之。後玉出郡，借第以處之，分禄食之。及玉爲樞密使，擢爲本院學士，每有庶僚秉鞹謁玉，故事，宰臣以履見之，鵬多在玉所，見客亦然。[6]有丞郎王易簡退而有言，鵬銜之。[7]及契丹入汴，有人獲玉與鵬有籤記字，皆朝廷上列有不得志欲左授者，則易簡是其首焉。玉既北行，鵬亦尋以病卒。《永樂大典》卷二千二百六。[8]

[1]大名：府名。治所在今河北大名縣。

[2]弱冠：古時男子二十歲稱“弱冠”。行冠禮以示成年，但因體猶未壯，尚屬年少，故以“弱”稱之。

[3]唐閔帝：即後唐閔帝李從厚。明宗李嗣源第三子。紀見本書卷四五、《新五代史》卷七。　魏州：州名。治所在今河北大名縣。　“殷鵬”至“辟爲從事”：亦見《宋本册府》卷七二九《幕府部·辟署門四》。

[4]右拾遺：官名。唐武則天於垂拱元年（685）置拾遺，分左、右。左拾遺隸門下省，右拾遺隸中書省，與左、右補闕共掌諷諫，大事廷議，小事則上封事。從八品上。《宋本册府》卷一七二《帝王部·求舊門二》：“愍帝，長興四年十一月即位，丙辰……以天雄軍巡官殷鵬爲右拾遺。鵬與吴承範俱魏州人，舉進士，會帝爲帥，歸鄉里依之，故有是超授焉。”　考功員外郎：官名。尚書省吏部考功司副長官。爲考功郎中的副職，協助考功郎中掌考察内外百官及功臣家傳、碑、頌、誄、謚等事。從六品上。　史館修撰：官名。唐天寶以後，他官兼領史職者，稱史館修撰。

[5]“天福中”至“與馮玉同職”：《輯本舊史》卷一四九《職官志·封亷》載殷鵬爲起居郎時，於天福三年（938）十一月奏議一篇，又見於明本《册府》卷四七六《臺省部·奏議門七》，《册府》繫於天福二年十二月。《輯本舊史》卷八〇《晋高祖紀六》天福六年七月丙戌條：“刑部郎中殷鵬爲水部郎中，知制誥。”卷八四《晋少帝紀四》開運二年（945）十二月辛未條：“以前中書舍人殷鵬爲給事中，充樞密直學士。”

[6]“鵬之才比玉雖優”至“見客亦然”：《通鑑》卷二八五開運二年十二月辛未條：“以前中書舍人廣晋陰鵬爲給事中、樞密直學士。鵬，馮玉之黨也。朝廷每有遷除，玉皆與鵬議之。由是請謁賂遺，充滿其門。”

[7]王易簡：人名。字國寶，京兆（今陝西西安市）人。後梁進士，五代、宋初大臣。傳見《宋史》卷二六二。

[8]《大典》卷二二〇六爲“盧”字韻“姓氏（一）”事目，誤。應爲《大典》卷三二〇六“殷”字韻“姓氏（二）”事目。據下段“史臣曰”後亦可知爲卷三二〇六。

史臣曰：維翰之輔晋室也，罄弼諧之志，参締搆之功，觀其効忠，亦可謂社稷臣矣。況和戎之策，固非誤計，及國之亡也，彼以滅口爲謀，此掇殁身之禍，則畫策之難也，豈期如是哉！是以韓非慨慷而著説難者，當爲此也，悲夫！[1]趙瑩際會風雲，優游藩輔，雖易簀於絶域，終歸柩於故園，蓋仁信之行通於遐邇故也。劉昫有真相之才，克全嘉譽；馮玉乘君子之器，終殁窮荒，其優劣可知矣。《永樂大典》卷三千二百六。[2]

[1]韓非：人名。新鄭（今河南新鄭市）人。戰國時期法家代表人物。其著説被整理爲《韓非子》一書。後爲李斯構陷所害。《説難》：戰國時期法家代表作《韓非子》的篇目之一，主要論述説服君主所需面對的種種困難。

[2]《大典》卷三二〇六“殷”字韻“姓氏（二）”事目。

今注本二十四史

舊五代史

一三

晉書〔三〕

宋　薛居正等　撰

陳智超　紀雪娟　主持校注

中国社会科学出版社

舊五代史　卷九〇

晋書十六

列傳第五

趙在禮

趙在禮，字幹臣，涿州人也。[1] 曾祖景裕，祖士廉，皆不仕。父元德，盧臺軍使。[2] 在禮始事燕帥劉仁恭爲小校，唐光化末，仁恭遣其子守文逐浮陽節度使盧彦威，據其城，升在禮爲軍使，以佐守文。[3] 及守文死，事其子。[4] 延祚爲守光所害，守光子繼威復爲部將張萬進所殺，在禮遂事萬進。[5] 萬進奔梁，[6] 在禮乃與滄州留後毛璋歸太原。[7] 同光末，爲效節指揮使，屯於貝州。[8] 會軍士皇甫暉等作亂，推指揮使楊晸爲帥，晸不從，爲衆所害，携晸首以脅在禮。[9] 在禮知其不可拒，遂從之，以四年二月六日引衆入鄴，在禮自稱留後。[10] 唐莊宗遣明宗率師討之，會城下軍亂，在禮迎明宗入城，事具《唐書》。[11]

[1]涿州：州名。治所在今河北涿州市。

[2]盧臺軍：方鎮名。治所在今天津寧河區盧臺鎮。參見余蔚《中國行政區劃通史》（遼金卷），復旦大學出版社2012年版，第326頁。

[3]劉仁恭：人名。深州樂壽（今河北獻）人。唐末、五代軍閥。傳見《新唐書》卷二一二。　光化：唐昭宗李曄年號（898—901）。　守文：人名。即劉守文。深州（今河北深州市）人。唐末盧龍節度使劉仁恭長子。唐末軍閥。後梁開平三年（909），被其弟劉守光殺死。事見本書卷二、卷四、卷九八及《新五代史》卷五六、卷七二。　浮陽：縣名。治所在今河北滄縣。　節度使：官名。唐時在重要地區所設掌握一州或數州軍、民、財政的長官。盧彦威：人名。籍貫不詳。五代軍閥。事見《舊唐書》卷一九下至卷二〇下。　軍使：官名。掌領本軍軍務，或兼理地方政務。《新唐書》卷五〇《兵志》："唐初，兵之成邊者，大曰軍，小曰守捉，曰城，曰鎮……武德至天寶以前邊防之制，其軍、城、鎮、守捉皆有使。"

[4]及守文死，事其子：其子爲劉延祚，見《輯本舊史》卷一三五《劉守光傳》。

[5]延祚：人名。即劉延祚。深州（今河北深州市）人。劉守文之子。事見《新五代史》卷三九。　守光：人名。即劉守光。深州樂壽（今河北獻縣）人。唐末、五代幽州節度使劉仁恭之子。劉守光囚父自立，號大燕皇帝，後爲晋王李存勗俘殺。傳見本書卷一三五、《新五代史》卷三九。　繼威：人名。即劉繼威。深州樂壽（今河北獻縣）人。劉守光之子。五代將領。事見本書卷一三及《通鑑》卷二六七、卷二六八。　張萬進：人名。雲州（今山西大同市）人。唐末將領。傳見本書卷一三。

[6]萬進奔梁：《通鑑》卷二六八繫此事於乾化二年（912）三月庚子。《新五代史》卷四六《趙在禮傳》："其後守文爲其弟守光所殺，在禮乃奔于晋。"

［7］滄州：州名。治所在今河北滄縣舊州鎮。　留後：官名。唐、五代節度使多以子弟或親信爲留後，以代行節度使職務，亦有軍士、叛將自立爲留後者。掌一州或數州軍政。　毛璋：人名。滄州（今河北滄縣舊州鎮）人。後唐將領。傳見本書卷七三、《新五代史》卷二六。

［8］同光：後唐莊宗李存勗年號（923—926）。　效節：部隊番號。　指揮使：官名。唐末、五代軍隊多置都指揮使、指揮使，爲統兵將領。　貝州：州名。治所在今河北清河縣。　同光末，爲效節指揮使，屯於貝州：《通鑑》卷二七四天成元年（926）二月己丑條："魏博指揮使楊仁晸將所部兵戍瓦橋，踰年代歸，至貝州，以鄴都空虛，恐兵至爲變，敕留屯貝州。"

［9］皇甫暉：人名。魏州（今河北大名縣）人，五代方鎮將領。傳見本書附録、《新五代史》卷四九。　楊晸：人名。或作"楊仁晸"。籍貫不詳。唐末將領。傳見本書附録。《輯本舊史》之原輯者案語："《歐陽史》作楊仁晟。"中華書局本有校勘記："本書卷三四《唐莊宗紀八》、《通鑑》卷二七四作楊仁晸。"見《新五代史》卷四六《趙在禮傳》及卷四九《皇甫暉傳》，《通鑑》卷二七四天成元年二月己丑條，《輯本舊史》卷三四《唐莊宗紀八》同光四年二月丙申條。《輯本舊史》及《通鑑》或作"楊晸"，或作"楊仁晸"，而《新五代史》則作"楊仁晟"。

［10］鄴：地名。即鄴都。治所在今河北大名縣。後唐莊宗同光元年（923），改魏州爲興唐府，建號東京，三年改東京爲鄴都。　在禮自稱留後：《舊五代史考異》："《宋史·張錫傳》：趙在禮舉兵于鄴，瀕河諸州多搆亂，錫權知棣州事，即出省錢賞軍，皆大悦，一郡獨全，棣人賴之。"見《宋史》卷二六二《張錫傳》。《通鑑》卷二七四天成元年二月己丑條："楊仁晸部兵皇甫暉與其徒夜博不勝，因人情不安，遂作亂，劫仁晸……仁晸不從，暉殺之；又劫小校，不從，又殺之。效節指揮使趙在禮聞亂，衣不及帶，踰垣而走，暉追及，曳其足而下之，示以二首，在禮懼而從之。亂兵遂奉

以爲帥，焚掠貝州。……詰旦，暉等擁在禮南趣臨清、永濟、館陶，所過剽掠。”亦見《輯本舊史》卷三四《唐莊宗紀八》同光四年二月丙申條，但無皇甫暉劫殺小校之事。《通鑑》卷二七四天成元年二月壬辰條：“晚，有自貝州來告軍亂將犯鄴都者……是夜，賊前鋒攻北門，弓弩亂發。時彥瓊將部兵宿北門樓，聞賊呼聲，即時驚潰。彥瓊單騎奔洛陽。”同月癸巳條：“賊入鄴都，孫鐸等拒戰不勝，亡去。趙在禮據宮城，署皇甫暉及軍校趙進爲馬步都指揮使，縱兵大掠……王正言……帥僚佐步出府門謁在禮，再拜請罪。在禮亦拜，曰：‘士卒思歸耳，尚書重德，勿自卑屈！’慰諭遣之。衆推在禮爲魏博留後，具奏其狀。北京留守張憲家在鄴都，在禮厚撫之，遣使以書誘憲，憲不發封，斬其使以聞。”《輯本舊史》卷三四同光四年二月丙申條作“趙在禮引諸軍據宮城，署皇甫暉、趙進等爲都虞候、斬斫使”，與《通鑑》所載官階異；《新五代史》卷四九《皇甫暉傳》與《通鑑》同。《輯本舊史》卷三四同光四年二月丙申條又載：“帝怒，命宋州節度使元行欽率騎三千赴鄴都招撫，詔徵諸道之師進討。”《通鑑》卷二七四與之同。《新五代史》卷五《唐本紀》同光四年二月甲午條作“趙在禮陷鄴都，武寧軍節度使李紹榮討之”，誤。《輯本舊史·唐莊宗紀八》同光四年二月辛丑條：“元行欽至鄴都，進攻南門，以詔書招諭城中，趙在禮獻羊酒勞軍，登城遥拜行欽曰：‘將士經年離隔父母，不取勑旨歸寧，上貽聖憂，追悔何及！儻公善爲敷奏，俾從涣汗，某等亦不敢不改過自新。’行欽曰：‘上以汝輩有社稷功，必行赦宥。’因以詔書諭之。皇甫暉聚衆大詬，即壞詔。行欽以聞，帝怒曰：‘收城之日，勿遺噍類！’”同月壬寅條：“行欽自鄴退軍，保澶州。”同月丁未條：“鄴都行營招撫使元行欽率諸道之師再攻鄴都。”同月庚戌條：“諸軍大集於鄴都，進攻其城，不克。行欽又大治攻具。城中知其無赦，晝夜爲備。朝廷聞之益恐，連發中使促繼岌西征之師。”

[11]唐莊宗：即李存勗。沙陀部人，後唐開國皇帝。紀見《舊五代史》卷二七至卷三四、《新五代史》卷四至卷五。　明宗：即

後唐明宗李嗣源。926年至933年在位。原名邈佶烈，沙陀部人，爲李克用養子。同光四年（926），莊宗李存勗在兵變中被殺，李嗣源入洛陽，稱監國，後稱帝，改名亶。在位時，精減宫人伶官，廢内藏庫，百姓賴以休息。李嗣源病危時，次子李從榮作亂被殺，悲駭憂慮而死。紀見《舊五代史》卷三五至卷四四、《新五代史》卷六。 "唐莊宗遣明宗率師討之"至"事具《唐書》"：《輯本舊史》卷三八《唐莊宗紀八》同光四年二月甲寅條："命蕃漢總管李嗣源統親軍赴鄴都，以討趙在禮。"卷三五《唐明宗紀一》同光四年三月六日條："帝至鄴都，趙在禮等登城謝罪，出牲餼以勞師，帝亦慰納之，營於鄴城之西南，下令以九日攻城。"同年三月八日條："夜，軍亂。從馬直軍士有張破敗者，號令諸軍，各殺都將，縱火焚營，讙譟雷動。至五鼓，亂兵逼帝營，親軍搏戰，傷痍者殆半，亂兵益盛。帝叱之，責其狂逆之狀，亂兵對曰：'昨貝州戍兵，主上不垂厚宥；又聞鄴城平定之後，欲盡坑全軍。某等初無叛志，直畏死耳。已共諸軍商量，與城中合勢，擊退諸道之師，欲主上帝河南，請令公帝河北。'帝泣而拒之，亂兵呼曰：'令公欲何之？不帝河北，則爲他人所有。苟不見幾，事當不測！'抽戈露刃，環帝左右。安重誨、霍彦威躡帝足，請詭隨之，因爲亂兵迫入鄴城。懸橋已發，共扶帝越濠而入，趙在禮等歡泣奉迎。是日，饗將士於行宫，在禮等不納外兵，軍衆流散，無所歸向。帝登南樓，謂在禮曰：'欲建大計，非兵不能集事，吾自於城外招撫諸軍。'帝乃得出。夜至魏縣。"《新五代史》卷六《唐本紀》天成元年三月甲寅條："軍變，嗣源入於魏，與在禮合，夕出，止魏縣。"

天成元年五月，授滑州節度使、檢校太保。[1]制下，在禮密奏軍情未欲除移，且乞更伺少頃，尋就改天雄軍兵馬留後、鄴都留守、興唐尹。[2]既而在禮將皇甫暉、趙進等相次除郡赴任，在禮乃上表乞移旌節。十二月，授滄州節度使。[3]二年七月，移鎮兗州。[4]長興元年，入爲左驍衛上將軍，俄改同州節度使。[5]會高祖受明宗命統大軍伐蜀，以在禮充西川行營步軍都指揮使，收劍州而還。[6]四年，移鎮襄州。[7]清泰三年，授宋州節度使，加檢校太尉、同平章事。[8]高祖登極，移鎮鄆州，加檢校太師、兼侍中，封衛國公。[9]天福六年七月，授許州節度使。[10]八年四月，移鎮徐州，進封楚國公。[11]

[1]天成：後唐明宗李嗣源年號（926—930）。　滑州：州名。治所在今河南滑縣。　檢校太保：官名。爲散官或加官，以示恩寵，無實際職掌。

[2]天雄軍：方鎮名。治所在魏州（今河北大名縣）。　兵馬留後：官名。唐、五代時，代行方鎮長官之職者稱留後。代行州兵馬使之職者，即爲兵馬留後。掌本州兵馬。　留守：官名。古代皇帝出巡或親征時指定親王或大臣留守京城，綜理國家軍事、行政、民事、財政等事務，稱京城留守。在陪都或軍事重鎮也常設留守，以地方長官兼任。　興唐：地名。即鄴都。治所在今河北大名縣。後唐莊宗同光元年（923），改魏州爲興唐府，建號東京。

[3]在禮將皇甫暉、趙進等相次除郡赴任：《舊五代史考異》："《歐陽史·皇甫暉傳》：明宗即位，暉自軍卒擢拜陳州刺史。《九國志·趙進傳》：天成初，除貝州刺史、鄴都衙内指揮使。"見《新五代史》卷四九《皇甫暉傳》、《九國志》卷九《趙進傳》。《通鑑》卷二七五天成元年（926）五月丙寅條："趙在禮請帝幸鄴都。"《輯本舊史》卷三六《唐明宗紀二》天成元年五月戊辰條："以金紫光禄大夫、檢校司空趙在禮爲滑州節度使，加檢校太保。制下，在禮以軍情不順爲辭，不之任。"明本《册府》卷四三九《將帥部·要君門》："明宗天成初，授在禮滑州義成軍節度，滑、濮等州觀察處置等使，乃封天水縣開國伯，食邑七百户。制下，在

禮以軍情言語爲辭，竟不之任，尋改天雄軍兵馬留後、鄴都留守。”《宋本册府》卷六七三《牧守部·褒寵門》：“趙在禮，天成初爲天雄軍節度使。度支奏：‘大名府管内，今年夏苗頃畝比去年出六千八百頃，宜降詔獎飾。’從之。”“度支奏”，原作“支奏”，據明本《册府》卷四三九補。《通鑑》卷二七五天成二年三月丙辰條：“初，莊宗之克梁也，以魏州牙兵之力；及其亡也，皇甫暉、張破敗之亂亦由之。趙在禮之徙滑州，不之官，亦實爲其下所制。在禮欲自謀脱禍，陰遣腹心詣闕求移鎮，帝乃爲之除皇甫暉陳州刺史，趙進貝州刺史，徙在禮爲橫海節度使。”

［4］兖州：州名。治所在今山東濟寧市兖州區。

［5］同州：州名。治所在今陕西大荔縣。　“二年七月”至“入爲左驍衛上將軍”：《輯本舊史》卷三八《唐明宗紀四》天成二年七月壬申條：“滄州節度使趙在禮移鎮兖州。”同年十二月己丑條：“兖州節度使趙在禮來朝。”明本《册府》卷一一一《帝王部·宴享門》唐明宗天成二年十二月乙丑條：“宴於玄德殿，兖州節度使趙在禮入覲，使召赴宴。”按天成二年十二月戊寅朔，無乙丑日，明本《册府》“乙丑”爲“己丑”之誤。同月戊戌條：“以夏魯奇、趙在禮入覲，宴於玄德殿。”《輯本舊史》卷四一《唐明宗紀七》長興元年七月甲戌條：“以……前兖州節度使趙在禮爲左驍衛上將軍。”

［6］高祖：即後晋高祖石敬瑭。沙陀部人。後唐將領、後晋開國皇帝。紀見本書卷七五至卷八〇、《新五代史》卷八。　西川：方鎮名。治所在成都府（今四川成都市）。　步軍都指揮使：官名。爲侍衛親軍步軍司長官。後梁始置侍衛親軍，爲禁軍的一支，後唐沿置並成爲禁軍主力，下設馬、步軍。　劍州：州名。治所在今四川劍閣縣。

［7］“俄改同州節度使”至“移鎮襄州”：《輯本舊史》卷四一長興元年（930）九月乙酉條：“以左驍衛上將軍趙在禮爲同州節度使兼西南行營馬步軍都指揮使。”《通鑑》卷二七七長興元年十一

月壬申條："石敬瑭入散關，階州刺史王弘贄、瀘州刺史馮暉與前鋒馬步都虞候王思同、步軍都指揮使趙在禮引兵出人頭山後，過劍門之南，還襲劍門，克之，殺東川兵三千人，獲都指揮使齊彦温，據而守之。"《輯本舊史》卷四四《唐明宗紀十》長興四年十月丙午條："以前同州節度使趙在禮爲襄州節度使。"

[8]清泰：後唐廢帝李從珂年號（934—936）。　宋州：州名。治所在今河南商丘市睢陽區。　檢校太尉：官名。爲散官或加官，以示恩寵，無實際職掌。　同平章事：官名。"同中書門下平章事"之簡稱。唐高宗以後，凡實際任宰相之職者，常在其本官後加"同平章事"的職銜。後成爲宰相專稱。後晉天福五年（940），升中書門下平章事爲正二品。　"清泰三年"至"同平章事"：中華書局本有校勘記："本書卷四七《唐末帝紀中》繫其事於清泰二年。"《輯本舊史》卷四五《唐閔帝紀》應順元年（934）正月戊戌條："襄州節度使趙在禮加檢校太尉。"卷四六《唐末帝紀上》清泰元年（934）六月丙戌條："襄州節度使趙在禮加同平章事。"卷四七《唐末帝紀中》清泰二年九月己亥條："以襄州節度使趙在禮爲宋州節度使。"

[9]鄆州：州名。治所在今山東東平縣。　檢校太師：官名。爲散官或加官，以示恩寵，無實際職掌。太師，與太傅、太保並爲三師。　侍中：官名。秦始置。隋、唐前期爲門下省長官。唐後期多爲大臣加銜，不參與政務，實際職務由門下侍郎執行。正二品。

[10]天福：五代後晉高祖石敬瑭年號（936—942）。出帝石重貴沿用至九年（944）。後漢高祖劉知遠繼位後沿用一年，稱天福十二年（947）。　許州：州名。治所在今河南許昌市。

[11]徐州：州名。治所在今江蘇徐州市。　"高祖登極"至"進封楚國公"：《輯本舊史》卷七六《晉高祖紀二》天福二年（937）正月丙寅條："歸德軍節度使趙在禮並加食邑實封，改功臣名號。"卷七七《晉高祖紀三》天福三年四月甲午條："歸德軍節度使趙在禮並加兼侍中。"同年十一月丙辰條："歸德軍節度使趙在禮

改天平軍節度使。”據此，在禮“兼侍中”在“移鎮鄆州”之前。《輯本舊史》卷七八《晋高祖紀四》天福四年三月己未條：“天平軍節度使趙在禮封衛國公。”卷八〇《晋高祖紀六》天福六年七月癸亥條：“以前鄆州節度使趙在禮爲許州節度使。”卷八一《晋少帝紀一》天福八年四月庚戌條：“以許州節度使趙在禮爲徐州節度使。”《新五代史》卷四九《皇甫暉傳》：“晋天福中，以衛將軍居京師。在禮已秉旄節，罷鎮來朝，暉往候之曰：‘與公俱起甘陵，卒成大事，然由我發也，公今富貴，能衃我乎？不然，禍起坐中！’在禮懼，遽出器幣數千與之，而飲以酒，暉飲自若，不謝而去。”《宋本册府》卷六八八《牧守部·薦賢門》：“趙在禮天福中爲宋州節度使，奏薦前秦州節度推官李穀，乞除一官，尋授監察御史。”

開運元年，以契丹爲患，少帝議北征。[1]八月朔，降制命一十五將，以在禮爲北面行營馬步都虞候。[2]十一月，改行營副都統，都虞候如故。[3]受詔屯澶州，再除兗州節度使，依前副都統。[4]三年正月，授晋昌軍節度使。[5]時少帝爲其子延煦娶在禮女爲妻，禮會之日，其儀甚盛，京師以爲榮觀。[6]五月，進封秦國公，累食邑至一萬三千户，實封一千五百户。

[1]開運：後晋出帝石重貴年號（944—946）。　契丹：部族名、政權名。公元4世紀中葉宇文部爲前燕攻破，始分離而成單獨的部落，自號契丹。唐貞觀中，置松漠都督府，以其首領爲都督。唐末强盛，916年迭剌部耶律阿保機建立契丹國（遼）。先後與五代、北宋並立，遼天祚帝保大五年（1125）爲金所滅。參見張正明《契丹史略》，中華書局1979年版。　少帝：即唐哀帝李柷。唐昭宗之子。904年至907年在位，年號天祐。爲朱温所殺。紀見《舊

唐書》卷二〇下、《新唐書》卷一〇。

［2］“開運元年”至“以在禮爲北面行營馬步都虞候”：《輯本舊史》卷八三《晉少帝紀三》開運元年（944）八月辛丑條：“命十五將以禦契丹……徐州節度使趙在禮充馬步軍都虞候。”

［3］行營副都統：官名。唐末設諸道行營都統、副都統，作爲各道出征兵士的正、副統帥。　十一月，改行營副都統：《輯本舊史》卷八三繫此事於開運元年十月庚戌條：“以徐州節度使、北面行營馬步都虞候趙在禮爲北面行營副都統。”《新五代史》卷九《晉本紀》同。

［4］澶州：州名。唐、五代初，治所在今河南清豐縣。後晉高祖天福四年（939），移治於今河南濮陽縣。

［5］晉昌軍：方鎮名。治所在京兆府（今陝西西安市）。後晉改永平軍置，後漢改爲永興軍。　“受詔屯澶州”至“授晉昌軍節度使”：《通鑑》卷二八四開運元年閏十二月丁酉條：“契丹復大舉入寇，盧龍節度使趙延壽引兵先進。契丹前鋒至邢州，順國節度使杜威遣使間道告急。帝欲自將拒之，會有疾，命天平節度使張從恩、鄴都留守馬全節、護國節度使安審琦會諸道兵屯邢州，武寧節度使趙在禮屯鄴都。”《輯本舊史》卷八三開運二年正月己亥條：“人情震恐，趙在禮還屯澶州。”同年四月庚寅條：“徐州趙在禮移鎮兖州。”卷八四《晉少帝紀四》開運三年正月辛亥條：“以兖州節度使趙在禮爲晉昌軍節度使。”《宋本册府》卷四一二《將帥部·仁愛門》：“晉趙在禮爲晉昌節度使，或賑人之急，時論賞之。”卷四一三《將帥部·禮賢門》：“趙在禮爲晉昌節度使，好延士大夫。”

［6］延煦：人名。即石延煦。後晉出帝之子。傳見本書卷八七、《新五代史》卷一七。　“時少帝爲其子延煦娶在禮女爲妻”至“京師以爲榮觀”：《通鑑》卷二八五開運三年三月庚申條：“晉昌節度使兼侍中趙在禮，更歷十鎮，所至貪暴，家貲爲諸帥之最。帝利其富，三月，庚申，爲皇子鎮寧節度使延煦娶其女。在禮自費緡錢十萬，縣官之費，數倍過之。”《輯本舊史》卷八四《晉少帝紀

四》開運三年四月戊寅條："皇子延煦與晋昌軍節度使趙在禮結婚，命宗正卿石光贊主之。"《新五代史》卷一七《石延煦傳》："是時，河北用兵，天下旱蝗，民餓死者百萬計，而諸鎮争爲聚斂，趙在禮所積鉅萬，爲諸侯王最。出帝利其貲，乃以延煦娶在禮女，在禮獻絹三千匹，前後所獻不可勝數。三年五月，遣宗正卿石光贊以聘幣一百五十床迎于其第，出帝宴在禮萬歲殿，所以賜予甚厚，君臣窮極奢侈，時人以爲榮。在禮謂人曰：'吾此一婚，其費十萬。'"

在禮歷十餘鎮，善治生殖貨，積財鉅萬，兩京及所涖藩鎮，皆邸店羅列。在宋州日，值天下飛蝗爲害，在禮使比户張幡幟，鳴鼙鼓，蝗皆越境而去，人亦服其智焉。凡聚斂所得，唯以奉權豪、崇釋氏而已。[1]及契丹亂華，自鎮赴闕，時契丹首領、奚王拽剌等在洛下，在禮望塵致敬，蕃酋等倨受其禮，加之凌辱，邀索貨財，在禮不勝其憤。[2]行至鄭州，泊於逆旅，聞同州劉繼勳爲虜所鎖，大驚。[3]丁未歲正月二十五日夜，以衣帶就馬櫪自絞而卒，年六十六。[4]漢高祖即位，贈中書令。[5]

［1］"在禮歷十餘鎮"至"崇釋氏而已"：亦見明本《册府》卷四五五《將帥部·貪黷門》。

［2］拽剌：人名。又名素姑。五代奚族部落聯盟首領。前首領掃剌之子。後唐明宗天成四年（929），父死代立。清泰三年（936），欲背後唐投契丹，得後唐末帝李從珂撫慰。年底，後唐亡。次年二月，降契丹。事見本書本卷。

［3］鄭州：州名。治所在今河南鄭州市。行至鄭州，《宋本册府》卷九五三《總録部·困辱門》作"行至鄆州"，按鄆州在汴州之東北，自洛陽至汴州無繞道鄆州之理，作"行至鄆州"誤。

[4]年六十六：《輯本舊史》之原輯者案語："《歐陽史》作六十二。"見《新五代史》卷四六《趙在禮傳》。此段亦見《宋本册府》卷九〇九《總録部·憂懼門》、卷九五三《總録部·困辱門》。"及契丹亂華"至"年六十六"："亂華"《輯本舊史》原作"入汴"，"蕃酋"原作"首領"，"爲虜所鎖"之"虜"原作"契丹"，乃《輯本舊史》忌清諱而改，據《宋本册府》卷九五三回改。《通鑑》卷二八六天福十二年（947）正月癸丑條："晋昌節度使趙在禮入朝，其裨將留長安者作亂，節度副使建人李肅討誅之，軍府以安。"同月乙卯條："趙在禮至洛陽，謂人曰：'契丹主嘗言莊宗之亂由我所致。我此行良可憂。'契丹遣契丹將述軋、奚王拽剌、勃海將高謨翰戍洛陽，在禮入謁，拜於庭下，拽剌等皆踞坐受之。乙卯，在禮至鄭州，聞繼勳被鎖，大驚，夜，自經於馬櫪間。契丹主聞在禮死，乃釋繼勳，繼勳憂憤而卒。"

[5]漢高祖：即後漢高祖劉知遠。紀見本書卷九九、卷一〇〇及《新五代史》卷一〇。　中書令：官名。漢代始置，隋、唐前期爲中書省長官，屬宰相之職；唐後期多爲授予元勳大臣的虚銜。正二品。　漢高祖即位贈中書令：《輯本舊史》卷一〇〇《漢高祖紀下》繫此事於天福十二年閏七月壬申條："故晋昌軍節度使趙在禮贈中書令。"

在禮凡四子，雖歷内職，皆早卒。孫延勳，仕皇朝，歷岳、蜀二州刺史。[1]《永樂大典》卷一萬八千一百三十。[2]

[1]岳：州名。治所在今湖南岳陽市。　蜀：州名。治所在今四川崇州市。　刺史：官名。漢武帝時始置。州一級行政長官，總掌考覈官吏、勸課農桑、地方教化等事。唐中期以後，節度、觀察使轄州而設，刺史爲其屬官，職任漸輕。從三品至正四品下。

［2］《大典》卷一八一三〇“將”字韻“後晋將（一）”事目。《輯本舊史》在此後録《五代史補》：“趙在禮之在宋州也，所爲不法，百姓苦之。一旦下制移鎮永興，百姓欣然相賀，曰：‘此人若去，可爲眼中拔釘子，何快哉！’在禮聞之怒，欲報‘拔釘’之謗，遽上表更求宋州一年，時朝廷姑息勳臣，詔許之。在禮於是命吏籍管内户口，不論主客，每歲一千，納之於家，號曰‘拔釘錢’，莫不公行督責，有不如約，則加之鞭朴，雖租賦之不若也。是歲獲錢百萬。”見《五代史補》卷三趙在禮拔釘錢條。亦見《新五代史》卷四六《趙在禮傳》。

馬全節

馬全節，字大雅，魏郡元城人也。[1]父文操，本府軍校，官至檢校尚書左僕射，以全節之貴，累贈太師。[2]全節少從軍旅，同光末，爲捉生指揮使。[3]趙在禮之據魏州也，爲鄴都馬步軍都指揮使。[4]唐明宗即位，授檢校司空，歷博、單二州刺史。[5]天成三年，賜竭忠建策興復功臣，移刺郢州。[6]長興初，就加檢校司徒，在郡有政聲，俄授河西節度使。[7]時明宗命高祖伐蜀，師次岐山，全節赴任及之，具軍容謁於轅門，高祖以地理隔越，乃奏還焉，移沂州刺史。[8]

［1］元城：縣名。治所在今河北大名縣。

［2］檢校尚書左僕射：官名。尚書左僕射，隋唐宰相名號。檢校尚書左僕射爲散官或加官，以示恩寵，無實際職掌。　太師：官名。與太傅、太保合稱“三師”，唐後期、五代多爲大臣、勳貴加官。正一品。　“父文操”至“累贈太師”：《新輯會證》本傳録

《馬文操神道碑》，可參見。

[3]同光末：《新五代史》卷四七《馬全節傳》作“同光中”。　捉生指揮使：官名。所部統兵將領。“捉生”爲部隊番號。

[4]馬步軍都指揮使：官名。唐末、五代行軍統兵主帥。詳見杜文玉《晚唐五代都指揮使考》，《學術界》1995年第1期。

[5]唐明宗：原作“唐莊宗”，中華書局本據浙江本、宗文本改，今從。　檢校司空：官名。爲散官或加官，以示恩寵，無實際職掌。司空，與太尉、司徒並爲三公。　博：州名。治所在今山東聊城市。　單：州名。治所在今山東單縣。

[6]郢州：州名。治所在今湖北鍾祥市。

[7]長興：後唐明宗李嗣源年號（930—933）。　檢校司徒：官名。爲散官或加官，以示恩寵，無實際職掌。　河西：方鎮名。治所在涼州（今甘肅武威市）。

[8]岐山：縣名。治所在今陝西寶鷄市。　轅門：軍營大門。　沂州：州名。治所在今山東臨沂市。

清泰初，爲金州防禦使。[1]會蜀軍攻其城，州兵纔及千人，兵馬都監陳隱懼，託以他事出城，領三百人順流而逸，賊既盛，人情憂沮。[2]全節悉家財以給士，復出奇拒戰，以死繼之。[3]賊退，朝廷嘉其功，詔赴闕，將議賞典。時劉延朗爲樞密副使，邀其厚賄，全節無以賂之，謂全節曰：“絳州闕人，請事行計。”[4]全節不樂，告其同輩，由是衆口諠然，以爲不當，皇子重美爲河南尹，聞而奏焉。[5]清泰帝召全節謂曰：“滄州乏帥，欲命卿制置。”[6]翼日，授横海軍兩使留後。[7]

[1]金州：州名。治所在今陝西安康市。　防禦使：官名。唐

代始置，設有都防禦使、州防禦使兩種。常由刺史或觀察使兼任，實際上爲唐代後期州或方鎮的軍政長官。　清泰初，爲金州防禦使：《舊五代史考異》："《歐陽史》作明宗時，爲金州防禦史，與《薛史》先後互異。"見《新五代史》卷四七《馬全節傳》。明本《册府》卷六九四《牧守部・武功門二》作"全州"，誤。

[2]會蜀軍攻其城，州兵纔及千人：《舊五代史考異》："《歐陽史》作州兵纔數百。"見《新五代史・馬全節傳》。"城州"明本《册府》卷六九四作"州城"。　領三百人順流而逸："逸"明本《册府》作"逃"。中華書局本有校勘記："'三'，原作'二'，據殿本、劉本、《册府》卷六九四、《通鑑》卷二七九改。"　兵馬都監：官名。唐代中葉命將出征，常以宦官爲監軍、都監。後爲臨時委任的統兵官，稱都監、兵馬都監。掌屯戍、邊防、訓練之政令。

[3]全節悉家財以給士：明本《册府》卷六九四作"全節悉出家財以給士"。《輯本舊史》卷四七《唐末帝紀中》清泰二年（935）七月丁酉條："西京弓弩指揮使任漢權奏，六月二十一日與川軍戰於金州之漢陰，王師不利，其部下兵士除傷痍外，已至鳳翔。先是，盩厔鎮將劉贇引軍入川界，爲蜀將全師郁所敗。金州都監崔處訥重傷，諸州屯兵潰散。金州防禦使馬全節收合州兵，固守獲全。"《通鑑》卷二七九清泰二年九月戊寅條："蜀金州防禦使全師郁寇金州，拔水寨。城中兵纔千人，都監陳知隱託他事將兵三百沿流遁去。防禦使馬全節罄私財以給軍，出奇死戰，蜀兵乃退。戊寅，詔斬知隱。"

[4]劉延朗：人名。宋州虞城（今河南虞城縣）人。後唐大臣。傳見本書卷六九、《新五代史》卷二七。　樞密副使：官名。樞密院副長官。　絳州：州名。治所在今山西新絳縣。

[5]重美：人名。即李重美。後唐廢帝李從珂之子。傳見本書卷五一、《新五代史》卷一六。

[6]清泰帝：即後唐廢帝李從珂。

[7]横海軍：方鎮名。治所在滄州（今河北滄縣舊州鎮）。

翼日，授橫海軍兩使留後：《輯本舊史》卷四七清泰二年十一月乙卯條："以前金州防禦使馬全節爲滄州留後。"

高祖即位，加檢校太保，正授旌節。[1]天福五年，授檢校太傅，移鎮安州。[2]時李金全據州叛，引淮軍爲援，因命全節將兵討平之，以功加檢校太尉，改昭義軍節度、澤潞遼沁等州觀察處置等使。[3]六年秋，移鎮邢州，加同中書門下平章事。[4]安重榮之叛也，授鎮州行營副招討兼排陣使，與重榮戰於宗城，大敗之。[5]鎮州平，加開府儀同三司，充義武軍節度、易定祁等州觀察處置、北平軍等使。[6]八年秋，丁母憂，尋起復焉。[7]屬契丹侵寇，加之蝗旱，國家有所徵發，全節朝受命而夕行，治生餘財，必充貢奉。[8]

[1]高祖即位，加檢校太保，正授旌節：《輯本舊史》卷七六《晉高祖紀二》天福二年（937）二月甲辰條："以滄州留後馬全節爲橫海軍節度使。"

[2]檢校太傅：官名。爲散官或加官，以示恩寵，無實際職掌。　安州：州名。治所在今湖北安陸市。

[3]李金全：人名。吐谷渾族。早年爲後唐明宗李嗣源奴僕，驍勇善戰，因功升遷。後晉時封安遠軍節度使，後投奔南唐。傳見本書卷九七、《新五代史》卷四八。　昭義軍：方鎮名。治所在潞州（今山西長治市）。　澤：州名。治所在今山西澤州縣。　潞：州名。治所在今山西長治市。　遼：州名。治所在今山西左權縣。　沁：州名。治所在今山西沁源縣。　觀察處置使：官名。即觀察使之全稱。唐代後期出現的地方軍政長官。唐玄宗開元二十一年（733）置十五道採訪使，唐肅宗乾元元年（758）改爲觀察使。無

旌節，地位低於節度使。掌一道州縣官的考績及民政。　“天福五年”至“澤潞遼沁等州觀察處置等使”：《輯本舊史》卷七九《晋高祖紀五》天福五年四月庚戌條：“以滄州節度使馬全節爲安州節度使。”同年五月丙戌條：“安州節度使李金全叛，詔新授安州節度使馬全節以洛、汴、汝、鄭、單、宋、陳、蔡、曹、濮十州之兵討之。”明本《册府》卷一二三《帝王部·征討門三》亦作以十州之兵討李金全，較《輯本舊史》無單州，多鄆州；《通鑑》卷二八二作以十二州之兵，較《輯本舊史》多申、唐二州；《宋本册府》卷一六六《帝王部·招懷門四》亦作以十二州之兵，較《通鑑》無單州，多鄆州。亦見《宋本册府》卷三六〇《將帥部·立功門》。《輯本舊史》卷七九《晋高祖紀五》天福五年五月甲辰條：“馬全節自應山縣進軍於大化鎮。”同月戊申條：“與鄂州賊軍陣於安陸之南，三戰而後克之，斬首三千級，生擒千餘人。供奉官安友謙登鋒力戰，奮不顧身。全節賞其忠勇，使馳獻捷書，暍死於路。”《舊五代史考異》以此爲六月事。同月丁巳條：“淮夷僞校李承裕率衆掠城中資貨而遁，馬全節入城撫其遺民，遣安審暉率兵以逐承裕，擒而斬之。執其僞都監杜光鄴及淮南軍五百餘人，露布獻於闕下。”《新五代史》卷八《晋本紀》天福五年六月癸卯條：“李昪遣其將李承裕入于安州，金全奔于唐，安遠軍節度使馬全節及承裕戰，敗之。”同月丁巳條：“克安州，承裕奔于雲夢，全節執而殺之。”《通鑑》卷二八二天福五年六月甲辰條：“馬全節自應山進軍大化鎮，與承裕戰于城南，大破之。承裕掠安州南走，全節入安州。”同月丙午條：“安審暉追敗唐兵于黄花谷，段處恭戰死。”同月丁未條：“審暉又敗唐兵於雲夢澤中，虜承裕及其衆。唐將張建崇據雲夢橋拒戰，審暉乃還。馬全節斬承裕及其衆千五百人于城下，送監軍杜光業等五百七人于大梁。”《輯本舊史》《新五代史》《通鑑》所載互異。《新五代史》卷四七《馬全節傳》：“承裕棄城去，審暉追至雲夢，執承裕及其兵二千人，全節斬千五百人，以其餘兵并承裕獻于京師。承裕謂全節曰：‘吾掠城中，所得百萬計，將軍皆取之矣。

吾見天子，必訴此而後就刑。’全節懼，因殺承裕，高祖置而不問，徙全節鎮昭義。”

［4］六年秋，移鎮邢州，加同中書門下平章事：《輯本舊史》卷八〇《晋高祖紀六》天福六年七月己巳條：“以昭義節度使馬全節爲邢州節度使，加同平章事。”

［5］安重榮：人名。朔州（今山西朔州市朔城區）人。後唐、後晋將領。傳見本書卷九八、《新五代史》卷五一。　鎮州：州名。治所在今河北正定縣。　副招討：官名。即招討副使。唐德宗貞元末始置招討使。爲戰時權置軍事長官，兵罷則停。其下有副使等。　排陣使：官名。唐節度使所屬武官中有排陣使，後梁時設於諸軍，爲先鋒之職。参見王軼英《中國古代排陣使述論》，《西北大學學報》2010 年第 6 期。　宗城：縣名。治所在今河北威縣。

［6］開府儀同三司：官名。曹魏始置，隋、唐時爲散官之最高官階，多授功勳重臣。從一品。　義武軍：方鎮名。治所在定州（今河北定州市）。　易：州名。治所在今河北易縣。　定：州名。治所在今河北定州市。　祁：州名。治所在今河北無極縣。　觀察處置：官名。即觀察處置使。唐玄宗以後，採訪、觀察、都統等使加“處置”，賦予處理、決斷權。唐玄宗開元二十二年（734）初置採訪處置使，以御史中丞盧絢等爲之，唐肅宗乾元元年（758）改爲觀察處置使。　北平軍：部隊番號。唐、五代邊軍，天寶後由范陽節度使統領。　“安重榮之叛也”至“北平軍等使”：《輯本舊史》卷八〇天福六年十二月丁亥條：“鎮州節度使安重榮稱兵向闕，以侍衛親軍馬步軍都指揮使杜重威爲北面行營招討使，率兵擊之，以邢州節度使馬全節爲副。”《通鑑》卷二八二繫此事於天福六年十二月壬辰。《輯本舊史》卷八〇天福七年正月戊辰條：“以北面行營副招討使、邢州節度使馬全節爲定州節度使。”

［7］起復：官吏服喪未滿而再起用。

［8］“八年秋”至“必充貢奉”：《通鑑》卷二八三天福八年條：“朝廷以恒、定饑甚，獨不括民穀。順國節度使杜威奏稱軍食

不足，請如諸州例，許之。威用判官王緒謀，檢索殆盡，得百萬斛。威止奏三十萬斛，餘皆入其家；又令判官李沼稱貸於民，復滿百萬斛，來春糶之，得緡錢二百萬，闔境苦之。定州吏欲援例爲奏，義武節度使馬全節不許，曰：'吾爲觀察使，職在養民，豈忍效彼所爲乎！'"《輯本舊史》卷八二《晉少帝紀二》開運元年（944）正月甲午條："以北京留守劉知遠爲幽州道行營招討使……定州節度使馬全節爲都虞候。"《新五代史》卷九《晉本紀》開運元年二月癸丑條："北面行營都虞候馬全節及契丹戰于北平，敗之。"《宋本册府》卷九八七《外臣部·征討門六》："少帝天福九年，定州節度使馬全節戰契丹於北平，擒千餘人而斬之。"《通鑑》卷二八四開運元年二月戊午條："詔劉知遠將部兵自土門出恒州擊契丹，又詔會杜威、馬全節於邢州。知遠引兵屯樂平不進。"《輯本舊史》卷八二開運元年三月辛卯條："定州馬全節攻泰州，拔之，俘其兵士二千人，雜畜戎仗稱是。"《通鑑》卷二八四亦繫此事於開運元年三月辛卯。明本《册府》卷一一八《帝王部·親征門三》晉少帝天福九年三月己未條："定州節度使馬全節率州兵掠泰州，破白團城，生擒賊軍七百人，獲牛馬千餘及器械八百。"開運元年三月癸酉朔，無己未，二月己未爲十六日。《新五代史》卷九開運元年四月己未條："馬全節及契丹戰于定豐，敗之。"

開運元年秋，授鄴都留守、檢校太師、兼侍中、廣晉尹、幽州道行營馬步軍都虞候，尋加天雄軍節度使、北面行營副招討使，陽城之戰，甚有力焉。[1]全節始拜鄴都，以元城是桑梓之邑，具白襴詣縣庭謁拜縣令沈遘，遘逡巡避之，不敢當禮。[2]全節曰："父母之鄉，自合致敬，勿讓之也。"州里榮之。二年，授順國軍節度使，未赴鎮卒，年五十五。贈中書令。[3]

[1]尋加天雄軍節度使、北面行營副招討使：中華書局本有校勘記："'節度使'三字原闕，據《册府》卷三六〇補。按《册府》卷九一七：'晋馬全節爲天雄軍節度、北面行營副招討。'"見《宋本册府》卷三六〇《將帥部·立功門》、卷九一七《總録部·改節門》。《輯本舊史》卷八三《晋少帝紀三》開運元年七月癸酉條："以定州節度使馬全節爲鄴都留守，加兼侍中。"同年十月庚戌條："以……鄴都留守馬全節爲北面行營副招討使。"《通鑑》卷二八四開運元年閏十二月丁酉條："契丹復大舉入寇，盧龍節度使趙延壽引兵先進。契丹前鋒至邢州，順國節度使杜威遣使間道告急。帝欲自將拒之，會有疾，命天平節度使張從恩、鄴都留守馬全節、護國節度使安審琦會諸道兵屯邢州，武寧節度使趙在禮屯鄴都。"《輯本舊史》卷八三開運二年正月己亥條："馬全節歸鄴都。"同月癸卯條："滑州奏，今月二日至四日，相州路烽火不至。"同月乙巳條："詔……馬全節赴相州。"《通鑑》卷二八四開運二年正月壬子條："張從恩、馬全節、安審琦悉以行營兵數萬，陳於相州安陽水之南。"《新五代史》卷九《晋本紀》開運二年正月壬子條："馬全節及契丹戰于榆林，兩軍皆潰。"《通鑑》卷二八四開運二年正月甲寅條："趙延壽與契丹惕隱帥衆踰水，環相州而南，詔右神武統軍張彦澤將兵趣相州。延壽等至湯陰，聞之，甲寅，引還；馬全節等擁大軍在黎陽，不敢追。"同月："北面副招討使馬全節等奏：'據降者言，虜衆不多，宜乘其散歸種落，大舉徑襲幽州。'帝以爲然，徵兵諸道。壬戌，下詔親征。"《輯本舊史》卷八三開運二年二月戊寅條："北面行營副招討使馬全節、行營都監李守貞、右神武統軍張彦澤等以前軍先發。"《通鑑》卷二八四開運二年二月己卯條："馬全節等諸軍以次北上。"《輯本舊史》卷八三開運二年二月辛巳條："詔恒州杜威與馬全節等會合進軍。"《通鑑》卷二八四開運二年二月丙戌條："詔北面行營都招討使杜威以本道兵會馬全節進軍。"《輯本舊史》卷八三開運二年三月乙巳條："杜威奏，與李守貞、馬全節、安審琦、皇甫遇部領大軍赴定州。"明本《册府》卷

一一八《帝王部·親征門》繫此事於開運二年三月甲辰。《新五代史》卷九開運二年三月庚戌條："馬全節克泰州。"《輯本舊史》卷八三開運二年四月庚寅條："鄴都留守馬全節改天雄軍節度使。"《宋本册府》卷九一七："晋馬全節爲天雄軍節度、北面行營副招討，從杜威北討，困於陽城，而贍軍竭其私帑，僅十萬貫。及還任，稍稍聚斂，百姓苦焉，鄉舊有識者非之。"

[2]桑梓之邑：代指故鄉。　遘逡巡避之：中華書局本有校勘記："'遘'字原闕，據《册府》卷三八八、卷七九四補。"見《宋本册府》卷三八八《將帥部·有禮門》、明本《册府》卷七九四《總録部·知禮門》。

[3]順國軍：方鎮名。治所在鎮州（今河北正定縣）。　"二年"至"贈中書令"：《輯本舊史》卷八四《晋少帝紀四》開運二年六月癸酉條："以鄴都留守馬全節爲恒州節度使。"同月己卯條："新授恒州節度使馬全節卒，輟朝，贈中書令。"

全節事母王氏至孝，位歷方鎮，温凊面告，畢盡其敬。政事動與幕客謀議，故鮮有敗事。鎮中山日，杜重威爲恒州，[1]奏括境内民家粟，時軍吏引重威例，堅請行之，全節曰："邊民遇蝗旱，而家食方困，官司復擾之，則不堪其命矣。我爲廉察，安忍效尤。"百姓稱其德。

先是，全節自上黨携歌妓一人之中山，館於外舍，有人以讒言中之，全節害之。及詔除恒陽，遇疾，數見其妓，厭之復來。妓曰："我已得請，要公俱行。"全節具告家人，數日而卒。[2]

[1]杜重威：人名。朔州（今山西朔州市朔城區）人。後晋重

要軍政官員。傳見本書卷一〇九、《新五代史》卷五二。　恒州：州名。即鎮州。治所在今河北正定縣。

[2]上黨：即潞州。治所在今山西長治市。　“先是”至“數日而卒”：參見《太平廣記》卷一三〇《馬全節婢》，録自《玉堂閒話》。

子令威，歷隰、陳、懷三州刺史，卒。[1]《永樂大典》卷一萬八千一百三十。[2]

[1]令威：《宋史》卷二七一有《馬令琮傳》，蓋避後周太祖郭威諱改。　隰（xí）：州名。治所在今山西隰縣。　陳：州名。治所在今河南淮陽縣。　懷：州名。治所在今河南沁陽市。

[2]《大典》卷一八一三〇“將”字韻“後晋將（一）”事目。

張筠　弟䉤

張筠，海州人也。[1]父傳古，世爲郡之大商，唐乾符末，屬江淮俶擾，遂徙家彭門。[2]時彭門連帥時溥爲東南面招討使，據有數郡之地，擢筠爲偏將，累有軍功，奏授宿州刺史。[3]後溥與梁祖不協，梁人進攻宿州，下之，獲筠以歸。[4]梁方圖霸業，以筠言貌辨秀，命爲四鎮客將，久之，轉長直軍使。[5]梁革唐命，遷右龍武統軍，歷客省使、宣徽使，出爲復、商二州刺史，復爲宣徽使。[6]梁室割相、澶、衛爲昭德軍，命筠爲兩使留後。[7]

[1]海州：州名。治所在今江蘇連雲港市海州區。

[2]俶：人名。即錢俶。原名錢弘俶，錢元瓘第九子，五代十國吳越末代君主。傳見本書卷一三三、《新五代史》卷六七。　彭門：古時徐州別稱。　乾符：唐僖宗李儇年號（874—879）。

[3]時溥：人名。徐州彭城（今江蘇徐州市）人。唐末地方武裝割據，平定了黃巢之亂，後割據徐州。傳見《舊唐書》卷一八二、《新唐書》卷一八八。　招討使：官名。唐始置。戰時任命，兵罷則省。常以大臣、將帥或地方軍政長官兼任。掌招撫討伐等事務。　偏將：即副將，泛指將佐等武官。　宿州：州名。治所在今安徽宿州市。

[4]“時彭門連帥時溥”至“獲筠以歸”：《宋本册府》卷一八七《閏位部·勳業門五》大順元年（890）四月丙辰條：“宿州小將張筠逐刺史張紹光，擁衆以朋時溥。帝率親軍討之，殺千餘人，筠遂堅守。”同卷大順二年八月己丑條：“帝遣丁會急攻宿州，刺史張筠堅守其壁，會乃率衆於州東築堰，壅汴水以浸其城。”同年十月壬午條：“筠遂降，宿州平。”

[5]客將：官名。亦稱典客。唐末、五代方鎮負責接待賓客、出使等外交職責的武官。品秩詳見吴麗娱《試論晚唐五代的客將、客司與客省》，《中國史研究》2002 年第 4 期。　長直：部隊番號。《新唐書》卷五〇《兵志》：“唐初，兵之戍邊者，大曰軍，小曰守捉，曰城，曰鎮……武德至天寶以前邊防之制，其軍、城、鎮、守捉皆有使。”《通鑑》卷二六五天祐三年（906）四月癸未條：“先是，（史）仁遇求救於河東及滄州，李克用遣其將李嗣昭將三千騎攻邢州以救之。時邢州兵纔二百，團練使牛存節守之，嗣昭攻七日不克。全忠遣右長直都將張筠將數千騎助存節守城，筠伏兵於馬嶺，擊嗣昭，敗之，嗣昭遁去。”《宋本册府》卷一八七天祐三年四月條：“是時晉人圍邢州，刺史牛存節堅壁固守，帝遣符道昭帥師救之，晉人乃遁去。”未提張筠。《輯本舊史》卷二六《唐武皇紀下》天祐三年正月條：“魏博既殺牙軍，魏將史仁遇據高唐以叛，

遣人乞師于武皇，武皇遣李嗣昭率三千騎攻邢州以應之，遇汴將牛存節、張筠於青山口，嗣昭不利而還。”

［6］右龍武統軍：官名。唐置六軍，分左、右羽林，左、右龍武，左、右神武，即“北衙六軍”。唐德宗興元元年（784），六軍各置統軍，以寵勳臣。五代沿之。其品秩，《唐會要》卷七一《十二衛》、《舊唐書》卷一二《德宗紀上》記載爲“從二品”；《通鑑》卷二二九興元元年正月辛丑條記載爲“從三品”。　客省使：官名。唐代宗時始置，五代沿置。客省長官，掌接待四方奏計及外族使者。　宣徽使：官名。宣徽南院使、北院使通稱宣徽使。　復：州名。治所在今湖北天門市。　商：州名。治所在今陝西商洛市商州區。

［7］相：州名。治所在今河南安陽市。　澶：州名。治所在今河南濮陽市。　衛：州名。治所在今河南衛輝市。　昭德軍：方鎮名。治所在相州（今河南安陽市）。　梁室割相、澶、衛爲昭德軍：《輯本舊史》原作“割相衛爲昭德軍”，有原輯者案語：“梁割‘相、澶’、衛三州爲昭德軍，原本作相、衛，疑有脱誤。”《新五代史》卷三《梁本紀》貞明元年（915）三月丁卯條：“平盧軍節度使賀德倫爲天雄軍節度使，分其相、澶、衛州爲昭德軍，宣徽使張筠爲節度使。”亦見《輯本舊史》卷八《梁末帝紀上》同年三月丁卯條、《通鑑》卷二六九同年三月丁卯條。今據此補。

唐莊宗入魏，筠委城南歸，授右衛上將軍。[1]會雍州康懷英以病告，詔筠往代之，比至，懷英已卒，因除筠爲永平軍節度使、大安尹。[2]懷英在長安日，家財甚厚，筠盡奪之，復於大内掘地，繼獲金玉。時有涇陽鎮將侯莫陳威，前與温韜同剽唐氏諸陵，大貯瓌異之物，筠乃殺威而籍其家，遂蓄積巨萬。[3]然性好施，每出，遇貧民於路，則給與口食衣物，境内除省賦外，未嘗聚斂，遂致百姓不撓，十年小康，秦民懷惠，呼爲“佛子”。

[1]右衛上將軍：官名。唐置，掌宫禁宿衛。唐代置十六衛，即左右衛、左右驍衛、左右武衛、左右威衛、左右領軍衛、左右金吾衛、左右監門衛、左右千牛衛，各置上將軍，從二品；大將軍，正三品；將軍，從三品。中華書局本有校勘記：“‘右’，《通鑑》卷二六九《考異》引劉恕廣本作‘左’。按本書卷九《梁末帝紀中》：‘（貞明四年）以左衛上將軍張筠爲權知永平軍節度觀察留後。’”《輯本舊史》卷八《梁末帝紀上》貞明二年（916）七月甲寅條：“晋王自太原至魏州，相州節度使張筠棄城奔京師。”《新五代史》卷三《梁本紀》略同。《通鑑》卷二六九繫此事於貞明二年八月丙午；《輯本舊史》卷二八《唐莊宗紀二》繫此事於天祐十三年八月，卷三五《唐明宗紀》繫此事於天祐十三年四月。《輯本舊史》卷二三《賀瓌傳》：“貞明二年，慶州叛，爲李繼陟所據，瓌以本官充西面行營馬步軍都指揮使兼諸軍都虞候，與張筠破涇、鳳之衆三萬，下寧、衍二州。三年秋，慶州平。”亦見《宋本册府》卷三八六《將帥部·褒異門十二》賀瓌條。《輯本舊史》卷九《梁末帝紀中》貞明三年十月壬午條：“以權西面行營都監、右武衛上將軍張筠權知商州軍州事。”同卷貞明四年三月壬午條：“以前右武衛上將軍張筠爲左衛上將軍。”《新五代史》卷五〇《王峻傳》：“峻少以善歌事梁節度使張筠。唐莊宗已下魏博，筠棄相州，走歸京師。租庸使趙巖過筠家，筠命峻歌佐酒，巖見而悦之。是時巖方用事，筠因以峻遺巖。”

[2]雍州：地名。即京兆府，治所在今陝西西安市。　康懷英：人名。兖州（今山東濟寧市兖州區）人。唐末、五代將領。本名懷貞，避後梁末帝朱友貞諱改懷英。傳見本書卷二三、《新五代史》卷二二。　永平軍：方鎮名。治所在大安府（今陝西西安市）。

大安：縣名。治所在今陝西西安市。後梁改長安爲大安，後唐復爲長安。　“會雍州康懷英以病告”至“因除筠爲永平軍節度使、大安尹”：《輯本舊史》卷九貞明四年六月丙辰條：“以左衛上將軍張筠爲權知永平軍節度觀察留後，兼判大安府事。”同年八月戊辰條：“以權知永平軍節度觀察留後、兼判大安府事張筠爲永平軍節度觀察留後，依前兼判大安府事。”同卷貞明五年四月壬寅條：“以永平軍留後兼判大安府事張筠爲永平軍節度使、檢校太保，行大安尹。”

[3]侯莫陳威：人名。或作“侯莫威”。籍貫不詳。時爲涇陽鎮將。事見本書本卷《張筠傳》。《輯本舊史》原作“侯莫威”，有原輯者案語：“《歐陽史》作‘侯莫陳威’。”見《新五代史》卷四七《張筠傳》。“侯莫陳”爲姓，見《通志》卷二九《氏族五·代北三字姓》，故補。　温韜：人名。京兆華原（今陝西銅川市耀州區）人。唐末李茂貞部將，後梁、後唐將領。傳見本書卷七三、《新五代史》卷四〇。

同光中，從郭崇韜爲劍南安撫使，蜀平歸洛，權領河南尹，俄鎮興元，所治之地，咸用前政，上下安之。[1]筠時有疾，軍州官吏久不得見，副使符彦琳等面請問疾，[2]筠又不諾，彦琳等疑其已死，慮左右有謀，遂請權交牌印，筠命左右收彦琳下獄，以叛聞。詔取彦琳等至洛，釋而不問，因授筠西京留守，誘離興元。[3]及至長安，守兵閉門不内，筠東朝於洛，詔遣歸第。[4]

[1]郭崇韜：人名。代州雁門（今山西代縣）人。後唐大臣。傳見本書卷五七、《新五代史》卷二四。　劍南：方鎮名。指劍南東川、劍南西川。簡稱兩川或東、西川。　安撫使：官名。隋代以

安撫大使爲行軍主帥的兼職。唐太宗貞觀初遣大使十三人巡省天下諸州水旱，有安撫、巡撫、存撫等名，多爲安民賑恤而設。唐高宗顯慶四年（659），左驍衛大將軍蘇定方出師西域，充任安撫大使。中唐以後，或以節度使兼任，合軍政民政於一人。　興元：府名。治所在今陝西漢中市。　所治之地：中華書局本有校勘記："句下《册府》卷六七五、《職官分紀》卷三九有'咸用前政'四字。"見《宋本册府》卷六七五《牧守部·仁惠門》，據補。《輯本舊史》卷三〇《唐莊宗紀四》同光元年（923）十一月辛酉條："以永平軍節度使、行大安尹、檢校太保張筠爲西都留守、行京兆尹。"明本《册府》卷三一《帝王部·奉先門四》唐莊宗同光二年正月甲子條："西都留守張筠奏重修高祖、太宗十聖宫殿。"《輯本舊史》卷三二《唐莊宗紀六》同光二年五月己酉條："以西都留守、京兆尹張筠依前檢校太保，充西都留守。"明本《册府》卷二五《帝王部·符瑞門》唐莊宗同光三年正月條："西都留守張筠奏：'昭應縣華清宫道士張沖虚狀四聖天尊院枯檜樹重生枝葉，畫圖以進。'"《輯本舊史》卷三三《唐莊宗紀七》同光三年九月庚子條："命大舉伐蜀，詔曰：……今命興聖宫使、魏王繼岌充西川四面行營都統，命侍中、樞密使郭崇韜充西川東北面行營都招討制置等使，荆南節度使高季興充西川東南面行營都招討使，鳳翔節度使李曮充都供軍轉運應接等使，同州節度使李令德充行營招討副使，陝府節度使李紹琛充行營蕃漢馬步軍都排陣斬斫使，西京留守張筠充西川管内安撫應接使，華州節度使毛璋充行營左廂馬步都虞候，邠州節度使董璋充行營右廂馬步都虞候，客省使李嚴充西川管内招撫使，總領闕下諸軍，兼四面諸道馬步兵士，取九月十八日進發。"《通鑑》卷二七四同光三年閏十二月辛亥條："時成都雖下，而蜀中盜賊群起，布滿山林。崇韜恐大軍既去，更爲後患，命任圜、張筠分道招討，以是淹留未還。"《輯本舊史》卷三四《唐莊宗紀八》同光四年三月甲戌條："西京留守張筠部署西征兵士到京，見於上東門外，晡晚，帝還宫。"卷三六《唐明宗紀二》天成元年（926）五月甲子條："前西都留守、京兆尹張筠加檢校太傅，充山南西道節度使。"

［2］符彦琳：人名。陳州宛丘（今河南淮陽縣）人。符存審之子。五代將領。事見本書本卷《張筠傳》、卷一一一《周太祖紀二》。

［3］"筠時有疾"至"誘離興元"：《通鑑》卷二七六天成二年十月辛丑條："山南西道節度使張筠久疾，將佐請見，不許。副使符彦琳等疑其已死，恐左右有奸謀，請權交符印；筠怒，收彦琳及判官都指揮使下獄，誣以謀反。詔取彦琳等詣闕，按之無狀，釋之；徙筠爲西都留守。"

［4］"及至長安"至"詔遣歸第"：《輯本舊史》之原輯者案語："《歐陽史》作'以爲左驍衛上將軍'。"見《新五代史》卷四七《張筠傳》。《通鑑》卷二七六天成三年二月庚辰條："張筠至長安，守兵閉門拒之；筠單騎入朝，以爲左衛上將軍。"《輯本舊史》卷三九《唐明宗紀五》天成三年二月辛卯條："以山南西道節度使張筠爲左驍衛上將軍。"《宋本册府》卷四八五《邦計部·輸財門》："張筠爲左驍衛上將軍致仕。長興元年十月，進助軍粟五千石。"《新五代史》卷六《唐本紀》繫此事於該年十月甲辰："驍衛上將軍致仕張筠進助軍粟。"《宋本册府》卷九二六《總録部·愧恨門》："張筠前任興元節度使，請歸私第。筠昔在山南，縶其副使判官都校，輒加楚掠，誣其反狀，按之無驗，帝俱釋之。筠知其非，故乞歸私第。"

筠前爲京兆尹，奉詔殺僞蜀主王衍，衍之妓樂寶貨，悉私藏於家。[1]及罷歸之後，第宅宏敞，花竹深邃，聲樂飲膳，恣其所欲，十年之内，人謂"地仙"。天福二年，上表乞歸長安，俄而洛下有張從賓之亂，[2]筠獨免其難，人咸謂筠有五福之具美焉。是歲，卒於家。[3]

贈太子太師。[4]弟籛。《永樂大典》卷六千三百五十。[5]

[1]京兆尹：官名。唐玄宗開元元年（713）改雍州置京兆府，治所在今陝西西安市。以京兆尹總其政務。從三品。　王衍：人名。許州舞陽（今河南舞陽縣）人。五代十國前蜀君主，後爲後唐莊宗李存勗所殺。傳見本書卷一三六、《新五代史》卷六三。

[2]長安：《宋本册府》卷七九〇作“咸陽”。　張從賓：人名。籍貫不詳。後唐、後晋將領。傳見本書卷九七。　俄而洛下有張從賓之亂：《輯本舊史》原無“有”字，據《宋本册府》卷七九〇《總録部·知幾門二》補。

[3]是歲，卒於家：《輯本舊史》卷七七《晋高祖紀三》天福三年（938）正月壬申條：“前興元節度使張筠卒於西京，輟視朝一日。”

[4]太子太師：官名。與太子太傅、太子太保統稱“太子三師”。隋、唐以後多作加官或贈官。從一品。《輯本舊史》之原輯者案語：“《歐陽史》作‘贈少師’。”見《新五代史》卷四七《張筠傳》。

[5]《大典》卷六三五〇“張”字韻“姓氏（二〇）”事目。

籛，字慕彭，少嗜酒無節，爲鄉里所鄙。唐天復中，兄筠爲大梁四鎮客將，籛自海州省兄，兄薦於兖州連帥王瓚，用爲裨校。[1]籛性桀黠，善事人，累遷軍職。後唐莊宗都洛，筠鎮長安，自衙内指揮使授檢校司空、右千牛衛將軍同正，領饒州刺史、西京管内三白渠營田制置使。[2]

[1]天復：唐昭宗李曄年號（901—904）。　海州：州名。治

所在今江蘇連雲港市海州區。　王瓚：人名。太原祁（今山西祁縣）人。唐河中節度使王重盈之子。後梁將領，官至開封尹。傳見本書卷五九。

[2]衙内指揮使：官名。唐、五代時衙内指揮使爲節度使府衙内之牙將，統最親近衛兵。　右千牛衛將軍：官名。唐置，掌宮禁宿衛。唐代十六衛之一。從三品。　饒州：州名。治所在今江西鄱陽縣。　三白渠：唐關中平原太白、中白、南白三渠的合稱。　營田制置使：官名。簡稱"營田使"。唐置。掌營田事務。

同光末，筠隨魏王繼岌伐蜀，奏籛權知西京留守事。蜀平，王衍挈族入朝，至秦川驛，莊宗遣中使向延嗣乘驛騎盡戮王衍之族，所有奇貨，盡歸於延嗣。[1]俄聞莊宗遇内難，繼岌軍次興平，籛乃斷咸陽浮橋，繼岌浮渡至渭南死之，一行金寶妓樂，籛悉獲之。[2]俄而明宗使人誅延嗣，延嗣暗遁，[3]衍之行裝復爲籛有，因爲富家，積白金萬鎰，藏於窟室。明宗即位，籛進王衍犀玉帶各二，馬一百五十匹，魏王打毬馬七十匹，旋除沂州刺史，入爲西衛將軍。[4]

[1]秦川驛：地名。唐京兆府驛站。今地不詳。　中使：官名。泛指朝廷派出的使臣。多由宦官擔任。　向延嗣：人名。籍貫不詳。後唐宦官。事見《通鑑》卷二七四。

[2]渭南：縣名。治所在今陝西渭南市。　"俄聞莊宗遇内難"至"籛悉獲之"：《通鑑》卷二七五天成元年（926）四月庚子條："魏王繼岌自興平退至武功，宦者李從襲曰：'禍福未可知，退不如進，請王亟東行以救内難。'繼岌從之。還，至渭水，權西都留守張籛已斷浮梁；循水浮渡，是日至渭南，腹心吕知柔等皆已竄

匿。”亦見《宋本册府》卷八一二《總録部·富門》。

[3]俄而明宗使人誅延嗣，延嗣暗遁：《舊五代史考異》：“《九國志》：明宗即位，忿閹豎輩怙勢擅權，先朝使四方及逃遁不出者，皆擒戮之，死者殆盡。”此《考異》中華書局本有校勘記：“‘朝’原作‘勒’，‘逃’原作‘此’，據《九國志》卷七改。”見《九國志》卷七《焦彦賓傳》。

[4]魏王打毬馬七十匹：中華書局本有校勘記：“‘七十’，本書卷三六《唐明宗紀二》、《册府》卷一六九作‘七十二’。”見明本《册府》卷一六九《帝王部·納貢獻門》明宗天成元年（926）五月條。《輯本舊史》卷三六《唐明宗紀二》天成元年五月己未條：“西都知府張籛進魏王繼岌打毬馬七十二疋。”同月丁丑條：“西都衙内指揮使張籛進納僞蜀主王衍犀玉帶各二條、馬一百五十匹。初，莊宗遣中官向延嗣就長安之殺王衍也，旋屬蕭牆之禍，延嗣藏竄，不知所之，而衍之資裝妓樂並爲籛所有，復懼事泄，故聊有此獻。”《通鑑》卷二七七長興二年（931）三月乙酉條：“復以錢鏐爲天下兵馬都元帥、尚父、吴越國王，遣監門上將軍張籛往諭旨，以鏐日致仕，安重誨矯制也。”明本《册府》卷八一《帝王部·慶賜門三》後唐末帝清泰元年（934）七月條：“詔……密州刺史張籛……敘進爵邑，從恩例也。”

高祖即位之明年，加檢校太保，出典密州，未幾，復居環衛。[1]時湖南馬希範與籛有舊，奏朝廷請命籛爲使，允之。[2]籛密齎蜀之奇貨往售，又獲十余萬緡以歸。籛出入以庖者十餘人從行，食皆水陸之珍鮮，厚自奉養，無與爲比。少帝嗣位，詔遣往西蕃，及迴，以其馬劣，爲有司所糾，復當路有不足者，遂有詔徵其舊價。籛上言請貨故京田業，許之，因憤惋成病而卒。[3]

[1]密州：州名。治所在今山東諸城市。

[2]馬希範：人名。許州鄢陵（今河南鄢陵縣）人，一説扶溝（今河南扶溝縣）人。五代十國南楚國主馬殷子。後唐明宗長興三年（932）至後晋出帝開運四年（947）在位。傳見本書卷一三三、《新五代史》卷六六。

[3]詔遣往西蕃：《新五代史》卷四七《張籛傳》："晋出帝時，以將軍市馬於回鶻。坐馬不中式，有司理其價直，籛性鄙，因鬱鬱而卒。"

籛始在雍州，因春景舒和，出遊近郊，憩於大塚之上，忽有黄雀銜一銅錢置於前而去。未幾，復於衙院晝卧，見二鷰相鬬畢，各銜一錢落於籛首。前後所獲三錢，嘗秘於巾箱，識者以爲大富之徵。其後家雖厚積，性實鄙吝，未嘗與士大夫游處。及令市馬，利在私門，不省咎以輸其直，鬱鬱致死，愚之甚耶！[1]《永樂大典》卷六千三百五十。[2]

[1]"籛始在雍州"至"愚之甚耶"：參見《太平廣記》卷一三八《張籛》，出自《玉堂閒話》。

[2]《大典》卷六三五〇"張"字韻"姓氏（二〇）"事目。

華温琪

華温琪，字德潤，宋州下邑人也。祖楚，以農爲業。父敬忠，後以温琪貴，官至檢校尚書。[1]温琪長七尺餘，唐廣明中，從黄巢爲紀綱，巢陷長安，僞署温琪爲供奉都知。[2]巢敗，奔至滑臺。[3]以形貌魁岸，懼不自容，乃投白馬河下流，[4]俄而浮至淺處，會行人救免；又登桑自經，枝折，墜地不死。夜至胙縣界，有田父見温琪非常人，遂匿於家。經歲餘，會梁將朱裕爲濮州刺史，召募勇士，温琪往依之，裕署爲小校，漸升爲馬軍都將。[5]從裕擊秦宗權於曹南有功，奏加檢校太子賓客，梁祖擢爲開道指揮使，加檢校工部尚書，出屯鄜時。[6]會延州胡璋叛命，來寇郡境，温琪擊退之。[7]尋奉詔營長安，以功遷絳州刺史。歲餘，刺棣州。[8]温琪以州城每年爲河水所壞，居人不堪其苦，表請移於便地，朝廷許之。板築既畢，賜立紀功碑，仍加檢校尚書左僕射，[9]繼遷齊州、晉州節度使。[10]

[1]下邑：縣名。治所在今河南夏邑縣。　檢校尚書：官名。爲散官或加官，以示恩寵，無實際職掌。

[2]廣明：唐僖宗李儇年號（880—881）。　黄巢：人名。曹州冤句（今山東菏澤市）人。唐末農民起義領袖。傳見《舊唐書》卷二〇〇下、《新唐書》卷二二五下。　供奉都知：官名。或作“供奉都知官”。此處指黄巢特署親從官之長官。

[3]滑臺：地名。位於今河南滑縣。　“温琪長七尺餘”至“奔至滑臺”：《宋本册府》卷九四〇《總録部·患難門》：“華温琪年始二十，長七尺餘。唐廣明中，黄巢爲亂，掠爲紀綱。從巢南犯交阯，西陷長安，僞署温琪供奉都知官。既得志，習平時官者故態，每肩舁出入以自奉，及巢敗，奔至滑臺。”

[4]白馬河：水名。係黄河支流，以流經白馬縣而得名。位於今河南滑縣北。

[5]朱裕：人名。籍貫不詳。事見本書卷一《梁太祖紀一》、《新五代史》卷四七《華温琪傳》。《輯本舊史》原作“朱友裕”。

中華書局本有校勘記："'朱友裕'，《新五代史》卷四七《華温琪傳》作'朱裕'。按本書卷一《梁太祖紀一》：'攻陷濮州，刺史朱裕單騎奔鄆。'《新五代史》卷二一《朱珍傳》：'又取濮州，刺史朱裕奔于鄆州。'疑即其人。"該校勘記所引之"本書卷一《梁太祖紀》"，並非録自《大典》所輯《舊五代史》，而爲《宋本册府》卷一八七《閏位部・勳業門五》。《宋本册府》此門明言梁太祖親帥兵於光啓三年（887）十月丁未攻陷濮州，刺史朱裕單騎奔鄆，而朱友裕則爲太祖長子，《輯本舊史》卷一二有已經驗證符合原本《舊史》之傳，本無亦不可能有太祖攻友裕、友裕奔鄆之事。朱友裕與朱裕爲兩人。《華温琪傳》之"朱友裕"爲"朱裕"之誤，故改。下同。　濮州：州名。治所在今山東鄄城縣。　馬軍都將：官名。唐、五代時節度使屬將。執掌騎兵部隊。

[6]秦宗權：人名。河南郡許州（今河南許昌市）人。唐末軍閥。傳見《舊唐書》卷二〇〇下、《新唐書》卷二二五下。　檢校太子賓客：官名。太子賓客爲太子官屬，掌侍從規諫、贊相禮儀。檢校太子賓客爲散官或加官，以示恩寵，無實際職掌。　檢校工部尚書：檢校官名。地方使職帶檢校三公、三師及臺省官之類，表示遷轉經歷和尊崇的地位，檢校兵部尚書爲其中之一階，爲虚銜。　鄜畤：地名。秦漢時代設於陝西境内的祭祀地點之一。參見墨默《鄜畤所在考》，《延安大學學報》1984年第2期；楊曙明《秦漢雍畤考》，《西安財經大學學報》2021年第3期。

[7]胡璋：中華書局本有校勘記：本書卷二《梁太祖紀二》、卷一三《楊崇本傳》作'胡章'。"該校勘記所引之《梁太祖紀二》亦爲《宋本册府》卷一八七，見該門天祐三年（906）十月辛巳記事。

[8]棣州：州名。治所在今山東惠民縣。

[9]"板築既畢"至"檢校尚書左僕射"：《宋本册府》卷六七三《牧守部・褒寵門二》："作畢，賜立紀功碑，仍加檢校尚書左僕射、開國男，食邑三百户。"

[10]齊州：州名。治所在今山東濟南市。　晉州：州名。治所在今山西臨汾市。　繼遷齊州、晉州節度使：中華書局本有校勘記："《新五代史》卷四七《華温琪傳》敘其事作'歷齊、晉二州'，又《通鑑》卷二六七有晉州刺史華温琪。按齊州隸天平軍，未嘗升爲節鎮。本卷下文：'温琪在平陽日，唐莊宗嘗引兵攻之，踰月不下，梁人賞之，升晉州爲定昌軍，以温琪爲節度使。'則晉州本因華温琪城守之功升爲節鎮，此處'節度使'疑爲'刺史'之誤。"《通鑑》卷二六七開平四年（910）四月壬申條："帝以晉州刺史下邑華温琪拒晉兵有功，欲賞之，會護國節度使冀王友謙上言晉、絳邊河東，乞別建節鎮，壬申，以晉、絳、沁三州爲定昌軍，以温琪爲節度使。"是開平四年定昌已建節。

温琪在平陽日，唐莊宗嘗引兵攻之，踰月不下，梁人賞之，升晉州爲定昌軍，以温琪爲節度使，加檢校太保。既而温琪臨民失政，嘗掠人之妻，爲其夫所訴，罷，入爲金吾大將軍。[1]時梁末帝方姑息諸侯，[2]重難其命，故責詞云："若便行峻典，謂予不念功勳；若全廢舊章，謂我不安黎庶。爲人君者，不亦難乎！"温琪大有愧色。俄轉右監門衛上將軍、右龍武統軍。[3]會河中朱友謙叛，權授温琪汝州防禦使、河中行營排陣使，尋爲耀州觀察留後。[4]

[1]金吾大將軍：官名。唐置，掌宮禁宿衛。正三品。

[2]梁末帝：即後梁末帝朱友貞。後梁太祖朱温之子。913 年至 923 年在位。紀見本書卷八至卷一〇、《新五代史》卷三。

[3]右監門衛上將軍：官名。唐置，掌宮禁宿衛。從二品。"既而温琪臨民失政"至"右龍武統軍"：明本《册府》卷二〇九

《閏位部·念功門》："華温琪仕梁，爲晋州節度使。温琪在任，違法籍民家財入己，其家訟於朝，制使劾之。伏罪。末帝以先朝草昧之臣，不忍加法，左拾遺李愚堅案其罪。帝詔曰：'朕若不與鞠究，謂予不念赤子；若遂行與憲，謂予不念功臣。爲子君者不亦難乎？其華温琪所受臓宜官給，代還所訟之家。'"《輯本舊史》卷九《梁末帝紀中》貞明三年（917）十二月庚申條："以左金吾衛大將軍、充街使華温琪爲右龍虎軍統軍。"《新五代史》卷四七《華温琪傳》："坐掠部民妻，爲其夫所訟，罷爲金吾衛大將軍、左龍武統軍。"

[4]朱友謙：人名。許州（今河南許昌市）人。朱温養子，唐末、五代軍閥。傳見本書卷六三、《新五代史》卷四五。　汝州：州名。治所在今河南汝州市。　耀州觀察留後：官名。唐、五代時，代行方鎮長官之職者稱留後。代觀察使之職者，即爲觀察留後。掌一州或數州軍政。《通鑑》卷二七一貞明六年九月條："河中兵進攻崇州，静勝節度使温昭圖甚懼。帝使供奉官竇維説之……（維）即教昭圖表求移鎮，帝以汝州防禦使華温琪權知静勝留後。"《輯本舊史》卷一〇《梁末帝紀下》龍德元年（921）二月己未條："以權知静勝軍節度觀察留後、前汝州防禦使華温琪爲静勝軍節度觀察留後，依前檢校太傅。"

莊宗入洛，温琪來覲，詔改耀州爲順義軍，復以温琪鎮之，加推忠向義功臣。[1]同光末，西蜀既平，命温琪爲秦州節度使。[2]明宗即位，因入朝，願留闕下，明宗嘉而許之，除左驍衛上將軍，逐月别賜錢粟，以豐其家。[3]踰歲，明宗謂樞密使安重誨曰："温琪舊人，宜選一重鎮處之。"[4]重誨奏以天下無闕。他日又言之，重誨素强愎，對曰："臣累奏未有闕處，可替者，唯樞密院使而已。”明宗曰：“可。”重誨不能答。温琪聞其事，懼爲權臣所怒，幾致成疾，由是數月不出。俄拜華州節度使，依前光禄大夫、檢校太傅，進封平原郡開國公，累加食邑至三千户。[5]温琪至任，以己俸補葺祠廟廨舍凡千餘間，復於郵亭創待客之具，華而且固，往來稱之。清泰中，上表乞骸骨歸宋城，制以太子少保致仕。[6]天福元年十二月，終於家，年七十五。詔贈太子太保。《永樂大典》卷一萬八千一百三十。[7]

[1]加推忠向義功臣：中華書局本有校勘記：“‘向’《册府》卷九九作‘尚’。”明本《册府》卷九九《帝王部·推誠門》：“華温琪爲耀州觀察使留後，莊宗入洛，温琪入覲，賞曩歲守平陽之功，且無二於梁，所賜甚厚，詔改耀州威勝軍爲順義軍。復以温琪鎮之，加推忠尚義功臣。”《輯本舊史》卷三一《唐莊宗紀五》同光二年（924）四月甲戌條：“以順義軍留後華温琪依前檢校太保，充留後。”

[2]秦州：州名。治所在今甘肅天水市。

[3]願留闕下：中華書局本有校勘記：“‘下’字原闕，據《册府》卷五七、卷三八七，《新五代史》卷四七《華温琪傳》補。”見《宋本册府》卷五七《帝王部·英斷門》、卷三八七《將帥部·褒異門一三》。　左驍衛上將軍：官名。唐置，掌宫禁宿衛。唐代十六衛之一。從二品。

[4]樞密使：官名。樞密院長官。五代時以士人爲之，備顧問，參謀議，出納詔奏，權侔宰相。參見李全德《唐宋變革期樞密院研究》，國家圖書館出版社2009年版。　安重誨：人名。應州（山西應縣）人。後唐大臣。傳見本書卷六六、《新五代史》卷二四。

[5]華州：州名。治所在今陝西渭南市華州區。　光禄大夫：

官名。唐、五代文散官。從二品。　“明宗即位”至“累加食邑至三千户”：《輯本舊史》卷三九《唐明宗紀五》天成三年（928）正月辛酉條：“以左驍衛上將軍華温琪爲右金吾大將軍。”《通鑑》卷二七六天成三年二月乙未條：“秦州節度使華温琪入朝，請留闕下，帝嘉之，除左驍衛上將軍，月别賜錢穀。歲餘，帝謂重誨曰：‘温琪舊人，宜擇一重鎮處之。’重誨對以無闕。他日，帝屢言之，重誨愠曰：‘臣累奏無闕，惟樞密使可代耳。’帝曰：‘亦可。’重誨無以對。温琪聞之懼，數月不出。”《輯本舊史》卷三九天成三年二月甲辰條：“以右金吾衛大將軍華温琪爲左金吾衛大將軍。”卷四二《唐明宗紀八》長興二年（931）十一月庚子條：“以左威衛上將軍華温琪爲華州節度使。”

[6]乞骸骨：古代官員請求退休的一種説法。　宋城：古時商丘别稱。　太子少保：官名。與太子少師、太子少傅統稱“太子三少”。隋、唐以後多作加官或贈官。從二品。　致仕：官員告老辭官。　太子太保：官名。與太子太師、太子太傅統稱“太子三師”。隋、唐以後多作加官或贈官。從一品。　“清泰中”至“詔贈太子太保”：《輯本舊史》之原輯者案語：“《歐史》作以太子太保致仕，卒，贈太子太傅。”見《新五代史》卷四七《華温琪傳》。《輯本舊史》卷四六《唐末帝紀上》清泰元年六月甲午條：“以前華州節度使華温琪爲太子太傅致仕。”卷七六《晉高祖紀二》天福二年（937）正月庚申條：“太子少保致仕華温琪卒，贈太子太保。”

[7]《大典》卷一八一三〇“將”字韻“後晋將（一）”事目。

安崇阮

安崇阮，字晋臣，潞州上黨人也。[1]少倜儻，有詞辯，善騎射。父文祐，初爲牙門將。[2]唐中和中，潞州軍校劉廣逐節度使高潯，據其城，僖宗詔文祐平之，既殺劉廣，召赴行在，授邛州刺史。[3]其後孟方立據邢、洺，率兵攻上黨，朝廷以文祐本潞人也，授昭義節度使，令討方立，自蜀至澤州，與方立戰，敗歿於陣。[4]昭宗朝，宰臣崔魏公以文祐歿於王事，薦崇阮於朝，自是累任諸衛將軍。

[1]安崇阮：人名。一作“安重阮”。潞州上黨（今山西長治市）人。後唐、後晉將領。傳見本書本卷。中華書局本有校勘記：“原作‘安重阮’，据殿本、邵本校、《通鑑》卷二五五《考異》引《薛史·安崇阮傳》及本卷下文改。影庫本批校：安崇阮，‘崇’訛‘重’。”見《通鑑》卷二五五中和二年（882）末《考異》。　潞州：州名。治所在今山西長治市。　上黨：即潞州，治所在今山西長治市。

[2]初爲牙門將：中華書局本有校勘記：“‘初’字原闕，據《通鑑》卷二五五《考異》引《薛史·安崇阮傳》補。”

[3]中和：唐僖宗李儇年號（881—885）。《輯本舊史》原作“光啓”。《舊唐書》卷一九下《僖宗紀》中和元年九月條：“澤潞高潯牙將劉廣擅還據潞州。是月，潯天井關戍將孟方立率戍卒攻劉廣，殺之。方立遂自稱留後，仍移軍鎮於邢州。”據改。　劉廣：人名。籍貫不詳。唐末將領。事見本書本卷《安崇阮傳》、《通鑑》卷二五五。　高潯：人名。幽州（今北京市）人。高駢從孫。唐末軍閥。事見《通鑑》卷二五一、卷二五四。中華書局本有校勘記：“本書卷六二《孟方立傳》、《通鑑》卷二五二、《新唐書》卷九《僖宗紀》敘其事作‘高湜’。”　僖宗：即唐僖宗李儇。唐朝第十八位皇帝。873年至888年在位。紀見《舊唐書》卷一九下、《新唐書》卷九。　邛州：州名。治所在今四川邛崍市。

[4]孟方立：人名。邢州平鄉（今河北平鄉縣）人。唐末將

領。傳見《新唐書》卷一八七、本書卷六二、《新五代史》卷四二。　昭義：方鎮名。治所在潞州（今山西長治市）。　澤州：州名。治所在今山西晋城市。

梁氏革命，以崇阮明辯，遣使吴越，迴以所獲橐裝，悉充貢奉，梁祖嘉之，故每歲乘軺於江、浙間，及迴，貢獻皆如初。梁末帝嗣位，授客省使，知齊州事。[1]時梁軍與莊宗對壘於河上，冀王友謙以河中叛，末帝使段凝領軍經略蒲、晋，詔崇阮監軍，又知華、雍軍府事。[2]期年，授青州兵馬留後，入爲諸衛上將軍。唐天成中，授黔南節度使、檢校太保，尋移鎮夔州。[3]以蜀寇侵逼，棄城歸闕，改晋州節度使，復爲諸衛上將軍。[4]高祖登極之二年，詔葬梁末帝，以崇阮梁之舊臣，令主葬事。崇阮盡哀致禮，以襄其事，時人義之。[5]五年，以老病請告，授右衛上將軍致仕。開運元年九月，卒於西京。贈太傅。[6]《永樂大典》卷一萬八千三百三十一。[7]

[1]梁末帝：人名。即後梁末帝朱友貞，913年至923年在位。紀見本書卷八至卷一〇、《新五代史》卷三。

[2]蒲：州名。唐玄宗開元八年（720）改蒲州爲河中府，因地處黄河中游而得名，其後名稱屢有改易。治所在今山西永濟市。

[3]黔南：方鎮名。治所在黔州（今重慶彭水苗族土家族自治縣）。　夔州：州名。治所在今重慶奉節縣。　“唐天成中”至“尋移鎮夔州”：《輯本舊史》卷三〇《唐莊宗紀四》同光元年（923）十一月辛酉條：“以……權知青州軍州事、檢校司空、左監門上將軍安崇阮，檢校舊官，却復本任。”卷三四《唐莊宗紀八》

同光四年三月庚辛條："詔潞州節度使孔勍赴闕，以右龍虎統軍安崇阮權知潞州。" 此月《輯本舊史》干支全誤，三月庚辛（十四）誤作庚申，據《二十史朔閏表》回改。卷三六《唐明宗紀二》天成元年（926）六月甲寅條："以右龍武統軍安崇阮爲晋州留後。"《新五代史》卷八《晋本紀》："是時，諸侯多不奉法，鄧州陶玘、亳州李鄴皆以贓汙論死，（唐）明宗下詔書褒廉吏普州安崇阮、洺州張萬進、耀州孫岳等以諷天下，而以敬瑭爲首。" 此句 "普州" 當爲 "晋州"。《輯本舊史》卷三九《唐明宗紀五》天成三年九月壬午條："以晋州節度使安崇阮爲左驍衛上將軍。" 卷四〇《唐明宗紀六》天成四年正月戊子條："以左衛上將軍安崇阮爲黔南節度使。" 同年五月乙酉條："以黔州節度使安崇阮爲夔州節度使。"

［4］"以蜀寇侵逼" 至 "復爲諸衛上將軍"：《通鑑》卷二七七長興二年（931）三月壬戌條："李仁罕至夔州，寧江節度使安崇阮棄鎮，與楊漢賓自均、房逃歸；壬戌，仁罕陷夔州。"《輯本舊史》卷四二《唐明宗紀八》長興二年閏五月庚寅條："夔州節度使安崇阮棄城歸闕，待罪於閤門，詔釋之。時董璋寇峽内諸州，崇阮望風遁走。" 卷四三《唐明宗紀九》長興三年二月庚午條："以前夔州節度使安崇阮爲右驍衛上將軍。" 卷四四《唐明宗紀十》長興四年十月辛酉條："以左驍衛上將軍安崇阮爲左神武統軍。"

［5］"高祖登極之二年" 至 "時人義之"：《輯本舊史》卷七六《晋高祖紀二》天福二年（937）九月甲寅條："以右龍武統軍安崇阮爲右衛上將軍。"《通鑑》卷二八一天福二年九月甲寅條："婁繼英未及葬梁均王而誅死，詔梁故臣右衛上將軍安崇阮與王故妃郭氏葬之。"《新五代史》卷一三《末帝次妃郭氏傳》繫此事於天福三年。

［6］太傅：官名。與太師、太保並爲三師。唐後期、五代多爲大臣、勳貴加官。正一品。

［7］《大典》卷一八三三一爲 "葬" 字韻 "事韻（七）" 事目，與本傳無涉，應爲卷一八一三一 "將" 字韻 "後晋將（二）"

事目。

楊彥詢

楊彥詢，字成章，河中寶鼎人。父規，累贈少師。[1]彥詢年十三，事青帥王師範，[2]有書萬卷，以彥詢聰悟，使掌之。及長，益加親信，常委監護郡兵。及梁將楊師厚降下青州，彥詢隨師範歸命。[3]洎師範見殺，楊師厚領鄴，召置麾下，俾掌賓客。唐莊宗入魏，復事焉。同光元年冬，從平大梁，升爲引進副使，將命西川及淮南稱旨，累遷内職。[4]明宗時，爲客省使、檢校司徒，使兩浙迴，授德州刺史。[5]

[1]寶鼎：縣名。治所在今山西萬榮縣西南。　少師：官名。即太子少師。與太子少傅、太子少保合稱“太子三少”，唐後期、五代多爲大臣、勳貴加官。從二品。

[2]彥詢年十三，事青帥王師範：按《輯本舊史》卷八四《晋少帝紀四》，楊彥詢卒於開運二年（945）十月辛未，年七十四。故彥詢生於唐懿宗咸通十三年（872），其十三歲時正值唐僖宗中和四年（884）。按《輯本舊史》卷一三《王師範傳》，師範於龍紀中始被三軍推舉爲帥，即唐昭宗龍紀元年（889）。故彥詢年十三時，青帥非王師範，而爲其父王敬武，本傳誤。

[3]楊師厚：人名。潁州斤溝（今安徽太和縣阮橋鎮斤溝村）人。唐末、五代將領。傳見本書卷二二、《新五代史》卷二三。　青州：州名。治所在今山東青州市。

[4]引進副使：官名。五代置，引進司副長官。協助引進使掌臣僚藩屬進奉禮物事宜。

[5]德州：州名。治所在今山東德州市陵城區。

末帝即位，改羽林將軍。[1]時高祖鎮太原，朝廷疑貳，以彦詢沉厚，擇充北京副留守。[2]清泰末，以宋審虔爲北京留守，高祖深懷不足，以情告彦詢。[3]彦詢恐高祖失臣節，乃曰："不知太原兵甲芻粟幾何，可敵大國否？請明公反覆慮之。"蓋欲迴其意也。高祖曰："我不忿小人相代，方寸决矣。"彦詢知其不可諫，遂止。左右欲害之，高祖曰："唯副使一人我自保明，爾勿復言也。"[4]及即位，授齊州防禦使、檢校太保，旋改宣徽使。從高祖入洛，加左驍衛上將軍兼職。[5]

[1]羽林將軍：官名。唐代左、右羽林軍統兵官。唐肅宗至德二載（757）置禁軍，也叫神武天騎，分爲左、右神武天騎，左、右羽林及左、右龍武等六軍，稱"北衙六軍"。從二品。

[2]擇充北京副留守：《輯本舊史》之原輯者案語："《歐史》作'太原節度副使'。"見《新五代史》卷四七《楊彦詢傳》。并州，後唐莊宗同光元年（923）四月建爲西京，同年十一月改曰北都。《新五代史》卷五《唐本紀》同光元年四月己巳條："以……太原爲西京。"同年十一月乙巳條："復……太原爲北都。"

[3]宋審虔：人名。籍貫不詳。後唐官員。事見本書卷四八、《新五代史》卷二七。

[4]"清泰末"至"爾勿復言也"：《通鑑》卷二八〇天福元年（936）五月甲午條："先是，朝廷疑敬瑭，以羽林將軍寶鼎楊彦詢爲北京副留守，敬瑭將舉事，亦以情告之。彦詢曰：'不知河東兵糧幾何，能敵朝廷乎？'左右請殺彦詢，敬瑭曰：'惟副使一人我自保之，汝輩勿言也。'"《新五代史》卷四七："是時，高祖乞兵於

契丹，契丹耶律德光立高祖于太原，以兵送至河上。彦詢爲宣徽使，數往來虜帳中，德光亦愛其爲人。”

［5］從高祖入洛，加左驍衛上將軍兼職：《輯本舊史》卷七六《晋高祖紀二》天福二年三月己未條：“以宣徽南院使楊彦詢爲左監門衛上將軍，依前充宣徽使。”

天福二年秋，出爲鄧州節度使，[1]歲餘，入爲宣徽使。四年，使於契丹。[2]六年春，授邢州節度使、檢校太傅。[3]時鎮州安重榮有不臣之狀，彦詢憂其窺伺，會車駕幸鄴，表求入覲。高祖慮契丹怒安重榮之殺行人也，移兵犯境，復命彦詢使焉，仍恐重榮要之，由滄州路以入蕃。戎王果怒重榮，彦詢具言非高祖本意，蓋如人家惡子，無如之何。尋聞重榮犯闕，乃放還。[4]七年春，授華州節度使、檢校太尉。在任二年，屬部内蝗旱，道殣相望，彦詢以官粟假貸，州民賴之存濟者甚衆。[5]開運初，以風痺授右金吾衛上將軍，俄卒於官，年七十四。贈太子太師。[6]《永樂大典》卷一萬八千一百三十。[7]

［1］鄧州：州名。治所在今河南鄧州市。　出爲鄧州節度使：《輯本舊史》卷七六《晋高祖紀二》天福二年（937）十月壬午條：“以宣徽南院使、左監門衛上將軍楊彦詢爲鄧州威勝軍節度使。”

［2］四年，使於契丹：《輯本舊史》卷七九《晋高祖紀五》天福五年正月甲戌條：“遣宣徽使楊彦詢使於契丹。”

［3］六年春，授邢州節度使、檢校太傅：中華書局本有校勘記：“本書卷七九《晋高祖紀五》繫其事於天福五年。”《輯本舊史》卷七九天福五年七月甲戌條：“宣徽使楊彦詢加檢校太傅，充安國軍

節度使。”

［4］“高祖慮契丹怒安重榮之殺行人也”至“乃放還”：《通鑑》卷二八二天福六年九月乙亥條：“帝以安重榮殺契丹使者，恐其犯塞，乙亥，遣安國節使楊彦詢使于契丹。彦詢至其帳，契丹責以使者死狀，彦詢曰：‘譬如人家有惡子，父母所不能制，將如之何？’契丹主怒乃解。”同年十二月戊戌條：“契丹聞重榮反，乃聽楊彦詢還。”

［5］“七年春”至“州民賴之存濟者甚衆”：《輯本舊史》卷八〇《晋高祖紀六》天福七年正月戊辰條：“以前邢州節度使楊彦詢爲華州節度使。”卷一四一《五行志・蝗》：“晋天福七年四月，山東、河南、關西諸郡蝗害稼，至八年四月，天下諸州飛蝗害田，食草木葉皆盡。詔州縣長吏捕蝗。華州節度使楊彦詢、雍州節度使趙瑩命百姓捕蝗一斗，以禄粟一斗償之。”

［6］俄卒於官，年七十四。贈太子太師：《輯本舊史》卷八四《晋少帝紀四》開運二年十月辛未條：“右金吾衛上將軍楊彦詢卒，贈太子太師。”

［7］《大典》卷一八一三〇“將”字韻“後晋將（一）”事目。

李承約

李承約，字德儉，薊州人也。[1]曾祖瓊，薊州别駕，贈工部尚書。[2]祖安仁，檀州刺史，贈太子太保。父君操，平州刺史，贈太子少師。[3]承約性剛健篤實，少習武事，弱冠爲幽州牙門校，遷山後八軍巡檢使。[4]屬劉守光囚殺父兄，名儒宿將經事其父兄者多無辜被戮，承約自以握兵在外，心不自安。[5]時屬唐武皇召募英豪，方開霸業，乃以所部二千騎歸於并州，即補匡霸都指揮使、檢校右僕射，兼領貝州刺史。[6]從破夾寨，及與梁人戰於臨清有功，再遷洺、汾二州。[7]莊宗即位，授檢校司空、慈州刺史，爲治平直，移授潁州團練使。[8]天成中，以邠州節度使毛璋將圖不軌，乃命爲涇州節度副使，[9]且承密旨往偵之。既至，以善言諭之，璋乃受代。明宗賞其能，加檢校太保，拜黔南節度使。數年之間，巴、邛蠻蜑不敢犯境，外勸農桑，内興學校，凶邪盡去，民皆感之，故父老數輩重趼詣闕，言其政化。[10]又聽留周歲，徵爲左衛上將軍，自左龍武統軍加特進、檢校太傅，充昭義軍節度使，賜推忠奉節翊戴功臣。[11]歲餘歸朝，復爲左龍武統軍。[12]高祖御宇之二年，授左驍衛上將軍，進封開國公。累上表請老，尋以病卒，時年七十五。贈太子太師。[13]《永樂大典》卷二萬四百二十。[14]

[1]薊州：州名。治所在今天津市薊州區。

[2]工部尚書：官名。尚書省工部主官。掌百工、屯田、山澤之政令。正三品。

[3]檀州：州名。治所在今北京密雲區。　平州：州名。治所在今河北盧龍縣。

[4]幽州：州名。治所在今北京市。　山後八軍：唐末幽州劉仁恭首設於山後地區、具有防禦性質的八個軍鎮，主要防備契丹和河東，爲模擬東北邊的“八防禦軍”而來。詳見李翔《關於五代“山後八軍”的幾個問題》，《中南大學學報》2016年第4期。　巡檢使：官名。唐末、五代置。掌巡邏重鎮、要地。

[5]名儒宿將經事其父兄者多無辜被戮，承約自以握兵在外：中華書局本有校勘記云，“其”字、“承約”二字原闕，據《册府》

卷七六六補。見《宋本册府》卷七六六《總録部·攀附門二》。

[6]檢校右僕射：官名。爲散官或加官，以示恩寵，無實際職掌。　“時屬唐武皇召募英豪”至“兼領貝州刺史”：中華書局本有校勘記：“‘騎’字原闕，據《册府》卷七六六補。”《通鑑》卷二六六開平元年（907）四月己酉條：“山後八軍巡檢使李承約帥部兵二千奔河東。”又：“河東節度使晋王克用以承約爲匡霸指揮使。”

[7]臨清：縣名。治所在今河北臨西縣。

[8]慈州：中華書局本有校勘記：“慈州，殿本作‘磁州’。”　潁州：州名。治所在今安徽阜陽市潁州區。　團練使：官名。唐代中期以後，於不設節度使的地區設團練使，掌本區各州軍事。

[9]乃命爲涇州節度副使：中華書局本有校勘記：“‘涇州’，《册府》卷六五三、《新五代史》卷四七《李承約傳》同，《通鑑》卷二七五敘其事云：‘静難節度使毛璋驕僭不法，訓卒繕兵，有跋扈之志。詔以潁州團練使李承約爲節度副使以察之。’按静難軍治邠州。”見《宋本册府》卷六五三《奉使部·稱旨門》、《通鑑》卷二七五天成元年（926）十月壬辰條。

[10]邛（qióng）：地名。位於今四川西昌市。　蠻蜑（dàn）：部族名。古時南方少數民族的稱呼。

[11]特進：官名。西漢末期始置，授給列侯中地位較特殊者。隋、唐時期，特進爲散官，授給有聲望的文武官員。正二品。

[12]“又聽留周歲”至“復爲左龍武統軍”：《輯本舊史》卷四〇《唐明宗紀六》天成四年十月庚子條：“以前黔州節度使李承約爲右驍衛上將軍。”明本《册府》卷四九七《邦計部·河渠門》明宗天成四年十二月庚申條：“脩雒河北岸，宣差左衛上將軍李承約祭之。”《輯本舊史》卷四二《唐明宗紀八》長興二年（931）八月壬申條：“以左龍武統軍李承約爲潞州節度使。”卷四四《唐明宗紀十》長興四年十月辛酉條：“以前潞州節度使李承約爲左龍武統軍。”

[13]“高祖御宇之二年”至“贈太子太師”：《輯本舊史》卷

七六《晉高祖紀二》天福二年（937）六月丙戌條："以前左龍武統軍李承約爲左驍衛上將軍。"卷七九《晉高祖紀五》天福六年三月乙丑條："左驍衛上將軍李承約卒。"

［14］《大典》卷二〇四二〇爲"稷"字韻"社稷（一）"事目，與本傳無涉，應爲卷一〇四二〇"李"字韻"姓氏（六五）"事目。

陸思鐸

陸思鐸，澶州臨黄人。[1]父再端，贈光禄卿。[2]思鐸有武幹，梁太祖領四鎮，隸於麾下。及即位，授廣武都指揮使，歷突陣、拱辰軍使，積前後戰勳，累官至檢校司徒、拱辰左廂都指揮使，遥領恩州刺史。[3]初，梁軍與莊宗對壘於河上，思鐸以善射，日預其戰。嘗於箭笴之上自鏤其姓名，一日射中莊宗之馬鞍，莊宗拔箭視之，覩思鐸姓名，因而記之。及莊宗平梁，思鐸隨衆來降，莊宗出箭以視之，思鐸伏地待罪，莊宗慰而釋之。尋授龍武右廂都指揮使，加檢校太保。[4]天成中，爲深州刺史，改雄捷右廂馬軍都指揮使。[5]會南伐荆門，思鐸亦預其行。[6]時高季興以舟兵拒王師，思鐸每發矢中敵，則洞胸達腋，由是賊鋒稍挫，不敢輕進，諸軍咸壯之。[7]高祖革命，拜陳州刺史，秩滿，歷左神武、羽林二統軍，[8]出爲蔡州刺史，遇代歸朝。天福八年，以疾卒，時年五十四。思鐸典陳郡日，甚有惠政，常戒諸子曰："我死則藏骨於宛丘，使我棲魂於所治之地。"[9]及卒，乃葬於陳，從其志也。《永樂大典》卷一萬八千一百三十一。[10]

[1]臨黄：縣名。治所在今河南浚縣。

[2]光禄卿：官名。南朝梁武帝天監七年（508）改光禄勳置，隋、唐沿置。掌宫殿門户、帳幕器物、百官朝會膳食等。從三品。

[3]廣武都指揮使：官名。所部統兵將領。“廣武”爲部隊番號。　拱辰軍使：官名。所部統兵將領。“拱辰”爲部隊番號。　遥領：雖居此官職，然實際上並不赴任。　恩州：州名。治所在今廣東陽江市。中華書局本有校勘記：“‘恩州’，原作‘思州’，據殿本、《册府》卷三六〇、《新五代史》卷四五《陸思鐸傳》改。按影庫本批校：‘“思州”應作“恩州”。’”見《宋本册府》卷三六〇《將帥部·立功門一三》。《新五代史》卷四五《陸思鐸傳》：“少事梁爲宣武軍卒，以善射知名。累歷拱辰左廂都指揮使，領恩州刺史。”

[4]思鐸隨衆來降：中華書局本有校勘記：“‘隨衆’，殿本，孔本，《册府》卷四三、卷八四六作‘以例’。”見《宋本册府》卷四三《帝王部·度量門》、卷八四六《總録部·善射門》。《通鑑》卷二七二同光元年（923）十月丙戌條：“帝之與梁戰於河上也，梁拱宸左廂都指揮使陸思鐸善射，常於笴上自鏤姓名，射帝，中馬鞍，帝拔箭藏之。至是，思鐸從衆俱降，帝出箭示之，思鐸伏地待罪，帝慰而釋之，尋授龍武右廂都指揮使。”《宋本册府》卷八四六：“晋陸思鐸……後爲梁州刺史，尤以挽强見稱。”

[5]深州：州名。治所在今河北深州市。　天成中，爲深州刺史：《宋本册府》卷六九五《牧守部·屏盜門》：“陸思鐸爲深州刺史，群盜結聚，與屬邑爲患。思鐸率數十騎朝夕討捕，出必擒獲，境内肅然，百姓賴之。”

[6]荆門：地名。位於今湖北中部。

[7]高季興：人名。原名高季昌，陜州硤石（今河南三門峽

市）人。南平（即荆南）開國君主。傳見本書卷一三三、《新五代史》卷六九。　則洞胸達腋：《輯本舊史》原作"達掖"，據《宋本册府》卷八四六改。

［8］歷左神武、羽林二統軍：中華書局本有校勘記："本書卷七九《晋高祖紀五》：'以左神武統軍陸思鐸爲右羽林統軍。'疑'羽林'前脱'右'字。"見《輯本舊史·晋高祖紀五》天福五年正月癸巳條。

［9］宛丘：縣名。治所在今河南淮陽縣。

［10］《大典》卷一八一三一"將"字韻"後晋將（二）"事目。

安元信

安元信，朔州馬邑人也。[1]少善騎射。後唐莊宗爲晋王時，元信詣軍門求自效。尋隸明宗麾下，累從明宗征討有功，明宗即位，擢爲捧聖軍使，加檢校兵部尚書。[2]清泰三年，遷雄義都指揮使，受詔屯於代州，太守張朗遇之甚厚，元信亦以兄事之。[3]是歲五月，高祖建義於太原，俄聞北虜有約赴難，[4]元信入説朗曰："張敬達雖圍太原，[5]而兵尚未合，代郡當雁門之衝，虜至其何以禦？[6]僕觀石令公素長者，舉必成事，若使人道意歸款，俟其兩端，亦求全之上策也。"[7]朗不納，元信悔以誠言之，反相猜忌。尋聞安重榮、安審信相次以騎兵赴太原，元信遂率部曲以歸高祖。[8]高祖見之喜，謂元信曰："爾覩何利害，背强歸弱？"元信曰："某非知星識氣，唯以人事斷之。夫帝王者，出語行令，示人以信。嘗聞主上許令公河東一生，今遽改之，是自欺也。且令公國之密親，親尚不能保，肯保天下之心乎！以斯而言，見其亡也，何得爲强也。”高祖知其誠，因開懷納之，委以戎事。高祖即位之元年，授耀州團練使，[9]加檢校太保。四年，入爲右神武統軍，其年八月，復出牧洺州。少帝嗣位，尋遷宿州，九年，罷任來朝。開運初，授復州防禦使。三年，卒于任，年六十三。[10]贈太傅。《永樂大典》卷一萬八千一百三十一。[11]

[1]朔州：州名。治所在今山西朔州市朔城區。　馬邑：縣名。治所在今山西朔州市朔城區東北馬邑村。

[2]捧聖：五代禁軍番號。因全爲騎兵，故又稱“捧聖馬軍”。　檢校兵部尚書：官名。爲散官或加官，以示恩寵，無實際職掌。

[3]雄義都指揮使：官名。所部統兵將領。“雄義”爲部隊番號。　代州：州名。治所在今山西代縣。

[4]俄聞北虜有約赴難：“北虜”原作“契丹”，因輯者忌清諱而改，今據《宋本册府》卷七九六《總録部·先見門二》回改。

[5]張敬達：人名。代州（今山西代縣）人。後唐將領。傳見本書卷七〇、《新五代史》卷三三。　張敬達雖圍太原：“太原”，《宋本册府》卷七九六作“晋陽”。

[6]代郡：郡名。治所在今山西大同市。　雁門：關名。位於今山西代縣西北。　虜至其何以禦：“虜”原作“敵”，據《宋本册府》卷七九六回改。

[7]石令公：即石敬瑭。

[8]安審信：人名。沙陀部人。五代將領安審琦從兄。五代後唐至後周將領。傳見本書卷一二三。　尋聞安重榮、安審信相次以騎兵赴太原，元信遂率部曲以歸高祖：《舊五代史考異》：“案《通

鑑》云：元信謀殺朗，不克，帥其衆奔審信，審信遂帥麾下數百騎，與元信掠百井奔晋陽。”見《通鑑》卷二八〇天福元年（936）五月戊申條。《輯本舊史》卷四八《唐末帝紀下》清泰三年（938）五月戊申條、卷七五《晋高祖紀一》清泰三年七月條，《宋本册府》卷八《帝王部·創業門四》，《通鑑》卷二八〇亦作安元信與安審信同奔晋高祖，入太原。《輯本舊史》卷四八亦繫此事於清泰三年五月戊申；《輯本舊史》卷七五、《宋本册府》卷八繫此事於清泰三年七月。

[9]耀州：州名。治所在今陝西銅州市耀州區。　授耀州團練使：《宋本册府》卷七七五《總録部·幼敏門三》：“安元信幼爲兒童時，嘗與里中同輩戲爲營陣，獨申明進退交擊之勢，宛成部分。邑之耆老有尚懷古者，謂元信父萬金曰：‘此子成人，必達軍旅之事。若賦以壽，則爲將爲侯，爾其志之。’後至耀州團練使。”

[10]復州：州名。治所在今湖北天門市。　“開運初”至“卒于任”：《宋本册府》卷六七九《牧守部·廉儉門九》：“安元信，少帝開運二年爲復州防禦使，卒。元信歷數任，皆名郡也，親族嘗謂曰：‘公身俸二千石，鬢有白髪，家無肥美田園，何以爲子孫計？’元信曰：‘吾本無文經武略，遭遇先帝風雲之會，繼提郡印，位在親人，平生之望過矣。每以衣食豐足爲愧，安有積貨治産，欲爲豚犬輩後面，不亦愚乎？’聞者美之。”

[11]《大典》卷一八一三一“將”字韻“後晋將（二）”事目。

張朗

張朗，徐州蕭縣人。[1]父楚，贈工部尚書。朗年十八，善射，膂力過人，鄉里敬憚之，梁祖聞其名，就補蕭縣鎮使，充吾縣都遊奕使，時朗年纔二十三。[2]歲餘，補宣武軍内衙都將，歷洺州步軍、曹州開武、汴州十内衙、鄆州都指揮使。[3]梁末，從招討使段凝襲衛州，下之，遂授衛州刺史。[4]事梁僅三十年，凡有征討，無不預之。同光三年，從魏王繼岌伐蜀，爲先鋒橋道使。[5]明宗朝，歷興、忠、登三州刺史。[6]清泰初，以契丹犯邊，補西北面行營步軍都指揮使，從高祖屯軍於代北，俄兼代州刺史，又改行營諸軍馬步都虞候。[7]高祖建義於太原，遣使以書諭之，朗曰："爲人臣而有二心可乎！"乃斬其使。洎高祖入洛，領全師朝覲，[8]授貝州防禦使，在任數載。天福五年，除左羽林統軍，六年，授光禄大夫、檢校太傅、慶州刺史。[9]在官二年卒，年七十四。《永樂大典》卷六千三百五十。[10]

[1]蕭縣：縣名。治所在今江蘇蕭縣。

[2]都遊奕使：官名。負責軍事巡邏偵查。充吾縣都遊奕使，《輯本舊史》之原輯者案語："'吾縣'二字疑有舛誤。"

[3]宣武軍：方鎮名。治所在汴州（今河南開封市）。　内衙都將：官名。所部統兵將領。　開武：或爲部隊番號。　汴州：州名。治所在今河南開封市。　十内衙：或爲部隊番號。　鄆州：州名。治所在今山東東平縣。

[4]段凝：人名。開封（今河南開封市）人。後梁將領。其妹爲朱温美人，因其妹而爲朱温親信。傳見本書卷七三、《新五代史》卷四五。　"梁末"至"遂授衛州刺史"：《通鑑》卷二七一龍德二年（922）八月條："晉衛州刺史李存儒……專事掊斂……莊宅使段凝與步軍都指揮使張朗引兵夜渡河襲之，詰旦登城，執存儒，遂克衛州。……帝以張朗爲衛州刺史。"亦見《輯本舊史》卷一〇《梁末帝紀下》龍德二年八月條。

［5］先鋒橋道使：官名。掌行軍中道路、橋梁修整。

［6］興：州名。治所在今陝西略陽縣。　忠：州名。治所在今重慶忠縣。　登：州名。治所在今山東蓬萊市。　明宗朝，歷興、忠、登三州刺史：明本《册府》卷一二八《帝王部·明賞門二》明宗天成三年（928）十月："是月，代州刺史、檢校司空張朗超授檢校太保。"

［7］馬步都虞候：官名。五代侍衛親軍馬步軍統兵官，僅次於馬步軍都指揮使、副都指揮使。

［8］"高祖建義於太原"至"領全師朝覲"："乃斬其使"，《舊五代史考異》："《通鑑》云：'帝以晋安已降，遣使諭諸州，代州刺史張朗斬其使。'蓋晋祖初起，安元信勸朗歸順，不從，至是復斬其使也。"見《通鑑》卷二八〇天福元年（936）閏十一月甲子條。《通鑑》卷二八〇天福元年五月戊申條："張敬達將兵三萬營於晋安鄉，戊申，敬達奏西北先鋒馬軍都指揮使安審信叛奔晋陽。審信，金全之弟子也，敬瑭與之有舊。先是，雄義都指揮使馬邑安元信將所部六百餘人戍代州，代州刺史張朗善遇之，元信密説朗曰：'吾觀石令公長者，舉事必成；公何不潛遣人通意，可以自全。'朗不從，由是互相猜忌。元信謀殺朗，不克，帥其衆奔審信，審信遂帥麾下數百騎與元信掠百井奔晋陽。"《輯本舊史》卷四八《唐末帝紀下》亦繫此事於清泰三年（936）五月戊申；《輯本舊史》卷七五《晋高祖紀一》、明本《册府》卷八《帝王部·創業門四》晋高祖條與之異，繫此事於清泰三年七月。《通鑑》卷二八〇天福元年九月條："契丹主將五萬騎，號三十萬，自揚武谷而南，旌旗不絶五十餘里。代州刺史張朗、忻州刺史丁審琦嬰城自守，虜騎過城下，亦不誘脅。"《輯本舊史》卷四八清泰三年十月戊辰條："代州刺史張朗超授檢校太保，以其屢殺敵衆，故以是命獎之。"《通鑑》卷二八〇天福元年十二月癸巳條："張朗將其衆入朝。"

［9］光禄大夫：官名。唐、五代文散官。從二品。　檢校太傅：官名。爲散官或加官，以示恩寵，無實際職掌。　慶州：州名。治

所在今甘肅慶城縣。

［10］《大典》卷六三五〇“張”字韻“姓氏（二〇）”事目。《宋本册府》卷八四七《總録部·勇門》：“張朗，唐昭宗末，徐方亂，盜賊鋒起，剽劫鄉川。郎聚少年數百人，固護親族，隣里賴其保全者甚衆，終於光禄大夫、檢校太傅、慶州刺史。”

李德琉

李德琉，應州金城人。[1]祖晟，父宗元，皆爲邊將。德琉少善騎射，事後唐武皇爲偏校。及從莊宗戰潞州、柏鄉、德勝渡，繼有軍功，累加檢校尚書左僕射，遥食郡俸。[2]天成中，檢校司空，領蔚州刺史。[3]長興元年，授雄武軍節度、秦成階觀察處置等使，加檢校司徒。[4]二年六月，移鎮定州，充北面副招討使。[5]高祖即位，改鎮涇原，及受代歸闕，會高祖幸鄴，授東京留守，加同平章事。[6]少帝嗣位，移廣晋尹，加檢校太師。[7]開運中，再領涇州，以病卒於鎮。[8]德琉幼與明宗俱事武皇，故後之諸將多兄事之，時謂之李七哥。所治之地，雖無殊政，然以寬恕及物，家無濫積，亦武將之廉者。《永樂大典》卷二萬四百二十。[9]

［1］應州：州名。治所在今山西應縣。　金城：縣名。治所在今山西應縣。

［2］柏鄉：地名。位於今河北柏鄉縣。　德勝渡：地名。黄河重要渡口之一。李存勗部將李存審築於黄河津要處德勝口，有南、北二城。南城在今河南濮陽市東南五里，北城即今河南濮陽市。

［3］蔚州：州名。治所在今河北蔚縣。《輯本舊史》卷三八

《唐明宗紀四》天成二年（927）九月乙丑條："以代州刺史李德琉爲蔚州刺史。"

［4］秦：州名。治所在今甘肅秦安縣。　成：州名。治所在今甘肅成縣。　階：州名。治所在今甘肅康縣西。

［5］二年六月，移鎮定州，充北面副招討使：《輯本舊史》卷四二《唐明宗紀八》長興二年（931）六月壬午條："以前秦州節度使李德琉爲定州節度使兼北面行營副招討使。"卷四五《唐閔帝紀》應順元年（934）二月丁酉條："以前定州節度使李德琉爲權北京留守。"同年三月辛亥條："以前定州節度使李德琉爲北京留守，充河東節度使。"卷四七《唐末帝紀中》清泰二年（935）三月丙辰條："以右龍武統軍李德琉爲涇州節度使。"

［6］"高祖即位"至"加同平章事"：《輯本舊史》卷七六《晋高祖紀二》天福二年（937）正月庚午條："涇州節度使李德琉、徐州節度使安彦威……並加食邑實封。"卷七七《晋高祖紀三》天福三年十二月丙子條："以前涇州彰義軍節度使李德琉爲晋州建雄軍節度使，加同平章事。"卷七九《晋高祖紀五》天福五年三月癸酉條："以晋州節度使李德琉爲北京留守。"同卷天福六年五月甲戌條："北京遣牙將劉從以吐渾大首領白承福、念龐里、赫連功德來朝。"《舊五代史考異》："《通鑑》：四月辛巳，北京留守李德琉遣牙校以吐谷渾酋長白承福入朝。《薛史》作五月甲戌，與《通鑑》異。《歐陽史》從《薛史》。"《通鑑》卷二八二天福六年四月辛巳條："北京留守李德琉遣牙校以吐谷渾酋長白承福入朝。"《輯本舊史》卷八〇《晋高祖紀六》天福六年七月己巳條："以北京留守李德琉爲廣晋尹，充鄴都留守。"《通鑑》卷二八二天福六年七月己巳條："帝憂安重榮跋扈，己巳，以劉知遠爲北京留守、河東節度使，復以遼、沁隸河東；以北京留守李德琉爲鄴都留守。"同年十一月庚辰條："以鄴都留守李德琉權東京留守，召鄭王重貴如鄴都。"《輯本舊史》卷八〇天福六年十二月丙戌條："以鄴都留守、廣晋尹李德琉爲開封尹，充東京留守。"

［7］少帝嗣位，移廣晋尹，加檢校太師：《輯本舊史》卷八一《晋少帝紀一》天福七年九月己丑條："以東京留守兼開封尹李德珫爲廣晋尹。"同年十二月丙寅條："宰臣馮道、滑州節度使兼侍衛馬軍都指揮使李守貞、河陽節度使皇甫遇、西京留守安彦威、廣晋尹李德珫，並加爵邑，以山陵充奉之勞也。"同卷天福八年二月癸丑條："以廣晋尹李德珫權鄴都留守。"

［8］涇州：州名。治所在今甘肅涇川縣。　開運中，再領涇州，以病卒於鎮：《輯本舊史》卷八二《晋少帝紀二》天福八年十一月己卯條："以前鄴都留守、廣晋尹李德珫爲涇州節度使。"卷八四《晋少帝紀四》開運三年（946）三月丙申條："以前涇州節度使李德珫爲邠州節度使。"卷八五《晋少帝紀五》開運三年十月丁亥條："邠州節度使李德珫卒，輟朝，贈太尉。"

［9］《大典》卷二〇四二〇爲"稷"字韻"社稷（一）"事目，與本傳無涉，應爲卷一〇四二〇"李"字韻"姓氏（六五）"事目。

田武

田武，字德偉，大名元城人。[1]父簡，累贈右僕射。武少有拳勇，初事莊宗爲小校，歷遷勝節指揮使。[2]明宗登極，轉帳前都指揮使，領澶州刺史。天成二年，改左羽林都指揮使，遥領宜州，充襄州都巡檢使。[3]三年，自汴州馬步軍都指揮使授曹州刺史。[4]長興初，遷齊州防禦使，又移洺州。清泰中，歷成、隴二州，充西面行軍副部署。[5]天福初，授金州防禦使，及金州建節鉞，武丁母憂，乃起復爲節度使。[6]開運元年，移鎮滄州，兼北面行營步軍右廂都指揮使。[7]二年，授寧江軍節度使，充侍衛步軍都指揮使。[8]歲内改昭義軍節度、澤潞等州管内觀察處置等使、潞州大都督府長史、檢校太傅，封雁門郡開國公。[9]未赴任，以疾卒。[10]武出身戎行，性鯁正，御軍治民，咸盡其善。及卒，朝廷惜之，詔贈太尉，輟視朝一日。

[1]大名：府名。治所在今河北大名縣。

[2]勝節指揮使：官名。所部統兵將領。"勝節"爲部隊番號。

[3]宜州：州名。治所在今廣西河池市宜州區。　襄州：州名。治所在今湖北襄陽市。

[4]曹州：州名。治所在今山東曹縣西北。

[5]清泰中：明本《册府》卷八一《帝王部·慶賜門三》："清泰元年七月，詔……洺州團練使田武……敘進爵邑，從恩例也。"

[6]"天福初"至"乃起復爲節度使"：《輯本舊史》卷七九《晋高祖紀五》天福五年（940）八月庚子條："以前金州防禦使田武爲金州懷德軍節度使。"

[7]"開運元年"至"兼北面行營步軍右廂都指揮使"：《輯本舊史》原無"步軍"二字，中華書局本有校勘記："'行營'下本書卷八三《晋少帝紀三》有'步軍'二字。"未補。《輯本舊史》卷八三《晋少帝紀三》開運元年（944）八月辛丑條："命十五將以禦契丹……前金州節度使田武充步軍左廂排陣使。"同年十一月丙戌條："以前金州節度使田武爲滄州節度使兼北面行營步軍右廂都指揮使。"據補。

[8]寧江軍：方鎮名。治所在夔州（今重慶奉節縣白帝城）。　二年，授寧江軍節度使，充侍衛步軍都指揮使：《新五代史》卷九《晋本紀》開運二年二月己巳條："幸黎陽，横海軍節度使田武爲東北面行營都部署，以備契丹。"亦見《輯本舊史》卷八三開運二年二月己巳條。《輯本舊史》卷八四《晋少帝紀四》開運二年五

月戊戌條："以滄州節度使田武遥領夔州節度使兼侍衛步軍都指揮使。"夔州此時在後蜀轄區，且任歐陽彬爲節度使，故田武爲遥領，非實授；田武之實職爲侍衛步軍都指揮使。

[9]長史：官名。州府屬官。協助處理州府公務。正四品上至正六品上。　歲内改昭義軍節度：《輯本舊史》卷八四開運二年七月乙未條："以侍衛步軍都指揮使、領夔州節度使田武爲昭義軍節度使。"

[10]未赴任，以疾卒：《輯本舊史》卷八四開運二年八月庚辰條："新授潞州節度使田武卒，輟朝，贈太尉。"

子仁朗、仁遇並歷内職。[1]《永樂大典》卷四千八百六。[2]

[1]子仁朗、仁遇並歷内職：《舊五代史考異》："《宋史》云：仁朗以父任西頭供奉官。"見《宋史》卷二七五《田仁朗傳》。

[2]《大典》卷四八〇六"田"字韻"姓氏（五）"事目。

李承福

李承福，字德華，漢陽人。少寒賤，事元行欽掌皂棧之役，後爲高祖家臣。[1]高祖登極，歷皇城武德宣徽使、左千牛將軍，出爲澶州刺史，遷齊州防禦使、檢校太保。[2]承福性鄙狹，無器局，好察人微事，多所詆訐，雖小過不能恕，工商之業，輿隸之情，官吏之幸，皆善知之，然自任所見，[3]無所準的，故人多薄之。少帝嗣位，授同州節度使，尋卒於鎮。[4]少帝以高祖佐命之臣，聞之嗟歎，賻物加等，輟視朝一日，詔贈太傅。《永樂大典》卷一萬三百八十九。[5]

［1］元行欽：人名。幽州（今北京市）人。後唐將領。傳見本書卷七〇、《新五代史》卷二五。　皂棧：古時馬厩的別稱。

［2］左千牛將軍：中華書局本有校勘記："《册府》卷七六六作'左千牛大將軍'。"見《宋本册府》卷七六六《總録部·攀附門二》。《輯本舊史》卷八一《晉少帝紀一》天福七年（942）九月壬寅條："以澶州防禦使李承福爲宣徽北院使。"同卷天福八年三月庚寅條："以宣徽北院使李承福爲右武衛大將軍，充宣徽南院使。"據以上及下一校勘記所引《輯本舊史》卷八二《晉少帝紀二》天福八年七月丁亥條，李承福自"出爲澶州刺史"至"授同州節度使"，無"遷爲齊州防禦使、檢校太保"之事，此傳疑有舛誤。

［3］然自任所見：中華書局本有校勘記："句上《册府》卷六九七有'雖不欺詐不貪濁'七字。"見《宋本册府》卷六九七《牧守部·苛細門》。

［4］少帝嗣位，授同州節度使，尋卒於鎮：《輯本舊史》卷八二天福八年七月丁亥條："以宣徽南院使李承福爲同州節度使。"同年十二月癸丑條："詔河陽節度使符彦卿、宋州節度使高行周、貝州節度使王令温、同州節度使李承福、陳州梁漢璋、亳州李蕚、懷州薛懷讓並赴闕，分命使臣諸州郡巡檢，以契丹入寇故也。"卷八三《晉少帝紀三》開運元年七月辛卯條："同州節度使李承福卒，贈太傅。"

［5］《大典》卷一〇三八九"李"字韻"姓氏（三四）"事目。

相里金

相里金，字奉金，[1]并州人也。性勇悍果敢，能折節下士。唐景福初，武皇始置五院兵，金首預其選。從莊宗攻下夾寨，得補爲小校，後與梁師戰於柏鄉及胡柳陂，以功授黄甲指揮使。[2]同光中，統帳前軍拔中都，賜忠勇拱衛功臣、檢校刑部尚書。二年，自羽林都虞候出爲忻州刺史，[3]凡部曲私屬，皆不令干預民事，但優其贍給，使分掌家事而已，故郡民安之，大有聲績。應順元年，爲隴州防禦使，會唐末帝起兵於鳳翔，傳檄於鄰道，諸侯無應者，唯金遣判官薛文遇往來計事，末帝深德之。[4]及即位，擢爲陝州節度使，加檢校太保。[5]清泰三年夏，高祖建義於太原，唐末帝發兵來攻，以金爲太原四面步軍都指揮使。[6]高祖即位，移鎮晋州，及受代歸闕，累爲諸衛上將軍，加開府儀同三司，官至檢校太尉，爵列開國公，勳登上柱國，以久居散地，優之故也。[7]天福五年夏，卒於任，贈太師。[8]《永樂大典》卷一萬三百四十一。[9]

[1]字奉金：《輯本舊史》之原輯者案語："相里金墓碑作字國寶，當得其實。《歐陽史·雜傳》多襲《薛史》原文，與碑異。"

[2]胡柳陂：地名。位於今河南濮陽縣。　"唐景福初"至"以功授黄甲指揮使"：《新五代史》卷四七《相里金傳》："事晋王爲五院軍隊長。"《宋本册府》卷三九六《將帥部·勇敢門三》："相里金，初爲唐莊宗親衛小校，後與梁師戰于柏鄉及胡柳陂，襲德勝口，攻廣邊軍，擒元行欽，圍幽州，救慈丘、馮翊，所至登鋒奮武，罕出其右。"

[3]自羽林都虞候出爲忻州刺史：《輯本舊史》之原輯者案語："《歐陽史》作沂州。"《新五代史·相里金傳》實作忻州。

[4]應順：後唐愍帝（閔帝）李從厚年號（934）。　判官：官

名。爲長官的佐吏，協理政事，或備差遣。　薛文遇：人名。籍貫不詳。後梁大臣。事見本書卷四八《唐末帝紀下》及《通鑑》卷二七九、卷二八〇。

［5］“應順元年”至“加檢校太保”：《通鑑》卷二七九清泰元年（934）二月乙酉條：“時潞王使者多爲鄰道所執，不則依阿操兩端，惟隴州防禦使相里金傾心附之，遣判官薛文遇往來計事。”《輯本舊史》卷四六《唐末帝紀上》清泰元年五月戊午條：“以隴州防禦使相里金爲陝州節度使。初，帝以檄書告藩鄰，惟金遣判官薛文遇往來計事，故以節鎮獎之。”

［6］以金爲太原四面步軍都指揮使：《輯本舊史》卷四八《唐末帝紀下》繫此事於清泰三年五月乙卯。

［7］爵列開國公：《輯本舊史》之原輯者案語：“碑文云：封西河郡開國侯。《薛史》作開國公，未知孰是。《歐陽史》諸臣傳官爵多闕略，無可考證。”　上柱國：官名。北周武帝建德四年（575），置上柱國爲高級勳官。隋唐沿置。五代後唐明宗天成三年（928）詔，今後凡加勳，先自武騎尉經十二轉方授爲上柱國。正二品。

［8］天福五年夏，卒於任，贈太師：《輯本舊史》之原輯者案語：“碑文作贈太子太師，與《傳》異。考《晋高祖紀》，五年八月，相里金卒，贈太師。其贈與《傳》同，而其卒在八月，則《傳》中‘夏’字疑誤。”《輯本舊史》卷七九《晋高祖紀五》天福五年八月戊午條：“左龍武統軍相里金卒，廢朝一日，贈太師。”

［9］《大典》卷一〇三四一“里”字韻“姓氏（二）”事目。《新輯會證》本傳録《相里金神道碑》文，可參見。

史臣曰：在禮之起甘陵也，當鼎革之期，會富貴來逼，既因人成事，亦何足自多。及其仗鉞擁旄，積財敗德，貨之爲累，可不誡乎！全節之佐晋氏也，平安陸之妖，[1]預宗城之戰，功既茂矣，貴亦宜然。張筠歷事累朝，享兹介福，蓋近代之幸人也。自温琪而下，皆服冕乘軒，苴茅熹土，垂名汗簡，諒亦宜焉。《永樂大典》卷一萬三百四十一。[2]

［1］平安陸之妖：《輯本舊史》之影庫本粘籤："之妖，原本作'之禮'，今從《夏文莊集》所引《薛史》改正。"

［2］《大典》卷一〇三四一"里"字韻"姓氏（二）"事目。

舊五代史　卷九一

晉書十七

列傳第六

房知温

房知温，字伯玉，兖州瑕丘人也。[1]少有勇力，[2]籍名於本軍，爲赤甲都官健。[3]梁將葛從周鎮其地，選置麾下。[4]時部將牛存節屯於鎮，好摴博，每求辨采者，知温以善博見推，因得侍左右，遂熟於存節。[5]及王師範遣劉鄩據兖州，梁祖命存節將兵討之，知温夕縋出奔，存節喜而納焉。[6]明夜，竊良馬一駟，復入城，鄩乃擢爲裨將。[7]鄩降，隸于同州劉知俊，知俊補爲克和軍使。[8]知俊奔岐，改隸魏州楊師厚，以爲馬鬭軍校，漸升至親隨指揮使，繼加檢校司空。[9]

[1]兖州：州名。治所在今山東濟寧市兖州區。　瑕丘：縣名。治所在今山東濟寧市兖州區。

［2］少有勇力：《舊五代史考異》："《玉堂閒話》云：知温少年，與外弟徐某爲盜于兖、鄆之境。"《太平廣記》卷一五八房知温條，録自《玉堂閒話》："故青帥房公知温，少年與外弟徐裀爲盜於兖、鄆之境，晝則匿於古冢。一夕遇雨未出間，二鬼至。一鬼曰：'此有節度上主，宜緩之。'與外弟俱聞之。二人相問曰：'適聞外面語否？'徐曰：'然。'房曰：'吾與汝未知孰是，來宵汝當宿於他所，吾獨在此以驗之。'迨夕，二鬼又至。一鬼復曰：'昨夜貴人尚在矣。'房聞之喜。後果節制數鎮，官至太師、中書令、東平王，則知《晉書》説魏陽元聞鬼以三公呼之，爲不謬矣。"

［3］赤甲都："都"爲軍隊的編制單位，"赤甲"即部隊番號。唐末、五代之際，軍隊中已有都的編制。諸藩鎮所設特種兵和牙兵中就有燕子都、落雁都、廳子都等名。五代時形成爲指揮以下的軍事編制。　官健：唐代軍士名稱。也稱"健兒""長征健兒"。唐高宗以後，隨着均田制的破壞，府兵無力自備武器資糧。自玄宗開元時起，逐漸改用官給身糧、家糧或者賜與的辦法。自此，戍兵成爲長期服役的職業兵。因資糧兵器由自備而變爲官給，故稱之爲"官健"。

［4］葛從周：人名。濮州鄄城（今山東鄄城縣）人。唐末、五代將領。傳見本書卷一六、《新五代史》卷二一。

［5］牛存節：人名。青州博昌（今山東博興縣）人。唐末將領。傳見本書卷二二、《新五代史》卷二二。　摴（chū）博：我國古代一種擲骰子决勝負的遊戲。

［6］王師範：人名。青州（今山東青州市）人。唐末、五代軍閥。傳見本書卷一三、《新五代史》卷四二。　劉鄩：人名。密州安丘（今山東安丘市）人。唐末、五代將領。傳見本書卷二三、《新五代史》卷二二。　梁祖：即後梁太祖朱温。宋州碭山（今安徽碭山縣）人。後梁開國皇帝。紀見本書卷一至卷七及《新五代史》卷一、卷二。

［7］裨將：副將。

［8］同州：州名。治所在今陝西大荔縣。　劉知俊：人名。徐州沛縣（今江蘇沛縣）人。唐末、五代將領。先後隸時溥、朱温、李茂貞、王建。傳見本書卷一三、《新五代史》卷四四。　軍使：官名。掌領本軍軍務，或兼理地方政務。《新唐書》卷五〇《兵志》："唐初，兵之戍邊者，大曰軍，小曰守捉，曰城，曰鎮……武德至天寶以前邊防之制，其軍、城、鎮、守捉皆有使。"

［9］岐：封國名。時鳳翔節度使李茂貞爲岐王，故稱。　魏州：州名。治所在今河北大名縣。　楊師厚：人名。潁州斤溝（今安徽太和縣阮橋鎮斤溝村）人。唐末、五代將領。傳見本書卷二二、《新五代史》卷二三。　以爲馬鬭軍校：中華書局本有校勘記："'馬鬭'，原作'馬步'，據殿本、《新五代史》卷四六《房知温傳》改。影庫本粘籤：'馬步，原本作"馬鬭"，今從《歐陽史》改正。'"軍校，即牙校，爲低級武職。　親隨指揮使：官名。親隨，即親隨部隊。指揮使，爲所部統兵將領。　檢校司空：官名。爲散官或加官，以示恩寵加此官，無實際職掌。司空，與太尉、司徒並爲三公。

莊宗入魏，賜姓，名紹英，改天雄軍馬步都指揮使，加檢校司徒、澶州刺史、行臺右千牛衛大將軍。[1]莊宗平梁，歷曹、貝州刺史，權充東北面蕃漢馬步都虞候，遣戍瓦橋關。[2]明宗自鄴入洛，知温與王晏球首赴焉。[3]明宗自總管府署知温滑州兩使留後。[4]天成元年，授兖州節度使。[5]明宗即位，詔充北面招討，屯於盧臺軍。[6]以盧文進來歸，加特進、同平章事，賞招討之功也。[7]

［1］莊宗：即後唐莊宗李存勗。沙陀部人。後唐王朝的建立者。

紀見本書卷二七至卷三四及《新五代史》卷四、卷五。　天雄軍：方鎮名。治所在魏州（今河北大名縣）。　馬步都指揮使：官名。即馬步軍都指揮使。五代時侍衛親軍長官，多爲皇帝親信。　檢校司徒：官名。爲散官或加官，以示恩寵，無實際職掌。　刺史：官名。漢武帝時始置。州一級行政長官，總掌考覈官吏、勸課農桑、地方教化等事。唐中期以後，節度、觀察使轄州而設，刺史爲其屬官，職任漸輕。從三品至正四品下。　行臺：官署名。尚書省在京城稱中臺、内臺，在外稱行臺。自魏晉至唐初，天子、大臣在外征討，或置行臺隨軍。　右千牛衛大將軍：官名。唐高宗龍朔二年（662），改右奉宸衛大將軍而置，一員，掌侍衛宫禁及供御兵器儀仗，皇帝受朝之日，備身左右升殿列侍，親射則率屬以從。唐德宗貞元二年（786）添置上將軍前，爲右千牛衛長官。正三品。

［2］曹：州名。治所在今山東曹縣西北。　貝州：州名。治所在今河北清河縣。　馬步都虞候：官名。五代侍衛親軍馬步軍統兵官，僅次於馬步軍都指揮使、副都指揮使。　瓦橋關：唐置。位於今河北雄縣。五代晉初地入契丹。後周顯德六年（959）收復，建爲雄州。與益津、淤口合稱三關。

［3］明宗：即李嗣源。沙陀部人，應州金城（今山西應縣）人。李克用養子，逼宫李存勗後自立爲後唐皇帝。紀見本書卷三五至卷四〇、《新五代史》卷六。　鄴：地名。即鄴都。治所在今河北大名縣。後唐莊宗同光元年（923），改魏州爲興唐府，建號東京，三年改東京爲鄴都。　洛：州名。即洛陽。治所在今河南洛陽市。　王晏球：人名。洛陽（今河南洛陽市）人。五代將領。傳見本書卷六四、《新五代史》卷四六。　明宗自鄴入洛，知温與王晏球首赴焉：《通鑑》卷二七四天成元年（926）三月辛未條："時齊州防禦使李紹虔、泰寧節度李紹欽、貝州刺史李紹英屯瓦橋……嗣源遣使召之。"同月甲申條："李紹虔、李紹英引兵來會。"

［4］總管府：官署名。北周始設，多治於扼要之地，始掌軍政防務，後兼有民政職能。　滑州：州名。治所在今河南滑縣。

[5]天成：後唐明宗李嗣源年號（926—930）。　節度使：官名。唐時在重要地區所設掌握一州或數州軍、民、財政的長官。

[6]招討：官名。唐始置。戰時任命，兵罷則省。常以大臣、將帥或地方軍政長官兼任。掌招撫討伐等事務。　盧臺軍：方鎮名。治所在今天津市寧河區盧臺鎮。參見余蔚《中國行政區劃通史》(遼金卷)，復旦大學出版社 2012 年版，第 326 頁。“軍”字原闕。中華書局本據撫州刊本、浙江本、宗文本補，今從。　“天成元年”至“屯於盧臺軍”：亦見《宋本册府》卷三八七《將帥部·褒異門十三》。《輯本舊史》卷三五《唐明宗紀一》同光四年三月：“既而房知温、杜晏球自北面相繼而至。”同年四月己丑條：“帝至洛陽，止於舊宅，分命諸將止其焚掠。……時魏王繼岌征蜀未還，帝謂朱守殷曰：‘公善巡撫，以待魏王。吾當奉大行梓宫山陵禮畢，即歸藩矣。’是日，羣臣諸將上牋勸進，帝面諭止之。樞密使李紹宏、張居翰，宰相豆盧革、韋説，六軍馬步都虞候朱守殷、青州節度使符習、徐州節度使霍彦威、宋州節度使杜晏球、兖州節度使房知温等頓首言曰：‘……今日廟社無依，人神乏主，天命所屬，人何能争！……願殿下俯徇樂推，時哉無失，軍國大事，望以教令施行。’帝優答不從。”卷三六《唐明宗紀二》天成元年五月丙辰條：“貝州刺史李紹英……等上言，前朝寵賜姓名，今乞還舊。李紹英復曰房知温。”同月戊午條：“以貝州刺史房知温爲兖州節度使。”卷三八《唐明宗紀四》天成二年正月癸酉條：“北面副招討房知温奏，營州界奚陁羅支内附。”《傳》云知温爲“北面招討”，與《紀》不同。明本《册府》卷四〇一《將帥部·行軍法門》：“房知温爲兖州節度使，上言指揮使郭令威擅離本軍，處斬訖。”

[7]盧文進：人名。范陽（今河北涿州市）人。後唐、後晉、吴國、南唐將領。傳見本書卷九七、《新五代史》卷四八。　特進：官名。西漢末期始置，授給列侯中地位較特殊者。隋唐時期，特進爲散官，授給有聲望的文武官員。正二品。　同平章事：官名。全稱“同中書門下平章事”。唐高宗以後，凡實際任宰相之職者，常

在其本官後加“同平章事”的職銜。後成爲宰相專稱。後晉天福五年（940），升中書門下平章事爲正二品。

後除烏震爲招討副使，代知温歸鎮。[1]知温怒震遽至，有怨言，因縱博，誘牙兵殺震於席上。[2]會次將安審通保騎軍隔河按甲不動，知温懼不濟，乃束身渡水，復結審通逐其亂軍以奏。[3]時朝廷姑息知温，下詔於鄴，盡殺軍士家口老幼凡數萬，清漳爲之變色。[4]尋詔遣知温就便之鎮，以安反側。俄改徐州節度使，加兼侍中。[5]會朝廷起兵伐高季興，授荆南招討使、知行府事。[6]尋丁母憂，起復雲麾將軍，墨縗即戎，竟無功而還。[7]長興中，節制汶陽。越二年，除平盧軍節度使，累官至開府儀同三司、檢校太師、兼中書令，封東平王，食邑五千户，食實封三百户。[8]天福元年冬十二月辛巳，卒於鎮。贈太尉，歸葬於瑕丘，詔立神道碑。[9]

[1]烏震：人名。冀州信都（今河北衡水市冀州區）人。後唐將領。傳見本書卷五九、《新五代史》卷二六。　招討副使：官名。爲招討使副將，多以大臣、將帥或地方軍政長官兼任，掌管鎮壓起義、抗禦外敵、討伐叛亂等事。　後除烏震爲招討副使，代知温歸鎮：《輯本舊史》卷三八《唐明宗紀四》天成二年（927）二月甲辰條：“兖州節度使房知温加同平章事。”《通鑑》卷二七五天成二年二月戊子條：“以震爲河北道副招討，領寧國節度使，屯盧臺軍。代泰寧節度使、同平章事房知温歸兖州。”

[2]牙兵：五代時期藩鎮親兵。參見來可泓《五代十國牙兵制度初探》，《學術月刊》1995年第11期。

[3]安審通：人名。代北（今山西代縣）人。唐末、五代軍

闕。事見本書本卷及本書卷三八。

[4]“知温怒震遽至”至“清漳爲之變色”：《通鑑》卷二七五天成二年三月壬申條：“房知温怨震驟來代己，震至，未交印。壬申，震召知温及諸道先鋒馬軍都指揮使、齊州防禦使安審通博於東寨，知温誘龍晊所部兵殺震於席上，其衆噪於營外，安審通脱身走，奪舟濟河，將騎兵按甲不動。知温恐事不濟，亦上馬出門，甲士攬其轡曰：‘公當爲士卒主，去欲何之？’知温紿之曰：‘騎兵皆在河西，不收取之，獨有步兵，何能集事！’遂躍馬登舟濟河，與審通合謀擊亂兵，亂兵遂南行。騎兵徐踵其後，部伍甚整。亂者相顧失色，列炬宵行，疲於荒澤，詰朝，騎兵四合擊之，亂兵殆盡，餘衆復趣故寨，審通已焚之，亂兵進退失據，遂潰。其匿於叢薄溝塍得免者什無一二。”《輯本舊史》卷三八天成二年四月辛巳條：“房知温奏：‘前月二十一日，盧臺戍軍亂，害副招討寧國軍節度使烏震，尋與安審通斬殺亂兵訖。’”同月庚寅條：“詔：‘盧臺亂軍龍晊所部鄴都奉節等九指揮三千五百人在營家口骨肉，並可全家處斬。’”

[5]徐州：州名。治所在今江蘇徐州市。　侍中：官名。秦始置。隋、唐前期爲門下省長官。唐後期多爲大臣加銜，不參與政務，實際職務由門下侍郎執行。正二品。　俄改徐州節度使，加兼侍中：《輯本舊史》卷三八天成二年四月癸巳條：“兖州節度使房知温加侍中……賞盧臺之功也。”《通鑑》卷二七五天成二年四月癸巳條：“朝廷雖知房知温首亂，欲安反仄，癸巳，加知温兼侍中。”《輯本舊史》卷三八天成二年七月壬申條：“兖州節度使房知温移鎮徐州。”據此，房知温加兼侍中在改徐州節度使之前。

[6]高季興：人名。原名高季昌。陝州硤石（今河南三門峽市陝州區硤石鄉）人。五代十國南平（即荆南）開國君主。傳見本書卷一三三、《新五代史》卷六九。　招討使：官名。掌招撫討伐等事務。唐德宗貞元始置。戰時任命，兵罷則省。常以大臣、將帥或地方軍政長官兼任。　“會朝廷起兵”至“知行府事”：《輯本

舊史》卷三八天成二年十一月乙卯條："徐州房知温來朝。"明本《册府》卷一一一《帝王部·宴享門》唐明宗天成二年十一月己巳條："宴宰臣學士、在京侯伯、親衛將校於玉華殿，勞霍彦威、符習、房知温三帥。"《通鑑》卷二七六天成三年九月己亥條："以武寧節度使房知温兼荆南行營招討使，知荆南行府事；分遣中使發諸道兵赴襄陽，以討高季興。"《輯本舊史》卷三九《唐明宗紀五》天成三年十一月壬午條："房知温奏，荆南高季興卒。"高季興卒日，《通鑑》卷二七六繫於天成三年十二月丙辰日。

[7]起復：官吏服喪未滿而再起用。　雲麾將軍：官名。南朝始設，唐、宋爲武散官名。從三品上。　"尋丁母憂"至"竟無功而還"：明本《册府》卷四三五《將帥部·獻捷門》唐明宗天成四年正月條："房知温攻帥子口白波砦，獻捷於行闕。"

[8]長興：後唐明宗李嗣源年號（930—933）。　汶陽：縣名。治所在今山東泰安市。　平盧軍：方鎮名。治所在青州（今山東青州市）。　開府儀同三司：官名。曹魏始置，隋、唐時爲散官之最高官階，多授功勳重臣。從一品。　檢校太師：官名。爲散官或加官，以示恩寵，無實際職掌。　中書令：官名。漢代始置，隋、唐前期爲中書省長官，屬宰相之職；唐後期多爲授予元勳大臣的虚銜。正二品。　"長興中"至"食實封三百户"：《輯本舊史》卷四一《唐明宗紀七》長興元年（930）三月丙子條："徐州節度使房知温移鎮鄆州。"卷四三《唐明宗紀九》長興三年八月己未條："以鄆州節度使房知温兼中書令，移鎮青州。"卷四五《唐閔帝紀》應順元年（934）正月庚寅條："青州節度使、檢校太尉、兼中書令房知温加檢校太師。"《宋本册府》卷一六九《帝王部·納貢獻門》唐廢帝清泰元年五月壬戌條："平盧軍節度使房知温來朝，及與諸將歸鎮，宴于長春殿，始奏樂，知温獻奉數萬計。"明本《册府》卷一一一繫此事於清泰元年（934）五月壬午。案《輯本舊史》卷四六《唐末帝紀上》，清泰元年五月庚子朔，無壬午，故宋本"五月壬午"誤，應從明本《册府》卷一一一作"五月壬戌"。《輯本

舊史》卷四六清泰元年六月壬申條："青州節度使房知温進封東平王。"

[9]天福：五代後晋高祖石敬瑭年號（936—942）。出帝石重貴沿用至九年（944）。後漢高祖劉知遠繼位後沿用一年，稱天福十二年（947）。　太尉：官名。與司徒、司空並爲三公，唐後期、五代多爲大臣、勳貴加官。正一品。　天福元年冬十二月辛巳，卒於鎮：《輯本舊史》卷七六《晋高祖紀二》天福元年（936）十二月庚子條："青州奏，節度使房知温卒，詔鄆州王建立以所部牙兵往青州安撫。"

知温性麤獷，動罕由禮。每迎待王人，不改戎服，寡言笑，多縱左右排辱賓僚，他日知悞，亦無愧色。始與唐末帝嘗失意於杯盤間，以白刃相恐，及末帝即位，知温憂甚，末帝乃封王爵以寧之也。[1]知温徑赴洛陽，申其宿過，且感新恩，末帝開懷以厚禮慰而遣之。[2]及還郡，厚斂不已，積貨數百萬，治第於南城，出則以妓樂相隨，任意所之，曾不以政事爲務。有幕客顔衎者，正直之士也，委曲陳其利病，知温不能用焉。[3]及高祖建義入洛，尚不即進獻，耀兵於牙帳之下，衎正色謂曰："清泰帝富有天下，多力善戰，豈明公之比，而天運有歸，坐成灰燼。今青州遷延不貢，何以求安？千百武夫，無足爲恃，深爲大王之所憂也。"[4]知温遂馳表稱賀，青人乃安。未幾，以沈湎成疾而卒，部曲將吏分其所聚，列爲富室。[5]衎又勸其子彦儒進錢十萬貫，以助國用，朝廷除彦儒爲沂州刺史。[6]其家幸獲保全，皆衎之力也。《永樂大典》卷一萬八千一百三十。[7]

[1]唐末帝：即後唐末帝李從珂。又稱廢帝。鎮州（今河北正定縣）人。後唐明宗養子，明宗入洛陽，他率兵追隨，以功拜河中節度使，封潞王。紀見本書卷四六至卷四八、《新五代史》卷七。

[2]“始與唐末帝嘗失意”至“以厚禮慰而遣之”：《輯本舊史》之原輯者案語：“《歐陽史》：廢帝起鳳翔，愍帝出奔，知温乘間有窺覦之意，司馬李沖請懷表而西以覘之。及沖至京師，廢帝已入立，沖即奉表稱賀，還勸知温入朝。此事《薛史》不載。”見《新五代史》卷四六《房知温傳》。亦見明本《册府》卷七二一《幕府部·謀畫門二》李沖條。《通鑑》卷二七九清泰元年（934）五月壬戌條：“初，明宗爲北面招討使，平盧節度使房知温爲副都部署，帝以别將事之，嘗被酒忿争，拔刃相擬。及帝舉兵入洛，知温密與行軍司李沖謀拒之，沖請先奉表以觀形勢，還，言洛中已安定。知温懼，壬戌，入朝謝罪，帝優禮之。知温貢獻甚厚。”

[3]顔衎：人名。兖州曲阜（今山東曲阜市）人。五代、宋初地方官員、大臣。以行政才幹聞名。傳見《宋史》卷二七〇。《舊五代史考異》：“案《宋史·顔衎傳》：喪亂之後，朝綱不振，衎執憲頗有風采，嘗上言：‘纔除御史者旋授外藩賓佐，復有以私故細事求假外拜，州郡無參謁之儀，出入失風憲之體，漸恐四方得以輕易，百辟無所準繩。請自今藩鎮幕僚，勿得任臺官，雖親王宰相出鎮，亦不得奏充賓佐；非奉制勘事，勿得出京；自餘不令釐雜務。’詔惟辟召入幕如故，餘從其請。”對《舊五代史考異》所引“詔惟辟召入幕如故”，中華書局本有校勘記：“‘如故’二字原闕，據《宋史》卷二七〇《顔衎傳》補。”《舊五代史考異》所引《宋史·顔衎傳》前有：“開運末，授左諫議大夫，權判河南府，召拜御史中丞。”

[4]清泰帝：即後唐廢帝李從珂。中華書局本有校勘記：“‘帝’字原闕，據《册府》卷七二五補。”見明本《册府》卷七二五《幕府部·盡忠門》。　青州：州名。治所在今山東青州市。

[5]列爲富室：中華書局本有校勘記：“‘列’，原作‘例’，據

邵本校、《册府》卷七二二改。”見明本《册府》卷七二二《幕府部·禪贊門》。

［6］彦儒：人名。即房彦儒。兖州瑕丘（今山東濟寧市兖州區）人。房知温之子。五代將領。事見本書本卷。　沂州：州名。治所在今山東臨沂市。　衎又勸其子彦儒進錢十萬貫，以助國用，朝廷除彦儒爲沂州刺史：《輯本舊史》之原輯者案語：“《歐陽史》：彦儒獻父錢三萬緡，絹布三萬疋，金百兩，銀千兩，茶千五百斤，絲十萬兩，拜沂州刺史。不言其謀出于顔衎。據《宋史·顔衎傳》：知温諸子不慧，衎勸令以家財十萬餘上進，晋祖嘉之，歸功于衎，知温子彦儒授沂州刺史，衎拜殿中侍御史。與《薛史》合。蓋《薛史》去石晋未遠，猶得當時實事也。”見《新五代史》卷四六、《宋史》卷二七〇。亦見明本《册府》卷四八五《邦計部·輸財門》。

［7］《大典》卷一八一三〇“將”字韻“後晋將（一）”事目。《輯本舊史》於此後録《五代史補》：“房知温爲青州節度，封東平王，所爲不法，百姓苦之。一旦，有從事張澤者，素好嗜鼈，忽暴卒，但心頭微煖，家人未即殮，經宿而活，自云爲泰山所追，行未幾，過一公宇，門庭甚壯，既見有人衣紫據案而坐，自謂之府君，叱澤曰：‘何故食鼈過差耶？’言訖，有執筆挾簿引羣鬼，皆怪狀，携以鼎鑊刀几之具至，擒澤投于沸鼎中，移時復用鐵叉撥出，以刀支解，去骨肉，然後烹飪，大抵亦如治鼈之狀，既熟，諸鬼分噉。凡出自鼎鑊，至于支解，又至于分啖，其于慘毒苦痛之狀，皆名狀之所不及，如此者近數十度，府君始恕之，且問曰：‘汝受諸苦如何，爾其敢再犯乎？’答曰：‘不敢。’于是遣去。將行，府君又于案上取一物，封之甚固，授澤曰：‘爲吾將此物與房知温，不法之事宜休矣。’澤領而置于懷，遂覺。知温聞知澤復活，遽使人肩舁入府而問之，澤備以所受之苦對，仍于懷中探取封物付温，即錦被角也，知温大駭曰：‘吾昨覺體寒如中瘧，遂擁被就火，忽聞足下無疾而卒，遂驚起，不虞一角之被爲火所燒，此其是乎！’遽

取被視之，不差毫釐。知温顫慄不知所措，謂澤曰：‘足下之過小可耳，尚如此，老夫不知如何也。’自是知温稍稍近理。”見《五代史補》卷二。

王建立

王建立，遼州榆社人也。[1]曾祖秋，祖嘉，父弁，累贈太保。[2]建立少驁猛無檢。明宗領代州刺史，擢爲虞候將。[3]莊宗鎮晋陽，以諸陵在代郡，遣女使饗祭，其下有擾於民者，建立必捕而笞之。莊宗怒，令收之，爲明宗所護而免，由是知名。明宗歷遷藩鎮，皆署爲牙門都校，累奏加檢校司空。[4]及明宗爲魏軍所迫，時皇后曹氏、淑妃王氏在常山，使建立殺其監護并部下兵，故明宗家屬因而保全。[5]及即位，以功授鎮州節度副使，加檢校司徒，旋爲留後。未幾，正授節旄，繼加檢校太尉、同平章事。[6]

[1]遼州：州名。治所在今山西左權縣。　榆社：縣名。治所在山西榆社縣。

[2]太保：官名。與太師、太傅並爲三師。唐後期、五代多爲大臣、勳貴加官。正一品。　祖嘉：中華書局本有校勘記：“‘嘉’，《光緒榆社縣志》卷九載《韓王王建立墓銘》作‘喜’。”

[3]代州：州名。治所在今山西代縣。　虞候將：官名。州鎮統兵將領。

[4]牙門都校：官名。中低級軍官。

[5]常山：即鎮州，治所在今河北正定縣。　“及明宗爲魏軍所迫”至“家屬因而保全”：《通鑑》卷二七四天成元年（926）三

月辛未條：“嗣源家在真定，嗣源鎮真定，入朝於洛，其家留真定。虞候將王建立先殺其監軍，由是獲全……李從珂自横水將所部兵由盂縣趣鎮州，與王建立軍合，倍道從嗣源。”

［6］鎮州：州名。治所在今河北正定縣。　節度副使：官名。唐、五代方鎮屬官。位於行軍司馬之下、判官之上。　留後：官名。唐、五代節度使多以子弟或親信爲留後，以代行節度使職務，亦有軍士、叛將自立爲留後者。掌一州或數州軍政。　檢校太尉：官名。爲散官或加官，以示恩寵，無實際職掌。　“及即位”至“同平章事”：中華書局本有校勘記：“‘檢校太尉’，本書卷三八《唐明宗紀四》、《光緒榆社縣志》卷九載《韓王王建立墓銘》作‘檢校太傅’。按本書卷三九《唐明宗紀五》記其天成三年方加檢校太尉。”《輯本舊史》卷三六《唐明宗紀二》天成元年六月甲寅條：“以鎮州副使王建立爲鎮州留後。”同年七月乙亥條：“鎮州留後王建立奏，涿州刺史劉殷肇不受代，謀叛，昨發兵收掩，擒劉殷肇及其黨一十三人，見折足勘詰。”《通鑑》卷二七五繫此事於天成元年七月丁丑。胡三省注：“唐之方鎮，涿州，幽州節度屬郡也，不屬鎮州節度；而王建立得討之者，明宗初得天下，方鎮州郡反側者尚多，王建立明宗之所親者，越境討擒劉殷肇，奏以爲不受代，朝廷亦聽之耳。”《輯本舊史》卷三八《唐明宗紀四》天成二年正月辛未條：“以鎮州留後、檢校司徒王建立爲鎮州節度使、檢校太傅。”同年九月辛亥條：“鎮州節度使王建立加同平章事。”

會王都據中山叛，密使通弟兄之好。[1]安重誨素與建立不協，知其事，奏之。[2]明宗慮陷建立，尋征赴闕，拜右僕射兼中書侍郎、平章事、判鹽鐵户部度支，充集賢殿大學士。[3]天成四年，出爲青州節度使。[4]五年，移鎮上黨，辭不赴任，請退居丘園，制以太子少保致仕，建立自是鬱鬱不得志。[5]長興中，嘗欲求見，中旨不許，皆重誨蔽之也。[6]清泰初，末帝召赴闕，授天平軍節度使。[7]

[1]王都：人名。原名“劉雲郎”。中山陘邑（今河北定州市）人。妖人李應之送與王處直爲養子，改姓名爲王都。後爲義武軍節度使。傳見本書卷五四、《新五代史》卷三九。　中山：地名。此處代指唐末河北方鎮義武軍（治所在定州）。時王都任義武軍節度使。　會王都據中山叛，密使通弟兄之好：《舊五代史考異》：“《通鑑》云：王都陰與謀復河北故事，建立陽許而密奏之。”見《通鑑》卷二七六天成三年（928）四月癸巳條。

[2]安重誨：人名。應州（今山西應縣）人。後唐大臣。傳見本書卷六六、《新五代史》卷二四。

[3]明宗慮陷建立，尋征赴闕：《舊五代史考異》：“《通鑑》云：建立奏重誨專權，求入朝面言其狀，帝召之。”《通鑑》卷二七六天成三年三月辛亥條：“重誨惡成德節度使、同平章事王建立，奏建立與王都交結，有異志。建立亦奏重誨專權，求入朝面言其狀，帝召之；既至，言重誨與宣徽使判三司張延朗結婚，相表裏，弄威福。三月，辛亥，帝見重誨，氣色甚怒，謂曰：‘今與卿一鎮自休息，以王建立代卿，張延朗亦除外官。’重誨曰：‘臣披荆棘事陛下數十年，值陛下龍飛，承乏機密，數年間天下幸無事；今一旦棄之外鎮，臣願聞其罪！’帝不懌而起，以語宣徽使朱弘昭，弘昭曰：‘陛下平日待重誨如左右手，柰何以小忿棄之！願垂三思。’帝尋召重誨慰撫之。明日，建立辭歸鎮，帝曰：‘卿比奏欲入分朕憂，今復去何之！’”同月癸亥條：“以建立爲右僕射兼中書侍郎、同平章事、判三司。”明本《册府》卷七四《帝王部·命相門》唐明宗天成三年三月癸亥條：“以成德軍節度使王建立爲檢校太尉、尚書右僕射、同中書門下平章事，充集賢殿大學士，判三司事。”據此及上一校勘記所引《輯本舊史》卷三八天成二年正月辛未條與九月

辛亥條，王建立先爲鎮州節度使、檢校太傅，繼加同平章事，之後又爲檢校太尉，則此傳記事先後有誤。明本《册府》卷三三八《宰輔部·專恣門》王建立條："（天成三年）四月，明宗幸西莊，召建立會食。中人迴建立附奏三司事忙，遂止。"卷三一四《宰輔部·謀猷門》："王建立爲右僕射、中書侍郎、同中書門下平章事。天成三年五月，以時所急務，陳六條以奏之。其一，以南北節氣有殊，賦税起徵無别，請不預定月日，但考其年終殿最。其二，請不令省使差人徵督州縣，乞明以賞罰，委於長吏。其三，以藩侯郡守頻有替移，州縣以迎送爲勞，牧伯無化治之意，請立考限。其四，請所在倉場許每斗加納三合，爲雀鼠之耗。其五，以凡於内班差使臣，請選其夙舊或諳練事體者充，免取笑於四方，實有辱其君命。其六，諸道軍職唯守本處，轉遷乞罷宣補之命。奉勑：'皇王宣政，侯伯分憂，薄賦輕徭，方爲濟物，迎新送故，必恐擾人。徵賦以不虐黎庶爲先，御命以不辱朝廷爲貴。乃至藩方職列，無非戮力奉公，各有區分，不令踰越。朕自臨大寶，每尚淳風，動不疑人，静惟恭己，中外無間，上下相勸。建立既列台司，兼權邦計，所述否臧之事，皆窮利病之源，情切參裨，理當俞允。宜準往例，州縣官三十月爲限，刺史以二十五月爲限，仍以到任日爲數。其節度使以山河是託，與牧宰有殊，繫自朕懷，難拘常限。若頻有除替，何暇葺綏，宜仍舊。餘依所奏。'"《宋本册府》卷五八《帝王部·守法門》唐明宗天成三年七月條："汴州倉吏三十七人定贓至死，分戮於三市。史彦弼爲汴之衙校舊將之子，石敬瑭之戚屬，王建立奏希免死。帝曰：'王法無親，豈可私徇。'乃皆就戮。""三十七人"，明本《册府》作"七十二人"。《通鑑》卷二七六天成三年八月甲戌條："王建立以目不知書，請罷判三司，不許。"《宋本册府》卷五七《帝王部·明察門》："後唐明宗天成三年八月，宰臣王建立請患假，累日不朝，帝謂侍臣曰：'建立欲退三司，今又稱病，人有託疾得疾者，不宜如此。'"《輯本舊史》卷三九《唐明宗紀五》天成三年九月壬辰條："宰臣王建立進玉杯，上有文曰'傳國萬歲盃’。”　右僕射：官名。秦始置。隋、唐前期以左、右僕射佐尚書令總理六官，綱紀庶務，如不置尚書令，則總判省事，爲宰相之職。唐後期多爲大臣加銜。從二品。　中書侍郎：官名。中書省副長官。唐後期三省長官漸爲榮銜，中書、門下侍郎却因參議朝政而職位漸重，常常用爲以“同三品”或“同平章事”任宰相者的本官。正三品。　鹽鐵：官署名。即鹽鐵司。唐末、五代稱鹽鐵、度支、户部爲三司，掌管統籌國家財政之事。鹽鐵司掌管鹽、鐵、茶專賣及徵税等事務。　户部：官署名。唐末、五代稱鹽鐵、度支、户部爲三司，掌管統籌國家財政之事。户部掌户口、財賦等事務。　度支：財政官署。掌管天下租賦物產，歲計所出而支調之，故名。安史亂後，因軍事供應浩繁，以宰相爲度支使，由户部尚書、侍郎或他官兼領度支事務，稱度支使或判度支、知度支事，權任極重，與鹽鐵使、判户部或户部使合稱“三司”。　集賢殿大學士：官名。唐中葉置，位在學士之上，以宰相兼。掌修書之事。

[4]天成四年，出爲青州節度使：《輯本舊史》卷三九天成三年十一月己丑條：“青州奏，節度使霍彦威卒，輟朝三日。詔宰臣王建立權知青州軍州事。”同月甲午條：“以尚書左僕射、同平章事、集賢殿大學士、判三司王建立爲青州節度使、檢校太尉、同平章事。”與本傳異。《輯本舊史》卷四〇《唐明宗紀六》天成四年四月庚申條：“以王建立、孔循帶中書直省吏歸藩，並追迴。”明本《册府》卷四五四《將帥部·奢侈門》：“晉王建立爲青州節度，性好華，既至治所，息於正寢，翼日而出，寢達於㡿，百有餘步，以錦繡二段易而蹈之。其不率制限皆此類也。”卷四五〇《將帥部·譴讓門》：“王建立爲青州節度使，惡生好殺，麄暴無政，歷數鎮，以苛虐聞，明宗亦怒之。及鎮上黨，歲餘，乃令致仕。樞密使安重誨得罪後，建立不繇表，請自入朝，所繇司不知之，徑至後樓謁見，泣涕言己無罪，爲重誨擯斥。明宗不悦，曰：‘爾作節度使，不行好事，非重誨譖言，亦宜自省。’旬日，令還遼州，賜荼藥而死。”

［5］上黨：即潞州，治所在今山西長治市。　太子少保：官名。與太子少傅、太子少師合稱“三少”，唐後期、五代多爲大臣、勳貴加官。從二品。　致仕：指古代高級官員退休。　以太子少保致仕：《舊五代史考異》：“《通鑑》作以太傅致仕，《歐陽史》從《薛史》。”《通鑑》卷二七七長興元年（930）五月丙寅條：“安重誨言昭義節度使王建立過魏州有摇衆之語，五月，丙寅，制以太傅致仕。”《新五代史》卷四六《王建立傳》作“太子少保”。《輯本舊史》卷四一《唐明宗紀七》長興元年四月壬寅條：“青州節度使王建立加侍中，移鎮潞州。”同年五月丙寅條：“以潞州節度使王建立爲太傅致仕。建立素與安重誨不協，因其入朝，乃言建立自鎮歸朝過鄴都，日有扇摇之言，以是罪之，故令致仕。”卷四二《唐明宗紀八》長興二年八月己巳條：“太傅致仕王建立、太子少保致仕朱漢賓皆上章求歸鄉里。詔内外致仕官，凡要出入，不在拘束之限。”

［6］“長興中”至“皆重誨蔽之也”：《新五代史》卷四六：“建立數請朝見，不許，乃自詣京師，闌至後樓見明宗，涕泣言己無罪，爲重誨所擯，明宗曰：‘汝爲節度使，不作好事，豈獨重誨讒汝邪！’賜以茶藥而遣之。”《宋本册府》卷四一《帝王部·寬恕門》唐明宗長興二年九月丙戌條：“太傅致仕王建立不由詔旨至京，而通事不敢引對，留於閤門久之，自至後樓朝見。帝以故將，不之罪。”

［7］清泰：後唐廢帝李從珂年號（934—936）。　天平軍：方鎮名。治所在鄆州（今山東東平縣）。　“清泰初”至“天平軍節度使”：《輯本舊史》卷四六《唐末帝紀上》清泰元年（934）六月壬午條：“以檢校太子太傅致仕王建立爲檢校太尉、兼侍中、鄆州節度使。”《册府》卷一七二《帝王部·求舊門》清泰元年六月辛巳：“以太子太傅致仕王建立兼侍中，充天平軍節度，鄆、齊、棣等州觀察處置等使。建立以微賤事明宗與帝，少而周旋，備嘗艱苦。明宗鎮真定，詔入朝，以建立巡檢，知留守事。及即位，遂用爲節度使，後歷數鎮，長興中致仕。帝與之親舊，乃有是拜。”

建立少歷軍校，職當捕盜，及位居方伯，爲政嚴烈。[1]閭里有惡跡者，必族而誅之，其刑失於入者不可勝紀，故當時人目之爲“王垜疊”，言殺其人而積其屍也。後聞末帝失勢，殺副使李彦贇及從事一人，報其私怨，人甚鄙之。[2]高祖即位，再爲青州節度使，累加檢校太尉、兼中書令。[3]建立晚年，歸心釋氏，飯僧營寺，戒殺慎獄，民稍安之。[4]

[1]“建立少歷軍校”至“爲政嚴烈”：亦見明本《册府》卷四四八《將帥部·殘酷門》，《宋本册府》卷八九七《總録部·改過門》《總録部·悔過門》。

[2]李彦贇：人名。籍貫不詳。後晋將領。事見本書本卷。　從事：泛指一般屬官。　“後聞末帝失勢”至“人甚鄙之”：《新五代史》卷八《晋本紀》天福元年（936）十二月庚子條：“天平軍節度使王建立殺其副使李彦贇。”

[3]高祖即位，再爲青州節度使：《輯本舊史》卷七六《晋高祖紀二》天福元年十二月庚子條：“青州奏，節度使房知温卒，詔鄆州王建立以所部牙兵往青州安撫。”同卷天福二年正月庚申條：“以前天平軍節度使、檢校太尉、兼侍中王建立爲平盧軍節度使。”

[4]飯僧：中國古代佛教信徒善舉的一種，通過向僧侣提供齋飯以祈福。

天福二年，封臨淄王。明年，封東平王。[1]五年，入覲，高祖曰：“三紀前老兄，宜賜不拜。”仍許肩輿入朝，上殿則使二宦者掖之，論者榮之。尋表乞休致，高祖不允。乃授潞州節度使，割遼、沁二州爲上黨屬郡，加檢校太師，進封韓王，以光其故里。[2]至鎮踰月而疾作，有大星墜于府署，建立即召賓介竹岳草遺章，[3]又謂其子守恩曰："榆社之地，桑梓存焉，桑以養生，梓以送死。余生爲壽宫，刻銘石室，死當速葬，葬必從儉，違吾是言，非孝也。"旋以病篤而卒，年七十。册贈尚書令。[4]建立先人之墳在於榆社，其崗阜重複，松檜藹然，占者云"後必出公侯"，[5]故建立自爲墓，恐子孫易之也。子守恩，《周書》有傳。[6]《永樂大典》卷六千五百三十。[7]

[1]"天福二年"至"封東平王"：《輯本舊史》卷七六《晋高祖紀二》天福二年（937）五月丙子條："平盧軍節度使、兼中書令王建立進封臨淄王。"卷七七《晋高祖紀三》天福三年四月戊子條："平盧軍節度使、檢校太尉、兼中書令、臨淄王王建立進封東平王。"同年八月戊戌條："青州王建立奏，高麗國宿衛質子王仁翟乞放歸鄉里。從之。"

[2]遼：州名。治所在今山西左權縣。　沁：州名。治所在今山西沁源縣。　"五年"至"以光其故里"：《輯本舊史》卷七九《晋高祖紀五》天福五年二月丁巳條："青州節度使、東平王王建立來朝。"同年三月癸酉條："以青州節度使王建立爲昭義軍節度使，進封韓王，仍割遼、沁二州爲昭義屬郡，以建立本遼州人，用成其衣錦之美也。"同月庚寅條："御明德樓，餞送昭義軍節度使王建立，賜玉斧、蜀馬。"亦見《宋本册府》卷三八七《將帥部·褒異門十三》、卷七八二《總録部·榮遇門》。

[3]竹岳：中華書局本有校勘記："原作'竺岳'，據《永樂大典》卷六八五〇引《五代薛史》、《册府》卷八九五改。影庫本粘籤：'竺岳，原本脱"竺"字，今從《册府元龜》增入。'"《宋本册府》卷八九五《總録部·達命門》："王建立鎮潞州，踰月疾作，

有大星墜於府署，神氣不撓，召賓介竹岳草遺章，陳諫諷之意。”

[4]尚書令：官名。秦始置。隋、唐前期爲尚書省長官，與中書令、侍中並爲宰相。唐後期多爲大臣加銜，不參與政務。正二品。　旋以病篤而卒，年七十。册贈尚書令：《輯本舊史》卷七九《晉高祖紀五》天福五年五月辛卯條：“昭義節度使、韓王王建立薨，輟朝二日，册贈尚書令。”

[5]後必出公侯：中華書局本有校勘記：“‘必’字原闕，據《永樂大典》卷六八五〇引《五代薛史》、《册府》卷八六九補。”見明本《册府》卷八六九《總録部·明地理門》。

[6]守恩：人名。即王守恩。太原（今山西太原市）人。後晉潞州節度使王建立之子，後漢時曾任宰相。傳見本書卷一二五。

[7]《大典》卷六五三〇爲“長”字韻“公冶長篇（三）”事目，與傳無涉，注誤。《新輯會證》本傳録《山西省考古學會論文集》第二輯刊王太明《榆社縣發現一批石棺》所收1995年出土石棺底部題記，以及《光緒榆社縣志》卷九所收志鵬撰《韓王王建立墓銘》，可參見。

康福

康福，蔚州人，[1]世爲本州軍校。祖嗣，蕃漢都知兵馬使，累贈太子太師。[2]父公政，歷職至平塞軍使，累贈太傅。[3]福便弓馬，少事後唐武皇，累補軍職，充承天軍都監。[4]莊宗嗣位，嘗謂左右曰：“我本蕃人，以羊馬爲活業。彼康福者，體貌豐厚，宜領財貨，可令總轄馬牧。”由是署爲馬坊使，大有蕃息。[5]及明宗爲亂兵所迫，將離魏縣，會福牧小馬數千匹於相州，乃驅而歸命。[6]明宗即位，授飛龍使，俄轉磁州刺史，充襄州兵馬都監。[7]尋以江陵叛命，朝廷舉兵伐之，以福爲荆南道行營兵馬都監，俄以王師無功而還。

[1]蔚州：州名。治所在今河北蔚縣。

[2]都知兵馬使：官名。唐、五代方鎮自置之部隊統率官，稱兵馬使，其權尤重者稱兵馬大使或都知兵馬使。掌兵馬訓練、指揮。　太子太師：官名。與太子太傅、太子太保統稱"太子三師"。隋、唐以後多作加官或贈官。從一品。

[3]太傅：官名。與太師、太保並爲三師。唐後期、五代多爲大臣、勳貴加官。正一品。

[4]承天軍：地名。治所在今山西平定縣。　都監：官名。唐代中葉命將出征，常以宦官爲監軍、都監。後爲臨時委任的統兵官，稱都監、兵馬都監。掌屯戍、邊防、訓練之政令。

[5]馬坊使：官名。唐置小馬坊，爲御馬諸廄之一，以小馬坊使主管。後梁時改小馬坊爲天驥坊，後唐復舊。後唐明宗長興元年（930）改稱右飛龍院，主官稱右飛龍使。

[6]魏縣：縣名。治所在今河北大名縣。　相州：州名。治所在今河南安陽市。　會福牧小馬數千匹於相州，乃驅而歸命：中華書局本有校勘記："'小馬'，《通鑑》卷二七四胡注引《薛史》、《册府》卷六二一同，殿本、劉本、《新五代史》卷四六《康福傳》作'小坊馬'。"又："'命'字原闕，據《通鑑》卷二七四胡注引《薛史》、《册府》卷六二一、《新五代史》卷四六《康福傳》補。"見《宋本册府》卷六二一《卿監部·監牧門》。《通鑑》卷二七四天成元年（926）三月丁卯條："自魏縣南趣相州，遇馬坊使康福，得馬數千匹，始能成軍。"

[7]飛龍使：官名。唐代掌閒廄御馬之内使，又稱内飛龍使。五代沿置。　磁州：州名。治所在今河北磁縣。　襄州：州名。治所在今湖北襄陽市。

福善諸蕃語，明宗視政之暇，每召入便殿，諮訪時之利病，福即以蕃語奏之。樞密使安重誨惡焉，[1]常面戒之曰："康福但亂奏事，有日斬之！"福懼。會靈武兵馬留後韓澄以人情不協，慮爲所圖，上表請帥，制加福光禄大夫、檢校司空，行涼州刺史，充朔方、河西等軍節度，靈、威、雄、警、甘、肅等州觀察處置、管内營田押蕃落温池榷税等使。[2]福之是拜，蓋重誨嫉而出之，福泣而辭之。明宗宣重誨别與商議，重誨奏曰："臣累奉聖旨，令與康福一事，今福驟升節鎮，更欲何求！況已有成命，難於改移。"明宗不得已，謂福曰："重誨不肯，非朕意也。"福辭，明宗曰："朕遣兵援助，勿過憂也。"因令將軍牛知柔領兵送赴鎮。[3]行次青崗峽，會大雪，令人登山望之，見川下煙火，吐蕃數千帳在焉，寇不之覺，因分軍三道以掩之。蕃衆大駭，棄帳幕而走，殺之殆盡，獲玉璞、羊馬甚多。[4]到鎮歲餘，西戎皆款附，改賜福耀忠匡定保節功臣，累加官爵。

[1]樞密使安重誨惡焉：中華書局本有校勘記："'安'字原闕，據《册府》卷九九六、《新五代史》卷四六《康福傳》補。"見《宋本册府》卷九九六《外臣部·鞮譯門》。

[2]靈武：方鎮名。又稱朔方、靈州、靈鹽。治所在靈州（今寧夏吴忠市）。　兵馬留後：官名。唐、五代時，代行方鎮長官之職者稱留後。代行州兵馬使之職者，即爲兵馬留後。掌本州兵馬。　韓澄：人名。籍貫不詳。五代軍閥。事見本書卷一三二。　會靈武兵馬留後韓澄以人情不協：中華書局本有校勘記："'韓澄'，原作'韓潯'，據本書卷一三二《韓洙傳》、《新五代史》卷四六《康

福傳》、《通鑑》卷二七六改。《新五代史》卷四〇《韓遜傳》：'澄乃上章請帥於朝。'《舊五代史考異》卷三：'《通鑑》《歐陽史》俱作韓洙弟澄。'"《通鑑》卷二七六天成四年（929）十月丁酉條："韓澄遣使齎絹表乞朝廷命帥。"《通鑑》卷二七六天成四年十月："前磁州刺史康福，善胡語，上退朝，多召入便殿，訪以時事，福以胡語對；安重誨惡之，常戒之曰：'康福，汝但妄奏事，會當斬汝！'福懼，求外補。重誨以靈州深入胡境，爲帥者多遇害，戊戌，以福爲朔方、河西節度使。福見上，涕泣辭之；上命重誨爲福更他鎮，重誨曰：'福自刺史無功建節，尚復何求！且成命已行，難以復改。'上不得已，謂福曰：'重誨不肯，非朕意也。'福辭行，上遣將軍牛知柔、河中都指揮使衛審峹等將兵萬人衛送之。"《輯本舊史》卷四〇《唐明宗紀六》天成四年十月戊戌條："以襄州兵馬都監、守磁州刺史康福爲朔方、河西等軍節度使，靈、威、雄、警、涼等州觀察使。時朔方將吏請帥於朝廷，故命福往鎮之。"同月癸卯條："詔新授朔方節度使康福將兵萬人赴鎮。"　光禄大夫：官名。唐、五代文散官。從二品。　涼州：州名。治所在今甘肅武威市。　朔方：方鎮名。治所在靈州（今寧夏吴忠市）。　河西：方鎮名。治所在涼州（今甘肅武威市）。　甘：州名。治所在今甘肅張掖市。　觀察處置：官名。即觀察處置使。唐玄宗以後，採訪、觀察、都統等使加"處置"，賦予處理、決斷權。唐玄宗開元二十二年（734）初置採訪處置使，以御史中丞盧絢等爲之，唐肅宗乾元元年（758）改爲觀察處置使。　榷税使：官名。唐末、五代掌税收諸事。

［3］牛知柔：人名。籍貫不詳。後唐將領。事見《通鑑》卷二七六、卷二七九。

［4］青崗峽：地名。即青岡峽、青岡嶺。位於今甘肅環縣西北。"行次青崗峽"至"羊馬甚多"：《通鑑》卷二七六天成四年十一月："康福行至方渠，羌、胡出兵邀福，福擊走之；至青剛峽，遇吐蕃野利、大蟲二族數千帳，皆不覺唐兵至，福遣衛審峹掩擊，

大破之，殺獲殆盡。由是威聲大振，遂進至靈州，自是朔方始受代。”《輯本舊史》卷四〇《唐明宗紀六》天成四年十二月丁酉條：“靈武康福奏：‘破野利、大蟲兩族三百餘帳於方渠，獲牛羊三萬。’”《通鑑》卷二七七長興元年三月丙子條：“康福奏克保静鎮，斬李匡賓。”

福鎮靈武凡三歲，每歲大稔，倉儲盈羨，有馬千駟，因爲人所譖。安重誨奏曰：“累據使臣所言，康福大有寶貨，必負朝廷。”[1]明宗密遣人謂曰：“朕何負於卿，而有異心耶！”福奏曰：“臣受國重恩，有死無貳，豈願負於聖人，此必讒人之言也。”因表乞入覲，不允。及再上章，隨而赴闕，移授彰義軍節度使，又轉邠州，檢校太傅。[2]清泰中，移鎮秦州，[3]加特進、開國侯，充西面都部署。高祖受命，就加檢校太尉、開國公。未幾，又加同平章事。及移領河中，加兼侍中。[4]以天和節入覲，[5]改賜輸忠守正翊亮功臣，加開府儀同三司，增食邑至五千户，實封五百户。久之，受代歸闕。天福七年秋，卒於京師，年五十八。贈太師，謚曰武安。[6]

[1]“福鎮靈武凡三歲”至“必負朝廷”：《舊五代史考異》：“靈武受代，康福領節度在天成四年，次年爲長興元年，安重誨討蜀，二年賜死，是康福之任靈武甫匝歲而重誨已去朝，再期而賜死矣，此《傳》云福鎮靈武凡三歲，每歲大稔，重誨奏其必負朝廷，疑有舛誤。《歐陽史》仍《薛史》之舊。”見《新五代史》卷四六《康福傳》。《通鑑》卷二七七長興三年（932）正月己丑條：“樞密使范延光言：‘自靈州至邠州方渠鎮，使臣及外國入貢者多爲党項所掠，請發兵擊之。’己丑，遣静難節度使藥彦稠、前朔方節度使

康福將步騎七千討党項。”《宋本册府》卷一五八《帝王部·誡勵門》唐明宗長興三年正月條：“詔藥彦稠、康福往方渠鎮討党項叛命者。丁酉，康福等率騎軍先進，帝御興教樓，誡以賞罰之令而遣之。”《輯本舊史》卷四三《唐明宗紀九》長興三年二月甲戌條：“藥彦稠奏，誅党項阿埋等十族，與康福入白魚谷追襲叛黨，獲大首領六人、諸羌二千餘人、孳畜數千，及先劫掠到迴鶻物貨。”《通鑑》卷二七七長興三年二月辛未條：“藥彦稠等奏破党項十九族，俘二千七百人。”《宋本册府》卷三九八《將帥部·冥助門》有裴彦稠條，當爲藥彦稠，云：“長興中與康福率師自牛兒族入白魚谷，追及皆叛党項白馬、盧家六族，客户三族，獲大首領連香（此處原闕‘香’字，據《輯本舊史》卷一三八《党項傳》補）、李八薩王，都統悉那、埋摩，侍御乞埋、嵬悉逋等六人，兼黨類二千餘人，獲駝馬牛羊數千計。至晚，師還野次，其地無水，軍士方渴，俄有風雲自東起，是夜初更，降雪一尺，軍中以爲神助。”《通鑑》卷二七七長興三年五月己丑條：“康福奏党項鈔盜者已伏誅，餘皆降附。”明本《册府》卷四八五《邦計部·輸財門》馮暉條：“天福中，官吏言朔方軍自康福、張從賓、張希崇相承三正，市馬和入糴、蕃客賞賜、軍州俸禄、供事戎仗，三司歲支錢六千萬。”

[2]彰義軍：方鎮名。治所在涇州（今甘肅涇川縣）。　邠州：州名。治所在今陝西彬縣。　檢校太傅：官名。爲散官或加官，以示恩寵，無實際職掌。　移授彰義軍節度使，又轉邠州，檢校太傅：《輯本舊史》卷四三長興三年七月己亥條：“以前靈武節度使康福爲涇州節度使。”卷四五《唐閔帝紀》應順元年（934）正月甲午條：“前彰義軍節度使康福加檢校太傅，充邠州節度使。”《通鑑》卷二七九清泰元年（934）三月條：“安彦威與山南西道張虔釗、武定孫漢韶、彰義張從賓、静難康福等五節度使奏合兵討鳳翔。”《宋本册府》卷九八七《外臣部·征討門》清泰元年七月條：“迴鶻朝貢多爲河西雜虜剽掠，詔邠州節度使康福遣將軍牛知柔率禁兵援送至靈武，虜之爲患者隨便討之。”亦見明本《册府》卷一七〇《帝

王部·來遠門》，但繫此事於清泰二年七月。康福任邠州節度使在清泰元年，故卷一七〇所繫時日誤。

[3]秦州：州名。治所在今甘肅天水市。　清泰中，移鎮秦州：《輯本舊史》卷四六《唐末帝紀上》清泰元年十二月乙亥條："以前邠州節度使康福爲秦州節度使。"

[4]"高祖受命"至"加兼侍中"：《輯本舊史》卷七六《晉高祖紀二》天福二年（937）正月庚午條："秦州節度使康福加食邑實封。"卷七九《晉高祖紀五》天福五年三月丁亥條："以秦州節度使康福爲河中節度使。"

[5]天和節：石敬瑭生日，稱帝後設爲次節。

[6]"天福七年秋"至"謚曰武安"：《輯本舊史》卷八一《晉少帝紀一》天福七年八月甲子條："前河中節度使康福卒，贈太師，謚曰武安。"

福無軍功，屬明宗龍躍，有際會之幸，擢自小校，暴爲貴人，每食非羊之全髀不能飫腹，與士大夫交言，懵無所別。在天水日，嘗有疾，幕客謁問，福擁衾而坐。客有退者，謂同列曰："錦衾爛兮！"福聞之，遽召言者，怒視曰："吾雖生於塞下，乃唐人也，何得以爲爛奚！"因叱出之，由是諸客不敢措辭。復有末客姓駱，其先與後唐懿祖來自金山府，因公讌，福謂從事輩曰："駱評事官則卑，門族甚高，真沙陀也。"聞者竊笑焉。[1]

[1]"福無軍功"至"聞者竊笑焉"：《新五代史》卷四六《康福傳》："福世本夷狄，夷狄貴沙陀，故常自言沙陀種也。"

子三人：長曰延沼，歷隨、澤二州刺史；次曰延澤、延壽，俱歷内職焉。[1]《永樂大典》卷一萬八千一百二十七。[2]

[1]隨：州名。治所在今湖北隨州市。　澤：州名。治所在今山西澤州縣。　内職：晚唐、五代時期皇帝試圖越過現有機構和機制，依靠自己身邊的謀士和辦事人員，直接處理政務軍機。這批謀士和辦事人員即“内職”，其中較有代表性的群體是諸使和“使臣”。詳見趙冬梅《文武之間：北宋武選官研究》，北京大學出版社 2010 年版，第 9 頁。

[2]《大典》卷一八一二七爲“將”字韻“後梁將（二）”事目，但康福非梁將，注誤。《大典》卷一八一三〇至一八一三二爲“將”字韻“後晋將（一至三）”。《康福傳》應出於此三卷中。

安彦威

安彦威，字國俊，代州崞縣人。[1]少時以軍卒隸唐明宗麾下，彦威善射，頗知兵法，明宗愛之。及領諸鎮節鉞，彦威常爲牙將，以謹厚見信。[2]明宗入立，皇子從榮鎮鄴，彦威爲護聖指揮使。[3]以從榮判六軍，彦威入司禁衛，遥領鎮州節度使。[4]及高祖入立，拜彦威北京留守，徙鎮歸德。[5]是時河决滑州，命彦威塞之，彦威出私錢募民治隄。遷西京留守，遭歲大饑，彦威賑饑民，民有犯法，皆寬貸之，饑民愛之不忍去。旋丁母憂，哀毁過制。少帝與契丹搆患，拜彦威北面行營副都統，彦威悉以家財佐軍，後以疾卒於京師。[6]

［1］崞縣：縣名。治所在今山西原平市。

［2］“少時以軍卒”至“以謹厚見信”：明本《册府》卷九九《帝王部·親信門》：“安彦威善射，少隸并州爲騎士，及長，尤涉兵法。莊宗與梁軍戰於河上，彦威累從帝，擒敵有功。帝在藩邸，用爲腹心，歷鄆、汴、常等州牙帳親校。彦威性謹厚，甚見委任。”

［3］護聖指揮使：官名。所部統兵將領。“護聖”爲部隊番號。

［4］“明宗入立”至“鎮州節度使”：《舊五代史考異》：“《歐陽史》作遷捧聖指揮使，領寧國軍指揮使。”見《新五代史》卷四七《安彦威傳》。《通鑑》卷二七八清泰元年（934）正月甲申條：“朱弘昭、馮贇忌侍衛馬軍都指揮使、寧國節度使安彦威……出彦威爲護國節度使，以捧聖馬軍都指揮使朱洪實代之。”《宋本册府》卷六八八《牧守部·愛民門》：“後唐安彦威爲河中節度，上言：‘被省符課丁夫運石修河堤，農事方急，請以牢城軍千人代役。’從之。”《輯本舊史》卷四五《唐閔帝紀》應順元年（934）二月丁酉條：“以河中節度使安彦威爲西面兵馬都監。”《通鑑》卷二七九清泰元年三月條：“安彦威與山南西道張虔釗、武定孫漢韶、彰義張從賓、静難康福等五節度使奏合兵討鳳翔。”同月丙寅條：“潞王至靈寶，護國節度使安彦威……降。”

［5］及高祖入立，拜彦威北京留守：《舊五代史考異》：“《通鑑》云：彦威入朝，上曰：‘我所重者信與義。昔契丹以義救我，我今以信報之，聞其徵求不已，公能屈節奉之，深稱朕意。’對曰：‘陛下以蒼生之故，猶卑辭厚幣以事之，臣何屈節之有！’上悦。”見《通鑑》卷二八二後晋天福五年（940）二月庚戌條。《輯本舊史》卷七六《晋高祖紀二》天福二年正月庚午條：“徐州節度使安彦威……加食邑實封。”同年八月辛巳條：“以權北京留守、徐州節度使安彦威爲太原尹、北京留守、河東節度使。”卷七九《晋高祖紀五》天福五年二月庚戌條：“北京留守安彦威來朝，帝慰接甚厚，賜上樽酒。”《通鑑》卷二八二天福五年三月辛未條：“安彦威……請致仕，不許。辛未……徙彦威爲歸德節度使，加兼侍中。”《新五

代史》卷八《晋本紀》天福七年三月條："歸德軍節度使安彦威塞决河于滑州。"《輯本舊史》卷八〇《晋高祖紀六》天福七年閏三月壬辰條："宋州節度使安彦威奏，修滑州黄河功畢。"同月戊申條："宋州節度使安彦威封邠國公，賞修河之勞也。"明本《册府》卷四九七《邦計部·河渠門》晋高祖天福七年三月己未條："宋州節度安彦威奏到滑州修河堤。時以瓠子河漲溢，詔彦威督諸道軍民自豕韋之北築堰數十里。給私財以犒民，民無散者，竟止其害，鄆、曹、濮賴之。以功加邠國公，詔於河决之地建碑立廟。"《輯本舊史》卷八一《晋少帝紀一》天福七年七月乙巳條："宋州節度使安彦威加兼中書令。"同年九月丁亥條："以宋州歸德軍節度使安彦威爲西京留守、兼河南尹。"同年十二月丙寅條："……西京留守安彦威，廣晋尹李德珫，並加爵邑，以山陵充奉之勞也。"《宋本册府》卷六七五《牧守部·仁惠門》："安彦威爲西京留守。屬連歲蝗旱，河、洛之間，民多逐食，彦威多方撫諭，未嘗繩之以法，不忍去者亦大半焉。至有殍者，必遣人收其遺骸，掩之以蘧蒢，復以冥錢酒食奠而瘞之，聞者美之。"　歸德：方鎮名。治所在今河南商丘市。

[6]行營副都統：官名。唐末設諸道行營都統、副都統，作爲各道出征兵士的正、副統帥。　"少帝與契丹搆患"至"後以疾卒於京師"：《輯本舊史》卷八二《晋少帝紀二》開運元年二月甲辰條："遣……安彦威守河陽。"同年四月癸亥條："以西京留守安彦威爲晋昌軍節度使。"卷八四《晋少帝紀四》開運三年二月壬午條："以前晋昌軍節度使安彦威充北面行營副都統。"同年七月壬辰條："前晋昌軍節度使安彦威薨，輟朝，贈太師。"明本《册府》卷四〇九《將帥部·退讓門》："晋安彦威，高祖即位，授北京留守、太原尹、就加使相。彦威以位望漸隆，心不自安，繼上表以眼疾乞從休致，不允，乃請赴闕自陳，詞理激切，朝廷惜而縻之，授開府儀同三司，兼侍中，鎮宋城。後彦威授鎮軍大將軍、北面行營副都統。彦威竭家財駝馬戎器以進，乞從歸退，累批不允。以疾還洛

陽，卒於家。”

彦威與太妃爲同宗，少帝事以爲舅，彦威未嘗以爲言。及卒，太妃臨哭，人始知其爲國戚，當時益重其人焉。[1]《永樂大典》卷一萬八千一百二十七。[2]

［1］“安彦威”至“當時益重其人焉”：中華書局本有校勘記：“《安彦威傳》，原文略同於《新五代史》卷四七《安彦威傳》，孔本、邵本文字全同於《新五代史》。殿本作‘安彦威，字國俊，代州崞縣人。少時以軍卒得隸唐明宗麾下，彦威性善射，頗諳兵法，明宗愛之。累歷藩鎮，彦威常爲衙將，所至以謹厚見稱。明宗入立，秦王從榮鎮鄴都，以彦威爲護聖指揮使。從榮判六軍，彦威入司禁衛，遥領鎮州節度使。高祖即位，尤倚彦威，即拜爲北京留守、加同平章事，移鎮宋州。是時河決滑州，命彦威集丁夫塞之，彦威出私錢募民治隄。隄成，滑人賴之。遷西京留守，歲饑，彦威開倉廪賑饑，有犯法者，皆寬貸，民免于流散，彦威之力也。旋丁母憂，哀毁過制。少帝與契丹搆釁，授彦威北面行營副都統。彦威悉率家財佐軍，人稱其忠。開運中，卒，贈太師。彦威與太妃爲同宗，少帝以舅事之，彦威未嘗自以爲言。及卒，太妃與少帝臨喪，人始知爲國戚，聞者益重其人焉’。劉本略同。按此《傳》係清人誤輯《新五代史》，殿本更動以掩其跡。另《永樂大典》卷一二〇四三引《五代薛史》：‘高祖謂彦威曰：“國之所保，唯信與義。朕昔年危蹙與并州，契丹以義援我，我當以信報義，故勉而持之。邊隅諸蕃，徵求不足，聞卿竭力供億，屈節事之，善莫大焉。”彦威對曰：“陛下以四海之尊，爲蒼生之故，猶卑辭厚幣，以繼其好，區區微臣，何屈節之有也!”高祖喜，賜上尊酒。尋除開府儀同三司、兼侍中。’按此則係《舊五代史·安彦威傳》佚文，清人失輯，姑附於此。”明本《册府》卷三〇五《外戚部·畏慎門》：“晋

安彦威與少帝母太妃安氏近屬也。帝以渭陽待之，而未嘗挂於齒牙。及卒，太妃親至彦威汴京舊第，預其喪事，人方知之，聞者服其慎重。”

［2］《大典》卷一八一二七爲“將”字韻“後梁將（二）”事目，但安彦威非梁將，疑注誤。

李周

李周，[1]字通理，邢州内丘人也，唐潞州節度使抱真之後。[2]曾祖融、祖毅、父矩，皆不仕。[3]周年十六，爲内丘捕賊將，以任俠自負。[4]時河朔羣盜充斥，南北交兵，行旅無援者不敢出郡邑。有士人盧岳，[5]家於太原，携妻子囊槖寓於逆旅，進退無所保，唯與所親相對流涕，周憫之，請援送以歸。行經西山中，有賊夜於林麓間俟之，射盧岳，中其馬。周大呼曰：“爾爲誰耶？”賊聞其聲，相謂曰：“李君至此矣。”即時散走。岳全其行裝，至於家。周將辭去，岳謂周曰：“岳明曆象，善知人。子有奇表，方頤隆準，眉目疏朗，身長七尺，此乃將相之材也。河東李氏將有天下，子宜事之，以求富貴。”周辭以母老而歸。

［1］李周：《舊五代史考異》：“《薛史·莊宗紀》作‘李周’，《明宗紀》作‘李敬周’，蓋本名敬周，入晋後避諱去‘敬’字，《薛史》雜採諸書，未及改歸畫一，《通鑑》與《薛史》同。”

［2］邢州：州名。治所在今河北邢臺市。　内丘：縣名。治所在今河北内丘縣。　潞州：州名。治所在今山西長治市。　抱真：人名。即李抱真。涼州（今甘肅武威市）人。唐後期將領。傳見

《舊唐書》卷一三二、《新唐書》卷一三八。

[3]曾祖融、祖毅、父矩，皆不仕：《新五代史》卷四七《李周傳》："父矩，遭世亂不仕，嘗謂周曰：'邯鄲用武之地，今世道未平，汝當從軍旅以興吾門。'"亦見《宋本册府》卷八一九《總録部·知子門》。

[4]以任俠自負：中華書局本有校勘記："'俠'，原作'使'，據《册府》卷八〇四、卷八四八改。"見《宋本册府》卷八〇四《總録部·義門四》、卷八四八《總録部·任俠門》。

[5]盧岳：人名。太原人。五代方鎮軍閥。事見本書本卷。

既而梁將葛從周拔邢、洺，唐武皇麾兵南下，築壘於青山口。[1]周向背莫决，因思盧岳之言，乃投青山寨將張汚落，武皇賞之，補萬勝黄頭軍使。[2]武皇之平雲州，莊宗之戰柏鄉，周皆有功，遷匡霸都指揮使。[3]莊宗入魏，率兵屯臨河、楊劉，所至與士伍同甘苦。[4]周尤善守備，一日奔母喪，以他將代之，既出，則其城將陷，莊宗即遣追之，使墨縗從事。[5]會莊宗北征，周與寺人焦彦賓守楊劉城，梁將王彦章以數萬衆攻之。[6]周日夜乘城，躬當矢石，使人馳告莊宗，請百里趨程，以紓其難。莊宗曰："李周在内，朕何憂也！"遂日行二舍，不廢畋獵，既至，士衆絶糧三日矣。及攻圍既解，莊宗謂周曰："微卿九拒之勞，諸公等爲梁人所擄矣。"

[1]青山口：地名。位於今河北内丘縣西南。　既而梁將葛從周拔邢、洺：中華書局本有校勘記："'洺'，原作'洛'，據殿本、劉本改、孔本、邵本校、彭校、《册府（宋本）》卷八四三、《新五代史》卷四七《李周傳》改。"見《宋本册府》卷八四三《總録

部·知人門二》盧岳條。

[2]張污落：人名。籍貫不詳。五代地方軍閥。事見本書本卷。　萬勝黄頭軍使：官名。掌領本軍軍務，或兼理地方政務。“萬勝黄頭”爲部隊番號。

[3]雲州：州名。治所在今山西大同市。　柏鄉：縣名。治所在今河北柏鄉縣。　遷匡霸都指揮使：《輯本舊史》之影庫本粘籤：“‘匡霸’，原本脱‘霸’字，今從《歐陽史》增入。”見《新五代史》卷四七《李周傳》。

[4]臨河：縣名。治所在今河南浚縣東北。　楊劉：地名。位於今山東東阿縣東北楊柳鎮。原作“劉鄩”，中華書局本據浙江本、宗文本、本書卷二三《賀瓌傳》改，今從。　率兵屯臨河、楊劉：中華書局本有校勘記：“‘楊劉’下《册府》卷三九〇有‘莘縣’二字。”

[5]墨縗：黑色的喪服。

[6]焦彦賓：人名。籍貫不詳。後唐宦官。事見本書卷二九及本書本卷。　王彦章：人名。鄆州壽張（今山東梁山縣壽張集）人。後梁將領。傳見本書卷二一、《新五代史》卷三二。　周與寺人焦彦賓守楊劉城：《舊五代史考異》：“案《九國志·焦彦賓傳》：彦賓字英服，滄州清池人。少聰敏，多智略，事武皇，尤所委信。及莊宗即位，遷左監門衛將軍，充四方館使，出護邢州軍。”見《九國志》卷七。此句中華書局本有校勘記：“‘出護邢州軍’，‘軍’原作‘事’，據殿本、劉本改。《九國志》卷七作‘兵’。”《輯本舊史》卷二九《唐莊宗紀三》同光元年（923）五月己巳條：“王彦章、段凝率大軍攻楊劉南城，焦彦賓與守城將李周極力固守。梁軍晝夜攻擊，百道齊進，竟不能下，遂結營於楊劉之南，東西延袤十數栅。”《通鑑》卷二七二同光元年六月乙亥條：“楊劉告急於帝，請日行百里以赴之；帝引兵救之，曰：‘李周在内，何憂！’日行六十里，不廢畋獵，六月，乙亥，至楊劉。”同年七月己未條：“王彦章等聞帝引兵已至鄒家口，己未，解楊劉圍，走保楊村；唐兵追擊

之，復屯德勝……楊劉比至圍解，城中無食已三日矣。”同月甲子條：“帝至楊劉勞李周曰：‘微卿善守，吾事敗矣。’”亦見《新五代史》卷四七、《宋本册府》卷四〇〇《將帥部·固守門二》。《宋本册府》卷三九〇《將帥部·警備門》：“晋李周初仕後唐武皇，爲安霸都指揮使，率兵屯臨河、陽劉、莘縣，所至與士卒同甘苦，不嚴而整，善守備。梁軍望其樓櫓如九天之上，不知所攻。”

同光中，歷相、蔡二州刺史，及蜀平，授西川節度副使。[1]天成二年春，遷遂州兩使留後，尋正授節旄，未幾，受代歸闕。[2]三年秋，出爲邠州節度使，會慶州刺史竇廷琬據城拒命，周奉詔討平之。[3]長興、清泰中，歷徐、安、雍、汴四鎮，所至無苛政，人皆樂之。[4]

[1]同光：後唐莊宗李存勗年號（923—926）。　相：州名。治所在今河南安陽市。　蔡：州名。治所在今河南汝南縣。　西川：方鎮名。劍南西川的簡稱。治所在成都府（今四川成都市）。

[2]“天成二年春”至“尋正授節旄”：《輯本舊史》卷三八《唐明宗紀四》天成二年（927）三月甲寅條：“以西川節度副使李敬周爲遂州武信軍留後。”同年七月庚午條：“遂州留後李敬周正，鄜州留後劉仲殷莘正授本州節度使。”

[3]竇廷琬：人名。籍貫不詳，世爲青州（今山東青州市）牙將。後梁、後唐將領。傳見本書卷七四。　“三年秋”至“周奉詔討平之”：《輯本舊史》卷三九《唐明宗紀五》天成三年七月丙午條：“以前武信軍節度使李敬周爲邠州節度使。”同年十月戊申條：“詔邠州節度使李敬周攻慶州，以刺史竇廷琬拒命故也。”此句有《舊五代史考異》：“竇廷琬反，《通鑑》從《薛史》作十月，《歐陽史》繫于十月以前，與《薛史》異。”同年十二月甲辰條：“邠州節度使李敬周奏，收下慶州，刺史竇廷琬族誅。”

[4]徐：州名。治所在今江蘇徐州市。　安：州名。治所在今湖北安陸市。　雍：地名。即京兆府，治所在今陝西西安市。　汴：州名。治所在今河南開封市。　長興、清泰中，歷徐、安、雍、汴四鎮：《輯本舊史》卷四二《唐明宗紀八》長興二年（931）二月癸丑條："邠州節度使李敬周移鎮徐州。"卷四五《唐閔帝紀》應順元年（934）二月己卯條："以前徐州節度使、檢校太傅李敬周爲安州節度使。"卷四七《唐末帝紀中》清泰二年（935）二月甲戌條："以安州節度使李周爲京兆尹，充西京留守。"卷四八《唐末帝紀下》清泰三年（936）六月丙子條："以西京留守李周爲天雄軍四面副招討使兼兵馬都監。"同卷同年八月己未條："以西京留守李周爲汴州節度使、檢校太尉、同平章事。"同年十一月庚寅條："以范延光爲河東道東南面行營招討使，以李周副之。"

高祖有天下，復鎮邠州，累官至檢校太師、兼侍中。[1]及罷鎮赴闕，會少帝幸澶淵，以周累朝耆德，乃命爲東京留守。[2]車駕還京，授開封尹。[3]及遘疾，夢焚旌旗鎧甲，因自嗟歎，上章請退，尋卒于官，時年七十四。詔贈太師，陪葬于明宗徽陵之北。[4]《永樂大典》卷一萬八千一百二十七。[5]

[1]"高祖有天下"至"兼侍中"：《輯本舊史》卷七六《晋高祖紀二》天福元年（936）十二月己亥條："以汴州節度使李周充西京留守。"《會要》卷一言明宗葬徽陵。《宋本册府》卷一三三《帝王部·褒功門二》晋高祖天福三年正月乙丑條："西京留守李周奏乞改鄉名里號，勑：'李周位列藩宣，秩居台輔，忠能佐國，孝以成家。今貢表章，請改鄉里，既允符於舊典，當普示於新恩。宜賜俞允，兼諸道應帶平章事已上，並准唐長興二年正月十五日敕命施行。'"《輯本舊史》卷七七《晋高祖紀三》天福三年四月甲午

條："西京留守京兆尹李周……加兼侍中。" 卷七八《晋高祖紀四》天福四年正月辛酉條："以前晋昌軍節度使李周爲静難軍節度使。"案此，李周移鎮邠州在加兼侍中之後，此《傳》記事先後疑誤。

[2]命爲東京留守：《輯本舊史》卷八二《晋少帝紀二》開運元年（944）正月壬午條："詔取此月十三日車駕北征，以前邠州節度使李周爲權東京留守。"《新五代史》卷九《晋本紀》開運元年正月壬午條："前静難軍節度使李周留守東京。"

[3]授開封尹：中華書局本有校勘記："'開封'，原作'開府'，據殿本，《册府》卷八一九、卷八九三，《新五代史》卷四七《李周傳》改。'授'，《册府》卷八一九、卷八九三作'權'。" 見《宋本册府》卷八一九《總録部·知子門》、卷八九三《總録部·夢徵門》。

[4]徽陵：《輯本舊史》之影庫本粘籤："徽陵，原本作'暉陵'，今從《五代會要》改正。"《輯本舊史》卷八二《晋少帝紀二》開運元年六月丁未條："權開封府尹李周卒，輟朝，贈太師。"《宋本册府》卷八九三："李周爲權開封尹。將卒，夢焚旌旗與鎧甲，繇是歎息，有歸休之意，三上章不得謝。年七十四卒。帝聞其忠慎廉潔無積財，歎息久之。"

[5]《大典》卷一八一二七爲"將"字韻"後梁將（二）"事目，但李周非梁將，疑注誤。《大典》卷一八一三〇至卷一八一三二爲"將"字韻"後晋將（一至三）"。《李周傳》應出於此三卷中。

張從訓

張從訓，字德恭。本姑臧人，其先迴鶻别派，隨沙陁徙居雲中，後從唐武皇家於太原，從訓遂爲太原人。[1]祖君政，雲州長史，識蕃字，通佛理。[2]父存信，河東蕃漢馬步軍都指揮使，武皇賜姓名，眷同親嫡，前史有傳。[3]天福中，贈太師、中書令，[4]追封趙國公。

[1]姑臧：地名。位於今甘肅武威市。 迴鶻：部族名。又作“回紇”。原係突厥鐵勒部的一支。唐玄宗天寶三年（744）建立回鶻汗國，9世紀中葉，回鶻汗國瓦解。其中一支爲甘州回鶻。11世紀初，甘州回鶻爲西夏所滅。參見楊蕤《回鶻時代：10—13世紀陸上絲綢之路貿易研究》，中國社會科學出版社2015年版。 太原：中華書局本有校勘記：“原作‘太平’，據殿本、劉本、邵本校及本卷下文改。影庫本批校：‘“太平”應作“太原”。’”

[2]“祖君政”至“通佛理”：《輯本舊史》卷五三《李存信傳》：“父君政，迴鶻部人也。大中初，隨懷化郡王李思忠内附，因家雲中之合羅川。”

[3]河東：方鎮名。治所在太原（今山西太原市）。 “父存信”至“前史有傳”：《李存信傳》，見《輯本舊史》卷五三、《新五代史》卷三六。

[4]太師：官名。與太傅、太保並爲三師，唐後期、五代多爲大臣、勳貴加官。正一品。

從訓讀儒書，精騎射，初爲散員大將，天祐中，轄沙陁數百人，屯壺關十餘歲，節度使李嗣昭委遇之。[1]莊宗與梁人相拒於德勝口，徵赴軍前，補充先鋒遊奕使，俄轉雲捷指揮使、檢校司空，賜姓，名繼鸞，從諸子之行也。[2]明宗微時，嘗在存信麾下爲都押牙，與從訓有舊，及即位，授石州刺史，復舊姓名。歷憲、德二州刺史。[3]

[1]散員大將：官名。中低級軍事將領，　天祐：唐昭宗李曄開始使用的年號（904）。唐哀帝李柷即位後沿用（904—907）。唐亡後，河東李克用、李存勗仍稱天祐，沿用至天祐二十年（923）。五代其他政權亦有行此年號者，如南吴、吴越等，使用時間長短不等。　壺關：地名。位於今山西長治市。　李嗣昭：人名。汾州（今山西汾陽市）人。唐末、五代李克用義子、部將。傳見本書卷五二、《新五代史》卷三六。

[2]德勝口：地名。原爲德勝渡，爲黄河重要渡口之一。李存勗部將李存審築於黄河津要處德勝口，有南、北二城。南城在今河南濮陽市東南五里，北城即今河南濮陽市。　遊奕使：官名。唐中期以後兵多地廣者置之，主巡營、防遏諸事。　雲捷指揮使：官名。所部統兵將領。“雲捷”爲部隊番號。　賜姓，名繼鸞，從諸子之行也：“姓”字原缺，據《宋本册府》卷八二五《總録部·名字門二》補。賜姓李。

[3]都押牙：官名。“押牙”即“押衙”。唐、五代時期節度使辟署的屬官，有稱左、右都押衙或都押衙者。掌領方鎮儀仗侍衛、統率軍隊。參見劉安志《唐五代押牙（衙）考略》，武漢大學歷史系魏晋南北朝隋唐史研究室編《魏晋南北朝隋唐史資料》第16輯，武漢大學出版社1998年版。　石州：州名。治所在今山西吕梁市離石區。　憲：州名。治所在今山西婁煩縣。　德：州名。治所在今山東德州市陵城區。

高祖之鎮太原也，爲少帝娶從訓長女爲妃，[1]從訓清泰初授唐州刺史。三年，高祖舉義，從訓奉唐末帝詔，徵赴行在，分領鄉兵，次於團柏谷，兵敗宵遁，潛身民間。[2]高祖入洛，有詔搜訪，月餘乃出焉，及見，以戚里之故，深加軫惻。[3]尋授絳州刺史、檢校太保。[4]在任數年，天福中卒於官，年五十二。少帝以后父之故，超贈太尉。[5]

[1]爲少帝娶從訓長女爲妃：《舊五代史考異》："《宋史·張從恩傳》：晋祖鎮河東，爲少帝娶從恩女。今考《五代會要》及《薛史·本紀》，俱作'從訓'，疑《宋史》係傳聞之訛。"見《宋史》卷二五四《張從恩傳》。明本《册府》卷三〇三《外戚部·褒寵門》亦作"從訓"。下文"少帝以后父之故"及下引《輯本舊史》卷八二《晋少帝紀二》亦可證爲"從訓"。

[2]團柏谷：地名。位於今山西祁縣，是太原與上黨地區間的交通要道。

[3]以戚里之故：中華書局本有校勘記："'以'字原闕，據《册府》卷三〇三補。"見明本《册府》卷三〇三。

[4]絳州刺史：明本《册府》卷三〇三作"唐州刺史"。但上文有從訓授唐州刺史，此不當重授，明本《册府》疑誤。

[5]少帝以后父之故，超贈太尉：《輯本舊史》卷八二《晋少帝紀二》天福八年（943）九月癸巳條："故絳州刺史張從訓贈太尉，追册皇后之父也。"

弟從恩仕皇朝，[1]爲右金吾衛上將軍，卒。[2]《永樂大典》卷五千三百六十。[3]

[1]弟從恩仕皇朝：《宋史》卷二五四有《張從恩傳》。亦可參見明本《册府》卷九九《帝王部·推誠門》漢隱帝條、卷四五四《將帥部·豪横門》張從恩條。

[2]右金吾衛上將軍：官名。唐置，掌宫禁宿衛。唐代置十六衛，即左右衛、左右驍衛、左右武衛、左右威衛、左右領軍衛、左右金吾衛、左右監門衛、左右千牛衛，各置上將軍，從二品；大將軍，正三品；將軍，從三品。

［3］《大典》卷五三六〇爲“朝”字韻“元朝儀”事目，與本傳無涉，應爲卷六三五〇“張”字韻“姓氏”事目。

李繼忠

李繼忠，字化遠，後唐昭義軍節度使兼中書令嗣昭之第二子。[1]嗣昭，《唐書》有傳。繼忠少善騎射，從父征討有功，莊宗手制授檢校兵部尚書，充感義馬軍指揮使，改潞府司馬，加檢校尚書右僕射，充安義軍都巡檢使。[2]天成中，自北京大内皇城使轉河東行軍司馬，入爲右驍衛將軍。[3]未幾，授成德軍司馬，加檢校司徒。[4]

［1］昭義軍：方鎮名。治所在潞州（今山西長治市）。　後唐昭義軍節度使兼中書令嗣昭之第二子：中華書局本有校勘記：“本書卷五二《李嗣昭傳》記其爲第三子。”《輯本舊史》卷五二《李嗣昭傳》：“嗣昭有子七人，長曰繼儔，澤州刺史；次繼韜、繼忠、繼能、繼襲、繼遠，皆夫人楊氏所生。”又：“嗣昭諸子自相屠害，幾於澐盡，唯繼忠一人僅保其首領焉。”

［2］檢校兵部尚書：官名。爲散官或加官，以示恩寵，無實際職掌。　司馬：官名。州郡佐官，名義上紀綱衆務，通判列曹，品高俸厚，實際上無具體職事，多用以安置貶謫官員，或用作遷轉官階。上州從五品下，中州正六品下，下州從六品上。　檢校尚書右僕射：官名。爲散官或加官，以示恩寵，無實際職掌。　安義軍：即昭義軍。　都巡檢使：官名。五代始設巡檢，設於京師、陪都、重要的州及邊防重鎮。　“從父征討有功”至“充感義馬軍指揮使”：《新唐書》卷一〇《昭宗紀》天復二年（902）二月條：“王建陷利州，昭武軍節度使李繼忠奔于鳳翔。”《通鑑》卷二六三天

復二年二月條："西川兵至利州，昭武節度使李繼忠棄鎮奔鳳翔。"

[3]行軍司馬：官名。出征將領及節度使的屬官。掌軍籍符伍，號令印信，是藩鎮重要的軍政官員。　右驍衛將軍：官名。唐置，掌宫禁宿衛。唐代十六衛之一。從三品。中華書局本有校勘記："'右'，《册府》卷一七二作'左'。"見《宋本册府》卷一七二《帝王部·求舊門二》。明本《册府》卷九四三《總録部·不誼門》："李繼忠初爲北京皇城使。明宗天成三年十月，繼忠弟姪三人進馬二百五匹，金器八百兩，銀萬兩，家機錦百疋，白羅三百疋，綾三千疋，絹三千疋。繼忠者，故昭義帥嗣昭之子。少有心疾，其母楊夫人自潞州積聚百萬，輦於并州私第。繼韜之叛，没之于官。莊宗南郊，助大半賞給。兄繼韜伏法，其母又輦及晋者餘百兩。楊氏卒，其弟相州刺史繼能、潞府司馬繼襲聞哀俱至，繼忠等詣官告變，繼能、繼襲伏法，弟姪遂得分其所聚，故有獻。"

[4]成德軍：方鎮名。治所在恒州（今河北正定縣）。

高祖即位，二年三月，授沂州刺史，加檢校太保，尋移棣州刺史；繼忠舊苦風痺，皆辭以地遠，乃授單州刺史，仍加輸忠奉國功臣。[1]三年，入爲右神武統軍。四年三月，出領隰州。七年八月，移刺澤州。開運元年，復入爲右監門大將軍。[2]三年秋，以疾卒於東京，年五十一。

[1]單州：州名。治所在今山東單縣。　"高祖即位"至"乃授單州刺史"：明本《册府》卷四八《帝王部·從人欲門》："晋高祖天福二年，以沂州刺史李繼忠爲單州刺史。帝以繼忠勳舊之後，數月之中連改三郡，從其欲也。"

[2]開運：後晋出帝石重貴年號（944—946）。　右監門大將軍：官名。唐置，掌宫禁宿衛。唐代十六衛之一。正三品。

始繼忠母楊氏善治産，平生積財鉅萬。及高祖建義於太原，楊已終，繼忠舉族家於晋陽。時以諸軍方困，契丹援兵又至，高祖乃使人就其第，疏其複壁，取其舊積，所獲金銀紈素甚廣，至於巾屨瑣屑之物，無不取足。[1]高祖既濟大事，感而奇之，故車駕入洛，繼忠雖有舊恙，連領大郡，皆楊氏之力也。《永樂大典》卷一萬三百八十九。[2]

[1]“時以諸軍方困”至“無不取足”：《新五代史》卷三六《李嗣昭傳》：“繼忠家于晋陽，楊氏所積餘貲猶鉅萬，晋高祖自太原起兵，召契丹爲援，契丹求賂，高祖貸于繼忠以取足。高祖入立，甚德之，以爲沂、棣、單三州刺史，開運中卒。楊氏平生積産，嗣昭父子三人賴之。”

[2]《大典》卷一〇三八九“李”字韻“姓氏”事目。

李頃

李頃，陳州項城人，即河陽節度使兼侍中罕之之子也。[1]罕之，《梁書》有傳。[2]唐文德中，罕之與河南張全義爲仇，交相攻擊，罕之兵敗，北投太原，武皇以澤州處之，罕之將赴任，留頃爲質焉。[3]時莊宗未弱冠，因與頃遊處，甚相昵狎。[4]光化初，罕之自澤州襲據潞州，送款於梁，武皇以頃父叛，將殺之，莊宗密與駿騎，使逃出境，頃遂奔河南。梁祖以其父子歸己，委遇甚厚。[5]天復中，梁祖自鳳翔送唐昭宗歸長安，留軍萬人，命姪友倫與頃總之，以宿衛爲名。[6]及梁祖逼禪，累掌禁兵，倚爲肘腋。庶人友珪立，授頊檢校尚書右僕射、右羽林統軍。梁末帝之誅友珪，頊預其謀，尋歷隨州刺史，復爲右羽林統軍。[7]同光初，莊宗入汴，召頊見之，莊宗忻然，授衛州刺史，加光禄大夫、檢校太保。[8]明宗朝，授衍州刺史。長興中，檢校太傅、右神武統軍。高祖即位之二年，加特進、檢校太尉、右領軍衛上將軍。[9]三年，進封開國伯。五年，遷左領軍衛上將軍。[10]尋以病卒，年七十。制贈太師。[11]頊性温雅，不暴虐，凡刺郡統衆，頗有畏愛，及卒，人甚惜之。

[1]李頊：中華書局本有校勘記："《新五代史》卷四二《李罕之傳》、《通鑑》卷二五七作'李頎'。本書各處同。" 河陽：方鎮名。治所在孟州（今河南孟州市）。

[2]罕之《梁書》有傳：見《輯本舊史》卷一五《李罕之傳》。

[3]唐文德中：《輯本舊史》原作"光啓"。《輯本舊史·李罕之傳》繫此事於文德年間。《通鑑》卷二五七文德元年（888）五月條："罕之留其子頎事克用。"則當爲文德年間事，故改。 張全義：人名。濮州臨濮（今山東鄄城縣）人。唐末、後梁、後唐將領。傳見本書卷六三、《新五代史》卷四五。

[4]弱冠：古時男子二十歲稱"弱冠"。行冠禮以示成年，但因體猶未壯，尚屬年少，故以"弱"稱之。 "時莊宗未弱冠"至"甚相昵狎"：《新五代史》卷四二："罕之初背梁而歸晉，晉王以罕之守澤州，罕之留其子頎與莊宗遊，甚狎。"

[5]光化初：中華書局本有校勘記："'光化'，原作'光啓'，據本書卷一五《李罕之傳》、《舊唐書》卷二〇上《昭宗紀》、《通鑑》卷二六一改。按李罕之據潞州事在光化元年十二月。"《通鑑》卷二六一光化元年（898）十二月條："罕之擅引澤州兵夜入潞州，

據之。"《新五代史》卷四二："後罕之背晉以歸梁，晉王怒，欲殺頎，莊宗與之駿馬，使奔于梁。太祖得頎父子大喜，使與友倫將兵以衛昭宗，故頎當太祖時，常掌禁兵。"

［6］天復：唐昭宗李曄年號（901—904）。中華書局本有校勘記："原作'天福'，據劉本改。"唐無"天福"年號。　鳳翔：方鎮名。治所在鳳翔府（今陝西鳳翔縣）。　唐昭宗：即李曄。唐朝第十九位皇帝，888 年至 904 年在位。紀見《舊唐書》卷二〇上、《新唐書》卷一〇。　友倫：人名。即朱友倫。朱温之侄。傳見本書卷一二、《新五代史》卷一三。《輯本舊史》之影庫本粘籤："'友倫'，原本作'有倫'，今從《歐陽史》改正。"見《新五代史》卷四二。

［7］友珪：人名。即朱友珪。後梁太祖朱温次子，殺朱温自立。後追廢爲庶人。事見本書卷八《梁末帝紀上》、《新五代史》卷三《梁本紀》。　右羽林統軍：官名。唐置六軍，分左、右羽林，左、右龍武，左、右神武，即"北衙六軍"。唐德宗興元元年（784），六軍各置統軍，以寵勳臣。五代沿之。其品秩，《唐會要》卷七一《十二衛》、《舊唐書》卷一二《德宗紀上》記載爲"從二品"；《通鑑》卷二二九興元元年正月辛丑條記載爲"從三品"。　梁末帝：即後梁末帝朱友貞。後梁太祖朱温之子。913 年至 923 年在位。紀見本書卷八至卷一〇、《新五代史》卷三。

［8］莊宗：即李存勗。小字亞子，沙陀部人，太原（今山西太原市）人。晉王李克用之子，後唐開國皇帝。紀見本書卷二七至卷三四及《新五代史》卷四、卷五。　衛州：州名。治所在今河南衛輝市。　光禄大夫：官名。唐、五代文散官。從二品。

［9］"梁末帝之誅友珪"至"右領軍衛上將軍"：《新五代史》卷四二："末帝誅友珪，頎與其謀，拜右羽林統軍、澶州刺史。事唐，歷衛、衍二州刺史，累遷右領軍衛上將軍。"

［10］五年，遷左領軍衛上將軍：《輯本舊史》卷四七《唐末帝紀中》清泰二年（935）十月己巳條："以左衛上將軍李頃爲左領軍上將軍。"卷四八《唐末帝紀下》清泰三年四月己未條："以右領軍

上將軍李頃爲華清宫使。”卷七八《晋高祖紀四》天福四年七月癸卯條：“以華清宫使李頃爲右領軍衛上將軍。”

[11]尋以病卒，年七十。制贈太師：《輯本舊史》卷七九《晋少帝紀五》天福六年六月壬寅條：“右領衛上將軍李頃卒，贈太師。”《新五代史》卷四二：“天福中卒，年七十，贈太尉。”

子彦弼，在太原日，因頃走歸梁朝，武皇怒，下蠶室加熏腐之刑，後籍於内侍省卒焉。[1]《永樂大典》卷一萬八千一百三十一。[2]

[1]蠶室：古代執行宫刑的監室。　熏腐之刑：又稱腐刑、宫刑。即將男子閹割去勢。　内侍省：官署名。北齊始設，歷代沿置。皇帝近侍機構，掌宫廷内部各項事務。

[2]《大典》卷一八一三一“將”字韻“後晋將”事目。

周光輔

周光輔，太原人，後唐蕃漢馬步總管、幽州節度使德威之長子也。[1]德威，有傳在《唐書》。[2]光輔年甫十歲，補幽州中軍兵馬使，有成人之志，德威以牙軍委之，麾下咸取決焉。及長，體貌魁偉，練於戎事。父卒，授嵐州刺史，從莊宗平梁，遷檢校尚書左僕射、汝州防禦使，仍賜協謀定亂功臣。[3]天成初，移汾州。[4]四年，入爲右監門衛大將軍。長興、清泰中，歷陳、懷、磁三郡，繼加檢校司徒。高祖即位，授蔡州刺史，歲餘，卒於郡，時年三十五。贈太保。光輔以功臣子，歷數郡皆無濫政，竟善終於官，雖享年不永，亦可嘉也。

光輔有弟數人：光貞歷義、乾二州刺史，入爲諸衛將軍；光遜繼爲蔡州刺史；光贊任青州行軍司馬，及楊光遠叛滅，貶商州司馬，會赦徵還，尋卒於家。[5]《永樂大典》卷五千四百一。[6]

[1]蕃漢馬步總管：官名。後唐置，爲蕃漢馬步軍總指揮官。幽州：州名。治所在今北京市。

[2]有傳在《唐書》：見《輯本舊史》卷五六《周德威傳》。德威：人名。即周德威。朔州馬邑（今山西朔州市朔城區東北）人。唐末、五代河東將領。傳見本書卷五六、《新五代史》卷二五。

[3]嵐州：州名。治所在今山西嵐縣。　汝州：州名。治所在今河南汝州市。　防禦使：官名。唐代始置，設有都防禦使、州防禦使兩種。常由刺史或觀察使兼任，實際上爲唐代後期州或方鎮的軍政長官。　父卒，授嵐州刺史：《通鑑》卷二七〇貞明四年（918）十二月條："晉王還營，聞周德威父子死，哭之慟，曰：'喪吾良將，是吾罪也。'以其子幽州中軍兵馬使光輔爲嵐州刺史。"

[4]"遷檢校尚書左僕射、汝州防禦使"至"移汾州"：《輯本舊史》卷五六："子光輔，歷汾、汝州刺史。"

[5]義：州名。治所在今河南信陽市。　乾：州名。治所在今陝西乾縣。　商州：州名。治所在今陝西商洛市商州區。

[6]《大典》卷五四〇一爲"橋"字韻"橋名"事目，無法確定出處，存疑。

符彦饒

符彦饒，唐莊宗朝蕃漢總管存審之第二子也。[1]存審，《唐書》有傳。[2]彦饒少驍勇，能騎射。唐天祐十五年冬，莊宗與梁大戰於胡柳陂，彦饒與弟彦圖俱從其父血戰有功，莊宗壯之，因用爲騎將。[3]同光中，以功授曹州刺史。明宗即位，改刺沂州。天成中，屯守梁園，會起軍北戍塞下，時有偏校以宣武乏帥，迫彦饒爲之，彦饒紿許其請，明日，殺爲惡者奏之，時人嘉其方略。[4]長興中，爲金州防禦使，爲政甚有民譽，其後累遷節鎮。[5]天福初，爲滑州節度使，累官至檢校太傅。[6]二年七月，范延光據鄴都叛，朝廷遣侍衛馬軍都指揮使白奉進率騎軍三千，屯於州之開元寺。[7]一日，彦饒與奉進因事忿争於牙署，事具奉進傳中。是時，奉進厲聲曰："爾莫是與范延光同反耶?"拂衣而起，彦饒不留，帳下介士大譟，擒奉進殺之。奉進從騎散走，傳呼於外。時步軍都校馬萬、次校盧順密聞奉進被害，即率其部衆攻滑之子城，執彦饒以出。[8]遣裨校方太拘送闕下，行及赤岡南，高祖遣中使害於路左。[9]《永樂大典》卷一萬八千一百三十二。[10]

[1]存審：人名。即符存審。陳州宛丘（今河南淮陽縣）人。後唐將領。傳見本書卷五六、《新五代史》卷二五。

[2]存審，《唐書》有傳：《輯本舊史》卷五六有《符存審傳》。《新五代史》卷二五《符存審傳》："存審三子：彦超、彦饒、彦卿。"

[3]胡柳陂：地名。位於今河南濮陽縣。　彦饒與弟彦圖俱從其父血戰有功：《輯本舊史》卷五六《符存審傳》天祐十五年(918)十二月條："存審與其子彦圖冒刃血戰。"《新五代史》卷二

五："存審與其子彦圖力戰。"皆不言彦饒。彦圖不見於《新五代史》卷二五所載存審三子。《宋本册府》卷三九六《將帥部·勇敢門三》李存審條（符存審賜姓李）、卷八四七《總録部·勇門》符彦饒條兼言彦圖及彦饒。

［4］宣武：方鎮名。治所在汴州（今河南開封市）。　"同光中"至"時人嘉其方略"：《新五代史》卷二五："次子彦饒，爲汴州馬步軍都指揮使。天成元年，發汴兵三千戍瓦橋關，控鶴指揮使張諫爲亂，殺權知州高逖，迫彦饒爲帥。彦饒陽許之曰：'欲吾爲帥，當止焚掠，明日以軍禮見吾於南衙。'乃陰與拱衛指揮使龐起伏甲于衙内。明日，諫等皆集，伏兵發，誅諫等，殺四百餘人，即日牒州事與推官韋儼。明宗下詔褒其忠略。其後累遷彰聖都指揮使，歷曹、沂、饒三州刺史。"明本《册府》卷四二三《將帥部·討逆門》："符彦饒爲汴州馬步軍都指揮使。明宗天成元年，詔發汴軍三千人戍瓦橋，令控鶴指揮使張諫部率。既出城，軍衆大譟，回戈攻門，剽劫坊市，殺權州知州、推官高逖，仍劫彦饒爲節度使。彦饒喻之曰：'公等以離家遠戍，不願進程，吾可爲爾奏聞。明天子在上，安得自擇主帥，行如此事？未見其福。'亂兵不遜。彦饒懼及禍，曰：'爾輩欲吾爲帥，當宜便止焚劫，一從吾命。'軍衆曰：'然。'即分命撫遏，斬其暴者，是日安静。彦饒曰：'翌日，吾於南衙領事，當以軍禮見。'彦饒密與拱衛指揮使龐超謀，伏甲於室。詰朝，諸將入賀陳列，彦饒曰：'昨日暴亂者數人而已，將立法令，無宜長惡。'即命斬張諫及同惡三人。諫黨張審瓊召其衆，大譟於建國門。彦饒乃率軍攻擊，遂入張諫營，殺其謀亂者四百人。"亦見《通鑑》卷二七五天成元年（926）六月丁酉條。"符彦饒"作"李彦饒"，因其父存審賜姓李而改。

［5］"長興中"至"其後累遷節鎮"：《新五代史》卷二五："清泰三年，自饒州刺史拜忠正軍節度使、侍衛馬步軍都指揮使。"《宋本册府》卷一七二《帝王部·求舊門二》唐末帝清泰元年（934）五月條："以右千牛衛上將符彦饒充左右翊衛都指揮使。彦

饒舊典禁軍，明宗朝立定亂之功。今春以伯氏安州不治而入宿衛，帝游舊也，故復委任之。”

［6］“天福初”至“累官至檢校太傅”：《輯本舊史》卷七六《晋高祖紀二》天福元年（936）十二月丁亥條：“以步軍都指揮使符彦饒爲滑州節度使。”《新五代史》卷二五：“晋高祖起太原，彦饒以侍衛兵從廢帝至河陽。廢帝敗，晋高祖以楊光遠代彦饒將親軍，徙彦饒義成軍節度使。”《通鑑》卷二八〇天福元年九月甲辰條：“遣彰聖都指揮使符彦饒將洛陽步騎兵屯河陽。”同月己酉條：“遣劉延朗監侍衛步軍都指揮使符彦饒軍赴潞州，爲大軍後援。諸軍自鳳翔推戴以來，驕悍不爲用，彦饒恐其爲亂，不敢束之以法。”同年閏十一月丁卯條：“契丹以其將高謨翰爲前鋒，與降卒偕進。丁卯，至團柏，與唐兵戰。趙德鈞、趙延壽先遁，符彦饒、張彦琦、劉延朗、劉在明繼之，士卒大潰，相騰踐死者萬計。”同月丁丑條：“符彦饒、張彦琪至河陽，密言於唐主曰：‘今胡兵大下，河水復淺，人心已離，此不可守。’”同月庚辰條：“唐主命馬軍都指揮使宋審虔、步軍都指揮使符彦饒、河陽節度使張彦琪、宣徽南院使劉延朗將千餘騎至白馬阪行戰地，有五十餘騎度河奔于北軍。”

［7］范延光：人名。相州臨漳（今河北臨漳縣）人。後唐、後晋將領。傳見本書卷九七、《新五代史》卷五一。　侍衛馬軍都指揮使：官名。五代時皇帝親軍侍衛馬軍司長官。　白奉進：人名。雲州清塞軍（今山西陽高縣）人。後唐、後晋將領。傳見本書卷九五。　開元寺：寺名。《唐會要》卷五〇《雜記》載，開元“二十六年六月一日，敕每州各以郭下定形勝觀、寺，改以開元爲額”。此處爲位於兖州的開元寺。　“二年七月”至“屯於州之開元寺”：《通鑑》卷二八一天福二年六月甲午條：“義成節度使符彦饒奏延光遣兵度河，焚草市。”

［8］馬萬：人名。澶州（今河南濮陽市）人。後唐、後晋、後漢將領。傳見本書卷一〇六。　盧順密：人名。汶陽（今山東泰安市）人。五代方鎮軍閥。傳見本書卷九五。

［9］方太：人名。青州千乘（今山東高青縣）人。五代藩鎮將領。傳見本書卷九四。　赤岡：地名。位於今河南開封市東北。今名霍赤岡。　中使：官名。泛指朝廷派出的使臣。多由宦官擔任。　“一日”至“高祖遣中使害於路左”：《輯本舊史》卷九五《白奉進傳》：“六月，范延光據鄴爲亂，詔遣率騎軍三千北屯滑臺。時符彦饒爲滑州節度使，一夕，有軍士夜掠居人，奉進捕之，凡獲五盜，三在奉進本軍，二在彦饒麾下，尋命俱斬之。彦饒怒其不先告，深銜之。明日，奉進左右勸奉進面謝，奉進然之，以從騎數人候彦饒於牙城，既入，且述其過。”詳見《新五代史·符彦饒傳》、《通鑑》卷二八一天福二年七月條。《輯本舊史》卷七六《晉高祖紀二》天福二年六月丁酉條：“遣内班史進能押信箭一對，往滑州賜符彦饒。”《新五代史》卷八《晉本紀》天福二年六月丁酉條：“傳箭于義成軍節度使符彦饒。”同年七月條：“義成軍亂，殺戍將侍衛馬軍都指揮使白奉進。甲寅，戍將奉國指揮使馬萬執符彦饒歸于京師，命殺之于赤岡。”《宋本册府》卷四二《帝王部·仁慈門》晉高祖天福四年七月甲子條：“勑符彦饒、張繼祚、婁英、尹暉等皆受國恩，悉虧臣節，孽非天作，慼實自貽，尋正典刑，屢遷歲月，宜示燭幽之道，用推掩骼之仁，宜令近親，任便收葬。”

［10］《大典》卷一八一三二“將”字韻“後晋將”事目。

羅周敬

羅周敬，字尚素，鄴王紹威之第三子也。[1]紹威，《梁書》有傳。[2]周敬幼聰明，八歲學爲詩，往往傳於人口，起家授檢校尚書禮部員外郎。[3]梁乾化中，以兄周翰節制滑臺，卒於官，乃以周敬繼之，命爲兩使留後，尋正授旄鉞，時年十歲。[4]未幾，改授許州節度使，繼加檢校尚書左僕射。[5]踰三年，徵授秘書監、檢校司空、駙馬都尉，尚梁普安公主，旋移光禄卿。[6]莊宗即位，歷左右金吾大將軍。[7]初，唐天祐中，紹威嘗建第於洛陽福善里，及莊宗入洛，以梁租庸使趙巖宅賜明宗。[8]同光中，明宗在洛，以趨内稍遠，乃召周敬議易其第，周敬諾之。後明宗即位，一日夢中見一人，儀形瓌秀，若素識者，夢中問曰："此得非前宅主羅氏乎？"及寤，訪其子孫，左右對曰："周敬見列明廷。"召至，果符夢中所見。明宗謂侍臣曰："朕不欲使大勳之後久無土地。"因授同州節度使，加檢校太保。[9]長興中，入爲左監門衛上將軍，四遷諸衛上將軍。[10]天福二年卒，時年三十二。贈太傅。[11]《永樂大典》卷五千六百七十八。[12]

[1]紹威：人名。即羅紹威。魏州貴鄉（今河北大名縣）人。唐末軍閥。傳見本書卷一四、《新五代史》卷三九。

[2]紹威，《梁書》有傳：《羅紹威傳》見《輯本舊史》卷一四、《新五代史》卷三九。

[3]員外郎：官名。尚書省郎官之一。爲郎中的副職，協助負責諸司事務。從六品上。　"周敬幼聰明"至"往往傳於人口"：《宋本册府》卷七七五《總録部・幼敏門》："梁羅周敬年七八歲，學於詩，往往傳於人口。""於詩"，明本《册府》作"賦詩"。

[4]周翰：人名。即羅周翰。魏州貴鄉（今河北大名縣）人。後梁將領。事見本書卷八、卷二七。　滑臺：地名。位於今河南滑縣。　"梁乾化中"至"時年十歲"：《輯本舊史》卷一四："紹威子三人：長曰廷規，位至司農卿，尚太祖女安陽公主，又尚金華公主，早卒。次曰周翰，繼爲魏博節度使，亦早卒。季曰周敬，歷滑州節度使，别有傳。"《新五代史》卷三九："子三人，廷規，官至

司農卿卒。周翰襲父位，乾化二年八月爲楊師厚所逐，徙爲宣義軍節度使，卒于官，年十四。周敬代爲宣義軍節度使，年十歲，徙鎮忠武。"

［5］"未幾"至"繼加檢校尚書左僕射"：《金石萃編》卷一二〇《羅周敬墓誌銘》載："（貞明二年）丙子春二月，移鎮許田，加檢校尚書左僕射。"

［6］秘書監：官名。秘書省長官。掌圖書秘記等，從三品。　徵授秘書監：中華書局本有校勘記："《册府》卷三〇〇敘其事作'徵授秘書中監'。本書卷九《梁末帝紀中》、羅周敬墓誌（拓片刊《北京圖書館藏中國歷代石刻拓本匯編》第三十六册）記其'守殿中監'。"見明本《册府》卷三〇〇《外戚部·選尚門》。《輯本舊史》卷九《梁末帝紀中》貞明四年（918）七月戊戌條："以前匡國軍節度使、檢校尚書左僕射羅周敬爲檢校司空、守殿中監、駙馬都尉。"　駙馬都尉：官名。漢武帝始置，魏、晋以後公主夫婿多加此稱號。從五品下。　尚梁普安公主：《輯本舊史》之影庫本粘籤："'普安'，原本作'莖安'，今從《五代會要》改正。"《會要》無普安公主。明本《册府》卷三〇〇《外戚部·選尚門》云："羅周敬……尚普安公主。"《新五代史》卷三九："周敬亦娶末帝女，曰晋安公主。"　光禄卿：官名。南朝梁武帝天監七年（508）改光禄勳置，隋、唐沿置。掌宫殿門户、帳幕器物、百官朝會膳食等。從三品。

［7］莊宗即位，歷左右金吾大將軍：《輯本舊史》卷三七《唐明宗紀三》天成元年（926）九月己卯條："以光禄卿羅周敬爲右金吾衛大將軍，充街使。"

［8］租庸使：官名。唐主持催徵租庸地税的中央使臣。後梁、後唐時，租庸使取代鹽鐵、度支、户部，爲中央財政長官。　趙巖：人名。陳州宛丘（今河南淮陽縣）人。唐忠武軍節度使趙犨之子。後梁大臣。傳見本書卷一四。

［9］此得非前宅主羅氏乎：中華書局本有校勘記："'乎'，原作

‘子’，據彭校、《御覽》卷一八〇引《五代史·晋史》、《册府》卷一七二改。”見《御覽》卷一八〇《居處部·宅門》、《宋本册府》卷一七二《帝王部·求舊門二》。《輯本舊史》卷三九《唐明宗紀五》天成三年二月壬寅條：“以左金吾大將軍羅周敬爲同州節度使。”

［10］“長興中”至“四遷諸衛上將軍”：《輯本舊史》卷四一《唐明宗紀七》長興元年（930）十一月丙子條：“以前同州節度使羅周敬爲左監門上將軍。”卷四二《唐明宗紀八》長興二年八月癸亥條：以“左監門上將軍羅周敬爲右領上將軍。”卷四三《唐明宗紀九》長興三年二月庚午條：“以右領軍上將軍羅周敬爲右威衛上將軍。”卷四四《唐明宗紀十》長興四年六月丁巳條：“以右驍衛上將軍羅周敬爲左羽林統軍。”

［11］時年三十二：中華書局本有校勘記：“‘三十二’，羅周敬墓誌作‘三十三’。”《輯本舊史》卷七六《晋高祖紀二》天福二年（937）二月甲辰條：“以左羽林統軍羅周敬爲右金吾衛上將軍。”同年九月庚申條：“故右金吾衛上將軍羅周敬贈太傅”。

［12］《大典》卷五六七八“羅”字韻“姓氏”事目。《新輯會證》本傳録《金石萃編》卷一二〇所收殷鵬撰《晋故竭誠匡定保乂功臣特進檢校太保右金吾衛上將軍兼御史大夫上柱國長沙郡開國公食邑一千八百户實封一百户贈太傅羅公墓誌銘并序》，可參見。

鄭琮

鄭琮，太原人也。始事唐武皇爲五院軍小校，[1]屢有軍功。莊宗在河上，爲馬步都虞候。戎伍之事，一覩不忘，凡所詰問，應答如流，故所在知名。唐同光末，從明宗伐魏州，時軍情有變，明宗退守魏縣，未知趨向。[2]安重誨將徵兵于四方，琮在帳前，歷數諸道屯軍及主將姓名，附口傳檄，相次而至。[3]明宗即位，嘉其功，授防州刺史，秩滿，父老請留。三年八月，授左羽林統軍。唐長興二年二月，出刺武州。[4]高祖即位，復居環衛，久之，以俸薄家貧，鬱鬱不得志。天福中，以疾終于官。贈司徒。《永樂大典》卷一萬八千八百八十一。[5]

[1]五院軍：部隊名。唐末李克用始置。

[2]魏縣：縣名。治所在今河北魏縣。

[3]"鄭琮"至"相次而至"：亦見明本《册府》卷四三一《將帥部·勤戎事門》、《宋本册府》卷七九九《總録部·彊記門》。

[4]出刺武州：《輯本舊史》卷四六《唐末帝紀上》清泰元年（934）七月癸卯條："以前武州刺史鄭琮爲右衛上將軍。"

[5]《大典》卷一八八八一"鄭"字韻"姓氏"事目。

舊五代史　卷九二

晉書十八

列傳第七[1]

[1]按：本卷末無史論。

姚顗

姚顗，字伯真，京兆萬年人。[1]曾祖希齊，湖州司功參軍。[2]祖宏慶，蘇州刺史，父荆，國子祭酒。[3]顗少惷，敦厚，靡事容貌，任其自然，流輩未之重，唯兵部侍郎司空圖深器之，以女妻焉。[4]顗性仁恕，多爲僕妾所欺，心雖察之，而不能面折，終身無喜怒。不知錢百之爲陌，黍百之爲銖，凡家人市貨百物，入增其倍，出減其半，不詢其由，無擔石之儲，心不隕穫。[5]

[1]京兆：府名。治所在今陝西西安市。　萬年：縣名。治所在今陝西西安市長安區。《新五代史》卷五五《姚顗傳》："姚顗，字百真，京兆長安人也。"

［2］湖州：州名。治所在今浙江湖州市。　司功參軍：官名。掌税課、假使、祭祀、禮樂、學校、表疏、書啓、録食、祥異、醫藥、卜筮、陳設、喪葬。唐制，在府爲功曹參軍，在州爲司功參軍，在縣爲司功。

［3］祖宏慶：中華書局本有校勘記："'弘慶'，《册府》卷八五三作'弘度'。"中華書局本所謂《册府》乃明本，宋本作"弘慶"。　刺史：官名。漢武帝始置。州一級行政長官，總掌考覈官吏、勸課農桑、地方教化等事。唐中期以後，節度、觀察使轄州而設，刺史爲其屬官，職任漸輕。從三品至正四品下。　國子祭酒：官名。國子監主官。掌教授生徒。從三品。　"姚顗"至"國子祭酒"：《宋本册府》卷八五三《總録部·姻好門》。

［4］兵部侍郎：官名。兵部副長官，與尚書分掌武官銓選、勳階、考課之政。正四品下。　司空圖：人名。臨淄（今山東淄博市臨淄區）人。一説河中虞鄉（今山西永濟市）人。唐末進士、官員。後隱居中條山。傳見本書附録、《舊唐書》卷一九〇下、《新唐書》卷一九四。《輯本舊史》之影庫本粘籤："司空圖，原本作'司空塗'，今從《册府元龜》改正。"《舊五代史考異》："案：《歐陽史》作中條山處士司空圖一見奇之。據《新唐書·卓行傳》：司空圖爲户部侍郎，以疾歸，昭宗在華，召爲兵部侍郎，辭不赴。是圖非處士也。"見《新五代史》卷五五、《新唐書》卷二一七。此條亦見《宋本册府》卷八四三《總録部·知人門》、卷八五〇《總録部·氣量門》、卷八五三。後兩條言司空圖爲"名士"而非"處士"。

［5］"顗性仁恕"至"心不隕穫"：亦見《宋本册府》卷八五〇。

唐末，隨計入洛，出游嵩山，有白衣丈夫拜于路側，請爲童僕。[1]顗辭不納。乃曰："鬼神享于德，君子乎于信，余則鬼也，將以託賢者之德，通化工之信，幸無辭焉。昔余掌事陰府，承命攝人之魂氣，名氏同而其人非，且富有壽算，復而歸之，則筋骸已敗，由是獲譴，使不得爲陽生。公中夏之相輔也，今爲謁中天之祠，若以某姓名求之，神必許諾。"[2]顗因爲之虔禱而還，白衣迎于山下，曰："余免其苦矣。"拜謝而退。顗次年擢進士第。

[1]有白衣丈夫拜于路側：中華書局本有校勘記："'丈夫'，原作'大夫'，據殿本、邵本校、彭校改。"

[2]若以某姓名求之：中華書局本有校勘記："'求'，原作'救'，據殿本、劉本改。"

梁貞明中，歷校書郎、登封令、右補闕、禮部員外郎，召入翰林，累遷至中書舍人。[1]唐莊宗平梁，以例貶復州司馬，歲餘牽復，授左散騎常侍，歷兵吏部侍郎、尚書左丞。[2]唐末帝即位，講求輔相，乃書朝中清望官十餘人姓名置於瓶中，清夜焚香而挾之，既而得盧文紀與顗，遂拜中書侍郎、平章事。[3]制前一日，嵩山白衣來謁，謂顗曰："公明日爲相。"其言無差，冥數固先定矣。[4]

[1]貞明：後梁末帝朱友貞年號（915—921）。　校書郎：官名。東漢始置，掌典校收藏於蘭臺的圖書典籍，亦稱校書郎中。唐秘書省及著作局皆置，正九品上；弘文館亦置，從九品上。《舊唐書》卷二〇上《昭宗紀》天祐元年（904）六月甲寅，以"前進士

姚顗爲校書郎”。　登封：縣名。治所在今河南登封市。　右補闕：官名。唐代諫官。武則天時始置。分爲左、右，左補闕隸門下省，右補闕隸中書省。掌規諫諷諭，大事可以廷議，小事則上封奏。從七品上。　禮部員外郎：官名。尚書省禮部次官。佐禮部侍郎掌諸司事。從六品上。　中書舍人：官名。中書省屬官。掌起草文書、呈遞奏章、傳宣詔命等。正五品上。　“梁貞明中”至“累遷至中書舍人”：《新五代史》卷五五《姚顗傳》：“舉進士，事梁爲翰林學士、中書舍人。”

[2]唐莊宗：即李存勗，小字亞子，太原（今山西太原市）人。沙陀部人。晋王李克用之子，後唐開國皇帝。紀見本書卷二七至卷三四及《新五代史》卷四、卷五。　復州：州名。治所在今湖北天門市。　司馬：官名。州軍佐官。名義上紀綱衆務，通判列曹，品高俸厚，實際上無具體職事，多用以安置貶謫官員，或用作遷轉官階。上州從五品下，中州正六品下，下州從六品上。　左散騎常侍：官名。門下省屬官。掌侍奉規諷，備顧問應對。正三品下。　吏部侍郎：官名。尚書省吏部次官。協助吏部尚書掌文選、勳封、考課之政。正四品上。　尚書左丞：官名。尚書省佐貳官。唐中期以後，與尚書右丞實際主持尚書省日常政務，權任甚重。正四品上。後梁開平二年（908）改爲左司侍郎，後唐同光元年（923）復舊爲左丞。正四品。　“唐莊宗平梁”至“尚書左丞”：《輯本舊史》卷三〇《唐莊宗紀四》同光元年（923）十月丙戌條：乃貶“姚顗復州司馬”；卷三六《唐明宗紀二》天成元年（926）六月己巳條：“秘書少監姚顗爲左散騎常侍。”卷四〇《唐明宗紀六》天成四年六月辛丑條：“以左散騎常侍姚顗爲兵部侍郎。”同卷同年八月甲辰條：“兵部侍郎姚顗爲鹵簿使。”卷四一《唐明宗紀七》長興元年（930）九月乙酉條：“姚顗爲吏部侍郎。”卷四三《唐明宗紀九》長興三年十二月壬戌條：“以吏部侍郎姚顗爲尚書左丞。”《新五代史》卷五五：“唐莊宗滅梁，貶復州司馬，已而以爲左散騎常侍兼吏部侍郎、尚書左丞。”

［3］唐末帝：即後唐末帝李從珂。又稱廢帝。鎮州（今河北正定縣）人。後唐明宗養子，明宗入洛陽，他率兵追隨，以功拜河中節度使，封潞王。紀見本書卷四六至卷四八、《新五代史》卷七。盧文紀：人名。京兆萬年（今陝西西安市長安區）人。唐末進士，五代宰相。傳見本書卷一二七、《新五代史》卷五五。　中書侍郎：官名。中書省副長官。唐後期三省長官漸爲榮銜，中書、門下侍郎却因參議朝政而職位漸重，常常用爲以“同三品”或“同平章事”任宰相者的本官。正三品。　“唐末帝即位”至“平章事”：《輯本舊史》卷四六《唐末帝紀上》清泰元年（934）八月辛未條：“以前尚書左丞姚顗爲中書侍郎、平章事。”亦見明本《册府》卷七四《帝王部·命相門》，《新五代史》卷七《唐廢帝紀》清泰元年：“八月辛未，尚書左丞姚顗爲中書侍郎同中書門下平章事，許御署官選。”《輯本舊史》卷一二六《盧文紀傳》：“清泰初，中書闕輔相，末帝訪之於朝，左右曰：‘臣見班行中所譽，當大拜者，姚顗、盧文紀、崔居儉耳。’”《新五代史·姚顗傳》：“廢帝欲擇宰相，選當時清望官知名於世者，得盧文紀及顗，乃拜顗中書侍郎、同中書門下平章事。”《盧文紀傳》：“後廢帝入立，欲擇宰相，問於左右，左右皆言：‘文紀及姚顗有人望。’”《通鑑》卷二七九清泰元年六月：“（帝）欲更命相，問所親信以朝臣聞望宜爲相者，皆以尚書左丞姚顗、太常卿盧文紀、秘書監崔居儉對；論其才行，互有優劣。帝不能決，乃置其名於琉璃瓶，夜焚香祝天，且以筯挾之，首得文紀，次得顗。”同卷同年八月辛未條：“以姚顗爲中書侍郎、同平章事。”《輯本舊史》卷四七《唐末帝紀中》清泰二年四月：“以宰相盧文紀兼太微宫使，弘文館大學士姚顗加門下侍郎，監修國史張延朗兼集賢殿大學士。”又，姚顗以宰臣身份監修國史，見《輯本舊史》卷四八《唐末帝紀下》清泰三年二月：“庚午，監修國史姚顗，史官張昭遠、李祥、吴承範等修撰《明宗實録》三十卷上之。”亦見《宋本册府》卷五五四《國史部·恩獎門》：“晋姚顗，後唐爲門下侍郎、平章事，監修國史，清泰三年上《明宗實

録》三十卷。”卷五五七《國史部·採撰門》:“姚顗爲相兼監修國史。”

[4]其言無差，冥數固先定矣:《舊五代史考異》:“案《歐陽史》本傳云:顗爲人仁恕，不知錢陌銖兩之數，御家無法，在位齷齪無所爲。唐制，吏部分三銓，尚書一人曰尚書銓，侍郎二人曰中銓、東銓，每歲集以孟冬三旬，而選盡季春之月。天成中，馮道爲相，建言天下未一，選人歲纔數百，而吏部三銓分注，雖曰故事，其寔徒煩而無益，始詔三銓合而爲一，而尚書、侍郎共行選事。至顗與盧文紀爲相，復奏分銓爲三，而循資長定舊格，歲久多舛，因增損之，選人多不便之，往往邀遮宰相，喧訴不遜，顗等無如之何，廢帝爲下詔書禁止。”其中，“選人多不便之”，中華書局本有校勘記:“‘選人’，原作‘遷人’，據彭校、《新五代史》卷五五《姚顗傳》改。”《輯本舊史》卷四六《唐末帝紀上》清泰元年冬十月條:“戊子，宰臣姚顗奏:‘吏部三銓，近年併爲一司，望令依舊分銓。’”同卷同年十二月乙亥條:“以中書侍郎、平章事姚顗兼集賢殿大學士。”卷四七《唐末帝紀中》清泰二年四月癸未條:“弘文館大學士姚顗加門下侍郎。”卷四八《唐末帝紀下》清泰三年二月庚午條:“監修國史姚顗，史官張招遠，李祥、吴承範等修撰《明宗實録》三十卷上之。”

高祖登極，罷相爲刑部尚書，俄遷户部尚書。[1]天福五年冬卒，[2]年七十五。贈左僕射。[3]子惟和嗣。顗疏于財，而御家無術，既死，斂葬之資不備，家人俟賻物及鬻第方能舉喪而去。士大夫愛其廉而笑其拙。[4]《永樂大典》卷五千三百八十三。[5]

[1]刑部尚書:官名。尚書省刑部主官。掌天下刑法及徒隸、勾覆、關禁之政令。正三品。　户部尚書:官名。唐代始置，户部

最高長官。掌土地、人民、錢穀之政。正三品。　“高祖登極”至“俄遷户部尚書”:《新五代史》卷八《晉高祖紀》天福元年(936)閏十一月辛巳條:“盧文紀、姚顗罷。”《輯本舊史》卷七六《晉高祖紀二》天福元年十二月辛卯條:“以舊相姚顗爲刑部尚書。”卷七八《晉高祖紀四》天福四年五月丁巳條:“以刑部尚書姚顗爲户部尚書。”

[2]天福:五代後晉高祖石敬瑭年號(936—942)。出帝石重貴沿用至九年(944)。後漢高祖劉知遠繼位後沿用一年,稱天福十二年(947)。

[3]左僕射:官名。秦始置。隋唐前期,以左、右僕射佐尚書令總理六官、綱紀庶務;如不置尚書令,則總判省事,爲宰相之職。唐後期多爲大臣加銜。從二品。中華書局本有校勘記:“‘左’,本書卷七九《晉高祖紀五》作‘右’。”《輯本舊史》卷七九《晉高祖紀五》天福五年十月戊戌條:“户部尚書姚顗卒,廢朝一日,贈右僕射。”

[4]士大夫愛其廉而笑其拙:中華書局本有校勘記:“‘笑’,殿本、孔本、《册府》卷四六二作‘鄙’。”見明本《册府》卷四六二《臺省部·清儉門》。

[5]《大典》卷五三八三“姚”字韻“姓氏”事目。

吕琦[1]

[1]中華書局本引影庫本粘籤:“《吕琦傳》,《永樂大典》闕全篇,今就散見各韻者共得四條,排次前後,以存梗概。”

吕琦,字輝山,幽州安次人也。[1]祖壽,瀛州景城主簿。[2]父兖,滄州節度判官,累至檢校右庶子。《永樂大典》卷一萬七百六十五。[3]劉守光攻陷滄州,[4]琦父兖被擒，族之。琦時年十五[5]。爲吏追攝，將就戮焉。有趙玉者，[6]幽、薊之義士也。[7]久游于兖之門下，見琦臨危，乃紿謂監者曰："此子某之同氣也。幸無濫焉。"監者信之，即引之俱去。行一舍，琦困於徒步，以足病告，玉負之而行，逾數百里，因變姓名，乞食于路，乃免其禍。《永樂大典》卷一萬四千五百八十一。[8]年弱冠，以家門遇禍，邈無所依，乃勵志勤學，多游于汾、晉。《永樂大典》卷三千八百七十一。[9]

[1]幽州：州名。治所在今北京市。　安次：縣名。治所在今河北廊坊市安次區。

[2]瀛州：州名。治所在今河北河間市。　景城：縣名。治所在今河北滄縣。　主簿：官名。漢代以後歷朝均置。唐代京城百司和地方官署均設主簿。管理文書簿籍，參議本署政事，爲官署中重要佐官。其官階品秩，因官署而不同。

[3]滄州：州名。治所在今河北滄縣舊州鎮。　節度判官：官名。唐、五代方鎮僚屬，位在行軍司馬下。分掌使衙内各曹事，並協助使職官員通判衙事。　檢校右庶子：官名。爲散官或加官，以示恩寵，無實際職掌。　"吕琦"至"累至檢校右庶子"：《大典》卷一〇七六五"吕"字韻"姓氏（六）"事目。亦見明本《册府》卷七二九《幕府部·辟署門四》及《新五代史》卷五六《吕琦傳》。《册府》僅云"幽州人"，未云字何。

[4]劉守光：人名。深州樂壽（今河北獻縣）人。唐末、五代藩鎮軍閥。曾割據稱帝，後爲李存勗所殺。傳見本書卷一三五、《新五代史》卷三九。

[5]琦時年十五：中華書局本引《舊五代史考異》："案：《厚德録》作琦年十四。"

［6］趙玉：人名。薊州漁陽（今天津市薊州區）人。吕兗故交，趙文度之父。事見本書本卷及《新五代史》卷五六。中華書局本引《舊五代史考異》："案：《厚德録》作李玉。"

［7］薊：州名。治所在今天津市薊州區。

［8］"劉守光攻陷滄州"至"乃免其禍"：《大典》卷一四五八一"步"字韻／事韻。亦見明本《册府》卷八六五《總録部·報恩門》、《新五代史》卷五六《吕琦傳》及《通鑑》卷二六七梁開平四年（910）春正月條。中華書局本引原輯者案語："案《厚德録》云：李玉嘗客于滄州吕兗門下，劉守光破滄州，盡殺吕兗家，兗子琦年十四，玉負之以逃，匄衣食以資之。燕、趙間以玉能存吕氏之孤，推以爲義士。清泰中，琦爲給事中、端明殿學士，時玉已卒，乃薦其子于知貢舉馬裔孫，遂擢甲第。考《薛史》作趙玉，《厚德録》作李玉，《薛史》作琦年十五，《厚德録》作十四。蓋傳聞之異。"（孔本）

［9］汾：州名。治所在今山西汾陽市。　晋：州名。治所在今山西臨汾市。　"年弱冠"至"多游于汾、晋"：《大典》卷三八七一。按《大典》三八七一爲"官"字韻"建官、設官、除官、授官、拜官"事目，與本則所録内容無關，疑有誤記。亦見《册府》卷七二九《幕府部·辟署門》及《新五代史》卷五六《吕琦傳》。

唐天祐中，莊宗方開霸府，翹佇賢士，墨制授琦代州軍事判官，秩滿歸太原，監軍使張承業重琦器量，禮遇尤厚。《永樂大典》卷二萬五百二十八。[1]會其子瓘領麟州刺史，乃辟琦從事。[2]同光中，趙德鈞鎮滄州，表琦爲節度推官，德鈞移鎮幽州，亦從之。[3]天成初，拜琦殿中侍御史，遷駕部員外郎，兼侍御史知雜事。[4]會河陽帑吏竊財事發，詔軍巡院鞫之。[5]時軍巡使尹訓怙勢納賂，枉直相反，俄有訴冤于闕下者，詔琦按之，既驗其奸，乃上言請治尹訓，沮而不行。[6]琦連奏不已，訓知其不免，自殺於家，其獄遂明，蒙活者甚衆，自是朝廷多琦之公直。《永樂大典》卷二萬五百二十八。[7]琦舉劾吏部侍郎王權、將作監王澄、太僕少卿魏仁鍔、庫部郎中孔崇弼、司門郎中李殿夢、河南縣令郭正封等六人妻敘封郡君、縣君者。[8]敕："首敘封之例，敕格甚明，況在所司，備經其事，既成差誤，蓋是因循，顯有糾彈，實爲允當，欺即難恕，錯即可矜，然欲示戒懲，須行責罰。本行令史馬仁珪决臀杖七十勒停，本判郎中裴垣罰兩月俸，王權等六人妻進封敘封郡縣邑號官告，宜令所司追納毁廢。"[9]初，郊天後赦書節文云"朝臣並與追封贈及敘封後，不在此限。"其年七月十二日，中書以前赦書節文不該據品秩依格例施行。又奏覆在朝臣寮，限兩月内一齊聞奏，並據品秩依格例施行。河南縣令郭正封，制前任考功員外郎、朝議郎階，具是六品；制後遷河南縣令，加朝請大夫、正五品，其妻乃敘封縣君，及被舉劾，乃招僞濫，有涉情故。[10]

[1]監軍使：官名。爲臨時差遣，代表朝廷協理軍務，督察將帥。五代時常以宦官爲監軍。　張承業：人名。同州（今陝西大荔縣）人。唐末、五代宦官，河東監軍。傳見本書卷七二、《新五代史》卷三八。　"唐天祐中"至"禮遇尤厚"：《大典》卷二〇五二八"直"字韻／事韻（二）。

[2]麟州：州名。治所在今陝西神木市。

[3]同光：後唐莊宗李存勗年號（923—926）。　趙德鈞：人

名。幽州（今北京市）人。初爲幽州節度使劉守光部將，再爲後唐將領，後投降遼國。傳見本書卷九八。　節度推官：官名。唐末、五代爲藩鎮幕職官，多由藩鎮自辟置。　“會其子瓘領麟州刺史”至“亦從之”：明本《册府》卷七二九《幕府部·辟署門四》，亦見《新五代史》卷五六《吕琦傳》。

［4］天成：後唐明宗李嗣源年號（926—930）。　殿中侍御史：官名。三國魏始置。唐前期屬御史臺之殿院，掌宮門、庫藏及糾察殿庭供奉、朝會儀式，分掌左、右巡，負責京師治安、京畿軍兵。唐後期常爲外官所帶憲銜。從七品下。　駕部員外郎：官名。唐代駕部郎中的副職。協助長官掌輿輦、車乘、傳驛、厩牧等事。從六品上。　侍御史知雜事：官名。唐置，以資深御史充任，總管御史臺庶務。五代沿置。

［5］河陽：縣名。治所在今河南孟州市。　軍巡院：官署名。五代於都城設左、右軍巡院，掌巡警捕盜諸事。下設左、右軍巡獄，羈押所屬範圍内之囚犯。

［6］軍巡使：官名。唐末始置。五代後梁在開封府置左、右軍巡使，以牙校充任。掌京城内争鬥等事。　尹訓：人名。籍貫不詳。五代獄吏。事見本書本卷。　沮而不行：中華書局本有校勘記：“句上《册府》卷六一七有‘時權臣庇訓’五字。”

［7］“天成初”至“自是朝廷多琦之公直”：《大典》卷二〇五二八。亦見明本《册府》卷六一七《刑法部·正直門》及《新五代史·吕琦傳》。

［8］王權：人名。太原（今山西太原市）人。五代官員。傳見本書本卷、《新五代史》卷五六。　將作監：官名。秦代設將作少府，唐代改將作監，其長官即爲將作監。掌宮廷器物置辦及宮室修建事宜。從三品。　王澄：人名。籍貫不詳。五代官員。事見本書本卷。　太僕少卿：官名。北魏始置。太僕卿副貳，太僕寺次官。佐太僕卿掌車馬及牲畜之政令。從四品上。　魏仁鍔：人名。籍貫不詳。五代官員。事見本書本卷。　庫部郎中：官名。尚書省庫部

長官。掌全國武器、儀仗、符勘、尺籍、武學諸事。從五品上。　孔崇弼：人名。孔子四十一代孫。五代官員。傳見本書卷九六。　司門郎中：官名。尚書省刑部司門司官員。主門關出入之籍及没收違禁之物。從五品上。　李殿夢：人名。籍貫不詳。五代官員。事見本書本卷。　郭正封：人名。籍貫不詳。五代官員。事見本書本卷。

[9]令史：官名。低級屬官之名。　馬仁珪：人名。籍貫不詳。五代官員。事見本書本卷。　本判郎中：官名。低級屬官之名。　裴垣：人名。籍貫不詳。五代官員。事見本書本卷。

[10]考功員外郎：官名。尚書省吏部考功司副長官。爲考功郎中的副職，協助考功郎中掌考察内外百官及功臣家傳、碑、頌、誄、謚等事。從六品上。　朝請大夫：官名。隋代始設，唐、五代文散官。從五品上。　“琦舉劾吏部侍郎王權”至“有涉情故”：明本《册府》卷五二〇下《憲官部·彈劾門三》。

初，契丹主赴援太原，代州張朗、忻州丁審琪守城，蕃軍由城下過，都不誘迫。[1]時端明殿學士琦在忻州，及供奉殿直四五人，州兵僅千人。[2]琦謂審琪曰：“虜勢經城不問，可見其心，回日必無全理。與使君率在城軍民入五台，避敵於鎮州界，策之上也。”[3]審琪從之。翌日詰旦，琦等遣人會，審琪拒關不納，軍士欲攻牙城，琦曰：“家國如斯，自相屠害，非人情。”遂率州兵趨真定。[4]審琪即日降契丹，唯朗屢煞虜族帳，故超授獎之。[5]

[1]張朗：人名。徐州蕭縣（今江蘇徐州市）人。五代官員、地方軍閥。傳見本書卷九〇。　忻州：州名。治所在今山西忻州

市。　丁審琪：人名。籍貫不詳。五代十國藩鎮軍閥。事見本書本卷及卷七九、卷八四、卷九四。

[2]端明殿學士：官名。五代後唐天成元年（926）明宗初即位，每有四方書奏，多令樞密使安重誨進讀，不曉文義。於是孔循獻議，設端明殿學士，命馮道等爲之，位在翰林學士之上。此後沿置。

[3]鎮州：州名。治所在今河北正定縣。

[4]真定：縣名。治所在今河北正定縣。

[5]"初，契丹主赴援太原"至"故超授獎之"：明本《册府》卷一二八《帝王部·明賞門》。

長興二年十二月，[1]詔曰："國祚中興，皇綱再整，合頒公事，偏委群臣，先敕抄録六典法書，分爲二百四十卷。從朝至夕，自夏徂冬，御史臺官員等，或同切催驅，或遞專勘讀，校前王之舊制，布當代之明規，宜有獎酬，以勵勤恪。御史中丞劉贊近别除官，[2]今加階爵，宜從别敕處分。吕琦、姚遐致宜加朝散大夫，[3]仍賜柱國勳。于遼、李壽並朝散大夫。[4]徐禹卿、張可復、王曉並賜緋魚袋。"[5]

[1]長興：後唐明宗李嗣源年號（930—933）。

[2]御史中丞：官名。如不置御史大夫，則爲御史臺長官。掌司法監察。正四品下。

[3]姚遐：人名。籍貫不詳。五代官員。事見本書本卷。

[4]于遼：人名。籍貫不詳。五代官員。事見本書本卷。　李壽：人名。籍貫不詳。五代官員。事見本書本卷。

[5]徐禹卿：人名。籍貫不詳。五代官員。事見本書本卷。

張可復：人名。籍貫不詳。五代官員。事見本書本卷。　王曉：人名。籍貫不詳。五代官員。事見本書本卷。　"長興二年十二月"至"並賜緋魚袋"：《册府》卷五一三《憲官部·褒賞門》，亦見同書卷六一三《刑法部·定律令門五》。

（三年）劉鼎爲吏部員外郎判吏部南曹，與司封郎中曹探同注擬三銓選人，崔鋭、卜延嗣而下違格，楊光嗣年貌不同，文書逾濫，令史趙廣、李仁遇、王瑰等伏罪。[1]中書門下帖本司官員各取狀，崔居儉等注擬依格超折，[2]准敕及堂判不違理例。盧文紀執奏本司，各以伏過，官員有失，各望罰兩月俸。狀入，樞密直學士琦讀奏，明宗問居儉等過失，琦對曰：[3]"敕命許超折，此不言資數當判，又更促之。銓司何罪？大抵盧文紀與居儉情不相協，掎摭瑕纇，欲其有玷。"明宗曰："公理何在？"是日詔曰："居儉等既准敕文，微失不足爲累，並放。"[4]

[1]劉鼎：人名。徐州蕭縣（今江蘇徐州市）人。五代官員。傳見本書卷一〇八。　司封郎中：官名。尚書省吏部司封司長官。掌封爵、命婦、朝會及賜予等事。從五品上。　曹探：人名。籍貫不詳。五代官員。事見本書本卷。　崔鋭：人名。籍貫不詳。五代官員。事見本書本卷。　卜延嗣：人名。籍貫不詳。五代官員。事見本書本卷。　楊光嗣：人名。籍貫不詳。五代官員。事見本書本卷。　趙廣：人名。籍貫不詳。五代官員。事見本書本卷。　李仁遇：人名。籍貫不詳。五代官員。事見本書本卷。　王瑰：人名。籍貫不詳。五代官員。事見本書本卷。

[2]崔居儉：人名。清河（今河北清河縣）人。五代後梁至後

晋官員。傳見本書附録、《新五代史》卷五五。

[3]樞密直學士：官名。後唐莊宗同光元年（923），改直崇政院置，選有政術文學者充任。備顧問應對。　明宗：後唐明宗李嗣源。沙陀部人。原名邈佶烈，李克用養子。926年至933年在位。紀見本書卷三五至卷四四、《新五代史》卷六。

[4]“劉鼎爲吏部員外郎判吏部南曹”至“並放”：明本《册府》卷五七《帝王部·明察門》。

（四年秋七月）帝以工部尚書盧文紀、禮部郎中琦爲蜀王册禮使，並賜蜀王一品朝服。[1]

[1]工部尚書：官名。尚書省工部主官。掌百工、屯田、山澤之政令。正三品。　禮部郎中：官名。尚書省禮部頭司禮部司長官。掌禮樂、學校、衣冠、符印、表疏、圖書、册命、祥瑞、鋪設，及百官、宮人喪葬贈賻之數。從五品上。　册禮使：官名。舉行册封典禮時臨時設置的官職，册封儀式結束即罷。　“帝以工部尚書盧文紀”至“並賜蜀王一品朝服”：《通鑑》卷二七八後唐長興四年（933）七月戊子條。

（清泰元年）七月，詔禮部郎中、知制誥琦，賜紫金魚袋。[1]初，帝河中失守，歸清化里第，罕得出入。[2]琦寓止在末帝左右，凡有奏請謀度之事，遣韓昭諮於琦而後行。[3]既君天下，深念疇昔，故前命知制誥。至是，有金章之錫。[4]廢帝在位，尤好咨詢，乃詔宣徽使李專美，端明殿學士李崧、吕琦，樞密直學士薛文遇、天文趙延乂等，更直于中興殿。[5]庭設穹廬，每至宵分，與之評議。[6]冬十月癸巳，以禮部郎中、知制誥琦守本官，充樞密院直學士。[7]

[1]清泰：後唐廢帝李從珂年號（934—936）。　知制誥：官名。掌起草皇帝的詔誥之事，原爲中書舍人之職。唐開元末置學士院，翰林學士入院一年，則加知制誥銜，專掌任免宰相、册立太子、宣布征伐等特殊詔令，稱爲内制。而中書舍人所撰擬的詔敕稱爲外制。兩種官員總稱兩制官。

[2]河中：府名。治所在今山西永濟市。　清化里：里名。位於洛陽城（今河南洛陽市）内。

[3]韓昭：人名。籍貫不詳。前蜀官員。事見本書本卷。

[4]"七月"至"有金章之錫"：明本《册府》卷一七二《帝王部·求舊門》，亦見《新五代史》卷五六《吕琦傳》及《通鑑》卷二七七後唐長興元年（930）五月丙辰條。

[5]宣徽使：官名。唐始置。宣徽南院使、北院使通稱宣徽使。初用宦官，五代以後改用士人。通掌内諸司及三班内侍之名籍，郊祀、朝會、宴享供帳之儀，檢視内外進奉名物。詳見王永平《論唐代宣徽使》，《中國史研究》1995年第1期；王孫盈政《再論唐代的宣徽使》，《中華文史論叢》2018年第3期。　李專美：人名。京兆萬年（今陜西西安市長安區）人。後梁、後唐、後晋官員。傳見本書卷九三。　李崧：人名。深州饒陽（今河北饒陽縣）人。後晋宰相，歷仕後唐至後漢。傳見本書卷一〇八、《新五代史》卷五七。　薛文遇：人名。籍貫不詳。五代後唐大臣。事見本書卷四八及《通鑑》卷二七九、卷二八〇。　趙延乂：人名。一作"趙延義"。秦州（今甘肅秦安縣）人。五代十國時前蜀大臣趙温珪之子。通術數。傳見本書卷一三一、《新五代史》卷五七。　中興殿：五代後唐朝廷内殿。本名崇勳殿，後唐莊宗同光二年（924）改名中興殿，位於今河南洛陽市。

[6]"廢帝在位"至"與之評議"：明本《册府》卷一〇四

《帝王部·訪聞門》，亦見《通鑑》卷二七九後唐清泰二年（935）六月條。

［7］“冬十月癸巳”至“充樞密院直學士”：《輯本舊史》卷四六《唐末帝紀上》清泰元年十月癸巳條。

（二年五月丙辰）以禮部郎中、充樞密院直學士琦爲給事中，並充職如故。[1]

［1］以禮部郎中、充樞密院直學士琦爲給事中，並充職如故：《輯本舊史》卷四七《唐末帝紀中》清泰二年（935）五月丙辰條。

（三年三月）丁巳，以端明殿學士吕琦爲御史中丞。[1]八月，詔端明殿學士琦往河東忻、代諸屯戍犒軍。[2]十一月，以德鈞爲諸道行營都統，以延壽爲太原南面招討使，遣端明殿學士吕琦齎賜官告，兼令犒軍。[3]琦從容言天子委任之意，德鈞曰：“既以兵相委，焉敢惜死。”[4]

［1］“丁巳”至“爲御史中丞”：《輯本舊史》卷四八《唐末帝紀下》清泰三年（936）三月丁巳條。中華書局本引原輯者案語：“案《通鑑》：吕琦與李崧建和親契丹之策，爲薛文遇所沮，改爲御史中丞，蓋疏之也。”

［2］“八月”至“代諸屯戍犒軍”：明本《册府》卷一三六《帝王部·慰勞門》。

［3］行營都統：官名。唐末設諸道行營都統，作爲各道出征兵士的統帥。　趙延壽：人名。本姓劉，恒山（今河北正定縣）人。後唐明宗李嗣源女婿，後降契丹，引導契丹攻滅後晉。傳見《遼

史》卷七六。　招討使：官名。唐始置。戰時任命，兵罷則省。常以大臣、將帥或地方軍政長官兼任。掌招撫討伐等事務。

［4］“十一月”至“焉敢惜死”：《輯本舊史》卷九八《趙德鈞傳》。

趙廷乂世爲星官，兼通三式，而于袁許之鑒，尤長於氣色。[1]清泰末，胡杲通爲司天監，廷乂專待詔内庭，嘗與樞密學士吕琦同宿。[2]琦從容，密問國家運祚。廷乂曰：“來年厄會之期，俟過别論。”琦敦訊不已。廷乂曰：“保邦在刑政，保祚在福德。于刑政則術士不敢言，奈際會諸公，罕有卓絶福德者。下官實有恤緯之借。”[3]

［1］趙廷乂：人名。籍貫不詳。五代官員。事見本書本卷。“趙廷乂”，《輯本舊史》卷一三一作“趙延義”。中華書局本有校勘記云：“殿本、劉本、本書卷一二九《翟光鄴傳》作‘趙延乂’。影庫本批校云：‘趙延義，“義”應作“乂”。’《舊五代史考異》云：‘案：《歐陽史》作趙延乂。’”

［2］胡杲通：人名。籍貫不詳。五代官員。事見本書本卷及卷四六、卷四七。　司天監：官署名。其長官亦稱司天監，掌天文、曆法以及占候等事。參見趙貞《唐宋天文星占與帝王政治》，北京師範大學出版社2016年版。

［3］“趙廷乂世爲星官”至“下官實有恤緯之借”：明本《册府》卷八六〇《總録部·相術門》，亦見《輯本舊史》卷一三一《趙延義傳》。

是時，石敬瑭鎮河東，[1]有二志，廢帝患之。琦與李崧俱備顧問，[2]多所裨畫。琦言：“太原之患，必引契丹爲助，不如先事制之。”自明宗時，王都反定州，契丹遣秃餒、荝剌等助都，而爲趙德鈞、王晏球所敗，秃餒見殺，荝剌等皆送京師。[3]其後契丹數遣使者求荝剌等，其辭甚卑恭。明宗輒斬其使者不報。而東丹王又亡入中國，[4]契丹由此數欲求和，琦因言：“方今之勢，不如與契丹通和。如漢故事，歲給金帛，妻之以女，使强藩大鎮顧外無所引援，可弭其亂心。”崧以琦語語三司使張延朗，[5]延朗欣然曰：“苟能紓國患，歲費縣官十數萬緡，責吾取，足可也。”因共建其事，廢帝大喜。佗日，以琦等語問樞密直學士薛文遇，文遇大以爲非，因誦戎昱“社稷依明主，安危托婦人”之詩，[6]以誚琦等。廢帝大怒，急召崧、琦等問和戎計如何，琦等察末帝色怒，亟曰：“臣等爲國計，非與契丹求利於中國也。”帝即發怒曰：“卿等佐朕欲致太平而若是邪？朕一女尚幼，欲棄之夷狄，金帛所以養士而捍國也，又輸以資虜，可乎？”崧等惶恐拜謝，拜無數，琦足力乏不能拜，而先止，帝曰：“吕琦强項，肯以人主視我邪！”琦曰：“臣素病羸，拜多而乏，容臣少息。”頃之喘定，奏曰：“陛下以臣等言非，罪之可也，雖拜何益？”帝意稍解，曰：“勿拜。”賜酒一卮而遣之，其議遂寢。因遷琦御史中丞，居數月，復爲端明殿學士。[7]

[1]石敬瑭：人名。沙陀部人。五代後唐將領、後晋開國皇帝。紀見本書卷七五至卷八〇、《新五代史》卷八。原作“晋高祖”，今據文意改。

[2]李嵩：人名。深州饒陽（今河北饒陽縣）人。五代方鎮官

員。傳見本書卷一〇八、《新五代史》卷五七。

[3]定州：州名。治所在今河北定州市。　禿餒：人名。又做“塔納”。契丹將領。事見本書卷五四、卷七二及《新五代史》卷六四。　荝剌：人名。契丹將領。事見《新五代史》卷五一、卷七二。　王晏球：人名。洛陽（今河南洛陽市）人。五代將領。傳見本書卷六四、《新五代史》卷四六。

[4]東丹王：即耶律倍。遼太祖耶律阿保機長子，小名突欲。封東丹王。後其弟遼太宗耶律德光即位，耶律倍憤而降後唐，明宗賜名李贊華。傳見《遼史》卷七二。

[5]三司使：官名。後唐明宗天成元年（926）將晚唐以來的户部、度支、鹽鐵三部合爲一職，設三司使統之。主管國家財政。　張延朗：人名。汴州開封（今河南開封市）人。後唐三司使。傳見本書卷六九、《新五代史》卷二六。

[6]戎昱：人名。荆南（今湖北荆州市）人。唐肅宗時詩人。傳見《唐才子傳》卷三。

[7]“是時”至“復爲端明殿學士”：《新五代史》卷五六《吕琦傳》，亦見《通鑑》卷二八〇晋天福元年（936）三月條。

晋高祖建義于太原，[1]唐末帝幸懷州，[2]趙德鈞駐軍于團柏谷，[3]末帝以琦嘗在德鈞幕下，因令賫都統使官告以賜之，且犒其軍焉。及觀軍於北陲，館於忻州，會晋祖降下晋安寨，遣使告於近郡，琦適遇其使，即斬之以聞，尋率郡兵千人間道而歸。[4]高祖入洛，亦弗之責。止改授秘書監而已。[5]天福中，預修《唐書》，權掌選部，皆有能名焉。累遷禮部、刑部、户部、兵部侍郎，階至金紫光禄大夫，爵至開國子。《永樂大典》卷一萬七百六十五。[6]

[1]晋高祖："晋"字原無，今據文意補。

[2]懷州：州名。治所在今河南沁陽市。

[3]團柏谷：地名。位於今山西祁縣，是太原與上黨地區間交通要道。

[4]晋安寨：地名。位於今山西太原市。　尋率郡兵千人間道而歸：中華書局本引《舊五代史考異》："案：《通鑑》作帥州兵趣鎮州。"

[5]秘書監：官名。秘書省長官。掌圖書秘記等。從三品。

[6]禮部侍郎：官名。尚書省禮部次官。協助禮部尚書掌禮儀、祭享、貢舉之政。正四品下。　刑部侍郎：官名。尚書省刑部次官。協助刑部尚書掌天下刑法及徒隸、勾覆、關禁之政令。正四品下。　户部侍郎：官名。尚書省刑部次官。協助刑部尚書掌天下刑法及徒隸、勾覆、關禁之政令。正四品下。　金紫光禄大夫：官名。唐五代文散官。從二品。　"晋高祖建義于太原"至"爵至開國子"：《大典》卷一〇七六五"吕"字韻"姓氏（七）"事目。《輯本舊史》卷七六《晋高祖紀二》作"（天福二年春正月）乙丑，以端明殿學士、禮部侍郎吕琦爲檢校工部尚書、祕書監"。

（三年）七月丙午朔，差左諫議大夫薛融、秘書監吕琦、駕部員外郎兼侍御史知雜事劉皥、刑部郎中司徒詡、大理正張仁瑑，同共詳定唐明宗朝編敕。[1]

[1]左諫議大夫：官名。隸門下省。唐代置左、右諫議大夫各四人，分隸門下省、中書省。掌諫諭得失，侍從贊相。正四品下。　薛融：人名。汾州平遥（今山西平遥縣）人。五代藩鎮官員。傳見本書卷九三、《新五代史》卷五六。　劉皥：人名。涿州歸義（今河北容城縣）人。五代藩鎮官員、大臣。傳見本書卷一三一。　司徒詡：人名。清河郡（今河北清河縣）人。五代後唐官員。傳

見本書卷一二八。　大理正：官名。爲大理寺長官。負責大理寺的具體事務，掌邦國折獄詳刑之事。從三品。　張仁瑑：人名。籍貫不詳。五代官員。事見本書本卷。　“七月丙午朔”至“同共詳定唐明宗朝編敕”：《輯本舊史》卷七七《晋高祖紀三》天福三年（938）七月丙午條。

（四年）九月丙申，禮部侍郎吕琦改刑部侍郎。[1]

[1]“九月”至“刑部侍郎”：《輯本舊史》卷七八《晋高祖紀四》天福四年（939）九月丙申條。

五年，始議重興二舞，詔曰：“正冬二節，朝會舊儀，廢於離亂之時，興自和平之代。將期備物，全系用心；須議擇人，同爲定制。其正冬朝會禮節、樂章、二舞行列等事宜，差太常卿崔棁、御史中丞竇貞固、刑部侍郎吕琦、禮部侍郎張允與太常寺官一一詳定。[1]禮從新意，道在舊章，庶知治世之和，漸見移風之善。”[2]

[1]太常卿：官名。西漢置太常，南朝梁始置太常卿。太常寺長官。掌宗廟祭祀禮樂及教育等。正三品。　崔棁：人名。博陵安平（今河北安平縣）人。五代官員。傳見本書卷九三、《新五代史》卷五五。　竇貞固：人名。同州白水（今陕西白水縣）人。五代後唐至宋初大臣，後唐進士，後漢宰相。傳見《宋史》卷二六二。　張允：人名。鎮州束鹿（今河北辛集市）人。五代後唐至後漢官員。傳見本書卷一〇八、《新五代史》卷五七。

[2]“五年”至“漸見移風之善”：《輯本舊史》卷一四四《樂志》，亦見《新五代史》卷五五《崔棁傳》。

六年二月敕曰："有唐遠自高祖，下暨明宗，紀傳未分，書志或闕，今耳目相接，尚可詢求，若歲月更深，何由尋訪？宜令户部侍郎張昭、起居郎賈緯、秘書少監趙熙、吏部郎中鄭受益、左司員外郎李爲光等修撰唐史，仍令宰臣趙瑩監修。"[1]其年四月，[2]瑩奏："所修唐史，首尾二十一朝，綿曆三百餘載，其於筆削，斯實重難，必藉群才，司分事任。張昭等五人奉敕同撰，内起居郎賈緯丁憂去官。[3]竊以刑部侍郎吕琦、侍御史尹拙，皆富典墳，嘗親簡牘。[4]勸善懲惡，雅符班、馬之規；廣記備言，必稱董、南之職。上祈聖鑒，俾共編修。"詔從之，以琦爲户部侍郎，以拙爲倉部員外郎，與張昭等同修唐史。[5]

[1]起居郎：官名。唐代始置，屬門下省。與中書省起居舍人同掌起居注，記皇帝言行。從六品上。　賈緯：人名。鎮州獲鹿（今河北石家莊市鹿泉區）人。五代官員。傳見本書卷一三一、《新五代史》卷五七。　秘書少監：官名。唐承隋制，置秘書省，設秘書少監二人協助秘書監工作。從四品上。　趙熙：人名。五代官員。傳見本書卷九三。　鄭受益：人名。鄭州滎陽（今河南滎陽市）人。唐朝宰相鄭餘慶之曾孫。五代後梁至後晋官員。傳見本書卷九六。　左司員外郎：官名。爲尚書左丞副貳，監管吏、户、禮部諸司政務。從六品上。　李爲光：人名。籍貫不詳。五代官員。事見本書本卷。　趙瑩：人名。華州華陰（今陜西華陰市）人。五代後晋宰相。傳見本書卷八九、《新五代史》卷五六。

[2]其年四月：《輯本舊史》卷七九《晋高祖紀五》天福六年條作"四月辛丑"。

[3]丁憂：我國古代官員遭逢父母亡故而辭官守喪的一種禮制。

[4]尹拙：人名。潁州汝陰（今安徽阜陽市）人。五代、宋初文士、大臣。傳見《宋史》卷四三一。

[5]倉部員外郎：官名。户部倉部司次官。隋代始設，司本曹籍帳，侍郎缺則代理曹事。唐代復置。從六品上。　“六年二月敕曰”至“與張昭等同修唐史”：明本《册府》卷五五四《國史部·選任門》。

七年六月乙丑，高祖崩。庚午，少帝始聽政於崇德殿門偏廊，分命廷臣以嗣位奏告天地宗廟社稷。丙子，以户部侍郎吕琦爲鹵簿使。[1]

[1]少帝：即後晋少帝石重貴。石敬瑭從子。紀見本書卷八一至卷八五、《新五代史》卷九。　鹵簿使：官名。掌帝后出行車駕儀仗。　“七年六月乙丑”至“爲鹵簿使”：《輯本舊史》卷八一《晋少帝紀一》天福七年（942）六月乙丑至丙子條，亦見《新五代史》卷九《晋本紀》天福七年六月丙子條。

八年六月，尚書兵部侍郎吕琦奏：“臣竊見四時選人三銓待闕，停滯已及於數百，棲遲例困於累年，南曹系日申銓，嘗有三十二十格式，每月送闕，不過五員七員。竊慮闕員漸稀，人數轉衆，抛耕稼於鄉里，忍窮餓于街坊，名利之途，人所難捨；朝夕之困，事亦可矜，若不改張，恐未通濟。欲請勒定月日，南曹注納文解，只據見在判成待闕選人，取殘闕及逐月新闕，量人材優劣，據員闕好弱，許超折注擬，如此即歲暮至新春已來，相次發遣應盡。其將來選人，即依舊至來年十月下解，南曹應期判成，銓司准格注擬，至次年選畢。有正格，敕用正規程。”從之。仍敕取今年八月一日後注納文解。其已判成許超折人，將來參選，卻依本資注擬。[1]

[1]“八年六月”至“卻依本資注擬”：明本《册府》卷六三四《銓選部·條制門六》。

琦美豐儀，有器概，雖以剛直聞于時，而内實仁恕。初，高祖謀求輔相，時宰臣李崧力薦琦于高祖，云可大用。高祖數召琦於便殿，言及當世事，甚奇之，方將倚以爲相，忽遇疾而逝，人皆惜之。《永樂大典》卷一萬七百六十五。[1]

[1]“琦美豐儀”至“人皆惜之”：《大典》卷一〇七六五。《宋本册府》卷八六五《總録部·報恩門》作：“初……琦以趙玉免己於難，欲厚報之。玉遇疾，琦親爲扶侍，供其醫藥。玉卒，代其家營葬事。玉之子曰文度，既孤而幼，琦誨之甚篤。及其成人，登進士第，尋升官路，琦之力也。”亦見明本《册府》卷三二四《宰輔部·薦賢門》及《新五代史》卷五六《吕琦傳》。

梁文矩

梁文矩，字德儀，鄆州人。[1]父景，祕書少監。[2]梁福王友璋好接賓客，文矩少遊其門，初試太子校書，轉祕書郎。[3]友璋領鄆州，奏爲項城令，及移鎮徐方，辟爲從事。[4]友璋卒，改兖州觀察判官。[5]時莊宗遣明宗襲據鄆州，文矩以父母在鄆，一旦隔越，不知存亡，爲子之情，戀望如灼，遂間路歸鄆，尋謁莊宗。[6]莊宗喜之，授天平軍節度掌書記，在明宗幕下，明宗歷汴、恒二鎮，皆隨府遷職。[7]天成初，授右諫議大夫，知宣武軍軍州事，歷御史中丞、吏部侍郎、禮部尚書、西都副留守，判京兆府事，繼改兵部尚書。[8]

[1]鄆州：州名。治所在今山東東平縣。

[2]祕書少監：官名。唐承隋制，置秘書省，設秘書少監二人協助秘書監工作。從四品上。

[3]友璋：人名。即朱友璋。宋州碭山（今安徽碭山縣）人。後梁太祖朱温第五子，封福王。傳見本書卷一二。　太子校書：官名。東宫屬官，掌校勘經史文字。從九品上。　祕書郎：官名。魏晋始置。唐代掌經史子集四部圖書經籍。從六品上。

[4]項城：縣名。治所在今河南沈丘縣。　從事：泛指一般屬官。

[5]兖州：州名。治所在今山東濟寧市兖州區。　觀察判官：官名。唐肅宗以後置，五代沿置。觀察使屬官。參理田賦事，用觀察使印、署狀。

[6]莊宗：即後唐莊宗李存勗。沙陀部人。五代後唐建立者。紀見本書卷二七至卷三四、《新五代史》卷五。

[7]天平軍：方鎮名。治所在鄆州（今山東東平縣）。　掌書記：官名。唐、五代方鎮僚屬，位在判官下。掌表奏書檄、文辭之事。　汴：州名。治所在今河南開封市。　恒：州名。即鎮州。治所在今河北正定縣。

[8]右諫議大夫：官名。唐置左、右諫議大夫，左屬門下省，右屬中書省。掌諫諭得失，侍從贊相。正四品下。　宣武軍：方鎮名。唐舊鎮，治所在汴州（今河南開封市）。後梁太祖開平元年

(907) 升汴州爲東京開封府。開平三年置宣武軍於宋州（今河南商丘市睢陽區)。後唐莊宗同光元年（923）改宋州宣武軍爲歸德軍。廢東京開封府，重建宣武軍於汴州。後晋高祖天福三年(938)，改爲東京開封府。除天福十二年、十三年短暫改爲宣武軍外，汴京均爲東京開封府。　禮部尚書：官名。尚書省禮部主官。掌禮儀、祭享、貢舉之政。正三品。　副留守：官名。古代在都城、陪都或軍事重鎮所設留守，由地方行政長官兼任。副留守爲留守之貳。　京兆府：府名。治所在今陝西西安市。　兵部尚書：官名。尚書省兵部主官。掌兵衛、武選、車輦、甲械、厩牧之政令。正三品。　“天成初”至“繼改兵部尚書”:《輯本舊史》卷三八《唐明宗紀四》天成二年（927）四月丙午條：“右諫議大夫梁文矩上言，平蜀已來，軍人剽略到西川人口甚多，骨肉阻隔，恐傷和氣，請許收認。帝仁慈素深，因文矩之奏，詔河南、河北舊因兵火擄隔者，並從識認。”亦見《宋本册府》卷四二《帝王部·仁慈門》。同卷同年八月丙戌條：“以左諫議大夫梁文矩爲御史中丞。”《宋本册府》卷四七五《臺省部·奏議門六》亦作梁文矩天成二年七月時爲“左諫議大夫”。《輯本舊史》卷三九《唐明宗紀五》天成三年六月：“以兵部侍郎王權、御史中丞梁文矩並爲吏部侍郎。”卷四二《唐明宗紀八》長興二年（931）八月丁丑條：“以前西京副留守梁文矩爲兵部尚書。”

文矩以嘗事霸府，每懷公輔之望。時高祖自外鎮入覲，嘗薦於明宗曰：“梁文矩早事陛下，甚有勤勞，未升相輔，外論慊之。”明宗曰：“久忘此人，吾之過也。”尋有旨降命，會丁外憂而止。[1]清泰三年，拜太常卿。[2]高祖即位，授吏部尚書，改太子少師。[3]

[1]高祖：即後漢高祖劉知遠。紀見本書卷九九至卷一〇〇、

《新五代史》卷一〇。　“時高祖自外鎮入覲”至“會丁外憂而止”：亦見《宋本册府》卷八九五《總録部·運命門》。

[2]清泰三年：原作“清泰初”，《輯本舊史》卷四八《唐末帝紀下》清泰三年（936）二月丁丑條：“以兵部尚書梁文矩爲太常卿。”清泰共三年，清泰三年不得言清泰初，據改。卷七六《晋高祖紀二》天福二年（937）五月丙子條：“太常卿梁文矩奏定四廟謚號、廟號、陵號。”亦見明本《册府》卷三一《帝王部·奉先門四》，甚詳，但未繫日。

[3]吏部尚書：官名。尚書省吏部最高長官，與二侍郎分掌六品以下文官選授、勳封、考課之政令。正三品。　太子少師：官名。與太子少傅、太子少保合稱“三少”，唐後期、五代多爲大臣、勳貴加官。從二品。　“高祖即位”至“改太子少師”：《輯本舊史》卷七六《晋高祖紀一》天福二年五月戊寅條：“以檢校吏部尚書、太常卿梁文矩爲吏部尚書。”卷七七《晋高祖紀三》天福三年十二月甲戌條：“以前兵部尚書梁文矩爲太子少師。”

文矩喜清静之教，聚道書數千卷，企慕赤松、留侯之事，而服食尤盡其善。[1]後因風痹，上章請退，以太子太保致仕，居洛陽久之。[2]天福八年，以疾卒，時年五十九。贈太子太傅。[3]《永樂大典》卷六千六百十四。[4]

[1]赤松：人名。我國古代傳説中的仙人，能隨風雨而行。　留侯：人名。即張良。潁川城父（今安徽亳州市譙城區）人。西漢開國功臣，與蕭何、韓信並稱“漢初三傑”。相傳他晚年不戀權位，與赤松雲遊四海。傳見《史記》卷五五、《漢書》卷四〇。　而服食尤盡其善：中華書局本有校勘記：“‘而’下殿本有‘服食’二字。影庫本粘籤：‘而尤盡其善’句疑有誤，今無别本可校，姑仍其舊。”此條亦見《宋本册府》卷八二二《總録部·尚黄老門》今

據補。

［2］太子太保：官名。與太子太師、太子太傅統稱太子三師。隋、唐以後多作加官或贈官。從一品。　致仕：官員告老辭官。後因風痹：中華書局本有校勘記："'後'，原作'復'，據殿本、劉本改。"《輯本舊史》卷七八《晋高祖紀四》天福四年（939）七月壬戌條："以太子少師梁文矩爲太子太保致仕。"《宋本册府》卷八九九《總録部·致政門》亦有記載，然記於天福二年七月，誤。

［3］太子太傅：官名。與太子太師、太子太保統稱太子三師。隋唐以後多作加官或贈官。從一品。　"天福八年"至"贈太子太傅"：《輯本舊史》卷八二《晋少帝紀二》天福八年十二月庚戌條："太子太保致仕梁文矩卒，贈太子太傅。"

［4］《大典》卷六六一四"梁"字韻"姓氏（三）"事目。

史圭

史圭，常山人也。其先與王武俊來於塞外，因家石邑。[1]高祖曾，歷鎮陽牙校。[2]父鈞，假安平、九門令。[3]圭好學工詩，長于吏道。唐光化中，歷阜城、饒陽尉，改房子、寧晋、元氏、樂壽、博陸五邑令。[4]爲寧晋日，擅給驛廪，以貸飢民，民甚感之。及爲樂壽令，里人爲之立碑。[5]同光中，任圜爲真定尹，擢爲本府司録，不應命。郭崇韜領其地，辟爲從事，及明宗代崇韜，以舊職縻之。[6]

［1］常山：即鎮州，治所在今河北正定縣。　王武俊：回紇族阿布思部人。唐末鎮州騎將。傳見《舊唐書》卷一四二。《輯本舊史》之影庫本粘籤："王武俊，原本作'武後'，今從《唐書》改

正。”兩《唐書》多見，如《舊唐書》卷一二《唐德宗紀上》。石邑：縣名。治所在今河北石家莊市。

［2］鎮陽：地名。即鎮州。治所在今河北正定縣。　牙校：即軍校，爲低級武職。

［3］安平：縣名。治所在今河北安平縣。　九門：地名。位於今河北石家莊市藁城區。

［4］光化：唐昭宗李曄年號（898—901）。　阜城：縣名。治所在今河北阜城縣。　饒陽：縣名。治所在今河北饒陽縣。　房子：縣名。治所在今河北臨城縣。　寧晋：縣名。治所在今河北寧晋縣。　元氏：縣名。治所在今河北元氏縣。　樂壽：縣名。治所在今河北獻縣。　博陸：縣名。治所在今北京市平谷區。

［5］“圭好學工詩”至“里人爲之立碑”：亦見明本《册府》卷七〇二《令長部·遺愛門》、卷七〇四《令長部·仁惠門》，《新五代史》卷五六《史圭傳》。《宋本册府》卷九四五《總録部·附勢門》：“晋史圭爲博陸令，結常山要人李藹。藹得罪，有圭所獻遺籤目在焉。由是善譽稍減。”本傳未載。

［6］任圜：人名。京兆三原（今陝西三原縣）人。五代後唐將領、大臣。傳見本書卷六七、《新五代史》卷二八。　郭崇韜：人名。代州雁門（今山西代縣）人。五代後唐大臣。傳見本書卷五七、《新五代史》卷二四。　“同光中”至“以舊職縻之”：亦見《宋本册府》卷七二九《幕府部·辟署門四》、《新五代史》卷五六。

明宗即位，入爲文昌正郎，安重誨薦爲河南少尹，判府事，尋命爲樞密院直學士。[1]時圭以受知於重誨，重誨奏令圭與同列閤至俱昇殿侍立，[2]以備顧問，明宗可之。尋自左諫議大夫拜尚書右丞，[3]有入相之望。圭敏于吏事，重誨本不知書，爲事剛愎，每於明宗前可否重務，圭恬然終日，不能剖正其事。[4]長興中，重誨既誅，圭出爲貝州刺史，未幾罷免，退歸常山。[5]由是閉門杜絶人事，雖親戚故人造者不見其面，每遊别墅，則乘婦人氈車以自蔽匿，人莫知其心。[6]

［1］文昌正郎：官名。職掌不詳。　安重誨：人名。應州（今山西應縣）人。五代後唐大臣。傳見本書卷六六、《新五代史》卷二四。　少尹：官名。唐、五代於三京、鳳翔等府均置少尹，爲府尹的副職。協助府尹通判列曹諸務。從四品下。　樞密院直學士：官名。五代後唐同光元年（923），改直崇政院置，選有政術文學者充任。充皇帝侍從，備顧問應對。　“明宗即位”至“尋命爲樞密院直學士”：《輯本舊史》卷三九《唐明宗紀五》天成三年（928）五月癸丑條：“以六軍判官、尚書司封郎中史圭爲右諫議大夫。”亦見《新五代史》卷五六《史圭傳》。《宋本册府》卷九四六《總録部·奢侈門》：“晋史珪爲樞密院學士日，兩使故鄉，而金裝焕赫，衒其極飾。有識無不哂之。”本傳未載。

［2］閻至：人名。籍貫不詳。五代大臣。事見本書本卷及卷四一。

［3］尚書右丞：官名。尚書省佐貳官。唐中期以後，與尚書左丞實際主持尚書省日常政務，權任甚重。後梁開平二年（908）改爲右司侍郎，後唐同光元年（923）復舊爲右丞。唐時爲正四品下，後唐長興元年（930）升爲正四品。

［4］“時圭以受知於重誨”至“不能剖正其事”：《輯本舊史》卷四一《唐明宗紀七》長興元年（930）九月乙酉條：“樞密院直學士、守工部侍郎閻至，樞密院直學士、守尚書右丞史圭，并轉户部侍郎，依前充職。”《新五代史》卷五六：“安重誨爲樞密使，薦圭直學士。故事，直學士職雖清，而承領文書，參掌庶務，與判官無異。重誨素不知書，倚圭以備顧問，始白許圭升殿侍立。樞密直學

士升殿自圭始。改尚書右丞，判吏部銓事。”

［5］貝州：州名。治所在今河北清河縣。

［6］“長興中”至“人莫知其心”：《輯本舊史》卷四一長興元年十二月壬子條：“樞密院直學士、户部侍郎史圭爲貝州刺史。”亦見《宋本册府》卷九一六《總録部·介僻門》、《新五代史》卷五六。

高祖登極，徵爲刑部侍郎，判鹽鐵副使，皆宰臣馮道之奏請也。[1]始圭在明宗時爲右丞，權判銓事，道在中書，嘗以堂判衡銓司所注官，圭怒，力争之，道亦微有不足之色；至是圭首爲道所舉，方愧其度量遠不及也。[2]旋改吏部侍郎，分知銓事，而圭素厲廉守節，大著公平之譽。[3]

［1］鹽鐵副使：官名。鹽鐵司副長官。協助鹽鐵使掌食鹽專賣、金銀銅鐵錫的採冶等事。　馮道：人名。瀛州景城（今河北滄縣）人。五代時官拜宰相，歷仕後唐、後晋、後漢、後周，亦曾臣服於契丹。傳見本書卷一二六、《新五代史》卷五四。

［2］“高祖登極”至“方愧其度量遠不及也”：《輯本舊史》卷七六《晋高祖紀二》天福二年（937）三月丙寅條：“以前貝州刺史史圭爲刑部侍郎，充諸道鹽鐵轉運副史。”亦見明本《册府》卷三二一《宰輔部·器度門》、卷三二四《宰輔部·薦賢門》，《新五代史》卷五六《史圭傳》。

［3］“旋改吏部侍郎”至“大著公平之譽”：《輯本舊史》卷七六天福二年十月壬午條：“以刑部侍郎、鹽鐵轉運副使史圭爲吏部侍郎。”亦見《宋本册府》卷六三七《銓選部·平直門》、《新五代史》卷五六。

主前爲河南少尹日，有嵩山術士遺圭石藥如斗，謂圭曰："服之可以延壽，然不可中輟，輟則疾作矣。"圭後服之，神爽力健，深寶惜焉。清泰末，圭在常山，遇祕瓊之亂，時貯於衣笥，爲賊所劫，後不復得。[1]天福中，疾生胸臆之間，常如火灼，圭知不濟，求歸鄉里，詔許之。及涉河，竟爲藥氣所蒸，卒於路，[2]歸葬石邑，時年六十八。《永樂大典》卷一萬一百八十三。[3]

[1]祕瓊：人名。平山（今河北平山縣）人。五代後晋將領。事見本書卷七六、《通鑑》卷二八〇至卷二八二。

[2]卒於路：《舊五代史考異》："案：《歐陽史》作卒于常山。"中華書局本此處有一條校勘記："'山'字原闕，據殿本、劉本、《新五代史》卷五六《史圭傳》補。"此條亦見《宋本册府》卷九二八《總録部·好丹術門》。《宋本册府》卷八〇四《總録部·義門四》："紀生者爲右丞史圭食客。圭長興中，出爲俱州刺史，罷免歸常山。會清泰末，常山有秘瓊之亂，史圭家財，一夕盡焉。生白刃中負圭以行，獲免其害。"

[3]《大典》卷一〇一八三"史"字韻"姓氏（一）"事目。

裴皞

裴皞，字司東，係出中眷裴氏，世居河東爲望族。[1]皞容止端秀，性卞急，剛直而無隱，少而好學，苦心文藝，雖遭亂離，手不釋卷。唐光化三年，擢進士第，釋褐授校書郎，歷諫職。梁初，當路推其文學，遷翰林學士、中書舍人。唐莊宗時，擢爲禮部侍郎，後以語觸當事，改太子賓客，旋授兵部尚書，以老致仕。[2]天福初，起爲工部尚書，復告老，以右僕射致仕。[3]皞累知貢舉，稱得士，宰相馬裔孫、桑維翰皆其所取進士也。[4]後裔孫知貢舉，率新進士謁皞，皞喜，爲詩曰："詞場最重是持衡，天遣愚夫受盛名，三主禮闈年八十，門生門下見門生。"當世榮之。桑維翰嘗私見皞，皞不爲迎送，人問之，皞曰："我見桑公于中書，庶僚也；今見我于私第，門生也。"人以爲允。[5]卒年八十五。贈太子太保。[6]《永樂大典》卷五千三百五。[7]

［1］"裴皞"至"世居河東爲望族"：《新五代史》卷五七《裴皞傳》："裴皞，字司東，河東人也。裴氏自晋、魏以來，世爲名族，居燕者號'東眷'，居涼者號'西眷'，居河東者號'中眷'。"

［2］太子賓客：官名。爲太子官屬。唐高宗顯慶元年（656）始置。掌侍從規諫、贊相禮儀。正三品。　"唐光化三年"至"以老致仕"："釋褐授校書郎"後，中華書局本有校勘記："句下殿本有'歷諫職。梁初，當路推其文學，遷翰林學士、中書舍人。唐莊宗時，擢爲禮部侍郎，後以語觸當事，改太子賓客，旋授兵部尚書，以老致仕'五十一字。按本段文字疑係據《新五代史》卷五七《裴皞傳》改寫。"《輯本舊史》卷三一《唐莊宗紀五》同光二年（924）三月丙辰條："以中書舍人裴皞權知貢舉。"卷三二《唐莊宗紀六》同光二年九月戊申條："以中書舍人、權知貢舉裴皞爲禮部侍郎。"同卷同光三年四月癸酉條："詔翰林學士承旨盧質覆試新及第進士。"《宋本册府》卷六五一《貢舉部・謬濫門》："後唐莊宗同光三年三月敕：'今年新及第進士符蒙正等，宜令翰林學士承旨盧質就本院覆試，仍令學士使楊彦珞監試。'"《輯本舊史》

卷三二《唐莊宗紀六》同光三年四月丁亥條：“禮部侍郎裴皥既無黜落，特議寬容。今後新及第人，候過堂日委中書門下精加詳復。”《宋本册府》卷六四一《貢舉部·條制門三》同光三年三月敕：“禮部貢院今年新及第進士符蒙正、成僚、王澈、桑維翰四人。國家歲命春官，首司貢籍，高懸科級，明列等差，廣進善之門，爲取士之本。所重者藝行兼著，鄉里有稱，定才實之淺深，振聲名於夷夏，必當得儁，允副旁求。爰自近年，寖成澆俗，多聞濫進，全爽舊章。朕自興復丕圖，削平僞紀，方作事以謀始，盡革故以鼎新，蓋欲窒弊正訛，去華務實，誠爲要道，無切於斯。今據禮部奏，所放進士符蒙正等四人，既慊輿情，頗干浮論，須令覆覈，俾塞群言，又遣考詳，貴從精覆。及再覽符蒙正、成僚等呈試詩賦，果有疵瑕。今若便有去留，慮乖激勸，儻無昇降，即眇甄明。況王澈體物可嘉，屬辭甚妙，細披製作，最異儕流。但應試以救成，或求對而不切。桑維翰若無紕繆，稍有功夫，止當屬對之間，累失求妍之美。須推事藝，各定否臧，貴叶允平，庶諧公共。其王澈改爲第一，桑維翰第二，符蒙正第三，成僚第四。禮部侍郎裴皥在掄材之際，雖匪阿私，當定名之時，頗虧優劣。但緣符蒙正等既無絀落，裴皥特議寬容，勿負憂疑，已從釋放。自今後，應禮部常年所試舉人雜文策等，候過堂日，委中書門下准本朝故事細加詳覆，方可奏聞，不得輒徇人情，有隳事實。’時命盧質覆試於翰林院，試君從諫則聖賦，以‘堯舜禹湯傾心求過’爲韻，臣事君以忠詩。是歲，試進士科者數十人，裴皥精選其文，惟得王澈輩。或譖毁於宣徽使李紹宏曰：‘今年新進士，不由才進，各有阿私，物議以爲不可。’紹宏訴於郭崇韜，因奏令盧質覆試。質爲賦韻五平聲三側聲，且踰常式，覆試之日，中外騰口，議者非之。”《輯本舊史》卷三七《唐明宗紀三》天成元年（926）十一月癸丑條：“禮部侍郎裴皥上言：‘諸州刺史經三考方請替移。’詔曰：‘有政聲者就加恩澤，無課最者即便替移。’”卷三八《唐明宗紀四》天成二年四月己丑條：“以禮部侍郎裴皥爲户部侍郎。”卷三九《唐明宗紀五》天成三年八月癸酉條："以户部侍郎裴皞守兵部侍郎。"卷四〇《唐明宗紀六》天成四年八月丁未條："以兵部侍郎裴皞爲太子賓客。"《宋本册府》卷四六〇《臺省部·正直門》："晋裴皞，初仕唐爲兵部侍郎。明宗時，以數論權臣過失，授太子賓客。"《輯本舊史》卷四四《唐明宗紀十》長興四年（933）四月甲寅條："太子賓客裴皞以兵部尚書致仕。"《新五代史·裴皞傳》："事後唐爲禮部侍郎。皞喜論議，每陳朝廷闕失，多斥權臣。改太子賓客，以老拜兵部尚書致仕。"上引《册府》卷六四一、卷六五一所引敕書，均誤爲三月。

[3]右僕射：官名。秦始置。隋、唐前期以左、右僕射佐尚書令總理六官，綱紀庶務，如不置尚書令，則總判省事，爲宰相之職。唐後期多爲大臣加銜。從二品。　"天福初"至"以右僕射致仕"：《輯本舊史》卷七六《晋高祖紀二》天福二年（937）三月戊寅條："兵部尚書致仕裴皞爲工部尚書。"同卷七月壬申條："帝御崇元殿，備禮册四廟，親授寶册於使攝太尉、守司空、門下侍郎平章事馮道，使副攝司徒、守工部尚書裴皞，赴洛京行禮。"卷七七《晋高祖紀三》天福三年十月丙戌條："以工部尚書裴皞爲尚書右僕射致仕。"《宋本册府》卷八九九《總録部·致政門》："裴皞爲工部尚書，以耄年乞骸，加右僕射致仕。西歸京洛，逍遥自娱。"

[4]馬裔孫：人名。棣州商河（今山東商河縣）人。五代大臣。傳見本書卷一二七。　桑維翰：人名。洛陽（今河南洛陽市）人。初爲石敬瑭節度掌書記，石敬瑭稱帝後出任翰林學士、知樞密院事等職。傳見本書卷八九、《新五代史》卷二九。

[5]詞場最重是持衡：中華書局本有校勘記："《記纂淵海》卷一〇九引《五代史》作'官塗最重是文衡'。"　皞不爲迎送：中華書局本有校勘記："句下殿本有'人問之，皞曰："我見桑公于中書，庶僚也；今見我于私第，門生也。"'二十四字。按以上文字全同《新五代史》卷五七《裴皞傳》，疑係清人誤輯。《宋本册府》卷四五九《臺省部·公正門》："晋裴皞爲工部尚書，舍相國寺。宰臣桑維翰謁之，不迎不送。或問之，答曰：'皞見維翰於中書，則

庶寮也。維翰見皥於私館，則門生也。何送迎之有?’人重其耿介。”

[6]卒年八十五。贈太子太保：《輯本舊史》卷七九《晋高祖紀五》天福五年四月壬寅條：“右僕射致仕裴皥卒，贈太子太保。”

[7]《大典》卷五三〇五爲“昭”字韻“春秋昭公（二三）”事目，誤注。裴姓人物傳記本應在《大典》卷二八九三至二九〇〇“裴”字韻“姓氏”事目中，但此八卷在修《四庫全書》時已佚失。此傳出處爲《大典》何卷待考，但它已包含一篇完整傳記的所有内容，《新五代史》本傳又未録新材料，僅爲此傳的改寫，故可確定此傳符合原本。

吴承範

吴承範，字表微，魏州人也。[1]父瓊，右金吾衛將軍，累贈太子少保。[2]承範少好學，善屬文，唐閔帝之鎮鄴都也，聞其才名，署爲賓職，承範懇求隨計，閔帝許之。[3]長興三年春，擢進士第。及閔帝即位，授左拾遺。[4]清泰二年，以本官充史館修撰。與同職張昭等共修《明宗實録》，轉右補闕，依前充職。[5]高祖革命，遷尚書屯田員外郎、知制誥。[6]天福三年，改樞密院直學士，未幾，自祠部郎中、知制誥召充翰林學士，正拜中書舍人，賜金紫。[7]少帝嗣位，遷禮部侍郎，知貢舉，尋遘疾而卒，年四十二。[8]贈工部尚書。

[1]魏州：州名。治所在今河北大名縣。

[2]右金吾衛將軍：官名。唐置，掌宫禁宿衛。唐代置十六衛，即左右衛、左右驍衛、左右武衛、左右威衛、左右領軍衛、左右金

吾衛、左右監門衛、左右千牛衛。各置上將軍，從二品；大將軍，正三品；將軍，從三品。　太子少保：官名。與太子少師、太子少傅統稱太子三少。隋、唐以後多作加官或贈官。從二品。

[3]唐閔帝：即後唐閔帝李從厚，明宗李嗣源第三子。紀見本書卷四五、《新五代史》卷七。　鄴都：明本《册府》卷二一《帝王部・徵應門》作"大名"，且記此事於天福三年（938）。

[4]左拾遺：官名。唐代門下省所屬諫官。掌規諫，薦舉人才。從八品上。　"吴承範"至"授左拾遺"：《宋本册府》卷一七二《帝王部・求舊門二》："愍帝長興四年十一月即位。丙辰，以天雄軍節度判官唐汭爲左諫議大夫，掌書記趙象爲起居郎，攝觀察推官吴承範爲左拾遺，左都押衙宋令詢爲磁州刺史，皆帝帥鄴時文武參佐也。唐汭舉進士，自帝帥宣武時從事歷太原、真、定三府，帝喜儒學，汭之所啓也，故有此授。又以天雄軍巡官殷鵬爲右拾遺，鵬與吴承範俱魏州人，舉進士，會帝爲帥，歸鄉里依之，故有是超授焉。"　長興三年春：中華書局本有校勘記："'春'字原闕，據殿本、孔本補。"

[5]史館修撰：官名。唐天寶以後，他官兼領史職者，稱史館修撰。　張昭：人名。世居濮州范縣（今河南范縣）。五代、宋初大臣，時爲中書舍人。傳見《宋史》卷二六三。《輯本舊史》之影庫本粘籤："考張昭本名昭遠，至漢初始去'遠'字。《薛史・晋書》已作張昭，蓋從其最後之名，今姑仍其舊。"　"清泰二年"至"依前充職"：《輯本舊史》卷四八《唐末帝紀下》清泰三年（936）二月庚午條："監修國史姚顗，史官張招遠、李祥、吴承範等修撰《明宗實録》三十卷上之。"《宋本册府》卷五五四《國史部・恩奬門》："晋姚顗，後爲唐門下侍郎、平章事，監修國史。清泰三年，上《明宗實録》三十卷。同修撰官中書舍人充史館修撰張昭遠，授尚書禮部侍郎，中書舍人充史館修撰李詳，加中大夫、上柱國，並依前充職；户部郎中充史館修撰程遜，授右諫議大夫；左拾遺充史館修撰吴承範，授左補闕，充職右拾遺；直史館楊昭儉，

授殿中侍御史；各頒賜有差。”亦見《宋本册府》卷五五七《國史部·採撰門》。

[6]屯田員外郎：官名。屯田郎中的副職。與郎中共掌屯田政令等。從六品上。　“高祖革命”至“知制誥”：《輯本舊史》卷七六《晉高祖紀二》天福二年十二月條：“以右補闕、史官修撰吴承範爲尚書屯田員外郎、知制誥。”

[7]祠部郎中：官名。隋代始設，歷代沿置，禮部祠部主官，掌祭祀、占卜、天文、漏刻、國忌、廟諱、醫藥、僧尼簿籍等事。從五品。　“天福三年”至“賜金紫”：《輯本舊史》卷七七《晉高祖紀三》天福三年二月戊子條：“以尚書屯田員外郎、知制誥吴承範爲庫部員外郎，充樞密院直學士。”同卷同年十一月甲辰條：“樞密直學士、庫部員外郎吴承範可祠部郎中、知制誥。”卷七八《晉高祖紀四》天福四年十一月丁丑條：“祠部郎中、知制誥吴承範改中書舍人，充翰林學士。”

[8]“少帝嗣位”至“年四十二”：《輯本舊史》卷八一《晉少帝紀一》天福八年五月辛卯條：“以中書舍人吴承範爲禮部侍郎。”同卷同年六月庚申條：“禮部侍郎吴承範卒。”

承範温厚寡言，善希人旨，桑維翰、李崧尤重之，嘗薦于高祖，云可大用。承範知之，持重自養，雖遇盛夏，[1]而猶服襦袴，加之以純綿，蓋慮有寒濕之患也。然竟不獲其志，其命也夫。《永樂大典》卷三千三百二十一。[2]

[1]雖遇盛夏：中華書局本有校勘記：“‘遇’，原作‘過’，據殿本、劉本、彭校改。”

[2]《大典》卷三三二一爲“春”字韻“春官（八）”事目，誤注。中華書局本有校勘記：“檢《永樂大典目録》，卷三三二一爲

‘春’字韻‘春官八’，與本則内容不符，恐有誤記。陳垣《舊五代史輯本引書卷數多誤例》謂應作卷二三二一‘吴’字韻‘姓氏十三’。”吴姓人物傳記本應在《大典》卷二三一九至二三三六“吴”字韻“姓氏”事目中，但此十八卷在修《四庫全書》時已佚失。此傳出處爲《大典》何卷，待考。

盧導

盧導，字熙化，其先范陽人也。[1]祖伯卿，唐殿中侍御史。[2]父如晦，國子監丞，贈户部侍郎。[3]導少而儒雅，美詞翰，善談論。唐天祐初，登進士第，釋褐除校書郎，由均州鄖鄉縣令入爲監察御史，三遷職方員外郎，充史館修撰，改河南縣令、禮部郎中，賜紫，轉右司郎中兼侍御史知雜事。[4]以病免，閒居於漢上。久之，天成中，以本官徵還，拜右諫議大夫。長興末，爲中書舍人，權知貢舉。明年春，潞王自鳳翔擁大軍赴闕，唐閔帝奔于衛州，宰相馮道、李愚集百官于天宫寺，將出迎潞王。[5]時軍衆離潰，人情奔駭，百官移時未有至者。導與舍人張昭先至，馮道請導草勸進牋，導曰：“潞王入朝，郊迎可也；[6]若勸進之事，安可造次。且潞王與主上，皆太后之子，或廢或立，當從教令，安得不稟策母后，率爾而行！”馮道曰：“凡事要務實，勸進其可已乎？”導曰：“今主上蒙塵在外，遽以大位勸人，若潞王守道，以忠義見責，未審何詞以對！不如率羣臣詣宫門，取太后進止，即去就善矣。”道未及對，會京城巡檢安從進報曰：“潞王至矣，安得百僚無班。”[7]即紛然而去。是日，潞王未至，馮道等止于上陽門外，又令導草勸進牋，導執之如初。[8]李愚曰："舍人之言是也，吾輩信罪人矣。"導之守正也如是。晋天福中，由禮部侍郎遷尚書右丞，判吏部尚書銓事，秩滿，拜吏部侍郎。[9]六年秋，卒於東京，時年七十六。《永樂大典》卷二千二百十二。[10]

［1］范陽：縣名。三國魏黄初七年（226）改涿郡置。治所在今河北涿州市。

［2］伯卿：《舊五代史考異》："案《新唐書·宰相世系表》：卿，太原少尹伯初之子也。疑原本衍'伯'字。"

［3］父如晦：《舊五代史考異》："案《新唐書·世系表》作'知晦'。"　國子監：官署名。晋代始設國子學，隋代改稱國子監。中國古代最高學府和教育管理機構，設國子祭酒爲最高長官。　户部侍郎：官名。尚書省户部次官。協助户部尚書掌天下田户、均輸、錢穀之政令。正四品下。

［4］天祐：唐昭宗李曄開始使用的年號（904）。唐哀帝李柷即位後沿用（904—907）。唐亡後，河東李克用、李存勗仍稱天祐，沿用至天祐二十年（923）。五代其他政權亦有行此年號者，如南吴、吴越等，使用時間長短不等。　釋褐：出仕爲官的一種説法。　均州：州名。治所在今湖北丹江口市。　鄖鄉：縣名。治所在今湖北十堰市鄖陽區。中華書局本有校勘記："'鄖鄉縣'，原作'鄭鄉縣'，據殿本、劉本、邵本校改。按《太平寰宇記》卷一四三記均州有鄖鄉縣。"此條亦見《新五代史》卷五四《盧導傳》。　監察御史：官名。唐代屬御史臺之察院，掌監察中央機構、州縣長官及祭祀、庫藏、軍旅等事。唐中期以後，亦作爲外官所帶之銜。正八品下。　職方員外郎：官名。尚書省兵部職方司副長官。協助郎中掌天下地圖、城隍、鎮戍、烽候等事。從六品上。　右司郎中：

官名。尚書右丞副貳，協掌尚書都省事務，監管兵、刑、工部諸司政務，舉稽違，署符目，知直宿，位在諸司郎中上。從五品上。據中華書局本有校勘記，本書卷九二《王權傳》，《舊唐書》卷一六四《王蕘傳》，《新唐書》卷七二中《宰相世系表二中》、卷一六七《王蕘傳》作“右司員外郎”。

[5]潞王：即李從珂。鎮州（今河北正定縣）人。本姓王，後唐明宗李嗣源擄其母魏氏，遂養爲己子。應順元年（934）四月，李從珂入洛陽即帝位。清泰三年（936）五月，石敬瑭謀反，廢帝自焚死，後唐亡。紀見本書卷四六至卷四八、《新五代史》卷七。　鳳翔：方鎮名。治所在鳳翔府（今陝西鳳翔縣）。　衛州：州名。治所在今河南衛輝市。　李愚：人名。渤海無棣（今山東慶雲縣）人。唐末進士，唐末五代大臣。傳見本書卷六七、《新五代史》卷五四。《輯本舊史》之影庫本粘籤：“李愚，原本作‘李遇’，今從《通鑑》改正。”見《通鑑》卷二七九清泰元年三月己巳條。　天宫寺：寺廟名。今地不詳。

[6]郊迎：《舊五代史考異》：“案《通鑑》作班迎。”見《通鑑》卷二七九清泰元年三月己巳條。

[7]京城巡檢：官名。五代始設巡檢，設於京師、陪都、重要的州及邊防重鎮。設於都城的稱京城巡檢使、都巡檢、都巡檢使。掌京城治安。　安從進：人名。索葛部人。五代後唐、後晋將領。傳見本書卷九八、《新五代史》卷五一。

[8]馮道等止于上陽門外，又令導草勸進牋：《舊五代史考異》：“案：《歐陽史》作潞王止于上陽門外，道又令導草牋，與《薛史》異。《通鑑》作潞王未至，三相息于上陽門外，與是書同。”見《通鑑》卷二七九清泰元年三月己巳條。此條亦見《宋本册府》卷五五一《詞臣部·器識門》、《新五代史》卷五四。《宋本册府》卷九〇六《總録部·假告門》：“後唐盧導，爲右司郎中，知雜事。明宗天成二年八月，假滿百日，奉敕停官。”卷五〇二《邦計部·常平門》載：“長興元年五月，右司郎中盧導奏請置常平義

倉，以備凶年。”

［9］“晉天福中”至“拜吏部侍郎”：《輯本舊史》卷四六《唐末帝紀上》清泰元年十一月甲子條：“以中書舍人盧導爲禮部侍郎。”卷四七《唐末帝紀中》清泰二年五月甲寅條：“以尚書禮部侍郎盧導爲尚書右丞。”卷七七《晉高祖紀三》天福三年（938）七月庚戌條：“尚書右丞盧導改尚書吏部侍郎。”

［10］《大典》卷二二一二“盧”字韻“姓氏（七）”事目。

鄭韜光

鄭韜光，字龍府，洛京河清人也。[1]曾祖絪，爲唐宰相。祖祗德，國子祭酒，贈太傅。[2]父顥，河南尹，贈太師。[3]其先世居滎陽，自隋、唐三百餘年，公卿輔相，蟬聯一門。韜光，唐宣宗之外孫，萬壽公主之所出也，生三日，賜一子出身，銀章朱紱。[4]及長，美容止，神爽氣澈，不妄喜怒，秉執名節，爲甲族所稱。自京兆府參軍歷祕書郎、集賢校理、太常博士、虞部比部員外郎、司門户部郎中、河南京兆少尹、太常少卿、諫議大夫、給事中。[5]梁貞明中，懇求休退，上表漏名，責授寧州司馬。[6]莊宗平梁，遷工、禮、刑部侍郎。天成、長興中，歷尚書左右丞。[7]國初，以户部尚書致仕。[8]自襁褓迨于懸車，凡事十一君，[9]越七十載，所仕無官謗，無私過，三持使節，不辱君命，士無賢不肖，皆恭己接納。晚年背傴，時人咸曰鄭傴不迂。[10]平生交友之中無怨隙，親族之間無愛憎，恬和自如，性尚平簡，及致政歸洛，甚愜終焉之志。[11]天福五年秋，寢疾而卒，年八十。贈右僕射。[12]《永樂大典》卷一萬八千八百八十一。[13]

［1］龍府：中華書局本有校勘記："《册府》卷八六六作'龍符'。"見明本《册府》卷八六六《總録部·貴盛門》。　河清：縣名。治所在今河南洛陽市吉利區。中華書局本有校勘記："原作'清河'，據劉本、邵本校、《册府》卷八六六乙正。按《太平寰宇記》卷五記河清縣隸河南府。"

［2］祖祇德：《舊五代史考異》："案《新唐書·宰相世系表》：祇德，兵部尚書。"　太傅：官名。與太師、太保合稱三師，唐後期、五代多爲大臣、勳貴加官。正一品。

［3］父顥：《舊五代史考異》："案《新唐書·世系表》：顥字養正，疑'顥'字是'頤'字之訛。"　太師：官名。與太傅、太保合稱三師，唐後期、五代多爲大臣、勳貴加官。正一品。

［4］唐宣宗：唐宣宗李忱，初名李怡。唐憲宗李純第十三子，唐穆宗李恒异母弟，846年至859年在位。紀見《舊唐書》卷一八下、《新唐書》卷八。　萬壽公主：唐宣宗李忱之女，唐懿宗李漼同母妹，下嫁鄭顥而生鄭韜光。傳見《新唐書》卷八三。　朱紱（fú）：古人珮玉或印章的紅色絲帶。

［5］參軍：官名。唐於府稱士曹參軍，州稱司士參軍，縣稱司士佐。掌河津及營造橋梁、廨宇等事。　集賢校理：官名。唐玄宗時始置。掌校理集賢殿圖籍。　太常博士：官名。掌撰五禮儀注。大禮時，導引乘輿，贊相祭祀，定諡諡以及守陵廟等。從七品上。　虞部員外郎：官名。唐、宋工部設虞部，其長官稱郎中，副長官稱員外郎，掌山澤苑囿、場冶薪炭等事。從五品上。　太常少卿：官名。太常寺次官。佐太常卿掌宗廟祭祀禮樂及教育等。正四品上。　諫議大夫：官名。秦始置，掌朝政議論。隋唐仍置，有左、右諫議大夫四人，分屬門下、中書二省。掌諫諭得失，侍從贊相。唐後期、五代多以本官領他職。唐初爲正五品上，會昌二年（842）

升爲正四品下。後晋天福五年（940）爲正四品，後周顯德五年（958）復改爲正五品上。　給事中：官名。秦始置。隋唐以來，爲門下省屬官。掌讀署奏抄，駁正違失。正五品上。　“韜光”至“給事中”：《宋本册府》卷七七七《總録部·名望門二》、明本《册府》卷八六六《總録部·貴盛門》亦載。《舊唐書》卷二〇上《昭宗紀》天祐元年（904）六月：“甲寅，以京兆少尹鄭韜光爲太常少卿。”《輯本舊史》卷一〇《梁末帝紀下》貞明六年（920）四月庚子條：“宗正卿朱守素上言：‘請依前朝置匭院，令諫議大夫專判。’從之，乃以右諫議大夫鄭韜光充知匭使。”本傳未載。另《輯本舊史》卷三二《唐莊宗紀六》、卷四一《唐明宗紀七》，《宋本册府》卷四七五《臺省部·奏議門六》、卷六三二《銓選部·條制門四》載其任給事中爲後唐事。

［6］寧州：州名。治所在今甘肅寧縣。　“梁貞明中”至“責授寧州司馬”：《輯本舊史·唐莊宗紀六》同光二年（924）十一月壬寅條：“給事中鄭韜光貶寧州司馬。”非梁貞明時事。

［7］“莊宗平梁”至“歷尚書左右丞”：《輯本舊史》卷四三《唐明宗紀九》長興三年（932）十一月庚子條：“以工部侍郎鄭韜光爲禮部侍郎。”卷四六《唐末帝紀上》清泰元年（934）八月壬申條：“以尚書禮部侍郎鄭韜光爲刑部侍郎。”同卷同年十一月辛丑條：“以刑部侍郎鄭韜光爲尚書右丞。”卷四七《唐末帝紀中》清泰二年五月甲寅條：“以尚書右丞鄭韜光爲尚書左丞。”傳、紀時間有異。

［8］國初，以户部尚書致仕：《輯本舊史》卷七六《晋高祖紀二》天福二年（937）八月戊子條：“以尚書左丞鄭韜光爲户部尚書致仕。”

［9］凡事十一君：中華書局本有校勘記：“《册府》卷八〇六同，‘事’字下《御覽》卷二四三引《五代史》、《記纂淵海》卷三九引《五代史》有‘真僞’二字。”見《宋本册府》卷八〇六《總録部·賢德門》。

［10］傴（yǔ）：本意指駝背之態，亦有敬稱之意。

［11］甚愜終焉之志：《宋本册府》卷八〇六作“甚愜終焉之美”。

［12］“天福五年秋”至“贈右僕射”：《輯本舊史》卷七九《晋高祖紀五》天福五年七月乙亥條：“户部尚書致仕鄭韜光卒，贈右僕射。”

［13］《大典》卷一八八八一“鄭”字韻“姓氏（一〇）”事目。

王權

王權，[1]字秀山，太原人，積世衣冠。曾祖起，官至左僕射、山南西道節度使，册贈太尉，謚曰文懿，唐史有傳。祖龜，浙東觀察使。[2]父蕘，右司員外郎。[3]權舉進士，解褐授祕書省校書郎、集賢校理，歷左拾遺、右補闕。梁祖革命，御史司憲崔沂表爲侍御史，遷兼職方員外郎知雜事。[4]歲餘，召入翰林爲學士，在院加户部郎中、知制誥，歷左諫議大夫、給事中，充集賢殿學士判院事，俄拜御史中丞。[5]唐莊宗平梁，以例出爲隨州司馬，會赦，量移許州。[6]月餘，入爲右庶子，遷户兵吏三侍郎、尚書左丞、禮部尚書判銓。[7]清泰中，權知貢舉，改户部尚書，華資美級，罕不由之。[8]高祖登極，轉兵部尚書。[9]天福中，命權使於契丹，權以前世累爲將相，未嘗有奉使而稱陪臣者，謂人曰：“我雖不才，年今耄矣，豈能遠使於契丹乎！違詔得罪，亦所甘心。”[10]由是停任。先是，宰相馮道使於契丹纔回，權亦自鳳翔册禮使回，故責詞略曰：[11]“若以道路迢遥，即鸞閣之台臣亦往；若以筋骸衰減，即鳳翔之册使纔回。既黷憲章，須從殿黜”云。其實權不欲臣事契丹，[12]故堅辭之，非避事以違命也。踰歲授太子少傅致仕。[13]六年秋，以疾卒，年七十八。贈左僕射。《永樂大典》卷六千八百五十一。[14]

[1]王權：《輯本舊史》之影庫本粘籤：“王權，《太平御覽》作‘王權’，與原本異。《通鑑》《歐陽史》統作‘王權’，知‘權’字係傳刻之誤，今仍其舊。”見《新五代史》卷五六《王權傳》。

[2]觀察使：官名。唐代後期出現的地方軍政長官。唐玄宗開元二十一年（733）置十五道採訪使，唐肅宗乾元元年（758）改爲觀察使。無旌節，地位低於節度使。掌一道州縣官的考績及民政。

[3]右司員外郎：《新五代史·王權傳》作“右司郎中”。

[4]御史司憲：官名。後梁置，掌監察百官。　崔沂：人名。博州（今山東聊城市）人。唐宰相崔鉉之子，後梁大臣。傳見本書卷六八。　侍御史：官名。秦始置。掌糾舉百官，推鞫獄訟。從六品下。

[5]户部郎中、知制誥：明本《册府》卷四六七《臺省部·舉職門》作“王權初仕梁爲户部侍郎”。

[6]隨州：州名。治所在今湖北隨州市。　許州：州名。治所在今河南許昌市。　以例出爲隨州司馬：中華書局本有校勘記：“‘司馬’，本書卷三〇《唐莊宗紀四》、《通鑑》卷二七二作‘司户’。”見《輯本舊史》卷三〇《唐莊宗紀四》同光元年（923）十月丙戌條、《通鑑》卷二七二同光元年十月丙戌條。

[7]右庶子：官名。亦稱太子右庶子。隋始置，爲太子典書坊長官。掌侍從太子左右，獻納啓奏，宣傳令言。正四品下。

［8］“月餘”至“罕不由之”：《輯本舊史》卷三六《唐明宗紀二》天成元年（926）六月戊戌，“以太子右庶子王權爲户部侍郎”；卷三八《唐明宗紀四》天成二年四月己丑，“以户部侍郎王權爲兵部侍郎”；卷三九《唐明宗紀五》天成三年七月，“以兵部侍郎王權、御史中丞梁文矩並爲吏部侍郎”；卷四二《唐明宗紀八》長興二年（931）閏五月壬寅，“以吏部侍郎王權爲尚書左丞”；卷四三《唐明宗紀九》長興三年十二月壬戌，“以尚書左丞王權爲禮部尚書”；卷四七《唐末帝紀中》清泰二年（935）五月庚申，“以禮部尚書王權爲户部尚書”。

［9］高祖登極，轉兵部尚書：《輯本舊史》卷七六《晉高祖紀二》天福二年三月：“戊寅，以户部尚書王權爲兵部尚書。”

［10］契丹：古部族、政權名。公元四世紀中葉宇文部爲前燕所攻破，始分離而成單獨的部落，自號契丹。唐貞觀中，置松漠都督府，以其首領爲都督。唐末强盛，916年迭剌部耶律阿保機建立契丹國（遼）。先後與五代、北宋並立，保大五年（1125）爲金所滅。參見張正明《契丹史略》，中華書局1979年版。　未嘗有奉使而稱陪臣者：中華書局本有校勘記：“‘奉使而稱陪臣者’，《永樂大典》卷六八五一引《五代薛史》，《御覽》卷二一七引《五代史·晉史》，《册府》卷四六〇、卷八七七作‘稱臣於戎虜者’。”　豈能遠使於契丹乎：中華書局本有校勘記：“‘遠使於契丹’，《永樂大典》卷六八五一引《五代薛史》，《御覽》卷二一七引《五代史·晉史》，《册府》卷四六〇、卷八七七作‘稽顙於穹廬之長’。”

［11］先是，宰相馮道使於契丹纔回，權亦自鳳翔册禮使回：《舊五代史考異》：“案：《通鑑考異》引《周世宗實録·馮道傳》云：契丹遣使加徽號于晉祖，晉亦獻徽號于契丹。始命兵部尚書王權銜其命，權辭以老病。晉祖謂馮道曰：‘此行非卿不可。’道無難色。據此傳，馮道自契丹使回，始命王權奉使，道亦未嘗再使契丹也，與《周實録》異。”《輯本舊史》卷七七《晉高祖紀三》天福三年（938）十月戊子條：“以右金吾大將軍馬從斌爲契丹國信使，

考功郎中劉知新副之。”

［12］其實權不欲臣事契丹：中華書局本有校勘記：“‘不欲臣事契丹’，《永樂大典》卷六八五一引《五代薛史》作‘以耻拜虜廷’。”參見《宋本册府》卷四八一《臺省部·譴責門》、卷八七七《總録部·剛門》，明本《册府》卷三二九《宰輔部·奉使門》，《宋本册府》卷四六〇《臺省部·正直門》，《通鑑》卷二八一《後晋紀二》。

［13］踰歲授太子少傅致仕：《輯本舊史》卷七八《晋高祖紀四》天福四年八月：“戊申，前兵部尚書王權授太子少傅致仕。”

［14］《大典》卷六八五一“王”字韻“姓氏（三六）”事目。

韓惲

韓惲，字子重，太原晋陽人。[1]曾祖俊，唐龍武大將軍。祖士則，石州司馬。[2]父逵，代州刺史。[3]惲世仕太原，昆仲爲軍職，惟惲親狎儒士，好爲歌詩，聚書數千卷。乾寧中，後唐莊宗納其妹爲妃，初爲嫡室，故莊宗深禮其家，而惲以文學署交城、文水令，入爲太原少尹。[4]莊宗平定趙、魏，爲魏州支使。莊宗即位，授右散騎常侍，從駕至洛陽，轉尚書户部侍郎。[5]天成初，改秘書監。[6]俄而馮道爲丞相，與惲有同幕之舊，以惲性謹厚，尤左右之，尋遷禮部尚書。[7]丁内憂，服闋，授户部尚書。[8]明宗晏駕，馮道爲山陵使，引惲爲副使。[9]清泰初，以充奉之勞，授檢校尚書右僕射、絳州刺史，踰年，入爲太子賓客。[10]高祖登極，以惲先朝懿戚，深加禮遇，除授貝州刺史。[11]時范延光有跋扈之狀，惲懼其見逼，遲留不敢赴任，高祖不悦，復授太子賓客，尋改兵部尚書。[12]天福七年夏，車駕在鄴，惲病腳氣，卒於龍興寺，時年六十餘。[13]《永樂大典》卷三千六百七十五。[14]

[1]韓惲：考《輯本舊史》紀、傳所載，卷三四、三八、三九、四四、四五、四六、四八、一四三皆作“韓彦惲”。

[2]石州：州名。治所在今山西吕梁市離石區。

[3]代州：州名。治所在今山西代縣。

[4]乾寧：唐昭宗李曄年號（894—898）。　交城：縣名。治所在今山西交城縣。　文水：縣名。治所在今山西文水縣。　“惲世仕太原”至“入爲太原少尹”：明本《册府》卷三〇五《外戚部·儒學門》：“晋韓惲，世仕太原，昆仲爲軍職，唯惲親狎儒士，好爲歌詩，聚書數千卷。乾寧中，後唐莊宗納其妹爲妃。妃初爲嫡室，故莊宗深禮其家。而惲以文學署交成文水令，入爲太原少尹。”

[5]“莊宗即位”至“轉尚書户部侍郎”：《輯本舊史》卷三四《唐莊宗紀八》同光四年（926）二月丙辰條：“以右散騎常侍韓彦惲爲户部侍郎。”卷一四三《禮志下》後唐長興元年（930）九月條：“户部尚書韓彦惲等奏議曰：‘伏以本朝尊受命之祖景皇帝爲始封之君，百代不遷，長居廟食，自貞觀至於天佑，無所改更，聖祖神孫，左昭右穆。自中興國祚，再議宗祊，以太祖景皇帝在祧廟之數，不列祖宗，欲尊太祖之位，將行東向之儀，爰命群臣，同議可否。伏詳本朝列聖之舊典，明皇定禮之新規，開元十年，特立九廟，子孫遵守，歷代無虧。今既行定禮之規，又以祧太祖之室。昔德宗朝，將行禘祫之禮，顔真卿議請奉獻祖居東向之位，景皇帝暫居昭穆之列，考之於貞元，則以爲誤，行之於今日，正得其禮。今欲請每遇禘祫之歲，暫奉景皇帝居東向之尊，自元皇帝以下，敘列昭穆。’從之。”

［6］天成初，改秘書監：《輯本舊史》卷三八《唐明宗紀四》天成二年（927）四月甲辰條："以户部侍郎韓彦惲爲秘書監。"

［7］"俄而馮道爲丞相"至"尋遷禮部尚書"：《輯本舊史》卷三九《唐明宗紀五》天成三年八月癸酉條："以吏部侍郎韓彦惲守禮部尚書。"同卷同年十月戊申條："帝臨軒，命禮部尚書韓彦惲、工部侍郎任贊往應州奉册四廟。"明本《册府》卷三一《帝王部·奉先門四》："十月戊申，帝服衮冕，御崇元殿，臨軒命禮部尚書韓彦惲、工部侍郎任贊往應州奉册四廟陵，樂奏、仗衛如式。"本傳未載。《册府》卷九五五《總録部·知舊門》："韓惲，明宗天成初改秘書監。俄而馮道爲丞相，與惲俱莊宗龍潛佐幕之舊，以惲性謹厚，尤左右之。尋遷禮部尚書。"

［8］授户部尚書：《輯本舊史》卷四四《唐明宗紀十》長興四年九月甲戌條："以前户部尚書韓彦惲爲户部尚書。"

［9］山陵使：官名。亦稱山陵儀仗使。唐貞觀中始置。掌議帝后陵寢制度、監造帝后陵寢。　"明宗晏駕"至"引惲爲副使"：《輯本舊史》卷四五《唐閔帝紀》長興四年十二月丁巳條："以左僕射、平章事馮道爲山陵使，户部尚書韓彦惲爲副。"《新五代史》卷七《唐愍帝紀》天成四年十二月丁巳條："馮道爲大行皇帝山陵使，户部尚書韓彦惲爲副。"

［10］檢校尚書右僕射：官名。爲散官或加官，以示恩寵，無實際職掌。　"清泰初"至"踰年，入爲太子賓客"：《輯本舊史》卷四六《唐末帝紀上》清泰元年（934）六月乙酉條："以户部侍郎韓彦惲爲絳州刺史。"卷四八《唐末帝紀下》清泰三年九月甲辰條："以前絳州刺史韓彦惲爲太子賓客。"

［11］"高祖登極"至"除授貝州刺史"：《輯本舊史》卷七六《晋高祖紀二》天福二年（937）二月甲辰條："以太子賓客韓惲爲貝州刺史。"《宋本册府》卷四一《帝王部·寬恕門》："晋高祖天福四年秋七月，御史奏太子賓客韓惲、國子祭酒唐汭、左丞崔棁、吏部侍郎盧導、左司郎中趙上交、左贊善大夫李專美、太常博士祝

格、左龍武將軍李藏、左衛將軍李崇本入閣後至，衝班失儀。帝以人之小過，不用情，不撓法，雖曰失恭，恕而已矣。遂不令罰俸。”

[12]范延光：人名。鄴郡臨漳（今河北臨漳縣）人。五代後唐、後晉將領。傳見本書卷九七。　“時范延光有跋扈之狀”至“尋改兵部尚書”：《輯本舊史》卷七九《晉高祖紀五》天福五年八月丁丑條：“以太子賓客韓惲爲兵部尚書。”

[13]龍興寺：寺院名。位於今河南開封市。　“天福七年夏”至“時年六十餘”：《輯本舊史》卷八〇《晉高祖紀六》天福七年三月己未條：“兵部尚書韓惲卒。”

[14]《大典》卷三六七五“韓”字韻“姓氏（一一）”事目。

符蒙

符蒙，幼聰惠好學。父習，爲常山偏校。[1]常遣與文士共處。年十二，遊佛寺，見壁畫有盃渡道人，因題其腹曰：“都緣心似水，故以鉢爲舟。”人稍推之。由是篤意吟詠，經亭榭祠廟之間，皆削杮染翰，題詩而去。人愛其速成，往往傳誦。弱年漁獵子史，不便經書，爲文浮靡，惡微婉之言，好爲宫體艷詩及嘲謔之語。[2]後唐同光三年四月敕：“今年新及第進士符蒙正等，宜令翰林學士承旨盧質就本院覆試，仍令學士使楊彦璐監試。”[3]其月敕：“禮部所放進士符蒙正等四人，既慊羣情，實干浮議。近令覆試，俾塞輿言。及再覽符蒙正、成僚等程試詩賦，果有疵瑕。若便去留，慮乖激勸，儻無升降，即昧甄明。況王徹體物可嘉，屬詞甚妙；桑維翰若無紕繆，稍有功夫。其王徹升爲第一，桑維翰第二，符蒙正第三，成僚第四。禮部侍郎裴皞放。今後應禮部每年所試舉人雜文策等，候過堂日，委中書門下子細詳覆奏聞。”[4]

[1]偏校：官名。低級軍官之一種，

[2]“符蒙”至“好爲宫體艷詩及嘲謔之語”：《宋本册府》卷八四一《總録部·文章門五》。《新五代史》卷二六《符習傳》：“習二子：令謙、蒙……蒙少好學，性剛鯁，爲成德軍節度副使。後事晋，官至禮部侍郎。”

[3]盧質：人名。河南（今河南洛陽市）人。五代大臣。傳見本書卷九三、《新五代史》卷五六。 楊彦璐：人名。籍貫不詳。五代文士、官員。事見本書本傳。

[4]“後唐同光三年四月敕”至“委中書門下子細詳覆奏聞”：《宋本册府》卷六五一《貢舉部·謬濫門》。末句“今後應禮部每年所試舉人雜文策等，候過堂日，委中書門下子細詳覆奏聞”據《會要》卷二二進士條補。本段其他文字，《會要》微有不同。符蒙正即符蒙。《直齋書録解題》卷一九《詩集類》上收《符蒙集》一卷，題云：“符侍郎，同光三年進士也。同年四人，蒙初爲狀頭，覆試爲第四。”名次誤，但可證符蒙正即爲符蒙。《輯本舊史》卷三二《唐莊宗紀六》同光三年（925）四月丁亥條：“禮部貢院新及第進士四人，其王澈改爲第一，桑維翰第二，符蒙正第三，成僚第四。”《宋本册府》卷六四一《貢舉部·條制門三》：“（同光）三年三月敕：‘禮部貢院今年新及第進士符蒙正、成僚、王徹、桑維翰四人。國家歲命春官，首司貢籍，高懸科級，明列等差，廣進善之門，爲取士之本。所重者藝行兼著，鄉里有稱，定才實之淺深，振聲明於夷夏，必當得雋，允副旁求。爰自近年，寖成澆俗，多聞濫進，全爽舊章。朕自興復丕圖，削平僞紀，方作事以謀始，盡革故以鼎新。蓋欲窒弊正訛，去華務實，誠爲要道，無切於斯。今據禮

部奏，所放進士符蒙正等四人，既慊輿情，頗干浮論，須令覆試，俾塞羣言。又遣考詳，貴從精覈。及再覽符蒙正、成僚等呈試詩賦，果有疵瑕。今若便有去留，慮乖激勸，儻無昇降，即眇甄明。況王徹體物可嘉，屬辭甚妙，細披製作，最異儕流。但應試以效成，或求對而不切。桑維翰若無紕繆，稍有功夫，止當屬對之間，累失求妍之美。須推事藝，各定否臧，貴叶允平，庶諧公共。其王徹改爲第一，桑維翰第二，符蒙正第三，成僚第四。禮部侍郎裴皞在掄材之際，雖匪阿私，當定名之時，頗虧優劣。但緣符蒙正等既無絀落，裴皞特議寬容，勿負憂疑，已從釋放。自今後，應禮部常年所試舉人雜文策等，候過堂日，委中書門下准本朝故事，細加詳覆，方可奏聞，不得輒徇人情，有隳事實。'時命盧質覆試於翰林院，試《君從諫則聖賦》，以'堯舜禹湯，傾心求過'爲韻，《臣事君以忠詩》。是歲，試進士科者數十人，裴皞精選其文，惟得王徹輩。或譖毀於宣徽使李紹宏曰：'今年新進士，不由才進，各有阿私，物議以爲不可。'紹宏訴於郭崇韜，因奏令盧質覆試。質爲賦韻五平聲三側聲，且踰常式，覆試之日，中外騰口，議者非之。"

蒙爲右拾遺。天成二年六月辛丑，奏以五日轉對，無獻替之風，虛瀆聖聽，請罷之。[1]蒙素浮薄，每效秦洛間語，識者笑之。復性鄙嗇，與人交，不過於觴酒豆肉，未嘗以賑急爲心。赴兄之喪，謂人曰："夫量腸而食則延其壽。兄之此夭，是枉費也。"及清泰末，常山有秘瓊之亂，蒙百口悉在其中，而財貨掃地無餘，家遂一空。後至禮部侍郎卒。[2]

[1]右拾遺：官名。唐武則天於垂拱元年（685）置拾遺，分左、右。左拾遺隸門下省，右拾遺隸中書省，與左、右補闕共掌諷

諫，大事廷議，小事則上封事。從八品上。　“蒙爲右拾遺”至“請罷之”：《宋本册府》卷四七五《臺省部・奏議門二》。《宋本册府》卷五八《帝王部・守法門》涇王從敏條：“鎮州有市人劉方遇，家富。方遇卒，無子。妻弟田令遵者，幼爲方遇治財，善殖貨，劉族乃同推令遵爲方遇子，親族共立券書以爲誓信。累年後，方遇二女取資金於令遵，不如意，乃訟令遵冒姓，奪父家財。劉之二女以錢賂從敏之親吏，又姦通判官陸浣。從敏令浣鞫劉氏獄，而殺令遵。令遵父詣臺訴。又以成德軍節度副使符蒙、掌書記徐台符鞫之。蒙本鎮人，備知姦狀。及詰二女，伏行賂於節度副使趙環、代判高知柔、觀察判官陸浣，並捕下獄，具服贓污。”亦見《輯本舊史》卷一二三《李從敏傳》、《太平廣記》卷一七二劉方遇條。《宋本册府》卷七一九《幕府部・公正門》：“晋符蒙倅常山戎事。安重榮在鎮，所爲不法，蒙多否之，爲左右所間，幾罹其禍。”

［2］“蒙素浮薄”至“後至禮部侍郎卒”：明本《册府》卷九三六《總録部・吝嗇門》。《輯本舊史》卷七七《晋高祖紀三》天福三年（938）十二月甲戌條：“以鎮州節度副使符蒙爲右諫議大夫。”卷八一《晋少帝紀一》天福七年七月丙午條：“以右諫議大夫符蒙爲給事中。”同卷天福八年六月丁卯條：“以給事中符蒙爲禮部侍郎。”卷八三《晋少帝紀三》開運元年九月己丑條：“禮部侍郎符蒙卒。”

李懌

李懌，京兆人也。祖褒，唐黔南觀察使。父昭，户部尚書。[1]懌幼而能文，進士擢第，解褐爲校書郎、集賢校理、清河尉。[2]入梁，歷監察御史、右補闕、殿中侍御史、起居舍人、禮部員外郎、知制誥，换都官郎中，賜緋，召入翰林爲學士，正拜舍人，賜金紫，仍舊内職。莊宗平汴、洛，責授懷州司馬，遇赦，量移孟州，入爲衛尉少卿。[3]天成初，復拜中書舍人，充翰林學士，在職轉户部侍郎右丞，充承旨。[4]時常侍張文寶知貢舉，中書奏落進士數人，仍請詔翰林學士院作一詩一賦，下貢部，爲舉人格樣。[5]學士竇夢徵、張礪輩撰格詩格賦各一，送中書，宰相未以爲允。[6]夢徵等請懌爲之，懌笑而答曰："李懌識字有數，頃歲因人偶得及第，敢與後生髦俊爲之標格！假令今卻稱進士，就春官求試，落第必矣。格賦格詩，不敢應詔。"君子多其識大體。[7]天福中，自工部尚書轉太常卿，歷禮部、刑部二尚書，以多病留司於洛下，不交人事。[8]開運末，遇契丹入洛，家事罄空，尋以疾卒，年七十餘。[9]《永樂大典》卷一萬三百九十。[10]

[1]黔南：方鎮名。治所在黔州（今重慶彭水縣）。

[2]懌幼而能文：《新五代史》卷五五《李懌傳》："少好學，頗工文辭。"　清河：縣名。治所在今河北清河縣。

[3]孟州：州名。治所在今河南孟州市。　衛尉少卿：官名。北魏置，隋、唐、五代爲衛尉寺次官。協助衛尉卿掌供宫廷、祭祀、朝會之儀仗帷幕，通判本寺事務。從四品上。

[4]"莊宗平汴、洛"至"充承旨"：《輯本舊史》卷三〇《唐莊宗紀四》同光元年（923）十月丙戌，貶"李懌懷州司馬"；卷三六《唐明宗紀二》天成元年（926）五月"辛巳，以衛尉卿李懌爲中書舍人，充翰林學士"；卷三九《唐明宗紀五》天成三年"八月癸酉朔，以翰林學士、守中書舍人李懌、劉昫並爲户部侍郎充職"；卷四一《唐明宗紀七》長興元年（930）九月乙酉，"以翰林學士、守户部侍郎李懌爲尚書右丞"；卷四五《唐閔帝紀》應順元年（934）正

月辛卯條：“以翰林學士承旨、尚書右丞李懌爲工部尚書”。

［5］常侍：官名。爲散官或加官，以示恩寵，無實際職掌。中華書局本引本書卷三四、《通鑑》卷二七四作“檢校右散騎常侍”。　張文寶：人名。籍貫不詳。五代後唐官員。傳見本書卷六八。　中書：官署名。“中書門下”的簡稱。唐代以來爲宰相處理政務的機構。參見劉後濱《唐代中書門下體制研究——公文形態·政務運行與制度變遷》，齊魯書社2004年版。　下貢部：中華書局本有校勘記：“‘貢部’，原作‘工部’，據《册府》卷五五一改。”見《宋本册府》卷五五一《詞臣部·器識門》。

［6］竇夢徵：人名。同州（今陝西大荔縣）人，一作棣州（今山東惠民縣）人。唐末進士，五代後梁、後唐官員。傳見本書卷六八。　張礪：人名。籍貫不詳。後唐翰林學士。後入契丹，爲翰林學士。傳見本書卷九八。

［7］格詩：《輯本舊史》之影庫本粘籤：“格詩，原本作‘權詩’，今從《歐陽史》改正。”　“時常侍張文寶知貢舉”至“君子多其識大體”：《新五代史·李懌傳》：“時右散騎常侍張文寶知貢舉，所放進士，中書有覆落者，乃請下學士院作詩賦爲貢舉格，學士竇夢徵、張礪等所作不工，乃命懌爲之，懌笑曰：‘年少舉進士登科，蓋偶然爾。後生可畏，來者未可量，假令予復就禮部試，未必不落第，安能與英俊爲准格？’聞者多其知體。”亦見《宋本册府》卷五五一。

［8］“天福中”至“不交人事”：《輯本舊史》卷四六《唐末帝紀上》清泰元年（934）八月條：“乙亥，以翰林學士承旨、工部尚書、知制誥李懌爲太常卿。”卷四七《唐末帝紀中》清泰二年五月庚申條：“以太常卿李懌爲禮部尚書。”案《紀》可知李懌爲太常卿、禮部尚書爲清泰年中事，非天福年間事。卷七八《晉高祖紀四》天福四年（939）五月丁巳，“以禮部尚書李懌爲刑部尚書”。

［9］“開運末”至“年七十餘”：《輯本舊史》卷八三《晉少帝紀三》開運元年（944）八月甲辰，“刑部尚書李懌改户部尚書”；

同卷開運二年三月甲寅,“以前户部尚書李懌爲兵部尚書”;卷一〇一《漢隱帝紀上》乾祐元年(948)七月庚午,“故兵部尚書李懌贈尚書左僕射”。本傳未載。

[10]《大典》卷一〇三九〇“李”字韻“姓氏(三五)”事目。

舊五代史　卷九三

晉書十九

列傳第八

盧質

盧質，字子徵，河南人也。[1]曾祖偲，唐太原府祁縣尉，累贈右僕射。[2]祖衍，唐刑部侍郎、太子賓客，累贈太保。[3]父望，唐尚書司勳郎中，累贈太子少傅。[4]質幼聰慧，善屬文。年十六，陝帥王重盈奏授芮城令，能以色養。[5]又爲同州澄城令，[6]從私便也。秩滿改祕書郎，[7]丁母憂，歸河南故里。天祐三年，北遊太原，時李襲吉在武皇幕府，以女妻之。[8]武皇憐其才，承制授檢校兵部郎中，充河東節度掌書記，賜緋魚袋。[9]

[1]字子徵：中華書局本有校勘記："'子徵'，劉本作'子微'，邵本、彭本作'子貞'。"

[2]祁縣：縣名。治所在今山西祁縣。　右僕射：官名。秦始

置。隋、唐前期以左、右僕射佐尚書令總理六官，綱紀庶務，如不置尚書令，則總判省事，爲宰相之職。唐後期多爲大臣加銜。從二品。

［3］刑部侍郎：官名。尚書省刑部次官。協助刑部尚書掌天下刑法及徒隸、勾覆、關禁之政令。正四品下。　太子賓客：官名。爲太子官屬。唐高宗顯慶元年（656）始置。掌侍從規諫、贊相禮儀。正三品。　太保：官名。與太師、太傅並爲三師。唐後期、五代多爲大臣、勳貴加官。正一品。

［4］司勳郎中：官名。唐尚書省吏部司勳司長官。掌官吏勳級。從五品上。　太子少傅：官名。與太子少保、太子少師合稱"三少"，唐後期、五代多爲大臣、勳貴加官。從二品。

［5］王重盈：人名。太原祁（今山西祁縣）人。河中節度使王重榮之兄。唐末軍閥。傳見《舊唐書》卷一八二、《新唐書》卷一八七。　芮城：縣名。治所在今山西芮城縣。　陝帥王重盈奏授芮城令：《輯本舊史》之影庫本粘籤："王重盈，原本作'從盈'，今從《唐書》改正。"見《新唐書》卷一〇《唐昭宗紀》。

［6］同州：州名。治所在今陝西大荔縣。　澄城：縣名。治所在今陝西澄城縣。

［7］祕書郎：官名。魏晋始置。唐代掌經史子集四部圖書經籍。從六品上。

［8］天祐：唐昭宗李曄開始使用的年號（904）。唐哀帝李柷即位後沿用（904—907）。唐亡後，河東李克用、李存勗仍稱天祐，沿用至天祐二十年（923）。五代其他政權亦有行此年號者，如南吴、吴越等，使用時間長短不等。　李襲吉：人名。洛陽人。五代大臣，以文辭典章見長。傳見本書卷六〇、《新五代史》卷二八。　武皇：即李克用。生於神武川新城（一説是今山西朔州市朔城區之梵王寺村，一説是今山西應縣縣城，一説在今山西懷仁縣之日中城）。沙陀部人。唐末軍閥，受封晋王。五代後唐太祖。紀見本書卷二五、卷二六及《新五代史》卷四。

[9]檢校兵部郎中：官名。爲散官或加官，以示恩寵，無實際職掌。　河東：方鎮名。治所在太原府（今山西太原市）。　掌書記：官名。唐、五代方鎮僚屬，位在判官下。掌表奏書檄，文辭之事。

武皇厭代，其弟克寧握兵柄，有嗣襲之望，質與張承業等密謀，同立莊宗爲嗣，有翊贊之功。[1]及莊宗四征，質皆從行。十六年，轉節度判官、檢校禮部尚書。[2]十九年，莊宗將即帝位，命爲大禮使，累加至銀青光禄大夫、檢校右僕射。[3]二十年，授行臺禮部尚書。莊宗既登極，欲相之，質性疏逸，不喜居高位，固辭獲免。[4]尋以本官兼太原尹，充北京留守事，未赴任，改户部尚書、知制誥，充翰林學士承旨。[5]

[1]克寧：即李克寧。沙陀部人。五代後唐李克用之弟。後爲李存勗所殺。傳見本書卷五〇及《新五代史》卷一四。　張承業：人名。同州（今陝西大荔縣）人。唐末五代宦官，河東監軍。傳見本書卷七二、《新五代史》卷三八。　莊宗：即後唐莊宗李存勗。五代後唐王朝的建立者。紀見本書卷二七至卷三四、《新五代史》卷五。　“武皇厭代”至“有翊贊之功”：亦見《宋本册府》卷八四三《總録部·知人門二》。

[2]節度判官：官名。唐、五代方鎮僚屬，位在行軍司馬下。分掌使衙内各曹事，並協助節度使通判衙事。　檢校禮部尚書：官名。爲散官或加官，以示恩寵，無實際職掌。

[3]大禮使：官名。非常設。帝王舉行南郊等大禮時設，參掌大禮。　銀青光禄大夫：官名。唐、五代散官。從三品。　檢校右僕射：官名。爲散官或加官，以示恩寵，無實際職掌。　“十六

年”至“檢校右僕射”：《輯本舊史》卷二九《唐莊宗紀三》同光元年（923）二月條：“以河東節度判官盧質爲大禮使。”

［4］行臺：地名。即行臺村。位於今河南濮陽市濮城鎮東北。參見《讀史方輿紀要》卷三四、本書卷二八。　禮部尚書：官名。尚書省禮部主官。掌禮儀、祭享、貢舉之政。正三品。　“二十年”至“固辭獲免”：《通鑑》卷二七二同光元年二月條：“晋王下教置百官，於四鎮判官中選前朝士族，欲以爲相。河東節度判官盧質爲之首，質固辭，請以義武節度判官豆盧革、河東觀察判官盧程爲之；王即召革、程拜行臺左、右丞相，以質爲禮部尚書”。

［5］户部尚書：官名。唐代始置，户部最高長官。掌土地、人民、錢穀之政。正三品。　知制誥：官名。掌起草皇帝的詔、誥之事，原爲中書舍人之職。唐開元末置學士院，翰林學士入院一年，則加知制誥銜，專掌任免宰相、册立太子、宣布征伐等特殊詔令，稱爲内制。而中書舍人所撰擬的詔敕稱爲外制。兩種官員總稱兩制官。　翰林學士承旨：官名。爲翰林學士之首。掌拜免將相、號令征伐等詔令的起草。《舊唐書·職官志二·翰林院》：“例置學士六人，内擇年深德重者一人爲承旨，所以獨承密命故也。”　“尋以本官兼太原尹”至“充翰林學士承旨”：《輯本舊史》卷二九《唐莊宗紀三》同光元年四月條：“以河東節度判官盧質爲兵部尚書，充翰林學士承旨。”卷一四九《職官志》同光元年八月條：“賜翰林學士承旨、户部尚書盧質論思匡佐功臣，亦非常例也。”亦見《宋本册府》卷五五〇《詞臣部·恩奬門》。

同光元年冬，從平大梁，權判租庸事，踰月隨駕都洛，旋有詔權知汴州軍府事。[1]時孔謙握利權，志在聚斂，累移文於汴，配民放絲，質堅論之，事雖不行，時論賞之。[2]俄又改金紫光禄大夫、兵部尚書、知制誥、翰林學士承旨，仍賜論思匡佐功臣。[3]會覆試進士，質以“后從諫則聖”爲賦題，以“堯、舜、禹、湯傾心求過”爲韻，舊例賦韻四平四側，質所出韻乃五平三側，由是大爲識者所誚。[4]

[1]同光：後唐莊宗李存勗年號（923—926）。　權判租庸事：官名。唐代租庸使爲主持催徵租庸地税的財政官員。後梁、後唐時，租庸使取代鹽鐵、度支、户部，爲中央財政長官，權判係暫掌職權之意。　汴州：州名。治所在今河南開封市。　“同光元年冬”至“旋有詔權知汴州軍府事”：《輯本舊史》卷三〇《唐莊宗紀四》同光元年（923）十二月乙酉條：“以翰林學士承旨盧質權知汴州軍府事。”

[2]孔謙：人名。魏州（今河北大名縣）人。後唐大臣，善聚斂錢財，爲李存勗籌畫軍需。傳見本書卷七三、《新五代史》卷二六。

[3]金紫光禄大夫：官名。本兩漢光禄大夫。魏晋以後，光禄大夫之位重者，加金章紫綬，因稱金紫光禄大夫。北周、隋爲散官。唐貞觀後列入文散官。正三品。　兵部尚書：官名。尚書省兵部主官。掌兵衛、武選、車輦、甲械、厩牧之政令。正三品。“時孔謙握利權”至“仍賜論思匡佐功臣”：《輯本舊史》卷三二《唐莊宗紀五》同光二年八月條：“甲戌，以權知汴州軍州事、翰林學士承旨、户部尚書盧質爲兵部尚書，依前翰林學士承旨，仍賜論思匡佐功臣。”

[4]“會覆試進士”至“由是大爲識者所誚”：《輯本舊史》卷三二《唐莊宗紀六》同光三年四月癸酉條：“詔翰林學士承旨盧質覆試新及第進士。”

天成元年，制授特進、檢校司空、同州節度使。[1]時宰相馮道以詩餞別，[2]其警句云：“視草北來唐學士，擁旄西去漢將軍。”儒者榮之。明年，改賜耀忠匡定保節功臣，就加檢校司徒。三年，入拜兵部尚書，判太僕卿事。四年，進封開國公。[3]長興二年，授檢校太保、河陽節度使，未幾，移鎮滄州，入爲右僕射。[4]及秦王得罪，奉詔權知河南府事。[5]應順初，遷檢校太傅，正拜河南尹，後改太子少師。[6]清泰末，復爲右僕射。[7]高祖登極，質以微恙分司洛宅。少帝嗣位，拜太子太保。[8]天福七年秋，卒於洛陽，年七十六。累贈太子太師，謚曰文忠。[9]

[1]天成：後唐明宗李嗣源年號（926—930）。　特進：官名。西漢末期始置，授給列侯中地位較特殊者。隋、唐時期，特進爲散官，授給有聲望的文武官員。正二品。　檢校司空：官名。爲散官或加官，以示恩寵，無實際職掌。　節度使：官名。唐時在重要地區所設掌握一州或數州軍、民、財政的長官。　“天成元年”至“同州節度使”：《輯本舊史》卷三六《唐明宗紀一》天成元年（926）六月戊子條：“以翰林承旨、兵部尚書、知制誥盧質爲檢校司空，充同州節度使。”

[2]馮道：人名。瀛州景城（今河北滄縣）人。五代時官拜宰相，歷仕後唐、後晉、後漢、後周，亦曾臣事契丹。傳見本書卷一二六、《新五代史》卷五四。

[3]檢校司徒：官名。爲散官或加官，以示恩寵，無實際職掌。　太僕卿：官名。西漢置太僕，南朝梁始置太僕卿。太僕寺長官。掌管車馬及牲畜之政令。從三品。中華書局本有校勘記：“‘太僕’，本書卷三九《唐明宗紀五》、《新五代史》卷五六《盧質傳》作‘太常’。《舊五代史考異》卷三：‘案《歐陽史》作判太常卿事。’”《輯本舊史》卷三八《唐明宗紀四》天成二年九月條：“同

州節度使盧質加檢校司徒。”卷三九《唐明宗紀五》天成三年五月條：“以前同州節度使盧質行兵部尚書，判太常卿事。”卷四〇《唐明宗紀六》天成四年八月條：“兵部尚書盧質爲禮儀使。”

[4]長興：後唐明宗李嗣源年號（930—933）。 檢校太保：官名。爲散官或加官，以示恩寵，無實際職掌。太保，與太師、太傅合稱三師。 河陽：縣名。治所在今河南孟州市。 滄州：州名。治所在今河北滄縣舊州鎮。

[5]“長興二年”至“奉詔權知河南府事”：《輯本舊史》卷四二《唐明宗紀八》長興二年（931）四月壬子條：“以兵部尚書盧質爲河陽節度使。”同卷同年六月條：“盧質爲滄州節度使。”卷四四《唐明宗紀十》長興四年十一月丙子條：“以前滄州節度使盧質爲右僕射。”卷四五《唐閔宗紀》長興四年十二月癸丑條：“以前鎮州節度使、涇王從敏權知河南府事，尋以盧質代之。”《新五代史》卷七《唐明宗紀》長興四年十二月條：“左僕射、權判河南府盧質爲橋道頓遞使。”卷五六《盧質傳》：“初，梁已篡唐，封哀帝爲濟陰王，既而酖殺之，瘞于曹州。同光三年，莊宗將議改葬，而曹太后崩，乃止。因其故壠，稍廣其封，以時薦饗而已。質乃建議立廟追謚，謚曰昭宣光烈孝皇帝，廟號景宗。天成四年八月戊申，明宗御文明殿，遣質奉册立廟于曹州。而議者以謂輝王不幸爲賊臣所立，而昭宗、何皇后皆爲梁所弑，遂以亡國，而‘昭宣光烈’非所宜稱，且立廟稱宗而不入太廟，皆非是。共以此非質，大臣亦知其不可，乃奏去廟號。秦王從榮坐謀反誅，質以右僕射權知河南府事。廢帝反鳳翔，湣帝發兵誅之，竭帑藏以厚賞，而兵至鳳翔皆叛降。廢帝悉將而東，事成許以重賞，而軍士皆過望。廢帝入立，有司獻籍數甚少，廢帝暴怒。自諸鎮至刺史，皆進錢帛助國用，猶不足，三司使王玫請率民財以佐用。乃使質與玫等共議配率，而貧富不均，怨訟並起，囚繫滿獄。六七日間，所得不滿十萬。廢帝患之，乃命質等借民屋課五月，由是民大咨怨。”

[6]應順：後唐閔帝李從厚年號（934）。 檢校太傅：官名。

爲散官或加官，以示恩寵，無實際職掌。中華書局本有校勘記："本書卷四五《唐閔帝紀》作'太子少傅'。按《册府》卷五九四應順元年有太子少傅盧質，本書卷四六《唐末帝紀上》：'（清泰元年）以太子少傅盧質爲太子少師。'"見《宋本册府》卷五九四《掌禮部·奏議門二二》。《輯本舊史·唐閔帝紀》應順元年（934）閏元月條："右僕射、權知河南府盧質爲橋道頓遞使。"卷四六《唐末帝紀上》清泰元年（934）八月甲午條："以太子少傅盧質爲太子少師。"卷四七《唐末帝紀中》清泰二年十二月條："以太子少師盧質爲右僕射。"　河南尹：官名。唐開元元年（713）改洛州爲河南府，治所在今河南洛陽市，河南府尹總其政務。從三品。　太子少師：官名。與太子少傅、太子少保統稱太子三少。隋、唐以後多作加官或贈官。從二品。

[7]清泰：後唐廢帝李從珂年號（934—936）。

[8]少帝：即唐哀帝李柷。唐昭宗之子。904年至907年在位，年號天祐。爲朱温所殺。紀見《舊唐書》卷二〇下、《新唐書》卷一〇。　太子太保：官名。與太子太師、太子太傅統稱太子三師。隋、唐以後多作加官或贈官。從一品。　"高祖登極"至"拜太子太保"：《輯本舊史》卷七六《晋高祖紀二》天福二年（937）二月條："以左散騎常侍孔昭序爲太子賓客，尚書左僕射劉昫、右僕射盧質并加食邑實封。"

[9]天福：五代後晋高祖石敬瑭年號（936—942）。出帝石重貴沿用至九年（944）。後漢高祖劉知遠繼位後沿用一年，稱天福十二年（947）。　太子太師：官名。與太子太傅、太子太保統稱太子三師。隋、唐以後多作加官或贈官。從一品。　謚曰文忠：《舊五代史考異》："案《五代會要》：漢乾祐元年九月，其子尚書兵部員外郎盧瓊上章請謚，下太常議，謚曰文忠。"《輯本舊史》卷八一《晋少帝紀一》天福七年十月丁丑條："太保盧質卒，贈太子太師，謚曰文忠。"

子十一人，唯第六子瓊，[1]仕至省郎，[2]餘歷州縣焉。《永樂大典》卷二千二百十二。[3]

[1]瓊：中華書局本改作“瓊”，有校勘記：“原作‘夏’，據殿本、劉本改。按《五代會要》卷一二記尚書兵部員外郎盧瓊上章爲其父盧質請謚事。”今據改。

[2]仕至省郎：中華書局本有校勘記：“‘仕’，原作‘任’，據殿本改。”

[3]《大典》卷二二一二“盧”字韻“姓氏（七）”事目。

李專美

李專美，字翊商，京兆萬年人也。[1]曾祖隨，光禄卿。[2]祖正範，尚書庫部郎中。[3]專美少篤學爲文，以父樞唐昭宗時常應進士舉，爲覆試所落，不許再入，專美心愧之，由是不遊文場。[4]僞梁貞明中，河南尹張全義以專美名族之後，奏爲陸渾尉，秩滿，改舞陽令。[5]專美性廉謹，大著政聲。後唐天成中，安邑榷鹽使李肅辟爲推官，時唐末帝鎮河中，見其敦雅，心重之。[6]末帝一日曾召肅讌於衙署，專美亦預坐，末帝謂肅曰：“某夜來夢主上召去，與宋王同剃却頭，何也？”坐客都無對者，專美屏人謂曰：“將來必爲嗣主。”由是愈重焉。末帝留守長安，奏爲從事，及移鎮鳳翔，遷爲記室。[7]末帝即位，除尚書庫部郎中，賜金紫，充樞密院直學士。[8]

[1]京兆：地名。位於今陝西西安市。　萬年：縣名。治所在今陝西西安市長安區。

[2]曾祖隨：《舊五代史考異》："案：《新唐書·宰相世系表》作隨，祕書監。"　光禄卿：官名。南朝梁天監七年（508）改光禄勳置，隋、唐沿置。掌宫殿門户、帳幕器物、百官朝會膳食等。從三品。

[3]庫部郎中：官名。尚書省庫部長官，掌全國武器、儀仗、符勘、尺籍、武學諸事。從五品上。

[4]唐昭宗：即唐昭宗李曄，888年至904年在位。紀見《舊唐書》卷二〇上、《新唐書》卷一〇。　專美少篤學爲文：中華書局本有校勘記："'爲文'，原作'又'，據《册府》卷七七二（宋本）、卷七八一改。"見《宋本册府》卷七七二《總録部·志節門》、卷七八一《總録部·節操門》。

[5]貞明：後梁末帝朱友貞年號（915—921）。　張全義：人名。濮州臨濮（今山東鄄城縣）人。唐末將領，降於諸葛爽。傳見本書卷六三、《新五代史》卷四五。　陸渾：縣名。治所在今河南嵩縣。　舞陽：縣名。治所在今河南舞陽縣。

[6]安邑：縣名。治所在今山西運城市。　榷鹽使：官名。唐德宗時置，掌安邑、解縣兩鹽池事務。詳見齊濤《論唐代榷鹽制度》，《山東大學學報》1989年第4期。　李肅：人名。籍貫不詳。五代地方官員。事見本書本卷。　推官：官名。唐肅宗以後置，五代沿置。爲節度、觀察、團練、防禦等使的屬官。度支、鹽鐵等使也置推官掌理刑案之事。　唐末帝：即後唐末帝李從珂。又稱廢帝。鎮州（今河北正定縣）人。後唐明宗養子，明宗入洛陽，他率兵追隨，以功拜河中節度使，封潞王。紀見本書卷四六至卷四八、《新五代史》卷七。　河中：方鎮名。治所在河中府（今山西永濟市）。

[7]鳳翔：方鎮名。治所在鳳翔府（今陝西鳳翔縣）。《輯本舊史》之影庫本粘籤："鳳翔，原本作'鳳翊'，今從《通鑑》改

正。”　記室：官名。或稱記室令史、記室督、記室參軍等。東漢始置，後代因之。王公及大將軍府多設此官，掌章表書記文檄諸事。

［8］除尚書庫部郎中：《舊五代史考異》：“案：《歐陽史》作比部郎中。”見《新五代史》卷二七《劉延朗傳》。　樞密院直學士：官名。五代後唐同光元年（923）改崇政院直學士置，選有政術文學者充任。爲皇帝侍從，備顧問應對。

初，末帝起自鳳翔，大許諸軍厚賞。洎至洛陽，閱内庫金帛不過二三萬；尋又配率京城户民，雖行捶楚，亦所獲無幾，末帝憂之。[1]會專美宿於禁中，末帝召而讓之曰：“卿士人子弟，常言有才術，今致我至此，不能度運以濟時事，留才術何施也！”專美惶恐待罪，良久奏曰：“臣才力駑劣，屬當興運，陛下猥垂録任，無以裨益聖朝，然府藏空竭，軍賞不給，非臣之罪也。臣思明宗棄代之際，[2]是時府庫濫賞已竭，繼以鄂王臨朝，紀綱大壞，縱有無限之財賦，不能滿驕軍谿壑之心，所以陛下孤立岐陽而得天下。臣以爲國之存亡，不專在行賞，須刑政立于上，恥格行於下，賞當功，罰當罪，則近於理道也。若陛下不改覆車之轍，以賞無賴之軍，徒困蒸民，存亡未可知也。今宜取見在財賦以給之，不必踐前言而希苟悦。”末帝然之。及其行賞，雖不愜於軍士，[3]然洛陽户民獲免鞭笞之苦，由專美之敷揚也。尋轉給事中，明年，遷兵部侍郎、端明殿學士，未幾，改檢校尚書右僕射、守秘書監，充宣徽北院使。[4]高祖入洛，以例除名。三年，復授衛尉少卿，繼遷鴻臚、大理卿。[5]開運中，以病卒，時年六十二。[6]

［1］雖行捶楚：中華書局本有校勘記："'行'下原有一'行'字，據殿本、劉本、孔本校、邵本、彭本删。影庫本批校：'雖行捶楚'句衍一'行'字。"

［2］明宗：即李嗣源。原名邈佶烈，沙陀部人。

［3］雖不愜於軍士：中華書局本有校勘記："'士'字原闕，據本、劉本補。影庫本批校：'不愜於軍士，脱"士"字。'"此條亦見明本《册府》卷一一《帝王部·繼統門三》。

［4］給事中：官名。秦始置。隋、唐以來，爲門下省屬官。掌讀署奏抄，駁正違失。正五品上。　兵部侍郎：官名。尚書省兵部次官。協助兵部尚書掌武官銓選、勳階、考課之政。正四品下。　端明殿學士：官名。後唐明宗時始置，以翰林學士充任，負責誦讀四方書奏。　檢校尚書右僕射：官名。爲散官或加官，以示恩寵，無實際職掌。　秘書監：官名。秘書省長官，掌圖書秘記等。從三品。中華書局本有校勘記："'秘書監'，原作'密書監'，據殿本、劉本、邵本校、彭校改。影庫本粘籤：'守密書監，疑當作"秘書監"。考封演《見聞録》，唐人亦稱祕書爲密書，今仍其舊。'按檢《封氏聞見記》作'秘書'。"《輯本舊史》卷四七《唐末帝紀中》清泰二年（937）五月丙辰條："以端明殿學士李專美爲兵部侍郎。"同卷十月丁丑條："以端明殿學士、兵部侍郎李專美爲祕書監，充宣徽北院使。"　宣徽北院使：官名。唐始置。宣徽北院的長官。初用宦官，五代以後改用士人。與宣徽南院使通掌内諸司及三班内侍之名籍，郊祀、朝會、宴享供帳之儀，檢視内外進奉名物。參見王永平《論唐代宣徽使》，《中國史研究》1995 年第 1 期；王孫盈政《再論唐代的宣徽使》，《中華文史論叢》2018 年第 3 期。

［5］衛尉少卿：官名。北魏置，隋、唐、五代爲衛尉寺次官。協助衛尉卿掌供宫廷、祭祀、朝會之儀仗帷幕，通判本寺事務。從

四品上。　鴻臚卿：官名。秦稱典客，漢初改大行令，漢武帝時改大鴻臚，北齊置鴻臚寺，以鴻臚寺卿爲主官，後代沿置。掌四夷朝貢、宴飲賞賜、送迎外使等禮儀活動。從三品。　大理卿：官名。大理寺長官。負責大理寺的具體事務，掌邦國折獄詳刑之事。從三品。　“高祖入洛”至“大理卿”：《輯本舊史》卷四七《唐末帝紀中》清泰二年十月丁丑條：“以端明殿學士、兵部侍郎李專美爲祕書監，充宣徽北院使。”卷八四《晉少帝紀四》開運元年（945）九月壬子條：“以前太子詹事王居敏爲鴻臚卿，李專美爲大理卿，以太子賓客致仕馬裔孫爲太子詹事。”

[6]開運：後晉出帝石重貴年號（944—946）。　“開運中”至“時年六十二”：《輯本舊史》卷八四《晉少帝紀四》開運三年七月丁巳條：“大理卿李專美卒。”

專美之遠祖本出姑臧大房，與清河小房崔氏、北祖第二房盧氏、昭國鄭氏爲四望族，皆不以才行相尚，不以軒冕爲貴，雖布衣徒步，視公卿蔑如也。[1]男女婚嫁，不雜他姓，欲聘其族，厚贈金帛始許焉。唐太宗曾降詔以戒其弊風，終莫能改。[2]其間有未達者，必曰：“姓崔、盧、李、鄭了，餘復何求耶!”其達者，則邈在天表，敻若千里，人罕造其門，浮薄自大，皆此類也。唯專美未嘗以氏族形於口吻，見寒素士大夫，恒恂恂如也，人以此多之。

[1]姑臧：地名。位於今甘肅武威市。　清河：縣名。治所在今河北清河縣。

[2]唐太宗：即唐代第二位皇帝李世民。隴西成紀（今甘肅秦安縣）人。626年至649年在位。通過“玄武門之變”掌權，開創

“貞觀之治”。紀見《舊唐書》卷二至卷三、《新唐書》卷二。

專美職岐下，曾夢具裳簡立嵩山之頂。及爲端明殿學士，與學士李崧同列而班在其上，因以所夢告崧，且言：“某非德非勳，安可久居此位，處吾子之首乎！”因懇求他官，尋移宣徽使，崧深德之。[1]及高祖臨朝，崧爲樞密使，與桑維翰同列，維翰與專美亦有舊，乃協力以奏之，遂復朝序，位至九卿。[2]專美曾使閩中，遇風水漂至兩浙，踰歲無恙而還，至是善終，人以爲神道福謙之所致也。《永樂大典》卷一萬三百九十。[3]

[1]李崧：人名。深州饒陽（今河北饒陽縣）人。後晉宰相，歷仕後唐至後漢。傳見本書卷一〇八、《新五代史》卷五七。“專美職岐下”至“尋移宣徽使”：亦見《宋本册府》卷八九三《總録部·夢徵門二》。　與學士李崧同列：中華書局本有校勘記：“‘與’字原闕，據《册府》卷八九三補。”

[2]樞密使：官名。樞密院長官。五代時以士人爲之，備顧問，參謀議，出納詔奏，權侔宰相。參見李全德《唐宋變革期樞密院研究》，國家圖書館出版社2009年版。　桑維翰：人名。洛陽（今河南洛陽市）人。初爲石敬瑭節度掌書記，石敬瑭稱帝後出任翰林學士、知樞密院事等職。傳見本書卷八九、《新五代史》卷二九。

[3]《大典》卷一〇三九〇“李”字韻“姓氏（三五）”事目。

盧詹

盧詹，字楚良，京兆長安人也。唐天祐中，爲河中從事。莊宗即位，擢爲員外郎、知制誥，遷中書舍人。[1]天成中，拜禮部侍郎、知貢舉，歷御史中丞、兵部侍郎、尚書左丞、工部尚書。[2]詹性剛直，議論不避權貴，執政者常惡之。[3]天福初，拜禮部尚書，分司洛下，與右僕射盧質、散騎常侍盧重俱在西都，數相過從。[4]三人俱嗜酒，好遊山水，塔廟林亭花竹之地，無不同往，酣飲爲樂，人無間然，洛中朝士目爲“三盧會”。常委順性命，不營財利。開運初，卒於洛陽。詹家無長物，喪具不給，少帝聞之，賜布帛百段，粟麥百斛，方能襄其葬事，贈太子少保。[5]《永樂大典》卷二千二百十二。[6]

［1］“莊宗即位”至“遷中書舍人”：《輯本舊史》卷三八《唐明宗紀四》天成二年（927）三月癸酉條：“以户部郎中、知制誥盧詹爲中書舍人。”《宋本册府》卷四七五《臺省部·奏議門六》：“盧詹，爲中書舍人。天成三年十月，上言曰：‘歌稱九德，彰聖哲於一人；國啓四門，睦臣賓於萬宇。伏惟陛下，登臨宸極，統御寰區，普天之來享來王，率土之爲臣爲子。所以西戎獻款，北狄輸誠，五谿之蠻獠皆臻，百越之梯航畢至。華夷率服，聲教遐流。竊見外國朝天諸藩到闕，多於便殿引對，中外不知。既聞來自殊鄉，宜使觀於盛事。此後每有四夷入貢，伏乞御於正殿，列彼群臣，立天仗於廣廷，臨宸軒而端拱。庶使邊荒異俗，向慕華風，亦具禮樂威儀，更顯聲明文物。’”卷六三二《銓選部·條制門四》：“七月，中書舍人盧詹上言曰：‘一同分土，五等命官，所以字彼黎民，司其輿賦，至於田租桑税，夏斂秋徵，或旨限不愆，或簡量增羨，殊非異政，乃是常程。竊見諸州頻奏縣令，多以税輸辦集，便作功勞，諸道才有表章，朝廷已行恩命。且徵科是縣令之職分，不

過合望於甄酬，若一年兩度轉遷，則三載六昇階級，並加寵渥，慮失規程。伏乞止絶薦論，但稽課最，即銓司黜陟，自有等差，貴塞幸門，以循舊制。’奉敕：盧詹職居近侍，懇述大綱，案州縣之規程，重國家之恩命，既爲允當，須示聽從。”卷六五一《貢舉部·謬濫門》：“明宗天成四年，中書舍人、知貢舉盧詹進納春關狀内，漏失五經四人姓名，罰一月俸。”案，盧詹爲中書舍人在明宗時。

[2]禮部侍郎：官名。尚書省禮部次官。協助禮部尚書掌禮儀、祭享、貢舉之政。正四品下。　知貢舉：官名。唐始置，爲主持禮部會試的考官。　御史中丞：官名。如不置御史大夫，則爲御史臺長官。掌司法監察。正四品下。　尚書左丞：官名。尚書省佐貳官。唐中期以後，與尚書右丞實際主持尚書省日常政務，權任甚重。正四品上。後梁開平二年（908）改爲左司侍郎，後唐同光元年（923）復舊爲左丞。正四品。　工部尚書：官名。尚書省工部主官。掌百工、屯田、山澤之政令。正三品。　“天成中”至“工部尚書”：《輯本舊史》卷四〇《唐明宗紀六》天成四年（929）八月丁未條：“以中書舍人盧詹爲禮部侍郎。”卷四四《唐明宗紀十》長興四年九月癸未條：“以兵部侍郎盧詹爲吏部侍郎。”卷七七《晉高祖紀三》天福三年（938）四月丁亥條：“以尚書吏部侍郎盧詹爲尚書左丞。”案此，盧詹所任爲吏部侍郎，《舊五代史》云兵部侍郎，疑誤。

[3]“詹性剛直”至“執政者常惡之”：《宋本册府》卷四五九《臺省部·公正門》：“盧詹，歷兵部侍郎、尚書左丞、工部尚書。詹剛直，議論不避權貴，執政者常惡之。”

[4]盧質：人名。河南（今河南洛陽市）人。五代大臣。傳見本書本卷、《新五代史》卷五六。　散騎常侍：官名。門下省屬官。掌侍奉規諷，備顧問應對。正三品下。　盧重：人名。籍貫不詳。五代後唐、後晉官員。事見本書本卷。

[5]“天福初”至“贈太子少保”：《輯本舊史》卷七八《晉高祖紀四》天福四年五月丁巳條：“以左丞盧詹爲禮部尚書。”《宋

本册府》卷八五五《總録部·縱逸門》:“晋盧詹，天福初拜禮部尚書，分司洛下，與右僕射盧質、散騎常侍盧重俱在西都，數相過從，三人俱嗜酒好遊，山水、塔廟、林亭、花竹之地，無不同往，酣飲爲樂，人無間然。洛中朝士目爲‘三盧會’。嘗委順性命，不營財利。開運初，卒於雒陽。詹家無長物，葬具不給。少帝聞之，賜布帛百段，粟麥百斛，方能襄其葬事。贈太子少保。”亦見卷八五五《總録部·曠達門》、卷八六八《總録部·遊宴門》。《輯本舊史》卷八二《晋少帝紀二》開運元年（944）三月壬午條:“禮部尚書盧詹卒，贈太子太保。”

［6］《大典》卷二二一二“盧”字韻“姓氏（七）”事目。

崔棁　兄棆

崔棁，字子文，博陵安平人。[1]累世冠冕。曾祖元受，[2]舉進士，直史館。[3]祖銖，安、濮二州刺史。[4]父涿，刑部郎中。[5]棁少好學，梁貞明三年，舉進士甲科，爲開封尹王瓚從事。[6]棁性至孝，父涿有疾，謂親友曰:“死生有命，無醫爲也。”棁侍之衣不解帶，有賓至，必拜泣告於門外，請方便勸其進藥，涿終莫之從。[7]及丁憂，哀毁過制。[8]明宗朝，授監察御史，不應命，踰年詔再下，乃就列焉。累遷都官郎中、翰林學士。[9]

［1］博陵:郡名。治所在今河北安平縣。　安平:縣名。治所在今河北安平縣。　崔棁:《册府》或作“崔税”。見《册府》卷八七七《總録部·方正門》。

［2］曾祖元受:中華書局本有校勘記:“‘元受’，原作‘元授’，據殿本、劉本、《舊五代史考異》卷三引文、《新唐書》卷七

二下《宰相世系表二下》改。按《舊唐書》卷一六三、《新唐書》卷一六〇有《崔元受傳》。"

[3]直史館：官名。唐天寶以後，他官兼領史職者，稱史館修撰。初入史館者稱爲直館。元和六年（811）宰相裴垍建議：登朝官領史職者爲修撰，以官階高的一人判館事；未登朝官均爲直館。《舊五代史考異》："案《新唐書・世系表》：元受直史館、高陵尉。"

[4]安：州名。治所在今湖北安陸市。　濮：州名。治所在今山東鄄城縣。　刺史：官名。漢武帝始置。州一級行政長官。總掌考覈官吏、勸課農桑、地方教化等事。唐中期以後，節度、觀察使轄州而設，刺史爲其屬官，職任漸輕。從三品至正四品下。

[5]刑部郎中：官名。尚書省刑部頭司刑部司長官。掌司法及審覆大理寺及州府刑獄。從五品上。

[6]開封尹：官名。五代除後唐外均定都開封，因置開封府尹。執掌京師政務。從三品。　王瓚：人名。太原祁（今山西祁縣）人。唐河中節度使王重盈之子。五代後梁將領，官至開封尹。傳見本書卷五九。

[7]"棁性至孝"至"涿終莫之從"：亦見《宋本册府》卷八九五《總録部・達命門》。父涿，《輯本舊史》之影庫本粘籤："父涿，原本作'父渌'，今從《歐陽史》改正。"見《新五代史》卷五五本傳。

[8]丁憂：我國古代官員遭逢父母亡故而辭官守喪的一種禮製。

[9]監察御史：官名。唐代屬御史臺之察院，掌監察中央機構、州縣長官及祭祀、庫藏、軍旅等事。唐中期以後，亦作爲外官所帶之銜。正八品下。　都官郎中：官名。尚書省刑部都官司長官。掌徒刑流放配隸等事。從五品上。　翰林學士：官名。由南北朝始設之學士發展而來，唐玄宗改翰林供奉爲翰林學士，備顧問，代王言。掌拜免將相、號令征伐等詔令的起草。　"及丁憂"至"翰林學士"：《輯本舊史》卷四五《唐閔帝紀》應順元年閏月戊申條：

"以翰林學士、中書舍人崔棁爲工部侍郎，依前充職。"卷四七《唐末帝紀中》清泰二年（935）十二月壬午條："翰林學士、工部侍郎崔棁爲户部侍郎。"卷五一《唐宗室列傳三》長興中："又奏翰林學士崔棁爲元帥府判官。"本傳皆未載。

天福初，以户部侍郎爲學士承旨。[1]嘗草制，爲宰相桑維翰所改，棁以唐故事，學士草制有所改者，當罷職，乃引經據争，維翰不能詰，命權知二年貢舉。時有進士孔英者，素有醜行，爲當時所惡。[2]棁受命往見維翰，維翰語素簡，謂棁曰："孔英來矣。"棁不諭其意，以謂維翰以孔英爲言，乃考英及第，物議大以爲非。[3]遂罷學士，拜尚書左丞，遷太常卿。[4]後以風痹改太子賓客，分司西京，卒年六十八。[5]

[1]户部侍郎：官名。尚書省户部次官。協助户部尚書掌土地、人户、錢穀、貢賦之政。正四品下。　學士承旨：官名。掌拜免將相、號令征伐等詔令的起草。《輯本舊史》卷七六《晋高祖紀二》天福二年五月戊寅條："以翰林學士、户部侍郎、知制誥崔棁爲兵部侍郎、充承旨。"

[2]孔英：人名。籍貫不詳。五代後晋進士。事見本書本卷。

[3]"時有進士孔英者"至"物議大以爲非"：亦見《宋本册府》卷六五一《貢舉部·謬濫門》。

[4]太常卿：官名。太常寺長官。掌宗廟禮儀。正三品。"遂罷學士"至"遷太常卿"：《輯本舊史》卷七八《晋高祖紀四》天福四年（939）四月甲申條："以翰林學士承旨、兵部侍郎崔棁權判太常卿。"同卷五月丁巳條："以兵部侍郎、權判太常卿事崔棁爲尚書左丞。"同卷十一月丁丑條："尚書左丞崔棁改太常卿。"

［5］風痺：古時中醫指寒濕侵襲引起的關節痛疼或肢體麻木。“後以風痺改太子賓客”至“卒年六十八”：《輯本舊史》卷八一《晉少帝紀一》天福七年八月庚申條：“以山陵禮儀使、太常卿崔棁爲太子賓客，分司西都，病故也。”

棁平生所著文章、碑誄、制詔甚多，人有借本傳寫者，則曰：“有前賢，有來者，奚用此爲！”凡受託而作者，必親札致之，即焚其藁，懼泄人之假手也。[1]棁笑不至矧，[2]怒不至詈，接新進後生，未嘗無誨焉。羣居公會，端坐寡言，嘗云非止致人愛憎，且或干人祖禰之諱。指命僕役，亦用禮節，盛暑祁寒，不使冒犯。嘗自話於知友云：“某少時，夢二人前引行路，一人計地里，曰：‘一舍矣，可以止。’一人曰：‘此君當更進三十有八里。’復行如所言，二人皆止之，俄而驚覺。”棁常識是夢，以爲定命之限，故六十七請退，明年果終焉。[3]

［1］“棁平生所著文章”至“懼泄人之假手也”：亦見《宋本册府》卷八〇六《總録部·賢德門》、卷八六四《總録部·好謙門》，明本《册府》卷七九三《總録部·長者門》。

［2］棁笑不至矧：中華書局本有校勘記：“‘矧’，原作‘哂’，據殿本、劉本改。按《禮記·曲禮》：‘笑不至矧，怒不至詈。’”

［3］“棁常識是夢”至“明年果終焉”：亦見《宋本册府》卷八九三《總録部·夢徵門》。

兄棆，有隱德，好釋氏，閑居滑州。[1]嘗欲訪人於白馬津，比及臨岸，歎曰：“波勢洶湧如此，安可濟乎！”[2]乃止。後徵拜左拾遺，辭疾不赴。[3]《永樂大典》

卷二千七百四十。[4]

[1]滑州：州名。治所在今河南滑縣。　兄榆：《舊五代史考異》："案：《世系表》作榆。"

[2]白馬津：地名。位於滑州白馬縣（今河南滑縣）。　比及臨岸：中華書局本有校勘記："'比'，原作'北'，據殿本、《册府》卷七七九改。"見《宋本册府》卷七七九《總録部·高尚門二》。

[3]左拾遺：官名。唐代門下省所屬的諫官。掌規諫，薦舉人才。從八品上。

[4]《大典》卷二七四〇"崔"字韻"姓氏"事目。

薛融

薛融，汾州平遥人。[1]性純和，以儒學爲業。初從雲州帥李存璋爲幕職，唐莊宗平河南，歷鄆、徐二鎮從事。[2]明宗初，授華州節度判官。[3]長興四年，入爲右補闕，直弘文館，歲餘，改河東觀察判官，會高祖鎮太原，遂居于幕府。[4]清泰末，高祖將舉義，延賓席而歷問之，次及融，對曰："融本儒生，秖曾讀三五卷書，至於軍旅之事，進退存亡之機，未之學也。"座中聳然。[5]及登極，遷尚書吏部郎中兼侍御史知雜事。[6]天福二年，自左諫議大夫遷中書舍人，自以文學非優，不敢拜命，復爲諫議。[7]時詔修西京大内，融以鄴下用兵，國用不足，上疏復罷之，優詔嘉許。[8]俄轉御史中丞，秩滿改尚書右丞，分司西都。[9]天福六年，以疾卒，年六十餘。[10]《永樂大典》卷二萬一千三百六十七。[11]

[1]汾州：州名。治所在今山西汾陽市。　平遥：縣名。治所在今山西平遥縣。

[2]雲州：州名。治所在今山西大同市。　李存璋：人名。雲中（今山西大同市）人。五代後唐將領。傳見本書卷五三、《新五代史》卷三六。　幕職：官名。唐末、五代藩鎮自置的屬官，掌諸項軍民政事務。　鄆：州名。治所在今山東東平縣。　徐：州名。治所在今江蘇徐州市。

[3]華州：州名。治所在今陝西渭南市華州區。

[4]右補闕：官名。唐代諫官。武則天時始置。分爲左、右，左補闕隸於門下省，右補闕隸於中書省。掌規諫諷諭，大事可以廷議，小事則上封奏。從七品上。　弘文館：官署名。弘文館爲唐代中央官學之一。設館主一人，總領館務；判館事一人，管理日常事務。學士無員限，掌校正圖籍，教授生徒，並參議政事。五品以上稱爲學士，六品以下稱爲直學士，又有文學直館學士，均以他官兼領。　觀察判官：官名。唐肅宗以後置，五代沿置。觀察使屬官，參理田賦事，用觀察使印、署狀。

[5]“清泰末”至“座中聳然”：《通鑑》卷二八〇天福元年(936)五月條：“庚寅夜，李崧請急在外，薛文遇獨直，帝與之議河東事，文遇曰：‘諺有之：“當道築室，三年不成。”’兹事斷自聖志；群臣各爲身謀，安肯盡言！以臣觀之，河東移亦反，不移亦反，在旦暮耳，不若先事圖之。”先是，術者言國家今年應得賢佐，出奇謀，定天下。帝意文遇當之，聞其言，大喜，曰：‘卿言殊豁吾意，成敗吾决行之。’即爲除目，付學士院使草制。辛卯，以敬瑭爲天平節度使，以馬軍都指揮使、河陽節度使宋審虔爲河東節度使。制出，兩班聞呼敬瑭名，相顧失色。甲午，以建雄節度使張敬達爲西北蕃漢馬步都部署，趣敬瑭之鄆州。敬瑭疑懼，謀於將佐曰：‘吾之再來河東也，主上面許終身不除代；今忽有是命，得非如今年千春節與公主所言乎？我不興亂，朝廷發之，安能束手死於道路乎！今且發表稱疾以觀其意，若其寬我，我當事之；若加兵於

我，我則改圖耳。’幕僚段希堯極言拒之，敬瑭以其樸直，不責也。節度判官華陰趙瑩勸敬瑭赴鄆州；觀察判官平遥薛融曰：‘融書生，不習軍旅。’都押牙劉知遠曰：‘明公久將兵，得士卒心；今據形勝之地，士馬精强，若稱兵傳檄，帝業可成，奈何以一紙制書自投虎口乎！’掌書記洛陽桑維翰曰：‘主上初即位，明公入朝，主上豈不知蛟龍不可縱之深淵邪？然卒以河東復授公，引乃天意假公以利器。明宗遺愛在人，主上以庶孽代之，群情不附。公明宗之愛壻，今主上以反逆見待，此非首謝可免，但力爲自全之計。契丹主素與明宗約爲兄弟，今部落近在雲、應，公誠能推心屈節事之，萬一有急，朝呼夕至，何患無成。’敬瑭意遂决。先是，朝廷疑敬瑭，以羽林將軍寶鼎楊彦詢爲北京副留守，敬瑭將舉事，亦以情告之。彦詢曰：‘不知河東兵糧幾何，能敵朝廷乎？’左右請殺彦詢，敬瑭曰：‘惟副使一人我自保之，汝輩勿言也。’”亦見《新五代史》卷五六《薛融傳》。

[6]吏部郎中：官名。尚書省吏部頭司吏部司長官。掌文官階品、朝集、録賜，給其告身、假使以及選補流外官等事。《新唐書》記正五品上。　及登極，遷尚書吏部郎中兼侍御史知雜事：《輯本舊史》卷七六《晋高祖紀二》天福元年（936）十一月己亥條：“以觀察判官薛融爲吏部郎中兼侍御史，知雜事。”亦見《通鑑》卷二八〇。

[7]左諫議大夫：官名。隸門下省。唐代置左、右諫議大夫各四人，分隸門下省、中書省。掌諫諭得失，侍從贊相。正四品下。　中書舍人：官名。中書省屬官。掌起草文書、呈遞奏章、傳宣詔命等。正五品上。　“天福二年”至“復爲諫議”：《輯本舊史》卷七六《晋高祖紀二》天福二年三月乙亥條：“以吏部郎中兼侍御史、知雜事薛融爲左諫議大夫。”同卷同年十二月條：“左諫議大夫薛融改中書舍人，辭而不拜。”明本《册府》卷八六七《總録部·自知門》記此事於“天福三年”。《輯本舊史》卷七七《晋高祖紀三》天福三年正月壬申條：“以前右諫議大夫薛融爲左諫議大夫。”

[8]“時詔修西京大内”至“優詔嘉許”：《舊五代史考異》：

"案《通鑑》：薛融諫曰：'今宫室雖經焚毁，猶侈于帝堯之茅茨；所費雖寡，猶多于漢文之露臺。'況魏城未下，公私困窘，誠非陛下修宫館之日。俟海内平寧，修之未晚。"見《通鑑》卷二八一天福三年六月丙戌條。《輯本舊史》卷七七《晋高祖紀三》天福三年六月甲申條："左諫議大夫薛融上疏，請罷修洛京大内。優詔褒之，尋罷營造。"亦見明本《册府》卷一〇一《帝王部·納諫門》、《宋本册府》卷五四七《諫諍部·直諫門一四》、《通鑑》卷二八一。

[9]"俄轉御史中丞"至"分司西都"：《通鑑》卷二八一天福三年秋七月條："中書奏：'朝代雖殊，條制無異。請委官取明宗及清泰時敕，詳定可久行者編次之。'己酉，詔左諫議大夫薛融等詳定。"卷二八二天福四年七月戊申條："薛融等上所定編敕，行之。"《輯本舊史》卷七八《晋高祖紀四》天福四年七月戊申條："御史中丞薛融等上詳定編敕三百六十八道，分爲三十一卷。"本傳未載。同卷同年四年十一月丁丑："御史中丞薛融改尚書左丞。"與本傳、《新五代史》本傳"右丞"有異。《宋本册府》卷五二二《憲官部·遣讓門》："晋薛融爲御史中丞，高祖天福四年，融乘馬入尚書省門，罰俸一月。"

[10]年六十餘：《舊五代史考異》："案：《歐陽史》作年六十。"見《新五代史》卷五六本傳。

[11]《大典》卷二一三六七"薛"字韻"姓氏（六）"事目。

曹國珍

曹國珍，字彦輔，幽州固安人也。[1]曾祖藹，[2]祖蟾，父絢，代襲儒素。國珍少值燕薊亂離，因落髮被緇，客於河西延州，高萬興兄弟皆好文，辟爲從事。[3]國珍常以文章自許，求貢禮闈，[4]且掌書奏，期年，入爲左拾遺，累遷至尚書郎。每與人交，傾財無吝。性頗剛僻，經藝文學，[5]非其所長，好自矜衒，多上章疏，文字差誤，數數有之，爲搢紳所誚。高祖在藩時，嘗通私謁，以兄事之。及即位，國珍自比於嚴陵，上表敘舊，由是自吏部郎中拜左諫議大夫、給事中。[6]又求爲御史中丞，時宰怒，不復爲請，國珍銜之。李崧之母薨，遣諸弟護喪歸葬深州。[7]崧既起復，乃出北郊路隅設奠，公卿大夫皆送喪而出，國珍固争不行，衆咸推其讜直。高祖晏駕，朝廷以宰臣馮道爲山陵使，[8]及靈輴既發，國珍上疏言："馮道既爲山陵使，不得復入都城，請除外佐，以桑維翰入輔。李崧請罷相位，俾持喪制。"少帝覽奏，以所言侵越，出爲陝州行軍司馬。[9]至任悒怏，遘疾而卒。《永樂大典》卷四千五百十三。[10]

[1]幽州：州名。治所在今北京市。　固安：縣名。治所在今河北固安縣。

[2]曾祖藹：中華書局本有校勘記："'藹'，殿本作'靄'。"

[3]延州：州名。治所在今陝西延安市。《輯本舊史》之影庫本粘籤："延州，原本作'逮州'，今從《歐陽史》改正。"《新五代史》多見，如卷二《梁太祖紀下》。　高萬興：人名。延州（今陝西延安市）人。五代將領，高懷遷之子。傳見本書卷一三二、《新五代史》卷四〇。

[4]求貢禮闈：中華書局本有校勘記："句下《册府》卷七二九有'萬興飛表薦之梁貞明中特敕進士及第還爲萬興幕客'二十二字。"見《宋本册府》卷七二九《幕府部·辟署門四》。

[5]經藝文學：中華書局本有校勘記："'文'，原作'史'，據《册府》卷九一七改。"見《宋本册府》卷九一七《總録部·矜炫門》。

［6］“高祖在藩時”至“給事中”：《舊五代史考異》：“案《歐陽史·張彥澤傳》：國珍與御史中丞王易簡率三院御史詣閤門，連疏論張彥澤，不報。”見《新五代史》卷五二。《宋本册府》卷七六六《總録部·攀附門二》：“曹國珍，高祖在藩時，嘗通私謁，以兄事之。及即位，國珍自比於嚴陵，上表敘舊，由是自吏部郎中，拜左諫議大夫，給事中。”《輯本舊史》卷七七《晋高祖紀三》天福三年（938）十二月甲戌朔條：“以吏部郎中曹國珍爲左諫議大夫。”卷七八《晋高祖紀四》天福四年正月：“乙卯，左諫議大夫曹國珍上言：‘請于内外臣僚之中，選才略之士，聚《唐六典》、前後《會要》、《禮閣新儀》、《大中統類》、律令格式等，精詳纂集，俾無漏落，别爲書一部，目爲《大晋政統》。’從之。”《輯本舊史》卷八〇《晋高祖紀六》天福六年五月壬子條：“左諫議大夫曹國珍爲給事中。”

［7］深州：州名。治所在今河北深州市。

［8］山陵使：官名。唐貞觀中始置，掌議帝后陵寢制度、監造帝后陵寢。

［9］陝州：州名。治所在今河南三門峽市陝州區。　行軍司馬：官名。出征將領及節度使的屬官。掌軍籍符伍，號令印信，是藩鎮重要的軍政官員。

［10］《大典》卷四五一三爲“天”字韻“天官（一五）”事目，誤注。曹姓人物傳記本應在《大典》卷五五六一至五五六九“曹”字韻“姓氏”事目中，但此八卷在修《四庫全書》時已佚失，此傳出處爲《大典》何卷待考。

張仁愿

張仁愿，字善政，開封陳留人也。祖晸，唐右武衛大將軍。父存敬，梁河中節度觀察留後，累贈中書令，

《梁書》有傳。[1]仁愿，梁貞明初，以勳臣之子起家爲衛尉寺主簿，改著作佐郎、左贊善大夫，賜緋魚袋。[2]唐同光初，遷大理正。天成元年，自將作少監轉大理少卿。[3]長興中，歷昭武、歸德兩鎮節度判官。[4]四年，復入爲大理少卿。清泰中，除殿中監。[5]天福五年，拜大理卿。[6]八年，轉光禄卿。仁愿性温雅，明法書，累居詳刑之地，議讞疑獄，號爲稱職。兄仁穎，梁朝仕至諸衛將軍，中年以風恙廢於家凡十餘年，仁愿事之，出告反面，如嚴父焉，士大夫推爲孝友。仁穎善理家，勤而且約，婦女衣不曳地，什物多歷年所，如新市焉。[7]仁愿，開運元年再爲大理卿，時隰州刺史王澈犯贓，朝廷以澈功臣之後，欲宥之，仁愿累執奏不移，竟遣伏法，議者賞之。[8]開運二年，以疾卒，年五十一。贈祕書監。[9]《永樂大典》卷六千三百五十一。[10]

[1]陳留：縣名。治所在今河南開封市陳留鎮。　右武衛大將軍：官名。唐置，掌宫禁宿衛。唐代置十六衛，即左右衛、左右驍衛、左右武衛、左右威衛、左右領軍衛、左右金吾衛、左右監門衛、左右千牛衛。各置上將軍，從二品；大將軍，正三品；將軍，從三品。　節度觀察留後：官名。唐、五代時，代行方鎮長官之職者稱留後。代行觀察使之職者，即爲觀察留後。掌一州或數州軍政。　中書令：官名。漢代始置，隋、唐前期爲中書省長官，屬宰相之職，唐後期多爲授予元勳大臣的虚銜。正二品。　“父存敬”至“《梁書》有傳”：見《輯本舊史》卷二〇《張存敬傳》、《新五代史》卷二一《張存敬傳》。

[2]衛尉寺：官署名。北齊始置，掌軍器儀仗、祭祀幕帳之類，長官爲衛尉寺卿或衛尉卿，少卿爲副官。　主簿：官名。漢代以後

歷朝均置。唐代京城百司和地方官署，均設主簿。管理文書簿籍，參議本署政事，爲官署中重要佐官。其官階品秩，因官署而不同。　著作佐郎：官名。簡稱著作。魏晋始置，爲著作郎之輔，掌編修國史。唐代隸秘書省著作局，置四人，協助著作郎撰擬文字，掌理局事。從六品上。　左贊善大夫：官名。掌規諫太子過失，贊禮儀等事。正五品。

[3]將作少監：官名。秦設將作少府，唐改將作監。長官爲將作監，少監爲其副貳。掌宫廷器物置辦及宫室修建諸事。從四品上。　大理少卿：官名。爲大理寺的副長官。協助大理卿負責本寺的具體事務。從四品上。

[4]昭武：方鎮名。治所在利州（今四川廣元市利州區）。　歸德：方鎮名。治所在宋州（今河南商丘市睢陽區）。

[5]殿中監：官名。殿中省長官。掌宫廷供奉之事。從三品。　清泰中，除殿中監：《宋本册府》卷五二二《憲官部・譴讓門》："帝亦素知文審之兇惡，密令本道捕之下獄，遣殿中少監張仁愿於鄜州置獄，推鞫文審伏殺十餘人罪，未盡疑，乃追赴京師，連坐者二十八人，繫臺獄。"

[6]天福五年，拜大理卿：《輯本舊史》卷二〇《張存敬傳》："子仁愿，晋天福中，仕至大理。"

[7]"兄仁穎"至"如新市焉"：明本《册府》卷七九四《總録部・家法門》："晋張仁愿，兄仁穎，善治家，勤而且約，婦女衣不曳地，什物多歷年所，如新市焉。位大理卿。"《宋本册府》卷八五二《總録部・友悌門二》："晋張仁愿爲大理卿，兄仁穎，梁朝仕至諸衛將軍，中風恙十餘年，仁願事之，出告反面，如嚴父焉。士大夫推爲孝友。兄卒，人弔之，淚流滿目，而辭氣頓絶，見者傷之。"《新五代史・張存敬傳》："存敬子仁穎、仁愿。仁愿有孝行，存敬卒，事其兄仁穎，出必告，反必面，如事父之禮。"

[8]隰州：州名。治所在今山西隰縣。　王澈：人名。籍貫不詳。五代地方軍閥、官員。事見本書本卷。中華書局本有校勘記：

"原作'王徹'，據殿本、劉本、孔本、《册府》卷六一七改。本卷下一處同。"見《宋本册府》卷六一七《刑法部·守法門》："晋張仁愿，開運初再爲大理卿。嘗以開州刺史王澈犯贓，朝廷以澈功臣之子，欲宥之，仁願累執奏不移，竟遣伏法。議者賞之。"《通鑑》卷二八四開運元年（944）四月丁未條："先是，詔以楊光遠叛，命兖州修守備。泰寧節度使安審信，以治樓堞爲名，率民財以實私藏。大理卿張仁愿爲括率使，至兖州，賦緡錢十萬。值審信不在，拘其守藏吏，指取錢一囷，已滿其數。"　"開運元年再爲大理卿"至"議者賞之"：《輯本舊史》卷八三《晋少帝紀三》開運元年九月條："以光禄卿張仁愿爲大理卿。"

［9］"開運二年"至"贈祕書監"：《輯本舊史》卷八四《晋少帝紀四》開運二年六月壬午："大理卿張仁愿卒，贈祕書監。"《新五代史·張存敬傳》："仁愿曉法令，事梁、唐、晋，常爲大理卿，卒，贈秘書監。"

［10］《大典》卷六三五一"張"字韻"姓氏（二一）"事目。

趙熙

趙熙，字績巨，唐宰相齊國公光逢之猶子也。[1]起家授祕書省校書郎，唐天成中，累遷至起居郎。數上章言事，以稱旨尋除南省正郎。[2]天福中，承詔與張昭遠等修《唐史》，竟集其功。[3]開運中，自兵部郎中授右諫議大夫，賞筆削之功也。[4]及契丹犯闕，僞旨遣使於晋州率配豪民錢幣，以實行橐。[5]始受命之日，條制甚嚴，熙出衣冠族，[6]性素輕急，既畏契丹峻法，乃窮理搜索，人甚苦之。及晋之三軍殺副使駱從朗，百姓相率持仗害熙於館舍，識者傷之。[7]《永樂大典》卷一萬六千九百九十一。[8]

[1]唐宰相齊國公光逢之猶子也：《輯本舊史》卷五八《趙光逢傳》未載。

[2]起居郎：官名。唐代始置，屬門下省。與中書省起居舍人同掌起居注，記皇帝言行。從六品上。　南省正郎：官名。職掌不詳。　“唐天成中”至“以稱旨尋除南省正郎”：《輯本舊史》卷三八《唐明宗紀四》天成二年（927）八月條：“史館修撰趙熙上言：‘應内中公事及詔書奏對，應不到中書者，請委内臣一人抄録，月終送史館。’詔差樞密直學士録送。”見《宋本册府》卷四七五《臺省部·奏議門六》、卷五五七《國史部·採撰門》、卷五六〇《國史部·記注門》。

[3]張昭遠：人名。籍貫不詳。五代後唐官員。事見本書本卷。

[4]右諫議大夫：官名。隸中書省。唐代置左、右諫議大夫各四人，分隸門下省、中書省。掌諫諭得失，侍從贊相。正四品下。“天福中”至“賞筆削之功也”：《輯本舊史》卷七九《晉高祖紀五》天福六年（941）二月己亥條：“詔户部侍郎張昭遠、起居郎賈緯、祕書少監趙熙、吏部郎中鄭受益、左司員外郎李爲光等同修《唐史》，仍以宰臣趙瑩監修。”《宋本册府》卷五五四《國史部·選任門》：“晉趙瑩，爲相，監修國史。天福六年二月敕曰：‘有唐遠自高祖，下暨明宗，紀傳未分，書志咸闕，今耳目相接，尚可詢求，若歲月更深，何由尋訪？宜令户部侍郎張昭、起居郎賈緯、祕書少監趙熙、吏部郎中鄭受益、左司員外郎李爲光等修撰《唐史》，仍令宰臣趙瑩監修。’”卷五五四《國史部·恩獎門》：“趙熙，爲兵部郎中，天福六年，與吏部侍郎張昭受詔修《唐史》。開運中，竟畢其功。熙授右諫議大夫，昭加金紫光禄大夫，進封開國子，增食邑二百户，賞筆削之功也。（一云：開運二年，史館上新修前朝

《李氏書》，賜監修宰臣劉昫、修史官張昭、直館王仲等繒綵銀器各有差。）”卷五五七《國史部·採撰門三》：“晋高祖天福六年二月己亥詔曰：‘百王大典，千古元龜，儻不編修，永成漏略。有唐氏遠自高祖，下洎明宗，紀傳未分，書志咸闕。今耳目相接，尚可詢求。若歲月更深，何繇尋訪。眷言筆削，宜屬英髦。户部侍郎張昭、起居郎賈緯、祕書少監趙熙、吏部郎中鄭受益、左司員外郎李爲光等，學並該通，文皆微婉，俾成信史，足展長才。宜令張昭等修撰《唐史》，仍令宰臣趙瑩監修。’昭又以唐朝數帝編簡殘闕，詔遣修唐朝一代正史。昭長於筆述，鋭於採求，不三歲，取天寶前舊史至濟陰少主實録、野史，共纂成二百卷以聞。有制稱美，尋加户封，書付史館。（晋少帝開運二年，史官上新修《李氏書》紀、志、列傳共二百一十三卷，並目録一卷，都計二十帙，賜監修前朝劉昫及修史官等繒採銀器有差。）”

［5］契丹：古部族、政權名。公元四世紀中葉宇文部爲前燕攻破，始分離而成單獨的部落，自號契丹。唐貞觀中，置松漠都督府，以其首領爲都督。唐末强盛，916年迭剌部耶律阿保機建立契丹國（遼）。先後與五代、北宋並立，保大五年（1125）爲金所滅。參見張正明《契丹史略》，中華書局1979年版。　晋州：州名。治所在今山西臨汾市。

［6］熙出衣冠族：中華書局本有校勘記：“‘出衣冠族’，殿本作‘出于衣冠之族’，孔本作‘出於冠族’。”

［7］駱從朗：人名。籍貫不詳。五代將領。時建雄軍留後劉在明朝於契丹，以節度副使駱從朗知晋州事。事見本書九九《漢高祖紀上》、《通鑑》卷二八六。　及晋之三軍：《輯本舊史》之影庫本粘籤：“及晋之三軍，原本疑有舛誤，今無別本可考，姑仍其舊。”　殺：中華書局本有校勘記：“原作‘投’，據殿本、劉本改。影庫本批校：‘殺副使駱從朗，“殺”訛“投”。’”《舊五代史考異》：“案《通鑑》云：契丹以節度副使駱從朗知晋州事，大將藥可儔殺從朗。”　契丹以節度副使駱從朗知晋州事：中華書局本有校勘記：

"'副'字原闕，據《通鑑》卷二八六補。"《輯本舊史》卷九九《漢高祖紀上》天福十二年二月庚辰條："權晉州兵馬留後張晏洪奏，軍亂，殺知州副使駱從朗及括錢使、諫議大夫趙熙，以城歸順。時晉州留後劉在明赴東京，朝於契丹，從朗知軍州事，帝方遣使張晏洪、辛處明等告諭登極，從朗囚之本城。大將藥可儔殺從朗於理所，州民相率害趙熙，三軍請晏洪爲留後，處明爲都監。"《新五代史》卷一〇《漢高祖紀》天福十二年二月條："晉州將藥可儔殺其守將駱從朗及括錢使、諫議大夫趙熙來歸。"《通鑑》卷二八六天福十二年條："契丹主遣右諫議大夫趙熙使晉州，括率錢帛，征督甚急。從朗既死，民相帥共殺熙。"

[8]《大典》卷一六九九一"趙"字韻"姓氏（七）"事目。

李遐

李遐，兖州人也。[1]少爲儒，有節操，歷數鎮從事，及升朝，累遷尚書庫部員外郎。高祖即位，以皇子重乂保釐洛邑，知遐强幹有守，除爲西京留守判官，使之佐理；復重其廉勤，兼委監西京左藏庫。[2]會張從賓作亂，使人輦取繒帛以賞羣逆，遐曰："不奉詔書，安敢承命！"遂爲其下所害。[3]高祖聞而歎惜，賻贈加等，仍贈右諫議大夫。其母田氏封京兆郡太君，仍給遐所食月俸，終母餘年。其子俟服闋與官。後又遣兖州節度使李從温就其舊業，賜牲幣綿帛等物，以旌其忠也。[4]《永樂大典》卷一萬三百九十。[5]

[1]兖州：州名。治所在今山東濟寧市兖州區。

[2]重乂：人名。即石重乂。後晉高祖石敬瑭之子。傳見本書

卷八七、《新五代史》卷一七。中華書局本謂本書卷七六、卷九七及《通鑑》卷二八一皆云於河陽被殺者爲重信，於河南被殺者爲重乂，是。《新五代史》卷一七亦記重乂於河南被殺。　留守判官：官名。留守司僚屬，分掌留守司各曹事，並協助留守通判陪都事。　左藏庫：官署名。負責收納各地所輸財賦，以供官吏、軍兵俸給及賞賜等費用。

［3］張從賓：人名。籍貫不詳。五代將領。後晉時起兵響應范延光叛亂，兵敗溺亡。傳見本書卷九七。　“會張從賓作亂”至“遂爲其下所害”：《輯本舊史》之影庫本粘籤：“張從賓，原本作‘徒賓’，今從《通鑑》改正。”見《通鑑》卷二八一。《通鑑》繫此事於天福二年（937）六月丁未條。《新五代史》卷八《晉本紀》天福二年六月丁未條：“東都巡檢張從賓反，留守判官李遐死之。”《通鑑》卷二八一天福二年六月丁未條：“從賓取内庫錢帛以賞部兵，留守判官李遐不與，兵衆殺之。”

［4］李從温：人名。代州崞縣（今山西原平市）人。後唐明宗李嗣源之侄。五代大臣、藩鎮軍閥。傳見本書卷八八。　“高祖聞而歎惜”至“以旌其忠也”：《輯本舊史》卷七六《晉高祖紀二》天福二年八月戊子條：“故東京留守判官李遐可贈右諫議大夫，其母田氏封京兆郡太君，子孫量才敘録，仍加賻贈，長給遐在身禄俸，終母之世。先是，遐監左藏庫於洛陽，會張從賓叛，令强取錢帛，遐拒而不與，因而遇害，故有是命。”《宋本册府》卷一四〇《帝王部·旌表門四》晉高祖條天福二年：“七月，詔曰：‘東都奏，留守判官監左藏庫李遐，當張從賓作亂之際，遣李彦珣强取錢帛。李遐稱：“不奉詔旨，安敢從命？”尋遇害。朕以李遐讀古人書，持君子行。攻苦食淡，承家不墜於素風；激濁揚清，歷宦咸推於貞操。一昨叛臣猖獗，兇黨憑陵，而能守正不回，臨難無懼，忘身徇節，雖死猶生。若無優異渥恩，何以光揚忠烈？仍聞母老子幼，鄉遠家貧，宜超贈於華資，兼賞延於嫡嗣。是覃漏澤，慰彼沈冤。可贈右諫議大夫。其母田氏，封京兆郡太君。所有子孫，俟服闋日，

量才敘録。朝廷雖已特支救接錢帛粟麥，其本官賻贈物色，宜依常例指揮，仍長給遐在生官俸禄，終母一世。噫！朕以薄德，屬兹多難，致害忠良，實多軫惻。以子之俸，終母之年，用表盡傷，俾慰存殁。布告中外，當體朕懷。'"

[5]《大典》卷一〇三九〇"李"字韻"姓氏"事目。

尹玉羽[1]

[1]中華書局本引原輯者案語："案：《尹玉羽傳》，原本止存兩條，今採《册府元龜》以存大概。"

尹玉羽，京兆長安人。[1]唐天復中，[2]隨計京師，甚有文稱。會有苴杖之喪，累歲羸疾，冬不釋菅履，期不變倚廬。制闋，隱居杜門，無仕宦之意。《永樂大典》卷一萬六千九百九十一。[3]梁貞明中，劉鄩辟爲保大軍節度推官，歷雍、汴、滑、兖從事。[4]

[1]京兆長安人：中華書局本有校勘記："五字原闕，據殿本、劉本、《册府》卷七二九補。"

[2]天復：唐昭宗李曄年號（901—904）。

[3]"尹玉羽"至"無仕宦之意"：《大典》卷一六九九一。按，卷一六九九一爲"趙"字韻"姓氏（七）"事目，與本則内容無關，疑爲誤記。《册府》卷七五六《總録部・孝門六》作"無召官之意"。

[4]劉鄩：人名。密州安丘（今山東安丘市）人。唐末、五代將領。傳見本書卷二三、《新五代史》卷二二。　保大軍：方鎮名。治所在鄜州（今陝西富縣）。　雍：地名。即京兆府，治所在今陝西西安市。　"梁貞明中"至"歷雍、汴、滑、兖從事"：《宋本

册府》卷七二九《幕府部·辟署門四》。中華書局本引《舊五代史考異》曰："案：以下有闕文。考宋黎持《移石經記》：石經舊在務本坊，自天祐中韓建築新城，而石經委棄于野。至朱梁時，劉鄩守長安，從幕吏尹玉羽之請，輦入城中，置于此地，即唐尚書省之西隅也。"

唐明宗時爲解縣榷鹽使，遷光禄大夫。[1]天成三年五月，爲人所訟，使過官錢按之不虚，且令徵納填贓，纔足自舉，欲就通班。敕旨停見任。[2]後唐清泰中，爲光禄少卿，退歸秦中，以林泉詩酒自樂，自號自然先生。《永樂大典》卷一萬六千九百九十一。[3]宰臣張延朗手書而召，[4]高卧不從，謂人曰："庶孽代宗，不可仕也。"及高祖入洛，即受詔而來，以所著《自然經》五卷貢之，且告其老。即日，璽書褒美，頌其器幣，月給俸錢三萬及冬春二時服。[5]

[1]解縣：縣名。治所在今山西運城市解州鎮。　光禄大夫：官名。唐、五代文散官。從二品。

[2]"唐明宗時"至"敕旨停見任"：《宋本册府》卷五一一《邦計部·貪污門》。

[3]光禄少卿：官名。北魏始設，歷代沿置。光禄寺副長官，協光禄寺卿掌諸項事務。從四品上。　"後唐清泰中"至"以林泉詩酒自樂"：明本《册府》卷八一三《總録部·退迹門》，"光禄少卿"下有"滿歲"二字。　自號自然先生：《大典》卷八五七〇"生"字韻/事韻（八）。

[4]張延朗：人名。汴州（今河南開封市）人。五代、後唐大臣，歷任三司使、宰相。傳見本書卷六九、《新五代史》卷二六。

［5］“宰臣張延朗手書而召”至“月給俸錢三萬及冬春二時服”：明本《册府》卷八九九《總録部·致政門》。《輯本舊史》於此條後有原輯者案語：“案：《尹玉羽傳》，原本止存二條，今採《册府元龜》以存大概。”

天福二年六月乙酉，前光禄少卿玉羽以少府監致仕。[1]玉羽性仁恕，好静默，與朋友交，無怨棄，御僕隸，不好詈辱，有過則諭而戒之，有罪則禮而遣之。家雖屢空，不渝其廉。時雖亂離，不廢其業。[2]天福中卒，有《武庫集》五十卷行于世。[3]

［1］少府監：官名。少府監長官。隋初置，唐初廢，太宗時復置。掌百工技巧之事。從三品。　“天福二年”至“少府監致仕”：《輯本舊史》卷七六《晋高祖紀二》天福二年（937）六月乙酉條。

［2］“玉羽性仁恕”至“不廢其業”：明本《册府》卷八〇六《總録部·賢德門》。

［3］天福中卒，有《武庫集》五十卷行于世：中華書局本有校勘記：“十四字原闕，據殿本補。”《輯本舊史》卷七九《晋高祖紀》作：“（天福五年五月）壬寅，少府監致仕尹玉羽卒。”《册府》卷八五四《總録部·立言門》作：“退居秦中，十年之間，著書五十卷，名曰《武庫集》。”

鄭雲叟

鄭雲叟，本名遨，雲叟其字也，以唐明宗廟諱，故世傳其字焉，本南燕人也。[1]少好學，耿介不屈。唐昭宗朝，嘗應進士舉，不第，因欲携妻子隱于林壑，其妻非之，不肯行，雲叟乃薄游諸郡，獲數百緡以贍其家，辭訣而去。尋入少室山，[2]著《擬峯詩》三十六章，以導其趣，人多傳之。後妻以書達意，勸其還家，雲叟未嘗一覽，悉投於火，其絶累如此。[3]俄聞西嶽有五鬣松，淪脂千年，能去三尸，因居於華陰。[4]與李道殷、羅隱之友善，時人目爲“三高士”。[5]道殷有釣魚之術，鈎而不餌，又能化易金石，無所不至，雲叟恒目覩其事，信而不求。

[1]本南燕人也：《舊五代史考異》：“《歐陽史》作滑州白馬人。”《新五代史》卷三四《鄭遨傳》：“鄭遨字雲叟，滑州白馬人也……後聞其妻子卒，一慟而止。”《宋本册府》卷八五五《總録部・曠達門》：“晋鄭雲叟，南燕人，家本東郡，隱居華山。妻兒繼已凋謝，每聞凶訃，一哭而止。”

[2]少室山：山名。位於今河南登封市西北。《舊五代史考異》：“《歐陽史》作入少室爲道士。”《新五代史》卷三四亦有“山”字。

[3]“後妻以書達意”至“其絶累如此”：《新五代史》卷三四：“後聞其妻子卒，一慟而止。”

[4]五鬣松：中華書局本有校勘記：“‘五鬣松’原作‘五粒松’，據彭校及《永樂大典》卷八八四五引《五代薛史》、《册府》卷八一〇改。”《新五代史》卷三四亦作“粒”。《大典》卷八八四五“遊”字韻“琴鶴從遊”條：“《五代薛史・晋鄭雲叟傳》：雲叟名遨，隱於少室山，後聞西嶽有五鬣松，淪脂千年，能去三尸，因居於華陰。時唯有青衿二童、一琴、一鶴從其遊處。好棋塞之戲，遇同侶則以晝繼夜，雖寒風大雪，臨簷對局，手足皸裂，亦無倦

焉。”　三尸：道教術語。指寄於人體的三尸神。主監察人之諸種惡性。　華陰：縣名。治所在今陝西華陰市。

[5]李道殷：人名。五代道士。籍貫、事跡不詳。　羅隱之：人名。五代道士。籍貫、事跡不詳。

雲叟與梁室權臣李振善，[1]振欲禄之，拒而不諾，及振南遷，雲叟千里徒步以省之，識者高焉。後妻兒繼謝，每聞凶訃，一哭而止。時唯青衿二童子、一琴、一鶴，從其遊處。好棋塞之戲，遇同侶則以晝繼夜，雖寒風大雪，臨簷對局，手足皸裂，亦無倦焉。唐天成中，召拜左拾遺，[2]不起，與羅隱之朝夕遊處，[3]隱之以藥術取利，雲叟以山田自給，俱好酒能詩，善長嘯。有大瓠，云可辟寒暑，置酒於其中，經時味不壞，日携就花木水石之間，一酌一詠。嘗因酒酣聯句，鄭曰："一壺天上有名物，兩箇世間無事人。"羅曰："醉却隱之雲叟外，不知何處是天真。"

[1]李振：人名。祖居西域，祖、父在唐皆官郡守。後梁大臣。傳見本書卷一八、《新五代史》卷四三。

[2]唐天成中，召拜左拾遺：明本《册府》卷六八《帝王部·求賢門二》唐明宗長興二年（931）七月："敕：朝臣相次敷陳，請搜沉滯。簪纓之内，甚有美賢；山澤之中，非無俊彦。若令終老，乃是遺才。鄭雲叟頃自亂離，久從隱逸。近頒特勅，除授拾遺，不來赴京，自緣抱病，非朝廷之不録，在遐邇以皆知。宜令諸道藩侯專切搜訪，如有隱逸之士藝行可稱者，當具奏聞，必宜量才任使。"

[3]與羅隱之朝夕遊處：明本《册府》卷八一〇《總録部·隱逸門二》上有"嘗"字。

高祖即位，聞其名，遣使齎書致禮，徵爲右諫議大夫，雲叟稱疾不起，上表陳謝。[1]高祖覽表嘉之，賜近臣傳觀，尋賜號逍遥先生，以諫議大夫致仕，月給俸禄。[2]雲叟好酒，嘗爲《詠酒詩》千二百言，海内好名者書於縑緗，以爲贈貺。復有越千里之外，使畫工潛寫其形容列爲屏障者焉。其爲時望所重也如此。天福末，以壽終，時年七十四。[3]有文集二十卷行于世。[4]《永樂大典》卷一萬八千八百八十一。[5]

[1]"高祖即位"至"上表陳謝"：《輯本舊史》卷七八《晋高祖紀四》天福四年（939）三月："庚申，遣内臣趙處玭以版詔徵華山隱者、前右拾遺鄭雲叟。"同年四月："庚辰，徵前右拾遺鄭雲叟爲右諫議大夫。"五月乙卯："右諫議大夫、致仕鄭雲叟賜號逍遥先生，仍給致仕官俸。"明本《册府》卷九八《帝王部·徵聘門》晋高祖天福四年四月庚辰："徵前左拾遺鄭雲叟爲右諫議大夫，玉笥山道士羅隱之賜號希夷先生。雲叟始隱尚少，累年之後，西入華岳，與之朝夕遊處。隱之以藥術取利，雲叟以山田自給，俱好酒能詩及長嘯。有大瓠，云可辟寒暑。置竿所酒，經時，其味不壞。日携酒就花木水石之間，一酌一詠。嘗酒酣聯句，鄭雲叟曰：'一壺天上有名物，兩個世間無事人。'羅隱之曰：'醉却隱之雲叟外，不知何處是天真。'上聞其名故遣劉珣、趙處玭等齎鵠書致禮徵召。其後雲叟稱疾不起，上表曰：'臣聞君子有應敵之方，因時俯仰；介士有不移之操，與性逍遥。康堯佐舜者，洽道於君臣；洗渭巢箕者，寄形於天壤。惟聖人之效業，左庶物以由庚。微臣學圃無成，文場不調，頃屬兵交四海，怨暴三塲。梁室亂離，走蘭成於荒谷；江都淪覆，遁庾衮於天山。而又蔡順少孤，虞丘三失，倉野之女，遠國飃零，王祥之男，一時彫落。喪家室而有鰥在下，悲身世而無

處求生。因投迹玄元，委心虛静，長揖當途之客，羣居在野之人。幽蘭以備於重襟，灌木用成於虛室。或臨窗嘯傲，或植杖耕耘，樂在其中，老而將至。西山採藥，已有詠歌；北闕彈冠，曾無夢想。安期綸綍，下及煙蘿。日月方耀於太清，世胄適躋於高祖。任賢勿貳，蒞事惟能。衡門不傑之才，繇來有愧；詔局殊常之命，未敢以聞。夫功大者其任尊，職充者其責重，任必安於所據，責不致於非才。方今内服百工，外拜五長，百爾黎獻，一存至公。載惟清朝，奚急百士。誠繇陛下天綱地絡，容無所遺。夏雨春風，恩無不及。青陽振其沉穎，旭旦起乎幽棲。將令匹微，罔不率俾。固宜勇别環堵，言隨輯車。拜丹地之明廷，奉奩囊之清職。東望心踊，其如病何？賦分隱淪，滅思聞見。九徵而往，雖有語於莊周；三召不行，獨無求於殷浩。仰祈皇鑒，俯宥愚衷。'上覽表，嘉之，賜近臣傳觀。"卷八一〇《總録部・隱逸門二》："晋鄭雲叟，白馬人也。少好學，耿介不屈，爲文敏速遒麗。昭宗朝嘗應進士不第，拂衣歎曰：'天命之謂性，率性之謂道。性與道，在乎已而不能取，焉用浮名之攖我心，使鬱鬱然若是耶？'因欲携妻子隱於林壑，其妻非而不行，雲叟乃薄遊諸郡，獲數百緡以贍其家，辭訣而去。"

[2]致仕：官員告老辭官。

[3]天福末，以壽終，時年七十四：《輯本舊史》卷七八《晋高祖紀四》天福四年十一月："丙申，諫議大夫致仕、逍遥先生鄭雲叟卒。"《新五代史》卷三四《鄭遨傳》："天福四年卒，年七十四。"《宋本册府》卷八九五《總録部・達命門》："鄭雲叟隱居嵩山。一旦，卧病，俾弟子召友羅隱之與李道殷曰：'吾將訣矣。'弟子曰：'先生嘗無疾，何若此也？'雲叟曰：'屈伸形兆，四時之嘗道也。風蒸燥濕，四時之嘗德也。陰陽流轉，四時之嘗氣也。井營經合，四時之嘗主也。木之爲疾也瘁，火之爲疾也温，癘土之爲疾也痁，疥金之爲疾也滑，水之爲疾也急。大化無私，弱者罹之。居身，無身之事，庶幾乎免矣，非神仙而處也。得斯而繇，謂之考終命。箕子以爲福，復何恨也？'言終而卒，年七十四。"

[4]有文集二十卷行于世：《新唐書》卷六〇《藝文志四》載“《鄭雲叟詩集》三卷”。

[5]《大典》卷一八八八一“鄭”字韻“姓氏”事目。

史臣曰：自古攀龍鱗，附鳳翼，坐達於雲衢者，豈獨豐沛之士哉！苟懷才抱器，適會興王，亦可以取貴於一時，如盧質而下數君子是也。至如國珍之讜直，仁愿之友悌，趙、李二子没于王事，皆無忝于士林矣。唯玉羽之貞退，雲叟之肥遯，足可以柅奔競之風，激高尚之節也。《永樂大典》卷一萬八千八百八十一。[1]

[1]《大典》卷一八八八一“鄭”字韻“姓氏”事目。

舊五代史　卷九四

晋書二十

列傳第九

萇從簡

萇從簡，陳州人也。[1]世以屠羊爲業，力敵數人，善用槊。初事後唐莊宗爲小校，[2]每遇攻城，召人爲梯頭，從簡多應募焉，[3]莊宗愛其勇，[4]擢領帳前親衛兼步軍都指揮使。[5]一日，莊宗領大軍與梁軍對陣，登高丘而坐，敵人有執大幟揚其武者，莊宗指之謂左右曰："猛士也。"從簡曰："臣爲大王取之。"莊宗慮其不捷，[6]不許。從簡退，乃潛領十數騎挺身而入，奪幟以歸，萬衆鼓譟，莊宗壯之，錫賚甚厚。又嘗中箭而鏃入於骨，使醫工出之，以刃鑿骨，恐其痛也，良久未能摇動。從簡嗔目謂曰："何不沈鑿？"[7]洎出之，左右無不惻然，從簡顏色自若，其勇壯皆此類也。

[1]陳州：州名。治所在今河南淮陽縣。

[2]後唐莊宗：即李存勗。代北沙陀部人，五代後唐開國皇帝。公元923年至926年在位。紀見本書卷二七至卷三四、《新五代史》卷四、卷五。

[3]召人爲梯頭，從簡多應募焉：《輯本舊史》之影庫本粘籤："'梯頭'，原本作'楊頭'，今從《歐陽史》改正。"見《新五代史》卷四七《萇從簡傳》，亦見《宋本册府》卷八四五《總録部·善武藝門》。

[4]莊宗愛其勇：中華書局本有校勘記："愛，原作'爲'，據《册府》卷三九六、《新五代史》卷四七《萇從簡傳》改。"見《宋本册府》卷三九六《將帥部·勇敢門三》。

[5]步軍都指揮使：官名。五代時藩鎮馬步軍之長官。五代軍隊編制，五百人爲一指揮，設指揮使、副指揮使；十指揮爲一軍，設都指揮使、副都指揮使。

[6]慮其不捷：《新五代史》卷四七作"惜之"。

[7]沈鷙：《宋本册府》卷三九六作"深鷙"，均可通。

從簡所爲多不法，莊宗以其戰鬭多捷，常屈法赦之，賜姓，名曰紹瓊。後加謁誠匡國功臣，累官至金紫光禄大夫、檢校太保、景州刺史，[1]歷洺州團練使。[2]及梁平，典蔡州。[3]同光四年，[4]授許州節度使，[5]會莊宗晏駕，未及赴鎮而止。明宗登極，[6]例復本姓，[7]歷麟、汝、汾、金四州刺史。[8]應順初，[9]舉軍伐鳳翔，[10]從簡亦預其行，會軍變，乃東還。道遇張廷藴，[11]爲廷藴所執，送於末帝。[12]末帝數之曰："人皆歸我，爾何背我而去也?"從簡曰："事主不敢二心，今日死生唯命。"末帝釋之。[13]清泰二年，[14]授潁州團練使。[15]

［1］金紫光禄大夫：官名。本兩漢光禄大夫。魏晋以後，光禄大夫之位重者，加金章紫綬，因稱金紫光禄大夫。北周、隋爲散官。唐貞觀後列入文散官。正三品。　檢校太保：官名。爲散官或加官，以示恩寵，無實際職掌。太保，與太師、太傅合稱三師。　景州：州名。治所在今河北東光縣。　刺史：官名。漢武帝時始置。州一級行政長官，總掌考覈官吏、勸課農桑、地方教化等事。唐中期以後，節度、觀察使轄州而設，刺史爲其屬官，職任漸輕。從三品至正四品下。

［2］洺州：州名。治所在今河北邯鄲市永年區。　團練使：官名。唐中期以後，於不設節度使的地區設團練使，掌本區各州軍事。

［3］蔡州：州名。治所在今河南汝南縣。

［4］同光：五代後唐莊宗李存勗年號（923—926）。

［5］許州：州名。治所在今河南許昌市。　節度使：官名。唐時在重要地區所設掌握一州或數州軍、民、財政的長官。

［6］明宗：即五代後唐明宗李嗣源。沙陀部人。原名邈佶烈，李克用養子。926年至933年在位。紀見本書卷三五至卷四四、《新五代史》卷六。

［7］例復本姓：《通鑑》卷二七五天成元年（926）五月丙辰條："武寧節度使李紹真、忠武節度使李紹瓊、貝州刺史李紹英、齊州防禦使李紹虔、河陽節度使李紹奇、洺州刺史李紹能，各請復舊姓名爲霍彦威、萇從簡、房知温、王晏球、夏魯奇、米君立，許之。"

［8］麟：州名。治所在今陝西神木市。　汝：州名。治所在今河南汝州市。　汾：州名。治所在今山西汾陽市。　金：州名。治所在今陝西安康市。　歷麟、汝、汾、金四州刺史：《舊五代史考異》："《北夢瑣言》云：明宗尤惡貪貨，面戒汝州刺史萇從簡，爲其貪暴。"見《北夢瑣言》卷一八明宗惡貪吏條。《新五代史》卷四七《萇從簡傳》："明宗嘗戒之曰：'富貴可惜，然汝不能守也。

先帝能貸爾，吾恐不能。'"刺史，《新五代史》卷四七作"防禦使"。

[9]應順：五代後唐閔帝李從厚年號（934）。

[10]鳳翔：方鎮名。治所在鳳翔府（今陝西鳳翔縣）。

[11]張廷蘊：人名。開封襄邑（今河南睢縣）人。五代方鎮軍閥。傳見本書本卷、《新五代史》卷四七。

[12]末帝：即五代後梁末帝朱友貞。朱温第三子。鳳曆元年（913）殺其兄友珪自立。即位後連年與河東李存勗争戰，龍德三年（923），後唐軍陷洛陽，友貞自殺，後梁亡。紀見本書卷八至卷一〇、《新五代史》卷三。

[13]"應順初"至"末帝釋之"：亦見《宋本册府》卷三七四《將帥部·忠門五》，文字略有異。《通鑑》卷二七九清泰元年（934）二月辛卯條："前絳州刺史萇從簡爲馬步都虞候。"同年三月條："馬步都虞候萇從簡、左龍武統軍王景戡皆爲部下所執，降於潞王，東軍盡降。"同年四月庚寅條："庚寅，釋王景戡、萇從簡。"

[14]清泰：後唐末帝李從珂年號（934—936）。

[15]潁州：州名。治所在今安徽阜陽市。

高祖舉義，[1]末帝將議親征，詔赴闕，充副招討使，[2]隨駕至孟津，[3]除河陽節度使。[4]及趙延壽軍敗，[5]斷浮橋歸洛，留從簡守河陽。[6]高祖自北而至，從簡察軍情離散，遂渡河迎謁高祖。[7]天福元年十二月，[8]授許州節度使，[9]改賜推忠佐運保國功臣。二年秋，移鎮徐州。[10]三年，加開府儀同三司、檢校太尉，[11]進封開國公，食邑至一千五百户。受代歸闕，授左金吾衛上將軍。[12]

［1］高祖：即五代後晋高祖石敬瑭。沙陀部人。五代後唐將領、後晋開國皇帝。936 年至 942 年在位。紀見本書卷七五至卷八〇、《新五代史》卷八。

［2］副招討使：官名。行營統兵官。位次行營都統、招討使。掌招撫討伐事務。“副”字原闕，中華書局本據浙江本、宗文本、《新五代史》卷四七、本書卷八三及卷九〇補，今從。

［3］孟津：地名。位於今河南孟津縣會盟鎮，黄河中下游分界綫、重要渡口。

［4］河陽：縣名。治所在今河南孟州市。

［5］趙延壽：人名。常山（今河北正定縣）人。本姓劉，爲後唐將領趙德鈞養子。仕至後唐樞密使，遼朝幽州節度使、燕王。傳見本書卷九八。

［6］留從簡守河陽：中華書局本有校勘記：“‘河陽’，《册府》卷七六六作‘河陽南城’。按《通鑑》卷二八〇：‘唐主命河陽節度使萇從簡與趙州刺史劉在明守河陽南城。’”見《宋本册府》卷七六六《總録部·攀附門二》，且上句“斷浮橋歸洛”前有“僞王”二字。《通鑑》卷二八〇天福元年（936）閏十一月己丑條：“符彦饒、張彦琪至河陽，密言於唐主曰：‘今胡兵大下，河水復淺，人心已離，此不可守。’己丑，唐主命河陽節度使萇從簡與趙州刺史劉在明守河陽南城，遂斷浮梁，歸洛陽。”此處“己丑”當作“丁丑”。天福元年閏十一月丙辰朔，無己丑，丁丑爲二十二日。

［7］“高祖自北而至”至“遂渡河迎謁高祖”：本書、《册府》、《新五代史》、《通鑑》均繫此事於天福元年閏十一月己卯，見《輯本舊史》卷七六《晋高祖紀二》天福元年閏十一月己卯條、《宋本册府》卷八《帝王部·創業門四》、明本《册府》卷一二六《帝王部·納降門》、《新五代史》卷八《晋高祖紀》、《通鑑》卷二八〇。

［8］天福：五代後晋高祖石敬瑭年號（936—942）。出帝石重貴沿用至九年（944）。後漢高祖劉知遠繼位後沿用一年，稱天福十二年（947）。

[9]授許州節度使：《輯本舊史》卷七六天福元年十二月丁亥條："以河陽節度使萇從簡爲許州節度使。"《宋本册府》卷四八五《邦計部·濟軍門》天福二年五月丁卯條："許州萇從簡進助國錢五千貫，絲五千兩。"

[10]移鎮徐州：《輯本舊史》卷七六天福二年八月辛巳條："以許州節度使萇從簡爲徐州節度使。"《宋本册府》卷四八五天福三年二月戊寅條："徐州萇從簡進助國錢三千貫。"

[11]開府儀同三司：官名。魏晋始置，隋唐時爲散官之最高官階。多授功勳重臣。從一品。《輯本舊史》之影庫本粘籤："'開府'，原本誤作'開封'，今據文改正。"　檢校太尉：官名。爲散官或加官，以示恩寵，無實際職掌。太尉，與司徒、司空並爲三公。

[12]左金吾衛上將軍：官名。唐置，掌宫禁宿衛。唐代置十六衛，即左右衛、左右驍衛、左右武衛、左右威衛、左右領軍衛、左右金吾衛、左右監門衛、左右千牛衛。各置上將軍，從二品；大將軍，正三品；將軍，從三品。中華書局本有校勘記："'左'，《册府》卷四四八同。本書卷七九《晋高祖紀五》作'右'。"明本《册府》卷四四八《將帥部·殘酷門》作"左金吾衛左將軍"，並稱其名爲"弘簡"。《新五代史》卷四七《萇從簡傳》："歷鎮忠武、武寧，入爲左金吾衛上將軍。"《輯本舊史》卷七九《晋高祖紀五》天福五年五月甲申條："以前徐州節度使萇從簡爲右金吾衛上將軍。"卷八〇《晋高祖紀六》天福六年十二月癸卯條亦云"右金吾上將軍萇從簡卒"。明本《册府》卷一六九《帝王部·納貢獻門》天福三年九月乙丑條："徐州萇從簡直進馬三十匹。"同年十月壬寅條："徐州萇從簡進錢一千貫，絹一千匹。"

從簡性忌克而多疑，歷州鎮凡十餘，所在竪棘於公署，纔通人行，左右稍違忤，即加鞭笞，或至殺害，其意不可測，吏人皆側足而行。[1]其煩苛暴虐，爲武臣之最。[2]六年秋，隨駕幸鄴都，[3]遇疾請告，尋卒於鄉里，年六十五。贈太傅。[4]《永樂大典》卷一萬八千一百三十一。[5]

[1]“左右稍違忤”至“吏人皆側足而行”：中華書局本有校勘記：“‘足而’二字，原在‘稍違’下，據彭校、《册府》卷四四八乙正。”

[2]其煩苛暴虐，爲武臣之最：《新五代史》卷四七《萇從簡傳》：“從簡好食人肉，所至多潛捕民間小兒以食。許州富人有玉帶，欲之而不可得，遣二卒夜入其家殺而取之。卒夜踰垣，隱木間，見其夫婦相待如賓，二卒歎曰：‘吾公欲奪其寶，而害斯人，吾必不免。’因躍出而告之，使其速以帶獻，遂踰垣而去，不知其所之。”

[3]鄴都：地名。五代後晉陪都。治所在今河北大名縣。

[4]太傅：官名。與太師、太保合稱三師，唐後期、五代多爲大臣、勳貴加官。正一品。“贈太傅”，中華書局本有校勘記：“本書卷八〇《晋高祖紀六》、《新五代史》卷四七《萇從簡傳》作‘贈太師’。《舊五代史考異》卷三：‘案《歐陽史》作贈太師’。”《輯本舊史》卷八〇《晋高祖紀六》天福六年（941）十二月癸卯條：“右金吾上將軍萇從簡卒，廢朝，贈太師。”《新五代史》卷四七亦稱“卒年六十五，贈太師”。

[5]《大典》卷一八一三一“將”字韻“後晋將（二）”事目。

潘環

潘環，字楚奇，洛陽人也。父景厚，以環貴，授左監門上將軍致仕。[1]環少以負販爲業，始事梁邢州節度使閻寶，[2]爲帳中親校。及莊宗定魏博，[3]移兵攻邢，寶遣環間道馳奏於梁，梁末帝用爲左堅鋭夾馬都虞候，[4]累遷左雄威指揮使。[5]時梁人與莊宗對壘於河上，環每預戰，先登陷敵，金瘡徧體。[6]莊宗知其名，及平梁，命典禁軍。同光中，從明宗北禦契丹，[7]鄴軍之亂，從明宗入洛。[8]天成初，授棣州刺史。[9]會定州王都反，[10]朝廷攻之，以環爲行營右厢步軍都指揮使。賊平，改易州刺史、北面沿邊都部署，[11]後移刺慶州。[12]受代歸闕，明宗召對，顧侍臣曰："此人勇敢，少能偕者。"尋除宿州團練使。[13]清泰中，移耀州。[14]

[1]左監門上將軍：官名。掌宫禁宿衛。唐代十六衛之一，從二品。　致仕：官員告老辭官。

[2]邢州：州名。治所在今河北邢臺市。　閻寶：人名。鄆州（今山東東平縣）人。五代後梁、後唐將領。傳見本書卷五九、《新五代史》卷四四。

[3]魏博：方鎮名。治所在魏州貴鄉縣（今河北大名縣）。

[4]都虞候：官名。唐、五代方鎮高級軍官。　左堅鋭夾馬都虞候：中華書局本有校勘記："'堅'，原作'豎'，據殿本、劉本、邵本校、彭校改。影庫本批校：'左堅鋭夾馬都虞候，"堅"訛"豎"。'"

[5]左雄威指揮使：中華書局本有校勘記："'左'，《册府》卷三九六作'右'。"見《宋本册府》卷三九六《將帥部·勇敢門三》。

[6]"時梁人與莊宗對壘於河上"至"金瘡徧體"：《舊五代史考異》："《玉堂閒話》云：潘環常中流矢于面，骨銜其鏃，故負重

傷。醫至經年，其鏃自出，其瘡成漏，終身不痊。”見《玉堂閒話》卷二崔祕條，引自《太平廣記》卷二六六崔祕條。

［7］契丹：古部族、政權名。公元4世紀中葉宇文部爲前燕攻破，始分離而成單獨的部落，自號契丹。唐貞觀中，置松漠都督府，以其首領爲都督。唐末强盛，916年迭剌部耶律阿保機建立契丹國（遼）。先後與五代、北宋並立，保大五年（1125）爲金所滅。參見張正明《契丹史略》，中華書局1979年版。

［8］“同光中”至“從明宗入洛”：《輯本舊史》卷三四《唐莊宗紀八》同光四年（926）三月壬午（壬午，原誤作“壬申”）條：“時潘環守王村寨，有積粟數萬，亦奔汴州。”《通鑑》卷二七四繫此事於後唐明宗天成元年（926），即莊宗同光四年，該年四月明宗即位始改元。《通鑑》該年三月壬午條：“指揮使潘環守王村寨，有芻粟數萬，帝（莊宗）遣騎視之，環亦奔大梁。”

［9］棣州：州名。治所在今山東惠民縣。

［10］定州：州名。治所在今河北定州市。　王都：人名。原名劉雲郎。中山陘邑（今河北定州市）人。妖人李應之養子，又被送與王處直爲養子，遂改姓名爲王都。後爲義武軍節度使。傳見本書卷五四、《新五代史》卷三九。　會定州王都反：王都反在後唐明宗天成三年四月。見《通鑑》卷二七六天成三年四月癸巳條。

［11］易州：州名。治所在今河北易縣。　都部署：官名。五代後唐始置，爲臨時委任的大軍區統帥。掌管屯戍、攻防等事務。

［12］慶州：州名。治所在今甘肅慶城縣。

［13］宿州：州名。治所在今安徽宿州市。

［14］耀州：州名。治所在今陝西銅川市耀州區。　清泰中，移耀州：明本《册府》卷八一《帝王部·慶賜門三》唐末帝清泰元年（934）七月條：“詔鄭州防禦使宋敬塘、宿州團練使潘環、潁州團練使孫鐸、亳州團練使康文審、洺州團練使田武、密州刺史張籛、鄆州刺史武廷翰、懷州刺史周光輔、商州刺史侯益，並敍進爵邑，從恩例也。”《輯本舊史》卷四八《唐末帝紀下》清泰三年九月甲辰條：“遣

侍衛步軍都指揮使符彦饒率兵屯河陽，詔范延光率兵由青山路趨榆次，詔幽州趙德鈞由飛狐路出敵軍後，耀州防禦使潘環合防戍軍出慈、隰以援張敬達。”亦見《通鑑》卷二八〇天福元年（936）九月甲辰條。《輯本舊史》卷四八同年十一月庚子條：“潘環奏：隰州逐退蕃軍。”清泰前後共三年，“三年”不得言“中”。

天福中，預平范延光，[1]授齊州防禦使。[2]四年，升金州爲節鎮，以環爲節度使，久之，入爲左神武統軍。[3]開運初，[4]契丹入寇，王師北征，以環爲北面行營步軍左厢排陣使，[5]預破契丹於陽城。[6]軍迴，授澶州節度使，[7]累官至檢校太傅。[8]三年，罷鎮歸闕，俄受詔洛京巡檢。其年冬，戎王犯闕，僞署劉晞爲西京留守，[9]環乞罷巡警，閑居洛陽。遇河陽軍亂，晞出奔，未幾，蕃將高牟翰以兵援晞入於洛，[10]慮環有變，乃害之，盡取其家財。漢高祖至京，[11]贈太尉。[12]

[1]范延光：人名。相州臨漳（今河北臨漳縣）人。五代後唐、後晋將領。傳見本書卷九七、《新五代史》卷五一。

[2]齊州：州名。治所在今山東濟南市。　防禦使：官名。唐代始置，設有都防禦使、州防禦使兩種。常由刺史或觀察使兼任，實際上爲唐代後期州或方鎮的軍政長官。

[3]左神武統軍：官名。唐置六軍，分左、右羽林，左、右龍武，左、右神武，即“北衙六軍”。唐德宗興元元年（784），六軍各置統軍，以寵勳臣。五代沿之。其品秩，《唐會要》卷七一、《舊唐書》卷一二記載爲“從二品”；《通鑑》卷二二九興元元年辛丑條記載爲“從三品”。　“四年”至“入爲左神武統軍”：《輯本舊史》卷七八《晋高祖紀四》天福四年（939）五月乙卯條：“升

金州爲節鎮，以懷德軍爲使額。以齊州防禦使潘環爲懷德軍節度使。”卷八一《晉少帝紀一》天福七年十二月乙丑條：“以前金州節度使潘環爲左神武統軍。”

［4］開運：五代後晋出帝石重貴年號（944—946）。

［5］排陣使：官名。唐節度使所屬武官中有排陣使，五代後梁以後設於諸軍，爲先鋒之職。参見王軼英《中國古代排陣使述論》，《西北大學學報》2010 年第 6 期。　以環爲北面行營步軍左厢排陣使：中華書局本有校勘記：“《册府》卷三六〇同，本書卷八二《晋少帝紀二》、《通鑑》卷二八三記其開運元年爲‘步軍右廂排陣使’，本書卷八三《晋少帝紀三》記其至開運二年爲‘步軍左右廂都排陣使’，則未嘗歷左廂。”見《宋本册府》卷三六〇《將帥部·立功門一三》。《輯本舊史》卷八二《晋少帝紀二》開運元年（944）正月庚辰條：“以左羽林統軍潘環爲步軍右廂排陣使。”同年五月丁亥條：“以左神武統軍潘環掌騎兵。”卷八三《晋少帝紀三》開運元年八月辛丑條：“命十五將以禦契丹……左神武統軍潘環充步軍右廂排陣使。”同卷開運二年二月己卯條：“以左神武統軍潘環爲北面行營步軍都指揮使。”同月甲午條：“以神武統軍潘環充步軍左右廂都排陣使。”《通鑑》卷二八三開運元年正月乙亥條：“邊藩馳告：‘契丹前鋒將趙延壽、趙延照將兵五萬入寇，逼貝州。’”同月庚辰條：“以左羽林將軍潘環爲步軍右廂排陳使。”卷二八四開運元年四月戊寅條：“遣神武統軍洛陽潘環及張彦澤等將兵屯澶州，以備契丹。”

［6］陽城：縣名。治所在今山西陽城縣。

［7］澶州：州名。唐、五代初，治所在今河南清豐縣。後晋天福四年移治於今河南濮陽市。　授澶州節度使：卷八四《晋少帝紀四》開運二年五月戊戌條：“以左神武統軍潘環爲澶州節度使。”

［8］檢校太傅：官名。爲散官或加官，以示恩寵，無實際職掌。

［9］劉晞：人名。涿州（今河北涿州市）人。初爲周德威的從事，後爲遼國將領。傳見本書卷九八。　留守：官名。古代皇帝出

巡或親征時指定親王或大臣留守京城，綜理國家軍事、行政、民事、財政等事務，稱京城留守。在陪都或軍事重鎮也常設留守，以地方長官兼任。

[10]高牟翰：人名。《遼史》作“高模翰”。渤海族人。遼朝將領。傳見《遼史》卷七六。中華書局本有校勘記：“原作‘高牟朝’，據殿本、劉本、邵本校、本書卷九九《漢高祖紀一》改。影庫本批校：‘高牟翰，“翰”訛“朝”。’”此校勘記“漢高祖紀一”實爲“漢高祖紀上”。《輯本舊史》引殿本案語：“《通鑑》云：晞疑環搆其衆逐己，使牟翰殺之。”《通鑑》卷二八六天福十二年四月丁卯條，“搆”作“構”，“牟”作“謨”。《輯本舊史》卷九九《漢高祖紀上》天福十二年四月條：“汴州蕭翰遣蕃將高牟翰將兵援送劉晞復歸於洛，牟翰至，殺前澶州節度使潘環於洛陽。”

[11]漢高祖：即五代後漢開國皇帝劉知遠。太原（今山西太原市）人，沙陀部人。947年至948年在位。紀見本書卷九九、卷一〇〇及《新五代史》卷一〇。

[12]太尉：官名。與司徒、司空並爲三公，唐後期、五代多爲大臣、勳貴加官。正一品。

環歷六部兩鎮，所至以聚斂爲務。在宿州時，有牙將因微過見怒，[1]環紿言笞之，牙校因託一尼嘗熟於環者，獻白金兩鋌。尼詣環白牙校餉鏊脚兩枚，[2]求免其責，環曰：“鏊本幾脚？”尼曰：“三脚。”環復曰：“今兩脚能成鏊乎？”尼則以三數致之，當時號環爲“潘鏊脚”。《永樂大典》卷一萬八千二百三十一。[3]

[1]牙將：官名。古代軍隊中的中低級軍官。

[2]鏊（ào）：同“鏊”。鐵製炊具。　兩枚：《輯本舊史》之影庫本粘籤：“兩枚，原本作‘兩枝’，今從《册府元龜》改正。”

見明本《册府》卷四五五《將帥部·貪黷門》。

［3］《大典》卷一八二三一爲“匠”字韻“周官匠人、將作大匠、少匠、東園匠、都匠、詩文、姓氏”事目，與内容無關，應爲卷一八一三一“將”字韻“後晋將（二）”事目。

方太

方太，字伯宗，青州千乘人也。[1]少隸本軍爲小校，嘗戍登州，[2]劫海客，事洩，刺史淳于晏匿之，[3]遇赦免。事定州節度使楊光遠，[4]光遠領兵赴晋陽。[5]本州軍亂，太與馬萬、盧順密等擒之，[6]使太縛送至闕。[7]尋從杜重威破張從賓於汜水，[8]以功除趙州刺史。[9]從楊光遠平范延光於鄴，移刺萊州，[10]遷安州防禦使。[11]從少帝幸澶州，與契丹戰於戚城，[12]中數創，改鳳州防禦使，[13]行至中途，遷河陽留後，移邢州留後。[14]契丹犯闕，僞命遥領洋州節度使，[15]充洛京巡檢，與前洺州團練使李瓊俱至鄭州，[16]其屯駐兵士迫請太在城巡檢，以備外盜，號爲“鄭王”。[17]時有嵩山賊帥張遇，[18]領衆萬餘，於僧衆得梁朝故嗣密王朱乙，[19]遂推爲天子，取嵩山神冠冕之服以衣之。張遇以其衆攻鄭州，太與李瓊擊之，賊衆敗走，瓊中流矢而死。太乃括率郡中財物以賞軍士，因誘之欲同西去，其衆不從，太乃潛奔於洛陽。[20]及劉晞南走許州，[21]太殺晞牙校李暉，[22]入河南府行留守事。[23]既而嵩山賊帥張遇殺嗣密王，傳首於太，懸於洛市。又有伊闕賊帥自稱天子，[24]領衆萬餘，將入洛城，集郊壇之上，太率兵數百人逆擊，破之，賊衆遂潰。河陽武行德遣使召太,[25]詐言欲推之爲帥，尋爲行德所害。[26]《永樂大典》卷一萬八千一百三十一。[27]

[1]青州：州名。治所在今山東青州市。　千乘：縣名。治所在今山東廣饒縣。

[2]登州：州名。治所在今山東蓬萊市。

[3]淳于晏：人名。籍貫不詳。登明經第，久事霍彦威。彦威曾兵敗，淳于晏獨自仗劍隨從，因而受到信任。彦威節度數鎮，淳于晏被任爲從事，凡軍府之事，私家之務，都由他處理，職似家宰，被當時仿效，稱爲“效淳”。傳見本書卷七一。

[4]楊光遠：人名。沙陀部人。五代後唐、後晋將領。傳見本書卷九七、《新五代史》卷五一。

[5]光遠領兵赴晋陽：中華書局本有校勘記：“按句下疑有闕文，本卷下文所云本州軍亂事在滑州，見本書卷七六《晋高祖紀二》、卷九五《白奉進、盧順密傳》，與楊光遠赴晋陽非一事。”《通鑑》卷二八〇天福元年（936）五月丙午條：“以張敬達爲太原四面兵馬都部署，以義武節度使楊光遠爲副部署。”丁未條：“光遠既行，定州軍亂，牙將千乘方太討平之。”按：定州、滑州均有亂事。“本州”指代不明。闕文當爲方太平定州亂及在滑州事。

[6]馬萬：人名。澶州（今河南濮陽市）人。五代後唐、後晋、後漢將領。傳見本書卷一〇六。　盧順密：人名。汶陽（今山東泰安市）人。五代方鎮軍閥。傳見本書卷九五。

[7]“本州軍亂”至“使太縛送至闕”：此事詳見《輯本舊史》卷九五《盧順密傳》、《通鑑》卷二八一天福二年七月條等。《輯本舊史》卷九五：“執彦饒於樓上，使裨將方太押送赴闕，滑城遂定。”《通鑑》卷二八一：“萬不得已從之，與奉國都虞候方太等共攻牙城，執彦饒，令太部送大梁。”亦見《宋本册府》卷三六〇《將帥部·立功門一三》。

[8]杜重威：人名。朔州（今山西朔州市朔城區）人。五代將領、石敬瑭妹婿。傳見本書卷一〇九、《新五代史》卷五二。　張從賓：人名。籍貫不詳。五代後唐、後晋將領。傳見本書卷九七。　汜水：縣名。治所在今河南滎陽市汜水鎮。

[9]趙州：州名。治所在今河北趙縣。　以功除趙州刺史：《通鑑》卷二八一天福二年七月丙辰條："方太爲趙州刺史。"

[10]萊州：州名。治所在今山東萊州市。

[11]安州：州名。治所在今湖北安陸市。

[12]戚城：地名。位於今河南濮陽市。

[13]鳳州：州名。治所在今陝西鳳縣。

[14]留後：官名。唐、五代節度使多以子弟或親信爲留後，以代行節度使職務，亦有軍士、叛將自立爲留後者。掌一州或數州軍政。《輯本舊史》卷八四《晋少帝紀四》開運二年（945）十月庚寅條："以前河陽留後方太爲邢州留後。"

[15]洋州：州名。治所在今陝西洋縣。

[16]李瓊：人名。滄州饒安（今河北鹽山縣）人。五代十國藩鎮將領。傳見本書本卷。　鄭州：州名。治所在今河南鄭州市。

[17]"契丹犯闕"至"號爲'鄭王'"：《輯本舊史》卷八五《晋少帝紀五》開運三年十二月丙寅條："邢州方太充都虞候，領後軍駐於河上，以備敵騎之奔衝也。"同月己巳條："邢州方太奏：'此月六日，契丹與王師戰於中渡，王師不利，奉國都指揮使王清戰死。'"《通鑑》卷二八五開運三年戊辰條："義武節度使李殷、安國留後方太，皆降於契丹。"

[18]張遇：人名。籍貫不詳。五代地方武裝頭目。事見本書本卷。

[19]朱乙：人名。籍貫不詳。五代地方武裝頭目。事見本書本卷。

[20]"時有嵩山賊帥張遇"至"太乃潛奔於洛陽"：《舊五代史考異》："《通鑑》云：戍兵既失太，反譖太于契丹，云脅我爲亂。

太遣子師朗自訴于契丹，契丹殺之。”《通鑑》卷二八六天福十二年（947）四月條：“契丹遣武定節度使方太詣洛陽巡檢，至鄭州；州有戍兵，共迫太爲鄭王。梁嗣密王朱乙逃禍爲僧，嵩山賊帥張遇得之，立以爲天子，取嵩岳神衮冕以衣之，帥衆萬餘襲鄭州，太擊走之。太以契丹尚强，恐事不濟，説諭戍兵，欲與俱西；衆不從，太自西門逃奔洛陽。戍兵既失太，反譖太於契丹，云脅我爲亂；太遣子師朗自訴於契丹，契丹將麻荅殺之，太無以自明。”

[21]劉晞：《舊五代史考異》：“《通鑑考異》作劉禧。”又《舊五代史考異》：“《通鑑考異》引《實録·方太傳》云：劉禧走許田，復有潁陽妖巫，姓朱，號嗣密王，誓衆于洛南天壇，號萬餘人。太帥部曲與朝士輩虚張旗幟，一舉而逐之，洛師遂安。”見《通鑑》卷二八六天福十二年四月丁卯條。又此條：“會群盗攻洛陽，契丹留守劉晞棄城奔許州，太乃入府行留守事，與巡檢使潘環擊群盗却之，張遇殺朱乙請降。伊闕賊帥自稱天子，誓衆於南郊壇，將入洛陽，太逆擊，走之。”

[22]李暉：人名。籍貫不詳。五代藩鎮軍官。事見本書本卷。

[23]河南府：府名。治所在今河南洛陽市。

[24]伊闕：一爲山名。又名闕塞山、龍門山，位於今河南洛陽市。一爲縣名。治所在今河南伊川縣西南。

[25]武行德：人名。并州榆次（今山西晋中市榆次區）人。五代、宋初將領。傳見《宋史》卷二五二。

[26]“河陽武行德遣使召太”至“尋爲行德所害”：《通鑑》卷二八六天福十二年四月丁卯條：“太欲自歸於晋陽，武行德使人誘太曰：‘我裨校也。公舊鎮此地，今虚位相待。’太信之，至河陽，爲行德所殺。”亦見《輯本舊史》卷九九《漢高祖紀上》天福十二年四月戊辰條。

[27]《大典》卷一八一三一“將”字韻“後晋將”事目。

何建

何建，[1]其先迴鶻人也，[2]代居雲、朔間。[3]祖慶，[4]父懷福，俱事後唐武皇爲小校。建少以謹厚隸於高祖帳下，以掌厩爲役，及即位，累典禁軍，[5]遥領驩、睦二郡。[6]天福中，自曹州刺史遷延州兵馬留後，[7]尋正授旄鉞。[8]數年之間，歷涇、鄧、貝、澶、孟五鎮節度使，[9]累官至檢校太傅。

[1]何建：《輯本舊史》之原輯者案語："《九國志》作何重建。"見《九國志》卷七《何重建傳》，録自《大典》卷一八一三六"將"字韻"後蜀將（一）"事目。《通鑑》卷二八三天福七年（942）二月癸巳條、明本《册府》卷九六《帝王部·赦宥門一五》亦作何重建。《通鑑》云："重建，雲、朔間胡人也。"重建應爲原名，因避晉少帝重貴諱删"重"字。

[2]迴鶻：古部族名。原係突厥鐵勒部的一支。唐天寶三載（744）建立回鶻汗國，9世紀中葉，回鶻汗國瓦解。其中一支爲甘州回鶻。11世紀初，甘州回鶻爲西夏所滅。參見楊蕤《回鶻時代：10—13世紀陸上絲綢之路貿易研究》，中國社會科學出版社2015年版。

[3]雲：州名。治所在今山西大同市。　朔：州名。治所在今山西朔州市朔城區。

[4]祖慶：《九國志》作"祖允慶"。

[5]"建少以謹厚"至"累典禁軍"：《輯本舊史》之原輯者案語："《九國志》云：重建初事晉祖爲奉德馬軍都指揮使。"見《九國志》卷七。

[6]驩：州名。治所在今越南榮市。　睦：州名。治所在今浙

江建德市。

［7］兵馬留後：官名。唐、五代時，代行方鎮長官之職者稱留後。代行州兵馬使之職者，即爲兵馬留後。掌本州兵馬。

［8］“天福中”至“尋正授旄鉞”：《輯本舊史》之原輯者案語：“《九國志》云：延州節度使丁審琪殘暴貪冒，蕃部苦之。重建以所部兵攻其城，審琪遁去，晉祖即以重建權節度兵馬留後，下車諭以威福，邊民安堵，就加彰武軍節度使。”見《九國志》卷七。《輯本舊史》卷八〇《晉高祖紀六》天福七年二月：“己亥，以曹州防禦使何建爲延州留後。”同年閏三月：“庚寅，以延州留後何建爲延州節度使。”《通鑑》卷二八三天福七年二月癸巳條：“彰武節度使丁審琪，養部曲千人，縱之爲暴於境内。軍校賀行政與諸胡相結爲亂，攻延州。帝遣曹州防禦使何重建將兵救之，同、鄜援兵繼至，乃得免。二月，癸巳，以重建爲彰武留後。”

［9］涇：州名。治所在今甘肅涇川縣。　鄧：州名。治所在今河南鄧州市。　貝：州名。治所在今河北清河縣。　孟：州名。治所在今河南孟州市。　歷涇、鄧、貝、澶、孟五鎮節度使：《輯本舊史》之原輯者案語：“《九國志》云：皆以廉儉簡易稱。”見《九國志》卷七。《輯本舊史》卷八二《晉少帝紀二》天福八年十月：“甲子，以前延州節度使何建爲涇州節度使。”同年十一月丁丑條：“以涇州節度使何建爲鄧州節度使。”同卷開運元年（944）二月甲辰條：“何建守楊劉鎮。”同月：“癸亥，以前鄧州節度使何建爲東南面馬步軍都部署，率師屯汶陽。”同卷開運元年五月：“戊戌，以鄧州節度使何建爲貝州永清軍節度使。”卷八三《晉少帝紀三》開運元年十一月：“壬午，以貝州節度使何建爲澶州節度使兼北面行營馬軍右廂排陣使。”卷八四《晉少帝紀四》開運二年五月戊戌條：“澶州節度使何建移鎮河陽。”同年十月戊辰條：“以河陽節度使何建爲涇州節度使。”“戊辰”原作“戊寅”，此句《輯本舊史》之影庫本粘籤：“戊寅，以長曆推之，當作‘戊辰’。今無別本可校，姑仍其舊。”因其下記事依次爲庚午，辛未，丁丑。開運二年

十月甲子朔，戊寅爲十五，庚午爲初七，辛未爲初八，丁丑爲十四，故影庫本粘籤云："戊寅，當作戊辰。"戊辰爲初五，是，故改。《通鑑》卷二八四開運元年二月甲辰條："前威勝節度使何重建守楊劉鎮。"同月："癸亥，以前威勝節度使何重建爲東面馬步都部署，將兵屯鄆州。"

開運三年，移鎮秦州。[1]是冬，契丹入汴，戎王遣人齎詔以賜建，建憤然謂將吏曰："吾事石氏二主，累擁戎旓，人臣之榮，亦已極矣。今日不能率兵赴難，豈可受制於契丹乎！"即遣使齎表與其地送款於蜀，[2]孟昶待之甚厚，[3]僞加同平章事，[4]依前秦州節度使。[5]歲餘，移閬州保寧軍節度使，[6]加僞官至中書令，[7]後卒於蜀。《永樂大典》卷五千六百三十二。[8]

[1]秦州：州名。治所在今甘肅天水市。　開運三年，移鎮秦州：《輯本舊史》卷八四《晋少帝紀四》開運三年（946）正月："癸丑，以涇州節度使何建爲秦州節度使。"

[2]"是冬，契丹入汴"至"其地送款於蜀"：《通鑑》卷二八六天福十二年（947）正月乙未條："契丹主分遣使者，以詔書賜晋之藩鎮；晋之藩鎮争上表稱臣，被召者無不奔馳而至……雄武節度使何重建斬契丹使者，以秦、階、成三州降蜀。"《輯本舊史》卷九九《漢高祖紀上》天福十二年二月條："是月，秦州節度使何建以其地入於蜀。"明本《册府》卷一二六《帝王部·納降門》顯德二年（955）九月癸丑條注："開運末，戎虜盜國，節度使何建以城入蜀。"

[3]孟昶：人名。邢州龍崗（今河北邢臺市）人。孟知祥之子。五代後蜀皇帝，934 年至 965 年在位。傳見本書卷一三六、《新

五代史》卷六四。

［4］同平章事：官名。全稱“同中書門下平章事”。唐高宗以後，凡實際任宰相之職者，常在其本官後加同平章事的職銜。後成爲宰相專稱。後晋天福五年（940），升中書門下平章事爲正二品。

［5］“孟昶待之甚厚”至“依前秦州節度使”：《輯本舊史》之原輯者案語：“《九國志》云：時固鎮與鳳州未平，重建悉經略討平之。”見《九國志》卷七《何重建傳》。《通鑑》卷二八六天福十二年二月乙丑條：“何重建請出蜀兵與階、成兵共扼散關以取鳳州。”同月壬申條：“何重建遣宫苑使崔延琛將兵攻鳳州，不克，退保固鎮。”同月癸未條：“蜀主加雄武節度使何重建同平章事。”

［6］閬州：州名。治所在今四川閬中市。　保寧軍：方鎮名。治所在閬州（今四川閬中市）。　移閬州保寧軍節度使：《輯本舊史》之原輯者案語：“《九國志》云：昶大舉兵北伐，遣張虔釗出大散關，以重建爲招討使，由隴州路以進師，無功而還。”見《九國志》卷七。《通鑑》卷二八七天福十二年十二月庚寅條：“（蜀主）以山南西道節度使兼中書令張虔釗爲北面行營招討安撫使，雄武節度使何重建副之。”又：“虔釗出散關，重建出隴州，以擊鳳翔。”同卷乾祐元年（948）二月辛巳條：“蜀韓保貞、龐福誠引兵自隴州還，要何重建俱西。是日，保貞等至秦州，分兵守諸門及衢路，重建遂入于蜀。”《輯本舊史》卷一〇一《漢隱帝紀上》乾祐元年二月：“壬辰，右衛大將軍王景崇奏，於大散關大敗蜀軍，俘斬三千人。初，契丹犯京師，侯益、趙贊皆受其命，節制岐、蒲，聞高祖入洛，頗懷反仄。朝廷移贊於京兆，侯益與贊皆求援於蜀，蜀遣何建率軍出大散關以應之。至是，景崇糾合岐、雍、邠、涇之師以破之。”同月：“丙午，鳳翔巡檢使王景崇遣人送所獲僞蜀將校軍士四百三十八人至闕下，詔釋之，仍各賜衣服。”亦見明本《册府》卷四三五《將帥部·獻捷門二》乾祐元年二月條。

［7］中書令：官名。漢代始置，隋、唐前期爲中書省長官，屬宰相之職；唐後期多爲授予元勳大臣的虚銜。正二品。

[8]《大典》卷五六三二“何”字韻“姓氏”事目。

張廷蘊

張廷蘊，字德樞，開封襄邑人也。[1]祖立，贈驍衛將軍。父及，贈光禄大夫。[2]廷蘊少勇捷，始隸宣武軍爲伍長，[3]唐天復中，[4]奔太原，武皇收於帳下爲小校。及莊宗救上黨，[5]戰柏鄉，[6]攻薊門，[7]下邢、魏，皆從之。[8]後戰於莘縣及胡柳陂，[9]繼爲流矢所中，金瘡之痕，盈於面首。莊宗寵之，統御營黄甲軍，常在左右，累加檢校兵部尚書、帳前步軍都虞候，[10]充諸軍濠寨使。[11]同光初，從明宗收汶陽，[12]加檢校尚書右僕射，[13]充魏博三城巡檢使。[14]時皇后劉氏在鄴，每縱其下擾人，廷蘊多斬之，[15]聞者壯焉。[16]

[1]襄邑：縣名。治所在今河南睢縣。

[2]光禄大夫：官名。唐、五代文散官。從二品。

[3]宣武軍：方鎮名。唐舊鎮，治所在汴州（今河南開封市）。五代後梁開平元年（907）升汴州爲東京開封府。開平三年（909）置宣武軍於宋州（今河南商丘市睢陽區）。後唐同光元年（923）改宋州宣武軍爲歸德軍。廢東京開封府，重建宣武軍於汴州。後晋天福三年（938），改爲東京開封府。除天福十二年、十三年短暫改爲宣武軍外，汴京均爲東京開封府。　伍長：軍吏名。軍中五人之長。西周置，後世多沿之。

[4]天復：唐昭宗李曄年號（901—904）。中華書局本有校勘記：“‘天復’，原作‘天福’，據劉本改。”唐無天福年號。

[5]上黨：即潞州。治所在今山西長治市。

[6]柏鄉：縣名。治所在今河北柏鄉縣。

[7]薊門：縣名。治所在今北京市昌平區。

[8]魏：州名。治所在今河北大名縣。

[9]莘縣：縣名。治所在今山東莘縣。　胡柳陂：地名。位於今河南濮陽市。

[10]檢校兵部尚書：官名。爲散官或加官，以示恩寵，無實際職掌。

[11]諸軍濠寨使：官名。負責軍中城壕建設。

[12]汶陽：地名。位於今山東泰安市一帶。

[13]檢校尚書右僕射：官名。爲散官或加官，以示恩寵，無實際職掌。

[14]巡檢使：官名。五代始設巡檢，設於京師、陪都、重要的州及邊防重鎮。

[15]多斬：明本《册府》卷四〇一《將帥部·行軍法門》作“立斬”。《新五代史》卷四七《張廷蘊傳》：“是時，莊宗在魏，以劉皇后從行。劉氏多縱其下擾人爲不法，人無敢言者。廷蘊輒收而斬之。”

[16]聞者：明本《册府》卷四〇六《將帥部·正直門》作“覩者”。

梁平，承詔入覲，改帳前都指揮使兼左右羽林都虞候。會潞州李繼韜故將楊立嬰城叛，[1]詔遣明宗爲招討使，[2]元行欽爲都部署，[3]廷蘊爲前鋒。[4]軍至上黨，日已瞑矣，憩軍方定，廷蘊首率勁兵百餘輩，踰洫坎城而上，守陴者不能禦，尋斬關延諸軍入焉。明宗、行欽達明而始至，其城已下，明宗甚慊之。[5]軍還，[6]改左右羽林都指揮使，加檢校司空，[7]行申州刺史。[8]同光末，從皇子魏王繼岌伐蜀，[9]授行營中軍都指揮使。[10]蜀平，明宗嗣位，遷懷州刺史，賜竭忠建策興復功臣，加檢校司徒。旋移金州防禦使，[11]加檢校太保，繼授潁州團練使、沿淮招安使。應順中，轉隴州防禦使。[12]清泰中，進封清河郡公。高祖即位，入爲右龍武統軍，遷絳州防禦使。[13]少帝嗣位，領左軍衛上將軍，[14]加特進。[15]開運三年冬，以老病求歸於宋城，[16]明年卒于家，時年六十九。

[1]潞州：州名。治所在今山西長治市。　李繼韜：人名。汾州太谷（今山西晋中市太谷區）人。五代後唐重臣李嗣昭子，囚長兄繼儔，迫莊宗任其爲安義軍兵馬留後。傳見本書卷五二。　楊立：人名。籍貫不詳。五代後唐潞州將領，歷事李嗣昭、李繼韜。傳見本書卷七四。

[2]招討使：官名。唐始置。戰時任命，兵罷則省。常以大臣、將帥或地方軍政長官兼任。掌招撫討伐等事務。

[3]元行欽：人名。幽州（今北京市）人。五代後唐將領。傳見本書卷七〇、《新五代史》卷二五。

[4]“會潞州李繼韜故將楊立嬰城叛”至“廷蘊爲前鋒”：中華書局本有校勘記：“‘潞州’‘嬰城’四字原闕，據殿本、《舊五代史考異》卷三引文補。”又：“‘都’字原闕，據孔本、彭本、《新五代史》卷四七《張廷蘊傳》補。”《舊五代史考異》：“《歐陽史》云：‘李繼韜叛于潞州，莊宗遣明宗爲招討使，元行欽爲部署，廷蘊爲馬步軍都指揮使，將兵爲前鋒。’吴縝《纂誤》據《梁本紀》及《元行欽·李繼韜傳》，云並無明宗、元行欽、張廷蘊攻潞州之事。今考《薛史》，本言廷蘊平潞州楊立之叛，《歐陽史》以爲平李繼韜，殊誤。《通鑑》從《薛史》。”見《舊五代史考異》卷

三。此段《考異》，中華書局本有校勘記："'李繼韜'，原作'李繼儔'，據殿本考證、《新五代史》卷四七《張廷蘊傳》改。本卷下文同。"《通鑑》卷二七三同光二年（924）四月條："初，安義牙將楊立有寵於李繼韜。繼韜誅，常邑邑思亂。會發安義兵三千戍涿州，立謂其衆曰：'前此潞兵未嘗戍邊，今朝廷驅我輩投之絶塞，蓋不欲置之潞州耳。與其暴骨沙場，不若據城自守。事成富貴，不成爲群盜耳。'因聚譟攻子城東門，焚掠市肆。節度副使李繼珂、監軍張弘祚棄城走。立自稱留後，遣將士表求旌節。詔以天平節度使李嗣源爲招討使，武寧節度使李紹榮爲部署，帳前都指揮使張廷蘊爲馬步都指揮使以討之。"

[5]"軍至上黨"至"明宗甚慊之"：《通鑑》卷二七三同光二年五月丙寅條："李嗣源大軍前鋒至潞州，日已暝；泊軍方定，張廷蘊帥麾下壯士百餘輩踰塹坎城而上，守者不能禦，即斬關延諸軍入。比明，嗣源及李紹榮至，城已下矣，嗣源等不悦。"

[6]軍還：《輯本舊史》之影庫本粘籤："原本作'軍遷'，今據文改正。"

[7]檢校司空：官名。爲散官或加官，以示恩寵，無實際職掌。

[8]申州：州名。治所在今河南信陽市。

[9]繼岌：人名。即李繼岌。五代後唐莊宗長子。傳見本書卷五一、《新五代史》卷一四。

[10]授行營中軍都指揮使：《輯本舊史》卷三三《唐莊宗紀七》同光三年九月辛丑條："張廷蘊爲中軍步軍都指揮使。"明本《册府》卷二六九《宗室部·將兵門》後唐魏王繼岌條亦作"中軍步軍都指揮使"。

[11]旋移金州防禦使：《輯本舊史》卷三九《唐明宗紀五》天成三年（928）三月戊辰條："以懷州刺史張廷蘊爲金州防禦使。"

[12]隴州：州名。治所在今陝西隴縣。　應順中，轉隴州防禦使：《輯本舊史》卷九四《萇從簡傳》："應順初，舉軍伐鳳翔，從簡亦預其行。會軍變，乃東還，道遇張廷蘊，爲廷蘊所執，送於末

帝。”亦見《宋本册府》卷三七四《將帥部·忠門五》。

[13]絳州：州名。治所在今山西新絳縣。　遷絳州防禦使：《輯本舊史》卷七八《晋高祖紀四》天福四年（939）四月乙卯條："以右龍武統軍張廷藴爲絳州刺史。"

[14]領左軍衛上將軍：《新五代史》卷四七《張廷藴傳》作"左監門衛上將軍"。

[15]特進：官名。西漢末期始置，授給列侯中地位較特殊者。隋唐時期，特進爲散官，授給有聲望的文武官員。正二品。

[16]宋城：古時商丘的别稱。

廷藴所識不過數字，而性重文士。下汶陽日，首獲鄆帥戴思遠判官趙鳳，[1]訊之曰："爾狀貌必儒人也，勿隱其情。"鳳具言之，尋引薦於明宗，明宗令送赴行臺，尋除鳳翰林學士。[2]及鳳入相，頗與廷藴相洽，數言於近臣安重誨，[3]重誨亦以廷藴苦戰出於諸將之右，力保薦之。明宗以廷藴取潞之日，不能讓功於己，故恒蓄宿忿，至使廷藴位竟不至方鎮，亦命矣夫！廷藴歷七郡，家無餘積，年老耄期，終於牖下，良可嘉也。

[1]戴思遠：人名。籍貫不詳。五代後梁、後唐將領。傳見本書卷六四。　判官：官名。爲長官的佐吏，協理政事，或備差遣。　趙鳳：人名。幽州（今北京市）人。五代後唐明宗朝宰相。傳見本書卷六七、《新五代史》卷二八。

[2]翰林學士：官名。由南北朝始設之學士發展而來，唐玄宗改翰林供奉爲翰林學士，備顧問，代王言。掌拜免將相、號令征伐等詔令的起草。　"性重文士"至"尋除鳳翰林學士"：亦見《宋本册府》卷四一三《將帥部·禮賢門》。

[3]安重誨：人名。應州（今山西應縣）人。五代後唐大臣。傳見本書卷六六、《新五代史》卷二四。

長子光被，歷通事舍人。[1]《永樂大典》卷一萬一百三十一。[2]

[1]通事舍人：官名。東晋始置。唐代爲中書省屬官，全稱中書通事舍人。掌殿前承宣通奏。從六品上。

[2]《大典》卷一〇一三一爲“史”字韻“歷代諸史（二）《西漢書》”事目，與本傳無涉，應爲卷一八一三一“將”字韻“後晋將（二）”事目。

郭延魯

郭延魯，字德興，沁州綿上人也。[1]父饒，後唐武皇時，以軍功嘗爲本郡守，凡九年，有遺愛焉。延魯少有勇，[2]善用槊，莊宗以舊將之子，擢爲保衛軍使，[3]頻戍塞下，捍契丹有功。及即位，賜協謀定亂功臣，加檢校兵部尚書、右神武都指揮都知兵馬使。天成中，汴州朱守殷叛，[4]延魯從車駕東幸，至其地，坎壘先登。守殷平，以功授汴州步軍都指揮使，[5]加檢校尚書左僕射。[6]長興中，累加檢校司徒，[7]歷天雄軍、北京馬步軍都校，[8]遥領梧州刺史。[9]清泰中，遷復州刺史，正俸之外，未嘗斂貸，庶事就理，一郡賴焉。秩滿，百姓上章舉留，朝廷嘉之。[10]高祖即位，遷單州刺史，[11]加檢校太保，賜輸誠奉義忠烈功臣。到任踰月，以疾卒於理所，時年四十七。[12]詔贈太傅。《永樂大典》卷二萬二千一百六十一。[13]

[1]沁州：州名。治所在今山西沁源縣。　綿上：縣名。治所在今山西沁源縣。

[2]少有勇：中華書局本有校勘記："'少'，原作'小'，據殿本、劉本、孔本、邵本、彭本改。"

[3]軍使：官名。唐制。掌領本軍軍務，或兼理地方政務。《新唐書·兵志》："唐初，兵之戍邊者，大曰軍，小曰守捉，曰城，曰鎮……武德至天寶以前邊防之制，其軍、城、鎮、守捉皆有使。"

[4]朱守殷：人名。籍貫不詳。五代後唐將領。傳見本書卷七四、《新五代史》卷五一。　汴州朱守殷叛：《輯本舊史》之影庫本粘籤："'守殷'，原本作'宋殷'，今據《通鑑》改正。"見《通鑑》卷二七六天成二年（927）十月戊子、己丑諸條。亦見《輯本舊史》卷三八《唐明宗紀四》上述諸條。

[5]步軍：《新五代史》卷四六《郭延魯傳》作"馬步軍"。

[6]檢校尚書左僕射：官名。尚書左僕射，隋唐宰相名號。爲散官或加官，以示恩寵，無實際職掌。

[7]檢校司徒：官名。爲散官或加官，以示恩寵，無實際職掌。

[8]天雄軍：方鎮名。治所在魏州（今河北大名縣）。

[9]梧州：州名。治所在今廣西梧州市。

[10]"清泰中"至"朝廷嘉之"：《宋本册府》卷六八三《牧守部·遺愛門二》："郭延魯，末帝清泰中爲復州刺史，臨任呼驚歎曰：'先人曾爲沁牧，九年不移，我得不遵其家法，而使政有紕繆者乎？'由是正俸之外，未嘗斂貸，庶事致理，一郡賴焉。及秩滿，百姓上章舉留。將離境，攀卧遮圍者不能去。朝廷聞而嘉之。"卷六七九《牧守部·廉儉門九》"就理"作"求理"。明本《册府》卷六八三"攀卧"作"攀轅"，卷六七九"斂貸"作"斂貨"，

“就理”亦作“求理”。《新五代史》卷四六：“累遷復州刺史。延魯歎曰：‘吾先君爲沁州者九年，民到于今思之。吾今幸得爲刺史，其敢忘吾先君之志！’由是益以廉平自勵，民甚賴之。秩滿，州人乞留，不許，皆遮道攀號。”又：“當是時，刺史皆以軍功拜，言事者多以爲言，以謂方天下多事，民力困敝之時，不宜以刺史任武夫，恃功縱下，爲害不細。而延魯父子，特以善政著聞焉。”明本《册府》卷四八五《邦計部·濟軍門》清泰三年八月丙寅條：“復州刺史郭延魯貢錢五百貫、馬十四助征。”

[11]單州：州名。治所在今山東單縣。

[12]時年四十七：中華書局本有校勘記：“‘年’字原闕，據殿本、邵本校補。”

[13]《大典》卷二二一六一“郭”字韻“姓氏”事目。

郭金海

郭金海，本突厥之族。[1]少侍昭義節度使李嗣昭，[2]常從征伐。金海好酒，所爲不法，自潞州過山東，入邢洺界爲劫盜，嗣昭雖知之，然惜其拳勇，每優容之。天祐中，[3]累職至昭義親騎指揮使。同光二年，遷本道馬軍都指揮使。天成初，[4]入爲捧聖指揮使。長興三年，改護聖都虞候。天福二年，從王師討范延光於魏州，以功轉本軍都指揮使，領黄州刺史。[5]高祖幸鄴，宣金海領部兵巡檢東京。其年十一月，安從進謀犯闕，[6]金海爲襄州道行營先鋒都指揮使，與李建崇等同於唐州湖陽遇從進軍萬餘人，[7]金海以一旅之衆突擊，大敗之，策勳授檢校太保、商州刺史，[8]俄移慶州。秩滿歸闕，途中遇疾而卒，年六十一。《永樂大典》卷二萬一千四百五十。[9]

[1]突厥：部族名、政權名。公元6至8世紀活躍於北亞和中亞，稱雄於漠北、西域。西魏廢帝元年（552），首領土門大破柔然，自號伊利可汗，建立突厥汗國，置汗庭於郁督軍山（今蒙古國杭愛山東段）。隋文帝開皇二年（582），突厥汗國分裂爲東、西突厥。唐中期以後西突厥、東突厥均已衰落。參見吴玉貴《突厥汗國與隋唐關係史研究》，中國社會科學出版社2007年版。

[2]昭義：方鎮名。又稱澤潞。唐至德元載（756）置澤潞沁節度使，治所在潞州（今山西長治市）。廣德元年（763）又置相、衛六州節度使，治所在相州（今河南安陽市）。　李嗣昭：人名。汾州（今山西汾陽市）人。唐末、五代李克用義子、部將。傳見本書卷五二、《新五代史》卷三六。

[3]天祐：唐昭宗李曄開始使用的年號（904）。唐哀帝李柷即位後沿用（904—907）。唐亡後，河東李克用、李存勗仍稱天祐，沿用至天祐二十年（923）。五代其他政權亦有行此年號者，如南吴、吴越等，使用時間長短不等。

[4]天成：五代後唐明宗李嗣源年號（926—930）。

[5]黄州：州名。治所在今湖北黄岡市黄州區。

[6]安從進：人名。索葛部人。五代後唐、後晋將領。傳見本書卷九八、《新五代史》卷五一。

[7]李建崇：人名。潞州（今山西長治市）人。五代後唐至後周將領。傳見本書卷一二九。　唐州：州名。治所在今河南唐河縣。　湖陽：縣名。治所在今河南唐河縣。

[8]商州：州名。治所在今陝西商洛市商州區。　“天福二年”至“商州刺史”：亦見《宋本册府》卷三六〇《將帥部・立功門一三》、卷三八七《將帥部・褒異門一三》。《通鑑》卷二八二天福六年（941）十一月條：“從進舉兵攻鄧州，唐州刺史武延翰以

聞。鄭王遣宣徽南院使張從恩、武德使焦繼勳、護聖都指揮使郭金海、作坊使陳思讓將大梁兵就申州刺史李建崇兵於葉縣以討之。”同月丁丑條：“以郭金海爲先鋒使。”《輯本舊史》卷八〇《晋高祖紀六》天福六年十二月丙戌條：“南面軍前奏，十一月二十七日，武德使焦繼勳、先鋒都指揮使郭金海等於唐州南遇安從進賊軍一萬餘人，大破之。”亦見《輯本舊史》卷九八《安從進傳》、《新五代史》卷五一《安從進傳》、明本《册府》卷一二三《帝王部·征討門三》晋高祖天福六年十一月條。

[9]《大典》卷二一四五〇爲“鐵”字韻“鐵官”事目，與本傳無涉，疑與《郭延魯傳》同録自《大典》卷二二一六一“郭”字韻“姓氏”事目。《輯本舊史》在此後引《洛陽縉紳舊聞記》卷一：“從進與金海相遇于花山。金海蕃將，善用槍，時罕與敵，拳勇過人，喜戰鬭，欲立奇功。兩陣相去數里。從進素管騎兵，金海久在麾下，從進亦待之素厚。乃躍馬引數百騎乘高，去金海陣數百步，厲聲呼‘郭金海’！金海獨鞭馬出于陣數十步，免胄側身，高聲自稱曰‘金海’。從進又前行數十步，勞之曰：‘金海安否？我素待爾厚，略不知恩，今日敢來共我相殺？’金海應聲答曰：‘官家好看大王，負大王甚事，大王今日反？金海舊事大王，乞與大王一箭地，大王回去，若不去，喫取金海槍。’言訖，援槍鞭馬，疾趨其陣。從進懼，躍馬而進，師遂相接，大爲金海、焦繼勳摧敗。奏到，晋祖大喜，賞賜有差。從進自此喪氣，嬰城自固，王師爲連城重塹以守之。月餘，王師攻城，城上矢下如雨，王師被傷者衆。是日，金海爲飛矢集身，扶傷歸營。明日，從進用計汙金海，欲使朝廷疑之。以金瓶貯酒，金合盛藥，以索懸之，城上呼‘郭金海’。金海知之，力疾扶創而往。城上勞金海曰：‘大王知爾中箭創甚，賜爾金瓶金合酒與風藥。’金海目不知書，惟利是貪，取瓶與合歸營，且不聞于元戎。元戎等疑之，乃馳驛奏。晋祖以花山之功，不加罪。城下，就除金州團練，併其兵于他部。金海之任，居常悒悒不樂，至于捐館。”《輯本舊史》因之。

劉處讓

劉處讓，字德謙，滄州人也。[1]祖信，累贈太子少保。[2]父瑜，[3]累贈太子少師。[4]梁貞明初，[5]張萬進帥兗州，[6]處讓事之，爲親校。[7]萬進據城叛，梁遣大將劉鄩討之，[8]時唐莊宗屯軍於麻口渡，[9]萬進密遣處讓乞師於莊宗。莊宗未即應之。乃於軍門截耳曰："主帥急難，使我告援，苟不得請，死亦何避。"莊宗義之，將舉兵渡河，俄聞城陷，乃止。因以墨制授處讓行臺左驍衛將軍，俄改客省副使。[10]

[1]滄州：州名。治所在今河北滄縣舊州鎮。

[2]太子少保：官名。與太子少傅、太子少師合稱"三少"，唐後期、五代多爲大臣、勳貴加官。從二品。

[3]父瑜：中華書局本有校勘記："'瑜'，殿本作'喻'。"

[4]太子少師：官名。與太子少傅、太子少保合稱"三少"，唐後期、五代多爲大臣、勳貴加官。從二品。

[5]貞明：五代後梁末帝朱友貞年號（915—921）。

[6]張萬進：人名。突厥人。五代後唐、後晋將領。傳見本書卷八八。中華書局本有校勘記謂《册府》卷六五作"張進"；明本《册府》卷一二八《帝王部·明賞門二》有"洺州團練使張進"，即其人。當是。　兗州：州名。治所在今山東濟寧市兗州區。

[7]"梁貞明初"至"爲親校"：《新五代史》卷四七《劉處讓傳》："萬進入梁，爲泰寧軍節度使，以處讓爲牙將。"

[8]劉鄩：人名。密州安丘（今山東安丘市）人。唐末、五代將領。傳見本書卷二三、《新五代史》卷二二。

[9]麻口渡：地名。今地不詳。

[10]客省副使：官名。唐代宗朝始置。客省副長官。佐客省使掌款待外國與少數民族使者，及文武官朝見皇帝禮儀等。　“萬進據城叛”至“俄改客省副使”：《通鑑》卷二七一貞明五年十月條：“萬進遣親將劉處讓乞師於晋，晋王未之許，處讓於軍門截耳曰：‘苟不得請，生不如死！’晋王義之，將爲出兵，會鄩已屠兖州，族萬進，乃止。以處讓爲行臺左驍衛將軍。”《新五代史》卷四七：“莊宗即位，爲客省使，常使四方，多稱旨。”《宋本册府》卷六五三《奉使部·稱旨門》：“晋劉處讓初仕後唐，爲客省副使，累將命稱旨。”

梁平，加檢校兵部尚書，累將命稱旨。天成初，轉檢校尚書右僕射，依前充職。歲餘遷引進使。[1]長興三年，轉檢校司空、左威衛大將軍，其職如故。[2]四年，西川孟知祥跋扈，[3]不通朝貢，朝廷方議懷柔，乃遣處讓爲官告國信使，[4]復命，轉檢校司徒。應順初，授忻州刺史、檢校太保，[5]充西北面都計度使，[6]備北寇也。清泰二年，[7]入爲左驍衛大將軍。三年夏，魏博屯將張令昭逐其帥，[8]以城叛，朝廷命范延光領兵討之，以處讓爲河北都轉運使。[9]

[1]引進使：官名。五代後梁始置，爲引進司的主官，五代諸司使之一。掌臣僚及外國與少數民族進奉禮物諸事。

[2]“長興三年”至“其職如故”：明本《册府》卷九九四《外臣部·備禦門七》長興三年（932）二月：“引進使劉處讓奏相度西路事，請修葺故武州以備邊。”同年：“十一月庚辰，帝謂近臣曰：‘北面頻奏蕃寇，宜令河東節度使李從温且將兵士至雁門已來巡撫。’因令客省副使劉處讓往太原，與從温同出兵師。”

[3]孟知祥：人名。邢州龍岡（今河北邢臺市）人。李克用女婿，五代後蜀開國皇帝。傳見本書卷一三六、《新五代史》卷六四。

[4]國信使：官名。古代負責出使外邦的使臣，多因相應事件或節日而派遣。

[5]忻州：州名。治所在今山西忻州市。

[6]都計度使：官名。唐末五代地方或軍中負責財務籌措的官員。

[7]清泰二年：明本《册府》卷五二《帝王部·崇釋氏門二》："（清泰）二年正月千秋節，樞密使趙延壽獻金繒并《大乘經》十卷，忻州刺史劉處讓獻金字《法華經》一部。太原多僧舍，資福一宗，尤事禪譯，文武間好佛者多凑其門，帝頗宗奉。及鎮河中，鳳翔僧知數者數言帝有金輪之位，岐僧阿闍黎言事多從，故延壽、處讓有是貢獻。"

[8]張令昭：人名。籍貫不詳。五代後唐將領。事見本書卷四八。

[9]都轉運使：官名。戰時設置，負責隨軍籌措、供應軍馬所需糧草。地位高於一般轉運使。　"三年夏"至"河北都轉運使"：亦見《宋本册府》卷四八三《邦計部·選任門》。

及高祖舉義於太原，處讓從至洛陽，乃授宣徽北院使。[1]天福二年，轉左監門衛上將軍，充宣徽南院使。[2]范延光之據鄴也，高祖命宣武軍節度使楊光遠領兵討之，時處讓奉詔與光遠同參議軍政。會張從賓作亂於河陽，處讓自黎陽分兵討襲，[3]從賓平，復與楊光遠同攻鄴城。[4]四年冬，范延光將謀納款，尚或遲留，處讓首入其城，以禍福諭之，延光乃降，[5]以功加檢校太傅。

[1]宣徽北院使：官名。唐始置。宣徽北院的長官。初用宦官，五代以後改用士人。與宣徽南院使通掌内諸司及三班内侍之名籍，郊祀、朝會、宴享供帳之儀，檢視内外進奉名物。參見王永平《論唐代宣徽使》，《中國史研究》1995 年第 1 期；王孫盈政《再論唐代的宣徽使》，《中華文史論叢》2018 年第 3 期。　“及高祖舉義”至“宣徽北院使”：亦見《宋本册府》卷七六六《總録部·攀附門二》。

[2]宣徽南院使：官名。唐始置。宣徽南院的長官。初用宦官，五代以後改用士人。與宣徽北院使通掌内諸司及三班内侍之名籍，郊祀、朝會、宴享供帳之儀，檢視内外進奉名物。參見王永平《論唐代宣徽使》、王孫盈政《再論唐代的宣徽使》。　“天福二年”至“充宣徽南院使”：《輯本舊史》卷七六《晋高祖紀二》繫此事於天福二年（937）十月壬午。《輯本舊史》卷七七《晋高祖紀三》天福三年九月丙寅條：“遣宣徽南院使劉處讓權知魏府軍府事。”

[3]黎陽：縣名。治所在今河南浚縣。

[4]“會張從賓”至“同攻鄴城”：《新五代史》卷四七《劉處讓傳》：“已而副招討使張從賓叛于河陽，處讓分兵擊破從賓。還，與光遠攻鄴，逾年不能下。”

[5]“四年冬”至“延光乃降”：中華書局本有校勘記：“四年冬，《册府》卷四二六同，本書卷七七《晋高祖紀三》、《通鑑》卷二八一繫其事於天福三年。”范延光歸降時間有兩説：《通鑑》卷二八一繫此事於天福三年（938）九月。《宋本册府》繫此事於天福四年冬，卷三六〇《將帥部·立功門一三》：“劉處讓爲左監門衛上將軍，充宣徽南院使。天福二年，范延光據鄴城叛，命宣武軍節度楊光遠、前靈武節度張從賓等討之。時處讓奉詔與光遠同參議軍政，從賓行次河陽，密與延光連結，以兵南入洛京，東抵成皋，將犯梁城，謀爲大逆。處讓奉詔自黎陽分兵討襲，從賓平，復又與楊光遠攻鄴。四年冬，范延光將謀納款，尚竊疑留。處讓親入，以禍福諭之，乃決歸命。以功轉檢校太傅。”亦見明本《册府》卷四二六《將帥部·招降門》。《輯本舊史》卷七五至卷七八唐、晋兩朝

本紀有詳細準確之記載，可印證《通鑑》之説。《新五代史》卷五一《范延光傳》亦明言三年九月使謁者入魏數延光，延光乃降。《册府》誤。《新五代史》卷五一："及致仕居京師……歲餘，使宣徽使劉處讓載酒夜過延光，謂曰：'上遣處讓來時，適有契丹使至，北朝皇帝問晋魏博反臣何在？恐晋不能制，當鎖以來，免爲中國後患。'延光聞之泣下，莫知所爲。處讓曰：'當且之洛陽，以避契丹使者。'延光曰：'楊光遠留守河南，吾之仇也。吾有田宅在河陽，可以往乎？'處讓曰：'可也。'乃挈其帑歸河陽，其行輜重盈路，光遠利其貲，果圖之。"

先是，桑維翰、李崧兼充樞密使，[1]處讓以莊宗已來樞密使罕有宰臣兼者，因萌心以覬其位。[2]及楊光遠討伐鄴城，軍機大事，高祖每命處讓宣達。時光遠恃軍權，多有越體論奏，高祖依違而已，光遠慊之，頻與處讓宴語及之，處讓訴曰："非聖旨也，皆出維翰等意。"及楊光遠入朝，[3]遂於高祖前面言執政之失，高祖知其故，不得已乃罷維翰等，以處讓爲樞密使。[4]時處讓每有敷奏，高祖多不稱旨，會處讓丁繼母憂，高祖因議罷樞密使，其本院庶事並委宰臣分判。[5]處讓居喪期年，起復，[6]授彰德軍節度使、相澶衛等州觀察處置等使。[7]

[1]桑維翰：人名。洛陽（今河南洛陽市）人。五代後唐進士，後晋宰相、樞密使。傳見本書卷八九、《新五代史》卷二九。　李崧：人名。深州饒陽（今河北饒陽縣）人。五代後晋宰相，歷仕後唐至後漢。傳見本書卷一〇八、《新五代史》卷五七。　樞密使：官名。樞密院長官。五代時以士人爲之，備顧問、參謀議，出納詔奏，權侔宰相。參見李全德《唐宋變革期樞密院研究》，國家

圖書館出版社 2009 年版。

［2］“先是”至“因萌心以覬其位”：中華書局本有校勘記：“‘萌’，原作‘盟’，據劉本改。”《新五代史》卷四七《劉處讓傳》：“唐制，樞密使常以宦者爲之，自梁用敬翔、李振，至莊宗始用武臣，而權重將相。高祖時，以宰相桑維翰、李崧兼樞密使，處讓與諸宦者心不平之。”

［3］及楊光遠入朝：《通鑑》卷二八一天福三年（938）九月庚午條：“楊光遠表乞入朝，命劉處讓權知天雄軍府事。”胡注：“楊光遠之討范延光也，制令兼知天雄軍行府事。延光既降而光遠請入朝。時劉處讓奉詔入魏諭降延光，因使之權知軍府。”

［4］以處讓爲樞密使：《新五代史》卷八《晋高祖紀》繫此事於天福三年九月。《通鑑》卷二八一天福三年十月戊子條：“初，郭崇韜既死，宰相罕有兼樞密使者。帝即位，桑維翰、李崧兼之，宣徽使劉處讓及宦官皆不悦。楊光遠圍廣晋，處讓數以軍事銜命往來，光遠奏請多踰分，帝常依違，維翰獨以法裁折之。光遠對處讓有不平語，處讓曰：‘是皆執政之意。’光遠由是怨執政。范延光降，光遠密表論執政過失；帝知其故而不得已，加維翰兵部尚書，崧工部尚書，皆罷其樞密使；以處讓爲樞密使。”《通鑑考異》：“竇貞固《晋少帝實録》及《薛史·劉處讓傳》云：‘楊光遠入朝，遂於高祖前面言執政之失；乃罷維翰等樞密使，以處讓爲之。’《楊光遠傳》云：‘范延光降，光遠面奏維翰擅權；高祖以光遠方有功於國，乃出維翰領安陽，光遠爲西京留守。’今按《晋高祖實録》，天福三年十月壬辰，維翰、崧罷樞密使。庚子，光遠始入朝，對於便殿；十一月戊申，光遠爲西京留守。天福四年閏七月壬申，維翰出爲相州節度使。蓋《處讓、光遠傳》之誤。《晋少帝實録》及《薛史·桑維翰傳》敘光遠鎮洛陽，後疏維翰出相州，是也。”

［5］“時處讓每有敷奏”至“並委宰臣分判”：《通鑑》卷二八二天福四年四月甲申條：“及劉處讓爲樞密使，奏對多不稱旨。會處讓遭母喪，甲申，廢樞密院，以印付中書，院事皆委宰相分判。”

明本《册府》卷三三三《宰輔部・罷免門二》繫此事於晋高祖天福四年四月。

[6]起復：官吏服喪未滿而再起用。

[7]彰德軍：方鎮名。治所在相州（今河南安陽市）。　相：州名。治所在今河南安陽市。　衛：州名。治所在今河南衛輝市。　觀察處置使：官名。即觀察使之全稱。唐代後期出現的地方軍政長官。唐玄宗開元二十一年（733）置十五道採訪使，唐肅宗乾元元年（758）改爲觀察使。無旌節，故地位低於節度使。掌一道州縣官的考績及民政。　“處讓居喪”至“觀察處置等使”：中華書局本有校勘記：“‘相’字原闕，據《册府》卷六七七補。”見《宋本册府》卷六七七《牧守部・能政門》。《輯本舊史》卷七九《晋高祖紀五》天福五年三月：“己卯，以前樞密使劉處讓爲相州節度使。”

處讓勤於公務，孜孜求理，撫馭吏民，不至苛察，人甚便之。[1]高祖幸鄴都，處讓竭家財貢奉，至於薪炭膏沐之細，悉供億焉。六年，除右金吾衛上將軍，處讓自以嘗經重任，又歷方鎮，謂其入朝必重要職，一旦除授金吾，有所不足。少帝即位之初，處讓與宰臣言，有協翼之論，覃恩之際，又未擢用。一日至中書，宰臣馮道、趙瑩、李崧、和凝在列，[2]處讓因酒酣，歷詆諸相，道笑而不答。月餘稱病。八年，從駕歸汴，寄居於封禪寺，[3]遇疾而卒，年六十三。贈太尉，再贈太師。[4]

[1]“處讓勤於公務”至“人甚便之”：見明本《册府》卷四一七《將帥部・强明門》、《宋本册府》卷六七七《牧守部・能政門》。“撫馭吏民”，中華書局本有校勘記：“‘撫’字原闕，據《册

府》卷四一七、卷六七七補。”

[2]馮道：人名。瀛州景城（今河北滄縣）人。五代時官拜宰相，歷仕後唐、後晋、後漢、後周，亦曾臣服於契丹。傳見本書卷一二六、《新五代史》卷五四。　趙瑩：人名。華州華陰（今陝西華陰市）人。五代後晋宰相。傳見本書卷八九、《新五代史》卷五六。　和凝：人名。鄆州須昌（今山東東平縣）人。五代官員、詞人。歷仕後梁至後周。傳見本書卷一二七、《新五代史》卷五六。

[3]封禪寺：寺名。初建於北齊天保十年（559），名獨居寺。唐玄宗開元十七年（729），詔改爲封禪寺。宋太祖開寶三年（970）改爲開寶寺。今爲河南開封市鐵塔公園。

[4]太師：官名。與太傅、太保合稱三師，唐後期、五代多爲大臣、勳貴加官。正一品。　“遇疾而卒”至“再贈太師”：《輯本舊史》卷八一《晋少帝紀一》天福八年（943）二月丁丑條：“右金吾衛上將軍劉處讓卒，贈太尉。”

子保勳，仕皇朝，位至省郎。[1]《永樂大典》卷九千九百九。[2]

[1]子保勳，仕皇朝，位至省郎：《宋史》卷二七六有《劉保勳傳》。

[2]《大典》卷九九〇九爲“嚴”字韻“華嚴經（九五）”事目，與本傳無涉，應爲卷九〇九九“劉”字韻“姓氏（二七）”事目。

李瓊

李瓊，字隱光，滄州饒安人也。[1]少籍本軍爲騎士，莊宗平河朔，隸明宗麾下，漸升爲小校。同光二年，明宗受詔，以本部兵送糧入薊門，[2]時高祖從行，至涿州與虜相遇，[3]高祖陷於圍中。瓊顧諸軍已退，密牽高祖鐵衣，指東而遁。至劉李河，[4]爲虜所襲，瓊浮水先至南岸，高祖至河中，馬倒，順流而下，瓊以所執長矛援高祖出之，[5]又以所跨馬奉高祖，瓊徒步護之，奔十餘里，乃入涿州。高祖薦于明宗，明宗賞之，尋超授軍職。

[1]饒安：縣名。治所在今河北鹽山縣西南。

[2]薊門：據中華書局本有校勘記，宗文本、本書卷九〇《李承約傳》作"薊州"，當是。薊州，州名。治所在今天津市薊州區。

[3]涿州：州名。治所在今河北涿州市。

[4]劉李河：水名。一作"琉璃河"。位於今北京市房山區。《輯本舊史》之影庫本粘籤："劉李河，《通鑑》作琉璃河。考《薛史》前後作劉李，蓋地名多用對音，今仍其舊。"《通鑑》未見。《新五代史》卷四七《李瓊傳》亦作劉李河。

[5]瓊以所執長矛援高祖出之：中華書局本有校勘記："'援'，原作'授'，據劉本、彭校、《册府》卷一七二、《新五代史》卷四七《李瓊傳》改。影庫本批校：'授高祖出之，"授"當作"援"。'"見《宋本册府》卷一七二《帝王部·求舊門二》。《輯本舊史》因忌清諱，改"虜"作"敵"，今回改。《新五代史》卷四七："同光二年，契丹犯塞。明宗出涿州，遇契丹，與戰不勝，諸將各稍引去，而晋高祖獨戰不已。"

同光末，明宗討趙在禮於鄴。[1]鄴軍既變，明宗退至魏縣，[2]遣高祖以騎士三百疾趨汴州。時莊宗遣騎將西方鄴守其城，[3]高祖憂之，使瓊以勁兵突封丘門而入，[4]高祖踵之，鄴尋歸命，浚郊遂定。[5]及高祖領陝州，奏補雲騎指揮使，俄改侍衛牙隊指揮使。長興中，從高祖討東川，[6]至劍州，[7]使瓊以部下兵破賊軍數千，身中重創，軍還，改龍武指揮使。清泰中，屯雲州，累擒獲契丹人馬，以功改右捧聖軍指揮使。唐末帝以瓊元事高祖，乃自寨下移授單州馬步軍副指揮使。

[1]趙在禮：人名。涿州（今河北涿州市）人。五代後唐、後晋將領。傳見本書卷九〇、《新五代史》卷四六。

[2]魏縣：縣名。治所在今河北魏縣。

[3]西方鄴：人名。定州滿城（今河北保定市滿城區）人。五代後唐將領。傳見本書卷六一、《新五代史》卷二五。

[4]封丘門：五代後梁都城開封（今河南開封市）北墻西門。

[5]“時莊宗遣騎將”至“浚郊遂定”：《通鑑》卷二七四天成元年（926）三月壬午條：“先是，帝遣騎將滿城西方鄴守汴州；石敬瑭使裨將李瓊以勁兵突入封丘門，敬瑭踵其後，自西門入，遂據其城。西方鄴請降。”

[6]東川：指劍南東川節度使，簡稱東川。唐至德二載（757）分劍南節度使東部地區置劍南東川節度使，治所在梓州（今四川三臺縣）。

[7]劍州：州名。治所在今四川劍閣縣。

高祖即位，補護聖都虞候，[1]又念疇昔輟馬導護之力，前後所賜金帛甚厚，但未升爵位，瓊亦鬱鬱然。久之，領横州刺史。[2]五年，出典申州，[3]微有政聲。少帝嗣位，入爲殿前散員都指揮使，遥領雷州，[4]俄遷棣州刺史。遇楊光遠以青州叛，自統本部兵攻其城，且以書誘瓊，瓊固拒之，[5]以書上進，朝廷嘉之。開運二年，改洺州團練使，累官至加檢校司空。三年，授護聖右廂都指揮使，領岳州團練使。[6]時洺州吏民列狀保留，[7]朝廷不允。及杜重威降敵，改授瓊威州刺史。行及鄭州，遇群盜攻郡，與方太禦賊，中流矢而卒，年六十五。[8]《永樂大典》卷一萬三百四十。[9]

[1]都虞候：原作"都指揮使"。中華書局本有校勘記："都指揮使，《册府》卷一七二、《新五代史》卷四七《李瓊傳》作'都虞候'。按本卷下文李瓊開運三年方遷護聖右廂都指揮使。"據改。見《宋本册府》卷一七二《帝王部·求舊門二》。

[2]横州：州名。治所在今廣西横縣。

[3]申州：州名。治所在今河南信陽市。　出典申州：《新五代史》卷四七《李瓊傳》作"拜相、申二州刺史"。

[4]雷州：州名。治所在今廣東雷州市。

[5]瓊固拒之：中華書局本有校勘記："'固'，原作'因'，據《册府》卷六八六改。"見《宋本册府》卷六八六《牧守部·忠門二》。《輯本舊史》卷八二《晉少帝紀二》開運元年（944）二月："壬戌，楊光遠率兵圍棣州，刺史李瓊以州兵擊之，棄營而遁。"《通鑑》卷二八四開運元年二月壬戌條："楊光遠圍棣州，刺史李瓊出兵擊敗之，光遠燒營走還青州。"

[6]岳州：州名。治所在今湖南岳陽市。

[7]時洺州吏民列狀保留：中華書局本有校勘記："'保留'，孔本作'舉留'。"

[8]"及杜重威降敵"至"年六十五"：《輯本舊史》卷九四《方太傳》："契丹犯闕，僞命遥領洋州節度使，充洛京巡檢，與前洺州團練使李瓊俱至鄭州……時有嵩山賊帥張遇……以其衆攻鄭

州，太與李瓊擊之，賊衆敗走，瓊中流矢而死。”《新五代史》卷四七：“晋亡，契丹入京師，以瓊爲威州刺史，行至鄭州，遇盜見殺。”

[9]《大典》卷一〇三四〇爲“里”字韻，與本傳無涉，應爲卷一〇三九〇“李”字韻“姓氏（三五）”事目。

高漢筠

高漢筠，字時英，齊州歷山人也。[1]曾祖詣，嘗爲是邑令，故家焉。漢筠少好書傳，嘗詣長白山講肄，會唐末齊、魯交兵，梁氏方霸，乃擲筆謁焉。尋納於軍門，未幾，出爲衛州牙校。唐天祐中，莊宗入魏，分兵諭其屬郡，時漢筠以利病説衛之牧守，俾送款於莊宗，以漢筠爲功，尋移洺州都校。[2]其後改常山爲北京，[3]以漢筠爲皇城使，[4]加檢校兵部尚書、左驍衛將軍同正。明宗即位，除成德軍節度副使，[5]俄以荆門用軍，[6]促詔漢筠移倅襄州，[7]權知軍州事。長興中，歷曹、亳二州刺史，[8]秩滿，加檢校司徒，行左金吾衛大將軍。

[1]歷山：縣名。治所在今山東鄄城縣。

[2]尋移洺州都校：中華書局本有校勘記：“洺州，原作‘洛州’，據殿本、劉本、邵本校改。”亦見《宋本册府》卷七六六《總録部・攀附門二》。

[3]常山：即鎮州，治所在今河北正定縣。

[4]皇城使：官名。唐末始置，爲皇城司長官，一般由君主的親信充任，以拱衛皇城。

[5]成德軍：方鎮名。治所在鎮州（今河北正定縣）。　節度

副使：官名。唐、五代方鎮屬官。位於行軍司馬之下、判官之上。

［6］荆門：地名。位於今湖北中部。

［7］襄州：州名。治所在今湖北襄陽市。

［8］曹：州名。治所在今山東曹縣。　歷曹、亳二州刺史：《宋本册府》卷六九〇《牧守部·强明門》："晋高漢筠爲曹州刺史，以勾吏積欺在己，妄擾封民，民去者半。漢筠鞫而得情，殺吏於廷。民不踰月，呼，尋，比户歌之。"

清泰末，高祖建義於河東，唐末帝遣晋昌節度使張敬達率師圍太原，[1]委漢筠巡撫其郡。及敬達遇害，節度副使田承肇率部兵攻漢筠於府署，[2]漢筠乃啓關延承肇，謂曰："僕與子俱承朝寄，而相迫何甚？"承肇曰："我欲扶公爲節度使。"漢筠曰："老夫耄矣，不敢首爲亂階，死生繫子籌之。"承肇目左右令前，諸軍投刃於地，曰："高金吾累朝宿德，不可枉殺。"承肇以衆意難拒，遂謝云："與公戲耳！"遂與連騎以還。[3]高祖入洛，飛詔征之，遇諸途，乃入覲，尋遷左驍衛大將軍、内客省使。天福三年正月，遘疾，終東京之私第，時年六十六。

［1］晋昌：方鎮名。治所在京兆府（今陝西西安市）。五代後晋改永平軍置晋昌軍，後漢改爲永興軍。　張敬達：人名。代州（今山西代縣）人。五代後唐將領。傳見本書卷七〇、《新五代史》卷三三。

［2］田承肇：人名。籍貫不詳。五代藩鎮軍閥。事見本書本卷。

［3］遂與連騎以還：中華書局本有校勘記："殿本、孔本作'漢筠促騎以還'，《册府》卷三七四作'漢筠遂促騎以還'。"《輯本舊

史》卷七六《晋高祖紀二》天福二年（937）十月壬午條："以左金吾衛大將軍高漢筠爲左驍衛大將軍，充内客省使。"《通鑑》卷二八〇天福元年閏十一月甲戌條："漢筠歸洛陽，帝遇諸塗，曰：'朕憂卿爲亂兵所傷，今見卿甚喜'。"《宋本册府》卷三七四《將帥部·忠門五》："清泰末，高祖建義，朝廷詔遣晋州張敬達屯於太原，委漢筠巡撫其郡。俄以漢筠爲契丹所敗，敬達繼死之。"又："及入覲，高祖曰：'朕恐倉卒之際，濫致傷害。今見卿面，深所喜也。'尋，遷左騎衛大將軍、内客省使。"

漢筠性寬厚，儀容偉如也。雖歷戎職，未嘗有非法之言出於口吻，多慕士大夫所爲，復以清白自負。在襄陽，有孽吏常課外獻白金二十鎰，漢筠曰："非多納麳麰，[1]則刻削闤闠，[2]吾有正俸，此何用焉！"因戒其主者不得復然，[3]其白金皆以狀上進，有詔嘉之。及蒞濟陰，[4]部民安之，四邑飯僧凡有萬八千人。[5]在亳州三年，[6]歲以己俸百千代納逋租，斯亦近代之良二千石也。[7]

[1]麳（lái）麰（móu）：古時對麥子類穀物的統稱。

[2]闤（huán）闠（huì）：古時對街道的統稱。

[3]因戒其主者不得復然：中華書局本有校勘記："'得'字原闕，據《册府》卷六七九補。"見《宋本册府》卷六七九《牧守部·廉儉門九》。

[4]濟陰：地名。位於今山東曹縣西北。

[5]飯僧：中國古代佛教信徒善舉的一種，通過向僧侣提供齋飯以祈福。

[6]亳州：州名。治所在今安徽亳州市。

[7]“在亳州三年”至“良二千石也”:《宋本册府》卷六七五《牧守部·仁惠門》:“晋高漢筠爲亳州刺史，有逃死百姓，虚繫税錢二百緡，計司累訴不蠲，歲使鄰伍代納。漢筠在任三年，以己俸輸之。其惠恤多如此類。”“刺史”誤作“刺州”，據明本改。

長子貞文，仕皇朝，爲開封少尹，卒。[1]《永樂大典》卷五千五百三十八。[2]

[1]“長子貞文”至“卒”:《宋本册府》卷八一七《總録部·訓子門二》:“晋高漢筠在常山，嘗戒其子曰:‘吾遊歷多矣，觀風俗淳厚，以經術相尚，罕得如此地者。教子訓孫，可爲終焉之計。’因負郭鑿荒爲田，種樹成圃。凡議婚嫁，必接士人。竟葬於常山，從其欲也。漢筠官至左驍衛大將軍，内客省使。”

[2]《大典》卷五五三八“高”字韻“姓氏”事目。

孫彦韜

孫彦韜，字德光，汴州浚儀人也。[1]少以勇力應募從軍。梁祖之兼領四鎮，擢彦韜於行間，歷諸軍偏校。及唐莊宗與梁軍對壘於河上，彦韜知梁運將季，乃間行渡河，北歸莊宗，莊宗嘉而納之，授親從右廂指揮使。[2]及莊宗平梁，出爲晋州長步都校，[3]加檢校兵部尚書。天成初，遷綿州刺史、檢校尚書左僕射，[4]至郡踰年，以考課見稱，就加檢校司空。長興、清泰中，歷密、沂、濮三州刺史，[5]累官至檢校太保，賜竭忠建策興復功臣。高祖即位，復授密州刺史，尋卒于任，年六十四。彦韜出於軍旅，植性和厚，理綿州日，甚著綏懷之譽，故有賞典旌焉。[6]在濮陽，屬清泰末，群寇入郡，郡人大擾，彦韜率帳下百人，一呼破之，人皆感之。[7]但不能守廉養正，以終令譽。長興中，罷密州赴闕，苞苴甚厚。起甲第於洛陽，踰月而成，華堂廣廡，亞王公之家，見者嗤之。故淹翔五郡，位不及廉察，抑有由也。《永樂大典》卷一萬八千一百三十二。[8]

[1]汴州：州名。治所在今河南開封市。　浚儀：縣名。治所在今河南開封市。

[2]“少以勇力”至“右廂指揮使”：《宋本册府》卷一六六《帝王部·招懷門四》：“孫彦韜，字德光，少以勇力聞於鄉里。唐末，朱氏將圖革命，兼領四鎮，擢彦韜於伍卒，歷諸軍校偏。及朱氏僭竊軍鋒，屢爲莊宗所敗，彦韜北屯河上，知大事不濟，乃間行由官渡委質來歸，帝喜而納之，授親從定捷右廂指揮使。”

[3]晋州：州名。治所在今山西臨汾市。

[4]綿州：州名。治所在今四川綿陽市。

[5]密：州名。治所在今山東諸城市。　沂：州名。治所在今山東臨沂市。　濮：州名。治所在今山東鄄城縣。

[6]“彦韜出於軍旅”至“故有賞典旌焉”：《宋本册府》卷六七三《牧守部·褒寵門二》：“孫彦韜爲密州刺史。彦韜出於軍旅，植性和厚，理綿谿以首爲竹使，甚著綏懷之譽。及卒，故有賞典旌焉。”

[7]“在濮陽”至“人皆感之”：亦見《宋本册府》卷六九四《牧守部·武功門二》、卷六九五《牧守部·屏盜門》。

[8]《大典》卷一八一三二“將”字韻“後晋將（三）”事目。

王傳拯

王傳拯,[1]吴江人也。[2]父綰,僞虔州節度使。[3]傳拯初事楊溥,[4]爲黑雲右廂都指揮使,領本軍戍海州。[5]唐長興元年,傳拯殺海州刺史陳宣,[6]焚州城,以所部兵五千人來歸。[7]明宗喜而納之,授金紫光禄大夫、檢校司徒、曹州刺史,尋移濮州。清泰中,遷貝州防禦使,秩滿有代,會范延光叛,以兵要傳拯入魏城,疑而不用。延光降,高祖授傳拯諸衛將軍,出爲寧州刺史。[8]境接蕃部,以前弊政滋章,民甚苦之,傳拯自下車,除去弊政數十件,百姓便之。不數月,移刺虢州。[9]離寧州日,衙門聚數千人,拆橋遮道以留之。及赴虢略,[10]爲理清静,蒸民愛戴如寧州焉。[11]開運中,歷武州刺史,[12]受代歸洛,遇疾卒。傳拯家本多財,尤好賓客,及歷數郡,不事生産,將即世,甚貧匱,物論惜之。《永樂大典》卷六千五百二十。[13]

[1]王傳拯:中華書局本有校勘記:"原作'王傳拯',據《永樂大典》卷六八五〇引《五代薛史》、本書卷四一《唐明宗紀七》、《册府》(宋本)卷六七七、《通鑑》卷二七七改。本書各處同。影庫本粘籤:'王傳拯,《歐陽史》作"傳極",考《通鑑》俱作"拯",今仍其舊。'今檢《新五代史》卷六《唐本紀》作'王傳極'。"《輯本舊史》卷四一《唐明宗紀七》長興元年(930)八月戊申條、《通鑑》卷二七七長興元年八月己亥條並作"王傳拯"。《新五代史》卷六《唐明宗紀》長興元年八月戊申條、《宋本册府》卷一六六《帝王部・招懷門四》長興元年九月條、明本《册府》

卷六七七《牧守部·能政門》並作“王傳極”。明本《册府》卷六八九作“王傳拯”。

[2]吴江：縣名。治所在今江蘇蘇州市吴江區。

[3]虔州：州名。治所在今江西贛州市贛縣區。

[4]楊溥：人名。楊行密第四子，五代十國吴國君主。傳見本書卷一三四、《新五代史》卷六一。

[5]海州：州名。治所在今江蘇連雲港市海州區。

[6]陳宣：人名。籍貫不詳。五代十國吴國將領。事見本書卷四一。

[7]“唐長興元年”至“五千人來歸”：《輯本舊史》卷四一長興元年八月戊申條：“兖州奏：‘淮南海州都指揮使王傳拯殺本州刺史陳宣，焚燒州城，以所部兵士及家口五千人歸國，至沂州。’帝遣使慰納之。”《新五代史》卷六長興元年八月戊申條：“海州將王傳極殺其刺史陳宣，叛于吴來降。”《通鑑》卷二七七長興元年八月己亥條：“吴徐知誥以海州都指揮使王傳拯有威名，得士心，值團練使陳宣罷歸，知誥許以傳拯代之；既而復遣宣還海州，徵傳拯還江都。傳拯怒，以爲宣毁之。己亥，帥麾下入辭宣，因斬宣，焚掠城郭，帥其衆五千來奔。知誥曰：‘是吾過也。’免其妻子。漣水制置使王巖將兵入海州，以巖爲威衛大將軍，知海州。傳拯，綰之子也。其季父輿爲光州刺史。傳拯遣間使持書至光州，輿執之以聞，因求罷歸。知誥以輿爲控鶴都虞候。時，政在徐氏，典兵宿衛者尤難其人，知誥以輿重厚慎密，故用之。”《宋本册府》卷一六六：“長興元年九月，淮南降將海州馬步軍都指揮使王傳極率黑雲都兵士七百三十五人見于内殿，各賜鞍馬、衣叚、錢帛、袍帶有差。”

[8]寧州：州名。治所在今甘肅寧縣。

[9]虢州：州名。治所在今河南靈寶市。

[10]虢略：略，境界。虢略，指虢國的境界。位於今河南嵩縣西北。

[11]“延光降”至“蒸民愛戴如寧州焉”：亦見於明本《册

府》卷六七七、卷六八九。

[12]武州：州名。治所在文德縣（今河北張家口市宣化區）。

[13]《大典》卷六五二〇爲“莊”字韻“莊公（三九）”事目，與本傳無涉，實爲卷六八五〇“王”字韻“姓氏”事目。此卷現存。

祕瓊

祕瓊，鎮州平山人也。[1]父弘遇，[2]以善射歷本軍偏校，累官至慶州刺史。瓊亦有勇。清泰中，董温琪爲鎮州節度使，[3]擢瓊爲衙内指揮使，[4]倚以腹心。及温琪陷蕃，瓊乃害温琪之家，載其屍，都以一坎瘗之。温琪在任貪暴，積鏹巨萬，瓊悉輦之，以藏其家，遂自稱留後。高祖即位，遣安重榮代之，[5]授瓊齊州防禦使。時重榮與蕃帥趙思温同行，[6]部曲甚衆，[7]瓊不敢拒命，尋橐其奇貨，由鄴中以赴任。[8]先是，鄴帥范延光將謀叛，遣牙將范鄴持書搆瓊，[9]瓊領書不答。使者還，具達其事，延光深忿之。及聞瓊過其境，密使精騎殺瓊于夏津，[10]以滅其口，一行金寶侍伎，皆爲延光所有，由是延光異志益露焉。[11]《永樂大典》卷一萬二千八百六十六。[12]

[1]鎮州：州名。治所在今河北正定縣。　平山：縣名。治所在今河北平山縣。

[2]父弘遇：“弘”字原無，據《宋本册府》卷八九九《總録部·致政門》補，當爲輯者避清乾隆帝弘曆諱所删。

［3］董温琪：《輯本舊史》卷九七《范延光傳》、《通鑑》卷二八〇天福元年（936）十二月條、《宋本册府》卷九四三《總録部・不誼門》並作"董温琪"，《新五代史》卷五一《范延光傳》、《宋本册府》卷四五五《將帥部・貪黷門》並作"董温其"。此事亦見於《通鑑》卷二八〇天福元年十二月條、明本《册府》卷四五五《將帥部・貪黷門》。《輯本舊史》卷七六《晋高祖紀二》天福元年十二月癸巳條："鎮州衙内都虞候祕瓊作亂，逐副使李彦琦，殺都指揮使胡章。"《通鑑》卷二八〇天福元年十二月癸巳條"自稱留後"後有"表稱軍亂"四字。《新五代史》卷八《晋高祖紀》天福元年十二月癸巳條："鎮州牙内都虞候祕瓊逐其節度副使李彦琦。"《宋本册府》卷九四三："温琪爲幽州連帥趙德鈞所奏，同赴太原之役，軍敗没蕃。"

［4］衙内指揮使：官名。唐、五代時期節度使府衙内之牙將，統最親近衛兵。中華書局本有校勘記："'使'字原闕，據《册府》卷四五五、卷九四三補。"見《宋本册府》卷四五五、卷九四三。

［5］安重榮：人名。朔州（今山西朔州市朔城區）人。五代後唐、後晋將領。傳見本書卷九八、《新五代史》卷五一。

［6］趙思温：人名。盧龍（今河北盧龍縣）人。原爲五代後唐將領，官至平州刺史，兼平、營、薊三州都指揮使。後降遼，從伐渤海，爲漢軍團練使。遼太宗時，以功擢檢校太保，歷任保静、盧龍、臨海軍節度使。傳見《遼史》卷七六。

［7］部曲：遼對奴隸、農奴的稱謂。

［8］"高祖即位"至"由鄴中以赴任"：《通鑑》卷二八一天福二年正月乙卯條："詔以前北面招收指揮使安重榮爲成德節度使，以祕瓊爲齊州防禦使，遣引進使王景崇諭瓊以利害。重榮與契丹將趙思温偕如鎮州，瓊不敢拒命。"

［9］范鄴：人名。籍貫不詳。五代藩鎮軍官。事見本書本卷。

［10］夏津：縣名。治所在今山東夏津縣。

［11］"先是"至"延光異志益露焉"：《輯本舊史》卷七六天

福二年正月丙寅條："魏府范延光奏：'當管夏津鎮捕賊兵士，誤殺却新齊州防禦使祕瓊。'初，延光將萌異志，使人潛結於瓊，諾之。及是，以瓊背其謀，密使精騎殺之。由是，延光反狀明矣。"《新五代史》卷八天福二年正月丁卯條："天雄軍節度使范延光殺齊州防禦使祕瓊。"卷五一《范延光傳》："晋高祖入立，以瓊爲齊州防禦使，槖其貲裝，道出于魏。延光陰遣人以書招之，瓊不納，延光怒，選兵伏境上，伺瓊過，殺之于夏津，悉取其貲，以戍邏者悮殺聞。由是，高祖疑其必爲亂，乃幸汴州。"《通鑑》卷二八一天福二年正月："唐潞王素與延光善。及趙德鈞敗，延光自遼州引兵還魏州，内不自安，以書潛結祕瓊，欲與之爲亂；瓊受其書不報。延光恨之。瓊將之齊，過魏境，延光欲滅口，且利其貨，遣兵邀之於夏津，殺之。丁卯，延光奏稱夏津捕盜兵誤殺瓊，帝不問。"

[12]《大典》卷一二八六六爲"宋"字韻"高宗（一〇八）"事目，與本傳無涉，應爲卷一三八六六"祕"字韻"姓氏"事目。

李彦珣

李彦珣，邢州人也。少爲郡之牙吏。唐天祐中，明宗鎮其地，彦珣素無檢節，因洽於左右，明宗即位，以爲通事舍人。嘗遣使東川，行至其境，其僕從爲董璋所收，[1]彦珣竄還，以失敬故也。[2]朝廷攻璋，詔授行營步軍都監。[3]彦珣素不孝於父母，在鄉黨絶其供饋，同列惡其鄙惡，旋出爲外任。[4]清泰中，遷河陽行軍司馬，[5]遇張從賓爲亂，因朋助之，從賓敗，奔於魏州。范延光既叛，署爲步軍都監，委以守陴，招討使楊光遠以彦珣見用，欲撓延光而誘彦珣，乃遣人就邢臺訪得其母，[6]令於城下以招之。彦珣識其母，發矢以斃之，見者傷之。

及隨延光出降，授坊州刺史。[7]近臣以彦珣之惡逆奏於高祖，高祖曰："赦命已行，不可改也。"遂令赴郡，後不知其所終焉。[8]《永樂大典》卷一萬三百八十九。[9]

[1]董璋：人名。籍貫不詳。五代後梁、後唐將領。傳見本書卷六二、《新五代史》卷五一。

[2]"唐天祐中"至"以失敬故也"：《通鑑》卷二七六繫此事於天成四年（929）五月。亦見明本《册府》卷六六四《奉使部·辱命門》，"僕從"作"從人"。

[3]都監：官名。唐代中葉命將出征，常以宦官爲監軍、都監。後爲臨時委任的統兵官，稱都監、兵馬都監。掌屯戍、邊防、訓練之政令。

[4]在鄉黨絶其供饋：中華書局本有校勘記："'黨'字原闕，據《永樂大典》卷一〇八一四引《五代薛史》補。"今據補。

[5]行軍司馬：官名。爲出征將領及節度使的屬官。掌軍籍符伍，號令印信，是藩鎮重要的軍政官員。

[6]邢臺：地名。此處代指五代方鎮安國軍，治所在邢州（今河北邢臺市）。

[7]坊州：州名。治所在今陝西黄陵縣。　"彦珣素不孝於父母"至"授坊州刺史"：亦見於《新五代史》卷五一《范延光傳》，《通鑑》卷二八一天福三年（938）九月條。《輯本舊史》卷七七《晋高祖紀三》天福三年九月己巳條："以天雄軍都監、前河陽行軍司馬李彦珣爲檢校司空、坊州刺史。"《宋本册府》卷一四〇《帝王部·旌表門四》天福二年七月條："詔曰：'東都奏留守判官監左藏庫李遐當張從賓作亂之際，遣李彦珣强取錢帛。'"

[8]"近臣以彦珣之惡"至"後不知其所終焉"：《輯本舊史》之原輯者案語："《歐陽史》：'彦珣後以坐贓誅。'"見《新五代史》卷五一。《宋本册府》卷七〇〇《牧守部·貪黷門》："晋李彦

珣爲坊州刺史，高祖天福五年十二月，犯枉法贓，特敕免官。彦珣久臨翟道，苛暴不法，結怨所部。宜君縣民唐璘與李婦争田，彦珣納賄數十萬，曲斷其事。故李婦詣御史府上訴，按詰伏罪，法寺詳斷以奏。敕曰：‘李彦珣頃委分符，不能求瘼，既受贓而枉法，合准律以定刑。特與含弘，聊示懲戒，宜奪一任官，送虢州收管。’”

[9]《大典》卷一〇三八九“李”字韻“姓氏”事目。

史臣曰：昔從簡從莊宗戰於河上，可謂勇矣，及其爲末帝守於孟津，豈得爲忠乎？忠既無聞，勇何足貴！潘環、方太，雖咸負雄幹，而俱殁亂世，蓋方略不足以衛其身故也。何建舉秦、隴之封，附巴、邛之俗，守方之寄，其若是乎！其餘皆儋珪析爵之流也，亦可以垂名於是矣。[1]祕瓊既覆董氏之族，旋爲鄴帥所屠，何報應之速也！惟彦珣忍射其親，殆非人類，晋祖宥之不戮，蓋失刑之甚也。《永樂大典》卷一萬三百八十九。[2]

[1]其餘皆儋珪析爵之流也，亦可以垂名於是矣：中華書局本有校勘記：“‘儋珪析爵’，揚雄《解嘲》作‘析珪儋爵’。‘是’，彭校作‘世’。”

[2]《大典》卷一〇三八九“李”字韻“姓氏”事目。

舊五代史　卷九五

晋書二十一

列傳第十

皇甫遇

皇甫遇，常山人也。[1]父武，流寓太原，嘗爲遮虜軍使。遇少好勇，及壯，虬髯，善騎射。唐明宗在藩時，[2]隸於麾下，累從戰有功。[3]明宗即位，遷龍武都指揮使，[4]遥領嚴州刺史，[5]出討東川，[6]爲行營左軍都指揮使。應順、清泰中，[7]累歷團練、防禦使，[8]尋遷鄧州節度使。[9]所至苛暴，以誅斂爲務，其幕客多私去，以避其累。

[1]常山：即鎮州，治所在今河北正定縣。《舊五代史考異》："《歐陽史》作常山真定人。"見《新五代史》卷四七《皇甫遇傳》。《通鑑》卷二七八清泰元年（934）正月甲申條作真定人。

[2]唐明宗：即五代後唐明宗李嗣源。沙陀部人。原名邈佶烈，

李克用養子。926年至933年在位。紀見本書卷三五至卷四四、《新五代史》卷六。

［3］“唐明宗在藩時”至“累從戰有功”：《新五代史》卷四七：“少從唐明宗征伐。”

［4］龍武都指揮使：官名。所部統兵將領。龍武爲五代禁軍番號。

［5］嚴州：州名。治所在今廣西來賓市興賓區。　刺史：官名。漢武帝時始置。州一級行政長官。總掌考覈官吏、勸課農桑、地方教化等事。唐中期以後，節度、觀察使轄州而設，刺史爲其屬官，職任漸輕。從三品至正四品下。

［6］東川：方鎮名。治所在梓州（今四川三臺縣）。

［7］應順：五代後唐閔帝李從厚年號（934）。　清泰：五代後唐廢帝李從珂年號（934—936）。

［8］團練使：官名，唐代中期以後，於不設節度使的地區設團練使，掌本區各州軍事。　防禦使：官名。唐代始置，設有都防禦使、州防禦使兩種。常由觀察使或刺史兼任，實際上爲唐代後期方鎮或州的軍政長官。

［9］鄧州：州名。治所在今河南鄧州市。　節度使：官名。唐時在重要地區所設掌握一州或數州軍、民、財政的長官。　“明宗即位”至“尋遷鄧州節度使”：《輯本舊史》卷四五《唐閔帝紀》應順元年（934）正月甲申條：“以嚴衛左右厢都指揮使、巖州刺史皇甫遇爲忠正軍節度使，檢校太保，充侍衛步軍都指揮使。”卷四六《唐末帝紀》清泰元年（934）六月甲午條：“以侍衛步軍都指揮使、壽州節度使皇甫遇爲鄧州節度使。”《通鑑》卷二七八清泰元年正月甲申條：“朱弘昭、馮贇忌侍衛馬軍都指揮使安彦威，侍衛步軍都指揮使、忠正節度使張從賓。甲申，出彦威爲護國節度使，以捧聖馬軍都指揮使朱洪實代之；出從賓爲彰義節度使，以嚴衛步軍都指揮使皇甫遇代之。”

高祖入洛,[1]移領中山,[2]俄聞與鎮州安重榮爲婚家,[3]乃移鎮上黨,[4]又改平陽,[5]咸以憸人執事，政事隳紊。及鎮河陽,[6]部内創别業，開畎水泉，以通溉灌，所經墳墓悉毀之，部民以朝廷方姑息郡帥,[7]莫之敢訴。少帝即位,[8]罷歸闕下。元年,[9]虜南寇，從至澶州,[10]戰於鄆州北津,[11]虜衆大敗，溺死者數千人，以功拜滑州節度使。[12]

[1]高祖：石敬瑭。沙陀部人，太原（今山西太原市）人。五代後晋開國君主。936年至942年在位。在位期間割華北北部幽、雲諸州予契丹。紀見本書卷七五至卷八〇、《新五代史》卷八。

[2]中山：地名。此處代指唐末河北方鎮義武軍。治所在定州（今河北定州市）。

[3]鎮州：州名。治所在今河北正定縣。　安重榮：人名。朔州（今山西朔州市朔城區）人。五代後唐、後晋將領。傳見本書卷九八、《新五代史》卷五一。

[4]上黨：即潞州。治所在今山西長治市。

[5]平陽：地名。位於今山西臨汾市。

[6]河陽：方鎮名。全稱“河陽三城”。治所在孟州（今河南孟州市）。

[7]部民以朝廷方姑息郡帥：中華書局本有校勘記：“‘郡帥’，《册府》卷四五四、卷六九八作‘群帥’。”《宋本册府》卷四五四《將帥部·豪横門》作“群師”，卷六九八《牧守部·失政門》作“群帥”。《輯本舊史》因忌清諱，删“虜”字，改作“契丹”。今據《宋本册府》卷三六〇《將帥部·立功門一三》、卷三八七《將帥部·褒異門一三》回改。

[8]少帝：即唐哀帝李柷。唐昭宗之子。904年至907年在位，年號天祐。爲朱温所殺。紀見《舊唐書》卷二〇下、《新唐書》卷

一〇。

［9］元年：原作“二年”。中華書局本有校勘記：“本書卷八二《晉少帝紀二》、《通鑑》卷二八四皆繫其事於開運元年，《遼史》卷四《太宗紀下》繫其事於會同七年。按會同七年即開運元年。”但未改。見《通鑑》卷二八四開運元年（944）二月戊申條。《遼史》月同，不書日。今據改。《輯本舊史》卷七六《晉高祖紀二》天福元年（936）十二月癸巳條：“鄧州節度使皇甫遇爲定州節度使。”卷七八《晉高祖紀四》天福四年三月癸亥條：“以左龍武統軍皇甫遇爲鎮國軍節度使。”此句中華書局本有校勘記：“朱玉龍《方鎮表》（《五代十國方鎮年表》）：‘按《舊史・高祖、少帝紀》，天福元年十二月，皇甫遇自鄧州移鎮定州；四年七月，由定州徙潞州；五年七月，由潞州改晉州；七年七月，自晉州移河陽；八年三月，自河陽罷歸。兩《五代史・皇甫遇傳》與之略同，亦無鎮華州之説。考《舊史》卷八一《少帝紀一》，天福七年十二月乙丑有“以前華州節度使皇甫立爲左金吾衛上將軍”文，因疑“皇甫遇”或爲“皇甫立”之誤。’”按：此校勘記中，“五年七月”當爲“五年三月”，“七年七月”當爲“七年三月”，“八年三月”當爲“八年七月”。同年七月甲辰條：“以定州節度使皇甫遇爲潞州節度使。”卷七九《晉高祖紀五》天福五年三月癸酉條：“以潞州節度使皇甫遇爲晉州節度使。”卷八〇《晉高祖紀六》天福七年三月丁丑條：“以晉州節度使皇甫遇爲河陽節度使。”卷八一《晉少帝紀一》天福七年十二月丙寅條：“河陽節度使皇甫遇……加爵邑，以山陵充奉之勞也。”卷八二《晉少帝紀二》天福八年七月壬午條：“以前河陽節度使皇甫遇爲右龍武統軍。”同卷開運元年正月庚辰條：“以右神武統軍皇甫遇爲馬軍右廂排陣使。”同年四月癸亥條：“以左龍武統軍皇甫遇爲滑州節度使。”同年五月丁亥條：“以滑州節度使皇甫遇爲行營都虞候。”卷八三《晉少帝紀三》開運元年八月辛丑條：“滑州節度使皇甫遇充馬軍右廂都指揮使。”此句中華書局本有校勘記：“‘馬軍’原作‘馬步軍’，據殿本、孔本、《通鑑》卷二

八四胡注引《薛史》、《册府》卷一二〇改。”見《通鑑》卷二八四開運元年八月辛丑條胡注，明本《册府》卷一二〇《帝王部·選將門二》。《通鑑》卷二八二天福四年七月甲辰條："義武節度使皇甫遇與重榮姻家，甲辰，徙遇爲昭義節度使。”卷二八三開運元年正月庚辰條："以右神武統軍皇甫遇爲馬軍右廂排陳使。”卷二八四開運元年二月乙巳條："遣侍衛馬軍都揮使、義成節度使、李守貞、神武統軍皇甫遇、陳州防禦使梁漢璋、懷州刺史薛懷讓將兵萬人，緣河水陸俱進。”同卷開運二年正月庚子條："義成節度使皇甫遇將兵趣邢州。”卷二八五開運三年十月辛未條："義成節度使皇甫遇爲馬軍右廂都指揮使。”《新五代史》卷四七《皇甫遇傳》："晋高祖時，歷義武、昭義、建雄、河陽四鎮，罷爲神武統軍。契丹入寇，陷貝州。出帝以高行周爲北面行營都部署，遇爲馬軍右廂排陣使。是時，青州楊光遠據城反，出帝乃遣李守貞及遇分兵守鄆州。遇等至馬家渡，契丹方將渡河助光遠，遇等擊敗之，以功拜義成軍節度使、馬軍都指揮使。”明本《册府》卷一一八《帝王部·親征門三》晋少帝天福九年正月乙亥條："神武統軍皇甫遇爲騎軍右排陣使，懷州刺史薛懷副之。”明本《册府》卷一二〇晋少帝條開運元年八月："皇甫遇充馬軍右都指揮使。”同卷天福九年條："神武統軍皇甫遇爲騎軍右排陣使，懷州刺史薛懷讓副之。”

[10]澶州：州名。唐、五代初，治所在今河南清豐縣。後晋天福四年（939），移治於今河南濮陽縣。

[11]鄆州：州名。治所在今山東東平縣。

[12]滑州：州名。治所在今河南滑縣。

二年，[1]虜長率衆屯邯鄲，[2]遇與安審琦、慕容彦超等禦之。[3]遇將渡漳河，[4]契丹前鋒大至，[5]遇引退，轉鬬二十里，至鄴南榆林店。[6]遇謂審琦等曰："彼衆我寡，走無生路，不如血戰。”遂自辰及未，戰百餘合，所傷甚衆。遇所乘馬中鏑而斃，遇有紀綱杜知敏以馬授遇，[7]遇得馬復戰，久之稍解。顧杜知敏已爲虜所獲，[8]遇謂彦超曰："知敏蒼黄之中，以馬授我，義也，安可使陷於戎賊中！"[9]遂與彦超躍馬取知敏而還，敵騎壯之。俄而生軍復合，遇不能解。時審琦已至安陽河，[10]謂首將張從恩曰：[11]"皇甫遇等未至，必爲敵騎所圍，若不急救，則成擒矣。"從恩曰："敵勢甚盛，[12]無以枝梧，將軍獨往何益？"審琦曰："成敗命也，設若不濟，則與之俱死，假令失此二將，將何面目以見天子！"[13]遂率鐵騎北渡赴之。契丹見塵起，謂救軍併至，乃引去。遇與彦超中數創，得還。時諸軍歎曰："此三人皆猛將也！"遇累官至檢校太師、同中書門下平章事。[14]

[1]二年：原作"三年"。中華書局本有校勘記："本書卷八三《晋少帝紀三》、《新五代史》卷四七《皇甫遇傳》、《通鑑》卷二八四皆繫其事於開運二年。《遼史》卷四《太宗紀下》繫於會同八年。按會同八年即開運二年。"但未改，現據以上諸書改。

[2]虜長：《輯本舊史》原作"契丹"。中華書局本有校勘記："契丹，《册府》卷三七四、卷三九六作'虜長'。"此因輯者忌清諱而改，今據明本《册府》回改。　邯鄲：地名。位於今河北邯鄲市。《輯本舊史》之影庫本粘籤："'邯鄲'，原本作'邯縣'，今從《通鑑》改正。"《通鑑》卷二八四開運二年（945）正月各條記此役甚詳，既未見"邯鄲"，亦未見"邯縣"，但五代無邯縣，邯鄲則數見。

[3]安審琦：人名。沙陀部人。五代將領。歷仕後唐、後晋、後漢、後周。傳見本書卷一二三。　慕容彦超：人名。沙陀部人（一説"吐谷渾部人"）。五代後漢將領，後漢高祖劉知遠同母弟。

傳見本書卷一三〇、《新五代史》卷五三。

［4］漳河：水名。又作“漳水”。即今漳河。有清漳水（今清漳河）、濁漳水（今濁漳河）兩支上源，分别出自今山西長子縣和沁縣，二源至今河南林州市相合，流入河南安陽市北，下游河道屢有變化。

［5］契丹：古部族、政權名。公元4世紀中葉宇文部爲前燕攻破，始分離而成單獨的部落，自號契丹。唐貞觀中，置松漠都督府，以其首領爲都督。唐末强盛，916年迭剌部耶律阿保機建立契丹國（遼）。先後與五代、北宋並立，保大五年（1125）爲金所滅。參見張正明《契丹史略》，中華書局1979年版。

［6］榆林店：地名。即榆林。位於今河北臨漳縣西南。

［7］紀綱：對僕役的一種代稱。　杜知敏：人名。籍貫不詳。皇甫遇僕隸。

［8］顧杜知敏已爲虜所獲：中華書局本從《輯本舊史》，無“虜”字。其校勘記：“‘顧’字原闕，據彭校、《册府》卷三七四、卷三九六、《武經總要後集》卷九補。‘所’，《册府》卷三九六、《武經總要後集》卷九作‘虜’，‘所’上《册府》卷三七四有‘虜’字。”今據《宋本册府》補“虜”字。

［9］安可使陷於戎賊中：中華書局本有校勘記：“‘賊’《册府》卷三七四作‘戎賊’。”但未改，今據改。

［10］安陽河：水名。即恒水。位於今河南安陽市北。

［11］張從恩：人名。并州太原（今山西太原市）人。五代後晋外戚、將領。仕至宋初。傳見《宋史》卷二五四。

［12］敵勢甚盛：中華書局本有校勘記：“‘勢’字原闕，據《册府》卷三九六、《武經總要後集》卷九補。”

［13］將何面目以見天子：《舊五代史考異》：“《通鑑》作‘坐失皇甫太師，吾屬何顔以見天子！’胡三省注云：‘皇甫遇未必加官至太師也，而安審琦以太師稱之，蓋五季之亂，官賞無章，當時相稱謂，不論其品秩，就人臣極品而稱之。’據《薛史》，遇累官至

檢校太師，審琦蓋稱其檢校之官也，胡注似未詳考。”見《通鑑》卷二八四開運二年（945）正月。不論其品秩，《通鑑》胡注作“不復論其品秩”。《新五代史》卷四七：“開運二年，契丹寇西山，遣先鋒趙延壽圍鎮州，杜重威不敢出戰。延壽分兵大掠，攻破欒城、柏鄉等九縣，南至邢州。是時歲除，出帝與近臣飲酒過量，得疾，不能出征，乃遣北面行營都監張從恩會馬全節、安審琦及遇等禦之。從恩等至相州，陣安陽河南，遣遇與慕容彥超率數千騎前視虜。”又：“虜兵與遇戰，自午至未，解而復合，益出生兵，勢甚盛。遇戒彥超曰：‘今日之勢，戰與走爾，戰尚或生，走則死也。等死，死戰，猶足以報國。’”又：“虜望見救兵來，即解去。遇與審琦等收軍而南，契丹亦皆北去。是時，契丹兵已深入，人馬俱乏，其還也，諸將不能追，而從恩率遇等退保黎陽，虜因得解去。”《通鑑》卷二八四開運二年正月壬子條：“皇甫遇與濮州刺史慕容彥超將數千騎前覘契丹，至鄴縣。”又：“俄而契丹繼出新兵來戰，二將曰：‘吾屬勢不可走，以死報國耳。’”

［14］檢校太師：官名。爲散官或加官，以示恩寵，無實際職掌。太師，與太傅、太保並爲三師。　同中書門下平章事：官名。簡稱“同平章事”。唐高宗以後，凡實際任宰相之職者，常在其本官後加同平章事的職銜。後成爲宰相專稱。後晉天福五年（940），升中書門下平章事爲正二品。　遇累官至檢校太師、同中書門下平章事：《輯本舊史》卷八三《晉少帝紀三》開運二年正月乙巳條：“詔滑州節度使皇甫遇率兵赴邢州。”同年二月甲午條：“滑州節度使皇甫遇充馬步軍右廂都指揮使。”同年三月乙巳條：“皇甫遇部領大軍赴定州。”又：“以皇甫遇爲北面行營馬步軍左廂排陣使。”同月癸亥條：“皇甫遇等率騎奮擊，風勢尤猛，沙塵如夜，敵遂大敗。”同年四月庚寅條：“滑州節度使皇甫遇加同平章事。”明本《册府》卷一一八《帝王部·親征門三》開運二年二月癸未條：“宣差皇甫遇領馬步軍兵士二十九、指揮天威兵士二千一百八十人進發。”同年三月甲辰條：“杜威奏：‘今月八日，臣與都監李守貞、

副招討馬全節、安審琦、皇甫遇等部領大將發赴定州。'"同月庚申條："午後，張彥澤、皇甫遇、符彥卿等選勁騎擊賊，遂行千餘里，賊渡白溝而去。"

三年，[1]契丹復至，從杜重威營滹水，[2]重威送款於契丹，遇不預其議，及降，心不平之。戎王欲遣遇先入汴，遇辭之，[3]因私謂人曰："我身荷國恩，位兼將相，既不能死於軍陣，何顏以見舊主！更受命圖之，所不忍也。"明日，行及趙郡，[4]泊其縣舍，顧從者曰："我已信宿不食，疾甚矣，主辱臣死，無復南行。"因絕吭而殞，遠近聞而義之。漢高祖登極，詔贈中書令。[5]

[1]三年：《輯本舊史》原作"四年"。中華書局本有校勘記："本書卷八五《晉少帝紀五》、《新五代史》卷四七《皇甫遇傳》、《通鑑》卷二八五皆繫其事於開運三年。《遼史》卷四《太宗紀下》繫於會同九年。按會同九年即開運三年。"但未改，今據上述諸書改。

[2]杜重威：人名。其先朔州（今山西朔州市朔城區）人，後徙居太原（今山西太原市）。五代後晉、後漢將領。傳見本書卷一〇九、《新五代史》卷五二。　滹水：水名。發源於今山西繁峙縣，東流入今河北省，過正定縣，向東流入渤海。

[3]遇辭之：中華書局本有校勘記："句下《册府》卷三七四有'推張彥澤督其行'七字。"見明本《册府》卷三七四《將帥部·忠門五》。

[4]趙郡：郡名。治所在今河北趙縣。　行及趙郡：中華書局本有校勘記："句下《册府》卷三七四有'平棘縣'三字。按《新五代史》卷四七《皇甫遇傳》：'遇行至平棘，絕吭而死。'"亦見

《宋本册府》卷三七四《將帥部・忠門五》。《新五代史》卷九《晋出帝紀》開運三年（945）六月己丑條："李守貞爲行營都部署，義成軍節度使皇甫遇爲副。"卷四七《皇甫遇傳》："（開運）三年冬，以杜重威爲都招討使，遇爲馬軍右厢都指揮使，屯于中渡。重威已陰送款契丹，伏兵幕中，悉召諸將列坐，告以降虜。遇與諸將愕然不能對。重威出降表，遇等俛首以次自畫其名，即麾兵解甲出降。契丹遣遇與張彦澤先入京師，遇行至平棘，絶吭而死。"《輯本舊史》卷八四《晋少帝紀四》開運三年二月壬戌條："詔滑州皇甫遇率兵援糧入易、定等州。"同年五月辛亥條："詔皇甫遇爲北面行營都部署。"同年六月條："詔李守貞爲北面行營都部署，滑州皇甫遇爲副。"同年八月庚申條："李守貞、皇甫遇駐軍定州。"同年九月壬辰條："滑州節度使皇甫遇進封邠國公。"同月乙巳條："皇甫遇赴相州。"卷八五《晋少帝紀五》開運三年十月辛未條："滑州皇甫遇爲馬軍右厢都指揮使。"卷九五《王清傳》開運二年七月："詔遣（王清）與皇甫遇援糧入易州。"《通鑑》卷二八五開運三年六月乙丑條："詔以天平節度使、侍衛馬步都指揮使李守貞爲北面行營都部署，義成節度使皇甫遇副之。"明本《册府》卷四六《帝王部・智識門》晋天福十一年（946）八月條："朝廷以前遣李守貞、皇甫遇、張彦澤再援糧入易、定。"

[5]詔贈中書令：《輯本舊史》卷一〇〇《漢高祖紀下》天福十二年閏七月壬申條："故滑州節度使皇甫遇贈中書令。"

周廣順三年正月，[1]遇妻宋國夫人霍氏上言，請度爲尼，周太祖許之，[2]仍賜紫衣，號貞範大師，法名惠圓，又賜夏臘十。《永樂大典》卷一萬八千三十一。[3]

[1]廣順：五代後周太祖郭威年號（951—953）。

[2]周太祖：即郭威。邢州堯山（今河北隆堯縣）人。五代後

周開國皇帝。951年至954年在位。紀見本書卷一一〇至卷一一三、《新五代史》卷一一。

[3]《大典》卷一八〇三一爲“將”字韻“列國吴越魏趙將”事目，與本傳無涉，應爲卷一八一三一“將”字韻“後晋將(二)”事目。中華書局本有校勘記：“檢《永樂大典目録》，卷一八〇三一爲‘將’字韻‘列國吴越魏趙將’，與本則内容不符，恐有誤記。陳垣《〈舊五代史輯本〉引書卷數多誤例》謂應作卷一八一三一‘將’字韻‘後晋將二’。”但未改。今據改。

王清

王清，[1]字去瑕，洺州曲周人也。[2]父度，世爲農。清少以勇力端厚稱於鄉里。後唐明宗領邢臺，[3]置步直軍，清預其募，漸升爲小校。同光初，[4]從戰於河上有功，賜忠烈功臣。明宗即位，自天成至清泰末，[5]歷嚴衛、寧衛指揮使，加檢校右散騎常侍。[6]

[1]王清：《輯本舊史》之原輯者案語：“《遼史·趙延壽傳》作王靖。”《遼史》卷七六《趙延壽傳》：“手殺其將王清。”中華書局本有校勘記：“‘王清’，原作‘王靖’，据本書卷四《太宗紀下》會同九年十一月、《舊五代史》卷九五《王清傳》、《新五代史》卷三三《王清傳》、《册府》卷三六〇《將帥部·立功門一三》及《通鑑》卷二八五《後晋紀六》齊王開運三年十二月壬戌改。”

[2]洺州：州名。治所在今河北邯鄲市永年區。 曲周：縣名。治所在今河北曲周縣。

[3]邢臺：地名。此處代指五代方鎮安國軍。治所在邢州（今河北邢臺市）。中華書局本有校勘記：“‘邢臺’，原作‘行臺’，據

《永樂大典》卷六八五〇引《五代薛史》改。按本書卷三五《唐明宗紀一》：‘（天祐十三年）承制授邢州節度使。’”

[4]同光：五代後唐莊宗李存勗年號（923—926）。

[5]天成：五代後唐明宗李嗣源年號（926—930）。

[6]檢校右散騎常侍：官名。爲散官或加官，以示恩寵，無實際職掌。

天福元年，[1]高祖建義入洛，加檢校刑部尚書，[2]改賜扈蹕忠孝功臣。三年，從楊光遠平范延光於鄴，[3]改奉國軍都虞候。[4]六年，襄州安從進叛，[5]從高行周討之，[6]踰年不下。一日，清請先登，諸軍繼其後，會有内應者，遂拔其城。清以中重創，有詔褒慰。[7]七年，改賜推忠保運功臣，加金紫光禄大夫，[8]領溪州刺史。[9]八年，詔遣以所部兵屯於鄴。九年春，契丹南牧，圍其城，清與張從恩守之，少帝飛蠟詔勉諭，錫之第宅。契丹退，以干城功，繼遷軍額。[10]

[1]天福：五代後晋高祖石敬瑭年號（936—942）。出帝石重貴沿用至九年（944）。後漢高祖劉知遠繼位後沿用一年，稱天福十二年（947）。

[2]檢校刑部尚書：官名。爲散官或加官，以示恩寵，無實際職掌。

[3]楊光遠：人名。沙陀部人。五代後唐、後晋將領。傳見本書卷九七、《新五代史》卷五一。　范延光：人名。鄴郡臨漳（今河北臨漳縣）人。五代後唐、後晋將領。傳見本書卷九七、《新五代史》卷五一。

[4]奉國軍：部隊番號。五代中央禁軍之一。　都虞候：官名。

唐、五代方鎮高級軍官。

[5]襄州：州名。治所在今湖北襄陽市。　安從進：人名。索葛部人。五代後唐、後晉將領。傳見本書卷九八、《新五代史》卷五一。

[6]高行周：人名。嬀州懷戎（今河北懷來縣）人。五代後唐至後周將領。傳見本書卷一二三、《新五代史》卷四八。

[7]“六年，襄州安從進叛”至“有詔褒慰”：亦見《宋本册府》卷三六〇《將帥部·立功門一三》、卷三九六《將帥部·勇敢門三》。《新五代史》卷三三《王清傳》：“清謂行周曰：‘從進閉孤城以自守，其勢豈得久邪？’因請先登，遂攻破之。”《通鑑》卷二八三天福七年（943）八月條：“高行周圍襄州踰年，不下，城中食盡。奉國軍都虞候曲周王清言於行周曰：‘賊城已危，我師已老，民力已困，不早迫之，尚何俟乎！’與奉國都指揮使元城劉詞帥衆先登。八月，拔之。”

[8]金紫光禄大夫：官名。本兩漢光禄大夫。魏晋以後，光禄大夫之位重者，加金章紫綬，因稱金紫光禄大夫。北周、隋爲散官。唐貞觀後列入文散官。正三品。

[9]溪州：州名。治所在今湖南永順縣。

[10]“九年春”至“繼遷軍額”：亦見《宋本册府》卷三六〇及卷四〇〇《將帥部·固守門二》。

開運二年春三月，[1]從杜重威北征，解陽城之圍，[2]加檢校司徒。[3]是歲秋七月，詔遣與皇甫遇援糧入易州。[4]十一月，從杜重威收瀛州，[5]聞契丹大至，重威率諸軍沿滹水而西，將保常山，及至中渡橋，[6]契丹已屯於北岸。自其月二十七日至十二月五日，軍不能解。時戎王至，留騎之精者以禦我，分其弱者，自故靈都城緣其山足，[7]涉滹沱之淺處，引衆而南，至趙郡，凡百餘里，斷我飛輓，且扼歸路。清知勢蹙，謂重威曰："軍去常山五里，[8]守株於此，營孤食盡，將若之何！請以步兵二千爲前鋒，奪橋開路，公可率諸軍繼之，期入常山，必濟矣。"重威可之，遣宋彦筠俱行。[9]清一擊獲其橋，契丹爲之小却，重威猶豫不進，密已貳於國矣。彦筠退走，清列陣北岸，嚴戒部曲。日暮，酣戰不息。契丹以生軍繼至，我軍無寸刃益之，清與其下殁焉，[10]時年五十三。契丹尋於所戰之地築一京觀。[11]及漢高祖即位，使人平之，贈清太傅。[12]是歲，清子守鈞於本邑義化別業招魂以葬之也。[13]《永樂大典》卷六千三百五十一。[14]

[1]開運：五代後晋出帝石重貴年號（944—946）。

[2]陽城：縣名。治所在今山西陽城縣。

[3]檢校司徒：官名。爲散官或加官，以示恩寵，無實際職掌。司徒，與太尉、司空並爲三公。　"開運二年春三月"至"加檢校司徒"：亦見《宋本册府》卷三六〇《將帥部・立功門一三》、明本《册府》卷一一八《帝王部・親征門》。明本《册府》卷四二五《將帥部・死事門二》："少帝開運二年，從杜重威北征，解陽城之圍。清苦戰，爲步較之最，加檢較司空。"《新五代史》卷三三《王清傳》："開運二年冬，從杜重威戰陽城。清以力戰功爲步軍之最，加檢校司徒。"《新五代史》此句中華書局本有校勘記："本書卷九《晋本紀》、《舊五代史》卷九五《王清傳》、《通鑑》卷二八四皆繫其事於開運二年三月。按本卷下文復云'是冬'。"

[4]易州：州名。治所在今河北易縣。

[5]瀛州：州名。治所在今河北河間市。

[6]中渡橋：橋名。位於今河北正定縣。　及至中渡橋：《輯

本舊史》之影庫本粘籤："'中渡'，原本作'平渡'，今從《遼史》改正。"見《遼史》卷四《太宗紀下》會同九年（946）十一月、卷七六《趙延壽傳》。亦見《新五代史》卷九《晋出帝紀》開運三年（946）十二月己未條、卷三三《王清傳》。

［7］靈都城：地名。今地不詳。

［8］軍去常山五里：中華書局本有校勘記："'五里'，原作'五百里'，據《册府》卷四二五、《新五代史》卷三三《王清傳》、《通鑑》卷二八五改。"見明本《册府》卷四二五《將帥部·死事門二》。

［9］宋彦筠：人名。雍丘（今河南杞縣）人。五代後梁至後周將領。傳見本書卷一二三。中華書局本有校勘記："'宋彦筠'，原作'宗彦筠'，據殿本、劉本、邵本校、彭校、《永樂大典》卷六八五〇引《五代薛史》、《册府》卷四二五改。按本書卷一二三有《宋彦筠傳》。"見明本《册府》卷四二五《將帥部·死事門二》。

［10］清與其下歿焉：《舊五代史考異》："《通鑑》：清謂其衆曰：'上將握兵，坐觀吾輩困急而不救，此必有異志。吾輩當以死報國耳！'衆感其言，莫有退者，至暮，戰不息。契丹以新兵繼之，清及衆士盡死，由是，諸軍皆奪氣。"此句中華書局本有校勘記："'俱'字原闕，據《永樂大典》卷六八五〇引《五代薛史》、《册府》卷四二五補。""衆士"《通鑑》作"士衆"，見《通鑑》卷二八五開運三年十二月壬戌條。《輯本舊史》卷八五《晋少帝紀五》開運三年十二月己巳條："邢州方太奏：此月六日，契丹與王師戰於中渡，王師不利，奉國都指揮使王清戰死。"《新五代史》卷九繫此事於開運元年十二月壬戌日。此月丁巳朔，壬戌爲初六，與方太奏同。《輯本舊史》卷一〇九《杜重威傳》："十二月八日，宋彦筠、王清等率數千人渡滹沲，陣於北岸，爲敵所破。"亦見明本《册府》卷四二五《將帥部·死事門二》。《新五代史》卷三三："是冬，重威軍中渡橋南，虜軍其北以相拒，而虜以精騎並西山出晋軍後，南擊欒城，斷晋餉道。"《通鑑》卷二八五開運三年十二

月條："威許諾，遣清與宋彦筠俱進。清戰甚鋭，契丹不能支，勢小却。諸將請以大軍繼之，威不許。彦筠爲契丹所敗，浮水抵岸得免。清獨帥麾下陳於水北力戰，互有殺傷，屢請救於威，威竟不遣一騎助之。"

[11]京觀：古代戰争結束後，獲勝方將敵方軍士尸體壘疊築土而成的高大墳冢。

[12]太傅：官名。與太師、太保合稱三師，唐後期、五代多爲大臣、勳貴加官。正一品。

[13]義化：縣名。治所在今河北張家口市下花園區。

[14]《大典》卷六三五一"張"字韻"姓氏"事目，與本傳無涉，應爲卷六八五〇"王"字韻"姓氏"事目。

梁漢璋　弟漢瑭

梁漢璋，字國寶，應州人也。[1]少以勇力事唐明宗，歷突騎、奉德指揮使。高祖即位之二年，遥領欽州刺史。[2]三年，加檢校司空，[3]改護聖都指揮使。七年，遷檢校司徒，遥領閬州團練使。[4]八年，授陳州防禦使。[5]從少帝澶州還，改檢校太保、鄭州防禦使，[6]充侍衛馬軍都指揮使，[7]旋除永清軍兵馬留後，[8]俄正授節制。[9]是歲，詔領千騎戍冀州，[10]尋以杜重威北討，詔以漢璋充北面馬軍都排陣使，[11]遣收淤口關，[12]與契丹騎五千相遇於浮陽之北界，苦戰竟日，以衆寡不侔，爲流矢所中，殁於陣，即是歲十一月也，時年四十九。[13]漢璋熟於戎馬，累有軍功，及爲藩郡，所至好聚斂，無善政可紀。及鎮甘陵，甚有平契丹之志，但以所領偏師，驟逢勍敵，故有是衄焉。是月，其子海榮進漢璋所乘鞭馬及器仗，帝傷之，乃贈太尉。[14]

[1]應州：州名。治所在今山西應縣。

[2]欽州：州名。治所在今廣西欽州市。

[3]檢校司空：官名。爲散官或加官，以示恩寵，無實際執掌。

[4]閬州：州名。治所在今四川閬中市。

[5]陳州：州名。治所在今河南淮陽縣。　防禦使：官名。唐代始置，設有都防禦使、州防禦使兩種。常由刺史或觀察使兼任，實際上爲唐代後期州或方鎮的軍政長官。

[6]檢校太保：官名。爲散官或加官，以示恩寵，無實際職掌。太保，與太師、太傅合稱三師。　鄭州：州名。治所在今河南鄭州市。

[7]侍衛馬軍都指揮使：官名。五代時皇帝親軍侍衛馬軍司長官。

[8]永清軍：方鎮名。五代後晋天福三年（938）置。治所在貝州（今河北清河縣）。　兵馬留後：官名。唐、五代時，代行方鎮長官之職者稱留後。代行州兵馬使之職者，即爲兵馬留後。掌本州兵馬。

[9]“從少帝澶州還”至“俄正授節制”：《輯本舊史》卷八三《晋少帝紀三》開運元年（944）十一月己卯條：“以陳州刺史梁漢璋充侍衛馬軍都指揮使。”同卷開運二年正月己亥條：“侍衛馬軍都指揮使梁漢璋改鄭州防禦使，典軍如故。”同年二月戊子條：“安審琦、梁漢璋領兵北征。”同月甲午條：“侍衛馬軍都指揮使梁漢璋充馬軍左右厢都指揮使。”卷八四《晋少帝紀四》開運三年五月甲寅條：“以貝州留後梁漢璋爲貝州節度使。”《通鑑》卷二八四開運元年二月乙巳條：“遣侍衛馬軍都指使、義成節度使李守貞，神武統軍皇甫遇，陳州防禦使梁漢璋，懷州刺史薛懷讓將兵萬人，緣河水陸俱進。”

[10]冀州：州名。治所在今河北衡水市冀州區。

[11]都排陣使：官名。多以任節度使的武臣出任，或由軍事指揮官兼任，多側重監督軍隊。參見王軼英《中國古代排陣使述論》，《西北大學學報》2010年第6期。

[12]淤口關：關隘名。位於今河北霸州市。

[13]"是歲"至"時年四十九"："歿於陣"後有《舊五代史考異》："《遼史·高模翰傳》云：晋以魏府節度使杜重威領兵三十萬來拒，模翰以麾下三百人逆戰，殺其先鋒梁漢璋，餘兵敗走。與《薛史》異。考《通鑑》云：'杜重威等至瀛州，聞契丹將高模翰已引兵潛出，重威遣梁漢璋將二千騎追之，遇契丹于南陽務，敗死。'蓋漢璋以二千騎當敵騎五千，衆寡不侔，以致敗績，《遼史》恐不足據。"見《遼史》卷七六《高模翰傳》及《通鑑》卷二八五開運三年十一月己亥條。《輯本舊史》卷八五《晋少帝紀五》開運三年十月辛未條："貝州梁漢璋爲馬軍都排陣使。"《新五代史》卷九《晋出帝紀》開運三年十一月條："永清軍節度使梁漢璋及契丹戰于瀛州，敗績，契丹寇鎮、定。"中華書局本《新五代史》此句有校勘記："'永静軍'，《舊五代史》卷九五《梁漢璋傳》、《通鑑》卷二八五、《册府》卷四二五敘其事皆作'永清軍'。《舊五代史》卷八五《晋少帝紀五》：'貝州節度使梁漢璋戰死。'按貝州置永清軍。"《新五代史》卷七二《四夷附録一》開運三年七月條："遣杜重威、李守貞、張彦澤等出兵，爲延壽應。兵趨瀛州，牟翰空城而去。晋軍至城下，見城門皆啓，疑有伏兵，不敢入。遣梁漢璋追牟翰及之，漢璋戰死。"《通鑑》卷二八五開運三年十月辛未條："永清節度使梁漢璋爲馬軍都排陳使。"明本《册府》卷四二五《將帥部·死事門二》："梁漢璋爲永清軍節度使。天福八年，詔領千騎戍冀州，尋以杜重威北討，詔以漢璋充北面軍馬都排陣使，戍游口關。與虜騎五千相遇於浮陽之北界，苦戰竟日，以衆寡不侔，爲流矢所中，殁於陣。"

[14]太尉：官名。與司徒、司空並爲三公，唐後期、五代多爲

大臣、勳貴加官。正一品。　乃贈太尉：《輯本舊史》卷一〇〇《漢高祖紀下》天福十二年閏七月壬申條："故貝州節度使梁漢璋贈太尉。"

漢璋有弟漢瑭，亦以善用槊有名於時。天成中，爲魏府効節軍使，[1]攻定州王都，[2]漢瑭督所部一軍首入其城，獲王都及蕃將禿餒名馬數駟。[3]時范延光鎮常山，欲其駿者，漢瑭不諾。後漢瑭屯兵趙郡，因事奏而殺之，時人冤之。《永樂大典》卷六千六百十四。[4]

[1]魏府：地名。即魏州，唐、五代方鎮魏博軍的治所。位於今河北大名縣。

[2]定州：州名。治所在今河北定州市。　王都：人名。中山陘邑（今河北定州市）人。本姓劉，後爲義武軍節度使王處直養子。五代軍閥。傳見本書卷五四。

[3]禿餒：人名。又作"塔納"。契丹將領。事見本書卷五四、卷七二，《新五代史》卷六四。

[4]《大典》卷六六一四"梁"字韻"姓氏"事目。

白奉進

白奉進，字德昇，雲州清塞軍人也。[1]父曰達子，世居朔野，以弋獵爲事。奉進少善騎射，後唐武皇鎮太原，奉進謁於軍門，以求自效，武皇納於麾下。[2]莊宗之破夾寨也，奉進挺身首犯賊鋒，莊宗覩而壯之，[3]後從戰山東河上，繼以功遷龍武指揮使。同光中，魏王繼岌伐蜀，[4]擢爲親軍指揮使。天成、長興中，統上軍，加檢校右散騎常侍。應順中，轉捧聖右厢都指揮使、檢校刑部尚書，賜忠順保義功臣，遥領封州刺史。[5]清泰中，加檢校右僕射、唐州刺史，[6]治郡踰年，甚有政績。

[1]雲州：州名。治所在今山西大同市。　清塞軍：軍名。位於今山西陽高縣。

[2]"奉進少善騎射"至"武皇納於麾下"：明本《册府》卷九〇〇《總録部·自薦門》："晋白奉進少善馳射。唐昭宗以天復中爲朱氏脅遷，東營洛邑。後唐太宗鎮太原，有扶救之志，奉進謁於軍門，以求自效，太祖納之麾下，以功遷龍武指揮使。"

[3]"莊宗之破夾寨也"至"莊宗覩而壯之"：《宋本册府》卷三九六《將帥部·勇敢門三》："白奉進初爲裨將。時梁人圍李嗣昭于潞，潞人苦之。俄而莊宗嗣位，率親兵赴之，奉進挺身，首犯賊鋒，諸將繼之，莊宗覩而壯焉。"

[4]繼岌：人名。即李繼岌。五代後唐莊宗長子。傳見本書卷五一、《新五代史》卷一四。

[5]封州：州名。治所在今廣東封開縣。

[6]檢校右僕射：官名。爲散官或加官，以示恩寵，無實際職掌。　唐州：州名。治所在今河南唐河縣。

高祖即位，徵赴闕，超加檢校司徒，充護聖左厢都指揮使，遥領歙州刺史。[1]始奉進有女嫁於皇子重信，故高祖尤所倚愛。二年，改護聖左右厢都指揮使。是歲，車駕幸夷門。[2]五月，領昭信軍節度，[3]充侍衛馬軍都指揮使。

[1]歙州：州名。治所在今安徽歙縣。　"清泰中"至"遥領

歙州刺史”：《宋本册府》卷六七三《牧守部·褒寵門二》：“白奉進爲唐州刺史，治郡踰年，甚有聲政。高祖即位，徵赴闕，超加檢校司徒，充護聖左厢都指揮使。”

[2]夷門：地名。原指戰國魏都大梁城東門，故址在今河南開封城内東北隅。夷門位於夷山，夷山因山勢平夷而得名，故門亦以山爲名。此處代指開封。

[3]昭信軍：方鎮名。治所在虔州（今江西贛州市贛縣區）。

六月，范延光據鄴爲亂，詔遣率騎軍三千北屯滑臺。[1]時符彦饒爲滑州節度使，[2]一夕，有軍士夜掠居人，奉進捕之，凡獲五盜，三在奉進本軍，二在彦饒麾下，尋命俱斬之。彦饒怒其不先告，深銜之。明日，奉進左右勸奉進面謝，奉進然之，以從騎數人候彦饒於牙城，既入，且述其過。彦饒曰：“軍中法令，各有部分，何得將滑州兵士一例處斬，殊無主客之義乎！”奉進曰：“軍士抵法，寧有彼我，今僕以咎自陳，而公怒不息，莫是與范延光同反耶！”因拂衣而起，彦饒不留。其帳下介士大譟，擒奉進殺之。是日，步軍都校馬萬、次校盧順密聞奉進遇害，[3]率其步衆攻滑之子城，[4]執彦饒送於京師，戮於班荊館北。[5]高祖以奉進倉卒遇禍，歎惜久之，詔贈太傅。[6]《永樂大典》卷一萬八千一百三十一。[7]

[1]滑臺：地名。位於今河南滑縣。“六月”至“率騎軍三千北屯滑臺”：《輯本舊史》卷七六《晋高祖紀二》天福二年（937）六月甲午條：“命護聖都指揮使白奉進領騎士一千五百赴白馬渡巡檢。”卷九一《符彦饒傳》天福二年七月條：“范延光據鄴都叛，朝廷遣侍衛馬軍都指揮使白奉進率騎軍三千，屯於州之開元

寺。”《新五代史》卷二五《符存審傳》附《范彦饒傳》：“范延光反，白奉進以侍衛兵三千屯滑州。”《通鑑》卷二八一晋高祖天福二年六月甲午條：“詔侍衛馬軍都指揮使、昭信節度使白奉進將千五百騎屯白馬津以備之。”

［2］符彦饒：人名。陳州宛丘（今河南淮陽縣）人。符存審次子。五代後唐、後晋將領。傳見本書卷九一、《新五代史》卷二五。

［3］步軍都校：官名。中低級軍官。　馬萬：人名。澶州（今河南濮陽縣）人。五代後唐、後晋、後漢將領。傳見本書卷一〇六。　次校：官名。中低級軍官。

［4］子城：即甕城。

［5］班荆館：館舍名。五代和宋時設在京郊用以接待外國使臣的驛館。　“時符彦饒爲滑州節度使”至“戮於班荆館北”：《輯本舊史》卷七六天福二年七月甲寅條：“奉國都指揮使馬萬奏，滑州節度使符彦饒作亂，屠害侍衛馬軍都指揮使白奉進，尋以所部兵擒到彦饒，差立功都虞候方太押送赴闕。尋賜死於路。”《新五代史》卷八《晋高祖紀》天福二年七月條：“義成軍亂，殺戍將侍衛馬步軍都指揮使白奉進。”卷二五：“兵士犯法，奉進捕得五人，其三人義成兵也，因并斬之。”《通鑑》卷二八一天福二年七月甲寅條：“白奉進在滑州，軍士有夜掠者，捕之，獲五人，其三隸奉進，其二隸符彦饒，奉進皆斬之。”

［6］“高祖以奉進”至“詔贈太傅”：《輯本舊史》卷七八《晋高祖紀四》天福四年十月戊戌條：“故昭信軍節度使白奉進贈太尉。”

［7］中華書局本有校勘記：“檢《永樂大典目録》，卷一八〇三一爲‘將’字韻‘列國吴越魏趙將’，與本則内容不符，恐有誤記。陳垣《〈舊五代史〉輯本引書卷數多誤例》謂應作卷一八一三一‘將’字韻‘後晋將二’。”但未改。今據改。

盧順密

盧順密，汶陽人也。[1]初事梁將戴思遠爲步校，[2]思遠爲鄆州節度使，領部兵屯德勝渡，[3]留順密守其城。順密覩北軍日盛，遂遁歸莊宗，[4]且言鄆城方虚，[5]可以襲而取之。莊宗信之，尋遣明宗率衆趨鄆，果拔之，由順密之始謀也。[6]莊宗尋以順密列於帳下，累遷爲軍校。明宗即位，歷數郡刺史。順密性篤厚，臨諸軍，撫百姓，皆有仁愛之譽。

[1]汶陽：縣名。治所在今山東泰安市。

[2]戴思遠：人名。籍貫不詳。五代後梁、後唐將領。傳見本書卷六四。

[3]德勝渡：地名。又名德勝城，爲黄河重要渡口之一。

[4]莊宗：即後唐莊宗李存勗。五代後唐王朝的建立者。923年至926年在位。紀見本書卷二七至卷三四、《新五代史》卷五。

[5]鄆城：縣名。治所在今山東鄆城縣。

[6]“思遠爲鄆州節度使”至“由順密之始謀也”：《輯本舊史》卷一〇六《馬萬傳》：“會奉國右厢都指揮使盧順密亦以兵至。”《通鑑》卷二七二同光元年（923）閏四月壬寅條：“會鄆州將盧順密來奔。先是，梁天平節度使戴思遠屯楊村，留順密與巡檢使劉遂嚴、都指揮使燕顒守鄆州。順密言於帝曰：‘鄆州守兵不滿千人，遂嚴、顒皆失衆心，可襲取也。’”

及高祖車駕幸夷門，范延光據鄴城叛，高祖命諸將相次領軍討之，順密亦預其行。時騎將白奉進屯於滑州，尋爲滑帥符彦饒所殺，軍衆大亂，争荷戈拔刃，嗽諦於外，時馬萬爲步軍都校，不爲遏之。[1]順密未明其心，乃率部曲數百，趨謂諸軍及萬曰："滑臺去行闕二百里，我等家屬悉在闕下，[2]爾輩如此，不思血族乎？奉進見殺，過在彦饒，擒送天子，必立大功，順我者賞之，不順我者殺之。"萬曰："善。"諸軍遂不敢動。[3]乃引軍北攻牙城，執彦饒於樓上，使裨將方太押送赴闕，[4]滑城遂定。朝廷即以馬萬爲滑州節度使，時飛奏皆以萬爲首故也。後數日，高祖知功由順密，尋以順密爲涇州留後，[5]至鎮未幾而卒。高祖甚悼之，贈驍衛上將軍。[6]《永樂大典》卷二千二百十二。[7]

[1]馬萬爲步軍都校，不爲遏之：《舊五代史考異》："《通鑑》云：'馬萬惶惑不知所爲，率步兵欲從亂。'"見《通鑑》卷二八一天福二年（937）七月甲寅條追述。

[2]我等家屬悉在闕下：中華書局本有校勘記："'悉'字原闕，據《册府》卷四二三補。"見明本《册府》卷四二三《將帥部·討逆門》。

[3]諸軍遂不敢動：《舊五代史考異》："《通鑑》云：'萬所部兵尚有呼躍者，順密殺數人，衆莫敢動。'"見《通鑑》上條。

[4]裨將：指副將。　方太：人名。青州千乘（今山東高青縣）人。五代藩鎮將領。傳見本書卷九四。　使裨將方太押送赴闕：中華書局本有校勘記："'押'，原作'甲'，據殿本、劉本、《册府》卷四二三改。按本書卷七六《晋高祖紀二》：'差立功都虞候方太押送赴闕。'影庫本批校：'甲送赴闕，"甲"應作"押"。'"見明本《册府》卷四二三《將帥部·討逆門》。《通鑑》卷二八一天福二年七月丙辰條："以盧順密爲果州團練使，方太爲趙州刺史；既而知皆順密之功也，更以順密爲昭義留後。"胡注：

“果州時屬蜀，命盧順密遥領團練使。”

[5]涇州：州名。治所在今甘肅涇川縣。

[6]贈驍衛上將軍：《輯本舊史》卷七七《晉高祖紀三》天福三年三月甲戌條：“故涇州節度觀察留後盧順密贈右驍衛上將軍。”

[7]《大典》卷二二一二“盧”字韻“姓氏”事目。

周瓌

周瓌，[1]晉陽人也。少端厚，善書計，自高祖時歷鎮藩翰，用爲腹心，累職至牙門都校，[2]凡帑廪出納，咸以委瓌，經十餘年，未嘗以微累見誤，高祖甚重之。及即位，命權判三司事，[3]未幾，辭曰：“臣才輕任重，懼終不濟，苟以避事，冒寵獲罪，願陛下哀其疲駑，優以散秩，臣之幸也。”高祖可之，[4]尋命權總河陽三城事，數月改授安州節度使。[5]臨民有惠，御軍甚嚴，一境安之。先是，威和指揮使王暉領部下兵屯於安陸，[6]瓌至鎮，待之甚厚。俄聞范延光叛於魏博，張從賓寇於汜水，[7]暉以瓌高祖之元臣也，幸國朝方危，遂害瓌於理所，[8]自總州事，以爲延光勝則附之，敗則渡江而遁，斯其計也。既而襄陽安從進遣行軍司馬張朏，[9]會復州兵於要路以徼之，[10]李金全承詔繼至，[11]暉遂掠城中財帛士女，欲奔江南，尋爲其下所殺。[12]金全至，盡誅其黨。高祖聞瓌遇害，歎息久之，詔贈太傅。[13]《永樂大典》卷九千一十。[14]

[1]周瓌：中華書局本有校勘記：“原作‘周環’，據殿本、劉

本、《册府》卷八四四、《新五代史》卷八《晋本紀》、《通鑑》卷二八一改。本書各處同。”見《宋本册府》卷八四四《將帥部·勤幹門》,《通鑑》卷二八〇天福元年(936)十二月庚子條、卷二八一天福二年七月條。明本《册府》卷八四四則作“周環”,且文字多異。

[2]牙門都校:官名。中低級軍官。

[3]權判三司事:官名。判三司即通掌鹽鐵、度支、户部三個部門事務。地位高於三司使。權判可作代理之意。

[4]“及即位”至“高祖可之”:《輯本舊史》卷七六《晋高祖紀二》天福元年十二月庚子條:“以皇城使周瓌爲大將軍,充三司使。”《通鑑》卷二八〇天福元年十二月庚子條:“以皇城使晋陽周瓌爲大將軍、充三司使。瓌辭曰:‘臣自知才不稱職,寧以避事見棄,猶勝冒寵獲辜。’帝許之。”

[5]安州:州名。治所在今湖北安陸市。　數月改授安州節度使:《輯本舊史》卷七六天福二年二月丙午條:“以權知河陽軍州事周瓌爲安州節度使。”

[6]王暉:人名。籍貫不詳。時爲代州刺史,以城降契丹。事見本書卷一〇七《史弘肇傳》、《通鑑》卷二八五。　安陸:地名。位於今湖北安陸市。

[7]張從賓:人名。籍貫不詳。五代後唐、後晋將領。傳見本書卷九七。中華書局本有校勘記:“原作‘張延賓’,據本書卷七六《晋高祖紀二》、《通鑑》卷二八一改。按本書卷九七有《張從賓傳》。”見《輯本舊史》卷七六天福二年六月丁酉等條,《通鑑》卷二八一天福二年七月丙辰條。　汜水:縣名。治所在今河南滎陽市汜水鎮。

[8]遂害瓌於理所:《舊五代史考異》:“王暉害周瓌,《五代春秋》《通鑑》俱不書日。《歐陽史》作丙子,《薛史》作甲戌,諸史所載俱異。”見《輯本舊史》卷七六天福二年七月甲戌條,《新五代史》卷八天福二年七月丙子條,《通鑑》卷二八一天福二年七月

戊寅條追述。

［9］襄陽：地名。位於今湖北襄陽市。　行軍司馬：官名。爲出征將領及節度使的屬官。掌軍籍符伍、號令印信，是藩鎮重要的軍政官員。　張朏：人名。籍貫不詳。五代藩鎮官員。事見本書本卷。

［10］復州：州名。治所在今湖北天門市。

［11］李金全：人名。吐谷渾族。早年爲後唐明宗李嗣源奴僕，驍勇善戰，因功升遷。後晉時封安遠軍節度使，後投奔南唐。傳見本書卷九七、《新五代史》卷四八。

［12］欲奔江南，尋爲其下所殺：《舊五代史考異》："《歐陽史》作王暉南走，爲從進兵所殺，與《薛史》異。《通鑑》作暉時奔吴，部將胡進殺之，與《薛史》同。""胡進"，中華書局本有校勘記："原作'吴進'，據殿本、劉本、《通鑑》卷二八一改。"見《新五代史》卷四八《李金全傳》、《通鑑》卷二八一天福二年八月癸巳條。

［13］詔贈太傅：《輯本舊史》卷七六天福二年九月壬子條："故安遠軍節度使周瓌贈太傅。"

［14］中華書局本有校勘記："檢《永樂大典目録》，卷九九一〇爲'嚴'字韻'華嚴經九十七'，與本則内容不符，恐有誤記。疑出自卷九〇一〇'周'字韻'姓氏二十一'。"但未改。今據改。

沈斌

沈斌，[1]字安時，徐州下邳人。[2]少有膽氣，初事梁太祖爲小校。[3]天祐三年，[4]補同州左崇勇馬軍指揮使，[5]入典衛兵，歷龍驤、拱宸都指揮使，累有戰功。及莊宗平梁，隨段凝等降，[6]不改其職。同光三年，從魏王繼岌平蜀，屬康延孝叛，[7]魏王署斌爲一行馬步都虞候，[8]領兵從任圜襲擊延孝於漢州，[9]擒之以獻，未及策勳，會明宗登極。天成初，授檢校司空、虢州刺史，[10]其後歷壁、隨、石、衛、威、衍、忻、趙八州刺史，[11]累官至檢校太保，賜輸忠宣力功臣。開運元年，爲祁州刺史。其年冬，契丹入寇，自恒州迴，以羸兵驅牛羊過其城下，斌乃出州兵以擊之，契丹以精騎剗其門邀之，州兵陷賊。[12]趙延壽知其無備，與蕃賊急攻之，仍呼謂斌曰："沈使君我故人也，擇禍莫若輕，早以城降，無自辱也。"斌登城呼曰："侍中父子誤計，陷於契丹，忍以氈幕之衆，[13]殘害父母之邦，不自羞慚，反有德色。沈斌寧爲國家死，[14]必不效汝所爲也。"翌日城陷，斌自剄而卒，家屬爲賊所擄。[15]《永樂大典》卷一萬八千一百三十一。[16]

[1]沈斌：人名。一作"沈贇"。徐州下邳（今江蘇睢寧縣）人。五代後梁、後唐、後晋將領。傳見本書本卷、《新五代史》卷三三。中華書局本有校勘記："原作'沈贇'，據本書卷八三《晋少帝紀三》、《御覽》卷二五五引《五代史》、《册府》卷四二五、《新五代史》卷三三《沈斌傳》改。本卷下文同。"見《輯本舊史》卷三三《唐莊宗紀七》同光三年（925）九月辛丑條，《新五代史》卷九《晋出帝紀》開運二年（945）三月戊戌條、卷三三本傳，《通鑑》卷二八四開運二年二月乙卯條，明本《册府》卷一一八《帝王部・親征門三》晋少帝開運二年二月條。

[2]下邳：縣名。治所在今江蘇睢寧縣古邳鎮。

[3]梁太祖：即五代後梁太祖朱温。宋州碭山（今安徽碭山縣）人。907年至913年在位。紀見本書卷一至卷七、《新五代史》卷一至卷二。

[4]天祐：唐昭宗李曄開始使用的年號（904）。唐哀帝李柷即位後沿用（904—907）。唐亡後，河東李克用、李存勗仍稱天祐，沿用至天祐二十年（923）。五代其他政權亦有行此年號者，如南吴、吴越等，使用時間長短不等。

[5]同州：州名。治所在今陜西大荔縣。

[6]段凝：人名。開封（今河南開封市）人。其妹爲朱温美人，因其妹而爲朱温親信。五代後梁將領。傳見本書卷七三、《新五代史》卷四五。

[7]康延孝：人名。代北（今山西代縣）人。五代後唐將領。傳見本書卷七四、《新五代史》卷四四。

[8]馬步都虞候：官名。五代侍衛親軍馬步軍統兵官，僅次於馬步軍都指揮使、副都指揮使。 "同光三年"至"魏王署斌爲一行馬步都虞候"：《輯本舊史》卷三三同光三年九月辛丑條："沈斌充中軍右厢馬軍都指揮使。"亦見明本《册府》卷二六九《宗室部·將兵門》。

[9]任圜：人名。京兆三原（今陜西三原縣）人。五代後唐將領、大臣。傳見本書卷六七、《新五代史》卷二八。

[10]虢州：州名。治所在今河南靈寶市。

[11]壁：州名。治所在今四川通江縣。 隨：州名。治所在今湖北隨州市。 石：州名。治所在今山西吕梁市離石區。 衛：州名。治所在今河南衛輝市。 威：州名。治所在今北京市房山區。 衍：州名。治所在今甘肅寧縣。 忻：州名。治所在今山西忻州市。 趙：州名。治所在今河北趙縣。

[12]州兵陷賊：中華書局本引《舊五代史考異》："《歐陽史》作斌兵多死，《通鑑》作契丹以精騎奪其城門，州兵不得還。"見《新五代史》卷三三《沈斌傳》、《通鑑》卷二八四開運二年二月己卯條。此事亦見明本《册府》卷四四三《將帥部·敗衄門》。

[13]陷於契丹，忍以氈幕之衆：中華書局本有校勘記："'契丹''氈幕'，《御覽》卷二五五引《五代史》、《册府》卷四二五

作‘腥羶’‘犬羊’。”見明本《册府》卷四二五《將帥部·死事門二》。

[14]沈斌寧爲國家死：中華書局本有校勘記：“《册府》卷四二五同。‘沈斌’下《御覽》卷二五五引《五代史》有‘弓折箭盡’四字。”

[15]“趙延壽知其無備”至“家屬爲賊所擄”：亦見明本《册府》卷四二五《將帥部·死事門二》。《輯本舊史》卷八三《晋少帝紀三》、《新五代史》卷九並繫此事於開運二年三月，明本《册府》卷一一八《帝王部·親征門》、《通鑑》卷二八四並繫此事於開運二年二月。

[16]《大典》卷一八一三一“將”字韻“後晋將二”事目。

吴巒

吴巒，字寶川，汶陽盧縣人也。[1]少好學，以經業從鄉試下第。唐長興初，爲沙彦珣從事，[2]累遷大同軍節度判官。[3]高祖建號，契丹之援太原也，彦珣據雲中，[4]二三顧望，及契丹還塞，彦珣出城迎謁，尋爲所擄。時巒在城中，謂其衆曰：“豈有禮義之人而臣於夷狄乎！”[5]即與雲州將吏闔門拒守。契丹大怒，攻之，半歲不能下。高祖致書於契丹，乃解圍而去。召巒歸闕，授徐州節度副使，[6]再遷右諫議大夫，[7]爲復州防禦使，數年罷歸。

[1]盧縣：縣名。治所在今山東聊城市茌平區。

[2]沙彦珣：人名。籍貫不詳。五代後唐將領。事見本書卷四七、卷四八。

［3］大同軍：方鎮名。治所在雲州（今山西大同市）。　節度判官：官名。唐、五代方鎮僚屬，位在行軍司馬下。分掌使衙內各曹事，並協助使職官員通判衙事。　“唐長興初”至“累遷大同軍節度判官”：《新五代史》卷二九《吴巒傳》：“清泰中爲大同沙彦珣節度判官。”

［4］雲中：縣名。治所在今山西大同市。

［5］豈有禮義之人而臣於夷狄乎：夷狄，中華書局本作“異姓”，有校勘記：“‘異姓’，孔本校作‘異類’，《册府》卷七二四、《通鑑》卷二八一作‘夷狄’。”此因輯者忌清諱而改，今據上述諸書回改。《舊五代史考異》：“《遼史·太宗紀》云：唐大同軍節度判官吴巒嬰城拒命，遣崔廷勳圍其城。庚申，上親征，至城下諭之，巒降。與《薛史》異。《通鑑》從《薛史》。”見《遼史》卷三《太宗紀上》天顯十二年（937）正月丙辰條。《考異》“嬰城拒命”，《遼史》作“閉城拒命”。中華書局本《遼史》有校勘記：“本書卷四《太宗紀下》會同七年正月謂趙延壽圍貝州，太守吴巒投井死，與此異。《新五代史》卷二九、《舊五代史》卷九五本傳及《通鑑》卷二八一《後晋紀二》、卷二八三《後晋紀四》俱稱巒守雲中不下，後降石晋，開運元年守貝州，城破投井死。”《通鑑》卷二八一天福二年（937）二月戊子條：“契丹主自上黨過雲州，大同節度使沙彦珣出迎，契丹主留之，不使還鎮。節度判官吴巒在城中，謂其衆曰：‘吾屬禮義之俗，安可臣於夷狄乎！’衆推巒領州事，閉城不受契丹之命，契丹攻之，不克。”同年六月辛丑條：“契丹攻雲州，半歲不能下。吴巒遣使間道奉表求救，帝爲之致書契丹主請之，契丹主乃命翟璋解圍去。帝召巒歸，以爲武寧節度副使。”

［6］徐州：州名。治所在今江蘇徐州市。　節度副使：官名。唐、五代方鎮屬官。位於行軍司馬之下、判官之上。中華書局本有校勘記：“‘副’字原闕，據彭校、《册府》卷七二四補。《新五代史》卷二九《吴巒傳》敘其事作‘武寧軍副使’，按武寧軍治徐州。”《新五代史》卷二九：“高祖召巒，以爲武寧軍節度副使、諫

議大夫、復州防禦使。”亦見明本《册府》卷七二四《幕府部·武功門》。

[7]右諫議大夫：官名。唐置左、右諫議大夫，左屬門下省，右屬中書省。掌諫諭得失，侍從贊相。正四品下。

初，國家以甘陵水陸要衝之地，[1]慮契丹南侵，乃飛輓芻粟，以實其郡，爲大軍累年之備。[2]王令温之爲帥也，[3]有軍校邵珂者，[4]性兇率悖慢，令温因事使人代之，不復齒用，閑居城中。其子殺人，以重賂償之，其事方解，尋爲州吏所恐，又悉財以彌其口。自是尤蓄怨恨，因使無賴者亡入契丹，言："州有積粟，内無勁兵，圍而攻之，克之必矣。"及令温入朝，[5]執政者以巒雲中之難有善守之功，遂令乘軺而往，權知貝州軍州事。[6]既至，會大寒，軍士無衣者悉衣之，平生廉儉，囊無資用，以至壞帳幕以賙之，其推心撫士如此。邵珂一見，因求自效，即聽而任之。巒素爲書生，旁無爪牙，珂慷慨自陳，願效死左右，巒遣督義兵，守城之南門。

[1]甘陵：地名。指代貝州，治所在今河北清河縣。

[2]"初，國家以甘陵水陸要衝之地"至"爲大軍累年之備"：《新五代史》卷二九《吴巒傳》："出帝即位，與契丹絶盟。河北諸州皆警，以謂貝州水陸之衝，緩急可以轉餉，乃積芻粟數十萬，以王令温爲永清軍節度使。"

[3]王令温：人名。瀛州河間（今河北河間市）人。五代後晋將領。傳見本書卷一二四。

[4]軍校：即牙校，爲低級武職。　邵珂：人名。籍貫不詳。五代後晋時永清軍將領，投降契丹以致貝州失守。事見本書本卷。

［5］及令温入朝：《新五代史》卷二九："令温以事朝京師，心頗疑珂，乃質其子崇範以自隨。"

［6］貝州：州名。治所在今河北清河縣。　權知貝州軍州事：《輯本舊史》卷八二《晋少帝紀二》天福八年（943）十一月戊戌條："遣前復州防禦使吴巒權知貝州軍事。"

天福九年正月，[1]契丹大至。其一日大譟環其城，明日陳攻具於四墉，三日契丹主躬率步奚及渤海夷等四面進攻，[2]巒衆投薪於夾城中，繼以炬火，賊之梯衝，焚爇殆盡。是日，賊復合圍，郡中丁壯皆登城守陴。俄而珂自南門引賊騎同入，巒守東門，未知其事，左右告曰："邵珂背矣！"巒顧城中已亂，即馳馬還公館，投井而死。契丹遂屠其城，朝野士庶，聞者咸歎惜之。《永樂大典》卷二千三百二十一。[3]

［1］天福九年正月：《新五代史》卷二九《吴巒傳》作"開運元年正月"，爲同一年。

［2］奚：部族名。源出鮮卑宇文部。原稱庫莫奚，後省稱奚。參見畢德廣《奚族文化研究》，科學出版社2016年版。　渤海：郡名。隋大業中以滄州改。治所在今山東陽信縣。　渤海夷：中華書局本有校勘記："原作'激海夷'，據劉本、彭校改。"《輯本舊史》卷八二《晋少帝紀二》繫此事於天福九年（944）正月己卯條。《通鑑》卷二八三開運元年（944）正月己卯條："會令温入朝，執政以前復州防禦使吴巒權知州事，巒至，推誠撫士；會契丹入寇，巒書生，無爪牙，珂自請，願效死，巒使將兵守南門，巒自守東門。契丹主自攻貝州，巒悉力拒之，燒其攻具殆盡。己卯，契丹復攻城，珂引契丹自南門入，巒赴井死。契丹遂陷貝州，所殺且

萬人。"

［3］《大典》卷二三二一"吴"字韻"姓氏"事目。

翟璋

翟璋，未詳何許人也。好勇多力，時目爲大蟲，即"癡虎"之稱也。[1]後唐天成初，[2]自鄴都馬步軍都指揮使領平州刺史，尋改復州防禦使。三年三月，遷新州威塞軍兩使留後。[3]四年五月，正授旄節。[4]長興元年二月，加檢校太保，入爲右領軍衛上將軍，轉左羽林統軍。[5]清泰中，復領新州。[6]高祖建義，割新州屬契丹。時契丹大軍歸國，遣璋于管内配率犒宴之資，須及十萬緡，山后地貧，民不堪命。始戎王以軟語撫璋，璋謂必得南歸，及委璋平叛奚、圍雲州皆有功，故留之不遣。璋鬱鬱不得志，遇疾，尋卒焉。[7]《永樂大典》卷二萬二千二百四十。[8]

［1］即"癡虎"之稱也：亦見《宋本册府》卷八四五《總録部·膂力門》。

［2］後唐天成初：中華書局本有校勘記："'天成'，原作'天福'，據劉本改。"後唐無"天福"年號。

［3］新州：州名。治所在今河北涿鹿縣。《輯本舊史》之影庫本粘籤："'新州'，原本作'親州'，今從《歐陽史》改正。"《新五代史》卷六〇《職方考三》："新州，唐同光元年置威塞軍。"威塞軍：方鎮名。治所在今河北涿鹿縣。

［4］四年五月，正授旄節：《輯本舊史》卷四〇《唐明宗紀六》天成四年（929）五月丁亥條："以新州威塞軍留後翟璋爲威塞軍節

度使。”

[5]左羽林統軍：中華書局本有校勘記：“‘左’，《册府》卷八四五、卷八四七同，本書卷四三《唐明宗紀九》作‘右’。”

[6]“長興元年二月”至“復領新州”：《輯本舊史》卷四三《唐明宗紀九》長興三年（932）二月庚午條：“以前新州節度使翟璋爲右領軍上將軍。”同年三月條：“以右領軍上將軍翟璋爲右羽林統軍。”卷四四《唐明宗紀十》長興四年八月辛未條：“以右羽林統軍翟璋爲晋州節度使。”卷四七《唐末帝紀中》清泰二年（935）六月壬申條：“以前晋州節度使翟璋爲新州節度使。”

[7]“高祖建義”至“尋卒焉”：亦見《宋本册府》卷四四四《將帥部·陷没門》。《通鑑》卷二八一天福二年（937）二月己亥條：“契丹主過新州，命威塞節度使翟璋斂犒軍錢十萬緡。”又：“契丹主勞翟璋曰：‘當爲汝除代，令汝南歸。’己亥，璋表乞徵詣闕。既而契丹遣璋將兵討叛奚、攻雲州，有功，留不遣璋，璋鬱鬱而卒。”同年六月辛丑條：“契丹主乃命翟璋解圍去。”按：翟璋卒不當繫於二月條下。《宋本册府》卷九九五《外臣部·交侵門》：“晋高祖天福二年二月，新州翟璋奏：‘契丹點發新、毅、蔚等州軍馬與契丹討奚族達剌干，今已歸服。’”

[8]中華書局本有校勘記：“檢《永樂大典目録》，卷二二三四〇爲‘責’字韻，與本則内容不符，恐有誤記。陳垣《〈舊五代史〉輯本引書卷數多誤例》謂應作卷二二二四〇‘翟’字韻。”但未改。今據改。

程福贇

程福贇，未詳何許人也。性沉厚，有勇力，累爲軍校。天福七年冬，杜重威討鎮州，與安重榮大戰於宗城，[1]以功遷洺州團練使、檢校太保，未幾，入爲奉國左厢都指揮使。[2]九年春，[3]少帝將幸澶淵，福贇部下有軍士文榮等八人，[4]潛謀作亂，於本營縱火，福贇尋領腹心之士撲滅之，福贇亦有所傷。福贇性本純厚，又以車駕順動，祕而不奏。同列李殷，[5]居福贇下，無名，欲危福贇以自升，遂密陳其事，云："福贇若不爲亂，何得無言？"少帝至封丘，[6]出福贇爲商州刺史，[7]尋下獄鞫之。福贇終不自明，以至見殺，人甚冤之。《永樂大典》卷一萬八千一百二十七。[8]

[1]宗城：中華書局本有校勘記："原作'宋城'，據邵本校、本書卷九八《安重榮傳》、卷一〇九《杜重威傳》、《册府》卷三六〇、卷三八七改。"見《宋本册府》卷三六〇《將帥部·立功門一三》、卷三八七《將帥部·褒異門一三》。《宋本册府》卷三八七："程福贇初爲軍校，天福七年冬從杜重威討鎮州，與安重榮大戰於宗城，以功遷洺州團練使、檢校太尉。"此句明本《册府》"洺州"作"雒州"；宋、明本均作"檢校太尉"，與本傳"檢校太保"異。《輯本舊史》卷九八《安重榮傳》："朝廷遣杜重威帥師禦之，遇於宗城。"卷一〇九《杜重威傳》："及鎮州安重榮稱兵向闕，命重威禦之，敗重榮於宗城。"

[2]入爲奉國左厢都指揮使：《新五代史》卷三四《程福贇傳》："晋出帝時，爲奉國右厢都指揮使。"此句中華書局本有校勘記："'右'，《舊五代史》卷九五《程福贇傳》作'左'。《册府》卷一二三記其職作'奉國左第三軍都指揮使'。"見明本《册府》卷一二三《帝王部·征討門三》。

[3]九年春：《新五代史》卷三四："開運中，契丹入寇，出帝北征，奉國軍士乘間夜縱火焚營，欲因以爲亂，福贇身自救火被傷，火滅而亂者不得發。福贇以爲契丹且大至，而天子在軍，京師

虛空，不宜以小故動摇人聽，因匿其事不以聞。軍將李殷位次福贇下，利其去而代之，因誣福贇與亂者同謀，不然何以不奏。出帝下福贇獄，人皆以爲冤，福贇終不自辨以見殺。”

［4］文榮：人名。籍貫不詳。五代軍士。事見本書本卷。

［5］李殷：人名。薊州（今天津市薊州區）人。五代後唐、後晋將領。傳見本書卷一〇六。

［6］封丘：縣名。治所在今河南封丘縣。

［7］商州：州名。治所在今陝西商洛市商州區。

［8］《大典》卷一八一二七爲“將”字韻“後梁將”事目。但本傳屬《晋書》，似不當屬“後梁將”，疑爲卷一八一三一“將”字韻“後晋將（二）”事目。

郭璘

郭璘，邢州人也。初事後唐明宗，漸升爲軍校。天福中，爲奉國指揮使，歷數郡刺史。開運中，移領易州。契丹攻其郡，璘率厲士衆，同其甘苦，虜不能克。復以州兵擊賊，數獲其利，朝廷嘉之，就加檢校太保。[1]虜主嘗謂左右曰：“吾不畏一天下，乃爲此人抑挫！”會杜重威降，[2]虜使通事耿崇美誘其民衆，[3]璘不能制，既降，爲崇美所害。漢高祖即位，詔贈太傅。[4]《永樂大典》卷二萬二千一百六十一。[5]

［1］“開運中”至“就加檢校太保”：亦見《宋本册府》卷三八七《將帥部·褒異門一三》、卷四〇〇《將帥部·固守門二》，明本《册府》卷四二五《將帥部·死事門二》。“虜不能克”，原作“敵不能克”，此爲輯者忌清諱而改，今據《册府》回改。

[2]會杜重威降：中華書局本有校勘記："'會杜'二字原闕，據《册府》卷四二五補。"見《册府》卷四二五。《通鑑》卷二八五開運三年（946）十二月戊辰條："先是契丹屢攻易州，刺史郭璘固守拒之。契丹主每過城下，指而歎曰：'吾能吞併天下，而爲此人所扼！'及杜威既降，契丹主遣通事耿崇美至易州，誘諭其衆，衆皆降；璘不能制，遂爲崇美所殺。璘，邢州人也。"

[3]耿崇美：人名。籍貫不詳。契丹大將，時爲昭義節度使。事見《通鑑》卷二八六。　"虜主嘗謂左右曰""虜使通事耿崇美誘其民衆"：兩"虜"字，《輯本舊史》均作"契丹"，今據《册府》回改。

[4]漢高祖即位，詔贈太傅：《輯本舊史》卷一〇〇《漢高祖紀下》天福十二年（947）九月戊辰條："故易州刺史郭璘贈太傅。"

[5]《大典》卷二二一六一"郭"字韻"姓氏"事目。

史臣曰："觀前代人臣之事迹多矣，若乃世道方泰，則席寵恃禄者實繁；世運既屯，則效死輸忠者無幾。如皇甫遇憤激而没，王清以血戰而亡。近世以來，幾人而已。其或臨難捐軀，或守方遇害，比夫惑妖艷以喪其命，因醇酎以亡其身者，蓋相去之遠矣。唯順密遏滑臺之肇亂，救晋室之臨危，亦可謂之忠矣。"《永樂大典》卷二萬二千一百六十一。[1]

[1]《大典》卷二二一六一"郭"字韻"姓氏"事目。

今注本二十四史

舊五代史

一四

晉書〔四〕漢書〔一〕

宋　薛居正等　撰

陳智超　紀雪娟　主持校注

中国社会科学出版社

舊五代史　卷九六

晉書二十二

列傳第十一

孔崇弼

孔崇弼，[1]唐僖、昭兩朝宰相魯國公緯之子也。[2]緯有重名于時，無子，崇弼以猶子入繼，[3]承蔭授畿尉。[4]崇弼登進士第，爲弘文校理。[5]從昭宗幸洛陽，河南尹張宗奭以崇弼名家子，[6]署爲幕賓。[7]初仕後唐，自吏部郎中授給事中，[8]時族兄昭序由給事中改左常侍，[9]兄弟同居門下，時論榮之。[10]

[1]孔崇弼：中華書局本有校勘記："《册府》卷七八二同，句下殿本、劉本有'唐僖宗宰相緯之子也'九字，《册府》卷八六三作'唐僖昭兩朝宰相魯國公緯之子也'。"《舊五代史考異》："《新唐書·世系表》作昌弼，字佐化。《薛史》作崇弼，蓋避後唐廟諱改。"《輯本舊史》之影庫本粘籤："《孔崇弼傳》，《永樂大典》僅

存一條，今引《册府元龜》以補其闕。”又《輯本舊史》之原輯者案語：“此傳原本殘闕。”見《宋本册府》卷七八二《總録部·榮遇門》、卷八六三《總録部·爲人後門》。

[2]僖：即唐僖宗李儇，873年至888年在位。紀見《舊唐書》卷一九下、《新唐書》卷九。　昭：即唐昭宗李曄，888年至904年在位。紀見《舊唐書》卷二〇上、《新唐書》卷一〇。　緯：人名。即孔緯。曲阜（今山東曲阜市）人。孔子後代。唐代中後期大臣。傳見《舊唐書》卷一七九。

[3]猶子：兄弟之子，即侄子的别稱。　畿尉：官名。縣之佐官，掌軍事、治安。唐代縣的級别分爲七等，畿縣是第二等。正九品下。

[4]“唐僖、昭兩朝宰相魯國公緯之子也”至“承蔭授畿尉”：《宋本册府》卷八六三《總録部·爲人後門》。

[5]弘文校理：官名。弘文館爲唐代中央官學之一，弘文校理掌校理圖籍。

[6]張宗奭：人名。濮州臨濮（今山東鄄城縣臨濮鎮）人。五代後梁將領。傳見本書卷六三、《新五代史》卷四五。

[7]“崇弼登進士第”至“署爲幕賓”：《宋本册府》卷七二九《幕府部·辟署門四》。

[8]吏部郎中：官名。尚書省吏部頭司吏部司長官。掌文官階品、朝集、録賜，給其告身、假使以及選補流外官等事。《新唐書》記正五品上。　給事中：官名。秦始置。隋唐以來，爲門下省屬官。掌讀署奏抄、駁正違失。正五品上。

[9]昭序：即孔昭序。《全唐文作者小傳正補》卷八五二：“昭序，晋天福中，官太子賓客。累遷工部尚書。”《舊五代史考異》：“《世系表》作昌序，字昭舉。《薛史》作詔序，疑亦因避諱而改也。”　左常侍：官名。門下省屬官。掌侍奉規諷，備顧問應對。正三品下。

[10]“初仕後唐”至“時論榮之”：亦見《宋本册府》卷七八

二《總録部·榮遇門》。

爲庫部郎中。[1]後唐長興元年九月,[2]奏天下州縣長吏每到任，造得公廨什物，罷任之時，多事己有，不係案牘。此後請公廨什物，明立文案，不許乾没，免致擾人。[3]十月，吏部侍郎王權、將作監王澄、太僕少卿魏仁鍔、庫部郎中孔崇弼、司門郎中李殷夢、河南縣令郭正封等六人妻敘封郡君、縣君者,[4]敕旨："敘封之例，敕格甚明，況在所司，備經其事。既成差誤，蓋是因循，顯有糾彈，實爲允當。欺即難恕，錯即可矜。然欲示戒懲，須行責罰。本行令史馬仁珪決臀杖七十勒停。[5]本判郎中裴坦罰兩月俸。[6]王權等六人妻進封敘封郡縣邑號官告，宜令所司追納毁廢。"初，《郊天后赦書節文》云："朝臣並與追封贈及敘封制，不在此限。"其年七月十二日，中書以前赦書節文不該據品秩依格例施行。[7]又奏覆："在朝臣寮，限兩月内一齊聞奏，並據品秩，依格例施行。"河南縣令郭正封制前任考功員外郎、朝議郎,[8]階俱是六品；後遷河南縣令、加朝請大夫,[9]正五品。其妻乃敘封縣君。内彈侍御史吕琦舉劾,[10]乃招僞濫，有涉情故。[11]

[1]庫部郎中：官名。尚書省庫部長官。掌全國武器、儀仗、符勘、尺籍、武學諸事。從五品上。

[2]長興：五代後唐明宗李嗣源年號（930—933）。

[3]"爲庫部郎中"至"免致擾人"：《宋本册府》卷四七五《臺省部·奏議門六》。

[4]吏部侍郎：官名。尚書省吏部次官。協助吏部尚書掌文選、勳封、考課之政。正四品上。　王權：人名。太原（今山西太原市）人。五代官員。傳見本書卷九二、《新五代史》卷五六。　將作監：官名。秦代設將作少府，唐代改將作監，其長官即爲將作監。掌宫廷器物置辦及宫室修建事宜。從三品。　王澄：人名。籍貫不詳。五代官員。事見本書本卷。　太僕少卿：官名。北魏始置。太僕卿副貳，太僕寺次官。佐太僕卿掌車馬及牲畜之政令。從四品上。　魏仁鍔：人名。籍貫不詳。五代官員。事見本書卷四五《唐閔帝紀》及本卷。　司門郎中：官名。尚書省刑部司門司官員。主門關出入之籍及没收違禁之物。從五品上。　李殷夢：人名。籍貫不詳。五代官員。事見本書本卷。　縣令：官名。爲縣的行政長官，掌治本縣。唐代之縣，分赤（京）、次赤、畿、次畿、望、緊、上、中、中下、下十等。縣令分六等，正五品上至從七品下。河南縣令爲京縣令，正五品上。　郭正封：人名。籍貫不詳。五代官員。事見本書本卷及卷九二。　敘封：官制用語。古代宗室外戚、大臣依不同品級加封其母、妻邑號。　郡君、縣君：均爲命婦封號。

[5]令史：官名。低級屬官之名。　馬仁珪：人名。籍貫不詳。五代官員。事見本書本卷及卷九二。

[6]裴坦：人名。籍貫不詳。五代後晋官員。事見本書本卷。

[7]中書：指中書門下，唐代宰相辦公和處理政事的機構。

[8]考功員外郎：官名。尚書省吏部考功司副長官。爲考功郎中的副職，協助考功郎中掌考察内外百官及功臣家傳、碑、頌、誄、謚等事。從六品上。　朝議郎：官名。隋始置。文散官。正六品上。

[9]朝請大夫：官名。隋代始設，唐、五代文散官。從五品下。

[10]侍御史：官名。秦始置。掌糾舉百官、推鞫獄訟。從六品下。　吕琦：人名。幽州安次（今河北廊坊市安次區）人。五代官員。以剛直、才幹著稱。未及重用而去世。傳見本書卷九二、《新

五代史》卷五六。

[11]“十月”至“有涉情故”:《宋本册府》卷一五四《帝王部·明罰門三》,又見卷五二〇《憲官部·彈劾門三》。

崇弼天福中遷左散騎常侍。[1]無他才,但能談笑,戲玩人物,揚眉抵掌,取悦於人。[2]五年,詔令泛海使于杭越。先是,浙中贈賄,每歲恒及萬緡,時議者曰:“孔常侍奇薄,何消盈數,有命即無財,有財即無命。”明年使還,果海中船壞,空手而歸。《永樂大典》卷一萬三千三百三十九。[3]

[1]天福:五代後晋高祖石敬瑭年號(936—942)。出帝石重貴沿用至九年(944)。後漢高祖劉知遠繼位後沿用一年,稱天福十二年(947)。 左散騎常侍:官名。門下省屬官。掌侍奉規諷,備顧問應對。正三品下。 崇弼天福中遷左散騎常侍:《大典》卷一三三三九“侍”字韻“散騎常侍”事目。

[2]“無他才”至“取悦於人”:亦見《宋本册府》卷九四四《總録部·佻薄門》。

[3]“五年”至“空手而歸”:《大典》卷一三三三九“侍”字韻“散騎常侍”事目。

程遜

程遜,字浮休,壽春人。[1]天成二年十二月,[2]中書舍人遜上言:[3]“以民間機杼多有假僞,虛費絲縷,不堪爲衣,請下禁止,庶歸樸素。”[4]四年四月丙辰,上言曰:“臣聞身體髮膚,受之父母,不敢毁傷。所以樂正子春，下堂傷足，三月不出，而有憂色。民間多有割股上聞天聽者，伏以堯代則共推虞舜，[5]孔門則首舉曾參，[6]皆以至孝奉親，不聞割股肉療疾。或真有懷怙恃之感，報劬勞之恩，孝起因心，痛忘遺體，實行此事，自是人子之常情，不合鼓扇聲名，希沾恤賚。伏惟陛下，道齊覆載。孝治寰區，漸致昇平，全除矯妄。乞願明敕，遍下諸州，更有此色之人，不令舉奏。所冀真誠者自彰孝感，詐僞者免惑鄉閭。咸歸樸素之風，永布雍熙之化。”[7]十二月丙午，遜奏：“三冬未降時雪，請命臣僚虔申祈禱。”從之。[8]

[1]壽春：地名。位於今安徽壽縣。　程遜，字浮休，壽春人：《大典》卷一六七七七“面”字韵“事韵”，應爲“手捫其面”事目，見下文所引。《輯本舊史》之影庫本粘籤：“《程遜傳》，《永樂大典》僅存一條，今引《册府元龜》以補其闕。”原輯者案語：“此下有闕文。（殿本）”《輯本舊史》卷三八《唐明宗紀四》天成二年九月乙丑條：“以河陽掌書記程遜爲比部員外郎，知制誥。”

[2]天成：五代後唐明宗李嗣源年號（926—930）。

[3]中書舍人：官名。中書省屬官。掌起草文書、呈遞奏章、傳宣詔命等。正五品上。

[4]“天成二年十二月”至“庶歸樸素”：明本《册府》卷五〇四《邦計部·絲帛門》，亦見卷五五三《詞臣部·獻替門》。

[5]舜：“舜”字原闕，中華書局本據宗文本補。今從。

[6]曾參：人名。姒姓，曾氏，魯國南武城（今山東平邑縣，一説今山東嘉祥縣）人。春秋末年思想家，孔子弟子之一。傳見《史記》卷六七。

[7]“四年四月丙辰”至“永布雍熙之化”：《宋本册府》卷四

七五《臺省部·奏議門六》。

［8］“十二月丙午”至“從之”：《宋本册府》卷一四五《帝王部·弭災門三》。

遜後爲翰林學士，[1]與學士和凝、張礪等上十三事。[2]其一：前代帝王，親觀風俗，訊民利病，其後不暇親行，亦遣使巡行風俗，唐朝於十道置採訪使一員。[3]請如舊制，亦冀民病蘇舒。其二：天成已來，久不括田，自水旱累年，民户疾苦不均。今歲夏秋，或稔于常歲，請行檢括，庶獲均輸。其三：中原邊上，率多閒田，可令近下軍都，興起屯田。舊時銅冶鐵冶，亦令軍人興置，不費於民。其四：人君求理，欲廣視聽，須群臣上言。然則人才有短長，智略有能否，其於聽用之間，乞留睿鑒，伏恐失人。其五：朝野官吏，人數衆多，若不行黜陟之科，何以察其能否。望准考課令，凡中外官，歲終校考，以行進退。其六：古人得位相讓，所冀不掩賢能，得其髦俊。請依建中故事，群官授命後，舉人自代。其七：治道既知損益，務實去華，伏見自中興以來，或於邊境權立州縣名目，户口不多，虚張吏員，枉費禄食。其權置名目，望一切停省，以賑邊軍。臣伏見徐、宿州管内，[4]有泗濱院、徐山院、市丘院、白土務，[5]所管人户共數千家。請罷廢名額，其户税請還州縣。其八：請止游墮，勸農桑，減冗食之員，停不急之務。其九：君上置諫諍之官，此期聞過，况聞官給諫紙，虚佇讜言，時政有所不便，請諫官陳論，詔書有所依違，請給事中封駁。其十：國朝承平時，諸監鑄錢不輟，尚不能給，今國家所鑄絶少，而市人銷錢，貴賣銅器，累行止絶，尚未知禁。伏乞嚴下條法，其銅，除鏡、鞍轡、腰帶外，不許市賣銅器，犯者以贓論。其十一：沿邊鎮戍，請明斥候，習戰陣，謹烽候，令夷狄知懼，戰必有功。其十二：每年給散蠶鹽不敷斤兩，雜之以硝土，請給散之時，命清强官止絶。其十三：伏聞關西、河東，人民饑饉，殍殕者多。其城市鄉村，積粟之家，望令官司通指姓名，俾令出糶，以濟饑民。中書門下覆奏："程遜等十三事，其置採訪使，難擇公清之吏，却生僥倖之門，問疾苦則未能，勞供須則轉費。況刺史廉使，自合訪求，不勞别置。其累年水旱，欲與檢田，以均勞逸。今年夏苗，已多災旱，秋稼今未及時，請下三司，可否聞奏。其屯田治務，興造之初，所費不少，今國力未辦，可俟它時。其受官舉代，劉鼎近已上聞。[6]其餘九件並可施行。擇良善爲心腹，群官書考，併省州縣，止遊惰，勸耕桑，諫官論事，給事封奏，斷用銅器，邊城習武，備差官散蠶鹽，均糶以濟饑民等事。"詔曰："程遜等所陳時務，並關王道，兼雜霸圖。益國利民，無所不至，成仁去害，悉在其間。救時病以良多，比忠言之更切，封駁詔敕，尤可施行，餘據事條下所司。"[7]

[1]翰林學士：官名。由南北朝始設之學士發展而來，唐玄宗改翰林供奉爲翰林學士，備顧問、代王言。掌拜免將相、號令征伐等詔令的起草。

[2]和凝：人名。鄆州須昌（今山東東平縣）人。歷仕後梁至

後周，五代官員、詞人。傳見本書卷一二七、《新五代史》卷五六。張礪：人名。籍貫不詳。五代後唐翰林學士。後入契丹，爲翰林學士。傳見本書卷九八。

[3]採訪使：官名。唐玄宗時於十道各置採訪處置使，掌本道民政。唐肅宗時改爲觀察處置使。

[4]徐：州名。治所在今江蘇徐州市。　宿州：州名。治所在今安徽宿州市。

[5]泗濱院、徐山院、市丘院、白土務：行政單位名。位於今江蘇、安徽部分地區。建制功能不詳。

[6]劉鼎：人名。徐州蕭縣（今江蘇徐州市）人。五代官員。傳見本書卷一〇八。

[7]“遜後爲翰林學士”至“餘據事條下所司”：《宋本册府》卷五五三《詞臣部·獻替門二》。《輯本舊史》卷四三《唐明宗紀九》長興三年（932）十二月壬戌條：“以翰林學士、中書舍人程遜爲户部侍郎，依前充職。”

唐末帝一日御廣壽殿，[1]召李懌及遜、崔拙、和凝、李崧、舍人王延、張昭遠、李詳、吕琦等賜食。[2]帝曰：“俱掌王言，何以分别内外。”李懌對曰：“王言本舍人所掌，袛自肅宗舉兵靈武後，[3]軍中逐急時令學士草詞，自後乃分職命。將相由内，群臣由外，其實一也。”食畢，人賜馬一匹，衣一襲。[4]

[1]唐末帝：即五代後唐末帝李從珂。又稱廢帝。934年至936年在位。後唐明宗養子，明宗入洛陽，他率兵追隨，以功拜河中節度使，封潞王。紀見本書卷四六至卷四八、《新五代史》卷七。廣壽殿：宫殿名。位於今河南洛陽市。

[2]李懌：人名。京兆（今陝西西安市）人。五代官員。傳見

本書卷九二、《新五代史》卷五五。　崔拙：人名。籍貫不詳。五代大臣。事見本書本卷。　李崧：人名。深州饒陽（今河北饒陽縣）人。五代後晋宰相，歷仕後唐至後漢。傳見本書卷一〇八、《新五代史》卷五七。　王延：人名。鄭州長豐（今河北文安縣南）人。五代大臣，歷仕五代各朝。傳見本書卷一三一、《新五代史》卷五七。　張昭遠：人名。籍貫不詳。五代後唐官員。事見本書本卷。　李詳：人名。籍貫不詳。五代後唐至後周官員，歷任左補闕、中書舍人、尚書右丞、吏部侍郎。事見本書卷四二、卷七七、卷一一一。

［3］肅宗：即唐肅宗李亨。唐玄宗之子。756 年至 761 年在位。天寶十四載（755）爆發安史之亂，次年叛軍攻占潼關，唐玄宗逃往四川，其在靈武即皇帝位，遥尊唐玄宗爲太上皇。爲收復長安、洛陽，平定藩鎮的叛亂，肅宗借兵回紇。至德二載（757）收復長安、洛陽，三年（758）迎玄宗歸長安。寶應元年（762），李輔國、程元振發動事變，殺死張皇后和越王係等，擁立太子李豫，肅宗憂驚而死。紀見《舊唐書》卷一〇、《新唐書》卷六。　靈武：郡名。治所在今寧夏吴忠市。乾元元年（758）改名靈州。此處代指治所在靈州的方鎮朔方軍。

［4］“唐末帝一日御廣壽殿”至“衣一襲”：《宋本册府》卷五五〇《詞臣部·恩獎門》。《輯本舊史》卷四六《唐末帝紀上》清泰元年（934）八月乙亥條：“以翰林學士、户部侍郎、知制誥程遜爲學士承旨。”卷一四九《職官志·較考》：“清泰二年秋九月庚申，尚書考功上言：‘今年五月，翰林學士程遜所上封事内，請自宰相、百執事、外鎮節度使、刺史，應係公事官，逐年書考，較其優劣。遂檢尋《唐書》《六典》《會要》考課，令書考第。’從之。時議者曰：‘考績之法，唐堯、三代舊制。西漢以刺史六條察郡守，五曹尚書綜庶績，法尤精察，吏有檢繩。漢末亂離，舊章弛廢。魏武于軍中權制品第，議吏清濁，用人按吏，頓爽前規。隋唐已來，始著於令。漢代郡守，入爲三公；魏晋之後，政在中書。左右僕射知政

事，午前視禁中，午後視省中，三臺百職，無不統攝。以是論之，宰輔憑何較考。自天寶末，權置使務已後，庶事因循，尚書諸司，漸致有名無實，廢墜已久，未知憑何督責。'程遜所上，亦未詳本源，其時所司雖有舉明，大都諸官亦無考較之事。"亦見《宋本册府》卷六三六《銓選部·考課門二》。

召入翰林充學士，自兵部侍郎承旨授太常卿。[1]天福三年秋，命使吴越，母羸老雙瞽，遜未嘗白執政以辭之。將行，母以手捫其面，號泣以送之。[2]《永樂大典》卷六千七百七十七。仲秋之夕，陰暝如晦，遜嘗爲詩曰："幽室有時聞雁叫，空庭無路見蟾光。"同僚見之，訝其詩語稍異。及使迴，遭風水而溺焉。[3]遜性温厚，鮮是非，所履循繩墨，與善惡人交，皆無悔吝，朝野賢達咸慕而重之。[4]

[1]兵部侍郎：官名。尚書省兵部次官。協助兵部尚書掌武官銓選、勳階、考課之政。正四品下。　太常卿：官名。西漢置太常，南朝梁始置太常卿。太常寺長官。掌宗廟祭祀禮樂及教育等。正三品。

[2]"召入翰林充學士"至"號泣以送之"：《大典》卷一六七七七"面"字韵"事韵"。又見《宋本册府》卷九二三《總録部·不孝門》。《輯本舊史》之原輯者案語："《十國春秋》云：禮部尚書程遜爲加恩使。（殿本）"《輯本舊史》卷七六《晋高祖紀二》天福二年（937）夏五月戊寅條："以翰林學士承旨、兵部侍郎程遜爲檢校禮部尚書、太常卿。"

[3]"仲秋之夕"至"遭風水而溺焉"：《宋本册府》卷九五一《總録部·咎徵門二》。《舊五代史考異》："《通鑑考異·晋實録》：

‘天福二年十一月，加錢元瓘副元帥、國王，程遜等爲加恩使。四年十月丙午，以程遜没于海，廢朝，贈官。’《程遜傳》云：‘天福三年秋，使吴越，使回溺死。’《元瓘傳》云：‘天福三年，封吴越國王。’蓋二年冬制下，遜等以三年至杭州，不知溺死在何年，而晋朝以四年十月始聞之也。”

［4］“遜性温厚”至“朝野賢達咸慕而重之”：《宋本册府》卷八〇六《總録部·賢德門》。《輯本舊史》卷七八《晋高祖紀四》天福四年十月丙午條：“以太常卿程遜没於海，廢朝一日，贈右僕射。”

陳保極

陳保極，[1]閩中人也。好學，善屬文，[2]後唐天成中擢進士第，秦王從榮聞其名，[3]辟爲從事。從榮素急暴，後怒保極不告出遊宰相門，以馬箠鞭之，尋出爲定州推官。[4]從榮敗，執政知其屈，擢居三署，歷禮部、倉部員外郎。[5]

［1］陳保極：《（淳熙）三山志》卷二六：“陳保極，字天錫，閩縣人。”

［2］好學，善屬文：中華書局本有校勘記：“句上《册府》卷七二九有‘少’字。”見《宋本册府》卷七二九《幕府部·辟署門四》。

［3］從榮：人名。即李從榮。沙陀部人。五代後唐明宗李嗣源次子。傳見本書卷五一、《新五代史》卷一五。

［4］定州：州名。治所在今河北定州市。　推官：官名。唐肅宗以後置，五代沿置。爲節度、觀察、團練、防禦等使的屬官。度

支、鹽鐵等使也置推官掌理刑案之事。

[5]禮部、倉部員外郎：禮部員外郎，官名。尚書省禮部次官。佐禮部侍郎掌諸司事。從六品上。倉部員外郎，官名。户部倉部司次官。隋代始設，司本曹籍帳，侍郎缺則代理曹事。唐代復置。從六品上。

初，桑維翰登第之歲，[1]保極時在秦王幕下，因戲謂同輩曰："近知今歲有三個半人及第。"蓋其年收四人，保極以維翰短陋，故謂之半人也。天福中，維翰既居相位，保極時在曹郎，慮除官差跌，心不自安，乃乞假南遊，將謀退迹。既而襄、鄧長吏以行止入奏，[2]維翰乃奏於高祖曰："保極閩人，多狡，恐逃入淮海。"即以詔追赴闕，將下臺鍛成其事，同列李崧極言以解之，因令所司就所居鞫之。貶爲衛尉寺丞，[3]仍奪金紫，尋復爲倉部員外郎，[4]竟以銜憤而卒。

[1]桑維翰：人名。洛陽（今河南洛陽市）人。初爲石敬瑭節度掌書記，石敬瑭稱帝後出任翰林學士、知樞密院事等職。傳見本書卷八九、《新五代史》卷二九。

[2]襄：州名。治所在今湖北襄陽市。　鄧：州名。治所在今河南鄧州市。

[3]衛尉寺：官署名。北齊始置，掌軍器儀仗、祭祀幕帳之類，長官爲衛尉寺卿或衛尉卿，少卿爲副官。

[4]尋復爲倉部員外郎：《宋本册府》卷一四九《帝王部·捨過門》晋高祖條天福三年（938）四月："詔：責授朝散大夫、衛尉寺丞陳保極，夙藴才名，早登科第，洎居班列，深顯器能。近者假限既違，朝章是舉，自聞左降，深悟前非。宜推宥罪之恩，俾奉自

新之命。勉伸傾竭，繼俟陟遷。可復行尚書倉部員外郎，賜紫金魚袋。”

保極無時才，有傲人之名，而性復鄙吝，所得利禄，未嘗奉身，但蔬食而已。每與人奕棋，敗則以手亂其局，蓋拒所賭金錢不欲償也。及卒，室無妻兒，唯囊中貯白金十鋌，[1]爲他人所有，時甚嗤之。《永樂大典》卷三千一百三十九。[2]

[1]唯囊中貯白金十鋌：中華書局本有校勘記：“‘十鋌’，《册府》（宋本）卷九三六作‘數十鋌’。”見《宋本册府》卷九三六《總録部·吝嗇門》。

[2]《大典》卷三一三九“陳”字韻“姓氏”事目。

王瑜

王瑜，其先范陽人也。[1]父欽祚，[2]仕至殿中監，[3]出爲義州刺史。[4]瑜性兇狡，然儁辯驍果，騎射刀筆之長，亦稱於當代。起家累爲從事。天福中，授左贊善大夫。[5]會濮陽郡秋稼豐衍，[6]税籍不均，命乘使車，按察定計。[7]既至郡，謂校簿吏胡藴、惠鶚曰：[8]“余食貧久矣，室無增貲，爲我致意縣宰，且求假貸。”由是濮之部内五邑令長共斂錢五十萬，私獻於瑜。瑜即以書上奏，高祖覽章歎曰：“廉直清慎有如此者，誠良臣也。”於是二吏五宰即時停黜，擢瑜爲太府少卿。[9]

[1]范陽：縣名。治所在今河北涿州市。

[2]欽祚：人名。即王欽祚。五代後晋官員。事見本書卷八〇、卷一〇九、《新五代史》卷五二。

[3]殿中監：官名。殿中省長官。掌宫廷供奉之事。從三品。

[4]義州：州名。治所在今河南信陽市。　刺史：官名。西漢武帝始置。州一級行政長官，總掌考核官吏、勸課農桑、地方教化等事。唐中期以後，節度、觀察使轄州而設，刺史爲其屬官，職任漸輕。

[5]左贊善大夫：官名。掌規諫太子過失、贊禮儀等事。正五品。

[6]濮陽郡：郡名。治所在今河南濮陽市。中華書局本有校勘記："'濮陽郡'原作'濮郡'，據《册府》卷九二四改。"

[7]按察定計：中華書局本有校勘記："'定'原作'大'，據《永樂大典》卷六八五一引《五代薛史》、《册府》卷九二四改。"

[8]校簿吏：官名。五代地方官員。掌軍民帳籍。　胡蘊：人名。籍貫不詳。五代地方官員。事見本書本卷。　惠鶚：人名。籍貫不詳。五代地方官員。事見本書本卷。

[9]太府少卿：官名。南朝梁始置。太府寺副長官。佐太府卿掌國家財帛庫藏出納、關市税收等務。從四品上。　"天福中"至"擢瑜爲太府少卿"：《宋本册府》卷九二四《總録部·傾險門》："王瑜，天福中爲贊善大夫。會濮陽郡秋稼豐秀，税籍不均，命乘使車，按察定計。既至郡，謂校簿吏胡蘊、惠鶚曰：'余有處約之疾，室無增貨，爲我致意縣尹，且求假貸。'於是鄄城令劉承珪、濮陽令王傳賓、臨濮令曹光裔、雷澤令張璿、范陽令范皋聚錢五十萬，私書而獻。瑜以書上奏，帝覽章稱歎曰：'廉直清慎，尚有如此者，誠良臣也。'二吏五宰，即時停黜。瑜則進位太府少卿，詔書褒美。"

杜重威之鎮東平也，[1]瑜父欽祚爲節度副使，[2]及重威移鎮常山，[3]瑜乃詭計干重威，使奏己爲恒州節度副使，[4]竟代其父位。歲餘，入爲刑部郎中。[5]丙午歲，父欽祚刺舉義州，瑜歸寧至郡。會北戎盜據中夏，[6]何建以秦州歸蜀，[7]瑜説欽祚曰："若不西走，當爲左衽矣！"[8]厲色數諫，其父怒而不從。因其卧疾涉旬，瑜仗劍而脅之曰："老懦無謀，欲趨炮烙，不即爲計，則死於刃下。"父不得已而聽之。時隴東屯兵扼其川路，[9]將北趣蕃部，假途而往，[10]因與郡盜酋長趙徽歃血爲約，[11]以兄事之。謂徽曰："西至成都，余身爲相，余父爲將，爾當領一大郡，能遂行乎？"徽曰："諾。"瑜慮爲所賣，先致其妻孥，館於郡中。行有期矣，徽潛召其黨，伺於郊外。子夜，瑜舉族行，[12]輜重絡繹十有餘里，徽之所親，循溝澮而遁，至馬峽路隅，[13]舉燧相應，其黨起於伏莽，斷欽祚之首，貫諸長矛，平生聚蓄金幣萬計，皆爲賊所掠，少長百口，殺之殆盡。瑜尚獨戰千人，矢不虚發，手無射捍，其指流血。及宭，[14]乃夜竄山谷，落髮爲僧。月餘，爲樵人所獲，縶送岐州，[15]爲侯益所殺，[16]時年三十九。

[1]杜重威：人名。五代後晋將領。朔州（今山西朔州市朔城區）人。五代將領、石敬瑭妹婿。傳見本書卷一〇九、《新五代史》卷五一。　東平：縣名。治所在今山東東平縣。

[2]節度副使：官名。唐、五代方鎮屬官。位於行軍司馬之下、判官之上。

[3]常山：即鎮州，治所在今河北正定縣。

[4]恒州：州名。即鎮州。治所在今河北正定縣。

[5]刑部郎中：官名。尚書省刑部頭司刑部司長官。掌司法及審覆大理寺及州府刑獄。從五品上。　“杜重威之鎮東平也”至“入爲刑部郎中”：《通鑑》卷二八三天福七年（942）正月條：“安重榮私財及恒州府庫，重威盡有之，帝知而不問。又表衛尉少卿范陽王瑜爲副使，瑜爲之重斂於民，恒人不勝其苦。”《宋本册府》卷九四二《總録部·禍敗門》：“杜重威之鎮東平也，瑜父欽祚爲節度副使。及重威移帥崇山，瑜乃僥求苟合，代其父位。後自常州貳車再遷刑部郎中。”

[6]北戎盜據：《輯本舊史》原作“契丹據有”。中華書局本有校勘記：“孔本、《永樂大典》卷六八五一引《五代薛史》、《册府》卷九四二作‘北戎盜據’。”但未改。此因輯者忌清諱竄改，今據諸書回改。

[7]何建：人名。回鶻人。五代將領、藩鎮軍閥。後投於孟昶。傳見本書卷九四。　秦州：州名。治所在今甘肅天水市。《輯本舊史》之影庫本粘籤：“秦州，原本作‘泰州’，今從《通鑑》改正。”見《通鑑》卷二八六天福十二年正月癸丑條。

[8]當爲左衽矣：“爲左衽”《輯本舊史》原作“屬契丹”。中華書局本有校勘記：“孔本、《永樂大典》卷六八五一引《五代薛史》、《册府》卷九四二作‘爲左衽’。”但未改，今據諸書回改。

[9]時隴東屯兵扼其川路：中華書局本有校勘記：“《永樂大典》卷六八五一引《五代薛史》同，‘屯兵’下《册府》卷九四二有‘新關’二字。按《通鑑》卷二八八胡注：‘新關在隴州汧源縣西。’”

[10]假途而往：中華書局本有校勘記：“‘往’字原闕，據《册府》卷九四二補。”

[11]趙徽：人名。籍貫不詳。五代地方武裝首領。事見本書本卷。　因與郡盜酋長趙徽歃血爲約：中華書局本有校勘記：“‘郡’，《永樂大典》卷六八五一引《五代薛史》同，《册府》卷九四二作‘群’。”

[12]瑜舉族行：中華書局本有校勘記："'舉族行'，《册府》卷九四二作'聚族而出'，《永樂大典》卷六八五一引《五代薛史》作'舉族而'。"

[13]馬峽：地名。位於今甘肅華亭縣西。

[14]及窘：明本《册府》卷九四二作"及韃箙罄空，乃持弓擊人，簫弣皆碎"。

[15]岐州：州名。治所在今陝西鳳翔縣。

[16]侯益：人名。汾州平遥（今山西平遥縣）人。五代後唐至宋初將領。傳見《宋史》卷二五四。

始瑜有姑寡居，來歸其家，以前夫遺腹有子，經數年不産，每因事預告人吉凶，無不驗者。時契丹來犯闕，[1]前月餘謂瑜曰："暴兵將至，宜速去之，苟不去，亂必及矣。"後瑜果死，此謂"天作孽，猶可違，自作孽，不可逭"也。《永樂大典》卷六千八百五十一。[2]

[1]契丹：古部族、政權名。公元4世紀中葉宇文部爲前燕攻破，始分離而成單獨的部落，自號契丹。唐貞觀中，置松漠都督府，以其首領爲都督。唐末强盛，916年迭剌部耶律阿保機建立契丹國（遼）。先後與五代、北宋並立，保大五年（1125）爲金所滅。參見張正明《契丹史略》，中華書局1979年版。

[2]《大典》卷六八五一"王"字韻"姓氏"事目。此卷現存。

張繼祚

張繼祚，故齊王全義之子也。[1]始爲河南府衙内指揮使，[2]全義卒，除金吾將軍，[3]旋授蔡州刺史，[4]累官至檢校太保。[5]明宗郊天，充供頓使，[6]復除西衛上將軍。[7]唐清泰末，[8]丁母憂。天福初，喪制未闋，會張從賓作亂，[9]發兵迫脅，取赴河陽，[10]令知留守事。[11]從賓敗，與二子詔戮於市。始繼祚與范延光有舊，[12]嘗遣人以馬遺之。屬朝廷起兵，將討鄴城，[13]爲巡兵所獲，奏之，高祖深忌之。[14]及敗，宰臣桑維翰以父珙早事齊王，奏欲雪之，高祖不允，遂止罪繼祚一房，不累其族。[15]《永樂大典》卷六千三百五十。[16]

[1]全義：人名。即張全義。五代後梁、後唐官員。傳見本書卷六三、《新五代史》卷四五。　故齊王全義之子也：《新五代史》卷四五《張全義傳》："自梁與晉戰河北，兵數敗亡，全義輒蒐卒伍鎧馬，月獻之以補其缺。太祖兵敗蓨縣，道病，還洛，幸全義會節園避暑，留旬日，全義妻女皆迫淫之。其子繼祚憤耻不自勝，欲剚刃太祖，全義止之曰：'吾爲李罕之兵圍河陽，啖木屑以爲食，惟有一馬，欲殺以餉軍，死在朝夕，而梁兵出之，得至今日，此恩不可忘也。'繼祚乃止。"

[2]河南府：府名。治所在今河南洛陽市。　衙内指揮使：官名。唐、五代時期，衙内指揮使爲節度使府衙内之牙將，統最親近衛兵。

[3]金吾將軍：官名。唐置，掌宫禁宿衛。唐代置十六衛，即左右衛、左右驍衛、左右武衛、左右威衛、左右領軍衛、左右金吾衛、左右監門衛、左右千牛衛，各置上將軍，從二品；大將軍，正三品；將軍，從三品。

[4]蔡州：州名。治所在今河南汝南縣。

[5]檢校太保：官名。爲散官或加官，以示恩寵，無實際執掌。

[6]供頓使：官名。五代負責祭祀禮儀器用的官員。

［7］“明宗郊天”至“復除西衛上將軍”：《輯本舊史》卷四五《唐閔帝紀》應順元年（934）正月丁丑條：“以前蔡州刺史張繼祚爲左武衛上將軍，充山陵橋道頓遞副使。”卷四六《唐末帝紀上》清泰元年（934）八月乙酉條：“以右武衛上將軍張繼祚爲右衛上將軍。”

［8］清泰：五代後唐末帝李從珂年號（934—936）。

［9］張從賓：人名。籍貫不詳。五代後唐、後晋將領。傳見本書卷九七。

［10］河陽：縣名。治所在今河南孟州市。

［11］留守：官名。古代皇帝出巡或親征時指定親王或大臣留守京城，綜理國家軍事、行政、民事、財政，稱京城留守。在陪都或軍事重鎮也常設留守。　“會張從賓作亂”至“令知留守事”：《通鑑》卷二八一天福二年（937）六月條：“詔張從賓發河南兵數千人擊范延光。延光使人誘從賓，從賓遂與之同反，殺皇子河陽節度使重信，使上將軍張繼祚知河陽留後。”

［12］范延光：人名。臨漳（今河北臨漳縣）人。五代將領。傳見本書卷九七、《新五代史》卷五一。

［13］鄴城：指安陽城。

［14］高祖：即五代後漢高祖劉知遠。紀見本書卷九九至卷一〇〇、《新五代史》卷一〇。

［15］“從賓敗”至“不累其族”：《舊五代史考異》：“《通鑑》云：史館修撰李濤上言：張全義有再造洛邑之功，乞免其族。遂止誅繼祚妻子。”見《通鑑》卷二八一天福二年七月乙卯條、《新五代史》卷四五、《宋史》卷二六二《李濤傳》。

［16］《大典》卷六三五〇“張”字韻“姓氏”事目。

鄭阮

鄭阮，洺州人也。[1]少爲本郡牙將，[2]莊宗略地山東，[3]以阮首歸義旗，繼遷軍職。阮有子，自幼事明宗中門使安重誨，[4]重誨以其桀黠，愛之。及明宗即位，擢阮至鳳翔節度副使。[5]會唐末帝鎮其地，阮稍狎之。末帝嗣位，以阮爲趙州刺史。[6]而阮性貪濁，民間細務，皆密察而糾之，[7]令納賂以贖罪。有屬邑令，因科醵拒命，密以束素募人陰求其過，後竟停其職，人甚非之。又嘗以郡符取部内凶肆中人隸其籍者，遣於青州，[8]舁喪至洺，郡人憚其遠，願輸直百緡以免其行，阮本無喪，即受直放還。識者曰："此非吉兆也。"未幾，改曹州刺史，[9]爲政愈弊。高祖建義入洛，爲本州指揮使石重立所殺，[10]舉族無孑遺。《永樂大典》卷一萬八千八百八十一。[11]

[1]洺州：州名。治所在今河北邯鄲市永年區。

[2]牙將：官名。古代軍隊中的中低級軍官。

[3]莊宗：即五代後唐開國皇帝李存勗。沙陀部人。923年至926年在位。紀見本書卷二七至卷三四、《新五代史》卷四至卷五。

[4]明宗：即五代後唐明宗李嗣源。沙陀部人。926年至933年在位。原名邈佶烈，爲李克用養子。同光四年（926），莊宗李存勗在兵變中被殺，李嗣源入洛陽，稱監國，後稱帝，改名亶。在位時，精減宫人伶官，廢内藏庫，百姓賴以休息。李嗣源病危時，次子李從榮作亂被殺，悲駭憂慮而死。紀見本書卷三五至卷四四、《新五代史》卷六。　中門使：官名。五代時晋王李存勗所置。爲節度使屬官，執掌同於朝廷之樞密使。　安重誨：人名。應州（今山西應縣）人。五代後唐大臣。傳見本書卷六六、《新五代史》卷二四。

[5]鳳翔：方鎮名。治所在鳳翔府（今陝西鳳翔縣）。

［6］趙州：州名。治所在今河北趙縣。

［7］皆密察而糾之：中華書局本有校勘記："'糾'，殿本、劉本、孔本作'紀'。"

［8］青州：州名。治所在今山東青州市。

［9］曹州：州名。治所在今山東曹縣西北。

［10指揮使：原作"指揮軍使"，中華書局本據撫州刊本、浙江本、宗文本、《通鑑》卷二七四改，今從。　石重立：人名。籍貫不詳。五代後晉將領。事見《通鑑》卷二八〇。　爲本州指揮使石重立所殺：中華書局本有校勘記："句上殿本有'阮自郡來朝旋'六字。"《通鑑》卷二八〇天福元年十二月丁亥條："曹州刺史鄭阮貪暴，指揮使石重立因亂殺之，族其家。"

［11］《大典》卷一八八八一"鄭"字韻"姓氏（一〇）"事目。亦見《宋本册府》卷九五一《總録部・咎徵門二》。

胡饒

胡饒，大梁人也。[1]少事本鎮連帥爲都吏，歷馬步都虞候。[2]會唐明宗鎮其地，與部將王建立相善，[3]明宗即位，建立領常山，奏饒爲真定少尹。[4]饒本憸人，既在府幕，無士君子之風。嘗因事趙郡，[5]有平棘令張鵬者獻策，[6]請建立於境内每縣所管鄉置鄉直一人，令月書縣令出入行止，饒乃導而薦焉。建立行之彌年，詞訟蜂起，四郡大擾。天成末，定州王都構亂，[7]陰使人結建立爲兄弟之國。時饒又曾薦梁時右庶子張澄爲判官，[8]建立亦狎之。澄素不知書，每座則以《陰符》《鬼谷》爲己任。[9]建立時密以王都之盟告之，澄與饒俱贊成其事，會王師圍中山，其事遂寢。凡饒之兇戾如此。[10]清泰初，馮道出鎮同州，[11]饒時爲副使，道以重臣，稀於接洽，饒忿之，每乘酒於牙門詬道，道必延入，待以酒餚，致敬而退。道謂左右曰："此人爲不善，自當有報，吾何怒焉。"[12]饒後閑居河陽。天福二年夏，會張從賓作亂，饒謁於麾下，請預其行。從賓敗，饒以王建立方鎮平盧，[13]走投之，建立延入城，斬之以聞，聞者快焉。《永樂大典》卷二千二百四十一。[14]

[1]大梁：地名。位於今河南開封市。

[2]馬步都虞候：官名。五代侍衛親軍馬步軍統兵官，僅次於馬步軍都指揮使、副都指揮使。

[3]王建立：人名。遼州榆社（今山西榆社縣）人。五代後唐、後晉大臣。傳見本書卷九一、《新五代史》卷四六。　與部將王建立相善：中華書局本有校勘記："'部將'，孔本作'腹心'。"

[4]真定：縣名。治所在今河北正定縣。　少尹：官名。唐、五代於三京、鳳翔等府均置少尹，爲尹的副職。協助尹通判列曹諸務。從四品下。

[5]趙郡：郡名。治所在今河北趙縣。

[6]平棘：縣名。治所在今河北趙縣。　張鵬：人名。鎮州鼓城（今河北晋州市晋州鎮鼓城村）人。時爲成德軍節度副使，因言論失當爲節度使高行周奏殺。傳見本書卷一〇六。

[7]王都：人名。原名劉雲郎。中山陘邑（今河北定州）人。五代義武節度使王處直的義子。後唐明宗時叛，兵敗身死。傳見本書卷五四。

[8]右庶子：官名。亦稱太子右庶子。太子府屬官，掌侍從太子左右、獻納啓奏、宣傳令言。正四品下。　張澄：人名。籍貫不詳。五代後晋官員。事見本書卷七九。　判官：官名。唐、五代方鎮僚屬，位在行軍司馬下。分判倉曹、兵曹、騎曹、胄曹事。

［9］《陰符》：書名。相傳由西周姜尚所作《太公》之一部分，以兵法謀略爲主。　《鬼谷》：書名。相傳由戰國時期縱横家鼻祖鬼谷子所作，以計謀詭詐爲主。

［10］“天成末”至“凡饒之兇戾如此”：亦見《宋本册府》卷七三〇《幕府部·邪謀門》。“定州王都構亂”之“定州”，“陰使人結建立爲兄弟之國”之“人”，《輯本舊史》原無，據《册府》補。

［11］馮道：人名。瀛州景城（今河北滄縣）人。五代時官拜宰相，歷仕後唐、後晋、後漢、後周，亦曾臣事契丹。傳見本書卷一二六、《新五代史》卷五四。　同州：州名。治所在今陝西大荔縣。

［12］“清泰初”至“吾何怒焉”：《輯本舊史》卷一二六《馮道傳》：“一日，有上介胡饒，本出軍吏，性麤獷，因事詬道于牙門，左右數報不應。道曰：‘此必醉耳！’因招入，開尊設食，盡夕而起，無撓愠之色。”

［13］平盧：方鎮名。唐玄宗開元七年（719）升平盧軍置，治所在青州（今山東青州市）。

［14］《大典》卷二二四一“胡”字韻“姓氏（一）”事目。

劉遂清

劉遂清，字得一，青州北海人，[1]梁開封尹鄩之猶子也。[2]父琪，以鴻臚卿致仕。[3]遂清少敏惠，初仕梁爲保鑾軍使，[4]歷内諸司使，莊宗入汴，不改其職。明宗即位，加檢校尚書右僕射，[5]委以西都監守。[6]踰歲，以中山王都有不臣之迹，[7]除遂清爲易州刺史，[8]俾遏其寇衝，既至郡，大有禦侮之略，境内賴焉。王都平，加檢校司空,[9]遷棣州刺史。[10]天成、長興中，歷典淄、興、登三郡,[11]咸有善政。

[1]北海：縣名。治所在今山東濰坊市。

[2]開封尹：官名。五代除後唐外均定都開封，因置開封府尹。執掌京師政務。從三品。　鄩：人名。即劉鄩。密州安丘（今山東安丘市）人。五代官員。傳見本書卷二三、《新五代史》卷二二。

[3]鴻臚卿：官名。秦稱典客，漢初改大行令，漢武帝時改大鴻臚，北齊置鴻臚寺，以鴻臚寺卿爲主官，後代沿置。掌四夷朝貢、宴飲賞賜、送迎外使等禮儀活動。從三品。　致仕：官員告老辭官。

[4]初仕梁爲保鑾軍使：中華書局本有校勘記："'仕'，原作'事'，據孔本、《册府》卷六七一改。"見《宋本册府》卷六七一《牧守部·選任門》。

[5]檢校尚書右僕射：官名。爲散官或加官，以示恩寵，無實際執掌。中華書局本有校勘記："'右'字原闕，據《册府》卷六七一補。"見明本《册府》卷六七一《牧守部·選任門》。

[6]西都：五代後唐時以京兆府（今陝西西安市）爲西京，亦稱西都。

[7]中山：地名。此處代指唐末河北方鎮義武軍（治所在定州)。時王處直任義武軍節度使。

[8]易州：州名。治所在今河北易縣。

[9]檢校司空：官名。爲散官或加官，以示恩寵，無實際執掌。

[10]棣州：州名。治所在今山東惠民縣。

[11]淄：州名。治所在今山東淄博市。　興：州名。治所在今陝西略陽縣。　登：州名。治所在今山東蓬萊市。　天成、長興中，歷典淄、興、登三郡：亦見《宋本册府》卷六七七《牧守部·能政門》。《舊五代史考異》："《通鑑·潞王紀》：帝之起鳳翔

也，召興州刺史劉遂清，遲疑不至。聞帝入洛，乃悉集三泉、西縣、金牛、桑林戍兵以歸，自散關以南，城鎮悉棄之，皆爲蜀人所有。入朝，帝欲治罪，以其能自歸，乃赦之。”此《考異》中華書局本有校勘記：“‘金牛’，原作‘金林’，據《通鑑》卷二七九改。”見《通鑑》卷二七九清泰元年（934）四月癸未條。《輯本舊史》卷四四《唐明宗紀十》長興四年（933）七月己卯條：“東岳三郎神贈威雄大將軍。初，帝不豫，前淄州刺史劉遂清薦泰山僧一人，云善醫，及召見，乃庸僧耳。問方藥，僧曰：‘不工醫，嘗于泰山中親覩嶽神，謂僧曰：“吾第三子威靈可愛，而未有爵秩，師爲我請之。”’宫中神其事，故有是命，識者嫉遂清之妖佞焉。”《新五代史》卷二二《劉鄩傳》：“廢帝入立，拜遂雍淄州刺史，以鄩兄琪之子遂清代遂雍爲西京副留守。”遂雍爲劉鄩之子。《宋本册府》卷七七一《總録部·世官門》：“劉遂清，末帝清太元年，以前興州刺史爲西京副留守，代其兄遂雍爲淄州刺史。”“清太”當作“清泰”。明本《册府》卷九九《帝王部·親信門》唐末帝條：“末帝即位初，以前興州刺史劉遂清爲西京副留守。其兄遂雍先爲西京副留守，帝自鳳翔始憂王思同、藥彦稠合力固城，至岐山，聞遂雍不内思同，甚喜，遣人宣撫，遂雍乃盡出庫藏於軍士前，至者便賞給令過，比軍前賞遍，並不入城。帝至奉迎，仍括率都民，刑捶嚴酷而軍獲濟。帝見，握手流涕，自是相隨，事無巨細，必與遂雍謀而後行。帝即位，以遂雍爲淄州刺史，仍以遂清代其任。”

高祖即位之二年，授鳳州防禦使，[1]加檢校司徒。[2]會丁母憂，起復，[3]授内客省使、右監門衛大將軍。[4]六年，駕幸鄴都，[5]轉宣徽北院使、兼判三司，[6]加檢校太保。七年，少帝嗣位，加右領軍衛上將軍，[7]仍賜竭誠翊戴保節功臣。八年，出領鄭州，[8]加檢校太傅。[9]開運二年，[10]遷安州防禦使。[11]未幾，上表稱疾，詔許就便，迴至上蔡，[12]終於郵舍，時三年四月也。

[1]鳳州：州名。治所在今陝西鳳縣。

[2]檢校司徒：官名。爲散官或加官，以示恩寵加此官，無實際執掌。

[3]起復：官吏服喪未滿而再起用。

[4]内客省使：官名。中書省内客省長官。　右監門衛大將軍：官名。唐置，掌宫禁宿衛。唐代十六衛之一。正三品。

[5]鄴都：地名。位於今河北大名縣。五代後唐同光元年(923)，改魏州爲興唐府，建號東京，三年改東京爲鄴都。

[6]宣徽北院使：官名。唐始置。宣徽北院的長官。初用宦官，五代以後改用士人。與宣徽南院使通掌内諸司及三班内侍之名籍，郊祀、朝會、宴享供帳之儀，檢視内外進奉名物。參見王永平《論唐代宣徽使》，《中國史研究》1995年第1期；王孫盈政《再論唐代的宣徽使》，《中華文史論叢》2018年第3期。　判三司：官名。通掌鹽鐵、度支、户部三個部門事務。爲三司使之起始。　轉宣徽北院使、兼判三司：《輯本舊史》卷八〇《晋高祖紀六》繫此事於天福六年八月己亥條。

[7]右領軍衛上將軍：官名。唐置，掌宫禁宿衛。唐代十六衛之一。從二品。

[8]鄭州：州名。治所在今河南鄭州市。　八年，出領鄭州：中華書局本有校勘記："'八年'，本書卷八一《晋少帝紀一》繫其事於天福七年。"《輯本舊史》卷八一《晋少帝紀一》天福七年九月壬寅條："以宣徽北院使、判三司劉遂清爲鄭州防禦使。"

[9]檢校太傅：官名。爲散官或加官，以示恩寵，無實際執掌。

[10]開運：五代後晋出帝石重貴年號（944—946）。

[11]安州：州名。治所在今湖北安陸市。　防禦使：官名。唐代始置，設有都防禦使、州防禦使兩種。常由刺史或觀察使兼任，

實際上爲唐代後期州或方鎮的軍政長官。

[12]上蔡：縣名。治所在今河南上蔡縣。

遂清性至孝,[1]牧淄川日,[2]自北海迎其母赴郡，母既及境，遂清奔馳路側，控轡行數十里，父老觀者如堵，當時榮之。遂清素不知書，但多計畫，判三司日，每給百官俸料，與判官議曰："斯輩非盡有才能，多世禄之家，宜澄其污而留其清者。"[3]或對曰："昔唐朝渾、郭、顔、段，每一赦出，以一子出身，率爲常制；且延賞垂裕，爲國美譚，未有因月給而欲沙汰,[4]恐未當也。"群論由此減之。《永樂大典》卷九千九十八。[5]

[1]遂清性至孝：《新五代史》卷二二《劉鄩傳》："遂清性至孝，居父喪哀毀，鄉里稱之。"亦見《宋本册府》卷七五六《總録部·孝門》。

[2]淄川：地名。位於今山東淄博市淄川區。

[3]澄其污而留其清者：中華書局本有校勘記："'清'原作'精'，據殿本、劉本、孔本校改。影庫本批校：澄其污而留其清者，'清'訛'精'。"

[4]未有因月給而欲沙汰：中華書局本有校勘記："'未'，邵本校作'未聞'。"

[5]《大典》卷九〇九八"劉"字韻"姓氏（二六）"事目。

劉遂雍[1]

[1]劉遂雍：《輯本舊史》卷二三《劉鄩傳》云"子遂凝、遂雍别有傳"，知舊史有劉遂雍傳，今據增。

劉遂雍，密州安丘縣人也。[1]父鄩，唐末爲淄州刺史，仕梁至河東道招討使。[2]潞王從珂反於鳳翔，[3]時遂雍爲西京副留守，[4]留守王思同率諸鎮兵討鳳翔，[5]戰敗東歸，遂雍閉門不內，悉封府庫以待潞王。[6]潞王自鳳翔始憂王思同、藥彦稠合力固城，[7]至岐山，[8]聞遂雍不內思同，甚喜，遣人宣撫。遂雍乃盡出庫藏，於軍士前至者便賞給令過，比軍前賞遍，並不入城。潞王至奉迎，仍括率都民，刑捶嚴酷而軍獲濟。潞王見握手流涕，自是相隨，事無巨細，必與遂雍謀而後行。[9]末帝入立，拜遂雍淄州刺史，以鄩兄琪之子遂清代遂雍爲西京副留守。[10]

[1]密州：州名。治所在今山東諸城市。　安丘縣：縣名。治所在今山東安丘市。

[2]河東道：道名。唐貞觀十道、開元十五道之一。治所在蒲州（今山西永濟市西南蒲州）。　招討使：官名。唐始置。戰時任命，兵罷則省。常以大臣、將帥或地方軍政長官兼任。掌招撫討伐等事務。　“劉遂雍”至“仕梁至河東道招討使”：劉遂雍籍貫及家世，據《輯本舊史》卷二三《劉鄩傳》、《新五代史》卷二二《劉鄩傳》酌補。

[3]從珂：人名。即後唐末帝李從珂。又稱廢帝。934年至936年在位。鎮州（今河北正定縣）人。後唐明宗養子。明宗入洛陽，他率兵追隨，以功拜河中節度使，封潞王。紀見本書卷四六至卷四八、《新五代史》卷七。

[4]副留守：官名。古代在都城、陪都或軍事重鎮所設留守，由地方行政長官兼任。副留守爲留守之貳。

[5]王思同：人名。幽州（今北京市）人。五代後唐將領。傳

見本書卷六五、《新五代史》卷三三。

［6］“潞王從珂反於鳳翔”至“悉封府庫以待潞王”：《新五代史》卷二二《劉鄩傳》。《輯本舊史》卷六五《王思同傳》、《宋本册府》卷三七四《將帥部·忠門五》王思同條載，應順元年（934）三月，“十七日，思同與藥彦稠、萇從簡俱至長安，劉遂雍閉關不内，乃奔潼關”。《輯本舊史》卷四六《唐末帝紀上》應順元年三月二十日條：“二十日，次長安，副留守劉遂雍以城降，率京兆居民家財犒軍。”明本《册府》卷一一《帝王部·繼統門三》載，應順元年三月，“二十日，次長安，副留守劉遂雍以城降”。《宋本册府》卷七七一《總録部·世官門》劉遂清條：“劉遂清，末帝清泰元年，以前興州刺史爲西京副留守，代其兄遂雍爲淄州刺史。”《新五代史》卷七《唐愍帝紀》應順元年三月條：“西京副留守劉遂雍叛降于從珂，思同奔歸于京師，不克，死之。”同卷《唐廢帝紀》清泰元年（934）三月庚申條：“庚申，次長安，西京副留守劉遂雍叛于唐，來降。”同書卷三三《王思同傳》：“思同挺身走，至長安，西京副留守劉遂雍閉門不納，乃走潼關。”《通鑑》卷二七九清泰元年二月辛卯條：“以王思同爲西面行營馬步軍都部署，前静難節度使藥彦稠副之，前絳州刺史萇從簡爲馬步都虞候，嚴衛步軍左廂指揮使尹暉、羽林指揮使楊思權等皆爲偏裨。”同年三月丁巳、庚申條：“丁巳，王思同、藥彦稠等走至長安，西京副留守劉遂雍閉門不内，乃趣潼關。潞王建大將旗鼓，整衆而東，以孔目官虞城劉延朗爲腹心。潞王始憂王思同等併力據長安拒守，至岐山，聞劉遂雍不内思同，甚喜，遣使慰撫之。遂雍悉出府庫之財於外，軍士前至者即給賞令過；比潞王至，前軍賞遍，皆不入城。庚申，潞王至長安，遂雍迎謁，率民財以充賞。”

［7］藥彦稠：人名。沙陀部人。五代將領、方鎮軍閥。傳見本書卷六六、《新五代史》卷二七。

［8］岐山：縣名。治所在今陝西寶鷄市。

［9］“潞王自鳳翔始憂王思同”至“必與遂雍謀而後行”：明

本《册府》卷九九《帝王部·親信門》。"潞王"原作"帝"，據本書體例改。《新五代史》卷二二《劉鄩傳》："潞王前軍至者，悉以金帛給之。潞王見遂雍，握手流涕，由是事無大小，皆與圖議。"

[10]"末帝入立"至"以鄩兄琪之子遂清代遂雍爲西京副留守"：《新五代史》卷二二《劉鄩傳》。"末帝"原作"廢帝"，據本書體例改。明本《册府》卷九九《帝王部·親信門》："帝即位，以遂雍爲淄州刺史，仍以遂清代其任。"遂雍不知所終。

房暠

房暠，京兆長安人也。少爲唐宰臣崔魏公家臣，[1]後因亂，客於蒲州。[2]天成中，唐末帝出鎮河中，暠於路左迎謁，求事軍門，末帝愛之，使治賓客。[3]及末帝登極，歷南北院宣徽使，[4]尋與趙延壽同爲樞密使。[5]時薛文遇、劉延朗之徒居中用事，[6]暠雖處密地，其聽用之言，十不得三四，但隨勢可否，不爲事先。每朝廷有大事，暠與端明學士等環坐會議，多於衆中俛首而睡，其避事也如此。[7]高祖即位，以暠濡足閏朝，不專與奪，故特恩原之，命爲左驍衛大將軍，[8]留於西京。開運元年春，卒於洛陽。《永樂大典》卷六千一百四十九。[9]

[1]崔魏公：人名。即崔鉉。博州（今山東聊城市）人。唐代大臣，官拜宰相。傳見《舊唐書》卷一六三、《新唐書》卷一六〇。

[2]蒲州：州名。唐開元八年（720）改蒲州爲河中府，因地處黄河中游而得名，其後名稱屢有改易。治所在今山西永濟市。

[3]"天成中"至"使治賓客"：《新五代史》卷二七《劉延

朗傳》:“初，廢帝起於鳳翔，與共事者五人：節度判官韓昭胤，掌書記李專美，牙將宋審虔，客將房暠，而延朗爲孔目官。初，愍帝即位，徙廢帝爲北京留守，不降制書，遣供奉官趙處愿促帝上道。帝疑惑，召昭胤等計議，昭胤等皆勸帝反，由是事無大小，皆此五人謀之。而暠又喜鬼神巫祝之説，有瞽者張濛，自言事太白山神。神，魏崔浩也，其言吉凶無不中，暠素信之。嘗引濛見帝，聞其語聲，驚曰：‘此非人臣也！’暠使濛問於神，神傳語曰：‘三珠併一珠，驢馬没人驅。歲月甲庚午，中興戊己土。’暠不曉其義，使問濛，濛曰：‘神言如此，我能傳之，不能解也。’帝即以濛爲館驛巡官。帝將反，而兵少，又乏食，由此甚懼，使暠問濛，濛傳神語曰：‘王當有天下，可無憂！’於是決反，使專美作檄書，言：‘朱弘昭、馮贇幸明宗病，殺秦王而立愍帝。帝年少，小人用事，離間骨肉，將問罪於朝！’遣使者馳告諸鎮，皆不應，獨隴州防禦使相里金遣其判官薛文遇計事。帝得文遇，大喜。而延朗調率城中民財以給軍。王思同率諸鎮兵圍鳳翔，廢帝懼，又遣暠問神，神曰：‘王兵少，東兵來，所以迎王也。’已而東兵果叛降于帝。帝入京師，即位之日，受册明宗柩前。册曰：‘維應順元年歲次甲午四月庚午朔。’帝回顧暠曰：‘張濛神言，豈不驗哉！’由是暠益見親信，而專以巫祝用事。”《輯本舊史》卷四六《唐末帝紀上》應順元年(934)四月乙亥條：“先是，帝在鳳翔日，有瞽者張濛自言知術數，事太白山神，其神祠即元魏時崔浩廟也。時之否泰，人之休咎，濛告於神，即傳吉凶之言，帝親校房暠酷信之。一日，濛至府，聞帝語聲，駭然曰：‘非人臣也。’暠詢其事，即傳神語曰：‘三珠併一珠，驢馬没人驅，歲月甲庚午，中興戊己土。’暠請解釋，曰：‘神言，予不知也。’長興四年五月，府廨諸門無故自動，人頗駭異。遣暠問濛。濛曰：‘衙署小異，勿怪，不出三日，當有恩命。’是夜報至，封潞王。及帝移鎮河東，甚懼，問濛。濛曰：‘王保無患。’王思同兵至，又詰之。濛曰：‘王有天下，不能獨力，朝廷兵來迎王也。王若疑臣，臣唯一子，請王致之麾下，以質臣心。’帝乃以濛攝館驛巡官。至是，帝受册，册曰‘維應順元年歲次甲午四月庚午朔’，帝回視房暠曰：‘張濛神言甲庚午，不亦異乎！’帝令暠共術士解三珠一珠事，言：‘三珠，三帝也。驢馬没人驅，失位也。’帝即位之後，以濛爲將作少監同正，仍賜金紫以酬之。帝初封潞王，言事者云：‘潞字一足已入洛矣。’”亦見明本《册府》卷二一《帝王部·徵應門》唐末帝條。《宋本册府》卷八七六《總録部·方術門》：“後唐廣微者，華州僧也，知術數。末帝在河中，廣微嘗密謂房暠曰：‘相公極貴，然明年有大厄極危，如得濟此厄，事不可言。’明年，果有楊彦温之變。”

［4］歷南北院宣徽使：《輯本舊史》卷四六《唐末帝紀上》清泰元年（934）五月丙午條：“以權知樞密事房暠爲宣徽北院使。”卷四七《唐末帝紀中》清泰二年四月辛卯條：“以宣徽北院使房暠爲左衛上將軍，充宣徽南院使。”

［5］趙延壽：人名。常山（今河北正定縣）人。本姓劉，爲五代後唐將領趙德鈞養子。仕至後唐樞密使，遼朝幽州節度使、燕王。傳見本書卷九八、《遼史》卷七六。　樞密使：官名。樞密院長官，五代時以士人爲之，備顧問，參謀議，出納詔奏，權侔宰相。參見李全德《唐宋變革期樞密院研究》，國家圖書館出版社2009年版。　尋與趙延壽同爲樞密使：《輯本舊史》卷四七《唐末帝紀中》清泰二年九月己酉條：“以宣徽南院使房暠爲刑部尚書，充樞密使。”

［6］薛文遇：人名。籍貫不詳。五代後梁大臣。事見本書卷四八《唐末帝本紀下》及《通鑑》卷二七九、卷二八〇。　劉延朗：人名。宋州虞城（今河南虞城縣）人。五代後唐大臣。傳見本書卷六九、《新五代史》卷二七。

［7］“時薛文遇、劉延朗之徒”至“其避事也如此”：《通鑑》卷二八〇天福元年（936）四月條：“初，石敬瑭欲嘗唐主之意，累表自陳羸疾，乞解兵柄，移他鎮；帝與執政議從其請，移鎮鄆州。房暠、李崧、吕琦等皆力諫，以爲不可，帝猶豫久之。”

［8］左驍衛大將軍：官名。唐置，掌宫禁宿衛。唐代十六衛之一。正三品。　命爲左驍衛大將軍：中華書局本有校勘記："'左'，本書卷七八《晋高祖紀四》、《通鑑》卷二八二作'右'。"《輯本舊史》卷七八《晋高祖紀四》天福四年四月丙戌條："房暠爲右驍衛大將軍致仕。"亦見《通鑑》卷二八二天福四年四月丙戌條。

［9］《大典》卷六一四九爲"房"字韻"姓氏（二）"事目。

孟承誨

孟承誨，大名人也。[1]始爲本府牙校，[2]遇高祖臨其地，升爲客將。[3]後奏爲宗城令，[4]秩滿，以百姓舉留，移常山稾城令，[5]皆有善政。高祖有天下，擢爲閤門副使，[6]累遷宣徽使，官至檢校司空、太府卿、右武衛大將軍。[7]及少帝嗣位，以植性纖巧，善於希旨，復與權臣宦官密相表裏，凡朝廷恩澤美使，必承誨爲之。[8]一歲之中，數四不已，由是居第華敞，財帛累積。及契丹入汴，張彦澤引兵逼宫城，[9]少帝召承誨計之，承誨匿身不赴。少帝既出宫，寓於開封府舍，具以承誨背恩之事告彦澤，令捕而殺之，其妻女並配部族。[10]漢高祖即位，詔贈太保。[11]《永樂大典》卷一萬一千一百十三。[12]

［1］大名：府名。治所在今河北大名縣。

［2］牙校：即軍校。爲低級武職。

［3］客將：官名。亦稱典客。唐末、五代藩鎮負責接待使節、賓客、出使等外交職責的武官。詳見吴麗娱《試論晚唐五代的客將、客司與客省》，《中國史研究》2002年第4期。

［4］宗城：縣名。治所在今河北威縣。

[5]稾城：縣名。治所在今河北石家莊市稾城區。　移常山稾城令：中華書局本有校勘記："'移'原作'於'，據《册府》卷七〇二改，殿本、邵本校作'爲'。'城'原作'地'，據殿本，劉本，邵本校，彭校，《册府》卷七〇二、卷七六六改。"見明本《册府》卷七〇二《令長部·能政門》、《宋本册府》卷七六六《總録部·攀附門二》。

[6]閤門副使：官名。唐代中期始置，閤門使副貳，佐其掌供朝會、贊引百官。

[7]太府卿：官名。南朝梁始置。太府寺長官。掌國家財帛庫藏出納、關市稅收等務。從三品。　右武衛大將軍：官名。唐置，掌宫禁宿衛。唐代十六衛之一。正三品。

[8]"高祖有天下"至"必承誨爲之"：《輯本舊史》卷八〇《晋高祖紀六》天福七年（942）正月丁卯條："以判四方館事孟承誨爲太府卿充職。"卷八一《晋少帝紀一》天福八年三月辛丑條："引進使、太府卿孟承誨使契丹。"卷八三《晋少帝紀三》開運二年（945）正月癸卯條："以客省使孟承誨爲内客省使。"卷八四《晋少帝紀四》開運二年九月己酉條："以内客省使孟承誨爲宣徽北院使。"同卷開運三年二月壬午條："以宣徽北院使兼太府卿孟承誨爲右武衛大將軍充職。"

[9]張彦澤：人名。河東太原人。五代後晋大臣，又降契丹，因故爲耶律德光所殺。傳見本書卷九八。

[10]"及契丹入汴"至"其妻女並配部族"：《通鑑》卷二八五開運三年十二月癸酉條："宣徽使孟承誨，素以佞巧有寵於帝，至是，帝召承誨，欲與之謀，承誨伏匿不至；張彦澤捕而殺之。"《輯本舊史》卷八五《晋少帝紀五》開運三年十二月甲戌條："是夜，開封尹桑維翰、宣徽使孟承誨皆遇害。"

[11]太保：官名。與太師、太傅並爲三師。唐後期、五代多爲大臣、勳貴加官。正一品。　漢高祖即位，詔贈太保：《輯本舊史》卷一〇〇《漢高祖紀下》天福十二年閏七月壬申條："故宣徽使孟

承誨贈太保。"

［12］《大典》卷一一一一三爲"水"字韻"水利（八）"事目，與傳無涉，注誤。

劉繼勳

劉繼勳，衛州人也。[1]唐天成中，高祖鎮鄴都，繼勳時爲客將，高祖愛其端謹，籍其名於帳下，從歷數鎮。及即位，擢爲閤門使，出爲淄州刺史，遷澶州防禦使，[2]俄改鄭州，自宣徽北院使拜華州刺史。[3]歲餘，移鎮同州。[4]始少帝與契丹絶好，繼勳亦預其謀，及契丹主至闕，繼勳自鎮來朝，契丹責之。時馮道在側，繼勳事急，指道曰："少帝在鄴，道爲首相，與景延廣謀議，[5]遂致南北失歡。臣位至卑，未嘗措言，今請問道，道細知之。"契丹主曰："此老子不是好鬧人，無相牽引，皆爾輩爲之。"繼勳不敢復對。繼勳時有疾，契丹主因令人候其疾狀，云有風痹，契丹主曰："北方地凉，居之此疾可愈。"乃命鎖繼勳，[6]尋解之，以疾終於家。[7]漢高祖入汴，贈太尉。[8]《永樂大典》卷九千九十九。[9]

［1］衛州：州名。治所在今河南衛輝市。

［2］澶州：州名。唐、五代初，治所在今河南清豐縣。後晋天福四年（939）移治於今河南濮陽縣。　遷澶州防禦使：《通鑑》卷二八一天福三年十一月辛亥條："澶州舊治頓丘，帝慮契丹爲後世之患，遣前淄州刺史汲人劉繼勳徙澶州跨德勝津，並頓丘徙焉。"

[3]華州：州名。治所在今陝西渭南市華州區。　自宣徽北院使拜華州刺史：《輯本舊史》卷八一《晉少帝紀一》天福八年三月庚寅條："以前鄭州防禦使劉繼勳爲左千牛衛大將軍，充宣徽北院使。"卷八二《晉少帝紀二》天福八年十二月丁卯條："詔宣徽使劉繼勳就杜威園亭會節度使統軍等習射。"卷八三《晉少帝紀三》開運元年（944）七月庚寅條："宣徽北院使劉繼勳改宣徽南院使。"卷八四《晉少帝紀四》開運二年五月甲寅條："以宣徽南院使劉繼勳爲華州節度使。"案此，繼勳自宣徽北院使改宣徽南院使，繼而拜華州節度使，與傳異。

[4]歲餘，移鎮同州：中華書局本有校勘記："'移'字原闕，據殿本、孔本補。"《輯本舊史》卷八四《晉少帝紀四》開運三年正月癸卯條："以前華州節度使劉繼勳爲同州節度使。"據此及上一校勘記所引《輯本舊史》卷八四開運二年五月甲寅條，劉繼勳自華州節度使拜同州節度使不足一年，不當稱"歲餘"。

[5]景延廣：人名。陝州（今河南三門峽市）人。五代後晉大臣。傳見《新五代史》卷二九。

[6]"始少帝與契丹絶好"至"乃命鎖繼勳"：《通鑑》卷二八六天福十二年正月癸丑條："晉主之絶契丹也，匡國節度使劉繼勳爲宣徽北院使，頗豫其謀；契丹主入汴，繼勳入朝，契丹主責之。時馮道在殿上，繼勳急指道曰：'馮道爲首相，與景延廣實爲此謀。臣位卑，何敢發言！'契丹主曰：'此叟非多事者，勿妄引之！'命鎖繼勳，將送黄龍府。"

[7]尋解之，以疾終於家：《舊五代史考異》："《通鑑》云：契丹主聞趙在禮死，乃釋繼勳，繼勳憂憤而卒。"見《通鑑》卷二八六天福十二年正月乙卯條。

[8]太尉：官名。與司徒、司空並爲三公，唐後期、五代多爲大臣、勳貴加官。正一品。　漢高祖入汴，贈太尉：《輯本舊史》卷一〇〇《漢高祖紀下》天福十二年閏七月壬申條："故同州節度使劉繼勳……贈太尉。"

［9］《大典》卷九〇九九“劉”字韻“姓氏（二七）”事目。

鄭受益

鄭受益，[1]唐宰相餘慶之曾孫也。[2]餘慶生澣。[3]澣生從讜，兩爲太原節度使，再登相位。從讜兄處誨，[4]爲汴州節度使。[5]家襲清儉，深有士風，中朝禮法，以鄭氏爲甲。處誨生受益。受益亦以文學致身，累歷臺閣，自尚書郎遷右諫議大夫。[6]天福七年夏，以張彦澤數爲不道，上章請行國典，旬日不報。又貢表切言，訐直無所忌，執政稍惡之。[7]俄而以病請告，歸長安。高祖晏駕，以不赴國哀停任，會赦，拜京兆少尹。宰相趙瑩出鎮咸秦，[8]以受益朝班舊僚，眷待甚至。屬天下率借金穀，乃謂瑩曰："京兆户籍登耗，民力虚實，某備知之矣，品而定之，可使平允。"瑩信之，因使與王人同掌其事。受益既經廢棄，薄於仕宦，遂阿法射利，冀爲生生之資；又素恃門望，陵轢同幕，内奸外直，群情無相洽者。及贓污事發，騰於衆口，瑩不得已，遂按之，其直百萬。八年冬，賜死於家。受益數世公臺，一朝自棄，士君子皆惜之。《永樂大典》卷一萬八千八百八十八。[9]

［1］鄭受益：《舊五代史考異》："《新唐書·宰相世系表》：字謙光。"見《新唐書》卷七五上《宰相世系表五上》。

［2］餘慶：人名。即鄭餘慶。鄭州滎陽（今河南滎陽市）人。唐代宰相。傳見《舊唐書》卷一五八、《新唐書》卷一六五。

[3]澣：人名。即鄭澣。鄭餘慶子。唐代官員。傳見《舊唐書》卷一五八、《新唐書》卷一六五。　餘慶生澣：中華書局本有校勘記："'澣'原作'幹'，據殿本，《册府》卷七八三、卷七九四，《新唐書》卷七五《宰相世系表五上》改。本卷下一處同。"見《宋本册府》卷七八三《總録部·世德門》、明本《册府》卷七九四《總録部·家法門》。

[4]從讜：人名。即鄭從讜。鄭州滎陽（今河南滎陽市）人。唐代官員。傳見《舊唐書》卷一五八、《新唐書》卷一六五。　處誨：人名。即鄭處誨。鄭從讜兄。唐代官員。傳見《舊唐書》卷一五八、《新唐書》卷一六五。

[5]汴州：州名。治所在今河南開封市。

[6]尚書郎：官名。即郎中。尚書省屬官。分曹處理政事。吏部郎中正五品下，餘司郎中皆從五品上。　右諫議大夫：官名。唐置左右諫議大夫，左屬門下省，右屬中書省。掌諫諭得失、侍從贊相。正四品下。　累歷臺閣，自尚書郎遷右諫議大夫：《輯本舊史》卷七九《晉高祖紀五》天福六年（941）二月己亥條："詔户部侍郎張昭遠、起居郎賈緯、秘書少監趙熙、吏部郎中鄭受益、左司員外郎李爲光等同修唐史，仍以宰臣趙瑩監修。"卷八〇《晉高祖紀六》天福六年七月丙戌條："以吏部郎中鄭受益爲右諫議大夫。"

[7]"天福七年夏"至"執政稍惡之"：《輯本舊史》卷八〇天福七年四月己未條："右諫議大夫鄭受益兩疏論張彦澤在涇州之日，違法虐民，支解掌書記張式、部曲楊洪等，請下所司，明申其罪，皆留中不出。"《通鑑》卷二八三天福七年四月己未條："右諫議大夫鄭受益上言：'楊洪所以被屠，由陛下去歲送張式與彦澤，使之逞志，致彦澤敢肆凶殘，無所忌憚。見聞之人無不切齒，而陛下曾不動心，一無詰讓；淑慝莫辨，賞罰無章。中外皆言陛下受彦澤所獻馬百匹，聽其如是，臣竊爲陛下惜此惡名，乞正彦澤罪法以湔洗聖德。'疏奏，留中。"《宋本册府》卷四六〇《臺省部·正直門》："鄭受益爲右諫議大夫。高祖天福中，涇州節度使張彦澤在涇州違

法虐民，殺其掌書記張式、軍將楊洪，朝廷優容之。受益兩疏論云，請下有司申明其罪。"卷五四七《諫諍部·直諫門一四》："鄭受益爲右諫議大夫。天福七年夏，以涇原張彦澤殺害書記張式，恣爲不道，受益上章，請行國典，旬日不報。又上疏曰：'臣自貢封事已及九日，未聞施行，實深激憤。且臣家在晋昌，備知蹤迹。彦澤在涇州殺式之後，至故雍復害軍將楊洪，一如式之屠割。此乃是陛下去歲送張式令彦澤屠戮，致今春楊洪又遭此苦。中外觀者，痛入骨髓。陛下聞之，情無愍傷。伏自陛下臨御已來，萬方咸歌仁聖，一何乖爽，大黜皇猷。又彦澤在涇州日，擅將甲兵，討伐蕃部，尋皆陷殁，靡有孑遺。乃行酷虐之令，括爲充填舊數，奪取婦女，率掠金帛。從順者苞羞免禍，違阻者飲恨被誅。近聞王周交代，條牛上聞（明本作"條件上聞"）。凡有監訛（明本作"凡有濫訛"），應在其内。今陛下略無所問，臣實不平。沮王周守法奉公，黨彦澤殺人害物。臣竊慮此後諸侯，傚作好事者少，繼爲惡事者多。蓋陛下喜怒不分，賞罰有濫，既無黜陟之法，是退賢良之心。今外議沸騰，皆言陛下廣受彦澤進獻，許行非法之事。況在郡括馬，將及萬蹄，到闕獻誠，止滿百匹。臣痛恨此賊者，致陛下招此惡名故也。是敢繼犯宸嚴，再具論列，必乞速行法令，免致天下咨嗟。臣又觀陛下前月十八日時降勑命，過五日一度内殿起居，許臣僚具所見事實封聞奏其間，勑語曰："恐一物失所，以百姓爲心。"可謂憂民疾痛者矣。今臣所論奏彦澤，蓋爲涇州一方。陛下詔墨未乾，自違其旨，如水投石，不動聖心。臣切慮姦邪，潛謀罔惑，致其明聖，有此二三。奈何陛下不與執政之臣商量，而聽庸愚之輩掩蔽。伏以宰臣馮道以下，皆忠貞植性，輔弼當仁，久居調鼎之權，上贊垂裳之理。而況晨趨玉陛，日面龍顔，每於造膝之時，必竭沃心之奏。伏乞宣示前後所貢二狀，令對御座子細詳讀。若臣所論彦澤奴事謬妄，不愜聖旨，即乞便降朝典，令天下知彦澤無罪、諫官妄有陳論，兼明陛下無朝令夕改之謗。臣職忝諫諍，理合抗論，不避嚴誅，希迴英斷。"

[8]趙瑩：人名。華州華陰（今陝西華陰市）人。五代後晋宰相。傳見本書卷八九、《新五代史》卷五六。

[9]《大典》卷一八八八八爲“鄭”字韻“姓氏（一七）”事目，但據《輯本舊史》，五代鄭氏人物傳記基本輯自《大典》卷一八八八一，爲“鄭”字韻“姓氏（一一）”事目，故《鄭受益傳》疑録自《大典》卷一八八八一。

李郁

李郁，[1]字文緯，唐之宗屬也。少歷宗寺官，天成、長興中，累遷爲宗正卿。[2]性平允，所歷無愛憎毀譽。[3]高祖登極，授光禄卿。[4]一日晝寢，夢食巨棗，覺而有疾，謂其親友曰：“嘗聞‘棗’字重‘來’，呼魂之象也。余神氣逼抑，將不免乎！”[5]天福五年夏卒。贈太子太保。[6]《永樂大典》卷一萬三百九十。[7]

[1]李郁：《宋本册府》卷八二五《總録部·名字門二》：“李郁，清泰初爲宗正少卿，上言：‘臣與本寺卿名同，行公事不便，欲改名知新。’從之。”則五代時名李郁者不止此一人。

[2]宗正卿：官名。秦始置宗正，南朝梁始有宗正卿之官。由宗室充任。掌皇族外戚屬籍。正三品。　“少歷宗寺官”至“累遷爲宗正卿”：《輯本舊史》卷三九《唐明宗紀五》天成三年（928）九月丁丑條：“以太府卿、判四方館事李郁爲宗正卿。”《宋本册府》卷一七四《帝王部·修廢門》天成二年三月丙寅條：“宗正丞李郁奏：‘兩京畿甸園陵之制，其地四十里，曰封山，爰自唐室以來收在公田之籍，今方紹襲，宜正規儀。’”同卷：“明宗天成初，差丞李郁檢校。”明本《册府》卷三一《帝王部·奉先門》清

泰二年（935）正月乙丑條：“遣太常少卿蕭愿、宗正卿李郁朝拜徽陵。”卷二〇五《閏位部·巡幸門》乾化五年（915）十月甲寅條：“將以其夕幸魏縣，命閤門使李郁報宰臣，兼敕内外。”

[3]性平允，所歷無愛憎毁譽：亦見《宋本册府》卷六二二《卿監部·德望門》。

[4]光禄卿：官名。南朝梁天監七年（508）改光禄勳置，隋唐沿置。掌宫殿門户、帳幕器物、百官朝會膳食等。從三品。　高祖登極，授光禄卿：《輯本舊史》卷七六《晋高祖紀二》天福二年（937）正月戊寅條：“以前宗正卿李郁爲太子賓客。”

[5]“一日晝寢”至“將不免乎”：亦見《宋本册府》卷八九三《總録部·夢徵門二》。《御覽》卷九六五《果部二》棗條“將不免乎”後有“未幾而卒”四字。

[6]太子太保：官名。與太子太師、太子太傅統稱太子三師。隋唐以後多作加官或贈官。從一品。

[7]《大典》卷一〇三九〇“李”字韻“姓氏（三五）”事目。

鄭玄素

鄭玄素，京兆人。避地鶴鳴峰下，[1]萃古書千卷，採薇蕨而弦誦自若。善談名理，或問：“水旺冬而冬涸，泛盛乃在夏，何也?”玄素曰：“論五行者，以氣不以形。木旺春，以其氣温；火旺夏，以其氣熱；金旺秋，以其氣清；水旺冬，以其氣冷。若以形言，則萬物皆萌於春，盛於夏，衰於秋，藏於冬，不獨水然也。”人以爲明理。後益入廬山青牛谷，[2]高卧四十年。初，玄素好收書，而所收鍾王法帖，[3]墨蹟如新，人莫知所從得。

有與厚者問之，乃知玄素爲温韜甥，[4]韜常發昭陵，[5]盡得之，韜死，書歸玄素焉。今有書堂基存。[6]《永樂大典》卷一萬八千八百八十一。[7]

[1]鶴鳴峰：地名。今地不詳。

[2]青牛谷：地名。位於今江西九江市廬山山脉之中。

[3]鍾：人名。即鍾繇，字元常，潁川長社（今河南長葛縣）人。三國魏著名書法家。小楷字體創始人。傳見《三國志》卷一三。　王：人名。即王羲之，字逸少，琅琊（今山東臨沂市）人。東晋時期著名書法家，筆法自成一體，有"書聖"之稱。傳見《晋書》卷八〇。

[4]温韜：人名。京兆華原（今陝西銅川市耀州區）人。唐末李茂貞部將，五代後梁、後唐將領。傳見本書卷七三、《新五代史》卷四〇。

[5]昭陵：陵墓名。位於今陝西禮泉縣西北，唐太宗李世民與文德皇后長孫氏合葬墓。

[6]"鄭玄素"至"今有書堂基存"：中華書局本有校勘記："殿本、邵本無此傳。影庫本批校：'《舊五代史·晋書》内《鄭元素傳》，查係《永樂大典》誤題《薛史》，實係馬令《南唐書》，今應删去。'今檢馬令《南唐書》卷一五《鄭玄素傳》與此傳文字不同。"

[7]《大典》卷一八八八一"鄭"字韻"姓氏（一一）"事目。

馬重績

馬重績，[1]字洞微。少學數術，明太一、五紀、八象、《三統大曆》。[2]居於太原。[3]仕晉，拜太子右贊善大夫，[4]遷司天監。[5]天福四年，[6]重績上言："曆象，王者所以正一氣之元，宣萬邦之命，而古今所記，考審多差。《宣明》氣朔正而星度不驗，[7]《崇玄》五星得而歲差一日。[8]以《宣明》之氣朔，合《崇玄》之五星，二曆相參，然後符合。自前世諸曆，皆起天正十一月爲歲首，用太古甲子爲上元，積歲愈多，差闊愈甚。臣輒合二曆，創爲新法，以唐天寶十四載乙未爲上元，[9]雨水正月中氣爲氣首。"[10]詔下司天監趙仁錡、張文皓等考覈得失，[11]仁錡等言："明年庚子正月朔，用重績曆考之，皆合無舛。"乃下詔班行之，號《調元曆》。[12]行之數歲輒差，遂不用。[13]重績又言："漏刻之法，以中星考晝夜爲一百刻，八刻六十分刻之二十爲一時，[14]時以四刻十分爲正，此自古所用也。今失其傳，以午正爲時始，下侵未四刻十分而爲午，由是晝夜昏曉，皆失其正，請依古改正。"從之。重績卒，年六十四。[15]《永樂大典》卷一萬一千二百四十。[16]

[1]馬重績：中華書局本有校勘記："按本傳云輯自《永樂大典》卷一萬一千二百四十，檢《永樂大典目録》，卷一一二四〇爲'隱'字韻'隱公五'，與本則内容不符。考其文字，疑係據《新五代史》卷五七《馬重績傳》節録。"

[2]三統大曆：中華書局本有校勘記："'三統'，原作'三紀'，據殿本、劉本、《新五代史》卷五七《馬重績傳》改。《舊五代史考異》卷三：案原本作'三紀'，今從《歐陽史》改正。"

[3]居於太原：《新五代史》卷五七《馬重績傳》："其先出於

北狄，而世事軍中……唐莊宗鎮太原，每用兵征伐，必以問之，重績所言無不中，拜大理司直。明宗時，廢不用。”

［4］太子右贊善大夫：官名。掌規諫太子過失、贊禮儀等事。正五品。“右”，本書本卷《馬重績傳》同，本書卷七六《晉高祖本紀二》敘其事作“左”。

［5］司天監：官（署）名。其長官稱司天監，掌天文、曆法以及占候等事。參見趙貞《唐宋天文星占與帝王政治》，北京師範大學出版社 2016 年版。　“仕晉”至“遷司天監”：《輯本舊史》卷七六《晉高祖紀二》天福元年（936）十二月庚子條：“以左贊善大夫馬重績爲司天監。”《新五代史》卷五七：“晉高祖以太原拒命，廢帝遣兵圍之，勢甚危急，命重績筮之，遇同人，曰：‘天火之象，乾健而離明。健者君之德也，明者南面而嚮之，所以治天下也。同人者人所同也，必有同我者焉。易曰：“戰乎乾。”乾，西北也。又曰：“相見乎離。”離，南方也。其同我者，自北而南乎？乾，西北也，戰而勝，其九月十月之交乎？’是歲九月，契丹助晉擊敗唐軍，晉遂有天下。拜重績太子右贊善大夫，遷司天監。明年，張從賓反，命重績筮之，遇隨，曰：‘南瞻析木，木不自續，虚而動之，動隨其覆。歲將秋矣，無能爲也！’七月而從賓敗。高祖大喜，賜以良馬、器幣。”

［6］天福四年：《輯本舊史》原作“天福三年”，中華書局本有校勘記：“本書卷七八《晉高祖紀四》、《新五代史》卷八《晉本紀》、《五代會要》卷一〇繫其事於天福四年。”但未改，今據上述諸書改。

［7］《宣明》：曆法名。即《宣明曆》。唐代徐昂制訂。唐代八曆之一。

［8］《崇玄》：曆法名。即《崇玄曆》。唐代邊岡、胡秀林制訂。唐代八曆之一。

［9］天寶：唐玄宗李隆基年號（742—756）。

［10］雨水正月中氣爲氣首：中華書局本有校勘記：“‘爲氣’二

字原闕，據殿本、《五代會要》卷一〇、《新五代史》卷五七《馬重績傳》補。影庫本批校：雨水正月中氣爲氣首，脱‘爲氣’二字。”

［11］趙仁錡：人名。籍貫不詳。五代後唐清泰中官司天少監。清泰三年（936）十一月奉命前往汴州，取渾天儀。後晋天福四年，仍官司天少監，受晋高祖之命參修新曆，號《調元曆》。事見本書卷一四〇《曆志》，《五代會要》卷一〇曆、渾天儀條。中華書局本有校勘記：“‘趙仁錡’，原作‘趙仁琦’，據本書卷一四〇《曆志》、《五代會要》卷一〇、《新五代史》卷五七《馬重績傳》改。本卷下一處同。影庫本粘籤：仁琦，原本作‘人琦’，今從《五代會要》改正。”　張文皓：人名。籍貫不詳。後唐司天監官。與馬重績、趙仁錡等修成《調元曆》。事見本書卷一四〇《曆志》。

［12］“天福四年”至“號《調元曆》”：《輯本舊史》卷七八《晋高祖紀四》天福四年八月丙辰條：“司天監馬重績等進所撰新曆，降詔褒之，詔翰林學士承旨和凝制序，命之曰《調元曆》。”《會要》卷一〇曆條，載重績創“新曆一部，二十一卷、七章上下經二卷、算草八卷、立成十二卷”。《輯本舊史》卷一四〇《曆志》略同，唯《算草》作八卷。

［13］行之數歲輒差，遂不用：《新五代史》卷五八《司天考第一》：“五代之初，因唐之故，用《崇玄曆》。至晋高祖時，司天監馬重績始更造新曆……初，唐建中時，術者曹士蔿始變古法……號《符天曆》。然世謂之小曆，衹行於民間。而重績乃用以爲法，遂施于朝廷，賜號《調元曆》。然行之五年，輒差不可用，而復用《崇玄曆》。”

［14］八刻六十分刻之二十爲一時：中華書局本有校勘記：“‘六十’原作‘六十一’，據殿本、《新五代史》卷五七《馬重績傳》改。”

［15］重績卒，年六十四：《宋本册府》卷八九三《總録部·夢徵門》：“馬重績爲司天監，夢游崑崙山，與上仙語其言。覺，具述

其事。夜未央，無病而卒。”

［16］《大典》卷一一二四〇“隱”字韻“春秋隱公（五）”事目，與此傳無涉，注誤。

陳玄

陳玄，京兆人也。家世爲醫，初事河中王重榮。[1]乾符中，[2]後唐武皇自太原率師攻王行瑜，[3]路出於蒲中，時玄侍湯藥，武皇甚重之，及還太原，日侍左右。武皇性剛暴，樂殺人，無敢言者，玄深測其情，每有暴怒，則從容啓諫，免禍者不一，以是晋人深德之，動貴賂遺盈門。性好酒樂施，隨得而無私積。明宗朝，爲太原少尹，入爲太府卿。長興中，集平生所驗方七十五首，并修合藥法百件，號曰《要術》，刊石置於太原府衙門之左，以示於衆，病者賴焉。天福中，以耄期上表求退，以光禄卿致仕，[4]卒於晋陽，[5]年八十餘。《永樂大典》卷三千一百三十五。[6]

［1］王重榮：人名。太原祁（今山西祁縣）人。唐末、五代軍閥。傳見《舊唐書》卷一八二、《新唐書》卷一八七。

［2］乾符：唐僖宗李儇年號（874—879）。

［3］武皇：五代後唐武皇李克用。　王行瑜：人名。邠州（今陝西彬縣）人。唐末軍閥。傳見《舊唐書》卷一七五、《新唐書》卷二二四下。

［4］以光禄卿致仕：《輯本舊史》卷七九《晋高祖紀五》天福六年（941）四月壬寅條：“以昭義節度副使陳玄爲光禄卿致仕。”

［5］卒於晋陽：《輯本舊史》卷八四《晋少帝紀四》開運二年

(945)十二月己卯條:“光禄卿致仕陳玄卒於太原。”

[6]《大典》卷三一三五“陳”字韻“姓氏(一九)”事目。

史臣曰:夫彰善癉惡,《麟史》之爲義也;[1]瑜不掩瑕,虹玉之爲德也。故自崇弼而下,善者既書之,其不善者亦書之,庶使後之君子見善如不及,見惡如探湯也。至如重績之曆法,陳玄之醫道,亦不可漏其名而弗紀也。《永樂大典》卷三千一百三十五。[2]

[1]《麟史》:一般指《春秋》。

[2]《大典》卷三一三五“陳”字韻“姓氏(一九)”事目。

舊五代史　卷九七

晋書二十三

列傳第十二

范延光

范延光，[1]字子環，[2]鄴郡臨漳人也。[3]少隸於郡牙，唐明宗牧相州，[4]收爲親校。同光中，[5]明宗下鄆州，[6]梁兵屯楊劉口以扼之，[7]先鋒將康延孝潛使人送款於明宗。[8]明宗欲使人達機事於莊宗，[9]方難其選，延光請行，遂以蠟書授之。[10]延光既至，奏莊宗曰："楊劉渡控扼已定，未可圖也。請築壘馬家口，[11]以通汶陽之路。"[12]莊宗從之，復遣歸鄆州。[13]俄而梁將王彦章攻馬家口所築新壘，[14]明宗恐城中不備，又遣間行告莊宗，請益兵。中夜至河上，爲梁兵所獲，送夷門下獄，榜笞數百，威以白刃，終不洩其事。復爲獄吏所護，在獄半年，不復理問。及莊宗將至汴城，獄吏即去其桎梏，拜謝而出之，乃見於路側。莊宗喜，授銀青光禄大夫、檢校工部尚書。[15]

[1]范延光：人名。鄴郡臨漳（今河北臨漳縣）人。五代後唐、後晋將領。傳見本書本卷。《舊五代史考異》："《遼史》避太宗諱作延廣。"見《遼史》卷三《太宗紀上》天顯十一年（937）十月條。

[2]字子環：《輯本舊史》之影庫本粘籤："子環，《歐陽史》作子瓌，考《册府元龜》亦作'環'，今仍其舊。"見《新五代史》卷五一《范延光傳》。《册府》未見此記載。

[3]鄴郡臨漳：地名。位於今河北臨漳縣。

[4]唐明宗：即五代後唐明宗李嗣源。沙陀部人。原名邈佶烈，李克用養子。926年至933年在位。紀見本書卷三五至卷四四、《新五代史》卷六。　相州：州名。治所在今河南安陽市。

[5]同光：五代後唐莊宗李存勗年號（923—926）。

[6]鄆州：州名。治所在今山東東平縣。

[7]楊劉：地名。即楊劉渡。五代黄河渡口。位於今山東東阿縣。

[8]康延孝：人名。代北（今山西代縣）人。五代後唐將領。傳見本書卷七四、《新五代史》卷四四。

[9]莊宗：即五代後唐莊宗李存勗。沙陀部人。後唐建立者。923年至926年在位。紀見本書卷二七至卷三四、《新五代史》卷五。

[10]蠟書：古代一種用於情報交換或傳遞的秘密工具。詳見孫方圓《兵道尚詭：試説宋代的軍用蠟丸》，《軍事歷史》2018年第2期。

[11]馬家口：地名。即馬頰口。五代黄河渡口。位於今山東東平縣西北。

[12]汶陽：古地名。位於今山東泰安市一帶。

［13］“同光中”至“復遣歸鄆州”：《通鑑》卷二七二同光元年（923）六月乙亥條：“時李嗣源守鄆州，河北聲問不通，人心漸離，不保朝夕。會梁右先鋒指揮使康延孝密請降於嗣源……嗣源遣押牙臨漳范延光送延孝蠟書詣帝，延光因言於帝曰：‘楊劉控扼已固，梁人必不能取，請築壘馬家口以通鄆州之路。’帝從之，遣崇韜將萬人夜發，倍道趣博州，至馬家口渡河，築城晝夜不息。”同光元年不得言同光中。

［14］王彦章：人名。鄆州壽張（今山東梁山縣壽張集）人。五代後梁將領。傳見本書卷二一、《新五代史》卷三二。

［15］銀青光禄大夫：官名。唐、五代散官。從三品。　檢校工部尚書：官名。爲散官或加官，以示恩寵，無實際執掌。

明宗登極，擢爲宣徽使。[1]與霍彦威平青州王公儼，[2]遷檢校司徒。[3]明宗之幸夷門也，[4]至榮陽，[5]聞朱守殷拒命，[6]延光曰：“若不急攻，賊城堅矣。[7]請騎兵五百，臣先赴之，則人心必駭。”明宗從其請。延光自酉時至夜央，馳二百餘里，奄至城下，與賊交鬬。翌日，守陴者望見乘輿，乃相率開門，延光乃入，與賊巷戰，至厚載門，盡殲其黨，明宗嘉之。[8]明年，遷樞密使，[9]權知鎮州軍府事，[10]尋正授節旄，加檢校太保。[11]長興中，[12]以安重誨得罪，[13]再入爲樞密使，加同平章事。[14]

［1］宣徽使：官名。唐始置。宣徽南院使、北院使通稱宣徽使。初用宦官，五代以後改用士人。通掌内諸司及三班内侍之名籍，郊祀、朝會、宴享供帳之儀，檢視内外進奉名物。參見王永平《論唐代宣徽使》，《中國史研究》1995年第1期；王孫盈政《再論唐代

的宣徽使》，《中華文史論叢》2018 年第 3 期。　明宗登極，擢爲宣徽使：《輯本舊史》卷三五《唐明宗紀一》同光四年（926）四月己未條："以客將范延光爲宣徽使。"《通鑑》卷二七五天成二年（927）三月丙辰條："以皇子從榮鎮鄴都，命宣徽北院使范延光將兵送之，且制置鄴都軍事。"同月壬申條："范延光還至淇門，聞盧臺亂，發滑州兵復如鄴都，以備奔逸。"

［2］霍彦威：人名。洺州曲周（今河北曲周縣）人。五代後梁將領霍存養子。後梁、後唐將領。傳見本書卷六四、《新五代史》卷四六。　青州：州名。治所在今山東青州市。　王公儼：人名。籍貫不詳。五代後唐將領。事見本書卷三七。

［3］檢校司徒：官名。爲散官或加官，以示恩寵加此官，無實際執掌。司徒，與太尉、司空並爲三公。

［4］夷門：地名。故址在今河南開封市内東北隅。夷門位於夷山，夷山因山勢平夷而得名，故門亦以山爲名。此處代指開封。

［5］滎陽：縣名。治所在今河南滎陽市。

［6］朱守殷：人名。籍貫不詳。五代後唐將領。傳見本書卷七四、《新五代史》卷五一。

［7］賊城堅矣：中華書局本有校勘記："'城'字原闕，據《册府》卷三六七補。《通鑑》卷二七六敘其事作'汴城堅矣'。"

［8］明宗嘉之：中華書局本有校勘記："'嘉'原作'喜'，據《册府》卷三六七改。"見《宋本册府》卷三六七《將帥部·機略門七》。《通鑑》卷二七六天成二年十月丁亥條："民間訛言帝欲自擊吴，又云欲制置東方諸侯。宣武節度使、檢校侍中朱守殷疑懼，判官高密孫晟勸守殷反，守殷遂乘城拒守。帝遣宣徽使范延光往諭之，延光曰：'不早擊之，則汴城堅矣；願得五百騎與俱。'帝從之。延光暮發，未明行二百里，抵大梁城下，與汴人戰，汴人大驚。"《新五代史》卷五一《范延光傳》："明宗行幸汴州，至滎陽，朱守殷反。延光曰：'守殷反迹始見，若緩之使得爲計，則城堅而難近。故乘人之未備者，莫若急攻。臣請騎兵五百，馳至城下，以

神速駭之。'乃以騎兵五百，自暮疾馳至半夜，行二百里，戰于城下。遲明，明宗亦馳至，汴兵望見天子乘輿，乃開門，而延光先入，猶巷戰，殺傷甚衆。守殷死，汴州平。"

[9]樞密使：官名。樞密院長官。五代時以士人爲之，備顧問、參謀議，出納詔奏，權侔宰相。參見李全德《唐宋變革期樞密院研究》，國家圖書館出版社2009年版。

[10]鎮州：州名。治所在今河北正定縣。

[11]檢校太保：官名。爲散官或加官，以示恩寵加此官，無實際執掌。太保，與太師、太傅合稱三師。　"明年"至"加檢校太保"：《輯本舊史》卷三九《唐明宗紀五》天成三年三月戊辰條："以宣徽南院使范延光爲樞密使。"同月己巳條："命范延光權知鎮州軍府事。"同年四月戊寅條："以樞密使、權知鎮州軍府事、檢校太保范延光爲鎮州節度使、兼北面水陸轉運使。"卷四〇《唐明宗紀六》天成四年四月壬戌條："鎮州節度使范延光加檢校太傅。"案此，延光已於爲鎮州節度使之前加檢校太保，授鎮州節度使後又加檢校太傅，與傳異。

[12]長興：五代後唐明宗李嗣源年號（930—933）。

[13]安重誨：人名。應州（今山西應縣）人。五代後唐大臣。傳見本書卷六六、《新五代史》卷二四。

[14]同平章事：官名。"同中書門下平章事"之簡稱。唐高宗以後，凡實際任宰相之職者，常在其本官後加同平章事的職銜。後成爲宰相專稱。後晋天福五年（940），升中書門下平章事爲正二品。　"長興中"至"加同平章事"：《輯本舊史》之原輯者案語："《明宗紀》：長興二年（931）九月辛丑，樞密使、檢校太傅、刑部尚書范延光加同平章事。四年九月戊寅，樞密使范延光加兼侍中。是延光爲同平章事時，已由檢校太保進加太傅，後復加侍中。今泰安縣有長興四年九月冥福院牒石刻，所列延光官銜，仍作太傅，蓋賜牒時尚未加侍中也。傳中不載，係史家前後省文。"卷四一《唐明宗紀七》長興元年九月甲申條："以鎮州節度使范延光爲

檢校太傅、守刑部尚書，充樞密使。”卷四二《唐明宗紀八》長興二年九月辛丑條：“樞密使、檢校太傅、刑部尚書范延光加同平章事，使如故。”卷四三《唐明宗紀九》長興三年六月辛酉條：“范延光奏曰：‘孟知祥兼有兩川，彼之軍衆皆我之將士，料其外假朝廷形勢以制之，然陛下苟不能屈意招攜，彼亦無由革面。’帝曰：‘知祥，予故人也，以賊臣間諜，故兹阻隔，今因而撫之，何屈意之有！’由是遣供奉官李瓌使西川，齎詔以賜知祥。”明本《册府》卷七〇《帝王部·務農門》唐明宗條長興三年三月：“帝觀稼於郡郊。民有父子三人同挽犁來者，帝閔之，賜耕牛三頭。帝顧謂侍臣曰：‘朕昨日以雨霽暫歸緑野，遥望西南山坡之下，初謂群羊，俯而察之，乃貧民耦耕，朕甚憫焉。’范延光對曰：‘陛下輕徭薄賦，所以村落之間自勤於稼穡也。’是時，帝哀貧民多無耕牛，斲地以種。延光以爲勤于稼穡，非主上憂民之意歟？”卷七八《帝王部·委任門二》：“范延光爲樞密使，上表陳情，乞解樞務，優詔不允，令皇城使翟光鄴宣旨云：‘卿避重難則便矣，誰當荷重難者？勿復興言。要遂陳請，十年爲予致太平後，即允卿辭避。’帝御中興殿，延光稱疾甚，上表陳情。帝謂樞密使趙延壽曰：‘延光又貢章疏，懇求退避，其意如何？莫是朕之失德，不可扶持否？’延壽曰：‘延光位高責重，畏懼滿盈，所以求退，與舊臣迭處。袛如臣素無才術，因緣戚屬，冒昧渥恩，自掌樞密，常多憂惕，所希舊臣迭處，然後乞在散班，不謂延光先有陳情。延光之心，臣知之矣，固不願遠違宸扆，須避樞機，但以此職，望重責深，動貽官謗。向來處者，罕有保全，所謂人之所畏，不可不畏。’帝曰：‘卿言是也。然家國之事，仗卿等披榛故人。總欲捨予，予誰共治？卿見延光，道予此語，勉就公參。’又令中使楊敬達就延光第宣旨。延光又上第三章陳乞，優答不允。”卷一〇六《帝王部·惠民門二》唐明宗條長興三年：“三月辛亥，帝謂侍臣曰：‘朕昨日出城觀稼，見百姓父子三人同曳犁，耒者力農如是，深軫予懷，可賜耕牛二頭。’七月丁未，内出御劄示百僚曰：‘朕以臨御萬邦，寵綏四海，務恤民以設教，期化俗以成風。昨自霖雨連綿，川瀆泛溢，傷數州之苗稼，蕩百姓之丘園。遘此徵災，慙虧至德，致農者失力田之望，念編甿有艱食之虞。每自責躬，更思求理。欲使人獲其蘇息，恨不家至而撫安。憂勞所深，鑒寐斯切。宜布維新之澤，式全可大之功。今年州府遭水潦處，已下三司，各指揮本州府支借麥種及等第賑貸斛食，仰逐處長吏切加安存，不得輒有差使。如户口流移，其户下田園屋宅，仰村鄰節級長須主管，不得信令殘毁。候本户歸日，具元本桑棗根數及什物數目交付，不得致有欠少。本户未歸，即許鄰保請佃供輸。若入務時歸，業準例收，秋後交付。貴示招攜，永期康泰。速宜宣佈，稱朕意焉。'是歲，宋、亳、潁三州水災尤甚。樞密使范延光、趙延壽從容奏曰：'今秋，宋、亳、潁等州水災甚，民户流亡，粟價暴貴，臣等量欲與本州官倉斛㪷，依如今時估出糶，以救貧民。兼大水之後，頗宜宿麥。窮民不便種子，亦望本州據民户等第支借麥種，自十石至三石，候來年收麥，據原借數納官。'從之，乃下此詔。"《宋本册府》卷五〇八《邦計部·俸禄門》唐明宗條長興三年五月："樞密使范延光等奏：'諸道指揮使月俸未有定制。請大藩鎮都指揮使，月賜料錢三十貫，糧二十石，春衣十五匹，冬衣二十五匹。其餘藩府約此爲等第。'從之。"《通鑑》卷二七七長興二年五月己卯條："時，范延光、趙延壽雖爲樞密使，懲安重誨以剛愎得罪，每於政事，不敢可否；獨漢瓊與王淑妃居中用事，人皆憚之。"同卷長興三年正月己丑條："樞密使范延光言：'自靈州至邠州方渠鎮，使臣及外國入貢者多爲党項所掠，請發兵擊之。'己丑，遣静難節度使藥彦稠、前朔方節度使康福將步騎七千討党項。"同年六月戊午條："董璋之攻知祥也，山南西道節度使王思同以聞，范延光言於上曰：'若兩川併於一賊，撫衆守險，則取之益難，宜及其交争，早圖之。'上命思同以興元之兵密規進取。"

既而以秦王從榮不軌，[1]恐及其禍，屢請外任，明宗久之方許，遂出鎮常山。[2]清泰中，[3]復詔爲樞密使，未幾，出爲汴州節度使。[4]會魏府屯將張令昭逐其帥劉延皓，[5]據城以叛，唐末帝命延光討而平之，[6]遂授鄴都留守，[7]加檢校太師、兼中書令。[8]門下有術士張生者，[9]自云妙通術數，當延光微時，言將來必爲將相，延光既貴，酷信其言，歷數鎮，嘗館於上舍。延光謂之曰："余夢大蛇，自臍入腹，半而掣去之，是何祥也?"張生曰："蛇者龍也，入腹爲帝王之兆明矣。"延光自是稍萌僭竊之意。

[1]從榮：人名。即李從榮。沙陀部人。五代後唐明宗李嗣源次子。傳見本書卷五一、《新五代史》卷一五。

[2]常山：即鎮州，治所在今河北正定縣。　"既而以秦王從榮不軌"至"遂出鎮常山"：《輯本舊史》卷四三《唐明宗紀九》長興三年（932）十月丁丑條："帝謂范延光曰：'如聞禁軍戍守，多不禀藩臣之命，緩急如何驅使?'延光曰：'承前禁軍出戍，便令逐處守臣管轄斷決，近似簡易。'帝曰：'速以宣命條舉之。'"卷四四《唐明宗紀十》長興四年九月戊寅條："樞密使范延光、趙延壽並加兼侍中，依前充使。"同年十月庚申條："以樞密使范延光爲鎮州節度使。"卷四五《唐閔帝紀》應順元年正月丙申條："鎮州節度使、檢校太尉、兼侍中范延光……加檢校太師。"同年二月己卯條："以鎮州范延光權知鄴都留守事。"同年三月己酉條："以鎮州節度使范延光依前檢校太師、兼侍中，行興唐尹，充天雄軍節度使、北面水陸轉運制置使。"卷六一《安重霸傳》："長興末，明宗謂侍臣曰：'安重霸，朕之故人，以秦州歸國，其功不細，酬以團練防禦，恐非懷來之道。'范延光曰：'將校内有自河東、河北從陛

下龍飛故人，尚有未及團防者，今若遽授重霸方鎮，恐爲人竊議。’明宗不悦。未幾，竟以同州節鉞授之。”《宋本册府》卷一四七《帝王部·恤下門》唐明宗條長興四年九月丁丑條：“范延光奏：‘隔在兩川兵士家口，自來支給衣糧，今緣國計不充，欲權停支給。’帝曰：‘彼非願留，因事暌阻，父子仳離，非人情也。不可頓絶支給。其間願歸鄉貫者從之。如有子弟，許繼其父兄本軍名糧。如無鄉里可歸，無子弟承繼，且量支一年，以是曉諭其家。’”卷四八四《邦計部·經費門》唐明宗條長興三年十二月乙亥：“三司使馮贇奏：‘奉聖旨，賜内外臣寮節料羊，計支三千口。’帝曰：‘不亦多乎！’范延光奏曰：‘供御厨及内司食羊，每日二百口，歲計七萬餘口。釀酒糯米二萬餘石。’帝聞奏，歛容良久，曰：‘支費太過，如何減省？’初，莊宗同光時，御厨日食羊二百口，當時物論，已爲大侈。今羊數既同，帝故駭心。”同卷長興四年二月癸丑：“帝御中興殿，樞密使范延光曰：‘緣邊屯戍兵士，人馬支費，月計極多。若春、夏之交，便有霖雨，山水湍險，軍無興舉之理。應緣邊兵馬，請移於近裹州郡，以便芻糧。’從之。帝因問延光内外見管馬數，對曰：‘見兵馬數管騎軍三萬五千。’帝撫髀歎曰：‘朕從戎四十年。太祖在太原時，騎軍不過七千（明本作“數千”）。先皇與汴家二十年挍戰，自始至終，馬數裁萬。今有鐵馬三萬五千匹，而不能使九州混一，是吾養士卒、練將師（明本作“帥”）之不至也。吾老矣，馬將奈何？’延光奏曰：‘臣每思之，國家養馬太多。試計一騎士之費，可贍步卒五人。養三萬五千騎抵十五萬步卒。既無所施，虚耗國力。臣恐一年不易。’帝曰：‘誠如卿言，肥騎士而瘠吾民，何負哉！’”卷六二一《卿監部·監牧門》唐明宗條長興四年十月：“帝問見管馬數，范延光奏曰：‘天下常支草粟者近五萬匹。見今西北諸番部賣馬者往來如市，其郵傳之費中估之價日四五千貫。以臣計之，國力十耗其七。馬無所使，財賦坐銷，朝廷將不濟。’馮贇奏曰：‘金商州每年上供絹不過六百匹，臣給馬價每日約支五千餘匹。臣等思惟無益之甚，乞陛下深悟其理。’帝曰：

‘卿等商略可否以聞。’延光等議：‘戒緣邊鎮戍蕃部賣馬，即擇其良壯給券，具數以聞。’從之。”卷九九八《外臣部·姦詐門》唐明宗條長興四年六月己未：“新州王景戡奏：‘契丹國左右相牙盧究與臣書，稱被都要鎮偷竊馬三匹，速宜送來，不然則出兵剽掠。’范延光奏曰：‘北虜以我夏州未平，欲詭間相窺。時向初秋，所宜防備，緣邊戍兵合交番者宜且留，候秋獲訖令還。’從之。”《新五代史》卷五一《范延光傳》：“夏州李仁福卒，其子彝超自立而邀旄節。明宗遣安從進代之，彝超不受代。以兵攻之，久不克。隰州刺史劉遂凝馳驛入見獻策，言綏、銀二州之人，皆有内嚮之意，請除二刺史以招降之。延光曰：‘王師問罪，本在彝超，夏州已破，綏、銀豈足顧哉！若不破夏州，雖得綏、銀，不能守也。’遂凝又請自馳入説彝超使出降，延光曰：‘一遂凝，萬一失之不足惜，所惜者朝廷大體也。’是時，王淑妃用事，遂凝兄弟與淑妃有舊，方倚以蒙恩寵，所言無不聽，而大臣以妃故，多不敢争，獨延光從容沮止之。明宗有疾，不能視朝，京師之人，詾詾異議，藏竄山谷，或寄匿於軍營，有司不能禁。或勸延光以嚴法制之，延光曰：‘制動當以静，宜少待之。’已而明宗疾少間，京師乃定。”《通鑑》卷二七八長興三年十月壬申條：“重誨死，王淑妃與宣徽使孟漢瓊宣傳帝命，范延光、趙延壽爲樞密使，從榮皆輕侮之。”同年長興四年八月諸條：“太僕少卿何澤見上寢疾，秦王從榮權勢方盛，冀己復進用，表請立從榮爲太子。上覽表泣下，私謂左右曰：‘群臣請立太子，朕當歸老太原舊第耳。’不得已，丙戌，詔宰相樞密使議之。丁卯，從榮見上，言曰：‘竊聞有姦人請立臣爲太子；臣幼小，且願學治軍民，不願當此名。’上曰：‘群臣所欲也。’從榮退，見范延光、趙延壽曰：‘執政欲以吾爲太子，是欲奪我兵柄，幽之東宫耳。’延光等知上意，且懼從榮之言，即具以白上；辛未，制以從榮爲天下兵馬大元帥。”同卷長興四年十月乙卯條：“范延光、馮贇奏：‘西北諸胡賣馬者往來如織，日用絹無慮五千匹，計耗國用什之七，請委緣邊鎮戍擇諸胡所賣馬良者給券，具數以聞。’從之。”

同年十一月甲戌條："上餞范延光，酒罷，上曰：'卿今遠去，事宜盡言。'對曰：'朝廷大事，願陛下與内外輔臣參決，勿聽群小之言。'遂相泣而别。時孟漢瓊用事，附之者共爲朋黨以蔽惑上聽，故延光言及之。"卷二七九清泰元年二月己卯條："朱弘昭、馮贇不欲石敬瑭久在太原，且欲召孟漢瓊，己卯，徙成德節度使范延光爲天雄節度使，代漢瓊。"

[3]清泰：五代後唐末帝李從珂年號（934—936）。

[4]汴州：州名。治所在今河南開封市。　節度使：官名。唐時在重要地區所設掌握一州或數州軍、民、財政的長官。　"清泰中"至"出爲汴州節度使"：《輯本舊史》卷四六《唐末帝紀上》清泰元年（934）五月庚戌條："以天雄軍節度使范延光爲樞密使，封齊國公。"卷四七《唐末帝紀中》清泰二年二月甲戌條："以樞密使、天雄軍節度使范延光爲檢校太師、兼中書令，充汴州節度使。"卷四八《唐末帝紀下》清泰三年五月丙申條："以雍王重美與汴州節度使范延光結婚，詔兖王從溫主之。"《宋本册府》卷八二八《總録部·論薦門》："范延光爲汴州節度。清泰三年，以汴州觀察判官王仁裕仕蜀，至中書舍人，蜀亡東徙，累爲藩府從事，至是，延光言其不可滯於賓佐，帝亦知之，故以爲司封員外郎，知制誥，充翰林學士。"

[5]魏府：地名。即魏州。治所在今河北大名縣。　張令昭：人名。籍貫不詳。五代後唐將領。事見本書卷四八。　劉延皓：人名。應州渾元（今山西渾源縣）人。五代將領，後唐劉皇后之弟。傳見本書卷六九、《新五代史》卷一六。

[6]唐末帝：即五代後唐末帝李從珂。又稱廢帝。934年至936年在位。鎮州（今河北正定縣）人。後唐明宗養子，明宗入洛陽，他率兵追隨，以功拜河中節度使，封潞王。紀見本書卷四六至卷四八、《新五代史》卷七。

[7]鄴都：地名。治所在今河北大名縣。五代後唐同光元年（923），改魏州爲興唐府，建號東京。三年，改東京爲鄴都。　留

守：官名。古代皇帝出巡或親征時指定親王或大臣留守京城，綜理國家軍事、行政、民事、財政等事務，稱京城留守。在陪都或軍事重鎮也常設留守，以地方長官兼任。

[8]檢校太師：官名。爲散官或加官，以示恩寵加此官，無實際執掌。　中書令：官名。漢代始置，隋、唐前期爲中書省長官，屬宰相之職，唐後期多爲授予元勳大臣的虚銜。正二品。　“會魏府屯將張令昭”至“兼中書令”：《輯本舊史》卷四八《唐末帝紀下》清泰三年六月甲戌條：“以汴州節度使范延光爲天雄軍四面招討使，知行府事。”同年七月戊子條：“范延光奏，領軍至鄴都攻城。”同月戊申條：“范延光奏，此月二十一日收復鄴都，群臣稱賀。”同月壬子條：“詔范延光誅張令昭部下五指揮及忠鋭、忠肅兩指揮。繼范延光奏，追兵遣襲張令昭部下敗兵至邢州沙河，斬首三百級，並獻張令昭、邢立、李貴等首級。又奏，獲張令昭同惡捧聖指揮使米全以下諸指揮使都頭凡十三人，并磔於府門。”同年八月己未條：“以汴州節度使范延光爲天雄軍節度使、守太傅、兼中書令。”

[9]張生：人名。籍貫不詳。五代後唐、後晋時術士。事見本書本卷、《新五代史》卷五一。

及高祖建義於太原，[1]唐末帝遣延光以本部二萬屯遼州，[2]與趙延壽掎角合勢，[3]及延壽兵敗，延光促還，故心不自安。[4]高祖入洛，尋封臨清王，以寬其反側。後延光擅殺齊州防禦使祕瓊，[5]而聚兵部下，復收部内刺史入城，[6]高祖甚疑之，乃東幸夷門。[7]時延光有牙校孫鋭者，[8]與延光有鄉曲之舊，軍機民政，一以委焉。故魏博六州之賦，[9]無半錢上供，符奏之間，有不如意者，鋭即對延光毁之，其兇戾也如此。初，朝廷遣使封延光爲臨清王，因會僚屬，延光暴得疾，伏枕經旬，鋭乃密惑群小，召澶州刺史馮暉等，[10]以不臣之謀逼於延光，延光亦惑於術者，因而聽之。

[1]高祖：當爲“太祖”之誤。據中華書局本有校勘記，本書卷一三一《賈緯傳》作“太祖”。按吴縝《纂誤》卷下：“今按王峻爲相，正周太祖時，今呼爲‘高祖’者，誤也。”

[2]遼州：州名。治所在今山西左權縣。

[3]趙延壽：人名。常山（今河北正定縣）人。本姓劉，爲五代後唐將領趙德鈞養子。仕至後唐樞密使，遼朝幽州節度使、燕王。傳見本書卷九八、《遼史》卷七六。

[4]“及高祖建義於太原”至“故心不自安”：《輯本舊史》卷四八《唐末帝紀下》清泰三年（936）九月甲辰條：“詔范延光率兵由青山路趨榆次。”同年十一月庚寅條：“以范延光爲河東道東南面行營招討使，以李周副之。帝以吕琦嘗佐幽州幕，乃命齎都統官告以賜德鈞，兼犒軍士。琦至，從容宣帝委任之意，德鈞曰：‘既以兵相委，焉敢惜死！’德鈞志在併范延光軍，奏請與延光會合。帝以詔諭延光，延光不從。”同月庚子條：“范延光奏，軍至榆次，蕃軍退入河東川界。”卷七五《晋高祖紀一》清泰三年九月辛丑條：“契丹主率衆自雁門而南，旌旗不絶五十里餘。”同月辛亥條：“末帝詔……魏博節度使范延光統本軍二萬人屯遼州。”

[5]齊州：州名。治所在今山東濟南市。　防禦使：官名。唐代始置，設有都防禦使、州防禦使兩種。常由刺史或觀察使兼任，實際上爲唐代後期州或方鎮的軍政長官。　祕瓊：人名。平山（今河北平山縣）人。五代後晋將領。傳見本書卷九四。

[6]刺史：官名。漢武帝始置。州一級行政長官。總掌考核官吏、勸課農桑、地方教化等事。唐中期以後，節度使、觀察使轄州而設，刺史爲其屬官，職任漸輕。從三品至正四品下。

[7]“高祖入洛”至“乃東幸夷門”：《輯本舊史》卷七六《晉高祖紀二》天福二年（937）正月庚申條：“天雄軍節度使、兼中書令范延光改封秦國公，加食邑實封。”同月丙寅條：“魏府范延光奏：‘當管夏津鎮捕賊兵士誤殺却新齊州防禦使祕瓊。’初，延光將萌異志，使人潛結於瓊，諾之。及是，以瓊背其謀，密使精騎殺之，由是延光反狀明矣。”同年五月壬申條：“天雄軍節度使、守太傅、兼中書令、興唐尹范延光進封臨清王，加食邑三千户。”《通鑑》卷二八一天福二年正月丁卯條：“唐潞王素與延光善，及趙德鈞敗，延光自遼州引兵還魏州，雖奉表請降，内不自安，以書潛結祕瓊，欲與之爲亂；瓊受其書不報，延光恨之。瓊將之齊……延光奏稱夏津捕盜兵誤殺瓊，帝不問。”同年三月丙寅條：“范延光聚卒繕兵，悉召巡内刺史集魏州，將作亂。會帝謀徙都大梁，桑維翰曰：‘大梁北控燕、趙，南通江、淮，水陸都會，資用富饒。今延光反形已露，大梁距魏不過十驛，彼若有變，大軍尋至，所謂疾雷不及掩耳也。’丙寅，下詔，託以洛陽漕運有闕，東巡汴州。”《新五代史》卷八《晉本紀》天福二年正月丁卯條：“天雄軍節度使范延光殺齊州防禦使祕瓊。”

[8]牙校：即軍校。爲低級武職。　孫鋭：人名。籍貫不詳。五代藩鎮低級軍官。事見本書本卷。

[9]魏博：唐五代藩鎮名。魏博節度使，又稱天雄節度使，轄魏、博、相、貝、衛、澶六州，其地位於今河北大名縣一帶。

[10]澶州：州名。唐、五代初，治所在今河南清豐縣。後晉天福四年（939），移治於今河南濮陽縣。　馮暉：人名。魏州（今河北大名縣）人。五代後唐至後周將領。傳見本書卷一二五、《新五代史》卷四九。

天福二年夏六月，[1]遣鋭與暉將步騎二萬，南抵黎陽。[2]時鋭以女妓十餘輩從之，擁蓋操扇，必歌吹而後食，將士煩熱，覩之解體，尋爲王師所敗，賊衆退還鄴城。高祖繼遣楊光遠討之，[3]延光知事不濟，乃殺孫鋭以歸其罪，發人賫表待罪，且邀姑息，高祖不許。[4]及經歲受圍，城中饑窘，高祖以師老民勞，思解其役，遣謁者入，謂之曰："卿既危蹙，破在旦夕，若能返掌轉規，[5]改節歸我，我當以大藩處之；如降而殺之，則何以享國？明明白日，可質是言。"因賜鐵券，改封高平郡王，[6]移鎮天平。[7]延光謂門人李式曰：[8]"主上敦信明義，言無不踐，許以不死，則不死矣。"因撤守備，素服請降。[9]及赴汶上，[10]踰月入覲。尋表請罷免，高祖再三答諭方允，制以延光爲太子太師致仕。[11]居闕下期歲，高祖每召賜飲宴，待之與群臣無間。[12]

[1]天福：五代後晋高祖石敬瑭年號（936—942）。出帝石重貴沿用至九年（944）。後漢高祖劉知遠繼位後沿用一年，稱天福十二年（947）。

[2]黎陽：縣名。治所在今河南浚縣。

[3]楊光遠：人名。沙陀部人。五代後唐、後晋將領。傳見本書本卷、《新五代史》卷五一。

[4]"天福二年夏六月"至"高祖不許"："南抵黎陽"後有《舊五代史考異》："《通鑑》云：延光以馮暉爲都部署，以孫鋭爲兵馬都監。"此《考異》中華書局本有校勘記："'孫鋭'，原作'孫棁'，據殿本、劉本、《通鑑》卷二八一改。"《輯本舊史》卷七六《晋高祖紀二》天福二年（937）六月甲午條："六宅使張言自魏府回，奏范延光叛命。滑州符彦饒飛奏，有兵士自北來，傳范延光到黎陽，乞發兵屯禦。宣遣客省使李守貞往延光所問罪。尋命護聖都指揮使白奉進領騎士一千五百赴白馬渡巡檢。"同月丁酉條："白奉

進奏：‘捉得賊卒張柔，稱范延光差澶州刺史馮暉充一行都部署，元從都押衙孫鋭充一行兵馬都監。’帝覽奏，謂侍臣曰：‘朕雖寡德寡謀，自謂不居延光之下，而馮暉、孫鋭過於兒戲，朝夕就擒，安能抗拒大軍爲我之患乎！’”同月乙巳條：“范延光差牙將王知新齎表到闕，不令朝見，收付武德司。”同月丁未條：“張從賓亦叛，與范延光叶謀。”同年七月甲寅條：“削奪范延光在身官爵。”《通鑑》卷二八一天福二年六月己亥條：“范延光以馮暉爲都部署，孫鋭爲兵馬都監，將步騎二萬循河西抵黎陽口。”同年七月壬子條：“范延光遣使以蠟丸招誘失職者，右武衛上將軍婁繼英、右衛大將軍尹暉在大梁，温韜之子延濬、延沼、延衮居許州，皆應之。延光令延濬兄弟取許州，聚徒已及千人。繼英、暉事泄，皆出走。壬子，敕以延光姦謀，誣汙忠良，自今獲延光諜人，賞獲者，殺諜人，禁蠟書，勿以聞。”同月戊寅條：“范延光知事不濟，歸罪於孫鋭而族之，遣使奉表待罪，戊寅，楊光遠以聞，帝不許。”

［5］若能返掌轉規：中華書局本有校勘記：“‘若’字原闕，據《册府》卷一六六補。”見《宋本册府》卷一六六《帝王部·招懷門四》晉高祖條天福三年八月。

［6］高平郡王：《輯本舊史》之原輯者案語：“《歐陽史》作東平郡王。”

［7］天平：方鎮名。治所在鄆州（今山東東平縣）。

［8］李式：人名。籍貫不詳。五代後晉官員。事見本書卷七七。《輯本舊史》之原輯者案語：“《歐史》作副使李式。”見《新五代史》卷五一《范延光傳》。

［9］“及經歲受圍”至“素服請降”：《舊五代史考異》：“案《通鑑》云：延光猶遷延未決，宣徽南院使劉處讓復入諭之，延光意乃決。”《輯本舊史》卷七七《晉高祖紀三》天福三年九月諸條：“己酉，宫苑使焦繼勳自軍前押范延光牙將馬謂齎歸命請罪表到闕。壬子，延光領部下兵士素服於本府門俟命，有詔釋罪……丙寅……范延光差節度副使李式到闕，奉表首罪，兼進玉帶一條……己巳，

復范延光官爵。其制略曰：'……可復推誠奉義佐運致理功臣、天雄軍節度、管内觀察處置等使、開府儀同三司、守太傅、兼中書令、廣晋尹、上柱國、臨清王，食邑一萬户，食實封一千户，改授鄆州刺史、天平軍節度、鄆齊等州觀察處置等使，賜鐵券，改封高平郡王，仍令擇日備禮册命。'"《宋本册府》卷一六六晋高祖條天福三年三月："詔送箭書二百，遣楊光遠射入賊城，除范延光外，並不爲罪。"《新五代史》卷五一："晋以箭書二百射城中，悉赦魏人，募能斬延光者……初，高祖赦降延光，語使者謂之曰：'許卿不死矣，若降而殺之，何以享國？'延光謀於副使李式，式曰：'主上敦信明義，許之不死，則不死矣。'乃降。"《通鑑》卷二八一天福三年八月壬午條："楊光遠奏前澶州刺史馮暉自廣晋城中出戰，因來降，言范延光食盡窮困。"同年九月乙巳條："楊光遠攻廣晋，歲餘不下，帝以師老民疲，遣内職朱憲入城諭范延光，許移大藩，曰：'若降而殺汝，白日在上，吾無以享國。'延光謂節度副使李式曰：'主上重信，云不死則不死矣。'乃撤守備，然猶遷延未決。宣徽南院使劉處讓復入諭之，延光意乃決。九月，乙巳朔，楊光遠送延光二子守圖、守英詣大梁。"

[10]汶上：地名。位於今山東汶上縣。

[11]太子太師：官名。與太子太傅、太子太保統稱太子三師。隋唐以後多作加官或贈官。從一品。　致仕：官員告老辭官。

[12]"及赴汶上"至"待之與群臣無間"：《輯本舊史》卷七七《晋高祖紀三》天福三年十月戊寅條："鄆州范延光奏到任内。"同年十一月乙巳條："鄆州范延光來朝。"同月庚戌條："鄆州范延光上表乞休退，詔不允。"同月甲寅條："以范延光爲太子太師致仕。"卷七八《晋高祖紀四》天福四年正月丙午條："召太子太師致仕范延光宴于便殿，以延光歸命之後，慮懷疑懼，故休假之内，錫以款密。帝謂之曰：'無忿疾以傷厥神，無憂思以勞厥衷。朕方示信於四方，豈食言於汝也。'延光俯伏拜謝，其心遂安。"

一日，從容上奏，願就河陽私邸，以便頤養，高祖許之。[1]延光攜妻子輦奇貨從焉，每過郡邑，多爲關吏所糾。時楊光遠居守洛下，兼領孟懷，既利其財，復漸測朝廷密旨，遂奏云："延光國之奸臣，若不羈縻，必北走胡，南入吴，請召令西都居止。"高祖允之。光遠使其子承勳以兵環其第，逼令自裁。延光曰："明天子在上，賜金書許我不死，爾之父子何得脅制如此？"明旦，則以白刃驅之，令上馬之浮橋，排於水中。光遠紿奏云："延光投河自溺而死。"水運軍使曹千獲其屍郡東繆家灘。[2]高祖聞之，輟朝二日，詔許歸葬於鄴，[3]仍贈太師。[4]

[1]"一日"至"高祖許之"：《新五代史》卷五一《范延光傳》："及致仕居京師，歲時宴見，高祖待之與群臣無間，然心不欲使在京師。歲餘，使宣徽使劉處讓載酒夜過延光，謂曰：'上遣處讓來時，適有契丹使至，北朝皇帝問晋魏博反臣何在，恐晋不能制，當鎖以來，免爲中國後患。'延光聞之泣下，莫知所爲。處讓曰：'當且之洛陽，以避契丹使者。'延光曰：'楊光遠留守河南，吾之仇也。吾有田宅在河陽，可以往乎？'處讓曰：'可也。'乃挈其帑歸河陽。"

[2]水運軍使：官名。掌軍需的水路轉運、供給。軍使，五代時部隊統兵官。　曹千：人名。籍貫不詳。五代後晋將領。事見本書本卷、《新五代史》卷五一。　繆家灘：地名。今地不詳。

[3]歸葬於鄴：《輯本舊史》之原輯者案語："《歐陽史》云：歸葬相州，已葬，墓輒崩，破其棺槨，頭顱皆碎。"見《新五代史》卷五一。

[4]"明旦"至"仍贈太師"：《輯本舊史》卷七九《晋高祖

紀五》天福五年（940）八月己未條："太子太師致仕范延光卒於河陽，廢朝二日，贈太師。"《通鑑》卷二八二天福五年七月己未條："太子太師致仕范延光請歸河陽私第，帝許之。延光重載而行。西京留守楊光遠兼領河陽，利其貨，且慮爲子孫之患，奏：'延光叛臣，不家汴、洛而就外藩，恐其逃逸入敵國，宜早除之！'帝不許。光遠請敕延光居西京，從之。光遠使其子承貴以甲士圍其第，逼令自殺。延光曰：'天子在上，賜我鐵券，許以不死，爾父子何得如此？'己未，承貴以白刃驅延光上馬，至浮梁，擠于河。光遠奏云自赴水死，帝知其故，憚光遠之强，不敢詰；爲延光輟朝，贈太師。"

延光初爲近臣，及領重鎮，禮賢接士，動皆由禮，故甚獲當時之譽。洎鎮常山日，以部將梁漢瑭獲王都名馬，[1]入罪而取之。在魏州日，以齊州防禦使祕瓊獲董温琪珠金妓妾，[2]及經其境，復害而奪之，物議由是減之。及懼罪以謀叛，復忍耻以偷生，不能引決，遂至强死，何非夫之甚也！《永樂大典》卷一萬六千五百一十七。[3]

[1]梁漢瑭：人名。籍貫不詳。五代藩鎮軍官。事見本書本卷。中華書局本有校勘記："'梁漢瑭'，原作'梁漢唐'，據本書卷九五《梁漢璋傳》改。按漢瑭係漢璋之弟，兄弟名皆從'玉'。" 王都：人名。中山陘邑（今河北定州市）人。本姓劉，後爲義武軍節度使王處直養子。五代軍閥。傳見本書卷五四、《新五代史》卷三九。

[2]董温琪：人名。一作"董温其"。籍貫不詳。五代後唐、後晉將領。事見本書卷四七、卷四八。

[3]《大典》卷一六五一七"范"字韻"姓氏（四）"事目。

張從賓　附張延播

張從賓，未詳何許人也。[1]始事唐莊宗爲小校，從戰有功。唐天成中，[2]自捧聖指揮使領登州刺史，[3]遷左右羽林都校。從藥彦稠討楊彦温於河中，[4]平之。[5]長興中，領壽州忠正軍節度使，[6]加檢校太保、侍衛步軍都指揮使。[7]從賓素便佞，每進言，明宗多納之。有供奉官丁延徽者，[8]性貪狡，時奉詔監廩，以犯贓下獄，權貴多爲救解，明宗怒，不許。從賓因奏他事，言及延徽，明宗曰："非但爾言，蘇秦説予，[9]亦不得也。"延徽竟就戮。[10]長興末，從賓出鎮靈武，[11]加檢校太傅。[12]高祖即位，受代入覲，會車駕東幸，[13]留從賓警巡洛下。一日，逢留司御史於天津橋，[14]從兵百人，不分路而過，排御史於水中，從賓紿奏其酒醉，其兇傲如此。[15]及范延光據鄴城叛，詔從賓爲副部署使，[16]從楊光遠同討延光。會延光使人誘從賓，從賓時在河陽，乃起兵以應之。先害皇子重信，[17]及入洛，又害皇子重乂，[18]取内庫金帛以給部伍，因東據汜水關，[19]且欲觀望軍勢。高祖命杜重威、侯益分兵討之，[20]從賓大敗，乘馬入河，溺水而死焉。[21]《永樂大典》卷六千三百五十一。[22]

[1]張從賓，未詳何許人也：《宋本册府》卷九四〇《總録部·不嗣門》："晋張從賓，父全義爲河南尹四十年，積而能散，以至令終。及從賓、繼祚，好治生，商賈盈門，多藏而致禍也。"《張全義傳》見《輯本舊史》卷六三，《張繼祚傳》見卷九六。《繼祚

傳》言："（張）從賓敗，與二子詔戮於市。"

[2]天成：五代後唐明宗李嗣源年號（926—930）。

[3]捧聖指揮使：官名。所部統兵將領。捧聖爲部隊番號。登州：州名。治所在今山東蓬萊市。《輯本舊史》原作"澄州"。中華書局本有校勘記："'澄州'，本書卷四二《唐明宗紀八》作'登州'。"但未改。五代無澄州，今改。

[4]藥彦稠：人名。沙陀部人。五代後唐將領。傳見本書卷六六、《新五代史》卷二七。　楊彦温：人名。汴州（今河南開封市）人。五代後唐將領。傳見本書卷七四。　河中：方鎮名。治所在河中府（今山西永濟市）。

[5]從藥彦稠討楊彦温於河中，平之：明本《册府》卷一二三《帝王部·征討門》唐明宗條："長興元年四月，皇子河中節度使從珂遣人口奏曰：'今月五日，閲馬於黄龍莊，衙内指揮使楊彦温據城謀叛。尋時詰問，稱奉宣命。臣見在虞鄉縣，狀候進止。'帝謂安重誨曰：'亂臣賊子何代無之，安得有此語！'重誨曰：'奸賊之言也，宜速進討。'即命西京留守索自通、侍衛指揮使藥彦稠等率兵攻之，仍授彦温絳州刺史，冀以誘而擒之。彦稠辭，帝謂之曰：'與吾生致彦温，吾將面訊之。'遣左右羽林都指揮使張從賓率宿衛兵七指揮赴河中。是月，斬彦温。"

[6]壽州：州名。治所在今安徽壽縣。　忠正軍：方鎮名。治所在壽州（今安徽壽縣）。

[7]侍衛步軍都指揮使：官名。皇帝侍衛親軍步軍司最高長官。"長興中"至"侍衛步軍都指揮使"：《輯本舊史》卷四二《唐明宗紀八》長興二年（931）七月庚寅："以權侍衛馬軍都指揮使、登州刺史張從賓爲壽州節度使兼侍衛步軍都指揮使。"壽州先後在吴及南唐轄區，天成三年（928）十月，明宗遥置忠正軍，張從賓乃遥領，而非實任，其實職爲侍衛步軍都指揮使。《本紀》此處不當言"爲"。

[8]丁延徽：人名。籍貫不詳。五代官員。後以貪贓遭到處決。

事見本書卷二七、卷四三。

［9］蘇秦：人名。字季子，洛陽（今河南洛陽市）人。戰國時期縱横家、謀略家。遊歷諸國，主張關東諸國“合縱”以抗秦，佩六國相印。傳見《史記》卷六九。

［10］“從賓素便佞”至“延徽竟就戮”：《輯本舊史》卷四三《唐明宗紀九》長興三年十二月戊申：“供奉官丁延徽、倉官田繼勳並棄市，坐擅出倉粟數百斛故也。”

［11］靈武：郡名。治所在今寧夏吴忠市。唐肅宗乾元元年（758），改名靈州。此處代指治所在靈州的方鎮朔方軍。

［12］檢校太傅：官名。爲散官或加官，以示恩寵，無實際執掌。　“長興末”至“加檢校太傅”：《輯本舊史》卷四五《唐閔帝紀》應順元年（934）正月甲申條：“以侍衛步軍都指揮使、忠正軍節度使張從賓爲涇州節度使，加檢校太傅。”應順元年不得言“長興末”。《通鑑》卷二七八清泰元年（934）正月甲申條：“朱弘昭、馮贇忌侍衛馬軍都指揮使安彦威、侍衛步軍都指揮使、忠正節度使張從賓，甲申，出彦威爲護國節度使，以捧聖馬軍都指揮使朱洪實代之；出從賓爲彰義節度使，以嚴衛步軍都指揮使皇甫遇代之。”涇州爲彰義節度使治所，而靈武爲朔方節度使治所，長興四年與應順元年相差一年，故紀與傳所記時、地均有差異。《通鑑》卷二七九清泰元年三月條：“安彦威與山南西道張虔釗、武定孫漢韶、彰義張從賓、静難康福等五節度使奏合兵討鳳翔。”同月乙卯條：“日中，亂兵悉入，外軍亦潰，思同等六節度使皆遁去。”

［13］會車駕東幸：中華書局本有校勘記：“‘車’字原闕，據《册府》卷四五四補。”見明本《册府》卷四五四《將帥部·豪横門》。《通鑑》卷二八一天福二年（937）三月庚辰條：“帝發洛陽，留前朔方節度使張從賓爲東都巡檢使。”

［14］御史：御史臺執掌監察官員的泛稱。　天津橋：洛陽橋名。位於今河南洛陽市。

［15］其兇傲如此：中華書局本有校勘記：“《册府》卷四五四作

‘其兇傲多如此’。”明本《册府》卷四五四《將帥部·豪横門》作“而凶傲多如此”。

[16]副部署使：官名。五代軍事官員。

[17]重信：人名。即石重信。五代後晋高祖石敬瑭之子。傳見本書卷八七、《新五代史》卷一七。《新五代史》卷一七記重信時爲河陽三城節度使，當被殺於河陽。

[18]重乂：人名。即石重乂。五代後晋高祖石敬瑭之子。傳見本書卷八七、《新五代史》卷一七。中華書局本謂本書卷七六、卷九七及《通鑑》卷二八一皆云於河陽被殺者爲重信，於河南被殺者爲重乂，是。《新五代史》卷一七亦記重乂於河南被殺。

[19]汜水關：關隘名。位於今河南滎陽市汜水鎮。

[20]杜重威：人名。五代後晋將領。朔州（今山西朔州市朔城區）人。五代將領、石敬瑭妹婿。傳見本書卷一〇九、《新五代史》卷五二。　侯益：人名。汾州平遥（今山西平遥縣）人。五代將領。傳見《宋史》卷二五四。

[21]“及范延光據鄴城叛”至“溺水而死焉”：《輯本舊史》卷七六《晋高祖紀二》天福二年六月丁酉條：“以東都巡檢使張從賓充魏府西南面都部署。”同月丁未條：“詔侍衛使楊光遠充魏府四面都部署，以張從賓充副、兼諸軍都虞候。是日，張從賓亦叛，與范延光叶謀，害皇子河陽節度使重信、皇子東都留守重乂。”同月己酉條：“以奉國都指揮使侯益、護聖都指揮使杜重威領步騎五千往屯汜水關，備從賓之亂也。”《輯本舊史》卷七六《晋高祖紀二》天福二年七月甲寅條：“杜重威等奏：‘收下汜水關，破賊千人，張從賓及其殘黨奔投入河。’……敕：‘朋助張從賓、逆人張延播、張繼祚等十人，宜令收捕，親的骨肉並處斬。’”同年八月乙巳條：“詔：‘應自張從賓作亂以來，有曾被張從賓及張延播脅從染污者……除已誅戮外，並從釋放，一切不問。張繼祚在喪紀之中，承逆豎之意，顯從叛亂，難貸刑章。乃睠先臣，實有遺德，遽兹乏祀，深所軫懷。其一房家業，準法雖已藉没，所有先臣并祖父母墳

莊祠堂，並可交付骨肉主張。’……繼祚，故齊王全義之子也，故有是詔。”《通鑑》卷二八一天福二年七月丙辰條：“杜重威、侯益引兵至汜水，遇張從賓衆萬餘人，與戰，俘斬殆盡，遂克汜水。從賓走，乘馬渡河，溺死。獲其黨張延播、繼祚、婁繼英，送大梁，斬之，滅其族。”

［22］《大典》卷六三五一“張”字韻“姓氏（二一）”事目。

張延播者，汶陽人也。始爲郡之牙將，[1]唐同光初，明宗下其城，因收隸左右。天成中，累授檢校司空、兩河發運營田使、柳州刺史。[2]長興元年，出牧蔡州，[3]加檢校司徒，入爲左領軍衛大將軍，[4]充客省使。[5]伐蜀之役，命爲馬軍都監。[6]三年，遷鳳州防禦使、西面水陸轉運使。[7]高祖即位，除東都副留守。車駕幸汴，遣兼洛京巡檢使。[8]張從賓作亂，令延播知河南府事。[9]從賓敗，伏誅。[10]《永樂大典》卷六千三百五十一。[11]

［1］牙將：官名。古代軍隊中的中低級軍官。

［2］營田使：官名。唐置。掌營田事務。　柳州：州名。治所在今廣西柳州市。

［3］蔡州：州名。治所在今河南汝南縣。

［4］左領軍衛大將軍：官名。唐高祖置。掌宫禁宿衛。正三品。

［5］客省使：官名。唐代宗時始置，五代沿置。客省長官。掌接待四方奏計及外族使者。

［6］都監：官名。唐代中葉命將出征，常以宦官爲監軍、都監。後爲臨時委任的統兵官，稱都監、兵馬都監。掌屯戍、邊防、訓練之政令。

[7]鳳州：州名。治所在今陝西鳳縣。　轉運使：官名。唐、五代時期負責軍需物資的籌集、調運、供給。

[8]巡檢使：官名。五代始置，設於京師、陪都、重要的州及邊防重鎮。　車駕幸汴，遣兼洛京巡檢使：《輯本舊史》卷七六《晋高祖紀二》天福二年（937）六月丁酉條："以東都副留守張延播充洛京都巡檢使。"

[9]張從賓作亂，令延播知河南府事：《通鑑》卷二八一天福二年六月丁未條："從賓又引兵入洛陽，殺皇子權東都留守重乂，以東都副留守、都巡檢使張延播知河南府事，從軍。"

[10]從賓敗，伏誅：《通鑑》卷二八一天福二年七月丙辰條："杜重威、侯益引兵至汜水，遇張從賓衆萬餘人，與戰，俘斬殆盡，遂克汜水。從賓走，乘馬渡河，溺死。獲其党張延播、繼祚、婁繼英，送大梁，斬之，滅其族。"《輯本舊史》卷七六天福二年七月甲寅條："杜重威等奏：'收下汜水關，破賊千人，張從賓及其殘黨奔投入河。'……敕：'朋助張從賓、逆人張延播、張繼祚等十人，宜令收捕，親的骨肉並處斬。'"同年八月乙巳條："詔：'……應自張從賓作亂以來，有曾被張從賓及張延播脅從染污者，除已誅戮外，並從釋放，一切不問。'"

[11]《大典》卷六三五一"張"字韻"姓氏（二一）"事目。

楊光遠　子承勳

楊光遠，小字阿檀，及長，止名檀，唐天成中，以明宗改御名爲亶，以偏傍字犯之，始改名光遠。[1]字德明，其先沙陀部人也。父阿噔啜，後改名瑊，事唐武皇爲隊長。光遠事莊宗爲騎將，唐天祐中，[2]莊宗遣振武節度使周德威討劉守光於幽州，[3]因令光遠隸於德威麾下。後與德威拒契丹於新州，[4]一軍以深入致敗，因傷其臂，遂廢，罷於家。莊宗即位，思其戰功，命爲幽州馬步軍都指揮使、檢校尚書右僕射，[5]戍瓦橋關久之。[6]明宗朝，歷嬀、瀛、易、冀四州刺史。[7]

[1]“唐天成中”至“始改名光遠”：《舊五代史考異》：“《薛史·唐紀》：清泰二年，楊檀始改名光遠，非天成中即改名也。”《輯本舊史》卷四七《唐末帝紀中》清泰二年（935）五月庚戌條：“中書奏：‘準天成三年正月敕，凡廟諱但迴避正文，其偏旁文字不在減少點畫。今定州節度使楊檀、檀州、金壇等名，酌情制宜，並請改之。其表章文案偏旁字闕點畫，凡臣僚名涉偏旁，亦請改名。’詔曰：‘偏旁文字，音韻懸殊，止避正呼，不宜全改。楊檀宜賜名光遠，餘依舊。’”

[2]天祐：唐昭宗李曄開始使用的年號（904）。唐哀帝李柷即位後沿用（904—907）。唐亡後，河東李克用、李存勗仍稱天祐，沿用至天祐二十年（923）。五代其他政權亦有行此年號者，如南吴、吴越等，使用時間長短不等。

[3]振武：方鎮名。五代後梁貞明二年（916）以前，治所位於單于都護府城（今内蒙古和林格爾縣）。貞明二年單于都護府城爲契丹占據。此後至後唐清泰三年，治所位於朔州（今山西朔州市朔城區）。後晋隨燕雲十六州割予契丹，改名順義軍。　周德威：人名。馬邑（今山西朔州市朔城區）人。唐末、五代河東將領。傳見本書卷五六、《新五代史》卷二五。　劉守光：人名。深州樂壽（今河北獻縣）人。唐末、五代幽州節度使劉仁恭之子。劉守光囚父自立，後號大燕皇帝，爲晋王李存勗俘殺。傳見本書卷一三五、《新五代史》卷三九。　幽州：州名。治所在今北京市。

[4]契丹：古部族、政權名。公元4世紀中葉宇文部爲前燕攻破，始分離而成單獨的部落，自號契丹。唐貞觀中，置松漠都督

府，以其首領爲都督。唐末强盛，916年迭剌部耶律阿保機建立契丹國（遼）。先後與五代、北宋並立，保大五年（1125）爲金所滅。參見張正明《契丹史略》，中華書局1979年版。　新州：州名。治所在今河北涿鹿縣。

[5]馬步軍都指揮使：官名。五代時侍衛親軍長官。多爲皇帝親信。　檢校尚書右僕射：官名。爲散官或加官，以示恩寵，無實際執掌。

[6]瓦橋關：唐置。位於今河北雄縣。五代後晋初地入契丹。後周顯德六年（959）收復，建爲雄州。與益津、淤口合稱三關。

[7]嬀：州名。治所在今河北懷來縣。　瀛：州名。治所在今河北河間市。　易：州名。治所在今河北易縣。　冀：州名。治所在今河北衡水市冀州區。　明宗朝，歷嬀、瀛、易、冀四州刺史：《新五代史》卷五一《楊光遠傳》："明宗時，爲嬀、瀛、冀、易四州刺史，以治稱。"四州次序與此異。

光遠雖不識字，然有口辯，通於吏理，在郡有政聲，明宗頗重之。長興中，契丹有中山之敗，[1]生擒其將李和等數十人，[2]送于闕下，其後契丹既通和，遣使乞歸之，明宗與大臣謀議，特放還蕃。一日，召光遠於便殿言其事，光遠曰："李和等，北土之善戰者，彼失之如喪手足；又在此累年，備諳中國事，若放還非便。"明宗曰："蕃人重盟誓，既通歡好，必不相負。"光遠曰："臣恐後悔不及也。"明宗遂止，深嘉其抗直。後自振武節度使移鎮中山，累加檢校太傅，將兵戍蔚州。[3]

[1]中山：地名。此處代指唐末河北方鎮義武軍（治所在定州）。時王都任義武軍節度使。

［2］李和：人名。籍貫不詳。契丹將領。事見本書本卷。

［3］蔚州：州名。治所在今河北蔚縣。　“長興中”至“將兵戍蔚州”：《輯本舊史》卷四三《唐明宗紀九》長興三年（932）四月戊午條：“契丹累遣使求歸則剌、惕隱等，幽州趙德鈞奏請不俞允。帝顧問侍臣，亦以爲不可與。帝意欲歸之，會冀州刺史楊檀罷郡至闕，帝問其事，奏曰：‘此輩來援王都，謀危社稷，陛下寬慈，貸其生命。苟若歸之，必復向南放箭，既知中國事情，爲患深矣。’帝然之。”卷四四《唐明宗紀十》長興四年九月壬寅條：“以北面行營都指揮使、易州刺史楊檀爲振武軍節度使。”卷四五《唐閔帝紀》應順元年（934）正月辛丑條：“以振武軍節度使、安北都護楊檀兼大同、彰國、振武、威塞等軍都虞候，充北面馬軍都指揮使。”卷四六《唐末帝紀上》清泰元年（934）十一月甲寅條：“以振武節度使楊光遠充大同、彰國、振武、威塞等軍兵馬都虞候。”卷四七《唐末帝紀中》清泰二年二月庚午條：“振武軍節度使楊檀移鎮定州、兼北面行營馬步都虞候。”同年六月庚辰條：“北面招討使趙德鈞奏，行營馬步軍都虞候、定州節度使楊光遠，行營排陣使、邢州節度使安審琦帥本軍至易州，見進軍追襲契丹次。”《新五代史》卷七《唐本紀》清泰三年五月乙卯條：“建雄軍節度使張敬達爲太原四面都招討使，義武軍節度使楊光遠爲副。”卷五一《楊光遠傳》：“光遠自易州刺史拜振武軍節度使。清泰二年，徙鎮中山，兼北面行營都虞候，禦契丹於雲、應之間。”

高祖舉義於太原，唐末帝遣光遠與張敬達屯兵於城下，[1]俄而契丹大至，爲其所敗，圍其寨久之，軍中糧盡，光遠乃與次將安審琦等殺敬達，[2]擁衆歸命。[3]從高祖入洛，加檢校太尉，[4]充宣武軍節度使、同平章事，[5]判六軍諸衛事。[6]是時，光遠每對高祖，常挹然不樂，高祖慮有不足，密遣近臣訊之。光遠附奏曰：“臣貴爲將相，非有不足，但以張生鐵死得其所，臣弗如也，衷心内愧，是以不樂。”生鐵，蓋敬達之小字也。高祖聞其言，以光遠爲忠純之最者也。其實光遠故爲其言，以邀高祖之重信也。

[1]張敬達：人名。代州（今山西代縣）人。五代後唐將領。傳見本書卷七〇、《新五代史》卷三三。

[2]安審琦：人名。沙陀部人。五代將領。歷仕後唐、後晉、後漢、後周。傳見本書卷一二三。

[3]“高祖舉義於太原”至“擁衆歸命”：《輯本舊史》卷四八《唐末帝紀下》清泰三年（936）閏十一月甲子條：“太原行營副招討使楊光遠殺招討使張敬達於晉安寨，以兵降契丹。時契丹圍寨，自十一月以後芻糧乏絶，軍士毁居屋茅、淘馬糞、削松柹以供秣飼，馬尾鬣相食俱盡。楊光遠謂敬達曰：‘少時人馬俱盡，不如奮命血戰，十得三四，猶勝坐受其弊。’敬達曰：‘更少待之。’一日，光遠伺敬達無備，遂殺之，與諸將同降契丹。”《新五代史》卷五一《楊光遠傳》：“契丹圍之數月，人馬食盡，殺馬而食，馬盡，乃殺敬達出降。耶律德光見之，靳曰：‘爾輩大是惡漢兒。’光遠與諸將初不知其誚己，猶爲謙言以對，德光曰：‘不用鹽酪，食一萬匹戰馬，豈非惡漢兒邪！’光遠等大慚伏。德光問曰：‘懼否？’皆曰：‘甚懼。’曰：‘何懼？’曰：‘懼皇帝將入蕃。’德光曰：‘吾國無土地官爵以居汝，汝等勉事晋。’晋高祖以光遠爲宣武軍節度使、侍衛馬步軍都指揮使。”《通鑑》卷二八〇天福元年五月丙午條：“以張敬達爲太原四面兵馬都部署，以義武節度使楊光遠爲副部署。”同年六月甲戌條：“以張敬達充太原四面招討使，以楊光遠爲副使。”同年八月戊寅條：“唐主使端明殿學士吕琦至河東行營犒軍，楊光遠謂琦曰：‘願附奏陛下，幸寬宵旰。賊若無援，旦夕當平；若引契丹，當縱之令入，可一戰破也。’帝甚悦。”同年閏十一月丙

寅條："以楊光遠爲侍衛馬步軍都指揮使。"

[4]檢校太尉：官名。爲散官或加官，以示恩寵加此官，無實際執掌。太尉，與司徒、司空並爲三公。

[5]宣武軍：方鎮名。唐舊鎮，治所在汴州（今河南開封市）。五代後梁開平元年（907）升汴州爲東京開封府。開平三年置宣武軍於宋州（今河南商丘市睢陽區）。後唐同光元年（923）改宋州宣武軍爲歸德軍。廢東京開封府，重建宣武軍於汴州。後晉天福三年（938），改爲東京開封府。除天福十二年、十三年短暫改爲宣武軍外，汴京均爲東京開封府。

[6]判六軍諸衛事：武官名。五代時後唐沿唐代舊制置六軍諸衛，以判六軍諸衛事爲禁軍六軍與諸衛的最高統帥。　"從高祖入洛"至"判六軍諸衛事"《輯本舊史》卷七六《晉高祖紀二》天福二年四月丁酉條："宣武軍節度使、侍衛親軍使楊光遠加兼侍中。"

明年，范延光據鄴城叛，高祖命光遠率師討之。[1]將濟河，會滑州軍亂，[2]時軍衆欲推光遠爲主。[3]光遠曰："自古有折臂天子乎？且天子豈公輩販弄之物？[4]晉陽之降，乃勢所窮迫，今若爲之，直反賊也。"由是其下惕然，無復言者。高祖聞之，尤加寵重。光遠既圍延光，尋授魏博行府節度使。兵柄在手，以爲高祖懼己，稍干預朝政，或抗有所奏，高祖亦曲從之。復下詔以其子承祚尚長安公主，次子承信皆授美官，恩渥殊等，爲當時之冠。[5]桑維翰爲樞密使，[6]往往彈射其事，光遠心銜之。及延光降，光遠入朝，面奏維翰擅權。高祖以光遠方有功於國，乃出維翰鎮相州，光遠爲西京留守，[7]兼鎮河陽，因罷其兵權。[8]光遠由此怨望，潛貯異志，多以珍玩奉契丹，訴己之屈；又私養部曲千餘人，撓法犯禁，河、洛之人，恒如備盗。尋册拜太尉、兼中書令。

［1］“明年”至“高祖命光遠率師討之”：《輯本舊史》卷七六《晋高祖紀二》天福二年（937）六月丁酉條：“遣侍衛使楊光遠領步騎一萬赴滑州。”同月丁未條：“詔侍衛使楊光遠充魏府四面都部署。”《通鑑》卷二八一天福二年六月戊戌條：“遣侍衛都軍使楊光遠將步騎一萬屯滑州。”同月辛丑條：“楊光遠奏引兵踰胡梁渡。”

［2］滑州：地名。治所在今河南滑縣。

［3］時軍衆欲推光遠爲主：中華書局本有校勘記：“‘主’原作‘王’，據殿本、劉本、孔本、彭本、《通鑑》卷二八一改。”

［4］且天子豈公輩販弄之物：中華書局本有校勘記：“‘豈’原作‘蓋’，據劉本、邵本校、《通鑑》卷二八一改。”《通鑑》卷二八一天福二年七月甲寅條：“楊光遠自白皋引兵趣滑州，士卒聞滑州亂，欲推光遠爲主。光遠曰：‘天子豈汝輩販弄之物！晋陽之降出於窮迫，今若改圖，真反賊也！’其下乃不敢言。”同月乙卯條：“以楊光遠爲魏府行營都招討使、兼知行府事。”同月丙辰條：“馮暉、孫鋭引兵至六明鎮，光遠引之渡河，半渡而擊之，暉、鋭衆大敗，多溺死，斬首三千級，暉、鋭走還魏。”同月丙辰條：“楊光遠奏知博州張暉舉城降。”《新五代史》卷八《晋本紀》天福二年七月壬申條：“楊光遠克博州。”

［5］“光遠既圍延光”至“爲當時之冠”：《輯本舊史》卷七六《晋高祖紀二》天福二年九月甲寅條：“魏府招討使楊光遠進攻城圍。”同年十一月庚戌條：“賜楊光遠空名官告，自司空至常侍凡四十道，將士立功者，得補之而後奏。”卷七七《晋高祖紀三》天福三年四月戊子條：“宣武軍節度、侍衛親軍馬步軍都指揮使、廣晋府行營都招討使楊光遠加兼中書令。”同年六月丁酉條：“詔：‘……應常帶使相節度使，自楊光遠已下凡七人，並改鄉里名

號。’”《宋本册府》卷一六六《帝王部·招懷門》晉高祖條天福三年三月：“詔送箭書二百，遣楊光遠射入賊城，除范延光，並不爲罪。”卷一七九《帝王部·姑息門》晉高祖條天福三年五月：“賜汴州節度使楊承祚衣一襲、通犀帶靴、笏、銀鞍轡、馬等物。又太妃、皇后各有所賜。帝以鄴城將下，光遠方綰兵柄，故通姻好以固之。所賜，汴俗謂之繫女壻。”卷三六九《將帥部·攻取門二》：“楊光遠爲宣武軍節度使、判六軍諸衛事。時范延光據鄴城叛，光遠率兵討之，光遠進攻城圖，又奏賊城四面凍合壕水，請添兵併力攻取。尋分命使臣往諸道抽取，齊赴魏州軍前。光遠逼寇氏門置寨，賊勢愈蹙。”明本《册府》卷四九七《邦計部·河渠門二》晉高祖條天福三年二月：“楊光遠進《黄河衝注水勢圖》。”《通鑑》卷二八一天福二年七月戊寅條：“范延光知事不濟，歸罪於孫鋭而族之，遣使奉表待罪，戊寅，楊光遠以聞，帝不許。”同卷天福三年八月壬午條：“楊光遠奏前澶州刺史馮暉自廣晉城中出戰，因來降，言范延光食盡窮困。”同年九月乙巳條：“楊光遠攻廣晉，歲餘不下，帝以師老民疲，遣内職朱憲入城諭范延光……九月，乙巳朔，楊光遠送延光二子守圖、守英詣大梁。”

[6]桑維翰：人名。五代後晉大臣。爲張彦澤所殺。傳見本書卷八九、《新五代史》卷二九。

[7]西京留守：官名。唐玄宗久住東都洛陽，天寶元年（742）以京師長安爲西京，改西都留守爲西京留守，仍掌京師軍政要務。肅宗以後稱長安爲上都，仍沿用西京留守舊稱。

[8]“桑維翰爲樞密使”至“因罷其兵權”：《舊五代史考異》：“《通鑑考異》云：《晉高祖實録》：‘天福三年十月壬辰，維翰、崧罷樞密使。庚子，光遠始入朝，對于便殿。十一月戊申，光遠爲西京留守。天福四年閏七月壬申，維翰出爲相州節度使。’與此傳先後相異。”此《考異》中華書局本有校勘記：“‘天福三年十月壬辰’，‘十月’二字原闕，據《通鑑》卷二八一《考異》引《晉高祖實録》補。”《輯本舊史》卷七七《晉高祖紀三》天福三年九月

辛未條："以魏府招討使楊光遠檢校太師、兼中書令，行廣晋尹，充天雄軍節度使。"同年十月庚子條："楊光遠朝覲到闕，對於便殿，錫賚甚厚。"《通鑑》卷二八一天福三年九月庚午條："楊光遠表乞入朝。"同年十月戊子條："初，郭崇韜既死，宰相罕有兼樞密使者。帝即位，桑維翰、李崧兼之，宣徽使劉處讓及宦官皆不悦。楊光遠圍廣晋，處讓數以軍事銜命往來，光遠奏請多逾分，帝常依違，維翰獨以法裁折之。光遠對處讓有不平語，處讓曰：'是皆執政之意。'光遠由是怨執政。范延光降，光遠密表論執政過失；帝知其故而不得已，加維翰兵部尚書，崧工部尚書，皆罷其樞密使；以處讓爲樞密使。"同年十一月戊申條："帝患天雄節度使楊光遠跋扈難制，桑維翰請分天雄之衆，加光遠太尉、西京留守兼河陽節度使。光遠由是怨望，密以賂自訴於契丹，養部曲千餘人，常蓄異志。"卷二八二天福四年閏七月壬申條："西京留守楊光遠疏中書侍郎、同平章事桑維翰遷除不公及營邸肆於兩都，與民争利；帝不得已，閏月壬申，出維翰爲彰德節度使兼侍中。"

時范延光致仕，輦囊裝妓妾，居於河陽。光遠利其奇貨，且慮爲子孫之讎，因奏延光不家汴洛，出舍外藩，非南走淮夷，則北走胡虜，[1]宜早除之。高祖以許之不死，[2]鐵券在焉，[3]持疑未允。光遠乃遣子承勳以甲士圍其第，逼令自裁。延光曰："天子在上，安得如此！"乃遣使者乞移居洛下，行及河橋，擠於流而溺殺之，矯奏云延光自投河，朝廷以適會其意，弗之理。[4]後踰歲入覲，高祖爲置曲宴，教坊伶人以光遠暴斂重賦，[5]因陳戲譏之，光遠殊無慚色。高祖謂光遠曰："元城之役，[6]卿左右皆立功，未曾旌賞，今各與一郡，[7]俾釐任以榮之。"因命爲刺史者凡數人。

[1]則北走胡虜："胡虜"《輯本舊史》原作"契丹"，此因清輯者忌諱所改，今據明本《册府》卷四四九《將帥部·專殺門》、卷四五五《將帥部·貪黷門》回改。

[2]高祖以許之不死："以"，明本《册府》卷四四九《將帥部·專殺門》作"已"。

[3]鐵券在焉：明本《册府》卷四四九《將帥部·專殺門》、卷四五五《將帥部·貪黷門》均作"鐵券存焉"。

[4]"時范延光致仕"至"弗之理"：《通鑑》卷二八二天福五年七月己未條："太子太師致仕范延光請歸河陽私第，帝許之。延光重載而行。西京留守楊光遠兼領河陽，利其貨，且慮爲子孫之患，奏：'延光叛臣，不家汴、洛而就外藩，恐其逃逸入敵國，宜早除之！'帝不許。光遠請敕延光居西京，從之。光遠使其子承貴以甲士圍其第，逼令自殺。延光曰：'天子在上，賜我鐵券，許以不死，爾父子何得如此？'己未，承貴以白刃驅延光上馬，至浮梁，擠于河。光遠奏云自赴水死，帝知其故，憚光遠之强，不敢詰。"

[5]教坊：唐於京都置左右教坊，掌俳優雜技，以宦官爲教坊使。五代沿置。　伶人：即樂官。

[6]元城：縣名。治所在今河北大名縣。

[7]今各與一郡：中華書局本有校勘記："'今'原作'令'，據劉本、邵本校、彭校、《册府》卷一七九改。"《通鑑》卷二八二天福五年九月甲申條："楊光遠入朝，帝欲徙之他鎮，謂光遠曰：'圍魏之役，卿左右皆有功，尚未之賞，今當各除一州以榮之。'因以其將校數人爲刺史。甲申，徙光遠爲平盧節度使，進爵東平王。"《宋本册府》卷一七九晋高祖條天福五年八月："以西京留守楊光遠守太尉，兼中書令，充平盧軍節度使，封東平王。是時，光遠有功，每以爲帝懼己，稍稍干預政事。帝亦從之。以其子承祚尚主次子，承信等皆與美官，而恩渥殊等，爲當時之冠。時桑維翰爲樞密使，往往御前可否其事。光遠密知，心銜之。及范延光歸命，光遠面奏維翰等擅權。帝以光遠方有功於國，乃出維翰領安陽，光遠爲

西京守，兼鎮河陽，罷其兵權。光遠由此怨望朝廷，潛貯異圖，多以珍玩奉契丹，訴己之屈。又私養部曲千餘人，撓法犯禁，河洛之人常如備盜。尋册守太尉。時范延光致仕，輦橐裝妓妾，居河陽。光遠利其奇貨，且慮爲子孫之讎，因奏延光不家汴洛而出舍外藩，非南走淮則北走蕃，宜早除之。高祖以許之不死鐵券在焉，持疑未允。光遠乃遣子勳以甲士圍其第，逼令自裁。延光曰：'天子在上，安得如此！'光遠尋遣爪牙，請移洛下，及浮橋推落水中，流尸至繆家灘，奏云：'延光自投於河。'朝廷頗知之，以姑息不暇，莫能理其事。後踰歲入覲，帝爲置曲宴。時教坊樂官皆家在洛陽，以光遠左右多縱暴取，深銜之，因陳戲譏光遠，而光遠無慙色。帝曰：'元城之役，卿左右皆立功，未曾酬奬。今各與一郡，赴任以榮之。'因命爲刺史者數人。乃命青州節度使王建立移鎮潞州，遂以光遠代焉。光遠面奏，請與長子同行，尋授承勳萊州防禦使。及赴任，僕從、姬媵、行李至數千騎，滿盈僭侈，爲方岳之最。下車之後，惟以刻剥爲事。"

時王建立自青州移鎮上黨，[1]乃以光遠爲平盧軍節度使，[2]封東平王。光遠面奏，[3]請與長子同行，尋授承勳萊州防禦使。[4]及赴任，僕從妓妾至千餘騎，滿盈僭侈，爲方岳之最。下車之後，惟以刻剥爲事。少帝嗣位，册拜太師，[5]封壽王。[6]後因景延廣上言，請取光遠麾下所借官馬三百匹。光遠怒曰："此馬先帝賜我，何以復取？是疑我也！"遂遣人潛召取子承祚自單州奔歸，[7]朝廷乃就除淄州刺史，[8]以從其便。[9]光遠益驕，因此搆契丹，述少帝違好之短，且言大饑之後，國用空虚，此時一舉可以平定。

［1］王建立：人名。遼州榆社（今山西榆社縣）人。五代後唐、後晋大臣。傳見本書卷九一、《新五代史》卷四六。　上黨：即潞州。位於今山西長治市。

［2］平盧軍：方鎮名。治所在青州（今山東青州市）。

［3］光遠面奏：明本《册府》卷四五五《將帥部·貪黷門》作“光遠表奏”。《輯本舊史》卷七九《晋高祖紀五》天福五年八月甲申條：“西京留守楊光遠加守太尉、兼中書令，充平盧軍節度使，封東平王。”卷八〇《晋高祖紀六》天福七年正月丙寅條：“青州節度使楊光遠加食邑，改賜功臣名號。”明本《册府》卷五二《帝王部·崇釋氏門》晋高祖條天福七年五月乙未：“秦州侯益奏：‘臣頃歲曾爲偏將，往伐叛逆，有願如范延光歸降，兵無血刃，即於招討使楊光遠中軍寨建一佛刹。自後延光果能歸款，克契發心。光遠尋施錢三百貫文，與臣共力營葺，今修成天王院一所，乞賜名額。’勑以福順天王院爲名。”卷一一一《帝王部·宴享門三》晋高祖條天福五年十月辛亥：“宴東平王楊光遠於萬歲殿。禮賓使王彦章、護聖指揮使何神通以蕃歌唱和，各賜物百端。”

［4］萊州：州名。治所在今山東萊州市。

［5］太師：官名。與太保、太傅並爲三師。唐後期、五代多爲大臣、勳貴加官。正一品。

［6］少帝嗣位，册拜太師，封壽王：《舊五代史考異》：“《宋史·馬仁鎬傳》：晋天福中，青州楊光遠將圖不軌，以仁鎬爲節度副使，伺其動静。歷二年，或譖仁鎬于朝，改護國軍行軍司馬。仁鎬至河中數月，光遠反書聞。”見《宋史》卷二六一。《輯本舊史》卷八一《晋少帝紀一》天福七年（942）七月辛丑條：“青州平盧軍節度使楊光遠加守太師。”同卷天福八年三月癸未條：“青州節度使、東平王楊光遠進封壽王。”

［7］單州：州名。治所在今山東單縣。

［8］淄州：州名。治所在今山東淄博市。　朝廷乃就除淄州刺史：中華書局本有校勘記：“‘淄州’，本書卷八二《晋少帝紀二》、

《册府》卷一七九、《通鑑》卷二八三作‘登州’。”

[9]“後因景延廣上言”至“以從其便”:《新五代史》卷五一《楊光遠傳》與《輯本舊史》同，作“淄州”。《輯本舊史》卷八二《晋少帝紀二》天福八年十二月乙巳條:“遣左領軍衛將軍蔡行遇押兵士屯於鄆州，仍遣供奉官殿直二十六人，自河陰至海口，分擘地分巡檢，以青州節度使楊光遠謀叛故也。”同月丁卯條:“淄州奏，青州節度使楊光遠反，遣兵士取淄州，劫刺史翟進宗入青州。”此條有《舊五代史考異》:“光遠叛，《五代春秋》作十一月，《歐陽史》作十二月。”《通鑑》卷二八三天福八年十一月戊戌條:“初，高祖以馬三百借平盧節度使楊光遠，景延廣以詔命取之。光遠怒曰:‘是疑我也。’密召其子單州刺史承祚。戊戌，承祚稱母病，夜，開門奔青州。”同月庚子條:“遣内班賜光遠玉帶、御馬，以安其意。”同年十二月乙巳條:“楊光遠遣騎兵入淄州，劫刺史翟進宗歸于青州。”同月甲寅條:“徙楊承祚爲登州刺史，以從其便。光遠益驕，密告契丹，以晋主負德違盟，境内大饑，公私困竭，乘此際攻之，一舉可取;趙延壽亦勸之。契丹主乃集山後及盧龍兵合五萬人，使延壽將之，委延壽經略中國，曰:‘若得之，當立汝爲帝。’又常指延壽謂晋人曰:‘此汝主也。’延壽信之，由是爲契丹盡力，畫取中國之策。朝廷頗聞其謀，丙辰，遣使城南樂及德清軍，徵近道兵以備之。”《新五代史》卷九《晋本紀》天福八年十二月甲寅條:“平盧軍節度使楊光遠反，淄州刺史翟進宗死之。”

開運元年正月，[1]契丹南牧，陷我博陵，[2]少帝幸澶淵。[3]三月，契丹退，命李守貞、符彦卿率師東討。[4]光遠素無兵衆，唯嬰城自守，守貞以長連城圍之。[5]冬十一月，承勳與弟承信、承祚見城中人民相食將盡，知事不濟，勸光遠乞降，冀免於赤族。光遠不納，曰:“我在代北時，嘗以紙錢駝馬祭天池，[6]皆沉没，人言合有天子分，宜且待時，勿輕言降也。”承勳慮禍在旦夕，與諸弟同謀，殺節度判官丘濤，[7]親校杜延壽、楊贍、白延祚等，[8]梟其首級，遣承祚送於守貞。因縱火大譟，劫其父幽於私第，以城納款，遣即墨縣令王德柔貢表待罪，[9]光遠亦上章自首。少帝以頃歲太原歸命，欲曲全之，執政曰："豈有逆狀滔天而赦之也？"乃命守貞便宜處置。守貞遣人拉殺之，[10]以病卒聞。[11]漢高祖即位，詔贈尚書令，追封齊王，仍令立碑。未幾，其碑石無故自折，可知其陰責也。[12]《永樂大典》卷六千五十二。[13]

[1]開運：五代後晋出帝石重貴年號（944—946）。

[2]博陵：縣名。治所在今河北唐縣。

[3]澶淵：古湖名。又稱繁淵。位於今河南濮陽市西北。"開運元年正月"至"少帝幸澶淵"：《輯本舊史》卷八二《晋少帝紀二》開運元年（944）正月乙亥條："滄、恒、貝、鄴馳告，契丹前鋒趙延壽、趙延昭引五萬騎入寇，將及甘陵，青州楊光遠召之也。"同年二月甲辰條："鄆州奏，博州刺史周儒以城降契丹，又與楊光遠人使往返，引契丹於馬家渡濟河。"同月壬戌條："楊光遠率兵圍棣州，刺史李瓊以州兵擊之，棄營而遁。"《通鑑》卷二八三開運元年正月庚辰條："成德節度使杜威遣幕僚曹光裔詣楊光遠，爲陳禍福，光遠遣光裔入奏，稱：'承祚逃歸，母疾故爾。既蒙恩宥，闔族荷恩。'朝廷信其言，遣使與光裔復往慰諭之。"卷二八四開運元年二月戊午條："楊光遠將青州兵欲西會契丹。戊午，詔石贇分兵屯鄆州以備之。"

[4]李守貞：人名。河陽（今河南孟州市）人。五代將領。傳見本書卷一〇九、《新五代史》卷五二。　符彦卿：人名。陳州宛丘（今河南淮陽縣）人。五代後周、宋初將領。後周世宗宣懿皇

后、宋太宗懿德皇后，皆符彦卿之女。傳見《宋史》卷二五一。

［5］“三月”至“守貞以長連城圍之”：《輯本舊史》卷八二開運元年六月辛丑條：“王師拔淄州，斬楊光遠僞署刺史劉翰。”《通鑑》卷二八四開運元年四月戊寅條：“命侍衛馬步軍都虞候、泰寧節度使李守貞將步騎二萬討楊光遠於青州，又遣神武統軍洛陽潘環及張彦澤等將兵屯澶州，以備契丹。契丹遣兵救青州，齊州防禦使堂陽薛可言邀擊，敗之。”

［6］嘗以紙錢駝馬祭天池：中華書局本有校勘記：“‘天池’，原作‘天地’，據殿本、劉本、彭校、《通鑑》卷二八四、《新五代史》卷五一《楊光遠傳》改。按《通鑑》卷二八四胡注：‘天池’，即汾陽縣之天池，時屬嵐州静樂縣界。’”

［7］節度判官：官名。唐末、五代藩鎮僚佐，位行軍司馬下。丘濤：人名。籍貫不詳。五代後晋將領，楊光遠屬官。事見本書本卷、卷八三。

［8］杜延壽：人名。籍貫不詳。五代後晋將領，楊光遠屬官。事見本書本卷、卷八三。　楊贍：人名。一作“楊瞻”。籍貫不詳。五代後晋將領，楊光遠屬官。事見本書本卷、卷八三。中華書局本有校勘記：“《新五代史》卷五一《楊光遠傳》作‘楊瞻’。”《輯本舊史》卷八三亦作“楊贍”。　白延祚：人名。籍貫不詳。五代後晋將領，楊光遠屬官。事見本書本卷、卷八三。

［9］即墨：縣名。治所在今山東青島市即墨區。　王德柔：人名。籍貫不詳。五代地方官員。事見本書本卷。

［10］守貞遣人拉殺之：《舊五代史考異》：“《歐陽史》：守貞遣客省副使何延祚殺之於其家。”見《新五代史》卷五一。

［11］“冬十一月”至“以病卒聞”：《輯本舊史》卷八三《晋少帝紀三》開運元年十二月丁巳條：“青州楊光遠降。光遠子承勳等斬觀察判官邱濤，牙將白延祚、楊贍、杜延壽等首級，送於招討使李守貞，乃縱火大譟，劫其父，處於私第，以城納款，遣即墨縣

令王德柔貢表待罪。楊光遠亦遣節度判官楊麟奉表請死。詔釋之。”同年閏十二月癸酉條：“李守貞奏，楊光遠卒。初，光遠既上表送降，帝以光遠頃歲太原歸命，欲曲全之，議者曰：‘豈有反狀滔天而赦之也！’乃命守貞便宜處置。守貞遣人拉殺之，以病卒聞。”

[12]“未幾”至“可知其陰責也”：《舊五代史考異》：“《歐陽史》作‘碑石既立，天大雷電，擊折之’。”見《新五代史》卷五一《楊光遠傳》。

[13]《大典》卷六〇五二“楊”字韻“姓氏（一二）”事目。《輯本舊史》於此後録《五代史補》：“楊光遠滅范延光之後，朝廷以其功高，授青州節度，封東平王，奄有登、萊、沂、密數郡。既而自負强盛，舉兵反，朝廷以宋州節度李守貞嘗與光遠有隙，乃命李討之。李受詔欣然，志在必取，莫不身先矢石。光遠見而懼之，度不能禦，遂降。初，光遠反書至，中外大震，時百官起居次，忽有朝士揚言於衆曰：‘楊光遠欲謀大事，吾不信也。光遠素患禿瘡，其妻又跛，自古豈有禿頭天子、跛脚皇后耶？’於是人心頓安，未幾，光遠果降。”見《五代史補》卷三。

承勳，光遠之長子也。始名承貴，避少帝名改焉。以父廕歷光、濮州刺史，[1]光遠兼鎮河陽，命制置三城事。[2]光遠移鎮青州，授萊州防禦使。[3]在郡亦頗理，嘗憤父側之奸黨，欲殺之，每省父，父爲匿焉。及光遠搆釁，嬰城以叛，承勳赴之，敵退，爲王師所圍。踰歲糧盡，與其弟承祚背父之命，出降王師，朝廷授汝州防禦使，[4]尋改鄭州。[5]及戎王入汴，遣騎士自圃田召至，[6]責其害父背己，使臠其肉而殺之。以其弟承信爲青州節度使。[7]《永樂大典》卷六千五十二。[8]

[1]光：州名。即光州。治所在今河南潢川縣。

[2]光遠兼鎮河陽，命制置三城事：《通鑑》卷二八二天福五年（940）八月己未條："光遠請敕延光居西京，從之。光遠使其子承貴以甲士圍其第，逼令自殺。延光曰：'天子在上，賜我鐵券，許以不死，爾父子何得如此？'己未，承貴以白刃驅延光上馬，至浮梁，擠于河。"

[3]授萊州防禦使：《輯本舊史》卷七九《晉高祖紀五》天福五年十月甲辰條："升萊州爲防禦使額，以汝州防禦使楊承貴領之。"

[4]汝州：州名。治所在今河南汝州市。

[5]鄭州：州名。治所在今河南鄭州市。　朝廷授汝州防禦使，尋改鄭州：《舊五代史考異》："案《宋史·楊承信傳》：光遠死，承信與弟承祚詣闕請死。詔釋之，以承信爲右羽林將軍，承祚爲右驍衛將軍，放歸，服喪私第，尋安置鄭州。"見《宋史》卷二五二。《輯本舊史》卷八三《晉少帝紀三》開運元年（944）閏十二月丙戌條："降青州爲防禦使額，以萊州刺史楊承勳爲汝州防禦使。"

[6]圃田：地名。位於今河南中牟縣西。

[7]"及戎王入汴"至"以其弟承信爲青州節度使"：《通鑑》卷二八六天福十二年（947）正月戊子條："執鄭州防禦使楊承勳至大梁，責以殺父叛契丹，命左右臠食之。未幾，以其弟右羽林將軍承信爲平盧節度使，悉以其父舊兵授之。"

[8]《大典》卷六〇五二"楊"字韻"姓氏（一二）"事目。

盧文進

盧文進，字國用，[1]范陽人也。[2]身長七尺，飲啖過人，望之偉如也。少事劉守光爲騎將，唐莊宗攻燕，以文進首降，遥授壽州刺史。[3]

[1]字國用：中華書局本有校勘記：“以上三字原闕，據殿本、《舊五代史考異》卷三引文補。”《輯本舊史》之原輯者案語：“案《契丹國志》：文進，字大用。”此案語中華書局本有校勘記：“‘契丹國志’原作‘遼史’，據孔本改。案《契丹國志》卷一八：‘盧文進，字大用。’”《新五代史》卷四八《盧文進傳》亦作“字大用”。《舊五代史考異》：“《南唐書》：文進，字大用。《遼史·太祖紀》：神册元年，晋幽州節度盧國用來降。二年，晋新州裨將盧文進殺節度李文矩來降。則國用與文進顯係二人，然天顯元年又書盧龍節度使盧國用叛奔于唐，即文進歸唐之事也。疑文進入遼以後，遂以字行，修《遼史》者雜採諸書，誤作兩人耳。”見陸遊《南唐書》卷一二《盧文進傳》，馬令《南唐書》卷三〇，《遼史》卷一《太祖紀上》神册元年（916）四月乙酉條及神册二年二月條、卷二《太祖紀下》天顯元年（926）十月條。

[2]范陽：縣名。治所在今河北涿州市。

[3]壽州刺史：馬令《南唐書》作“蔚州刺史”。　“少事劉守光爲騎將”至“遥授壽州刺史”：《輯本舊史》卷五二《李嗣本傳》：“（天祐）九年，周德威討劉守光，嗣本率代北諸軍、生熟吐渾，收山後八軍，得納降軍使盧文進、武州刺史高行珪以獻。”《通鑑》卷二六八乾化三年（913）三月戊辰條：“晋李嗣源分兵徇山後八軍，皆下之；晋王以其弟存矩爲新州刺史總之。以燕納降軍使盧文進爲裨將。”

初，莊宗得山後八軍，[1]以愛弟存矩爲新州團練使以總領之。[2]莊宗與劉鄩對壘於莘縣，[3]命存矩於山後召募勁兵，又命山北居民出戰馬器仗，每鬻牛十頭易馬一匹，人心怨咨。時存矩團結五百騎，令文進將之，與存矩俱行。至祁溝關，[4]軍士聚謀曰：“我輩邊人，棄父母妻子，爲他血戰，千里送死，固不能也。”衆曰：“擁盧將軍却還新州，據城自守，奈我何！”因大呼揮戈，趣傳舍，害存矩於榻下，文進撫膺曰：“奴輩累我矣。”因環尸而泣曰：“此輩既害郎君，我何面目見王！”因爲亂軍所擁。反攻新州，不克；又攻武州，[5]又不利。周德威命將追討，文進遂奔契丹，僞命爲幽州兵馬留後，[6]部分漢軍，常别爲營寨。[7]

[1]山後八軍：五代山後八軍實乃幽州劉仁恭設於山後地區，源自具有防御性質的八個軍鎮，名稱上沿襲幽州東北的“八防御軍”而來。

[2]團練使：官名。唐代中期以後，於不設節度使的地區設團練使。掌本區各州軍事。

[3]劉鄩：人名。密州安丘（今山東安丘市）人。五代後梁將領。傳見本書卷二三、《新五代史》卷二二。　莘縣：縣名。治所在今山東莘縣。

[4]祁溝關：地名。又名“岐溝關”。位於今河北涿州市西南。

[5]武州：州名。治所在今河北張家口市宣化區。

[6]兵馬留後：官名。唐、五代時，代行方鎮長官之職者稱留後。代行州兵馬使之職者，即爲兵馬留後。掌本州兵馬。

[7]“時存矩團結五百騎”至“常别爲營寨”：“我何面目見王”後有《輯本舊史》之原輯者案語：“案《契丹國志》：存矩取文進女爲側室，文進心常内愧，因與亂軍殺存矩。與《薛史》異。”此案語中華書局本有校勘記：“《契丹國志》原作《遼史》，據殿本、孔本、《舊五代史考異》卷三改。按此事見《契丹國志》卷一八。”《新五代史》卷四八《盧文進傳》：“文進有女幼而美，存矩求之爲側室，文進以其大將不敢拒，雖與，心常歉之也，因與亂軍殺存矩。”《舊五代史考異》：“馬令《南唐書》：文進攻新州，不克，夜走墜塹，一躍而出，明日視之，乃郡之黑龍潭也，絶岸數

丈，深不可測。又嘗有大蛇，徑至座間，引首及膝，文進取食飼之而去，由是自負。”見《南唐書》卷一二《盧文進傳》。《通鑑》卷二六九貞明三年（917）二月甲午條：“晉王之弟威塞軍防禦使存矩在新州，驕惰不治，侍婢預政。晉王使募山北部落驍勇者及劉守光亡卒以益南討之軍；又率其民出馬，民或鬻十牛易一戰馬，期會迫促，邊人嗟怨。存矩得五百騎，自部送之，以壽州刺史盧文進爲裨將。行者皆憚遠役，存矩復不存恤。甲午，至祁溝關，小校宫彦璋與士卒謀曰：‘聞晉王與梁人確鬬，騎兵死傷不少。吾儕捐父母妻子，爲人客戰，千里送死，而使長復不矜恤，奈何？’衆曰：‘殺使長，擁盧將軍還新州，據城自守，其如我何！’因執兵大譟，趣傳舍，詰朝，存矩寢未起，就殺之，文進不能制，撫膺哭其尸曰：‘奴輩既害郎君，使我何面復見晉王！’因爲衆所擁，還新州，守將楊全章拒之。又攻武州，雁門以北都知防禦兵馬使李嗣肱擊敗之。周德威亦遣兵追討，文進帥其衆奔契丹。”

未幾，文進引契丹寇新州。[1]自是戎師歲至，驅擄數州士女，教其織紝工作，中國所爲者悉備，契丹所以彊盛者，得文進之故也。同光之世，爲患尤深。文進在平州，[2]率奚族勁騎，[3]鳥擊獸搏，倏來忽往，燕、趙諸州，荆榛滿目。軍屯涿州，每歲運糧，自瓦橋至幽州，勁兵猛將，援遞糧車，然猶爲契丹所鈔，奔命不暇，皆文進導之也。[4]

[1]未幾，文進引契丹寇新州：《輯本舊史》卷二八《唐莊宗紀二》天祐十四年（917）二月條：“是月甲午，新州將盧文進殺節度使李存矩，叛入契丹，遂引契丹之衆寇新州……契丹攻新州甚急，刺史安金全棄城而遁，契丹以文進部將劉殷爲刺史。帝命周德

威率兵三萬攻之，營於城東。俄而文進引契丹大至，德威拔營而歸，因爲契丹追躡，師徒多喪。契丹乘勝寇幽州……盧文進招誘幽州亡命之人，教契丹爲攻城之具，飛梯、衝車之類，畢陳於城下。鑿地道，起土山，四面攻城，半月之間，機變百端，城中隨機以應之，僅得保全，軍民困弊，上下恐懼。”同年四月條：“命李嗣源率師赴援，次於淶水；又遣閻寶率師夜過祁溝，俘擒而還。周德威遣人告李嗣源曰：‘契丹三十萬，馬牛不知其數，近日所食羊馬過半，阿保機責讓盧文進，深悔其來。契丹勝兵散佈射獵，阿保機帳前不滿萬人，宜夜出奇兵，掩其不備。’嗣源具以事聞。”《通鑑》卷二六九貞明三年（917）三月條：“盧文進引契丹兵急攻新州，刺史安金全不能守，棄城走。文進以其部將劉殷爲刺史，使守之。晋王使周德威合河東、鎮、定之兵攻之，旬日不克。契丹主帥衆三十萬救之，德威衆寡不敵，大爲契丹所敗，奔歸。”同年四月條：“契丹乘勝進圍幽州，聲言有衆百萬，氈車毳幕彌漫山澤。盧文進教之攻城，爲地道，晝夜四面俱進，城中穴地然膏以邀之；又爲土山以臨城，城中熔銅以灑之，日殺千計，而攻之不止。”卷二七〇貞明三年八月條：“契丹以盧文進爲幽州留後，其後又以爲盧龍節度使，文進常居平州，帥奚騎歲入北邊，殺掠吏民。晋人自瓦橋運糧輸薊城，雖以兵援之，不免抄掠。契丹每入寇，則文進帥漢卒爲鄉導，盧龍巡屬諸州爲之殘弊。”

［2］平州：州名。治所在今河北盧龍縣。

［3］奚族：部族名。源出鮮卑宇文部。原稱庫莫奚，後省稱“奚”。參見畢德廣《奚族文化研究》，科學出版社2016年版。

［4］“自是戎師數至”至“皆文進導之也”：《輯本舊史》之原輯者案語：“案《契丹國志》云：文進引契丹軍攻新州，刺史安金全不能守，棄城去。周德威援之，進攻新州，契丹衆數萬，德威不勝，大敗奔歸。文進與契丹進攻幽州且二百日，城中危困，晋王親將兵救之，方始解去。契丹以文進爲幽州節度使，又以爲盧龍節度使。與《薛史》所載官階微異。”此案語中華書局本有校勘記：

“《契丹國志》原作《遼史》，據殿本、孔本改。按此事見《契丹國志》卷一八。”　《輯本舊史》卷二九《唐莊宗紀三》同光元年（923）九月條：“王郁、盧文進召契丹南侵瀛、涿。”《通鑑》卷二七一龍德元年（921）七月條：“張文禮雖受晋命，内不自安，復遣間使因盧文進求援於契丹。”同年十二月辛未條：“契丹主既許盧文進出兵，王郁又説之曰：‘鎮州美女如雲，金帛如山，天皇王速往，則皆己物也，不然，爲晋王所有矣。’契丹主以爲然，悉發所有之衆而南……十二月，辛未，攻幽州。”同卷龍德二年正月戊戌條：“晋王引兵趣望都，契丹逆戰，晋王以親軍千騎先進，遇奚酋禿餒五千騎，爲其所圍。晋王力戰，出入數四，自午至申不解。李嗣昭聞之，引三百騎横擊之，虜退，王乃得出。因縱兵奮擊，契丹大敗，逐北至易州。會大雪彌旬，平地數尺，契丹人馬無食，死者相屬於道。契丹主舉手指天，謂盧文進曰：‘天未令我至此。’乃北歸。”卷二七三同光二年七月條：“契丹恃其强盛，遣使就帝求幽州以處盧文進。時東北諸夷皆役屬契丹，惟勃海未服，契丹主謀入寇，恐勃海掎其後，乃先舉兵擊勃海之遼東，遣其將禿餒及盧文進據營、平等州以擾燕地。”

及明宗即位之明年，文進自平州率所部十餘萬衆來奔。[1]行及幽州，先遣使上表曰“頃以新州團練使李存矩，提衡郡邑，[2]掌握恩威，虐黎庶則毒甚於豺狼，聚賦斂則貪盈於溝壑，人不堪命，士各離心，臣即拋父母之邦，入朔漠之地。幾年雁塞，徒向日以傾心；一望家山，每銷魂而斷目。李子卿之河畔，[3]空有怨辭；石季倫之樂中，[4]莫陳歸引。近聞皇帝陛下，皇天眷命，清明在躬，握紀乘乾，鼎新革故，始知大幸，有路朝宗，便貯歸心，祇伺良會。臣十月十日，決計殺在城契丹，取十一日離州，押七八千車乘，領十五萬生靈，十四日已達幽州”云。

[1]文進自平州率所部十餘萬衆來奔：《輯本舊史》卷三七《唐明宗紀三》天成元年（926）十月庚子條：“幽州奏，契丹平州守將僞署幽州節度使盧文進率户口歸明，百僚稱賀。”同月丁未條：“幽州奏，盧文進所率降户孳畜人口在平州西，首尾約七十里。”按明宗於當年四月即位，此不當言“明年”。《宋本册府》卷一六六《帝王部·招懷門四》繫此事於天成元年九月，云：“九月，幽州奏：契丹平州守將、僞署幽州節度使盧文進率户口歸明，所率降户、孳畜、人口在平州西，首尾約七十里。”《通鑑》卷二七五天成元年十月庚子條：“幽州奏契丹盧龍節度使盧文進來奔。初，文進爲契丹守平州，帝即位，遣間使説之，以易代之後，無復嫌怨。文進所部皆華人，思歸，乃殺契丹戍平州者，帥其衆十餘萬、車帳八千乘來奔。”

[2]提衡郡邑：中華書局本有校勘記：“‘郡’原作‘群’，據殿本、邵本校改。”《輯本舊史》卷三七《唐明宗紀三》天成元年十月壬子條：“盧文進至幽州，遣軍吏奉表來上。”

[3]李子卿：此處“子卿”或爲“少卿”之誤，據《全唐文》卷八七〇盧文進《自契丹還上唐明宗表》作“李少卿”，“李少卿之河畔”指李陵《録别詩》之“攜手上河梁”一首。參見雲國霞、陳堯《〈鍾嶸詩品集釋〉述評》，《許昌師專學報》2002年第6期。

[4]石季倫：人名。即石崇，字季倫，渤海南皮（今河北南皮縣）人。西晋大臣、富豪、文學家。傳見《晋書》卷三三。

洎至洛陽，明宗寵待彌厚，授滑州節度使、檢校太尉。[1]歲餘，移鎮鄧州，[2]累加同平章事，入爲上將軍。[3]長興中，復出鎮潞州，[4]擒奸恤隱，甚獲當時之譽。[5]清泰中，改安州節度使。[6]及高祖即位，與契丹敦好，文進以嘗背契丹，居不自安。天福元年十二月，乃殺行軍司馬馮知兆、節度副使杜重貴等，[7]率其部衆渡淮奔於金陵。[8]李昪待之尤重，[9]僞命爲宣州節度使，[10]後卒於江南。[11]《永樂大典》卷二千二百十二。[12]

［1］"洎至洛陽"至"授滑州節度使、檢校太尉"：《輯本舊史》卷三七《唐明宗紀三》天成元年（926）十一月癸未條："鎮州奏，準詔盧文進所率歸業户口，蠲放租税三年，仍每口給糧五斗。"同年十二月戊子條："盧文進及將吏四百人見，賜鞍馬、玉帶、衣被、器玩、錢帛有差。"同月甲午條："以契丹盧龍軍節度使盧文進爲檢校太尉、同平章事，充滑州節度使。"《宋本册府》卷一六六《帝王部·招懷門四》唐明宗條天成元年："十一月，鎮州又奏：文進所率歸業户口，蠲放税租三年，仍每口給糧五㪷。是月，文進及將吏四百人見賜鞍馬、玉帶、衣被、器玩、錢帛有差，乃下制：'契丹盧龍軍節度使、檢校太尉盧文進，遼西飛將，薊北雄才。頃以被讒，因而避禍。雖附茹毛之俗，長懷向國之誠。將軍寧屈於虜庭，校尉終還於漢壘。洎予纂紹，果卜旋歸。繼飛雁足之書，累殄龍庭之虜。前冒白刃，中推赤心。擁塞垣之車帳八千，復唐土之民軍十萬。氣吞沙漠，義貫神明。爰降寵章，以旌壯節。可特進依前檢校太尉、同中書門下平章事，使持節滑州諸軍事，守滑州刺史，充義成軍節度，滑濮管内觀察處置等使，仍封范陽郡開國侯，食邑一千三百户，兼賜推忠翊聖保義功臣。'"明本《册府》卷一一一《帝王部·宴享門三》唐明宗條天成元年十一月庚寅："宴契丹降將盧文進及其將佐於長春殿，賜分物有差。"《通鑑》卷二七五天成元年十二月癸巳條："以盧文進爲義成節度使、同平章事。"

［2］鄧州：州名。治所在今河南鄧州市。

［3］“歲餘”至“入爲上將軍”：《輯本舊史》卷三九《唐明宗紀五》天成三年二月乙未條：“滑州節度使盧文進移鎮鄧州。”卷四一《唐明宗紀七》長興元年（930）八月甲午條：“以前鄧州節度使盧文進爲左衛上將軍。”

［4］潞州：州名。治所在今山西長治市。

［5］“長興中”至“甚獲當時之譽”：《輯本舊史》卷四四《唐明宗紀十》長興四年三月戊子條：“以左衛上將軍盧文進爲潞州節度使。”《宋本册府》卷六九〇《牧守部·强明門》：“盧文進爲昭義節度使，將吏以兇狡相尚，言訟成風，數政不能治。文進至，止鞫其罪必誅之，其事漸息。武臣臨事，潔身有斷，當時少比。”

［6］安州：州名。治所在今湖北安陸市。　清泰中，改安州節度使：《輯本舊史》卷四六《唐末帝紀上》清泰元年（934）九月甲寅條：“以前潞州節度使、檢校太尉、同平章事盧文進爲安州節度使。”

［7］行軍司馬：官名。節度使屬官。掌軍籍符伍、號令印信，是藩鎮重要的軍政官員。　馮知兆：人名。籍貫不詳。盧文進僚佐。本書僅此一見。　杜重貴：人名。籍貫不詳。盧文進僚佐。本書僅此一見。

［8］“及高祖即位”至“率其部衆渡淮奔於金陵”：《舊五代史考異》：“馬令《南唐書》：文進居數鎮，頗有善政，兵民愛之。其將行也，從數騎至營中，別其裨將李藏機等，告以避契丹之意，將士皆拜爲訣。”見《南唐書》卷一二《盧文進傳》。此《考異》中華書局本有校勘記：“‘別其裨將李藏機等’，‘等’字原闕，據馬令《南唐書》卷一二補。”又《舊五代史考異》：“‘馮知兆’，《南唐書》作‘姚知兆’，《歐陽史》與《薛史》同。”《輯本舊史》卷七六《晋高祖紀二》天福二年（937）正月庚申條：“安州上言，節度使盧文進殺行軍副使，率部下親兵過淮。”《新五代史》卷八《晋本紀》天福二年正月癸亥條：“安遠軍節度使盧文進叛降于吴。”《通鑑》卷二八〇天福元年十二月辛丑條：“安遠節度使盧文進聞帝

爲契丹所立，自以本契丹叛將，辛丑，棄鎮奔吴。所過鎮戍，召其主將，告之故，皆拜辭而退。”

[9]李昪：人名。徐州（今江蘇徐州市）人。五代十國南唐國建立者。傳見本書卷一三四、《新五代史》卷六二。中華書局本有校勘記：“‘李昪’原作‘李昇’，據殿本、劉本、《舊五代史考異》卷三引文改。本卷下一處同。”

[10]宣州：州名。治所在今安徽宣城市。

[11]“李昪待之尤重”至“後卒於江南”：《舊五代史考異》：“馬令《南唐書》云：烈祖以文進爲天雄統軍。”《輯本舊史》之原輯者案語：“案《金陵志》：文進自潤州召還，以左衛上將軍、兼中書令、范陽郡王奉朝請。”《通鑑》卷二八一天福二年二月條：“吴主以盧文進爲宣武節度使，兼侍中。”《新五代史》卷四八《盧文進傳》：“及其南奔，始屈身晦迹，務爲恭謹，禮接文士，謙謙若不足，其所談論，近代朝廷儀制、臺閣故事而已，未嘗言兵。後以左衛上將軍卒于金陵。”

[12]《大典》卷二二一二“盧”字韻“姓氏（七）”事目。

李金全

李金全，本唐明宗之小豎也。其先出於吐谷渾。[1]金全驍勇，善騎射，少從明宗征伐，以力戰有功，明宗即位，連典大郡。天成中，授涇州節度使，[2]在鎮數年，以掊斂爲務。長興中，受代歸闕，始進馬數十匹，不數日又進之。明宗召而謂之曰：“卿患馬多耶，何進貢之數也？”又謂曰：“卿在涇州日，爲理如何，無乃以馬爲事否？”金全慚謝而退。[3]四年夏，授滄州節度使，[4]累官至檢校太傅。清泰中，罷鎮歸闕，久留於京師。[5]

［1］吐谷渾：部族名。源出鮮卑，後遊牧於今甘肅、青海一帶。參見周偉洲《吐谷渾資料輯録》，商務印書館 2017 年版。

［2］涇州：州名。治所在今甘肅涇川縣。　天成中，授涇州節度使：《輯本舊史》卷四〇《唐明宗紀六》天成四年（929）七月丙戌條："以冀州刺史李金全爲涇州節度使。"

［3］"長興中"至"金全慚謝而退"：《輯本舊史》之原輯者案語："《歐陽史》：徙鎮横海，久之，罷爲右衛上將軍。"見《新五代史》卷四八《李金全傳》。此案語中華書局本有校勘記："'徙'原作'從'，據劉本、《新五代史》卷四八《李金全傳》改。"《宋本册府》卷一五八《帝王部・誡勵門三》唐明宗長興三年（932）十月丁巳條："前涇原節度使李金全再進馬十五匹。帝不納，召而諭之曰：'公患馬多耶？頗有所貢。'金全曰：'臣在西邊，地無異産，得此鹿馬，在京無所使，願進以益邊軍。'帝曰：'卿在鎮爲治何如？莫專以馬爲事？'金全謝之。帝雖僶勉受之而心不懌。金全邊人，累更名郡，藩鎮所在，掊斂聚財，賂結權要，而掩其弊政之迹。帝頗聞其不廉，故以言譏之。"

［4］滄州：州名。治所在今河北滄縣舊州鎮。　授滄州節度使：《輯本舊史》卷四四《唐明宗紀十》長興四年六月壬戌條："以前涇州節度使李金全爲滄州節度使。"《宋本册府》卷一五八唐明宗長興四年七月辛巳條："帝御廣壽殿，新授滄州節度使李金全赴鎮辭。帝戒之曰：'聞爾爲治愛擾人。長吏當以恤民爲務，爾事予爲小校，今仗旄秉鉞爲節度使，當改故態，分吾憂，寄吾民，慎勿擾也。'帝素知金全爲人，故面自戒勵之。"

［5］"清泰中"至"久留於京師"：《輯本舊史》卷四八《唐末帝紀下》清泰三年（936）四月辛未條："以前滄州節度使李金全爲右領軍上將軍。"

高祖即位之明年，安州屯將王暉殺節度使周瓌，[1]

詔遣金全以騎兵千人鎮撫其地。[2]未及境，暉爲部下所殺。金全至，亂軍數百人皆不自安，金全説遣赴闕，密伏兵於野，盡殺之，又擒其軍校武彦和等數十人，[3]斬之。[4]初，金全之將行也，高祖戒之曰："王暉之亂，罪莫大焉，但慮封守不寧，則民受其弊。"因折矢飛詔，約以不戮一人，仍許以暉爲唐州刺史。[5]又謂金全曰："卿之此行，無失吾信。"及金全至，聞彦和等當爲亂之日，劫掠郡城，所獲財貨，悉在其第，遂殺而奪之。高祖聞之，以姑息金全故，不究其事，尋授以旄節。[6]

[1]王暉：人名。籍貫不詳。五代將領，曾以代州刺史而叛歸契丹。事見本書卷九九《漢高祖紀一》。

[2]"高祖即位之明年"至"詔遣金全以騎兵千人鎮撫其地"：《輯本舊史》卷七六《晉高祖紀二》天福二年（937）七月甲戌條："安州軍亂，指揮使王暉害節度使周瓌於理所，遣右衛上將軍李金全領千騎赴安州。"

[3]武彦和：亦作"武克和"。籍貫不詳。王暉部將，爲李金全所殺。事見《通鑑》卷二八一。

[4]"未及境"至"斬之"：《輯本舊史》之原輯者案語："《歐陽史》作武克和。"又："《歐陽史》《南唐書》俱作武克和，《通鑑》從是書。"見《新五代史》卷四八《李金全傳》、馬令《南唐書》卷一二《李金全傳》。

[5]唐州：州名。治所在今河南唐河縣。

[6]"初，金全之將行也"至"尋授以旄節"："遂殺而奪之"後有《舊五代史考異》："《通鑑》云：彦和且死，呼曰：'王暉首惡，天子猶赦之；我輩脅從，何罪乎！'"《輯本舊史》卷七六《晉高祖紀二》天福二年九月甲寅條："以右領軍衛上將軍、權知安

州軍州事李金全爲安遠軍節度使。”《宋本册府》卷一七九《帝王部·姑息門四》晋高祖天福二年條：“安州屯將王暉殺節度使周瓌，詔遣滄州節度使李金全以騎兵千人鎮撫其地。未及境，暉爲部下所殺。金全至，亂軍數百人不自安。金全説遣赴闕，密伏兵於野以俎之，座上擒其軍校武彦和等數十人，斬之。彦和臨刑，宣言曰：‘周瓌儉嗇多疑，嚴刑峻令，暉鹿（麄）率悖慢，怨其約束，以至飛語相間，各爲防虞。暉乃無疾針砭，數月不出，銛竹爲矛，圖爲竊發。預其事者，暉腹心數人而已。行間之卒，皆受其制。心雖有異，敢不從之？連雞不棲，物之常理。夫亂者必戮，軍令有之。然則王暉元惡，天子猶賜之信誓，許爲郡守。我等見殺，非有罪也！若朝廷之命，是食前言；苟將軍之令，得無冤乎？’既戮彦和等，其徒皆以兵送赴闕下。初，金全之將行也，帝謂之曰：‘王暉之亂，罪莫大焉，但慮乎封守不寧，則民受其弊，故折矢飛詔，約之以不戮一人，拔暉爲淮安守，序升次校，以主其兵。卿之此行，無失吾信。’至是以彦和等當爲亂之日，劫掠郡城三日，所獲財貨在焉，遂殺而奪之。帝聞之，以姑息金全，不究其事，授以旄節。”此條亦見明本《册府》卷四四九《將帥部·專殺門》。《通鑑》卷二八一天福二年八月癸巳條：“山南東道節度使安從進恐王暉奔吴，遣行軍司馬張朏將兵會復州兵於要路邀之。暉大掠安州，將奔吴，部將胡進殺之。八月，癸巳，以狀聞。李金全至安州，將士之預於亂者數百人，金全説諭，悉遣詣闕，既而聞指揮使武彦和等數十人挾賄甚多，伏兵于野，執而斬之。彦和且死，呼曰：‘王暉首惡，天子猶赦之；我輩脅從，何罪乎！’帝雖知金全之情，掩而不問。”《新五代史》卷四八：“暉聞金全來，果南走，爲從進兵所殺。”

金全有親吏胡漢筠者，[1]勇譎嗇褊，貪詐殘忍，軍府之政，一以委之。高祖聞其事，遣廉吏賈仁紹往代其職，[2]且召漢筠。漢筠内疚惶怖，金全乃列狀稱疾以聞。

及仁紹至，漢筠鴆而殺之。

［1］胡漢筠：《輯本舊史》之原輯者案語："《歐陽史》作胡漢榮。"又："《歐陽史》及《南唐書》俱作胡漢榮，《通鑑》從是書。"見《新五代史》卷四八《李金全傳》、馬令《南唐書》卷一二《李金全傳》。

［2］遣廉吏賈仁紹往代其職：中華書局本有校勘記："'廉'字原闕，據《册府》卷四三八、《通鑑》卷二八一、《新五代史》卷四八《李金全傳》補。'賈仁紹'，原作'賈仁沼'，據殿本、《舊五代史考異》卷三引文、《通鑑》卷二八一《考異》引《薛史》改，本卷下文同。《舊五代史考異》卷三：'案《通鑑》作仁沼，《考異》云：《薛史》作仁紹，今從《實録》。《歐陽史》《南唐書》與《通鑑》同。'"《舊五代史考異》："馬令《南唐書》云：胡漢榮所爲多不法，晋高祖患之，不欲因漢榮以累功臣，爲選廉吏賈仁沼代之，且召漢榮。漢榮教金全留己而不遣。金全客龐令圖諫曰：'仁沼昔事王晏球，有大功，晏球欲厚賞之，仁沼退而不言，此天下之忠臣也。及頒賜所俘物，仁沼悉以分故人親戚之貧者，此天下之廉士也。宜納仁沼而遣漢榮。'漢榮聞之，夜使人殺令圖而鴆仁沼。"《輯本舊史》卷七六《晋高祖紀二》天福二年（937）十一月壬午條："安州李金全上言：'奉詔抽臣元隨左都押衙胡漢筠，其人染重病，候損日赴闕。'漢筠本滑吏也，從金全歷數鎮，而濫聲喧聞，帝知之，欲授以他職，免陷功臣。漢筠懼其罪，遂託疾。由是勸金全貳於朝廷，自此始也。"《通鑑》卷二八一天福二年十一月乙亥條："安遠節度使李金全以親吏胡漢筠爲中門使，軍府事一以委之。漢筠貪猾殘忍，聚斂無厭。帝聞之，以廉吏賈仁沼代之，且召漢筠，欲授以他職，庶保全功臣。漢筠大懼，始勸金全以異謀。乙亥，金全表漢筠病，未任行。金全故人龐令圖屢諫曰：'仁沼忠義之士，以代漢筠，所益多矣。'漢筠夜遣壯士踰垣滅令圖之族，

又毒仁沼，舌爛而卒。漢筠與推官張緯相結，以諂惑金全，金全愛之彌篤。”《宋本册府》卷九五一《總録部·咎徵門二》：“李金全爲安州節度使，有親吏胡漢筠者，金全愛之甚篤。己亥歲，府署之竹一夕而花，城壖之麥方蔪蔪而秀，大露晦冥之中，則化爲宿草。郡樓有介蟲，如龜而巨鱗，鋭首能陷堅，出於金全足下，漢筠取而焚之。所乘馬，人立而言。庚子年正月，赤雲如煙，蒙冒其境，中有素光，如矛戟之狀，南北交錯，及城有夜妖。金全心惡之。”

天福五年夏，高祖命馬全節爲安州節度使，[1]以代金全。[2]漢筠自以昔嘗拒命，復聞仁紹二子將訴置毒之事，居不自安，乃紿謂金全曰：“邸吏劉珂使健步倍道兼行，[3]密傳其意，云受代之後，朝廷將以仁紹之事詰公之罪。”金全大駭，命從事張緯函表送款於淮夷。[4]淮人遣僞將李承裕以代金全，[5]金全即日南竄，其妓樂、車馬、珍奇、帑藏，皆爲承裕所奪。與其黨數百人束身夜出，曉至汉川，[6]引領北望，泣下而去。[7]及至金陵，李昇授以節鎮。後卒於江南。[8]《永樂大典》卷一萬三百九十。[9]

[1]馬全節：人名。魏郡元城（今河北大名縣）人。五代後唐、後晋將領。傳見本書卷九〇、《新五代史》卷四七。

[2]“天福五年夏”至“以代金全”：《通鑑》卷二八二天福五年（940）四月庚戌條：“以前横海節度使馬全節爲安遠節度使。”

[3]劉珂：人名。籍貫不詳。五代官員。事見本書本卷。

[4]張緯：人名。籍貫不詳。五代官員。事見本書本卷。“漢筠自以昔嘗拒命”至“命從事張緯函表送款於淮夷”：《輯本舊史》卷七九《晋高祖紀五》天福五年五月丙戌條：“安州節度使李

金全叛，詔新授安州節度使馬全節以洛、汴、汝、鄭、單、宋、陳、蔡、曹、濮十州之兵討之，以前鄜州節度使安審暉爲副，以内客省使李守貞爲都監，仍遣供奉官劉彦瑶奉詔以諭金全。”此條有《舊五代史考異》：“《五代春秋》：五月，李金全叛附于吴，馬全節帥師討安州，吴人救安州，全節敗吴師，克安州，金全奔吴。六月，放吴俘還。《歐陽史》作五月李金全叛，六月克安州。馬令《南唐書》作六月，安州節度使李金全來降，遣鄂州屯營使李承裕帥師迎之。紀年互異。”《通鑑》卷二八二天福五年五月癸未條：“胡漢筠既違詔命不詣闕，又聞賈仁沼二子欲訴諸朝；及除馬全節鎮安州代李金全，漢筠紿金全曰：‘進奏吏遣人倍道來言，朝廷俟公受代，即按賈仁沼死狀，以爲必有異圖。’金全大懼。漢筠因説金全拒命，自歸於唐，金全從之。”同月：“李金全遣推官張緯奉表請降於唐，唐主遣鄂州屯營使李承裕、段處恭將兵三千逆之。”

[5]李承裕：人名。籍貫不詳。五代十國南唐將領。事見《通鑑》卷二八二。

[6]汉川：縣名。治所在今湖北漢川市。原作“泌州”，中華書局本據遞修本、浙江本、宗文本、本書卷九七《李金全傳》改，今從。

[7]“淮人遣僞將李承裕以代金全”至“泣下而去”：《輯本舊史》卷七九《晋高祖紀五》天福五年五月癸卯條：“淮南使李承裕代李金全，金全南走，承裕以淮兵二千守其城。”同月戊申條：“是日，削奪李金全官爵。”《通鑑》卷二八二天福五年七月己巳條：“李金全至金陵，唐主待之甚薄。”

[8]“及至金陵”至“後卒於江南”：《舊五代史考異》：“馬令《南唐書》云：烈祖以金全爲天威統軍，遷潤州節度使。”見《南唐書》卷一二《李金全傳》。《通鑑》卷二八七天福十二年（947）六月庚辰條：“唐主聞契丹主德光卒，蕭翰棄大梁去，下詔曰：‘乃眷中原，本朝故地。’以左右衛聖統軍、忠武節度使李金全爲北面行營招討使，議經略北方。聞帝已入大梁，遂不敢出兵。”卷二八

八乾祐元年（948）十一月丙寅條："唐主命北面行營招討使李金全將兵救河中，以清淮節度使劉彦貞副之，（查）文徽爲監軍使，（魏）岑爲沿淮巡檢使，軍于沂州之境。金全與諸將方會食，候騎白有漢兵數百在澗北，皆羸弱，請掩之。金全令曰：'敢言過澗者斬！'及暮，伏兵四起，金鼓聞十餘里，金全令曰：'曏可與之戰乎？'時唐士卒厭兵，莫有鬬志，又河中道遠，勢不相及。丙寅，唐兵退保海州。"卷二八九乾祐三年正月丙寅條："唐主聞漢兵盡平三叛，始罷李金全北面行營招討使。"《新五代史》卷四八《李金全傳》："漢隱帝時，李守貞反河中，乞兵於昪，金全爲昪潤州節度使，與查文徽等出沭陽。昪之諸將皆鋭于攻取，金全獨以謂遠不相及，不可行，乃止。其後亦不復用，不知其所終。"

［9］《大典》卷一〇三九〇"李"字韻"姓氏（三五）"事目。

史臣曰：延光昔爲唐臣，綽有令譽，洎逢晉祚，顯恣狂謀，洎力屈以來降，尚靦顏而惜死，孟津之殁，乃取笑於千載也。從賓而下，俱怙亂以滅身，亦何足與議也。文進懼强敵之威，金全爲輿臺所賣，事雖弗類，叛則攸同，咸附島夷，皆可醜也。《永樂大典》卷一萬三百九十。[1]

［1］《大典》卷一〇三九〇"李"字韻"姓氏（三五）"事目。

舊五代史　卷九八

晉書二十四

列傳第十三

安重榮

安重榮，朔州人。[1]祖從義，利州刺史。[2]父全，勝州刺史、振武蕃漢馬步軍都指揮使。[3]重榮有膂力，善騎射。唐長興中，[4]爲振武道巡邊指揮使，[5]犯罪下獄。時高行周爲帥，[6]欲殺之，其母赴闕申告，樞密使安重誨陰護之，[7]奏於明宗，[8]有詔釋焉。

[1]朔州：州名。治所在今山西朔州市朔城區。

[2]利州：州名。治所在今四川廣元市。　刺史：官名。漢武帝時始置。州一級行政長官。總掌考核官吏、勸課農桑、地方教化等事。唐中期以後，節度使、觀察使轄州而設，刺史爲其屬官，職任漸輕。從三品至正四品下。

[3]勝州：州名。治所在今内蒙古准格爾旗。　振武：方鎮名。

五代後梁貞明二年（916）以前，治所位於單于都護府城（今内蒙古和林格爾縣）。貞明二年單于都護府城爲契丹占據。此後至後唐清泰三年（936），治所位於朔州（今山西朔州市朔城區）。後晋隨燕雲十六州割予契丹，改名順義軍。　蕃漢馬步軍都指揮使：官名。所部統兵將領。蕃漢馬步軍，當爲河東主力部隊的建制。“都”字原闕，中華書局本據宗文本、本書卷五六補，今從。

[4]長興：五代後唐明宗李嗣源年號（930—933）。

[5]巡邊指揮使：官名。五代藩鎮屬官，所部統兵將領。掌邊防巡邏守衛。

[6]高行周：人名。嬀州懷戎（今河北懷來縣）人。五代後唐至後周將領。傳見本書卷一二三、《新五代史》卷四八。

[7]樞密使：官名。樞密院長官。五代時以士人爲之，備顧問、參謀議，出納詔奏，權侔宰相。參見李全德《唐宋變革期樞密院研究》，國家圖書館出版社2009年版。　安重誨：人名。應州（今山西應縣）人。五代後唐大臣。傳見本書卷六六、《新五代史》卷二四。《輯本舊史》之影庫本粘籤：“‘重誨’，原本作‘仲誨’，今據《通鑑》改正。”查《通鑑》，未見此記載。《宋本册府》四一三《將帥部·召募門》：“後唐安重榮爲鄭州廵檢。清泰元年，上言召募騎軍五十人，自出鎧馬從之。”“五十人”明本作“五千人”。

[8]明宗：即五代後唐明宗李嗣源。沙陀部人。原名邈佶烈，李克用養子。926年至933年在位。紀見本書卷三五至卷四四、《新五代史》卷六。

張敬達之圍晋陽也，[1]高祖聞重榮在代北，[2]使人誘之，[3]重榮乃召邊士，得千騎赴焉。高祖大喜，[4]誓以土地。及即位，授成德軍節度使，[5]累加至使相。[6]自梁、唐已來，藩侯郡牧，多以勳授，不明治道，例爲左右群小惑亂，賣官鬻獄，割剥蒸民，率有貪猥之名，其實賄賂半歸於下。惟重榮自能鉤距，凡有爭訟，多廷辯之，至於倉庫耗利，百姓科徭，悉入於己，諸司不敢窺覬。嘗有夫婦共訟其子不孝者，重榮面加詰責，抽劍令自殺之，其父泣曰："不忍也。"其母詬詈，仗劍逐之。重榮疑而問之，乃其繼母也，因叱出，自後射之，一箭而斃，聞者莫不快意。由此境内以爲强明，大得民情。[7]

[1]張敬達：人名。代州（今山西代縣）人。五代後唐將領。傳見本書卷七〇、《新五代史》卷三三。

[2]代北：方鎮名。治所在代州（今山西代縣）。

[3]使人誘之：《舊五代史考異》："《歐陽史》作張潁陰招重榮。"此《考異》中華書局本有校勘記："'張潁'原作'張穎'，據《新五代史》卷五一《安重榮傳》改。"《輯本舊史》卷四七《唐末帝紀中》清泰二年（934）六月庚辰條："河東節度使石敬瑭奏，邊軍乏芻糧，其安重榮巡邊兵士欲移振武就糧。從之。"卷四八《唐末帝紀下》清泰三年五月己酉條："振武節度使安叔千奏，西北界巡檢使安重榮驅掠戍兵五百騎叛入太原。"卷七五《晋高祖紀一》清泰三年六月條："北面招討指揮使安重榮以部曲數千人入城。"《通鑑》卷二八〇天福元年（936）五月戊申條："振武西北巡檢使安重榮戍代北，帥步騎五百奔晋陽。"《新五代史》卷五一《安重榮傳》："晋高祖起太原，使張潁陰招重榮，其母與兄皆以爲不可，重榮業已許潁，母、兄謀共殺潁以止之。重榮曰：'未可，吾當爲母卜之。'乃立一箭，百步而射之，曰：'石公爲天子則中。'一發輒中；又立一箭而射之，曰：'吾爲節度使則中。'一發又中，其母、兄乃許，重榮以巡邊千騎叛入太原。"

[4]高祖：即五代後晋皇帝石敬瑭。後晋王朝的建立者。沙陀部人。936年至942年在位。紀見本書卷七五至卷八〇、《新五代史》卷八。

[5]成德軍：方鎮名。治所在恒州（今河北正定縣）。　節度使：官名。唐時在重要地區所設掌握一州或數州軍、民、財政的長官。　授成德軍節度使：《通鑑》卷二八一天福二年正月丙辰條："詔以前北面招收指揮使安重榮爲成德節度使，以秘瓊爲齊州防禦使。遣引進使王景崇諭瓊以利害。重榮與契丹將趙思温偕如鎮州，瓊不敢拒命。丙辰，重榮奏已視事。"

[6]使相：官名。唐朝後期，宰相常兼節度使，節度使亦常加宰相銜，皆稱使相。五代時，節度使多帶宰相銜，但不預朝廷政事。

[7]由此境内以爲强明，大得民情：《宋本册府》卷八二〇《總録部·立祠門》："晉安重榮爲成德軍節度使，天福二年，副使朱崇節奏，鎮州軍府將吏、僧道、父老詣闕，請立重榮德政碑。高祖敕曰：'安重榮功宣締構，寄重藩維，善布詔條，克除民瘼，遂致僚吏、僧道，詣闕上章，求勒貞珉，以揚異政。既觀勤功，宜示允俞。其碑文仍令太子賓客任贊撰進。'"

重榮起於軍伍，暴獲富貴，復覩累朝自節鎮遽升大位，每謂人曰："天子，兵彊馬壯者當爲之，寧有種耶！"又以奏請過當，爲權臣所否，心常憤憤，遂畜聚亡命，收市戰馬，有飛揚跋扈之志。[1]嘗因暴怒殺部校賈章，以謀叛聞。[2]章有女一人，時欲捨之，女曰："我家三十口，繼經兵亂，死者二十八口，今父就刑，存此身何爲？"再三請死，亦殺之。鎮人由是惡重榮之酷，而嘉賈女之烈焉。

[1]"重榮起於軍伍"至"有飛揚跋扈之志"：《舊五代史考異》："《通鑑》云：帝之遣重榮代祕瓊也，戒之曰：'瓊不受代，當

别除汝一鎮，勿以力取，恐爲患滋深。’重榮由是以帝爲怯，謂人曰：‘祕瓊匹夫耳，天子尚畏之，況我以將相之重、士民之衆乎！’”見《通鑑》卷二八二天福四年（939）七月甲辰條。下亦有：“每所奏請多踰分，爲執政所可否，意憤憤不快，乃聚亡命，市戰馬，有飛揚之志。帝知之，義武節度使皇甫遇與重榮姻家，甲辰，徙遇爲昭義節度使。”同月前有庚子條：“成德節度使安重榮出於行伍，性粗率，恃勇驕暴，每謂人曰：‘今世天子，兵强馬壯則爲之耳。’府廨有幡竿高數十尺，嘗挾弓矢謂左右曰：‘我能中竿上龍者，必有天命。’一發中之，以是益自負。”《新五代史》卷五一《安重榮傳》：“重榮既僭侈，以爲金魚袋不足貴，刻玉爲魚佩之。娶二妻，高祖因之並加封爵。”

[2]賈章：人名。籍貫不詳。五代後晋將領。事見本書本卷。

天福中，朝廷姑息契丹，務安邊塞，重榮每見蕃使，必以箕踞慢駡。[1]會有梅里數十騎由其境内，交言不遜，因盡殺之。[2]契丹主大怒，責讓朝廷。朝廷隱忍，未即加罪，重榮乃密搆吐渾等諸族，以爲援助，上表論之。[3]其略曰：

臣昨據熟吐渾節度使白承福、赫連公德等，各領本族三萬餘帳，自應州地界奔歸王化。[4]續準生吐渾并渾、蔑苾兩突厥三部落，南北將沙陀、安慶、九府等，各領部族老小，并牛羊、車帳、甲馬，七八路慕化歸奔，俱至五臺及當府地界已來安泊。[5]累據告勞，具説被契丹殘害，平取生口，率略羊馬，凌害至甚。又自今年二月後來，須令點檢强壯，置辦人馬衣甲，告報上秋向南行營，諸蕃部等實恐上天不祐，殺敗後隨例不存家族，所以預先歸順，兼隨府族，各量點檢强壯人馬約十萬衆。又準沿河党項及山前山後逸利、越利諸族部落等首領，并差人各將契丹所授官告、職牒、旗號來送納，例皆號泣告勞，稱被契丹淩虐，憤惋不已，情願點集甲馬，會合殺戮。[6]續又朔州節度副使趙崇與本城將校殺僞節度使劉山，尋已安撫軍城，乞歸朝廷。[7]臣相次具奏聞。昨奉宣頭及累傳聖旨，令臣凡有往復契丹，更須承奉，當候彼生頭角，不欲自起釁端，貴守初終，不愆信誓。仰認睿旨，深惟匿瑕，其如天道人心，至務勝殘去虐，須知機不可失，時不再來。竊以諸蕃不招呼而自至，朔郡不攻伐以自歸，蓋繫人情，盡由天意。更念諸陷蕃節度使等，本自勳勞，早居富貴，没身邊塞，遭酷虐以異常，企足朝廷，冀傾輸而不已，如聞傳檄，盡願倒戈。如臣者雖是愚蒙，粗知可否，不思忌諱，罄寫丹衷，細具敷陳，冀裨萬一。

其表數千言，大抵指斥高祖稱臣奉表，罄中國珍異，貢獻契丹，凌虐漢人，竟無厭足。又以此意爲書，遺諸朝貴及藩鎮諸侯。[8]

[1]天福：五代後晋高祖石敬瑭年號（936—942）。出帝石重貴沿用至九年（944）。後漢高祖劉知遠繼位後沿用一年，稱天福十二年（947）。　契丹：古部族、政權名。公元4世紀中葉宇文部爲前燕攻破，始分離而成單獨的部落，自號契丹。唐貞觀中，置松漠都督府，以其首領爲都督。唐末强盛，916年迭剌部耶律阿保機建立契丹國（遼）。先後與五代、北宋並立，保大五年（1125）爲金

所滅。參見張正明《契丹史略》，中華書局 1979 年版。

［2］梅里：人名。契丹使者。此乃以官名代人名。事見《新五代史》卷七二《四夷附録·契丹》。梅里，官名。遥輦時有官稱“梅録”，也做“梅落”“梅老”，此即回鶻的“媚録”“密録”，不同時期不同民族轉寫方式不同，職掌也有變化，或總兵爲指揮官，或爲“皇家總管”。參見李桂芝《遼金簡史》，福建人民出版社 1996 年版，第 19—20 頁。

［3］吐渾：部族名。全稱“吐谷渾”。源出鮮卑，後遊牧於今甘肅、青海一帶。參見周偉洲《吐谷渾資料輯録》（增訂本），商務印書館 2017 年版。

［4］白承福：五代時北吐谷渾首領。吐谷渾族。後唐同光元年（923），被莊宗任爲寧朔、奉化兩府都督，賜姓名爲李紹魯。事見《新五代史》卷七四《四夷附録·吐渾》。　赫連公德：人名。代北吐谷渾首領。事見本書卷七九。　應州：州名。治所在今山西應縣。

［5］渾：部族名。原爲鐵勒族部落之一，後加入回鶻部落聯盟。　契苾：部族名。又作契弊、契苾羽。爲鐵勒族部落之一。　沙陀、安慶：部族名。沙陀、安慶與薩葛合稱沙陀三部落。《舊唐書》卷一九下載，中和元年（881）“二月，代州北面行營都監押陳景思率沙陀、薩葛、安慶等三部落與吐渾之衆三萬赴援關中”。參見蔡家藝《沙陀族歷史雜探》，《民族研究》2001 年第 1 期。　九府：唐代於回鶻地區設九個都督府，爲羈縻都督府。其都督或即其部族首領。此處當指九都督府中的部族。　五臺：山名。位於今山西五臺縣。

［6］党項：部族名。源出羌族，唐代活躍於今甘肅東部、寧夏、陝西北部一帶。唐末，平夏部首領拓跋思恭助唐圍攻黄巢軍，唐廷特授予定難節度使稱號，賜姓李，封夏國公。參見湯開建《党項西夏史探微》，商務印書館 2013 年版。　逸利：部族名。遊牧於山前山後地區，受到契丹的役使。　越利：部族名。或爲“越里”“遥

里”。奚族五部之一。

［7］節度副使：官名。唐、五代方鎮屬官。位於行軍司馬之下、判官之上。　趙崇：人名。籍貫不詳。唐昭宗朝宰相。事見《舊唐書》卷二〇上下、《新唐書》卷一八三。　劉山：人名。籍貫不詳。五代後晋將領。事見本書本卷。

［8］“天福中”至“遣諸朝貴及藩鎮諸侯”：《輯本舊史》卷七九《晋高祖紀五》天福六年（941）正月丙寅條：“遣供奉官張澄等領兵二千，發并、鎮、忻、代四州山谷吐渾，令還舊地。先是，吐渾苦契丹之虐，受鎮州安重榮誘召，叛而南遷，入常山、太原二境，帝以契丹歡好之國，故遣歸之。”同年六月戊午條：“鎮州節度使安重榮執契丹使拽剌，遣輕騎掠幽州南境之民，處於博野。仍貢表及馳書天下，述契丹援天子父事之禮，貪傲無厭，困耗中國，已繕治甲兵，將與決戰。帝發所諭而止之，重榮跋扈愈甚，由是與襄州節度使安從進潛相搆謀爲不軌。”明本《册府》卷四四六《將帥部・生事門》：“晋安重榮爲鎮州節度制使。天福六年五月，執契丹使拽剌，以輕騎掠幽州南境之民，處於博野。乃貢表及馳書天下，述契丹受天子事父之禮，貪傲無厭，困中國之民，供億不逮，已繕治甲兵，將與決戰。高祖發使，諭而止之。”《遼史》卷四《太宗紀下》會同四年（941）二月己未條：“晋遣楊彦詢來貢，且言鎮州安重榮跋扈狀，遂留不遣。是月，晋鎮州安重榮執遼使者拽剌。”《通鑑》卷二八二天福五年十二月丙辰條：“初，帝割雁門之北以賂契丹，由是吐谷渾皆屬契丹，苦其貪虐，思歸中國；成德節度使安重榮復誘之，於是吐谷渾帥部落千餘帳自五臺來奔。契丹大怒，遣使讓帝以招納叛人。”同卷天福六年六月戊午條：“成德節度使安重榮恥臣契丹，見契丹使者，必箕踞慢罵；使過其境，或潛遣人殺之。契丹以讓帝，帝爲之遜謝。六月，戊午，重榮執契丹使拽剌，遣騎掠幽州南境，軍於博野，上表稱：‘吐谷渾、兩突厥、渾、契苾、沙陀各帥部衆歸附；党項等亦遣使納契丹告身職牒，言爲虜所陵暴。又言自二月以來，令各具精甲壯馬，將以上秋南寇，恐天命

不佑，與之俱滅，願自備十萬衆，與晋共擊契丹。又朔州節度副使趙崇已逐契丹節度使劉山，求歸命朝廷。臣相繼以聞。陛下屢敕臣承奉契丹，勿自起釁端；其如天道人心，難以違拒，機不可失，時不再來。諸節度使没於虜庭者，皆延頸企踵以待王師，良可哀閔。願早決計。’表數千言，大抵斥帝父事契丹，竭中國以媚無厭之虜。又以此意爲書遺朝貴及移藩鎮，云已勒兵，必與契丹決戰。帝以重榮方握强兵，不能制，甚患之。”同年七月己巳條：“帝憂安重榮跋扈，己巳，以劉知遠爲北京留守、河東節度使，復以遼、沁隸河東；以北京留守李德珫爲鄴都留守。”

高祖憂其變也，遂幸鄴都以詔諭之，凡有十焉。[1]其略曰：“爾身爲大臣，家有老母，忿不思難，棄君與親。吾因契丹而興基業，爾因吾而致富貴，吾不敢忘，爾可忘耶！且前代和親，只爲安邊，今吾以天下臣之，爾欲以一鎮抗之，大小不等，無自辱焉。”重榮愈恣縱不悛，雖有此奏，亦密令人與契丹幽州帥劉晞結託。[2]蓋重榮有内顧之心，契丹幸我多事，復欲侵吞中國，契丹之怒重榮，亦非本志也。時重榮嘗與北來蕃使並轡而行，指飛鳥射之，應弦而落，觀者萬衆，無不快抃，蕃使因輟所乘馬以慶之，由是名振北狄，自謂天下可以一箭而定也。[3]又重榮素與襄州安從進連結，及聞從進將議起兵，而奸謀乃决。[4]

[1]鄴都：地名。治所在今河北大名縣。五代後唐同光元年(923)，改魏州爲興唐府，建號東京，三年改東京爲鄴都。

[2]幽州：州名。治所在今北京市。　劉晞：人名。涿州（今河北涿州市）人。初爲周德威的從事，後爲遼國將領。傳見本書

本卷。

［3］由是名振北狄："北狄"，《輯本舊史》原作"北方"，中華書局本有校勘記："'北方'，《册府》卷八四六作'北狄'。"但未改。此因四庫館臣忌清諱故改，今據明本《册府》卷八四六《總録部·善射門》回改。

［4］襄州：州名。治所在今湖北襄陽市。　"高祖憂其變也"至"而奸謀乃決"：《通鑑》卷二八二天福六年（941）八月壬寅條："帝以詔諭安重榮曰：'爾身爲大臣，家有老母，忿不思難，棄君與親。吾因契丹得天下，爾因吾致富貴，吾不敢忘德，爾乃忘之，何邪？今吾以天下臣之，爾欲以一鎮抗之，不亦難乎！宜審思之，無取後悔！'重榮得詔愈驕，聞山南東道節度使安從進有異志，陰遣使與之通謀。"《新五代史》卷五一《安重榮傳》："重榮將反也，其母又以爲不可，重榮曰：'爲母卜之。'指其堂下幡竿龍口仰射之，曰：'吾有天下則中之。'一發而中，其母乃許。饒陽令劉巖獻水鳥五色，重榮曰：'此鳳也。'畜之後潭。又使人爲大鐵鞭以獻，誑其民曰：'鞭有神，指人，人輒死。'號'鐵鞭郎君'，出則以爲前驅。鎮之城門抱關鐵胡人，無故頭自落，鐵胡，重榮小字，雖甚惡之，然不悟也。"《宋本册府》卷九五一《總録部·咎徵門二》："安重榮爲鎮州節度使。初，後唐清泰中，董温琪爲鎮帥，於城之諸門各鑄二鐵人，虬髯拱立，以抱其關，衆謂之'鐵胡'。重榮未舉兵前，東門忽隕一鐵人頭，不知其故也。閽者懼，乃託以爲暴風吹巨扉所落。重榮小字鐵胡，心甚惡之，不復窮問。又饒陽令劉巖送一水鳥，文有五色，重榮畜於後潭，以爲鳳鷚，遂有異志，漸恣奢僭，用玉爲魚袋，將謀逆也。復爲鐵鞭，重數斤，密令人自外獻之，蓋惑衆，冀成非望也。又鎮之牙署堂前有揭幡長竿，約數十尺。重榮將叛之前一日，張弓彀矢，仰望竿杪銅龍之首，謂左右曰：'我若必有天命，則當一發而中。'果中之。左右即時拜賀。蓋禍之來也，陰必惑之，以至於敗焉。"《太平廣記》卷四二五曹寬條："石晋時，常山帥安重榮將謀干紀，其管界與邢臺連接，鬭殺

一龍。鄉豪有曹寬者見之，取其雙角，前有一物如簾，文如亂錦，人莫知之。曹寬經年爲寇所殺。壬寅年，討鎮州，誅安重榮也，葆光子讀《北史》，見陸法和在梁時，將兵拒侯景將任約於江上，曰：'彼龍睡不動，吾軍之龍甚自躍踴。'遂擊之，大敗，而擒任約。是則軍陣之上，龍必先鬭。常山龍死，得非王師大捷、重榮授首乎？黄巢敗于陳州，李克用脱梁王之難，皆大雨震雷之助。"

天福六年冬，大集境内饑民，衆至數萬，揚旌向闕，聲言入覲。[1]朝廷遣杜重威帥師禦之，遇於宗城。[2]軍纔成列，有賊將趙彦之臨陣卷旗來奔。[3]重榮方戰，聞彦之背己，大恐，退於輜重中，王師因而擊之，一鼓而潰。重榮與十餘騎北走，其下部衆，屬嚴冬寒洌，殺戮及凍死者二萬餘人。重榮至鎮，取牛馬革旋爲甲，使郡人分守夾城以待王師。杜重威至，有部將自西郭水門引官軍入焉，殺守陴百姓萬餘人，重威尋害導者，自收其功。重榮擁吐渾數百，匿於牙城，重威使人襲而得之，斬首以進。[4]高祖御樓閲其俘馘，宣露布訖，遣漆其頭顱，函送契丹。[5]《永樂大典》卷一萬八千一百三十二。[6]

[1]"天福六年冬"至"聲言入覲"：《輯本舊史》卷八〇《晋高祖紀六》天福六年（941）十二月丁亥條："是日，鎮州節度使安重榮稱兵向闕，以侍衛親軍馬步軍都指揮使杜重威爲北面行營招討使，率兵擊之，以邢州節度使馬全節爲副，以前貝州節度使王周爲馬步軍都虞候。"《通鑑》卷二八二天福六年十月條："始，安重榮稱檄諸道，云與吐谷渾、達靼，契苾同起兵，既而承福降知遠，達靼、契苾亦莫之赴，重榮勢大沮。"同年十二月丁亥條：

“初，重榮與深州人趙彦之俱爲散指揮使，相得歡甚。重榮鎮成德，彦之自關西歸之，重榮待遇甚厚，使彦之招募黨衆；然心實忌之，及舉兵，止用爲排陳使，彦之恨之。”同月壬辰條：“帝聞重榮反，壬辰，遣護聖等馬步三十九指揮擊之。以天平節度使杜重威爲招討使，安國節度使馬全節副之，前永清節度使王周爲馬步都虞候。”《遼史》卷四《太宗紀下》會同四年（941）十一月丙寅條：“晋以討安重榮來告。”十二月戊申條：“晋以敗安重榮來告，遂遣楊彦詢歸。”

[2]杜重威：人名。朔州（今山西朔州市朔城區）人。五代後晋重要軍政官員。傳見本書卷一〇九、《新五代史》卷五二。　宗城：縣名。治所在今河北威縣。

[3]趙彦之：人名。深州（今河北深州市）人。五代後晋將領，安重榮屬官。事見《通鑑》卷二八二後晋高祖天福六年條。

[4]“朝廷遣杜重威帥師禦之”至“斬首以進”：《舊五代史考異》：“案《宋史·解暉傳》：安重榮反鎮州，因舉兵向闕，至宗城，晋師逆戰，大破之。暉募軍中壯士百餘人，夜擣賊壘，殺獲甚衆。暉頻中流矢，而督戰自若，顔色不撓，以功遷列校。”見《宋史》卷二七一。　有部將自西郭水門引官軍入焉：中華書局本有校勘記：“‘水門’。《新五代史》卷五一《安重榮傳》、《通鑑》卷二八三作‘水碾門’。”　殺守陴百姓萬餘人：中華書局本有校勘記：“‘萬’，《新五代史》卷五一《安重榮傳》、《通鑑》卷二八三作‘二萬’。”《通鑑》卷二八二天福六年十二月戊戌條：“杜重威與安重榮遇於宗城西南，重榮爲偃月陳，官軍再擊之，不動；重威懼，欲退。指揮使宛丘王重胤曰：‘兵家忌退。鎮之精兵盡在中軍，請公分鋭士擊其左右翼，重胤爲公以契丹直衝其中軍，彼必狼狽。’重威從之。鎮人陳稍却，趙彦之卷旗策馬來降。彦之以銀飾鎧胄及鞍勒，官軍殺而分之。重榮聞彦之叛，大懼，退匿於輜重中，官軍從而乘之，鎮人大潰，斬首萬五千級。重榮收餘衆，走保宗城，官軍進攻，夜分，拔之。重榮以十餘騎走還鎮州，嬰城自守。會天

寒，鎮人戰及凍死者二萬餘人。”《輯本舊史》卷八〇天福六年十二月己亥條：“北面軍前奏，十三日未時，於宗城縣西南大破鎮州賊軍，殺一萬五千人，餘黨走保宗城縣。是夜三更，破縣城，前深州刺史史虔武自縛歸降。獲馬三千匹，絹三萬餘匹，餘物稱是。安重榮脱身遁走。是日，百官稱賀。”同月癸卯條：“削奪安從進、安重榮在身官爵。”《新五代史》卷八《晋本紀》天福七年正月丁巳條：“克鎮州，安重榮伏誅，赦廣晋。”

［5］“高祖御樓閲其俘馘”至“函送契丹”：《輯本舊史》卷八〇天福七年正月丁巳條：“北面招討使杜重威奏，今月二日收復鎮州，斬安重榮，傳首闕下。帝御乾明樓，宣露布訖，大理卿受馘，付市徇之，百官稱賀。”見《遼史》卷四會同五年正月戊辰條：“晋函安重榮首來獻。上數欲親討重榮，至是乃止。”《通鑑》卷二八三天福七年正月丁巳條：“鎮州牙將自西郭水碾門導官軍入城，殺守陴民二萬人，執安重榮，斬之。杜重威殺導者，自以爲功。”同月庚申條：“重榮首至鄴都，帝命漆之，函送契丹。”《輯本舊史》卷一〇〇《漢高祖紀下》天福十二年閏七月丁卯條：“故鎮州節度使安重榮贈侍中。”

［6］《大典》卷一八一三二“將”字韻“後晋將（三）”事目。《輯本舊史》於此後録《五代史補》：“安重榮出鎮，常懷不軌之計久矣，但未發。居無何，厩中産朱鬃白馬，黑鴉生五色雛，以爲鳳，乃欣然謂天命在己，遂舉兵反。指揮令取宗嶺路以向闕。時父老聞之，往往竊議曰：‘事不諧矣，且王姓安氏，曰鞍得背而穩，何不取路貝州？若由宗嶺，是鞍及於鬃，得無危乎？’未幾，與王師先鋒遇，一戰而敗。”見《五代史補》卷三。“是鞍及於鬃”，中華書局本有校勘記：“‘鞍’原作‘安’，據《五代史補》（四庫本）卷三改。”《宋史》卷四四〇有安重榮之子安德裕傳，云：“安德裕，字益之，一字師皋，河南人。父重榮，晋成德軍節度，《五代史》有傳。”

安從進　附王令謙　潘知麟

安從進，振武索葛部人也。[1]祖、父皆事唐爲騎將。從進初從莊宗於兵間，爲護駕馬軍都指揮使，領貴州刺史。[2]

[1]索葛部：地名。又作“索葛府”“索葛村”。今地不詳。約位於今山西朔州市一帶。《輯本舊史》之原輯者案語：“《薛史·安從進傳》殘闕，所存一條，與《歐陽史》大略相同。”又：“《歐陽史》：從進，其先索葛部人也。初事莊宗爲護駕馬軍都指揮使，領貴州刺史，明宗時爲保義、彰武軍節度使。愍帝即位，徙領順化。清泰中，徙鎮山南東道。晋高祖即位，加同中書門下平章事。”見《新五代史》卷五一。

[2]莊宗：即李存勗，小字亞子，沙陀部人，太原（今山西太原市）人。晋王李克用之子，五代後唐開國皇帝。923 年至 926 年在位。紀見本書卷二七至卷三四、《新五代史》卷四至卷五。　都指揮使：官名。唐末、五代軍隊多置都指揮使、指揮使，爲統兵將領。　貴州：州名。治所在今廣西貴港市。　“振武索葛部人也”至“領貴州刺史”：《新五代史》卷五一《安從進傳》。《輯本舊史》卷四一《唐明宗紀七》長興元年（930）六月丁酉條：“以護駕馬軍都指揮使、貴州刺史安從進爲宣州節度使，充護駕馬軍都指揮使。”《宋本册府》卷九三三《總録部·誣構門二》：“張儉者，捧聖軍使李行德十將也。長興初，儉奏據告密人邊彦温云：‘樞密承旨李虔徽弟説國家徵發兵師，樞密使安重誨自爲都統，欲討淮南。’又言：‘占相人言“重誨貴不可言”。’是日，明宗謂重誨曰：‘聞卿樹心腹，私市兵仗，欲自討淮南，有之否？’重誨惶恐，奏曰：‘興師命將，出自宸衷，必是奸人構臣，願陛下窮詰所言者。’翌日，帝召侍衛指揮使從進、藥彦稠等謂之曰：‘有人告安重誨私置兵仗綱紀，

將不利於社稷，其若之何？’從進等奏曰：‘此是奸人結構，離間陛下勳舊。且重誨事陛下三十年，從微至著，無不盡心，今日何苦乃圖不軌？臣等以家族保明，必無此事。’帝意乃解，遂令中使就第召重誨，具以告事人邊彦温之言諭之。因面窮詰，彦温具伏誣告，即斬彦温于市。李行德、張儉並族誅。”亦見《輯本舊史》卷六六《安重誨傳》及《通鑑》卷二七七長興元年八月條。

初，王師既攻夏州州城，即赫連勃勃之故城也。[1]父老相傳云：“勃勃蒸，土築之。”王師數道攻擊，從進穴地道至其城，基如鐵石，攻鑿不能入。李彝超昆仲登城，[2]謂從進曰：“孤弱小鎮，不勞王師攻取，虚煩國家餉運，得之不武。爲僕聞天，乞容改圖。而又黨項部族萬餘騎，薄我糧運，而野無芻牧，關輔之人，運斗粟束槀，動計數千。窮民泣血，無所控訴，復爲蕃部殺掠。”明宗聞其若此，乃命班師。[3]

[1]夏州：州名。治所在今陕西靖邊縣。　赫連勃勃：人名。匈奴族鐵弗部人。十六國時夏建立者，407 年至 425 年在位。傳見《晉書》卷一三〇。

[2]李彝超：人名。党項拓跋族人。五代軍閥。李仁福之子。傳見本書卷一三二。

[3]“初，王師既攻夏州州城”至“乃命班師”：明本《册府》卷四三八《將帥部・無功門》。《輯本舊史》卷四二《唐明宗紀八》長興二年（931）閏五月丙午條：“以……安從進爲陝州節度使。”卷四三《唐明宗紀九》長興三年正月丁亥條：“安從進移鎮延州。”卷四四《唐明宗紀十》長興四年三月己卯條：“延州節度使安從進奏，夏州節度使李仁福卒，其子彝超自稱留後。”同月戊子條：“以

延州節度使安從進爲夏州留後，以夏州左都押衙、四州防遏使李彝超爲延州留後，仍命邠州節度使藥彦稠、宫苑使安重益帥師援送從進赴鎮。”同年五月丁酉條：“安從進奏，大軍已至夏州，攻外城，以其不受命也。”同年七月壬午條：“詔安從進班師，時王師攻夏州無功故也。”《宋本册府》卷一六六《帝王部·招懷門四》：“四年二月丁亥，夏州行營都監安重益率師赴西軍。時夏州李仁福身亡，其子彝超擅稱留後，詔邠州藥彦稠總兵赴夏州，至此因降。敕書曉諭夏、綏、銀、宥等州將吏百姓曰：‘近據西北藩鎮聞奏，定難軍節度使李仁福薨變。朕以仁福自分戎閫，遠鎮塞垣，威惠俱行，忠孝兼著。當本朝播越之後，及先皇興創之初，或大剿凶徒，或遥尊聖主，夙夜每勤於規救，始終罔怠於傾輸。爰及眇躬，益全大節，協和群虜，惠養蒸民，致朕端拱無爲，修文偃武，賴彼統臨有術，遠肅邇安。委仗方深，凋殞何早？忽窺所奏，深愴予懷。不朽之功，既存于社稷；有餘之慶，宜及於子孫。但以彼藩地處窮邊，每資經略。厥子年纔弱冠，未歷艱難，或虧駕御之方，定啓奸邪之便，此令嗣襲，貴示優恩，必若踐彼危機，不如置之安地。其李彝超已除延州節度觀察留後，前延州節度使安從進却除夏州節度留後，各降宣命，指揮便勤赴任。但夏、銀、綏、宥等州最居邊遠，久屬亂離，多染夷狄之風，少識朝廷之命，既乍當于移易，宜普示于渥恩。應夏、銀、綏、宥等州管内罪無輕重，常赦所不原者，并公私債負，殘欠税物，一切並放。兼自刺史以下、指揮使押衙以下，皆勒仍舊勾當及與各轉官資。宜令安從進到日倍加安撫，連具名銜，分析聞奏。朕自總萬機，唯弘一德，内安華夏，外撫夷狄，先既懷之以恩，後必示之以信。且如李從曮之守岐隴，疆土極寬；高允韜之鎮鄜延，甲兵亦衆，咸能識時知變，舉族來朝。從曮則見領大梁，允韜則尋除鉅鹿，次其昆仕，並建節麾，下至將僚，悉分符竹。又若王都之貪上谷，李賓之吝朔方，或則結構契丹，偷延旦夕；或則依憑黨項，竊據山河。罔稟除移，唯謀依拒。比及朝廷差命良將，徵發鋭師，謀悉萬全，戰皆百勝，纔興討伐，已見覆亡，數萬騎之契丹，隻輪莫返；幾千族之黨項，一鼓俄平。尋拔孤城，盡誅群黨，無遠無近，悉見悉聞。何必廣引古今，方明利害？只陳近事，聊諭將來。彼或要覆族之殃，則王都、李賓足爲鑒戒；彼或要全身之福，則允韜、從曮可作規繩。朕設兩途，爾宜自擇，無貽後悔，有玷前修。今以天命初行，人情未定，或慮將校之内，親要之間，幸彼幼冲，恣其熒惑，遂成騷動，致累人靈。今特差邠州節度使藥彦稠部領馬步兵士五萬人騎送安從進赴任，兼以别降宣命，嚴切指揮。安從進等委其訓戒師徒，參詳事理，從命者秋毫勿犯，違命者全族必誅，先令後行，有犯無捨。更慮孤恩之輩，樂禍之徒，居安則廣造異端，貴令擾亂，臨難則刼謀相害，自要功勳。宜令李彝超體認朕懷，宣諭彼衆，無聽邪説，有落奸機，宣布丁寧，咸令知悉。'"

清泰元年十一月壬子，侍衛馬軍都指揮使安從進奏："護聖軍使王彦塘先西南面行營，所至州府，乞索錢物，恃酒詬言，抵忤本指揮使，趙廷昭詰之，伏罪，已斬於本軍門。"[1]詔曰："夫命將所以行兵，聚兵所以遏亂，必在上下有理，進退無違，入則畏法以謹身，出則圖功而效命。畏法必無罪戾，圖功則有寵恩，以此言之，不可不慎。王彦塘方期任使，輒敢恃憑，既都將以上言，在軍法而難恕。況屬環衛，並在藩方，上至偏裨，下及行伍，皆是久經訓練，備曉條章，官爵甚高，衣糧極厚，必能共思整戢，自務保全。是宜特舉規程，遍加曉諭，責令遵守，務肅轅營。今後在京及諸道馬步將士，上至都尉，下及長行，並須各據職資，共存禮體，遞相鈐轄，遵禀指揮。如紊亂條章，下不從上，指使前刦，使酒詬言，其長行犯者，委本都副兵馬使已下節級科罰；其副兵馬使節級犯者，委本都頭科罰。其都頭犯者，若無事不出時，録罪申奏；若出軍指使之時，便委隨處統將科罰。其或所犯人自負罪僭，不伏首領刑責，便即奏聞。如指揮使都頭已下，但務顔情，藏庇凶輩，自招負累，必不恕容。頒下内外諸軍知悉。”[2]

[1]清泰：五代後唐末帝李從珂年號（934—936）。　軍使：官名。掌領本軍軍務，或兼理地方政務。　王彦塘：人名。籍貫不詳。五代方鎮軍官。事見本書本卷。　趙廷昭：人名。籍貫不詳。五代方鎮軍官。事見本書本卷。

[2]“清泰元年十一月壬子”至“頒下内外諸軍知悉”：明本《册府》卷六六《帝王部·發號令門五》。《輯本舊史》卷四六《唐末帝紀上》清泰元年（934）五月甲寅條：“以侍衛馬軍都指揮使、順化軍節度使安從進爲河陽節度使，典軍如故。”《輯本舊史》卷四五《唐閔帝紀》應順元年（934）三月癸亥條：“以安從進爲順化軍節度使，充侍衛馬軍都指揮使。”同月己亥條：“詔侍衛馬軍都指揮使安從進京城巡檢。是日，從進已得潞王書檄，潛布腹心矣。”同月戊辰條：“安從進尋殺馮贇于其第。”卷六六《朱弘昭傳》：“安從進既殺馮贇，斷弘昭首，俱傳於陝州。”亦見《新五代史》卷七《唐本紀》應順元年正月丁卯條。卷九二《盧導傳》：“唐閔帝奔于衛州，宰相馮道、李愚集百官於天宫寺，將出迎潞王。時軍衆離潰，人情奔駭，百官移時未有至者……會京城巡檢安從進報曰：‘潞王至矣，安得百僚無班。’即紛然而去。”亦見《宋本册府》卷五五一《詞臣部·器識門》盧導條。《輯本舊史》卷四七《唐末帝紀中》清泰二年九月己亥條：“以河陽節度使、侍衛馬軍都指揮使安從進爲襄州節度使。”

天福二年，襄州安從進進謝恩加官絹一千匹，金一千兩，銀一千兩，犀三株，牙一株。十一月丁巳，從進進絹一千匹，馬二十匹。[1]

［1］“天福二年”至“馬二十匹”：明本《册府》卷一六九《帝王部·納貢獻門》。又見卷四八五《邦計部·濟軍門》。《輯本舊史》卷七六《晋高祖紀二》天福二年（937）正月庚午條：“襄州節度使安從進……加食邑實封。”

高祖幸鄴，討安重榮。少帝以鄭王留守京師，時和凝請於高祖曰：“陛下北征，臣料安從進必反，何以制之？”[1]高祖曰：“卿意將奈何？”凝曰：“臣聞之兵法，先人者奪人，願陛下爲空名宣敕十通授鄭王，有急則命將往。”從進聞高祖往北，遂反，少帝以空名授李建崇、郭金海討之。[2]從進引兵攻鄧州，不克，進至湖陽，遇建崇等，大駭，以爲神速，復爲野火所燒，遂大敗，從進自焚。[3]《永樂大典》卷二萬四百七十。

［1］少帝：此處指五代後晋出帝石重貴。　和凝：人名。鄆州須昌（今山東東平縣）人。歷仕後梁至後周，五代官員、詞人。傳見本書卷一二七、《新五代史》卷五六。

［2］李建崇：人名。潞州（今山西長治市）人。五代後唐至後周將領。傳見本書卷一二九。　郭金海：人名。突厥人。五代後唐、後晋將領。傳見本書卷九四。

［3］鄧州：州名。治所在今河南鄧州市。　湖陽：縣名。治所在今河南唐河縣。　“高祖幸鄴”至“從進自焚”：《大典》卷二〇四七〇。中華書局本有校勘記：“檢《永樂大典目録》，卷二〇四七〇爲‘尺’字韻‘事韻一’，與本則内容不符，恐有誤記。疑

出自卷二〇四七三‘敕’字韻‘事韻’。”《輯本舊史》卷七九《晋高祖紀五》天福六年（941）六月戊午條：“鎮州節度使安重榮執契丹使拽剌，遣輕騎掠幽州南境之民，處於博野，仍貢表及馳書天下，述契丹援天子父事之禮，貪傲無厭，困耗中國。已繕治甲兵，將與決戰。帝發所諭而止之，重榮跋扈愈甚，由是與襄州節度使安從進潛相構謀爲不軌。”又見《通鑑》卷二八二天福六年八月條。《輯本舊史》卷八〇《晋高祖紀六》天福六年十一月丁丑至十二月癸卯條：“南面軍前奏，十一月二十七日，武德使焦繼勳、先鋒都指揮使郭金海等於唐州南遇安從進賊軍一萬餘人，大破之，生擒衙内都指揮使安宏義，獲山南東道之印，其安從進單騎奔逸……（十二月）癸巳，武德使焦繼勳奏，安從進遣弟從貴領兵千人，取接均州刺史蔡行遇，尋領所部兵掩殺賊軍七百餘人，生擒安從貴，截其雙腕，却放入城……癸卯，削奪安從進、安重榮在身官爵。”卷一二七《和凝傳》：“晋高祖將幸鄴都，時襄州安從進反狀已彰，和凝乃奏曰：‘車駕離闕，安從進或有悖逆，何以待之？’晋高祖曰：‘卿意如何？’凝曰：‘以臣料之，先人有奪人之心，臨事即不及也。欲預出宣敕十數道，密付開封尹鄭王，令有緩急即旋填將校姓名，令領兵擊之。’晋高祖從之。”明本《册府》卷三一四《宰輔部·謀猷門》：“高祖將幸鄴都，時襄州安從進反狀已彰，凝乃奏曰：‘車駕離闕，安從進或有悖逆，何以待之？’帝曰：‘卿意如何？’凝曰：‘以臣料之，先人有度人之心，臨事即不及也。欲預出宣敕十數道，密付開封尹鄭王，令有緩急，即旋填將校姓名，令領兵擊之。’帝從之。及聞唐鄧奏報，鄭王如所敕遣騎將李建崇、監軍焦繼勳等領兵討焉。相遇於湖陽，從進出於不意，甚訝其神速，以至於敗，由凝之謀也。”《輯本舊史》卷八一《晋少帝紀七》天福七年七月庚子條：“帝御正殿，宣制：‘大赦天下，諸道州府諸色罪犯，除十惡五逆、殺人强盜、官典犯贓、合作毒藥、屠牛鑄錢外，其餘罪犯，咸赦除之。襄州安從進如能果決輸誠，並從釋放。其中外臣僚將校，並與加恩。天下有蟲蝗處，並與除放租税。’”同年八月甲子條：“襄州行營都部署高行周奏，收復襄州，安從進自焚而死，生擒男弘贇，斬之……癸酉，詔免襄州城内人户今年夏秋來屋税，其城外下營處與放二年租税。應被安從進脅從者，一切不問。”同年九月癸未條：“帝御乾明門，觀襄州行營都部署高行周、都監張從恩等獻俘馘，有司宣露布訖，以安從進男弘受等四十四人徇於市，皆斬之。”

王令謙、潘知麟者，皆從進牙將也，常從從進最久，知其必敗，切諫之。[1]從進遣子弘超與令謙遊南山，酒酣，令人推墮崖死。贈令謙忠州刺史，知麟順州刺史。[2]

[1]牙將：官名。古代軍隊中的中低級軍官。

[2]忠州：州名。治所在今重慶市忠縣。　順州：州名。治所在今北京市順義區。　“王令謙、潘知麟者”至“知麟順州刺史”：《新五代史》卷五一《安從進傳》。中華書局本《輯本舊史》於《安從進傳》後有原輯者案語：“《薛史·安從進傳》殘闕，所存一條，與《歐陽史》大略相同。”此案語後有校勘記，録《大典》卷六八五〇引《薛史·王令謙、潘知麟傳》，即本段文字，言：“按此則係《舊五代史·安從進傳》附傳，清人失輯，姑附於此。”《宋本册府》卷一四〇《帝王部·旌表門四》晉高祖天福七年（942）六月戊午條：“勑：故襄州元隨都押衙王令謙贈忠州刺史，押衙潘知麟贈順州刺史。令謙與知麟早事節度使安從進，歷數鎮。從進臨漢上，所爲多不法，令謙、知麟每諫之。及萌逆節，數形讜言。會從進子弘超自宫苑副使省父至郡，郡有山寺，弘超率令謙登賞，酒酣，臨峭壁，使人推落，誣云令謙因醉墮崖而死，皆從進之意也。知麟相次遇害。朝廷聞其事，故有贈典，旌其忠也。時詔旨仍委高行周候收復城池，訪覓兩家骨肉，切加安撫，具以名

聞，當與敘録。潘知麟本貫陝州，兼下本處，如有親的骨肉，亦仰録奏。”《通鑑》卷二八二天福五年三月癸酉條：“山南東道節度使、同平章事安從進恃其險固，陰蓄異謀，擅邀取湖南貢物，招納亡命，增廣甲卒；元隨都押牙王令謙、押牙潘知麟諫，皆殺之。及王建立徙潞州，帝使問之曰：‘朕虛青州以待卿，卿有意則降制。’從進對曰：‘若移青州置漢南，臣即赴鎮。’帝不之責。”

張彥澤

張彥澤，其先出於突厥，後爲太原人也。祖、父世爲陰山府裨將。[1]彥澤少有勇力，目睛黄而夜有光色，顧視若鷙獸焉。[2]以騎射事後唐莊宗、明宗，以從戰有功，繼領郡守。高祖即位，擢爲曹州刺史。[3]從楊光遠圍范延光於鄴，以功授華州節度使，尋移鎮涇州，累官至檢校太保。[4]

[1]陰山府：唐羈縻府名。唐憲宗元和三年（808）置，位於今内蒙古境内。　裨將：官名。即副將的統稱，相對主將而言。亦稱裨將軍。

[2]顧視若鷙獸焉：《宋本册府》卷八八三《總録部·形貌門》作：“視瞻若檻獸焉。”

[3]曹州：州名。治所在今山東曹縣西北。　“張彥澤”至“擢爲曹州刺史”：《新五代史》卷五二《張彥澤傳》：“張彥澤，其先突厥部人也。後徙居陰山，又徙太原。”又：“與晋高祖連姻，高祖時，已爲護聖右廂都指揮使、曹州刺史。”

[4]楊光遠：人名。沙陀部人。五代後唐、後晋將領。傳見本書卷九七、《新五代史》卷五一。　范延光：人名。相州臨漳（今

河北臨漳縣）人。五代後唐、後晉將領。傳見本書卷九七、《新五代史》卷五一。　華州：州名。治所在今陝西渭南市華州區。　涇州：州名。治所在今甘肅涇川縣。此處指代彰義軍。　檢校太保：官名。爲散官或加官，以示恩寵，無實際執掌。　“從楊光遠圍范延光於鄴”至“累官至檢校太保”：《輯本舊史》卷七七《晉高祖紀三》天福三年（938）十月丙戌條：“以護聖左厢都指揮使、曹州刺史張彦澤爲鎮國軍節度使。”卷七八《晉高祖紀四》天福四年三月癸亥條：“以……張彦澤爲彰義軍節度使。”《通鑑》卷二八一天福三年十一月條：“鳳翔節度使李從曮，厚文士而薄武人，愛農民而嚴士卒，由是將士怨之。會發兵戍西邊，既出郊，作亂，突門入城，剽掠於市。從曮發帳下兵擊之，亂兵敗，東走，欲自訴於朝廷，至華州，鎮國節度使張彦澤邀擊，盡誅之。”《新五代史》卷八《晉本紀》天福四年八月己亥條：“西戎寇涇州，彰義軍節度使張彦澤敗之，執其首領野離羅蝦獨。”

有從事張式者，以宗人之分，受其知遇。[1]時彦澤有子爲内職，素不叶父意，數行笞撻，懼其楚毒，逃竄外地，齊州捕送到闕，敕旨釋罪，放歸父所。[2]彦澤上章，請行朝典，式以有傷名教，屢諫止之。彦澤怒，引弓欲射之，式慬而獲免。尋令人逐式出衙。式自爲賓從，彦澤委以庶務，左右群小惡之久矣，因此讒搆，互來迫脅，云：“書記若不便出，斷定必遭屠害。”[3]式乃告病尋醫，攜其妻子將奔衍州。[4]彦澤遣指揮使李興領二十騎追之，戒曰：“張式如不從命，即斬取頭來。”[5]式愬告刺史，遂差人援送到邠州。[6]節度使李周驛騎以聞，朝廷以姑息彦澤之故，有敕流式於商州。[7]彦澤遣行軍司馬鄭元昭詣闕論請，面奏云：“彦澤若不得張式，恐致不測。”[8]高祖不得已而從之。既至，決口割心，斷手足而死之。[9]式父鐸詣闕訴冤，朝廷命王周代之。[10]周至任，奏彦澤在郡惡迹二十六條，逃散五千餘户。[11]彦澤既赴闕，刑法官李濤等上章請理其罪，高祖下制，止令削奪一階一爵而已，時以爲失刑。[12]

[1]從事：泛指一般屬官。　張式：人名。籍貫不詳。五代後晋官員。事見本書卷八〇。

[2]内職：晚唐、五代時期皇帝試圖越過現有機構和機制，依靠自己身邊的謀士和辦事人員，直接處理政務軍機。這批謀士和辦事人員即“内職”，其中較有代表性的群體是諸使和“使臣”。參見趙冬梅《文武之間：北宋武選官研究》，北京大學出版社 2010 年版，第 9 頁。　齊州：州名。治所在今山東濟南市。

[3]書記：官名。唐制，唐、五代節度、觀察等使所屬均有掌書記一職，位在副使、判官之下，掌表奏書檄。遼節度使亦置。

[4]衍州：州名。治所在今甘肅寧縣。

[5]李興：人名。籍貫不詳。五代後晋地方將領。事見本書本卷。

[6]邠州：州名。治所在今陝西彬縣。

[7]李周：人名。邢州内丘（今河北内丘縣）人。五代後唐、後晋將領。傳見本書卷九一、《新五代史》卷四七。　商州：州名。治所在今陝西商洛市商州區。

[8]行軍司馬：官名。即司馬。方鎮屬官。掌軍籍符伍、號令印信，是藩鎮重要的軍政官員。　鄭元昭：人名。籍貫不詳。五代後晋地方官員。事見本書本卷。

[9]“有從事張式者”至“斷手足而死之”：亦見明本《册府》卷四四九《將帥部·專殺門》。　遂差人援送到邠州：中華書局本有校勘記：“‘邠州’原作‘汾州’，據《册府》卷四四八、卷四四

九，《新五代史》卷五二《張彦澤傳》，《通鑑》卷二八二改。按時李周爲邠州節度使。”明本《册府》卷四四八《將帥部·殘酷門》：“張彦澤爲涇州節度使。從事張式以彦澤所行事多不軌，數勸止之。彦澤不從，因酒酣，發矢向式，式偶免。因告病，不復請謁。彦澤愈怒，將加害焉。式乃避竄衍州，刺史送至邠州。邠州連帥李周具奏其事。朝廷姑息彦澤，流式商州。彦澤堅飛奏請式，朝廷允之。式既至，決口剖心，斷手足而死之。”《通鑑》卷二八二天福六年（941）二月癸巳條：“彰義節度使張彦澤欲殺其子，掌書記張式素爲彦澤所厚，諫止之。彦澤怒，射之；左右素惡式，從而讒之。式懼，謝病去，彦澤遣兵追之。式至邠州，静難節度使李周以聞，帝以彦澤故，流式商州。彦澤遣行軍司馬鄭元昭詣闕求之，且曰：‘彦澤不得張式，恐致不測。’帝不得已，與之。癸未，式至涇州，彦澤命決口、剖心，斷其四支。”

［10］王周：人名。魏州（今河北大名縣）人。五代後唐、後晉、後漢將領。傳見本書卷一〇六、《新五代史》卷四八。

［11］“式父鐸詣闕訴冤”至“逃散五千餘户”：《輯本舊史》卷八〇《晋高祖紀六》天福七年閏三月癸丑條：“涇州節度使王周奏，前節度使張彦澤在任日不法事二十六條已改正停廢，詔褒之。”明本《册府》卷一六九《帝王部·納貢獻門》晋高祖天福七年三月戊寅條：“涇州節度使張彦澤到闕，進朝見謝恩馬九匹。又進馬五十匹并銀鞍轡、黑漆銀錢子、馬面人鐵甲、弓箭袋、渾銀裝劍共五十副。又進駱駞二十頭。己卯，又進馬五十匹，供御金鍍銀鞍轡一副。庚辰，又進馬五十匹，金鞍轡、全人馬甲弓箭各五十副。彦澤在前任擅討吐蕃部族，爲其所敗，遂括境内馬千餘匹以補其數，至是頻有是獻。”《通鑑》卷二八三天福七年正月壬午條：“張式父鐸詣闕訟冤。壬午，以河陽節度使王周爲彰義節度使，代張彦澤。”同年三月條：“張彦澤在涇州，擅發兵擊諸胡，兵皆敗没，調民馬千餘匹以補之。還至陝，獲亡將楊洪，乘醉斷其手足而斬之。王周奏彦澤在鎮貪殘不法二十六條，民散亡者五千餘户。彦澤既至，帝

以其有軍功，又與楊光遠連姻，釋不問。”

［12］李濤：人名。唐朝宗室。五代後唐至宋初官員。傳見《宋史》卷二六二。　“彦澤既赴闕”至“時以爲失刑”：《輯本舊史》卷八〇《晋高祖紀六》天福七年四月諸條：“己未，右諫議大夫鄭受益兩疏論張彦澤在涇州之日違法虐民，支解掌書記張式、部曲楊洪等，請下所司，明申其罪，皆留中不出。庚申，刑部郎中李濤、張麟，員外郎麻麟、王禧，同詣閤門上疏，論張彦澤罪犯，詞甚懇切。辛酉，詔：‘張彦澤刳剔賓從，誅剥生聚，冤聲穢迹，流聞四方，章表繼來，指陳甚切。尚以曾施微功，特示寬恩，深懷曲法之慚，貴徇議勞之典。其張彦澤宜削一階，仍降爵一級。其張式宜贈官，張式父鐸、弟守貞、男希範並與除官。仍於涇州賜錢十萬，差人津置張式靈柩并骨肉歸鄉，所有先收納却張式家財物畜，並令却還。其涇州新歸業户，量與蠲減税賦。’翌日，以前涇州節度使張彦澤爲左龍武大將軍。戊辰……故涇州節度掌書記張式贈尚書虞部郎中，以式父鐸爲沁州司馬致仕，弟守貞爲貝州清河縣主簿，男希範爲興元府文學。”《通鑑》卷二八三天福七年四月諸條：“己未，右諫議大夫鄭受益上言：‘楊洪所以被屠，由陛下去歲送張式與彦澤，使之逞志，致彦澤敢肆凶殘，無所忌憚。見聞之人，無不切齒，而陛下曾不動心，一無詰讓，淑慝莫辨，賞罰無章。中外皆言陛下受彦澤所獻馬百匹，聽其如是，臣竊爲陛下惜此惡名，乞正彦澤罪法，以湔洗聖德。’疏奏，留中。庚申，刑部郎中李濤等伏閤極論彦澤之罪，語甚切至。辛酉，敕：‘張彦澤削一階，降爵一級。張式父及子弟皆拜官。涇州民復業者，減其徭賦。癸亥，李濤復與兩省及御史臺官伏閤奏彦澤罰太輕，請論如法。帝召濤面諭之。濤端笏前迫殿陛，聲色俱厲。帝怒，連叱之，濤不退。帝曰：‘朕已許彦澤不死。’濤曰：‘陛下許彦澤不死，不可負；不知范延光鐵券安在！’帝拂衣起，入禁中。丙寅，以彦澤爲左龍武大將軍。”

少帝即位，桑維翰復舉之，尋出鎮安陽。[1]既至，折節於士大夫，境内稱理，旋命領軍北屯恒、定。[2]時易州地孤，漕運不繼，制令邢、魏、相、衛飛輓以輸之，百姓荷擔纍纍於路，彦澤每援之以行，見羸困者，使其部衆代而助之。[3]洎至北邊，不令百姓深入，即遣騎士以馬負糧而去，往來既速，且無邀奪之患，聞者嘉之。陽城之戰，彦澤之功出於諸將之右，其後與敵接戰，頻獻捷於闕下，咸謂其感高祖不殺之恩，補昔年之過也。[4]

[1]桑維翰：人名。洛陽（今河南洛陽市）人。五代後唐進士，後晉宰相、樞密使。傳見本書卷八九、《新五代史》卷二九。　安陽：原作"安楊"，中華書局本據浙江本、宗文本改，今從。

[2]恒：州名。即鎮州。治所在今河北正定縣。　定：州名。治所在今河北定州市。

[3]易州：州名。治所在今河北易縣。　邢：州名。治所在今河北邢臺市。　魏：州名。治所在今河北大名縣。　相：州名。治所在今河南安陽市。　衛：州名。治所在今河南衛輝市。

[4]"少帝即位"至"補昔年之過也"：《輯本舊史》卷八一《晉少帝紀一》天福七年（942）十二月乙丑條："以左龍武大將軍張彦澤爲右武衛上將軍。"卷八二《晉少帝紀二》開運元年（944）正月丙申條："契丹攻黎陽，遣右武衛上將軍張彦澤等率勁騎三千以禦之。"同年四月己未條："以右武衛上將軍張彦澤爲右神武統軍。"同年五月丁亥條："以……右神武統軍張彦澤掌步兵。"卷八三《晉少帝紀三》開運元年八月辛丑條："右神武統軍張彦澤充馬軍排陣使。"同卷開運二年正月己亥條："遣右神武統軍張彦澤屯黎陽。"同年二月戊寅條："北面行營副招討使馬全節、行營都監李守

貞、右神武統軍張彥澤等以前軍先發。”同月甲午條："左神武統軍張彥澤充馬軍左右厢都排陣使。”卷八四《晉少帝紀四》開運二年九月乙卯條："詔相州節度使張彥澤率兵屯恒州。”同卷開運三年五月辛亥條："詔皇甫遇爲北面行營都部署，張彥澤爲副，李殷爲都監，領兵赴易、定等州，尋止其行。”同年六月壬午條："詔……相州張彥澤充馬軍都指揮使。”同年九月壬辰條："相州節度使張彥澤加檢校太尉。”同月九月己亥條："張彥澤奏，破蕃賊於定州界，斬首二千餘級，追襲百餘里，生擒蕃將四人，摘得金耳環二副進呈。”明本《册府》卷四三五《將帥部·獻捷門二》繫此事於開運三年八月，疑誤。《通鑑》卷二八四開運元年四月戊寅條："遣神武統軍洛陽潘環及張彥澤等將兵屯澶州，以備契丹。”同卷開運二年正月壬子條："日加辰，趙延壽與契丹惕隱帥衆踰水，環相州而南，詔右神武統軍張彥澤將兵趣相州。”同年三月癸亥條："晉軍至白團衛村，埋鹿角爲行寨。契丹圍之數重，奇兵出寨後斷糧道。是夕，東北風大起，破屋折樹；營中掘井，方及水輒崩，士卒取其泥，帛絞而飲之，人馬俱渴。至曙，風尤甚。契丹主坐大奚車中，令其衆曰：'晉軍止此耳，當盡擒之，然後南取大梁！'命鐵鷂四面下馬，拔鹿角而入，奮短兵以擊晉軍，又順風縱火揚塵以助其勢。軍士皆憤怒，大呼曰：'都招討使何不用兵，令士卒徒死！'諸將請出戰，杜威曰：'俟風稍緩，徐觀可否。'馬步都監李守貞曰：'彼衆我寡，風沙之内，莫測多少，惟力鬬者勝，此風乃助我也；若俟風止，吾屬無類矣。'即呼曰：'諸軍齊擊賊！'又謂威曰：'令公善守禦，守貞以中軍決死矣！'馬軍左厢都排陳使張彥澤召諸將問計，皆曰：'虜得風勢，宜俟風回與戰。'彥澤亦以爲然。諸將退，馬軍右厢副排陳使太原藥元福獨留，謂彥澤曰：'今軍中飢渴已甚，若俟風回，吾屬已爲虜矣。敵謂我不能逆風以戰，宜出其不意急擊之，此兵之詭道也。'馬步左右厢都排陳使符彥卿曰：'與其束首就擒，曷若以身殉國！'乃與彥澤、元福及左厢都排陳使皇甫遇引精騎出西門擊之，諸將繼至。契丹却數百步。彥卿等謂守貞曰：'且曳隊往來乎？

直前奮擊，以勝爲度乎？’守貞曰：‘事勢如此，安可迴鞚！宜長驅取勝耳！’彦卿等躍馬而去，風勢益甚，昏晦如夜，彦卿等擁萬餘騎横擊契丹，呼聲動天地，契丹大敗而走，勢如崩山。李守貞亦令步兵盡拔鹿角出鬭，步騎俱進，逐北二十餘里。鐵鷂既下馬，蒼皇不能復上，皆委棄馬及鎧仗蔽地。”卷二八五開運三年六月乙丑條：“定州言契丹勒兵壓境。詔以彰德節度使張彦澤充馬軍都指揮使，兼都虞候。”同年九月甲午條：“張彦澤奏敗契丹於定州北，又敗之於泰州，斬首二千級。”明本《册府》卷四六《帝王部·智識門》漢高祖條：“（晉天福）十一年八月，朝廷以前遣李守貞、皇甫遇、張彦澤再援粮入易、定，彦澤與契丹騎衆相逢，逐行四十里，獲酋領諧里相公首級。”《宋本册府》卷八九七《總録部·改過門》：“張彦澤初爲涇原節度使，其政苛可，交代王周奏弊事二十六件。後爲相州節度使，頓悛舊迹，凡正俸公府常入之外，一無所取，民吏愛之。少帝開運三年，父老僧道詣闕舉留焉。”《新五代史》卷九《晉本紀》開運三年九月辛丑條：“行營馬軍排陣使張彦澤及契丹戰于新興，敗之。”

開運三年冬，契丹既南牧，杜重威兵次瀛州。[1]彦澤爲契丹所啖，密已變矣，乃通款於戎王，請爲前導，因促騎説重威，引軍沿滹沱西援常山，既而與重威通謀。[2]及王師降於中渡，契丹主遣彦澤統二千騎趨京師，以制少帝，且示公卿兆民以存撫之意。[3]彦澤以是歲十二月十六日夜，自封丘門斬關而入，以兵圍宫城。[4]翌日，遷帝於開封府舍，凡内帑奇貨，悉輦歸私邸，仍縱軍大掠，兩日方止。[5]時桑維翰爲開封尹，彦澤召至麾下，待之不以禮。[6]維翰責曰：“去年拔公於罪人之中，復領大鎮，授以兵權，何負恩一至此耶？”彦澤無以對。

是夜殺維翰，盡取其家財。[7]

［1］開運：五代後晋出帝石重貴年號（944—946）。　瀛州：州名。治所在今河北河間市。

［2］滹沱：河流名。發源於今山西繁峙縣，東流入今河北省，過正定縣，向東流入渤海。　常山：即鎮州，治所在今河北正定縣。　“開運三年冬”至“既而與重威通謀”：《輯本舊史》卷八五《晋少帝紀五》開運三年（946）十二月壬申條：“始聞杜威、李守貞等以此月十日率諸軍降於契丹。”《通鑑》卷二八五開運三年十一月甲寅條：“契丹主大舉入寇，自易、定趣恒州。杜威等至武强，聞之，將自貝、冀而南。彰德節度使張彦澤時在恒州，引兵會之，言契丹可破之狀。威等復趣恒州，以彦澤爲前鋒。甲寅，威等至中度橋，契丹已據橋，彦澤帥騎争之，契丹焚橋而退。晋兵與契丹夾滹沱而軍。始，契丹見晋軍大至，又争橋不勝，恐晋軍急渡滹沱，與恒州合勢擊之，議引兵還。及聞晋軍築壘爲持久之計，遂不去。”同年十二月甲子條：“契丹遥以兵環晋營，内外斷絶，軍中食且盡。杜威與李守貞、宋彦筠謀降契丹。威潛遣腹心詣契丹牙帳，邀求重賞。契丹主紿之曰：‘趙延壽威望素淺，恐不能帝中國。汝果降者，當以汝爲之。’威喜，遂定降計。”同月丙寅條：“伏甲召諸將，出降表示之，使署名。諸將駭愕，莫敢言者，但唯唯聽命。威遣閤門使高勳齎詣契丹，契丹主賜詔慰納之。”同月壬申條：“張彦澤倍道疾驅，夜渡白馬津。壬申，帝始聞杜威等降；是夕，又聞彦澤至滑州，詔李崧、馮玉、李彦韜入禁中計事，欲詔劉知遠發兵入援。”《新五代史》卷五二《張彦澤傳》：“十二月丙寅，重威、守貞叛降契丹，彦澤亦降。”

［3］中渡：地名。滹沱河渡口。位於今河北正定縣。

［4］封丘門：五代後晋都城開封城北墻西門。位於今河南開封市。　以兵圍宫城：中華書局本有校勘記：“‘圍’原作‘圜’，據

邵本改。”

［5］“及王師降於中渡”至“兩日方止”：《舊五代史考異》：“案《東都事略·李處耘傳》云：居京師，遇張彥澤之暴，處耘善射，獨當里門，殺數十人，里中賴之。”見《東都事略》卷二〇。亦見《宋史》卷二五七《李處耘傳》。《宋本册府》卷三七四《將帥部·忠門五》皇甫遇條：“時耶律氏欲遣（皇甫）遇先入汴，辭之，推張彥澤督其行。”《輯本舊史》卷八五開運三年十二月壬申條：“是夜，相州節度使張彥澤受契丹命，率先鋒二千人，自封丘門斬關而入。”同月癸酉條：“旦，張彥澤頓兵於明德門外，京城大擾……時自中渡寨隔絶之後，帝與大臣端坐憂危，國之衛兵，悉在北面，計無所出。十六日，聞滹水之降，是夜，偵知張彥澤已至滑州，召李崧、馮玉、李彥韜入内計事，方議詔河東劉知遠起兵赴難，至五鼓初，張彥澤引蕃騎入京。宫中相次火起，帝自攜劍驅擁后妃已下十數人，將同赴火，爲親校薛超所持。俄自寬仁門遞入契丹主與皇太后書，帝乃止，旋令撲滅煙火。大内都點檢康福全在寬仁門宿衛，登樓覘賊，彥澤呼而下之。”同月甲戌條：“張彥澤遷帝與太后及諸宫屬於開封府，遣控鶴指揮使李榮將兵監守……帝以契丹主將至，欲與太后出迎，彥澤先表之，禀契丹主之旨報云：‘比欲許爾朝覲上國，臣僚奏言，豈有兩個天子道路相見！今賜所佩刀子，以慰爾心。’”《通鑑》卷二八五開運三年十二月甲戌條：“張彥澤遷帝於開封府……帝悉以内庫金珠自隨。彥澤使人諷之曰：‘契丹主至，此物不可匿也。’帝悉歸之，亦分以遺彥澤，彥澤擇取其奇貨，而封其餘以待契丹。彥澤遣控鶴指揮使李筠以兵守帝，内外不通……帝與太后所上契丹主表章，皆先示彥澤，然後敢發。”

［6］開封尹：即開封府尹。五代重要官職名。位在尚書下、侍郎上，一般是從一品或二品官銜。

［7］“時桑維翰爲開封尹”至“盡取其家財”：《輯本舊史》卷八九《桑維翰傳》：“時少帝已受戎王撫慰之命，乃謀自全之計，因思維翰在相時，累貢謀畫，請與契丹和，慮戎王到京窮究其事，則

顯彰己過，故欲殺維翰以滅其口，因令圖之。張彥澤既受少帝密旨，復利維翰家財，乃稱少帝命召維翰。”《通鑑》卷二八五開運三年十二月癸酉條：“彥澤以帝命召維翰……彥澤倨坐見維翰，維翰責之曰：‘去年拔公於罪人之中，復領大鎮，授以兵權，何乃負恩至此！’彥澤無以應，遣兵守之。宣徽使孟承誨，素以佞巧有寵於帝，至是，帝召承誨，欲與之謀，承誨伏匿不至。張彥澤捕而殺之。”同月甲戌條：“是夕，彥澤殺桑維翰。以帶加頸，白契丹主，云其自經。”《新五代史》卷二九《桑維翰傳》：“維翰狀貌既異，素以威嚴自持，晉之老將大臣，見者無不屈服，彥澤以驍捍自矜，每往候之，雖冬月未嘗不流汗。初，彥澤入京師，左右勸維翰避禍，維翰曰：‘吾爲大臣，國家至此，安所逃死邪！’安坐府中不動。彥澤以兵入，問：‘維翰何在？’維翰厲聲曰：‘吾，晉大臣，自當死國，安得無禮邪！’彥澤股栗不敢仰視，退而謂人曰：‘吾不知桑維翰何如人，今日見之，猶使人恐懼如此，其可再見乎？’乃以帝命召維翰。”

彥澤自謂有功於契丹，晝夜以酒樂自娱。當在京巡檢之時，出入騎從常數百人，旗幟之上題曰“赤心爲主”，觀者無不竊笑。又所居第，財貨山積。[1]楚國夫人丁氏，即少帝子曹州節度使延煦之母也，有容色，彥澤使人取之，太后遲迴未與，彥澤立遣人載之而去，其負國欺君也如是。[2]數日之内，恣行殺害，或軍士擒獲罪人至前，彥澤不問所犯，但瞋目出一手豎三指而已，軍士承其意，即出外斷其腰領焉。[3]

[1]“彥澤自謂有功於契丹”至“財貨山積”：《通鑑》卷二八五開運三年（946）十二月癸酉條：“彥澤縱兵大掠，貧民乘之，亦

争入富室，殺人取其貨，二日方止，都城爲之一空。彦澤所居山積，自謂有功於契丹，晝夜以酒樂自娱，出入騎從常數百人，其旗幟皆題‘赤心爲主’，見者笑之。”

［2］即少帝子曹州節度使延煦之母也：中華書局本有校勘記："‘子’原作‘弟’，據邵本校、《新五代史》卷五二《張彦澤傳》改。按《新五代史》卷一七《晋家人傳》記延煦爲少帝子。《契丹國志》卷三：‘晋皇子延煦母楚國夫人丁氏有美色，彦澤使人劫取之。’”《通鑑》卷二八五開運三年十二月甲戌條："楚國夫人丁氏，延煦之母也，有美色。彦澤使人取之，太后遲回未與。彦澤詬詈，立載之去。”

［3］"或軍士擒獲罪人至前"至"即出外斷其腰領焉"：《通鑑》卷二八五開運三年十二月癸酉條："軍士擒罪人至前，彦澤不問所犯，但瞋目豎三指，即驅出斷其腰領。"明本《册府》卷四四八《將帥部·殘酷門》："後爲相州節度使，領軍北屯鎮定。後送款於虜。虜主遣彦澤先至京師。數日之内，恣行殺害。或軍士擒獲罪人至前，彦澤不問所犯，但瞑目，出一手豎三指而已。軍士承其意，即出外斷其頭腰領焉。"

彦澤與僞閤門使高勳不協，因乘醉至其門，害其仲父、季弟，暴屍於門外。[1]及契丹帳泊於北郊，勳訴冤於戎王，時戎王已怒彦澤剽掠京城，遂令鎖之。仍以彦澤罪惡宣示百官及京城士庶，且云："彦澤之罪，合誅與否？"百官連狀具言罪在不赦，市肆百姓亦争投狀，疏彦澤之罪，戎王知其衆怒，遂令棄市，仍令高勳監決，斷腕出鎖，然後刑之。勳使人剖其心以祭死者，市人争其肉而食之。[2]《永樂大典》卷六千三百五十。[3]

［1］閤門使：官名。唐代中期始置，掌供朝會、贊引百官。初以宦官充任，五代改用武階。　高勳：人名。籍貫不詳。五代後晋官員。事見本書本卷。　“彦澤與僞閤門使高勳不協”至“暴屍於門外”：亦見明本《册府》卷四四八《將帥部·殘酷門》。《通鑑》卷二八五開運三年（946）十二月癸酉條：“彦澤素與閤門使高勳不協，乘醉至其家，殺其叔父及弟，尸諸門首。”又：“中書舍人李濤謂人曰：‘吾與其逃於溝瀆而不免，不若往見之。’乃投刺謁彦澤曰：‘上疏請殺太尉人李濤，謹來請死。’彦澤欣然接之，謂濤曰：“舍人今日懼乎？”濤曰：“濤今日之懼，亦猶足下昔年之懼也。曏使高祖用濤言，事安至此！”彦澤大笑，命酒飲之。濤引滿而去，旁若無人。”《輯本舊史》於傳後引《五代史補》：“李濤常忿張彦澤殺邠州幕吏張式而取其妻，濤率同列上疏，請誅彦澤以謝西土，高祖方姑息武夫，竟不從。未幾，契丹南侵，至中渡橋，彦澤首降。戎主喜，命以本軍統蕃部控弦之士，先入京師。彦澤自以功不世出，乃挾宿憾殺開封尹桑維翰。濤聞之，謂親知曰：‘吾曾上疏請誅彦澤，今國家失守，彦澤所爲如此，吾之首領庸可保乎！然無可奈何，誰能伏藏溝瀆而取辱耶！’於是自寫門狀，求見彦澤。其狀云：‘上疏請殺太尉人李濤，謹隨狀納命。’彦澤覽之，欣然降階迎之。然濤猶未安，復曰：‘太尉果然相恕乎？’彦澤曰：‘覽公門狀，見“納命”二字，使人怒氣頓息，又何憂哉！’濤素滑稽，知其必免，又戲爲伶人詞曰：‘太尉既相恕，何不將壓驚絹來。’彦澤大笑，卒善待之。”見《五代史補》卷三。

［2］“及契丹帳泊於北郊”至“市人争其肉而食之”：《通鑑》卷二八六天福十二年正月己丑條：“高勳訴張彦澤殺其家人於契丹主，契丹主亦怒彦澤剽掠京城，并傅住兒鎖之。以彦澤之罪宣示百官，問：‘應死否？’皆言：‘應死。’百姓亦投牒争疏彦澤罪。己丑，斬彦澤、住兒於北市，仍命高勳監刑。彦澤前所殺士大夫子孫，皆絰杖號哭，隨而詬詈，以杖扑之。勳命斷腕出鎖，剖其心以祭死者。市人争破其腦取髓，臠其肉而食之。”《宋本册府》卷八

九六《總録部·復讎門》："漢高勳仕晋爲閤門使。初，勳與張彦澤不協，彦澤害其家屬。及虜入汴，勳訴耶律氏，尋誅彦澤，雪其家耻。"

[3]《大典》卷六三五〇"張"字韻"姓氏（二〇）"事目。

趙德鈞　子延壽

趙德鈞，本名行實，幽州人也。少以騎射事滄州連帥劉守文，守文爲弟守光所害，遂事守光，署爲幽州軍校。[1]及唐莊宗伐幽州，德鈞知其必敗，乃遁歸莊宗。[2]莊宗善待之，賜姓，名曰紹斌，累歷郡守，從平梁，遷滄州節度使。[3]同光三年，移鎮幽州。[4]明宗即位，遂歸本姓，始改名德鈞。[5]其子延壽尚明宗女興平公主，故德鈞尤承倚重。[6]

[1]滄州：州名。治所在今河北滄縣舊州鎮。　劉守文：人名。深州（今河北深州市）人。唐末盧龍節度使劉仁恭長子。唐末軍閥。五代後梁開平三年（909），被其弟劉守光殺死。事見本書本卷、卷二、卷四及《新五代史》卷五六、卷七二。　守光：人名。即劉守光。深州樂壽（今河北獻縣）人。幽州節度使劉仁恭之子。唐末、五代軍閥。後自稱大燕皇帝，年號應天。被後唐莊宗擊敗，俘後被斬。傳見本書卷一三五、《新五代史》卷三九。

[2]"及唐莊宗伐幽州"至"乃遁歸莊宗"：《輯本舊史》卷二八《唐莊宗紀二》天祐九年（913）十月丁卯條："燕將趙行實來奔。"

[3]"莊宗善待之"至"遷滄州節度使"：《輯本舊史》卷二九《唐莊宗紀三》同光元年（923）八月壬申條："帝遣李紹斌以甲士

五千援澤州。初，李繼韜之叛也，潞之舊將裴約以兵戍澤州，不狥繼韜之逆。既而梁遣董璋率衆攻其城，約拒守久之，告急於帝，故遣紹斌救之。”卷三一《唐莊宗紀五》同光二年三月乙巳條：“以北京衙内馬步軍都指揮使、右領軍衛大將軍李紹斌爲滄州節度使。”《宋本册府》卷三七四《將帥部·忠門五》裴約條：“李嗣昭卒，子繼韜據昭義叛。同光元年，莊宗遣李紹斌以甲士五千援澤州。”又：“紹斌自遼州進軍，未至城陷，約被害。”此事《輯本舊史》卷五二《裴約傳》繫於同光元年八月。《通鑑》卷二七三同光二年三月乙巳條：“鎮州言契丹將犯塞，詔横海節度使李紹斌、北京左厢馬軍指揮使李從珂帥騎兵分道備之。”同年五月甲寅條：“幽州言契丹將入寇，甲寅，以横海節度使李紹斌充東北面行營招討使，將大軍渡河而北。”

[4]同光三年，移鎮幽州：《輯本舊史》卷三二《唐莊宗紀六》同光三年二月甲戌條：“以滄州節度使李紹斌爲幽州節度使，依前檢校太保。”同月丙子條：“時帝命李紹斌鎮幽州，以其時望未重，欲以李嗣源爲鎮帥，且爲紹斌聲援。”

[5]“明宗即位”至“始改名德鈞”：《輯本舊史》卷三六《唐明宗紀二》天成元年（926）五月甲申條：“幽州節度使、檢校太保李紹斌加檢校太傅、同平章事，復姓名爲趙德鈞。”《通鑑》卷二七五天成元年九月癸酉條：“盧龍節度使李紹斌請復姓趙，從之，仍賜名德鈞。”

[6]“其子延壽”至“尤承倚重”：《通鑑》卷二七五天成元年九月癸酉條：“德鈞養子延壽尚帝女興平公主，故德鈞尤蒙寵任。延壽本蓨令劉邟之子也。”《輯本舊史》卷三八《唐明宗紀四》天成二年九月辛亥條：“幽州節度使趙德鈞加檢校太尉。”《宋本册府》卷八四三《總録部·知人門二》：“趙德鈞，明宗鄉人也。高行周事明宗，常與清泰主分率牙兵。明宗所征，無不拱從。德鈞謂明宗曰：‘行周心好謹厚，必享貴位。’”

天成中，定州王都反，契丹遣惕隱領精騎五千來援都，至唐河，爲招討使王晏球所敗。[1]會霖雨相繼，所在泥淖，敗兵北走，人馬饑疲，德鈞於要路邀之，盡獲餘衆，擒惕隱已下首領數十人，獻於京師。[2]明年，王都平，加兼侍中，頃之，加東北面招討使。[3]

[1]王都：人名。原名劉雲郎。中山陘邑（今河北定州市）人。妖人李應之養子，又被送與王處直爲養子，遂改姓名爲王都。後爲義武軍節度使。傳見本書卷五四、《新五代史》卷三九。　天成中，定州王都反：《通鑑》卷二七六天成三年（928）四月癸巳條："初，義武節度使兼中書令王都鎮易定十餘年，自除刺史以下官，租賦皆贍本軍。及安重誨用事，稍以法制裁之；帝亦以都篡父位，惡之。時契丹數犯塞，朝廷多屯兵於幽、易間，大將往來，都陰爲之備，浸成猜阻。都恐朝廷移之他鎮，腹心和昭訓勸都爲自全之計，都乃求婚於盧龍節度使趙德鈞。又知成德節度使王建立與安重誨有隙，遣使結爲兄弟，陰與之謀復河北故事，建立陽許而密奏之。都又以蠟書遺青、徐、潞、益、梓五帥，離間之。又遣人說北面副招討使歸德節度使王晏球，晏球不從；乃以金遺晏球帳下，使圖之，不克；癸巳，晏球以都反狀聞，詔宣徽使張延朗與北面諸將議討之。"　惕隱：官名。出自契丹語。遼朝惕隱主要分爲兩類：中央惕隱掌管皇族教化和皇族户籍；地方惕隱，即遼朝在各部族及屬國屬部設置的惕隱，各部族的惕隱配合部族節度使管理部族事務，屬國屬部惕隱一般爲該部酋長。參見鞠賀《遼朝惕隱研究》，《西北民族大學學報》2019年第1期。　唐河：水名。源自今河北唐縣北，南流經唐縣東，至今定州市北入滱水。　招討使：官名。唐始置。戰時任命，兵罷則省。常以大臣、將帥或地方軍政長官兼任。掌招撫討伐等事務。　王晏球：人名。洛陽（今河南洛陽市）人。五代將領。傳見本書卷六四、《新五代史》卷四六。

［2］“契丹遣惕隱領精騎五千來援都”至“獻於京師”：《通鑑》卷二七六天成三年五月丁卯條：“盧龍節度使趙德鈞邀擊契丹，北走者殆無孑遺。”《輯本舊史》卷三九《唐明宗紀五》天成三年六月己丑條：“幽州趙德鈞奏，殺契丹千餘人於幽州東，獲馬六百匹。”同年八月壬午條：“幽州趙德鈞奏，於府西邀殺契丹敗黨數千人，生擒首領惕隱等五十餘人。”同年閏八月戊申條：“趙德鈞獻戎俘於闕下，其蕃將惕隱等五十人留於親衛，餘契丹六百人皆斬之。”《通鑑》卷二七六天成三年八月壬戌條：“契丹北走，道路泥濘，人馬飢疲，入幽州境。八月，壬戌，趙德鈞遣牙將武從諫將精騎邀擊之，分兵扼險要，生擒惕隱等數百人；餘衆散投村落，村民以白梃擊之，其得脱歸國者不過數十人。自是契丹沮氣，不敢輕犯塞。”《新五代史》卷六《唐本紀》天成三年八月條：“盧龍軍節度使趙德鈞執契丹首領惕隱赫邈。”

［3］侍中：官名。秦始置。隋、唐前期爲門下省長官。唐後期多爲大臣加銜，不參與政務，實際職務由門下侍郎執行。正二品。“明年”至“加東北面招討使”：《輯本舊史》卷四〇《唐明宗紀六》天成四年正月壬申條：“幽州節度使趙德鈞奏：‘臣孫贇，年五歲，默念《何論》《孝經》，舉童子，於汴州取解就試。’詔曰：‘都尉之子，太尉之孫，能念儒書，備彰家訓，不勞就試，特與成名。宜賜别敕及第，附今年春牓。’”同年二月辛亥條：“幽州節度使趙德鈞加兼侍中。”同年四月壬戌條：“幽州節度使趙德鈞兼北面行營招討使。”

德鈞奏發河北數鎮丁夫，開王馬口至游口，以通水運，凡二百里。[1]又於閻溝築壘，以戍兵守之，因名良鄉縣，以備鈔寇。[2]又於幽州東築三河鎮，北接薊州，頗爲形勝之要，部民由是稍得樵牧。[3]德鈞鎮幽州凡十餘年，甚有善政，累官至檢校太師、兼中書令，封北平王。[4]清泰三年夏，晋高祖起義於晋陽。九月，契丹敗張敬達之軍於太原城下，唐末帝詔德鈞以本軍由飛狐路出賊後邀之。[5]時德鈞子延壽爲樞密使，唐末帝命帥軍屯上黨，德鈞乃以所部銀鞍契丹直三千騎至鎮州，率節度使董温琪同赴征行，自吴兒峪路趨昭義，與延壽會於西唐店。[6]十一月，以德鈞爲諸道行營都統，以延壽爲太原南面招討使，遣端明殿學士吕琦齎賜官告，兼令犒軍。[7]琦從容言天子委任之意，德鈞曰："既以兵相委，焉敢惜死。"時范延光領兵二萬軍於遼州，德鈞欲併其軍，奏請與延光會合。[8]唐末帝諭延光，疑其奸謀，不從。德鈞、延壽自潞州引軍至團柏谷，德鈞累奏乞授延壽鎮州節度，末帝不悦，謂左右曰："趙德鈞父子堅要鎮州，苟能逐退蕃戎，要代予位，亦所甘心；若翫寇要君，但恐犬兔俱斃。"[9]朝廷繼馳書詔，促令進軍，德鈞持疑不果，乃遣使於契丹，厚齎金幣，求立己爲帝，仍許晋祖長鎮太原，契丹主不之許。[10]

[1]王馬口：地名。位於今河北地區。　游口：河道的泄洪口。

[2]閻溝：地名。位於今北京市房山區。　良鄉縣：縣名。治所在今北京市房山區東南。

[3]三河鎮：地名。位於今河北三河市。　薊州：州名。治所在今天津市薊州區。　"德鈞奏發河北數鎮丁夫"至"部民由是稍得樵牧"：《輯本舊史》卷四三《唐明宗紀九》長興三年（932）四月戊午條："契丹累遣使求歸則剌、惕隱等，幽州趙德鈞奏請不俞允。"同月辛未條："以幽州節度使趙德鈞兼中書令。"同年六月壬子條："幽州趙德鈞奏：'新開東南河，自王馬口至淤口，長一百

六十五里，闊六十五步，深一丈二尺，以通漕運，舟勝千石，畫圖以獻。'”此條“淤口”本傳作“游口”。《通鑑》卷二七八長興三年九月庚辰條：“初，契丹既强，寇抄盧龍諸州皆徧，幽州城門之外，虜騎充斥。每自涿州運糧入幽州，虜多伏兵於閻溝，掠取之。及趙德鈞爲節度使，城閻溝而戍之，爲良鄉縣，糧道稍通。幽州東十里之外，人不敢樵牧；德鈞於州東五十里城潞縣而戍之，近州之民始得稼穡。至是，又於州東北百餘里城三河縣以通薊州運路，虜騎來争，德鈞擊却之。九月，庚辰朔，奏城三河畢。邊人賴之。”明本《册府》卷四一〇《將帥部・壁壘門》趙德鈞條：“同光末，於閻溝築城，以戍兵守之，因名良鄉縣。自是稍息虜寇。自幽州東十里外，州人不敢樵牧。後德鈞又於州東五十里故潞縣，擇潞河築城，以兵守之，而近州民方敢耕稼。自擒破惕隱禿餒之後，德鈞又於其東築三河城，以遏虜寇。三河接薊州，有漕運之利。初，聚工興築，虜騎遮我糧舡，云：'此我疆界，安得設板築？'德鈞以禮責之，出師將擊，虜乃退去。故城守堅完，到今爲形勝之要。”

［4］德鈞鎮幽州凡十餘年：《舊五代史考異》：“《遼史》：天贊六年，遣人以詔賜盧龍軍節度使趙德鈞。七年，趙德鈞遣人進時果。蓋德鈞久在邊境，嘗與契丹通好也。”此《考異》所言“天贊”，當爲“天顯”。見《遼史》卷三《太宗上》天顯六年（930）十二月丙辰條及天顯七年七月壬寅條。　“德鈞鎮幽州凡十餘年”至“封北平王”：《輯本舊史》卷四五《唐閔帝紀》應順元年（934）正月戊子條：“幽州節度使、檢校太尉、兼中書令趙德鈞加檢校太師、兼中書令。”卷四六《唐末帝紀上》清泰元年（934）六月壬申條：“幽州節度使趙德鈞進封北平王。”卷四七《唐末帝紀中》清泰二年六月庚辰條：“北面招討使趙德鈞奏，行營馬步軍都虞候、定州節度使楊光遠，行營排陣使、邢州節度使安審琦帥本軍至易州，見進軍追襲契丹次。”

［5］飛狐：古道名。北起今山西大同市，南抵今河北定州市。

［6］上黨：即潞州。治所在今山西長治市。　鎮州：州名。治

所在今河北正定縣。　董温琪：人名。一作“董温其”。籍貫不詳。五代後唐、後晋將領。事見本書卷四七、卷四八。中華書局本有校勘記：“‘董温琪’原作‘華温琪’，據殿本改。按本書卷四八《唐末帝紀下》：‘（清泰三年十月）幽州趙德鈞以本軍二千騎與鎮州董温琪由吴兒谷趨潞州。’《通鑑》卷二八〇：‘德鈞至鎮州，以董温琪領招討副使，邀與偕行。’胡注：‘董温琪時鎮鎮州。’”　吴兒峪：地名。位於今山西黎城縣。　昭義：方鎮名。又稱澤潞。唐至德元載（756）置澤潞沁節度使，治所在潞州（今山西長治市）。廣德元年（763）又置相、衛六州節度使，治所在相州（今河南安陽市）。　西唐店：地名。位於今山西沁縣西北四十里西湯鄉。

［7］行營都統：官名。唐末設諸道行營都統，作爲各道出征兵士的統帥。　端明殿學士：官名。五代後唐明宗始置，以翰林學士充任，負責誦讀四方書奏。　吕琦：人名。幽州安次（今河北廊坊市安次區）人。五代官員。以剛直、才幹著稱。未及重用而去世。傳見本書卷九二、《新五代史》卷五六。

［8］遼州：州名。治所在今山西左權縣。

［9］潞州：州名。治所在今山西長治市。　團柏谷：地名。位於今山西祁縣，是太原與上黨地區間交通要道。

［10］“清泰三年夏”至“契丹主不之許”：“求立己爲帝”，中華書局本有校勘記：“‘己’原作‘以’，據本書卷一三七《契丹傳》、《通曆》卷一五、《通鑑》卷二八〇、《新五代史》卷七二《四夷附録》改。”《輯本舊史》卷四八《唐末帝紀下》清泰三年九月甲辰條：“詔幽州趙德鈞由飛狐路出敵軍後。”同年十一月庚子條：“趙德鈞奏，大軍至團柏谷，前鋒殺蕃軍五百騎。”同月壬寅條：“趙德鈞奏，軍出谷口，蕃軍漸退，契丹主見駐柳林砦。”《通鑑》卷二八〇天福元年（936）十月癸酉條：“初，趙德鈞陰蓄異志，欲因亂取中原，自請救晋安寨；唐主命自飛狐踵契丹後，鈔其部落，德鈞請將銀鞍契丹直三千騎，由土門路西入，帝許之。趙州刺史、北面行營都指揮使劉在明先將兵戍易州，德鈞過易州，命在

明以其衆自隨。在明，幽州人也。德鈞至鎮州，以董温琪領招討副使，邀與偕行，又表稱兵少，須合澤潞兵；乃自吴兒谷趣潞州，癸酉，至亂柳。時范延光受詔將部兵二萬屯遼州，德鈞又請與魏博軍合；延光知德鈞合諸軍，志趣難測，表稱魏博兵已入賊境，無容南行數百里與德鈞合，乃止。”同年十一月戊子條：“以趙德鈞爲諸道行營都統，依前東北面行營招討使。”同月辛卯條：“趙延壽遇趙德鈞於西湯，悉以兵屬德鈞。唐主遣吕琦賜德鈞敕告，且犒軍。德鈞志在併范延光軍，逗留不進，詔書屢趣之，德鈞乃引兵北屯團柏谷口。”同月己亥條：“契丹主雖軍柳林，其輜重老弱皆在虎北口，每日暝輒結束，以備倉猝遁逃，而趙德鈞欲倚契丹取中國，至團柏踰月，按兵不戰，去晋安纔百里，聲問不能相通。德鈞累表爲延壽求成德節度使，曰：‘臣今遠征，幽州勢孤，欲使延壽在鎮州，左右便於應接。’唐主曰：‘延壽方擊賊，何暇往鎮州！俟賊平，當如所請。’德鈞求之不已，唐主怒曰：‘趙氏父子堅欲得鎮州，何意也？苟能却胡寇，雖欲代吾位，吾亦甘心，若玩寇邀君，但恐犬兔俱斃耳。’德鈞聞之，不悦。”同年閏十一月條：“趙延壽獻契丹主所賜詔及甲馬弓劍，詐云德鈞遣使致書於契丹主，爲唐結好，説令引兵歸國；其實别爲密書，厚以金帛賂契丹主，云：‘若立己爲帝，請即以見兵南平洛陽，與契丹爲兄弟之國；仍許石氏常鎮河東。’契丹主自以深入敵境，晋安未下，德鈞兵尚强，范延光在其東，又恐山北諸州邀其歸路，欲許德鈞之請。帝（即晋高祖）聞之，大懼，亟使桑維翰見契丹主，説之曰：‘大國舉義兵以救孤危，一戰而唐兵瓦解，退守一栅，食盡力窮。趙北平父子不忠不信，畏大國之强，且素蓄異志，按兵觀變，非以死徇國之人，何足可畏，而信其誕妄之辭，貪豪末之利，棄垂成之功乎！且使晋得天下，將竭中國之財以奉大國，豈此小利之比乎！’契丹主曰：‘爾見捕鼠者乎，不備之，猶或齧傷其手，況大敵乎！’對曰：‘今大國已扼其喉，安能齧人乎！’契丹主曰：‘吾非有渝前約也，但兵家權謀不得不爾。’對曰：‘皇帝以信義救人之急，四海之人俱屬耳目，奈何二三其命，使大義不終！臣竊爲皇帝不取也。’跪於帳前，自旦之暮，涕泣争之。契丹主乃從之，指帳前石謂德鈞使者曰：‘我已許石郎，此石爛，可改矣。’”明本《册府》卷四四六《將帥部·觀望門》：“趙德鈞爲幽州節度。清泰末，太原兵亂，乃以德鈞爲諸道行營都統，其子延壽爲河東道南面行營招討使，以劉延朗副之。又以范延光爲河東道南面行營招討使，以李周副之。帝以吕琦嘗佐幽州幕，乃命賫都統官誥以賜德鈞，兼犒軍士。琦至，從容宣帝委任之意。德鈞曰：‘既以兵相委，焉敢惜死！’德鈞志在併范延光軍，奏請與延光會合。帝以詔諭，延光不從。大軍既至團柏谷，前鋒殺蕃軍五百騎。范延光軍又至榆次，蕃軍退入河東川界。時德鈞累奏，乞與延壽鎮州節度。帝怒曰：‘德鈞父子堅要鎮州，苟能逐退蕃戎，要代子位亦甘心矣。若翫寇要君，但恐犬兔俱斃。’德鈞聞之不悦。”

及楊光遠以晋安寨降於契丹，德鈞父子自團柏谷南走潞州，一行兵士，投戈棄甲，自相騰踐，死者萬計。[1]時德鈞有愛將時賽，率輕騎東還漁陽，其部曲尚千餘人，與散亡之卒俱集於潞州。[2]是日，潞州節度使高行周亦自北還，及至府門，見德鈞父子在城闉上，行周謂曰：“某與大王鄉人，宜以忠言相告，城中無斗粟可食，請大王速迎車駕，自圖安計，無取後悔焉。”德鈞遂與延壽出降契丹。高祖至，德鈞父子迎謁於馬前，高祖不禮之。時契丹主問德鈞曰：“汝在幽州日，所置銀鞍契丹直何在？”德鈞指示之，契丹盡殺於潞之西郊，遂鎖德鈞父子入蕃，[3]及見國母述律氏，盡以一行財寶及幽州田宅籍而獻之，國母謂之曰：“汝父子自覓天子何耶？”德鈞俛首不能對。[4]又問：“田宅何在？”曰：“俱在幽州。”國母曰：“屬我矣，又何獻也？”至天福二年夏，德鈞卒於契丹。《永樂大典》卷一萬八千一百三十。[5]

[1]晋安寨：地名。位於今山西太原市。

[2]時賽：人名。籍貫不詳。五代將領。事見本書本卷。　漁陽：縣名。治所在今天津市薊州區。

[3]“及楊光遠以晋安寨降於契丹”至“遂鎖德鈞父子入蕃”：《輯本舊史》卷四八《唐末帝紀下》清泰三年（936）閏十一月丁卯條：“戎王與晋高祖南行，趙德鈞父子與諸將自團柏谷南奔，王師爲蕃騎所蹙，投戈棄甲，自相騰踐，擠於巖谷者不可勝紀。”《通鑑》卷二八〇天福元年（936）閏十一月甲戌條：“趙德鈞、趙延壽南奔潞州，唐敗兵稍稍從之，其將時賽帥盧龍輕騎東還漁陽。帝先遣昭義節度使高行周還具食，至城下，見德鈞父子在城上，行周曰：‘僕與大王鄉曲，敢不忠告！城中無斗粟可守，不若速迎車駕。’甲戌，帝與契丹主至潞州，德鈞父子迎謁於高河，契丹主慰諭之，父子拜帝於馬首，進曰：‘别後安否？’帝不顧，亦不與之言。契丹主問德鈞曰：‘汝在幽州所置銀鞍契丹直何在？’德鈞指示之，契丹主命盡殺之於西郊，凡三千人。遂瑣德鈞、延壽，送歸其國。”

[4]及見國母述律氏：中華書局本有校勘記：“‘國母’，孔本校作‘虜國母’。本卷下文‘國母曰’同。”《舊五代史考異》：“《通鑑》云：太后問曰：‘汝近者何爲往太原？’德鈞曰：‘奉唐主之命。’太后曰：‘汝從吾兒求爲天子，何妄語耶！’又自指其心曰：‘此不可欺也。’又曰：‘吾兒將行，吾戒之云：趙大王若引兵北向渝關，亟須引歸，太原不可救也。汝欲爲天子，何不先擊退吾兒，徐圖亦未晚。汝爲人臣，既負其主，不能擊敵，又欲乘亂邀利，所爲如此，何面目復求生乎？’德鈞俛首不能對。”見《通鑑》卷二八〇天福元年閏十一月甲戌條。

[5]《大典》卷一八一三〇“將”字韻“後晋將（一）”事

目。《舊五代史考異》:“《契丹國志》云：德鈞鬱鬱不多食，踰年而死。德鈞既卒，國主釋延壽而用之。”見《契丹國志》卷二，亦見《通鑑》卷二八〇天福元年閏十一月甲戌條。

延壽，本姓劉氏。父曰邧，常山人也，常任蓨令。[1]梁開平初，滄州節度使劉守文陷其邑，時德鈞爲偏將，獲延壽并其母种氏，遂養之爲子。[2]延壽姿貌妍柔，稍涉書史，尤好賓客，亦能爲詩。[3]及長，尚明宗女興平公主。初爲汴州司馬，明宗即位，授汝州刺史，歷河陽、宋州節度使，入爲上將軍，充宣徽使，遷樞密使，兼鎮徐州。[4]及高祖起義於晉陽，唐末帝幸懷州，委延壽北伐。[5]後高祖至潞州，延壽與父德鈞俱陷北庭。未幾，契丹主以延壽爲幽州節度使，封燕王，尋爲樞密使兼政事令。[6]

[1]蓨：縣名。治所在今河北景縣。　父曰邧，常山人也，常任蓨令：中華書局本有校勘記：“‘邧’，《新五代史》卷七二《四夷附録》同，殿本、《通鑑》卷二七五、《遼史》卷七六《趙延壽傳》作‘邟’，《通曆》卷一五作‘邠’。”見《通鑑》卷二七五天成元年（926）九月癸酉條。常任蓨令，“常”《通曆》作“嘗”。

[2]開平：五代後梁太祖朱温年號（907—911）。　偏將：即副將，泛指將佐等武官。

[3]“延壽姿貌妍柔”至“亦能爲詩”：《舊五代史考異》：“《太平廣記》引《趙延壽傳》云：延壽幼習武略，即戎之暇，時復以篇什爲意，嘗在北庭賦詩曰：‘占得高原肥草地，夜深生火折林梢。’南人聞者傳之。”“夜深生火折林梢”，中華書局本有校勘記：“‘折’原作‘挂’，據《太平廣記》卷二〇〇改。”《太平廣

記》卷二〇〇："僞遼丞相趙延壽，德鈞之子也。仕唐爲樞密使。清泰末，自太原陷虜。耶律德光用爲僞丞相，綜國事。晋少主失政，延壽道戎王爲亂。凡數年之間，盜有中夏，實延壽贊成之力也。延壽將家子，幼習武略。即戎之暇，時復以篇什爲意，亦甚有雅致。嘗在虜庭賦詩曰：'黄沙風捲半空抛，雲動陰山雪滿郊。探水人迴移帳就，射鵰箭落著弓抄。鳥逢霜果饑還啄，馬渡冰河渴自跑。占得高原肥草地，夜深生火折林梢。'南人聞者，往往傳之。"《宋本册府》卷八六〇《總録部·相術門》："漢趙延壽少時，有相者云：'此官人豈止於是邪？後必有兵甲大權，位極列土。'人或詰云：'此人妍柔如女子，安有大兵權乎？'俄遷盟津、許田、汴水、宋城連帥，宣徽使，樞密使，兼領河陽。清泰中，復爲樞密使。"

[4]汴州：州名。治所在今河南開封市。　司馬：官名。州軍佐官，名義上紀綱衆務，通判列曹，品高俸厚，實際上無具體職事，多用以安置貶謫官員，或用作遷轉官階。上州從五品下，中州正六品下，下州從六品上。　宋州：州名。治所在今河南商丘市睢陽區。　宣徽使：官名。唐始置。宣徽南院使、北院使通稱宣徽使。初用宦官，五代以後改用士人。通掌内諸司及三班内侍之名籍，郊祀、朝會、宴享供帳之儀，檢視内外進奉名物。參見王永平《論唐代宣徽使》，《中國史研究》1995年第1期；王孫盈政《再論唐代的宣徽使》，《中華文史論叢》2018年第3期。　徐州：州名。治所在今江蘇徐州市。中華書局本有校勘記："'徐州'，本書卷四七《唐末帝紀中》、《遼史》卷七六《趙延壽傳》作'許州'，《新五代史》卷七《唐本紀》、《通鑑》卷二七九敘其事作'忠武'。按許州置忠武軍，朱玉龍《方鎮表》：'惟《舊史》本傳謂"兼徐州"，按"徐""許"諧音，或爲傳寫之誤。'"　"初爲汴州司馬"至"兼鎮徐州"：《輯本舊史》卷三八《唐明宗紀四》天成二年九月乙丑條："以汝州防禦使趙延壽爲河陽節度使。"卷三九《唐明宗紀五》天成三年五月丁未條："鄴都留守、天雄軍節度使石敬瑭，河陽節度使趙延壽，並加駙馬都尉。"同年九月丁酉條："河陽

節度使、駙馬都尉趙延壽爲檢校司徒。"卷四〇《唐明宗紀六》天成四年四月壬子條："以河陽節度使趙延壽爲宋州節度使。"卷四一《唐明宗紀七》長興元年（930）十月甲午條："正衙命使册興平公主於宋州節度使、駙馬都尉趙延壽之私第。"卷四二《唐明宗紀八》長興二年二月己丑："以宋州節度使趙延壽爲左武衛上將軍，充宣徽北院使。"同年四月甲辰條："以宣徽北院使、左衛上將軍趙延壽爲檢校太傅，行禮部尚書，充樞密使。"卷四三《唐明宗紀九》長興三年十一月己丑條："樞密使趙延壽加同平章事。"卷四四《唐明宗紀十》長興四年九月戊寅條："樞密使范延光、趙延壽並加兼侍中，依前充使。"同月戊戌條："以樞密使趙延壽爲汴州節度使。"卷四五《唐閔帝紀》應順元年（934）正月丙申條："鎮州節度使、檢校太尉、兼侍中范延光，汴州節度使、檢校太尉、兼侍中趙延壽，並加檢校太師。"卷四六《唐末帝紀上》清泰元年（934）五月丙午條："汴州節度使、檢校太師、兼侍中、駙馬都尉趙延壽進封魯國公。"卷四七《唐末帝紀中》清泰二年三月辛丑條："以前汴州節度使趙延壽爲許州節度使兼樞密使。"卷四八《唐末帝紀下》清泰三年九月庚戌條："樞密使趙延壽先赴潞州。"同年十一月戊子條："以趙延壽爲河東道南面行營招討使。"明本《册府》卷五二《帝王部·崇釋氏門二》："（唐末帝清泰）二年正月千秋節，樞密使趙延壽獻金繒並《大乘經》十卷。"

[5]懷州：州名。治所在今河南沁陽市。　"及高祖起義於晉陽"至"委延壽北伐"：《輯本舊史》卷七五《晉高祖紀一》清泰元年九月辛亥條："末帝詔樞密使趙延壽分衆二萬爲北面招討使。"卷七七《晉高祖紀三》天福三年（938）九月丙寅條："趙延壽進馬謝恩，放燕國長公主歸幽州。"

[6]政事令：官名。遼置，初屬漢兒司，後爲南面官最高行政機構政事省長官。掌參議大政。　"後高祖至潞州"至"尋爲樞密使兼政事令"：《舊五代史考異》："《遼史》云：德鈞卒，以延壽爲幽州節度使，封燕王。與《薛史》同。《契丹國志》：會同六年，

以延壽爲盧龍節度使。八年，南征，以延壽爲魏博節度使，封燕王。與《薛史》異。”見《遼史》卷七六及《契丹國志》卷一六《趙延壽傳》。又《舊五代史考異》：“《遼史》云：天顯末，以延壽妻在晋，詔取之以歸，自是益激昂圖報。會同初，帝幸其第，加政事令。不言延壽爲樞密使。考《契丹國志》云：會同改元，參用蕃漢，以延壽爲樞密使兼政事令。與《薛史》同。”《通鑑》卷二八一天福二年條：“是歲，契丹改元會同，國號大遼，公卿庶官皆倣中國，參用中國人，以趙延壽爲樞密使，尋兼政事令。”《輯本舊史》卷一三七《外國列傳一》：“是歲（天福三年），契丹改天顯十一年爲會同元年，以趙延壽爲樞密使。”

天福末，契丹既與少帝絶好，契丹主委延壽以圖南之事，許以中原帝之。[1]延壽乃導誘蕃戎，蠶食河朔。晋軍既降於中渡，戎王命延壽就寨安撫諸軍，仍賜龍鳳赭袍，使衣之而往。謂之曰：“漢兒兵士，皆爾有之，爾宜親自慰撫。”延壽至營，杜重威、李守貞已下皆迎謁於馬前。

[1]契丹主委延壽以圖南之事，許以中原帝之：亦見《遼史》卷七六《趙延壽傳》。《通鑑》卷二八三天福八年（943）十二月甲寅條：“（楊）光遠益驕，密告契丹，以晋主負德違盟，境内大饑，公私困竭，乘此際攻之，一舉可取；趙延壽亦勸之。契丹主乃集山後及盧龍兵合五萬人，使延壽將之，委延壽經略中國，曰：‘若得之，當立汝爲帝。’又常指延壽謂晋人曰：‘此汝主也。’延壽信之，由是爲契丹盡力，畫取中國之策。”《輯本舊史》卷八〇《晋高祖紀六》天福七年三月丙寅條：“皇后爲妹契丹樞密使趙延壽妻燕國長公主卒於幽州，舉哀於外次。”卷八二《晋少帝紀二》開運元年（944）正月乙亥條：“滄、恒、貝、鄴馳告，契丹前鋒趙延壽、趙

延昭引五萬騎入寇，將及甘陵，青州楊光遠召之也。”同月辛卯條：“鄴都留守張從恩遣人夜縋城間行，奏契丹主以鐵騎三四萬建牙帳於元城，以趙延壽爲魏博節度使，改封魏王，延壽日率騎軍摩壘而退。”同年三月癸酉條：“契丹主領兵十餘萬來戰。時契丹僞棄元城寨已旬日矣，伏精騎於頓丘故城，以待王師。設伏累日，人馬饑頓，趙延壽謀曰：‘晋軍悉在河上，畏我鋒鋭，不敢前進，不如徑造城下，四面而進，攻奪其橋梁，天下定矣。’契丹主然之。是日，前軍高行周在戚城之南，賊將趙延壽、趙延昭以數萬騎出王師之西，契丹主自擁精騎出王師之東，兩軍接戰，交相勝負。”卷八三《晋少帝紀三》開運元年閏十二月條：“契丹耶律德光與趙延壽領全軍入寇，圍恒州，分兵陷鼓城、稾城、元氏、高邑、昭慶、寧晋、蒲澤、欒城、柏鄉等縣。”卷八四《晋少帝紀四》開運三年九月條：“先是，前歲中車駕駐於河上，曾遣邊將遺書於幽州趙延壽，勸令歸國，延壽尋有報命，依違而已。是歲三月，復遣鄴都杜威致書於延壽，且述朝旨，啖以厚利，仍遣洺州軍將趙行實齎書而往，潛申款密。行實曾事延壽，故遣之。七月，行實自燕迴，得延壽書，且言：‘久陷邊廷，願歸中國，乞發大軍應接，即拔身南去。’敘致懇切，辭旨綿密，時朝廷欣然信之，復遣趙行實計會延壽大軍應接之所。又有瀛州大將遣所親齎蠟書至闕下，告云欲謀翻變，以本城歸命。未幾，會彼有告變者，事不果就。至是，瀛州守將劉延祚受戎王之命，詐輸誠款，以誘我軍，國家深以爲信，遂有出師之議。”

及戎王入汴，時南北降軍數萬，皆野次於陳橋，戎王慮其有變，欲盡殺之。[1]延壽聞之，遽請見於戎王，曰：“臣伏見今日已前，皇帝百戰千征，始收得晋國，不知皇帝自要治之乎？爲他人取之乎？”戎王變色曰：“爾何言之過也，朕以晋人負義，舉國南征，五年相殺，方得中原，豈不自要爲主，而爲他人耶？卿有何説，速奏朕來！”延壽曰：“皇帝嘗知吴、蜀與晋朝相殺否？”曰：“知。”延壽曰：“今中原南自安、申，西及秦、鳳，沿邊數千里，並是兩界守戍之所。將來皇帝歸國時，又漸及炎蒸，若吴、蜀二寇交侵中國，未知如許大世界，教甚兵馬禦捍？苟失隄防，豈非爲他人取也。”戎王曰：“我弗知也，爲之奈何？”延壽曰：“臣知上國之兵，當炎暑之時，沿吴、蜀之境，難爲用也。未若以陳橋所聚降軍團併，别作軍額，以備邊防。”戎王曰：“我念在壺關、陽城時，亦曾言議，未獲區分，致五年相殺，此時入手，如何更不翦除？”[2]延壽曰：“晋軍見在之數，如今還似從前盡在河南，誠爲不可，臣請遷其軍，并其家口於鎮、定、雲、朔間以處之，每歲差伊分番，於河外沿邊防戍，斯上策也。”戎王忻然曰：“一取大王商量。”由是陳橋之衆獲免長平之禍焉。[3]

[1]陳橋：地名。位於開封城外。

[2]壺關：縣名。治所在今山西壺關縣。　陽城：縣名。治所在今山西陽城縣。　我念在壺關、陽城時：中華書局本有校勘記："殿本、劉本作'我念在壺關失斷陽城時'。《通鑑》卷二八六敘其事作：'契丹主曰："吾昔在上黨，失于斷割。"'"

[3]長平：即長平之戰。戰國後期秦、趙兩國展開的一次大戰，秦勝趙敗，秦坑殺趙降卒四十萬人。　"及戎王入汴"至"由是陳橋之衆獲免長平之禍焉"：《通鑑》卷二八六天福十二年（947）正月乙未條："契丹主猶欲誅晋兵。趙延壽言於契丹主曰：'皇帝親冒矢石以取晋國，欲自有之乎，將爲他人取之乎？'契丹主變色曰：'朕舉國南征，五年不解甲，僅能得之，豈爲他人乎！'延壽曰：'晋國南有唐，

西有蜀，常爲仇敵，皇帝亦知之乎？’曰：‘知之。’延壽曰：‘晋國東自沂、密，西及秦、鳳，延袤數千里，邊於吴、蜀，常以兵戍之。南方暑濕，上國之人不能居也。他日車駕北歸，以晋國如此之大，無兵守之，吴、蜀必相與乘虚入寇，如此，豈非爲他人取之乎？’契丹主曰：‘我不知也。然則柰何？’延壽曰：‘陳橋降卒，可分以戍南邊，則吴、蜀不能爲患矣。’契丹主曰：‘吾昔在上黨，失於斷割，悉以唐兵授晋。既而返爲寇讎，北向與吾戰，辛勤累年，僅能勝之。今幸入吾手，不因此時悉除之，豈可復留以爲後患乎？’延壽曰：‘曏留晋兵於河南，不質其妻子，故有此憂。今若悉徙其家於恒、定、雲、朔之間，每歲分番使戍南邊，何憂其爲變哉！此上策也。’契丹主悦曰：‘善！惟大王所以處之。’由是陳橋兵始得免，分遣還營。”

延壽在汴久之，知戎王無踐言之意，乃遣李崧達語於戎王，求立己爲皇太子，崧不得已而言之。[1]戎王曰：“我於燕王，無所愛惜，但我皮肉堪與燕王使用，亦可割也，何況他事！我聞皇太子，天子之子合作，燕王豈得爲之也！”因命與燕王加恩。時北來翰林學士承旨張礪擬延壽爲中京留守、大丞相、録尚書事、都督中外諸軍事，樞密使、燕王如故。[2]戎王覽擬狀，索筆塗却“録尚書事、都督中外諸軍事”之字，乃付翰林院草制焉。又以其子匡贊爲河中節度使。[3]

[1]李崧：人名。深州饒陽（今河北饒陽縣）人。五代後晋大臣。傳見本書卷一〇八、《新五代史》卷五七。　求立己爲皇太子：中華書局本有校勘記：“‘己’原作‘以’，據《通曆》卷一五改。殿本無‘以’字。”

[2]翰林學士承旨：官名。爲翰林學士之首。掌拜免將相、號

令征伐等詔令的起草。《舊唐書·職官志二·翰林院》："例置學士六人，内擇年深德重者一人爲承旨，所以獨承密命故也。"　張礪：人名。籍貫不詳。五代後唐翰林學士。後入契丹，爲翰林學士。傳見本書本卷。　"延壽在汴久之"至"燕王如故"：《舊五代史考異》："《遼史》云：會同七年（944）正月己丑，授延壽魏、博等州節度使，封魏王。延壽本傳亦言其先封燕王，改封魏王，是延壽入汴時已爲魏王也。《薛史》始終稱爲燕王，與《遼史》異。"《輯本舊史》之原輯者案語："《遼史》載張礪擬狀，無'樞密使、燕王如故'七字。"見《遼史》卷七六《趙延壽傳》。《遼史》卷四《太宗紀》會同七年正月己丑條："次元城，授延壽魏、博等州節度使，封魏王，率所部屯南樂。"《輯本舊史》卷一三七《外國列傳一》會同二年二月朔日："以趙延壽爲大丞相，兼政事令，充樞密使、兼中京留守。"亦見《新五代史》卷七二《四夷附録一》。

[3]匡贊：人名。即趙匡贊。趙延壽子。傳見《十國春秋》卷五三。　河中：河中府治所在蒲州（今山西永濟縣蒲州鎮）。

延壽在汴州，復娶明宗小女爲繼室。[1]先是，延州節度使周密爲其子廣娶焉，已納財畢，親迎有日矣，至是延壽奪取之。[2]契丹主自汴迴至邢州，命升延壽坐在契丹左右相之上。[3]契丹主死，延壽下教於諸道，稱權知南朝軍國事。是歲六月一日，爲永康王兀欲所鎖，籍其家財，分給諸部，尋以延壽入國，竟卒於契丹。[4]

[1]復娶明宗小女爲繼室：《新五代史》卷一五《唐明宗家人傳》之《淑妃王氏傳》："契丹犯京師，趙延壽所尚明宗公主已死，耶律德光乃爲延壽娶從益妹，是爲永安公主。"

[2]延州：州名。治所在今陝西延安市。　周密：人名。應州神武川（今山西山陰縣）人。五代將領。傳見本書卷一二四。

[3]邢州：州名。治所在今河北邢臺市。

[4]兀欲：人名。即遼世宗耶律阮。契丹族，遼太祖耶律阿保機孫，人皇王耶律倍長子，遼朝第三代皇帝。紀見《遼史》卷五。中華書局本有校勘記："'兀欲'原作'鄂約'，注云：'舊作"兀欲"，今改正。'按此係輯録《舊五代史》時所改，今恢復原文。"

"是歲六月一日"至"竟卒於契丹"：《輯本舊史》之原輯者案語："《遼史·世宗紀》：天禄二年十月壬午，南京留守、魏王趙延壽薨。《薛史·漢高祖紀》：天福十二年，起復其子贊，蓋傳聞之誤。"又："《遼史》云：世宗即位，以翌戴功，授樞密使。天禄二年薨。考延壽謀自主，爲永康王所鎖，《遼史》爲之諱言，《紀》《傳》皆不載。"《輯本舊史》卷九九《漢高祖紀上》天福十二年(947)四月丙子條："契丹主耶律德光卒於鎮之欒城。趙延壽於鎮州自稱權知國事。"卷一〇〇《漢高祖紀下》天福十二年五月乙酉條："契丹所署大丞相、政事令、東京留守、燕王趙延壽爲永康王兀欲所縶。"亦見《遼史》卷五《世宗紀》、卷七六《趙延壽傳》。

匡贊歷漢、周兩朝，累授節鎮及統軍使，仕皇朝，歷廬、延、邠、鄜等四鎮焉。[1]《永樂大典》卷一萬六千九百九十一。[2]

[1]廬：州名。治所在今安徽合肥市。　邠：州名。治所在今陝西彬縣。　鄜：州名。治所在今陝西富縣。

[2]《大典》卷一六九九一"趙"字韻"姓氏"事目。《宋史》卷二五四有《趙贊傳》，"匡"字當避趙匡胤諱删。

張礪[1]　附蕭翰　劉晞

[1]《張礪傳》，《輯本舊史》卷九八有來源不同的兩部分。第一部分共三段，分别録自《大典》卷一三九一三、《大典》卷一〇七九八、明本《册府》卷七九六，並有影庫本粘籤："《張礪傳》，原本殘闕，今引《册府元龜》以補其佚。"後一部分中華書局本有校勘記："'張礪字夢臣磁州滏陽人也……皆歎息焉'，以上八百三十八字原闕，據殿本補，現低一格排。影庫本批校：'《張礪傳》，《永樂大典》有全篇，校刊本補入。'"但未明言殿本録自《大典》何卷。今採後一部分録爲正文，而將第一部分之《大典》、明本《册府》相關信息録於注中。

張礪，字夢臣，磁州滏陽人也。[1]祖慶，父寶，世爲農。礪幼嗜學，有文藻，在布衣時，或覩民間争競，必爲親詣公府，辨其曲直，其負氣也如此。唐同光初，擢進士第，尋拜左拾遺、直史館。[2]會郭崇韜伐蜀，奏請礪掌軍書。[3]蜀平，崇韜爲魏王繼岌所誅，時崇韜左右親信皆懼禍奔逃，惟礪詣魏王府第，慟哭久之，時人皆服其高義。[4]

[1]張礪，字夢臣，磁州滏陽人也：《輯本舊史》之原輯者案語："《契丹國志》云：礪，磁州滏陽人也。"見《契丹國志》卷一六《張礪傳》。　磁州：州名。治所在今河北磁縣。　滏陽：縣名。治所在今河北磁縣。

[2]左拾遺：官名。唐代門下省所屬的諫官。掌規諫、薦舉人才。從八品上。　直史館：官名。唐天寶以後，他官兼領史職者，稱史館修撰。初入史館者稱爲直館。元和六年（811）宰相裴垍建

議，登朝官領史職者爲修撰，以官階高的一人判館事；未登朝官均爲直館。

[3]郭崇韜：人名。代州雁門（今山西代縣）人。五代後唐大臣。傳見本書卷五七、《新五代史》卷二四。

[4]繼岌：人名。即李繼岌。後唐莊宗長子。傳見本書卷五一、《新五代史》卷一四。　“張礪，字夢臣”至“時人皆服其高義”：《大典》卷一三九一三“義”字韻“事韻”，應爲“高義”事目。“會郭崇韜伐蜀”至“時人皆服其高義”：《通鑑》卷二七四天成元年（926）正月甲子條：“（李）從襲以繼岌之命召崇韜計事，繼岌登樓避之。崇韜方升階，繼岌從者李環撾碎其首，並殺其子廷誨、廷信。外人猶未之知。都統推官滏陽李崧謂繼岌曰：‘今行軍三千里外，初無敕旨，擅殺大將，大王奈何行此危事！獨不能忍之至洛陽邪？’繼岌曰：‘公言是也，悔之無及。’崧乃召書吏數人，登樓去梯，矯爲敕書，用蠟印宣之，軍中粗定。崇韜左右皆竄匿，獨掌書記滏陽張礪詣魏王府慟哭久之。”

及魏王班師，礪從副招討使任圜東歸。[1]至利州，會康延孝叛，迴據漢州，圜奉魏王命，迴軍西討延孝。[2]時礪獻謀于圜，請伏精兵于後，先以羸師誘之，圜深以爲然。延孝本驍將也，任圜乃儒生也，延孝聞圜至，又覩其羸師，殊不介意，及戰酣，圜發精兵以擊之，延孝果敗，遂擒之以歸。是歲四月五日至鳳翔，内官向延嗣奉莊宗命，令誅延孝。[3]監軍李延襲已聞洛中有變，故留延孝，且害任圜之功故也。[4]圜未決，礪謂圜曰：“此賊構亂，遂致凱旋差晚，且明公血戰擒賊，安得違詔養禍，是破檻放虎，自貽其咎也。公若不決，余自殺此賊。”任圜不得已，遂誅延孝。

[1]任圜：人名。京兆三原（今陝西三原縣）人。五代後唐將領、大臣。傳見本書卷六七、《新五代史》卷二八。

[2]康延孝：人名。代北（今山西代縣）人。五代後唐將領。傳見本書卷七四、《新五代史》卷四四。　漢州：州名。治所在今四川廣漢市。

[3]鳳翔：方鎮名。治所在鳳翔府（今陝西鳳翔縣）。　内官：古代對宦官的一種稱呼。　向延嗣：人名。籍貫不詳。五代後唐宦官。事見《通鑑》卷二七四後唐莊宗同光三年（925）。

[4]監軍：官名。爲臨時差遣，代表朝廷協理軍務，督察將帥。五代時常以宦官爲監軍。　李延襲：人名。籍貫不詳。五代後唐宦官。見《通鑑》卷二七五天成元年（926）四月庚子條。中華書局本有校勘記："'李延襲'，《通鑑》卷二七五《考異》引《明宗實録》作'李廷襲'。本書卷三三《唐莊宗紀七》、《通鑑》卷二七五《考異》引《莊宗實録》作'李從襲'，《通鑑考異》以爲當作'李從襲'。"

天成初，明宗知其名，召爲翰林學士，再丁父母憂，服闋，皆復入爲學士，歷禮部兵部員外郎，知制誥充職。[1]未幾，父之妾卒。初，妾在世，礪以久侍先人，頗亦敬奉，諸幼子亦以祖母呼之。及卒，礪疑其事，詢于同僚，未有以對，礪即託故歸于滏陽，閒居三年，不行其服，論情制宜，識者韙之。[2]清泰中，復授尚書比部郎中、知制誥，依前充學士。[3]

[1]禮部兵部員外郎：禮部員外郎，官名。尚書省禮部次官。佐禮部侍郎掌諸司事。從六品上。兵部員外郎，官名。兵部郎中之副職，協理諸項軍務。從六品上。　知制誥：官名。掌起草皇帝的

詔、誥之事，原爲中書舍人之職。唐開元末置學士院，翰林學士入院一年，則加知制誥銜，專掌任免宰相、册立太子、宣布征伐等特殊詔令，稱爲内制。而中書舍人所撰擬的詔敕稱爲外制。兩種官員總稱兩制官。

[2]滏陽：縣名。治所在今河北磁縣。　“天成初”至“識者韙之”：《大典》卷一〇七九八“女”字韻“列女”事目。《輯本舊史》之原輯者案語：“以下有闕文。”　礪以久侍先人：明本《册府》卷七九四《總録部·知禮門》後有“左右”二字。《輯本舊史》卷四二《唐明宗紀八》長興二年（931）十一月丁酉條：“以翰林學士、起居郎張礪爲兵部員外郎、知制誥充職。”

[3]比部郎中：官名。唐、五代刑部比部司長官，掌管勾會内外賦斂、經費俸録等。從五品上。

高祖起于晋陽，唐末帝命趙延壽進討，又命翰林學士和凝與延壽偕行。礪素輕凝，慮不能集事，因自請行，唐末帝慰而許之。及唐軍敗于團柏谷，與延壽俱陷于契丹，契丹以舊職縻之，累官至吏部尚書。[1]契丹入汴，授右僕射、平章事、集賢殿大學士，隨至鎮州。[2]

[1]吏部尚書：官名。尚書省吏部最高長官，與二侍郎分掌六品以下文官選授、勳封、考課之政令。正三品。　累官至吏部尚書：《通鑑》卷二八五開運三年（946）十二月戊辰條：“契丹翰林承旨、吏部尚書張礪言於契丹主曰：‘今大遼已得天下，中國將相宜用中國人爲之，不宜用北人及左右近習。苟政令乖失，則人心不服，雖得之，猶將失之。’契丹主不從。”

[2]右僕射：官名。秦始置。隋、唐前期以左、右僕射佐尚書令總理六官，綱紀庶務，如不置尚書令，則總判省事，爲宰相之職。唐後期多爲大臣加銜。從二品。　集賢殿大學士：官名。唐中

棄置，位在學士之上，以宰相兼。掌修書之事。　授右僕射、平章事、集賢殿大學士：《宋本册府》卷七九六《總録部·先見門二》："張礪爲戎王翰林學士。開運末，與虜居南松門之内，軒轡交織，多繼燭接洽，無厭倦色。因密言曰：'此胡用法如此，豈能久處漢地。'及北去，道路有觴酒豆肉，必遺故客屬僚。死之日，囊裝惟酒食器皿而已，識者無不高之。"

會契丹主卒，永康王北去，蕭翰自東京過常山，乃引鐵騎圍其第。[1]時礪有疾，方伏枕，翰見礪責之曰："爾言于先帝，云不得任蕃人作節度使，如此則社稷不永矣；又先帝來時，令我于汴州大内安下，爾言不可；又我爲汴州節度使，爾在中書，何故行帖與我？"[2]礪抗聲而對，辭氣不屈，翰遂鎖礪而去。鎮州節度使麻答尋解其鎖，是夜以疾卒。[3]家人燼其骨，歸葬于滏陽。

[1]永康王：即遼世宗耶律阮。紀見《遼史》卷五。　蕭翰：契丹人。又名敵烈，字寒真，宰相敵魯之子。後因謀反伏誅。傳見本書本卷及《遼史》卷一二三。　東京：地名。位於今河南開封市。

[2]中書：官署名。"中書門下"的簡稱。唐代以來爲宰相處理政務的機構。參見劉後濱《唐代中書門下體制研究——公文形態·政務運行與制度變遷》，齊魯書社2004年版。

[3]麻答：人名。即耶律拔里得。契丹人。遼初皇室，遼太宗耶律德光堂弟。傳見《遼史》卷七六。參見鄧廣銘（署名鄺又銘）《〈遼史·兵衛志〉"御帳親軍""大首領部族軍"兩事目考源》，《北京大學學報》（人文科學）1956年第2期。　"會契丹主卒"至"是夜以疾卒"："翰遂鎖礪而去"後有《舊五代史考異》："《遼

史》云：礪抗聲曰：'此國家大體，安危所繫，吾實言之，欲殺即殺，奚以鎖爲！'"見《遼史》卷七六《張礪傳》。　鎮州節度使麻答尋解其鎖：中華書局本有校勘記："'麻答'，原作'滿達勒'，殿本考證：'滿達勒'舊作'麻答'，今改。按此係輯録《舊五代史》時所改，今恢復原文。"《新五代史》卷七三《四夷附録二》："（蕭）翰以騎圍張礪宅，執礪而責曰：'汝教先帝勿用胡人爲節度使，何也？'礪對不屈，翰鎖之。是夕，礪卒。"《通鑑》卷二八七天福十二年（947）六月甲寅條："蕭翰至恒州，與麻答以鐵騎圍張礪之第。礪方卧病，出見之，翰數之曰：'汝何故言於先帝，云胡人不可以爲節度使？又，吾爲宣武節度使，且國舅也；汝在中書乃帖我！又，先帝留我守汴州，令我處宫中，汝以爲不可。又，譖我及解里於先帝，云解里好掠人財，我好掠人子女。今我必殺汝！'命鎖之。礪抗聲曰：'此皆國家大體，吾實言之。欲殺即殺，奚以鎖爲！'麻答以大臣不可專殺，力救止之，翰乃釋之。是夕，礪憤恚而卒。"《輯本舊史》卷一〇〇《漢高祖紀下》天福十二年六月乙卯條："是日，契丹右僕射兼中書侍郎、平章事張礪卒於鎮州。"

礪素耿直，嗜酒無檢。始陷契丹時，曾背契丹南歸，爲追騎所獲，契丹主怒曰："爾何捨我而去？"礪曰："礪，漢人也，衣服飲食與此不同，生不如死，請速就刃。"契丹主顧通事高唐英曰："我常戒爾輩善待此人，致其逃去，過在爾輩。"[1]因笞唐英一百，其爲契丹主善待也如此。礪平生抱義憐才，急于獎拔，聞人之善，必攘袂以稱之，見人之貧，亦倒篋以濟之，故死之之日，中朝士大夫亦皆歎惜焉。[2]

[1]通事：官名。契丹（遼）建國後，置通事一職以處理漢人

事務。《通鑑》卷二八一胡三省注："契丹置通事以主中國人，以知華俗、通華言者爲之。"　高唐英：人名。籍貫不詳。遼大臣，曾任相州節度使。事見本書卷九九《漢高祖紀一》。"高唐英"，《新五代史》卷七二《四夷附録一》同，《通鑑》、《遼史》卷七六《張礪傳》皆作"高彦英"。《通鑑》卷二八一天福二年（937）二月條："張礪自契丹逃歸，爲追騎所獲，契丹主責之曰：'何故捨我去？'對曰：'臣華人，飲食衣服皆不與此同，生不如死，願早就戮。'契丹主顧通事高彦英曰：'吾常戒汝善遇此人，何故使之失所而亡去？若失之，安可復得邪！'笞彦英而謝礪。礪事契丹主甚忠直，遇事輒言，無所隱避，契丹主甚重之。"

[2]中華書局本有校勘記："'張礪，字夢臣，磁州滏陽人也……皆嘆惜焉'，以上八百三十八字原闕，據殿本補，現低一格排。影庫本批校：'《張礪傳》，《永樂大典》有全篇，校刊本補入。'"

蕭翰者，契丹諸部之酋長也。父曰阿鉢。[1]劉仁恭鎮幽州，阿鉢曾引衆寇平州，仁恭遣驍將劉雁郎與其子守光率五百騎先守其州，阿鉢不知，爲郡人所紿，因赴牛酒之會，爲守光所擒。[2]契丹請贖之，仁恭許其請，尋歸。其妹爲阿保機妻，則德光之母也。[3]翰有妹，亦嫁於德光，故國人謂翰爲國舅。契丹入東京，以翰爲宣武軍節度使。[4]契丹比無姓氏，翰將有節度之命，乃以蕭爲姓，翰爲名，自是翰之一族皆稱姓蕭。契丹主北去，留翰以鎮河南。時漢高祖已建號於太原，翰懼，將北歸，慮京師無主，則衆皆爲亂，乃遣蕃騎至洛京迎唐明宗幼子許王從益知南朝軍國事。[5]從益至，翰率蕃將拜於殿上。翌日，翰乃輦其寶貨鞍轡而北。[6]漢人以許王既立，不復爲亂，果中其狡計。翰行至鎮州，遇張礪，翰以舊事致忿，就第數其失而鎖之。[7]翰歸本國，爲永康王兀欲所鎖，尋卒於本土。[8]《永樂大典》卷五千二百二十五。[9]

[1]父曰阿鉢：中華書局本有校勘記："'阿鉢'，原作'阿巴'，注云：舊作'阿鉢'，今改正。按此係輯録《舊五代史》時所改，今恢復原文。"

[2]平州：州名。治所在今河北盧龍縣。　劉雁郎：人名。五代將領。事見本書本卷。

[3]阿保機：人名。即遼太祖耶律阿保機。契丹迭剌部人。唐末契丹族首領、遼開國皇帝。紀見《遼史》卷一、卷二。　德光：人名。即遼太宗耶律德光。契丹族。遼太祖耶律阿保機次子。927年至947年在位。紀見《遼史》卷三、卷四。

[4]宣武軍：方鎮名。唐舊鎮，治所在汴州（今河南開封市）。五代後梁開平元年（907）升汴州爲東京開封府。開平三年置宣武軍於宋州（今河南商丘市睢陽區）。後唐同光元年（923）改宋州宣武軍爲歸德軍。廢東京開封府，重建宣武軍於汴州。後晉天福三年（938），改爲東京開封府。除天福十二年、十三年短暫改爲宣武軍外，汴京均爲東京開封府。　以翰爲宣武軍節度使：《輯本舊史》卷九九《漢高祖紀上》天福十二年三月丙戌條："是日，契丹主坐崇元殿行入閤之禮，契丹主以舅蕭翰爲宣武軍節度使。"亦見《輯本舊史》卷一三七《契丹傳》、《通鑑》卷二八六、《新五代史》卷一〇《漢本紀》同日條。

[5]從益：人名。即李從益。五代後唐明宗幼子，封許王。947年契丹滅後晉，立從益爲中原皇帝，國號梁。旋即爲後漢高祖所殺。傳見本書卷五一、《新五代史》卷一五。

[6]"時漢高祖已建號於太原"至"翰乃輦其寶貨鞍轡而北"：《通鑑》卷二八七天福十二年五月辛丑、壬寅諸條："滋德宫有宫人

五十餘人，蕭翰欲取之，宦者張環不與。翰破鎖奪宫人，執環，燒鐵灼之，腹爛而死。初，翰聞帝擁兵而南，欲北歸，恐中國無主，必大亂，己不得從容而去。時唐明宗子許王從益與王淑妃在洛陽，翰遣高謨翰迎之，矯稱契丹主命，以從益知南朝軍國事，召己赴恒州。淑妃、從益匿於徽陵下宫，不得已而出。至大梁，翰立以爲帝，帥諸酋長拜之。又以禮部尚書王松、御史中丞趙遠爲宰相，前宣徽使甄城翟光鄴爲樞密使，左金吾大將軍王景崇爲宣徽使，以北來指揮使劉祚權侍衛親軍都指揮使，充在京巡檢。百官謁見淑妃，淑妃泣曰：'吾母子單弱如此，而爲諸公所推，是禍吾家也。'翰留燕兵千人守諸門，爲從益宿衛。壬寅，翰及劉晞辭行，從益餞於北郊。"亦見《輯本舊史》卷五一《許王從益傳》。《輯本舊史》卷九九《漢高祖紀上》天福十二年四月條："汴州蕭翰遣蕃將高牟翰將兵援送劉晞復歸於洛，牟翰至，殺前澶州節度使潘環於洛陽。"卷一〇〇《漢高祖紀下》天福十二年五月丁酉條："是日，契丹所署汴州節度使蕭翰迎郇國公李從益至東京，請從益知南朝軍國事。"同月己亥條："蕭翰發離東京北去。"

［7］"翰行至鎮州"至"就第數其失而鎖之"：《通鑑》卷二八七天福十二年六月甲寅條："蕭翰至恒州，與麻答以鐵騎圍張礪之第。礪方卧病，出見之，翰數之曰：'汝何故言於先帝，云胡人不可以爲節度使？又，吾爲宣武節度使，且國舅也；汝在中書乃帖我！又，先帝留我守汴州，令我處宫中，汝以爲不可。又，譖我及解里於先帝，云解里好掠人財，我好掠人子女。今我必殺汝！'命鎖之。礪抗聲曰：'此皆國家大體，吾實言之。欲殺即殺，奚以鎖爲！'麻答以大臣不可專殺，力救止之，翰乃釋之。"

［8］尋卒於本土：《舊五代史考異》："《遼史》：翰後以謀反伏誅，與《薛史》異。"《遼史》卷五《世宗紀》天禄三年（94）正月條："蕭翰及公主阿不里謀反，翰伏誅，阿不里瘐死獄中。"

［9］《大典》卷五二二五"蕭"字韻"姓氏（八）"事目。《遼史》卷一一三《蕭翰傳》："蕭翰，一名敵烈，字寒真，宰相敵

魯之子。天贊初，唐兵圍鎮州，節度使張文禮遣使告急。翰受詔與康末怛往救，克之，殺其將李嗣昭，拔石城。會同初，領漢軍侍衛。八年，伐晉，敗晉將杜重威，追至望都。翰奏曰：‘可令軍下馬而射。’帝從其言，軍士步進。敵人持短兵猝至，我軍失利。帝悔之曰：‘此吾用言之過至此！’及從駕入汴，爲宣武軍節度使。會帝崩欒城，世宗即位。翰聞之，委事於李從敏，徑趨行在。是年秋，世宗與皇太后相拒於潢河橫渡，和議未定。太后問翰曰：‘汝何怨而叛？’對曰：‘臣母無罪，太后殺之，以此不能無憾。’初耶律屋質以附太后被囚，翰聞而快之，即囚所謂曰：‘汝嘗言我輩不及，今在狴犴，何也？’對曰：‘第願公不至如此！’翰默然。天祿二年，尚帝妹阿不里。後與天德謀反，下獄。復結惕隱劉哥及其弟盆都亂，耶律石剌告屋質，屋質遽入奏之，翰等不伏。帝不欲發其事，屋質固諍以爲不可，乃詔屋質鞫按。翰伏辜，帝竟釋之。復與公主以書結明王安端反，屋質得其書以奏，翰伏誅。”

劉晞者，涿州人也。父濟雍，累爲本郡諸邑令長。晞少以儒學稱於鄉里，嘗爲唐將周德威從事，後陷於虜，虜以漢職縻之。天福中，契丹命晞爲燕京留守，[1]嘗於契丹三知貢舉，歷官至同平章事、兼侍中。[2]隨契丹入汴，授洛京留守。會河陽軍亂，晞走許州，又奔東京，蕭翰遣兵送晞至洛下。[3]契丹主死，晞自洛復至東京，隨蕭翰北歸，[4]遂留鎮州。漢初，與麻荅同奔定州，[5]後卒於北蕃。《永樂大典》卷九千九十九。[6]

[1]“後陷於虜”至“契丹命晞爲燕京留守”：兩“虜”字，《輯本舊史》因忌清諱篡改爲“契丹”，今據《通鑑》卷二八六天福十二年（947）正月癸丑條胡注引《薛史》回改。“契丹命晞爲

燕京留守”，《輯本舊史》卷九四《潘環傳》：“（開運三年）冬，戎王犯闕，僞署劉晞爲西京留守，環乞罷巡警，閑居洛陽。遇河陽軍亂，晞出奔，未幾，蕃將高牟翰以兵援晞入於洛，慮環有變，乃害之，盡取其家財。”

[2]知貢舉：官名。唐宋時特派主持進士考試的大臣。一般以朝中名望大臣擔任。　歷官至同平章事、兼侍中：《通鑑》卷二八六天福十二年正月乙卯條：“趙在禮至洛陽，謂人曰：‘契丹主嘗言莊宗之亂由我所致。我此行良可憂。’契丹遣契丹將述軋、奚王拽剌、勃海將高謨翰戍洛陽，在禮入謁，拜於庭下，拽剌等皆踞坐受之。”又：“劉晞在契丹嘗爲樞密使、同平章事，至洛陽，詬奚王曰：‘趙在禮漢家大臣，爾北方一酋長耳，安得慢之如此！’立於庭下以挫之。由是洛人稍安。”

[3]許州：州名。治所在今河南許昌市。　“會河陽軍亂”至“蕭翰遣兵送晞至洛下”：《輯本舊史》卷九九《漢高祖紀上》天福十二年四月戊辰條：“僞命西京留守劉晞棄洛城，南走許州，遂奔東京。”同月：“汴州蕭翰遣蕃將高牟翰將兵援送劉晞復歸於洛。”《通鑑》卷二八六天福十二年四月條：“群盜攻洛陽，契丹留守劉晞棄城奔許州。”同月：“蕭翰遣高謨翰援送劉晞自許還洛陽，晞疑潘環構其衆逐己，使謨翰殺之。”

[4]晞自洛復至東京，隨蕭翰北歸：《通鑑》卷二八七天福十二年五月甲午條：“劉晞棄洛陽，奔大梁。”同月壬寅條：“翰及劉晞辭行。”

[5]漢初，與麻答同奔定州：《通鑑》卷二八七天福十二年八月壬午條：“契丹自北門入，勢復振，漢民死者二千餘人。前磁州刺史李穀恐事不濟，請馮道、李崧、和凝至戰所慰勉士卒，士卒見道等至，争自奮。會日暮，有村民數千譟於城外，欲奪契丹寶貨、婦女，契丹懼而北遁，麻答、劉晞、崔廷勳皆奔定州，與義武節度使邪律忠合。”亦見《輯本舊史》卷一〇〇《漢高祖紀下》天福十二年八月壬午條。

[6]《大典》卷九〇九九“劉”字韻“姓氏（二七）”事目。《舊五代史考異》：“《契丹國志》：劉珂，晞之子也，尚世宗妹燕國公主。”見《契丹國志》卷一五《劉珂傳》。

崔廷勳

崔廷勳，不知何許人也。[1]形貌魁偉，美鬚髯。幼陷虜庭，歷僞命雲州節度使，官至侍中。[2]虜主犯闕，遷晉帝於封禪寺，遣廷勳以兵防守，尋授河陽節度使，甚得民情。[3]虜主北行，武行德率軍趨河陽，廷勳爲行德所逐，乃與奚王拽剌保懷州，尋以兵反攻行德，行德出戰，爲廷勳所敗。[4]及虜主死，遂歸鎮州。漢初，與麻答同奔定州，後没於北蕃。[5]《永樂大典》卷二千七百四十。[6]

[1]不知何許人也：《舊五代史考異》：“《通鑑》注引宋白曰：廷勳本河内人。”見《通鑑》卷二八六天福十二年正月癸巳條注。

[2]幼陷虜庭：《輯本舊史》原作“契丹”。下文“虜主犯闕”“虜主北行”“及虜主死”，《輯本舊史》作“契丹入汴”“契丹北行”“及契丹主死”，皆因輯者忌清諱所改，今悉據《大典》回改。契丹入汴，中華書局本有校勘記：“《永樂大典》卷二七四〇引《五代史》作‘虜主犯闕’。”但未改。　歷僞命雲州節度使，官至侍中：《遼史》卷三《太宗紀上》天顯十二年（937）正月丙辰條：“唐大同軍節度判官吴巒閉城拒命，遣崔廷勳圍其城。”天顯十二年即後晉天福二年。《宋本册府》卷九八〇《外臣部·通好門》晉高祖條天福四年十月：“契丹使近臣崔廷勳領兵交戍於雲丘之北，帝遣中官李威以吴赴上酎遣而勞之。”

［3］封禪寺：寺名。初建於北齊天保十年（559），名獨居寺。唐玄宗開元十七年（729），詔改爲封禪寺。宋太祖開寶三年（970）改爲開寶寺。今爲河南開封市鐵塔公園。　“虜主犯闕”至“遣廷勳以兵防守”：“晉帝”，《輯本舊史》原作“少帝”，今據《大典》回改。《輯本舊史》卷八五《晉少帝紀五》開運四年（947）正月癸巳條：“遷帝於封禪寺，遣蕃大將崔廷勳將兵守之。”開運四年即天福十二年。亦見《通鑑》卷二八六天福十二年正月癸巳條。　尋授河陽節度使：《宋本册府》卷八《帝王部·創業門四》漢高祖條開運四年正月：“邪律氏亦以帝觀望不動，生猜貳焉，即以虜通事高唐英領安陽，耿崇美領上黨，僞侍中崔廷勳赴河橋，且欲扼太原之衝也。”《輯本舊史》卷九九《漢高祖紀上》天福十二年二月甲戌條：“契丹聞帝建號，僞制削奪帝官爵，以通事耿崇美爲潞州節度使，高唐英爲相州節度使，崔廷勳爲河陽節度使，以扼要害之地。”亦見《通鑑》卷二八六天福十二年二月甲戌條。

［4］武行德：人名。并州榆次（今山西晉中市榆次區）人。五代、宋初將領。傳見《宋史》卷二五二。　拽剌：初爲官吏名，後爲職役名。契丹語音譯，義爲壯士、勇士，或作“曳刺”。遼有拽剌軍，直隸於朝廷。亦用作官名，有旗鼓拽剌，掌護衛皇帝儀仗旗鼓；軍中拽剌，司邊防偵候，傳報軍情；祇候郎君拽剌屬祇候郎君班詳穩司，掌御前祇應之事。　“虜主北行”至“爲廷勳所敗”：《通鑑》卷二八七天福十二年五月丁酉條：“崔廷勳、耿崇美、奚王拽剌合兵逼河陽，張遇帥衆數千救之，戰於南阪，敗死。武行德出戰，亦敗，閉城自守。拽剌欲攻之，廷勳曰：‘今北軍已去，得此城何用！且殺一夫猶可惜，況一城乎！’聞弘肇已得澤州，乃釋河陽，還保懷州。弘肇將至，廷勳等擁衆北遁，過衛州，大掠而去。”《輯本舊史》卷九九《漢高祖紀上》繫此事於天福十二年四月。參見《宋史》卷二五二《武行德傳》。

［5］漢初，與麻答同奔定州：《通鑑》卷二八七天福十二年六月甲寅條：“崔廷勳見麻答，趨走拜起，跪而獻酒，麻答踞而受

之。”同年八月壬午條：“契丹自北門入，勢復振，漢民死者二千餘人。前磁州刺史李穀恐事不濟，請馮道、李崧、和凝至戰所慰勉士卒，士卒見道等至，争自奮。會日暮，有村民數千譟於城外，欲奪契丹寶貨、婦女，契丹懼而北遁，麻答、劉晞、崔廷勳皆奔定州，與義武節度使邪律忠合。”

[6]《大典》卷二七四〇“崔”字韻“姓氏”事目，此卷現存。《大典》卷二七四〇於本傳後云：“《通鑑綱目》：漢高祖天福十二年，晋史弘肇克澤州，契丹將崔廷勳等遁去。《通鑑續編》：漢天福十二年夏四月，晋主知遠自太原南下，遼崔廷勳耿崇美等皆棄城北走，河南州縣悉復爲晋。”《遼史》卷六《穆宗紀上》應曆十三年（963）正月丙寅條：“宋欲城益津關，命南京留守高勳、統軍使崔廷勳以兵擾之。”

史臣曰：帝王之尊，必由天命，雖韓信、彭越之勇，吴濞、淮南之勢，猶不可以妄冀，而況二安之庸昧，相輔爲亂，固宜其自取滅亡也。[1]後之擁强兵莅重鎮者，得不以爲鑒乎！彦澤狼子野心，盈貫而死，晚矣！德鈞諸人，與晋事相終始，故附見于兹焉。[2]

[1]韓信：人名。淮陰（今江蘇淮安市淮陰區）人。西漢開國功臣、軍事統帥。後爲吕后所殺。傳見《史記》卷九二。　彭越：人名。碭郡昌邑（今山東巨野縣）人。西漢開國功臣。後爲吕后所殺。傳見《史記》卷九〇。　吴濞：吴王劉濞的簡稱。沛郡豐縣（今江蘇徐州市）人，西漢宗室，漢高祖劉邦之侄，西漢諸侯王，“吴楚七國之亂”的發起者之一，後爲周亞夫所平。傳見《漢書》卷三五。

[2]“史臣曰”至“故附見于兹焉”：中華書局本有校勘記：“以上九十二字原闕，據殿本補。影庫本批校：此後尚有史臣曰一段，校刊本補入。”但闕《大典》卷數。

舊五代史　卷九九

漢書一

高祖紀上

高祖睿文聖武昭肅孝皇帝，姓劉氏，諱暠，本名知遠，及即位改今諱。其先本沙陀部人也。[1]四代祖諱湍，[2]帝有天下，追尊爲明元皇帝，廟號文祖，陵曰懿陵；高祖母隴西郡夫人李氏，[3]追謚明貞皇后。曾祖諱昂，[4]晋贈太保，追尊爲恭僖皇帝，廟號德祖，陵曰沛陵；曾祖母虢國太夫人楊氏，[5]追謚恭惠皇后。祖諱僎，[6]晋贈太傅，[7]追尊爲昭獻皇帝，[8]廟號翼祖，陵曰威陵；祖母魯國太夫人李氏，[9]追謚爲昭穆皇后。皇考諱琠，[10]事後唐武皇帝爲列校，[11]晋贈太師，[12]追尊爲章聖皇帝，廟號顯祖，陵曰肅陵；皇妣吴國太夫人安氏，[13]追謚章懿皇后。后以唐乾寧二年歲在乙卯二月四日，[14]生帝於太原。[15]

[1]沙陀部：唐、五代時部族名。西突厥别部，即沙陀突厥。

五代李克用、石敬瑭、劉知遠均爲沙陀部人。

［2］湍：人名。即劉湍。沙陀部人。劉知遠的高祖（四代祖）。事見本書本卷。《舊五代史考異》："案《五代會要》：湍爲東漢顯宗第八子，淮陽王昞之後。"見《會要》卷一追謚皇帝條。

［3］隴西郡夫人李氏：即劉知遠祖母。曾追贈魯國太夫人。事見本書本卷。"隴西郡夫人李氏"，中華書局本沿《輯本舊史》作"隴西李氏"，據明本《册府》卷三一《帝王部·奉先門四》及本段下文曾祖母、祖母、皇妣體例補。《舊五代史考異》："案《五代會要》：懿陵、沛陵皆無陵所，遥申朝拜。"見《會要》卷一追謚皇帝條。

［4］昂：人名。即劉昂。沙陀部人。劉知遠曾祖，五代後晋時追贈太保。事見本書本卷。

［5］楊氏：即劉知遠曾祖劉昂的夫人。事見本書本卷。

［6］僎：人名。即劉僎。沙陀部人。劉知遠祖父。事見本書本卷。

［7］太傅：官名。與太師、太保合稱三師，唐後期、五代多爲大臣、勳貴加官。正一品。

［8］昭獻：《新五代史》卷一〇《漢高祖紀》天福十二年（947）閏七月庚辰條作"昭憲"。

［9］李氏：即劉知遠祖母。曾追贈魯國太夫人。事見本書本卷。

［10］琠：人名。即劉琠。沙陀部人。劉知遠父。事李克用爲列校，五代後晋時追贈太師。事見本書本卷。

［11］武皇帝：五代後唐太祖李克用謚號。後唐莊宗即位，追謚其爲武皇帝，廟號太祖，陵在雁門。李克用，沙陀部人，生於神武川新城（一説今山西朔州市朔城區之梵王寺村，一説今山西應縣縣城，一説今山西懷仁縣之日中城）。五代後唐實際奠基者。紀見本書卷二五至卷二六。

［12］太師：官名。與太傅、太保合稱三師，唐後期、五代多爲大臣、勳貴加官。正一品。

[13]安氏：即劉知遠母。曾追封吴國太夫人。事見本書本卷。

[14]乾寧：唐昭宗李曄年號（894—898）。

[15]太原：府名。治所在今山西太原市。

帝弱不好弄，嚴重寡言，及長，面紫色，目睛多白。初事唐明宗，[1]列於麾下。明宗與梁人對柵於德勝，[2]時晋高祖爲梁人所襲，[3]馬甲連革斷，帝輟騎以授之，取斷革者自跨之，徐殿其後，晋高祖感而壯之。明宗踐阼，晋高祖爲北京留守，[4]以帝前有護援之力，奏移麾下，署爲牙門都校。[5]應順初，[6]晋高祖鎮常山，[7]唐閔帝召赴闕，[8]會閔帝出奔，與晋高祖相遇於途，遂俱入衛州，[9]泊於郵舍。閔帝左右謀害晋高祖，帝密遣御士石敢袖鎚立於晋高祖後，[10]及有變，敢擁晋高祖入一室，以巨木塞門，敢尋死焉。帝率衆盡殺閔帝左右，遂免晋高祖於難。[11]

[1]唐明宗：即五代後唐明宗李嗣源。沙陀部人。原名邈佶烈，李克用養子。926年至933年在位。紀見本書卷三五至卷四四、《新五代史》卷六。

[2]德勝：地名。位於今河南濮陽縣。原爲黄河渡口，五代後晋軍築德勝南、北二城於此，遂爲城名。

[3]晋高祖：即石敬瑭。沙陀部人，太原（今山西太原市）人。五代後晋開國君主。936年至941年在位。在位期間割華北北部幽、雲諸州予契丹。紀見本書卷七五至卷八〇、《新五代史》卷八。

[4]北京：即太原府。治所在今山西太原市。　留守：官名。在都城、陪都或軍事重鎮所設留守，由地方行政長官兼任。

[5]牙門：即營門。　都校：唐末、五代統兵官。

[6]應順：五代後唐閔帝李從厚年號（934）。

[7]常山：即鎮州，治所在今河北正定縣。

[8]唐閔帝：即後唐閔帝李從厚。明宗李嗣源第三子。933年至934年在位。紀見本書卷四五、《新五代史》卷七。中華書局本有校勘記："'唐閔帝'，原作'唐明宗'，據《通曆》卷一四改。孔本作'唐明帝'。按應順爲唐閔帝年號，本書卷七五《晋高祖紀一》：'閔帝急詔帝赴闕，欲以社稷爲託。'"見《通曆》卷一四《漢高祖》。又，《輯本舊史》卷四四《唐明宗紀十》，唐明宗於長興四年（933）十一月戊戌崩，閔帝即位改元應順。本句稱"應順初"，時唐閔帝在位。

[9]衛州：州名。治所在今河南衛輝市。

[10]石敢：人名。五代衛兵。有勇力。事見《通鑑》卷二七九。

[11]"閔帝左右謀害晋高祖"至"遂免晋高祖於難"：《舊五代史考異》："案《通鑑考異》引《漢高祖實録》云：是夜，偵知少帝伏甲，欲與從臣謀害晋高祖，詐屏人對語，方坐庭廡。帝密遣御士石敢袖鎚立於後，俄頃伏甲者起，敢有勇力，擁晋高祖入一室，以巨木塞門，敢力當其鋒，死之。帝解佩刀，遇夜晦，以在地葦炬未然者奮擊之。衆謂短兵也，遂散走。帝乃匿身長垣下，聞帝親將李洪信謂人曰：'石太尉死矣。'帝隔垣呼洪信曰：'太尉無恙。'乃踰垣出就洪信，共護晋高祖，殺建謀者，以少主授王弘贄。"見《通鑑》卷二七九清泰元年（934）四月庚午條《考異》引《漢高祖實録》。"乃踰垣出就洪信兵"，中華書局本有校勘記："'兵'字原闕，據殿本、劉本、孔本、《通鑑》卷二七九《考異》引《漢高祖實録》補。"中華書局本引孔本之案語："考《漢實録》多增飾之詞，時閔帝方倚賴晋祖，何至伏甲謀害乎哉！《薛史》止載石敢事，餘不及。"

清泰元年，[1]晋高祖復鎮河東。[2]

[1]清泰：五代後唐廢帝李從珂年號（934—936）。

[2]河東：方鎮名。治所在太原（今山西太原市）。

三年夏，移鎮汶陽。[1]帝勸晋高祖舉義，贊成密計，經綸之始，中外賴之。晋高祖以帝爲北京馬步軍都指揮使。[2]及契丹以全軍赴難，[3]大破張敬達之衆於晋陽城下，[4]有降軍千餘人，晋高祖將置之於親衛，帝盡殺之。[5]

[1]汶陽：古地名。位於今山東泰安市一帶。

[2]馬步軍都指揮使：官名。五代時藩鎮馬步軍之長官。五代軍隊編制，五百人爲一指揮，設指揮使、副指揮使；十指揮爲一軍，設都指揮使、副都指揮使。《通鑑》卷二八〇天福元年（936）八月癸亥條作“馬步都指揮使”。

[3]契丹：古部族、政權名。公元4世紀中葉宇文部爲前燕攻破，始分離而成單獨的部落，自號契丹。唐貞觀中，置松漠都督府，以其首領爲都督。唐末强盛，916年迭剌部耶律阿保機建立契丹國（遼）。先後與五代、北宋並立，保大五年（1125）爲金所滅。參見張正明《契丹史略》，中華書局1979年版。

[4]張敬達：人名。代州（今山西代縣）人。五代後唐將領。傳見本書卷七〇、《新五代史》卷三三。　晋陽：縣名。治所在今山西太原市。

[5]“及契丹以全軍赴難”至“帝盡殺之”：《通鑑》卷二八〇天福元年九月辛丑條載：“（張）敬達等收餘衆保晋安，契丹亦引兵歸虎北口。敬瑭得唐降兵千餘人，劉知遠勸敬瑭盡殺之。”與《輯

本舊史》異。

晉國初建，加檢校司空，[1]充侍衛馬軍都指揮使，[2]權點檢隨駕六軍諸衛事。尋改陝州節度使，[3]充侍衛親軍馬步軍都虞候。[4]契丹主送晉高祖至上黨，[5]指帝謂高祖曰："此都軍甚操剌，無大故不可棄之。"晉高祖入洛，[6]委帝巡警，都邑肅然，無敢犯令。

[1]檢校司空：官名。爲散官或加官，以示恩寵，無實際執掌。

[2]充侍衛馬軍都指揮使：中華書局本有校勘記："'馬軍'，原作'馬步'，據本書卷七六《晉高祖紀二》、《册府》卷八改。按《册府》卷八及本卷下文，天福三年（938）十月方授侍衛親軍馬步軍都指揮使。"見《輯本舊史》卷七六《晉高祖紀二》天福元年十一月己亥條、《宋本册府》卷八《帝王部·創業門四》。

[3]陝州：州名。治所在今河南三門峽市陝州區。

[4]馬步軍："軍"字原闕，中華書局本未補，今據《輯本舊史》卷七六《晉高祖紀二》天福二年八月辛巳條、《宋本册府》卷八《帝王部·創業門四》補。

[5]契丹主：即遼太宗耶律德光。927年至947年在位。紀見《遼史》卷三至卷四。　上黨：即潞州。治所在今山西長治市。

[6]洛：即河南府，治所在今河南洛陽市。

天福二年夏四月，[1]加檢校太保。[2]八月，改許州節度使，[3]典軍如故。

[1]天福：五代後晉高祖石敬瑭年號（936—942）。出帝石重貴沿用至九年（944）。後漢高祖劉知遠繼位後沿用一年，稱天福十

二年（947）。

［2］檢校太保：官名。爲散官或加官，以示恩寵加此官，無實際執掌。

［3］許州：州名。治所在今河南許昌市。

三年夏四月，加檢校太傅。[1]冬十月，授侍衛親軍馬步軍都指揮使。十一月，移授宋州，[2]加檢校太尉。[3]

［1］檢校太傅：官名。爲散官或加官，以示恩寵，無實際執掌。

［2］宋州：州名。治所在今河南商丘市睢陽區。

［3］檢校太尉：官名。爲散官或加官，以示恩寵加此官，無實際執掌。

四年三月，加同平章事。[1]時帝與杜重威同制加恩，[2]帝憤然不樂，懇讓不受，杜門不出者數日。晋高祖怒，召宰相趙瑩等議落帝兵權，[3]任歸私第。瑩等以爲不可，乃遣端明殿學士和凝就第宣諭，[4]帝乃承命。[5]

［1］同平章事：官名。唐高宗以後，凡實際任宰相之職者，常在其本官後加同平章事的職銜。後成爲宰相專稱。

［2］杜重威：人名。其先朔州（今山西朔州市朔城區）人，後徙居太原（今山西太原市）。五代後晋、後漢將領。傳見本書卷一〇九、《新五代史》卷五二。

［3］趙瑩：人名。華州華陰（今陝西華陰市）人。五代後晋宰相。傳見本書卷八九、《新五代史》卷五六。

［4］端明殿學士：官名。五代後唐明宗始置，以翰林學士充任，負責誦讀四方書奏。　和凝：人名。鄆州須昌（今山東東平縣）

人。五代後晋宰相。傳見本書卷一二七、《新五代史》卷五六。

[5]“四年三月”至“帝乃受命”：此條《輯本舊史》原記載於天福三年（938）十二月，中華書局本沿之，但《輯本舊史》卷七八《晋高祖紀四》、《通鑑》卷二八二均記於天福四年三月己未，據改。《舊五代史考異》：“案《通鑑》云：知遠自以有佐命功，重威起于外戚，無大功，耻與之同制。制下數日，杜門四表辭不受。”見《通鑑》卷二八二天福四年三月己未條。

五年三月，改鄴都留守兼侍衛親軍馬步軍都指揮使。[1]九月，奉詔赴闕，晋高祖幸其第。

[1]鄴都：地名。治所在今河北大名縣。五代後唐同光元年（923）改魏州爲興唐府，建號東京。三年，改東京爲鄴都。《輯本舊史》卷七九《晋高祖紀五》天福五年（940）三月，“辛未，宋州歸德軍節度使、侍衛親軍馬步軍都指揮使劉知遠加特進，改鄴都留守、廣晋尹，典軍如故”。

六年七月，授太原尹，[1]充北京留守、河東節度使。[2]

[1]太原尹：官名。唐開元十一年（723）改并州爲太原府，治所在今山西太原市。太原尹總其政務。從三品。

[2]授太原尹，充北京留守、河東節度使：《輯本舊史》卷八〇《晋高祖紀六》天福六年（941）七月，“己巳，以鄴都留守兼侍衛親軍馬步軍都指揮使、廣晋尹劉知遠爲太原尹，充北京留守、河東節度使，仍割遼、沁二州却隸河東”。“太原尹，充”四字原闕，據此補。

七年正月，加侍中。[1]時天下大蝗，惟不入河東界。六月，晉高祖崩於鄴宫，少帝即位。[2]七月，[3]加帝檢校太師。[4]

[1]侍中：官名。秦始置。隋、唐前期爲門下省長官。唐後期多爲大臣加銜，不參與政務，實際職務由門下侍郎執行。正二品。

[2]少帝：即五代後晉出帝石重貴。石敬瑭從子。942年至947年在位。紀見本書卷八一至卷八五、《新五代史》卷九。

[3]七月：中華書局本沿《輯本舊史》闕，據《輯本舊史》卷八一《晉少帝紀一》補。

[4]檢校太師：官名。爲散官或加官，以示恩寵，無實際執掌。太師，與太傅、太保並爲三師。

八年三月，進位中書令。[1]

[1]中書令：官名。漢代始置，隋、唐前期爲中書省長官，屬宰相之職；唐後期多爲授予元勳大臣的虚銜。正二品。

開運元年正月，[1]契丹南下，虜主以大軍直抵澶州，[2]遣蕃將偉王率兵入雁門。[3]朝廷以帝爲幽州道行營招討使，[4]帝大破偉王於忻口。[5]尋奉詔起兵至土門，[6]軍至樂平，[7]會契丹退，乃還。三月，封太原王。七月，兼北面行營都統。[8]

[1]開運：五代後晉出帝石重貴年號（944—946）。《舊五代史考異》："案：漢祖破偉王，《薛史》作開運元年正月。《歐陽史·漢本紀》作三年五月，《晉本紀》又載開運元年正月辛丑，劉知遠及

契丹偉王戰于秀容，敗之。兩《紀》年月互異，應以《薛史》爲據。”《宋本册府》卷八《帝王部·創業門四》、明本《册府》卷一一八《帝王部·親征門三》、《通鑑》卷二八三開運元年（944）正月辛丑條、《新五代史》卷九《晋出帝紀》均與本卷記載同，《新五代史》卷一〇《漢高祖紀》誤。

［2］虜主：中華書局本沿《輯本舊史》忌清諱改作“契丹主”，據《宋本册府》卷八《帝王部·創業門四》改。　澶州：州名。唐、五代初，治所在今河南清豐縣。後晋天福四年（939）移治於今河南濮陽縣。

［3］偉王：即遼朝皇室耶律安端。又作耶律阿敦。遼太祖阿保機弟。遼大同元年（947）四月，太宗耶律德光卒，耶律安端擁耶律阮繼位，與淳欽皇太后兵戰泰德泉，大勝。九月，封“明王”，或作“偉王”，主政東丹國。事見《遼史》卷五《世宗紀》。　雁門：關隘名。位於今山西代縣。

［4］幽州：州名。治所在今北京市。　行營招討使：官名。唐始置。戰時任命，兵罷則省。常以大臣、將帥或地方軍政長官兼任。掌招撫、討伐等事務。

［5］忻口：地名。位於今山西忻州市北四十五里忻口村，兩山相夾，滹沱河流經其間。

［6］至：中華書局本有校勘記：“‘至’，見《通曆》卷一四作‘出’。”《通曆》卷一四《漢高祖》。　土門：關隘名。即井陘關。位於今河北井陘縣北井陘山上。

［7］樂平：縣名。治所在今山西昔陽縣。

［8］七月，兼北面行營都統：《輯本舊史》卷八三《少帝紀第三》開運元年八月辛丑，“北京留守劉知遠充北面行營都統”。

二年四月，封北平王。

三年五月，加守太尉。[1]八月，帝誅吐渾白承福等五族，[2]凡四百人，以别部王義宗統其餘衆。[3]九月，契丹犯塞，帝親率牙兵至朔州南陽武谷，[4]大破之。[5]十一月，虜主率蕃漢大軍由易、定抵鎮州，[6]杜重威等駐軍於中渡橋以禦之。[7]十二月十日，杜重威等以全軍降於契丹。十七日，相州節度使張彦澤受契丹命，[8]陷京城，遷少帝於開封府。[9]帝聞之大駭，分兵守境，以備寇患。

[1]太尉：官名。與司徒、司空並爲三公，唐後期、五代多爲大臣、勳貴加官。正一品。《新五代史》卷一〇《漢高祖紀》同，《輯本舊史》卷八四《晉少帝紀四》載加守太尉事於七月丙申。

[2]八月，帝誅吐渾白承福等五族："八月"，中華書局本沿《輯本舊史》作"是月"，蒙上文即爲五月。《舊五代史考異》："案：《歐陽史》作八月，殺吐渾白承福等族。"《輯本舊史》卷八四《晉少帝紀四》亦載於八月癸酉，《通鑑》卷二八五、《新五代史》卷一〇《漢高祖紀》亦載於八月，據改。吐渾，部族名。吐谷渾的省稱。源出鮮卑，後游牧於今甘肅、青海一帶。參見周偉洲《吐谷渾資料輯録》(增訂本)，商務印書館2017年版。白承福，人名。吐谷渾族。五代時北吐谷渾首領。後唐同光元年（923），被莊宗任爲寧朔、奉化兩府都督，賜姓名爲李紹魯。事見《新五代史》卷七四。

[3]王義宗：人名。五代吐谷渾别部首領。後晉開運三年(946)，官吐谷渾節度使。後漢天福十二年（947)，加封檢校太尉、沁州刺史。事見本書本卷及卷一〇〇。

[4]朔州：州名。治所在今山西朔州市朔城區。　陽武谷：又作"揚武谷""羊武谷"。位於今山西原平市西北三十五里。

[5]"九月"至"大破之"："九月契丹犯塞"，中華書局本沿《輯本舊史》作"九月犯塞"，其後有《輯本舊史》之案語："案：

以下疑有脱文。”中華書局本有校勘記：“‘犯塞’，册府卷八作‘契丹犯塞’。按《通鑑》卷二八五：‘九月，契丹三萬寇河東。’”今從《宋本册府》卷八《帝王部·創業門四》、《通鑑》卷二八五。《舊五代史考異》：“案《東都事略·郭進傳》：契丹屠安陽，高祖遣進拒戰，契丹敗走，以功除刺史。”見《東都事略》卷二九《郭進傳》。

[6]虜主：原作“契丹主”，據《宋本册府》卷八《帝王部·創業門四》改。　易：州名。治所在今河北易縣。　定：州名。治所在今河北定州市。　鎮州：州名。治所在今河北正定縣。

[7]中渡：地名。滹沱河渡口。位於今河北正定縣。

[8]相州：州名。治所在今河南安陽市。　張彦澤：人名。突厥人，徙居太原。五代後晋將領，後投降於契丹。傳見本書卷九八、《新五代史》卷五二。

[9]開封府：府名。五代後梁都城。治所在今河南開封市。

天福十二年春正月丁亥朔，[1]契丹主入東京。癸巳，晋少帝蒙塵於封禪寺。[2]癸卯，少帝北遷。

[1]天福：五代後晋高祖石敬瑭年號（936—942）。出帝石重貴沿用至九年（944）。後漢高祖劉知遠繼位後沿用一年，稱天福十二年（947）。

[2]封禪寺：寺名。位於今河南開封市鐵塔公園。初建於北齊天寶十年（559），名獨居寺。唐玄宗開元十七年（729），詔改爲封禪寺。

二月丁巳朔，契丹主具漢法服，[1]御崇元殿受朝，[2]制改晋國爲大遼國，大赦天下，號會同十年。[3]是月，帝遣牙將王峻奉表於契丹，[4]契丹主賜詔褒美，呼帝爲兒。又賜木柺一，蕃法，貴重大臣方得此賜，亦猶漢儀賜几杖之比也。王峻持柺而歸，契丹望之皆避路。及峻至太原，帝知契丹政亂，乃議建號焉。是月，秦州節度使何建以其地入於蜀。[5]戊辰，[6]河東行軍司馬張彦威與文武將吏等，[7]以中原無主，帝威望日隆，群情所屬，上牋勸進，帝謙讓不允。自是群官三上牋，諸軍將吏、緇黄耆耋，相次迫請，教答允之。庚午，陝府屯駐奉國指揮使趙暉、侯章、都頭王晏殺契丹監軍及副使劉愿，[8]暉自稱留後。契丹因授暉陝州兵馬留後，[9]侯章爲本州馬步軍都指揮使，王晏爲副都指揮使，暉等不受僞命。[10]辛未，帝於太原宫受册，[11]即皇帝位，制改晋開運四年爲天福十二年。[12]甲戌，帝以晋帝舉族北遷，憤惋久之。是日，率親兵趨土門路，邀迎晋帝至壽陽，[13]聞其已過，乃還。[14]契丹聞帝建號，僞制削奪帝官爵。以通事耿崇美爲潞州節度使，[15]高唐英爲相州節度使，[16]崔廷勳爲河陽節度使，[17]以扼要害之地。丁丑，磁州賊帥梁暉據相州。[18]己卯，帝遣都將史弘肇率兵討代州，[19]平之。初，代州刺史王暉叛歸契丹，弘肇一鼓而拔之，斬暉以徇。庚辰，權晋州兵馬留後張晏洪奏，[20]軍亂，殺知州副使駱從朗及括錢使、諫議大夫趙熙，[21]以城歸順。時晋州留後劉在明赴東京，[22]朝於契丹，從朗知軍州事，帝方遣使張晏洪、辛處明等告諭登極，[23]從朗囚之本城。大將藥可儔殺從朗於理所，[24]州民相率害趙熙，三軍請晏洪爲留後、處明爲都監。[25]辛巳，權陝州留後趙暉、權潞州留後王守恩，[26]並上表歸順。癸未，澶州賊帥王瓊與其衆斷本州浮橋，[27]瓊敗，死之。時契丹以族人朗五爲澶州節度使，[28]契丹性貪虐，吏民苦之。瓊爲水運什長，[29]乃搆夏津賊帥張乙，[30]得千餘人，沿河而上，中夜竊發，自南城殺守將，絶浮航，入北城，朗五據牙城以拒之。[31]數日，會契丹救至，瓊敗死焉。契丹主初聞其變也，懼甚，由是大河之南無久留之意，[32]尋遣天雄軍節度使杜重威歸鎮。[33]

[1]法服：即“禮服”，亦稱“正服”。帝王、官員按禮法規定所穿的服飾。

[2]崇元殿：五代後梁開平元年（907）改汴京正殿爲崇元殿。位於今河南開封市。

[3]會同：遼太宗耶律德光年號（938—947）。

[4]牙將：官名。古代軍隊中的掌兵將官。　王峻：人名。相州安陽（今河南安陽市）人。五代將領，後周時任樞密使兼宰相。傳見本書卷一三〇、《新五代史》卷五〇。

[5]秦州：州名。治所在今甘肅天水市。　何建：人名。五代後晋將領。晋亡後歸附後蜀。傳見本書卷九四。

[6]戊辰：《新五代史》卷一〇《漢高祖紀》與此同，《通鑑》卷二八六記於後一日“己巳”。

[7]行軍司馬：官名。出征將領及節度使的屬官。掌軍籍符伍、號令印信，是藩鎮重要的軍政官員。　張彦威：人名。又名張彦成。潞州潞城（今山西潞城市）人。五代將領。本書卷一二三《張彦成傳》有附傳。

[8]陝府：地名。陝州别稱。陝州治所在今河南三門峽市陝州區。　奉國：方鎮名。治所在蔡州（今河南汝南縣）。　指揮使：

官名。唐末、五代藩鎮皆置都指揮使、指揮使，爲領兵將領。　趙暉：人名。澶州（今河南濮陽市）人。五代將領。傳見本書卷一二五。　侯章：人名。并州榆次（今山西晋中市榆次區）人。五代、宋初將領。傳見《宋史》卷二五二。　都頭：官名。唐末五代時，“都”爲指揮以下的軍事編制。《武經總要》卷二：“凡五百人爲一指揮，其别有五都，都一百人，統以一營居之。”都的長官稱爲都頭。　王晏：人名。徐州滕（今山東滕州市）人。五代、宋初將領。傳見《宋史》卷二五二。　監軍：官名。爲臨時差遣，代表朝廷協理軍務、督察將帥。唐、五代時常以宦官爲監軍。　劉愿：人名。契丹將領。本書僅此一見。

[9]兵馬留後：官名。唐、五代時，代行方鎮長官之職者稱留後。代行州兵馬使之職者，即爲兵馬留後。掌本州兵馬。

[10]“庚午”至“暉等不受僞命”：《舊五代史考異》：“案《宋史·王晏傳》：開運末，與本軍都校趙暉、忠衛都校侯章等戍陜州。會契丹至汴，遣其將劉愿據陜，恣行暴虐。晏與暉等謀曰：‘今契丹南侵，天下洶洶，英雄豪傑固當乘時自奮。且聞太原劉公，威德遠被，人心歸服，若殺愿送款河東，爲天下倡首，則取富貴如反掌耳！’暉等然之。晏乃率敢死士數人，夜踰城入府署，劫庫兵給其徒。遲明，斬愿首懸府門外。衆請暉爲帥，章爲本城副指揮使、内外巡檢使兼都虞候，乃遣其子漢倫奉表晋陽。”見《宋史》卷二五二《王晏傳》。

[11]太原宫：宫殿名。位於今山西太原市。

[12]“辛未”至“制改晋開運四年爲天福十二年”：《舊五代史考異》：“案《契丹國志》云：漢祖仍稱天福年號，曰：‘予未忍忘晋也。’”見《契丹國志》卷四《世宗天授皇帝》。

[13]壽陽：縣名。治所在今山西壽陽縣。

[14]“是日”至“乃還”：中華書局本引孔本案語：“案《契丹國志》：時留兵戍承天軍而還。”見《契丹國志》卷三《太宗嗣聖皇帝下》會同十一年（按，實爲會同十年，即公元947年）二月

條。明本《册府》卷一二五《帝王部·料敵門》記載略詳。

[15]通事：官名。契丹（遼）建國後，置通事一職以處理漢人事務。《通鑑》卷二八一胡三省注："契丹置通事以主中國人，以知華俗、通華言者爲之。"　耿崇美：人名。籍貫不詳。契丹大將，時爲昭義節度使。事見《通鑑》卷二八六。　潞州：州名。治所在今山西長治市。

[16]高唐英：人名。籍貫不詳。遼官員，後曾任相州節度使。事見本書本卷。

[17]崔廷勳：人名。籍貫不詳。五代後晋將領。傳見本書卷九八。　河陽：縣名。治所在今河南孟州市。

[18]磁州：州名。治所在今河北磁縣。　梁暉：人名。磁州滏陽（今河北磁縣）人。五代河朔地區酋豪。曾率兵奪相州，後爲契丹主耶律德光攻滅。事見本書本卷。

[19]史弘肇：人名。鄭州滎澤（今河南鄭州市）人。五代時後漢將領。傳見本書卷一〇七、《新五代史》卷三〇。　代州：州名。治所在今山西代縣。

[20]晋州：州名。治所在今山西臨汾市。　張晏洪：人名。籍貫不詳。五代後漢將領。事見本書本卷。

[21]駱從朗：人名。籍貫不詳。五代將領。時建雄軍留後劉在明朝於契丹，以節度副使駱從朗知晋州事。事見本書本卷、《通鑑》卷二八六。　括錢使：官名。契丹派往州縣徵調錢物的官員。　諫議大夫：官名。秦始置，掌朝政議論。隋唐仍置，有左、右諫議大夫四人，分屬門下、中書二省。掌諫諭得失，侍從贊相。唐後期、五代多以本官領他職。唐初爲正五品上，會昌二年（842）升爲正四品下。後晋天福五年（940）爲正四品，後周顯德五年（958）復改爲正五品上。　趙熙：人名。京兆奉天（今陝西乾縣）人。五代後梁、後唐宰相趙光遠侄。於晋州爲契丹搜刮錢財嚴急，爲百姓所殺。傳見本書卷九三。

[22]劉在明：幽州（今北京市）人。五代將領。傳見本書卷

一〇六。

[23]辛處明：人名。籍貫不詳。五代後漢將領。事見本書本卷。

[24]藥可儔：人名。籍貫不詳。五代將領。事見本書本卷。理所：審理刑獄之處所。

[25]都監：官名。唐代中葉命將出征，常以宦官爲監軍、都監。後爲臨時委任的統兵官，稱都監、兵馬都監。掌屯戍、邊防、訓練之政令。

[26]王守恩：人名。太原（今山西太原市）人。五代後晋潞州節度使王建立子，後漢時曾任宰相。傳見本書卷一二五。

[27]王瓊：人名。籍貫不詳。事見本書本卷。

[28]朗五：人名。契丹將領。事見本書本卷。中華書局本有校勘記："'朗五'，原作'朗悟'，注云：'舊作朗五，今改正。'按此係輯録《舊五代史》時所改，今恢復原文。"

[29]什長：軍隊基層編制十卒之長。

[30]夏津：縣名。治所在今山東夏津縣。　張乙：人名。籍貫不詳。五代將領。事見本書本卷、《宋史》卷二七三。

[31]牙城：唐、五代藩鎮主帥所居之城。

[32]大河：即黄河。

[33]天雄軍：方鎮名。治所在魏州（今河北大名縣）。

三月丙戌朔，詔河東管内，自前税外，雜色徵配一切除放。是日，契丹主坐崇元殿行入閤之禮，[1]契丹主以舅蕭翰爲宣武軍節度使。[2]辛卯，權延州留後高允權遣判官李彬奏：[3]本道節度使周密爲三軍所逐，[4]以允權知留後事，上表歸順。未幾，帝召密赴行在。壬辰，丹州都指揮使高彦珣殺僞命刺史，[5]據城歸命。壬寅，契丹主發自東京還本國。[6]是日，宿於赤崗，[7]至晡，有大聲如雷，起於敵帳之下。契丹自黎陽濟河，[8]遂趨相州。[9]庚戌，帝以北京馬步軍都指揮使、泗州防禦使、檢校太保劉崇爲太原尹、檢校太尉，[10]以北京馬步軍都虞候郭從義爲鄭州防禦使、檢校太保，[11]以北京興捷左廂都指揮使李洪信爲陳州刺史、檢校司徒，[12]以興捷右廂都指揮使尚洪遷爲單州刺史、檢校司徒，[13]以北京武節左廂都指揮使蓋萬爲蔡州刺史，[14]以武節右廂都指揮使周暉爲濮州刺史，[15]以保寧都指揮使朱奉千爲隨州刺史。[16]辛亥，吐渾節度使王義宗加檢校太尉，[17]以前忻州刺史秦習爲耀州團練使。[18]癸丑，以北京副留守、檢校司徒白文珂爲河中節度使、檢校太尉。[19]

[1]入閤：即朔望入閤。“自正衙唤仗，由閤門而入”，故稱。唐代時，入閤於大明宫紫宸殿舉行。五代後唐時，於文明殿舉行。

[2]蕭翰：人名。契丹人。遼朝宰相蕭敵魯之子，述律太后之侄，太宗皇后之兄。遼初將領。傳見本書卷九八、《遼史》卷一一三。　宣武軍：方鎮名。唐舊鎮，治所在汴州（今河南開封市）。五代後梁開平元年（907）升汴州爲東京開封府。開平三年置宣武軍於宋州（今河南商丘市睢陽區）。後唐同光元年（923）改宋州宣武軍爲歸德軍。廢東京開封府，重建宣武軍於汴州。後晉天福三年（938），改爲東京開封府。除天福十二年、十三年短暫改爲宣武軍外，汴京均爲東京開封府。

[3]延州：州名。治所在今陝西延安市。　高允權：人名。延州（今陝西延安市）人。五代將領。傳見本書卷一二五。　李彬：人名。籍貫不詳。五代軍閥高允權僚佐。事見本書本卷、卷一二五。

[4]周密：人名。應州神武川（今山西山陰縣）人。五代將領。傳見本書卷一二四。

［5］丹州：州名。治所在今陝西宜川縣。　都指揮使：官名。唐末、五代軍隊多置都指揮使、指揮使，爲統兵將領。　高彦珣：人名。一作“高彦詢”。籍貫不詳。五代將領。事見本書本卷。

［6］壬寅，契丹主發自東京還本國：《舊五代史考異》：“案：《遼史·太宗紀》作四月丙辰朔，發自汴州，與《薛史》異。《歐陽史》及《通鑑》俱從《薛史》作壬寅。”見《新五代史》卷一〇《漢高祖紀》、《通鑑》卷二八六、《遼史》卷四《太宗紀下》。

［7］赤崗：地名。亦作“赤岡”。今名霍赤岡。位於今河南開封市東北。

［8］黎陽：縣名。治所在今河南浚縣。

［9］契丹自黎陽濟河，遂趨相州：《舊五代史考異》：“案：《通鑑》作丙午，契丹自白馬渡河。《遼史》作乙丑，濟黎陽渡，與《通鑑》異。”見《通鑑》卷二八六、《遼史》卷四。

［10］泗州：州名。治所在今江蘇泗洪縣東南。　防禦使：官名。唐代始置，設有都防禦使、州防禦使兩種。常由刺史或觀察使兼任，實際上爲唐代後期州或方鎮的軍政長官。　劉崇：人名。五代後漢高祖從弟。後周代漢，稱帝於太原，國號“漢”，史稱“北漢”。傳見本書卷一三五、《新五代史》卷七〇。

［11］郭從義：人名。沙陀部人。五代、宋初大臣。傳見《宋史》卷二五二。　鄭州：州名。治所在今河南鄭州市。

［12］興捷左廂都指揮使：所部統兵將領。“興捷”爲軍隊蕃號。　李洪信：人名。并州晋陽（今山西太原市）人。五代、宋初將領。傳見《宋史》卷二五二。　陳州：州名。治所在今河南淮陽縣。　檢校司徒：官名。爲散官或加官，以示恩寵加此官，無實際執掌。

［13］尚洪遷：人名。籍貫不詳。五代將領。事見本書本卷、卷一〇〇、卷一〇一。　單州：州名。治所在今山東單縣。

［14］蓋萬：人名。籍貫不詳。五代、宋初將領。事見本書本卷。　蔡州：州名。治所在今河南汝南縣。

[15]周暉：人名。籍貫不詳。五代將領。本書僅此一見。　濮州：州名。治所在今山東鄄城縣。

[16]朱奉千：人名。籍貫不詳。五代將領。本書僅此一見。　隨州：州名。治所在今湖北隨州市。“隨州刺史”，中華書局本有校勘記：“‘史’原作‘使’，據殿本、劉本改。”

[17]吐渾：部族名。“吐谷渾”的省稱。源出鮮卑，後游牧於今甘肅、青海一帶。參見周偉洲《吐谷渾資料輯録》（增訂本），商務印書館2017年版。

[18]忻州：州名。治所在今山西忻州市。　秦習：人名。籍貫不詳。五代將領。本書僅此一見。　耀州：州名。治所在今陝西銅川市耀州區。

[19]白文珂：人名。太原（今山西太原市）人。五代後唐至後周將領。傳見本書卷一二四。　河中：方鎮名。治所在河中府（今山西永濟市）。

夏四月己未，以北京馬軍都指揮使、集州刺史劉信爲滑州節度使，[1]充侍衛馬軍都指揮使、檢校太傅，以北京隨使、右都押衙楊邠爲權樞密使、檢校太保，[2]以北京武節都指揮使、雷州刺史史弘肇爲許州節度使，[3]充侍衛步軍都指揮使、檢校太傅，以北京牢城都指揮使、壁州刺史常思爲鄧州節度使、檢校太傅、兼權北京馬步軍都指揮使、三城巡檢使，[4]以河東行軍司馬張彦威爲同州節度使、檢校太保，[5]以蕃漢兵馬都孔目官郭威爲權樞密副使、檢校司徒，[6]以河東左都押衙扈彦珂爲宣徽南院使、檢校司徒，[7]以右都押衙王浩爲宣徽北院使、檢校司徒，[8]以兩使都孔目官王章爲權三司使、檢校太保。[9]是日，契丹主取相州，殺留後梁暉。[10]暉，磁州滏陽人，[11]少爲盜，會契丹犯闕，[12]暉收集徒黨，先入磁州，無所侵犯，遣使送款於帝。暉偵知相州頗積兵仗，[13]且無守備，遂以二月二十一日夜與其徒踰垣而入，[14]殺契丹數十人，[15]奪器甲數萬計，遂據其城。虜主先遣僞命相州節度使高唐英率兵討之。[16]未幾，虜主至城下，是月四日攻拔之，遂屠其城。翌日，虜主北去，命高唐英鎮之，唐英閱城中遺民，得男女七百人而已。乾祐中，[17]王繼弘鎮相州，[18]奏於城中得髑髏十餘萬，[19]殺人之數，從可知也。庚申，以石州刺史易全章爲洺州團練使，[20]以前遼州刺史安真爲宿州團練使，[21]以嵐州刺史孟行超爲潁州團練使，[22]以汾州刺史武彦弘爲曹州防禦使，[23]以前憲州刺史慕容信爲齊州防禦使，[24]以遼州刺史薛瓊爲亳州防禦使，[25]以沁州刺史李漢韜爲汝州防禦使。[26]癸亥，册魏國夫人李氏爲皇后。[27]甲子，以皇長子承訓爲左衛上將軍，[28]第二子承祐爲左衛大將軍，[29]第三子承勳爲右衛大將軍，[30]皇女彭城郡君宋氏封永寧公主，[31]皇姪承贇爲右衛上將軍。[32]以河東節度判官蘇逢吉爲中書侍郎、同平章事、集賢殿大學士，[33]以河東觀察判官蘇禹珪爲中書侍郎、同平章事。[34]升府州爲節鎮，[35]加永安軍額，[36]以振武節度使、府州團練使折從阮爲永安軍節度使、行府州刺史、檢校太尉。[37]以北京隨使、左都押衙劉銖爲河陽節度使。[38]以河東支使韓祚爲左諫議大夫，[39]充樞密直學士。[40]乙丑，遣史弘肇率兵一萬人趨潞州。丙寅，以權知潞州軍州事、左驍衛大將軍王守恩爲潞州節度使、檢校太保；[41]以權點檢延州軍州事高允權爲延州節度使、檢校太保；以岢嵐軍使鄭謙爲忻州刺史、遥領應州節度使，[42]充忻、代二州義軍都部署。[43]丁卯，以河東都巡館驛、沿河巡檢使閻萬進爲嵐州刺史、領朔州節度使，[44]充嵐、憲二州義軍都制置。[45]戊辰，權河陽留後武行德以城來歸。[46]初，虜主將發東京，船載武庫兵仗，自汴浮河，欲置之於北地，遣奉國都虞候武行德部送，[47]與軍士千餘人并家屬俱行。至河陰，[48]軍亂，奪兵仗，殺契丹監吏，衆推行德爲帥，與河陰屯駐軍士合，乃自汜水抵河陽。[49]河陽僞命節度使崔廷勳率兵拒之，[50]兵敗，行德等追躡之，廷勳棄城而遁，行德因據其城。[51]僞命西京留守劉晞棄洛城，[52]南走許州，遂奔東京，洛京巡檢使方太自署知留守事。[53]未幾，太爲武行德所害。庚午，[54]蕃將耿崇美屯澤州，[55]史弘肇遣先鋒將馬誨率兵擊之，[56]崇美退保懷州。[57]崔廷勳以契丹衆攻武行德於河陽，行德出戰，爲廷勳所敗。汴州蕭翰遣蕃將高牟翰將兵援送劉晞復歸於洛，[58]牟翰至，殺前澶州節度使潘環於洛陽。[59]辛未，以河陽都部署武行德爲河陽節度使、檢校太尉，充一行馬步軍都部署。甲戌，潞州節度使王守恩加檢校太尉，以前棣州刺史慕容彦超爲澶州節度使、檢校太保。[60]丙子，虜主耶律德光卒於鎮之欒城。[61]趙延壽於鎮州自稱權知國事。[62]辛巳，陜州節度使趙暉加檢校太尉，華州節度使兼陜州馬步軍都指揮使侯章加檢校太傅，[63]以陜府馬步軍副都指揮使兼絳州防禦使王晏爲晋州節度使、檢校太傅，[64]以丹州都指揮使、權知軍州事高彦珣爲丹州刺史。《永樂大典》卷一萬六千一百九十八。[65]

[1]集州：州名。治所在今四川南江縣。　劉信：人名。籍貫不詳。唐末、五代軍閥。事見本書卷一〇〇至卷一〇三。　滑州：州名。治所在今河南滑縣。

[2]右都押衙：官名。“押衙”即“押牙”。唐、五代時期節度使辟署的屬官，有稱左、右都押衙或都押衙者。掌領方鎮儀仗侍衛，統率軍隊。　楊邠：人名。魏州冠氏（今山東冠縣）人。五代後漢時任樞密使、宰相。傳見本書卷一〇七、《新五代史》卷三〇。　樞密使：官名。樞密院長官。唐代宗時始以宦官掌機密，至昭宗時借朱温之力盡誅宦官，始改以士人任樞密使。備顧問，參謀議，出納詔奏，權侔宰相。參見李全德《唐宋變革期樞密院研究》，國家圖書館出版社2009年版。　以北京隨使、右都押衙楊邠爲權樞密使、檢校太保：《舊五代史考異》：“案《歐陽史》：四月己未，右都押衙楊邠爲樞密使。據《薛史》，邠于閏七月辛未始真授樞密使，四月中乃權職也。”見《輯本舊史》卷一〇〇《漢高祖紀下》天福十二年（947）閏七月辛未“以權樞密使楊邠爲樞密使，加檢校太傅”；卷一〇七《楊邠傳》“漢國建，遷檢校太保、權樞密使。汴、洛平，正拜樞密使、檢校太傅”；及《新五代史》卷一〇《漢高祖紀》。

[3]武節都指揮使：所部統兵將領。“武節”爲軍隊蕃號。　雷州：州名。治所在今廣東雷州市。　許州：州名。治所在今河南許昌市。

[4]牢城都指揮使：所部統兵將領。“牢城”爲軍隊蕃號。　壁州：州名。治所在今四川通江縣。　常思：人名。太原（今山西太原市）人。五代將領。傳見本書卷一二九、《新五代史》卷四九。　鄧州：州名。治所在今河南鄧州市。　巡檢使：官名。五代

始設巡檢，設於京師、陪都、重要的州及邊防重鎮。

[5]同州：州名。治所在今陝西大荔縣。

[6]蕃漢兵馬都孔目官：官名。五代藩鎮幕府僚佐，掌蕃漢兵馬、軍機要事。　郭威：人名。邢州堯山（今河北隆堯縣）人。五代後周開國皇帝，廟號太祖。951 年至 954 年在位。紀見本書卷一一〇至卷一一三、《新五代史》卷一一。　樞密副使：官名。樞密院副長官。中華書局本有校勘記："'樞密副使'，原作"樞密使"，據本書卷一〇〇《漢高祖紀下》、卷一一〇《周太祖紀一》、《通曆》卷一五改。按本卷上文記以楊邠權樞密使。"見《輯本舊史》卷一〇〇《漢高祖紀下》天福十二年閏七月辛未，《通曆》卷一五《周太祖》，《新五代史》卷一〇、卷一一《周太祖紀》。

[7]扈彥珂：人名。代州雁門（今山西代縣）人。五代後晉至宋朝將領。傳見《宋史》卷二五四。　宣徽南院使：官名。唐始置。宣徽南院長官。初用宦官，五代以後改用士人。與宣徽北院使通掌內諸司及三班內侍之名籍，郊祀、朝會、宴享供帳之儀，檢視內外進奉名物。參見王永平《論唐代宣徽使》，《中國史研究》1995 年第 1 期；王孫盈政《再論唐代的宣徽使》，《中華文史論叢》2018 年第 3 期。

[8]王浩：人名。籍貫不詳。五代將領。本書僅此一見。

[9]王章：人名。大名南樂（今河南南樂縣）人。五代後漢三司使、同平章事，以聚斂刻急著稱。傳見本書卷一〇七、《新五代史》卷三〇。　三司使：官名。五代後唐明宗天成元年（926）將晚唐以來的户部、度支、鹽鐵三部合爲一職，設三司使統之。主管國家財政。

[10]是日，契丹主取相州，殺留後梁暉：《舊五代史考異》："案《宋史・李穀傳》：潛遣河朔酋豪梁暉入據安陽，契丹主患之，即謀北旋。會有告契丹以城中虛弱者，契丹還攻安陽，陷其城。"見《宋史》卷二六二《李穀傳》。

[11]滏陽：縣名。治所在今河北磁縣。

[12]會契丹犯闕：原作“契丹入汴”，據明本《册府》卷七五九《總録部·忠門二》改。

[13]積兵仗：明本《册府》卷七五九作“積餉”。

[14]遂以二月二十一日夜與其徒踰垣而入：中華書局本有校勘記：“‘二月’，原作‘三月’。本卷上文：‘（天福十二年二月丁丑）磁州賊帥梁暉據相州。’《通鑑》卷二八六：‘（天福十二年二月）丁丑夜，遣壯士踰城入。’按丁丑爲二十一日，據改。”

[15]殺契丹數十人：《舊五代史考異》：“案：《契丹國志》作殺遼兵數百。”見《契丹國志》卷三《太宗下》。

[16]虜主：原作“契丹主”，據明本《册府》卷七五九改，下文之“虜主”皆由“契丹主”所改。

[17]乾祐：後漢高祖劉知遠、隱帝劉承祐年號（948—950）。北漢亦用此年號。

[18]王繼弘：人名。南宫（今河北南宫市）人。五代將領。傳見本書卷一二五。

[19]十餘萬：《新五代史》卷七二《四夷附録一》、《通鑑》卷二八六均同，《宋本册府》卷九九七《外臣部·殘忍門》作“十五萬”。

[20]石州：州名。治所在今山西吕梁市離石區。　易全章：人名。籍貫不詳。五代將領。本書僅此一見。　洺州：州名。治所在今河北邯鄲市永年區。

[21]遼州：州名。治所在今山西左權縣。　安真：人名。籍貫不詳。五代將領。本書僅此一見。　宿州：州名。治所在今安徽宿州市。

[22]嵐州：州名。治所在今山西嵐縣。　孟行超：人名。籍貫不詳。五代將領。本書僅此一見。　潁州：州名。治所在今安徽阜陽市。

[23]汾州：州名。治所在今山西汾陽市。　武彦弘：人名。籍貫不詳。五代將領。本書僅此一見。　曹州：州名。治所在今山東

曹縣西北。

［24］憲州：州名。治所在今山西婁煩縣。　慕容信：人名。籍貫不詳。五代將領。本書僅此一見。　齊州：州名。治所在今山東濟南市。

［25］薛瓊：人名。籍貫不詳。五代將領。本書僅此一見。　亳州：州名。治所在今安徽亳州市。

［26］沁州：州名。治所在今山西沁源縣。　李漢韜：人名。籍貫不詳。五代將領。本書僅此一見。　汝州：州名。治所在今河南汝州市。

［27］李氏：即五代後漢高祖劉知遠皇后。晉陽（今山西太原市）人。傳見本書卷一〇四、《新五代史》卷一八。

［28］承訓：人名。即劉承訓。劉知遠長子，死後追封魏王。傳見本書卷一〇五、《新五代史》卷一八。　左衛上將軍：官名。唐置，掌宫禁宿衛。唐代置十六衛之一。從二品。

［29］承祐：人名。即五代後漢隱帝劉承祐。後漢高祖劉知遠次子。948 年至 950 年在位。紀見本書卷一〇一至卷一〇三、《新五代史》卷一〇。　左衛大將軍：官名。唐置，掌宫禁宿衛。唐代置十六衛之一。正三品。

［30］承勳：人名。即劉承勳。五代後漢高祖劉知遠三子。傳見本書卷一〇五、《新五代史》卷一八。　右衛大將軍：官名。唐置，掌宫禁宿衛。唐代置十六衛之一。正三品。

［31］宋氏：五代後漢高祖劉知遠册封的皇女。

［32］承贇：人名。即劉承贇。五代後漢高祖劉知遠之侄。事見本書卷一〇一。

［33］中書侍郎：官名。中書省副長官。唐後期三省長官漸爲榮銜，中書侍郎、門下侍郎却因參議朝政而職位漸重，常常用爲以“同三品”或“同平章事”任宰相者的本官。正三品。　集賢殿大學士：官名。唐中葉置，位在學士之上，以宰相兼。掌修書之事。

［34］觀察判官：官名。唐肅宗以後置，五代沿置。觀察使屬

官，參理田賦事，用觀察使印、署狀。　蘇禹珪：人名。高密（今山東高密市）人。劉知遠爲河東節度時的屬官，五代後漢初任宰相。傳見本書卷一二七。

［35］府州：州名。治所在今陝西府谷縣。

［36］永安軍：方鎮名。治所在府州（今陝西府谷縣）。

［37］振武：方鎮名。五代後梁貞明二年（916）以前，治所位於單于都護府城（今内蒙古和林格爾縣）。貞明二年，單于都護府城爲契丹占據。此後至後唐清泰三年（936），治所位於朔州（今山西朔州市朔城區）。後晋隨燕雲十六州割予契丹，改名順義軍。　折從阮：人名。雲中（今山西大同市）人，羌族折掘氏。五代後唐至後周將領。傳見本書卷一二五、《新五代史》卷五〇。

［38］劉銖：人名。陜州（今河南三門峽市陜州區）人。時權知開封府事。傳見本書卷一〇七、《新五代史》卷三〇。　河陽：方鎮名。全稱“河陽三城”。治所在孟州（今河南孟州市）。

［39］支使：官名。唐五代節度使、觀察使等下屬官員中有支使，其職與掌書記同。位在副使、判官之下，推官之上。掌表奏書檄等。　韓祚：人名。籍貫不詳。五代後漢大臣。事見本書本卷、卷一〇〇。　左諫議大夫：官名。隸門下省。唐代置左、右諫議大夫各四人，分隸門下省、中書省。掌諫諭得失、侍從贊相。正四品下。

［40］樞密直學士：官名。五代後唐莊宗同光元年（923）改直崇政院置，選有政術文學者充任。備顧問應對。

［41］左驍衛大將軍：官名。唐置，掌宫禁宿衛。唐代置十六衛之一。正三品。　王守恩：人名。太原（今山西太原市）人。五代後晋潞州節度使王建立子，後漢時曾任宰相。傳見本書卷一二五。

［42］岢嵐軍：軍（政區單位）名。治所在今山西岢嵐縣。　鄭謙：人名。籍貫不詳。五代將領。本書僅此一見。　忻州：州名。治所在今山西忻州市。　應州：州名。治所在今山西應縣。

［43］都部署：官名。五代後唐始置，爲臨時委任的大軍區統

帥。掌管屯戍、攻防等事務。

[44]都巡館驛：官名。館驛即供郵傳行旅食宿的旅舍驛站，都巡館驛當爲負巡視、監察之職。　閻萬進：人名。并州（今山西太原市）人。五代將領。事見《通鑑》卷二八六。　嵐州：州名。治所在今山西嵐縣。　朔州：州名。治所在今山西朔州市朔城區。

[45]都制置：官名。唐末、五代臨時軍事長官，鎮撫地方。

[46]武行德：人名。并州榆次（今山西晋中市榆次區）人。五代、宋初將領。傳見《宋史》卷二五二。

[47]奉國都虞候：官名。五代時期部隊統兵官。"奉國"爲五代軍隊番號。

[48]河陰：縣名。治所在今河南滎陽市。

[49]汜水：縣名。治所在今河南滎陽市汜水鎮。

[50]崔廷勳：人名。籍貫不詳。五代後晋將領。傳見本書卷九八。

[51]"戊辰"至"行德因據其城"：《舊五代史考異》："案《東都事略·武行德傳》：行德陷于契丹，僞請自效，因遣送將校數十人護所取尚方鎧甲還北方。至河陰，行德謂衆曰：'我與若等能爲異域鬼耶？'衆素伏其威名，皆曰：'惟命。'遂攻孟州，走其節度使崔廷勳，悉以府庫分諸校，而權領州事。遣其弟行友詣太原勸進。"《輯本舊史》引孔本："《薛史》作軍亂，衆擁行德爲帥，與《東都事略》異。"見《東都事略》卷一九《武行德傳》。

[52]劉晞：人名。涿州（今河北涿州市）人。初爲周德威的從事，後爲遼國將領。傳見本書卷九八。　洛城：地名。即洛陽。位於今河南洛陽市。

[53]洛京：即洛陽。　方太：人名。青州千乘（今山東廣饒縣）人。五代將領。傳見本書卷九四。

[54]庚午：原作"是月"，此條《輯本舊史》繫於戊辰（十三）條後、辛未（十六）條前。如作"是月"而不繫日，應置於該月條末。如作"是日"，則蒙前爲戊辰（十三）。《通鑑》卷二八

六繫於“庚午”，爲十五日。如是三段次序爲戊辰、庚午、辛未，據改。

［55］耿崇美：人名。籍貫不詳。契丹大將，時爲昭義節度使。事見《通鑑》卷二八六。　澤州：州名。治所在今山西澤州縣。

［56］馬誨：人名。籍貫不詳。五代將領。本書僅此一見。

［57］懷州：州名。治所在今河南沁陽市。

［58］高牟翰：人名。《遼史》作“高模翰”。渤海族人。遼朝將領。傳見《遼史》卷七六。

［59］潘環：人名。洛陽（今河南洛陽市）人。五代將領。傳見本書卷九四。

［60］棣州：州名。治所在今山東惠民縣。　慕容彦超：人名。沙陀部人（一説“吐谷渾部人”）。五代後漢將領，後漢高祖劉知遠同母弟。傳見本書卷一三〇、《新五代史》卷五三。　澶州：州名。唐、五代初，治所在今河南清豐縣。後晋天福四年（939），移治於今河南濮陽縣。

［61］耶律德光：人名。契丹族，遼太祖耶律阿保機次子。遼朝皇帝，謚號太宗。927 年至 947 年在位。紀見《遼史》卷三至卷四。　欒城：縣名。治所在今河北石家莊市欒城區。　虜主耶律德光卒於鎮之欒城：《舊五代史考異》：“案《遼史·太宗紀》：四月丁丑，崩於欒城。與《薛史》異。《歐陽史》及《通鑑》俱從《薛史》作丙子。”見《新五代史》卷一〇《漢高祖紀》、《通鑑》卷二八六、《遼史》卷四《太宗紀下》。

［62］趙延壽：人名。常山（今河北正定縣）人。本姓劉，爲五代後唐將領趙德鈞養子。仕至後唐樞密使，遼朝幽州節度使、燕王。傳見本書卷九八。

［63］華州：州名。治所在今陝西渭南市華州區。　侯章：人名。并州榆次（今山西晋中市榆次區）人。五代、宋初將領。傳見《宋史》卷二五二。

［64］絳州：州名。治所在今山西新絳縣。　王晏：人名。徐州

滕（今山東滕州市）人。五代、宋初將領。傳見《宋史》卷二五二。 晉州：州名。治所在今山西臨汾市。 以陝府馬步軍副都指揮使兼絳州防禦使王晏爲晉州節度使、檢校太傅：《舊五代史考異》："案《隆平集·王晏傳》云：漢祖威名未振，而晏等歸之，甚喜，即授以節度使。"見《隆平集》卷一七《王晏傳》。

[65]原作"《永樂大典》卷一萬六千九十八"，中華書局本有校勘記："檢《永樂大典目録》，卷一六〇九八爲'漢'字韻'宣帝九'，與本則内容不符，恐有誤記。陳垣《舊五代史輯本引書卷數多誤例》謂應作卷一六一九八'漢'字韻'五代漢高祖一'。"今據改。

舊五代史　卷一〇〇

漢書二

高祖紀下

天福十二年夏五月乙酉朔，[1]契丹所署大丞相、政事令、東京留守、燕王趙延壽爲永康王兀欲所縶，[2]既而兀欲召蕃漢臣僚於鎮州牙署，[3]矯戎王遺詔，命兀欲嗣位，[4]於是發哀成服。辛卯，詔取五月十二日車駕南幸。甲午，以判太原府事劉崇爲北京留守，[5]命皇子承訓、武德使李暉大内巡檢。[6]丙申，帝發河東，[7]取陰地關路幸東京。[8]時星官言，太歲在午，[9]不利南巡，故路出陰地。丁酉，史弘肇奏，[10]澤州刺史翟令奇以郡來降。[11]是日，契丹所署汴州節度使蕭翰迎郇國公李從益至東京，[12]請從益知南朝軍國事。己亥，蕭翰發離東京北去。乙巳，契丹永康王兀欲自鎮州還蕃，行次定州，[13]以定州節度副使耶律忠爲定州節度使，[14]孫方簡爲雲州節度使。[15]方簡不受命，遂歸狼山。[16]戊申，車駕至絳州，[17]本州刺史李從朗以郡降。[18]初，契丹遣偏校成霸卿、曹可璠等守其郡，[19]帝建義之始，不時歸命。及車駕至，帝耀兵於城下，不令攻擊，從朗等遂降。

[1]天福：五代後晋高祖石敬瑭年號（936—942）。出帝石重貴沿用至九年（944）。後漢高祖劉知遠繼位後沿用一年，稱天福十二年（947）。

[2]契丹：古部族、政權名。公元4世紀中葉宇文部爲前燕攻破，始分離而成單獨的部落，自號契丹。唐貞觀中，置松漠都督府，以其首領爲都督。唐末强盛，916年迭剌部耶律阿保機建立契丹國（遼）。先後與五代、北宋並立，保大五年（1125）爲金所滅。參見張正明《契丹史略》，中華書局1979年版。　大丞相：官名。遼授予功勳卓著者，非定制。　政事令：官名。遼置，初屬漢兒司，後爲南面官最高行政機構政事省長官。掌參議大政。　東京：遼都城名。治所在今遼寧遼陽市。　留守：官名。在都城、陪都或軍事重鎮所設留守，由地方行政長官兼任。　趙延壽：人名。常山（今河北正定縣）人，本姓劉，爲五代後唐將領趙德鈞養子。仕至後唐樞密使，遼朝幽州節度使、燕王。傳見本書卷九八。　兀欲：人名。即遼世宗耶律阮。契丹族，遼太祖耶律阿保機孫，人皇王耶律倍長子，遼朝第三代皇帝。紀見《遼史》卷五。

[3]鎮州：州名。治所在今河北正定縣。

[4]“天福十二年夏五月乙酉朔”至“命兀欲嗣位”：《舊五代史考異》：“案：《遼史·世宗紀》作四月戊寅，即皇帝位。《歐陽史》《通鑑》《契丹國志》俱從《薛史》作五月，與《遼史》異。”見《新五代史》卷七三《四夷附録二·兀欲傳》、《通鑑》卷二八七天福十二年（947）五月乙酉條、《契丹國志》卷三《太宗嗣聖皇帝下》會同十一年（按，實爲會同十年，即公元947年）五月條、《遼史》卷五《世宗紀》大同元年（947）四月戊寅條。

［5］判太原府事：官名。太原府最高長官。太原府治所在今山西太原市。《新五代史》卷一〇《漢高祖紀》天福十二年五月甲午條、《通鑑》卷二八七天福十二年五月甲申條均作“太原尹”，然《通鑑》記於甲申，誤，應爲甲午。又《輯本舊史》卷一三五《劉崇傳》載：“漢祖起義於河東，以崇爲特進、檢校太尉、行太原尹。是歲五月，漢祖南行，以崇爲北京留守，尋加同平章事。”所引史料均不載“判太原府事”。　劉崇：人名。即劉旻。太原（今山西太原市）人。五代後漢高祖劉知遠從弟。後漢時任太原尹，專制一方。後周代漢，劉崇稱帝於太原，國號漢，史稱北漢。傳見本書卷一三五、《新五代史》卷七〇。　北京：地名。五代後唐同光元年（923）十一月改西京太原府爲北京，亦稱北都。治所在今山西太原市。沿至後晋、後漢不改。

［6］承訓：人名。即劉承訓。劉知遠長子，死後追封魏王。傳見本書卷一〇五、《新五代史》卷一八。　武德使：官名。五代後唐置，爲武德司長官，亦帶職外任，權位極重。　李暉：人名。瀛州束城（今河北河間市）人。五代官員。傳見本書卷一二九。　大内：即皇宫。　巡檢：官名。又稱“巡檢使”。五代始設巡檢，設於京師、陪都、重要的州及邊防重鎮。

［7］河東：方鎮名。治所在太原（今山西太原市）。

［8］陰地關：關隘名。位於今山西靈石縣西南。

［9］太歲在午：即太歲運行至十二辰“午”時。太歲即古代天文學中假設的歲星（即木星）。

［10］史弘肇：人名。鄭州滎澤（今河南鄭州市）人。五代後漢將領。傳見本書卷一〇七、《新五代史》卷三〇。

［11］澤州：州名。治所在今山西澤州縣。　刺史：官名。州一級行政長官。西漢武帝時始置，總掌考核官吏、勸課農桑、地方教化等事。唐中期以後，節度使、觀察使轄州而設，刺史爲其屬官，職任漸輕。從三品至正四品下。　翟令奇：人名。籍貫不詳。時爲澤州刺史。事見本書本卷。　丁酉，史弘肇奏，澤州刺史翟令奇以

郡來降：《舊五代史考異》："案《宋史·李萬超傳》：史弘肇路經澤州，刺史翟令奇堅壁拒命。萬超馳至城下，諭之曰：'今契丹北遁，天下無主，并州劉公，仗大義，定中土，所向風靡，後服者族，盍早圖之。'令奇乃開門迎納，弘肇即留萬超權州事。"見《宋史》卷二六一《李萬超傳》。又，《新五代史》卷一〇《漢高祖紀》載史弘肇取澤州於四月。

[12]契丹所署：《宋本册府》卷八《帝王部·創業門》四作"僞署"。　汴州：州名。治所在今河南開封市。北周時改梁州置。五代後梁開平元年（907）升爲開封府。後唐復爲汴州，後晉復升爲開封府。　蕭翰：人名。契丹人。遼朝宰相蕭敵魯之子，述律太后之侄，太宗皇后之兄。遼初將領。傳見本書卷九八、《遼史》卷一一三。　李從益：人名。沙陀部人。五代後唐明宗李嗣源幼子。契丹蕭翰北歸，以其爲傀儡統治中原地區。傳見本書卷五一。

[13]定州：州名。治所在今河北定州市。　"乙巳"至"行次定州"：《舊五代史考異》："案：《遼史》作甲申，次定州，與《薛史》異。"見《遼史》卷五《世宗紀》大同元年四月甲申條。

[14]耶律忠：人名。即耶律郎五。契丹人。遼代將領。傳見《契丹國志》卷一七。

[15]孫方簡：人名。又名孫方諫。中山（今河北定州市）人，一説莫州清苑（今河北保定市清苑區）人。五代後晉至後周將領。傳見本書卷一二五、《新五代史》卷四九。　雲州：州名。治所在今山西大同市。

[16]狼山：地名。位於今河北易縣。

[17]絳州：州名。治所在今山西新絳縣。

[18]李從朗：人名。籍貫不詳。時爲絳州刺史。事見本書本卷。

[19]成霸卿、曹可璠：人名。籍貫不詳。皆契丹將領。本書僅此一見。

六月乙卯，契丹河中節度使趙贊起復河中節度使。[1]是日，契丹右僕射兼中書侍郎、平章事張礪卒於鎮州。[2]丙辰，車駕至洛，[3]兩京文武百僚自新安相次奉迎。[4]郇國公李從益、唐明宗淑妃王氏皆賜死於東京。[5]甲子，車駕至東京。丙寅，以濮州就糧歸捷指揮使張建雄爲濮州刺史，[6]以金州守禦指揮使康彦環爲金州防禦使。[7]建雄、彦環皆因亂害本州刺史，自知州事，故有是命。以北京知進奏王從璋爲内客省使。[8]戊辰，制："大赦天下。應天福十二年六月十五日昧爽已前，天下見禁罪人，已結正未結正，已發覺未發覺，除十惡五逆外，罪無輕重，咸赦除之。諸州去年殘税並放。東、西京一百里内，[9]放今年夏税；一百里外及京城，今年屋税並放一半。[10]契丹所授職任，不議改更。諸貶降官，未量移者與量移，[11]已量移者與敘録。徒流人並放還。應係欠省錢，[12]家業抵當外並放。宜以國號爲大漢，[13]年號依舊稱天福"云。己巳，詔青州、襄州、安州復爲節鎮，[14]曹、陳二州依舊爲郡。[15]壬申，北京留守劉崇加同平章事。[16]以中書舍人劉繼儒爲宗正卿；[17]翰林學士承旨、尚書兵部侍郎張允落職守本官；[18]以尚書左丞張昭爲吏部侍郎；[19]以左散騎常侍邊歸讜爲禮部侍郎；[20]以左散騎常侍王仁裕爲户部侍郎，[21]充翰林學士承旨；以右諫議大夫張沆爲左散騎常侍，[22]充翰林學士；以户部侍郎李式爲光禄卿；[23]以翰林學士、尚書禮部侍郎邊光範爲衛尉卿。[24]甲戌，詔："文武臣僚，每遇内殿起居，[25]輪次上封事。"丁丑，以湖南節度使馬希範卒輟視朝三日。[26]是月，契丹所命相州節度使高唐英爲屯駐指揮使王繼弘、樊暉所殺。[27]

[1]河中：方鎮名。治所在河中府（今山西永濟市）。　趙贊：人名。幽州薊（今天津市薊州區）人。五代後唐、遼朝將領趙延壽之子。五代後唐至宋初將領。傳見《宋史》卷二五四。　六月乙卯，契丹河中節度使趙贊起復河中節度使：《舊五代史考異》："案《通鑑》：起復趙匡贊在七月甲午以後，與《薛史》異。又匡贊，《薛史》作'趙贊'。考贊即延壽之子，仕宋，歷廬、延、邠、鄜四州，蓋入宋後，避諱去'匡'字也，今仍其舊。又案《遼史·世宗紀》：天禄二年十月壬午，南京留守、魏王趙延壽薨。考遼天禄二年即漢乾祐二年，此時天福十二年，延壽尚未死也。此必因延壽爲永康王所鎖，而漢人傳其已死，遂起復其子贊以絶其北向之心耳。"中華書局本有校勘記："又案《遼史·世宗紀》……以絶其北向之心耳，以上八十二字原闕，據《舊五代史考異》卷四補。"中華書局本又引孔本："又考《通鑑》，遣使弔祭河中，因起復移鎮，在七月甲午以後。《薛史》繫于六月，前後互異。"見《通鑑》卷二八七天福十二年（947）七月甲午條。

[2]右僕射：官名。秦始置。隋、唐前期，以左、右僕射佐尚書令總理六官，綱紀庶務；如不置尚書令，則總判省事，爲宰相之職。唐後期多爲大臣加銜。從二品。　中書侍郎：官名。中書省副長官。唐後期三省長官漸爲榮銜，中書、門下侍郎却因參議朝政而職位漸重，常常用爲以"同三品"或"同平章事"任宰相者的本官。正三品。　平章事：官名。"同中書門下平章事"之簡稱。唐高宗以後，凡實際任宰相之職者，常在其本官後加同平章事的職銜。後成爲宰相專稱。後晋天福五年（940），升中書門下平章事爲正二品。　張礪：人名。磁州滏陽（今河北磁縣）人。五代後唐翰林學士。後入契丹，爲翰林學士。傳見本書卷九八。

[3]洛：即洛陽。治所在今河南洛陽市。 丙辰，車駕至洛：《通鑑》卷二八七與本卷同，均載六月丙辰車駕至洛陽，而《新五代史》卷一〇《漢高祖紀》却載："丙辰，次河陽。"

[4]新安：縣名。治所在今河南新安縣。

[5]王氏：即五代後唐明宗淑妃。事見本書卷五一、卷六六、卷七二、卷一二三，《新五代史》卷一五。

[6]濮州：州名。治所在今山東鄄城縣。中華書局本有校勘記："上一'濮州'，原作'漢州'，據邵本校改。按本卷下文：'建雄、彦環皆因亂害本州刺史，自知州事，故有是命。'" 指揮使：官名。唐末、五代軍隊多置都指揮使、指揮使，爲統兵將領。 張建雄：人名。籍貫不詳。五代將領。本書僅此一見。

[7]金州：州名。治所在今陝西安康市。 康彦環：人名。籍貫不詳。五代將領。事見《宋史》卷四八四。 防禦使：官名。唐代始置，設有都防禦使、州防禦使兩種。常由刺史或觀察使兼任，實際上爲唐代後期州或方鎮的軍政長官。

[8]知進奏：官名。即進奏官。唐、五代藩鎮皆置邸於京師，爲駐京城的辦事機構。唐肅宗、代宗時稱上都留後院，大曆十二年(777) 改稱上都進奏院。五代時，州郡不隸藩鎮者，亦置邸京師。以進奏官主其事，掌傳送文書、情報，主持本鎮、州郡進奉。 王從璋：人名。籍貫不詳。五代大臣。本書僅此一見。 内客省使：官名。中書省所屬内客省長官。唐始置，五代沿置。

[9]東、西京一百里内：原作"東、西京一百里外"，據明本《册府》卷九五《帝王部·赦宥門十四》改。

[10]一百里外及京城，今年屋稅並放一半：原作"一百里内及京城，今年屋稅並放一半"，據明本《册府》卷九五改。

[11]未量移者與量移：中華書局本有校勘記："'者'字原闕，據彭校、《册府》卷九五補。"

[12]應係欠省錢：明本《册府》卷九五作"應係欠省司錢物"。

［13］宜以國號爲大漢：《舊五代史考異》："案《歐陽史》：六月戊辰，改國號漢，是戊辰以前猶未改國號也。《遼史·太宗紀》：二月辛未，河東節度使、北平王劉知遠自立爲帝，國號漢。蓋因其自立而牽連書之，疑未詳考。"見《新五代史》卷一〇《漢高祖紀》，《通鑑》卷二八七記載亦同；《遼史》卷四《太宗紀下》。

［14］青州：州名。治所在今山東青州市。　襄州：州名。治所在今湖北襄陽市。　安州：州名。治所在今湖北安陸市。　詔青州、襄州、安州復爲節鎮：《通鑑》卷二八七作"復青、襄、汝三節度"，胡注："汝州未嘗爲節鎮，恐是安州，以李金全反廢安遠軍也。"

［15］曹：州名。治所在今山東曹縣西北。　陳：州名。治所在今河南淮陽縣。

［16］同平章事：官名。"同中書門下平章事"之簡稱。唐高宗以後，凡實際任宰相之職者，常在其本官後加同平章事的職銜。後成爲宰相專稱。後晉天福五年（940），升中書門下平章事爲正二品。

［17］中書舍人：官名。中書省屬官。掌起草文書、呈遞奏章、傳宣詔命等。正五品上。　劉繼儒：人名。沙陀部人。五代後漢宗室、大臣。事見明本《册府》卷六九五《牧守部·屏盜門》、卷七〇一《令長部·褒異》。　宗正卿：官名。秦始置宗正，南朝梁始有宗正卿之官。由宗室充任。掌皇族外戚屬籍。正三品。

［18］翰林學士承旨：官名。爲翰林學士之首。掌拜免將相、號令征伐等詔令的起草。《舊唐書·職官志二·翰林院》："例置學士六人，内擇年深德重者一人爲承旨，所以獨承密命故也。"　尚書兵部侍郎：官名。尚書省兵部次官。協助兵部尚書掌武官銓選、勳階、考課之政。正四品下。　張允：人名。鎮州束鹿（今河北辛集市）人。五代後唐至後漢官員。傳見本書卷一〇八、《新五代史》卷五七。

［19］尚書左丞：官名。尚書省佐貳官。唐中期以後，與尚書右

丞實際主持尚書省日常政務，權任甚重。正四品上。後梁開平二年（908）改爲左司侍郎，後唐同光元年（923）復舊爲左丞。正四品。　張昭：人名。世居濮州范縣（今河南范縣）。五代、宋初大臣。傳見《宋史》卷二六三。《舊五代史考異》："案《東都事略·張昭傳》：昭舊名昭遠，避漢高祖諱，止稱昭。"見《東都事略》卷三〇《張昭傳》。　吏部侍郎：官名。尚書省吏部次官。協助吏部尚書掌文選、勳封、考課之政。正四品上。

[20]左散騎常侍：官名。門下省屬官。掌侍奉規諷，備顧問應對。《舊唐書》記從三品，《新唐書》記正三品下。　邊歸讜：人名。幽州薊（今天津市薊州區）人。傳見《宋史》卷二六二。　禮部侍郎：官名。尚書省禮部次官。協助禮部尚書掌禮儀、祭享、貢舉之政。正四品下。

[21]王仁裕：人名。天水（今甘肅天水市）人。五代大臣。傳見本書卷一二八、《新五代史》卷五七。　户部侍郎：官名。尚書省户部次官。協助户部尚書掌天下田户、均輸、錢穀之政令。正四品下。

[22]右諫議大夫：官名。唐置左右諫議大夫，左屬門下省，右屬中書省。掌諫諭得失、侍從贊相。正四品下。　張沆：人名。徐州（今江蘇徐州市）人。五代後唐、後晋、後周官員。傳見本書卷一三一。

[23]李式：人名。籍貫不詳。五代後晋官員。事見本書卷七七《晋高祖紀三》。　光禄卿：官名。南朝梁天監七年（508）改光禄勳置，隋、唐沿置。掌宫殿門户、帳幕器物、百官朝會膳食等。從三品。

[24]尚書禮部侍郎：官名。尚書省禮部次官。協助禮部尚書掌禮儀、祭享、貢舉之政。正四品下。　邊光範：人名。并州陽曲（今山西太原市）人。歷仕五代後唐、後晋至宋代。傳見《宋史》卷二六二。　衛尉卿：官名。東漢始置。唐代爲衛尉寺長官。掌器械文物，總武庫、武器、守宫三署之官屬。從三品。

[25]起居：指每五日臣子隨宰相入内殿朝見皇帝。

[26]湖南：方鎮名。又稱武安軍節度。治所在潭州（今湖南長沙市）。　馬希範：人名。許州鄢陵（今河南鄢陵縣）人，一説扶溝（今河南扶溝縣）人。五代十國南楚國主馬殷子。後唐明宗長興三年（932）至後晋開運四年（947）在位。傳見本書卷一三三、《新五代史》卷六六。

[27]相州：州名。治所在今河南安陽市。　高唐英：人名。籍貫不詳。遼官員，後曾任相州節度使。事見本書卷九九《漢高祖紀上》。　王繼弘：人名。南宫（今河南南宫市）人。五代將領。傳見本書卷一二五。　樊暉：人名。籍貫不詳。五代、宋初將領。事見《通鑑》卷二八七，《宋史》卷二《太祖紀二》、卷四八二《北漢劉氏世家》。中華書局本有校勘記："原作'楚暉'，據本書卷一二五《王繼弘傳》、《册府》卷九四三、《通鑑》卷二八七改。"見明本《册府》卷九四三《總録部·不誼門》。

秋七月己丑，以御史中丞趙上交爲太僕卿，[1]以户部侍郎邊蔚爲御史中丞。[2]甲午，武安軍節度副使、水陸諸軍副都指揮使、判内外諸司、江南西道觀察等使、檢校太尉馬希廣可檢校太師、兼中書令、行潭州大都督、天策上將軍，[3]充武安軍節度、湖南管内觀察使、江南諸道都統，[4]封楚王。丙申，以鄴都留守、天雄軍節度使、檢校太師、守太傅、兼中書令、衛國公杜重威爲宋州節度使，[5]加守太尉；[6]以宋州節度使、檢校太師、兼中書令高行周爲鄴都留守，[7]加守太傅；[8]以鄆州節度使、檢校太師、兼侍中李守貞爲河中節度使，[9]加兼中書令；以河中節度使、檢校太尉趙贊爲晋昌軍節度使；[10]以晋昌軍節度使張彦超爲鄜州節度使，[11]加檢校太師。[12]庚子，以徐州節度使、檢校太師、同平章事、岐國公符彦卿爲兖州節度使，[13]加兼侍中；[14]以鄧州節度使、檢校太師王周爲徐州節度使，[15]加同平章事；以許州節度使、檢校太保劉重進爲鄧州節度使，[16]加檢校太傅；[17]以兖州節度使、檢校太師、兼侍中安審琦爲襄州節度使；[18]檢校太師、莒國公李從敏爲西京留守，[19]加同平章事；以鳳翔節度使、檢校太師、同平章事侯益依前鳳翔節度使，[20]加兼侍中。辛丑，故守司空、兼門下侍郎、平章事、譙國公劉昫贈太保。[21]甲辰，華州節度使侯章、同州節度使張彦威、涇州節度使史威，[22]並加檢校太尉。以晋昌軍節度使、檢校太保劉銖爲青州節度使，[23]加檢校太尉、同平章事。以河中節度使、檢校太尉白文珂爲鄆州節度使，[24]加同平章事；以青州節度使楊承信爲安州節度，[25]加檢校太傅。滑州節度使兼侍衛馬軍都指揮使劉信、許州節度使兼侍衛步軍都指揮使史弘肇，[26]並加檢校太尉。庚戌，以司天監任延皓爲殿中監，[27]以司天少監杜昇爲司天監。[28]是月，契丹永康王兀欲囚祖母述律氏於木葉山。[29]

[1]御史中丞：官名。如不置御史大夫，則爲御史臺長官。掌司法監察。正四品下。　趙上交：人名。涿州范陽（今河北涿州市）人。五代、宋初大臣。本名遠，字上交，避漢高祖劉知遠諱，遂以字爲名。傳見《宋史》卷二六二。《舊五代史考異》："案：上交本名遠，避漢祖諱，以字行，見《宋史》。"　太僕卿：官名。西漢置太僕，南朝梁始置太僕卿。爲太僕寺長官。掌管車馬及牲畜之政令。從三品。

［2］邊蔚：人名。長安（今陝西西安市）人。五代後唐至後周官員。傳見本書卷一二八。

［3］節度副使：官名。唐、五代方鎮屬官。位於行軍司馬之下、判官之上。　江南西道：方鎮名。治所在洪州（今江西南昌市）。　觀察：官名。即觀察使。唐代後期出現的地方軍政長官。唐玄宗開元二十一年（733）置十五道採訪使，唐肅宗乾元元年（758）改爲觀察使。無旌節，故地位低於節度使。掌一道州縣官的考績及民政。　檢校太尉：官名。爲散官或加官，以示恩寵，無實際執掌。　馬希廣：人名。五代十國南楚君主，南楚武穆王馬殷之子。南楚文昭王馬希範去世後被擁立爲王，後爲馬希萼篡位所殺。傳見本書卷一三三、《新五代史》卷六六。　檢校太師：官名。爲散官或加官，以示恩寵，無實際執掌。　中書令：官名。漢代始置，隋、唐前期爲中書省長官，屬宰相之職，唐後期多爲授予元勳大臣的虛銜。正二品。　潭州：州名。治所在今湖南長沙市。　大都督：官名。三國時始設，戰時統領地方軍政大權，後漸成常設，位高而權重。正二品。　天策上將軍：官名。唐武德四年（621）置，掌國之征討，總判府事。正一品。

［4］都統：官名。南北朝時期前秦始設之武官，掌領兵作戰。

［5］鄴都：地名。位於今河北大名縣。五代後唐同光元年（923），改魏州爲興唐府，建號東京，三年改東京爲鄴都。　天雄軍：方鎮名。治所在魏州（今河北大名縣）。　檢校太師：官名。爲散官或加官，以示恩寵，無實際執掌。太師，與太傅、太保並爲三師。　太傅：官名。與太師、太保合稱三師，唐後期、五代多爲大臣、勳貴加官。正一品。　杜重威：人名。其先朔州（今山西朔州市朔城區）人，後徙居太原（今山西太原市）。五代後晉、後漢將領。傳見本書卷一〇九、《新五代史》卷五二。　宋州：州名。治所在今河南商丘市睢陽區。

［6］太尉：官名。與司徒、司空並爲三公，唐後期、五代多爲大臣、勳貴加官。正一品。

[7]高行周：人名。幽州（今北京市）人。五代名將。仕多朝。傳見本書卷一二三、《新五代史》卷四八。

[8]太傅：官名。與太師、太保合稱三師，唐後期、五代多爲大臣、勳貴加官。正一品。

[9]鄆州：州名。治所在今山東東平縣。　侍中：官名。秦始置。隋、唐前期爲門下省長官。唐後期多爲大臣加銜，不參與政務，實際職務由門下侍郎執行。正二品。　李守貞：人名。河陽（今河南孟州市）人。五代將領。傳見本書卷一〇九、《新五代史》卷五二。

[10]檢校太尉：官名。爲散官或加官，以示恩寵，無實際執掌。太尉，與司徒、司空並爲三公。　晋昌軍：方鎮名。治所在京兆府（今陝西西安市）。五代後晋改永平軍置晋昌軍，後漢改爲永興軍。　以河中節度使、檢校太尉趙贊爲晋昌軍節度使：《舊五代史考異》："案《宋史·趙贊傳》：贊懼漢疑己，潛遣親吏趙傴奉表歸蜀。判官李恕者，趙延壽賓佐，深所委賴，至家事亦參之，及贊出鎮，從爲上介。至是，恕語贊曰：'燕王入遼，非所願也，漢方建國，必務懷柔。公若泥首歸朝，必保富貴，狼狽入蜀，理難萬全，儻若不容，後悔無及。公能聽納，請先入朝爲公申理。'贊即遣恕詣闕。漢祖見恕，問贊何以附蜀。恕曰：'贊家在燕薊，身受契丹之命，自懷憂恐，謂陛下終不能容，招引西軍，蓋圖苟免。臣意國家甫定，務安臣民，所以令臣乞哀求覲。'漢祖曰：'贊之父子，亦吾人也，事契丹出於不幸。今聞延壽落于陷穽，吾忍不容贊耶！'恕未還，贊已離鎮入朝，即命爲左驍衛將軍。"見《宋史》卷二五四《趙贊傳》。

[11]張彥超：人名。沙陀部人。五代將領，後唐明宗養子。傳見本書卷一二九。　鄜州：州名。治所在今陝西富縣。

[12]檢校太師：官名。爲散官或加官，以示恩寵加此官，無實際執掌。

[13]徐州：州名。治所在今江蘇徐州市。　符彥卿：人名。陳

州宛丘（今河南淮陽縣）人。五代後周、宋初將領。周世宗宣懿皇后、宋太宗懿德皇后皆符彦卿之女。傳見《宋史》卷二五一。　兖州：州名。治所在今山東濟寧市兖州區。

[14]侍中：官名。秦始置。隋、唐前期爲門下省長官。唐後期多爲大臣加銜，不參與政務，實際職務由門下侍郎執行。正二品。

[15]鄧州：州名。治所在今河南鄧州市。　王周：人名。魏州（今河北大名縣）人。五代後唐、後晋、後漢將領。傳見本書卷一〇六、《新五代史》卷四八。　徐州：州名。治所在今江蘇徐州市。

[16]許州：州名。治所在今河南許昌市。　檢校太保：官名。爲散官或加官，以示恩寵，無實際執掌。太保，與太師、太傅合稱三師。　劉重進：人名。本名晏僧。幽州（今北京市）人。五代、宋初將領。傳見《宋史》卷二六一。

[17]檢校太傅：官名。爲散官或加官，以示恩寵，無實際執掌。

[18]安審琦：人名。沙陀部人。五代將領。歷仕後唐、後晋、後漢、後周。傳見本書卷一二三。　襄州：州名。治所在今湖北襄陽市。

[19]李從敏：人名。五代後唐明宗之侄。傳見本書卷八八、《新五代史》卷一五。　西京：指洛陽。

[20]鳳翔：方鎮名。治所在鳳翔府（今陝西鳳翔縣）。　侯益：人名。汾州平遥（今山西平遥縣）人。五代後唐至宋初將領。傳見《宋史》卷二五四。

[21]司空：官名。與太尉、司徒並爲三公，唐後期、五代多爲大臣、勳貴加官。正一品。　門下侍郎：官名。門下省副長官。唐後期三省長官漸爲榮銜，中書侍郎、門下侍郎却因參議朝政而職位漸重，常常用爲以“同三品”或“同平章事”任宰相者的本官。正三品。　劉昫：人名。涿州歸義縣（今河北容城縣）人。五代大臣，曾任宰相、監修國史，領銜撰進《舊唐書》。傳見本書卷八九、

《新五代史》卷五五。　太保：官名。與太師、太傅並爲三師。唐後期、五代多爲大臣、勳貴加官。正一品。

［22］華州：州名。治所在今陝西渭南市華州區。　侯章：人名。并州榆次（今山西晋中市榆次區）人。五代、宋初將領。傳見《宋史》卷二五二。　同州：州名。治所在今陝西大荔縣。　張彦威：人名。又名“張彦成”。潞州潞城（今山西潞城市）人。五代將領。傳見本書卷一二三。　涇州：州名。治所在今甘肅涇川縣。　史威：人名。籍貫不詳。五代將領。事見本書卷八三、卷八四。

［23］劉銖：人名。陝州（今河南三門峽市陝州區）人。五代後漢將領。傳見本書卷一〇七、《新五代史》卷三〇。

［24］白文珂：人名。太原（今山西太原市）人。五代後唐至後周將領。傳見本書卷一二四。

［25］楊承信：人名。沙陀部人。五代將領楊光遠子。五代後晋至宋朝官員。傳見《宋史》卷二五二。　安州：州名。治所在今湖北安陸市。

［26］滑州：州名。治所在今河南滑縣。　侍衛馬軍都指揮使：官名。爲侍衛親軍馬軍司長官。五代後梁始置侍衛親軍，爲禁軍的一支，後唐沿置並成爲禁軍主力，下設馬軍、步軍。　劉信：人名。籍貫不詳。唐末、五代軍閥。事見本書本卷及卷一〇一、卷一〇三。

［27］司天監：官署名。其長官亦稱司天監，掌天文、曆法以及占候等事。參見趙貞《唐宋天文星占與帝王政治》，北京師範大學出版社 2016 年版。　任延皓：人名。并州（今山西太原市）人。五代官員，善術數相占。傳見本書卷一〇八。“任延皓”原作“任廷浩”，據《輯本舊史》卷一〇八《任延皓傳》改。　殿中監：官名。殿中省長官。掌宫廷供奉之事。從三品。

［28］司天少監：官名。司天臺副長官，佐長官司天監掌天象觀測、曆法測繪相關事宜。正四品上。　杜昇：人名。五代官員，擅長天文曆法。事見本書本卷、卷一四〇《曆志》。

［29］述律氏：人名。遼太祖耶律阿保機皇后。傳見《遼史》卷七一。　木葉山：山名。關於木葉山的具體地址目前學界尚有争議。詳見劉浦江《契丹族的歷史記憶——以"青牛白馬"説爲中心》（原刊《漆俠先生紀念文集》，河北大學出版社 2002 年版）。迄今爲止，大致有以下四種觀點：（1）主張應在今西拉木倫河與老哈河匯流處去尋找木葉山；（2）認爲木葉山是西拉木倫河與少冷河匯流處的海金山（今屬内蒙古翁牛特旗白音他拉鄉）；（3）認爲木葉山即遼祖州祖陵所在之山；（4）認爲木葉山即内蒙古阿魯科爾沁旗南面的天山。

閏月辛酉，以左衛上將軍皇甫立爲太子太師致仕。[1]乙丑，禁造契丹樣鞍轡、器械、服裝。故開封尹桑維翰贈尚書令，[2]故西京留守景延廣贈中書令。[3]以前衛尉卿薛仁謙爲司農卿。[4]丙寅，唐故樞密使郭崇韜贈中書令，[5]故河中節度使安重誨贈尚書令，[6]故華州節度使毛璋贈侍中，[7]故汴州節度使朱守殷贈中書令。[8]丁卯，故青州節度使楊光遠贈尚書令，[9]追封齊王，仍令所司追謚立碑。唐故河中節度使、西平王朱友謙追封魏王，[10]故樞密使馮贇贈中書令，[11]故河陽節度使、判六軍康義誠贈中書令。[12]故西京留守京兆尹王思同、故邠州節度使藥彦稠、故襄州節度使安從進、故鎮州節度使安重榮，[13]並贈侍中。庚午，以前延州留後薛可言爲宣徽北院使，[14]以監察御史王度爲樞密直學士。[15]新授宋州節度使杜重威據鄴都叛，[16]詔削奪重威官爵，貶爲庶人。[17]以高行周爲行營都部署，[18]率兵進討。辛未，以權樞密使楊邠爲樞密使，[19]加檢校太傅；以權樞密副使郭威爲副樞密使，[20]加檢校太保；以權三司使王章爲三司使，[21]加檢校太傅。壬申，故晋昌軍節度使趙在禮贈中書令，[22]故曹州節度使石贇贈侍中，[23]故滑州節度使皇甫遇贈中書令，[24]故同州節度使劉繼勳、故貝州節度使梁漢璋皆贈太尉，[25]故宣徽使孟承誨贈太保。[26]丁丑，有彗出於張，旬日而滅。己卯，陝州節度使趙暉加階爵，[27]晋州節度使王晏加檢校太尉，[28]河陽節度使武行德加階爵，[29]延州節度使高允權加檢校太尉。[30]鄧州節度使常思加檢校太尉，[31]移鎮潞州。[32]庚辰，追尊六廟，以太祖高皇帝、世祖光武皇帝爲不祧之廟，[33]高曾已下四廟，追尊謚號，已載於前矣。是日，權太常卿張昭上六廟樂章舞名：[34]太祖高皇帝室酌獻，請依舊奏《武德之舞》；世祖光武皇帝室酌獻，請依舊奏《大武之舞》；文祖明元皇帝室酌獻，[35]請奏《靈長之舞》；德祖恭僖皇帝室酌獻，[36]請奏《積善之舞》；翼祖昭獻皇帝室酌獻，[37]請奏《顯仁之舞》；顯祖章聖皇帝室酌獻，[38]請奏《章慶之舞》。其六廟歌詞，文多不録。

[1]左衛上將軍：官名。唐置，掌宫禁宿衛。唐代十六衛之一。從二品。　皇甫立：人名。代北（今山西北部及河北西北部一帶）人。五代後唐、後晋、後漢官員。傳見本書卷一〇六。　太子太師：官名。與太子太傅、太子太保統稱太子三師。隋唐以後多作加官或贈官。從一品。　致仕：官員告老辭官。

[2]開封尹：官名。五代除後唐外均都汴州，升汴州爲開封府，置開封尹或知開封府事。執掌京師政務。從三品。　桑維翰：人名。洛陽（今河南洛陽市）人。五代後唐進士，後晋宰相、樞密

使。傳見本書卷八九、《新五代史》卷二九。　尚書令：官名。秦始置。隋、唐前期爲尚書省長官，與中書令、侍中並爲宰相。因以李世民爲之，後皆不授，唐高宗廢其職。唐後期以李適、郭子儀有功而特授此職，爲大臣榮銜，不參與政務。五代因之。唐時爲正二品，後梁開平三年（909）升爲正一品。

［3］景延廣：人名。陝州（今河南三門峽市陝州區）人。五代後晉將領。傳見本書卷八八、《新五代史》卷二九。　中書令：官名。漢代始置，隋、唐前期爲中書省長官，屬宰相之職；唐後期多爲授予元勳大臣的虛銜。正二品。

［4］衛尉卿：官名。東漢始置。唐代爲衛尉寺長官。掌器械文物，總武庫、武器、守宮三署之官屬。從三品。　薛仁謙：人名。開封浚儀（今河南開封市）人。五代大臣。傳見本書卷一二八。中華書局本有校勘記："原作'薛仁讓'，據殿本、邵本校、本書卷一二八《薛仁謙傳》改。"薛仁謙爲薛居正之父，殿本、邵本等《舊五代史》應爲避宋英宗生父允讓名諱改，應回改。　司農卿：官名。唐司農寺長官。掌國家之農耕、倉儲以及宫廷百官供應。從三品。

［5］樞密使：官名。樞密院長官。五代時以士人爲之，備顧問、參謀議，出納詔奏，權侔宰相。參見李全德《唐宋變革期樞密院研究》，國家圖書館出版社 2009 年版。　郭崇韜：人名。代州雁門（今山西代縣）人。五代後唐大臣。傳見本書卷五七、《新五代史》卷二四。

［6］安重誨：人名。應州（今山西應縣）人。五代後唐大臣。傳見本書卷六六、《新五代史》卷二四。

［7］毛璋：人名。滄州（今河北滄縣舊州鎮）人。五代後唐將領。傳見本書卷七三、《新五代史》卷二六。

［8］朱守殷：人名。籍貫不詳。後唐莊宗就學，以廝養之役給事左右。五代後唐將領。傳見本書卷七四、《新五代史》卷五一。

［9］楊光遠：人名。沙陀部人。五代後唐、後晉將領。傳見本

書卷九七、《新五代史》卷五一。　故青州節度使楊光遠贈尚書令：中華書局本有校勘記："'使'字原闕，據殿本、孔本、邵本校及本卷上下文補。"

［10］朱友謙：人名。許州（今河南許昌市）人。朱温養子，唐末、五代軍閥。傳見本書卷六三、《新五代史》卷四五。

［11］馮贇：人名。太原（今山西太原市）人。五代後唐明宗朝宰相、三司使。傳見本書附録、《新五代史》卷二七。

［12］河陽：方鎮名。全稱"河陽三城"。治所在孟州（今河南孟州市）。　康義誠：人名。沙陀部人。五代後唐將領。傳見本書卷六六、《新五代史》卷二七。

［13］京兆尹：官名。唐開元元年（713）改雍州置京兆府，治所在今陝西西安市。以京兆尹總其政務。從三品。　王思同：人名。幽州（今北京市）人。五代後唐將領。傳見本書卷六五、《新五代史》卷三三。　邠州：州名。治所在今陝西彬縣。　藥彦稠：人名。沙陀部人。五代後唐將領。傳見本書卷六六、《新五代史》卷二七。　襄州：州名。治所在今湖北襄陽市。　安從進：人名。索葛部人。五代後唐、後晋將領。傳見本書卷九八、《新五代史》卷五一。中華書局本有校勘記："原作'安重進'，據本書卷九八《安從進傳》、《新五代史》卷五一《安從進傳》改。"　鎮州：州名。治所在今河北正定縣。　安重榮：人名。朔州（今山西朔州市朔城區）人。五代後唐、後晋將領。傳見本書卷九八、《新五代史》卷五一。

［14］延州：州名。治所在今陝西延安市。　薛可言：人名。籍貫不詳。五代大臣。事見本書卷八四、卷一〇一、卷一一一。　宣徽北院使：官名。唐始置。宣徽北院的長官。初用宦官，五代以後改用士人。與宣徽南院使通掌内諸司及三班内侍之名籍，郊祀、朝會、宴享供帳之儀，檢視内外進奉名物。參見王永平《論唐代宣徽使》，《中國史研究》1995年第1期；王孫盈政《再論唐代的宣徽使》，《中華文史論叢》2018年第3期。

［15］監察御史：官名。唐代屬御史臺之察院，掌監察中央機構、州縣長官及祭祀、庫藏、軍旅等事。唐中期以後，亦作爲外官所帶之銜。正八品下。　王度：人名。籍貫不詳。五代後漢時曾任監察御史、樞密直學士等職。事見本書本卷。　樞密直學士：官名。五代後唐莊宗同光元年（923），改直崇政院置，選有政術文學者充任。備顧問應對。

［16］宋州：州名。治所在今河南商丘市睢陽區。　節度使：官名。唐時在重要地區所設掌握一州或數州軍、民、財政的長官。杜重威：人名。其先朔州（今山西朔州市朔城區）人，後徙居太原（今山西太原市）。五代後晋、後漢將領。傳見本書卷一〇九、《新五代史》卷五二。

［17］“新授宋州節度使”至“貶爲庶人”：《舊五代史考異》：“案《通鑑》：杜重威之叛在七月，至閏月庚午乃削奪官爵。《五代春秋》《歐陽史》作閏七月，杜重威拒命。與《通鑑》異。”見《新五代史》卷一〇《漢高祖紀》、《通鑑》卷二八七、《五代春秋》卷下《漢高祖》。

［18］高行周：人名。嬀州懷戎（今河北懷來縣）人。五代後唐至後周將領。傳見本書卷一二三、《新五代史》卷四八。　都部署：官名。五代後唐始置，爲臨時委任的大軍區統帥。掌管屯戍、攻防等事務。

［19］楊邠：人名。魏州冠氏（今山東冠縣）人。五代後漢大臣。傳見本書卷一〇七、《新五代史》卷三〇。

［20］樞密副使：官名。樞密院副長官。　郭威：人名。邢州堯山（今河北隆堯縣）人。五代後周的建立者，即後周太祖。951年至954年在位。紀見本書卷一一〇至卷一一三、《新五代史》卷一一。

［21］三司使：官名。五代後唐明宗天成元年（926）將晚唐以來的户部、度支、鹽鐵三部合爲一職，設三司使統之。主管國家財政。　王章：人名。大名南樂（今河南南樂縣）人。五代後漢三司

使、同平章事，以聚斂刻急著稱。傳見本書卷一〇七、《新五代史》卷三〇。

［22］趙在禮：人名。涿州（今河北涿州市）人。五代後唐、後晋將領。傳見本書卷九〇、《新五代史》卷四六。

［23］曹州：州名。治所在今山東曹縣西北。　石贇：人名。沙陀部人。五代將領，後晋出帝石重貴堂叔。傳見本書卷八七。

［24］滑州：州名。治所在今河南滑縣。　皇甫遇：人名。常山（今河北正定縣）人。五代後唐、後晋將領。傳見本書卷九五、《新五代史》卷四七。

［25］同州：州名。治所在今陝西大荔縣。　劉繼勳：衛州（今河南衛輝市）人。五代將領。傳見本書卷九六。　貝州：州名。治所在今河北清河縣。　梁漢璋：人名。應州（今山西應縣）人。五代後唐、後晋將領。傳見本書卷九五。

［26］宣徽使：官名。唐始置。宣徽南院使、北院使通稱宣徽使。初用宦官，五代以後改用士人。通掌内諸司及三班内侍之名籍，郊祀、朝會、宴享供帳之儀，檢視内外進奉名物。參見王永平《論唐代宣徽使》，《中國史研究》1995年第1期；王孫盈政《再論唐代的宣徽使》，《中華文史論叢》2018年第3期。　孟承誨：人名。大名（今河北大名縣）人。五代後晋官員。傳見本書卷九六。

［27］陝州：州名。治所在今河南三門峽市陝州區。　趙暉：人名。澶州（今河南濮陽市）人。五代後唐至後周將領。傳見本書卷一二五。

［28］晋州：州名。治所在今山西臨汾市。　王晏：人名。徐州滕（今山東滕州市）人。五代、宋初將領。傳見《宋史》卷二五二。

［29］武行德：人名。并州榆次（今山西晋中市榆次區）人。五代、宋初將領。傳見《宋史》卷二五二。

［30］延州：州名。治所在今陝西延安市。　高允權：人名。延州（今陝西延安市）人。五代將領。傳見本書卷一二五。

[31]常思：人名。太原（今山西太原市）人。五代將領。傳見本書卷一二九、《新五代史》卷四九。

[32]潞州：州名。治所在今山西長治市。

[33]太祖高皇帝、世祖光武皇帝：分别爲五代後漢高祖劉知遠的第六代、五代祖。

[34]太常卿：官名。太常寺長官，掌宗廟禮儀。正三品。　張昭：人名。世居濮州范縣（今河南范縣）。五代、宋初大臣。傳見《宋史》卷二六三。

[35]文祖明元皇帝：即劉湍。五代後漢高祖劉知遠的四代祖。事見本書卷九九。

[36]德祖恭僖皇帝：即劉昂。五代後漢高祖劉知遠曾祖，後晋時追贈太保。事見本書卷九九。

[37]翼祖昭獻皇帝：即劉僎。五代後漢高祖劉知遠祖父。事見本書卷九九。

[38]顯祖章聖皇帝：即劉琠。五代後漢高祖劉知遠父。事李克用爲列校，後晋時追贈太師。事見本書卷九九。

八月壬午朔，鎮州駐屯護聖左廂都指揮使白再榮等逐契丹所命節度使麻答，[1]復其城。麻答與河陽節度使崔廷勳、洛京留守劉晞，[2]並奔定州。[3]馳驛以聞。庚寅，以洺州團練使薛懷讓爲邢州節度使。[4]辛卯，詔恒州復爲鎮州，順國軍復爲成德軍。[5]乙未，以護聖左廂都指揮使、恩州團練使白再榮爲鎮州留後。[6]丙申，詔天下凡關賊盜，不計贓物多少，案驗不虚，並處死。以兩浙節度使、守太師、兼中書令、吴越國王錢弘佐薨，[7]廢朝三日。丙午，以吐渾府節度使、檢校太尉王義宗爲沁州刺史，[8]依前吐渾節度使。己酉，以刑部尚書竇貞固爲吏部尚書。[9]是日，薛懷讓奏，收復邢州，殺僞命節度副使、知州事劉鐸。[10]初，懷讓爲洺州防禦使，契丹麻答發健步督洺州糧運，懷讓殺之以聞。帝遣郭從義與懷讓攻取邢州，[11]蕃將楊衮來援鐸，[12]懷讓拒之，不勝，退保洺州，敵騎掠其部，民大被其苦。會鎮州逐麻答，楊衮收兵而退，鐸乃上表請命。懷讓乘其無備，遣人紿鐸云："奉詔襲契丹，請置頓於郡。"[13]鐸開門迎之，即爲懷讓所害，時人冤之。鐸初受契丹命爲邢州都指揮使，及永康王以高奉明爲節度使，[14]麻答署鐸爲邢州副使兼都指揮使。帝至東京，奉明歸鎮州，令鐸知邢州事，至是遇害。庚戌，文武百僚上表，請以二月四日降誕日爲聖壽節，從之。前晋昌軍節度副使李肅可左驍衛上將軍致仕。[15]是月，遣使諸道和市戰馬。[16]

[1]白再榮：人名。蕃部（北方少數民族）人。五代將領。傳見本書卷一〇六、《新五代史》卷四八。　麻答：人名。即耶律拔里得。契丹人。遼初皇室，遼太宗耶律德光堂弟。傳見《遼史》卷七六。参見鄧廣銘（署名鄺又銘）《遼史兵衛志"御帳親軍""大首領部族軍"兩事目考源》，《北京大學學報》（人文科學）1956年第2期。

[2]崔廷勳：人名。籍貫不詳。五代後晋將領。傳見本書卷九八。　洛京：地名。位於今河南洛陽市。　劉晞：人名。涿州（今河北涿州市）人。初爲周德威的從事，後爲遼國將領。傳見本書卷九八。

[3]定州：州名。治所在今河北定州市。

[4]洺州：州名。治所在今河北邯鄲市永年區。　薛懷讓：人名。祖先爲戎人，徙居太原（今山西太原市）。五代將領。傳見

《宋史》卷二五四。　邢州：州名。治所在今河北邢臺市。

［5］順國軍：方鎮名。治所在鎮州（今河北正定縣）。據中華書局本有校勘記，《太平寰宇記》卷六一同，本書卷八〇《晋高祖本紀六》、《通鑑》卷二八三作"（天福七年正月癸亥）改鎮州爲恒州，成德軍爲順國軍"。《五代會要》卷二四亦云："鎮州，天福七年正月改爲順國軍節度。"

［6］恩州：州名。治所在今廣東陽江市。

［7］錢弘佐：人名。錢元瓘第六子，五代十國吴越君主。傳見本書卷一三三、《新五代史》卷六七。

［8］吐渾府：即吐谷渾。部族名。源出鮮卑，後游牧於今甘肅、青海一帶。參見周偉洲《吐谷渾資料輯録》（增訂本），商務印書館2017年版。　王義宗：人名。五代吐谷渾别部首領。後晋開運三年（946），官吐谷渾節度使。後漢天福十二年（947），加封檢校太尉、沁州刺史。事見本書卷九九及本卷。　沁州：州名。治所在今山西沁源縣。

［9］刑部尚書：官名。尚書省刑部長官。掌天下刑法及徒隸、勾覆、關禁之政令。正三品。　竇貞固：人名。同州白水（今陝西白水縣）人。五代後唐至宋初大臣，後唐進士，後漢宰相。傳見《宋史》卷二六二。　吏部尚書：官名。尚書省吏部長官。與二侍郎分掌六品以下文官選授、勳封、考課之政令。正三品。

［10］"是日，薛懷讓奏"至"知州事劉鐸"：中華書局本引孔本："案《歐陽史》：丙申，安國軍節度使薛懷讓殺契丹之將劉鐸，入于邢州。《薛史》祇載奏聞之期，不言收復爲何日，與《歐陽史》異。"見《新五代史》卷一〇《漢高祖紀》。劉鐸，人名。籍貫不詳。契丹將領，時爲安國軍節度副使、知邢州事。事見本書本卷。

［11］郭從義：人名。沙陀部人。五代後唐至北宋初將領。傳見《宋史》卷二五二。

［12］楊衮：人名。籍貫不詳。遼朝武將。事見本書卷一〇九、

卷一一四,《新五代史》卷七〇。

[13] “遣人給鐸云” 至 “請置頓於郡”:《舊五代史考異》:“案《宋史・薛懷讓傳》:懷讓遣人紿鐸云:‘我奉詔爲邢州帥。’據《薛史》,則懷讓實紿鐸奉詔襲契丹,以庚寅授邢州節度使,非紿之也。特託言置頓于郡耳。”見《宋史》卷二五四《薛懷讓傳》。中華書局本有校勘記:“‘紿’原作‘詒’,據殿本、劉本、孔本、《舊五代史考異》卷四引文、《宋史》卷二五四《薛懷讓傳》改。”

[14]永康王:即遼世宗耶律阮。紀見《遼史》卷五。　高奉明:人名。籍貫不詳。契丹將領。事見《通鑑》卷二八七。

[15]李肅可:人名。籍貫不詳。五代後漢將領。本書僅此一見。

[16]和市:又稱“和買”。政府向百姓收購貨物。

九月甲子,宰臣蘇逢吉兼户部尚書,[1]蘇禹珪兼刑部尚書。[2]丁卯,以吏部侍郎、權判太常卿事張昭爲太常卿。戊辰,故易州刺史郭璘贈太傅。[3]甲戌,宰臣蘇逢吉加左僕射、監修國史,[4]蘇禹珪加右僕射、集賢殿大學士,[5]以吏部尚書竇貞固爲守司空、兼門下侍郎、平章事、弘文館大學士,[6]以翰林學士、行中書舍人李濤爲中書侍郎兼户部尚書、平章事。[7]是日,太常卿張昭上疏,[8]奏改一代樂名。戊寅,詔以杜重威叛命,取今月二十九日暫幸澶、魏。[9]己卯,以前樞密使李崧爲太子太傅,[10]以前左僕射和凝爲太子太保。[11]庚辰,車駕發京師。

[1]蘇逢吉:人名。長安(今陝西西安市)人。五代後漢宰相。傳見本書卷一〇八、《新五代史》卷三〇。

［2］蘇禹珪：人名。高密（今山東高密市）人。劉知遠爲河東節度時的屬官，五代後漢初任宰相。傳見本書卷一二七。

［3］易州：州名。治所在今河北易縣。　郭璘：邢州（今河北邢臺市）人。五代將領。傳見本書卷九五。

［4］監修國史：官名。北齊始置史館，以宰相爲之。唐史館沿置，爲宰相兼職。

［5］集賢殿大學士：官名。唐中葉置，位在學士之上，以宰相兼。掌修書之事。

［6］弘文館大學士：官名。弘文館爲唐代中央官學之一。設館主一人，總領館務；判館事一人，管理日常事務。學士無員限，掌校正圖籍，教授生徒，並參議政事。五品以上稱爲學士，六品以下稱爲直學士，又有文學直館學士，均以他官兼領。　“以吏部尚書竇貞固”至“弘文館大學士”：《舊五代史考異》：“案《宋史·竇貞固傳》：初，帝與貞固同事晋祖，甚相得。時蘇逢吉、蘇禹珪自霸府僚佐驟居相位，思得舊臣冠首，以貞固持重寡言，有時望，乃拜司空、門下侍郎、平章事。”見《宋史》卷二六二《竇貞固傳》。

［7］李濤：人名。籍貫不詳。唐末、五代藩鎮將領。傳見《宋史》卷二六二。《舊五代史考異》：“案《宋史·李濤傳》：杜重威叛，濤密疏請親征。高祖覽奏，以濤堪任宰輔，故有是命。”中華書局本引殿本：“《宋史·李濤傳》：杜重威據鄴叛，高祖命高行周、慕容彦超討之，二帥不協，濤密疏親征。高祖覽奏，以濤堪任宰輔，即拜中書侍郎兼户部侍郎、平章事。”

［8］太常卿：中華書局本作“權太常卿”，並有校勘記：“本書卷一四四《樂志》上同，本卷上文：‘（九月丁卯）權判太常卿事張昭爲太常卿。’按時張昭已爲太常卿。”本月丁卯，張昭已正授太常卿，故此處删去“權”字。

［9］澶：州名。唐、五代初，治所在今河南清豐縣。後晋天福四年（939），移治於今河南濮陽縣。　魏：州名。治所在今河北大名縣。

[10]李崧：人名。深州饒陽（今河北饒陽縣）人。五代後晋宰相，歷仕後唐至後漢。傳見本書卷一〇八、《新五代史》卷五七。　太子太傅：官名。與太子太師、太子太保統稱太子三師。隋唐以後多作加官或贈官。從一品。

[11]和凝：人名。鄆州須昌（今山東東平縣）人。歷仕五代後梁至後周，五代官員、詞人。傳見本書卷一二七、《新五代史》卷五六。　太子太保：官名。與太子太師、太子太傅統稱太子三師。隋唐以後多作加官或贈官。從一品。

冬十月癸未，以太子太保李鏻爲司徒，[1]以太子太傅盧文紀爲太子太師，[2]以前磁州刺史李穀爲左散騎常侍。[3]甲申，車駕次韋城。[4]詔："河北諸州見禁罪人，自十月五日昧爽以前，常赦所不原者，咸赦除之。"[5]壬辰，日有黑子如鷄卵。丙申，以相州留後王繼弘爲相州節度使，加檢校太傅。戊戌，至鄴都城下。[6]丙午，詔都部署高行周督衆攻城，[7]帝登高阜以觀之，時衆議未欲攻擊，副部署慕容彦超堅請攻之。[8]是日，王師傷夷者萬餘人，不克而退。

[1]李鏻：人名。唐朝宗室。五代大臣。傳見本書卷一〇八、《新五代史》卷五七。　司徒：官名。與太尉、司空並爲三公，唐後期、五代多爲大臣、勳貴加官。正一品。

[2]盧文紀：人名。京兆萬年（今陝西西安市長安區）人。唐末進士，五代宰相。傳見本書卷一二七、《新五代史》卷五五。　太子太師：官名。與太子太傅、太子太保統稱太子三師。隋唐以後多作加官或贈官。從一品。

[3]磁州：州名。治所在今河北磁縣。　李穀：人名。潁州汝

陰（今安徽阜陽市）人。五代後唐進士。歷仕後晋、後漢、後周、宋朝。傳見《宋史》卷二六二。　以前磁州刺史李穀爲左散騎常侍：中華書局本引殿本："《宋史·李穀傳》：舊制，罷外郡歸本官，至是進秩，奬之也。"見《宋史》卷二六二《李穀傳》。

[4]韋城：縣名。治所在今河南滑縣。

[5]"詔"至"咸赦除之"：明本《册府》卷九五《帝王部·赦宥門十四》所載較本紀詳細，作："應鄴都管内及邢、洺、慈、相、衛、鎮、深、趙、貝、冀、博、滄、景、德、易、定、祁、泰等州管内，應見禁罪人，取十月五日昧爽已前，已結正未結正，已發覺未發覺，常赦所不原者，咸赦除之。"

[6]戊戌，至鄴都城下："戊戌"二字原闕，《舊五代史考異》："案：《通鑑》作戊戌，至鄴都城下。與《薛史》異。"據明本《册府》卷一一四《帝王部·巡幸門三》、卷一一八《帝王部·親征門三》，《通鑑》卷二八七補。

[7]高行周：人名。幽州（今北京市）人。五代名將。傳見本書卷一二三、《新五代史》卷四八。

[8]慕容彦超：人名。沙陀部人（一説"吐谷渾部人"）。五代後漢將領，後漢高祖劉知遠同母弟。傳見本書卷一三〇、《新五代史》卷五三。

十一月壬子，雨木冰。癸丑，日南至，從官稱賀於行宫。己未，湖南奏，荆南節度使高從誨叛。[1]辛酉，雨木冰。壬申，杜重威上表請命。癸酉，雨木冰。[2]丁丑，杜重威素服出降，待罪於宫門，詔釋其罪。鄴都留守、天雄軍節度使高行周加守太尉，封臨清王。以杜重威爲檢校太師、守太傅、兼中書令、楚國公。己卯，以許州節度使兼侍衛步軍都指揮使史弘肇爲宋州節度使、同平章事，充侍衛親軍馬步軍都指揮使；以滑州節度使兼侍衛馬軍都指揮使劉信爲許州節度使、同平章事，充侍衛親軍馬步軍副都指揮使；以澶州節度使慕容彦超爲鄆州節度使、同平章事；以前定州節度使李殷爲貝州節度使；[3]以鄭州防禦使郭從義爲澶州節度使。[4]

[1]高從誨：人名。陝州硤石（今河南三門峽市陝州區）人，五代十國南平國主高季興長子。傳見本書卷一三三、《新五代史》卷六九。

[2]雨木冰：《輯本舊史》之影庫本粘籤："雨木冰，原本作'大冰'，今從《五代會要》改正。"見《會要》卷一一"木冰"條天福十二年十一月記事。

[3]李殷：人名。薊州（今天津市薊州區）人。五代後唐、後晋將領。傳見本書卷一〇六。　貝州：州名。治所在今河北清河縣。

[4]鄭州：州名。治所在今河南鄭州市。

十二月辛巳朔，以護聖左厢都指揮使、岳州防禦使李洪信爲遂州節度使，[1]充侍衛馬軍都指揮使；[2]以護聖右厢都指揮使、永州防禦使尚洪遷爲夔州節度使，[3]充侍衛步軍都指揮使。丙戌，車駕發鄴都歸京。癸巳，至自鄴都。甲午，以皇子開封尹承訓薨廢朝三日，追封魏王。[4]丁酉，帝舉哀於太平宫。[5]庚子，司徒李鏻薨。辛丑，以前鄜州節度使郭謹爲滑州節度使，[6]加檢校太尉。戊申，宿州奏，[7]部民餓死者八百六十有七人。

[1]岳州：州名。治所在今湖南岳陽市。　李洪信：人名。并

州晋陽（今山西太原市）人。五代、宋初將領。傳見《宋史》卷二五二。　遂州：州名。治所在今四川遂寧市。

［2］充侍衛馬軍都指揮使：中華書局本有校勘記："'馬軍'，原作'步軍'，據本書卷一〇一《漢隱帝紀上》、《宋史》卷二五二《李洪信傳》改。按本卷下文，時侍衛步軍都指揮使爲尚洪遷。"見《輯本舊史》卷一〇一《隱帝紀上》乾祐元年（948）七月戊辰。

［3］永州：州名。治所在今湖南永州市。　尚洪遷：人名。籍貫不詳。五代將領。事見本書卷九九、卷一〇一。中華書局本有校勘記："原作'尚洪千'，據殿本、劉本、《尚洪遷墓誌》（拓片刊《晋陽古刻選·隋唐五代墓誌卷》）改。影庫本批校：'"尚洪千"，"千"應作"遷"。'本書各處同。"尚洪遷之名，見《輯本舊史》卷九九《漢高祖紀上》天福十二年（947）三月庚戌、卷一〇一《漢隱帝紀上》乾祐元年四月，明本《册府》卷四四九《將帥部·專殺門》，《通鑑》卷二八八乾祐元年四月乙未。　夔州：州名。治所在今重慶市奉節縣。

［4］"甲午"至"追封魏王"：《舊五代史考異》："案《通鑑》云：辛卯，皇子開封尹承訓卒。乙未，追立爲魏王。與《薛史》紀日互異。"《輯本舊史》卷一〇五《魏王承訓傳》，載其死於天福十二年十二月辛卯。

［5］宫殿名。位於今河南開封市。

［6］郭謹：人名。晋陽（今山西太原市）人。五代後晋、後漢將領。傳見本書卷一〇六。

［7］宿州：州名。治所在今安徽宿州市。

乾祐元年春正月辛亥朔，[1]帝不受朝賀。乙卯，制："大赦天下。改天福十三年爲乾祐元年，自正月五日昧爽已前，犯罪人除十惡五逆外，罪無輕重，咸赦除之。"

己未，改御名爲暠。辛酉，詔："諸道行軍副使、兩使判官並不得奏薦。[2]帶使相節度使許奏掌書記、支使、節度推官；[3]不帶使相節度使，只許奏掌書記、節度推官。其防禦團練判官、軍事判官等聽奏。[4]所薦州縣官，帶使相節度使許薦三人，不帶使相二人，防禦、團練、刺史一人"云。以前鄧州節度使、燕國公馮道爲守太師，[5]進封齊國公。甲子，帝不豫。庚午，以前宗正卿石光贊爲太子賓客，[6]以太僕卿趙上交爲秘書監。[7]丁丑，故尚書左丞韓祚贈司徒。[8]二十七日丁丑，帝崩於萬歲殿，[9]時年五十四，秘不發喪。庚辰，太傅杜重威伏誅。[10]

[1]乾祐：五代後漢高祖劉知遠年號（948）。隱帝劉承祐沿用至乾祐三年（950）。北漢亦用此年號。　元年春："春"字中華書局本沿《輯本舊史》闕，據正史本紀計時規則補。

[2]行軍副使：官名。當爲執掌部隊調度、作戰之軍事副官。　兩使判官：節度判官與觀察判官。節度判官，唐、五代方鎮僚屬，位在行軍司馬下。分掌使衙內各曹事，並協助使職官員通判衙事。觀察判官，唐肅宗以後置，五代沿置。觀察使屬官，參理田賦事，用觀察使印、署狀。

[3]使相：官名。唐朝後期，宰相常兼節度使，節度使亦常加宰相銜，皆稱使相。五代時，節度使多帶宰相銜，但不預朝廷政事。　掌書記：官名。唐制，唐、五代節度、觀察等使所屬均有掌書記一職，位在副使、判官之下，掌表奏書檄。遼節度使亦置。　支使：官名。唐代節度使、觀察使等屬官，位副使、判官之下，推官之上。掌表奏書檄等。　節度推官：官名。唐末、五代爲藩鎮幕職官，多由藩鎮自辟置。

［4］軍事判官：官名。唐中期節度使、觀察使及設團練使、防禦使之州皆置爲幕職，由各使自行辟舉。五代後唐明宗時設刺史之州亦改防禦判官而置，不得兼録事參軍。

［5］馮道：人名。瀛州景城（今河北滄縣）人。五代時官拜宰相，歷仕後唐、後晋、後漢、後周，亦曾臣服於契丹。傳見本書卷一二六、《新五代史》卷五四。

［6］宗正卿：官名。秦始置宗正，南朝梁始有宗正卿之官。由宗室充任。掌皇族外戚屬籍。正三品。　石光贊：人名。籍貫不詳。五代官員歷任滑州節度判官、宗正卿、太子賓客。事見本書卷七六、卷八四、卷一一四。　太子賓客：官名。爲太子官屬。唐高宗顯慶元年（656）始置。掌侍從規諫、贊相禮儀。正三品。

［7］太僕卿：官名。漢代始置，太僕寺長官，掌御用車馬及國家畜牧事宜。從三品。　秘書監：官名。秘書省長官。東漢始置。掌圖書秘記等。從三品。

［8］韓祚：人名。籍貫不詳。五代後漢大臣。事見本書卷九九。

［9］萬歲殿：五代後梁、後漢東京開封城内宫殿。

［10］庚辰，太傅杜重威伏誅：《舊五代史考異》："案《契丹國志》云：漢祖召蘇逢吉、楊邠、史弘肇入受顧命，曰：'承祐幼弱，後事託在卿輩。'又曰：'善防杜重威。'是日殂。逢吉等秘不發喪，下詔稱：'重威父子，因朕小疾，謗議摇衆，皆斬之。'磔死于市，市人争啖其肉。"見《契丹國志》卷四《世宗天授皇帝》天禄元年正月條。

二月辛巳朔，内降遺制："皇子周王承祐可於柩前即皇帝位。"[1]是日發哀。其年三月，太常卿張昭上謚曰睿文聖武昭肅孝皇帝，廟號高祖。十一月壬申，葬於睿陵，[2]宰臣蘇禹珪撰謚册、哀册文云。[3]

[1]承祐：即五代後漢隱帝劉承祐。後漢高祖劉知遠次子。948年至950年在位。紀見本書卷一〇一至一〇三、《新五代史》卷一〇。

[2]睿陵：五代後漢高祖劉知遠之陵，位於今河南登封市告成鎮。

[3]"二月辛巳朔"至"哀册文云"：本條後中華書局本記有"《永樂大典》卷一萬六千九十八"，並有校勘記："檢《永樂大典目録》，卷一六〇九八爲'漢'字韻'宣帝九'，與本則内容不符，恐有誤記。陳垣《舊五代史輯本引書卷數多誤例》謂應作卷一六一九八'漢'字韻'五代漢高祖一'。本卷下一則同。"《舊五代史考異》："《五代史補》：高祖嘗在晋祖麾下，晋祖既起太原，因高祖遂有天下。先是，豫章有僧號上藍者，精於術數，自唐末著讖云：'石榴花發石榴開。'議者以'石榴'則晋、漢之謂也，再言'石榴'者，明享祚俱不過二世矣。"見《五代史補》卷四《上藍寺石榴讖》。

史臣曰：在昔皇天降禍，諸夏無君，漢高祖肇起并汾，遄臨汴洛，乘虚而取神器，因亂而有帝圖，雖曰人謀，諒由天啓。然帝昔莅戎藩，素虧物望，洎登宸極，未厭人心，徒矜拯溺之功，莫契來蘇之望。良以急於止殺，不暇崇仁。燕薊降師，既連營而受戮；鄴臺叛帥，因閉壘以偷生。蓋撫御以乖方，俾征伐之不息。及回鑾輅，尋墮烏號，故雖有應運之名，而未覩爲君之德也。《永樂大典》卷一萬六千一百九十八。[1]

[1]《大典》卷一六一九八"漢"字韻"五代漢高祖（一）"事目。

舊五代史　卷一〇一

漢書三

隱帝紀上

隱皇帝，諱承祐，高祖第二子也。[1]母曰李太后，[2]以唐長興二年歲在辛卯三月九日，[3]生帝於鄴都之舊第。[4]高祖鎮太原，[5]署節院使，[6]累官至檢校尚書右僕射。[7]國初，授左衛大將軍、檢校司空，[8]遷大内都點檢、檢校太保。[9]

[1]高祖：即五代後漢高祖劉知遠。947年至948年在位。紀見本書卷九九至卷一〇〇、《新五代史》卷一〇。

[2]李太后：晉陽（今山西太原市）人。五代後漢高祖劉知遠皇后，隱帝即位後册尊爲皇太后。傳見本書卷一〇四、《新五代史》卷一八。

[3]長興：五代後唐明宗李嗣源年號（930—933）。　以唐長興二年歲在辛卯三月九日：中華書局本有校勘記：“‘九日’，原作‘七日’，據《册府》卷二、《五代會要》卷一改。按本卷下文：‘群臣上表，請以三月九日誕聖日爲嘉慶節。’《册府》卷一一一

‘隱帝乾祐三年三月丙午嘉慶節’、《通鑑》卷二八九‘三月丙午嘉慶節’，是月戊戌朔，丙午爲初九。”見《輯本舊史》本卷十二月辛卯條，《會要》卷一“帝號”條，明本《册府》卷二《帝王部·誕聖門》、卷一一一《帝王部·宴享門三》。

[4]鄴都：都城名。五代後唐同光元年（923）初改魏州爲興唐府，建號東京，不久又改東京爲鄴都。後晋亦曾以此爲鄴都。治所在今河北大名縣。　生帝於鄴都之舊第：《會要》卷一“帝號”條作“生於太原”。

[5]太原：府名。治所在今山西太原市。

[6]節院使：官名。節度使府屬官。《輯本舊史》之影庫本粘籤：“節院，原本作‘即院’，《册府元龜》作‘節院’，今改正。”《册府》未見記載。

[7]檢校尚書右僕射：官名。秦始置。隋、唐前期以左、右僕射佐尚書令總理六官，綱紀庶務；如不置尚書令，則總判省事，爲宰相之職。唐後期多爲大臣加銜。從二品。

[8]左衛大將軍：官名。唐置，掌宫禁宿衛。唐代置十六衛，即左右衛、左右驍衛、左右武衛、左右威衛、左右領軍衛、左右金吾衛、左右監門衛、左右千牛衛。各置上將軍，從二品；大將軍，正三品；將軍，從三品。　檢校司空：官名。爲散官或加官，以示恩寵，無實際執掌。中華書局本有校勘記：“《册府》卷一一作‘檢校司徒’。”見明本《册府》卷一一《帝王部·繼統門三》。

[9]大内都點檢：官名。五代後唐置，凡車駕行幸及出征則置。後周世宗顯德中選驍勇之士充殿前諸班，改稱殿前都點檢。　檢校太保：官名。爲散官或加官，以示恩寵，無實際執掌。

乾祐元年正月二十七日，[1]高祖崩，秘不發喪。

[1]乾祐：五代後漢高祖劉知遠年號（948）。隱帝劉承祐沿用

至乾祐三年（950）。北漢亦用此年號。

二月辛巳朔，[1]授特進、檢校太尉、同平章事，[2]封周王。宣制畢，有頃，召文武百僚赴萬歲殿内，[3]降大行皇帝遺制，[4]云："周王承祐，可於柩前即皇帝位。服紀日月，一依舊制。"是日，内外發哀成服。初，高祖欲改年號，中書門下進擬"乾和"二字，[5]高祖改爲乾祐，至是與御名相符。甲申，群臣上表請聽政，詔答不允，凡四上表，從之。丁亥，帝於萬歲殿門東廡下見群臣，尊母后爲皇太后。己丑，徐州節度使王周卒。[6]庚寅，以前晋州留後劉在明爲鎮州留後、幽州馬步軍都部署，[7]加檢校太尉。[8]是日，工部尚書龍敏卒。[9]壬辰，右衛大將軍王景崇奏，[10]於大散關大敗蜀軍，[11]俘斬三千人。初，北虜犯京師，[12]侯益、趙贊皆受虜命。[13]節制岐、蒲，[14]聞高祖入洛，頗懷反仄。朝廷移贊於京兆，[15]侯益與贊皆求援於蜀，蜀遣何建率軍出大散關以應之。[16]至是，景崇糾合岐、雍、邠、涇之師以破之。[17]癸巳，制："大赦天下，自乾祐元年二月十三日昧爽已前，所犯罪人，已結正未結正，已發覺未發覺，常赦所不原者咸赦除之。中外文武臣僚並與加恩，馬步將士各賜優給。唐、晋兩朝求訪子孫，立爲二王後"云。丙午，鳳翔巡檢使王景崇遣人送所獲僞蜀將校軍士四百三十八人至闕下，[18]詔釋之，仍各賜衣服。以兵部侍郎張允爲吏部侍郎，[19]以工部侍郎司徒詡爲禮部侍郎。[20]丁未，以光禄卿李式爲尚書右丞，[21]以禮部侍郎邊歸讜爲刑部侍郎，[22]以刑部侍郎盧價爲兵部侍郎。[23]

[1]二月辛巳朔："朔"字原闕，據《通鑑》卷二八七補。

[2]特進：官名。西漢末期始置，授給列侯中地位較特殊者。隋唐時期，特進爲散官，授給有聲望的文武官員。正二品。　檢校太尉：官名。爲散官或加官，以示恩寵，無實際執掌。太尉，與司徒、司空並爲三公。　同平章事：官名。"同中書門下平章事"之簡稱。唐高宗以後，凡實際任宰相之職者，常在其本官後加同平章事的職銜。後成爲宰相專稱。後晋天福五年（940），升中書門下平章事爲正二品。

[3]萬歲殿：五代後梁、後漢開封城内宫殿。

[4]大行皇帝：古代對已逝而停棺未葬的皇帝的諱稱。

[5]中書門下：官署名。唐代以來爲宰相處理政務的機構。參見劉後濱《唐代中書門下體制研究——公文形態·政務運行與制度變遷》，齊魯書社2004年版。

[6]徐州：州名。治所在今江蘇徐州市。　節度使：官名。唐時在重要地區所設掌握一州或數州軍、民、財政的長官。　王周：人名。魏州（今河北大名縣）人。五代後唐、後晋、後漢將領。傳見本書卷一〇六、《新五代史》卷四八。

[7]晋州：州名。治所在今山西臨汾市。　留後：官名。原非正式命官，唐朝節度使入朝或宰相、親王遥領節度使不臨鎮則置。安史之亂後，節度使多以子弟或親信爲留後，以代行節度使職務，亦有軍士、叛將自立爲留後者。掌一州或數州軍政。北宋始爲朝廷正式命官。　劉在明：人名。幽州（今北京市）人。五代將領。傳見本書卷一〇六。　鎮州：州名。治所在今河北正定縣。　幽州：州名。治所在今北京市。　都部署：官名。五代後唐始置，爲臨時委任的大軍區統帥。掌管屯戍、攻防等事務。

[8]檢校太尉：官名。爲散官或加官，以示恩寵加此官，無實

際執掌。

[9]工部尚書：官名。尚書省工部長官。掌百工、屯田、山澤之政令。正三品。　龍敏：人名。幽州永清（今河北永清縣）人。五代大臣。傳見本書卷一〇八、《新五代史》卷五六。

[10]右衛大將軍：官名。唐置，掌宫禁宿衛。唐代十六衛之一。正三品。　王景崇：人名。邢州（今河北邢臺市）人。五代後漢時升任鳳翔節度使。傳見本書附録、《新五代史》卷五三。

[11]大散關：關隘名。位於今陝西寶鷄市秦嶺山脉。

[12]北虜犯京師：原作"契丹犯京師"，乃《輯本舊史》忌清諱所改。據明本《册府》卷四三五《將帥部·獻捷門二》回改。

[13]侯益：人名。汾州平遥（今山西平遥縣）人。五代後唐至宋初將領。傳見《宋史》卷二五四。　趙贊：人名。幽州薊（今北京市）人。五代後唐、遼朝將領趙延壽之子。五代後唐至宋初將領。傳見《宋史》卷二五四。　侯益、趙贊皆受虜命："虜"，原作"其"，乃《輯本舊史》忌清諱所改。據明本《册府》卷四三五《將帥部·獻捷門二》回改。

[14]岐：唐州名。治雍縣（今陝西鳳翔縣）。唐中後期稱鳳翔府，五代因之。此爲舊稱。　蒲：州名。即河中府。治所在今山西永濟市。

[15]京兆：府名。治所在今陝西西安市。　朝廷移贊於京兆：《輯本舊史》之影庫本粘籤："'移贊於京兆'下疑有脱文，考《册府元龜》所引《薛史》與《永樂大典》同，今仍其舊。"

[16]何建：人名。其先回鶻人。代居雲、朔間。五代後晋將領。晋亡後歸附後蜀。傳見本書卷九四。

[17]邠：州名。治所在今陝西彬縣。　涇：州名。治所在今甘肅涇川縣。

[18]鳳翔：方鎮名。治所在鳳翔府（今陝西鳳翔縣）。　巡檢使：官名。五代始設巡檢，設於京師、陪都、重要的州及邊防重鎮。

[19]兵部侍郎：官名。兵部副長官，與尚書分掌武官銓選、勳階、考課之政。正四品下。　張允：人名。鎮州束鹿（今河北辛集市）人。五代後唐至後漢官員。傳見本書卷一〇八、《新五代史》卷五七。　吏部侍郎：官名。尚書省吏部次官。協助吏部尚書掌文選、勳封、考課之政。正四品上。

[20]工部侍郎：官名。尚書省工部次官。協助尚書掌管百工、山澤、水土之政令，考其功以昭賞罰，總所統各司之事。正四品下。　司徒詡：人名。清河郡（今河北清河縣）人。五代後唐官員。傳見本書卷一二八。　禮部侍郎：官名。尚書省禮部次官。協助禮部尚書掌禮儀、祭享、貢舉之政。正四品下。

[21]光禄卿：官名。南朝梁天監七年（508）改光禄勳置，隋、唐沿置。掌宫殿門户、帳幕器物、百官朝會膳食等。從三品。　李式：人名。籍貫不詳。五代後晋官員。事見本書卷七七。　尚書右丞：官名。尚書省佐貳官。唐中期以後，與尚書左丞實際主持尚書省日常政務，權任甚重。後梁開平二年（908）改爲右司侍郎，後唐同光元年（923）復舊爲右丞。唐時爲正四品下，後唐長興元年（930）升爲正四品。

[22]禮部侍郎：官名。尚書省禮部次官。協助禮部尚書掌禮儀、祭享、貢舉之政。正四品下。　邊歸讜：人名。幽州薊（今天津市薊州區）人。傳見《宋史》卷二六二。　刑部侍郎：官名。尚書省刑部次官。協助刑部尚書掌天下刑法及徒隸、勾覆、關禁之政令。正四品下。

[23]盧價：人名。祖籍范陽（今河北涿州市），世居懷州河内（今河南沁陽市）。五代大臣。事見羅火金《五代時期盧價墓誌考》，《中國歷史文物》2009年第2期。　兵部侍郎：官名。尚書省兵部次官。協助兵部尚書掌武官銓選、勳階、考課之政。正四品下。

三月甲寅，帝始御廣政殿，[1]群臣起居。殿中少監胡崧上言：[2]"請禁斫伐桑棗爲薪，城門所由，專加捉搦。"從之。丙辰，鄴都留守、太尉、中書令、臨清王高行周進封鄴王，[3]北京留守、檢校太尉、同平章事劉崇，[4]宋州節度使兼侍衛親軍馬步軍都指揮使、檢校太尉、同平章事史弘肇，[5]並加檢校太師、兼侍中，[6]前邢州節度使安叔千以太子太師致仕。[7]戊午，以右諫議大夫于德辰爲兵部侍郎。[8]庚申，河中節度使、檢校太師、兼中書令李守貞加守太傅，[9]進封魯國公；襄州節度使、檢校太師、兼中書令、虢國公安審琦加守太保，[10]進封齊國公；兖州節度使、檢校太師、兼侍中、岐國公符彦卿加兼中書令，[11]進封魏國公；許州節度使兼侍衛親軍副都指揮使、檢校太尉、同平章事劉信加檢校太師。[12]壬戌，以宰臣竇貞固爲山陵使，[13]吏部侍郎段希堯爲副使，[14]太常卿張昭爲禮儀使，[15]兵部侍郎盧價爲鹵簿使，[16]御史中丞邊蔚爲儀仗使。[17]丙寅，以前鳳翔節度使兼西南面兵馬都部署、檢校太師、兼侍中侯益爲開封尹、加兼中書令；[18]西京留守、檢校太師、平章事、莒國公李從敏，[19]夏州節度使、檢校太師、同平章事李彝殷，[20]並加兼侍中；青州節度使、檢校太尉、同平章事劉銖，[21]鄆州節度使、檢校太尉、同平章事慕容彦超，[22]並加檢校太師。詔改廣晋府爲大名府，[23]晋昌軍爲永興軍。[24]戊辰，靈州節度使、檢校太師、同平章事馮暉加兼侍中；[25]河陽節度使武行德、滄州節度使王景、華州節度使侯章、晋州節度使王晏，[26]並依前檢校太尉，加同平章事。庚午，涇州節度使史懿、潞州節度使常思、同州節度使張彦威、延州節度使高允權，[27]並依前檢校太尉，加同平章事；澶州節度使郭從義、邢州節度使薛懷讓，並自檢校太傅加檢校太尉；[28]以前奉國右厢都指揮使王饒爲鄜州留後。[29]甲戌，以邠州節度使、檢校太尉、同平章事王守恩爲永興軍節度使，[30]加檢校太師；以滑州節度使、檢校太尉郭謹爲邠州節度使；[31]以前鎮州留後、檢校太傅白再榮爲滑州節度使，[32]加檢校太尉；以陜州節度使、檢校太尉、同平章事趙暉爲鳳翔節度使；[33]以前河中節度使、檢校太尉、同平章事白文珂爲陜州節度使。[34]殿中監任延皓配流麟州，[35]坐爲劉崇所奏故也。丙子，鄧州節度使劉重進、相州節度使王繼弘、安州節度使楊信，[36]並自檢校太傅加檢校太尉。以鎮州留後兼幽州一行馬步軍都部署、檢校太傅劉在明爲鎮州節度使，加檢校太師，部署如故；[37]貝州節度使、檢校太傅李殷加檢校太尉；[38]定州節度使、檢校太尉孫方簡，[39]府州節度使、檢校太衛折從阮，[40]並加檢校太師。丁丑，中書侍郎兼户部尚書、平章事李濤罷免，[41]勒歸私第。時蘇逢吉等在中書，[42]樞密使楊邠、副樞密使郭威等權勢甚盛，[43]中書每有除授，多爲邠等所抑。濤不平之，因上疏請出邠等，以藩鎮授之，樞密之務，宜委逢吉、禹珪。[44]疏入，邠等知之，乃見太后泣訴其事，太后怒，濤由是獲譴。先是，中書厨釜鳴者數四，未幾，濤罷免。[45]西道諸州奏，[46]河中李守貞謀叛，發兵據潼關。[47]

［1］廣政殿：殿名。故址在今河南開封市。

［2］殿中少監：官名。殿中省副長官。掌天子服御，總領尚食、尚藥、尚衣、尚舍、尚乘、尚輦六局之官屬，備其禮物，供其職事。從四品。　胡崧：人名。籍貫不詳。五代後漢大臣。本書僅此一見。

［3］留守：官名。古代皇帝出巡或親征時指定親王或大臣留守京城，綜理國家軍事、行政、民事、財政等事務，稱京城留守。在陪都或軍事重鎮也常設留守，以地方長官兼任。　太尉：官名。與司徒、司空並爲三公，唐後期、五代多爲大臣、勳貴加官。正一品。　中書令：官名。漢代始置，隋、唐前期爲中書省長官，屬宰相之職；唐後期多爲授予元勳大臣的虚銜。正二品。　高行周：人名。嬀州懷戎（今河北懷來縣）人。五代後唐至後周將領。傳見本書卷一二三、《新五代史》卷四八。

［4］北京：即太原府。治所在今山西太原市。　劉崇：人名。即劉旻。太原（今山西太原市）人。五代後漢高祖劉知遠從弟。後漢時任太原尹，專制一方。後周代漢，劉崇稱帝於太原，國號漢，史稱北漢。傳見本書卷一三五、《新五代史》卷七〇。中華書局本有校勘記："'劉崇'下原有'加'字，朱玉龍《方鎮表》：'考五代無以節度使爲加官，原文疑有舛誤。'按本書卷一三五《劉崇傳》：'隱帝嗣位，加檢校太師、兼侍中。'無加宋州節度使事。又據本書卷一〇〇《漢高祖紀下》：'（天福十二年十一月）以許州節度使、侍衛步軍都指揮使史弘肇爲宋州節度使。'知爲宋州節度使者乃史弘肇，與劉崇無涉，'加'字爲衍文，據删。"

［5］宋州：州名。治所在今河南商丘市睢陽區。　侍衛親軍馬步軍都指揮使：官名。五代時侍衛親軍最高長官，多由皇帝親信擔任。　史弘肇：人名。鄭州滎澤（今河南鄭州市）人。五代後漢將領。傳見本書卷一〇七、《新五代史》卷三〇。

［6］檢校太師：官名。爲散官或加官，以示恩寵，無實際執掌。太師，與太傅、太保並爲三師。　侍中：官名。秦始置。隋、唐前

期爲門下省長官。唐後期多爲大臣加銜，不參與政務，實際職務由門下侍郎執行。正二品。

[7]邢州：州名。治所在今河北邢臺市。　安叔千：人名。沙陀部人。五代後唐至後周將領。傳見本書卷一二三、《新五代史》卷四八。

[8]右諫議大夫：官名。唐置左右諫議大夫，左屬門下省，右屬中書省。掌諫諭得失、侍從贊相。正四品下。　于德辰：人名。元城（今河北大名縣東）人。五代大臣。傳見本書卷一三一。

[9]河中：方鎮名。治所在今山西永濟市蒲州鎮。　中書令：官名。漢代始置，隋、唐前期爲中書省長官，屬宰相之職；唐後期多爲授予元勳大臣的虛銜。正二品。　李守貞：人名。河陽（今河南孟州市）人。五代後晋、後漢將領。傳見本書卷一〇九、《新五代史》卷五二。　太傅：官名。與太師、太保合稱三師，唐後期、五代多爲大臣、勳貴加官。正一品。

[10]襄州：州名。治所在今湖北襄陽市。　安審琦：人名。沙陀部人。五代將領。歷仕後唐至後周。傳見本書卷一二三。　太保：官名。與太師、太傅並爲三師。唐後期、五代多爲大臣、勳貴加官。正一品。

[11]兖州：州名。治所在今山東濟寧市兖州區。　符彦卿：人名。陳州宛丘（今河南淮陽縣）人。五代後周、宋初將領。周世宗宣懿皇后、宋太宗懿德皇后皆符彦卿之女。傳見《宋史》卷二五一。

[12]許州：州名。治所在今河南許昌市。　劉信：人名。後漢宗室。唐末、五代軍閥。事見本書卷一〇〇至卷一〇三。

[13]竇貞固：人名。同州白水（今陝西白水縣）人。五代後唐至宋初大臣，後唐進士，後漢宰相。傳見《宋史》卷二六二。　山陵使：官名。亦稱“山陵儀仗使”。唐貞觀中始置。掌議帝后陵寢制度、監造帝后陵寢。

[14]吏部侍郎：官名。尚書省吏部次官。協助吏部尚書掌文

選、勳封、考課之政。正四品上。　段希堯：人名。河内（今河南沁陽市）人。五代大臣。傳見本書卷一二八、《新五代史》卷五七。

［15］太常卿：官名。西漢置太常，南朝梁始置太常卿。太常寺長官。掌宗廟祭祀禮樂及教育等。正三品。　張昭：人名。世居濮州范縣（今河南范縣）。五代、宋初大臣，時爲中書舍人。傳見《宋史》卷二六三。　禮儀使：官名。有重大禮儀事務則臨時置使，掌禮儀政令。事畢則罷。

［16］鹵簿使：官名。掌帝后車駕儀仗事。

［17］御史中丞：官名。如不置御史大夫，則爲御史臺長官。掌司法監察。正四品下。　邊蔚：人名。長安（今陝西西安市）人。五代後唐至後周官員。傳見本書卷一二八。　儀仗使：官名。皇帝大駕出行時設置。非常設官，均由他官兼代。掌總儀仗事務。

［18］開封尹：官名。即開封府尹。五代除後唐外均都汴州，升汴州爲開封府，置開封尹或知開封府事，執掌京師政務。從三品。

以前鳳翔節度使兼西南面兵馬都部署、檢校太師、兼侍中侯益爲開封尹、加兼中書令：《舊五代史考異》："案《宋史·侯益傳》：益率數十騎奔入朝，隱帝遣侍中問益連結蜀軍之由，益對曰：'臣欲誘之出關，掩殺之耳。'隱帝笑之。益厚賂史弘肇輩，言王景崇之横恣，諸權貴深庇護之，乃授以開封尹、兼中書令。""隱帝遣侍中問益連結蜀軍之由"，中華書局本有校勘記："'侍臣問'，原作'侍中聞'，據殿本、劉本、《宋史》卷二五四《侯益傳》改。"

［19］西京：地名。位於今河南洛陽市。　李從敏：人名。五代後唐明宗之侄。傳見本書卷八八、《新五代史》卷一五。

［20］夏州：州名。治所在今陝西靖邊縣。　李彝殷：人名。夏州（今陝西靖邊縣）人。避趙弘殷諱改名李彝興。五代宋初定難軍節度使。傳見《宋史》卷四八五。

［21］青州：州名。治所在今山東青州市。　劉銖：人名。陝州（今河南三門峽市陝州區）人。時權知開封府事。傳見本書卷一〇七、《新五代史》卷三〇。

［22］鄆州：州名。治所在今山東東平縣。　慕容彦超：人名。沙陀部人（一説吐谷渾部人）。五代後漢將領，後漢高祖劉知遠同母弟。傳見本書卷一三〇、《新五代史》卷五三。

［23］廣晋府：府名。五代後晋天福二年（937）改興唐府置廣晋府，治元城、廣晋二縣（今河北大名縣）。

［24］晋昌軍：方鎮名。治所在雍州、京兆府（今陝西西安市）。

［25］靈州：州名。治所在今寧夏吴忠市。　馮暉：人名。魏州（今河北大名縣）人。五代後唐至後周將領。傳見本書卷一二五、《新五代史》卷四九。

［26］河陽：方鎮名。全稱“河陽三城”。治所在孟州（今河南孟州市）。　武行德：人名。并州榆次（今山西晋中市榆次區）人。五代、宋初將領。傳見《宋史》卷二五二。　滄州：州名。治所在今河北滄縣舊州鎮。　王景：人名。萊州掖縣（今山東萊州市）人。五代、宋初將領。傳見《宋史》卷二五二。　華州：州名。治所在今陝西渭南市華州區。　侯章：人名。并州榆次（今山西晋中市榆次區）人。五代、宋初將領。傳見《宋史》卷二五二。　晋州：州名。治所在今山西臨汾市。　王晏：人名。徐州滕（今山東滕州市）人。五代、宋初將領。傳見《宋史》卷二五二。

［27］涇州：州名。治所在今甘肅涇川縣。　史懿：人名。代郡（今山西大同市）人。五代將領。傳見本書卷一二四。　潞州：州名。治所在今山西長治市。　常思：人名。太原（今山西太原市）人。五代將領。傳見本書卷一二九、《新五代史》卷四九。　同州：州名。治所在今陝西大荔縣。　張彦威：人名。又名張彦成。潞州潞城（今山西潞城市）人。五代將領。傳見本書卷一二三。　延州：州名。治所在今陝西延安市。　高允權：人名。延州（今陝西延安市）人。五代將領。傳見本書卷一二五。

［28］澶州：州名。唐、五代初，治所在今河南清豐縣。後晋天福四年（939），移治於今河南濮陽縣。　郭從義：人名。沙陀部人。曾名李從義。後唐莊宗李存勗養子。五代及宋初將領。傳見

《宋史》卷二五二。　邢州：州名。治所在今河北邢臺市。　薛懷讓：人名。祖先爲戎人，後徙居太原（今山西太原市）。五代將領。傳見《宋史》卷二五四。　檢校太傅：官名。爲散官或加官，以示恩寵，無實際執掌。

[29]奉國：方鎮名。治所在蔡州（今河南汝南縣）。　王饒：人名。慶州華池（今甘肅華池縣）人。五代將領。傳見本書卷一二五。　鄜州：州名。治所在今陝西富縣。

[30]邠州：州名。治所在今陝西彬縣。　王守恩：人名。太原（今山西太原市）人。五代後晋潞州節度使王建立子，後漢時曾任宰相。傳見本書卷一二五。

[31]滑州：州名。治所在今河南滑縣。　郭謹：人名。晋陽（今山西太原市）人。五代後晋、後漢將領。傳見本書卷一〇六。

[32]白再榮：人名。本蕃部人。五代節度使、將領。傳見本書卷一〇六、《新五代史》卷四八。

[33]陝州：州名。治所在今河南三門峽市陝州區。　趙暉：人名。澶州（今河南濮陽市）人。五代後唐至後周將領。傳見本書卷一二五。

[34]白文珂：人名。太原（今山西太原市）人。王章岳父，五代後漢隱帝時宰相。傳見本書卷一二四。

[35]殿中監：官名。殿中省長官。掌宫廷供奉之事。從三品。　任延皓：人名。并州（今山西太原市）人。五代官員，善術數相占。傳見本書卷一〇八。　麟州：州名。治所在今陝西神木縣。

[36]鄧州：州名。治所在今河南鄧州市。　劉重進：人名。本名晏僧。幽州（今北京市）人。五代、宋初將領。傳見《宋史》卷二六一。　相州：州名。治所在今河南安陽市。　王繼弘：人名。南宫（今河南南宫市）人。五代將領。傳見本書卷一二五。　安州：州名。治所在今湖北安陸市。　楊信：人名。又名楊承信。楊光遠之子。五代藩鎮將領。傳見《宋史》卷二五二。

[37]“以鎮州留後兼幽州一行馬步軍都部署”至“部署如

故”：中華書局本有校勘記：“‘太傅’，本卷上文作‘太尉’。”見《輯本舊史》本卷乾祐元年（948）二月庚寅，“以前晋州留後劉在明爲鎮州留後、幽州馬步軍都部署，加檢校太尉”。

［38］貝州：州名。治所在今河北清河縣。　李殷：人名。薊州（今天津市薊州區）人。五代後唐、後晋將領。傳見本書卷一〇六。

［39］定州：州名。治所在今河北定州市。　孫方簡：人名。避後周太祖之父諱改名方諫。中山（今河北定州市）人，一説莫州清苑（今河北保定市清苑區）人。五代後晋至後周將領。傳見本書卷一二五、《新五代史》卷四九。

［40］府州：州名。治所在今陝西府谷縣。　檢校太尉：原作“檢校太傅”，中華書局本有校勘記：“‘太傅’，本書卷九九《漢高祖紀上》作‘太尉’。按本書卷一二五《折從阮傳》：‘漢祖建號晋陽……授從阮光禄大夫、檢校太尉、永安軍節度使、府勝等州觀察處置等使’。”見《輯本舊史》卷九九《漢高祖紀上》天福十二年（947）四月甲子及卷一二五《折從阮傳》，據改。　折從阮：人名。雲中（今山西大同市）人，羌族折掘氏。五代後唐至後周將領。傳見本書卷一二五、《新五代史》卷五〇。

［41］中書侍郎：官名。中書省副長官。唐後期三省長官漸爲榮銜，中書侍郎、門下侍郎却因參議朝政而職位漸重，常常用爲以“同三品”或“同平章事”任宰相者的本官。正三品。　户部尚書：官名。即尚書省户部長官。掌管全國土地、户籍、賦税、財政收支諸事。正三品。　李濤：人名。京兆萬年（今陝西西安市長安區）人。唐敬宗子郇王瑋後裔，五代後漢宰相。傳見《宋史》卷二六二。

［42］蘇逢吉：人名。京兆長安（今陝西西安市）人。五代後漢初任宰相。傳見本書卷一〇八、《新五代史》卷三〇。

［43］樞密使：官名。樞密院長官。唐代宗時始以宦官掌機密，至昭宗時借朱温之力盡誅宦官，始改以士人任樞密使。備顧問，參謀議，出納詔奏，權侔宰相。參見李全德《唐宋變革期樞密院研

究》，國家圖書館出版社 2009 年版。 楊邠：人名。魏州冠氏（今山東冠縣）人。五代後漢時任樞密使、宰相。傳見本書卷一〇七、《新五代史》卷三〇。 副樞密使：官名。樞密院副長官。 郭威：人名。邢州堯山（今河北隆堯縣）人。五代後周建立者，即後周太祖。紀見本書卷一一〇至卷一一三、《新五代史》卷一一。

[44]禹珪：人名。即蘇禹珪。高密（今山東高密市）人。劉知遠爲河東節度時的屬官，五代後漢初任宰相。傳見本書卷一二七。

[45]濤罷免：《舊五代史考異》："案《宋史·李濤傳》：濤請出邠等藩鎮，以清朝政，隱帝不能決，白於太后。太后召邠等諭之，反爲所搆，免相歸第。與《薛史》異。"見《宋史》卷二六二《李濤傳》。

[46]西道諸州：《通鑑》卷二八八乾祐元年三月丁丑條作"邠、涇、同、華四鎮"。

[47]潼關：關隘名。位於今陝西潼關縣東北。

夏四月辛巳，陝州兵馬監押王玉奏，[1]收復潼關。定州孫方簡奏，三月二十七日，契丹棄定州遁去。[2]壬午，以樞密使楊邠爲中書侍郎兼吏部尚書、平章事，使如故；以副樞密使郭威爲樞密使，加檢校太尉；三司使王章加檢校太尉、同平章事。[3]郢州刺史尹實奏，[4]荆南起兵在境上，[5]欲攻城。是日，以澶州節度使郭從義爲永興軍一行兵馬都部署。時供奉官時知化、王益自鳳翔部署前永興節度使趙贇部下牙兵趙思綰等三百餘人赴闕，[6]三月二十四日，行次永興，思綰等作亂，突入府城，據城以叛，故命從義帥師以討之。[7]甲申，王景崇奏，趙思綰叛，見起兵攻討。丁亥，幸道宫、佛寺禱雨。戊子，東南面兵馬都元帥、兩浙節度使、檢校太師、兼中書令、吴越國王錢弘倧加諸道兵馬都元帥，[8]天策上將軍、湖南節度使、檢校太師、兼中書令、楚王馬希廣加守中書令。[9]以陝州節度使白文珂爲河中府城下一行都部署。庚寅，宰臣竇貞固、蘇逢吉、蘇禹珪並進封開國公。辛卯，削奪李守貞在身官爵。甲午，以翰林學士承旨、户部侍郎王仁裕爲户部尚書，[10]以翰林學士、左散騎常侍張沆爲工部尚書，[11]以翰林學士、中書舍人范質爲户部侍郎，[12]以樞密直學士、尚書比部員外郎王度爲祠部郎中，[13]並依前充職。乙未，[14]以侍衛步軍都指揮使尚洪遷充西南面行營都虞候，[15]以内客省使王峻爲西南面行營兵馬都監。[16]戊戌，以宣徽南院使扈彦珂爲左金吾上將軍。[17]庚子，以左金吾大將軍、充兩街使、檢校太傅劉承贇爲徐州節度使。[18]甲辰，以宣徽北院使薛可言爲右金吾上將軍，[19]以皇城使李暉爲宣徽南院使。[20]乙巳，定州節度使孫方簡奏，復入於本州。初，方簡爲狼山寨主，[21]叛晋歸契丹，及契丹降中渡之師，[22]乃以方簡爲定州節度使。契丹主死，永康王嗣位，[23]即以蕃將耶律忠代之，[24]移方簡爲雲州節度使，[25]方簡不受命，遂歸狼山。高祖至闕，方簡歸款，復以中山命之。[26]是歲三月二十七日，契丹棄定州，隳城壁，焚室廬，盡驅人民入蕃，惟餘空城瓦礫而已。至是，方簡自狼山回保定州。是月，河決原武縣，[27]河北諸州旱，徐州餓死民九百三十有七。

[1]監押：官名。行營等軍隊中統兵官。《新五代史》卷一〇《漢隱帝紀》作“都監”。　王玉：人名。籍貫不詳。五代時期統兵官。事見《新五代史》卷一〇。

[2]契丹：古部族、政權名。公元4世紀中葉宇文部爲前燕攻破，始分離而成單獨的部落，自號契丹。唐貞觀中，置松漠都督府，以其首領爲都督。唐末强盛，916年迭剌部耶律阿保機建立契丹國（遼）。先後與五代、北宋並立，保大五年（1125）爲金所滅。參見張正明《契丹史略》，中華書局1979年版。

[3]三司使：官名。五代後唐明宗天成元年（926）將晚唐以來的户部、度支、鹽鐵三部合爲一職，設三司使統之。主管國家財政。　王章：人名。大名南樂（今河南南樂縣）人。五代後漢三司使、同平章事，以聚斂刻急著稱。傳見本書卷一〇七、《新五代史》卷三〇。

[4]郢州：州名。治所在今湖北鐘祥市。　尹實：人名。籍貫不詳。唐末、五代藩鎮軍閥。事見本書本卷、卷一三三。

[5]荆南：方鎮名。治所在荆州（今湖北荆州市）。

[6]供奉官：泛指侍奉皇帝左右的臣僚，亦爲東、西頭供奉官通稱。　時知化、王益：人名。籍貫不詳。皆五代後漢供奉官。事見本書本卷、卷一〇二。　牙兵：五代時期藩鎮親兵。參見來可泓《五代十國牙兵制度初探》，《學術月刊》1995年第11期。　趙思綰：人名。魏州（今河北大名縣）人。五代將領。傳見本書卷一〇九、《新五代史》卷五三。

[7]故命從義帥師以討之：《舊五代史考異》：“案《歐陽史》云：四月壬午，永興軍將趙思綰叛附于李守貞。案《薛史》，趙思綰據城叛，自在三月，非四月事。又思綰先據城叛，後附于李守貞。《歐陽史》先書李守貞反，後書思綰叛，亦誤也。《通鑑》從《薛史》。”見《新五代史》卷一〇、《通鑑》卷二八八。

[8]錢弘倧：人名。即錢倧。錢元瓘第七子，五代十國吴越君主。傳見本書卷一三三、《新五代史》卷六七。　都元帥：官名。

唐、五代朝廷有重大軍事行動則置，統率天下軍隊。

[9]天策上將軍：官名。唐武德四年（621）置，掌國之征討，總判府事。正一品。　馬希廣：人名。五代十國南楚君主，南楚武穆王馬殷之子。南楚文昭王馬希範去世後被擁立爲王，後爲馬希萼篡位所殺。傳見本書卷一三三、《新五代史》卷六六。

[10]翰林學士承旨：官名。爲翰林學士之首。掌拜免將相、號令征伐等詔令的起草。《舊唐書・職官志二・翰林院》："例置學士六人，内擇年深德重者一人爲承旨，所以獨承密命故也。"　户部侍郎：官名。尚書省户部次官。協助户部尚書掌天下田户、均輸、錢穀之政令。正四品下。　王仁裕：人名。天水（今甘肅天水市）人。五代大臣。傳見本書卷一二八、《新五代史》卷五七。

[11]翰林學士：官名。由南北朝始設之學士發展而來，唐玄宗改翰林供奉爲翰林學士，備顧問、代王言。掌拜免將相、號令征伐等詔令的起草。　左散騎常侍：官名。門下省屬官。掌侍奉規諷，備顧問應對。正三品下。　張沆：人名。徐州（今江蘇徐州市）人。五代後唐、後晋、後周官員。傳見本書卷一三一。

[12]中書舍人：官名。中書省屬官。掌起草文書、呈遞奏章、傳宣詔命等。正五品上。　范質：人名。大名宗城（今河北威縣）人。五代後周、宋初宰相。傳見《宋史》卷二四九。

[13]樞密直學士：官名。五代後唐莊宗同光元年（923），改直崇政院置，選有政術文學者充任。備顧問應對。　尚書比部員外郎：官名。比部屬官。佐理勾會内外賦斂、經費、俸禄、公廨、勳賜、贓贖、徒役課程、逋欠之物，及軍資、械器、和糴、屯收所入。從六品。　王度：人名。籍貫不詳。五代後漢時曾任監察御史、樞密直學士等職。事見本書卷一〇〇、卷一〇五、卷一二六。　祠部郎中：官名。尚書省禮部祠部司主官。掌祠祀祭享、天文漏刻、巫術醫藥及僧尼道士等事。從五品上。

[14]乙未：原闕，據《通鑑》卷二八八補。

[15]侍衛步軍都指揮使：官名。五代時皇帝親軍侍衛步軍司之

最高長官。　尚洪遷：人名。籍貫不詳。五代將領。事見本書卷九九、卷一〇〇。　西南面行營都虞候：官名。唐、五代方鎮高級軍官。中華書局本有校勘記："'西南面'，《通鑑》卷二八八、《尚洪遷墓誌》（拓片刊《晉陽古刻選隋唐五代墓誌卷》）作'西面'。孔本注："案《通鑑》作西面行營都虞候。"

[16]内客省使：官名。中書省内客省長官。"内"字，據《輯本舊史》卷一〇一六月庚辰條、卷一三〇《王峻傳》，《通鑑》卷二八八補。中華書局本作"客省使"，並有校勘記："'使'字原闕，據殿本、劉本、孔本補。"　王峻：人名。相州安陽（今河南安陽市）人。五代將領，後周時任樞密使兼宰相。傳見本書卷一三〇、《新五代史》卷五〇。　兵馬都監：官名。唐代中葉命將出征，常以宦官爲監軍、都監。後爲臨時委任的統兵官，稱都監、兵馬都監。掌屯戍、邊防、訓練之政令。

[17]宣徽南院使：官名。唐始置。宣徽南院長官。初用宦官，五代以後改用士人。與宣徽北院使通掌内諸司及三班内侍之名籍，郊祀、朝會、宴享供帳之儀，檢視内外進奉名物。參見王永平《論唐代宣徽使》，《中國史研究》1995年第1期；王孫盈政《再論唐代的宣徽使》，《中華文史論叢》2018年第3期。　扈彦珂：人名。代州雁門（今山西代縣）人。五代後晉至宋朝將領。傳見《宋史》卷二五四。　左金吾上將軍：官名。唐置，掌宫禁宿衛。唐代十六衛之一。從二品。

[18]左金吾大將軍：官名。唐置，掌宫禁宿衛。唐代十六衛之一。正三品。　兩街使：官名。掌巡查京城六街。　劉承贇：人名。五代後漢高祖劉知遠之侄。事見本書本卷及卷九九。

[19]宣徽北院使：官名。唐始置。宣徽北院的長官。初用宦官，五代以後改用士人。與宣徽南院使通掌内諸司及三班内侍之名籍，郊祀、朝會、宴享供帳之儀，檢視内外進奉名物。參見王永平《論唐代宣徽使》，《中國史研究》1995年第1期；王孫盈政《再論唐代的宣徽使》，《中華文史論叢》2018年第3期。　薛可言：人

名。籍貫不詳。五代大臣。事見本書卷八四、卷一〇〇、卷一一一。　右金吾上將軍：官名。唐置，掌宮禁宿衛。唐代十六衛之一。從二品。

[20]皇城使：官名。唐末始置，爲皇城司長官，一般由君主的親信充任，以拱衛皇城。　李暉：人名。瀛州束城（今河北河間市）人。五代官員。傳見本書卷一二九。

[21]狼山寨：地名。位於今河北易縣。

[22]中渡：地名。滹沱河渡口。位於今河北正定縣。

[23]永康王：即遼世宗耶律阮。紀見《遼史》卷五。

[24]耶律忠：人名。即耶律郎五。契丹人。遼代將領。傳見《契丹國志》卷一七。

[25]雲州：州名。治所在今山西大同市。

[26]中山：地名。位於今河北定州市。

[27]原武縣：縣名。治所在今河南原陽縣。

五月己酉朔，國子監奏：[1]"《周禮》《儀禮》《公羊》《穀梁》四經未有印板，欲集學官考校雕造。"從之。[2]己未，回鶻遣使朝貢。[3]丁卯，前翰林學士徐台符自幽州逃歸。[4]乙亥，河決滑州魚池。

[1]國子監：官署名。掌邦國儒學訓導之政令。

[2]"五月己酉朔"至"從之"：《宋本册府》卷六〇八《學校部·刊校門》載此事於四月，《會要》卷八《經籍》條記於閏五月。

[3]回鶻：古部族名。原係突厥鐵勒部的一支。唐天寶三載（744）建立回紇汗國，9世紀中葉，回鶻汗國瓦解。其中一支爲甘州回鶻。11世紀初，甘州回鶻爲西夏所滅。參見楊蕤《回鶻時代：10—13世紀陸上絲綢之路貿易研究》，中國社會科學出版社2015

年版。

[4]徐台符：人名。鎮州獲鹿（今河北石家莊市鹿泉區）人。五代大臣。傳見本書附録。　丁卯，前翰林學士徐台符自幽州逃歸：《通鑑》卷二八八記徐台符逃歸事於四月。

六月戊寅朔，日有食之。庚辰，以内客省使王峻爲宣徽北院使，依前永興城下兵馬都監。以冀州牢城指揮使張廷翰爲冀州刺史，[1]時廷翰殺本州刺史何行通，[2]自知州事，故有是命。甲申，以皇弟右衛大將軍承勳爲興元節度使、檢校太尉、同平章事，[3]豐州節度使郭勳加檢校太師。[4]辛卯，永興兵馬都部署郭從義奏，得王景崇報，有兵自隴州來，[5]欲投河中，追襲至鄜城。[6]荆南節度使高從誨上表歸命，[7]從誨嘗拒朝命，至是方遣牙將劉扶詣闕請罪。[8]丙申，鎮州奏，節度使劉在明卒。戊戌，以河陽節度使武行德爲鎮州節度使，以宣徽南院使李暉爲河陽節度使，以相州節度使王繼弘爲貝州節度使。壬寅，荆南高從誨貢奉謝恩，釋罪。丙午，以前永興軍節度使王守恩爲西京留守。是月，河北旱，青州蝗。

[1]冀州：州名。治所在今河北衡水市冀州區。　張廷翰：人名。冀州（今河北衡水市冀州區）人。五代將領。符習之甥。事見本書卷一一六、《通鑑》卷二八六。

[2]何行通：人名。籍貫不詳。契丹將領。事見《通鑑》卷二八六。

[3]興元：府名。治所在今陝西漢中市。

[4]豐州：州名。治所在今内蒙古五原縣。　郭勳：人名。籍

貫不詳。五代將領。事見本書本卷及卷一〇二、卷一一一、卷一一四。

[5]隴州：州名。治所在今陝西隴縣。

[6]鄜城：縣名。治所在今陝西洛川縣東南鄜城。

[7]高從誨：人名。陝州硤石（今河南三門峽市陝州區）人，五代十國南平國主高季興長子。傳見本書卷一三三、《新五代史》卷六九。

[8]劉扶：人名。籍貫不詳。五代藩鎮將領。本書僅此一見。

秋七月戊申朔，相州節度使王繼弘殺節度判官張易，[1]以訕言聞。是時，法尚深刻，藩郡凡奏刑殺，不究其實，即順其請，故當時從事鮮賓客之禮，重足累迹而事之，猶不能免其禍焉。壬子，以工部侍郎李穀充西南面行營都轉運使。[2]乙卯，禮儀使張昭上高祖廟尊號，獻舞名并歌辭，舞曲請以“觀德”爲名，歌辭不録。丙辰，[3]以久旱，幸道宫、佛寺禱雨，是日大澍。開封府言，陽武、雍丘、襄邑三縣，[4]蝗爲鸜鵒聚食，詔禁捕鸜鵒。庚申，樞密使郭威加同平章事。辛酉，滄州上言，自今年七月後，幽州界投來人口凡五千一百四十七，北土饑故也。乙丑，以宣徽北院使王峻爲宣徽南院使，以内客省使吴虔裕爲宣徽北院使。[5]戊辰，以遂州節度使兼侍衛親軍馬軍都指揮使李洪信爲澶州節度使，[6]以澶州節度使郭從義爲永興軍節度使兼行營都部署。庚午，故兵部尚書李懌贈尚書左僕射。[7]鎮州奏，準詔處斬節度副使張鵬訖。[8]鵬以一言之失，爲鄴帥高行周所奏，故命誅之。乙亥，新授鳳翔節度使趙暉奏，與八作使王繼濤領部下兵同赴鳳翔，[9]時王景崇拒命故也。

[1]張易：人名。籍貫不詳。時爲彰德軍節度判官，因切諫節度使王繼弘被殺。事見本書本卷、卷一二五。

[2]李穀：人名。潁州汝陰（今安徽阜陽市）人。五代後唐進士。歷仕後晋、後漢、後周、宋朝。傳見《宋史》卷二六二。

[3]丙辰：《宋本册府》卷一四五《帝王部·弭災門三》記於乙卯（八日），本卷記於丙辰（九日）。

[4]陽武：縣名。治所在今河南原陽縣。　雍丘：縣名。治所在今河南杞縣。　襄邑：縣名。治所在今河南睢縣。

[5]内客省使：中華書局本有校勘記："'使'字原闕，據殿本、劉本、孔本補。"　吴虔裕：人名。許州許田（今河南許昌市）人。五代、宋初將領。傳見《宋史》卷二七一。

[6]遂州：州名。治所在今四川遂寧市。　李洪信：人名。并州晋陽（今山西太原市）人。五代、宋初將領。傳見《宋史》卷二五二。

[7]李懌：人名。京兆（今陝西西安市）人。五代大臣。傳見本書卷九二、《新五代史》卷五五。

[8]張鵬：人名。鎮州鼓城（今河北晋州市晋州鎮鼓城村）人。時爲成德軍節度副使，因言論失當爲節度使高行周奏殺。傳見本書卷一〇六。

[9]八作使：官名。掌八作司之修繕營建工匠。　王繼濤：人名。河朔（今河北地區）人。五代、宋初武官。傳見《宋史》卷二五五。

八月己卯，以華州節度使侯章爲邠州節度使，以左金吾上將軍扈彦珂爲華州節度使。壬午，命樞密使郭威赴河中府軍前，詔河府、永興、鳳翔行營諸軍一禀威節制。時李守貞、王景崇、趙思綰連衡作叛，朝廷雖命白文珂、常思攻討河中，物議以二帥非守貞之敵，中外憂之，及是命之降，人情大愜。[1]癸巳，以奉國左廂都指揮使、閬州防禦使劉詞爲夔州節度使，[2]充侍衛步軍都指揮使兼河中行營都虞候；以護聖左廂都指揮使、岳州防禦使李洪義爲遂州節度使，[3]充侍衛馬軍都指揮使。乙未，兩浙節度使、檢校太尉、兼侍中、吴越國王錢弘俶加檢校太師、兼中書令、東南面兵馬都元帥。[4]弘俶，故吴越王元瓘之子也。[5]先是，其兄弘倧襲父位，[6]尋爲部下所廢，以弘俶代之，故特加是命焉。新授鳳翔節度使趙暉奏，部署兵士赴鳳翔城下。癸卯，郭威奏，今月二十三日，大軍已抵河府賊城，[7]至二十六日，開長連塹壘，築長連城次。

[1]“壬午”至“人情大愜”：《舊五代史考異》：“案《通鑑》云：自河中、永興、鳳翔三鎮拒命以來，朝廷繼遣諸將討之。昭義節度使常思屯潼關，白文珂屯同州，趙暉屯咸陽，惟郭從義、王峻置栅近長安，而二人相惡如水火，自春徂秋，皆相仗莫肯攻戰。帝患之，欲遣重臣臨督。壬午，以郭威爲西面軍前招慰安撫使，諸軍皆受威節度。與《薛史》所載詳略互異。又案《薛史·周太祖紀》云：七月，西面師徒大集，未果進取，其月十三日，制授帝同平章事，即遣西征。據此《紀》，則周太祖以七月庚申加同平章事，八月壬午命赴河中府軍前，非一時事也。二《紀》前後自相矛盾。《歐陽史·漢、周本紀》，亦各仍《薛史》之舊，未能參考劃一。《通鑑》定從《薛史·漢紀》。”中華書局本有三條校勘記：“‘河中’，原作‘河東’，據《通鑑》卷二八八改。”“‘以郭威爲西面軍

前招慰安撫使'，'西面'二字原闕，據《通鑑》卷二八八補。"
"'又案《薛史》……《通鑑》定從《薛史·漢紀》'，以上一〇六字原闕，據《舊五代史考異》卷四補。"見《輯本舊史》卷一一〇《周太祖紀》一，《新五代史》卷一〇《漢隱帝紀》、卷一一《周太祖紀》，《通鑑》卷二八八。

[2]閬州：州名。治所在今四川閬中市。　劉詞：人名。元城（今河北大名縣）人。五代將領。傳見本書卷一二四、《新五代史》卷五〇。　夔州：州名。治所在今重慶市奉節縣。

[3]岳州：州名。治所在今湖南岳陽市。　李洪義：人名。一作"李弘義"。并州晋陽（今山西太原市）人。李洪信弟，五代、宋初將領。《宋史》卷二五二《李洪信傳》有附傳。

[4]錢弘俶：人名。即錢俶。錢元瓘第九子，五代十國吴越末代君主。傳見本書卷一三三、《新五代史》卷六七。

[5]元瓘：人名。即錢元瓘。錢鏐第五子，五代十國吴越君主。傳見本書卷一三三、《新五代史》卷六七。

[6]弘倧：人名。即錢倧。錢元瓘第七子，五代十國吴越君主。傳見本書卷一三三、《新五代史》卷六七。

[7]河府：方鎮名。即河中府。治所在今山西永濟市。

九月戊申，侯益部曲王守筠自鳳翔來奔，[1]言益家屬盡爲王景崇所害。壬子，郭威奏，破河府賊軍於城下。甲寅，故夔州節度使兼侍衛步軍都指揮使尚洪遷贈太尉。乙丑，雪，書不時也。戊辰，鳳翔都部署趙暉奏，大破川軍於大散關，殺三千餘人，其餘棄甲而遁。[2]壬申，郭威奏，得郭從義報，今月十四日，鳳翔王景崇兵士離本城，尋遣監軍李彦從率兵襲至法門寺西，[3]殺戮二千餘人。詔升河中府解縣爲解州。[4]

[1]王守筠：人名。籍貫、事跡不詳。本書僅此一見。

[2]"戊辰"至"其餘棄甲而遁"：《舊五代史考異》："案《隆平集》：藥元福從趙暉進討，兵衆寡數倍，他將皆爲却，元福擁數百騎獨出，令曰：'敢回頭者斬。'衆效死以戰，遂有成功。"見《隆平集》卷一六《藥元福傳》。

[3]監軍：官名。爲臨時差遣，代表朝廷協理軍務，督察將帥。五代時常以宦官爲監軍。　李彦從：人名。汾州孝義（今山西孝義市）人。五代後漢將領。傳見本書卷一〇六。　法門寺：佛寺名。位於今陝西扶風縣北二十里法門鎮。

[4]解縣：縣名。治所在今山西運城市解州鎮。

冬十月丙子朔，山陵使竇貞固上大行皇帝陵名曰睿陵，[1]從之。丁丑夕，歲星入太微。戊寅，趙暉奏，破王景崇賊軍於鳳翔城下。甲申，吐番遣使獻方物。[2]丙戌，右羽林將軍張播停任，[3]坐檢田受請託也。丁亥，中書舍人張誼責授房州司户，[4]兵部郎中馬承翰責授慶州司户，[5]並員外置，所在馳驛發遣。先是，誼與承翰俱銜命于兩浙，覩其驕僭之失，形於譏誚，兼乘醉有輕肆之言，錢弘俶耻之，摭其過以奏之，朝廷以方務懷柔，故有是命。甲辰，延州奏，夏州李彝殷先出兵臨州境，[6]欲應接李守貞，今却抽退。

[1]睿陵：五代後漢高祖劉知遠之陵，位於今河南登封市告成鎮。

[2]吐番：部族、政權名。即吐蕃。唐朝時藏族先民在青藏高原建立吐蕃政權。自7世紀至9世紀，共歷九主，二百餘年。參見才讓《吐蕃史稿》，人民出版社2010年版。

［3］右羽林將軍：官名。唐置左右羽林軍，掌統北衙禁兵，督攝左右厢飛騎儀仗。大朝會，則周衛階陛；巡幸，則來馳道爲内仗。大將軍各一人，正三品；將軍，各三人，從三品。　張播：人名。籍貫不詳。本書僅此一見。

［4］張誼：人名。籍貫不詳。本書僅此一見。　房州：州名。治所在今湖北房縣。　司户：官名。州級政府僚佐。掌本州屬縣之户籍、賦税、倉庫受納等事。上州從七品下，中州正八品下，下州從八品下。

［5］兵部郎中：官名。唐高祖改兵曹郎置，二人，一掌武官階品、衛府名數、校考、給告身之事，一掌軍籍、軍隊調遣名數、朝集、録賜、告假等事。高宗、武則天、玄宗時，一度隨本部改名司戎大夫、夏官郎中、武部郎中。五代因之。從五品上。　馬承翰：人名。籍貫不詳。五代大臣，官至刑部、兵部郎中。事見明本《册府》卷四八一《臺省部·輕躁門》、卷六一三《刑法部·定律令》、卷六六四《奉使部·辱命門》，此事亦見於《宋史》卷三〇六《張去華傳》。　慶州：州名。治所在今甘肅慶城縣。

［6］夏州：《輯本舊史》之影庫本粘籤："夏州，原本作'雅州'，今從《歐陽史》改正。"不見《新五代史》記載，可參見《輯本舊史》卷八二《晋少帝紀二》天福八年九月條、明本《册府》卷一一八《帝王部·親征門三》晋天福九年條。　臨州：州名。治所在今甘肅臨洮縣。

十一月甲寅，誅太子太傅李崧及其弟司封員外郎嶼、國子博士㠢，[1]夷其族，爲部曲誣告故也。詔曰："稔惡圖危，難逃天網；虧忠負義，必速神誅。李崧頃在前朝，最居重位，略無裨益，遂至滅亡。及事契丹，又爲親密，士民俱憤，險佞可知。先皇帝含垢掩瑕，推恩念舊，擢居一品，俾列三師。不謂潛有包藏，謀危社稷，散差人使，潛結奸兇，俯近山陵，擬爲叛亂。按其所告，咸已伏辜，宜正典章，用懲奸逆。其李崧、李嶼、李㠘一家骨肉，及同謀作亂人，並從極法”云。庚申，大行皇帝靈駕進發。辛酉，荆南奏，節度使高從誨卒。壬申，葬高祖皇帝於睿陵。

[1]太子太傅：官名。與太子太師、太子太保統稱太子三師。隋唐以後多作加官或贈官。從一品。　李崧：人名。深州饒陽（今河北饒陽縣）人。五代大臣。傳見本書卷一〇八、《新五代史》卷五七。　司封員外郎：官名。尚書省吏部司封司次官。掌封爵、命婦、朝會及賜予等事。從六品上。　嶼：人名。即李嶼。深州饒陽（今河北饒陽縣）人。李崧之弟。五代後漢司封員外郎。事見本書卷一〇八《李崧傳》。　國子博士：官名。國子監屬官。掌教文武官三品已上、國公子孫，二品已上曾孫爲生者。正五品上。　㠘：人名。即李㠘。深州饒陽（今河北饒陽縣）人。李崧之弟。五代後漢國子博士。事見本書卷一〇八《李崧傳》。

十二月丁丑，[1]荆南節度副使、檢校太傅、行峽州刺史高保融起復，[2]授荆南節度使、檢校太尉、同平章事、渤海郡侯。壬午，帝被衮冕御崇元殿，[3]授六廟寶册，正使宰臣蘇禹珪及副使太府卿劉皞赴西京行禮。[4]兖州奏，淮賊先於沂州界立栅，[5]前月十七日已歸海州，[6]爲李守貞牽制也。[7]庚寅，奉高祖神主於西京太廟。淮南僞主李璟奉書於帝，[8]云：“先因河府李守貞求援，又聞大國沿淮屯軍，當國亦於境上防備。昨聞大朝收軍，當國尋已徹備，其商旅請依舊日通行。”朝廷不報。辛卯，群臣上表，請以三月九日誕聖日爲嘉慶節，從之。延州節度使高允權奏，得都頭李彦、李遇等告：[9]“太子太師致仕劉景巖與鄉軍指揮使高志，[10]結集草寇，欲取臘辰窺圖州城。尋請使臣與指揮使李勳，[11]聊將兵士巡檢偵邏，劉景巖果出兵鬬敵，時即殺敗，其劉景巖尋獲斬之。”詔曰：“劉景巖年已衰暮，身處退閑，曾無止足之心，輒肆苞藏之毒，結集徒黨，窺伺藩垣。所賴上將輸忠，三軍協力，盡除醜類，克殄渠魁。其劉景巖次男前德州刺史行琮已行極法，[12]長男渭州刺史行謙、孫男邢州馬軍指揮使崇勳特放。”[13]是冬，多昏霧，日晏方解。《永樂大典》卷一萬六千二百二。[14]

[1]十二月丁丑：中華書局本有校勘記：“‘月’字原闕，據殿本、劉本、孔本、邵本校補。”

[2]峽州：州名。即硤州。治所在今湖北宜昌市夷陵區。　高保融：人名。陝州硤石（今河南三門峽市）人。五代十國南平（荆南）君主。傳見本書卷一三三、《新五代史》卷六九。

[3]崇元殿：五代後梁開平元年（907）改汴京正殿爲崇元殿。位於今河南開封市。

[4]太府卿：官名。南朝梁始置。太府寺長官。掌國家財帛庫藏出納、關市税收等務。從三品。　劉皞：人名。涿州歸義（今河北容城縣）人。五代十國時期大臣。後晋宰相劉昫之弟。傳見本書卷一三一。

[5]沂州：州名。治所在今山東臨沂市。

[6]海州：州名。治所在今江蘇連雲港市海州區。

[7]爲李守貞牽制也：《舊五代史考異》：“案《南唐書》：嗣主六年，李守貞遣從事朱元、李平奉表來乞師，以潤州李金全爲西面

行營招撫使，壽州劉彦貞爲副，諫議大夫查文徽爲監軍使，兵部侍郎魏岑爲沿淮巡撫使，聞河中平，遽班師。又《李金全傳》云：出師沭陽，諸將鋭于進取，金全獨以爲遠不相及，乃止。”見《南唐書》卷三《中主書》、卷一二《李金全傳》。

[8]李璟：人名。即五代十國南唐元宗。又名李景。徐州彭城（今江蘇徐州市）人。南唐烈祖李昪長子，南唐第二位皇帝。後因受後周威脅，削去帝號，改稱國主。傳見本書卷一三四、《新五代史》卷六二。

[9]都頭：官名。唐末五代時，“都”爲指揮以下的軍事編制。《武經總要》卷二：“凡五百人爲一指揮，其别有五都，都一百人，統以一營居之。”都的長官稱爲都頭。　李彦：人名。籍貫不詳。本書僅此一見。　李遇：人名。籍貫不詳。本書僅此一見。

[10]太子太師：官名。與太子太傅、太子太保統稱太子三師。隋唐以後多作加官或贈官。從一品。　劉景巖：人名。延州（今陝西延安市）人。高允權妻之祖父，家富於財，爲高允權誣殺。傳見《新五代史》卷四七。　高志：人名。籍貫不詳。本書僅此一見。

[11]李勳：人名。籍貫不詳。本書僅此一見。

[12]行琮：人名。即劉行琮。延州（今陝西延安市）人。五代將領。劉景巖之子。事見《新五代史》卷四七。

[13]渭州：州名。治所在今甘肅隴西縣。　行謙：人名。即劉行謙。延州（今陝西延安市）人。劉景巖之子。高允權婦翁。　崇勳：人名。即劉崇勳。延州（今陝西延安市）人。劉景巖之孫。本書僅此一見。

[14]《大典》卷一六二〇二爲“漢”字韻“漢隱帝（一）”事目。

舊五代史　卷一〇二

漢書四

隱帝紀中

乾祐二年春正月乙巳朔，[1]制曰："朕以眇躬，獲纘洪緒，念守器承祧之重，懷臨深履薄之憂。屬以玄道猶艱，王室多故，天降重戾，國有大喪，奸臣樂禍以圖危，群寇幸災而伺隙，力役未息，兵革方殷。朕所以嘗膽履冰，廢飧輟寐，雖居億兆之上，不以九五爲尊，漸冀承平，永安遐邇。内則禀太后之慈訓，外則仗多士之忠勳，股肱叶謀，爪牙宣力。西摧三叛，撫其背而扼其喉；北挫諸蕃，[2]斷其臂而折其脊。次則巴邛嘯聚，淮海猖狂，纔聞矢接鋒交，已見山摧岸沮，寇難少息，師徒無虧。兼以修奉園陵，崇建宗廟，右賢左戚，同寅協恭，多事之中，大禮無闕，負荷斯重，哀感良深。今以三陽布和，四序更始，宜申兑澤，允答天休，恤獄緩刑，捨過宥罪，當萬物之莩甲，開三面之網羅，順彼發生，以召和氣。應乾祐二年正月一日昧爽已前，天下見禁罪人，除十惡五逆、官典犯贓、合造毒藥、劫家殺人正身外，其餘並放。河府李守貞、鳳翔王景崇、永興趙思綰等，[3]比與國家素無讎釁，偶因疑懼，遂至叛違。然以彼之生靈，朕之赤子，久陷孤壘，可念非辜，易子析骸，填溝委壑，爲人父母，寧不軫傷！但以屈己愛人，先王厚德，包垢含辱，列聖美談，宜推濟物之恩，用廣好生之道。其李守貞等，[4]宜令逐處都部署分明曉諭，[5]若能翻然歸順，朕即待之如初，當保始終，享其富貴，明申信誓，固無改移。其或不順推誠，堅欲拒命，便可應時攻擊，剋日盪平，候收復城池，罪止元惡，其餘詿誤，一切不問。重念征討已來，勞役滋甚，兵猶在野，民未息肩，急賦繁徵，財殫力匱。矜恤之澤，未被於疲羸；愁歎之聲，幾盈於道路。即俟邊鋒少弭，國難漸除，當議優饒，冀獲蘇息。諸道藩侯郡守等，咸分寄任，共體憂勞，更宜念彼瘡痍，倍加勤恤，究鄉閭之疾苦，去州縣之煩苛，勸課耕桑，省察冤濫，共恢庶政，用副憂勞。凡百臣僚，當體朕意。”壬子，賜前昭義軍節度使張從恩衣一襲，[6]金帶、鞍馬、綵帛等。時有投無名文字誣告從恩者，故特有是賜，以安其心。乙卯，河府軍前奏，今月四日夜，賊軍偷斫河西寨，捕斬七百餘級。時蜀軍自大散關來援王景崇，[7]郭威自將兵赴岐下，[8]將行，戒白文珂、劉詞等曰：[9]“賊之驍勇，並在城西，慎爲儆備。”既行，至華州，[10]聞川軍敗退，且憂文珂等爲賊奔突，遂兼程而迴。賊城内偵知郭威西行，於正月四日夜，遣賊將王三鐵等，[11]率驍勇千餘人，沿流南行，坎岸而登，爲三道來攻。賊軍已入王師砦中，劉詞極力拒之，短兵既接，遂敗之。

[1]乾祐：五代後漢高祖劉知遠年號（948）。隱帝劉承祐沿用至乾祐三年（950）。北漢亦用此年號。

[2]諸蕃：明本《册府》卷九五《帝王部·赦宥門十四》作"群胡"。

[3]河府：方鎮名。即河中府。治所在今山西永濟市。《輯本舊史》之影庫本粘籤："河府，原本作'何府'，《册府元龜》作'河中'，考《薛史》多稱'河中府'爲'河府'，今改正。"見明本《册府》卷九五《帝王部·赦宥十四》；又見《輯本舊史》卷六八《李保殷傳》，卷一〇一《漢隱帝紀》上乾祐元年八月癸卯、九月壬子，卷一一三《周太祖紀》四顯德元年（954）正月。　李守貞：人名。河陽（今河南孟州市）人。五代後晋、後漢將領。傳見本書卷一〇九、《新五代史》卷五二。　鳳翔：方鎮名。治所在鳳翔府（今陝西鳳翔縣）。　王景崇：人名。邢州（今河北邢臺市）人。五代後漢時升任鳳翔節度使。傳見本書附録、《新五代史》卷五三。　永興：方鎮名。治所在京兆府（今陝西西安市）。　趙思綰：人名。魏州（今河北大名縣）人。五代將領。傳見本書卷一〇九、《新五代史》卷五三。

[4]其李守貞等：明本《册府》卷九五《帝王部·赦宥十四》、《宋本册府》卷一六六《帝王部·招懷門四》作"李守貞、王景崇、趙思綰等"。

[5]都部署：官名。五代後唐始置，爲臨時委任的大軍區統帥。掌管屯戍、攻防等事務。

[6]昭義軍：方鎮名。治所在潞州（今山西長治市）。　節度使：官名。唐時在重要地區所設掌握一州或數州軍事、民事、財政的長官。　張從恩：人名。太原（今山西太原市）人。五代後晋外

戚、將領。仕至宋初。傳見《宋史》卷二五四。

[7]大散關：關隘名。位於今陝西寶鷄市大散嶺上。

[8]郭威：人名。邢州堯山（今河北隆堯縣）人。五代後周開國皇帝。951年至954年在位。紀見本書卷一一〇至卷一一三、《新五代史》卷一一。　岐下：地名。此指鳳翔。治所在今陝西鳳翔縣。

[9]白文珂：人名。太原（今山西太原市）人。五代後唐至後周將領。傳見本書卷一二四。　劉詞：人名。元城（今河北大名縣）人。五代將領。傳見本書卷一二四、《新五代史》卷五〇。

[10]華州：州名。治所在今陝西渭南市華州區。

[11]王三鐵：人名。即王繼勳。五代、宋初將領。《舊五代史考異》："案：《通鑑》作王繼勳。《宋史·王繼勳傳》：繼勳有武勇，在軍陣常用鐵鞭、鐵槊、鐵撾，軍中目爲'王三鐵'。"《舊五代史考異》所引"《宋史·王繼勳傳》……軍中目爲王三鐵"，中華書局本有校勘記："以上二十九字原闕，據《舊五代史考異》卷四補。"見《通鑑》卷二八八、《宋史》卷三七四《王繼勳傳》。

二月丙子，詔："諸道州府，所征乾祐元年夏秋苗畝上紐征白米稈草已納外，並放。"是日旦，黑霧四塞。丁丑夕，大風。乙酉，以前房州刺史李筠夫爲鴻臚卿。[1]戊子，前右監門將軍喬達，[2]及其兄契丹僞命客省使榮等皆棄市。[3]達，李守貞之妹壻也，故皆誅之。庚寅，徐州巡檢使成德欽奏，[4]至峒峿鎮遇淮賊，[5]破之，殺五百人，生擒一百二十人。戊戌，大雨霖。庚子，詔左諫議大夫賈緯等修撰《高祖實録》。[6]

[1]房州：州名。治所在今湖北房縣。　刺史：官名。州一級

行政長官。西漢武帝時始置，總掌考核官吏、勸課農桑、地方教化等事。唐中期以後，節度使、觀察使轄州而設，刺史爲其屬官，職任漸輕。從三品至正四品下。　李筠夫：人名。籍貫不詳。本書僅此一見。　鴻臚卿：官名。秦稱典客，漢初改大行令，漢武帝時改大鴻臚，北齊置鴻臚寺，以鴻臚寺卿爲長官，後代沿置。掌四夷朝貢、宴飲賞賜、送迎外使等禮儀活動。從三品。

[2]右監門將軍：官名。唐置，掌宮禁宿衛。唐代十六衛之一。從三品。　喬達：人名。籍貫不詳。本書僅此一見。

[3]契丹：部族、政權名。公元4世紀中葉宇文部爲前燕攻破，始分離而成單獨的部落，自號契丹。唐貞觀中，置松漠都督府，以其首領爲都督。唐末强盛，916年迭剌部耶律阿保機建立契丹國（遼）。先後與五代、北宋並立，保大五年（1125）爲金所滅。參見張正明《契丹史略》，中華書局1979年版。　客省使：官名。唐代宗時始置，五代沿置。客省長官，掌接待四方奏計及外族使者。　榮：人名。即喬榮。喬達之弟。本書僅此一見。

[4]徐州：方鎮名。即武寧軍。治所在徐州（今江蘇徐州市）。　巡檢使：官名。五代始置，設於京師、陪都、重要的州及邊防重鎮。　成德欽：人名。籍貫不詳。五代將領。事見《通鑑》卷二八八。

[5]峒峿鎮：地名。位於今江蘇宿遷市北峒峿鎮。中華書局本有校勘記："《册府》卷四三五、《通鑑》卷二八八同，劉本、邵本校、彭校作'峒峿鎮'。按錢大昕《潛研堂集》卷二八：'徐州之峒峿鎮，古書本作"司吾"，後人增加"山"旁，刊本訛"峒"爲"峒"，遂讀爲"崆峒"之"峒"，失其義矣。'"見明本《册府》卷四三五《將帥部·獻捷門二》。《漢書·地理志上》、《後漢書·郡國志三》、《晋書·地理志下》、《水經注》卷二六"沭水"條、《宋書·州郡志一》、《梁書》卷三《武帝紀下》、《南齊書·州郡志上》均作"司吾"。

[6]左諫議大夫：官名。隸門下省。唐代置左、右諫議大夫各

四人，分隸門下省、中書省。掌諫諭得失，侍從贊相。正四品下。　賈緯：人名。真定獲鹿（今河北石家莊市鹿泉區）人。五代史官。傳見本書卷一三一、《新五代史》卷五七。

三月丙辰，以北京衙内指揮使劉鈞爲汾州防禦使。[1]

[1]北京：即太原府。治所在今山西太原市。　衙内指揮使：官名。唐、五代時衙内指揮使爲節度使府衙内之牙將，統最親近衛兵。　劉鈞：人名。原名劉承鈞，太原（今山西太原市）人。沙陀族。五代十國北漢世祖劉旻次子，北漢第二任君主。傳見《新五代史》卷七〇。　汾州：州名。治所在今山西汾陽市。　防禦使：官名。唐代始置，設有都防禦使、州防禦使兩種。常由刺史或觀察使兼任，實際上爲唐代後期州或方鎮的軍政長官。

夏四月丙子，以荆南節度行軍司馬、武泰軍節度留後王保義爲檢校太尉，[1]領武泰軍節度使，行軍如故。丁丑，潁州獻紫兔、白兔。[2]幽、定、滄、貝、深、冀等州地震。[3]壬午，太白經天。[4]辛丑，幸道宫禱雨。

[1]荆南：方鎮名。治所在荆州（今湖北荆州市）。　行軍司馬：官名。出征將領及節度使的屬官。掌軍籍符伍，號令印信，是藩鎮重要的軍政官員。　武泰軍：方鎮名。治所在黔州（今重慶市彭水苗族土家族自治縣）。　節度留後：官名。唐、五代節度使多以子弟或親信爲留後，以代行節度使職務，亦有軍士、叛將自立爲留後者。掌一州或數州軍政。　王保義：人名。本名劉去非。幽州（今北京市）人。南平高季興部下。事見本書卷一三三。　檢校太

尉：官名。爲散官或加官，以示恩寵，無實際執掌。

［2］潁州：州名。治所在今安徽阜陽市。

［3］幽：州名。治所在今北京市。　定：州名。治所在今河北定州市。　滄：州名。治所在今河北滄縣舊州鎮。　貝：州名。治所在今河北清河縣。　深：州名。治所在今河北深州市。　冀：州名。治所在今河北衡水市冀州區。　“丁丑”至“等州地震”：“幽定滄貝深冀等州地震”，《輯本舊史》原無記日，僅作“是月”，《輯本舊史》卷一四一《五行志》：“漢乾祐二年四月丁丑，幽、定、滄、營、深、洺等州地震，幽、定尤甚。”據改。然本紀與《五行志》有關受災州記載不一，今不改。

［4］壬午，太白經天：“壬午”，原作“辛巳”，《輯本舊史》卷一三九《天文志》記於“乾祐三年四月壬午”，“三”應爲“二”之誤；《新五代史》卷五九《司天考》、《通鑑》卷二八八均記於“乾祐二年四月壬午”，據改。

五月甲辰朔，故湖南節度使、檢校太尉、兼中書令、扶風郡公、贈太師馬希聲追封衡陽王。[1]戊申，以前邠州節度使安審約爲左神武統軍，[2]以前洛京副留守袁㠧爲右神武統軍。[3]乙卯，河府軍前奏，今月九日，河中節度副使周光遜棄賊河西寨，[4]與將士一千一百三十人來奔。己未，右監門大將軍許遷上言，[5]奉使至博州博平縣界，[6]覩蝝生彌亘數里，[7]一夕並化爲蝶飛去。辛酉，兖、鄆、齊三州奏蝝生。[8]乙丑，永興趙思綰遣牙將劉成詣闕乞降，[9]制授趙思綰華州節度留後、檢校太保，[10]以永興城内都指揮使常彦卿爲虢州刺史。[11]丁卯，宋州奏，[12]蝗抱草而死。己巳，湖南奏，蠻寇賀州，[13]遣大將軍徐進率兵援之，[14]戰於風陽山下，[15]大敗蠻獠，斬首五千級。

［1］湖南：方鎮名。又稱武安軍節度。治所在潭州（今湖南長沙市）。　中書令：官名。漢代始置，隋、唐前期爲中書省長官，屬宰相之職；唐後期多爲授予元勳大臣的虚銜。正二品。　太師：官名。與太傅、太保合稱三師，唐後期、五代多爲大臣、勳貴加官。正一品。　馬希聲：人名。馬殷之子，五代十國南楚君主。傳見本書卷一三三、《新五代史》卷六六。

［2］邠州：州名。治所在今陝西彬縣。　安審約：人名。籍貫不詳。五代將領。事見本書卷八二至卷八五、卷一一一。　左神武統軍：官名。唐代左神武軍統兵官。唐置六軍，分左、右羽林，左、右龍武，左、右神武，即"北衙六軍"。興元元年（784），六軍各置統軍，以寵功勳臣。其品秩，《唐會要》卷七一、《舊唐書》卷一二記載爲"從二品"，《通鑑》卷二二九記載爲"從三品"。

［3］洛京：地名。位於今河南洛陽市。　副留守：官名。古代皇帝出巡或親征時指定親王或大臣留守京城，綜理國家軍事、行政、民事、財政等事務，稱京城留守。在陪都或軍事重鎮也常設留守，以地方長官兼任。副留守即其副貳。　袁義：人名。籍貫不詳。五代後唐至後周將領。事見本書卷三七、卷一〇三，《新五代史》卷三〇。

［4］節度副使：官名。唐五代方鎮屬官。位於行軍司馬之下、判官之上。　周光遜：人名。太原（今山西太原市）人。周德威之子、周光輔之弟，時爲李守貞之驍將。事見本書卷九一《周光輔傳》。

［5］右監門大將軍：官名。唐置，掌宫禁宿衛。唐代十六衛之一。正三品。　許遷：人名。鄆州（今山東東平縣）人。五代將領。傳見本書卷一二九。《御覽》卷九四五《虫豸部二》引《漢實録》作"右監門衛大將軍"。

［6］博州：州名。治所在今山東聊城市。　博平縣：縣名。治所在今山東茌平縣博平鎮。《御覽》卷九四五《虫豸部二》引《漢實録》作“博平縣東村”。

［7］蝝：蝗的幼蟲。

［8］兖：州名。治所在今山東濟寧市兖州區。　鄆：州名。治所在今山東東平縣。　齊：州名。治所在今山東濟南市。

［9］牙將：節度使衙將領總稱。　劉成：人名。籍貫不詳。五代將領。事見本書本卷及卷一〇九。中華書局本有校勘記：“《册府》卷一六六同，本書卷一〇九《趙思綰傳》作‘劉成琦’，《新五代史》卷五三《趙思綰傳》作‘劉筠’”。見《宋本册府》卷一六六《帝王部・招懷門四》。

［10］檢校太保：官名。爲散官或加官，以示恩寵，無實際執掌。

［11］城内都指揮使：官名。所部統兵將領。城内爲部隊番號。　常彦卿：人名。籍貫不詳。五代後漢將領。事見本書卷一〇九。　虢州：州名。治所在今河南靈寶市。

［12］宋州：州名。治所在今河南商丘市睢陽區。

［13］賀州：州名。治所在今廣西賀州市。

［14］徐進：人名。籍貫不詳。五代將領。事見本書卷三〇、卷三八。

［15］風陽山：山名。即風門山。位於今湖南武岡市。《讀史方輿紀要》卷八一：“風門山，州西四十里，極高峻。或以爲即風陽山也。五代漢乾祐二年，楚將徐進敗蠻于風陽山，斬首五千級，即此。”

六月癸酉朔，日有食之。兖州奏，捕蝗二萬斛。魏、博、宿三州蝗抱草而死。[1]乙亥，潁州獻白鹿。戊寅，安州節度使楊信奏，[2]亡父光遠，[3]蒙賜神道碑，[4]

鐫勒畢，無故中斷。詔別令斵石鐫勒。己卯，滑、濮、澶、曹、兖、淄、青、齊、宿、懷、相、衛、博、陳等州奏蝗，[5]分命中使致祭於所在川澤山林之神。開封府、滑、曹等州蝗甚，遣使捕之。[6]壬午，月犯心星。[7]辛卯，回鶻遣使貢方物。[8]丙申，改商州乾元縣爲乾祐縣，[9]隸京兆府。[10]是月，邠、寧、澤、潞、涇、延、鄜、坊、晋、絳等州旱。[11]

[1]魏：州名。治所在今河北大名縣。　宿：州名。治所在今安徽宿州市。　抱草：《輯本舊史》之影庫本粘籤："原本作'抱卓'，今據《薛史·五行志》改正。"見《輯本舊史》卷一四五《五行志》。

[2]安州：州名。治所在今湖北安陸市。　楊信：人名。即楊承信。沙陀部人。五代將領楊光遠第三子。五代、宋初官員。傳見《宋史》卷二五二。《舊五代史考異》："案：楊信本名承信，在隱帝時，避御名去'承'字。《薛史》仍當時《實録》之舊。"

[3]光遠：人名。即楊光遠。沙陀部人。五代後唐、後晋將領。傳見本書卷九七、《新五代史》卷五一。

[4]神道碑：立在墓道前記載死者事跡的石碑，亦指刻於神道碑上的碑文。

[5]滑：州名。治所在今河南衛輝市。　濮：州名。治所在今山東鄄城縣。　澶：州名。唐大曆七年（772）移治今河南清豐縣，五代後晋天福四年（939）移治今河南濮陽縣。　曹：州名。治所在今山東曹縣西北。　淄：州名。治所在今山東淄博市。　青：州名。治所在今山東青州市。　懷：州名。治所在今河南沁陽市。　相：州名。治所在今河南安陽市。　衛：州名。治所在今河南衛輝市。　陳：州名。治所在今河南淮陽縣。

[6]"己卯"至"遣使捕之"：《舊五代史考異》："案《宋史·

段思恭傳》：隱帝時蝗，詔徧祈山川。思恭上言：'赦過宥罪，議獄緩刑，苟獄訟平允，則災害不生。望令諸州速決重刑，無致淹濫，必召和氣。'從之。"其中，"隱帝時蝗"，中華書局本有校勘記："'時'字原闕，據《宋史》卷二七〇《段思恭傳》補。""苟獄訟平允"，中華書局本有校勘記："'苟'字原闕，據殿本、劉本、《宋史》卷二七〇《段思恭傳》補。""必召和氣"，中華書局本有校勘記："'氣'，原作'平'，據《宋史》卷二七〇《段思恭傳》改。"

[7]月犯心星：月象的一種。指月亮侵逼心宿、光芒相觸的現象。星占家認爲是大喪之兆。

[8]回鶻：古部族名。原係突厥鐵勒部的一支。唐天寶三載（744）建立回鶻汗國，9世紀中葉，回鶻汗國瓦解。其中一支爲甘州回鶻。11世紀初，甘州回鶻爲西夏所滅。參見楊蕤《回鶻時代：10—13世紀陸上絲綢之路貿易研究》，中國社會科學出版社2015年版。

[9]商州：州名。治所在今陝西商洛市商州區。　乾元縣：縣名。治所在今陝西柞水縣。

[10]京兆府：府名。治所在今陝西西安市。

[11]邠：州名。治所在今陝西彬縣。　寧：州名。治所在今甘肅寧縣。　澤：州名。治所在今山西澤州縣。　潞：州名。治所在今山西長治市。　涇：州名。治所在今甘肅涇川縣。　延：州名。治所在今陝西延安市。　鄜：州名。治所在今陝西富縣。　坊：州名。治所在今陝西黄陵縣。　晋：州名。治所在今山西臨汾市。　絳：州名。治所在今山西新絳縣。

秋七月辛亥，湖南奏，析長沙縣東界爲龍喜縣，[1]從之。丙辰，樞密使郭威奏，[2]收復河府羅城，李守貞退保子城。丁巳，永興都部署郭從義奏：[3]"新除華州留後趙思綰，自今月三日授華州留後，[4]準詔赴任，三移行期，仍要鎧甲以給牙兵，及與之，竟不遵路。至九日夕，有部曲曹彦進告，[5]思綰欲於十一日夜與同惡五百人奔南山入蜀。[6]是日詰旦，再促上路，云俟夜進途。臣尋與王峻入城，[7]分兵守四門，其趙思綰部下軍，各已執帶，遂至牙署，令召思綰，[8]至則執之，與一行徒黨，並處置訖。”甲子，樞密使郭威奏，收復河中府，逆賊李守貞自燔而死。[9]丙寅，以權涼州留後折逋嘉施爲河西軍節度留後。[10]兖州奏，捕蝗三萬斛。丁卯，前洺州團練使武漢球卒。[11]戊辰，永興軍節度使兼兵馬都部署郭從義加同平章事，[12]徙華州節度使。[13]郭從義奏，處斬前巡檢使喬守温，[14]供奉官王益、時知化、任繼勳等。[15]守温受高祖命巡檢京兆，[16]會王益自鳳翔押送趙思綰等赴闕，行至京兆，守温迎益於郊外，思綰等突然作亂，遂據其城。及郭從義率兵攻討，令守温部署役夫。守温有愛姬陷在賊城，爲思綰所録，及收城，從義盡得思綰之婢僕，守温求其愛姬，從義雖與之，意有所慊，遂發前罪，密啓于郭威，請除之，與王益等併誅焉。兖州奏，捕蝗四萬斛。

[1]長沙縣：縣名。治所在今湖南長沙市。　龍喜縣：縣名。治所在今湖南長沙市。

[2]樞密使：官名。樞密院長官。唐代宗時始以宦官掌機密，至昭宗時借朱温之力盡誅宦官，始改以士人任樞密使。備顧問，參謀議，出納詔奏，權侔宰相。參見李全德《唐宋變革期樞密院研究》，國家圖書館出版社 2009 年版。

[3]郭從義：人名。沙陀部人。五代、宋初大臣。傳見《宋

史》卷二五二。

[4]今月三日：明本《册府》卷四三五《將帥部・獻捷門二》作“三月三日”，據本卷載，趙思綰授官在五月乙丑，《册府》誤。

[5]曹彦：人名。籍貫不詳。本書僅此一見。

[6]南山：山名。即終南山。位於今陝西西安市。

[7]王峻：人名。相州安陽（今河南安陽市）人。五代將領，後周時任樞密使兼宰相。傳見本書卷一三〇、《新五代史》卷五〇。中華書局本有校勘記：“原作‘王俊’，據殿本、劉本、孔本、邵本校、《册府》卷四三五、《通鑑》卷二八八及本卷下文改。影庫本批校：‘王俊之“俊”，據下文當作“峻”。’”見本卷下文八月乙未。

[8]令召思綰：中華書局本有校勘記：“‘召’，原作‘趙’，據《册府》卷四三五、《新五代史》卷五三《趙思綰傳》、《通鑑》卷二八八改。”《舊五代史考異》：“案：《歐陽史》作七月丁巳，郭威殺華州留後趙思綰于京兆，以郭威專殺爲文，與《薛史》異。”中華書局本引孔本：“案：《歐陽史》作七月丁巳，郭威殺華州留後趙思綰于京兆。蓋以郭從義等請命于郭威，始誅思綰，故以郭威專殺爲文，又誤以奏聞之日爲專殺之日也。《通鑑》作甲辰，趙思綰釋甲出城受詔。壬子，殺思綰。與《薛史》合，爲得其實。”見《新五代史》卷一〇《漢隱帝紀》、《通鑑》卷二八八。

[9]“甲子”至“逆賊李守貞自燔而死”：《舊五代史考異》：“案《通鑑》：壬戌，李守貞自焚死。《歐陽史》作甲子，克河東。衹以奏聞之日爲據也。《五代春秋》繫于六月，殊誤。”見《新五代史》卷一〇、《通鑑》卷二八八、《五代春秋》卷下《漢隱帝》。又據《輯本舊史》卷一一〇《周太祖紀一》乾祐二年七月，“二十一日，城陷，守貞舉家自焚而死”。七月壬寅朔，壬戌爲二十一日，故李守貞當自焚於七月壬戌。

[10]涼州：州名。治所在今甘肅武威市。　折逋嘉施：人名。籍貫不詳。涼州留後。事見本書本卷。　河西軍：方鎮名。治所在

涼州（今甘肅武威市）。

［11］洺州：州名。治所在今河北邯鄲市永年區。　團練使：官名。唐代中期以後，於不設節度使的地區設團練使，掌本區各州軍事。　武漢球：人名。澤州（今山西澤州縣）人。五代將領。傳見本書卷一〇六。

［12］同平章事：官名。全稱“同中書門下平章事”。唐高宗以後，凡實際任宰相之職者，常在其本官後加同平章事的職銜。後成爲宰相專稱。後晉天福五年（940），升中書門下平章事爲正二品。

［13］“戊辰”至“徙華州節度使”：中華書局本有校勘記：“‘徙’原作‘以’，據殿本、孔本改。影庫本粘籤：‘“以華州節度使”句，“以”字按文義當作“徙”字。’按朱玉龍《方鎮表》：‘劉詞爲鎮國，兩五代史《劉詞傳》、《册府》卷三八七《將帥部》與《通鑑》同，俱云河中李守貞平，以功拜鎮國節度使。惟《舊史·隱帝紀》中云，乾祐二年七月戊辰，永興節度使郭從義徙華州。此不獨與《通鑑》異，且與同書下年四月壬申“華州劉詞移鎮邢州”文不協。據《宋史》郭從義傳》及《舊史·周太祖紀》，趙思綰叛，以從義爲永興節度使，廣順元年正月癸未加兼侍中，同年八月壬子徙許州，皆無中間移鎮華州之説。參校《通鑑》所引《乾祐二年七月戊辰制》“加永興節度使郭從義同平章事，徙鎮國節度使扈從珂爲護國節度使，以河中行營馬步都虞候劉詞爲鎮國節度使”，必是《舊史》“徙華州節度使”下脱“扈從珂爲護國節度使，以河中行營馬步都虞候劉詞爲鎮國節度使”。’”見《宋本册府》卷三八七《將帥部·褒異門十三》、《輯本舊史》卷一一〇《周太祖紀一》、《通鑑》卷二八八、《宋史》卷二五二《郭從義傳》。

［14］巡檢使：官名。五代始置，設於京師、陪都、重要的州及邊防重鎮。　喬守温：人名。籍貫不詳。五代後漢地方武官。事見本書卷一〇九。

［15］供奉官：官名。泛指侍奉皇帝左右的臣僚，亦爲東、西頭供奉官通稱。　王益、時知化、任繼勳：皆人名。籍貫不詳。皆五

代後漢供奉官。事見本書本卷、卷一〇一。

[16]高祖：即五代後漢高祖劉知遠。947年至948年在位。紀見本書卷九九至卷一〇〇、《新五代史》卷一〇。

八月壬午，[1]西京留臺侍御史趙礪彈奏，[2]太子太保王延、太子洗馬張季凝等，[3]自去年五月後來，每稱請假，俱是不任拜起。詔延等宜以本官致仕。甲申，以陝州節度使、充河中一行兵馬都部署白文珂爲西京留守，[4]加兼侍中；[5]潞州節度使、充河中一行副都署常思加檢校太師。[6]以右散騎常侍盧撰爲户部侍郎致仕。[7]辛卯，右拾遺高守瓊上言：[8]"仕官年未三十，請不除授縣令。"[9]詔："起今後諸色選人，[10]年及七十者，宜注優散官；年少未歷資考者，不得注擬縣令。"癸巳，以翰林學士、工部尚書張沆爲禮部尚書。[11]沆卜葬先人，以内署無例乞假，乃上章請解職，以赴葬事，遂落職以遣之。乙未，宣徽南院使、永興行營兵馬都監王峻，[12]宣徽北院使、河府行營兵馬都監吴虔裕，[13]並加檢校太傅。[14]

[1]八月壬午：原無"八月"，中華書局本有校勘記："按七月壬寅朔，無壬午，本卷下文甲申事，《通鑑》卷二八八繫於八月，八月壬申朔，壬午爲十一日，甲申爲十三日。"今據干支，補"八月"二字。

[2]西京留臺：官署名。即西京留守司。西京指河南府（今河南洛陽市）。掌行宫宫鑰及京城守衛、修葺、彈壓公事。　侍御史：官名。秦始置。掌糾舉百官、推鞫獄訟。從六品下。　趙礪：人名。籍貫不詳。五代官員。事見本書卷八八、卷一一六、卷一一

八、卷一二七、卷一四七。

[3]太子太保：官名。與太子太師、太子太傅統稱太子三師。隋唐以後多作加官或贈官。從一品。　王延：人名。鄭州長豐（今河北文安縣南）人。五代大臣，歷仕五代各朝。傳見本書卷一三一、《新五代史》卷五七。中華書局本有校勘記："《册府》卷五二〇下同，本書卷一一一《周太祖紀二》'（廣順元年）以太子少保致仕王延爲太子少傅'，《新五代史》卷五七《王延傳》作'以太子少保致仕'，則王延當以太子少保致仕。"見《輯本舊史》卷一一一《周太祖紀二》廣順元年三月丙子條、《宋本册府》卷五二〇下《憲官部·彈劾門四》。　太子洗馬：官名。太子屬官。掌經籍，出入侍從。從五品。　張季凝：人名。籍貫不詳。事見明本《册府》卷五二〇下《憲官部·彈劾門三（下）》、卷九六五《外臣部·封册門三》。

[4]陜州：州名。治所在今河南三門峽市陜州區。

[5]侍中：官名。秦始置。隋、唐前期爲門下省長官。唐後期多爲大臣加銜，不參與政務，實際職務由門下侍郎執行。正二品。

[6]潞州：州名。治所在今山西長治市。　常思：人名。太原（今山西太原市）人。五代將領。傳見本書卷一二九、《新五代史》卷四九。　檢校太師：官名。爲散官或加官，以示恩寵，無實際執掌。太師，與太傅、太保並爲三師。

[7]右散騎常侍：官名。中書省屬官。掌侍從規諫、顧問應對等事。正三品下。　盧撰：人名。籍貫不詳。五代官員。事見本書卷八〇、卷八五。　户部侍郎：官名。尚書省户部次官。協助户部尚書掌天下田户、均輸、錢穀之政令。正四品下。

[8]右拾遺：官名。唐武則天於垂拱元年（685）置拾遺，分左、右。左拾遺隸門下省，右拾遺隸中書省，與左、右補闕共掌諷諫，大事廷議，小事則上封事。從八品上。　高守瓊：人名。籍貫不詳。五代官員。事見本書卷一四八《選舉志》，明本《册府》卷六九《帝王部·審官門》、卷六三四《銓選部·條制六》。

[9]縣令：官名。爲縣的行政長官，掌治本縣。唐代之縣，分赤（京）、次赤、畿、次畿、望、緊、上、中、中下、下十等。縣令分六等，正五品上至從七品下。

[10]選人：候選官員。唐制，凡以科舉、門蔭、雜色入流等資格參加吏部銓選官吏的人，通稱爲選人。

[11]翰林學士：官名。由南北朝始設之學士發展而來，唐玄宗改翰林供奉爲翰林學士，備顧問、代王言。掌拜免將相，號令征伐等詔令的起草。　工部尚書：官名。尚書省工部主官。掌百工、屯田、山澤之政令。正三品。　張沆：人名。徐州（今江蘇徐州市）人。五代後唐、後晋、後周官員。傳見本書卷一三一。　禮部尚書：官名。尚書省禮部長官。掌禮儀、祭享、貢舉之政。正三品。

[12]宣徽南院使：官名。唐始置。宣徽南院長官。初用宦官，五代以後改用士人。與宣徽北院使通掌内諸司及三班内侍之名籍，郊祀、朝會、宴享供帳之儀，檢視内外進奉名物。參見王永平《論唐代宣徽使》，《中國史研究》1995 年第 1 期；王孫盈政《再論唐代的宣徽使》，《中華文史論叢》2018 年第 3 期。　兵馬都監：官名。唐代中葉命將出征，常以宦官爲監軍、都監。後爲臨時委任的統兵官，稱都監、兵馬都監。掌屯戍、邊防、訓練之政令。

[13]吴虔裕：人名。許州許田（今河南許昌市）人。五代、宋初將領。傳見《宋史》卷二七一。

[14]檢校太傅：官名。爲散官或加官，以示恩寵，無實際執掌。

九月乙巳，樞密使郭威加檢校太師、兼侍中，[1]宋州節度使兼侍衛親軍都指揮使史弘肇加兼中書令。[2]初，郭威平河中回，朝廷議加恩，威奏曰："臣出兵已來，輦轂之下，無犬吠之憂，俾臣得專一其事，軍旅所聚，貲糧不乏，此皆居中大臣鎮撫謀畫之功也，臣安敢獨擅其美乎！”帝然之，於是弘肇與宰相、樞密使、三司使，[3]次第加恩。既而諸大臣以恩之所被，皆朝廷親近之臣，而宗室劉信及青州劉銖等皆國家元勳，[4]必有不平之意，且外慮諸侯以朝廷有私於親近也，於是議及四方侯伯，普加恩焉。丙午，西京留守判官時彦澄、推官姜蟾、少尹崔淑並免居官，[5]坐不隨府罷職，爲留臺侍御史趙礪所彈也。己酉，以右千牛上將軍孫漢贇爲絳州刺史。[6]禮部尚書、判吏部尚書銓事王松停見任，[7]坐子仁寶爲李守貞從事也，[8]尋卒於其第。辛亥，宰臣竇貞固加守司徒，[9]蘇逢吉加守司空，[10]蘇禹珪加左僕射。[11]楊邠加右僕射，[12]依前兼樞密使。太子太師致仕皇甫立卒。[13]癸丑，三司使王章加邑封。乙卯，鄴都高行周加守太師，[14]襄州安審琦加守太傅，[15]兖州符彦卿加守太保，[16]北京劉崇加兼中書令。[17]丁巳，澶州李洪信移鎮陜州，以侍衛馬軍都指揮使、遂州節度使李洪義爲澶州節度使。己未，許州劉信加兼侍中，[18]開封尹侯益進封魯國公，[19]鄆州慕容彦超、青州劉銖並加兼侍中。[20]湖南馬希廣奏，於八月十八日大破朗州馬希萼之衆。[21]辛酉，靈州馮暉、夏州李彝殷並加兼中書令。[22]右武衛將軍石懿、左武衛將軍石訓並停任。[23]懿等以八月中秋，享晋五廟，命倡婦宿於齋宫，鴻臚寺劾之，[24]故有是責。癸亥，鎮州武行德、鳳翔趙暉並加檢校太師。[25]鄴都、磁、相、邢、洺等州奏，[26]霖雨害稼。西京奏，洛水溢岸。[27]乙丑，晋州王晏、同州張彦贇、邠州侯章、涇州史懿、滄州王景、延州高允權並加檢校太師。[28]

[1]九月乙巳，樞密使郭威加檢校太師、兼侍中："加"字原闕，據《輯本舊史》卷一一〇《周太祖紀一》補。《通鑑》卷二八八作"乙巳，加威兼侍中。"

[2]侍衛親軍都指揮使：官名。五代時侍衛親軍長官。多由皇帝親信擔任。　史弘肇：人名。鄭州滎澤（今河南鄭州市）人。五代後漢將領。傳見本書卷一〇七、《新五代史》卷三〇。

[3]三司使：官名。五代後唐明宗天成元年（926）將晚唐以來的户部、度支、鹽鐵三部合爲一職，設三司使統之。主管國家財政。

[4]劉信：人名。兖州中都（今山東汶上縣）人。五代十國吴國將領。傳見《十國春秋》卷七。　青州：州名。治所在今山東青州市。《輯本舊史》之影庫本粘籤："青州劉銖，原本作'清州劉殊'，今從《通鑑》改正。"見《通鑑》卷二八八，又見《輯本舊史》卷一〇〇《漢高祖紀下》天福十二年（947）七月甲辰、卷一〇七《劉銖傳》，明本《册府》卷四五五《將帥部·貪瀆門》，《宋本册府》卷六九〇《牧守部·强明門》。　劉銖：人名。陝州（今河南三門峽市）人。時權知開封府事。傳見本書卷一〇七、《新五代史》卷三〇。

[5]留守判官：官名。留守司僚屬，分掌留守司各曹事，並協助留守通判陪都事。　時彦澄：人名。籍貫不詳。本書僅此一見。　推官：官名。唐肅宗以後置，五代沿置。爲節度、觀察、團練、防禦等使的屬官。度支、鹽鐵等使也置推官掌理刑案之事。　姜蟾：人名。籍貫不詳。本書僅此一見。　少尹：官名。唐、五代於三京、鳳翔等府均置少尹，爲尹的副職。協助尹通判列曹諸務。從四品下。　崔淑：人名。籍貫不詳。本書僅此一見。

[6]右千牛上將軍：官名。唐置，掌宫禁宿衛。唐代十六衛之一。從二品。　孫漢贇：人名。籍貫不詳。本書僅此一見。

[7]判吏部尚書銓事：唐代對文官選授考課，由吏部尚書、侍郎分掌其事。尚書爲尚書銓，掌五品至七品選；侍郎二人分爲中

銓、東銓，掌八品、九品選，合稱三銓。其後皆歸侍郎專之，尚書通署而已。　王松：人名。京兆（今陝西西安市）人。唐僖宗宰相王徽之子。五代後唐至後漢官員。傳見本書附録、《新五代史》卷五七。

［8］仁寶：人名。即王仁寶。京兆（今陝西西安市）人。王松之子。事見《新五代史》卷五七《王松傳》。

［9］竇貞固：人名。同州白水（今陝西白水縣）人。五代後漢宰相。傳見《宋史》卷二六二。　司徒：官名。與太尉、司空並爲三公。唐後期、五代多爲大臣、勳貴加官。正一品。　宰臣竇貞固加守司徒：《舊五代史考異》："案：《宋史·竇貞固傳》作隱帝即位，加司徒。考貞固加司徒，在乾祐二年，《宋史》作即位所加，蓋未詳考。"見《宋史》卷二六二《竇貞固傳》。

［10］蘇逢吉：人名。長安（今陝西西安市）人。五代後漢宰相。傳見本書卷一〇八、《新五代史》卷三〇。　司空：官名。與太尉、司徒並爲三公，唐後期、五代多爲大臣、勳貴加官。正一品。

［11］蘇禹珪：人名。高密（今山東高密市）人。劉知遠爲河東節度時的屬官，後漢初任宰相。傳見本書卷一二七。　左僕射：官名。秦始置。隋、唐前期以左、右僕射佐尚書令總理六官，綱紀庶務，如不置尚書令，則總判省事，爲宰相之職。唐後期多爲大臣加銜。從二品。

［12］楊邠：人名。魏州冠氏（今山東冠縣）人。五代後漢大臣。傳見本書卷一〇七、《新五代史》卷三〇。

［13］太子太師：官名。與太子太傅、太子太保統稱太子三師。隋唐以後多作加官或贈官。從一品。　皇甫立：人名。代北（今山西北部一帶）人。五代後唐、後晋、後漢官員。傳見本書一〇六。

［14］鄴都：地名。位於今河北大名縣。五代後唐同光元年(923)，改魏州爲興唐府，建號東京。三年，改東京爲鄴都。　高行周：人名。幽州（今北京市）人。五代將領。傳見本書卷一二

三、《新五代史》卷四八。

[15]襄州：州名。治所在今湖北襄陽市。　安審琦：人名。沙陀部人。五代將領。歷仕後唐至後周。傳見本書卷一二三。　太傅：官名。與太師、太保合稱三師，唐後期、五代多爲大臣、勳貴加官。正一品。

[16]符彦卿：人名。陳州宛丘（今河南淮陽縣）人。五代後周、宋初將領。周世宗宣懿皇后、宋太宗懿德皇后，皆符彦卿女。傳見《宋史》卷二五一。　太保：官名。與太師、太傅並爲三師。唐後期、五代多爲大臣、勳貴加官。正一品。　兖州符彦卿加守太保：中華書局本有校勘記："'兖州'，原作'兖州府'，據劉本、彭本、本書卷一〇三《漢隱帝紀下》改。"

[17]劉崇：人名。即劉旻。太原（今山西太原市）人。五代後漢高祖劉知遠從弟。後漢時任太原尹，專制一方。後周代漢，劉崇稱帝於太原，國號漢，史稱北漢。傳見本書卷一三五、《新五代史》卷七〇。

[18]許州：州名。此處代指治所在許州（今河南許昌市）的方鎮忠武軍。

[19]開封尹：官名。即開封府尹。五代除後唐外均都汴州，升汴州爲開封府，置開封府尹或知開封府事。執掌京師政務。從三品。　侯益：人名。汾州平遥（今山西平遥縣）人。五代將領。傳見《宋史》卷二五四。

[20]慕容彦超：人名。沙陀部人（一説吐谷渾部人）。五代後漢將領，後漢高祖劉知遠同母弟。傳見本書卷一三〇、《新五代史》卷五三。

[21]朗州：州名。治所在今湖南常德市。　馬希萼：人名。五代十國南楚君主，南楚武穆王馬殷之子，弑殺馬希廣後自立爲王，不恤政事，後爲馬希崇所代，終被南唐所俘。傳見本書卷一三三。

[22]靈州：州名。治所在今寧夏吴忠市。　馮暉：人名。魏州（今河北大名縣）人。五代後唐至後周將領。傳見本書卷一二五、

《新五代史》卷四九。　夏州：州名。治所在今陝西靖邊縣。　李彝殷：人名。夏州（今陝西靖邊縣）人。避趙弘殷諱改名李彝興。五代宋初定難軍節度使。傳見《宋史》卷四八五。

[23]右武衛將軍：官名。唐置，掌宮禁宿衛。唐代十六衛之一。從三品。中華書局本有校勘記："'武'字原闕，據劉本、邵本、彭本補。"　石懿：人名。籍貫不詳。本書僅此一見。　左武衛將軍：官名。唐置，掌宮禁宿衛。唐代十六衛之一。從三品。　石訓：人名。籍貫不詳。本書僅此一見。

[24]鴻臚寺：官署名。中央主管民族事務與外事接待活動及凶喪之儀之機關。

[25]鎮州：州名。治所在今河北正定縣。　武行德：人名。并州榆次（今山西晋中市榆次區）人。五代、宋初將領。傳見《宋史》卷二五二。　鳳翔：方鎮名。治所在鳳翔府（今陝西鳳翔縣）。　趙暉：人名。澶州（今河南濮陽市）人。五代後唐至後周將領。傳見本書卷一二五。

[26]磁：州名。治所在今河北磁縣。　相：州名。治所在今河南安陽市。　邢：州名。治所在今河北邢臺市。　鄴都、磁、相、邢、洺等州奏：中華書局本有校勘記："'州'字原闕，據殿本補。"

[27]洛水：即今洛河。

[28]晋州：州名。治所在今山西臨汾市。　王晏：人名。徐州滕（今山東滕州市）人。五代、宋初將領。傳見《宋史》卷二五二。　同州：州名。治所在今陝西大荔縣。　張彦贇：人名。籍貫不詳。五代將領。事見本書本卷、卷一〇三。　侯章：人名。并州榆次（今山西晋中市榆次區）人。五代、宋初將領。傳見《宋史》卷二五二。　史懿：人名。代郡（今山西大同市）人。五代將領。傳見本書卷一二四。　王景：人名。萊州掖縣（今山東萊州市）人。五代、宋初將領。傳見《宋史》卷二五二。　高允權：人名。延州（今陝西延安市）人。五代將領。傳見本書卷一二五。

冬十月庚午朔，契丹入寇。是日，定州孫方簡、徐州劉贇並加同平章事，[1]以利州節度使宋延渥爲滑州節度使。[2]甲戌，皇弟興元節度使承勳加檢校太師。[3]丙子，相州郭謹、貝州王繼弘、邢州薛懷讓並加檢校太尉。[4]庚辰，安州楊信、鄧州劉重進加檢校太師，[5]河陽李暉加檢校太傅。[6]壬午，兩浙錢弘俶加守尚書令，[7]湖南馬希廣加守太尉。癸未，監修國史蘇逢吉、史官賈緯以所撰《高祖實録》二十卷上之。[8]丙戌，荆南高保融加檢校太師、兼侍中；[9]以殿前都部署、江州防禦使李洪建爲遂州節度使，[10]充侍衛馬軍都指揮使；以奉國左厢都指揮使、永州防禦使王殷爲夔州節度使，[11]充侍衛步軍都指揮使。契丹陷貝州高老鎮，[12]南至鄴都北境，又西北至南宫、堂陽，[13]殺掠吏民。數州之地，大被其苦，藩郡守將，閉關自固。己丑，[14]遣樞密使郭威率師巡邊，仍令宣徽使王峻參預軍事。庚寅，府州折從阮進封岐國公，[15]豐州郭勳進封虢國公。[16]

[1]孫方簡：人名。又名孫方諫。中山（今河北定州市）人，一説莫州清苑（今河北保定市清苑區）人。五代後晋至後周將領。傳見本書卷一二五、《新五代史》卷四九。　劉贇：人名。五代後漢宗室。其父劉崇爲後漢高祖劉知遠弟，過繼爲劉知遠養子。傳見本書卷一〇五、《新五代史》卷一八。　定州孫方簡、徐州劉贇並加同平章事：《通鑑》卷二八八："壬申，加義武節度使孫方簡、武寧節度使劉贇同平章事。"與本紀異。

[2]利州：州名。治所在今四川廣元市利州區。　宋延渥：人名。洛陽（今河南洛陽市）人。五代、宋初將領，後漢高祖劉知遠

婿。入宋後改名偓。傳見《宋史》卷二五五。　以利州節度使宋延渥爲滑州節度使：《舊五代史考異》："案：延渥爲利州節度使，于前未見。王禹偁《宋公神道碑》云：'少帝嗣統，授檢校太尉，使持節利州諸軍事，行利州刺史。'蓋延渥于元年出鎮利州，二年復改鎮也。《薛史》未及詳載。"

[3]興元：府名。治所在今陝西漢中市。　承勳：人名。即劉承勳。五代後漢高祖劉知遠第三子。傳見本書卷一〇五、《新五代史》卷一八。《輯本舊史》之影庫本粘籤："承勳，原本作'成熏'，今從《歐陽史·家人傳》改正。"見《輯本舊史》卷一〇五《宗室列傳二》、《新五代史》卷一八《漢家人傳》。

[4]郭謹：人名。晉陽（今山西太原市）人。五代後晉、後漢將領。傳見本書卷一〇六。　王繼弘：人名。南宮（今河北南宮市）人。五代將領。傳見本書卷一二五。　薛懷讓：人名。祖先爲戎人，後徙居太原（今山西太原市）。五代將領。傳見《宋史》卷二五四。　相州郭謹、貝州王繼弘、邢州薛懷讓並加檢校太尉：中華書局本有校勘記："'太尉'，本書卷一〇六《郭謹傳》、《册府》卷一七二作'太師'。本書卷一〇〇《漢高祖紀下》：'（天福十二年十二月）以前鄜州節度使郭謹爲滑州節度使，加檢校太尉。'又據本書卷一〇一《漢隱帝紀上》，乾祐元年三月薛懷讓、王繼弘分别自檢校太傅加檢校太尉，則三人此前皆已加太尉。按'太尉'疑爲'太師'之訛。"見《輯本舊史》卷一〇〇《漢高祖紀下》天福十二年十二月辛丑，卷一〇一《漢隱帝紀上》乾祐元年三月甲戌、丙子；《宋本册府》卷一七二《帝王部·求舊門二》。

[5]鄧州：州名。治所在今河南鄧州市。　劉重進：人名。本名晏僧。幽州（今北京市）人。五代、宋初將領。傳見《宋史》卷二六一。

[6]河陽：方鎮名。全稱"河陽三城"。治所在孟州（今河南孟州市）。　李暉：人名。瀛州束城（今河北河間市）人。五代官員。傳見本書卷一二九。

[7]兩浙：方鎮名。治所在今浙江杭州市。　錢弘俶：人名。即錢俶。錢元瓘第九子，五代十國吴越末代君主。傳見本書卷一三三、《新五代史》卷六七。　尚書令：官名。秦始置。隋、唐前期爲尚書省長官，與中書令、侍中並爲宰相。因以李世民爲之，後皆不授，唐高宗廢其職。唐後期以李適、郭子儀有功而特授此職，爲大臣榮銜，不參與政務。五代因之。唐時爲正二品，後梁開平三年（909）升爲正一品。

[8]監修國史：官名。北齊始置於史館，以宰相爲之。唐宋史館沿置，爲宰相兼職。唐制，宰相四人中，首相兼太清宫使，次三相依次兼弘文館大學士、監修國史、集賢殿大學士。

[9]高保融：人名。陝州硤石（今河南三門峽市陝州區硤石鄉）人。五代南平國王高從誨子，後漢乾祐元年（948）繼父位。傳見本書卷一三三、《新五代史》卷六九。

[10]都部署：官名。五代後唐始置，爲臨時委任的大軍區統帥。掌管屯戍、攻防等事務。　江州：州名。治所在今江西九江市。　李洪建：人名。晋陽（今山西太原市）人。後漢高祖李皇后弟，五代將領。傳見本書卷一〇七。中華書局本作“李建”，並有校勘記：“本書卷一〇三《漢隱帝紀下》、《通鑑》卷二八九作‘李洪建’。”見《輯本舊史》卷一〇三《漢隱帝紀下》乾祐三年十一月“侍衛馬軍都指揮使李洪建判侍衛司事”，《通鑑》卷二八九記載同。又《輯本舊史》卷一〇七《李洪建傳》：“太后母弟也。事高祖爲牙將，高祖即位，累歷軍校，遥領防禦使。史弘肇等被誅，以洪建爲權侍衛馬步軍都虞候。”故知，李建乃李洪建之誤，據補。　遂州：州名。治所在今四川遂寧市。

[11]奉國：方鎮名。治所在蔡州（今河南汝南縣）。　左廂都指揮使：官名。所部統兵將領。“左廂”爲部隊番號。　王殷：人名。瀛州（今河北河間市）人。一作大名（今河北大名縣）人。五代將領。從郭威推翻後漢，後因功高震主爲郭威所殺。傳見本書卷一二四、《新五代史》卷五〇。　夔州：州名。治所在今重慶市

奉節縣。

[12]高老鎮：地名。位於今河北清河縣南。

[13]南宫：縣名。治所在今河南南宫市。　堂陽：縣名。治所在今河北新河縣。

[14]己丑：原闕，據《新五代史》卷一〇《漢隱帝紀》、《通鑑》卷二八八補。

[15]府州：州名。治所在今陝西府谷縣。　折從阮：人名。雲中（今山西大同市）人，羌族折掘氏。五代後唐至後周將領。傳見本書卷一二五、《新五代史》卷五〇。

[16]豐州：州名。治所在今内蒙古五原縣。　郭勳：人名。籍貫不詳。五代將領。事見本書本卷及卷一一一、卷一一四。

十一月壬寅，鄜州留後王饒加檢校太傅。[1]癸丑，以吴越國王錢弘俶母吴氏爲順德太夫人。[2]時議者曰："封贈之制，婦人有國邑之號，死乃有謚，后妃公主亦然。唐則天女主，[3]自我作古，乃生有則天之號，韋庶人有順聖之號，[4]知禮者非之。近代梁氏，賜張宗奭妻號曰賢懿，[5]又改爲莊惠，今以吴氏爲順德，皆非古之道也。"乙卯，以大府卿劉皞爲宗正卿。[6]

[1]王饒：人名。慶州華池（今甘肅華池縣）人。五代將領。傳見本書卷一二五。

[2]吴氏：吴越國王錢俶之母，錢元瓘之妻。

[3]則天：即武曌。并州文水（今山西文水縣）人。唐高宗皇后、武周皇帝。紀見《舊唐書》卷六、《新唐書》卷四。

[4]韋庶人：即唐中宗皇后韋氏。京兆萬年（今陝西西安市長安區）人。傳見《舊唐書》卷五一。

[5]張宗奭：人名。濮州臨濮（今山東鄄城縣臨濮鎮）人。五代後梁將領。傳見本書卷六三、《新五代史》卷四五。　張宗奭妻：《會要》卷一一封建條作“張全義妻儲氏”。

[6]大府卿：官名。即太府卿。南朝梁始置。太府寺長官。掌國家財帛庫藏出納、關市税收等務。從三品。　劉皞：人名。涿州歸義縣（今河北容城縣）人。五代大臣。劉昫之弟。傳見本書卷一三一。　宗正卿：官名。秦始置宗正，南朝梁始有宗正卿之官。由宗室充任。掌皇族外戚屬籍。正三品。

十二月庚午朔，湖南奏，静江軍節度使馬希瞻以今年十月十八日卒，[1]廢朝二日。辛未，日暈三重。戊寅，司徒、門下侍郎、平章事竇貞固奏，[2]請修《晋朝實録》，詔史官賈緯、竇儼、王伸等修撰。[3]以禮部尚書張沆復爲翰林學士。壬午，皇帝二十一姊永寧公主進封秦國長公主。[4]潁州奏，破淮賊於正陽。[5]《永樂大典》卷一萬六千二百二。[6]

[1]静江軍：方鎮名。治所在桂州（今廣西桂林市）。　馬希瞻：人名。許州鄢陵（今河南鄢陵縣）人，一説扶溝（今河南扶溝縣）人。楚國主馬希範之弟。事見本書卷八一。

[2]門下侍郎：官名。門下省副長官。正三品。

[3]竇儼：人名。薊州漁陽（今天津市薊州區）人。五代、宋初大臣。傳見《宋史》卷二六三。　王伸：人名。籍貫不詳。五代大臣，史官。事見本書卷一一三、卷一三一。

[4]永寧公主：五代後漢高祖長女，降宋延渥，天福十二年（947）四月封，至乾祐二年（949）十二月追封秦國長公主。事見《會要》卷二。

［5］正陽：地名。在今安徽壽縣正陽關鎮。中華書局本有校勘記："'正陽'原作'安陽'，據殿本、孔本、《通鑑》卷二八八改。《通鑑》胡注：'《九域志》，潁州潁上縣有正陽鎮，臨淮津。'"見《元豐九域志》卷五《泗州》條。

［6］《大典》卷一六二〇二"漢"字韻"漢隱帝（一）"事目。

今注本二十四史

舊五代史

一五

漢書〔二〕 周書〔一〕

宋 薛居正等 撰

陳智超 紀雪娟 主持校注

中国社会科学出版社

舊五代史　卷一〇三

漢書五

隱帝紀下

乾祐三年春正月己亥朔，[1]帝不受朝賀。鳳翔行營都部署趙暉奏，[2]前月二十四日，收復鳳翔，逆賊王景崇舉族自燔而死。[3]丁未，鳳翔節度使、充西南行營都部署趙暉加兼侍中。[4]戊申，密州刺史王萬敢奏，[5]奉詔領兵入海州界，[6]至荻水鎮，[7]俘掠焚蕩，更請益兵。詔前沂州刺史郭瓊率禁軍赴之。[8]庚戌，前永興軍節度副使安友規除名，[9]流登州沙門島。[10]先是，友規權知永興軍府事，及趙思綰之奔衝，[11]友規失守城池，至是乃正其罪焉。癸亥，[12]以前邠州節度使宋彦筠爲太子太師致仕。[13]丙寅，[14]分命使臣赴永興、鳳翔、河中，[15]收葬用兵已來所在骸骨，[16]時已有僧聚髑髏二十萬矣。前沂州刺史郭瓊奏，部署兵士，深入海州賊界。是月，有狐登明德樓，[17]主者獲之，比常狐毛長，[18]而腹下別有二足。

[1]乾祐：五代後漢高祖劉知遠年號（948）。隱帝劉承祐沿用至乾祐三年（950）。北漢亦用此年號。

[2]鳳翔：方鎮名。治所在鳳翔府（今陝西鳳翔縣）。　都部署：官名。五代後唐始置，爲臨時委任的大軍區統帥。掌管屯戍、攻防等事務。　趙暉：人名。澶州（今河南濮陽市）人。五代將領。傳見本書卷一二五。

[3]王景崇：人名。邢州（今河北邢臺市）人。五代後漢時升任鳳翔節度使。傳見本書附録、《新五代史》卷五三。　逆賊王景崇舉族自燔而死：《舊五代史考異》："案：《歐陽史》作正月，西面行營都部署趙暉克鳳翔。據《薛史》則收復鳳翔自在二年十二月，非三年春事也，《歐陽史》蓋誤以告捷之月爲收復之月耳。《五代春秋》作十二月，趙暉克鳳翔，誅王景崇，爲得其實。"見《新五代史》卷一〇《漢隱帝紀下》、《五代春秋》卷下《漢隱帝》。明本《册府》卷四三五《將帥部·獻捷門二》記載與本卷略同。據《通鑑》卷二八八，收復鳳翔在乾祐二年（949）十二月癸巳，據《二十史朔閏表》，當月庚午朔，故癸巳爲二十四日。則本卷之記載不誤。

[4]節度使：官名。唐時在重要地區所設掌握一州或數州軍、民、財政的長官。　侍中：官名。秦始置。隋、唐前期爲門下省長官。唐後期多爲大臣加銜，不參與政務，實際職務由門下侍郎執行。正二品。

[5]密州：州名。治所在今山東諸城市。　刺史：官名。西漢武帝時始置。州一級行政長官。總掌考核官吏、勸課農桑、地方教化等事。唐中期以後，節度、觀察使轄州而設，刺史爲其屬官，職任漸輕。從三品至正四品下。　王萬敢：人名。籍貫不詳。歷任密州刺史、晉州巡檢、防禦使。事見本書本卷及卷一一二、卷一二四。

[6]海州：州名。治所在今江蘇連雲港市海州區。

[7]荻水鎮：古鎮名。位於今山東日照市西南荻水，與江蘇省

贛榆縣東北接界。

[8]沂州：州名。治所在今山東臨沂市。　郭瓊：人名。平州盧龍（今河北盧龍縣）人。五代末、宋初將領。傳見《宋史》卷二六一。　詔前沂州刺史郭瓊率禁軍赴之：《通鑑》卷二八九作“詔以前沂州刺史郭瓊爲東路行營都部署，帥禁軍及齊州兵赴之”。

[9]永興軍：方鎮名。治所在京兆府（今陝西西安市）。　節度副使：官名。唐、五代方鎮屬官。位於行軍司馬之下、判官之上。　安友規：人名。籍貫不詳。五代後漢將領。事見本書卷一〇九。

[10]登州：州名。治所在今山東蓬萊市。　沙門島：地名。位於今山東長島縣西北廟島，一説位於大黑山島。

[11]趙思綰：人名。魏州（今河北大名縣）人。五代將領。傳見本書卷一〇九、《新五代史》卷五三。

[12]癸亥：《輯本舊史》之影庫本粘籤：“癸亥，以《長曆》推之，當作‘癸丑’，今無别本可校，姑仍其舊。”本月己亥朔，則癸丑爲十五日、癸亥爲二十五日，而下條爲丙寅（二十八日），故“癸亥”不誤。

[13]邠州：州名。治所在今陝西彬縣。　宋彦筠：人名。雍丘（今河南杞縣）人。五代後梁至後周將領。傳見本書卷一二三。　太子太師：官名。與太子太傅、太子太保統稱太子三師。隋唐以後多作加官或贈官。從一品。

[14]丙寅：中華書局本有校勘記：“原作‘丙辰’，據《册府》卷一三五、《通鑑》卷二八九改。按是月己亥朔，丙辰爲十八日，本卷下文敘癸亥事，丙辰不當在癸亥後。”見《宋本册府》卷一三五《帝王部·愍徵役門》。

[15]河中：方鎮名。治所在河中府（今山西永濟市）。

[16]收葬用兵已來所在骸骨：中華書局本有校勘記：“‘來’原作‘未’，據殿本、劉本、邵本校、彭校改。影庫本批校：‘用兵以來，“來”訛“未”。’”

[17]明德樓：城樓名。位於今河南開封市。

[18]比常狐毛長：中華書局本有校勘記："'比常'二字原闕，據本書卷一四一《五行志》、《五代會要》卷一一補。"見《會要》卷一一"雜災變"條。

二月辛巳，青州奏，[1]郭瓊部署兵士，自海州迴至當道。甲申，樞密使郭威巡邊迴。[2]丁亥，汝州防禦使劉審交卒。[3]乙未，以前安州節度使劉遂凝爲左武衛上將軍，[4]以鄜州節度使焦繼勳爲左衛上將軍，[5]以前永興軍節度使趙贊爲左驍衛上將軍。[6]

[1]青州：州名。治所在今山東青州市。

[2]樞密使：官名。樞密院長官。唐代宗時始以宦官掌機密，至昭宗時借朱温之力盡誅宦官，始改以士人任樞密使。備顧問，參謀議，出納詔奏，權侔宰相。參見李全德《唐宋變革期樞密院研究》，國家圖書館出版社 2009 年版。　郭威：人名。邢州堯山（今河北隆堯縣）人。五代後周的建立者，即後周太祖。951 年至 954 年在位。紀見本書卷一一〇至卷一一三、《新五代史》卷一一。

[3]汝州：州名。治所在今河南汝州市。　防禦使：官名。唐代始置，設有都防禦使、州防禦使兩種。常由刺史或觀察使兼任，實際上爲唐代後期州或方鎮的軍政長官。　劉審交：人名。幽州文安（今河北文安縣）人。五代將領。傳見本書卷一〇六、《新五代史》卷四八。

[4]安州：州名。治所在今湖北安陸市。　劉遂凝：人名。密州安丘（今山東安丘市）人。劉鄩之子。五代將領，歷任華州節度使、右龍武統軍、左驍衛上將軍。傳見本書卷一三一。　左武衛上將軍：官名。唐置，掌宫禁宿衛。唐代置十六衛，即左右衛、左右驍衛、左右武衛、左右威衛、左右領軍衛、左右金吾衛、左右監門

衛、左右千牛衛，各置上將軍，從二品；大將軍，正三品；將軍，從三品。

[5]鄜州：州名。治所在今陝西富縣。　焦繼勳：人名。許州長社（今河南許昌市）人。五代、宋初將領。傳見《宋史》卷二六一。　左衛上將軍：官名。唐置，掌宮禁宿衛。唐代十六衛之一。從二品。

[6]趙贊：人名。幽州薊（今北京市）人。五代後唐、遼朝將領趙延壽之子。五代後唐至宋初將領。傳見《宋史》卷二五四。　左驍衛上將軍：官名。唐置，掌宮禁宿衛。唐代十六衛之一。從二品。

三月己亥，徐州部送所獲淮南都將李暉等三十三人徇于市，[1]給衫帽放還本土。是月，鄴都留守高行周、兖州符彦卿、鄆州慕容彦超、西京留守白文珂、鎮州武行德、安州楊信、潞州常思、府州折從阮皆自鎮來朝，[2]嘉慶節故也。[3]戊午，宴群臣於永福殿，[4]帝初舉樂。壬戌，鄴都高行周移鎮鄆州，兖州符彦卿移鎮青州，並加邑封。甲子，西京留守白文珂、潞州常思、鎮州武行德並進邑封，鄆州慕容彦超移鎮兖州。

[1]徐州：州名。治所在今江蘇徐州市。　都將：官名。唐、五代時節度使屬將。　李暉：人名。瀛州束城（今河北河間市）人。五代官員。傳見本書卷一二九。

[2]鄴都：地名。位於今河北大名縣。　留守：官名。古代皇帝出巡或親征時指定親王或大臣留守京城，綜理國家軍事、行政、民事、財政等事務，稱京城留守。在陪都或軍事重鎮也常設留守，以地方長官兼任。　高行周：人名。嬀州懷戎（今河北懷來縣）

人。五代後唐至後周將領。傳見本書卷一二三、《新五代史》卷四八。　兖州：州名。治所在今山東濟寧市兖州區。　符彦卿：人名。陳州宛丘（今河南淮陽縣）人。五代後周、宋初將領。周世宗宣懿皇后、宋太宗懿德皇后皆符彦卿之女。傳見《宋史》卷二五一。　鄆州：州名。治所在今山東東平縣。　慕容彦超：人名。沙陀部人，一説吐谷渾部人。五代後漢將領，後漢高祖劉知遠同母弟。傳見本書卷一三〇、《新五代史》卷五三。　西京：即河南府。位於今河南洛陽市。　白文珂：人名。太原（今山西太原市）人。王章岳父，五代後漢隱帝時宰相。傳見本書卷一二四。　鎮州：州名。治所在今河北正定縣。　武行德：人名。并州榆次（今山西晋中市榆次區）人。五代、宋初將領。傳見《宋史》卷二五二。　楊信：人名。籍貫不詳。五代藩鎮將領。事見本書卷一〇二。　潞州：州名。治所在今山西長治市。　常思：人名。太原（今山西太原市）人。五代將領。傳見本書卷一二九、《新五代史》卷四九。　府州：州名。治所在今陝西府谷縣。　折從阮：人名。雲中（今山西大同市）人，羌族折掘氏。五代後唐至後周將領。傳見本書卷一二五、《新五代史》卷五〇。

[3]“是月”至“嘉慶節故也”：《通鑑》卷二八九記載此事於三月丙午。

[4]永福殿：宫殿名。位於今河南開封市。

夏四月戊辰朔，邢州薛懷讓移鎮同州，[1]相州郭謹、河陽李暉並進邑封。[2]庚午，府州折從阮移鎮鄧州。[3]辛未，故深州刺史史萬山贈太傅。[4]先是，虜入邊，萬山城守，[5]郭威遣索萬進率騎七百屯深州。[6]一日，虜數千騎迫州東門，[7]萬山父子率兵百餘人襲之。[8]虜僞退十餘里而伏兵發，[9]萬山血戰，急請救於萬進，萬進勒兵不出，萬山死之，契丹亦解去。[10]時論以萬進爲罪，故加萬山贈典焉。壬申，華州劉詞移鎮邢州，[11]安州楊信移鎮鄜州，貝州王令温移鎮安州，[12]並加邑封。以鄜州留後王饒爲華州節度使，[13]以其來朝故也。丁丑，尚食奉御王紹隱除名，[14]流沙門島，坐匿軍營女口也。[15]辛巳，以宣徽北院使吴虔裕爲鄭州防禦使。[16]時樞密使楊邠上章乞解樞機，[17]帝命中使諭之曰："樞機之職，捨卿用誰？忽有此章，莫有人離間否？"虔裕在傍颺言曰："樞密重地，難以久處，俾後來者迭居，相公辭讓是也。"中使還具奏，帝不悦，故有是命。壬午，以樞密使郭威鄴都留守，[18]依前樞密使。詔河北諸州，應兵甲、錢帛、糧草一稟郭威處分。癸未，府州永安軍額宜停，[19]命降爲團練州。[20]戊子，翰林學士承旨、户部尚書王仁裕罷職，[21]守兵部尚書。[22]左千牛上將軍張瓘卒。[23]庚寅，以西南面水陸轉運使、尚書工部侍郎李穀爲陳州刺史。[24]左金吾上將軍致仕馬萬卒。[25]甲午，以前同州節度使安審信爲左衛上將軍，[26]以前潞州節度使張從恩爲右衛上將軍。

[1]邢州：州名。治所在今河北邢臺市。　薛懷讓：人名。祖先爲戎人，後徙居太原（今山西太原市）。五代將領。傳見《宋史》卷二五四。　同州：州名。治所在今陝西大荔縣。

[2]相州：州名。治所在今河南安陽市。　郭謹：人名。晋陽（今山西太原市）人。五代後晋、後漢將領。傳見本書卷一〇六。　河陽：縣名。治所在今河南孟州市。

[3]鄧州：州名。治所在今河南鄧州市。

[4]深州：州名。治所在今河北深州市。　史萬山：人名。籍

貫不詳。本書僅此一見。　太傅：官名。與太師、太保合稱三師，唐後期、五代多爲大臣、勳貴加官。正一品。　故深州刺史史萬山贈太傅：《舊五代史考異》："案《遼史·世宗紀》，殺深州刺史史萬山在天禄三年，即漢乾祐二年。"見《遼史》卷五《世宗紀》天禄三年（949）十月條。

[5]虜入邊，萬山城守："虜"，原作"契丹"，乃清代忌諱所改，據明本《册府》卷四二五《將帥部·死事門二》回改。

[6]索萬進：人名。籍貫不詳。五代將領。事見本書卷一一三。

[7]虜數千騎迫州東門：中華書局本沿《輯本舊史》作"契丹數十騎迫州東門"，並有校勘記："'十'，原作'千'，據《册府》卷四二五改。""虜"字改爲"契丹"，乃清代忌諱所改，今回改。

[8]萬山父子率兵百餘人襲之：中華書局本有校勘記："《册府》卷四二五敘其事云：'萬山父子以虜不多，乃率牙兵百餘人襲虜'。"

[9]虜僞退十餘里而伏兵發：中華書局本沿《輯本舊史》作"契丹僞退十餘里而伏兵發"，並有校勘記："'契丹'二字原闕，據殿本、孔本校補。《册府》卷四二五作'虜'。""虜"字改爲"契丹"，乃清代忌諱所改，今回改。

[10]契丹：古部族、政權名。公元4世紀中葉宇文部爲前燕攻破，始分離而成單獨的部落，自號契丹。唐貞觀中，置松漠都督府，以其首領爲都督。唐末强盛，916年迭剌部耶律阿保機建立契丹國（遼）。先後與五代、北宋並立，保大五年（1125）爲金所滅。參見張正明《契丹史略》，中華書局1979年版。

[11]華州：州名。治所在今陝西渭南市華州區。　劉詞：人名。元城（今河北大名縣）人。五代將領。傳見本書卷一二四、《新五代史》卷五〇。

[12]貝州：州名。治所在今河北清河縣。　王令温：人名。瀛州河間（今河北河間市）人。五代將領。傳見本書卷一二四、《新五代史》卷二九。　貝州王令温移鎮安州：《輯本舊史》卷一〇一《漢隱帝紀上》乾祐元年（948）六月戊戌："以相州節度使王繼弘

爲貝州節度使。”同書卷一二五《王繼弘傳》:“漢末,移鎮貝州,就加檢校太尉。”故此時之貝州節度使當爲王繼弘。但同書卷一二四《王令温傳》:“漢有天下,復爲永清軍節度使,尋改安州。”又,《通鑑》卷二八九亦與本卷同,作“永清節度使(貝州)王令温爲安遠節度使”。似王令温應爲前任貝州節度使。

[13]王饒:人名。慶州華池(今甘肅華池縣)人。五代將領。傳見本書卷一二五。

[14]尚食奉御:官名。唐殿中省尚食局長官,掌皇帝飲食事務。正五品。　王紹隱:人名。籍貫不詳。本書僅此一見。

[15]女口:指婦女。

[16]宣徽北院使:官名。唐始置。宣徽北院的長官。初用宦官,五代以後改用士人。與宣徽南院使通掌内諸司及三班内侍之名籍,郊祀、朝會、宴享供帳之儀,檢視内外進奉名物。參見王永平《論唐代宣徽使》,《中國史研究》1995年第1期;王孫盈政《再論唐代的宣徽使》,《中華文史論叢》2018年第3期。　吴虔裕:人名。許州許田(今河南許昌市)人。五代、宋初將領。傳見《宋史》卷二七一。　鄭州:州名。治所在今河南鄭州市。

[17]楊邠:人名。魏州冠氏(今山東冠縣)人。五代後漢時任樞密使、宰相。傳見本書卷一〇七、《新五代史》卷三〇。

[18]以樞密使郭威鄴都留守:《新五代史》卷一〇《漢隱帝紀》、《通鑑》卷二八九均載任命郭威爲天雄軍(魏州)節度使。

[19]永安軍:方鎮名。治所在府州(今陝西府谷縣)。

[20]團練州:州的等級之一。唐制以團練使兼任刺史的州稱爲團練州,其地位低於節度州與防禦州,高於刺史州。

[21]翰林學士承旨:官名。爲翰林學士之首。掌拜免將相、號令征伐等詔令的起草。《舊唐書·職官志二·翰林院》:“例置學士六人,内擇年深德重者一人爲承旨,所以獨承密命故也。”　户部尚書:官名。尚書省户部次官。協助户部尚書掌天下田户、均輸、錢穀之政令。正四品下。　王仁裕:人名。天水(今甘肅天水市)

人。五代大臣。傳見本書卷一二八、《新五代史》卷五七。

[22]兵部尚書：官名。尚書省兵部主官。掌兵衛、武選、車輦、甲械、厩牧之政令。正三品。

[23]左千牛上將軍：官名。唐置，掌宫禁宿衛。唐代十六衛之一。從二品。　張瓘：人名。同州（今陝西大荔縣）人。張承業之侄，五代將領。傳見本書卷一〇六。

[24]水陸轉運使：官名。掌一方水陸轉運、賦税諸事。爲差遣職事。　尚書工部侍郎：官名。尚書省工部次官。協助尚書掌管百工山澤水土之政令，考其功以昭賞罰，總所同各司之事。正四品下。　李穀：人名。潁州汝陰（今安徽阜陽市）人。五代後周宰相。傳見《宋史》卷二六二。　陳州：州名。治所在今河南淮陽縣。

[25]左金吾上將軍：官名。唐置，掌宫禁宿衛。唐代十六衛之一。從二品。　馬萬：人名。澶州（今河南濮陽縣）人。五代後唐、後晋、後漢將領。傳見本書卷一〇六。

[26]同州：中華書局本沿《輯本舊史》作“華州”，《輯本舊史》卷一二三《安審信傳》：“晋祖入洛，授河中節度使、檢校太尉、同平章事。……會朝廷謀大舉北伐，凡藩侯皆預將帥，以審信爲馬步軍右廂都排陣使，俄改華州節度使。漢初，移鎮同州，入爲左衛上將軍。”據改。　安審信：人名。沙陀部人。五代將領安審琦從兄。五代後唐至後周將領。傳見本書卷一二三。

五月戊戌朔，帝御崇元殿受朝。[1]丙午，以皇弟興元節度使承勳爲開封尹，[2]加兼中書令，[3]未出閤。甲子，詔：“諸道州府差置散從官，大府五百人，上州三百人，下州二百人，勒本處團集管係，立節級檢校教習，以警備州城。”

[1]崇元殿：五代後梁開平元年（907）改汴京正殿爲崇元殿。位於今河南開封市。

[2]興元：府名。治所在今陝西漢中市。　承勳：人名。即劉承勳。五代後漢高祖劉知遠三子。傳見本書卷一〇五、《新五代史》卷一八。　開封尹：官名。五代除後唐外均都汴州，升汴州爲開封府，置開封尹或知開封府事。執掌京師政務。從三品。

[3]中書令：官名。漢代始置，隋、唐前期爲中書省長官，屬宰相之職；唐後期多爲授予元勳大臣的虛銜。正二品。

閏月癸巳，京師大風雨，壞營舍，吹鄭門扉起，[1]十數步而墮，拔大木數十，震死者六七人，水平地尺餘，池隍皆溢。是月，宮中有怪物，投瓦石，擊窗撼扉，人不能制。[2]

[1]鄭門：唐以後大梁城（今河南開封市）西面南第一門。

[2]“是月”至“人不能制”：《通鑑》卷二八九置於癸巳日前。

六月庚子，以國子祭酒田敏爲尚書右丞。[1]癸卯，太僕卿致仕謝攀卒，[2]輟視朝一日。鄭州奏，河決原武縣界。[3]乙卯，司天臺上言，[4]鎮星逆行，[5]至太微左掖門外，[6]自戊申年八月十二日，[7]入太微西垣，犯上將、屏星、執法，[8]勾己往來，至己酉年十一月十二日夜，方出左掖門順行，自今年正月十日夜，復逆行入東垣，至左掖門。

[1]國子祭酒：官名。古代國子學或太學長官。晋武帝司馬炎

始置。掌邦國儒學訓導之政令，領太學、國子學及國子監所屬各學。從三品。　田敏：人名。淄州鄒平（今山東鄒平縣）人。五代、宋初大臣、學者。傳見《宋史》卷四三一。　尚書右丞：官名。尚書省佐貳官。唐中期以後，與尚書左丞實際主持尚書省日常政務，權任甚重。後梁開平二年（908）改爲右司侍郎，後唐同光元年（923）復舊爲右丞。唐時爲正四品下，後唐長興元年（930）升爲正四品。

[2]太僕卿：官名。西漢置太僕，南朝梁始置太僕卿。太僕寺長官。掌管車馬及牲畜之政令。從三品。　謝攀：人名。籍貫不詳。五代官員。事見本書本卷、卷八〇。

[3]原武縣：縣名。治所在今河南原陽縣。

[4]司天臺：官署名。主管觀察天象、考定曆數。

[5]鎮星：星名，即土星。約二十八年行經黄道二十八宿一周天，每年經一宿，似輪流坐鎮，故名。星占家認爲，鎮星五行屬土，時令屬夏，方位屬中央，主宫庭。故鎮星必待四星有失而後動。

[6]太微：星座名。即太微垣。古代天文家分天體恒星爲三垣，太微垣爲上垣。　左掖門：《黄帝占》曰："太微，天子之宫。"南蕃兩星，東西列，其四星，爲右執法，西東星，爲左執法，廷尉、尚書之象。兩執法之間太微天廷端門也。右執法西間，爲右掖門，左執法之東，爲左掖門。

[7]自戊申年八月十二日：中華書局本有校勘記："本書卷一三九《天文志》：'乾祐元年八月己丑，鎮星入太微西垣'、'自（乾祐）元年八月己丑，鎮星入太微垣'，《新五代史》卷五九《司天考》略同。按乾祐元年歲在戊申，八月丁丑朔，己丑爲十三日。"

[8]上將：星名。太微垣東蕃南邊第四星或西蕃南邊第一星。　屏星：星名。或簡稱屏。共四星。在端門内，近右執法。星占家謂主壅蔽帝庭之事。　執法：分爲左、右，在太微垣南近黄道。《春秋元命苞》曰："左執法，廷尉之象；右執法，御史大夫之

象也。”

秋七月庚午，河陽奏，河漲三丈五尺。乙亥，滄州奏，[1]積雨約一丈二尺。安州奏，溝河泛溢，州城内水深七尺。丙子，帝御崇元殿，授皇太后册，[2]命宰臣蘇逢吉行禮。[3]辛巳，三司使奏：[4]“州縣令録佐官，請據户籍多少，量定俸户：縣三千户已上，令月十千，主簿八千；一千户已上，令月八千，主簿五千；一千户已下，令月六千，主簿四千。[5]每户月出錢五百，並以管内中等户充。録事參軍、判司俸錢，視州界令佐，取其多者給之，其俸户與免縣司差役。”從之。

[1]滄州：州名。治所在今河北滄縣舊州鎮。

[2]皇太后：五代後漢高祖劉知遠皇后李氏，隱帝即位後册尊爲皇太后。晋陽（今山西太原市）人。傳見本書卷一〇四、《新五代史》卷一八。

[3]蘇逢吉：人名。京兆長安（今陜西西安市）人。劉知遠爲河東節度時的屬官，五代後漢初任宰相。傳見本書卷一〇八、《新五代史》卷三〇。

[4]三司使：官名。五代後唐明宗天成元年（926）將晚唐以來的户部、度支、鹽鐵三部合爲一職，設三司使統之。主管國家財政。

[5]“縣三千户已上”至“主簿四千”：“縣三千户已上令月十千主簿八千”，中華書局本有校勘記：“‘一千’，《五代會要》卷二八作‘一十二千’。‘八千’，《册府》卷五〇八作‘六貫’。”“一千户已上，令月八千，主簿五千”，中華書局本有校勘記：“‘一千’二字原闕，據《册府》卷五〇八補。殿本、劉本、《五代會要》卷

二八作‘二千’。‘八千’，《五代會要》卷二八作‘九千’。”“一千户已下，令月六千，主簿四千”，中華書局本有校勘記：“‘一千’二字原闕，據《册府》卷五〇八補。殿本、劉本、《五代會要》卷二八作‘二千’。”見《會要》卷二八《諸色料錢下》、《宋本册府》卷五〇八《邦計部·俸禄門四》。

八月辛亥，以蒙州城隍神爲靈感王，[1]從湖南請也。時海賊攻州城，州人禱於神，城得不陷，故有是請。辛酉，給事中陶穀上言，[2]請停五日内殿轉對，[3]從之。壬戌，以兵部侍郎于德辰爲御史中丞，[4]邊蔚爲兵部侍郎。[5]

[1]蒙州：州名。治所在今廣西蒙山縣。

[2]給事中：官名。秦始置。隋唐以來，爲門下省屬官。掌讀署奏抄，駁正違失。正五品上。　陶穀：人名。邠州新平（今陝西彬縣）人。五代、宋初文官。傳見《宋史》卷二六九。

[3]轉對：百官輪流對議朝政於君前。轉對與次對的制度性質相同，而參與官員的範圍、對應的朝會有異。

[4]兵部侍郎：官名。尚書省兵部次官。協助兵部尚書掌武官銓選、勳階、考課之政。正四品下。　于德辰：人名。元城（今河北大名縣）人。五代官員。傳見本書卷一三一。　御史中丞：官名。如不置御史大夫，則爲御史臺長官。掌司法監察。正四品下。

[5]邊蔚：人名。長安（今陝西西安市）人。五代後唐至後周官員。傳見本書卷一二八。

九月辛巳，朗州節度使馬希萼奏請於京師别置邸院，[1]不允。是時，希萼與其弟湖南節度使希廣方搆鬩牆之怨，[2]故有是請。帝以湖南已有邸務，不可更置，由是不允，仍命降詔和解焉。

[1]朗州：州名。治所在今湖南常德市。《輯本舊史》之影庫本粘籤："朗州，原本作'狼州'，今據《十國春秋》改正。"見《輯本舊史》卷一〇二《漢隱帝紀中》乾祐二年（949）九月條、卷一一〇《周太祖紀一》廣順元年正月丁丑條。　馬希萼：人名。五代十國南楚君主，南楚武穆王馬殷之子，弑殺馬希廣後自立爲王，不恤政事，後爲馬希崇所代，終被南唐所俘。傳見本書卷一三三。　邸院：官署名。即進奏院。唐、五代藩鎮皆置邸於京師，爲駐京城的辦事機構。肅宗、代宗時稱上都留後院，大曆十二年（777）改稱上都進奏院，簡稱留邸、進奏務。以進奏官主其事，掌傳送文書、情報，主持本鎮進奉。憲宗時，一度掌本鎮飛錢兑换之事。五代時，州郡不隸藩鎮者，亦置邸京師。

[2]希廣：人名。即馬希廣。五代十國南楚君主，南楚武穆王馬殷之子。南楚文昭王馬希範去世後被擁立爲王，後爲馬希萼篡位所殺。傳見本書卷一三三、《新五代史》卷六六。

冬十月己亥，帝狩於近郊。丙午，湖南馬希廣遣使上章，且言荆南、淮南、廣南三道結搆，[1]欲分割湖湘，乞聊發兵師，以爲援助。時朝廷方議起軍，會内難，不果行。丁未，兩浙錢弘俶加諸道兵馬元帥。[2]戊申，彰德軍節度使郭謹卒。[3]癸丑，以前同州節度使張彦贇爲相州節度使。[4]辛酉，月犯心大星。[5]

[1]荆南、淮南、廣南：《通鑑》卷二八九作"荆南、嶺南、江南"。

[2]錢弘俶：人名。即錢俶。錢元瓘第九子，五代十國吴越末代君主。傳見本書卷一三三、《新五代史》卷六七。

[3]彰德軍：方鎮名。治所在相州（今河南安陽市）。

[4]張彦贇：人名。籍貫不詳。五代將領。事見本書本卷、卷一〇二。

[5]月犯心大星：即月犯心宿二，又稱爲大火星。

十一月甲子朔，日有蝕之。乙丑，永州唐將軍祠贈太保，[1]從湖南請也。己巳，日南至，帝御崇元殿受朝賀，仗衛如式。辛未，詔侍衛步軍都指揮使王殷將兵屯澶州。[2]丙子，誅樞密使楊邠、侍衛都指揮使史弘肇、三司使王章，[3]夷其族。是日平旦，甲士數十人由廣政殿出，[4]至東廡下，害邠等於閤内，皆死於亂刃之下。又誅弘肇弟小底軍都虞候弘朗、如京使甄彦奇、内常侍辛從審、楊邠子比部員外郎廷侃、右衛將軍廷偉、左贊善大夫廷倚、王章侄右領衛將軍旻、子壻户部員外郎張貽肅、樞密院副承宣郭顒、控鶴都虞候高進、侍衛都承局荆南金、三司都勾官柴訓等。[5]分兵收捕邠等家屬及部曲傔從，盡戮之。少頃，樞密承旨聶文進急召宰臣百僚，[6]班於崇元殿，庭宣曰："楊邠、史弘肇、王章等同謀叛逆，欲危宗社，並斬之，與卿等同慶。"班退，召諸軍將校至萬歲殿，[7]帝親諭史弘肇等欲謀逆亂之狀，且言："弘肇等欺朕年幼，專權擅命，使汝輩常懷憂恐，自此朕自與汝等爲主，必無横憂也。"諸軍將校拜謝而退。召前任節度使、刺史、統軍等上殿諭之。帝遣軍士守捉宫城諸門，比近日旰，朝臣步出宫門而去。是日晴霽無雲，而昏霧濛濛，有如微雨，人情惴恐。日將午，載楊邠等十餘尸，分暴於南北市。是日，帝遣腹心齎密詔往澶州、鄴都，令澶州節度使李洪義誅侍衛步軍都指揮使王殷，[8]令鄴都屯駐護聖左厢都指揮使郭崇、奉國左厢都指揮使曹英害樞密使郭威及宣徽使王峻。[9]急詔鄆州高行周、青州符彦卿、永興郭從義、兖州慕容彦超、同州薛懷讓、鄭州吴虔裕、陳州李穀等赴闕。以宰臣蘇逢吉權知樞密院事，前青州劉銖權知開封府事，[10]侍衛馬軍都指揮使李洪建判侍衛司事，内客省使閻晋卿權侍衛馬軍都指揮使。[11]丁丑，澶州節度使李洪義受得密詔，知事不克，乃引使人見王殷。殷與洪義遣本州副使陳光穗齎所受密詔，[12]馳至鄴都。[13]郭威得之，即召王峻、郭崇、曹英及諸軍將校至牙署視詔，兼告楊、史諸公冤枉之狀，且曰："汝等當奉行詔旨，斷予首以報天子，自取功名。"郭崇等與諸將校前曰："此事必非聖意，即是李業等竊發，[14]假如此輩便握權柄，國得安乎！[15]事可陳論，何須自棄，致千載之下被此惡名。崇等願從公入朝，面自洗雪。"於是將校等請威入朝，以除君側之惡，共安天下。[16]翌日，郭威以衆南行。己卯，[17]鄴兵至澶州。庚辰，至滑州，[18]節度使宋延渥開門迎降。[19]是日，詔前開封尹侯益、前鄜州節度使張彦超、權侍衛馬軍都指揮使閻晋卿、鄭州防禦使吴虔裕等率禁軍赴澶州守捉。[20]辛巳，帝之小豎鸗脱自北迴。[21]先是，帝遣鸗脱偵鄴軍所至，爲游騎所獲，郭威即遣迴，因令附奏赴闕之意，仍以密奏置鸗脱衣領中。帝覽奏，即召李業示之，聶文進、郭允明等在傍，[22]懼形于色。初議車駕幸澶州，及聞鄴兵已至河上，乃止。帝大懼，私謂宰臣竇貞固等曰："昨來之事太草草耳！"李業等請帝傾府庫以給諸軍，宰相蘇禹珪以爲未可。業拜禹珪於帝前，曰："相公且爲官家，莫惜府庫。"遂下令侍衛軍人給二十緡，下軍各給十緡，其北來將士亦準此。仍遣北來將士在營子弟各齎家問，向北諭之。壬午，鄴軍至封丘。[23]慕容彦超自鎮馳至，帝遂以軍旅之事委之。[24]彦超謂帝曰："陛下勿憂，臣當生致其魁首。"彦超退，見聶文進，詢北來兵數及將校名氏，文進告之。彦超懼，曰："大是劇賊，不宜輕耳！"又遣袁曮、劉重進、王知則等出師，[25]以繼前軍。慕容彦超以大軍駐於七里郊，[26]掘塹以自衛，都下率坊市出酒食以餉軍。癸未，車駕勞軍，即日還宫。翌日，慕容彦超揚言曰："官家宫中無事，明日再出，觀臣破賊。"甲申，車駕復出，幸七里店軍營。[27]王師陣於劉子陂，[28]與鄴軍相望。太后以帝至晚在外，遣中使謂聶文進曰："賊軍在近，大須用意！"文進曰："有臣在，必不失策，縱有一百個郭威，亦當生擒之耳！"彦超輕脱，先擊北軍，郭威命何福進、王彦超、李筠等大合騎以乘之。[29]彦超退却，死者百餘人，於是南軍奪氣，[30]稍稍奔於北軍。吴虔裕、張彦超等相繼而去，慕容彦超以部下十數騎奔兖州。是夜，帝與宰臣從官宿於野次，侯益、焦繼勳潛奔鄴軍。乙酉旦，帝策馬至玄化門，[31]劉銖在門上，問帝左右："兵馬何在？"乃射左右。帝迴，與蘇逢吉、郭允明詣西北村舍，郭允明知事不濟，乃剚刃於帝而崩，時年二十。蘇逢吉、郭允明皆自殺。[32]是日，周太祖自迎春門入，[33]諸軍大掠，煙火四發，翌日至晡方定。前滑州節度使白再榮爲亂兵所害，[34]吏部侍郎張允墜屋而死。[35]周太祖既入京城，命有司遷帝梓宫於太平宫。[36]或曰："可依魏高貴鄉公故事，[37]以公禮葬之。"周祖曰："予顛沛之中，不能護衛至尊，以至於此，若又貶降，人謂我何！"於是詔擇日舉哀，命前宗正卿劉皞主喪。[38]丙戌，太后誥曰："高祖皇帝翦亂除兇，[39]變家爲國，救生靈於塗炭，創王業於艱難，甫定寰區，遽遺弓劍。樞密使郭威、楊邠，侍衛使史弘肇，三司使王章，親承顧命，輔立少君，協力同心，安邦定國。旋屬四方多事，三叛連衡，吴、蜀内侵，契丹啓釁，蒸黎兇懼，宗社阽危。郭威授任專征，提戈進討，躬當矢石，盡掃煙塵，外寇盪平，中原寧謐。復以强敵未殄，邊塞多艱，允賴寶臣，往臨大鄴，疆埸有蕃籬之固，朝廷寬宵旰之憂。不謂兇豎連謀，群小得志，密藏鋒刃，竊發殿庭，已殺害其忠良，方奏聞於少主，無辜受戮，有口稱寃。而又潛差使臣，矯齎宣命，謀害樞密使郭威、宣徽使王峻、侍衛步軍都指揮使王殷等。人知無罪，天不助奸。今者郭威，王峻，澶州節度使李洪義，前曹州防禦使何福進，前復州防禦使王彦超，前博州刺史李筠，北面行營馬步都指揮使郭崇，步軍都指揮使曹英，護聖都指揮使白重贊、索萬進、田景咸、樊愛能、李萬全、史彦超，[40]奉國都指揮使張鐸、王暉、胡立，[41]弩手指揮使何贇等，[42]徑領兵師，來安社稷。逆黨皇城使李業、内客省使閻晋卿、樞密都承旨聶文進、飛龍使後贊、翰林茶酒使郭允明等，[43]脅君於大内，出戰于近郊，及至力窮，遂行弑逆，冤憤之極，今古未聞。今則兇黨既除，群情共悦。神器不可以無主，萬機不可以久曠，宜擇賢君，以安天下。河東節度使崇、許州節度使信，[44]皆高祖之弟，徐州節度使贇、開封尹承勳，[45]高祖之男，俱列磐維，皆居屏翰，宜令文武百辟，議擇嗣君，以承大統”云。樞密使郭威以蕭牆變起，宗祐無奉，率群臣候太后，請定所立，且言："開封尹承勳，高祖皇帝之愛子也，請立爲嗣。”太后告以承勳羸病日久，不能自舉，周太祖與諸將請視承勳起居，及視之，方信，遂議立高祖從子、徐州節度使贇爲嗣。己丑，[46]太后誥曰："天未悔禍，喪亂孔多，嗣主幼沖，群兇蔽惑，搆奸謀於造次，縱毒蠆於斯須，將相大臣，連頸受戮，股肱良佐，無罪見屠，行路咨嗟，群心扼腕，則高祖之洪烈將墜于地。賴大臣郭威等，激揚忠義，拯濟顛危，除惡蔓以無遺，俾綴旒之不絶。宗祧事重，纘繼才難，既聞將相之謀，復考蓍龜之兆，天人協贊，社稷是依。徐州節度使贇，稟上聖之資，抱中和之德，先皇如子，鍾愛特深，固可以子育兆民，君臨萬國，宜令所司擇日備法駕奉迎即皇帝位。於戲！神器至重，天步方艱，致理保邦，不可以不敬，貽謀聽政，不可以不勤，允執厥中，祗膺景命。”是日，遣前太師馮道等往徐奉迎。[47]周太祖以嗣君未至，萬機不可暫曠，率群臣請太后臨朝，誥答曰："昨以奸邪搆釁，亂我邦家，勳德效忠，剪除兇慝，俯從人欲，已立嗣君，宗社危而再安，紀綱壞而復振。皇帝法駕未至，庶事方殷，百辟上言，請予蒞政，宜允輿議，權總萬機，止於浹旬，即復明辟"云。按前代故事，太上皇稱誥，太皇太后、皇太后曰令，今云誥，有司誤也。以宣徽南院使王峻爲樞密使，[48]右神武統軍袁巃爲宣徽南院使，[49]陳州刺史李穀權判三司，步軍都指揮使王殷爲侍衛親軍馬步都指揮使，護聖左厢都指揮使郭崇爲侍衛馬軍都指揮使，[50]奉國左厢都指揮使曹英爲侍衛步軍都指揮使。鎮州、邢州馳奏，契丹寇洺州，[51]陷内丘縣。[52]時契丹永康王兀欲率部族兩道入邊，[53]内丘城小而固，契丹攻之，五日不下，敵人傷者甚衆。時有官軍五百，在城防戍，攻急，官軍降於敵，屠其城而去。[54]庚寅，樞密使郭威奏，左軍巡勘得飛龍使後贊款伏，與蘇逢吉、李業、閻晋卿、聶文進、郭允明等同謀，令散員都虞候奔德等下手殺害史弘肇等。[55]權開封尹劉銖具伏，朋附李業爲亂，屠害將相家屬。其劉銖等準誥旨處置訖，并蘇逢吉、郭允明、閻晋卿、聶文進首級，並梟於南北市，其骨肉放棄。辛卯，河北諸州馳報，契丹深入。太后誥曰："王室多故，邊境未寧，内難雖平，外寇仍熾。據北面奏報，强敵奔衝，繼發兵師，未聞平殄，須勞上將，暫自臨戎。宜令樞密使郭威部署大軍，早謀掩擊，其軍國庶事，權委宰臣竇貞固、蘇禹珪、樞密使王峻等商量施行，在京馬步兵士，委王殷都大提舉。"

［1］永州：州名。治所在今湖南永州市。　太保：官名。與太師、太傅並爲三師。唐後期、五代多爲大臣、勳貴加官。正一品。

［2］王殷：人名。瀛州（今河北河間市）人。一作大名（今河北大名縣）人。五代將領。從郭威推翻後漢，後因功高震主爲郭威所殺。傳見本書卷一二四、《新五代史》卷五〇。　澶州：州名。唐、五代初，治所在河南清豐縣。後晋天福四年（939），移治於今河南濮陽縣。

［3］弘肇：人名。即史弘肇。鄭州滎澤（今河南鄭州市）人。五代後漢將領。傳見本書卷一〇七、《新五代史》卷三〇。　王章：人名。大名南樂（今河南南樂縣）人。五代後漢三司使、同平章事，以聚斂刻急著稱。傳見本書卷一〇七、《新五代史》卷三〇。

［4］廣政殿：據《通鑑》卷二八九胡三省注"按《薛史》，晋天福四年二月辛卯，改東京玉華殿爲永福殿。周顯德四年，新修永福殿改爲廣政殿。此蓋以後來殿名書之"，廣政殿故址位於今河南開封市。

［5］都虞候：官名。唐、五代方鎮高級軍官。　弘朗：人名。即史弘朗。鄭州滎澤（今河南鄭州市）人。史弘肇之弟。本書僅此一見。　如京使：官名。唐、五代諸司使之一。取《詩·小雅·甫田》"如砥如京"之意，其職任相當於倉監督。　甄彦奇：人名。籍貫不詳。本書僅此一見。　内常侍：官名。内侍省屬官，通判内侍省事。正五品下。　辛從審：人名。籍貫不詳。五代後漢宦官。本書僅此一見。　比部員外郎：官名。刑部屬官。佐理勾會内外賦斂、經費、俸禄、公廨、勳賜、贓贖、徒役課程、逋欠之物，及軍資、械器、和糴、屯收所入。從六品。　廷侃：人名。即楊廷侃。魏州冠氏（今山東冠縣）人。楊邠之子。本書僅此一見。　右衛將軍：官名。唐置，掌宫禁宿衛。唐代十六衛之一。從三品。　廷偉：人名。即楊廷偉。魏州冠氏（今山東冠縣）人。楊邠之子。本書僅此一見。　左贊善大夫：官名。掌規諫太子過失、贊禮儀等事。正五品。中華書局本有校勘記："'左'，殿本作'右'。"　廷

倚：人名。即楊廷倚。魏州冠氏（今山東冠縣）人。楊邠之子。本書僅此一見。　右領衛將軍：官名。唐置，掌宫禁宿衛。唐代十六衛之一。從三品。　旻：人名。即王旻。大名南樂（今河南南樂縣）人。王章之侄。本書僅此一見。　户部員外郎：官名。户部郎中的副職。從六品上。　張貽肅：人名。籍貫不詳。王章之婿，時爲户部員外郎。事見本書卷一〇七《王章傳》。中華書局本有校勘記："原作'張昭肅'，據殿本、本書卷一〇七《王章傳》、《新五代史》卷三〇《郭允明傳》、《册府》卷九三一改。"見《宋本册府》卷九三一《總録部·枉横短命門》。　樞密院副承宣：官名。唐宣宗大中（847—860）中置樞密院承旨承受傳宣皇帝旨意。五代後晋高祖天福五年（940）改爲樞密院承宣。樞密院副承宣爲五代時樞密院承旨司（承宣司）屬官，分掌承旨司（承宣司）諸房公事，由諸衛將軍充任。　郭顒：人名。籍貫不詳。本書僅此一見。　控鶴都虞候：官名。控鶴軍統兵官。控鶴爲部隊番號。都虞候，次於都指揮使、副都指揮使。　高進：人名。籍貫不詳。本書僅此一見。　侍衛都承局：官名。侍衛司低級統兵官。　荆南金：人名。籍貫不詳。本書僅此一見。　三司都勾官：官名。三司内部以檢查文案有無稽失爲專職的官員。　柴訓：人名。籍貫不詳。本書僅此一見。

[6]樞密承旨：官名。五代設樞密院承旨和樞密院副承旨，以各衛將軍擔任。主管樞密院承旨司之事。　聶文進：人名。并州（今山西太原市）人。五代後漢隱帝寵臣。傳見本書卷一〇七、《新五代史》卷三〇。

[7]萬歲殿：五代後梁、後漢開封城内宫殿。位於今河南開封市。

[8]李洪義：人名。一作"李弘義"。并州晋陽（今山西太原市）人。李洪信之弟，五代、宋初將領。傳見《宋史》卷二五二。《舊五代史考異》："案《宋史》：洪義本名洪威，避周太祖諱改。"見《宋史·李洪義傳》。

[9]郭崇：人名。應州金城（今山西應縣）人。五代、宋初將領。傳見《宋史》卷二五五。《舊五代史考異》："案《東都事略》：郭崇初名崇威，避周太祖諱，止稱崇。"見《東都事略》卷二一《郭崇傳》，亦見《宋史》卷二五五《郭崇傳》。　曹英：人名。常山真定（今河北正定縣）人。五代後周將領。傳見本書卷一二九。《通鑑》卷二八九作"曹威"，據《輯本舊史》卷一二九《曹英傳》："曹英，字德秀，舊名犯太祖廟諱，故改焉。"即因避周太祖諱，改名曹英。　宣徽使：官名。唐始置。宣徽南院使、北院使通稱宣徽使。初用宦官，五代以後改用士人。通掌内諸司及三班内侍之名籍，郊祀、朝會、宴享供帳之儀，檢視内外進奉名物。參見王永平《論唐代宣徽使》，《中國史研究》1995 年第 1 期；王孫盈政《再論唐代的宣徽使》，《中華文史論叢》2018 年第 3 期。　王峻：人名。相州安陽（今河南安陽市）人。五代將領，後周時任樞密使兼宰相。傳見本書卷一三〇、《新五代史》卷五〇。

[10]劉銖：人名。陝州（今河南三門峽市陝州區）人。時權知開封府事。傳見本書卷一〇七、《新五代史》卷三〇。

[11]内客省使：官名。内客省長官。　閻晋卿：人名。忻州（今山西忻州市）人。五代後漢將領。傳見本書卷一〇七。

[12]陳光穗：人名。籍貫不詳。五代供奉官，曾任澶州指揮使副使。事見本書本卷及卷一一〇、卷一二五。

[13]"丁丑"至"馳至鄴都"：《舊五代史考異》："案《宋史》：少帝遣供奉官孟業賫密詔，令洪義殺王殷。洪義素怯懦，慮殷覺，遷延不敢發，遽引業見殷。殷乃錮業，送密詔於周祖。"見《宋史·李洪義傳》。

[14]李業：人名。晋陽（今山西太原市）人。五代後漢高祖李皇后弟。隱帝時受信任，掌宫廷財務。傳見本書卷一〇七、《新五代史》卷三〇。

[15]國得安乎：中華書局本有校勘記："'國'，原作'固'，據本書卷一一〇《周太祖紀一》、《册府》卷八改。劉本作'國家

安乎’。”見《宋本册府》卷八《帝王部·創業門四》。

[16]“於是將校等請威入朝”至“共安天下”：《舊五代史考異》：“案《東都事略》：漢隱帝遣使害太祖，魏仁浦曰：‘公有大功于朝廷，握强兵，臨重鎮，以讒見疑，豈可坐而待斃！’教以易其語，云誅將士，以激怒衆心。太祖納其言。”見《東都事略》卷一八《魏仁浦傳》。

[17]己卯：《輯本舊史》原作“戊寅”，本卷云：“翌日，郭威以衆南行。戊寅，鄴兵至澶州。”此翌日乃丁丑（十四日）後一日，即十五日，而戊寅正是十五日。其用干支記日區隔，顯然不是同一日。《輯本舊史》卷一一〇《周太祖紀一》載“十六日，至澶州”，《通鑑》卷二八九亦同，據改。

[18]滑州：州名。治所在今河南滑縣。

[19]宋延渥：人名。洛陽（今河南洛陽市）人。五代、宋初將領，後漢高祖劉知遠婿。入宋後改名偓。傳見《宋史》卷二五五。　庚辰，至滑州，節度使宋延渥開門迎降：《舊五代史考異》：“案《歐陽史》：庚辰，義成軍節度使宋延渥叛附於郭威。與《薛史》同。《通鑑》作辛巳，與《薛史》異。”見《新五代史》卷一〇《漢隱帝紀》、《通鑑》卷二八九。本書卷一一〇《周太祖紀一》亦同本卷及《新五代史》。

[20]侯益：人名。汾州平遥（今山西平遥縣）人。五代將領。傳見《宋史》卷二五四。　張彦超：人名。沙陀部人。五代將領，後唐明宗養子。傳見本書卷一二九。　守捉：《輯本舊史》之影庫本粘籤：“守捉，原本作‘字足’，今從《通鑑考異》所引《薛史》改正。”見《通鑑》卷二八九。

[21]鸗脱：人名。一作“鸗脱”。五代後漢隱帝宦官。事見本書本卷。《輯本舊史》之影庫本粘籤：“小豎鸗脱，《通鑑》‘鸗’字從‘鳥’，《歐陽史》鸗字從‘馬’。胡三省《通鑑注》云：鸗，力鍾翻，又盧紅翻。《歐陽史》作‘驡’，亦音龍。《薛史·隱帝紀》作‘鸗’，《周太祖紀》作‘鸗’，蓋亦據漢、周《實録》，未

及改從畫一也。今姑從其舊。”見《輯本舊史》卷一〇三《漢隱帝紀下》、卷一一〇《周太祖紀一》，《新五代史》卷一一《周太祖紀》，《通鑑》卷二八九。

［22］郭允明：人名。河東（今山西太原市）人。五代後漢將領。隨隱帝率軍於京師北郊抵禦郭威軍，兵敗，殺死隱帝後又自殺。傳見本書卷一〇七、《新五代史》卷三〇。

［23］封丘：縣名。治所在今河南封丘縣。

［24］“壬午”至“帝遂以軍旅之事委之”：《舊五代史考異》：“案《宋史·侯益傳》云：周太祖起兵，隱帝議出師禦之。益獻計曰：‘王者無敵於天下，兵不宜輕出，況大名戍卒，家屬盡在京城，不如閉關以挫其鋭，遣其母妻發降以招之，可不戰而定。’慕容彥超以爲益衰老，作懦夫計，沮之。”又，中華書局本有校勘記：“‘不如閉關以挫其鋭’，‘閉’原作‘開’，據殿本、劉本、《宋史》卷二五四《侯益傳》改。”

［25］袁鳷：人名。籍貫不詳。五代後唐至後周將領。事見本書卷三七、卷一一一、卷一一二。　劉重進：人名。本名晏僧。幽州（今北京市）人。五代、宋初將領。傳見《宋史》卷二六一。　王知則：人名。籍貫不詳。本書僅此一見。

［26］七里：地名。即七里店，一名七里寨。位於今河南開封市北二十里，後圮於水。

［27］七里店：即上“七里”條。

［28］劉子陂：《輯本舊史》之影庫本粘籤：“劉子陂，《東都事略·宋延渥傳》作留子陂。考《通鑑》、《歐陽史》俱作‘劉’，蓋地名多用對音字，今仍其舊。”見《新五代史》卷一〇《漢隱帝紀》、《通鑑》卷二八九、《東都事略》卷一八《宋延渥傳》。又，《輯本舊史》卷一一〇《周太祖紀一》亦作“劉子陂”。劉子陂，地名。位於今河南封丘縣南。

［29］何福進：人名。太原（今山西太原市）人。五代將領。傳見本書卷一二四。　王彥超：人名。大名臨清（今河北臨西縣）

人。五代、宋初將領。傳見《宋史》卷二五五。　李筠：人名。并州太原（今山西太原市）人。五代、宋初將領。傳見《宋史》卷四八四。

[30]南軍：原作“諸軍”，據本書卷一一〇《周太祖紀一》改。

[31]玄化門：五代後梁開平元年（907）改東都（今河南開封市）北面中門酸棗門爲興和門，後晋天福三年（938）改爲玄化門。

[32]蘇逢吉、郭允明皆自殺：《舊五代史考異》：“案《通鑑考異》引劉恕曰：允明，帝所親信，何由弑逆？蓋郭威兵殺帝，事成之日諱之，因允明自殺而歸罪耳。今考劉恕所辨，祇以揣度言之，亦無實據，《薛史》蓋據當時實録也。”又，中華書局本有校勘記：“‘《薛史》蓋據當時實録也’，邵本校、《舊五代史考異》卷四作‘《五代春秋》作帝崩於師’。”見《通鑑》卷二八九、《五代春秋》卷下《漢隱帝》。

[33]迎春門：五代後晋天福三年（938）改東京城東墻北門建陽門爲迎春門，位於今河南開封市。

[34]白再榮：人名。蕃部人。五代將領。傳見本書卷一〇六、《新五代史》卷四八。

[35]吏部侍郎：官名。尚書省吏部次官。協助吏部尚書掌文選、勳封、考課之政。正四品上。　張允：人名。鎮州束鹿（今河北辛集市）人。五代後唐至後漢官員。傳見本書卷一〇八、《新五代史》卷五七。

[36]宮殿名。位於今河南開封市。

[37]高貴鄉公：即曹髦。三國時魏國皇帝。254年至260年在位。傳見《三國志》卷四。

[38]宗正卿：官名。秦始置宗正，南朝梁始有宗正卿之官。由宗室充任。掌皇族外戚屬籍。正三品。　劉皞：人名。涿州歸義（今河北容城縣）人。五代十國時期大臣。後晋宰相劉昫弟。傳見本書卷一三一。

[39]高祖：即五代後漢開國皇帝劉知遠。沙陀部，太原（今山西太原市）人。947年至948年在位。紀見本書卷九九、卷一〇〇，《新五代史》卷一〇。

[40]白重贊：人名。沙陀部，憲州樓煩（今山西婁煩縣）人。五代、宋初將領。傳見《宋史》卷二六一。　田景咸：人名。太原（今山西太原市）人。歷仕五代後漢、後周，宋。傳見《宋史》卷二六一。　樊愛能：人名。籍貫不詳。五代後周將領，高平之戰中不戰而逃，後被周世宗處死，以正軍法。傳見本書附録。　李萬全：人名。吐谷渾部人。五代、宋初將領。傳見《宋史》卷二六一。　史彦超：人名。雲州（今山西大同市）人。五代後周將領。傳見本書卷一二四、《新五代史》卷三三。

[41]張鐸：人名。河朔（今河北北部、北京、天津一帶）人。五代、宋初將領。傳見《宋史》卷二六一。　王暉：人名。太原（今山西太原市）人。五代、宋初將領。傳見《宋史》卷二六一。　胡立：人名。籍貫不詳。五代後周裨將。顯德二年（955）爲後蜀將領王環所擒。事見本書卷一一七、卷一二九。

[42]何贇：人名。籍貫不詳。五代後漢將領。本書僅此一見。

[43]皇城使：官名。唐末始置，爲皇城司長官，一般由君主的親信充任，以拱衛皇城。　飛龍使：官名。唐代掌閑厩御馬之内使，又稱内飛龍使。五代沿置。　後贊：人名。兖州瑕丘（今山東濟寧市兖州區）人。五代後漢隱帝寵臣。傳見本書卷一〇七、《新五代史》卷三〇。　翰林茶酒使：官名。掌内廷茶酒供應之事。

[44]河東：方鎮名。治所在太原（今山西太原市）。　崇：人名。即劉崇，又名劉旻。沙陀部人。劉知遠之弟，五代十國北漢開國君主。傳見本書卷一三五、《新五代史》卷七〇。　許州：州名。治所在今河南許昌市。　信：人名。即劉信。沙陀部人。五代後漢將領，劉知遠從弟。傳見本書卷一〇五、《新五代史》卷一八。

[45]贇：人名。即劉贇。五代後漢宗室。其父劉崇爲後漢高祖劉知遠弟，過繼爲劉知遠養子。傳見本書卷一〇五、《新五代史》

卷一八。

［46］己丑：中華書局本有校勘記："原作'乙丑'，據殿本、孔本、《通鑑》卷二八九改。《舊五代史考異》：'案原本作"乙丑"，與《五代春秋》同。今從《通鑑》改作"己丑"。'"見《五代春秋》卷下《漢隱帝》。

［47］馮道：人名。瀛州景城（今河北滄縣）人。五代時官拜宰相，歷仕後唐至後周，亦曾臣事契丹。傳見本書卷一二六、《新五代史》卷五四。

［48］宣徽南院使：官名。唐始置。宣徽南院長官。初用宦官，五代以後改用士人。與宣徽北院使通掌内諸司及三班内侍之名籍，郊祀、朝會、宴享供帳之儀，檢視内外進奉名物。參見王永平《論唐代宣徽使》，《中國史研究》1995年第1期；王孫盈政《再論唐代的宣徽使》，《中華文史論叢》2018年第3期。

［49］右神武統軍：官名。唐代右神武軍統兵官。唐置六軍，分左、右羽林，左、右龍武，左、右神武，即"北衙六軍"。興元元年（784），六軍各置統軍，以寵功勳臣。其品秩，《唐會要》卷七一、《舊唐書》卷一二記載爲"從二品"，《通鑑》卷二二九記載爲"從三品"。

［50］侍衛馬軍都指揮使：中華書局本有校勘記："'使'字原闕，據殿本、劉本、邵本校補。"

［51］洺州：州名。治所在今河北邯鄲市永年區。

［52］内丘縣：縣名。治所在今河北内丘縣。

［53］兀欲：人名。即遼世宗耶律阮。契丹族，遼太祖耶律阿保機孫，人皇王耶律倍長子，遼朝第三代皇帝。947年至951年在位。紀見《遼史》卷五。

［54］"鎮州、邢州馳奏"至"屠其城而去"：《舊五代史考異》："案《遼史·世宗紀》：十月，自將南伐，攻下安平、内丘、束鹿等城，大獲而還。與《薛史》所載互有詳略。"見《遼史》卷五《世宗紀》天禄四年（950）十月條。

[55]奔德：人名。籍貫不詳。五代後漢將領。本書僅此一見。中華書局本有校勘記："'奔德'，劉本作'賁德'。"

十二月甲午朔，郭威領大軍北征。丁酉，以翰林學士、尚書户部侍郎、知制誥范質爲樞密副使。[1]陝州李洪信奏，[2]馬步都指揮使聶召、奉國指揮使楊德、護聖指揮使康審澄等，[3]與節度使判官路濤、掌書記張洞、都押衙楊紹勍等，[4]同情謀叛，並殺之。惟康審澄夜中放火斬關，奔歸京師。初，朝議以諸道方鎮皆是勳臣，不諳政理，其都押衙、孔目官，[5]令三司軍將内選才補之，藩帥不悦，故洪信因朝廷多故，誣奏加害焉。壬寅，湖南上言，朗州馬希蕚引五谿蠻及淮南洪州軍來攻當道，[6]望量差兵士於淮境牽引。乙巳，遣前淄州刺史陳思讓領軍入淮南界，[7]以便宜進取。辛亥，遣宰相蘇禹珪及朝臣十員，往宋州迎奉嗣君。[8]壬子，樞密使郭威次澶州，何福進已下及諸軍將士，扶擁威請爲天子，即日南還。威上章于太后，言爲諸軍所迫班師。庚申，威至北郊，駐軍於皋門村。[9]許州巡檢、前申州刺史馬鐸奏，[10]節度使劉信自殺。壬戌，奉太后誥，命樞密使侍中郭威監國，[11]中外庶事，並取監國處分。先是，樞密使王峻以湘陰公已在宋州，慮聞澶州之事，左右變生，遣侍衛馬軍指揮使郭崇率七百騎往衛之。[12]己未，太后誥曰："比者，樞密使郭威，志安社稷，議立長君，以徐州節度使贇，高祖近親，立爲漢嗣，爰自藩鎮，徵赴京師。雖誥命尋行，而軍情不附，天道在北，人心靡東，適當改卜之初，俾膺分土之命。贇可降授開府儀同三司、檢校太師、上柱國，封湘陰公，食邑三千户，食實封五百户。”

[1]翰林學士：官名。由南北朝始設之學士發展而來，唐玄宗改翰林供奉爲翰林學士，備顧問，代王言。掌拜免將相、號令征伐等詔令的起草。　知制誥：官名。掌起草皇帝的詔、誥之事，原爲中書舍人之職。唐開元末置學士院，翰林學士入院一年，則加知制誥銜，專掌任免宰相、册立太子、宣布征伐等特殊詔令，稱爲内制；而中書舍人所撰擬的詔敕稱爲外制。兩種官員總稱兩制。　范質：人名。大名宗城（今河北威縣）人。五代後周、北宋初宰相。傳見《宋史》卷二四九。　樞密副使：官名。樞密院副長官。　丁酉，以翰林學士、尚書户部侍郎、知制誥范質爲樞密副使：《舊五代史考異》：“案《東都事略》：周太祖征李守貞，每朝廷遣使齎詔，處分軍事，皆中機會，太祖問：‘誰爲此辭？’使者以范質對，太祖曰：‘宰相器也。’太祖起兵入京師，遽令草太后誥及議迎湘陰公儀注。乃白太后，以質爲兵部侍郎、樞密副使。”又，中華書局本有校勘記：“‘遽令草太后誥及議迎湘陰公儀注’，‘迎’字原闕，據殿本、劉本、孔本、《東都事略》卷一八補。”見《東都事略》卷一八《范質傳》，亦見《通鑑》卷二八九、《宋史》卷二四九《范質傳》。

[2]陝州：州名。治所在今河南三門峽市陝州區。　李洪信：人名。并州晋陽（今山西太原市）人。五代、宋初將領。傳見《宋史》卷二五二。

[3]聶召：人名。籍貫不詳。五代將領。本書僅此一見。　奉國：方鎮名。治所在蔡州（今河南汝南縣）。　楊德：人名。籍貫不詳。五代將領。本書僅此一見。　康審澄：人名。籍貫不詳。五代將領。事見本書本卷。

[4]節度使判官：官名。唐末、五代藩鎮僚佐，位行軍司馬下。

路濤：人名。籍貫不詳。五代將領。本書僅此一見。　掌書記：官名。唐、五代方鎮僚屬，位在判官下。掌表奏書檄、文辭之事。　張洞：人名。籍貫不詳。五代將領。本書僅此一見。　都押衙：官名。“押衙”即“押牙”。唐、五代時期節度使辟署的屬官，有稱左、右都押衙或都押衙者。掌領方鎮儀仗侍衛、統率軍隊。參見劉安志《唐五代押牙（衙）考略》，武漢大學歷史系魏晋南北朝隋唐史研究室編《魏晋南北朝隋唐史資料》第16輯，武漢大學出版社1998年版。　楊紹勍：人名。籍貫不詳。五代將領。本書僅此一見。

[5]孔目官：官名。五代藩鎮幕府僚佐，掌蕃漢兵馬、軍機要事。

[6]五谿蠻：又稱“武陵蠻”“盤瓠蠻”，南方地區古族名。泛指東漢至宋代分布在今湖南沅江上游的若干民族總稱。因其地有五溪，故名。　洪州：州名。治所在今江西南昌市。

[7]淄州：州名。治所在今山東淄博市。　陳思讓：人名。幽州盧龍（今河北盧龍縣）人。五代、宋初將領。傳見《宋史》卷二六一。中華書局本有校勘記：“原作‘陳恩讓’，據邵本校、本書卷一〇五《蔡王信傳》、《册府》卷四一四、《宋史》卷二六一《陳思讓傳》改。”見《宋本册府》卷四一四《將帥部·赴援門》、《通鑑》卷二九〇廣順元年二月條。

[8]宋州：州名。治所在今河南商丘市睢陽區。

[9]臯門村：地名。位於今河南開封市市郊。

[10]巡檢：官名。五代始設巡檢，設於京師、陪都、重要的州及邊防重鎮。設於都城的稱京城巡檢使、都巡檢、都巡檢使。掌地方治安。　申州：州名。治所在今河南信陽市。　馬鐸：人名。籍貫不詳。五代將領。事見本書本卷及卷一〇五、一三〇，《新五代史》卷一八。

[11]監國：古代皇帝外出或因其他緣故，由太子、諸王或其他宗室、重臣留守京師，處理國政，稱爲監國。

［12］“先是”至“遣侍衛馬軍指揮使郭崇率七百騎往衛之”：《舊五代史考異》：“案《東都事略·郭崇傳》：王峻遣崇率七百騎拒贇，遇于睢陽，崇曰：‘澶州兵變，遣崇來衛乘輿，非有他也。’具言軍情有屬，天命已定。贇執崇手而泣，崇即送贇就館。”“具言軍情有屬”，中華書局本有校勘記：“‘具言’，原作‘至若’，據殿本、劉本、《東都事略》卷二一《郭崇傳》改。”見《東都事略》卷二一《郭崇傳》。

明年正月丁卯，太后誥，奉符寶於監國，可即皇帝位。周太祖踐阼，奉太后爲母，遷於西宫，[1]上尊號曰昭聖太后。是月十五日，周太祖與百僚詣帝殯宫，成服親奠，不視朝七日。又詔太常定謚曰隱。以其年八月二日，復遣前宗正卿劉皞護靈輴，備儀仗，葬于許州陽翟縣之潁陵，[2]祔神主于高祖之寢宫。帝姿貌白皙，眉目疏朗，未即位時，目多閃掣，唾洟不止，即位之始，遽無此態，及内難將作，復如故。帝自關西平定之後，[3]稍生驕易，然畏憚大臣，未至縱恣。嘗因乾象差忒，宫中或有怪異，召司天監趙延乂訊其休咎，[4]延乂對以修德即無患。既退，遣中使就問延乂曰：“何者爲德？”延乂勸讀《貞觀政要》。[5]邇後與聶文進、郭允明、後贊狎習，信其邪説，以至于敗。高祖之征鄴城也，一旦，帝語周太祖曰：[6]“我夜來夢爾爲驢，負我升天，既捨，爾俄變爲龍，捨我南去，是何祥也？”周太祖撫掌而笑。冥符肸蠁，豈偶然哉！《永樂大典》卷一萬六千二百二。[7]

［1］西宫：宫名。指洛陽上陽宫，因其位於宫城之西，故名。

位於今河南洛陽市。

［2］陽翟縣：縣名。治所在今河南禹州市。　潁陵：一作“隱陵”。五代後漢隱帝劉承祐陵。位於今河南禹州市西五十里。

［3］關西：地區名。漢、唐時泛指函谷關或潼關以西的地區。

［4］司天監：官（署）名。其長官稱司天監，掌天文、曆法以及占候等事。參見趙貞《唐宋天文星占與帝王政治》，北京師範大學出版社 2016 年版。　趙延乂：人名。一作“趙延義”。秦州（今甘肅秦安縣）人。五代十國時前蜀大臣趙温珪之子。通術數。傳見本書卷一三一、《新五代史》卷五七。

［5］延乂勸讀《貞觀政要》：《舊五代史考異》：“案《東都事略·張昭傳》：隱帝年十九，猶有童心，昵近小人。昭上疏諫‘請近師傅，延問正人，以開聰明。’隱帝不省。”“延問正人”，中華書局本有校勘記：“‘問’，原作‘聞’，據《東都事略》卷三〇改。”見《東都事略》卷三〇《張昭傳》。《貞觀政要》，書名。唐吴兢著。政論性史書，記載了唐太宗在位時與諸大臣的治政討論。

［6］帝語周太祖曰：中華書局本有校勘記：“‘周’字原闕，據《永樂大典》卷一三一三九引《五代史·後漢隱帝紀》補。”見《大典》卷一三一三九“夢”字韻“事韻七”。

［7］《大典》卷一六二〇二“漢”字韻“漢隱帝（一）”事目。

史臣曰：隱帝以尚幼之年，嗣新造之業。受命之主，德非禹、湯；[1]輔政之臣，復非伊、吕。[2]將欲保延洪之運，守不拔之基，固不可得也。然西摧三叛，雖僅滅於欃槍；而内稔群兇，俄自取於狼狽。自古覆宗絶祀之速者，未有如帝之甚也。噫！蓋人謀之弗臧，非天命之遽奪也。《永樂大典》卷一萬六千二百二。[3]

[1]禹：人名。即大禹。夏朝的建立者。紀見《史記》卷二。湯：人名。商朝的建立者。紀見《史記》卷三。

[2]伊：人名。即伊尹。商初名臣。事見《史記》卷三。吕：人名。即吕尚。西周初政治家、軍事家。本姓姜，後改吕氏，名望，一説字子牙，尊稱姜太公或太公望。事見《史記》卷四。

[3]《大典》卷一六二〇二"漢"字韻"漢隱帝（一）"事目。

舊五代史　卷一〇四

漢書六

后妃列傳第一[1]

[1]按，本卷末闕史論。

李皇后

高祖皇后李氏，[1]晉陽人也。[2]高祖微時，嘗牧馬於晉陽别墅，因夜入其家，劫而取之。及高祖領藩鎮，累封魏國夫人。高祖建義於太原，[3]欲行頒賚於軍士，以公帑不足，議率井邑，助成其事。后聞而諫曰："自晉高祖建義，[4]及國家興運，雖出於天意，亦土地人民福力同致耳，未能惠其衆而欲奪其財，非新天子恤隱之理也。今後宫所積，宜悉以散之，設使不厚，人無怨言。"高祖改容曰："敬聞命矣。"遂停斂貸之議，后傾内府以助之，中外聞者，無不感悦。天福十二年，[5]册爲皇后。隱帝即位，[6]尊爲皇太后。[7]《永樂大典》卷一萬六千三百九十。[8]

［1］高祖：即五代後漢高祖劉知遠。947 年至 948 年在位。紀見本書卷九九至卷一〇〇、《新五代史》卷一〇。

［2］晋陽：縣名。治所在今山西太原市。

［3］太原：府名。治所在今山西太原市。

［4］晋高祖：即五代後晋高祖石敬瑭。沙陀部人。五代後唐將領、後晋開國皇帝。936 年至 942 年在位。紀見本書卷七五至卷八〇、《新五代史》卷八。

［5］天福：五代後晋高祖石敬瑭年號（936—942）。出帝石重貴沿用至九年（944）。後漢高祖劉知遠繼位後沿用一年，稱天福十二年（947）。

［6］隱帝：即五代後漢隱帝劉承祐。後漢高祖劉知遠次子。948 年至 950 年在位。紀見本書卷一〇一至卷一〇三。

［7］“高祖皇后李氏”至“尊爲皇太后”：《輯本舊史》之原輯者案語：“以下疑有闕文。據《通鑑》云：隱帝與李業等謀誅楊邠等。議既定，入白太后。太后曰：‘兹事何可輕發，更宜與宰相議之。’業時在旁曰：‘先帝嘗言，朝廷大事不可謀及書生，懦怯誤人。’太后復以爲言，帝忿曰：‘國家之事，非閨門所知。’拂衣而出。又云：南北軍遇於劉子陂，帝欲自出勞軍，太后曰：‘郭威吾家故舊，非死亡切身，何以至此！但按兵守城，飛詔諭之，觀其志趣，必有辭理，則君臣之體尚全，慎勿輕出。’帝不從。《薛史》載於《李業傳》，當係史家前後省文。”對此案語中華書局本有校勘記：“‘南北軍遇於劉子陂’，‘軍’字原闕，據《通鑑》卷二八九補。”《新五代史》卷一八《皇后李氏傳》：“高祖皇后李氏，晋陽人也，其父爲農。”又：“帝年少，數與小人郭允明、後贊、李業等遊戲宫中，后數切責之。帝曰：‘國家之事，外有朝廷，非太后所宜言也。’太常卿張昭聞之，上疏諫帝，請：‘親近師傅，延問正人，以開聰明。’帝益不省。其後，帝卒與允明等謀議，遂至於亡。”又：“邠等死，周太祖起兵嚮京師。慕容彦超敗於劉子陂，帝欲出自臨兵，太后止之曰：‘郭威本吾家人，非其危疑，何肯至此！

今若按兵無動，以詔諭威，威必有説，則君臣之際，庶幾尚全。’帝不從以出，遂及於難。”明本《册府》卷三八《帝王部·尊親門》：“漢隱帝即位，尊高祖皇后李氏爲皇太后。”

[8]《大典》卷一六三九〇“諫”字韻“納諫（一二）”事目。

周太祖入京，[1]凡軍國大事，皆請后發教令以行之。是歲，議立徐州節度使贇爲帝，[2]以迎奉未至，周太祖乃率群臣拜章，請后權臨朝聽政，后於是稱誥焉。及周太祖爲六軍推戴，上章具述其事，且言願事后爲慈母。后下誥答曰：“侍中功烈崇高，[3]德聲昭著，翦除禍亂，安定乾坤，謳歌有歸，曆數攸屬，所以軍民推戴，億兆同歡。老身未終殘年，屬兹多難，惟以衰朽，託於始終。載省來牋，如母見待，感念深意，涕泗横流”云。仍出戎衣、玉帶以賜周太祖。周太祖即位，上尊號曰昭聖皇太后，居於太平宫。[4]周顯德元年春薨。[5]《永樂大典》卷一萬七千三百一十二。[6]

[1]周太祖：即郭威。邢州堯山（今河北隆堯縣）人。五代後周建立者。951年至954年在位。紀見本書卷一一〇至卷一一三、《新五代史》卷一一。

[2]徐州：州名。治所在今江蘇徐州市。　節度使：官名。唐時在重要地區所設掌握一州或數州軍事、民事、財政的長官。　贇：人名。即劉贇。五代後漢宗室。其父劉崇爲後漢高祖劉知遠弟，贇過繼爲劉知遠養子。傳見本書卷一〇五、《新五代史》卷一八。“議立徐州節度使贇爲帝”後有《舊五代史考異》：“《通鑑考異》引《隱帝實録》云：初議立徐帥，太后遣中使馳諭劉崇，請

崇入纘大位，崇知立其子，上章謙遜。以當日事理推之，既召湘陰，不應復召崇，疑傳聞之誤。”

[3]侍中：官名。秦始置。隋、唐前期爲門下省長官。唐後期多爲大臣加銜，不參與政務，實際職務由門下侍郎執行。正二品。

[4]上尊號曰昭聖皇太后：中華書局本有校勘記：“‘昭聖’，原作‘德聖’，據本書卷一〇三《漢隱帝紀下》、卷一一〇《周太祖紀一》、《新五代史》卷一八《漢家人傳》、《五代會要》卷一、《通鑑》卷二九〇改。”

[5]顯德：五代後周太祖郭威年號（954）。世宗柴榮、恭帝柴宗訓沿用至七年（954—960）。　“周太祖入京”至“周顯德元年春薨”：本條末有《輯本舊史》之原輯者案語：“案，隱帝未立皇后，據《薛史·張彦成傳》云：隱帝娶彦成女。《楊邠傳》云：隱帝所愛耿夫人，欲立爲后，邠以爲太速，夫人卒，隱帝欲以后禮葬，邠又止之。蓋隱帝在位三年，崩時年二十，故未及册立皇后也。又，《五代會要》載：漢高祖長女永寧公主，降宋延渥，天福十二年四月封，至乾祐二年十二月，進封秦國長公主。《通鑑》以永寧公主爲晋高祖女，蓋誤。”對此案語中華書局本有校勘記：“‘進封秦國長公主’，‘進’原作‘追’，據《五代會要》卷二改。按本書卷一〇二《漢隱帝紀中》：‘（乾祐二年十二月）皇帝二十一姊永寧公主進封秦國長公主。’”中華書局本並引孔本案語：“又，王禹偁《小畜集·宋公神道碑》云：漢高祖領侍衛軍，朝望甚重。以公名家子，又後唐之出也，風骨俊秀，異乎諸孤，命長子承訓奉書于貴主，先以襲衣名馬遺焉。承訓，即漢之開封尹魏王也。公與貴主拒而不納。漢祖又敕其子曰：‘宋氏不諧，勿復見我矣！’貴主知志不可奪，遂許之。延渥，唐義寧公主之子也。”

[6]《大典》卷一七三一二“誥”字韻“誥文（一）”事目。

舊五代史　卷一〇五

漢書七

宗室列傳第二[1]

[1]按，本卷末闕史論。

高宗諸子

魏王承訓，字德輝，高祖之長子也。[1]少温厚，美姿儀，高祖尤鍾愛。在晋累官至檢校司空，[2]國初授左衛上將軍。[3]高祖將赴洛，[4]命承訓北京大内巡檢，[5]未幾，詔赴闕，授開封尹、檢校太尉、同平章事。[6]以天福十二年十二月十一日薨於府署，[7]年二十六。高祖發哀於太平宫，[8]哭之大慟，以至於不豫。是月，追封魏王，歸葬於太原。[9]《永樂大典》卷六千七百六十。[10]

[1]高祖：即五代後漢高祖劉知遠。947 年至 948 年在位。紀見本書卷九九至卷一〇〇、《新五代史》卷一〇。

[2]檢校司空：官名。爲散官或加官，以示恩寵，無實際執掌。

[3]左衛上將軍：官名。唐置，掌宫禁宿衛。唐代置十六衛，即左右衛、左右驍衛、左右武衛、左右威衛、左右領軍衛、左右金吾衛、左右監門衛、左右千牛衛。各置上將軍，從二品；大將軍，正三品；將軍，從三品。《輯本舊史》之影庫本粘籤："左衛，原本作'左衡'，今從《歐陽史》改正。"查《新五代史》，未見此記載。《輯本舊史》卷九九《漢高祖紀上》天福十二年（947）四月甲子條："以皇長子承訓爲左衛上將軍。"

[4]洛：地名。即洛陽。位於今河南洛陽市。

[5]北京：即太原府。治所在今山西太原市。　大内：即皇宫。　巡檢：官名。五代始設巡檢，設於京師、陪都、重要的州及邊防重鎮。設於都城的稱京城巡檢使、都巡檢、都巡檢使。掌地方治安。

[6]開封尹：官名。即開封府尹。五代除後唐外均都汴州，升汴州爲開封府，置開封尹或知開封府事。執掌京師政務。從三品。　檢校太尉：官名。爲散官或加官，以示恩寵，無實際執掌。　同平章事：官名。"同中書門下平章事"之簡稱。唐高宗以後，凡實際任宰相之職者，常在其本官後加同平章事的職銜。後成爲宰相專稱。後晋天福五年（940），升中書門下平章事爲正二品。　"高祖將赴洛"至"同平章事"：《輯本舊史》卷一〇〇《漢高祖紀下》天福十二年五月甲午條："以判太原府事劉崇爲北京留守，命皇子承訓、武德使李暉大内巡檢。"《通鑑》卷二八七天福十二年九月戊寅條："以皇子承訓爲東京留守"。

[7]天福：五代後晋高祖石敬瑭年號（936—942）。出帝石重貴沿用至九年（944）。後漢高祖劉知遠繼位後沿用一年，稱天福十二年（947）。

[8]太平宫：宫殿名。位於今河南開封市。

[9]"以天福十二年十二月十一日薨於府署"至"歸葬於太原"：《輯本舊史·漢高祖紀下》天福十二年十二月諸條："甲午，以皇子開封尹承訓薨廢朝三日，追封魏王。丁酉，帝舉哀於太平

宫。”此條有《舊五代史考異》:“《通鑑》云:辛卯,皇子開封尹承訓卒。乙未,追立爲魏王。與《薛史》紀日互異。”《通鑑》卷二八七天福十二年十二月辛卯條:“皇子開封尹承訓卒。承訓孝友忠厚,達於從政,人皆惜之。”同月乙未條:“追立皇子承訓爲魏王。”《輯本舊史》卷一〇八《任延皓傳》:“及魏王承訓薨,歸葬太原,令延皓擇葬地。”《宋本册府》卷二七二《宗室部·令德門》:“漢魏王承訓,少弘厚,美姿儀。從帝在藩邸,輯睦宗親,接下僚友,有士君子之風,高祖器之。每遣從帝主帳下親軍,軍中有便宜事,則馳以入奏,奏必稱旨,屢有恩錫,嘗歎曰:‘此諸侯賢子弟也。’少帝時,累官至檢校司空。及義旗南向,贊開創之業,人皆服其規略。車駕入汴,命爲赤尹尹正之務,委親決之。每因問安,事其利於國者,必具以聞帝。帝嘉而納之。及杜重威叛换,帝幸鄴,以爲東都留守,俾之監撫内外,咸畏而愛之。及薨,帝左右公卿大夫聞之者無不流涕。”

[10]《大典》卷六七六〇“王”字韻“宗室封王(二四)”事目。

陳王承勳,亦高祖之幼子也。國初授右衛大將軍,[1]隱帝嗣位,[2]加檢校太尉、同平章事,遥領興元尹,[3]俄代侯益爲開封尹,[4]進位檢校太師、兼侍中。[5]乾祐三年冬十一月,[6]蕭牆之亂,隱帝崩,軍情欲立勳爲嗣。時勳已病,大臣及諸將請候勳起居。太后令左右以卧榻舁之以見,諸將就視,知勳之不能興,故議立劉贇。[7]周廣順元年春卒。[8]周太祖下詔封陳王。《永樂大典》卷六千七百六十。[9]

[1]右衛大將軍:官名。唐置,掌宫禁宿衛。唐代置十六衛之

一。正三品。《輯本舊史》卷九九《漢高祖紀上》天福十二年四月甲子條："第三子承勳爲右衛大將軍。"

[2]隱帝：即五代後漢隱帝劉承祐。後漢高祖劉知遠次子。948年至950年在位。紀見本書卷一〇一至卷一〇三、《新五代史》卷一〇。

[3]興元：府名。治所在今陝西漢中市。

[4]侯益：人名。汾州平遥（今山西平遥縣）人。五代後唐至宋初將領。傳見《宋史》卷二五四。　開封：府名。治所在今河南開封市。

[5]檢校太師：官名。爲散官或加官，以示恩寵，無實際執掌。　侍中：官名。秦始置。隋、唐前期爲門下省長官。唐後期多爲大臣加銜，不參與政務，實際職務由門下侍郎執行。正二品。　"隱帝嗣位"至"兼侍中"：《輯本舊史》卷一〇一《漢隱帝紀》上乾祐元年（948）六月甲申條："以皇弟右衛大將軍承勳爲興元節度使、檢校太尉、同平章事。"卷一〇二《漢隱帝紀》中乾祐二年十月甲戌條："皇弟興元節度使承勳加檢校太師。"卷一〇三《漢隱帝紀下》乾祐三年五月丙午條："以皇弟興元節度使承勳爲開封尹，加兼中書令，未出閤。"《通鑑》卷二八九乾祐三年五月丙午條："以皇弟山南西道節度使承勳爲開封尹，加兼中書令，實未出閤。"胡注："（承勳）年尚幼，且有羸疾也。"

[6]乾祐：後漢高祖劉知遠、隱帝劉承祐年號（948—950）。北漢亦用此年號。

[7]"乾祐三年冬十一月"至"故議立劉贇"："軍情欲立勳爲嗣"，《舊五代史考異》："立勳爲嗣，疑脱'承'字，《册府元龜》引《薛史》亦同。蓋承勳在隱帝時避御名，故去'承'字也。《薛史》仍當時實録之舊，未及改歸畫一，今姑仍其舊。"《輯本舊史·漢隱帝紀下》乾祐三年十一月丙戌條："樞密使郭威以蕭墻變起，宗祏無奉，率群臣候太后，請定所立，且言：'開封尹承勳，高祖皇帝之愛子也，請立爲嗣。'太后告以承勳羸病日久，不能自

舉，周太祖與諸將請視承勳起居，及視之，方信，遂議立高祖從子、徐州節度使贇爲嗣。”《新五代史》卷一八《承勳傳》：“周太祖已敗漢兵于北郊，隱帝遇弑。太祖入京師，以謂漢大臣必相推戴，及見宰相馮道等，道殊無意。太祖不得已，見道猶下拜，道受太祖拜如平時，徐勞之曰：‘公行良苦！’太祖意色皆沮，以謂漢臣未有推立己意，又難於自立，因白漢太后擇立漢嗣。而宗室河東節度使崇等在者四人，乃爲太后誥曰：‘河東節度使崇、許州節度使信，皆高祖之弟，徐州節度使贇，開封尹承勳，皆高祖之子，文武百辟，其擇嗣君以承天統。’於是周太祖與王峻入見太后，言：‘開封尹承勳，高祖皇帝之子，宜立。’”

[8]廣順：五代後周太祖郭威年號（951—953）。

[9]《大典》卷六七六〇“王”字韻“宗室封王（二四）”事目。

蔡王信

蔡王信，高祖之從弟也。少從軍，漸至龍武小校。[1]高祖鎮并州，[2]爲興捷軍都將，[3]領龔州刺史、檢校太保。[4]國初，爲侍衛馬軍都指揮使、檢校太傅、兼義成軍節度使，[5]尋移鎮許州，[6]加太尉、同平章事。[7]高祖寢疾大漸，楊邠受密旨遣信赴鎮，[8]信即時戒路，不得奉辭，雨泣而去。[9]隱帝即位，加檢校太師。[10]關輔賊平，就加侍中。[11]信性昏懦，黷貨無厭，喜行酷法。掌禁軍時，左右有犯罪者，召其妻子，對之臠割，令自食其肉；或從足支解至首，血流盈前，而命樂對酒，無仁愍之色。未嘗接延賓客。在鎮日，聚斂無度，會高祖山陵梓宮經由境上，信率掠吏民，以備迎奉，百姓苦之。初聞殺楊邠、史弘肇，[12]遽啓宴席，集參佐賓幕，令相致賀。曰："我謂天無眼，令我三年不能適意。主上孤立，幾落賊手，諸公勸我一杯可也。"俄蕭牆之變，憂不能食。尋有太后令，[13]言立湘陰公，[14]即令其子往徐州奉迎。[15]數日，陳思讓率馬軍經過城西，[16]但令供頓，不敢出城。未幾，澶州軍變，[17]王峻遣前申州刺史馬鐸領軍赴州巡檢，[18]鐸引軍入城，信惶惑自殺。[19]廣順初，追封蔡王。[20]《永樂大典》卷六千七百六十。[21]

[1]龍武：即龍武軍。唐代禁軍之一。　小校：官名。五代時期軍隊中下級軍官的别稱，可越級提拔爲副指揮使或指揮使。

[2]并州：州名。治所在今山西太原市。

[3]興捷軍：部隊番號。五代後晋天福七年（942），河東節度使劉知遠奏置興捷、武節等十餘軍以備契丹。《輯本舊史》之影庫本粘籤："興捷軍，原本作'興睫'，今從《册府元龜》改正。"查《册府》，未見此記載。《新五代史》卷一八《劉信傳》："高祖鎮太原，以信爲興捷軍都指揮使。"　都將：官名。唐五代時節度使屬將。

[4]龔州：州名。治所在今廣西平南縣。　檢校太保：官名。爲散官或加官，以示恩寵，無實際執掌。太保，與太師、太傅合稱三師。

[5]侍衛馬軍都指揮使：官名。爲侍衛親軍馬軍司長官。五代後梁始置侍衛親軍，爲禁軍的一支，後唐沿置並成爲禁軍主力，下設馬、步軍。　檢校太傅：官名。爲散官或加官，以示恩寵，無實際執掌。　義成軍：方鎮名。治所在滑州（今河南滑縣）。

[6]許州：州名。治所在今河南許昌市。

[7]太尉：官名。與司徒、司空並爲三公，唐後期、五代時多爲大臣、勳貴加官。正一品。　“領龔州刺史”至“同平章事”：《輯本舊史》卷九九《漢高祖紀上》天福十二年（947）四月己未條：“以北京馬軍都指揮使、集州刺史劉信爲滑州節度使，充侍衛馬軍都指揮使、檢校太傅。”卷一〇〇《漢高祖紀下》天福十二年七月甲辰條：“滑州節度使兼侍衛馬軍都指揮使劉信……加檢校太尉。”同年十一月己卯條：“以滑州節度使兼侍衛馬軍都指揮使劉信爲許州節度使、同平章事，充侍衛親軍馬步軍副都指揮使。”

[8]楊邠：人名。魏州冠氏（今山東冠縣）人。五代後漢時任樞密使、宰相。傳見本書卷一〇七、《新五代史》卷三〇。

[9]“高祖寢疾大漸”至“雨泣而去”：《通鑑》卷二八七乾祐元年（948）正月丁丑條：“楊邠忌侍衛馬軍都指揮使、忠武節度使劉信，立遣之鎮。”胡注：“劉信以從弟之親典侍衛，故楊邠忌之，遣就鎮許州。”

[10]隱帝即位，加檢校太師：《輯本舊史》卷一〇一《漢隱帝紀上》乾祐元年三月庚申條：“許州節度使兼侍衛親軍副都指揮使、檢校太尉、同平章事劉信加檢校太師。”

[11]關輔賊平，就加侍中：關輔，古地區名。關中與三輔的合稱。相當今陝西關中地區。《輯本舊史》卷一〇二《漢隱帝紀中》乾祐二年九月乙巳條：“初，郭威平河中回，朝廷議加恩，威奏曰：‘臣出兵已來，輦轂之下，無犬吠之憂，俾臣得專一其事，軍旅所聚，貲糧不乏，此皆居中大臣鎮撫謀畫之功也，臣安敢獨擅其美乎！’帝然之，於是弘肇與宰相、樞密使、三司使，次第加恩。既而諸大臣以恩之所被，皆朝廷親近之臣，而宗室劉信及青州劉銖等皆國家元勳，必有不平之意，且外慮諸侯以朝廷有私於親近也，於是議及四方侯伯，普加恩焉。”同月己未條：“許州劉信加兼侍中。”

[12]史弘肇：人名。鄭州滎澤（今河南鄭州市）人。五代後漢將領。傳見本書卷一〇七、《新五代史》卷三〇。

[13]尋有太后令：《輯本舊史》卷一〇三《漢隱帝紀下》乾祐

三年十一月丙戌條："今則凶黨既除，群情共悦。神器不可以無主，萬機不可以久曠，宜擇賢君，以安天下。河東節度使崇、許州節度使信，皆高祖之弟，徐州節度使贇、開封尹承勳，高祖之男，俱列磐維，皆居屏翰，宜令文武百辟，議擇嗣君，以承大統云。"

[14]湘陰公：即劉贇。五代後漢宗室。其父劉崇爲後漢高祖劉知遠弟，贇過繼爲劉知遠養子。傳見本書本卷、《新五代史》卷一八。

[15]徐州：州名。治所在今江蘇徐州市。

[16]陳思讓：人名。幽州盧龍（今河北盧龍縣）人。五代、宋初將領。傳見《宋史》卷二六一。

[17]澶州：州名。唐、五代初，治所在今河南清豐縣。後晋天福四年（939），移治於今河南濮陽縣。

[18]王峻：人名。相州安陽（今河南安陽市）人。五代後漢、後周將領。傳見本書卷一三〇、《新五代史》卷五〇。　申州：州名。治所在今河南信陽市。　馬鐸：人名。五代將領。事見《新五代史》卷一七。

[19]信惶惑自殺：《宋本册府》卷四四五《將帥部・軍不整門》："王峻在京，以許州節度使劉信是漢之宗室，遣（馬）鐸至許州圖之，鐸至，信自殺。"《通鑑》卷二八九乾祐三年十二月己未條："馬鐸引兵入許州，劉信惶惑自殺。"《新五代史》卷五〇《王峻傳》："峻與王殷謀，遣侍衛馬軍指揮使郭崇率兵之宋州、前申州刺史馬鐸之許州以伺變，崇、鐸遂殺贇、信。"

[20]廣順初，追封蔡王：《輯本舊史》卷一一一《周太祖紀二》廣順元年四月辛亥條："故許州節度使劉信追封蔡王。"

[21]《大典》卷六七六〇"王"字韻"宗室封王（二四）"事目。

湘陰公贇[1]

[1]《輯本舊史》之原輯者案語："案：《湘陰公傳》，原本殘闕，今採《册府元龜》補之，以存大概。"

湘陰公贇，高祖弟崇之子也，[1]高祖愛之，以爲己子。乾祐元年，拜贇徐州節度使。[2]乾祐元年八月中，有雲見五色。[3]

[1]崇：人名。即劉旻。太原（今山西太原市）人。五代後漢高祖劉知遠從弟。後漢時任太原尹，專制一方。後周代漢，他稱帝於太原，國號漢，史稱北漢。傳見本書卷一三五、《新五代史》卷七〇。

[2]"湘陰公贇"至"拜贇徐州節度使"：《新五代史》卷一八《漢家人傳六》。《輯本舊史》卷一〇二《漢隱帝紀中》乾祐二年（949）十月庚午條："徐州劉贇並加同平章事。"

[3]乾祐元年八月中，有雲見五色：《宋本册府》卷九五一《總録部·咎徵門二》。

明年冬杪，有鳥翔集於鮮碧堂庭樹，黄質朱喙，金目青翼，紺趾玄尾，有類於鳳。有賓佐歎曰："野鳥入室，主人將去。"旬浹而不知所之。《永樂大典》卷一萬一千四百八十五。[1]

[1]《大典》卷一一四八五"鳥"字韻"事韻（二）"，應爲"有鳥翔集"或"野鳥入室"事目。

乾祐三年冬十一月，周太祖駐軍于京師，議立嗣君，奉太后詔，立贇爲嗣。傳誥之際，馮道笏墜於地，[1]左右惡之。《永樂大典》卷一萬七千三百一十一。[2]馮道至，贇出郊迎，常所乘馬比甚馴服，至是馬蹄齧奔逸，人不可制，乃以他馬代之，時以爲不祥。《永樂大典》卷一萬二千六百五十五。[3]贇行至宋州，太祖自澶州爲兵士擁還京師，王峻慮贇左右生變，遣侍衛馬軍指揮使郭崇以兵七百騎衛贇。[4]崇至宋州，贇登樓問崇所以來之意，崇曰："澶州軍變，懼未察之，遣崇護衛，非惡意也。"贇召崇，崇不敢進，馮道出與崇語，崇乃登樓見贇，已而奪贇部下兵。太祖以書召道先歸，留其副趙上交、王度奉贇入朝太后。[5]道乃先還。贇謂道曰："寡人此來，所恃者以公三十年舊相，是以不疑。"道默然。贇客將賈正等數目道，[6]欲圖之。贇曰："勿草草，事豈出於公邪！"道已去，郭崇幽贇于外館，殺賈正及判官董裔、牙内都虞候劉福、孔目官夏昭度等。[7]其將鞏廷美、楊温爲贇守徐州。[8]

[1]馮道：人名。瀛州景城（今河北滄縣）人。五代時官拜宰相，歷仕後唐至後周，亦曾臣服於契丹。傳見本書卷一二六、《新五代史》卷五四。

[2]"乾祐三年冬十一月"至"左右惡之"：《大典》卷一七三一一"誥"字韻"事韻"，應爲"傳誥"事目。《宋本册府》卷八《帝王部·創業門》載，三年十一月二十四日，"太后令曰：'北京留守崇、許州節度使信，高祖皇帝之愛弟也，徐州節度使贇、開封尹勳，皆高祖之裔子也，俱列盤維，皆分屏翰，已委文武百寮六軍

將校議擇賢明，以承大統。’二十六日，帝率群臣班於明德門外起居太后，獻議請以劉贇入承正統。太后下令：宜備法駕，迎贇於徐州即皇帝位。即遣太師馮道備儀注往奉迎”。亦見《新五代史》卷一八《漢家人傳六》。

[3]“馮道至”至“時以爲不祥”：《大典》卷一一六五五“馬”字韻“事韻”，應爲“馬蹄”或“乘馬”事目。

[4]郭崇：人名。應州金城（今山西應縣）人。五代、宋初將領。傳見《宋史》卷二五五。

[5]趙上交：人名。涿州范陽（今河北涿州市）人。五代、宋初大臣。本名遠，字上交，避後漢高祖劉知遠諱，遂以字爲名。傳見《宋史》卷二六二。

[6]賈正：人名。籍貫不詳。五代後漢時曾任監察御史、樞密直學士等職。事見本書卷一〇〇。

[7]判官：官名。唐、五代方鎮僚屬，位在行軍司馬下。分掌使衙内各曹事，並協助使職官員通判衙事。　董裔：人名。籍貫不詳。劉贇判官，後被郭崇所殺。事見《新五代史》卷一八。　牙内都虞候：官名。唐末、五代藩鎮衙内之牙將。　劉福：人名。籍貫不詳。劉贇牙將。　孔目官：官名。五代藩鎮幕府僚佐，掌蕃漢兵馬、軍機要事。　夏昭度：人名。籍貫不詳。劉贇僚佐。　“贇行至宋州”至“孔目官夏昭度等”：《新五代史》卷一八《漢家人傳六》。

[8]鞏廷美：人名。籍貫不詳。劉贇部將，時爲右都押牙。後爲後周將領王彦超所殺。事見《通鑑》卷二九〇。　楊温：人名。籍貫不詳。劉贇部將，時爲教練使。後爲後周將領王彦超所殺。事見《通鑑》卷二九〇。　其將鞏廷美、楊温爲贇守徐州：《新五代史》卷一一《周本紀》乾祐三年（950）十二月癸丑條。

廣順元年正月丙戌，河東劉崇僭號，[1]太祖遣供奉官張令權齎敕書，[2]曉諭晉、絳、慈、隰諸州軍民曰：[3]“朕早事劉氏，共立漢朝，當高祖寢疾既危，朕與揚州史弘肇於御床之前，[4]同受顧託。嗣君既立，叛亂繼興，朕討平河中，[5]克寧關内，敢言勞苦，貴保宗祧。自鎮鄴都，[6]復當戎寄，忘食廢寢，夜思晝行，固護邊疆，訓齊師旅，憂時憂國，盡節盡忠。不期群小連謀，蔽惑幼主，忽於内殿，併害大臣。朕方在外藩，亦遭讒構，密降宣命，潛遣行誅。諸將知此無辜，乞除君側之惡，遂與將士，同赴闕廷。凶豎計窮，迫害幼主。朕遂奏太后，請立劉贇。比候到京，方議册立。”[7]湘陰公劉贇、丁元從、右都押衙鞏廷美、教練使楊温等據徐州以拒命。[8]帝遣新授武寧軍節度使王彦超率兵赴之。[9]廷美等遷延不肯開門，遂詔進攻，仍曉諭城内軍民曰：“昨以鞏廷美、楊温等不認朝旨，妄蓄疑心，累令招攜，明示誠信，雖有章奏，尚未開門。既無果決之心，必是疑君之計。今以指揮王彦超排此大軍，攻討汝等。若能誅斬元惡，應接官軍上城者，若是將校員寮，只與超拜官資，兼授刺史，百姓即給厚賞，穩便安排。但收此絹書，以爲憑信。”[10]

[1]河東：方鎮名。治所在太原府（今山西太原市）。

[2]供奉官：官名。泛指侍奉皇帝左右的臣僚，亦爲東、西頭供奉官通稱。　張令權：人名。籍貫不詳。郭威隨從。本書僅此一見。

[3]晉：州名。治所在今山西臨汾市。　絳：州名。治所在今山西新絳縣。　慈：州名。治所在今山西吉縣。　隰（xí）：州名。

治所在今山西隰縣。

［4］揚州：州名。治所在今江蘇揚州市。

［5］河中：府名。治所在今山西永濟市。

［6］鄴都：地名。五代後晋陪都。位於今河北大名縣。

［7］廣順元年正月丙戌”至“方議册立”：明本《册府》卷六六《帝王部·發號令門五》。

［8］都押衙：官名。“押衙”即“押牙”。唐、五代時期節度使辟署的屬官，有稱左、右都押衙或都押衙者。掌領方鎮儀仗侍衛、統率軍隊。參見劉安志《唐五代押牙（衙）考略》，武漢大學歷史系魏晋南北朝隋唐史研究室編《魏晋南北朝隋唐史資料》第16輯，武漢大學出版社1998年版。　教練使：官名。唐末、五代方鎮軍將。分左、右兩員，多選善兵法武藝者，掌軍事訓練。

［9］武寧軍：方鎮名。治所在徐州（今江蘇徐州市）。　王彦超：人名。大名臨清（今河北臨西縣）人。五代、宋初將領。傳見《宋史》卷二五五。

［10］“湘陰公劉贇、丁元從、右都押衙鞏廷美”至“以爲憑信”：明本《册府》卷一二三《帝王部·征討門三》。

太祖已監國，[1]太后乃下誥曰：“比者樞密使郭威，志安宗社，議立長君，以徐州節度使贇高祖近親，立爲漢嗣，乃自藩鎮召赴京師。雖誥命已行，而軍情不附，天道在北，人心靡東。適當改卜之初，俾膺分土之命。贇可降授開府儀同三司，檢校太師、上柱國，[2]封湘陰公。”[3]三月，王彦超克徐州，廷美等皆見殺。初，贇將離彭城，[4]嘗一夕，天有白光一道自西來，照城中如晝，有聲如雷，時人謂之天裂；又有巨星墜於徐野，殷其有聲，或謂之天狗。後贇果廢死。[5]

[1]監國：代表皇帝行使權力稱監國。軍國大事全權處置。

[2]上柱國：官名。南北朝北周武帝建德四年（575），置上柱國爲高級勳官。隋唐沿置。五代後唐明宗天成三年（928）詔，今後凡加勳，先自武騎尉經十二轉方授爲上柱國。正二品。

[3]“太祖已監國”至“封湘陰公”：《新五代史》卷一八《漢家人傳六》。

[4]彭城：縣名。治所在今江蘇徐州市。

[5]“三月”至“後贇果廢死”：《宋本册府》卷九五一《總録部·咎徵門二》。《輯本舊史》卷一一〇《周太祖紀一》廣順元年（951）正月戊寅條：“湘陰公殂。”《舊五代史考異》：“《五代史補》：郭忠恕，七歲童子及第，富有文學，尤工篆隸。嘗有人於龍山得鳥迹篆，忠恕一見，輒誦如宿習。乾祐中，湘陰公鎮徐州，辟爲推官。周祖之入京師也，少主崩於北崗，周主命宰相馮道迎湘陰公，將立之，至宋州，高祖已爲三軍推戴。忠恕知事變，乃正色責道曰：‘令公累朝大臣，誠信著於天下，四方談士，無賢不肖皆以爲長者，今一旦返作脱空漢，前功業並棄，令公之心安乎？’道無言對。忠恕因勸湘陰公殺道以奔河東，公猶豫未決，遂及於禍。忠恕竄跡久之，晚年尤好輕忽，卒以此敗，坐除名配流焉。案：《湘陰公傳》，原本殘闕，考《十國春秋·湘陰公傳》云：湘陰公贇，世祖子也，高祖愛之，以爲己子。乾祐元年，拜武寧軍節度使，二年，加同平章事。郭威既敗慕容彦超於北郊，隱帝遇弑，威入京師，謂諸大臣密相推戴，及見宰相馮道等，道殊無意。威不得已，見道下拜，而道猶受拜如平時，徐勞之曰：‘公行良苦。’威意色皆沮，以爲大臣未有推己意，又難于自立，因與王峻入白太后，推擇漢嗣。群臣乃共奏曰：‘武寧節度使贇，高祖愛以爲子，宜立爲嗣。’乃遣太師馮道率百官往迎，道揣威意不在贇，直前問曰：‘公此舉由衷乎？’威指天爲誓。道既行，語左右曰：‘吾生平不作謬語人，今謬語矣。’道見贇，傳太后意召之。贇行至宋州，威已自澶州爲兵士擁還京師。王峻慮贇左右生變，遣侍衛馬軍指揮使郭崇威

以兵七百騎衛贇。崇威至宋州，贇登樓問崇威所以來之意，崇威曰：‘澶州軍變，懼未察之，遣崇威護衛，非惡意也。’贇召崇威，崇威不敢進。馮道出與崇威語，崇威乃登樓見贇。時護聖指揮使張令超帥步兵爲贇宿衛，判官董裔説贇曰：‘觀崇威瞻視舉措，必有異謀。道路皆言郭威已爲天子，而陛下深入不止，禍其至哉。請急召令超，諭以禍福，使夜以兵劫崇威所屬士卒，明日掠睢陽金帛，募士卒，北走太原。彼新定京邑，未暇追我，此策之上也。’贇猶豫未決。是夕，崇威密誘令超歸郭氏，盡奪贇部下兵。郭威以書召道先歸，留其副趙上交、王度奉贇入朝太后，道乃辭贇先還。贇謂道曰：‘寡人此來，所恃者以公三十年舊相，是以不疑。’道默然。贇客將賈貞等數目道，欲圖之，贇曰：‘勿草草，事豈出于公耶！’道已去，崇威乃幽贇于外館，殺賈貞、董裔及牙内都虞候劉福、孔目官夏昭度等。郭威已監國，太后乃下詔曰：‘比者，樞密使威，志安宗社，議立長君，以徐州節度使贇，高祖親近，立爲漢嗣，乃自藩鎮，召赴京師。雖誥命已行，而軍情不附。天道在北，人心靡東，適當改卜之初，俾應分士之命。贇可降授開府儀同三司、檢校太師、上柱國，封湘陰公。’贇卒以殺死。”中華書局本有校勘記：“‘湘陰公鎮徐州’，‘公’字原闕，據《五代史補》卷五補。”又：“‘群臣乃共奏曰’，‘群臣’二字原闕，據殿本、劉本、《十國春秋》卷一〇六補。”又：“‘太后乃下誥曰’，‘誥’，原作‘詔’，據《十國春秋》卷一〇六改。”

舊五代史　卷一〇六

漢書八

列傳第三

王周

王周，魏州人。[1]少勇健，從軍事唐莊宗、明宗，[2]稍遷裨校，以戰功累歷郡守。晋天福初，[3]范延光叛於魏州，[4]周從楊光遠攻降之；[5]安重榮以鎮州叛，[6]從杜重威討平之，[7]以功授貝州節度使，[8]歲餘，移鎮涇州。[9]先是，前帥張彦澤在任苛虐，[10]部民逃者五千餘户，及下車，革前弊二十餘事，逃民歸復，賜詔褒美。[11]後歷鄧、陝二鎮。[12]陽城之役，[13]周時爲定州節度使，[14]大軍往來，供饋無闕，未幾，遷鎮州節度使。周稟性寬惠，人庶便之。開運末，[15]杜重威降於契丹，[16]引契丹主臨城諭之。[17]周泣曰："受國重恩，不能死戰，而以兵降，何面南行見人主與士大夫乎？"乃痛飲，欲引决，家人止之，事不獲已。及見契丹主，僞授鄧州節度使、檢校太師。[18]高祖定天下,[19]移鎮徐州,[20]加同平章事。[21]乾祐元年二月,[22]以疾卒於鎮,輟視朝二日,[23]贈中書令。[24]周性寬恕，不忤物情。初刺信都,[25]州城西橋敗，覆民租車。周曰："橋梁不飭，刺史之過也。"[26]乃還其所沈粟，出私財以修之，民庶悅焉。[27]《永樂大典》卷一萬八千一百三十二。[28]

[1]魏州：州名。治所在今河北大名縣。

[2]莊宗：即李存勗。代北沙陀部人。五代後唐開國皇帝，923年至926年在位。紀見本書卷二七至卷三四、《新五代史》卷四至卷五。　明宗：即李嗣源。沙陀部人。原名邈佶烈，李克用養子。五代後唐明宗，926年至933年在位。紀見本書卷三五至卷四四、《新五代史》卷六。

[3]天福：五代後晋高祖石敬瑭年號（936—942）。出帝石重貴沿用至九年（944）。後漢高祖劉知遠繼位後沿用一年，稱天福十二年（947）。《輯本舊史》之影庫本粘籤："天福，原本誤作'天祉'，今據文改正。"案，五代無"天祉"年號，且下文所言范延光、安重榮之叛爲天福二年、六年事，據改。

[4]范延光：人名。相州臨漳（今河北臨漳縣）人。五代後唐、後晋將領。傳見本書卷九七、《新五代史》卷五一。

[5]楊光遠：人名。沙陀部人。五代後唐、後晋將領。傳見本書卷九七、《新五代史》卷五一。

[6]安重榮：人名。朔州（今山西朔州市朔城區）人。五代後唐、後晋將領。傳見本書卷九八、《新五代史》卷五一。　鎮州：州名。治所在今河北正定縣。

[7]杜重威：人名。其先朔州（今山西朔州市朔城區）人，後徙居太原（今山西太原市）。五代後晋、後漢將領。傳見本書卷一〇九、《新五代史》卷五二。

［8］貝州：州名。治所在今河北清河縣。　節度使：官名。唐時在重要地區所設掌握一州或數州軍、民、財政的長官。

［9］涇州：方鎮名。即彰義軍。治所在涇州（今甘肅涇川縣）。"晋天福初"至"移鎮涇州"：《輯本舊史》卷七六《晋高祖紀二》天福二年（937）七月甲寅條："以右神武統軍王周充魏府行營步軍都指揮使。"卷七七《晋高祖紀三》天福三年五月丁卯條："魏府行營步軍都指揮使、檢校司徒、右神武統軍王周加檢校太保。"同年十一月辛亥條："廣晋府行營步軍都指揮使、右神武統軍王周爲貝州永清軍節度使。"卷八〇《晋高祖紀六》天福六年十二月丁亥條："以前貝州節度使王周爲馬步軍都虞候。"同卷天福七年正月乙亥條："以前貝州節度使、北面行營馬步軍都虞候王周爲河陽節度使，加檢校太保。"同月壬午條："以河陽節度使王周爲涇州節度使。"《通鑑》卷二八三天福七年正月壬午條作彰義節度使，彰義軍治涇州。《宋本册府》卷三六〇《將帥部・立功門一三》："晋天福初，范延光叛於魏州，周從杜重威討之，以功授貝州節度使。"亦見《宋本册府》卷三八七《將帥部・褒異門一三》。

［10］張彦澤：人名。突厥人，徙居太原（今山西太原市）。五代後晋將領，後投降於契丹。傳見本書卷九八、《新五代史》卷五二。

［11］"先是"至"賜詔褒美"：《輯本舊史》卷八〇《晋高祖紀六》天福七年閏三月癸丑條："涇州節度使王周奏，前節度使張彦澤在任日不法事二十六條已改正停廢，詔褒之。"卷九八《張彦澤傳》："周至任，奏彦澤在郡惡迹二十六條、逃散五千餘户。"明本《册府》卷六七三《牧守部・褒寵門二》："勑曰：'王周佐國賢臣，殿邦良帥，戰伐之功顯著，葺綏之政尤彰。昨者殄寇常山，總戎涇水。安邊静塞，克施撫馭之方；察俗觀風，盡去煩苛之弊。備陳條件，足驗公清。一方既洽於詠歌，百姓頓期於蘇息。王周宜賜詔奬飾，兼頒下諸道，仍付所司。'周於勳臣中最爲清慎，累爲劇郡，皆有聲績。屬張彦澤虐政之後，民不堪命，因寢其無名科徭，

以章上聞，故有詔褒之。”《宋本册府》“周於勳臣中”作“同於勳臣中”，“累爲劇郡”作“累爲郡”，明本較優，今從明本。

［12］鄧：州名。治所在今河南鄧州市。　陝：州名。治所在今河南三門峽市陝州區。

［13］陽城：地名。位於今河北保定市清苑區陽城鎮。

［14］定州：州名。治所在今河北定州市。

［15］開運：五代後晋出帝石重貴年號（944—946）。

［16］契丹：部族、政權名。公元 4 世紀中葉宇文部爲前燕攻破，始分離而成單獨的部落，自號契丹。唐貞觀中，置松漠都督府，以其首領爲都督。唐末强盛，916 年迭剌部耶律阿保機建立契丹國（遼）。先後與五代、北宋並立，保大五年（1125）爲金所滅。參見張正明《契丹史略》，中華書局 1979 年版。

［17］契丹主：即遼太宗耶律德光。契丹族。遼太祖耶律阿保機次子。927 年至 947 年在位。紀見《遼史》卷三、卷四。

［18］僞授鄧州節度使：“僞”字原無，中華書局本有校勘記：“‘授’，《永樂大典》卷六八五一引《五代薛史》作‘僞授’。”今據補。　檢校太師：官名。爲散官或加官，以示恩寵，無實際執掌。　“後歷鄧、陝二鎮”至“檢校太師”：《輯本舊史》卷八二《晋少帝紀二》天福八年十月丙寅：“以涇州節度使王周爲陝府節度使。”同卷開運元年（944）正月庚辰條：“以陝府節度使王周爲步軍左廂排陣使。”同年四月己酉：“詔取今月八日車駕還京，令高行周、王周留鎮澶淵，近地兵馬委便宜制置。”卷八三《晋少帝紀三》開運元年七月乙亥：“前陝州節度使王周加檢校太尉，改定州節度使。”同卷開運二年三月乙巳條：“以王周爲馬步軍右廂排陣使。”同年四月壬辰條：“定州節度使王周加檢校太師。”卷八四《晋少帝紀四》開運二年六月己丑：“以定州節度使王周爲恒州節度使。”《新五代史》卷四八《王周傳》：“契丹以周爲武勝軍節度使。”武勝軍治鄧州，時間應在開運三年十二月。該月杜重威降契丹。

［19］高祖：五代後漢開國皇帝劉知遠，沙陀族，太原（今山

西太原市）人。947 年至 948 年在位。紀見本書卷九九、卷一〇〇，《新五代史》卷一〇。

[20]徐州：州名。治所在今江蘇徐州市。

[21]同平章事：官名。“同中書門下平章事”之簡稱。唐高宗以後，凡實際任宰相之職者，常在其本官後加同平章事的職銜。後成爲宰相專稱。後晉天福五年（940），升中書門下平章事爲正二品。　高祖定天下，移鎮徐州，加同平章事：《輯本舊史》卷一〇〇《漢高祖紀下》天福十二年七月庚子條：“以鄧州節度使、檢校太師王周爲徐州節度使，加同平章事。”徐州，《新五代史》卷四八作“武寧”，武寧軍治徐州。

[22]乾祐：五代後漢高祖劉知遠年號（948）。隱帝劉承祐沿用至乾祐三年（950）。北漢亦用此年號。

[23]輟視朝二日：中華書局本有校勘記：“‘二日’，明本《册府》卷三八七作‘三日’。”見明本《册府》卷三八七《將帥部·褒異門十三》。《輯本舊史》卷一〇一《漢隱帝紀上》乾祐元年二月己丑：“徐州節度使王周卒。”

[24]中書令：官名。漢代始置，隋、唐前期爲中書省長官，屬宰相之職；唐後期多爲授予元勳大臣的虚銜。正二品。

[25]信都：縣名。治所在今河北衡水市冀州區。

[26]刺史：官名。州一級行政長官。漢武帝時始置，總掌考核官吏、勸課農桑、地方教化等事。唐中期以後，節度使、觀察使轄州而設，刺史爲其屬官，職任漸輕。從三品至正四品下。

[27]“周性寬恕”至“民庶悦焉”：亦見《新五代史》卷四八。州，《宋本册府》卷六七五《牧守部·仁惠門》稱“冀州”，《新五代史》卷四八稱“定州”。此句有“初刺信都”，信都屬冀州。然未見王周曾任冀州刺史之記載。

[28]《大典》卷一八一三二“將”字韻“後漢將”事目。現存之《大典》卷六八五一“王”字韻“姓氏（三六）”事目亦收録《舊五代史》之《王周傳》。

劉審交

劉審交，字求益，幽州文安人也。[1]祖海，[2]父師遂。[3]審交少讀書，尤精吏道，起家署北平主簿，[4]轉興唐令，[5]本府召補牙職。劉守光之僭號，[6]僞署兵部尚書，[7]燕亡，歸於太原。[8]莊宗知之，用爲諸府從事。同光初，趙德鈞鎮幽州，[9]朝廷以内官馬紹宏爲北面轉運使，[10]辟審交爲判官。[11]王都據定州叛，[12]朝廷命王晏球進討，[13]以審交爲轉運供軍使，王都平，以勞授遼州刺史。[14]明年，復爲北面供軍轉運使，改磁州刺史，[15]以母年高，去官就養。及丁内艱，毁瘠過禮，服闋，不調累年。[16]

[1]幽州：州名。治所在今北京市。　文安：縣名。治所在今河北文安縣。

[2]海：人名。即劉海。幽州文安（今河北文安縣）人。劉審交之祖父。本書僅此一見。

[3]師遂：人名。即劉師遂。幽州文安（今河北文安縣）人。劉審交之父。本書僅此一見。

[4]北平：地名。位於今河北盧龍縣。　主簿：官名。司農寺卿佐官。掌印，署抄目，勾檢失。從七品上。

[5]興唐：縣名。五代後唐同光元年（923）由元城縣改名而來。　令：官名。即縣令。縣的行政長官，掌治本縣。唐代之縣，分赤（京）、次赤、畿、次畿、望、緊、上、中、中下、下十等。縣令分六等，正五品上至從七品下。

[6]劉守光：人名。深州樂壽（今河北獻縣）人。唐末五代幽州節度使劉仁恭之子。劉守光囚父自立，號大燕皇帝，後爲晋王李

存勗俘殺。傳見本書卷一三五、《新五代史》卷三九。

[7]兵部尚書：官名。尚書省兵部主官。掌兵衛、武選、車輦、甲械、厩牧之政令。正三品。

[8]太原：府名。治所在今山西太原市。

[9]同光初，趙德鈞鎮幽州：《輯本舊史》卷九八《趙德鈞傳》："同光三年，移鎮幽州。"三年不當言"初"。同光，五代後唐莊宗李存勗年號（923—926）。趙德鈞，人名。幽州（今北京市）人。初爲幽州節度使劉守光部將，後爲後唐將領，後又投降遼國。傳見本書卷九八。

[10]馬紹宏：人名。又作"李紹宏"。籍貫不詳。五代後唐莊宗近臣。傳見本書卷七二。　轉運使：官名。唐、五代時期負責軍需物資的籌集、調運、供給。

[11]判官：官名。唐、五代方鎮僚屬，位在行軍司馬下。分掌使衙内各曹事，並協助使職官員通判衙事。

[12]王都：人名。原名"劉雲郎"。中山陘邑（今河北定州市）人。妖人李應之送與王處直爲養子，改姓名爲王都。後爲義武軍節度使。傳見本書卷五四、《新五代史》卷三九。

[13]王晏球：人名。洛陽（今河南洛陽市）人。五代將領。傳見本書卷六四、《新五代史》卷四六。

[14]遼州：州名。治所在今山西左權縣。《輯本舊史》之影庫本粘籤："遼州，原本作'達州'，今據《册府元龜》改正。"見《宋本册府》卷四八三《邦計部·選任門》。

[15]磁州：州名。治所在今河北磁縣。

[16]不調累年：《舊五代史考異》："《歐陽史》作'不調累年'。"此《考異》中華書局本有校勘記："'不調累年'，'調'原作'出'，據殿本考證、《新五代史》卷四八《劉審交傳》改。"

晋高祖踐阼，[1]范延光以魏州叛，命楊光遠總兵討之，復召審交爲供饋使。[2]鄴中平，[3]命審交爲三司使，[4]授右衛大將軍。[5]六年夏，出爲陳州防禦使，[6]歲餘，移襄州防禦使，[7]審交治襄漢，撫綏有術，民庶懷之。青州楊光遠平，[8]降平盧軍爲防禦州，[9]復用審交爲防禦使，累官至檢校太傅。[10]時用軍之後，審交矜恤撫理，凋弊復蘇。

[1]晋高祖：即石敬瑭。沙陀部人。五代後晋開國皇帝。936年至942年在位。紀見本書卷七五至卷八〇、《新五代史》卷八。

[2]供饋使：官名。專門負責軍隊後勤補給的官員。　"晋高祖踐阼"至"復召審交爲供饋使"："命楊光遠總兵討之"，中華書局本有校勘記："'楊光遠'下原有'以'字，據彭校、《册府》卷四八三删。"見《宋本册府》卷四八三《邦計部·選任門》。《輯本舊史》卷七六《晋高祖紀二》天福二年（937）六月丁酉條："以前磁州刺史劉審交爲魏府計度使。"《新五代史》卷四八《劉審交傳》："議者請檢天下民田，宜得益租，審交曰：'租有定額，而天下比年無閑田，民之苦樂，不可等也。'遂止不檢，而民賴以不擾。"

[3]鄴：地名。即鄴都。位於今河北大名縣。五代後唐同光元年（923），改魏州爲興唐府，建號東京。三年，改東京爲鄴都。

[4]三司使：官名。五代後唐明宗天成元年（926）將晚唐以來的户部、度支、鹽鐵三部合爲一職，設三司使統之。主管國家財政。

[5]右衛大將軍：官名。唐置，掌宫禁宿衛。唐代置十六衛，即左右衛、左右驍衛、左右武衛、左右威衛、左右領軍衛、左右金吾衛、左右監門衛、左右千牛衛，各置上將軍，從二品；大將軍，正三品；將軍，從三品。

[6]陳州：州名。治所在今河南淮陽縣。　防禦使：官名。唐

代始置，設有都防禦使、州防禦使兩種。常由刺史或觀察使兼任，實際上爲唐代後期州或方鎮的軍政長官。　六年夏，出爲陳州防禦使：《輯本舊史》卷八〇《晋高祖紀六》天福六年七月辛酉條："以三司使劉審交爲陳州防禦使。"此處不當言"夏"。《宋本册府》卷六七八《牧守部·勸課門》："晋劉審交爲陳州刺史，出省風俗，見耕夫田器鈚鏵甚薄而拙，乃於河北取樣，特鑄造以給民。"

[7]襄州：州名。治所在今湖北襄陽市。

[8]青州：州名。治所在今山東青州市。

[9]平盧軍：方鎮名。治所在青州（今山東青州市）。

[10]檢校太傅：官名。爲散官或加官，以示恩寵，無實際執掌。

契丹破晋，審交以代歸，蕭翰在都，[1]復用爲三司使。翰歸蕃，李從益在汴州，[2]召高行周、武行德，[3]將委以軍事，皆不受命。尋聞高祖起義於太原，史弘肇在澤潞，[4]都人大懼。時有燕軍千人守捉諸門，[5]李從益母王淑妃詢於文武臣僚曰：[6]"予子母在洛，孤危自處，一旦爲蕭翰所逼，致令及此。但遣人迎請太原，勿以予子母爲事。"或曰："收拾諸處守營兵士與燕軍，足以把城，[7]以俟河北救應可也。"妃曰："非謀也，我子母亡國之餘，安敢與人爭天下！"衆議籍籍，猶以把城爲詞。審交曰："余燕人也，今城有燕軍，固合爲燕謀，然事機有所不可。此城經敵軍破除之後，民力空匱，餘衆幸存，若更謀之不臧，閉門拒守，一月之内，無復遺類。諸君勿言，[8]宜從太妃處分。"繇是從益遣使往太原貢奉。高祖至汴，罷使歸班。隱帝嗣位，[9]用爲汝州防禦使，[10]汝爲近輔，號爲難治，審交盡去煩弊，無擾於民，百姓歌之。

[1]蕭翰：人名。契丹人。遼朝宰相蕭敵魯之子，述律太后之侄，太宗皇后之兄。遼初將領。傳見本書卷九八、《遼史》卷一一三。

[2]李從益：人名。沙陀部人。五代後唐明宗李嗣源幼子，封許王。契丹滅後晋，蕭翰北歸，以其爲傀儡統治中原地區。傳見本書卷五一。　汴州：州名。治所在今河南開封市。

[3]高行周：人名。嬀州懷戎（今河北懷來縣）人。五代後唐至後周將領。傳見本書卷一二三、《新五代史》卷四八。　武行德：人名。并州榆次（今山西晋中市榆次區）人。五代、宋初將領。傳見《宋史》卷二五二。

[4]史弘肇：人名。鄭州滎澤（今河南鄭州市）人。五代後漢將領。傳見本書卷一〇七、《新五代史》卷三〇。　澤潞：方鎮名。治所在潞州（今山西長治市）。

[5]千人：《舊五代史考異》："《杜重威傳》作千五百人。"見《輯本舊史》卷一〇九《杜重威傳》。《新五代史》卷四八《劉審交傳》作"數千"。

[6]王淑妃：五代後唐明宗妃嬪。傳見本書卷五一、《新五代史》卷一五。

[7]足以把城：《輯本舊史》之影庫本粘籤："把城，原本作'將城'，今從《通鑑》改正。"查《通鑑》，未見此記載。

[8]諸君勿言：中華書局本有校勘記："'君'原作'軍'，據殿本、劉本改。《通鑑》卷二八七敘其事作'願諸公勿復言'。"

[9]隱帝：即五代後漢隱帝劉承祐。後漢高祖劉知遠次子。948年至950年在位。紀見本書卷一〇一至卷一〇三、《新五代史》卷一〇。

[10]汝州：州名。治所在今河南汝州市。

乾祐三年春卒，[1]年七十四。郡人聚哭柩前所，[2]列狀乞留葬本州界，立碑起祠，以時致祭，本州以聞。詔曰："朝廷之制，皆有舊章，牧守之官，比無贈典。其或政能殊異，惠及蒸黎，生有令名，没留遺愛，褒賢獎善，豈限彝章。可特贈太尉，[3]吏民所請宜依。"故相國、太師、秦國公馮道聞之曰：[4]"予嘗爲劉汝州僚佐，知其爲人廉平慈善，無害之良吏也。刺遼、磁，治陳、襄、青，皆稱平允，不顯殊尤。其理汝也，又安有異哉！民之租賦不能減也，徭役不能息也，寒者不能衣也，餒者不能食也，百姓自汲汲然，而使君何有於我哉！然身死之日，致黎民懷感如此者，誠以不行鞭朴，不行刻剥，不因公而循私，不害物以利己，確然行良吏之事，薄罰宥過，謹身節用，[5]安俸禄、守禮分而已。凡從事於斯者，孰不能乎？但前之守土者，不能如是，是以汝民咨嗟愛慕。今天下戎馬之後，四方兇盜之餘，杼軸空而賦斂繁，人民稀而倉廩匱，謂之康泰，未易輕言。侯伯牧宰，若能哀矜之，不至聚斂，不殺無辜，知民爲邦本，[6]政爲民本，和平寬易，即劉君之政安足稱耶，復何患不至於令名哉！"道仍爲著哀詞六章，鐫於墓碑之陰焉。《永樂大典》卷九千九十九。[7]

[1]乾祐三年春卒：中華書局本有校勘記："'三年'，原作'二年'，據本書卷一〇三《漢隱帝紀下》，《册府》卷一四〇、卷六七三、卷六八三，《新五代史》卷四八《劉審交傳》，《通鑑》卷二八九改。"見《通鑑》卷二八九乾祐三年（950）二月丁亥條，《宋本册府》卷一四〇《帝王部·旌表門四》、卷六七三《牧守

部·褒寵門二》、卷六八三《牧守部·遺愛門二》。《輯本舊史》卷一〇三《漢隱帝紀下》乾祐三年二月丁亥條："汝州防禦使劉審交卒。"

[2]郡人聚哭柩前所：中華書局本有校勘記："'柩前所'，《册府》卷一四〇、卷六八三作'於柩所'。"見明本《册府》卷一四〇《帝王部·旌表門四》、卷六八三《牧守部·遺愛門二》。

[3]太尉：官名。與司徒、司空並爲三公，唐後期、五代多爲大臣、勳貴加官。正一品。

[4]相國：宰相的尊稱。　太師：官名。與太傅、太保合稱三師，唐後期、五代多爲大臣、勳貴加官。正一品。　馮道：人名。瀛州景城（今河北滄縣）人。五代時官拜宰相，歷仕後唐至後周，亦曾臣服於契丹。傳見本書卷一二六、《新五代史》卷五四。

[5]謹身節用：《輯本舊史》之影庫本粘籤："節用，原本脱'用'字，今從《册府元龜》增入。"見明本《册府》卷七九二《總録部·思賢門》。

[6]知民爲邦本：中華書局本有校勘記："'知'原作'之民'，據《册府》卷七九二改。"

[7]《大典》卷九〇九九"劉"字韻"姓氏（二七）"事目。

武漢球

武漢球，澤州人也。[1]少拳勇，潞帥李嗣昭倚爲親信，[2]事唐莊宗、明宗，繼爲禁軍裨校。清泰中，[3]會晋高祖引契丹爲援，與朝廷隔絶，遂歸晋祖。天福初，授趙州刺史，[4]入爲奉國軍都指揮使，[5]出刺曹州。[6]開運初，[7]遷耀州團練使。[8]高祖至東京，授洺州刺史，[9]漢球以目疾年高辭郡，帝曰："廣平小郡，卿卧理有餘，無以疾辭。”至郡未期，復以目疾請代而免。乾祐二年秋，卒於京師。[10]漢球雖出自行伍，然長於撫理，常以掊斂爲戒，民懷其惠，身死之日，家無餘財。有管迴者，[11]漢球守洺郡日，[12]辟爲判官。及漢球卒於汴，迴在洺州未之知，一日，忽謂所親曰：“太保遣人召我。”遂沐浴，新衣冠，無疾瞑目而終。家人不知其故，後數日，方聞漢球卒。《永樂大典》卷一萬八千一百三十二。[13]

[1]澤州：州名。治所在今山西澤州縣。

[2]李嗣昭：人名。汾州（今山西汾陽市）人。唐末、五代李克用義子、部將。傳見本書卷五二、《新五代史》卷三六。

[3]清泰：五代後唐廢帝李從珂年號（934—936）。

[4]趙州：州名。治所在今河北趙縣。《輯本舊史》之影庫本粘籤：“趙州，原本訛作‘趙祖’，今據文改正。”

[5]奉國軍：部隊番號。五代中央禁軍之一。　都指揮使：官名。唐末、五代軍隊多置都指揮使、指揮使，爲統兵將領。

[6]曹州：州名。治所在今山東曹縣西北。

[7]開運：五代後晋出帝石重貴年號（944—946）。

[8]耀州：州名。治所在今陝西銅川市耀州區。　團練使：官名。唐代中期以後，於不設節度使的地區設團練使，掌本區各州軍事。

[9]洺州：州名。治所在今河北邯鄲市永年區。

[10]乾祐二年秋，卒於京師：《輯本舊史》卷一〇二《漢隱帝紀中》乾祐二年（949）七月丁卯條：“前洺州團練使武漢球卒。”

[11]管迴：人名。籍貫不詳。本書僅此一見。

[12]漢球守洺郡日：中華書局本沿《輯本舊史》，闕“洺”字。《大典》卷四八九“終”字韻“事韻”事目引《五代薛史》作“漢球守洺郡日”，今據補。

[13]《大典》卷一八一三二“將”字韻“後漢將”事目。

張瓘

張瓘，同州車渡村人，[1]故太原監軍使承業之猶子也。[2]承業，《唐書》有傳。[3]唐天祐中，[4]承業佐唐武皇、莊宗有功，[5]甚見委遇，瓘聞之，與昆仲五人，自故里奔于太原，莊宗皆任用之。瓘，天祐十三年補麟州刺史。[6]承業治家嚴毅，小過無所容恕，一姪爲磁州副使，以其殺河西賣羊客，[7]承業立捕斬之。常誡瓘等曰："汝車渡村百姓劉開道下賊，[8]慣作非爲，[9]今須改行，若故態不除，死無日矣。"故瓘所至不敢誅求。晉天福中，爲密州刺史，[10]秩滿，入居環衛。[11]乾祐三年夏，卒於官。[12]輟視朝一日。《永樂大典》卷六千三百五十。[13]

[1]同州：州名。治所在今陝西大荔縣。　車渡村：地名。位於今陝西蒲城縣東南車渡村。

[2]監軍使：官名。爲臨時差遣，代表朝廷協理軍務、督察將帥。五代時常以宦官爲監軍。　承業：人名。即張承業。同州（今陝西大荔縣）人。唐末、五代宦官，河東監軍。傳見本書卷七二、《新五代史》卷三八。

[3]承業，《唐書》有傳：《張承業傳》，見《輯本舊史》卷七二。

[4]天祐：唐昭宗李曄開始使用的年號（904）。唐哀帝李柷即位後沿用（904—907）。唐亡後，河東李克用、李存勗仍稱天祐，沿用至天祐二十年（923）。五代其他政權亦有行此年號者，如南吳、吳越等，使用時間長短不等。

［5］唐武皇：即李克用。沙陀族，生於神武川新城（一説是今山西朔州市朔城區之梵王寺村，一説是今山西應縣縣城，一説在今山西懷仁縣之日中城）。唐末軍閥，受封晋王。五代後唐太祖。紀見本書卷二五、《新五代史》卷四。

［6］麟州：州名。治所在今陝西神木縣。

［7］河西：方鎮名。治所在涼州（今甘肅武威市）。

［8］劉開道：即劉知俊。徐州沛縣（今江蘇沛縣）人。唐末、五代將領。先後隸時溥、朱温、李茂貞、王建。傳見本書卷一三、《新五代史》卷四四。《輯本舊史》之影庫本粘籤："劉開道下賊，疑有脱字。據《薛史·劉知俊傳》云，當時稱知俊爲劉開道，蓋承業謂瓘少時嘗從劉知俊作賊也，今姑仍原文。"見《輯本舊史》卷一三《劉知俊傳》。

［9］慣作非爲：中華書局本有校勘記："'爲'，《宋本册府》卷八一七作'違'。"見《宋本册府》卷八一七《總録部·訓子門二》。

［10］密州：州名。治所在今山東諸城市。

［11］"晋天福中"至"入居環衛"：明本《册府》卷一六九《帝王部·納貢獻門》晋少帝條天福八年（943）十一月："密州刺史張瓘奏膠西縣孝行鄉諸城村百姓于希得蛇吐珠一顆，進之。時無慰答，亦無錫賚，議者非之。"

［12］乾祐三年夏，卒於官：《輯本舊史》卷一〇三《漢隱帝紀下》乾祐三年（950）四月戊子條："左千牛上將軍張瓘卒。"

［13］《大典》卷六三五〇"張"字韻"姓氏（二〇）"事目。

李殷

李殷，薊州人也。[1]自後唐莊宗、明宗、晋高祖朝，以偏校遞遷，歷官至檢校司徒，[2]累爲郡守。性沈厚，所莅無苛暴之名。晉少帝禦契丹於澶淵，[3]殷典禁旅，[4]駕還，授鄜州留後，[5]俄加檢校太保。開運中，授定州節度使，將行，啓少帝曰："臣之此行，破敵必矣。"[6]衆皆壯其言。及至郡，威略無聞，敵再至，首納降款。後隨契丹至常山，[7]其將解里遣殷與契丹首領楊安同拒我師於洺水，[8]俄而安退，殷以橐裝驢馬遺安。安既北走，殷匿於丘墓獲免，馳以歸我。高祖嘉其首赴朝闕，及魏州平，以甘陵乏帥，[9]乃命殷爲貝州節度使，加檢校太傅。[10]乾祐初，卒於鎮。詔贈太師。《永樂大典》卷一萬三百九十。[11]

[1]薊州：州名。治所在今天津市薊州區。

[2]檢校司徒：官名。爲散官或加官，以示恩寵加此官，無實際執掌。

[3]晉少帝：即五代後晉出帝石重貴。沙陀部人。石敬瑭之侄。942年至946年在位。天福七年（942），石敬瑭卒，石重貴被侍衛親軍都指揮使景延廣及宰臣馮道擁立爲帝。開運三年（946），契丹兵第三次進攻後晉，攻占都城開封，出帝被虜，後死於建州（今遼寧朝陽市西南）。紀見本書卷八一至卷八五、《新五代史》卷九。澶淵：地名。位於今河南濮陽市西北。

[4]晉少帝禦契丹於澶淵，殷典禁旅：《輯本舊史》卷八三《晉少帝紀三》開運二年（945）二月甲午條："侍衛步軍都指揮使李殷充步軍左右厢都指揮使。"卷九五《程福贇傳》："（天福）九年春，少帝將幸澶淵，福贇部下有軍士文榮等八人，潛謀作亂，於本營縱火，福贇尋領腹心之士撲滅之，福贇亦有所傷。福贇性本純厚，又以車駕順動，秘而不奏。同列李殷，居福贇下無名，欲危福贇以自升，遂密陳其事，云：'福贇若不爲亂，何得無言？'少帝至

封丘，出福贇爲商州刺史，尋下獄鞫之。福贇終不自明，以至見殺，人甚冤之。”

［5］鄜州：州名。治所在今陝西富縣。　留後：官名。唐、五代節度使多以子弟或親信爲留後，以代行節度使職務，亦有軍士、叛將自立爲留後者。掌一州或數州軍政。

［6］“開運中”至“破敵必矣”：《輯本舊史》卷八四《晉少帝紀四》開運三年五月諸條：“戊申，以鄜州留後李殷爲定州節度使。辛亥，詔皇甫遇爲北面行營都部署，張彦澤爲副，李殷爲都監，領兵赴易、定等州，尋止其行。”同年六月條：“定州奏，蕃寇壓境。詔李守貞爲北面行營都部署，滑州皇甫遇爲副，相州張彦澤充馬軍都指揮使，定州李殷充步軍都指揮使。”卷八五《晉少帝紀五》開運三年十二月丙寅條：“定州李殷奏，前月二十八日夜，領捉生四百人往曲陽嘉山下，逢賊軍車帳，殺千餘人，獲馬二百匹。”《通鑑》卷二八五開運三年六月乙丑條：“義武節度使薊人李殷充步軍都指揮使兼都排陣使。”

［7］常山：即鎮州，治所在今河北正定縣。

［8］解里：人名。即耶律解里。《遼史》卷三《太宗紀上》作“解里德”。契丹突吕不部人。遼國將領。傳見《遼史》卷七六。　其將解里：中華書局本有校勘記：“‘其’，殿本、孔本作‘常山’。‘解里’，殿本、孔本作‘耶律解里’。按《遼史》卷七六有《耶律解里傳》。”解里，《通鑑》作“麻答”。卷二八七天福十二年（947）閏七月辛巳條：“麻答遣使督運於洺州，洺州防禦使薛懷讓聞帝入大梁，殺其使者，舉州降。帝遣郭從義將兵萬人會懷讓攻劉鐸於邢州，不克。鐸請兵於麻答，麻答遣其將楊安及前義武節度使李殷將千騎攻懷讓於洺州。”麻答即耶律拔里得，《遼史》卷七六亦有傳。　楊安：人名。契丹將領。本書僅此一見。　洺水：水名。即洺河。位於今河北南部。

［9］甘陵：地名。指代貝州，治所在今河北清河縣。

［10］乃命殷爲貝州節度使，加檢校太傅：《輯本舊史》卷

一〇〇《漢高祖紀下》天福十二年十一月己卯條："以前定州節度使李殷爲貝州節度使。"卷一〇一《漢隱帝紀上》乾祐元年（948）三月丙子條："貝州節度使、檢校太傅李殷加檢校太尉。"

［11］《大典》卷一〇三九〇"李"字韻"姓氏（三五）"事目。

劉在明

劉在明，幽州人。少有膽氣，本州節度使劉守光用爲親信，出爲平塞軍使。[1]守光敗，歸於太原，唐莊宗收爲列校。明宗時，爲捧聖左廂都指揮使，領和州刺史。[2]從幸汴州，至滎陽，[3]聞朱守殷叛，[4]用爲前鋒。至汴城，[5]率先登城，賊平，授汴州馬步軍都指揮使。應順初，[6]爲貝州刺史。明年，移趙州，兼北面行營馬軍都指揮使，以軍戍易州。[7]清泰末，[8]幽州節度使趙德鈞引軍赴團柏谷，[9]路由易州，取在明軍從。及德鈞兵敗，在明奔歸懷州，[10]唐末帝令與萇從簡同守河陽。[11]晋祖至，乃迎之，京都事定，出爲單州刺史。[12]天福中，李金全以安州叛，[13]在明從李守貞攻之，[14]大破淮賊，以功授安州防禦使，明年，移絳州。[15]楊光遠據青州叛，召爲行營馬步軍都指揮使，領齊州防禦使。[16]青州平，遷相州留後，[17]歷邢州、晋州留後。[18]高祖踐阼，授幽州道行營都部署，[19]時虜守中山，[20]在明出師經略，虜乃棄城而去，遂授鎮州留後。乾祐元年五月，正授鎮州節度使。[21]六月，以疾卒于鎮。[22]贈侍中。[23]《永樂大典》卷九千九十九。[24]

[1]平塞軍使：官名。平塞軍，位於今河北北部。軍使，唐末邊防將領。《新唐書》卷五〇《兵志》："唐初，兵之戍邊者，大曰軍，小曰守捉，曰城，曰鎮……武德至天寶以前邊防之制，其軍、城、鎮、守捉皆有使。"

[2]和州：州名。治所在今安徽和縣。

[3]滎陽：縣名。治所在今河南滎陽市。

[4]朱守殷：人名。籍貫不詳。五代後唐將領。傳見本書卷七四、《新五代史》卷五一。

[5]汴城：地名。位於今河南開封市。

[6]應順：五代後唐閔帝李從厚年號（934）。

[7]易州：州名。治所在今河北易縣。

[8]清泰：五代後唐廢帝李從珂年號（934—936）。

[9]趙德鈞：人名。幽州（今北京市）人。初爲幽州節度使劉守光部將，再爲五代後唐將領，後來投降遼國。傳見本書卷九八。團柏谷：地名。位於今山西祁縣，是太原與上黨地區間交通要道。

[10]懷州：州名。治所在今河南沁陽市。

[11]唐末帝：即五代後唐廢帝李從珂，又稱末帝。鎮州平山（今河北平山縣）人。本姓王氏，爲後唐明宗養子，改名從珂。934年至936年在位。紀見本書卷四六至卷四八、《新五代史》卷七。萇從簡：人名。陳州（今河南淮陽縣）人。五代後唐、後晋將領。傳見本書卷九四、《新五代史》卷四七。　河陽：方鎮名。全稱"河陽三城"。治所在孟州（今河南孟州市）。　"清泰末"至"唐末帝令與萇從簡同守河陽"：《通鑑》卷二八〇天福元年（936）十月癸酉條："趙州刺史、北面行營都指揮使劉在明先將兵戍易州，德鈞過易州，命在明以其衆自隨。"閏十一月諸條："丁卯，至團柏，與唐兵戰，趙德鈞、趙延壽先遁，符彦饒、張彦琦、劉延朗、劉在明繼之，士卒大潰，相騰踐死者萬計。己巳，延朗、在明至懷州。……丁丑，唐主命河陽節度使萇從簡與趙州刺史劉在明守河陽

南城，遂斷浮梁，歸洛陽。”

[12]單州：州名。治所在今山東單縣。　“晉祖至”至“出爲單州刺史”：《通鑑》卷二八〇天福元年閏十一月己卯條：“帝至河陽，萇從簡迎降，舟楫已具。彰聖軍執劉在明以降，帝釋之，使復其所。”

[13]李金全：人名。吐谷渾族。早年爲五代後唐明宗李嗣源奴僕，驍勇善戰，因功升遷。後晉時封安遠軍節度使，後投奔南唐。傳見本書卷九七、《新五代史》卷四八。　安州：州名。治所在今湖北安陸市。《輯本舊史》之影庫本粘籤：“安州，原本作‘要州’，今據《通鑑》改正。”《宋本册府》卷三六〇《將帥部·立功門十三》劉在明條：“晉天福初，爲安州刺史。”

[14]李守貞：人名。河陽（今河南孟州市）人。五代將領。傳見本書卷一〇九、《新五代史》卷五二。

[15]絳州：州名。治所在今山西新絳縣。

[16]齊州：州名。治所在今山東濟南市。

[17]相州：州名。治所在今河南安陽市。

[18]邢州：州名。治所在今河北邢臺市。　晉州：州名。治所在今山西臨汾市。　“青州平”至“歷邢州、晉州留後”：《舊五代史考異》：“案《通鑑》云：契丹入汴，建雄留後劉在明朝于契丹，以節度副使駱知朗知州事。”見《通鑑》卷二八六天福十二年正月庚辰條。“駱知朗”，《輯本舊史》卷九九《漢高祖紀上》天福十二年二月庚辰條、《新五代史》卷一〇《漢本紀》天福十二年二月辛未條及《通鑑》均作“駱從朗”。《輯本舊史》卷八三《晉少帝紀三》開運二年（945）正月己亥條：“以齊州防禦使劉在明爲相州留後。”卷八四《晉少帝紀四》開運二年十月庚寅條：“以邢州兵馬留後劉在明爲晉州兵馬留後。”

[19]都部署：官名。五代後唐始置，爲臨時委任的大軍區統帥。掌管屯戍、攻防等事務。　授幽州道行營都部署：《舊五代史考異》：“案《通鑑》：在明先爲成德軍留後，繼授幽州道馬步都部

署。與《薛史》前後互異。”見《通鑑》卷二八八乾祐元年（948）三月甲戌條。

[20]中山：地名。此處代指唐末河北方鎮義武軍（治所在定州）。 時虜守中山："虜"原作"契丹"，乃輯者忌清諱竄改，現據明本《册府》卷三六〇回改。下文"虜乃棄城而去"之"虜"同。

[21]"在明出師經略"至"正授鎮州節度使"：《輯本舊史》卷一〇一《漢隱帝紀上》乾祐元年二月庚寅條："以前晋州留後劉在明爲鎮州留後、幽州馬步軍都部署，加檢校太尉。"同年三月丙子條："以鎮州留後兼幽州一行馬步軍都部署、檢校太傅劉在明爲鎮州節度使，加檢校太師，部署如故。"《通鑑》同。《宋本册府》卷三八七《將帥部·褒異門十三》："乾祐元年五月二日，授鎮州節度使。"

[22]六月，以疾卒于鎮：《輯本舊史》卷一〇一乾祐元年六月丙申條："鎮州奏，節度使劉在明卒。"

[23]侍中：官名。秦始置。隋、唐前期爲門下省長官。唐後期多爲大臣加銜，不參與政務，實際職務由門下侍郎執行。正二品。

[24]《大典》卷九〇九九"劉"字韻"姓氏（二七）"事目。

馬萬

馬萬，澶州人也。少從軍，善水游。唐莊宗與梁軍對壘於河上，莊宗於德勝渡夾河立南北寨。[1]會梁軍急攻南寨，[2]於中流聯戰艦以絶援路，晝夜攻城者三日，寨將氏延賞告急於莊宗。[3]莊宗隔河望敵，無如之何，乃召人能水游破賊者。時萬兄弟皆應募，遂潛行入南寨，往來者三，又助燒船艦，汴軍遂退。由此升爲水軍小校，漸典禁軍，遥領刺史，累遷奉國左厢都指揮使、泗州防禦使。[4]晋天福二年夏，范延光叛於鄴，牙將孫鋭率兵至黎陽，[5]朝廷遣侍衛馬軍都指揮使白奉進領兵渡滑州，[6]萬亦預其行。時滑州節度使符彦饒潛通鄴下，[7]殺白奉進於牙署。萬領本軍兵士將助亂，會奉國右厢都指揮使盧順密亦以兵至，[8]諭以逆順，萬不得已，與順密急趨公府，執彦饒生送闕下。[9]朝廷即以萬爲滑州節度使，[10]而盧順密酬之甚淺。居無何，晋高祖稍知其事，即以順密爲涇州兵馬留後，[11]漸薄於萬。萬鎮鄧州，未幾罷鎮，授上將軍，以目疾致仕。[12]乾祐三年四月卒。輟視朝一日。《永樂大典》卷一萬八千一百三十二。[13]

[1]德勝渡：地名。黄河重要渡口之一。李存勗部將李存審築於黄河津要處德勝口，有南北二城。南城在今河南濮陽市東南五里，北城在今河南濮陽市區。

[2]會梁軍急攻南寨：《輯本舊史》之影庫本粘籤："立南北寨，原本脱'會梁軍急攻南寨'七字，今據《册府元龜》增入。"查《册府》，未見此記載。

[3]氐延賞：人名。籍貫不詳。五代將領。事見本書卷五五、卷六五。

[4]泗州：州名。治所在今江蘇泗洪縣東南。

[5]孫鋭：人名。籍貫不詳。五代後晋將領，范延光屬官。事見本書卷七六、卷九七。　黎陽：縣名。治所在今河南浚縣。

[6]白奉進：人名。雲州清塞軍（今山西陽高縣）人。五代後唐、後晋將領。傳見本書卷九五。　滑州：州名。治所在今河南滑縣。

[7]符彦饒：人名。陳州宛丘（今河南淮陽縣）人。符存審次

子。五代後唐、後晉將領。傳見本書卷九一、《新五代史》卷二五。

[8]盧順密：人名。汶陽（今山東泰安市）人。五代將領。傳見本書卷九五。

[9]“晉天福二年夏”至“執彦饒生送闕下”：《舊五代史考異》：“案《薛史·晉列傳》：符彦饒以忿争殺白奉進，非潛通鄴下也。此傳蓋沿實録傳聞之誤，《通鑑》從《晉列傳》。”見《輯本舊史》卷九五《白奉進傳》、《通鑑》卷二八一天福二年（937）秋七月條。《輯本舊史》卷九一《符彦饒傳》、卷九五《白奉進傳》均謂馬萬時爲步軍都校，盧順密爲次校。《通鑑》卷二八一同。《輯本舊史》卷七六《晉高祖紀二》天福二年七月甲寅條：“奉國都指揮使馬萬奏，滑州節度使符彦饒作亂，屠害侍衛馬軍都指揮使白奉進，尋以所部兵擒到彦饒，差立功都虞候方太押送赴闕。尋賜死於路。”

[10]滑州節度使：《通鑑》卷二八一天福二年七月乙卯條作“義成節度使”，滑州爲義成軍治所。

[11]涇州：州名。治所在今甘肅涇川縣。　涇州兵馬留後：《輯本舊史》卷七七《晉高祖紀三》天福三年三月甲戌條、卷九五《盧順密傳》同。《通鑑》卷二八一天福二年七月丙辰條作“昭義留後”。時杜重威領昭義節度以討張從賓，故以盧順密爲昭義留後以獎之。《通鑑》應是。

[12]以目疾致仕：《輯本舊史》卷八四《晉少帝紀第四》開運二年（945）五月丁酉條：“以右衛上將軍馬萬爲左金吾上將軍致仕。”

[13]《大典》卷一八一三二“將”字韻“後漢將”事目。

李彦從

李彦從，字士元，汾州孝義人。[1]父德，[2]麟州司馬。[3]彦從少習武藝，出行伍間，高祖典禁軍，以鄉里之舊，任爲親信。國初，用爲左飛龍使、檢校司空。[4]鎮州逐虜之際，請兵于朝廷，高祖令彦從率軍赴之。乾祐初，領恩州刺史。[5]趙暉討王景崇于岐下，[6]彦從爲兵馬都監，[7]破川軍有功。[8]賊平，授濮州刺史，[9]治有政能，百姓悦之。乾祐三年冬，卒於郡。《永樂大典》卷一萬三百九十。[10]

[1]汾州：州名。治所在今山西汾陽市。　孝義：縣名。治所在今山西孝義市。

[2]德：人名。即李德。汾州孝義（今山西孝義市）人。李彦從之父。本書僅此一見。

[3]司馬：官名。即行軍司馬。方鎮屬官。掌軍籍符伍、號令印信，是藩鎮重要的軍政官員。

[4]左飛龍使：官名。唐代掌閑厩御馬之内使，又稱“内飛龍使”。五代沿置。　檢校司空：官名。爲散官或加官，以示恩寵，無實際執掌。

[5]恩州：州名。治所在今廣東陽江市。

[6]趙暉：人名。澶州（今河南濮陽市）人。五代將領。傳見本書卷一二五。　王景崇：人名。邢州（今河北邢臺市）人。五代後漢時升任鳳翔節度使。傳見本書附録、《新五代史》卷五三。　岐下：地名。此指鳳翔。治所在今陝西鳳翔縣。

[7]兵馬都監：官名。唐代中葉命將出征，常以宦官爲監軍、都監。後爲臨時委任的統兵官，稱都監、兵馬都監。掌屯戍、邊防、訓練之政令。

[8]“鎮州逐虜之際”至“破川軍有功：亦見明本《册府》卷四一四《將帥部·赴援門》。虜，中華書局本沿《輯本舊史》作“敵”，乃輯者忌清諱竄改，現據明本《册府》回改。《新五代史》

卷五三《王景崇傳》:“景崇乃叛，盡殺侯益家屬，與趙思綰共推李守貞爲秦王。隱帝即以（鳳翔節度使）趙暉討之。景崇西招蜀人爲助，蜀兵至寶鷄，爲暉將藥元福、李彦從所敗。”明本《册府》卷四三五《將帥部·獻捷門二》乾祐元年（948）九月:“永興行營都部署郭從義奏:‘今月十四日，鳳翔王景崇兵士離本城，尋遣監軍李彦從率兵追襲至法門寺西，殺戮二千餘人。”《輯本舊史》卷一〇一《漢隱帝紀中》乾祐元年九月壬申條:“郭威奏，得郭從義報，今月十四日，鳳翔王景崇兵士離本城，尋遣監軍李彦從率兵襲至法門寺西，殺戮二千餘人。”《通鑑》卷二八八乾祐元年九月壬子條:“蜀兵援王景崇軍于散關，趙暉遣都監李彦從襲擊，破之。蜀兵遁去。”《考異》曰:“《實録》:戊辰（廿三），樞密使郭諱（威）上言:‘都監李彦從將兵掩襲川賊，至大散關，殺賊三千餘，其餘棄甲而遁。’《漢隱帝實録》:九月，李彦從敗蜀兵於散關。”

[9]濮州:州名。治所在今山東鄄城縣。

[10]《大典》卷一〇三九〇“李”字韻“姓氏（三五）”事目。

郭謹

郭謹，字守節，太原晉陽人。[1]謹少從軍，能騎射，歷河中教練使。[2]晋天福中，遷奉國右厢都指揮使，領禺州刺史。[3]三年，轉奉國左厢都指揮、泗州防禦使，歲餘，授侍衛步軍都指揮使兼寧江軍節度使。[4]六年，從幸鄴。七年，晋祖崩，少帝即位，授彰德軍節度使，[5]領軍如故。[6]開運初，出授鄜州。[7]二年，入爲左神武統軍。[8]三年，復鎮鄜州。[9]高祖踐阼，以鄉國舊臣，加檢校太尉，移鎮滑臺。[10]乾祐初，復授彰德軍節度使。[11]二年，就加檢校太師。[12]三年，入朝，加食邑。[13]是歲冬十月，卒於位，年六十。[14]輟視朝二日，贈侍中。《永樂大典》卷二萬二千一百六十一。[15]

［1］晉陽：地名。太原故城别稱，爲宋太宗火燒、水淹而毁。城址位於今山西太原市西南晉源區。

［2］河中：府名。唐開元八年（720）改蒲州爲河中府，因地處黄河中游而得名，其後名稱屢有改易。治所在今山西永濟市。教練使：官名。唐末、五代方鎮軍將。分左、右兩員，多選善兵法武藝者，掌軍事訓練。

［3］禺州：州名。治所在今廣西北流市。

［4］寧江軍：方鎮名。治所在夔州（今重慶市奉節縣）。　授侍衛步軍都指揮使兼寧江軍節度使：《輯本舊史》卷七八《晉高祖紀四》天福四年（939）四月丙子："以奉國左右厢都指揮使郭謹爲侍衛親軍步軍都指揮使、夔州寧江軍節度使。"

［5］彰德軍：方鎮名。治所在相州（今河南安陽市）。

［6］"七年"至"領軍如故"：《輯本舊史》卷八〇《晉高祖紀六》天福七年三月丁丑條："以夔州節度使兼侍衛步軍都指揮使郭謹爲相州節度使。"據《輯本舊史》卷八〇，晉高祖崩於天福七年六月乙丑，郭謹"授彰德軍節度使"在此之前。卷八一《晉少帝紀一》天福七年七月癸卯條："相州彰德軍節度使、侍衛步軍都指揮使郭瑾，並加檢校太傅，仍增爵邑。"卷八二《晉少帝紀二》天福八年十一月辛丑條："遣侍衛步軍都指揮使郭謹領兵赴鄆州。"同卷開運元年（944）二月甲辰條："鄆州奏，博州刺史周儒以城降契丹，又與楊光遠潛約，光遠引契丹於馬家渡濟河。時郭謹在汶陽，遣左武衛將軍蔡行遇率數百騎赴之，遇伏兵於葭葦中，突然而出。轉鬭數合，部下皆遁，行遇爲賊所執，鋒鏑重傷，不能乘馬，坐畚中舁至幕帳。遣李守貞等水陸進兵而下，以救汶陽。"《通鑑》

卷二八三天福八年十一月壬寅條："遣侍衛步軍都指揮使郭謹將兵戍鄆州。"《胡注》："以防河津，使楊光遠不得與契丹交通也。"《新五代史》卷九《晋本紀》天福七年八月庚申條："天平軍節度使景延廣、義成軍節度使李守貞、彰德軍節度使郭謹，進錢粟助作山陵。"

[7]開運初，出授鄜州：《輯本舊史》卷八三《晋少帝紀三》開運元年十一月丙戌條："以前相州節度使郭謹爲鄜州節度使。"

[8]左神武統軍：官名。唐代左神武軍統兵官。唐置六軍，分左、右羽林，左、右龍武，左、右神武，即"北衙六軍"。興元元年（784），六軍各置統軍，以寵功勳臣。其品秩，《唐會要》卷七一、《舊唐書》卷一二記載爲"從二品"，《通鑑》卷二二九記載爲"從三品"。　二年，入爲左神武統軍：《輯本舊史》卷八四《晋少帝紀》四開運二年八月丙子條："以前鄜州節度使郭謹爲左神武統軍。"

[9]三年，復鎮鄜州：中華書局本有校勘記："'鄜州'，原本作'麟州'，據劉本、彭本、本書卷八四晋少帝紀四改。按本卷上文記其'開運初，出授鄜州'。"《輯本舊史》卷八四開運三年五月甲寅條："以左神武統軍郭謹爲鄜州節度使。"

[10]滑臺：地名。位於今河南滑縣。　"高祖踐阼"至"移鎮滑臺"：《輯本舊史》卷一〇〇《漢高祖紀下》天福十二年十二月辛丑條："以前鄜州節度使郭謹爲滑州節度使，加檢校太尉。"

[11]彰德軍節度使：《輯本舊史》卷一〇一《漢隱帝紀上》乾祐元年（948）三月甲戌條："以滑州節度使、檢校太尉郭謹爲邠州節度使。"

[12]二年，就加檢校太師：《輯本舊史》卷一〇二《漢隱帝紀中》乾祐二年丙子條："相州郭謹、貝州王繼弘、邢州薛懷讓並加檢校太尉。"

[13]三年，入朝，加食邑：中華書局本有校勘記："'三年'原作'三日'，據殿本、劉本、《册府》卷一七二改。按本書卷一〇

三《漢隱帝紀下》：‘（乾祐三年冬十月）彰德軍節度使郭謹卒’。”見明本《册府》卷一七二《帝王部·求舊門二》：“三年春，入朝，加食邑。”《輯本舊史》卷一〇三《漢隱帝紀下》乾祐三年四月戊辰條：“相州郭謹、河陽李暉並進邑封。”《通鑑》卷二八九繫此事於乾祐三年三月丙午，胡注曰：“許之赴嘉慶節上壽，故入朝。”

[14]是歲冬十月，卒於位，年六十：《輯本舊史》卷一〇三乾祐三年十月戊申條：“彰德軍節度使郭謹卒。”

[15]《大典》卷二二一六一“郭”字韻“姓氏（六）”事目。

皇甫立

皇甫立，代北人也。[1]唐明宗之刺代州，[2]署爲牙校，從歷藩鎮。性純謹，明宗深委信之，王建立、安重誨策名委質，[3]皆在立後。明宗踐阼，以立爲忻州刺史。[4]長興末，[5]轉洺州團練使。應順初，遷鄜州節度使，檢校太保。[6]清泰三年春，移鎮潞州，未幾，改華州。[7]晉天福中，授左神武統軍。[8]少帝即位，歷左金吾衛上將軍，[9]累官至檢校太尉。高祖定天下，授特進、太子太師致仕。[10]乾祐二年秋卒。[11]《永樂大典》卷一萬九百七十一。[12]

[1]代北：方鎮名。治所在代州（今山西代縣）。

[2]代州：州名。治所在今山西代縣。

[3]王建立：人名。遼州榆社（今山西榆社縣）人。五代後唐、後晉大臣。傳見本書卷九一、《新五代史》卷四六。　安重誨：人名。應州（今山西應縣）人。五代後唐大臣。傳見本書卷六六、

《新五代史》卷二四。

[4]忻州：州名。治所在今山西忻州市。　明宗踐阼，以立爲忻州刺史：明本《册府》卷三三九《宰輔部·忌害門》："（明宗）頻詔安重誨授（皇甫立）一藩鎮，重誨奏曰：'立嘗申意於臣，且願舊地。'繇是遷改留滯，蓋重誨扼之也。"

[5]長興：五代後唐明宗李嗣源年號（930—933）。

[6]"應順初"至"檢校太保"："應順初"，中華書局本有校勘記："原作'廣順'，據殿本、劉本、《册府》卷一七二改。按本書卷四五《唐閔帝紀》，皇甫立爲鄜州刺史在應順元年。"後唐無"廣順"年號，明宗長興後即爲閔帝應順。《輯本舊史》卷四五《唐閔帝紀》應順元年（934）正月甲午條："前洺州團練使皇甫立加檢校太保，充鄜州節度使。"《宋本册府》卷一七二《帝王部·求舊門》二："應順元年正月，以前洺州團練使皇甫立爲保大軍節度。立，明宗微時舊人也，性不趨競。同時數輩皆秉節鉞，唯立纔及二千石。朱、馮舉其勞舊，故有是命。"

[7]華州：州名。治所在今陝西渭南市華州區。　"清泰三年春"至"改華州"：《輯本舊史》卷四八《唐末帝紀下》清泰三年（936）二月庚辰條："以前鄜州節度使皇甫立爲潞州節度使。"同年七月乙未條："以潞州節度使皇甫立爲華州節度使。"《通鑑》卷二八〇天福元年五月戊戌條："昭義節度使皇甫立奏（石）敬瑭反。"胡注："并、潞二鎮接境，故知其事而先奏之。"天福元年即清泰三年。

[8]晋天福中，授左神武統軍：《輯本舊史》卷七六《晋高祖紀二》天福二年（937）正月戊寅條："以前鎮國軍節度使皇甫立爲神武統軍。"

[9]左金吾衛上將軍：官名。唐置，掌宫禁宿衛。唐代十六衛之一。從二品。　少帝即位，歷左金吾衛上將軍：《輯本舊史》卷八一《晋少帝紀一》天福七年十二月乙丑條："以前華州節度使皇甫立爲左金吾衛上將軍。"卷八四《晋少帝紀四》開運二年八月戊

寅條："以左金吾上將軍皇甫立爲左衛上將軍。"明本《册府》卷四八五《邦計部·濟軍門》晋少帝條天福八年七月："左金吾衛上將軍皇甫立進助國粟三千石。"亦見同卷《輸財門》。

[10]特進：官名。西漢末期始置，授給列侯中地位較特殊者。隋唐時期，特進爲散官，授給有聲望的文武官員。正二品。　太子太師：官名。與太子太傅、太子太保統稱太子三師。隋唐以後多作加官或贈官。從一品。　授特進、太子太師致仕：《輯本舊史》卷一〇〇《漢高祖紀下》天福十二年閏七月辛酉條："以左衛上將軍皇甫立爲太子太師致仕。"

[11]乾祐二年秋卒：《輯本舊史》卷一〇二《漢隱帝紀中》乾祐二年（949）九月辛亥條："太子太師致仕皇甫立卒。"

[12]《大典》卷一〇九七一"甫"字韻"姓氏（二）"事目。

白再榮

白再榮，本蕃部人也。[1]少從軍，累遷護聖左廂都指揮使。[2]晋末，契丹犯闕，[3]明年，虜王北去，再榮從虜帳至真定。[4]其年閏七月晦，李筠、何福進相率殺虜帥麻荅，[5]據甲仗庫，敵勢未退，筠等使人召再榮。再榮端坐本營，遲疑久之，爲軍吏所迫，乃行。翊日，逐出麻荅，諸軍以再榮名次在諸校之右，乃請權知留後事。[6]

[1]本蕃部人也：《舊五代史考異》："《歐陽史》作不知其世家何人也。"見《新五代史》卷四八《白再榮傳》。

[2]累遷護聖左廂都指揮使：中華書局本有校勘記："'都'字

原闕，據《册府》卷四四六、卷四五五，《通鑑》卷二八四補。”見明本《册府》卷四四六《將帥部·觀望門》、卷四五五《將帥部·貪黷門》，《通鑑》卷二八四開運元年（945）二月甲辰條。

[3]晉末，契丹犯闕：《通鑑》卷二八四開運元年二月甲辰條：“命護聖都指揮使白再榮守馬家口。未幾，周儒引契丹將麻答自馬家口濟河。”

[4]真定：縣名。治所在今河北正定縣。　明年，虜王北去，再榮從虜帳至真定：“虜王”，中華書局本沿《輯本舊史》作“契丹主”，乃輯者忌清諱竄改，據明本《册府》卷四四六《將帥部·觀望門》、卷四五五《將帥部·貪黷門》回改。下“虜”字原闕，亦據補。

[5]李筠：人名。并州太原（今山西太原市）人。五代、宋初將領。傳見《宋史》卷四八四。《舊五代史考異》：“案《東都事略·李筠傳》：筠請馮道領節度，道曰：‘予主奏事而已，留後事當議功臣爲之。’以諸將之甲者爲留後。”見《東都事略》卷二十二《李筠傳》。《通鑑》卷二八七作“李榮”。　何福進：人名。太原（今山西太原市）人。五代將領。傳見本書卷一二四。　虜帥：《輯本舊史》作“契丹帥”，乃輯者忌清諱竄改，據明本《册府》卷四五五《將帥部·貪黷門》回改。　麻答：人名。即耶律拔里得。契丹人。遼初皇室，遼太宗耶律德光堂弟。傳見《遼史》卷七六。參見鄧廣銘（署名鄺又銘）《遼史兵衛志“御帳親軍”“大首領部族軍”兩事目考源》，《北京大學學報》（人文科學）1956年第2期。

[6]“其年閏七月晦”至“乃請權知留後事”：《輯本舊史》卷一〇〇《漢高祖紀下》天福十二年（947）八月壬午條：“鎮州駐屯護聖左廂都指揮使白再榮等，逐契丹所命節度使麻答，復其城。”《新五代史》卷一〇《漢本紀》亦謂八月。《通鑑》卷二八七天福十二年閏七月辛巳條：“漢兵奪契丹守門者兵擊契丹，殺十餘人，因突入府中。李榮先據甲庫，悉召漢兵及市人，以鎧仗授之，焚牙

門，與契丹戰。榮召諸將并力，護聖左廂都指揮使、恩州團練使白再榮（胡注：‘恩州時屬南漢境，白再榮遥領也。’）狐疑，匿於别室，軍吏以佩刀決幕，引其臂，再榮不得已而行。諸將繼至，煙火四起，鼓譟震地。麻答等大驚，載寶貨家屬，走保北城。而漢兵無所統壹，貪狡者乘亂剽掠，懦者竄匿。”同年八月壬午條：“契丹自北門入，勢復振，漢民死者二千餘人。前磁州刺史李穀恐事不濟，請馮道、李崧、和凝至戰所慰勉士卒，士卒見道等至，争自奮。會日暮，有村民數千譟於城外，欲奪契丹寶貨、婦女，契丹懼而北遁。……馮道等四出安撫兵民，衆推道爲節度使。道曰：‘我書生也，當奏事而已，宜擇諸將爲留後。’時李榮功最多，而白再榮位在上，乃以再榮權知留後。”此段先言殺麻答，後又言逐出麻答，前後矛盾。麻答，《遼史》卷七六傳言，滅晋後，州郡往往叛以應劉知遠，因不能守而歸。當世宗時卒。故本傳所言疑誤。

再榮貪昧無決，舉止多疑，出入騎從，露刃注矢，諸校不相統攝，互有猜貳。奉國廂主王饒懼爲再榮所并，[1]乃據東門樓，以兵自衛，僞稱足疾，不敢見再榮。司天監趙延乂俱與之善，[2]乃來往解釋，遂無相忌之意。再榮以李崧、和凝携家在彼，[3]令軍士數百人環迫崧、凝，以求賞給。崧、凝各出家財與之，再榮欲害崧以利其財。[4]前磁州刺史李穀謂再榮曰：[5]“公與諸將爲契丹所擄，凌辱萬端，旦夕憂死。今日衆力逐出蕃戎，鎮民死者不下三千人，豈獨公等之功！纔得生路，便擬殺一宰相，他日到闕，儻有所問，何以爲辭?”再榮默然。再榮又欲括率在城居民家財，以給軍士，李穀又譬解之，乃止。其漢人曾事麻答者盡拘之，以取其財。

[1]王饒：人名。慶州華池（今甘肅華池縣）人。五代將領。傳見本書卷一二五。

[2]司天監：官（署）名。其長官稱司天監，掌天文、曆法以及占候等事。參見趙貞《唐宋天文星占與帝王政治》，北京師範大學出版社2016年版。　趙延乂：人名。一作“趙延義”。秦州（今甘肅秦安縣）人。五代十國時前蜀大臣趙温珪之子。通術數。傳見本書卷一三一、《新五代史》卷五七。

[3]李崧：人名。深州饒陽（今河北饒陽縣）人。五代後晋宰相，歷仕後唐至後漢。傳見本書卷一〇八、《新五代史》卷五七。　和凝：人名。鄆州須昌（今山東東平縣）人。五代後晋宰相。傳見本書卷一二七、《新五代史》卷五六。

[4]再榮欲害崧以利其財：《通鑑》卷二八七天福十二年（947）八月壬午條：“又欲殺崧、凝以滅口。”

[5]李穀：人名。潁州汝陰（今安徽阜陽市）人。五代官員，後周時任宰相。傳見《宋史》卷二六二。

高祖以再榮爲鎮州留後，爲政貪虐難狀，鎮人呼爲“白麻答”。[1]未幾，移授滑州節度使，[2]箕斂誅求，民不聊生，乃徵還京師。周太祖入京城，[3]軍士攻再榮之第，迫脅再榮，盡取財貨既，軍士前啓曰：“某等軍健，常趨事麾下，一旦無禮至此，今後何顔謁見？”即奮刃擊之，挈其首而去，後家人以帛贖葬之。[4]《永樂大典》卷一萬八千一百三十二。[5]

[1]“高祖以再榮爲鎮州留後”至“鎮人呼爲‘白麻答’”：《通鑑》卷二八七乾祐元年（948）二月庚寅條：“朝廷知成德留後白再榮非將帥才，以前建雄留後劉在明代之。”

[2]移授滑州節度使：《輯本舊史》卷一〇一《漢隱帝紀上》乾祐元年三月甲戌條："以前鎮州留後、檢校太傅白再榮爲滑州節度使，加檢校太尉。"

[3]周太祖：即五代後周太祖郭威。邢州堯山（今河北隆堯縣）人。後周建立者。951年至954年在位。紀見本書卷一一〇至卷一一三、《新五代史》卷一一。

[4]"周太祖入京城"至"後家人以帛贖葬之"：《輯本舊史》卷一〇三《漢隱帝紀下》乾祐三年十一月乙酉條："前滑州節度使白再榮爲亂兵所害。"

[5]《大典》卷一八一三三"將"字韻"後周將（二）"事目，誤，應爲卷一八一三二"將"字韻"後漢將"事目。

張鵬

張鵬，鎮州鼓城人。[1]幼爲僧，知書，有口辯，喜大言，後歸俗。[2]唐末帝爲潞王時，鵬往依焉，及即位，用爲供奉官，[3]累監軍旅。[4]晉開運中，契丹迫澶州，[5]鵬爲前鋒監押，奮身擊敵，被創而還。其後累於邊城戍守，士伍服其勇。乾祐初，授鎮州副使，過鄴城，高行周接之甚歡，鵬因言及晉朝傾亡之事，少帝任用失人，藩輔之臣，唯務積財富家，不以國家爲意，以至宗社泯滅，非獨帝王之咎也。行周性寬和，[6]不以鵬言爲過。鵬既退，行周左右謂行周曰："張副使之言，蓋譏令公也。"行周因發怒，遂奏鵬怨國訛言，故朝廷降詔就誅於常山，時乾祐元年七月也。[7]《永樂大典》卷六千三百五十一。[8]

[1]鼓城：縣名。治所在今河北晋州市。

[2]“張鵬”至“後歸俗”：《宋本册府》卷六一三《刑法部·定律令門五》唐明宗條長興四年（933）六月：“敕御史中丞龍敏、給事中張鵬、中書舍人盧導、刑部侍郎任贊、大理卿李延範等，詳定《大中刑法統類》。”《輯本舊史》卷四五《唐閔帝紀》應順元年（934）閏正月戊申條：“以給事中張鵬爲御史中丞。”

[3]供奉官：官名。泛指侍奉皇帝左右的臣僚，亦爲東、西頭供奉官通稱。

[4]“唐末帝爲潞王時”至“累監軍旅”：《輯本舊史》卷四七《唐末帝紀中》清泰二年（935）二月辛巳條：“以御史中丞張鵬爲刑部侍郎。”卷七六《晋高祖紀二》天福二年（937）三月甲寅條：“刑部侍郎張鵬改兵部侍郎。”《宋本册府》卷五一七《憲官部·振舉門二》唐末帝條清泰元年：“御史中丞張鵬奏：‘文武常參官入閣日，廊下設食，每宣放仗拜後就食，相承以爲謝食拜。臣以每日常朝宣不坐後拜退，豈謝食之謂乎？如臣所見，自今宣放仗拜後，且就次候將設食，別降使於敷政門外宣賜酒食，群臣謝恩後食。’從之。是年，鵬又自舉内殿起居門外序班，與御史晚到失儀，詔各罰一月俸料。”注：“故事，御史府不治，尚書左、右丞舉奏。今鵬自彈，則尚書左右可知矣。”明本《册府》卷一〇八《帝王部·朝會門二》繫此事於六月辛卯。明本《册府》卷一一八《帝王部·親征門三》：“（天福九年正月庚辰，契丹入寇）以護聖左右廂主王景、王萬敢爲騎軍左右將，慈州刺史周景殷、武衛將軍張鵬監護。”

[5]契丹迫澶州：《輯本舊史》之影庫本粘籤：“澶州，原本作‘洹州’，今從《通鑑》改正。”見《通鑑》卷二八四開運元年（944）三月癸酉條。《輯本舊史》卷八五《晋少帝紀五》開運三年十二月壬戌條：“博望縣都監張鵬入奏蕃軍事勢。”

[6]行周性寬和：《宋本册府》卷九三三《總録部·誣構門二》作“行周性比寬厚”。

[7]時乾祐元年七月也：《輯本舊史》卷一〇一《漢隱帝紀上》

乾祐元年（948）七月庚午條："鎮州奏，準詔處斬節度副使張鵬訖。"

［8］《大典》卷六三五一"張"字韻"姓氏（二一）"事目。

史臣曰：晉、漢之際，有以懋軍功、勤王事取旌旄符竹者多矣，其間有及民之惠者無幾焉。如王周之闡政，審交之民譽，蓋其優者也，漢球、張瓘抑又次焉。是宜紀之篇以示來者，其餘皆不足觀也已。張鵬以一言之失，遽滅其身，亦足誡後代多言橫議之徒歟！《永樂大典》卷六千三百五十一。[1]

［1］《大典》卷六三五一"張"字韻"姓氏（二一）"事目。

舊五代史　卷一〇七

漢書九

列傳第四

史弘肇　子德琉　弟福

史弘肇，字化元，鄭州滎澤人也。[1]父璠，[2]本田家。弘肇少游俠無行，拳勇健步，日行二百里，[3]走及奔馬。梁末，每七户出一兵，弘肇在籍中，後隸本州開道都，[4]選入禁軍。嘗在晋祖麾下，[5]遂留爲親從，及踐阼，用爲控鶴小校。[6]高祖鎮太原，[7]奏請從行，升爲牙校，[8]後置武節左右指揮，[9]以弘肇爲都將，[10]遥領雷州刺史。[11]高祖建號之初，代州王暉叛，[12]以城歸契丹，[13]弘肇征之，一鼓而拔，尋授許州節度使，[14]充侍衛步軍都指揮使。[15]會王守恩以上黨求附，[16]虜主命大將耿崇美率衆登太行，[17]欲取上黨，高祖命弘肇以軍應援。[18]軍至潞州，[19]契丹退去，翟令奇以澤州迎降。[20]會河陽武行德遣人迎弘肇，[21]遂率衆南下，與行德合。

故高祖由蒲、陝赴洛如歸，[22]弘肇前鋒之功也。[23]

[1]鄭州：州名。治所在今河南鄭州市。　滎澤：縣名。治所在今河南鄭州市。

[2]璠：人名。即史璠。鄭州滎澤（今河南鄭州市）人。史弘肇之父。本書僅此一見。中華書局本有校勘記："'璠'，原作'潘'，據《永樂大典》卷一二一四八引《五代史·弘肇傳》改。"

[3]日行二百里：明本《册府》卷三四七《將帥部·佐命門八》作"日行三百里"。

[4]隸本州開道都：《新五代史》卷三〇作"隸開道指揮"。"開道"爲部隊番號。

[5]晋祖：即五代後晋開國皇帝石敬瑭，沙陀部人。936年至941年在位。紀見本書卷七五至卷八〇、《新五代史》卷八。

[6]控鶴小校：即控鶴軍小軍官。"控鶴"爲軍隊番號。小校，明本《册府》卷三四七《將帥部·佐命門八》作"偏將"。

[7]高祖：即五代後漢開國皇帝劉知遠，太原（今山西太原市）人，沙陀族。947年至948年在位。紀見本書卷九九、卷一〇〇及《新五代史》卷一〇。　太原：府名。治所在今山西太原市。

[8]升爲牙校：明本《册府》卷三四七《將帥部·佐命門八》作"用爲牙隊大將"。

[9]武節左右指揮：官名。"武節"爲部隊番號。"指揮"是唐末、五代時期的一種軍事編制單位，分左、右，五百人爲一"指揮"。

[10]都將：官名。唐、五代時節度使屬將。

[11]雷州：州名。治所在今廣東雷州市。　刺史：官名。州一級行政長官。漢武帝時始置，總掌考核官吏、勸課農桑、地方教化等事。唐中期以後，節度使、觀察使轄州而設，刺史爲其屬官，職

任漸輕。從三品至正四品下。　“高祖鎮太原”至“遥領雷州刺史”：《輯本舊史》之影庫本粘籤：“雷州，原本作‘累州’，今據《歐陽史》改正。”見《新五代史》卷三〇《史弘肇傳》。明本《册府》卷三四七繫“領雷州刺史”於破王暉後。

[12]代州：州名。治所在今山西代縣。　王暉：人名。籍貫不詳。五代後唐官員。事見本書卷九九、《新五代史》卷三〇。

[13]契丹：古部族、政權名。公元4世紀中葉宇文部爲前燕攻破，始分離而成單獨的部落，自號契丹。唐貞觀中，置松漠都督府，以其首領爲都督。唐末强盛，916年迭剌部耶律阿保機建立契丹國（遼）。先後與五代、北宋並立，保大五年（1125）爲金所滅。參見張正明《契丹史略》，中華書局1979年版。

[14]許州：州名。治所在今河南許昌市。　節度使：官名。唐時在重要地區所設掌握一州或數州軍事、民事、財政的長官。

[15]侍衛步軍都指揮使：官名。五代時皇帝親軍侍衛步軍司之最高長官。　“高祖建號之初”至“充侍衛步軍都指揮使”：《宋本册府》卷三六九《將帥部・攻取門二》下有“斬暉以徇”四字。《輯本舊史》卷九九《漢高祖紀上》天福十二年（947）二月己卯條：“帝遣都將史弘肇率兵討代州，平之。”同年四月己未條：“以北京武節都指揮使、雷州刺史史弘肇爲許州節度使。”卷一一〇《周太祖紀一》：“開運末，契丹犯闕，晋帝北遷。帝與蘇逢吉、楊邠、史弘肇等勸漢祖建號，以副人望。”

[16]王守恩：人名。太原（今山西太原市）人。五代後晋潞州節度使王建立之子，後漢時曾任宰相。傳見本書卷一二五。　上黨：即潞州。治所在今山西長治市。

[17]虜主：中華書局本沿《輯本舊史》作“契丹主”，乃清輯者忌諱而改，今據明本《册府》卷三四七《將帥部・佐命門八》回改。　耿崇美：人名。籍貫不詳。契丹大將，時爲昭義節度使，分據要地。事見本書卷九九、《遼史》卷四。　太行：即太行山。

[18]“會王守恩以上黨求附”至“高祖命弘肇以軍應援”：

《輯本舊史》卷九九《漢高祖紀上》天福十二年四月乙丑條："遣史弘肇率兵一萬人趨潞州。"

［19］潞州：州名。治所在今山西長治市。

［20］翟令奇：人名。籍貫不詳。時爲澤州刺史。事見本書卷一〇〇《漢高祖紀下》。　澤州：州名。治所在今山西澤州縣。

［21］河陽：縣名。治所在今河南孟州市。　武行德：人名。并州榆次（今山西晋中市榆次區）人。五代、宋初將領。傳見《宋史》卷二五二。

［22］蒲：州名。即河中府。治所在今山西永濟市。　陝：州名。治所在今河南三門峽市陝州區。　洛：地名。即洛陽。位於今河南洛陽市。

［23］"軍至潞州"至"弘肇前鋒之功也"：《輯本舊史》卷九九天福十二年四月條："蕃將耿崇美屯澤州，史弘肇遣先鋒將馬誨率兵擊之，崇美退保懷州。"卷一〇〇《漢高祖紀下》天福十二年五月丁酉條："史弘肇奏，澤州刺史翟令奇以郡來降。"此條有《舊五代史考異》："《宋史·李萬超傳》：史弘肇路經澤州，刺史翟令奇堅壁拒命。萬超馳至城下，諭之曰：'今契丹北遁，天下無主，并州劉公仗大義，定中土，所向風靡，後服者族，盍早圖之。'令奇乃開門迎納，弘肇即留萬超權州事。"同年七月條載，許州節度使兼侍衛步軍都指揮使史弘肇加檢校太尉。《通鑑》卷二八七天福十二年五月丁酉條："始，弘肇攻澤州，刺史翟令奇固守不下。帝以弘肇兵少，欲召還。蘇逢吉、楊邠曰：'今陝、晋、河陽皆已向化，崔廷勳、耿崇美朝夕遁去；若召弘肇還，則河南人心動摇，虜勢復壯矣。'帝未決，使人諭指於弘肇；曰：'兵已及此，勢如破竹，可進不可退。'與逢吉等議合，帝乃從之。弘肇遣部將李萬超説令奇，令奇乃降；弘肇以萬超權知澤州。"

弘肇嚴毅寡言，部轄軍衆，有過無舍，兵士所至，秋毫不犯。部下有指揮使，[1]嘗因指使少不從命，弘肇立撾殺之，將吏股慄，以至平定兩京，無敢干忤。[2]從駕征鄴迴，[3]加同平章事，[4]充侍衛親軍都指揮使，[5]兼鎮宋州。[6]高祖大漸，與樞密使楊邠、周太祖、蘇逢吉等同受顧命。[7]隱帝嗣位，[8]加檢校太師、兼侍中。[9]居無何，河中、永興、鳳翔連横謀叛，[10]關輔大擾，[11]朝廷日有徵發，群情憂惴，亦有不逞之徒，妄搆虚語，流布京師。弘肇都轄禁軍，[12]警衛都邑，專行刑殺，略無顧避，無賴之輩，[13]望風匿迹，路有遺棄，人不敢取。然而不問罪之輕重，理之所在，但云有犯，便處極刑，枉濫之家，莫敢上訴。巡司軍吏，因緣爲姦，嫁禍脅人，不可勝紀。[14]

[1]指揮使：官名。唐末、五代藩鎮皆置都指揮使、指揮使，爲統兵將領。

[2]“弘肇嚴毅寡言”至“無敢干忤”：明本《册府》卷四〇一《將帥部·行軍法門》：“史弘肇爲侍衛步軍都指揮使，自晉赴洛，將抵河内，左右軍校持楯争道，候者馳告，及頓軍，召而詰之，乃獲其首爲亂者，既伏罪，親以鐵撾擊而斃之，梟首示衆，見者爲之惕息。凡騎士自河涉洛。有犯田、繫馬於樹者，咸戮之。繇是軍衆肅然，無敢犯其令。”

[3]鄴：地名。即鄴都。位於今河北大名縣。五代後唐同光元年（923），改魏州爲興唐府，建號東京。三年，改東京爲鄴都。

[4]同平章事：官名。全稱“同中書門下平章事”。唐高宗以後，凡實際任宰相之職者，常在其本官後加同平章事的職銜。後成爲宰相專稱。後晉天福五年（940），升中書門下平章事爲正二品。

[5]侍衛親軍都指揮使：官名。五代時侍衛親軍之長官。多爲

皇帝親信。

［6］宋州：州名。治所在今河南商丘市睢陽區。　“從駕征鄴迴”至“兼鎮宋州”：《輯本舊史》卷一〇〇《漢高祖紀下》天福十二年（947）十一月己卯條：“以許州節度使兼侍衛步軍都指揮使史弘肇爲宋州節度使、同平章事，充侍衛親軍馬步軍都指揮使。”明本《册府》卷四三一《將帥部・勤戎事門》：“漢史弘肇爲許州節度使。時高祖委以禁戎，留扈京邑，屬杜重威據鄴爲亂，車駕親狩，命弘肇從行。自九月駐師，及重威歸命，凡三月，弘肇擐甲在野，晝巡宵警，與士卒均其甘苦，無所間然。時人推其威而有愛，乃近代之良將也。”

［7］樞密使：官名。樞密院長官。唐代宗時始以宦官掌機密，至昭宗時借朱温之力盡誅宦官，始改以士人任樞密使。備顧問，參謀議，出納詔奏，權侔宰相。參見李全德《唐宋變革期樞密院研究》，國家圖書館出版社2009年版。　楊邠：人名。魏州冠氏（今山東冠縣）人。五代後漢時任樞密使、宰相。傳見本書本卷、《新五代史》卷三〇。　周太祖：即五代後周開國皇帝郭威。邢州堯山（今河北隆堯縣）人。951年至954年在位。紀見本書卷一一〇至卷一一三、《新五代史》卷一一。　蘇逢吉：人名。長安（今陝西西安市）人。五代後漢宰相。傳見本書卷一〇八、卷三〇。

［8］隱帝：即五代後漢隱帝劉承祐。後漢高祖劉知遠次子。948年至951年在位。紀見本書卷一〇一至卷一〇三、《新五代史》卷一〇。

［9］檢校太師：官名。爲散官或加官，以示恩寵，無實際執掌。太師，與太傅、太保並爲三師。　侍中：官名。秦始置。隋、唐前期爲門下省長官。唐後期多爲大臣加銜，不參與政務，實際職務由門下侍郎執行。正二品。　隱帝嗣位，加檢校太師、兼侍中：《輯本舊史》卷一〇一《漢隱帝紀上》乾祐元年（948）三月丙辰條：“宋州節度使兼侍衛親軍馬步軍都指揮使、檢校太尉、同平章事史弘肇，並加檢校太師、兼侍中。”《通鑑》卷二八七乾祐元年二月

條：“侍衛馬步都指揮使、同平章事史弘肇遭母喪，不數日，復出朝參。”卷二八八乾祐元年三月丙辰條：“史弘肇起復，加兼侍中。”

[10]河中：方鎮名。治所在河中府（今山西永濟市）。　永興：方鎮名。治所在京兆府（今陝西西安市）。《輯本舊史》之影庫本粘籤：“永興，原本作‘求與’，今據《通鑑》改正。”見《通鑑》卷二八八乾祐元年三月條。　鳳翔：方鎮名。治所在鳳翔府（今陝西鳳翔縣）。

[11]關輔：地名。西漢景帝二年（前155）分内史爲左、右内史，與主爵中尉（不久改爲主爵都尉）同治長安，管轄京畿地區，合稱“三輔”。武帝太初元年（前104）改爲京兆尹、左馮翊、右扶風。轄境相當今陝西中部地區。

[12]弘肇都轄禁軍：中華書局本有校勘記：“‘都’，《册府》卷四四八作‘部’。”見明本《册府》卷四四八《將帥部·殘酷門》。

[13]無賴之輩：明本《册府》卷四四八作“惡少無賴之輩”。

[14]“居無何”至“不可勝紀”：《舊五代史考異》：“《宋史·邊歸讜傳》：史弘肇怙權專殺，閭里告訐成風。歸讜言曰：‘邇來有匿名書及言風聞事，搆害良善，有傷風化，遂使貪吏得以報復私怨，讒夫得以肆其虚誕。請明行條制，禁遏誣妄，凡顯有披論，具陳姓名。其匿名書及風聞事者，並見止絶。’論者韙之。”見《宋史》卷二六二。《輯本舊史》卷一一〇《周太祖紀一》：“河中李守貞據城反，朝廷憂之，諸大臣共議進取之計。史弘肇曰：‘守貞，河陽一客司耳，竟何能爲？’帝曰：‘守貞雖不習戎行，然善接英豪，得人死力，亦勍敵，宜審料之。’”

時太白晝見，[1]民有仰觀者，爲坊正所拘，[2]立斷其腰領。又有醉民抵忤一軍士，則誣以訛言棄市。其他斷舌、決口、斮筋、折足者，僅無虚日。[3]故相李崧爲部曲誣告，[4]族戮於市，取其幼女爲婢。自是仕宦之家畜僕隸者，皆以姑息爲意，而舊勳故將失勢之後，爲厮養輩之所脅制者，往往有之。[5]軍司孔目吏解暉，[6]性狡而酷，凡有推劾，隨意鍛錬。人有抵軍禁者，被其苦楚，[7]無不自誣以求死所，都人遇之，莫敢仰視。有燕人何福殷者，[8]以商販爲業，嘗以十四萬市得玉枕一，[9]遣家僮及商人李進賣於淮南，[10]易茗而迴。[11]家僮無行，隱福殷貨財數十萬，福殷責其償，不伏，遂杖之。未幾，家僮詣弘肇上變，言虜主之入汴也，[12]趙延壽遣福殷齎玉枕陰遺淮南，[13]以致誠意。弘肇即日遣捕福殷等繫之。解暉希旨，[14]榜掠備至，福殷自誣，連罪者數輩，並棄市。妻女爲弘肇帳下分取之，其家財籍没。[15]

[1]太白晝見：即金星晝見。預示將有兵禍。

[2]坊正：職役名。唐代兩京及州縣郭城内住宅區稱爲“坊”。每坊皆有名稱，設坊正，掌坊門管鑰及坊内督查之事。晨夕啓閉坊門，執行夜禁。中華書局本有校勘記：“‘坊正’，《册府》卷四四八作‘坊巡’。”見明本《册府》卷四四八《將帥部・殘酷門》。

[3]“時太白晝見”至“僅無虚日”：“則誣以訛言棄市”，明本《册府》作“則誣以訛言，竟見棄市”。後又有：“又有醉民抵忤一軍人，則誣以訛言，竟見棄市。嘗有醉者，誤入民家，婦呼之爲盗。巡司遇之，以檛其腦，血流被體，乃就鄰舍子，假錢二緡，令醉者負之，即斬於所犯之地。”《新五代史》卷三〇《史弘肇傳》：“凡民抵罪，吏以白弘肇，但以三指示之，吏即腰斬之。”

[4]李崧：人名。深州饒陽（今河北饒陽縣）人。五代後晋宰相，歷仕後唐至後漢。傳見本書卷一〇八、《新五代史》卷五七。

[5]“故相李崧爲部曲誣告”至“往往有之”：“取其幼女爲

婢”，《册府》卷四四八上有“而”字。《輯本舊史》卷一〇八《李崧傳》：“有部曲葛延遇者，逋李嶼船傭，嶼撻之，督其所負，遇有同輩李澄亦事逢吉，葛延遇夜寄宿於澄家，以嶼見督情告，遂一夕通謀告變。逢吉覽狀示史弘肇，其日逢吉遣吏召崧至第，從容語及葛延遇告變之事，崧以幼女爲托，逢吉遣吏送於侍衛獄。……舉家遇害。”

[6]孔目吏：吏職名。即孔目官。唐置，爲各府州及方鎮孔目院屬員，掌文書簿籍或財計出納事務，隸都孔目。因軍府細事皆經其手，一孔一目無不綜理，故名。明本《册府》卷四四八《將帥部·殘酷門》無“孔目吏”三字。　解暉：人名。洺州臨洺（今河北邯鄲市永年區）人。五代、宋初將領。傳見《宋史》卷二七一。

[7]被其苦楚：明本《册府》卷四四八《將帥部·殘酷門》作“被甚苦楚”。

[8]燕：即今河北北部。　何福殷：人名。燕（今河北北部）人。本書僅此一見。《輯本舊史》之影庫本粘籤：“福殷，原本作‘福因’，今據《通鑑》改正。”查《通鑑》，未見此記載，但明本《册府》卷四四八作“福殷”。《舊五代史考異》：“《歐陽史》作何福進，疑訛。”此《考異》中華書局本有校勘記：“‘疑訛’，以上二字原闕，據《殿本考證》《劉本考證》補。”

[9]嘗以十四萬市得玉枕一：中華書局本有校勘記：“‘一’字原闕，據《册府》卷四四八補。”

[10]李進：人名。籍貫不詳。本書僅此一見。　淮南：方鎮名。治所在揚州（今江蘇揚州市）。

[11]易茗而迴：明本《册府》卷四四八《將帥部·殘酷門》作“大得茗迴”。

[12]虜主：《輯本舊史》原作“契丹主”，乃清輯者忌諱而改，今據明本《册府》卷四四八《將帥部·殘酷門》回改。　汴：州名。治所在今河南開封市。

［13］趙延壽：人名。本姓劉，恒山（今河北正定縣）人。五代後唐明宗李嗣源女婿，後降契丹，引導契丹攻滅後晋。傳見《遼史》卷七六。“趙延壽遣福殷齎玉枕陰遺淮南”，中華書局本有校勘記：“‘趙延壽’上《册府》卷有四四八‘僞燕王’三字。”“淮南”，《册府》下有“主”字。

［14］解暉希旨：中華書局本有校勘記：“句下《册府》卷四四八有‘斷成’二字。”

［15］“有燕人何福殷者”至“其家財籍没”：《輯本舊史》卷一二四《唐景思傳》：“乾祐中，命景思爲沿淮巡檢使，屢挫淮賊。時史弘肇淫刑黷貨，多織羅南北富商殺之，奪其財，大開告密之門。景思部下有僕夫，希求無厭，雖委曲待之，不滿其心，一日拂衣而去，見弘肇，言景思受淮南厚賂，私貯器械，欲爲内應。弘肇即令親吏殿三十騎往收之……使者搜索其家，唯衣一笥，軍籍糧簿而已，乃寬之。景思曰：‘使但械繫送我入京。’先是，景思别有紀綱王知權者，在京，聞景思被誣，乃見史弘肇曰：‘唐景思赤心爲國，某服事三十年，孝於父母，義於朋友，被此誣罔，何以伸陳。某請先下獄，願公追劾景思，免至冤横。’弘肇愍之，令在獄，日與酒食。景思既桎梏就路，潁、亳之人隨至京師，衆保證之。弘肇乃令鞫告事者，具伏誣陷，即斬之。遂奏釋景思。”“妻女爲弘肇帳下分取之，其家財籍没”，明本《册府》卷四四八《將帥部・殘酷門》作“妻女爲弘肇帳下健卒分取之，其家財並籍没”。明本《册府》卷四七六《臺省部・奏議門七》“邊歸讜”條：“乾祐三年上言：‘臣伏見諸處有人抛無名文書，及言風聞訪聞之事，不委根苗，接便追擾。既非責實，多是構虚。窮理本之有傷，瀆化源之無益，遂使貪吏狡吏，蓄私憾以讎人；讒夫佞夫，扇狂言而害物。請明行條制，庶絶罔誣。其受納獄訟，直須顯有披論，具陳名姓，即據理詳按，無縱舞文。其無名文書及風聞訪聞，並望止絶，不得施行。俾存欽恤之風，不失含弘之體。’從之。時史弘肇弄權，殺害酷毒，不循理體，以羅織成風，歸讜嫉之，故有是奏。”

弘肇不喜賓客，嘗言："文人難耐，輕我輩，謂我輩爲卒，可恨，可恨！"弘肇所領睢陽，[1]其屬府公利，委親吏楊乙就府檢校，[2]貪戾兇横，負勢生事，吏民畏之。副戎已下，望風展敬，聚斂刻剥，無所不至，月率萬緡，以輸弘肇，一境之内，嫉之如讎。[3]周太祖平河中班師，推功於衆，以弘肇有翊衛鎮重之功，言之於隱帝，即授兼中書令。[4]隱帝自關西賊平之後，[5]昵近小人，太后親族，[6]頗行干託，弘肇與楊邠甚不平之。太后有故人子求補軍職，弘肇怒而斬之。帝始聽樂，賜教坊使玉帶，[7]諸伶官錦袍，[8]往謝弘肇，弘肇讓之曰："健兒爲國戍邊，忍寒冒暑，未能徧有霑賜，爾輩何功，敢當此賜！"盡取袍帶還官。其兇戾如此。

[1]睢陽：縣名。治所在今河南商丘市睢陽區。

[2]楊乙：人名。籍貫不詳。本書僅此一見。

[3]"弘肇不喜賓客"至"嫉之如讎"：《舊五代史考異》："《東都事略·薛居正傳》：'史弘肇領侍衛親軍，威震人主，殘忍自恣，人莫敢忤其意。其部下吏告民犯鹽禁，法當死，居正疑其不實，召詰之，乃其吏以私憾而誣之也。逮捕吏鞫之，具伏，以吏抵法，弘肇雖怒甚，竟亦無以屈也'。"見《東都事略》卷三一。《新五代史》卷三〇《史弘肇傳》："弘肇領歸德，其副使等月率私錢千緡爲獻。潁州麴場官麴温與軍將何拯争官務，訟之三司，三司直温。拯訴之弘肇，弘肇以謂潁已屬州，而温不先白己，乃追温殺之，連坐者數十人。"

[4]中書令：官名。漢代始置，隋、唐前期爲中書省長官，屬宰相之職；唐後期多爲授予元勳大臣的虚銜。正二品。　即授兼中書令：《輯本舊史》卷一〇二《漢隱帝紀中》乾祐二年（949）九

月乙巳條："宋州節度使兼侍衛親軍都指揮使史弘肇加兼中書令。"

[5]關西：泛指函谷關或潼關以西的地區。

[6]太后：即五代後漢高祖劉知遠皇后李氏，隱帝即位後册尊爲皇太后。晋陽（今山西太原市）人。傳見本書卷一〇四、《新五代史》卷一八。

[7]教坊使：官名。唐於京都置左、右教坊，掌俳優雜技，以宦官爲教坊使。五代沿置。中華書局本有校勘記："'教坊使'下《册府》卷四五四、《新五代史》卷三〇《史弘肇傳》有'等'字。"

[8]伶官：古代樂人。五代後唐莊宗朝用伶人爲官，故稱伶官。

周太祖有鎮鄴之命，弘肇欲其兼領機樞之任，蘇逢吉異其議，弘肇忿之。[1]翌日，因竇貞固飲會，[2]貴臣悉集，弘肇厲色舉爵屬周太祖曰："昨晨廷論，一何同異！今日與弟飲此。"[3]楊邠、蘇逢吉亦舉大爵曰："此國家之事也，何足介意！"俱飲釂。弘肇又厲聲言曰："安朝廷，定禍亂，直須長槍大劍，至如毛錐子，[4]焉足用哉！"三司使王章曰：[5]"雖有長槍大劍，若無毛錐子，贍軍財賦，自何而集？"弘肇默然，少頃而罷。

[1]"周太祖有鎮鄴之命"至"弘肇忿之"：《輯本舊史》卷一〇八《蘇逢吉傳》："周太祖之將鎮鄴也，逢吉奏請落樞密使，隱帝曰：'有前例否？'逢吉奏白：'樞密之任，方鎮帶之非便。'史弘肇曰：'兼帶樞密，所冀諸軍禀畏。'竟從弘肇之議。弘肇怒逢吉之異已，逢吉曰：'此國家之事也，且以内制外則順，以外制内豈得便耶！'事雖不從，物議多之。"

[2]竇貞固：人名。同州白水（今陝西白水縣）人。五代後漢

宰相。傳見《宋史》卷二六二。

[3]今日與弟飲此："弟"，明本《册府》卷九一八《總録部·忿争門》作"公"。

[4]至如毛錐子：《輯本舊史》之影庫本粘籤："毛錐，原本作'毛鍾'，考《通鑑》作'毛錐'。胡三省注云：'毛錐，謂筆也。以束毛爲筆，其形如錐也。'今改正。"見《通鑑》卷二八九乾祐三年（950）四月條。

[5]三司使：官名。五代後唐明宗天成元年（926）將晚唐以來的户部、度支、鹽鐵三部合爲一職，設三司使統之。主管國家財政。　王章：人名。大名南樂（今河南南樂縣）人。五代後漢三司使、同平章事，以聚斂刻急著稱。傳見本書本卷、《新五代史》卷三〇。

未幾，三司使王章於其第張酒樂，時弘肇與宰相、樞密使及内客省使閻晋卿等俱會。[1]酒酣，爲手勢令，弘肇不熟其事，而閻晋卿坐次弘肇，屢教之。蘇逢吉戲弘肇曰："近坐有姓閻人，何憂罰爵！"弘肇妻閻氏，本酒妓也，弘肇謂逢吉譏之，大怒，以醜語詬逢吉。逢吉不校。弘肇欲毆逢吉，逢吉策馬而去。弘肇遽起索劍，意欲追逢吉。楊邠曰："蘇公是宰相，公若害之，致天子何地，公細思之。"邠泣止之。[2]弘肇索馬急馳而去，邠慮有非常，連鑣而進，送至第而還。自是將相不協如水火矣。隱帝遣王峻將酒樂於公子亭以和之，[3]竟不能解。

[1]内客省使：官名。内客省長官。　閻晋卿：人名。忻州（今山西忻州市）人。五代後漢將領。傳見本書本卷。

[2]郤泣止之：中華書局本有校勘記："'止之'，原作'下'，據《册府》卷九一八、《通鑑》卷二八九改。"見明本《册府》卷九一八《總録部·忿争門》，《通鑑》卷二八九乾祐三年（950）六月癸丑條。

[3]王峻：人名。相州安陽（今河南安陽市）人。五代將領，後周時任樞密使兼宰相。傳見本書卷一三〇、《新五代史》卷五〇。　公子亭：建築名。位於開封城相國寺（今河南開封市内）前。

其後李業、郭允明、後贊、聶文進居中用事，[1]不悦執政。又見隱帝年漸長，厭爲大臣所制，嘗有忿言，業等乃乘間譖弘肇等，隱帝稍以爲信。業等乃言弘肇等專權震主，終必爲亂，隱帝益恐。嘗一夕，聞作坊鍛甲之聲，疑外有兵仗卒至，達旦不寐。[2]自是與業等密謀禁中，欲誅弘肇等，議定，入白太后。太后曰："此事豈可輕發耶！更問宰臣等。"李業在側，曰："先皇帝言，朝廷大事，莫共措大商量。"太后又言之，隱帝怒曰："閨門之内，焉知國家之事！"拂衣而出。内客省使閻晋卿潛知其事，乃詣弘肇私第，將欲告之，弘肇以他事拒之不見。

[1]李業：人名。晋陽（今山西太原市）人。五代後漢高祖李皇后之弟。隱帝時受信任，掌宫廷財務。傳見本書本卷、《新五代史》卷三〇。　郭允明：人名。河東（今山西）人。五代將領。隨漢隱帝率軍於京師北郊抵禦郭威軍，兵敗，殺死隱帝後又自殺。傳見本書本卷、《新五代史》卷三〇。　後贊：人名。兖州瑕丘（今山東濟寧市兖州區）人。五代後漢隱帝寵臣。傳見本書本卷、《新五代史》卷三〇。　聶文進：人名。并州（今山西太原市）

人。五代後漢隱帝寵臣。傳見本書本卷、《新五代史》卷三〇。

[2]"嘗一夕"至"達旦不寐":《通鑑》卷二八九乾祐三年(950)十一月乙亥條:"司空、同平章事蘇逢吉既與弘肇有隙,知李業等怨弘肇,屢以言激之。"

乾祐三年冬十一月十三日,[1]弘肇入朝,與樞密使楊邠、三司使王章同坐於廣政殿東廡下,[2]俄有甲士數十人自内而出,害弘肇等於閤,夷其族。[3]先是,弘肇第數有異,[4]嘗一日,於階砌隙中有煙氣蓬勃而出。禍前二日昧爽,[5]有星落於弘肇前三數步,如迸火而散,俄而被誅。周太祖踐阼,追封鄭王,以禮葬,官爲立碑。[6]

[1]乾祐:五代後漢高祖劉知遠年號(948)。隱帝劉承祐沿用至乾祐三年(950)。北漢亦用此年號。

[2]廣政殿:殿名。五代後周顯德四年(957)以新修永福殿改名。故址在今河南開封市。《輯本舊史》之影庫本粘籤:"廣政殿,原本作'廣徵',今從《通鑑》改正。"見《通鑑》卷二八九乾祐三年十一月丙子條。

[3]"乾祐三年冬十一月十三日"至"夷其族":《舊五代史考異》:"《歐陽史·漢臣傳》作十月。吴縝《纂誤》云:《漢隱帝紀》《周太祖紀》俱作十一月,傳誤也。"見《輯本舊史》卷一〇三《漢隱帝紀下》乾祐三年十一月丙子條、卷一一〇《周太祖紀一》乾祐三年十一月十三日條。十三日即丙子。《輯本舊史》卷一〇三《漢隱帝紀下》乾祐三年十一月丙子條:"又誅弘肇弟小底軍都虞候弘朗……分兵收捕邠等家屬及部曲傔從,盡戮之。少頃,樞密承旨聶文進急召宰臣百僚,班於崇元殿,庭宣曰:'楊邠、史弘肇、王

章等同謀叛逆，欲危宗社，並斬之，與卿等同慶。’班退，召諸軍將校至萬歲殿，帝親諭史弘肇等欲謀逆亂之狀，且言：‘弘肇等欺朕年幼，專權擅命，使汝輩常懷憂恐，自此朕自與汝等爲主，必無橫憂也。’”

[4]弘肇第數有異：“異”，《宋本册府》卷九五一《總録部·咎徵門二》作“怪異”。

[5]昧爽：猶黎明。天將亮未亮時。

[6]“周太祖踐阼”至“官爲立碑”：《輯本舊史》卷一一〇《周太祖紀一》廣順元年（951）正月丁卯條：“是日，帝自皋門入大内，御崇元殿，即皇帝位。制曰：‘……故樞密使楊邠、侍衛都指揮使史弘肇、三司使王章等，以勞定國，盡節致君，千載逢時，一旦同命，悲感行路，憤結重泉，雖尋雪於沈冤，宜更伸於渥澤，並可加等追贈，備禮歸葬，葬事官給，仍訪子孫敘用。’同月庚辰條：‘故宋州節度使兼侍衛親軍都指揮使史弘肇追封鄭王。’”

弘肇子德珫，[1]乾祐中，授檢校司空，[2]領忠州刺史。[3]粗讀書，[4]親儒者，常不悦父之所爲。貢院嘗録一學科於省門叫譟，[5]申中書門下，[6]宰相蘇逢吉令送侍衛司，請痛笞刺面。德珫聞之，白父曰：“書生無禮，有府縣御史臺，非軍務治也。公卿如此，蓋欲彰大人之過。”弘肇深以爲然，即破械放之。後之識者尤嘉德珫之爲人焉。

[1]弘肇子德珫：《輯本舊史》之影庫本粘籤：“德珫，原本作‘德玩’，今從《通鑑》改正。”見《通鑑》卷二八八乾祐二年（949）三月己未條。

[2]檢校司空：官名。爲散官或加官，以示恩寵加此官，無實

際執掌。司空，與太尉、司徒並爲三公。

[3]忠州：州名。治所在今重慶市忠縣。　領忠州刺史：《通鑑》卷二八八乾祐二年三月己未條："以歸德牙内指揮使史德琉領忠州刺史。"

[4]粗讀書：《通鑑》卷二八八乾祐二年三月己未條作"頗讀書"。

[5]貢院：官署名。亦稱"試院""棘院"等。科舉考試的場所和機構。始設於唐，後歷代因之。

[6]中書門下：官署名。唐代以來爲宰相處理政務的機構。參見劉後濱《唐代中書門下體制研究——公文形態·政務運行與制度變遷》，齊魯書社2004年版。

弘肇弟福，[1]比在滎陽别墅，[2]聞禍，匿於民間。[3]周太祖即位，累遷閑廄使。[4]仕皇朝，歷諸衛將軍。[5]《永樂大典》卷一萬一百八十三。[6]

[1]弘肇弟福：明本《册府》卷一六九《帝王部·納貢獻門》謂弘肇弟名弘福。

[2]滎陽：縣名。治所在今河南滎陽市。

[3]比在滎陽别墅，聞禍，匿於民間：《舊五代史考異》："《宋史·李崇矩傳》：史弘肇爲先鋒都校，聞崇矩名，召署親吏。乾祐初，弘肇總禁兵，兼京城巡檢，多殘殺軍民，左右稍稍引去，惟崇矩事之益謹。及弘肇誅，獨得免。周祖與弘肇素厚善，即位，訪求弘肇親舊，得崇矩，謂之曰：'我與史公受漢厚恩，勠力同心，共獎王室，爲奸邪所搆，史公卒罹大禍，我亦僅免。汝史家故吏也，爲我求其近屬，我將恤之。'崇矩上其母弟福。崇矩素主其家，盡籍財産以付福，周祖嘉之。"見《宋史》卷二五七。

[4]閑廄使：官名。唐聖曆三年（700）二月置，掌仗内六廄，

管理御用馬匹。

[5]諸衛將軍：官名。唐置十六衛，掌宮禁宿衛。即左右衛、左右驍衛、左右武衛、左右威衛、左右領軍衛、左右金吾衛、左右監門衛、左右千牛衛，各置上將軍，從二品；大將軍，正三品；將軍，從三品。

[6]《大典》卷一〇一八三“史”字韻“姓氏（一）”事目。

楊邠

楊邠，魏州冠氏人也。[1]少以吏給事使府，後唐租庸使孔謙，[2]即其妻之世父也。謙領度支，[3]補勾押官，[4]歷孟、華、鄆三州糧料使。[5]高祖爲鄴都留守，[6]用爲左都押衙。[7]高祖鎮太原，益加親委。[8]高祖既自洛入汴，河朔漸寧，[9]賞邠之功，故有是命。[10]是時，契丹犯闕之後，國家新造，物力未充。王章與史弘肇、邠等罷不急之務，惜無用之費，收聚財賦，專事西征。軍旅所資，供饋無乏。及三叛平，賜與之外，國有餘積。[11]邠與王章不喜儒士，群官所請月俸，皆取不堪資軍者給之，謂之閑雜物，命所司高估其價，估定更添，謂之抬估。[12]

[1]魏州：州名。治所在今河北大名縣。　冠氏：縣名。治所在今山東冠縣。

[2]租庸使：官名。唐代爲主持催徵租庸地稅的財政官員。五代後梁、後唐時，租庸使取代鹽鐵、度支、户部，爲中央財政長官。　孔謙：人名。魏州（今河北大名縣）人。五代後唐大臣，善聚斂錢財，爲李存勗籌畫軍需。傳見本書卷七三、《新五代史》卷

二六。

[3]度支：財政官署。掌管天下租賦物産，歲計所出而支調之，故名。安史亂後，因軍事供應浩繁，以宰相爲度支使，由户部尚書、侍郎或他官兼領度支事務，稱度支使或判度支、知度支事，權任極重，與鹽鐵使、判户部或户部使合稱“三司”。

[4]勾押官：吏名。五代州縣屬吏有勾押官、都勾押官，掌徵收兩税錢穀等事。

[5]孟：州名。治所在今河南孟州市。　華：州名。治所在今陝西渭南市華州區。　鄆：州名。治所在今山東東平縣。　糧料使：官名。唐後期或爲節度使屬官，或由度支使差派。掌供應軍餉、糧草。

[6]留守：官名。古代皇帝出巡或親征時指定親王或大臣留守京城，綜理國家軍事、行政、民事、財政等事務，稱京城留守。在陪都或軍事重鎮也常設留守，以地方長官兼任。

[7]左都押衙：官名。“押衙”即“押牙”。唐、五代時期節度使辟署的屬官，有稱左、右都押衙或都押衙者。掌領方鎮儀仗侍衛、統率軍隊。參見劉安志《唐五代押牙（衙）考略》，武漢大學歷史系魏晋南北朝隋唐史研究室編《魏晋南北朝隋唐史資料》第16輯，武漢大學出版社1998年版。

[8]“楊邠”至“益加親委”：《大典》卷六〇五二“楊”字韻“姓氏（一二）”事目。亦見《宋本册府》卷三〇九《宰輔部·佐命門二》及《新五代史》卷三〇《楊邠傳》。“魏州冠氏人也”，中華書局本有校勘記：“‘冠氏’，原作‘寇氏’，據劉本、邵本校，《册府》卷三〇九、《新五代史》卷三〇《楊邠傳》、《通鑑》卷二八六改。按《新唐書》卷三九《地理志》，冠氏屬河北道魏州。”“左都押衙”，中華書局本有校勘記：“‘左’原作‘在’，據殿本、劉本、邵本、彭本、《册府》卷三〇九改。邵本校、本書卷九九《漢高祖紀上》、《新五代史》卷一〇《漢本紀》、卷三〇《楊邠傳》作‘右’。影庫本批校：‘左都押衙，左訛在。’《舊五代史

考異》卷四：“案《歐陽史》作右都。”明本《册府》卷三〇九《宰輔部·佐命門二》：“及高祖鎮太原，方開霸府，以羅英乂，邠遂棄職，挈族歸之。帝察其誠，賞其來，喜而納焉，置之近列。俄置牙門都校，軍國庶務，靡不委之。邠性亮直廉約，涖事平允，帝甚寵之。及虜陷汴水，晋少帝北徙，群議推迫帝建尊號，帝固拒之。邠與周太祖繼入，請曰：‘戎人亂華，勢不能久。今天下無主，是曆數歸大王也。且億兆之口，不謀同辭。若巨山已斷，無能抑也，乘龍在天，不可下也。’由是帝心遂定。至帝建義，南向巡幸晋、絳，撫寧陜、虢，内定歸略，皆訪於邠。邠每有密啓，帝皆可之。因謂曰：‘始見公，心爲治粟都尉之才也；今見公方略，真撥亂經始之良臣也。’”

[9]河朔：古地區名。泛指黄河以北地區。

[10]“高祖既自洛入汴”至“故有是命”：《宋本册府》卷三〇九《宰輔部·佐命門》。

[11]“是時”至“國有餘積”：明本《册府》卷四八三《邦計部·材略門》，亦見卷三二九《宰輔部·任職門》及《輯本舊史》卷一〇七《王章傳》。

[12]“邠與王章不喜儒士”至“謂之抬估”：《宋本册府》卷五一〇《邦計部·重斂門》，亦見《輯本舊史》卷一〇七《王章傳》。

漢國建，遷檢校太保、權樞密使。[1]汴洛平，正拜樞密使、檢校太傅。[2]及高祖大漸，與蘇逢吉、史弘肇等同受顧命，輔立嗣君。[3]

[1]檢校太保：官名。爲散官或加官，以示恩寵，無實際執掌。太保，與太師、太傅合稱三師。

[2]檢校太傅：官名。爲散官或加官，以示恩寵，無實際執掌。

［3］“漢國建”至“輔立嗣君”：《大典》卷六〇五二。《輯本舊史》卷九九《漢高祖紀上》載，天福十二年（947）夏四月己未，“以北京隨使、右都押衙楊邠爲權樞密使、檢校太保”。亦見《新五代史》卷一〇《漢本紀》天福十二年四月己未條。《輯本舊史》卷一〇〇《漢高祖紀下》天福十二年閏七月辛未條：“以權樞密使楊邠爲樞密使，加檢校太傅。”卷一〇五《漢宗室列傳》：“楊邠受密旨遣信赴鎮，信即時戒路，不得奉辭，雨泣而去。”亦見《新五代史》卷一八《漢家人傳》。

隱帝即位，宰臣李濤上章，[1]請出邠與周太祖爲藩鎮，邠等泣訴於太后，由是罷濤而相邠，加中書侍郎兼吏部尚書、同平章事，[2]仍兼樞密使。時中書除吏太多，訛謬者衆，及邠居相位，帝一以委之，凡南衙奏事、中書除命，先委邠斟酌，如不出邠意，至於一簿一掾，亦不聽從。邠雖長於吏事，不識大體，嘗言：“爲國家者，但得帑藏豐盈，甲兵强盛。至於文章禮樂，並是虚事，何足介意也。”平河中，並加右僕射。[3]邠既專國政，觸事苛細。條理煩碎，前資官不得于外方居止，自京師至諸州府，行人往來，並須給公憑。所由司求請公憑者，朝夕填咽，旬日之間，民情大擾，行路擁塞，邠乃止其事。[4]邠與蘇逢吉、蘇禹珪同在相位。邠稍奪二蘇之權，自是中書斂手而已。[5]每懲二蘇之失，難於除拜，事多壅滯，士人怨讟。邠比與二相不協，又深嫉儒士，凡所有平章，動多矛盾。周行之内，自漢受命以至滅，不沾一命者十有六七焉。諸司補吏及閫冑出身，一切停罷。時論以邠之蔽固如是，亦由逢吉與禹珪本不能至公於物之所致也。邠與王章同郡，尤相親愛。其奬用進拔者，莫非鄉舊。嘗輕視文臣，曰："此等若與一把算子，未知顛倒，何益於事。"[6]帝以樞密院直學士、刑部侍郎王度爲考功郎中。[7]近例，直樞院自正郎爲給諫，王度憸巧瀆貨，邠頗惡之，故改轉，未離郎署。[8]

[1]李濤：人名。京兆萬年（今陝西西安市長安區）人。五代、宋初大臣。傳見《宋史》卷二六二。

[2]中書侍郎：官名。中書省副長官。唐後期三省長官漸爲榮銜，中書侍郎、門下侍郎却因參議朝政而職位漸重，常常用爲以"同三品"或"同平章事"任宰相者的本官。正三品。　吏部尚書：官名。尚書省吏部長官，與二侍郎分掌六品以下文官選授、勳封、考課之政令。正三品。

[3]右僕射：官名。秦始置。隋、唐前期以左、右僕射佐尚書令總理六官，綱紀庶務，如不置尚書令，則總判省事，爲宰相之職。唐後期多爲大臣加銜。從二品。

[4]"隱帝即位"至"邠乃止其事"：《大典》卷六〇五二。《輯本舊史》卷一〇一《漢隱帝紀上》乾祐元年（948）三月丁丑條："中書侍郎兼户部尚書、平章事李濤罷免，勒歸私第。時蘇逢吉等在中書，樞密使楊邠、副樞密使郭威等權勢甚盛，中書每有除授，多爲邠等所抑。濤不平之，因上疏請出邠等，以藩鎮授之，樞密之務，宜委（蘇）逢吉、（蘇）禹珪。疏入，邠等知之，乃見太后，泣訴其事，太后怒，濤由是獲譴。先是，中書厨釜鳴者數四，未幾，濤罷免。"同年四月壬午條："以樞密使楊邠爲中書侍郎兼吏部尚書、平章事，使如故。"亦見《新五代史》卷一〇《漢本紀》乾祐元年四月壬午條、卷三〇《楊邠傳》，及《通鑑》卷二八八乾祐元年四月壬午條。《輯本舊史》卷一〇二《漢隱帝紀二》載，乾祐二年九月辛亥，"楊邠加右僕射，依前兼樞密使"。亦見明本

《册府》卷三三六《宰輔部·識闇門》。

［5］“邠與蘇逢吉”至“自是中書斂手而已”：明本《册府》卷三三五《宰輔部·不稱門》。

［6］“每懲二蘇之失”至“何益於事”：明本《册府》卷三三六《宰輔部·識闇門》，亦見《輯本舊史》卷一〇七《王章傳》。

［7］樞密院直學士：官名。五代後唐同光元年（923），改直崇政院置，選有政術文學者充任。充皇帝侍從，備顧問應對。　刑部侍郎：官名。尚書省刑部次官。協助刑部尚書掌天下刑法及徒隸、勾覆、關禁之政令。正四品下。　王度：人名。籍貫不詳。五代後漢時曾任監察御史、樞密直學士等職。事見本書卷一〇〇《漢高祖紀下》。　考功郎中：官名。唐、五代尚書省吏部考功司長官，掌考察內外百官及功臣家傳、碑、頌、誄、謚等事。從五品上。

［8］“帝以樞密院直學士”至“未離郎署”：明本《册府》卷三一七《宰輔部·正直門二》。

帝自關西賊平之後，昵近小人，太后親族，頗行幹托，弘肇與楊邠甚不平之。[1]時周太祖出鎮魏州，弘肇議帶樞密以行。蘇逢吉、邠以爲不可。弘肇恨之。明日，會飲竇貞固第。弘肇舉爵屬周太祖曰：“昨辰廷論，一何同異。今日與弟飲此。”邠、蘇逢吉亦舉大爵曰：“此國家之事也，何足介意。”遂俱引爵。弘肇又厲聲言曰：“安朝廷，定禍亂，直須長槍大劍，至如毛錐子焉足用哉！”三司使王章曰：“雖有長槍大劍，若無毛錐子，贍軍財賦，自何而集？”弘肇默然，少頃而罷。未幾，章于其第張酒樂。時弘肇與宰相、樞密使及内客省使閻晋卿等俱會。酒酣，爲手勢令，弘肇不熟其事。閻晋卿坐次於弘肇，屢教之。蘇逢吉戲弘肇曰：“近坐有姓閻人，何憂罰爵？”弘肇妻閻氏，本酒妓也。弘肇謂逢吉譏之，大怒。以丑語詬逢吉，逢吉不校。弘肇欲毆逢吉，逢吉弘馬而去。弘肇遽起索劍，意欲追逢吉。邠曰：“蘇公是宰相，公若害之，致天子何地？公細思之。”邠泣止之。弘肇索馬急馳而去，邠慮有非常，連鑣而進，送至第而還。自時將相不協，如水火矣。[2]十二月，鄧州節度判官史在德棄市。[3]以其誤斷民崔彦等八人犯牛皮禁罪，[4]皆至死刑故也。時朝廷方務積甲，故牛革之禁甚峻。先是，潞州長子縣民犯鞋底二，[5]殺數人，在德援例以斷之。節度使劉重進以崔彦將牛皮於漢高廟冒鼓，[6]曾於本鎮申明，具與故犯不同，改杖放之。在德固争，因而上言。朝廷命使案覆，在德以失入伏辜。時樞密使邠以法寺寬縱，乃召仁瑑讞之。[7]仁瑑讞：“上以大理寺所斷，[8]即依律文。凡斷罪，合取最後敕爲定。詳編敕云：‘宫典鞫獄枉濫，或經台投軌，勘問不虚，元推官典，並當誅罰。’又常有忻州法椽郭業，[9]故入張仁安一人死罪，[10]合當誅罰處分。今在德故入八人罪，法寺不援後敕，準據律文。今以郭業比附在德，合處極典。”大理聞是讞，又引晋朝後敕云：“今後不得以斷郭業敕内誅罰二字爲用，並須依格律斷獄。”時宰臣蘇逢吉見之，言于邠，不能正，竟決杖死之。[11]

［1］“帝自關西賊平之後”至“弘肇與楊邠甚不平之”：明本《册府》卷四五四《將帥部·專恣門》。亦見《輯本舊史》卷一〇七《史弘肇傳》。

［2］“時周太祖出鎮魏州”至“如水火矣”：《宋本册府》卷九

一八《總録部·忿争門》，亦見《輯本舊史》卷一〇七《史弘肇傳》及《新五代史》卷三〇《史弘肇傳》。“今日與弟飲此”，“弟”，明本《册府》作“公”。

[3]鄧州：州名。治所在今河南鄧州市。 節度判官：官名。唐、五代方鎮僚屬，位在行軍司馬下。分掌使衙内各曹事，並協助使職官員通判衙事。 史在德：人名。籍貫不詳。本書僅此一見。

[4]崔彦：人名。籍貫不詳。本書僅此一見。

[5]長子縣：縣名。治所在今山西長子縣。 鞋底二：人名。籍貫不詳。本書僅此一見。

[6]劉重進：人名。本名晏僧。幽州（今北京市）人。五代、宋初將領。傳見《宋史》卷二六一。

[7]仁瑑：人名。即張仁瑑。籍貫不詳。五代官員。事見本書卷七七、卷一一二。

[8]大理寺：官署名。掌邦國折獄詳刑之事。

[9]忻州：州名。治所在今山西忻州市。 法椽：即法掾。司法掾吏。 郭業：人名。籍貫不詳。本書僅此一見。

[10]張仁安：人名。籍貫不詳。本書僅此一見。

[11]“十二月”至“竟决杖死之”：《宋本册府》卷六一六《刑法部·議讞門三》。

乾祐三年夏四月辛巳，以宣徽北院使吴虔裕爲鄭州防禦使。[1]時樞密使郊上章乞解樞機，帝使中使諭之曰：“樞機之職，舍卿用誰？忽有此章，莫有人離間否？”虔裕在旁揚言曰：“樞密重地，難以久處，俾後來者迭居，相公辭讓是也。”中使還具奏，隱帝不悦，故有是命。[2]乾祐末，宰相郊、侍衛親軍使史弘肇執權，後贊以久次未遷，頗懷怨望，乃與樞密承旨聶文進等構變。[3]及難作，贊與同黨更侍隱帝側，剖判戎事，且防間言。北郊兵敗，贊竄歸兗州，[4]慕容彦超執之以獻。[5]有司鞫贊伏罪，周太祖命誅之。[6]時史弘肇恣行慘酷，殺戮日衆，都人士庶，相目於路，邠但稱弘肇之善。太后弟武德使李業求爲宣徽使，[7]隱帝與太后重違之，私訪於邠。邠以朝廷内使，遷拜有序，不可超居，遂止。隱帝所愛耿夫人，[8]欲立爲后，邠亦以爲太速。夫人卒，隱帝欲以后禮葬，邠又止之，隱帝意不悦。左右有承間進甘言者，隱帝益怒之。[9]

[1]宣徽北院使：官名。唐始置。宣徽北院長官。初用宦官，五代以後改用士人。與宣徽南院使通掌内諸司及三班内侍之名籍，郊祀、朝會、宴享供帳之儀，檢視内外進奉名物。參見王永平《論唐代宣徽使》，《中國史研究》1995年第1期；王孫盈政《再論唐代的宣徽使》，《中華文史論叢》2018年第3期。　吴虔裕：人名。許州許田（今河南許昌市）人。五代、宋初將領。傳見《宋史》卷二七一。　鄭州：州名。治所在今河南鄭州市。　防禦使：官名。唐代始置，設有都防禦使、州防禦使兩種。常由刺史或觀察使兼任，實際上爲唐代後期州或方鎮的軍政長官。

[2]“乾祐三年夏四月辛巳”至“故有是命”：《輯本舊史》卷一〇三《漢隱帝紀下》乾祐三年（950）四月辛巳條，亦見明本《册府》卷七八《帝王部·委任門》及《通鑑》卷二八九乾祐三年四月條。

[3]樞密承旨：官名。五代設樞密院承旨和樞密院副承旨，以各衛將軍擔任。主管樞密院承旨司之事。

[4]兗州：州名。治所在今山東濟寧市兗州區。

[5]慕容彦超：人名。沙陀部人（一説吐谷渾部人）。五代後

漢將領，後漢高祖劉知遠同母弟。傳見本書卷一三〇、《新五代史》卷五三。

[6]“乾祐末”至“周太祖命誅之”:《宋本册府》卷九五二《總録部·交構門》。亦見《新五代史》卷三〇《後贊傳》。

[7]武德使：官名。五代後唐置，爲武德司長官，掌檢校皇城啓閉與警衛。

[8]耿夫人：五代後漢隱帝愛妾。事見《新五代史》卷三〇。

[9]“時史弘肇恣行慘酷”至“隱帝益怒之”:《大典》卷六〇五二。《輯本舊史》之原輯者案語:“此下當有闕文。”《輯本舊史》卷一〇三《漢隱帝紀下》乾祐三年十一月丙子條:“十一月丙子，誅樞密使楊邠、侍衛都指揮使史弘肇、三司使王章，夷其族。是日平旦，甲士數十人由廣政殿出，至東廡下，害邠等於閤内，皆死於亂刃之下……分兵收捕邠等家屬及部曲傔從，盡戮之。少頃，樞密承旨聶文進急召宰臣百僚，班於崇元殿，庭宣曰:‘楊邠、史弘肇、王章等同謀叛逆，欲危宗社，並斬之，與卿等同慶。’班退，召諸軍將校至萬歲殿，帝親論史弘肇等欲謀逆亂之狀，且言:‘弘肇等欺朕年幼，專權擅命，使汝輩常懷憂恐，自此朕自與汝等爲主，必無横憂也。’諸軍將校拜謝而退。召前任節度使、刺史、統軍等上殿諭之。帝遣軍士守捉宫城諸門，比近日旰，朝臣步出宫門而去。是日晴霽無雲，而昏霧濛濛，有如微雨，人情惴恐。日將午，載楊邠等十餘尸，分暴於南北市。”亦見《輯本舊史》卷一〇七《史弘肇傳》、《新五代史》卷一〇《漢本紀》乾祐三年十一月丙子條。

邠繕甲兵，實帑廩，俾國用不闕，邊鄙粗寧，亦其功也。[1]初，邠以功臣、國戚爲方鎮者多不閑吏事，乃以三司軍將補都押牙、孔目官、内知客，[2]其人自恃敕補，多專横，節度使不能制；至是悉罷之。[3]

［1］“邠繕甲兵”至“亦其功也”：《大典》卷六〇五二。《舊五代史考異》：“案《宣和書譜》云：邠末年留意縉紳，延客門下，知經史有用，乃課吏傳寫。”《輯本舊史》卷一一〇《周太祖紀一》廣順元年（951）正月丁卯條：“制曰：‘故樞密使楊邠、侍衛都指揮使史弘肇、三司使王章等，以勞定國，盡節致君，千載逢時，一旦同命，悲感行路，憤結重泉，雖尋雪於沉冤，宜更伸於渥澤，並可加等追贈，備禮歸葬，葬事官給，仍訪子孫敘用。其餘同遭枉害者，亦與追贈。’‘庚辰，故樞密使、左僕射、平章事楊邠追封恒農郡王。’”亦見明本《册府》卷九六《帝王部·赦宥門十五》。

［2］三司軍將：三司衙職名。供差押綱運、主官物等役使。　都押牙：官名。“押牙”即“押衙”。唐、五代時期節度使辟署的屬官，有稱左、右都押衙或都押衙者。掌領方鎮儀仗侍衛、統率軍隊。參見劉安志《唐五代押牙（衙）考略》。　孔目官：官名。唐玄宗開元五年（717），始於集賢殿置孔目官一人，掌檔案及圖書目録。後諸鎮節度使府皆置孔目官，掌管檔案及文書收發，綜理衆務，其職掌略似於諸州、府之録事參軍，爲幕府要職之一。　内知客：宫中負責差事的吏人。

［3］“初”至“至是悉罷之”：《通鑑》卷二九〇廣順元年正月條。

王章

王章，大名南樂人也。[1]少爲吏，給事使府。同光初，[2]隸樞密院，[3]後歸本郡，累職至都孔目官。後唐清泰末，[4]屯駐捧聖都虞候張令昭作亂，[5]逐節度使劉延皓，[6]自稱留後，章以本職爲令昭役使。末帝遣范延光討平之，[7]搜索叛黨甚急。章之妻即白文珂之女也，[8]文珂與副招討李敬周善，[9]以章爲托。及攻下逆城，敬周匿之，載于橐駞褚中，竄至洛下，[10]匿於敬周之私第。及末帝敗，章爲省職，歷河陽糧料使。[11]高祖典侍衛親軍，召爲都孔目官，[12]從至河東，[13]專委錢穀。國初，授三司使、檢校太傅，[14]從征杜重威於鄴下。[15]明年，高祖崩，隱帝即位，加檢校太尉、同平章事。[16]

[1]大名：府名。治所在今河北大名縣。　南樂：縣名。治所在今河南南樂縣。

[2]同光：五代後唐莊宗李存勗年號（923—926）。

[3]樞密院：官署名。唐代宗始設樞密使，以宦官充任。五代時，後梁設置崇政院，掌管軍國大政；後唐改稱樞密院，與中書省分理朝政。

[4]清泰：五代後唐廢帝李從珂年號（934—936）。

[5]都虞候：官名。唐、五代方鎮高級軍官。　張令昭：人名。籍貫不詳。五代後唐清泰三年（936）五月，鄴都屯駐捧聖都虞候張令昭逐節度使劉延皓，據城叛。六月，朝廷授張令昭檢校司空，行右千牛將軍，權知天雄軍府事。事見本書卷四八、卷九七。《輯本舊史》之影庫本粘籤："張令昭，原本作'會昭'，今從《歐陽史》改正。"見《新五代史》卷三〇《王章傳》。

[6]劉延皓：人名。應州渾元（今山西渾源縣）人。五代將領，後唐劉皇后之弟。傳見本書卷六九、《新五代史》卷一六。

[7]末帝：即五代後唐廢帝李從珂。鎮州平山（今河北平山縣）人。本姓王，後唐明宗李嗣源擄其母魏氏，遂養爲己子。應順元年（934）四月，李從珂入洛陽即帝位。清泰三年（936）五月，石敬瑭謀反，廢帝自焚死，後唐亡。紀見本書卷四六至卷四八、《新五代史》卷七。　范延光：人名。鄴郡臨漳（今河北臨漳縣）人。五代後唐、後晋將領。傳見本書卷九七。

［8］白文珂：人名。太原（今山西太原市）人。五代後唐至後周將領。傳見本書卷一二四。

［9］副招討：官名。即招討副使。唐貞元末始置招討使。爲戰時權置軍事長官，兵罷則停。其下有副使等。　李敬周：人名。避後晋高祖石敬瑭諱改名李周。邢州内丘（今河北内丘縣）人。五代後唐、後晋將領。傳見本書卷九一、《新五代史》卷四七。《新五代史》卷三〇作"李周"。

［10］洛下：即洛陽。

［11］河陽：方鎮名。全稱"河陽三城"。治所在孟州（今河南孟州市）。

［12］召爲都孔目官："召"，中華書局本有校勘記："原作'詔'，據《永樂大典》卷六八五一引《五代薛史》、《册府》卷三〇九改。"見《宋本册府》卷三〇九《宗室部·佐命門二》。

［13］河東：方鎮名。治所在太原（今山西太原市）。

［14］國初，授三司使、檢校太傅：《輯本舊史》卷九九《漢高祖紀上》天福十二年（947）四月己未條："以兩使都孔目官王章爲權三司使、檢校太保。"卷一〇〇《漢高祖紀下》天福十二年閏七月辛未條："以權三司使王章爲三司使，加檢校太傅。"

［15］杜重威：人名。其先朔州（今山西朔州市朔城區）人，後徙居太原（今山西太原市）。五代後晋、後漢將領。傳見本書卷一〇九、《新五代史》卷五二。　鄴下：地名。即鄴都。位於今河北大名縣。　從征杜重威於鄴下：《輯本舊史》卷一〇九《杜重威傳》："（杜重威出降）高祖遣三司使王章、樞密副使郭威，録重威部下將吏盡誅之，籍其財産與重威私帑，分給將士。"

［16］加檢校太尉、同平章事：《輯本舊史》卷一〇一《漢隱帝紀上》乾祐元年（948）四月壬午條："三司使王章加檢校太尉、同平章事。"

居無何，蒲、雍、岐三鎮叛。[1]是時，契丹犯闕之後，國家新造，物力未充，章與周太祖、史弘肇、楊邠等盡心王室，知無不爲，罷不急之務，惜無用之費，收聚財賦，專事西征，軍旅所資，供饋無乏。及三叛平，賜與之外，國有餘積。[2]然以專於權利，剥下過當，斂怨歸上，物論非之。舊制，秋夏苗租，民税一斛，别輸二升，謂之"雀鼠耗"。乾祐中，輸一斛者，别令輸二斗，目之爲"省耗"。[3]百姓苦之。又官庫出納緡錢，皆以八十爲陌，至是民輸者如舊，官給者以七十七爲陌，遂爲常式。[4]民有訴田者，雖無十數户，[5]章必命全州覆視，幸其廣有苗額，以增邦賦，曾未數年，民力大困。章與楊邠不喜儒士，群官所請月俸，[6]皆取不堪資軍者給之，謂之"閑雜物"，命所司高估其價，估定更添，謂之"擡估"，章亦不滿其意，隨事更令添估。[7]章急於財賦，峻於刑法，民有犯鹽、礬、酒麴之令，[8]雖絲毫滴瀝，盡處極刑。吏緣爲姦，民不堪命。

[1]蒲：即河中府。治所在今山西永濟市。　雍：即京兆府。治所在今陝西西安市。　岐：唐州名。治雍縣（今陝西鳳翔縣）。唐中後期稱鳳翔府，五代因之。此爲舊稱。

[2]"居無何"至"國有餘積"：《輯本舊史》卷一〇二《漢隱帝紀中》乾祐二年（949）九月癸丑條："初，郭威平河中回，朝廷議加恩，威奏曰：'臣出兵已來，輦轂之下，無犬吠之憂，俾臣得專一其事，軍旅所聚，貲糧不乏，此皆居中大臣鎮撫謀畫之功也，臣安敢獨擅其美乎！'帝然之，於是弘肇與宰相、樞密使、三司使，次第加恩……癸丑，三司使王章加邑封。"

[3]目之爲“省耗”：《輯本舊史》之影庫本粘籤：“謂之‘省耗’，原本作‘雀耗’，今從《通鑑》改正。胡三省《通鑑》注云：唐明宗天成元年四月赦文：‘應納夏秋税子，先有省耗，每斗一升，今後衹納正税數，不量省耗。’如此，則天成以前，已有省耗，每斛更輸一斗。天成罷輸之，後至漢興，王章復令輸省耗，而又倍舊數取之也。謹附識于此。”見《通鑑》卷二八九乾祐三年十一月辛未條。

[4]“又官庫出納緡錢”至“遂爲常式”：《舊五代史考異》：“案《歸田録》：用錢之法，自五代以來，以七十七爲百，謂之‘省陌’。今市井交易，又尅其五，謂之‘依除’。”見《歸田録》卷二。

[5]十數户：《宋本册府》卷五一〇《邦計部·重斂門》作“數十户”。

[6]群官：中華書局本有校勘記：“原作‘郡官’，據邵本校、《册府》（宋本）卷五一〇改。《新五代史》卷三〇《王章傳》敘其事作‘百官’。”

[7]隨事更令添估：中華書局本有校勘記：“‘令’下原有‘更’字，據《永樂大典》卷六八五一引《五代薛史》、《册府》卷五一〇删。”見明本《册府》卷五一〇《邦計部·重斂門》。

[8]民有犯鹽、礬、酒麴之令：明本《册府》卷五一〇《邦計部·重斂門》作“民有犯鹽麴之令”。

章與楊邠同郡，尤相親愛，[1]其獎用進拔者，莫非鄉舊。常輕視文臣，曰：“此等若與一把算子，未知顛倒，何益於事！”[2]後因私第開宴席，召賓客，史弘肇、蘇逢吉乘醉諠詬而罷。章自是忽忽不樂，潛求外任，邠與弘肇深阻其意。而私第數有怪異，章愈懷憂恐。乾祐三年冬，與史弘肇、楊邠等遇害，夷其族。[3]妻白氏，[4]

禍前數月而卒。無子，惟一女，適户部員外郎張貽肅，[5]羸疾踰年，扶病就戮。[6]《永樂大典》卷六千八百五十。[7]

[1]章與楊邠同郡，尤相親愛：《新五代史》卷三一《王朴傳》："邠與王章、史弘肇等有隙。朴見漢興日淺，隱帝年少孱弱，任用小人，而邠爲大臣，與將相交惡，知其必亂，乃去邠東歸。"

[2]"常輕視文臣"至"何益於事"：史亦有王章維護文臣之載，《輯本舊史》卷一〇七《史弘肇傳》："弘肇又厲聲言曰：'安朝廷，定禍亂，直須長槍大劍，至如毛錐子，焉足用哉！'三司使王章曰：'雖有長槍大劍，若無毛錐子，贍軍財賦，自何而集？'弘肇默然，少頃而罷。"

[3]"乾祐三年冬"至"夷其族"：《輯本舊史》卷一〇三《漢隱帝紀下》乾祐三年（950）十一月丙子條："誅樞密使楊邠、侍衛都指揮使史弘肇、三司使王章，夷其族。是日平旦，甲士數十人由廣政殿出，至東廡下，害邠等於閣内，皆死於亂刃之下。"卷一一〇《周太祖紀一》廣順元年（951）正月丁卯條："制曰：'故樞密使楊邠、侍衛都指揮使史弘肇、三司使王章等，以勞定國，盡節致君，千載逢時，一旦同命，悲感行路，憤結重泉，雖尋雪於沈冤，宜更伸於漏澤，並可加等追贈，備禮歸葬，葬事官給，仍訪子孫敘用。'"同月庚辰條："故三司使、檢校太尉、平章事王章追封瑯琊郡王。"

[4]白氏：即王章妻白氏。本書僅此一見。

[5]户部員外郎：官名。户部郎中的副職。從六品上。　張貽肅：人名。籍貫不詳。王章之婿，時爲户部員外郎。事見本書卷一〇三《漢隱帝紀下》、本卷《王章傳》。

[6]扶病就戮：《輯本舊史》卷一〇七《郭允明傳》："未幾，與李業輩搆變，楊邠等諸子，允明親刃之於朝堂西廡下。王章女婿

户部員外郎張貽肅，血流逆注，聞者哀之。”亦見《宋本册府》卷九三一《總録部·枉横門》。

［7］《大典》卷六八五〇，誤，應爲卷六八五一“王”字韻“姓氏”事目。此卷現存。

李洪建　弟業

李洪建，太后母弟也。事高祖爲牙將，高祖即位，累歷軍校，遥領防禦使。史弘肇等被誅，以洪建爲權侍衛馬步軍都虞候。[1]及鄴兵南渡，命洪建誅王殷之族，[2]洪建不即行之，但遣人監守其家，仍令給饌，竟免屠戮。周太祖入京城，洪建被執，王殷感洪建之恩，累祈周太祖乞免其死，不從，遂殺之。[3]洪建弟業。《永樂大典》卷一萬三百九十。[4]

［1］侍衛馬步軍都虞候：官名。五代、北宋侍衛親軍馬步軍統兵官，僅次於馬步軍都指揮使、副都指揮使。《輯本舊史》卷一〇三《漢隱帝紀下》乾祐三年（950）十一月丙子條：“侍衛馬軍都指揮使李洪建判侍衛司事。”

［2］王殷：人名。瀛州（今河北河間市）人。一作大名（今河北大名縣）人。五代將領。傳見本書卷一二四、《新五代史》卷五〇。本書卷七七作“王英”，或係避宋太祖父趙弘殷之諱而改。

［3］“周太祖入京城”至“遂殺之”：《通鑑》卷二八九乾祐三年十一月丙戌條：“獲劉銖、李洪建，囚之。”同月壬辰條：“劉銖、李洪建及其黨皆梟首於市，而赦其家。”

［4］《大典》卷一〇三九〇“李”字韻“姓氏（三五）”事目。

業，昆仲凡六人，[1]業處其季，故太后尤憐之。高祖置之麾下，及即位，累遷武德使，出入禁中。業恃太后之親，稍至驕縱。隱帝嗣位，尤深倚愛，兼掌内帑，四方進貢，二宫費用，委之出納。[2]業喜趨權利，無所顧避，執政大臣不敢禁詰。會宣徽使闕，[3]業意欲之，太后亦令人微露風旨於執政。時楊邠、史弘肇等難之，業由是積怨，蕭牆之變，自此而作。[4]楊、史既誅，業權領侍衛步軍都指揮使。[5]北郊兵敗，業自取金寶懷之，策馬西奔。行至陝郊，其節度使洪信，即其長兄也，不敢匿於家。業將奔太原，至絳州境，爲盜所殺，盡奪而去。《永樂大典》卷一萬三百九十。[6]

[1]業，昆仲凡六人：《舊五代史考異》："案昭聖弟六人，洪信、洪義，《宋史》有傳。《歐陽史》作昆弟七人。"見《新五代史》卷三〇《李業傳》、《宋史》卷二五二《李洪信傳》《李洪義傳》。

[2]"業恃太后之親"至"委之出納"："二宫費用"，中華書局本有校勘記："'用'字原闕，據《册府》卷三〇六補。"見明本《册府》卷三〇六《外戚部·專恣門》。《新五代史》卷三〇："時天下旱、蝗，黄河決溢，京師大風拔木，壞城門，宫中數見怪物投瓦石、撼門扉。隱帝召司天趙延乂問禳除之法，延乂對曰：'臣職天象日時，察其變動，以考順逆吉凶而已，禳除之事，非臣所知也。然臣所聞，殆山魈也。'皇太后乃召尼誦佛書以禳之，一尼如厠，既還，悲泣不知人者數日，及醒訊之，莫知其然。而帝方與業及聶文進、後贊、郭允明等狎昵，多爲廋語相誚戲，放紙鳶于宫中。太后數以灾異戒帝，不聽。"

[3]會宣徽使闕：《輯本舊史》之影庫本粘籤："宣徽使，原本作'宜徵'，今從《通鑑》改正。"見《通鑑》卷二八九乾祐三年

(950) 十一月辛未條。

［4］“時楊邠、史弘肇等難之”至“自此而作”:《輯本舊史》卷一〇七《史弘肇傳》:“其後李業、郭允明、後贊、聶文進居中用事，不悦執政。又見隱帝年漸長，厭爲大臣所制，嘗有忿言，業等乃乘間譖弘肇等，隱帝稍以爲信。業等乃言弘肇等專權震主，終必爲亂，隱帝益恐。嘗一夕，聞作坊鍛甲之聲，疑外有兵仗卒至，達旦不寐。自是與業等密謀禁中，欲誅弘肇等，議定，入白太后。太后曰:‘此事豈可輕發耶！更問宰臣等。’李業在側，曰:‘先皇帝言，朝廷大事，莫共措大商量。’太后又言之，隱帝怒曰:‘閨門之内，焉知國家之事！’拂衣而出。”

［5］楊、史既誅，業權領侍衛步軍都指揮使:《新五代史》卷三〇:“邠等已死，又遣供奉官孟業以詔書殺郭威于魏州。威舉兵反，隱帝遣左神武統軍袁曮、侍衛馬軍都指揮使閻晋卿等率兵拒威于澶淵。”卷一一《周本紀》乾祐三年十一月條:“又遣内養鸗脱覘(郭) 威所向。鸗脱爲威所得，威乃附脱奏請縛李業等送軍中。隱帝得威奏，以示業等，業等皆言威反狀已白，乃悉誅威家屬于京師。”《輯本舊史》卷一〇三《漢隱帝紀下》乾祐三年十一月辛巳條:“帝覽奏，即召李業示之，聶文進、郭允明在傍，懼形于色。初議車駕幸澶州，及聞鄴兵已至河上，乃止。帝大懼，私謂宰臣竇貞固等曰:‘昨來之事，太草草耳！’李業等請帝傾府庫以給諸軍，宰相蘇禹珪以爲未可。業拜禹珪於帝前，曰:‘相公且爲官家，莫惜府庫。’遂下令侍衛軍人給二十緡，下軍各給十緡，其北來將士亦準此。仍遣北來將士在營子弟各齎家問，向北諭之。”

［6］《大典》卷一〇三九〇“李”字韻“姓氏 (三五) ”事目。

閻晋卿

閻晋卿者，忻州人也。[1]家世富豪，少仕并門，[2]歷職至客將，[3]高祖在鎮，頗見信用。乾祐中，歷閤門使，[4]判四方館。[5]未幾，關西亂，郭從義討趙思綰於京兆，[6]晉卿偏師以攻賊壘。[7]賊平，爲内客省使，[8]丁父憂，起復前職。時宣徽使闕，晉卿以職次事望，合當其任，既而久稽拜命，晉卿頗怨執政。會李業等謀殺楊、史，詔晉卿謀之，晉卿退詣弘肇，將告其事，弘肇不見。[9]晉卿憂事不果，夜懸高祖御容於中堂，泣禱於前，遲明戎服入朝。内難既作，以晉卿權侍衛馬軍都指揮使。[10]北郊兵敗，晉卿乃自殺於家。[11]《永樂大典》卷一萬八千一百三十二。[12]

[1]忻州：州名。治所在今山西忻州市。

[2]并門：指并州。地名。位於今山西太原市。

[3]客將：官名。亦稱“典客”。唐末、五代藩鎮負責接待使節、賓客、出使等外交職責的武官。詳見吴麗娱《試論晚唐五代的客將、客司與客省》，《中國史研究》2002年第4期。

[4]閤門使：官名。唐代中期始置，掌供朝會、贊引百官。初以宦官充任，五代改用武階。

[5]判四方館：官名。隋始置四方館，以通事謁者爲主官。唐、五代沿置，以通事舍人或判四方館事爲主官。掌四方往來及互市事務。

[6]郭從義：人名。沙陀部人。五代後唐至宋初將領。傳見《宋史》卷二五二。　趙思綰：人名。魏州（今河北大名縣）人。五代將領。傳見本書卷一〇九、《新五代史》卷五三。　京兆：府名。治所在今陝西西安市。

[7]“未幾，關西亂”至“晉卿偏師以攻賊壘”：《舊五代史考異》：“《宋史·李韜傳》：周祖征三叛，韜從白文珂攻河中，兵傳其

城。文珂夜詣周祖議犒軍，留韜城下。時營栅未備，李守貞乘虚來襲，營中忽見火發，知賊驟至，惶怖失據。客省使閻晋卿率左右數十人，遇韜于月城側，謂韜曰：‘事急矣，城中人悉被黄紙甲，爲火光所照，色俱白，此殊易辨，奈軍士無鬭志何！’韜憤怒曰：‘豈有食君禄而不爲國致死耶！’即援矟而進，軍中死士十餘輩，隨韜犯賊鋒。蒲有猛將，躍馬持戈擬韜，韜刺之，洞胸而墜，又連殺數十人，蒲軍遂潰，因擊大破之。”見《宋史》卷二七一。

[8]賊平，爲内客省使：《舊五代史考異》：“《宋史·李韜傳》載晋卿討賊時已爲客省使，《薛史》作賊平之後始授此職，與《宋史》異。”

[9]“會李業等謀殺楊、史”至“弘肇不見”：《輯本舊史》卷一〇七《史弘肇傳》：“内客省使閻晋卿潛知其事。”《通鑑》卷二八九乾祐三年（950）十一月乙亥條：“業等以其謀告閻晋卿，晋卿恐事不成，詣弘肇第欲告之。”

[10]内難既作，以晋卿權侍衛馬軍都指揮使：《輯本舊史》卷一〇三《漢隱帝紀下》乾祐三年十一月丙子條：“内客省使閻晋卿權侍衛馬軍都指揮使。”

[11]北郊兵敗，晋卿乃自殺於家：《輯本舊史》卷一〇三乾祐三年十一月庚辰條：“詔前開封尹侯益、前鄜州節度使張彦超、權侍衛馬軍都指揮使閻晋卿、鄭州防禦使吴虔裕等，率禁軍赴澶州守捉。”同月庚寅條：“樞密使郭威奏……其劉銖等準詔旨處置訖，并蘇逢吉、郭允明、閻晋卿、聶文進首級，並梟於南北市，其骨肉放棄。”

[12]《大典》卷一八一三二“將”字韻“後漢將”事目。

聶文進[1]

[1]《輯本舊史》之原輯者案語：“《聶文進傳》，《永樂大典》

已佚，今採《册府元龜》以補其闕。”

聶文進，并州人也。[1]少給事于高祖帳下。高祖鎮太原，甚見委用，職至兵馬押司官。[2]高祖入汴，授樞密院承旨，歷領軍、屯衛大將軍，[3]遷右領軍大將軍，[4]並仍舊職。[5]遇周太祖出征，稍至驕横，久未遷改，深所怨望，與李業輩搆成變亂。史宏肇等遇害之前夕，文進與同黨預作宣詔，制置朝廷之事，凡關文字，並出文進之手。明日難作，文進點閱兵籍，徵發軍衆，指揮取舍，以爲己任，内外咨禀，前後填咽。太祖在鄴被搆，初謂文進不預其事，驗其事跡，方知文進亂階之首也，大詬詈之。太祖過封丘，[6]帝次於北郊，文進告太后曰："臣在此，請宫中勿憂。"兵散之後，文進召同黨痛飲，歌笑自若。遲明，帝遇禍，文進奔竄，爲軍士所追，梟其首。[7]

[1]并州：州名。治所在今山西太原市。

[2]押司官：吏名。辦理案牘等各種事務。

[3]領軍、屯衛大將軍：官名。即領軍衛、屯衛大將軍。唐置，掌宫禁宿衛。唐代十六衛之一。正三品。

[4]右領軍大將軍：官名。唐置，掌宫禁宿衛。唐代十六衛之一。正三品。

[5]"聶文進"至"並仍舊職"：《宋本册府》卷七六六《總録部·攀附門二》。《新五代史》卷三〇《聶文進傳》："聶文進，并州人也。少爲軍卒，善書算，給事漢高祖帳中。高祖鎮太原，以爲押司官。高祖即位，歷拜領軍、屯衛將軍、樞密院承旨。周太祖爲樞密使，頗親信之，文進稍横恣。遷右領軍大將軍，入謝，召諸將軍設食

朝堂，儀鸞、翰林、御厨供帳飲食，文進自如，有司不敢劾。”

［6］封丘：縣名。治所在今河南封丘縣。

［7］“遇周太祖出征”至“梟其首”：明本《册府》卷九三五《總録部·構患門》。《新五代史》卷三〇《聶文進傳》：“周太祖鎮鄴，文進等用事居中，及謀殺楊邠等，文進夜作詔書，制置中外。邠等已死，文進點閲兵籍，指麾殺戮，以爲己任。周太祖在鄴聞邠等遇害，初以爲文進不與，及發詔書，皆文進手迹，乃大詬之。周兵至京師，隱帝敗于北郊，太后懼，使謂文進善衛帝，對曰：‘臣在此，百郭威何害！’慕容彦超敗走，帝宿于七里，文進夜與其徒飲酒，歌呼自若。明旦，隱帝遇弒，文進亦見殺。”《輯本舊史》卷一〇三《漢隱帝紀下》乾祐三年（950）十一月庚寅條：“樞密使郭威奏，左軍巡勘得飛龍使後贊款伏，與蘇逢吉、李業、閻晋卿、聶文進、郭允明等同謀，令散員都虞候奔德等下手殺害史弘肇等。權開封尹劉銖具伏，朋附李業爲亂，屠害將相家屬。其劉銖等準詔旨處置訖，并蘇逢吉、郭允明、閻晋卿、聶文進首級，並梟於南北市，其骨肉放棄。”《通鑑》卷二八九乾祐三年十一月辛未條：“樞密承旨聶文進、飛龍使後匡贊、翰林茶酒使郭允明皆有寵於帝，久不遷官，共怨執政。”同月乙酉條：“聶文進挺身走，軍士追斬之。”

後贊

後贊，[1]兗州瑕丘人。[2]爲飛龍使。[3]贊母本倡家也，與父同郡，往來其家，生贊。從職四方，父未嘗離郡，贊既長，疑其所生。及爲内職，不欲父之來，寓書以致其意。父自郡至京師，直抵其第，贊不得已而奉之。[4]《永樂大典》卷一萬七千一百九十五。[5]

[1]後贊：《舊五代史考異》："《通鑑》作'後匡贊'，《薛史》避宋諱，去'匡'字。"《輯本舊史》之影庫本粘籤："《後贊傳》，《永樂大典》僅存一條，今引《册府元龜》以補其闕。"

[2]瑕丘：縣名。治所在今山東濟寧市兖州區。　兖州瑕丘人：《新五代史》卷三〇《後贊傳》。

[3]飛龍使：官名。唐代掌閑厩御馬之内使，又稱"内飛龍使"。五代沿置。

[4]"爲飛龍使"至"贊不得已而奉之"：《新五代史》卷三〇《後贊傳》："贊幼善謳，事張延朗。延朗死，贊更事漢高祖。高祖愛之，以爲牙將。高祖即位，拜飛龍使。"　"贊母本倡家也"至"贊不得已而奉之"，亦見《宋本册府》卷九二三《總録部·不孝門》。

[5]《大典》卷一七一九五"孝"字韻"不孝"事目。

乾祐末，宰相楊邠、侍衛親軍使史弘肇執權，贊以久次未遷，頗懷怨望，乃與樞密承旨聶文進等構變。及難作，贊與同黨更侍隱帝側，剖判戎事，且防間言。北郊兵敗，贊竄歸兖州，慕容彦超執之以獻，有司鞫贊伏罪，周太祖命誅之。[1]

[1]"乾祐末"至"周太祖命誅之"：明本《册府》卷九五二《總録部·交構門》。《輯本舊史》卷一〇三《漢隱帝紀下》乾祐三年（950）十一月丙戌太后詔："逆黨皇城使李業、内客省使閻晋卿、樞密都承旨聶文進、飛龍使後贊、翰林茶酒使郭允明等，脅君於大内，出戰于近郊，及至力窮，遂行弑逆，冤憤之極，今古未聞。"同月庚寅條："樞密使郭威奏，左軍巡勘得飛龍使後贊款伏，與蘇逢吉、李業、閻晋卿、聶文進、郭允明等同謀，令散員都虞候奔德等下手殺害史弘肇等。"

郭允明

郭允明者，小名竇十，河東人也。幼隸河東制置使范徽柔，[1]徽柔被誅，[2]允明遂爲高祖廝養，服勤既久，頗得高祖之歡心。高祖鎮太原，稍歷牙職，及即位，累遷至翰林茶酒使兼鞍轡庫使。[3]隱帝嗣位，尤見親狎，每恃寵驕縱，略無禮敬。[4]與相州節度使郭謹以同宗之故，[5]頗交結。謹在鎮，允明常齎御酒以遺之，不以僭上犯禁爲意。其他輕率，悉皆類此。執政大臣頗姑息之。嘗奉使荆南，車服導從，有同節度使將，州縣郵驛，奔馳畏懾，節度使高保融承迎不暇。[6]允明潛使人步度城壁之高庳，池隍之廣隘，以動荆人，冀得重賄。乾祐末，兼飛龍使。未幾，與李業輩搆變，楊邠等諸子，允明親刃之於朝堂西廡下。王章女壻户部員外郎張貽肅，血流逆注，聞者哀之。及北郊之敗，允明迫帝就民舍，手行弑逆，[7]尋亦自殺。[8]《永樂大典》卷二萬二千一百六十一。[9]

[1]制置使：官名。唐後期臨時差遣官，爲地方用兵時控制當地秩序而設。　范徽柔：人名。籍貫不詳。本書僅此一見。

[2]幼隸河東制置使范徽柔，徽柔被誅：中華書局本有校勘記："《册府》卷七六六：'郭允明，父徽柔，爲河東制置使。'後一'徽柔'二字原闕，據《册府》卷七六六補。"見《宋本册府》卷七六六《總録部·攀附門二》。

[3]翰林茶酒使：官名。掌内廷茶酒供應之事。　鞍轡庫使：官名。掌御馬鞍轡。唐後期神策軍中置御鞍轡庫，五代置鞍轡

庫使。

［4］“隱帝嗣位”至“略無禮敬”：《宋本册府》卷五三三《諫諍部·規諫門十》：“（帝）猶有童心，疏遠正人，昵比群小，但與郭允明、後贊等廋詞醜語，宫中手放紙鳶。太后每提耳規之，即曰：‘經國之謀，閨閤無宜預也。’”

［5］相州：州名。治所在今河南安陽市。　郭謹：人名。晋陽（今山西太原市）人。五代後晋、後漢將領。傳見本書卷一〇六。

［6］高保融：人名。陝州硤石（今河南三門峽市陝州區硤石鄉）人。五代南平國王高從誨子，後漢乾祐元年（948）繼父位。傳見本書卷一三三、《新五代史》卷六九。《輯本舊史》之影庫本粘籤：“高保融，原本作‘深融’，今從《通鑑》改正。”見《通鑑》卷二八八乾祐元年十月癸卯條。明本《册府》卷六六四《奉使部·辱命門》：“漢郭允明爲翰林祭酒使。隱帝乾祐元年，命允明宣賜荆南高保融旌節官誥。允明出自群小，舉動驕縱，奉命之行，令本司官健荷御酒數十甖至渚宫，每保融宴席之際，惟厲聲索御酒自飲。”“隱帝乾祐元年”，原作“煬帝乾祐元年”，誤。

［7］“及北郊之敗”至“手行弑逆”：《輯本舊史》卷一〇三《漢隱帝紀下》乾祐三年十一月辛巳條：“帝覽奏，即召李業示之，聶文進、郭允明在傍，懼形于色。”同月乙酉條：“帝迴，與蘇逢吉、郭允明詣西北村舍，郭允明知事不濟，乃剸刃於帝而崩，時年二十。蘇逢吉、郭允明皆自殺。”《通鑑》卷二八九乾祐三年十一月條謂隱帝爲亂兵所弑。《通鑑考異》曰：“《實録》：‘帝至玄化門，劉銖射帝左右，帝迴詣西北，郭允明露刃隨後，西北至趙村，前鋒已及，亂兵騰沸，上懼，下馬入於民室。郭允明知事不濟，乃抽刃犯蹕而崩。’《薛史·隱帝紀》：‘郭允明知事不濟，乃剸刃於帝而崩，允明自殺。’《周太祖紀》云：‘允明弑漢帝於北郊。’劉恕曰：‘允明帝所親信，何由弑逆！蓋郭威兵殺帝，事成之後諱之，因允明自殺歸罪耳。’按弑帝者未必是允明，但莫知爲誰，故止云亂兵。”《舊五代史考異》曰：“今考劉恕所辨，祇以揣度言之，亦無

實據,《五代春秋》作帝崩于師。”

[8]尋亦自殺:《輯本舊史》卷一〇三《漢隱帝紀下》乾祐三年十一月庚寅條:“樞密使郭威奏……其劉銖等準詔旨處置訖,并蘇逢吉、郭允明、閻晋卿、聶文進首級,並梟於南北市,其骨肉放棄。”

[9]《大典》卷二二一六一“郭”字韻“姓氏(六)”事目。

劉銖

劉銖,陜州人也。[1]少事梁邵王朱友誨爲牙將。[2]晋天福中,[3]高祖爲侍衛親軍都指揮使,與銖有舊,乃表爲内職。高祖出鎮并門,用爲左都押牙。銖性慘毒好殺,高祖以爲勇斷類己,深委遇之。國初,授晋昌軍節度使,[4]從定汴洛,移鎮青州,[5]加同平章事。[6]隱帝即位,加檢校太師、兼侍中。[7]銖立法深峻,令行禁止,吏民有過,不問輕重,未嘗貸免。每親事小有忤旨,[8]即令倒曳而出,至數百步外方止,膚體無完者。每杖人,遣雙杖對下,謂之“合歡杖”;或杖人如其歲數,謂之“隨年杖”。在任擅行賦斂,每秋苗一畝率錢三十,夏苗一畝錢二十,以備公用。[9]部内畏之,脅肩重迹。

[1]陜州:州名。治所在今河南三門峽市陜州區。

[2]朱友誨:人名。朱温長兄朱全昱之子。五代後梁太祖時封邵王,曾任控鶴指揮使、陜州節度使。末帝時因舉兵反叛被囚。後唐入汴時被殺。傳見本書卷一二、《新五代史》卷一三。

[3]天福:五代後晋高祖石敬瑭年號(936—942)。出帝石重貴沿用至九年(944)。後漢高祖劉知遠繼位後沿用一年,稱天福十

二年（947）。

［4］晋昌軍：方鎮名。治所在京兆府（今陝西西安市）。五代後晋改永平軍置，後漢改爲永興軍。《輯本舊史》原作“永興軍”。《通鑑》卷二八八乾祐元年（948）三月條：“改晋昌軍爲永興軍。”劉銖任此職早於青州節度使（史載爲天福十二年七月），則其任職時尚未改名，故此處應作“晋昌軍節度使”，劉銖未之任。《輯本舊史》卷九九《漢高祖紀上》天福十二年（947）四月甲子條：“以北京隨使、左都押衙劉銖爲河陽節度使。”亦未之任。

［5］青州：州名。治所在今山東青州市。

［6］移鎮青州，加同平章事：《輯本舊史》卷一〇〇《漢高祖紀下》天福十二年七月條：“以晋昌軍節度使、檢校太保劉銖爲青州節度使，加檢校太尉、同平章事。”

［7］加檢校太師、兼侍中：《輯本舊史》卷一〇二《漢隱帝紀中》乾祐二年九月己未條：“青州劉銖並加兼侍中。”

［8］每親事小有忤旨：中華書局本有校勘記：“‘忤’原作‘忭’，據殿本、孔本、劉本、邵本校、彭校、《册府》卷四四八改。”見明本《册府》卷四八八《邦計部·賦税門二》。

［9］“在任擅行賦斂”至“以備公用”：“三十”“二十”原作“三千”“二千”。中華書局本有校勘記：“‘三千’，《新五代史》卷三〇《劉銖傳》作‘三十’。按《册府》卷五四七載李元懿上書：‘臣爲北海令時，夏秋苗上每畝麻農具等錢，省司元定錢十六。及劉銖到任，每畝上加四十五。’下文‘二千’亦當作‘二十’。”《新五代史》卷三〇：“又請增民租，畝出錢三十以爲公用。”《宋本册府》卷五四七《諫諍部·直諫門十四》：“李元懿前爲北海令，廣順二年投匭獻六事：‘其一：臣爲北海令時，夏秋苗上每畝麻農具等錢，省司元定錢十六。及劉銖到任，每畝上加四十五，每頃配柴五圍、炭三秤。省條之外，别立使限徵促。臣竊聞諸道亦有如劉銖配處，望令禁止。其二：臣在任時，奉劉銖文字，放絲三萬兩，配織絹五千匹。管内七縣，大抵如是。及徵收在賦税之前，督責抑

凌，借役户民，多造店宅碾磑典庫。請朝廷指揮，許人論告，差軍人百姓五功已上，出放物至匹斤，以坐贓論。自然止絶。其三：臣在任時，見劉銖擅棄國章，便行決配。凡罪人，或刺面填都，或決配沙門島。大凡配流加役，是朝廷格律，今後更請以不道論。’”卷四八八：“（廣順）三年正月敕：‘……劉銖在任時，於苗畝上每畝徵車脚錢，每頃配柴炭。今後並止絶。’”

乾祐中，淄青大蝗，[1]銖下令捕蝗，略無遺漏，田苗無害。先是，濱海郡邑，皆有兩浙迴易務，厚取民利，[2]自置刑禁，追攝王民，前後長吏利其厚賂，不能禁止。銖即告所部，不得與吴越徵負，[3]擅行追攝，浙人惕息，莫敢干命。朝廷懼銖之剛戾難制，因前沂州刺史郭瓊自海州用兵還，[4]過青州，遂留之，即以符彦卿代銖，[5]銖即時受代。[6]

[1]淄青：方鎮名。治所在青州（今山東青州市）。

[2]厚取民利：《宋本册府》卷六九〇《牧守部·强明門》其後有“如有所負回易吏”七字。

[3]不得與吴越徵負：“負”，《宋本册府》卷六九〇《牧守部·强明門》作“償及”。

[4]沂州：州名。治所在今山東臨沂市。　郭瓊：人名。平州盧龍（今河北盧龍縣）人。五代末、宋初將領。傳見《宋史》卷二六一。《新五代史》卷三〇本傳作“郭淮”，《通鑑》卷二八九乾祐三年（950）正月丁未條、五月丙午條亦作“郭瓊”，《新五代史》誤。　海州：州名。治所在今江蘇連雲港市海州區。

[5]符彦卿：人名。陳州宛丘（今河南淮陽縣）人。五代後周、宋初將領。傳見《宋史》卷二五一。《輯本舊史》之影庫本粘

籤：“符彦卿，原本作‘言卿’，今據《通鑑》改正。”見《通鑑》卷二八九乾祐三年三月壬戌條。

[6]銖即時受代：《舊五代史考異》：“《隆平集·郭瓊傳》云：劉銖守平盧，稱疾不朝，隱帝疑其叛，詔瓊領兵屯青州。銖將害之，張宴伏兵幕下，瓊無懼色，銖亦不敢發。瓊爲言去就禍福，銖趨召。”見《隆平集》卷一六。《通鑑》卷二八九繫劉銖入朝於乾祐三年五月庚戌。

離鎮之日，有私鹽數屋，雜以糞穢，填塞諸井，以土平之。彦卿發其事以聞，銖奉朝請久之，每潛戟手於史弘肇、楊邠第。會李業輩同誅弘肇等，銖喜，謂業輩曰：“君等可謂僂儸兒矣。”尋以銖權知開封府事，周太祖親族及王峻家，並爲銖所害。[1]周太祖入京城，[2]執之下獄，[3]銖謂妻曰：“我則死矣，君應與人爲婢耳！”妻曰：“明公所爲如是，雅合爲之。”周太祖遣人讓銖曰：“昔日與公常同事漢室，寧無故人之情！家屬屠滅，公雖奉君命，加之酷毒，一何忍哉！公家亦有妻子，還顧念否？”銖但稱死罪。[4]遂啓太后，并一子誅之，而釋其妻。[5]周太祖踐阼，詔賜銖妻陝州莊宅各一區。[6]《永樂大典》卷六千三百五十。[7]

[1]“尋以銖權知開封府事”至“並爲銖所害”：《輯本舊史》卷一〇三《漢隱帝紀下》乾祐三年（950）十一月乙酉條：“帝策馬至玄化門，劉銖在門上，問帝左右：‘兵馬何在？’乃射左右。”

[2]周太祖入京城：《輯本舊史》卷一一〇《周太祖紀一》乾祐三年十一月條：“帝至玄化門，劉銖雨射城外，帝回車自迎春門入。”

［3］執之下獄：《宋本册府》卷四一《帝王部·寬恕門》："帝入京城，銖夫婦裸露，以席自蔽。平旦，執之下獄。"《通鑑》卷二八九繫此事於乾祐三年十一月丙戌。

［4］"周太祖遣人讓銖曰"至"銖但稱死罪"：《新五代史》卷三〇《劉銖傳》："是時，太祖方欲歸人心，乃與群臣議曰：'劉侍中墜馬傷甚，而軍士逼辱，迨有微生，吾欲奏太后，貸其家屬，何如？'群臣皆以爲善。"

［5］并一子誅之，而釋其妻：《舊五代史考異》："《歐陽史》作'赦其妻子'。"

［6］詔賜銖妻陝州莊宅各一區：《輯本舊史》卷一一一《周太祖紀二》廣順元年三月條："詔曰：'故蘇逢吉、劉銖，頃在漢朝，與朕同事。朕自平禍亂，不念仇讎，尋示優弘，與全家屬。尚以幼稚無託，衣食是艱，將行矜恤之恩，俾獲生存之路，報怨以德，非我負人。賜逢吉骨肉洛京莊宅各一，賜劉銖骨肉陝州莊宅各一。'"

［7］《大典》卷六三五〇"張"字韻"姓氏（二〇）"事目，與傳無涉，但不能確定其出處，存疑。《大典》劉姓多録自卷九〇七三至卷九一三一。《輯本舊史》於此後録《五代史闕文》："漢隱帝朝，銖爲開封尹，周祖自鄴起兵，銖盡誅周祖之家子孫婦女十數人，極其慘毒。及隱帝遇害，周祖以漢太后令，收銖下獄，使人責之。銖對曰：'某爲漢家戮叛族耳，不知其他。'周祖怒，遂殺之。臣謹按：周世宗朝史官修《漢隱帝實録》，銖之忠言，諱而不載。"

史臣曰：臣觀漢之亡也，豈繫於天命哉！蓋委用不得其人，聽斷不符於理故也。且如弘肇之淫刑，楊邠之粃政，李業、晋卿之設計，文進、允明之狂且，雖使成王爲君，周公作相，亦不能保宗社之安，延歲月之命，況隱帝、逢吉之徒，其能免乎！《易》曰："大君有命，開國承家，小人勿用，必亂邦也。"當乾祐之末也，何斯言之驗歟！惟劉銖之忍酷，又安能逭於一死乎！《永樂大典》卷二萬二千一百六十一。[1]

[1]《大典》卷二二一六一“郭”字韻“姓氏（六）”事目。

舊五代史　卷一〇八

漢書十

列傳第五

李崧

李崧，深州饒陽人。[1]父舜卿，[2]本州録事參軍。[3]崧幼而聰敏，十餘歲爲文，家人奇之。弱冠，本府署爲參軍。其父嘗謂宗人李鏻曰：[4]"大醜生處，奇形氣異，[5]前途應不居徒勞之地，賴吾兄誨激之。"大醜即崧之小字也。[6]同光初，[7]魏王繼岌爲興聖宫使，[8]兼領鎮州節鉞，[9]崧以參軍從事。時推官李蕘掌書，[10]崧見其起草不工，密謂掌事吕柔曰：[11]"令公皇子，天下瞻望，至於尺牘往來，章表論列，稍須文理合宜，李侍御起草，未能盡善。"吕曰："公試代爲之。"吕得崧所作，示盧質、馮道，[12]皆稱之，繇是擢爲興聖宫巡官，[13]獨掌奏記。莊宗入洛，[14]授太常寺協律郎。[15]

[1]深州：州名。治所在今河北深州市。　饒陽：縣名。治所在今河北饒陽縣。

[2]舜卿：人名。即李舜卿。深州饒陽（今河北饒陽縣）人。本書僅此一見。

[3]録事參軍：官名。州府屬官。總掌諸曹事務。從六品至從八品不等。

[4]李鏻：人名。唐朝宗室。五代大臣。傳見本書卷一〇八、《新五代史》卷五七。

[5]大醜生處，奇形氣異：《輯本舊史》之影庫本粘籤："大醜，原本作'大魏'，考《册府元龜》及《歐陽史》俱作'大醜'，今改正。"見《宋本册府》卷七七五《總録部·幼敏門三》及卷八一九《總録部·知子門二》。《新五代史》未見此記載。"奇形氣異"，中華書局本沿《輯本舊史》作"形奇氣異"，據上述二卷《册府》改。

[6]大醜即崧之小字也：《宋本册府》卷八一九："漢李崧，小字大醜，幼而聰敏。其父有袁、許之鑒，常謂宗人李鏻曰：'大醜生處奇形，氣異前途，應不居徒勞之地，賴君誨激之。'後果至公輔。"

[7]同光：五代後唐莊宗李存勗年號（923—926）。

[8]繼岌：人名。即李繼岌。五代後唐莊宗長子。傳見本書卷五一、《新五代史》卷一四。　興聖宫使：官名。五代掌後唐宫衛。

[9]鎮州：州名。治所在今河北正定縣。

[10]推官：官名。唐肅宗以後置，五代沿置。爲節度、觀察、團練、防禦等使的屬官。度支、鹽鐵等使也置推官掌理刑案之事。　李蕘：人名。籍貫不詳。五代後唐莊宗長子李繼岌僚佐。事見本書本卷。

[11]吕柔：人名。即吕知柔，係避後漢高祖諱省。籍貫不詳。五代後唐宦官。事見《新五代史》卷一〇《唐太祖家人傳》。

[12]盧質：人名。河南（今河南洛陽市）人。五代大臣。傳

見本書卷九三、《新五代史》卷五六。　馮道：人名。瀛州景城（今河北滄縣）人。五代時官拜宰相，歷仕後唐至後周，亦曾臣服於契丹。傳見本書卷一二六、《新五代史》卷五四。

[13]興聖宫巡官：官名。掌巡察洛陽宫城内興聖宫事務。

[14]莊宗：即李存勗。代北沙陀部人，五代後唐開國皇帝。923年至926年在位。紀見本書卷二七至卷三四、《新五代史》卷四至卷五。　洛：指都城洛陽。

[15]太常寺：官署名。北齊始置，掌禮樂祭祀活動。隋唐兩代下設郊廟、太廟、諸陵、太樂、鼓吹、太醫、太卜、廩犧等八署，長官爲太常寺卿，正三品。唐高宗龍朔年間曾改稱奉常，武則天光宅年間又曾稱爲司禮，後均復舊。歷代沿置。　協律郎：官名。太常寺屬官。掌協調、校正樂律。正八品上。

王師伐蜀，繼岌爲都統，[1]以崧掌書記。[2]蜀平，樞密使郭崇韜爲宦官誣搆，[3]繼岌遂殺崇韜父子，外尚未知。崧白繼岌曰："王何爲作此危事，至於不容崇韜，至洛誅之未晚。今懸軍五千里，無咫尺書詔，便殺重臣，非謀也。"繼岌曰："吾亦悔之。"崧召書吏三四人，登樓去梯，取黄紙矯寫詔書，倒使都統印發之。翌日，告諸軍，軍情稍定。[4]及自蜀還，[5]明宗革命，[6]任圜以宰相判三司，[7]用崧爲鹽鐵推官，[8]賜緋。丁外艱，[9]歸鄉里。服闋，鎮帥范延光奏署掌書記。[10]延光爲樞密使，拜拾遺，[11]直樞密院，[12]遷補闕、起居郎、尚書郎，[13]充職如故。[14]長興末，[15]改翰林學士。[16]清泰初，[17]拜端明殿學士、户部侍郎。[18]

[1]都統：官名。此處指諸道行營都統。唐末設此職，作爲各

道出征兵士的統帥。

［2］掌書記：官名。唐、五代方鎮僚屬，位在判官下。掌表奏書檄、文辭之事。

［3］樞密使：官名。樞密院長官。唐代宗時始以宦官掌機密，至昭宗時借朱温之力盡誅宦官，始改以士人任樞密使。備顧問，參謀議，出納詔奏，權侔宰相。參見李全德《唐宋變革期樞密院研究》，國家圖書館出版社 2009 年版。　郭崇韜：人名。代州雁門（今山西代縣）人。五代後唐大臣。傳見本書卷五七、《新五代史》卷二四。

［4］“王師伐蜀”至“軍情稍定”：《通鑑》卷二七四天成元年（926）正月甲子條：“都統推官滏陽李崧謂繼岌曰：‘今行軍三千里外，初無敕旨，擅殺大將，大王奈何行此危事！獨不能忍之至洛陽邪？’繼岌曰：‘公言是也，悔之無及。’崧乃召書吏數人，登樓去梯，矯爲敕書，用蠟印宣之，軍中粗定。”

［5］及自蜀還：《輯本舊史》之原輯者案語：“《歐陽史》：師還，繼岌死於道，崧至京師。”見《新五代史》卷五七《李崧傳》。

［6］明宗：即五代後唐明宗李嗣源。沙陀部人。原名邈佶烈，李克用養子。926 年至 933 年在位。紀見本書卷三五至卷四四、《新五代史》卷六。

［7］任圜：人名。京兆三原（今陝西三原縣）人。五代後唐明宗時拜同中書門下平章事，後與權臣安重誨失和，被誣與叛臣朱守殷通謀而見殺。傳見本書卷六七、《新五代史》卷二八。　三司：官署名。五代後唐明宗天成元年（926）合鹽鐵、度支、户部爲一職，始稱三司，爲中央最高之財政管理機構。

［8］鹽鐵推官：官名。唐始置，唐代後期節度、觀察、團練、防禦等使的屬官。此外，度支、鹽鐵等使也置推官，掌推按刑獄。中華書局本有校勘記：“‘推官’，《新五代史》卷五七《李崧傳》作‘判官’。”

［9］丁外艱：中華書局本沿《輯本舊史》誤作“丁内艱”。見

後“及清泰末”一段校勘記，故改。

[10]范延光：人名。相州臨漳（今河北臨漳縣）人。五代後唐、後晋將領。傳見本書卷九七。

[11]拾遺：官名。唐武則天於垂拱元年（685）置拾遺，分左右。左拾遺隸門下省，右拾遺隸中書省，與左、右補闕共掌諷諫，大事廷議，小事則上封事。從八品上。

[12]樞密院：官署名。唐代自天寶以後，宦官之權始大，領禁軍，典兵機文書。代宗時始定樞密使之名，但仍無公署，惟掌收受章奏，傳達皇帝旨意。昭宗藉朱温之力，盡誅宦官，始以士人任樞密使。五代後梁開平元年（907）改樞密院爲崇政院，樞密使爲崇政院使，改用士人，備皇帝顧問，其地位相當於宰相。後唐復樞密院之名。

[13]補闕：官名。唐武則天時始置。分爲左右，左補闕隸於門下省，右補闕隸於中書省。掌規諫諷諭，大事可以廷議，小事則上封奏。從七品上。　起居郎：官名。唐代始置，屬門下省。與中書省起居舍人同掌起居注，記皇帝言行。從六品上。　尚書郎：官名。即郎中。尚書省屬官。分曹處理政事。吏部郎中正五品下，餘司郎中皆從五品上。

[14]“延光爲樞密使”至“充職如故”：《輯本舊史》卷四二《唐明宗紀八》長興二年（931）八月辛未條：“以左拾遺、直樞密院李崧充樞密直學士。”《宋本册府》卷八二八《總録部・論薦門》安重誨條：“李崧始辟范延光常山爲管記，與宰臣李愚從莊宗。皇子繼岌伐蜀，擢爲拾遺。俄而延光入代安重誨爲樞密使，奏崧以本官爲本院學士。”亦見《宋本册府》卷九五五《總録部・知舊門》李崧條，惟“李崧始辟范延光常山爲管記”作“李崧始辟鎮州范延光管記”，“擢爲拾遺”前有“有舊”二字。

[15]長興：五代後唐明宗李嗣源年號（930—933）。

[16]翰林學士：官名。由南北朝始設之學士發展而來，唐玄宗改翰林供奉爲翰林學士，備顧問，代王言，掌拜免將相、號令征伐

等詔令的起草。

［17］清泰：五代後唐廢帝李從珂年號（934—936）。

［18］端明殿學士：官名。五代後唐明宗始置，以翰林學士充任，負責誦讀四方書奏。　户部侍郎：官名。尚書省户部次官。協助户部尚書掌天下田户、均輸、錢穀之政令。正四品下。　拜端明殿學士、户部侍郎：《輯本舊史》卷四七《唐末帝紀中》清泰二年（935）五月丙辰條："以端明殿學士李崧爲户部侍郎。"《宋本册府》卷五六〇《國史部·記注門》："李崧，爲端明殿學士。清泰二年，史館上言：'自明宗朝，每見宰臣、節度使爲軍民政事，有所敷陳，或宸旨宣揚，比關道理，唯近臣聞聽，外面不知。先朝時，詔樞密直學士閻至於奏對時記録，逐季下史館，以備纂修。自今年四月後，詔李專美記録。今以改官，其記録，望別差官。'乃詔崧記録。"

先是，長興三年冬，北虜寇雲中，[1]朝廷欲命重將鎮太原，[2]時晉祖爲六軍副使，[3]以秦王從榮不軌，[4]懇求外任，深有北門之望。而大臣以晉高祖方權兵柄，難以議之。一日，明宗怒其未奏，范延光、趙延壽等無對，[5]退歸本院，共議其事，方欲以康義誠爲之。[6]時崧最在下位，聳立請曰："朝廷重兵多在北邊，須以重臣爲帥，以某所見，非石太尉不可也。"會明宗令中使促之，衆乃從其議。翌日，晉祖既受太原之命，使心腹達意於崧云："壘浮圖須與合却尖。"蓋感之深也。[7]

［1］雲中：縣名。治所在今山西大同市。

［2］太原：府名。治所在今山西太原市。

［3］晉祖：即五代後晉高祖石敬瑭。沙陀部人。五代後唐將領、

後晋開國皇帝。936年至942年在位。紀見本書卷七五至卷八〇、《新五代史》卷八。

[4]從榮：人名。即李從榮。沙陀部人。五代後唐明宗李嗣源次子。傳見本書卷五一、《新五代史》卷一五。

[5]趙延壽：人名。本姓劉，恒山（今河北正定縣）人。五代後唐明宗李嗣源女婿，後降契丹，引導契丹攻滅後晋。傳見《遼史》卷七六。

[6]康義誠：人名。沙陀部人。五代後唐將領。傳見本書卷六六、《新五代史》卷二七。

[7]“先是”至“蓋感之深也”：“北虜寇雲中”，中華書局本沿《輯本舊史》作“契丹入雲中”，此爲清輯者忌諱而篡改，今據《宋本册府》卷一七二《帝王部·求舊門二》回改。“一日”，中華書局本有校勘記：“《册府》卷一七二作‘翌日’。”見明本《册府》卷一七三《帝王部·求舊門二》。《輯本舊史》卷四三《唐明宗紀九》長興三年（932）十一月丁亥條：“以河陽節度使兼六軍諸衛副使石敬瑭爲河東節度使，兼大同、彰國、振武、威塞等軍蕃漢馬步總管。時契丹帳族在雲州境上，與群臣議擇威望大臣以制北方，故有是命。”卷四八《唐末帝紀下》清泰三年（936）閏十一月己巳條：“帝聞晋安寨爲敵所陷，詔移幸河陽，時議以魏府軍尚全，戎王必憚山東，未敢南下，車駕可幸鄴城。帝以李崧與范延光相善，召入謀之。薛文遇不知而繼至，帝變色，崧躡文遇足，乃出。帝曰：‘我見此物肉顫，適擬抽刀刺之。’崧曰：‘文遇小人，致誤大事，刺之益醜。’崧因請帝歸京。”

及清泰末，晋祖入洛，崧與吕琦俱竄匿於伊闕民家。[1]旬日，晋高祖召爲兵部侍郎，[2]判户部，[3]踰月，拜中書侍郎、同平章事，[4]與桑維翰並兼樞密使。[5]維翰鎮相州，[6]未幾，廢樞密院，事歸中書，加尚書右僕射。[7]從幸鄴，[8]丁内艱，[9]恩制起復，崧上章數四，懇辭其命，優詔不允。復上章，不報，崧不得已而視事。晉少帝嗣位，[10]復用桑維翰爲樞密使，命崧兼判三司。未幾，代維翰爲樞密使，與馮玉對掌機密。[11]開運末，[12]崧、玉信契丹之詐，[13]經略瀛、鄚，[14]中渡之敗，[15]落其姦謀。[16]契丹入京師，趙延壽、張礪素稱崧之才，[17]契丹主善遇之，以崧爲太子太師，[18]充樞密使。[19]契丹主嘗謂左右曰："我破南朝，衹得李崧一人而已。"從契丹北行，留於鎮州。[20]

[1]吕琦：人名。幽州安次（今河北廊坊市）人。五代後唐、後晉官員。傳見本書卷九二、《新五代史》卷五六。　伊闕：一爲山名。又名"闕塞山""龍門山"，位於今河南洛陽市。一爲縣名。治所在今河南伊川縣西南。

[2]兵部侍郎：官名。尚書省兵部次官。協助兵部尚書掌武官銓選、勳階、考課之政。正四品下。中華書局本沿《輯本舊史》作"户部侍郎"。《輯本舊史》卷七六《晉高祖紀二》天福二年（937）正月丙寅條："以端明殿學士、户部侍郎李崧爲兵部侍郎、判户部。"同月戊寅條："以兵部侍郎、判户部李崧爲中書侍郎、同中書門下平章事，充樞密使。"明本《册府》卷七四《帝王部·命相門四》晉高祖天福三年正月條："以兵部侍郎、判户部李崧爲中書侍郎、平章事，充樞密使。"加之下文已有"判户部"，則此處不當爲"户部侍郎"，故改。且"踰月"之説疑誤。《宋本册府》卷一七二《帝王部·求舊門二》亦誤作"户部侍郎"。

[3]户部：官署名。主管全國田户、均輸、錢穀之政令。

[4]中書侍郎：官名。中書省副長官。唐後期三省長官漸爲榮銜，中書侍郎、門下侍郎却因參議朝政而職位漸重，常常用爲以

“同三品”或“同平章事”任宰相者的本官。正三品。　同平章事：官名。“同中書門下平章事”之簡稱。唐高宗以後，凡實際任宰相之職者，常在其本官後加同平章事的職銜。後成爲宰相專稱。後晋天福五年（940），升中書門下平章事爲正二品。

[5]桑維翰：人名。洛陽（今河南洛陽市）人。五代後唐進士，後晋宰相、樞密使。傳見本書卷八九、《新五代史》卷二九。

[6]相州：州名。治所在今河南安陽市。

[7]尚書右僕射：官名。秦始置。隋、唐前期以左、右僕射佐尚書令總理六官，綱紀庶務；如不置尚書令，則總判省事，爲宰相之職。唐後期多爲大臣加銜。從二品。　“維翰鎮相州”至“加尚書右僕射”：《輯本舊史》卷七六天福二年六月丙戌條：“宰臣李崧上表讓樞密使於趙瑩，以瑩佐命之元臣也。詔不允。”卷七七《晋高祖紀三》天福三年七月壬戌條：“宰臣趙瑩、桑維翰、李崧各改鄉里名號。”同年九月乙卯條：“中書侍郎平章事桑維翰、李崧給門戟十二枝。”同年十月壬辰條：“以樞密使、中書侍郎、平章事、集賢殿大學士桑維翰兼兵部尚書，皆罷樞密使。”此條《輯本舊史》有原輯者案語：“以上疑有闕文。據《通鑑考異》引《晋高祖實録》，維翰與李崧並罷樞密使。”卷七八《晋高祖紀四》天福四年九月己丑條：“以中書侍郎、平章事李崧權判集賢殿事。”卷七九《晋高祖紀五》天福五年九月丁卯條：“宰臣李崧加集賢殿大學士。”明本《册府》卷三一九《宰輔部·褒寵門二》：“李崧爲侍中，詔改崧本貫深州饒陽縣富平鄉爲秉鈞鄉，通義里爲調鼎里，給門戟十二枝。”《宋本册府》卷三〇九《宰輔部·佐命門二》：“晋天福二年六月，宰臣李崧讓樞密使。崧始自范延光領常山爲管記，及明宗長興末爲六軍副使，以皇子秦王從榮不軌，懇求出外。會北虜屢寇雲中，議選良帥以鎮北門，帝問延光、趙延壽等，不敢遽對，奏云：‘候臣至本院商量。’欲定襄州連帥康義誠。崧最在下位，聳立請曰：‘非石太尉不可。’延光曰：‘僕累白上，欲令出鎮。嘗謂僕曰：“兄有得氣力者，欲不遣在左右，是何意也？”由是不敢復奏。’時

帝又遣中使促之，乃定帝領太原。明日，帝又使心腹導意，至崧云：‘累浮圖須與合却尖。’表感之深也。乃義旗入洛，崧爲僞主端明殿學士，出逃郊外，俄召居舊秩。無幾，命爲相，兼樞密使，蓋由此階緣故也。崧時以宰相趙瑩使虜將還，朝廷之元臣也，故有表讓其機務，以固帝心，皆小數也。”

［8］鄴：地名。位於今河北大名縣。五代後唐同光元年(923)，改魏州爲興唐府，建號東京。三年，改東京爲鄴都。

［9］丁内艱：中華書局本有校勘記：“本書卷八〇《晉高祖紀六》、《新五代史》卷五七《李崧傳》皆記其丁内艱，敦煌文書斯四四七三《集賢相公遭母喪盡七後［辭］起復表》即是李崧爲此事所撰，本卷上文‘丁内艱’疑爲‘丁外艱’之訛。”但未改。《輯本舊史》卷八〇《晉高祖紀六》天福七年二月辛丑條：“宰臣李崧丁母憂，起復舊任。”同年三月丙子條：“賜宰臣李崧白藤肩輿，以起復故也。”明本《册府》卷三一九《宰輔部·褒寵門二》：“七年，丁憂，制詔賜崧白藤檐子一，以授起復官。不欲，令墨縗乘馬也。”據改。

［10］晉少帝：即五代後晉少帝石重貴。石敬瑭從子。942年至947年在位。紀見本書卷八一至卷八五、《新五代史》卷九。

［11］馮玉：人名。定州（今河北定州市）人。五代後晉外戚、宰相。傳見本書卷八九、《新五代史》卷五六。　“晉少帝嗣位”至“與馮玉對掌機密”：《輯本舊史》卷八一《晉少帝紀一》天福七年八月甲子條：“李崧加左僕射兼門下侍郎。”同年十月己卯條：“宰臣李崧母喪，歸葬深州，遣使弔祭之。”卷八二《晉少帝紀二》天福八年七月甲午條：“正衙命册皇太后，以宰臣李崧充使，右散騎常侍李慎儀爲副。”卷八三《晉少帝紀三》開運元年七月己丑條：“宰臣李崧、和凝進封爵邑。”卷八四《晉少帝紀四》開運二年五月壬子條：“宰臣李崧、和凝並加階爵。”同年十二月丁亥條：“以左僕射、門下侍郎、平章事李崧爲守侍中，充樞密使。”

［12］開運：五代後晉出帝石重貴年號（944—947）。

[13]契丹：古部族、政權名。公元4世紀中葉宇文部爲前燕攻破，始分離而成單獨的部落，自號契丹。唐貞觀中，置松漠都督府，以其首領爲都督。唐末强盛，916年迭剌部耶律阿保機建立契丹國（遼）。先後與五代、北宋並立，保大五年（1125）爲金所滅。參見張正明《契丹史略》，中華書局1979年版。

[14]瀛：州名。治所在今河北河間市。　鄚：州名。治所在今河北任丘縣。

[15]中渡：地名。滹沱河渡口。位於今河北正定縣。

[16]"開運末"至"落其姦謀"：《新五代史》卷五七《李崧傳》："是時，晋兵敗契丹於陽城，趙延壽在幽州，詐言思歸以誘晋兵，崧等信之。初，漢高祖在晋，掌親軍，爲侍衛都指揮使，與杜重威同制加平章事，漢高祖耻之，怒不肯謝，晋高祖遣和凝諭之，乃謝。其後漢高祖出居太原，重威代爲侍衛使，崧亦數稱重威之材，於是漢高祖以崧爲排己，深恨之。崧又信延壽之詐以爲然，卒以重威將大兵，其後敗于中渡，晋遂以亡。"

[17]張礪：人名。磁州滏陽（今河北磁縣）人。五代後唐翰林學士。後入契丹，爲翰林學士。傳見本書卷九八。

[18]太子太師：官名。與太子太傅、太子太保統稱太子三師。隋唐以後多作加官或贈官。從一品。

[19]充樞密使：《輯本舊史》卷一三七《契丹傳》："僞命以李崧爲西廳樞密使。"

[20]鎮州：州名。治所在今河北正定縣。　從契丹北行，留於鎮州：《通鑑》卷二八七天福十二年閏七月辛巳條："契丹主兀欲遣騎至恒州，召前威勝節度使兼中書令馮道、樞密使李崧、左僕射和凝等，會葬契丹主德光於木葉山。道等未行，食時，鐘聲發。漢兵奪契丹守門者兵擊契丹……麻荅等大驚，載寶貨家屬，走保北城。"同年八月壬午條："契丹自北門入，勢復振……前磁州刺史李穀恐事不濟，請馮道、李崧、和凝至戰所慰勉士卒，士卒見道等至，争自奮……契丹懼而北遁。"

高祖平汴洛，乃以崧之居第賜蘇逢吉，[1]第中宿藏之物，皆爲逢吉所有。其年秋，鎮州逐麻答，[2]崧與馮道、和凝十數人歸闕，[3]授太子太傅。[4]崧對朝之權右，謙挹承顔，未嘗忤旨。嘗以宅券獻蘇逢吉，逢吉不悦。[5]崧二弟嶼、巎，[6]酣酒無識，與楊邠、蘇逢吉子弟杯酒之間，[7]時言及奪我居第，逢吉知之。有部曲葛延遇者，[8]逋李嶼船傭，嶼撻之，督其所負。遇有同輩李澄亦事逢吉，[9]延遇夜寄宿於澄家，以嶼見督情告，遂一夕通謀告變。[10]逢吉覽狀示史弘肇，其日逢吉遣吏召崧至第，從容語及葛延遇告變之事，崧以幼女爲託，逢吉遣吏送於侍衛獄。既行，崧恚曰："自古未有不亡之國，不死之人。"及爲吏所鞫，乃自誣伏罪，舉家遇害，少長悉尸於市，人士冤之。[11]崧與徐台符同學相善，[12]乾祐三年秋，[13]台符夢崧謂曰："予之冤横，得請於帝矣。"及蘇、史之誅，並梟首於市，當崧所誅之地，未幾，葛延遇、李澄亦以戮死。[14]《永樂大典》卷一萬三百九十。[15]

[1]蘇逢吉：人名。京兆長安（今陝西西安市）人。五代後漢宰相。傳見本書本卷、《新五代史》卷三〇。

[2]麻答：人名。即耶律拔里得。契丹人。遼初皇室，遼太宗耶律德光堂弟。傳見《遼史》卷七六。參見鄧廣銘（署名鄺又銘）《遼史兵衛志"御帳親軍""大首領部族軍"兩事目考源》，《北京大學學報》（人文科學版）1956年第2期。

[3]和凝：人名。鄆州須昌（今山東東平縣）人。五代後晋宰相。傳見本書卷一二七、《新五代史》卷五六。

[4]太子太傅：官名。與太子太師、太子太保統稱太子三師。隋唐以後多作加官或贈官。從一品。《輯本舊史》卷一〇〇《漢高祖紀下》天福十二年（947）九月己卯條："以前樞密使李崧爲太子太傅。"

[5]逢吉不悦：中華書局本有校勘記："'逢吉'二字原闕，據邵本校，《新五代史》卷三〇《蘇逢吉傳》、卷五七《李崧傳》，《册府》（明本）卷九三三補。"見明本《册府》卷九三三《總録部·誣構門二》。

[6]嶼：人名。即李嶼。深州饒陽（今河北饒陽縣）人。李崧之弟。五代後漢司封員外郎。事見本書卷一〇一、本卷。　䘵：人名。即李䘵。深州饒陽（今河北饒陽縣）人。李崧之弟。五代後漢國子博士。事見本書卷一〇一、本卷。

[7]楊邠：人名。魏州冠氏（今山東冠縣）人。五代後漢時任樞密使、宰相。傳見本書卷一〇七、《新五代史》卷三〇。

[8]葛延遇：人名。籍貫不詳。李嶼僕從。事見本書本卷《李崧傳》。

[9]李澄：人名。籍貫不詳。蘇逢吉下屬。事見本書本卷、《新五代史》卷五七。　遇有同輩李澄亦事逢吉：中華書局本有校勘記："'遇'，《册府》卷九三三作'延遇'。"見明本《册府》卷九三三《總録部·誣構門二》。

[10]"崧二弟嶼、䘵"至"遂一夕通謀告變"："延遇夜寄宿於澄家"，中華書局本有校勘記："'延遇'原作'葛延遇'，據《册府》卷九三三改。"《輯本舊史》之原輯者案語："《歐陽史》：是時，高祖將葬睿陵，河中李守貞反，澄乃教延遇告變，言崧與其甥王凝謀因山陵放火焚京師，又以蠟丸書通守貞。"見《新五代史》卷五七《李崧傳》。《舊五代史考異》："《東都事略·王溥傳》：世宗嘗問：'漢相李崧蠟彈書結契丹，有記其辭者否？'溥曰：'使崧有此，肯示人耶？蘇逢吉輩陷之爾。'是逢吉等陷崧，又謂其通契丹也。世宗遂優贈崧官。"此《考異》中華書局本有校勘記：

“‘漢相李崧蠟彈書結契丹’，‘相’原作‘祖’，據殿本、劉本、《東都事略》卷一八改。‘世宗遂優贈崧官’，以上七字原闕，據孔本、《東都事略》卷一八補。”其中“契丹”，《東都事略》作“北虜”。

［11］“既行”至“人士冤之”：《輯本舊史》之原輯者案語：“《歐陽史》：乘馬，從者去，無一人。”見《新五代史》卷五七《李崧傳》。《舊五代史考異》：“《東都事略·陶穀傳》：穀性傾險巧詆，其進緣李崧，崧之死，穀自謂有力焉。又《宋史·陶穀傳》：李崧以宅券獻逢吉，逢吉不悦，而崧子弟數出怨言，崧懼，移疾不出。族子昉，嘗往候崧，崧語昉曰：‘邇來朝廷于我有何議？’昉曰：‘無他，聞惟陶給事往往于稠人中厚誣叔父。’崧歎曰：‘穀自單州判官，吾取爲集賢校理，不數年擢掌誥命，吾何負于陶氏子哉！’及崧遇禍，昉嘗因公事詣穀，穀問昉：‘識李侍中否？’昉斂衽應曰：‘遠從叔耳。’穀曰：‘李氏之禍，穀出力焉。’昉聞之汗出。”見《東都事略》卷三〇《陶穀傳》、《宋史》卷二六九《陶穀傳》。《輯本舊史》卷一〇一《漢隱帝紀上》乾祐元年（948）十一月甲寅條：“誅太子太傅李崧及其弟司封員外郎嶼、國子博士嶬，夷其族，爲部曲誣告故也。詔曰：‘稔惡圖危，難逃天網；虧忠負義，必速神誅。李崧頃在前朝，最居重位，略無裨益，遂至滅亡。及事契丹，又爲親密，士民俱憤，險佞可知。先皇帝含垢掩瑕，推恩念舊，擢居一品，俾列三師。不謂潛有苞藏，謀危社稷，散差人使，潛結奸兇，俯近山陵，擬爲叛亂。按其所告，咸已伏辜，宜正典章，用懲奸逆。其李崧、李嶼、李嶬一家骨肉，及同謀作亂人，並從極法’云。”《新五代史》卷三〇《蘇逢吉傳》：“崧款自誣伏：‘與家僮二十人，謀因高祖山陵爲亂。’獄上中書，逢吉改‘二十人’爲‘五十人’，遂族崧家。”

［12］徐台符：人名。鎮州獲鹿（今河北石家莊市鹿泉區）人。五代大臣。傳見本書附録。

［13］乾祐：五代後漢高祖劉知遠年號（948）。隱帝劉承祐沿

用至乾祐三年（950）。北漢亦用此年號。

［14］“崧與徐台符同學相善”至“葛延遇、李澄亦以戮死”：《舊五代史考異》：“《宋史·李昉傳》：晋侍中崧，與昉同宗且同里，時人謂崧爲‘東李家’，昉爲‘西李家’。漢末，崧被誅，至宋，其子璨自蘇州常熟縣令赴調，昉爲訟其父冤，且言：‘周太祖已爲昭雪，贈官，還其田宅，録璨而官之。然璨幾五十，尚淹州縣之職。’詔授璨著作佐郎，後官至右贊善大夫。”見《宋史》卷二六五《李昉傳》。此《考異》中華書局本有校勘記：“‘昉爲西李家’，‘家’字原闕，據《宋史》卷二六五《李昉傳》補。‘後官至右贊善大夫’，‘右贊善’原作‘資善’，據《宋史》卷二六五《李昉傳》改。”《宋本册府》卷八〇四《總録部·義門四》：“徐台符先與漢故太子太傅李崧爲執友，乾祐中，崧爲部曲葛延遇、李澄等誣告，族滅。廣順中，台符爲兵部侍郎，白於宰府，請誅延遇等。宰相馮道以延遇等已經赦宥，未之許也。時王峻執政，聞台符之言，深加歎伏。因奏於太祖，遂誅延遇等。時人義之。”其中“台符爲兵部侍郎”之“台符”二字，據明本補。明本《册府》卷八七五《總録部·訟冤門四》：“李希用爲平山縣令，罷官，表訴從人諸葛知遇、李澄，乾祐中誣告殺弟太子太傅崧一家，其二人見存，乞推劾冤。勑付府司勘鞫。諸葛知遇、李澄尋戮死。”

［15］《大典》卷一〇三九〇“李”字韻“姓氏（三五）”事目。

蘇逢吉

蘇逢吉，長安人。[1]父悦，[2]逢吉母早喪，而悦鰥居，旁無侍者。性嗜酒，雖所飲不多，然漱醪終日。佗人供膳，皆不稱旨，俟逢吉庖炙，方肯下筯。悦初仕蜀，官升朝列，逢吉初學爲文，嘗代父染翰。悦嘗爲高祖從事，甚見禮遇，因從容薦逢吉曰："老夫耄矣，才器無取。男逢吉粗學援毫，性復恭恪，如公不以？犬之微，願令事左右。"高祖召見，以神精爽惠，[3]甚憐之。有頃，擢爲賓佐，凡有謀議，立侍其側。高祖素嚴毅，及鎮太原，位望崇重，從事稀得謁見，惟逢吉日侍左右。[4]兩使文簿，堆案盈几，左右不敢輒通，逢吉置於懷袖，俟其悦色則諮之，多見其可。

[1]長安：縣名。治所在今陝西西安市。

[2]悦：人名。即蘇悦。長安（今陝西西安市）人。五代低級官吏。本書僅此一見。

[3]以神精爽惠："精"，《宋本册府》卷七二九《幕府部·辟署門四》作"情"。明本《册府》卷八六七《總録部·内舉門》蘇悦條作"以精神爽聰"。

[4]"高祖素嚴毅"至"惟逢吉日侍左右"：明本《册府》卷三〇九《宰輔部·佐命門二》："天福十二年，秦州節度使叛入蜀，高祖聞之，歎曰：'中原無主，使藩侯一至於此，吾處方召之任，得無愧於心乎？'逢吉等曰：'大王出鎮邊裔，兵權久不在已，外不能撫四夷，内不能安牧伯，朝廷致敗，乃自失之。夫不有廢也，於何以興？皆天運使然，非大王之過。大王富有全晋之地，帶甲十萬，一呼一吸，海内孰不響應？足以雪家國之耻，足以圖帝王之業。幸不以小善小節爲拘累耳。'帝曰：'諸公何略之甚。吾以少主陷虜，心焉如灼，謀之與力，已不逭於重耳。皇緒若在，將欲保寶融事業足矣，安有他望耶？'高祖引咎養正，率皆如此。"

高祖建號於太原，逢吉自節度判官拜同平章事、集賢殿大學士。[1]車駕至汴，朝廷百司庶務，逢吉以爲己任，參決處置，並出胸臆，雖有當有否，而事無留滯。[2]會翰林學士李濤從容侍帝，[3]言及霸府二相，官秩未崇，逢吉旋加户部尚書，[4]未幾，轉左僕射，[5]監修國史。[6]從征杜重威於鄴下，[7]數乘醉抵辱周太祖。[8]及高祖大漸，與楊邠、史弘肇等卧内同受顧命。李濤與逢吉論甥舅之契，相得甚歡，濤之入相，逢吉甚有力焉。[9]會濤上章，請出兩樞密爲方鎮，帝怒，罷濤相，勒歸私第，時論疑濤承逢吉之風旨也。[10]

[1]集賢殿大學士：官名。唐中葉置，位在學士之上，以宰相兼。掌修書之事。　逢吉自節度判官拜同平章事、集賢殿大學士：《輯本舊史》卷九九《漢高祖紀上》天福十二年（947）四月甲子條："以河東節度判官蘇逢吉爲中書侍郎、同平章事、集賢殿大學士。"

[2]"車駕至汴"至"而事無留滯"：《新五代史》卷三〇《蘇逢吉傳》："是故漢世尤無法度，而不施德政，民莫有所稱焉。"

[3]李濤：人名。京兆萬年（今陝西西安市長安區）人。唐敬宗子郇王瑋後裔，五代後漢宰相。傳見《宋史》卷二六二。

[4]户部尚書：官名。尚書省户部長官。掌管全國土地、户籍、賦税、財政收支諸事。正三品。中華書局本沿《輯本舊史》作"逢吉旋加吏部尚書"，有校勘記："'吏部'，本書卷一〇〇《漢高祖紀下》、蘇逢吉墓誌（拓片刊《洛陽出土歷代墓誌輯繩》）作'户部'。"但未改，今據改。《輯本舊史》卷一〇〇《漢高祖紀下》天福十二年九月甲子條："宰臣蘇逢吉兼户部尚書。"同月甲戌條："宰臣蘇逢吉加左僕射、監修國史。"

[5]左僕射：官名。秦始置。隋、唐前期以左、右僕射佐尚書令總理六官，綱紀庶務，如不置尚書令，則總判省事，爲宰相之

職。唐後期多爲大臣加銜。從二品。

[6]監修國史：官名。北齊始置史館，以宰相爲之。唐史館沿置，爲宰相兼職。

[7]杜重威：人名。其先朔州（今山西朔州市朔城區）人，後徙居太原（今山西太原市）。五代後晋、後漢將領。傳見本書卷一〇九、《新五代史》卷五二。　鄴下：地名。即鄴都。位於今河北大名縣。

[8]周太祖：即郭威。邢州堯山（今河北隆堯縣）人。五代後周建立者。951 年至 954 年在位。紀見本書卷一一〇至卷一一三、《新五代史》卷一一。

[9]“李濤與逢吉論甥舅之契”至“逢吉甚有力焉”：明本《册府》卷三二四《宰輔部·薦賢門》：“漢蘇逢吉，爲相，時李濤在翰林，逢吉深眷待之。會四輔闕人，高祖欲擢用吏部尚書竇貞固，復問其次，逢吉曰：‘頃張彦澤以殺判官張式罷鎮，晋祖宥其罪，而李濤上疏極言彦澤之罪，宥之屈法。陛下在太原時，論朝士大夫，常重濤之爲人。’時高行周、慕容彦超圍杜重威於鄴，二師不協，高祖有親征之意，未決，會濤上疏，請駕征鄴，大合上旨，遂與貞固同日拜平章事。”

[10]時論疑濤承逢吉之風旨也：“也”字據明本《册府》卷三三七《宰輔部·樹黨門》補。《輯本舊史》卷一〇一《漢隱帝紀上》乾祐元年（948）三月丁丑條：“中書侍郎兼户部尚書、平章事李濤罷免，勒歸私第。時蘇逢吉等在中書，樞密使楊邠、副樞密使郭威等權勢甚盛，中書每有除授，多爲邠等所抑。濤不平之，因上疏請出邠等，以藩鎮授之，樞密之務，宜委逢吉、禹珪。疏入，邠等知之，乃見太后，泣訴其事，太后怒，濤由是獲譴。先是，中書厨釜鳴者數四，未幾，濤罷免。”《新五代史》卷三〇《蘇逢吉傳》：“李太后怒濤離間大臣，罷濤相，以楊邠兼平章事，事悉關決。逢吉、禹珪由是備位而已。”

先是，高祖踐祚之後，逢吉與蘇禹珪俱在中書，[1]有所除拜，多違舊制，用捨升降，率意任情，至有自白丁而升宦路、由流外而除令録者，不可勝數，物論紛然。高祖方倚信二相，莫敢言者。逢吉尤貪財貨，無所顧避，求進之士，稍有物力者，即遣人微露風旨，許以美秩。[2]及楊邠爲相，稍奪二蘇之權，自是中書盡斂手而已。[3]邠每懲二蘇之失，艱於除拜，至於諸司補吏與門胄出身，一切停罷，時論以邠之蔽錮，亦由逢吉、禹珪本不能至公於物之所致也。

[1]蘇禹珪：人名。高密（今山東高密市）人。劉知遠爲河東節度使時的屬官，五代後漢初任宰相。傳見本書卷一二七。　中書：官署名。“中書門下”的簡稱。唐代以來爲宰相處理政務的機構。參見劉後濱《唐代中書門下體制研究——公文形態・政務運行與制度變遷》，齊魯書社 2004 年版。

[2]“先是”至“許以美秩”：明本《册府》卷三三八《宰輔部・貪黷門》：“故鳳翔秦王從儼子永吉初至闕下，逢吉謂其侯王之裔，必有重貨，乃遣人求先人玉帶，且以一郡許之。永吉辭以素無此物，縱有者不堪奉獻。逢吉下令市一玉帶，價數千緡，使永吉償其直。又前客省使王筠受晋命，使於湖湘，漢初復命，逢吉重邀其賂，許酬名郡，筠不得已，分橐裝以奉。然俱不能踐其言，其貪詐如此。”

[3]自是中書盡斂手而已：中華書局本有校勘記：“‘自是’下《册府》卷三三五有‘中書’二字。按《通鑑》卷二八八：‘凡中書除官，諸司奏事，帝皆委邠斟酌，自是三相拱手。’”但未補。見明本《册府》卷三三五《宰輔部・不稱門》楊邠條，《通鑑》卷二八八乾祐元年（948）四月條，今據補。《輯本舊史》卷一〇一

《漢隱帝紀上》乾祐元年三月丁丑條："中書每有除授，多爲邠等所抑。濤不平之，因上疏請出邠等，以藩鎮授之，樞密之務，宜委逢吉、禹珪。"

初，高祖至汴，以故相馮道、李崧爲契丹所俘，竚於真定，[1]乃以崧第賜逢吉，道第賜禹珪，崧於西洛有别業，[2]亦爲逢吉所有。及真定逐契丹，崧、道歸朝。崧弟嶼以逢吉占據其第，時出怨言。未幾，崧以西京宅券獻於逢吉，逢吉不悦。[3]會崧有僕夫欲誣告謀反，逢吉誘致其狀，即告史弘肇，令逮捕其家。逢吉遣直省吏召崧至第，即令監至侍衛獄。翌日，所司以獄辭上，其李嶼款招云："與兄崧、弟嶬，與家僮二十人商議，比至山陵發引之時，同放火謀亂，其告是實。"蓋自誣之辭也。逢吉仍以筆添注"二十人"字爲"五十人"，封下有司，盡誅崧家。時人冤之，歸咎於逢吉。逢吉深文好殺，初從高祖在太原時，嘗因事，高祖命逢吉静獄，以祈福祐，逢吉盡殺禁囚以報。及執朝政，尤愛刑戮。朝廷患諸處盜賊，遣使捕逐，逢吉自草詔意云："應有賊盜，其本家及四鄰同保人，並仰所在全族處斬。"或謂逢吉曰："爲盜者族誅，猶非王法，鄰保同罪，不亦甚乎?"逢吉堅以爲是，竟去"全族"二字。時有鄆州捕賊使臣張令柔者，盡殺平陰縣十七村民，[4]良由此也。[5]

[1]真定：縣名。治所在今河北正定縣。

[2]西洛：即洛陽。地名。位於今河南洛陽市。

[3]逢吉不悦：中華書局本有校勘記："'逢吉'二字原闕，據邵本校，《新五代史》卷三〇《蘇逢吉傳》、卷五七《李崧傳》，《通鑑》卷二八八補。"見《通鑑》卷二八八乾祐元年（948）十一月甲寅條。

[4]平陰縣：縣名。治所在今山東平陰縣。

[5]"逢吉深文好殺"至"良由此也"："初從高祖在太原時"之"初"，"時有鄆州捕賊使臣張令柔者"之"者"，均據《宋本册府》卷九四一《總録部·殘虐門》補。"嘗因事"，《新五代史》卷三〇謂"以生日"。《輯本舊史》之影庫本粘籤："平陰，原本作'乎除'，今從《通鑑》改正。"見《通鑑》卷二八七天福十二年（947）八月乙未條。"十七村民"，《新五代史》卷三〇本傳作"十七村民數百人"，又云："衛州刺史葉仁魯聞部有盜，自帥兵捕之。時村民十數共逐盜，入于山中，盜皆散走。仁魯從後至，見民捕盜者，以爲賊，悉擒之，斷其脚筋，暴之山麓，宛轉號呼，累日而死。聞者不勝其冤，而逢吉以仁魯爲能，由是天下因盜殺人滋濫。"

逢吉性侈靡，好鮮衣美食，中書公膳，鄙而不食，私庖供饌，務盡甘珍，嘗於私第大張酒樂，以召權貴，所費千餘緡。其妻武氏卒，[1]葬送甚盛，班行官及外州節制，有與逢吉相款洽者，皆令齎送綾羅絹帛，以備縞素，失禮違度，一至如此。又性不拘名教，繼母死不行服，妻死未周，其子並授官秩。有庶兄自外至，不白逢吉，便見諸子，逢吉怒，且懼他日淩弱其子息，乃密白高祖，[2]誣以他事杖殺之。

[1]武氏：蘇逢吉妻。本書僅此一見。

[2]乃密白高祖：《通鑑》卷二八七天福十二年（947）八月乙

未條作“密語郭威”。

乾祐二年秋，加守司空。[1]周太祖之將鎮鄴也，逢吉奏請落樞密使，隱帝曰：[2]“有前例否？”逢吉奏白：“樞密之任，方鎮帶之非便。”史弘肇曰：“兼帶樞密，所冀諸軍禀畏。”竟從弘肇之議。弘肇怨逢吉之異己，逢吉曰：“此國家之事也，且以内制外則順，以外制内豈得便耶！”事雖不從，物議多之。居無何，王章張飲，[3]會逢吉與史弘肇有謔言，大爲弘肇所詬，逢吉不校，幾至毆擊，逢吉馳馬而歸，自是將相失歡。逢吉欲希外任，以紓弘肇之怒，既而中輟。人問其故，逢吉曰：“苟領一方鎮，祇消得史公一處分，[4]則爲齏粉矣。”

[1]司空：官名。與太尉、司徒並爲三公，唐後期、五代多爲大臣、勳貴加官。正一品。　乾祐二年秋，加守司空：《輯本舊史》卷一〇一《漢隱帝紀上》乾祐元年（948）四月庚寅條：“宰臣竇貞固、蘇逢吉、蘇禹珪並進封開國公。”卷一〇二《漢隱帝紀中》乾祐二年九月辛亥條：“蘇逢吉加守司空。”同年十月癸未條：“監修國史蘇逢吉、史官賈緯以所撰《高祖實録》二十卷上之。”

[2]隱帝：即五代後漢隱帝劉承祐。後漢高祖劉知遠次子。948年至950年在位。紀見本書卷一〇一至卷一〇三、《新五代史》卷一〇。

[3]王章：人名。大名南樂（今河南南樂縣）人。五代後漢三司使、同平章事，以聚斂刻急著稱。傳見本書卷一〇七、《新五代史》卷三〇。

[4]祇消得史公一處分：《輯本舊史》之影庫本粘籤：“處分，原本作‘虚分’。考《通鑑》云：逢吉欲求外鎮以避之，既而中止

曰：'吾去朝廷，止煩史公一處分，吾齏粉矣。'今改正。"見《通鑑》卷二八九乾祐三年五月癸丑條。

李業輩惡弘肇、楊邠等，[1]逢吉知之，每見業等，即微以言激怒之。及弘肇等被害，逢吉不預其謀，聞變驚駭，即受宣徽，[2]權知樞密院事。[3]尋令草制正授，制入，聞鄴兵至澶州，[4]乃止。事急，逢吉謂人曰："蕭牆之變，太覺匆遽，主上若有一言見問，必不至是矣。"數夕宿於金祥殿之東，[5]謂天官正王處訥曰：[6]"夜來就枕未瞑，已見李崧在傍，生人與死人相接，無吉事也。"及周太祖自鄴至汴，官軍敗於劉子陂，[7]是夕，逢吉宿於七里郊，與同舍痛飲，醉將自刎，[8]左右止之。至曙，與隱帝同抵民舍，遂自殺。周太祖定京城，與聶文進等同梟於北市，[9]釋其家族。其梟首之所，適當李崧冤死之地。[10]廣順初，[11]詔就西京賜其子莊宅各一區。[12]《永樂大典》卷二千三百九十二。[13]

[1]李業：人名。晉陽（今山西太原市）人。五代後漢高祖李皇后弟。隱帝時受信任，掌宮廷財務。傳見本書卷一〇七、《新五代史》卷三〇。

[2]宣徽：官名。唐始置。宣徽南院使、北院使通稱宣徽使。初用宦官，五代以後改用士人。通掌內諸司及三班內侍之名籍，郊祀、朝會、宴享供帳之儀，檢視內外進奉名物。參見王永平《論唐代宣徽使》，《中國史研究》1995年第1期；王孫盈政《再論唐代的宣徽使》，《中華文史論叢》2018年第3期。

[3]知樞密院事：官名。五代後晉天福元年（936）始置，主管樞密院政務。《輯本舊史》卷一〇三《漢隱帝紀下》乾祐三年

（950）七月丙子條："帝御崇元殿，授皇太后册，命宰臣蘇逢吉行禮。"同年十一月丙子條："以宰臣蘇逢吉權知樞密院事。"

［4］澶州：州名。唐、五代初，治所在今河南清豐縣。後晋天福四年（939），移治於今河南濮陽縣。

［5］金祥殿：宫殿名。位於今河南開封市。

［6］天官正：官名。亦作"夏官正"。唐乾元元年（758）置，屬秘書省司天臺，掌司四時及其方之變異。正五品上。中華書局本有校勘記："'天官正'，《新五代史》卷三〇《蘇逢吉傳》作'司天夏官正'。《册府》卷九四一作'春官正'。按《宋史》卷一六五《職官志》五，時司天監屬官有春官正、夏官正而無天官正。《宋史》卷四六一《王處訥傳》：'漢祖……即位，擢爲司天夏官正。'"見《宋本册府》卷九四一《總録部·殃咎門》。　王處訥：人名。洛陽（今河南洛陽市）人。五代末、宋初天文術數家。傳見《宋史》卷四六一。

［7］劉子陂：地名。位於今河南封丘縣南。

［8］醉將自刎：明本《册府》卷九四一《總録部·殃報門》作"醉，索刃將自剄"。《輯本舊史》卷一〇三記此事在乾祐三年十一月乙酉。

［9］聶文進：人名。并州（今山西太原市）人。五代後漢隱帝寵臣。傳見本書卷一〇七、《新五代史》卷三〇。

［10］其梟首之所，適當李崧冤死之地：《通鑑》卷二九〇廣順元年（951）正月庚辰條："帝以蘇逢吉之第賜王峻，峻曰：'是逢吉所以族李崧也！'辭而不處。"

［11］廣順：五代後周太祖郭威年號（951—953）。

［12］詔就西京賜其子莊宅各一區：《輯本舊史》卷一一一《周太祖紀二》廣順元年三月丙戌條："詔曰：'故蘇逢吉、劉銖，頃在漢朝，與朕同事。朕自平禍亂，不念仇讎，尋示優弘，與全家屬。尚以幼稚無託，衣食是艱，將行矜恤之恩，俾獲生存之路，報怨以德，非我負人。賜逢吉骨肉洛京莊宅各一。賜劉銖骨肉陝州莊宅

各一。’”

[13]《大典》卷二三九二“蘇”字韻“姓氏（三）”事目。《輯本舊史》於此後引《五代史補》：“高祖在河東幕府，闕書記，朝廷除前進士丘廷敏爲之，以高祖有異志，恐爲所累，辭疾不赴，遂改蘇逢吉。未幾，契丹南侵，高祖仗順而起，兵不血刃而天下定，逢吉以佐命功，自掌書記拜中書侍郎、平章事。逾年，廷敏始選授鳳翔麟遊縣令。過堂之日，逢吉戲之，且撫所坐椅子曰：‘合是長官坐，何故讓與鄙夫耶？’廷敏遂慚悚而退。”

李鏻

李鏻，唐宗屬也。父洎，[1]韶州刺史。[2]伯父湯，[3]咸通中爲給事中。[4]懿宗除乳母楚國夫人壻爲夏州刺史，[5]湯封還制書，詔曰：“朕少失所親，若非楚國夫人鞠養，則無朕此身，雖非朝典，望卿放下，仍今後不得援以爲例。”湯乃奉詔，其諒直如此。

[1]洎：人名。即李洎。本書僅此一見。

[2]韶州：州名。治所在今廣東韶關市。　刺史：官名。州一級行政長官。西漢武帝時始置，總掌考核官吏、勸課農桑、地方教化等事。唐中期以後，節度使、觀察使轄州而設，刺史爲其屬官，職任漸輕。從三品至正四品下。

[3]湯：人名。即李湯。本書僅此一見。《新五代史》卷五七《李鏻傳》作“陽”。中華書局本《新五代史》有校勘記：“《新唐書》卷七〇下《宗室世系表》，湯昆弟有澮、深、洎，名皆從水。疑‘陽’爲‘湯’之訛。”

[4]咸通：唐懿宗李漼年號（860—874）。　給事中：官名。

秦始置。隋唐以來，爲門下省屬官。掌讀署奏抄、駁正違失。正五品上。

[5]懿宗：即唐懿宗李漼。859年至873年在位。紀見《舊唐書》卷一九上、《新唐書》卷九。　楚國夫人：唐懿宗李漼乳母。事跡不詳。　夏州：州名。治所在今陝西靖邊縣。

鏻少舉進士，累舉不第，客游河朔，[1]稱清海軍掌書記，[2]謁定州王處直，[3]不見禮。鏻即脱緑被緋，入常山謁要人李弘規，[4]以宗姓，請兄事之，由是得進。[5]趙王鎔辟爲從事，[6]鎔卒，復爲王德明賓客。[7]德明使鏻聘於唐莊宗，[8]鏻密疏德明之罪，且言可圖之狀，莊宗嘉之。及常山平，以鏻爲霸府支使。[9]嘗從容請於莊宗曰："鏻有四子，請誅之。"莊宗問其故，對曰："此輩生於常山，稟勃亂之氣，不可留也。"莊宗笑而止。同光初，授宗正卿，[10]俄兼工部侍郎。[11]常山有唐啓運陵，[12]鏻受富民李守恭賂，[13]署爲陵臺令。[14]守恭暴横，爲長吏所訴，按之以聞，鏻左授司農少卿，[15]削金紫，未幾，出爲河府副使。[16]

[1]河朔：古地區名。泛指黄河以北地區。

[2]清海軍：方鎮名。治所在廣州（今廣東廣州市）。

[3]定州：州名。治所在今河北定州市。　王處直：人名。京兆萬年（今陝西西安市長安區）人。唐末、五代軍閥。傳見本書卷五四、《新五代史》卷三九。

[4]常山：即鎮州，治所在今河北正定縣。　李弘規：人名。籍貫不詳。唐末、五代宦官。事見《新五代史》卷五七。

[5]"鏻少舉進士"至"由是得進"：《輯本舊史》之原輯者案

語："《歐陽史》云：鏻爲人利口敢言。"見《新五代史》卷五七《李鏻傳》。

［6］鎔：人名。即王鎔。回鶻人。唐末、五代軍閥，朱温後封趙王。傳見本書卷五四、《新五代史》卷三九。　趙王鎔辟爲從事：《宋本册府》卷九二八《總録部·嗜好門》："後唐李鏻嘗爲鎮州王鎔判官，善飲茶，嘗呼'喫茶郎中'。"

［7］王德明：人名。即張文禮。張文禮被王鎔收爲義子後，賜姓王，名德明。傳見本書卷六二，事見《新五代史》卷三九《王鎔傳》。

［8］唐莊宗：即李存勗。代北沙陀部人，五代後唐開國皇帝。923年至926年在位。紀見本書卷二七至卷三四、《新五代史》卷四至卷五。

［9］支使：官名。唐五代節度使、觀察使等下屬官員中有支使，其職與掌書記同。位在副使、判官之下，推官之上。掌表奏書檄等。

［10］宗正卿：官名。秦始置宗正，南朝梁始有宗正卿之官。由宗室充任。掌皇族外戚屬籍。正三品。

［11］工部侍郎：官名。尚書省工部次官。協助尚書掌管百工、山澤、水土之政令，考其功以詔賞罰，總所同各司之事。正四品下。

［12］啓運陵：陵墓名。又名"延光陵"。唐高祖李淵曾祖唐光宗陵墓。位於今河北隆堯縣魏家莊鄉王尹村北。

［13］李守恭：人名。籍貫不詳。本書僅此一見。

［14］陵臺令：官名。唐置陵臺，掌管皇陵事務。五代沿用，長官爲陵臺令。從五品上。

［15］司農少卿：官名。唐司農寺次官。佐司農卿掌管倉廪、籍田、苑囿諸事。從四品上。

［16］河府：即河中府。　副使：官名。唐五代方鎮屬官。位於行軍司馬之下、判官之上。　"同光初"至"出爲河府副使"：明

本《册府》卷四八一《臺省部·譴責門》:“後唐李鏻，莊宗時自宗正卿遷工部侍郎。同光三年七月敕：‘罰罪賞功，大朝甞憲；掩瑕宥過，前聖格言。工部侍郎李鏻、宗正少卿李瓊等，早在公途，忝居班列，靡思畏懼，各犯刑章。因補置官史之秋，見詐僞依違之迹，自招罪狀，合置嚴科。但以甞預臣僚，始當興復，特示哀矜之旨，俾寬流遣之文，降秩趨朝，殊爲輕典，推恩念舊，所宜慎思。鏻可責授朝散大夫、司農少卿。瓊可責授朝議郎，守太子中舍。”下有注:“初，魏州興建，李鏻爲宗正卿，李仁（瓊）爲少卿，赴州。昭應縣有獻祖宣皇帝建初陵，少祖光皇帝啓運陵，帝踐祚之後，宗正司條奏陵園故事，請量建建初、啓運陵。臺令許之。時僞稱宗子者數百，宗寺既無譜牒，無憑證據，有昭慶百姓稱宗子，言世爲丹陽竟陵臺令，投詣宗寺，請爲臺令。李瓊莫測其繇，憑其僞書，即而補之。其人既至本處，出入建絳旌，豪視長吏，復侵奪近墓民田百餘頃，言是陵園壖地。百姓詣府陳訴，州府不能辨疑，乃具狀問。天子下公卿訪丹陽、竟陵故事，是何帝寢。遂檢列聖陵園，及追封高祖、太子諸王尊號者，皆無丹陽、竟陵之號，其僞百姓、宗正司吏皆伏法。瓊、鏻以不覆實，謬補奸人，貶之，葢以有鏻從龍舊恩也。丹陽之地，比無南方，竟陵之名，六朝故事，鏻等不知書之故也。”

明宗即位，歷兵部、户部侍郎，工部、户部尚書。[1]長興中，以與明宗有舊，常貯入相之意，從容謂時相曰:“唐祚中興，宜敦敘宗室，才高者合居相位。僕雖不才，曾事莊宗霸府，見今上於藩邸時。家代重侯累相，靖安李氏，不在諸族之下，論才較藝，何讓衆人，久置僕於朝行，諸君安乎?”馮道、趙鳳每怒其僭。[2]有頃，鏻因淮南細人言事，乃謂樞密使安重誨曰：[3]“僞吴欲歸國久矣，若朝廷先遣使諭之，則旋踵而至矣。”重誨然之，以玉帶與細人，令往淮南爲信，久而不反，由是出鏻爲兖州行軍司馬。[4]得代歸闕，復爲户部尚書，尋轉兵部尚書，有頃，兼判太常卿事。[5]嘗權典選部，銓綜失序，物論非之。[6]晋天福中，守太子少保；[7]開運中，遷太子太保。[8]高祖至闕，授守司徒，[9]數月而卒，年八十八。詔贈太傅。[10]《永樂大典》卷一萬三百九十。[11]

[1]歷兵部、户部侍郎，工部、户部尚書：明本《册府》卷四八一《臺省部·輕躁門》：“漢李鏻，初仕後唐，歷工部、户部侍郎，工部尚書。”《輯本舊史》卷三七《唐明宗紀三》天成元年十月庚寅條：“以河中節度副使李鏻爲太子賓客。”卷三八《唐明宗紀四》天成二年二月戊申條：“以太子賓客李鏻爲户部尚書。”同年六月乙未條：“户部尚書李鏻上言：‘請朝班自四品已上官各許薦令録兩人，五品、六品官各薦簿尉兩人，功過賞罰，與舉者同之。’詔從之。”

[2]趙鳳：人名。幽州（今北京市）人。五代後唐明宗朝宰相。傳見本書卷六七、《新五代史》卷二八。

[3]安重誨：人名。應州（今山西應縣）人。五代後唐大臣。傳見本書卷六六、《新五代史》卷二四。

[4]兖州：州名。治所在今山東濟寧市兖州區。　行軍司馬：官名。出征將領及節度使的屬官。掌軍籍符伍，號令印信，是藩鎮重要的軍政官員。

[5]太常卿：官名。太常寺長官。掌宗廟禮儀。正三品。

[6]“長興中”至“物論非之”：“不在諸族之下”，明本《册府》卷四八一作“不在諸侯之下”。《輯本舊史》卷四一《唐明宗

紀七》長興元年（930）四月丁未條："以户部尚書李鏻爲兗州行軍司馬，坐引淮南覘人賂安重誨寶帶也。"卷四三《唐明宗紀九》長興三年七月壬辰條："以前兗州行軍司馬李鏻爲户部尚書。"卷四四《唐明宗紀十》長興四年九月甲戌條："以户部尚書李鏻爲兵部尚書。"卷四五《唐閔帝紀》長興四年十二月丁巳條："以兵部尚書李鏻爲鹵簿使。"卷四七《唐末帝紀中》清泰二年（935）五月庚申條："以兵部尚書李鏻爲太常卿。"卷四八《唐末帝紀下》清泰三年二月丁丑條："以太常卿李鏻爲兵部尚書。"《新五代史》卷五七《李鏻傳》："初，李愚自太常卿作相，而盧文紀代之。及文紀作相，鏻乃求爲太常卿。及拜命，中謝曰：'臣叨入相之資。'朝士傳以爲笑。"明本《册府》卷四八一："鏻日生妄動，切欲爲宰相，人望非允。鏻乃引僞吴覘人見樞密使安重誨，云：'吴國執政徐知誥將舉國稱藩，願得令公一信即來歸向。'重誨不察事機，即以實然，因出玉帶與覘者，令歸，工估其數千緡，經歲無所聞，意成虚語。初，鏻以此曲中冀得宰相，乃左授行軍司馬。（閔）帝應順初，以兵部尚書使潭州，聞末帝即位，謂左右曰：'吾久合作相，被人沮滯，否泰之道信然。吾於大相公事舊太祖，公作帝矣，予輔宜然。'從者相慶。鏻至荆州，留信宿，告高從誨求賀升極貢物，言己必當輔弼。從誨從其所求。翌月，延召酒闌，從誨謂副使馬承翰曰：'朝廷大僚，孰有相望？'承翰素不悦鏻所爲，即對曰：'朝士聞相望者，崔居儉、尚書姚顗、左丞盧文紀，太常又其次。今聞拜矣，諸士皆無相望。'鏻赧然不悦，從誨坐中索今日報狀，示鏻姚顗命相。制下，鏻曰：'吾老矣！安能輔大政！知税駕之所矣！'"

[7]太子少保：官名。與太子少傅、太子少師合稱三少，唐後期、五代多爲大臣、勳貴加官。從二品。

[8]太子太保：官名。與太子太師、太子太傅統稱太子三師。隋唐以後多作加官或贈官。從一品。　"晋天福中"至"遷太子太保"：《輯本舊史》卷七六《晋高祖紀二》天福二年（937）三月戊寅條："以兵部尚書李鏻爲太子少保。"《輯本舊史》卷八三《晋

少帝紀三》開運元年（944）八月甲辰條："太子少保李鏻改太子太保。"卷一二八《盧損傳》言盧損退居潁川，"時少保李鏻年將八十，善服氣導引，損以鏻遐壽有道術，酷慕之"。

[9]司徒：官名。與太尉、司空並爲三公，唐後期、五代多爲大臣、勳貴加官。正一品。

[10]太傅：官名。與太師、太保合稱三師，唐後期、五代多爲大臣、勳貴加官。正一品。　"高祖至闕"至"詔贈太傅"：《輯本舊史》卷一〇〇《漢高祖紀下》天福十二年十月癸未條："以太子太保李鏻爲司徒。"同年十二月庚子條："司徒李鏻薨。"

[11]《大典》卷一〇三九〇"李"字韻"姓氏（三五）"事目。

龍敏

龍敏，字欲訥，[1]幽州永清人。[2]少學爲儒，仕鄉里爲假掾。[3]劉守光不道，[4]敏避地浮陽，[5]會戴思遠渡河而南，[6]乃從之。鄉人周知裕仕梁爲裨將，[7]敏往依焉，知裕屢薦不調，敏丐游都邑累年。唐莊宗定魏博，[8]敏聞故人馮道爲霸府記室，乃客于河中，歲内歸太原，[9]館於馮道之家，監軍使張承業即署敏爲巡官，[10]典監軍奏記。[11]莊宗平河洛，徵爲司門員外郎，[12]以家貧乏養，求爲興唐少尹。[13]踰年，丁母喪，退居鄴下，會趙在禮據鄴城，[14]以敏鄉人，强起令署事，又爲亂軍所迫，敏不敢拒。明年，在禮鎮浮陽，敏復居喪制，服闋，除户部郎中，改諫議大夫、御史中丞。[15]時敏父咸式年七十，[16]咸式之父年九十餘，敏供養二尊，[17]朝夕無懈。咸式以敏貴，得秘書監致仕。[18]敏爲兵部侍郎，[19]奉使幽州，鄉里耆舊留宴盡歡。馮贇爲北京留守，[20]奏敏爲副，贇入掌樞機，敏爲吏部侍郎。[21]

[1]字欲訥：《輯本舊史》之影庫本粘籤："欲訥，原本作'慾詠'，今從《太平御覽》改正。"查《御覽》，未見此記載。但《新五代史》卷五六《龍敏傳》亦言其"字欲訥"。

[2]幽州：州名。治所在今北京市。　永清：縣名。治所在今河北永清縣。

[3]仕鄉里爲假掾：《新五代史》卷五六作"少仕州攝參軍"。

[4]劉守光：人名。深州樂壽（今河北獻縣）人。唐末幽州節度使劉仁恭之子。劉守光囚父自立，後號大燕皇帝，爲晋王李存勗俘殺。傳見本書卷一三五、《新五代史》卷三九。

[5]浮陽：古縣名。治所在今河北滄縣。

[6]戴思遠：人名。籍貫不詳。五代後梁、後唐將領。傳見本書卷六四。

[7]周知裕：人名。幽州（今北京市）人。五代後梁、後唐將領。少事劉仁恭，入後梁爲歸化軍指揮使，梁亡降後唐，歷任房州刺史、安州留後等職。傳見本書卷六四、《新五代史》卷四五。

[8]魏博：方鎮名。治所在魏州貴鄉縣（今河北大名縣）。

[9]歲内歸太原：中華書局本有校勘記："'内'字原闕，據《册府》卷七二九補。"見《宋本册府》卷七二九《幕府部·辟署門四》。又《册府》該條："（龍敏）館於馮道之家。監軍使張承業從容謂道曰：'吾子鄉友南來，何不相見？'遂得通刺。會莊宗在魏州召道從軍，承業即署敏爲巡官，典監軍奏記。"

[10]監軍使：官名。五代時期後唐設置，派於諸道，掌監護軍隊。　張承業：人名。同州（今陝西大荔縣）人。唐末五代宦官，河東監軍。傳見本書卷七二、《新五代史》卷三八。　巡官：官名。唐代節度、觀察、團練、防禦諸使屬官。掌巡察事務，地位在判

官、推官之次。

[11]監軍：官名。爲臨時差遣，代表朝廷協理軍務、督察將帥。唐、五代時常以宦官爲監軍。　奏記：官名。掌管奏章函牘等事。

[12]司門員外郎：官名。尚書省刑部司門司副官。協助長官掌本司之賬籍。從六品上。

[13]興唐：縣名。五代後唐同光元年（923）由元城縣改名而來。治所在今河北大名縣。　少尹：官名。唐、五代於三京、鳳翔等府均置少尹，爲尹的副職。協助尹通判列曹諸務。從四品下。　興唐少尹：《新五代史》卷五六作“興唐尹”。《輯本舊史》卷二九《唐莊宗紀三》同光元年四月條：“詔升魏州爲東京興唐府。”明本《册府》卷一一四《帝王部·巡幸門三》唐莊宗同光三年正月癸卯條載，駕次新鄉，鄴都“副留守張憲遣少尹龍敏奉表謁於路”。

[14]趙在禮：人名。涿州（今河北涿州市）人。五代後唐、後晉將領。傳見本書卷九〇、《新五代史》卷四六。

[15]諫議大夫：官名。隸門下省。唐代置左、右諫議大夫各四人，分隸門下省、中書省。掌諫諭得失，侍從贊相。正四品下。　御史中丞：官名。如不置御史大夫，則爲御史臺長官。掌司法監察。正四品下。《輯本舊史》卷四四《唐明宗紀十》長興四年（933）二月庚午條：“以右諫議大夫龍敏爲御史中丞。”同年六月癸亥條：“詔御史中丞龍敏等詳定《大中統類》。”《宋本册府》卷五一七《憲官部·振舉門二》唐明宗條長興四年五月二十五日：“御史中丞龍敏等奏陳事如後：‘一，伏以臺司除御史中丞隨行印，及左右巡使、監察使并出使印等外，其御史臺印一面，先準令式，即是主簿監臨。近年已來，緣無主簿，遂至内彈御史權時主持，常隨本官，出入不定。伏緣臺中公事，不同諸司，動繫重難，常憂遲滯，當奏申堂之際，及牒州牒府之時，事無重輕，並使此印。今準令式，逐日有御史一員臺直，承受制勑公文。其御史臺印，今欲勒留臺中，不令在外。選差令史一人，帖司一人，同知此印。凡有諸

色文案印發之時，指揮諸司，各置印曆一道，具其事節件數，書在曆中，即於直官面前，點檢印發，其印至夜封閉，候交直轉付下次直官，共議執行，保無差謬者。一，伏以御史臺事總朝綱，職司天憲，所管人吏色役最多。上至朝堂，次及班列。或在京勾檢公事，或外地催勘稽違，監守狴牢，行遣案牘；或隨從出使，或祠祭監臨。凡有係於臺司，皆須籍其人吏。俾無闕事，以贊國容。近年已來，人數極少，及月限者授官出外，爲官滿者追呼未來，人力既到不免，公事便至停滯。切以往歲臺中亦闕人吏，曾於諸州抽取。今欲於諸州使院内，量事差取十人，據臺中諸司闕人，臨時量材填補者。一，其臺中令史，今欲條流凡出官考滿却來歸司者，便具到日，申堂請以到日繫其選限，如有經年不到，追領不來，即具申堂，便乞除落名姓。'奉敕：'宜依。凡京百司人吏，考滿歸司，繫其選限，亦宜令準此。'"

[16]咸式：人名。即龐咸式。幽州永清（今河北永清縣）人。龐敏之父。事見本書本卷。

[17]敏供養二尊：中華書局本有校勘記："'敏'字原闕，據《册府》卷七八二補。"見《宋本册府》卷七八二《總録部·榮遇門》。

[18]秘書監：官名。秘書省長官。東漢始置，掌圖書秘記等。從三品。

[19]敏爲兵部侍郎：《輯本舊史》卷四五《唐閔帝紀》長興四年十二月丁巳條："御史中丞龍敏爲儀仗使。"同卷應順元年閏正月戊申條："以御史中丞龍敏爲兵部侍郎。"

[20]馮贇：人名。太原（今山西太原市）人。五代後唐明宗朝宰相、三司使。傳見《新五代史》卷二七。　北京：即太原府。治所在今山西太原市。　留守：官名。古代皇帝出巡或親征時指定親王或大臣留守京城，綜理國家軍事、行政、民事、財政等事務，稱京城留守。在陪都或軍事重鎮也常設留守，以地方長官兼任。

[21]吏部侍郎：官名。尚書省吏部次官。協助吏部尚書掌文

選、勳封、考課之政。正四品上。　敏爲吏部侍郎：《輯本舊史》卷四六《唐末帝紀上》清泰元年（934）八月甲申條："以兵部侍郎龍敏爲吏部侍郎。"明本《册府》卷一五四《帝王部·明罰門三》唐末帝清泰三年二月條："監察使奏薦饗太廟。其月十九日，尚書省受誓戒故事，諸行事官質明至省候太尉。其日行事官與攝太尉宰臣並先到，其攝司空吏部侍郎龍敏後至，雖及受誓戒，其候太尉違禮，詔罰一季俸料。"

敏學術不甚長，然外柔而内剛，愛決斷大計。清泰末，從唐末帝在懷州，[1]時趙德鈞父子有異圖，[2]晋安砦旦夕憂陷。[3]末帝計無從出，問計於從臣。敏奏曰："臣有一計，請以援兵從東丹王李贊華取幽州路趨西樓，[4]虜主必有北顧之患。"[5]末帝然之而不能用。敏又謂末帝親將李懿曰：[6]"君連姻帝戚，社稷之危，不俟翹足，安得默默苟全耶！"懿因籌德鈞必破蕃軍之狀，敏曰："僕燕人也，諳趙德鈞之爲人，膽小謀拙，所長者守城砦、嬰壕塹、篤勵健兒耳！若見大敵，奮不顧身，摧堅陷陣，必不能矣。況名位震主，姦以謀身乎？僕有狂策，不知濟否，苟能必行，亦救寨之一術也。"懿請言之，曰："如聞駕前馬僅五千匹，[7]請於其間選擇壯馬精甲健夫千人，僕願得與郎萬金二人由介休路出山，[8]夜冒虜騎，[9]循山入大砦，千騎之内，得其半濟，則砦無虞矣。張敬達等幽閉，[10]不知朝廷援兵近遠，若知大軍在團柏谷中，[11]有鐵障亦可衝踏，[12]況敵騎乎！"末帝聞之曰："龍敏之心極壯，用之晚矣。"人亦以爲大言，然其慷慨感激，皆此類也。

[1]唐末帝：即五代後唐廢帝李從珂。鎮州平山（今河北平山縣）人。本姓王氏，爲後唐明宗養子，改名從珂。明宗入洛陽，李從珂率兵追隨，以功拜河中節度使，封潞王。閔帝李從厚即位，李從珂據城發動兵變，改鳳翔節度使。清泰元年（934）率軍東攻洛陽，廢黜愍帝，自立爲帝。清泰三年，石敬瑭與契丹合兵攻陷洛陽，自焚而死。紀見本書卷四六至卷四八、《新五代史》卷七。　懷州：州名。治所在今河南沁陽市。

[2]趙德鈞：人名。幽州（今北京市）人。初爲幽州節度使劉守光部將，後爲五代後唐將領，復投降遼國。傳見本書卷九八。

[3]晉安砦：地名。即晉安寨。位於今山西太原市。　"清泰末"至"晉安砦旦夕憂陷"：《新五代史》卷五六《龍敏傳》："是時，晉高祖起太原，乞兵契丹。"

[4]李贊華：人名。本名耶律倍，小名突欲。遼太祖耶律阿保機長子，封東丹王。其弟耶律德光即位，是爲遼太宗。突欲憤而降後唐，明宗賜名李贊華。傳見《遼史》卷七二。　西樓：地名。泛指遼朝上京（皇都、臨潢府），參見陳曉偉《捺鉢與行國政治中心論——遼初"四樓"問題真相發覆》，《歷史研究》2016年第6期。

[5]虜主必有北顧之患："虜"，中華書局本沿《輯本舊史》作"契丹"，此因清輯者忌諱而改，今據明本《册府》卷四七七《臺省部·謀畫門》回改。《輯本舊史》卷四八《唐末帝紀下》清泰三年（936）九月辛亥條："召吏部侍郎龍敏訪以機事，敏勸帝立東丹王贊華爲契丹主，以兵援送入蕃，則契丹主有後顧之患，不能久駐漢地矣。帝深以爲然，竟不行其謀。"《通鑑》卷二八〇天福元年（936）九月條："帝以晉安爲憂，問策於群臣，吏部侍郎永清龍敏請立李贊華爲契丹主，令天雄、盧龍二鎮分兵送之，自幽州趣西樓，朝廷露檄言之，契丹主必有内顧之憂，然後選募軍中精鋭以擊之，此亦解圍之一策也。帝深以爲然，而執政恐其無成，議竟不決。"

[6]李懿：人名。籍貫不詳。五代大臣。事見本書本卷、《通

鑑》卷二八〇。《舊五代史考異》:"《通鑑》作前鄭州防禦使李懿。"

[7]如聞駕前馬僅五千匹:中華書局本有校勘記:"'僅',原作'僅有',據殿本、孔本、《册府》卷四七七删。"見明本《册府》卷四七七《臺省部·謀畫門》。

[8]郎萬金:人名。籍貫不詳。五代勇將。事見《通鑑》卷二八〇。　介休:縣名。治所在今山西介休市。《輯本舊史》之影庫本粘籤:"介休,原本脱'介'字,今據《通鑑》增入。"　僕願得與郎萬金二人由介休路出山:《舊五代史考異》:"《通鑑》云:郎萬金爲陳州刺史。胡三省云:萬金,當時勇將也。"見《通鑑》卷二八〇天福元年十月壬戌條。

[9]夜冒虜騎:中華書局本沿《輯本舊史》作"夜冒敵騎",今據明本《册府》卷四七七回改。

[10]張敬達:人名。代州(今山西代縣)人。五代後唐將領。傳見本書卷七〇、《新五代史》卷三三。

[11]團柏谷:地名。位於今山西祁縣,是太原與上黨地區間交通要道。

[12]有鐵障亦可衝踏:明本《册府》卷四七七作"有鐵障亦可爲陷"。《通鑑》卷二八〇天福元年閏十一月條:"龍敏謂前鄭州防禦使李懿曰:'君,國之近親,今社稷之危,翹足可待,君獨無憂乎?'懿爲言趙德鈞必能破敵之狀。敏曰:'我燕人也,知德鈞之爲人,怯而無謀,但於守城差長耳。況今内蓄姦謀,豈可恃乎!僕有狂策,但恐朝廷不肯爲耳。今從駕兵尚萬餘人,馬近五千匹,若選精騎一千,使僕與郎萬金將之,自介休山路,夜冒虜騎入晋安寨,但使其半得入,則事濟矣。張敬達等陷於重圍,不知朝廷聲問,若知大軍近在團柏,雖有鐵障可衝陷,況虜騎乎!'懿以白唐主,唐主曰:'龍敏之志極壯,用之晚矣。'"胡注:"龍敏之策非不可行也,其如兵驕而不可用何?唐主老於行間,蓋亦有見於此。"

晉祖受命，敏以本官判户部，遷尚書左丞。[1]丁父憂，服闋，復本官，遷太常卿。[2]開運中，奉命使越。先是，朝臣將命，必拜起於浙帥，敏至，抗揖而已，識者多之。使還，改工部尚書。[3]乾祐元年春，疽發於背，[4]聞高祖晏駕，乃扶病於私第，縞素而臨，後旬日卒於家，[5]時年六十三。隱帝嗣位，詔贈右僕射。《永樂大典》卷五百三十二。[6]

[1]尚書左丞：官名。尚書省佐貳官。唐中期以後，與尚書右丞實際主持尚書省日常政務，權任甚重。正四品上。後梁開平二年（908）改爲左司侍郎，後唐同光元年（923）復舊爲左丞。正四品。　敏以本官判户部，遷尚書左丞：《輯本舊史》卷七六《晉高祖紀二》天福二年（937）正月庚辰條："以吏部侍郎龍敏判户部。"同年七月甲戌條："以吏部侍郎、判户部龍敏爲東都副留守。"卷七八《晉高祖紀四》天福四年正月丁未條："以西京副留守龍敏爲吏部侍郎。"同年十一月己卯條："吏部侍郎龍敏改尚書左丞。"卷八三《晉少帝紀三》開運元年（944）閏十二月己丑條："以前尚書右丞龍敏爲尚書左丞。"

[2]復本官，遷太常卿：中華書局本有校勘記："'遷'，殿本作'俄移'，孔本作'俄'。"《輯本舊史》卷八四《晉少帝紀四》開運二年五月壬子條："以尚書左丞龍敏爲太常卿。"

[3]工部尚書：官名。尚書省工部長官。掌百工、屯田、山澤之政令。正三品。《舊五代史考異》："《歐陽史》作'遷工部侍郎'。"見《新五代史》卷五六《龍敏傳》。《輯本舊史》卷八四《晉少帝紀四》開運三年七月壬辰條："以太常卿龍敏爲工部尚書。"

[4]疽發於背：《新五代史》卷五六作"瘍發於首"。

[5]後旬日卒於家：《輯本舊史》卷一〇一《漢隱帝紀上》乾祐元年（948）二月庚寅條："是日，工部尚書龍敏卒。"

［6］《大典》卷五三二“龍”字韻“姓氏”事目。

劉鼎 子袞

劉鼎，字公度，徐州蕭縣人。[1]祖泰，[2]蕭縣令。父崇，[3]梁太祖微時，[4]常傭力崇家，及即位，召崇用之，歷殿中監、商州刺史。[5]崇之母撫梁祖有恩，梁氏號爲“國婆”，徐、宋之民謂崇家爲“豢龍劉家”。鼎起家爲大理評事，[6]歷尚書博士、殿中侍御史、起居郎。[7]清泰中，自吏部員外郎出爲渾州廉判，[8]入爲刑部郎中，[9]充鹽鐵判官，[10]改吏部郎中兼侍御史知雜事。[11]乾祐初，拜諫議大夫，卒年五十五。鼎善交游，能談笑。居家仁孝，事繼母趙氏甚謹，[12]異母昆仲凡七人，撫之如一。性若寬易，而典選曹按吏有風稜，人稱爲能。

［1］徐州：州名。治所在今江蘇徐州市。　蕭縣：縣名。治所在今安徽蕭縣。

［2］泰：人名。即劉泰。本書僅此一見。

［3］崇：人名。即劉崇。本書僅此一見。

［4］梁太祖：即朱温。宋州碭山（今安徽碭山縣）人。五代後梁開國皇帝。907年至913年在位。紀見本書卷一至卷七、《新五代史》卷一至卷二。

［5］殿中監：官名。殿中省長官。掌宫廷供奉之事。從三品。　商州：州名。治所在今陝西商洛市商州區。

［6］大理評事：官名。大理寺屬官。掌出使推覆。從八品下。

［7］尚書博士：官名。國子監五經博士之一。掌教授《尚書》。　殿中侍御史：官名。三國魏始置。唐前期屬御史臺之殿院，掌宫

門、庫藏及糾察殿庭供奉朝會儀式，及分掌左、右巡，負責京師治安、京畿軍兵。唐後期常爲外官所帶憲銜。從七品下。　起居郎：官名。唐代始置，屬門下省。與中書省起居舍人同掌起居注，記皇帝言行。從六品上。

[8]吏部員外郎：官員。輔佐尚書、郎中掌考天下文吏之班秩階品。從六品。　渾州：州名。治所在今陝西延安市。

[9]刑部郎中：官名。尚書省刑部頭司刑部司長官。掌司法及審覆大理寺及州府刑獄。從五品上。

[10]鹽鐵判官：官名。掌鹽鐵政務及税收。

[11]吏部郎中：官名。尚書省吏部頭司吏部司長官。《新唐書》記正五品上 。　侍御史知雜事：官名。唐置，以資深御史充任，總管御史臺庶務。五代沿置。　"清泰中"至"改吏部郎中兼侍御史知雜事"：《宋本册府》卷五七《帝王部·明察門》："劉鼎爲吏部員外郎、判吏部南曹，與司封郎中曹探（曹探，宋、明本《册府》同，僅此一見，疑爲曹琛）同注擬三銓選人。崔鋭、卜延嗣而下違格，楊光嗣年貌不同，文書踰濫，令史趙廣、李仁遇、王瓌等伏罪。中書門下帖：'本司官員各取狀，崔居儉等注擬依格超折，準敕及堂判，不違理例。'盧文紀執奏：'本司各以伏過，官員有失，各望罰兩月俸。'狀入，樞密直學士吕琦讀奏，帝問居儉等過失，琦對曰：'勑命許超折，此不言資數，當判又更促之，銓司何罪。大抵盧文紀與居儉情不相協，掎摭瑕纇，欲其有玷。'帝曰：'公理何在！'是日詔曰：'居儉等既準勑文，微失不足爲累，並放。'"明本《册府》卷四七六《臺省部·奏議門七》："劉鼎爲吏部員外郎。清泰二年上疏：'臣見建中元年正月敕，中外文武臣寮授官，上後三日，舉人自代。事下中書，如除官用人，選所薦多者擬議。多事已來，此道久廢。今後乞復施行。'詔曰：'設官分職，爲時主之敷恩；推賢讓能，乃朝臣之盛事。是以《詩》稱伐木，《史》載彈冠。俾拔茅連茹之時，見力行修身之道。劉鼎官居雉省，立近龍墀，因貢讜言，請行故事。欲使子皮舉善，終明子產之賢；

鮑叔讓能，不掩夷吾之略。兼可以致同心叶力，表後己先人，克揚文子之風，免有展禽之歎。舉實公當，便可施行。情涉阿私，理當比驗。’”

[12]趙氏：人名。籍貫不詳。本書僅此一見。

子衮，登進士第，文彩遒雋，仕周爲左拾遺、直史館，[1]早卒。[2]《永樂大典》卷九千九十九。[3]

[1]左拾遺：官名。唐武則天於垂拱元年（685）置拾遺，分左右。左拾遺隸門下省，右拾遺隸中書省，與左右補闕共掌諷諫，大事廷議，小事則上封事。從八品上。　直史館：官名。唐天寶以後，他官兼領史職者，稱史館修撰。初入史館者稱爲直館。元和六年（811）宰相裴垍建議：登朝官領史職者爲修撰，以官階高的一人判館事；未登朝官均爲直館。

[2]“子衮”至“早卒”：明本《册府》卷九三一《總録部·短命門》作：“劉衮，彭城人。神爽氣俊，富有文藻，繇進士第，任左拾遺，與扈載齊名，年二十八而卒。”《輯本舊史》卷一三一《扈載傳》原附《劉衮傳》，今改。見本書《扈載傳》考據。

[3]《大典》卷九〇九九“劉”字韻“姓氏（二七）”事目。

張允

張允，鎮州束鹿人。[1]父徵。[2]允幼學爲儒，仕本州爲參軍。張文禮之據州叛，[3]莊宗致討，允隨文禮子處瑾請降於鄴，[4]不許，與處瑾並繫於獄。鎮冀平，宥之，留於鄴，署本府功曹。趙在禮嬰城叛，署節度推官，從歷滄、兖二鎮書記，[5]入爲監察御史，[6]歷右補闕、起居舍人，[7]充弘文館直學士、兵部員外郎、知制誥。[8]清泰初，皇子重美爲河南尹，[9]典六軍諸衛事，時朝廷選擇參佐，以允剛介，改給事中，充六軍判官。尋罷職，轉左散騎常侍。[10]

[1]束鹿：縣名。治所在今河北辛集市。

[2]徵：人名。即張徵。本書僅此一見。

[3]張文禮：人名。被王鎔收爲義子後，賜姓王，名德明。燕（今河北北部）人。五代將領。傳見本書卷六二。

[4]處瑾：人名。即張處瑾。燕（今河北北部）人。張文禮之子。五代後唐將領。事見本書卷六二。《輯本舊史》之影庫本粘籤："處瑾，原本作'處謹'，今從《歐陽史》改正。"見《新五代史》卷三九《王鎔傳》。且《輯本舊史》《通鑑》多言處瑾，"處謹"顯誤。

[5]滄：州名。治所在今河北滄縣舊州鎮。　書記：《新五代史》卷五七《張允傳》作"掌書記"。

[6]監察御史：官名。唐代屬御史臺之察院，掌監察中央機構、州縣長官及祭祀、庫藏、軍旅等事。唐中期以後，亦作爲外官所帶之銜。正八品下。

[7]右補闕：官名。唐代諫官。武則天時始置。分爲左右，左補闕隸於門下省，右補闕隸於中書省。掌規諫諷諭，大事可以廷議，小事則上封奏。從七品上。　起居舍人：官名。隋始置，唐貞觀二年（628）省。明慶中又置，與起居郎分在左右。掌修記言之史，録天子之制誥德音，如記事之制，以記時政損益。季終，則授之於國史。從六品上。

[8]弘文館：官署名。唐武德四年（621）始置修文館，以安置文學之士，典司書籍。唐太宗即位，改爲弘文館。以後名稱多有異同，然以弘文館爲多。　兵部員外郎：官名。兵部郎中之副職，

協理諸項軍務。從六品上。《輯本舊史》原作“水部員外郎”，明本《册府》卷七一六《幕府部·選任門》作“兵部員外郎”。五代有兵部，無水部，今據改。

[9]重美：人名。即李重美。五代後唐廢帝李從珂之子。傳見本書卷五一、《新五代史》卷一六。　河南尹：官名。唐開元元年(713）改洛州爲河南府，治所在今河南洛陽市，河南府尹總其政務。從三品。

[10]左散騎常侍：官名。門下省屬官。掌侍奉規諷，備顧問應對。正三品下。《新五代史》卷五七《張允傳》、《宋本册府》卷五二三《諫諍部·諷諫門》同。《輯本舊史》卷四七《唐末帝紀中》清泰二年（935）五月癸亥條：“以六軍諸衛判官、給事中張允爲右散騎常侍。”

晉天福初，[1]允以國朝頻有肆赦，乃進《駮赦論》，曰：“《管子》云：[2]‘凡赦者小利而大害，久而不勝其禍；無赦者小害而大利，久而不勝其福。’又《漢紀》云：[3]‘吴漢疾篤，[4]帝問所欲言。對曰：唯願陛下無爲赦耳。’如是者何？蓋行赦不以爲恩，不行赦亦不以爲無恩，爲罰有罪故也。竊觀自古帝王，皆以水旱則降德音而宥過，開狴牢以放囚，冀感天心以救其災者，非也。假有二人訟，一有罪，一無罪，若有罪者見捨，則無罪者銜冤，銜冤者彼何疏，見捨者此何親乎？如此則是致災之道，非救災之術也。自此小民遇天災則喜，皆相勸爲惡，曰國家好行赦，必赦我以救災，如此即是國家教民爲惡也。且天道福善禍淫，若以捨爲惡之人，而便變災爲福，則又是天助其惡民也。細而究之，必不然矣。儻或天降之災，蓋欲警誡人主，節嗜欲，務勤儉，恤鰥寡，正刑罰，不濫捨有罪，不僭殺無辜，使美化行於下，聖德聞於上，則雖有水旱，亦不爲沴矣。[5]豈以濫捨有罪，而反能救其災乎？彰其德乎？是知赦之不可行也明哉！”帝覽而嘉之，降詔獎飾，仍付史館。[6]

[1]天福：五代後晉高祖石敬瑭年號（936—942）。出帝石重貴沿用至九年（944）。後漢高祖劉知遠繼位後沿用一年，稱天福十二年（947）。

[2]《管子》：書名。戰國法家假托管仲之名而作。

[3]《漢紀》：書名。荀悦所作之編年體史書。記西漢之史實，以言簡意賅、便於閱讀而著稱。

[4]吴漢：人名。南陽宛（今河南南陽市）人。東漢初名將。傳見《後漢書》卷一八。

[5]亦不爲沴矣：中華書局本有校勘記：“‘沴’原作‘殄’，據殿本、劉本、《册府》卷五二三改。”見明本《册府》卷五二三《諫諍部·諷諫門》。

[6]“帝覽而嘉之”至“仍付史館”：《輯本舊史》卷七七《晋高祖紀三》天福三年（938）二月庚辰條：“左散騎常侍張允進《駁赦論》，帝覽而嘉之，降詔獎飾，仍付史館。”《宋本册府》卷五二三《諫諍部·諷諫門》：“帝覽而嘉之，降詔獎飾云：‘張允位居近侍，志奉遠圖。屬將來之助致小康，覩已往之頻行大赦。若惠姦稍甚，則蠹政亦多。推恩務洽於華夷，作解慎調於疏數。所貢論宜付史館。’”

五年，遷禮部侍郎，[1]凡三典貢部，改御史中丞，[2]轉兵部侍郎、知制誥，[3]充翰林學士承旨。[4]契丹入京城，落職守本官。乾祐初，授吏部侍郎。自誅史弘肇後，[5]京城士庶，連甍恐悚，允每朝退，即宿於相國寺僧舍。[6]及北軍入京師，允匿於佛殿藻井之上，墜屋而卒，時年六十五。[7]

[1]禮部侍郎：官名。尚書省禮部次官。協助禮部尚書掌禮儀、祭享、貢舉之政。正四品下。《輯本舊史》卷七九《晋高祖紀五》天福五年（940）三月丁卯條："左散騎常侍張允改禮部侍郎。"同年四月庚戌條："禮部侍郎張允奏，請廢明經、童子科，從之。因詔宏詞、拔萃、明算、道舉、百篇等科並停之。"卷一四四《樂志上》天福五年條："其正冬朝會禮節、樂章、二舞行列等事宜，差太常卿崔棁、御史中丞竇貞固、刑部侍郎吕琦、禮部侍郎張允與太常寺官一一詳定。"卷一四八《選舉志》天福五年四月條："禮部侍郎張允奏曰：'明君側席，雖切旁求；貢士觀光，豈宜濫進。竊窺前代，未設諸科，始以明經，俾昇高第。自有《九經》《五經》之後，及三《禮》、三《傳》已來，孝廉之科，遂因循而不廢，搢紳之士，亦緘默而無言，以至相承，未能改作。每歲明經一科，少至五百已上，多及一千有餘。舉人如是繁多，試官豈能精當。況此等多不究義，唯攻帖書，文理既不甚通，名第豈可妄與。且常年登科者不少，相次赴選者甚多，州縣之間，必無遺闕，輦轂之下，須有稽留，怨嗟自此而興，謗讟因兹而起。但今廣場大啓，諸科並存，明經者悉包於《九經》《五經》之中，無出於三《禮》、三《傳》之内，若無釐革，恐未便宜。其明經一科，伏請停廢。'又奏：'國家懸科侍士，貴務搜揚；責實求才，須除訛濫。童子每當就試，止在念書，背經則雖似精詳，對卷則不能讀誦。及名成貢部，身返故鄉，但尅日以取官，更無心而習業，濫蠲徭役，虚占官名，其童子一科，亦請停廢。'敕明經、童子、宏詞、拔萃、明算、道舉、百篇等科並停。"亦見《宋本册府》卷六四二《貢舉部·條制門四》。

[2]改御史中丞：《輯本舊史》卷八一《晋少帝紀一》天福八

年五月辛卯條："以禮部侍郎張允爲御史中丞。"

［3］知制誥：官名。掌起草皇帝的詔、誥之事，原爲中書舍人之職。唐開元末置學士院，翰林學士入院一年，則加知制誥銜，專掌任免宰相、册立太子、宣布征伐等特殊詔令，稱爲内制。而中書舍人所撰擬的詔敕稱爲外制。兩種官員總稱兩制。

［4］翰林學士承旨：官名。爲翰林學士之首。掌拜免將相、號令征伐等詔令的起草。《舊唐書》卷四三《職官志二·翰林院》："例置學士六人，内擇年深德重者一人爲承旨，所以獨承密命故也。"　轉兵部侍郎、知制誥，充翰林學士承旨：《輯本舊史》卷八四《晋少帝紀四》開運二年（945）五月壬子條："以御史中丞張允爲兵部侍郎、知制誥，充翰林學士承旨。"

［5］史弘肇：人名。鄭州滎澤（今河南鄭州市）人。五代後漢將領。傳見本書卷一〇七、《新五代史》卷三〇。

［6］相國寺：寺院名。一名大相國寺。著名的佛教寺院。位於今河南開封市内。

［7］"契丹入京城"至"時年六十五"：《輯本舊史》之原輯者案語："《東都事略·劉温叟傳》：契丹入京師，温叟懼隨契丹北徙，與承旨張允求去職。契丹主怒，欲黜爲縣令。趙延壽曰：'學士不稱職而求解者，罷之可也。'得不黜。"見《東都事略》卷三〇《劉温叟傳》。"入京師"，《東都事略》作"犯京師"。《輯本舊史》卷一〇〇《漢高祖紀下》天福十二年六月壬申條："翰林學士承旨、尚書兵部侍郎張允落職守本官。"卷一〇一《漢隱帝紀上》乾祐元年（948）二月丙午條："以兵部侍郎張允爲吏部侍郎。"卷一〇三《漢隱帝紀下》乾祐三年十一月乙酉條："吏部侍郎張允墜屋而死。"《宋本册府》卷九三六《總録部·吝嗇門》："自誅史弘肇後，連甍恐悚，晨不保夕。先是，允曾使湖南、錢塘，得財萬計，雖妻未嘗委之，以衣帶連管鑰而行，衣之下常如環佩之音。既覩時危，乃深藏密貯，每朝退，即宿於相國寺僧舍。是夜，允與數十人匿于佛殿藻井之上，登者既多，覆壓墜地，爲軍士盡取其衣而凍卒。"亦見

《通鑑》卷二八九乾祐三年十一月乙酉條。

子鸞，仕皇朝爲太常少卿。[1]《永樂大典》卷六千三百五十一。[2]

[1]皇朝：指北宋王朝。　太常少卿：官名。太常寺次官。佐太常卿掌宗廟祭祀、禮樂及教育等。正四品上。

[2]《大典》卷六三五一“張”字韻“姓氏（二一）”事目。

任延皓

任延皓，[1]并州人也。[2]業術數風雲之事。晋高祖在太原重圍時，高祖最爲親要，延皓以本業請見，高祖甚加禮遇。晋天福初，延皓授太原掾，尋改交城、文水令，[3]皆高祖慰薦之力也。高祖鎮太原，延皓多言外事，出入無間，高祖左右皆憚之。在文水聚斂財賄，[4]民欲陳訴，延皓知之。一日，先誣告縣吏結集百姓，欲劫縣庫。高祖怒，遣騎軍併擒縣民十數，[5]族誅之，冤枉之聲，聞於行路。高祖即位，累官至殿中監，[6]恃寵使氣，人望而畏之，雖宰輔之重，延皓視之蔑如也。劉崇在河東，[7]常日切齒。[8]及魏王承訓薨，[9]歸葬太原，令延皓擇葬地，時有山岡僧謂劉崇曰：“魏王葬地不吉，恐有重喪。”未幾，高祖崩，崇以僧言奏之，乃配流延皓於麟州。[10]路由文水，市民擲瓦毆罵甚衆，吏人救之僅免。即至貶所，劉崇令人殺之，籍没其家。《永樂大典》卷九千三百五十一。[11]

[1]任延皓：中華書局本有校勘記："本書卷一〇〇《漢高祖紀下》、《册府》卷九三三作'任廷浩'，本書卷一〇一《漢隱帝紀上》作'任延浩'，《册府》卷七六六作'任庭浩'。其名歧見，難以遽斷，今仍各從原文，不一一出校。"見《宋本册府》卷七六六《總録部·攀附門二》、卷九三三《總録部·誣構門二》。

[2]并州：州名。治所在今山西太原市。

[3]交城：縣名。治所在今山西交城縣。　文水：縣名。治所在今山西文水縣。

[4]財賄：明本《册府》卷九三三《總録部·誣構門二》作"財貨"。

[5]遣騎軍併擒縣民十數：明本《册府》卷九三三後有"家"字。

[6]累官至殿中監：《輯本舊史》卷一〇〇《漢高祖紀下》天福十二年（947）七月庚戌條："以司天監任延浩爲殿中監。"

[7]劉崇：人名。即劉旻。太原（今山西太原市）人。五代後漢高祖劉知遠從弟。後漢時任太原尹，專制一方。後周代漢，劉崇稱帝於太原，國號漢，史稱北漢。傳見本書卷一三五、《新五代史》卷七〇。　河東：方鎮名。治所在太原府（今山西太原市）。

[8]常日切齒：中華書局本有校勘記："'常日'，殿本、孔本作'日常'。"

[9]承訓：人名。即劉承訓。五代後漢高祖劉知遠長子，死後追封魏王。傳見本書卷一〇五、《新五代史》卷一八。

[10]麟州：州名。治所在今陜西神木市。　乃配流延皓於麟州：《輯本舊史》卷一〇一《漢隱帝紀上》乾祐元年（948）三月甲戌條："殿中監任延浩配流鄜州。"

[11]《大典》卷九三五一"任"字韻"姓氏（一）"事目。

史臣曰：李崧仕唐、晋之兩朝，聳伊、皋之重望，[1]考其器業，無忝台衡。會多僻之朝，被參夷之戮，人之不幸，天亦難忱。逢吉秉蛇虺之心，竊夔、龍之位，[2]殺人不忌，與國俱亡。李崧之冤血未銷，逢吉之梟首斯至，冥報之事，安可忽諸！自李鏻而下，凡數君子者，皆踐履朝行，彰施帝載，國華邦直，斯焉在哉！惟延皓之醜行，宜乎不得其死矣。《永樂大典》卷九千三百五十一。[3]

[1]伊：人名。即伊尹。商初名臣。事見《史記》卷三。皋：人名。即皋陶。相傳爲舜時掌管刑法的官，後被禹選爲繼承人，因早死，未繼位。事見《史記》卷一、卷二。

[2]夔、龍：人名。相傳爲舜二臣，一爲樂官，一爲納言。事見《尚書·虞書·舜典》。後常以“夔龍”喻指輔弼重臣。

[3]《大典》卷九三五一“任”字韻“姓氏（一）”事目。

舊五代史　卷一〇九

漢書十一

列傳第六[1]

[1]按，本卷末無史論。

杜重威

杜重威，其先朔州人，[1]近世徙家於太原。[2]祖興，[3]振武牙將。[4]父堆金，[5]事唐武皇爲先鋒使。[6]重威少事明宗，[7]自護聖軍校領防州刺史。[8]其妻即晋高祖妹也，[9]累封宋國大長公主。[10]天福初，[11]命重威典禁軍，遥授舒州刺史。[12]二年，張從賓搆亂，[13]據汜水，[14]晋高祖遣重威與侯益率衆破之，[15]以功授潞州節度使。[16]與楊光遠降范延光於鄴城，[17]改許州節度使，[18]兼侍衛親軍馬步軍副都指揮使，[19]尋加同平章事。[20]未幾，移鎮鄆州，[21]遷侍衛親軍馬步軍都指揮使。[22]及鎮州安重榮稱兵向闕，[23]命重威禦之，敗重榮於宗城。[24]重榮奔據常山，[25]重威尋拔其城，斬重榮首，傳於闕下，授成德軍節度使。[26]所得重榮家財及常山公帑，悉歸於己，晉高祖知而不問。至鎮，復重斂於民，税外加賦，境内苦之。[27]

[1]朔州：州名。治所在今山西朔州市朔城區。

[2]太原：府名。治所在今山西太原市。

[3]興：人名。即杜興。本書僅此一見。

[4]振武：方鎮名。五代後梁貞明二年（916）以前，治所位於單于都護府城（今内蒙古和林格爾縣）。貞明二年單于都護府城爲契丹占據。此後至後唐清泰三年（936），治所位於朔州（今山西朔州市朔城區）。後晉隨燕雲十六州割予契丹，改名順義軍。　牙將：官名。古代軍隊中的中低級軍官。

[5]堆金：人名。即杜堆金。本書僅此一見。

[6]唐武皇：即五代後唐太祖李克用。沙陀族，生於神武川新城（一説是今山西朔州市朔城區之梵王寺村，一説是今山西應縣縣城，一説在今山西懷仁縣之日中城）。紀見本書卷二五。　先鋒使：官名。負責打探敵情、勘測地形、衝鋒陷陣等。

[7]明宗：即五代後唐明宗李嗣源。沙陀部人。原名邈佶烈，李克用養子。926年至933年在位。紀見本書卷三五至卷四四、《新五代史》卷六。

[8]刺史：官名。州一級行政長官。漢武帝時始置，總掌考核官吏、勸課農桑、地方教化等事。唐中期以後，節度使、觀察使轄州而設，刺史爲其屬官，職任漸輕。從三品至正四品下。

[9]晉高祖：即五代後晉高祖石敬瑭。沙陀部人。五代後唐將領、後晉開國皇帝。936年至942年在位。紀見本書卷七五至卷八〇、《新五代史》卷八。中華書局本有校勘記："'晉'字原闕，據殿本、《新五代史》卷五二《杜重威傳》補。"明本《册府》卷三〇二《外戚部·將兵門》言"晉杜重威尚高祖妹宋國長公主"，

則據此亦當補“晋”字。

[10]其妻即晋高祖妹也，累封宋國大長公主：《輯本舊史》卷八一《晋少帝紀一》天福七年（942）七月辛丑條：“恒州順國軍節度使杜威加檢校太師，仍增爵邑。”因避晋少帝重貴諱去“重”字。同年九月癸巳條：“樂平長公主史氏進封魯國大長公主，壽安長公主烏氏進封衛國大長公主，鄭國長公主杜氏進封宋國大長公主。”《通鑑》卷二八一天福二年六月己亥條謂重威“尚帝妹樂平長公主”，疑誤。

[11]天福：五代後晋高祖石敬瑭年號（936—942）。出帝石重貴沿用至九年（944）。後漢高祖劉知遠繼位後沿用一年，稱天福十二年（947）。

[12]舒州：州名。治所在今安徽安慶市。

[13]張從賓：人名。籍貫不詳。五代後唐、後晋將領。傳見本書卷九七。

[14]汜水：縣名。治所在今河南滎陽市汜水鎮。《輯本舊史》之影庫本粘籤：“汜水，原本作‘汎水’，今從《歐陽史》改正。”見《新五代史》卷八《晋本紀》天福二年七月條。“據汜水”，明本《册府》卷三〇二《外戚部·將兵門》作“處汜水”。

[15]侯益：人名。汾州平遥（今山西平遥縣）人。五代後唐至宋初將領。傳見《宋史》卷二五四。

[16]潞州：州名。治所在今山西長治市。　節度使：官名。唐時在重要地區所設掌握一州或數州軍事、民事、財政的長官。“二年”至“以功授潞州節度使”：《輯本舊史》卷七六《晋高祖紀二》天福二年六月丁未條：“是日，張從賓亦叛，與范延光叶謀，害皇子河陽節度使重信、皇子東都留守重乂。”同月己酉條：“以奉國都指揮使侯益、護聖都指揮使杜重威領步騎五千往屯汜水關，備從賓之亂也。”同年七月甲寅條：“以護聖左右廂都指揮使杜重威爲昭義軍節度使兼侍衛馬軍都指揮使，充西面行營副部署。”又：“杜重威等奏：‘收下汜水關，破賊千人，張從賓及其殘黨奔投入河；

兼收到護聖指揮使曹再晟一百人騎，稱背賊投來，並送赴行闕。’”卷七七《晋高祖紀三》天福三年四月戊子條載，昭義節度使、侍衛馬軍都指揮使、廣晋府行營都排陣使杜重威加檢校太傅。同年十一月丙辰條：“昭義軍節度使兼侍衛親軍馬步軍都虞候杜重威改忠武軍節度使。”

[17]楊光遠：人名。沙陀部人。五代後唐、後晋將領。傳見本書卷九七、《新五代史》卷五一。　范延光：人名。鄴郡臨漳（今河北臨漳縣）人。五代後唐、後晋將領。傳見本書卷九七。　鄴城：地名。位於今河北臨漳縣鄴鎮。

[18]許州：州名。治所在今河南許昌市。

[19]侍衛親軍馬步軍副都指揮使：官名。五代時侍衛親軍馬步軍次長官。中華書局本有校勘記：“‘都’字原闕，據本書卷八〇《晋高祖紀六》《册府》卷三〇二、卷三八七，《通鑑》卷二八二補。”見《宋本册府》卷三八七《將帥部·褒異門十三》，《通鑑》卷二八二天福六年八月戊子條。《輯本舊史》卷七八《晋高祖紀四》天福四年三月己未條：“忠武軍節度使杜重威加同中書門下平章事。”

[20]同平章事：官名。“同中書門下平章事”之簡稱。唐高宗以後，凡實際任宰相之職者，常在其本官後加同平章事的職銜。後成爲宰相專稱。後晋天福五年（940），升中書門下平章事爲正二品。

[21]鄆州：州名。治所在今山東東平縣。

[22]侍衛親軍馬步軍都指揮使：官名。五代時侍衛親軍最高長官，多由皇帝親信擔任。《舊五代史考異》：“《通鑑》云：馮道、李崧屢薦重威之能，以爲都指揮使，充隨駕御營使。”見《通鑑》卷二八二天福六年八月條。《輯本舊史》卷七九《晋高祖紀五》天福五年三月乙亥條：“許州節度使杜重威改鄆州節度使。”卷八〇《晋高祖紀六》天福六年八月戊子條：“以天平軍節度使兼侍衛親軍馬步軍副都指揮使杜重威爲侍衛親軍馬步軍都指揮使。”

［23］鎮州：州名。治所在今河北正定縣。五代後唐長興三年（932）升爲真定府。　安重榮：人名。朔州（今山西朔州市朔城區）人。五代後唐、後晋將領。傳見本書卷九八、《新五代史》卷五一。

［24］宗城：縣名。治所在今河北威縣。

［25］常山：即鎮州，治所在今河北正定縣。

［26］成德軍：方鎮名。治所在恒州（今河北正定縣）。　“及鎮州安重榮稱兵向闕”至“授成德軍節度使”：《輯本舊史》卷八〇《晋高祖紀六》天福六年十二月丁亥條：“是日，鎮州節度使安重榮稱兵向闕，以侍衛親軍馬步軍都指揮使杜重威爲北面行營招討使，率兵擊之。”同月壬子條：“杜重威部領大軍至鎮州城下。”同卷天福七年正月戊午條：“北面招討使杜重威奏，今月已收復鎮州，斬安重榮，傳首闕下。”同月丙寅條：“以鄆州節度使、北面行營招討使、侍衛親軍都指揮使杜重威爲恒州順國軍節度使，加兼侍中。”卷八一《晋少帝紀一》天福八年三月癸未條：“恒州節度使杜威並加兼中書令。”卷九八《安重榮傳》：“重榮至鎮，取牛馬革旋爲甲，使郡人分守夾城以待王師。杜重威至，有部將自西郭水門引官軍入焉，殺守陴百姓萬餘人，重威尋害導者，自收其功。重榮擁吐渾數百，匿於牙城，重威使人襲而得之，斬首以進。”《新五代史》卷五二《杜重威傳》：“重威逆戰于宗城，重榮爲偃月陣，重威擊之不動。重威欲少却以伺之，偏將王重胤曰：‘兩兵方交，退者先敗。’乃分兵爲三，重威先以左右隊擊其兩翼，戰酣，重胤以精兵擊其中軍。重榮將趙彦之來奔，重榮遂大敗，走還鎮州，閉壁不敢出。”

［27］“所得重榮家財及常山公帑”至“境内苦之”：《舊五代史考異》：“《通鑑》云：重威所至黷貨，民多逃亡，嘗出過市，謂左右曰：‘人言我驅盡百姓，何市人之多也！’”見《通鑑》卷二八二天福六年八月戊子條。又卷二八三天福八年條：“威用判官王緒謀，檢索殆盡，得百萬斛。威止奏三十萬斛，餘皆入其家；又令判

官李沼稱貸於民，復滿百萬斛，來春糶之，得緡錢二百萬，闔境苦之。"

少帝嗣位，[1]與契丹絶好，[2]虜主連年入寇，重威但閉壁自守。部内城邑相繼破陷，一境生靈坐受屠戮，重威任居方面，未嘗以一士一騎救之。每虜騎數十驅漢人千萬過城下，如入無人之境，重威但登陴注目，略無邀取之意。開運元年秋，[3]加北面行營招討使。[4]二年，領大軍下泰州、滿城、遂城。[5]虜主自古北口迴軍，[6]追躡王師，重威等狼狽而旋，至陽城，[7]爲虜所困。會大風狂猛，軍情憤激，符彦卿、張彦澤等引軍四出，[8]虜衆大潰，諸將欲追之，重威曰："逢賊得命，更望襆子乎！"遂收軍馳歸常山。[9]先是，重威於州内括借錢帛，吏民大被其苦，人情咸怨，重以境内凋弊，十室九空，重威遂無留意，連上表乞歸朝，不俟報，即時上路。朝廷以邊上重鎮，主帥擅離，苟有奔衝，慮失禦備，然亦無如之何，即以馬全節代之，[10]重威尋授鄴都留守。[11]會鎮州軍食不繼，遣殿中監王欽祚就本州和市，[12]重威私第有粟十餘萬斛，遂録之以聞。朝廷給絹數萬匹，償其粟直。重威大忿曰："我非反逆，安得籍没耶！"[13]

[1]少帝：即五代後晋出帝石重貴。石敬瑭從子。942 年至 947 年在位。紀見本書卷八一至卷八五、《新五代史》卷九。

[2]契丹：古部族、政權名。公元 4 世紀中葉宇文部爲前燕攻破，始分離而成單獨的部落，自號契丹。唐貞觀中，置松漠都督府，以其首領爲都督。唐末强盛，916 年迭剌部耶律阿保機建立契

丹國（遼）。先後與五代、北宋並立，保大五年（1125）爲金所滅。參見張正明《契丹史略》，中華書局 1979 年版。

[3]開運：五代後晋出帝年號（944—946）。

[4]行營招討使：武官名。五代自後梁至後周均設行營招討使，負責某一路某一道或某一方征討、招撫之事。掌管區域較大而且長官資深者，則委以諸道行營都招討使和副都招討使，否則爲行營招討使和副招討使。　“少帝嗣位”至“加北面行營招討使”：“虜主連年入寇”，中華書局本沿《輯本舊史》作“契丹主連年伐晋”，此因清輯者忌諱而改，今據明本《册府》卷四五三《將帥部·怯懦門》回改。“一境生靈坐受屠戮”，《輯本舊史》原無“坐”字，據明本《册府》卷四五三補。“每虜騎數十驅漢人千萬過城下”，“虜騎”原作“敵騎”，據《册府》卷四五三回改；“千萬”，《通鑑》卷二八四開運二年（945）五月條作“千百”。《輯本舊史》卷八二《晋少帝紀二》開運元年正月甲午條：“以北京留守劉知遠爲幽州道行營招討使，以恒州節度使杜威副之。”卷八三《晋少帝紀三》開運元年八月辛丑條：“鎮州節度使杜威充北面行營都招討使。”

[5]泰州：州名。治所在今江蘇泰州市。　滿城：縣名。治所在今河北保定市滿城區。　遂城：縣名。治所在今河北保定市徐水區。　二年，領大軍下泰州、滿城、遂城：《輯本舊史》卷八三《晋少帝紀三》開運二年三月乙巳條：“杜威奏，與李守貞、馬全節、安審琦、皇甫遇部領大軍赴定州。”同月甲寅條：“杜威奏，收復滿城，獲契丹首領没剌相公，并蕃漢兵士二千人。”同月乙卯條：“杜威奏，收復遂城。”《通鑑》卷二八四開運二年二月丙戌條：“詔北面行營都招討使杜威以本道兵會馬全節等進軍。”同年三月乙巳條：“杜威等諸軍會于定州。”同月庚戌條：“諸軍攻契丹，泰州刺史晋廷謙舉州降。”同月甲寅條：“取滿城，獲契丹酋長没刺及其兵二千人。”同月乙卯條：“取遂城。”

[6]古北口：地名。位於今北京市密雲區。

[7]陽城：地名。位於今河北保定市清苑區陽城鎮。五代營壘之地。《通鑑》卷二八四載："晋軍至陽城，庚申，契丹大至。晋軍與戰，逐北十餘里，契丹逾白溝而去。"

[8]符彦卿：人名。陳州宛丘（今河南淮陽縣）人。五代後周、宋初將領。周世宗宣懿皇后、宋太宗懿德皇后，皆符彦卿之女。傳見《宋史》卷二五一。　張彦澤：人名。突厥人，徙居太原（今山西太原市）。五代後晋將領，投降於契丹。傳見本書卷九八、《新五代史》卷五二。

[9]"虜主自古北口迴軍"至"遂收軍馳歸常山"："虜主自古北口迴軍"，《輯本舊史》原作"契丹主自古北口迴軍"，"爲虜所困"作"爲契丹所困"，"虜衆大潰"作"敵衆大潰"，均據明本《册府》卷四五三《將帥部·怯懦門》回改。《輯本舊史》之影庫本粘籤："陽城，原本作'險城'，今從《薛史·晋少帝紀》改正。"見《輯本舊史》卷八三《晋少帝紀三》。"更望樸子乎"，中華書局本有校勘記："'樸子'，原作'福'，據《册府》卷四五三改。殿本、《新五代史》卷五二《杜重威傳》作'複子'。按'樸子'謂行李也。"《輯本舊史》卷八三開運二年三月癸亥條："是日，東北風猛，揚塵折樹，契丹主坐車中謂衆曰：'漢軍盡來，祇有此耳，今日並可生擒，然後平定天下。'令下馬拔鹿角，飛矢雨集。軍士大呼曰：'招討使何不用軍，而令士卒虛死！'諸將咸請擊之，杜威曰：'俟風勢稍慢，觀其進退。'守貞曰：'此風助我也，彼衆我寡，黑風之内，莫測多少，若俟風止，我輩無噍類矣。'即呼諸軍齊力擊賊。"同月乙丑條："杜威等大軍自定州班師入恒州。"

[10]馬全節：人名。魏郡元城（今河北大名縣）人。五代後唐、後晋將領。傳見本書卷九〇、《新五代史》卷四七。

[11]留守：官名。在都城、陪都或軍事重鎮所設留守，由地方行政長官兼任。　"先是"至"重威尋授鄴都留守"：《輯本舊史》卷八四《晋少帝紀四》開運二年五月丙辰條："杜威來朝。"同年六月癸酉條："以恒州節度使杜威爲天雄軍節度使，充鄴都留守；以

鄴都留守馬全節爲恒州節度使。”同卷開運三年九月條：“是歲三月，復遣鄴都杜威致書於延壽，且述朝旨，啖以厚利。”《通鑑》卷二八四開運二年五月丙辰條：“桑維翰言於帝曰：‘威固違朝命，擅離邊鎮。居常憑恃勳舊，邀求姑息，及疆埸多事，曾無守禦之意；宜因此時廢之，庶無後患。’帝不悦。維翰曰：‘陛下不忍廢之，宜授以近京小鎮，勿復委以雄藩。’帝曰：‘威，朕之密親，必無異志；但宋國長公主切欲相見耳，公勿以爲疑！’維翰自是不敢復言國事，以足疾辭位。”同月己未條：“杜威獻部曲步騎合四千人並鎧仗。”同月庚申條：“又獻粟十萬斛，芻二十萬束，云皆在本道。帝以其所獻騎兵隸扈聖，步兵隸護國，威復請以爲衙隊，而稟賜皆仰縣官。威又令公主白帝，求天雄節鉞，帝許之。”

[12]殿中監：官名。殿中省長官。掌宮廷供奉之事。從三品。 王欽祚：人名。籍貫不詳。五代後晋官員。事見本書卷八〇《晋高祖紀六》、本卷《杜重威傳》。 和市：又稱“和買”。政府向百姓收購貨物。

[13]“會鎮州軍食不繼”至“安得籍没耶”：《宋本册府》卷一七九《帝王部·姑息門四》晋少帝開運二年條：“開運二年，杜重威進軍糧九萬八千石，鎗一千二百條，並在鎮州。重威在鎮州日，重斂多納，與腹心數十輩分利而處，皆爲宫室。會有命移鎮，而公私未剖，朝廷察知，遣殿中監王欽祚權知鎮州軍府事，降詔以和糴爲名，比户籍之。欽祚性激訐，好邀功利，既至真定，乃痛劾掌事者，盡抉擿重威一行所聚儲蓄而條奏焉。重威聞之大怒，表曰：‘不知臣有何罪，王欽祚封鎖臣員寮口食，詞甚不遜。’朝廷不欲傷其意，竟不區分，尋追還欽祚。故重威有是獻，將弭其事。詔賜重威茶萬斤、絹萬匹，充軍糧價。又賜重威器帛、氈帳、駿鷹，别賜公主衣着百匹，以姑息之。”

三年冬，晋少帝詔重威與李守貞等率師經略瀛、鄚。[1]師至瀛州城下，晉騎將梁漢璋進與契丹接戰，[2]漢璋死焉。重威即時命迴軍，次武强，[3]聞契丹主南下，乃西趨鎮州，至中渡橋，[4]與契丹夾滹水而營。[5]十二月八日，宋彦筠、王清等率數千人渡滹沲，[6]陣於北岸，爲敵所破。[7]時契丹游軍已至欒城，[8]道路隔絶，人情危蹙，重威密遣人詣敵帳，潛布腹心。[9]契丹主大悦，許以中原帝之，重威庸暗，深以爲信。一日，伏甲於内，召諸將會，告以降敵之意，諸將愕然，以上將既變，乃俛首聽命，遂連署降表，令中門使高勳齎送敵帳，[10]軍士解甲，舉聲慟哭。是日，有大霧起於降軍之上。契丹主使重威衣赭袍以示諸軍，尋僞加守太傅，[11]鄴都留守如故。

[1]李守貞：人名。河陽（今河南孟州市）人。五代後晉、後漢將領。傳見本書本卷、《新五代史》卷五二。　瀛：州名。治所在今河北河間市。　鄚：州名。治所在今河北任丘市。　三年冬，晉少帝詔重威與李守貞等率師經略瀛、鄚：《輯本舊史》卷八五《晉少帝紀五》開運三年（950）十月辛未條："以鄴都留守杜威爲北面行營都招討使。"《新五代史》卷五二《杜重威傳》："是秋，天下大水，霖雨六十餘日，飢殍盈路，居民拆屋木以供爨，剉稿席以秣馬牛。重威兵行泥潦中，調發供饋，遠近愁苦。"同卷《李守貞傳》："初，晉大臣皆言重威不忠，有怨望之心，不可用，乃用守貞。是時，重威鎮魏州，守貞嘗將兵往來過魏，重威待之甚厚，多以戈甲金帛奉之。出帝嘗謂守貞曰：'卿常以家財散士卒，可謂忠於國者乎！'守貞謝曰：'皆重威與臣者。'因請與重威俱北。於是卒以重威爲招討使，守貞爲都監。"卷七二《契丹傳》："（趙延壽）僞爲好辭報晉，言身陷虜思歸，約晉發兵爲應。而德光將高牟翰亦

詐以瀛州降晉，晉君臣皆喜。三年七月，遣杜重威、李守貞、張彦澤等出兵，爲延壽應。”《通鑑》卷二八五開運三年十月條：“威屢使公主入奏，請益兵，曰：‘今深入虜境，必資衆力。’由是禁軍皆在其麾下，而宿衛空虚。”

[2]梁漢璋：人名。應州（今山西應縣）人。五代後唐、後晉將領。傳見本書卷九五。

[3]武强：縣名。治所在今河北武强縣。

[4]中渡：地名。滹沱河渡口。位於今河北正定縣。

[5]滹水：河流名。即滹沲河。發源於今山西繁峙縣，東流入今河北省，過正定縣，向東流入渤海。　“師至瀛州城下”至“與契丹夾滹水而營”：《輯本舊史》卷八五《晉少帝紀五》開運三年十一月條：“是月，北面行營招討使杜威率諸將領大軍自鄴北征，師次瀛州城下，貝州節度使梁漢璋戰死。杜威等以漢璋之敗，遂收軍而退。”卷九九《漢高祖紀上》開運三年諸條：“十一月，契丹主率蕃漢大軍由易、定抵鎮州，杜重威等駐軍於中渡橋以禦之。十二月十日，杜重威等以全軍降於契丹。”《通鑑》卷二八五開運三年十一月甲寅條：“杜威雖以貴戚爲上將，性懦怯。偏裨皆節度使，但日相承迎，置酒作樂，罕議軍事。磁州刺史兼北面轉運使李穀説威及李守貞曰：‘今大軍去恒州咫尺，煙火相望。若多以三股木置水中，積薪布土其上，橋可立成。密約城中舉火相應，夜募將士斫虜營而入，表裏合勢，虜必遁逃。’諸將皆以爲然，獨杜威不可，遣穀南至懷、孟督軍糧。”

[6]宋彦筠：人名。雍丘（今河南杞縣）人。五代後梁至後周將領。傳見本書卷一二三。　王清：人名。洺州曲周（今河北曲周縣）人。五代後唐、後晉將領。傳見本書卷九五、《新五代史》卷三三。

[7]“十二月八日”至“爲敵所破”：《輯本舊史》卷九五《王清傳》：“清知勢蹙，謂重威曰：‘軍去常山五里，守株於此，營孤食盡，將若之何！請以步兵二千爲前鋒，奪橋開路，公可率諸軍

繼之，期入常山，必濟矣。’重威可之，遣宋彦筠俱行。清一擊獲其橋，契丹爲之小却，重威猶豫不進，密已貳於國矣。彦筠退走，清列陣北岸，嚴戒部曲。日暮，酣戰不息。契丹以生軍繼至，我軍無寸刃益之，清與其下歿焉。”

[8]欒城：縣名。治所在今河北石家莊市欒城區。

[9]“時契丹游軍已至欒城”至“潛布腹心”：《輯本舊史》卷九八《張彦澤傳》：“開運三年冬，契丹既南牧，杜重威兵次瀛州。彦澤爲契丹所啖。密已變矣，乃通款於戎王，請爲前導，因促騎説重威，引軍沿滹沱西援常山，既而與重威通謀。”

[10]中門使：官名。五代時晋王李存勗所置，爲節度使屬官，執掌同於朝廷之樞密使。《輯本舊史》之影庫本粘籤：“中門，原本作‘人門’，今從《通鑑》改正。”查《通鑑》卷二八五開運三年十二月甲子條，實作“閤門”。　高勳：人名。河南（今河南洛陽市）人。五代後晋北平王高信韜之子。原爲後晋閤門使，會同九年(947）與杜重威降遼。傳見《遼史》卷八五。

[11]太傅：官名。與太師、太保合稱三師，唐後期、五代多爲大臣、勳貴加官。正一品。

契丹主南行，命重威部轄晋軍以從，既至東京，[1]駐晋軍於陳橋，[2]士伍飢凍，不勝其苦。[3]重威每出入衢路，爲市民所詬，俛首而已。契丹下令括率京城錢帛，將相公私，雷同率配，重威與李守貞各萬緡。乃告契丹主曰：“臣等以十萬漢軍降於皇帝，不免配借，臣所不甘。”契丹主笑而免之。尋群盜斷澶州浮梁，[4]契丹乃遣重威歸藩。[5]明年三月，契丹主北去，至相州城下，[6]重威與妻石氏詣牙帳貢獻而迴。[7]

[1]東京：五代後晋天福三年（938）升汴州爲開封府（今河南開封市），建爲東京。後漢、後周及北宋皆都此，俗稱汴京。

[2]陳橋：地名。位於今河南封丘縣東南。

[3]"契丹主南行"至"不勝其苦"：《宋本册府》卷一四七《帝王部·恤下門二》："漢高祖即位太原，至東京，謂左右曰：'過陳橋，見百姓桑棗空有餘栫，其廬室悉牆垣耳，因荒邪？因兵邪？'左右對曰：'此契丹犯闕時，杜重威宿漢軍之所也。'上惻然嗟歎曰：'重威破國殘物，一至於此，此而不討，是朕養惡蓄姦，何以爲蒼生父母，副海内徯望之心也！'左右皆稱萬歲。"

[4]澶州：州名。唐、五代初，治所在今河南清豐縣。後晋天福四年（939），移治於今河南濮陽縣。

[5]契丹乃遣重威歸藩：《輯本舊史》卷九九《漢高祖紀》上天福十二年二月條："尋遣天雄軍節度使杜重威歸鎮。"

[6]相州：州名。治所在今河南安陽市。

[7]石氏：即五代後晋高祖石敬瑭之妹，五代後晋將領杜重威之妻。事見本書本卷。

高祖車駕至闕，[1]以重威爲宋州節度使，[2]加守太尉，[3]重威懼，閉城拒命。[4]詔高行周率兵攻討，[5]重威遣其子弘璲等告急於鎮州麻答，[6]乞師救援，且以弘璲爲質，麻答遣蕃將楊衮赴之。[7]未幾，鎮州諸軍逐麻答，楊衮至洺州而迴。[8]十月，高祖親征，車駕至鄴城之下，遣給事中陳觀等齎詔入城，[9]許其歸命，重威不納。數日，高祖親率諸軍攻其壘，不克，王師傷夷者萬餘人。[10]高祖駐軍數旬，城中糧盡，屑麴餅以給軍士，吏民踰壘而出者甚衆，皆無人色。至是，重威牙將詣行宫請降，復遣節度判官王敏奉表請罪，[11]賜優詔敦勉，許其如初。重威即遣其子弘璲、妻石氏出候高祖,[12]重威繼踵出降，素服俟罪，復其衣冠，賜見，即日制授檢校太師、守太傅、兼中書令。[13]鄴城士庶，殍殕者十之六七。[14]

[1]高祖：即五代後漢高祖劉知遠。947年至948年在位。紀見本書卷九九至卷一〇〇、《新五代史》卷一〇。

[2]宋州：州名。治所在今河南商丘市睢陽區。

[3]太尉：官名。與司徒、司空並爲三公，唐後期、五代多爲大臣、勳貴加官。正一品。

[4]“高祖車駕至闕”至“閉城拒命”：《輯本舊史》卷一〇〇《漢高祖紀下》天福十二年（947）七月丙申條：“以鄴都留守、天雄軍節度使、檢校太師、守太傅、兼中書令、衛國公杜重威爲宋州節度使，加守太尉。”同年閏七月庚午條：“新授宋州節度使杜重威據鄴都叛，詔削奪重威官爵，貶爲庶人。”此句有《舊五代史考異》：“案《通鑑》：杜重威之叛在七月，至閏月庚午乃削奪官爵。《五代春秋》《歐陽史》作閏七月，杜重威拒命。與《通鑑》異。”《通鑑》卷二八七天福十二年七月丙申條：“重威仍請移他鎮。”

[5]高行周：人名。嬀州懷戎（今河北懷來縣）人。五代後唐至後周將領。傳見本書卷一二三、《新五代史》卷四八。

[6]弘璲：人名。杜重威之子。事見本書本卷。中華書局本有校勘記：“‘弘璲’，原作‘弘遂’，據《新五代史》卷五二《杜重威傳》、《通鑑》卷二八七改。據本卷下文，杜重威諸子名皆從‘玉’，當以‘璲’是。本卷下文同。”見《通鑑》卷二八七天福十二年閏七月庚午條。　麻答：人名。即耶律拔里得。契丹人。遼初皇室，遼太宗耶律德光堂弟。傳見《遼史》卷七六。參見鄧廣銘（署名鄺又銘）《遼史兵衛志“御帳親軍”“大首領部族軍”兩事目考源》，《北京大學學報》（人文科學版）1956年第2期。

[7]楊衮：人名。籍貫不詳。遼朝武將。事見本書卷一〇〇、《新五代史》卷七〇。

[8]洺州：州名。治所在今河北邯鄲市永年區。

[9]給事中：官名。秦始置。隋唐以來，爲門下省屬官。掌讀署奏抄，駁正違失。正五品上。　陳觀：人名。籍貫不詳。五代大臣。事見本書卷八五、卷一一〇、卷一一三、卷一二九、卷一三〇。"陳觀"，《舊五代史考異》："《歐陽史》避私諱作陳同。"見《新五代史》卷五二《杜重威傳》。

[10]"高祖車駕至闕"至"王師傷夷者萬餘人"：《舊五代史考異》："《宋史·杜漢徽傳》云：從高行周討杜重威于鄴，屢爲流矢所中，身被重創，猶力戰，觀者壯之。"見《宋史》卷二七一。《宋本册府》卷四五六《將帥部·不和門》："杜重威叛於鄴下，以鄆州節度使高行周爲招討使，（慕容）彦超爲副。及兵至城下，二帥不協。杜重威之子婦，即行周之息女也。行周用兵持重，彦超舉措輕易。彦超欲速於攻城，行周以爲未可。彦超乃揚言：稱行周以愛女之故，惜賊而不攻。行周忿之。漢祖聞其事，懼有他變，以是親征。"宋本"杜重威"原作"杜重暉"，今據明本改。

[11]節度判官：官名。唐、五代方鎮僚屬，位在行軍司馬下。分掌使衙内各曹事，並協助使職官員通判衙事。　王敏：人名。單州金鄉（今山東金鄉縣）人。五代後周時曾任刑部侍郎、司農卿等職。傳見本書卷一二八。

[12]弘璲：中華書局本有校勘記："《通鑑》卷二八七作'弘璉'。"見《通鑑》卷二八七天福十二年十一月條。

[13]檢校太師：官名。爲散官或加官，以示恩寵加此官，無實際執掌。　中書令：官名。漢代始置，隋、唐前期爲中書省長官，屬宰相之職；唐後期多爲授予元勳大臣的虚銜。正二品。

[14]"高祖駐軍數旬"至"殍殕者十之六七"："重威即遣其子弘璲妻石氏出候高祖"，《輯本舊史》卷一〇〇《漢高祖紀下》天福十二年十一月壬申條："杜重威上表請命。"同月丁丑條："杜

重威素服出降，待罪於宫門，詔釋其罪。”又：“以杜重威爲檢校太師、守太傅、兼中書令、楚國公。”卷一二八《王敏傳》：“魏之饑民十猶四五，咸保其餘生者，敏之力也。”明本《册府》卷一一八《帝王部·親征門三》漢高祖條天福十二年十月：“戊戌，帝至鄴城阮亭，駐蹕行府。節度使高行周率群校奉迎。午後，帝次御營。丙子，宣遣高行周督諸軍分攻城四面。是日，諸軍將士所傷甚衆，宣遣還營。始一日前，諸軍入謁行宫，奏請攻城。帝曰：‘朕本意自來者，止爲魏民久嬰，城塹有倒懸之危，復以重威執迷，抱耻無出處之計。今欲示之以武威，來之以大義，恃其恩待，必見歸投。若使城中億萬之命重遭塗炭，何以表朕弔伐之意也？如衆議須意攻迫，但益兵張勢可矣。’時宰執奏曰：‘兵法云：夫有金城湯池，内無積粟，雖善戰者不能守。況重威城孤兵散，勢窮力殫，輿櫬請死，期在旦夕而已。睿意所宣，生靈大幸，足以彰陛下有殷湯開網之仁也。’乙未，帝乘馬巡城，宣遣諸軍以竹籠橋布列架壕水攻擊，至未時還宫。丁卯，諸軍馬步兵士一千餘人各願充梯頭，於行宫見帝，面賜慰勉，以俟指命。壬申，杜重威與妻石氏即石晋宋國長公主也，相次遣牙校崔華、鄭進齎表獻款，乞赴行在。甲戌，又遣觀察判官王敏賫表赴行宫。丁丑，重威出降，鄴都平。（注：是日，除重威守太傅，中書令，楚國公。）”卷四五三《將帥部·翻覆門》：“漢杜重威爲魏博節度使，高祖起義晋陽，重威首獻誠款。及入汴，移領宋州，重威拒命不行。朝廷命上將高行周督衆問罪，帝親討之，聲云‘駕至即降’。尋命給事中陳觀喻旨，使其歸命。及至，城又閉闔阻之。由是六師憤激，内粟漸空，而守陴者雜以僧道，掠米糧以給其食。士庶稍一事違其命者，必族而食之。左右思變，咸欲加害，懼而請降，與妻孥相次而出。帝以宿舊，釋其罪，命守太傅居班。”

先是，契丹遣幽州指揮使張璉，[1]以部下軍二千餘人屯鄴，[2]時亦有燕軍一千五百人在京師。會高祖至闕，有上變者，言燕軍謀亂，盡誅於繁臺之下，[3]咸稱其冤。有逃奔於鄴者，備言其事，故張璉等懼死，與重威膠固守城，略無叛志。高祖亦悔其前失，累令宣諭，許以不死。璉等於城上揚言曰："繁臺之誅，燕軍何罪？既無生理，以死爲期。"璉一軍在圍中，重威推食解衣，盡力姑息。燕軍驕悍，憑陵吏民，子女金帛，公行豪奪。及重威請命，璉等邀朝廷信誓，詔許璉等却歸本土。及出降，盡誅璉等將數十人，其什長已下放歸幽州，將出漢境，剽略而去。高祖遣三司使王章、樞密副使郭威，[4]録重威部下將吏盡誅之，籍其財産與重威私帑，分給將士。

[1]幽州：州名。治所在今北京市。　張璉：人名。籍貫不詳。遼國將領。事見本書本卷。

[2]以部下軍二千餘人屯鄴：中華書局本有校勘記："'二千'原作'二十'，據殿本、劉本、《通鑑》卷二八七改。《新五代史》卷五二《杜重威傳》：'燕將張璉先以兵二千在鄴。'"見《通鑑》卷二八七天福十二年（947）十月條。

[3]繁臺：地名。又稱禹王臺。位於今河南開封市。

[4]三司使：官名。五代後唐明宗天成元年（926）將晚唐以來的户部、度支、鹽鐵三部合爲一職，設三司使統之。主管國家財政。　王章：人名。大名南樂（今河南南樂縣）人。五代後漢三司使、同平章事，以聚斂刻急著稱。傳見本書卷一〇七、《新五代史》卷三〇。　樞密副使：官名。樞密院副長官。　郭威：人名。邢州堯山（今河北隆堯縣）人。五代後周王朝的建立者，即後周太祖。951年至954年在位。紀見本書卷一一〇至卷一一三、《新五代史》

卷一一。

車駕還宫，高祖不豫，既而大漸，顧命之際，謂近臣將佐曰："善防重威。"帝崩，遂收重威、重威子弘璋、弘璉、弘璨誅之。[1]詔曰："杜重威猶貯禍心，未悛逆節，梟音不改，虺性難馴。昨朕小有不安，罷朝數日，而重威父子潛肆兇言，怨謗大朝，扇惑小輩。今則顯有陳告，備驗姦期，既負深恩，須置極法。其杜重威父子並處斬，[2]所有晋朝公主及外親族，一切如常，仍與供給。"重威父子已誅，陳尸於通衢，[3]都人聚觀者詬罵蹴擊，軍吏不能禁，屍首狼籍，斯須而盡。

[1]弘璋、弘璉、弘璨：人名。皆杜重威之子。事見本書本卷。《新五代史》卷五二《杜重威傳》作"弘璋、弘璨、弘璲"。

[2]其杜重威父子並處斬：《輯本舊史》卷一〇〇《漢高祖紀下》乾祐元年正月庚辰條："太傅杜重威伏誅。"

[3]重威父子已誅，陳尸於通衢：《舊五代史考異》："《隆平集》：党進，幼爲天雄軍節度使杜重威奴，重威愛其淳謹，雖長，猶令與婢妾雜侍。重威敗，周祖得之，以爲鐵騎都虞候。重威之後寒餓，進常分俸以給，士大夫或媿焉。"見《隆平集》卷一七。

弘璉，重威之子也，累官至陳州刺史。[1]《永樂大典》卷一萬四千七百三十。[2]

[1]陳州：州名。治所在今河南淮陽縣。

[2]《大典》卷一四七三〇"杜"字韻"姓氏（六）"事目。

李守貞

李守貞，河陽人也。[1]少桀黠落魄，事本郡爲牙將。晋高祖鎮河陽，用爲典客，[2]後移數鎮，皆從之。及即位，累遷至客省使。[3]天福中，李金全以安州叛，[4]淮夷入寇，晋高祖命馬全節討之，守貞監護其軍，賊平，以守貞爲宣徽使。[5]少帝即位，授滑州節度兼侍衛馬軍都指揮使，[6]未幾，改侍衛都虞候。[7]開運元年春，虜衆犯澶、魏，[8]少帝幸澶州，虜主遣將麻答以奇兵由鄆州馬家口濟河，[9]立栅於東岸，守貞率師自澶州馳赴之。契丹大敗，溺死者數千人，獲馬數百匹，偏裨七十餘人。[10]有頃，敵退。晋少帝還京，以守貞爲兖州節度使，依前侍衛都虞候。[11]

[1]河陽：方鎮名。治所在孟州（今河南孟州市）。

[2]典客：官名。亦稱“客將”。唐末、五代藩鎮負責接待使節、賓客、出使等外交職責的武官。詳見吴麗娱《試論晚唐五代的客將、客司與客省》，《中國史研究》2002年第4期。

[3]客省使：官名。客省長官。唐代宗時始置，五代沿置。掌接待四方奏計及外族使者。　累遷至客省使：《輯本舊史》卷七六《晋高祖紀二》天福二年（937）三月戊寅條：“東上閤門使李守貞爲右龍武將軍充職。”同年六月甲午條：“宣遣客省使李守貞往延光所問罪。”卷七七《晋高祖紀三》天福三年九月庚午條：“遣客省使李守貞押器幣賜魏府立功將校。”卷七九《晋高祖紀五》天福五年五月丙戌條：“以内客省使李守貞爲都監。”

[4]李金全：人名。吐谷渾族。早年爲五代後唐明宗李嗣源奴僕，驍勇善戰，因功升遷。後晋時封安遠軍節度使，後投奔南唐。

傳見本書卷九七、《新五代史》卷四八。　安州：州名。治所在今湖北安陸市。

［5］宣徽使：官名。唐始置。宣徽南院使、北院使通稱宣徽使。初用宦官，五代以後改用士人。通掌内諸司及三班内侍之名籍，郊祀、朝會、宴享供帳之儀，檢視内外進奉名物。參見王永平《論唐代宣徽使》，《中國史研究》1995 年第 1 期；王孫盈政《再論唐代的宣徽使》，《中華文史論叢》2018 年第 3 期。

［6］滑州：州名。治所在今河南滑縣。　少帝即位，授滑州節度兼侍衛馬軍都指揮使：《輯本舊史》卷八〇《晋高祖紀六》天福六年七月壬午條："以宣徽北院使李守貞遥領忠正軍節度使、侍衛馬軍指揮使。"同卷天福七年三月丁丑條："以壽州節度使兼侍衛馬軍指揮使李守貞爲滑州節度使"，此時少帝尚未即位。卷八一《晋少帝紀一》天福七年七月癸卯條載，滑州義成軍節度使兼侍衛馬軍都指揮使李守貞加檢校太傅，仍增爵邑。同年九月辛丑條："以義成軍節度使兼侍衛馬軍都指揮使李守貞充大行皇帝山陵一行都部署。"同年十二月丙寅條載，滑州節度使兼侍衛馬軍都指揮使李守貞加爵邑，以山陵充奉之勞也。同卷天福八年六月庚戌條："以螟蝗爲害，詔侍衛馬步軍都指揮使李守貞往皋門祭告。"

［7］侍衛都虞候：官名。即侍衛馬步軍都虞候。五代、北宋侍衛親軍馬步軍統兵官，僅次於馬步軍都指揮使、副都指揮使。《宋本册府》卷三六〇《將帥部·立功門十三》："李守貞初仕晋，爲侍衛馬步軍都虞候。"故此處疑闕"馬步軍"三字。《輯本舊史》卷八二《晋少帝紀二》開運元年（944）正月丁亥條："敵騎至黎陽，以侍衛馬軍都指揮使李守貞爲前軍都虞候。"

［8］魏：州名。治所在今河北大名縣。

［9］馬家口：地名。即馬家渡。五代黄河渡口。位於今山東鄆城縣一帶。

［10］"開運元年春"至"偏裨七十餘人"："虜衆""虜主"，中華書局本沿《輯本舊史》均作"契丹"，此因清輯者忌諱而改，

今據明本《册府》卷三六〇回改。《輯本舊史》卷八二開運元年二月甲辰條："遣李守貞等水陸進兵而下，以救汶陽。"同月戊申條："契丹築壘於馬家渡東岸，以騎軍列於外，以禦王師，李守貞以師搏之，遂破其衆……獲馬八百匹，生擒賊將七十八人，部衆五百人，送行在，悉斬之。"

[11]"晉少帝還京"至"依前侍衛都虞候"：《輯本舊史》卷八二《晉少帝紀二》開運元年四月辛酉條："以侍衛親軍都虞候、義成軍節度使李守貞爲兖州節度使，典軍如故。"

五月，以守貞爲青州行營都部署，[1]率兵二萬東討楊光遠，命符彦卿爲副。[2]十二月，光遠子承勳等乞降，[3]守貞入城，害光遠於别第。[4]光遠有孔目吏宋顔者，[5]盡以光遠財寶、名姬、善馬告於守貞，守貞德之，置於帳下。[6]近例，官軍克復城隍，必降德音，洗滌瑕穢。時樞密使桑維翰以光遠同惡數十輩潛竄未出，[7]搜索甚急，故制書久不下。或有告宋顔匿於守貞處者，朝廷取而殺之，[8]守貞由是怨維翰。時行營將士所給賞賜，守貞盡以甐茶、染木、薑藥之類分給之，軍中大怒，[9]乃以帛包所得物，如人首級，目之爲守貞頭，懸於樹以詛之。守貞班師，加同平章事，以楊光遠東京第賜之。守貞因取連宅軍營，[10]以廣其第，大興土木，治之歲餘，爲京師之甲，行幸賜宴，恩禮無比。

[1]青州：州名。治所在今山東青州市。　行營都部署：官名。凡行軍征討，掛帥率軍戰鬬，總管行營事務。

[2]"五月"至"命符彦卿爲副"：《輯本舊史》卷八二《晉少帝紀二》開運元年（944）五月戊寅條："遣侍衛親軍都虞候李守

貞率步騎二萬，討楊光遠於青州。”

［3］承勳：人名。即楊承勳。沙陀部人。平盧軍節度使楊光遠之子。歷任五代後晋萊州刺史、汝州防禦使、鄭州防禦使。事見本書卷八三、卷八五。《輯本舊史》之影庫本粘籤：“承勳，原本作‘丞動’，今從《通鑑》改正。”見《通鑑》卷二八四開運元年十二月丁巳條。

［4］“十二月”至“害光遠於别第”：“十二月”，中華書局本沿《輯本舊史》作“十一月”，有校勘記：“本書卷八三《晋少帝紀》三、《新五代史》卷九《晋本紀》、《通鑑》卷二八四繫其事於十二月。”但未改，今據改。《輯本舊史》卷八三開運元年十二月丁巳條：“青州楊光遠降。光遠子承勳等斬觀察判官邱濤，牙將白延祚、楊贍、杜延壽等首級，送於招討使李守貞。”同年閏十二月癸酉條：“李守貞奏，楊光遠卒。初，光遠既上表送降，帝以光遠頃歲太原歸命，欲曲全之，議者曰：‘豈有反狀滔天而赦之也！’乃命守貞便宜處置，守貞遣人拉殺之，以病卒聞。”同月乙酉條：“青州行營招討使、兖州節度使兼侍衛都虞候李守貞加同平章事。”《新五代史》卷五一《楊光遠傳》：“守貞遣客省副使何延祚殺之于其家。延祚至其第，光遠方閱馬于廐，延祚使一都將入謂之曰：‘天使在門，欲歸報天子，未有以藉手。’光遠曰：‘何謂也？’曰：‘願得大王頭爾。’光遠駡曰：‘我有何罪？昔我以晋安寨降契丹，使爾家世世爲天子，我亦望以富貴終身，而反負心若此！’遂見殺，以病卒聞。”

［5］孔目吏：吏職名。即孔目官。唐置，爲各府州及方鎮孔目院屬員，掌文書簿籍或財計出納事務，隸都孔目。因軍府細事皆經其手，一孔一目無不綜理，故名。中華書局本有校勘記：“‘孔目吏’，原作‘孔目官吏’，據《册府》卷四五四、卷四五五改。”見明本《册府》卷四五四《將帥部·豪横門》、卷四五五《將帥部·貪黷門》。　宋顔：人名。籍貫不詳。五代後晋官員，爲楊光遠屬下之孔目官。事見本書本卷。

［6］守貞德之，置於帳下：中華書局本有校勘記："'德之'，原作'得之'，據《册府》卷四五四、《新五代史》卷五二《李守貞傳》改。"見明本《册府》卷四五四《將帥部·豪横門》。"至於帳下"，《册府》作"置顔帳下"，《新五代史》卷五二《李守貞傳》作"陰置顔麾下"。

［7］樞密使：官名。樞密院長官。五代時以士人爲之，備顧問、參謀議，出納詔奏，權侔宰相。参見李全德《唐宋變革期樞密院研究》，國家圖書館出版社 2009 年版。　桑維翰：人名。洛陽（今河南洛陽市）人。五代後唐進士，後晋宰相、樞密使。傳見本書卷八九、《新五代史》卷二九。　數十輩：中華書局本有校勘記："'數十輩'，《册府》卷四五四作'十數輩'。《新五代史》卷五二《李守貞傳》作'十餘人'。"見明本《册府》卷四五四《將帥部·豪横門》。

［8］朝廷取而殺之：明本《册府》卷四五四《將帥部·豪横門》作"詔取顔殺之"。

［9］軍中大怒：中華書局本有校勘記："'怒'，殿本、孔本、《册府》卷四五四作'怨'。"見明本《册府》卷四五四《將帥部·豪横門》。

［10］守貞因取連宅軍營：中華書局本有校勘記："'軍'，《册府》卷四五四作'庫'。"見明本《册府》卷四五四《將帥部·豪横門》。

開運二年春，虜主以全軍南下，前鋒至相州湯陰縣，[1]詔守貞屯滑州。[2]少帝再幸澶州，以守貞爲北面行營都監，[3]與招討使杜重威北伐，洎獲陽城之捷，遂收軍而還。[4]四月，車駕還京，以守貞爲侍衛副都指揮使，移鎮宋州，加檢校太師。三年春，詔守貞率師巡邊，至衡水，[5]獲鄚州刺史趙思英而還。[6]居無何，代高行周爲侍衛親軍都指揮使，移鎮鄆州，意頗觖望。[7]會宰臣李崧加侍中，[8]守貞謂樞密使直學士殷鵬曰：[9]“樞密何功，便加正相!”先是，桑維翰以元勳舊德爲樞密使，守貞位望素處其下，每憚之，與李彦韜、馮玉輩協力排斥，[10]維翰竟罷樞務。李崧事分疏遠，[11]守貞得以凌蔑。

[1]湯陰縣：縣名。治所在今河南湯陰縣。

[2]“開運二年春”至“詔守貞屯滑州”：“虜主以全軍南下”，中華書局本沿《輯本舊史》作“契丹主以全軍南下”，有校勘記：“‘主’字原闕，據殿本、孔本補。《册府》卷三六〇敘其事作‘虜主’。”但未改。此因清輯者忌諱而改，今據《宋本册府》卷三六〇《將帥部・立功門十三》回改。《輯本舊史》卷八三《晉少帝紀三》開運二年（945）正月甲寅條：“詔李守貞屯滑州。”

[3]行營都監：官名。唐中葉命將出征，常以宦官爲監軍、都監。後爲臨時委任的統兵官，稱都監、兵馬都監。掌屯戍、邊防、訓練之政令。　以守貞爲北面行營都監：中華書局本有校勘記：“‘以’字原闕，據殿本、孔本、《册府》卷三六〇補。”見明本《册府》卷三六〇《將帥部・立功門十三》。

[4]“少帝再幸澶州”至“遂收軍而還”：《輯本舊史》卷八三開運二年二月戊寅條：“北面行營副招討使馬全節、行營都監李守貞、右神武統軍張彦澤等以前軍先發。”同年三月乙巳條：“杜威奏，與李守貞、馬全節、安審琦、皇甫遇部領大軍赴定州。”同月癸亥條：“是日，東北風猛，揚塵折樹，契丹主坐車中謂衆曰：‘漢軍盡來，只有此耳，今日並可生擒，然後平定天下。’令下馬拔鹿角，飛矢雨集。軍士大呼曰：‘招討使何不用軍，而令軍士虚死!’諸將咸請擊之，杜威曰：‘俟風勢稍慢，觀其進退。’守貞曰：‘此風助我也，彼衆我寡，黑風之内，莫測多少，若俟風止，我輩無噍類矣。’即呼諸軍齊力擊賊，張彦澤、符彦卿、皇甫遇等率騎奮擊，

風勢尤猛，沙塵如夜，敵遂大敗。時步騎齊進，追襲二十餘里，至陽城東，賊軍稍稍成列，我騎復擊之，乃渡河而去。守貞曰：'今日危急極矣，幸諸君奮命，吾事獲濟。兩日以來，人馬渴乏，今喫水之後，脚重難行，速宜收軍定州，保全而還，上策也。'由是諸將整衆而還。"《新五代史》卷五二《李守貞傳》："晉兵素驕，而守貞、重威爲將皆無節制，行營所至，居民豢圉一空。至於草木皆盡。其始發軍也，有賜賚，曰'掛甲錢'，及班師，又加賞勞，曰'卸甲錢'，出入之費，常不下三十萬。由此晉之公私重困。"

［5］衡水：縣名。治所在今河北衡水市。

［6］趙思英：人名。籍貫不詳。本書僅此一見。中華書局本有校勘記："'趙思英'，本書卷八四《晉少帝紀四》作'趙思恭'，疑'英'爲'恭'之訛。按'趙思恭'係避後晉石敬瑭諱改。《宋史》卷二六一《郭瓊傳》敘其事作'趙思'，避宋諱省'敬'字，其原名疑作'趙思敬'。"

［7］意頗觖望：《輯本舊史》卷八三《晉少帝紀三》開運二年四月庚辰條："兖州節度使兼侍衛都虞候李守貞移鎮宋州。"同年九月戊申條："詔李守貞率兵屯澶州。"卷八四《晉少帝紀四》開運三年正月己酉條："詔侍衛親軍副都指揮使李守貞率師巡撫北邊。"同年四月辛酉條："李守貞自北班師到闕。"《宋本册府》卷一八〇《帝王部·濫賞門》晉少帝開運三年條："詔：'宋州節度使李守貞，近以援送軍儲，殺戮蕃賊，繼聞克捷，宜示頒宣護聖、奉國、興順、宗順、興國諸軍都指揮使，各絹十匹，餘自都虞候至散卒七匹至一匹，其隨行人員與諸州本城將士，亦有等第賜賚。'史官曰：'昔衛青、霍去病深入虜磧，以斬首加級，用爲定規。故謂首爲級，此其義也。守貞前引大軍，往取瀛州境，獲一刺史以退。此時言攻幽薊，賴張彦澤勦蕃校而回。徵師五萬，運糧千里，行扈所過，豢圉一空，將吏醉飽，百草皆除，遂使河北生民，無措足之所。而又軍去有賜，謂之挂甲錢，來則賞之，謂之卸甲錢，或微有立功名目，皆次第優給繒帛，動計三十萬數，國力其何以濟！良可痛矣，

良可駭矣！’”

[8]李崧：人名。深州饒陽（今河北饒陽縣）人。五代大臣。傳見本書卷一〇八、《新五代史》卷五七。　侍中：官名。秦始置。隋、唐前期爲門下省長官。唐後期多爲大臣加銜，不參與政務，實際職務由門下侍郎執行。正二品。

[9]樞密使直學士：官名。五代後唐莊宗同光元年（923），改直崇政院置，選有政術文學者充任。備顧問應對。　殷鵬：人名。魏州大名（今河北大名縣）人。五代後晋大臣。傳見本書卷八九。　守貞謂樞密使直學士殷鵬曰：中華書局本有校勘記："'謂'原作'爲'，據殿本、劉本、彭校改。"

[10]李彦韜：人名。太原（今山西太原市）人。五代後晋出帝寵臣。與宦官近臣相勾結，排擠文臣。傳見本書卷八八。　馮玉：人名。定州（今河北定州市）人。五代後晋外戚、宰相。傳見本書卷八九、《新五代史》卷五六。

[11]李崧事分疏遠：中華書局本有校勘記："'事'，殿本、劉本作'勢'。"

其年夏，契丹寇邊，以守貞爲北面行營都部署。[1]少帝開曲宴於内殿，以寵其行，教坊伶人獻語云：[2]"天子不須憂北寇，守貞面上管幽州。"既罷，守貞有自負之色，以其言誇詫於外。[3]既而率兵至定州北，[4]與契丹偏師遇，斬其將解里而還。[5]九月，加兼侍中。[6]會契丹遣瀛州刺史僞降於少帝，請發大軍應接，朝廷信之。十月，詔杜重威爲北面行營招討使，以守貞爲兵馬都監，[7]知幽州行府事。先是，守貞領兵再由鄴都，杜重威厚加贈遺，曲意承迎，守貞悦之，每於帝前稱舉，請委征討之柄。至是，守貞、重威等會兵於鄴，遂趨瀛州，瀛州不應。貝州節度使梁漢璋爲蕃將高牟翰所敗，[8]死之，王師遂還。師至深州，[9]聞契丹大至，乃西趨鎮州，至滹沲之中渡，與敵相遇。官軍營於滹水之南，未幾，敵騎潛渡至欒城，斷我糧路，尋則王清戰死，杜重威遂與守貞歸命契丹，[10]授守貞司徒，[11]依前鄆州節度使，從契丹至汴。時京輦之下，契丹充斥，都人士庶，若在塗炭。二帥出入揚揚，市人詬之，略無慚色。有頃，河北及京東草寇大起，澶州浮橋爲群賊所斷，契丹主甚恐，乃命諸帥各歸本鎮，守貞遂赴汶陽。[12]高祖入汴，守貞懼而來朝，授守貞太保，[13]移鎮河中。[14]居無何，高祖晏駕，杜重威被誅，守貞愈不自安，乃潛畜異計。

[1]以守貞爲北面行營都部署：《輯本舊史》卷八四《晉少帝紀四》開運三年（946）六月壬午條："詔李守貞爲北面行營都部署。"

[2]伶人：古代樂人。《國語·周語下》："鐘成，伶人告和。"韋昭注："伶人，樂人也。"

[3]"既罷"至"以其言誇詫於外"：《通鑑》卷二八五開運三年六月乙丑條："時馬軍都指揮使、鎮安節度使李彦韜方用事，視守貞蔑如也。守貞在外所爲，事無大小，彦韜必知之，守貞外雖敬奉而内恨之。"

[4]定州：州名。治所在今河北定州市。

[5]解里：人名。即耶律解里。《遼史·太宗紀》作"解里德"。契丹突吕不部人。遼國將領。傳見《遼史》卷七六。　"既而率兵至定州北"至"斬其將解里而還"：《輯本舊史》卷八四《晉少帝紀四》開運三年八月庚申條："李守貞、皇甫遇駐軍定州。"

同月癸亥條："李守貞奏，大軍至望都縣，相次至長城北，遇敵千餘騎，轉鬬四十里，斬蕃將解里相公。"《宋本册府》卷三六〇《將帥部·立功門十三》："軍到長城北二十里，與蕃賊千餘騎相遇，轉鬬行四十里，悉驅擁入河，斫得首領解里相公首級。"

[6]加兼侍中：《輯本舊史》卷八四《晋少帝紀四》開運三年九月壬辰條："鄆州節度使、侍衛親軍都指揮使李守貞加兼侍中。"卷八五《晋少帝紀五》開運三年十月辛未條："以侍衛親軍都指揮使、鄆州節度使李守貞爲兵馬都監。"同年十一月丁酉條："詔李守貞知幽州行府事。"

[7]兵馬都監：官名。唐代中葉命將出征，常以宦官爲監軍、都監。後爲臨時委任的統兵官，稱都監、兵馬都監。掌屯戍、邊防、訓練之政令。

[8]貝州：州名。治所在今河北清河縣。　高牟翰：人名。《遼史》作"高模翰"。渤海族人。遼朝將領。傳見《遼史》卷七六。　貝州節度使梁漢璋爲蕃將高牟翰所敗：《輯本舊史》之影庫本粘籤："梁漢璋，原本作'澣漳'，今從《歐陽史》改正。"見《新五代史》卷七二《四夷附録一》。中華書局本有校勘記："'高牟翰'，原作'高牟輪'，據殿本、劉本、邵本校、彭校、本書卷一三七《契丹傳》改。影庫本批校：'高牟輪'，'輪'字當是'翰'之訛。"亦見《輯本舊史》卷九五《梁漢璋傳》。

[9]深州：州名。治所在今河北深州市。

[10]杜重威遂與守貞歸命契丹：《輯本舊史》卷八五《晋少帝紀五》開運三年十二月壬申條："始聞杜威、李守貞以此月十日率諸軍降於契丹。"此月丁巳朔，十日爲丙寅日。

[11]司徒：官名。與太尉、司空並爲三公。司徒一職，最早見於《尚書·堯典》，堯設九官，其一爲司徒。漢改丞相爲大司徒。隋、唐與太尉、司空並爲三公。唐後期、五代多爲大臣、勳貴加官。正一品。

[12]汶陽：古地名。位於今山東泰安市一帶。

[13]太保：官名。與太師、太傅並爲三師。唐後期、五代多爲大臣、勳貴加官。正一品。

[14]河中：方鎮名。治所在河中府（今山西永濟市）。　授守貞太保，移鎮河中：《輯本舊史》卷一〇〇《漢高祖紀下》天福十二年（947）七月丙申條："以鄆州節度使、檢校太師、兼侍中李守貞爲河中節度使，加兼中書令。"

乾祐元年三月，[1]先致書於權臣，布求保證，而完城郭，繕甲兵，晝夜不息。守貞以漢室新造，嗣君纔立，自謂舉無遺策。[2]又有僧總倫者，[3]以占術干守貞，謂守貞有人君之位。[4]未幾，趙思綰以京兆叛，[5]遣使奉表送御衣於守貞，守貞自謂天時人事合符於己，乃潛結草賊，令所在竊發，遣兵據潼關。[6]朝廷命白文珂、常思等領兵問罪，[7]復遣樞密使郭威西征。[8]官軍初至，守貞以諸軍多曾隸於麾下，自謂素得軍情，坐俟叩城迎己，及軍士詬譟，大失所望。[9]俄而王景崇據岐下，[10]與趙思綰遣使推奉，守貞乃自號秦王，思綰、景崇皆受守貞署置。又遣人齎蠟彈於吳、蜀、契丹，以求應援。[11]既而城中糧盡，殺人爲食，召總倫詰其休咎，總倫至曰："王自有天分，人不能奪。然分野災變，俟磨滅將盡，存留一人一騎，即王鵲起之際也。"守貞深以爲信。洎攻城，守貞欲發石以拒外軍，礮竿子不可得，無何，上游汎一筏至，其木悉可爲礮竿，守貞以爲神助。又嘗因宴會將佐，守貞執弧矢，遥指一虎舐掌圖曰："我若有非常之事，當中虎舌。"引弓一發中之，左右拜賀，守貞亦自負焉。[12]

[1]乾祐：五代後漢高祖劉知遠年號（948）。隱帝劉承祐沿用至乾祐三年（950）。北漢亦用此年號。

[2]“守貞以漢室新造”至“自謂舉無遺策”：《輯本舊史》卷一〇一《漢隱帝紀上》乾祐元年（948）三月庚申條：“河中節度使、檢校太師、兼中書令李守貞加守太傅，進封魯國公。”《通鑑》卷二八八乾祐元年三月丁丑條：“（守貞）自以晋世嘗爲上將，有戰功，素好施，得士卒心。”

[3]總倫：人名。籍貫不詳。五代後晋、後漢時僧人，李守貞門下客。事見《新五代史》卷五二、《通鑑》卷二八八。

[4]“又有僧總倫者”至“謂守貞有人君之位”：《舊五代史考異》：“《通鑑》云：浚儀人趙修己，素善術數，自守貞鎮滑州，署司户參軍，累從移鎮。爲守貞言：‘時命不可妄動。’前後切諫非一，守貞不聽，乃稱疾歸里。”見《通鑑》卷二八八乾祐元年三月丁丑條。

[5]京兆：府名。治所在今陝西西安市。

[6]潼關：關隘名。位於今陝西潼關縣。　“未幾”至“遣兵據潼關”：“乃潛結草賊”，中華書局本沿《輯本舊史》作“乃潛給草賊”，有校勘記：“‘給’，殿本、劉本、彭本作‘結’。”但未改。今改。《舊五代史考異》：“《宋史·王繼勳傳》：李守貞之叛，令繼勳據潼關，爲郭從義所破。”見《宋史》卷二七四。《輯本舊史》卷一〇一乾祐三年三月丁丑條：“西道諸州奏，河中李守貞謀叛，發兵據潼關。”同年四月辛卯條：“削奪李守貞在身官爵。”

[7]白文珂：人名。太原（今山西太原市）人。五代後唐至後周將領。傳見本書卷一二四。　常思：人名。太原（今山西太原市）人。五代將領。傳見本書卷一二九、《新五代史》卷四九。

[8]朝廷命白文珂、常思等領兵問罪，復遣樞密使郭威西征：《輯本舊史》卷一〇一乾祐元年八月壬午條：“命樞密使郭威赴河中府軍前，詔河中、永興、鳳翔行營諸軍，一禀威節制。時李守貞、王景崇、趙思綰連衡作叛，朝廷雖命白文珂、常思攻討河中，物議

以二帥非守貞之敵，中外憂之，及是命之降，人情大愜。”《新五代史》卷五二《李守貞傳》：“諸將皆請先擊思綰、景崇，威計未知所向，行至華州，節度使扈彦珂謂威曰：‘三叛連衡，以守貞爲主。守貞先敗，則思綰、景崇可傳聲而破矣。若舍近圖遠，使守貞出兵于後，思綰、景崇拒戰于前，則漢兵屈矣。’威以爲然，遂先擊守貞。”

［9］“官軍初至”至“大失所望”：《舊五代史考異》：“《宋史·馬全義傳》：李守貞鎮河中，召置帳下。及守貞叛，周主討之，全義每率敢死士，夜出攻周祖壘，多所殺傷。守貞貪而無謀，性多忌刻，全義累爲畫策，皆不能用。”此《考異》中華書局本有校勘記：“‘李守貞鎮河中’，‘河中’原作‘河東’，據殿本、劉本、《宋史》卷二七八《馬全義傳》改。”《通鑑》卷二八八乾祐元年八月壬午條：“威將行，問策於太師馮道。道曰：‘守貞自謂舊將，爲士卒所附，願公勿愛官物，以賜士卒，則奪其所恃矣。’威從之。由是衆心始附於威。”

［10］王景崇：人名。邢州（今河北邢臺市）人。五代後漢時升任鳳翔節度使。傳見本書附録、《新五代史》卷五三。　岐下：地名。此指鳳翔。治所在今陝西鳳翔縣。

［11］“俄而王景崇據岐下”至“以求應援”：《舊五代史考異》：“馬令《南唐書·朱元傳》：守貞以河中反，漢命周太祖討之，元與李平奉守貞表來乞師，未復而守貞敗。”見《南唐書》卷一二。

［12］“既而城中糧盡”至“守貞亦自負焉”：《舊五代史考異》：“《宋史·吴虔裕傳》：周祖討三叛，以虔裕爲河中行營都監，率護聖諸軍五千以往。李守貞出兵五千餘，設梯橋，分五路于長連城西北以禦周祖。周祖令虔裕率大軍横擊之，蒲人敗守，奪其梯橋，殺傷大半。”此《考異》中華書局本有校勘記：“‘蒲人敗走’，‘走’原作‘守’，據《宋史》卷二七一《吴虔裕傳》改。”

及周光遜以西砦降，[1]其勢益窘，人情離散。[2]官軍攻城愈急，守貞乃潛於衙署多積薪芻，爲自焚之計。二年七月，城陷，舉家蹈火而死。[3]王師入城，於煙中獲其屍，斷其首函之，并獲數子二女，與其黨俱獻於闕下。隱帝御明德樓受俘馘，[4]宣露布，[5]百僚稱賀。禮畢，以俘馘徇於都城，守貞首級梟於南市，諸子并賊黨孫愿、劉芮、張延嗣、劉仁裕、僧總倫、靖琮、張球、王廷秀、焦文傑、安在欽等並磔於西市，[6]餘皆斬之。《永樂大典》卷一萬三百九十。[7]

[1]周光遜：人名。籍貫不詳。事見本書卷一〇二、本卷及卷一一〇。《輯本舊史》之影庫本粘籤："周光遜，原本作'況遜'，今從《通鑑》改正。"見《通鑑》卷二八八乾祐二年五月壬子條。

[2]"及周光遜以西砦降"至"人情離散"：明本《册府》卷一二六《帝王部·納降門》周太祖條："（乾祐二年）五月九日，賊河西水砦主周光遜以砦及將校兵士一千一百三十二來降。賊南面都監王仁岳之下十六人、指揮使石公進、草賊都頭惡長官聶知遇、王三鐵之下十六人，副兵馬使軍頭十將、長行共一千四十七人，賊火城內，乘船投來。都頭劉瓊、安建武之下三十七人並來奔。十日，太祖率騎部領降將周光遜等兵士三千人入長連城以徇，尋有賊職員八人來奔。其夜又賊將胡進超已下三百餘人歸。"

[3]"官軍攻城愈急"至"舉家蹈火而死"：《新五代史》卷一一《周本紀》："威至河中，自栅其城東，思栅其南，文珂栅其西。調五縣丁二萬人築連壘，以護三栅。諸將皆謂守貞窮寇，破在旦夕，不宜勞人如此。威不聽。已而，守貞數出兵，擊壞連壘，威輒補之。守貞輒復出擊，每出必有亡失。久之，城中兵食俱盡。威曰：'可矣。'乃治攻具，爲期日，四面攻之，破其羅城。""舉家蹈火"之説

與下文“諸子并賊黨并磔於西市”矛盾。《輯本舊史》卷一〇二《漢隱帝紀中》乾祐二年（949）七月甲子條：“樞密使郭威奏，收復河中府，逆賊李守貞自燔而死。”《新五代史》卷五二《李守貞傳》謂“守貞與妻子自焚”。《通鑑》卷二八八乾祐二年七月壬戌條：“李守貞與妻及子崇勳等自焚，威入城，獲其子崇玉等及所署丞相靖餘、孫愿、樞密使劉芮、國師總倫等，送大梁，磔於市。”

［4］隱帝：即五代後漢隱帝劉承祐。後漢高祖劉知遠次子。948年至950年在位。紀見本書卷一〇一至卷一〇三、《新五代史》卷一〇。　明德樓：城樓名。位於今河南開封市。

［5］露布：亦稱“露板”“露版”。不加緘封的檄文、捷報或其他文書。

［6］孫愿、劉芮、張延嗣、劉仁裕、靖餘、張球、王廷秀、焦文傑、安在欽：皆人名。本書僅此一見。“靖餘”，中華書局本有校勘記：“《册府》卷八、《通鑑》卷二八八作‘靖䍃’。”見《通鑑》卷二八八乾祐二年七月壬戌條、明本《册府》卷八《帝王部·創業門四》。《宋本册府》該卷殘闕，但部分文字可辨識。“劉仁裕”，《册府》作“劉仁祐”；“張延嗣”，《册府》作“張延朗”。

［7］《大典》卷一〇三九〇“李”字韻“姓氏（三五）”事目。《輯本舊史》於此後録《五代史闕文》：“符后先適河中節度使李守貞之子崇訓。守貞嘗得術士，善聽聲，知人貴賤，守貞舉族悉令術士聽之，獨言后大富貴，當母儀天下。守貞信之，因曰：‘吾婦尚爲皇后，吾可知也。’遂謀叛。及城陷，后獨免。周祖爲世宗娶之，顯德中，册爲后。臣以謂術士之言，蓋亦有時而中，人君之位，安可無望而求，公侯其誡之。”

趙思綰

趙思綰，魏府人也。[1]唐同光末，[2]趙在禮之據魏城也，[3]思綰隸于帳下，累從之。在禮卒，趙延壽籍其部曲，[4]盡付於其長子贊，[5]思綰即其首領也。高祖定河洛，趙贊自河中移京兆尹。趙贊以久事契丹，常慮國家終不能容，乃與鳳翔侯益謀，[6]引蜀兵爲援，又令判官李恕入朝請覲，[7]趙贊不待報赴闕，留思綰等數百人在京兆。會高祖遣王景崇等西赴鳳翔，行次京兆，時思綰等數百人在焉。思綰等比是趙在禮御士，本不刺面，景崇、齊藏珍既至京兆，[8]欲令文面，以防逋逸。景崇微露風旨，思綰厲聲先請自刺，以率其下，景崇壯之。藏珍竊言曰："思綰麤暴難制，不如殺之。"景崇不聽，但率之同赴鳳翔。

[1]魏府：地名。即魏州，唐、五代方鎮魏博軍的治所。位於今河北大名縣。

[2]同光：五代後唐莊宗李存勗年號（923—926）。

[3]趙在禮：人名。涿州（今河北涿州市）人。五代後唐、後晋將領。傳見本書卷九〇、《新五代史》卷四六。

[4]趙延壽：人名。本姓劉，恒山（今河北正定縣）人。五代後唐明宗李嗣源女婿，後降契丹，引導契丹攻滅後晋。傳見《遼史》卷七六。

[5]贊：人名。即趙贊。幽州薊（今北京市）人。五代後唐、遼朝將領趙延壽之子。五代後唐至宋初將領。傳見《宋史》卷二五四。　盡付於其長子贊：中華書局本有校勘記："'長子'，殿本、孔本作'子'。"《通鑑》卷二八七乾祐元年（948）正月條作"匡贊"，蓋入宋後避宋太祖趙匡胤之諱去"匡"字。

[6]鳳翔：方鎮名。治所在鳳翔府（今陝西鳳翔縣）。

[7]判官：官名。唐末、五代藩鎮僚佐，位行軍司馬下。　李

恕：人名。籍貫不詳。五代官員。事見《宋史》卷二五四。

[8]齊藏珍：人名。籍貫不詳。五代後漢、後周將領。傳見本書卷一二九。

朝廷聞之，遣供奉官王益部署思綰等赴闕。[1]思綰既發，行至途中，謂其黨常彦卿曰：[2]"小太尉已入佗手，吾輩至，則併死矣。"小太尉蓋謂趙贊也。彦卿曰："臨機制變，子勿復言！"既行，至永興，[3]副使安友規、巡檢使喬守温出迎，[4]于郊外離亭置酒。思綰前曰："部下軍士已在城東安下，緣家屬在城，欲各將家今夜便宿城東。"守温等然之。思綰等辭去，與部下並無兵仗，纔入西門，有州校坐門側，思綰遽奪其佩劍，即斬之。其衆持白梃殺守門軍士十餘人，分衆守捉諸門。思綰劫庫兵以授之，遂據其城，時乾祐元年三月二十四日也。[5]翌日，集城中丁壯得四千餘人，濬池隍，修樓櫓，旬浹之間，戰守皆備。尋遣人送款于河中，李守貞遣使齎僞詔授思綰晋昌軍節度使、檢校太尉。[6]朝廷聞之，命郭從義、王峻帥師伐之。[7]及攻其城，王師傷者甚衆，乃以長塹圍之，經年糧盡，遂殺人充食。思綰嘗對衆取人膽以酒吞之，告衆曰："吞此至一千，即膽氣無敵矣。"[8]

[1]供奉官：官名。泛指侍奉皇帝左右的臣僚，亦爲東、西頭供奉官通稱。　王益：人名。籍貫不詳。五代後漢供奉官。事見本書卷一〇一、卷一〇二。

[2]常彦卿：人名。籍貫不詳。五代後漢將領。事見本書

卷一〇二。

[3]永興：方鎮名。治所在京兆府（今陝西西安市）。

[4]安友規：人名。籍貫不詳。五代後漢將領。事見本書卷七六、卷一〇三。　巡檢使：官名。五代始置設於京師、陪都、重要的州及邊防重鎮。　喬守温：人名。籍貫不詳。五代後漢地方武官。事見本書卷一〇二。

[5]時乾祐元年三月二十四日也：《輯本舊史》卷一〇一《漢隱帝紀上》乾祐元年（948）四月壬午條："時供奉官時知化、王益，自鳳翔部署前永興節度使趙贊部下牙兵趙思綰等三百餘人赴闕，三月二十四日，行次永興，思綰等作亂，突入府城，據城以叛，故命從義帥師以討之。"此句《輯本舊史》有原輯者案語："《歐陽史》云：四月壬午，永興軍將趙思綰叛附于李守貞。案《薛史》，趙思綰據城叛，自在三月，非四月事。又思綰先據城叛，後附于李守貞。《歐陽史》先書李守貞反，後書思綰叛，亦誤也。《通鑑》從《薛史》。"《新五代史》卷五三《趙思綰傳》："高祖遣王景崇至永興，與齊藏珍以兵迎回鶻，陰以西事屬之。景崇至永興，贊雖入朝，而其所召蜀兵已據子午谷，景崇用思綰兵擊走之。遂與思綰俱西。"

[6]晋昌軍：方鎮名。治所在京兆府（今陝西西安市）。五代後晋改永平軍置晋昌軍，後漢改爲永興軍。　檢校太尉：官名。爲散官或加官，以示恩寵，無實際執掌。　"翌日"至"檢校太尉"：《輯本舊史》卷一〇九《李守貞傳》："趙思綰以京兆叛，遣使奉表送御衣於守貞，守貞自謂天時人事合符於己，乃潛結草賊，令所在竊發，遣兵據潼關……俄而王景崇據岐下，與趙思綰遣使推奉，守貞乃自號秦王，思綰、景崇皆受守貞署置。"

[7]郭從義：人名。沙陀部人。五代後唐至宋初將領。傳見《宋史》卷二五二。　王峻：人名。相州安陽（今河南安陽市）人。五代後漢、後周將領。傳見本書卷一三〇、《新五代史》卷五〇。

[8]“及攻其城”至“即膽氣無敵矣”:《舊五代史考異》:“《太平廣記》:賊臣趙思綰自倡亂至敗,凡食人肝六十六,無不面剖而膾之。”見《太平廣記》卷二六九。《通鑑》卷二八八乾祐二年五月庚申條:“及長安城中食盡,取婦女、幼稚爲軍糧,日計數而給之,每犒軍,輒屠數百人,如羊豕法。”

二年夏,食既盡,思綰計無從出,時左驍衛上將軍致仕李肅寓居城中,[1]因與判官程讓能同言于思綰曰:[2]“太尉比與國家無嫌,但負罪懼誅,遂爲急計。今朝廷三處用兵,一城未下,太尉若翻然效順,率先歸命,以功補過,庶幾無患。若坐守窮城,端然待斃,則何貴於智也。”[3]思綰然之,即令讓能爲章表,遣牙將劉成琦入朝,[4]制授思綰華州留後、檢校太保,[5]以常彦卿爲虢州刺史,遣内臣齎官告國信賜之。[6]既受命,遲留未發。郭從義、王峻等籌之曰:“狼子野心,終不可用,留之必貽後悔耳!”既而從義、王峻等緩轡入城,陳列步騎至牙署,遣人召思綰曰:“太保登途,不暇出祖,對引一杯,便申仳别。”思綰至則執之,遂斬于市,并族其家。[7]思綰臨刑,市人争投瓦石以擊之,軍吏不能禁。是日,并部下叛黨、新授虢州刺史常彦卿等五百餘人並誅之。[8]籍思綰家財,得二十餘萬貫,入於官。[9]

[1]左驍衛上將軍:官名。唐置,掌宫禁宿衛。唐代十六衛之一。從二品。　李肅:人名。籍貫不詳。五代官員。事見本書卷一〇、卷三四、卷七六、卷一〇〇、卷一一一。

[2]程讓能:人名。籍貫不詳。本書僅此一見。

［3］“二年夏”至“則何貴於智也”：《舊五代史考異》：“《洛陽縉紳舊聞記》：太子少師李公肅，唐末西京留守，齊王以女妻之。趙思綰在永興時，使主赴闕。思綰主藍田副鎮，有罪已發。李公時爲環衛將兼雍耀三白渠使、雍耀莊宅使、節度副使，權軍府事，護而脱之，來謝于李公。公歸宅，夫人詰之曰：‘趙思綰庸賤人，公何與免其過？又何必見之乎？’曰：‘思綰雖賤類，審觀其狀貌，真亂臣賊子，恨未有朕迹，不能除去之也。’夫人曰：‘既不能除去，何妨以小惠啖之，無使銜怨。’自後夫人密遣人令思綰之妻來參，厚以衣物賜之，前後與錢物甚多。及漢朝，公以上將軍告老歸雍。未久，思綰過雍，遂閉門據雍城叛，衣冠之族，遭塗炭者衆，公全家獲免。終以計勸思綰納款。”此《考異》中華書局本有校勘記：“‘雍耀莊宅使’，‘耀’原作‘輝’，據殿本、劉本、《洛陽縉紳舊聞記》卷二改；‘既不能除去’，‘除去’二字原闕，據殿本、劉本、《洛陽縉紳舊聞記》卷二補；‘及漢朝’，‘及’原作‘乞’，據殿本、劉本、《洛陽縉紳舊聞記》卷二改。”《通鑑》卷二八八乾祐二年（948）五月乙丑條：“初，思綰少時，求爲左驍衛上將軍致仕李肅僕，肅不納，曰：‘是人目亂而語誕，他日必爲叛臣。’肅妻張氏，全義之女也，曰：‘君今拒之，後且爲患。’乃厚以金帛遺之。及思綰據長安，肅閒居在城中，思綰數就見之，拜伏如故禮。肅曰：‘是子亟來，且汙我。’欲自殺。妻曰：‘曷若勸之歸國！’”《新五代史》卷五三《趙思綰傳》：“（思綰）募人爲地道，將走蜀。”

［4］劉成琦：人名。籍貫不詳。本書僅此一見。《輯本舊史》卷一〇二《漢隱帝紀中》乾祐二年五月乙丑條、《宋本册府》卷一六六《帝王部·招懷門四》作“劉成”，《新五代史》卷五三作“劉筠”。

［5］華州：州名。治所在今陝西渭南市華州區。　檢校太保：官名。爲散官或加官，以示恩寵，無實際執掌。太保，與太師、太傅合稱三師。

[6]“思綰然之”至“遣内臣齎官告國信賜之”:《舊五代史考異》:“《宋史·郭從義傳》作從義繫書矢上，射入城中，説思綰令降，與《薛史》異。”見《宋史》卷二五二。《輯本舊史》卷一〇二《漢隱帝紀中》乾祐二年五月乙丑條:“永興趙思綰遣牙將劉成詣闕乞降，制授趙思綰華州節度留後、檢校太保，以永興城内都指揮使常彦卿爲虢州刺史。”

[7]“思綰至則執之”至“并族其家”:《舊五代史考異》:“《東都事略·郭從義傳》云:‘思綰困甚，從義遣人誘之，佯許以華州節鉞。思綰信之，遂開門送款，從義入城，思綰謁見，即遣武士執之，并其黨斬于市。是思綰本以誘降而伏誅，非以其既降復謀叛也。與《薛史》異。”見《東都事略》卷一九《郭從義傳》。《輯本舊史》卷一〇二《漢隱帝紀中》乾祐二年七月丁巳條:“永興都部署郭從義奏:‘新除華州留後趙思綰，自今月三日授華州留後，準詔赴任，三移行期，仍要鎧甲以給牙兵，及與之，竟不遵路。至九日夕，有部曲曹彦進告，思綰欲於十一日夜與同惡五百人奔南山入蜀。是日詰旦，再促上路，云俟夜進途。臣尋與王峻入城，分兵守四門，其趙思綰部下軍，各已執帶，遂至牙署，令趙思綰至則執之，與一行徒黨，並處置訖。’”

[8]新授虢州刺史常彦卿等五百餘人並誅之:《舊五代史考異》:“《宋史·郭從義傳》作三百餘人。”見《宋史》卷二五二。《通鑑》卷二八八乾祐二年七月壬子條作“三百人”。

[9]“籍思綰家財”至“入於官”:《輯本舊史》之原輯者案語:“《歐陽史》:思綰遲留不行，陰遣人入蜀，郭威命從義圖之。從義因入城召思綰，趣之上道，至則擒之。思綰問曰:‘何以用刑?’告者曰:‘立釘也。’思綰厲聲曰:‘爲吾告郭公，吾死未足塞責，然釘磔之醜，壯夫所耻，幸少假之。’從義許之，父子俱斬於市。”

始思綰入城，丁口僅十餘萬，及開城，惟餘萬人而已，其餓斃之數可知矣。《永樂大典》卷一萬六千九百九十一。[1]

［1］《大典》卷一六九九一“趙”字韻“姓氏（七）”事目。

舊五代史　卷一一〇

周書一

太祖紀第一

太祖聖神恭肅文武孝皇帝，姓郭氏，諱威，字仲文，邢州堯山人也。[1]或云本常氏之子，幼隨母適郭氏，故冒其姓焉。[2]高祖諱璟，廣順初，追尊爲睿和皇帝，廟號信祖，陵曰温陵；高祖妣張氏，追謚睿恭皇后。曾祖諱諶，漢贈太保，追尊爲明憲皇帝，廟號僖祖，陵曰齊陵；曾祖妣鄭國夫人申氏，追謚明孝皇后。祖諱藴，漢贈太傅，追尊爲翼順皇帝，廟號義祖，陵曰節陵；祖妣陳國夫人韓氏，追謚翼敬皇后。皇考諱簡，漢贈太師，追尊爲章肅皇帝，廟號慶祖，陵曰欽陵；皇妣燕國夫人王氏，追謚爲章德皇后。[3]后以唐天祐元年甲子歲七月二十八日，[4]生帝於堯山之舊宅。載誕之夕，赤光照室，有聲如爐炭之裂，星火四迸。

[1]邢州：州名。治所在今河北邢臺市。　堯山：縣名。治所

在今河北隆堯縣。　仲文：中華書局本有校勘記："原作'文仲'，據《永樂大典》卷八九八〇引《五代薛史》、《通曆》卷一五乙正。"見《通曆》卷一五周太祖條。《輯本舊史》卷一一〇至一一三收録了全部《周太祖本紀》（卷一至卷四），全録自《大典》卷八九八〇"周"字韻"五代周太祖（一）"事目。此卷《大典》現存，可知此卷以大部分篇幅收録了《舊史》的全部《周太祖本紀》，而《輯本舊史》將其分爲四卷。本書此四卷之校勘記，凡僅言"見《大典》卷八九八〇引《五代薛史》"者，表明《輯本舊史》所録《大典》文字無誤；言"《大典》卷八九八〇引《五代薛史》作某某，據改或據補"者，意義自明；當然，亦有《大典》卷八九八〇所録《舊史》記事有誤，可由其他文獻證明其有誤而需改正者。又，《通曆》一書，其卷一二至卷一五，可信爲《舊史》之縮寫本，處理方式與《大典》卷八九八〇同。

[2]"或云本常氏之子"至"故冒其姓焉"：《輯本舊史》之案語："案《五代會要》：周虢叔之後。"見《會要》卷一追謚皇帝條所載周朝追尊四廟。

[3]璟：即郭璟。郭威高祖。事見《新五代史》卷一一。　廣順：五代後周太祖郭威年號（951—953）。　張氏：郭威高祖母。事見《新五代史》卷一一。　諶：即郭諶。郭威曾祖。事見《新五代史》卷一一。　太保：官名。與太師、太傅並爲三師。唐後期、五代多爲大臣、勳貴加官。正一品。　申氏：郭威曾祖母。事見《新五代史》卷一一。　藴：即郭藴。郭威祖父。事見《新五代史》卷一一。　太傅：官名。三師之一。始設於周代。掌佐天子，理陰陽，經邦弘化。唐後期、五代多爲大臣、勳貴加官。正一品。　韓氏：郭威祖母。事見《新五代史》卷一一。　簡：人名。即郭簡。郭威父，事見《新五代史》卷一一。　太師：官名。與太傅、太保合稱三師，唐後期、五代多爲大臣、勳貴加官。正一品。　王氏：郭簡妻，郭威母。事見《新五代史》卷一一。　"高祖諱璟"至"追謚爲章德皇后"：《輯本舊史》之案語："案《五代會

要》：温陵、齊陵、節陵皆無陵所，遥申朝拜。”見《會要》卷一追謚皇帝條所載周朝追尊四廟。明本《册府》卷一《帝王部·帝系門》：“初，唐咸通中，代北、徐方用兵伐叛，信祖、僖祖從戎師，接戰以勇敢知名。義祖事後唐武皇，爲帳中親信。乾寧中，從征澤、潞、邢、洺，累授河内馬步軍都虞候。武皇平安敬思，再定邢、洺，移授邢之軍職，因卜居堯山縣。武皇經啓霸圖，觀兵大鹵，劉仁恭陸梁燕薊，窺伺中原，梁氏蠶食兩河，尋戈不息。慶祖爲武皇内牙愛將，專掌親軍，指麾所行，無不景從，攻城野戰，勇爵崇高。天復中，武皇兵出居庸山北，尅捷，以慶祖爲順州刺史。”《新五代史》卷一一《周太祖本紀》：“父簡，事晋爲順州刺史。”《新五代史》所言“晋”，乃指晋王（李克用），非後晋。

[4]天祐：唐昭宗李曄開始使用的年號，唐哀帝李柷沿用（904—907）。唐亡後，河東李克用、李存勗仍稱天祐，沿用至天祐二十年（923）。五代十國其他政權亦有行此年號者，如南吴、吴越等。

帝生三歲，家徙太原。[1]居無何，皇考爲燕軍所陷，歿於王事。帝未及齠齔，章德太后蚤世，姨母楚國夫人韓氏提攜鞠養。[2]及長，形神魁壯，趣向奇崛，愛兵好勇，不事田產。天祐末，潞州節度使李嗣昭常山戰歿，子繼韜自稱留後，[3]南結梁朝，據城阻命，乃散金以募豪傑。帝時年十八，避吏壺關，[4]依故人常氏，遂往應募。帝負氣用剛，好鬬多力，繼韜奇之，或踰法犯禁，亦多假借焉。嘗遊上黨市，[5]有市屠壯健，衆所畏憚，帝以氣凌之，因醉命屠割肉，小不如意，叱之。屠者怒，坦腹謂帝曰：“爾敢刺我否？”帝即剸其腹，市人執之屬吏，繼韜惜而逸之。其年，莊宗平梁，繼韜伏誅，麾下牙兵配從馬直，[6]帝在籍中，時年二十一。帝性聰敏，喜筆劄，及從軍旅，多閲簿書，軍志戎政，深窮綮肯，人皆服其敏。嘗省義兄李瓊，[7]瓊方讀《閫外春秋》，即取視之，曰："論兵也，兄其教我。"即授之，深通義理。[8]

[1]太原：府名。治所在今山西太原市。

[2]齠（tiáo）齔（chèn）：孩童、垂髫换齒之時。　蚤世：早早去世。"蚤"通"早"。　韓氏：人名。即郭威姨母。事見本書卷一一二。　鞠養：撫養。

[3]潞州：州名。治所在今山西長治市。　節度使：官名。唐時在重要地區所設掌握一州或數州軍政、民政、財政的長官。　李嗣昭：人名。汾州（今山西汾陽市）人。唐末、五代李克用義子、部將。傳見本書卷五二、《新五代史》卷三六。　常山：即鎮州，治所在今河北正定縣。　繼韜：人名。即李繼韜。汾州太谷（今山西太谷縣）人。後唐重臣李嗣昭子，囚長兄繼儔，迫莊宗任其爲安義軍兵馬留後。傳見《新五代史》卷三六《李嗣昭傳》。　留後：官名。原非正式命官，唐朝節度使入朝或宰相、親王遥領節度使不臨鎮則置。安史之亂後，節度使多以子弟或親信爲留後，以代行節度使職務，亦有軍士、叛將自立爲留後者。掌一州或數州軍政。北宋始爲朝廷正式命官。

[4]壺關：中華書局本有校勘記："原作'故關'，據《永樂大典》卷八九八〇引《五代薛史》、《通曆》卷一五改。按故關屬鎮州，壺關在潞州。《新五代史》卷一一《周本紀》：'威少孤，依潞州人常氏。'"壺關即壺口關，又名吾兒峪。在今山西黎城縣東北東陽關鎮。

[5]上黨：此潞州。治所在今山西長治市。

[6]莊宗：即李存勗。代北沙陀部人，後唐開國皇帝。紀見本

書卷二七至卷三四、《新五代史》卷四至卷五。　牙兵：五代時期藩鎮親兵。參見來可泓《五代十國牙兵制度初探》，《學術月刊》1995年第11期。　從馬直：部隊番號。五代後唐皇帝親軍。後唐明宗李嗣源創置。其兵丁選自諸軍驍勇敢戰者，没有額定兵員。平時宿衛，戰時隨駕親征。

[7]李瓊：人名。幽州（今北京市）人。五代十國、宋初將領。傳見《宋史》卷二六一。　義兄李瓊：中華書局本有校勘記："'義兄'，原作'昭義'，據《永樂大典》卷八九八〇引《五代薛史》、《通曆》卷一五改。按《宋史》卷二六一《李瓊傳》作'爲兄弟'。"

[8]《閫外春秋》：書名。唐李筌撰。十卷。約取史文，記敘西周武王克殷至唐武德四年（621）擒竇建德，共一千七百餘年間軍事戰争史迹概略。原書已佚。有敦煌卷子殘本。　"瓊方讀《閫外春秋》"至"深通義理"：《舊五代史考異》："案《宋史·李瓊傳》：唐莊宗募勇士，即應募，與周祖等十人約爲兄弟。一日會飲，瓊熟視周祖，知非常人，因舉酒祝曰：'凡我十人，龍蛇混合，異日富貴，無相忘。苟渝此言，神降之罰。'皆刺臂出血爲誓。周祖與瓊情好尤密，嘗造瓊，見其危坐讀書，因問所讀何書，瓊曰：'此《閫外春秋》，所謂以正守國，以奇用兵，較存亡治亂，記賢愚成敗，皆在此也。'周祖令讀之，謂瓊曰：'兄當教我。'自是周祖出入，常袖以自隨，遇暇輒讀，每問難，謂瓊爲師。"見《宋史》卷二六一《李瓊傳》。

天成初，明宗幸浚郊。[1]時朱守殷嬰城拒命，帝從晋高祖一軍率先登城。[2]晋祖領副侍衛，以帝長於書計，召置麾下，令掌軍籍，前後將臣，無不倚愛。初，聖穆皇后柴氏嬪于帝，[3]帝方匱乏，而后多資從。[4]帝常晝寢，[5]有小虺五色，出入顴鼻之間，[6]后遽見愕然。在太原時，有神尼與帝同姓，見帝，謂李瓊曰："我宗天上大仙，頂上有肉角，當爲世界主。"清泰末，晋祖起于河東，[7]時河陽節度使張彦琪爲侍衛馬軍都指揮使，[8]奉命北伐，帝從之，營於晋祠。[9]是時屋壞，同處數人俱斃，唯帝獨無所傷。漢高祖爲侍衛馬步都虞候，[10]召置左右。所居官舍之鄰吴氏，有青衣佳娘者，[11]爲山魈所魅，鬼能人言，而投瓦石，鄰伍無敢過吴氏之舍者。帝過之，其鬼寂然，帝去如故，如是者再。或謂鬼曰："爾既神，向者客來，又何寂然？"鬼曰："彼大人也。"[12]繇是軍中異之。范延光叛于魏，命楊光遠討之，[13]帝當行，意不愿從。或謂帝曰："楊公當朝重勳，子不欲從，何也？"帝曰："楊公素無英雄氣，得我何用？能用我，其劉公乎！"[14]漢祖累鎮藩閫，[15]皆從之。及鎮并門，[16]尤深待遇，出入帷幄，受腹心之寄，帝亦悉心竭力，知無不爲。及吐渾白可久叛入契丹，[17]帝勸漢祖誅白承福等五族，[18]得良馬數千匹、財貨百萬計，以資軍用。[19]

[1]天成：後唐明宗李嗣源年號（926—930）。　明宗：即五代後唐明宗李嗣源。沙陀部人。原名邈佶烈，李克用養子。926年至933年在位。紀見本書卷三五至卷四四、《新五代史》卷六。　浚郊：指開封市郊，因開封附近有浚水，故名。位於今河南開封市郊。

[2]朱守殷：人名。籍貫不詳。五代後唐將領。傳見本書卷七四、《新五代史》卷五一。　嬰城：繞城，環城。　晋高祖：即後晋高祖石敬瑭。五代後晋建立者。紀見本書卷七五至卷八〇、《新

五代史》卷八。

[3]柴氏：邢州堯山（今河北隆堯縣）人。後周太祖郭威皇后。傳見本書卷一二一、《新五代史》卷一九。　聖穆皇后柴氏嬪于帝：中華書局本有校勘記："'柴氏'二字原闕，據《永樂大典》卷八九八〇引《五代薛史》、《通曆》卷一五補。"

[4]帝方匱乏，而后多資從：《輯本舊史》之案語："案《東都事略》：柴后資周太祖以金帛，使事漢高祖。"見《東都事略》卷二一《張永德傳》。

[5]帝常晝寢：中華書局本有校勘記："'帝'字原闕，據《永樂大典》卷八九八〇引《五代薛史》、《通曆》卷一五補。按《册府》卷二一云：'周太祖微時，常晝寢。'"見明本《册府》卷二一《帝王部·徵應門》。

[6]齇鼻：《通曆》卷一五、明本《册府》卷二一同，《大典》卷八九八〇引《五代薛史》作"皻鼻"，誤。

[7]河東：方鎮名。治所在太原（今山西太原市）。　晉祖：中華書局本有校勘記："'祖'字原闕，據《永樂大典》卷八九八〇引《五代薛史》、《通曆》卷一五補。"

[8]河陽：方鎮名。全稱"河陽三城"。治所在孟州（今河南孟州市）。　張彦琪：人名。籍貫不詳。五代藩鎮將領。事見本書卷四八。　侍衛馬軍都指揮使：官名。爲侍衛親軍馬軍司長官。後梁始置侍衛親軍，爲禁軍的一支，後唐沿置並成爲禁軍主力，下設馬軍、步軍。《大典》卷八九八〇引《五代薛史》作"侍衛步軍督指揮使"。中華書局本有校勘記："本書卷四八《唐末帝紀下》：'以忠正軍節度使、侍衛步軍都指揮使張彦琪爲河陽節度使，充侍衛馬軍都指揮使。''步軍'疑爲'馬軍'之訛。"然未改。《輯本舊史》卷四八《唐末帝紀下》清泰三年（936）五月乙未條載以張彦琪充侍衛馬軍都指揮使，以符彦饒充侍衛步軍都指揮使，今據改。

[9]晉祠：祠名。位於今山西太原市晉源區晉祠鎮。

[10]侍衛馬步都虞候：官名。五代侍衛親軍馬步軍統兵官，僅

次於馬步軍都指揮使、副都指揮使。

[11]佳娘：《通曆》卷一五、明本《册府》卷二一同，《大典》卷八九八〇引《五代薛史》作“住娘”。

[12]彼大人也：中華書局本有校勘記：“‘也’，原作‘者’，據《永樂大典》卷八九八〇引《五代薛史》、《通曆》卷一五、《册府》卷二一改。”

[13]范延光：人名。相州臨漳（今河北臨漳縣）人。五代後唐、後晋將領。傳見本書卷九七、《新五代史》卷五一。　楊光遠：人名。沙陀部人。五代後唐、後晋將領。傳見本書卷九七、《新五代史》卷五一。

[14]劉公：人名，即劉知遠。太原（今山西太原市）人。其先西突厥沙陀部人。五代後唐、後晋將領，後漢高祖。紀見本書卷九九至卷一〇〇、《新五代史》卷一〇。

[15]漢祖：即劉知遠。

[16]并門：指并州。治所位於今山西太原市。

[17]吐渾：部族名。吐谷渾的省稱。源出鮮卑，後游牧於今甘肅、青海一帶。參見周偉洲《吐谷渾資料輯録》（增訂本），商務印書館2017年版。　白可久：人名。吐渾使者。事見《新五代史》卷七四。

[18]白承福：五代時北吐谷渾首領。吐谷渾族。後唐同光元年(923)，被莊宗任爲寧朔、奉化兩府都督，賜姓名爲李紹魯。事見《新五代史》卷七四《四夷附録·吐渾》。

[19]以資軍用：中華書局本有校勘記：“‘用’字原闕，據《永樂大典》卷八九八〇引《五代薛史》補。”

開運末，契丹犯闕，晋帝北遷。[1]帝與蘇逢吉、楊邠、史弘肇等勸漢祖建號，[2]以副人望。漢高祖即位晋陽，時百度草創，四方猶梗，經綸締構，帝有力焉，授權樞密副使、檢校司徒。[3]漢高祖至汴，正授樞密副使、檢校太保。[4]乾祐元年春，漢高祖不豫，及大漸，帝與蘇逢吉等同受顧命。[5]隱帝嗣位，拜樞密使，加檢校太尉。[6]舊制，樞密使未加使相者，不宣麻制，至是宣之，自帝始也。[7]有頃，河中李守貞據城反，[8]朝廷憂之，諸大臣共議進取之計。史弘肇曰："守貞，河陽一客司耳，竟何能爲？"帝曰："守貞雖不習戎行，然善接英豪，得人死力，亦勍敵也，[9]宜審料之。"乃命白文珂、常思率兵攻取。[10]師未至，而趙思綰竊據永興，王景崇反狀亦露，朝廷遣郭從義、王峻討趙思綰。[11]七月，西面師徒大集，未果進取。其月十三日，制授帝同平章事，即遣西征，以安慰招撫爲名，詔西面諸軍，並取帝節度。時論以白文珂、常思非守貞之敵，聞帝西行，群情大愜。[12]八月六日，帝發離京師。[13]二十日，師至河中。[14]命白文珂營於河西，帝營於河東。不數日，周設長塹，復築長連城以迫之。[15]帝在軍，居常接賓客，與大將讌語，[16]即褒衣博帶，或遇巡城壘，對陣敵，幅巾短後，與衆無殊。臨矢石，冒鋒刃，必以身先，與士伍分甘共苦。稍立功効者，厚其賜與，微有傷痍者，親自循撫，[17]士無賢不肖，有所陳啓，温顔以接之，[18]俾盡其情，人之過忤，未嘗介意，故君子小人皆思効用。守貞聞之，深以爲憂。十二月，帝以蜀軍屯大散關，即親率牙兵往鳳翔、永興相度。[19]將發，謂白文珂、劉詞曰："困獸猶鬬，當謹備之。"[20]帝至華州，[21]聞蜀軍退敗，遂還。

［1］開運：後晋出帝石重貴年號（944—946）。　契丹：古部族、政權名。公元4世紀中葉宇文部爲前燕攻破，始分離而成單獨的部落，自號契丹。唐貞觀中，置松漠都督府，以其首領爲都督。唐末彊盛，916年迭剌部耶律阿保機建立契丹國（遼）。先後與五代、北宋並立，保大五年（1125）爲金所滅。參見張正明《契丹史略》，中華書局1979年版。　晋帝：即石重貴。沙陀部人。後晋高祖石敬瑭從子，後晋少帝。紀見本書卷八一至卷八五、《新五代史》卷九。

［2］蘇逢吉：人名。京兆長安（今陝西西安市）人。劉知遠爲河東節度時的屬官，後漢初任宰相。傳見本書卷一〇八、《新五代史》卷三〇。　楊邠：人名。魏州冠氏（今山東冠縣）人。後漢時任樞密使、宰相。傳見本書卷一〇七、《新五代史》卷三〇。　史弘肇：人名。鄭州滎澤（今河南鄭州市）人。五代時後漢將領。傳見本書卷一〇七、《新五代史》卷三〇。

［3］晋陽：縣名。治所在今山西太原市。　樞密副使：官名。樞密院副長官。　檢校司徒：官名。爲散官或加官，以示恩寵加此官，無實際執掌。

［4］汴：州名。治所在今河南開封市。　檢校太保：官名。爲散官或加官，以示恩寵，無實際執掌。

［5］乾祐：後漢高祖劉知遠、隱帝劉承祐年號（948—950）。北漢亦用此年號。　不豫：婉稱帝王有病。　大漸：病危。　帝與蘇逢吉等同受顧命：中華書局本有校勘記："'帝'字原闕，據《永樂大典》卷一三四九七引《五代薛史》補。"見《大典》卷一三四九七"制"字韻"宣制"事目。

［6］隱帝：即後漢隱帝劉承祐。後漢高祖劉知遠次子。紀見本書卷一〇一至一〇三、《新五代史》卷一〇。　樞密使：官名。樞密院長官。唐代宗時始以宦官掌機密，至昭宗時借朱温之力盡誅宦官，始改以士人任樞密使。備顧問，參謀議，出納詔奏，權侔宰相。參見李全德《唐宋變革期樞密院研究》，國家圖書館出版社

2009 年版。　檢校太尉：官名。爲散官或加官，以示恩寵，無實際執掌。太尉，與司徒、司空並爲三公。　“隱帝嗣位”至“加檢校太尉”：《舊五代史考異》：“案《東都事略·魏仁浦傳》：仁浦少爲刀筆吏，隸樞密院，太祖問以卒乘數，仁溥對曰：‘帶甲者六萬。’太祖喜曰：‘天下事不足憂也。’”見《東都事略》卷一八《魏仁浦傳》。《舊五代史考異》所引之《東都事略》，中華書局本有校勘記：“仁浦，原作‘仁溥’，據殿本、劉本、《東都事略》卷一八改。本卷下文同。”

[7]麻制：唐宋時期任命宰執大臣的詔書。因寫在麻紙上，故稱。

[8]河中：方鎮名。治所在河中府（今山西永濟市）。　李守貞：人名。河陽（今河南孟州市）人。五代將領。傳見本書卷一〇九、《新五代史》卷五二。

[9]亦勍敵也：中華書局本有校勘記：“‘也’字原闕，據《永樂大典》卷八九八〇引《五代薛史》補。”

[10]白文珂：人名。太原（今山西太原市）人。王章岳父，後漢隱帝時宰相。傳見本書卷一二四。　常思：人名。太原（今山西太原市）人。五代將領。傳見本書卷一二九、《新五代史》卷四九。

[11]趙思綰：人名。魏州（今河北大名縣）人。五代後漢叛將。傳見本書卷一〇九、《新五代史》卷五三。　永興：方鎮名。治所在京兆府（今陝西西安市）。　王景崇：人名。邢州（今河北邢臺市）人。五代後唐、後漢軍閥。傳見本書附録、《新五代史》卷五三。　郭從義：人名。沙陀部人。五代、宋初大臣。傳見《宋史》卷二五二。　王峻：人名。相州安陽（今河南安陽市）人。五代將領，後周時任樞密使兼宰相。傳見本書卷一三〇、《新五代史》卷五〇。　“師未至”至“朝廷遣郭從義、王峻討趙思綰”：《輯本舊史》之孔本案語：“案：《歐陽史》作三月，河中李守貞、永興趙思綰、鳳翔王景崇相次反。《薛史·漢隱帝紀》，思綰叛在四

月，景崇叛在七月，非三月事。《歐陽史》因三月守貞反而牽連書之耳。”見《新五代史》卷一一《周太祖本紀》乾祐元年（948）三月條。《輯本舊史》卷一〇一《漢隱帝紀上》乾祐元年四月壬午條載趙思綰叛在三月二十四日（癸酉）。

[12]同平章事：官名。“同中書門下平章事”之簡稱。唐高宗以後，凡實際任宰相之職者，常在其本官後加同平章事的職銜。後成爲宰相專稱。後晋天福五年（940），升中書門下平章事爲正二品。　“七月”至“群情大愜”：《新五代史》卷一一《周太祖本紀》：“是歲三月，河中李守貞、永興趙思綰、鳳翔王景崇相次反，隱帝遣白文珂、郭從義、常思等分討之，久皆無功。隱帝謂威曰：‘吾欲煩公可乎？’威對曰：‘臣不敢請，亦不敢辭，惟陛下命。’乃加拜威同中書門下平章事，使西督諸將。”《舊五代史考異》：“案《宋史·李穀傳》：周祖討河中，穀掌轉運。時周祖已有人望，潛貯異志，屢以諷穀，穀但對以人臣當盡節奉上而已。”見《宋史》卷二六二《李穀傳》。

[13]八月六日，帝發離京師：《通鑑》卷二八八乾祐元年八月壬午（六日）條《考異》：“《薛史·周太祖紀》：‘七月十三日，授同平章事，即遣西征，以安慰招撫爲名。八月六日發，離京師。’按《漢隱帝》《周太祖實録》，七月，加平章事制詞無西征之言；至八月壬午，方受命出征。蓋《薛史》之誤。”

[14]二十日，師至河中：《舊五代史考異》：“案：《五代春秋》作七月，郭威率師圍河中，據此紀則周太祖以八月六日始發京師，非七月即圍河中也。《薛史·漢隱帝紀》與此紀互異。《宋史·扈彦珂傳》：周祖爲樞密使，總兵出征，時議多以先討景崇、思綰爲便，周祖意未決。彦珂曰：‘三叛連衡，推守貞爲主，宜先擊河中。河中平，則永興、鳳翔失勢矣。今捨近圖遠，若景崇、思綰逆戰于前，守貞兵其後，腹背受敵，爲之奈何？’周祖從其言。”《輯本舊史》卷一〇一《漢隱帝紀上》乾祐元年八月癸卯（二十七）條：“郭威奏，今月二十三日（己亥），大軍已抵河府賊城，至二十六

日（壬寅），開長連塹畢，築長連城次。”《通鑑》卷二八八乾祐元年八月己亥條亦載郭威“己亥，至城下”，查《二十史朔閏表》，八月己亥即二十三日。《輯本舊史》於卷一一三《周太祖紀四》末引《五代史補》卷五高祖征李守貞條：“高祖征李守貞，軍次河上，高祖慮其争濟，臨岸而論之未及坐，忽有羣鴉噪于上，高祖退十餘步。引弓將射之。矢未及發而岸崩，其璺裂之勢，在高祖足下。高祖棄弓顧羣鴉而笑曰：‘得非天使汝驚動吾耶，如此則李守貞不足破矣。’於是三軍欣然，各懷鬬志矣。”

[15]“命白文珂營於河西”至“復築長連城以迫之”：中華書局本有校勘記：“‘迫’，原作‘逼’，據殿本、孔本、《永樂大典》卷八九八〇引《五代薛史》、《通曆》卷一五改。”《新五代史》卷一一《周太祖本紀》：“威至河中，自柵其城東，（常）思柵其南，（白）文珂柵其西，調五縣丁二萬人築連壘以護三柵。諸將皆謂守貞窮寇，破在旦夕，不宜勞人如此，威不聽。已而守貞數出兵擊壞連壘，威輒補之，守貞輒復出擊，每出必有亡失。”

[16]讌語：親密交談或閑談。

[17]親自循撫：中華書局本有校勘記：“‘自’，原作‘爲’，據《永樂大典》卷八九八〇引《五代薛史》、《通曆》卷一五改。”

[18]温顔以接之：中華書局本有校勘記：“‘之’字原闕，據《永樂大典》卷八九八〇引《五代薛史》、《通曆》卷一五補。”

[19]大散關：關隘名。位於今陝西寶鷄市大散嶺上。　鳳翔：方鎮名。治所在鳳翔府（今陝西鳳翔縣）。

[20]劉詞：人名。元城（今河北大名縣）人。五代將領。傳見本書卷一二四、《新五代史》卷五〇。

[21]華州：州名。治所在今陝西渭南市華州區。

二年正月五日夜，李守貞遣將王三鐵領千餘人，夜突河西砦，果爲劉詞等力戰敗之。[1]先是，軍中禁酒，帝有愛將李審犯令，[2]斬之以徇。五月九日，攻河西，砦主周光遜以砦及部衆千餘人來降。[3]十七日，下令攻城，會西北大風，揚沙晦暝，帝令禱河伯祠，[4]奠訖而風止，自是晝夜攻之。七月十三日，帝率三砦將士奪賊羅城。二十一日，城陷，守貞舉家自焚而死。[5]帝前夢河神告曰："七月下旬，上帝當滅守貞之族。"至是收復賊壘。城中人言，見帝營上有紫氣，如樓閣華蓋之狀。八月五日，帝自河中班師，其月二十七日入朝。漢帝命升階撫勞，酌御酒以賜之，錫賚優厚。翌日，漢帝議賞勳，欲兼方鎮，帝辭之，乃止。帝以出征時廳子都七十三人，具籍獻之。九月五日，制加檢校太師、兼侍中。[6]十月，契丹入寇，前鋒至邢、洺、貝、魏，河北告急，[7]帝受詔率師赴北邊，以宣徽南院使王峻爲監軍。[8]其月十九日，帝至邢州，遣王峻前軍趨鎮、定。[9]時虜已退，[10]帝大閱，欲臨寇境，詔止之。

[1]王三鐵：人名。即王繼勳。陝州平陸（今山西平陸縣）人。後周、北宋初將領。繼勳有武勇，在軍陣常用鐵鞭、鐵槊、鐵撾，軍中目爲"王三鐵"。傳見《宋史》卷二七四。　"二年正月五日夜"至"果爲劉詞等力戰敗之"：《輯本舊史》卷一〇二《漢隱帝紀中》乾祐二年（949）正月乙卯（十一）條載此事在四日（戊申）夜。《通鑑》卷二八八乾祐二年正月戊申條同。"夜突河西砦"，《輯本舊史》之影庫本粘籤："河西，原本作'江西'，今從《通鑑》改正。"見《通鑑》卷二八八乾祐二年正月戊申條，亦見通曆卷一五。《大典》卷八九八〇引《五代薛史》本作"河西"。

[2]李審：人名。籍貫不詳。郭威部下。本書僅此一見。

[3]周光遜：人名。籍貫不詳。事見本書卷一〇二、卷一〇九、

卷一〇〇。　五月九日，攻河西，砦主周光遜以砦及部衆千餘人來降：中華書局本有校勘記：“‘攻’，《册府》卷一二六作‘賊’，按本書卷一〇二《漢隱帝紀中》：‘河中節度副使周光遜棄賊河西寨，與將士一千一百三十人來奔。’‘主’，原作‘賊將’，據殿本、孔本、《永樂大典》卷八九八〇引《五代薛史》、《通曆》卷一五、《册府》卷一二六改。”見明本《册府》卷一二六《帝王部·納降門》。“攻河西”，《大典》卷八九八〇引《五代薛史》、《通曆》卷一五作“敗河西”。

［4］河伯祠：祠堂名。位於今山西大寧縣西馬鬥關。

［5］二十一日，城陷，守貞舉家自焚而死：《舊五代史考異》：“案《歐陽史·周本紀》云：守貞與妻子自焚死，思綰、景崇相次降。今考《薛史·漢紀》，五月乙丑，趙思綰乞降。七月甲子，郭威奏收復河中，守貞自燔死。是思綰之降在守貞自焚之前也。又云：三年正月，趙暉奏，收復鳳翔，王景崇自燔死。是景崇未嘗降也。《歐陽史·漢本紀》亦先載趙思綰降，後書克河中。《王景崇傳》亦作景崇自燔死。紀傳前後自相矛盾，當以《薛史》爲得其實。案《東都事略·王溥傳》：三叛既平，朝士及藩鎮嘗以書往來，詞意涉于悖逆者，太祖籍其名，欲按之。溥諫曰：‘魑魅伺夜而出，日月既照，則氛沴消矣。請焚之，以安反側。’太祖從之。”見《新五代史》卷一一《周太祖本紀》、卷一〇《漢隱帝紀》乾祐二年七月甲子條、卷五三《王景崇傳》，《東都事略》卷一八《王溥傳》。《輯本舊史》卷一〇二《漢隱帝紀中》乾祐二年（949）七月甲子條：“樞密使郭威奏，收復河中府，逆賊李守貞自燔而死。”

［6］廳子都：軍隊的編制單位。唐末、五代之際，軍隊中已有都的編制。諸藩鎮所設特種兵和牙兵中就有雁子都、落燕都、廳子都等名。五代時成爲指揮以下的軍事編制。　檢校太師：官名。爲散官或加官，以示恩寵，無實際執掌。太師，與太傅、太保並爲三師。　侍中：官名。秦始置。隋、唐前期爲門下省長官。唐後期多爲大臣加銜，不參與政務，實際職務由門下侍郎執行。正二品。

“八月五日”至“制加檢校太師、兼侍中”：“八月五日”前，《輯本舊史》原有“二年”二字，因此前已有正月五日等多條記事，故删。中華書局本沿《輯本舊史》未删。《新五代史》卷一一《周太祖本紀》：“隱帝勞威以玉帶，加檢校太師、兼侍中，威辭曰：‘臣事先帝，見功臣多矣，未嘗以玉帶賜之。’因言：‘臣幸得率行伍，假漢威靈以破賊者，豈特臣之功，皆將相之賢，有以安朝廷，撫内外，而饋餉以時，故臣得以專事征伐。’隱帝以威爲賢，於是悉召楊邠、史弘肇、蘇逢吉、禹珪、竇貞固、王章等皆賜以玉帶，威乃受。威又推功大臣，請加爵賞，於是加貞固司空，逢吉司徒，禹珪、邠左右僕射。已而又曰：‘此特漢廷親近之臣耳！漢諸宗室、天下方鎮，外暨荆、浙、湖南，皆未及也。’由是濫賞遍于天下。”《輯本舊史》於卷一一三《周太祖本紀四》末引《五代史補》卷五高祖徵異條：“高祖之爲樞密使也，每出入，常恍然覩人前導，狀若臺省人吏，其服色一緋一緑，高祖以爲不祥，深憂之。及河中、鳳翔、永興等處反，詔命高祖征之，一舉而三鎮瓦解。自是權傾天下，論者以爲功高不賞，郭氏其危乎！高祖聞而恐懼。居無何，忽覩前導者服色，緋者改紫，緑者改緋，高祖心始安，曰：‘彼二人者，但見其升，不見其降，吉兆也。’未幾，遂爲三軍所推戴。”

[7]洺：州名。治所在今河北邯鄲市永年區。　貝：州名。治所在今河北清河縣。　魏：州名。治所在今河北大名縣。

[8]宣徽南院使：官名。唐始置。宣徽南院使、北院使通稱宣徽使。初用宦官，五代以後改用士人。通掌内諸司及三班内侍之名籍，郊祀、朝會、宴享供帳之儀，檢視内外進奉名物。參見王永平《論唐代宣徽使》，《中國史研究》1995年第1期；王孫盈政《再論唐代的宣徽使》，《中華文史論叢》2018年第3期。

[9]鎮：州名。治所在今河北正定縣。　定：州名。治所在今河北定州市。

[10]時虜已退：“虜”，《輯本舊史》作“契丹”，係四庫館臣忌清諱改，中華書局本未予改回，今據《大典》卷八九八〇引

《五代薛史》改回。

三年二月，班師。三月十七日，制授鄴都留守，樞密使如故。[1]時漢帝以北戎爲患，委帝以河朔之任，[2]宰相蘇逢吉等議，藩臣無兼樞密使例。史弘肇以帝受任之重，苟不兼密務，則難以便宜從事。竟從弘肇之議，詔河北諸州，凡事一禀帝節度。[3]帝將北行，啓漢帝曰："陛下富有春秋，萬幾之事，宜審於聽斷。文武大臣，乃心王室，凡事諮詢，即無敗失。"漢帝斂容謝之。帝至鄴，盡去煩弊之事，不數月，閫政有序，一方晏然。詔書褒美。一夕，在山亭院齋中，忽有黄氣起於前，上際於天，帝於黄氣中見星文，紫微、文昌，[4]爛然在目。既而告知星者曰："予於室中見天象，不其異乎？"[5]對曰："坐見天衢，物不能隔，至貴之祥也。"異日，[6]又於牙署中有紫氣起於幡竿龍首之上，[7]凡三日。

[1]鄴都：地名。治所在今河北大名縣。五代後唐同光元年（923）改魏州爲興唐府，建號東京。三年，改東京爲鄴都。　留守：官名。在都城、陪都或軍事重鎮設留守，由地方行政長官兼任。　"三月十七日"至"樞密使如故"："三月十七日"，《輯本舊史》卷一〇三《漢隱帝紀下》、《新五代史》卷一〇《漢隱帝本紀》、《通鑑》卷二八九均繫於四月壬午，查《二十史朔閏表》，四月壬午爲十五日。《新五代史》卷一一《周太祖本紀》繫於四月，無日，《宋本册府》卷八《帝王部·創業門四》則繫於三月。

[2]河朔：泛指黄河以北地區。

[3]凡事一禀帝節度：《輯本舊史》之影庫本粘籤："一禀帝節度，原本作'一廩'，據《通鑑》云：壬午，詔以威爲鄴都留守，

天雄節度使、樞密使如故。仍詔河北，兵甲錢穀，但見郭威文書，立皆稟應。據此則‘廪’字係‘稟’字之訛，今改正。”見《通鑑》卷二八九乾祐三年（950）四月壬午條。《大典》卷八九八〇引《五代薛史》作“一稟”。

［4］紫微：星座名。三垣之一，在北斗北。　文昌：星名。屬紫微垣，包含六顆星。

［5］“既而告知星者曰”至“不其異乎”：中華書局本有校勘記：“‘知’，原作‘之’，據《永樂大典》卷八九八〇引《五代薛史》、《通曆》卷一五、《册府》卷二一改。”亦見明本《册府》卷二一《帝王部·徵應門》。

［6］異日：中華書局本有校勘記：“原作‘翌日’，據殿本、《永樂大典》卷八九八〇引《五代薛史》、《通曆》卷一五、《册府》卷二一改。”

［7］又於牙署中有紫氣起於幡竿龍首之上：中華書局本有校勘記：“‘又於’‘之上’四字原闕，據《永樂大典》卷八九八〇引《五代薛史》、《通曆》卷一五、《册府》卷二一補。”

十一月十四日，澶州節度使李洪義、侍衛步軍都指揮使王殷遣澶州副使陳光穗至鄴都，[1]報京師有變：是月十三日旦，羣小等害史弘肇等。前一夕，李業等遣腹心齎密詔至澶州，令李洪義殺王殷，又令護聖左廂都指揮使郭崇等害帝于鄴城。[2]十三日，洪義受得密詔，恐事不濟，乃以密詔示王殷，殷與洪義即遣陳光穗馳報於帝。十四日，帝方與宣徽使王峻坐議邊事，忽得洪義文字，遽歸牙署，峻亦未知其事。帝初知楊、史諸公被誅，神情惘然，又見移禍及己，伸訴無所，即集三軍將校諭之曰：“予從微至著，輔佐國家，先皇登遐，親受顧託，與楊、史諸公，彈壓經謀，忘寢與食，一旦無狀，盡已誅夷。今有詔來取予首級，爾等宜奉行詔旨，斷予首以報天子，各圖功業，且不累諸君也。”崇等與諸將校泣於前，言曰：“此事必非聖意，即是左右小人誣罔竊發，假令此輩握重柄，國得安乎！足得投論，[3]以判忠佞，何事信單車之使而自棄，千載之下，空受惡名。崇等願從明公入朝，面自洗雪，除君側之惡，共安天下。”衆然之，遂請帝南行，[4]帝即嚴駕首途。

[1]澶州：州名。唐、五代初，治所在今河南清豐縣。後晉天福四年（939）移治於今河南濮陽縣。　李洪義：人名。一作“李弘義”。并州晉陽（今山西太原市）人。李洪信之弟，五代、宋初將領。傳見《宋史》卷二五二。　侍衛步軍都指揮使：官名。五代時皇帝親軍侍衛步軍司之最高長官。　王殷：人名。瀛州（今河北河間市）人。五代將領。傳見本書卷一二四、《新五代史》卷五〇。　陳光穗：人名。籍貫不詳。五代供奉官，曾任澶州副使，事見本書卷一〇三、卷一二五。

[2]李業：人名。晉陽（今山西太原市）人。後漢高祖李皇后弟。隱帝時受信任，掌宫廷財務。傳見本書卷一〇七、《新五代史》卷三〇。　護聖左廂都指揮使：官名。後晉天福六年七月，改奉德兩軍爲“護聖左右軍”。以都指揮使爲該軍首長，隸屬侍衛親軍。　郭崇：人名。應州金城（今山西應縣）人。五代、宋初將領。傳見《宋史》卷二五五。

[3]足得投論：中華書局本有校勘記：“‘足’，原作‘宜’，據孔本、《永樂大典》卷八九八〇引《五代薛史》、《册府》（宋本）卷八改。‘投論’，《册府》卷八作‘披論’。”見《宋本册府》卷八《帝王部·創業門四》。

[4]遂請帝南行：《舊五代史考異》："案《東都事略·魏仁浦傳》云：隱帝遣使害太祖，仁浦曰：'公有大功于朝廷，握强兵，臨重鎮，以讒見疑，豈可坐而待死！'教以易其語云'誅將士'，以激怒衆心，太祖納其言。與《薛史》異，《歐陽史》與《事略》同。"《新五代史》卷一一《周太祖本紀》："威匿詔書，召樞密使院吏魏仁浦謀於卧内。仁浦勸威反，教威倒用留守印，更爲詔書，詔威誅諸將校以激怒之，將校皆憤然効用。"

十六日，至澶州，王殷迎謁慟哭。時隱帝遣小豎鸗脱偵鄴軍所在，爲游騎所執，帝即遣迴，令附奏隱帝赴闕之由，仍以密奏置鸗脱衣領中。[1]奏曰："臣發迹寒賤，遭遇聖明，既富且貴，實過平生之望，唯思報國，敢有他圖！今奉詔命，忽令郭崇等殺臣，即時俟死，而諸軍不肯行刑，逼臣赴闕，令臣請罪上前，仍言致有此事，必是陛下左右譖臣耳。今鸗脱至此，天假其便，得伸臣心，三五日當及闕朝陛下。若以臣有欺天之罪，臣豈敢惜死；若實有譖臣者，乞陛下縛送軍前，以快三軍之意，則臣雖死無恨。今託鸗脱附奏以聞。"[2]十七日，帝至滑州，節度使宋延渥開門迎納。[3]帝將發滑臺，[4]召將士謂之曰："主上爲讒邪所惑，誅殺勳臣，吾之此來，事不獲已，然以臣拒君，寧論曲直！汝等家在京師，不如奉行前詔，我以一死謝天子，實無所恨。"將校前啓曰："國家負公，公不負國，請公速行，[5]無宜遲久，[6]安邦雪怨，正在此時。"既而王峻諭軍曰：[7]"我得公處分，俟平定京城，許爾等旬日剽掠。"衆皆踊躍。

[1]鸗脱：人名。一作“鸗脱”。後漢隱帝時宦官。事見本書卷一〇三《後漢隱帝紀下》。中華書局本有校勘記：“‘鸗’，原作‘鸗’，據殿本、劉本、邵本、《永樂大典》卷八九八〇引《五代薛史》、《通曆》卷一四改。本卷下文同。影庫本粘籤：‘鸗脱，與《隱帝紀》異文，已於卷一百三内加簽聲明。’”見《通曆》卷一四漢隱帝條。

[2]今託鸗脱附奏以聞：《新五代史》卷一一《周太祖本紀》：“鸗脱爲威所得，威乃附脱奏請縛李業等送軍中。隱帝得威奏，以示業等，業等皆言威反狀已白，乃悉誅威家屬于京師。”

[3]宋延渥：人名。洛陽（今河南洛陽市）人。五代、宋初將領，後漢高祖劉知遠婿。入宋後改名偓。傳見《宋史》卷二五五《宋偓傳》。

[4]滑臺：地名。位於今河南滑縣。

[5]請公速行：《大典》卷八九八〇引《五代薛史》作“請公遠行”。

[6]無宜遲久：中華書局本有校勘記：“‘宜’字原闕，據《永樂大典》卷八九八〇引《五代薛史》補。”

[7]既而王峻諭軍曰：中華書局本有校勘記：“‘而’字原闕，據《永樂大典》卷八九八〇引《五代薛史》補。”

十九日，隱帝遣左神武統軍袁巖、前鄧州節度使劉重進率禁軍來拒，與前開封尹侯益等屯赤崗，[1]是夜俱退。二十日，隱帝整陣於劉子陂。[2]二十一日，兩陣俱列，慕容彦超率軍奮擊，帝遣何福進、王彦超、李筠等大合騎以乘之。[3]慕容彦超退却，死者百餘人，於是南軍奪氣，稍稍奔於北軍。慕容彦超與數十騎東奔兖州。[4]吴虔裕、張彦超等相繼來見帝，是夜，侯益、焦繼勳潛至帝營，帝慰勞遣還。[5]

[1]左神武統軍：官名。唐代左神武軍統兵官。唐置六軍，分左、右羽林，左、右龍武，左、右神武等，即“北衙六軍”。興元元年（784），六軍各置統軍，以寵功勳臣。其品秩，《唐會要》卷七一、《舊唐書》卷一二記載爲“從二品”，《通鑑》卷二二九記載爲“從三品”。　袁羲：人名。袁象先之子。五代將領，歷任復州刺史、左龍武大將軍、左神武統軍、宣徽南院使、延州節度使等。事見本書卷一一二、卷一一四等。　鄧州：州名。治所在今河南鄧州市。　劉重進：人名。幽州（今北京市）人，本名晏僧。五代藩鎮軍閥。傳見《宋史》卷二六一。　開封尹：官名。即開封府尹。五代除後唐外均都汴州，升汴州爲開封府，置開封尹或知開封府事。執掌京師政務。從三品。　侯益：人名。汾州平遥（今山西平遥縣）人。五代後唐至宋初將領。傳見《宋史》卷二五四。　赤崗：地名。今名霍赤岡。位於今河南開封市東北。

[2]劉子陂：地名。位於今河南封丘縣南。

[3]慕容彦超：人名。沙陀部人（一説“吐谷渾部人”）。五代後漢將領，後漢高祖劉知遠同母弟。傳見本書卷一三〇、《新五代史》卷五三。　何福進：人名。太原（今山西太原市）人。五代將領，累贈左驍衛大將軍。傳見本書卷一二四。　王彦超：人名。大名臨清（今河北臨西縣）人。五代、宋初將領。傳見《宋史》卷二五五。　李筠：人名。并州太原（今山西太原市）人。五代、宋初將領，歷仕後唐至宋。傳見《宋史》卷四八四。

[4]慕容彦超與數十騎東奔兗州：中華書局本有校勘記：“‘數十騎’，本書卷一〇三《漢隱帝紀下》作‘十數騎’，《通鑑》卷二八九敘其事作‘十餘騎’。”見《輯本舊史》卷一〇三《漢隱帝紀下》及《通鑑》卷二八九乾祐三年（950）十一月甲申（二十一）條。

[5]吴虔裕：人名。許州許田（今河南許昌市）人。五代將領。傳見《宋史》卷二七一。　張彦超：人名。沙陀部人。五代將領，後唐明宗養子。傳見本書卷一二九。　焦繼勳：人名。許州長社（今河南許昌市）人。五代、宋初將領。傳見《宋史》卷二六一。

二十二日旦，郭允明弑漢隱帝於北郊。[1]初，官軍之敗，帝謂宋延渥曰："爾國親，[2]可速往衛主上，兼附奏，請陛下得便速奔臣來，免爲左右所圖。"及延渥至，亂兵雲合，即惶駭而還。是旦，帝望見天子旌旗於高坡之上，謂隱帝在其下，既免胄釋馬而前，左右慮有不測，請帝止。帝泣曰："吾君在此，又何憂焉。"及至前，隱帝已去矣，帝歔欷久之。俄聞隱帝遇弑，號慟不已。帝至玄化門，劉銖雨射城外，帝迴車自迎春門入，[3]諸軍大掠，煙火四發，帝止於舊第，何福進以部下兵守明德門。翌日，王殷、郭崇言曰："若不止剽掠，比夜化爲空城耳。"由是諸將部分斬其剽者，至晡乃定。[4]帝與王峻詣太后宫起居，請立嗣君，乃以高祖姪徐州節度使贇入繼大統，[5]語在《漢紀》。二十七日，帝以嗣君未至，請太后臨朝，會鎮、定州馳奏，契丹入寇，河北諸州告急，太后命帝北征。

[1]郭允明：人名。河東（今山西運城市）人。五代將領。隨隱帝率軍於京師北郊抵禦郭威軍，兵敗，殺死隱帝後又自殺。傳見本書卷一〇七、《新五代史》卷三〇。

[2]爾國親：《輯本舊史》之影庫本粘籤："國親，《通鑑》作

‘近親’。胡三省注曰：‘宋延渥，主壻，故云近親。’《薛史》前後多稱外戚爲國親，今仍其舊。”見《通鑑》卷二八九乾祐三年（950）十一月甲申條胡注。

［3］玄化門：城門名。位於開封城北。《通鑑》卷二八九乾祐三年十一月乙酉條胡三省注云，玄化門，大梁城北面東來第一門也。　劉銖：人名。陝州（今河南三門峽市）人。時權知開封府事。傳見本書卷一〇七、《新五代史》卷三〇。　迎春門：城門名。位於開封城東。《輯本舊史》之影庫本粘籤：“迎春，原本作‘延春’，《通鑑》作‘迎春’。胡三省注云：迎春門，汴城東面北來第一門也。今改正。”見《通鑑》卷二八九乾祐三年十一月乙酉條胡注。《大典》卷八九八〇引《五代薛史》作“迎春”。

［4］明德門：城門名。位於開封城内宮城南面中門。　“諸軍大掠”至“至晡乃定”：《輯本舊史》於卷一一三《周太祖本紀四》末引《五代史補》卷五高祖以讖殺趙童子條：“高祖之入京師也，三軍分擾，殺人争物者不可勝數。時有趙童子者，知書善射，至防禦使，覩其紛擾，竊憤之，乃大呼於衆中曰：‘樞密太尉，志在除君側以安國，所謂兵以義舉；鼠輩敢爾，乃賊也，豈太尉意耶！’於是持弓矢，於所居巷口據牀坐，凡軍人之來侵犯者，皆殺之，由是居人賴以保全僅數千家。其間亦有致金帛于門下，用爲報答，已堆集如丘陵焉。童子見而笑曰：‘吾豈求利者耶！’於是盡歸其主。高祖聞而異之，陰謂世宗曰：‘吾聞人間讖云，趙氏合當爲天子，觀此人才略度量近之矣，不早除去，吾與汝其可保乎！’使人誣告，收付御史府，劾而誅之。洎高祖厭世未十年，而皇宋有天下，趙氏之讖乃應，于斯知王者不死，信矣哉。”

［5］徐州：州名。治所在今江蘇徐州市。　贇：人名。即劉贇。後漢宗室。其父劉崇爲後漢高祖劉知遠弟，贇過繼爲劉知遠養子。傳見本書卷一〇五《漢宗室列傳》、《新五代史》卷一八《漢家人傳》。　乃以高祖姪徐州節度使贇入繼大統：《輯本舊史》於卷一一三末引《五代史闕文》周太祖、馮道條：“周太祖在漢隱帝朝爲

樞密使，將兵伐河中李守貞，時馮道守太師，不與朝政，以請告，周祖謁道于私第，問伐蒲策，道辭以不在其位，不敢議國事。周祖固問之，道不得已，謂周祖曰：'相公頗知博乎？'周祖微時好蒲博，屢以此抵罪，疑道譏己，勃然變色。道曰：'是行亦猶博也。夫博，財多者氣豪而勝，財寡者心怯而輸。守貞嘗累典禁兵，自謂軍情附己，遂謀反耳。今相公誠能不惜官錢，廣施惠愛，明其賞罰，使軍心許國，則守貞不足慮也。'周祖曰：'恭聞命矣。'故伐蒲之役，周祖以便宜從事，卒成大功，然亦軍旅歸心，終移漢祚。又，周祖自鄴起兵赴闕，漢隱帝兵敗，遇害於劉子陂。周祖入京師，百官謁，周祖見道猶設拜，意道便行推戴，道受拜如平時，徐曰：'侍中此行不易。'周祖氣沮，故禪代之謀稍緩。及請道詣徐州册湘陰公爲漢嗣，道曰：'侍中由衷乎？'周祖設誓，道曰：'莫教老夫爲謬語，令爲謬語人。'臣謹案，周世宗朝，詔御史臣修《周祖實録》，故道之事，所宜諱矣。"

十二月一日，帝發離京師。四日，至滑州，駐馬數日。會湘陰公遣使慰勞諸將，[1]受宣之際，相顧不拜，皆竊言曰："我輩陷京師，各各負罪，若劉氏復立，則無種矣。"或有以其言告帝者，帝愕然，即時進途。十六日，至澶州。是日旭旦，日邊有紫氣來，當帝之馬首。十九日，下令諸軍進發。二十日，諸軍將士大噪趨驛，如牆而進，帝閉門拒之。軍士登牆越屋而入，請帝爲天子。亂軍山積，登階匝陛，扶抱擁迫，或有裂黄旗以被帝體，以代赭袍，山呼震地。帝在萬衆之中，聲氣沮喪，悶絶數四，左右親衛，星散竄匿。帝即登城樓，稍得安息，諸軍遂擁帝南行。時河冰初解，浮梁未構。是夜北風凛烈，比旦冰堅可渡，諸軍遂濟，衆謂之"凌橋”，濟竟冰泮，時人異之。時湘陰公已駐宋州，[2]樞密使王峻在京，聞澶州之變，遣侍衛馬軍指揮使郭崇率七百騎赴宋州，以衛湘陰公。二十五日，帝至七里店，[3]羣臣謁見，遂營於皋門村。[4]

[1]湘陰公：即劉贇。

[2]宋州：州名。治所在今河南商丘市睢陽區。

[3]七里店：地名。一名“七里寨”。位於今河南開封市北二十里，後圮於水。

[4]皋門村：《輯本舊史》之影庫本粘籤：“胡三省《通鑑注》云：大梁城無‘皋門’，蓋郭門之外有村，遂呼爲皋門村耳。今附識於此。”見《通鑑》卷二八九乾祐三年（950）十二月戊午（二十五）條胡注。

二十七日，[1]漢太后令曰：“樞密使、侍中郭威，[2]以英武之才，兼内外之任，剪除禍亂，弘濟艱難，功業格天，人望冠世。今則軍民愛戴，朝野推崇，宜總萬幾，以允羣議，可監國，中外庶事，並取監國處分。”二十八日，監國教曰：

寡人出自軍戎，本無德望，因緣際會，叨竊寵靈。高祖皇帝甫在經綸，待之心腹，洎登大位，尋付重權。當顧命之時，受忍死之寄，與諸勳舊，輔立嗣君。旋屬三叛連衡，四郊多壘，謬膺朝旨，委以專征，兼守重藩，俾當勍敵，敢不横身戮力，竭節盡心，冀肅静於疆埸，用保安於宗社。不謂姦邪搆亂，將相連誅，寡人偶脱鋒鋩，[3]克平患難，志安劉氏，願報漢恩，推擇長君，以紹丕搆，遂奏太后，請立徐州相公，奉迎已在於道途，行李未及於都輦。尋以北面事急，戎狄深侵，[4]遂領師徒，徑往掩襲，行次近鎮，已渡洪河。十二月二十日，將登澶州，軍情忽變，旌旗倒指，喊叫連天，引袂牽襟，迫請爲主，環繞而逃避無所，紛紜而逼脅愈堅，頃刻之間，安危莫保，事不獲已，須至徇從，於是馬步諸軍擁至京闕。今奉太后誥旨，以時運艱危，機務難曠，俾令監國，遜避無由，僶俛遵承，夙夜憂愧云。

時文武百官、内外將帥、藩臣郡守等，相繼上表勸進。三十日夜，御營西北隅步軍將校因醉揚言："昨澶州馬軍扶策，步軍今欲扶策。"[5]尋令虞候詰其姓名，昧旦擒而斬之。其一軍仍納甲仗，遣中使監送就糧所。

[1]二十七日：《宋本册府》卷八《帝王部·創業門四》作"二十六日"。

[2]漢太后：即五代後漢高祖劉知遠皇后。隱帝之母。晋陽（今山西太原市）人。傳見《新五代史》卷一八。　樞密使、侍中郭威：中華書局本有校勘記："'威'，《永樂大典》卷八九八〇引《五代薛史》作'諱'。本卷下一處同。"

[3]寡人偶脱鋒鋩：中華書局本有校勘記："'寡人'二字原闕，據《永樂大典》卷八九八〇引《五代薛史》補。"

[4]戎狄：《輯本舊史》原作"敵騎"，係四庫館臣忌清諱改，中華書局本未予改回，今據《大典》卷八九八〇引《五代薛史》改回。

[5]扶策：攙扶。　昨澶州馬軍扶策，步軍今欲扶策：《輯本

舊史》之影庫本粘籤："'馬軍扶策'二句，疑有脱字。《通鑑》：壬戌夜，監國營有步兵將校醉，揚言曏者澶州騎兵扶立，今步兵亦欲扶立，監國斬之。較《薛史》爲明晰，今附識于此。"見《通鑑》卷二八九乾祐三年（950）十二月壬戌條。

廣順元年春正月丁卯，漢太后誥曰：[1]"邃古以來，受命相繼，是不一姓，傳諸百王，[2]莫不人心順之則興，天命去之則廢，昭然事跡，著在典書。予否運所丁，遭家不造，姦邪搆亂，朋黨横行，大臣冤枉以被誅，少主倉卒而及禍，人自作孽，天道寧論。監國威，深念漢恩，切安劉氏，既平亂略，復正頹綱，思固護於基扃，擇繼嗣於宗室。而獄訟盡歸於西伯，謳謡不在於丹朱，[3]六師竭推戴之誠，萬國仰欽明之德，鼎革斯契，圖籙有歸，予作家賓，固以爲幸。今奉符寶授監國，可即皇帝位。於戲！天禄在躬，神器自至，允集天命，永綏兆民，敬之哉！"是日，帝自皋門入大内，御崇元殿，[4]即皇帝位。制曰：

[1]漢太后誥曰：中華書局本有校勘記："'誥'，原作'詔'，據殿本、《永樂大典》卷八九八〇引《五代薛史》、《通曆》卷一五、《通鑑》卷二九〇改。"見《通鑑》卷二九〇廣順元年（951）正月丁卯條。

[2]是不一姓，傳諸百王：中華書局本有校勘記："以上八字原闕，據殿本、劉本、孔本、《永樂大典》卷八九八〇引《五代薛史》補。"

[3]西伯：官名，商朝置，爲西方諸侯之長，因周文王姬昌曾任此職，後世以"西伯"指代文王。《史記》卷三《殷本紀》："西

伯出而獻洛西之地，以請除炮烙之刑。” 丹朱：人名。相傳爲堯的兒子，堯禪位於舜，舜避丹朱於南河之南，舜即天子位。

[4]皋門：即王宫的郭門。古代天子宫城有五門，自内而外，第五道門稱皋門。 崇元殿：五代後梁開平元年（907）改汴京正殿爲崇元殿。位於今河南開封市。

自古受命之君，興邦建統，莫不上符天意，下順人心。是以夏德既衰，爰啓有商之祚；炎風不競，肇開皇魏之基。朕早事前朝，久居重位。受遺輔政，敢忘伊、霍之忠；仗鉞臨戎，復委韓、彭之任。[1]匪躬盡瘁，焦思勞心，討叛涣於河、潼，[2]張聲援於岐、雍，[3]竟平大憝，粗立微勞。纔旋旆於關西，尋統兵於河朔，[4]訓齊師旅，固護邊陲，只將身許國家，不以賊遺君父。外憂少息，内患俄生，羣小連謀，大臣遇害，棟梁既壞，社稷將傾。朕方在藩維，以遭讒搆。[5]逃一生於萬死，徑赴闕庭；梟四罪於九衢，幸安區宇。將延漢祚，擇立劉宗，徵命已行，軍情忽變。朕以衆庶所迫，[6]逃避無由，扶擁至京，尊戴爲主。重以中外勸進，方岳推崇，僶俛雖順於羣心，臨御實慚於涼德。改元建號，祇率於舊章；革故鼎新，宜覃於霈澤。

[1]伊：人名。即伊尹。商湯賢相，曾輔佐成湯建商滅夏。事見《史記》卷三。 霍：人名。即霍光。西漢權臣，與桑弘羊等同受武帝遺詔輔佐漢昭帝。傳見《漢書》卷六八。 韓：人名。即韓信。秦末漢初著名軍事家，從劉邦滅項羽。傳見《漢書》卷三四。

彭：人名。即彭越。西漢初諸侯王，曾於垓下擊滅項羽。傳見《漢書》卷三四。

[2]潼：指潼關。關隘名。位於今陝西潼關縣東北。　叛涣：明本《册府》卷九六《帝王部·赦宥門一五》同。《大典》卷八九八〇引《五代薛史》作“叛换”，似誤。

[3]岐：封國名。時鳳翔節度使李茂貞爲岐王，故稱。　雍：地名。即京兆府，治所在今陝西西安市。

[4]河朔：明本《册府》卷九六作“河北”。

[5]以遭讒搆：中華書局本有校勘記：“‘以’，彭校、《册府》卷九六作‘亦’。”

[6]朕以衆庶所迫：中華書局本有校勘記：“‘迫’，原作‘逼’，據殿本、孔本、《永樂大典》卷八九八〇引《五代薛史》、《册府》卷九六改。”

朕本姬室之遠裔，虢叔之後昆，積慶累功，格天光表，[1]盛德既延於百世，大命復集於眇躬，今建國宜以大周爲號，可改漢乾祐四年爲廣順元年。自正月五日昧爽已前，應天下罪人，常赦所不原者，咸赦除之。[2]故樞密使楊邠、侍衛都指揮使史弘肇、三司使王章等，[3]以勞定國，盡節致君，千載逢時，一旦同命，悲感行路，憤結重泉，雖尋雪於沈冤，宜更伸於漏澤，[4]並可加等追贈，備禮歸葬，葬事官給，仍訪子孫敘用。其餘同遭枉害者，亦與追贈。馬步諸軍將士等，戮力叶誠，輸忠効義，先則平持内難，後乃推戴朕躬，言念勳勞，所宜旌賞。其原屬將士等，[5]各與等第，超加恩命，仍賜功臣名號，已帶功臣者别與改賜。[6]應左降官，未量移者與量移，[7]已量移者與復資，已復資者量加敘録。亡官失爵之人，宜與齒用，配流徒役人，並許放還。[8]諸處有犯罪逃亡之人，及山林草寇等，一切不問，[9]如赦到後一月不歸本業者，復罪如初。内外前任、見任文武官僚致仕官，各與加恩。[10]應在朝文武臣僚、内諸司使、諸道行軍副使、藩方馬步都指揮使，如父母在，未有恩澤者即與恩澤，已有者更與恩澤；如亡没，未曾追封贈者亦與封贈，已封贈者更與封贈。[11]

[1]虢叔：人名。虢或作郭。周王季之子，文王之弟，曾爲武王師。封於西虢（今陝西寶鷄市東）。事見《史記》卷四二。　格天光表：明本《册府》卷九六《帝王部·赦宥門一五》同，《大典》卷八九八〇引《五代薛史》作“格天先表”。

[2]應天下罪人，常赦所不原者，咸赦除之：明本《册府》卷九六作“應天下見禁人等，罪無輕重，已發覺未發覺，已結正未結正，常赦所不原者，咸赦除之”。

[3]樞密使：明本《册府》卷九六作“漢樞密使”。　侍衛都指揮使：官名。即侍衛親軍都指揮使。五代時侍衛親軍之長官，多爲皇帝親信。　三司使：官名。五代後唐明宗天成元年（926）將晚唐以來的户部、度支、鹽鐵三部合爲一職，設三司使統之。主管國家財政。　王章：人名。大名南樂（今河南南樂縣）人。五代後漢三司使、同平章事，以聚斂刻急著稱。傳見本書卷一〇七、《新五代史》卷三〇。

[4]漏澤：中華書局本有校勘記：“原作‘渥澤’，據《永樂大典》卷八九八〇引《五代薛史》、《册府》卷九六改。影庫本粘籤：‘“渥澤”，原本作“漏澤”，今從《册府元龜》改正。’”

［5］原屬：中華書局本有校勘記："《册府》卷九六、卷一二八作'員僚'，《永樂大典》卷八九八〇引《五代薛史》作'原遼'。"

［6］已帶功臣者别與改賜：中華書局本有校勘記："'功臣'下《册府》卷九六、卷一二八有'名號'二字。"見明本《册府》卷一二八《帝王部·明賞門二》所載廣順元年（951）正月即位制。

［7］量移：唐宋官員因罪貶謫邊遠地方任職，經一定期限或遇赦可酌情改移至近地任官，稱爲量移。

［8］放還：釋放返回。"已封贈者更與封贈"句後，明本《册府》卷九六有"已殁者任從歸葬，所有杜仲威、李守貞、王景崇、趙思綰賓幕元隨、親戚及諸色人，先因懼罪，至今逃匿者，並可放還，任自取便。昨者犯罪人蘇逢吉、劉銖、閻晋卿、李業、侯贇、聶文進、郭允明及同時犯罪人等家族骨肉，先已釋罪疏放；其逐人所有親戚及門客、元隨職掌在諸處者，切慮尚抱憂疑，今並釋放，所在不得更有恐動。内有手下先管莊田錢穀人等，已下三司點檢磨勘，了日一任逐便"等句。

［9］一切不問：明本《册府》卷九六作"咸許自新，一切不問，各還鄉里，自務營生，仍仰所在切加安恤，所繇、節級不得衷私妄有恐動"。

［10］内外前任、見任文武官僚致仕官，各與加恩：明本《册府》卷九六作"内外文武臣寮、致仕官、諸軍將校、隨使職員及前任藩侯、郡守、文武朝列、前内諸司使、副使、前禁軍指揮使、前資行軍副使等，各與等第加恩"。

［11］封贈：皇帝將官爵授給重臣、近臣之父母，其父母存者稱封，已故者稱贈。該句後，明本《册府》卷九六有"晋、漢以來，兵革屢動，賦役煩併，黎庶瘡痍，鰥寡孤惸，不能自濟，爲人父母，争不閔傷"等句。

應天下州縣，所欠乾祐元年、二年已前夏秋殘税及沿徵物色，并三年夏税諸色殘欠，並與除放。澶州已來，官路兩邊共二十里内，並乾祐三年殘税欠税，並與除放。[1]應河北沿邊州縣，自去年九月後來，曾經契丹蹂踐處，其人户應欠乾祐三年終已前積年殘欠諸色税物，並與除放。應係三司主持錢穀，敗闕場院官取乾祐元年終已前徵納外，[2]灼然無抵當者，委三司分析聞奏。[3]天下倉場、庫務，[4]宜令節度使專切鈐轄，[5]掌納官吏一依省條指揮，不得别納斗餘、秤耗。舊來所進羡餘物色，今後一切停罷。[6]

[1]除放：蠲免税收。　“澶州已來”至“並與除放”：“並乾祐三年殘税欠税”，中華書局本有校勘記：“‘殘税欠税’，《永樂大典》卷八九八〇引《五代薛史》同，《册府》卷九六、卷四九二作‘殘欠秋税’。”明本《册府》卷九六《帝王部·赦宥門一五》作“所有澶州已來大軍經過之時，沿路人户恐有蹂踐，兩邊共二十里，並乾祐三年殘欠秋税並放”，《宋本册府》卷四九二《邦計部·蠲復門四》“兩邊共二十里”前並有“其官路”三字。

[2]敗闕場院官取乾祐元年終已前徵納外：該句後，明本《册府》卷九六有“累經較科”四字。

[3]委三司分析聞奏：該句後，明本《册府》卷九六有“别候指揮。秋夏徵科，舊有規制，如聞諸道州府别立近限催驅，或逼蹙過深，轉致供輸不易，至使蠶欲老而求絲債，禾未熟而取穀錢，但無逋懸，何須急暴？應天下百姓納税租，並取省限内納畢，不在促限徵督，如是軍期急速，即不拘此例。訪聞諸處人户逃移在外者，自前省司雖累行招攜，多未歸復，兼知逃户税賦，攤配居人，公私之間，未甚允當，念其疾苦，常軫于懷。宜令所司商量，别行條

貫，庶使逃移者即歸鄉土，見居者漸遂舒蘇，免困生靈，以付勤恤。藩侯郡守，寄任非輕，立政之先，養民爲本，每及徵賦，尤要狥公"。

[4]天下：明本《册府》卷九六作"其逐處"，《會要》卷二七倉條作"其諸道州府"。

[5]節度使：明本《册府》卷九六、《會要》卷二七倉條作"節度使刺史"。

[6]今後一切停罷：該句後，明本《册府》卷九六有"朕早在藩鎮，嘗戒奢華，今御寰區，尤思節儉，況國家多事，帑藏甚虚，將緩憂勞，所宜省約"。

應乘輿服御之物，不得過爲華飾，宫闈器用，務從朴素，太官常膳，一切減損。諸道所有進奉，比助軍國之費，[1]其珍巧纖華及奇禽異獸鷹犬之類，不得輒有獻貢。諸無用之物，不急之務，並宜停罷。帝王之道，德化爲先，崇飾虚名，朕所不取，苟致治之未洽，雖多瑞以奚爲！今後諸道所有祥瑞，不得輒有奏獻。[2]

[1]比助軍國之費：中華書局本有校勘記："'比'，原作'以'，據《永樂大典》卷八九八〇引《五代薛史》、《册府》卷九六改。""之費"，《宋本册府》卷五六《帝王部·節儉門》、明本《册府》卷九六《帝王部·赦宥門一五》作"支費"。

[2]雖多瑞以奚爲：中華書局本沿《輯本舊史》作"雖多端以奚爲"，並有校勘記："'端'，《永樂大典》卷八九八〇引《五代薛史》、《册府》卷九六同，劉本、《册府》卷六六、《五代會要》卷五作'瑞'。"未改。今據明本《册府》卷六六《帝王部·發號令

門五》、《會要》卷五祥瑞條後之雜録條及下句改。

古者用刑，本期止辟，今兹作法，義切禁非。蓋承弊之時，非猛則姦宄難制；及知勸之後，在寬則典憲得宜。相時而行，庶臻中道。今後應犯竊盜贓及和姦者，並依晉天福元年已前條制施行。[1]應諸犯罪人等，[2]除反逆罪外，其餘罪並不得籍没家産、誅及骨肉，[3]一依格令處分。

[1]天福：五代後晉高祖石敬瑭年號（936—942）。出帝石重貴沿用至九年（944）。後漢高祖劉知遠繼位後沿用一年，稱天福十二年（947）。

[2]應諸犯罪人等：明本《册府》卷九六《帝王部·赦宥門一五》、《宋本册府》卷六一三《刑法部·定律令門五》作“應諸處犯罪人等”。

[3]其餘罪並不得籍没家産、誅及骨肉：中華書局本有校勘記：“‘餘’字原闕，據《册府》卷九六、卷六一三補。”

天下諸侯，皆有親校，[1]自可慎擇委任，必當克効參裨。[2]朝廷選差，[3]理或未當，宜矯前失，庶叶通規。其先於在京諸司差軍將充諸州郡元從都押衙、孔目官、内知客等，並可停廢，仍勒却還舊處職役。[4]近代帝王陵寢，合禁樵採。[5]唐莊宗、明宗、晉高祖，各置守陵十户，以近陵人户充。漢高祖皇帝陵署職員及守宫人，時日薦饗，并守陵人户等，一切如故。仍以晉、漢之胄爲二王後，委中書門下處分云。[6]

[1]皆有親校：中華書局本有校勘記："'校'，原作'戚'，據《册府》卷九六、卷一六〇改。《永樂大典》卷八九八〇引《五代薛史》作'皆有親'。"明本《册府》卷九六《帝王部·赦宥門一五》作"較"，乃避明熹宗朱由校名諱。《宋本册府》卷一六〇《帝王部·革弊門二》作"校"。

[2]必當克効參裨："裨"，《大典》卷八九八〇引《五代薛史》作"俾"。

[3]朝廷選差：《宋本册府》卷一六〇作"朝廷若更别差"。"廷"，《大典》卷八九八〇引《五代薛史》作"庭"，誤。

[4]元從都押衙：官名。元從，自初始即追隨在側的部屬。"押衙"即"押牙"。唐、五代時期節度使辟署的屬官，有稱左、右都押衙或都押衙者。掌領方鎮儀仗侍衛，統率軍隊。　孔目官：官名。五代藩鎮幕府僚佐，掌蕃漢兵馬、軍機要事。　仍勒却還舊處職役：該句後，明本《册府》卷九六有"設官分職，具列司存，離局侵權，誠爲紊撓。今後諸司公事，並須各歸局分，不得越次施行。朝廷之務，顯有舊章，職官具存，安可廢墜。如聞自前諸司公事，多有壅滯，今後並可速疾舉行。國之大事，在祀爲先，苟爽吉蠲，深爲瀆慢，如聞自前祠祭牢饌，頗虧肅敬，今後委監察御史嚴加覺察，必須豐潔，庶達精誠，稍或不恭，國有常典"等句。

[5]合禁樵採：該句後，明本《册府》卷九六有"俾奉神靈"四字。

[6]委中書門下處分云：該句後，明本《册府》卷九六有"自古聖帝明王，莫不好賢納諫，是以立誹謗之木，採蒭蕘之言，時之利病罔不知，政之得失無不察，達聰明目，其在兹乎！應内外文武臣僚，有見識灼然益於治道者，許非時上章聞達。山林草澤之間，懷才抱器之士，切在搜訪，免致遺賢。孝子順孫，義夫節婦，所宜

旌表，以勵時風。於戲！致理保邦，非德教無以安萬國；發號施令，非誠信無以示四方。其或言出行違，朝行暮改，是爲秕政，何以子民。更賴棟樑羽翼之臣，左右前後之士，共扶寡昧，同致雍熙，思致器以永安，都覆車之可戒，納隍馭朽，予豈忘諸，釐革有所未盡者，有司具啓請以聞”。

司天上言：“今國家建號，以木德代水，准經法，國以姓墓爲臘，請以未日爲臘。”從之。時議者曰：“昔武王勝殷，歲集于房；國家受命，金、木集于房。[1]文王厄羑里，而卦遇《明夷》；帝脱于鄴，大衍之數，復得《明夷》，則周爲國號，符於文、武矣。”[2]先是，丁未年夏六月，土、金、木、火四星聚于張，[3]占者云，當有帝王興于周者。故漢祖建國，由平陽、陝服趨洛陽以應之，[4]及隱帝將嗣位，封周王以符其事。而帝以姬虢之胄，復繼宗周，[5]而天人之契炳然矣。昔武王以木德王天下，宇文周亦承木德，[6]而三朝皆以木代水，不其異乎！

[1]武王：人名。即周武王。姬姓，名發，周文王之子，周朝的建立者。文王去世，武王繼位，建立西周，定都鎬京（今陝西西安市西南）。紀見《史記》卷四。　殷：即殷商。　歲：木星。房：二十八宿之一。

[2]文王：人名。即周文王。姬姓，名昌，周王朝的奠基者。紀見《史記》卷四。　羑里：地名。位於今河南湯陰縣北。　明夷：《易經》六十四卦之一。《彖》曰：“明入地中，明夷。內文明而外柔順，以蒙大難，文王以之。利艱貞。”孔穎達疏：“明夷，卦名。夷者，傷也。此卦日入地中，明夷之象。施之於人事，闇主在

上，明臣在下，不敢顯其明智，亦明夷之義也。時雖至闇，不可隨世傾邪，故宜艱難堅固，守其貞正之德，故明夷之世利在艱貞。”

[3]張：二十八宿之一。

[4]平陽：地名。位於今山西臨汾市。　陝服：地區名。指代古荆州。　洛陽：地名。即今河南洛陽市。

[5]復繼宗周：中華書局本有校勘記：“‘復’，《永樂大典》卷八九八〇引《五代薛史》作‘後’。”

[6]宇文周：即北朝時期的周朝，以皇室姓宇文，故稱宇文周。

戊辰，前曹州防禦使何福進受宣權許州節度使，前復州防禦使王彦超受宣權徐州節度使，[1]前澶州節度使李洪義受宣權宋州節度使。己巳，上漢太后尊號曰昭聖皇太后。是日，詔有司擇日爲故主發哀。[2]辛未，有司上言：“皇帝爲故主舉哀日，服縞素，直領深衣、腰絰等。[3]成服畢祭奠，不視朝七日，坊市禁音樂。文武内外臣僚成服後，每日赴太平宫臨，三日止，七日釋服。[4]至山陵啓攢塗日，服初服；[5]輴車出城，[6]班辭釋服。”從之。壬申，前博州刺史李筠受宣權滑州節度使。[7]癸酉，樞密使、檢校太傅王峻加同平章事；以前澶州節度使李洪義爲宋州節度使，加同平章事。以滑州節度副使陳觀爲左散騎常侍，鄴都留守判官王溥爲左諫議大夫，並充樞密院直學士。[8]以元從都押衙鄭仁誨爲客省使，知客押牙向訓爲宫苑使。[9]北京留守劉崇遣押牙鞏廷美致書，[10]求劉贇歸藩。帝報曰：“朕在澶州之時，軍情推戴之際，先差來直省李光美備見，[11]必想具言，而況遐邇所聞，在後盡當知悉。湘陰公比在宋州駐泊，見令般取赴京，但勿憂疑，必令得所。惟公在彼，固請安心，若能同力扶持，別無顧慮，即當便封王爵，永鎮北門，鐵契丹書，[12]必無愛惜。其諸情素，並令來人口宣。”遣左千牛衛將軍朱憲充入契丹使。[13]先是，去年契丹永康王兀欲寇邢、趙，陷内丘。及迴，兀欲遣使與漢隱帝書，[14]使至境上，會朝廷有蕭牆之變，帝定京城，迴至澶州，遇蕃使至，遂與入朝。至是，遣朱憲伴送來使歸蕃，兼致書敘革命之由，仍以金酒器一副、玉帶一遺兀欲。晋州節度使王晏殺行軍司馬徐建，以通河東聞。[15]

[1]曹州：州名。治所在今山東曹縣西北。　防禦使：官名。唐代始置，設有都防禦使、州防禦使兩種。常由刺史或觀察使兼任，實際上爲唐代後期州或方鎮的軍政長官。　許州：州名。治所在今河南許昌市。　復州：州名。治所在今湖北天門市。

[2]詔有司擇日爲故主發哀：《舊五代史考異》："案《五代會要》載原敕云：漢高祖爲義帝發喪，魏明帝正禪陵尊號，一時達禮，千古所稱。況朕久事前朝，常參大政，雖遷虞事夏，見奪于羣情；而四海九州，咸知予夙志。宜令所司擇日爲故主舉哀，仍備山陵葬禮。"見《會要》卷八服紀條。《舊五代史考異》所引《會要》文，"朕"誤"臣"，"山陵"誤"山林"，中華書局本出校勘記改正。

[3]腰經：服喪的人腰間繫的麻繩。

[4]太平宫：五代時後周首都之宫殿，位於今河南開封市。　釋服：守孝期滿，除去喪服。

[5]攢塗：古代停殯禮儀的一種。聚木於棺的四周，以泥塗之。　初服：未入仕時的服裝。"服初服"，《會要》卷八服紀條作"仍

服初服”。

[6]輀車出城：中華書局本有校勘記：“句上《五代會要》卷八有‘送’字。”見《會要》卷八服紀條。

[7]博州：州名。治所在今山東聊城市。　刺史：官名。州一級行政長官。漢武帝時始置，總掌考核官吏、勸課農桑、地方教化等事。唐中期以後，節度使、觀察使轄州而設，刺史爲其屬官，職任漸輕。從三品至正四品下。

[8]陳觀：人名，籍貫不詳。五代後晋至後周官員，仕後周爲知開封府事。事見本書卷一一二、卷一二九。《歐陽史》避私諱作陳同。　左散騎常侍：官名。門下省屬官。掌侍奉規諷，備顧問應對。正三品下。　留守判官：官名。留守司僚屬，分掌留守司各曹事，並協助留守通判陪都事。　王溥：人名。并州祁（今山西祁縣）人。後周、宋初宰相。傳見《宋史》卷二四九。　左諫議大夫：官名。隸門下省。唐代置左、右諫議大夫各四人，分隸門下省、中書省。掌諫諭得失，侍從贊相。正四品下。　樞密院直學士：官名。五代後唐同光元年（923），改直崇政院置，選有政術文學者充任。充皇帝侍從，備顧問應對。

[9]鄭仁誨：人名。晋陽（今山西太原市）人。後周太祖時樞密使、宰相。傳見本書卷一二三、《新五代史》卷三一。　客省使：官名。客省長官。唐代宗時始置，五代沿置。掌接待四方奏計及外族使者。　向訓：人名。懷州河内（今河南沁陽市）人。五代、宋初將領。避周恭帝諱改名向拱。傳見《宋史》卷二五五。　宮苑使：官名。唐始置，以宦官充，五代改用士人。掌管京師地區宮苑和宮苑所屬的莊田管理事務。

[10]北京：地名。後唐同光元年十一月改西京太原府爲北京，亦稱北都。治所在今山西太原市。沿至後晋、後漢不改。　鞏廷美：人名。籍貫不詳。劉贇部將，時爲右都押牙。後爲後周將領王彦超所殺。事見《新五代史》卷一一。　北京留守劉崇遣押牙鞏廷美致書：《輯本舊史》之影庫本粘籤：“原本脱‘廷美’二字，今據

《册府元龜》增入。"明本《册府》卷六六《帝王部·發號令門五》廣順元年（951）二月癸巳條載賜王彦超詔云"昨以鞏廷美、楊温等……累令招諭，未體誠懷，須至加兵"等等。卷一二三《帝王部·征討門三》廣順元年正月條載："湘陰公劉贇、丁元從、右都押衙鞏廷美、教練使楊温等據徐州以拒命。"卷一六七《帝王部·招懷門五》廣順元年正月條載"徐州押牙鞏廷美、教練使楊温據城拒守"云云。

[11]直省：官名。三省有直省官，凡百官詣宰相，皆差直省官引接，其職則外鎮客司通引之職也。　李光美：人名。籍貫不詳。五代、宋初官員。曾任客省使、宣徽使。事見《通鑑》卷二九〇、《長編》卷六。

[12]鐵契丹書：中華書局本有校勘記："'契'，原作'券'，據孔本、《永樂大典》卷八九八〇引《五代薛史》改。"

[13]左千牛衛將軍：官名。唐置，掌宫禁宿衛。唐代置十六衛，即左右衛、左右驍衛、左右武衛、左右威衛、左右領軍衛、左右金吾衛、左右監門衛、左右千牛衛，各置上將軍，從二品；大將軍，正三品；將軍，從三品。《輯本舊史》無"左"字，中華書局本有校勘記："《永樂大典》卷八九八〇引《五代薛史》同，本書卷一一一《周太祖紀二》、《册府》卷九八〇、《五代會要》卷二九、《通鑑》卷二九〇作'左千牛衛將軍'。"然未改。《輯本舊史》卷一一一《周太祖紀二》廣順二年二月丁未條作"左千牛將軍"，《會要》卷二九契丹條、《宋本册府》卷九八〇《外臣部·通好門》廣順元年二月丁未條、《通鑑》卷二九〇廣順元年正月癸酉條作"左千牛衛將軍"，今據改。　朱憲：人名。籍貫不詳。五代後周將領。事見本書本卷、卷一一一。

[14]兀欲：人名。即遼世宗耶律阮。契丹族，遼太祖耶律阿保機孫，人皇王耶律倍長子，遼朝第三代皇帝。紀見《遼史》卷五。　趙：州名。治所在今河北趙縣。　内丘：縣名。治所在今河北内丘縣。　"先是"至"兀欲遣使與漢隱帝書"：《舊五代史考異》：

"案《通鑑》云：契丹之攻内丘也，死傷頗多，又值月食，軍中多妖異，契丹主不敢深入，引兵還，遣使請和于漢。"見《通鑑》卷二九〇廣順元年正月癸酉條。

[15]晋州：州名。治所在今山西臨汾市。　王晏：人名。徐州滕（今山東滕州市）人。五代、宋初將領。傳見《宋史》卷二五二。中華書局本有校勘記："原作'王宴'，據殿本、劉本、《永樂大典》卷八九八〇引《五代薛史》改。按《宋史》卷二五二有《王晏傳》。本卷下一處同。"　行軍司馬：官名。出征將領及節度使的屬官。掌軍籍符伍，號令印信，是藩鎮重要的軍政官員。　徐建：人名。籍貫不詳。本書僅此一見。《宋本册府》卷四四九《將帥部·專殺門》作"殺行軍司馬徐建崇，言諜通劉崇故也"。

乙亥，鄆州節度使、守太師、兼中書令、齊王高行周進位尚書令，[1]襄州節度使、檢校太師、守太傅、兼中書令、齊國公安審琦進封南陽王，[2]青州節度使、檢校太師、守太保、兼中書令、魏國公符彦卿進封淮陽王，[3]夔州節度使、侍衛親軍馬步軍都指揮使、檢校太傅王殷加同平章事，[4]充鄴都留守，典軍如故。丙子，帝赴太平宫，爲漢隱帝發喪，百官陪位如儀。是日，湘陰公元從右都押牙鞏廷美、教練使楊温等據徐州以拒命。[5]帝遣新受節度使王彦超率兵馳赴之，仍賜廷美等敕書。[6]丁丑，荆南高保融奏：去年十一月，朗州節度使馬希萼破潭州。[7]十二月十八日，縊殺馬希廣。[8]至十九日，希萼自稱天策上將軍、武平静江寧遠等軍節度使、嗣楚王。[9]戊寅，湘陰公殂。[10]己卯，[11]以前太師、齊國公馮道爲中書令、弘文館大學士，以司徒兼門下侍郎、同平章事、弘文館大學士竇貞固爲侍中、監修國史，以左僕射、平章事、集賢殿大學士蘇禹珪爲守司空、平章事。[12]夏州節度使李彝興進封隴西郡王，[13]荆南高保融進封渤海郡王，靈武馮暉進封陳留郡王，西京白文珂、兖州慕容彥超、鳳翔趙暉並加兼中書令。[14]詔王彥超率兵攻徐州。

[1]鄆州：州名。治所在今山東東平縣。　中書令：官名。漢代始置，隋、唐前期爲中書省長官，屬宰相之職；唐後期多爲授予元勳大臣的虚銜。正二品。　高行周：人名。媯州懷戎（今河北懷來縣）人。五代後唐至後周將領。傳見本書卷一二三、《新五代史》卷四八。　尚書令：官名。秦始置。隋、唐前期爲尚書省長官，與中書令、侍中並爲宰相。因以李世民爲之，後皆不授，唐高宗廢其職。唐後期以李適、郭子儀有功而特授此職，爲大臣榮銜，不參與政務。五代因之。唐時爲正二品，後梁開平三年（909）升爲正一品。

[2]襄州：州名。治所在今湖北襄陽市。　安審琦：人名。沙陀部人。五代將領。歷仕後唐、後晉、後漢、後周。傳見本書卷一二三。

[3]青州：州名。治所在今山東青州市。　符彥卿：人名。陳州宛丘（今河南淮陽縣）人。五代後周、宋初將領。後周世宗宣懿皇后、宋太宗懿德皇后，皆符彥卿之女。傳見《宋史》卷二五一。

[4]夔州：州名。治所在今重慶奉節縣。　侍衛親軍馬步軍都指揮使：官名。五代時侍衛親軍長官。多由皇帝親信擔任。

[5]教練使：官名。唐、五代方鎮使府軍將，選善兵法武藝者充任，掌教練兵法及武藝，亦或領兵出戰。　楊温：人名。籍貫不詳。劉贇部將，時爲教練使。後爲後周將領王彥超所殺。事見《通鑑》卷二九〇。

[6]仍賜廷美等敕書：《舊五代史考異》："案《通鑑》：帝復遺

劉贇書曰：‘爰念斯人，盡心於主，足以賞其忠義，何由責以悔尤。俟新節度入城，當各除刺史，公可更以委曲示之。’”見《通鑑》卷二九〇廣順元年正月癸酉條。

[7]荆南：方鎮名。治所在荆州（今湖北荆州市）。　高保融：人名。陝州硤石（今河南三門峽市陝州區硤石鄉）人。五代南平國王高從誨子，後漢乾祐元年（948）繼父位。傳見本書卷一三三《世襲列傳》、《新五代史》卷六九《南平世家》。　朗州：州名。治所在今湖南常德市。　馬希萼：人名。五代十國南楚君主，南楚武穆王馬殷之子，弑殺馬希廣後自立爲王，不恤政事，後爲馬希崇所代，終被南唐所俘。事見《新五代史》卷六六。　潭州：州名。治所在今湖南長沙市。

[8]馬希廣：人名。五代十國時期南楚君主，南楚武穆王馬殷之子。楚文昭王馬希範去世後被擁立爲王，後爲馬希萼篡位所殺。傳見《新五代史》卷六六。

[9]武平：方鎮名。治所在朗州（今湖南常德市）。　静江：方鎮名。治所在桂州（今廣西桂林市）。　寧遠：方鎮名。治所在容州（今廣西容縣）。

[10]湘陰公殂：《舊五代史考異》：“案：《歐陽史》作十二月，王峻遣郭崇以騎兵七百逆劉贇于宋州，殺之。《通鑑》作正月戊寅，殺湘陰公於宋州。”見《新五代史》卷一一《周太祖本紀》乾祐三年十二月癸丑條、《通鑑》卷二九〇廣順元年正月戊寅條。

[11]己卯：《新五代史》卷一一《周太祖本紀》同，《永樂大典》卷八九八〇引《五代薛史》作“乙卯”。廣順元年正月癸亥朔，此條記事在戊寅（十六）、庚辰（十八）之間，當爲己卯（十七），《大典》誤。

[12]馮道：人名。瀛州景城（今河北滄縣）人。五代時官拜宰相，歷仕後唐、後晉、後漢、後周，亦曾臣事契丹。傳見本書卷一二六、《新五代史》卷五四。　弘文館大學士：官名。唐武德四年（621）始置修文館，以安置文學之士，典司書籍。唐太宗即位，

改爲弘文館。掌詳正圖籍，教授生徒。　司徒：官名。與太尉、司空並爲三公，唐後期、五代多爲大臣、勳貴加官。正一品。　門下侍郎：官名。門下省副長官。唐後期三省長官漸爲榮銜，中書、門下侍郎却因參議朝政而職位漸重，常用爲以“同三品”或“同平章事”任宰相者的本官。正三品。　竇貞固：人名。同州白水（今陝西白水縣）人。五代後唐至宋初大臣，後唐進士，後漢宰相。傳見《宋史》卷二六二。　監修國史：官名。唐代始爲官稱，五代沿之。負責編修國史。　左僕射：官名。秦始置。隋、唐前期以左、右僕射佐尚書令總理六官，綱紀庶務，如不置尚書令，則總判省事，爲宰相之職。唐後期多爲大臣加銜。從二品。　集賢殿大學士：官名。唐中葉置，位在學士之上，以宰相兼。掌修書之事。　蘇禹珪：人名。高密（今山東高密市）人。劉知遠爲河東節度時的屬官，後漢初任宰相。傳見本書卷一二七。　司空：官名。與太尉、司徒並爲三公，晚唐、五代多爲大臣、勳貴加官。正一品。

[13]夏州：州名。治所在今陝西靖邊縣。　李彝興：人名。本名彝殷，党項族。夏州（今陝西靖邊縣）人。五代、宋初軍閥。傳見本書卷一三二、《宋史》卷四八五。

[14]靈武：郡名。治所在今寧夏吴忠市。乾元元年（758），改名靈州。此處代指治所在靈州的方鎮朔方軍。　馮暉：人名。魏州（今河北大名縣）人。五代後唐至後周將領。傳見本書卷一二五、《新五代史》卷四九。　趙暉：人名。澶州（今河南濮陽市）人。五代後唐至後周將領。傳見本書卷一二五。

庚辰，故樞密使、左僕射、平章事楊邠追封恒農郡王，故宋州節度使兼侍衛親軍都指揮使史弘肇追封鄭王，故三司使、檢校太尉、平章事王章追封琅琊郡王。是日，詔曰：[1]

朕以眇末之身，託於王公之上，懼德弗類，撫躬靡遑，豈可化未及人而過自奉養，道未方古而不知節量。與其耗費以勞人，曷若儉約而克己。昨者所頒赦令，已述至懷。宮闈服御之所須，悉從減損；珍巧纖奇之厥貢，並使寢停。尚有未該，[2]再宜條舉。應天下州府舊貢滋味食饌之物，所宜除減。其兩浙進細酒、海味、薑瓜，湖南枕子茶、乳糖、白沙糖、橄欖子，[3]鎮州高公米、水梨，易定栗子，[4]河東白杜梨、米粉、菉豆粉、玉屑粆子麨，[5]永興御田紅秔米、新大麥麨，[6]興平蘇栗子，[7]華州麝香、羚羊角、熊膽、獺肝、朱柿、熊白，河中樹紅棗、五味子、輕餳，[8]同州石餅，晉絳葡萄、黄消梨，[9]陝府鳳栖梨，襄州紫薑、新筍、橘子，安州折粳米、糟味，青州水梨，河陽諸雜果子，許州御李子，鄭州新筍、鵝梨，懷州寒食杏仁，申州蘘荷，亳州萆薢，[10]沿淮州郡淮白魚，如聞此等之物，雖皆出於土產，[11]亦有取於民家，未免勞煩，率皆糜費。加之力役負荷，馳驅道途，積於有司之中，甚爲無用之物，今後並不須進奉。[12]諸州府更有舊例所進食味，其未該者，宜奏取進止。[13]

又詔在朝文武臣僚，各上封事，凡有益國利民之事，速具以聞。[14]

[1]詔：明本《册府》卷一六八《帝王部·却貢獻門》作“御札宣示群臣”。

[2]尚有未該：“該”，明本《册府》卷一六八同。《大典》卷

八九八〇引《五代薛史》作“駭”，誤。

[3]枕子茶：中華書局本有校勘記：“《通鑑》卷二九〇胡注引《薛史本紀》作‘枕子茶’。”見《通鑑》卷二九〇廣順元年（951）正月庚辰條胡注。

[4]易：州名。治所在今河北易縣。

[5]河東白杜梨、米粉、菉豆粉、玉屑粆子麪：《輯本舊史》之影庫本粘籤：“白杜梨，原本作‘梨’，粆子麪，原本作‘糭子’，今俱從《通鑑》所引《薛史》改正。”見《通鑑》卷二九〇廣順元年正月庚辰條胡注。“白杜梨”，《大典》卷八九八〇引《五代薛史》作“白社梨”。“粆子麪”，《大典》卷八九八〇引《五代薛史》作“粆子麵”，明本《册府》卷一六八作“粹子麵”。

[6]御田紅秔米：明本《册府》卷一六八作“玉田紅花秔米”。

[7]興平：縣名。治所在今陝西興平市。　蘇栗子：明本《册府》卷一六八作“蘇小栗子”。

[8]河中樹紅棗、五味子、輕餳：中華書局本有校勘記：“‘餳’，原作‘錫’，據劉本、《通鑑》卷二九〇胡注引《薛史本紀》、《册府》卷一六八改。”

[9]同州：州名。治所在今陝西大荔縣。　絳：州名。治所在今山西新絳縣。

[10]安州：州名。治所在今湖北安陸市。　鄭州：州名。治所在今河南鄭州市。　懷州：州名。治所在今河南沁陽市。　申州：州名。治所在今河南信陽市。　亳州：州名。治所在今安徽亳州市。

[11]雖皆出於土產：《大典》卷八九八〇引《五代薛史》無“皆”字。明本《册府》卷一六八作“雖即出於土産”。

[12]“加之力役負荷”至“今後並不須進奉”：明本《册府》卷一六八作“至時奔迫以來獻，逐歲收斂以爲常，所奉止于朕躬，所損被于甿庶，加之力役負荷，馳驅道途，積于有司之中，甚爲無用之物。此而不止，孰曰知微。其常貢上件物色，今後並不許

進奉”。

[13]宜奏取進止：該句後，明本《册府》卷一六八有“此外猶有數處時新之物，不敢全罷，蓋或奉于太后，薦于祖宗，苟至悉除，恐隳常敬。告于中外，宜副朕心。帝嘗于便殿謂樞密使王俊（峻）曰：‘語云：“饑者不厭糟糠，寒者不厭短褐。”是知充飲禦寒，取足而已。存理路者，亦不可以貴賤易其操。朕少孤微，艱辛備歷，逢時喪亂，享帝王之位，安敢過自奉養，以困黎民。卿可爲予疏録前代州府所獻滋味時果之類不便于民者，一切減省之。’故有是詔”。

[14]“又詔在朝文武臣僚”至“速具以聞”：《舊五代史考異》：“案《通鑑》：詔曰：朕生長軍旅，不親學問，未知治天下之道。文武官有益國利民之術，各具封事以聞，咸宜直書其事，勿事辭藻。”見《通鑑》卷二九〇廣順元年正月庚辰條。

辛巳，鎮州武行德、晉州王晏、相州張彦成、潞州常思、邠州侯章並加兼侍中；[1]以侍衛馬軍都指揮使、果州防御使、檢校太保郭崇爲洋州節度使、檢校太傅，[2]典軍如故；以侍衛步軍都指揮使、岳州防禦使曹英爲利州節度使、檢校太傅，[3]典軍如故。癸未，涇州史懿、延州高允權、滄州王景、永興郭從義、定州孫方簡並加兼侍中，[4]鄜州楊信、同州薛懷讓、貝州王繼弘並加同平章事。[5]乙酉，華州王饒、河中扈彦珂、鄧州折從阮、邢州劉詞並加同平章事。[6]丙戌，幸西莊。[7]潞州奏，得石會關使王延美報，[8]河東劉崇於正月十六日僭號。丁亥，以前澶州節度使李洪義爲宋州節度使，加同平章事；[9]以曹州防禦使、北面行營馬步都排陣使何福進爲許州節度使，[10]加檢校太傅；以博州刺史、北面行營右廂排陣使李筠爲滑州節度使，加檢校太保。戊子，有司上言："准赦書，以晋、漢之胄爲二王後，其唐五廟仲祀合廢。"從之。庚寅，宗正寺奏："請依晋、漢故事，遷漢七廟神主入昇平宫，行仲享之禮，以漢宗子爲三獻。"[11]從之。《永樂大典》卷八千九百八十。[12]

[1]武行德：人名。并州榆次（今山西晋中市榆次區）人。五代、宋初將領。傳見《宋史》卷二五二。　相州：州名。治所在今河南安陽市。　張彦成：人名。又名張彦威。潞州潞城（今山西潞城市）人。五代將領。傳見本書卷一二三。

[2]果州：州名。治所在今四川南充市。　洋州：州名。治所在今陝西洋縣。

[3]岳州：州名。治所在今湖南岳陽市。　曹英：人名。常山真定（今河北正定縣）人。後周將領。傳見本書卷一二九。　利州：州名。治所在今四川廣元市。

[4]涇州：州名。治所在今甘肅涇川縣。　史懿：人名。代郡（今山西大同市）人。五代將領。傳見本書卷一二四。　延州：州名。治所在今陝西延安市。　高允權：人名。延州（今陝西延安市）人。五代將領。傳見本書卷一二五。　滄州：州名。治所在今河北滄縣舊州鎮。　王景：人名。萊州掖縣（今山東萊州市）人。五代、宋初將領。傳見《宋史》卷二五二。　孫方簡：人名。初名方簡，避後周太祖之父諱改名方諫。中山（今河北定州市）人，一説莫州清苑（今河北保定市清苑區）人。五代後晋至後周將領。傳見本書卷一二五、《新五代史》卷四九。

[5]鄜州：州名。治所在今陝西富縣。　楊信：人名。即楊承信。沙陀部人。五代將領楊光遠第三子。五代後晋至宋朝官員。傳見《宋史》卷二五二。　同州：州名。治所在今陝西大荔縣。　薛懷讓：人名。祖先爲戎人，徙居太原（今山西太原市）。五代將領。

傳見《宋史》卷二五四。　貝州：州名。治所在今河北清河縣。　王繼弘：人名。南宮（今河北南宮市）人。五代將領。傳見本書卷一二五。

[6]王饒：人名。慶州華池（今甘肅華池縣）人。五代將領。傳見本書卷一二五。　扈彥珂：人名。代州雁門（今山西代縣）人。五代後晋至宋朝將領。傳見《宋史》卷二五四。　折從阮：人名。雲中（今山西大同市）人，羌族折掘氏。五代後唐、後晋、後漢、後周將領。傳見本書卷一二五、《新五代史》卷五〇。

[7]西莊：地名。其地不詳，疑位於開封城外。

[8]石會關：關隘名。位於今山西省榆社縣西北。爲澤、潞和太原間交通要扼之地。　王延美：人名。籍貫不詳。本書僅此一見。

[9]"丁亥"至"加同平章事"：中華書局本有校勘記："按此事已見本卷上文癸酉，此處重出，二者或有一誤。"二者必有一誤。

[10]曹州防禦使：《大典》卷八九八〇引《五代薛史》作"前曹州防禦使"。　北面行營馬步都排陣使：官名。多以任節度使的武臣出任，或由軍事指揮官兼任，多側重監督軍隊。參見王軼英《中國古代排陣使述論》，《西北大學學報》2010年第6期。

[11]昇平宫：宫名。位於今河南開封市。　三獻：祭祀過程中，陳列祭品以後要三次獻酒，即初獻、亞獻、終獻，合稱"三獻"。

[12]《大典》卷八九八〇"周"字韻"五代周太祖（一）"事目。此卷現存。

舊五代史　卷一一一

周書二

太祖紀第二

廣順元年春二月癸巳朔，以樞密副使、尚書户部侍郎范質爲兵部侍郎，[1]依前充職；以陳州刺史、判三司李穀爲户部侍郎、[2]判三司；以右金吾大將軍、充街使翟光鄴爲左千牛衛上將軍，充宣徽北院使；[3]以宣徽北院使袁𪧐爲左武衛上將軍，充宣徽南院使；[4]以左右金吾大將軍、充街使符彦琳爲右監門上將軍。[5]丁酉，以皇子天雄軍牙内都指揮使、檢校右僕射、貴州刺史榮起爲澶州節度使、檢校太保，[6]以右金吾上將軍薛可言爲右龍武統軍，[7]以左神武統軍安審約爲左羽林統軍，[8]以左驍衛上將軍趙贇爲右羽林統軍，[9]以太子太師致仕宋彦筠爲左衛上將軍。[10]詔移生吐渾族帳於潞州長子縣江猪嶺。[11]己亥，以左武衛上將軍劉遂凝爲左神武統軍，[12]以左衛上將軍焦繼勳爲右神武統軍，[13]以左領軍衛上將軍史佺爲右衛上將軍。[14]

［1］廣順：五代後周太祖郭威年號（951—953）。　樞密副使：官名。樞密院副長官。　尚書户部侍郎：官名。尚書省户部次官。協助户部尚書掌天下田户、均輸、錢穀之政令。正四品下。　范質：人名。大名宗城（今河北威縣）人。後周、宋初宰相。傳見《宋史》卷二四九。　兵部侍郎：官名。尚書省兵部次官。協助兵部尚書掌武官銓選、勳階、考課之政。正四品下。

［2］陳州：州名。治所在今河南淮陽縣。　刺史：官名。州一級行政長官。漢武帝時始置，總掌考核官吏、勸課農桑、地方教化等事。唐中期以後，節度使、觀察使轄州而設，刺史爲其屬官，職任漸輕。從三品至正四品下。　判三司：官名。通掌鹽鐵、度支、户部三個部門事務。地位高於三司使。　李穀：人名。潁州汝陰（今安徽阜陽市）人。五代後周宰相。傳見《宋史》卷二六二。　户部侍郎：官名。尚書省户部次官。協助户部尚書掌天下田户、均輸、錢穀之政。正四品下。

［3］右金吾大將軍：官名。唐置，掌宫禁宿衛。唐代置十六衛，即左右衛、左右驍衛、左右武衛、左右威衛、左右領軍衛、左右金吾衛、左右監門衛、左右千牛衛，各置上將軍，從二品；大將軍，正三品；將軍，從三品。　街使：官名。掌巡查京城六街。　翟光鄴：人名。濮州鄄城（今山東鄄城縣）人，五代將領。傳見本書卷一二九、《新五代史》卷四九。　左千牛衛上將軍：官名。唐置，掌宫禁宿衛，唐代置十六衛之一。從二品。　宣徽北院使：官名。唐始置。宣徽北院的長官。初用宦官，五代以後改用士人。與宣徽南院使通掌内諸司及三班内侍之名籍，郊祀、朝會、宴享供帳之儀，檢視内外進奉名物。参見王永平《論唐代宣徽使》，《中國史研究》1995年第1期；王孫盈政《再論唐代的宣徽使》，《中華文史論叢》2018年第3期。

［4］袁義：人名。袁象先之子。五代將領，歷任復州刺史、左龍武大將軍、左神武統軍、宣徽南院使、延州節度使等。事見本書卷一一二、卷一一四等。　左武衛上將軍：官名。唐置，掌宫禁宿

衛，唐代置十六衛之一。從二品。　宣徽南院使：官名。唐始置。宣徽南院長官。初用宦官，五代以後改用士人。與宣徽北院使通掌内諸司及三班内侍之名籍，郊祀、朝會、宴享供帳之儀，檢視内外進奉名物。參見王永平《論唐代宣徽使》、王孫盈政《再論唐代的宣徽使》。

[5]符彦琳：人名。陳州宛丘人（今河南淮陽縣）。符存審之子。五代將領。事見本書本卷、卷九〇。　右監門上將軍：官名。唐置，掌宫禁宿衛，唐代置十六衛之一。從二品。

[6]天雄軍：方鎮名。亦稱“魏博軍”。唐天祐元年（904）以魏博節度使號爲天雄軍，治所在魏州（今河北大名縣）。　牙内都指揮使：官名。唐、五代時期衙内指揮使爲節度使府衙内之牙將，統最親近衛兵，高一級的稱衙内都指揮使。　檢校右僕射：官名。尚書右僕射爲隋唐宰相名號。檢校尚書右僕射爲散官或加官，以示恩寵，無實際執掌。　貴州：州名。治所在今廣西貴港市。　榮：人名。即五代後周世宗柴榮。954至959年在位。紀見本書卷一一四至卷一一九、《新五代史》卷一二。　澶州：州名。唐、五代初，治所在今河南清豐縣。後晋天福四年（939），移治於今河南濮陽縣。　節度使：官名。唐時在重要地區所設掌握一州或數州軍事、民事、財政的長官。　檢校太保：官名。爲散官或加官，以示恩寵，無實際執掌。　貴州刺史榮起爲澶州節度使、檢校太保：中華書局本有校勘記：“‘起’字下原有‘復’字，據《永樂大典》卷八九八〇引《五代薛史》删。按本卷下文：‘（五月）戊辰，皇子澶州節度使榮起復，依前澶州節度使，以故貴妃張氏去歲薨，至是發哀故也。’”

[7]右金吾上將軍：官名。唐置，掌宫禁宿衛，唐代置十六衛之一。從二品。《輯本舊史》卷一〇一《漢隱帝紀上》乾祐元年（948）四月甲辰條：“以宣徽北院使薛可言爲右金吾上將軍。”有書爲證。　薛可言：人名。籍貫不詳。五代將領。歷任齊州防禦使、延州留後、宣徽北院使。事見本書卷八四、卷一〇〇。　右龍武統

軍：官名。唐代右龍武軍統兵官。唐置六軍，分左右羽林、左右龍武、左右神武等，即“北衙六軍”。興元元年（784），六軍各置統軍，以寵功勳臣。其品秩，《唐會要》卷七一、《舊唐書》卷一二記載爲“從二品”，《通鑑》卷二二九記載爲“從三品”。　以右金吾上將軍薛可言爲右龍武統軍：《輯本舊史》之影庫本粘籤：“右金吾，原本脱‘吾’字，今據文增入。”

[8]左神武統軍：官名。唐代“北衙六軍”之一左神武軍統兵官。　安審約：人名。籍貫不詳。五代藩鎮將領。事見本書卷八二、卷八三、卷八四。　左羽林統軍：官名。唐置“北衙六軍”之一，以寵功勳臣。其品秩，《唐會要》卷七一、《舊唐書》卷一二記載爲“從二品”，《通鑑》卷二二九記載爲“從三品”。

[9]左驍衛上將軍：官名。唐置，掌宫禁宿衛，唐代置十六衛之一。從二品。　趙贊：人名。幽州薊（今北京市）人。五代後唐、遼朝將領趙延壽之子。五代後唐至宋初將領。傳見《宋史》卷二五四。　右羽林統軍：官名。唐置“北衙六軍”之一，以寵功勳臣。其品秩，《唐會要》卷七一、《舊唐書》卷一二記載爲“從二品”，《通鑑》卷二二九記載爲“從三品”。

[10]太子太師：官名。與太子太傅、太子太保統稱太子三師。隋唐以後多作加官或贈官。從一品。　宋彦筠：人名。雍丘（今河南杞縣）人。五代後唐、後周將領。傳見本書卷一二三。　左衛上將軍：官名。唐置，掌宫禁宿衛，唐代置十六衛之一。從二品。

[11]生吐渾：部族名。吐谷渾分爲生、熟吐渾。源出鮮卑，後游牧於今甘肅、青海一帶。參見周偉洲《吐谷渾資料輯録》（增訂本），商務印書館 2017 年版。　潞州：州名。治所在今山西長治市。　長子縣：縣名。治所在今山西長子縣。　江猪嶺：地名。位於今山西長子縣南四十里，與高平縣接界。

[12]劉遂凝：人名。密州安丘（今山東安丘市）人。後梁將領劉鄩之子。歷任華州節度使、右龍武統軍、左驍衛上將軍。傳見本書卷一三一。　左神武統軍：官名。唐置“北衙六軍”之一，以

寵功勳臣。其品秩，《唐會要》卷七一、《舊唐書》卷一二記載爲“從二品”，《通鑑》卷二二九記載爲“從三品”。　以左武衛上將軍劉遂凝爲左神武統軍：中華書局本有校勘記：“‘以’字原闕，據殿本及本卷上下文補。”

[13]焦繼勳：人名。許州長社（今河南長葛市東）人。五代、宋初將領。傳見《宋史》卷二六一。　右神武統軍：官名。唐置“北衙六軍”之一，以寵功勳臣。其品秩，《唐會要》卷七一、《舊唐書》卷一二記載爲“從二品”，《通鑑》卷二二九記載爲“從三品”。

[14]左領軍衛上將軍：官名。唐置，掌宫禁宿衛，唐代置十六衛之一。從二品。　史佺：人名。籍貫不詳。五代將領。事見本書卷一二〇。　右衛上將軍：官名。唐置，掌宫禁宿衛，唐代置十六衛之一。從二品。

庚子，故吴國夫人張氏追贈貴妃；[1]故皇第三女追封樂安公主；故第二子青哥贈太保，[2]賜名侗；第三子意哥贈司空，[3]賜名信；故長婦劉氏追封彭城郡夫人。[4]皇姪三人：守筠贈左領軍將軍，改名愿；[5]奉超贈左監門將軍；定哥贈左千牛衛將軍，[6]賜名遜。故皇孫三人：宜哥贈左驍衛大將軍，賜名誼；喜哥贈武衛大將軍，賜名誠；三哥贈左領衛大將軍，[7]賜名諴。辛丑，西州回鶻遣使貢方物。[8]前開封尹、魯國公侯益進封楚國公，前西京留守、莒國公李從敏進封秦國公，前西京留守王守恩進封莒國公。[9]癸卯，以前中書侍郎兼户部尚書、平章事李濤爲太子賓客。[10]詔宣徽南院使袁㠭權知開封府事，以太子太保和凝爲太子太傅。[11]丙午，晋州王晏奏，[12]河東劉崇遣僞招討使劉鈞、副招討使白截海，[13]率步騎萬餘人來攻州城，以今月五日五道齊攻，率州兵拒之，賊軍傷死甚衆。[14]内出寶玉器及金銀結縷、寶裝牀几、飲食之具數十，碎之於殿庭。帝謂侍臣曰："凡爲帝王，安用此！"仍詔所司，凡珍華悦目之物，不得入宫。先是，迴鶻間歲入貢，禁民不得與蕃人市易寶貨，至是一聽私便交易，官不禁詰。

[1]張氏：人名。恒州真定（今河北正定縣）人。郭威后妃。漢末遇害。事見本書本卷、卷一一二。

[2]青哥：人名。郭威之子。不知母誰氏，漢末遇害。事見本書卷一一二。　太保：官名。與太師、太傅合稱三師，唐後期、五代多爲大臣、勳貴加官。正一品。

[3]意哥：人名。郭威之子。不知母誰氏，漢末遇害。事見本書卷一一二。　司空：官名。與太尉、司徒並爲三公，唐後期、五代多爲大臣、勳貴加官。正一品。

[4]劉氏：人名。將家女。漢末遇害，後追封爲世宗皇后。事見本書卷一二一。

[5]守筠：人名。即郭守筠，郭威侄。事見本書卷一二二。　左領軍將軍：官名。唐置，掌宫禁宿衛，唐代置十六衛之一。從三品。　守筠贈左領軍將軍，改名愿：中華書局本有校勘記："《永樂大典》卷八九八〇引《五代薛史》、《册府》卷二七七同。按本書卷一一七《周世宗紀四》：'故皇從弟贈左領軍大將軍守愿，再贈左衛大將軍。'又《新五代史》卷一九《周太祖家人傳》：'皇姪守筠，贈左領軍衛將軍，以"筠"聲近"榮"，爲世宗避，更名守愿。'"

[6]奉超：人名。即郭奉超，郭威侄。事見本書卷一二二。　左監門將軍：官名。唐置，掌宫禁宿衛，唐代置十六衛之一。從三品。　定哥：人名。郭威侄。事見本書卷一二二。　左千牛衛將軍：官名。唐置，掌宫禁宿衛，唐代置十六衛之一。從三品。

［7］宜哥：人名。後周世宗柴榮長子柴誼別名。乾祐三年(950) 爲後漢隱帝誅殺。傳見本書卷一二二、《新五代史》卷二〇。　左驍衛大將軍：官名。唐置，掌宫禁宿衛，唐代置十六衛之一。正三品。　喜哥：人名。郭威之子。後漢末遇害。事僅見本書本卷。　武衛大將軍：官名。唐置，掌宫禁宿衛，唐代置十六衛之一。正三品。　三哥：人名。郭威之子。後漢末遇害。事僅見本書本卷。　左領衛大將軍：官名。唐置，掌宫禁宿衛，唐代置十六衛之一。正三品。

［8］西州回鶻：又稱北庭回鶻、和州回鶻、高昌回鶻、阿斯蘭回鶻。指古代西遷後的回鶻人及其政權。原居别失八里（今新疆吉木薩爾縣境内），後移都哈喇和卓（今新疆吐魯番市東南）。參見楊蕤《回鶻時代：10—13 世紀陸上絲綢之路貿易研究》，中國社會科學出版社 2015 年版。

［9］開封尹：官名。即開封府尹。五代除後唐外均都汴州，升汴州爲開封府，置開封尹或知開封府事，執掌京師政務。從三品。　侯益：人名。汾州平遥（今山西平遥縣）人。五代後唐至宋初將領。傳見《宋史》卷二五四。　西京留守：官名。唐代始置。皇帝出巡或親征時指定親王或大臣留守，綜理軍事、行政、民事、財政。　李從敏：人名。後唐明宗之侄。傳見本書卷一二三、《新五代史》卷一五。　王守恩：人名。太原（今山西太原市）人。後晋潞州節度使王建立子，後漢時曾任宰相。傳見本書卷一二五。

［10］中書侍郎：官名。中書省副長官，唐後期三省長官漸爲榮銜，中書侍郎、門下侍郎却因參議朝政而職位漸重，常常以“同三品”或“同平章事”任宰相實職。正三品。　户部尚書：官名。尚書省户部長官。掌管全國土地、户籍、賦税、財政收支諸事。正三品。　平章事：官名。即“同中書門下平章事”。唐高宗以後，凡實際任宰相之職者，常在其本官後加同平章事的職銜。後成爲宰相專稱。後晋天福五年（940），升中書門下平章事爲正二品。　李濤：人名。京兆萬年（今陝西西安市長安區）人。唐敬宗子郇王瑋

後裔，五代官員。傳見《宋史》卷二六二。　太子賓客：官名。爲太子官屬。唐高宗顯慶元年（656）始置。掌侍從規諫、贊相禮儀。正三品。

[11]開封府：府名。後周都城。治所在今河南開封市。　太子太保：官名。與太子太師、太子太傅統稱太子三師。隋唐以後多作加官或贈官。從一品。　和凝：人名。鄆州須昌（今山東東平縣）人。五代後晋宰相。傳見本書卷一二七、《新五代史》卷五六。　太子太傅：官名。與太子太師、太子太保統稱太子三師。隋唐以後多作加官或贈官。從一品。

[12]晋州：州名。治所在今山西臨汾市。　王晏：人名。徐州滕（今山東滕州市）人。五代、宋初將領。傳見《宋史》卷二五二。《輯本舊史》之影庫本粘籤："王晏，原本作'王早'，今從《宋史》改正。"《大典》卷八九八〇引《五代薛史》亦作"王晏"。

[13]河東：方鎮名。治所在太原（今山西太原市）。　劉崇：人名。即劉旻。太原（今山西太原市）人。後漢高祖劉知遠從弟。後漢時任太原尹，專制一方。後周代漢，他稱帝於太原，國號漢，史稱北漢。傳見本書卷一三五、《新五代史》卷七〇。　招討使：官名。唐始置。戰時任命，兵罷則省。常以大臣、將帥或地方軍政長官兼任。掌招撫、討伐等事務。　劉鈞：人名。原名劉承鈞，太原（今山西太原市）人。沙陀族。五代十國北漢世祖劉崇次子，北漢第二任君主。傳見《新五代史》卷七〇。　副招討使：官名。招討使副職。戰時任命，兵罷則省。掌招撫、討伐等事務。　白截海：人名。籍貫不詳。五代將領。本書僅此一見。

[14]賊軍傷死甚衆：《舊五代史考異》："案《宋史·王晏傳》：劉崇侵晋州，晏閉關不出，設伏城上。并人以爲怯，競攀堞而登，晏麾伏兵擊之，顛死者甚衆，遂焚橋遁。晏遣子漢倫追北數十里，斬首百餘級。"

丁未，左千牛衛將軍朱憲使契丹迴。[1]契丹主兀欲遣使褭骨支來獻良馬一駟，[2]賀登極。戊申，詔曰："朕祇膺景命，奄有中區，每思順物之情，從衆之欲。將使照臨之下，咸遂寬舒；仕宦之流，自安進退。往者有司拘忌，人或滯流，所在前資，並遣赴闕。輦轂之下，[3]多寄食僦舍之徒；歲月之間，動懷土念家之思。宜循大體，用革前規。應諸道州府，有前資朝官居住，如未赴京，不得發遣。其行軍副使已下，幕職州縣官等，得替求官，自有月限，年月未滿，一聽外居。如非時詔徵，不在此限。"[4]己酉，有司議立四親廟，從之。辛亥，以太子少傅楊凝式爲太子少師，以太常卿張昭爲户部尚書，以尚書左丞王易爲禮部尚書，以兵部侍郎邊蔚爲太常卿，[5]以翰林學士、中書舍人魚崇諒爲工部侍郎充職，以户部侍郎韋勳爲兵部侍郎，以刑部侍郎邊歸讜爲户部侍郎，以禮部侍郎司徒詡爲刑部侍郎，[6]以祕書監趙上交爲禮部侍郎，以兵部尚書王仁裕爲太子少保，以翰林學士、禮部尚書張沆爲刑部尚書充職，[7]以尚書右丞田敏爲左丞，以吏部侍郎段希堯爲工部尚書，以太子詹事馬裔孫爲太子賓客。[8]前鄧州節度使劉重進、前滑州節度使宋延渥，[9]並加食邑。吐渾府留後王全德加檢校太保，充憲州刺史。[10]隰州刺史許遷奏，河東賊軍劉筠自晉州引兵來攻州城，尋以州兵拒之，賊軍傷死者五百人，信宿遁去。[11]丁巳，[12]以尚書左丞田敏充契丹國信使。迴鶻遣使貢方物。[13]己未，天德軍節度使、虢國公郭勳加同平章事，[14]以前宗正卿劉皞爲衛尉卿。[15]辛酉，以衛尉卿邊光範爲祕書監，以前吏部侍郎李詳爲吏部侍郎，[16]以前户部侍郎顔衎爲尚書右丞。[17]

[1]朱憲：人名。籍貫不詳。五代後周將領。事見本書本卷、卷一一〇。　契丹：古部族、政權名。公元4世紀中葉宇文部爲前燕攻破，始分離而成單獨的部落，自號契丹。唐貞觀中，置松漠都督府，以其首領爲都督。唐末强盛，916年迭剌部耶律阿保機建立契丹國（遼）。先後與五代、北宋並立，保大五年（1125）爲金所滅。参見張正明《契丹史略》，中華書局1979年版。　左千牛衛將軍朱憲使契丹迴：中華書局本沿《輯本舊史》闕“衛”字，據《會要》卷二九契丹條廣順元年（951）正月記事、《宋本册府》卷八九〇《外臣部·通好門》廣順元年二月丁未條、《通鑑》卷二九〇廣順元年正月癸酉條補。

[2]兀欲：人名。即遼世宗耶律阮。契丹族，遼太祖耶律阿保機孫，人皇王耶律倍長子，遼朝第三代皇帝。紀見《遼史》卷五。　裊骨支：人名。籍貫不詳。契丹使者。事見《新五代史》卷一一。　契丹主兀欲遣使裊骨支來獻良馬一駟：中華書局本有校勘記：“‘裊骨支’，原作‘人’，據《永樂大典》卷八九八〇引《五代薛史》改。殿本作‘郭濟’，殿本《考證》：‘郭濟，舊作“骨支”，今改。’《通鑑》卷二九〇作‘褭骨支’。”見《通鑑》卷二九〇廣順元年二月丁未條。《新五代史》卷一一《周太祖本紀》略同《舊史》。

[3]“咸遂寬舒”至“輦轂之下”：中華書局本有校勘記：“以上三十四字原闕，據《永樂大典》卷八九八〇引《五代薛史》補。”“仕宦之流”，中華書局本沿《輯本舊史》作“仕官之流”，據《大典》卷八九八〇引《五代薛史》改。

[4]不在此限：此句後，《宋本册府》卷六三四《銓選部·條制門六》有“但闕員有數，入官者多。苟無定規，必生躁競。凡爾

進取，知朕意焉”等句。

[5]太子少傅：官名。與太子少保、太子少師合稱“三少”，唐後期、五代多爲大臣、勳貴加官。從二品。　楊凝式：人名。同州馮翊（今陝西大荔縣）人。楊涉之子。歷事梁、唐、晋、漢、周。傳見本書卷一二八、《新五代史》卷三五。　太子少師：官名。與太子少傅、太子少保統稱太子三少。隋唐以後多作加官或贈官。從二品。　太常卿：官名。西漢置太常，南朝梁始置太常卿。太常寺長官。掌宗廟祭祀、禮樂及教育等。正三品。　張昭：人名。世居濮州范縣（今河南范縣）。五代、宋初大臣。傳見《宋史》卷二六三。　尚書左丞：官名。尚書省佐貳官。唐中期以後，與尚書右丞實際主持尚書省日常政務，權任甚重。正四品上。後梁開平二年（908）改爲左司侍郎，後唐同光元年（923）復舊爲左丞。正四品。　王易：人名。籍貫不詳。五代官員，曾任後周尚書左丞、禮部尚書、兵部尚書、鹵簿使，事見本書本書、卷一一三。　禮部尚書：官名。尚書省禮部長官。掌禮儀、祭享、貢舉之政。正三品。　邊蔚：人名。京兆長安（今陝西西安市）人。五代大臣。傳見本書卷一二八。

[6]翰林學士：官名。由南北朝始設之學士發展而來，唐玄宗改翰林供奉爲翰林學士，備顧問，代王言。掌拜免將相、號令征伐等詔令的起草。　中書舍人：官名。中書省屬官。掌起草文書、呈遞奏章、傳宣詔命等。正五品上。　魚崇諒：人名。其先楚州山陽（今江蘇淮安市淮安區）人，後徙於陝。五代、宋初官員。傳見《宋史》卷二六九。《新五代史》作“魯崇諒”。　工部侍郎：官名。尚書省工部次官。協助尚書掌管百工、山澤、水土之政令，考其功以昭賞罰，總所統各司之事。正四品下。　韋勳：人名。籍貫不詳。五代後晋至後周官員，歷任後晋左散騎常侍、工刑户三部侍郎、太子賓客，後周兵部侍郎、尚書右丞。事見本書卷七七至卷七八、卷八〇至卷八四、卷一一一至卷一一二。　刑部侍郎：官名。尚書省刑部次官。協助刑部尚書掌天下刑法及徒隸、勾覆、關禁之

政令。正四品下。　邊歸讜：人名。幽州薊（今天津市薊州區）人。五代、宋初大臣。傳見《宋史》卷二六二。　禮部侍郎：官名。尚書省禮部次官。協助禮部尚書掌禮儀、祭享、貢舉之政。正四品下。　司徒詡：人名。清河郡（今河北清河縣）人。五代後唐官員。傳見本書卷一二八。

[7]祕書監：官名。秘書省長官。東漢始置。掌圖書秘記等。從三品。　趙上交：人名。涿州范陽（今河北涿州市）人。五代、宋初大臣。本名遠，字上交，避後漢高祖劉知遠諱，遂以字爲名。傳見《宋史》卷二六二。　兵部尚書：官名。尚書省兵部長官。掌兵衛、武選、車輦、甲械、厩牧之政令。正三品。　王仁裕：人名。天水（今甘肅天水市）人。五代大臣。傳見本書卷一二八、《新五代史》卷五七。　太子少保：官名。與太子少師、太子少傅統稱太子三少。隋唐以後多作加官或贈官。從二品。　禮部尚書：官名。尚書省禮部長官。掌禮儀、祭享、貢舉之政。正三品。　張沆：人名。徐州（今江蘇徐州市）人。五代後唐、後晋、後周官員。傳見本書卷一三一。　刑部尚書：官名。尚書省刑部長官。掌天下刑法及徒隸、勾覆、關禁之政令。正三品。

[8]尚書右丞：官名。尚書省佐貳官。唐中期以後，與尚書左丞實際主持尚書省日常政務，權任甚重。後梁開平二年（908）改爲右司侍郎，後唐同光元年（923）復舊爲右丞。唐時爲正四品下，後唐長興元年（930）升爲正四品。　田敏：人名。鄒平（今山東鄒平縣）人。五代初學者，歷仕梁、唐、晋、漢、周，官至工部尚書。以太子少保致仕，與太常卿劉岳撰《删定書儀》。傳見《宋史》卷四三一。　吏部侍郎：官名。尚書省吏部次官。協助吏部尚書掌文選、勳封、考課之政。正四品上。　段希堯：人名。河内（今河南沁陽市）人。五代大臣。傳見本書卷一二八、《新五代史》卷五七。　工部尚書：官名。尚書省工部長官。掌百工、屯田、山澤之政令。正三品。　太子詹事：官名。掌領太子之詹事府，爲太子官屬之長。正三品。　馬裔孫：人名。《新五代史》作“馬胤

孫”，或避宋太祖諱改“胤”爲“裔”。棣州滴河（今山東商河縣）人。五代後唐進士、宰相。傳見本書卷一二七、《新五代史》卷五五。

［9］鄧州：州名。治所在今河南鄧州市。“鄧州”，《輯本舊史》原作“鄜州”，中華書局本有校勘記：“本書卷一一〇《周太祖紀一》作‘鄧州’。按《宋史》卷二六一《劉重進傳》未記其嘗歷鄜州。”但未改。所有文獻均無劉重進曾任鄜州節度使之記載。《輯本舊史》卷一〇〇《漢高祖紀下》天福十二年（947）七月庚子條載以許州節度使劉重進爲鄧州節度使；《宋史》卷二六一《劉重進傳》又記重進漢初移鎮鄧州，乾祐末罷鎮來朝。據改。 劉重進：人名。本名晏僧。幽州人（今北京市）。五代、宋初將領。傳見《宋史》卷二六一。 滑州：州名。治所在今河南滑縣。 宋延渥：人名。洛陽（今河南洛陽市）人。五代、宋初將領，後漢高祖劉知遠婿。入宋後改名偓。傳見《宋史》卷二五五《宋偓傳》。

［10］留後：官名。原非正式命官，唐朝節度使入朝或宰相、親王遥領節度使不臨鎮則置。安史之亂後，節度使多以子弟或親信爲留後，以代行節度使職務，亦有軍士、叛將自立爲留後者。掌一州或數州軍政。北宋始爲朝廷正式命官。 王全德：人名。籍貫、事跡不詳。本書僅此一見。 憲州：州名。治所在今山西婁煩縣。

［11］隰州：州名。治所在今山西隰縣。 許遷：人名。鄆州（今山東東平縣）人。五代將領。傳見本書卷一二九。 信宿：兩夜。

［12］丁巳：丁巳（二十五）條前，《新五代史》卷一一《周太祖本紀》尚有一條癸丑（二十一）日記事：“寒食，望祭于蒲池。”明本《册府》卷三一《帝王部·奉先門四》：“廣順元年二月癸丑寒食節，帝出玄化門，至蒲池設御幄，遥拜諸陵，用家人之禮也。”

［13］迴鶻遣使貢方物：《新五代史》卷一一《周太祖本紀》作“回鶻使摩尼來”。

［14］天德軍：方鎮名。治天德軍城（今内蒙古烏拉特前旗烏

梁素海土城子)。　郭勳：人名。籍貫不詳。五代將領。事見本書本卷及卷一〇二、卷一一四。

[15]宗正卿：官名。秦始置宗正，南朝梁始有宗正卿之官。由宗室充任。掌皇族外戚屬籍。正三品。中華書局本有校勘記："宗正卿，原作'宗卿'，據殿本、劉本、邵本校、《永樂大典》卷八九八〇引《五代薛史》、本書卷一〇三《漢隱帝紀下》下補。"　劉皞：人名。涿州歸義（今河北容城縣）人。傳見本書卷一三一。　衛尉卿：官名。北魏置，隋、唐、五代爲衛尉寺長官。掌供宫廷、祭祀、朝會之儀仗帷幕，通判本寺事務。從三品。

[16]邊光範：人名。并州陽曲（今山西太原市）人。歷仕五代後唐、後晋至宋代。傳見《宋史》卷二六二。　李詳：人名。籍貫不詳。五代後唐至後周官員，歷任左補闕、中書舍人、尚書右丞、吏部侍郎。事見本書卷四二、卷七七、卷八四。

[17]顔衎（kàn）：人名。曲阜（今山東曲阜市）人。五代、宋初大臣。傳見《宋史》卷二七〇。《輯本舊史》之影庫本粘籤："顔衎，原本作'顔衍'，今從《宋史》改正。"見《宋史》卷二七〇《顔衎傳》。《大典》卷八九八〇引《五代薛史》作"顔衎"。　以前户部侍郎顔衎爲尚書右丞：《輯本舊史》卷八四《晋少帝紀四》開運三年（946）三月癸卯條："户部侍郎顔衎上表，以母老乞解官就養，從之。"

三月壬戌朔，前西京留守李從敏卒。戊辰，以前左武衛上將軍李懷忠爲太子太傅致仕，以前邢州節度使安審暉爲太子太師致仕。[1]辛未，幸南莊。[2]壬申，詔曰："諸州府先差散從親事官等，前朝創置，蓋出權宜，苟便一時，本非舊貫。近者遍詢羣議，兼採封章，且言前件抽差，於理不甚允當，一則礙州縣之色役，一則妨春夏之耕耘，貧乏者困於供須，豪富者幸於影庇，既爲煩擾，須至改更。況當東作之時，宜罷不急之務。其諸州所差散從親事官等，並宜放散。”[3]詔下，公私便之。徐州行營都部署王彥超馳奏，收復徐州。[4]詔曰：“城内逆首楊溫及親近徒黨並處斬。[5]其餘無名目人及本城軍都將校、職掌吏民等，雖被脅從，本非同惡，並釋放。兼知自前楊溫招喚草賊，同力守把，朕以村墅小民，偶被煽誘，念其庸賤，特與含容，其招入城草賊，並放歸農，仍倍加安撫。湘陰公夫人并骨肉在彼，[6]仰差人安撫守護，勿令驚恐。”以右散騎常侍張煦、給事中王延藹並爲左散騎常侍，[7]以前大名府少尹李瓊爲將作監，以前彰武軍節度使周密爲太子太師致仕，以衛尉卿劉皡充漢隱帝山陵都部署。[8]

[1]李懷忠：人名。太原晋陽（今山西太原市）人。五代後唐至後周將領。傳見本書卷一二四。　邢州：州名。治所在今河北邢臺市。　安審暉：人名。籍貫不詳。五代後晋將領。傳見本書卷一二三。

[2]南莊：地名。其地不詳，疑位於開封城外。

[3]並宜放散：該句後，明本《册府》卷一六〇《帝王部·革弊門二》有“自逐田農。自去年四月已前州縣元管係人數，一切如舊，其遞鋪如已前招到者，且仰仍舊，今後更不得招召。其諸處場院，竝不得影庇兩税人户。所有河北諸州及澤、潞、晋、絳、磁、隰、解等州於先差散從親事官内選到弓箭手，只且留在本州管係，其餘放散”等句。

[4]徐州：州名。治所在今江蘇徐州市。　行營都部署：官名。凡行軍征討，掛帥率軍戰鬥，總管行營事務。　王彥超：人名。大名臨清（今河北臨西縣）人。五代、宋初將領。傳見《宋史》卷

二五五。　徐州行營都部署王彦超馳奏，收復徐州：《新五代史》卷一一《周太祖本紀》廣順元年（951）三月甲戌條："武寧軍節度使王彦超克徐州。"

［5］楊温：人名。籍貫不詳。劉贇部將，時爲教練使。後爲後周將領王彦超所殺。事見《通鑑》卷二九〇。　詔曰城内逆首楊温及親近徒黨並處斬：中華書局本無"詔曰"兩字，有校勘記："'城内'，《永樂大典》卷八九八〇引《五代薛史》同，殿本作'詔曰'。按'城内'以下係詔文，疑其上脱'詔曰'二字。"文中有"朕以村墅小民"等語，必爲詔書之文，故補。

［6］湘陰公：人名。即劉贇。後漢宗室。後漢高祖劉知遠之侄，北漢世祖劉崇之子。傳見本書卷一〇五、《新五代史》卷一八。

［7］右散騎常侍：官名。中書省屬官。掌侍奉規諷，備顧問應對。正三品下。　張煦：人名。籍貫不詳。後周時擔任散騎常侍、刑部尚書、兵部尚書等職。事見本書本卷至卷一一四。　給事中：官名。秦始置。隋唐以來，爲門下省屬官。掌讀署奏抄，駁正違失。正五品上。　王延藹：人名。籍貫、事跡不詳。本書僅此一見。　左散騎常侍：官名。門下省屬官。掌侍奉規諷，備顧問應對。正三品下。

［8］大名府：州名，即魏州。治所在今河北大名縣。唐故曰大名府，置天雄軍，五代皆因之。後唐建鄴都，晋、漢因之，至周罷。大名府，後唐曰興唐，晋曰廣晋，漢、周復曰大名。　少尹：官名。唐、五代於三京、鳳翔等府均置少尹，爲尹的副職。協助尹通判列曹諸務。從四品下。　李瓊：人名。幽州（今北京）人。五代官員，曾任大名府少尹、將作監。傳見《宋史》卷二六一。　將作監：官名。秦代設將作少府，唐代改將作監，其長官即爲將作監。掌宫廷器物置辦及宫室修建事宜。從三品。　彰武軍：方鎮名。治所在延州（今陝西延安市）。　周密：人名。應州神武川（今山西山陰縣）人。五代將領。傳見本書卷一二四。　漢隱帝：即劉承祐。五代後漢高祖劉知遠次子。紀見本書卷一〇一至一〇

三、《新五代史》卷一〇。　山陵都部署：官名。掌營建、保衛皇室陵墓諸事。

丙子，以太子少保致仕王延爲太子少傅，以户部尚書致仕盧損、左驍衛上將軍致仕李肅並爲太子少保，兵部尚書致仕韓昭裔爲尚書右僕射，太子太師致仕盧文紀爲司空，[1]自延而下，並依前致仕。故散騎常侍裴羽贈户部尚書，故太子賓客蕭愿贈禮部尚書。[2]以司農卿致仕薛仁謙爲鴻臚卿，以將作監致仕烏昭爲太府卿，以太常少卿致仕王禧爲少府監，以祕書少監致仕段顒爲將作監，[3]自仁謙而下，並依前致仕。詔沿淮州縣軍鎮，今後自守疆土，不得縱一人一騎擅入淮南地分。[4]己卯，潞州奏，涉縣所擒河東將士二百餘人部送赴闕。[5]詔給衫袴巾屨，放歸本土。甲申，鎮州武行德移鎮許州，何福進移鎮鎮州。[6]丙戌，以襄州節度副使郭令圖爲宗正卿。[7]詔曰："故蘇逢吉、劉銖，[8]頃在漢朝，與朕同事。朕自平禍亂，不念仇讎，尋示優弘，與全家屬。尚以幼稚無託，衣食是艱，將行矜卹之恩，俾獲生存之路，報怨以德，非我負人。賜逢吉骨肉洛京莊宅各一，賜劉銖骨肉陝州莊宅各一。"[9]己丑，幸南莊。庚寅，唐故鄅國公李從益追封許王，唐明宗淑妃王氏追贈賢妃。[10]辛卯，詔："諸道節度副使、行軍司馬、兩京少尹、留守判官、兩使判官，並許差定當直人力，不得過十五人；諸府少尹、書記、支使、防御團練副使，不得過十人；節度推官、防御團練軍事判官，不得過七人，逐處係帳收管。此外如敢額外影占人户，其本官當行朝典。"先是，漢隱帝時，有人上言："州府從事令録，皆請料錢，自合雇人驅使，不合差遣百姓丁户。"秉政者然之，乃下詔州府從事令録，本處先差職役，並放歸農。自是官吏有獨行趨府縣者，帝頗知之，故有是命。[11]

[1]王延：人名。鄭州長豐（今河北文安縣南）人。五代大臣，歷事五代各朝。傳見本書卷一三一、《新五代史》卷五七。　盧損：人名。范陽（今河北涿州市）人。唐末、五代官員。傳見本書卷一二八、《新五代史》卷五五。　李肅：人名。籍貫不詳。五代官員，歷仕後梁至後周。事見本書卷四六、卷七六等。　韓昭裔：人名。籍貫不詳。後唐、後晋、後周官員。事見本書本卷、卷四七、卷七六、卷七八、卷一一四。　尚書右僕射：官名。秦始置。隋、唐前期以左、右僕射佐尚書令總理六官，綱紀庶務；如不置尚書令，則總判省事，爲宰相之職。唐後期多爲大臣加銜。從二品。　盧文紀：人名。京兆萬年（今陝西西安市長安區）人。唐末進士，五代宰相。傳見本書卷一二七、《新五代史》卷五五。

[2]散騎常侍：官名。門下省屬官。掌侍奉規諷，備顧問應對。正三品下。　裴羽：人名。河東聞喜（今山西聞喜縣）人。唐僖宗朝宰相裴贄之子。唐末出仕，歷仕五代後梁至後周，官至左散騎常侍。傳見本書卷一二八、《新五代史》卷五七。　蕭愿：人名。京兆萬年（今陝西西安市長安區）人。唐末五代官員。傳見本書卷一二八。

[3]司農卿：官名。司農寺長官。佐司農卿掌管倉廪、籍田、苑囿諸事。從三品上。　薛仁謙：人名。開封浚儀（今河南開封市）人，祖籍河東。宋初宰相薛居正之父。歷仕五代後唐至後周。傳見本書卷一二八。　鴻臚卿：官名。秦稱典客，漢初改大行令，漢武帝時改大鴻臚，北齊置鴻臚寺，以鴻臚寺卿爲長官，後代沿置。掌四夷朝貢、宴飲賞賜、送迎外使等禮儀活動。從三品。　烏

昭：人名。籍貫、事跡不詳。本書僅此一見。　太府卿：官名。南朝梁始置。太府寺長官。掌國家財帛庫藏出納、關市税收等務。從三品。　太常少卿：官名。太常寺次官。佐太常卿掌宗廟祭祀禮樂及教育等。正四品上。　王禧：人名。籍貫不詳。五代官員。事見本書本卷、卷八〇。　少府監：官名。少府監長官。隋初置，唐初廢，太宗時復置。掌百工技巧之事。從三品。　祕書少監：官名。唐承隋制，置秘書省，設秘書少監二人協助秘書監工作。從四品上。　段顒：人名。籍貫不詳。五代後唐至後周官員。事見本書卷一四二。

[4]淮南：方鎮名。治所在揚州（今江蘇揚州市）。

[5]涉縣：縣名。治所在今河北涉縣。

[6]鎮州：州名。治所在今河北正定縣。　武行德：人名。并州榆次（今山西晋中市榆次區）人。五代、宋初將領。傳見《宋史》卷二五二。　許州：州名。治所在今河南許昌市。　何福進：人名。太原（今山西太原市）人。五代將領。傳見本書卷一二四。

[7]襄州：州名。治所在今湖北襄陽市。　節度副使：官名。唐、五代方鎮屬官。位於行軍司馬之下、判官之上。　郭令圖：人名。籍貫不詳。五代官員。事見本書本卷、卷一一六。

[8]蘇逢吉：人名。長安（今陜西西安市）人。五代後漢宰相。傳見本書卷一〇八、《新五代史》卷三〇。　劉銖：人名。陜州（今河南三門峽市陜州區）人。傳見本書卷一〇七、《新五代史》卷三〇。

[9]洛京：即西京洛陽。　陜州：州名。治所在今河南三門峽市陜州區。

[10]李從益：人名。沙陀部人。後唐明宗李嗣源幼子。契丹蕭翰北歸，以其爲傀儡統治中原地區。傳見本書卷五一。　唐明宗：即五代後唐明宗李嗣源。沙陀部人。原名邈佶烈，李克用養子。926年至933年在位。紀見本書卷三五至卷四四、《新五代史》卷六。　王氏：人名。籍貫不詳。後唐明宗后妃。事見本書卷五一、

卷六六、卷七二、卷一二三，《新五代史》卷一五。

［11］行軍司馬：官名。爲出征將領及節度使的屬官。掌軍籍符伍、號令印信，是藩鎮重要的軍政官員。　留守判官：官名。留守司僚屬，分掌留守司各曹事，並協助留守通判陪都事。　兩使判官：中華書局本沿《輯本舊史》作“兩使判命”，並有校勘記：“以上四字原闕，據《册府》卷六一補。《五代會要》卷二五作‘兩使判官’。《永樂大典》卷八九八〇引《五代薛史》‘留守判官’下有‘兩’字，知原本有脱文。”見明本《册府》卷六一《帝王部·立制度門二》、《會要》卷二五幕府條。今據改。　書記：官名。即掌書記。唐、五代方鎮僚屬，位在判官下。掌表奏書檄、文辭之事。　支使：官名。唐、五代節度使、觀察使等下屬官員中有支使，其職與掌書記同。位在副使、判官之下，推官之上。掌表奏書檄等。　本處先差職役，並放歸農。自是官吏有獨行趨府縣者：明本《册府》卷六一作“本處先差職役，竝速放散歸農，不得差爲參從，貧官有獨行趨府者”。

夏四月壬辰朔，詔沿淮州縣，許淮南人就淮北糴易餱糧，時淮南饑故也。[1]甲午，以夫人董氏爲德妃，[2]仍令所司備禮册命。己亥，改侍衛馬步軍軍額：馬軍舊稱護聖，今改爲龍捷；步軍舊稱奉國，今改爲虎捷。[3]壬寅，詔唐莊宗、明宗、晉高祖三處陵寢，各有守陵宫人，並放逐便。[4]如願在陵所者，依舊供給。甲辰，相州張彦成移鎮鄧州，[5]鄧州折從阮移鎮滑州，[6]滑州李筠移鎮相州。[7]丙午，亳州防禦使王重裔卒。[8]戊申，幸南莊。庚戌，皇第四女封壽安公主。辛亥，故許州節度使劉信追封蔡王。[9]丙辰，詔曰：“牧守之任，委遇非輕，分憂之務既同，制禄之數宜等。自前有富庶之郡，請給則優；或邊遠之州，俸料素薄。以至遷除之際，擬議亦難，既論資敘之高低，又患禄秩之升降。所宜分多益寡，均利同恩，冀無黨偏，以勸勳効。今定諸州防禦使料錢二百貫，禄粟一百石，食鹽五石，馬十匹草粟，元隨三十人衣糧；團練使一百五十貫，禄粟七十石，鹽五石，馬十匹草粟，元隨三十人衣糧；刺史一百貫，禄粟五十石，鹽五石，馬五匹草粟，元隨二十人衣糧"云。[10]丁巳，尚書左丞田敏使契丹迴，契丹主兀欲遣使耨姑報命，[11]并獻碧玉金塗銀裹鞍勒各一副，弓矢、器仗、貂裘等，土産馬三十匹，土産漢馬十匹。庚申，帝爲故貴妃張氏舉哀於舊宫，輟視朝三日。辛酉，司空致仕盧文紀卒。

[1]時淮南飢故也：《大典》卷八九八〇引《五代薛史》無"淮"字，《大典》誤。

[2]董氏：即後周太祖郭威德妃。鎮州靈壽（今河北靈壽縣）人。傳見本書卷一二一《周后妃列傳》、《新五代史》卷一九《周太祖家人傳》。　德妃：内命婦名。爲夫人之一。正一品。

[3]護聖、龍捷、奉國、虎捷：皆爲軍額名。

[4]唐莊宗：即李存勗。代北沙陀部人，後唐開國皇帝。紀見本書卷二七至卷三四、《新五代史》卷四至卷五。　晉高祖：即後晉高祖石敬瑭。沙陀部人。五代後唐將領、後晉開國皇帝。紀見本書卷七五至卷八〇、《新五代史》卷八。

[5]相州：州名。治所在今河南安陽市。　張彦成：人名。又名張彦威。潞州潞城（今山西潞城市）人。五代將領。傳見本書卷一二三。"彦成"，《舊五代史考異》："按：原本作彦威，今據列傳改正。"見《輯本舊史》卷一二三《張彦成傳》。彦成本名彦威，

避周太祖諱，故改名。《大典》卷八九八〇引《五代薛史》作“彦成”。

[6]折從阮：人名。雲中（今山西大同市）人，羌族折掘氏。五代後唐、後晋、後漢、後周將領。傳見本書卷一二五、《新五代史》卷五〇。　鄧州折從阮移鎮滑州：中華書局本有校勘記：“《永樂大典》卷八九八〇引《五代薛史》同。本書卷一〇三《漢隱帝紀下》：‘府州折從阮移鎮鄧州。’卷一一〇《周太祖紀一》：‘鄧州折從阮……加同平章事。’據本卷上下文例，句上疑脱‘鄧州’二字。”但未補，今補。

[7]李筠：人名。并州太原（今山西太原市）人。五代、宋初將領，歷仕後唐至宋。傳見《宋史》卷四八四。　滑州李筠移鎮相州：中華書局本有校勘記：“‘滑州’二字原闕，據《永樂大典》卷八九八〇引《五代薛史》補。按本書卷一一〇《周太祖紀一》：‘（廣順元年正月）以博州刺史、北面行營右廂排陣使李筠爲滑州節度使。’”見該年正月丁亥條。

[8]亳州：州名。治所在今安徽亳州市。　防禦使：官名。唐代始置，設有都防禦使、州防禦使兩種。常由刺史或觀察使兼任，實際上爲唐代後期州或方鎮的軍政長官。　王重裔：人名。陳州宛丘（今河南淮陽縣）人。五代後周將領。傳見本書卷一二九。

[9]劉信：人名。籍貫不詳。唐末、五代軍閥。事見本書卷一〇〇至卷一〇三。

[10]團練使：官名。唐代中期以後，於不設節度使的地區設團練使，掌本區各州軍事。　“今定諸州防禦使料錢二百貫”至“元隨二十人衣糧云”：“今定諸州防禦使料錢二百貫”，中華書局本有校勘記：“‘州’字原闕，據《册府》卷五〇八、《五代會要》卷二八補。”見《會要》卷二八諸色料錢條下、《宋本册府》卷五〇八《邦計部·俸禄門四》。團練使“馬十匹”及刺史“馬五匹”下之“草粟”，團練使“元隨三十人”及刺史“元隨二十人”下之“衣糧”，《輯本舊史》原無，均據《宋本册府》卷五〇八補。“元

隨二十人云”後，《宋本册府》卷五〇八、《會要》卷二八有“仍取今年五月一日後到任者，依新定例支，其已前在任者，所請如故”等句。

[11]耨姑：人名。契丹使者。事跡不詳。“耨姑”，中華書局本有校勘記：“原作‘努瑚’，注云：‘舊作“耨姑”，今改正。’按此係輯録本書時所改，今恢復原文，本書各處同。《永樂大典》卷八九八〇引《五代薛史》、《五代會要》卷二九作‘實六’。”見《會要》卷二九契丹條。

五月壬戌朔，帝不視朝，以漢隱帝梓宮在殯故也。[1]戊辰，[2]皇子澶州節度使榮起復，依前澶州節度使，以故貴妃張氏去歲薨，至是發哀故也。己巳，遣左金吾衛將軍姚漢英、前右神武將軍華光裔使于契丹。[3]辛未，太常卿邊蔚上追尊四廟謚議。是夜，有大星如五升器，流於東北，有聲如雷。丙子，太常卿邊蔚上太廟四室奠獻舞名。丁丑，詔京兆、鳳翔府，應諸色犯事人第宅、莊園、店舍、水磑已經籍没者，並給付罪人骨肉。[4]壬午，幸南莊。甲申，考城縣巡檢、供奉官馬彦勍棄市，[5]坐匿赦書殺獄囚也。[6]丙戌，宰臣馮道爲四廟册禮使。[7]

[1]梓宮：帝后所用之棺槨。以梓木爲之，故名。

[2]戊辰：《大典》卷八九八〇引《五代薛史》作“戊寅”，戊辰爲七日，此後尚有己巳（八日）、辛未（十日）等多條記事，戊寅爲十七日，與前後干支不合，顯誤。然壬戌、己巳間有七日，柴榮起復之日，無從詳考。

[3]左金吾衛將軍：官名。唐置，掌宫禁宿衛，唐代置十六衛

之一。從三品。　姚漢英：人名。籍貫、事跡不詳。事見本書卷一三七。　右神武將軍：官名。唐置，掌宮禁宿衛，唐代置十六衛之一。從三品。　華光裔：人名。籍貫不詳。事見本書卷四六、卷一三七。

[4]京兆：府名。治所在今陝西西安市。　鳳翔府：府名。治所在今陝西鳳翔縣。　"丁丑"至"並給付罪人骨肉"："莊園"，中華書局本有校勘記："原作'莊圍'，據殿本、劉本、邵本校、《册府》卷一六七改。"見明本《册府》卷一六七《帝王部·招懷門五》。"店舍水磑"，原作"店磑"，據明本《册府》卷一六七補。

[5]考城縣：縣名。治所在今河南民權縣。　巡檢：官名。又稱"巡檢使"。五代始設巡檢，設於京師、陪都、重要的州及邊防重鎮。　供奉官：泛指侍奉皇帝左右的臣僚，亦爲東、西頭供奉官通稱。　馬彦勍：人名。籍貫、事跡不詳。本書僅此一見。　棄市：古代刑法名。即在鬧市執行死刑，並陳屍街頭示衆。

[6]坐匿赦書殺獄囚也：《宋本册府》卷一五四《帝王部·明罰門三》作"以在巡檢所停匿赦書、殺獄囚故也"。

[7]馮道：人名。瀛州景城（今河北滄縣）人。五代時官拜宰相，歷仕後唐、後晉、後漢、後周，亦曾臣事契丹。傳見本書卷一二六、《新五代史》卷五四。　四廟册禮使：官名。舉行册封典禮時臨時設置的官職，册封儀式結束即罷。

六月辛卯朔，不視朝，以漢隱帝梓宫在殯故也。甲午，百僚上表，請以七月二十八日皇帝降聖日爲永壽節，從之。邢州大雨霖。己亥，太常少卿劉悦上漢少帝謚曰隱皇帝，陵曰潁陵，[1]從之。辛亥，以樞密使王峻爲尚書左僕射兼門下侍郎、同平章事，[2]監修國史，充樞密使；以樞密副使、尚書兵部侍郎范質爲中書侍郎、同平章事，充集賢殿大學士；[3]以户部侍郎、判三司李縠爲中書侍郎、同平章事，判三司。司徒、兼侍中、監修國史竇貞固，司空、兼中書侍郎、同平章事、集賢殿大學士蘇禹珪，[4]並罷相守本官。壬子，幸西莊。癸丑，詔宰臣范質參知樞密院事。鄴都、洺、滄、貝等州大雨霖。[5]丙辰，西京奏，新授宗正卿郭令圖卒。丁巳，以尚書左丞顔衎爲兵部侍郎，充端明殿學士；[6]以宣徽北院使翟光鄴兼樞密副使。

[1]劉悦：人名。籍貫不詳。五代後周官員。事見本書卷一一四、卷一三一。　漢少帝：即漢隱帝。　潁陵：中華書局本有校勘記："原作'穎陵'，據本書卷一〇三《漢隱帝紀下》、《通曆》卷一四、《册府》（宋本）卷一七四、《通鑑》卷二九〇改。"見《輯本舊史》卷一〇三《漢隱帝紀下》廣順元年（951）八月二日記事、《通曆》卷一四廣順元年記事、《宋本册府》卷一七四《帝王部·修廢門》。《通鑑》卷二九〇廣順元年八月壬辰（初三，《通鑑》誤壬戌）記事作"穎陵"。

[2]王峻：人名。相州安陽（今河南安陽市）人。五代後漢、後周將領。傳見本書卷一三〇、《新五代史》卷五〇。　尚書左僕射：官名。秦始置。隋、唐前期以左、右僕射佐尚書令總理六官，綱紀庶務，如不置尚書令，則總判省事，爲宰相之職。唐後期多爲大臣加銜。從二品。　門下侍郎：官名。門下省副長官。唐後期三省長官漸爲榮銜，中書侍郎、門下侍郎却因參議朝政而職位漸重，常常用爲以"同三品"或"同平章事"任宰相者的本官。正三品。

[3]尚書兵部侍郎：官名。尚書省兵部次官。協助兵部尚書掌武官銓選、勳階、考課之政。正四品下。　集賢殿大學士：官名。唐中葉置，位在學士之上，以宰相兼。掌修書之事。

[4]竇貞固：人名。同州白水（今陝西白水縣）人。五代後唐至宋初大臣，後唐進士，後漢宰相。傳見《宋史》卷二六二。　蘇

禹珪：人名。高密（今山東高密市）人。劉知遠爲河東節度時的屬官，後漢初任宰相。傳見本書卷一二七。

[5]鄴都：地名。治所在今河北大名縣。五代後唐同光元年(923)，改魏州爲興唐府，建號東京，三年改東京爲鄴都。　洺：州名。治所在今河北邯鄲市永年區。　滄：州名。治所在今河北滄縣舊州鎮。　貝：州名。治所在今河北清河縣。

[6]端明殿學士：官名。後唐明宗始置，以翰林學士充任，負責誦讀四方書奏。

秋七月辛酉朔，帝被衮冕，御崇元殿，授四廟四室寶册于中書令馮道等，赴西京行禮。[1]癸亥，尚書左丞田敏兼判國子監事。戊辰，以御史中丞于德辰爲尚書右丞，[2]以祕書監邊光範爲太子賓客。以户部尚書張昭爲太子賓客，以其子秉陽爲陽翟簿，犯法抵罪，昭詣閤待罪，詔釋之，乃左授此官。[3]壬申，史官賈緯等以所撰《晋高祖實録》三十卷、《少帝實録》二十卷上之。[4]丙子，幸宰臣王峻第。[5]己丑，鎮州奏，破河東賊軍於平山縣西，[6]斬首五百級。是日，太常卿邊蔚奏，議改郊廟舞名，事具《樂志》。

[1]崇元殿：五代後梁開平元年（907）改汴京正殿爲崇元殿。位於今河南開封市。　中書令：官名。漢代始置，隋、唐前期爲中書省長官，屬宰相之職，唐後期多爲授予元勳大臣的虚銜。正二品。　授四廟四室寶册于中書令馮道等，赴西京行禮："四廟"，《輯本舊史》作"太廟"，據明本《册府》卷三一《帝王部·奉先門四》改。"赴西京行禮"句後，明本《册府》卷三一有"是日，侍中進册，中書令進寶，太祖降階授之于使，悽然感慟"等句。

[2]御史中丞：官名。如不置御史大夫，則爲御史臺長官。掌司法監察。正四品下。　于德辰：人名。元城（今河北大名縣東）人。五代大臣。傳見本書卷一三一。

[3]秉陽：人名。即張秉陽。張昭之子。事見《宋史》卷二六三《張昭傳》。中華書局本有校勘記："'秉陽'，原作'秉'，據《册府》卷九二五、《宋史》卷二六三《張昭傳》改。按昭另有子秉圖、秉謙。"見《宋本册府》卷九二五《總録部·譴累門》。　陽翟簿：陽翟，軍鎮名。治所在今河南禹州市。簿，官名。漢代以後歷朝均置。唐代京城百司和地方官署，均設主簿。管理文書簿籍，參議本署政事，爲官署中重要佐官。其官階品秩，因官署而不同。　詣閤待罪，詔釋之，乃左授此官：《宋本册府》卷九二五作"上章引咎，詣閤待罪，詔寬釋之，踰月左授此官"。

[4]賈緯：人名。鎮州獲鹿（今河北石家莊市鹿泉區）人。五代後唐至後周官員。傳見本書卷一三一、《新五代史》卷五七。

[5]丙子，幸宰臣王峻第：《舊五代史考異》："案：《歐陽史》作戊寅，幸王峻第。"見《新五代史》卷一一《周太祖本紀》廣順元年（951）七月戊寅條，丙子爲十六日，戊寅爲十八日。

[6]平山縣：縣名。治所在今河北平山縣。

八月辛卯，漢隱帝梓宫發引，帝詣太平宫臨奠，詔羣臣出祖於西郊。[1]是歲，幽州饑，流人散入滄州界。[2]詔流人至者，口給斗粟，仍給無主土田，令取便種蒔，放免差税。癸巳，虎入西京修行寺傷人，[3]市民殺之。乙未，幸班荆館。[4]壬寅，契丹遣幽州牙將曹繼筠來歸故晉中書令趙瑩之喪，詔贈太傅，仍賜其子絹五百匹，以備喪事，歸葬於華陰故里。[5]乙巳，幸西莊。壬子，晉州王晏移鎮徐州，滄州王景移鎮河中，定州孫方簡移鎮華州，[6]永興郭從義移鎮許州，貝州王繼弘移鎮河陽，河陽李暉移鎮滄州。[7]以許州節度使武行德爲西京留守，滑州折從阮移鎮陝州，河中扈彦珂移鎮滑州，陝州李洪信移鎮永興，華州王饒移鎮貝州，[8]徐州王彦超移鎮晋州。丙辰，尚食李氏等宫官八人並封縣君，司記劉氏等六人並封郡夫人，尚宫皇甫氏等三人並封國夫人。[9]唐制有内官、宫官，各有司存，更不加郡國之號，近代加之，非舊典也。以易州刺史孫行友爲定州留後。[10]戊午，故夫人柴氏追立爲皇后，[11]仍令所司定謚，備禮册命。

[1]發引：出殯。　太平宫：五代時後周首都之宫殿，位於今河南開封市。　出祖：外出時祭路神，引申爲餞行送别。

[2]幽州：州名。治所在今北京市。　流人：流民。

[3]修行寺：寺院名。隋建，位於今河南洛陽市。

[4]班荆館：五代時設於開封城郊，用以接待外國使臣。

[5]牙將：官名。古代軍隊中的中低級軍官。　曹繼筠：人名。籍貫不詳。本書僅此一見。　趙瑩：人名。華州華陰（今陝西華陰市）人。五代後晋宰相。傳見本書卷八九、《新五代史》卷五六。　太傅：官名。三師之一。始設於周代。掌佐天子，理陰陽，經邦弘化。唐後期、五代多爲大臣、勳貴加官。正一品。　華陰：縣名。治所在今陝西華陰市。

[6]王景：人名。萊州掖（今山東萊州市）人。五代、宋初將領。傳見《宋史》卷二五二。　河中：府名。治所在今山西永濟市蒲州鎮。　定州：州名。治所在今河北定州市。　孫方簡：人名。初名方簡，避後周太祖之父諱改名方諫。中山（今河北定州市）人，一説莫州清苑（今河北保定市清苑區）人。五代後晋至後周將

領。傳見本書卷一二五、《新五代史》卷四九。　華州：州名。治所在今陝西渭南市華州區。《大典》卷八九八〇引《五代薛史》無“州”字，誤。

［7］永興：即永興軍。方鎮名。治所在京兆府（今陝西西安市）。　郭從義：人名。沙陀部人。五代、宋初大臣。傳見《宋史》卷二五二。　王繼弘：人名。南宫（今河北南宫市）人。五代將領。傳見本書卷一二五。　河陽：縣名。治所在今河南孟州市。　李暉：人名。瀛州束城（今河北河間市）人。五代將領。傳見本書卷一二九。　河陽李暉移鎮滄州：中華書局本有校勘記：“《永樂大典》卷八九八〇引《五代薛史》同。按本書卷一二九《李暉傳》：‘乾祐初，拜河陽節度使、檢校太傅。太祖登極，加同平章事，尋移鎮滄州。’本書卷一〇一《漢隱帝紀上》、卷一〇二《漢隱帝紀中》敘其歷官略同。據本卷上下文例，句上疑脱‘河陽’二字。”但未補。《輯本舊史》一〇一《漢隱帝紀上》乾祐元年（948）六月戊戌條：“以宣徽南院使李暉爲河陽節度使。”同書卷一〇三《漢隱帝紀下》乾祐三年四月戊辰條：“相州郭謹、河陽李暉並進邑封。”據補。

［8］扈彦珂：人名。代州雁門（今山西代縣）人。五代後晋至宋朝將領。傳見《宋史》卷二五四。　李洪信：人名。并州晋陽（今山西太原市）人。五代、宋初將領。傳見《宋史》卷二五二。　王饒：人名。慶州華池（今甘肅華池縣）人。五代將領。傳見本書卷一二五。

［9］尚食：官名。掌供皇帝膳食。掌供膳羞品齊之數，總司膳、司醖、司藥、司饎四司之官屬。凡進食，先嘗之。正五品下。　李氏：人名。籍貫、事跡不詳。　司記：官名。掌印，凡宫内諸司簿書出入目録，審而付行。正六品。　劉氏：人名。籍貫、事跡不詳。　尚宫：官名。掌導引中宫，總司記、司言、司簿、司闈四司之官屬。凡六尚書物出納文簿，皆印署之。正五品。　皇甫氏：人名。籍貫、事跡不詳。

[10]易州：州名。治所在今河北易縣。　孫行友：人名。鄭州清苑（今河北保定市）人。孫方諫之弟。五代、宋初將領。傳見《宋史》卷二五三。

[11]柴氏：邢州堯山（今河北隆堯縣）人。後周太祖郭威的皇后。傳見本書卷一二一、《新五代史》卷一九。

九月庚申朔，帝詣太平宫起居漢太后。辛酉，故夫人楊氏追贈淑妃，[1]仍令所司擇日備禮册命。故皇第五女追封永寧公主。癸亥，定州奏，契丹永康王兀欲爲部下所殺。[2]甲子，[3]以前耀州團練使武廷翰爲太子少保致仕。[4]丙子，諸道兵馬都元帥、兩浙節度使、檢校太師、尚書令、中書令、吴越國王錢俶可天下兵馬元帥。[5]丁丑，中書舍人劉濤責授少府少監，分司西京，坐遣男頊代草制詞也。[6]監察御史劉頊責授復州司户，坐代父草制也。[7]中書舍人楊昭儉解官放逐私便，[8]以多在假告，不親其職也。《永樂大典》卷八千九百八十。[9]

[1]楊氏：人名。鎮州真定（今河北正定縣）人。後周太祖郭威后妃。傳見本書卷一二一。

[2]“癸亥”至“契丹永康王兀欲爲部下所殺”：《舊五代史考異》：“案《遼史》：世宗以九月癸亥遇弑，不應定州即能于癸亥入奏，疑原文有舛誤。”《遼史》卷五《世宗紀》天禄五年（951）九月癸亥條：“察割反，帝遇弑。”

[3]甲子：中華書局本有校勘記：“以上二字原闕，據《永樂大典》卷八九八〇引《五代薛史》補。”

[4]耀州：州名。治所在今陕西銅川市耀州區。　武廷翰：人名。籍貫不詳。五代後唐、後周將領。事見本書卷四八。

[5]檢校太師：官名。爲散官或加官，以示恩寵，無實際執掌。尚書令：官名。秦始置。隋、唐前期爲尚書省長官，與中書令、侍中並爲宰相。因以李世民爲之，後皆不授，唐高宗廢其職。唐後期以李適、郭子儀有功而特授此職，爲大臣榮銜，不參與政務。五代因之。唐時爲正二品，後梁開平三年（909）升爲正一品。　錢俶：人名。即錢俶。原名錢弘俶，錢元瓘第九子，五代十國吴越末代君主。傳見本書卷一三三、《新五代史》卷六七。　元帥：《輯本舊史》原作"都元帥"，中華書局本有校勘記："'都元帥'，《吴越備史》卷四作'元帥'。據本書卷一一四《周世宗紀一》，錢俶至顯德元年七月方加兵馬都元帥。"然未删。見《輯本舊史》卷一一四《周世宗紀一》顯德元年（954）七月丁丑條、《吴越備史》卷四顯德元年七月條，今據删。

[6]劉濤：人名。徐州彭城（今江蘇徐州市）人。五代後唐進士，歷仕後唐至宋代。傳見《宋史》卷二六二。　少府少監：官名。隋置少府監以掌百工製作，其長官亦稱少府監，次官稱少府少監。煬帝時，少監一度改稱少令。從四品下。　頊：人名。即劉頊。劉濤之子。事見《册府》卷九二五《總録部・譴累門》。　草制：草擬制書。

[7]監察御史：官名。唐代屬御史臺之察院，掌監察中央機構、州縣長官及祭祀、庫藏、軍旅等事。唐中期以後，亦作爲外官所帶之銜。正八品下。　復州：州名。治所在今湖北天門市。　司户：官名。"司户參軍"簡稱。州級政府僚佐。掌本州屬縣之户籍、賦税、倉庫受納等事。

[8]楊昭儉：人名。京兆長安（今陝西西安市）人。五代後周、宋初大臣。傳見《宋史》卷二六九。

[9]《大典》卷八九八〇"周"字韻"五代周太祖（一）"事目。此卷現存。

今注本二十四史

舊五代史

一六

周書〔二〕

宋　薛居正等　撰

陳智超　紀雪娟　主持校注

中国社会科学出版社

舊五代史　卷一一二

周書三

太祖紀第三

廣順元年冬十月己丑朔，宰臣王峻獻唐張藴古《大寶箴》、謝偃《惟皇誡德賦》二圖。[1]詔報曰："朕生長軍戎，勤勞南北，雖用心於鈐匱，且無暇於詩書，世務時艱，粗嘗經歷，[2]前言往行，未甚討尋。卿有佐命立國之勳，居代天調鼎之任，恒慮眇德，未及古人。於是採掇箴規，弼諧寡昧，披文閲理，懌意怡神，究爲君治國之源，審修己御人之要。帝王之道，盡在於兹，辭翰俱高，珠寶何貴！再三省覽，深用愧嘉。其所進圖，已令於行坐處張懸，所冀出入看讀，用爲鑒戒。"壬辰，潞州奏，巡檢使陳思讓、監軍向訓破河東賊軍於虒亭。[3]癸巳，以刑部侍郎司徒詡爲户部侍郎，以左散騎常侍張煦爲刑部侍郎，以給事中吕咸休爲左散騎常侍。[4]甲午，絳州防禦使孫漢英卒。[5]辛丑，荆南奏，湖南亂，大將軍陸孟俊執僞節度使馬希萼遷於衡州，立希蕚弟希崇爲留後,[6]將吏二千餘人，遇害者半，牙署庫藏，焚燒殆盡。[7]乙巳，詔併吏部三銓爲一銓，委本司長官通判。丙午，晋州巡檢王萬敢奏，河東劉崇入寇，營於州北。[8]辛亥，潞州奏，河東賊軍寇境。乙卯，荆南奏，淮南遣鄂州節度使劉仁贍，以戰船二百艘於今月二十五日入岳州。[9]丙辰，詔樞密使王峻率兵援晋州。[10]丁巳，以左衛將軍申師厚爲河西軍節度使、檢校太保。[11]師厚素與王峻善，及峻貴，師厚羈旅無依，日於峻馬前望塵而拜。會西凉請帥，帝令擇之，無欲去者，峻乃以師厚奏之，師厚亦欣然求往，尋自前鎮將授左衛將軍、檢校工部尚書。[12]翌日，乃有凉州之命,[13]賜旌節、駝馬、繒帛以遣之。

[1]廣順：五代後周太祖郭威年號（951—953）。　王峻：人名。相州安陽（今河南安陽市）人。五代將領，後周時任樞密使兼宰相。傳見本書卷一三〇、《新五代史》卷五〇。　張藴古：人名。相州洹水（今河南安陽市）人。唐代大臣。傳見《舊唐書》卷一九〇上。　《大寶箴》：文章名。内容詳見《舊唐書》卷一九〇上，主要爲勸諫太宗以民爲重。　謝偃：人名。衛縣（今河南淇縣）人。唐代大臣。傳見《舊唐書》卷一九〇上。　《惟皇誡德賦》：文章名。内容詳見《舊唐書》卷一九〇上。《輯本舊史》之影庫本粘籤："惟皇，原本作‘雖皇’，今從《文苑英華》改正。"見《文苑英華》卷六〇所載《惟皇誡德賦》。《大典》卷八九八〇引《五代薛史》作"惟皇"。

[2]粗嘗經歷：中華書局本有校勘記："原作‘粗經閲歷’，據《永樂大典》卷八九八〇引《五代薛史》改。影庫本粘籤：‘閲歷，原本脱"閲"字，今從《册府元龜》增入。’按今檢《册府》，無

此段文字。”

[3]潞州：州名。治所在今山西長治市。　巡檢使：官名。五代始置設於京師、陪都、重要的州及邊防重鎮。　陳思讓：人名。幽州盧龍（今河北盧龍縣）人。五代、宋初將領。傳見《宋史》卷二六一。　監軍：官名。爲臨時差遣，代表朝廷協理軍務、督察將帥。唐、五代時常以宦官爲監軍。　向訓：人名。避後周恭帝諱，改名向拱。懷州河内（今河南沁陽市）人。五代、宋初將領。傳見《宋史》卷二五五。　河東：方鎮名。治所在太原（今山西太原市）。　虒（sī）亭：地名。位於今山西襄垣縣西虒亭鎮。　巡檢使陳思讓、監軍向訓破河東賊軍於虒亭：中華書局本有校勘記：“‘賊’字原闕，據《永樂大典》卷八九八〇引《五代薛史》補。”《輯本舊史》之案語：“案《通鑑》：陳思讓敗北漢兵在十月辛卯，蓋辛卯得捷，次日始奏聞也。又‘虒亭’原本作‘褫亭’，今從《通鑑》及《宋史》改正。”見《通鑑》卷二九〇廣順元年（951）十月辛卯條、《宋史》卷二五〇《王彦昇傳》。《宋史》卷二五〇《王彦昇傳》載：“周廣順中，從向拱破太原兵虒亭南。”

[4]刑部侍郎：官名。尚書省刑部次官。協助刑部尚書掌天下刑法及徒隸、勾覆、關禁之政令。正四品下。　司徒詡：人名。清河郡（今河北清河縣）人。五代後唐官員。傳見本書卷一二八。　户部侍郎：官名。尚書省户部次官。協助户部尚書掌天下田户、均輸、錢穀之政令。正四品下。　左散騎常侍：官名。爲散官或加官，以示恩寵，無實際執掌。　張煦：人名。籍貫不詳。後周時擔任散騎常侍、刑部尚書、兵部尚書等職。事見本書卷一一一至一一三《周太祖紀》、卷一一四《周世宗紀》。　給事中：官名。秦始置。隋唐以來，爲門下省屬官。掌讀署奏抄，駁正違失。正五品上。　吕咸休：人名。籍貫不詳。五代後晋、後周官員。事見本書卷七八。

[5]絳州：州名。治所在今山西新絳縣。　防禦使：官名。唐代始置，設有都防禦使、州防禦使兩種。常由刺史或觀察使兼任，

實際上爲唐代後期州或方鎮的軍政長官。　孫漢英：人名。太原（今山西太原市）人。後唐將領孫重進之子，後漢、後周將領。傳見本書卷一二九。

[6]荆南：方鎮名。治所在荆州（今湖北荆州市）。　湖南：方鎮名。又稱武安軍節度。治所在潭州（今湖南長沙市）。　陸孟俊：人名。籍貫不詳。五代十國藩鎮將領。事見本書卷一一六。　節度使：官名。唐時在重要地區所設掌握一州或數州軍事、民事、財政的長官。　馬希萼：人名。五代十國南楚君主，南楚武穆王馬殷之子，弑殺馬希廣後自立爲王，不恤政事，後爲馬希崇所代，終被南唐所俘。事見《新五代史》卷六六。　衡州：此處代指武清軍，治所在衡州（今湖南衡陽市）。　希崇：人名。即馬希崇。五代十國南楚君主，南楚武穆王馬殷之子。因馬希萼不恤政事，爲衆將擁立取而代之，後以國政紊亂降於南唐。事見《新五代史》卷六六。　留後：官名。原非正式命官，唐朝節度使入朝或宰相、親王遥領節度使不臨鎮則置。安史之亂後，節度使多以子弟或親信爲留後，以代行節度使職務，亦有軍士、叛將自立爲留後者。掌一州或數州軍政。北宋始爲朝廷正式命官。

[7]焚燒殆盡：《大典》卷八九八〇引《五代薛史》"焚燒"下有"人"字，誤。

[8]晋州：州名。治所在今山西臨汾市。　王萬敢：人名。籍貫不詳。歷任密州刺史、晋州巡檢、防禦使。事見本書卷一〇三、卷一二四。　劉崇：人名。即劉旻。太原（今山西太原市）人。後漢高祖劉知遠從弟。後漢時任太原尹，專制一方。後周代漢，他稱帝於太原，國號漢，史稱北漢。傳見本書卷一三五、《新五代史》卷七〇。

[9]淮南：方鎮名。治所在揚州（今江蘇揚州市）。　鄂州：州名。治所在今湖北武漢市武昌區。　劉仁贍：人名。彭城（今江蘇徐州市）人。五代十國南唐將領。傳見本書卷一二九、《新五代史》卷三二。　岳州：州名。治所在今湖南岳陽市。

［10］樞密使：官名。樞密院長官。唐代宗時始以宦官掌機密，至昭宗時借朱溫之力盡誅宦官，始改以士人任樞密使。備顧問，參謀議，出納詔奏，權侔宰相。參見李全德《唐宋變革期樞密院研究》，國家圖書館出版社 2009 年版。

［11］左衛將軍：官名。爲左衛副長官，佐左衛大將軍統領宫廷禁衛法令，以督其屬隊仗，而總諸曹之事。從三品。　申師厚：人名。籍貫不詳。曾任左衛將軍、河西軍節度使、檢校太保。傳見本書附録。　河西軍：方鎮名。治所在涼州（今甘肅武威市）。　檢校太保：官名。爲散官或加官，以示恩寵，無實際執掌。

［12］檢校工部尚書：官名。"檢校"唐代初期通常指代理，或者指肩負某種使命，中後期演變爲散官或加官，用作獎勵、安撫，無具體執掌。

［13］涼州：州名。治所在今甘肅武威市。

十一月己未朔，荆南奏，淮南大將邊鎬率兵三萬，自袁州路趨潭州，[1]馬希崇遣從事送牌印，納器仗。[2]鎬入城，稱武安軍節度使，馬氏諸族及將吏千餘人皆徙于金陵。[3]甲子夜，東南白虹亘天。以新晉州節度使王彦超爲晉絳行營馬軍都虞候。[4]乙丑，命王峻出征晉州，帝幸西莊以餞之。[5]甲戌，日南至，羣臣拜表稱賀。甲申，葬故貴妃張氏。[6]丁亥，詔："唐朝五廟，舊在至德宫安置，應屬徽陵莊田園舍，宜令新除右監門將軍李重玉爲主。[7]其緣陵緣廟法物，除合留外，所有金銀器物，充遷葬故淑妃王氏及許王從益外，其餘並給與重玉及尼惠英、惠燈、惠能、惠嚴等。[8]令重玉以時祀陵廟，務在豐潔。"重玉，故皇城使李從璨之子，[9]明宗之孫，惠英等亦明宗親屬也，[10]故帝授重玉官秩，令主先祀，卹王者之後也。

［1］邊鎬：人名。五代十國南唐將領。事見本書本卷、卷一三三。　袁州：州名。治所在今江西宜春市袁州區。《輯本舊史》之影庫本粘籤："袁州，原本作'阮州'，今從《通鑑》改正。"見《通鑑》卷二九〇廣順元年（951）九月條。《大典》卷八九八〇引《五代薛史》作"袁州"。　潭州：州名。治所在今湖南長沙市。

［2］從事：泛指一般屬官。　牌印：權杖與印綬，以標明身份。　器仗：儀仗與武器。

［3］武安軍：方鎮名。治所在潭州（今湖南長沙市）。　金陵：地名。中國古代對今江蘇南京市的稱呼。

［4］王彦超：人名。大名臨清（今河北臨西縣）人。五代、宋初將領。傳見《宋史》卷二五五。　行營馬軍都虞候：官名。五代時期出征軍隊高級統率官。

［5］西莊：地名。其地不詳，疑位於開封城外。

［6］張氏：人名。恒州真定（今河北正定縣）人。郭威后妃。漢末遇害。事見本書本卷、卷一一一。

［7］至德宫：宫名。五代後唐天成元年（926）築。位於今河南洛陽市。　徽陵：五代後唐明宗李嗣源陵墓。位於今河南孟津縣送莊鎮。後晉石敬瑭將後唐愍帝李從厚、李從榮、李重吉皆袝葬於此。　右監門將軍：官名。即右監門衛將軍。唐置，掌宫禁宿衛。唐代置十六衛，即左右衛、左右驍衛、左右武衛、左右威衛、左右領軍衛、左右金吾衛、左右監門衛、左右千牛衛。各置上將軍，從二品；大將軍，正三品；將軍，從三品。　李重玉：人名。籍貫、事跡不詳。本書僅此一見。

［8］王氏：人名。籍貫不詳。後唐明宗后妃。事見本書卷五一、卷六六、卷七二、卷一二三，《新五代史》卷一五。　從益：人名。即李從益。後唐明宗幼子，封許王。947 年，契丹滅後晉，立從益

爲中原皇帝，國號梁。旋即爲後漢高祖所殺。傳見本書卷五一、《新五代史》卷一五。　惠英、惠燈、惠能、惠嚴：皆陵廟内比丘尼。

[9]皇城使：官名。唐末始置，爲皇城司長官，一般由君主的親信充任，以拱衛皇城。《輯本舊史》之影庫本粘籤："皇城使，原本作'皇晟使'，今從《五代會要》改正。"見《會要》卷二四皇城使條。《大典》卷八九八〇引《五代薛史》作"皇城使"。　李從璨：人名。後唐明宗李嗣源之侄。因不屈從權臣安重誨，被重誨奏劾，貶謫賜死。傳見本書卷五一、《新五代史》卷一五。

[10]明宗：即李嗣源。沙陀部人。原名邈佶烈，李克用養子。五代後唐明宗，926 年至 933 年在位。紀見本書卷三五至卷四四、《新五代史》卷六。

十二月戊子朔，詔以劉崇入寇，取當月三日暫幸西京。[1]庚寅，詔巡幸宜停。時王峻駐軍陝府，[2]聞帝西巡，遣使馳奏，不勞車駕順動，帝乃止。乙未，幸西莊。兖州慕容彦超上言，[3]乞朝覲，詔允之，尋稱部内草寇起，不敢離鎮。戊申，鄆州奏，[4]慕容彦超據城反。己酉，王峻奏，劉崇逃遁，王師已入晋州。[5]

[1]西京：地名。治所在今河南洛陽市。

[2]陝府：即陝州。治所在今河南三門峽市陝州區。

[3]兖州：州名。治所在今山東濟寧市兖州區。　慕容彦超：人名。沙陀部人（一説"吐谷渾部人"）。五代後漢將領，後漢高祖劉知遠同母弟。傳見本書卷一三〇、《新五代史》卷五三。

[4]鄆州：州名。治所在今山東東平縣。

[5]王師已入晋州：《舊五代史考異》："案《宋史·陳思讓傳》：王峻援晋州，以思讓與康延昭分爲左右廂排陣使，令率軍自

烏嶺路至絳州，與大軍合。崇燒營遁去，思讓又與藥元福襲破之。”“令率軍自烏嶺路至絳州”，中華書局本有校勘記：“‘路’字原闕，據殿本、劉本、《宋史》卷二六一《陳思讓傳》補。”

廣順二年春正月戊午朔，不受朝賀，以宿兵在外故也。庚申，王峻奏，起近鎮丁夫二萬城晋州。壬戌，修東京羅城，[1]凡役丁夫五萬五千，兩旬而罷。甲子，以侍衛步軍都指揮使曹英爲兗州行營都部署，以齊州防禦使史延韜爲副部署，[2]以皇城使向訓爲兵馬都監，陳州防禦使藥元福爲馬步都虞候，[3]率兵討慕容彦超。[4]諸軍入兗州界，不得下路停止村舍，犯者以軍法從事。丙寅，[5]徐州巡檢供給官張令彬奏，破淮賊于沭陽，[6]斬首千餘級，擒賊將燕敬權。[7]時慕容彦超求援於淮南，淮南僞主李景發兵援之，師於下邳，[8]聞官軍至，退趨沭陽，遂破之。庚午，高麗權知國事王昭遣使貢方物。[9]壬申，鎮州何福進差人部送先擒獲到河東賊軍二百餘人至闕下，[10]詔給巾履衫袴以釋之。戊寅，徐州部送沭陽所獲賊將燕敬權等四人至闕下，詔賜衣服金帛，放歸本土，敬權等感泣謝罪。帝召見，謂之曰：“夫惡凶邪，獎忠順，天下一也。我之賊臣，撓亂國法，嬰城作逆，殃及生靈，不意吴人助兹凶慝，非良算也，爾歸當言之於爾君。”初，漢末遣三司軍將路昌祚於湖南市茶，屬淮南將邊鎬陷長沙，[11]昌祚被賊送金陵。及敬權自大朝歸，具以帝言告于李景，景乃召昌祚，延坐從容久之，且稱美大朝皇帝聖德廣被，恩沾鄰土，深有依附國家之意。及罷，遣僞宰相宋齊丘宴昌祚於別館，[12]又令訪昌祚在湖南遭變之時，亡失綱運之數，命依數償之，給茗荈萬八千斤，遣水運至江夏，[13]仍厚給行裝，遣之歸闕。

[1]東京：地名。即都城開封。　羅城：古代爲加强防守，在城墻外加建的凸出形小城圈。

[2]侍衛步軍都指揮使：官名。皇帝侍衛親軍步軍司最高長官。　曹英：人名。常山真定（今河北正定縣）人。五代後唐至後周將領。傳見本書卷一二九。　行營都部署：官名。凡行軍征討，掛帥率軍戰鬥，總管行營事務。　齊州：州名。治所在今山東濟南市。　史延韜：人名。籍貫不詳。五代將領。本書僅此一見。　以齊州防禦使史延韜爲副部署：中華書局本有校勘記："'史延韜'，《永樂大典》卷八九八〇引《五代薛史》、《册府》卷一二〇同，《册府》卷一二三、《通鑑》卷二九〇作'史延超'。'部'，《册府》卷一二〇、《通鑑》卷二九〇同，殿本、劉本、孔本、《永樂大典》卷八九八〇引《五代薛史》作'都'。"見明本《册府》卷一二〇《帝王部·選將門二》、卷一二三《帝王部·征討門三》、《通鑑》卷二九〇廣順二年（952）正月甲子條。

[3]兵馬都監：官名。唐代中葉命將出征，常以宦官爲監軍、都監。後爲臨時委任的統兵官，稱都監、兵馬都監。掌屯戍、邊防、訓練之政令。　陳州：州名。治所在今河南淮陽縣。　藥元福：人名。晋陽（今山西太原市）人。五代後唐至宋初將領。傳見《宋史》卷二五四。　馬步都虞候：官名。唐、五代方鎮高級軍官。明本《册府》卷一二〇作"馬步軍都虞候"。

[4]率兵討慕容彦超：《舊五代史考異》："案《隆平集》：慕容彦超盗據兖、海，周祖命曹英爲帥，向訓副之，參用藥元福以兵從。謂元福曰：'已敕英、訓，勿以軍禮見汝。'及元福至，英、訓皆父事焉。"見《隆平集》卷一六《藥元福傳》。

[5]丙寅：中華書局本有校勘記："原作'丙申'，據殿本改。影庫本粘籤：'丙申，以《長曆》推之，當作丙寅。今無別本可校，姑仍其舊。'按是月戊午朔，無丙申，丙寅爲初九。"此條之前爲庚申（三日）、壬戌（五日）、甲子（七日）記事，其後爲庚午（十三）、壬申（十五）等記事，故知應改爲丙寅。

[6]徐州：州名。治所在今江蘇徐州市。　巡檢供給官：官名。負責巡邏、供應物資。　張令彬：人名。籍貫、事跡不詳。本書僅此一見。　沭陽：縣名。治所在今江蘇沭陽縣。中華書局本有校勘記："原作'沐陽'，據殿本、劉本、本書卷一一五《周世宗紀二》、《新五代史》卷五三《慕容彦超傳》、卷六二《南唐世家》、《通鑑》卷二九〇改。本卷下文同。"見《輯本舊史》卷一一五《周世宗紀二》顯德二年（955）十一月己亥諭淮南州縣詔、《通鑑》卷二九〇廣順二年正月甲子條。

[7]燕敬權：人名。籍貫、事跡不詳。本書僅此一見。

[8]李景：即南唐元宗李璟，徐州彭城（今江蘇徐州市）人。南唐烈祖李昪長子，南唐第二位皇帝。後因受後周威脅，削去帝號，改稱國主。傳見本書卷一三四、《新五代史》卷六二。　下邳：縣名。治所在今江蘇睢寧縣古邳鎮。

[9]王昭：人名。高麗王朝第四任君主。高麗太祖王建第四子、惠宗王武弟。乾祐二年（949）受禪即位，廣順三年（953）被後周册封爲高麗國王。死後廟號光宗。參見〔朝〕鄭麟趾等《高麗史》卷二，西南師範大學出版社 2014 年版。　高麗權知國事王昭遣使貢方物：《新五代史》卷一一《周太祖本紀》廣順二年正月庚午條作"高麗王昭使其廣評侍郎徐逢來"。

[10]鎮州：州名。治所在今河北正定縣。　何福進：人名。太原（今山西太原市）人。五代將領。傳見本書卷一二四。　部送：押送。

[11]三司軍將：官名。唐、五代時節度使屬將。　路昌祚：人名。籍貫、事跡不詳。本書僅此一見。　淮南：《輯本舊史》之影

庫本粘籤："原本作'懷南'，今從《通鑑》改正。"《大典》卷八九八〇引《五代薛史》作"淮南"，原本不誤。　長沙：郡名。治所在今湖南長沙市。

[12]宋齊丘：人名。豫章（今江西南昌市）人，一説廬陵（今江西吉安市吉州區）人。久仕於南吴、南唐，官至宰執，後以政争失勢，爲李璟餓死於九華山中。事見《新五代史》卷六二。

[13]江夏：縣名。治所在今湖北武漢市武昌區。

二月庚寅，府州防禦使折德扆奏，[1]河東賊軍寇境，率州兵破之，斬首二千級。辛卯，太白經天。[2]癸巳，以權知高麗國事王昭爲高麗國王。庚子，府州防禦使折德扆奏，收河東界岢嵐軍。[3]癸卯，詔先獲河東鄉軍一百餘人，各給錢鞋放歸鄉里。[4]壬子，太子太師致仕安審暉卒。[5]

[1]府州：州名。治所在今陝西府谷縣。　折德扆（yǐ）：人名。党項族。五代、宋初將領。折從阮之子。傳見《宋史》卷二五三。

[2]太白：金星。

[3]岢嵐軍：軍（政區單位）名。治所在今山西岢嵐縣。

[4]癸卯：中華書局本有校勘記："原作'癸巳'，據殿本、《册府》卷一六七改。下文'壬子'，原作'壬寅'，據殿本改。影庫本粘籤：'以《長曆》推之，癸巳當作癸卯。下文壬寅當作壬子。今無别本可校，姑仍其舊，附識于此。'按是月丁亥朔，癸卯爲十七日，壬子爲二十六日。"見明本《册府》卷一六七《帝王部·招懷門五》。此條前爲庚寅（四日）、辛卯（五日）、癸巳（七日）、庚子（十四日）記事，其後爲壬子（二十六日）記事，癸卯爲十七日，故知當改爲癸卯。

[5]太子太師：官名。與太子太傅、太子太保統稱太子三師。隋唐以後多作加官或贈官。從一品。　安審暉：人名。沙陀部人。安審琦之兄。五代十國時期高級將領。傳見本書卷一二三。

三月庚申，[1]幸南莊，[2]令從臣習射。戊辰，以樞密院直學士、左諫議大夫王溥爲中書舍人，充翰林學士；[3]以内客省使、恩州團練使鄭仁誨爲樞密副使。[4]詔宣徽北院使翟光鄴權知永興軍府事。[5]甲戌，迴鶻遣使貢方物。[6]庚辰，詔："西京莊宅司、内侍省、宮苑司、内園等四司，所管諸巡繫税户二千五百並還府縣。其廣德、昇平二宮並停廢。[7]應行從諸莊園林、亭殿、房舍、什物課利，宜令逐司依舊收管。"

[1]三月庚申：庚申（初四）前，《新五代史》卷一一《周太祖本紀》尚有一條丁巳（初一）日記事："寒食，望祭于郊。"

[2]南莊：地名。其地不詳，疑位於開封城外。

[3]樞密院直學士：官名。五代後唐同光元年（923），改直崇政院置，選有政術、文學者充任。充皇帝侍從，備顧問應對。　左諫議大夫：官名。隸門下省。唐代置左、右諫議大夫各四人，分隸門下省、中書省。掌諫諭得失、侍從贊相。正四品下。　王溥：人名。籍貫不詳。唐昭宗朝宰相。傳見《宋史》卷二四九。　中書舍人：官名。中書省屬官。掌起草文書、呈遞奏章、傳宣詔命等。正五品上。　翰林學士：官名。由南北朝始設之學士發展而來，唐玄宗改翰林供奉爲翰林學士，備顧問，代王言，掌拜免將相、號令征伐等詔令的起草。

[4]内客省使：官名。中書省内客省長官。　恩州：州名。治所在今廣東陽江市。　團練使：官名。唐代中期以後，於不設節度

使的地區設團練使，掌本區各州軍事。　鄭仁誨：人名。晉陽（今山西太原市）人。後周太祖時樞密使、宰相。傳見本書卷一二三、《新五代史》卷三一。　樞密副使：官名。樞密院副長官。

[5]宣徽北院使：官名。唐始置。宣徽北院長官。初用宦官，五代以後改用士人。與宣徽南院使通掌内諸司及三班内侍之名籍，郊祀、朝會、宴享供帳之儀，檢視内外進奉名物。參見王永平《論唐代宣徽使》，《中國史研究》1995 年第 1 期；王孫盈政《再論唐代的宣徽使》，《中華文史論叢》2018 年第 3 期。　翟光鄴：人名。濮州甄城（今山東鄄城縣）人，五代將領。傳見本書卷一二九、《新五代史》卷四九。　永興軍：方鎮名。治所在京兆府（今陝西西安市）。

[6]迴鶻：部族名。原係突厥鐵勒部的一支。唐天寶三載（744）建立回鶻汗國，9 世紀中葉，回鶻汗國瓦解。其中一支爲甘州回鶻。11 世紀初，甘州回鶻爲西夏所滅。參見楊蕤《回鶻時代：10—13 世紀陸上絲綢之路貿易研究》，中國社會科學出版社 2015 年版。

[7]廣德、昇平：宫名。位於今河南開封市。

夏四月丙戌朔，日有食之，帝避正殿，百官守司。丁亥，詔停蔡州鄉軍。[1]戊子，以京師旱，分命羣臣禱雨。[2]癸巳，制削奪慕容彦超在身官爵。甲午，高麗國册使、衛尉卿劉皞卒。[3]乙卯，詔取來月五日，車駕赴兖州城下，慰勞將士。以樞密副使鄭仁誨爲右衛大將軍，依前充職，兼權大内都點檢；[4]以中書侍郎、平章事、判三司李穀爲權東京留守，兼判開封府事。[5]

[1]蔡州：州名。治所在今河南汝南縣。

[2]分命羣臣禱雨：《宋本册府》卷一四五《帝王部·弭災門》作“分命朝臣於諸祠廟祈禱雨”。

[3]高麗國：古國名。一爲高句麗。故地位於今中國東北地區及朝鮮半島北部。一爲王氏高麗。918年，後三國（即朝鮮新羅、後百濟、泰封）之一泰封國武將王建推翻其統治者弓裔，稱王，改國號高麗，都開京（今朝鮮開城市）。漸合併新羅、後百濟，重新統一朝鮮半島。參見〔朝〕鄭麟趾等《高麗史》；楊軍《高句麗民族與國家的形成和演變》，中國社會科學出版社2006年版。　衛尉卿：官名。北魏置，隋、唐、五代爲衛尉寺長官。掌供宫廷、祭祀、朝會之儀仗帷幕，通判本寺事務。從三品。　劉皞：人名。涿州歸義（今河北容城縣）人。劉昫之弟。五代將領。傳見本書卷一三一。

[4]右衛大將軍：官名。唐置十六衛之一，掌宫禁宿衛。正三品。　大内都點檢：官名。五代後唐置，凡車駕行幸及出征則置。後周世宗顯德中選驍勇之士充殿前諸班，改稱殿前都點檢。

[5]中書侍郎：官名。中書省副長官。唐後期三省長官漸爲榮銜，中書侍郎、門下侍郎却因參議朝政而職位漸重，常常用爲以“同三品”或“同平章事”任宰相者的本官。正三品。　平章事：官名。全稱“同中書門下平章事”。唐高宗以後，凡實際任宰相之職者，常在其本官後加同平章事的職銜。後成爲宰相專稱。後晋天福五年（940），升中書門下平章事爲正二品。　判三司：官名。通掌鹽鐵、度支、户部三個部門事務。爲三司使之起始。　李穀：人名。潁州汝陰（今安徽阜陽市）。五代後周宰相。傳見《宋史》卷二六二。　開封府：府名。後周都城。治所在今河南開封市。

五月丙辰朔，帝御崇元殿受朝，[1]仗衛如儀。庚申，車駕發京師。[2]戊辰，至兗州城下。[3]乙亥，收復兗州，斬慕容彦超，夷其族。詔端明殿學士顔衎權知兗州軍州事。[4]壬午，曲赦兖州管内罪人，取五月二十七日已前所犯罪，大辟已下，咸赦除之。慕容彦超徒黨，有逃避潛竄者，及城内將吏等並放罪。自慕容彦超違背以來，鄉州内有接便爲非者，一切不問。諸軍將士没於王事者，各與賻贈，都頭已上與贈官。兖州城内及官軍下寨四面去州五里内，今年所徵夏秋苗子及沿徵錢物並放；十里内，只放夏税；一州管界，今夏苗子三分放一分。城内百姓遭毀拆舍屋及遭燒焚者，給賜材木。諸處差到人夫，内有遭矢石死者，各給絹三匹，仍放户下三年徭役云。[5]癸未，詔兖州降爲防禦州，仍爲望州。

[1]崇元殿：五代後梁開平元年（907）改汴京正殿爲崇元殿。位於今河南開封市。

[2]庚申，車駕發京師："庚申"，《輯本舊史》之案語："案：《五代春秋》作庚辰，帝東征，《歐陽史》從《薛史》作庚申。"見《新五代史》卷一一《周太祖本紀》。《五代春秋》卷下周高祖條作"庚午（十五），帝東征"。

[3]戊辰，至兖州城下：戊辰（十三）前，《新五代史》卷一一《周太祖本紀》尚有一條癸亥（初八）日記事："次曹州，赦流罪以下囚。"

[4]端明殿學士：官名。五代後唐天成元年（926）明宗初即位，每有四方書奏，多令樞密使安重誨進讀，重誨不曉文義。於是孔循獻議，設端明殿學士，命馮道等爲之，位在翰林學士之上。此後沿置。　顔衎（kàn）：人名。曲阜（今山東曲阜市）人。五代、宋初大臣。傳見《宋史》卷二七〇。　詔端明殿學士顔衎權知兖州軍州事：此事《通鑑》卷二九〇繫於廣順二年（952）五月丁丑（二十二）。此條前爲乙亥（二十）記事，後爲壬午（二十七）記

事，“詔端明殿學士顔衎”前疑脱“丁丑”二字。

［5］“壬午”至“仍放户下三年徭役云”：明本《册府》卷九六《帝王部·赦宥門一五》“大辟已下”前有“見禁罪人及未發覺者”九字，“及城内將吏等並放罪”後有“仰於所在自出陳首，百日不首者獲罪如初”等語。“鄉州内有接便爲非者”，中華書局本有校勘記：“‘州’，原作‘城’，據殿本、孔本、《册府》卷九六改。按《永樂大典》卷八九八〇引《五代薛史》作‘川’，係‘州’之訛。”明本《册府》卷九六作“鄉州山寨豪强人等接便爲非，劫掠擄殺，今因收復，並與洗滌，一切不問”。“今年所徵夏秋苗子及沿徵錢物並放”，中華書局本有校勘記：“‘苗子’二字原闕，據《册府》卷九六、卷四九二補。殿本、孔本校作‘税’。”《宋本册府》卷四九二《邦計部·蠲復門四》載：“城外官軍下寨處，四面去州城五里内，所徵今年夏秋苗子、蠶食鹽錢，並諸雜沿徵錢物，並與除放。五里外、十里内，除放今年夏苗子，三分中減放一分。”明本《册府》卷九六略同。“只放夏税”，中華書局本有校勘記：“‘夏税’二字原闕，據《永樂大典》卷八九八〇引《五代薛史》補。”亦見明本《册府》卷九六、《宋本册府》卷四九二。

六月乙酉朔，帝幸曲阜縣，謁孔子祠。[1]既奠，將致拜，左右曰：“仲尼，人臣也，無致拜。”[2]帝曰：“文宣王，百代帝王師也，得無敬乎！”即拜奠於祠前。其所奠酒器、銀鑪並留於祠所。遂幸孔林，[3]拜孔子墓。帝謂近臣曰：“仲尼、亞聖之後，今有何人？”對曰：“前曲阜令、襲文宣公孔仁玉，是仲尼四十三代孫，有鄉貢《三禮》顔涉，是顔淵之後。”[4]即召見。仁玉賜緋，[5]口授曲阜令，顔涉授主簿，[6]便令視事。仍敕兗州修葺孔子祠宇，墓側禁樵採。丙戌，車駕還京。初，帝以五月十三日至兗州，賊尚拒守，至十七日，晝夢道士一人進書，[7]卷首云“車駕來月二日還京”，其下文字絶多，不能盡記。既寤，以夢告宰臣，又四日而城拔。帝至軍，凡駐蹕九日而賊平，果以六月二日發離城下，近代親征克捷，無如此行之速也。[8]是日大雨，城下行宫水深數尺。[9]其日晚，至中都縣，[10]帝笑謂侍臣曰：“今日若不離城下，則當爲水潦所溺矣。”[11]戊戌，車駕至自兗州。[12]辛丑，以靈武節度使馮暉卒，輟視朝一日。[13]壬寅，前翰林學士李澣自契丹中上表，[14]陳奏機事，且言僞幽州節度使蕭海貞欲謀嚮化，帝甚嘉之。[15]癸卯，德妃董氏薨。[16]乙巳，詔宣徽南院使袁𥨊判開封府事。[17]辛亥，以朔方軍衙内都虞候馮繼業起復爲朔方軍兵馬留後。[18]甲寅，幸舊宅，爲德妃舉哀故也。

[1]曲阜縣：縣名。治所在今山東曲阜市。

[2]仲尼：即孔子。

[3]孔林：孔子及其後裔的墓地。位於今山東曲阜市。

[4]曲阜令：官名。令爲縣的行政長官，掌治本縣。唐代之縣，分赤（京）、次赤、畿、次畿、望、緊、上、中、中下、下十等。縣令分六等，正五品上至從七品下。河南縣令爲京縣令，正五品上。　孔仁玉：人名。孔子第四十三代嫡長孫。後唐時襲封文宣公。事見本書卷四三。　顏涉：人名。事見本書本卷。　顏淵：人名。春秋末魯國人。姓顏名回，字子淵。孔子學生。事見《史記》卷四七《孔子世家》。

[5]仁玉賜緋：《輯本舊史》之影庫本粘籤：“賜緋，原本作‘賜排’，今從《册府元龜》改正。”檢明本《册府》，未見相關記載。《大典》卷八九八〇引《五代薛史》作“賜緋”。

［6］主簿：官名。漢代以後歷朝均置。唐代京城百司和地方官署，均設主簿。管理文書簿籍，參議本署政事，爲官署中重要佐官。其官階品秩，因官署而不同。

［7］晝夢道士一人進書：明本《册府》卷二六《帝王部·神助門》廣順二年（952）五月十七日條作"晝寐，夢内養德兒引道士一人進書"。

［8］無如此行之速也：中華書局本有校勘記："'行'字原闕，據《永樂大典》卷八九八〇引《五代薛史》補。"

［9］城下行宫水深數尺：中華書局本有校勘記："'宫'，彭校、《册府》卷二六作'營'。"見明本《册府》卷二六《帝王部·神助門》廣順二年六月二日條。

［10］中都縣：縣名。治所在今山東汶上縣。

［11］則當爲水潦所溺矣：中華書局本有校勘記："'水'字原闕，據彭校、《永樂大典》卷八九八〇引《五代薛史》、《册府》卷二六補。"

［12］戊戌，車駕至自兖州：《輯本舊史》之案語："案：《歐陽史》作'庚子，至自兖州'，《五代春秋》從《薛史》作戊戌。"見《新五代史》卷一一《周太祖本紀》廣順二年六月庚子條、《五代春秋》卷下周高祖條。是年六月乙酉朔，庚子爲十六日，戊戌爲十四日。

［13］靈武：郡名。治所在今寧夏吴忠市。乾元元年（758），改名靈州。此處代指治所在靈州的方鎮朔方軍。　馮暉：人名。魏州（今河北大名縣）人。五代後唐至後周將領。傳見本書卷一二五、《新五代史》卷四九。　輟視朝一日：中華書局本有校勘記："'視'字原闕，據殿本、孔本、《永樂大典》卷八九八〇引《五代薛史》補。"

［14］李澣：人名。京兆萬年（今陝西西安市長安區）人。歷仕五代後唐、後晉，後與徐台符被契丹挾而北行，在遼任宣政殿學士、禮部尚書等職。傳見《宋史》卷二六二。中華書局本有校勘

記："原作'李瀚'，據殿本、劉本、邵本、彭本、《永樂大典》卷八九八〇引《五代薛史》、《宋史》卷二六二《李澣傳》改。影庫本批校：'李瀚，據《宋史》作李澣。'"

[15]幽州：州名。治所在今北京市。　蕭海貞：人名。《遼史》作"蕭眉古得"，《契丹國志》及《通鑑》並作"蕭海真"，遼穆宗耶律璟妻族，曾任幽州節度使，後因謀南奔事被殺。事見《遼史》卷六《穆宗本紀》。　帝甚嘉之：《舊五代史考異》："案《宋史·李澣傳》：海貞與澣相善，澣乘間諷海貞以南歸之計，海貞納之。周廣順二年，澣因定州孫方諫密表，言契丹衰微之勢，周祖嘉焉，遣諜者田重霸齎詔慰撫，仍命澣通信。澣復表述：'契丹主幼弱多寵，好擊鞠，大臣離貳，若出師討伐，因與通好，乃其時也。'屬中原多故，不能用其言。"見《宋史》卷二六二《李澣傳》。

[16]癸卯：中華書局本有校勘記："原作'癸巳'，據殿本、《永樂大典》卷八九八〇引《五代薛史》改。影庫本粘籤：'癸巳，以《長曆》推之，當作癸卯。今無別本可校，姑仍其舊。'按是月乙酉朔，癸巳爲初九，此事繫於壬寅、乙巳之間，當作癸卯。"六月壬寅爲十八，乙巳爲二十二，癸卯爲十九。　董氏：即後周太祖郭威德妃。鎮州靈壽（今河北靈壽縣）人。傳見本書卷一二一《周后妃列傳》、《新五代史》卷一九《周太祖家人傳》。

[17]宣徽南院使：官名。唐始置。宣徽南院的長官。初用宦官，五代以後改用士人。與宣徽北院使通掌內諸司及三班內侍之名籍，郊祀、朝會、宴享供帳之儀，檢視內外進奉名物。參見王永平《論唐代宣徽使》，《中國史研究》1995年第1期；王孫盈政《再論唐代的宣徽使》，《中華文史論叢》2018年第3期。　袁㠾：人名。袁象先之子。五代將領，歷任復州刺史、左龍武大將軍、左神武統軍、宣徽南院使、延州節度使等。事見本書本卷、卷一一四等。

[18]朔方軍：方鎮名。治所在靈州（今寧夏吴忠市）。　衙內都虞候：官名。五代時期出征軍隊高級統兵官。　馮繼業：人名。大名（今河北大名縣）人。馮暉之子。五代、宋初將領。傳見

《宋史》卷二五三。　起復：中華書局本有校勘記："原作'復起'，據殿本、劉本、邵本校、彭校乙正。"　兵馬留後：官名。唐、五代時，代行方鎮長官之職者稱留後，代行州兵馬使之職者，即爲兵馬留後。掌本州兵馬。

秋七月丙辰，詔："内外臣僚，每遇永壽節，舊設齋供。今後中書門下與文武百僚共設一齋，侍衛親軍都指揮使已下共設一齋，樞密使、内諸司使已下共設一齋，其餘前任職員及諸司職掌，更不得開置道場及設齋。"[1]是日大風雨，破屋拔樹，尚書省都堂有龍穿屋壞獸角而去，西壁有爪跡存焉。襄州大水。[2]丁卯，詔復升陳州、曹州爲節鎮。[3]以侍衛馬軍都指揮使、洋州節度使郭崇爲陳州節度使，[4]以侍衛步軍都指揮使曹英爲曹州節度使，並典軍如故。以陳州防禦使藥元福爲晉州節度使。辛未，詔相州節度使李筠權知潞州軍州事。[5]丙子，以小底都指揮使、漢州刺史李重進爲大内都點檢兼馬步都軍頭，[6]領恩州團練使；以内殿直都知、駙馬都尉張永德領和州刺史，[7]充小底第一軍都指揮使。

[1]侍衛親軍都指揮使：官名。五代時侍衛親軍長官。多由皇帝親信擔任。　内諸司使：官名。内諸司長官群體。　"秋七月丙辰"至"更不得開置道場及設齋"：《會要》卷五節日條、明本《册府》卷二《帝王部·誕聖門》可互校。"百僚"，《輯本舊史》原作"百官"，據明本《册府》卷二改。《大典》卷八九八〇引《五代薛史》作"百寮"。"更不得開置道場及設齋"，中華書局本有校勘記："'置'，原作'設'，據《永樂大典》卷八九八〇引《五代薛史》、《册府》卷二、《五代會要》卷五改。"見《會要》

卷五節日條。明本《册府》卷二作“並不得更請開置道場及設齋”。

[2]襄州：州名。治所在今湖北襄陽市。

[3]曹州：州名。治所在今山東曹縣西北。

[4]侍衛馬軍都指揮使：官名。爲侍衛親軍馬軍司長官。後梁始置侍衛親軍，爲禁軍的一支，後唐沿置並成爲禁軍主力，下設馬軍、步軍。　洋州：州名。治所在今陝西洋縣。　郭崇：人名。應州金城（今山西應縣）人。五代、宋初將領。傳見《宋史》卷二五五。

[5]相州：州名。治所在今河南安陽市。　李筠：人名。并州太原（今山西太原市）人。五代、宋初將領，歷仕後唐至宋。傳見《宋史》卷四八四。

[6]小底：軍額名。始於五代。　漢州：州名。治所在今四川廣漢市。　刺史：官名。州一級行政長官。漢武帝時始置，總掌考核官吏、勸課農桑、地方教化等事。唐中期以後，節度使、觀察使轄州而設，刺史爲其屬官，職任漸輕。從三品至正四品下。　李重進：人名。滄州（今河北滄縣舊州鎮）人。五代後周將領。北宋建立後起兵反叛，兵敗身死。傳見《宋史》卷四八四。　馬步都軍頭：官名。馬步軍統兵官。

[7]内殿直都知：官名。五代禁軍軍官。　駙馬都尉：漢武帝始置，魏、晋以後公主夫婿多加此稱號。從五品下。　張永德：人名。并州陽曲（今山西陽曲縣）人。五代、宋初大將，頗受宋太祖、宋太宗信任。傳見《宋史》卷二五五。《輯本舊史》之影庫本粘籤：“張永德，原本作‘承德’，今從《宋史》改正。”《宋史》卷二五五《張永德傳》載：“周祖登位，封永德妻爲晋國公主，授永德左衛將軍、内殿直小底四班都知，加駙馬都尉、領和州刺史。”時年二十三。　和州：州名。治所在今安徽和縣。

八月甲申朔，翰林學士、刑部尚書張沆落職守本官。[1]以中書舍人、史館修撰判館事徐台符爲禮部尚書，充翰林學士承旨；[2]以兵部侍郎韋勳爲尚書右丞；[3]以尚書右丞于德辰爲吏部侍郎；[4]以户部侍郎邊歸讜爲兵部侍郎；[5]以禮部侍郎趙上交爲户部侍郎；[6]以樞密直學士、左散騎常侍陳觀爲工部侍郎，[7]依前充職；以刑部侍郎景範爲左司郎中，[8]充樞密直學士。乙酉，樞密使王峻上章，請解樞衡，凡三上章，詔不允。庚寅，潁州奏，[9]先於淮南俘獲孳畜，已准詔送還本土。甲午，詔止絶吏民詣闕舉請刺史、縣令。賜宰臣李穀白藤肩輿。時穀以今年七月，因步履傷臂，請告數旬，詔穀扶持就三司，[10]刻名印署事，仍放朝參。庚子，潞州節度使常思移鎮宋州，[11]相州節度使李筠移鎮潞州。壬寅，鄆州節度使高行周薨。[12]癸丑，詔改鹽麴法，鹽麴犯五斤已上處死，煎鹻鹽者犯一斤已上處死。先是，漢法不計斤兩多少，並處極刑，至是始革之。

[1]刑部尚書：官名。尚書省刑部長官。掌天下刑法及徒隸、勾覆、關禁之政令。正三品。　張沆：人名。徐州（今江蘇徐州市）人。五代後唐、後晋、後周官員。傳見本書卷一三一。　落職：因過被削奪職名。

[2]史館修撰：官名。唐天寶以後，他官兼領史職者，稱史館修撰。　徐台符：人名。鎮州獲鹿（今河北石家莊市鹿泉區）人。五代大臣。傳見本書附録。　禮部尚書：官名。尚書省禮部長官。掌禮儀、祭享、貢舉之政。正三品。　翰林學士承旨：官名。爲翰林學士之首。掌拜免將相、號令征伐等詔令的起草。《舊唐書》卷

四三《職官志二·翰林院》："例置學士六人，内擇年深德重者一人爲承旨，所以獨承密命故也。"

[3]兵部侍郎：官名。尚書省兵部次官。協助兵部尚書掌武官銓選、勳階、考課之政。正四品下。　韋勳：人名。籍貫不詳。五代後晋至後周官員，歷任後晋左散騎常侍、工刑户三部侍郎、太子賓客，後周兵部侍郎、尚書右丞。事見本書卷七七至卷七八、卷八〇至卷八四、卷一一一至卷一一二。　尚書右丞：官名。尚書省佐貳官。唐中期以後，與尚書左丞實際主持尚書省日常政務，權任甚重。後梁開平二年（908）改爲右司侍郎，後唐同光元年（923）復舊爲右丞。唐時爲正四品下，後唐長興元年（930）升爲正四品。

[4]于德辰：人名。元城（今河北大名縣東）人。五代大臣。傳見本書卷一三一。　吏部侍郎：官名。尚書省吏部次官。協助吏部尚書掌文選、勳封、考課之政。正四品上。

[5]邊歸讜：人名。幽州薊（今天津市薊州區）人。傳見《宋史》卷二六二。

[6]禮部侍郎：官名。尚書省禮部次官。協助禮部尚書掌禮儀、祭享、貢舉之政。正四品下。　趙上交：人名。涿州范陽（今河北涿州市）人。五代、宋初大臣。本名遠，字上交，避後漢高祖劉知遠諱，遂以字爲名。傳見《宋史》卷二六二。

[7]陳觀：人名。《新五代史》卷五〇作"陳同"，《舊五代史考異》曰："陳觀，《歐陽史》避私諱作陳同。"按，歐陽脩的父親名歐陽觀，其説是。陳觀，籍貫不詳。五代後晋至後周官員，仕後周爲知開封府事。事見本書本卷、卷一二九。　工部侍郎：官名。尚書省工部次官。協助尚書掌管百工、山澤、水土之政令，考其功以昭賞罰，總所統各司之事。正四品下。

[8]景範：人名。淄州長山（今山東鄒平縣）人。後周宰相。傳見《舊五代史》卷一二七。　左司郎中：官名。爲尚書左丞副貳，協掌尚書都省事務，監管吏、户、禮部諸司政務。位在諸司郎中上。從五品上。

[9]潁州：州名。治所在今安徽阜陽市潁州區。

[10]詔轂扶持就三司：中華書局本有校勘記："'就'字原闕，據《永樂大典》卷八九八〇引《五代薛史》補。"

[11]常思：人名。太原（今山西太原市）人。五代將領。傳見本書卷一二九、《新五代史》卷四九。　宋州：州名。治所在今河南商丘市睢陽區。

[12]高行周：人名。嬀州懷戎（今河北懷來縣）人。五代後唐至後周將領。傳見本書卷一二三、《新五代史》卷四八。

九月庚午，[1]以大理卿劇可久爲太僕卿，以左庶子張仁瑑爲大理卿，[2]以司天監趙延乂爲太府卿兼判司天監事。[3]詔北面沿邊州鎮，自守疆埸，不得入北界俘掠。[4]乙亥，鎮州奏，契丹寇深、冀州。遣龍捷都指揮使劉誠誨、牙内都指揮使何繼筠等率兵拒之而退。[5]時契丹聞官軍至，掠冀部丁壯數百隨行，狼狽而北，冀部被擄者望見官軍，鼓譟不已，官軍不敢進，其丁壯盡爲蕃軍所殺而去。丁丑，以鄭州防禦使白重贊爲相州留後。[6]戊寅，樂壽都監杜延熙奏，於瀛州南殺敗契丹，[7]斬首三百級，獲馬四十七匹。癸未，帝姨母韓氏追封楚國太夫人，[8]故第四姊追封福慶長公主。易州奏，[9]契丹武州刺史石越來奔。[10]

[1]九月庚午：庚午（十七）前，《新五代史》卷一一《周太祖本紀》尚有一條乙丑（十二）日記事："太僕少卿王演使于高麗。"

[2]大理卿：官名。大理寺長官。負責大理寺的具體事務，掌邦國折獄詳刑之事。從三品。　劇可久：人名。涿州范陽（今河北

涿州市）人。五代官員。事見本書卷四二、卷一一六、卷一四七。　太僕卿：官名。漢代始置，太僕寺長官，掌御用車馬及國家畜牧事宜。從三品。　左庶子：官名。即“太子左庶子”。隋以太子左庶子爲門下坊的主官，統司經局、宮門局、内直局、典膳局、藥藏局、齋帥局。唐宋沿置。正四品上。　張仁瑑：人名。籍貫不詳。五代後晋至後周官員，曾任後晋大理正，後周左庶子、大理卿。事見本書卷七七。

［3］趙延乂：人名。一作“趙延義”。秦州（今甘肅秦安縣）人。五代十國時前蜀大臣趙温珪之子。通術數。傳見本書卷一三一、《新五代史》卷五七。《輯本舊史》之影庫本粘籤：“原本作‘廷義’，今從《通鑑》改正。”見《通鑑》卷二八九乾祐三年（950）閏五月癸巳條。《大典》卷八九八〇引《五代薛史》作“延乂”。　太府卿：官名。南朝梁始置。太府寺長官。掌國家財帛庫藏出納、關市税收等務。從三品。　司天監：官署名。其長官亦稱司天監，掌天文、曆法以及占候等事。參見趙貞《唐宋天文星占與帝王政治》，北京師範大學出版社2016年版。

［4］詔北面沿邊州鎮，自守疆埸，不得入北界俘掠：明本《册府》卷六六《帝王部·發號令門五》九月條作“敕北面沿邊州府鎮戍兵，自守疆埸，不得入幽、瀛界俘掠”。

［5］鎮州奏：《宋本册府》卷九八七《外臣部·征討門六》作“鎮州何福進言”。　深：州名。治所在今河北深州市。　冀州：州名。治所在今河北衡水市冀州區。　龍捷都指揮使：官名。所部統兵將領。龍捷爲部隊番號。　劉誠誨：人名。籍貫不詳。五代將領。本書僅此一見。中華書局本沿《輯本舊史》作“劉誨”，《宋本册府》卷九八七作“劉成誨”，《通鑑》卷二九一廣順二年（952）九月庚午條、《宋史》卷二七三《何繼筠傳》作“劉誠誨”，據改。　牙内都指揮使：官名。即衙内都指揮使。唐、五代時期衙内指揮使爲節度使府衙内之牙將，統最親近衛兵，高一級的稱衙内都指揮使。　何繼筠：人名。後唐至後周節度使何福進之子。五

代、宋初將領。傳見《宋史》卷二七三。

[6]鄭州：州名。治所在今河南鄭州市。　白重贊：人名。沙陀族，憲州樓煩（今山西婁煩縣）人。五代、宋初將領。傳見《宋史》卷二六一。

[7]樂壽：縣名。治所在今河北獻縣。　都監：官名。唐代中葉命將出征，常以宦官爲監軍、都監。後爲臨時委任的統兵官，稱都監、兵馬都監。掌屯戍、邊防、訓練之政令。　杜延熙：人名。籍貫不詳。五代將領。事見本書卷一一三。　瀛州：州名。治所在今河北河間市。

[8]韓氏：人名。後周太祖郭威姨母。　楚國太夫人：中華書局本有校勘記："'太'字原闕，據《册府》卷三八補。"見明本《册府》卷三八《帝王部·尊乳保門》廣順二年九月癸未條。

[9]易州：州名。治所在今河北易縣。中華書局本沿《輯本舊史》"易州奏"前有"癸未"二字，並有校勘記："以上二字殿本無。影庫本粘籤：'"癸未"二字與上文複見，疑原本有舛誤。今無別本可校，姑仍其舊，附識於此。'"但未删。據上文及明本《册府》卷三八《帝王部·尊乳保門》，韓氏追封爲癸未事，此處"癸未"二字當爲衍文，故删。

[10]武州：州名。治所在今河北張家口市宣化區。　石越：人名。事跡不詳。本書僅此一見。

冬十月丙戌，以前晉州節度使王彦超爲河陽節度使。[1]庚寅，詔："諸州罷任或朝覲，並不得以器械進貢。"[2]先是，諸道州府，各有作院，每月課造軍器，逐季搬送京師進納。其逐州每年占留係省錢帛不少，謂之"甲料"，仍更於部内廣配土產物，征斂數倍，民甚苦之。除上供軍器外，節度使、刺史又私造器甲，以進貢爲名，功費又倍，悉取之於民。帝以諸州器甲，造作不精，兼占留屬省物用過當，乃令罷之。仍選擇諸道作工，赴京作坊，[3]以備役使。乙未，永興軍奏，宣徽北院使、知軍府事翟光鄴卒。丁酉，葬德妃，[4]廢朝。戊戌，以宣徽南院使袁㩦權知永興軍府事，以樞密直學士、工部侍郎陳觀權知開封府事。己亥，升鉅野縣爲濟州。[5]以樞密院副使鄭仁誨爲宣徽北院使兼樞密副使。庚子，幸樞密院，王峻請之也。甲辰，宰臣李穀以臂傷未損，[6]上章辭位，[7]凡三上章，詔報不允。丁未，滄州奏，[8]自十月已前，蕃界歸漢户萬九千八百户。[9]是時，虜境饑饉，[10]人民轉徙，襁負而歸中土者，散居河北州縣，凡數十萬口。

[1]河陽：方鎮名。全稱"河陽三城"。治所在孟州（今河南孟州市）。

[2]並不得以器械進貢：中華書局本有校勘記："'得'字原闕，據《永樂大典》卷八九八〇引《五代薛史》、《册府》卷一六〇補。"見《宋本册府》卷一六〇《帝王部·革幣門二》。

[3]赴京作坊：《大典》卷八九八〇引《五代薛史》"作坊"作"作防"，誤。

[4]葬德妃：《輯本舊史》之影庫本粘籤："'德妃'上疑脱'董'字，考《册府元龜》亦無'董'字，蓋上文已云'癸巳，德妃董氏薨'，此處可從省文也，今仍其舊。"見本卷上文六月癸卯條，影庫本粘籤所云"癸巳"爲"癸卯"之誤。

[5]鉅野縣：縣名。治所在今山東巨野縣。　濟州：州名。治所在今山東巨野縣。　升鉅野縣爲濟州：中華書局本有校勘記："'鉅野縣'上《永樂大典》卷八九八〇引《五代薛史》有'暉州'二字。按《太平寰宇記》卷一四，鉅野縣唐屬鄆州，後周於

此置濟州，疑《永樂大典》訛‘鄆州’爲‘暉州’。”五代無暉州。

[6]宰臣李穀以臂傷未損：中華書局本有校勘記：“‘損’，原作‘愈’，據《永樂大典》卷八九八〇引《五代薛史》、《册府》卷三三一改。”明本《册府》卷三三一《宰輔部·退讓門二》作“以步履所傷未損”。

[7]上章辭位：“章”，中華書局本沿《輯本舊史》作“表”，據《大典》卷八九八〇引《五代薛史》及下文改。

[8]滄州：州名。治所在今河北滄縣舊州鎮。

[9]蕃界歸漢户萬九千八百户：中華書局本有校勘記：“‘界’字原闕，據《永樂大典》卷八九八〇引《五代薛史》補。”

[10]虜境：中華書局本沿《輯本舊史》作“北境”，係四庫館臣忌清諱改，今據《大典》卷八九八〇引《五代薛史》改回。

十一月丙辰，荆南奏，朗州大將劉言，[1]以今年十月三日領兵趨長沙，十五日至潭州。淮南所署湖南節度使邊鎬、岳州刺史宋德權並棄城遁去。[2]庚申，以前少府監馬從斌爲殿中監。[3]壬戌，樞密使王峻亡妻崔氏追封趙國夫人，[4]非故事也。乙丑，刑部尚書張沆卒。辛未，陝州折從阮移鎮邠州。[5]以前宋州節度使李洪義爲安州節度使。[6]癸酉，青州符彦卿移鎮鄆州。[7]甲戌，詔曰：“累朝已來，用兵不息，至於繕治甲胄，未免配役生靈，多取于民，助成軍器。就中皮革，尤峻科刑，稍犯嚴條，皆抵極典，鄉縣以之生事，姦猾得以侵漁，宜立新規，用革前弊。應天下所納牛皮，今將逐年所納數，三分内減二分，其一分於人户苗畝上配定。每秋夏苗共十頃納連角牛皮一張，其黄牛納乾筋四兩，水牛半斤，犢子皮不在納限。牛馬驢騾皮筋角，今後官中更不禁斷，只不得將出化外敵境。州縣先置巡檢牛皮節級並停。”[8]丙子，詔曰：“應内外文武官僚幕職、州縣官舉選人等，今後有父母、祖父母亡歿未經遷葬者，其主家之長，不得輒求仕進，所由司亦不得申舉解送。如是卑幼在下者，不在此限。”己卯，日南至，帝御崇元殿受朝賀，仗衛如儀。

[1]朗州：州名。治所在今湖南常德市。　劉言：人名。吉州廬陵（今江西吉安市）人，五代十國時楚國將領，後被後周授爲武平軍節度使。傳見本書卷一三三、《新五代史》卷六六。

[2]宋德權：人名。籍貫、事跡不詳。本書僅此一見。

[3]少府監：官名。少府監長官，隋初置，唐初廢，太宗時復置。掌百工技巧之事。從三品。　馬從斌：人名。籍貫不詳。五代後晋官員。事見本書卷七七。　殿中監：官名。殿中省長官。掌宫廷供奉之事。從三品。

[4]崔氏：人名。王峻之妻。

[5]折從阮：人名。雲中（今山西大同市）人，羌族折掘氏。五代後唐、後晋、後漢、後周將領。傳見本書卷一二五、《新五代史》卷五〇。　邠州：州名。治所在今陝西彬縣。

[6]李洪義：人名。一作“李弘義”。并州晋陽（今山西太原市）人。李洪信弟，五代、宋初將領。傳見《宋史》卷二五二《李洪信傳附李洪義傳》。　安州：州名。治所在今湖北安陸市。

[7]青州：州名。治所在今山東青州市。　符彦卿：人名。陳州宛丘（今河南淮陽縣）人。五代後周、宋初將領。後周世宗宣懿皇后、宋太宗懿德皇后，皆符彦卿之女。傳見《宋史》卷二五一。　鄆州：《輯本舊史》之影庫本粘籤：“原本作‘均州’，今從《通鑑》改正。”《大典》卷八九八〇引《五代薛史》作“鄆州”，原本不誤。下卷顯德元年（954）正月庚辰條即載：“鄆州符彦卿進封衛

王，移鎮天雄軍。”

［8］“甲戌”至“州縣先置巡檢牛皮節級並停”：“甲戌”，《通鑑》卷二九一繫其事於癸酉，相差一日。“多取于民”，明本《册府》卷四八八《邦計部·賦税門二》作“取乃民資”。“宜立新規”，中華書局本有校勘記：“‘新’，原作‘所’，據殿本、彭校、《册府》卷四八八改。”“今將逐年所納數”，中華書局本有校勘記：“‘年’字原闕，據《册府》卷四八八、《五代會要》卷二五補。”見《會要》卷二五租税條後之雜録條。“每秋夏苗共十頃納連角牛皮一張”，“牛”字中華書局本沿《輯本舊史》原闕，據明本《册府》卷四八八、《會要》卷二五及上下文補。“牛馬驢騾皮筋角”至“州縣先置巡檢牛皮節級並停”，明本《册府》卷四八八作“其皮人户自詣本州送納，所司不得邀難。所有牛馬騾皮筋角，今後官中更不禁斷，並許私家供使買賣，只不得將出化外敵境。仍仰關津界首仔細覺察捕捉，所犯人必加深罪。其州縣先置巡檢牛皮節級，及朝廷先降條法，一切停廢。其合分擘納黄牛、水牛皮筋處，其間有未盡事件，委所司取便處分，庶免編民犯禁，且使人户資家。既便公私，用除苛弊”。

十二月丙戌，權武平軍留後劉言遣牙將張崇嗣入奏，於十月十三日，與節度副使王進逵、行軍司馬何敬貞、指揮使周行逢等，同共部領戰棹，攻收湖南。僞節度使邊鎬當夜出奔，王進逵等已入潭州。[1]癸巳，太子太師致仕安叔千卒。[2]甲午，詔今後諸侯入朝，不得進奉買宴。丁酉，皇子澶州節度使榮落起復，加同平章事。[3]戊戌，太子少傅致仕王延卒。[4]壬寅，幸西莊。乙巳，以端明殿學士顏衎權知開封府事。御史臺奏：“請改左右衛復爲左右屯衛。”[5]從之，避御名也。是冬無雪。

［1］武平軍：方鎮名。治所在朗州（今湖南常德市）。　牙將：官名。古代軍隊中的中低級軍官。　張崇嗣：人名。籍貫不詳。五代十國藩鎮將領。事見本書卷一三三。　行軍司馬：官名。出征將領及節度使的屬官。掌軍籍符伍、號令印信，是藩鎮重要的軍政官員。　何敬貞：人名。一作"何敬真"。籍貫不詳。五代將領。事見本書本卷。　指揮使：官名。唐末、五代軍隊多置都指揮使、指揮使，爲統兵將領。　周行逢：人名。朗州武陵（今湖南常德市武陵區）人。五代藩鎮軍閥。傳見《新五代史》卷六六。　王進逵：人名。即王逵。武陵（今湖南常德市）人，郭威授之武平軍節度使。事見本書卷一三三、《新五代史》卷六六。中華書局本有校勘記："原作'王進達'，據殿本、劉本、邵本、彭校、《册府》卷一七九、《新五代史》卷六六《楚世家》改。本卷下文同。影庫本批校：'王進達，據《九國志》應作王進逵。'《舊五代史考異》卷四：'案原本作"進達"，後又作"王逵"，考《九國志》，王逵或名進逵，今改正畫一。'"　"十二月丙戌"至"王進逵等已入潭州"：《舊五代史考異》："案《九國志·王逵傳》：逵，朗州武陵人，或名進逵。邊鎬爲武安軍節度使，召劉言入覲，言不行，謀于逵曰：'江南召我，不往，必加兵於我矣，爲之奈何！'逵曰：'鎬之此來，以制置潭、朗爲名，公如速行，正入其算。武陵負江湖之阻，帶甲百萬，乃欲拱手臣異姓乎？鎬新至長沙，經略未定，乘人心憤怒，引兵攻鎬，可一鼓而擒也。'言然之，乃遣與何景真等同起兵于武陵，號十指揮使，以攻邊鎬。逵率舟師南上，至長沙，邊鎬大駭，以所部奔歸江南，諸州屯守皆罷之，盡復湖外之地。"見輯本《九國志》卷一一《王逵傳》。

［2］安叔千：人名。沙陀部人。五代後唐至後周將領。傳見本書卷一二三、《新五代史》卷四八。

［3］榮：人名。即後周皇帝柴榮，邢州堯山（今河北隆堯縣）人。後周太祖郭威養子。紀見本書卷一一四至卷一一九、《新五代史》卷一二。

［4］太子少傅：官名。與太子少保、太子少師合稱“三少”，唐後期、五代多爲大臣、勳貴加官。從二品。　王延：人名。鄭州長豐（今河北文安縣南）人。五代大臣，歷仕五代各朝。傳見本書卷一三一、《新五代史》卷五七。

［5］請改左右衛復爲左右屯衛：《輯本舊史》之影庫本粘籤：“請改‘左右衛’，當作‘左右威衛’，蓋當時奏牘之文，因避御名，故去‘威’字，今仍其舊。”

廣順三年春正月壬子朔，帝御崇元殿受朝賀，仗衛如儀。幸太平宫起居漢太后。[1]甲寅，賜羣臣射於内鞠場。乙卯，武平軍兵馬留後劉言奏：“潭州兵戈之後，焚燒殆盡，乞移使府於武陵。”[2]從之。詔升朗州爲大都督府，在潭州之上。丙辰，以武平軍節度使留後、檢校太尉劉言爲檢校太師、同平章事，行朗州大都督，充武平軍節度兼三司水陸轉運等使，制置武安、静江等軍事，進封彭城郡公；武平軍節度副使、權知潭州軍州事、檢校太傅王進逵爲檢校太尉，行潭州刺史，充武安軍節度使；以武安軍行軍司馬兼衙内步軍都指揮使、檢校太傅何敬貞爲檢校太尉，行桂州刺史，充静江軍節度使；以張倣領眉州刺史，充武平軍節度副使；以朱全琇領黄州刺史，充静江軍節度副使；[3]以周行逢領集州刺史，充武安軍節度行軍司馬。自進逵而下，皆劉言將校也。邠州奏，慶州略蕃部野雞族略奪商旅，侵擾州界。

詔遣寧州刺史張建武等率兵掩襲，仍先賜敕書安撫，如不從命，即進軍問罪。[4]辛酉，詔賜朗州劉言應兩京及諸道舊屬湖南樓店邸第。乙丑，詔："諸道州府係屬户部營田及租税課利等，除京兆府莊宅務、贍國軍榷鹽務、兩京行從莊外，其餘並割屬州縣，所徵租税課利，官中只管舊額，其職員節級一切停廢。應有客户元佃係省莊田、桑土、舍宇，便賜逐户，充爲永業，仍仰縣司給與憑由。應諸處元屬營田户部院及係縣人户所納租牛課利，起今年後並與除放。所有見牛犢並賜本户，官中永不收繫"云。[5]帝在民間，素知營田之弊，至是以天下係官莊田僅萬計，悉以分賜見佃户充永業。是歲出户三萬餘，百姓既得爲己業，比户欣然，於是葺屋植樹，敢致功力。又，東南郡邑各有租牛課户，往因梁太祖渡淮，[6]軍士掠民牛以千萬計，梁太祖盡給與諸州民，輸租課。自是六十餘載，時移代改，牛租猶在，百姓苦之，至是特與除放。未幾，京兆府莊宅務及榷鹽務亦歸州縣，依例處分。或有上言，以天下係官莊田，甚有可惜者，若遣貨之，當得三十萬緡，亦可資國用。帝曰："苟利於民，與資國何異。"丁卯，户部侍郎、權知貢舉趙上交奏："諸科舉人，欲等第各加對義場數，進士除詩賦外，别試雜文一場。"從之。[7]兩浙弔祭使、右諫議大夫李知損責授棣州司馬，員外置，仍令所在馳驛放遣。知損銜命江、浙，所經藩郡，皆强貸於侯伯，爲青州知州張凝所奏，故有是命。[8]己巳，幸南莊，臨水亭，見雙鳧戲於池上，帝引弓射之，一發疊貫，從臣稱賀。

庚午，以前邠州節度使侯章爲鄧州節度使。[9]前萊州刺史葉仁魯賜死，[10]坐爲民所訟故也。辛未，詔樞密使王峻巡視河堤。峻請行，故從之。辛巳，幸南莊。

[1]太平宫：五代時後周首都之宫殿，位於今河南開封市。　漢太后：即五代後漢高祖劉知遠皇后。隱帝之母。晋陽（今山西太原市）人。傳見《新五代史》卷一八。

[2]武陵：縣名。治所在今湖南常德市武陵區。

[3]以武平軍節度使留後：中華書局本有校勘記："'軍'字原闕，據《永樂大典》卷八九八〇引《五代薛史》及本卷上下文補。"上文見本月乙卯條，下文即在本條。　檢校太尉：官名。爲散官或加官，以示恩寵，無實際執掌。　檢校太師：官名。爲散官或加官，以示恩寵，無實際執掌。　三司水陸轉運等使：官名。掌一方水陸轉運、賦税諸事。爲差遣職事。　静江：方鎮名。治所在桂州（今廣西桂林市）。　檢校太傅：官名。爲散官或加官，以示恩寵，無實際執掌。　衙内步軍都指揮使：官名。五代及宋初藩鎮的親衛官有衙内都指揮使、牙内都虞侯等，多以子弟充任。步軍都指揮使，分設於各州各藩鎮，統領步軍。　桂州：州名。治所在今廣西桂林市。　張倣：人名。籍貫不詳。事見本書本卷。　眉州：州名。治所在今四川眉山市。　朱全琇：人名。籍貫不詳。五代十國藩鎮將領。事見本書本卷、《新五代史》卷六六。中華書局本作"朱元琇"，並有校勘記："《册府》卷一七九、《通鑑》卷二九一、《新五代史》卷六六《楚世家》、《九國志》卷一一及本卷下文作'朱全琇'。"檢《宋本册府》卷一七九《帝王部·姑息門四》作"朱元琇"，但《新五代史》卷六六《劉言傳》、《九國志》卷一一《劉言傳》、《通鑑》卷二九一廣順三年（953）二月辛亥條均作"朱全琇"，據改。中華書局本誤。　黄州：州名。治所在今湖北黄岡市黄州區。　集州：州名。治所在今四川南江縣。　充静江軍節

度副使：此句後，《宋本册府》卷一七九有“宇文瓊領海州刺史，充武安軍節度副使”十六字。

［4］慶州略：中華書局本有校勘記：“‘慶州略’，彭校作‘慶州’，劉本作‘慶州界’。”慶州，州名。治所在今甘肅慶城縣。野雞族：古代西北部落。爲党項部落之一。當爲東山党項之一部。五代時活動於慶州（治所在今甘肅慶陽市）境内，居地中心爲慶陽以北的寡婦山，與殺牛族相近。牲畜較多，因遭後周官吏盤剥，遂反。《輯本舊史》之影庫本粘籤：“野雞，原本作‘黑雞’，今從《通鑑》及《宋史》改正。”見《通鑑》卷二九一廣順三年正月壬戌條、戊申條。《宋史》卷四九一《党項傳》無相關記載。《大典》卷八九八〇引《五代薛史》作“野雞”。　寧州：州名。治所在今甘肅寧縣。　張建武：人名。籍貫不詳。五代後周將領。事見本書卷一一三。　“邠州奏”至“即進軍問罪”：《會要》卷二九党項羌條：“（廣順）三年二月，慶州刺史郭彦欽奏党項野雞族掠奪商旅，請出兵討之。時彦欽黷貨嗜其利，以州北野雞族多羊馬，作法擾之，番情獷悍，屢不從順，乃誣奏之。太祖遣中使齎詔撫諭，部族既苦彦欽虐政，不時報命，遂詔邠州節度使折從阮合寧州刺史張建武兵進討之。建武勇于立功，徑趨野雞族，追擊殺數十百人。有喜王族、折思族、殺牛族彼無猜貳，聞官軍討伐，竟來餉餽，官軍利其財貨，皆劫掠之。諸族乃相聚。官軍至包山負險之地，逆戰敗之，投崖谷死者甚衆。折從阮保兵而退。太祖怒彦欽，勒歸私第，左遷建武爲率府率，命前解州刺史鄭元昭爲慶州刺史以招撫之。”《新五代史》卷七四《党項傳》：“廣順三年，慶州刺史郭彦欽貪其羊馬，侵擾諸部，獨野鷄族彊不可近，乃誣其族犯邊。太祖遣使招慰之。野鷄族苦彦欽，不肯聽命，太祖遣邠州折從阮、寧州刺史張建武等討之。建武勇於立功，不能通夷情，馳軍擊野鷄族，殺數百人。而喜玉、折思、殺牛三族聞建武擊破野鷄族，各以牛酒犒軍，軍士利其物，反劫掠之。三族共誘建武軍至包山，度險，三族共擊之，軍投崖谷，死傷甚衆。太祖怒，罪建武等，選良吏爲慶州刺史

以招撫之。”疑“慶州略蕃部野雞族略奪商旅”之前一“略”字爲“路”字，形近之誤也。

［5］京兆府：府名。位於今陝西西安市。　贍國軍：方鎮名。治所在今山東濱州市。周顯德三年（956）置，以其濱海爲名。初，五代之際，置榷鹽務於海傍，後爲贍國軍，周因置州，割棣州之渤海、蒲臺爲屬縣而治渤海。　“乙丑”至“官中永不收繫云”：“官中只管舊額”，中華書局本有校勘記：“‘官’，原作‘宫’，據殿本、劉本、邵本、彭本改。影庫本批校：‘宫中，據下文應作“官中”。’《舊五代史考異》卷四：‘案：“官中”誤“宫中”，今據下文改正。’”下文即在本條末。“應諸處元屬營田户部院及係縣人户所納租牛課利”，中華書局本有校勘記：“‘牛’，原作‘中’，據《五代會要》卷一五改。”見《會要》卷一五户部條。

［6］梁太祖：即朱温。宋州碭山（今安徽碭山縣）人。五代後梁開國皇帝。紀見本書卷一至卷七、《新五代史》卷一至卷二。

［7］除放：免除。　權知貢舉：官名。唐始置，爲主持禮部會試的考官。　“丁卯”至“從之”：“欲等第各加對義場數”，中華書局本有校勘記：“‘對’，原作‘封’，據《永樂大典》卷八九八〇引《五代薛史》、本書卷一四八《選舉志》、《册府》卷六四二、《五代會要》卷二二、卷二三改。影庫本粘籤：‘“封義”二字原本似有舛誤，考《五代會要》亦作“封義”，今無别本可校，姑仍其舊。’”見《會要》卷二二進士條天成五年（930）正月二十三日記事，《會要》卷二三緣舉雜録條天成四年十月中書門下條流事件有“對義”，非“封義”。《輯本舊史》卷一四八《選舉志》廣順三年正月條云：“趙上交奏：‘進士元試詩賦各一首，帖經二十帖，對義五通，今欲罷帖經、對義，别試雜文二首、試策一道。’從之。”《宋本册府》卷六四二《貢舉部・條制門四》云：“進士元試詩賦各一首，帖書二十帖，對義五道，欲罷帖書，别試雜文二首，試策並仍舊。”

［8］兩浙弔祭使：使職名。唐玄宗時始置。弔祭周邊少數族政

權首領及封疆大吏亡故之使臣，　右諫議大夫：官名。隸中書省。唐代置左、右諫議大夫各四人，分隸門下省、中書省。掌諫諭得失、侍從贊相。正四品下。　李知損：人名。大梁（今河南開封市北）人。五代後晋官員。傳見本書卷一三一。　棣州：州名。治所在今山東惠民縣。　張凝：人名。滄州無棣（今山東慶雲縣）人。五代、宋初將領。傳《宋史》卷二七九。　“兩浙弔祭使”至“故有是命”：“右諫議大夫李知損責授棣州司馬”，“右”，《輯本舊史》原作“左”，中華書局本有校勘記：“‘左’，本書卷一一五《周世宗紀二》、卷一三一《李知損傳》作‘右’。按本書卷一三一《李知損傳》：‘世宗即位……遽與復資。’‘棣州’，原作‘登州’，據本書卷一三一《李知損傳》、《册府》卷四八一、《續世説》卷九改。《永樂大典》卷八九八〇引《五代薛史》‘州’上闕一字，疑係避明成祖諱省。影庫本粘籤：‘登州，原本脱“登”字，今從李知損本傳增入。’按本書《李知損傳》作‘棣州’。”《輯本舊史》卷一一五《周世宗紀二》顯德二年十月丁亥條、卷一三一《李知損傳》均作“右”，今據改。“棣州”，見《輯本舊史》卷一三一《李知損傳》、明本《册府》卷四八一《臺省部・輕躁門》，“登州”誤。

[9]侯章：人名。并州榆次（今山西晋中市榆次區）人。五代、宋初將領。傳見《宋史》卷二五二。　鄧州：州名。治所在今河南鄧州市。

[10]萊州：州名。治所在今山東萊州市。　葉仁魯：人名。籍貫不詳。後漢高祖劉知遠親將。後周時爲萊州刺史，因坐贓賜死。傳見本書附録。

閏月甲申，朗州劉言、潭州王進逵奏，廣賊占據桂管，深入永州界俘劫，遣朗州行軍司馬何敬真與指揮使朱全琇、陳順等，率水陸軍五萬進擊。[1]丙戌，迴鶻遣使貢方物。[2]詔故梁租庸使趙巖姪崇勳，[3]見居陳州，量賜係官店宅，從王峻之請也。辛卯，定州奏，契丹攻義豐軍，[4]出勁兵夜斫蕃營，斬首六十級，契丹遁去。甲午，鎮州奏，契丹寇境，遣兵追襲，至無極而還。[5]丙申，皇子澶州節度使榮來朝。壬寅，以樞密使、尚書左僕射、同平章事、監修國史王峻兼青州節度使，餘如故。[6]延州衙内指揮使高紹基奏言：[7]"父允權患腳膝，[8]令臣權知軍州事。"癸卯，陳州奏："吏民請與前刺史李穀立祠堂。"從之。時穀爲宰相，聞郡人陳請，遜讓數四，乃止。甲辰，鄴都留守王殷加檢校太尉，[9]依前同平章事。丙午，鎮州節度使何福進、河陽節度使王彦超並加檢校太尉，潞州節度使李筠加檢校太傅。丁未，延州節度使高允權卒。己酉，開封府奏，[10]都城内録到無名額僧尼寺院五十八所。詔廢之。

[1]桂管：方鎮名。即嶺南西道桂管經略觀察使。治所在桂州（今廣西桂林市）。　永州：治所在今湖南永州市。　何敬真與指揮使朱全琇、陳順等：《輯本舊史》之影庫本批校："何敬真，前作'敬貞'，後作'敬真'，未詳孰是。"本卷廣順二年（952）十二月丙戌條作"敬貞"，廣順三年二月己巳條作"敬真"。　陳順：人名。籍貫不詳。五代十國藩鎮將領。本書僅此一見。

[2]丙戌，迴鶻遣使貢方物：《新五代史》卷一一《周太祖本紀》廣順三年閏正月丙戌條作"回鶻使獨呈相温來"。

[3]租庸使：官名。唐代爲主持催徵租庸地税的財政官員。五代後梁、後唐時，租庸使取代鹽鐵、度支、户部，爲中央財政長官。　趙巖：人名。陳州宛丘（今河南淮陽縣）人。朱温女婿，忠武軍節度使趙犨次子。事見本書卷一〇、《新五代史》卷四二。

崇勳：人名。即趙崇勳。事跡不詳。

[4]定州：州名。治所在今河北定州市。　義豐軍：方鎮名。治所爲定州（今河北定州市）。

[5]無極：山名。治所在今河北無極縣西南。《舊五代史考異》："案：《契丹國志》作無極山，《薛史》無'山'字，當係史家省文，今姑仍其舊。"檢《契丹國志》，未見相關記載。

[6]尚書左僕射：官名。尚書左僕射，隋唐宰相名號。檢校尚書左僕射爲散官或加官，以示恩寵，無實際執掌。

[7]延州：州名。治所在今陝西延安市。　衙内指揮使：官名。即牙内指揮使。唐、五代時期衙内指揮使爲節度使府衙内之牙將，統最親近衛兵，高一級的稱衙内都指揮使。　高紹基：人名。籍貫不詳。本書僅此一見。　奏言：《大典》卷八九八〇引《五代薛史》無"奏言"二字，不成文。

[8]允權：人名。即高允權。延州（今陝西延安市）人。五代將領。傳見本書卷一二五。

[9]鄴都：地名。治所在今河北大名縣。五代後唐同光元年(923)，改魏州爲興唐府，建號東京，三年改東京爲鄴都。　王殷：人名。瀛州（今河北河間市）人。五代將領。傳見本書卷一二四、《新五代史》卷五〇。

[10]開封府奏："奏"，《大典》卷八九八〇引《五代薛史》作"春"，誤。

二月辛亥朔，以前西京留守白文珂爲太子太師致仕，[1]進封韓國公。癸丑，安州節度使李洪義、侍衛馬軍都指揮使郭崇、侍衛步軍都指揮使曹英，並加檢校太尉。唐州方城縣令陳守愚棄市，[2]坐剋留户民蠶鹽一千五百斤入己也。内制國寶兩座，詔中書令馮道書寶文，[3]其一以"皇帝承天受命之寶"爲文，其一以"皇帝神寶”爲文。按，傳國寶始自秦始皇，令李斯篆之，[4]歷代傳授，事具前史。至唐末帝自燔之際，[5]以寶隨身，遂俱焚焉。晋高祖受命，[6]特制寶一座。開運末，北戎犯闕，少帝遣其子延煦送于戎王，[7]戎王訝其非真，少帝上表具訴其事，及戎王北歸，齎以入蕃。漢朝二帝，未暇别製，至是始創爲之。庚申，遣將作監李瓊知陝州軍州事。[8]甲子，樞密使、平盧軍節度使、尚書左僕射、平章事、監修國史王峻責授商州司馬，[9]員外置，所在馳驛發遣。戊辰，左監門上將軍李建崇卒。[10]延州牙内都指揮使高紹基奏，交割軍府與副使張圖。[11]己巳，朗州劉言奏，當道先遣行軍司馬何敬真率兵掩擊廣賊，行及潭州，部衆奔潰。湖南王進逵以敬真失律，已梟首訖。以樞密直學士、工部侍郎陳觀爲祕書監。[12]壬申，鳳翔少尹桑能責授鄧州長史。[13]能，晋相維翰之庶弟也，坐據維翰别第爲人所訟故也。[14]癸酉，以户部侍郎、知貢舉趙上交爲太子詹事。[15]是歲，新進士中有李觀者，[16]不當策名，物議諠然。中書門下以觀所試詩賦失韻，勾落姓名，故上交移官。丁丑，幸南莊，賜從官射。命客省使向訓權知延州軍州事。[17]《永樂大典》卷八千九百八十。[18]

[1]西京留守：官名。唐代始置。皇帝出巡或親征時指定親王或大臣留守，綜理軍事、行政、民事、財政。　白文珂：人名。太原（今山西太原市）人。五代後唐至後周將領。傳見本書卷一二四。

[2]唐州：州名。治所在今河南唐河縣。　方城縣：縣名。治

所在今河南方城縣。　陳守愚：人名。籍貫不詳。本書僅此一見。　棄市：古代刑法名。即在鬧市執行死刑，並陳屍街頭示衆。

［3］中書令：官名。漢代始置，隋、唐前期爲中書省長官，屬宰相之職，唐後期多爲授予元勳大臣的虚銜。正二品。　馮道：人名。瀛州景城（今河北滄縣）人。五代時官拜宰相，歷仕後唐、後晋、後漢、後周，亦曾臣事契丹。傳見本書卷一二六、《新五代史》卷五四。

［4］傳國寶：又稱傳國璽。皇帝的印章。相傳秦始皇得藍田玉雕爲印，四周刻龍，正面刻有李斯所寫篆文“受命於天，既壽永昌”八字。秦璽已失。歷代所制玉璽，文字有别，但多有“受命於天”的意思。　秦始皇：人名。統一六國，建立秦朝，前247年至前210年在位。紀見《史記》卷六。　李斯：人名。上蔡（今河南上蔡縣）人。秦朝丞相。傳見《史記》卷八七。

［5］唐末帝：人名。即後唐末帝李從珂。又稱廢帝。鎮州平山（今河北平山縣）人。後唐明宗養子。明宗入洛陽，他率兵追隨，以功拜河中節度使，封潞王。紀見本書卷四六至卷四八、《新五代史》卷七。

［6］晋高祖：即後晋高祖石敬瑭。五代後晋王朝的建立者。紀見本書卷七五至卷八〇、《新五代史》卷八。

［7］開運：後晋出帝石重貴年號（944—946）。　延煦：人名。即石延煦。後晋出帝之子。傳見《新五代史》卷一七。

［8］將作監：官名。秦代設將作少府，唐代改將作監，其長官即爲將作監。掌宫廷器物置辦及宫室修建事宜。從三品。　李瓊：人名。幽州（今北京市）人。五代、宋初大臣。傳見《宋史》卷二六一。

［9］平盧軍：方鎮名。治所在青州（今山東青州市）。　商州：州名。治所在今陝西商洛市商州區。

［10］左監門上將軍：官名。唐置十六衛之一，掌宫禁宿衛。從二品。　李建崇：人名。潞州（今山西長治市）人。五代後唐至後

周將領。傳見本書卷一二九。

[11]張圖：人名。籍貫不詳。本書僅此一見。

[12]祕書監：官名。秘書省長官。東漢始置，掌圖書秘記等。從三品。　以樞密直學士、工部侍郎陳觀爲祕書監：《輯本舊史》之影庫本粘籤："陳觀，原本作'陳官'，今從《宋史·顏衎傳》改正。"見《宋史》卷二七〇《顏衎傳》。《大典》卷八九八〇引《五代薛史》作"陳觀"。

[13]鳳翔：方鎮名。治所在鳳翔府（今陝西鳳翔縣）。　少尹：官名。爲府尹的副職，協助府尹掌理行政事務。從四品下。　桑能：人名。籍貫不詳。本書僅此一見。　長史：官名。州府屬官。協助處理州府公務。正四品上至正六品上。

[14]維翰：人名。即桑維翰。洛陽（今河南洛陽市）人。五代後唐進士，後晋宰相、樞密使。傳見本書卷八九、《新五代史》卷二九。　坐據維翰別第爲人所訟故也：中華書局本有校勘記："'據'，《永樂大典》卷八九八〇引《五代薛史》作'恡'。"

[15]太子詹事：官名。掌領太子之詹事府，爲太子官屬之長。正三品。

[16]李觀：人名。籍貫不詳。本書僅此一見。

[17]客省使：官名。客省長官。唐代宗時始置，五代沿置。掌接待四方奏計及外族使者。　"丁丑"至"命客省使向訓權知延州軍州事"：二月辛亥朔，此事《通鑑》卷二九一繫於廣順三年二月甲戌（二十四），在丁丑（二十七）前三日。

[18]《大典》卷八九八〇"周"字韻"五代周太祖（一）"事目。此卷現存。

舊五代史　卷一一三

周書四

太祖紀第四

廣順三年春三月庚辰朔，[1]以相州留後白重贊爲滑州節度使，以鄭州防禦使王進爲相州節度使，以前兖州防禦使索萬進爲延州節度使，以亳州防禦使張鐸爲同州節度使。[2]甲申，以皇子澶州節度使榮爲開封尹兼功德使，[3]封晉王，仍令所司擇日備禮册命。丙戌，以宣徽北院使兼樞密副使鄭仁誨爲澶州節度使，以殿前都指揮使李重進領泗州防御使，以客省使向訓爲内客省使。[4]己丑，以棣州團練使王仁鎬爲右衛大將軍，充宣徽北院使兼樞密副使。[5]庚寅，端明殿學士、尚書兵部侍郎顔衎落職守本官。[6]以翰林學士、中書舍人王溥爲户部侍郎充職，以左司郎中、充樞密直學士景範爲左諫議大夫充職。[7]祕書監陳觀責授左贊善大夫，留司西京，坐王峻黨也。[8]癸巳，大風雨土。戊申，幸南莊。[9]

［1］廣順：五代後周太祖郭威年號（951—953）。

［2］相州：州名。治所在今河南安陽市。　留後：官名。原非正式命官，唐朝節度使入朝或宰相、親王遥領節度使不臨鎮則置。安史之亂後，節度使多以子弟或親信爲留後，以代行節度使職務，亦有軍士、叛將自立爲留後者。掌一州或數州軍政。北宋始爲朝廷正式命官。　白重贊：人名。沙陀族，憲州樓煩（今山西婁煩縣）人。五代、宋初將領。傳見《宋史》卷二六一。　滑州：州名。治所在今河南滑縣。　節度使：官名。唐時在重要地區所設掌握一州或數州軍事、民事、財政的長官。　鄭州：州名。治所在今河南鄭州市。　防禦使：官名。唐代始置，設有都防禦使、州防禦使兩種。常由刺史或觀察使兼任，實際上爲唐代後期州或方鎮的軍政長官。　王進：人名。幽州良鄉（今北京良鄉區）人。五代將領。傳見本書卷一二四、《新五代史》卷四九。　兖州：州名。治所在今山東濟寧市兖州區。　索萬進：人名。太原清源（今山西清徐縣）人。索自通之子。五代後周將領。事見本書卷一〇三。　延州：州名。治所在今陝西延安市。　亳州：州名。治所在今安徽亳州市。　張鐸：人名。河朔（今黄河以北）人。五代、宋初將領。傳見《宋史》卷二六一。　同州：州名。治所在今陝西大荔縣。

［3］澶州：州名。唐、五代初，治所在河南清豐縣。後晋天福四年（939），移治於今河南濮陽縣。　榮：即五代後周世宗柴榮。954年至959年在位。紀見本書卷一一四至卷一一九、《新五代史》卷一二。　開封尹：官名。即開封府尹。五代除後唐外均都汴州，升汴州爲開封府，置開封尹或知開封府事。執掌京師政務。從三品。　功德使：官名。唐貞元四年（788）置左、右街大功德使、東都功德使、修功德使，總領僧尼之籍及功役。元和二年（807），以道士、女官隸左、右街功德使。五代沿置。

［4］宣徽北院使：官名。唐始置。宣徽北院的長官。初用宦官，五代以後改用士人。與宣徽南院使通掌内諸司及三班内侍之名籍，郊祀、朝會、宴享供帳之儀，檢視内外進奉名物。參見王永平《論

唐代宣徽使》，《中國史研究》1995 年第 1 期；王孫盈政《再論唐代的宣徽使》，《中華文史論叢》2018 年第 3 期。　樞密副使：官名。樞密院副長官。　鄭仁誨：人名。晋陽（今山西太原市）人。後周太祖時樞密使、宰相。傳見本書卷一二三、《新五代史》卷三一。　殿前都指揮使：官名。五代後周世宗顯德中，選驍勇之士充殿前諸班。都指揮使爲殿前司長官之一，次於殿前都點檢、副都點檢。　李重進：人名。滄州（今河北滄縣舊州鎮）人。五代後周將領。北宋建立後起兵反叛，兵敗身死。傳見《宋史》卷四八四。　泗州：州名。治所在今江蘇泗洪縣東南，今已没入洪澤湖中。　客省使：官名。客省長官。唐代宗時始置，五代沿置。掌接待四方奏計及外族使者。　向訓：人名。懷州河内（今河南沁陽市）人。五代、宋初將領。避周恭帝諱改名向拱。傳見《宋史》卷二五五。　内客省使：官名。中書省内客省長官。

［5］棣州：州名。治所在今山東惠民縣。　團練使：官名。唐代中期以後，於不設節度使的地區設團練使，掌本區各州軍事。　王仁鎬：邢州龍岡（今河北邢臺市）人。五代、宋初將領。傳見《宋史》卷二六一。　右衛大將軍：官名。唐置，掌宫禁宿衛。唐代置十六衛，即左右衛、左右驍衛、左右武衛、左右威衛、左右領軍衛、左右金吾衛、左右監門衛、左右千牛衛，各置上將軍，從二品；大將軍，正三品；將軍，從三品。

［6］端明殿學士：官名。後唐明宗始置，以翰林學士充任，負責誦讀四方書奏。　尚書兵部侍郎：官名。尚書省兵部次官。協助兵部尚書掌武官銓選、勳階、考課之政。正四品下。　顔衎（kàn）：人名。曲阜（今山東曲阜市）人。五代、宋初大臣。傳見《宋史》卷二七〇。　端明殿學士、尚書兵部侍郎顔衎落職守本官：《輯本舊史》之案語："案《宋史·顔衎傳》云：衎權知開封府，王峻敗，衎罷職，守兵部侍郎。蓋當時以晋王爲開封尹，故衎罷職。與《薛史》異。"《宋史》卷二七〇《顔衎傳》載："太祖征兖州……城平，以衎權知州事。歸朝，權知開封……（王）峻敗，衎

罷職，守兵部侍郎。”　落職：因過被削奪職名。

[7]翰林學士：官名。由南北朝始設之學士發展而來，唐玄宗改翰林供奉爲翰林學士，備顧問，代王言，掌拜免將相、號令征伐等詔令的起草。　中書舍人：官名。中書省屬官。掌起草文書、呈遞奏章、傳宣詔命等。正五品上。　王溥：人名。并州祁（今山西祁縣）人。後周、宋初宰相。傳見《宋史》卷二四九。　户部侍郎：官名。尚書省户部次官。協助户部尚書掌天下田户、均輸、錢穀之政。正四品下。　左司郎中：官名。爲尚書左丞副貳，協掌尚書都省事務，監管吏、户、禮部諸司政務。位在諸司郎中上。從五品上。　樞密直學士：官名。五代後唐莊宗同光元年（923），改直崇政院置，選有政術、文學者充任。備顧問應對。　景範：人名。淄州長山（今山東鄒平縣）人。後周宰相。傳見本書卷一二七。　左諫議大夫：官名。隸門下省。唐代置左、右諫議大夫各四人，分隸門下省、中書省。掌諫諭得失、侍從贊相。正四品下。

[8]祕書監：官名。秘書省長官。東漢始置。掌圖書秘記等。從三品。　陳觀：人名。又作“陳通”。籍貫不詳。五代後晋至後周官員，仕後周爲知開封府事。事見本書卷一一二、卷一二九。　左贊善大夫：官名。即“太子左贊善大夫”。掌規諫太子過失、贊禮儀等事。正五品。　西京：地名。治所在今河南洛陽市。　王峻：人名。相州安陽（今河南安陽市）人。五代將領，後周時任樞密使兼宰相。傳見本書卷一三〇、《新五代史》卷五〇。

[9]南莊：地名。其地不詳，疑位於開封城外。

夏四月甲寅，禁沿邊民鬻兵仗與蕃人。戊辰，河中節度使王景移鎮鳳翔，[1]宋州節度使常思移鎮青州，[2]鳳翔節度使趙暉移鎮宋州，河陽節度使王彦超移鎮河中。[3]賜朗州劉言絹三百匹，[4]以兵革之後匱乏故也。詔在京諸軍將士持支救接。

[1]河中：府名。治所在今山西永濟市。　王景：人名。萊州掖縣（今山東萊州市）人。五代、宋初將領。傳見《宋史》卷二五二。　鳳翔：府名。治所在今陝西鳳翔縣。　河中節度使王景移鎮鳳翔："鎮"，《輯本舊史》原作"領"，據殿本、劉本及下文常思、趙暉、王彦超等皆"移鎮"之句式改正，中華書局本未改。

[2]宋州：州名。治所在今河南商丘市睢陽區。　常思：人名。太原（今山西太原市）人。五代將領。傳見本書卷一二九、《新五代史》卷四九。中華書局本有校勘記："原作'常思進'，據殿本、彭校、本書卷一一二《周太祖紀三》、卷一二九《常思傳》、《新五代史》卷四九《常思傳》改。"見《輯本舊史》卷一一二《周太祖紀三》廣順二年（952）八月庚子條。　青州：州名。治所在今山東青州市。

[3]趙暉：人名。澶州（今河南濮陽市）人。五代後唐至後周將領。傳見本書卷一二五。　河陽：方鎮名。全稱"河陽三城"。治所在孟州（今河南孟州市）。　王彦超：人名。大名臨清（今河北臨西縣）人。五代、宋初將領。傳見《宋史》卷二五五。

[4]朗州：州名。治所在今湖南常德市。　劉言：人名。吉州廬陵（今江西吉安市）人，五代十國時楚國將領，後被後周授爲武平軍節度使。傳見本書卷一三三、《新五代史》卷六六。

五月己卯朔，帝御崇元殿受朝，[1]仗衛如儀。辛巳，前慶州刺史郭彦欽勒歸私第。[2]國初，以彦欽再刺慶州，兼掌榷鹽，彦欽擅加榷錢，[3]民夷流怨。州北十五里寡婦山有蕃部曰野雞族，[4]彦欽作法擾之。蕃情獷狎，好爲不法，彦欽乃奏野雞族掠奪綱商，帝遣使齎詔撫諭，望其率化。蕃人既苦彦欽貪政，不時報命，朝廷乃詔邠州節度使折從阮、寧州刺史張建武進兵攻之。[5]建武勇於立功，徑取野雞族帳，擊殺數百人。又，殺牛族素與野雞族有憾，[6]且聞官軍討伐，相聚餉饋，欣然迎奉。官軍利其財貨孳畜，遂劫奪之，翻爲族所誘，至包山負險之地，官軍不利，爲蕃人迫逐，投崖墜澗而死者數百人。從阮等以兵自保，不相救應。帝怒彦欽及建武，俱罷其任，及彦欽至京師，故有是命。丁亥，新授青州節度使常思在宋州日出放得絲四萬一千四百兩，請徵入官。詔宋州給還人户契券，其絲不徵。甲午，中書侍郎、同平章事、集賢殿大學士、權判門下省事范質，可權監脩國史。[7]

［1］崇元殿：殿名。五代後梁開平元年（907）改汴京正殿爲崇元殿。位於今河南開封市。

［2］慶州：州名。治所在今甘肅慶城縣。　刺史：官名。州一級行政長官。漢武帝時始置，總掌考核官吏、勸課農桑、地方教化等事。唐中期以後，節度使、觀察使轄州而設，刺史爲其屬官，職任漸輕。從三品至正四品下。　郭彦欽：人名。籍貫不詳。慶州刺史。事見本書本卷、《新五代史》卷七四。

［3］加榷錢：《通鑑》卷二九一廣順二年（952）十月辛亥條胡注引《薛史》作“加糴鹽錢”。

［4］寡婦山：山名。位於慶州（治所在今甘肅慶城縣）北十五里。　野雞族：古代西北部落。爲党項部落之一。當爲東山党項之一部。五代時活動於慶州（治所在今甘肅慶陽市）境内，居地中心爲今慶陽以北的寡婦山，與殺牛族相近。牲畜較多，因遭後周官吏盤剥，遂反。事見本書卷一一二。

［5］邠州：州名。治所在今陝西彬縣。　折從阮：人名。雲中（今山西大同市）人，羌族折掘氏。五代後唐、後晉、後漢、後周

將領。傳見本書卷一二五、《新五代史》卷五〇。　寧州：州名。治所在今甘肅寧縣。　張建武：人名。籍貫不詳。五代後周將領。事見本書卷一一二。

[6]殺牛族：古代西北部落。爲党項部落之一。當爲東山党項之一部。五代時活動於慶州（治所在今甘肅慶城縣）境内，與野雞族相近。後周時因與野雞族有隙，周軍討野雞族，遂迎奉周軍。然因周軍抄掠，復與野雞族合，反周。《舊五代史考異》："案：原本作'殺牛于族'，考《通鑑》《五代會要》《宋史》《東都事略》俱作殺牛族，知原本'于'字衍，今删。"見《通鑑》卷二九一廣順三年三月丙戌條、《會要》卷二九党項羌條，《宋史》《東都事略》未見相關記載。

[7]中書侍郎：官名。中書省副長官。唐後期三省長官漸爲榮銜，中書侍郎、門下侍郎却因參議朝政而職位漸重，常常用爲以"同三品"或"同平章事"任宰相者的本官。正三品。　同平章事：官名。"同中書門下平章事"之簡稱。唐高宗以後，凡實際任宰相之職者，常在其本官後加同平章事的職銜。後成爲宰相專稱。後晋天福五年（940），升中書門下平章事爲正二品。　集賢殿大學士：官名。唐中葉置，位在學士之上，以宰相兼。掌修書之事。　權判門下省事：負責門下省具體事務。門下省，與中書省同掌機要，負責審查詔令、簽署章奏、進請寶印、受發通進奏狀、糾正朝政缺失等。　范質：人名。大名宗城（今河北威縣）人。五代後周、宋初宰相。傳見《宋史》卷二四九。　監脩國史：官名。北齊始置史館，以宰相爲之。唐史館沿置，爲宰相兼職。

六月壬子，滄州奏，契丹幽州榷鹽制置使兼防州刺史、知盧臺軍事張藏英，[1]以本軍兵士及職員户人孳畜七千頭口歸化。[2]癸丑，以前開封尹、楚國公侯益爲太子太師，[3]以前西京留守、莒國公王守恩爲左衛上將軍，[4]以前永興軍節度使李洪信爲左武衛上將軍。[5]甲寅，以左衛上將軍宋彦筠爲太子少師，以太子少師楊凝式爲尚書右僕射致仕。[6]癸亥，前河陽節度使王繼弘卒。[7]己巳，太子太傅李懷忠卒。[8]是月，河南、河北諸州大水，霖雨不止，川陂漲溢。襄州漢水溢入城，[9]深一丈五尺，居民皆乘筏登樹。羣烏集潞州，[10]河南無烏。

[1]滄州：州名。治所在今河北滄縣舊州鎮。　契丹：古部族、政權名。公元4世紀中葉宇文部爲前燕攻破，始分離而成單獨的部落，自號契丹。唐貞觀中，置松漠都督府，以其首領爲都督。唐末强盛，916年迭剌部耶律阿保機建立契丹國（遼）。先後與五代、北宋並立，保大五年（1125）爲金所滅。參見張正明《契丹史略》，中華書局1979年版。　幽州：州名。治所在今北京市。　制置使：官名。唐後期臨時差遣官，爲地方用兵時控制當地秩序而設。　防州：州名。遼置，屬西北路招討司。位於今蒙古國布爾根省哈達桑古城址。　盧臺軍：方鎮名。治所在今天津寧河區盧臺鎮。　張藏英：人名。涿郡范陽（今河北涿州市）人。五代、宋初將領。傳見《宋史》卷二七一。

[2]歸化：歸順。　以本軍兵士及職員户人孳畜七千頭口歸化：《舊五代史考異》："案：《歐陽史》作秋七月，張藏英來奔。"見《新五代史》卷一一《周太祖本紀》。

[3]侯益：人名。汾州平遥（今山西平遥縣）人。五代後唐至宋初將領。傳見《宋史》卷二五四。　太子太師：官名。與太子太傅、太子太保統稱太子三師。隋唐以後多作加官或贈官。從一品。

[4]西京留守：官名。唐代始置。皇帝出巡或親征時指定親王或大臣留守，綜理軍事、行政、民事、財政。　王守恩：人名。太原（今山西太原市）人。後晉潞州節度使王建立子，後漢時曾任宰

相。傳見本書卷一二五。"王守恩"，《舊五代史考異》："案：原本作'守思'，今據《通鑑》改正。"見《通鑑》卷二八八乾祐二年(949)八月甲申條，《輯本舊史》卷一二五即有《王守恩傳》。左衛上將軍：官名。唐置十六衛之一，掌宮禁宿衛。從二品。

[5]永興軍：方鎮名。治所在京兆府（今陝西西安市）。　李洪信：人名。并州晉陽（今山西太原市）人。五代、宋初將領。傳見《宋史》卷二五二。　左武衛上將軍：官名。唐置，掌宮禁宿衛。唐代置十六衛之一，掌宮禁宿衛。從二品。

[6]宋彥筠：人名。雍丘（今河南杞縣）人。五代後唐、後周將領。傳見本書卷一二三。　太子少師：官名。與太子少傅、太子少保合稱"三少"，唐後期、五代多爲大臣、勳貴加官。從二品。　楊凝式：人名。華陰（今陝西華陰市）人。五代官員。傳見本書卷一二八、《新五代史》卷三五。　尚書右僕射：官名。秦始置。隋、唐前期，以左、右僕射佐尚書令總理六官，綱紀庶務；如不置尚書令，則總判省事，爲宰相之職。唐後期多爲大臣加銜。從二品。

[7]王繼弘：人名。南宮（今河北南宮市）人。五代將領。傳見本書卷一二五。

[8]太子太傅：官名。與太子太師、太子太保統稱太子三師。隋唐以後多作加官或贈官。從一品。　李懷忠：人名。太原晉陽（今山西太原市）人。五代後唐至後周將領。傳見本書卷一二四。

[9]襄州：州名。治所在今湖北襄陽市。

[10]潞州：州名。治所在今山西長治市。

秋七月戊寅朔，徐州言，龍出豐縣村民井中，[1]即時澍雨，漂没城邑。癸未，太子賓客馬裔孫卒。[2]甲申，鄴都王殷奏乞朝覲，[3]凡三上章，允之。尋以北邊奏契丹事機，詔止其行。丙戌，[4]以左金吾上將軍安審信爲太子太師致仕。[5]丁亥，以右金吾上將軍張從恩爲左金吾上將軍，以前鄧州節度使張彦成爲右金吾上將軍。[6]己丑，以虎捷左厢都指揮使、永州防禦使韓通爲陝州留後。[7]庚寅，太府卿、判司天監趙延乂卒。[8]辛卯，以前西京副留守盧價爲太子賓客。[9]乙未，以御史中丞邊光範爲禮部侍郎，以刑部侍郎張煦爲御史中丞，以翰林學士承旨、尚書禮部侍郎徐台符爲刑部侍郎充職。[10]丙申，太子太師致仕安審信卒。丁酉，詔曰：[11]"京兆、鳳翔府、同、華、邠、延、鄜、耀等州所管州縣軍鎮，[12]頃因唐末藩鎮殊風，久歷歲時，未能釐革，政途不一，何以教民。其婚田争訟、賦税丁徭，合是令佐之職。其擒姦捕盜、庇護部民，合是軍鎮警察之職。今後各守職分，專切提撕，如所職疏遺，[13]各行按責，其州府不得差監徵軍將下縣。"[14]戊戌，衛尉少卿李温美責授房州司户參軍。[15]温美奉使祭海，便道歸家，家在壽光縣，爲縣吏馮勳所訟，[16]故黜之。供奉官武懷贊棄市，[17]坐盜馬價入己也。壬寅，以鴻臚少卿趙脩己爲司天監。[18]

[1]徐州：州名。治所在今江蘇徐州市。　豐縣：縣名。治所在今江蘇豐縣。

[2]太子賓客：官名。爲太子官屬。唐高宗顯慶元年（656）始置。掌侍從規諫、贊相禮儀。正三品。　馬裔孫：人名。又作"馬胤孫"，或避宋太祖諱改"胤"爲"裔"。棣州滴河（今山東商河縣）人。五代後唐進士、宰相。傳見本書卷一二七、《新五代史》卷五五。

［3］鄴都：地名。治所在今河北大名縣。五代後唐同光元年(923)，改魏州爲興唐府，建號東京。三年，改東京爲鄴都。　王殷：人名。瀛州（今河北河間市）人。五代將領。傳見本書卷一二四、《新五代史》卷五〇。

［4］丙戌：中華書局本有校勘記："以上二字原闕，據《永樂大典》卷八九八〇引《五代薛史》補。"

［5］左金吾上將軍：官名。唐置十六衛之一，掌宫禁宿衛。從二品。　安審信：人名。沙陀部人。五代將領安審琦從兄。五代後唐至後周將領。傳見本書卷一二三。

［6］右金吾上將軍：官名。唐置十六衛之一，掌宫禁宿衛。從二品。　張從恩：人名。太原人。五代後晋外戚、將領。仕至宋初。傳見《宋史》卷二五四。　鄧州：州名。治所在今河南鄧州市。　張彦成：人名。又名張彦威。潞州潞城（今山西潞城市）人。五代將領。傳見本書卷一二三。

［7］虎捷左廂都指揮使：官名。虎捷左廂，禁軍番號。五代軍隊編制，五百人爲一指揮，設指揮使、副指揮使；十指揮爲一軍，設都指揮使、副都指揮使。　永州：治所在今湖南永州市。　韓通：人名。太原（今山西太原市）人。五代後漢、後周、宋初將領。傳見《宋史》卷四八四。　陝州：州名。治所在今河南三門峽市陝州區。

［8］太府卿：官名。南朝梁始置。太府寺長官。掌國家財帛庫藏出納、關市税收等事。從三品。　司天監：官（署）名。其長官稱司天監，掌天文、曆法以及占候等事。參見趙貞《唐宋天文星占與帝王政治》，北京師範大學出版社 2016 年版。　趙延乂：人名。一作"趙延義"。秦州（今甘肅秦安縣）人。五代十國時前蜀大臣趙温珪之子。通術數。傳見本書卷一三一、《新五代史》卷五七。

［9］西京副留守：官名。西京留守副官。　盧價：人名。祖籍范陽（今河北涿州市）人，世居懷州河内（今河南沁陽市）。五代大臣。事見羅火金《五代時期盧價墓志考》，《中國歷史文物》

2009年第2期。

[10]御史中丞：官名。如不置御史大夫，則爲御史臺長官。掌司法監察。正四品下。　邊光範：人名。并州陽曲（今山西太原市）人。歷仕五代後唐、後晋至宋代。傳見《宋史》卷二六二。　禮部侍郎：官名。尚書省禮部次官。協助禮部尚書掌禮儀、祭享、貢舉之政。正四品下。　刑部侍郎：官名。尚書省刑部次官。協助刑部尚書掌天下刑法及徒隸、勾覆、關禁之政令。正四品下。　張煦：人名。籍貫不詳。後周時擔任散騎常侍、刑部尚書、兵部尚書等職。事見本書卷一一一至卷一一四。　翰林學士承旨：官名。爲翰林學士之首。掌拜免將相、號令征伐等詔令的起草。《舊唐書》卷四三《職官志二·翰林院》："例置學士六人，内擇年深德重者一人爲承旨，所以獨承密命故也。"　徐台符：人名。鎮州獲鹿（今河北石家莊市鹿泉區）人。五代時期大臣。傳見本書附録。

[11]詔曰：此句前，明本《册府》卷六一《帝王部·立制度門二》有"賦税婚田，比來州縣之職；盗賊煙火，元係巡鎮之司。各有區分，不相踰越，或侵職分，是紊規繩。切慮所在職員，尚循舊弊，須行條貫，以正紀綱"等句。

[12]京兆：府名。治所在今陕西西安市。　華：州名。治所在今陕西渭南市華州區。　鄜：州名。治所在今陕西富縣。　耀：州名。治所在今陕西銅川市耀州區。

[13]如所職疏遺：中華書局本有校勘記："'遺'，原作'遣'，據《册府》卷六一改。"

[14]其州府不得差監徵軍將下縣：此句後，《宋本册府》卷六一有"庶期静辨，無使煩勞"八字。

[15]衛尉少卿：官名。北魏置，隋、唐、五代爲衛尉寺次官。協助衛尉卿掌供宫廷、祭祀、朝會之儀仗帷幕，通判本寺事務。從四品上。　李温美：人名。籍貫不詳。後唐至後周官員，曾任博州武水縣令，事見《册府》卷七〇一《令長部·褒異門》。　房州：州名。治所在今湖北房縣。　司户參軍：官名。簡稱"司户"。州

級政府僚佐。掌本州屬縣之户籍、賦税、倉庫受納等事。上州從七品下，中州正八品下，下州從八品下。

[16]壽光縣：縣名。治所在今山東壽光市。　馮勳：人名。籍貫不詳。明本《册府》卷九五二《總録部·交惡門》作"馮繼勳"，並稱馮爲壽光縣主税吏。

[17]供奉官：官名。泛指侍奉皇帝左右的臣僚，亦爲東、西頭供奉官通稱。　武懷贇：人名。籍貫、事跡不詳。本書僅此一見。　棄市：古代刑法名。即在鬧市執行死刑，並陳屍街頭示衆。

[18]鴻臚少卿：官名。鴻臚寺副長官。佐鴻臚卿掌四夷朝貢、宴飲賞賜、送迎外使等禮儀活動。從四品上。　趙脩己：人名。浚儀（今河南開封市）人。素善術數，自李守貞鎮滑州，署司户參軍，累從移鎮。後從郭威。傳見《宋史》卷四六一。

八月己酉，幸南莊。丙辰，内衣庫使齊藏珍除名，配沙門島。[1]藏珍奉詔脩河，不於役所部轄，私至近縣止宿，及報隄防危急，安寢不動，遂致橫流，故有是責。庚申，邢州節度使劉詞移鎮河陽。[2]辛酉，以龍捷左廂都指揮使、閬州防禦使田景咸爲邢州留後。[3]丁卯，河決河陰，[4]京師霖雨不止。給賜諸軍將士薪芻有差。癸酉，以翰林學士、户部侍郎王溥爲端明殿學士。甲戌，潭州王逵奏：[5]"朗州劉言與淮賊通連，差指揮使鄭玟部領兵士，[6]欲併當道。鄭玟爲軍衆所執，奔入武陵，[7]劉言尋爲諸軍所廢，臣已至朗州安撫訖。"詔劉言勒歸私第，委王逵取便安置。是月所在州郡奏，霖雨連綿，漂没田稼，[8]損壞城郭廬舍。

[1]齊藏珍：人名。籍貫不詳。五代後漢、後周將領。傳見本

書卷一二九。　沙門島：地名。在今山東長島縣西北廟島，一説大黑山島。

[2]邢州：州名。治所在今河北邢臺市。　劉詞：人名。元城（今河北大名縣）人。五代將領。傳見本書卷一二四、《新五代史》卷五〇。

[3]閬州：州名。治所在今四川閬中市。　田景咸：人名。太原（今山西太原市）人。歷仕五代後漢、後周、宋。傳見《宋史》卷二六一。　閬州防禦使田景咸爲邢州留後：《輯本舊史》之影庫本粘籤："景咸，原本作'景成'，邢州，原本作'刑州'，今各據《通鑑》改正。"檢《大典》卷八九八〇引《五代薛史》，兩處均不誤，五代亦無"刑州"之州名。

[4]河陰：《大典》卷八九八〇引《五代薛史》作"陰河"，五代無"陰河"之河名，《大典》誤。

[5]王逵：人名。即王進逵。武陵（今湖南常德市）人，郭威授之武平軍節度使。事見本書卷一三三、《新五代史》卷六六。中華書局本有校勘記："殿本、本書卷一三三《劉言傳》作'王進逵'。本卷下文同。"本卷下文顯德元年（954）正月丙戌條作王逵，卷一一四《周世宗紀一》同年七月癸未條及卷一三三《劉言傳》作王進逵，《新五代史》卷六六與劉言之合傳亦作王進逵。

[6]指揮使：官名。唐末、五代軍隊多置都指揮使、指揮使，爲統兵將領。　鄭玟：人名。籍貫不詳。五代十國藩鎮將領。事見本書卷一三三。

[7]武陵：縣名。治所在今湖南常德市武陵區。

[8]漂没：《大典》卷八九八〇引《五代薛史》作"漂沫"，《大典》誤。

九月己卯，太子少保盧損卒。[1]丁酉，深州上言："樂壽縣兵馬都監杜延熙爲戍兵所害。"[2]先是，齊州保寧都兵士屯於樂壽，都頭劉彦章等殺延熙爲亂。[3]時鄭州開道指揮使張萬友亦屯於樂壽，[4]然不與之同。朝廷急遣供奉官馬謌省其事，[5]謌乃與萬友擒彦章等十三人斬之，餘衆奔齊州。是月多陰曀，木再華。[6]

[1]太子少保：官名。與太子少師、太子少傅統稱太子三少。隋唐以後多作加官或贈官。從二品。　盧損：人名。范陽（今河北涿州市）人。唐末、五代官員。傳見本書卷一二八、《新五代史》卷五五。

[2]深州：州名。治所在今河北深州市。　樂壽縣：縣名。治所在今河北獻縣。　兵馬都監：官名。唐代中葉命將出征，常以宦官爲監軍、都監。後爲臨時委任的統兵官，稱都監、兵馬都監。掌屯戍、邊防、訓練之政令。　杜延熙：人名。籍貫不詳。五代將領。事見本書卷一一二。

[3]齊州：州名。治所在今山東濟南市。　先是，齊州保寧都兵士屯於樂壽：中華書局本有校勘記："'先'，原作'光'，據殿本、劉本、孔本、邵本、彭本、《永樂大典》卷八九八〇引《五代薛史》改。'保寧都'，原作'保寧郡'，據劉本改。按《通鑑》（兩浙東路茶鹽司公使庫刻本）卷二九一：'契丹寇樂壽，齊州戍兵右保寧都頭劉漢章殺都監杜延熙，謀應契丹。'"《通鑑》卷二九一廣順三年九月己亥條作劉漢章。　都頭：官名。唐末五代時，"都"爲指揮以下的軍事編制。《武經總要》卷二："凡五百人爲一指揮，其别有五都，都一百人，統以一營居之。"都的長官稱爲都頭。　劉彦章：人名。籍貫不詳。五代將領，曾任右領衛將軍。事見明本《册府》卷五五《帝王部·養老門》。

[4]開道指揮使：官名。所部統兵將領。開道爲部隊番號。　張萬友：人名。籍貫不詳。五代、宋初將領，曾任步軍都指揮使。事見《宋史》卷二五五。

[5]馬謂：人名。籍貫不詳。五代後晋藩鎮將領，後周時爲供奉官。事見本書卷七七。《輯本舊史》之影庫本粘籤："原本作'馬咢'，今從《通鑑》改正。"《通鑑》未見相關記載。《大典》卷八九八〇引《五代薛史》作"馬謂"。

[6]是月多陰噎，木再華：《新五代史》卷一一《周太祖本紀》廣順三年九月載："吐渾党富達等來。"《輯本舊史》未載其事。

冬十月戊申朔，詔以來年正月一日有事於南郊，諸道州府不得以進奉南郊爲名，輒有率斂。己酉，右金吾上將軍張彦成卒。庚戌，以前同州節度使薛懷讓爲左屯衛上將軍，以尚書左丞兼判國子監田敏權判太常卿，以禮部尚書王易權兵部尚書。[1]太常奏，郊廟社稷壇位制度，請下所司脩奉，從之。以中書令馮道爲南郊大禮使，以開封尹、晋王榮爲頓遞使，權兵部尚書王易爲鹵簿使，御史中丞張煦爲儀仗使，權判太常卿田敏爲禮儀使。[2]以前潁州防御使郭瓊爲權宗正卿。[3]甲寅，以前光禄卿丁知浚復爲光禄卿。[4]丙辰，幸南莊、西莊。[5]己未，前寧州刺史張建武責授右司禦副率，[6]以野雞族失利故也。[7]以前翰林學士、工部侍郎魚崇諒爲禮部侍郎，[8]充翰林學士。時崇諒解職於陜州就養，至是再除禁職，仍賜詔召之，令本州給行裝鞍馬，侍親歸朝。以太子賓客張昭爲户部尚書，以太子賓客李濤爲刑部尚書。[9]詔中書令馮道赴西京迎奉太廟神主。甲子，中書令馮道率百官上尊號曰聖明文武仁德皇帝，答詔不允，凡三上章，允之，仍俟郊禮畢施行。壬申，鄴都、邢、洺等州皆上言地震，鄴都尤甚。[10]

[1]薛懷讓：人名。祖先爲戎人，徙居太原（今山西太原市）。五代將領。傳見《宋史》卷二五四。　左屯衛上將軍：禁衛軍官名。掌宫禁宿衛。從二品。左屯衛，隋置。唐龍朔二年（662）改名爲左威衛。五代後周廣順二年（952）復名左屯衛。宋代存其名而無職司。　尚書左丞：官名。尚書省佐貳官。唐中期以後，與尚書右丞實際主持尚書省日常政務，權任甚重。正四品上。後梁開平二年（908）改爲左司侍郎，後唐同光元年（923）復舊爲左丞。正四品。　國子監：官署名。隋煬帝大業三年（607）置，主管國子學、太學等官學。　田敏：人名。淄州鄒平（今山東鄒平縣）人。五代、宋初官員、學者。傳見《宋史》卷四三一。　太常卿：官名。太常寺長官。掌祭祀禮儀等事。正三品。　禮部尚書：官名。尚書省禮部長官。掌禮儀、祭享、貢舉之政。正三品。　王易：人名。籍貫不詳。五代官員。曾任後周尚書左丞、禮部尚書、兵部尚書、鹵簿使，事見本書本卷、卷一一一。　兵部尚書：官名。尚書省兵部長官。掌兵衛、武選、車輦、甲械、厩牧之政令。正三品。

[2]中書令：官名。漢武帝時始置，以宦官主中書，掌傳宣詔命等。隋、唐前期爲中書省長官，屬宰相之職；唐後期多爲授予元勳大臣的虚銜。正二品。　馮道：人名。瀛州景城（今河北滄縣）人。五代時官拜宰相，歷仕後唐、後晋、後漢、後周，亦曾臣事契丹。傳見本書卷一二六、《新五代史》卷五四。　南郊大禮使：官名。非常設。帝王舉行南郊等大禮時設，參掌大禮。　頓遞使：官名。頓，即宿食之所。掌出行所經道路橋梁、安排食宿、運送禮儀器物等。臨時差遣，事畢即罷。　鹵簿使：官名。掌帝后出行車駕儀仗。　儀仗使：官名。皇帝大駕出行時，總掌儀仗事務。　禮儀使：官名。掌禮儀政令。

[3]潁州：州名。治所在今安徽阜陽市。　郭瓊：人名。平州盧龍（今河北盧龍縣）人。五代末、宋初將領。傳見《宋史》卷二六一。　宗正卿：官名。秦始置宗正，南朝梁始有宗正卿之官。

由宗室充任。掌皇族外戚屬籍。正三品。

[4]光禄卿：官名。南朝梁天監七年（508）改光禄勳置，隋、唐沿置。掌宫殿門户、帳幕器物、百官朝會膳食等。從三品。　丁知浚：人名。籍貫不詳。五代後晋至後周官員。事見本書卷八〇。

[5]西莊：地名。其地不詳，疑位於開封城外。

[6]右司禦副率：官名。隋文帝置太子左右宗衛率府，掌領宗室侍衛東宫，煬帝改左右武侍率府。唐沿置，歷改左右司禦衛、左右司禦率府、左右宗衛率府。景雲二年（711）始定名左右司禦率府，秩比十二衛中左右領軍衛。統郊城等若干折衝府。從四品上。《宋本册府》卷四四六《將帥部·生事門》作“左司禦率府副率”。中華書局本有校勘記：“‘右’，《册府》卷四四六作‘左’。”

[7]以野雞族失利故也：明本《册府》卷四四六《將帥部·生事門》：“制曰：‘頃以野鷄蕃族，蝨賊邊陲。俾爾率領兵師，於彼進討。殺牛族孰户，素不陸梁，而無故侵擾，致其鬬敵。彼戎既然殺戮，去者寧不夷傷？俾將士罹殃，職爾之罪。授之散秩，猶爲寬恩。爾當再三深自咎責，可行左司禦率府副率。’”張其凡《五代禁軍初探》卷五疑“野雞族”上脱“討”字。

[8]工部侍郎：官名。尚書省工部次官。協助尚書掌管百工、山澤、水土之政令，考其功以昭賞罰，總所同各司之事。正四品下。　魚崇諒：人名。其先楚州山陽（今江蘇淮安市淮安區）人，後徙於陝。五代、宋初官員。傳見《宋史》卷二六九。《新五代史》作“魯崇諒”。

[9]張昭：人名。世居濮州范縣（今河南范縣）。五代、宋初大臣，時爲中書舍人。傳見《宋史》卷二六三。　户部尚書：官名。尚書省户部長官。掌管全國土地、户籍、賦税、財政收支諸事。正三品。　李濤：人名。京兆萬年（今陝西西安市長安區）人。唐敬宗子郇王瑋後裔，五代官員。傳見《宋史》卷二六二。　刑部尚書：官名。尚書省刑部長官。掌天下刑法及徒隸、勾覆、關禁之政令。正三品。

[10]洺：州名。治所在今河北邯鄲市永年區。　鄴都、邢、洺等州皆上言地震，鄴都尤甚："上言"，《大典》卷八九八〇引《五代薛史》作"尚言"，誤。《輯本舊史》卷一四一《五行志·地震目》載："周廣順三年十月，魏、邢、洺等州地震數日，凡十餘度，魏州尤甚。"

十一月辛巳，廢共城稻田務，任人佃蒔。[1]乙酉，[2]日南至，帝不受朝賀。庚寅，鎮州節度使何福進奏乞朝覲，[3]三奏，允之。詔侍衛步軍都指揮使曹英權知鎮州軍府事。[4]癸巳，以將作監李瓊爲濟州刺史。[5]壬寅，詔："重定天下縣邑，除畿赤外，[6]其餘三千户已上爲望縣，二千户已上爲緊縣，一千户已上爲上縣，五百户以上爲中縣，不滿五百户爲中下縣。"

[1]共城：縣名。治所在今河南輝縣市。　佃蒔：租種。

[2]乙酉：廣順三年（953）十一月丁丑朔，乙酉（初九）前，《新五代史》卷一一《周太祖本紀》癸未（初七）日尚有一條記事："党項使吴怙磨五等來。"

[3]鎮州：州名。治所在今河北正定縣。　何福進：人名。一作"何福殷"。太原（今山西太原市）人。五代將領。傳見本書卷一二四。

[4]侍衛步軍都指揮使：官名。五代時皇帝親軍侍衛步軍司之最高長官。　曹英：人名。常山真定（今河北正定縣）人。五代後唐至後周將領。傳見本書卷一二九。

[5]將作監：官名。秦代設將作少府，唐代改將作監，其長官即爲將作監。掌宫廷器物置辦及宫室修建事宜。從三品。　李瓊：人名。幽州（今北京市）人。五代十國、宋初將領。傳見《宋史》

卷二六一。　濟州：州名。治所在今山東巨野縣。

[6]畿赤：自唐代起，府、州屬縣分爲赤縣、畿縣、次赤縣、次畿縣、望縣、緊縣、上縣、中縣、中下縣、下縣十等。都城之所治曰赤縣，其旁邑爲畿縣。

十二月戊申，雨木冰。是日，四廟神主至西郊，帝郊迎奠饗，奉神主入於太廟，設奠安神而退。[1]壬子，前單州刺史趙鳳賜死，[2]坐爲民所訟故也。甲寅，詔諸道州府縣鎮城内人户，舊請蠶鹽徵價，起今後並停。甲子，鎮州節度使何福進來朝。乙丑，鄴都留守王殷來朝。丙寅，禮儀使奏："皇帝郊廟行事，請以晋王榮爲亞獻，通攝終獻行事。"[3]從之。己巳，左補闕王伸停任，坐檢田於亳州，虚憑紐配故也。[4]辛未，鄴都留守、侍衛親軍都指揮使王殷削奪在身官爵，長流登州，尋賜死於北郊。[5]其家人骨肉，並不問罪。癸酉，帝宿齋於崇元殿，爲來年正月一日親祀南郊也。時帝已不豫。甲戌，宿于太廟。乙亥質明，帝親饗太廟，自齋宫乘步輦至廟庭，被衮冕，令近臣翼侍陞階，[6]止及一室行禮，俛首而退，餘命晋王率有司終其禮。是日，車駕赴郊宫。[7]

[1]"十二月戊申"至"設奠安神而退"：本月丁未朔，戊申爲初二，此事《通鑑》卷二九一繫於廣順三年（953）十二月丁未，相差一日。

[2]單州：州名。治所在今山東單縣。《輯本舊史》之影庫本粘籤："單州，原本作'善州'，今據趙鳳本傳改正。"見《輯本舊

史》卷六七《趙鳳傳》。《大典》卷八九八〇引《五代薛史》作“單州”。　趙鳳：人名。幽州（今北京市）人。五代後唐大臣。傳見本書卷六七、《新五代史》卷二八。

[3]亞獻：祭祀過程中，陳列祭品以後要三次獻酒，即初獻、亞獻、終獻。

[4]左補闕：官名。唐代諫官。武則天時始置。分爲左右，左補闕隸於門下省，右補闕隸於中書省。掌規諫諷諭，大事可以廷議，小事則上封奏。從七品上。　王伸：人名。籍貫不詳。五代大臣、史官。事見本書本卷、卷一〇二、卷一三一。　紐配：即科配。

[5]侍衛親軍都指揮使：官名。五代時侍衛親軍長官。多由皇帝親信擔任。　登州：州名。治所在今山東蓬萊市。　尋賜死於北郊：《新五代史》卷一一《周太祖本紀》廣順三年十二月壬申條："殺天雄軍節度使王殷。"合《輯本舊史》《新五代史》觀之，知王殷辛未（二十五）日削官，壬申（二十六）日見殺。

[6]齋宫：天子齋戒之宫。　令近臣翼侍陛階：《輯本舊史》之影庫本粘籤："陛階，原本作'陸階'，今從《通鑑》及《契丹國志》改正。"《通鑑》卷二九一廣順三年十二月乙亥條作"登階"，《契丹國志》未見相關記載。《大典》卷八九八〇引《五代薛史》作"陞階"，"陞"爲"陛"形近之訛。

[7]郊宫：天子祭天地的處所。

顯德元年春正月丙子朔，帝親祀圜丘，禮畢，詣郊宫受賀。車駕還宫，御明德樓，宣制："大赦天下，改廣順四年爲顯德元年。自正月一日昧爽已前，應犯罪人，常赦所不原者，咸赦除之。内外將士各賜優給，文武職官並與加恩，内外命婦並與進封。寺監攝官七周年已上者，同明經出身，今後諸寺監不得以白身署攝。升朝官兩任已上，著緑十五周年與賜緋，著緋十五年與賜紫。州縣官曾經五度參選者，雖未及十六考，與授朝散大夫階，年七十已上，授優散官，賜緋。應奉郊廟職掌人員，並與恩澤。今後不得以梁朝及清泰朝爲僞朝僞主，天下帝王陵廟及名臣墳墓無後，官爲檢校”云。[1]宣赦畢，帝御崇元殿受册尊號，禮畢，羣臣稱賀。時帝郊祀，御樓受册，有司多略其禮，以帝不豫故也。先是，有占者言：“鎮星在氐、房，[2]乃鄭、宋之分，當京師之地；兼氐宿主帝王露寢。若散財以致福，遷幸以避災，庶幾可以驅禳矣。”帝以遷幸煩費，不可輕議，散財可矣，故有郊禋之命。洎歲暮，帝疾增劇，郊廟之禮蓋勉而行之耳。

[1]顯德：五代後周太祖郭威年號（954）。世宗柴榮、恭帝柴宗訓沿用（954—960）。　圜丘：帝王祭天的祭壇。又作“圓丘”。《周禮·春官·大司樂》：“冬日至，於地上之圜丘奏之。”賈公彦疏：“案《爾雅》：土之高者曰丘。取自然之丘。圜者，象天圜。”　明德樓：城樓名。位於今河南開封市。　昧爽：黎明拂曉。　明經：即明經科。科舉常科科目之一。唐以明經爲科舉的常科，明經科中析爲五經、三經、學究一經、三禮、三傳等。唐代把《禮記》《春秋左傳》作爲大經，《詩經》《周禮》《儀禮》作爲中經，《易經》《尚書》《春秋公羊傳》《春秋穀梁傳》作爲小經，凡通三經以上者爲明經，其要求低於秀才而高於進士。　白身：指代没有官職出身的人。唐時授官而未通朝籍者也稱白身。　署攝：代理官職或由本官而兼任他官。　清泰：五代後唐廢帝李從珂年號（934—936）。　“顯德元年春正月丙子朔”至“官爲檢校云”：“内外將士各賜優給”，中華書局本有校勘記：“‘賜’字原闕，據《永樂大

典》卷八九八〇引《五代薛史》補。”明本《册府》卷八一《帝王部·慶賜門三》、卷九六《帝王部·赦宥門一五》“各賜優給”作“各等第優賞”。此爲太祖彌留時之大赦詔，《册府》卷八一誤爲世宗即位時之大赦詔。“州縣官曾經五度參選者”，中華書局本有校勘記：“‘者’字原闕，據《永樂大典》卷八九八〇引《五代薛史》，《册府》卷八一、卷九六，《五代會要》卷六補。”見《會要》卷六内外官章服條。“雖未及十六考”，明本《册府》卷九六作“雖未及六考”。

[2]鎮星：即土星。　氐：星名。二十八宿之一。　房：星名。二十八宿之一。　鎮星在氐、房：《輯本舊史》之影庫本粘籤：“氐、房，原本作‘互方’，今從《通鑑》及《契丹國志》改正。”《大典》卷八九八〇引《五代薛史》作“互房”，“互”爲“氐”之訛，據下文“氐宿”可知。

戊寅，詔廢鄴都依舊爲天雄軍，大名府在京兆府之下。[1]庚辰，制皇子開封尹、晉王榮可開府儀同三司、檢校太尉、兼侍中，行開封尹、功德使，判内外兵馬事。[2]襄州安審琦進封陳王；鄆州符彦卿進封衛王，移鎮天雄軍；[3]荆南高保融進封南平王；[4]夏州李彝興進封西平王。[5]甲申，宋州趙暉進封韓國公，青州常思進封萊國公，徐州王晏進封滕國公，鄧州侯章進封申國公，西京武行德進封譙國公，[6]許州郭從義加檢校太師，鳳翔王景進封褒國公，華州孫方諫進封蕭國公。[7]自趙暉已下並加開府儀同三司。乙酉，分命朝臣往諸州開倉，減價出糶，以濟饑民。詔潭州依舊爲大都督府，在朗州、桂州之上。[8]丙戌，以澶州節度使鄭仁誨爲樞密使，加同平章事；鄜州楊信加開府儀同三司，進封杞國公；[9]邠州折從阮加開府儀同三司，[10]改封鄭國公；滄州李暉加檢校太尉；[11]安州李洪義加檢校太師；貝州王饒加檢校太尉；[12]以陳州節度使兼侍衛馬軍都指揮使郭崇爲澶州節度使，[13]加同平章事；以曹州節度使兼侍衛步軍都指揮使曹英爲鎮州節度使，加同平章事；潭州王逵加特進、兼侍中；[14]河陽劉詞加檢校太尉；河中王彦超加同平章事；以鎮州節度使何福進爲鄆州節度使，加同平章事；潞州李筠加同平章事。[15]戊子，晉州藥元福、滑州白重贊、相州王進、同州張鐸並加檢校太傅；[16]以延州節度使索萬進爲曹州節度使，加檢校太傅；定州留後孫行友、邢州留後田景咸、陝州留後韓通、靈武留後馮繼業並正授節度使。[17]庚寅夜，東北有大星墜，其聲如雷。

[1]天雄軍：方鎮名。治所在魏州（今河北大名縣）。　大名府：府名。治所在今河北大名縣。　京兆府：府名。治所在今陝西西安市。　大名府在京兆府之下：此句後，《會要》卷一九大名府條有"其屬縣地望、官吏品秩，並同京兆府"十四字。

[2]開府儀同三司：官名。曹魏始置，隋、唐時爲散官之最高官階，多授功勳重臣。從一品。　檢校太尉：官名。爲散官或加官，以示恩寵，無實際執掌。　侍中：官名。秦始置。隋、唐前期爲門下省長官。唐後期多爲大臣加銜，不參與政務，實際職務由門下侍郎執行。正二品。

[3]安審琦：人名。沙陀部人。五代將領。歷仕後唐、後晉、後漢、後周。傳見本書卷一二三。　鄆州：州名。治所在今山東東平縣。　符彦卿：人名。陳州宛丘（今河南淮陽縣）人。後周、宋初將領。周世宗宣懿皇后、宋太宗懿德皇后，皆符彦卿女。傳見

《宋史》卷二五一。

[4]荆南：又稱南平。五代十國之一。後梁開平元年（907）朱温命高季興爲荆南節度使，梁末帝時封季興爲渤海王。同光二年（924）受後唐封爲南平王。　高保融：人名。陝州硤石（今河南三門峽市陝州區硤石鄉）人。五代南平國王高從誨子，後漢乾祐元年（948）繼父位。傳見本書卷一三三《世襲列傳》、《新五代史》卷六九《南平世家》。

[5]夏州：州名。治所在今陝西靖邊縣。　李彝興：人名。本名彝殷，党項族。夏州（今陝西靖邊縣）人。五代、宋初軍閥。傳見本書卷一三二、《宋史》卷四八五。

[6]王晏：人名。徐州滕（今山東滕州市）人。五代、宋初將領。傳見《宋史》卷二五二。　侯章：人名。并州榆次（今山西晋中市榆次區）人。五代、宋初將領。傳見《宋史》卷二五二。　武行德：人名。并州榆次（今山西晋中市榆次區）人。五代、宋初將領。傳見《宋史》卷二五二。

[7]許州：州名。治所在今河南許昌市。　郭從義：人名。沙陀部人。曾名李從義。後唐莊宗李存勖養子。五代及宋初將領。傳見《宋史》卷二五二。　檢校太師：官名。爲散官或加官，以示恩寵，無實際執掌。　孫方諫：人名。初名方簡，避後周太祖之父諱改名。中山（今河北定州市）人，一説莫州清苑（今河北保定市清苑區）人。五代後晋至後周將領。傳見本書卷一二五、《新五代史》卷四九。

[8]桂州：州名。治所在今廣西桂林市。

[9]楊信：人名。即楊承信。沙陀部人。五代將領楊光遠第三子。五代後晋至宋朝官員。傳見《宋史》卷二五二。

[10]邠州折從阮加開府儀同三司：《輯本舊史》之影庫本粘籤："折從阮，原本作'從玩'，考從阮本名從遠，漢時避高祖御名，始改作阮，今改正。"《大典》卷八九八〇引《五代薛史》作"從阮"。

[11]李暉：人名。瀛州束城（今河北河間市）人。五代將領。傳見本書卷一二九。

[12]安州：州名。治所在今湖北安陸市。　李洪義：人名。一作“李弘義”。并州晋陽（今山西太原市）人。李洪信之弟，五代、宋初將領。傳見《宋史》卷二五二。　貝州：州名。治所在今河北清河縣。　王饒：人名。慶州華池（今甘肅華池縣）人。五代將領。傳見本書卷一二五。

[13]陳州：州名。治所在今河南淮陽縣。　侍衛馬軍都指揮使：官名。爲侍衛親軍馬軍司長官。後梁始置侍衛親軍，爲禁軍的一支，後唐沿置並成爲禁軍主力，下設馬軍、步軍。　郭崇：人名。應州金城（今山西應縣）人。五代、宋初將領。傳見《宋史》卷二五五。

[14]曹州：州名。治所在今山東曹縣西北。　特進：官名。西漢末期始置，授給列侯中地位較特殊者。隋唐時期，特進爲文散官，授給有聲望的官員。正二品。

[15]李筠：人名。并州太原（今山西太原市）人。五代、宋初將領，歷仕後唐至宋。傳見《宋史》卷四八四。

[16]晋州：州名。治所在今山西臨汾市。　藥元福：人名。晋陽（今山西太原市）人。五代後唐至宋初將領。傳見《宋史》卷二五四。　檢校太傅：官名。爲散官或加官，以示恩寵，無實際執掌。

[17]定州：州名。治所在今河北定州市。　孫行友：人名。鄚州清苑（今河北保定市清苑區）人。孫方諫之弟。五代、宋初將領。傳見《宋史》卷二五三。　靈武：郡名。治所在今寧夏吴忠市。乾元元年（758），改名靈州。此處代指治所在靈州的方鎮朔方軍。　馮繼業：人名。大名（今河北大名縣）人。馮暉之子。五代、宋初將領。傳見《宋史》卷二五三。

壬辰，宰臣馮道加守太師，范質加尚書左僕射、監修國史，李穀加右僕射、集賢殿大學士。[1]以端明殿學士、尚書户部侍郎王溥爲中書侍郎、平章事。[2]司徒竇貞固進封汧國公，司空蘇禹珪進封莒國公，[3]並加開府儀同三司。以宣徽南院使、知永興軍府事袁巖爲延州節度使；[4]以宣徽北院使兼樞密副使王仁鎬爲永興軍節度使；以前安州節度使王令温爲陳州節度使；[5]以殿前都指揮使、泗州防禦使李重進爲武信軍節度使、檢校太保，典軍如故；[6]以龍捷左厢都指揮使、睦州防御使樊愛能爲侍衛馬軍都指揮使、洋州節度使，加檢校太保；[7]以虎捷左厢都指揮使、果州防禦使何徽爲侍衛步軍都指揮使、利州節度使，[8]加檢校太保；以樞密承旨魏仁浦爲樞密副使。[9]是日巳時，帝崩於滋德殿，聖壽五十一。[10]祕不發喪。乙未，遷神柩於萬歲殿，[11]召文武百官班於殿廷，宣遺制："晋王榮可於柩前即皇帝位，服紀月日一如舊制"云。是歲，自正月朔日後，景色昏晦，日月多暈，及嗣君即位之日，天氣晴朗，中外肅然。

[1]太師：官名。與太傅、太保合稱三師，唐後期、五代多爲大臣、勳貴加官。正一品。　尚書左僕射：官名。秦始置。隋、唐前期以左、右僕射佐尚書令總理六官，綱紀庶務；如不置尚書令，則總判省事，爲宰相之職。唐後期多爲大臣加銜。從二品。　李穀：人名。潁州汝陰（今安徽阜陽市）人。五代後周宰相。傳見《宋史》卷二六二。

[2]以端明殿學士、尚書户部侍郎王溥爲中書侍郎、平章事：

《舊五代史考異》:“案《東都事略·王溥傳》: 太祖將大漸, 促召學士草制, 以溥爲中書侍郎、同中書門下平章事。已宣制, 太祖曰: ‘吾無恨矣。’ ”見《東都事略》卷一八《王溥傳》。

[3]司徒: 官名。與太尉、司空並爲三公, 唐後期、五代多爲大臣、勳貴加官。正一品。　竇貞固: 人名。同州白水（今陝西白水縣）人。五代後唐至宋初大臣, 後唐進士, 後漢宰相。傳見《宋史》卷二六二。　司空: 官名。與太尉、司徒並爲三公。唐後期、五代多爲大臣、勳貴加官。正一品。　蘇禹珪: 人名。高密（今山東高密市）人。劉知遠爲河東節度時的屬官, 後漢初任宰相。傳見本書卷一二七。

[4]宣徽南院使: 官名。唐始置。宣徽南院的長官。初用宦官, 五代以後改用士人。與宣徽北院使通掌内諸司及三班内侍之名籍, 郊祀、朝會、宴享供帳之儀, 檢視内外進奉名物。参見王永平《論唐代宣徽使》,《中國史研究》1995 年第 1 期; 王孫盈政《再論唐代的宣徽使》,《中華文史論叢》2018 年第 3 期。　袁巖: 人名。袁象先之子。五代將領, 歷任復州刺史、左龍武大將軍、左神武統軍、宣徽南院使、延州節度使等。事見本書本卷、卷一一二、卷一一四等。

[5]王令温: 人名。瀛州河間（今河北河間市）人。五代後晋將領。傳見本書卷一二四。

[6]武信軍: 方鎮名。治所在遂州（今四川遂寧市）。　檢校太保: 官名。爲散官或加官, 以示恩寵, 無實際執掌。

[7]龍捷左廂都指揮使: 官名。所部統兵將領。龍捷左廂爲部隊番號。　睦州: 州名。治所在今浙江建德市。　樊愛能: 人名。籍貫不詳。五代後周將領, 高平之戰中不戰而逃, 後被周世宗處死, 以正軍法。傳見本書附録。《輯本舊史》之影庫本粘籤:“樊愛能, 原本作‘受熊’, 今從《通鑑》改正。”見《通鑑》卷二九一顯德（954）元年正月壬辰條。《大典》卷八九八〇引《五代薛史》作“愛能”。　洋州: 州名。治所在今陝西洋縣。

[8]果州：州名。治所在今江西南充市。　何徽：人名。高平之戰中不戰而逃，後被周世宗處死，以正軍法。傳見本書附録。　利州：州名。治所在今四川廣元市。

[9]樞密承旨：官名。五代設樞密院承旨和樞密院副承旨，以各衛將軍擔任。主管樞密院承旨司之事。　魏仁浦：人名。後周、宋初宰相。衛州汲（今河南衛輝市）人。傳見《宋史》卷二四九。

[10]滋德殿：五代東京宫殿名。位於今河南開封市。

[11]萬歲殿：宫殿名。後梁、後漢、後周東京開封城内宫殿。位於今河南開封市。

帝自郊禋後，其疾乍瘳乍劇，晋王省侍，不離左右。[1]累諭晋王曰："我若不起此疾，汝即速治山陵，不得久留殿内。陵所務從儉素，應緣山陵役力人匠，並須和雇，[2]不計近遠，不得差配百姓。陵寢不須用石柱費人功，只以磚代之。[3]用瓦棺紙衣。臨入陵之時，召近税户三十家爲陵户，下事前揭開瓦棺，[4]遍視過陵内，切不得傷他人命。勿脩下宫，不要守陵宫人，亦不得用石人石獸，只立一石記子，鐫字云'大周天子臨晏駕，留言與嗣帝，[5]緣平生好儉素，只令著瓦棺紙衣葬。'若違此言，陰靈不相助。"又言："朕攻收河府時，見李家十八帝陵園，[6]廣費錢物人力，並遭開發。汝不聞漢文帝儉素，葬在霸陵原，[7]至今見在。如每年寒食無事時，即仰量事差人灑掃，如無人去，只遥破散。[8]兼仰於河府、魏府各葬一副劍甲，[9]澶州葬通天冠、絳紗袍，東京葬一副平天冠、衮龍服。千萬千萬，莫忘朕言。"

[1]晉王省侍，不離左右：《舊五代史考異》："案《東都事略》：李重進，周太祖之甥，母即福慶長公主。重進年長于世宗，及太祖寢疾，召重進受顧命，令拜世宗，以定君臣之分。"見《東都事略》卷二二《李重進傳》。

[2]並須和雇："雇"，《大典》卷八九八〇引《五代薛史》作"顧"。《通鑑》卷二九一顯德元年（954）正月戊子條敘其事作"工人役徒皆和雇"。

[3]陵寢不須用石柱費人功，只以磚代之：《通鑑》卷二九一顯德元年正月戊子條敘其事作"壙中無用石，以甓代之"。

[4]下事前揭開瓦棺：《輯本舊史》之影庫本粘籤："下事，原本作'卞是'，今從《通鑑》及《契丹國志》改正。"《大典》卷八九八〇引《五代薛史》作"下事"，《通鑑》無此語。

[5]留言與嗣帝：中華書局本有校勘記："原作'與嗣帝約'，據《永樂大典》卷八九八〇引《五代薛史》改。"

[6]十八帝陵園：即關中十八唐帝陵，分佈於陝西渭南市富平縣、蒲城縣及陝西咸陽市的三原縣、涇陽縣、禮泉縣、乾縣六縣。

[7]漢文帝：即漢文帝劉恒。西漢皇帝，前 180 年至前 157 年在位。紀見《漢書》卷四。　霸陵：漢文帝劉恒陵墓。2015 年陝西省考古研究院通過考古研究認爲霸陵位於"江村大墓"，即今陝西西安東郊白鹿原東北角。

[8]破散：中華書局本有校勘記："原作'祭'，據《永樂大典》卷八九八〇引《五代薛史》改。按《五代會要》卷三：'漢乾祐三年三月寒食，隱帝奉皇后幸南御園家祭，樞密使、三司使從之。'原注云：'人君奉先之道，無寒食野祭，近代莊宗每年寒食出祭，謂之"破散"，故襲而行之。'"見《會要》卷三寒食拜掃條。

[9]魏府：地名。即魏州，唐、五代方鎮魏博軍的治所。位於今河北大名縣。

二月甲子，太常卿田敏上尊謚曰聖神恭肅文武孝皇帝，廟號太祖。

四月乙巳，葬於嵩陵。[1]宰臣李穀撰謚册文，王溥撰哀册文。[2]《永樂大典》卷八千九百八十。[3]

[1]嵩陵：後周太祖郭威陵墓，位於今河南新鄭市。　四月乙巳，葬於嵩陵：中華書局本有校勘記："本書卷一一四《周世宗紀一》敘其事作'夏四月乙巳，太祖靈駕發東京。乙卯，葬於嵩陵'。"《新五代史》卷一二《周世宗本紀》、《通鑑》卷二九一亦作四月乙卯葬太祖於嵩陵。

[2]王溥撰哀册文：中華書局本有校勘記："'文'下原有'云'字，據殿本、《永樂大典》卷八九八〇引《五代薛史》删。"

[3]《大典》卷八九八〇"周"字韻"五代周太祖（一）"事目。此卷現存。

史臣曰：周太祖昔在初潛，未聞多譽，洎西平蒲阪，北鎮鄴臺，[1]有統御之勞，顯英偉之量。旋屬漢道斯季，天命有歸。縱虎旅以盪神京，不無慙德；攬龍圖而登帝位，遂闡皇風。期月而弊政皆除，逾歲而羣情大服，何遷善之如是，蓋應變以無窮者也。所以魯國凶徒，[2]望風而散；并門遺孽，[3]引日偷生。及鼎駕之將昇，命瓦棺而薄葬，勤儉之美，終始可稱，雖享國之非長，亦開基之有裕矣。然而二王之誅，[4]議者譏其不能駕馭權豪，傷於猜忍，卜年斯促，抑有由焉。《永樂大典》卷八千九百八十。[5]

［1］蒲阪：地名。一名蒲津。位於今山西永濟市蒲州鎮與陝西大荔縣朝邑鎮之間黄河上。　鄴臺：指代鄴城，位於今河北臨漳縣西南鄴鎮西北。

［2］所以魯國凶徒：《大典》卷八九八〇引《五代薛史》無“國”字，誤。

［3］并門：指并州。位於今山西太原市。　遺孽：《大典》卷八九八〇引《五代薛史》作“迎孽”，誤。

［4］二王之誅：指王峻、王殷。

［5］《大典》卷八九八〇“周”字韻“五代周太祖（一）”事目。此卷現存。

舊五代史　卷一一四

周書五

世宗紀第一

世宗睿武孝文皇帝，諱榮，太祖之養子，蓋聖穆皇后之姪也。[1]本姓柴氏，父守禮，太子少保致仕。[2]帝以唐天祐十八年，歲在辛巳，九月二十四日丙午，生於邢州之别墅。[3]年未童冠，因侍聖穆皇后，在太祖左右，時太祖無子，家道淪落，然以帝謹厚，故以庶事委之。帝悉心經度，貲用獲濟，太祖甚憐之，乃養爲己子。漢初，太祖以佐命功爲樞密副使，帝始授左監門衛將軍。[4]三年，[5]太祖鎮鄴，改天雄軍牙内都指揮使，領貴州刺史、檢校右僕射。[6]冬，太祖入平内難，留帝守鄴城。

[1]太祖：即後周太祖郭威。邢州堯山（今河北隆堯縣）人。五代時後周王朝的建立者，即後周太祖。紀見本書卷一一〇至卷一一三、《新五代史》卷一一。　聖穆皇后：即後周太祖郭威的皇后

柴氏。傳見本書卷一二一、《新五代史》卷一九。

［2］守禮：人名。即柴守禮。邢州堯山（今河北隆堯縣）人。後周太祖郭威皇后柴氏之兄，世宗柴榮生父。後周時官至太傅。傳見《新五代史》卷二〇。　太子少保：官名。與太子少傅、太子少師合稱“三少”，唐後期、五代多爲大臣、勳貴加官。從二品。本姓柴氏，父守禮，太子少保致仕：《舊五代史考異》：“案《隆平集》云：柴翁者，嘗獨居室，人以爲司冥事。一日，笑不止，妻問其故，不答。翁嗜酒，妻醉之以酒，乃曰：‘上帝有命，郭郎爲天子。’考柴翁即守禮之父，史佚其名。”見《隆平集》卷一八《張永德傳》。

［3］天祐：唐昭宗李曄開始使用的年號，唐哀帝李柷沿用（904—907）。唐亡後，河東李克用、李存勗仍稱天祐，沿用至天祐二十年（923）。五代十國其他政權亦有行此年號者，如南吴、吴越等。　邢州：州名。治所在今河北邢臺市。《輯本舊史》之影庫本粘籤：“邢州，原本作‘雒州’，今據《五代會要》改正。”見《會要》卷一《帝號》世宗睿武孝文皇帝條。

［4］樞密副使：官名。樞密院副長官。　左監門衛將軍：官名。唐置，掌宮禁宿衛。唐代置十六衛，即左右衛、左右驍衛、左右武衛、左右威衛、左右領軍衛、左右金吾衛、左右監門衛、左右千牛衛，各置上將軍，從二品；大將軍，正三品；將軍，從三品。　漢初，太祖以佐命功爲樞密副使，帝始授左監門衛將軍：《舊五代史考異》：“案《國老談苑》云：周世宗在漢爲諸衛將軍，嘗遊畿甸，謁縣令，忘其姓名，令方聚邑客蒲博，勿得見，世宗頗銜之。及即位，令因部夫犯贓數百疋，宰相范質以具獄上奏，世宗曰：‘親民之官，贓狀狼藉，法當處死。’范質奏曰：‘受所監臨財物有罪，上贓雖多，法不至死。’世宗怒，厲聲曰：‘法者自古帝王之所制，本以防姦，朕立法殺贓吏，非酷刑也。’質曰：‘陛下殺之則可，若付有司，臣不敢署敕。’遂貸其命。”“遂貸其命”，中華書局本有校勘記：“‘遂’，原作‘令’，據殿本、劉本、孔本、《國老談苑》卷

一改。”“左監門衛將軍”，《新五代史》卷一二《周世宗紀》作“左監門衛大將軍”。

[5]三年：《輯本舊史》原作“二年”。中華書局本有校勘記：“本書卷一〇三《漢隱帝紀下》、《新五代史》卷一〇《漢本紀》、《通鑑》卷二八九繫其事於乾祐三年。”見《輯本舊史》卷一〇三《漢隱帝紀下》乾祐三年（950）四月壬午條、《新五代史》卷一〇《漢隱帝紀》乾祐三年四月壬午條、《通鑑》卷二八九乾祐三年四月壬午條。今據改。

[6]鄴：地名。即鄴都。治所在今河北大名縣。五代後唐同光元年（923），改魏州爲興唐府，建號東京。三年，改東京爲鄴都。　天雄軍：方鎮名。治所在魏州（今河北大名縣）。　牙内都指揮使：官名。即衙内都指揮使。唐、五代時期衙内指揮使爲節度使府衙内之牙將，統最親近衛兵，高一級的稱衙内都指揮使。　貴州：州名。治所在今廣西貴港市。　刺史：官名。州一級行政長官。漢武帝時始置，總掌考核官吏、勸課農桑、地方教化等事。唐中期以後，節度使、觀察使轄州而設，刺史爲其屬官，職任漸輕。從三品至正四品下。　檢校右僕射：官名。爲散官或加官，以示恩寵，無實際執掌。

廣順元年正月，太祖踐祚，帝懇求入覲，忽夢至河而不得渡，尋授澶州節度使、檢校太保，封太原郡侯。[1]帝在鎮，爲政清肅，盜不犯境。先是，澶之里衖湫隘，公署毁圮，帝即廣其街肆，增其廨宇，吏民賴之。[2]二年正月，兖州慕容彦超反，[3]帝累表請征行，太祖嘉之。及曹英等東討，[4]數月無功，太祖欲親征，召羣臣議其事。宰臣馮道奏以方當盛夏，車駕不宜衝冒。[5]太祖曰：“寇不可翫，如朕不可行，當使澶州兒子擊賊，方辦吾事。”時樞密王峻意不欲帝將兵，[6]故太祖親征。

[1]廣順：五代後周太祖郭威年號（951—953）。　澶州：州名。唐、五代初，治所在今河南清豐縣。後晋天福四年（939），移治於今河南濮陽縣。　節度使：官名。唐時在重要地區所設掌握一州或數州軍事、民事、財政的長官。　檢校太保：官名。爲散官或加官，以示恩寵，無實際執掌。

[2]里衖湫隘：街巷低窪狹窄。　“帝在鎮”至“吏民賴之”：《舊五代史考異》：“案《宋史·王贊傳》：周世宗鎮澶淵，每旬决囚，贊引律令，辨析中理。問之，知其嘗事學問，即署右職。”見《宋史》卷二七四《王贊傳》。

[3]兖州：州名。治所在今山東濟寧市兖州區。　慕容彦超：人名。沙陀部人（一説“吐谷渾部人”）。五代後漢將領，後漢高祖劉知遠同母弟。傳見本書卷一三〇、《新五代史》卷五三。

[4]曹英：人名。常山真定（今河北正定縣）人。後周將領。傳見本書卷一二九。

[5]馮道：人名。瀛州景城（今河北滄縣）人。五代時官拜宰相，歷仕後唐、後晋、後漢、後周，亦曾臣服於契丹。傳見本書卷一二六、《新五代史》卷五四。　衝冒：不顧危險。

[6]樞密：官名。即樞密使。五代樞密使以士人爲之，備顧問，參謀議，出納詔奏，權侔宰相。　王峻：人名。相州安陽（今河南安陽市）人。五代後漢、後周將領。傳見本書卷一三〇、《新五代史》卷五〇。

六月，[1]兖州平。

[1]六月：《輯本舊史》卷一一二《周太祖紀三》記收復兖州

在廣順二年（952）五月乙亥，明本《册府》卷一一八《帝王部·親征門三》亦載此事於五月。

十二月，加檢校太傅、同平章事。[1]

[1]檢校太傅：官名。爲散官或加官，以示恩寵，無實際執掌。同平章事：官名。“同中書門下平章事”之簡稱。唐高宗以後，凡實際任宰相之職者，常在其本官後加同平章事的職銜。後成爲宰相專稱。後晋天福五年（940），升中書門下平章事爲正二品。

三年正月，[1]帝入覲。

[1]三年正月：中華書局本有校勘記：“本書卷一一二《周太祖紀三》繫其事於廣順三年閏正月。”見《輯本舊史》卷一一二《周太祖紀三》廣順三年（953）閏正月載“丙申，皇子澶州節度使榮來朝”，亦見《通鑑》卷二九一廣順三年閏正月丙申條。

三月，授開封尹兼功德使，封晋王。[1]

[1]開封尹：官名。即開封府尹。五代除後唐外均都汴州，升汴州爲開封府，置開封尹或知開封府事。執掌京師政務。從三品。功德使：官名。唐貞元四年（788）置左、右街大功德使、東都功德使、修功德使，總領僧尼之籍及功役。元和二年（807），以道士、女官隸左、右街功德使。五代沿置。

顯德元年正月庚辰，加開府儀同三司、檢校太尉、兼侍中，[1]依前開封尹兼功德使，判内外兵馬事。時太祖寢疾彌留，士庶憂沮，及聞帝總内外兵柄，咸以爲愜。[2]壬辰，太祖崩，祕不發喪。丙申，内出太祖遺制："晋王榮可於柩前即位。"羣臣奉帝即皇帝位。[3]庚子，宰臣馮道率百僚上表請聽政，凡三上。壬寅，帝見羣臣於萬歲殿門之東廡下。[4]

[1]顯德：五代後周太祖郭威年號。世宗柴榮、恭帝柴宗訓沿用（954—960）。　開府儀同三司：官名。魏晋始置，隋唐時爲散官之最高官階。多授功勳重臣。從一品。《輯本舊史》之影庫本粘籤："開府，原本作'開封'，今據文改正。"　檢校太尉：官名。爲散官或加官，以示恩寵，無實際執掌。太尉，與司徒、司空並爲三公。　侍中：官名。秦始置。隋、唐前期爲門下省長官。唐後期多爲大臣加銜，不參與政務，實際職務由門下侍郎執行。正二品。

[2]"時太祖寢疾彌留"至"咸以爲愜"：《舊五代史考異》："案《隆平集》：曹翰隸世宗幕下，世宗鎮澶淵，以爲牙校。及尹開封，翰猶在澶淵，聞周祖寢疾，不俟召來見世宗，密言曰：'王爲冢嗣，不侍醫藥，何以副天下望？'世宗悟，入侍禁中，以府事命翰總決。"見《隆平集》卷一七《曹翰傳》。"聞周祖寢疾，不俟召來見世宗"，中華書局本有校勘記："'聞''召'，原作'問''朝'，據殿本、劉本、《隆平集》卷一七改。""不侍醫藥"，中華書局本有校勘記："'侍'，原作'事'，據殿本、劉本、《隆平集》卷一七改。"

[3]"丙申"至"羣臣奉帝即皇帝位"：《通鑑》卷二九一顯德元年正月載："乙未，宣遺制。丙申，晋王即皇帝位。"《舊五代史考異》曰："《太祖實録》：'乙未，宣遺制，晋王榮可於柩前即皇帝位。'《世宗實録》：'丙申，内出太祖遺制，羣臣奉帝即皇帝位。'蓋以乙未宣遺制，丙申即位也。"乙未爲二十日，丙申爲二十一日。

[4]萬歲殿：後梁、後漢、後周開封城内宫殿。位於今河南開

封市。

二月庚戌，潞州奏，河東劉崇與契丹大將軍楊衮，[1]舉兵南指。壬戌，宰臣馮道率百僚上表，請御殿，凡三上，允之。丁卯，以中書令馮道充山陵使，[2]太常卿田敏充禮儀使，[3]兵部尚書張昭充鹵簿使，[4]御史中丞張煦充儀仗使，[5]開封少尹、權判府事王敏充橋道使。[6]河東賊將張暉率前鋒自團柏谷入寇，[7]帝召羣臣議親征。宰臣馮道等奏，以劉崇自平陽奔遁之後，[8]勢弱氣奪，未有復振之理，竊慮聲言自來，以誤於我。[9]陛下纂嗣之初，先帝山陵有日，人心易摇，[10]不宜輕舉，命將禦寇，深以爲便。帝曰："劉崇幸我大喪，聞我新立，自謂良便，必發狂謀，[11]謂天下可取，謂神器可圖，此際必來，斷無疑耳！"馮道等以帝鋭於親征，[12]因固諍之。帝曰："昔唐太宗之創業，[13]靡不親征，朕何憚焉。"道曰："陛下未可便學太宗。"帝又曰："劉崇烏合之衆，苟遇王師，必如山壓卵耳。"道曰："不知陛下作得山否？"[14]帝不悦而罷。詔諸道募山林亡命之徒有勇力者，送於闕下，仍目之爲强人。帝以趫捷勇猛之士，多出於羣盗中，故令所在招納，有應命者，即貸其罪，以禁衛處之，至有朝行殺奪，暮升軍籍，讎人遇之，不敢仰視。帝意亦患之，其後頗有不獲宥者。[15]

[1]潞州：州名。治所在今山西長治市。　河東：方鎮名。治所在太原（今山西太原市）。　劉崇：人名。即劉旻。太原（今山西太原市）人。後漢高祖劉知遠從弟。後漢時任太原尹，專制一

方。後周代漢，他稱帝於太原，國號漢，史稱北漢。傳見本書卷一三五、《新五代史》卷七〇。　契丹：古部族、政權名。公元4世紀中葉宇文部爲前燕攻破，始分離而成單獨的部落，自號契丹。唐貞觀中，置松漠都督府，以其首領爲都督。唐末强盛，916年迭剌部耶律阿保機建立契丹國（遼）。先後與五代、北宋並立，保大五年（1125）爲金所滅。參見張正明《契丹史略》，中華書局1979年版。　楊袞：人名。籍貫不詳。遼朝武將。事見本書卷一〇九、《新五代史》卷七〇。

[2]中書令：官名。漢代始置，隋、唐前期爲中書省長官，屬宰相之職，唐後期多爲授予元勳大臣的虚銜。正二品。　山陵使：官名。亦稱山陵儀仗使。唐貞觀中始置。掌議帝后陵寢制度、監造帝后陵寢。

[3]太常卿：官名。西漢置太常，南朝梁始置太常卿。爲太常寺長官。掌宗廟、祭祀、禮樂及教育等。正三品。　田敏：人名。淄州鄒平（今山東鄒平縣）人。五代、宋初大臣、學者。傳見《宋史》卷四三一。　禮儀使：官名。掌禮儀政令。

[4]兵部尚書：官名。尚書省兵部長官。掌兵衛、武選、車輦、甲械、厩牧之政令。正三品。　張昭：人名。世居濮州范縣（今河南范縣）。五代、宋初大臣。傳見《宋史》卷二六三。　鹵簿使：官名。掌帝后車駕儀仗事。

[5]御史中丞：官名。如不置御史大夫，則爲御史臺長官。掌司法監察。正四品下。　張煦：人名。籍貫不詳。後周時擔任散騎常侍、刑部尚書、兵部尚書等職。事見本書卷一一一至卷一一四。　儀仗使：官名。皇帝大駕出行時設置。非常設官，均由他官兼代。掌總儀仗事務。

[6]開封少尹：官名。協助開封府尹處理京城政務。　權：官員任用類别之一。與攝相近，是一種暫時的委任。唐、五代時，知、判、兼等類的任用，往往冠以“權”字，稱爲權知、權判、權兼，以表示其爲暫任。　王敏：人名。單州金鄉（今山東金鄉縣）

人。後周時曾任刑部侍郎、司農卿等職。傳見本書卷一二八。　橋道使：官名。《新五代史》卷一二作“橋道頓遞使”。大禮時置，以知開封府事充任，掌事先周知皇帝郊祀時所要經過的道路橋梁，安排皇帝居息之所，並運送郊祀需用之物至舉行郊祀之處。

[7]張暉：人名。籍貫不詳。北漢將領。事見本書本卷、《新五代史》卷七二。《輯本舊史》之影庫本粘籤：“張暉，《通鑑考異》引《晋陽見聞録》作張令徽，考《歐陽史》《十國春秋》俱同《薛史》作張暉，今附識於此。”《通鑑》卷二九一顯德元年（954）二月條《考異》引《晋陽見聞録》作“張元徽”，非“張令徽”。《新五代史》卷二九《景延廣傳》、卷七二《四夷附録一》，《十國春秋》卷一〇四《北漢一》皆作“張暉”。《舊五代史考異》：“案：《九國志》作張元徽乘勢復入，馬倒，爲周師所擒，殺之。與《薛史》異，《通鑑》從《薛史》。”見《九國志》卷八《張元徽傳》。中華書局本引孔本案語：“案《九國志·張元徽傳》：元徽爲前鋒，與周師遇于巴公，元徽以東師先登陷陣，擒監軍使一人，降其步卒千人而旋。劉崇大褒賞之。元徽乘勝復入，馬倒，爲周師所擒，殺之。考《薛史》作大將張暉戰于高平縣南，與《九國志》人名地名互異。《通鑑》從《薛史》。”　團柏谷：地名。位於今山西祁縣，是太原與上黨地區間交通要道。

[8]平陽：地名。位於今山西臨汾市。

[9]以誤於我：中華書局本有校勘記：“‘以’，《册府》卷五七作‘誘’。”見《宋本册府》卷五七《帝王部·英斷門》周世宗顯德元年二月條作“誘語於我”。

[10]纂嗣：繼承。　人心易摇：《宋本册府》卷五七作“人心摇動”。

[11]必發狂謀：該句後《宋本册府》卷五七有“誑惑人心，勾誘北虜”八字。

[12]馮道等以帝鋭於親征：該句後《宋本册府》卷五七有“恐非萬全之策”一句。

［13］唐太宗：即唐代第二位皇帝李世民。隴西成紀（今甘肅秦安縣）人。626年至649年在位。通過“玄武門之變”掌權。在位期間，虛心納諫，文治武功，開創“貞觀之治”。紀見《舊唐書》卷二至卷三、《新唐書》卷二。　昔唐太宗之創業：該句後《宋本册府》卷五七有“天下草寇”四字。

［14］不知陛下作得山否：《輯本舊史》之影庫本粘籤：“作得山否，原本作‘昨待山否’，今從《通鑑》改正。”《通鑑》卷二九一顯德元年二月條作“未審陛下能爲山否”，《宋本册府》卷五七作“不知陛下終作得山定否”。

［15］獲宥：獲得赦宥。

三月丁丑，潞州奏，河東劉崇入寇，兵馬監押穆令均部下兵士爲賊軍所襲，[1]官軍不利。詔天雄軍節度使符彦卿領兵自磁州固鎮路赴潞州，以澶州節度使郭崇副之。[2]詔河中節度使王彦超領兵取晋州路東向邀擊，以陜府節度使韓通爲副。[3]命宣徽使向訓、馬軍都指揮使樊愛能、步軍都指揮使何徽、滑州節度使白重贊、鄭州防禦使史彦超、前耀州團練使符彦能等，領兵先赴澤州。[4]辛巳，制：“大赦天下，常赦所不原者，咸赦除之，諸貶降責授官，量與升陟叙用，應配流徒役人，並放逐便。諸道州府所欠去年夏秋租税並放。内外見任文武職官並與加恩，父母在者並與恩澤，亡没者與封贈，其妻未叙封者，[5]特與叙封”云。前涇州節度使史懿卒。[6]癸未，詔以劉崇入寇，車駕取今月十一日親征。甲申，以樞密使鄭仁誨爲東京留守。[7]乙酉，車駕發京師。壬辰，至澤州。癸巳，王師與河東劉崇、契丹楊衮大戰於高平，[8]賊軍敗績。初，車駕行次河陽，[9]聞劉崇自潞而南，即倍程而進。是月十八日，至澤州，既晡，[10]帝御戎服，觀兵於東北郊，距州十五里，夜宿於村舍。十九日，前鋒與賊軍相遇，賊陣於高平縣南之高原。有賊中來者，云："劉崇自將騎三萬，并契丹萬餘騎，嚴陣以待官軍。"帝促兵以擊之，崇東西列陣，頗亦嚴整。乃令侍衛馬步軍都虞候李重進、滑州節度使白重贊將左，[11]居陣之西廂；侍衛馬軍都指揮使樊愛能、步軍都指揮使何徽將右，居陣之東廂；宣徽使向訓、鄭州防禦使史彦超，以精騎當其中；殿前都指揮使張永德以禁兵衛蹕。[12]帝介馬觀戰。兩軍交鋒，未幾，樊愛能、何徽望賊而遁，東廂騎軍亂，步軍解甲投賊。帝乃自率親騎，臨陣督戰。[13]今上馳騎於陣前，先犯其鋒，戰士皆奮命争先，賊軍大敗。日暮，賊萬餘人阻澗而陣。會劉詞領兵至，[14]與大軍迫之，賊軍又潰，臨陣斬賊大將張暉及僞樞密使王延嗣。[15]諸將分兵追襲，殭尸棄甲，填滿山谷。初夜，官軍至高平，降賊軍數千人，所獲輜重、兵器、駝馬、僞乘輿器服等不可勝紀。其夕，殺降軍二千餘人，我軍之降敵者亦皆就戮。初，兩軍之未整也，風自東北起，不便於我，及與賊軍相遇，風勢陡迴，人情相悦。戰之前夕，有大星如日，流行數丈，墜於賊營之上。及戰，北人望見官軍之上，有雲氣如龍虎之狀，則天之助順，亶其然乎！[16]是日，危急之勢，頃刻莫保，賴帝英武果敢，親臨寇敵，不然則社稷幾若綴旒矣。是夕，帝宿於野次。甲午，次高平縣。詔賜河東降軍二千餘人各絹二匹，并給其衣裝，鄉兵各給絹一匹，放還本部。是日大雨。戊戌，車駕至潞州。[17]河南府上言，前青州節度使常思卒。[18]己亥，侍衛馬軍都指揮使、夔州節度使樊愛能，侍衛步軍都指揮使、壽州節度使何徽等并諸將校七十餘人，[19]並伏誅。高平之役，兩軍既成列，賊騎來挑戰，愛能望風而退，何徽以徒兵陣於後，爲奔騎所突，即時潰亂，二將南走。帝遣近臣宣諭止遏，莫肯從命，皆揚言曰："官軍大敗，餘衆已解甲矣。"至暮，以官軍克捷，方稍稍而迴。帝至潞州，録其奔遁者，自軍使以上及監押使臣並斬之，由是驕將墮兵，無不知懼。帝以何徽有平陽守禦之功，欲貸其罪，竟不可，與愛能俱殺之，皆給櫝車歸葬。[20]庚子，以侍衛馬步都虞候李重進爲許州節度使，以宣徽南院使向訓爲滑州節度使，以殿前都指揮使張永德爲武信軍節度使，[21]職並如故。以滑州節度使白重贊爲鄜州節度使，以鄭州防禦使史彦超爲華州節度使，[22]賞高平之功也。以晋州節度使藥元福爲同州節度使，以宣徽北院使楊廷璋爲晋州節度使，以同州節度使張鐸爲彰義軍節度使，以内客省使吴廷祚爲宣徽北院使，[23]以龍捷左廂都指揮使李千爲蔡州防禦使，[24]以龍捷右廂都指揮使康延沼爲萊州防禦使，以龍捷右廂都指揮使田瓊爲密州防禦使，[25]以虎捷右廂都指揮使張順爲登州防禦使，以龍捷左第二軍都指揮使孫延進爲鄭州防禦使，[26]以前耀州團練使符彦能爲澤州防禦使，以散員都指揮使李繼勳爲殿前都虞候，以殿前都虞候韓令坤爲龍捷左廂都指揮使，[27]以鐵騎第一軍都指揮使趙弘殷爲龍捷右廂都指揮使，[28]以散員都指揮使慕容延釗爲虎捷左廂都指揮使，以控鶴第一軍都指揮使趙晁爲虎捷右廂都指揮使，[29]並遥授團練使，其餘改轉有差。壬寅，以天雄軍節度使、衛王符彦卿爲河東行營都部署，知太原行府事；[30]以澶州節度使郭崇爲行營副部署；[31]以宣徽南院使向訓爲行營兵馬都監；以侍衛都虞候李重進爲行營都虞候。[32]以華州節度使史彦超爲先鋒都指揮使，[33]領步騎二萬，進討河東。詔河中節度使王彦超、陝府節度使韓通，率兵自陰地關討賊。[34]以河陽節度使劉詞爲隨駕都部署，以鄜州節度使白重贇爲隨駕副部署。[35]

[1]兵馬監押：官名。軍隊統兵官，掌軍旅屯戍、營防、訓練之政令。　穆令均：人名。又作“穆令鈞”。籍貫不詳。五代將領。事見《通鑑》卷二九一、《宋史》卷四八四《李筠傳》。

[2]符彦卿：人名。陳州宛丘（今河南淮陽縣）人。五代後周、宋初將領。周世宗宣懿皇后、宋太宗懿德皇后，皆符彦卿之女。傳見《宋史》卷二五一。　磁州：州名。治所在今河北磁縣。　固鎮：集鎮名。在河北武安市區西南部。　郭崇：人名。應州金城（今山西應縣）人。五代、宋初將領。傳見《宋史》卷二五五。

[3]河中：府名。唐開元八年（720）改蒲州爲河中府，因地處黄河中游而得名，其後名稱屢有改易。治所在今山西永濟市。　王彦超：人名。大名臨清（今河北臨西縣）人。五代、宋初將領。傳見《宋史》卷二五五。　晋州：州名。治所在今山西臨汾市。　陝府：即陝州。治所在今河南三門峽市陝州區。　韓通：人名。并州太原（今山西太原市）人。後周將領。傳見《宋史》卷四八四。

[4]宣徽使：官名。唐始置。宣徽南院使、北院使通稱宣徽使。

初用宦官，五代以後改用士人。通掌内諸司及三班内侍之名籍，郊祀、朝會、宴享供帳之儀，檢視内外進奉名物。參見王永平《論唐代宣徽使》，《中國史研究》1995 年第 1 期；王孫盈政《再論唐代的宣徽使》，《中華文史論叢》2018 年第 3 期。　向訓：人名。懷州河内（今河南沁陽市）人。五代、宋初將領。避周恭帝諱改名向拱。傳見《宋史》卷二五五。　馬軍都指揮使：官名。所部統兵將領。　樊愛能：人名。籍貫不詳。五代後周將領，高平之戰中不戰而逃，後被周世宗處死，以正軍法。傳見本書附録。　步軍都指揮使：官名。所部統兵將領。　何徽：人名。籍貫不詳。後周將領，高平之戰中不戰而逃，後被周世宗處死，以正軍法。傳見本書附録。　白重贊：人名。沙陀族，憲州樓煩（今山西婁煩縣）人。五代、宋初將領。傳見《宋史》卷二六一。　鄭州：州名。治所在今河南鄭州市。　防禦使：官名。唐代始置，設有都防禦使、州防禦使兩種。常由刺史或觀察使兼任，實際上爲唐代後期州或方鎮的軍政長官。　史彦超：人名。雲州（今山西大同市）人。後周將領。傳見本書卷一二四、《新五代史》卷三三。　耀州：州名。治所在今陝西銅川市耀州區。　團練使：官名。唐代中期以後，於不設節度使的地區設團練使，掌本區各州軍政。　符彦能：人名。籍貫不詳。五代將領，歷任耀州團練使、澤州防禦使。本書僅此一見。　澤州：州名。治所在今山西澤州縣。

［5］其妻未敘封者：中華書局本有校勘記："原作'其母妻未敘者'，據《册府》卷九六改。按上文已敘父母與封贈，此不當復及母。"見《宋本册府》卷九六《帝王部·赦宥門一五》周世宗顯德元年（954）三月辛巳制。

［6］涇州：州名。治所在今甘肅涇川縣。此處指代彰義軍。　史懿：人名。代郡（今山西大同市）人。五代將領。傳見本書卷一二四。

［7］鄭仁誨：人名。晉陽（今山西太原市）人。後周太祖時樞密使、宰相。傳見本書卷一二三、《新五代史》卷三一。

[8]高平：縣名。治所在今山西高平市。

[9]河陽：方鎮名。全稱“河陽三城”。治所在孟州（今河南孟州市）。

[10]既晡：《宋本册府》卷一一八《帝王部·親征門三》作“未晡”。

[11]侍衛馬步軍都虞候：官名。五代侍衛親軍馬步軍統兵官，位僅次於馬步軍都指揮使、副都指揮使。　李重進：人名。滄州（今河北滄縣舊州鎮）人。五代後周將領。北宋建立後起兵反叛，兵敗身死。傳見《宋史》卷四八四。

[12]殿前都指揮使：官名。五代後周世宗顯德中，選驍勇之士充殿前諸班。都指揮使爲殿前司長官之一，次於殿前都點檢、副都點檢。　張永德：人名。并州陽曲（今山西陽曲縣）人。五代、宋初大將。頗受宋太祖、宋太宗信用。傳見《宋史》卷二五五。

[13]帝乃自率親騎，臨陣督戰：《舊五代史考異》：“案《隆平集·馬仁瑀傳》：從世宗親征劉崇，王師不利，仁瑀謂衆曰：‘主辱臣死！’因躍馬大呼，引弓連斃將卒數十，士氣始振。”見《隆平集》卷一七《馬仁瑀傳》。

[14]劉詞：人名。元城（今河北大名縣）人。五代將領。傳見本書卷一二四、《新五代史》卷五〇。

[15]臨陣斬賊大將張暉及僞樞密使王延嗣：《輯本舊史》之影庫本粘籤“張暉，《通鑑考異》引《晋陽見聞録》作張令徽，考《歐陽史》、《十國春秋》俱同《薛史》作張暉，今附識於此。”《通鑑》卷二九一顯德元年二月條《考異》引《晋陽見聞録》作“張元徽”，非“張令徽”。《新五代史》卷二九《景延廣傳》、卷七二四夷附録一、《十國春秋》卷一〇四北漢一皆作“張暉”。《舊五代史考異》：“案：《九國志》作張元徽乘勢復入，馬倒，爲周師所擒，殺之。與《薛史》異，《通鑑》從《薛史》。”見《九國志》卷八張元徽傳。中華書局本引孔本案語：“案《九國志·張元徽傳》：元徽爲前鋒。與周師遇于巴公，元徽以東師先登陷陣，擒監

軍使一人，降其步卒千人而旋。劉崇大襃賞之。元徽乘勝復人，馬倒，爲周師所擒，殺之。考《薛史》作大將張暉戰于高平縣南，與《九國志》人名地名互異。《通鑑》從《薛史》。" 王延嗣：人名。籍貫不詳。曾任北漢副樞密使。事見《通鑑》卷二九一。

［16］"及戰"至"亶其然乎"：中華書局本引孔本案語："案《九國志·張元徽傳》：前鋒兵將次巴公，一夕，營中刁斗皆嗄，元徽亟遣詣劉崇大營易之，凡易數十，皆嗄而不可擊，因以白崇。崇怒曰：'故要吾金鉦耶？'遂止。是夜有大星墜元徽營中，明日果敗。"見《九國志》卷八《張元徽傳》。"元徽亟遣詣劉崇大營易之"，中華書局本有校勘記："'亟'，原作'互'，據《九國志》卷八改。""故要吾金鉦耶"，中華書局本有校勘記："'金鉦'，原作'金鈿'，據《九國志》卷八改。"

［17］戊戌，車駕至潞州：《舊五代史考異》："案：《歐陽史》作丁酉，幸潞州，與《薛史》異。《通鑑》從《歐陽史》，《五代春秋》作丙寅，誤。"見《新五代史》卷一二《世宗紀》、《通鑑》卷二九一顯德元年三月丁酉條、《五代春秋》卷下周世宗條。

［18］河南府：府名。治所在今河南洛陽市。 青州：州名。治所在今山東青州市。 常思：人名。太原（今山西太原市）人。五代將領。傳見本書卷一二九、《新五代史》卷四九。

［19］夔州：州名。治所在今重慶奉節縣。《輯本舊史》引影庫本粘籤："夔州，原本作'萱州'，今從《通鑑》改正。"《通鑑》卷二九一顯德元年三月丁丑條作"寧江節度使樊愛能"，寧江爲軍號，夔州爲治所，屬蜀，樊爲遥領。 壽州：州名。治所在今安徽壽縣。

［20］櫝車：運載棺柩的車子。 "帝以何徽有平陽守禦之功"至"皆給櫝車歸葬"：《舊五代史考異》："案《東都事略》：世宗謂張永德曰：'樊愛能及偏裨七十餘人，吾欲盡按軍法，何如？'對曰：'必欲開拓疆宇，威加四海，安可已也。'世宗善其言，悉誅愛能等以徇，軍聲始振。"見《東都事略》卷二一《張永德傳》。

[21]許州：州名。治所在今河南許昌市。　宣徽南院使：官名。唐始置。宣徽南院長官。初用宦官，五代以後改用士人。與宣徽北院使通掌内諸司及三班内侍之名籍，郊祀、朝會、宴享供帳之儀，檢視内外進奉名物。參見王永平《論唐代宣徽使》，《中國史研究》1995 年第 1 期；王孫盈政《再論唐代的宣徽使》，《中華文史論叢》2018 年第 3 期。　武信軍：方鎮名。治所在遂州（今四川遂寧市）。

[22]鄜州：州名。治所在今陝西富縣。　華州：州名。治所在今陝西渭南市華州區。

[23]藥元福：人名。晋陽（今山西太原市）人。五代後唐至宋初將領。傳見《宋史》卷二五四。　同州：州名。治所在今陝西大荔縣。　宣徽北院使：官名。唐始置。宣徽北院的長官。初用宦官，五代以後改用士人。與宣徽南院使通掌内諸司及三班内侍之名籍，郊祀、朝會、宴享供帳之儀，檢視内外進奉名物。　楊廷璋：人名。鎮州真定（今河北正定縣）人。淑妃楊氏弟，五代、宋初將領。傳見《宋史》卷二五五。　張鐸：人名。河朔（今黄河以北）人。五代、宋初將領。傳見《宋史》卷二六一。　彰義軍：方鎮名。治所在涇州（今甘肅涇川縣）。　内客省使：官名。中書省内客省長官。　吴廷祚：人名。并州太原（今山西太原市）人。後周、宋初將領。傳見《宋史》卷二五七。　以内客省使吴廷祚爲宣徽北院使：中華書局本有校勘記："'内客省使'，原作'客省使'，據《册府》卷一二八、《宋史》卷二五七《吴廷祚傳》、《吴廷祚墓志》（拓片刊《北京圖書館藏中國歷代石刻拓本匯編》第三十七册）改。"見明本《册府》卷一二八《帝王部·明賞門二》。

[24]龍捷左廂都指揮使：官名。所部統兵將領。龍捷爲部隊番號。　李千：人名。籍貫不詳。後周將領。本書僅此一見。　蔡州：州名。治所在今河南汝南縣。明本《册府》卷一二八作"遼州"。

[25]康延沼：人名。蔚州（今河北蔚縣）人。康福之子。五

代、宋初將領。事見《新五代史》卷五〇、《宋史》卷二五四。萊州：州名。治所在今山東萊州市。 田瓊：人名。籍貫不詳。後周將領。本書僅此一見。 密州：州名。治所在今山東諸城市。以龍捷右厢都指揮使康延沼爲萊州防禦使，以虎捷左厢都指揮使田瓊爲密州防禦使：中華書局本有校勘記："'康延沼爲萊州防禦使以虎捷左厢都指揮使'十八字原闕，據《册府》卷一二八補。又'康延沼'，《册府》卷一二八原作'康延治'，據本書卷九一《康福傳》、《宋史》卷二五五《康延沼傳》改。按《通鑑》卷二九一：'（顯德元年四月）帝遣萊州防禦使康延沼攻遼州，密州防禦使田瓊攻沁州。''田瓊'，原作'田中'，據《册府》卷一二八改。"

[26]虎捷右厢都指揮使：官名。所部統兵將領。虎捷爲部隊番號。 張順：人名。籍貫不詳。後周將領。曾任登州防禦使、楚州防禦使。事見本書卷一一八。 登州：州名。治所在今山東蓬萊市。 龍捷左第二軍都指揮使："第二軍"，明本《册府》卷一二八作"第三軍"。 孫延進：人名。籍貫不詳。後周將領。本書僅此一見。

[27]李繼勳：人名。大名元城（今河北大名縣）人。五代、宋初將領，屢立戰功。傳見《宋史》卷二五四。 殿前都虞候：官名。五代後周始置，爲殿前司屬官。宋代沿置，位在殿前副都指揮使之下、正任防禦使之上。 韓令坤：人名。磁州武安（今河北武安市）人。五代、宋初將領。傳見《宋史》卷二五一。 龍捷左厢都指揮使："左厢"，明本《册府》卷一二八作"右厢"。

[28]鐵騎第一軍都指揮使：官名。所部統兵將領。鐵騎爲部隊番號。 趙弘殷：人名。宋太祖、宋太宗之父。事見《宋史》卷一《太祖紀》。"趙弘殷"，《輯本舊史》之案語："案：原本注'宣祖廟諱'四字，今據《宋史》改作弘殷。"見《宋史》卷一《太祖紀》。

[29]慕容延釗：人名。太原（今山西太原市）人。五代、北宋將領。傳見《宋史》卷二五一。 控鶴第一軍都指揮使：官名。

所部統兵將領。控鶴爲部隊番號。　趙晁：人名。真定（今河北正定縣）人。五代、宋初將領。傳見《宋史》卷二五四。中華書局本有校勘記："'趙晁'，原作'趙鼎'，據《册府》卷一二八改。按《宋史》卷二五四《趙晁傳》記晁時爲虎捷右廂都指揮使。"

[30]行營都部署：官名。凡行軍征討，掛帥率軍戰鬥，總管行營事務。　太原：府名。治所在今山西太原市。

[31]行營副部署：官名。即"行營副都部署"。行營都部署副手。中華書局本有校勘記："'都'字原闕，據《册府》卷一二〇補。按《宋史》卷二五五《郭崇傳》記崇時爲行營副都部署。"見明本《册府》卷一二〇《帝王部·選將門二》。

[32]行營兵馬都監：官名。唐代中葉命將出征，常以宦官爲監軍、都監。後爲臨時委任的統兵官，稱都監、兵馬都監。掌屯戍、邊防、訓練之政令。　行營都虞候：官名。五代時期出征軍隊高級統率官。

[33]先鋒都指揮使：官名。所部統兵將領。先鋒爲部隊番號。

[34]陰地關：關隘名。位於今山西靈石縣西南。

[35]隨駕都部署：官名。五代時皇帝親征時置，負責統領隨扈禁軍。　隨駕副部署：官名。即"隨駕副都部署"，爲隨駕都部署副手。

夏四月乙巳，太祖靈駕發東京。乙卯，葬於嵩陵。[1]河中節度使王彦超奏，僞汾州防禦使董希顔以城歸順。[2]丙辰，僞遼州刺史張漢超以城歸順。[3]丁巳，幸柏谷寺。[4]遣右僕射、平章事、判三司李穀赴河東城下，[5]計度軍儲。詔河東城下諸將，招撫户口，禁止侵掠，只令徵納當年租税，及募民入粟五百斛、草五百圍者賜出身，千斛、千圍者授州縣官。辛酉，符彦卿奏，嵐、憲二州歸順。[6]壬戌，制立衛國夫人符氏爲皇后，[7]仍令有司擇日備禮册命。王彦超奏，收下石州，獲僞刺史安彦進。[8]癸亥，僞沁州刺史李廷誨以城歸順。[9]甲子，皇妹壽安公主張氏進封晋國長公主。[10]乙丑，東京奏，太師、中書令馮道薨。[11]丙寅，太祖皇帝神主祔於太廟。庚午，曲赦潞州見禁罪人，除死罪外並釋放。是日，車駕發潞州，親征劉崇。癸酉，忻州僞監軍李勍殺刺史趙皋及契丹大將楊耨姑，[12]以城歸順。詔授李勍忻州刺史。

[1]嵩陵：後周太祖郭威陵墓，位於今河南新鄭市。

[2]汾州：州名。治所在今山西汾陽市。　董希顔：人名。籍貫不詳。北漢將領。事見《新五代史》卷一二。　"河中節度使王彦超奏"至"以城歸順"：《舊五代史考異》："案《宋史·王彦超傳》：彦超自陰地關與符彦卿會兵圍汾州，諸將請急攻，彦超曰：'城已危矣，旦暮將降，我士卒精鋭，驅以先登，必死傷者衆，少待之。'翼日，州將董希顔果降。"見《宋史》卷二五五《王彦超傳》。《輯本舊史》之影庫本粘籤："董希顔，原本作'革希顔'，今從《通鑑》改正。"見《通鑑》卷二九一顯德元年四月條。

[3]遼州：州名。治所在今山西左權縣。　張漢超：人名。籍貫不詳。北漢將領。事見《新五代史》卷一二。

[4]柏谷寺：寺院名。位於今山西長治市潞州區百穀山。

[5]右僕射：官名。秦始置。隋、唐前期以左、右僕射佐尚書令總理六官，綱紀庶務，如不置尚書令，則總判省事，爲宰相之職；唐後期多爲大臣加銜。從二品。　判三司：官名。通掌鹽鐵、度支、户部三個部門事務。地位高於三司使。　李穀：人名。潁州汝陰（今安徽阜陽市）人。五代後周宰相。傳見《宋史》卷二

六二。

[6]嵐：州名。治所在今山西嵐縣。　憲：州名。治所在今山西婁煩縣東北。

[7]符氏：即後周世宗宣懿皇后符氏。陳州宛丘（今河南淮陽縣）人。符彦卿女。傳見本書卷一二一、《新五代史》卷二〇。

[8]石州：州名。治所在今山西吕梁市離石區。　安彦進：人名。籍貫不詳。北漢將領。事見《宋史》卷二五五《王彦超傳》。　王彦超奏，收下石州，獲僞刺史安彦進：《舊五代史考異》："案《宋史·王彦超傳》：引兵趣石州，彦超親鼓士乘城，躬冒矢石，數日下之，擒其守將安彦進獻行在。"

[9]沁州：州名。治所在今山西沁源縣。　李廷誨：人名。籍貫不詳。北漢官員。事見本書卷一三五。

[10]張氏：郭威第四女壽安公主。後降張永德，廣順元年（951）四月封，至顯德元年（954），封晋國長公主。事見本書卷一二〇。

[11]太師：官名。與太傅、太保合稱三師，唐後期、五代多爲大臣、勳貴加官。正一品。

[12]忻州：州名。治所在今山西忻州市。　監軍：官名。爲臨時差遣，代表朝廷協理軍務、督察將帥。唐、五代時常以宦官爲監軍。　李勍（qíng）：人名。籍貫不詳。北漢忻州監軍，後歸順後周，授忻州刺史。事見《新五代史》卷一二。　趙皋：人名。籍貫不詳。北漢將領。事見《新五代史》卷一二。　楊耨姑：人名。契丹將領。事見《通鑑》卷二九一、《宋史》卷二六一。

五月乙亥，以尚書右丞邊歸讜守本官，充樞密直學士；[1]以尚書户部侍郎陶穀守本官，充翰林學士。[2]丙子，車駕至太原城下。是日，僞代州防禦使鄭處謙以城歸順。[3]丁丑，觀兵於太原城下，帝親自慰勉，錫賚有差。升代州爲節鎮，以静塞軍爲額，以鄭處謙爲節度使。戊寅，斬僞命石州刺史安彦進於太原城下，以其拒王師也。庚辰，以前忠武軍節度使郭從義爲天平軍節度使。[4]遣符彦卿、郭從義、向訓、白重贊、史彦超等，率步騎萬餘赴忻州。[5]是夜大風，發屋拔樹。壬午，以宰臣李穀判太原行府事。辛丑，升府州爲節鎮，以永安軍爲軍額，以本州防禦使折德扆爲節度使。[6]

[1]尚書右丞：官名。尚書省佐貳官。唐中期以後，與尚書左丞實際主持尚書省日常政務，權任甚重。後梁開平二年（908）改爲右司侍郎，後唐同光元年（923）復舊爲右丞。唐時爲正四品下，後唐長興元年（930）升爲正四品。　邊歸讜：人名。幽州薊（今天津市薊州區）人。傳見《宋史》卷二六二。　樞密直學士：官名。五代後唐莊宗同光元年（923），改直崇政院置，選有政術、文學者充任。備顧問應對。

[2]尚書户部侍郎：官名。尚書省户部次官。協助户部尚書掌天下田户、均輸、錢穀之政令。正四品下。　陶穀：人名。邠州新平（今陝西彬縣）人。五代、宋初文官。傳見《宋史》卷二六九。　翰林學士：官名。由南北朝始設之學士發展而來，唐玄宗改翰林供奉爲翰林學士，備顧問，代王言。掌拜免將相、號令征伐等詔令的起草。　以尚書户部侍郎陶穀守本官，充翰林學士：《舊五代史考異》："案《宋史·陶穀傳》：從征太原，時魚崇諒迎母後至，穀乘間言曰：'崇諒宿留不來，有顧望意。'世宗頗疑之。崇諒又表陳母病，詔許歸陝州就養，以穀爲翰林學士。"見《宋史》卷二六九《陶穀傳》。"世宗頗疑之"，中華書局本有校勘記："'頗'字原闕，據殿本、劉本、《宋史》卷二六九《陶穀傳》補。"

[3]代州：州名。治所在今山西代縣。　鄭處謙：人名。北漢防禦使，投降後周被授予静塞軍節度使。事見本書本卷、《通鑑》

卷二九二。　是日，僞代州防禦使鄭處謙以城歸順：《舊五代史考異》："案《遼史·穆宗紀》：四年五月乙亥，忻、代二州叛。據《薛史》，則忻州歸順在四月，代州歸順在五月丙子，與《遼史》月日互異。"見《遼史》卷六《穆宗紀上》。

[4]忠武軍：方鎮名。治所在許州（今河南許昌市）。　郭從義：人名。沙陀部人。五代、宋初大臣。傳見《宋史》卷二五二。　天平軍：方鎮名。治所在鄆州（今山東東平縣）。　以前忠武軍節度使郭從義爲天平軍節度使：中華書局本有校勘記："'忠武軍'，原作'中武軍'，據殿本、劉本改。按本書卷一一一《周太祖紀二》，郭從義廣順元年（951）八月移鎮許州。又據本卷上文，顯德元年三月，從義爲李重進所代。影庫本粘籤：'中武，疑當作"忠武"。考梁時忠武軍至後唐已改額宣武。又疑原本"中"字不誤，今無别本可校，姑仍其舊。'按許州，唐爲忠武軍，後梁改爲匡國軍，後唐同光元年復爲忠武軍。"

[5]遣符彦卿、郭從義、向訓、白重贊、史彦超等，率步騎萬餘赴忻州：《舊五代史考異》："案《宋史·符彦卿傳》：彦卿之行也，世宗以并人雖敗，朝廷饋運不繼，未議攻擊，且令觀兵城下，徐圖進取。及周師入境，汾、晋吏民，望風款接，皆以久罹虐政，願輸軍需，以資兵力。世宗從之，而連下數州。彦卿等皆以芻糧未備，欲旋軍，世宗不之省，乃調山東近郡輓軍食濟之。"見《宋史》卷二五一《符彦卿傳》。

[6]府州：州名。治所在今陝西府谷縣。　永安軍：方鎮名。治所在府州（今陝西府谷縣）。　折德扆（yǐ）：人名。党項族。五代、宋初將領。折從阮之子。傳見《宋史》卷二五三。

六月癸卯朔，詔班師，車駕發離太原。時大集兵賦，及徵山東、懷、孟、蒲、陝丁夫數萬，[1]急攻其城，旦夕之間，期於必取。會大雨時行，軍士勞苦，復以忻口之師不振，[2]帝遂決旋師之意。指麾之間，頗傷怱遽，部伍紛亂，無復嚴整，不逞之徒，訛言相恐，隨軍資用，頗有遺失者，賊城之下，糧草數十萬，悉焚棄之。[3]乙巳，車駕至潞州。癸丑，帝發潞州。乙丑，幸新鄭縣。[4]丙寅，帝親拜嵩陵，祭奠而退，[5]賜守陵將吏及近陵户帛有差。庚午，帝至自河東。[6]

[1]懷：州名。治所在今河南沁陽市。　孟：州名。治所在今河南孟州市。　蒲：州名。治所在今山西永濟市。　陝：州名。治所在今河南三門峽市陝州區。

[2]忻口：地名。位於今山西忻州市北四十五里忻口村，兩山相夾，滹沱河流經其間。

[3]“指麾之間”至“悉焚棄之”：《舊五代史考異》：“案《通鑑考異》引《晋陽見聞録》云：六月旦，周師南轅返旆，惟數百騎，間之以步卒千人，長槍赤甲，銜尯捷跳梁于城隅，晡晚殺行而抽退。《宋史·藥元福傳》：詔令班師，元福上言曰：‘進軍甚易，退軍甚難。’世宗曰：‘一以委卿。’遂部分卒伍爲方陣而南，元福以麾下爲後殿。崇果出兵來追，元福擊走之。”見《通鑑》卷二九二顯德元年（954）六月《考異》、《宋史》卷二五四《藥元福傳》。

[4]新鄭縣：縣名。治所在今河南新鄭市。

[5]丙寅，帝親拜嵩陵，祭奠而退：《舊五代史考異》：“案《五代會要》云：顯德元年二月，車駕征太原回，親拜嵩陵，望陵號慟。至陵所，俯伏哀泣，感于左右，再拜訖，祭奠而退。”見《會要》卷四親謁陵條。

[6]帝至自河東：《輯本舊史》之影庫本粘籤：“帝至自河東，原本脱‘自’字，今據《五代春秋》增入。”見《五代春秋》卷下周世宗條。

秋七月癸酉朔，前河西軍節度使申師厚責授右監門衛率府副率。[1]師厚在涼州歲餘，以所部艱食，蕃情反覆，奏乞入朝，尋留其子爲留後，[2]不俟詔離任，故責之。乙亥，天雄軍節度使、衛王符彦卿進位守太傅，改封魏王；鄆州郭從義加兼中書令；河陽劉詞移鎮永興軍，加兼侍中；[3]潞州李筠加兼侍中；[4]河中王彦超移鎮許州，加兼侍中；許州節度使、侍衛都虞候李重進移鎮宋州，[5]加同平章事兼侍衛親軍都指揮使；[6]以武信軍節度使兼殿前都指揮使張永德爲滑州節度使，加檢校太傅，典軍如故；同州藥元福移鎮陝州，加檢校太尉；[7]鄜州白重贊移鎮河陽，加檢校太尉；陝州韓通移鎮曹州，加檢校太傅。帝即位之初，覃慶於諸侯，且賞從征之功也。丙子，以前禮部侍郎邊光範爲刑部侍郎，權判開封府事。[8]丁丑，天下兵馬元帥、吴越國王錢俶加天下兵馬都元帥；[9]襄州節度使、陳王安審琦加守太尉。[10]戊寅，右散騎常侍張可復卒。[11]以前亳州防禦使李萬金爲鄜州留後。[12]庚辰，幸南莊。[13]辛巳，荆南節度使、南平王高保融加守中書令；[14]夏州節度使、西平王李彝興加守太保；[15]西京留守武行德、徐州王晏、鄧州侯章，[16]並加兼中書令。癸未，湖南王進逵加兼中書令；[17]天德軍節度使郭勳、邠州折從阮、安州李洪義，[18]並加兼侍中；以前華州節度使孫方諫爲同州節度使，加兼中書令；以前永興軍節度使王仁鎬爲河中節度使，[19]加檢校太尉。乙酉，滄州李暉、貝州王饒、鎮州曹英，[20]並加兼侍中；涇州張鐸、相州王進、延州袁襄，[21]並加檢校太尉。壬辰，百僚上表，請以九月二十四日誕聖日爲天清節，[22]從之。癸巳，以左僕射兼門下侍郎、平章事、監修國史范質爲守司徒兼門下侍郎、平章事、弘文館大學士；[23]以右僕射兼中書侍郎、平章事、集賢殿大學士、判三司李穀爲守司徒兼門下侍郎、平章事，監修國史；[24]以中書侍郎、平章事王溥爲中書侍郎兼禮部尚書、平章事、集賢殿大學士；[25]以樞密院直學士、工部侍郎景範爲中書侍郎、平章事，判三司；[26]樞密使、檢校太保、同平章事鄭仁誨加兼侍中；靈武馮繼業、定州孫行友、邢州田景咸，[27]並加檢校太傅；晉州楊廷璋加檢校太保；以太子詹事趙上交爲太子賓客。[28]乙未，以樞密副使、右監門衛大將軍魏仁浦爲樞密使、檢校太保。[29]丙申，以中書舍人、史館修撰、判館事劉温叟爲禮部侍郎，[30]判館如故。丁酉，相州節度使王進卒。

[1]河西軍：方鎮名。治所在涼州（今甘肅武威市）。　申師厚：人名。籍貫不詳。曾任左衛將軍、河西軍節度使、檢校太保。傳見本書附録。　右監門衛率府副率：官名。即“太子右監門率府副率”。掌諸門禁衛。凡財物、器用，出者有籍。

[2]涼州：州名。治所在今甘肅武威市。　留後：官名。原非正式命官，唐朝節度使入朝或宰相、親王遥領節度使不臨鎮則置。安史之亂後，節度使多以子弟或親信爲留後，以代行節度使職務，亦有軍士、叛將自立爲留後者。掌一州或數州軍政。北宋始爲朝廷正式命官。

[3]太傅：官名。三師之一。始設於周代。掌佐天子，理陰陽，經邦弘化。唐後期、五代多爲大臣、勳貴加官。正一品。　鄆州：

州名。治所在今山東東平縣。　永興軍：方鎮名。治所在京兆府（今陝西西安市）。

[4]李筠：人名。并州太原（今山西太原市）人。五代、宋初將領，歷仕後唐至宋。傳見《宋史》卷四八四。

[5]侍衛都虞候：官名。即“侍衛親軍都虞候”。五代時期侍衛親軍的高級統率官，判六軍諸衛事。中華書局本有校勘記：“‘侍’字原闕，據殿本、《册府》卷一二八、《宋史》卷四八四《李重進傳》補。”見明本《册府》卷一二八《帝王部·明賞門二》。

[6]侍衛親軍都指揮使：官名。五代時侍衛親軍長官。多由皇帝親信擔任。中華書局本有校勘記：“‘衛’字原闕，據殿本、彭校、《册府》卷一二八補。”

[7]同州藥元福移鎮陝州：《輯本舊史》之影庫本粘籤：“藥元福，原本作‘元祉’，今從《通鑑》改正。”見《通鑑》卷二九二顯德元年（954）六月乙巳條。

[8]禮部侍郎：官名。尚書省禮部次官。協助禮部尚書掌禮儀、祭享、貢舉之政。正四品下。　邊光範：人名。并州陽曲（今山西太原市）人。歷仕五代後唐、後晋至宋代。傳見《宋史》卷二六二。　刑部侍郎：官名。尚書省刑部次官。協助刑部尚書掌天下刑法及徒隸、勾覆、關禁之政令。正四品下。

[9]錢俶：人名。原名錢弘俶，錢元瓘第九子，五代十國吴越末代君主。傳見本書卷一三三、《新五代史》卷六七。

[10]襄州：州名。治所在今湖北襄陽市。　安審琦：人名。沙陀部人。五代將領。歷仕後唐、後晋、後漢、後周。傳見本書卷一二三。　太尉：官名。與司徒、司空並爲三公，唐後期、五代多爲大臣、勳貴加官。正一品。

[11]右散騎常侍：官名。中書省屬官。掌侍奉規諷，備顧問應對。正三品下。　張可復：人名。德州平原（今山東平原縣）人。五代官員。傳見本書卷一三一。

［12］亳州：州名。治所在今安徽亳州市。　李萬金：人名。籍貫不詳。五代將領。事見本書本卷、卷七七。

［13］南莊：地名。其地不詳，疑位於開封城外。

［14］荆南：又稱南平。五代十國之一。後梁開平元年（907）朱温命高季興爲荆南節度使，梁末帝時封季興爲渤海王。同光二年（924）受後唐封爲南平王。　高保融：人名。陝州硤石（今河南三門峽市陝州區硤石鄉）人。五代南平國王高從誨子，後漢乾祐元年（948）繼父位。傳見本書卷一三三《世襲列傳》、《新五代史》卷六九《南平世家》。

［15］夏州：州名。治所在今陝西靖邊縣。　李彝興：人名。本姓拓跋氏。原名李彝殷，因避宋宣祖諱，改名李彝興。党項人首領。嘗爲定難軍節度使。傳見《宋史》卷四八五。　太保：官名。與太師、太傅並爲三師。唐後期、五代多爲大臣、勳貴加官。正一品。

［16］西京留守：官名。唐代始置。皇帝出巡或親征時指定親王或大臣留守，綜理軍事、行政、民事、財政。　武行德：人名。并州榆次（今山西晋中市榆次區）人。五代、宋初將領。傳見《宋史》卷二五二。　徐州：州名。治所在今江蘇徐州市。　王晏：人名。徐州滕（今山東滕州市）人。五代、宋初將領。傳見《宋史》卷二五二。　鄧州：州名。治所在今河南鄧州市。　侯章：人名。并州榆次（今山西晋中市榆次區）人。五代、宋初將領。傳見《宋史》卷二五二。

［17］王進逵：人名。即王逵。武陵（今湖南常德市）人，郭威授之武平軍節度使。事見本書卷一三三、《新五代史》卷六六。

［18］天德軍：方鎮名。治天德軍城（今内蒙古烏拉特前旗烏梁素海土城子）。　郭勳：人名。籍貫不詳。五代將領。事見本書本卷及卷一〇二、卷一一一。　邠州：州名。治所在今陝西彬縣。　折從阮：人名。雲中（今山西大同市）人，羌族折掘氏。五代後唐、後晋、後漢、後周將領。傳見本書卷一二五、《新五代史》卷

五〇。　安州：州名。治所在今湖北安陸市。　李洪義：人名。一作“李弘義”。并州晋陽（今山西太原市）人。李洪信弟，五代、宋初將領。傳見《宋史》卷二五二。

［19］孫方諫：人名。初名方簡，避後周太祖之父諱改名。中山（今河北定州市）人，一説莫州清苑（今河北保定市清苑區）人。五代後晋至後周將領。傳見本書卷一二五、《新五代史》卷四九。　王仁鎬：邢州龍岡（今河北邢臺市）人。五代、宋初將領。傳見《宋史》卷二六一。

［20］滄州：州名。治所在今河北滄縣舊州鎮。　李暉：人名。瀛州東城（今河北河間市）人。五代將領。傳見本書卷一二九。　貝州：州名。治所在今河北清河縣。　王饒：人名。慶州華池（今甘肅華池縣）人。五代將領。傳見本書卷一二五。　鎮州：州名。治所在今河北正定縣。

［21］相州：州名。治所在今河南安陽市。　王進：人名。幽州良鄉（今北京房山區）人。五代將領。傳見本書卷一二四、《新五代史》卷四九。　延州：州名。治所在今陝西延安市。　袁鱶：人名。袁象先之子。五代將領，歷任復州刺史、左龍武大將軍、左神武統軍、宣徽南院使、延州節度使等。事見本書卷一一一、卷一一二等。

［22］請以九月二十四日誕聖日爲天清節：《輯本舊史》之影庫本粘籤：“天清節，原本作‘本清’，今從《五代會要》改正。”見《會要》卷一二《雜録》。

［23］左僕射：官名。秦始置。隋、唐前期以左、右僕射佐尚書令總理六官，綱紀庶務，如不置尚書令，則總判省事，爲宰相之職。唐後期多爲大臣加銜。從二品。　門下侍郎：官名。門下省副長官。唐後期三省長官漸爲榮銜，中書侍郎、門下侍郎却因參議朝政而職位漸重，常常用爲以“同三品”或“同平章事”任宰相者的本官。正三品。　監修國史：官名。北齊始置史館，以宰相爲之。唐史館沿置，爲宰相兼職。　范質：人名。大名宗城（今河北

威縣）人。五代後周、宋初宰相。傳見《宋史》卷二四九。　司徒：官名。與太尉、司空並爲三公。唐後期、五代多爲大臣、勳貴加官。正一品。　弘文館大學士：官名。唐武德四年（621）始置修文館，以安置文學之士，典司書籍。唐太宗即位，改爲弘文館。掌詳正圖籍，教授生徒。　以左僕射兼門下侍郎、平章事、監修國史范質爲守司徒兼門下侍郎、平章事、弘文館大學士：《舊五代史考異》："案《國老談苑》云：周太祖嘗令世宗詣范質，時爲親王，軒車高大，門不能容，世宗即下馬步入。及嗣位，從容語質曰：'卿所居舊宅耶，門樓一何小哉！'因爲治第。""因爲治第"，中華書局本有校勘記："'因'，原作'遂'，據殿本、劉本、孔本、《國老談苑》卷一改。"

[24]中書侍郎：官名。中書省副長官。唐後期三省長官漸爲榮銜，中書侍郎、門下侍郎却因參議朝政而職位漸重，常常用爲以"同三品"或"同平章事"任宰相者的本官。正三品。　集賢殿大學士：官名。唐中葉置，位在學士之上，以宰相兼。掌修書之事。　以右僕射兼中書侍郎：中華書局本有校勘記："'右'，原作'左'，據本書卷一一三《周太祖紀四》、《宋史》卷二六二《李穀傳》改。據本卷上文，同時爲左僕射者係范質。"見《輯本舊史》卷一一三《周太祖紀四》顯德元年正月壬辰條。

[25]王溥：人名。并州祁（今山西祁縣）人。後周、宋初宰相。傳見《宋史》卷二四九。　禮部尚書：官名。尚書省禮部長官。掌禮儀、祭享、貢舉之政。正三品。

[26]樞密院直學士：官名。五代後唐同光元年改崇政院直學士置，選有政術、文學者充任。爲皇帝侍從，備顧問應對。"樞密院直學士"，中華書局本有校勘記："原作'樞密院學士'，據《册府》卷七四、《新五代史》卷一二《周本紀》、《通鑑》卷二九二改。按本書卷一一三《周太祖紀四》：'（廣順三年三月）以左司郎中、充樞密直學士景範爲左諫議大夫充職。'《金石萃編》卷一二一《中書侍郎景範碑》：'公爲左司郎中，充樞密直學士。'"見明

本《册府》卷七四《帝王部·命相門四》，《通鑑》卷二九二顯德元年七月癸巳條。　工部侍郎：官名。尚書省工部次官。協助尚書掌管百工、山澤、水土之政令，考其功以昭賞罰，總所統各司之事。正四品下。　景範：人名。淄州長山（今山東鄒平縣）人。後周宰相。傳見本書卷一二七。

［27］靈武：郡名。治所在今寧夏吴忠市。乾元元年（758），改名靈州。此處代指治所在靈州的方鎮朔方軍。　馮繼業：人名。大名（今河北大名縣）人。馮暉之子。五代、宋初將領。傳見《宋史》卷二五三。　定州：州名。治所在今河北定州市。　孫行友：人名。鄭州清苑（今河北保定市清苑區）人。孫方諫之弟。五代、宋初將領。傳見《宋史》卷二五三。　邢州：州名。治所在今河北邢臺市。　田景咸：人名。太原（今山西太原市）人。歷仕五代後漢、後周、宋。傳見《宋史》卷二六一。

［28］太子詹事：官名。掌領太子之詹事府，爲太子官屬之長。正三品。　趙上交：人名。涿州范陽（今河北涿州市）人。五代、宋初大臣。本名遠，字上交，避後漢高祖劉知遠諱，遂以字爲名。傳見《宋史》卷二六二。　太子賓客：官名。爲太子官屬。唐高宗顯慶元年（656）始置。掌侍從規諫、贊相禮儀。正三品。

［29］右監門衛大將軍：官名。唐置，掌宫禁宿衛。唐代十六衛之一。正三品。　魏仁浦：人名。後周、宋初宰相。衛州汲（今河南衛輝市）人。傳見《宋史》卷二四九。　乙未，以樞密副使、右監門衛大將軍魏仁浦爲樞密使、檢校太保：《舊五代史考異》：“案《東都事略》云：議者以仁浦不由科第進，世宗曰：‘顧才何如耳！’遂用之。”見《東都事略》卷一八《魏仁浦傳》。

［30］中書舍人：官名。中書省屬官。掌起草文書、呈遞奏章、傳宣詔命等。正五品上。　史館修撰：官名。唐天寶以後，他官兼領史職者，稱史館修撰。初入史館者稱爲直館。元和六年（811）宰相裴垍建議：登朝官領史職者爲修撰，以官階高的一人判館事；未登朝官均爲直館。　劉温叟：人名。洛陽（今河南洛陽市）人。

五代後唐至宋初官員。傳見《宋史》卷二六二。

八月壬寅朔，以宣徽北院使吴延祚爲右監門衛大將軍充職，以樞密院直學士、尚書右丞邊歸讜爲尚書左丞充職。甲辰，幸南莊，賜從臣射。乙巳，以吏部侍郎顔衎爲工部尚書致仕。[1]丙午，同州節度使孫方諫卒。己酉，前澤州刺史李彦崇責授右司禦副率。[2]高平之役，帝與賊軍相遇，即令彦崇領兵守江猪嶺，以遏寇之歸路。[3]彦崇初見王師已卻，即時而退，及劉崇兵敗，果由兹嶺而遁，故有是責。壬子，以金州防禦使王暉爲同州留後。[4]癸丑，以吴越國内外都指揮使吴延福爲寧國軍節度使、檢校太尉，[5]從錢俶之請也。以太子少師宋彦筠爲太子太師致仕。[6]甲寅，以兵部郎中兼太常博士尹拙爲國子祭酒。[7]丙辰，皇姑故福慶長公主追封燕國大長公主，李重進之母也。[8]丁巳，以户部郎中致仕景初爲太僕卿致仕，[9]宰臣範之父也。己巳，華州鎮國軍宜停，[10]依舊爲郡。庚午，以給事中劉悦、康澄並爲右散騎常侍。[11]辛未，以左散騎常侍裴巽爲御史中丞，以御史中丞張煦爲兵部侍郎，[12]集賢殿學士、判院事司徒詡爲吏部侍郎，以左散騎常侍薛沖乂爲工部侍郎。[13]

[1]吏部侍郎：官名。尚書省吏部次官。協助吏部尚書掌文選、勳封、考課之政。正四品上。　顔衎（kàn）：人名。兖州曲阜（今山東曲阜市）人。自言爲顔回後裔。五代後梁至後周官員，仕至權知開封府。宋初卒於家。傳見《宋史》卷二七〇。　工部尚書：官名。尚書省工部長官。掌百工、屯田、山澤之政令。正

三品。

[2]李彦崇：人名。籍貫不詳。後周將領。事見《宋史》卷二五五《康延澤傳》。　右司禦副率：官名。隋文帝置太子左右宗衛率府，掌領宗室侍衛東宫，煬帝改左右武侍率府。唐沿置，歷改左右司禦衛、左右司禦率府、左右宗衛率府。景雲二年（711）始定名左右司禦率府，制比十二衛中左右領軍衛。統郊城等若干折衝府。從四品上。

[3]江猪嶺：地名。位於今山西長子縣南四十里，與高平縣接界。　以遏寇之歸路：《輯本舊史》之影庫本粘籤："以遏寇之歸路，原本脱'遏'字，今據《册府元龜》增入。"未見《册府》記載。

[4]金州：州名。治所在今陝西安康市。　王暉：人名。籍貫不詳。五代將領，曾以代州刺史而叛歸契丹。事見本書卷九九《漢高祖本紀上》。

[5]吴延福：人名。籍貫不詳。吴越國官員，曾任吴越國内外都指揮使、台州刺史、兩浙進奉使。事見本書卷一一九、《通鑑》卷二九一。　寧國軍：方鎮名。治所在宣州（今安徽宣城市）。

[6]太子少師：官名。與太子少傅、太子少保統稱太子三少。隋唐以後多作加官或贈官。從二品。　宋彦筠：人名。雍丘（今河南杞縣）人。五代後唐、後周將領。傳見本書卷一二三。　太子太師：官名。與太子太傅、太子太保統稱太子三師。隋唐以後多作加官或贈官。從一品。

[7]兵部郎中：官名。隋置兵曹郎，唐代改名爲兵部郎中，五代因之。掌武階官品、軍籍、禄賜等。從五品。　太常博士：官名。漢代始置。爲太常寺屬官。掌辨五禮，討論謚法，贊相導引。從七品上。　尹拙：人名。汝陽（今河南汝南縣）人。歷仕後梁、後唐、後晋、後漢、後周五代。傳見《宋史》卷四三一。　國子祭酒：官名。古代國子學或太學長官。晋武帝司馬炎始置。掌邦國儒學訓導之政令，領太學、國子學及國子監所屬各學。從三品。

［8］李重進之母也："李重進"，中華書局本有校勘記："原作'李從進'，據《通鑑》卷二九〇、《東都事略》卷二二、《宋史》卷四八四《李重進傳》改。"見《通鑑》卷二九〇廣順二年六月條、《宋史》卷四八四《李重進傳》、《東都事略》卷二二《李重進傳》改。"

［9］景初：人名。景範之父。五代官員。事見本書卷一二七《景範傳》。　太僕卿：官名。漢代始置，太僕寺長官，掌御用車馬及國家畜牧事宜。從三品。

［10］鎮國軍：方鎮名。後梁開平二年（908），改保義軍爲鎮國軍，治所在陝州（今河南三門峽市陝州區）。後唐同光元年（923）改感化軍爲鎮國軍，治所在華州（今陝西渭南市華州區）。

［11］給事中：官名。秦始置。隋唐以來，爲門下省屬官。掌讀署奏抄、駁正違失。正五品上。　劉悦：人名。籍貫不詳。五代後周官員。事見本書卷一一一、卷一三一。　康澄：人名。籍貫不詳。五代官員。事見本書卷四三。

［12］裴巽：人名。籍貫不詳。後周官員，曾任左散騎常侍、御史中丞、刑部侍郎、尚書左丞。事見本書卷一一五、卷一一八。　張煦：人名。籍貫不詳。後周時擔任散騎常侍、刑部尚書、兵部尚書等職。事見本書卷一一一至一一四。

［13］司徒詡：人名。清河郡（今河北清河縣）人。五代後唐官員。傳見本書卷一二八。　左散騎常侍：官名。門下省屬官。掌侍奉規諷，備顧問應對。正三品下。　薛沖乂：人名。籍貫不詳。後唐長興中，任刑部員外郎。事見《册府》卷七〇七《令長部·貪黷門》。

九月壬申朔，以東京舊宅爲皇建禪院。[1]甲戌，以武安軍節度副使、知潭州軍府事周行逢爲鄂州節度使，[2]知潭州軍府事，加檢校太尉。丙戌，右屯衛將軍薛訓除名，流沙門島，坐監雍兵倉，[3]縱吏卒掊斂也。己亥，以右僕射致仕韓昭裔、左僕射致仕楊凝式並爲太子太保致仕，[4]以太子太傅致仕李肅爲太子太師致仕。[5]辛丑，斬宋州巡檢供奉官、副都知竹奉璘於寧陵縣，[6]坐盗掠商船不捕獲也。

[1]以東京舊宅爲皇建禪院：《輯本舊史》之影庫本粘籤："皇建，原本作'皇逮'，今從《五代會要》改正。"不見《會要》記載，明本《册府》卷五二《帝王部·崇釋氏門二》作"（顯德元年）九月以潛龍宫爲皇建禪院，遣沙門清興主之"。

[2]武安軍：方鎮名。治所在潭州（今湖南長沙市）。　節度副使：官名。唐、五代方鎮屬官。位在行軍司馬之下、判官之上。　潭州：州名。治所在今湖南長沙市。　周行逢：人名。朗州武陵（今湖南常德市武陵區）人。五代藩鎮軍閥。傳見《新五代史》卷六六。　鄂州：州名。治所在今湖北武漢市武昌區。

[3]右屯衛將軍：官名。唐置，掌宫禁宿衛。從三品。"屯衛"，原稱"威衛"，五代後周避郭威諱，改"威衛"爲"屯衛"。　薛訓：人名。籍貫不詳。五代將領。本書僅此一見。　沙門島：地名。在今山東長島縣西北廟島，一説大黑山島。　雍：地名。即京兆府，治所在今陝西西安市。

[4]韓昭裔：人名。籍貫不詳。後唐、後晋、後周官員。事見本書卷四六、卷四七、卷七六、卷四八、卷一一一。　楊凝式：人名。華陰（今陝西華陰市）人。五代官員。傳見本書卷一二八、《新五代史》卷三五。　太子太保：官名。與太子太師、太子太傅統稱太子三師。隋唐以後多作加官或贈官。從一品。

[5]太子太傅：官名。與太子太師、太子太保統稱太子三師。隋唐以後多作加官或贈官。從一品。　李肅：人名。籍貫不詳。五代官員。事見本書卷一〇、卷三四、卷四二、卷四五、卷七六、卷

九三、卷一〇〇、卷一〇九、卷一一一。

[6]宋州：州名。治所在今河南商丘市睢陽區。　巡檢供奉官：官名。受皇帝之命巡檢地方。　副都知：官名。内侍高級官員。　竹奉璘：人名。籍貫不詳。本書僅此一見。　寧陵縣：縣名。治所在今河南寧陵縣。

冬十月甲辰，左羽林大將軍孟漢卿賜死，坐監納厚取耗餘也。[1]丙午，以安州節度使李洪義爲青州節度使，以貝州節度使王饒爲相州節度使，以徐州節度使王晏爲西京留守，以西京留守武行德爲徐州節度使。戊申，以龍捷左廂都指揮使、泗州防禦使韓令坤爲洋州節度使，[2]充侍衛馬軍都指揮使；以虎捷右廂都指揮使、永州防禦使李繼勳爲利州節度使，[3]充侍衛步軍都指揮使。己酉，太子太保致仕楊凝式卒。詔安、貝二州依舊爲防禦州，其軍額並停。壬子，以今上爲永州防禦使，依前殿前都虞候。戊午，監修國史李穀等上言曰："竊以自古王者，咸建史官。君臣獻替之謀，皆須備載；家國安危之道，得以直書。歷代已來，其名不一。人君言動，則起居注創於累朝；輔相經綸，則時政記興於前代。然後採其事實，編作史書。蓋緣聞見之間，須有來處；記録之際，得以審詳。今之左右起居郎，[4]即古之左右史也。唐文宗朝，[5]命其官執筆，立於殿階螭頭之下，以紀政事。後則明宗朝，[6]命端明殿及樞密直學士，[7]皆輪修日歷，旋送史官，以備纂修。及近朝，此事皆廢，史官唯憑百司報狀，館司但取兩省制書，此外雖有訪聞，例非端的。伏自先皇帝創開昌運，及皇帝陛下纘嗣丕基，其聖德武功，神謀睿略，皆係萬幾宥密，[8]丹禁深嚴，非外臣之所知，豈庶僚之可訪。此後欲望以諮詢之事，裁制之規，別命近臣，旋具抄録，每當修撰日歷，即令封付史臣，庶國事無漏略之文，職業免疏遺之咎。”從之。因命樞密直學士，起今後於樞密使處，逐月抄録事件，送付史館。己未，供奉官郝光庭棄市，坐在葉縣巡檢日，[9]挾私斷殺平人也。是日大閲，帝親臨之。帝自高平之役，覩諸軍未甚嚴整，遂有退却。至是命今上一概簡閲，選武藝超絶者，署爲殿前諸班，因是有散員、散指揮使、内殿直、散都頭、鐵騎、控鶴之號。復命總戎者，自龍捷、虎捷以降，一一選之，老弱羸小者去之，諸軍士伍，無不精當。由是兵甲之盛，近代無比，且減冗食之費焉。[10]

[1]左羽林大將軍：官名。羽林軍統帥，與右羽林大將軍共掌北衙禁兵。正三品。　孟漢卿：人名。籍貫不詳。後周將領，因監納厚取耗餘賜死。事見《新五代史》卷一二。

[2]泗州：州名。治所在今江蘇泗洪縣東南，今已没入洪澤湖中。　洋州：州名。治所在今陝西洋縣。

[3]虎捷右厢都指揮使：中華書局本有校勘記：“‘右’，《宋史》卷二五四《李繼勳傳》作‘左’。”　永州：治所在今湖南永州市。　利州：州名。治所在今四川廣元市。

[4]左右起居郎：官名。唐代始置，屬門下省。與中書省起居舍人同掌起居注，記皇帝言行。從六品上。

[5]唐文宗：即唐文宗李昂。唐穆宗之子。827 年至 840 年在位。被宦官王守澄等擁立即位，後欲剷除宦官，任用李訓、鄭注，利用宦官間的派别鬥争，殺死王守澄。大和九年（835），發動甘露

之變，事敗，宦官大肆誅殺朝官，唐文宗亦被宦官鉗制。紀見《舊唐書》卷一七上至卷一七下、《新唐書》卷八。

[6]明宗：即後唐明宗李嗣源。沙陀部人。原名邈佶烈，李克用養子。五代後唐明宗，926年至933年在位。紀見本書卷三五至卷四四、《新五代史》卷六。

[7]端明殿：宮殿名。位於今河南洛陽市。

[8]皆係萬幾宥密：中華書局本有校勘記："'皆係'，殿本、孔本、《通曆》卷一五作'而皆'。"

[9]供奉官：官名。泛指侍奉皇帝左右的臣僚，亦爲東、西頭供奉官通稱。　郝光庭：人名。籍貫不詳。事見明本《册府》卷一五四《帝王部·明罰門三》。　棄市：古代刑法名。即在鬧市執行死刑，並陳屍街頭示衆。　葉縣：縣名。治所在今河南葉縣。

[10]散員、散指揮使、内殿直、散都頭、鐵騎、控鶴：皆爲五代部隊番號。　"帝自高平之役"至"且減冗食之費焉"：《舊五代史考異》："案《五代會要》云：顯德元年，上謂侍臣曰：'侍衛兵士，老少相半，强懦不分，蓋徇人情，不能選練。今春朕在高平，與劉崇及蕃軍相遇，臨敵有指使不前者，苟非朕親當堅陣，幾至喪敗。况百户農夫，未能贍一甲士，且兵在精不在衆，宜令一一點選，精鋭者升爲上軍，怯懦者任從安便，庶期可用，又不虚費。'先是，上按於高平，觀其退縮，慨然有懲革之志。又以驍勇之士，多爲外諸侯所占，如是召募天下豪傑，不以草澤爲阻，在于闕下，躬親試閲，選武藝超絶及有身首者，分署爲殿前諸班。"見《會要》卷一二京城諸軍條，見《通鑑》卷二九二顯德元年（954）十月癸亥條。

十一月戊寅，以太子賓客石光贊爲兵部尚書致仕。[1]壬午，鎮州節度使曹英卒。乙酉，以澶州節度使郭崇爲鎮州節度使。乙未，以荆南節度副使、歸州刺史高保勗爲寧江軍節度使、檢校太尉，充荆南節度行軍司馬。[2]戊戌，詔宰臣李穀監築河隄。先是，鄆州界河决，數州之地，洪流爲患，故命穀治之，役丁夫六萬人，三十日而罷。

[1]石光贊：人名。籍貫不詳。歷任滑州節度判官、宗正卿、太子賓客。事見本書本卷、卷七六、卷八四。

[2]歸州：州名。治所在今湖北秭歸縣。　高保勗：人名。高季興之子。事見本書卷一三三《高季興傳》、《新五代史》卷六九《高季興傳》。　寧江軍：方鎮名。治所在夔州（今重慶奉節縣）。　節度行軍司馬：官名。出征將領及節度使的屬官。掌軍籍符伍、號令印信，是藩鎮重要的軍政官員。

十二月己酉，太子太師侯益以本官致仕。[1]《永樂大典》卷八千九百八十四。[2]

[1]侯益：人名。汾州平遥（今山西平遥縣）人。五代後唐至宋初將領。傳見《宋史》卷二五四。

[2]《大典》卷八九八四“周”字韻“世宗（一）”事目。

舊五代史　卷一一五

周書六

世宗紀第二

顯德二年春正月辛未朔，帝不受朝賀。[1]辛卯，詔："在朝文班，各舉堪爲令録者一人，雖姻族近親，亦無妨嫌。授官之日，各署舉主姓名，若在官貪濁不任，懦弱不理，並量事狀重輕，連坐舉主。"乙未，詔："應逃户莊田，並許人請射承佃，[2]供納税租：如三周年内本户來歸者，其桑田不計荒熟，並交還一半；五周年内歸業者，三分交還一分；如五周年外歸業者，[3]其莊田除本户墳塋外，不在交付之限。其近北地諸州，應有陷蕃人户，自蕃界來歸業者：五周年内來者，三分交還二分；十周年内來者，交還一半；十五周年内來者，[4]三分交還一分；十五周年外來者，不在交還之限。"

[1]顯德：五代後周太祖郭威年號（954）。世宗柴榮、恭帝柴宗訓沿用（954—960）。　顯德二年春正月辛未朔，帝不受朝賀：

明本《册府》卷一〇八《帝王部·朝會門二》作“二年春正月辛未朔，帝不御殿，宰臣率百官拜表稱賀”。

[2]並許人請射承佃：《輯本舊史》之影庫本粘籤：“請射，原本作‘請藉’，今從《五代會要》改正。”見《會要》卷二五逃户條周顯德二年（955）正月二十五日敕。顯德二年正月二十五日爲乙卯，與本紀同。

[3]如五周年外歸業者：中華書局本有校勘記：“‘如’字原闕，據殿本、孔本、《五代會要》卷二五、《册府》卷四九五補。”見《會要》卷二五逃户條周顯德二年正月二十五日敕、《宋本册府》卷四九五《邦計部·田制門》顯德二年五月乙未詔，明本《册府》卷四九五誤作正月，爲形近之誤。

[4]十五周年内來者：中華書局本有校勘記：“‘内’字原闕，據《五代會要》卷二五及本卷上文補。”見《會要》卷二五逃户條周顯德二年正月二十五日敕。

二月戊申，遣使赴西京，[1]賜太子太師致仕侯益、白文珂、宋彦筠等茶藥錢帛各有差，[2]仍降詔存問。壬戌，詔曰：“善操理者不能有全功，善處身者不能無過失，雖堯、舜、禹、湯之上聖，文、武、成、康之至明，尚猶思逆耳之言，求苦口之藥，何况後人之不逮哉！朕承先帝之靈，居至尊之位，涉道猶淺，經事未深，常懼昏蒙，不克負荷。自臨宸極，已過周星，至於刑政取捨之間，國家措置之事，豈能盡是，須有未周，朕猶自知，人豈不察。而在位者未有一人指朕躬之過失，食禄者曾無一言論時政之是非，豈朕之寡昧不足與言邪？豈人之循默未肯盡心邪？豈左右前後有所畏忌邪？豈高卑疏近自生間别邪？古人云：‘君子大言受大禄，小言受小禄。’又云：‘官箴王闕。’則是士大夫之有禄位，無不言之人。然則爲人上者，不能感其心而致其言，此朕之過也，得不求骨鯁之辭，詢正直之議，共申裨益，庶洽治平。[3]朕於卿大夫，才不能盡知，面不能盡識，若不採其言而觀其行，審其意而察其忠，則何以見器略之淺深，知任用之當否？若言之不入，罪實在予，苟求之不言，咎將誰執！應内外文武臣僚，今後或有所見所聞，並許上章論諫。若朕躬之有闕失，得以盡言；時政之有瑕疵，勿宜有隱。方求名實，豈尚虛華，苟或素不工文，但可直書其事，辭有謬誤者，[4]固當捨短，言涉傷忤者，必與留中，所冀盡情，免至多慮。諸有司局公事者，各宜舉職，事有不便者，革之可也，理有可行者，舉之可也，勿務因循，漸成訛謬。臣僚有出使在外迴者，苟或知黎庶之利病，聞官吏之優劣，當具敷奏，以廣聽聞。班行職位之中，遷除改轉之際，即當考陳力之輕重，較言事之否臧，奉公切直者當議甄升，臨事蓄縮者須期抑退。翰林學士、兩省官，職居侍從，乃論思諫諍之司；御史臺官，任處憲綱，是擊搏糾彈之地；論其職分，尤異羣臣，如逐任官内，無所獻替啓發彈舉者，[5]至月限滿合遷轉時，宜令中書門下先奏取進止。”

[1]西京：地名。治所在今河南洛陽市。

[2]太子太師：官名。與太子太傅、太子太保統稱太子三師。隋唐以後多作加官或贈官。從一品。　致仕：官員告老辭官。　侯益：人名。汾州平遥（今山西平遥縣）人。五代後唐至宋初將領。

傳見《宋史》卷二五四。　白文珂：人名。太原（今山西太原市）人。五代後唐至後周將領。傳見本書卷一二四。　宋彦筠：人名。雍丘（今河南杞縣）人。五代後唐、後周將領。傳見本書卷一二三。

[3]庶洽治平：《輯本舊史》之影庫本粘籤："庶洽，原本作'書詒'，今從《册府元龜》改正。"見明本《册府》卷一〇三《帝王部·招諫門二》顯德二年（955）三月詔。

[4]辭有謬誤者：中華書局本有校勘記："'辭'，《册府》卷一〇三作'理'。"

[5]無所獻替啓發彈舉者：中華書局本有校勘記："'無'字原闕，據《册府》卷一〇三補。"

三月辛未，以李晏口爲静安軍，[1]其軍南距冀州百里，[2]北距深州三十里，[3]夾胡盧河爲壘。[4]先是，貝、冀之境，[5]密邇戎疆，居常敵騎涉河而南，馳突往來，洞無阻礙，北鄙之地，民不安居。帝乃按圖定策，遣許州節度使王彦超、曹州節度使韓通等領兵庀徒，[6]築壘於李晏口，以兵戍守，功未畢，契丹衆尋至，[7]彦超等擊退之。及壘成，頗扼要害，自是敵騎雖至，不敢涉河，邊民稍得耕牧焉。壬辰，尚書禮部貢院進新及第進士李覃等一十六人所試詩賦、文論、策文等。[8]詔曰："國家設貢舉之司，求英俊之士，務詢文行，方中科名。比聞近年以來，多有濫進，或以年勞而得第，或因媒勢以出身。今歲所放舉人，試令看驗，果見紕繆，須至去留。其李覃、何曮、楊徽之、趙鄰幾等四人，[9]宜放及第。其嚴説、武允成、王汾、閭丘舜卿、任惟吉、周度、張慎微、王翥、馬文、劉選、程浩然、李震等一十二人，[10]藝學未精，並宜勾落，且令苦學，以俟再來。禮部侍郎劉温叟失於選士，[11]頗屬因循，據其過尤，合行譴謫，尚示寬恕，[12]特與矜容，劉温叟放罪，其將來貢舉公事，仍令所司別具條理以聞。”

[1]李晏口：地名。李晏本有東、西兩口。周所置静安軍，當在深州西李晏口。

[2]冀州：州名。治所在今河北衡水市冀州區。

[3]深州：州名。治所在今河北深州市。《輯本舊史》之影庫本粘籤：“北距深州，原本作‘恒州’，今從《通鑑注》所引《薛史》改正。”見《通鑑》卷二九二顯德二年（955）正月條胡注所引《薛史》。

[4]胡盧河：水名。即今河北南部之滏陽河。五代周至宋、金爲衡水、寧晋間之漳水的别稱。《舊五代史考異》：“案《通鑑》：浚胡盧河在正月，至三月始建軍額。”見《通鑑》卷二九二。

[5]貝：州名。治所在今河北清河縣。

[6]許州：州名。治所在今河南許昌市。　節度使：官名。唐時在重要地區所設掌握一州或數州軍事、民事、財政的長官。　王彦超：人名。大名臨清（今河北臨西縣）人。五代、宋初將領。傳見《宋史》卷二五五。　曹州：州名。治所在今山東曹縣西北。　韓通：人名。并州太原（今山西太原市）人。後周將領。傳見《宋史》卷四八四。　庀徒：召集工匠、役夫。中華書局本有校勘記：“‘庀徒’，原作‘他徒’，據《册府》卷九九四改。《通鑑》卷二九二敘其事云：‘是月，詔忠武節度使王彦超、彰信節度使韓通將兵夫浚胡盧河。’”見《宋本册府》卷九九四《外臣部·備禦門七》。

[7]契丹：古部族、政權名。公元4世紀中葉宇文部爲前燕攻破，始分離而成單獨的部落，自號契丹。唐貞觀中，置松漠都督

府，以其首領爲都督。唐末强盛，916 年迭剌部耶律阿保機建立契丹國（遼）。先後與五代、北宋並立，保大五年（1125）爲金所滅。參見張正明《契丹史略》，中華書局 1979 年版。

[8]李覃：人名。籍貫不詳。爲新及第進士。事見《宋史》卷二九六。　壬辰，尚書禮部貢院進新及第進士李覃等一十六人所試詩賦、文論、策文等：《宋本册府》卷六四二《貢舉部·條制門四》、卷六四四《貢舉部·考試門二》記十六人名“李覃、嚴説、何曮、武允成、王汾、閭丘舜卿、楊徽之、任惟吉、趙鄰幾、周度、張慎微、王翥、馬文、劉選、程浩然、李震”。

[9]何曮：人名。籍貫不詳。爲新及第進士。事見《宋史》卷二九六。　楊徽之：人名。建州浦城（今福建浦城縣）人。後周、宋初官員。傳見《宋史》卷二九六。　趙鄰幾：人名。鄆州須城（今山東東平縣）人。後周、宋初。傳見《宋史》卷四三九。　其李覃、何曮、楊徽之、趙鄰幾等四人：《輯本舊史》之影庫本粘籤：“趙鄰幾，原本作‘鄰其’，今從《五代會要》及《宋史》改正。”見《會要》卷二二進士條顯德二年三月敕、《宋史》卷四三九《趙鄰幾傳》。

[10]嚴説、武允成、王汾、閭丘舜卿、任惟吉、周度、張慎微、王翥、馬文、劉選、程浩然、李震：以上皆爲未及第者。事跡多不詳。“張慎微”，中華書局本有校勘記：“原作‘張慎徽’，據《五代會要》卷二二，《册府》卷六四二、卷六四四、卷六五一改。”見《會要》卷二二進士條顯德二年三月敕、《宋本册府》卷六五一《貢舉部·謬濫門》。今據改。

[11]禮部侍郎：官名。尚書省禮部次官。協助禮部尚書掌禮儀、祭享、貢舉之政。正四品下。　劉温叟：人名。洛陽（今河南洛陽市）人。五代後唐至宋初官員。傳見《宋史》卷二六二。

[12]尚示寬恕：中華書局本有校勘記：“‘示’，原作‘視’，據邵本校，《五代會要》卷二二，《册府》卷四一、卷六四二改。”見《會要》卷二二進士條顯德二年三月敕、《宋本册府》卷四一

《帝王部·寬恕門》。

夏四月庚戌，以内客省使李彦頵爲延州留後。[1]辛亥，詔："應自外新除御史，未經朝謝者，[2]行過州府，不得受館驛供給及所在公禮。"乙卯，詔於京城四面，别築羅城，期以來春興役。[3]戊午，以翰林學士、給事中竇儀爲禮部侍郎，[4]依前充職；以禮部侍郎劉温叟爲太子詹事。[5]癸亥，以翰林學士、中書舍人楊昭儉爲御史中丞。[6]是月，詔翰林學士承旨徐台符已下二十餘人，各撰《爲君難爲臣不易論》《平邊策》各一首，帝親覽之。[7]

[1]内客省使：官名。中書省内客省長官。　李彦頵：人名。太原（今山西太原市）人。後周官員。傳見本書卷一二九。　延州：州名。治所在今陝西延安市。　留後：官名。原非正式命官，唐朝節度使入朝或宰相、親王遥領節度使不臨鎮則置。安史之亂後，節度使多以子弟或親信爲留後，以代行節度使職務，亦有軍士、叛將自立爲留後者。掌一州或數州軍政。北宋始爲朝廷正式命官。

[2]御史：御史臺執掌監察官員的泛稱。　應自外新除御史，未經朝謝者：中華書局本有校勘記："'者'字原闕，據《五代會要》卷一七補。"見《會要》卷一七雜録條周顯德二年（955）四月三日敕。

[3]羅城：古代爲加强防守，在城墻外加建的凸出形小城圈。

[4]翰林學士：官名。由南北朝始設之學士發展而來，唐玄宗改翰林供奉爲翰林學士，備顧問，代王言。掌拜免將相、號令征伐等詔令的起草。　給事中：官名。秦始置。隋唐以來，爲門下省屬

官。掌讀署奏抄，駁正違失。正五品上。　竇儀：人名。薊州漁陽（今天津市薊州區）人。五代、宋初大臣。傳見《宋史》卷二六三。

[5]太子詹事：官名。掌領太子之詹事府，爲太子官屬之長。正三品。

[6]中書舍人：官名。中書省屬官。掌起草文書、呈遞奏章、傳宣詔命等。正五品上。　楊昭儉：人名。京兆長安（今陝西西安市）人。五代後周、宋初大臣。傳見《宋史》卷二六九。　御史中丞：官名。如不置御史大夫，則爲御史臺長官。掌司法監察。正四品下。

[7]翰林學士承旨：官名。爲翰林學士之首。掌拜免將相、號令征伐等詔令的起草。《舊唐書》卷四三《職官志二·翰林院》："例置學士六人，内擇年深德重者一人爲承旨，所以獨承密命故也。"　徐台符：人名。鎮州獲鹿（今河北石家莊市鹿泉區）人。五代大臣。傳見本書附録。　"是月"至"帝親覽之"：《舊五代史考異》："案《宋史·陶穀傳》：世宗謂宰相曰：'朕觀歷代君臣治平之道，誠爲不易，又念唐、晋失德之後，亂臣黠將，僭竊者多。今中原甫定，吴、蜀、幽、并尚未平附，聲教未能遠被，宜令近臣各爲論策，宣導經濟之略。'乃命承旨徐台符已下二十餘人，各撰《爲君難爲臣不易論》《平邊策》以進。其略率以修文德、來遠人爲意，惟穀與竇儀、楊昭儉、王朴以封疆密邇江、淮，當用師取之。世宗自克高平，常訓兵講武，思混一天下，及覽其策，欣然聽納，由是平南之意益堅矣。"見《宋史》卷二六九《陶穀傳》。

五月辛未，迴鶻遣使貢方物。鳳翔節度使王景上言："奉詔攻收秦、鳳二州，已於今月一日領軍由大散關路進軍次。"[1]先是，晋末契丹入晋，[2]秦州節度使何建以秦、成、階三州入蜀，[3]蜀人又取鳳州。至是，秦、鳳人户怨蜀之苛政，相次詣闕，乞舉兵收復舊地，乃詔景與宣徽南院使向訓率師以赴焉。[4]甲戌，詔曰："釋氏貞宗，聖人妙道，助世勸善，其利甚優。前代以來，累有條貫，近年已降，頗紊規繩。近覽諸州奏聞，繼有緇徒犯法，蓋無科禁，遂至尤違，私度僧尼，日增猥雜，創修寺院，漸至繁多，鄉村之中，其弊轉甚。漏網背軍之輩，苟剃削以逃刑；行奸爲盜之徒，託住持而隱惡。將隆教法，須辨否臧，宜舉舊章，用革前弊。諸道州府縣鎮村坊，應有敕額寺院，一切仍舊，其無敕額者，並仰停廢，所有功德佛像及僧尼，並騰併於合留寺院内安置。天下諸縣城郭内，若無敕額寺院，祇於合停廢寺院内，選功德屋宇最多者，或寺或院僧尼各留一所，[5]若無尼住，祇留僧寺院一所。諸軍鎮坊郭及二百户已上者，亦依諸縣例指揮。如邊遠州郡無敕額寺院處，於停廢寺院内僧尼各留兩所。今後並不得創造寺院蘭若。[6]王公戚里諸道節刺已下，[7]今後不得奏請創造寺院及請開置戒壇。男子女子如有志願出家者，並取父母、祖父母處分，已孤者取同居伯叔兄處分，候聽許方得出家。男年十五已上，念得經文一百紙，或讀得經文五百紙，女年十三已上，念得經文七十紙，或讀得經文三百紙者，經本府陳狀乞剃頭，委録事參軍本判官試驗經文。[8]其未剃頭間，須留髪髻，如有私剃頭者，却勒還俗，其本師主决重杖、勒還俗，仍配役三年。兩京、大名府、京兆府、青州各處置戒壇，[9]候受戒時，兩京委祠部差官引試，其大名府等三處，祇委本判官、録事參軍引試。如有私受戒者，其本人、師主、臨壇三綱、知事僧尼，並同私剃頭例科罪。應合剃頭受戒人等，逐處聞奏，候敕下，委祠部給付憑由，方得剃頭受戒。應男女有父母、祖父母在，[10]别無兒息侍養，不聽出家。曾有罪犯，遭官司刑責之人，及棄背父母、逃亡奴婢、姦人細作、惡逆徒黨、山林亡命、未獲賊徒、負罪潛竄人等，並不得出家剃頭。如有寺院輒容受者，其本人及師主、三綱、知事僧尼、鄰房同住僧，並仰收捉禁勘，申奏取裁。僧尼俗士，自前多有捨身、燒臂、鍊指、釘截手足、帶鈴掛燈、諸般毁壞身體、戲弄道具、符禁左道、妄稱變現還魂坐化、聖水聖燈妖幻之類，皆是聚衆眩惑流俗，今後一切止絶。如有此色人，仰所在嚴斷，遞配邊遠，仍勒歸俗，其所犯罪重者，準格律處分。每年造僧帳兩本，其一本奏聞，一本申祠部，逐年四月十五日後，勒諸縣取索管界寺院僧尼數目申州，州司攢賬，至五月終以前文帳到京，僧尼籍帳内無名者，並勒還俗。其巡禮行脚，出入往來，一切取便。”是歲，諸道供到帳籍，所存寺院凡二千六百九十四所，廢寺院凡三萬三百三十六，[11]僧尼係籍者六萬一千二百人。[12]戊寅，以刑部侍郎邊光範爲户部侍郎，以前御史中丞裴巽爲刑部侍郎。[13]己卯，刑部員外郎陳渥賜死，坐檢齊州臨邑縣民田失實也。[14]渥爲人清苦，臨事有守，以微累而當極刑，時論惜之。戊子，以沙州留後曹元忠爲沙州節度使、檢校太尉、同平章事。[15]丙申，禮部侍郎竇儀奏，請廢童子、明經二科及條貫考試次第，從之。

［1］鳳翔：方鎮名。治所在鳳翔府（今陝西鳳翔縣）。　王景：人名。萊州掖縣（今山東萊州市）人。五代、宋初將領。傳見《宋史》卷二五二。　秦：州名。治所在今甘肅秦安縣。　鳳：州名。治所在今陝西鳳縣。　大散關：關隘名。位於今陝西寶鷄市大散嶺上。

［2］晋末契丹入晋："入晋"，明本《册府》卷二〇《帝王部·功業門》作"犯闕"，卷一二三《帝王部·征討門三》作"犯闕"。

［3］何建：人名。回鶻人。五代將領、藩鎮軍閥。後投於孟昶。傳見本書卷九四。　成：州名。治所在今甘肅成縣。　階：州名。治所在今甘肅隴南市武都區。　秦州節度使何建以秦、成、階三州入蜀：《輯本舊史》之影庫本粘籤："何建，原本作'賀建'，今從《通鑑》及《歐陽史》改正。"見《新五代史》卷六四《孟昶傳》、明本《册府》卷一二三。

［4］宣徽南院使：官名。唐始置。宣徽南院的長官。初用宦官，五代以後改用士人。與宣徽北院使通掌内諸司及三班内侍之名籍，郊祀、朝會、宴享供帳之儀，檢視内外進奉名物。參見王永平《論唐代宣徽使》，《中國史研究》1995年第1期；王孫盈政《再論唐代的宣徽使》，《中華文史論叢》2018年第3期。"宣徽南院使"，中華書局本有校勘記："'使'字原闕，據殿本、《新五代史》卷一二《周本紀》及本卷下文補。"見《新五代史》卷一二《周世宗紀》顯德二年（955）五月辛未條。《舊五代史考異》："案《東都事略·王溥傳》：世宗將討秦、鳳，溥薦向拱，遂平之。世宗因宴，酌卮酒賜之，曰：'成吾邊功，卿擇帥之力也。'"見《東都事略》卷一八《王溥傳》。　向訓：人名。懷州河内（今河南沁陽市）人。五代、宋初將領。避周恭帝諱改名向拱。傳見《宋史》卷二五五。

［5］或寺或院僧尼各留一所："或寺或院"，中華書局本有校勘記："下一'或'字原闕，據《五代會要》卷一二補。"《會要》卷一二寺條周顯德二年五月六日敕。

［6］蘭若：佛寺。　今後並不得創造寺院蘭若：《輯本舊史》之影庫本粘籤："蘭若，原本作'蘭著'，今從《五代會要》改正。"見《會要》卷一二寺條周顯德二年五月六日敕。

［7］王公戚里諸道節刺已下：中華書局本有校勘記："'王公'，原作'公王'，據殿本、《五代會要》卷一二乙正。"見《會要》卷一二寺條。"已下"，《會要》作"已上"。

［8］録事參軍：官名。州府屬官。總掌諸曹事務。官品爲從六品至從八品不等。

［9］大名府：府名。治所在今河北大名縣。　京兆府：府名。治所在今陝西西安市。　青州：州名。治所在今山東青州市。

［10］應男女有父母、祖父母在："應男女有父母"，中華書局本有校勘記："'男女'，《五代會要》卷一二作'男子'。"見《會要》卷一二雜録條顯德二年五月六日敕。

［11］廢寺院凡三萬三百三十六：《會要》卷一六祠部條周顯德二年五月六日敕作"三萬三十六"。

［12］僧尼係籍者六萬一千二百人：《會要》卷一六祠部條周顯德二年五月六日敕作"見在僧四萬二千四百四十四，尼一萬八千七百五十六"。總數與《輯本舊史》同。

［13］刑部侍郎：官名。尚書省刑部次官。協助刑部尚書掌天下刑法及徒隸、勾覆、關禁之政令。正四品下。　邊光範：人名。并州陽曲（今山西太原市）人。歷仕五代後唐、後晋至宋代。傳見《宋史》卷二六二。　户部侍郎：官名。尚書省户部次官。協助户部尚書掌天下田户、均輸、錢穀之政令。正四品下。　裴巽：人名。籍貫不詳。後周官員，曾任左散騎常侍、御史中丞、刑部侍郎、尚書左丞。事見本書卷一一四、卷一一八。

［14］刑部員外郎：官名。刑部郎中的副職。協助負責刑部諸司事務。從六品上。　陳渥：人名。籍貫、事跡不詳。本書僅此一見。　齊州：州名。治所在今山東濟南市。　臨邑縣：縣名。治所在今山東東阿縣。

[15]沙州：州名。治所在今甘肅敦煌市。　曹元忠：人名。祖籍亳州（今安徽亳州市），世居敦煌。五代歸義軍節度使曹議金第三子，後繼兄曹元深之位爲歸義軍節度使。參見榮新江《歸義軍史研究——唐宋時代敦煌歷史考索》，上海古籍出版社 2015 年版。檢校太尉：官名。爲散官或加官，以示恩寵，無實際執掌。太尉，與司徒、司空並爲三公。　同平章事：官名。"同中書門下平章事"之簡稱。唐高宗以後，凡實際任宰相之職者，常在其本官後加同平章事的職銜。後成爲宰相專稱。後晋天福五年（940），升中書門下平章事爲正二品。

六月己酉，以曹州節度使韓通充西南面行營都虞候。[1]丙辰，以亳州防禦使陳思讓爲邢州留後。[2]庚申，詔："兩京及諸道州府，不得奏薦留守判官、兩使判官、少尹、防禦團練軍事判官，[3]如是隨幕已曾任此職者聽奏。防禦團練刺史州，各置推官一員。"[4]辛酉，廢景州爲定遠軍。[5]癸亥，以前延州節度使袁㦙爲滄州節度使，[6]以前邢州節度使田景咸爲鄧州節度使。[7]

[1]西南面行營都虞候：官名。五代時期出征軍隊高級統率官。

[2]亳州：州名。治所在今安徽亳州市。　防禦使：官名。唐代始置，設有都防禦使、州防禦使兩種。常由刺史或觀察使兼任，實際上爲唐代後期州或方鎮的軍政長官。　陳思讓：人名。幽州盧龍（今河北盧龍縣）人。五代、宋初將領。傳見《宋史》卷二六一。　邢州：州名。治所在今河北邢臺市。

[3]留守判官：官名。留守司僚屬，分掌留守司各曹事，並協助留守通判陪都事。　兩使判官：節度判官、觀察判官連稱。節度判官，唐末、五代藩鎮僚佐，位行軍司馬下。觀察判官，唐肅宗以

後置，五代沿置。觀察使屬官，參理田賦事，用觀察使印、署狀。　少尹：官名。唐、五代於三京、鳳翔等府均置少尹，爲尹的副職。協助尹通判列曹諸務。從四品下。　防禦團練：官名。即防禦團練使。唐代置。《舊唐書》卷四四《職官志三》："上元後，改防禦使爲團練守捉使，又與團練兼置防禦使，名前使，各有副使、判官。"　軍事判官：官名。唐中期節度使、觀察使及設團練使、防禦使之州皆置爲幕職，由各使自行辟舉。五代後唐明宗時設刺史之州亦改防禦判官而置，不得兼録事參軍。

[4]推官：官名。唐肅宗以後置，五代沿置。爲節度、觀察、團練、防禦等使的屬官。度支、鹽鐵等使也置推官掌理刑案之事。

[5]景州：州名。治所在今河北東光縣。

[6]袁義：人名。袁象先之子。五代將領，歷任復州刺史、左龍武大將軍、左神武統軍、宣徽南院使、延州節度使等。事見本書卷一一一、卷一一二等。　滄州：州名。治所在今河北滄縣舊州鎮。

[7]田景咸：人名。太原（今山西太原市）人。歷仕五代後漢、後周、宋。傳見《宋史》卷二六一。　鄧州：州名。治所在今河南鄧州市。

秋七月丁卯朔，以鳳翔節度使王景兼西南面行營都招討使，以宣徽南院使、鎮安軍節度使向訓兼西南面行營都監。[1]戊辰，太子太傅、魯國公和凝卒。[2]

[1]西南面行營都招討使：官名。自後梁至後周均設此職，掌同招討使，負責某一路、某一道或某一方征討、招撫之事。掌管區域較大而且長官資深者，則委以諸道行營都招討使和副都招討使，否則爲行營招討使和副招討使。　鎮安軍：方鎮名。治所在陳州（今河南淮陽縣）。故屬忠武軍節度。後晋開運二年（945）置鎮安

軍。漢初，軍廢。周廣順二年（952）復之。　西南面行營都監：官名。唐代中葉命將出征，常以宦官爲監軍、都監。後爲臨時委任的統兵官，稱都監、兵馬都監。掌屯戍、邊防、訓練之政令。

[2]太子太傅：官名。與太子太師、太子太保統稱太子三師。隋唐以後多作加官或贈官。從一品。　和凝：人名。鄆州須昌（今山東東平縣）人。五代後晋宰相。傳見本書卷一二七、《新五代史》卷五六。　戊辰，太子太傅、魯國公和凝卒：《輯本舊史》之影庫本粘籤："魯國，原本作'路國'，今從和凝本傳改正。"見《輯本舊史》卷一二七《和凝傳》、《新五代史》卷五六《和凝傳》。

八月癸卯，兵部尚書張昭、太常卿田敏等奏，[1]議減祠祭所用犧牲之數，由是圜丘、方澤及太廟即用太牢，[2]餘皆以羊代之。丁未，中書侍郎、平章事、判三司景範罷判三司，加銀青光禄大夫，[3]依前中書侍郎、平章事，進封開國伯；以樞密院承旨張美權判三司。[4]辛亥，詔："今後應有病患老弱馬，並送同州沙苑監、衛州牧馬監，[5]就彼水草，以盡飲齕之性。"庚子，太子太師致仕趙暉卒。[6]乙丑，詔曰："今後諸處祠祭，應有牲牢、香幣、饌料、供具等，仰委本司官吏躬親檢校，務在精至。行事儀式，依附禮經，大祠祭合用樂者，仍須祀前教習。凡關祀事，宜令太常博士及監察御史用心點檢，[7]稍或因循，必行朝典。"

[1]兵部尚書：官名。尚書省兵部長官。掌兵衛、武選、車輦、甲械、厩牧之政令。正三品。　張昭：人名。世居濮州范縣（今河南范縣）。五代、宋初大臣。傳見《宋史》卷二六三。　太常卿：官名。太常寺長官。掌宗廟禮儀。正三品。　田敏：人名。淄州鄒

平（今山東鄒平縣）人。五代、宋初大臣、學者。傳見《宋史》卷四三一。

[2]圜丘：南面郊區之祭天場所。　方澤：亦稱“方丘”，古代帝王祭地神的祭壇。　太廟：古代帝王的祖廟。供奉、祭祀皇帝先祖。　太牢：又作“大牢”。古代帝王祭祀或宴會時並用牛、羊、豕三牲，爲太牢。

[3]中書侍郎：官名。中書省副長官。唐後期三省長官漸爲榮銜，中書侍郎、門下侍郎却因參議朝政而職位漸重，常常用爲以“同三品”或“同平章事”任宰相者的本官。正三品。　判三司：官名。通掌鹽鐵、度支、户部三個部門事務。爲三司使之起始。　景範：人名。淄州長山（今山東鄒平縣）人。後周宰相。傳見本書卷一二七。　銀青光禄大夫：官名。唐、五代散官。從三品。

[4]樞密院承旨：官名。五代樞密院置，主管承旨司之事。　張美：人名。貝州清河（今河北清河縣）人。五代、宋初大臣。傳見《宋史》卷二五九。

[5]同州：州名。治所在今陝西大荔縣。　沙苑監：官署名。唐朝太僕寺置於馮翊縣南十二里（今陝西大荔縣南），掌儲存、牧養隴右群牧牛羊，以供宴享、祭祀及尚食局取用，每歲與典牧署分月供給。玄宗開元二十三年（735）廢，旋復，以養馬爲主，爲重要育馬場之一。　衛州：州名。治所在今河南衛輝市。　牧馬監：官署名。負責養馬事宜。清人徐松《宋會要輯稿·兵二一》之五：“衛州淇水二監，周顯德中置牧馬監，建隆初增葺，復改東西牧龍坊。”

[6]趙暉：人名。澶州（今河南濮陽市）人。五代後唐至後周將領。傳見本書卷一二五。　庚子，太子太師致仕趙暉卒：按《二十史朔閏表》，顯德二年（955）八月丁酉朔。此條前爲癸卯（七日）、丁未（十一日）、辛亥（十五日）記事，後爲乙丑（二十九日）記事，庚子爲初四日，庚子當在本月記事之首。有兩種可能：一爲《輯本舊史》誤置於此，一爲庚子爲壬子（十六日）或庚申

（二十四日）之誤。因無其他證據，今仍其舊。

[7]太常博士：官名。漢代始置。爲太常寺屬官。掌辨五禮，討論謚法，贊相導引。從七品上。　監察御史：官名。唐代屬御史臺之察院，掌監察中央機構、州縣長官及祭祀、庫藏、軍旅等事。唐中期以後，亦作爲外官所帶之銜。正八品下。

九月丙寅朔，詔禁天下銅器，始議立監鑄錢。[1]癸未，以太子賓客趙上交爲吏部侍郎，[2]以吏部侍郎于德辰、司徒詡並爲太子賓客。[3]乙酉，詔文武百僚，今後遇天清節，[4]依近臣例各賜衣服。辛卯，西南面招討使王景部送所獲西川軍校姜暉已下三百人至闕。[5]甲午，潞州部送先擒到河東僞兵馬監押程交等二百人至闕。[6]詔所獲西川、河東軍校已下並釋之，各賜錢帛有差。

[1]九月丙寅朔，詔禁天下銅器，始議立監鑄錢：《舊五代史考異》："案《五代會要》：顯德二年九月，敕云：'今採銅興冶，立監鑄錢，冀便公私，宜行條制。今後除朝廷法物、軍器、官物及鏡，并寺觀内鐘磬、鈸、相輪、火珠、鈴鐸外，其餘銅器，一切禁斷。'"對《舊五代史考異》所引之《會要》卷二七泉貨條文中"今採銅興冶，立監鑄錢，冀便公私"，中華書局本有校勘記："'冶'，原作'治'，'便'，原作'使'，據邵本校、《五代會要》卷二七改。""相輪"，中華書局本有校勘記："原作'相輪'，據邵本校、《五代會要》卷二七改。"見《會要》卷二七泉貨條所載周顯德二年（955）九月一日敕。九月一日爲丙辰，與本紀同。

[2]太子賓客：官名。爲太子官屬。唐高宗顯慶元年（656）始置。掌侍從規諫、贊相禮儀。正三品。　趙上交：人名。涿州范陽（今河北涿州市）人。五代、宋初大臣。本名遠，字上交，避後

漢高祖劉知遠諱，遂以字爲名。傳見《宋史》卷二六二。　吏部侍郎：官名。尚書省吏部次官。協助吏部尚書掌文選、勳封、考課之政。正四品上。

[3]于德辰：人名。元城（今河北大名縣東）人。五代大臣。傳見本書卷一三一。　司徒詡：人名。清河郡（今河北清河縣）人。五代後唐官員。傳見本書卷一二八。

[4]天清節：端午節的别稱。

[5]西川：方鎮名。治所在成都府（今四川成都市）。　軍校：即牙校，爲低級武職。　姜暉：人名。籍貫、事跡不詳。本書僅此一見。

[6]潞州：州名。治所在今山西長治市。　河東：方鎮名。治所在太原府（今山西太原市）。　兵馬監押：官名。軍隊統兵官，掌軍旅屯戍、營防、訓練之政令。　程交：人名。籍貫、事跡不詳。本書僅此一見。　潞州部送先擒到河東僞兵馬監押程交等二百人至闕：中華書局本有校勘記："'僞'字原闕，據《册府》卷一六七補。'程交'，殿本、劉本作'程支'，《册府》卷一六七作'程友'。"見明本《册府》卷一六七《帝王部·招懷門五》顯德二年九月甲午條。

閏月壬子，西南面招討使王景奏，大破西川賊軍於黄花谷，擒僞命都監王巒、孫韜等一千五百餘人。[1]癸丑，秦州僞命觀察判官趙玭以本城降，詔以玭爲郢州刺史。[2]先是，帝以西師久次，[3]艱於糧運，命今上乘驛赴軍前，以觀攻戰之勢。及迴，具以事勢上奏，帝甚悦，至是果成功焉。甲子，祕書少監許遜責授蔡州别駕，[4]坐先假竇氏圖書隱而不還也。[5]

[1]黄花谷：地名。位於今陝西鳳縣東北。《輯本舊史》之影庫本粘籤："黄花，原本作'黄化'，今從《通鑑》改正。"見《通鑑》卷二九二顯德二年（955）九月條。　王巒：人名。籍貫不詳。事見《九國志》卷七《李廷珪傳》。　孫韜：人名。籍貫、事跡不詳。本書僅此一見。　"閏月壬子"至"孫韜等一千五百餘人"：此事見《舊五代史考異》："案《九國志·李廷珪傳》：周師攻秦、鳳，以廷珪爲北路行營都統，高彦儔、吕彦珂爲招討。廷珪遣先鋒指揮使李進以兵據馬嶺，分兵出斜谷，營於白澗，將腹背以攻周師；又遣染院使王巒領兵出唐倉，與周師遇，我師敗走，王巒死之。而馬嶺、斜谷之兵聞之皆退奔，高彦儔與諸將謀退守青泥嶺。由是秦、鳳、階、成之地，皆陷於周矣。"見《九國志》卷七《李廷珪傳》。《九國志》該卷録自《大典》卷一八一三六"將"字韻"後蜀將（一）"事目。

[2]觀察判官：官名。唐肅宗以後置，五代沿置。觀察使屬官，參理田賦事，用觀察使印、署狀。　趙玭：人名。澶州（今河南濮陽市）人。五代、宋初將領。傳見《宋史》卷二七四。　郢州：州名。治所在今湖北鍾祥市。　刺史：官名。州一級行政長官。漢武帝時始置，總掌考核官吏、勸課農桑、地方教化等事。唐中期以後，節度使、觀察使轄州而設，刺史爲其屬官，職任漸輕。從三品至正四品下。　癸丑，秦州僞命觀察判官趙玭以本城降，詔以玭爲郢州刺史：《舊五代史考異》："案《宋史·趙玭傳》：高彦儔出師救援，未至，聞軍敗，因潰歸。玭閉門不納，召官屬諭之曰：'今中朝兵甲無敵于天下，自用師西征，戰無不勝，蜀中所遣將皆武勇者，卒皆驍健者，然殺戮逋逃之外，幾無孑遺。我輩安忍坐受其禍，去危就安，當在今日。'衆皆俯伏聽命，玭遂以城歸順。世宗欲命以藩鎮，宰相范質不可，乃授郢州刺史。"見《宋史》卷二七四《趙玭傳》。

[3]久次：長期擔任官職。

[4]祕書少監：官名。唐承隋制，置秘書省，設秘書少監二人

協助秘書監工作。從四品上。　許遜：人名。又作“許愻”。籍貫不詳。後周官員。清泰二年（935），爲右拾遺。事見明本《册府》卷四八〇《臺省部·奸邪門二》。　蔡州：州名。治所在今河南汝南縣。　别駕：官名。唐代别駕，秩高俸厚，無具體職務。五代因唐制，府、州均置别駕。時以特恩授士人，時以犯過失的官員充任。上州從四品下，中州正五品下，下州從五品上。

[5]竇氏：其人不詳。

冬十月庚午，召近臣射於苑中，賜金器鞍馬有差。辛未，成州歸順。[1]癸酉，以給事中王敏爲工部侍郎。[2]戊寅，高麗國遣使朝貢。丁丑，[3]右散騎常侍康澄責授環州别駕，[4]左司郎中史又玄責授商州長史，[5]左驍衛大將軍元霸責授均州别駕，[6]右驍衛將軍林延禔責授登州長史。[7]澄等奉使浙中，迴日以私便停留，逾時復命，故有是責。右諫議大夫李知損配流沙門島，[8]坐妄貢章疏，斥讟貴近，及求使兩浙故也。己丑，前太常卿邊蔚卒。[9]是月始議南征。

[1]成州：州名。治所在今甘肅成縣。

[2]王敏：人名。單州金鄉（今山東金鄉縣）人。後周時曾任刑部侍郎、司農卿等職。傳見本書卷一二八。　工部侍郎：官名。尚書省工部次官。協助尚書掌管百工、山澤、水土之政令，考其功以昭賞罰，總所同各司之事。正四品下。

[3]丁丑：《輯本舊史》之影庫本粘籤：“丁丑，以《長曆》推之當作‘丁亥’，今無别本可校，姑仍其舊。”顯德二年（955）十月乙丑朔，丁丑爲十三日，但其前條戊寅爲十四日，丁丑條爲誤置，或爲丁亥之誤，因無他證，姑存疑。

[4]右散騎常侍：官名。中書省屬官。掌侍奉規諷，備顧問應對。正三品下。　康澄：人名。籍貫不詳。五代後唐官員。事見本書卷四三。　環州：州名。即威州，周廣順二年（952）改曰環州。治所在今甘肅環縣。

[5]左司郎中：官名。爲尚書左丞副貳，協掌尚書都省事務，監管吏、户、禮部諸司政務。位在諸司郎中上。從五品上。　史又玄：人名。籍貫、事跡不詳。本書僅此一見。　商州：州名。治所在今陝西商洛市商州區。　長史：官名。州府屬官。協助處理州府公務。正四品上至正六品上。　左司郎中史又玄責授商州長史：中華書局本有校勘記：“‘授’字原闕，據殿本、劉本、邵本校補。”

[6]左驍衛大將軍：官名。唐置十六衛之一，掌宫禁宿衛。正三品。　元霸：人名。籍貫、事跡不詳。本書僅此一見。　均州：州名。治所在今湖北丹江口市。

[7]右驍衛將軍：官名。唐置十六衛之一，掌宫禁宿衛。從三品。　林延禔：人名。籍貫、事跡不詳。本書僅此一見。　登州：州名。治所在今山東蓬萊市。

[8]右諫議大夫：官名。隸中書省。唐代置左、右諫議大夫各四人，分隸門下省、中書省。掌諫諭得失，侍從贊相。正四品下。　李知損：人名。大梁（今河南開封市北）人。五代後晋、後漢、後周官員。傳見本書卷一三一。　配流：亦稱流配。中國古代的一種刑罰。將犯人流放到一定地點，强制服役。　沙門島：地名。在今山東長島縣西北廟島，一説大黑山島。《輯本舊史》之影庫本粘籤：“沙門，原本作‘河門’，今從李知損本傳改正。”見《輯本舊史》卷一三一《李知損傳》。

[9]邊蔚：人名。京兆長安（今陝西西安市）人。五代大臣。傳見本書卷一二八。

十一月乙未朔，以宰臣李穀爲淮南道前軍行營都部署，知廬壽等州行府事；[1]以許州節度使王彦超爲行營副部署；[2]命侍衛馬軍都指揮使韓令坤等一十二將，[3]各帶征行之號以從焉。己亥，諭淮南州縣，詔曰："朕自纘承基構，統御寰瀛，方當恭己臨朝，[4]誕修文德，豈欲興兵動衆，專耀武功。顧兹昏亂之邦，須舉弔伐之義。蠢爾淮甸，[5]敢拒大邦，因唐室之陵遲，接黄寇之紛亂，[6]飛揚跋扈，垂六十年，盗據一方，僭稱僞號。幸數朝之多事，與北虜以交通，[7]厚啓戎心，誘爲邊患。晋、漢之代，寰海未寧，而乃招納叛亡，朋助凶慝，李金全之據安陸，[8]李守貞之叛河中，[9]大起師徒，來爲應援，攻侵高密，殺掠吏民，迫奪閩、越之封疆，塗炭湘、潭之士庶。以至我朝啓運，東魯不庭，發兵而應接叛臣，[10]觀釁而憑凌徐部。沭陽之役，[11]曲直可知，尚示包荒，猶稽問罪。邇後維揚一境，[12]連歲阻飢，我國家念彼災荒，大許糴易。前後擒獲將士，皆遣放還；自來禁戢邊兵，不令侵撓。我無所負，彼實多姦，勾誘契丹，至今未已，結連并寇，[13]與我爲讎，罪惡難名，人神共憤。今則推輪命將，鳴鼓出師，徵浙右之樓船，下朗陵之戈甲，[14]東西合勢，水陸齊攻。吴孫皓之計窮，[15]自當歸命；陳叔寶之數盡，[16]何處偷生。應淮南將士軍人百姓等，久隔朝廷，莫聞聲教，雖從僞俗，應樂華風，必須善擇安危，早圖去就。如能投戈獻款，舉郡來降，具牛酒以犒師，納圭符而請命，車服玉帛，豈吝旌酬，土地山河，誠無愛惜。刑賞之令，信若丹青，苟或執迷，寧免後悔。王師所至，軍政甚明，不犯秋毫，有如時雨，百姓父老，各務安居，剽擄焚燒，必令禁止云。”高麗國王王昭加開府儀同三司、檢校太尉，[17]依前使持節玄菟州都督、大義軍使，[18]王如故。辛亥，以前滄州節度使李暉爲邠州節度使。[19]壬子，潞州奏，破河東賊軍於祁縣。[20]癸丑，西南面行營都部署王景奏，收復鳳州，獲僞命節度使王環。[21]乙卯，曲赦秦、鳳、階、成等州管内罪人，自顯德二年十一月已前，凡有罪犯，無問輕重，一切釋放。丁巳，前邠州節度使折從阮卒。[22]己未，邢州奏，河東劉崇死。[23]壬戌，淮南前軍都部署李穀奏，先鋒都指揮使白延遇破淮賊於來遠鎮。[24]

[1]李穀：人名。潁州汝陰（今安徽阜陽市）人。後周宰相。傳見《宋史》卷二六二。　淮南道：道名。唐貞觀十道、開元十五道之一。唐貞觀元年（627）置，轄境相當於今淮河以南，長江以北，東至海，西至今湖北中部。開元二十一年（733）置淮南道採訪處置使，治所在揚州（今江蘇揚州市）。乾元元年（758）廢。但作爲地理區劃一直沿用至五代。　前軍行營都部署：官名。凡行軍征討、掛帥率軍戰鬥，總管行營事務。　廬：州名。治所在今安徽合肥市。　壽：州名。治所在今安徽壽縣。

[2]行營副部署：官名。即“行營副都部署”。爲行營都部署副手。

[3]侍衛馬軍都指揮使：官名。爲侍衛親軍馬軍司長官。後梁始置侍衛親軍，爲禁軍的一支，後唐沿置並成爲禁軍主力，下設馬軍、步軍。　韓令坤：人名。磁州武安（今河北武安市）人。五代、宋初將領。傳見《宋史》卷二五一。　命侍衛馬軍都指揮使韓令坤等一十二將：“馬軍”，明本《册府》卷一二三《帝王部·征討

門三》同，卷三二三《宰輔部·總兵門》李穀條作“馬步軍”。

［4］方當恭己臨朝：中華書局本有校勘記：“‘恭’，原作‘躬’，據殿本、《册府》卷一二三改。”

［5］淮甸：後周世宗三次親征南唐，取江淮十四州。

［6］黄寇：即黄巢領導的農民起義。黄巢，曹州冤句（今山東菏澤市）人。唐末農民起義領袖。傳見《舊唐書》卷二〇〇下、《新唐書》卷二二五下。　接黄寇之紛亂：《册府》卷一二三作“接廣寇之喪亂”。

［7］北虜：《輯本舊史》作“北境”，乃忌清諱，中華書局本沿而未改。明本《册府》卷一二三作“北虜”，據改。　“以”，明本《册府》卷一二三作“而”。

［8］李金全：人名。吐谷渾族，早年爲後唐明宗李嗣源奴僕，驍勇善戰，因功升遷。後晋時封安遠軍節度使，後投奔南唐。傳見本書卷九七、《新五代史》卷四八。　安陸：縣名。治所在今湖北安陸市。

［9］李守貞：人名。河陽（今河南孟州市）人。五代藩鎮軍閥。傳見本書卷一〇九、《新五代史》卷五二。　河中：府名。唐開元八年改蒲州爲河中府，因地處黄河中游而得名，其後名稱屢有改易。治所在今山西永濟市。

［10］發兵而應接叛臣：“叛臣”，明本《册府》卷一二三作“慕容”。

［11］沭陽：縣名。治所在今江蘇沭陽縣。

［12］維揚：舊揚州及揚州府别稱。

［13］并：州名。治所在今山西太原市。

［14］朗陵：縣名。治所在今河南確山縣西南。

［15］孫皓：人名。即三國吴末帝孫皓。吴郡富春（今浙江杭州市富陽區）人。孫權之孫，孫和之子。264 年至 280 年在位。傳見《三國志》卷四八。

［16］陳叔寶：人名。即陳後主。南朝陳皇帝。582 年至 589 年

在位。禎明三年（589）隋兵入建康被俘，陳亡。紀見《陳書》卷六、《南史》卷一〇。

［17］王昭：人名。高麗王朝第四任君主。高麗太祖王建第四子、惠宗王武弟。乾祐二年（949）受禪即位，廣順三年（953）被後周册封爲高麗國王。死後廟號光宗。參見〔朝〕鄭麟趾等《高麗史》卷二，西南師範大學出版社2014年版。

［18］玄菟州：唐渤海國置，屬新城州都督府。治所在玄菟城（今遼寧瀋陽市東上柏官屯）。　大義軍使：官名。掌領本軍軍務，兼理地方政務。

［19］李暉：人名。瀛州東城（今河北河間市）人。五代將領。傳見本書卷一二九。　邠州：州名。治所在今陝西彬縣。

［20］祁縣：縣名。治所在今山西祁縣。

［21］王環：人名。真定（今河北正定縣）人。五代後周將領。傳見本書卷一二九、《新五代史》卷五〇。　癸丑，西南面行營都部署王景奏，收復鳳州，獲僞命節度使王環：《舊五代史考異》："案《歐陽史》作戊申。"《新五代史》卷一二《周世宗紀》顯德二年（955）十一月戊申條作"王景克鳳州"。癸丑爲十九日，戊申爲十四日。

［22］折從阮：人名。雲中（今山西大同市）人，羌族折掘氏。五代後唐、後晋、後漢、後周將領。傳見本書卷一二五、《新五代史》卷五〇。

［23］劉崇：人名。即劉旻。太原（今山西太原市）人。後漢高祖劉知遠從弟。後漢時任太原尹，專制一方。後周代漢，他稱帝於太原，國號漢，史稱北漢。傳見本書卷一三五、《新五代史》卷七〇。　己未，邢州奏，河東劉崇死：《舊五代史考異》："案：《通鑑》作顯德元年十一月，北漢主殂，遣使告於契丹。《考異》引王保衡《見聞要録》《劉繼顒神道碑》爲據，疑《薛史》作二年爲誤。今考《遼史·穆宗紀》，應曆五年十一月，漢主崇殂，應曆五年即周廣順二年也，與《薛史》合，蓋《薛史》《遼史》皆以實録

爲據也。《五代春秋》亦作二年。”見《通鑑》卷二九二顯德元年十一月條《考異》、《遼史》卷六《穆宗紀上》、《五代春秋》周世宗條。《舊五代史考異》所引《遼史》之“漢主崇殂”，中華書局本有校勘記：“‘主’，原作‘王’，據殿本、劉本、《遼史》卷六《穆宗紀上》改。”此條記事，多書有誤。《通鑑》繫劉崇卒於顯德元年十一月，大誤。其《考異》明引劉恕所云“《世宗實録》、《薛史·帝紀》《僭僞傳》皆云顯德二年十一月，劉崇卒”而不採，誤採王保衡書。《舊五代史考異》駁《通鑑》顯德元年説，本不誤，但云“應曆五年即周廣順二年也，與《薛史》合”。顯德二年誤廣順二年，亦誤。《五代春秋》卷下周世宗條記此事作“晋王崇薨”。

[24]先鋒都指揮使：官名。先鋒，即先鋒部隊。都指揮使，爲所部統兵將領。　白延遇：人名。太原（今山西太原市）人。五代將領。歷仕後晋、後周。傳見本書卷一二四。　來遠鎮：古鎮名。位於今安徽省壽縣西南。

十二月丙寅，以左金吾大將軍蓋萬爲右監門上將軍。[1]丁卯，淄州奏，[2]前中書侍郎、同平章事景範卒。庚午，右金吾衛上將軍王守恩卒。[3]辛未，安州奏，盜殺防禦使張穎。[4]是日，翰林學士承旨徐台符卒。甲戌，李穀奏，破淮賊二千人於壽州城下。[5]丙子，以左諫議大夫、權知開封府事王朴爲左散騎常侍，充端明殿學士，[6]依前權知開封府事。永興軍奏，節度使劉詞卒。[7]己卯，李穀奏，破淮賊千餘人於山口鎮。[8]丙戌，樞密使鄭仁誨卒。[9]辛卯，西南面行營都部署王景差人部送所獲僞鳳州節度使王環至闕。[10]詔釋之，仍賜鞍馬衣服，尋授右驍衛大將軍。[11]是冬，命起居郎陶文舉徵殘租於宋州。[12]文舉本酷吏也，宋民被其刑者凡數千，冤號之聲，聞於道路，有悼耄之輩，不勝其刑而死者數人，物議以爲不允。《永樂大典》卷八千九百八十四。[13]

[1]左金吾大將軍：官名。唐置，掌宮禁宿衛。正三品。　蓋萬：人名。籍貫不詳。五代將領。事見本書卷九九。　右監門上將軍：官名。即“右監門衛上將軍”。唐代置十六衛，掌宮禁宿衛。從二品。

[2]淄州：州名。治所在今山東淄博市。

[3]右金吾衛上將軍：官名。唐代置十六衛，掌宮禁宿衛。從二品。　王守恩：人名。太原（今山西太原市）人。後晋潞州節度使王建立子，後漢時曾任宰相。傳見本書卷一二五。

[4]安州：州名。治所在今湖北安陸市。　張穎：人名。太原人（今山西太原人），一説并州陽曲（山西陽曲縣）人。張永德之父。後周將領。傳見本書卷一二九。

[5]壽州：州名。治所在今安徽壽縣。

[6]左諫議大夫：官名。隸門下省。唐代置左、右諫議大夫各四人，分隸門下省、中書省。掌諫諭得失、侍從贊相。正四品下。　開封府：府名。後梁都城。治所在今河南開封市。　王朴：人名。東平（今山東東平縣）人。後周大臣，官至樞密使。曾獻《平邊策》，提出了統一全國先易後難之戰略方針，被周世宗採納。傳見本書卷一二八、《新五代史》卷三一。　左散騎常侍：官名。門下省屬官。掌侍奉規諷，備顧問應對。正三品下。　端明殿學士：官名。五代後唐天成元年（926）明宗初即位，每有四方書奏，多令樞密使安重誨進讀，重誨不曉文義。於是孔循獻議，設端明殿學士，命馮道等爲之，位在翰林學士之上。此後沿置。

[7]永興軍：方鎮名。治所在京兆府（今陝西西安市）。　劉詞：人名。元城（今河北大名縣）人。五代將領。傳見本書卷一二四、《新五代史》卷五〇。

[8]山口鎮：鎮名。位於今安徽淮南市西。

[9]樞密使：官名。樞密院長官。唐代宗時始以宦官掌機密，至昭宗時借朱温之力盡誅宦官，始改以士人任樞密使。備顧問，參謀議，出納詔奏，權侔宰相。参見李全德《唐宋變革期樞密院研究》，國家圖書館出版社 2009 年版。　鄭仁誨：人名。晉陽（今山西太原市）人。後周太祖時樞密使、宰相。傳見本書卷一二三、《新五代史》卷三一。

[10]西南面行營都部署王景差人部送所獲僞鳳州節度使王環至闕：中華書局本有校勘記："'鳳州'，原作'鳳翔'，據《册府》卷一六七改。按《册府》卷九六、《通鑑》卷二九二皆記時獲蜀鳳州節度使王環。"見明本《册府》卷九六《帝王部・赦宥門一五》、卷一六七《帝王部・招懷門五》則載十二月辛卯，右領衛將軍王繼清押僞鳳州節度使王環以下四十三人到闕，《通鑑》卷二九二亦記十一月戊申王景克鳳州，擒王環。

[11]尋授右驍衛大將軍：中華書局本有校勘記："本書卷一二九《王環傳》作'授右驍衛大將軍'，《通鑑》卷二九二作'以王環爲右驍衛大將軍'，'驍衛'下疑脱'大'字。"見《通鑑》卷二九二顯德三年（956）正月丙午條，今據補。

[12]起居郎：官名。唐代始置，屬門下省。與中書省起居舍人同掌起居注，記皇帝言行。從六品上。　陶文舉：人名。籍貫、事跡不詳。本書僅此一見。　宋州：州名。治所在今河南商丘市睢陽區。

[13]《大典》卷八九八四"周"字韻"世宗（一）"事目。

舊五代史　卷一一六

周書七

世宗紀第三

顯德三年春正月乙未朔，[1]帝不受朝賀。前司空蘇禹珪卒。[2]丁酉，李穀奏，破淮賊於上窰。[3]戊戌，發丁夫十萬城京師羅城。[4]庚子，詔取此月八日幸淮南。[5]殿中監馬從斌免所居官，[6]坐乾没外孫女霍氏之貲産，[7]爲人所訟故也。辛丑，以宣徽南院使向訓爲權東京留守，以端明殿學士王朴爲副留守。[8]壬寅，車駕發京師。丁未，李穀奏，自壽州引軍退守正陽。[9]辛亥，李重進奏，大破淮賊於正陽，斬首二萬餘級，伏尸三十里，臨陣斬賊大將劉彦貞，生擒偏將咸師朗已下，獲戎甲三十萬副、馬五百匹。先是，李穀駐軍於壽春城下，以攻其城，既而淮南援軍大至，乃與將佐謀曰："賊軍舟棹將及正陽，我師無水戰之備，萬一橋梁不守，則大軍隔絶矣。不如全師退守正陽浮橋，以俟鑾輅。"諸將皆以爲然，遂燔其糧草而退。軍迴之際，無復嚴整，公私之間，頗多亡失，淮北役夫，亦有陷於賊境者。帝聞之，急詔侍衛都指揮使李重進率師赴之。[10]時淮賊乘李穀退軍之勢，發戰棹數百艘，沿淮而上，且張斷橋之勢，彦貞以大軍列陣而進。李重進既至正陽，聞淮軍在近，率諸將渡橋而進，與賊軍遇，重進等合勢擊之，一鼓而敗之。殺獲之外，降者三千餘人，皆爲我將趙晁所殺。[11]甲寅，車駕至正陽。以侍衛都指揮使李重進爲淮南道行營都招討使，[12]命宰臣李穀判壽州行府事。乙卯，車駕渡淮。丙辰，至壽州城下，營於州西北淝水之陽，[13]詔移正陽浮橋於下蔡。[14]庚申，耀兵於城下。[15]壬戌，今上奏，破淮賊萬餘衆於渦口，斬僞兵馬都監何延錫等，[16]獲戰船五十艘。

[1]顯德：五代後周太祖郭威年號（954）。世宗柴榮、恭帝柴宗訓沿用（954—960）。

[2]司空：官名。與太尉、司徒並爲三公。唐後期、五代多爲大臣、勳貴加官。正一品。　蘇禹珪：人名。高密（今山東高密市）人。劉知遠爲河東節度時的屬官，後漢初任宰相。傳見本書卷一二七。

[3]李穀：人名。潁州汝陰（今安徽阜陽市）人。後周宰相。傳見《宋史》卷二六二。　上窰：地名。位於今安徽淮南市東北上窰鎮。《輯本舊史》之影庫本粘籤："上窰，原本作'上黨'，其地與淮南殊遠。考《通鑑》作上窰，胡三省注云：壽州南有地名上窰。今改正。"見《通鑑》卷二九二顯德三年正月丁酉條。《通鑑》正文丁酉條載李穀奏，但此條胡注衹注"窰"之音，並言："又作窯"。未見"壽州南有地名上窰"條。

[4]羅城：古代爲加强防守，在城墻外加建的凸出形小城圈。

[5]淮南：方鎮名。治所在揚州（今江蘇揚州市）。此處代指南唐。南唐地處東南，據有揚、楚、潤、滁等數十州，其領地多在淮河以南，故而得名。

[6]殿中監：官名。殿中省長官。掌宫廷供奉之事。從三品。 馬從斌：人名。籍貫不詳。五代後晋官員。事見本書卷七七。“馬從斌”，中華書局本有校勘記：“原作‘馬從贇’，據本書卷一一二《周太祖紀三》、《册府》卷九四二改。”《輯本舊史》卷一一二《周太祖紀三》廣順二年（952）十一月庚申條載：“以前少府監馬從斌爲殿中監”，《宋本册府》卷九四二《總録部·黷貨門》馬從斌條載“世宗顯德中爲殿中監”。

[7]乾没：指私吞公有或私人的財物。

[8]宣徽南院使：官名。唐始置。宣徽南院的長官。初用宦官，五代以後改用士人。與宣徽北院使通掌内諸司及三班内侍之名籍，郊祀、朝會、宴享供帳之儀，檢視内外進奉名物。參見王永平《論唐代宣徽使》，《中國史研究》1995年第1期；王孫盈政《再論唐代的宣徽使》，《中華文史論叢》2018年第3期。 向訓：人名。懷州河内（今河南沁陽市）人。五代、宋初將領。避周恭帝諱改名向拱。傳見《宋史》卷二五五。 端明殿學士：官名。後唐明宗始置，以翰林學士充任，負責誦讀四方書奏。 王朴：人名。東平（今山東東平縣）人。後周大臣，官至樞密使。曾獻《平邊策》，提出了統一全國先易後難之戰略方針，被周世宗採納。傳見本書卷一二八、《新五代史》卷三一。 副留守：官名。古代在都城、陪都或軍事重鎮所設留守，由地方行政長官兼任。副留守爲留守之貳。

[9]壽州：州名。治所在今安徽壽縣。 正陽：地名。位於今安徽壽縣西南、淮河南岸正陽關。《輯本舊史》之影庫本粘籤：“正陽，原本作‘上陽’，考《歐陽史》《五代春秋》《通鑑》俱作正陽，今改正。”見《新五代史》卷一二《周世宗紀》顯德三年（956）正月辛亥條、《五代春秋》卷下周世宗條，《通鑑》卷二九

二顯德三年正月庚子條載："命李重進將兵先赴正陽。"

［10］李重進：人名。滄州（今河北滄縣舊州鎮）人。五代後周將領。北宋建立後起兵反叛，兵敗身死。傳見《宋史》卷四八四。　劉彦貞：人名。兖州中都（今山東汶上縣）人。五代十國南唐將領。傳見陸游《南唐書》卷九、馬令《南唐書》卷一七。　咸師朗：人名。籍貫不詳。五代十國將領。事見《通鑑》卷二九〇、卷二九二。中華書局本有校勘記："原作'成師朗'，據陸游《南唐書》卷九改。"但秘册彙函本及張校汲古閣本作成師朗。　壽春：縣名。治所在今安徽壽縣。　鑾輅：天子之車。　侍衛都指揮使：官名。即侍衛親軍都指揮使。五代時侍衛親軍之長官，多爲皇帝親信。　"辛亥"至"一鼓而敗之"：《舊五代史考異》："案《南唐書·劉彦貞傳》：彦貞生長富貴，不練兵事，裨將武彦暉、張廷翰、咸師朗皆鬬將，無籌略，見周師退，以爲怯，惟恐不得速戰，士未及朝食，即督以進，遇周將李重進于正陽東。彦貞置陣，横布拒馬，聯貫利刃，以鐵繩維之，刻木爲猛獸攫挐狀，飾以丹碧，立陣前，號揵馬牌，又以革囊貯鐵蒺藜布于地。周師望而笑其怯，鋭氣已增。一戰我師大敗，師朗等皆被擒，彦貞殁于陣。"見陸游《南唐書》卷九《劉彦貞傳》。"我師大敗"，中華書局本有校勘記："'我'字原闕，據陸游《南唐書》卷九補。"《輯本舊史》之殿本案語："馬令《南唐書》：世宗親征，行至圉鎮，聞穀軍却，意唐兵必追之，遣李重進急趨正陽，曰：'唐兵且至，宜急擊之。'彦貞等聞穀退軍，皆以爲怯，裨將咸師朗曰：'追之可大獲。'劉仁贍使人喻之曰：'君來赴援，未交戰而敵人退，不可測也，慎勿追逐。君爲大將，安危以之，脱有不利，大事去矣。'前軍張全約亦曰：'不可追。'彦貞曰：'軍容在我，汝輩何知？沮吾事者斬！'比至正陽，而重進先至，未及食而戰。彦貞施利刃于拒馬，又刻木爲獸，號揵馬牌，以皮囊布鐵蒺藜于地。周兵見而知其怯，一鼓而敗之，彦貞死于陣。"見馬令《南唐書》卷一七《義死傳》下《劉彦貞傳》。

[11]趙晁：人名。籍貫不詳。五代後周將領。事見本書本卷、卷一一七。

[12]淮南道：道名。唐貞觀十道、開元十五道之一。唐貞觀元年（627）置，轄境相當於今淮河以南，長江以北，東至海，西至今湖北中部。開元二十一年（733）置淮南道採訪處置使，治所在揚州（今江蘇揚州市）。乾元元年（758）廢。但作爲地理區劃一直沿用至五代。　行營都招討使：官名。自後梁至後周均設此職，掌同招討使，負責某一路、某一道或某一方征討、招撫之事。掌管區域較大而且長官資深者，則委以諸道行營都招討使和副都招討使，否則爲行營招討使和副招討使。　以侍衛都指揮使李重進爲淮南道行營都招討使："侍衛都指揮使"，《通鑑》同，明本《册府》卷一二〇《帝王部·選將門二》顯德三年正月條作"侍衛馬步軍都指揮使"。

[13]淝水：水名。發源於肥西縣、壽縣之間的將軍嶺，分爲二支：向西北流者，出壽縣而入淮河；向東南流者，注入巢湖。

[14]下蔡：縣名。治所在今安徽鳳臺縣。《輯本舊史》之影庫本粘籤："下蔡，原本脱'下'字，今從《通鑑》增入。"見《通鑑》卷二九二顯德三年正月丙辰條。

[15]庚申，耀兵於城下：《舊五代史考異》："案《春明退朝録》云：家有范魯公《雜録》，記世宗親征忠正，駐蹕城下，中夜有白虹自淝水起，亘數丈，下貫城中，數刻方没。"見《春明退朝録》卷下。

[16]渦口：地名。渦水入淮河之處。位於今安徽懷遠縣東北。　兵馬都監：官名。唐代中葉命將出征，常以宦官爲監軍、都監。後爲臨時委任的統兵官，稱都監、兵馬都監。掌屯戍、邊防、訓練之政令。　何延錫：人名。籍貫不詳。五代十國南唐將領。事見本書本卷、卷一三四。

二月丙寅，幸下蔡。斬前濟州馬軍都指揮使康儼於路左，[1]坐橋道不謹也。朗州節度使王進逵奏，[2]領兵入淮南界。戊辰，廬壽巡檢使司超奏，破淮賊三千於盛唐，獲都監僞吉州刺史高弼以獻。[3]詔釋之。兵部尚書張昭奏，[4]準詔撰集兵法，分爲十卷，凡四十二門，目之爲《制旨兵法》，上之。優詔褒美，仍以器幣賜之。壬申，今上奏，破淮賊萬五千人於清流山，乘勝攻下滁州，擒僞命江州節度使、充行營應援使皇甫暉，常州團練使、充應援都監姚鳳以獻。[5]甲戌，江南國主李景遣泗州牙將王知朗齎書一函至滁州，[6]本州以聞，書稱“唐皇帝奉書於大周皇帝”，其略云：“願陳兄事，永奉鄰歡，設或俯鑒遠圖，下交小國，悉班卒乘，俾乂蒼黔，慶雞犬之相聞，奉瓊瑶以爲好，必當歲陳山澤之利，少助軍旅之須。虔俟報章，以聽高命，道塗朝坦，禮幣夕行”云。書奏不答。乙亥，今上縶送所獲江南二將皇甫暉、姚鳳至行在，詔釋之。壬午，江南國主李景遣其臣僞翰林學士户部侍郎鍾謨、僞工部侍郎文理院學士李德明等，[7]奉表來上，敘願依大國稱臣納貢之意，仍進金器千兩，錦綺綾羅二千匹及御衣、犀帶、茶茗、藥物等，又進犒軍牛五百頭，酒二千石。是日，賜謨等錦綺綾羅二百匹，銀器一百兩，襲衣、金帶、鞍馬等。丙戌，侍衛馬軍都指揮使韓令坤奏，收下揚州。[8]丁亥，壽州城内僞左神衛軍使徐象等一十八人來奔。[9]庚寅，朗州節度使王進逵上言，領兵入鄂州界，攻下長山砦，[10]殺賊軍三千餘衆。辛卯，今上表僞命天長軍制置使耿謙以本軍降，[11]獲糧草二十餘萬。侍衛馬軍都指揮使韓令坤上言，泰州降。[12]癸巳，荆南上言，朗州節度使王進逵爲部將潘叔嗣所殺，[13]遣人詣潭州，請周行逢爲帥，[14]行逢至朗州，斬叔嗣於市。

[1]濟州：州名。治所在今山東巨野縣。　馬軍都指揮使：官名。馬軍統兵將領。　康儼：人名。籍貫不詳。本書僅此一見。

[2]朗州：州名。治所在今湖南常德市。　節度使：官名。唐時在重要地區所設掌握一州或數州軍事、民事、財政的長官。　王進逵：人名。即王逵。武陵（今湖南常德市）人，郭威授之武平節度使。事見本書卷一三三、《新五代史》卷六六。

[3]廬：州名。治所在今安徽合肥市。　巡檢使：官名。五代始設巡檢於京師、陪都、重要的州及邊防重鎮。　司超：人名。後周、宋初官員，歷任廬壽巡檢使、黄州刺史。傳見《宋史》卷二七二。　盛唐：縣名。治所在今安徽六安市。梁開平二年（908）八月，改爲霍山縣。後唐同光元年（923）十月，復爲盛唐。　吉州：州名。治所在今江西吉安市吉州區。　刺史：官名。州一級行政長官。漢武帝時始置，總掌考核官吏、勸課農桑、地方教化等事。唐中期以後，節度使、觀察使轄州而設，刺史爲其屬官，職任漸輕。從三品至正四品下。　高弼：人名。籍貫、事跡不詳。本書僅此一見。

[4]兵部尚書：官名。尚書省兵部長官。掌兵衛、武選、車輦、甲械、厩牧之政令。正三品。　張昭：人名。世居濮州范縣（今河南范縣）。五代、宋初大臣。傳見《宋史》卷二六三。

[5]清流山：山名。位於今安徽滁州市。　滁州：州名。治所在今安徽滁州市。　江州：州名。治所在今江西九江市。　行營應援使：官名。五代十國時設置的臨時軍事職務，掌隨軍救援，事畢即罷。　皇甫暉：人名。魏州（今河北大名縣）人，五代藩鎮將

領。傳見本書附録、《新五代史》卷四九。　常州：州名。治所在今江蘇常州市。　團練使：官名。唐代中期以後，於不設節度使的地區設團練使，掌本區各州軍事。　應援都監：官名。爲臨時委任的統兵官，掌應援事宜。　姚鳳：人名。籍貫不詳。五代十國時期南唐將領，爲後周所擒。事見本書本卷。　“壬申”至“充應援都監姚鳳以獻”：《輯本舊史》之影庫本粘籤：“清流，原本作‘青琉’，今從《歐陽史》改正。”《新五代史》卷四九《皇甫暉傳》作清流關、《通鑑》卷二九二顯德三年（956）正月辛亥條胡注：“梁置南譙州於桑根山之陽，在滁州清流縣西南八十里。隋始置清流縣，唐爲滁州治所。清流關在縣西南二十餘里，南唐所置也。”《舊五代史考異》：“案歐陽脩《豐樂亭記》，太祖以周師破李景兵十五萬于清流關下，與《薛史》作萬五千人異。考《國老談苑》云：太祖提周師甚寡，當李景兵十五萬于清流山下，臨陣親斬驍將皇甫暉。疑《豐樂亭記》即本于此。第皇甫暉以傷重被擒，而《談苑》云臨陣親斬，小説家多傅會之詞，恐不足信。”對《舊五代史考異》所引之《國老談苑》，“太祖提周師甚寡”，中華書局本有校勘記：“‘提’，原作‘捷’，據殿本《考證》、劉本《考證》、《國老談苑》卷一改。”《舊五代史考異》：“案王銍《默記》：李景聞世宗親至淮上，而滁州其控扼，且援壽州，命大將皇甫暉、監軍姚鳳提兵十萬扼其地。太祖以周師數千與暉遇于清流關隘路，周師大敗，暉整全師入憩滁州城下，會翊日再出。太祖兵聚關下，且虞暉兵再至，問諸村人，云有鎮州趙學究在村中教學，多智計，村民有争訟者，多請以決曲直。太祖往訪之，學究曰：‘我有奇計，所謂因敗爲勝，輔禍爲福。今關下有徑路，人無行者，雖牌軍亦不知之，乃山之背也，可以直抵城下。方值西澗水大漲之時，彼必謂我既敗之後，無敢躡其後者，誠能由山背小路率兵浮西澗水至城下，斬關而入，可以得志。’太祖大喜，且命學究以指其路。學究亦不辭，而遣人前導，即下令誓師，夜從小徑行，三軍跨馬浮西澗以迫城，暉果不爲備。奪門以入，暉始聞之，率親兵擐甲與太祖巷戰，三縱而三擒之，遂下滁州。”見《默記》卷上。對《舊五代史考異》所引之《默記》，“問諸村人”，中華書局本有校勘記：“‘問’，原作‘聞’，據殿本、劉本、《默記》卷上改。”

[6]李景：人名。即南唐元宗李璟。徐州（今江蘇徐州市）人。南唐烈祖李昪長子，南唐第二位皇帝。後削去帝號，改稱國主。傳見本書卷一三四、《新五代史》卷六二。　泗州：州名。治所在今江蘇泗洪縣東南，今已没入洪澤湖中。　牙將：官名。古代軍隊中的中低級軍官。　王知朗：人名。五代十國南唐官員。事見《新五代史》卷三三、卷六二。　江南國主李景遣泗州牙將王知朗齎書一函至滁州：明本《册府》卷一一八《帝王部·親征門三》顯德三年二月甲戌條作“徐州遣牙將王喦，押泗州牙校王知朗齎江南國主李景書一函來”。

[7]翰林學士：官名。由南北朝始設之學士發展而來，唐玄宗改翰林供奉爲翰林學士，備顧問，代王言，掌拜免將相、號令征伐等詔令的起草。　户部侍郎：官名。尚書省户部次官。協助户部尚書掌天下田户、均輸、錢穀之政令。正四品下。　郎鍾謨：人名。籍貫不詳。歷任户部侍郎、禮部侍郎。事見《通鑑》卷二九二、卷二九四。　工部侍郎：官名。尚書省工部次官。協助尚書掌管百工、山澤、水土之政令，考其功以昭賞罰，總所同各司之事。正四品下。　文理院學士：官名。文理院官員。南唐設。　李德明：人名。五代十國南唐官員。事見《新五代史》卷六二。《輯本舊史》之影庫本粘籤：“李德明，原本作‘德名’，今從《通鑑》改正。”見《通鑑》卷二九二顯德三年二月壬午條。

[8]侍衛馬軍都指揮使：官名。爲侍衛親軍馬軍司長官。後梁始置侍衛親軍，爲禁軍的一支，後唐沿置並成爲禁軍主力，下設馬軍、步軍。中華書局本有校勘記：“‘都’字原闕，據本書卷一一五《周世宗紀二》及本卷下文補。‘使’字原闕，據邵本校、本書卷一一五《周世宗紀二》及本卷下文補。”見《輯本舊史》卷一一五《周世宗紀二》顯德二年十一月乙未條云“命侍衛馬軍都指揮使韓

令坤等一十二將”。　韓令坤：人名。磁州武安（今河北武安市）人。五代、宋初將領。傳見《宋史》卷二五一。《輯本舊史》之影庫本粘籤：“韓令坤，原本作‘全坤’，今從《通鑑》及《宋史》改正。”見《通鑑》卷二九二顯德三年二月己卯條、《宋史》卷二五一《韓令坤傳》。《舊五代史考異》：“案《東都事略·韓令坤傳》：率兵襲揚州，將吏開門以迎之，令坤整衆而入，市不易肆，人甚悦。”見《東都事略》卷一九《韓令坤傳》。　揚州：州名。治所在今江蘇揚州市。

[9]左神衛軍使：官名。所部統兵將領。“神衛”爲部隊番號。　徐象：人名。籍貫、事跡不詳。本書僅此一見。　壽州城内僞左神衛軍使徐象等一十八人來奔：中華書局本有校勘記：“‘僞’字原闕，據《册府》卷一六七補。按本書書南唐官吏例用‘僞’字。”見明本《册府》卷一六七《帝王部·招懷門五》顯德三年二月丁亥等條。

[10]鄂州：州名。治所在今湖北武漢市武昌區。　攻下長山砦：長山砦，地名。五代南唐置，位於今湖北通城縣南。中華書局本有校勘記：“‘下’字原闕，據《册府》卷四三五、《通鑑》卷二九二《考異》引《世宗實録》、《新五代史》卷六六《楚世家》改。按《通鑑》卷二九二敘其事作‘王逵奏拔鄂州長山寨’。”見明本《册府》卷四三五《將帥部·獻捷門二》，《通鑑》卷二九二顯德三年二月癸巳條《考異》引《世宗實録》作“長山寨”。

[11]天長軍制置使：《通鑑》卷二九二、《十國春秋》卷一六作“天長制置使”。天長軍，即南唐建武軍。天長軍爲異名。治天長縣（今安徽天長市）。制置使，官名。唐後期臨時差遣官，爲地方用兵時控制當地秩序而設。　耿謙：人名。籍貫不詳。南唐將領。事見《通鑑》卷二九二、《十國春秋》卷一六。

[12]泰州：州名。治所在今江蘇泰州市。

[13]荆南：又稱南平。五代十國之一。五代後梁開平元年朱温命高季興爲荆南節度使，梁末帝時封其爲渤海王。同光二年受後唐

封爲南平王。　潘叔嗣：人名。籍貫不詳。五代十國藩鎮軍閥。後爲周行逢所殺。事見本書本卷及《新五代史》卷六六。　朗州節度使王進逵爲部將潘叔嗣所殺：《舊五代史考異》："案《九國志·王逵傳》：領衆逼宜春，道出長沙，耀兵金波亭，有蜜蜂集繖蓋中，占者以爲不利，遂留長沙。令行營副使毛立領兵南下，以潘叔嗣、張文表爲前鋒。叔嗣怒，至澧陵擁衆而還。逵聞兵叛，乃乘輕舸奔歸武陵，叔嗣追殺之于朗州城外。"見《九國志》卷一《楚·王逵傳》。對《舊五代史考異》所引之《九國志》，"領衆逼宜春"，中華書局本有校勘記："'逼'，原作'適'，據殿本、劉本、《九國志》卷一一改。"

[14]潭州：州名。治所在今湖南長沙市。　周行逢：人名。朗州武陵（今湖南常德市武陵區）人。五代藩鎮軍閥。傳見《新五代史》卷六六。

三月丙申，行光州刺史何超奏，光州僞命都監張承翰以城歸順，尋授承翰集州刺史。[1]庚子，文武百僚再上表請聽樂，詔允之。行舒州刺史郭令圖奏，收下舒州。[2]江南國主李景表送先隔過朝廷兵士一百五十人至行在。其軍即蜀軍也，秦、鳳之役，爲王師所擒，配隸諸軍，及渡淮，輒復南逸。帝怒其奔竄，盡戮之。[3]丙午，江南國主李景遣其臣僞司空孫晟、僞禮部尚書王崇質等奉表來上，[4]仍進金一千兩，銀十萬兩，羅綺二千匹，又進賞給將士茶絹金銀羅帛等。庚戌，兩浙奏，遣大將率兵攻常州。延州留後李彦頵奏，[5]蕃衆與部民爲亂，尋與兵司都監閻綰掩殺，獲其酋帥高闊兒等十人，磔於市。[6]彦頵本賈人也，貪而好利，蕃漢之民怨其侵刻，故至於是。辛亥，賜江南李景書曰：

頃自有唐失御，天步方艱，巢、蔡喪亂之餘，朱、李戰争之後，[7]中夏多故，六紀於兹，海縣瓜分，英豪鼎峙，自爲聲教，各擅烝黎，連衡而交結四夷，乘釁而憑凌上國。華風不競，否運所鍾，凡百有心，孰不興憤？

朕猥承先訓，恭荷永圖，德不迨於前王，道不方於往古。然而擅一百州之富庶，握三十萬之甲兵，[8]農戰交修，士卒樂用，[9]思欲報累朝之宿怨，刷萬姓之包羞。是以踐位已來，懷安不暇，破幽、并之巨寇，[10]收秦、鳳之全封，兵不告疲，民有餘力。一昨迴軍隴上，問罪江干，我實有辭，咎將誰執？朕親提金鼓，尋渡淮淝，上順天心，下符人欲，前鋒所向，彼衆無遺，[11]棄甲僵屍，動盈川谷。收城徇地，已過滁陽，[12]豈有落其爪牙，折其羽翼，潰其心腹，扼其吭喉而不亡者哉！

早者，泗州主將遞送到書一函；尋又使人鍾謨、李德明至，齎所上表及貢奉衣服腰帶、金銀器幣、茶藥牛酒等，今又使人孫晟等並到行朝。觀其降身聽命，引咎告窮，所謂君子見機，不俟終日，苟非達識，孰能若斯？但以奮武興戎，所以討不服；惇信明義，所以懷遠人，五帝三王，[13]盛德大業，恒用此道，以正萬邦。

朕今躬統戎師，龔行討伐，告於郊廟社稷，詢於將相公卿，天誘其衷，國無異論。苟不能恢復内地，[14]申畫邊疆，便議班旋，真同戲劇，則何以光祖宗之烈，厭士庶之心，匪獨違天，兼且咈衆。但以淮南部内，已定六州，廬、壽、濠、黄，[15]大軍悉集，指期剋日，拉朽焚枯，其餘數城，非足介意。[16]必若盡淮甸之土地，爲大國之提封，[17]猶是遠圖，豈同迷復。[18]如此則江南吏卒，悉遣放還；江北軍民，並當留住，免違物類之性，俾安鄉土之情。至於削去尊稱，願輸臣禮，非無故事，實有前規。蕭詧奉周，[19]不失附庸之道；孫權事魏，[20]自同藩國之儀。古也雖然，今則不取，但存帝號，何爽歲寒。儻堅事大之心，終不迫人於險，事資真慤，[21]辭匪枝游，俟諸郡之悉來，即大軍之立罷。質於天地，信若丹青，我無彼欺，爾無我詐，言盡於此，更不煩云，苟曰未然，請自兹絶。

切以陽春在候，庶務縈思，願無廢於節宣，更自期於愛重。音塵非遠，風壤猶殊，翹想所深，勞於夢寐。

又賜其將佐書曰：

朕自類禡出師，麾旆問罪，絶長淮而電擊，指建業以鷹揚，[22]旦夕之間，克捷相繼。至若兵興之所自，釁起之所來，勝負之端倪，戎甲之次第，不勞盡諭，必想具知。

近者金陵使人，[23]繼來行闕，追悔前事，委質大朝，非無謝咎之辭，亦有罷軍之請。但以南邦之土地，本中夏之封疆，苟失克復之期，大辜朝野之望，已興是役，固不徒還。[24]必若自淮以南，畫江爲界，盡歸中國，猶是遠圖。所云願爲外臣，乞比湖、浙，彼既服義，朕豈忍人，必當别議封崇，待以殊禮。凡爾將佐，各盡乃心，善爲國家之謀，勉擇恒久之利。

初，李景遣鍾謨、李德明奉表至行闕，使人面奏云："本國主願割壽、濠、泗、楚、光、海六州之地，[25]歸於大朝。"帝志在盡取江北諸郡，不允其請。使人見王師急攻壽陽，[26]李德明奏曰："願陛下寬臣數日之誅，容臣自往江南，取本國表，盡獻江北之地。"帝許之，乃令李德明、王崇質齎此書以賜李景。

[1]光州：州名。治所在今河南潢川縣。　何超：人名。籍貫不詳。後周將領。歷任光州刺史、軍校。事見本書本卷、卷一二九。　張承翰：人名。籍貫不詳。五代十國南唐官員。事見《新五代史》卷六二。　集州：州名。治所在今四川南江縣。

[2]舒州：州名。治所在今安徽潛山縣。　郭令圖：人名。籍貫不詳。後周將領。歷任舒州刺史、虢州教練使。事見本書本卷。　行舒州刺史郭令圖奏，收下舒州：《舊五代史考異》："案《隆平集·王審琦傳》：世宗征淮，舒州堅壁不下，以郭令圖爲刺史，命審琦、司超將兵攻城。一夕拔之。令圖入，復見逐于郡人。審琦方進軍援黄州，聞令圖被逐，乃選騎銜枚襲城，夜敗其衆而復納之。"見《隆平集》卷一六《王審琦傳》。

[3]秦：州名。治所在今甘肅秦安縣。　鳳：州名。治所在今陝西鳳縣。　"江南國主李景表送先隔過朝廷兵士一百五十人至行在"至"盡戮之"：《通鑑》卷二九三顯德三年（956）三月癸卯條載："唐主表獻百五十人，上悉命斬之。"

[4]孫晟：人名。即孫忌。高密（今山東高密市）人，一説齊

郡（今山東濟南市）人。五代十國南唐大臣。傳見本書卷一三一。　禮部尚書：官名。尚書省禮部長官。掌禮儀、祭享、貢舉之政。正三品。　王崇質：人名。籍貫不詳。五代十國南唐大臣。事見《新五代史》卷三三及卷六二。

[5]延州：州名。治所在今陝西延安市。　留後：官名。原非正式命官，唐朝節度使入朝或宰相、親王遥領節度使不臨鎮則置。安史之亂後，節度使多以子弟或親信爲留後，以代行節度使職務，亦有軍士、叛將自立爲留後者。掌一州或數州軍政。北宋始爲朝廷正式命官。　李彦頵：人名。太原（今山西太原市）人。後周官員。傳見本書卷一二九。

[6]兵司都監：官名。唐代中葉命將出征，常以宦官爲監軍、都監。後爲臨時委任的統兵官，亦稱都監、兵馬都監。掌屯戍、邊防、訓練之政令。　閻綰：人名。籍貫、事跡不詳。本書僅此一見。　高閙兒：人名。蕃部首領。本書僅此一見。　磔：古代刑罰的一種。將犯人開膛斬殺。

[7]朱、李戰争之後：《輯本舊史》之影庫本粘籤："朱、李，原本作'朱子'，今據文改正。"明本《册府》卷一六七《帝王部·招懷門五》即作"朱李"。

[8]握三十萬之甲兵：中華書局本有校勘記："'三十'，原作'三十一'，據殿本、劉本、彭校、《册府》卷一六七、《新五代史》卷六二《南唐世家》改。"見明本《册府》卷一六七、《新五代史》卷六二《南唐世家》保大十四年（956）三月條。

[9]士卒樂用：明本《册府》卷一六七作"士卒樂甲"。

[10]幽：州名。治所在今北京市。　并：州名。治所在今山西太原市。

[11]彼衆無遺：明本《册府》卷一六七作"彼寇無遺"。

[12]滁陽：地名。位於今安徽合肥東北。

[13]五帝：指伏羲、神農、黄帝、堯、舜。　三王：指夏、商、周三代開國君主，即夏禹、商湯、周文王。

［14］苟不能恢復内地：明本《册府》卷一六七作“苟不能恢復外地”。

［15］濠：州名。治所在今安徽鳳陽縣。　黄：州名。治所在今湖北黄岡市黄州區。

［16］非足介意：中華書局本有校勘記：“‘介’，原作‘届’，據殿本、劉本、彭校、《册府》卷一六七改。”

［17］提封：原指諸侯封地。後引申爲領地、疆土。中華書局本有校勘記：“‘提封’，原作‘隄封’，據殿本、劉本、彭校、《册府》卷一六七改。”

［18］豈同迷復：《輯本舊史》之影庫本粘籤：“‘豈同迷復’下疑原本有脱誤，今無别本可校，姑仍其舊，附識于此。”《册府》卷一六七同。

［19］蕭詧：人名。亦作蕭察。蘭陵武進（今江蘇丹陽市）人。南北朝時梁武帝蕭衍之孫，西梁政權建立者。傳見《周書》卷四八。　周：指北周。事見《周書》卷四八、《北史》卷九三。

［20］孫權：人名。吴郡富春縣（今浙江杭州市富陽區）人。三國孫吴建立者，229年至252年在位。傳見《三國志》卷四七。　魏：指魏國。魏文帝曹丕稱帝後，孫權遣使稱藩屬，曹丕賜九錫，册封其爲吴王。

［21］事資真慤：中華書局本有校勘記：“‘資’，《册府》卷一六七作‘實’。”

［22］建業：指南京。《輯本舊史》之影庫本粘籤：“建業，原本作‘逮業’，今據《册府元龜》改正。”見明本《册府》卷一六七。

［23］金陵：地名。中國古代對今江蘇南京市的稱呼。

［24］固不徒還：中華書局本有校勘記：“‘還’，原作‘遷’，據殿本、劉本、邵本校、彭校、《册府》卷一六七改。”

［25］楚：州名。治所在今江蘇淮安市。　海：州名。治所在今江蘇連雲港市海州區。

［26］壽陽：即壽州。

夏四月甲子，以徐州節度使武行德爲濠州城下行營都部署，[1]以前鄧州節度使侯章爲壽州城下水砦都部署。[2]己巳，車駕發壽春，循淮而東。辛未，揚州奏，江南大破兩浙軍於常州。初，兩浙錢俶承詔遣部將率兵攻常州，[3]爲江南大將陸孟俊所敗，[4]將佐陷没者甚衆，李景亦以表聞。乙亥，駐蹕於濠州城下。[5]丁丑，揚州韓令坤破江南賊軍於州之東境，獲大將陸孟俊。今上表大破江南軍於六合，[6]斬首五千級。時李景乘常州之捷，遣陸孟俊領兵迫泰州，王師不守，韓令坤欲棄揚州而迴。帝怒，急遣殿前都指揮使張永德帥親兵往援之，[7]又命今上領步騎二千人屯於六合。俄而陸孟俊領其徒自海陵抵揚州，令坤迎擊，敗之，生擒孟俊。[8]李景遣其弟齊王達率大衆由瓜步濟江，[9]距六合一舍而設栅。居數日，乃棄栅來迫官軍，今上麾兵以擊之，賊軍大敗，餘衆赴江溺死者不可勝紀。己卯，韓令坤奏，敗楚州賊將馬在貴萬餘衆於灣頭堰，[10]獲漣州刺史秦進崇。[11]丙戌，以宣徽南院使向訓爲權淮南節度使，充沿江招討使；以侍衛馬軍都指揮使韓令坤充沿江副招討使。[12]丁亥，車駕發濠州，幸渦口。己丑，以前湖南節度使馬希崇爲左羽林統軍。[13]

[1]徐州：州名。治所在今江蘇徐州市。　武行德：人名。并州榆次（今山西晋中市榆次區）人。五代、宋初將領。傳見《宋史》卷二五二。　城下行營都部署：官名。凡行軍征討，掛帥率軍戰鬥，總管行營事務。

[2]鄧州：州名。治所在今河南鄧州市。　侯章：人名。并州

榆次（今山西晋中市榆次區）人。五代、宋初將領。傳見《宋史》卷二五二。　城下水砦都部署：官名。部署掌攻取賊城水砦事。

［3］錢俶：人名。原名錢弘俶，錢元瓘第九子，五代十國吴越末代君主。傳見本書卷一三三、《新五代史》卷六七。

［4］陸孟俊：人名。籍貫不詳。五代十國藩鎮將領。事見本書卷一一二、《新五代史》卷六六。《輯本舊史》之影庫本粘籤："陸孟俊，原本作'孟後'，今從《十國春秋》改正。"見《十國春秋》卷二二《南唐書·何敬洙傳》，亦見《通鑑》卷二九三顯德三年四月甲子條。《通鑑》所載韓令坤擒陸孟俊事在世宗駐蹕濠州前(乙亥)。

［5］乙亥，駐蹕於濠州城下：明本《册府》卷一一八《帝王部·親征門三》作"四月乙亥，帝至濠州，駐蹕於其城南"。

［6］六合：縣名。治所在今江蘇南京市六合區。

［7］殿前都指揮使：官名。五代後周世宗顯德中，選驍勇之士充殿前諸班。都指揮使爲殿前司長官之一，次於殿前都點檢、副都點檢。　張永德：人名。并州陽曲（今山西陽曲縣）人。五代、宋初大將。頗受宋太祖、宋太宗信用。傳見《宋史》卷二五五。

［8］海陵：縣名。治所在今江蘇泰州市。

［9］達：即李達。李景之弟。事見本書本卷、卷一一七。　瓜步：地名。位於今江蘇省南京市六合區東南瓜步山下。

［10］馬在貴：人名。籍貫不詳。事見本書本卷、《宋史》卷二五一。《宋史》作"馬貴"。　灣頭堰：地名。又作彎頭鎮。即今江蘇揚州市東北灣頭鎮。

［11］漣州：州名。治所在今江蘇漣水縣。中華書局本有校勘記："'漣州'，原作'連州'，據殿本、劉本、孔本、《册府》卷四三五、《通鑑》卷二九三、《宋史》卷二五一《韓令坤傳》改。按《通鑑》胡注：'唐蓋置漣州於漣水縣。《九域志》：漣水西南至楚州六十里。'"見《通鑑》卷二九三顯德三年（956）四月己卯條，明本《册府》卷四三五《將帥部·獻捷門二》顯德三年四月條作

"獲僞漣州刺史秦進崇等"。　秦進崇：人名。籍貫不詳。事見《通鑑》卷二九三、《宋史》卷二五一《韓令坤傳》。

[12]沿江招討使：官名。唐貞元始置。戰時任命，兵罷則省。常以大臣、將帥或地方軍政長官兼任。掌招撫、討伐等事務。"丙戌"至"以侍衛馬軍都指揮使韓令坤充沿江副招討使"：《舊五代史考異》："案《宋史·向拱傳》：揚州初平，南唐令境上出師謀收復，韓令坤有棄城之意，即驛召拱赴行在，拜淮南節度使，依前宣徽使兼沿江招討使，以令坤爲副。時周師久駐淮陽，都將趙晁、白延遇等驕恣横暴，不相稟從，惟務貪濫，至有劫人婦女者。及拱至，戮其不法者數輩。軍中肅然。"見《宋史》卷二五五《向拱傳》。

[13]馬希崇：人名。五代十國南楚君主，南楚武穆王馬殷之子。因馬希萼不恤政事，爲衆將擁立取而代之，後以國政紊亂降於南唐。事見《新五代史》卷六六。　左羽林統軍：官名。唐代左羽林軍統兵官。唐置六軍，分左、右羽林，左、右龍武，左、右神武等，即"北衙六軍"。興元元年（784），六軍各置統軍，以寵功勳臣。其品秩，《唐會要》卷七一、《舊唐書》卷一二記載爲"從二品"，《通鑑》卷二二九記載爲"從三品"。

五月壬辰朔，以渦口爲鎮淮軍。戊戌，車駕還京，發渦口。[1]乙卯，上至自淮南，詔赦都下見禁罪人。丁巳，前陳州節度使王令温卒。[2]戊午，以江南僞命東都副留守、工部侍郎馮延魯爲太府卿。[3]己未，太子賓客于德辰卒。[4]辛酉，詔："天下公私織造布帛及諸色匹段，幅尺斤兩，並須依向來制度，不得輕弱假僞，犯者擒捉送官。"

[1]戊戌，車駕還京，發渦口：《舊五代史考異》："案馬令《南唐書》：天子駐于渦口，猶欲再幸揚州，宰相范質以師老泣諫，乃班師。"見《南唐書》卷四《嗣主書》保大十四年（956）夏條。

[2]陳州：州名。治所在今河南淮陽縣。　王令温：人名。瀛州河間（今河北河間市）人。五代後晋將領。傳見本書卷一二四。　前陳州節度使王令温卒：中華書局本有校勘記："郭武雄《證補》：'據本書卷一二四《王令温傳》，温前已罷鎮歸朝，"陳州節度使"上當加一"前"字。'"但未加。《輯本舊史》卷一二四《王令温傳》載"世宗嗣位，遷鎮安軍節度使，罷鎮歸闕"，則此時王令温已罷此職位，"陳州節度使"前當加"前"字，今據加。

[3]工部侍郎：官名。尚書省工部次官。協助尚書掌管百工、山澤、水土之政令，考其功以昭賞罰，總所統各司之事。正四品下。　馮延魯：人名。壽春（今安徽壽縣）人，五代十國南唐大臣。後周世宗南征時被俘，後放歸南唐。事見本書卷一一七，《新五代史》卷三二、卷六二。　太府卿：官名。南朝梁始置。太府寺長官。掌國家財帛庫藏出納、關市稅收等務。從三品。

[4]太子賓客：官名。爲太子官屬。唐高宗顯慶元年（656）始置。掌侍從規諫、贊相禮儀。正三品。　于德辰：人名。元城（今河北大名縣東）人。五代大臣。傳見本書卷一三一。

六月甲子，以鳳翔節度使王景爲秦州節度使，兼西面沿邊都部署；[1]以宣徽南院使、陳州節度使向訓爲淮南節度使，依前南院宣徽使，加檢校太尉；[2]以曹州節度使韓通爲許州節度使，[3]加檢校太尉；以亳州防禦使王全斌爲隴州防禦使，遥領利州昭武軍兩使留後。[4]丙寅，許州王彦超移鎮永興軍，鄧州田景咸移鎮鄜州。[5]御史中丞楊昭儉、知雜侍御史趙礪、侍御史張糺並停任，[6]坐鞫獄失實也。丁卯，以翰林學士、户部侍郎陶穀爲兵部侍郎，充翰林學士承旨；[7]以水部員外郎知制誥扈載、度支員外郎王著，[8]並本官充翰林學士。以給事中高防爲右散騎常侍；[9]以前都官郎中、知制誥薛居正爲左諫議大夫，充昭文館學士，[10]判館事。壬申，曲赦淮南道諸州見禁罪人，自今年六月十一日已前，凡有違犯，無問輕重，並不窮問。先屬江南之時，應有非理科徭，無名配率，一切停罷云。戊寅，以右衛上將軍扈彦珂爲太子太師致仕。[11]庚辰，以西京留守王晏爲鳳翔節度使。[12]戊子，升贍國軍爲濱州。[13]淮南道招討使李重進奏，壽州賊軍攻南砦，王師不利。先是，詔步軍都指揮使李繼勳營於壽州之南，[14]攻賊壘。是日，賊軍出城來攻我軍，破栅而入，其攻城之具並爲賊所焚，將士死者數百人。李重進在東砦，亦不能救。時城堅未下，師老於外，加之暑毒，糧運不繼。李繼勳喪失之後，軍無固志，諸將議欲退軍，賴今上自六合領兵歸闕，過其城下，因爲駐留旬日，王師復振。

[1]鳳翔：方鎮名。治所在鳳翔府（今陝西鳳翔縣）。　王景：人名。萊州掖縣（今山東萊州市）人。五代、宋初將領。傳見《宋史》卷二五二。　西面沿邊都部署：官名。凡行軍征討，總管西面沿邊戰争事務。

[2]檢校太尉：官名。爲散官或加官，以示恩寵，無實際執掌。太尉，與司徒、司空並爲三公。

[3]曹州：州名。治所在今山東曹縣西北。　韓通：人名。并州太原（今山西太原市）人。後周將領。傳見《宋史》卷四八四。

許州：州名。治所在今河南許昌市。

［4］亳州：州名。治所在今安徽亳州市。　防禦使：官名。唐代始置，設有都防禦使、州防禦使兩種。常由刺史或觀察使兼任，實際上爲唐代後期州或方鎮的軍政長官。　王全斌：人名。并州太原（今山西太原市）人。五代、北宋將領。傳見《宋史》卷二五五。　隴州：州名。治所在今陝西隴縣。　利州：州名。治所在今四川廣元市。　昭武軍：方鎮名。治所在利州（今四川廣元市）。

［5］王彦超：人名。大名臨清（今河北臨西縣）人。五代、宋初將領。傳見《宋史》卷二五五。　永興軍：方鎮名。治所在京兆府（今陝西西安市）。　田景咸：人名。太原（今山西太原市）人。歷仕五代後漢、後周、宋。傳見《宋史》卷二六一。　鄜州：州名。治所在今陝西富縣。

［6］御史中丞：官名。如不置御史大夫，則爲御史臺長官。掌司法監察。正四品下。　楊昭儉：人名。京兆長安（今陝西西安市）人。五代後周、宋初大臣。傳見《宋史》卷二六九。　知雜侍御史：官名。"侍御史知雜事"的别稱。以年深御史充任，總管御史臺庶務。　趙礪：人名。籍貫不詳。五代官員。事見本書卷八八、卷一〇二、卷一一八、卷一二七、卷一四七。　侍御史：官名。秦始置。掌糾舉百官、推鞫獄訟。從六品下。　張糺：人名。籍貫不詳。後周官員。歷任侍御史、太常博士。事見本書本卷、卷一一七。

［7］陶穀：人名。邠州新平（今陝西彬縣）人。五代、宋初文官。傳見《宋史》卷二六九。　兵部侍郎：官名。尚書省兵部次官。協助兵部尚書掌武官銓選、勳階、考課之政。正四品下。　翰林學士承旨：官名。爲翰林學士之首。掌拜免將相、號令征伐等詔令的起草。《舊唐書》卷四三《職官志二·翰林院》："例置學士六人，内擇年深德重者一人爲承旨，所以獨承密命故也。"

［8］水部員外郎：官名。水部郎中的副職。從六品上。　知制誥：官名。掌起草皇帝的詔、誥之事，原爲中書舍人之職。唐開元

末置學士院，翰林學士入院一年，則加知制誥銜，專掌任免宰相、册立太子、宣布征伐等特殊詔令，稱爲内制。而中書舍人所撰擬的詔敕稱爲外制。兩種官員總稱兩制。 扈載：人名。北燕人。後周官員。傳見本書一三一、《新五代史》卷三一。 度支員外郎：官名。“尚書省户部度支司員外郎”的簡稱。爲郎中的副職，協助負責度支司事務。從六品上。 王著：人名。單州單父（山東單縣）人。後周官員。歷任度支員外郎、金部郎中、知制誥。傳見《宋史》卷二六九。《輯本舊史》之引影庫本粘籤：“王著，原本作‘王署’，今從《宋史》改正。”見《宋史》卷二六九《王著傳》。亦見《輯本舊史》卷一二〇《周恭帝紀》顯德六年（959）九月甲子條，“以翰林學士、尚書度支員外郎王著爲金部郎中、知制誥充職，仍賜金紫”。

[9]給事中：官名。秦始置。隋唐以來，爲門下省屬官。掌讀署奏抄、駁正違失。正五品上。 高防：人名。并州壽陽（今山西壽陽縣）人。五代、宋初將領。傳見《宋史》卷二七〇。 右散騎常侍：官名。中書省屬官。掌侍奉規諷，備顧問應對。正三品下。“右散騎常侍”，《宋史》卷二七〇《高防傳》作“三年，改左散騎常侍”，但《輯本舊史》卷一一八《周世宗紀五》顯德五年秋七月癸未載“以右散騎常侍高防爲户部侍郎”。

[10]都官郎中：官名。尚書省刑部都官司長官。掌徒刑流放配隸等事。從五品上。 薛居正：人名。開封浚儀（今河南開封市）人。五代、宋初大臣。傳見《宋史》卷二六四。 左諫議大夫：官名。隸門下省。唐代置左、右諫議大夫各四人，分隸門下省、中書省。掌諫諭得失、侍從贊相。正四品下。 昭文館學士：官名。學士無員數，自武德已來，皆妙簡賢良爲學士。掌詳正圖籍，教授生徒，参議朝廷制度沿革、禮儀輕重。五品以上。

[11]右衛上將軍：官名。唐置十六衛之一，掌宫禁宿衛。從二品。中華書局本有校勘記：“‘右’，《宋史》卷二五四《扈彦珂傳》作‘左’。” 扈彦珂：人名。代州雁門（今山西代縣）人。五代

後晉至宋朝將領。傳見《宋史》卷二五四。　太子太師：官名。與太子太傅、太子太保統稱太子三師。隋唐以後多作加官或贈官。從一品。　致仕：官員告老辭官。

[12]王晏：人名。徐州滕（今山東滕州市）人。五代、宋初將領。傳見《宋史》卷二五二。

[13]濱州：州名。治所在今山東濱州市。

[14]步軍都指揮使：官名。五代時侍衛親軍之長官。多爲皇帝親信。　李繼勳：人名。大名元城（今河北大名縣）人。五代、宋初將領，屢立戰功。傳見《宋史》卷二五四。

秋七月辛卯朔，以武清軍節度使、知潭州軍府事周行逢爲朗州大都督，充武平軍節度使，加檢校太尉、兼侍中。[1]丁酉，以太子賓客盧價爲禮部尚書致仕，[2]以給事中李明爲大理卿。[3]庚子，廬州行營都部署劉重進奏，[4]破淮賊千餘人於州界。[5]丁未，濠州行營都部署武行德奏，敗淮賊二千餘人於州界。[6]庚戌，太子少保王仁裕卒。[7]辛亥，皇后符氏薨。[8]淮南節度使向訓自揚州班師，迴駐壽春。時王師攻壽春，經年未下，江淮盗賊充斥，舒、蘄、和、泰等州復爲吴人所據，故棄揚州，併力於壽春焉。[9]

[1]武清軍：方鎮名。治所在衡州（今湖南衡陽市）。　大都督：官名。三國時始設，戰時統領地方軍政大權，後漸成常設，位高而權重。正二品。　武平軍：方鎮名。治所在朗州（今湖南常德市）。　侍中：官名。秦始置。隋、唐前期爲門下省長官。唐後期多爲大臣加銜，不參與政務，實際職務由門下侍郎執行。正二品。

[2]盧價：人名。祖籍范陽（今河北涿州市），世居懷州河内

（今河南沁陽市）。五代大臣。事見羅火金《五代時期盧價墓志考》，《中國歷史文物》2009年第2期。

［3］李明：人名。籍貫、事跡不詳。本書僅此一見。　大理卿：官名。爲大理寺長官。負責大理寺的具體事務，掌邦國折獄詳刑之事。從三品。

［4］廬州：州名。治所在今安徽合肥市。　行營都部署：官名。凡行軍征討，掛帥率軍戰鬥，總管行營事務。　劉重進：人名。本名晏僧。幽州人（今北京市）。五代、宋初將領。傳見《宋史》卷二六一。　廬州行營都部署劉重進奏：中華書局本有校勘記："'行'字原闕，據殿本、劉本、邵本校、彭校、《册府》卷四三五及本卷下文補。"見本卷下文十月癸亥條、明本《册府》卷四三五《將帥部·獻捷門二》。

［5］破淮賊千餘人於州界：明本《册府》卷四三五作"敗淮賊千五百人於廬州"。

［6］敗淮賊二千餘人於州界：中華書局本有校勘記："'餘'字原闕，據孔本、《册府》卷四三五補。"明本《册府》卷四三五作"敗淮賊二千餘人於其界"。

［7］太子少保：官名。與太子少師、太子少傅統稱太子三少。隋唐以後多作加官或贈官。從二品。中華書局本有校勘記："'太子少保'，原作'太子太保'，據本書卷一二八《王仁裕傳》，《册府》卷八四一、卷八九三，《王仁裕神道碑》，《王仁裕墓志》（拓片俱刊《玉堂閒話評注》）改。"《輯本舊史》卷一二八《王仁裕傳》爲殘傳，所述之仁裕爲太子少保卒，即録自明本《册府》卷八九三《總録部·夢徵門二》，又見《宋本册府》卷八四一《總録部·文章門五》。　王仁裕：人名。天水（今甘肅天水市）人。五代大臣。傳見本書卷一二八、《新五代史》卷五七。

［8］符氏：周世宗宣懿皇后符氏妹，符彦卿女。宋初遷西宫，號周太后。傳見《新五代史》卷二〇《周世宗家人傳》。

［9］舒：州名。治所在今安徽潛山縣。　蘄：州名。治所在今

湖北蘄春縣。　和：州名。治所在今安徽和縣。　泰：州名。治所在今江蘇泰州市。　“淮南節度使向訓自揚州班師”至“併力於壽春焉”：《舊五代史考異》：“案馬令《南唐書》：向訓請棄揚州，併力以攻壽春，乃封府庫付主者，遣淮南舊將按巡城中，秋毫不犯而去。淮人大悦，皆負糗糧以送周師。”見馬令《南唐書》卷四《嗣主書》保大十四年（956）夏條。

八月壬戌，河陽白重贊移鎮涇州，張鐸移鎮河中。[1]甲子，以前鄧州節度使侯章復爲鄧州節度使，以侍衛步軍都指揮使、彰信軍節度使李繼勳爲河陽節度使。[2]乙丑，太僕卿劇可久停任，[3]坐爲舉官累也。戊辰，端明殿學士王朴撰成新曆上之，[4]命曰《顯德欽天曆》，上親爲製序，仍付司天監行用。[5]殿前都指揮使張永德奏，破淮賊於下蔡。先是，江南李景以王師猶在壽州，遣其將林仁肇、郭廷謂率水陸軍至下蔡，[6]欲奪浮梁，以舟實薪芻，乘風縱火，永德禦之。有頃，風勢倒指，賊衆稍却，因爲官軍所敗。己卯，工部侍郎王敏停任，坐薦子壻陳南金爲河陽記室也。[7]

[1]河陽：方鎮名。全稱“河陽三城”。治所在孟州（今河南孟州市）。　白重贊：人名。沙陀族，憲州樓煩（今山西婁煩縣）人。五代、宋初將領。傳見《宋史》卷二六一。　涇州：州名。治所在今甘肅涇川縣。　張鐸：人名。河朔人。五代、宋初將領。傳見《宋史》卷二六一。中華書局本有校勘記：“‘張鐸’，原作‘張澤’，據劉本改。《宋史》卷二六一有《張鐸傳》。按本書卷一一四《周世宗紀一》：‘同州節度使張鐸爲彰義軍節度使。’又顯德六年《棲巖寺修舍利殿記》（拓片刊《北京圖書館藏中國歷代石刻拓本

匯編》第三十六册)：'丙辰秋八月，詔令府主太尉移北庭節度鎮於蒲。' 末題 '輸忠保節功臣、河中護國軍節度管内觀察處置等使、光禄大夫、檢校太尉、行河中尹、兼御史大夫、上柱國、清河郡開國侯、食邑一千户張鐸建'。彰義軍及北庭皆指涇州，蒲即指河中節度使，句上疑脱 '涇州' 二字。" 但未補。《輯本舊史》卷一一四《周世宗紀一》顯德元年三月庚子條載："以同州節度使張鐸爲彰義軍節度使（治涇州）"，且本條前文爲"河陽白重贊移鎮涇州"。今據上述諸點補。　河中：府名。治所在今山西永濟市。

[2]侍衛步軍都指揮使：官名。皇帝侍衛親軍步軍司最高長官。　彰信軍：方鎮名。治所在曹州（今山東曹縣西北）。

[3]太僕卿：官名。太僕寺長官。漢代始置，掌御用車馬及國家畜牧事宜。從三品。　劇可久：人名。涿州范陽（今河北涿州市）人。五代官員。事見本書卷四二、卷一一二、卷一四七。

[4]戊辰，端明殿學士王朴撰成新曆上之：《輯本舊史》卷一四〇《曆志》詳載王樸上曆之表。《通鑑》卷二九三顯德三年八月戊辰條作"端明殿學士王朴、司天少監王處訥撰《顯德欽天曆》，上之"。

[5]司天監：官（署）名。其長官稱司天監，掌天文、曆法以及占候等事。參見趙貞《唐宋天文星占與帝王政治》，北京師範大學出版社 2016 年版。

[6]林仁肇：人名。建陽（今福建南平市建陽區）人，五代十國南唐將領。本書僅此一見。　郭廷謂：人名。彭城（今江蘇徐州市）人。五代十國南唐官員。後入仕北宋。傳見《宋史》卷二七一。

[7]王敏：人名。單州金鄉（今山東金鄉縣）人。後周時曾任刑部侍郎、司農卿等職。傳見本書卷一二八。　陳南金：人名。籍貫不詳。王敏之婿。事見本書本卷、卷一二八。《輯本舊史》之影庫本粘籤："南金，原本作'南僉'，今從王敏本傳改正。" 見《輯本舊史》卷一二八《王敏傳》，《宋本册府》卷九二五《總録部·

譴累門》作“敏嘗薦子婿陳南生爲曹、孟二鎮掌記，南金奉職有闕，遂連坐焉”。　記室：官名。“記室令史”的簡稱。東漢置，掌章表書記文檄。位卑秩下，不參官品。

九月丙午，以端明殿學士、左散騎常侍、權知開封府事王朴爲尚書户部侍郎，充樞密副使。[1]以右羽林統軍焦繼勳爲左屯衛上將軍，以左衛上將軍楊信爲右羽林統軍，[2]以左監門上將軍宋延渥爲右神武統軍。[3]

[1]左散騎常侍：官名。門下省屬官。掌侍奉規諷，備顧問應對。正三品下。　開封府：府名。後梁都城。治所在今河南開封市。　樞密副使：官名。樞密院副長官。

[2]右羽林統軍：官名。唐代右羽林軍統兵官。唐置六軍，分左、右羽林，左、右龍武，左、右神武等，即“北衙六軍”。興元元年（784），六軍各置統軍，以寵功勳臣。其品秩，《唐會要》卷七一、《舊唐書》卷一二記載爲“從二品”，《通鑑》卷二二九記載爲“從三品”。　左衛上將軍：官名。唐置十六衛之一，掌宫禁宿衛。從二品。　楊信：人名。即楊承信。沙陀部人。五代將領楊光遠第三子。五代後晋至宋朝官員。傳見《宋史》卷二五二。《舊五代史考異》：“楊信本名承信，在隱帝時，避御名去‘承’字。”見《宋史》卷二五二《楊承信傳》。

[3]左監門上將軍：官名。即“左監門衛上將軍”。唐置十六衛之一，掌宫禁宿衛。從二品。　宋延渥：人名。洛陽（今河南洛陽市）人。五代、宋初將領，後漢高祖劉知遠婿。入宋後改名偓。傳見《宋史》卷二五五《宋偓傳》。　右神武統軍：官名。唐代右神武軍統兵官。唐置北衙六軍之一。其品秩，《唐會要》卷七一、《舊唐書》卷一二記載爲“從二品”，《通鑑》卷二二九記載爲“從三品”。

冬十月辛酉，葬宣懿皇后於懿陵。[1]癸亥，以右神武統軍宋延渥爲廬州行營副部署。乙丑，舒州刺史郭令圖責授虢州教練使，[2]坐棄郡逃歸也。丙寅，詔曰："諸司職員，皆係奏補，當執役之際，悉藉公勤，及聽選之時，[3]尤資幹敏，苟非慎擇，漸致因循。應諸司寺監，今後收補職役人，[4]並須人材俊利，身言可採，書札堪中，自前行止，委無訛濫，勒本司關送吏部，引驗人材，考校筆札。其中選者，連所試書跡及正身引過中書，[5]餘從前後格敕處分，仍每年衹得一度奏補。"丁卯，宣懿皇后神主入廟，時有司請爲后立别廟，禮也。己巳，詔："漳河已北郡縣，並許鹽貨通商，逐處有鹹鹵之地，一任人户煎鍊。"[6]壬申，以武平軍節度副使、知潭州軍府事宇文瓊爲武清軍節度使，[7]知潭州軍府事。癸酉，淮南招討使李重進奏，破淮賊於盛唐，斬二千級。太子賓客致仕薛仁謙卒。[8]丙子，襄州節度使、守太尉、兼中書令、陳王安審琦加守太師。[9]審琦鎮漢上十餘年，至是來朝，故以命寵之。癸未，右拾遺趙守微杖一百，配沙門島。守微本村民也，形貌樸野，粗學爲文。前年徒步上書，帝以急於取士，授右拾遺，聞者駭其事。至是爲妻父所訟，彰其醜行，故逐之。[10]甲申，宣授今上同州節度使兼殿前都指揮使；[11]宣授内外馬步軍都軍頭袁彦爲曹州節度使兼侍衛步軍都指揮使。[12]戊子，右神武統軍張彦超卒。[13]

[1]懿陵：周世宗宣懿皇后符氏陵墓。位於今河南新鄭市。

[2]虢州：州名。治所在今河南靈寶市。　教練使：官名。唐、

五代方鎮使府軍將，選善兵法武藝者充任，掌教練兵法及武藝，亦或領兵出戰。

[3]及聽選之時：《通曆》卷一五周世宗條同。《宋本册府》卷六三四《銓選部·條制門六》作“及任事之時”。本條《册府》較《輯本舊史》更詳。

[4]今後收補職役人：中華書局本有校勘記：“‘職’字原闕，據《通曆》卷一五、《册府》卷六三四、《五代會要》卷一七補。”見《通曆》卷一五、《宋本册府》卷六三四顯德三年（956）十月詔、《會要》卷一七致仕官條後之雜録條所載顯德三年十月敕。

[5]連所試書跡及正身引過中書：《輯本舊史》之影庫本粘籤：“正身引過，原本似有脱落，考《册府元龜》所引《薛史》與《永樂大典》同，今仍其舊。”《通曆》卷一五同。《宋本册府》卷六三四及《會要》卷一七“引過中書”作“引送中書”。

[6]漳河：又作“漳水”。即今漳河。有清漳水（今清漳河）、濁漳水（今濁漳河）兩支上源，分别出自今山西長子縣和沁縣，二源至今河南林州市相合，流入河南安陽市北，下游河道屢有變化。“漳河已北郡縣”至“一任人户煎鍊”：中華書局本有校勘記：“‘漳河’，原作‘彰河’，據劉本、邵本校、本書卷一四六《食貨志》、《通曆》卷一五、《册府》卷四九四改。”見《通曆》卷一五、《會要》卷二六鹽條、《輯本舊史》卷一四六《食貨志》，《食貨志》在“一任人户煎鍊”後并有“興販則不得踰越漳河，入不通商地界”之語，《宋本册府》卷四九四《邦計部·山澤門》顯德三年十月詔同《食貨志》，但漏“三年”二字。

[7]節度副使：官名。唐、五代方鎮屬官。位於行軍司馬之下、判官之上。　宇文瓊：人名。籍貫不詳。後周將領。事見《通鑑》卷二九一。

[8]薛仁謙：人名。開封浚儀（今河南開封市）人，祖籍河東。宋初宰相薛居正之父。歷仕五代後唐至後周。傳見本書卷一二八。

［9］襄州：州名。治所在今湖北襄陽市。　太尉：官名。與司徒、司空並爲三公，唐後期、五代多爲大臣、勳貴加官。正一品。　中書令：官名。漢代始置。隋、唐前期爲中書省長官，屬宰相之職；唐後期多爲授予元勳大臣的虛銜。正二品。　安審琦：人名。沙陀部人。五代將領。歷仕後唐、後晋、後漢、後周。傳見本書卷一二三。　太師：官名。與太傅、太保合稱三師，唐後期、五代多爲大臣、勳貴加官。正一品。

［10］右拾遺：官名。唐武則天於垂拱元年（685）置拾遺，分左、右。左拾遺隸門下省，右拾遺隸中書省，與左、右補闕共掌諷諫，大事廷議，小事則上封事。從八品上。　趙守微：人名。本村民，因獻策擢拾遺，有妻復娶，又言涉指斥，坐決杖配流，邊歸讜語："陛下何不決殺趙守微。"翌日，伏閤請罪，詔釋之，仍於閤門復飲數爵，以愧其心。五年秋，歸讜與百官班廣德殿門外，忽厲聲聞於帝，詔奪一季奉。事見《宋史》卷二六二《邊歸讜傳》。　沙門島：地名。在今山東長島縣西北廟島，一説大黑山島。　"癸未"至"故逐之"：《舊五代史考異》："案《東都事略·張昭傳》：世宗好拔奇取俊，有自布衣上書、下僚言事者，多不次進用。昭諫曰：'昔唐初劉洎、馬周起徒步，太宗擢用爲相，其後朱朴、柳璨在下僚，昭宗亦以大用，然則太宗用之於前而國興，昭宗用之於後而國亡，士之難知也如此。臣願陛下存舊法而用人，以劉、馬爲鑑，朱、柳爲戒，則善矣。'"見《東都事略》卷三〇《張昭傳》。對《舊五代史考異》所引《東都事略》文，"其後朱朴、柳璨在下僚"，中華書局本有校勘記："原作'柳燦'，據殿本、劉本、《東都事略》卷三〇改。按《舊唐書》卷一七九、《新唐書》卷二二三下有《柳璨傳》。""臣願陛下存舊法而用人"，中華書局本有校勘記："'存'，原作'在'，據殿本、劉本、孔本、邵本校、《東都事略》卷三〇改。"

［11］同州：州名。治所在今陝西大荔縣。

［12］内外馬步軍都軍頭：官名。禁軍軍職，掌宿衛。　袁彦：

人名。河中河東（今山西永濟市）人。五代、宋初將領。傳見《宋史》卷二六一。

[13]張彦超：人名。沙陀部人。五代將領，後唐明宗養子。傳見本書卷一二九。《輯本舊史》之影庫本粘籤："張彦超，原本作'彦起'，今從《通鑑》改正。"見《通鑑》卷二七八長興三年（932）十一月條、卷二八六天福十二年（947）正月條、卷二八九乾祐三年（950）十一月丁丑、甲申條，《輯本舊史》卷一二九《張彦超傳》載"廣順中，授神武統軍"，《宋史》卷二五五《宋偓傳》載周世宗征淮南時，彦超爲右神武統軍。

十一月己丑朔，詔廢天下無名祠廟。[1]庚子，日南至，帝不受朝賀，以宣懿皇后遷祔日近也。乙巳，江南進奉使孫晟下獄死，江南進奉使鍾謨責授耀州司馬。[2]戊申，放華山隱者陳摶歸山。[3]帝素聞摶有道術，徵之赴闕，月餘放還舊隱。庚戌，殿前都指揮使張永德奏，敗濠州送糧軍二千人於下蔡，奪米船十餘艘。宰臣李穀以風痹請告十旬，三上表求解所任，不允。

[1]十一月己丑朔，詔廢天下無名祠廟：《新五代史》卷一二《周世宗紀》載"顯德四年十一月庚寅，廢諸祠不在祀典者"。

[2]進奉使：蕃國派遣向朝廷進奉的使者。　耀州：州名。治所在今陝西銅川市耀州區。　司馬：官名。州軍佐官，名義上紀綱衆務，通判列曹，品高俸厚，實際上無具體職事，多用以安置貶謫官員，或用作遷轉官階。上州從五品下，中州正六品下，下州從六品上。

[3]華山：山名。五嶽之一，位於今陝西華陰市。　陳摶：人名。亳州真源（河南鹿邑縣）人。五代、宋初學者。傳見《宋史》

卷四五七。《宋史·陳摶傳》云："周世宗好黄白術，有以摶名聞者，顯德三年，命華州送至闕下。留止禁中月餘，從容問其術，摶對曰：'陛下爲四海之主，當以致治爲念，奈何留意黄白之事乎？'世宗不之責，命爲諫議大夫，固辭不受。既知其無他術，放還所止，詔本州長吏歲時存問。"

十二月己未朔，以給事中張鑄爲光禄卿。[1]鑄訴以官名與祖諱同，[2]尋改祕書監，判光禄寺事。[3]辛酉，以許州節度使韓通兼侍衛馬步軍都虞候。[4]壬戌，以右領軍大將軍、權判三司張美領三司使。[5]壬申，以滑州節度使兼殿前都指揮使、駙馬都尉張永德爲殿前都點檢。[6]發陳、蔡、宋、亳、潁、曹、單等州丁夫城下蔡。[7]辛巳，故襄邑令劉居方贈右補闕，男士衡賜學究出身，[8]獎廉吏也。癸亥，[9]詔兵部尚書張昭纂修太祖實録及梁均王、唐清泰帝兩朝實録。[10]又詔曰："史館所少書籍，宜令本館諸處求訪補填。如有收得書籍之家，並許進納。其進書人據部帙多少等第，[11]各與恩澤；如是卷帙少者，量給資帛。如館内已有之書，不在進納之限。仍委中書門下，於朝官内選差三十人，據見在書籍，各求真本校勘，署校官姓名，逐月具功課申報中書門下。"戊子，淮南道招討使李重進奏，破淮賊二千人塌山北。[12]《永樂大典》卷八千九百八十四。[13]

[1]張鑄：人名。河南洛陽（今河南洛陽市）人。五代後梁進士，歷仕五代至宋初。傳見《宋史》卷二六二。　光禄卿：官名。南朝梁天監七年（508）改光禄勳置，隋唐沿置。掌宫殿門户、帳

幕器物、百官朝會膳食等。從三品。

［2］鑄訴以官名與祖諱同：中華書局本有校勘記："'鑄'字原闕，據殿本、孔本補。《册府》卷八六三敘其事作'鑄以"卿"字與祖名同，援令式上訴'。"《宋本册府》卷八六三《總録部·名諱門》，在此句後有"援令式上訴"五字。

［3］祕書監：官名。秘書省長官。東漢始置，掌圖書秘記等。從三品。

［4］侍衛馬步軍都虞候：官名。五代侍衛親軍馬步軍統兵官，位僅次於馬步軍都指揮使、副都指揮使。

［5］右領軍大將軍：唐置十六衛之一，掌宫禁宿衛。正三品。　張美：人名。貝州清河（今河北清河縣）人。五代、宋初大臣。傳見《宋史》卷二五九。　三司使：官名。五代後唐明宗天成元年（926）將晚唐以來的户部、度支、鹽鐵三部合爲一職，設三司使統之。主管國家財政。

［6］滑州：州名。治所在今河南滑縣。　駙馬都尉：漢武帝始置，魏、晋以後公主夫婿多加此稱號。從五品下。　殿前都點檢：官名。五代後唐始置大内都點檢，凡車駕行幸及出征則置。後周世宗顯德中選驍勇之士充殿前諸班，改稱殿前都點檢。

［7］陳：州名。治所在今河南淮陽縣。　蔡：州名。治所在今河南汝南縣。　宋：州名。治所在今河南商丘市睢陽區。　潁：州名。治所在今安徽阜陽市。　單：州名。治所在今山東單縣。

［8］襄邑：縣名。位於今河南睢縣。　令：官名。即縣令。爲縣的行政長官，掌治本縣。唐代之縣，分赤（京）、次赤、畿、次畿、望、緊、上、中、中下、下十等。縣令分六等，正五品上至從七品下。　劉居方：人名。籍貫、事跡不詳。本書僅此一見。　右補闕：官名。唐代諫官。武則天時始置。分爲左右，左補闕隸於門下省，右補闕隸於中書省。掌規諫諷諭，大事可以廷議，小事則上封奏。從七品上。　士衡：即劉士衡。事跡不詳。本書僅此一見。　學究出身：未經科舉恩賜此稱，或特蒙重用，或係名望高的大臣

之子。

[9]癸亥：《輯本舊史》之影庫本粘籤："癸亥，以《長曆》推之，當作'癸未'，今無別本可校，姑仍其舊。"癸亥爲五日，但其前條記事爲辛巳二十三日，後條爲戊子三十日，癸未則爲二十五日，影庫本粘籤之推論有理，但因未見他證，存疑。

[10]梁均王：即五代後梁末帝朱友貞。後梁太祖朱温之子。913年至923年在位。紀見本書卷八至卷一〇、《新五代史》卷三。清泰帝：即五代後唐廢帝李從珂。鎮州平山（今河北平山縣）人。本姓王，後唐明宗李嗣源擄其母魏氏，遂養爲己子。應順元年（934）四月，李從珂入洛陽即帝位。清泰三年（936）五月，石敬瑭謀反，以出賣燕雲十六州、自稱兒臣的條件求得契丹援助，石敬瑭攻入洛陽，廢帝自焚死，後唐亡。紀見本書卷四六至卷四八、《新五代史》卷七。　詔兵部尚書張昭纂修太祖實録及梁均王、唐清泰帝兩朝實録：《舊五代史考異》："案《五代會要》云：同修撰官委張昭定名奏請，至四年正月，張昭奏請國子祭酒尹拙、太子詹事劉温叟同編修。"見《會要》卷一八修國史條顯德三年（956）十二月敕。

[11]並許進納。其進書人據部帙多少等第：中華書局本有校勘記："'進納其'三字原闕，據《册府》卷五〇、《五代會要》卷一八補。"見明本《册府》卷五〇《帝王部·崇儒術門二》顯德三年十二月詔、《會要》卷一八史館雜録條顯德二年十二月詔。《會要》所載年份有誤，應爲顯德三年。

[12]塌山：地名。位於今安徽壽縣東北石嶺山，左右有中塌山、東塌山，皆與紫金山相連。　破淮賊二千人塌山北：中華書局本有校勘記："'於'字原闕，據殿本、孔本、《册府》卷四三五補。影庫本粘籤：'"塌"字上疑脱"於"字，考《册府元龜》所引《薛史》與《永樂大典》同，今仍其舊。'"見明本《册府》卷四三五《將帥部·獻捷門二》。"二千"，《册府》作"二千餘衆"。

[13]《大典》卷八九八四"周"字韻"世宗（一）"事目。

舊五代史　卷一一七

周書八

世宗紀第四

顯德四年春正月己丑朔，[1]帝御崇元殿受朝賀，[2]仗衛如儀。詔天下見禁罪人，除大辟外，[3]一切釋放。壬寅，兵部尚書張昭上言：[4]"奉詔編修太祖實録及梁、唐二末主實録。[5]伏以撰《漢書》者先爲項籍，編《蜀記》者首序劉璋，貴神器之傳授有因，曆數之推遷得序。[6]伏緣漢隱帝君臨在太祖之前，其歷試之績，並在隱帝朝内，請先修隱帝實録，以全太祖之事功。又以唐末主之前有閔帝，在位四月，出奔於衛，亦未編紀，請修閔帝實録。其清泰帝實録，請書爲廢帝實録。"從之。[7]丁未，淮南道招討使李重進奏，破淮賊五千人於壽州北。[8]先是，李景遣其弟僞齊王達率全軍來援壽州，[9]達留駐濠州，遣其將許文縝、邊鎬、朱元領兵數萬，泝淮而上，至紫金山，設十餘砦，與城内烽火相應。[10]又築夾道數里，將抵壽春，爲運糧之路，至是爲重進所敗。戊申，詔取來月幸淮南。[11]

［1］顯德：五代後周太祖郭威年號（954）。世宗柴榮、恭帝柴宗訓沿用（954—960）。

［2］崇元殿：五代後梁開平元年（907）改汴京正殿爲崇元殿。位於今河南開封市。

［3］大辟：死刑的通稱。

［4］兵部尚書：官名。尚書省兵部主官。掌兵衛、武選、車輦、甲械、厩牧之政令。正三品。　張昭：人名。世居濮州范縣（今河南范縣）。五代、宋初大臣，時爲中書舍人。傳見《宋史》卷二六三。

［5］太祖：即五代後周開國皇帝郭威。邢州堯山（今河北隆堯縣）人。紀見本書卷一一〇至卷一一三、《新五代史》卷一一。　實録：編年體史書的一種形式，是詳記一朝皇帝史實的編年史長編。唐初設史館，每一新皇帝繼位，都要詔令史官將前代皇帝的起居注、時政記、目録等材料重新彙總，修成前朝皇帝的實録，以便爲日後修正史積累資料。後成爲定制。從唐至清，歷代都有實録。

［6］《漢書》：書名。又稱《前漢書》。東漢班固撰。中國第一部紀傳體斷代史。起於漢高祖元年（前206），止於王莽地皇四年（23），記述西漢一代史事。　項籍：人名。姓項，名籍，字羽，泗水下相（今江蘇宿遷市）人。秦末農民起義軍領袖。以勇武著稱，鉅鹿之戰中擊破秦軍主力，殺秦王子嬰，自稱西楚霸王，定都彭城（今江蘇徐州市）。後與劉邦相爭而敗，自刎於烏江。紀見《史記》卷七。中華書局本有校勘記："'項籍'，《册府》卷五五七作'項傳'。"見《宋本册府》卷五五《七國史部·採撰門》顯德四年正月條。　《蜀記》：書名。東晋王隱撰。記三國時蜀國史事。已佚。　劉璋：人名。江夏竟陵（今湖北天門市）人。東漢末年宗室、軍閥，領益州牧，後降於劉備。傳見《三國志》卷三二。

［7］漢隱帝：即後漢隱帝劉承祐。後漢高祖劉知遠次子。紀見本書卷一〇一至一〇三、《新五代史》卷一〇。　閔帝：即後唐閔帝李從厚。明宗李嗣源第三子。紀見本書卷四五、《新五代史》卷七。　衛：州名。治所在今河南衛輝市。　清泰帝：即後唐廢帝李從珂，又稱末帝。清泰係其年號（934—936）。鎮州平山（今河北平山縣）人。本姓王氏，爲後唐明宗養子，改名從珂。明宗入洛陽，李從珂率兵追隨，以功拜河中節度使，封潞王。閔帝李從厚即位，李從珂據城發動兵變，改鳳翔節度使。清泰元年（934）率軍東攻洛陽，廢黜愍帝，自立爲帝。清泰三年，石敬瑭與契丹合兵攻陷洛陽，自焚而死。紀見本書卷四六至卷四八、《新五代史》卷七。　其歷試之績：中華書局本有校勘記："'其'字原闕，據殿本、孔本、《册府》卷五五七、《五代會要》卷一八補。"見《會要》卷一八修國史條顯德四年（957）正月記事。《舊五代史考異》："案：自'唐末主'以上，原文疑有脱誤。據《五代會要》云：梁末主之上，有郢王友珪，簒弑居位，未有紀録，請依《宋書》劉劭例，書爲'元凶友珪'，其末主請依古義，書曰《後梁實録》。又唐末主之前，有應順帝，在位四月出奔，亦未編紀，請書爲前廢帝，清泰主爲後廢帝，其書並爲實録。"《會要》此段亦見《册府》卷五五七。

［8］淮南道：道名。唐貞觀十道、開元十五道之一。唐貞觀元年（627）置，轄境相當今淮河以南，長江以北，東至海，西至今湖北中部。開元二十一年（733）置淮南道採訪處置使，治所在揚州（今江蘇揚州市）。乾元元年（758）廢。但作爲地理區劃一直沿用至五代。　招討使：官名。唐始置。戰時任命，兵罷則省。常以大臣、將帥或地方軍政長官兼任。掌招撫討伐等事務。　李重進：人名。滄州（今河北滄縣舊州鎮）人。五代將領、後周太祖郭威外甥。傳見《宋史》卷四八四。　壽州：州名。治所在今安徽壽縣。

［9］李景：人名。初名景通，後改名璟，又避後周信祖郭璟諱

改爲景，五代南唐國主李昪長子。942 年李昪去世後，繼位稱帝。後期在後周世宗進攻下，盡失江北十四州，被迫削帝號，稱臣於後周，晚年又遷都於南昌。傳見本書卷一三四、《新五代史》卷六二。　達：即李達。徐州（今江蘇徐州市）人。南唐中主李璟之弟，南唐將領。事見本書卷六二、《宋史》卷一。《輯本舊史》之影庫本粘籤："齊王，原本作'蔡王'，今從《通鑑》改正。""達"，《通鑑》卷二九三作"景達"。見《通鑑》卷二九三顯德四年正月丁未條。

[10]濠州：州名。治所在今安徽鳳陽縣。　許文縝：人名。五代十國南唐將領。事見本書本卷。　邊鎬：人名。五代十國南唐將領。事見本書卷一一二。　朱元：人名。潁州沈丘（今安徽臨泉縣）人。事見《新五代史》卷六二。　紫金山：山名。又名八公山，位於今安徽壽縣東北，淮河南岸。《輯本舊史》之影庫本粘籤："紫金山，原本作'柴金山'，考《通鑑》及《宋史》、《東都事略》俱作'紫金'，今改正。""紫金山"之名多見，即在本卷三月庚寅條、甲午條，卷一二九《齊藏珍傳》、《劉仁贍傳》均可見紫金山之名。又見於《通鑑》卷二九三顯德三年七月辛亥條、《東都事略》卷一《太祖紀》、《宋史》卷四七八《世家一・南唐李氏》顯德四年春條。

[11]戊申，詔取來月幸淮南：《舊五代史考異》："案《宋史・李穀傳》：師老無功，時請罷兵爲便，世宗令范質、王溥就穀謀之。穀手疏請親征，有必勝之利者三，世宗大悦，用其策。"見《宋史》卷二六二《李穀傳》。

二月庚申，以前工部侍郎王敏爲司農卿。[1]辛酉，詔每遇入閤日，賜百官廊下食，從舊制也。淮南道行營都監向訓奏，破淮賊二千於黃蓍砦。[2]甲戌，以樞密副使王朴爲權東京留守兼判開封府，[3]以三司使張美爲大內都巡檢。[4]乙亥，車駕發京師。乙酉，次下蔡。[5]

[1]工部侍郎：官名。尚書省工部次官。協助尚書掌管百工山澤水土之政令，考其功以詔賞罰，總所屬各司之事。正四品下。王敏：人名。單州金鄉（今山東金鄉縣）人。後周時曾任刑部侍郎、司農卿等職。傳見本書卷一二八。　司農卿：官名。唐司農寺長官。掌國家之農耕、倉儲以及宮廷百官供應。從三品。

[2]行營都監：官名。唐中葉命將出征，常以宦官爲監軍、都監。後爲臨時委任的統兵官，稱都監、兵馬都監。掌屯戍、邊防、訓練之政令。　向訓：人名。懷州河内（今河南沁陽市）人。五代、宋初將領。避後周恭帝諱改名向拱。傳見《宋史》卷二五五。　黄蓍砦：今地不詳。

[3]樞密副使：官名。樞密院副長官。　王朴：人名。東平（今山東東平縣）人。後周大臣，官至樞密使。曾獻《平邊策》，提出了統一全國先易後難之戰略方針，被周世宗採納。傳見本書卷一二八、《新五代史》卷三一。　東京：後晉天福三年（938）升汴州爲開封府（今河南開封市），建爲東京。後漢、後周及北宋皆都此，俗稱汴京。　留守：官名。古代皇帝出巡或親征時指定親王或大臣留守京城，綜理國家軍事、行政、民事、財政的高級官員，稱京城留守。在陪都或軍事重鎮也常設留守。　判：官制用語。即以他官兼代某職，稱判某職或判某職事。始於北齊。唐、五代以高官兼掌低職曰判。　兼判開封府：明本《册府》卷一一八《帝王部·親征門三》顯德四年（957）二月甲戌條作"兼判開封府事"，本句後尚有"以内客省使昝居潤副焉"十字。

[4]三司使：官名。五代後唐明宗天成元年（926）將晚唐以來的户部、度支、鹽鐵三部合爲一職，設三司使統之。主管國家財政。　張美：人名。貝州清河（今河北清河縣）人。五代、宋初大臣。傳見《宋史》卷二五九。　大内都巡檢：官名。五代始設巡檢

於京師、陪都、重要的州及邊防重鎮，設於都城的稱京城巡檢使、都巡檢、都巡檢使。掌地方治安。此句後《册府》卷一一八尚有“以侍衛都虞候韓通爲京城内外都巡檢”十六字。

[5]下蔡：縣名。治所在今安徽鳳臺縣。

三月庚寅旦，帝率諸軍駐於紫金山下，命今上率親軍登山擊賊，連破數砦，斬獲數千，斷其來路，賊軍首尾不相救。是夜，賊將朱元、朱仁裕、孫璘各舉砦來降，[1]降其衆萬餘人。翌日，盡陷諸砦，殺獲甚衆，擒賊大將建州節度使許文縝、前湖南節度使邊鎬，[2]其餘黨沿流東奔，帝自率親騎沿淮北岸追賊。及晡，馳二百餘里，至鎮淮軍，[3]殺獲數千人，奪戰艦糧船數百艘，錢帛器仗不可勝數。甲午，詔發近縣丁夫城鎮淮軍，仍搆浮梁於淮上。廬州都部署劉重進奏，[4]殺賊三千人於壽州東山口，皆紫金山之潰兵也。戊戌，授宣徽南院使、淮南節度使向訓爲徐州節度使，[5]充淮南道行營都監，即命屯鎮淮上。己亥，帝自鎮淮軍復幸下蔡。壬寅，賜淮南降軍許文縝、邊鎬已下萬五百人衣服錢帛有差。[6]丙午，壽州劉仁贍上表乞降，帝遣閤門使張保續入城慰撫。翌日，仁贍復令子崇讓上表請罪。[7]戊申，幸壽州城北，劉仁贍與將佐已下及兵士萬餘人出降，[8]帝慰勞久之，恩賜有差。庚戌，詔移壽州於下蔡，以故壽州爲壽春縣。是日，曲赦壽州管内見禁罪人，自今月二十一日已前，凡有過犯，並從釋放。應歸順職員，並與加恩。壽州管界去城五十里内，放今年及明年秋夏租税。[9]自來百姓，有曾受江南文字聚集山林者，並不問罪。如有曾相傷害者，今後不得更有相酬及經官論訴。自用兵已來，被擄却骨肉者，不計遠近，並許本家識認，官中給物收贖。曾經陣敵處所暴露骸骨，並仰收拾埋瘞。自前政令有不便於民者。委本州條例聞奏，當行釐革。辛亥，以僞命清淮軍節度使、檢校太尉、兼侍中劉仁贍爲特進、檢校太尉、兼中書令、鄆州節度使，以右羽林統軍楊信爲壽州節度使。[10]是日，劉仁贍卒。壬子，以江南僞命西北面行營都監使、舒州團練使朱元爲蔡州防禦使，[11]以江南僞命文德殿使、壽州監軍使周廷構爲衛尉卿，[12]以江南僞命壽州營田副使孫羽爲太僕卿，以壽州節度判官鄭牧爲鴻臚卿，賞歸順也。[13]癸丑，追奪前許州行軍司馬韓倫在身官爵，配流沙門島。倫，侍衛馬軍都指揮使令坤之父也。令坤領陳州，倫在州干預郡政，掊斂之暴，公私患之，爲項城民武都等所訟。帝命殿中侍御史率汀就按之，[14]倫詐報汀云“準詔赴闕”，汀即奏之。帝愈怒，遽令追劾，盡得其實，故有是命。遣左諫議大夫尹日就於壽州開倉賑饑民。[15]丙辰，車駕發下蔡還京。

[1]朱仁裕：人名。籍貫不詳。五代十國南唐將領。事跡僅此一見。　孫璘：人名。籍貫不詳。五代十國南唐將領。事跡僅此一見。　是夜，賊將朱元、朱仁裕、孫璘各舉砦來降：《舊五代史考異》：“案《通鑑》云：辛卯夜，朱元與先鋒壕寨使朱仁裕等舉寨萬餘人降。據《薛史》，則朱元等之降即在庚寅，與《通鑑》異。”見《通鑑》卷二九三顯德四年（957）三月辛卯條。對《舊五代史考異》所引之《通鑑》“朱元與先鋒壕寨使朱仁裕等舉寨萬餘人

降”，中華書局本有校勘記：“‘舉’，原作‘與’，據孔本、殿本《考證》、劉本《考證》、《通鑑》卷二九三改。”

[2]建州：州名。治所在今福建建甌市。　節度使：官名。唐時在重要地區所設掌握一州或數州軍、民、財政的長官。　許文縝：人名。籍貫不詳。五代十國閩國官員。事見本書本卷。　湖南：方鎮名。又稱武安軍節度。治所在潭州（今湖南長沙市）。

[3]鎮淮軍：方鎮名。治所在荆山城（今安徽懷遠縣）。

[4]廬州：州名。治所在今安徽合肥市。　都部署：官名。五代後唐始置，爲臨時委任的大軍區統帥。掌管屯戍、攻防等事務。　劉重進：人名。本名晏僧。幽州（今北京市）人。五代、宋初將領。傳見《宋史》卷二六一。

[5]宣徽南院使：官名。唐始置。宣徽南院的長官。初用宦官，五代以後改用士人。與宣徽北院使通掌内諸司及三班内侍之名籍，郊祀、朝會、宴享供帳之儀，檢視内外進奉名物。參見王永平《論唐代宣徽使》，《中國史研究》1995 年第 1 期；王孫盈政《再論唐代的宣徽使》，《中華文史論叢》2018 年第 3 期。　徐州：州名。治所在今江蘇徐州市。

[6]萬五百人：明本《册府》卷一六七《帝王部·招懷門五》顯德四年三月作“萬五百二十四人”。

[7]劉仁贍：人名。彭城（今江蘇徐州市）人。五代十國南唐將領。傳見本書卷一二九、《新五代史》卷三二。　閤門使：官名。唐代始設，掌扈從乘輿、朝會禮儀、大宴引贊、引接朝見等事務。　張保續：人名。京兆萬年（今陝西西安市長安區）人。五代、宋初官員。傳見《宋史》卷二七四。　崇讓：人名。即劉崇讓。彭城（今江蘇徐州市）人。劉仁贍之子。五代、宋初將領。事見本書本卷及《宋史》卷四。

[8]劉仁贍與將佐已下及兵士萬餘人出降：《舊五代史考異》：“案《通鑑考異》云：仁贍降書蓋其副使孫羽等爲之。《歐陽史》本傳亦言孫羽詐爲仁贍書以城降，與《薛史》異。”見《通鑑》卷

二九三顯德四年三月戊申條《考異》、《新五代史》卷三二《劉仁贍傳》。對《輯本舊史》所引之《舊五代史考異》中“《歐陽史》本傳亦言孫羽詐爲仁贍書以城降，與《薛史》異”，中華書局本有校勘記：“以上二十一字原闕，據《舊五代史考異》卷四補。”

[9]放今年及明年秋夏租稅：中華書局本有校勘記：“‘今年’，《册府》卷九六、卷四九二作‘今年及明年’。”見明本《册府》卷九六《帝王部·赦宥門十五》顯德四年三月庚戌制、《宋本册府》卷四九二《邦計部·蠲復門四》顯德四年三月庚戌詔。

[10]清淮軍：方鎮名。治所在壽州（今安徽壽縣）。　檢校太尉：官名。爲散官或加官，以示恩寵加此官，無實際執掌。　侍中：官名。秦始置。隋、唐前期爲門下省長官。唐後期多爲大臣加銜，不參與政務，實際職務由門下侍郎執行。正二品。　特進：官名。西漢末始置，授給列侯中地位較特殊者。隋唐時期，特進爲散官，授給有聲望的文武官員。正二品。　中書令：官名。漢始置，隋、唐前期爲中書省長官，屬宰相之職；唐後期多爲授予元勳大臣的虚銜。正二品。　鄆州：州名。治所在今山東東平縣。　右羽林統軍：官名。唐代右羽林軍統兵官。至德二載（757）唐肅宗置禁軍，也叫神武天騎，分爲左、右神武天騎及左、右羽林，左、右龍武等六軍，稱北衙六軍。從二品。　楊信：人名。籍貫不詳。五代藩鎮將領。事見本書卷一〇二。

[11]都監使：官名。五代十國時期，吴越禁衛軍中有此職官，掌同都監。唐代中葉命將出征，常以宦官爲監軍、都監。後爲臨時委任的統兵官，稱都監、兵馬都監。掌屯戍、邊防、訓練之政令。　舒州：州名。治所在今安徽潛山市。《輯本舊史》之影庫本粘籤：“舒州，原本作‘抒州’，今從《通鑑》改正。”見《通鑑》卷二九三顯德三年七月：“唐主以（朱）元爲舒州團練使。”　團練使：官名。唐代中期以後，於不設節度使的地區設團練使，掌本區各州軍事。　蔡州：州名。治所在今河南汝南縣。　防禦使：官名。唐代始置，設有都防禦使、州防禦使兩種。常由刺史或觀察使兼任，實

際上爲唐代後期州或方鎮的軍政長官。

[12]文德殿使：官名。五代十國時期部分南方政權置官，職掌不詳。　監軍使：官名。五代時期後唐設置，派於諸道，掌監護軍隊。　周廷構：人名。籍貫不詳。五代十國南唐大臣。中華書局本有校勘記："原作'周延構'，據《册府》卷一六七、《通鑑》卷二九四改。按《新五代史》卷三二《劉仁贍傳》、陸游《南唐書》卷二皆有周廷構。本書各處同。"見明本《册府》卷一六七《帝王部·招懷門五》顯德四年三月壬子條，《通鑑》卷二九三顯德四月正月條、卷二九四顯德五年十月甲午條。　衛尉卿：官名。東漢始置。唐代爲衛尉寺長官。掌器械文物，總武庫、武器、守宫三署之官屬。從三品。

[13]營田副使：官名。營田使副職。協掌營田事務。　孫羽：人名。籍貫不詳。五代十國南唐官員。事見《新五代史》卷三二、卷六二。　太僕卿：官名。漢代始置，太僕寺長官，掌御用車馬及國家畜牧事宜。正三品。　節度判官：官名。唐、五代方鎮僚屬，位在行軍司馬下。分掌使衙内各曹事，並協助使職官員通判衙事。　鄭牧：人名。籍貫不詳。五代後周官員。事見本書本卷。　鴻臚卿：官名。秦時稱典客，漢初改大行令，漢武帝時改大鴻臚，北齊置鴻臚寺，以鴻臚寺卿爲主官，後代沿置。掌四夷朝貢、宴飲賞賜、送迎外使等禮儀活動。從三品。

[14]許州：州名。治所在今河南許昌市。　行軍司馬：官名。出征將領及節度使的屬官。掌軍籍符伍，號令印信，是藩鎮重要的軍政官員。　韓倫：人名。韓令坤之父。磁州武安（今河北武安市）人。五代、宋初軍閥。傳見《宋史》卷二五一。　沙門島：地名。即今山東長島縣西北廟島，一説大黑山島。　侍衛馬軍都指揮使：官名。爲侍衛親軍馬軍司長官。後梁始置侍衛親軍，爲禁軍的一支，後唐沿置並成爲禁軍主力，下設馬、步軍。中華書局本有校勘記："'都'字原闕，據劉本、本書卷一一六《周世宗紀》三、《册府》卷一五四、《通鑑》卷二九三及本卷下文改。"見《輯本舊

史》卷一一六《周世宗紀三》顯德三年二月丙戌條、《宋本册府》卷一五四《帝王部·明罰門三》顯德四年三月條、《通鑑》卷二九三顯德四年三月癸丑條。　令坤：人名。即韓令坤。磁州武安人。五代、宋初將領。傳見《宋史》卷二五一。　陳州：州名。治所在今河南淮陽縣。　項城：縣名。治所在今河南沈丘縣。　武都：人名。籍貫不詳。中華書局本有校勘記："《册府》卷一五四、《宋史》卷二五一《韓令坤傳》作'武郁'。"見《册府》卷一五四。　殿中侍御史：官名。三國魏始置。唐前期屬御史臺之殿院，掌宮門、庫藏及糾察殿庭供奉朝會儀式，及分掌左、右巡，負責京師治安、京畿軍兵。唐後期常爲外官所帶憲銜。從七品下。　率汀：人名。籍貫不詳。五代後周官員。事見《宋史》卷二七〇、卷四八三。　"癸丑"至"故有是命"：據《舊五代史考異》："案《宋史·韓令坤傳》云：倫法當棄市，令坤泣請于世宗，遂免死。"見《宋史》卷二五一《韓令坤傳》。

[15]左諫議大夫：官名。隸門下省。唐代置左、右諫議大夫各四人，分隸門下省、中書省。掌諫諭得失，侍從贊相。正四品下。　尹日就：人名。籍貫不詳。五代後周官員。事見《新五代史》卷六七。

夏四月己巳，車駕至自下蔡。辛未，以江南僞命西北面行營應援使、前永安軍節度使、檢校太尉許文縝爲左監門衛上將軍、檢校太尉，以僞命西北面行營應援都軍使、前武安軍節度使邊鎬爲左千牛衛上將軍、檢校太傅。[1]丙子，宰臣李穀以風痹經年，上章請退，凡三上章，不允。[2]丁丑，斬内供奉官孫延希於都市，御厨使董延勳、副使張皓、武德副使盧繼昇並停職。[3]時重修永福殿，命延希督役，上見役夫有就瓦中噉飯，以柹爲匕者,[4]大怒，斬延希而罷延勛等。壬午,[5]故彭城郡夫人劉氏追册爲皇后。癸未，故皇子贈左驍衛大將軍誼再贈太尉，追封越王；故皇子贈左武衛大將軍誠再贈太傅，追封吴王；故皇子贈左屯衛大將軍諴再贈太保,[6]追封韓王；故皇弟贈太保侗再贈太傅，追封鄭王；故皇弟贈司空信再贈司徒,[7]追封杞王；故皇第三妹樂安公主，追册莒國長公主；故皇第五妹永寧公主，追册梁國長公主;[8]故皇從弟，贈左領軍大將軍守愿再贈左衛大將軍，故皇從弟贈左監門將軍奉超，再贈右衛大將軍；故皇從弟，贈左千牛衛將軍愻再贈右武衛大將軍。[9]甲申，以先降到江南兵士，團結爲三十指揮,[10]號懷德軍。

[1]永安軍：方鎮名。治所在府州（今陝西府谷縣）。　左監門衛上將軍：官名。唐置，掌宫禁宿衛。唐代置十六衛，即左右衛、左右驍衛、左右武衛、左右威衛、左右領軍衛、左右金吾衛、左右監門衛、左右千牛衛，各置上將軍，從二品；大將軍，正三品；將軍，從三品。　西北面行營應援都軍使：西北面行營應援吏，官名。五代十國時設置的臨時軍事職務，掌隨軍救援，事畢即罷。都軍使，官名。所部統兵將領，位次於都指揮使。　武安軍：方鎮名。治所在潭州（今湖南長沙市）。　左千牛衛上將軍：官名。唐置，掌宫禁宿衛。唐代置十六衛之一。從二品。　檢校太傅：官名。爲散官或加官，以示恩寵，無實際執掌。　前武安軍節度使邊鎬爲左千牛衛上將軍：中華書局本有校勘記："'左'，本書卷一一八《周世宗紀五》、《通鑑》卷二九四及本卷下文作'右'。'節度使'下《册府》卷一六七有'檢校太傅'四字。"見《輯本舊史》卷一一八《周世宗紀五》顯德五年（958）十月甲午條、《通鑑》

卷二九四顯德五年十月甲午條、明本《册府》卷一六七《帝王部·招懷門五》顯德四年四月辛未條。

[2]李穀：人名。潁州汝陰（今安徽阜陽市）人。後周宰相。傳見《宋史》卷二六二。 風痹：傳統中醫指因風寒侵襲而引起的關節或肢體的疼痛或麻木。詳見景蜀慧《“風痹”與“風疾”——漢晋時期醫家對“諸風”的認識及相關的自然气候因素探析》，《中山大學學報》2005年第4期；安家琪《唐代“風疾”考論》，《唐史論叢》2014年第2期。 “丙子”至“不允”：《舊五代史考異》：“案《宋史·李穀傳》：穀扶疾入見便殿，詔令不拜，命坐御座側。以抱疾久，請辭相位，世宗怡然勉之，謂曰：‘譬如家有四子，一人有疾，棄而不養，非父之道也。朕君臨萬方，卿處輔相之位，君臣之間，分義斯在，奈何以禄奉爲言。’穀愧謝而退。”見《宋史》卷二六二《李穀傳》，繫此事於是年夏，“請辭相位”原文爲“請辭禄位”。

[3]供奉官：官名。泛指侍奉皇帝左右的臣僚，亦爲東、西頭供奉官通稱。 孫延希：人名。籍貫不詳。五代後周官員。事跡僅此一見。 御厨使：官名。唐始置，掌皇帝膳食之事，爲内諸司使之一。 董延勛：人名。籍貫不詳。五代後周官員。事跡僅此一見。 張皓：人名。籍貫不詳。五代後周官員。事跡僅此一見。盧繼昇：人名。籍貫不詳。五代後周官員。事跡僅此一見。

[4]永福殿：五代宫殿名。位於今河南開封市。 柹（fèi）：削落的木片。

[5]壬午：《舊五代史考異》：“案：《歐陽史》作癸未追册，與《薛史》異。”見《新五代史》卷一二《周世宗紀》顯德四年四月癸未條，相差一日。

[6]左驍衛大將軍：官名。掌宫禁宿衛。唐代置十六衛之一。正三品。 太尉：官名。與司徒、司空並爲三公，唐後期、五代時多爲大臣、勳貴加官。正一品。 左武衛大將軍：官名。掌宫禁宿衛。唐代置十六衛之一。正三品。 太傅：官名。與太師、太保合

稱三師，唐後期、五代時多爲大臣、勳貴加官。正一品。　左屯衛大將軍：官名。掌宫禁宿衛。唐代置十六衛之一。正三品。　太保：官名。與太師、太傅並爲三師。唐後期、五代時多爲大臣、勳貴加官。正一品。

[7]司空：官名。與司徒、太尉並爲三公，唐後期、五代時多爲大臣、勳貴加官。正一品。　司徒：官名。與太尉、司空並爲三公，唐後期、五代時多爲大臣、勳貴加官。正一品。

[8]故皇第三妹樂安公主，追册莒國長公主：中華書局本有校勘記："'故皇'二字原闕，據殿本、孔本校補。"

[9]左領軍大將軍：官名。掌宫禁宿衛。唐代置十六衛之一。正三品。　左衛大將軍：官名。掌宫禁宿衛。唐代置十六衛之一。正三品。　左監門將軍：官名。掌宫禁宿衛。唐代置十六衛之一。從三品。　右衛大將軍：官名。掌宫禁宿衛。唐代置十六衛之一。正三品。　左千牛衛將軍：官名。掌宫禁宿衛。唐代置十六衛之一。從三品。　右武衛大將軍：官名。掌宫禁宿衛。唐代置十六衛之一。正三品。

[10]團結爲三十指揮：《會要》卷一二京城諸軍條顯德四年四月記事作"分爲六軍，共三十指揮"。《通鑑》卷二九三顯德四年四月甲申條："分江南降卒爲六軍、三十指揮，號懷德軍。"

五月丁亥朔，帝御崇元殿受朝，仗衛如式。己丑，以新修永福殿改爲廣政殿。[1]辛卯，以端午賜文武百僚衣服，書始也。癸巳，侍衛親軍都指揮使、宋州節度使、充淮南道行營都招討李重進加檢校太傅、兼侍中；以宣徽南院使、淮南節度使向訓爲徐州節度使，加檢校太尉、同平章事。[2]丙申，斬密州防禦副使侯希進於本郡。[3]時太常博士張紀檢視本州夏苗，[4]移牒希進分檢，希進以不奉朝旨，不從。紇具事以聞，帝怒，遣使斬之。丁酉，以滑州節度使兼殿前都點檢、駙馬都尉張永德爲澶州節度使，加檢校太尉；以今上爲滑州節度使，加檢校太保，依前殿前都指揮使。[5]今上以三年十月宣授同州節度使，未於正衙宣制，至是移鎮滑臺，故自永州防禦使授焉。[6]以侍衛馬軍都指揮使、洋州節度使韓令坤爲陳州節度使，加檢校太傅；以權侍衛步軍都指揮使、岳州防禦使袁彦爲曹州節度使，加檢校太保，[7]並典軍如故。己亥，以左神武統軍劉重進爲鄧州節度使，以虎捷左厢都指揮使、閬州防禦使趙晁爲河陽節度使，以兗州防禦使白延遇爲同州節度使。[8]辛丑，宰臣范質、李穀、王溥並加爵邑，改功臣。樞密使魏仁浦加檢校太傅，[9]進封開國公。辛亥，知廬州行府事劉重進奏，相次殺敗賊，獲戰船三十艘。壬子，以宣徽北院使吴廷祚爲宣徽南院使，權西京留守，[10]判河南府事。是月，詔中書門下，[11]差官詳定格律。中書門下奏："差侍御史知雜事張湜等一十人詳定。候畢日，委御史臺尚書省四品已上、兩省五品已上官，[12]參詳可否，送中書門下議定，奏取進止。"從之。

[1]廣政殿：《輯本舊史》之影庫本粘籤："《薛史·漢隱帝紀》有廣政殿，此又云改爲廣政殿，疑周太祖時宫殿之名多所更易，至世宗又從舊稱也。今無可復考，姑附識於此。""廣政殿"見《輯本舊史》卷一〇一《漢隱帝紀上》乾祐元年（948）三月甲寅條、卷一〇三《漢隱帝紀下》乾祐三年十一月丙子條。

[2]侍衛親軍都指揮使：官名。五代時侍衛親軍之長官。多爲

皇帝親信。　宋州：州名。治所在今河南商丘市睢陽區。　行營都招討：官名。行營招討使的省稱。唐始置。戰時任命，兵罷則省。常以大臣、將帥或地方軍政長官兼任。掌招撫討伐等事務。　同平章事：官名。"同中書門下平章事"之簡稱。唐高宗以後，凡實際任宰相之職者，常在其本官後加同平章事的職銜。後成爲宰相專稱。後晋天福五年（940），升中書門下平章事爲正二品。

[3]密州：州名。治所在今山東諸城市。　防禦副使：官名。防禦使副職。　侯希進：人名。籍貫不詳。五代後周官員。事跡僅此一見。

[4]太常博士：官名。漢代始置。爲太常寺屬官。掌辨五禮，討論謚法，贊相導引。從七品上。　張紘：人名。籍貫不詳。五代後周官員。事跡僅此一見。

[5]滑州：州名。治所在今河南滑縣。　殿前都點檢：官名。五代後唐置，初稱大内都點檢，凡車駕行幸及出征則置。後周世宗顯德中選驍勇之士充殿前諸班，改稱殿前都點檢。　駙馬都尉：官名。漢武帝時始置，魏、晋以後公主夫婿多加此稱號。從五品下。《輯本舊史》之影庫本粘籤："都尉，原本作'較尉'，今從《宋史》改正。"見《宋史》卷二五五《張永德傳》。　張永德：人名。并州陽曲（今山西陽曲縣）人。五代、宋初大將，頗受宋太祖、宋太宗信用。傳見《宋史》卷二五五。　澶州：州名。唐、五代初，治所在河南清豐縣。後晋天福四年（939），移治於今河南濮陽縣。　殿前都指揮使：官名。五代後周世宗顯德中，選驍勇之士充殿前諸班。都指揮使爲殿前司長官之一，次於殿前都點檢、副都點檢。

[6]同州：州名。治所在今陝西大荔縣。　滑臺：地名。位於今河南滑縣。　永州：州名。治所在今湖南永州市。

[7]洋州：州名。治所在今陝西洋縣。　陳州：州名。治所在今河南淮陽縣。　侍衛步軍都指揮使：官名。五代時皇帝親軍侍衛步軍司之最高長官。　岳州：州名。治所在今湖南岳陽市。　袁彥：人名。河中河東（今山西永濟市）人。五代、宋初軍閥。傳見

《宋史》卷二六一。　曹州：州名。治所在今山東曹縣西北。　檢校太保：官名。爲散官或加官，以示恩寵，無實際執掌。

[8]左神武統軍：官名。唐代左神武軍統兵官。至德二年（757）唐肅宗置禁軍，也叫神武天騎，分爲左、右神武天騎及左、右羽林，左、右龍武等六軍，稱"北衙六軍"。從二品。　鄧州：州名。治所在今河南鄧州市。　虎捷左廂都指揮使：官名。所部統兵將領。"虎捷"爲禁軍番號。　閬州：州名。治所在今四川閬中市。　趙晁：人名。真定（今河北正定縣）人。五代、宋初將領。傳見《宋史》卷二五四。　河陽：方鎮名。全稱"河陽三城"。治所在孟州（今河南孟州市）。　兖州：州名。治所在今山東濟寧市兖州區。　白延遇：人名。太原（今山西太原市）人。五代、宋初將領。傳見本書卷一二四。　同州：州名。治所在今陝西大荔縣。

[9]范質：人名。大名宗城（今河北威縣）人。後周、宋初宰相。傳見《宋史》卷二四九。　王溥：人名。并州祁（今山西祁縣）人。後周、宋初宰相。傳見《宋史》卷二四九。　樞密使：官名。樞密院長官，五代時以士人爲之，備顧問，參謀議，出納詔奏，權侔宰相。參見李全德《唐宋變革期樞密院研究》，國家圖書館出版社2009年版。　魏仁浦：人名。後周、宋初宰相。衛州汲（今河南衛輝市）人。傳見《宋史》卷二四九。

[10]宣徽北院使：官名。唐始置。宣徽北院的長官。初用宦官，五代以後改用士人。與宣徽南院使通掌内諸司及三班内侍之名籍，郊祀、朝會、宴享供帳之儀，檢視内外進奉名物。　吴廷祚：人名。并州太原（今山西太原市）人。後周、宋初將領。傳見《宋史》卷二五七。中華書局本有校勘記："原作'吴延祚'，據《隆平集》卷九、《東都事略》卷二五、《宋史》卷二五七《吴廷祚傳》改。按《吴廷祚墓誌》（拓片刊《北京圖書館藏中國歷代石刻拓本匯編》第三十七册）、其子《吴元載墓誌》（拓片刊《千唐誌齋藏誌》）皆記其名爲'廷祚'。本書各處同。影庫本粘籤：'吴延祚，原本作"廷祚"，今從《東都事略》改正。'"　西京：即河

南府，治所在今河南洛陽市。五代後晋天福三年（938）自東都河南府遷都汴州（今河南開封市），升汴州爲東京開封府，改東都河南府爲西京。後漢、後周及北宋沿襲不改。

[11]中書門下：官署名。唐代以來爲宰相處理政務的機構。參見劉後濱《唐代中書門下體制研究——公文形態·政務運行與制度變遷》，齊魯書社2004年版。

[12]侍御史知雜事：官名。唐置，以資深御史充任，總管御史臺庶務。五代沿置。　張湜：人名。籍貫不詳。五代、宋初官員。事見本書卷一四七。　御史臺：官署名。爲中央監察機構。　尚書省：官署名。東漢始置尚書臺，至南北朝始稱尚書省。隋唐時期與中書省、門下省並稱“三省”，爲最高政務機關。

六月丁巳，前濠州刺史齊藏珍以罪棄市。[1]己未，以責授耀州司馬鍾謨爲衛尉少卿，賜紫。帝既誅孫晟，[2]尋竄謨爲耀州，既而悔之，故有是命。辛酉，西京奏，伊陽山谷中有金屑，民淘取之，詔勿禁。乙酉，詔在朝文資官再舉堪爲令録、從事者各一人。[3]

[1]刺史：官名。漢武帝時始置。州一級行政長官，總掌考覈官吏、勸課農桑、地方教化等事。唐中期以後，節度、觀察使轄州而設，刺史爲其屬官，職任漸輕。從三品至正四品下。　齊藏珍：人名。籍貫不詳。五代後漢、後周將領。傳見本書卷一二九。　棄市：古代刑罰名。即在鬧市執行死刑，並陳屍街頭示衆。

[2]耀州：州名。治所在今陝西銅川市耀州區。　司馬：官名。州軍佐官，名義上紀綱衆務，通判列曹，品高俸厚，實際上無具體職事，多用以安置貶謫官員，或用作遷轉官階。上州爲從五品下，中州爲正六品下，下州爲從六品上。　鍾謨：人名。會稽（今浙江紹興市）人。五代十國南唐官員。事見本書本卷。　衛尉少卿：官

名。北魏置，隋、唐、五代時爲衛尉寺次官。協助衛尉卿掌供宮廷、祭祀、朝會之儀仗帷幕，通判本寺事務。從四品上。　孫晟：人名。密州（今山東諸城市）人。五代十國南唐大臣。傳見本書卷一三一、《新五代史》卷三三。

[3]令録：令，指縣令；録，指司録、録事參軍。　從事：泛指一般州縣佐吏。

秋七月丁亥，以前徐州節度使、檢校太師、兼中書令武行德爲左衛上將軍。[1]先是，詔行德分兵屯定遠縣，既爲淮寇所襲，王師死者數百人，帝懲其僨軍之咎，故以環衛處之。以前河陽節度使李繼勳爲右衛大將軍，[2]責壽春南砦之敗也。壬辰，以刑部尚書王易爲太子少保致仕，以右監門衛上將軍蓋萬爲左衛上將軍致仕。[3]己酉，[4]司農卿王敏卒。甲辰，詔曰："準令，諸論田宅婚姻，起十一月一日至三月三十日止者。州縣爭論，舊有釐革，每至農月，貴塞訟端。近聞官吏因循，由此成弊，凡有訴競，故作逗遛，至時而不與盡辭，入務而即便停罷，强猾者因兹得計，孤弱者無以自伸。起今後應有人論訴陳辭狀，至二月三十日權停。若是交相侵奪、情理妨害、不可停滯者，不拘此限。"[5]

[1]檢校太師：官名。爲散官或加官，以示恩寵，無實際執掌。　中書令：官名。漢代始置，隋、唐前期爲中書省長官，屬宰相之職；唐後期多爲授予元勳大臣的虛銜。正二品。　武行德：人名。并州榆次（今山西晋中市榆次區）人。五代、宋初將領。傳見《宋史》卷二五二。　左衛上將軍：官名。唐置，掌宮禁宿衛。唐代置十六衛之一。從二品。

［2］李繼勳：人名。大名元城（今河北大名縣）人。五代、宋初將領，屢立戰功。傳見《宋史》卷二五四。　右衛大將軍：官名。唐置，掌宮禁宿衛。唐代置十六衛之一。正三品。中華書局本有校勘記："'右衛大將軍'，《通鑑》卷二九三同，本書卷一一八《周世宗紀》五、《宋史》卷二五四《李繼勳傳》作'右武衛大將軍'。"見《通鑑》卷二九三顯德四年（957）七月丁亥條、《輯本舊史》卷一一八《周世宗紀五》顯德五年三月辛卯條。

［3］刑部尚書：官名。尚書省刑部主官。掌天下刑法及徒隸、勾覆、關禁之政令。正三品。　王易：人名。籍貫不詳。五代、宋初官員。事見本書本卷。　太子少保：官名。與太子少傅、太子少師合稱"三少"，唐後期、五代時多爲大臣、勳貴加官。從二品。　致仕：官員告老辭官。　右監門衛上將軍：官名。唐置，掌宮禁宿衛。唐代置十六衛之一。從二品。　蓋萬：人名。籍貫不詳。五代、宋初將領。事見本書本卷。

［4］己酉：《輯本舊史》之影庫本粘籤："己酉，以《長曆》推之，當作丁酉，今無別本可校，姑仍其舊。"顯德四年七月丙戌朔，己酉爲二十四日，在此條之前，有丁亥（初二）、壬辰（初七）記事；在此條之後，有甲辰（十九日）記事。如改爲丁酉，則爲二十四日。別無證據，衹能存疑。

［5］"起今後應有人論訴陳辭狀"至"不拘此限"：明本《册府》卷六一《帝王部·立制度門二》作"起今後，應有人論訴物業婚姻，取十一月一日後許陳詞狀，至二月三十日權停。自三月三十日已前，如已有陳詞，至權停日公事未了絶者，仰本處州縣，亦與盡理勘逐，須見定奪了絶。其本處官吏如敢違慢，並當重責。其三月一日後至十月三十日前，如有婚田詞訟者，州縣不得與理。若是交相侵奪、情理妨害、不可停滯者，不拘此限"。

八月乙卯朔，兵部尚書張昭上疏，望準唐朝故事，置制舉以罩英才。[1]帝覽而善之，因命昭具制舉合行事件，條奏以聞。丙辰，以太常卿田敏爲工部尚書，以太子賓客司徒詡爲太常卿。[2]辛未，詔在朝武班，各舉武勇膽力堪爲軍職者一人。甲戌，賜左監門上將軍許文稹、右千牛上將軍邊鎬、右驍衛大將軍王環、衛尉卿周廷構、太府卿馮延魯、太僕卿鄭牧、鴻臚卿孫羽、衛尉少卿鍾謨、工部郎中何幼沖各冬服絹二百匹，綿五百兩。[3]文稹已下，皆吴、蜀之士也。乙亥，宰臣李穀罷相，守司空，加食邑實封。[4]穀抱疾周歲，累上表求退，至是方允其請。以樞密副使、户部侍郎王朴爲樞密使、檢校太保。[5]癸未，前濮州刺史胡立自僞蜀迴，蜀主孟昶寓書於帝，[6]其末云"昶昔在齠齔，即離并都，亦承皇帝鳳起晋陽，龍興汾水，[7]合敘鄉關之分，以陳玉帛之歡。儻蒙惠以嘉音，佇望專馳信使，謹因胡立行次，聊陳感謝披述"云。初，王師之伐秦、鳳也，以立爲排陣使，[8]既而爲蜀所擒。及秦、鳳平，得降軍數千人，其後帝念其懷土，悉放歸蜀，至是蜀人知感，故歸立於我。昶本生於太原，故其書意願與帝推鄉里之分，帝怒其抗禮，不答。

[1]制舉：也稱制科，唐科舉考試時分常舉和制舉兩种，制舉是由皇帝親自在殿上考試，科目多臨時設置，旨在不次選拔特殊人才。

[2]太常卿：官名。太常寺長官。掌祭祀禮儀等事。正三品。　田敏：人名。淄州鄒平（今山東鄒平縣）人。五代、宋初大臣、學者。傳見《宋史》卷四三一。　工部尚書：官名。尚書省工部主

官。掌百工、屯田、山澤之政令。正三品。　太子賓客：官名。爲太子官屬。唐高宗顯慶元年（656）始置。掌侍從規諫，贊相禮儀。正三品。　司徒詡：人名。清河郡（今河北清河縣）人。五代後唐官員。傳見本書卷一二八。

[3]左監門上將軍：官名。掌宫禁宿衛。唐代置十六衛之一。從二品。　右千牛上將軍：官名。掌宫禁宿衛。唐代置十六衛之一。從二品。　右驍衛大將軍：官名。掌宫禁宿衛。唐代置十六衛之一。正三品。中華書局本有校勘記："'驍'字原闕，據本書卷一一五《周世宗紀》二、卷一一八《周世宗紀》五、卷一二九《王環傳》補。"見《輯本舊史》卷一一五《周世宗紀二》顯德二年十二月辛卯條、卷一一八《周世宗紀五》顯德五年正月乙酉條。　王環：人名。真定（今河北正定縣）人。五代後周將領。傳見本書卷一二九、《新五代史》卷五〇。　太府卿：官名。南朝梁始置。太府寺長官。掌國家財帛庫藏出納、關市税收等務。從三品。　馮延魯：人名。壽春（今安徽壽縣）人，五代十國南唐詩人、大臣。周世宗南征時被俘，後放歸南唐。事見《新五代史》卷三二、卷六二。　太僕卿：官名。太僕寺長官。漢代始置，掌御用車馬及國家畜牧事宜。正三品。　鴻臚卿：官名。秦時稱典客，漢初改大行令，漢武帝時改大鴻臚，北齊置鴻臚寺，以鴻臚寺卿爲主官，後代沿置。掌四夷朝貢、宴飲賞賜、送迎外使等禮儀活動。從三品。　孫羽：人名。籍貫不詳。五代十國南唐官員。事見《新五代史》卷六二。中華書局本有校勘記："《册府》卷一六七及本卷上文云：'（三月壬子）以江南僞命壽州營田副使孫羽爲太僕卿，以壽州節度判官鄭牧爲鴻臚卿。'"見明本《册府》卷一六七《帝王部·招懷門五》顯德四年三月壬子條。　工部郎中：官名。尚書省屬官，位在侍郎之下、員外郎之上。主持尚書省工部司事務。從五品上。　何幼沖：人名。籍貫不詳。五代、宋初官員。事跡僅此一見。　絹二百匹，綿五百兩：《册府》卷一六七顯德四年八月條作"絹三百匹，綿五百兩，俾備時服"。

[4]食邑：即採邑，官員可以收其賦税自用的封地。

[5]户部侍郎：官名。尚書省户部次官。協助户部尚書掌土地、人户、錢穀、貢賦之政。正四品下。

[6]濮州：州名。治所在今山東鄄城縣。《輯本舊史》之影庫本粘籤："濮州，原本作'維州'，今從《十國春秋》改正。"見《十國春秋》卷一〇一《荆南書·貞懿王世家》顯德五年六月條。但《十國春秋》爲清人吴任臣所著。其實《新五代史》卷一二《周世宗紀》顯德四年八月癸未條已載："蜀人來歸我濮州刺史胡立。"此證更具權威性。　胡立：人名。籍貫不詳。事見本書本卷、卷一二九。　僞蜀：即後蜀。五代十國政權之一。後唐清泰元年(934)，蜀王孟知祥稱帝於成都（今四川成都市），國號蜀，史稱後蜀。轄境相當今四川和陝西南部、甘肅東南部、湖北西南部地區。事見本書卷一三六、《新五代史》卷六四。　孟昶：人名。邢州龍崗（今河北邢臺市）人。孟知祥之子。五代後蜀皇帝，934年至965年在位。傳見本書卷一三六、《新五代史》卷六四。

[7]齠（tiáo）齔（chèn）：指代孩童。　晉陽：縣名。治所在今山西太原市晉源區。　汾水：水名。即今汾河。位於今山西中部，源於山西寧武縣，全長約716千米，流域面積約39000平方千米，係黄河第二大支流。

[8]秦：州名。治所在今甘肅秦安縣。　鳳：州名。治所在今陝西鳳縣。　排陣使：官名。唐節度使所屬武官中有排陣使，五代後梁時設於諸軍，爲先鋒之職。參見王軼英《中國古代排陣使述論》，《西北大學學報》2010年第6期。

九月甲申朔，宰臣王溥、樞密使王朴皆丁内艱，並起復舊位。[1]以侍衛馬步軍都指揮使、宋州節度使李重進爲鄆州節度使，[2]典軍如故。己丑，以前翰林學士、禮部侍郎竇儀爲端明殿學士，[3]依前禮部侍郎。

[1]丁内艱：子遭母喪或承重孫遭祖母喪，稱丁内艱。　起復：官吏服喪未滿而再起用。

[2]侍衛馬步軍都指揮使：官名。五代時侍衛親軍長官。多爲皇帝親信。

[3]翰林學士：官名。由南北朝始設之學士發展而來，唐玄宗改翰林供奉爲翰林學士，備顧問，代王言，掌拜免將相、號令征伐等詔令的起草。　禮部侍郎：官名。尚書省禮部次官。協助禮部尚書掌禮儀、祭享、貢舉之政。正四品下。　竇儀：人名。薊州漁陽（今北京市密雲區）人。五代、宋初官員，以博學多識著稱。傳見《宋史》卷二六三。　端明殿學士：官名。五代後唐天成元年（926）明宗初即位，每有四方書奏，多令樞密使安重誨進讀，不曉文義。於是孔循獻議，設端明殿學士，命馮道等爲之，位在翰林學士之上。此後沿置。

冬十月丙辰，賜京城内新修四寺額，以天清、天壽、顯静、顯寧爲名。[1]壬戌，左藏庫使符令光棄市。[2]時帝再議南征，先期敕令光廣造軍士袍襦，不即辦集，帝怒，命斬之。時宰臣等至庭救解，帝起入宫，[3]遂戮於都市。令光出勳閥之後，歷職内庭，以清慎自守，累總繁劇，甚有廉幹之譽。帝素重其爲人，每加委用，至是以小過見誅，人皆冤之。戊午，[4]詔懸制科凡三：其一曰賢良方正能直言極諫科，其二曰經學優深可爲師法科，其三曰詳閑吏理達於教化科。不限前資、見任職官，黄衣草澤，[5]並許應詔。時兵部尚書張昭條奏，請興制舉，故有是命。癸亥，河東僞命麟州刺史楊重訓以城歸順，[6]授重訓本州防禦使、檢校太傅。戊辰，詔取月内車駕暫幸淮上。己巳，以樞密使王朴爲權東京留守，以三司使張美爲大内都點檢。[7]壬申，[8]駕發京師。壬午，以前鄆州節度使郭從義爲徐州節度使，以徐州節度使向訓爲宋州節度使。

[1]天壽：中華書局本有校勘記："《五代會要》卷一二、《册府》卷五二作'聖壽'。"見《會要》卷一二四條顯德四年（957）九月記事、明本《册府》卷五二《帝王部·崇釋氏門二》顯德四年十月條。

[2]左藏庫使：官名。領左藏庫事。 符令光：人名。籍貫不詳。五代官員。事跡僅此一見。

[3]帝起入宫：中華書局本有校勘記："'宫'，原作'營'，據殿本、劉本、邵本、彭校改。"

[4]戊午：顯德四年十月甲寅朔，本條前條記事壬戌爲初九，下條記事癸亥爲初十，本條戊午則爲初五，其中必有誤。因無其他證據，姑存疑。

[5]黄衣：古代對僧道的代稱。 草澤：古代對民間知識分子的代稱。

[6]河東：代指北漢政權。 麟州：州名。治所在今陝西神木縣。 楊重訓：人名。籍貫不詳。事見本書本卷。

[7]大内都點檢：官名。五代後唐置，凡車駕行幸及出征則置。後周世宗顯德中選驍勇之士充殿前諸班，改稱殿前都點檢。

[8]壬申：中華書局本有校勘記："原作'壬辰'，據孔本，《新五代史》卷一二《周本紀》、卷六二《南唐世家》注引《五代舊史》及《世宗實録》，《册府》卷一一八，《通鑑》卷二九三改。《舊五代史考異》卷四：'案原本作"壬辰"，考《五代春秋》作十月壬辰，帝南征，與《薛史》同。《歐陽史》作壬申南征，《通鑑》作壬申，帝發大梁，與《薛史》異。據下文有壬午，則十月不應有壬辰，疑原本係傳寫之誤，今從《歐陽史》《通鑑》改正。'"見

明本《册府》卷一一八《帝王部·親征門三》顯德四年十月壬申條、《新五代史》卷一二《周世宗紀》顯德四年十月壬申條、《通鑑》卷二九三顯德四年十月壬申條。顯德四年十月甲寅朔，無壬辰，壬申爲十九日，其上條己巳爲十六日，下條壬午爲二十九日。

十一月癸未朔，以内客省使昝居潤爲宣徽北院使，權東京副留守。[1]丙戌，車駕至濠州城下。戊子，親破十八里灘。[2]砦在濠州東北淮水之中，四面阻水，上令甲士數百人跨駞以濟。今上以騎軍浮水而渡，遂破其砦，擄其戰艦而迴。癸巳，帝親率諸軍攻濠州，奪關城，破水砦，賊衆大敗，焚戰艦七十餘艘，斬首二千級，進軍攻羊馬城。丙申夜，僞濠州團練使郭廷謂上表陳情，[3]且言家在江南，欲遣人稟命於李景，從之。辛丑，帝自濠州率大軍水陸齊進，循淮而下，命今上率精騎爲前鋒。癸卯，大破淮賊於渦口，[4]斬首五千級，收降卒二千餘人，奪戰船三百艘，遂鼓行而東，以追奔寇，晝夜不息，沿淮城栅，所至皆下。乙巳，至泗州。[5]今上乘勝麾軍，[6]焚郭門，奪月城，[7]帝親冒矢石以攻其壘。丙午，日南至，從臣拜賀於月城之上。

[1]内客省使：官名。中書省所屬内客省長官。唐始置，五代沿置。　昝居潤：人名。博州高唐（今山東高唐縣）人。五代、宋初將領。傳見《宋史》卷二六二。　權東京副留守：《輯本舊史》原作“東京留守”，《舊五代史考異》：“案：上文以王朴爲權東京留守，不應復以命昝居潤。據《東都事略·昝居潤傳》，世宗幸淮上，命爲副留守，疑原本脱‘副’字。”見《東都事略》卷二一《昝居潤傳》，《宋史》卷二六二《昝居潤傳》載，顯德四年（957）世宗

再幸壽州，命爲副留守，十月，幸淮上，以爲宣徽使兼副留守。今據補。

[2]十八里灘：今地不詳。

[3]郭廷謂：人名。彭城（今江蘇徐州市）人。五代十國南唐官員。後入仕北宋。傳見《宋史》卷二七一。

[4]渦口：地名。渦水入淮河之處。位於今安徽懷遠縣東北。《輯本舊史》之影庫本粘籤："渦口，原本作'濟口'，今從《通鑑》改正。"見《通鑑》卷二九三顯德四年十一月癸卯條。

[5]泗州：州名。治所在臨淮縣，今已没於洪澤湖中。

[6]今上乘勝麾軍：中華書局本有校勘記："'勝'字原闕，據《御覽》卷三〇七引《五代・周史》、《册府》卷一一八補。殿本、劉本作'勢'。"見明本《册府》卷一一八《帝王部・親征門三》顯德四年十一月乙巳條、《御覽》卷三〇七麾兵。

[7]月城：亦稱甕城，古代在城門外加築的小城。多呈半月形，半包圍於城門，以增强防禦能力。

十二月乙卯，泗州守將范再遇以其城降，授再遇宿州團練使。[1]戊午，帝自泗州率衆東下，命今上領兵行於南岸，與帝夾淮而進。己未，至清口，[2]追及淮賊，軍行鼓譟之聲，聞數十里。辛酉，至楚州西北，[3]大破賊衆，水陸俱奔，有賊船數艘，順流而逸。帝率驍騎與今上追之數十里，今上擒賊大將僞保義軍節度使、江北都應援使陳承昭以獻。[4]收獲舟船，除焚盪外得三百餘艘，將士除殺溺外得七千餘人。初，帝之渡淮也，比無水戰之備，每遇賊之戰棹，無如之何，敵人亦以此自恃，有輕我之意。帝即於京師大集工徒，修成艘艦，踰歲得數百艘，兼得江淮舟船，遂令所獲南軍教北人習水戰出没之勢，未幾，舟師大備。至是水陸皆捷，故江南大震。壬戌，僞命濠州團練使郭廷謂以城歸順。[5]乙丑，雄武軍使崔萬迪以漣水歸順。[6]丙寅，以郭廷謂爲亳州防禦使，[7]以僞命濠州兵馬都監陳還爲沂州團練使，以僞命保義軍節度使陳承昭爲右監門上將軍。[8]江南李景遣兵驅擄揚州士庶渡江，焚其州郭而去。丙子，故同州節度使白延遇贈太尉，故濠州刺史唐景思贈武清軍節度使。[9]丁丑，泰州平。[10]《永樂大典》卷八千九百八十四。[11]

[1]范再遇：人名。籍貫不詳。事見本書本卷。　宿州：州名。治所在今安徽宿州市。

[2]清口：地名。原爲泗水入淮之口，位於今江蘇淮安市淮陰區。

[3]楚州：州名。治所在今江蘇淮安市。

[4]保義軍：方鎮名。治所在陝州（今河南三門峽市陝州區）。　江北都應援使：官名。五代十國時設置的臨時軍事職務，掌隨軍救援，事畢即罷。　陳承昭：人名。江表（今長江以南地區）人。五代、宋初將領。長於水戰。傳見《宋史》卷二六一。

[5]壬戌，僞命濠州團練使郭廷謂以城歸順：《輯本舊史》之影庫本粘籤："郭廷謂，原本作'廷渭'，今從《宋史》改正。"見《宋史》卷二七一《郭廷謂傳》。《舊五代史考異》："案：郭廷謂以城降，《歐陽史》作庚申，《通鑑》作辛酉，與《薛史》異。"見《新五代史》卷一二《周世宗紀》顯德四年十二月庚申條、《通鑑》卷二九三顯德四年十二月辛酉條。顯德四年十二月癸丑朔，庚申初八，辛酉初九，壬戌初十，各相差一日。

[6]雄武軍使：官名。所部統兵將領。雄武爲部隊番號。　崔萬迪：人名。籍貫不詳。五代十國軍閥。事跡僅此一見。　漣水：

縣名。治所在今江蘇漣水縣。

[7]丙寅，以郭廷謂爲亳州防禦使：《舊五代史考異》："案《隆平集》：廷謂望金陵大慟，再拜，然後以城降。世宗曰：'江南諸將，惟卿斷渦口橋，破定遠寨，足以報李景禄矣。濠上使李景自守，亦何能爲！'乃授以亳州防禦使。"見《隆平集》卷一六《郭廷謂傳》。

[8]兵馬都監：官名。唐代中葉命將出征，常以宦官爲監軍、都監。後爲臨時委任的統兵官，稱都監、兵馬都監。掌屯戍、邊防、訓練之政令。　陳邏：人名。籍貫不詳。五代十國藩鎮軍閥。事見本書本卷。　沂州：州名。治所在今山東臨沂市。　右監門上將軍：官名。即右監門衛上將軍。唐代置十六衛之一。掌宫禁宿衛。從二品。

[9]唐景思：人名。秦州（今甘肅天水市）人。五代藩鎮軍閥。傳見本書卷一二四。　武清軍：方鎮名。治所在衡州（今湖南衡陽市）。

[10]泰州：州名。治所在今江蘇泰州市。中華書局本有校勘記："原作'秦州'，據殿本、劉本、彭本、《册府》卷一一八、《新五代史》卷一二《周本紀》、《通鑑》卷二九三改。"見明本《册府》卷一一八《帝王部·親征門三》顯德四年十二月丁丑條、《新五代史》卷一二《周世宗紀》顯德四年十二月丁丑條、《通鑑》卷二九三顯德四年十二月丁丑條。

[11]《大典》卷八九八四"周"字韻"世宗（一）"事目。

舊五代史　卷一一八

周書九

世宗紀第五

顯德五年春正月癸未朔，帝在楚州城下，從臣詣行宮稱賀。[1] 乙酉，降同州爲郡。[2] 右驍衛大將軍王環卒。[3] 丙戌，右龍武將軍王漢璋奏，[4] 攻下海州。[5] 戊子，詔："諸道幕職州縣官，並以三周年爲考限，閏月不在其內，州府不得差攝官替正官"云。己丑，詔侍衛馬軍都指揮使韓令坤權知揚州軍府事。[6] 庚寅，發楚州管內丁壯，開老鸛河以通運路。[7] 乙巳，帝親攻楚州。時今上在楚州城北，晝夜不解甲冑，親冒矢石，麾兵以登城。丙午，拔之，[8] 斬僞守將張彦卿等，六軍大掠，城內軍民死者萬餘人，廬舍焚之殆盡。[9]

[1] 顯德：五代後周太祖郭威年號（954）。世宗柴榮、恭帝柴宗訓沿用（954—960）。　楚州：州名。治所在今江蘇淮安市。"顯德五年"至"稱賀"：《舊五代史考異》："案《隆平集·馬仁瑀

傳》：世宗征淮南，登楚州水寨飛樓，距城百步，城卒詬罵，左右射莫能及。召仁瑀至，應弦而斃。”見《隆平集》卷一七《武臣》。

[2]同州：州名。治所在今陝西大荔縣。

[3]右驍衛大將軍：官名。唐置，掌宫禁宿衛。唐代置十六衛，即左右衛、左右驍衛、左右武衛、左右威衛、左右領軍衛、左右金吾衛、左右監門衛、左右千牛衛。各置上將軍，從二品；大將軍，正三品；將軍，從三品。“右驍衛大將軍”，中華書局本有校勘記：“‘大’字闕，據本書卷一一五《周世宗紀二》、卷一一七《周世宗紀四》、卷一二九《王環傳》補。”見《輯本舊史》卷一一五《周世宗紀二》顯德二年十二月辛卯條、卷一一七《周世宗紀四》顯德四年八月甲戌條。　王環：人名。真定（今河北正定縣）人。五代後周將領。傳見本書卷一二九、《新五代史》卷五〇。

[4]右龍武將軍：官名。唐代右龍武軍統兵官。唐置六軍，分左右羽林，左右龍武，左右神武等，即“北衙六軍”。興元元年(784)，六軍各置統軍，以寵功勳臣。其品秩，《唐會要》卷七一、《舊唐書》卷一二記載爲“從二品”，《通鑑》卷二二九記載爲“從三品”。　王漢璋：人名。籍貫不詳。後周將領。事見本書本卷。

[5]海州：州名。治所在今江蘇連雲港市海州區。　攻下海州：中華書局本有校勘記：“‘下’字原闕，據《册府》卷一一八補。《册府》卷三六〇敘其事作‘收下海州’。《舊五代史考異》卷四：‘案《通鑑》作丁亥王漢璋奏克海州，《歐陽史》亦作丁亥取海州。《薛史》祇載丙戌攻海州，而不載取城之日，疑有闕文。’”見《宋本册府》卷三六〇《將帥部·立功門一三》王漢璋條、明本《册府》卷一一八《帝王部·親征門三》顯德五年正月丙戌條、《新五代史》卷一二《周本紀十二》顯德五年正月丁亥條、《通鑑》卷二九四顯德五年正月丁亥條。

[6]侍衛馬軍都指揮使：官名。爲侍衛親軍馬軍司長官。後梁始置侍衛親軍，爲禁軍的一支，後唐沿置並成爲禁軍主力，下設馬軍、步軍。　韓令坤：人名。磁州武安（今河北武安市）人。五

代、宋初將領。傳見《宋史》卷二五一。　揚州：州名。治所在今江蘇揚州市。“揚州”，中華書局本有校勘記：“‘揚’字原闕，據殿本、劉本、孔本、《通鑑》卷二九四補。”見《通鑑》卷二九四顯德五年正月己丑條。

［7］老鸛河：水名。位於今江蘇淮安市淮陰區西。“老鸛河”，中華書局本有校勘記：“‘老’字原闕，據彭校、《册府》卷四五補。”《輯本舊史》之影庫本粘籤：“原本作‘觀河’，今從《通鑑》改正。”見《宋本册府》卷四五《帝王部·謀略門》顯德五年正月條、《通鑑》卷二九四顯德五年正月條。

［8］丙午，拔之：《舊五代史考異》：“案《歐陽史》《通鑑》俱作丁未克楚州，與《薛史》異。《五代春秋》從《薛史》作丙午。”見《新五代史》卷一二《周本紀十二》顯德五年正月丁未條、《通鑑》卷二九四顯德五年正月丁未條。另，《新五代史》卷六二《南唐世家》末注引五代舊史及《世宗實録》皆作“丙午”。

［9］張彦卿：人名。籍貫不詳。時爲南唐楚州防禦使。傳見陸游《南唐書》卷一四。　“斬僞守將”至“焚之殆盡”：《舊五代史考異》：“案陸游《南唐書·張彦卿傳》云：保大末，周世宗南侵，彦卿爲楚州防禦使。周師鋭甚，旬日間，海、泰州、静海軍皆破，元宗亦命焚東都宫寺民廬，徙其民渡江。世宗親御旗鼓攻楚州，自城以外皆已下，發州民濬老鸛河，遺齊雲戰艦數百，自淮入江，勢如震霆烈焰。彦卿獨不爲動。及梯衝臨城，鑿城爲窟室，實薪而焚之，城皆摧圮，遂陷。彦卿猶結陣城内，誓死奮擊，謂之巷鬬。日暮，轉至州廨，長短兵皆盡，彦卿猶取繩牀搏戰，及兵馬都監鄭昭業等千餘人皆死之，無一人生降者。周兵死傷亦甚衆，世宗怒，盡屠城中居民，焚其室廬，然得彦卿子光祐不殺也。又，趙鼎臣《竹隱畸士集》云：當城中之危也，彦卿方與諸將立城上，因泣諫以周、唐强弱，勢不足以相支，又城危甚，而外無一人援，恐旦夕徒死無益，勸彦卿趣降。彦卿頷之，因顧諸將，指曰：‘視彼！’諸將方回顧，彦卿則抽劍斷其子首，擲諸地，慷慨泣謂諸將曰：

‘此彦卿子，勸彦卿降周，彦卿受李家厚恩，誼不降，此城吾死所也。諸軍欲降任降，第勿勸我，勸我者同此子矣。’於是諸將愕然亦泣，莫敢言降。考張彦卿死事甚烈，而《九國志》諸書所載甚略，今附録諸書以備參考。又，彦卿，《馬令書》作彦能，與《薛史》異。”《舊五代史考異》所引《南唐書》文字中，“發州民濬老鸛河”，中華書局本有校勘記：“‘老鸛河’，原作‘老鶴河’，據殿本、劉本、孔本、陸游《南唐書》卷一四改。”“實薪而焚之”，中華書局本有校勘記：“‘薪’，原作‘城’，據陸游《南唐書》卷一四改。”“城皆摧圮”，中華書局本有校勘記：“‘圮’，原作‘地’，據殿本、劉本、孔本、陸游《南唐書》卷一四改。”見陸游《南唐書》卷一四《張彦卿傳》。“考張彦卿死事甚烈”至“與《薛史》異”，中華書局本有校勘記：“以上四十字原闕，據孔本補。”

二月甲寅，僞命天長軍使易贇以城歸順。[1]戊午，車駕發楚州南巡。丁卯，駐蹕於廣陵，[2]詔發揚州部内丁夫萬餘人城揚州。帝以揚州焚盪之後，居民南渡，遂於故城内就東南别築新壘。[3]戊辰，遣使祭故淮南節度使楊行密、故昇府節度使徐温等墓。[4]癸酉，幸揚子渡觀大江。[5]乙亥，黄州刺史司超奏，[6]破淮賊三千人，擒僞舒州刺史施仁望。[7]丙子，隰州奏，[8]河東賊軍逃遁。[9]時劉鈞聞帝南征，發兵圍隰州，巡檢使李謙溥以州兵拒之而退。[10]

[1]天長軍使：官名。所部統兵將領。“天長”爲軍額名。易贇：人名。籍貫不詳。南唐將領。《舊五代史考異》：“案《通鑑》作易文贇。”見《通鑑》卷二九四顯德五年（958）二月甲寅條。又見《十國春秋》卷一六、卷二七。

[2]廣陵：地名。在今江蘇揚州市。

[3]遂於故城内就東南别築新壘："新壘"，《通鑑》卷二九四顯德五年二月丁卯條作"小城"，《宋史》卷二五一《韓令坤傳》作"新城"，又云"命令坤爲修城都部署"。

[4]楊行密：人名。廬州合淝（今安徽合肥市）人。唐末軍閥，五代十國南吴政權奠基者，後被追尊爲吴國太祖。傳見《新唐書》卷一八八、本書卷一三四、《新五代史》卷六一。　昇府：此地唐爲昇州，五代吴更名金陵府，故稱昇府，即今江蘇南京市。　徐温：人名。海州朐山（今江蘇連雲港市海州區）人。五代十國南吴大臣，南唐政權的奠基者。傳見《新五代史》卷六一。

[5]揚子渡：地名。位於今江蘇揚州市邗江區南。"揚子"，《輯本舊史》之影庫本粘籤："原本作'退子'，今從《歐陽史》改正。"《新五代史》相關條目未見。

[6]黄州：州名。治所在今湖北黄岡市黄州區。　刺史：官名。州一級行政長官。漢武帝時始置，總掌考覈官吏、勸課農桑、地方教化等事。唐中期以後，節度使、觀察使轄州而設，刺史爲其屬官，職任漸輕。從三品至正四品下。　司超：人名。大名元城（今河北大名縣）人。後漢、後周、宋初將領。傳見《宋史》卷二七二。

[7]舒州：州名。治所在今安徽安慶市。　施仁望：人名。籍貫、事跡不詳。本書僅此一見。

[8]隰州：州名。治所在今山西隰縣。

[9]河東：方鎮名。治所在太原（今山西太原市）。

[10]劉鈞：人名。原名劉承鈞，太原（今山西太原市）人。沙陀族。五代十國北漢世祖劉旻次子，北漢第二任君主。傳見《新五代史》卷七〇。　巡檢使：官名。五代始設，巡檢於京師、陪都、重要的州及邊防重鎮。　李謙溥：人名。并州盂（今山西盂縣）人。後周、宋初將領。傳見《宋史》卷二七三。　"時劉鈞聞帝南征"至"以州兵拒之而退"：《舊五代史考異》："案《東都

事略·楊廷璋傳》：隰州闕守，乃請監軍李謙溥至隰，并人來圍其城，或請速救之，廷璋曰：'賊遽至，必未攻城。'乃募死士百餘人，潛諭謙溥相應，夜銜枚擊之，并人大潰，逐北數十里。又，《李謙溥傳》云：隰州闕守，謙溥攝州事，至則濬城隍，嚴兵備。未旬日而并人至，方盛暑，謙溥服絺綌，揮羽扇，引二小吏登城徐步，并人望之，勒兵不敢動。"《舊五代史考異》所引《東都事略》文字中，"必未攻城"，中華書局本有校勘記："'必未'原作'未必'，據殿本、劉本、《東都事略》卷一九乙正。"

三月壬午朔，幸泰州。[1]丁亥，復幸廣陵。辛卯，幸迎鑾江口。[2]遣右武衛大將軍李繼勳率舟師至江島以觀寇。[3]癸巳，帝臨江望見賊船數十艘，命今上帥戰棹以追之，賊軍退去，今上直抵南岸，焚其營栅而迴。甲午，以右武衛大將軍李繼勳爲左領軍上將軍。[4]乙未，殿前都虞候慕容延釗奏，[5]大破賊軍於東洏州。[6]丙申，江南李景遣其臣兵部侍郎陳覺奉表陳情，[7]兼貢羅縠紬絹三千匹，乳茶三千斤，及香藥犀象等。覺至行在，睹樓船戰棹已泊於江岸，以爲自天而降，愕然大駭。丁酉，荆南高保融奏，[8]本道舟師已至鄂州。[9]戊戌，兩浙錢俶奏，[10]差發戰棹四百艘，水軍萬七千人，已泊江岸，請師期。己亥，今上率水軍破賊船百餘隻於瓜步。[11]是日，李景遣其臣劉承遇奉表以廬、舒、蘄、黄等四州來獻，[12]且請以江爲界。帝報曰："皇帝恭問江南國主。使人至，省奏請分割舒、廬、蘄、黄等州，[13]畫江爲界者。[14]頃逢多事，莫通玉帛之歡，適自近年，遂搆干戈之役，兩地之交兵未息，蒸民之受弊斯多。一昨再辱使人，重尋前意，將敦久要，須盡縷陳。今者承遇爰來，封函復至，請割州郡，仍定封疆，猥形信誓之辭，備認始終之意，既能如是，又復何求。邊陲頓静於煙塵，師旅便還於京闕，永言欣慰，深切誠懷。其常、潤一路及沿江兵棹，[15]今已指揮抽退；兼兩浙、荆南、湖南水陸兵士，各令罷兵；[16]其廬、黄、蘄三路將士，亦遣抽拔近内，[17]候彼中起揭逐處將員及軍都家口了畢，[18]祇請差人勾唤在彼將校，交割州城”云。[19]淮南平，凡得州十四、縣六十、户二十二萬六千五百七十四。先是，李景以江南危蹙，謀欲傳位于世子，使附庸於我，故遣陳覺上表陳敘。至是帝以既許其通好，乃降書以答之，曰："别覩來章，備形縟旨，敘此日傳讓之意，述向來高尚之懷。仍以數歲已還，交兵不息，備論追悔之事，無非剋責之辭，雖古人有引咎責躬，因災致懼，亦無以過此也。況君血氣方剛，春秋甚富，爲一方之英主，得百姓之歡心。即今南北才通，疆埸甫定，是玉帛交馳之始，乃干戈載戢之初，豈可高謝君臨，輕辭世務，與其慕希夷之道，曷若行康濟之心。重念天災流行，分野常事，前代賢哲，所不能逃。苟盛德之日新，則景福之彌遠，勉修政理，勿倦經綸，保高義於初終，垂遠圖於家國，流芳貽慶，不亦美乎！"[20]庚子，詔曰："比者以近年貢舉，頗是因循，頻詔有司，精加試練，所冀去留無濫，優劣昭然。昨據貢院奏，今年新及第進士等，所試文字，或有否臧，爰命詞臣，[21]再令考覆，庶涇、渭之不雜，免玉石之相參。其劉坦、戰貽慶、李頌、徐緯、張覯等詩賦稍優，[22]宜放及第；王汾據其文辭，[23]亦未精當，念以頃曾剥落，特與成名；[24]熊若谷、陳保衡皆是遠人，[25]深可嗟念，亦放及第；郭峻、趙保雍、楊丹、安玄度、張昉、董咸則、杜思道等，[26]未甚苦辛，並從退黜，更宜修進，以俟將來。知貢舉、右諫議大夫劉濤選士不當，[27]有失用心，責授右贊善大夫，[28]俾令省過，以戒當官。”先是，濤於東京放牓後，引新及第進士劉坦已下一十五人赴行在，[29]帝命翰林學士李昉覆試，[30]故有是命。壬寅，復幸揚州，改廬州軍額爲保信軍。甲辰，以右龍武統軍趙贊爲廬州節度使，[31]以殿前都虞候慕容延釗爲淮南節度使兼殿前副指揮使。[32]遣鹽城監使申屠謂齎書及御馬一十匹，[33]金銀銜全，[34]散馬四十匹，羊千口，賜江南李景。謂先爲王師所俘，故遣之。丙午，江南李景遣所署宰相馮延巳獻犒軍銀十萬兩，[35]絹十萬匹，錢十萬貫，茶五十萬觔，米麥二十萬石。庚戌，詔：“故淮南節度使楊行密、故昇府節度使徐温，各給守冢户。應江南臣僚有先代墳墓在江北者，委所在長吏差人檢校。”辛亥，李景遣所署臨汝郡公徐遼進買宴錢二百萬，[36]并遣伶官五十人與遼俱來獻壽觴。

[1]泰州：州名。治所在今江蘇泰州市。

[2]迎鑾江：即揚子江。江以揚子津、揚子鎮（今江蘇儀徵市）得名，揚子鎮亦名迎鑾鎮，故亦稱江爲迎鑾江。

[3]右武衛大將軍：官名。唐置，掌宫禁宿衛。唐十六衛之一。正三品。　李繼勳：人名。大名元城（今河北大名縣）人。五代、

宋初將領，屢立戰功。傳見《宋史》卷二五四。

[4]左領軍上將軍：官名。即“左領軍衛大將軍”。唐置十六衛之一，掌宫禁宿衛。從二品。

[5]殿前都虞候：官名。五代後周始置，爲殿前司屬官。宋代沿置，位在殿前副都指揮使之下，正任防禦使之上。　慕容延釗：人名。太原（今山西太原市）人。五代、北宋將領。傳見《宋史》卷二五一。

[6]東沛州：“州”，當作“洲”。原是海嶼沙島之地，位於今江蘇泰州市東南大江中。　大破賊軍於東沛州：《舊五代史考異》：“案《通鑑》作甲午，延釗奏大破唐兵于東沛州。與《薛史》異日。”中華書局本有校勘記：“東沛州，原作‘東市州’，據殿本、劉本、孔本、《舊五代史考異》卷四引文、《通鑑》卷二九四改。”見《通鑑》卷二九四顯德五年（958）三月辛卯、甲午條。

[7]李景：即五代十國南唐元宗李璟。徐州（今江蘇徐州市）人。南唐烈祖李昪長子，南唐第二位皇帝。後削去帝號，改稱國主。傳見本書卷一三四、《新五代史》卷六二。　兵部侍郎：官名。尚書省兵部次官。協助兵部尚書掌武官銓選、勳階、考課之政。正四品下。　陳覺：人名。揚州海陵（今江蘇泰州市）人。五代十國南唐大臣，率軍與後周交戰而敗，後爲李璟所殺。傳見《十國春秋》卷二六。

[8]荆南：又稱南平。五代十國之一。五代後梁開平元年（907）朱温命高季興爲荆南節度使，梁末帝時封其爲渤海王。同光二年（924）受後唐封爲南平王。　高保融：人名。陝州硤石（今河南三門峽市）人。五代十國南平（荆南）君主。傳見本書卷一三三、《新五代史》卷六九。

[9]鄂州：州名。治所在今湖北武漢市。

[10]錢俶：人名。原名錢弘俶，錢元瓘第九子，五代十國吴越末代君主。傳見本書卷一三三、《新五代史》卷六七。

[11]瓜步：地名。又作瓜埠。位於今江蘇省南京市六合區東南

瓜步山下，濱滁河東岸。

［12］劉承遇：人名。籍貫不詳。五代十國南唐官員。本書僅此一見。　廬：州名。治所在今安徽合肥市。　蘄：州名。治所在今湖北蘄春縣。

［13］使人至，省奏請分割舒、廬、蘄、黄等州：《輯本舊史》之影庫本粘籤："蘄、黄，原本脱'黄'字，今據《册府》增入。"見明本《册府》卷一一八《帝王部·親征門三》顯德五年三月己亥條。明本《册府》卷一六七《帝王部·招懷門五》顯德五年三月己亥條作"劉承遇至，齎到草表"。

［14］畫江爲界者："畫江爲界"下，明本《册府》卷一六七有"兼重疊見謝"五字。

［15］常：州名。治所在今江蘇常州市。　潤：州名。治所在今江蘇鎮江市。

［16］各令罷兵：明本《册府》卷一六七作"各降詔示，並令罷兵"。

［17］亦遣抽拔近内：中華書局本有校勘記："'内'，《册府》卷一六七作'外'。《通鑑》卷二九四敘其事作'亦令斂兵近外'。"

［18］候彼中起揭逐處將員及軍都家口了畢：中華書局本有校勘記："'了畢'，原作'丁畢'，據《册府》卷一六七改。"

［19］交割州城云：該句後明本《册府》卷一六七有"所有江内舟船，或慮上下，須有往來，已指揮只令就北岸牽駕，盡合披陳，幸惟體認"三十二字。《通鑑》卷二九四繫賜唐主書事於顯德五年三月庚子條。

［20］"别覯來章"至"不亦美乎"：《通鑑》卷二九四繫此書於顯德五年三月辛丑條。

［21］詞臣：中華書局本沿《輯本舊史》作"辭臣"，《宋本册府》卷六四二《貢舉部·條制門四》顯德五年三月詔、卷六五一《貢舉部·謬濫門》顯德五年三月詔作"詞臣"，據改。

［22］劉坦、戰貽慶、李頌、徐緯、張覲：皆人名。皆爲新及第

者。“戰貽慶”，《輯本舊史》之影庫本粘籤：“戰貽慶，原本作‘辭貽慶’，《五代會要》作‘戰’。據《文苑英華辨證》云‘戰姓出沛郡，宋初有戰弼’，今改正。”《會要》卷二二進士條顯德五年三月詔作“單貽慶”，明本《册府》卷六五一《貢舉部·謬濫門》亦作“單”，《宋本册府》卷六五一作“戰”。

[23]王汾：人名。籍貫不詳。顯德二年（955）曾黜落。事見本書卷一一五。

[24]特與成名：中華書局本有校勘記：“‘特’，原作‘將’，據彭校，《五代會要》卷二二，《册府》卷六四二、卷六四四、卷六五一改。”見《會要》卷二二進士條，《宋本册府》卷六四二《貢舉部·條制門四》、卷六五一《貢舉部·謬濫門》。檢《册府》卷六四四未見。

[25]熊若谷、陳保衡：並人名。籍貫、事跡不詳。

[26]郭峻、趙保雍、楊丹、安玄度、張昉、董咸則、杜思道：七人皆爲未及第者。事跡多不詳。

[27]知貢舉：官名。唐始置，爲主持禮部會試的考官。　右諫議大夫：官名。唐置左右諫議大夫，左屬門下省，右屬中書省。掌諫諭得失，侍從贊相。正四品下。　劉濤：人名。徐州彭城（今江蘇徐州市）人。五代後唐進士，歷仕後唐至宋代。傳見《宋史》卷二六二。

[28]右贊善大夫：官名。即太子右贊善大夫。掌規諫太子過失、贊相禮儀等事。正五品。

[29]引新及第進士劉坦已下一十五人赴行在：該句後《宋本册府》卷六五一有“具以其所試詩賦進呈。帝覽之，以其詞多紕繆”十八字，卷六四二作“以其所試詩賦進呈，上以其詞紕繆”。

[30]翰林學士：官名。由南北朝始設之學士發展而來，唐玄宗改翰林供奉爲翰林學士，備顧問，代王言。掌拜免將相、號令征伐等詔令的起草。　李昉：人名。深州饒陽（今河北饒陽縣）人。五代、宋初大臣，歷仕後晉至宋。傳見《宋史》卷二六五。

[31]趙贊：人名。幽州薊（今北京市）人。五代後唐、遼朝將領趙延壽之子。五代後唐至宋初將領。傳見《宋史》卷二五四。

[32]以殿前都虞候慕容延釗爲淮南節度使兼殿前副指揮使：《輯本舊史》之影庫本粘籤："延釗，原本作'廷鑑'，今從《東都事略》改正。"中華書局本有校勘記："'殿前副指揮使'，《東都事略》卷二〇、《宋史》卷二五一《慕容延釗傳》作'殿前副都指揮使'。"

[33]鹽城：縣名。治所在今江蘇鹽城市。　監使：官名。監督、陪同使者的官員，爲臨時差遣。　申屠謂：人名。籍貫不詳。原爲南唐官員，後事後周。事見本書本卷。

[34]金銀銜全：明本《册府》卷一六七作"金銀鞍轡一十副"。

[35]馮延巳：人名。廣陵（今江蘇揚州市）人。五代十國南唐詩人、大臣。傳見《十國春秋》卷二六。

[36]徐遼：人名。籍貫不詳。五代十國南唐官員。事見本書本卷。

夏四月癸丑，宴從臣及江南進奉使馮延巳等於行宫，[1]徐遼代李景捧壽觴以獻，進金酒器、御衣、犀帶、金銀、錦綺、鞍馬等。乙卯，車駕發揚州還京。丙辰，太常博士、權知宿州軍州事趙礪除名，[2]坐推劾弛慢也。先是，翰林醫官馬道玄進狀，訴壽州界被賊殺却男，[3]獲正賊，見在宿州，本州不爲勘斷。帝大怒，遣端明殿學士竇儀乘驛往按之，[4]及獄成，坐族死者二十四人。儀奉辭之日，帝旨甚峻，故儀之用刑傷於深刻。戊午，以前延州留後李彦頵爲滄州留後。[5]庚申，新太廟成，遷五廟神主入於其室。壬申，至自淮南。癸酉，命宣徽北院使昝居潤判開封府事。[6]甲戌，澶州節度使張永德準詔赴北邊,[7]以契丹犯境故也。[8]丁丑，兩浙奏，四月十九日杭州火,[9]廬舍府署延燒殆盡。

[1]進奉使：蕃國派遣向朝廷進奉的使者。

[2]太常博士：官名。漢代始置。爲太常寺屬官。掌辨五禮，討論謚法，贊相導引。從七品上。　宿州：州名。治所在今安徽宿州市。　趙礪：人名。籍貫不詳。五代官員。事見本書卷八八、卷一〇二、卷一二七、卷一四七。

[3]翰林醫官：以醫術待詔於翰林者。　馬道玄：人名。籍貫不詳。事見明本《册府》卷六一九《刑法部·枉濫門》。　壽州：州名。治所在今安徽壽縣。

[4]端明殿學士：官名。後唐明宗始置，以翰林學士充任，負責誦讀四方書奏。　竇儀：人名。薊州漁陽（今天津市薊州區）人。五代、宋初大臣。傳見《宋史》卷二六三。

[5]延州：州名。治所在今陝西延安市。　留後：官名。原非正式命官，唐朝節度使入朝或宰相、親王遥領節度使不臨鎮則置。安史之亂後，節度使多以子弟或親信爲留後，以代行節度使職務，亦有軍士、叛將自立爲留後者。掌一州或數州軍政。北宋始爲朝廷正式命官。　李彦頵：人名。太原（今山西太原市）人。後周官員。傳見本書卷一二九。　滄州：州名。治所在今河北滄縣舊州鎮。

[6]宣徽北院使：官名。唐始置。宣徽北院的長官。初用宦官，五代以後改用士人。與宣徽南院使通掌内諸司及三班内侍之名籍，郊祀、朝會、宴享供帳之儀，檢視内外進奉名物。參見王永平《論唐代宣徽使》,《中國史研究》1995 年第 1 期；王孫盈政《再論唐代的宣徽使》,《中華文史論叢》2018 年第 3 期。　昝（zǎn）居潤：人名。博州高唐（今山東高唐縣）人。五代、宋初將領。傳見《宋史》卷二六二。　開封府：府名。治所在今河南開封市。

［7］澶州：州名。唐、五代初，治所在今河南清豐縣。後晉天福四年（939）移治於今河南濮陽縣。　張永德：人名。并州陽曲（今山西陽曲縣）人。五代、宋初大將。頗受宋太祖、宋太宗信用。傳見《宋史》卷二五五。

［8］以契丹犯境故也：《輯本舊史》之孔本案語："《遼史》：應曆八年四月，南京留守蕭思温攻下沿邊州縣。五月，周陷東城縣。《東都事略·郭崇傳》云：世宗征淮甸，契丹萬騎掠邊境，崇帥師破之于束鹿，斬首數百級，俘人口牛羊三萬餘。《薛史》祇書犯境，未及詳言，《歐陽史》闕而不載。"見《遼史》卷六《穆宗紀上》應曆八年（958）四月甲寅、五月兩條。

［9］杭州：州名。治所在今浙江杭州市。

五月辛巳朔，上御崇元殿受朝，[1]仗衛如式。詔："侍衛諸軍及諸道將士，各賜等第優給。應行營將士歿於王事者，各與贈官，親的子孫，並量才録用，傷夷殘廢者，別賜救接。淮南諸州及徐、宿、宋、亳、陳、潁、許、蔡等州，[2]所欠去年秋夏税物，並與除放"云。[3]丙戌，命端明殿學士竇儀判河南府兼知西京留守事。[4]辛卯，以襄州節度使安審琦爲青州節度使；[5]以許州節度使韓通爲宋州節度使，[6]依前兼侍衛馬步都虞候；[7]以宋州節度使向訓爲襄州節度使；[8]以今上爲忠武軍節度使，依前殿前都指揮使。[9]淮南之役，今上之功居最，及是命之降，雖云酬勳，止於移鎮而已，賞典太輕，物議不以爲允。癸巳，以左武衛上將軍武行德爲鄜州節度使，[10]以右神武統軍宋延渥爲滑州節度使，[11]以前同州留後王暉爲相州留後。[12]乙未，立東京羅城諸門名額，[13]東二門曰寅賓、延春，南三門曰朱明、景風、畏景，[14]西二門曰迎秋、肅政，北三門曰玄德、長景、愛景。辛丑，幸懷信驛。[15]乙巳，詔在朝文資官各再舉堪爲幕職令録者一人。[16]戊申，以襄州節度使向訓兼西南面水陸發運招討使。[17]己酉，以太府卿馮延魯充江南國信使，以衛尉少卿鍾謨爲副。[18]賜李景御衣，玉帶，錦綺羅縠帛共十萬匹，金器千兩，銀器萬兩，御馬五匹，金玉鞍轡全，散馬百匹，羊三百匹。賜江南世子李弘冀器幣鞍馬等。[19]别賜李景書曰："皇帝恭問江南國主。煮海之利，在彼海濱，屬疆壤之初分，慮供食之有闕。江左諸郡，素號繁饒，然於川澤之間，舊無斥鹵之地，曾承素旨，常在所懷，願均收積之餘，以助軍旅之用。已下三司，逐年支撥供軍食鹽三十萬石。"又賜李景今年曆日一軸。

[1]崇元殿：殿名。五代後梁開平元年（907）改汴京正殿爲崇元殿。位於今河南開封市。

[2]徐：州名。治所在今江蘇徐州市。　宋：州名。治所在今河南商丘市睢陽區。　亳：州名。治所在今安徽亳州市。　陳：州名。治所在今河南淮陽縣。　潁：州名。治所在今安徽阜陽市。　許：州名。治所在今河南許昌市。　蔡：州名。治所在今河南汝南縣。

[3]除放：蠲免租税。

[4]河南府：府名。治所在今河南洛陽市。　西京留守：官名。唐代始置。皇帝出巡或親征時指定親王或大臣留守，綜理軍事、行政、民事、財政。

[5]襄州：州名。治所在今湖北襄陽市。　安審琦：人名。沙陀部人。五代將領。歷仕後唐、後晋、後漢、後周。傳見本書卷一

二三。　青州：州名。治所在今山東青州市。

［6］韓通：人名。并州太原（今山西太原市）人。後周將領。傳見《宋史》卷四八四。

［7］侍衛馬步都虞候：官名。唐、五代方鎮高級軍官。

［8］向訓：人名。懷州河内（今河南沁陽市）人。五代、宋初將領。避周恭帝諱改名向拱。傳見《宋史》卷二五五。

［9］忠武軍：方鎮名。治所在陳州（今河南淮陽縣）。　殿前都指揮使：官名。五代後周世宗顯德中，選驍勇之士充殿前諸班。都指揮使爲殿前司長官之一，次於殿前都點檢、副都點檢。

［10］左武衛上將軍：官名。唐置十六衛之一，掌宫禁宿衛。從二品。　武行德：人名。并州榆次（今山西晋中市榆次區）人。五代、宋初將領。傳見《宋史》卷二五二。　鄜州：州名。治所在今陝西富縣。

［11］右神武統軍：官名。唐代右神武軍統兵官。北衙六軍之一。其品秩，《唐會要》卷七一、《舊唐書》卷一二記載爲"從二品"，《通鑑》卷二二九記載爲"從三品"。　宋延渥：人名。洛陽（今河南洛陽市）人。五代、宋初將領，後漢高祖劉知遠婿。入宋後改名偓。傳見《宋史》卷二五五《宋偓傳》。《舊五代史考異》："案《小畜集·宋延渥神道碑》云：五月，授義成軍節度使，其制略曰：'長驅下瀨之師，若涉無人之境。除凶戡難，爾既立夫殊庸；礪岳盟河，予豈忘于豐報。南燕舊邦，北闕伊邇。河壖作翰，遥臨白馬之津；穰下統戎，即鎮卧龍之地。'"見《小畜集》卷二八顯德五年（958）五月制。　滑州：州名。治所在今河南滑縣。

［12］王暉：人名。籍貫不詳。五代將領，曾以代州刺史而叛歸契丹。事見本書卷九九《漢高祖紀上》。　相州：州名。治所在今河南安陽市。

［13］羅城：古代爲加强防守，在城墻外加建的凸出形小城圈。

［14］畏景：《輯本舊史》之影庫本粘籤："畏景，原本作'思景'，《五代會要》作畏景，據下文北門愛景，則南門當以畏景爲

是，今改正。”中華書局本有校勘記：“‘景’字原闕，據《五代會要》卷一九補。”見《會要》卷一九開封府條顯德五年五月記事。

[15]懷信驛：官署名。五代後周世宗初平淮南，江南國主李景稱臣，置懷信驛以館其來使，位於東京西大街街北。

[16]詔在朝文資官各再舉堪爲幕職令録者一人：中華書局本有校勘記：“‘者’字原闕，據《五代會要》卷四補。”《會要》卷四舉人自代條顯德五年五月詔此句後有“所舉幕職、州縣官罷任後，便與除官，仍並許赴闕”十九字。

[17]西南面水陸發運招討使：官名。戰時任命，兵罷則省。常以大臣、將帥或地方軍政長官兼任。掌招撫、討伐等事務。

[18]太府卿：官名。南朝梁始置。太府寺長官。掌國家財帛庫藏出納、關市税收等事。從三品。　馮延魯：人名。武陵（今江蘇揚州市）人。五代十國南唐大臣。後周世宗南征時被俘，後放歸南唐。傳見《十國春秋》卷二六。　衛尉少卿：官名。北魏置，隋、唐、五代爲衛尉寺次官。協助衛尉卿掌供宫廷、祭祀、朝會之儀仗帷幕，通判本寺事務。從四品上。　鍾謨：人名。會稽（今浙江紹興市）人。五代十國南唐官員。事見《新五代史》卷六二。

[19]李弘冀：人名。即文獻太子，李景之子。傳見《十國春秋》卷一九《文獻太子弘冀傳》、陸游《南唐書》卷一六《李弘冀傳》，事見《通鑑》卷二八三天福八年（943）七月、卷二九三顯德三年三月、卷二九四顯德五年三月。

六月庚午，命中書舍人竇儼參定雅樂。[1]辛未，放先俘獲江南兵士四千七百人歸本國。[2]壬申，有司奏御膳料，上批曰：“朕之常膳，今後減半，餘人依舊。”癸酉，禘於太廟。乙亥，兵部尚書張昭等撰《太祖實録》三十卷成，[3]上之，賜器帛有差。丁丑，以中書舍人張正爲工部侍郎，[4]充江北諸州水陸轉運使。[5]戊寅，詔諫議大夫宜依舊爲正五品上,[6]仍班在給事中之下。[7]

[1]中書舍人：官名。中書省屬官。掌起草文書、呈遞奏章、傳宣詔命等。正五品上。　參定雅樂：《宋本册府》卷五七〇《掌禮部·作樂門》顯德五年（958）六月條作“參詳太常雅樂”。

[2]四千七百人：《舊五代史考異》：“案《歐陽史》作‘四千六百人’。”見《新五代史》卷一二《周世宗本紀》顯德五年六月辛未條。

[3]兵部尚書：官名。尚書省兵部長官。掌兵衛、武選、車輦、甲械、厩牧之政令。正三品。　張昭：人名。世居濮州范縣（今河南范縣）。五代、宋初大臣。傳見《宋史》卷二六三。

[4]張正：人名。籍貫不詳。五代後晋至後周官員。事見本書本卷。　工部侍郎：官名。尚書省工部次官。協助尚書掌管百工、山澤、水土之政令，考其功以昭賞罰，總所統各司之事。正四品下。

[5]水陸轉運使：官名。掌一方水陸轉運、賦税諸事。爲差遣職事。

[6]諫議大夫：官名。隸門下省。唐代置左、右諫議大夫各四人，分隸門下省、中書省。掌諫諭得失，侍從贊相。正四品下。

[7]給事中：官名。秦始置。隋唐以來，爲門下省屬官。掌讀署奏抄、駁正違失。正五品上。

秋七月癸未，以右散騎常侍高防爲户部侍郎,[1]以左驍衛上將軍李洪信爲右龍武統軍,[2]以左領軍上將軍李繼勳爲右羽林統軍。[3]以工部尚書田敏爲太子少保,[4]以刑部侍郎裴巽爲尚書左丞,[5]以左武衛上將軍薛懷讓爲太子太師,[6]以右羽林大將軍李萼爲右千牛衛上將軍。[7]自敏已下皆致仕。[8]丙戌，中書門下新進删定《大周刑統》，[9]奉勅班行天下。丁亥，賜諸道節度使、刺史《均田圖》各一面。[10]唐同州刺史元稹，在郡日奏均户民租賦，帝因覽其文集而善之，乃寫其辭爲圖，以賜藩郡。時帝將均定天下賦税，故先以此圖徧賜之。[11]

[1]右散騎常侍：官名。中書省屬官。掌侍奉規諷，備顧問應對。正三品下。　高防：人名。并州壽陽（今山西壽陽縣）人。五代、宋初將領。傳見《宋史》卷二七〇。　户部侍郎：官名。尚書省户部次官。協助户部尚書掌天下田户、均輸、錢穀之政令。正四品下。

[2]左驍衛上將軍：官名。唐置十六衛之一，掌宫禁宿衛。從二品。　李洪信：人名。并州晋陽（今山西太原市）人。五代、宋初將領。傳見《宋史》卷二五二。

[3]右羽林統軍：官名。唐代右神武軍統兵官。北衙六軍之一。其品秩，《唐會要》卷七一、《舊唐書》卷一二記載爲“從二品”，《通鑑》卷二二九記載爲“從三品”。

[4]工部尚書：官名。尚書省工部長官。掌百工、屯田、山澤之政令。正三品。　田敏：人名。淄州鄒平（今山東鄒平縣）人。五代、宋初大臣、學者。傳見《宋史》卷四三一。　太子少保：官名。與太子少傅、太子少師合稱“三少”，唐後期、五代多爲大臣、勳貴加官。從二品。

[5]刑部侍郎：官名。尚書省刑部次官。協助刑部尚書掌天下刑法及徒隸、勾覆、關禁之政令。正四品下。　裴巽：人名。籍貫不詳。後漢、後周官員，曾任左散騎常侍、御史中丞、刑部侍郎、尚書左丞。事見本書卷一一四、卷一一五。《全唐文作者小傳正補》卷八五五有傳。　尚書左丞：官名。尚書省佐貳官。唐中期以後，與尚書右丞實際主持尚書省日常政務，權任甚重。正四品上。後梁

開平二年（908）改爲左司侍郎，後唐同光元年（923）復舊爲左丞。正四品。

［6］薛懷讓：人名。祖先爲戎人，徙居太原（今山西太原市）。五代將領。傳見《宋史》卷二五四。　太子太師：官名。與太子太傅、太子太保統稱太子三師。隋唐以後多作加官或贈官。從一品。

［7］右羽林大將軍：官名。唐置，掌宫禁宿衛。唐十六衛之一。正三品。　李萼：人名。籍貫不詳。後周將領。傳見本書附録。　右千牛衛上將軍：官名。唐置，掌宫禁宿衛。唐十六衛之一。從二品。

［8］致仕：即告老辭官。

［9］中書門下新進刪定《大周刑統》：中華書局本有校勘記："'刪定'，原作'册定'，據《通鑑》（兩浙東路茶鹽司公使庫刻本）卷二九三、《近事會元》卷五改。按本書卷一四七《刑法志》：'應該京百司公事，逐司各有見行條件，望令本司刪集，送中書門下詳議聞奏。敕：宜依，仍頒行天下。乃賜侍御史知雜事張湜等九人各銀器二十兩、雜綵三十匹，賞刪定《刑統》之勞也。'《五代會要》卷九、《册府》卷六一三略同。"見《會要》卷九定格令條顯德五年七月七日（丙戌）奏文、《宋本册府》卷六一三《刑法部·定律令第五》顯德五年七月條、《近事會元》卷五刑統條。

［10］均田：《輯本舊史》之影庫本粘籤："均田，原本作'匀田'，今從《通鑑》改正。"見《通鑑》卷二九四顯德五年（958）七月丁亥條。

［11］元稹：人名。河南（今河南洛陽市）人。唐憲宗朝宰相，著名詩人。傳見《舊唐書》卷一六六、《新唐書》卷一七四。　"唐同州刺史元稹"至"故先以此圖徧賜之"：《舊五代史考異》："案《五代會要》載原詔云：朕以環宇雖安，蒸民未泰，當乙夜觀書之際，較前賢阜俗之方。近覽元稹《長慶集》，見在同州時所上《均田表》，較當時之利病，曲盡其情，俾一境之生靈，咸受其賜，傳于方册，可得披尋。因令製素成圖，直書其事，庶王公觀覽，觸

目驚心，利國便民，無亂條制，背經合道，盡繫變通，但要適宜，所冀濟務，繫乃勳舊，共庇黎元。今賜元稹所奏《均田圖》一面，至可領也。”“盡繫變通”，中華書局本有校勘記：“‘繫’，原作‘擊’，據殿本、劉本、《五代會要》卷二五改。”見《會要》卷二五租稅條顯德五年七月詔文。

閏月壬子，廢衍州爲定平縣，[1]廢武州爲潘原縣。[2]壬戌，河決河陰縣，[3]溺死者四十二人。辛未，[4]幸新授青州節度使安審琦第。[5]癸酉，邢州留後陳思讓奏，[6]破河東賊軍千餘人於西山下，斬首五百級。

[1]衍州：州名。治所在今甘肅寧縣。

[2]武州：州名。治所在今河北張家口市宣化區。

[3]河陰縣：縣名。治所在今河南滎陽市。

[4]辛未：《輯本舊史》之影庫本粘籤：“辛丑，以《長曆》推之，當作‘辛酉’，今無别本可校，姑仍其舊。”中華書局本沿《輯本舊史》，未改，且影庫本粘籤亦誤。顯德五年（958）閏七月庚戌朔，此條前之記事，壬子爲初三，壬戌爲十三，此條後之記事，癸酉爲二四。辛酉爲十二，今改爲辛未，乃二二日。始合。

[5]新授：中華書局本有校勘記：“‘授’字原闕，據殿本、劉本、孔本校補。”

[6]邢州：州名。治所在今河北邢臺市。　陳思讓：人名。幽州盧龍（今河北盧龍縣）人。五代、宋初將領。傳見《宋史》卷二六一。

八月庚辰，延州奏，溠溪水漲，壞州城，溺死者百餘人。己丑，太子太師致仕宋彦筠卒。[1]辛丑，江南李景上表乞降，詔書不允。

[1]宋彦筠：人名。雍丘（今河南杞縣）人。五代後梁至後周將領。傳見本書卷一二三。

九月丁巳，以太府卿馮延魯爲刑部侍郎，以衛尉少卿鍾謨爲給事中，並放歸江南。時延魯、鍾謨自江南復命，李景復奏欲傳位於其世子弘冀，帝亦以書答之。甲子，賜江南羊萬口，馬三百匹，橐駝三十頭；賜兩浙錢俶羊五千口，馬二百匹，橐駝二十頭。乙丑，賜宰臣、樞密使及近臣宴於玉津園。[1]己巳，占城國王釋利因德漫遣使貢方物。[2]壬申，天清節，[3]羣臣詣廣德殿上壽。[4]江南進奉使商崇義代李景捧壽觴以獻。[5]

[1]樞密使：官名。樞密院長官。唐代宗時始以宦官掌機密，至昭宗時借朱温之力盡誅宦官，始改以士人任樞密使。備顧問，參謀議，出納詔奏，權侔宰相。參見李全德《唐宋變革期樞密院研究》，國家圖書館出版社 2009 年版。　玉津園：五代周顯德中置，故址在今河南開封市舊城南門外。

[2]占城：古國名。在今越南中南部。　釋利因德漫：人名。占城國國王。事見《宋史》卷四八九。

[3]天清節：端午節。

[4]廣德殿：宮殿名。位於今河南開封市。

[5]商崇義：人名。籍貫不詳。五代十國南唐官員。事見明本《册府》卷二三二《僭僞部·稱藩門》。“商崇義”，中華書局本有校勘記：“原作‘商崇儀’，據殿本，孔本，《舊五代史考異》卷四引文，《册府》卷二、卷二三二改。”見明本《册府》卷二《帝王

部·誕聖門》顯德五年（958）九月壬子條、卷二三二《僭僞部·稱藩門》李景條。　江南進奉使商崇義代李景捧壽觴以獻：《舊五代史考異》："案宋《類苑》云：湯悦，父殷舉，唐末有才名。本名崇義，建隆初，避宣祖諱改姓湯。初在吴爲舍人，受詔撰揚州《孝先寺碑》，世宗親征，駐蹕此寺，讀其文賞歎。及畫江議定，後主遣悦入貢，世宗爲之加禮。自淮上用兵，凡書詔多悦之作，特爲典贍，切于事情。世宗每覽江南文字，形於嗟歎，當時沈遇、馬士元皆不稱職，復用陶穀、李昉於舍人，其後用扈載，率由此也。""避宣祖諱改姓湯"，中華書局本有校勘記："'姓'，原作'名'，據殿本、劉本、《事實類苑》卷四〇改。"

冬十月己卯，以户部侍郎高防爲西南面水陸轉運使，[1]將用師於巴、邛故也。[2]丙戌，邠州李暉移鎮鳳翔。[3]戊子，幸迎春苑。己丑，太常卿司徒詡以本官致仕。[4]壬辰，帝狩於近郊。癸巳，前相州節度使王饒卒。[5]甲午，左監門上將軍許文縝、右千牛上將軍邊鎬、衛尉卿周延構，[6]並放歸江南。[7]乙未，詔淮南諸州鄉軍，[8]並放歸農。丁酉，遣左散騎常侍艾穎等均定河南六十州稅賦。[9]

[1]冬十月己卯，以户部侍郎高防爲西南面水陸轉運使："冬十月己卯"，正史本紀記時規則，每月記事開首均另起行，中華書局本沿《輯本舊史》未另起行，今改。"水陸轉運使"，《宋本册府》卷四八三《邦計部·選任門》高防條作"水陸轉運制置使"。

[2]巴：州名。治所在今四川巴中市。　邛：州名。治所在今四川邛崍市。　將用師於巴、邛故也：《舊五代史考異》："案《宋史·高防傳》：世宗謀伐蜀，以防爲西南面水陸轉運制置使，屢發

芻糧赴鳳州，爲征討之備。”見《宋史》卷二七〇《高防傳》。

[3]邠州：州名。治所在今陝西彬縣。　李暉：人名。瀛州東城（今河北河間市）人。五代將領。傳見本書卷一二九。　鳳翔：方鎮名。治所在鳳翔府（今陝西鳳翔縣）。

[4]太常卿：官名。西漢置太常，南朝梁始置太常卿。太常寺長官。掌宗廟、祭祀、禮樂及教育等。正三品。　司徒詡：人名。清河郡（今河北清河縣）人。五代後唐官員。傳見本書卷一二八。

[5]王饒：人名。慶陽華池（今甘肅華池縣）人。五代將領。傳見本書卷一二五。

[6]左監門上將軍：官名。即“左監門衛上將軍”。唐置十六衛之一，掌宮禁宿衛。從二品。　許文縝：人名。五代十國南唐將領。事見本書卷一一七。　右千牛上將軍：官名。即“右千牛衛上將軍”。唐置十六衛之一，掌宮禁宿衛。從二品。　邊鎬：人名。五代十國南唐將領。事見本書卷一一二。　衛尉卿：官名。北魏置，隋、唐、五代爲衛尉寺長官。掌供宮廷、祭祀、朝會之儀仗帷幕，通判本寺事務。從三品。　周延構：人名。籍貫不詳。五代十國南唐大臣。事見明本《册府》卷一六七《帝王部·招懷門五》，《通鑑》卷二九三、卷二九四。

[7]並放歸江南：中華書局本有校勘記：“‘放’字原闕，據彭校、《册府》卷一六七補。”見明本《册府》卷一六七顯德五年（958）十月甲午條。

[8]詔淮南諸州鄉軍：“鄉軍”，明本《册府》卷一六七顯德五年十月甲午條作“舊隸江南者元置義軍”。

[9]左散騎常侍：官名。門下省屬官。掌侍奉規諷，備顧問應對。正三品下。　艾穎：人名。籍貫不詳。五代後周、宋初官員。事見《宋史》卷一。　遣左散騎常侍艾穎等均定河南六十州稅賦：《舊五代史考異》：“案《五代會要》載賜諸道均田詔曰：朕以干戈既弭，寰海漸寧，言念地征，罕臻藝極，須並行均定，所冀永適重輕。卿受任方隅，深窮治本，必須副寡昧平分之意，察鄉閭致弊之

源，明示條章，用分寄任，竚令集事，允屬推公。今差使臣往彼檢括，餘從別敕。”對《舊五代史考異》所引之《會要》文“察鄉閭治弊之源”，中華書局本有校勘記：“‘致’，原作‘治’，‘源’原作‘原’，據孔本、《五代會要》卷二五改。”見《會要》卷二五租稅條顯德五年七月詔。

十一月丁未朔，詔翰林學士竇儼，集文學之士，撰集《大周通禮》《大周正樂》，從儼之奏也。[1]辛亥，日南至，帝御崇元殿受朝賀，[2]仗衛如式。[3]己未，昭義李筠奏，[4]破遼州長清砦，[5]獲僞命磁州刺史李再興。[6]甲子，帝狩於近郊。

[1]“十一月丁未”至“從儼之奏也”：《舊五代史考異》：“案《歐陽史》作十一月庚戌。”《新五代史》卷一二《周世宗本紀》顯德五年十一月庚戌條載“作《通禮》《正樂》”。

[2]崇元殿：五代後梁開平元年（907）改汴京正殿爲崇元殿。位於今河南開封市。

[3]仗衛如式：明本《册府》卷一〇八《帝王部·朝會門二》顯德五年十一月辛亥條作“金吾仗衛、太常樂懸如儀。禮畢，宰臣率百寮常服詣永德殿上壽而退”。

[4]昭義：方鎮名。治所在潞州（今山西長治市）。　李筠：人名。并州太原（今山西太原市）人。五代、宋初將領，歷仕後唐至宋。傳見《宋史》卷四八四。

[5]遼州：州名。治所在今山西左權縣。

[6]磁州：州名。治所在今河北磁縣。　李再興：人名。籍貫、事跡不詳。本書僅此一見。

十二月丁丑朔，朗州奏，[1]醴陵縣玉仙觀山門中，[2]舊有田二萬頃，[3]久爲山石閉塞，今年七月十七日夜，暴雷劈開，其路復通。[4]己卯，楚州兵馬都監武懷恩棄市，[5]坐擅殺降軍四人也。[6]丙戌，詔重定諸道州府幕職、令録、佐官料錢，其州縣官俸户宜停。己丑，楚州防禦使張順賜死，[7]坐在任隱落搉税錢五十萬、官絲綿二千兩也。壬辰，詔兩京及五府少尹、司録參軍各省一員，[8]六曹判司内祇置户、法二曹，[9]餘及諸州觀察支使、兩蕃判官並省。甲午，帝狩於近郊。乙未，鄧州劉重進移鎮邠州，[10]滑州宋延渥移鎮鄧州，以前河中節度使王仁鎬爲邢州節度使，[11]以邢州留後陳思讓爲滑州留後。己亥，詔翰林學士，今後逐日起居，當直者仍赴晚朝。是月，江南李景殺其臣僞太傅中書令宋齊丘、僞兵部侍郎陳覺、僞鎮南軍節度副使李徵古等。[12]初，帝之南征也，吴人大懼，覺與徵古皆齊丘門人，因進説於景，請委國事於齊丘，景繇是銜之。及吴人遣鍾謨、李德明奉表至行在，[13]帝尋遣德明復命於金陵，[14]德明因説李景請割江北之地求和於我，而陳覺、李徵古等以德明爲賣國，請戮之，景遂殺德明。及江南内附，帝放鍾謨南歸，謨本德明之黨也，因譖齊丘等，故齊丘等得罪。放齊丘歸九華山，[15]覺等貶官，尋並害之。景既誅齊丘等，令鍾謨到闕，具言其事，故書。《永樂大典》卷八千九百八十四。[16]

[1]朗州：州名。治所在今湖南常德市。

[2]醴陵縣：縣名。治所在今湖南醴陵市。　玉仙觀：中華書

局本有校勘記："原作'王仙觀'，據殿本、劉本、邵本、彭校、《册府》卷二五改。"見明本《册府》卷二五《帝王部·符瑞門四》顯德五年（958）十二月丁丑條。

［3］二萬頃：明本《册府》卷二五作"二萬餘頃"。

［4］其路復通：明本《册府》卷二五此句後有"詔褒之"三字。

［5］兵馬都監：官名。唐代中葉命將出征，常以宦官爲監軍、都監。後爲臨時委任的統兵官，稱都監、兵馬都監。掌屯戍、邊防、訓練之政令。　武懷恩：人名。籍貫、事跡不詳。本書僅此一見。　棄市：古代刑法名。即在鬧市執行死刑，並陳屍街頭示衆。

［6］坐擅殺降軍四人也：《宋本册府》卷一五四《帝王部·明罰門三》顯德五年十二月條作"以其擅殺降卒廖約等四人故也"。

［7］防禦使：官名。唐代始置，設有都防禦使、州防禦使兩種。常由刺史或觀察使兼任，實際上爲唐代後期州或方鎮的軍政長官。　張順：人名。籍貫不詳。後周將領。曾任登州防禦使、楚州防禦使。事見本書卷一一四。

［8］少尹：官名。爲府尹的副職，協助府尹掌理行政事務。從四品下。　司録參軍：官名。唐以三京府及鳳翔、成都、河中、江陵、興元、興德六府的録事參軍爲司録參軍，都督府及諸州仍爲録事參軍。五代沿置。掌符印，參議府政得失。正七品上。"司録參軍"，中華書局本有校勘記云："'録'字原闕，據本書卷一四九《職官志》、《五代會要》卷二〇補。"見《會要》卷二〇中外加減官條周顯德五年十二月敕、《輯本舊史》卷一四九《職官志·右較考》。

［9］六曹判司内祇置户、法二曹：《輯本舊史》之影庫本粘籤："六曹判司，原本脱'曹'字，今從《五代會要》增入。"中華書局本有校勘記："'置'，原作'直'，據邵本、本書卷一四九《職官志》、《五代會要》卷二〇改。"見《會要》卷二〇《中外加減官》條周顯德五年十二月敕、《輯本舊史》卷一四九《職官志·右

較考》。

［10］鄧州：州名。治所在今河南鄧州市。　劉重進：人名。本名晏僧。幽州人（今北京市）。五代、宋初將領。傳見《宋史》卷二六一。

［11］河中：府名。唐開元八年（720）改蒲州爲河中府，因地處黄河中游而得名，其後名稱屢有改易。治所在今山西永濟市。　王仁鎬：邢州龍岡（今河北邢臺市）人。五代、宋初將領。傳見《宋史》卷二六一。

［12］宋齊丘：人名。豫章（今江西南昌市）人，一説盧陵（今江西吉安市吉州區）人。久仕於南吴、南唐，官至宰執，後以政争失勢，爲李璟餓死於九華山中。傳見《十國春秋》卷二〇。　鎮南軍：方鎮名。治所在洪州（今江西南昌市）。　節度副使：官名。唐、五代方鎮屬官。位於行軍司馬之下、判官之上。　李徵古：人名。袁州宜春（今江西宜春市）人。五代十國南唐官員。傳見《十國春秋》卷二六。

［13］李德明：人名。五代十國南唐官員。事見《新五代史》卷六二。

［14］金陵：地名。今江蘇南京市古稱。

［15］九華山：山名。位於今安徽九華山市，中國佛教四大名山之一。

［16］《大典》卷八九八四“周”字韻“世宗”事目（二）。

舊五代史　卷一一九

周書十

世宗紀第六

顯德六年春正月丁未朔,[1]帝御崇元殿受朝賀,[2]仗衛如式。壬子,高麗國王王昭遣使貢方物。[3]己卯,[4]以翰林學士、中書舍人申文炳爲左散騎常侍。[5]辛酉,女真國遣使貢獻。壬戌,青州奏,[6]節度使、陳王安審琦爲部曲所殺。[7]乙丑,賜諸將射於内鞠場。戊辰,幸迎春苑。甲戌,詔:"每年新及第進士及諸科聞喜宴,宜令宣徽院指揮排比。"[8]乙亥,詔:"禮部貢院今後及第舉人,[9]依逐科等第定人數姓名,[10]并所試文字奏聞,候敕下放榜"云。是月,樞密使王朴詳定雅樂十二律旋相爲宮之法,[11]并造律準,上之。詔尚書省集百官詳議,亦以爲可。語在《樂志》。

[1]顯德:五代後周太祖郭威年號(954)。世宗柴榮、恭帝柴宗訓沿用(954—960)。

［2］崇元殿：五代後梁開平元年（907）改汴京正殿爲崇元殿。位於今河南開封市。

［3］高麗：朝鮮古國。即王氏高麗。918年，後三國（即朝鮮新羅、後百濟、泰封）之一泰封國武將王建自立爲王，改國號爲高麗，935年滅新羅，次年滅後百濟，再次統一朝鮮。參見〔朝〕鄭麟趾等《高麗史》，西南師範大學出版社2014年版。　王昭：人名。高麗王朝第四任君主。高麗太祖王建第四子、惠宗王武弟。乾祐二年（949）受禪即位，廣順三年（953）被後周册封爲高麗國王。死後廟號光宗。參見〔朝〕鄭麟趾等《高麗史》卷二。

［4］己卯：《輯本舊史》之影庫本粘籤："己卯，以《長曆》推之，當作'乙卯'，今無别本可校，姑仍其舊。"此條之前爲壬子（初六）記事，之後爲辛酉（十五）記事，可能爲乙卯（初九）或己未（十三），乙卯之可能性更大，因"乙""己"形近。

［5］翰林學士：官名。由南北朝始設之學士發展而來，唐玄宗改翰林供奉爲翰林學士，備顧問，代王言，掌拜免將相、號令征伐等詔令的起草。　中書舍人：官名。中書省屬官。掌起草文書、呈遞奏章、傳宣詔命等。正五品上。　申文炳：人名。洛陽（今河南洛陽市）人。後唐至後周官員。傳見本書卷一三一。　左散騎常侍：官名。門下省屬官。掌侍奉規諷，備顧問應對。正三品下。

［6］女真：部族名。源自肅慎部，五代時始稱女真。分布於今松花江、黑龍江下游，東至海。以漁獵爲生，兼有農業。參見孫進己、孫泓《女真民族史》，廣西師範大學出版社2010年版。　青州：州名。治所在今山東青州市。

［7］節度使：官名。唐時在重要地區所設掌握一州或數州軍事、民事、財政的長官。　安審琦：人名。沙陀部人。五代將領。歷仕後唐、後晉、後漢、後周。傳見本書卷一二三。　陳王安審琦：《輯本舊史》之影庫本粘籤："陳王，原本作'揀王'，審琦，原本作'審騎'，今從《通鑑》改正。"見《通鑑》卷二九四顯德六年（959）正月癸丑條。　部曲：部屬，部下。

[8]聞喜宴：中華書局本有校勘記："原作'開喜宴'，據殿本、劉本、孔本、邵本校、《册府》卷六四二改。"見《宋本册府》卷六四二《貢舉部·條制門四》顯德六年甲戌詔。　宣徽院：官署名。唐大曆末已置，後分南、北兩院。各置使一人，以宦官充任，五代後改用士人。長官爲宣徽北院使、宣徽南院使。

[9]今後及第舉人：《宋本册府》卷六四二《貢舉部·條制門四》顯德六年乙亥詔作"起今後應合及第舉人"。

[10]依逐科等第：《宋本册府》卷六四二《貢舉部·條制門四》作"委知舉官依逐科等第"。

[11]樞密使：官名。樞密院長官。唐代宗時始以宦官掌機密，至昭宗時借朱温之力盡誅宦官，始改以士人任樞密使。備顧問，參謀議，出納詔奏，權侔宰相。參見李全德《唐宋變革期樞密院研究》，國家圖書館出版社2009年版。　王朴：人名。東平（今山東東平縣）人。後周大臣，官至樞密使。曾獻《平邊策》，提出了統一全國先易後難之戰略方針，被周世宗採納。傳見本書卷一二八、《新五代史》卷三一。

二月庚辰，發徐、宿、宋、單等州丁夫數萬濬汴河。[1]甲申，發滑、亳二州丁夫濬五丈河，[2]東流於定陶，[3]入於濟，[4]以通青、鄆水運之路。[5]又疏導蔡河，[6]以通陳、潁水運之路。[7]乙酉，詔諸道應差攝官各支半俸。丙戌，以翰林學士承旨、尚書兵部侍郎陶穀爲尚書吏部侍郎充職。[8]詔升湖州爲節鎮，[9]以宣德軍爲軍額，[10]以湖州刺史錢偡爲本州節度使，[11]從兩浙錢俶之請也。[12]辛丑，幸迎春苑。甲辰，右補闕王德成責授右贊善大夫，[13]坐舉官不當也。詔賜諸道州府供用糧草有差。

［1］徐：州名。治所在今江蘇徐州市。　宿：州名。治所在今安徽宿州市。　宋：州名。治所在今河南商丘市睢陽區。　單：州名。治所在今山東單縣。

［2］滑：州名。治所在今河南滑縣。　亳：州名。治所在今安徽亳州市。　五丈河：水名。以河廣五丈爲名。始建於五代周顯德年間。起自今河南開封市，東經今蘭考、山東定陶，至巨野縣西北入梁山泊，東接濟水。

［3］定陶：縣名。治所在山東菏澤市定陶區。

［4］濟：河流名。發源於今河南境内，經山東入渤海。今黄河下游河道即濟水故道。

［5］鄆：州名。治所在今山東東平縣。　以通青、鄆水運之路：《通鑑》卷二九三顯德四年四月乙酉條胡三省注引《薛史》作“以通齊、魯運路”。

［6］蔡河：水名。又作蔡水、沙水。源於今河北邢臺市北，東流入任縣境。

［7］陳：州名。治所在今河南淮陽縣。　潁：州名。治所在今安徽阜陽市。

［8］翰林學士承旨：官名。爲翰林學士之首。掌拜免將相、號令征伐等詔令的起草。《舊唐書》卷四三《職官志二·翰林院》：“例置學士六人，内擇年深德重者一人爲承旨，所以獨承密命故也。”　尚書兵部侍郎：官名。尚書省兵部次官。協助兵部尚書掌武官銓選、勳階、考課之政。正四品下。　陶穀：人名。邠州新平（今陝西彬縣）人。五代、宋初文官。傳見《宋史》卷二六九。　尚書吏部侍郎：官名。尚書省吏部次官。協助吏部尚書掌文選、勳封、考課之政。正四品上。

［9］湖州：州名。治所在今浙江湖州市。

［10］宣德軍：“宣德”，《輯本舊史》之影庫本粘籤：“宣德，原本作‘直德’，今從《十國春秋》改正。”見《十國春秋》卷八一《吴越忠懿王世家上》顯德六年（959）二月條，云“周主敕升湖

州爲宣德軍，從王奏也，以王弟弘偡爲節度使”。

[11]刺史：官名。州一級行政長官。漢武帝時始置，總掌考覈官吏、勸課農桑、地方教化等事。唐中期以後，節度使、觀察使轄州而設，刺史爲其屬官，職任漸輕。從三品至正四品下。　錢偡：人名。五代十國吴越官員。本書僅此一見。

[12]錢俶：人名。原名錢弘俶，錢元瓘第九子，五代十國吴越末代君主。傳見本書卷一三三、《新五代史》卷六七。

[13]右補闕：官名。唐代諫官。武則天時始置。分爲左右，左補闕隸於門下省，右補闕隸於中書省。掌規諫諷諭，大事可以廷議，小事則上封奏。從七品上。　王德成：人名。籍貫、事跡不詳。本書僅此一見。　右贊善大夫：官名。即“太子右贊善大夫”。掌規諫太子過失、贊相禮儀等事。正五品。

三月庚申，樞密使王朴卒。甲子，詔以北虜未復，[1]取此月内幸滄州。[2]以宣徽南院使吴廷祚爲權東京留守，[3]判開封府事；[4]以宣徽北院使昝居潤副之；[5]以三司使張美爲權大内都部署。[6]命諸將各領馬步諸軍及戰棹赴滄州。己巳，濠州奏，[7]鍾離縣飢民死者五百九十有四。[8]癸酉，詔廢諸州銅魚。[9]甲戌，車駕發京師。

[1]北虜：中華書局本沿《輯本舊史》作“北境”，乃清人忌諱，劉本作“北虜”，據改。

[2]滄州：州名。治所在今河北滄縣舊州鎮。

[3]宣徽南院使：官名。唐始置。宣徽南院長官。初用宦官，五代以後改用士人。與宣徽北院使通掌内諸司及三班内侍之名籍，郊祀、朝會、宴享供帳之儀，檢視内外進奉名物。參見王永平《論唐代宣徽使》，《中國史研究》1995年第1期；王孫盈政《再論唐代的宣徽使》，《中華文史論叢》2018年第3期。“宣徽南院使”，

中華書局本有校勘記："'宣徽南院使'，原作'宣徽南苑使'，據《册府》卷一一八、《新五代史》卷一二《周本紀》、《通鑑》卷二九四改。"見明本《册府》卷一一八《帝王部·親征門三》顯德六年（959）三月丙寅條、《新五代史》卷一二《周本紀十二》顯德六年三月丙寅條、《通鑑》卷二九四顯德六年三月甲子條。　吴廷祚：人名。并州太原（今山西太原市）人。後周、宋初將領。傳見《宋史》卷二五七。另事見《吴廷祚墓誌》（拓片刊《北京圖書館藏中國歷代石刻拓本匯編》第三十七册）、其子《吴元載墓誌》（拓片刊《千唐誌齋藏誌》）。　東京留守：官名。唐代始置。皇帝出巡或親征時指定親王或大臣留守，綜理軍事、行政、民事、財政。

[4]開封府：府名。後梁都城。治所在今河南開封市。

[5]宣徽北院使：官名。唐始置。宣徽北院的長官。初用宦官，五代以後改用士人。與宣徽南院使通掌内諸司及三班内侍之名籍，郊祀、朝會、宴享供帳之儀，檢視内外進奉名物。　昝（zǎn）居潤：人名。博州高唐（今山東高唐縣）人。五代、宋初將領。傳見《宋史》卷二六二。　以宣徽北院使昝居潤副之："副之"，中華書局本有校勘記："'副之'，原作'爲副使'，據《册府》卷一一八改。按《宋史》卷二六二《昝居潤傳》記居潤時爲宣徽北院使、兼副留守。"見明本《册府》卷一一八《帝王部·親征門三》顯德六年三月丙寅條、《宋史》卷二六二《昝居潤傳》。居潤顯德四年十月爲宣徽北院使兼開封府副留守。六年征關南，爲東京副留守。

[6]三司使：官名。五代後唐明宗天成元年（926）將晚唐以來的户部、度支、鹽鐵三部合爲一職，設三司使統之。主管國家財政。　張美：人名。貝州清河（今河北清河縣）人。五代、宋初大臣。傳見《宋史》卷二五九。　大内都部署：官名。五代後唐置，凡車駕行幸及出征則置。後周世宗顯德中選驍勇之士充殿前諸班，改稱殿前都點檢。　以三司使張美爲權大内都部署：《舊五代史考異》："案《東都事略·張美傳》：世宗北征，以美爲大内都點檢。"

中華書局本有校勘記："'權'字原闕，據《册府》卷一一八、《通鑑》卷二九四補。"見明本《册府》卷一一八《帝王部·親征門三》顯德六年三月丙寅條、《通鑑》卷二九四顯德六年三月甲子條。《通鑑》卷二九四顯德六年二月後逕接四月，誤奪三月，參看吴玉貴《資治通鑑疑年録》，上海古籍出版社 2019 年版。

[7]濠州：州名。治所在今安徽鳳陽縣。

[8]鍾離縣：縣名。治所在今安徽鳳陽縣。

[9]詔廢諸州銅魚：《舊五代史考異》："案《五代會要》：顯德六年，勅諸道牧守，每遇除移，特降制書，何假符契，其請納銅魚，宜廢之。"見《會要》卷一三門下省條周顯德六年三月敕。

夏四月辛卯，車駕次滄州。以前左諫議大夫薛居正爲刑部侍郎。[1]是日，帝率諸軍北征。壬辰，至乾寧軍，[2]僞寧州刺史王洪以城降。[3]丁酉，駕御龍舟，率舟師順流而北，首尾數十里。辛丑，至益津關。[4]自此以西，[5]水路漸隘，舟師難進，乃捨舟登陸。壬寅，宿於野次。時帝先期而至，大軍未集，隨駕之士，不及一旅，賴今上率材官騎士以衛乘輿。癸卯，今上先至瓦橋關，[6]僞守將姚内斌以城降。[7]甲辰，僞鄚州刺史劉楚信以州來降。[8]

[1]左諫議大夫：官名。隸門下省。唐代置左、右諫議大夫各四人，分隸門下省、中書省。掌諫諭得失、侍從贊相。正四品下。　薛居正：人名。開封浚儀（今河南開封市）人。五代、宋初大臣。傳見《宋史》卷二六四。　刑部侍郎：官名。尚書省刑部次官。協助刑部尚書掌天下刑法及徒隸、勾覆、關禁之政令。正四品下。

［2］乾寧軍：方鎮名。治所在永安縣（今河北青縣）。

［3］寧州：州名。五代晋天福初入契丹，改置寧州。治所在今河北青縣。　王洪：人名。籍貫不詳。契丹將領。事見《通鑑》卷二九四。

［4］益津關：關隘名。位於今河北霸州市。《舊五代史考異》："案《通鑑》：至益津關，契丹守將終廷暉以城降。"見《通鑑》卷二九四顯德六年（959）四月辛丑條。

［5］自此以西：中華書局本有校勘記："'此'，原作'北'，據殿本、劉本、孔本改。彭校、《册府》卷二〇、卷一一八作'關'。"見明本《册府》卷二〇顯德六年四月丁酉條、卷一一八顯德六年四月壬寅條。

［6］瓦橋關：唐置，位於今河北雄縣。五代後晋初地入契丹，後周顯德六年收復其地，置雄州。此關與益津關、淤口關合稱三關，爲五代時邊防重鎮。　今上先至：中華書局本有校勘記："'先'字原闕，據殿本、劉本、孔本、《通鑑》卷二九四、《宋史》卷一《太祖紀一》補。"見《通鑑》卷二九四顯德六年四月癸卯條、《宋史》卷一《太祖紀一》周世宗顯德六年條。

［7］姚内斌：人名。平州（今河北盧龍縣）人。契丹、後周將領。事見《隆平集》卷一六《武臣》姚内斌條。《舊五代史考異》："案《隆平集》：姚内斌，平州人也。世宗北征，將兵至瓦橋關，内斌爲關使，開門請降，世宗以爲汝州刺史。"

［8］鄚州：州名。治所在今河北任丘市鄚州鎮。　劉楚信：人名。籍貫不詳。契丹將領。事見《遼史》卷一七。　僞鄚州刺史劉楚信以州來降：《輯本舊史》之案語："鄚州之降，《通鑑》從《薛史》作四月，《遼史》作五月，疑誤。"中華書局本有校勘記："'鄚州'，原作'鄭州'，據殿本、劉本改。《册府》卷二〇、《通鑑》卷二九四、《遼史》卷六《穆宗紀》敘其事皆作'莫州'。《舊唐書》卷三九《地理志二》，莫州即鄚州。又'鄚州刺史'上，《册府》卷二〇、卷一二六、卷一六七有'僞'字。"但未補，今

據補。見明本《册府》卷二〇《帝王部·功業門》顯德六年四月丁酉條、《通鑑》卷二九四顯德六年四月甲辰條、《遼史》卷六《穆宗紀》應曆九年（959）五月乙巳條。明本《册府》卷一二六《帝王部·納降門》顯德六年四月甲辰條、卷一六七《帝王部·招懷門五》顯德六年五月條作“僞鄭州刺史”，形近致誤。

五月乙巳朔，帝駐蹕於瓦橋關。侍衛親軍都指揮使李重進及諸將相繼至行在，[1]僞瀛州刺史高彦暉以本城歸順。[2]關南平，凡得州三，[3]縣十七，户一萬三千八百六十一。[4]是役也，王師數萬，不亡一矢，虜界城邑皆望風而下。[5]丙午，帝與諸將議攻幽州，[6]諸將皆以爲未可，帝不聽。是夜，帝不豫，乃止。戊申，定州節度使孫行友奏，[7]攻下易州，[8]擒僞命刺史李在欽來獻，[9]斬於軍市。己酉，[10]以瓦橋關爲雄州，[11]以益津關爲霸州。[12]是日，先鋒都指揮使張藏英敗胡騎數百於瓦橋關北，[13]攻下固安縣。[14]詔發濱、棣二州丁夫城霸州。[15]庚戌，遣侍衛都指揮使李重進率兵出土門，[16]入河東界。[17]壬子，車駕發雄州，[18]還京。泉州節度使留從効遣别駕黄禹錫奉貢於行在，[19]帝以泉州比臣江南，李景方歸奉國家，[20]不欲奪其所屬，但錫詔褒美而已。丁卯，西京奏，[21]太常卿致仕司徒詡卒。[22]己巳，侍衛都指揮使李重進奏，破河東賊軍於百井，斬首二千級。[23]甲戌，上至自雄州。[24]

[1]侍衛親軍都指揮使：官名。五代時侍衛親軍長官。多由皇帝親信擔任。　李重進：人名。滄州（今河北滄縣舊州鎮）人。五

代後周將領。北宋建立後起兵反叛，兵敗身死。傳見《宋史》卷四八四。

[2]瀛州：州名。治所在今河北河間市。　僞瀛洲：中華書局本沿《輯本舊史》無“僞”字，校勘記：“‘瀛州刺史’上，《册府》卷二〇、卷四四、卷一一八、卷一六七有‘僞’字。”但未補。見《宋本册府》卷四四《帝王部·神武門》顯德六年（959）五月條，明本《册府》卷二〇《帝王部·功業門》顯德六年五月乙巳條、卷一一八《帝王部·親征門三》顯德六年五月乙巳條、卷一六七《帝王部·招懷門五》顯德六年五月條。今據補。　高彦暉：人名。薊州漁陽（今天津市薊州區）人。契丹、後周、宋初將領。傳見《宋史》卷二五五。

[3]凡得州三：“三”，《宋本册府》卷四四《帝王部·神武門》顯德六年五月條、明本《册府》卷二〇《帝王部·符瑞門》顯德六年五月乙巳條作“五”。三州當爲瀛、鄚、寧三州，五州則連後新設之雄、霸二州。

[4]一萬三千八百六十一：中華書局本作“一萬三千八百六十”，《宋本册府》卷四四《帝王部·神武門》、明本《册府》卷二〇《帝王部·符瑞門》作“一萬三千八百六十一”，今據改。

[5]虜界：中華書局本沿《輯本舊史》作“邊界”，有校勘記：“‘邊界’，《册府》卷二〇、卷四四、卷一一八作‘虜界’。”但未改。見《宋本册府》卷四四《帝王部·神武門》、明本《册府》卷二〇《帝王部·符瑞門》、卷一一八《帝王部·親征門三》。今據改。

[6]幽州：州名。治所在今北京市。

[7]定州：州名。治所在今河北定州市。　孫行友：人名。鄚州清苑（今河北保定市）人。孫方諫之弟。五代、宋初將領。傳見《宋史》卷二五三。

[8]易州：州名。治所在今河北易縣。

[9]李在欽：人名。籍貫不詳。契丹將領。事見《宋史》卷二

五三。

[10]己酉：中華書局本有校勘記："原作'乙酉'，據《通鑑》卷二九四改。按是月乙巳朔，無乙酉，己酉爲初五。"見《通鑑》卷二九四顯德六年五月己酉條。

[11]雄州：州名。治所在今河北雄縣。　以瓦橋關爲雄州：《舊五代史考異》："案《宋史·陳思讓傳》：得瓦橋關爲雄州，命思讓爲都部署，率兵戍守。"見《宋史》卷二六一《陳思讓傳》。

[12]霸州：州名。治所在河北霸州市。　以益津關爲霸州：《舊五代史考異》："案《宋史·韓令坤傳》：爲霸州都部署，率所部兵戍之。"見《宋史》卷二五一《韓令坤傳》。

[13]先鋒都指揮使：官名。先鋒，即先鋒部隊。都指揮使，爲所部統兵將領。　張藏英：人名。涿郡范陽（今河北涿州市）人。五代、宋初將領。傳見《宋史》卷二七一。　先鋒都指揮使張藏英敗胡騎數百於瓦橋關北："敗胡騎數百"，中華書局本沿《輯本舊史》作"破契丹數百騎"，乃忌清諱，今據明本《册府》卷四三五《將帥部·獻捷門二》顯德六年五月己酉條回改。

[14]固安縣：縣名。治所在今河北固安縣。

[15]濱：州名。治所在今山東濱州市。　棣：州名。治所在今山東惠民縣。

[16]侍衛都指揮使：官名。即侍衛親軍都指揮使。五代時侍衛親軍之長官，多爲皇帝親信。　土門：關隘名。即井陘關。位於今河北井陘縣北井陘山上。

[17]入河東界：中華書局本有校勘記："'河東'下原有'城'字，據殿本及本卷下文删。"

[18]車駕發雄州：《輯本舊史》之案語："《遼史》作五月辛未，周師退，與《薛史》異，《通鑑》從《薛史》作壬子。"見《通鑑》卷二九四顯德六年五月壬子條、《遼史》卷六《穆宗紀》應曆九年（959）五月辛未條。

[19]泉州：州名。治所在今福建泉州市。　留從効：人名。泉

州永春（今福建永春縣）人。五代十國藩鎮軍閥。閩國動亂之際割據泉、漳諸地，至北宋建立後歸降。傳見《宋史》卷四八三。　別駕：官名。唐代別駕，秩高俸厚，無具體職務。五代因唐制，府、州均置別駕。時以特恩授士人，時以犯過失的官員充任。上州從四品下，中州正五品下，下州從五品上。　黄禹錫：人名。籍貫不詳。留從効部下。事見《宋史》卷四八三《留從効傳》。“黄禹錫”，中華書局本有校勘記：“原作‘王禹錫’，據《册府》卷二三二、《宋史》卷四八三《留從効傳》改。按《册府》卷一六七載顯德六年六月賜留從効詔亦稱黄禹錫至省上表歸附。”見明本《册府》卷一六七《帝王部·招懷門五》顯德六年六月戊寅條、卷二三二《僭僞部·稱藩門》顯德六年五月壬子條，《宋史》卷四八三《留從効傳》。

［20］李景：即五代十國南唐元宗李璟。徐州（今江蘇徐州市）人。南唐烈祖李昪長子，南唐第二位皇帝。後削去帝號，改稱國主。傳見本書卷一三四、《新五代史》卷六二。

［21］西京：地名。治所在今河南洛陽市。

［22］太常卿：官名。太常寺長官。掌宗廟禮儀。正三品。　致仕：官員告老辭官。　司徒詡：人名。清河郡（今河北清河縣）人。五代後唐官員。傳見本書卷一二八。

［23］百井：地名。位於今山西陽曲縣東北十里柏井村。　破河東賊軍於百井，斬首二千級：明本《册府》卷四三五《將帥部·獻捷門二》作“敗河東賊軍五千餘人於北井路，斬二十餘級”。

［24］上至自雄州：《舊五代史考異》：“案《却掃編》：周世宗既定三關，遇疾而退，至澶淵遲留不行，雖宰輔近臣問疾者皆莫得見，中外洶懼。時張永德爲澶州節度使，永德尚周太祖之女，以親故，獨得至卧内，於是羣臣因永德言曰：‘天下未定，根本空虚，四方諸侯惟幸京師之有變。今澶、汴相去甚邇，不速歸以安人情，顧憚旦夕之勞，而遲回于此，如有不可諱，奈宗廟何！’永德然之，承間爲世宗言如羣臣旨，世宗問：‘誰使汝爲此言？’永德對以羣臣

之意皆願爲此，世宗熟視久之，歎曰：‘吾固知汝必爲人所教，獨不喻吾意哉！然觀汝之窮薄，惡足當此！’即日趣駕歸京師。”對《舊五代史考異》所引之《却掃編》“世宗熟視久之”，中華書局本有校勘記：“‘視’，原作‘思’，據孔本、《却掃編》卷上改。”

六月乙亥朔，潞州李筠奏，[1]攻下遼州，[2]獲僞刺史張丕旦。[3]丙子，以皇女薨輟朝三日。戊寅，鳳翔奏，[4]節度使李暉卒。[5]鄭州奏，[6]河決原武，[7]詔宣徽南院使吴廷祚發近縣丁夫二萬人以塞之。庚辰，命宣徽北院使昝居潤判開封府事。晋州節度使楊廷璋奏，[8]率兵入河東界，招降堡砦一十三所。癸未，立魏王符彦卿女爲皇后，[9]仍令所司擇日備禮册命。以皇長子宗訓爲特進、左衛上將軍，[10]封梁王；以第二子宗讓爲左驍衛上將軍，[11]封燕國公。賜江南進奉使李從善錢二萬貫，[12]絹二萬匹，銀一萬兩；賜兩浙進奉使吴延福錢三千貫，[13]絹五千匹，銀器三千兩。丁亥，以前青州節度使李洪義爲永興軍節度使，[14]永興軍節度使王彦超移鎮鳳翔。[15]戊子，潞州部送所獲遼州刺史張丕旦等二百四十五人以獻，詔釋之。己丑，宰臣范質、王溥並參知樞密院事。[16]以樞密使魏仁浦爲中書侍郎、平章事、集賢殿大學士，[17]依前充樞密使；以宣徽南院使吴廷祚爲樞密使，行左驍衛上將軍；[18]以宋州節度使、侍衛都虞候韓通爲侍衛親軍副都指揮使，[19]加檢校太尉、同平章事；[20]澶州節度使兼殿前都點檢、駙馬都尉張永德落軍職，[21]加檢校太尉、同平章事；以今上爲殿前都點檢，加檢校太傅，[22]依前忠武軍節度使。[23]帝之北征也，凡供軍之物，皆令自京遞送行在。一日，忽於遞中得一木，[24]長二三尺，如人之揭物者，其上卦全題云“點檢做”，[25]觀者莫測何物也。至是，今上始受點檢之命，明年春，果自此職以副人望，則“點檢做”之言乃神符也。辛卯，以宣徽北院使、判開封事昝居潤爲左領軍上將軍，[26]充宣徽南院使；以三司使、左領衛大將軍張美爲左監門衛上將軍，[27]充宣徽北院使，判三司。[28]癸巳，帝崩於萬歲殿，[29]聖壽三十九。甲午，宣遺制，梁王於柩前即皇帝位，[30]服紀月日，一依舊制。是日，羣臣奉梁王即位於殿東楹，中外發哀。其年八月，翰林學士、判太常寺事竇儼上謚曰睿武孝文皇帝，[31]廟號世宗。

[1]潞州：州名。治所在今山西長治市。　李筠：人名。并州太原（今山西太原市）人。五代、宋初將領，歷仕後唐至宋。傳見《宋史》卷四八四。

[2]遼州：州名。治所在今山西左權縣。

[3]張丕旦：人名。籍貫不詳。北漢將領。事見《宋史》卷四八四《李筠傳》。　獲僞刺史張丕旦：《輯本舊史》之案語：“《通鑑》作張丕。”“刺史”，中華書局本有校勘記：“‘刺史’，原作‘判史’，據殿本、劉本、孔本、《宋史》卷四八四《李筠傳》及本卷下文改。”見《通鑑》卷二九四顯德六年（959）六月乙亥條、《宋史》卷四八四《李筠傳》顯德六年條。

[4]鳳翔：方鎮名。治所在鳳翔府（今陝西鳳翔縣）。

[5]李暉：人名。瀛州束城（今河北河間市）人。五代將領。傳見本書卷一二九。

[6]鄭州：州名。治所在今河南鄭州市。

[7]原武：縣名。治所在今河南原陽縣。

[8]晉州：州名。治所在今山西臨汾市。　楊廷璋：人名。鎮州真定（今河北正定縣）人。淑妃楊氏弟，五代、宋初將領。傳見《宋史》卷二五五。　晉州節度使楊廷璋奏：《通鑑》卷二九四繫此事於顯德六年六月辛巳。

[9]符彦卿：人名。陳州宛丘（今河南淮陽縣）人。五代後周、宋初將領。後周世宗宣懿皇后、宋太宗懿德皇后，皆符彦卿之女。傳見《宋史》卷二五一。

[10]宗訓：人名。即柴宗訓。周世宗柴榮第四子。顯德六年（959）封梁王，不久即位。次年陳橋驛兵變，趙匡胤率兵回京，柴宗訓被迫禪位。後封鄭王。死後謚恭皇帝。紀見本書卷一二〇、《新五代史》卷一二。　特進：官名。西漢末期始置，授給列侯中地位較特殊者。隋唐時期，特進爲文散官，授給有聲望的文官。正二品。　左衛上將軍：官名。唐置十六衛之一，掌宫禁宿衛。從二品。　以皇長子宗訓爲特進、左衛上將軍：《舊五代史考異》："案：恭帝宗訓，《通鑑》注作第四子。《歐陽史》周家人傳，世宗子七人，長曰宜哥，次二皆未名，次曰恭皇帝，是亦以宗訓爲第四子也。是紀作皇長子，蓋宜哥與其二皆爲漢誅，指其現存者而長之耳。"《舊五代史考異》中之"《歐陽史》周家人傳"，中華書局本有校勘記："'周'，原作'漢'，據《新五代史》卷二〇《周世宗家人傳》改。"　"以皇長子宗訓爲特進"，中華書局本有校勘記："'皇'，原作'王'，據殿本、邵本、彭校、《舊五代史考異》引文、《通曆》卷一五改。"見《新五代史》卷二〇《周家人傳》、《通鑑》卷二九四顯德六年六月甲午條胡三省注。

[11]宗讓：人名。即柴宗讓。又作熙讓。後周世宗子。傳見本書卷一二二《周宗室列傳》、《新五代史》卷二〇《周世宗家人傳》。"宗讓"，《舊五代史考異》："案《歐陽史》作宗誼，《通鑑》從《薛史》作宗讓。"《舊五代史考異》中之"《通鑑》從《薛史》作宗讓"，中華書局本有校勘記："以上八字原闕，據孔本補。"見《新五代史》卷一二《周本紀十二》、《通鑑》卷二九四顯德六年六

月癸未條。　左驍衛上將軍：官名。掌宫禁宿衛。唐置十六衛之一，從二品。

［12］進奉使：官名。蕃國派遣向朝廷進奉的使者。　李從善：人名。南唐李景之子。南唐時封鄭王，累遷太尉、中書令，後李煜降，封南楚國公。事見《宋史》卷四七八。

［13］吴延福：人名。籍貫不詳。吴越國官員，曾任吴越國内外都指揮使、台州刺史、兩浙進奉使。事見本書卷一一四、《通鑑》卷二九一。

［14］李洪義：人名。一作“李弘義”。并州晋陽（今山西太原市）人。李洪信之弟，五代、宋初將領。傳見《宋史》卷二五二。

［15］永興軍：方鎮名。治所在京兆府（今陝西西安市）。　王彦超：人名。大名臨清（今河北臨西縣）人。五代、宋初將領。傳見《宋史》卷二五五。

［16］范質：人名。大名宗城（今河北威縣）人。後周、宋初宰相。傳見《宋史》卷二四九。　王溥：人名。并州祁（今山西祁縣）人。後周、宋初宰相。傳見《宋史》卷二四九。

［17］魏仁浦：人名。後周、宋初宰相。衛州汲（今河南衛輝市）人。傳見《宋史》卷二四九。“仁浦”，《輯本舊史》之影庫本粘籤：“原本作‘仁補’，今從《宋史》改正。”見《宋史》卷二四九《魏仁浦傳》。　中書侍郎：官名。中書省副長官。唐後期三省長官漸爲榮銜，中書侍郎、門下侍郎却因參議朝政而職位漸重，常常用爲以“同三品”或“同平章事”任宰相者的本官。正三品。　平章事：官名。簡稱“同平章事”。唐高宗以後，凡實際任宰相之職者，常在其本官後加同平章事的職銜。後成爲宰相專稱。後晋天福五年（940），升中書門下平章事爲正二品。　集賢殿大學士：官名。唐中葉置，位在學士之上，以宰相兼。掌修書之事。

［18］以宣徽南院使吴廷祚爲樞密使，行左驍衛上將軍：《舊五代史考異》：“案《歐陽史》：三月，吴廷祚爲左驍衛上將軍、樞密使，與《薛史》異，《通鑑》從《薛史》作六月。”見《新五代

史》卷一二《周本紀十二》顯德六年三月條、《通鑑》卷二九四顯德六年六月己丑條。

[19]侍衛都虞候：官名。即“侍衛親軍都虞候”。五代時期侍衛親軍的高級統率官，判六軍諸衛事。　韓通：人名。太原（今山西太原市）人。五代後漢、後周、宋初將領。傳見《宋史》卷四八四。　侍衛親軍副都指揮使：官名。五代時侍衛親軍副長官。多由皇帝親信擔任。

[20]檢校太尉：官名。爲散官或加官，以示恩寵，無實際執掌。太尉，與司徒、司空並爲三公。

[21]澶州：州名。唐、五代初，治所在河南清豐縣。後晉天福四年（939），移治於今河南濮陽縣。“澶州”，《輯本舊史》之影庫本粘籤：“原本作‘洹州’，今從《通鑑》改正。”見《通鑑》卷二九四顯德六年六月己丑條，亦見《宋史》卷二五四《張永德傳》。殿前都點檢：官名。五代後唐置，初稱大内都點檢，凡車駕行幸及出征則置。後周世宗顯德中選驍勇之士充殿前諸班，改稱殿前都點檢。　駙馬都尉：漢武帝始置，魏、晉以後公主夫婿多加此稱號。從五品下。　張永德：人名。并州陽曲（今山西陽曲縣）人。五代、宋初大將，頗受宋太祖、宋太宗信用。傳見《宋史》卷二五五。

[22]檢校太傅：官名。爲散官或加官，以示恩寵，無實際執掌。

[23]忠武軍：方鎮名。治所在陳州（今河南淮陽縣）。

[24]忽於遞中得一木：中華書局本有校勘記：“‘遞’，原作‘地’，據《通曆》卷一五改。《宋史》卷一《太祖紀一》敘其事云：‘世宗在道閲四方文書，得韋囊中有木三尺餘。’”

[25]其上卦全題云“點檢做”：中華書局本有校勘記：“‘卦’，《通曆》卷一五作‘封’。”

[26]左領軍上將軍：官名。即“左領軍衛上將軍”。掌宫禁宿衛。唐置十六衛之一，從二品。

[27]左監門衛上將軍：官名。掌宫禁宿衛。唐置十六衛之一，從二品。

[28]充宣徽北院使，判三司：《舊五代史考異》："案《東都事略·張美傳》：世宗師還，擢左領軍上將軍、宣徽北院使，與《薛史》微異。又云：美少爲三司小吏、澶州糧料使，世宗鎮澶州，每有求取，美悉力應之，及即位，連歲征討，糧餽無乏，美之力也。然每思澶州所爲，終不以公忠待之。""世宗師還"至"又云"，中華書局本有校勘記："以上二十三字原闕。據孔本補。"

[29]萬歲殿：後周開封城内宫殿。位於今河南開封市。　帝崩於萬歲殿：《舊五代史考異》："案《歐陽史》作滋德殿，與《薛史》異。《五代會要》《五代春秋》俱作萬歲殿，與《薛史》同。"見《會要》卷一《帝號》周世宗條、《五代春秋》周世宗顯德六年六月癸巳條、《新五代史》卷一二《周本紀十二》顯德六年六月癸巳條，亦見《通曆》卷一五。

[30]梁王：即柴宗訓。

[31]竇儼：人名。薊州漁陽（今天津市薊州區）人。五代、宋初大臣。傳見《宋史》卷二六三。

十一月壬寅朔，[1]葬於慶陵。宰臣魏仁浦撰謚册文，王溥撰哀册文云。[2]《永樂大典》卷八千九百八十四。[3]

[1]十一月壬寅朔：中華書局本有校勘記："'十一月'，原作'十二月'，據殿本、孔本、本書卷一二〇《周恭帝紀》、《通鑑》卷二九四改。按十一月壬寅朔，十二月壬申朔。"見《輯本舊史》卷一二〇《周恭帝紀》顯德六年（959）十一月壬寅條、《通鑑》卷二九四顯德六年十一月壬寅條。

[2]中華書局本沿《輯本舊史》在此後以小注形式引《五代史補》："世宗在民間，嘗與鄴中大商頡跌氏，忘其名，往江陵販賣茶

貨。至江陵，見有卜者王處士，其術如神，世宗因頡跌氏同往問焉。方布卦，忽有一蓍躍出，卓然而立，卜者大驚曰：‘吾家筮法十餘世矣，常記曾祖以來遺言，凡卜筮而蓍自躍而出者，其人貴不可言，況又卓立不倒，得非爲天下之主乎！’遽起再拜。世宗雖佯爲詰責，而私心甚喜。於逆旅中夜置酒，與頡跌氏半酣，戲曰：‘王處士以我當爲天子，若一旦到此，足下要何官，請言之。’頡跌氏曰：‘某三十年作估來，未有不由京洛者，每見税官坐而獲利，一日所獲，可以敵商賈數月，私心羨之。若大官爲天子，某願得京洛税院足矣。’世宗笑曰：‘何望之卑耶！’及承郭氏之後踐祚，頡跌猶在，召見，竟如初言以與之。　世宗之征東也，駐蹕於高平，劉崇兼契丹之衆來迎戰。時帥多持兩端，而王師不利。親軍帥樊愛能等各退衄，世宗赫怒，躍馬入陣，引五十人直衝崇之牙帳。崇方張樂飲酒，以示閑暇，及其奄至，莫不驚駭失次。世宗因以奮擊，遂敗之，追奔于城下。凱旋，駐蹕潞州，且欲出其不意以誅退衄者，乃置酒高會，指樊愛能等數人責之曰：‘汝輩皆累朝宿將，非不能用兵者也，然退衄者無他，誠欲將寡人作物貨賣與劉崇爾。不然，何寡人親戰而劉崇始敗耶？如此則卿等雖萬死不足以謝天下，宜其曲膝引頸以待斧誅。’言訖，命行刑壯士擒出，皆斬之。于是立功之士以次行賞，自行伍拔于軍厢者甚衆，其恩威並著，皆此類也。初，劉崇求援于契丹，得騎數千，及覩世宗兵少，悔之，曰：‘吾觀周師易與爾，契丹之衆宜勿用，但以我軍攻戰，自當萬全。如此則不惟破敵，亦足使契丹見而心服，一舉而有兩利，兵之機也。’諸將以爲然，乃使人謂契丹主將曰：‘柴氏與吾，主客之勢，不煩足下餘刃，敢請勒兵登高觀之可也。’契丹不知其謀，從之。洎世宗之陣也，三軍皆賈勇争進，無不一當百，契丹望而畏之，故不救而崇敗。論者曰：世宗患諸將之難制也久矣，思欲誅之，未有其釁，高平之役，可謂天假，故其斬決而無貸焉。自是姑息之政不行，朝廷始尊大，自非英主，其孰能爲之哉。　世宗既下江北，駐蹕於建安，以書召僞主。僞主惶恐，命鍾謨、李德明爲使以見世宗。德明素有詞辯，以利害説世宗使罷兵。世宗具知之，乃盛陳兵師，排旗幟戈戟，爲鹿頂道以湊御，然後引德明等入見。世宗謂之曰：'汝江南自以爲唐之後，衣冠禮樂世無比，何故與寡人隔一帶水，更不發一使奉書相問，惟泛海以通契丹，舍華事夷，禮將安在？今又聞汝以詞説寡人罷兵，是將寡人比六國時一羣癡漢，何不知人之甚也！汝慎勿言，當速歸報汝主，令徑來跪寡人兩拜，則無事矣。不然，則寡人須看金陵城，借府庫以犒軍，汝等得無悔乎！'於是德明等戰懼，不能措一辭，即日告歸。及見僞主，具陳世宗英烈之狀，恐非四方所能敵。僞主計無所出，遂上表服罪，且乞保江南之地，以奉宗廟，修職貢，其詞甚哀。世宗許之，因曰：'叛則征，服則懷，寡人之心也。'於是遣使者齎書安之，然後凱還。論者以世宗加兵於江南，不獨臨之以威，抑亦諭之以禮，可謂得大君之體矣。　陳摶，陝西人。能爲詩，數舉不第，慨然有塵外之趣，隱居華山，自是其名大振。世宗之在位也，以四方未服，思欲牢籠英傑，且以摶曾踐場屋，不得志而隱，必有奇才遠略，於是召到闕下，拜左拾遺。摶不就，堅乞歸山，世宗許之。未幾，賜之書：'敕陳摶：朕以汝高謝人寰，栖心物外，養太浩自然之氣，應少微處士之星，既不屈於王侯，遂高隱於岩壑，樂我中和之化，慶乎下武之期。而能遠涉山涂，暫來城闕，浹旬延遇，弘益居多，白雲暫駐於帝鄉，好爵難縻於達士。昔唐堯之至聖，有巢許爲外臣，朕雖寡薄，庶遵前鑒。恐山中所闕，已令華州刺史每事供須。乍反故山，履兹春序，緬懷高尚，當適所宜，故兹撫問，想宜知悉。'即陶穀之詞也。初，摶之被召，嘗爲詩一章云：'草澤吾皇詔，圖南摶姓陳。三峰十年客，四海一閑人。世態從來薄，詩情自得真。超然居物外，何必使爲臣。'好事者欣然謂之答詔詩。　世宗以張昭遠好古直，甚重之，因問曰：'朕欲一賢相，卿試爲言朝廷誰可？'昭遠對曰：'以臣所見，莫若李濤。'世宗常薄濤之爲人，聞昭遠之舉甚驚，曰：'李濤本非重厚，朕以爲無大臣體，卿首舉此何也？'昭遠曰：'陛下所聞止名行，曾不問才略如何耳。且濤事晋高祖，曾上疏論邠州節度使張彦澤蓄無君心，宜早圖之，不然則爲國患，晉祖不納。其後契丹南侵，彦澤果有中渡之變，晉社殲焉。先帝潛龍時，亦上疏請解其兵權，以備非常之變，少主不納，未幾先帝遂有天下。以國家安危未兆間，濤已先見，非賢而何？臣所以首舉之者，正爲此也。’世宗曰：‘今卿言甚公，然此人終不可于中書安置。’居無何，濤亦卒。濤爲人不拘禮法，與弟澣雖甚雍睦，然聚話之際，不典之言，往往間作。澣娶禮部尚書竇寧固之女，年甲稍長，成婚之夕，竇氏出參，濤輒望塵下拜。澣驚曰：‘大哥風狂耶？新婦參阿伯，豈有荅禮儀。’濤應曰：‘我不風，只將謂是親家母。’澣且慚且怒。既坐，竇氏復拜，濤又叉手當胸，作歇後語曰：‘慚無竇建，繆作梁山，喏喏喏！’時聞者莫不絶倒。凡濤於閨門之内，不存禮法也如此，世宗以爲無大臣體，不復任用，宜哉！　世宗志在四方，常恐運祚速而功業不就，以王朴精究術數，一旦從容問之曰：‘朕當得幾年？’對曰：‘陛下用心，以蒼生爲念，天高聽卑，自當蒙福。臣固陋，輒以所學推之，三十年後非所知也。’世宗喜曰：‘若如卿言，寡人當以十年開拓天下，十年養百姓，十年致太平，足矣。’其後自瓦橋關回戈，未到關而晏駕，計在位止及五年餘六箇月。五六乃三十之數也，蓋朴婉而言之。　世宗末年，大舉以取幽州。契丹聞其親征，君臣恐懼，沿邊城壘皆望風而下，凡蕃部之在幽州者，亦連宵遁去。車駕至瓦橋關，探邏是寔，甚喜，以爲大勳必集，登高阜，因以觀六師。頃之，有父老百餘輩持牛酒以獻，世宗問曰：‘此地何名？’對曰：‘歷世相傳，謂之病龍臺。’默然，遽上馬馳去。是夜，聖體不豫，翌日病亟，有詔回戈，未到關而晏駕。先是，世宗之在民間也，常夢神人以大傘見遺，色如鬱金，加《道經》一卷，其後遂有天下。及瓦橋不豫之際，復夢向之神人來索傘與經。夢中還之而驚起，謂近侍曰：‘吾夢不祥，豈非天命將去耶！’遂召大臣，戒以後事。初，幽州聞車駕將至，父老或有竊議曰：‘此不足憂，且天子姓柴，幽州爲燕地，燕者亦煙火之謂也。此柴入火不利之兆，安得成功？’卒如其言。”以上諸段中，“世宗赫怒”，中華書局本有校勘記：“‘怒’，原作‘然’，據殿本、孔本、《五代史補》卷五改。”“皆斬之”，中華書局本有校勘記：“‘皆’字原闕，據殿本、孔本、《五代史補》卷五補。”“世宗既下江北”，中華書局本有校勘記：“‘下’字上原有‘主’字，據殿本、劉本、孔本校、《五代史補》卷五删。”“世宗具知之”，中華書局本有校勘記：“‘具’，原作‘且’，據殿本、《五代史補》卷五改。”“爲鹿頂道以湊御”，中華書局本有校勘記：“‘鹿頂道’，原作‘門頃道’，據《五代史補》（四庫本）卷五改。”“曾不聞才略如何耳”，中華書局本有校勘記：“‘聞’，原作‘問’，據殿本、劉本、孔本、《五代史補》卷五改。”“臣所以首舉之者”，中華書局本有校勘記：“‘以’字原闕，據《五代史補》（顧校）卷五補。”“世宗之在民間也”，中華書局本有校勘記：“‘也’，原作‘已’，據《舊五代史考異》卷四、《五代史補》（顧校）卷五改。”見《五代史補》卷五世宗問卜、世宗誅高平敗將、世宗面諭江南使、世宗詔陳摶、世宗問相於張昭遠、世宗問王朴運祚、世宗上病龍臺等條。

[3]《大典》卷八九八四“周”字韻“世宗”事目（二）。

史臣曰：世宗頃在仄微，尤務韜晦，及天命有屬，嗣守鴻業，不日破高平之陣，[1]逾年復秦、鳳之封，[2]江北、燕南，取之如拾芥，神武雄略，乃一代之英主也。加以留心政事，朝夕不倦，摘伏辯姦，多得其理。臣下有過，必面折之，常言太祖養成二王之惡，[3]以致君臣之義，不保其終，故帝駕馭豪傑，失則明言之，功則厚賞之，文武參用，莫不服其明而懷其恩也。所以仙去之日，遠近號慕。然稟性傷於太察，用刑失於太峻，及事行之後，亦多自追悔。逮至末年，漸用寬典，知用兵之頻併，憫黎民之勞苦，蓋有意於康濟矣。而降年不永，美志不就，悲夫！《永樂大典》卷八千九百八十四。[4]

[1]高平：縣名。治所在今山西高平市。

[2]秦：州名。治所在今甘肅秦安縣。　鳳：州名。治所在今陝西鳳縣。

[3]太祖：即後周太祖郭威。邢州堯山（今河北隆堯縣）人。五代後周開國皇帝，廟號太祖。紀見本書卷一一〇至卷一一三、《新五代史》卷一一。　二王之惡：指王峻、王殷。二人爲後周將領，後居功自傲，被貶官。

[4]《大典》卷八九八四“周”字韻“世宗”事目（二）。

舊五代史　卷一二〇

周書十一

恭帝紀

恭帝，諱宗訓，世宗子也。[1]廣順三年歲在癸丑八月四日，[2]生於澶州之府第。[3]顯德六年六月癸未，制授特進、左衛上將軍，封梁王，食邑三千户，實封五百户。[4]癸巳，世宗崩。甲午，内出遺制，命帝柩前即皇帝位。[5]是日，羣臣奉帝即位而退。丁酉，北面兵馬都部署韓令坤奏，[6]敗契丹五百騎於霸州北。[7]戊戌，文武百僚、宰臣范質等上表請聽政，[8]表三上，允之。壬寅，文武臣僚上表，請以八月四日爲天壽節，從之。癸卯，以司徒、平章事范質爲山陵使，[9]以翰林學士、判太常寺事竇儼爲禮儀使，[10]以兵部尚書張昭爲鹵簿使，[11]以御史中丞邊歸讜爲儀仗使，[12]以宣徽南院使、判開封府事昝居潤爲橋道頓遞使。[13]是月，州郡十六奏大雨連旬不止。

[1]世宗：即後周世宗柴榮。　恭帝，諱宗訓，世宗子也：《舊五代史考異》："《五代會要》云：世宗後宮所生。《通鑑》注云世宗第四子也。《歐陽史》作：不知其母屬誰氏。今附識于此。"見《會要》卷一帝號條、《通鑑》卷二九四顯德六年六月甲午條胡三省注，《新五代史》卷一二《周恭帝紀》未記其母爲誰。此《考異》之"《通鑑》注云世宗第四子也"條，中華書局本有校勘記："以上十字原闕，據孔本補。"

[2]廣順：五代後周太祖郭威年號（951—953）。

[3]澶州：州名。唐、五代初，治所在河南清豐縣。後晋天福四年（939），移治於今河南濮陽縣。　"廣順三年"至"生於澶州之府第"：明本《册府》卷二《帝王部·聖誕門》同。

[4]顯德：五代後周太祖郭威年號（954）。世宗柴榮、恭帝柴宗訓沿用（954—960）。　特進：官名。西漢末期始置，授給列侯中地位較特殊者。隋唐時期，特進爲文散官，授給有聲望的文官。正二品。　左衛上將軍：官名。唐置，掌宮禁宿衛。唐代置十六衛，即左右衛、左右驍衛、左右武衛、左右威衛、左右領軍衛、左右金吾衛、左右監門衛、左右千牛衛。各置上將軍，從二品；大將軍，正三品；將軍，從三品。　食邑：即採邑，官員可以收其賦税自用的封地。　"顯德六年"至"實封五百户"：此事亦見明本《册府》卷一一《帝王部·繼統門三》，《册府》所記略簡。

[5]"甲午"至"即皇帝位"：此事亦見明本《册府》卷一一。又明本《册府》卷一五《帝王部·年號門》："恭帝以顯德六年六月甲午即位，不改元。"並有注："盡其年。"

[6]北面兵馬都部署：官名。爲臨時委任的軍區統帥。掌管行營屯戍、攻防等事務。　韓令坤：人名。磁州武安（今河北武安市）人。五代、宋初將領。傳見《宋史》卷二五一。

[7]契丹：古部族、政權名。公元4世紀中葉宇文部爲前燕攻破，始分離而成單獨的部落，自號契丹。唐貞觀中，置松漠都督府，以其首領爲都督。唐末强盛，916年迭剌部耶律阿保機建立契

丹國（遼）。先後與五代、北宋並立，保大五年（1125）爲金所滅。參見張正明《契丹史略》，中華書局1979年版。　霸州：州名。遼置。治所在今河北霸州市。

[8]范質：人名。大名宗城（今河北威縣）人。五代後周、北宋初宰相。傳見《宋史》卷二四九。

[9]司徒：官名。與太尉、司空並爲三公，唐後期、五代多爲大臣、勳貴加官。正一品。　平章事：官名。即“同中書門下平章事”。唐高宗以後，凡實際任宰相之職者，常在其本官後加同平章事的職銜。後成爲宰相專稱。後晋天福五年（940），升中書門下平章事爲正二品。　山陵使：官名。亦稱山陵儀仗使。唐貞觀中始置。掌議帝后陵寢制度、監造帝后陵寢。

[10]翰林學士：官名。由南北朝始設之學士發展而來，唐玄宗改翰林供奉爲翰林學士，備顧問，代王言，掌拜免將相、號令征伐等詔令的起草。　判太常寺事：官名。太常寺長官。太常寺，西漢始置。掌宗廟祭祀、禮樂及教育等。　竇儼：人名。薊州漁陽（今天津市薊州區）人。五代、宋初大臣。傳見《宋史》卷二六三。　禮儀使：官名。有重大禮儀事務則臨時置使，掌禮儀事務，事畢即停。

[11]兵部尚書：官名。尚書省兵部長官。掌兵衛、武選、車輦、甲械、厩牧之政令。正三品。　張昭：人名。世居濮州范縣（今河南范縣）。五代、宋初大臣。傳見《宋史》卷二六三。　鹵簿使：官名。掌帝后出行車駕儀仗。

[12]御史中丞：官名。如不置御史大夫，則爲御史臺長官。掌司法監察。正四品下。　邊歸讜：人名。幽州薊（今天津市薊州區）人。傳見《宋史》卷二六二。　儀仗使：官名。皇帝大駕出行時設置。非常設官，均由他官兼代。掌總儀仗事務。

[13]宣徽南院使：官名。唐始置。宣徽南院長官。初用宦官，五代以後改用士人。與宣徽北院使通掌内諸司及三班内侍之名籍，郊祀、朝會、宴享供帳之儀，檢視内外進奉名物。參見王永平《論

唐代宣徽使》，《中國史研究》1995年第1期；王孫盈政《再論唐代的宣徽使》，《中華文史論叢》2018年第3期。　開封府：府名。後周都城。治所在今河南開封市。　“判開封府事”，中華書局本有校勘記：“‘府’字原闕，據彭本、《新五代史》卷一二《周本紀》補。”　昝（zǎn）居潤：人名。博州高唐（今山東高唐縣）人。五代、宋初將領。傳見《宋史》卷二六二。　橋道頓遞使：官名。頓，即宿食之所。掌出行所經道路橋梁、安排食宿、運送禮儀器物等。臨時差遣，事畢即罷。

秋七月丁未，以户部尚書李濤爲山陵副使，[1]以度支郎中盧億爲山陵判官。[2]辛亥，左散騎常侍申文炳卒。[3]乙卯，右拾遺徐雄奪三任官，[4]坐誣奏雷澤縣令虚破户也。[5]丁巳，百僚釋服。尚輦奉御金彦英，[6]本東夷人也，奉使高麗，[7]稱臣於夷王，故及於罪。庚申，以邢州節度使王仁鎬爲襄州節度使，[8]進封開國公；以侍衛步軍都指揮使、曹州節度使、檢校太保袁彦爲陝州節度使，加檢校太傅；[9]以右羽林統軍、權知邢州事、檢校太保李繼勳爲邢州節度使，[10]加檢校太傅；以滑州留後、檢校太保陳思讓爲滄州節度使；[11]以侍衛馬軍都指揮使、陳州節度使、檢校太傅韓令坤爲侍衛馬步都虞候，[12]依前陳州節度使，加檢校太尉；[13]以龍捷左厢都指揮使、岳州防禦使、檢校司徒高懷德爲夔州節度使，[14]充侍衛馬軍都指揮使、檢校太保；以虎捷左厢都指揮使、常州防禦使、檢校司空張鐸爲遂州節度使，充侍衛步軍都指揮使、檢校太保，仍改名令鐸。[15]壬戌，以鄆州節度使、充侍衛馬步軍都指揮使、檢校太傅、兼侍中李重進爲淮南節度使、檢校太尉、兼侍中，[16]依前侍衛馬步軍都指揮使；以襄州節度使、檢校太尉、同平章事向拱爲河南尹，[17]充西京留守，[18]加檢校太師、兼侍中；[19]以宋州節度使、充侍衛馬步軍副都指揮使、檢校太尉、同平章事韓通爲鄆州節度使，[20]依前侍衛親軍馬步軍副都指揮使；[21]以澶州節度使、檢校太尉、同平章事、駙馬都尉張永德爲許州節度使，[22]進封開國公；以今上爲宋州節度使，依前檢校太尉、殿前都點檢，[23]進封開國候；以淮南節度使兼殿前副都點檢、檢校太保慕容延釗爲澶州節度使、檢校太傅，[24]依前殿前副都點檢，進封開國伯；以殿前都指揮使、江州防禦使、檢校司空石守信爲滑州節度使、檢校太保，[25]依前殿前都指揮使。丙寅，制大赦天下。[26]庚午，翰林學士、判太常寺竇儼撰進大行皇帝太室歌酌獻辭，舞曰定功之舞，[27]歌辭不録。是月，諸道相繼奏，大雨，所在川渠漲溢，漂溺廬舍，損害苗稼。

[1]户部尚書：官名。尚書省户部長官。掌管全國土地、户籍、賦税、財政收支諸事。正三品。“户部尚書”，《輯本舊史》之影庫本粘籤：“‘户部’，原本脱‘部’字，今據文增入。”《宋史》卷二六二《李濤傳》載：“周初，歷刑部、户部二尚書。世宗晏駕，爲山陵副使。”　李濤：人名。京兆萬年（今陝西西安市長安區）人。唐敬宗子郇王瑋後裔，後漢宰相。傳見《宋史》卷二六二。

[2]度支郎中：官名。尚書省户部度支司長官。掌判天下租賦、財利收入總額，計度和供給國家支出。從五品上。　盧億：人名。懷州河内（今河南沁陽市）人。五代、宋初大臣。傳見《宋史》

卷二六四。　山陵判官：官名。協助山陵使、副使處理帝后陵寢制度、監造帝后陵寢。

［3］左散騎常侍：官名。門下省屬官。掌侍奉規諷，備顧問應對。正三品下。　申文炳：人名。洛陽人。五代後唐、後晋、後漢、後周大臣。傳見本書卷一三一。

［4］右拾遺：官名。唐武則天於垂拱元年（685）置拾遺，分左、右。左拾遺隸門下省，右拾遺隸中書省，與左、右補闕共掌諷諫，大事廷議，小事則上封事。從八品上。　徐雄：人名。籍貫不詳。本書僅此一見。

［5］雷澤：縣名。治所在今山東菏澤市。　縣令：官名。爲縣的行政長官，掌治本縣。唐代之縣，分赤（京）、次赤、畿、次畿、望、緊、上、中、中下、下十等。縣令分六等，正五品上至從七品下。

［6］尚輦奉御：官名。掌朝會、祭祀時輿輦。從五品上。　金彦英：人名。東夷人。本書僅此一見。"金彦英"，中華書局本有校勘記："'金彦英'下邵本校有小注'案以下疑有闕文'七字。《册府》卷六六四敘其事云'金彦英本東夷人，爲尚輦奉御，奉使高麗，稱臣於夷王……決杖一百，配流商州'。"見明本《册府》卷六六四《奉使部·辱命門》。

［7］高麗：古國名。一爲高句麗。故地位於今中國東北地區及朝鮮半島北部。一爲王氏高麗。公元918年，後三國（即朝鮮新羅、後百濟、泰封）之一泰封國武將王建推翻其統治者弓裔，稱王，改國號高麗，都開京（今朝鮮開城市）。漸合併新羅、後百濟，重新統一朝鮮半島。參見〔朝〕鄭麟趾等《高麗史》，西南師範大學出版社2014年版；楊軍《高句麗民族與國家的形成和演變》，中國社會科學出版社2006年版。

［8］邢州：州名。治所在今河北邢臺市。　節度使：官名。唐時在重要地區所設掌握一州或數州軍政、民政、財政的長官。　王仁鎬：邢州龍岡（今河北邢臺市）人。五代、宋初將領。傳見《宋

史》卷二六一。　襄州：州名。治所在今湖北襄陽市。

[9]侍衛步軍都指揮使：官名。皇帝侍衛親軍步軍司最高長官。　曹州：州名。治所在今山東曹縣西北。　檢校太保：官名。爲散官或加官，以示恩寵，無實際執掌。　袁彦：人名。河中河東（今山西永濟市）人。五代、宋初將領。傳見《宋史》卷二六一。　陝州：州名。治所在今河南三門峽市陝州區。　檢校太傅：官名。爲散官或加官，以示恩寵，無實際執掌。

[10]右羽林統軍：官名。唐代右羽林軍統兵官。唐置六軍，分左右羽林，左右龍武，左右神武等，即“北衙六軍”。興元元年(784)，六軍各置統軍，以寵功勳臣。其品秩，《唐會要》卷七一、《舊唐書》卷一二記載爲“從二品”，《通鑑》卷二二九記載爲“從三品”。　李繼勳：人名。大名元城（今河北大名縣）人。五代、宋初將領，屢立戰功。傳見《宋史》卷二五四。

[11]滑州：州名。治所在今河南滑縣。　留後：官名。原非正式命官，唐朝節度使入朝或宰相、親王遥領節度使不臨鎮則置。安史之亂後，節度使多以子弟或親信爲留後，以代行節度使職務，亦有軍士、叛將自立爲留後者。掌一州或數州軍政。北宋始爲朝廷正式命官。　陳思讓：人名。幽州盧龍（今河北盧龍縣）人。五代、宋初將領。傳見《宋史》卷二六一。　滄州：州名。治所在今河北滄縣舊州鎮。

[12]侍衛馬軍都指揮使：官名。爲侍衛親軍馬軍司長官。後梁始置侍衛親軍，爲禁軍的一支，後唐沿置並成爲禁軍主力，下設馬軍、步軍。　陳州：州名。治所在今河南淮陽縣。　侍衛馬步都虞候：官名。五代侍衛親軍馬步軍統兵官，僅次於馬步軍都指揮使、副都指揮使。

[13]檢校太尉：官名。爲散官或加官，以示恩寵，無實際執掌。

[14]龍捷左廂都指揮使：官名。所部統兵將領。龍捷左廂爲部隊番號。　岳州：州名。治所在今湖南岳陽市。　防禦使：官名。

唐代始置，設有都防禦使、州防禦使兩種。常由刺史或觀察使兼任，實際上爲唐代後期州或方鎮的軍政長官。　檢校司徒：官名。爲散官或加官，以示恩寵，無實際執掌。　高懷德：人名。真定常山（今河北正定縣）人。高行周之子。五代、宋初將領。傳見《宋史》卷二五〇。　夔州：州名。治所在今重慶奉節縣。　“以龍捷左厢都指揮使”至“爲夔州節度使”：中華書局本有校勘記：“‘龍捷’，原作‘虎捷’，據《册府》卷九八七、《宋史》卷二五〇《高懷德傳》改。”《宋本册府》卷九八七《外臣部·征討門六》顯德六年（959）五月條載，以龍捷左厢主高懷德副陳思讓，爲世宗攻瓦橋關時事。《宋史》卷三五〇《高懷德傳》則明確記載，懷德從世宗征淮南，遷龍捷左厢都指揮使；恭帝嗣位，領寧江軍節度。時寧江軍屬後蜀，《宋史》所述更符合史實。

[15]虎捷左厢都指揮使：官名。虎捷左厢，禁軍番號。五代軍隊編制，五百人爲一指揮，設指揮使、副指揮使；十指揮爲一軍，設都指揮使、副都指揮使。　常州：州名。治所在今江蘇常州市。　檢校司空：官名。爲散官或加官，以示恩寵，無實際執掌。　張鐸：人名。即張令鐸，棣州人。五代、宋初將領，傳見《宋史》卷二五〇。　遂州：州名。治所在今四川遂寧市。　侍衛步軍都指揮使：官名。五代時皇帝親軍侍衛步軍司最高長官。　“常州防禦使”至“充侍衛步軍都指揮使”：中華書局本有校勘記：“以上二十六字原闕，據殿本、劉本、孔本補。”“仍改名令鐸”，《舊五代史考異》：“案《宋史·張令鐸傳》云：本名鐸，以與河中張鐸同姓名，故賜今名。”見《宋史》卷二五〇《張令鐸傳》。

[16]鄆州：州名。治所在今山東東平縣。　侍衛馬步軍都指揮使：官名。五代時侍衛親軍最高長官，多由皇帝親信擔任。　侍中：官名。秦始置。隋、唐前期爲門下省長官。唐後期多爲大臣加銜，不參與政務，實際職務由門下侍郎執行。正二品。　李重進：人名。滄州（今河北滄縣舊州鎮）人。五代後周將領。北宋建立後起兵反叛，兵敗身死。傳見《宋史》卷四八四。　淮南：方鎮名。

治所在揚州（今江蘇揚州市）。

［17］向拱：人名。又名向訓，懷州河内（今河南沁陽市）人。五代、宋初將領。避周恭帝諱改名向拱。傳見《宋史》卷二五五。“向拱”，《舊五代史考異》：“案：《通鑑》：向拱即向訓也，避恭帝名改焉。”見《通鑑》卷二九四顯德六年七月庚申條。《輯本舊史》之影庫本粘籤：“考《宋史·向拱傳》，拱本名訓，周恭帝時避御名改爲拱，今附識于此。”見《宋史》卷二五五《向拱傳》。　河南尹：官名。唐開元元年（713）改洛州爲河南府，治所在今河南洛陽市，由河南府尹總其政務。從三品。

［18］西京：地名。治所在今河南洛陽市。

［19］檢校太師：官名。爲散官或加官，以示恩寵，無實際執掌。

［20］宋州：州名。治所在今河南商丘市睢陽區。　侍衛馬步軍副都指揮使：官名。侍衛馬步軍副都指揮使的副職。“充侍衛馬步軍副都指揮使”，中華書局本有校勘記：“‘使’字原闕，據殿本、劉本、邵本校補。”　韓通：人名。并州太原（今山西太原市）人。後周將領。傳見《宋史》卷四八四。

［21］侍衛親軍馬步軍副都指揮使：官名。侍衛親軍馬步軍副都指揮使的副職。

［22］駙馬都尉：官名。漢武帝時始置，魏晋以後，公主夫婿多加此稱號。從五品下。　張永德：人名。并州陽曲（今山西陽曲縣）人。五代、宋初大將。頗受宋太祖、宋太宗信用。傳見《宋史》卷二五五。　許州：州名。治所在今河南許昌市。

［23］殿前都點檢：官名。五代後唐始置大内都點檢，凡車駕行幸及出征則置。後周世宗顯德中選驍勇之士充殿前諸班，改稱殿前都點檢。

［24］殿前副都點檢：官名。殿前都點檢的副職。　慕容延釗：人名。太原（今山西太原市）人。五代、北宋將領。傳見《宋史》卷二五一。

［25］殿前都指揮使：官名。五代後周世宗顯德中，選驍勇之士充殿前諸班。都指揮使爲殿前司長官之一，次於殿前都點檢、副都點檢。　江州：州名。治所在今江西九江市。　石守信：人名。開封浚儀（今河南開封）人。五代、宋初將領，傳見《宋史》卷二五〇。

［26］丙寅，制大赦天下：亦見明本《册府》卷九六《帝王部·赦宥門一五》。

［27］舞曰定功之舞：《輯本舊史》之影庫本粘籤："定功，原本作'空力'，今從《五代會要》改正。"見《會要》卷七廟樂條。明本《册府》卷五七〇《掌禮部·作樂門六》略簡。

八月甲戌朔，以光禄卿致仕柴守禮爲太子太保致仕。[1]乙亥，翰林學士兼判太常寺竇儼撰進大行皇帝尊謚曰睿武孝文皇帝，廟號世宗，從之。[2]庚辰，天下兵馬都元帥、守尚書令、兼中書令、吴越國王錢俶加食邑一千户，[3]實封四百户，改賜功臣。天雄軍節度使、檢校太師、守太傅、兼中書令、魏王符彦卿加守太尉；[4]夏州節度使、檢校太師、守太保、兼中書令、西平王李彝興加守太傅；[5]荆南節度使、檢校太師、守中書令、南平王高保融加守太保。[6]壬午，山陵使范質撰進大行皇帝陵名曰慶陵，從之。秦州節度使、西面沿邊都部署、檢校太師、守中書令、褒國公王景進封涼國公，[7]徐州節度使、檢校太師、兼中書令郭從義加開府儀同三司，[8]鄜州節度使、檢校太師、兼中書令、邢國公武行德進封宋國公，[9]永興軍節度使、檢校太師、兼侍中李洪義加開府儀同三司，[10]鳳翔節度使、檢校太尉、兼侍中王彦超加檢校太師，[11]潞州節度使、檢校太傅、兼侍中李筠加檢校太尉，[12]朗州節度使、檢校太尉、兼侍中周行逢加檢校太師。[13]甲申，壽州節度使、檢校太師、同平章事、韓國公楊信封魯國公。[14]邠州節度使、檢校太師劉重進，[15]廬州節度使、檢校太尉趙贊，[16]鄧州節度使、檢校太尉宋延渥，[17]並加開府儀同三司。涇州節度使、檢校太尉白重贊，[18]河中節度使、檢校太尉張鐸，[19]並加階爵。丙戌，易定節度使孫行友、靈州節度使馮繼業、府州節度使折德扆，[20]並自檢校太保加檢校太傅，進階爵。以延州留後、檢校太傅李萬全爲延州節度使，[21]進封開國公。庚寅，皇弟特進、檢校太保、左驍衛上將軍、燕國公、食邑三千户宗讓加檢校太傅，[22]進封曹王，改名熙讓；熙謹可光禄大夫、檢校太保、右武衛大將軍，[23]封紀王，食邑三千户；熙誨可金紫光禄大夫、檢校司徒、左領衛大將軍，[24]封蘄王，食邑三千户。制下，即令所司擇日備禮册命。以晋國長公主張氏爲晋國大長公主。[25]以前陜州節度使、檢校太尉藥元福爲曹州節度使，[26]進階爵。甲午，守司徒、同平章事、弘文館大學士、參知樞密院事范質加開府儀同三司，[27]進封蕭國公；門下侍郎兼禮部尚書、同平章事、監修國史、參知樞密院事王溥加右僕射，[28]進封開國公；樞密使、中書侍郎、同平章事、集賢殿大學士魏仁浦加兼刑部尚書，[29]依前樞密使；檢校太傅、左驍衛上將軍吴廷祚依前樞密使，[30]進封慶國公；以左武衛上將軍史佺爲左金吾上將軍致仕。[31]乙未，以隴州防禦使王全斌爲相州留後。[32]戊戌，宣徽南院使、判開封府事昝居潤，宣徽北院使、判三司張美，[33]並加檢校太傅。己亥，前司空李穀加開府儀同三司、趙國公。[34]以前太傅少卿朱渭爲太僕卿致仕。[35]辛丑，左金吾上將軍致仕史佺卒。壬寅，高麗國遣使朝貢，兼進《別序孝經》一卷、《越王孝經新義》八卷、《皇靈孝經》一卷、《孝經雌圖》三卷。[36]

[1]光禄卿：官名。南朝梁天監七年（508）改光禄勳置，隋唐沿置。掌宫殿門户、帳幕器物、百官朝會膳食等。從三品。　致仕：古代指高級官員退休。　柴守禮：人名。邢州堯山（今河北隆堯縣）人。後周太祖郭威皇后柴氏之兄，世宗柴榮生父。後周時官至太傅。傳見《新五代史》卷二〇。　太子太保：官名。與太子太師、太子太傅統稱太子三師。隋唐以後多作加官或贈官。從一品。

[2]“乙亥”至“從之”：明本《册府》卷三一《帝王部·奉先門四》：“八月，上世宗尊謚曰睿武孝文皇帝。”

[3]尚書令：官名。秦始置。隋、唐前期爲尚書省長官，與中書令、侍中並爲宰相。唐後期多爲大臣加銜，不參與政務。正二品。　中書令：官名。漢代始置，隋、唐前期爲中書省長官，屬宰相之職；唐後期多爲授予元勳大臣的虚銜。正二品。　錢俶：人名。原名錢弘俶，錢元瓘第九子，五代十國吴越末代君主。傳見本書卷一三三、《新五代史》卷六七。

[4]天雄軍：方鎮名。治所在魏州（今河北大名縣）。　太傅：官名。三師之一。始設於周代。掌佐天子、理陰陽、經邦弘化。唐後期、五代多爲大臣、勳貴加官。正一品。　符彦卿：人名。陳州宛丘（今河南淮陽縣）人。五代後周、宋初將領。後周世宗宣懿皇后、宋太宗懿德皇后，皆符彦卿之女。傳見《宋史》卷二五一。　太尉：官名。與司徒、司空並爲三公，唐後期、五代多爲大臣、勳

貴加官。正一品。

[5]夏州：州名。治所在今陝西靖邊縣。　太保：官名。與太師、太傅合稱三師，唐後期、五代多爲大臣、勳貴加官。正一品。　李彝興：人名。本名彝殷，党項族。夏州（今陝西靖邊縣）人。五代、宋初軍閥。傳見本書卷一三二、《宋史》卷四八五。

[6]荆南：又稱南平。五代十國之一。後梁開平元年（907）朱温命高季興爲荆南節度使，梁末帝時封季興爲渤海王。同光二年（924）受後唐封爲南平王。　高保融：人名。陝州硤石（今河南三門峽市陝州區硤石鄉）人。五代南平國王高從誨子，後漢乾祐元年（948）繼父位。傳見本書卷一三三《世襲列傳》、《新五代史》卷六九《南平世家》。

[7]秦州：州名。治所在今甘肅天水市。　西面沿邊都部署：官名。凡行軍征討，總管西面沿邊戰爭事務。　王景：人名。萊州掖（今山東萊州市）人。五代、宋初將領。傳見《宋史》卷二五二。

[8]徐州：州名。治所在今江蘇徐州市。　郭從義：人名。沙陀部人。五代、宋初大臣。傳見《宋史》卷二五二。　開府儀同三司：官名。魏晋始置，隋唐時爲散官之最高官階。多授功勳重臣。從一品。

[9]鄜州：州名。治所在今陝西富縣。　武行德：人名。并州榆次（今山西晋中市榆次區）人。五代、宋初將領。傳見《宋史》卷二五二。

[10]永興軍：方鎮名。治所在京兆府（今陝西西安市）。　李洪義：人名。原名李洪威，李洪信之弟。初，授護聖左廂都校、領岳州防禦使，遷侍衛馬軍都指揮使、領武信軍節度使。郭威起兵，以河橋降。避周太祖諱，改名洪義。宋初，加兼中書令，移鄜州。卒，贈太師。傳見《宋史》卷二五二。

[11]鳳翔：方鎮名。治所在鳳翔府（今陝西鳳翔縣）。　王彦超：人名。大名臨清（今河北臨西縣）人。五代、宋初將領。傳見

《宋史》卷二五五。“王彦超”，中華書局本沿《輯本舊史》作“郭崇”，並有校勘記：“本書卷一一九《周世宗紀六》：‘（顯德六年）永興軍節度使王彦超移鎮鳳翔。’《宋史》卷二五五《王彦超傳》作：‘宋初，加兼中書令，代還’，時鎮鳳翔者係王彦超。《宋史》卷二五五《郭崇傳》未記其嘗歷鳳翔。朱玉龍《方鎮表》：《舊史》‘郭崇’云云，或以制詞割裂脱漏而誤。”但未改。《輯本舊史》卷一一九顯德六年（959）六月丁亥條載“永興軍節度使王彦超移鎮鳳翔”。《宋史》卷二五五《王彦超傳》亦載“六年夏，移鎮鳳翔”。今據改。

［12］潞州：州名。治所在今山西長治市。　李筠：人名。并州太原（今山西太原市）人。五代、宋初將領。傳見《宋史》卷四八四。

［13］朗州：州名。治所在今湖南常德市。《輯本舊史》之影庫本粘籤：“‘朗州’，原本作‘狼州’，今從《十國春秋》改正。”見《十國春秋》卷七〇《楚書・周行逢傳》。但《十國春秋》爲清人吴任臣所作。朗州五代多見，狼州未見。《輯本舊史》卷一一六《周世宗紀三》顯德三年七月辛卯條載：“以周行逢爲朗州大都督，充武平軍節度使。”爲更有力之證據。　周行逢：人名。朗州武陵（今湖南常德市武陵區）人。五代藩鎮軍閥。傳見《新五代史》卷六六。

［14］壽州：州名。治所在今安徽壽縣。　楊信：人名。即楊承信。沙陀部人。五代將領楊光遠第三子。五代後晋至宋朝官員。傳見《宋史》卷二五二。

［15］邠州：州名。治所在今陝西彬縣。　劉重進：人名。本名晏僧。幽州人（今北京市）。五代、宋初將領。傳見《宋史》卷二六一。

［16］廬州：州名。治所在今安徽合肥市。　趙贊：人名。幽州薊（今北京市）人。五代後唐、遼朝將領趙延壽之子。五代後唐至宋初將領。傳見《宋史》卷二五四。

［17］鄧州：州名。治所在今河南鄧州市。　宋延渥：人名。洛陽（今河南洛陽市）人。五代、宋初將領，後漢高祖劉知遠婿。入宋後改名偓。傳見《宋史》卷二五五《宋偓傳》。

［18］涇州：州名。治所在今甘肅涇川縣。　白重贊：人名。沙陀族，憲州樓煩（今山西婁煩縣）人。五代、宋初將領。傳見《宋史》卷二六一。

［19］河中：府名。治所在今山西永濟市蒲州鎮。

［20］易定：即易州與定州。易州，治所在今河北易縣。定州，治所在今河北定州市。　孫行友：人名。鄚州清苑（今河北保定市）人。孫方諫之弟。五代、宋初將領。傳見《宋史》卷二五三。“孫行友”，《輯本舊史》之影庫本粘籤：“行友，原本作‘行支’今從《宋史》改正。”見《宋史》卷二五三《孫行友傳》。　靈州：州名。治所在今寧夏吴忠市。　馮繼業：人名。大名（今河北大名縣）人。馮暉之子。五代、宋初將領。傳見《宋史》卷二五三。　府州：州名。治所在今陝西府谷縣。　折德扆：人名。党項族。五代、宋初將領。折從阮之子。傳見《宋史》卷二五三。

［21］延州：州名。治所在今陝西延安市。　李萬全：人名。吐谷渾部人。五代、宋初將領，傳見《宋史》卷二六一。

［22］左驍衛上將軍：官名。唐代置十六衛，左驍衛爲其一，掌宫禁宿衛。從二品。“左驍衛上將軍”，中華書局本有校勘記：“‘驍’，原作‘饒’，據殿本、劉本、邵本改。”　宗讓：人名。即柴宗讓。後改名爲熙讓。後周世宗子。傳見本書卷一二二《周宗室列傳》、《新五代史》卷二〇《周世宗家人傳八》。

［23］熙謹：即柴熙謹。周世宗柴榮子，北宋乾德二年（964）卒。傳見本書卷一二二《周宗室列傳》。　光禄大夫：官名。唐五代文散官。從二品。　右武衛大將軍：官名。唐置，掌宫禁宿衛。唐十六衛之一。正三品。

［24］熙誨：即柴熙誨。周世宗柴榮子，北宋乾德二年卒。傳見本書卷一二二《周宗室列傳》。“熙誨”，中華書局本有校勘記：

“‘熙誨’上原有‘皇弟’二字，按殿本、邵本、《通鑑》卷二九四、《新五代史》卷一二《周本紀》及本卷上下文删。影庫本粘籤：“‘熙誨’二字原本疑衍‘皇弟’二字，今無别本可校，姑仍其舊。”《新五代史》卷二〇《周世宗家人傳八》世宗七子條明言熙誨爲世宗第七子。　金紫光禄大夫：官名。本兩漢光禄大夫。魏晋以後，光禄大夫之位重者，加金章紫綬，因稱金紫光禄大夫。北周、隋爲散官。唐貞觀後列入文散官。正三品。　左領衛大將軍：官名。即“左領軍衛大將軍”。唐置，掌宫禁宿衛。唐代十六衛之一，正三品。

[25]張氏：人名。郭威第四女壽安公主。後降張永德，廣順元年（951）四月封，至顯德元年（954），封晋國長公主。事見本書卷一一四。

[26]藥元福：人名。晋陽（今山西太原市）人。五代後唐至宋初將領。傳見《宋史》卷二五四。

[27]弘文館大學士：官名。宋敏求《春明退朝録》：“唐制，宰相四人，首相爲太清宫使，次三相皆帶館職，洪正字犯宣祖廟諱。文館大學士、監修國史、集賢殿大學士，以此爲次序。”

[28]門下侍郎：官名。門下省次官，常加“同中書門下平章事”銜爲宰相。正二品。　禮部尚書：官名。尚書省禮部長官。掌禮儀、祭享、貢舉之政。正三品。　監修國史：官名。北齊始置於史館，以宰相爲之。唐宋史館沿置，爲宰相兼職。唐制，宰相四人中，首相兼太清宫使，次三相依次兼弘文館大學士、監修國史、集賢殿大學士。　王溥：人名。并州祁（今山西祁縣）人。後周、宋初宰相。傳見《宋史》卷二四九。　右僕射：官名。唐後期多爲大臣加銜。從二品。

[29]樞密使：官名。樞密院長官。唐代宗時始以宦官掌機密，至昭宗時借朱温之力盡誅宦官，始改以士人任樞密使。備顧問，參謀議，出納詔奏，權侔宰相。參見李全德《唐宋變革期樞密院研究》，國家圖書館出版社2009年版。　中書侍郎：官名。中書省副

長官。唐後期三省長官漸爲榮銜，中書侍郎、門下侍郎却因參議朝政而職位漸重，常常用爲以“同三品”或“同平章事”任宰相者的本官。正三品。　集賢殿大學士：官名。唐中葉置，位在學士之上，以宰相兼。掌修書之事。　魏仁浦：人名。後周、宋初宰相。衛州汲（今河南衛輝市）人。傳見《宋史》卷二四九。　刑部尚書：官名。尚書省刑部長官。掌天下刑法及徒隸、勾覆、關禁之政令。正三品。

[30]吴廷祚：并州太原（今山西太原市）人。後周、宋初將領。傳見《宋史》卷二五七。　左驍衛上將軍：中華書局本有校勘記：“‘左’，原作‘右’，據本書卷一一九《周世宗紀六》、《宋史》卷二五七《吴廷祚傳》改。”見本書上卷顯德六年六月戊寅條。

[31]左武衛上將軍：官名。唐置，掌宫禁宿衛。唐代置十六衛之一，從二品。　史佺：人名。籍貫不詳。五代將領。事見本書本卷。　左金吾上將軍：官名。唐置十六衛之一。掌宫禁宿衛。從二品。

[32]隴州：州名。治所在今陝西隴縣。　王全斌：人名。并州太原（今山西太原市）人。五代、北宋將領。傳見《宋史》卷二五五。　相州：州名。治所在今河南安陽市。

[33]宣徽北院使：官名。唐始置。宣徽北院長官。初用宦官，五代以後改用士人。與宣徽南院使通掌内諸司及三班内侍之名籍，郊祀、朝會、宴享供帳之儀，檢視内外進奉名物。參見王永平《論唐代宣徽使》，《中國史研究》1995 年第 1 期；王孫盈政《再論唐代的宣徽使》，《中華文史論叢》2018 年第 3 期。　判三司：官名。通掌鹽鐵、度支、户部三個部門事務。爲三司使之起始。　張美：人名。貝州清河（今河北清河縣）人。五代、宋初大臣。傳見《宋史》卷二五九。

[34]司空：官名。與太尉、司徒並爲三公，唐後期、五代多爲大臣、勳貴加官。正一品。　李穀：人名。潁州汝陰（今安徽阜陽市）。五代後周宰相。傳見《宋史》卷二六二。

［35］太傅少卿：官名。應爲“太僕少卿”。北魏始置。太僕卿副貳，太僕寺次官。佐太僕卿掌車馬及牲畜之政令。從四品上。中華書局本有校勘記：“‘傅’，疑爲‘僕’字之訛。”　朱渭：人名。籍貫、事跡不詳。本書僅此一見。　太僕卿：官名。漢代始置，太僕寺長官，掌御用車馬及國家畜牧事宜。從三品。

［36］“壬寅”至“《孝經雌圖》三卷”：“《越王孝經新義》八卷”，中華書局本有校勘記：“‘八卷’，原作‘一卷’，據殿本、孔本、《五代會要》卷三〇、《册府》卷九七二、《新五代史》卷七四《四夷附録》改。’”見《會要》卷三〇高麗條、《宋本册府》卷九七二《外臣部・朝貢門》。《舊五代史考異》：“案：《文昌雜録》云：《別序》者，記孔子所生及弟子從學之事。《新義》者，以越王爲問目，釋疏文之義。《皇靈》者，止説延年避災之事及符文，乃道書也。《雌圖》者，止説日之環暈，星之彗孛，亦非奇書。又《孝經雌圖》三卷，《歐陽史》作一卷。”見《新五代史》卷一二《周恭帝紀》。《輯本舊史》之影庫本粘籤：“考《文昌雜録》云：《別敘孝經》者，紀孔子生卒之年月；《越王孝經新義》者，以越王爲問答；《皇靈孝經》言五德之運；《孝經雌圖》兼及壬遁之術。皆無當於經義，謹附識于此。”

九月壬子，前滄州留後李彦頵卒。[1]乙卯，高麗國王王昭加檢校太師，[2]食邑三千户。丙辰，以三司副使王贊爲内客省使兼北面諸州水陸轉運使。[3]癸亥，前開封縣令路延規除名，[4]流沙門島。[5]先是，延規有過停任，有司召延規宣勑，延規拒命，[6]爲憲司所按，故有是命。甲子，以端明殿學士、禮部侍郎竇儀爲兵部侍郎充職；[7]以尚書户部員外郎、直樞密院杜韡爲司門郎中，[8]充樞密直學士，[9]賜紫；[10]以翰林學士、尚書度支員外郎王著爲金部郎中、知制誥充職，[11]仍賜金紫。是日，翰林學士、尚書屯田郎中、知制誥李昉，[12]都官郎中、知制誥扈蒙，[13]水部郎中、知制誥趙逢，[14]並加柱國，賜金紫。乙丑，兵部尚書張昭進封舒國公，[15]户部尚書李濤進封莒國公。以太子詹事劉温叟爲工部侍郎，[16]判國子祭酒事。[17]是月，京師及諸州郡霖雨踰旬，[18]所在水潦爲患，川渠泛溢。

[1]李彦頵：人名。太原（今山西太原市）人。後周官員。傳見本書卷一二九。

[2]高麗國王：中華書局本沿《輯本舊史》作“高麗王”，《輯本舊史》上卷《世宗紀六》顯德六年（959）正月壬子條載“高麗國王王昭遣使貢方物”。明本《册府》卷九六五《外臣部·封册門三》作“高麗國國王”，今據補。　王昭：人名。高麗王朝第四任君主。高麗太祖王建第四子、惠宗王武弟。乾祐二年（949）受禪即位，廣順三年（953）被後周册封爲高麗國王。死後廟號光宗。參見〔朝〕鄭麟趾等撰《高麗史》卷二，西南師範大學出版社2014年版。

[3]三司副使：官名。三司副長官。五代後唐明宗天成元年（926）將晚唐以來的户部、度支、鹽鐵三部合爲一職，設三司使統之。　王贊：人名。澶州觀城（今河南清豐縣）人。後周至宋初將領。傳見《宋史》卷二七四。　内客省使：官名。中書省内客省長官。　北面諸州水陸轉運使：官名。掌北面諸州水陸轉運賦税諸事。爲差遣職事。

[4]開封縣：縣名。治所在今河南開封市祥符區。　路延規：人名。籍貫、事跡不詳。本書僅此一見。“路延規”，中華書局本有校勘記：“《册府》卷七〇七作‘駱延規’”。見《宋本册府》卷七〇七《令長部·黜責門》。

[5]沙門島：地名。在今山東長島縣西北廟島，一説大黑山島。

[6]延規拒命：中華書局本有校勘記："'延規'二字原闕，據殿本、孔本、《册府》卷七〇七補。"

[7]端明殿學士：官名。後唐明宗始置，以翰林學士充任，負責誦讀四方書奏。　禮部侍郎：官名。尚書省禮部次官。協助禮部尚書掌禮儀、祭享、貢舉之政。正四品下。　竇儀：人名。薊州漁陽（今天津市薊州區）人。五代、宋初大臣。傳見《宋史》卷二六三。　兵部侍郎：官名。尚書省兵部次官。協助兵部尚書掌武官銓選、勳階、考課之政。正四品下。

[8]尚書户部員外郎：官名。協助户部郎中處理户部事務。正六品。　直樞密院：官名。五代後唐置，莊宗同光二年（924）將崇政院復舊爲樞密院，以宰臣兼樞密使，置直樞密院一人，主持日常事務。　杜韡（wěi）：人名。籍貫不詳。五代、宋初官員。本書僅此一見。"杜韡"，中華書局本有校勘記："'杜韡'，原作'杜華'，據孔本改。按《長編》卷三：'樞密直學士、司門郎中安平杜韡，美風儀，工尺牘。仕周世宗，居近職。'《全唐文補編》卷一〇五《大周推誠翊戴功臣金紫光禄大夫檢校司徒使持節衛州諸軍事衛州刺史兼御史大夫上柱國太原縣開國男食邑三百户郭公屏盜碑》署'朝請大夫行右補闕柱國杜韡奉敕撰'，疑即其人。"　司門郎中：官名。唐武德三年（620）改司門郎而置，爲尚書省刑部司門司長官。掌司事。正五品上。

[9]樞密直學士：官名。五代後唐莊宗同光元年，改直崇政院置，選有政術、文學者充任。備顧問應對。

[10]賜紫：皇帝頒賜紫色官服。唐代官員三品以上服紫。特殊情況下，京官散階未及三品者可以賜紫，以示尊寵。

[11]尚書度支員外郎：官名。"尚書省户部度支司員外郎"的簡稱。爲郎中的副職，協助負責度支司事務。從六品上。　王著：人名。單州單父（今山東單縣）人。後周至宋初官員。傳見《宋史》卷二六九。　金部郎中：官名。掌天下庫藏財帛出納之事，頒

其節制，司其簿領。從五品上。　知制誥：官名。掌起草皇帝的詔、誥之事，原爲中書舍人之職。唐開元末置學士院，翰林學士入院一年，則加知制誥銜，專掌任免宰相、册立太子、宣布征伐等特殊詔令，稱爲内制。而中書舍人所撰擬的詔敕稱爲外制。兩種官員總稱兩制官。

[12]尚書屯田郎中：官名。掌全國屯田及京城文武職田、諸司公廨田等。從五品上。　李昉：人名。深州饒陽（今河北饒陽縣）人。五代、宋初大臣，歷仕後晋至宋。傳見《宋史》卷二六五。

[13]都官郎中：官名。尚書省刑部都官司長官。掌徒刑流放配隸等事。從五品上。　扈蒙：人名。幽州安次（今河北廊坊市安次區）人。後晋進士。後晋至宋初官員。傳見《宋史》卷二六九。

[14]水部郎中：官名。尚書省屬官。位在侍郎之下、員外郎之上。掌天下川瀆陂池之政令，以導達溝洫、堰決河渠。凡舟楫溉灌之利，咸總而舉之。從五品上。　趙逢：人名。嬀州懷戎（今河北懷來縣）人。後漢、宋初官員。傳見《宋史》卷二七〇。

[15]封舒國公：中華書局本有校勘記："'封'字原闕，據殿本、劉本、孔本校、邵本校、彭校補。"

[16]太子詹事：官名。掌領太子之詹事府，爲太子官屬之長。正三品。　劉温叟：人名。洛陽（今河南洛陽市）人。五代後唐至宋初官員。傳見《宋史》卷二六二。　工部侍郎：官名。尚書省工部次官。協助尚書掌管百工、山澤、水土之政令，考其功以昭賞罰，總所統各司之事。正四品下。

[17]國子祭酒：官名。古代國子學或太學長官。晋武帝司馬炎始置。掌邦國儒學訓導之政令，領太學、國子學及國子監所屬各學。從三品。

[18]京師：即後周都城開封（今河南開封市）。

冬十月癸酉朔，以司農卿致仕李鍇爲太僕卿致仕，[1]太常少卿致仕姚遂爲將作監致仕。[2]丁亥，太子太師薛懷讓封杞國公。[3]壬辰，翰林學士、判太常寺事竇儼撰進貞惠皇后廟歌辭。[4]丁酉，世宗皇帝靈駕發引。戊戌，以前相州留後王暉爲右神武統軍。[5]辛丑，江南國主李景來告，[6]世子弘冀卒，[7]遣御厨使張延範充弔祭使。[8]

[1]司農卿：官名。司農寺長官。掌國家之農耕、倉儲以及宮廷百官供應。從三品。　李鍇：人名。籍貫不詳。五代後晋至後周官員。事見本書卷八四。

[2]太常少卿：官名。太常寺次官。佐太常卿掌宗廟、祭祀、禮樂及教育等。正四品上。　姚遂：人名。籍貫不詳。本書僅此一見。　將作監：官名。秦代設將作少府，唐代改將作監，其長官即爲將作監。掌宮廷器物置辦及宮室修建事宜。從三品。

[3]太子太師：官名。與太子太傅、太子太保統稱太子三師。隋唐以後多作加官或贈官。從一品。　薛懷讓：人名。祖先爲戎人，徙居太原（今山西太原市）。五代、宋初將領。傳見《宋史》卷二五四。

[4]貞惠皇后：即後周世宗貞惠皇后劉氏。籍貫不詳。後漢乾祐三年（950）被隱帝誅殺。郭威即位後追册彭城郡夫人。傳見本書卷一二一《周后妃列傳》、《新五代史》卷二〇《周世宗家人傳》。“貞惠”，《輯本舊史》之影庫本粘籤：“貞惠，原本作‘德惠’，今從《歐陽史》改正。”見《新五代史》卷一二《周本紀》。

[5]王暉：人名。太原（今山西太原市）人。性吝嗇，家資頗富，縱部曲貪求財物，百姓備受其苦。後周世宗以爲先朝功臣之後代，知而不問，爲右神武統軍。建隆四年（963），以右領軍衛上將軍。傳見《宋史》卷二六一。　右神武統軍：官名。唐代右神武軍統兵官。唐置六軍，分左右羽林，左右龍武，左右神武等，即“北

銜六軍”。興元元年（784），六軍各置統軍，以寵功勳臣。其品秩，《唐會要》卷七一、《舊唐書》卷一二記載爲“從二品”，《通鑑》卷二二九記載爲“從三品”。

[6]李景：人名。初名景通，後改名璟，又避後周諱改爲景，五代南唐國主李昪長子。942年李昪去世後，繼位稱帝。後期在後周世宗進攻下，盡失江北十四州，被迫削帝號，稱臣於後周，晚年又遷都於南昌。傳見本書卷一三四、《新五代史》卷六二。

[7]弘冀：人名。即李弘冀。李景長子。五代南唐將領。南唐中興元年（958）立爲太子。謚號文獻，有《文獻太子詩集》。事見《十國春秋》卷一九。

[8]御厨使：官名。唐始置，以宦官充任，掌皇帝膳食之事。 張延範：人名。籍貫不詳。南唐大臣。事見《十國春秋》卷一六。 弔祭使：使職名。唐玄宗時始置。弔祭周邊少數族政權首領及封疆大吏亡故之使臣，

十一月壬寅朔，葬世宗皇帝於慶陵，以貞惠皇后劉氏祔焉。戊申，西京奏，太子太師致仕白文珂卒。[1]丙辰，日南至，百僚奉表稱賀。戊午，廢兖州廣利軍，依舊爲萊蕪監。[2]壬戌，升鳳州固鎮爲雄勝軍。[3]丙寅，左羽林統軍馬希崇。[4]

[1]慶陵：陵墓名。位於今河南新鄭市。 白文珂：人名。太原（今山西太原市）人。王章岳父，後漢隱帝時宰相。傳見本書卷一二四。

[2]兖州：州名。治所在今山東濟寧市兖州區。 廣利軍：方鎮名。治所在兖州（今山東濟寧市兖州區）。宋初廢。 萊蕪監：官署名。後周置。主鐵冶。治今山東萊蕪市。

[3]鳳州：州名。治所在今陝西鳳縣。 固鎮：地名。位於今

甘肅徽縣。　雄勝軍：方鎮名。治所在固鎮（今甘肅徽縣）。

[4]左羽林統軍：官名。唐代左羽林軍統兵官。唐置六軍，分左右羽林，左右龍武，左右神武等，即“北衙六軍”。興元元年(784)，六軍各置統軍，以寵功勳臣。其品秩，《唐會要》卷七一、《舊唐書》卷一二記載爲“從二品”，《通鑑》卷二二九記載爲“從三品”。　馬希崇：人名。五代十國南楚君主，南楚武穆王馬殷之子。因馬希萼不恤政事，爲衆將擁立取而代之，後以國政紊亂降於南唐。事見《新五代史》卷六六。“左羽林統軍馬希崇”，《輯本舊史》之案語：“原本有脱誤。”查諸書，該年未見有馬希崇記事。又，《宋本册府》卷九七二《外臣部·朝貢門五》該月載“高麗復遣使貢銅五萬斤，紫、白水精各二千顆”。

十二月壬申朔，史館奏，請差官修撰世宗實録，從之。甲戌，改萬歲殿爲紫宸殿。[1]甲午，西京奏，左屯衛上將軍致仕李萼卒。[2]乙未，大霖，晝昏，凡四日而止，分命使臣賑給諸州遭水人户。

[1]萬歲殿：後梁、後漢、後周東京開封城内宫殿。　甲戌，改萬歲殿爲紫宸殿：亦見明本《册府》卷一四《帝王部·都邑門二》。

[2]左屯衛上將軍：官名。唐置，掌宫禁宿衛。唐代十六衛之一，從二品。左屯衛，隋置。唐龍朔二年（662）改名爲左威衛。五代後周廣順二年（952）復名左屯衛。宋代存其名而無職司。　李萼：人名。籍貫不詳。後周將領。傳見本書附録。

顯德七年春正月辛丑朔，文武百僚進名奉賀。鎮、定二州馳奏，[1]契丹入寇，河東賊軍自土門東下，[2]與蕃寇合勢，詔今上率兵北征。癸卯，發京師，是夕宿於陳橋驛。[3]未曙，軍變，將士大譟呼萬歲，擐甲將刃，推戴今上升大位，扶策升馬，擁迫南行。是日，詔曰："天生蒸民，樹之司牧，二帝推公而禪位，三王乘時以革命，其極一也。予末小子，遭家不造，人心已去，國命有歸。咨爾歸德軍節度使、殿前都點檢趙，[4]禀上聖之姿，有神武之略，佐我高祖，[5]格于皇天，逮事世宗，功存納麓，東征西怨，厥績懋焉。天地鬼神，享於有德，謳謡獄訟，附于至仁，應天順民，法堯禪舜，如釋重負，予其作賓，嗚呼欽哉，祗畏天命。"今上於是詣崇元殿受命，百官朝賀而退。[6]制封周帝爲鄭王，[7]以奉周祀，正朔服色一如舊制，奉皇太后爲周太后。[8]皇朝開寶六年春，[9]崩于房陵。[10]今上聞之震慟，發哀成服於便殿，百僚進名奉慰。尋遣中使監護其喪。[11]以其年十月，歸葬于世宗慶陵之側。詔有司定謚曰恭皇帝，陵曰順陵。[12]《永樂大典》卷八千九百八十九。[13]

[1]鎮：州名。治所在今河北正定縣。　定：州名。治所在今河北定州市。

[2]河東：此處代指北漢。　土門：關隘名。即井陘關。位於今河北井陘縣北井陘山上。

[3]陳橋驛：地名。位於今河南封丘縣東南部。

[4]歸德軍：方鎮名。治所在宋州（今河南商丘市睢陽區）。本後梁宣武軍，後唐改名歸德軍。　殿前都點檢趙：《輯本舊史》之案語："原空二字。"中華書局本有校勘記："'殿'字原闕，據劉本、《東都事略》卷一補。"

[5]高祖：此處指後周太祖郭威。

[6]崇元殿：殿名。五代後梁開平元年（907）改汴京正殿爲

崇元殿。位於今河南開封市。　“鎮、定二州馳奏”至“百官朝賀而退”：《宋史》卷一《太祖紀一》：“（顯德）七年春，北漢結契丹入寇，命出師禦之。次陳橋驛，軍中知星者苗訓引門吏楚昭輔視日下復有一日，黑光摩盪者久之。夜五鼓，軍士集驛門，宣言策點檢爲天子。或止之，衆不聽。遲明，逼寢所，太宗入白，太祖起。諸校露刃列於庭，曰：‘諸軍無主，願策太尉爲天子。’未及對，有以黄衣加太祖身，衆皆羅拜，呼萬歲，即掖太祖乘馬。太祖攬轡謂諸將曰：‘我有號令，爾能從乎？’皆下馬曰：‘唯命。’太祖曰：‘太后、主上，吾皆北面事之，汝輩不得驚犯；大臣皆我比肩，不得侵凌；朝廷府庫、士庶之家，不得侵掠。用令有重賞，違即孥戮汝。’諸將皆載拜，肅隊以入。副都指揮使韓通謀禦之，王彦昇遽殺通於其第。太祖進登明德門，令甲士歸營，乃退居公署。有頃，諸將擁宰相范質等至，太祖見之，嗚咽流涕曰：“違負天地，今至於此！’質等未及對，列校羅彦瓌按劍厲聲謂質等曰：‘我輩無主，今日須得天子。’質等相顧，計無從出，乃降階列拜。召文武百僚，至晡，班定，翰林承旨陶穀出周恭帝禪位制書于袖中，宣徽使引太祖就庭，北面拜受已，乃掖太祖升崇元殿，服衮冕，即皇帝位。”

[7]制封周帝爲鄭王：《舊五代史考異》：“案《續通鑑長編》云：建隆三年，周鄭王出居房州。”《輯本舊史》孔本之案語云：“新、舊《録》並稱鄭王以建隆三年出居房州。王皥《唐餘録》乃云，鄭王以開寶三年自西宫出居房州，恐誤。”出居房州事，亦見《宋史》卷一《太祖紀一》建隆三年（962）條。

[8]周太后：周世宗宣懿皇后符氏之妹，符彦卿之女。宋初遷西宫，號周太后。傳見《新五代史》卷二〇《周世宗家人傳》。

[9]開寶：宋太祖趙匡胤年號（968—976）。

[10]房陵：即房州。治所在今湖北房縣。

[11]中使：泛指朝廷派出的使臣。多由宦官擔任。　尋遣中使監護其喪：《舊五代史考異》：“案《續通鑑長編》云：開寶六年三月乙卯，房州上言，周鄭王殂，上素服發哀，輟視朝十日。”亦見

《宋史》卷三《太祖紀三》開寶六年（973）三月乙卯條。

［12］陵曰順陵：《舊五代史考異》："案《續通鑑長編》云：仁宗嘉祐四年，詔有司取柴氏譜系，於諸房中推最長一人，令歲時奉周祀。"見《長編》卷一八九。中華書局本對《舊五代史考異》所引《長編》誤"奉周祀"爲"奉周紀"有校勘記。

［13］《大典》卷八九八九"周"字韻"恭帝"事目。

史臣曰：夫四序之氣，寒往則暑來；五行之數，金銷則火盛。故堯舜之揖讓，漢魏之傳禪，皆知其數而順乎人也。況恭帝當紈綺之沖年，會笙鏞之變響，聽謳歌之所屬，知命曆之有在，能遜其位，不亦善乎。終謚爲恭，固其宜矣。《永樂大典》卷八千九百八十九。[1]

［1］《大典》卷八九八九"周"字韻"恭帝"事目。

舊五代史　卷一二一

周書十二

后妃列傳第一

聖穆柴皇后

太祖聖穆皇后柴氏，邢州龍崗人，[1]世家豪右。太祖微時，在洛陽，聞后賢淑，遂聘之。[2]太祖壯年，喜飲博，[3]好任俠，不拘細行，后規其太過，每有内助之力焉。世宗皇帝即后之姪也，幼而謹愿，后甚憐之，故太祖養之爲己子。[4]太祖嘗寢，后見五色小蛇入顴鼻間，心異之，知其必貴，敬奉愈厚。[5]未及貴而厭代。[6]

[1]太祖：即郭威。邢州堯山（今河北隆堯縣）人。五代後周建立者。紀見本書卷一一〇至卷一一三、《新五代史》卷一一。　邢州：州名。治所在今河北邢臺市。　龍崗：縣名。一作"龍岡"。治所在今河北邢臺市。《舊五代史考異》："案：《龍川别志》作魏成安人。"見《龍川别志》卷上。《新五代史》卷一九《皇后柴氏

傳》:“聖穆皇后柴氏，邢州堯山人也。”成安約對應今河北成安縣，堯山約對應今河北隆堯縣，兩地相距不遠。《五代會要》卷一帝號條、《輯本舊史》卷一一四《周世宗紀一》均載世宗生於邢州之别墅，似邢州爲是。

[2]洛陽：地名。即今河南洛陽市。 “太祖微時”至“遂聘之”:《輯本舊史》之案語:“《東都事略·張永德傳》云：周太祖柴后，本唐莊宗之嬪御也。莊宗没，明宗遣歸其家，行至河上，父母迓之，會大風雨，止於逆旅數日。有一丈夫走過其門，衣弊不能自庇，后見之，驚曰:‘此何人邪?’逆旅主人曰:‘此馬步軍使郭雀兒者也。’后異其人，欲嫁之，請於父母。父母恚曰:‘汝帝左右人，歸當嫁節度使，奈何欲嫁此人?’后曰:‘此貴人也，不可失也。囊中裝分半與父母，我取其半。’父母知不可奪，遂成婚於逆旅中。所謂郭雀兒，即周太祖也。此事《薛史》不載，蓋當時爲之諱言。”見《東都事略》卷二一。《宋史》卷二五五《張永德傳》:“初，魏人柴翁以經義教里中，有女，後唐莊宗時備掖庭，明宗入洛，遣出宫。柴翁夫妻往迎之，至鴻溝，遇雨甚，踰旬不能前。女悉取裝具，計直千萬，分其半以與父母，令歸魏，曰:‘兒見溝旁郵舍隊長，項黵黑爲雀形者，極貴人也，願事之。’問之，乃周祖也。父母大愧，然終不能奪。他日，語周祖曰:‘君貴不可言，妾有緡錢五百萬資君，時不可失。’周祖因其資，得爲軍司。”《新五代史》卷一九《皇后柴氏傳》:“與太祖同里，遂以歸焉。”

[3]飲博：飲酒賭博。

[4]世宗皇帝：即柴榮。邢州龍岡（今河北邢臺市）人。後周太祖郭威養子，顯德元年（954）繼郭威爲帝，廟號世宗。紀見本書卷一一四至卷一一九、《新五代史》卷一二。 “世宗皇帝即后之姪也”至“故太祖養之爲己子”:《新五代史》卷一二《周世宗本紀》:“柴氏女適太祖，是爲聖穆皇后。后兄守禮子榮，幼從姑長太祖家，以謹厚見愛，太祖遂以爲子。”《通鑑》卷二八九乾祐三年（950）四月壬辰條《考異》:“《世宗實録》曰：太祖皇帝之長

子也，母曰聖穆皇后柴氏……今舉世皆知世宗爲柴氏子，謂之柴世宗，而《世宗實録》云太祖長子，誣亦甚矣。”

[5]“太祖嘗寢”至“敬奉愈厚”：《輯本舊史》卷一一〇《周太祖紀一》：“初，聖穆皇后嬪于帝，帝方匱乏，而后多資從。帝常晝寢，有小虺五色，出入顴鼻之間，后遽見愕然。”

[6]厭代：帝后逝世。

太祖即位，乃下制曰：“義之深無先於作配，禮之重莫大於追崇。朕當宁載思，[1]撫存懷舊。河洲令德，猶傳《荇菜》之詩；嬀汭大名，[2]不及珩璜之貴。俾盛副笄之禮，以伸求劍之情。故夫人柴氏，代籍貽芳，湘靈集慶。[3]體柔儀而陳闕翟，芬若椒蘭；持貞操以選中璫，譽光圖史。懿範尚留於閨閫，昌言有助於箴規。深唯望氣之艱，彌歎藏舟之速，將開寶祚，俄謝璧臺。[4]宜正號於軒宫，[5]俾潛耀於坤象，可追命爲皇后。仍令所司定謚，備禮册命。”[6]既而有司上謚曰聖穆。顯德初，[7]太祖神主入廟，以后祔于其室。《永樂大典》卷八千九百八十九。[8]

[1]朕當宁（zhù）載思：中華書局本有校勘記：“‘思’，原作‘恩’，據殿本、劉本、孔本改。”

[2]嬀汭：嬀水隈曲之處。傳説舜居於此，堯將兩個女兒嫁給他。此處代稱娥皇與女英。

[3]湘靈：湘水之神。

[4]深唯望氣之艱：《輯本舊史》之影庫本粘籤：“望氣，原本作‘望器’，今詳其文義，當是用漢武帝望氣河間事，‘器’字係傳寫之訛，今改正。”《漢書》卷九七上《孝武鉤弋趙倢伃傳》：

“孝武鉤弋趙倢伃，昭帝母也，家在河間。武帝巡狩過河間，望氣者言此有奇女，天子亟使使召之。”　俄謝璧臺：中華書局本有校勘記：“‘璧’，原作‘壁’，據殿本、劉本改。”

[5]軒宫：帝王宫室。

[6]“可追命爲皇后”至“備禮册命”：《輯本舊史》卷一一一《周太祖紀二》廣順元年（951）八月戊午條：“故夫人柴氏追立爲皇后，仍令所司定謚，備禮册命。”

[7]顯德：五代後周太祖郭威年號（954）。世宗柴榮、恭帝柴宗訓沿用（954—960）。

[8]《大典》卷八九八九“周”字韻“周家人傳”事目。

楊淑妃

淑妃楊氏，鎮州真定人。[1]父弘裕，真定少尹。[2]當河朔全盛之時，[3]所屬封疆，制之於守帥，故韶顔美媛，皆被選於王宫。妃幼以良家子中選，事趙王王鎔。[4]張文禮之亂，[5]妃流離於外。唐明宗在藩，[6]録其遺逸。安重誨保庇妃家，[7]致其仕進，父母即以妃嫁于鄉人石光輔，[8]不數年嫠居。太祖佐漢之初，屬聖穆皇后棄世，聞妃之賢，遂以禮聘之。[9]

[1]鎮州：州名。治所在今河北正定縣。　真定：縣名。治所在今河北正定縣。

[2]弘裕：人名。即楊弘裕。鎮州真定（今河北正定縣）人。淑妃楊氏之父。　少尹：官名。唐、五代於三京、鳳翔等府均置少尹，爲尹的副職。協助尹通判列曹諸務。從四品下。　“淑妃楊氏”至“真定少尹”：亦見《新五代史》卷一九《淑妃楊氏傳》。

《輯本舊史》之案語："案《東都事略·楊廷璋傳》云：父弘裕，少漁貂裘陂，有以二石雁授之者，其翼一揜左，一揜右，曰：'吾北嶽使也。'言訖不知所之。是年生周太祖淑妃，明年生廷璋。"見《東都事略》卷一九。

[3]河朔：古地區名。泛指黄河以北地區。

[4]王鎔：人名。回鶻人。唐末、五代軍閥，朱温後封趙王。傳見本書卷五四、《新五代史》卷三九。

[5]張文禮：人名。燕（指今北京、天津及河北北部一帶）人。五代後唐將領。王鎔養子，號王德明。傳見本書卷六二、《新五代史》卷三九《王鎔傳》。

[6]唐明宗：即李嗣源。沙陀部人。原名邈佶烈，李克用養子。五代後唐明宗，926年至933年在位。紀見本書卷三五至卷四四、《新五代史》卷六。

[7]安重誨：人名。應州（今山西應縣）人。五代後唐大臣。傳見本書卷六六、《新五代史》卷二四。

[8]石光輔：人名。本書僅此一見。

[9]聖穆皇后：即後周太祖郭威的皇后柴氏。傳見本書本卷、《新五代史》卷一九。　棄世：去世。　"當河朔全盛之時"至"遂以禮聘之"：《舊五代史考異》："案《宋史·楊廷璋傳》：有姊寡居京師，周祖微時，欲聘之，姊不從。令媒氏傳言恐逼，姊以告廷璋。廷璋往見周祖，歸謂姊曰：'此人姿貌異常，不可拒。'姊乃從之。"《新五代史》卷一九《淑妃楊氏傳》："妃幼以色選入趙王宫，事王鎔。鎔爲張文禮所殺，鎮州亂，妃亦流寓民間。後嫁里人石光輔，居數年，光輔死。太祖柴夫人卒，聞妃有色而賢，遂娶之爲繼室。"

妃睦族撫孤，宜家内助，甚有力焉。晉天福末，卒於太原，因留葬於晉郊。[1]廣順元年九月，追册爲淑妃。[2]太祖凡一后三妃，及嵩陵就掩，[3]皆議陪祔。[4]時以妃喪在賊境，未及遷窆，[5]世宗乃詔有司於嵩陵之側，預營一冢以虚之，俟賊平即議襄事。[6]顯德元年夏，世宗征河東，果成素志焉。

[1]天福：五代後晋高祖石敬瑭年號（936—942）。出帝石重貴沿用至九年（944）。後漢高祖劉知遠繼位後沿用一年，稱天福十二年（947）。　太原：府名。治所在今山西太原市。　“晋天福末”至“因留葬於晋郊”：《新五代史》卷一九《淑妃楊氏傳》：“天福中妃卒，遂葬太原之近郊。”妃卒年與本傳異。

[2]廣順：五代後周太祖郭威年號（951—953）。　追册爲淑妃：《輯本舊史》卷一一一《周太祖紀二》廣順元年（951）九月辛酉條：“故夫人楊氏追贈淑妃，仍令所司擇日備禮册命。”《新五代史》卷一九《淑妃楊氏傳》：“拜妃弟廷璋爲右飛龍使，廷璋辭曰：‘臣父老矣，願以授之。’太祖曰：‘吾方思之，豈忘爾父邪？’即召弘裕。弘裕老，不能行，乃就其家拜金紫光禄大夫、真定少尹。”

[3]嵩陵：五代後周太祖郭威陵墓，在今河南新鄭市北。

[4]陪祔：配享、附祭、合葬。

[5]遷窆：遷葬。中華書局本有校勘記：“‘窆’，原作‘定’，據劉本、邵本校、《册府》卷二七改。”

[6]“太祖凡一后三妃”至“俟賊平即議襄事”：亦見明本《册府》卷二七《帝王部·孝德門》。

妃兄廷璋，[1]早事太祖。即位，累歷内職，出爲晋州節度使。[2]皇朝撫運，移鎮邢州，又改鄜州，受代歸闕，卒於私第。[3]《永樂大典》卷一千二百六十六。[4]

[1]廷璋：人名。即楊廷璋。鎮州真定（今河北正定縣）人。淑妃楊氏弟，五代、宋初將領。傳見《宋史》卷二五五。《舊五代史考異》："案《東都事略》：廷璋係淑妃之弟。《續通鑑長編》亦云：廷璋有姊爲周太祖妃。俱與《薛史》異。"檢《長編》，未見相關記載。

[2]晋州：州名。治所在今山西臨汾市。　節度使：官名。唐時在重要地區所設掌握一州或數州軍事、民事、財政的長官。"出爲晋州節度使"，《輯本舊史》卷一一四《周世宗紀一》顯德元年三月庚子條："以宣徽北院使楊廷璋爲晋州節度使。"同年七月癸巳條："晋州楊廷璋加檢校太保。"同書卷一一九《周世宗紀六》顯德六年（959）六月庚辰條："晋州節度使楊廷璋奏，率兵入河東界，招降堡砦一十三所。"

[3]撫運：順應時運。　鄜州：州名。治所在今陝西富縣。　卒於私第：《宋史》卷二五五《楊廷璋傳》："開寶二年，召爲右千牛衛上將軍。四年，卒，年六十。"

[4]《大典》卷一二六六"妃"字韻"淑妃"事目。

張貴妃

貴妃張氏，恒州真定人也。[1]祖記，成德軍節度判官、檢校兵部尚書。[2]父同芝，本州諮呈官、檢校工部尚書，事趙王王鎔，歷職中要。[3]天祐末，趙將張文禮殺王鎔，以鎮州歸梁，莊宗命將符存審討平之。[4]時妃年尚幼，有幽州偏將武從諫者，駐旆於家，見妃韶令，[5]乃爲其子聘之。武氏家在太原，太祖從漢祖鎮并門，屬楊夫人以疾終，[6]無何武氏子卒，太祖素聞妃之賢，遂納爲繼室。太祖貴，累封至吴國夫人。漢隱帝末，蕭牆變起，屠害大臣，太祖在鄴都被讒，妃與諸皇屬同日遇害於東京舊第。[7]

[1]恒州：州名。即鎮州。治所在今河北正定縣。

[2]記：人名。即張記。本書僅此一見。　成德軍：方鎮名。治所在恒州（今河北正定縣）。　節度判官：官名。唐末、五代藩鎮僚佐，位行軍司馬下。　檢校兵部尚書：官名。爲散官或加官，以示恩寵，無實際執掌。

[3]同芝：人名。即張同芝。本書僅此一見。　檢校工部尚書：官名。爲散官或加官，以示恩寵，無實際執掌。　“父同芝”至“歷職中要”：《輯本舊史》之影庫本粘籤：“諮呈官及中要，皆不見《職官志》，疑當時藩鎮所私設之官也。今無可復考，謹附識于此。”《新五代史》卷一九《貴妃張氏傳》：“父同芝，事趙王王鎔爲諮呈官，官至檢校工部尚書。”

[4]天祐：唐昭宗李曄開始使用的年號（904）。唐哀帝李柷沿用（904—907）。唐亡後，河東李克用、李存勗仍稱天祐，沿用至天祐二十年（923）。五代十國其他政權亦有行此年號者，如南吴、吴越等。　莊宗：即後唐莊宗李存勗。代北沙陀部人。五代後唐開國皇帝。紀見本書卷二七至卷三四、《新五代史》卷四至卷五。　符存審：人名。陳州宛丘（今河南淮陽縣）人。原姓符名存。五代後唐將領。傳見本書卷五六、《新五代史》卷二五。

[5]幽州：州名。治所在今北京市。　武從諫：人名。太原（今山西太原市）人。歷任趙德鈞牙將、濮州刺史、符存審副將。事見本書本卷、卷六四、卷七八及《新五代史》卷一九。　旆（pèi）：原指古代旐旗末端形如燕尾的垂旒。此泛指旗幟。　韶令：聰慧，美好。

[6]漢祖：即後漢高祖劉知遠。沙陀部人，後世居於太原。五代後唐、後晉將領，後漢開國皇帝。紀見本書卷九九、卷一〇〇，

《新五代史》卷一〇。《新五代史》卷一九作“太祖事漢高祖於太原”。　并門：即并州。州名。治所在今山西太原市。　楊夫人：即淑妃楊氏。傳見本書本卷、《新五代史》卷一九。

[7]漢隱帝：即劉承祐。五代後漢高祖劉知遠次子。紀見本書卷一〇一至一〇三、《新五代史》卷一〇。　鄴都：地名。治所在今河北大名縣。五代後唐同光元年（923），改魏州爲興唐府，建號東京，三年改東京爲鄴都。　東京：地名。後晉天福三年（938）升汴州爲開封府（今河南開封市），建爲東京。後漢、後周及北宋皆都此，俗稱汴京。

太祖踐祚，追册爲貴妃，發哀，故世宗有起復之命。[1]世宗嗣位，以太祖舊宅即妃遇禍之地，因施爲僧院，以“皇建”爲名焉。[2]《永樂大典》卷八千九百八十九。[3]

[1]“太祖踐祚”至“故世宗有起復之命”：《輯本舊史》卷一一一《周太祖紀二》廣順元年（951）二月庚子條：“故吴國夫人張氏追贈貴妃。”同年四月庚申條：“帝爲故貴妃張氏舉哀於舊宫，輟視朝三日。”同年五月戊辰條：“皇子澶州節度使榮起復，依前澶州節度使，以故貴妃張氏去歲薨，至是發哀故也。”同書卷一一二《周太祖紀三》廣順元年十一月甲申條：“葬故貴妃張氏。”

[2]“世宗嗣位”至“以‘皇建’爲名焉”：《輯本舊史》卷一一四《周世宗紀一》顯德元年（954）九月壬申條：“以東京舊宅爲皇建禪院。”

[3]《大典》卷八九八九“周”字韻“周家人傳”事目。

董德妃

德妃董氏，常山靈壽人也。[1]祖文廣，唐深州録事參軍。[2]父光嗣，趙州昭慶尉。[3]妃孩提穎悟，始能言聽，按絲管而能辨其聲。年七歲，遇鎮州之亂，親黨羈離，與妃相失。潞州牙將得之，匿于褚中。[4]其妻以息女不育，得妃憐之，過于所生，姆教師箴，功容克備。妃家悲念，其兄瑀諸處求訪，垂六七年。後潞將入官于朝，妃之鄉親頗有知者，瑀見潞將，[5]欣歸之，時年十三。妃歸踰年，嫁爲里人劉進超之妻。[6]進超爲内職，及契丹破晋之歲，[7]陷蕃殁焉。妃嫠居洛陽，太祖楊淑妃與妃鄉親，[8]平居恒言妃賢德。太祖從漢祖幸洛，因憶淑妃之言，尋以禮納之。鼎命初建，張貴妃遇禍，中宫虚位，乃册爲德妃。[9]太祖自聖穆皇后早世以來，屢失邦媛，中幃内助，唯妃存焉，加以結珮脱簪，率由令範。

[1]常山：即鎮州，治所在今河北正定縣。　靈壽：縣名。治所在今河北靈壽縣。爲鎮州屬縣。

[2]文廣：人名。即董文廣。本書僅此一見。　深州：州名。治所在今河北深州市。　録事參軍：官名。州府屬官。總掌諸曹事務。官品爲從六品至從八品不等。

[3]光嗣：人名。即董光嗣。本書僅此一見。　趙州：州名。治所在今河北趙縣。　昭慶：縣名。治所在今河北隆堯縣。　尉：官名。即縣尉，縣之佐官。掌軍事、治安。官階從八品下至從九品下不等。

[4]潞州：州名。治所在今山西長治市。　牙將：官名。古代軍隊中的中低級軍官。　褚（zhě）：兵卒，行伍。

[5]瑀：人名。即董瑀。

[6]劉進超：人名。鎮州靈壽（今河北靈壽縣）人。事跡不詳。本書僅此一見。

[7]契丹破晋：後晋開運三年（946），契丹國主耶律德光攻陷後晋都城汴梁，俘獲晋出帝石重貴，後晋亡。

[8]楊淑妃：即淑妃楊氏。傳見本書本卷及《新五代史》卷一九。

[9]張貴妃：人名。傳見本書本卷及《新五代史》卷一九。　乃册爲德妃：《輯本舊史》卷一一一《周太祖紀二》廣順元年（951）四月甲午條："以夫人董氏爲德妃，仍令所司備禮册命。"

廣順二年夏，[1]遇疾，醫藥之際，屬太祖兖海之征，[2]車駕將行，妃奏曰："正當暑毒，勞陛下省巡，明發宵征，須人供侍，司簿已下典事者，[3]各已處分從行。"太祖曰："妃疾未平，數令診視，此行在近，無煩内人。"及太祖駐蹕魯中，妃志欲令内人進侍，發中使往來言之。[4]太祖手敕鄭仁誨曰："切慮德妃以朕至兖州行營，津置内人承侍。緣諸軍在野，不可自安，令鄭仁誨專心體候。[5]如德妃津置内人東來，便須上聞約住，或取索鞍馬，不得供應。如意堅確，即以手敕示之。"既而平定兖州，[6]車駕還京，妃疾無减，俄卒於大内，時年三十九。輟朝三日。[7]

[1]二年：中華書局本沿《輯本舊史》作"三年"。《輯本舊史》卷一一二《周太祖紀三》廣順二年（952）五月條："庚申，

車駕發京師。戊辰，至兖州城下。乙亥，收復兖州，斬慕容彦超，夷其族。”周太祖於廣順二年五月東征兖州，據改。

[2]屬太祖兖海之征：《輯本舊史》之影庫本粘籤：“兖海，原本作‘衮海’，今據《歐陽史》改正。”檢《新五代史》全書，未見“兖海”二字。兖海節度使爲唐時舊稱，後改稱泰寧軍節度使，治兖州。

[3]司簿：官名。隋煬帝時始置，爲宫廷女官，屬尚宫局，掌宫人名籍、廪賜。正六品。

[4]中使：皇宫中派出的使臣。多由宦官擔任。

[5]鄭仁誨：人名。晋陽（今山西太原市）人。後周太祖時樞密使、宰相。傳見本書卷一二三、《新五代史》卷三一。

[6]兖州：州名。治所在今山東濟寧市兖州區。

[7]“俄卒於大内”至“輟朝三日”：《輯本舊史》卷一一二《周太祖紀三》廣順二年六月癸卯條：“德妃董氏薨。”同月甲寅條：“幸舊宅，爲德妃舉哀故也。”同年十月丁酉條：“葬德妃，廢朝。”《新五代史》卷一九《德妃董氏傳》言“廣順三年卒”，誤。

妃長兄瑀，以左贊善大夫致仕。[1]仲兄玄之、季兄自明，[2]皆累歷郡守。《永樂大典》卷八千九百八十九。[3]

[1]左贊善大夫：官名。掌規諫太子過失，贊禮儀等事。正五品。　以左贊善大夫致仕：《新五代史》卷一九《德妃董氏傳》：“瑀官至太子右贊善大夫。”與本傳異，疑誤。

[2]玄之、自明：人名。即董玄之、董自明。本書皆僅此一見。

[3]《大典》卷八九八九“周”字韻“周家人傳”事目。

貞惠劉皇后

世宗貞惠皇后劉氏，將家女也，幼歸於世宗。[1]漢乾祐中，世宗在西班，后始封彭城縣君。[2]世宗隨太祖在鄴，后留居邸第。漢末，李業等作亂，[3]后與貴妃張氏及諸皇族同日遇禍。

[1]“世宗貞惠皇后劉氏”至“幼歸於世宗”：《新五代史》卷二〇《皇后劉氏傳》：“貞惠皇后劉氏，不知其世家，蓋微時所娶也。”

[2]乾祐：後漢高祖劉知遠、隱帝劉承祐年號（948—950）。北漢世祖劉旻、睿宗劉鈞繼續沿用至九年（956）。　“漢乾祐中”至“后始封彭城縣君”：《新五代史》卷二〇《皇后劉氏傳》：“世宗爲左監門衛將軍，得封彭城縣君。”《輯本舊史》卷一一四《周世宗紀一》：“漢初，太祖以佐命功爲樞密副使，帝始授左監門衛將軍。二年，太祖鎮鄴，改天雄軍牙内都指揮使，領貴州刺史、檢校右僕射。”

[3]李業：人名。晉陽（今山西太原市）人。後漢高祖李皇后弟。隱帝時受信任，掌宫廷財務。傳見本書卷一〇七、《新五代史》卷三〇。

國初，追封彭城郡夫人。[1]顯德四年夏四月，追册爲皇后，謚曰貞惠，陵曰惠陵。[2]《永樂大典》卷八千九百八十九。[3]

[1]追封彭城郡夫人：《輯本舊史》卷一一一《周太祖紀二》廣順元年（951）二月庚子條：“故長婦劉氏追封彭城郡夫人。”

［2］“顯德四年夏四月”至“陵曰惠陵”：《輯本舊史》卷一一七《周世宗紀四》顯德四年（957）四月壬午條：“故彭城郡夫人劉氏追册爲皇后。”《新五代史》卷一二《周世宗本紀》作“四月癸未”。《輯本舊史》卷一二〇《周恭帝紀》顯德六年十月壬辰條：“翰林學士、判太常寺事竇儼撰進貞惠皇后廟歌辭。”同年十一月壬寅條：“葬世宗皇帝於慶陵，以貞惠皇后劉氏祔焉。”

［3］《大典》卷八九八九“周”字韻“周家人傳”事目。

宣懿符皇后

宣懿皇后符氏，祖存審，事後唐武皇、莊宗，[1]位極將相，追封秦王。父彦卿，天雄軍節度使，[2]封魏王。后初適李守貞之子崇訓。[3]漢乾祐中，守貞叛於河中，[4]太祖以兵攻之。及城陷，崇訓自刃其弟妹，次將及后，后時匿於屏處，以帷箔自蔽，崇訓倉黄求后不及，遂自刎，后因獲免。太祖入河中，令人訪而得之，即遣女使送于其父，自是后常感太祖大惠，拜太祖爲養父。世宗鎮澶淵日，太祖爲世宗聘之。[5]

［1］後唐武皇：人名。即李克用。沙陀部人，生於神武川新城（一説今山西朔州市朔城區之梵王寺村，一説今山西應縣縣城，一説今山西懷仁縣之日中城）。唐末軍閥，五代後唐太祖。紀見本書卷二五。

［2］天雄軍：方鎮名。亦稱“魏博軍”。唐天祐元年（904）以魏博節度使號爲天雄軍，治所在魏州（今河北大名縣）。

［3］李守貞：人名。河陽（今河南孟州市）人。五代將領。傳見本書卷一〇九、《新五代史》卷五二。　崇訓：人名。即李崇訓。

河陽（今河南孟州市）人。李守貞之子。事見本書本卷、《新五代史》卷二〇《皇后符氏傳》。　后初適李守貞之子崇訓：《輯本舊史》之影庫本粘籤："崇訓，原本作'崇酬'，今從《通鑑》改正。"《通鑑》卷二九一顯德元年（954）四月條："符彦卿有女適李守貞之子崇訓。"《新五代史》卷二〇《皇后符氏傳》："初適李守貞子崇訓。"

[4]河中：方鎮名。治所在河中府（今山西永濟市）。

[5]澶淵：地名。位於今河南濮陽市西北。　"漢乾祐中"至"太祖爲世宗聘之"：《輯本舊史》於傳末引《五代史補》："世宗皇后符氏，即魏王彦卿之女。時有相工視之大驚，密告魏王曰：'此女貴不可言。'李守貞素有異志，因與子崇訓娶之，禮畢，守貞甚有喜色。其後據河中叛。高祖爲樞密使，受命出征。后知高祖與其父有舊，城破之際，據堂門而坐，叱諸軍曰：'我符魏王女也，魏王與樞密太尉，兄弟之不若，汝等慎勿無禮。'於是諸軍聳然引退。頃之，高祖至，喜曰：'此女於白刃紛拏之際保全，可謂非常人也。'乃歸之魏王。至世宗即位，納爲皇后。既免河中之難，其母欲使出家，資其福壽，后不悦曰：'死生有命，誰能髡首跣足以求苟活也！'母度不可逼，遂止。世宗素以后賢，又聞命不以出家爲念，愈賢之，所以爲天下母也。"《新五代史》卷二〇《皇后符氏傳》："有術者善聽人聲以知吉凶，守貞出其家人使聽之，術者聞后聲，驚曰：'此天下之母也！'守貞益自負，曰：'吾婦猶爲天下母，吾取天下復何疑哉！'於是決反。""太祖於后有恩，而世宗性特英鋭，聞后如此，益奇之。及劉夫人卒，遂納以爲繼室。"

后性和惠，善候世宗之旨，世宗或暴怒於下，后必從容救解，世宗甚重之。及即位，册爲皇后。[1]世宗將南征，后常諫止之，言甚切直，世宗亦爲之動容。洎車駕駐於淮甸，[2]久冒炎暑，后因憂恚成疾。顯德三年七月二十一日，[3]崩於滋德殿，[4]時年二十有六。世宗甚悼之。[5]既而有司上謚曰宣懿，葬于新鄭，陵曰懿陵。[6]《永樂大典》卷八千九百八十九。[7]

[1]册爲皇后：《輯本舊史》卷一一四《周世宗紀一》顯德元年（954）四月壬戌條："制立衛國夫人符氏爲皇后，仍令有司擇日備禮册命。"

[2]淮甸：後周世宗三次親征南唐，取江淮十四州。

[3]顯德三年七月二十一日：中華書局本有校勘記："'三年'，原作'二年'，據本書卷一一六《周世宗紀三》、《五代會要》卷一改。"《輯本舊史》卷一一六《周世宗紀三》顯德三年七月辛亥（二一）條："皇后符氏薨。"

[4]滋德殿：五代東京宫殿名。位於今河南開封市。

[5]世宗甚悼之：《新五代史》卷二〇《皇后符氏傳》："議者以方用兵，請殺喪禮，於是百官朝臨于西宫，三日而釋服，帝亦七日而釋。"《輯本舊史》卷一一六《周世宗紀三》顯德三年十月辛酉條："葬宣懿皇后於懿陵。"同月丁卯條："宣懿皇后神主入廟，時有司請爲后立别廟，禮也。"同年十一月庚子條："日南至，帝不受朝賀，以宣懿皇后遷祔日近也。"

[6]新鄭：縣名。治所在今河南新鄭市。　陵曰懿陵：《輯本舊史》之案語："世宗后符后，即宣懿之女弟也，《薛史》不爲立傳，未免闕略。"《輯本舊史》卷一一九《周世宗紀六》顯德六年六月癸未條："立魏王符彦卿女爲皇后，仍令所司擇日備禮册命。"《通鑑》卷二九四顯德六年六月癸未條："立皇后符氏，宣懿皇后之女弟也。"《新五代史·皇后符氏傳》："後立皇后符氏，后妹也。國初，遷西宫，號周太后。"《文獻通考》卷二五二《帝系考三》："太平興國初，入道爲尼。淳化四年殂。"後符后宋初尚存，此或爲舊史不立傳之故。

［7］《大典》卷八九八九“周”字韻“周家人傳”事目。

史臣曰：周室后妃凡六人，而追册者四，故中闈内則，罕得而聞。唯董妃、符后之懿範，亦無愧於彤管矣。[1]《永樂大典》卷八千九百八十九。[2]

［1］彤管：古代女史用以記事的朱筆赤管。　“史臣曰”至“亦無愧於彤管矣”：《舊五代史考異》：“又案：《薛史》無外戚傳。考《五代會要》云：周太祖第三女樂安公主，爲漢室所害，廣順元年二月追封，至顯德四年四月，又追封莒國長公主。第四女壽安公主，降張永德，廣順元年四月封，至顯德元年，封晋國長公主。第五女永寧公主，廣順元年九月追封，至顯德四年四月，又追封梁國長公主。”見《五代會要》卷二公主條。

［2］《大典》卷八九八九“周”字韻“周家人傳”事目。

今注本二十四史

舊五代史

宋 薛居正等 撰
陳智超 紀雪娟 主持校注

一七 周書〔三〕

中國社会科學出版社

舊五代史　卷一二二

周書十三

宗室列傳第二[1]

[1]按，本卷末闕史論。

柴守禮

柴守禮，字克讓，以后族拜銀青光禄大夫、檢校吏部尚書、兼御史大夫。[1]世宗即位，加金紫光禄大夫、檢校司空、光禄卿。致仕，居于洛陽，終世宗之世，未嘗至京師，而左右亦莫敢言，第以元舅禮之。[2]而守禮亦頗恣横，嘗殺人于市，有司以聞，世宗不問。是時，王溥、王晏、王彦超、韓令坤等同時將相，皆有父在洛陽，與守禮朝夕往來，惟意所爲，洛陽人多畏避之，號"十阿父"。[3]守禮卒，年七十二，官至太傅。[4]

[1]銀青光禄大夫：官名。唐、五代散官。從三品。　檢校吏部尚書：官名。爲散官或加官，以示恩寵，無實際執掌。　御史大

夫：官名。秦始置，與丞相、太尉合稱三公。至唐代，在御史中丞之上設御史大夫一人，爲御史臺長官，專掌監察、執法。正三品。“柴守禮”至“兼御史大夫”：《新五代史》卷二〇《柴守禮傳》。《新五代史·柴守禮傳》另云：“周太祖聖穆皇后柴氏，無子，養后兄守禮之子以爲子，是爲世宗。”《通鑑》卷二八九乾祐三年（950）四月壬辰條《考異》：“按今舉世皆知世宗爲柴氏子，謂之柴世宗；而《世宗實録》云太祖長子，誣亦甚矣。”

[2]世宗：即柴榮。邢州龍岡（今河北邢臺市）人。後周太祖郭威養子，顯德元年（954）繼郭威爲帝，廟號世宗。紀見本書卷一一四、《新五代史》卷一二。　金紫光禄大夫：官名。唐、五代散官。正三品。　檢校司空：官名。爲散官或加官，以示恩寵，無實際執掌。　光禄卿：官名。南朝梁天監七年（508）改光禄勳置，隋、唐沿置。掌宫殿門户、帳幕器物、百官朝會膳食等。從三品。洛陽：地名。即今河南洛陽市。　京師：即開封。　“世宗即位”至“第以元舅禮之”：《新五代史》卷二〇《柴守禮傳》。《輯本舊史》卷一一四《周世宗紀一》：“父守禮，太子少保致仕。”同書卷一二〇《周恭帝紀》顯德六年（959）八月甲戌條：“以光禄卿致仕柴守禮爲太子太保致仕。”可知守禮於後周世宗朝以光禄卿致仕，恭帝朝改以太子太保致仕。

[3]王溥：人名。并州祁（今山西祁縣）人。後周、宋初宰相。傳見《宋史》卷二四九。　王晏：人名。徐州滕（今山東滕州市）人。五代後周、宋初將領。傳見《宋史》卷二五二。　王彦超：人名。大名臨清（今河北臨西縣）人。五代後周、宋初將領。傳見《宋史》卷二五五。　韓令坤：人名。磁州武安（今河北武安市）人。五代後周、宋初將領。傳見《宋史》卷二五一。“而守禮亦頗恣横”至“號‘十阿父’”：《新五代史·柴守禮傳》。《通鑑》卷二九三顯德四年三月癸丑條：“前許州司馬韓倫，侍衛馬軍都指揮使令坤之父也。令坤領鎮安節度使，倫居于陳州，干預政事，貪污不法，爲公私患，爲人所訟，令坤屢爲之泣請。癸

丑，詔免倫死，流沙門島。倫後得赦還，居洛陽，與光禄卿致仕柴守禮及當時將相王溥、王晏、王彦超之父游處，恃勢恣横，洛陽人畏之，謂之十阿父。帝既爲太祖嗣，人無敢言守禮子者，但以元舅處之，優其俸給，未嘗至大梁；嘗以小忿殺人，有司不敢詰，帝知而不問。”

[4]太傅：官名。與太師、太保合稱三師，唐後期、五代時多爲大臣、勳貴加官。正一品。　“守禮卒”至“官至太傅：《新五代史》卷二〇《柴守禮傳》。《長編》卷八後梁乾德五年（923）九月乙巳條：“太子少傅致仕柴守禮卒。命中使護其喪事。”同書卷一七六宋至和元年（1054）正月丁亥條：“録周後故太子少傅柴守禮孫若訥爲三班奉職。”所云“少傅”與《新五代史》異。

太祖諸子

郯王侗，[1]太祖子，[2]初名青哥，漢末遇害。太祖即位，詔贈太尉，[3]賜名侗。顯德四年追封。[4]杞王信，太祖子，初名意哥，漢末遇害。太祖即位，詔贈司空，[5]賜名信。顯德四年追封。《永樂大典》卷一千二百六十六。[6]

[1]郯王侗：中華書局本有校勘記：“‘郯王’，原作‘剡王’，據邵本校、本書卷一一七《周世宗紀》四、《册府》卷二九六、《五代會要》卷二、《新五代史》卷一九《周太祖家人傳》改。”見明本《册府》卷二九六《宗室部·追封門》。

[2]太祖：即郭威。邢州堯山（今河北隆堯縣）人。五代後周開國皇帝，廟號太祖。紀見本書卷一一〇至卷一一三、《新五代史》卷一一。

[3]太尉：官名。與司徒、司空並爲三公。正一品。中華書局本有校勘記：“‘太尉’，本書卷一一一《周太祖紀》二、《册府》

卷二九六作‘太保’。按吴蘭庭《五代史記纂誤補》：‘世宗顯德四年四月詔稱故皇弟贈太保侗可贈太傅，追封郯王。然則初贈是太保，非太尉。且惟是太保，故得加贈太傅，若已贈太尉，則其上惟有太師，豈容反加太傅乎？《薛史·太祖紀》、《世宗紀》俱作贈太保，而《宗室傳》則云贈太尉，此正仍其誤。’”

［4］顯德：五代後周太祖郭威年號（954）。世宗柴榮、恭帝柴宗訓沿用（954—960）。

［5］司空：官名。與太尉、司徒並爲三公，唐後期、五代多爲大臣、勳貴加官。正一品。

［6］《永樂大典》卷一千二百六十六：中華書局本有校勘記：“檢《永樂大典目録》，卷一二六六爲“妃”字韻“淑妃、德妃、賢妃、皇太子妃”，與本則内容不符，恐有誤記。疑出自卷一六六二八‘建’字韻‘封建十一唐五代’。本卷下一則同。”《舊五代史考異》：“案：太祖諸子早歲遇害，本無事蹟。《永樂大典》所録《薛史》過于簡略，疑有删節，今無可考。據《歐陽史·家人傳》云：初，帝舉兵於魏，漢以兵圍帝第，時張貴妃與諸子青哥、意哥，姪守筠、奉超、定哥皆被誅。青哥、意哥不知其母誰氏。太祖即位，詔故第二子青哥贈太尉，賜名侗；第三子意哥贈司空，賜名信。皇姪守筠贈左領軍衛將軍，以‘筠’聲近‘榮’，爲世宗避，更名守愿。奉超贈左監門衛將軍。定哥贈左千牛衛將軍，賜名遜。世宗顯德四年夏四月癸未，詔曰：‘禮以緣情，恩以悼往，矧在友于之列，尤鍾惻愴之情。故皇弟贈太保侗、贈司空信，景運初啓，天年不登，俾予終鮮，寔慟予懷。侗可贈太傅，追封郯王；信司徒，杞王。’又詔曰：‘故皇從弟贈左領軍衛將軍守愿、贈左監門衛將軍奉超、贈左千牛衛將軍遜等，頃因季世，不享遐齡，每念非辜，難忘有慟。守愿可贈左衛大將軍，奉超右衛大將軍，遜右武衛大將軍。’案：《歐陽史》所載詔辭，《薛史》已見本紀，今仍附録于此，以備參考。”見《新五代史》卷一九《周太祖家人傳》。中華書局本以《新五代史》校此《考異》，有校勘記，今不録。《輯

本舊史》卷一一一《周太祖紀二》廣順元年（951）二月庚子條："故第二子青哥贈太保，賜名侗；第三子意哥贈司空，賜名信。"卷一一七《周世宗紀四》顯德四年四月癸未條："故皇弟贈太保侗再贈太傅，追封郯王；故皇弟贈司空信再贈司徒，追封杞王。"《新五代史》卷一九："不知其母誰氏。"明本《册府》卷二九六《宗室部·追封門》："制曰：'禮以緣情，恩以悼往。矧在友于之列，尤鐘惻愴之思。故皇弟贈太保侗、贈司空信等，玉葉聯芳，金莖比瑞，屬景運之初啓，何大年之不登，未剪桐珪，連雕棣萼，俾予終鮮，寔動永懷，既登敘以無階，在疏封而起悕。贈其王爵，慰我天倫。侗追封郯王，信追封杞王。'"

世宗諸子

越王宗誼，世宗子，漢末遇害。顯德四年追封。[1]《永樂大典》卷一萬六千六百二十八。[2]

[1]"越王宗誼"至"顯德四年追封"：《新五代史》卷二〇《世宗七子傳》："世宗子七人：長曰宜哥，次二皆未名，次曰恭皇帝，次曰熙讓，次曰熙謹，次曰熙誨，皆不知其母爲誰氏。宜哥與其二，皆爲漢誅。太祖即位，詔賜皇孫名誼，贈左驍衛大將軍；誠，左武衛大將軍；諴，左屯衛大將軍。顯德三年，群臣請封宗室，世宗以謂爲國日淺，恩信未及於人，而須功德大成，慶流於世，而後議之可也。明年夏四月癸未，先封太祖諸子。又詔曰：'父子之道，聖賢不忘，再思夭閼之端，愈動悲傷之抱。故皇子左驍衛大將軍誼、左武衛大將軍誠、左屯衛大將軍諴等，載惟往事，有足傷懷，宜增一字之封，仍贈三台之秩。誼可贈太尉，追封越王；誠太傅，吴王；諴太保，韓王。'而皇子在者皆不封。"《輯本舊史》卷一一一《周太祖紀二》廣順元年（951）二月庚子條：

“故皇孫三人：宜哥贈左驍衛大將軍，賜名誼；喜哥贈武衛大將軍，賜名諴；三哥贈左領衛大將軍，賜名諴。”卷一一七《周世宗紀四》顯德四年（957）四月癸未條：“故皇子贈左驍衛大將軍誼再贈太尉，追封越王；故皇子贈左武衛大將軍諴再贈太傅，追封吴王；故皇子贈左屯衛大將軍諴再贈太保，追封韓王。”明本《册府》卷二九六《宗室部·追封門》：“制曰：‘父子之道，聖賢不忘。再思夭閼之端，愈動悲良之抱。故皇子贈左驍衛大將軍誼、贈左武衛大將軍諴、贈左屯衛大將軍諴等，鳳雛龍翰，聳常其殊姿，玉折蘭摧，早罹於非禍。載惟往事，有足傷懷。宜贈一字之封，仍贈三臺之秩。表吾追念，慰乃英靈。誼追封越王，諴追封吴王，諴追封韓王。’”

[2]《大典》卷一六六二八“建”字韻“封建（一一）五代”事目。

曹王宗讓，世宗子，顯德六年封。[1]《永樂大典》卷一萬六千六百二十八。[2]

[1]曹王宗讓，世宗子，顯德六年封：《新五代史》卷二〇《世宗七子傳》：“世宗子七人：長曰宜哥，次二皆未名，次曰恭皇帝，次曰熙讓，次曰熙謹，次曰熙誨，皆不知其母爲誰氏。”又顯德六年：“六月癸未，皇子宗讓亦拜左驍衛上將軍，封燕國公。其年八月，宗讓更名熙讓，封曹王。”《輯本舊史》卷一一九《周世宗紀》顯德六年（959）六月癸未條：“以第二子宗讓爲左驍衛上將軍，封燕國公。”卷一二〇《周恭帝紀》顯德六年八月庚寅條：“皇弟特進、檢校太保、左驍衛上將軍、燕國公、食邑三千户宗讓加檢校太傅，進封曹王，改名熙讓。”亦見《通鑑》卷二九四顯德六年六月癸未條、八月庚寅條。《新五代史》卷一二《周本紀十二》誤宗讓爲宗誼。

［2］《大典》卷一六六二八“建”字韻“封建（一一）五代”事目。

紀王熙謹，世宗子，顯德六年封。皇朝乾德二年卒。[1]《永樂大典》卷一萬六千六百二十八。[2]

［1］乾德：宋太祖趙匡胤年號（963—968）。 “紀王熙謹”至“皇朝乾德二年卒”：《新五代史》卷二〇《世宗七子傳》：“世宗子七人：長曰宜哥，次二皆未名，次曰恭皇帝，次曰熙讓，次曰熙謹，次曰熙誨，皆不知其母爲誰氏。”又顯德六年八月：“熙謹、熙誨皆前未封爵，遂拜熙謹右武衛大將軍，封紀王……皇朝乾德二年十月，熙謹卒。”《輯本舊史》卷一二〇《周恭帝紀》顯德六年（959）八月庚寅條：“皇弟熙謹可光禄大夫、檢校太保、右武衛大將軍，封紀王，食邑三千户。”《宋史》卷一《太祖紀一》乾德二年（964）十月戊申條：“周紀王熙謹薨，輟視朝。”

［2］《大典》卷一六六二八“建”字韻“封建（一一）五代”事目。

蘄王熙誨，世宗子，顯德六年封。[1]《永樂大典》卷一萬六千六百二十八。[2]

［1］蘄王熙誨，世宗子，顯德六年封：《新五代史》卷二〇《世宗七子傳》：“世宗子七人：長曰宜哥，次二皆未名，次曰恭皇帝，次曰熙讓，次曰熙謹，次曰熙誨，皆不知其母爲誰氏。”又顯德六年：“熙誨前未封爵，遂拜熙誨左領軍衛大將軍，封蘄王。”又：“熙誨不知其所終。”《輯本舊史》卷一二〇《周恭帝紀》顯德六年（959）八月庚寅條：“皇弟熙誨可金紫光禄大夫、檢校司徒、

左領衛大將軍，封蘄王，食邑三千户。”

［2］《大典》卷一六六二八“建”字韻“封建（一一）五代”事目。

舊五代史　卷一二三

周書十四

列傳第三

高行周

高行周，字尚質，幽州人也。[1]生于嬀州懷戎軍之鵰窠里。[2]曾祖順厲，世戍懷戎。[3]父思繼，昆仲三人，俱雄豪有武幹，聲馳朔方。[4]唐武皇之平幽州也，表劉仁恭爲帥，[5]仍留兵以戍之。以思繼兄爲先鋒都將、嬀州刺史，思繼爲中軍都將、順州刺史，[6]思繼弟爲後軍都將，昆仲分掌燕兵。[7]部下士伍，皆山北之豪也，仁恭深憚之。武皇將歸，私謂仁恭曰："高先鋒兄弟勢傾州府，爲燕患者，必此族也，宜善籌之。"[8]久之，太原戍軍恣横，[9]思繼兄弟制之以法，所殺者多。太祖怒，[10]詬讓仁恭，乃訴以高氏兄弟，遂併遇害。仁恭因以先鋒子行珪爲牙將，[11]諸子並列帳下，厚撫之以慰其心。時行周十餘歲，亦補職，在仁恭左右。行珪別有傳，在《唐書》。[12]

[1]高行周：《舊五代史考異》："案《通鑑考異》引《莊宗實録》：'行周'作'行温'。是書《唐紀》尚仍實録之舊。"見《通鑑》卷二六八乾化三年（913）三月條《考異》。《輯本舊史》卷二八《唐莊宗紀二》天祐十年（913）三月丙寅條："武州刺史高行珪遣使乞降。時劉守光遣愛將元行欽牧馬於山北，聞行珪有變，率戍兵攻行珪，行珪遣其弟行温爲質，且乞應援。""行周"正作"行温"。中華書局本又有校勘記："是書《唐紀》尚仍實録之舊，以上十字原闕，據殿本《考證》、劉本《考證》補。"殿本《考證》非盡成於邵晋涵一人之手，不當據之補《舊五代史考異》。　幽州：州名。治所在今北京市。

[2]嬀州：州名。治所在今河北懷來縣東南。　懷戎：縣名。治所在今河北懷來縣東南。　鵰窠里：地名。位於今河北懷來縣東南。

[3]順厲：人名。即高順厲。本書僅此一見。

[4]思繼：人名。即高思繼。高行周之父。事見本書卷一二三《高行周傳》。　朔方：方鎮名。治所在靈州（今寧夏吴忠市）。中華書局本有校勘記："'朔方'，殿本、孔本、《册府》卷八四八作'朔塞'。"見《宋本册府》卷八四八《總録部·任俠門》。

[5]唐武皇：人名。即李克用。沙陀族，生於神武川新城（一説今山西朔州市朔城區之梵王寺村，一説今山西應縣縣城，一説今山西懷仁縣之日中城）。五代後唐奠基者。紀見本書卷二五至卷二六。　劉仁恭：人名。深州（今河北深州市）人。唐末、五代軍閥。傳見《新唐書》卷二一二。

[6]先鋒都將：官名。唐五代時節度使屬將。　刺史：官名。州一級行政長官。漢武帝時始置，總掌考覈官吏、勸課農桑、地方教化等事。唐中期以後，節度使、觀察使轄州而設，刺史爲其屬

官，職任漸輕。從三品至正四品下。　中軍都將：官名。中軍，戰鬥時編成中位居中軍者。都將，唐五代時節度使屬將。　順州：州名。治所在今北京市順義區。　“唐武皇之平幽州也”至“順州刺史”：《舊五代史考異》：“案《歐陽史》：思繼爲李匡威戍將，先爲晋王所招，後事仁恭。與《薛史》異。”《新五代史》卷四八《高行周傳》：“思繼兄弟皆以武勇雄於北邊，爲幽州節度使李匡威戍將。匡威爲其弟匡儔所篡，晋王將討其亂，謀曰：‘高思繼兄弟在孔領關，有兵三千，此後患也，不如遣人招之。思繼爲吾用，則事無不成。’克用遣人招思繼兄弟。燕俗重氣義，思繼等聞晋兵爲匡威報仇，乃欣然從之，爲晋兵前鋒。匡儔聞思繼兄弟皆叛，乃棄城走。”高思繼兄弟先爲李匡威戍將，後叛李匡儔而歸李克用，本傳未載其事。

[7]後軍都將：官名。後軍，戰鬥時編成後位居後軍者。都將，唐五代時節度使屬將。　燕：封國名。指唐末河北方鎮盧龍軍。劉仁恭、劉守光父子先後爲盧龍節度使、燕王。

[8]“武皇將歸”至“宜善籌之”：《輯本舊史》卷二六《唐武皇紀下》乾寧二年（895）二月條：“以仁恭爲權幽州留後，從燕人之請也。留腹心燕留德等十餘人分典軍政，武皇遂班師。”《新五代史》卷三九《劉守光傳》：“（李克用）留其親信燕留得等十餘人監其軍。”

[9]太原：府名。治所在今山西太原市。

[10]太祖：人名。即郭威。邢州堯山（今河北隆堯縣）人。五代後周開國皇帝，廟號太祖。紀見本書卷一一〇至卷一一三、《新五代史》卷一一。

[11]行珪：人名。或作“高行周”。幽州（今北京市）人。五代名將。傳見本書本卷、《新五代史》卷四八。　牙將：官名。古代軍隊中的中低級軍官。

[12]“時行周十餘歲”至“在《唐書》”：《舊五代史考異》：“案《通鑑考異》引《周太祖實録》云：行珪在武州，食盡，乃夜

縋其弟行周于晋軍乞兵。”《通鑑》卷二六八乾化三年三月條：“李嗣源進攻武州，高行珪以城降。元行欽聞之，引兵攻行珪。行珪使其弟行周質於晋軍以求救，李嗣源引兵救之，行欽解圍去。嗣源與行周追至廣邊軍，凡八戰，行欽力屈而降。嗣源愛其驍勇，養以爲子。嗣源進攻儒州，拔之，以行珪爲代州刺史。行周留事嗣源，常與嗣源假子從珂分將牙兵以從。”又見《輯本舊史》卷二八《唐莊宗紀二》天祐十年三月條、卷六五《高行珪傳》，《新五代史》卷四八《高行周傳》。《通鑑》並附《考異》：“《莊宗實録》《薛史·紀》及《元行欽傳》《明宗實録》皆云：‘行欽聞行珪降晋，帥兵攻之。’惟《周太祖實録·高行周傳》云：‘行欽稱留後，行珪城守，不從。’然恐行周卒時，去燕亡已久，行周名位尊顯，門生故吏虚美其兄弟，故與諸説特異。今從衆書。”據《通鑑》諸書所載，高行珪叛燕降晋，行周實預其事，本傳削而未載。

及莊宗收燕，以行周隸明宗帳下，常與唐末帝分率牙兵。[1]明宗征燕，率兵隨行。[2]鄉人趙德鈞謂明宗曰：[3]“行周心甚謹厚，必享貴位。”梁將劉鄩之據莘也，[4]與太原軍對壘，旦夕轉鬬。嘗一日，兩軍成列，元行欽爲敵軍追躡，劍中其面，血戰未解。行周以麾下精騎突陣解之，行欽獲免。[5]莊宗方寵行欽，召行周撫諭賞勞，而欲置之帳下，又念於明宗帳下已奪行欽，更取行周，恐傷其意，密令人以利禄誘之。行周辭曰：“總管用人，亦爲國家，事總管猶事王也。余家昆仲，脱難再生，承總管之厚恩，忍背之乎！”[6]及兩軍屯於河上，覘知梁軍自汴入楊村寨，明宗晨至斗門，[7]設伏將邀之，衆寡不敵，反爲所乘。時矛稍叢萃，勢甚危蹙。行周聞之，出騎横擊梁軍，遂得解去。明宗之襲鄆州也，行周爲前鋒。會夜分澍雨，人無進志，行周曰："此天贊也，彼必無備。"是夜，涉河入東城，比曙平之。[8]

[1]莊宗：即後唐莊宗李存勗。沙陀部人。五代後唐王朝的建立者。紀見本書卷二七至卷三四，《新五代史》卷四、卷五。　明宗：即後唐明宗李嗣源。紀見本書卷三五至卷四四、《新五代史》卷六。　唐末帝：即後唐末帝李從珂。又稱廢帝。鎮州平山（今河北平山縣）人。後唐明宗養子。明宗入洛陽，他率兵追隨，以功拜河中節度使，封潞王。紀見本書卷四六至卷四八、《新五代史》卷七。

[2]率兵隨行：中華書局本有校勘記："殿本、孔本作'率其下擁從'。"

[3]趙德鈞：人名。幽州（今北京市）人。初爲幽州節度使劉守光部將，後爲後唐、遼國將領。傳見本書卷九八。

[4]劉鄩：人名。山東密州安丘（今山東安丘市）人。唐末、五代將領。傳見本書卷二三、《新五代史》卷二二。　莘：縣名。治所在今山東莘縣。

[5]元行欽：人名。幽州（今北京市）人。五代後唐將領。傳見本書卷七〇、《新五代史》卷二五。　"嘗一日"至"行欽獲免"：《通鑑》卷二六九繫此事於貞明元年（915）七月。

[6]"行周辭曰"至"忍背之乎"：《舊五代史考異》："案《通鑑考異》云：明宗時爲代州刺史，天祐十八年始爲副總管。蓋《周太祖實録》之誤，《薛史》未及改正。"見《通鑑》卷二六九貞明元年七月條《考異》。

[7]汴：州名。治所在今河南開封市。　楊村寨：地名。位於今河南濮陽縣西南。　斗門：地名。位於今河南濮陽縣東南。

[8]鄆州：州名。治所在今山東東平縣。　"明宗之襲鄆州也"至"比曙平之"：《通鑑》卷二七二繫此事於同光元年（923）

閏四月。

莊宗平河南，累加檢校太保，領端州刺史。[1]同光末，出守絳州。[2]明宗即位，特深委遇。[3]天成中，從王晏球圍定州，敗王都，擒秃餒，皆有功。[4]賊平，遷潁州團練使。[5]長興初，以北邊隣契丹，[6]用爲振武節度使。[7]明年，以河西用軍，移鎮延安。[8]

[1]檢校太保：官名。爲散官或加官，以示恩寵，無實際執掌。太保，與太師、太傅合稱三師。　端州：州名。治所在今廣東肇慶市。

[2]同光：後唐莊宗李存勗年號（923—926）。　絳州：州名。治所在今山西新絳縣。　"莊宗平河南"至"出守絳州"：《通鑑》卷二七四天成元年（926）三月條："李嗣源之爲亂兵所逼也，李紹榮（元行欽）有衆萬人，營於城南，嗣源遣牙將張虔釗、高行周等七人相繼召之，欲與共誅亂者。"《宋本册府》卷三六〇《將帥部·立功門一三》："高行周初仕後唐，爲絳州刺史。"明本《册府》卷一二八《帝王部·明賞門二》："（天成四年四月）神武都虞候、北面行營右厢馬軍都指揮使、守端州刺史高行周爲潁川團練使，賞中山之功也。"據《通鑑》，明宗即位之際，高行周尚爲其牙將，出任刺史，當在明宗踐祚之後。據《册府》，行周初爲絳州刺史，至天成四年，仍領端州刺史。本傳謂行周於莊宗朝歷任端州、絳州刺史，誤。

[3]特深委遇：《輯本舊史》卷三八《唐明宗紀四》天成二年五月癸亥條："以前復州刺史高行周爲右龍武統軍。"《宋本册府》卷三六〇《將帥部·立功門一三》："天成中，（高行周）預平朱守殷於浚下。"《新五代史》卷四八《高行周傳》："明宗時，從平朱守殷。"本傳未載其事。

[4]天成：五代後唐明宗李嗣源年號（926—930）。　王晏球：人名。洛陽（今河南洛陽市）人。五代將領。傳見本書卷六四、《新五代史》卷四六。　定州：州名。治所在今河北定州市。　王都：人名。中山陘邑（今河北定州市）人。本姓劉，後爲義武軍節度使王處直養子。五代軍閥。傳見本書卷五四。　秃餒：人名。奚人。契丹將領。事見《通鑑》卷二七六。　"天成中"至"皆有功"：《輯本舊史》卷三九《唐明宗紀五》天成三年四月壬寅條："以王晏球爲北面行營招討使，知定州行軍州事。"同書卷六四《王晏球傳》："王都、秃餒出軍拒戰，晏球督厲軍士，令短兵擊賊，戒之曰：'迴首者死。'符彦卿以龍武左軍攻其左，高行周以龍武右軍攻其右，奮劍揮檛，應手首落，賊軍大敗於嘉山之下，追襲至於城門。"同書卷四〇《唐明宗紀六》天成四年二月乙巳條："王晏球奏，此月三日收復定州。"

[5]潁州：州名。治所在今安徽阜陽市。　團練使：官名。唐代中期以後，於不設節度使的地區設團練使，掌本區各州軍事。遷潁州團練使：《宋本册府》卷八四六《總録部·善射門》："高行周初在後唐，遷潁州團練使。郡境比多鷙獸，一日，牧豎言有伏虎，即跨馬彎弧視之。虎見騎集，厲吻而起，行周矢一發，洞胸而斃。"

[6]長興：後唐明宗李嗣源年號（930—933）。　以北邊隣契丹：隣，中華書局本作"陷"，有校勘記："原作'隣'，据殿本、孔本改。影庫本批校：'陷契丹，"陷"訛"隣"。'"《輯本舊史》卷四一《唐明宗紀七》長興元年十一月庚午條："以潁州團練使高行周爲安北都護，充振武節度使。"檢《輯本舊史》卷四一《唐明宗紀七》、《通鑑》卷二七七，此年未見北地陷於契丹之記載，傳文當作"隣"，不應改"陷"。

[7]振武：方鎮名。後梁貞明二年（916）以前，治所位於單于都護府城（今内蒙古和林格爾縣）。貞明二年，單于都護府城爲契丹占據。此後至後唐清泰三年（936），治所位於朔州（今山西朔

州市朔城區)。後晋時隨燕雲十六州割予契丹，改名順義軍。　節度使：官名。唐時在重要地區所設掌握一州或數州軍政、民政、財政的長官。　用爲振武節度使：《輯本舊史》卷九八《安重榮傳》："唐長興中，爲振武道巡邊指揮使，犯罪下獄。時高行周爲帥，欲殺之，其母赴闕申告，樞密使安重誨陰護之，奏於明宗，有詔釋焉。"

[8]延安：即延州。州名。治所在今陝西延安市。　"明年"至"移鎮延安"：《輯本舊史》卷四五《唐閔帝紀》應順元年(934)閏正月戊午條："以前振武軍節度使、安北都護高行周爲彰武節度使。"延州爲彰武軍節度使治所，延安爲延州舊稱。本傳繫此事於長興二年，誤。《宋本册府》卷五二二《憲官部·譴讓門》："延州保安鎮將白文審，郡之劇賊。高行周作鎮時，差人往替，不受代屬。"

清泰初，改潞州節度使。[1]晋祖建義於太原，唐末帝命張敬達征之，行周與符彦卿爲左右排陣使。[2]契丹主入援太原也，行周、彦卿引騎拒之，尋爲契丹所敗，遂與敬達保晋安砦，累月救軍不至。[3]楊光遠欲圖敬達，行周知之，引壯士護之。敬達性戇，不知其營護，謂人曰："行周每踵余後，其意何也？"繇是不復敢然，敬達遂爲光遠所害。[4]

[1]清泰：五代後唐廢帝李從珂年號(934—936)。　潞州：州名。治所在今山西長治市。　改潞州節度使：《輯本舊史》卷四八《唐末帝紀下》清泰三年(936)七月乙未條："以前彰武軍節度使高行周爲潞州節度使，充太原四面招撫排陣使。"清泰前後僅三年，本傳繫此事於清泰初年，誤。

［2］晋祖：即石敬瑭。沙陀部人。五代後唐將領、後晋開國皇帝。紀見本書卷七五至卷八〇、《新五代史》卷八。　張敬達：人名。代州（今山西代縣）人。五代後唐將領。傳見本書卷七〇、《新五代史》卷三三。　符彦卿：人名。陳州宛丘（今河南淮陽縣）人。五代後周、宋初將領。後周世宗宣懿皇后、宋太宗懿德皇后，皆符彦卿之女。傳見《宋史》卷二五一。　排陣使：官名。唐節度使所屬武官中有排陣使，五代後梁時設於諸軍，爲先鋒之職。參見王軼英《中國古代排陣使述論》，《西北大學學報》2010年第6期。　行周與符彦卿爲左右排陣使：《輯本舊史》卷四八《唐末帝紀下》清泰三年五月丙辰條："以前彰武軍節度使高行周爲太原四面招撫兼排陣使。"同年八月辛巳條："張敬達奏，賊城内出騎軍三十隊、步卒三千人衝長連城，高行周襲殺入壕，溺死者大半，擒賊將安小喜以下百餘人，甲馬一百八十匹。"

［3］契丹：古部族、政權名。公元4世紀中葉宇文部爲前燕攻破，始分離而成單獨的部落，自號契丹。唐貞觀中，置松漠都督府，以其首領爲都督。唐末强盛，916年迭剌部耶律阿保機建立契丹國（遼）。先後與五代、北宋並立，保大五年（1125）爲金所滅。參見張正明《契丹史略》，中華書局1979年版。　晋安砦：地名。位於今山西太原市晋源區晋祠鎮南。　"契丹主入援太原也"至"累月救軍不至"：《輯本舊史》卷四八《唐末帝紀下》清泰三年九月甲辰（十八）條："張敬達奏，此月十五日，與契丹戰於太原城下，王師敗績。時契丹主自率部族來援太原，高行周、符彦卿率左右廂騎軍出鬬，蕃軍引退。巳時後，蕃軍復成列，張敬達、楊光遠、安審琦等陣於賊城西北，倚山横陣，諸將奮擊，蕃軍屢却。至晡，我騎軍將移陣，蕃軍如山而進，王師大敗，投兵仗相藉而死者山積。是夕，收合餘衆，保於晋祠南晋安寨，蕃軍壍而圍之，自是音聞阻絶。朝廷大恐。"

［4］楊光遠：人名。沙陀部人。五代後唐、後晋將領。傳見本書卷九七、《新五代史》卷五一。　"楊光遠欲圖敬達"至"敬達

遂爲光遠所害”：《通鑑》卷二八〇天福元年（清泰三年，936）閏十一月條：“晋安寨被圍數月，高行周、符彦卿數引騎兵出戰，衆寡不敵，皆無功……諸將每旦集於招討使營。甲子（初九），高行周、符彦卿未至，光遠乘其無備，斬敬達首，帥諸將上表降於契丹。”楊光遠殺張敬達後，率諸將同降契丹，行周亦在“諸將”之列，本傳未明言之。

晋祖入洛，令行周還藩，[1]加同平章事。[2]晋祖都汴，以行周爲西京留守。未幾，移鄴都。[3]晋祖幸鄴，會安從進叛，命行周爲襄州行營都部署。[4]明年秋，平定漢南。[5]

[1]洛：即河南府，治所在今河南洛陽市。　令行周還藩：《通鑑》卷二八〇天福元年（936）閏十一月條：“趙德鈞、趙延壽南奔潞州，唐敗兵稍稍從之，其將時賽帥盧龍輕騎東還漁陽。帝（石敬瑭）先遣昭義節度使高行周還具食，至城下，見德鈞父子在城上，行周曰：‘僕與大王鄉曲，敢不忠告！城中無斗粟可守，不若速迎車駕。’甲戌（十九），帝與契丹主至潞州，德鈞父子迎謁於高河，契丹主慰諭之。”潞州爲昭義軍節度使治所。

[2]同平章事：官名。“同中書門下平章事”之簡稱。唐高宗以後，凡實際任宰相之職者，常在其本官後加同平章事的職銜。後成爲宰相專稱。後晋天福五年（940），升中書門下平章事爲正二品。　加同平章事：《輯本舊史》卷七六《晋高祖紀二》天福二年正月丙寅條：“前昭義節度使、檢校太傅、同平章事高行周起復右金吾衛大將軍，依前昭義軍節度使。”同年六月甲午條：“六宅使張言自魏府迴，奏范延光叛命。”同月丁未條：“昭義節度使高行周充魏府西面都部署。”討范延光。同年七月甲寅條：“以昭義節度使高行周爲河南尹、東都留守，充西面行營諸軍都部署。”明本《册

府》卷四八五《邦計部·濟軍門》：天福三年二月，“東京留守高行周進助國錢五千貫”。宋本漫漶不清。

[3]西京留守：官名。唐玄宗久住東都洛陽，天寶元年（742）以京師長安爲西京，改西都留守爲西京留守，仍掌京師軍政要務。肅宗以後稱長安爲上都，仍沿用西京留守舊稱。　鄴都：地名。治所在今河北大名縣。五代後唐同光元年（923），改魏州爲興唐府，建號東京，三年改東京爲鄴都。　“晋祖都汴”至“移鄴都”：《輯本舊史》卷七七《晋高祖紀三》天福三年十月庚辰條：“汴州宜升爲東京，置開封府。”同年十一月辛亥條：“升廣晋府爲鄴都，置留守……以西京留守高行周爲廣晋尹、鄴都留守。”明本《册府》卷一六九《帝王部·納貢獻門》：天福三年十一月，“壬申（二十九），前西京留守高行周進絹一千疋，馬十匹”；十二月，“己卯（初六），新授鄴都留守高行周進謝恩馬十匹，絹一千疋，銀器三百兩，内宴錢一萬貫”。《輯本舊史》卷八〇《晋高祖紀六》天福六年七月癸亥條：“以前鄴都留守、廣晋尹高行周爲河南尹、西都留守。”

[4]安從進：人名。索葛部人。五代後唐、後晋將領。傳見本書卷九八、《新五代史》卷五一。　襄州：州名。治所在今湖北襄陽市。　行營都部署：官名。凡行軍征討，掛帥率軍戰鬥，總管行營事務。　“晋祖幸鄴”至“命行周爲襄州行營都部署”：《輯本舊史》卷八〇《晋高祖紀六》天福六年十一月丁丑條：“襄州安從進舉兵叛，以西京留守高行周爲南面行營都部署，率兵討之，以前同州節度使宋彦筠爲副，以宣徽南院使張從恩監護焉。”同年十二月丁亥（初二）條：“詔襄州行營都部署高行周權知襄州軍州事。”同月丁未（二二）條：“南面行營都部署高行周奏，今月十三日，部領大軍至襄州城下，相次降賊軍二千人。其降兵馬軍詔以‘彰聖’爲號，步軍以‘歸順’爲號。”

[5]平定漢南：《輯本舊史》卷八〇《晋高祖紀六》天福七年六月丁巳條：“襄州都部署高行周奏，安從進觀察判官李光圖出城

請援，送赴闕。”同書卷八一《晉少帝紀一》天福七年八月甲子條：“襄州行營都部署高行周奏，收復襄州，安從進自焚而死，生擒男弘贊，斬之。”漢南爲襄州古稱。高行周平定襄州時，晉少帝已即位。

晉少帝嗣位，加兼侍中，移鎮睢陽。[1]開運初，從幸澶淵，拒敵於河上。[2]車駕還京，代景延廣爲侍衛親軍都指揮使，[3]移鄆州節度使。[4]時李彦韜爲侍衛都虞候，[5]可否在己。行周雖典禁兵，每心遊事外，退朝歸第，門宇翛然，賓友過從，但引滿而已。尋改歸德軍節度使，[6]以李守貞代掌兵柄，許行周歸藩。[7]晉軍降於中渡也，[8]少帝命行周與符彦卿同守澶州。[9]戎王入汴，召赴京師，會草寇攻宋州急，遣行周歸鎮。[10]及契丹主死於欒城，契丹將蕭翰立許王李從益知南朝軍國事，遣死士召行周，辭之以疾，退謂人曰：“衰世難輔，況兒戲乎！”[11]

[1]晉少帝：人名。即石重貴。沙陀部人。後晉高祖石敬瑭從子。紀見本書卷八一至卷八五、《新五代史》卷九。　侍中：官名。秦始置。隋、唐前期爲門下省長官。唐後期多爲大臣加銜，不參與政務，實際職務由門下侍郎執行。正二品。　睢陽：地名。宋州古稱。治所在今河南商丘市睢陽區。　“晉少帝嗣位”至“移鎮睢陽”：《輯本舊史》卷八一《晉少帝紀一》天福七年（942）七月乙巳條：“西都留守、充襄州行營都部署高行周加兼侍中。”同年九月癸未（初二）條：“帝御乾明門，觀襄州行營都部署高行周、都監張從恩等獻俘馘。”同月丁亥（初六）條：“以襄州行營都部署、西京留守高行周爲宋州節度使，加檢校太師。”

［2］開運：後晉出帝石重貴年號（944—946）。　澶淵：古湖名。又稱繁淵。位於今河南濮陽市西北。　“開運初”至“拒敵於河上”：《輯本舊史》卷八二《晉少帝紀二》天福八年十二月癸丑（初九）條：“詔河陽節度使符彦卿、宋州節度使高行周、貝州節度使王令温、同州節度使李承福、陳州梁漢璋、亳州李蕘、懷州薛懷讓並赴闕，分命使臣諸州郡巡檢，以契丹入寇故也。”開運元年（944）正月庚辰（初七）條：“以宋州節度使高行周爲北面行營都部署。”同年二月丙午（初三）條：“先鋒指揮使石公霸與契丹遇於戚城之北，爲契丹所圍。高行周、符彦卿方息於林下，聞賊至駭愕，督軍而進，契丹衆甚盛，被圍數重，遣人馳告景延廣，請益師。延廣遲留，候帝進止，行周等大譟，瞋目奮擊賊衆，傷死者甚多，帝自御親兵救之方解。”同年三月癸酉（初一）條：“契丹主領兵十餘萬來戰……前軍高行周在戚城之南，賊將趙延壽、趙延昭以數萬騎出王師之西，契丹主自擁精騎出王師之東，兩軍接戰，交相勝負。”

［3］景延廣：人名。陝州（今河南三門峽市陝州區）人。五代後晉將領。傳見本書卷八八、《新五代史》卷二九。　侍衛親軍都指揮使：官名。五代時侍衛親軍長官。多由皇帝親信擔任。　代景延廣爲侍衛親軍都指揮使：《輯本舊史》卷八二《晉少帝紀二》開運元年四月己酉（初七）條：“詔取今月八日車駕還京，令高行周、王周留鎮澶淵，近地兵馬委便宜制置。”同月辛酉（十九）條：“以宋州節度使高行周爲侍衛親軍都指揮使。”

［4］移鄆州節度使：《新五代史》卷九《晉出帝本紀》開運二年正月辛酉條：“高行周爲御營使。”《輯本舊史》卷八三《晉少帝紀三》開運二年四月庚寅條：“宋州節度使兼侍衛親軍馬步都指揮使高行周移鎮鄆州，侍衛如故。”

［5］李彦韜：人名。太原（今山西太原市）人。後晉出帝寵臣，與宦官近臣相勾結，排擠文臣。傳見本書卷八八。　侍衛都虞候：官名。五代時期侍衛親軍高級統率官，判六軍諸衛事。

［6］歸德軍：方鎮名。治所在宋州（今河南商丘市睢陽區）。　尋改歸德軍節度使：《輯本舊史》之影庫本粘籤："歸德，原本作'歸順'，今從《通鑑》改正。"《輯本舊史》卷八四《晉少帝紀四》開運三年六月壬午條："以鄆州節度使兼侍衛親軍都指揮使高行周爲宋州節度使，加兼中書令，充北面行營副都統。"宋州爲歸德軍節度使治所。《通鑑》卷二八五開運三年十二月壬戌條："詔以歸德節度使高行周爲北面都部署。"

［7］李守貞：人名。河陽（今河南孟州市）人。五代將領。傳見本書卷一〇九、《新五代史》卷五二。　許行周歸藩：明本《册府》卷四〇五《將帥部·識略門四》："李彦韜爲侍衛都虞候，可否在己，晉王莫不聽從。行周雖典禁兵，心遊事外，退朝歸第，門宇蕭然，賓友過從，但引滿而已。屢求還鎮，初未允從，後彦韜、馮玉委用轉深，欲擅權勢，故許行周歸藩。"

［8］中渡：地名。滹沱河渡口。位於今河北正定縣。

［9］澶州：州名。唐、五代初，治所在今河南清豐縣。後晉天福四年（939），移治於今河南濮陽縣。　少帝命行周與符彦卿同守澶州：《輯本舊史》卷八五《晉少帝紀五》開運三年十二月壬戌（初六）條："又遣高行周屯澶州，景延廣守河陽。"同月丙寅（初十）條："詔宋州高行周充北面行營都部署，符彦卿充副，邢州方太充都虞候，領後軍駐於河上，以備敵騎之奔衝也。"《通鑑》卷二八五開運三年十二月條："高行周、符彦卿皆詣契丹牙帳降。"高行周降於契丹，本傳未明言其事。

［10］宋州：州名。治所在今河南商丘市睢陽區。　遣行周歸鎮：《舊五代史考異》："案《宋史·高懷德傳》：杜重威降契丹，京東諸州羣盜大起，懷德堅壁清野，敵不能入，行周率兵歸鎮，敵遂解去。"

［11］欒城：縣名。治所在今河北石家莊市欒城區。　蕭翰：人名。契丹人。遼朝宰相蕭敵魯之子，述律太后之侄，太宗皇后之兄。遼初將領。傳見本書卷九八、《遼史》卷一一三。　李從益：

人名。沙陀部人。後唐明宗李嗣源幼子。契丹蕭翰北歸，以其爲傀儡統治中原地區。傳見本書卷五一。　“及契丹主死於欒城”至“況兒戲乎”：《輯本舊史》卷五一《李從益傳》：“及漢高祖將離太原，從益召高行周、武行德欲拒漢高祖。行周等不從，且奏其事。漢高祖怒，車駕將至闕，從益與王妃俱賜死於私第，時年十七，時人哀之。”

漢高祖入汴，加守太傅、兼中書令，代李守貞爲天平節度使。[1]杜重威據鄴叛，漢祖以行周爲招討使，總兵討之。[2]鄴平，授鄴都留守，加守太尉，[3]進爵臨清王。[4]乾祐中，入覲，加守太師，進封鄴王。[5]復授天平節鉞，[6]改封齊王。[7]

[1]漢高祖：即後漢高祖劉知遠。紀見本書卷九九至卷一〇〇、《新五代史》卷一〇。　太傅：官名。三師之一。始設於周代。掌佐天子，理陰陽，經邦弘化。唐後期、五代時多爲大臣、勳貴加官。正一品。　中書令：官名。漢代始置，隋、唐前期爲中書省長官，屬宰相之職；唐後期多爲授予元勳大臣的虛銜。正二品。　天平：方鎮名。治所在鄆州（今山東東平縣）。　“漢高祖入汴”至“代李守貞爲天平節度使”：《輯本舊史》卷一〇〇《漢高祖紀下》天福十二年（947）七月丙申條：“以宋州節度使、檢校太師、兼中書令高行周爲鄴都留守，加守太傅；以鄆州節度使、檢校太師、兼侍中李守貞爲河中節度使，加兼中書令……以河中節度使、檢校太尉趙贇爲晋昌軍節度使，加同平章事。”《通鑑》卷二八七天福十二年七月條：“會鄴都留守、天雄節度使兼中書令杜重威、天平節度使兼侍中李守貞皆奉表歸命。重威仍請移他鎮。歸德節度使兼中書令高行周入朝，丙申，徙重威爲歸德節度使，以行周代之。”鄆州爲天平軍節度使治所。漢高祖以高行周爲鄴都留守，非天平軍節

度使，代李守貞者實爲白文珂，本傳誤。

［2］杜重威：人名。其先朔州（今山西朔州市朔城區）人，後徙居太原（今山西太原市）。五代後晋、後漢將領。傳見本書卷一〇九、《新五代史》卷五二。　招討使：官名。唐始置。戰時任命，兵罷則省。常以大臣、將帥或地方軍政長官兼任。掌招撫、討伐等事務。　“杜重威據鄴叛”至“總兵討之”：《輯本舊史》卷一〇〇《漢高祖紀下》天福十二年閏七月庚午條：“新授宋州節度使杜重威據鄴都叛，詔削奪重威官爵，貶爲庶人。以高行周爲行營都部署，率兵進討。”《通鑑》卷二八七天福十二年十月戊戌（十七）條：“帝至鄴都城下，舍於高行周營。行周言於帝曰：‘城中食未盡，急攻，徒殺士卒，未易克也。不若緩之，彼食盡自潰。’帝然之。”《輯本舊史》卷一〇〇《漢高祖紀下》天福十二年十月丙午（廿五）條：“詔都部署高行周督衆攻城，帝登高阜以觀之，時衆議未欲攻擊，副部署慕容彦超堅請攻之。是日，王師傷夷者萬餘人，不克而退。”《新五代史》卷五三《慕容彦超傳》：“杜重威反於魏，高祖以天平軍節度使（當作‘鄴都留守’）高行周爲都部署以討之，以彦超爲副。彦超與行周謀議多不協，行周用兵持重，兵至城下，久之不進。彦超欲速進戰，而行周不許。行周有女嫁重威子，彦超揚言行周以女故，惜賊城而不攻，行周大怒。高祖聞二人不相得，懼有他變，由是遽親征。彦超數以事凌辱行周，行周不能忍，見宰相涕泣，以屎塞口以自訴。高祖知曲在彦超，遣人慰勞行周，召彦超責之，又遣詣行周謝過，行周意稍解。”高行周爲慕容彦超所辱，本傳未載其事。

［3］太尉：官名。與司徒、司空並爲三公，唐後期、五代時多爲大臣、勳貴加官。正一品。　“鄴平”至“加守太尉”：《輯本舊史》卷一〇〇《漢高祖紀下》天福十二年十一月丁丑（廿七）條：“杜重威素服出降，待罪於宫門，詔釋其罪。鄴都留守、天雄軍節度使高行周加守太尉，封臨清王。”高行周於是年七月已授鄴都留守，本傳繫於平鄴之後，誤。

［4］進爵臨清王：《輯本舊史》之影庫本粘籤："臨清，原本作'監清'，今從《歐陽史》改正。"見《新五代史》卷四八《高行周傳》。

［5］乾祐：後漢高祖劉知遠、隱帝劉承祐年號（948—950）。北漢世祖劉旻、睿宗劉鈞沿用至九年（956）。　太師：官名。與太傅、太保合稱三師，唐後期、五代時多爲大臣、勳貴加官。正一品。　"乾祐中"至"進封鄴王"：《輯本舊史》卷一〇一《漢隱帝紀上》乾祐元年三月丙辰條："鄴都留守、太尉、中書令、臨清王高行周進封鄴王。"同書卷一〇二《漢隱帝紀中》乾祐二年（949）九月乙卯條："鄴都高行周加守太師。"高行周於乾祐元年受封鄴王，二年加守太師，本傳合爲一事，繫於乾祐中（乾祐僅三年），誤。同書卷一〇六《張鵬傳》："乾祐初，授鎮州副使。過鄴城，高行周接之甚歡。鵬因言及晋朝傾亡之事，少帝任用失人，藩輔之臣，唯務積財富家，不以國家爲意，以至宗社泯滅，非獨帝王之咎也。行周性寬和，不以鵬言爲過。鵬既退，行周左右謂行周曰：'張副使之言，蓋譏令公也。'行周因發怒，遂奏鵬怨國訛言，故朝廷降詔，就誅於常山，時乾祐元年七月也。"《宋本册府》卷九八七《外臣部·征討門六》：乾祐二年十一月，"契丹入寇，前軍至貝州，陷高老鎮千餘家，乃西北至南宫、堂陽，剽虜人畜，諸鎮守閉關自固。時高行周以重名鎮鄴，而諸屯戍甲兵雲布，帝慮行周年高，避事緩急踈於應變"。

［6］復授天平節鉞：《輯本舊史》卷一〇三《漢隱帝紀下》乾祐三年三月壬戌條："鄴都高行周移鎮鄆州，兖州符彦卿移鎮青州，並加邑封。"同年十一月丙子條："誅樞密使楊邠、侍衛都指揮使史弘肇、三司使王章，夷其族……急詔鄆州高行周、青州符彦卿、永興郭從義、兖州慕容彦超、同州薛懷讓、鄭州吴虔裕、陳州李穀等赴闕。"

［7］改封齊王：《舊五代史考異》："案《歐陽史》云：周太祖入立，封齊王。據《薛史》，則漢末已封齊王矣。"見《新五代史》

卷四八《高行周傳》。《五代會要》卷一一封建條："周廣順元年正月，進封鄆州節度使高行周爲齊王。"

太祖踐祚，加守尚書令，[1]增食邑至一萬七千户。太祖以行周耆年宿將，賜詔不名，但呼王位而已。[2]慕容彦超據兖叛，[3]太祖親征，奉迎輿駕，傾家載贄，奉觴進俎，率以身先，太祖待之逾厚。[4]廣順二年秋，以疾薨於位，[5]享年六十八。賵賻加等，册贈尚書令，追封秦王，謚曰武懿。

[1]尚書令：官名。秦始置。隋、唐前期爲尚書省長官，與中書令、侍中並爲宰相。唐後期多爲大臣加銜，不參與政務。正二品。　加守尚書令：《輯本舊史》卷一一〇《周太祖紀一》廣順元年（951）正月乙亥條："鄆州節度使、守太師、兼中書令、齊王高行周進位尚書令。"

[2]"太祖以行周耆年宿將"至"但呼王位而已"：明本《册府》卷四〇九《將帥部·退讓門二》："周高行周，太祖時，爲鄆州節度使，以降詔不呼名，上章讓曰：'陛下每降詔書，過踰常制，耳聞宣讀，心不遑安。詔書呼名，人臣常分，乞不踰聖制者。'太祖初踐祚，志懷謙抑，藩岳元老，多不呼名，與行周詔，即呼齊王，故有是奏。"

[3]慕容彦超：人名。沙陀部人（一説吐谷渾部人）。五代後漢將領，後漢高祖劉知遠同母弟。傳見本書卷一三〇、《新五代史》卷五三。　兖：州名。治所在今山東濟寧市兖州區。　慕容彦超據兖叛：《輯本舊史》卷一三〇《慕容彦超傳》："周太祖時，彦超進呈鄆州節度使高行周來書，其書意即行周毁讟太祖結連彦超之意。帝覽之，笑曰：'此必是彦超之詐也。'試令驗之，果然。其鄆州印元有缺，文不相接，其爲印即無闕處，帝尋令齎書示諭行周，行周

上表謝恩。”此條引自《大典》卷一八四一七“謗”字韻“事韻”。

［4］“太祖親征”至“太祖待之逾厚”：明本《册府》卷一六九《帝王部·納貢獻門》：廣順二年“三月，鄆州高行周進助軍絹五千疋并戎裝器仗五百事”；五月，“甲子（初九）旦，次成武，鄆州高行周自鎮來朝，貢絹三十疋及器械”。同書卷一一一《帝王部·宴享門三》：廣順二年六月，“丁亥（初三），平兖州迴，次鄆州，高行周進錢絹，請開宴。戊子（初四），宴從臣將校於行宫”。《輯本舊史》卷一三一《劉皡傳》：“廣順二年春，朝廷以皡爲高麗册使。三月，至鄆，節度使高行周以皡嗜酒，留連累日，旦夕沉醉。”

［5］廣順：後周太祖郭威年號（951—953）。　以疾薨於位：《輯本舊史》卷一一二《周太祖紀三》廣順二年八月壬寅（十九）條：“鄆州節度使高行周薨。”《通鑑》卷二九〇廣順二年八月條：“行周有勇而知義，功高而不矜，策馬臨敵，叱咤風生，平居與賓僚宴集，侃侃和易，人以是重之。”

子懷德，皇朝駙馬都尉、宋州節度使。[1]《永樂大典》卷一萬八千一百三十二。[2]

［1］駙馬都尉：漢武帝時始置，魏晋以後，公主夫婿多加此稱號。從五品下。　皇朝駙馬都尉、宋州節度使：《宋史》卷二五〇《高懷德傳》：“（宋）太祖即位，拜殿前副都點檢，移鎮滑州，充關南副都部署，尚宣祖女燕國長公主，加駙馬都尉……建隆二年，改歸德軍節度。開寶六年秋，加同平章事；冬，長公主薨，去駙馬都尉號。”

［2］《大典》卷一八一三二“將”字韻“後周將（一）”事目。

安審琦　兄審暉　從兄審信

安審琦，字國瑞，其先沙陀部人也。[1]祖山盛，朔州牢城都校，[2]贈太傅。父金全，安北都護、振武軍節度使，[3]累贈太師，《唐書》有傳。審琦性驍果，善騎射，幼以良家子事莊宗，爲義直軍使，遷本軍指揮使。[4]天成初，唐末帝由潞邸出鎮河中，奏審琦爲牙兵都校，未幾，入爲歸化指揮使。[5]王師伐蜀，充行營馬軍都指揮使，及凱旋，改龍武右厢都校，[6]領富州刺史。[7]清泰初，爲捧聖指揮使，[8]領順化軍節度使。[9]其年鎮邢州，兼北面行營排陣使。[10]從張敬達圍太原。[11]及楊光遠舉晋安寨降於晋祖，審琦亦預焉。[12]

[1]沙陀部：部族名。原意爲沙漠。沙陀部源出西突厥。隋文帝開皇二年（582），突厥汗國分裂爲東、西突厥。處月部爲西突厥所屬部落，朱邪是處月的别部。唐初，處月部居於大磧（今蒙古高原大沙漠），因稱沙陀突厥。唐中期時西突厥、處月部均已衰落，朱邪部遂自號沙陀，其首領以朱邪爲姓。事見《新唐書》卷二一八、本書卷二五、《新五代史》卷四末歐陽脩考證。參見樊文禮《沙陀的族源及其早期歷史》，《民族研究》1999年第6期。

[2]山盛：人名。即安山盛。本書僅此一見。　朔州：州名。治所在今山西朔州市朔城區。　牢城都校：官名。看守流配罪犯的統兵官。

[3]金全：人名。即安金全。代北人。後唐將領。傳見本書卷六一、《新五代史》卷二五。　安北都護：官名。安北都護府長官。據《通鑑》卷二六九胡注，唐中葉以後，振武節度使皆帶安北都護。參見李大龍《都護制度研究》，黑龍江教育出版社2003年版。

[4]義直軍使：官名。所部統兵將領。“義直”爲部隊番號。　指揮使：官名。所部統兵將領。

[5]河中：方鎮名。治所在河中府（今山西永濟市）。　牙兵都校：五代時期藩鎮親兵將領。參見來可泓《五代十國牙兵制度初探》，《學術月刊》1995 年第 11 期。　歸化：部隊番號。

[6]行營馬軍都指揮使：官名。行營馬軍長官。五代軍隊編制，五百人爲一指揮，設指揮使、副指揮使；十指揮爲一軍，設都指揮使、副都指揮使。　龍武右厢都校：官名。唐置六軍，分左、右羽林，左、右龍武，左、右神武等，即“北衙六軍”。　改龍武右厢都校：《宋本册府》卷一五八《帝王部・誡勵門三》：長興三年（932）十月，“己巳，安審琦率捧聖龍武馬軍北戍忻、代。召將校至中興殿，面戒勵之曰：‘邊人生梗，不奈侵擾，爾等咸宜戢斂。岢嵐軍地當要害，城池常須善完。軍旅之間，須明賞罰。’”

[7]富州：州名。治所在今廣西昭平縣。

[8]捧聖指揮使：捧聖爲部隊番號。《輯本舊史》之影庫本粘籤：“捧聖，原本作‘持聖’，今從《通鑑》改正。”檢《通鑑》原書，未見安審琦爲捧聖指揮使之記載。《輯本舊史》卷四六《唐末帝紀上》清泰元年（934）五月乙巳條：“以左龍武指揮使安審琦爲左右捧聖都指揮使。”《五代會要》卷一二京城諸軍條：“清泰元年六月，改捧聖馬軍爲彰聖左右軍。”可知是年六月以後，“捧聖”又改稱“彰聖”。

[9]順化軍：方鎮名。治所在楚州（今江蘇淮安市）。　領順化軍節度使：《輯本舊史》卷四七《唐末帝紀中》清泰二年三月壬戌條：“以左右彰聖都指揮使、富州刺史安審琦領楚州順化軍節度使，軍職如故。審琦受閔帝命西征，至鳳翔而降，故有是命。”

[10]北面行營排陣使：官名。唐節度使所屬武官中有排陣使，五代後梁以後設於諸軍，爲先鋒之職。參見王軼英《中國古代排陣使述論》，《西北大學學報》2010 年第 6 期。　兼北面行營排陣使：《輯本舊史》卷四七《唐末帝紀中》清泰二年五月丙辰條：“以順

化軍節度使兼彰聖都指揮使、北面行營排陣使安審琦爲邢州節度使。”同年六月庚辰條：“北面招討使趙德鈞奏，行營馬步軍都虞候、定州節度使楊光遠，行營排陣使、邢州節度使安審琦帥本軍至易州，見進軍追襲契丹次。”

[11]從張敬達圍太原：《輯本舊史》卷四八《唐末帝紀下》清泰三年五月乙卯條：“以邢州節度使安審琦爲太原四面馬軍都指揮使。”

[12]審琦亦預焉：《輯本舊史》卷七〇《張敬達傳》：“副將楊光遠、次將安審琦知不濟，勸敬達宜早降以求自安……光遠、審琦知敬達意未決，恐坐成魚肉，遂斬敬達以降。”《通鑑》卷二八〇天福元年（936）閏十一月條：“楊光遠、安審琦勸敬達降於契丹……光遠目審琦欲殺敬達，審琦未忍……諸將每旦集於招討使營，甲子，高行周、符彦卿未至，光遠乘其無備，斬敬達首，帥諸將上表降於契丹。”

晋祖踐阼，加檢校太傅、同平章事，充天平軍節度使兼侍衛馬步軍都指揮使，旋以母喪起復。[1]天福三年，就加檢校太尉，尋改晋昌軍節度使、京兆尹。[2]七年，移鎮河中。[3]

[1]檢校太傅：官名。爲散官或加官，以示恩寵，無實際執掌。　侍衛馬步軍都指揮使：官名。五代時侍衛親軍長官。多由皇帝親信擔任。　旋以母喪起復：《輯本舊史》卷七六《晋高祖紀二》天福二年（937）六月丁酉條：“天平軍節度使安審琦起復舊任。”

[2]天福：五代後晋高祖石敬瑭年號（936—942）。出帝石重貴沿用至九年（944）。後漢高祖劉知遠繼位後沿用一年，稱天福十二年（947）。　檢校太尉：官名。爲散官或加官，以示恩寵，無實際執掌。太尉，與司徒、司空並爲三公。　晋昌軍：方鎮名。後晋

改永平軍置，治所在京兆府（今陝西西安市）。　京兆尹：官名。唐開元元年（713）改雍州置京兆府，治所在今陝西西安市。以京兆尹總其政務。從三品。　尋改晉昌軍節度使、京兆尹：《輯本舊史》卷七七《晉高祖紀三》天福三年十月戊子條："以前天平軍節度使、檢校太尉、同平章事安審琦爲晉昌軍節度使，行京兆尹。"

[3]移鎮河中：《輯本舊史》卷八〇《晉高祖紀六》天福七年三月乙亥條："以晉昌軍節度使安審琦爲河中節度使。"

晉少帝嗣位，加檢校太師。[1]開運末，朝廷以北戎入寇，以審琦爲北面行營馬軍左右廂都指揮使，與諸將會兵於洺州。[2]俄而敵騎大至，時皇甫遇、慕容彦超亦預其行，乃率所部兵與敵戰於安陽河上。[3]時遇馬爲流矢所中，勢已危蹶，諸將相顧，莫有敢救者。審琦謂首將張從恩曰："皇甫遇等未至，必爲敵騎所圍，若不急救，則爲擒矣。"[4]從恩曰："敵勢甚盛，無以枝梧，將軍獨往何益？"審琦曰："成敗命也，若不濟，與之俱死，假令失此二將，何面目以見天子！"遂率鐵騎北渡。敵見塵起，謂救兵至，[5]乃引去。遂救遇與彦超而還。[6]晉少帝嘉之，加兼侍中，移領許州。[7]未幾，移鎮兖海。[8]

[1]檢校太師：官名。爲散官或加官，以示恩寵，無實際執掌。

[2]北面行營馬軍左右廂都指揮使：官名。北面行營馬軍長官。五代軍隊編制，五百人爲一指揮，設指揮使、副指揮使；十指揮爲一軍，設都指揮使、副都指揮使。　洺州：州名。治所在今河北邯鄲市永年區。　"開運末"至"與諸將會兵於洺州"：《輯本舊史》卷八三《晉少帝紀三》開運元年（944）八月辛丑條："命十五將以

禦契丹……河中節度使安審琦充馬步軍都指揮使。”同年閏十二月條：“契丹耶律德光與趙延壽領全軍入寇，圍恒州，分兵陷鼓城、槀城、元氏、高邑、昭慶、寧晋、蒲澤、欒城、柏鄉等縣，前鋒至邢州，河北諸州告急。詔張從恩、馬全節、安審琦率師屯邢州，趙在禮屯鄴都。”此爲開運初年事，本傳繫於末年，誤。

[3]皇甫遇：人名。常山（今河北正定縣）人。五代後唐、後晋將領。傳見本書卷九五、《新五代史》卷四七。　安陽河：水名。即洹水。位於今河南安陽市北。

[4]張從恩：人名。太原（今山西太原市）人。五代後晋外戚、將領。仕至宋初。傳見《宋史》卷二五四。

[5]謂救兵至：《輯本舊史》之影庫本粘籤：“救兵，原本作‘救冰’，今據文改正。”《輯本舊史》卷九五《皇甫遇傳》：“契丹見塵起，謂救軍併至，乃引去。”《新五代史》卷七二《四夷附録一》：“（皇甫）遇前渡漳水，遇契丹，戰于榆林，幾爲所虜。審琦從後救之，契丹望見塵起，謂救兵至，引去。”

[6]遂救遇與彦超而還：《輯本舊史》卷八三《晋少帝紀三》開運二年正月壬子條：“王師與契丹相拒於相州北安陽河上，皇甫遇、慕容彦超率前鋒與敵騎戰於榆林店，遇馬中流矢，僅而獲免。”同年二月戊子（二一）條：“安審琦、梁漢璋領兵北征。”同月甲午（二七）條：“以河中節度使安審琦爲北面行營馬步軍都虞候。”三月乙巳條：“杜威奏，與李守貞、馬全節、安審琦、皇甫遇部領大軍赴定州。”

[7]許州：州名。治所在今河南許昌市。　“晋少帝嘉之”至“移領許州”：《輯本舊史》卷八三《晋少帝紀三》開運二年四月庚寅條：“河中節度使安審琦加兼侍中，移鎮許州。”

[8]兖海：兖海節度使爲唐時舊稱，後改稱泰寧軍節度使，治兖州。《輯本舊史》卷八四《晋少帝紀四》開運三年正月辛亥條：“以許州節度使安審琦爲兖州節度使。”同年四月條：“時河南、河北大飢，殍殕甚衆，沂、密、兖、鄆寇盗群起，所在屯聚，剽劫縣

邑，吏不能禁。兖州節度使安審琦出兵捕逐，爲賊所敗。”《宋本册府》卷六七五《牧守部·仁惠門》：“安審琦爲兖州節度使，言：‘四縣逃户租税，臣自以粟帛代納。’詔褒之。”《輯本舊史》卷八四《晋少帝紀四》開運三年五月戊戌條：“沂州奏，淮南遣海州刺史領兵一千五百人，應接賊頭常知及，詔兖州安審琦領兵捕逐。”同月甲辰條：“兖州安審琦奏，淮賊抽退，賊頭常知及與其次首領武約等並乞歸命。”同年九月條：“乙巳，詔安審琦率兵赴鄴都，皇甫遇赴相州。”同書卷八五《晋少帝紀五》開運三年十月辛未條：“兖州安審琦爲左右厢都指揮使。”《通鑑》卷二八六天福十二年二月條：“東方羣盗大起，陷宋、亳、密三州。契丹主謂左右曰：‘我不知中國之人難制如此！’亟遣泰寧節度使安審琦、武寧節度使符彦卿等歸鎮，仍以契丹兵送之。”可知安審琦曾降於契丹，本傳爲之諱言。

漢有天下，授襄州節度使、兼中書令。[1]屬荆人叛命，潛遣舟師數千，將屠襄、郢，[2]審琦禦之而遁。朝廷賞功，就加守太保，進封齊國公。[3]歲餘，又加守太傅。[4]

[1]襄州：州名。治所在今湖北襄陽市。　授襄州節度使、兼中書令：《輯本舊史》卷一〇〇《漢高祖紀下》天福十二年（947）七月庚子條：“以兖州節度使、檢校太師、兼侍中安審琦爲襄州節度使。”

[2]郢：州名。治所在今湖北鍾祥市。　將屠襄、郢：中華書局本有校勘記：“‘將’字原闕，據《册府》卷三六〇、卷三八七補。”

[3]太保：官名。與太師、太傅並爲三師。唐後期、五代多爲大臣、勳貴加官。正一品。　“朝廷賞功”至“進封齊國公”：

《輯本舊史》卷一〇一《漢隱帝紀上》乾祐元年（948）三月庚申條："襄州節度使、檢校太師、兼中書令虢國公安審琦加守太保，進封齊國公。"

[4]又加守太傅：《輯本舊史》卷一〇二《漢隱帝紀中》乾祐二年九月乙卯條："襄州安審琦加守太傅。"

國初，封南陽王。[1]顯德初，進封陳王。[2]世宗嗣位，加守太尉。[3]三年，拜章請覲，優詔許之，加守太師，[4]增食邑至一萬五百户，食實封二千三百户。審琦鎮襄、沔僅一紀，[5]嚴而不殘，威而不暴，故南邦之民甚懷其惠。五年，移平盧軍節度使，承詔赴鎮，因朝于京師。世宗以國之元老，禮遇甚厚，車駕親幸其第以寵之。[6]六年正月七日夜，爲其隸人安友進、安萬合所害，時年六十三。[7]

[1]封南陽王：《輯本舊史》卷一一〇《周太祖紀一》廣順元年（951）正月乙亥條："襄州節度使、檢校太師、守太傅、兼中書令、齊國公安審琦進封南陽王。"

[2]顯德：五代後周太祖郭威年號（954）。世宗柴榮、恭帝柴宗訓沿用（954—960）。　進封陳王：《輯本舊史》卷一一三《周太祖紀四》顯德元年正月庚辰條："襄州安審琦進封陳王。"

[3]加守太尉：《輯本舊史》卷一一四《周世宗紀一》顯德元年（954）七月丁丑條："襄州節度使、陳王安審琦加守太尉。"

[4]"三年"至"加守太師"：《輯本舊史》卷一一六《周世宗紀三》顯德三年十月丙子條："襄州節度使、守太尉、兼中書令、陳王安審琦加守太師。審琦鎮漢上十餘年，至是來朝，故以命寵之。"《通鑑》卷二九三顯德三年十月條："山南東道節度使、守太

尉兼中書令安審琦鎮襄州十餘年，至是入朝，除守太師，遣還鎮。既行，上問宰相：‘卿曹送之乎？’對曰：‘送至城南，審琦深感聖恩。’上曰：‘近朝多不以誠信待諸侯，諸侯雖有欲效忠節者，其道無由。王者但能毋失其信，何患諸侯不歸心哉！’”

[5]沔：州名。治所在今湖北武漢市。

[6]平盧軍：方鎮名。治所在青州（今山東青州市）。　“五年”至“車駕親幸其第以寵之”：《輯本舊史》卷一一八《周世宗紀五》顯德五年五月辛卯條：“以襄州節度使安審琦爲青州節度使。”同年閏七月辛丑條：“幸新授青州節度使安審琦第。”

[7]安友進、安萬合：人名。事見本書本卷、《通鑑》卷二九四。　“六年正月七日夜”至“時年六十三”：《輯本舊史》卷一一九《周世宗紀六》顯德六年正月壬戌（十六）條：“青州奏，節度使、陳王安審琦爲部曲所殺。”此爲青州上奏之日，非安審琦被害之日。

初，友進與審琦之愛妾私通，有年數矣。其妾常慮事泄見誅，因與友進謀害審琦，友進甚有難色。其妾曰：“爾若不從，我當反告。”友進乃許之。至是夕，審琦沈醉，寢於帳中，其妾乃取審琦所枕劍與友進，友進猶惶駭不敢剚刃，[1]遽召其黨安萬合，使殺審琦。既而慮事泄，乃引其帳下數妓，盡殺以滅其跡。不數日，友進等竟敗，悉爲子守忠臠而戮之。[2]世宗聞之震悼，輟視朝三日，詔贈尚書令，追封齊王。

[1]剚（zì）刃：指用刀劍刺殺。

[2]守忠：人名。即安守忠。沙陀族人。并州晉陽（今山西太原市）人。後唐振武節度使安金全之孫、後周平盧節度使安審琦之

子。五代至北宋初將領。傳見《宋史》卷二七五。

守忠仕皇朝，累爲郡守。[1]《永樂大典》卷一萬八千一百三十二。[2]

[1]累爲郡守：《輯本舊史》引《五代史補》：“安審琦素惡釋氏，凡居方鎮，僧凡有過，不問輕重殺之。及鎮青州也，一旦方大宴，忽有紫衣僧持錫杖直上廳事，審琦赫怒連叱，是僧安然不顧，縱步而向内室，至中門，審琦仗劍逐之，將及而滅，但聞錫杖聲鏗然，入在卧所。審琦驚懼之際，有小蒼頭報曰：‘國夫人生子矣。’得非紫衣錫杖者乎？因命之曰僧哥，即安守忠也，自是審琦稍稍信重。”《宋史》卷二七五《安守忠傳》：“宋初，入爲左衛將軍。建隆四年，湖南初平，命爲永州刺史。乾德中，護河陰屯兵。蜀平，太祖知遠俗苦苛虐，南鄭爲走集之地，故特命守忠知興元府以撫綏之。四年，改漢州刺史……開寶初，改濮州刺史。會河決澶州，命守忠副潁州團練使曹翰護役，河決遂塞。五年，知遼州……初，審琦以愛妾故，爲隸人所戕。守忠終身不畜妓妾，而喜佞佛，蓋有所懲云。”

[2]《大典》卷一八一三二“將”字韻“後周將（一）”事目。

安審暉，字明遠，審琦之兄也。起家自長直軍使，轉外衙左厢軍使。[1]從莊宗平幽、薊，戰山東，[2]定河南，皆預其功。同光中，授蔚州刺史。[3]天成初，改汝州防禦副使，[4]歷鳳翔徐州節度副使、河東行軍司馬。[5]

[1]長直：部隊番號。　起家自長直軍使：《宋本册府》卷八四五《總録部·善武藝門》：“安審暉爲邢州節度使，器局謹重，從

父戰陣，武藝絶人，起家長直軍副兵馬使。”較本傳詳審。　外衙左厢軍使：官名。所部統兵將領。

［2］薊：縣名。治所在今北京市。　山東：太行山以東。

［3］蔚州：州名。治所在今河北蔚縣。

［4］汝州：州名。治所在今河南汝州市。　防禦副使：官名。防禦使副職，唐代始置，設有都防禦使、州防禦使兩種。常由刺史或觀察使兼任，實際上爲唐代後期州或方鎮的軍政長官。

［5］鳳翔：方鎮名。治所在鳳翔府（今陝西鳳翔縣）。　徐州：州名。治所在今江蘇徐州市。　節度副使：官名。唐五代方鎮屬官。位於行軍司馬之下、判官之上。　河東：方鎮名。治所在太原（今山西太原市）。　行軍司馬：官名。出征將領及節度使屬官。掌軍籍符伍、號令印信，是藩鎮重要的軍政官員。

晋高祖龍飛，以霸府上僚授振武兵馬留後，遷河陽節度使，不踰月，移鎮鄜州。[1]丁内艱，起復視事。五年，李金全據安州叛，詔馬全節爲都部署，領兵討之，以審暉爲副。[2]安陸平，移鎮鄧州，進位檢校太傅。[3]六年冬，襄州安從進叛，舉漢南之衆北攻南陽。南陽素無城壁，唯守衙城，賊傅城下，審暉登陴，召賊帥以讓之，從進不克而退。[4]襄州平，就加檢校太尉。少帝嗣位，加檢校太師，罷鎮，授右羽林統軍。[5]歲餘，出鎮上黨。[6]屬契丹内侵，授邢州節度使。[7]居無何，目疾暴作，上章求代，歸於京師，養疾累年。

［1］霸府：藩王或者藩臣的府署。　兵馬留後：官名。唐五代時，代行方鎮長官之職者稱留後。代行州兵馬使之職者，即爲兵馬留後。掌本州兵馬。　河陽：方鎮名。全稱“河陽三城”。治所在

孟州（今河南孟州市）。　移鎮鄜州：鄜州，州名。治所在今陝西富縣。《輯本舊史》卷七六《晋高祖紀二》天福二年（937）二月丙戌條："以河陽節度使安審暉爲鄜州節度使。"

［2］李金全：人名。吐谷渾族，早年爲五代後唐明宗李嗣源奴僕，驍勇善戰，因功升遷。後晋時封安遠軍節度使，後投奔南唐。傳見本書卷九七、《新五代史》卷四八。　安州：州名。治所在今湖北安陸市。　馬全節：人名。魏郡元城（今河北大名縣）人。五代後唐、後晋將領。傳見本書卷九〇、《新五代史》卷四七。　都部署：官名。五代後唐始置，爲臨時委任的大軍區統帥。掌管屯戍、攻防等事務。　"五年"至"以審暉爲副"：《輯本舊史》之影庫本粘籤："全節，原本作'全積'，今從《通鑑》改正。"《通鑑》卷二八二天福五年五月丙戌（二一）條："帝聞金全叛，命馬全節以汴、洛、汝、鄭、單、宋、陳、蔡、曹、濮、申、唐之兵討之，以保大節度使安審暉爲之副。"《輯本舊史》卷七九《晋高祖紀五》天福五年五月條："以前鄜州節度使安審暉爲副。"鄜州爲保大軍節度使治所。《通鑑》卷二八二天福五年六月條："癸卯（初九），唐李承裕等至安州。是夕，李金全將麾下數百人詣唐軍，妓妾資財皆爲承裕所奪，承裕入據安州。甲辰（初十），馬全節自應山進軍大化鎮，與承裕戰于城南，大破之。承裕掠安州南走，全節入安州。丙午（十二），安審暉追敗唐兵於黄花谷，段處恭戰死。丁未（十三），審暉又敗唐兵於雲夢澤中，虜承裕及其衆。唐將張建崇據雲夢橋拒戰，審暉乃還。馬全節斬承裕及其衆千五百人于城下，送監軍杜光業等五百七人于大梁。"

［3］安陸：縣名。治所在今湖北安陸市。　鄧州：州名。治所在今河南鄧州市。　"安陸平"至"進位檢校太傅"：《輯本舊史》卷七九《晋高祖紀五》天福五年七月丙寅條："前鄜州節度使安審暉加檢校太傅，爲威勝軍節度使。"鄧州爲威勝軍節度使治所。

［4］南陽：縣名。治所在今河南南陽市。　"六年冬"至"從進不克而退"：《通鑑》卷二八二天福六年十一月條："安從進攻鄧

州，威勝節度使安審暉據牙城拒之，從進不能克而退。”明本《册府》卷三九三《將帥部·威名門二》：“從進率襄、漢之衆攻南陽，州無城壁，僅守署衙而已。賊逼城下，審暉登陴，召賊帥而讓之，以審暉家世，戰將聞其言愧畏而去，從進不能止。”

[5]右羽林統軍：官名。唐代右羽林軍統兵官。唐置六軍，分左、右羽林，左、右龍武，左、右神武等，即“北衙六軍”。興元元年（784），六軍各置統軍，以寵功勳臣。其品秩，《唐會要》卷七一、《舊唐書》卷一二記載爲“從二品”，《通鑑》卷二二九記載爲“從三品”。《輯本舊史》卷八一《晉少帝紀一》天福七年十二月乙丑條：“以前鄧州節度使安審暉爲左羽林統軍。”與本傳異。

[6]上黨：即潞州。治所在今山西長治市。《輯本舊史》卷八一《晉少帝紀一》天福八年六月乙卯條：“以左羽林統軍安審暉爲潞州節度使。”潞州爲昭義軍節度使治所，隋唐時曾改潞州爲上黨郡。

[7]授邢州節度使：《輯本舊史》卷八三《晉少帝紀三》開運元年（944）七月癸酉條：“以昭義節度使安審暉爲邢州節度使，加檢校太師。”安審暉是時方加檢校太師，本傳繫於晉少帝即位之初，誤。

太祖即位，召於内殿，從容顧問，尤所歎重。將以禄起之，審暉辭以暮齒，願就頤養。拜太子太師致仕，[1]封魯國公，累食邑五千户，實封四百户。廣順二年春卒，[2]年六十三。廢朝二日，詔贈侍中，[3]謚曰静。

[1]太子太師：官名。與太子太傅、太子太保統稱太子三師。隋唐以後多作加官或贈官。從一品。　拜太子太師致仕：《輯本舊史》卷一一一《周太祖紀二》廣順元年（951）三月戊辰條：“以前邢州節度使安審暉爲太子太師致仕。”

[2]廣順二年春卒：《輯本舊史》卷一一二《周太祖紀三》廣順二年二月壬子條："太子太師致仕安審暉卒。"

[3]詔贈侍中：明本《册府》卷八六六《總録部·貴盛門》："安審暉以太子太師致仕，卒贈侍中。今襄帥陳王審琦、邠州副使審韜、鄆州副使審玉、前太原西宫使審寓、延州行軍司馬審卿、供奉官審霸，皆審暉之弟也。將門之盛，近代罕儔。"

子守鏻，仕皇朝爲贊善大夫。[1]《永樂大典》卷一萬八千一百四十四。[2]

[1]守鏻：人名。即安守鏻。本書僅此一見。　贊善大夫：官名。即太子贊善大夫。掌規諫太子過失，贊相禮儀等事。正五品。

[2]《大典》卷一八一四四"將"字韻"宋將（七）"事目，誤。當爲卷一八一三二"將"字韻"後周將（一）"事目。

安審信，字行光，審琦之從父兄也。父金祐，[1]世爲沙陀部偏裨，名聞邊塞。審信習騎射，世父金全，天成初，爲振武節度使，補爲牙將。俄而兄審通爲滄州節度使，用爲衙内都虞候，歷同、陝、許三州馬步軍都指揮使。[2]晉祖起義於太原，唐末帝命張敬達以兵攻之，[3]而審信率先以部下兵遁入并州，[4]晉祖以其故人，得之甚悦。其妻與二子在京師，皆爲唐末帝所戮，但貸其老母而已。契丹既降晉安砦，晉高祖以審信爲汾州刺史、檢校太保，充馬步軍副部署。[5]晉祖入洛，授河中節度使、檢校太尉、同平章事。[6]審信性既翻覆，率多疑忌，在蒲中時，[7]每王人告諭，騎從稍多，必潛設備，以防其圖己。尋歷許、兖二鎮，[8]所至以聚斂爲務，民甚苦之。[9]會朝廷謀大舉北伐，凡藩侯皆預將帥，以審信爲馬步軍右厢都排陣使，[10]俄改華州節度使。[11]漢初，移鎮同州，入爲左衛上將軍。[12]

[1]金祐：人名。即安金祐。本書僅此一見。

[2]滄州：州名。治所在今河北滄縣舊州鎮。　衙内都虞候：官名。唐末、五代藩鎮衙内之牙將。　同：州名。治所在今陝西大荔縣。　陝：州名。治所在今河南三門峽市陝州區。

[3]唐末帝命張敬達以兵攻之：《輯本舊史》之影庫本粘籤："敬達，原本作'敬遠'，今從《歐陽史》改正。"《新五代史》卷八《晋高祖本紀》天福元年（936）五月條："廢帝下詔削奪敬瑭官爵，命張敬達等討之。"

[4]并州：州名。治所在今山西太原市。　而審信率先以部下兵遁入并州：《輯本舊史》卷四八《唐末帝紀下》清泰三年（936）五月戊申條："張敬達奏，西北面先鋒都指揮使安審信率雄義左第二指揮二百二十七騎，并部下共五百騎，剽劫百井，叛入太原。又奏，大軍已至太原城下。詔安審信及雄義兵士妻男並處斬，家産没官。先是，雄義都在代州屯戍，其指揮使安元信謀殺代州刺史張朗，事洩，戍兵自潰，奔安審信軍，審信與之入太原。"同書卷七五《晋高祖紀一》清泰三年條："七月，代州屯將安元信率一軍，與西北面先鋒指揮使安審信引五百騎俱至。"《新五代史》卷七《唐愍帝本紀》、《通鑑》卷二八〇所載年月日，同《輯本舊史·唐末帝紀》。

[5]汾州：州名。治所在今山西汾陽市。　馬步軍副部署：官名。佐部署掌馬步軍事。

[6]授河中節度使、檢校太尉、同平章事：中華書局本有校勘記："'河中'，原作'河州'，據劉本、邵本校改。按本卷下文云'在蒲中時'，蒲州即河中府，本書卷七九《晋高祖紀》五有河中

節度使安審信。”《輯本舊史》卷七九《晋高祖紀五》天福五年正月丙申條：“河中節度使安審信奏：軍校康從受、李崇、孫大裕、張崇、于千等以所部兵爲亂，尋平之，死者五百人。”

[7]蒲中：此處指河中府。唐開元八年（720）改蒲州爲河中府，因地處黄河中游而得名，其後名稱屢有改易。治所在今山西永濟市。

[8]尋歷許、兖二鎮：中華書局本有校勘記：“‘二’，原作‘州’，據《册府》卷七〇〇改。”

[9]民甚苦之：《輯本舊史》卷七九《晋高祖紀五》天福五年三月乙亥條：“河中節度使安審信改許州節度使。”《新五代史》卷九《晋出帝本紀》天福八年五月條：“泰寧軍節度使安審信捕蝗于中都。”兖州爲泰寧軍節度使治所，中都爲兖州所轄之縣。《通鑑》卷二八四開運元年（944）四月條：“先是，詔以楊光遠叛，命兖州脩守備。泰寧節度使安審信，以治樓堞爲名，率民財以實私藏。大理卿張仁愿爲括率使，至兖州，賦緡錢十萬。值審信不在，拘其守藏吏，指取錢一囷，已滿其數。”

[10]馬步軍右厢都排陣使：官名。唐節度使所屬武官中有排陣使，五代後梁以後設於諸軍，爲先鋒之職。参見王軼英《中國古代排陣使述論》，《西北大學學報》2010年第6期。　以審信爲馬步軍右厢都排陣使：《輯本舊史》卷八三《晋少帝紀三》開運元年八月辛丑條：“命十五將以禦契丹……前兖州節度使安審信充馬步軍右厢排陣使。”二年三月丁未條：“畋於戚城，還幸景延廣、安審信軍。”

[11]華州：州名。治所在今陝西渭南市華州區。　俄改華州節度使：《輯本舊史》卷八四《晋少帝紀四》開運二年十二月癸未條：“以前兖州節度使安審信爲華州節度使。”

[12]左衛上將軍：官名。唐置，掌宫禁宿衛。唐代置十六衛，即左右衛、左右驍衛、左右武衛、左右威衛、左右領軍衛、左右金吾衛、左右監門衛、左右千牛衛，各置上將軍，從二品；大將軍，正三品；將軍，從三品。　入爲左衛上將軍：《輯本舊史》卷一〇

三《漢隱帝紀下》乾祐三年（950）四月甲午條："以前華州節度使安審信爲左衛上將軍。"

國初，轉右金吾上將軍。[1]三年夏四月，太祖御乾元殿入閤，[2]審信不赴班位，爲御史所彈，[3]詔釋之。時審信久病，神情恍惚，聞臺司奏劾，揚言曰："趨朝偶晚，未是大過，何用彈舉，我終進奉二萬緡，盡逐此乞索兒輩。"未幾，以病請退，授太子太師致仕。是歲秋卒，年六十。[4]贈侍中，謚曰成穆。《永樂大典》卷一萬八千一百四十四。[5]

[1]右金吾上將軍：官名。即"金吾衛上將軍"。唐置十六衛之一，掌宫禁宿衛。從二品。

[2]乾元殿：此處似爲"崇元殿"之誤。本書卷一一一《周太祖紀一》："帝自皋門入大内，御崇元殿，即皇帝位。"本書卷一一三《周太祖紀四》："（三年）五月己卯朔，帝御崇元殿受朝，仗衛如儀。"可見後周都城正殿爲崇元殿，而非乾元殿。崇元殿，宫殿名。位於今河南開封市。

[3]御史：御史臺執掌監察官員的泛稱。

[4]"未幾"至"年六十"：《輯本舊史》卷一一三《周太祖紀四》廣順三年（953）七月丙戌（初九）條："以左金吾上將軍安審信爲太子太師致仕。"同月丙申（十九）條："太子太師致仕安審信卒。"

[5]《大典》卷一八一四四"將"字韻"宋將（七）"事目，誤。當爲卷一八一三二"將"字韻"後周將（一）"事目。

李從敏

李從敏，字叔達，唐明宗之猶子也。[1]沈厚寡言，善騎射，多計數。初，莊宗召見，試弓馬，用爲衙内馬軍指揮使。[2]從平汴、洛，補帳前都指揮使，遷捧聖都將。[3]明宗移鎮真定，[4]表爲成德軍馬步軍都指揮使。[5]從明宗入洛，補皇城使，出爲陝府節度使。[6]王都據定州叛，命王晏球爲招討使，率師討之，以從敏爲副，領滄州節度使。[7]王都平，移授定州。[8]尋代范延光爲成德軍節度使，[9]加檢校太尉，封涇王。[10]

[1]猶子：指侄子或侄女。

[2]衙内馬軍指揮使：官名。唐五代時期衙内指揮使爲節度使府衙内之牙將，統最親近衛兵，高一級的稱衙内都指揮使。　用爲衙内馬軍指揮使：《新五代史》卷一五《李從敏傳》："初從莊宗爲馬步軍都指揮使兼行軍司馬。"

[3]帳前都指揮使：官名。唐末五代統兵將領，掌帳前兵馬。　捧聖：部隊番號。

[4]真定：縣名。治所在今河北正定縣。

[5]成德軍：方鎮名。治所在恒州（今河北正定縣）。

[6]皇城使：官名。唐末始置，爲皇城司長官，一般由君主的親信充任，以拱衛皇城。　出爲陝府節度使：《輯本舊史》卷三八《唐明宗紀四》天成二年（927）十一月庚戌條："以皇城使、行袁州刺史李從敏爲陝州節度使。"陝府爲唐代陝州大都督府之省稱。

[7]"王都據定州叛"至"領滄州節度使"：《輯本舊史》卷三九《唐明宗紀五》天成三年四月壬寅條："以王晏球爲北面行營招討使，知定州行軍州事，以滄州節度使兼北面行營馬軍都指揮使安

審通爲副招討使兼諸道馬軍都指揮使。”同年七月丁未條：“以滄州節度使安審通卒於師輟朝。”同年閏八月乙丑條：“陝州節度使李從敏移鎮滄州。”同年十月丙午條：“以滄州節度使李從敏兼北面招討使。”《通鑑》卷二七六作“北面行營副招討使”。副王晏球討王都者，初爲安審通，審通卒後，乃以從敏代之。且從敏先爲滄州節度使，後兼北面行營副招討使。本傳所載不確。

[8]移授定州：《輯本舊史》卷四〇《唐明宗紀六》天成四年二月乙巳條：“王晏球奏，此月三日收復定州。”同月辛亥條：“以北面行營副招討使、滄州節度使李從敏爲定州節度使。”《宋本册府》卷六八九《牧守部·革弊門》：“周李從敏爲定州節度使，其政静而不煩。易、定征賦，舊典三鎮同風，賦斂出自藩侯，朝法不能拘制。至是，從敏削除舊弊，載振朝綱，不取兵於民，不横賦於境，部内便之。”

[9]范延光：人名。鄴郡臨漳（今河北臨漳縣）人。五代後唐、後晋將領。傳見本書卷九七。　尋代范延光爲成德軍節度使：《輯本舊史》卷四二《唐明宗紀八》長興二年（931）六月乙卯條：“定州節度使李從敏移鎮州節度使。”鎮州爲成德軍節度使治所。同書卷四三《唐明宗紀九》長興三年十月庚申條：“幸至德宫，因幸石敬瑭、李從昶、李從敏之第。”

[10]封涇王：《輯本舊史》之影庫本粘籤：“涇王，原本作‘渭王’，今從《歐陽史》改正。”《新五代史》卷六《唐明宗本紀》長興四年五月戊寅條：“封子從珂爲潞王，從益許王，姪從温兖王，從璋洋王，從敏涇王。”

鎮州有市人劉方遇，家富於財。方遇卒，無子。妻弟田令遵者，幼爲方遇治財，善殖貨，劉族乃共推令遵爲方遇子，親族共立券書，以爲誓信。累年後，方遇二女取資於令遵不如意，乃訟令遵冒姓，奪父家財。從敏令判官陸浣鞫其獄，而殺令遵。[1]令遵父詣臺訴冤，詔本州節度副使符蒙、掌書記徐台符鞫之，[2]備明姦狀。及詰二女，伏行賂於節度副使趙環、代判高知柔、觀察判官陸浣，[3]並捕下獄，具服贓罪。事連從敏，甚懼，乃令其妻赴洛陽，入宫告王淑妃。[4]明宗知之，怒曰："朕用從敏爲節度使，而枉法殺人，我羞見百官，又令新婦奔赴，不須見吾面。"時王淑妃頗庇護之，趙環等三人竟棄市，從敏罪止於罰俸而已。[5]

[1]鎮州：州名。治所在今河北正定縣。　劉方遇：人名。籍貫不詳。事見《北夢瑣言》卷二〇。　田令遵：人名。籍貫不詳。事見《北夢瑣言》卷二〇。　判官：官名。唐、五代方鎮僚屬，位在行軍司馬下。分掌使衙内各曹事，並協助使職官員通判衙事。　陸浣：人名。籍貫不詳。事另見本書卷四四。　"鎮州有市人劉方遇"至"而殺令遵"：《舊五代史考異》："案《北夢瑣言》云：鎮州市民劉方遇，家財數十萬。方遇妻田氏蚤卒，田之妹爲尼，常出入方遇家，方遇使尼長髮爲繼室。有田令遵者，方遇之妻弟也，善貨殖，方遇以所積財令令遵興殖焉。方遇有子年幼，二女皆嫁。方遇疾卒，子幼不能督家業，方遇妻及二女以家財數爲令遵興殖，乃聚族合謀，請以令遵姓劉，爲方遇繼嗣，即令鬻券人安美爲親族請嗣。券書既定，乃遣令遵服斬衰居喪。而二女初立令遵時，先邀每月供財二萬，及後求取無厭，而石、李二女夫使二女詣本府論訴，云令遵冒姓，奪父家財，令遵下獄。石、李二夫族與本府要吏親黨，上至府帥判官、行軍司馬、隨使都押衙，各受方遇二女賂錢數千緡，而以令遵與姊及書券安美同情共盜，俱棄市，人知其冤。"見《北夢瑣言》卷二〇委使按問條。

[2]符蒙：人名。籍貫不詳。後唐、後晋時曾任鎮州節度副使、

右諫議大夫、給事中、禮部侍郎。事見本書卷七七、卷八一、卷八三。　掌書記：官名。唐五代方鎮僚屬，位在判官下。掌表奏書檄、文辭之事。　徐台符：人名。鎮州獲鹿（今河北石家莊市鹿泉區）人。五代大臣。傳見本書附録。

[3]趙環：人名。籍貫不詳。本書僅此一見。　代判：官名。代替節度使管理文書、處理政務等事宜。參見劉喆《五代十國時期藩鎮制的變化及特點》，《唐史論叢》第21輯。　高知柔：人名。籍貫不詳。事見本書卷四四。　伏行賂於節度副使趙環：中華書局本有校勘記："'節度副使'，原作'節度使'，據《册府》卷五八改。按本卷上文，時節度使爲李從敏。"《輯本舊史》卷四四《唐明宗紀十》長興四年（933）三月條作"行軍司馬趙環"，與本傳異。

[4]洛陽：後唐都城。位於今河南洛陽市。　王淑妃：後唐明宗妃嬪。傳見本書卷五一、《新五代史》卷一五。　"事連從敏"至"入宫告王淑妃"：《北夢瑣言》卷二〇委使按問條："府帥李從敏令妻來朝，懼事發，令内地彌縫。侍御史趙都嫉惡論奏，明宗驚怒，下鎮州，委副使符蒙按問，果得事實。自親吏高知柔，及判官、行軍司馬，及通貨僧人、婦人皆棄市。"

[5]赴：中華書局本據《册府》卷五八改爲"走"。　棄市：死刑之一。於鬧市對犯人處以死刑。　從敏罪止於罰俸而已：《舊五代史考異》："案《北夢瑣言》云：從敏初欲削官，中宫哀祈，竟罰一年俸。"《輯本舊史》卷四四《唐明宗紀十》長興四年三月甲申條："鎮州奏，行軍司馬趙環、節度判官陸浣、元從押衙高知柔等並棄市，坐受賂枉法殺人也。節度使李從敏罰一季俸。"

長興初，移鎮宋州。[1]唐末帝起兵於鳳翔，其子重吉爲亳州防禦使，從敏承朝廷命害之。[2]清泰中，從敏與洋王從璋並罷歸第，待之甚薄。[3]嘗宫中同飲，既醉，末帝謂從璋、從敏曰："爾等何物，處雄藩大鎮!"二人大懼，賴曹太后見之，[4]叱曰："官家醉，爾輩速出去!"方得解。

[1]移鎮宋州：《輯本舊史》卷四五《唐閔帝紀》長興四年(933)十二月癸丑條："以前鎮州節度使、涇王從敏權知河南府事，尋以盧質代之。"應順元年（清泰元年，934）二月乙亥（初五）條："以前鎮州節度使、涇王從敏爲宋州節度使。"本傳繫於長興初年，誤。

[2]重吉：人名。即李重吉。後唐廢帝長子。傳見本書卷五一、《新五代史》卷一六。　亳州：州名。治所在今安徽亳州市。　防禦使：官名。唐代始置，設有都防禦使、州防禦使兩種。常由刺史或觀察使兼任，實際上爲唐代後期州或方鎮的軍政長官。　"唐末帝起兵於鳳翔"至"從敏承朝廷命害之"：《通鑑》卷二七九清泰元年二月丁酉（二七）條："詔遣殿直楚匡祚執亳州團練使李重吉，幽於宋州。"同年三月條："遣楚匡祚殺李重吉於宋州。匡祚榜棰重吉，責其家財。"同年七月條："從敏在宋州預殺重吉，帝尤惡之。"殺李重吉者實爲楚匡祚，從敏僅預其事，本傳所載不確。

[3]從璋：人名。後唐明宗從子。五代後唐、後晉將領。傳見本書卷八八、《新五代史》卷一五。　待之甚薄：《輯本舊史》卷四六《唐末帝紀上》清泰元年六月庚辰條："幸至德宫，因幸房知温、安元信、范延光、索自通、李從敏第。"《宋本册府》卷五〇八《邦計部·俸禄門四》："末帝清泰元年七月，詔洋王從璋、涇王從敏月各給俸錢一十萬，米麥各五十石，兼三十人衣糧，馬十五匹芻粟。"明本《册府》卷二七七《宗室部·褒寵門三》作"馬五十匹芻粟"。

[4]曹太后：即後唐明宗李嗣源的皇后。籍貫不詳。傳見本書卷四九、《新五代史》卷一五。

晋祖革命，降封莒國公，再領陝州，[1]尋移鎮上黨，[2]入爲左龍武統軍，[3]出爲河陽節度使。[4]漢祖入汴，移授西京留守，累官檢校太師、同平章事。[5]隱帝即位，就加兼侍中，[6]改封秦國公。[7]歲餘，以王守恩代還。[8]廣順元年春，以疾卒，[9]年五十四。詔贈中書令，謚曰恭惠。《永樂大典》卷一萬三百九十。[10]

[1]再領陝州：《輯本舊史》卷七六《晉高祖紀二》天福二年（937）三月乙亥條："前宋州節度使李從敏加檢校太尉。"同年八月丁亥條："以前宋州節度使李從敏爲陝州節度使。"

[2]尋移鎮上黨：《輯本舊史》卷八〇《晉高祖紀六》天福六年七月己卯條："以前陝州節度使李從敏爲昭義軍節度使。"潞州爲昭義軍節度使治所，上黨爲潞州舊稱。

[3]左龍武統軍：官名。唐代左龍武軍統兵官。唐置六軍，分左、右羽林，左、右龍武，左、右神武等，即"北衙六軍"。興元元年（784），六軍各置統軍，以寵功勳臣。其品秩，《唐會要》卷七一、《舊唐書》卷一二記載爲從二品，《通鑑》卷二二九記載爲從三品。原本"左"作"右"。《輯本舊史》卷八二《晉少帝紀二》天福八年八月癸酉條："以前昭義節度使李從敏爲左龍武統軍。"同書卷八三《晉少帝紀三》開運元年七月辛巳條："以左龍武統軍李從敏爲潞州節度使。"據改。

[4]出爲河陽節度使：《輯本舊史》卷八四《晉少帝紀四》開運三年（946）六月丙寅條："以前昭義軍節度使李從敏爲河陽節度使。"

[5]"漢祖入汴"至"同平章事"：《輯本舊史》卷一〇〇《漢高祖紀下》天福十二年七月庚子條："檢校太師、莒國公李從敏爲西京留守，加同平章事。"

[6]隱帝：即後漢隱帝劉承祐。後漢高祖劉知遠次子。紀見本

書卷一〇一至一〇三、《新五代史》卷一〇。　就加兼侍中：《輯本舊史》卷一〇一《漢隱帝紀上》乾祐元年（948）三月丙寅條："西京留守、檢校太師、（同）平章事、莒國公李從敏，夏州節度使、檢校太師、同平章事李彝殷，並加兼侍中。"

[7]改封秦國公：《輯本舊史》卷一一一《周太祖紀二》廣順元年（951）二月辛丑條："前西京留守、莒國公李從敏進封秦國公。"本傳繫於漢隱帝朝，誤。

[8]王守恩：人名。太原（今山西太原市）人。後晉潞州節度使王建立子，後漢時曾任宰相。傳見本書卷一二五。

[9]以疾卒：《輯本舊史》卷一一一《周太祖紀二》廣順元年三月壬戌條："前西京留守李從敏卒。"

[10]《大典》卷一〇三九〇"李"字韻"姓氏（三五）"事目。

鄭仁誨

鄭仁誨，字日新，晉陽人。[1]父霸，[2]累贈太子太師。仁誨幼事唐驍將陳紹光，[3]紹光恃勇使酒，[4]嘗乘醉抽佩劍，將剚刃於仁誨，左右無不奔避，唯仁誨端立以俟，略無懼色。紹光因擲劍於地，謂仁誨曰："汝有此器度，必當享人間富貴。"及紹光典郡，仁誨累爲右職。後退歸鄉里，以色養稱。[5]

[1]晉陽：縣名。治所在今山西太原市。

[2]霸：人名。即鄭霸。本書僅此一見。

[3]陳紹光：人名。籍貫不詳。後唐將領。事見本書本卷、《新五代史》卷三一。《輯本舊史》之影庫本粘籤："紹光，原本作

‘昭光’，今從《册府元龜》改正。”見《宋本册府》卷八四三《總録部·知人門二》、卷八五〇《總録部·器量門》。《御覽》卷三四二《兵部劍門》上引《五代周史》，亦作“陳紹光”。

[4]紹光恃勇使酒：中華書局本有校勘記：“‘紹光’二字原闕，據《御覽》卷三四二引《五代周史》、《册府》卷八四三補。”今據補。

[5]以色養稱：中華書局本有校勘記：“殿本、孔本作‘以色養爲樂’。”

漢高祖之鎮河東也，太祖累就其第，與之燕語，[1]每有質問，無不以正理爲答，太祖深器之。漢有天下，太祖初領樞務，即召爲從職。及太祖西征，嘗密贊軍機，西師凱旋，累遷至檢校吏部尚書。[2]太祖踐阼，旌佐命功，授檢校司空、客省使，[3]兼大内都點檢、恩州團練使，[4]尋爲樞密副使。[5]踰年，[6]轉宣徽北院使、右衛大將軍。[7]出鎮澶淵，[8]轉檢校太保，入爲樞密使，加同平章事。[9]

[1]燕語：筵飲暢談。

[2]檢校吏部尚書：官名。爲散官或加官，以示恩寵，無實際執掌。

[3]檢校司空：官名。爲散官或加官，以示恩寵，無實際執掌。　客省使：官名。客省長官。唐代宗時始置，五代沿置。掌接待四方奏計及外族使者。　“太祖踐阼”至“客省使”：《舊五代史考異》：“案《歐陽史》云：漢興，周太祖爲樞密使，乃召仁誨用之，累官至内客省使。太祖入立，以仁誨爲大内都巡檢。據此傳，仁誨仕周始爲客省使，與《歐陽史》異。”見《新五代史》卷三一《鄭

仁誨傳》。《輯本舊史》卷一一〇《周太祖紀一》廣順元年（951）正月癸酉條："以元從都押衙鄭仁誨爲客省使。"

［4］大内都點檢：官名。五代後唐置，凡車駕行幸及出征則置。後周世宗顯德中選驍勇之士充殿前諸班，改稱殿前都點檢。　恩州：州名。治所在今廣東陽江市。　團練使：官名。唐代中期以後，於不設節度使的地區設團練使，掌本區各州軍事。　恩州團練使：《通鑑》卷二九〇廣順二年三月戊辰條胡三省注："按：是時中國無恩州，此即南漢之恩州也，鄭仁誨遥領團練使耳。"

［5］樞密副使：官名。樞密院副長官。

［6］踰年：《宋本册府》卷三〇九《宰輔部·佐命門二》所載"漢高祖之鎮河東也"至"加同平章事"，文字與本傳大致相同，然無"踰年"二字。

［7］宣徽北院使：官名。唐始置。宣徽北院的長官。初用宦官，五代以後改用士人。與宣徽南院使通掌内諸司及三班内侍之名籍，郊祀、朝會、宴享供帳之儀，檢視内外進奉名物。參見王永平《論唐代宣徽使》，《中國史研究》1995年第1期；王孫盈政《再論唐代的宣徽使》，《中華文史論叢》2018年第3期。　右衛大將軍：官名。唐置十六衛之一，掌宫禁宿衛。正三品。　轉宣徽北院使、右衛大將軍：《輯本舊史》卷一一二《周太祖紀三》廣順二年三月戊辰條："以内客省使、恩州團練使鄭仁誨爲樞密副使。"同年四月乙卯條："以樞密副使鄭仁誨爲右衛大將軍，依前充職，兼權大内都點檢。"同年十月己亥條："以樞密院副使鄭仁誨爲宣徽北院使兼樞密副使。"本傳載仁誨所歷官職，前後多有錯亂，兹據《周太祖紀》釐正。《輯本舊史》卷一二一《董德妃傳》："及太祖駐蹕魯中，妃志欲令内人進侍，發中使往來言之。太祖手敕鄭仁誨曰：切慮德妃以朕至兖州行營，津置内人承侍。緣諸軍在野，不可自安，令鄭仁誨專心體候。如德妃津置内人東來，便須上聞約住，或取索鞍馬，不得供應；如意堅確，即以手敕示之。"此廣順二年五六月間事。《宋本册府》卷一七九《帝王部·姑息門四》廣順二年八月

條："李重進、鄭仁誨、向訓等，皆帝親舊腹心也。（王）峻潛忌之，每見仁誨等在帝左右，漸見進用，尤所不平，至是連拜三章，求解樞務。"

[8]出鎮澶淵：《輯本舊史》卷一一三《周太祖紀四》廣順三年三月丙戌條："以宣徽北院使兼樞密副使鄭仁誨爲澶州節度使。"

[9]樞密使：官名。樞密院長官。唐代宗時始以宦官掌機密，至昭宗時借朱温之力盡誅宦官，始改以士人任樞密使。備顧問，參謀議，出納詔奏，權侔宰相。參見李全德《唐宋變革期樞密院研究》，國家圖書館出版社 2009 年版。　加同平章事：《輯本舊史》卷一一三《周太祖紀四》顯德元年（954）正月丙戌條："以澶州節度使鄭仁誨爲樞密使，加同平章事。"亦見《通鑑》卷二九一。

世宗之北征也，以仁誨爲東京留守，調發軍須，供億無所闕。車駕迴，[1]加兼侍中。[2]尋丁内艱，未幾起復。顯德二年冬，疾亟，世宗幸其第，親加撫問，欷歔久之。及卒，[3]世宗親臨其喪，哭踰數舉。是時，世宗將行，近臣奏云："歲道非便，不宜臨喪。"弗聽，然而先之以桃茢之事，時以爲得禮。[4]

[1]車駕迴：中華書局本有校勘記："'車'字原闕，據殿本、《册府》卷三一九補。"

[2]加兼侍中：《輯本舊史》卷一一四《周世宗紀一》顯德元年（954）三月甲申條："以樞密使鄭仁誨爲東京留守。"同年七月癸巳條："樞密使、檢校太保、同平章事鄭仁誨加兼侍中。"

[3]及卒：《輯本舊史》卷一一五《周世宗紀二》顯德二年十二月丙戌條："樞密使鄭仁誨卒。"

[4]"世宗親臨其喪"至"時以爲得禮"：《通鑑》卷二九二顯德二年十二月條："樞密使兼侍中韓忠正公鄭仁誨卒。上臨其喪，

近臣奏稱歲道非便，上曰：'君臣義重，何日時之有！'往哭盡哀。"

仁誨爲人端厚謙損，造次必由于禮。及居樞務，[1]雖權位崇重，而能孜孜接物，無自矜之色。及終，故朝廷咸惜之。詔贈中書令，追封韓國公，謚曰忠貞。[2]既葬，命翰林學士陶穀撰神道碑文，[3]官爲建立，表特恩也。

[1]及居樞務：明本《册府》卷三一〇《宰輔部·問望門》"造次必由于禮"後無"及居樞務"四字，然有"在帝左右，弼諧將順，甚得大臣之體"十四字。

[2]謚曰忠貞："忠貞"，原本作"忠正"。錢大昕《廿二史考異》卷六二《五代史二》："按謚法無'正'字，本當謚忠貞，避宋諱追改耳。張承業謚正憲，亦當爲'貞'字。"據改。《新五代史》卷三八《張成業傳》"謚曰正憲"，《輯本舊史》卷七二《張成業傳》正作"貞憲"，可證錢氏之説。

[3]翰林學士：官名。又稱"翰林""學士"，唐開元間始置。掌爲皇帝撰擬"内制"，參預機密。　陶穀：人名。邠州新平（今陝西彬縣）人。五代、宋初大臣。傳見《宋史》卷二六九。

子勳，[1]累歷内職，早卒，絶嗣。初，廣順末，王殷受詔赴闕，太祖遣仁誨赴鄴都巡檢。及殷得罪，仁誨不奉詔即殺其子，蓋利其家財妓樂也。[2]及仁誨卒而無後，人以爲陰責焉。《永樂大典》卷一萬八千八百八十。[3]

[1]勳：人名。即鄭勳。本書僅此一見。

[2]王殷：人名。瀛州（今河北河間市）人。一作大名（今河

北大名縣）人。五代將領，從郭威推翻後漢，後因功高震主爲郭威所殺。傳見本書卷一二四、《新五代史》卷五〇。　“初”至“蓋利其家財妓樂也”：《通鑑》卷二九一廣順三年（953）十二月乙丑條：“（王）殷入朝，詔留殷充京城内外巡檢。”同月壬申條：“帝力疾御滋德殿，殷入起居，遂執之。下制誣殷謀以郊祀日作亂，流登州，出城，殺之。命鎮寧節度使鄭仁誨詣鄴都安撫。仁誨利殷家財，擅殺殷子，遷其家屬於登州。”《輯本舊史》卷一二四《王殷傳》：“太祖乃力疾坐於滋德殿，殷入起居，即命執之，尋降制流竄，及出都城，遽殺之……太祖尋令澶帥鄭仁誨赴鄴，殷次子爲衙内指揮使，不出候謁，仁誨誅之，遷其家屬於登州。”亦見《宋本册府》卷九五一《總録部·咎徵門二》。周太祖先誅王殷，後令鄭仁誨赴鄴都安撫，本傳誤。

[3]《大典》卷一八八八〇“鄭”字韻“姓氏（九）”事目。

張彦成

張彦成，潞州潞城人也。[1]曾祖静，[2]汾州刺史。祖述，澤州刺史。[3]父礪，昭義行軍司馬。[4]彦成初爲并門牙將。[5]天成中，自秦州鹽鐵務官改鄆州都押牙。[6]漢祖鎮北門，[7]表爲行軍司馬，以隱帝娶其女，特見親愛。從平汴、洛，累加特進、檢校太尉、同州節度使。[8]隱帝即位，就加同平章事。[9]太祖之伐河中，彦成有饋輓之勞，[10]河中平，加檢校太師。乾祐三年冬，移鎮相州。[11]

[1]張彦成：《輯本舊史》之案語：“案《通鑑考異》：彦成本名彦威，避周祖諱，故改名。”明本《册府》卷三《帝王部·名諱

門》：“周太祖諱威，廣順元年正月即位。相州張彦成、澶州李洪義、侍衛步軍指揮使曹英、前陳州刺史馬令琮、慶州刺史郭彦欽皆以名下一字與御名同，改爲成、義、英、琮、欽。”《通鑑》卷二八八乾祐元年（948）三月丁丑條《考異》：“《周太祖實録》作‘彦成’，蓋避周祖諱，《薛史》因之。今從廣本。”　潞城：縣名。治所在今山西潞城市。

［2］静：人名。即張静。本書僅此一見。

［3］述：人名。即張述。本書僅此一見。　澤州：州名。治所在今山西澤州縣。

［4］礪：人名。即張礪。本書僅此一見。　昭義：方鎮名。治所在潞州（今山西長治市）。　行軍司馬：官名。出征將領及節度使的屬官。掌軍籍符伍、號令印信，是藩鎮重要的軍政官員。

［5］并門：即并州。治所在今山西太原市。

［6］秦州：州名。治所在今甘肅天水市。　鹽鐵務官：官名。即主管鹽鐵的官員。　都押牙：官名。“押牙”即“押衙”。唐、五代時期節度使辟署的屬官，有稱左、右都押衙或都押衙者。掌領方鎮儀仗侍衛、統率軍隊。參見劉安志《唐五代押牙（衙）考略》，武漢大學歷史系魏晋南北朝隋唐史研究室編《魏晋南北朝隋唐史資料》第16輯，武漢大學出版社1998年版。

［7］北門：即北衙。唐代禁衛軍分南北衙。《新唐書·兵志》：“及貞觀初，太宗擇善射者百人，爲二番於北門長上，曰百騎，以從田獵。”

［8］“從平汴、洛”至“同州節度使”：《輯本舊史》卷九九《漢高祖紀上》天福十二年（947）二月戊辰條：“河東行軍司馬張彦威與文武將吏等，以中原無主，帝威望日隆，群情所屬，上牋勸進，帝謙讓不允。”同年四月條：“以河東行軍司馬張彦威爲同州節度使、檢校太保。”同書卷一〇〇《漢高祖紀下》天福十二年七月甲辰條：“華州節度使侯章、同州節度使張彦威、涇州節度使史威，並加檢校太尉。”

[9]就加同平章事：《輯本舊史》卷一〇一《漢隱帝紀上》乾祐元年三月庚午條："涇州節度使史懿、潞州節度使常思、同州節度使張彦威、延州節度使高允權，並依前檢校太尉，加同平章事。"《通鑑》卷二八八乾祐元年三月丁丑條："邠、涇、同、華四鎮俱上言護國節度使兼中書令李守貞與永興、鳳翔同反……同州距河中最近（河中府西至同州六十里耳），匡國節度使張彦威，常詗守貞所爲，奏請先爲之備，詔滑州馬軍都指揮使羅金山將部兵戍同州；故守貞起兵，同州不爲所併。"同州爲匡國軍節度使治所。

[10]饋輓：運送糧餉。

[11]相州：州名。治所在今河南安陽市。

廣順初，就加兼侍中，[1]尋移鎮南陽。[2]三年秋，代歸，[3]授右金吾衛上將軍。[4]其年秋，以疾卒，[5]年六十。贈侍中。《永樂大典》卷六千三百五十一。[6]

[1]就加兼侍中：《輯本舊史》卷一一〇《周太祖紀一》廣順元年正（951）月辛巳條："鎮州武行德、晋州王晏、相州張彦成、潞州常思、邠州侯章並加兼侍中。"

[2]尋移鎮南陽：《輯本舊史》卷一一一《周太祖紀二》廣順元年四月條："相州張彦成移鎮鄧州。"鄧州爲武勝軍節度使治所，南陽爲鄧州所轄之縣，本傳以之代指鄧州。

[3]代歸：明本《册府》卷一六八《帝王部·却貢獻門》：廣順三年（953），"二月，前鄧州節度張彦成獻錢七千萬，請開宴，不納"。是年二月已稱"前鄧州節度"，傳文"三年秋"，似應作"三年初"。

[4]右金吾衛上將軍：官名。唐置，掌宫禁宿衛。唐代置十六衛之一，從二品。　授右金吾衛上將軍：《輯本舊史》卷一一三《周太祖紀四》廣順三年七月條："以前鄧州節度使張彦成爲右金吾

上將軍。"

［5］以疾卒：《輯本舊史·周太祖紀四》廣順三年十月己酉條："右金吾上將軍張彦成卒。"彦成卒於廣順三年冬，本傳言"其年秋"，誤。《舊五代史考異》："案《宋史·楊克讓傳》：乾祐中，同州節度使張彦成表授掌書記。周廣順初，彦成移鎮安陽、穰下，克讓以舊職從行。彦成入爲執金吾，病篤，奏稱其材可用。克讓以彦成死未葬，不忍就禄，退居别墅，俟張氏子外除，時論稱之。"《宋史》卷二七四《張延通傳》："張延通，潞州潞城人。父彦成，周右金吾衛上將軍。"彦成有子延通，本傳未載其事。

［6］《大典》卷六三五一"張"字韻"姓氏（二一）"事目。

安叔千

安叔千，[1]沙陁三部落之種也。[2]父懷盛，[3]事唐武皇，以驍勇聞。叔千習騎射，從莊宗定河南，爲奉安部將。[4]天成初，王師伐定州，命爲先鋒都指揮使。[5]王都平，授泰州刺史，[6]連判涿、易二郡。[7]清泰初，契丹寇雁門，叔千從晋祖迎戰，敗之，進位檢校太保、振武節度使。[8]

［1］安叔千：《新五代史》卷四八《安叔千傳》："安叔千，字胤宗。"

［2］沙陁三部落之種也：《通鑑》卷二七九清泰元年（934）十二月己巳條胡注："宋白曰：安叔千本貫雲州界，户屬奉誠軍灰泉村。"

［3］懷盛：人名。即安懷盛。本書僅此一見。

［4］奉安都將："奉安"爲部隊番號。中華書局本有校勘記：

"'都'，原作'部'，據《册府》卷三八七改。"《新五代史·安叔千傳》作"奉安指揮使"。

[5]先鋒都指揮使：官名。先鋒，即先鋒部隊。都指揮使，爲所部統兵將領。

[6]授泰州刺史："泰州"，殿本、劉本、《新五代史》卷四八《安叔千傳》、《宋本册府》卷三八七均作"秦州"。明本《册府》卷一二八《帝王部·明賞門二》天成四年二月乙卯條："泰州刺史安叔千爲涿州刺史。"泰州在定州北，定（今河北正定縣）、易（今河北易縣）之間，秦州在今甘肅天水市北。應爲泰州。

[7]涿：州名。治所在今河北涿州市。　易：州名。治所在今河北易縣。

[8]雁門：關名。位於今山西代縣西北。　振武：方鎮名。後梁貞明二年（916）以前，治所位於單于都護府城（今内蒙古和林格爾縣）。貞明二年，單于都護府城爲契丹占據。此後至後唐清泰三年（936），治所位於朔州（今山西朔州市朔城區）。後晉時隨燕雲十六州割予契丹，改名順義軍。　振武節度使：《輯本舊史》卷四六《唐末帝紀上》清泰元年十二月己巳條："以北面馬軍都指揮使、易州刺史安叔千爲安北都護、振武節度使。"同書卷四八《唐末帝紀下》清泰三年五月己酉條："振武節度使安叔千奏，西北界巡檢使安重榮驅掠戍兵五百騎叛入太原。"同年八月癸亥條："以振武軍節度使安叔千充代北兵馬都部署。"

晋祖踐阼，就加同平章事。天福中，歷邠、滄、邢、晋四鎮節度使。[1]叔千鄙野而無文，當時謂之"安没字"，言若碑碣之無篆籀，但虚有其表耳。開運初，朝廷將大舉北伐，授行營都排陣使，[2]俄改左金吾衛上將軍。[3]獯戎犯闕，[4]百僚迎見于赤崗，虜主登高崗，[5]駐馬而撫諭漢官。叔千出班夷言，[6]虜主曰："爾是安没字否？卿比在邢州日，遠輸誠款，我至此，汝管取一喫飯處。”叔千拜謝而退，俄授鎮國軍節度使。[7]

[1]邠：州名。治所在今陝西彬縣。邠州爲静難軍節度使治所。　歷邠、滄、邢、晋四鎮節度使：《新五代史》卷八《晋高祖紀》天福二年（937）八月丙申條："静難軍節度使安叔千進添都馬。"《輯本舊史》卷七八《晋高祖紀四》天福四年五月戊申條："以前邠州節度使安叔千爲滄州節度使。"同書卷八〇《晋高祖紀六》天福七年正月戊辰條："以滄州節度使安叔千爲邢州節度使。"同書卷八二《晋少帝紀二》開運元年（944）六月辛亥條："以邢州節度使安叔千爲晋州節度使，加同平章事。"叔千任晋州節度使、加同平章事，皆在晋少帝朝，本傳繫於高祖朝，誤。

[2]授行營都排陣使：《輯本舊史》卷八三《晋少帝紀三》開運元年八月辛丑條："命十五將以禦契丹……晋州節度使安叔千充馬步軍左廂排陣使。"

[3]左金吾衛上將軍：官名。唐置，掌宫禁宿衛。唐代置十六衛之一，從二品。《輯本舊史》卷八四《晋少帝紀四》開運二年八月丁丑條："以前晋州節度使安叔千爲右金吾上將軍。"與本傳異。

[4]獯戎：本意爲北方遊牧民族，匈奴之先祖。此處借指契丹。　獯戎犯闕：原本作"契丹入汴"，係清四庫館臣諱改，今據《宋本册府》卷九二三《總録部·不忠門》改正。

[5]赤崗：地名。今名霍赤岡。位於今河南開封市東北。　虜主登高崗："虜主"，原本作"契丹主"，據《宋本册府》卷九二三改。本傳下一處同。

[6]叔千出班夷言："夷言"，原本作"效國語"。《宋本册府》卷九二三、《新五代史》卷四八《安叔千傳》皆作"夷言"，《通鑑》卷二八六天福十二年正月丁亥條作"胡語"。舊史乃宋初史臣所修，不應稱契丹語爲"國語"，"效國語"三字，顯係四庫館臣

諱改，今據《册府》《新五代史》改正。

[7]鎮國軍：方鎮名。後梁開平二年（908），改保義軍爲鎮國軍，治所在陝州（今河南三門峽市陝州區）。後唐同光元年（923）改感化軍爲鎮國軍，治所在華州（今陝西渭南市華州區）。　“虜主曰”至“俄授鎮國軍節度使”：《輯本舊史》之案語：“案《遼史·太宗紀》：安叔千出班獨立，上曰：‘汝邢州之請，朕所不忘。’乃加鎮國軍節度使。與《薛史》微異。”見《遼史》卷四《太宗本紀下》會同九年（946）十二月壬午條。

漢初，遇代歸京。自以嘗附虜庭，[1]居常愧惕。久之，授太子太師致仕。[2]尋請告歸洛。廣順二年冬卒，[3]年七十二。詔贈侍中。《永樂大典》卷一萬八千一百四十四。[4]

[1]自以嘗附虜庭：“虜庭”，原本作“幕庭”，亦四庫館臣諱改，據《宋本册府》卷九二三改正。

[2]授太子太師致仕：《輯本舊史》卷一〇一《漢隱帝紀上》乾祐元年（948）三月丙辰條：“前邢州節度使安叔千以太子太師致仕。”

[3]廣順二年冬卒：《新五代史》卷四八《安叔千傳》：“周太祖兵入京師，軍士大掠，叔千家貲已盡，而軍士意其有所藏者，箠掠不已。傷重，歸于洛陽，卒。”亦見《宋本册府》卷九四〇《總録部·患難門》。與本傳記載有異。《輯本舊史》卷一一二《周太祖紀三》廣順二年（952）十二月癸巳條：“太子太師致仕安叔千卒。”

[4]《大典》卷一八一四四“將”字韻“宋將（七）”事目，誤。當爲卷一八一三二“將”字韻“後周將（一）”事目。

宋彦筠

宋彦筠，雍丘人也。[1]初隸滑州軍，梁氏與莊宗夾河之戰，彦筠時爲戰棹都指揮使，以勞遷開封府牙校。[2]莊宗有天下，擢領禁軍。[3]伐蜀之役，率所部從康延孝爲前鋒，蜀平，歷維、渝二州刺史。[4]明宗在位，連典數郡。[5]

[1]雍丘：縣名。治所在今河南杞縣。　雍丘人也：據高弼撰《大周故開府儀同三司太子太師致仕蔡國公贈侍中宋公墓誌銘（以下簡稱《宋彦筠墓誌銘》）》，宋彦筠祖績，父章，彦筠乃章之長子。見《全唐文補編》卷一〇六。

[2]滑州：州名。治所在今河南滑縣。　戰棹都指揮使：官名。戰棹爲戰船。所部統兵將領。　開封府：府名。治所在今河南開封市。　牙校：官名。低級武官。　"初隸滑州軍"至"以勞遷開封府牙校"：《舊五代史考異》："案《洛陽縉紳舊聞記》：彦筠多力勇健，走及奔馬。爲小校時，欲立奇功，每見陣敵，于兜牟上闊爲雙髻，故軍中目之爲宋忙兒。後雖貴爲節將，遠近皆謂之宋忙兒。"見《洛陽縉紳舊聞記》卷四宋太師彦筠奉佛條。《宋彦筠墓誌銘》："弱冠從軍，壯年立效，初從梁朝將，攻取幽州，陷其南壘，豎直繩而示勇，越斷布以登郫。尋授滑州徵武都頭，後遷左崇衙指揮使。聞敵必喜，馭衆惟嚴，遠近知名，行藏有異。遂擢授楊劉口戰棹都指揮使……後充夾馬都指揮使。累功遷宣武内衙都指揮使。"宣武軍爲開封府舊稱。

[3]擢領禁軍：《宋彦筠墓誌銘》："莊宗允膺曆數，大有寰區，記以姓名，嘉其忠赤，遂超授神捷都指揮使。"

[4]康延孝：人名。代北（今山西代縣）人。五代後唐將領。傳見本書卷七四、《新五代史》卷四四。　維：州名。治所在今四

川理縣東北薛城鎮西南。　渝：州名。治所在今重慶市巴南區。“伐蜀之役”至“歷維、渝二州刺史”：《宋彦筠墓誌銘》：“時西蜀未賓，王師出討，命公爲前鋒都指揮使。先下劍門關，相次於東西兩蜀，降下綿、漢等四十餘城。大軍方至成都，乃授維、渝兩州刺史。”

[5]連典數郡：《宋彦筠墓誌銘》：“明宗皇帝應天馭極，法地承祧，特念忠勤，詔歸畿甸，尋授虢州刺史。二年，改授武州刺史，禦北狄也。清泰初，命掌禁軍，充嚴衛右厢都指揮使兼和州刺史，續除授萊州刺史。”

晋初，自汝州防禦使討安從進於襄陽，[1]以功拜鄧州節度使，累官至檢校太尉。[2]未幾，歷晋、陝二鎮。[3]晋少帝嗣位，再領鄧州，[4]尋移鎮河中。[5]

[1]自汝州防禦使討安從進於襄陽：《宋彦筠墓誌銘》：“天福二年中，張從賓屯兵汜水，擬犯梁園。晋高祖皇帝命以近臣，宣於便殿，令權虎旅，尋破梟巢，乃授汝州防禦使。方歷周年，就加匡國軍節度使。授代赴鄴宫朝覲，便值安從進鴟張峴首，蟻聚襄陽，恃漢水之狂濤，結常山之逆黨。朝廷以公頻經戰伐，洞曉機鈐，命公充副招討使。”《輯本舊史》卷七八《晋高祖紀四》天福四年(939）四月丙子條：“以汝州防禦使宋彦筠爲同州節度使。”同州爲匡國軍節度使治所。同書卷七九《晋高祖紀五》天福六年正月甲子條：“同州指揮使成殷謀亂事洩，伏誅。時節度使宋彦筠御下無恩，既貪且鄙，故殷與子彦璋陰搆部下爲亂，會有告者，遂滅其黨。”同書卷八〇《晋高祖紀六》天福六年十一月丁丑條：“襄州安從進舉兵叛，以西京留守高行周爲南面行營都部署，率兵討之，以前同州節度使宋彦筠爲副。”本傳疏漏頗多，今據諸書釐正。

[2]累官至檢校太尉：《輯本舊史》卷八一《晋少帝紀一》天

福七年九月己丑條："以前同州節度使、襄州行營副部署宋彦筠爲鄧州威勝軍節度使，加檢校太尉。"此時晋少帝已即位。

［3］歷晋、陝二鎮：《輯本舊史》卷八二《晋少帝紀二》天福八年十一月丁丑條："以鄧州節度使宋彦筠爲晋州節度使。"開運元年六月辛亥條："以晋州節度使宋彦筠爲陝州節度使。"本傳將兩事繫於晋高祖朝，誤。

［4］再領鄧州：《輯本舊史》卷八三《晋少帝紀三》開運元年（944）八月辛丑條："命十五將以禦契丹……陝州節度使宋彦筠充馬軍右厢都指揮使。"同書卷八四《晋少帝紀四》開運二年五月戊戌條："陝州節度使宋彦筠移鎮鄧州。"同年八月丙子條："西京留司御史臺奏：'新授鄧州節度使宋彦筠於銀沙灘斬廳頭鄭温。'詔鞫之，款云：'彦筠出身軍旅，不知事體，不合專擅行法。'詔釋其罪。"

［5］尋移鎮河中：《輯本舊史》卷八五《晋少帝紀五》開運三年十月辛未條："以鄴都留守杜威（杜重威）爲北面行營都招討使……前鄧州宋彦筠爲步軍左厢都指揮使。"是年十月之前，彦筠尚爲鄧州節度使，至十二月，後晋便亡，彦筠似不曾改任河中節度使，《宋彦筠墓誌銘》亦未載其事。《通鑑》卷二八五開運三年十二月條："奉國都指揮使王清言於杜威曰：'今大軍去恒州五里，守此何爲！營孤食盡，勢將自潰。請以步卒二千爲前鋒，奪橋開道，公帥諸軍繼之，得入恒州，則無憂矣。'威許諾，遣清與宋彦筠俱進。清戰甚鋭，契丹不能支，勢小却。諸將請以大軍繼之，威不許。彦筠爲契丹所敗，浮水抵岸得免，因退走。"同月甲子條："契丹遥以兵環晋營，内外斷絶，軍中食且盡。杜威與李守貞、宋彦筠謀降契丹，威潜遣腹心詣契丹牙帳，邀求重賞。"本傳未載其事。《宋彦筠墓誌銘》："二年，詔赴闕，授北面行營諸道步軍都指揮使，從元帥杜公拒戎王於滹川。時戎馬控弦者數十萬，滹水泛溢，王師不得渡，糧運俱絶，元帥已降，公猶力戰。戎王慕其忠節，尋换麾幢，移授静難軍節度使。"静難爲邠州節度使軍號，"二年"當爲

"三年"。墓誌銘之曲筆自無待言，然謂契丹命彦筠爲邠州節度使，據下文注釋乾祐間"以前邠州節度使宋彦筠爲太子太師致仕"云云，當得其實。

漢初，[1]授太子太師致仕。[2]國初，拜左衛上將軍。[3]世宗嗣位，復爲太子太師致仕。[4]顯德四年冬，卒于西京之私第。[5]輟視朝一日，詔贈侍中。

[1]漢初：《五代史補》卷四李知損輕薄條："乾祐中，（李知損）奉使鄭州，時宋彦筠爲節度使。彦筠小字忙兒，因宴會，彦筠酒酣，輒問曰：'衆人何爲號足下爲羅隱？'對曰：'下官平素好爲詩，其格致大抵如羅隱，故人爲號。'彦筠曰：'不然，蓋爲足下輕薄如羅隱耳。'知損大怒，厲聲曰：'只如令公，人皆謂之宋忙兒，未必便能放牛。'滿座皆笑。""鄭州"疑爲"邠州"之訛。又，《洛陽縉紳舊聞記》卷四宋太師彦筠奉佛條將此事繫於周初。

[2]授太子太師致仕：《宋本册府》卷八九九《總録部·致政門》："宋彦筠，漢乾祐二年自邠寧節度使上章，乞致仕爲僧，不允。"《輯本舊史》卷一〇三《漢隱帝紀下》乾祐三年（950）正月癸亥條："以前邠州節度使宋彦筠爲太子太師致仕。"本傳將此事繫於漢初，誤。

[3]左衛上將軍：官名。唐置，掌宫禁宿衛。唐代置十六衛之一，從二品。　拜左衛上將軍：《輯本舊史》卷一一一《周太祖紀二》廣順元年（951）二月丁酉條："以太子太師致仕宋彦筠爲左衛上將軍。"《宋本册府》卷九二六《總録部·愧恨門》："周宋彦筠仕漢，以太子太師致仕，閑居累歲。聞太祖之起也，復有秉旄之望，迎太祖於皋門，延留久之，彦筠從容進曰：'當日懸車，本非所願。漢朝寡援，排斥至此，老夫筋力未衰，願賜展力之所。'太祖笑而頷之。廣順初，除左衛上將軍。彦筠深失所望，退謂所親

曰：‘余以軍伍立身，歷藩部十數任，今日第一度昇朝也。’未幾，當參墜笏失儀，爲御史所劾。太祖以勳武之臣，欲責其失。樞密使王峻請依常例簿罰，乃奪一月俸。彦筠大以爲耻，私謂人曰：‘入仕四十年，未嘗遭一罰，今日甚可羞矣。’”另，《輯本舊史》卷一一三《周太祖紀四》廣順三年六月甲寅條：“以左衛上將軍宋彦筠爲太子少師。”本傳未載其事。

[4]復爲太子太師致仕：《宋本册府》卷八九九《總録部·致政門》：“世宗顯德元年八月，以太子少師、鄖國公改太子太師致仕。”本傳未載彦筠封鄖國公事。《輯本舊史》卷一一四《周世宗紀一》顯德元年（954）八月癸丑條：“以太子少師宋彦筠爲太子太師致仕。”同書卷一一五《周世宗紀二》顯德二年二月戊申條：“遣使赴西京，賜太子太師致仕侯益、白文珂、宋彦筠等茶藥錢帛各有差，仍降詔存問。”

[5]卒於西京之私第：《輯本舊史》卷一一八《周世宗紀五》顯德五年八月己丑（十一）條：“太子太師致仕宋彦筠卒。”本傳繫於顯德四年冬，誤。《宋彦筠墓誌銘》：“公有長子崇義，充東頭供奉官，監護南征，没于王事。朝廷嘉其忠勇，追贈左衛將軍。婚新婦張氏。男可言，九歲授殿直，盖旌其父之功也。”彦筠有子崇義，孫可言，本傳未載其事。

初，彦筠入成都，據一甲第，[1]第中資貨鉅萬，妓女數十輩，盡爲其所有。一旦，與其主母微忿，遽擊殺之，自後常有所睹，彦筠心不自安，乃修浮屠法以禳之，[2]因而溺志於釋氏。其後，每歲至金仙入涅槃之日，[3]常衣斬縗號慟於其像前，其佞佛也如是。[4]家有侍婢數十人，皆令削髮披緇，以侍左右，大爲當時所誚。又性好貨殖，能圖什一之利，良田甲第，相望於郡國。

將終，以伊、洛之間田莊十數區上進，[5]並籍於官焉。《永樂大典》卷一萬三千四十四。[6]

[1]成都：府名。治所在今四川成都市。 甲第：指豪門貴族的住宅。

[2]浮屠：佛教。

[3]金仙入涅槃之日：金仙指佛教的最高果位——佛，金仙入涅槃日即佛涅槃日，爲農曆的二月十五日。中華書局本有校勘記："'槃'字原闕，據《册府》卷九二七補。"

[4]斬縗：古代喪服。爲喪服最重，服制爲三年。如臣爲君，子爲父，妻爲夫皆當服斬縗。 其佞佛也如是：《宋本册府》卷九二七《總録部·佞佛門》："周宋彦筠初仕晋，爲同州節度使，貪鄙無術，溺於釋氏。唯營寺繢塑、香燈幢幡、僧尼資具之類，則捨之無慳，日給數十千，多取於四民以充其費。後爲豳州節度使，所貯資金多奉釋氏。嘗謂人曰：吾前後供僧一千餘萬，造佛宫九十餘所。"

[5]伊：水名。即今伊河。 洛：水名。即今洛河。

[6]《大典》卷一三〇四四"宋"字韻"姓氏（三）"事目。

史臣曰：近代領戎藩，列王爵，禄厚而君子不議，望重而人主不疑，能自晦於飲酌之間，保功名於始終之際，如行周之比者，幾何人哉！奕世藩翰，固亦宜然。審琦有分閫之勞，乏御家之道，峯摧玉折，蓋不幸也。其餘雖擁戎旃，未聞閫政，固不足與文、邵、龔、黄爲比也。[1]《永樂大典》卷一萬三千四十四。[2]

[1]戎旃：軍旗，指代軍旅。 文：人名。即文翁。廬江舒

(今安徽廬江縣西南）人。西漢循吏。傳見《漢書》卷八九。　邵：人名。即召信臣。九江壽春（今安徽壽縣）人。西漢循吏。傳見《漢書》卷八九。　龔：人名。即龔遂。山陽南平陽（今山東鄒城市）人。西漢循吏。傳見《漢書》卷八九。　黄：人名。即黄霸。淮陽陽夏（今河南太康縣）人。西漢官員，有循吏之名，後官至丞相。傳見《漢書》卷八九。

[2]《大典》卷一三〇四四“宋”字韻“姓氏（三）”事目。

舊五代史　卷一二四

周書十五

列傳第四

王殷

王殷，瀛州人。[1]曾祖昌裔，本州别駕。[2]祖光，滄州教練使，因家焉。[3]唐末，幽、滄大亂，殷父咸珪，[4]避地南遷，因投於魏軍。殷自言生於魏州之開元寺，[5]既長從軍，漸爲偏將。唐同光末，爲華州馬步軍副指揮使，因家于華下。[6]天成中，移授靈武都指揮使，[7]久之代還。清泰中，張令昭據鄴叛，殷從范延光討之，首冒矢石，率先登城，以功授祁州刺史，尋改原州。[8]殷性謙謹好禮，事母以孝聞，每與人結交，過從皆先禀於母，母命不從，殷必不往，雖在軍旅，交遊不雜。及爲刺史，政事小有不佳，母察之，立殷於庭，詰責而杖之。[9]

[1]瀛州：州名。治所在今河北河間市。《輯本舊史》之案語："《歐陽史》作大名人。"此據《新五代史》卷五〇《王殷傳》，蓋以王殷生於魏州之故。

[2]昌裔：人名。即王昌裔。本書僅此一見。　别駕：官名。漢代置别駕，唐代改别駕爲長史，後復與長史並置於州及都督府。五代因唐制，府、州均置别駕。秩高俸厚，無具體職務。唐代别駕，上州爲從四品下，中州爲正五品下，下州爲從五品上。

[3]光：人名。即王光。本書僅此一見。　滄州：州名。治所在今河北滄縣舊州鎮。　教練使：官名。唐末、五代節度使屬官，諸州亦置此職。掌訓練軍士。

[4]幽：州名。治所在今北京市。　咸珪：人名。即王咸珪。本書僅此一見。

[5]魏州：州名。治所在今河北大名縣。　開元寺：寺院名。《唐會要》卷五〇載，開元"二十六年六月一日，敕每州各以郭下定形勝觀、寺，改以開元爲額"。

[6]同光：後唐莊宗李存勗年號（923—925）。　華州：州名。治所在今陝西渭南市華州區。　馬步軍副指揮使：官名。所在州軍統兵將領之副。中華書局本有校勘記："'指揮'二字原闕，據《永樂大典》卷六八五一引《五代薛史》補。"　華下：即西嶽華山之下的華州。

[7]天成：後唐明宗李嗣源年號（926—929）。　靈武：郡名。治所在今寧夏吴忠市。乾元元年（758），改名靈州。此處代指治所在靈州的方鎮朔方軍。　都指揮使：官名。唐末、五代行軍統兵主帥。詳見杜文玉《晚唐五代都指揮使考》，《學術界》1995年第1期。"靈武都指揮使"，《新五代史·王殷傳》作"靈武馬步軍都指揮使"。

[8]清泰：五代後唐廢帝李從珂年號（934—936）。　張令昭：人名。籍貫不詳。五代後唐將領。事見本書卷四八。　鄴：地名。即鄴都。治所在今河北大名縣。五代後唐同光元年（923），改魏州

爲興唐府，建號東京。三年，改東京爲鄴都。　范延光：人名。鄴郡臨漳（今河北臨漳縣）人。五代後唐、後晋將領。傳見本書卷九七。　祁州：州名。治所在今河北無極縣。　刺史：官名。州一級行政長官。漢武帝時始置，總掌考覈官吏、勸課農桑、地方教化等事。唐中期以後，節度使、觀察使轄州而設，刺史爲其屬官，職任漸輕。從三品至正四品下。　原州：州名。治所在今甘肅鎮原縣。《新五代史》卷五〇《王殷傳》："晋天福中，徙原州刺史。"

［9］"事母以孝聞"至"詰責而杖之"：《輯本舊史》之案語："《歐陽史》云：殷爲刺史，政事有小失，母責之，殷即取杖授婢僕，自笞于母前。與《薛史》微異。"此據《新五代史·王殷傳》，"過從皆先禀於母"，中華書局本有校勘記："'過'，原作'違'，據《永樂大典》卷六八五一引《五代薛史》、《册府》卷七五六改。"見《宋本册府》卷七五六《總録部·孝門六》。

晋天福中，丁内艱，尋有詔起復，授憲州刺史，[1]殷上章辭曰："臣爲末將，出處無損益於國家。臣本燕人，值鄉國離亂，少罹偏罰，因母鞠養訓導，方得成人。臣不忍遽釋苴麻，[2]遠離廬墓，伏願許臣終母喪紀。"晋高祖嘉而許之。[3]晋少帝嗣位，會殷服闋，召典禁軍，累遷奉國右廂都指揮使。[4]

［1］天福：五代後晋高祖石敬瑭年號（936—942）。出帝石重貴沿用至九年（944）。後漢高祖劉知遠繼位後沿用一年，稱天福十二年（947）。　丁内艱：即丁憂。遇父母之喪，回籍守喪。　憲州：州名。治所在今山西婁煩縣。

［2］臣不忍遽釋苴麻：苴麻，喪服，居喪的婉稱。中華書局本有校勘記："'臣'字原闕，據《永樂大典》卷六八五一引《五代薛史》補。"

[3]晋高祖：即後晋高祖石敬瑭。沙陀部人。五代後唐將領、後晋開國皇帝。紀見本書卷七五至卷八〇、《新五代史》卷八。

[4]晋少帝：即後晋少帝石重貴。沙陀部人。後晋高祖石敬瑭從子。紀見本書卷八一至卷八五、《新五代史》卷九。　奉國右厢都指揮使：官名。所部統兵將領。“奉國”爲部隊番號，中央禁軍之一。　累遷奉國右厢都指揮使：《輯本舊史》卷一〇二《漢隱帝紀中》乾祐二年（949）十月丙戌條：“以奉國左厢都指揮使、永州防禦使王殷爲夔州節度使，充侍衛步軍都指揮使。”言王殷自奉國左厢都指揮使遷官，與本傳異。

漢祖受命，從討杜重威於鄴下，殷與劉詞皆率先力戰，矢中於首，久之，出折鏃於口中，以是漢祖嘉之。[1]乾祐末，遷侍衛步軍都指揮使，領夔州節度使。[2]會契丹寇邊，遣殷領兵屯澶州。[3]及李業等作亂，漢隱帝密詔澶帥李洪義遣圖殷，洪義懼不克，反以變告殷。殷與洪義同遣人至鄴，請太祖赴内難。[4]殷從平京師，授侍衛親軍都指揮使。[5]

[1]漢祖：即後漢開國皇帝劉知遠。太原（今山西太原市）人，沙陀部人。紀見本書卷九九、卷一〇〇及《新五代史》卷一〇。　杜重威：人名。其先朔州（今山西朔州市朔城區）人，後徙居太原（今山西太原市）。五代後晋、後漢將領。傳見本書卷一〇九、《新五代史》卷五二。　鄴下：地名。鄴城的别稱。位於今河北臨漳縣西南鄴鎮。　劉詞：人名。元城（今河北大名縣）人。五代將領。傳見本書本卷、《新五代史》卷五〇。　“漢祖受命”至“以是漢祖嘉之”：《宋本册府》卷三九六《將帥部·勇敢門三》：“漢祖受命，從征杜重威於鄴下，會慕容彦超請收城，殷與劉

詞皆率先登梯衝力戰。殷矢洞於首，久之，出鏃於口，以是漢祖嘉之。”

[2]乾祐：五代後漢高祖劉知遠及隱帝劉承祐年號（948—950）。北漢世祖劉旻、睿宗劉鈞繼續沿用至九年（956）。 侍衛步軍都指揮使：官名。五代時侍衛親軍長官。多由皇帝親信擔任。 夔州：州名。治所在今重慶奉節縣。 節度使：官名。唐時在重要地區所設掌握一州或數州軍事、民事、財政的長官。“夔州節度使”，《新五代史》卷五〇《王殷傳》作“寧江軍節度使”，寧江軍爲夔州軍額。《通鑑》卷二八九乾祐三年十一月條胡三省注：“時屬蜀，王殷遥領也。”

[3]澶州：州名。唐、五代初，治所在今河南清豐縣。後晋天福四年（939）移治於今河南濮陽縣。

[4]李業：人名。晋陽（今山西太原市）人。後漢高祖李皇后弟。隱帝時受信任，掌宫廷財務。傳見本書卷一〇七、《新五代史》卷三〇。 漢隱帝：即劉承祐。五代後漢高祖劉知遠次子。紀見本書卷一〇一至卷一〇三、《新五代史》卷一〇。 李洪義：人名。原名李洪威，李洪信之弟。初，授護聖左厢都校、領嶽州防禦使，遷侍衛馬軍都指揮使、領武信軍節度使。郭威起兵，以河橋降。避周太祖諱，改名洪義。宋初，加兼中書令，移鄜州。卒，贈太師。傳見《宋史》卷二五二。 太祖：即後周太祖郭威。邢州堯山（今河北隆堯縣）人。五代時後周王朝的建立者。紀見本書卷一一〇至卷一一三、《新五代史》卷一一。 “及李業等作亂”至“請太祖赴内難”：《通鑑》卷二八九乾祐三年十一月丁丑條：“使者至澶州，李洪義畏懦，慮王殷已知其事，不敢發，乃引孟業見殷；殷囚業，遣副使陳光穗以密詔示郭威。”此處使者指孟業。

[5]侍衛親軍都指揮使：官名。五代時侍衛親軍長官。多由皇帝親信擔任。“侍衛親軍都指揮使”，《通鑑》卷二八九乾祐三年十一月壬辰條作“侍衛馬步軍都指揮使”。

太祖即位，授天雄軍節度使，加同平章事，典軍如故。[1]殷赴鎮，以侍衛司局從，凡河北征鎮有戍兵處，[2]咸稟殷節制。又於民間多方聚斂，太祖聞而惡之，因使宣諭曰："朕離鄴時，帑廩所儲不少，卿與國家同體，隨要取給，何患無財？"二年夏，太祖征兖還，[3]殷迎謁于路，宴賜而去。及王峻得罪，太祖遣其子飛龍使承誨往鄴，[4]令口諭峻之過惡，以慰其心。三年秋，以永壽節上表請覲，[5]太祖雖允其請，且慮殷之不誠，尋遣使止之。[6]何福進在鎮州，[7]素惡殷之太横，福進入朝，摭其陰事以奏之，太祖遂疑之。是年冬，以郊禋有日，殷自鎮入覲，太祖令依舊内外巡警。殷出入部從不下數百人，又以儀形魁偉，觀者無不聳然。一日，遽入奏曰："郊禮在近，兵民大集，臣城外防警，請量給甲仗，以備非常。"太祖難之。時中外以太祖嬰疾，步履稍難，多不視朝，俯逼郊禋，殷有震主之勢，頗憂之。太祖乃力疾坐於滋德殿，[8]殷入起居，即命執之。尋降制流竄，及出都城，乃殺之，[9]衆情乃安。

[1]天雄軍：方鎮名。治所在魏州（今河北大名縣）。　同平章事：官名。"同中書門下平章事"之簡稱。唐高宗以後，凡實際任宰相之職者，常在其本官後加同平章事的職銜。後成爲宰相專稱。後晋天福五年（940），升中書門下平章事爲正二品。

[2]凡河北征鎮有戍兵處：中華書局本有校勘記："'戍兵'，原作'戎兵'，據孔本校、《永樂大典》卷六八五一引《五代薛史》改。"

[3]兖：州名。治所在今山東濟寧市兖州區。　二年夏，太祖

征究還：中華書局本有校勘記："'二年'，原作'三年'，據《永樂大典》卷六八五一引《五代薛史》改。按本書卷一一一《周太祖紀二》、《通鑑》卷二九〇繫其事於廣順二年。"見《輯本舊史》卷一一二《周太祖紀三》，《通鑑》卷二九〇廣順二年（952）五月、六月條，校勘記有誤。

[4]王峻：人名。相州安陽（今河南安陽市）人。五代將領，後周時任樞密使兼宰相。傳見本書卷一三〇、《新五代史》卷五〇。　飛龍使：官名。唐武則天時始置，初以宦官爲之，掌仗内飛龍厩馬，玄宗天寶時猶屬閑厩使，代宗以後閑厩御馬皆歸之。　承誨：人名。即王承誨。本書僅此一見。《輯本舊史》之影庫本粘籤："承誨，原本作'承謙'，今從《通鑑》改正。"此據《通鑑》卷二九一廣順三年二月甲子條。　鄴：中華書局本有校勘記："'鄴'，原作'謁'，據《永樂大典》卷六八五一引《五代薛史》改。"

[5]三年秋，以永壽節上表請覲：《新五代史》卷五〇《王殷傳》作"廣順三年秋九月永壽節，殷求入爲壽"，中華書局本《新五代史》校勘記曰："《舊五代史》卷一一一《周太祖紀一》：'百僚上表，請以七月二十八日皇帝降聖日爲永壽節。'按《舊五代史》卷一一三《周太祖紀四》、《通鑑》卷二九一皆記廣順三年秋七月王殷三次上表乞朝覲。吴光耀《纂誤續補》卷四：'"九"字疑"七"字傳寫之誤。'"

[6]尋遣使止之：《通鑑》卷二九一廣順三年七月條："王殷三表請入朝，帝疑其不誠，遣使止之。"

[7]何福進：人名。太原（今山西太原市）人。五代將領。傳見本書本卷。　鎮州：州名。治所在今河北正定縣。

[8]滋德殿：宫殿名。位於今河南開封市。

[9]"尋降制流竄"至"乃殺之"：《新五代史·王殷傳》作"長流登州，已而殺之"。"乃殺之"，《輯本舊史》作"遽殺之"，據《永樂大典》卷六八五一、《宋本册府》卷九五一《總録部·咎徵門二》改。《輯本舊史》卷一一三《周太祖紀四》廣順三年十二

月辛未條："鄴都留守、侍衛親軍都指揮使王殷削奪在身官爵，長流登州，尋賜死於北郊。其家人骨肉，並不問罪。"

是歲春末，鄴城寺鐘懸絶而落，[1]又火光出幡竿之上。殷之入覲也，都人餞於離亭，上馬失鐙，翻墮于地，人訝其不祥，果及於禍。太祖尋令澶帥鄭仁誨赴鄴，殷次子爲衙内指揮使，不出候謁，仁誨誅之，遷其家屬於登州。[2]《永樂大典》卷六千八百五十一。[3]

[1]鄴城寺鐘懸絶而落：中華書局本有校勘記："'寺'下原有'寺'字，據《永樂大典》卷六八五一引《五代薛史》、《册府》卷九五一删。"

[2]鄭仁誨：人名。晋陽（今山西太原市）人。後周太祖時樞密使、宰相。傳見本書卷一二三、《新五代史》卷三一。　衙内指揮使：官名。唐五代時期衙内指揮使爲節度使府衙内之牙將，統最親近衛兵。　登州：州名。治所在今山東蓬萊市。　"太祖尋令澶帥鄭仁誨赴鄴"至"遷其家屬於登州"：明本《册府》卷四五五《將帥部·貪黷門》："鄭仁誨爲澶州節度使。廣順末，王殷受詔赴闕，太祖遣仁誨赴鄴都巡檢。及殷得罪，仁誨不奉詔即殺其子，蓋利其家財、妓樂也。及仁誨卒而無後，人以爲陰責焉。"亦見《宋本册府》卷九四一《總録部·殃咎門》（明本《册府》卷九四一作《總録部·殃報門》）。不出候謁，中華書局本有校勘記："'出'字原闕，據《永樂大典》卷六八五一引《五代薛史》、《册府》卷九五一補。"

[3]《大典》卷六八五一"王"字韻"姓氏（三六）"事目。此卷現存。

何福進

何福進，字善長，太原人。[1]父神劍，累贈左驍衛大將軍。[2]福進少從軍，以驍勇聞。唐同光末，郭從謙以兵圍莊宗於大内，福進時爲宿衛軍校，獨出死力拒戰於内，後明宗知而嘉之，擢爲捧聖軍校，出爲慈州刺史，充北面行營先鋒都校。[3]清泰中，自彰聖都虞候率本軍從范延光平鄴，以功歷鄭、隴二州防禦使。[4]開運中，由潁州團練使入拜左驍衛大將軍。[5]屬契丹陷中原，令中朝文武臣僚凡數十人隨帳北歸，[6]時福進預其行。行次鎮州，聞戎王已斃，其黨尚據鎮陽，遂與李筠、白再榮之儔合謀力戰，[7]盡逐契丹，據有鎮陽。時漢祖已建號於河東，詔以福進爲北面行營馬步都虞候，尋拜曹州防禦使、檢校太保。[8]太祖出鎮於鄴，將謀北伐，奏以福進自隨。及太祖入平内難，以輔佐功拜忠武軍節度使。[9]不數月，移領鎮州。數年之間，北鄙無事。及聞太祖將有事於南郊，拜章入覲，改天平軍節度使，加同平章事。[10]未及之任，卒於東京之私第，年六十有六，時顯德元年正月也。累贈中書令。[11]

[1]太原：府名。治所在今山西太原市。《宋史》卷二七三《何繼筠傳》作河南人。

[2]神劍：人名。即何神劍。本書僅此一見。《輯本舊史》之影庫本粘籤："神劍，原本作'伸劍'，《册府元龜》作神劍。考五代時多有名'神劍'者，如吴有李神劍，蜀有陳神劍，皆見《九國志》。此處當以'神'字爲是，今改正。"檢《册府》，未見何福

進父之記載。又，李神劍當爲張神劍之誤，蓋《九國志》卷一有《李神福傳》，而無李神劍。張神劍之事見《舊唐書》卷一八二《畢師鐸傳》、《新唐書》卷二二四《高駢傳》、《通鑑》卷二五七光啓三年（887）四月條等處，粘籤混淆二人也。　左驍衛大將軍：官名。唐置，掌宫禁宿衛。唐代置十六衛，即左右衛、左右驍衛、左右武衛、左右威衛、左右領軍衛、左右金吾衛、左右監門衛、左右千牛衛。各置上將軍，從二品；大將軍，正三品；將軍，從三品。

［3］郭從謙：人名。籍貫不詳。五代後唐將領、伶人。傳見本書附録、《新五代史》卷三七。　莊宗：即後唐莊宗李存勗。沙陀部人。五代後唐王朝的建立者。紀見本書卷二七至卷三四、《新五代史》卷五。　宿衛軍校：低級武職。掌管宿衛事宜。　明宗：即五代後唐明宗李嗣源。926 年至 933 年在位。原名邈佶烈，沙陀部人，爲李克用養子。同光四年（926），莊宗李存勗在兵變中被殺，李嗣源入洛陽，稱監國，後稱帝，改名亶。在位時，精減宫人伶官，廢内藏庫，百姓賴以休息。李嗣源病危時，次子李從榮作亂被殺，悲駭憂慮而死。紀見《舊五代史》卷三五至卷四四、《新五代史》卷六。　捧聖軍校：低級軍職。"捧聖"爲部隊番號。　慈州：州名。治所在今山西吉縣。中華書局本有校勘記："'慈州'，殿本、劉本作'磁州'。"磁州，州名。治所在今河北磁縣。　北面行營先鋒都校：官名。唐末、五代時統兵官。負責北面行營衝鋒事宜。

［4］彰聖都虞候：官名。唐、五代方鎮高級軍官。"彰聖"爲部隊番號。　鄭：州名。治所在今河南鄭州市。　隴：州名。治所在今陝西隴縣。　防禦使：官名。唐代始置，設有都防禦使、州防禦使兩種。常由刺史或觀察使兼任，實際上爲唐代後期州或方鎮的軍政長官。　以功歷鄭、隴二州防禦使：《輯本舊史》卷七九《晉高祖紀五》天福五年（940）正月癸巳條："以隴州防禦使何福進爲右神武統軍。"

［5］開運：後晋出帝石重貴年號（944—946）。　潁州：州名。治所在今安徽阜陽市。　團練使：官名。唐代中期以後，於不設節度使的地區設團練使，掌本區各州軍事。　潁州團練使：《通鑑》卷二八七天福十二年七月庚辰條作“潁州防禦使”。

［6］令中朝文武臣僚凡數十人隨帳北歸：中華書局本有校勘記：“‘令’，原作‘契丹’，據殿本改。‘隨帳北歸’上原有‘令’字，據殿本删。”

［7］鎮陽：地名。即鎮州。治所在今河北正定縣。　李筠：人名。籍貫不詳。五代後唐將領。事見本書卷七一。　白再榮：人名。蕃部（北方少數民族）人。五代將領。傳見本書卷一〇六、《新五代史》卷四八。

［8］河東：方鎮名。治所在太原（今山西太原市）。　北面行營馬步都虞候：官名。五代時期出征軍隊高級統兵官。　曹州：州名。治所在今山東曹縣西北。　檢校太保：官名。爲散官或加官，以示恩寵，無實際執掌。

［9］忠武軍：方鎮名。治所在許州（今河南許昌市）。《輯本舊史》卷一一〇《周太祖紀一》廣順元年（951）正月丁亥條：“以曹州防禦使、北面行營馬步都排陣使何福進爲許州節度使，加檢校太傅。”許州爲忠武軍節度使治所。

［10］天平軍：方鎮名。治所在今鄆州（今山東東平縣）。“及聞太祖將有事於南郊”至“加同平章事”：《輯本舊史》卷一一三《周太祖紀四》廣順三年十一月庚寅條：“鎮州節度使何福進奏乞朝覲，三奏，允之。”同年十二月甲子條：“鎮州節度使何福進來朝。”顯德元年正月丙戌條：“以鎮州節度使何福進爲鄆州節度使，加同平章事。”鄆州爲天平軍節度使治所。

［11］東京：指後周都城開封府（今河南開封市）。　顯德：五代後周太祖郭威年號（954）。世宗柴榮、恭帝柴宗訓沿用（954—960）。　中書令：官名。漢武帝時始置，以宦官主中書，掌傳宣詔命等。隋、唐前期爲中書省長官，屬宰相之職；唐後期多爲授予元

勳大臣的虚銜。正二品。

子繼筠，仕皇朝，領建武軍節度使卒。[1]《永樂大典》卷一萬八千一百三十二。[2]

[1]繼筠：人名。即何繼筠。北宋將領。傳見《宋史》卷二七三。　建武軍：方鎮名。治所在邕州（今廣西南寧市）。　“子繼筠”至“領建武軍節度使卒”：《長編》卷一〇開寶二年（969）八月條：“以棣州防禦使何繼筠領建武節度使，判棣州。”同書卷一二開寶四年七月條：“建武節度使、判棣州何繼筠來朝。癸亥，卒於京師。”

[2]《大典》卷一八一三二“將”字韻“後周將（一）”事目。

劉詞

劉詞，字好謙，元城人。[1]梁貞明中，事故鄴帥楊師厚，[2]以勇悍聞。唐莊宗入魏，亦列於麾下，兩河之戰，[3]無不預焉。同光初，爲效節軍使，轉劍直指揮使。[4]尋以忤於權臣，出爲汝州小校，[5]凡留滯十餘年。清泰初，詔諸道選驍果以實禁衛，[6]繇是得入典禁軍。[7]

[1]元城：縣名。治所在今河北大名縣。

[2]貞明：後梁末帝朱友貞年號（915—921）。　楊師厚：人名。潁州斤溝（今安徽太和縣阮橋鎮斤溝村）人。唐末、五代後梁將領。傳見本書卷二二、《新五代史》卷二三。

[3]兩河之戰：即貞明三年（917）至同光三年（925），歷時八年梁、晉之間的決戰。晉王李存勗占據河北後，與梁軍在楊劉、

德勝、楊村等三地夾黄河展開了曠日持久的拉鋸戰，最終奇襲開封，後梁滅亡。《新五代史》卷五〇《劉詞傳》言："唐莊宗下魏博，與梁戰夾河。"

[4]效節軍使：官名。所部統兵將領。"效節"爲部隊番號。 劍直指揮使：官名。所部統兵將領。"劍直"爲部隊番號。《輯本舊史》之案語："《歐陽史》作長劍指揮使。"此據《新五代史·劉詞傳》。

[5]汝州：州名。治所在今河南汝州市。　小校：低級軍官。

[6]詔諸道選驍果以實禁衛："驍果"，《新五代史》卷五〇《劉詞傳》作"驍勇者"。

[7]繇是得入典禁軍："入典禁軍"，《新五代史》卷五〇《劉詞傳》作"選爲禁軍校"。

晋初，從侯益收汜水關，佐楊光遠平鄴都，累遷奉國第一軍都虞候。[1]後從馬全節伐安陸，敗淮賊萬餘衆，晋祖嘉之，授奉國都校，累加檢校司空。[2]又從杜重威敗安重榮於宗城。[3]及圍鎮陽，詞自登雲梯，身先士伍，以功加檢校司徒、沁州刺史。[4]時王師方討襄陽，尋命詞兼行營都虞候，[5]襄陽平，遷本州團練使。在郡歲餘，臨事之暇，必被甲枕戈而卧，人或問之，詞曰："我以勇敢而登貴仕，不可一日而忘本也。若信其温飽，則筋力有怠，將來何以報國也！"[6]

[1]侯益：人名。汾州平遥（今山西平遥縣）人。五代後唐至宋初將領。傳見《宋史》卷二五四。　汜水關：關隘名。位於今河南滎陽市汜水鎮。　楊光遠：人名。沙陀部人。五代後唐、後晋將領。傳見本書卷九七、《新五代史》卷五一。　佐楊光遠平鄴都：

《新五代史》卷五〇《劉訶傳》作“從破張從賓、楊光遠”。中華書局本《新五代史》校勘記：《舊五代史》卷九七《張從賓傳》，范延光反，晋高祖命楊光遠、張從賓討之，張從賓遂與延光同反。楊光遠乃討叛者而非叛將。　鄴都：地名。治所在今河北大名縣。　奉國第一軍都虞候：官名。部隊統兵官。“奉國”爲部隊番號。

[2]馬全節：人名。魏郡元城（今河北大名縣）人。五代後唐、後晋將領。傳見本書卷九〇、《新五代史》卷四七。　安陸：縣名。治所在今湖北安陸市。　奉國都校：官名。五代統兵官。“奉國”爲部隊番號。　檢校司空：官名。爲散官或加官，以示恩寵，無實際執掌。司空，與太尉、司徒並爲三公。《宋本册府》卷三六〇《將帥部·立功門一三》：“賜扈鑾忠孝功臣，加檢校司空。”

[3]安重榮：人名。朔州（今山西朔州市朔城區）人。五代後唐、後晋將領。傳見本書卷九八、《新五代史》卷五一。　宗城：縣名。治所在今河北威縣。“宗城”，中華書局本有校勘記：“原作‘京城’，據殿本，劉本，邵本校，彭校，《册府》卷三八七、卷三九六及本卷下文改。”　又從杜重威敗安重榮於宗城：《宋本册府》卷三九六《將帥部·勇敢門三》載此事作“從杜重暉敗安鐵胡於宗城”，《輯本舊史》卷一〇九《杜重威傳》作重威“敗（安）重榮於宗城”。知《册府》卷三九六之杜重暉即杜重威，安鐵胡即安重榮，前者爲避周太祖郭威諱改，知《册府》卷三九六此條出自《周太祖實録·劉訶傳》。

[4]檢校司徒：官名。爲散官或加官，以示恩寵，無實際執掌。司徒，與太尉、司空並爲三公。　沁州：州名。治所在今山西沁源縣。“沁州”，明本《册府》卷一一八《帝王部·親征門三》作“泌州”。

[5]襄陽：縣名。治所在今湖北襄陽市。　行營都虞候：官名。五代時期出征軍隊高級統率官。

[6]“遷本州團練使”至“將來何以報國也”：明本《册府》卷四三一《將帥部·勤戎事門》：“劉訶爲沁州團練使，在郡臨事之

暇，必披甲枕戈而卧。人怪而問之，詞曰：‘我以勇登爵，不可一日而忘本也。若國家遇邊事，信其温飽，則筋力有怠，何以申毛髮之報？此其意也。’後從少帝禦北虜於河橋，每出師，則躡屩負戈，以爲前導，所向無不披靡，六師壯之。”“後從少帝禦北虜”一節，本傳未載其事，知《册府》此條亦出自《周太祖實録·劉詞傳》。又，明本《册府》卷一一八《帝王部·親征門三》：“晋少帝天福九年正月乙亥，滄鎮貝鄴馳告契丹前鋒趙延壽、趙延昭領兵五萬將及甘陵……庚辰，以宋州節度使高行周爲北面行營都部署……陜府節度使王周爲步軍左排陣使，沁州刺史劉詞副之。”明本《册府》卷一二〇《帝王部·選將門二》略同。

及漢有天下，復爲奉國右廂都校，遥領閬州防禦使。[1]從漢祖平鄴，加檢校太保。[2]乾祐初，李守貞叛於河中，太祖征之，朝廷以詞爲侍衛步軍都指揮使，[3]遥領寧江軍節度使，充行營馬步都虞候，命分屯於河西。[4]二年正月，守貞遣敢死之士數千，夜入其營，諸將皆怖懼不知所爲，唯詞神氣自若，令於軍中曰：“此小盗耳，不足驚也。”遂免胄横戈，叱短兵以擊之，賊衆大敗而退。自是守貞喪膽，不復有奔突之意。河中平，太祖嘉之，表其功爲華州節度使。[5]歲餘，移鎮邢臺。[6]太祖受命，加同平章事。三年秋，改鎮河陽。[7]

[1]奉國右廂都校：官名。五代統兵官。“奉國”爲部隊番號。閬州：州名。治所在今四川閬中市。

[2]從漢祖平鄴，加檢校太保：“漢祖”，中華書局本沿《輯本舊史》誤作“太祖”，據《宋本册府》卷三八七《將帥部·褒異門一三》改，此爲後漢高祖，下文之“太祖”始爲後周太祖。據

《輯本舊史》卷一〇〇《漢高祖紀下》，天福十二年（947）九月，高祖始發京師，親征杜重威；十月丙申，至鄴都城下；十一月丁丑，杜重威出降。

[3]李守貞：人名。河陽（今河南孟州市）人。五代將領。傳見本書卷一〇九、《新五代史》卷五二。　河中：方鎮名。治所在河中府（今山西永濟市）。　朝廷以詞爲侍衛步軍都指揮使：中華書局本有校勘記："'詞'字原闕，據《册府》卷三八七補。"見《宋本册府》卷三八七《將帥部·褒異門一三》。

[4]寧江軍：方鎮名。治所在夔州（今重慶市奉節縣）。　行營馬步都虞候：官名。五代時期出征軍隊高級統兵官。　充行營馬步都虞候，命分屯於河西：《宋本册府》卷三六〇《將帥部·立功門一三》："充行營都虞候，屯于河西。"《通鑑》卷二八八乾祐元年（948）八月條："於是威自陝州，白文珂及寧江節度使、侍衛步軍都指揮使劉詞自同州，常思自潼關，三道攻河中。"知此河西當即指同州。同州，州名。治所在今陝西大荔縣。

[5]"二年正月"至"表其功爲華州節度使"："諸將皆怖懼不知所爲"，中華書局本有校勘記："'諸將'二字原闕，據《册府》卷三六〇補。"按，《宋本册府》卷三六〇《將帥部·立功門一三》："守貞遣敢死士數千，夜入其營，諸將惶怖，唯詞曰：'小盜耳，不足驚也。'遂免冑横戈，叱短兵擊之，賊衆大敗而退。河中平，周太祖嘉其功，表爲華州節度使。"明本《册府》卷四三五《將帥部·獻捷門二》：二年正月，"時蜀軍自大散關來援王景崇。周太祖自將兵赴岐下，將行，戒白文琦、劉詞等曰：'賊之驍勇，竝在城西，慎爲儆備。'既行，至華州，聞川軍敗退，且憂文琦等爲賊奔突，遂兼程而迴，賊内俱知周太祖西行，夜遣賊將王三鐵等率驍勇千餘人沿流南行，坎岸而登，爲三道來攻。賊軍已入王師砦中，劉詞極力拒之，短兵既接，遽敗之"。又，明本《册府》卷一二八《帝王部·明賞門二》："周太祖以漢乾祐二年自河中征趙（思）綰……正月五日夜，賊水砦内勁將王三鐵者，領千人突出河

西，攻白文珂砦，時文珂出迎帝，唯劉詞、葉仁魯等在砦，賊三道齊入，殺聲動地，會賊發火，洞炤内外，力戰敗之，死者僅七百人。翌日帝至，劉詞馬前請罪。帝曰：‘吾嘗懸料，正疑此事，彼技殫矣，賴兄果敢，不爲虜嗤！’以鞍馬、衣服、幣帛勞之。”

[6]邢臺：此處代指安國軍，治所在邢州（今河北邢臺市）。《輯本舊史》卷一〇三《漢隱帝紀下》乾祐三年四月壬申條：“華州劉詞移鎮邢州。”

[7]河陽：方鎮名。全稱“河陽三城”。治所在孟州（今河南孟州市）。 “太祖受命”至“改鎮河陽”：《輯本舊史》卷一一〇《周太祖紀一》廣順元年正月乙酉條：“邢州劉詞並加同平章事。”同書卷一一三《周太祖紀四》廣順三年（953）八月庚申條：“邢州節度使劉詞移鎮河陽。”同卷顯德元年（954）正月丙戌條：“河陽劉詞加檢校太尉。”《宋本册府》卷一七二《帝王部·求舊門二》：“（廣順）二年八月，以安國軍節度使劉詞爲河陽三城節度使。詞性忠實，帝龍潛時，累同征伐，頗深委信。永壽節來朝，帝内殿與詞從容話舊曰：‘吾輩老矣，自覺心力減耗於前，幸兒輩幹於庶事，移公近鎮，冀易相面。’”

顯德初，世宗親征劉崇，詞奉命領所部兵隨駕。行及高平南，遇樊愛能等自北退迴，且言官軍已敗，止詞不行。詞不聽，疾驅而北。世宗聞而嘉之，尋命爲隨駕都部署，又授河東道行營副部署。[1]其年夏，車駕還京，授永興軍節度使，加兼侍中、行京兆尹。二年冬，以疾卒于鎮，年六十有五。[2]贈中書令，謚曰忠惠。詞發身軍校，亟歷戎事，常以忠勇自負。洎領藩鎮，能靖恭爲治，無苛政以撓民，謚以忠惠，議者韙之。[3]

［1］世宗：即柴榮。邢州龍岡（今河北邢臺市）人。後周太祖郭威養子，顯德元年（954）繼郭威爲帝，廟號世宗。紀見本書卷一一四、《新五代史》卷一二。　劉崇：人名。即劉旻。太原（今山西太原市）人。後漢高祖劉知遠從弟。後漢時任太原尹，專制一方。後周代漢，他稱帝於太原，國號漢，史稱北漢。傳見本書卷一三五、《新五代史》卷七〇。　高平：縣名。治所在今山西高平市。樊愛能：人名。籍貫不詳。後周將領，高平之戰中不戰而逃，後被周世宗處死，以正軍法。傳見本書附録。　隨駕都部署：官名。五代時皇帝親征時置，負責統領隨扈禁軍。　河東道行營副部署：官名。佐部署掌河東道行營事。　“顯德初”至“又授河東道行營副部署”：“高平”，《輯本舊史》之影庫本粘籤：“高平，原本作‘高中’，今從《通鑑》改正。”此據《通鑑》卷二九一顯德元年三月壬辰條。《輯本舊史》卷一一四《周世宗紀一》顯德元年三月條：“癸未，詔以劉崇入寇，車駕取今月十一日（乙未）親征……十九日（癸巳）前鋒與賊軍相遇，賊陣於高平縣南之高原……兩軍交鋒，未幾，樊愛能、何徽望賊而遁，東廂騎軍亂，步軍解甲投賊，帝乃自率親騎，臨陣督戰……日暮，賊萬餘人阻澗而陣。會劉詞領兵至，與大軍迫之，賊軍又潰……諸將分兵追襲，殭尸棄甲，填滿山谷……庚子……以河陽節度使劉詞爲隨駕都部署。”《宋本册府》卷四一《帝王部·寬恕門》：“顯德元年四月戊申，命河陽節度使劉詞押步騎三千赴洛州，皆樊愛能、何徽之部兵也。上以既誅其主將，不欲加罪於衆，乃遣詞押領，分屯於洛州。”

［2］永興軍：方鎮名。治所在京兆府（今陝西西安市）。　侍中：官名。秦始置。隋、唐前期爲門下省長官。唐後期多爲大臣加銜，不參與政務，實際職務由門下侍郎執行。正二品。　京兆尹：官名。唐開元元年（713）改雍州置京兆府，治所在今陝西西安市。以京兆尹總其政務。從三品。　“其年夏”至“年六十有五”：《輯本舊史》卷一一四《周世宗紀一》顯德元年七月乙亥條：“河陽劉詞移鎮永興軍，加兼侍中。”同書卷一一五《周世宗紀二》顯

德二年十二月丙子條："永興軍奏，節度使劉詞卒。"《宋史》卷二五六《趙普傳》："周顯德初，永興軍節度使劉詞辟爲從事，詞卒，遺表薦普於朝。"

[3]"贈中書令"至"議者韙之"："贈中書令"，《輯本舊史》之案語："《歐陽史》作贈侍中。據《薛史》則詞以兼侍中贈中書令，非贈侍中也，疑《歐陽史》誤。"此據《新五代史》卷五〇《劉詞傳》。"靖恭爲治""無苛政以撓民""謚以忠惠"，《宋本册府》卷一一八《掌禮部·謚法門二》分别作"靖恭爲理""無苛政及民""謚曰忠惠"。

子延欽，仕皇朝爲控鶴厢主。[1]《永樂大典》卷九千九十九。[2]

[1]延欽：人名。即劉延欽。本書僅此一見。　控鶴厢主：官名。控鶴軍左右厢都指揮使省稱。"控鶴"即控鶴軍，爲侍衛親軍。

[2]《大典》卷九〇九九"劉"字韻"姓氏（二七）"事目。

王進

王進，幽州良鄉人。[1]少落魄，不事生業，爲人勇悍，走及奔馬，嘗聚黨爲盜，封境患之。符彦超爲河朔郡守，[2]以賂誘置之左右。長興初，彦超鎮安州，屬部曲王希全搆亂軍州，令進齎變狀聞於朝廷。明宗賞其捷足，[3]詔隸於軍中。[4]洎契丹内寇，戰於膠口，[5]進獨追擒六十七人。時漢祖總侍衛親軍，知其驍果，擢爲馬前親校。[6]漢祖鎮河東，或邊上警急，令進齎封章達於闕下。自并至汴，不六七日復焉，[7]繇是恩撫頗厚。繼任戎職，累遷至奉國軍都指揮使。[8]從太祖入平内難，以功遷虎捷右廂都指揮使，歷汝、鄭防禦使，亦有政聲。俄授相州節度使，[9]爲政之道，頓減於前，議者惜之。顯德元年秋，以疾卒於任。[10]贈檢校太師。[11]《永樂大典》卷六千三百二十。[12]

[1]良鄉：縣名。治所在今北京市房山區。

[2]符彦超：人名。陳州宛丘（今河南淮陽縣）人。五代後唐將領，符存審之子。傳見本書卷五六、《新五代史》卷二五。　河朔：古地區名。泛指黄河以北地區。

[3]長興：後唐明宗李嗣源年號（930—933）。　安州：州名。治所在今湖北安陸市。　王希全：人名。籍貫不詳。五代後唐符彦超家奴。事見本書卷四五。　“長興初”至“明宗賞其捷足”：《輯本舊史》卷四四《唐明宗紀一〇》長興四年（933）三月已亥條：“以左龍武統軍符彦超爲安州節度使。”同書卷四五《唐閔帝紀》應順元年（934）閏正月丁巳條：“安州奏，此月七日夜，節度使符彦超爲部曲王希全所害。”可知符彦超鎮安州在長興末，非初年；王希全搆亂在唐閔帝朝，非明宗朝。本傳誤。

[4]詔隸於軍中：《新五代史》卷四九《王進傳》作“以隸寧衛指揮”。《宋本册府》卷八四五《總録部・趫捷門》作“録寧衛軍中”，明本《册府》作“録寧衛將軍”。

[5]膠口：地名。今地不詳。

[6]馬前親校：官名。所部統兵將領。

[7]并：州名。治所在今山西太原市。　汴：州名。治所在今河南開封市。　不六七日復焉：《新五代史・王進傳》作“往返不過五六日”。

[8]奉國軍：部隊番號。五代中央禁軍之一。

[9]相州：州名。治所在今河南安陽市。《輯本舊史》之影庫

本粘籤："相州，原本作'桐州'，今從《通鑑》改正。"《通鑑》原文未見。　俄授相州節度使：《新五代史·王進傳》作"彰德軍節度使"，彰德爲相州軍額。《輯本舊史》卷一一三《周太祖紀四》廣順三年（953）三月庚辰條："以鄭州防禦使王進爲相州節度使。"同卷顯德元年（954）正月戊子條："相州王進加檢校太傅。"同書卷一一四《周世宗紀一》顯德元年七月乙酉條："相州王進加檢校太尉。"

[10]顯德元年秋，以疾卒於任：《輯本舊史》卷一一四《周世宗紀一》顯德元年七月丁酉條："相州節度使王進卒。""秋"，《新五代史·王進傳》注："一本作'初'。"

[11]贈檢校太師：《新五代史·王進傳》作"贈太師"。

[12]《大典》卷六三二〇"漳"字韻"漳州府（三）"事目，誤。《大典》出處待考。

史彦超

史彦超，雲州人也。[1]性驍獷，有膽氣，累功至龍捷都指揮使。太祖之赴内難，彦超以本軍從。[2]國初，與虎捷都指揮使何徽戍晉州，[3]會劉崇與契丹入寇，攻圍州城月餘。是時，本州無帥，知州王萬敢不協物情，[4]彦超與何徽協力固拒，累挫賊鋒。攻擊日急，禦捍有備，軍政甚嚴，居人無擾。及朝廷遣樞密使王峻總兵爲援，[5]寇戎宵遁。太祖嘉其善守之功，賞賜甚厚。未幾，授龍捷右廂都指揮使，[6]尋授鄭州防禦使。劉崇之寇潞州也，[7]車駕親征，以彦超爲先鋒都指揮使。高平之戰，先登陷陣，以功授華州節度使，[8]先鋒如故。大軍至河東城下，契丹營於忻、代之間，遥應賊勢，詔天雄軍節度使符彦卿率諸將屯忻州以拒之。彦卿襲契丹於忻口。彦超以先鋒軍追蕃寇，離大軍稍遠，賊兵伏發，爲賊所陷。[9]世宗痛惜久之，詔贈太師，示加等也，仍命優卹其家焉。[10]《永樂大典》卷一萬一百八十三。[11]

［1］雲州：州名。治所在今山西大同市。

［2］龍捷：部隊番號。　“累功至龍捷都指揮使”至“彦超以本軍從”：《輯本舊史》卷一〇三《漢隱帝紀下》乾祐三年（950）十一月丙戌條載漢太后誥命，中有“護聖都指揮使史彦超，徑領兵師，來安社稷”等語。《通鑑》卷二九〇廣順元年（951）十月丁未條胡三省注：“廣順元年，改侍衛馬步軍額，馬軍舊稱護聖，改爲龍捷。”可知史彦超領兵從周太祖入京師時，爲護聖都指揮使。

［3］虎捷：部隊番號。《輯本舊史》之案語：“《歐陽史》：彦超遷虎捷都指揮使。與《薛史》異。”此據《新五代史》卷三三《史彦超傳》。　何徽：人名。高平之戰中不戰而逃，後被周世宗處死，以正軍法。傳見本書附録。“何徽”，中華書局本有校勘記：“原作‘何徵’，據《册府》卷三八七、卷四〇〇，《通鑑》卷二九〇改。本卷下一處同。”此據《宋本册府》卷三八七《將帥部・褒異門一三》、卷四〇〇《將帥部・固守門二》，《通鑑》卷二九〇廣順元年十月丁未條。　晋州：州名。治所在今山西臨汾市。

［4］王萬敢：人名。籍貫不詳。歷任密州刺史、晋州巡檢、防禦使。事見本書卷一〇三、卷一一二。

［5］樞密使：官名。樞密院長官。唐代宗時始以宦官掌機密，至昭宗時借朱温之力盡誅宦官，始改以士人任樞密使。備顧問，參謀議，出納詔奏，權侔宰相。參見李全德《唐宋變革期樞密院研究》，國家圖書館出版社 2009 年版。

［6］授龍捷右廂都指揮使：明本《册府》卷一二八《帝王部・明賞門二》：周太祖廣順二年二月戊子，“龍捷右第五軍都指揮使、

檢校司徒、領連州刺史史彦超加太保，進爵伯，加食邑三百户……亦以固守晋州之功也”。

［7］潞州：州名。治所在今山西長治市。

［8］以功授華州節度使：明本《册府》卷一二八《帝王部·明賞門二》：顯德元年（954）三月庚子，“制……以鄭州防禦使史彦超爲鎮國軍節度使，賞高平之功也”。《通鑑》卷二九一顯德元年三月庚子條，亦云以史彦超爲鎮國軍節度使。中華書局本《新五代史·史彦超傳》作“感德軍節度使”，並有校勘記：“《舊五代史》卷一一四《周世宗紀一》、卷一二四《史彦超傳》敘其事作‘華州節度使’。《通鑑》卷二九一：‘賞高平之功……史彦超爲鎮國節度使。’按五代無感德軍，華州號感化軍，後唐同光元年改名鎮國軍。”

［9］忻：州名。治所在今山西忻州市。　代：州名。治所在今山西代縣。　忻口：地名。位於今山西忻州市北忻口村，兩山相夾，滹沱河流經其間。　“大軍至河東城下”至“爲賊所陷”：《宋本册府》卷四五六《將帥部·不和門》：顯德元年五月，“時契丹駐忻北，遊騎每及近郊。其月二十三日（丙申），（符）彦卿與諸將勒兵列陣以待之。先鋒將史彦超，以二千騎遇賊於前。彦超勇憤，俱發左右馳擊，解而復合者數四，當其鋒者，無不顛仆。李筠、張永德以偏師自後擊之，軍退，史彦超死之，不獲其屍。前鋒爲虜隔絶，我軍重傷者數百人。蕃戎死者亦衆。是行，諸將論議，各有矛盾，故不能成大功”。《遼史》卷七七《耶律撻烈傳》：“時周人侵漢，以撻烈都統西南道軍援之。周已下太原數城，漢人不敢戰。及聞撻烈兵至，周主遣郭從義、尚鈞等率精騎拒於忻口。撻烈擊敗之，獲其將史彦超，周軍遁歸，復所陷城邑，漢主詣撻烈謝。”

［10］太師：官名。與太傅、太保合稱三師，唐後期、五代多爲大臣、勳貴加官。正一品。　“世宗痛惜久之”至“仍命優卹其家焉”：據《宋本册府》卷一四〇《帝王部·旌表門四》，顯德元年七月，贈史彦超檢校太師，至顯德六年，始贈太師。

[11]《大典》卷一〇一八三“史”字韻“姓氏（一）”事目。

史懿

史懿，字繼美，代郡人也。本名犯太祖廟諱，故改焉。[1]考建瑭，事唐莊宗爲先鋒都校，《唐書》有傳。[2]莊宗之伐鎮陽，時建瑭爲流矢所中而卒，懿時年甫弱冠，莊宗以其父歿於王事，召拜昭德軍使，俄遷先鋒左右厢都校，[3]俾嗣其家聲。天成中，爲涿州刺史。[4]晋初，由趙州刺史遷洺州團練使，尋歷亳、鳳二州防禦使。[5]晋祖以其弟翰尚晋國長公主，[6]故尤所注意。天福中，授彰武軍節度觀察留後。[7]開運初，歷澶、貝二鎮節度使。三年，移鎮涇原。[8]未幾，契丹入中原，時四方征鎮爲戎王所召者，靡不曆至，唯懿堅壁拒命，仍送款於漢祖。漢有天下，就拜檢校太尉、同平章事，及賜功臣名號。[9]廣順初，加檢校太師、兼侍中，[10]進封邠國公。顯德元年春，以抱病歸朝，[11]途經洛，卒于其第，年六十二。[12]贈中書令。《永樂大典》卷一萬一百八十三。[13]

[1]本名犯太祖廟諱，故改焉：《舊五代史考異》：“案‘本名’二句，疑爲後人竄入。考懿名匡懿，避宋太祖御名，故去‘匡’字。《薛史》成於開寶六年，不應豫稱爲太祖，或係宋人讀是書者附注于後，遂混入正文也。”“本名”二句，亦見《宋本册府》卷八二五《總録部・名字門二》，應係舊史原文，《考異》誤。又，

《五代史輯本證補》："懿原名匡威，避周太祖諱改名匡懿，傳所謂太祖蓋指周太祖，而非宋太祖，考證之説非。其後宋人修史以'匡'字犯宋祖諱再去之。故《薛史》紀、傳之史匡威、史威、史匡懿、史懿皆係一人。""史匡威"見《通鑑》卷二八六天福十二年（947）正月條，"史威"見《輯本舊史》卷八三《晉少帝紀三》開運元年（944）八月甲子條，"史匡懿"見《會要》卷一帝號條漢隱帝、周太祖使相。

[2]建瑭：人名。雁門（今山西代縣）人。唐九府都督史敬思之子。五代後唐將領。傳見本書卷五五、《新五代史》卷二五。先鋒都校：官名。所部統兵將領。先鋒，即先鋒部隊。

[3]昭德軍使：官名。所部統兵將領。"昭德"爲部隊番號。先鋒左右厢都校：官名。所部統兵將領。

[4]涿州：州名。治所在今河北涿州市。

[5]趙州：州名。治所在今河北趙縣。　洺州：州名。治所在今河北邯鄲市永年區。　亳：州名。治所在今安徽亳州市。　鳳：州名。治所在今陝西鳳縣。

[6]翰：人名。即史匡翰。五代後唐、後晉將領。傳見本書卷八八。　晉國長公主：人名。即石敬瑭之妹。《金石萃編》卷一二〇《義成軍節度使贈太保史匡翰碑》："（匡翰）尚魯國大長公主。"

[7]彰武軍：方鎮名。治所在延州（今陝西延安市）。　節度觀察留後：官名。唐、五代時，代行方鎮長官之職者稱留後。代行觀察使之職者，即爲觀察留後。掌一州或數州軍政。

[8]貝：州名。治所在今河北清河縣。　涇原：地名。即涇州。治所在今甘肅涇川縣。　"開運初"至"移鎮涇原"：《輯本舊史》卷八三《晉少帝紀三》開運元年八月甲子條："以延州節度使史威爲澶州節度使。"同年十一月壬午條："以澶州節度使史威爲貝州節度使。"同書卷八四《晉少帝紀四》開運三年正月癸丑條："以前貝州節度使史威爲涇州節度使。"

[9]檢校太尉：官名。爲散官或加官，以示恩寵，無實際執掌。"漢有天下"至"及賜功臣名號"：《輯本舊史》卷一〇〇《漢高祖紀下》天福十二年七月甲辰條："涇州節度使史威，加檢校太尉。"同書卷一〇一《漢隱帝紀上》乾祐元年（948）三月庚午條："涇州節度使史懿，依前檢校太尉，加同平章事。"同書卷一〇二《漢隱帝紀中》乾祐二年九月乙丑條："涇州史懿，加檢校太師。"

[10]廣順：後周太祖郭威年號（951—953）。　檢校太師：官名。爲散官或加官，以示恩寵，無實際執掌。《輯本舊史》卷一一〇《周太祖紀一》廣順元年（951）正月癸未條："涇州史懿，加兼侍中。"

[11]以抱病歸朝：《舊五代史考異》："案《東都事略·楊廷璋傳》：周太祖常諭廷璋圖涇帥史懿，廷璋屏左右，示以詔書，懿受代入朝，遂免禍。"見《東都事略》卷一九。《宋本册府》卷一三六《帝王部·慰勞門》："（廣順）三年九月，涇州節度使史懿疾復作，遣客省使楊廷章往知州事。賜襲衣、金帶、縑帛，詔諭彰義軍民吏曰：'朕以史懿自鎮邊蕃，克勤王事，眷言勳舊，深副倚毗。爰自近年，多嬰疾苦，邇來頻有發動，乞赴闕尋醫。既覽奏陳，須議俞允，已差客省使楊廷章往彼知軍州事，即令史懿發來京師。朕念涇州久夾瘡痍之地，軍人百姓，撫愛皆同，今已指揮楊廷章，候到日，凡事倍加撫安，不得輒有科率，俾令衆庶，皆遂蘇舒。'"又明本《册府》卷一六九《帝王部·納貢獻門》：廣順三年十一月，"戊寅，涇州節度使史懿朝見，獻駞馬二百，銀千兩"。

[12]洛：即河南府，治所在今河南洛陽市。　"途經洛"至"年六十二"：《輯本舊史》卷一一四《周世宗紀一》顯德元年（954）三月辛巳條："前涇州節度使史懿卒。""六十二"，中華書局本有校勘記："殿本作'六十三'。"

[13]《大典》卷一〇一八三"史"字韻"姓氏（一）"事目。

王令温

王令温，字順之，瀛州河間人也。[1]父迪，德州刺史，累贈太子太師。[2]令温少以武勇稱，初隸唐莊宗麾下，稍遷廳直軍校。[3]明宗之爲統帥，嘗與契丹戰於上谷。[4]明宗臨陣馬逸，[5]爲虜所迫，[6]令温乃以所乘馬授明宗，而自力戰，飛矢連發，敵兵爲之稍却。及明宗即位，歷遷神武、彰聖都校。[7]晋初，自淄州刺史遷洺州團練使。[8]及安重榮稱兵於鎮州，晋祖以令温爲行營馬軍都指揮使，與都帥杜重威敗賊於宗城，以功授亳州防禦使，尋拜永清軍節度使。[9]屬契丹來寇，時令温奉詔入朝，契丹遂陷貝州，其家屬因没於虜。[10]晋少帝憫之，授威勝軍節度使。[11]未幾，移鎮延州，又遷靈武。[12]漢有天下，復爲永清軍節度使，尋改安州。[13]國初，加檢校太尉、同平章事。世宗嗣位，遷鎮安軍節度使，[14]罷鎮歸闕。顯德三年夏，以疾卒，[15]時年六十有二。詔贈侍中。《永樂大典》卷一萬八千一百三十三。[16]

[1]河間：縣名。治所在今河北河間市。

[2]迪：人名。即王迪。本書僅此一見。　德州：州名。治所在今山東德州市陵城區。　太子太師：官名。與太子太傅、太子太保統稱太子三師。隋唐以後多作加官或贈官。從一品。

[3]廳直軍校：官名。所部統兵將領。“廳直”爲部隊番號。

[4]上谷：古郡名。隋大業初改易州置，治所在易縣（今河北易縣）。《寰宇記》卷六七“易州”：上谷郡“遥取漢上谷以爲名”。轄境相當今河北拒馬河以南、以西滿城、容城以北，府河上游以東

地。唐武德四年（621）復改爲易州。天寶、至德時又曾改爲上谷郡。

［5］明宗臨陣馬逸：中華書局本有校勘記："'逸'，《永樂大典》卷六八五〇引《五代薛史》作'失'。"

［6］爲虜所迫："虜"，《輯本舊史》作"敵"，據《永樂大典》卷六八五〇引《五代薛史》改。

［7］神武：禁軍名。唐肅宗至德二載（757）置禁軍，也叫神武天騎，分爲左、右神武天騎，左、右羽林，左、右龍武等六軍，稱"北衙六軍"。　彰聖都校：官名。所部統兵將領。"彰聖"爲禁軍番號。

［8］淄州：州名。治所在今山東淄博市。　洺州團練使："洺州"，《宋本册府》卷三六〇《將帥部·立功門一三》、卷三八七《將帥部·褒異門一三》同。明本《册府》卷一二三《帝王部·征討門三》作"雒州"，時無雒州，若以洛州解，則時爲西京，不置團練使，故當爲洺州之誤。

［9］行營馬軍都指揮使：官名。行營馬軍長官。五代軍隊編制，五百人爲一指揮，設指揮使、副指揮使；十指揮爲一軍，設都指揮使、副都指揮使。　永清軍：方鎮名。後晋天福三年（938）置。治所在貝州（今河北清河縣）。　尋拜永清軍節度使：《輯本舊史》卷八〇《晋高祖紀六》天福七年三月乙亥條："以前亳州防禦使王令温爲貝州節度使。"貝州爲永清軍節度使治所。

［10］"屬契丹"至"其家屬因没於虜"："虜"，《輯本舊史》作"契丹"，據《永樂大典》卷六八五〇引《五代薛史》改。《輯本舊史》卷八二《晋少帝紀二》天福八年十一月戊戌條："遣前復州防禦使吴巒權知貝州軍事，詔節度使王令温赴闕。"同年十二月癸丑條："詔貝州節度使王令温赴闕，分命使臣諸州郡巡檢，以契丹入寇故也。"同卷開運元年（944）正月己卯條："契丹陷貝州，知州吴巒死之。"《新五代史》卷二九《吴巒傳》："令温牙將邵珂，素驕很難制，令温奪其職。珂閑居無憀，乃陰使人亡入契丹，言貝

州積粟多而無兵守，可取。令温以事朝京師，心頗疑珂，乃質其子崇範以自隨。晋大臣以巒前守雲州七月，契丹不能下，乃遣巒馳驛代令温守貝州……珂因求見巒，願自效，巒推心信之。開運元年正月，契丹南寇，圍貝州，巒命珂守南門。契丹圍三日，四面急攻之……已而珂自南門引契丹入，巒守東門方戰，而左右報珂反，巒顧城中已亂，即投井死。”

[11]晋少帝：即後晋少帝石重貴。石敬瑭從子。紀見本書卷八一至卷八五、《新五代史》卷九。　威勝軍：方鎮名。治所在越州（今浙江紹興市）。“威勝軍”，《輯本舊史》作“武勝軍”，《宋本册府》卷九二〇《總録部·讎怨門》二作“威勝軍”。考《五代十國方鎮年表》，鄧州威勝軍於後周廣順二年（952）改武勝軍，時當後晋，則以威勝軍爲確。《輯本舊史》卷八二《晋少帝紀二》開運元年正月戊子條：“以貝州節度使王令温爲鄧州節度使，時令温弟令崇自契丹至，訴以舉族陷於甘陵，故有是命。”甘陵指貝州。

[12]延州：州名。治所在今陝西延安市。　移鎮延州，又遷靈武：《輯本舊史》卷八三《晋少帝紀三》開運元年八月己酉條：“以鄧州節度使王令温爲延州節度使。”同書卷八四《晋少帝紀四》開運二年十月庚辰條：“以前延州節度使王令温爲靈州節度使。”靈武爲靈州舊稱。《通鑑》卷二八五開運三年四月戊午條：“前彰式節度使王令温代（馮）暉鎮朔方，不存撫羌、胡，以中國法繩之。羌、胡怨怒，皆叛，競爲寇鈔。拓跋彦超、石存、也厮褒三族，共攻靈州，殺令温弟令周。戊午，令温上表告急。”靈州爲朔方軍節度使治所。

[13]尋改安州：《輯本舊史》卷一〇三《漢隱帝紀下》乾祐三年（950）四月壬申條：“貝州王令温移鎮安州，並加邑封。”

[14]鎮安軍：方鎮名。後晋開運二年置，治所在陳州（今河南淮陽縣）。後漢初廢。後周廣順二年復置。北宋初廢。《輯本舊史》卷一一三《周太祖紀四》顯德元年（954）正月壬辰條：“以前安州節度使王令温爲陳州節度使。”陳州爲鎮安軍節度使治所。

時世宗尚未即位，本傳所言不確。

[15]顯德三年夏，以疾卒：《輯本舊史》卷一一六《周世宗紀三》顯德三年五月丁巳條："陳州節度使王令温卒。"

[16]《大典》卷一八一三三"將"字韻"後周將（二）"事目。此傳另見《大典》卷六八五〇。

周密

周密，字德峯，應州神武川人也。[1]初事後唐武皇爲軍職。[2]莊宗之平常山，明宗之襲汶陽，[3]密皆從征有功。莊宗平梁，授鎮州馬軍都指揮使。[4]明宗即位，累遷河東馬步軍副都指揮使。[5]晋天福初，除冀州刺史，累官至檢校司徒。入爲右羽林統軍、檢校太保。[6]四年秋，授保大軍節度使、檢校太傅。[7]屬部民作亂，密討平之。尋移鎮晋州，[8]加檢校太尉。開運中，入拜右龍武統軍。三年秋，出鎮延州。[9]其年冬，契丹陷中原，延州軍亂，立高允權爲帥。[10]時密據東城，允權據西城，相拒久之。會漢高祖建義於太原，遣使安撫，密乃棄其城奔於太原，[11]隨漢祖歸汴，久居於闕下。廣順初，授太子太師致仕。[12]顯德元年春卒，時年七十五。

[1]應州：州名。治所在今山西應縣。　神武川：地名。位於今山西山陰縣東北一帶。

[2]後唐武皇：人名。即後唐太祖李克用。沙陀部人。生於神武川新城（一説今山西朔州市朔城區之梵王寺村，一説今山西應縣縣城，一説今山西懷仁縣之日中城）。紀見《舊五代史》卷二五、《新五代史》卷四。

[3]常山：即鎮州，治所在今河北正定縣。　汶陽：縣名。治所在今山東泰安市。

[4]馬軍都指揮使：官名。所部統兵將領。

[5]馬步軍副都指揮使：官名。所部統兵將領。

[6]冀州：州名。治所在今河北衡水市冀州區。　檢校司徒：官名。爲散官或加官，以示恩寵，無實際執掌。司徒，與太尉、司空並爲三公。　右羽林統軍：官名。右羽林軍統兵官。唐置六軍，分左、右羽林，左、右龍武，左、右神武等，即“北衙六軍”。興元元年（784），六軍各置統軍，以寵功勳臣。其品秩，《唐會要》卷七一、《舊唐書》卷一二記載爲從二品，《通鑑》卷二二九記載爲從三品。

[7]保大軍：方鎮名。治所在鄜州（今陝西富縣）。《輯本舊史》卷七八《晋高祖紀四》天福四年（939）九月辛未條：“以右羽林統軍周密爲鄜州節度使。”鄜州爲保大軍節度使治所。　檢校太傅：官名。爲散官或加官，以示恩寵，無實際執掌。

[8]尋移鎮晋州：《輯本舊史》卷八〇《晋高祖紀六》天福七年閏三月丙申條：“以鄜州節度使周密爲晋州節度使。”明本《册府》卷一一八《帝王部·親征門三》：天福九年正月壬午，“前晋州節度使周密、前同州節度使李懷忠爲東京巡檢使”。

[9]右龍武統軍：官名。唐置北衙六軍之一。　“開運中”至“出鎮延州”：《輯本舊史》卷八二《晋少帝紀二》開運元年（944）六月庚午條：“以前晋州節度使周密爲左龍武統軍。”同書卷八四《晋少帝紀四》開運三年八月辛未條：“以右龍武統軍周密爲延州節度使。”

[10]高允權：人名。延州（今陝西延安市）人。五代將領。傳見本書卷一二五。

[11]“其年冬”至“密乃棄其城奔於太原”：《通鑑》卷二八六天福十二年二月條《考異》引《漢高祖實録》：“允權爲延川令，周密以允權故將之子，恐與邊人締結，移爲州主簿。密後以闇而黨

下，惟誅掠是務。允權乘其民怨，時以言間之，復遣親黨潛構諸部，衆心遂摇。”《輯本舊史》卷九九《漢高祖紀上》天福十二年三月辛卯條：“權延州留後高允權遣判官李彬奏：本道節度使周密爲三軍所逐，以允權知留後事，上表歸順。未幾，帝召密赴行在。”同書卷九八《趙延壽傳》：“延壽在汴州，復娶明宗小女爲繼室。先是，延州節度使周密爲其子廣娶焉，已納財畢，親迎有日矣，至是延壽奪取之。”

[12]授太子太師致仕：《輯本舊史》卷一一一《周太祖紀二》廣順元年（951）三月條：“以前彰武軍節度使周密爲太子太師致仕。”彰武軍爲延州節度使軍號。

長子鋭，仕皇朝爲内職。[1]次子廣，歷諸衛大將軍。[2]《永樂大典》卷一萬八千一百三十三。[3]

[1]鋭：人名。即周鋭。本書僅此一見。劉曄《乞揀選諸司庫務額員奏》稱“劉承珪提舉之日，曾于額外差殿直周鋭簽書點檢”，可見周鋭曾於天聖年間任殿直。見《宋會要輯稿》職官二七之四四。　内職：北宋前期樞密院、宣徽院、三司使通稱爲“内職”。清紀昀《歷代職官表》卷三八《内務府》下：“宋代樞密、宣徽、三司使，謂之内職。”

[2]廣：人名。即周廣。後周、北宋將領。傳見《宋史》卷二七一。　次子廣，歷諸衛大將軍：《宋本册府》卷四一四《將帥部·赴援門》：“周廣友，爲鄜州衙内都指揮使。天福七年二月，鄜州周密奏差男廣友部領馬步兵士二百人，往延州救應，殺戮逆黨，却回到州。”知周密之子周廣或作“周廣友”。《宋史》卷二七一《周廣傳》：“廣幼從其父爲牙校。漢初，授供奉官。未幾，擢左千牛衛將軍。周祖命將討慕容彦超於兖州，以廣爲行營都監。賊平，録功遷右武衛將軍。俄改右神武將軍，充鎮淮軍兵馬都監……淮南

平，改眉州刺史。宋初，授隰州刺史。乾德三年，遷潘州團練使，令訓練雄武諸營。開寶二年，從征太原，爲攻城樓櫓戰櫂都部署，師還，加内外馬步軍副都軍頭。六年，改右屯衛大將軍，領郡如故。太平興國二年，卒。”

［3］《大典》卷一八一三三“將”字韻“後周將（二）”事目。

李懷忠

李懷忠，字光孝，太原晉陽人。[1]父海，本府軍校。[2]懷忠形質魁壯，[3]初事唐莊宗，隸于保衛軍。夾城之役，懷忠率先登城，以功補本軍副兵馬使。[4]莊宗平定山東，累遷保衛軍使。[5]天成中，歷陝府、許州、滄州都指揮使，遥領辰州刺史。[6]清泰初，以河西蕃部寇鈔，命懷忠屯方渠。[7]晉祖受命，以懷忠故人，召典禁兵，三遷護聖左右廂都指揮使，[8]遥領壽州節度使、檢校太保。[9]未幾，爲同州節度使、檢校太傅。[10]少帝嗣位，入爲右羽林統軍，改左武衛上將軍。[11]廣順中，以太子太傅致仕。[12]三年夏，卒，[13]年六十六。詔贈太子太師。《永樂大典》卷一萬三百九十。[14]

［1］晉陽：縣名。治所在今山西太原市。

［2］海：人名。即李海。本書僅此一見。　軍校：即牙校，低級武職。

［3］形質魁壯：《宋本册府》卷八八三《總録部・形貌門》作“形質魁壯，勇果出人”，明本《册府》作“形質魁壯，勇敢出人”。

［4］副兵馬使：官名。唐、五代方鎮自置之部隊統率官，兵馬

使副官。掌兵馬訓練、指揮。

[5]保衛：部隊番號。

[6]陝府：即陝州。治所在今河南三門峽市陝州區。　許州：州名。治所在今河南許昌市。　辰州：州名。治所在今湖南沅陵縣。　"天成中"至"遥領辰州刺史"：《宋本册府》卷三六〇《將帥部·立功門一三》："李懷忠初仕後唐，爲陝府都指揮使。天成中，康福授靈武節度，時蕃部作梗，屯於保静，命懷忠援送，攻破諸戎，道途無滯。歷許州、滄州都指揮使，遥領辰州刺史。"

[7]方渠：縣名。治所在今甘肅環縣。

[8]護聖左右厢都指揮使：官名。所部統兵將領。"護聖"爲部隊番號。《輯本舊史》之影庫本粘籤："護聖，原本作'祜聖'，今從《通鑑》改正。"此所據未見詳引。

[9]壽州：州名。治所在今安徽壽縣。《輯本舊史》卷七八《晋高祖紀四》天福四年（939）四月丙子條："以護聖左右軍都指揮使李懷忠爲侍衛親軍馬軍都指揮使，領壽州忠正軍節度使。"

[10]同州：州名。治所在今陝西大荔縣。《輯本舊史》卷八〇《晋高祖紀六》天福六年七月壬午條："以遥領壽州忠正軍節度使兼侍衛馬軍都指揮使李懷忠爲同州節度使。"

[11]少帝：即五代後唐愍帝（閔帝）李從厚。小名菩薩奴，明宗第三子。長興四年（933）十二月，李從厚即皇帝位，是爲後唐愍帝。應順元年（934）四月，李從珂入洛陽即帝位，令人毒殺愍帝。紀見本書卷四五、《新五代史》卷七。　左武衛上將軍：官名。唐置，掌宫禁宿衛。唐代置十六衛之一，從二品。　"少帝嗣位"至"改左武衛上將軍"：《輯本舊史》卷八二《晋少帝紀二》開運元年（944）六月庚午條："以同州節度使李懷忠爲左羽林統軍。"同書卷八四《晋少帝紀四》開運二年八月戊寅條："以右羽林統軍李懷忠爲左武衛上將軍。"

[12]太子太傅：官名。與太子太師、太子太保統稱太子三師。隋唐以後多作加官或贈官。從一品。《輯本舊史》卷一一一《周太

祖紀二》廣順元年（951）三月戊辰條："以前左武衛上將軍李懷忠爲太子太傅致仕。"

[13]三年夏，卒：《輯本舊史》一一三《周太祖紀四》廣順三年六月己巳條："太子太傅李懷忠卒。"

[14]《大典》卷一〇三九〇"李"字韻"姓氏（三五）"事目。

白文珂

白文珂，字德温，太原人也。[1]曾祖辯。父君成，遼州刺史。[2]文珂初事後唐武皇，補河東牙將，改遼州副使。莊宗嗣位，轉振武都指揮使。[3]天成中，鎮州節度使王建立表爲本州馬步軍都指揮使，遥授舒州刺史、檢校司空，歷青州、魏府都指揮使，歷瀛、蔚、忻、代四州刺史。[4]領代州日，兼蕃漢馬步都部署。漢高祖鎮并門，表爲副留守、檢校太保。[5]漢國初建，授河中節度使、西南面招討使、檢校太傅。漢祖定兩京，改天平軍節度使，加同平章事。[6]未幾，移鎮陝州，[7]檢校太師。會河中李守貞叛，詔充河中府行營都部署。[8]時文珂已老，朝議恐非守貞之敵，乃命太祖西征。河中平，[9]文珂授西京留守、河南尹。[10]太祖踐阼，加兼中書令。[11]頃之，以太子太師致仕。[12]世宗即位，封晋國公。顯德六年，[13]卒於西京，年七十九。輟視朝一日。

[1]太原人：《舊五代史考異》卷四："案：《洛陽縉紳舊聞記》作河東遼州人。"見《洛陽縉紳舊聞記》卷五"白中令知人"條。

［2］辯：人名。即白辯。本書僅此一見。　君成：人名。即白君成。本書僅此一見。　遼州：州名。治所在今山西左權縣。

［3］振武：方鎮名。後梁貞明二年（916）以前，治所位於單于都護府城（今内蒙古和林格爾縣）。貞明二年，單于都護府城爲契丹占據。此後至後唐清泰三年（936），治所位於朔州（今山西朔州市朔城區）。後晋時隨燕雲十六州割予契丹，改名順義軍。

［4］王建立：人名。遼州榆社（今山西榆社縣）人。五代後唐、後晋大臣。傳見《舊五代史》卷九一、《新五代史》卷四六。　馬步軍都指揮使：官名。五代時藩鎮馬步軍之長官。五代軍隊編制，五百人爲一指揮，設指揮使、副指揮使；十指揮爲一軍，設都指揮使、副都指揮使。　舒州：州名。治所在今安徽安慶市。　青州：州名。治所在今山東青州市。　魏府：即魏州。治所在今河北大名縣。　蔚：州名。治所在今河北蔚縣。　歷瀛、蔚、忻、代四州刺史：《輯本舊史》卷八三《晋少帝紀三》開運元年（944）九月壬辰條："太原奏，代州刺史白文珂破契丹於七里烽，斬首千餘級，生擒將校七十餘人。"

［5］蕃漢馬步都部署：官名。唐五代方鎮高級統兵官。　并門：指并州。治所在今山西太原市。　副留守：官名。即軍事長官副貳。　"領代州日"至"檢校太保"：《舊五代史考異》卷四："案《洛陽縉紳舊聞記》：白中令文珂在代州日，值漢祖授北京留守、河東節度使，代屬郡也。中令長子曰廷誨，時爲衙内指揮使，每日以事干郡政。漢祖聞之，怒其失教，遂奏之，罷郡。白以屬郡路由并州，遂詣府參謁。漢祖見之，覩其儀貌敦厚，舉止閒雅，訪以時事，對答有條。漢祖由是大喜，屢開筵宴，命賓客盡歡而罷。時漢祖已奏乞除一人北京副留守，未報，漢祖因奏公乞就除副留守，朝廷可之。"此《考異》中華書局本有校勘記："對答有條貫，'貫'字原闕，據《洛陽縉紳舊聞記》卷五補。"

［6］西南面招討使：官名。掌招撫、討伐等事務。　"漢國初建"至"加同平章事"：《輯本舊史》卷九九《漢高祖紀上》天福

十二年（947）三月癸丑條："以北京副留守、檢校司徒白文珂爲河中節度使、檢校太尉。"《通鑑》卷二八七天福十二年五月條："帝之即位也，絳州刺史李從朗與契丹將成霸卿等拒命，帝遣西南面招討使、護國節度使白文珂攻之，未下。帝至城下，命諸軍四布而勿攻，以利害諭之。戊申，從朗舉城降。"胡三省注："護國軍河中府；時未得河中，白文珂領節也。"《輯本舊史》卷一〇〇《漢高祖紀下》天福十二年七月甲辰條："以河中節度使、檢校太尉白文珂爲鄆州節度使，加同平章事。"鄆州爲天平軍節度使治所。

[7]移鎮陝州：中華書局本有校勘記："'移'字原闕，據孔本補。"《輯本舊史》卷一〇一《漢隱帝紀上》乾祐元年（948）三月甲戌條："以前河中節度使、檢校太尉、同平章事白文珂爲陝州節度使。"

[8]行營都部署：官名。凡行軍征討，掛帥率軍戰鬥，總管行營事務。《輯本舊史》卷一〇一《漢隱帝紀上》乾祐元年四月戊子條："以陝州節度使白文珂爲河中府城下一行都部署。"

[9]河中平：《舊五代史考異》卷四："案《洛陽縉紳舊聞記》：中令在北京日，素與周祖親洽，屢召中令諮詢戎事。三叛平，周祖德之。"

[10]西京留守：官名。唐玄宗久住東都洛陽，天寶元年（742）以京師長安爲西京，改西都留守爲西京留守，仍掌京師軍政要務。肅宗以後稱長安爲上都，仍沿用西京留守舊稱。五代沿置。　河南尹：官名。唐開元元年（713）改洛州爲河南府，治所在今河南洛陽市，河南府尹總其政務。從三品。　文珂授西京留守、河南尹：《輯本舊史》卷一〇二《漢隱帝紀中》乾祐二年八月甲申條："以陝州節度使、充河中一行兵馬都部署白文珂爲西京留守，加兼侍中。"《通鑑》卷二八八乾祐二年八月甲申條："郭威自河中還，過洛陽；（王）守恩自恃位兼將相，肩輿出迎。威怒，以爲慢己，辭以浴，不見，即以頭子命保義節度使、同平章事白文珂代守恩爲留守，文珂不敢違。守恩猶坐客次，吏白：'新留守已視事於

府矣。’守恩大驚，狼狽而歸，見家屬數百已逐出府，在通衢矣。朝廷不之問，以文珂兼侍中，充西京留守。”

[11]加兼中書令：《輯本舊史》卷一一〇《周太祖紀一》廣順元年（951）正月己卯條：“西京白文珂加兼中書令。”

[12]以太子太師致仕：《輯本舊史》卷一一二《周太祖紀三》廣順三年二月辛亥條：“以前西京留守白文珂爲太子太師致仕，進封韓國公。”《舊五代史考異》卷四：“案《洛陽縉紳舊聞記》：中令以年老堅請不已，遂許之，賜肩輿、鳩杖，命宰臣備祖筵于板橋，餞之。”明本《册府》卷七六《帝王部・禮大臣門》：“周太祖廣順三年三月，太子太師致仕，白文珂辭還洛陽，賜襲衣、金帶、鞍馬、錦綵、銀器、肩輿，示優禮也。”

[13]顯德六年：中華書局本作“顯德元年”，有校勘記：“‘元年’，本書卷一二〇《周恭帝紀》作‘六年’。按本書卷一一五《周世宗紀二》：‘（顯德二年二月）賜太子太師致仕侯益、白文珂、宋彦筠等茶藥、錢帛各有差。’據此白文珂當卒於顯德二年後。”《輯本舊史》卷一二〇《周恭帝紀》顯德六年（959）十一月戊申條：“西京奏，太子太師致仕白文珂卒。”據改。

子廷誨，仕皇朝，歷諸衛將軍，[1]卒。《永樂大典》卷二萬二千二百十六。[2]

[1]廷誨：人名。即白廷誨。北宋將領，曾任右衛將軍。事見《宋史》卷四七九《孟昶傳》：“乾德二年，右衛將軍白廷誨充濠砦使。”另，《新五代史》卷三〇《王章傳》：“爲州孔目官，張令昭逐節度使劉延皓，章事令昭。令昭敗，章婦翁白文珂與副招討李周善，乃以章托周。周匿章褚中，以橐駝負之洛陽，藏周第。唐滅，章乃出，爲河陽糧料使。”知白文珂有婿王章。

[2]《大典》卷二二二一六“白”字韻“姓氏（四）”事目。

白延遇

白延遇，字希望，太原人也。幼畜於晋之公宫，[1]年十三，從晋祖伐蜀，以趫悍見稱。晋有天下，歷典禁軍，累遷至檢校司空。天福中，晋祖在鄴，安重榮叛於鎮州，[2]帥衆數萬指闕而來，[3]晋祖命杜重威統諸將以禦之。[4]時延遇不預其行，乃泣告晋祖，願以身先，許之。及陣于宗城，延遇率其屬先犯之，斬級數十，[5]戰既酣，而劍亦折，諸將由是推伏。晋祖聞之，即命中使以寶劍、良馬賜之。[6]常山平，以功授檢校司徒，充馬軍左廂都校。[7]後出爲汾州刺史，遷復州防禦使。[8]

[1]幼畜於晋之公宫：中華書局本有校勘記："'晋'下《册府》卷八四七有'高祖'二字。"見《宋本册府》卷八四七《總録部·勇門》。

[2]安重榮叛於鎮州："安重榮"，《宋本册府》卷三九六《將帥部·勇敢門》三作"安鐵胡"。鐵胡爲安重榮小名。

[3]帥衆數萬指闕而來：中華書局本有校勘記："'指'，原作'詣'，據《劍策》卷一〇引《五代史》，《册府》卷三八七、卷三九六改。"《宋本册府》卷三八七爲《將帥部·褒異門一三》。

[4]晋祖命杜重威統諸將以禦之："杜重威"，《宋本册府》卷三八七《將帥部·褒異門一三》作"杜重暉"。

[5]斬級數十：中華書局本有校勘記："'數十'，《册府》卷三八七作'數千'，《劍策》卷一〇引《五代史》、《册府》卷三九六作'數百'。"

[6]中使：指宫中派出的使者，多爲宦官。

[7]馬軍左廂都校：官名。所部統兵將領。中華書局本有校勘

記："'左'，《劍策》卷一〇引《五代史》、《册府》卷三八七作'右'。"《通鑑》卷二八五開運三年（946）六月乙丑條："定州言契丹勒兵壓境……遣護聖指揮使臨清王彦超、太原白延遇以部兵十營詣邢州。"本傳未載其事。

[8]汾州：州名。治所在今山西汾陽市。　復州：州名。治所在今湖北天門市。

國初，加檢校太保，尋受代歸闕。屬太祖親征兖海，以延遇爲先鋒都校，兖州平，授齊州防禦使。[1]歲餘，改兖州防禦使。在兖二年，爲政有聞，人甚安之，州民數百詣闕，乞立德政碑以頌其美。顯德二年冬，世宗命宰臣李穀爲淮南道軍都部署，乃詔延遇爲先鋒都校。[2]三年春，帥其所部與韓令坤先入揚州，[3]軍聲甚振，尋命以别部屯於盛唐，[4]前後敗淮賊萬餘衆。四年夏，世宗迴自壽春，[5]制以延遇爲同州節度使。[6]未赴任，復命帥衆南征。是年冬，以疾卒於濠州城下。[7]詔贈太尉。[8]《永樂大典》卷二萬二千二百十六。[9]

[1]兖海：方鎮名。治所在兖州（今山東濟寧市兖州區）。　兖州：州名。治所在今山東濟寧市兖州區。　齊州：州名。治所在今山東濟南市。

[2]李穀：人名。潁州汝陰（今安徽阜陽市）人。五代後周宰相。傳見《宋史》卷二六二。　淮南道軍都部署：淮南道，道名。唐貞觀十道、開元十五道之一。唐貞觀元年（627）置，轄境相當於今淮河以南，長江以北，東至海，西至今湖北中部。開元二十一年（733）置淮南道採訪處置使，治所在揚州（今江蘇揚州市）。乾元元年（758）廢。但作爲地理區劃一直沿用至五代。軍都部署，

似爲前軍都部署，官名。爲臨時委任的軍區統帥。掌管行營屯戍、攻防等事務。《輯本舊史》卷一一五《周世宗紀二》顯德二年(955）十一月壬戌條："淮南前軍都部署李穀奏，先鋒都指揮使白延遇破淮賊於來遠鎮。"明本《册府》卷四三五《將帥部·獻捷門二》："世宗顯德二年十二月，淮南道行營前軍都部署李穀上言：'副部署王彦超敗淮賊二千餘人於壽州城下。'又言：'先鋒都指揮使白延遇敗淮賊軍千餘人于山口鎮。'"

[3]韓令坤：人名。磁州武安（今河北武安市）人。五代、宋初將領。傳見《宋史》卷二五一。　揚州：州名。治所在今江蘇揚州市。　帥其所部與韓令坤先入揚州：《通鑑》卷二九二顯德三年二月乙酉條："韓令坤奄至揚州；平旦，先遣白延遇以數百騎馳入城，城中不之覺。"明本《册府》卷四〇一《將帥部·行軍法門》："向訓，顯德中爲淮南節度使。先是，王師久駐維楊，都將趙晁、白延遇等驕恣横暴，不相禀命，競以子女玉帛，至有劫人之父夫强取人之妻子者，繇是人情大懼。及訓到鎮，戮其不奉法者數人，方稍整肅。"

[4]盛唐：地名。似位於揚州附近。《宋本册府》卷三八七《將帥部·褒異門一三》作"盛塘"。《輯本舊史》之影庫本粘籤："盛唐，原本作'成康'，今從《通鑑》改正。"此據《通鑑》卷二九二顯德三年二月戊辰條。

[5]壽春：縣名。治所在今安徽壽縣。"壽春"，《宋本册府》卷三八七《將帥部·褒異門一三》作"壽陽"。壽陽爲壽春舊稱。

[6]制以延遇爲同州節度使：《輯本舊史》卷一一七《周世宗紀四》顯德四年五月己亥條："以兖州防禦使白延遇爲同州節度使。"

[7]濠州：州名。治所在今安徽鳳陽縣。　以疾卒於濠州城下：明本《册府》卷四二五《將帥部·死事門二》："白延遇爲濠州刺史，帥衆從侍衛使李重進攻圍濠州，力戰，爲賊所傷，數日而卒。"

[8]太尉：官名。與司徒、司空並爲三公，唐後期、五代時多

爲大臣、勳貴加官。正一品。　詔贈太尉：《輯本舊史》卷一一七《周世宗紀四》顯德四年十二月丙子條："故同州節度使白延遇贈太尉。"

[9]《大典》卷二二二一六"白"字韻"姓氏（四）"事目。

唐景思

唐景思，秦州人也。[1]幼以屠狗爲業，善角觝戲。初事僞蜀爲軍校。唐同光中，莊宗命魏王繼岌帥師伐蜀，時景思以所部戍於固鎮，首以其城降於繼岌，乃授興州刺史。[2]爲貝州行軍司馬，屬契丹攻其城，因陷於幕庭，趙延壽素知其名，令隸於帳下，署爲所部壕砦使。[3]開運末，契丹據中原，以景思爲亳州防禦使。領事之日，會草寇數萬攻圍其城，景思悉力以拒之。後數日城陷，景思挺身而出，使人告於鄰郡，得援軍數百，逐其草寇，復有其城，亳民賴是以濟。

[1]秦州：州名。治所在今甘肅天水市。

[2]繼岌：人名。即李繼岌。後唐莊宗李存勗長子，封魏王。傳見《新五代史》本卷。　固鎮：地名。位於今甘肅徽縣。　興州：州名。治所在今陝西略陽縣。　"唐同光中"至"乃授興州刺史"：《輯本舊史》卷三三《唐莊宗紀七》同光三年（925）十月戊寅條："西征之師入大散關，僞命鳳州節度使王承捷、故鎮屯駐指揮使唐景思次第迎降。"《通鑑》卷二七三同光三年十月丁丑條："李紹琛（即康延孝）攻蜀威武城，蜀指揮使唐景思將兵出降。"《考異》："《實録》：'十月，戊寅，魏王繼岌至鳳州，王承捷以鳳、興、文、成四州降。前一日，康延孝、李嚴至故鎮威武城，唐景思

等降。’按今故鎮在鳳州西四程，延孝未下鳳州，何能先至故鎮！又蜀之守禦必在鳳州之東，或者當時鳳州之東别有威武城亦名故鎮、非今之故鎮歟？”同月辛巳條：“興州刺史王承鑒棄城走，紹琛等克興州，郭崇韜以唐景思攝興州刺史。”又，“固鎮”，《新五代史》卷四九《唐景思傳》同，《輯本舊史》卷三三、《通鑑》卷二七三《考異》引《實録》、《宋本册府》卷三六七《將帥部·機略門七》皆作“故鎮”。

[3]行軍司馬：官名。出征將領及節度使的屬官。掌軍籍符伍、號令印信，是藩鎮重要的軍政官員。　趙延壽：人名。本姓劉，恒山（今河北正定縣）人。後唐明宗李嗣源女婿，後降契丹，引導契丹攻滅後晉。傳見《遼史》卷七六。　壕砦使：官名。即壕寨使。掌修造壕寨壁壘等軍事工程。　“爲貝州行軍司馬”至“署爲所部壕砦使”：《新五代史》卷四九《唐景思傳》：“晋高祖時，爲貝州行軍司馬。出帝時，契丹攻陷貝州，景思爲趙延壽所得，以爲壕砦使。”

漢初，改授鄧州行軍司馬，[1]常鬱鬱不得志，後受代歸闕。乾祐中，命景思爲沿淮巡檢使，屢挫淮賊。[2]時史弘肇淫刑黷貨，[3]多織羅南北富商殺之，奪其財，大開告密之門。景思部下有僕夫，[4]希求無厭，雖委曲待之，不滿其心，一日拂衣而去，見弘肇，言景思受淮南厚賂，私貯器械，欲爲内應。弘肇即令親吏殿三十騎往收之，告者謂收吏曰：“景思多力，十夫之敵也，見便殺之，不然，則無及矣。”收騎至，景思迎接。有欲擒之者，景思以兩手抱之，大呼曰：“冤哉！景思何罪？設若有罪，死亦非晚，何不容披雪？公等皆丈夫，安忍如此！”都將命釋之，引告者面證景思，言受淮南賂。[5]

景思曰："我從人家人並在此，若有十緡貯積，亦是受賂。言我貯甲仗，除官賜外，有一事亦是私貯。"使者搜索其家，唯衣一笥、軍籍糧簿而已，乃寬之。景思曰："使者但械繫送我入京。"[6]先是，景思別有紀綱王知權者，在京，聞景思被誣，乃見史弘肇曰："唐景思赤心爲國，某服事三十年，孝於父母，義於朋友，被此誣罔，何以伸陳。某請先下獄，願公追劾景思，免至冤橫。"弘肇愍之，令在獄，日與酒食。景思既桎梏就路，潁、亳之人隨至京師，衆保證之。弘肇乃令鞫告事者，具伏誣陷，即斬之，遂奏釋景思。

[1]鄧州：州名。治所在今河南鄧州市。

[2]巡檢使：官名。五代始置，設於京師、陪都、重要的州及邊防重鎮。　屢挫淮賊：明本《册府》卷八七五《總録部·訟冤門四》其後尚有"而性忠恕，所至能撫養，民心歸之"十三字。

[3]史弘肇：人名。鄭州滎澤（今河南鄭州市）人。五代後漢將領。傳見本書卷一〇七、《新五代史》卷三〇。

[4]景思部下有僕夫：明本《册府》卷八七五《總録部·訟冤門四》其後尚有"承京都薦托，恃其有主"九字。

[5]淮南：方鎮名。治所在揚州（今江蘇揚州市）。

[6]使者但械繫送我入京：中華書局本有校勘記："'者'字原闕，據《册府》卷八七一、卷八七五補。"見明本《册府》卷八七一《總録部·救患門二》、卷八七五《總録部·訟冤門四》。

顯德初，河東劉崇帥衆來寇，世宗親總六師以禦之。及陣於高平，景思於世宗馬前距踴數四，且曰："願賜臣堅甲一聯，以觀臣之効用。"世宗由是知其名，因以高平陣所得降軍數千人，署爲効順指揮，命景思董之，使屯于淮上。[1]三年春，世宗親征淮甸，景思繼有戰功，乃命遥領饒州刺史。[2]未幾，改授濠州行刺史，令帥衆攻圍濠州。[3]四年冬，因力戰，爲賊鋒所傷，數日而卒。世宗甚憫之，詔贈武清軍節度使。[4]《永樂大典》卷六千三百七十一。[5]

[1]使屯于淮上：中華書局本有校勘記："'屯'字原闕，據《御覽》卷三五五引《五代周史》，《册府》卷三八七、卷三八九補。"《宋本册府》卷三八七《將帥部·褒異門一三》作"屯於淮上"，《宋本册府》卷三八九《將帥部·請行門》作"屯淮上"。《通鑑》卷二九一顯德元年（954）三月甲午條："休兵於高平，選北漢降卒數千人爲效順指揮，命前武勝行軍司馬唐景思將之，使戍淮上，餘二千餘人賜貲裝縱遣之。"鄧州爲武勝軍節度使治所。

[2]淮甸：後周世宗三次親征南唐，取江淮十四州。　饒州：州名。治所在今江西鄱陽縣。　"三年春"至"乃命遥領饒州刺史"：明本《册府》卷一一八《帝王部·親征門三》：顯德三年正月，"丙辰，至壽州城下……丁巳……又命侍衛步軍都指揮使李繼勳領兵於城之南，效順都指揮使唐景思（原書誤作'景恩'）領兵於城之東，各進洞屋雲梯以攻之"。

[3]令帥衆攻圍濠州：《輯本舊史》之影庫本粘籤："濠州，原本作'灝州'，今從《通鑑》改正。"此據《通鑑》卷二九三顯德三年四月甲子條。

[4]武清軍：方鎮名。治所在衡州（今湖南衡陽市）。《輯本舊史》卷一一七《周世宗紀四》顯德四年十二月丙子條："故濠州刺史唐景思贈武清軍節度使。"

[5]《大典》卷六三七一"張"字韻"姓氏（四一）"事目，與唐景思姓氏不合，誤。《大典》出處待考。

史臣曰：自古爲人臣者，望重則必危，功崇則難保，自非賢者，疇能免之？況王鄴帥昧明哲之規，[1]周太祖乃雄猜之主，欲無及禍，其可得乎！自福進而下，皆將帥之英也，擁旌作翰，諒亦宜然。唯彦超以捍寇而没，可不謂忠乎！《永樂大典》卷六千三百七十一。[2]

[1]王鄴帥：即王殷，事於鄴帥范延光。

[2]《大典》卷六三七一"張"字韻"姓氏（四一）"事目。此條史論應與《唐景思傳》録自《大典》同一卷，後者所注《大典》卷數有誤，故此處所注卷數亦誤。

舊五代史　卷一二五

周書十六

列傳第五

趙暉

趙暉，字重光，澶州人也。弱冠以驍果應募，始隸於莊宗帳前。與大梁兵經百餘戰，以功遷馬直軍使。[1]同光中，從魏王破蜀，命暉分統所部，南戍蠻陬。[2]明宗即位，徵還，授禁軍指揮使。[3]晉有天下，參掌衛兵，從馬全節圍安陸，佐杜重威戰宗城，皆有功，改奉國指揮使。[4]開運末，以部兵屯於陝，屬契丹入汴，[5]慨然有憤激之意。及聞漢祖建義於并門，乃與部將王晏、侯章戮力叶謀，[6]逐契丹所命官屬，據有陝州，即時馳騎，聞於漢祖。[7]漢祖乃命暉爲保義軍節度、陝虢等州觀察處置等使。[8]

[1]澶州：州名。唐大曆七年（772）移治今河南清豐縣，五

代後晋天福四年（939）移治今河南濮陽縣。　莊宗：即後唐莊宗李存勖。沙陀人。五代後唐王朝的建立者。紀見本書卷二七至卷三四、《新五代史》卷五。　馬直軍使：官名。所部統兵將領。“馬直”爲部隊番號。　“趙暉”至“以功遷馬直軍使”：《宋本册府》卷八四七《總録部·勇門》：“趙暉，代家天水，近世徙居於魏，故今爲郡人焉。暉生於貧賤，弱冠習武，以挽强稱。唐莊宗之戰河朔也，廣募驍雄以備征伐，始隸於莊宗帳前。與大梁兵凡經百餘戰，摧堅陷陣，名出行伍間。”内容大體一致，字句頗有出入。

[2]同光：後唐莊宗李存勗年號（923—926）。　魏王：即李繼岌。後唐莊宗長子。傳見本書卷五一、《新五代史》卷一四。

[3]明宗：即李嗣源。沙陀部人，應州金城（今山西應縣）人。李克用養子，逼宫李存勗後自立爲後唐皇帝。紀見本書卷三五至卷四四、《新五代史》卷六。　禁軍指揮使：官名。唐後期、五代禁軍長官。

[4]馬全節：人名。魏郡元城（今河北大名縣）人。五代後唐、後晋將領。傳見本書卷九〇、《新五代史》卷四七。　安陸：縣名。治所在今湖北安陸市。　杜重威：人名。朔州（今山西朔州市朔城區）人。五代後晋重要軍政官員。傳見本書卷一〇九、《新五代史》卷五二。　宗城：縣名。治所在今河北威縣。　奉國：部隊番號。五代中央禁軍之一。

[5]開運：後晋出帝石重貴年號（944—946）。　陝：州名。治所在今河南三門峽市陝州區。　汴：地名。即今河南開封市。　屬契丹入汴：中華書局本有校勘記：“《册府》卷七六六作‘屬北戎亂華’。”見《宋本册府》卷七六六《總録部·攀附門二》。

[6]漢祖：即劉知遠。太原（今山西太原市）人。其先西突厥沙陀部人。五代後唐、後晋將領，後漢高祖。紀見本書卷九九至卷一〇〇、《新五代史》卷一〇。　并門：即并州。治所在今山西太原市。　王晏：人名。徐州滕（今山東滕州市）人。五代、宋初將領。傳見《宋史》卷二五二。　侯章：人名。并州榆次（今山西

晋中市榆次區）人。五代、宋初將領。傳見《宋史》卷二五二。乃與部將王晏、侯章戮力叶謀：《通鑑》卷二八六天福十二年（947）二月庚午條：“契丹以其將劉愿爲保義節度副使，陝人苦其暴虐。奉國都頭王晏與指揮使趙暉、都頭侯章謀曰：‘今胡虜亂華，乃吾屬奮發之秋。河東劉公，威德遠著，吾輩若殺愿，舉陝城歸之，爲天下唱，取富貴如返掌耳。’暉等然之。”據此，則王晏首謀，趙暉、侯章從其謀。

[7]陝州：州名。治所在今河南三門峽市陝州區。 “逐契丹所命官屬”至“聞於漢祖”：《輯本舊史》之案語：“《通鑑》：‘契丹主賜趙暉詔，即以爲保義留後。暉斬契丹使者，焚其詔，遣支使河間趙矩奉表晋陽。’較《薛史》爲詳。”此據《通鑑》卷二八六天福十二年二月條。“逐契丹所命官屬”，中華書局本有校勘記：“‘逐’，《册府》卷三六〇、卷七六六作‘戮’。按本書卷九九《漢高祖紀》上：‘趙暉、侯章、都頭王晏殺契丹監軍及副使劉愿。’‘所命’，《册府》卷三六〇、卷七六六作‘僞命’。”見《宋本册府》卷三六〇《將帥部·立功門一三》、卷七六六《總録部·攀附門二》。

[8]保義軍：方鎮名。治所在陝州（今河南三門峽市陝州區）。 節度：官名。唐時在重要地區所設掌握一州或數州軍事、民事、財政的長官。 陝虢：方鎮名。治所在陝州（今河南三門峽市陝州區），唐龍紀元年（889）改爲保義軍。 觀察處置等使：官名。即觀察處置使。唐玄宗以後，採訪、觀察、都統等使加“處置”，賦予處理、決斷權。開元二十二年（734）初置採訪處置使，以御史中丞盧絢等爲之，乾元元年（758）改爲觀察處置使。

漢祖之幸東京，路出于陝，暉戎服朝于路左，手控六飛，達于行宫，君臣之義如舊結焉，旋加檢校太尉。[1]乾祐初，移鎮鳳翔，加同平章事。屬王景崇叛據岐山，及期不受代，朝廷即命暉爲西南面行營都部署，統兵以討之。[2]時李守貞叛於蒲，趙思綰據于雍，與景崇皆遞相爲援，又引蜀軍出自大散關，[3]勢不可遏。暉領兵數千，數戰而勝，然後塹而圍之。暉屢使人挑戰，賊終不出，乃潛使千餘人，於城南一舍之外，擐甲執兵，僞爲蜀兵旗幟，循南山而下，[4]詐令諸軍聲言川軍至矣。須臾，西南塵起，城中以爲信，乃令數千人潰圍而出，[5]以爲應援，暉設伏而待，一鼓而盡殪之。自是景崇膽破，不復敢出。明年春，拔之，加檢校太師、兼侍中。[6]

[1]東京：地名。即今河南開封市。　檢校太尉：官名。爲散官或加官，以示恩寵，無實際執掌。太尉，與司徒、司空並爲三公。

[2]乾祐：後漢高祖劉知遠及隱帝劉承祐年號（948—950）。北漢世祖劉旻、睿宗劉鈞沿用至九年（956）。　鳳翔：方鎮名。治所在鳳翔府（今陝西鳳翔縣）。　同平章事：官名。“同中書門下平章事”之簡稱。唐高宗以後，凡實際任宰相之職者，常在其本官後加同平章事的職銜。後成爲宰相專稱。後晉天福五年（940），升中書門下平章事爲正二品。　王景崇：人名。邢州（今河北邢臺市）人。五代後漢時升任鳳翔節度使。傳見本書附録、《新五代史》卷五三。　岐山：山名。位於今陝西岐山縣東北。　西南面行營都部署：官名。凡行軍征討，掛帥率軍戰鬥，總管行營事務。　“乾祐初”至“統兵以討之”：明本《册府》卷一二三《帝王部·征討門三》作：“（乾祐二年）七月，鳳翔節度使王景崇拒命不受代。詔新除鳳翔節度使趙暉充鳳翔行營都部署以討之。”

[3]李守貞：人名。河陽（今河南孟州市）人。五代藩鎮軍

閥。傳見本書卷一〇九、《新五代史》卷五二。　蒲：即河中府。治所在今山西永濟市西南。　趙思綰：人名。魏州（今河北大名縣）人。五代將領。傳見本書卷一〇九、《新五代史》卷五三。　雍：地名。即京兆府，治所在今陝西西安市。　大散關：關隘名。位於今陝西寶鷄市大散嶺上。

[4]南山：山名。即終南山。位於今陝西西安市南。

[5]乃令數千人潰圍而出：中華書局本有校勘記："'人'字原闕，據殿本、邵本校、《册府》卷三六七、《武經總要》後集卷六、《新五代史》卷五三《王景崇傳》補。影庫本批校：'數千人潰圍而出，脱"人"字。'"見《宋本册府》卷三六七《將帥部·機略門七》。

[6]檢校太師：官名。爲散官或加官，以示恩寵，無實際執掌。中華書局本有校勘記："'太師'，原作'太保'，據《册府》卷三六〇、卷三八七改。按本書卷一〇二《漢隱帝紀中》：'（乾祐二年九月）癸亥，鎮州武行德、鳳翔趙暉並加檢校太師。'"　侍中：官名。秦始置。隋、唐前期爲門下省長官。唐後期多爲大臣加銜，不參與政務，實際職務由門下侍郎執行。正二品。

國初，就加兼中書令。[1]三年春，[2]拜章請覲，詔從之，入朝，授歸德軍節度使。[3]顯德元年，受代歸闕，以疾告老，授太子太師致仕，[4]進封秦國公。尋卒于其第，年六十七。制贈尚書令。[5]《永樂大典》卷一萬六千九百九十一。[6]

[1]中書令：官名。漢代始置，隋、唐前期爲中書省長官，屬宰相之職，唐後期多爲授予元勳大臣的虚銜。正二品。

[2]三年春：明本《册府》卷一六八《帝王部·却貢獻門》：廣順三年"四月丁巳，鳳翔節度趙暉進奉錢絹請開宴，不納"。又

明本《册府》卷一六九《帝王部·納貢獻門》：廣順三年四月，“鳳翔趙暉來朝，進馬一百一十七匹，絹五千疋，銀五千兩，賜襲金帶”。

[3]歸德軍：方鎮名。治所在宋州（今河南商丘市睢陽區）。本後梁宣武軍，後唐改名歸德軍。

[4]顯德：五代後周太祖郭威年號（954）。世宗柴榮、恭帝柴宗訓沿用（954—960）。　太子太師：官名。與太子太傅、太子太保統稱太子三師。隋唐以後多作加官或贈官。從一品。

[5]尚書令：官名。秦始置，隋、唐前期爲尚書省長官，與中書令、侍中並爲宰相。唐後期多爲大臣加銜，不參與政務。正二品。

[6]《大典》卷一六九九一“趙”字韻“姓氏（七）”事目。

王守恩

王守恩，字保信，太原人。[1]父建立，潞州節度使，[2]封韓王，《晉書》有傳。守恩以門蔭，幼爲内職，遷懷、衛二州刺史，[3]後歷諸衛將軍。開運末，契丹陷中原，守恩時因假告歸於潞。時潞州節度使張從恩，懼契丹之盛，將朝于戎王。以守恩婚家，甚倚信之，乃移牒守恩，請權爲巡檢使。從恩既去，守恩以潞城歸於漢祖，仍盡取從恩之家財。[4]漢祖即以守恩爲昭義軍節度使。[5]漢有天下，移鎮邠寧，[6]加同平章事。乾祐初，遷永興軍節度使。[7]時趙思綰已據長安，[8]乃改授西京留守。[9]

[1]太原：府名。治所在今山西太原市。

[2]建立：即王建立。遼州榆社（今山西榆社縣）人。五代後唐、後晋大臣。五代後晋將領。傳見本書卷九一、《新五代史》卷四六。　潞州：州名。治所在今山西長治市。

[3]懷：州名。治所在今河南沁陽市。　衛：州名。治所在今河南衛輝市。　刺史：官名。州一級行政長官。漢武帝時始置，總掌考覈官吏、勸課農桑、地方教化等事。唐中期以後，節度使、觀察使轄州而設，刺史爲其屬官，職任漸輕。從三品至正四品下。　遷懷、衛二州刺史：中華書局本有校勘記："王守恩墓誌（拓片刊《千堂誌齋藏誌》）：'庚寅歲，授遼州刺史……再牧於遼，尋轉衛州刺史。'未記其嘗爲懷州刺史。"

[4]張從恩：人名。太原人。五代後晋外戚、將領。仕至宋初。傳見《宋史》卷二五四。　巡檢使：官名。唐末、五代置。掌巡邏重鎮、要地。　"開運末"至"仍盡取從恩之家財"：《舊五代史考異》："案《通鑑》云：從恩以副使趙行遷知留後，牒守恩權巡檢使，與高防佐之。高防與守恩謀，遣指揮使李萬超白晝率衆大譟，斬趙行遷，推守恩權知昭義留後。守恩殺契丹使者，舉鎮來降。《宋史·李萬超傳》云：張從恩將棄城歸契丹，會前驍衛將軍王守恩服喪私第，從恩即委以後事遁去。及契丹使至，專領郡務，守恩遂無所預，萬超奮然謂其部下曰：'我輩垂餌虎口，苟延旦夕之命，今欲殺使保其城，非止逃生，亦足建勳業，汝曹能乎？'衆皆躍然喜曰：'敢不惟命。'遂率所部大譟入府署，殺其使，推守恩爲帥，列狀以聞。漢祖從其請，乃命史宏肇統兵，先渡河至潞，見萬超，語之曰：'收復此州，公之力也，吾欲殺守恩，以公爲帥，可乎？'萬超對曰：'殺契丹使以推守恩，蓋爲社稷計耳，今若賊害于人，自取其利，非宿心也。'宏肇大奇之。"其中，"趙行遷知留後"一句，中華書局本有校勘記："'知留後'，原作'之留守'，據殿本、劉本、孔本、《通鑑》卷二八六改。""率衆大譟"一句，中華書局本有校勘記："'率'原作'卒'，據殿本、劉本改。"此據《通鑑》卷二八六天福十二年（947）二月條。

[5]昭義軍：方鎮名。治所在潞州（今山西長治市）。

[6]邠寧：方鎮名。治所在今陝西彬縣。

[7]永興軍：方鎮名。治所在京兆府（今陝西西安市）。

[8]長安：地名。即今陝西西安市。　時趙思綰已據長安：《輯本舊史》之影庫本粘籤："思綰，原本作'田綰'，今從《通鑑》改正。"此據《通鑑》卷二八八乾祐二年（949）七月甲辰條。

[9]西京留守：官名。唐玄宗久住東都洛陽，天寶元年（742）以京師長安爲西京，改西都留守爲西京留守，仍掌京師軍政要務。肅宗以後稱長安爲上都，仍沿用西京留守舊稱。五代沿置。

守恩性貪鄙，委任羣小，以掊斂爲務，雖病坊殘癃者，[1]亦不免其税率，[2]人甚苦之。洛都嘗有豪士，爲二姓之會，守恩乃與伶人數輩夜造其家，[3]自爲賀客，因獲白金數笏而退。[4]太祖迴自河中，駐軍於洛陽，詔以白文珂代之，守恩甚懼。而洛人有曾爲守恩非理割剥者，皆就其第，徵其舊物，守恩一一償之。[5]及赴闕，止奉朝請而已。[6]乾祐末，既殺史弘肇等，漢少帝召羣臣上殿以諭之，[7]時守恩越班而颺言曰："陛下今日始睡覺矣。"其出言鄙俚也如此。

[1]雖病坊殘癃者：明本《册府》卷四五五《將帥部·貪黷門》作"雖病殘癃者"。

[2]税率：中華書局本有校勘記："'税率'，《册府》卷四五五作'科率'。"

[3]洛都：即西京洛陽。在今河南洛陽市。　與伶人數輩夜造其家：中華書局本有校勘記："'其家'二字原闕，據《册府》卷四五五補。"

[4]因獲白金數笏而退：《通鑑》卷二八八乾祐二年（949）七月條："西京留守、同平章事王守恩，性貪鄙，專事聚斂。喪車非輸錢不得出城，下至抒厠、行乞之人，不免課率。或縱麾下，令盜人財。有富室取婦，守恩與俳優數人往爲賓客，得銀數鋌而返。"

[5]太祖：即郭威。邢州堯山（今河北隆堯縣）人。五代時後周王朝的建立者。紀見本書卷一一〇至卷一一三、《新五代史》卷一一。　河中：方鎮名。治所在河中府（今山西永濟市）。　洛陽：地名。即今河南洛陽市。　白文珂：人名。太原（今山西太原市）人。五代後唐至後周將領。傳見本書卷一二四。　"太祖迴自河中"至"守恩一一償之"：《五代史補》："周高祖爲樞密，鳳翔、永興、河中三鎮反，高祖帶職出討之，回戈路由京洛。時王守恩爲留守，以使相自專，乘檐子迎高祖於郊外，高祖遥見大怒，且疾驅入於公館。久之，始令人傳旨，托以方浴，守恩不知其怒，但安坐俟久。時白文珂在高祖麾下，召而謂曰：'王守恩乘檐子俟吾，誠無禮也，安可久爲留守，汝宜亟去代之。'文珂不敢違，於是即時禮上。頃之，吏馳去報守恩曰：'白侍中受樞密命，爲留守訖。'留守大驚，奔馬而歸，但見家屬數百口皆被逐于通衢中，百姓莫不聚觀。其亦有乘便號叫索取貸錢物者。高祖使吏籍其數，立命償之，家財爲之一空。朝廷悚然，不甚爲理。"《通鑑》卷二八八乾祐二年八月甲申條："甲申，郭威自河中還，過洛陽；守恩自恃位兼將相，肩輿出迎。威怒，以爲慢己，辭以浴，不見。即以頭子命保義節度使、同平章事白文珂代守恩爲留守，文珂不敢違。守恩猶坐客次，吏白：'新留守已視事於府矣。'守恩大驚，狼狽而歸。見家屬數百已逐出府，在通衢矣。朝廷不之問，以文珂兼侍中，充西京留守。"

[6]及赴闕，止奉朝請而已：《通鑑》卷二八八乾祐二年八月條："守恩至大梁，恐獲罪，廣爲貢獻，重賂權貴。朝廷亦以守恩首舉潞州歸漢，故宥之，但誅其用事者數人而已。"

[7]史弘肇：人名。鄭州滎澤（今河南鄭州市）人。五代時後

漢將領。傳見本書卷一〇七、《新五代史》卷三〇。　漢少帝：即後漢隱帝劉承祐。後漢高祖劉知遠次子。紀見本書卷一〇一至卷一〇三、《新五代史》卷一〇。

國初，授左衛上將軍。[1]顯德初，改右金吾衛上將軍，[2]封許國公。[3]二年冬，舁疾歸洛而卒。《永樂大典》卷六千八百五十一。[4]

[1]左衛上將軍：官名。唐置，掌宫禁宿衛。唐代置十六衛，即左右衛、左右驍衛、左右武衛、左右威衛、左右領軍衛、左右金吾衛、左右監門衛、左右千牛衛，各置上將軍，從二品。

[2]右金吾衛上將軍：武官名。唐貞元二年（786）置左右金吾衛上將軍，掌宫禁宿衛、京城巡邏等。從二品。《大典》卷六八五一引《五代薛史》無"右"字，《輯本舊史》卷一一五《周世宗紀二》顯德二年（955）十二月庚午，"右金吾衛上將軍王守恩卒"。

[3]封許國公：《輯本舊史》卷一一一《周太祖紀二》廣順元年（951）二月辛丑條："前西京留守王守恩進封莒國公。"又，《輯本舊史》卷一一三《周太祖紀四》廣順三年六月癸丑條："以前西京留守、莒國公王守恩爲左衛上將軍。"

[4]《大典》卷六八五一"王"字韻"姓氏（三六）"事目。

孔知濬

孔知濬，字秀川，徐州滕縣人。[1]太子太師致仕勍之猶子也。[2]父延緘，左武衛大將軍致仕，[3]年九十餘卒。知濬仕梁爲天興軍使。[4]同光末，勍鎮昭義，[5]時莊宗用唐朝故事，以黄門爲監軍，[6]皆恃恩暴横，節將不能制。明宗鄴城之變，諸鎮多殺監軍。[7]時監潞者懼誅，欲誘鎮兵謀變，知濬伏甲於室，淩晨監軍來謁，執而殺之，軍城遂寧。明宗嘉之，洎勍罷鎮，以知濬爲澤州刺史，入爲左驍衛大將軍。[8]長興、清泰中，歷唐、復、成三郡刺史。[9]晉高祖即位，用爲奉國右廂都指揮使，領舒州刺史，[10]從征范延光於鄴，遷宿州團練使，俄改隴州防禦使。[11]開運中，移刺鳳州，累官至檢校太傅。[12]河池據關防之要，密邇邛、蜀，[13]兵少勢孤，知濬撫士得宜，人皆盡力，故西疆無牧圉之失。契丹主稱制，署滑州節度使。[14]漢祖受命，自鎮入朝。隱帝嗣位，授密州防禦使，[15]踰歲，以疾受代歸朝。廣順三年冬，[16]卒於京師。《永樂大典》卷一萬八千一百三十三。[17]

[1]徐州：州名。治所在今江蘇徐州市。　滕縣：縣名。治所在今山東滕州市西南滕城。

[2]太子太師：官名。與太子太傅、太子太保統稱太子三師。隋唐以後多作加官或贈官。從一品。中華書局本有校勘記："'太子太師'上殿本有'故'字。"　勍：即孔勍。人名。兗州（今山東濟寧市兗州區）人。唐末、五代藩鎮軍閥。傳見本書卷六四。　猶子：侄子。

[3]延緘：即孔延緘。本書僅此一見。　左武衛大將軍：官名。唐置十六衛之一，掌宫禁宿衛。正三品。

[4]天興軍使：官名。左天興軍，禁軍名，後梁置。《五代會要》卷一二《京城諸軍》記後梁開平元年（907）九月置左右天興軍，爲禁軍中的兩軍，以親王爲軍使。

[5]勍鎮昭義：《輯本舊史》之影庫本粘籤："昭義，原本作'佋義'，今從《通鑑》改正。"此據《通鑑》卷二七四天成元年

（926）三月丁卯條。

［6］黄門：即宦官。

［7］鄴城：地名。即鄴都。治所在今河北大名縣。五代後唐同光元年（923），改魏州爲興唐府，建號東京，三年改東京爲鄴都。

［8］澤州：州名。治所在今山西澤州縣。　左驍衛大將軍：官名。唐代置十六衛之一，掌宫禁宿衛。正三品。

［9］長興：後唐明宗李嗣源年號（930—933）。　清泰：五代後唐廢帝李從珂年號（934—936）。　唐：州名。治所在今河南唐河縣。　復：州名。治所在今湖北天門市。　成：州名。治所在今甘肅成縣。

［10］晋高祖：即石敬瑭。沙陀部人。五代後唐將領、後晋開國皇帝。紀見本書卷七五至八〇、《新五代史》卷八。　奉國右廂都指揮使：官名。“奉國”爲部隊番號。五代軍隊編制，五百人爲一指揮，設指揮使、副指揮使；十指揮爲一軍，設都指揮使、副都指揮使。　舒州：州名。治所在今安徽安慶市。

［11］范延光：人名。鄴郡臨漳（今河北臨漳縣）人。五代後唐、後晋將領。傳見本書卷九七。　宿州：州名。治所在今安徽宿州市。　團練使：官名。唐代中期以後，於不設節度使的地區設團練使，掌本區各州軍事。　隴州：州名。治所在今陝西隴縣。　防禦使：官名。唐代始置，設有都防禦使、州防禦使兩種。常由刺史或觀察使兼任，實際上爲唐代後期州或方鎮的軍政長官。

［12］鳳州：州名。治所在今陝西鳳縣。　檢校太傅：官名。爲散官或加官，以示恩寵，無實際執掌。

［13］河池：縣名。治所在今甘肅徽縣西北。　邛：州名。南朝梁置，治所在今四川邛崍市。　蜀：州名。治所在今四川崇州市。

［14］滑州：州名。治所在今河南滑縣。

［15］密州：州名。治所在今山東諸城市。

［16］廣順：五代後周太祖郭威年號（951—953）。

［17］《大典》卷一八一三三“將”字韻“後周將（二）”

事目。

王繼弘

王繼弘，冀州南宫人。[1]少嘗爲盜，攻剽閭里。爲吏所拘，械繫於鎮州獄，會赦免死，配隸本軍，時明宗作鎮，致之麾下。[2]晋高祖爲明宗將，署爲帳中小校。[3]天福中，爲六宅副使。[4]性負氣不遜，禁中與同列忿争，配流義州。[5]歲餘，召復内職，[6]遷領禁軍。開運末，虜犯中原，繼弘時爲奉國指揮使，從虜主至相州，[7]遂令以本軍戍守。虜主留高唐英爲相州節度使。[8]唐英善待繼弘，[9]每候其第，則升堂拜繼弘之母，贈遺甚厚，倚若親戚，又給以兵仗，略無猜忌。會虜主死，漢祖趨洛，唐英遣使歸款，[10]漢祖大悦，將厚待唐英。使未迴，繼弘與指揮使樊暉等共殺唐英，[11]繼弘自稱留後，令判官張易奉表于漢祖。[12]人或責以見利忘義，繼弘曰："吾儕小人也，若不因利乘便，以求富貴，畢世以來，未可得志也。"及漢祖征杜重威至德清軍，[13]繼弘來朝，乃正授節旄。是歲，就加檢校太傅。[14]節度判官張易，每見繼弘不法，必切言之，繼弘以爲輕己。乾祐中，因事誣奏殺之，尋又害觀察推官張制。[15]漢末，移鎮貝州，就加檢校太尉。[16]廣順初，加同平章事。[17]三年六月，[18]移鎮河陽，[19]會永壽節入覲，遇疾卒於京師。詔贈侍中。

[1]冀州：州名。治所在今河北衡水市冀州區。　南宫：縣名。

治所在今河北南宫市。

[2]鎮州：州名。治所在今河北正定縣。　“少嘗爲盜”至“致之麾下”：《宋本册府》卷八四五《總録部·膂力門》作：“少勇悍。後唐明宗作鎮，致之麾下。善步鬪，多力。”《宋本册府》卷九三〇《總録部·寇竊門》作：“少勇悍無賴，爲盜，攻剽閭里。”《宋本册府》卷九四〇《總録部·患難門》作：“少無賴，爲吏所拘，械繫常州獄，將殺之。會赦，以其壯健，特宥之，配於本軍。”

[3]帳中小校：低級軍官。

[4]天福：五代後晋高祖石敬瑭年號（936—942）。出帝石重貴沿用至九年（944）。後漢高祖劉知遠繼位後沿用一年，稱天福十二年（947）。　六宅副使：官名。六宅使之副。唐置十宅、六宅使，管理諸皇子宅出納事務。或總稱十六宅，後衹稱六宅使。《宋本册府》卷一七二《帝王部·求舊門二》、卷九一八《總録部·忿争門》同。《輯本舊史》卷七六《晋高祖紀二》天福二年五月乙丑條、《宋本册府》卷一五四《帝王部·明罰門三》作“六宅使”。

[5]義州：州名。治所在今甘肅華亭縣。

[6]召復内職：《宋本册府》卷九一八《總録部·忿争門》作“召復禁職”。

[7]虜主：原作“契丹主”，據明本《册府》卷九四三《總録部·不誼門》改，下同。　相州：州名。治所在今河南安陽市。

[8]高唐英：人名。籍貫不詳。遼官員，後曾任相州節度使。事見本書卷九九。

[9]唐英善待繼弘：《通鑑》卷二八七天福十二年（947）六月：“初，契丹主德光命奉國都指揮使南宫王繼弘、都虞候樊暉以所部兵戍相州，彰德節度使高唐英善待之。”

[10]唐英遣使歸款：“款”，明本《册府》卷九四三《總録部·告訐門》作“漢”。

[11]指揮使：官名。唐末五代軍隊、州軍多置都指揮使、指揮

使，爲統兵將領。　樊暉：人名。籍貫不詳。本書僅此一見。《宋史》卷二記“北漢鴻唐砦招收指揮使樊暉以砦來降”，卷四八二記：“招收指揮使樊暉殺監軍成昭。”　繼弘與指揮使樊暉等共殺唐英：明本《册府》卷九四三同。《永樂大典》卷六八五一引《五代薛史》作：“繼弘與指揮等共殺唐英。”《輯本舊史》卷一〇〇《漢高祖紀下》天福十二年六月，“契丹所命相州節度使高唐英爲屯駐指揮使王繼弘、樊暉所殺”。

[12]留後：官名。原非正式命官，唐朝節度使入朝或宰相、親王遥領節度使不臨鎮則置。安史之亂後，節度使多以子弟或親信爲留後，以代行節度使職務，亦有軍士、叛將自立爲留後者。掌一州或數州軍政。北宋時始爲朝廷正式命官。　判官：官名。長官的佐吏，協理政事，或備差遣。此處蓋爲山陵判官。掌佐山陵使副監造後唐明宗陵寢。　張易：人名。籍貫不詳。時爲彰德軍節度判官，因切諫節度使王繼弘被殺。事見本書卷一〇一《漢隱帝紀》。

[13]德清軍：方鎮名。治所在澶州頓丘（今河南清豐縣）。　及漢祖征杜重威至德清軍：“征”，《永樂大典》卷六八五一引《五代薛史》無，明本《册府》卷九四三《總録部・告訐門》作“討”。

[14]是歲，就加檢校太傅：《永樂大典》卷六八五一引《五代薛史》無“加”字。《輯本舊史》卷一〇〇《漢高祖紀下》天福十二年十月丙申，“以相州留後王繼弘爲相州節度使，加檢校太傅”。

[15]“節度判官張易”至“又害觀察推官張制”：《輯本舊史》卷一〇一《漢隱帝紀上》乾祐元年（948），“秋七月戊申朔，相州節度使王繼弘殺節度判官張易，以訛言聞”。《新五代史》卷一〇《漢隱帝紀》乾祐元年“秋七月戊申朔，彰德軍節度使王繼弘殺其判官張易”。據朱玉龍《五代十國方鎮年表》，後晋天福三年十一月，置彰德軍節度，初領相、澶、衛三州；開運元年，割衛州隸滑州義成軍，以澶州別置鎮寧軍。明本《册府》卷四四〇《將帥部・忌害門》作：“節度判官張易，每見繼弘所爲不法，必切言之。

繼弘含怒，以爲輕己。乾祐中，因事誣奏之。又奏觀察推官張制，削官牒逐之。因與郭謹代，竟令害制焉。”明本《册府》卷四四九《將帥部·專殺門》：“乾祐初，誣殺節度判官張易，斥逐觀察推官張制。易，鎮州人。繼弘事有所不當，易必抗言争之。繼弘粗褊，心不能容，嘗於席上，問國家西面用兵事。易曰：‘或説尚洪遷力戰傷重，蓋性太剛故也。’繼弘正色曰：‘洪遷傷重，合有邸報，子安得此言？摇惑羣情。’遽縶之於獄。奏易訛言惑衆，殺之以聞。制，曹州人。繼弘事有非理，與張易協力極言之。繼弘嘗乘醉攘臂，毆於床下。至是，因殺易，乃誣奏制與易同出訛言，而削其官，牒而逐之。後因郭謹代繼弘，又令害制焉，衆冤之。”

[16]貝州：州名。治所在今河北清河縣。　就加檢校太尉：《輯本舊史》卷一〇一《漢隱帝紀上》乾祐元年三月丙子，相州節度使王繼弘自檢校太傅加檢校太尉；六月戊戌，“以相州節度使王繼弘爲貝州節度使”。《輯本舊史》卷一〇二《漢隱帝紀中》乾祐二年十月，“丙子，相州郭謹、貝州王繼弘、邢州薛懷讓並加檢校太尉”。又，《輯本舊史》卷一〇六《郭謹傳》、《宋本册府》卷一七二《帝王部·求舊門二》載郭謹於乾祐二年就加檢校太師，考三人此前均已爲檢校太尉，知王繼弘嘗加檢校太師。

[17]廣順初，加同平章事：《輯本舊史》卷一一〇《周太祖紀一》廣順元年（951）正月癸未，貝州王繼弘加同平章事。

[18]三年六月：《輯本舊史》原作“三月六日”，中華書局本有校勘記：“據《永樂大典》卷六八五一引五代《薛史》改。按本書卷一一三《周太祖紀四》，王繼弘卒於廣順三年六月。”《輯本舊史》卷一一三《周太祖紀四》繫於廣順三年六月癸亥。

[19]河陽：縣名。治所在今河南孟州市。《輯本舊史》卷一一一《周太祖紀二》廣順二年八月壬子條：“貝州王繼弘移鎮河陽。”

子永昌，仕皇朝，歷内諸司使。[1]《永樂大典》卷六千八百五十一。[2]

[1]永昌：即王永昌。本書僅此一見。　内諸司使：官名。唐宋禁内各官署長官的統稱。

[2]《大典》卷六八五一“王”字韻“姓氏（三六）”事目。

馮暉

馮暉，魏州人也。[1]始爲効節軍士，拳勇騎射，行伍憚之。初事楊師厚爲隊長。[2]唐莊宗入魏，以銀槍効節爲親軍，與梁人對壘河上，暉以犒給稍薄，因竄入南軍，梁將王彦章置之麾下。[3]莊宗平河南，暉首罪，赦之。從明宗征潞州，誅楊立有功。[4]又從魏王繼岌伐蜀。蜀平，授夔州刺史。[5]時荆州高季興叛，[6]以兵攻其城，暉拒之，屢敗荆軍。長興中，爲興州刺史，[7]以乾渠爲治所。[8]會兩川叛，蜀人來侵，暉以衆寡不敵，奔歸鳳翔，朝廷怒其失守，詔於同州衙前安置。[9]未幾，從晋高祖討蜀，蜀人守劍門，暉領部下兵逾越險阻，[10]從他道出於劍門之左，掩擊之，殺守兵殆盡。[11]會晋祖班師，朝廷以暉爲澶州刺史。[12]

[1]魏州：州名。治所在今河北大名縣。《馮暉墓誌》作：“王諱暉，字廣照，鄴都高唐人也。”按，魏州與鄴都爲同一地區不同時期之稱謂，治所在今河北大名縣。

[2]効節：部隊番號。　楊師厚：人名。潁州斤溝（今安徽太和縣阮橋鎮斤溝村）人。唐末、五代後梁將領。傳見本書卷二二、

《新五代史》卷二三。

［3］王彦章：人名。鄆州壽張（今山東梁山縣壽張集）人。後梁將領。傳見本書卷二一、《新五代史》卷三二。

［4］楊立：人名。籍貫不詳。五代後唐潞州將領，歷事李嗣昭、李繼韜。傳見本書卷七四。

［5］繼岌：人名。即李繼岌。後唐莊宗長子。傳見本書卷五一、《新五代史》卷一四。　夔州：州名。治所在今重慶市奉節縣。

［6］荆州：州名。治所在今湖北荆州市。　高季興：人名。原名高季昌，陝州硤石（今河南三門峽市）人。五代十國南平（即荆南）開國君主。傳見本書卷一三三、《新五代史》卷六九。

［7］興州：州名。治所在今陝西略陽縣。《輯本舊史》卷四一《唐明宗紀七》長興元年（930）十一月辛巳條："瀘州刺史馮暉。"《通鑑》卷二七七長興元年十一月壬申條作"瀘州刺史馮暉"。又卷二七九清泰元年（934）十月條："興州刺史馮暉自乾渠引戍兵歸鳳翔。"胡三省注曰："時階、興二州皆已入於蜀。唐蓋使郭知瓊、馮暉領二州刺史以進取而不克也。《薛史》曰：長興中，馮暉爲興州刺史，以乾渠爲治所。"明本《册府》卷四二〇《將帥部·掩襲門》："周馮暉，善戰有勇。後唐明宗朝領廬州刺史，典禁兵。"其"廬州"當即《通鑑》所謂瀘州，在蜀地，則馮暉確曾刺瀘州。

［8］乾渠：地名。即乾渠渡。位於今陝西略陽縣北。《宋本册府》卷六九九《牧守部·譴讓門》闕馮暉條，明本作"屯乾梁"。

［9］同州：州名。治所在馮翊縣（今陝西大荔縣）。　詔於同州衙前安置：中華書局本有校勘記："'前'，原作'職'，據本書卷四六《唐末帝紀上》、《册府》卷六九九、《近事會元》卷五改。"

［10］暉領部下兵逾越險阻：中華書局本有校勘記："'暉'字原闕，據《册府》卷三六〇補。"見《宋本册府》卷三六〇《將帥部·立功門三》。

［11］劍門：關隘名。即劍門關。位於今四川劍閣縣北六十里劍門鎮北大劍山口。　掩擊之，殺守兵殆盡：《宋本册府》卷三六〇

作“掩擊殺之，守兵殆盡”。

[12]朝廷以暉爲澶州刺史：《輯本舊史》之影庫本粘籤：“澶州，原本作‘恒州’，今從《歐陽史》改正。”此據《新五代史》卷四九《馮暉傳》。《宋本册府》卷一七九《帝王部·姑息門四》：清泰三年，“詔放澶州刺史馮暉屬省錢一百萬。暉以犒軍爲辭，故有是命”。

晉天福初，范延光據鄴叛，以暉爲馬步都將，孫鋭爲監軍。[1]自六明鎮渡河，將襲滑臺，[2]尋爲官軍所敗，暉退歸鄴，爲延光城守。明年秋，暉因出戰而降，[3]授滑州節度使、檢校太傅。[4]鄴平，移鎮靈武。初，張希崇鎮靈州，以久在北蕃，頗究邊事，[5]數年之間，侵盜並息。希崇卒，未有主帥，蕃部寇鈔，無復畏憚，朝廷以暉强暴之名聞於遐徼，故以命之。及暉到鎮，大張宴席，酒殽豐備，羣夷告醉，争陳獻賀，暉皆以錦綵酬之，蕃情大悦。[6]党項拓拔彦昭者，州界部族之大者，暉至來謁，厚加待遇，仍爲治第，豐其服玩，因留之，不令歸部。河西羊馬，由是易爲交市。暉期年得馬五千匹，而蕃部歸心，朝議患之。[7]

[1]馬步都將：官名。唐五代時方鎮屬將。　孫鋭：人名。籍貫不詳。五代後晉將領，范延光屬官。事見本書卷七六、卷九七。　以暉爲馬步都將，孫鋭爲監軍：《通鑑》卷二八一天福二年(937)六月己亥條：“范延光以馮暉爲都部署，孫鋭爲兵馬都監，將步、騎二萬循河西抵黎陽口。”

[2]六明鎮：地名。位於今河南滑縣東北。　滑臺：地名。位於今河南滑縣。

［3］明年秋，暉因出戰而降：明本《册府》卷一二六《帝王部·納降門》：晉高祖天福“三年八月，魏府軍前澶州刺史馮暉自遞城來降”。

［4］檢校太傅：中華書局本有校勘記：“‘太傅’，本書卷七七《晋高祖紀三》、《馮暉墓誌》（拓片刊《五代馮暉墓》）作‘太保’。按《馮暉墓誌》：‘除靈武節度使……天福有六辛丑歲……加檢校太傅。’則其加檢校太傅在鎮靈州後。”参見咸陽市文物考古所編《五代馮暉墓》，重慶出版社 2001 年版。

［5］靈武：郡名。治所在今寧夏吴忠市。乾元元年（758），改名靈州。此處代指治所在靈州的方鎮朔方軍。　張希崇：人名。幽州薊（今天津市薊州區）人。五代後唐、後晋大臣。傳見本書卷八八、《新五代史》卷四七。　靈州：州名。治所在今寧夏吴忠市。　頗究邊事：中華書局本有校勘記：“句下《册府》卷三九七有‘能駕御河西胡虜’七字。”見《宋本册府》卷三九七《將帥部·懷撫門》。

［6］“希崇卒”至“蕃情大悦”：《宋本册府》卷四八五《邦計部·輸財門》闕，明本《册府》作：“馮暉爲靈州節度使，天福中，官吏言朔方軍自康福、張從賓、張希崇相承三正，市馬和入糴，蕃客賞賜、軍州俸禄、供事戎仗，三司歲支錢六千萬。自暉鎮臨已來，皆以己物供用。”《宋本册府》卷六七七《牧守部·能政門》：“馮暉爲靈州節度使，青崗、土橋之間，皆是氐、羌帳族，從來剽掠行旅，須發援兵。暉加以恩惠，質以義信，自是人不帶劍，道不拾遺，境無寇盗，市無游墮，獄無枉撓，吏無緇蠹，四民道釋，咸得其所。高祖優詔褒之。”《新五代史·馮暉傳》：“靈武自唐明宗已後，市馬糴粟，招來部族，給賜軍士，歲用度支錢六千萬，自關以西，轉輸供給，民不堪役，而流亡甚衆。青岡、土橋之間，氐、羌剽掠道路，商旅行必以兵。暉始至，則推以恩信，部族懷惠，止息侵奪，然後廣屯田以省轉餉，治倉庫、亭館千餘區，多出俸錢，民不加賦，管内大治，晋高祖下詔書褒美。”

[7]党項：部族名。源出羌族，唐代活躍於今甘肅東部、寧夏、陝西北部一帶。唐末，平夏部首領拓跋思恭助唐圍攻黄巢軍，唐廷特授予定難節度使稱號，賜姓李，封夏國公。參見湯開建《党項西夏史探微》，商務印書館2013年版。 拓拔彦昭：人名。一作“拓拔彦超”。党項族。党項部族首領。事見《新五代史》卷四九。 河西：方鎮名。治所在凉州（今甘肅武威市）。《宋本册府》卷三九七《將帥部·懷撫門》：“党項拓拔彦超者，州界部族之大者，暉至來謁，厚加待遇，仍爲在城治第，豐其服玩，因留之，不令歸部。河西羊馬所産，易爲交市。暉期年得馬五千匹，而蕃部歸心。”《新五代史》卷四九《馮暉傳》：“党項拓拔彦超最爲大族，諸族嚮背常以彦超爲去就。暉之至也，彦超來謁，遂留之，爲起第於城中，賜予豐厚，務足其意。彦超既留，而諸部族争以羊馬爲市易，期年有馬五千匹。”《通鑑》卷二八二天福四年正月甲寅：“以義成節度使馮暉爲朔方節度使。党項酋長拓拔彦超最爲强大，暉至，彦超入賀，暉厚遇之，因爲於城中治第，豐其服玩，留之不遣，封内遂安。”《舊五代史考異》：“案《隆平集·藥元福傳》：西戎三族攻靈州，命元福佐朔方節度使馮暉討之。朔方距威州七百里，地無水草，謂之‘旱海’。攜糧至，暉食盡，詰朝行四十里，而敵騎數萬扼要路。暉大懼，遣人致賂求成，雖許，及日中猶未決。暉曰：‘奈何？’元福曰：‘彼正欲困我耳，察其勢，敵雖衆，特依西山而陣者，其精兵也，請以驍鋭先薄西山，彼或少却（原作“怯”，據《隆平集》卷一六《藥元福傳》改），當舉黄旗爲識（按，《隆平集》此後有“合勢擊之”四字）。’暉善其謀，斬馘殆盡。”拓拔彦昭，中華書局本有校勘記：“原作‘拓拔彦昭’，據《册府》卷三九七、《新五代史》卷四九《馮暉傳》、《通鑑》卷二八二改。”見前引文。

晋開運初，桑維翰輔政，[1]欲圖大舉，以制北戎，命將佐十五人，皆列藩之帥也。唯暉不預其數，乃上章自陳，且言未老可用，而制書見遺。詔報云：[2]“非制書忽忘，實以朔方重地，[3]蕃部窺邊，非卿雄名，何以彈壓！比欲移卿内地，受代亦須奇才。”暉得詔甚喜，又達情乞移鎮邠州，[4]即以節鉞授之。行未及邠，又除陝州，暉獻馬千匹、駞五百頭。在陝未幾，除侍衛步軍都指揮使，兼領河陽，[5]即以王令温爲靈武節度使。[6]暉既典禁兵，兼領近鎮，爲朝廷縻留，頗悔離靈武。及馮玉、李彦韜用事，暉善奉之。[7]未幾，復以暉爲朔方節度使，[8]加檢校太師。漢高祖革命，就加同平章事。隱帝嗣位，加兼侍中。國初，加中書令，[9]封陳留王。廣順二年夏，[10]病卒，年六十。追贈衛王。[11]

[1]桑維翰：人名。洛陽（今河南洛陽市）人。五代後唐進士，後晋宰相、樞密使。傳見本書卷八九、《新五代史》卷二九。

[2]詔報云：明本《册府》卷三二三《宰輔部·機略門》作“維翰招禁直學士答詔，一一條對，其云”。

[3]朔方：方鎮名。治所在靈州（今寧夏吴忠市）。

[4]邠州：州名。治所在今陝西彬縣。

[5]侍衛步軍都指揮使：官名。皇帝侍衛親軍步軍司最高長官。　在陝未幾，除侍衛步軍都指揮使，兼領河陽：中華書局本有校勘記：“據本書卷八四《晋少帝紀四》、《馮暉墓誌》，馮暉自邠州節度使徙鎮河陽，未嘗出鎮陝州。”

[6]王令温：人名。瀛州河間（今河北河間市）人。五代後晋將領。傳見本書卷一二四。

[7]馮玉：人名。定州（今河北定州市）人。五代後晋外戚、宰相。傳見本書卷八九、《新五代史》卷五六。　李彦韜：人名。太原（今山西太原市）人。五代後晋出帝寵臣，與宦官近臣相勾

結，排擠文臣。傳見本書卷八八。

[8]復以暉爲朔方節度使：《新五代史》卷四九《馮暉傳》："因得復鎮靈武。時王令温鎮靈武，失夷落心，大爲邊患。暉即請曰：'今朝廷多事，必不能以兵援臣，願得自募兵以爲衛。'乃募得兵千餘人，行至梅戍，蕃夷稍稍來謁。暉顧首領一人，指其佩劍曰：'此板橋王氏劍邪？吾聞王氏劍天下利器也。'俯而取諸腰間，若將玩之，因擊殺首領者，其從騎十餘人皆殺之。裨將藥元福曰：'今去靈武尚五六百里，奈何？'暉笑曰：'此夷落之豪，部族之所恃也，吾能殺之，其餘豈敢動哉！'已而諸族皆以兵扼道路，暉以言譬諭之，獨所殺首領一族求戰，即與之戰而敗走，諸族遂不敢動。暉至靈武，撫綏邊部，凡十餘年，恩信大著。"《通鑑》卷二八五開運三年（946）八月條："馮暉引兵過旱海，至輝德，糗糧已盡。拓跋彦超衆數萬，爲三陳，扼要路，據水泉以待之。軍中大懼。暉以賂求和於彦超，彦超許之。自旦至日中，使者往返數四，兵未解。藥元福曰：'虜知我飢渴，陽許和以困我耳；若至暮，則吾輩成擒矣。今虜雖衆，精兵不多，依西山而陳者是也。其餘步卒，不足爲患。請公嚴陳以待我，我以精騎先犯西山兵，小勝則舉黄旗，大軍合勢擊之，破之必矣。'乃帥騎先進，用短兵力戰。彦超小却，元福舉黄旗，暉引兵赴之，彦超大敗。明日，暉入靈州。"此與《新五代史》大爲不同，當爲不同史源。

[9]加中書令：中華書局本有校勘記："'加'字原闕，據殿本、劉本、邵本校補。"

[10]廣順二年夏：中華書局本有校勘記："'二年'，原作'三年'，據本書卷一一二《周太祖紀》三、《册府》卷四三六、《通鑑》卷二九〇改。按《馮暉墓誌》記其死於壬子年，即廣順二年。"見明本《册府》卷四三六《將帥部·繼襲門》、《通鑑》卷二九〇廣順二年（952）六月己亥條後。據《馮暉墓誌》，其卒於壬子年（廣順二年）五月二十五日。

[11]追贈衛王：《馮暉墓誌》："癸丑（廣順三年）夏末，贈

衛王。”

子繼業，朔方衙内都虞候。[1]暉亡，三軍請知軍府事，[2]因授檢校太保，充朔方兵馬留後。[3]皇朝乾德中，[4]移於内地，今爲同州節度使。《永樂大典》卷一萬八千一百三十三。[5]

[1]繼業：即馮繼業。歷任朔方衙内都虞、留後、節度使。事見本書卷一一二、卷一一三、卷一二〇。　衙内都虞候：官名。唐末五代藩鎮衙内之牙將。中華書局本有校勘記：“‘衙’，原作‘衛’，據殿本、劉本、本書卷一一二《周太祖紀》三、《册府》卷四三六改。”

[2]三軍請知軍府事：《通鑑》卷二九〇廣順二年（952）六月己亥條：“朔方節度使兼中書令陳留王馮暉卒，其子牙内都虞候繼業殺其兄繼勳，自知軍府事。”

[3]檢校太保：官名。爲散官或加官，以示恩寵，無實際執掌。太保，與太師、太傅合稱三師。　兵馬留後：官名。唐五代時，代行方鎮長官之職者稱留後。代行州兵馬使之職者，即爲兵馬留後。掌本州兵馬。

[4]乾德：宋太祖趙匡胤年號（963—968）。

[5]《大典》卷一八一三三“將”字韻“後周將（二）”事目。

高允權

高允權，延州人。[1]祖懷遷，[2]本郡牙將。懷遷生二子：長曰萬興；次曰萬金，[3]梁、唐之間爲延州節度使，卒於鎮。允權即萬金子也。[4]雖出於將門，不閑武藝，起家爲義川主簿，歷膚施縣令，罷秩歸延州之第。[5]

[1]延州：州名。治所在今陝西延安市。

[2]懷遷：即高懷遷。五代後梁至後唐延州節度使。事見本書卷一三二。《舊五代史考異》："案：原本作'懷遠'，今從《歐陽史》改正。"然《新五代史》並無提及高懷遷之處。

[3]萬興：人名。延州（今陝西延安市）人。五代將領，高懷遷之子。傳見本書卷一三二、《新五代史》卷四〇。　萬金：人名。延州（今陝西延安市）人。高萬興之弟。事見本書卷一三二《高萬興傳》、《新五代史》卷四〇。中華書局本有校勘記："以上四字原闕，據殿本、劉本、孔本校、邵本校補。影庫本批校：'"長曰萬興"句下有"次曰萬金"四字。'"

[4]允權即萬金子也：《輯本舊史》之影庫本粘籤："'允權即萬金子也'以上，原本疑有脱文，今無別本可校，姑仍其舊。"

[5]義川：縣名。治所在今陝西宜川縣。　主簿：官名。漢代以後歷朝均置。唐代京城百司和地方官署，均設主簿。管理文書簿籍，參議本署政事，爲官署中重要佐官。其官階品秩，因官署而不同。　膚施：縣名。治所在今陝西延安市東北延河東岸。　縣令：官名。縣的行政長官，掌治本縣。唐代之縣，分赤（京）、次赤、畿、次畿、望、緊、上、中、中下、下十等。縣令分六等，正五品上至從七品下。

晋開運末，以周密爲延帥，[1]延有東、西二城，其中限以深澗。及契丹犯闕，一日，州兵亂，攻密，密固守東城。亂兵既無帥，亦無敢爲帥者，或曰："取高家西宅郎君爲帥可也。"是夜未曙，允權方寢，亂軍排闥，請知留後事，遂居於西城，與密相拒數日。河東遣供奉官陳光穗宣撫河西，允權乃遣支使李彬奉表太原，[2]周密棄東城而去。漢祖遣使就加允權檢校太傅，[3]仍正授旄鉞。漢祖入汴，允權屢修貢奉。隱帝即位，加檢校太尉、同平章事。允權與夏州李彝興不協，[4]其年李守貞據河中叛，密搆彝興爲援，及朝廷用兵夏州，軍逼延州，允權上章論列，彝興亦紛然自訴，朝廷賜詔和解之。太子太師致仕劉景巖，[5]允權妻之祖也，退老於州之别墅。景巖舊事高氏爲牙校，[6]亦嘗爲延帥，甚得民心。景巖以允權婚家後輩，心輕之。允權恒忌其强，是歲冬，盡殺景巖之家，收其家財萬計，以謀叛聞，朝廷不能辨。關西賊平，[7]方面例覃恩命，就加允權檢校太師。

[1]周密：人名。應州神武川（今山西山陰縣）人。五代將領。傳見本書卷一二四。

[2]河東：方鎮名。治所在太原府（今山西太原市）。　供奉官：官名。泛指侍奉皇帝左右的臣僚，亦爲東、西頭供奉官通稱。　陳光穗：人名。籍貫不詳。後漢時任澶州副使。事見本書卷一一一。　支使：官名。唐五代節度使、觀察使等下屬官員中有支使，其職掌與書記同。位在副使、判官之下，推官之上。掌表奏書檄等。　李彬：人名。籍貫不詳。歷任節度支使、觀察判官。事見本書卷九九。

[3]漢祖遣使就加允權檢校太傅：中華書局本有校勘記：“‘太傅’，本書卷九九《漢高祖紀上》作‘太保’。”

[4]夏州：州名。治所在朔方縣（今陝西靖邊縣）。　李彝興：人名。本名彝殷，党項族。夏州（今陝西靖邊縣）人。五代、宋初軍閥。傳見《宋史》卷四八五。

[5]劉景巖：人名。延州（今陝西延安市）人。高允權妻之祖父，家富於財，爲高允權誣殺。傳見《新五代史》卷四七。

[6]牙校：低級軍官。

[7]關西：泛指函谷關或潼關以西地區。

太祖即位，加兼侍中。廣順三年春卒，其子紹基匿喪久之，[1]又擅主軍政，欲邀承襲。觀察判官李彬以爲不可，[2]當聽朝旨。紹基與羣小等惡其異議，乃殺彬，紿奏云："彬結搆内外，謀殺都指揮使及行軍副使，[3]自據城池，已誅戮訖，其妻子及諸房骨肉，尋令捕繫次。"太祖聞之，詔並釋之，仍令都送汝州安置。[4]後朝廷令六宅使張仁謙往巡檢，[5]紹基乃發喪以聞。輟視朝兩日。《永樂大典》卷五千五百三十八。[6]

[1]其子紹基：《通鑑》卷二九一廣順三年（953）正月條作"其子牙内指揮使紹基"。

[2]觀察判官：官名。唐肅宗以後置，五代沿置。觀察使屬官，參理田賦事，用觀察使印、署狀。

[3]都指揮使：官名。唐末五代軍隊多置都指揮使、指揮使，爲統兵將領。　行軍副使：官名。當爲執掌部隊調度、作戰之軍事副官。

[4]汝州：州名。治所在今河南汝州市。

[5]六宅使：官名。唐置十宅、六宅使，管理諸皇子宅出納事務。或總稱十六宅，後衹稱六宅使。《輯本舊史》之影庫本粘籤："六宅，原本作'大宅'，考《通鑑注》，唐有十六宅，五代或稱六宅使，今改正。"　張仁謙：人名。幽州薊（今北京市）人。張希崇之子。曾任引進副使。傳見本書卷八八。

[6]《大典》卷五五三八“高”字韻“姓氏（六）”事目。

折從阮

折從阮，字可久，本名從遠，避漢高祖舊名下一字，故改焉。代家雲中。[1]父嗣倫，爲麟州刺史，[2]累贈太子太師。從阮性温厚，弱冠居父喪，以孝聞。唐莊宗初有河朔之地，以代北諸部屢爲邊害，起從阮爲河東牙將，領府州副使。[3]同光中，授府州刺史。長興初，入朝，明宗以從阮洞習邊事，加檢校工部尚書，復授府州刺史。[4]

[1]雲中：縣名。治所在今山西大同市。

[2]嗣倫：即折嗣倫。世爲鎮將。事見《通鑑》卷二八四。　麟州：州名。治所在今陝西神木縣。

[3]河朔：古地區名。泛指黄河以北地區。　代北：方鎮名。治所在代州（今山西代縣）。　府州：州名。治所在今陝西府谷縣。

[4]檢校工部尚書：檢校官名。地方使職帶檢校三公、三師及臺省官之類，表示遷轉經歷和尊崇的地位，檢校兵部尚書爲其中之一階，爲虚銜。　“長興初”至“復授府州刺史”：明本《册府》卷四三五《將帥部·獻捷門二》：“（長興）二年二月，符州防禦使折從阮奏：‘部領兵士攻圍契丹勝州，降之。見進兵趨朔州。’”時無符州，符州當即府州之誤。

晋高祖起義，以契丹有援立之恩，賂以雲中、河西之地，從阮由是以郡北屬。既而契丹欲盡徙河西之民以實遼東，人心大擾，從阮因保險拒之。晋少帝嗣位，[1]

北絶邊好，乃遣使持詔諭從阮，令出師。明年春，從阮率兵深入邊界，連拔十餘砦。開運初，加檢校太保，遷本州團練使。其年，兼領朔州刺史、安北都護、振武軍節度使、契丹西南面行營馬步都虞候。[2]

[1]晋少帝：人名。即石重貴。沙陀部人。後晋高祖石敬瑭從子，後晋少帝。紀見本書卷八一至卷八五、《新五代史》卷九。

[2]朔州：州名。治所在今山西朔州市朔城區。 安北都護：官名。安北都護府長官。據《通鑑》卷二六九胡三省注，唐中葉以後，振武節度使皆帶安北都護。參見李大龍《都護制度研究》，黑龍江教育出版社 2003 年版。 振武軍：方鎮名。後梁貞明二年（916）以前，治所位於單于都護府城（今内蒙古和林格爾縣）。貞明二年，單于都護府城爲契丹占據。此後至後唐清泰三年（936），治所位於朔州（今山西朔州市朔城區）。後晋時隨燕雲十六州割予契丹，改名順義軍。 西南面行營馬步都虞候：官名。五代時期出征軍隊高級統兵官。

漢祖建號晋陽，[1]引兵南下，從阮率衆歸之。尋升府州爲永安軍，[2]析振武之勝州并沿河五鎮以隸焉。[3]授從阮光禄大夫、檢校太尉、永安軍節度、府勝等州觀察處置等使，[4]仍賜功臣名號。乾祐元年，加特進、檢校太師。明年春，從阮舉族入覲，[5]朝廷命其子德扆爲府州團練使，授從阮武勝軍節度使。[6]

[1]晋陽：地名。太原故城别稱，因宋太宗火燒、水淹而毁。城址位於今山西太原市晋源區。

[2]永安軍：方鎮名。治所在府州（今陝西府谷縣）。 尋升

府州爲永安軍：中華書局本有校勘記："'州'字原闕，據《通鑑》卷二八六胡三省注引《薛史》、《新五代史》卷五〇《折從阮傳》補。按《太平寰宇記》卷三八：'（府州）漢祖建號晉陽，引兵南下，從阮率衆歸之。尋升府州爲永安軍。'"

[3]勝州：州名。治所在今内蒙古准格爾旗。

[4]光禄大夫：官名。唐五代文散官。從二品。

[5]明年春，從阮舉族入覲：中華書局本有校勘記："本書卷一〇三《漢隱帝紀下》繫其事於乾祐三年三月。"

[6]德扆：即折德扆。歷任府州防禦使、節度使。事見本書卷一一二、卷一一四。　武勝軍：方鎮名。治所在鄧州（今河南鄧州市）。　授從阮武勝軍節度使：《輯本舊史》卷一〇二《漢隱帝紀中》乾祐二年（949）十月庚寅，"府州折從阮進封岐國公"。

太祖受命，加同平章事，[1]尋移鎮滑州，又改陝州。[2]二年冬，授静難軍節度使。[3]世宗即位，[4]就加兼侍中，以年老上章請代，優詔許之。顯德二年冬，赴闕，行次西京，以疾卒，時年六十四。制贈中書令。《永樂大典》卷一萬八千一百三十三。[5]

[1]加同平章事：《輯本舊史》卷一一〇《周太祖紀一》繫於廣順元年（951）春正月乙酉。

[2]尋移鎮滑州，又改陝州：中華書局本《新五代史》卷五〇《折從阮傳》作"歷徙宣義、保義"，考《五代十國方鎮年表》，保義即陝州，而宣義僅後梁、後唐時爲滑州軍額，後晉、後漢、後周復以義成爲軍額。《宋本册府》卷四九二《邦計部·蠲復門四》：廣順二年（952）正月"乙巳，陝府折從阮言：奉敕除放賊軍蹂踐處人户賦租"。

[3]静難軍：方鎮名。治所在邠州（今陝西彬縣）。

[4]世宗：即柴榮。邢州龍岡（今河北邢臺市）人。後周太祖郭威養子，顯德元年（954）繼郭威爲帝，廟號世宗。紀見本書卷一一四、《新五代史》卷一二。

[5]《大典》卷一八一三三“將”字韻“後周將（二）”事目。

王饒

王饒，字受益，慶州華池人也。[1]父柔，以饒貴，累贈太尉。[2]饒沉毅有才幹，始事晋高祖。天福初，授控鶴軍使，稍遷奉國軍校，累加檢校尚書左僕射。[3]六年，從杜重威平常山，以功加檢校司空，遷本軍都校，領連州刺史。[4]時安從進叛于襄陽，晋祖命高行周率兵討之，以饒爲行營步軍都指揮使。[5]賊平，授深州刺史。[6]逾年，復入爲奉國都校，加檢校司徒，領欽州刺史。[7]未幾，改本軍右厢都指揮使，領閬州團練使。[8]晋末，虜據中原，漢祖建義于晋陽，尋克復諸夏，唯常山郡爲虜所據。[9]時饒在其郡，乃與李筠、白再榮之儔承間竊發，[10]盡逐其黨。漢祖嘉之，授鄜州觀察留後，加光禄大夫，賜爵開國侯。[11]復移授鎮國軍節度使，[12]加檢校太傅。

[1]慶州：州名。治所在今甘肅慶城縣。　華池：縣名。位於今甘肅華池縣。

[2]柔：即王柔。本書僅此一見。　太尉：官名。與司徒、司空並爲三公，唐後期、五代多爲大臣、勳貴加官。正一品。

[3]控鶴軍使：官名。所部統兵將領。“控鶴”爲禁軍部隊番

號。　奉國軍校：官名。輔佐將帥的軍官。“奉國”爲部隊番號。　檢校尚書左僕射：官名。尚書左僕射，隋唐宰相名號。檢校尚書左僕射爲散官或加官，以示恩寵，無實際執掌。　“天福初”至“累加檢校尚書左僕射”：《宋本册府》卷三六〇《將帥部·立功門一三》：“王饒，初事晋爲奉國軍校。屬范延光叛命於鄴，張從賓以兵連之，朝廷命將討焉。饒以偏裨從，由善戰功遷本軍都虞候，累加檢校尚書左僕射。”

[4]常山：即鎮州，治所在今河北正定縣。　檢校司空：官名。爲散官或加官，以示恩寵，無實際執掌。　都校：官名。五代時設此官，爲統兵的中級軍官。　連州：州名。治所在今廣東連州市。中華書局本有校勘記：“‘連州’原作‘運州’，據劉本，《册府》卷三六〇、卷三八七改。按《新五代史》卷六〇《職方考》，時無運州。”見《宋本册府》卷三六〇、卷三八七《將帥部·褒異門一三》。

[5]安從進：人名。五代藩鎮軍閥。傳見本書卷九八、《新五代史》卷五一。　襄陽：縣名。治所在今湖北襄陽市。　高行周：人名。幽州（今北京市）人。五代名將。仕多朝。傳見本書卷一二三、《新五代史》卷四八。　行營步軍都指揮使：官名。方鎮步兵統帥。

[6]深州：州名。治所在今河北深州市。　授深州刺史：《宋本册府》卷三八七同，卷三六〇作“第功授深州刺史”。

[7]欽州：州名。治所在今廣西欽州市。

[8]右廂都指揮使：官名。所部統兵將領。《輯本舊史》卷八五《晋少帝紀五》開運三年（946）十月辛未條後：“奉國左廂都指揮使王饒爲步軍右廂都指揮使。”　閬州：州名。治所在今四川閬中市。

[9]虜：原作契丹，據明本《册府》卷三八七《將帥部·褒異門一三》改。下同。　唯常山郡爲虜所據：《輯本舊史》之影庫本粘籤：“常山，原本作‘帶山’，今從《通鑑》改正。”此據《通

鑑》卷二八七天福十二年（947）閏七月條。《大典》卷六八五一引《五代薛史》亦作“常山”。

[10]李筠：人名。籍貫不詳。唐末侍衛軍將領。事見《舊唐書》卷二〇上《昭宗本紀》。　白再榮：人名。蕃部（北方少數民族）人。五代將領。傳見本書卷一〇六、《新五代史》卷四八。

[11]鄜州：州名。治所在今陝西富縣。　觀察留後：官名。唐、五代時，代行方鎮長官之職者稱留後。代行觀察使之職者，即爲觀察留後。掌一州或數州軍政。　賜爵開國侯：《宋本册府》卷三八七《將帥部·褒異門一三》作“賜爵齒侯”。

[12]鎮國軍：方鎮名。後梁開平二年（908），改保義軍爲鎮國軍，治所在陝州（今河南三門峽市陝州區）。後唐同光元年（923）改感化軍爲鎮國軍，治所在華州（今陝西渭南市華州區）。

國初，就加同平章事，[1]賜推誠奉義翊戴功臣。顯德初，以郊丘禮畢，加檢校太尉，移鎮貝州。世宗嗣位，加兼侍中，改彰德軍節度使。[2]滿歲受代，入奉朝請。顯德四年冬，[3]以疾卒於京都之私第，年五十九。追封巢國公。饒性寬厚，體貌詳雅，所涖藩鎮，民皆便之。每接賓佐，必怡聲緩氣，恂恂如也，故士君子亦以此多之。《永樂大典》卷六千八百五十一。[4]

[1]國初，就加同平章事：《輯本舊史》卷一一〇《周太祖紀一》繫於廣順元年（951）春正月乙酉。

[2]彰德軍：方鎮名。治所在相州（今河南安陽市）。

[3]顯德四年冬：中華書局本有校勘記：“本書卷一一八《周世宗紀五》繫其事於顯德五年（958）冬十月。”按，《輯本舊史》繫於十月癸巳日。

［4］《大典》卷六八五一“王”字韻“姓氏（三六）”事目”。

孫方諫

孫方諫，鄚州清苑縣人也。[1]本名方簡，廣順初，以犯廟諱，故改焉。定州西北二百里有狼山，[2]山上有堡，邊人賴之以避剽掠之患，因中置佛舍。有尼深意者，[3]俗姓孫氏，主其事，以香火之教聚其徒，聲言屍不壞，因復以衣襟，瞻禮信奉，有同其生。方諫即其宗人也，[4]嗣行其教，率衆不食葷茹，[5]其黨推之爲砦主。

［1］鄚州：州名。治所在今河北任丘市鄚州鎮。　清苑縣：縣名。治所在今河北保定市清苑區。中華書局本有校勘記：“‘鄚州’，原作‘鄭州’，據殿本、劉本、邵本校、《新五代史》卷四九《孫方諫傳》改。按《宋史》卷二五三有其弟孫行友傳，記其爲莫州清苑人。據《舊唐書》卷三九《地理志二》，莫州即鄚州。”

［2］定州：州名。治所在今河北定州市。　狼山：地名。位於今河北易縣。

［3］深意：比丘尼名。本書僅此一見。

［4］方諫即其宗人也：《新五代史·孫方諫傳》作“方諫自以爲尼族人”。

［5］率衆：《宋本册府》卷九二二《總録部·妖妄門二》作“舉族”。

晉開運初，定帥表爲邊界遊奕使。[1]求請多端，因少不得志，潛通於契丹。[2]戎王之入中原也，以方諫爲定州節度使，尋以其將耶律忠代之，改方諫雲州節度使。方諫恚憤，與其黨歸狼山，不受契丹命。[3]

［1］邊界遊奕使：官名。負責軍事巡邏偵查。《輯本舊史》之案語："《宋史·孫行友傳》云：方諫懼主帥捕逐，乃表歸朝，因署爲東北面招收指揮使，且賜院額曰勝福。每契丹軍來，必率其徒襲擊之，鎧仗畜産所得漸多，人益依以避難焉。易定帥聞于朝，因以方諫爲邊界遊奕使，行友副之。自是捍禦侵軼，多所殺獲，乘勝入祁溝關，平庸城，破飛狐砦，契丹頗畏之。"其中"侵軼"二字，中華書局本有校勘記曰："'侵軼'二字原闕，據《宋史》卷二五三《孫行友傳》補。""飛狐砦"三字，中華書局本有校勘記曰："原作'飛狐塞'，據《宋史》卷二五三《孫行友傳》改。"明本《册府》卷五二《帝王部·崇釋氏門二》："少帝開運二年六月，定州奏：'據郎山招收指揮使孫方簡狀，當山有僧院，地居山谷，道扼鄉閭。自蕃戎騷動已來，邊界驚移之後，多聚强壯，自辦戈矛，每遇賊軍，皆獲勝捷。其郎山爲易州之中路，滿縣之鄰封，通此往來，最爲要害。乞賜院額者。'敕以勝福之院爲名。"

［2］潛通於契丹：《輯本舊史》卷八四《晋少帝紀四》開運三年（946）六月條："狼山招收指揮使孫方簡叛，據狼山歸契丹。"

［3］耶律忠：人名。即耶律郎五。遼將領，爲六院大王。因參與"察割政變"被殺。傳見《契丹國志》卷一七。　"戎王之入中原也"至"不受契丹命"：《輯本舊史》卷一〇〇《漢高祖紀下》繫此事於天福十二年（947）五月乙巳。事詳見《輯本舊史》卷一〇一《漢隱帝紀上》乾祐元年四月條。

漢初，契丹隳定州城壘，燒爇廬舍，盡驅居民而北，中山爲之一空。方諫自狼山率其部衆回保定州，上表請命，漢祖嘉之，即授以節鉞，累官至使相。[1]

［1］中山：地名。位於今河北定州市。　使相：官名。唐朝後期，宰相常兼節度使，節度使亦常加宰相銜，皆稱使相。五代時，節度使多帶宰相銜，但不預朝廷政事。　“漢初”至“累官至使相”：《輯本舊史》卷一〇一《漢隱帝紀上》繫契丹棄定州於乾祐元年（948）三月二十七日。《輯本舊史》之案語：“《宋史》云：漢授行友易州刺史，行義泰州刺史，弟兄掎角以居，寇每入，諸軍鎮閉壘坐視，一無所得。”此據《宋史》卷二五三《孫行友傳》。《宋本册府》卷四一三《將帥部・召募門》：“漢孫方諫爲定州節度使，上言所部屯兵數少，欲召募牙兵千人，乞度支給衣糧。”

太祖受命，加兼侍中。[1]未幾，[2]改華州節度使。朝廷以其弟行友爲定州留後，[3]又以弟議爲德州刺史，[4]兄弟子姪職内廷者凡數人。世宗嗣位，史彦超代之，[5]車駕駐蹕於并門，方諫自華覲於行在，從大駕南巡，以疾就醫於洛下。[6]尋授同州節度使，加兼中書令，未及赴任，以疾卒於洛陽，年六十二。輟視朝兩日，詔贈太師。

［1］加兼侍中：《輯本舊史》卷一一〇《周太祖紀一》繫於廣順元年（951）正月癸未。

［2］未幾：中華書局本有校勘記：“《册府》卷八六六作‘未幾入朝’。”見明本《册府》卷八六六《總録部・貴盛門》。

［3］行友：即孫行友。鄚州清苑（今河北保定市清苑區）人。孫方諫之弟。五代、宋初將領。傳見《宋史》卷二五三。　朝廷以其弟行友爲定州留後：《輯本舊史》之案語：“《宋史》云：行友上言，偵得契丹離合，願得勁兵三千，乘間平定幽州。乃移方諫鎮華州，以行友爲定州留後。”此據《宋史》卷二五三《孫行友傳》。

［4］議：人名。即孫議。又作“孫行義”。事見《宋史》卷二五三《孫行友傳》。　德州：州名。治所在今山東德州市陵城區。　又以弟議爲德州刺史：《舊五代史考異》：“案：《宋史》作行義。”此據《宋史·孫行友傳》。又，“德州刺史”，明本《册府》卷四二九《將帥部·守邊門》：“孫方諫爲義武節度使，弟行友刺秦州，行議刺易州。弟兄犄角抗虜，北面賴之。”其“秦州”爲“泰州”之誤。

［5］史彦超：人名。雲州（今山西大同市）人。五代後周武將。傳見本書卷一二四、《新五代史》卷三三。

［6］洛下：即洛陽。在今河南洛陽市。

其弟行友繼爲定州節度。皇朝乾德中，以其祆妄惑衆，詔毁狼山佛寺，遷其尼朽骨赴京，遣焚於北郊，以行友爲諸衛大將軍，自是祆徒遂息焉。[1]《永樂大典》卷三千五百六十一。[2]

［1］諸衛大將軍：官名。左、右驍衛官之一種。唐已置。左、右驍衛，分左驍衛上將軍、大將軍、將軍、中郎將、郎將和右驍衛上將軍、大將軍、將軍、中郎將、郎將共十階。屬環衛官。無實際職事，多授予宗室，或爲有戰功者贈典。諸衛大將軍，正四品。　自是祆徒遂息焉：《舊五代史考異》：“案《續通鑑長編》：建隆二年八月，義武節度使（原作‘義成節度使’，據《長編》卷二改）、同平章事孫行友，在鎮逾八年，而狼山妖尼深意党益盛。上初即位，行友不自安，累表乞解官歸山，上不許，行友懼，乃繕治甲兵，將棄其帑，還據山寨以叛。兵馬都監樂繼能密奏其事，上遣閤門副使武懷節馳騎會鎮、趙之兵，僞稱巡邊，直入定州，行友不之覺。既而出詔示之，令舉族歸朝，行友倉皇聽命。既至，命侍御史李維岳即訊得實。己酉，制削奪行友官爵，禁錮私第，取尼深意

尸，焚之都城西北隅。行友弟易州刺史方進、姪保塞軍使全暉，皆詣闕待罪，詔釋之。”

[2]《大典》卷三五六一“孫”字韻“姓氏（八）”事目。

史臣曰：昔晋之季也，敵騎長驅，中原無主，漢祖雖思拯溺，未果圖南。趙暉首變陝郊，同扶義舉，漢之興也，暉有力焉，命以作藩，斯無愧矣。守恩乘時效順，雖有可觀，好利殘民，夫何足貴！允權、方諫，因版蕩之世，竊屏翰之權，比夫畫雲臺之功臣，[1]何相去之遠也。《永樂大典》卷三千五百六十一。[2]

[1]雲臺：東漢洛陽南宫中之高臺，東漢明帝劉莊曾圖畫中興功臣三十二人於此。此處比喻功臣顯宦。

[2]《大典》卷三五六一“孫”字韻“姓氏（八）”事目。

舊五代史　卷一二六

周書十七

列傳第六

馮道[1]

[1]《新輯會證》:“《馮道傳》，清輯本採《永樂大典》三則以成篇。影庫本粘籤:‘《馮道傳》，《永樂大典》割截分載，今考其事跡前後次第，連綴以備顛末，謹附識于此。’未説明完殘。今以舊、新《五代史》對讀，知應稍有殘缺。僅據《廣卓異記》補録佚文三十五字。”其殘缺之處，應爲唐莊宗末服闋入都事，今據《新五代史》補之。

馮道，字可道，瀛州景城人。[1]其先爲農爲儒，不恒其業。道少純厚，好學能文，[2]不耻惡衣食，負米奉親之外，唯以披誦吟諷爲事，雖大雪擁户，凝塵滿席，湛如也。天祐中，劉守光署爲幽州掾。[3]守光引兵伐中山，[4]訪於僚屬，道常以利害箴之，守光怒，置於獄中，尋爲人所救免。守光敗，遁歸太原，監軍使張承業辟爲本院巡官。[5]承業重其文章履行，甚見待遇。時有周玄豹者，善人倫鑒，與道不洽，謂承業曰："馮生無前程，公不可過用。"[6]時河東記室盧質聞之曰："我曾見杜黄裳司空寫真圖，道之狀貌酷類焉，將來必副大用，玄豹之言不足信也。"[7]承業尋薦爲霸府從事，俄署太原掌書記，[8]時莊宗併有河北，[9]文翰甚繁，一以委之。

[1]瀛州：州名。治所在今河北河間市。　景城：縣名。治所在今河北滄縣。

[2]好學能文：中華書局本有校勘記："'能文'，殿本、孔本、《册府》卷七九八作'善屬文'。"

[3]天祐：唐昭宗李曄開始使用的年號（904）。唐哀帝李柷沿用（904—907）。唐亡後，河東李克用、李存勗仍稱天祐，沿用至天祐二十年（923）。五代十國其他政權亦有行此年號者，如南吴、吴越等。　劉守光：人名。深州樂壽（今河北獻縣）人。唐末幽州節度使劉仁恭之子。劉守光囚父自立，後號大燕皇帝，爲晉王李存勗俘殺。傳見本書卷一三五、《新五代史》卷三九。　幽州：州名。治所在今北京市。　掾：即屬吏。

[4]中山：古地名。此處代指河北方鎮義武軍（治所在定州）。

[5]太原：府名。治所在今山西太原市。此處代指李存勗。　監軍使：官名。爲臨時差遣，代表朝廷協理軍務，督察將帥。五代時常以宦官爲監軍。　張承業：人名。同州（今陝西大荔縣）人。唐末五代宦官，河東監軍。傳見本書卷七二、《新五代史》卷三八。　巡官：官名。唐代節度使、觀察使、團練使、防禦使屬官，位在判官、推官下。掌巡察及處理某些事務。

[6]周玄豹：人名。燕地（今河北北部）人。五代後唐時術士、官員。傳見本書卷七一。　"時有周玄豹者"至"公不可過

用”：明本《册府》卷九二九《總録部·不知人門》：“後唐周玄豹，自言善相術。太原監軍特進張承業嘗延之，歷視諸僚佐。時巡官馮道初自燕來，性不事華潔，灰塵滿面，而以文行見知，承業命典書奏。承業問玄豹曰：‘馮巡官何如？’曰：‘巡官漪蓮泛水，幸遇特進，禮士之秋，官不踰宰百里。’承業笑曰：‘他已爲起居郎，公何忽耶。’”《宋本册府》“漪蓮泛水”作“依蓮泛水”。

[7]河東：方鎮名。治所在太原府（今山西太原市）。　記室：官名。“記室令史”的簡稱。東漢置，掌章表書記文檄。位卑秩下，不參官品。本書卷七二作“管記”。　盧質：人名。河南（今河南洛陽市）人。五代大臣。傳見本書卷九三、《新五代史》卷五六。　杜黄裳：人名。京兆萬年（今陝西西安市長安區）人。唐代宰相。傳見《舊唐書》卷一四七、《新唐書》卷一六九。　司空：官名。與太尉、司徒並爲三公，唐後期、五代多爲大臣、勳貴加官。正一品。

[8]從事：泛指一般屬官。　掌書記：官名。唐、五代方鎮僚屬，位在判官下。掌表奏書檄、文辭之事。　俄署爲太原掌書記：《輯本舊史》卷六七《盧程傳》：“初，判官王緘從軍掌文翰，胡柳之役，緘歿於軍。莊宗歸寧太原，置酒公宴，舉酒謂張承業曰：‘予今於此會取一書記，先以巵酒辟之。’即舉酒屬巡官馮道，道以所舉非次，抗酒辭避，莊宗曰：‘勿謙挹，無踰於卿也。’時以職列序遷，則程當爲書記，汝弼亦左右之。程既失職，私懷憤惋，謂人曰：‘主上不重人物，使田裹兒居余上。’”

[9]莊宗：即李存勗，小字亞子，沙陀部人，太原（今山西太原市）人。李克用之子，五代後唐開國皇帝。紀見本書卷二七至卷三四、《新五代史》卷四至卷五。　河北：泛指今黄河以北地區。

莊宗與梁軍夾河對壘，一日，郭崇韜以諸校伴食數多，[1]主者不辦，請少罷減。莊宗怒曰：“孤爲効命者設食，都不自由，其河北三鎮，令三軍别擇一人爲帥，孤請歸太原以避賢路。”遽命道對面草詞，將示其衆。道執筆久之，莊宗正色促焉，道徐起對曰：“道所掌筆硯，敢不供職。今大王屢集大功，方平南寇，崇韜所諫，未至過當，阻拒之則可，不可以向來之言，諠動群議，敵人若知，謂大王君臣之不和矣。幸熟而思之，則天下幸甚也。”俄而崇韜入謝，因道之解焉，人始重其膽量。莊宗即位鄴宫，除省郎，充翰林學士，自緑衣賜紫。[2]梁平，遷中書舍人、户部侍郎。[3]丁父憂，[4]持服于景城。遇歲儉，所得俸餘，悉賑于鄉里，道之所居，唯蓬茨而已，[5]凡牧宰饋遺，斗粟匹帛，無所受焉。[6]時契丹方盛，[7]素聞道名，欲掠而取之，會邊人有備，獲免。《永樂大典》卷四百三。[8]服除，復召爲翰林學士。行至汴州，遇趙在禮亂，明宗自魏擁兵還，犯京師。孔循勸道少留以待，道曰：“吾奉詔赴闕，豈可自留？”乃疾趨至京師。[9]

[1]郭崇韜：人名。代州雁門（今山西代縣）人。五代後唐大臣。傳見本書卷五七、《新五代史》卷二四。

[2]鄴：地名。即鄴都。治所在今河北大名縣。五代後唐同光元年（923），改魏州爲興唐府，建號東京，三年改東京爲鄴都。　省郎：尚書省六部尚書二十四司郎官。　翰林學士：官名。由南北朝始設之學士發展而來，唐玄宗改翰林供奉爲翰林學士，備顧問，代王言，掌拜免將相、號令征伐等詔令的起草。　賜紫：皇帝頒賜紫色官服。唐代官員三品以上服紫。特殊情況下，京官散階未及三品者可以賜紫，以示尊寵。　充翰林學士：《輯本舊史》卷二九

《唐莊宗紀三》同光元年四月條："以河東掌書記馮道爲户部侍郎，充翰林學士。"

[3]中書舍人：官名。中書省屬官。掌起草文書、呈遞奏章、傳宣詔命等。正五品上。　户部侍郎：官名。尚書省户部次官。協助户部尚書掌天下田户、均輸、錢穀之政令。正四品下。

[4]丁父憂：《舊五代史考異》："案《談苑》云：道聞父喪，即徒步見星以行，家人從後持衣囊追及之。"

[5]唯蓬茨而已：《輯本舊史》之影庫本粘籤："'蓬茨'，原本作'逢次'，今從《册府元龜》改正。"見《宋本册府》卷八〇四《總録部·義門四》。

[6]牧宰：泛指州縣長官。　"凡牧宰饋遺"至"無所受焉"：《新五代史》卷五四《馮道傳》："有荒其田不耕者，與力不能耕者，道夜往，潛爲之耕，其人後來媿謝，道殊不以爲德。"

[7]契丹：古部族、政權名。公元4世紀中葉宇文部爲前燕攻破，始分離而成單獨的部落，自號契丹。唐貞觀中，置松漠都督府，以其首領爲都督。唐末强盛，916年迭剌部耶律阿保機建立契丹國（遼）。先後與五代、北宋並立，保大五年（1125）爲金所滅。參見張正明《契丹史略》，中華書局1979年版。

[8]《大典》卷四〇三"馮"字韻"姓氏（六）"事目。

[9]汴州：州名。治所在今河南開封市。　趙在禮：人名。涿州（今河北涿州市）人。五代後唐、後晋將領。傳見本書卷九〇、《新五代史》卷四六。　明宗：即李嗣源。沙陀部人。原名邈佶烈，李克用養子，926年至933年在位。紀見本書卷三五至卷四四、《新五代史》卷六。　魏：州名。治所在今河北大名縣。　京師：即後唐都城洛陽（今河南洛陽市）。　孔循：人名。籍貫不詳。五代後唐大臣。傳見《新五代史》卷四三。　"服除"至"乃疾趨至京師"：《新五代史》卷五四《馮道傳》。《輯本舊史》卷三三《唐莊宗紀七》同光三年（925）十月丙子條："以前翰林學士、户部侍郎馮道依前本官充職。"所言即馮道服闋復官事。

明宗入洛，遽謂近臣安重誨曰："先帝時馮道郎中何在？"[1]重誨曰："近除翰林學士。"明宗曰："此人朕素諳委，甚好宰相。"[2]俄拜端明殿學士，"端明"之號，自道始也。[3]未幾，遷中書侍郎、刑部尚書、平章事。[4]《永樂大典》卷一萬七千九百三十。[5]凡孤寒士子，抱才業、素知識者，皆與引用，唐末衣冠，履行浮躁者，必抑而鎮之。[6]有工部侍郎任贊，因班退，與同列戲道於後曰："若急行，必遺下《兔園册》。"[7]道尋知之，[8]召贊謂曰："《兔園册》皆名儒所集，道能諷之。中朝士子止看《文場秀句》，[9]便爲舉業，皆竊取公卿，何淺狹之甚耶！"贊大愧焉。復有梁朝宰臣李琪，每以文章自擅，曾進《賀平中山王都表》，云"復真定之逆城"。道讓琪曰："昨來收復定州，非真定也。"[10]琪昧於地理，頓至折角。其後百僚上明宗徽號凡三章，道自爲之，其文渾然，非流俗之體，舉朝服焉。道尤長於篇詠，秉筆則成，典麗之外，義含古道，必爲遠近傳寫，故人漸畏其高深，[11]由是班行肅然，無澆醨之態。繼改門下侍郎、户部吏部尚書、集賢殿弘文館大學士，加尚書左僕射，[12]封始平郡公。一日，道因上謁既退，明宗顧謂侍臣曰："馮道性純儉，頃在德勝寨，居一茅庵，與從人同器食，卧則芻藁一束，其心晏如也。及以父憂退歸鄉里，自耕樵採，與農夫雜處，略不以素貴介懷，真士大夫也。"[13]《永樂大典》卷四百三。[14]

[1]洛：即河南府，治所在今河南洛陽市。　安重誨：人名。應州（今山西應縣）人。五代後唐大臣。傳見本書卷六六、《新五

代史》卷二四。　郎中：官名。尚書省屬官。位在侍郎之下、員外郎之上。六部的郎中主持各司事務。從五品上。

［2］“明宗曰”至“甚好宰相”：中華書局本有校勘記：“‘委甚’，原作‘悉是’，據殿本、《册府》卷一四八、《職官分紀》卷三改。”明本《册府》卷三三七《宰輔部·樹黨門》：“明宗天成初，宰相豆盧革、韋説得罪，執政相與議宰相……帝曰：‘宰相重位，卿等更自審詳。然吾在藩時，識易州刺史韋肅，人言名家，待我常厚，置於此位何如？肅苟未可，則馮書記先朝判官，稱爲長者，多才博學，與物無競，可以相矣。’書記即馮道人也，嘗爲莊宗霸府書記，帝素欽顔，偶不記名，但云書記。”

［3］端明殿學士：官名。五代後唐天成元年（926）明宗初即位，每有四方書奏，多令樞密使安重誨進讀，重誨不曉文義。於是孔循獻議，設端明殿學士，命馮道等爲之，位在翰林學士之上。此後沿置。　“俄拜端明殿學士”至“自道始也”：《輯本舊史》卷三六《唐明宗紀二》天成元年五月乙亥條：“翰林學士、户部侍郎、知制誥馮道，翰林學士、中書舍人趙鳳，俱以本官充端明殿學士。端明之職，自此始也。”

［4］中書侍郎：官名。中書省副長官。晋始置，爲中書監、中書令之副。隋改稱内史侍郎。唐隨省名改易，先後稱西臺、右省、鳳閣、紫微侍郎等，旋仍復稱中書侍郎。唐後期三省長官漸爲榮銜，中書侍郎、門下侍郎却因參議朝政而職位漸重，常常用爲以“同三品”或“同平章事”任宰相者的本官。正三品。　刑部尚書：官名。尚書省刑部長官。掌天下刑法及徒隸、勾覆、關禁之政令。正三品。　平章事：官名。唐高宗以後，凡實際任宰相之職者，常在其本官後加同平章事的職銜。後成爲宰相專稱。　“未幾”至“平章事”：《輯本舊史》卷三七《唐明宗紀三》天成元年十月庚戌條：“以户部侍郎、充端明殿學士馮道爲兵部侍郎。”同書卷三八《唐明宗紀四》天成二年正月癸亥條：“以端明殿學士、尚書、兵部侍郎馮道爲中書侍郎、平章事、集賢殿大學士。”

[5]《大典》卷一七九三〇“相”字韻“宋相（一三）”事目，誤。中華書局本有校勘記：“檢《永樂大典目録》，卷一七九三〇爲‘相’字韻‘宋相’，與本則内容不符，恐有誤記。陳垣《舊五代史輯本引書卷數多誤例》謂應作卷一七九一〇‘相’字韻‘五代相’。本卷後二則引《永樂大典》卷一萬七千九百三十同。”

[6]必抑而鎮之：中華書局本有校勘記：“‘鎮’，原作‘置’，據殿本、孔本、《文莊集》卷三一《奉和御製讀五代周史》、《册府》卷三二〇改。”

[7]工部侍郎：官名。尚書省工部次官。協助尚書掌管百工、山澤、水土之政令，考其功以昭賞罰，總所統各司之事。正四品下。　任贊：人名。籍貫不詳。五代後唐官員。事見本書卷四四。《兔園册》：書名。亦稱“兔園册府”或“兔園策府”。唐蔣王李惲命僚佐杜嗣先所編科舉應試問答題録。唐末五代多被當作蒙學教材。　“有工部侍郎任贊”至“必遺下《兔園册》”：《舊五代史考異》：“《北夢瑣言》以任贊語爲劉岳語。又云：北中村墅多以《兔園册》教童蒙，以是譏之。然《兔園册》乃徐、庾文體，非鄙樸之談，但家藏一本，人多賤之也。《郡齋讀書志》以《兔園册》爲虞世南所作。《困學紀聞》云：《兔園册府》三十卷，唐蔣王惲令僚佐杜嗣先仿應科目策，自設問對，引經史爲訓注。惲，太宗子，故用梁王兔園名其書。”《輯本舊史》之殿本案語：“《歐陽史》云：《兔園策》者，鄉校俚儒教田夫牧子之所誦也。《北夢瑣言》云：《兔園策》乃徐、庾文體，非鄙樸之談，但家藏一本，人多賤之。《困學紀聞》云：《兔園册府》三十卷，唐蔣王惲令僚佐杜嗣先倣應科目策，自設問對，引經史爲訓注。惲，太宗子，故用梁王兔園名其書，馮道《兔園策》謂此也。”此事亦見《新五代史》卷五五《劉岳傳》。又明本《册府》卷三三七《宰輔部・徇私門》：“吏部侍郎劉岳以道形神庸陋，一旦爲丞相，人士多竊笑。道自月華門赴班，岳與工部侍郎任贊偶語，見道行而復顧，贊曰：‘新相回顧何也？’岳曰：‘定是忘持《兔册》來。’道之鄉人在朝者聞之，

告道，因授岳秘書監，任贊散騎常侍。”

［8］道尋知之：中華書局本有校勘記：“‘尋’字原闕，據殿本、《册府》卷九三九補。”

［9］《文場秀句》：書名。唐王起撰。唐末、五代舉子常用的科舉考試參考書，内容後被譏爲“淺狹”。今已不存。

［10］李琪：人名。河西敦煌（今甘肅敦煌市）人。五代後梁、後唐官員。傳見本書卷五八、《新五代史》卷五四。　王都：人名。中山陘邑（今河北定州市）人。本姓劉，後爲義武軍節度使王處直養子。五代後唐軍閥。傳見本書卷五四、《新五代史》卷三九。　真定：縣名。治所在今河北正定縣。　定州：州名。治所在今河北定州市。

［11］故人漸畏其高深：中華書局本有校勘記：“‘人’字原闕，據《册府》卷八四一補。”

［12］門下侍郎：官名。門下省次官，常加“同中書門下平章事”銜爲宰相。正二品。　户部吏部尚書：户部尚書，官名。尚書省户部長官。掌管全國土地、户籍、賦税、財政收支諸事。正三品。吏部尚書，尚書省吏部長官，與二侍郎分掌六品以下文官選授、勳封、考課之政令。正三品。　集賢殿弘文館大學士：集賢殿大學士，官名。唐中葉置，位在學士之上，以宰相兼。掌修書之事。弘文館大學士，官名。宋敏求《春明退朝録》：“唐制，宰相四人，首相爲太清宫使，次三相皆帶館職，洪正字犯宣祖廟諱。洪（正字‘弘’犯宋宣祖趙弘殷廟諱）文館大學士、監修國史、集賢殿大學士，以此爲次序。”　尚書左僕射：官名。隋唐宰相名號。檢校尚書左僕射爲散官或加官，以示恩寵，無實際執掌。　加尚書左僕射：《輯本舊史》卷四一《唐明宗紀七》長興元年（930）四月戊申條：“宰臣馮道加右僕射。”同書卷四四《唐明宗紀一〇》長興四年九月丙戌條：“宰臣馮道加左僕射。”

［13］德勝寨：地名。位於今河南濮陽縣。原爲黄河渡口，晉軍築德勝南、北二城於此，遂爲城名。　“一日”至“真士大夫

也”：明本《册府》卷七六《帝王部・褒賢門》謂其時在長興三年三月。

［14］《大典》卷四〇三“馮”字韻“姓氏（六）”事目。

天成、長興中，[1]天下屢稔，朝廷無事。明宗每御延英，[2]留道訪以外事，道曰：“陛下以至德承天，天以有年表瑞，更在日慎一日，以答天心。[3]臣每記在先皇霸府日，曾奉使中山，經井陘之險，憂馬有蹶失，不敢怠于銜轡。及至平地，則無復持控，果爲馬所顛仆，幾至于損。臣所陳雖小，可以喻大。陛下勿以清晏豐熟，便縱逸樂，兢兢業業，臣之望也。”明宗深然之。[4]他日又問道曰：“天下雖熟，百姓得濟否？”道曰：“穀貴餓農，穀賤傷農，此常理也。臣憶得近代有舉子聶夷中《傷田家詩》云：‘二月賣新絲，五月糶秋穀。醫得眼下瘡，剜却心頭肉。我願君王心，化作光明燭。不照綺羅筵，偏照逃亡屋。’”明宗曰：“此詩甚好。”遽命侍臣録下，每自諷之。道之發言簡正，善于裨益，非常人所能及也。[5]時以諸經舛繆，與同列李愚委學官田敏等，取西京鄭覃所刊石經，[6]雕爲印板，流布天下，後進賴之。明宗崩，唐末帝嗣位，以道爲山陵使。[7]禮畢，出鎮同州，[8]循故事也。道爲政閑澹，獄市無撓。一日，有上介胡饒，本出軍吏，性麤獷，因事詬道於牙門，[9]左右數報不應。道曰：“此必醉耳！”因召入，開尊設食，盡夕而起，無撓愠之色。未幾，入爲司空。[10]

［1］天成：後唐明宗李嗣源年號（926—930）。　長興：後唐

明宗李嗣源年號（930—933）。

［2］延英：朝會禮名。唐後期始有宰臣於延英奏對之禮。唐末、五代時，形成一、五、九日開延英的定制，後唐時廢止。參見《五代會要》卷六《開延英儀》。

［3］“陛下以至德承天”至“以答天心”：《輯本舊史》卷四一《唐明宗紀七》長興元年（930）正月丙子條：“帝謂宰臣曰：‘時雪未降，如何？’馮道曰：‘陛下恭行儉德，憂及烝民，上合天心，必有春澤。’是夜降雪。”

［4］井陘：關隘名。位於今河北井陘縣。　明宗深然之：明本《册府》卷三七《帝王部·頌德門》：“後唐明宗天成二年十二月，延宰臣於玄德殿，馮道奏曰：‘先皇帝末年，不撫軍民，惑於聲樂，遂致人怨，幾墜丕構。陛下自膺人望，軍民惠愛，藩后入覲，情同魚水。時歲頻稔，亦淳化所致也，更願居安思危，保守今日。’帝然之。”

［5］聶夷中：人名。河南（今河南洛陽市）人，一説河東（今山西運城市一帶）人。唐末官員、詩人。事見《新唐書》卷一七七、本書本卷。　“他日又問道曰”至“非常人所能及也”：明本《册府》卷三一四《宰輔部·謀猷門四》：“天成三年七月，帝延宰臣於便殿，道曰：‘數州霖雨，雖秋稼以傷，時物皆賤，邊鄙河水泛漲，契丹未可南顧。’閏八月，延宰臣於玄德殿，道又以居安思危，有始有卒，申於鑒誡。四年五月，帝問宰臣曰：‘時事如何？’道對曰：‘時熟人安。’帝曰：‘此外如何？’道曰：‘陛下淳德，上合天心，臣聞堯舜之君，人所慕之；桀紂之主，人皆惡之，蓋爲有道無道也。今陛下恭修儉德，留心治道，民無徭役，故相與言曰：堯年舜日，不過人安俗阜爾。自貞觀十年已後，魏徵等奏太宗曰：願當如貞觀之初。臣今亦願陛下嘗思登極之初，則天下幸甚。’八月，帝御中興殿，道奏：‘往年淄州四縣水損田，省司額定租税，州使徵督甚急，以至户口流散。今歲特宜優恤。’從之。戊午，帝御中興殿，對宰臣論時政何者爲切，道對曰：‘務惜生靈爲切。臣

記近代詞人爲古調詩云：正月賣新絲，二月糶新粟。救得眼前瘡，剜却心頭肉。我願君王心，化作光明燭。不照綺羅筵，偏照逃亡屋。此詞義雖淺，規諫道深，臣諷誦之，實覺有理。’帝深納之。九月戊寅，帝御中興殿，又顧謂宰臣曰：‘時事近日何如？’道奏曰：‘臣省事已來，無歲不聞戰伐，蓋政令不一，王綱弛紊。伏自陛下纂隆五載，服之以武威，懷之以文德，任賢不二，去邪不疑，天下歸心，人知耻格。近歲已來，可謂無事。’……長興三年三月，帝顧謂宰臣曰：‘春雨稍多，久未晴霽，何也？’道對曰：‘水旱作沴，雖是天之嘗道，然季春行秋令，臣之罪也。更望陛下廣敷恩澤，久雨無妨於聖政也。’四年二月，帝對宰臣於中興殿，道奏曰：‘新授尚書令秦王昨向中書領事稟承睿訓，其德日新，每日朝謁，五皷待漏左掖門。夫親賢，國之基本。臣聞古人有善爲師傅教導太子者，太子食有邪蒿，師傅遽命去之，曰：其名不正，不可以食太子。蒿非邪也，但惡其名，況人事乎？臣思莊宗皇帝二十年血戰，定天下，而不修德政，三載覆亡。郭崇韜輔佐先朝，又不喜見創業勳舊。夫國以人爲本，今之親人者，節度刺史令録而已，得其人則治，非其人則亂，不可不慎選。《書》云：若蹈虎尾，履春冰，日慎一日。唯陛下安不忘危，治不忘亂而已矣。’十月，以上尊號，應在朝文武臣寮並宜加恩，其有八月四日已後遷官者，不在此限。時上旨欲徧與百寮轉官，而道等以爲轉官須論資考，乃奏敘階勳而已。”又，《新五代史》卷五四《馮道傳》：“水運軍將於臨河縣得一玉杯，有文曰：‘傳國寶萬歲杯’，明宗甚愛之，以示道，道曰：‘此前世有形之寶爾，王者固有無形之寶也。’明宗問之，道曰：‘仁義者，帝王之寶也。故曰：大寶曰位，何以守位曰仁。’明宗武君，不曉其言，道已去，召侍臣講説其義，嘉納之。”

[6]李愚：人名。渤海無棣（今山東慶雲縣）人。唐末進士，唐末、五代大臣。傳見本書卷六七、《新五代史》卷五四。　田敏：人名。淄州鄒平（今山東鄒平縣）人。五代宋初大臣、學者。傳見《宋史》卷四三一。　西京：指京兆府（今陝西西安市）。　鄭覃：

人名。鄭州滎澤（今河南鄭州市北）人，唐德宗朝宰相鄭珣瑜之子。唐代經學家。傳見《舊唐書》卷一七三。“西京鄭覃所刊石經”，《新唐書》卷九五記：“文宗好《左氏春秋》，命分列國各爲書，成四十篇。與鄭覃刊定九經于石。”

[7]唐末帝：即後唐廢帝李從珂。鎮州平山（今河北平山縣）人。本姓王氏，爲後唐明宗養子，改名從珂。明宗入洛陽，李從珂率兵追隨，以功拜河中節度使，封潞王。閔帝李從厚即位，李從珂據城發動兵變，改鳳翔節度使。清泰元年（934）率軍東攻洛陽，廢黜閔帝，自立爲帝。清泰三年，石敬瑭與契丹合兵攻陷洛陽，自焚而死。紀見本書卷四六至卷四八、《新五代史》卷七。　山陵使：官名。亦稱山陵儀仗使。唐貞觀中始置。掌議帝后陵寢制度、監造帝后陵寢。　“明宗崩”至“以道爲山陵使”：《新五代史》卷五四《馮道傳》：“明宗崩，相愍帝。潞王反於鳳翔，愍帝出奔衛州，道率百官迎潞王入，是爲廢帝，遂相之。”《輯本舊史》卷四五《唐閔帝紀》長興四年十二月丁巳條：“以左僕射、平章事馮道爲山陵使。”同月辛未條：“帝御中興殿，群臣列位，馮道升階進酒。”同卷應順元年（934）正月庚辰條：“宰臣馮道加司空。”同書卷四六《唐末帝紀上》應順元年四月壬申條：“馮道等上牋勸進。”是月乙酉改元清泰。同卷清泰元年四月戊戌條：“山陵使、司空兼門下侍郎、平章事馮道上表納政，不允。”馮道於唐閔帝朝任明宗山陵使，至末帝朝禮畢。又，閔帝自即位至遇害僅五月餘，本傳無馮道相閔帝事，然前後文字連貫，應無闕文。

[8]同州：州名。治所在今陝西大荔縣。　出鎮同州：《輯本舊史》之影庫本粘籤：“‘同州’，原本作‘司川’，今從《通鑑》改正。”《通鑑》卷二七九清泰元年五月庚戌條：“以司空兼門下侍郎、同平章事馮道同平章事，充匡國節度使。”匡國爲軍號，同州爲治所。

[9]上介：唐宋時指觀察副使、節度副使。　胡饒：人名。大梁（今河南開封市）人。後唐至後晉將領。傳見本書卷九六。　因

事詬道於牙門：《輯本舊史》卷九六《胡饒傳》："清泰初，馮道出鎮同州，饒時爲副使，道以重臣，稀於接洽，饒忿之，每乘酒於牙門詬道。"

[10]入爲司空：《輯本舊史》卷四七《唐末帝紀中》清泰二年十二月己丑條："以前同州節度使馮道爲司空。"《通鑑》卷二七九謂其事在清泰二年十二月乙酉。

及晉祖入洛，以道爲首相。[1]二年，契丹遣使加徽號於晉祖，[2]晉祖亦獻徽號于契丹，謂道曰："此行非卿不可。"道無難色。[3]晉祖又曰："卿官崇德重，不可深入沙漠。"道曰："陛下受北朝恩，臣受陛下恩，何有不可！"[4]及行，將達西樓，契丹主欲郊迎，其臣曰："天子無迎宰相之禮。"因止焉，其名動殊俗也如此。[5]及還，朝廷廢樞密使，依唐朝故事，並歸中書，其院印付道，事無巨細，悉以歸之。尋加司徒、兼侍中，進封魯國公。[6]晉祖曾以用兵事問道，道曰："陛下歷試諸艱，創成大業，神武睿略，爲天下所知，討伐不庭，須從獨斷。臣本自書生，爲陛下在中書，守歷代成規，不敢有一毫之失也。臣在明宗朝，曾以戎事問臣，臣亦以斯言答之。"晉祖頗可其説。道嘗上表求退，晉祖不之覽，先遣鄭王就省，[7]謂曰："卿來日不出，朕當親行請卿。"道不得已出焉。當時寵遇，無與爲比。

[1]晉祖：即後晉高祖石敬瑭。沙陀部人。五代後唐將領、後晉開國皇帝。紀見本書卷七五至卷八〇、《新五代史》卷八。　及晉祖入洛，以道爲首相：《輯本舊史》卷七六《晉高祖紀二》天福

元年（936）十二月丁亥條："制以司空馮道守本官兼門下侍郎平章事、弘文館大學士。"明本《册府》卷三二四《宰輔部·薦賢門》："尚書左丞、判國子監事田敏長於詩賦，道重敏，嘗從容白晋祖曰：'臣所爲官，合授於敏，臣不敢黨蔽也。'又史圭在後唐明宗時爲右丞，權判銓事，道在中書，嘗以堂判衡銓司所注人，圭怒，力争之，道亦微有不足色。及晋高祖時，道再爲相，圭首爲道所舉，除刑部侍郎、鹽鐵副使。圭方愧其度量遠不及也。"

[2]契丹：明本《册府》卷三二九《宰輔部·奉使門》作"虜"，下文一"契丹"同。

[3]道無難色：《輯本舊史》卷七七《晋高祖紀三》天福三年八月戊寅條："以左僕射劉昫爲契丹册禮使，左散騎常侍韋勳副之，給事中盧重爲契丹皇太后册禮使。"同書卷一三七《契丹傳》："天福三年，又遣宰臣馮道、左僕射劉昫等持節册德光及其母氏徽號，齎鹵簿、儀仗、法服、車輅於本國行禮，德光大悦。"《新五代史》卷八《晋高祖紀》天福三年八月戊寅條："馮道及左仆射劉昫爲契丹册禮使。"《通鑑》卷二八一天福三年八月戊寅條："以馮道爲太后册禮使，左僕射劉昫爲契丹主册禮使。"《考異》曰："《周世宗實録·馮道傳》云：'虜遣使加徽號於晋祖，晋亦獻徽號於虜。始命兵部尚書王權銜其命，權辭以老病。晋祖謂道曰：此行非卿不可。道無難色。'按《晋高祖實録》：'天福三年八月戊寅，道爲契丹太后册禮使。十月戊寅，北朝命使上帝徽號。戊子，王權以不受北使，停任。'《周世宗實録》誤也。"此爲天福三年間事，本傳言"二年"，誤。

[4]"晋祖又曰"至"何有不可"：《輯本舊史》之案語："案楊内翰《談苑》云：道與諸相歸中書，食訖，外廳堂吏前白道言北使事。吏人色變手戰，道取紙一幅，署云：'道去。'即遣寫敕進，堂吏泣下。道遣人語妻子，不復歸家，即日舍都亭驛，不數日北行。晋祖餞宴，語以家國之故，煩耆德遠使，自酌卮酒賜之，泣下。"

[5]西樓：地名。泛指遼朝上京（臨潢府）。參見陳曉偉《捺

鉢與行國政治中心論——遼初“四樓”問題真相發覆》，《歷史研究》2016年第6期。　契丹主：此處指耶律德光。契丹人，遼太祖耶律阿保機次子。遼朝皇帝，謚號太宗。927年至947年在位。紀見《遼史》卷三至卷四。　“及行”至“其名動殊俗也如此”：中華書局本有校勘記：“‘契丹主欲郊迎其臣曰’，《册府》卷三一九作‘虜長欲自出迎道虜之群僚曰’。”《輯本舊史》之案語：“案《談苑》云：契丹賜其臣牙笏及臘日賜牛頭者爲殊禮，道皆得之，作詩以紀云：‘牛頭偏得賜，象笏更容持。’契丹主甚喜，遂潛諭留意，道曰：‘南朝爲子，北朝爲父，兩朝皆爲臣，豈有分别哉！’道在契丹，凡得所賜，悉以市薪炭，徵其意，云：‘北地苦寒，老年所不堪，當爲之備。’若將久留者。契丹感其意，乃遣歸，道三上表乞留，固遣乃去，猶更住館中月餘。既行，所至留駐，凡兩月方出境，左右語道曰：‘當北土得生還，恨無羽翼，公獨宿留，何也？’道曰：‘縱急還，彼以筋脚馬，一夕即追及，亦何可脱？但徐緩即不能測矣。’衆乃服。”又《輯本舊史》卷七八《晋高祖紀四》記其還日在天福四年二月丁酉，帝慰勞備至，錫賚豐厚。

[6]樞密使：官名。樞密院長官。唐代宗時始以宦官掌機密，至昭宗時借朱温之力盡誅宦官，始改以士人任樞密使。備顧問，參謀議，出納詔奏，權侔宰相。参見李全德《唐宋變革期樞密院研究》，國家圖書館出版社2009年版。　司徒：官名。與太尉、司空並爲三公，唐後期、五代多爲大臣、勳貴加官。正一品。　侍中：官名。秦始置。隋、唐前期爲門下省長官。唐後期多爲大臣加銜，不參與政務，實際職務由門下侍郎執行。正二品。　尋加司徒、兼侍中，進封魯國公：《輯本舊史》卷七八《晋高祖紀四》記其事在天福四年八月辛丑。

[7]鄭王：即石重貴。沙陀部人。後晋高祖石敬瑭從子，後晋少帝。紀見本書卷八一至卷八五、《新五代史》卷九。

晋少帝即位,[1]加守太尉,[2]進封燕國公。道嘗問朝中熟客曰:“道之在政事堂,[3]人有何説?”客曰:“是非相半。”道曰:“凡人同者爲是,不同爲非,而非道者,十恐有九。昔仲尼聖人也,猶爲叔孫武叔所毁,[4]況道之虚薄者乎?”然道之所持,始終不易。後有人間道於少帝曰:“道好平時宰相,無以濟其艱難,如禪僧不可呼鷹耳。”由是出道爲同州節度使。[5]歲餘,移鎮南陽,加中書令。[6]

[1]晋少帝即位:《通鑑》卷二八三天福七年(942)五月丙午條:“帝寢疾,一旦,馮道獨對。帝命幼子重睿出拜之,又令宦者抱重睿置道懷中,其意蓋欲道輔立之。”同年六月乙丑條:“道與天平節度使、侍衛馬步都虞候景延廣議,以國家多難,宜立長君,乃奉廣晋尹齊王重貴爲嗣。”

[2]太尉:官名。與司徒、司空並爲三公,唐後期、五代多爲大臣、勳貴加官。正一品。　加守太尉:《輯本舊史》卷八一《晋少帝紀一》天福七年七月乙巳條:“遣中使就中書賜宰臣馮道生辰器幣,道以幼屬亂離,早喪父母,不記生日,堅辭不受。”同年八月甲子條:“宰臣馮道加守太尉。”

[3]政事堂:唐宋時宰相議事處。

[4]仲尼:即孔子。　叔孫武叔:人名。名州仇。春秋時魯國大夫。曾認爲“子貢賢於仲尼”,并毁謗孔子。事見《禮記·檀弓上》。

[5]節度使:官名。唐時在重要地區所設掌握一州或數州軍、民、財政的長官。　由是出道爲同州節度使:《輯本舊史》卷八二《晋少帝紀二》開運元年(944)六月癸卯條:“以太尉、兼侍中馮道爲檢校太師、兼侍中,充同州節度使。”

[6]南陽:縣名。治所在今河南南陽市。　移鎮南陽:《輯本

舊史》卷八四《晋少帝紀四》開運三年五月戊戌條："以前同州節度使馮道爲鄧州節度使。"鄧州嘗爲南陽郡舊治。　中書令：官名。漢代始置。隋、唐前期爲中書省長官，屬宰相之職；唐後期多爲授予元勳大臣的虚銜。正二品。

契丹入汴，道自襄、鄧召入，戎王因從容問曰："天下百姓，如何可救？"道曰："此時百姓，佛再出救不得，唯皇帝救得。"其後衣冠不至傷夷，皆道與趙延壽陰護之所至也。[1]是歲三月，隨契丹北行，與晋室公卿俱抵常山。俄而戎王卒，永康王代統其衆。及北去，留其族解里以據常山。[2]時漢軍憤激，因共逐出解里，尋復其城。道率同列，四出按撫，因事從宜，各安其所。人或推其功，道曰："儒臣何能爲，皆諸將之力也。"[3]道以德重，人所取則，乃爲衆擇諸將之勤宿者，以騎校白再榮權爲其帥，軍民由是帖然，道首有力焉。道在常山，見有中國士女爲契丹所俘者，出橐裝以贖之，皆寄於高尼精舍，[4]後相次訪其家以歸之。又，契丹先留道與李崧、和凝及文武官等在常山，是歲閏七月二十九日，契丹有僞詔追崧，令選朝士十人赴木葉山行事。[5]契丹麻答召道等至帳所，[6]欲諭之，崧偶先至，知其旨，懼形於色。麻答將以明日與朝士齊遣之，崧乃不俟道，與凝先出，既而相遇於帳門之外，因與分手俱歸。俄而李筠等縱火與契丹交鬭，鈹槊相及。[7]是日道若齊至，[8]與麻答相見，稍或躊躇，則悉爲俘矣。時論者以道在布衣有至行，[9]立公朝有重望，其陰報昭感，多此類也。

[1]襄：州名。治所在今湖北襄陽市。　鄧：州名。治所在今河南鄧州市。　趙延壽：人名。常山（今河北正定縣）人。本姓劉，爲後唐將領趙德鈞養子。仕至後唐樞密使，遼朝幽州節度使、燕王。傳見本書卷九八。　“契丹入汴”至“皆道與趙延壽陰護之所至也”：《輯本舊史》卷九六《劉繼勳傳》：“始少帝與契丹絶好，繼勳亦與其謀，及契丹主至闕，繼勳自鎮來朝，契丹責之。時馮道在側，繼勳事急，指道曰：‘少帝在鄴，道爲首相，與景延廣謀議，遂致南北失歡。臣位至卑，未嘗措言，今請問道，道細知之。’契丹主曰：‘此老子不是好鬧人，無相牽引，皆爾輩爲之。’繼勳不敢復對。”《新五代史》卷五四《馮道傳》：“契丹滅晋，道又事契丹，朝耶律德光于京師，德光責道事晋無狀，道不能對。又問曰：‘何以來朝？’對曰：‘無城無兵，安敢不來？’德光誚之曰：‘爾是何等老子？’對曰：‘無才無德癡頑老子。’德光喜，以道爲太傅。”

[2]常山：即鎮州，治所在今河北正定縣。　永康王：即遼世宗耶律阮。紀見《遼史》卷五。　解里：人名。契丹使者。

[3]“人或推其功”至“皆諸將之力也”：《輯本舊史》之影庫本粘籤：“《通鑑》云：衆推道爲節度使，道曰：‘我書生也，當奏事而已，宜擇諸將爲留後。’《薛史》不言推道爲節度，與《通鑑》微異。”見《通鑑》卷二八七天福十二年（947）八月壬午條。

[4]騎校：低級軍職。　白再榮：籍貫不詳。五代後漢節度使、將領。傳見本書卷一〇六、《新五代史》卷四八。

[5]李崧：人名。深州饒陽（今河北饒陽縣）人。後晋宰相，歷仕後唐至後漢。傳見本書卷一〇八、《新五代史》卷五七。　和凝：人名。鄆州須昌（今山東東平縣）人。歷仕後梁至後周，五代官員、詞人。傳見本書卷一二七、《新五代史》卷五六。　木葉山：山名。關於木葉山的具體地址目前學界尚有争議。詳見劉浦江《契丹族的歷史記憶——以“青牛白馬”説爲中心》，原刊《漆俠先生紀念文集》，河北大學出版社2002年版。關於木葉山的地望問題，

長期以來存在着很大争議。迄今爲止，大致有以下四種觀點：其一，主張應在今西拉木倫河與老哈河匯流處去尋找木葉山；其二，認爲木葉山是西拉木倫河與少冷河匯流處的海金山（今屬内蒙古翁牛特旗白音他拉鄉）；其三，認爲木葉山即遼祖州祖陵所在之山；其四，認爲木葉山即内蒙古阿魯科爾沁旗南面的天山。

[6]麻荅：人名。即耶律拔里得。契丹人。遼初皇室，遼太宗耶律德光堂弟。傳見《遼史》卷七六。參見鄧廣銘（署名鄺又銘）《遼史兵衛志“御帳親軍”“大首領部族軍”兩事目考源》，《北京大學學報》1956年第2期。　契丹麻荅召道等至帳所：中華書局本有校勘記：“‘契丹麻荅’，《册府》卷九四〇作‘虜帥解里’，下文二‘麻荅’皆作‘解里’。‘帳所’，《册府》卷九四〇作‘帳前所’。”

[7]李筠：人名。籍貫不詳。五代後晋將領。事見本書卷一三一。　鈹槊相及：中華書局本有校勘記：“‘鈹’，原作‘鼓’，據《册府》卷九四〇改。”

[8]是日道若齊至：中華書局本有校勘記：“‘道’字原闕，據《册府》卷九四〇補。”

[9]時論者以道在布衣有至行：中華書局本有校勘記：“‘在’字原闕，據《册府》卷九四〇補。”

及自常山入覲，漢祖嘉之，拜守太師。[1]乾祐中，道奉朝請外，平居自適。[2]一日，著《長樂老自敘》云：

[1]漢祖：即後漢開國皇帝劉知遠。太原（今山西太原市）人，沙陀族。紀見本書卷九九、卷一〇〇及《新五代史》卷一〇。　太師：官名。與太傅、太保並爲三師。正一品。　拜守太師：《輯本舊史》卷一〇〇《漢高祖紀下》乾祐元年（948）正月辛酉條：“以前鄧州節度使、燕國公馮道爲守太師，進封齊國公。”《舊

五代史考異》："案《洛陽縉紳舊聞記》：贈大監張公璨，漢祖即位之初爲上黨戎判。漢祖在北京時，大聚甲兵，禁牛皮不得私貿易及民間盜用之，如有牛死，即時官納其皮，其有犯者甚衆。及即大位，三司舉行請禁天下牛皮，法與河東時同，天下苦之。會上黨民犯牛皮者二十餘人，獄成，罪俱當死。大監時爲判官，獨執曰：'主上欽明，三司不合如此起請，二十餘人死尚間可，使天下犯者皆銜冤而死乎？且主上在河東，大聚甲兵，須藉牛皮，嚴禁之可也，今爲天下君，何少牛皮，立法至于此乎！'遂封奏之。時三司使方用事，執政之地，除馮瀛王外，皆惡之，曰：'豈有州郡使敢非朝廷詔敕！'力言於漢祖。漢祖亦怒曰：'昭義一判官，是何敢如此！其犯牛皮者，依敕俱死。大監以非毀詔敕，亦死。'敕未下，獨瀛王非時請見。漢祖出，瀛王曰：'陛下在河東時，斷牛皮可也，今既有天下，牛皮不合禁。陛下赤子枉死之，亦足爲陛下惜。昭義判官以卑位食陛下禄，居陛下官，不惜軀命，敢執而奏之，可賞不可殺。臣當輔弼之任，使此敕枉害天下人性命，臣不能早奏，使陛下正，臣罪當誅。'稽首再拜。又曰：'張璨不合加罪，望加敕赦之。'漢祖久之曰：'已行之矣。'馮瀛王曰：'敕未下。'漢祖遽曰：'與赦之。'馮曰：'勒停可乎？'上曰：'可。'由是改其敕，記其略曰：'三司邦計，國法攸依，張璨體事未明，執理乖當，宜停見職，犯牛皮者貸命放之。'大監聽宣敕訖，聞敕云'執理乖當'，尚曰：'中書自不能執理，若一一教外道判官執理，則焉用彼相乎！'"見《洛陽縉紳舊聞記》卷五張大監正直條。此《考異》中華書局本有校勘記："贈大監張公燦，原作'璨'，據《洛陽縉紳舊聞記》卷五改。""'使陛下正之'，'之'字原闕，據《洛陽縉紳舊聞記》卷五補。"

[2]乾祐：後漢高祖劉知遠、隱帝劉承祐年號（948—950）。北漢亦用此年號。　奉朝請：奉朝廷召請參加朝會。通常爲皇帝賜予致仕官員、勳貴的榮寵。　"乾祐中"至"平居自適"：《新五代史》卷五二《李守貞傳》載，乾祐中，郭威平李守貞叛，"是

時，馮道罷相，居河陽。威初出兵，過道家問策，道曰：‘君知博乎?’威少無賴，好蒲博，以爲道譏之，艴然而怒。道曰：‘凡博者，錢多則多勝，錢少則多敗。非其不善博，所以敗者，勢也。今合諸將之兵以攻一城，較其多少，勝敗可知。’威大悟，謀以遲久困之”。

余世家宗族，本始平、長樂二郡，[1]歷代之名實，具載於國史家牒。余先自燕亡歸晋，事莊宗、明宗、閔帝、清泰帝，[2]又事晋高祖皇帝、少帝。契丹據汴京，爲戎主所制，自鎮州與文武臣僚、馬步將士歸漢朝，[3]事高祖皇帝、今上。顧以久叨禄位，備歷艱危，上顯祖宗，下光親戚。亡曾祖諱湊，累贈至太傅，[4]亡曾祖母崔氏，追封梁國太夫人；亡祖諱炯，[5]累贈至太師，亡祖母褚氏，追封吴國太夫人；亡父諱良建，祕書少監致仕，累贈至尚書令，[6]亡母張氏，[7]追封魏國太夫人。

[1]始平：郡名。治所在今陝西興平市東南。　長樂：郡名。治所在今河北衡水市冀州區。

[2]閔帝：即後唐閔帝李從厚。後唐明宗李嗣源第三子。934年在位。紀見本書卷四五、《新五代史》卷七。　清泰帝：即後唐末帝李從珂。

[3]鎮州：州名。治所在今河北正定縣。

[4]湊：人名。即馮湊。事跡不詳。　太傅：官名。三師之一。始設於周代。掌佐天子、理陰陽、經邦弘化。唐後期、五代多爲大臣、勳貴加官。正一品。

[5]炯：人名。即馮炯。事跡不詳。　亡祖諱炯：中華書局本

有校勘記："'烱'，《册府》卷七七〇作'景'。"

[6]良建：人名。即馮良建。事跡不詳。　祕書少監：官名。唐承隋制，置秘書省，設秘書少監二人協助秘書監工作。從四品上。　尚書令：官名。秦始置。隋、唐前期爲尚書省長官，與中書令、侍中並爲宰相。因以李世民爲之，後皆不授，唐高宗廢其職。唐後期以李適、郭子儀有功而特授此職，爲大臣榮銜，不參與政務。五代因之。唐時爲正二品，後梁開平三年（909）升爲正一品。

[7]亡母張氏：中華書局本有校勘記："'亡'字原闕，據《册府》卷七七〇補。"

余階自將仕郎，轉朝議郎、朝散大夫、朝議大夫、銀青光禄大夫、金紫光禄大夫、特進、開府儀同三司。[1]職自幽州節度巡官、河東節度巡官、掌書記，再爲翰林學士，改授端明殿學士、集賢殿大學士、太微宫使，再爲弘文館大學士，又充諸道鹽鐵轉運使、南郊大禮使、明宗皇帝晋高祖皇帝山陵使，再授定國軍節度、同州管内觀察處置等使，一爲長春宫使，又授武勝軍節度、鄧隨均房等州管内觀察處置等使。[2]官自攝幽府參軍、試大理評事、檢校尚書祠部郎中兼侍御史、檢校吏部郎中兼御史中丞、檢校太尉同中書門下平章事、檢校太師兼侍中，[3]又授檢校太師兼中書令。正官自行臺中書舍人，再爲户部侍郎，轉兵部侍郎、中書侍郎，[4]再爲門下侍郎、刑部吏部尚書、右僕射、左僕射，[5]三爲司空，兩在中書，一守本官，又授司徒、兼侍中，賜私門十六戟，又授太尉、兼侍中，又授戎太傅，又授漢太師。爵自開國男至開國公、魯國公，再封秦國公、梁國公、燕國公、齊國公。食邑自三百户至一萬一千户，[6]食實封自一百户至一千八百户。勳自柱國至上柱國。[7]功臣名自經邦致理翊贊功臣至守正崇德保邦致理功臣、安時處順守義崇静功臣、崇仁保德寧邦翊聖功臣。[8]

[1]將仕郎：文散官。從九品下。　朝議郎：文散官。正六品上。　朝散大夫：文散官。從五品下。　朝議大夫：文散官。正五品下。“朝議大夫”，中華書局本有校勘記：“以上四字原闕，據《册府》卷七七〇補。”　銀青光禄大夫：官名。唐、五代散官。從三品。　金紫光禄大夫：官名。本兩漢光禄大夫。魏晋以後，光禄大夫之位重者，加金章紫綬，因稱金紫光禄大夫。北周、隋爲散官。唐貞觀後列入文散官。正三品。　特進：官名。西漢末期始置，授給列侯中地位較特殊者。隋唐時期，特進爲散官，授給有聲望的文官。正二品。　開府儀同三司：官名。曹魏始置，隋、唐時爲散官之最高官階，多授功勳重臣。從一品。

[2]節度巡官：官名。唐代節度使下置巡官，位判官、推官下。　太微宫使：官名。太微宫的主管之官。　諸道鹽鐵轉運使：官名。簡稱鹽鐵使。爲鹽鐵司長官，主掌漕運及專賣事務。　南郊大禮使：官名。非常設。帝王舉行南郊等大禮時設，參掌大禮。　定國軍：唐、五代方鎮名。北宋建國後避太祖諱而追改匡國軍爲定國軍。治所在同州（今陝西大荔縣）。　觀察處置：官名。即觀察處置使。唐玄宗以後，採訪、觀察、都統等使加“處置”，賦予處理、决斷權。開元二十二年（734）初置採訪處置使，以御史中丞盧絢等爲之，乾元元年（758）改爲觀察處置使。　長春宫使：官名。長春宫的主管之官。　武勝軍：鎮名。治所在鄧州（今河南鄧州市）。　隨：州名。治所在今湖北隨州市。　均：州名。治所在今

湖北丹江口市。　房：州名。治所在今湖北房縣。

[3]參軍：官名。州府屬官。總掌諸曹事務。官品爲從六品至從八品不等。　大理評事：官名。大理寺屬官。掌出使推覆。從八品下。　檢校尚書祠部郎中：官名。爲散官或加官，以示恩寵，無實際執掌。　侍御史：官名。秦始置。掌糾舉百官、推鞫獄訟。從六品下。　檢校吏部郎中：官名。爲散官或加官，以示恩寵，無實際執掌。　御史中丞：官名。如不置御史大夫，則爲御史臺長官。掌司法監察。正四品下。　檢校太尉：官名。爲散官或加官，以示恩寵，無實際執掌。　同中書門下平章事：官名。簡稱“同平章事”。唐高宗以後，凡實際任宰相之職者，常在其本官後加同平章事的職銜。後成爲宰相專稱。後晋天福五年（940），升中書門下平章事爲正二品。　檢校太師：官名。爲散官或加官，以示恩寵，無實際執掌。

[4]兵部侍郎：官名。尚書省兵部次官。協助兵部尚書掌武官銓選、勳階、考課之政。正四品下。

[5]刑部吏部尚書：中華書局本有校勘記：“‘刑部吏部’，《册府》卷七七〇作‘刑户吏’。”　右僕射、左僕射：官名。秦始置。隋、唐前期以左、右僕射佐尚書令總理六官，綱紀庶務，如不置尚書令，則總判省事，爲宰相之職。唐後期多爲大臣加銜。從二品。“左僕射”，中華書局本有校勘記：“以上三字原闕，據《册府》卷七七〇補。按本書卷四四《唐明宗紀十》：‘（長興四年九月）宰臣馮道加左僕射。’”

[6]食邑：即封地、封邑。食邑之名，蓋取受封者不之國，僅食其租税之意。

[7]上柱國：官名。北周武帝建德四年（575），置上柱國爲高級勳官。隋唐沿置。五代後唐明宗天成三年（928）詔，今後凡加勳，先自武騎尉經十二轉方授爲上柱國。正二品。

[8]“功臣名”至“崇仁保德寧邦翊聖功臣”：《輯本舊史》之影庫本粘籤：“‘經邦’，原本作‘翊邦’，今從《册府元龜》改

正。”見《宋本册府》卷七七〇。

先娶故德州户掾褚諱瀆女，早亡；後娶故景州弓高縣孫明府諱師禮女，[1]累封蜀國夫人。亡長子平，自祕書郎授右拾遺、工部度支員外郎；[2]次子吉，自祕書省校書郎授膳部金部職方員外郎、屯田郎中；[3]第三亡子可，自祕書省正字授殿中丞、工部户部員外郎；[4]第四子幼亡；第五子義，[5]自祕書郎改授銀青光禄大夫、檢校國子祭酒兼御史中丞，充定國軍衙内都指揮使，職罷改授朝散大夫、左春坊太子司議郎，授太常丞；[6]第六子正，自協律郎改授銀青光禄大夫、檢校國子祭酒兼御史中丞，充定國軍節院使，職罷改授朝散大夫、太僕丞。[7]長女適故兵部崔侍郎諱衍子太僕少卿名絢，封萬年縣君；[8]三女子早亡。二孩幼亡。[9]唐長興二年敕，瀛州景城縣莊來蘇鄉改爲元輔鄉，朝漢里改爲孝行里。[10]洛南莊貫河南府洛陽縣三川鄉靈臺里，[11]奉晋天福五年敕，[12]三川鄉改爲上相鄉，靈臺里改爲中台里，時守司徒、兼侍中；又奉八年敕，上相鄉改爲太尉鄉，中台里改爲侍中里，時守太尉、兼侍中。

[1]德州：州名。治所在今山東德州市陵城區。　户掾：州司户參軍事的别稱。　瀆：人名。即褚瀆。事跡不詳。　景州：州名。治所在今河北東光縣。　弓高縣：縣名。治所在今河北阜城縣。　明府：即縣令。　師禮：人名。即孫師禮。事跡不詳。

［2］平：人名。即馮平。事見本書本卷。　祕書郎：官名。魏晋始置。唐代掌經史子集四部圖書經籍。從六品上。　右拾遺：官名。唐武則天於垂拱元年（685）置拾遺，分左、右。左拾遺隸門下省，右拾遺隸中書省，與左、右補闕共掌諷諫，大事廷議，小事則上封事。從八品上。　工部度支員外郎：官名。協助度支郎中處理事務。掌判天下租賦、財利收入總額，計度和供給國家支出。從六品上。

［3］吉：人名。即馮吉。傳見《宋史》卷四三九。　祕書省：官署名。漢代設秘書監，晋代初置秘書寺，後改秘書省。隋唐沿置。以秘書監、秘書少監爲正副長官。掌古今經籍圖書、國史實録、天文曆數之事。　校書郎：官名。東漢始置，掌典校收藏於蘭臺的圖書典籍，亦稱校書郎中。唐秘書省及著作局皆置，正九品上；弘文館亦置，從九品上。　屯田郎中：官名。掌全國屯田及京城文武職田、諸司公廨田等。從五品上。

［4］可：人名。即馮可。事見本書本卷。　祕書省正字：官名。掌校讎典籍、文章刊正。正九品下。　殿中丞：官名。殿中省佐貳官。協助殿中監、少監處理本省日常事務，兼勾檢稽失、省署抄目。從五品上。　工部户部員外郎：官名。尚書省郎官之一。爲郎中的副職，協助負責諸司事務。從六品上。

［5］義：人名。即馮義。事見本書本卷。中華書局本有校勘記："'義'，《册府》（宋本）卷七七〇作'乂'。"

［6］檢校國子祭酒：官名。爲散官或加官，以示恩寵加此官，無實際執掌。　衙内都指揮使：官名。唐、五代時期衙内指揮使爲節度使府衙内之牙將，統最親近衛兵，高一級的稱衙内都指揮使。　左春坊太子司議郎：官名。唐初沿隋制置門下坊，屬東宫機構，相當於朝廷的門下省，龍朔二年（662）改門下坊爲左春坊。司議郎掌侍從贊相，駁正啓奏。正六品上。　太常丞：官名。太常寺屬官。掌判寺事。凡大饗太廟，則修七祀於太廟西門之内。若祫享，則兼修配享功臣之禮。從五品上。

［7］正：人名。即馮正。事見本書本卷。　協律郎：官名。太常寺屬官。掌協調、校正樂律。正八品上。　太僕丞：官名。掌判寺事。從六品上。　充定國軍節院使：中華書局本有校勘記："'節院使'，原作'節度使'，據《册府》卷七七〇改。"

［8］衍：人名。即崔衍。深州安平（今河北安平縣）人。唐代大臣。傳見《舊唐書》卷一八八、《新唐書》卷一六四。　太僕少卿：官名。北魏始置。太僕卿副貳，太僕寺次官。佐太僕卿掌車馬及牲畜之政令。從四品上。　絢：人名。即崔絢。事見本書本卷。

［9］二孩幼亡：中華書局本有校勘記："'孩'，殿本作'孫'。"

［10］瀛洲：州名。治所在今河北河間市。　朝漢里改爲孝行里：中華書局本有校勘記："'改'字原闕，據《册府》卷七七〇及本卷上下文補。"

［11］河南府：府名。治所在今河南洛陽市。　洛陽縣：縣名。治所在今河南洛陽市。　洛南莊貫河南府洛陽縣三川鄉靈臺里：中華書局本有校勘記："'三川鄉'，原作'三州鄉'，據《册府》卷三一九、卷七七〇改。本卷下一處同。'靈臺里'，《册府》卷三一九作'靈壽里'。"

［12］天福：五代後晋高祖石敬瑭年號（936—942）。出帝石重貴沿用至九年（944）。後漢高祖劉知遠繼位後沿用一年，稱天福十二年（947）。

静思本末，慶及存亡，蓋自國恩，盡從家法，承訓誨之旨，開教化之源，在孝于家，在忠于國，口無不道之言，門無不義之貨。所願者下不欺于地，中不欺于人，上不欺于天，以三不欺爲素，賤如是，貴如是，長如是，老如是，事親、事君、事長、臨人之道。曠蒙天恕，累經難而獲多福，曾陷蕃而歸中華，非人之謀，是天之祐。六合之内有幸者，百歲之後有歸所，無以珠玉含，當以時服斂，以籧篨葬，及擇不食之地而葬焉，以不及于古人故。祭以特羊，戒殺生也，當以不害命之物祭。無立神道碑，以三代墳前不獲立碑故。無請謚號，以無德故。又念自賓佐至王佐及領藩鎮時，或有微益于國之事節，皆形于公籍。所著文章篇詠，因多事散失外，收拾得者，編于家集，其間見其志。[1]知之者，罪之者，未知衆寡矣。有莊、有宅、有群書，有二子可以襲其業。[2]于此日五盥，日三省，尚猶日知其所亡，月無忘其所能。爲子、爲弟、爲人臣、爲師長、爲夫、爲父，[3]有子、有猶子、有孫，奉身即有餘矣，爲時乃不足。不足者何？不能爲大君致一統、定八方，誠有愧于歷職歷官，何以答乾坤之施？時開一卷，時飲一杯，食味、別聲、被色，老安于當代耶！老而自樂，何樂如之！時乾祐三年朱明月長樂老序云。

[1]其間見其志：《輯本舊史》之影庫本粘籤："其間見其志，原本疑有舛誤。考《册府元龜》所引《薛史》，與《永樂大典》同，今仍其舊。"見《宋本册府》卷七七〇。

[2]有二子可以襲其業：中華書局本有校勘記："'二'，《册府》卷七七〇同，殿本、劉本作'三'。"

[3]爲師長：中華書局本有校勘記："'師長'，《册府》卷七七〇（宋本）、《新五代史》卷五四《馮道傳》作'司長'。"

及太祖平内難，議立徐州節度使劉贇爲漢嗣，遣道與祕書監趙上交、樞密直學士王度等往迎之。[1]道尋與贇自徐赴汴，行至宋州，會澶州軍變。[2]樞密使王峻遣郭崇領兵至，[3]屯于衙門外，時道與上交等宿于衙内。是日，贇率左右甲士闔門登樓，詰崇所自，崇言太祖已副推戴。左右知其事變，以爲道所賣，皆欲殺道等以自快。趙上交與王度聞之，皆惶怖不知所爲，唯道偃仰自適，略無懼色，尋亦獲免焉。[4]道微時嘗賦詩云："終聞海嶽歸明主，未省乾坤陷吉人。"至是其言驗矣。[5]廣順初，復拜太師、中書令，[6]太祖甚重之，[7]每進對不以名呼。及太祖崩，世宗以道爲山陵使。[8]會河東劉崇入寇，世宗召大臣議欲親征，道諫止之，[9]世宗因言："唐初，天下草寇蜂起，並是太宗親平之。"[10]道奏曰："陛下得如太宗否？"[11]世宗怒曰："馮道何相少也。"乃罷。及世宗親征，不令扈從，留道奉太祖山陵。時道已抱疾。及山陵禮畢，奉神主歸舊宫，未及祔廟，一夕薨於其第，時顯德元年四月十七日也，[12]享年七十有三。世宗聞之震悼，[13]輟視朝三日，册贈尚書令，追封瀛王，謚曰文懿。[14]

[1]太祖：此處指周太祖郭威。邢州堯山（今河北隆堯縣）人。五代後周的建立者。紀見本書卷一一〇至卷一一三、《新五代史》卷一一。　徐州：州名。治所在今江蘇徐州市。　劉贇：人名。後漢宗室。其父劉崇爲後漢高祖劉知遠弟，過繼爲劉知遠養子。傳見本書卷一〇五《漢宗室列傳》、《新五代史》卷一八《漢家人傳》。　祕書監：官名。秘書省長官。東漢始置。掌圖書秘記等。從三品。　趙上交：人名。涿州范陽（今河北涿州市）人。五

代、宋初大臣。本名遠，字上交，避後漢高祖劉知遠諱，遂以字爲名。傳見《宋史》卷二六二。　樞密直學士：官名。五代後唐莊宗同光元年（923），改直崇政院置，選有政術文學者充任。備顧問應對。　王度：人名。籍貫不詳。後漢時曾任監察御史、樞密直學士等職。事見本書卷一〇〇《漢高祖紀下》。　“及太祖平内難”至“往迎之”：《新五代史》卷一八《劉贇傳》：“（周）太祖入京師，以謂漢大臣必相推戴，及見宰相馮道等，道殊無意。太祖不得已，見道猶下拜，道受太祖拜如平時。徐勞之曰：‘公行良苦！’太祖意色皆沮，以謂漢臣未有推立己意，又難於自立，因白漢太后，擇立漢嗣。太祖與群臣……共奏曰：‘徐州節度使贇，高祖愛之，以爲子，宜立爲嗣。’乃遣太師馮道率群臣迎贇。道揣周太祖意不在贇，謂太祖曰：‘公此舉由衷乎？’太祖指天爲誓。道既行，謂人曰：‘吾平生不爲謬語人，今謬語矣。’”《輯本舊史》卷一〇五《劉贇傳》：“傳詰之際，馮道笏墜於地，左右惡之。”

［2］宋州：州名。治所在今河南商丘市睢陽區。　澶州：州名。唐、五代初，治所在河南清豐縣。後晋天福四年（939），移治於今河南濮陽縣。

［3］王峻：人名。相州安陽（今河南安陽市）人。五代後漢、後周將領。傳見本書卷一三〇、《新五代史》卷五〇。　郭崇：人名。應州金城（今山西應縣）人。五代、宋初將領。傳見《宋史》卷二五五。

［4］尋亦獲免焉：《通鑑》卷二八九乾祐三年（950）十二月戊午條：“郭威遺贇書，云爲諸軍所迫；召馮道先歸，留趙上交、王度奉侍。道辭行，贇曰：‘寡人此來所恃者，以公三十年舊相，故無疑耳。今（郭）崇威奪吾衛兵，事危矣，公何以爲計？’道默然。”

［5］“道微時嘗賦詩云”至“至是其言驗矣”：《輯本舊史》之案語：“案《青箱雜記》載馮道詩全篇云：莫爲危時便愴神，前程往往有期因。終聞海嶽歸明主，未省乾坤陷吉人。道德幾時曾去

世，舟車何處不通津。但教方寸無諸惡，狼虎叢中也立身。”見《青箱雜記》卷二。

［6］廣順：五代後周太祖郭威年號（951—953）。　復拜太師、中書令：《輯本舊史》卷一一〇《周太祖紀一》廣順元年（951）正月己卯條：“以前太師、齊國公馮道爲中書令、弘文館大學士。”《新五代史》卷一一《周太祖紀》廣順三年十月庚申條：“馮道爲奉迎神主使。”《輯本舊史》卷一一三《周太祖紀四》顯德元年（954）正月壬辰條：“宰臣馮道加守太師。”

［7］太祖甚重之：《輯本舊史》卷一一二《周太祖紀三》廣順三年二月癸丑條：“内制國寶兩座，詔中書令馮道書寶文，其一以‘皇帝承天受命之寶’爲文，其一以‘皇帝神寶’爲文。”

［8］世宗：即後周世宗柴榮。邢州堯山（今河北邢臺市）人。後周太祖郭威養子。紀見本書卷一一四至卷一一九、《新五代史》卷一二。　世宗以道爲山陵使：《輯本舊史》卷一一四《周世宗紀一》記此事在顯德元年二月丁卯。

［9］劉崇：人名。即劉旻。太原（今山西太原市）人。後漢高祖劉知遠從弟。後漢時任太原尹，專制一方。後周代漢，劉崇稱帝於太原，國號漢，史稱北漢。傳見本書卷一三五、《新五代史》卷七〇。　道諫止之：《輯本舊史》卷一一四《周世宗紀一》顯德元年二月丁卯條：“宰臣馮道等奏，以劉崇自平陽奔遁之後，勢弱氣奪，未有復振之理，竊慮聲言自來，以誤於我。陛下纂嗣之初，先帝山陵有日，人心易摇，不宜輕舉，命將禦寇，深以爲便。帝曰：‘劉崇幸我大喪，聞我新立，自謂良便，必發狂謀，謂天下可取，謂神器可圖，此際必來，斷無疑耳！’馮道等以帝鋭於親征，因固諍之。”

［10］太宗：即唐代第二位皇帝李世民。隴西成紀（今甘肅秦安縣）人。626年至649年在位。通過“玄武門之變”掌權。在位期間，虚心納諫，文治武功，開創“貞觀之治”。紀見《舊唐書》卷二至卷三、《新唐書》卷二。

[11]陛下得如太宗否：《輯本舊史》卷一一四《周世宗紀一》顯德元年二月丁卯條："帝又曰：'劉崇烏合之衆，苟遇王師，必如山壓卵耳。'道曰：'不知陛下作得山否？'"

[12]時顯德元年四月十七日也：《新五代史》卷一二《周世宗紀》謂其日在乙丑，查《二十史朔閏表》，乙丑爲二十二日；《通鑑》卷二九一所記爲"庚申"，與本傳同。

[13]世宗聞之震悼：中華書局本有校勘記："'震悼'二字原闕，據《册府》卷三一九補。"

[14]謚曰文懿：《輯本舊史》之案語："案：《五代通録》作'謚文愍'，見《通鑑考異》。"見《通鑑》卷二九一顯德元年四月庚申條《考異》。

道歷任四朝，三入中書，[1]在相位二十餘年，以持重鎮俗爲己任，[2]未嘗以片簡擾於諸侯。平生甚廉儉，逮至末年，閨庭之内，稍徇奢靡。其子吉，尤恣狂蕩，道不能制，識者以其不終令譽，咸歎惜之。[3]《永樂大典》卷一萬七千九百三十。[4]

[1]三入中書：明本《册府》卷三一〇《宰輔部·德行門》謂"二入中書"，誤。

[2]以持重鎮俗爲己任：明本《册府》卷三一〇："（馮道）私門之内無累茵，無重味，不畜姬僕，不聽絲竹。有寒素之士求見者，必引於中堂，語及平生，其待遇也，心無適莫。故雖朝代遷置，人無間言，屹若巨山，不可轉也。議者以爲厚德稽古，宏才偉量，蓋漢胡廣、晋謝安之徒與。"

[3]咸歎惜之：《輯本舊史》引《五代史補》："馮道之鎮同州也，有酒務吏乞以家財修夫子廟，道以狀付判官參詳其事。判官素滑稽，因以一絶書之判後云：'荆棘森森繞杏壇，儒官高貴盡偷安。

若教酒務修夫子，覺我慚惶也大難。’道覽之有愧色，因出俸重創之。”見《五代史補》卷三“馮道修夫子廟”條。又引其書卷五“舉子與馮道同名”條：“馮瀛王道之在中書也，有舉子李導投贄所業，馮相見之，戲謂曰：‘老夫名道，其來久矣，加以累居相府，秀才不可謂不知，然亦名導，於禮可乎？’李抗聲對曰：‘相公是無寸底道字，小子有寸底道字，何謂不可也？’公笑曰：‘老夫不惟名無寸，諸事亦無寸，吾子可謂知人矣。’了無怒色。”又引同卷“馮吉好琵琶”條：“馮吉，瀛王道之子，能彈琵琶，以皮爲弦，世宗嘗令彈於御前，深欣喜之，因號其琵琶曰‘遶殿雷’也。道以其惰業，每加譴責，而吉攻之愈精，道益怒，凡與客飲，必使廷立而彈之，曲罷或賜以束帛，命背負之，然後致謝。道自以爲戒勗極矣，吉未能悛改，既而益自若。道度無可奈何，歎曰：‘百工之司藝而身賤，理使然也。此子不過太常少卿耳。’其後果終於此。”馮道有子吉、義、正。《宋史》卷四三九《馮吉傳》：“晋天福初，以父任秘書省校書郎，遷膳部、金部、職方員外郎，屯田、户部、司勳郎中，累階金紫。周顯德中，遷太常少卿。吉嗜學，善屬文，工草隸，議者以掌誥許之。然性滑稽無操行，每中書舍人缺，宰相即欲用吉，終以佻薄而止……及爲少卿，頗不得意，以杯酒自娱。每朝士宴集，雖不召亦常自至，酒酣即彈琵琶，彈罷賦詩，詩成起舞。時人愛其俊逸，謂之‘三絶’。宋初，受詔撰述明憲皇太后謚議，見稱於時。建隆四年，卒，年四十五。”《續資治通鑑長編》卷一七開寶九年（976）十一月壬午條：“遣著作郎馮正、著作佐郎張玘使契丹，告終稱嗣也。”馮義事未見。

［4］《大典》卷一七九三〇“相”字韻“宋相（一三）”事目，誤。應爲卷一七九一一“相”字韻“後周相”事目。

馮道三入相，四月十七日死，年七十三歲，所得之壽，所終之月，皆與孔子同，但先孔子一日。[1]

[1]“馮道三入相”至“但先孔子一日”：《廣卓異記》卷五三入相條引《五代史》。《新五代史》卷五四《馮道傳》：“道既卒，時人皆共稱歎，以謂與孔子同壽，其喜爲之稱譽蓋如此。”

史臣曰：道之履行，鬱有古人之風；道之宇量，深得大臣之體。然而事四朝，相六帝，可得謂忠乎！[1]夫一女二夫，人之不幸，況於再三者哉！所以飾終之典，不得謚爲文貞、文忠者，蓋謂此也。《永樂大典》卷一萬七千九百三十。[2]

[1]可得謂忠乎：中華書局本有校勘記：“‘謂’，原作‘爲’，據劉本、邵本、彭本、《文莊集》卷三一《奉和御製讀五代周史》改。”

[2]《大典》卷一七九三〇“相”字韻“宋相（一三）”事目，誤。應爲卷一七九一一“相”字韻“後周相”事目。

舊五代史　卷一二七

周書十八

列傳第七

盧文紀

盧文紀，字子持，京兆萬年人也。[1]文紀曾祖綸生四子，曰簡能、簡辭、簡求、弘正，皆至達官。簡求歷邠寧、太原節度，以才略知名，四授藩鎮，皆爲邊任。[2]父嗣業，官至右補闕。文紀舉進士，事梁爲刑部侍郎、集賢殿學士。[3]

[1]京兆：府名。治所在今陝西西安市。　萬年：縣名。治所在今陝西西安市。　盧文紀，字子持，京兆萬年人也：《大典》卷一七九一〇“相”字韻“五代後梁相、後唐相”事目。《輯本舊史》之原輯者案語：“以下原本有闕文。”

[2]綸：人名。即盧綸。河中蒲（今山西永濟市）人。唐代官員，有文采，號“大曆十才子”。傳見《新唐書》卷二〇三。　簡

能：人名。即盧簡能。唐代官員。曾任監察御史、駕部郎中、鳳翔節度判官。傳見《舊唐書》卷一六三。　簡辭：人名。即盧簡辭。唐代官員。傳見《舊唐書》卷一六三、《新唐書》卷一七七。　簡求：人名。即盧簡求。唐代官員。傳見《舊唐書》卷一六三、《新唐書》卷一七七。　弘正：人名。即盧弘正。唐代官員。曾任監察御史、侍御史、兵部郎中、給事中。傳見《舊唐書》卷一六三、《新唐書》卷一七七，《新唐書》作“弘止”。　邠寧：方鎮名。治所在邠州（今陝西彬縣）。　太原：府名。治所在今山西太原市。　節度：官名。即節度使。唐時在重要地區所設掌握一州或數州軍事、民事、財政的長官。　“文紀曾祖綸生四子”至“皆爲邊任”：明本《册府》卷八六六《總録部·貴盛門》。

[3]嗣業：人名。即盧嗣業。范陽（今河北涿州市）人。唐朝官員。傳見《舊唐書》卷一六三、《新唐書》卷一七七。　右補闕：官名。唐武則天時始置。分爲左右，左補闕隸於門下省，右補闕隸於中書省。掌規諫諷諭，大事可以廷議，小事則上封奏。從七品上。　刑部侍郎：官名。尚書省刑部次官。協助刑部尚書掌天下刑法及徒隸、勾覆、關禁之政令。正四品下。　集賢殿學士：官名。唐中葉置，位在集賢殿大學士之下。掌修書之事。　“父嗣業”至“集賢殿學士”：《新五代史》卷五五《盧文紀傳》。

文紀熟於故事，銓綜條流，剖析無滯。[1]同光四年二月，吏部侍郎文紀上疏：“請責内外百司各舉其職，明行考課，以激其能。”從之。[2]

[1]“文紀熟於故事”至“剖析無滯”：明本《册府》卷四六二《臺省部·練習門》。

[2]同光：五代後唐莊宗李存勗年號（923—926）。　吏部侍郎：官名。尚書省吏部次官。協助吏部尚書掌文選、勳封、考課之

政。正四品上。　“同光四年二月”至“從之”：《宋本册府》卷一五五《帝王部·督吏門》；又見明本《册府》卷四六七《臺省部·舉職門》。《輯本舊史》卷三〇《唐莊宗紀四》同光元年（923）十二月乙酉條：“以刑部侍郎、充集賢殿學士、判院事盧文紀爲尚書兵部侍郎，依前充集賢殿學士、判院事。”卷三三《唐莊宗紀七》同光三年七月戊午條：“以兵部侍郎、集賢殿學士、判院事盧文紀爲吏部侍郎。”

天成元年十月丙戌，[1]文紀奏：“一人御宇，百職交修，則四時無水旱之災，萬國有樂康之詠。頃屬中原多事，三紀不寧，廉平因此而蔑聞，賞罰由兹而失序。所以梟鸞並起，駘驥難分，有援助者至濫必容，守孤貞者雖賢莫進，遂使居官仆僶俛，奉職因循，惟思避事以偷安，罔效輔時而濟物。伏惟皇帝陛下，削平九有，收復八紘，[2]承乾興萬代之基，出震應千年之運。櫛沐風雨，手足胼胝，勤勞大集于聖功，華夏畢歸於睿略。雖遠柔邇伏，咸知臨照之鴻恩，而旰食宵衣，尚念生靈之久困累；頒絲綍典，訪芻蕘恐天災之流行。因皇風之壅隔，臣不揆庸短，輒冒宸聰。臣請告諭内外文武臣僚，凡守一官，責其舉職，公請奉上，勤恪爲心。每歲秋冬，明定考校。將相則希回御筆，班行則悉委司存。外則州牧、縣寮，具以真虚比較。儻聞共推異績，便宜特示甄酬，如其衆謂。曠官固可明行黜責，所冀免懷竊位，俱效竭誠。上則輔佐於大君，下則專精于庶務。高卑不濫，功過無私。官既清廉，則民無愁歎。勸課之方得所，則生靈之賦樂輸。故可以進賢良，退不肖，安生聚，寔倉箱。使和氣遠敷，德澤廣被。顧惟穹昊，必降休祥，永致太平，佇期混一。臣叨逢明聖，謬列班行，既奉德音，合申所見。”疏下，中書宰臣奏曰：“盧文紀踐履清華，昭彰聞望，行已每聞於端慤，操心動絶于阿私。以爲將聳效官，莫先校考；欲明書于殿最，冀顯示於勸懲。況將相兩途，尤爲重委。慮無報國，最要聞天。欲迂神毫，親書常課。誠有塵於聖德，亦是責以佐君。直道不欺，忠規可尚。至於所陳黜陟，並葉規繩，以此責成，庶求良吏，事無疑礙，理可施行。”從之。[3]庚戌，以吏部侍郎盧文紀爲御史中丞。[4]

[1]天成：五代後唐明宗李嗣源年號（926—930）。

[2]九有：九州。　八紘：八方極遠之地，意同“八極”。

[3]“天成元年十月丙戌”至“從之”：《宋本册府》卷四七五《臺省部·奏議門六》，又見卷六三六《銓選部·考課門二》及《輯本舊史》卷三七《唐明宗紀三》天成元年（926）十月丙戌條。“欲迂神毫”之“神”，明本《册府》作“宸”。《輯本舊史》卷三七《唐明宗紀三》天成元年十月庚戌條：“以吏部侍郎盧文紀爲御史中丞，時御史大夫李琪三上表求解任故也。”卷一四九《職官志·御史臺》載，天成元年冬十一月丙子，“詔曰：‘御史臺是大朝執憲之司，乃四海繩違之地，凡居中外，皆所整齊，藩侯尚展於公參，邸吏豈宜於抗禮？遽觀論列，可驗侮輕。但以喪亂孔多，紀綱隳紊，霜威掃地，風憲銷聲。今則景運惟新，皇圖重正，稍加提舉，漸止澆訛。宜令御史臺，凡關舊例，並須舉行。如不稟承，當行朝典。’時盧文紀初拜中丞，領事于御史府。諸道進奏官來賀，文紀曰：‘事例如何？’臺吏喬德威言：‘朝廷在長安日，進奏官見大夫中丞，如胥吏見長官之禮。及梁氏將革命，本朝微弱，諸藩强

據，人主大臣姑息邸吏，時中丞上事，邸吏雖至，皆於客次傳語，竟不相見。自經兵亂，便以爲常。'文紀令臺吏諭以舊儀相見，據案端簡，通名贊拜。邸吏輩既出，怒不自勝，相率於閤門求見，騰口喧訴。明宗謂趙鳳曰：'進奏官比外何官？'鳳對曰：'府縣發遞祗候之流也。'明宗曰：'乃吏役耳，安得慢吾法官！'乃下此詔"。亦見《宋本册府》卷五一七《憲官部·振舉門二》。

[4]御史中丞：官名。如不置御史大夫，則爲御史臺長官。掌司法監察。正四品下。　庚戌，以吏部侍郎盧文紀爲御史中丞：《宋本册府》卷五一七《憲官部·振舉門二》。《輯本舊史》卷三七《唐明宗紀三》天成元年十月庚戌條於此條後尚有"時御史大夫李琪三上表求解任故也"。

時文紀初拜中丞，初領事於御史府，文紀曰："事例如何？"臺吏喬德威等言：[1]"朝廷在長安日，進奏官見大夫、中丞，如胥吏見長官之禮。及僞梁將革命，本朝微弱，諸藩强據，人主、大臣皆姑息邸吏。時中丞上事，邸吏雖至，皆於客次傳語，竟不相見。自經兵亂，便以爲常。"文紀令臺吏諭以舊儀相見，據案端簡，通名贊拜。邸吏輩既出，怒不自勝。[2]

[1]喬德威：人名。籍貫不詳。本書僅此一見。

[2]"文紀初領事於御史府"至"怒不自勝"：《宋本册府》卷五一七《憲官部·振舉門二》。《册府》於此段下並載進奏官向明宗的訴狀及明宗的詔書，《輯本舊史》卷一四九《職官志·右三公》條亦載有明宗詔書，可參看。

二年五月，御史中丞文紀奏："今月一日，廊下就食，權知左丞崔居儉使大吏怪食無次第。”[1]文紀以賜食出於御厨，又非室中，指縱爲居儉墮越近條，故舉之。奉敕：“台司舉奏務肅班行，[2]若鞫端由，且開飲饌，縱令引證，亦是小瑕。並放。”時崔協在中書，與居儉有私憾，及有是舉，人亦非之。[3]

[1]左丞：官名。左丞領吏、户、禮三部，糾彈御史糾劾不當之事，有封還詔書之權，決定郎官的進用。唐制，左丞秩正四品上。　崔居儉：人名。清河（今河北清河縣）人。五代後梁至後晋官員。傳見本書附録、《新五代史》卷五五。

[2]台司：即御史臺。秦漢始置。古代國家的監察機構。掌糾察官吏違法，肅正朝廷綱紀。大事廷辨，小事奏彈。

[3]崔協：人名。清河（今河北清河縣）人。唐末進士，後梁時仕至中書舍人，後唐時爲宰相。傳見本書卷五八。　“二年五月”至“人亦非之”：明本《册府》卷三三七《宰輔部・徇私門》。《輯本舊史》卷三八《唐明宗紀四》天成二年（927）八月丙戌條：“以御史中丞盧文紀爲工部尚書。”《宋本册府》卷九〇九《總録部・憂懼門》：“于鄴初除工部郎中，鄴往公參，文紀以鄴名其父諱，不之見。或謂鄴曰：‘南宫故事郎中入省，如本行尚書侍郎，不容公參，何以有主？’鄴憂畏太過，一夕醉歸，雉經於室。”卷三九《唐明宗紀五》天成三年二月癸未條：“工部尚書文紀貶石州司馬，員外安置。文紀私諱‘業’，時新除于鄴爲工部郎中，舊例，僚屬名與長官諱同，或改其任。文紀素與宰相崔協有隙，故中書未議改官。于鄴授官之後，文紀自請連假。鄴尋就位，及差延州官告使副未行，文紀參告，且言候鄴回日終請换曹，鄴其夕自經而死，故文紀貶官。”

八月丙戌，以御史中丞盧文紀爲工部尚書。[1]

［1］工部尚書：官名。尚書省工部長官。掌百工、屯田、山澤之政令。正三品。　八月丙戌，以御史中丞盧文紀爲工部尚書：《輯本舊史》卷三八《唐明宗紀四》天成二年八月丙戌條。

于鄴初除工部郎中，[1]鄴往公參，文紀以鄴名其父諱，不之見。或謂鄴曰："南宫故事，郎中入省，如本行尚書侍郎不容公參，何以有主？"鄴憂畏太過，一夕醉歸，雉經於室。[2]

［1］于鄴：人名。籍貫不詳。本書僅此一見。　工部郎中：官名。尚書省屬官，位在侍郎之下、員外郎之上。協助工部主官主持工部司事務。從五品上。

［2］"于鄴初除工部郎中"至"雉經於室"：《宋本册府》卷九〇九《總録部·憂懼門》。《輯本舊史》卷三九《唐明宗紀五》天成三年二月癸未條載此事甚詳，可參看。因于鄴自經，文紀遭貶官。

長興二年八月癸亥，以太常少卿盧文紀爲祕書監。[2]

［1］太常少卿：官名。太常寺次官。佐太常卿掌宗廟、祭祀、禮樂及教育等。正四品上。　祕書監：官名。秘書省長官，掌圖書秘記等。從三品。

［2］長興二年八月癸亥，以太常少卿盧文紀爲祕書監：《輯本舊史》卷四二《唐明宗紀八》長興二年八月癸亥條。

三年十一月庚子，以祕書監盧文紀爲工部尚書。[1]

[1]三年十一月庚子，以祕書監盧文紀爲工部尚書：《輯本舊史》卷四三《唐明宗紀九》長興三年十一月庚子條。

四年二月癸亥，遣工部尚書盧文紀册封孟知祥爲蜀王。[1]

[1]孟知祥：人名。邢州龍岡（今河北邢臺市）人。五代十國後蜀開國皇帝。934年在位。傳見本書卷一三六、《新五代史》卷六四。　四年二月癸亥，遣工部尚書盧文紀册封孟知祥爲蜀王：《通鑑》卷二七八長興四年癸亥條、《新五代史》卷六四《後蜀世家》。

長興末，爲太常卿。[1]長興四年十二月癸卯，太常卿盧文紀上謚議曰：聖智仁德欽孝皇帝廟號明宗。文紀形貌魁偉，語音高朗，占對鏗鏘，健於飲啖。奉使蜀川，路由岐下，時唐末帝爲岐帥，以主禮待之，觀其儀形旨趣，遇之頗厚。[2]

[1]長興：五代後唐明宗李嗣源年號（930—933）。　太常卿：官名。西漢置太常，南朝梁始置太常卿。爲太常寺長官。掌宗廟祭祀禮樂及教育等。正三品。

[2]蜀川：此處指代孟知祥政權。　岐下：岐山以下。此指鳳翔。　唐末帝：即後唐廢帝李從珂，又稱末帝。鎮州平山（今河北平山縣）人。本姓王氏，爲後唐明宗養子，改名從珂。明宗入洛陽，李從珂率兵追隨，以功拜河中節度使，封潞王。閔帝李從厚即位，李從珂據城發動兵變，改鳳翔節度使。清泰元年（934）率軍東攻洛陽，廢黜閔帝，自立爲帝。清泰三年，石敬瑭與契丹合兵攻

陷洛陽，自焚而死。紀見本書卷四六至卷四八、《新五代史》卷七。

“長興末”至“遇之頗厚”：《大典》卷一七九一〇“相”字韻“五代後梁相、後唐相”事目。其中“長興四年十二月癸卯”至“廟號明宗”，據《輯本舊史》卷四四《唐明紀十》長興四年（933）十二月癸卯條補。亦見《册府》卷八八三《總録部·形貌門》。《輯本舊史》卷四二《唐明宗紀八》長興二年八月癸亥條：“以太常少卿盧文紀爲秘書監。”卷四三《唐明宗紀九》長興三年十一月庚子條：“以秘書監盧文紀爲工部尚書。”卷四四《唐明宗紀十》：“太常卿盧文紀上謚議曰聖智仁德欽孝皇帝，廟號明宗，宰臣馮道議請改‘聖智仁德’四字爲聖德和武欽孝皇帝。”卷四五《唐閔帝紀》應順元年（934）正月辛卯條：“以秘書監盧文紀爲太常卿，充山陵禮儀使。”《新五代史》卷六四《後蜀世家》：“遣工部尚書盧文紀册封知祥爲蜀王。”亦見《通鑑》卷二七八長興四年二月癸亥條。

應順元年正月辛卯，以祕書監盧文紀爲太常卿，充山陵禮儀使。[1]

［1］“應順元年正月辛卯”至“充山陵禮儀使”：《輯本舊史》卷四五《唐閔帝紀》應順元年（934）正月辛卯條。

清泰元年五月，太常卿盧文紀言：“明宗皇帝祔廟，其一室酌獻舞曲歌辭，臣請名《雍熙之舞》。”從之。[1]

［1］清泰：五代後唐廢帝李從珂年號（934—936）。　“清泰元年五月”至“從之”：《宋本册府》卷五七〇《掌禮部·作樂門六》唐末帝清泰元年（934）五月條。

清泰初，中書闕輔相，末帝訪之於朝，左右曰："臣見班行中所譽，當大拜者，姚顗、盧文紀、崔居儉耳。"[1]或品藻三人才行，其心愈惑。末帝乃俱書當時清望達官數人姓名，投琉璃瓶中，月夜焚香，禱請於天，旭旦以筯挾之，首得文紀之名，次即姚顗。末帝素已期待，歡然命之，即授中書侍郎、同平章事，與姚顗同升相位。時朝廷兵革之後，宗社甫寧，外寇内侵，强臣在境。文紀處經綸之地，無輔弼之謀，所論者愛憎朋黨之小瑕，所糾者銓選擬掄之微類。時有蜀人史在德爲太常丞，出入權要之門，評品朝士，多有譏彈，乃上章云："文武兩班，宜選能進用。見在軍都將校、朝廷士大夫，並請閲試澄汰，能者進用，否者黜退，不限名位高下。"疏下中書，文紀以爲非己，怒甚，召諫議盧損爲覆狀，辭旨蕪漫，爲衆所嗤。[2]

[1]姚顗：人名。京兆萬年（今陝西西安市長安區）人。唐末進士，五代後梁、後唐、後晋大臣。傳見本書卷九二、《新五代史》卷五五。

[2]中書侍郎：官名。中書省副長官。唐後期三省長官漸爲榮銜，中書、門下侍郎却因參議朝政而職位漸重，常常用爲以"同三品"或"同平章事"任宰相者的本官。正三品。　同平章事：官名。唐高宗以後，實際任宰相之職者，常在其本官後加同平章事的職銜。後成爲宰相專稱。後晋天福五年（940），升中書門下平章事爲正二品。　史在德：人名。籍貫不詳。後唐官員。事見本書卷四七。　太常丞：官名。太常寺屬官。掌判寺事。凡大饗太廟，則修七祀於太廟西門之内。若祫享，則兼修配享功臣之禮。從五品上。　諫議：官名。即"諫議大夫"。秦始置，掌朝政議論。隋唐仍置，

有左、右諫議大夫各四人，分屬門下、中書二省。掌諫諭得失、侍從贊相。唐後期、五代多以本官領他職。正四品下。　盧損：人名。范陽（今河北涿州）人。唐末、五代官員。傳見本書卷一二八、《新五代史》卷五五。　“清泰初”至“爲衆所嗤”：《大典》卷一七九一〇“相”字韻“五代後梁相、後唐相”事目。“所論者愛憎朋黨之小瑕”，中華書局本有校勘記：“‘愛憎’原作‘親愛’，據《册府》卷三三五、卷三三六改。”“虜寇内侵”原作“外寇内侵”，爲清輯者忌諱篡改，今據《宋本册府》卷三三六《宰輔部·識闇門》回改。明本《册府》卷七四《帝王部·命相門》：“末帝清泰元年七月，以檢校户部尚書、守太常卿盧文紀爲中書侍郎、平章事。”亦見《新五代史》卷七《唐末帝紀》清泰元年七月辛亥條。

清泰元年十二月乙亥，以中書侍郎、平章事文紀爲門下侍郎、平章事、監修國史。[1]戊子，以自冬無雪，詔宰臣盧文紀祈嵩嶽。[2]

[1]門下侍郎：官名。門下省副長官。唐後期三省長官漸爲榮銜，中書、門下侍郎却因參議朝政而職位漸重，常用爲以“同三品”或“同平章事”任宰相者的本官。正三品。　“清泰元年十二月乙亥”至“監修國史”：《輯本舊史》卷四六《唐末帝紀上》清泰元年十二月乙亥條。

[2]“戊子”至“詔實臣盧文紀祈嵩”：《宋本册府》卷一四五《帝王部·弭災門三》唐末帝清泰元年十二月戊子條。

清泰元年，上疏曰：“臣聞事君盡忠，孔子激揚於直道；無功受禄，《周詩》譏諷於曠官。敢因災診之時，輒貢傾輸之懇。臣伏見比年以來，朝廷多故，人事則兵喪禍亂，天時則水旱虫霜，若非陛下拯溺救焚，移災作福，則生靈受弊，宗社何依？今則區宇甫寧，人神胥悦，但以自憂愆陽，及秋霖雨，雖勞聖慮，過切閔傷。蓋屬當否數之辰，尤費消禳之力，雖民斯鮮福，亦天道使然。爲君之難，實見於此。臣聞沉潛剛克，高明柔克，是君宜執柔以御下，臣當剛正以報君，則冀上下和平，君臣訢合。臣恩德宗初置學士，[1]本不以文翰是供，蓋獻納論思，朝夕延問。至於給諫遺補之職，是曰諫官。月請諫紙，時政有失，無不極言。望陛下聽政之餘，招召學士、諫官詢謀政道，俾獻讜言，明書黜陟之科，以責語言之效。書云：‘義時陽若，肅時雨若。’以《洪範》言之，繫於君德。臣請嚴禋於宗廟社稷，精禱於岳瀆神祇，進忠良，退不肖，除寇盜，恤惸嫠，慎刑罰，明舉選，任賢勿貳，去邪勿疑，王道砥平，無偏無黨。中外除改，請守舊規，長興四年已前敕命繁碎者，請重選擇，如新敕不及舊章，更請却依前代；如舊章不如新敕，便釐革施行。儻不阻於奏陳，庶漸臻於理體。”詔曰：“盧文紀，早踐班行，迭更顯重，動惟稽古，言必爲時。當朕求治之初，首居輔弼之位，能竭事君之節，以申報國之勞。引經義而究其本根，合時事而先於條貫。請宣學士，兼召諫臣，言陰陽序理之端，人事調和之本。又嚴修祀典，精事神祇。宜令有司依奏，虔絜所云，進忠良而退不肖，除寇盜而恤惸嫠，雖責在朕躬，亦資於調燮。刑法舒慘，宜令大理寺、御史臺明慎詳讞，勿至冤誣；選賢退愚，宜令三銓選部，精覈慎選，所冀得人；新舊制敕，宜令御史臺與三司官員詳擇以聞。”[2]

[1]德宗：即唐德宗李适。779 年至 805 年在位。紀見《舊唐書》卷一二、卷一三及《新唐書》卷七。

[2]“清泰元年”至“宜令御史臺與三司官員詳擇以聞”：明本《册府》卷三一四《宰輔部·謀猷門四》，亦見卷三二八《宰輔部·諫諍門四》。

二年二月己丑，宰臣盧文紀等上章曰：“臣聞聖列九皇，必禀嚴慈之訓；貴爲萬乘，彌懷顧復之思。所謂‘生我劬勞，昊天罔極’，故漢昭帝承祧御曆，奉尊謚于雲陽；魏文帝繼體守文，思外家于甄館。[1]則追崇母后，祔享廟庭，愛親之道克隆，敬本之文斯洽。臣等嘗覽國史，見玄宗大聖孝明皇帝母昭成皇太后竇氏，作嬪初奉于相王，曆位纔終于藩孺。[2]及至上皇傳國，聖子臨朝，則追尊配享于閟宫，儷極攸先于冢后。臣又見代宗睿文孝武皇帝母章敬太后吴氏，入宫纔侍于忠王，短世難登于命婦。[3]及寶祚爰歸于聖嗣，追尊將祔于陵園，則群臣歷懇于封函，嚴配請崇于徽號。舊章斯在，闕禮未伸。臣等叨備鼎司，合伸茂典。伏惟聖母魯國太夫人夢梓興周，[4]望雲佐漢，直河洲之懿範，契沙麓之休祥。三母俱賢，周武最承于天統；四妃有子，唐侯光啓于帝圖。仰惟當寧之懷，彌軫寒泉之思。伏望配陵祔廟，法地則天，君親實殺于義方，恩禮宜歸于聖善。母以子貴，乃《春秋》之格言；孝以尊親，固《禮經》之明義。久虛時薦，慮損皇猷。俾秦官載顯于玉符，魏寢永光于金册，斯華夷大願，臣子遑寧。臣等謹案謚法：聖善周聞曰宣，施而不私曰宣；博聞多能曰憲，聖善周達曰憲。謹上尊謚曰宣憲皇太后。請依昭成、章敬二太后故事，[5]擇日備禮册命。故事：禮合配陵祔廟。臣等再詳儀注，備有典彝。伏恐朝廷且務于便安，司局貴期于辦集。酌于故事，更司簡詳。臣等伏聞先太后舊陵未祔于先朝，則都下難崇于别廟。既追尊謚，合創閟宫。臣等謹案漢故事，園寢不在王畿者，或在陵所，便立寢祠。禮文雖異于國朝，事理可循于權道。臣等商量，太后上尊謚後，權立祠廟，以伸告獻；配祔之禮，請俟他年。”詔曰：“朕猥將眇質，獲嗣丕圖。暑往寒來，知昊天之罔極；憂深思遠，唯觸地以無容。卿等學究源流，文苞體要，以致財成之美，復陳孝理之規。援引古今，鋪陳茂實，導朕以愛親之禮，勉朕以追遠之文。取則昭成，明徵章敬，仍加美謚，益見忠誠。至於權立閟宫，頗亦叶於時變。劬勞莫報，長懸陟屺之心；聖善斯崇，且慰循陔之念。謹依典禮，哀慕增深。”[6]

[1]漢昭帝：即劉弗陵。西漢皇帝，前 87 年至前 74 年在位。紀見《漢書》卷七。　雲陽：地名。位於今陝西淳化縣西北。　魏文帝：即曹丕。曹魏開國皇帝，220 年至 226 年在位。紀見《三國志》卷二。

[2]玄宗：即李隆基。唐朝皇帝，220 年至 226 年在位。紀見《舊唐書》卷八至卷九，《新唐書》卷五。　竇氏：人名。即唐睿

宗昭成皇后，唐玄宗之母。傳見《舊唐書》卷五一、《新唐書》卷七六。　相王：即唐睿宗李旦。唐朝皇帝，684 年至 690 年，710 年至 712 年在位。紀見《舊唐書》卷七、《新唐書》卷五。

[3]代宗：即李豫。唐朝皇帝。762 年至 779 年在位。紀見《舊唐書》卷一一、《新唐書》卷六。　吴氏：人名。即唐肅宗章敬皇后，唐代宗之母。傳見《舊唐書》卷五二、《新唐書》卷七七。　忠王：即唐肅宗李亨。唐朝皇帝，756 年至 762 年在位。紀見《舊唐書》卷一〇、《新唐書》卷六。

[4]魯國太夫人：即後唐明宗宣憲皇后魏氏。鎮州平山（今河北平山縣）人。後唐末帝之母。傳見本書卷四九。

[5]昭成、章敬：即昭成皇后竇氏、章敬太后吴氏。

[6]“二年二月己丑”至“哀慕增深”：明本《册府》卷三一《帝王部·奉先門四》。《輯本舊史》卷四七《唐末帝紀中》清泰二年二月己丑條：“宰臣盧文紀等上皇妣魯國太夫人尊謚曰宣憲皇太后，請擇日册命。從之。”

四月癸未，以宰相盧文紀兼太微宫使。[1]壬午，以京畿旱，命宰臣盧文紀告太微宫太廟，姚顗告嵩嶽。[2]

[1]太微宫：宫殿名。位於今河南洛陽市。　四月癸未以宰相盧文紀兼太微宫使：《輯本舊史》卷四七《唐末帝紀中》清泰二年四月癸未條。

[2]“壬午”至“姚顗告嵩嶽”：《宋本册府》卷一四五《帝王部·弭災門三》唐末帝清泰二年四月壬午條。

二年，又上疏曰：“臣近蒙召對，面奉天旨：‘凡軍國庶事，利害可否，卿等位居輔弼，並合盡言。’臣等仰承詔諭，退自省循。時遇休明，各叨輔弼。才器不能經綸庶務，智術不能康濟大猷。致陛下宵旰於丕圖，憂勤於治道。有靦面目，待罪巖廓。尚沐宸慈，猶寬册免，莫不克心自勵，俛首深惟。願竭愚鄙之誠，少副昭回之鑒。臣聞古先哲王，樂聞己過。道塗立誹謗之木，門庭樹告善之旌。從諫如流，聞議能服。所以卜年長久，享祚無窮。陛下自纘邦家，克敦慈儉，守先皇仁政，遵列聖彝章，人樂和平，政皆畫一，天無祲沴之象，地無變怪之妖。日月無爽於虧盈，星緯不差於纏次。襞諫紙者，無詞可措，持皂囊者，無過可規。凡百庶寮，奉職不暇。臣伏覽貞觀故事，見魏徵、馬周之章疏，王珪、劉洎之奏論，[1]或講貫古今，或鋪陳政術，皆萬代之長策，非一介之狂言。苟異經謀，何名獻納。臣等伏計，宸筭圖度者，必以嶺、嶠未平，島夷猶梗，巴、梁恃險，井、絡纏妖。鮮卑尚撓於邊陲，將帥未施於方略。臣等以爲非獨人謀未至，亦恐天意使然。聲教苟孚，廓清何晚。臣略以前事明之，何者？即如漢高，前代之英主也，一劍初奮於彭城，五年方誅項籍。[2]洎南平英布，北扞匈奴，解白登之圍，避柏仁之難，凡十餘年，親當矢石，乃混車書。[3]如太宗文皇帝，本朝之聖祖也。自起義太原，佐命高祖，乃定江南之草竊，殄隴右之陸梁，禦突厥於便橋，擒公祐於京口。[4]凡十餘年，櫛風沐雨，命將出師，方得華裔向風，寰區撓撓。念陛下爰從踐祚，纔歷一期。雖乃聖乃神，不下於漢高、文祖；而且耕且戰，[5]更詳於人事天時。俟武王一舉蕩平，體句踐十年教戰。若治兵之至要，御衆之大端，攻必取而守有餘，戰必勝而卒無怠。發號出令，保大定功，俾軍戎感懼於機權，部校皆存於信義。驅之可以蹈湯火，使之可以爲虫沙。此則聖謀懸料於彀中，神策已包於術内。何假蒭蕘小輩，草野凡生。持蠡妄測於滄溟，側管强窺於穹昊。不量事體，虛費莠言。故《論語》載仲尼治衛，必也正名言順，事行勿容苟且。名言之際，聖哲攸艱。況在凡常，豈宜容易。思出其位，古人所非。臣等謬處台衡，奉行制敕。但緣事理，互有區分，軍戎不在於職司，錢穀非關於局分。苟陳異見，即類侵官。況才不濟時，職非經遠。因五日起居之例，於兩班旅見之時，略獲對敭，兼承顧問。此際衛士周環於階陛，庶臣羅列於殿庭。四面聚觀，十手所指。臣等苟欲伸愚短，此時安敢敷陳。韓非昔懼於説難，孟子亦憂於言責。臣竊惟本朝故事，肅宗初平寇難，再復寰瀛，頗經涉於艱難，尤勤勞於委任。每正衙奏事，則泛咨訪於群臣；及便殿詢謀，則獨對揚於四輔。自上元元年後，於長安東置延英殿，[6]宰臣如有奏議，聖旨或有特宣，皆於前一日上聞。及對御之時，只奉冕旒，旁無侍衛。獻可替否，得曲盡於討論；捨短從長，故無虞於漏洩。君臣之際，情理坦然。伏望聖慈，俯循故事，或有事關軍國，謀而否臧，未果決於聖懷，要詢訪於臣輩，則請依延英故事，前一日傳宣。或臣等有所聽聞，切關利害，未形文字，須面敷敭，臣等亦依故事，前一日請開延英。當君臣奏言之時，祇請機要臣寮侍立左右。兼乞稍霽嚴顔，恕臣荒拙。雖乏鷹鸇之效，庶盡葵藿之心。恭惟陛下睿略縱横，天機沉邃。臣等以愚智而干聖智，以凡情而測聖情，如螢爝比耀於烏蟾，畎澮争流於江海。然而天覆地載，君義臣行。持禄取容，既見議於物論；有犯無隱，慮不愜於聖懷。既顯奉得音，俾令奏對，合披愚款，先瀆宸聰。"[7]

[1]貞觀：唐太宗年號（627—649）。　魏徵：人名。一説曲陽（今河北曲陽縣）人，一説館陶（今河北館陶縣）人。唐朝大臣，以直言敢諫而聞名，襄助唐太宗締造"貞觀之治"。傳見《舊唐書》卷七一。　馬周：人名。清河茌平（今山東茌平縣）人。唐朝官員。傳見《舊唐書》卷七四、《新唐書》卷九八。　王珪：人名。扶鳳郿（今陝西眉縣）人。唐朝官員，名相。傳見《舊唐書》卷七〇、《新唐書》卷九八。　劉洎：人名。荆州江陵（今湖北江陵縣）人。唐朝官員。傳見《舊唐書》卷七四、《新唐書》卷九九。

[2]漢高：即劉邦。沛（今江蘇沛縣）人。西漢王朝建立者。紀見《史記》卷八。　彭城：縣名。治所在今江蘇徐州市。　項籍：人名。即項羽。泗水郡下相（今江蘇宿遷市）人。秦末政治家、軍事家。紀見《史記》卷七、傳見《漢書》卷三一。

[3]英布：人名。九江郡六縣（今安徽六安市）人。秦末漢初將領，本爲項羽大將，後歸附劉邦，輔佐劉邦打敗項羽。傳見《史記》卷九一、《漢書》卷三四。　白登之圍：漢高祖七年（前200）劉邦被匈奴圍困於白登山（今山西省大同市東北馬鋪山），後採納陳平之計，重賂匈奴閼氏，在閼氏勸説下，始得突圍。　柏仁：地名。位於今河北隆堯縣。

[4]太宗文皇帝：即唐太宗李世民。626年至649年在位。通過"玄武門之變"掌權。在位期間，虚心納諫，文治武功，開創"貞觀之治"。紀見《舊唐書》卷二至卷三、《新唐書》卷二。　高

祖：即唐高祖李淵。唐朝建立者。618 年至 626 年在位。紀見《舊唐書》卷一、《新唐書》卷一。　京口：地名。位於今江蘇鎮江市。

[5]武王：即周武王姬發。西周王朝開國君主。事見《史記》卷四。　句踐：人名。春秋越國君主。世家見《史記》卷四一。

[6]上元：唐肅宗年號（760—761）。　延英殿：宮殿名。位於今陝西西安市。

[7]“二年”至“先瀆宸聰”：明本《册府》卷三一四宰輔部獻猷門。《輯本舊史》卷四七《唐末帝紀中》清泰二年七月丁巳條略同，並載有末帝詔書，可參看。

三年夏，晉祖引契丹拒命，[1]既而大軍挫衄，官寨受圍。八月，帝親征，過徽陵，拜於闕門，休於仗舍。文紀扈從，帝顧謂之曰：“朕聞主憂臣辱，予自鳳翔來，首命卿爲宰相，[2]聽人所論，將謂便致太平，今寇孽紛紛，今萬乘自行戰賊，於汝安乎？”文紀惶恐致謝。時末帝季年，天奪其魄，聲言救寨，其實倦行。初次河陽，召文紀、張延朗謀議。[3]文紀曰：“敵騎倏往忽來，無利則去，大寨牢固，足以枝梧，況已有三處救兵，可以一戰而解，使人督促，責以成功，輿駕且駐河橋，詳觀事勢。況地處舟車之要，正當天下之心，必若未能解圍，去亦非晚。”會延朗與趙延壽款密，傍奏曰：“文紀之言是也。”故令延壽北行，末帝坐俟其敗。[4]

[1]晉祖：即後晉高祖石敬瑭。沙陀族，太原（今山西太原市）人。五代後晉開國君主。在位期間割華北北部幽、雲諸州於契丹。紀見本書卷七五至卷八〇、《新五代史》卷八。　契丹：古部族、政權名。公元 4 世紀中葉宇文部爲前燕攻破，始分離而成單獨

的部落，自號契丹。唐貞觀中，置松漠都督府，以其首領爲都督。唐末强盛，916年迭剌部耶律阿保機建立契丹國（遼）。先後與五代、北宋並立，保大五年（1125）爲金所滅。参見張正明《契丹史略》，中華書局1979年版。

[2]徽陵：五代後唐明宗李嗣源陵墓。位於今河南新安縣。後晉石敬瑭將後唐愍帝（閔帝）、李從榮、李重吉皆祔葬於此。　鳳翔：方鎮名。治所在鳳翔府（今陝西鳳翔縣）。

[3]河陽：方鎮名。簡稱"河陽"。治所在孟州（今河南孟州市）。　張延朗：人名。汴州（今河南開封市）人。五代後唐大臣，歷任三司使、宰相。傳見本書卷六九、《新五代史》卷二六。

[4]趙延壽：人名。常山（今河北正定縣）人。本姓劉，爲後唐將領趙德鈞養子。仕至後唐樞密使，遼朝幽州節度使、燕王。傳見本書卷九八。　"三年夏"至"末帝坐俟其敗"：《大典》卷一七九一〇"相"字韻"五代後梁相、後唐相"事目。"帝親征"，中華書局本有校勘記："'帝'字原闕，據《册府》卷三三六補。"見《宋本册府》卷三三六《宰輔部·識闇門》。"過徽陵"，《輯本舊史》之影庫本粘籤："'徽陵'，原本作'暉陵'，今從《五代會要》改正。""今寇孽紛紛"，中華書局本有校勘記："'今'字原闕，據《册府》卷三三六補。""可以一戰而解"，中華書局本有校勘記："'一'原作'不'，據《册府》卷三三六補。"《舊五代史考異》："案：《歐陽史》作文紀勸帝扼橋自守，不聽。據《薛史》，帝因文紀之言而罷親征，非不聽也。"亦見明本《册府》卷三三四《宰輔部·謯讓門》及卷三三六《宰輔部·識闇門》，《通鑑》卷二八〇清泰三年（936）九月條。《宋本册府》卷一四五《帝王部·弭災門三》唐末帝條清泰三年五月庚午："詔曰：'時雨稍愆，頗傷農稼，分命朝臣祈禱。'居數日，以庶官禱請不虔，乃命宰臣文紀禱太微宫，姚顗崇道宫，馬裔孫請宫嵩嶽，又無雨。末帝問宰臣愆伏之故。文紀等奏曰：'愆伏之本，《洪範》有其説。若考校往代，理義相違。臣等思之，此蓋時數，若求於政失，則兵戰之氣生陰

霖，擾攘之氣生蝗旱，稍近理也。自頃皇祚甫寧，徵求過當，雖宸念疚心，事不獲已，無足論其變沴也。’末帝俯首而已。”明本《册府》卷三三一《宰輔部·退讓門》：“文紀……三表乞骸，不允。疾損，中興殿見，末帝存問，文紀曰：‘臣器能淺薄，復衰年多疾，精神咸耗，自惟無以報效鴻恩，致國家通泰，所以回避重權，冀養餘年，是以繼有章疏啓陳。聖眷未容瀝懇，臣安偃蹇求便。必望聖慈放臣醫藥，幸也！’”

文紀三表乞骸，不允。疾損，中興殿見，末帝存問。[1]文紀曰：“臣器能淺薄，復衰年多疾，精神咸耗。自惟無以報效鴻私，致國家通泰。所以迴避重權，冀養餘年，是以繼有章疏啓陳。聖眷未容瀝懇，臣安偃蹇求便。必望聖慈放臣醫藥，幸也！”[2]

[1]中興殿：宫殿名。位於今河南洛陽市。

[2]“文紀三表乞骸”至“幸也”：明本《册府》卷三三一《宰輔部·退讓門二》。

晋祖入洛，罷相爲吏部尚書，再遷太子少傅。少帝嗣位，改太子太傅。[1]

[1]洛：地名。即洛陽。位於今河南洛陽市。　吏部尚書：官名。尚書省吏部最高長官，與二侍郎分掌六品以下文官選授、勳封、考課之政令。正三品。　太子少傅：官名。與太子少保、太子少師合稱“三少”，唐後期、五代多爲大臣、勳貴加官。從二品。　少帝：即後晋少帝石重貴。石敬瑭從子。紀見本書卷八一至卷八五、《新五代史》卷九。　太子太傅：官名。與太子太師、太子太

保統稱太子三師。隋唐以後多作加官或贈官。從一品。　“晋祖入洛”至“改太子太傅”：《大典》卷一七九一〇“相”字韻“五代後梁相、後唐相”事目。《輯本舊史》卷七六《晋高祖紀二》天福元年（936）十二月庚子條：“以舊相盧文紀爲吏部尚書。”同卷天福二年夏五月戊寅：“以吏部尚書盧文紀爲太子少傅。”卷八三《晋少帝紀三》開運元年（944）八月甲辰條：“太子少傅盧文紀改太子太傅。”

漢祖登極，轉太子太師。[1]時朝官分司在洛，雖有留臺御史，[2]紀綱亦多不整肅，遂敕文紀別令檢轄。侍御史趙礪及糾分司朝臣中有行香拜表疏怠者，楊邠怒，凡疾病不任朝謁者，皆與致仕官。時文紀別令檢轄之職，頗甚滋章，因疾請假，復爲留臺所奏，遂以本官致仕。[3]

[1]漢祖：即後漢高祖劉知遠。紀見本書卷九九至卷一〇〇、《新五代史》卷一〇。　太子太師：官名。與太子太傅、太子太保統稱太子三師。隋唐以後多作加官或贈官。從一品。

[2]留臺：西京留守司的别稱。

[3]侍御史：官名。秦始置。掌糾舉百官，推鞫獄訟。從六品下。　趙礪：人名。籍貫不詳。五代官員。事見本書卷八八、卷一〇二、卷一四七。　楊邠：人名。魏州冠氏（今山東冠縣）人。五代後漢時任樞密使、宰相。傳見本書卷一〇七、《新五代史》卷三〇。　“漢祖登極”至“遂以本官致仕”：《大典》卷一七九一〇“相”字韻“五代後梁相、後唐相”事目。《舊五代史考異》：“《歐陽史》，周太祖入立，即拜司空于家。”《輯本舊史》卷一〇〇《漢高祖紀下》天福十二年（947）冬十月癸未條：“以太子太傅盧文紀爲太子太師。”《宋本册府》卷五二〇下《憲官部・彈

劾門三》記趙礪上言甚詳。蓋因文紀奉命檢轄而乖於大體，趙礪嫉之，故有是奏，欲稱過於文紀也。

廣順元年夏卒，年七十六。贈司徒，輟視朝二日。[1]文紀平生積財巨萬，及卒，爲其子龜齡所費，不數年間，以至蕩盡，由是多藏者以爲誡焉。[2]《永樂大典》卷一萬七千九百一十。

[1]廣順：五代後周太祖郭威年號（951—953）。　司徒：官名。與太尉、司空並爲三公，唐後期、五代多爲大臣、勳貴加官。正一品。　輟視朝：又稱輟朝、廢朝。古代帝王遇親喪或文武大臣病故，停止視朝數日，以示哀悼。

[2]龜齡：人名。即盧龜齡。事跡不詳。　“廣順元年夏卒”至“由是多藏者以爲誡焉”：《大典》卷一七九一〇“相”字韻“五代後梁相、後唐相”事目。《輯本舊史》卷一一一《周太祖紀二》廣順元年三月丙子條：“以……太子太師致仕盧文紀爲司空……依前致仕。”

馬裔孫

馬裔孫，字慶先，棣州滴河人。[1]唐閔帝應順元年二月，[2]移末帝鎮太原，是時不降制書，唯以宣授而已。末帝聞之，召賓佐將吏以謀之，皆曰：“主上年幼，未親庶事，軍國大政悉委朱弘昭等，[3]王必無保全之理。”判官馬裔孫曰：[4]“君命召，不俟駕行焉。諸君凶言，非令圖也。”是夜，末帝令李專美草檄求援諸道，欲誅君側之惡。[5]唐末帝即位，用爲翰林學士、户部郎中、知制誥、賜金紫。[6]未滿歲，改中書舍人、禮部侍郎，皆帶禁職。尋拜中書侍郎、平章事。[7]

[1]棣州：州名。治所在今山東惠民縣。　滳河：縣名。治所在今山東商河縣。　“馬裔孫”至“棣州滳河人”：《大典》卷一七九一〇“相”字韻“五代後梁相、後唐相”事目。《輯本舊史》之原輯者案語：“以下原本有闕文。”亦見《宋本册府》卷八四一《總録部·文章門》。

[2]唐閔帝：即五代後唐愍帝李從厚。明宗李嗣源第三子。生於太原，小字菩薩奴。長興元年（930）封宋王，移鎮鄴都。明宗死後即位，改元應順。潞王李從珂反於鳳翔，愍帝出逃至衛州，被廢爲鄂王，尋被縊殺。紀見本書卷四五、《新五代史》卷七。　應順：後唐愍帝（閔帝）李從厚年號（934）。

[3]朱弘昭：人名。太原（今山西太原市）人。五代後唐明宗朝樞密使、宰相。傳見本書卷六六、《新五代史》卷二七。

[4]判官：官名。唐、五代方鎮僚屬，位在行軍司馬下。分掌使衙内各曹事，並協助使職官員通判衙事。

[5]李專美：人名。京兆萬年（今陝西西安市長安區）人。五代後梁、後唐、後晋官員。傳見本書卷九三。　“唐閔帝應順元年二月”至“欲誅君側之惡”：明本《册府》卷一一《帝王部·繼統門》。

[6]翰林學士：官名。由南北朝始設之學士發展而來，唐玄宗改翰林供奉爲翰林學士，備顧問、代王言。掌拜免將相、號令征伐等詔令的起草。　户部郎中：官名。即尚書省户部户部司郎中。掌户口、土田、賦役、貢獻、優復、婚姻、繼嗣等事。從五品上。知制誥：官名。掌起草皇帝的詔、誥之事，原爲中書舍人之職。唐開元末置學士院，翰林學士入院一年，則加知制誥銜，專掌任免宰相、册立太子、宣布征伐等特殊詔令，稱爲内制。而中書舍人所撰

擬的詔敕稱爲外制。兩種官員總稱兩制。

[7]中書舍人：官名。中書省屬官。掌起草文書、呈遞奏章、傳宣詔命等。正五品上。　禮部侍郎：官名。尚書省禮部次官。協助禮部尚書掌禮儀、祭享、貢舉之政。正四品下。　“唐末帝即位”至“尋拜中書侍郎、平章事”：《大典》卷一七九一〇“相”字韻“五代後梁相、後唐相”事目。《輯本舊史》卷四六《唐末帝紀上》清泰元年（934）四月丁亥條：“以觀察判官馬裔孫爲翰林學士。”《輯本舊史》卷四七《唐末帝紀中》清泰二年五月丙辰條：“以翰林學士馬裔孫爲禮部侍郎。”卷四八《唐末帝紀下》清泰三年三月丙午條：“以翰林學士、禮部侍郎馬裔孫爲中書侍郎、同平章事。”

裔孫純儒，性多凝滯，遽登相位，未悉朝廷舊事。初，馮道罷同州入朝，拜司空。[1]唐朝故事，三公爲加官，無單拜者，是時朝議率爾命道，制出，或曰“三公正宰相，便合參大政”；又云“合受册”。衆言籍籍。盧文紀又欲祭祀時便令掃除，[2]馮道聞之曰：“司空掃除，職也，吾無所憚。”既而知非乃止。劉昫爲僕射，性剛，群情嫉之，乃共贊右散騎常侍孔昭序論行香次第，言：“常侍侍從之臣，行立合在僕射之前。”疏奏，下御史臺定例。[3]同光已來，李琪、盧質繼爲僕射，[4]質性輕脱，不能守師長之體，故昭序輕言。裔孫以群情不悦劉昫、馮道，欲微抑之，乃責臺司，須檢則例，而臺吏言：“舊不見例，據南北班位，即常侍在前。”俄屬國忌，將就列，未定，裔孫即判臺狀曰：“既有援據，足可遵行，各示本官。”劉昫怒，揮袂而退。自後日責臺司定例。崔居儉謂南宫同列曰：“從昭序言語，是朝廷人總不解語也。且僕射師長也，中丞大夫就班修敬，常侍班在南宮六卿之下，況僕射乎。已前騎省年深，望南宮工部侍郎如仰霄漢，癡人舉止，何取笑之深耶!"[5]衆聞居儉言，紛議稍息。文士哂裔孫堂判有"援據"二字，其中書百職，裔孫素未諳練，無能專决，但署名而已。又少見賓客，時人目之謂"三不開"，謂口不開、印不開、門不開也。[6]

[1]馮道：人名。瀛州景城（今河北滄縣）人。五代時官拜宰相，歷仕後唐、後晉、後漢、後周，亦曾臣服於契丹。傳見本書卷一二六、《新五代史》卷五四。　同州：州名。治所在今陜西大荔縣。　司空：官名。與太尉、司徒並爲三公。唐後期、五代多爲大臣、勳貴加官。正一品。

[2]盧文紀：人名。京兆萬年（今陜西西安市長安區）人。唐末進士，五代大臣。傳見本書本書本卷、《新五代史》卷五五。

[3]劉昫：人名。涿州歸義縣（今河北容城縣）人。五代後晉大臣，曾任宰相、監修國史，領銜撰進《舊唐書》。傳見本書卷八九、《新五代史》卷五五。　僕射：官名。秦始置。隋、唐前期以左、右僕射佐尚書令總理六官，綱紀庶務，如不置尚書令，則總判省事，爲宰相之職。唐後期多爲大臣加銜。從二品。　右散騎常侍：官名。中書省屬官。掌侍奉規諷，備顧問應對。正三品下。　孔昭序：人名。籍貫不詳。五代後唐官員。事見本書本卷。　御史臺：官署名。秦漢始置。古代國家的監察機構。掌糾察官吏違法、肅正朝廷綱紀。大事廷辯，小事奏彈。

[4]李琪：人名。河西敦煌（今甘肅敦煌市）人。五代後梁、後唐官員。傳見本書卷五八、《新五代史》卷五四。　盧質：人名。河南（今河南洛陽市）人。五代大臣。傳見本書卷九三、《新五代史》卷五六。

［5］南宫：尚書省的别稱。　中丞大夫：官名。即御史中丞。如不置御史大夫，則爲御史臺長官。掌司法監察。正四品下。　騎省：左、右散騎常侍的别名。　工部侍郎：官名。尚書省工部次官。協助尚書掌管百工、山澤、水土之政令，考其功以昭賞罰，總所同各司之事。正四品下。

［6］“裔孫純儒”至“門不開也”：《大典》卷一七九一〇“相”字韻“五代後梁相、後唐相”事目。“乃共贊右散騎常侍孔昭序論行香次第”，中華書局本有校勘記：“‘散騎’二字原闕，據《職官分紀》卷八引《五代史》、《新五代史》卷五五《馬裔孫傳》補。”《輯本舊史》卷四八《唐末帝紀下》清泰三年（936）五月：“戊戌，昭義奏，河東節度使石敬瑭叛……壬寅，削奪石敬瑭官爵，便令張敬達進軍攻討……敬瑭上章云：‘明宗社稷，陛下纂承，未契輿情，宜推令辟。許王先朝血緒，養德皇闈，儻循當璧之言，免負鬩牆之議。’末帝覽奏不悦，手攘抵地，召裔孫草詔報曰：‘父有社稷，傳之於子；君有禍難，倚之於親。卿于鄂王，故非疎遠。往歲衛州之事，天下皆知；今朝許王之言，人誰肯信！英賢立事，安肯如斯’云。”

及太原事起，唐末帝幸懷州，裔孫留司在洛。未幾，趙德鈞父子有異志，官呰危急，君臣計無所出。俄而裔孫自洛來朝，衆相謂曰：“馬相此來，必有安危之策。”既至，獻綾三百匹，卒無獻可之言。晋祖受命，廢歸田里。[1]

［1］懷州：州名。治所在今河南沁陽市。　趙德鈞：人名。幽州（今北京市）人。初爲幽州節度使劉守光部將，後爲後唐、遼國將領。傳見本書卷九八。　“及太原事起”至“廢歸田里”：《大典》卷一七九一〇“相”字韻“五代後梁相、後唐相”事目。《輯

本舊史》之影庫本粘籤："懷州原本作'惟州'，今從《通鑑》改正。"明本《册府》卷三三六《宰輔部·識闇門》載此更詳，可參看。

裔孫好古，慕韓愈之爲人，尤不重佛。[1]及廢居里巷，追感唐末帝平昔之遇，乃依長壽僧舍讀佛書，冀申冥報，歲餘枕籍黄卷中，有《華嚴》《楞嚴》，[2]詞理富贍，繇是酷賞之，仍抄録事相，形於歌詠，謂之《法喜集》。又纂諸經要言爲《佛國記》，凡數千言。或嘲之曰："公生平以傅奕、韓愈爲高識，[3]何前倨而後恭，是佛佞公耶？公佞佛耶？"裔孫笑而答曰："佛佞予則多矣。"李崧相晋，用李專美爲贊善，裔孫以賓客致仕，[4]專美轉少卿，裔孫得太子詹事。[5]晋、漢公卿以裔孫好爲文章，皆忻然待之。[6]

[1]韓愈：人名。河陽（今河南孟州市）人，祖籍昌黎（今河北昌黎縣）。唐中葉官員、文學家。傳見《舊唐書》卷一六〇、《新唐書》卷一七六。

[2]《華嚴》《愣嚴》：均爲佛教經典。

[3]傅奕：人名。相州鄴（今河北臨漳縣）人。唐代學者。傳見《舊唐書》卷七九。

[4]李崧：人名。深州饒陽（今河北饒陽縣）人。五代後晋宰相，歷仕後唐至後漢。傳見本書卷一〇八、《新五代史》卷五七。　贊善：官名。左、右贊善大夫省稱。掌傳令，諷過失，贊禮儀，以經教授諸郡王。正五品上。　賓客：官名。即太子賓客。爲太子官屬。唐高宗顯慶元年（656）始置。掌侍從規諫、贊相禮儀。正三品。

［5］少卿：官名。唐代爲九寺（太常、光禄、衛尉、宗正、太僕、大理、鴻臚、司農、太府）的副長官。諸寺各置二人，其職爲協助九卿負責諸寺的具體事務。除太常少卿爲正四品上外，餘寺皆爲從四品上。　太子詹事：官名。掌領太子之詹事府，爲太子官屬之長。正三品。

［6］“裔孫好古”至“皆忻然待之”：《大典》卷一七九一〇“相”字韻“五代後梁相、後唐相”事目。“仍抄録事相”，中華書局本有校勘記：“‘録事’，原作‘撮之’，據《册府》卷八二一改。”“謂之《法喜集》”，中華書局本有校勘記：“‘法喜集’原作‘法善集’，據殿本、劉本、彭校、《册府》卷八二一、《新五代史》卷五五《馬裔孫傳》改。按《宋史》卷二〇五《藝文志四》、《通志》卷六七《藝文略》著録有《法喜集》二卷。”見《宋本册府》卷八二一《總録部·崇釋氏門》。《輯本舊史》卷八四《晋少帝紀四》開運二年（945）九月壬子條：“以太子賓客致仕馬裔孫爲太子詹事。”亦見《宋本册府》卷八四一《總録部·文章門五》。

太祖即位，就加檢校禮部尚書、太子賓客，分司在洛。每閉關養素，唯事謳吟著述，嗜八分書，往來酬答，必親劄以衒其墨迹。裔孫將卒之前，睹白虺緣於庭槐，驅之失所在。裔孫感賦鵩之文，作《槐蟲賦》以見志。[1]

［1］太祖：即五代後周開國皇帝郭威。邢州堯山（今河北隆堯縣）人。紀見本書卷一一〇至卷一一三、《新五代史》卷一一。　檢校禮部尚書：官名。爲散官或加官，以示恩寵加此官，無實際執掌。　八分書：漢隸的别名。　虺（huǐ）：古書上記載的一種毒蛇。　賦鵩（fú）：賈誼曾作《鵩鳥賦》以自傷，後因用“賦鵩”比喻遭貶或自傷不幸。　“太祖即位”至“作《槐蟲賦》以見

志”：《大典》卷一七九一〇“相”字韻“五代後梁相、後唐相”事目。“往來酬答”，中華書局本有校勘記：“‘往來’，殿本、《册府》卷八六一作‘題尺’。”見《宋本册府》卷八六一《總録部·筆札門》。《輯本舊史》卷一一一《周太祖紀二》廣順元年（951）春二月辛亥條：“以太子詹事馬裔孫爲太子賓客。”亦見《宋本册府》卷九五一《總録部·咎徵門二》。

廣順三年秋七月，卒於洛陽，詔贈太子少傅，輟視朝一日。裔孫初爲河中從事，因事赴闕，宿於邏店。其地有上邏神祠，夜夢神見召，待以優禮，手授二筆，其筆一大一小，覺而異焉。及爲翰林學士，裔孫以爲契鴻筆之兆。旋知貢舉，私自謂曰：“此二筆之應也。”洎入中書上事，堂吏奉二筆，熟視，大小如昔時夢中所授者。及卒後旬日，有侍婢靈語，一如裔孫聲氣，處分家事，皆有倫理，時人奇之。[1]《永樂大典》卷一萬七千九百一十。

[1]河中：府名。治所在今山西永濟市。　從事：泛指一般屬官。　邏店：地名。今地不詳。　“廣順三年秋七月”至“時人奇之”：《大典》卷一七九一〇“相”字韻“五代後梁相、後唐相”事目。“及爲翰林學士”，中華書局本有校勘記：“《御覽》卷六〇五引《五代史·周史》同，《册府》卷八九三作‘及潞王即位，以胤孫爲翰林學士’，《廣卓異記》卷七引《五代史》除‘胤孫’作‘公’外，餘同。”“大小如昔時夢中所授者”，中華書局本有校勘記：“《御覽》卷六〇五引《五代史·周史》、《職官分紀》卷三同，句下《册府》卷八九三有‘胤孫始悟冥數有定分也’十字’，《廣卓異記》卷七引《五代史》除‘胤孫’作‘公’外，餘同。”見

《宋本册府》卷八九三《總録部·夢徵門二》。《輯本舊史》卷一一三《周太祖紀四》廣順三年（953）秋七月癸未條："太子賓客馬裔孫卒。"

和凝

和凝，字成績，汶陽須昌人也。[1]九代祖逢堯，唐高宗時爲監察御史，[2]自逢堯之下，仕皆不顯。曾祖敞、祖濡，皆以凝貴，累贈太師。[3]父矩，贈尚書令。[4]矩性嗜酒，不拘禮節，雖素不知書，見士未嘗有慢色，必罄家財以延接。凝幼而聰敏，姿狀秀拔，神彩射人。少好學，書一覽者咸達其大義。年十七，舉明經，[5]至京師，忽夢人以五色筆一束以與之，謂曰："子有如此才，何不舉進士？"[6]自是才思敏贍，十九登進士第。[7]滑帥賀瓌知其名，[8]辟置幕下。

[1]汶陽：縣名。治所在今山東泰安市。　須昌：縣名。治所在今山東東平縣。

[2]逢堯：人名。即和逢堯。唐代大臣。傳見《舊唐書》卷一八五下、《新唐書》卷一二三。　唐高宗：即李治。649年至683年在位。唐太宗之子。紀見《舊唐書》卷四至卷五、《新唐書》卷三。　監察御史：官名。唐代屬御史臺之察院，掌監察中央機構、州縣長官及祭祀、庫藏、軍旅等事。唐中期以後，亦作爲外官所帶之銜。正八品下。

[3]敞：人名。即和敞。事跡不詳。　濡：人名。即和濡。事跡不詳。　太師：官名。與太傅、太保合稱三師，唐後期、五代多爲大臣、勳貴加官。正一品。

［4］矩：人名。即和矩。事跡不詳。　尚書令：官名。秦始置。隋、唐前期爲尚書省長官，與中書令、侍中並爲宰相。因以李世民爲之，後皆不授，唐高宗廢其職。唐後期以李適、郭子儀有功而特授此職，爲大臣榮銜，不參與政務。五代因之。唐時爲正二品，後梁開平三年（909）升爲正一品。

［5］明經：科舉考試科目之一。主要考察士人對經文的熟悉程度，也考時務策。

［6］子有如此才，何不舉進士：《宋本册府》卷八九三《總録部·夢徵門二》同。《太平御覽》卷六〇五《文部筆門》引《五代史·周史》作"子才可以舉進士"。

［7］十九登進士第：《澠水燕談録》卷六《貢舉》："和魯公凝，梁貞明三年薛廷珪下第十三人及第。"

［8］滑：州名。治所在今河南滑縣。　賀瓌：人名。濮陽（今河南濮陽市）人。五代後梁將領。傳見本書卷二三、《新五代史》卷二三。　滑帥賀瓌知其名：《輯本舊史》之影庫本粘籤："賀瓌，原本作'賀瓚'，今從《通鑑》改正。"檢《通鑑》原書，無和凝受知於賀瓌之記載。《宋本册府》卷八四六《總録部·善射門》："滑帥賀瓌知其名，辟置幕下。"

凝善射，時瓌與唐莊宗相拒於河上，戰胡柳陂，[1]瓌軍敗而北，唯凝隨之。瓌顧曰："子勿相隨，當自努力。"凝泣而對曰："大丈夫受人知，[2]有難不報，非素志也，但恨未有死所。"旋有一騎士來逐瓌，[3]凝叱之，不止，遂引弓以射，應弦而斃，瓌獲免。既而謂諸子曰："昨非和公，無以至此。和公文武全才而有志氣，後必享重位，爾宜謹事之。"遂以女妻之，由是聲望益隆。後歷鄆、鄧、洋三府從事。[4]

[1]唐莊宗：即李存勗。代北沙陀部人，五代後唐開國皇帝。紀見本書卷二七至卷三四、《新五代史》卷四至卷五。　胡柳陂：地名。位於今河南濮陽市。

[2]大丈夫受人知：中華書局本有校勘記："'大'字原闕，據《職官分紀》卷三九引《五代史》，《册府》卷七二五、卷八四六補。"

[3]騎士：明本《册府》卷七二五《幕府部·盡忠門》、《宋本册府》卷八四六《總録部·善射門》皆作"裨將"。

[4]鄆：州名。治所在今山東東平縣。　鄧：州名。治所在今河南鄧州市。　洋：州名。治所在今陝西洋縣。

唐天成中，入拜殿中侍御史。[1]歷禮部、刑部二員外，[2]改主客員外郎、知制誥，尋詔入翰林充學士，轉主客郎中充職，兼權知貢舉。[3]貢院舊例，放牓之日，[4]設棘於門及閉院門，以防下第不逞者。凝令徹棘啓門，是日寂無喧者，所收多才名之士，[5]時議以爲得人，明宗益加器重。[6]遷中書舍人、工部侍郎，皆充學士。[7]

[1]殿中侍御史：官名。三國魏始置。唐前期屬御史臺之殿院，掌宫門、庫藏及糾察殿庭供奉朝會儀式，及分掌左、右巡，負責京師治安、京畿軍兵。唐後期常爲外官所帶憲銜。從七品下。

[2]禮部、刑部二員外：禮部員外，官名。尚書省禮部頭司禮部司禮部郎中的副職。協助禮部郎中掌禮樂、學校、衣冠、符印、表疏、圖書、册命、祥瑞、鋪設，及百官、宫人喪葬贈賻之數。從六品上。刑部員外，官名。尚書省刑部頭司刑部司刑部郎中的副職。協助刑部郎中掌司法及審覆大理寺及州府刑獄。從六品上。
歷禮部、刑部二員外：《輯本舊史》卷三九《唐明宗紀五》天成三年（928）十一月庚寅條："禮部員外郎和凝奏：'應補齋郎並須引

驗正身，以防僞濫。舊例，使蔭一任官補一人，今後改官須轉品即可，如無子，許以親姪繼限，念書十卷，試可則補。’從之。”《宋本册府》卷六四二《貢舉部·條制門四》：“（長興二年）六月，刑部員外郎和凝奏：‘臣竊見明法一科，久無人應，今應令請減其選限，必當漸有舉人。謹按考課令，諸明法試律令十條，以識達義理、問無疑滯者爲通。所貴懸科待士，自勤講學之功，爲官擇人，終免曠遺之咎。況當明代，宜舉此科。’敕旨：‘宜昇明法一科，同《開元禮》選數，兼赴舉之時，委貢院别奏請，會刑法試官，依格例考試。’”

[3]主客員外郎：官名。主客郎中的副職。佐長官郎中掌接待外國使臣等事。從六品上。　主客郎中：官名。尚書省禮部主客司長官。掌接待外國使臣等事。從五品上。　權知貢舉：官名。唐始置，爲主持禮部會試的考官。　兼權知貢舉：《宋本册府》卷六四二《貢舉部·條制門四》：“（長興）四年二月，知貢舉和凝奏：‘舉人就試日，請皇城司差人於院門前聽察。舉人挾帶文書入院，請殿將來舉數，自一舉至三舉。放榜後，及第人看榜訖，便綴行於五鳳樓前，謝恩後，赴國學謝先師。舊例，侵星張榜訖，貢舉考試官便出院，蓋恐人榜下喧訴。今年請放榜後，貢舉官已下至晚出。’敕旨：‘五鳳樓前，非舉子謝恩之所，令於朝堂謝訖，即赴國學。試日宜令御史臺差人，院司聽察，放榜日，至晚出院。此後永爲定制，餘並依奏。’”

[4]放牓之日：中華書局本有校勘記：“‘放’，原作‘改’，據殿本、劉本、邵本校、彭本、《册府》卷六五一、《職官分紀》卷一〇、《新五代史》卷五六《和凝傳》改。”

[5]所收多才名之士：《宋本册府》卷六五一《貢舉部·清正門》“收”作“放”。

[6]時議以爲得人：中華書局本引《舊五代史考異》：“案《澠水燕談録》云：范質初舉進士，時和凝知貢舉，凝嘗以宰輔自期，登第之日，名第十三人，及覽質文，尤加賞歎，即以第十三名處

之，場屋間謂之‘傳衣鉢’，若禪宗之相付授也。後質果繼凝登相位。”《澠水燕談録》卷六貢舉條：“後唐長興四年，（和凝）知貢舉，獨愛范魯公質程文，語范曰：‘君文合在第一，輒屈居第十三人，用傳老夫衣鉢。’時以爲榮。其後相繼爲相，當時有贈詩者曰：‘從此廟堂添故事，登庸衣鉢盡相傳。’”《宋史》卷二四九《范質傳》同。《新五代史》卷五六《和凝傳》：“唐故事，知貢舉者所放進士，以己及第時名次爲重。凝舉進士及第時第五，後知舉，選范質爲第五。”所記和凝及第名次，與諸書異。另，《宋史》卷二六三《劉熙古傳》：“後唐長興中，（熙古）以三傳舉。時翰林學士和凝掌貢舉，熙古獻《春秋極論》二篇、《演例》三篇，凝甚加賞，召與進士試，擢第，遂館於門下。”同書卷三〇六《張去華傳》：“長興中，和凝掌貢舉，（張）誼舉進士，調補耀州團練推官。”明宗：即李嗣源。沙陀部人，應州金城（今山西應縣）人。李克用養子，逼宫李存勖後自立爲後唐皇帝。紀見本書卷三五至卷四四、《新五代史》卷六。

［7］“遷中書舍人”至“皆充學士”：《輯本舊史》卷四七《唐末帝紀中》清泰二年（935）十二月壬午條：“翰林學士、中書舍人和凝爲工部侍郎，並依前充職。”《宋本册府》卷五五三《詞臣部·獻替門二》：“和凝初仕後唐，末帝清泰二年，爲翰林學士，上言：……其諸處屯戍兵士，令太醫署修合傷寒、時氣、瘧痢等藥，量事給付。大軍主掌，以給有病士卒之家。百姓亦準醫疾，令合和藥物，救其貧户。兼請依本朝州置醫博士，令考尋醫方，合和藥物，以濟部人。其御制《廣濟》《廣利》等方書，亦請翰林醫官重校定，頒行天下。”《通鑑》卷二八〇天福元年（清泰三年）九月條：“帝（唐末帝）議近臣可使北行者，張延朗與翰林學士須昌和凝等皆曰：“趙延壽父德鈞以盧龍兵來赴難，宜遣延壽會之。”

晉有天下，拜端明殿學士，[1]兼判度支，轉户部侍郎，[2]會廢端明之職，復入翰林充承旨。[3]晋祖每召問以時事，言皆稱旨。五年，拜中書侍郎、平章事。[4]六年秋，晋高祖將幸鄴都，時襄州安從進反狀已彰，[5]凝乃奏曰："車駕離闕，安從進或有悖逆，何以待之？"晋高祖曰："卿意如何？"凝曰："以臣料之，先人有奪人之心，臨事即不及也。欲預出宣敕十數道，密付開封尹鄭王，[6]令有緩急即旋填將校姓名，令領兵擊之。"晋高祖從之。及聞唐、鄧奏報，鄭王如所敕，遣騎將李建崇、監軍焦繼勳等領兵討焉，相遇於湖陽，從進出於不意，甚訝其神速，以至於敗，由凝之力也。[7]少帝嗣位，加右僕射。[8]開運初，罷相守本官。[9]未幾，轉左僕射。[10]

[1]端明殿學士：官名。五代後唐明宗始置，以翰林學士充任，負責誦讀四方書奏。　拜端明殿學士：《輯本舊史》卷七六《晋高祖紀二》天福二年（937）正月庚申條："以翰林學士、工部侍郎和凝爲禮部侍郎，依前充職。"同年六月丁酉條："翰林學士、禮部侍郎和凝改端明殿學士。"《通鑑》卷二八一天福二年六月條："以翰林學士、禮部侍郎和凝爲端明殿學士。凝署其門，不通賓客。前耀州團練推官襄邑張誼致書于凝，以爲'切近之職，爲天子耳目，宜知四方利病，奈何拒絶賓客！雖安身爲便，如負國何！'凝奇之，薦於桑維翰，未幾，除左拾遺。"

[2]度支：財政官署。掌管天下租賦物産，歲計所出而支調之，故名。安史亂後，因軍事供應浩繁，以宰相爲度支使，由户部尚書、侍郎或他官兼領度支事務，稱度支使或判度支、知度支事，權任極重，與鹽鐵使、判户部或户部使合稱"三司"。　户部侍郎：官名。尚書省户部次官。協助户部尚書掌天下田户、均輸、錢穀之政令。正四品下。　兼判度支，轉户部侍郎：《輯本舊史》卷七七

《晋高祖紀三》天福三年正月丙寅條：“端明殿學士、禮部侍郎和凝兼判度支。”同年十一月戊申條：“端明殿學士、尚書禮部侍郎、判度支和凝改尚書户部侍郎充職。”

[3]承旨：官名。爲翰林學士之首。掌拜免將相、號令征伐等詔令的起草。《舊唐書》卷四三《職官志二・翰林院》：“例置學士六人，内擇年深德重者一人爲承旨，所以獨承密命故也。” 復入翰林充承旨：《輯本舊史》卷七八《晋高祖紀四》天福四年四月甲申條：“以端明殿學士、户部侍郎和凝爲翰林學士承旨。”同年八月丙辰條：“司天監馬重績等進所撰新曆，降詔褒之，詔翰林學士承旨和凝制序，命之曰《調元曆》。”同書卷七九《晋高祖紀五》天福五年六月癸亥（二九）條：“道士崇真大師張薦明賜號通玄先生。是時帝好《道德經》，嘗召薦明講説其義，帝悦，故有是命。尋令薦明以《道》《德》二經雕上印板，命學士和凝别撰新序，冠于卷首，俾頒行天下。”

[4]拜中書侍郎、平章事：《輯本舊史》卷七九《晋高祖紀五》天福五年九月丁卯（初五）條：“以翰林學士承旨、户部侍郎和凝爲中書侍郎、平章事。”

[5]鄴都：地名。治所在今河北大名縣。五代後唐同光元年(923)改魏州爲興唐府，建號東京。三年，改東京爲鄴都。 襄州：州名。治所在今湖北襄陽市。 安從進：人名。索葛部人。五代後唐、後晋將領。傳見本書卷九八、《新五代史》卷五一。 時襄州安從進反狀已彰：《輯本舊史》之影庫本粘籤：“安從進，原本作‘縱進’，今從《歐陽史》改正。”見《新五代史》卷五六《和凝傳》。

[6]開封尹：官名。即開封府尹。五代除後唐外均都汴州，升汴州爲開封府，置開封尹或知開封府事。執掌京師政務。從三品。 鄭王：即後晋出帝石重貴。

[7]唐：州名。治所在今河南唐河縣。 騎將：騎兵將領。 李建崇：人名。潞州（今山西長治市）人。五代後唐至後周將領。傳見本書卷一二九。 監軍：官名。爲臨時差遣，代表朝廷協理軍

務、督察將帥。唐、五代時常以宦官爲監軍。　焦繼勳：人名。許州長社（今河南許昌市）人。五代、宋初將領。傳見《宋史》卷二六一。　湖陽：縣名。治所在今河南唐河縣。　“凝乃奏曰”至“由凝之力也”：中華書局本引《舊五代史考異》：“案：《洛陽縉紳舊聞記》作已命高行周爲招討，張從恩爲都監，仍令焦繼勳等數人備指使。是晉祖未北征，已命將校矣，與《薛史》異。”《洛陽縉紳舊聞記》卷一襄陽事條：“張從恩相公，晉祖時爲宣徽南院使。時鎮州安重榮叛，晉祖將征之，行有日矣。張相中夜思之，若聖駕北征，安王從進在襄陽，已有跋扈之狀，恐朝廷無備。來日朝退求見，遂以襄州爲請，且曰：‘安從進若乘虚來襲京師，即陛下何以爲備？’晉祖曰：‘卿未知爾，今已命高行周爲招討，用卿爲都監，仍命高勳、焦繼勳等數人備指使。’張聞晉祖言已有備，正與己意合，且上命已護其師旅，不敢辭讓，因陳請數事，皆允之。先發騎將郭金海部領三千餘騎，往唐州駐泊，焦繼勳等數人亦同是行。晉祖纔發京師，襄陽安從進果叛。”

［8］加右僕射：《輯本舊史》卷八一《晉少帝紀一》天福七年八月甲子條：“和凝加右僕射。”同年九月乙酉條：“宰臣和凝上《迴河頌》，賜鞍馬器帛。”同書卷八〇《晉高祖紀六》：“以其年（天福七年）十一月十日庚寅，葬於顯陵，宰臣和凝撰謚册哀册文。”同書卷八二《晉少帝紀二》天福八年十月癸酉條：“命使攝太尉、右僕射、平章事和凝，使副攝司徒、給事中邊光範追册故魏國夫人張氏爲皇后，奉寶册至西莊影殿行禮，鹵簿儀仗如式。”《宋本册府》卷八二一《總録部·崇釋氏門》：“和凝爲右僕射、平章事，天福末，奏：‘臣滑州捨宅爲僧院，便令親妹尼福因往彼住持，乞頒名額，兼賜紫衣。’敕：‘以悟真禪院爲名，福因宜賜紫衣。’”《輯本舊史》卷八三《晉少帝紀三》開運元年（944）七月己丑條：“宰臣李崧、和凝進封爵邑。”同書卷八四《晉少帝紀四》開運二年五月壬子條：“宰臣桑維翰、劉昫、李崧、和凝並加階爵。”

［9］開運：五代後晉出帝石重貴年號（944—946）。　罷相守

本官：《輯本舊史》卷八四《晉少帝紀四》開運二年八月丙寅條：“宰臣和凝罷相，守右僕射。以樞密使馮玉爲中書侍郎、平章事，使如故。”開運三年二月甲子條：“右僕射和凝逐月别給錢五萬、傔糧芻粟等，優舊相也。”

[10]轉左僕射：《輯本舊史》卷八五《晉少帝紀五》開運三年十一月庚寅條：“以右僕射和凝爲左僕射。”同書卷一三七《契丹傳》：“（天福十二年正月）七日，（耶律）德光復自赤崗入居於大内，分命使臣於京城及往諸道括借錢帛。僞命以李崧爲西廳樞密使，以馮道爲太傅，以左僕射和凝及北來翰林學士承旨張礪爲宰相。”

漢興，授太子太保。[1]國初，[2]遷太子太傅。[3]顯德二年秋，以背疽卒於其第，[4]年五十八。輟視朝兩日，詔贈侍中。[5]

[1]太子太保：官名。與太子太師、太子太傅統稱太子三師。隋唐以後多作加官或贈官。從一品。　授太子太保：《輯本舊史》卷一〇〇《漢高祖紀下》天福十二年（947）九月己卯條：“以前樞密使李崧爲太子太傅，以前左僕射和凝爲太子太保。”

[2]國初：殿本、劉本同。彭校作“周初”。

[3]遷太子太傅：《輯本舊史》卷一一一《周太祖紀二》廣順元年二月癸卯條：“以太子太保和凝爲太子太傅。”《舊五代史考異》：“案：《歐陽史》作‘漢高祖時，拜太子太傅’，據《薛史》，凝在漢爲太子太保，入周方爲太子太傅。”《新五代史》卷五六《和凝傳》：“漢高祖時，拜太子太傅，封魯國公。”《新五代史》謂凝於後漢時已拜太子太傅，誤。然《輯本舊史》本傳無凝封魯國公事，疑有脱文。

[4]顯德：五代後周太祖郭威年號（954）。世宗柴榮、恭帝柴

宗訓沿用（954—960）。　以背疽卒於其第：《輯本舊史》卷一一五《周世宗紀二》顯德二年（955）七月戊辰條："太子太傅、魯國公和凝卒。"

[5]侍中：官名。秦始置。隋、唐前期爲門下省長官。唐後期多爲大臣加銜，不參與政務，實際職務由門下侍郎執行。正二品。

凝性好修整，自釋褐至登台輔，車服僕從，必加華楚，進退容止偉如也。又好延納後進，士無賢不肖，皆虛懷以待之，或致其仕進，故甚有當時之譽。平生爲文章，長於短歌艷曲，[1]尤好聲譽。有集百卷，自篆於板，模印數百帙，分惠於人焉。[2]

[1]長於短歌艷曲：中華書局本有校勘記："'長'字原闕，據殿本、劉本、孔本校、彭校補。"

[2]"有集百卷"至"分惠於人焉"：中華書局本引《舊五代史考異》："案《宋朝類苑》：和魯公凝有艷詞一編，名《香奩集》，凝後貴，乃嫁其名爲韓偓，今世傳韓偓《香奩集》，乃凝所爲也。凝生平著述，分爲《演綸》《遊藝》《孝悌》《疑獄》《香奩》《籯金》六集，自爲《遊藝集序》云：'予有《香奩》《籯金》二集，不行於世。'凝在政府避議論，諱其名，又欲後人知，故于《遊藝集序》實之，此凝之意也。"《類苑》此條，引自《夢溪筆談》卷一六《藝文三》。《新五代史》卷五六《和凝傳》："凝好飾車服，爲文章以多爲富，有集百餘卷，嘗自鏤板以行于世，識者多非之。"

長子峻，卒於省郎。[1]次子峴，[2]仕皇朝爲司勳員外郎。[3]《永樂大典》卷五千七百一十。[4]

［1］峻：人名。即和峻。事跡不詳。　省郎：尚書省六部尚書二十四司郎官。

［2］峴：人名。即和峴。宋代官員。傳見《宋史》卷四三九。《輯本舊史》之影庫本粘籤："次子峴，原本作'現'，今從《宋史》改正。"

［3］司勳員外郎：官名。吏部尚書司勳司副長官。掌邦國官人之勳級。從六品上。　仕皇朝爲司勳員外郎：中華書局本引《舊五代史考異》："案《錦繡萬花谷》：范蜀公《蒙求》云：和峴，晋相和凝之子。峴生，會凝入翰林、加金紫、知貢舉，凝喜曰：'我生平美事，三者併集，此子宜于我矣。'因名曰三美。"此事亦見《宋史》卷四三九《和峴傳》，又曰："和峴字晦仁，開封浚儀人。開寶初，遷司勳員外郎。"另，《宋史》卷四三九《和㠓傳》："㠓字顯仁，凝第四子也。生五六歲，凝教之誦古詩賦，一歷輒不忘。試令詠物爲四句詩，頗有思致，凝歎賞而奇之，語峴曰：'此兒他日必以文章顯，吾老矣不見，汝曹善保護之。'太平興國八年，擢進士第，釋褐霍丘主簿。"可知凝另有子㠓。薛居正諸人纂修《五代史》之時，㠓尚幼，故本傳未載其名。

［4］《大典》卷五七一〇"渦"字韻等，誤。當爲卷五七一八"和"字韻"姓氏"事目。

蘇禹珪

蘇禹珪，字玄錫，其先出於武功，近世家高密，[1]今爲郡人也。父仲容，以儒學稱於鄉里，唐末舉《九經》，補廣文助教，遷輔唐令，[2]累贈太師。禹珪性謙和，虛襟接物，克構父業，以《五經》中第，辟遼州倅職，歷青、鄆從事，轉潞、并管記，累檢校官至户部郎中。[3]漢高祖作鎮并門，奏爲廉判。[4]開運末，契丹入汴，[5]漢祖即位於晉陽，授中書侍郎、平章事。[6]漢祖至汴，[7]兼刑部尚書，俄加右僕射、集賢殿大學士。[8]漢祖大漸，與蘇逢吉、楊邠等受顧命，立少主。[9]明年，轉左僕射。[10]

[1]武功：縣名。治所在今陝西武功縣。　高密：地名。位於今山東省高密市西南。

[2]仲容：人名。即蘇仲容。事跡不詳。　輔唐：縣名。治所在今山東安丘市。　令：官名。爲縣的行政長官，掌治本縣。唐代之縣，分赤（京）、次赤、畿、次畿、望、緊、上、中、中下、下十等。縣令分六等，正五品上至從七品下。

[3]遼州：州名。治所在今山西左權縣。　倅職：指擔任副職。　青：州名。治所在今山東青州市。　潞：州名。治所在今山西長治市。　并：州名。治所在今山西太原市。　管記：即書記。掌管文書。　户部郎中：官名。即尚書省户部户部司郎中。掌户口、土田、賦役、貢獻、優復、婚姻、繼嗣等事。從五品上。

[4]并門：指并州。　廉判：中華書局本有校勘記："原作'兼判'，據《册府》卷三〇九、卷七二九改。"

[5]契丹入汴：《宋本册府》卷三〇九《宰輔部·佐命門二》作"戎虜盜國"。

[6]晉陽：縣名。治所在今山西太原市。　授中書侍郎、平章事：《輯本舊史》卷九九《漢高祖紀上》天福十二年（947）四月甲子條："以河東觀察判官蘇禹珪爲中書侍郎、同平章事。"

[7]至汴：中華書局本有校勘記："殿本、孔本作'涖阼'。"

[8]刑部尚書：官名。尚書省刑部長官。掌天下刑法及徒隸、勾覆、關禁之政令。正三品。　集賢殿大學士：官名。唐中葉置，位在學士之上，以宰相兼。掌修書之事。　"兼刑部尚書"至

“集賢殿大學士”：《輯本舊史》卷一〇〇《漢高祖紀下》天福十二年九月甲子（十三）條：“宰臣蘇逢吉兼户部尚書，蘇禹珪兼刑部尚書。”同月甲戌（二三）條：“宰臣蘇逢吉加左僕射、監修國史，蘇禹珪加右僕射、集賢殿大學士。”同書卷一〇八《蘇逢吉傳》：“高祖至汴，以故相馮道、李崧爲契丹所俘，竚於真定，乃以崧第賜逢吉，道第賜禹珪。”又曰：“高祖踐祚之後，逢吉與蘇禹珪俱在中書，有所除拜，多違舊制，用捨升降，率意任情，至有自白丁而升宦路、由流外而除令録者，不可勝數，物論紛然。”

[9]蘇逢吉：人名。長安（今陝西西安市）人。五代後漢宰相。傳見本書卷一〇八、《新五代史》卷三〇。　立少主：《通鑑》卷二八八乾祐元年（948）四月條：“帝與左右謀，以太后怒李濤離間，間欲更進用二樞密，以明非帝意。左右亦疾二蘇之專，欲奪其權，共勸之。壬午（初三），制以樞密使楊邠爲中書侍郎兼吏部尚書、同平章事，樞密使如故；以副樞密使郭威爲樞密使；又加三司使王章同平章事。凡中書除官，諸司奏事，帝皆委邠斟酌。自是三相拱手，政事盡決於邠。”《輯本舊史》卷一〇一《漢隱帝紀上》乾祐元年四月庚寅（十一）條：“宰臣竇貞固、蘇逢吉、蘇禹珪並進封開國公。”同書卷一〇〇《漢高祖紀下》乾祐元年十一月壬申條：“葬於睿陵，宰臣蘇禹珪撰謚册、哀册文云。”同書卷一〇一《漢隱帝紀上》乾祐元年十二月壬午條：“帝被衮冕御崇元殿，授六廟寶册，正使宰臣蘇禹珪及副使大府卿劉皞赴西京行禮。”

[10]轉左僕射：《輯本舊史》卷一〇二《漢隱帝紀中》乾祐二年九月辛亥條：“宰臣竇貞固加守司徒，蘇逢吉加守司空，蘇禹珪加左僕射，楊邠加右僕射，依前兼樞密使。”

三年冬，太祖入平内難，[1]禹珪遁入都城，爲兵士所擄。翌日，太祖令人求之，既見，撫慰甚至，尋復其位。[2]國初，加守司空，[3]尋罷相守本官。[4]世宗嗣位，封莒國公，[5]未幾，受代歸第。顯德三年正月旦，與客對食之際，暴疾而卒，[6]時年六十二。

［1］太祖入平内難：《輯本舊史》卷一〇三《漢隱帝紀下》乾祐三年（950）十一月辛巳（十八）條："李業等請帝傾府庫以給諸軍，宰相蘇禹珪以爲未可。業拜禹珪於帝前，曰：'相公且爲官家，莫惜府庫。'遂下令侍衛軍人給二十緡，下軍各給十緡，其北來將士亦準此。"

［2］尋復其位：《通鑑》卷二八九乾祐三年十一月丙戌（二三）條："竇貞固、蘇禹珪自七里寨逃歸，郭威使人訪求得之，尋復其位。"《輯本舊史》卷一〇三《漢隱帝紀下》乾祐三年十一月辛卯（二八）條："太后誥曰，其軍國庶事，權委宰臣竇貞固、蘇禹珪、樞密使王峻等商量施行。"同年十二月辛亥（十八）條："遣宰相蘇禹珪及朝臣十員，往宋州迎奉嗣君（劉贇）。"《新五代史》卷一一《周太祖本紀》乾祐三年十二月戊午（二五）條："次皋門，漢宰相竇貞固、蘇禹珪來勸進。"

［3］加守司空：《輯本舊史》卷一一〇《周太祖紀一》廣順元年（951）正月己卯條："以左僕射、平章事、集賢殿大學士蘇禹珪爲守司空、平章事。"

［4］尋罷相守本官：《輯本舊史》卷一一一《周太祖紀二》廣順元年六月辛亥條："司徒兼侍中、監修國史竇貞固，司空兼中書侍郎、同平章事、集賢殿大學士蘇禹珪，並罷相守本官。"

［5］封莒國公：《輯本舊史》卷一一三《周太祖紀四》顯德元年（954）正月壬辰條："司徒竇貞固進封沂國公，司空蘇禹珪進封莒國公，並加開府儀同三司。"同書卷一一四《周世宗紀一》顯德元年正月條："壬辰（十七），太祖崩，祕不發喪。丙申（二一），内出太祖遺制：'晉王榮可於柩前即位。'群臣奉帝即皇帝位。"禹珪封莒國公之日，周太祖崩，四日後，世宗方即位。

[6]暴疾而卒：《輯本舊史》卷一一六《周世宗紀三》顯德三年正月乙未條："前司空蘇禹珪卒。"

禹珪純厚長者，遭遇漢祖，及蘇逢吉夷滅，[1]禹珪恬然無咎，時人以爲積善之報也。

[1]及蘇逢吉夷滅：明本《册府》卷三一〇《宰輔部·德行門》作"與蘇逢吉同登相位，漢末，逢吉夷滅"。

子德祥，登進士第，累歷臺省。[1]《永樂大典》卷三千三百九十二。[2]

[1]德祥：人名。即蘇德祥。宋代官員。曾任右補闕。事見《宋史》卷四五七。　臺省：泛指御史臺、尚書省、中書省、門下省。　"子德祥"至"累歷臺省"：《續資治通鑑長編》卷一四開寶六年（973）八月條："右補闕蘇德祥奪兩任官，坐令門人執私券乘馬過淮。德祥，禹珪子也。"

[2]《大典》卷三三九二"文"字韻"文法"事目，誤。當爲卷二三九二"蘇"字韻"姓氏（三）"事目。

景範

景範，淄州長山人。[1]初以明經擢第，歷貝州清陽簿、濮州范縣令，皆以强幹著名。[2]乾祐中，範除大理正屬。太祖出鎮於鄴，蘇禹珪薦範于太祖，因奏爲鄴都留守推官。[3]廣順二年三月，賜刑部郎中範金紫服，霸府舊僚也。[4]

［1］淄州：州名。治所在淄川縣（今山東淄博市）。　長山：地名。位於今山東鄒平縣。　景範，淄州長山人：《大典》卷一七九一一"相"字韻"後周相"事目。《輯本舊史》之原輯者案語："以下原本有闕文。景範父名初，以户部郎中致仕，見《世宗紀》。而景範神道碑稱爲太僕府君，蓋其贈官也。碑文可考者，範以明經擢第，爲吏于清陽，掾于高密郡，秩滿授范陽令。周太祖時，爲秋曹郎、左司郎中，充樞密直學士，尋轉諫議大夫充職。"此案語中華書局本有校勘記："'而景範神道碑'至'尋轉諫議大夫充職'，以上七十字原闕，據邵本校、《舊五代史考異》卷四補。"

［2］貝州：州名。治所在今河北清河縣。　清陽：縣名。治所在今河北清河縣。　簿：官名。縣主簿的簡稱。漢代以後歷朝均置。唐代京城百司和地方官署，均設主簿。管理文書簿籍，參議本署政事，爲官署中重要佐官。其官階品秩，因官署而不同。　濮州：州名。治所在今山東鄄城縣。　范縣：縣名。治所在今河南范縣。　"初以明經擢第"至"皆以强幹著名"：明本《册府》卷七〇二《令長部·能政門》。

［3］乾祐：後漢高祖劉知遠、隱帝劉承祐年號（948—950）。北漢亦用此年號。　大理正：官名。掌議獄、正科條，凡大理丞斷罪不當，則以法正之。從五品下。　留守：官名。古代皇帝出巡或親征時指定親王或大臣留守京城，綜理國家軍事、行政、民事、財政等事務，稱京城留守。在陪都或軍事重鎮也常設留守。　推官：官名。唐始置，唐代後期節度、觀察、團練、防禦等使的屬官，掌推按刑獄。此外，度支、鹽鐵等使也置推官。　"乾祐中"至"因奏爲鄴都留守推官"：《宋本册府》卷八二八《總録部·論薦門》。

［4］刑部郎中：官名。尚書省刑部頭司刑部司長官。掌司法及審覆大理寺及州府刑獄。從五品上。　"廣順二年三月"至"霸府舊僚也"：《宋本册府》卷一七二《帝王部·求舊門二》。《輯本舊史》卷一一二《周太祖紀三》廣順二年（952）八月甲申條："以刑部侍郎景範爲左司郎中，充樞密直學士。"《輯本舊史》卷一

一三《周太祖紀》廣順三年庚寅條："以左司郎中、充樞密直學士景範爲左諫議大夫充職。"

世宗之北征也，命爲東京副留守。車駕迴自河東，世宗以艱於國用，乃以範爲中書侍郎平章事、判三司。[1]

[1]東京：後晋天福三年（938）升汴州爲開封府（今河南開封市），建爲東京。後漢、後周及北宋皆都此，俗稱汴京。　河東：方鎮名。治所在太原（今山西太原市）。　"世宗之北征也"至"判三司"：《大典》卷一七九一一"相"字韻"後周相"事目。《舊五代史考異》："《册府元龜》載世宗即位，七月癸巳，制曰：'朕自履宸極，思平泰階，出一令慮下民之未從，行一事懼上玄之罔祐，晨興夕惕，終歲於兹。雖禮讓漸聞興行，而風雨未之咸若，豈刑政之斯闕，而德教之未孚哉！繇是進用良臣，輔宣元化，雖朕志先定，亦輿情具瞻，爰擇佳辰，誕敷明命。樞密院直學士、中大夫、尚書工部侍郎、上柱國、晋陽縣開國男、食邑三百户，賜紫金魚袋景範，昔佐先帝，每罄嘉謨，逮事眇躬，愈傾忠節，奉上得大臣之體，檢身爲君子之儒。一昨戎輅親征，皇都是守，贊勳賢於留府，副徵發於行營，軍政所需，國用無闕。今則靈臺偃草，宣室圖功，思先朝欲用之言，成聖考得賢之美，俾参大政，仍掌利權。爾其明聽朕言，往敷玄化，予欲則垂象而清品彙，爾則順天道以序彝倫，余欲恤刑名而息戰争，爾則謹憲章而恢廟略。天人之際懸合，軍民之事罔渝，則國相之尊，非爾孰處，邦計之重，惟財是臧。勉思倜儻以致君，勿效因循而保位，竚聞成績，用副虚懷。可正議大夫、中書侍郎、平章事，判三司。'"此《考異》中華書局本有校勘記："'食邑三百户'，'邑'字原無，據殿本、《册府》卷七四補。"見明本《册府》卷七四《帝王部·命相門》。《輯本舊史》卷

一一四《周世宗紀一》顯德元年（954）七月癸巳條："以樞密院學士、工部侍郎範爲中書侍郎、平章事，判三司。"卷一一五《周世宗紀一》顯德二年八月丁未條："中書侍郎、平章事、判三司範罷判三司，加銀青光禄大夫，依前中書侍郎、平章事，進封開國伯。"

範爲人厚重剛正，無所屈撓，然理煩治劇，非其所長，雖悉心盡瘁，終無稱職之譽。世宗知之，因其有疾，乃罷司邦計。尋以父喪罷相東歸。顯德二年冬，以疾卒於鄉里。優詔贈侍中，官爲立碑焉。[1]《永樂大典》卷一萬七千九百一十一。

[1]"範爲人厚重剛正"至"官爲立碑焉"：《大典》卷一七九一一"相"字韻"後周相"事目。"乃罷司邦計"，中華書局本有校勘記："'邦'字原闕，據《册府》卷三三五補。"見《宋本册府》卷三三五《宰輔部·不稱門》。"顯德二年冬"，中華書局本有校勘記："'顯德'原作'順德'，據殿本、劉本、邵本校、彭校改。'二年'原作'三年'，據本書卷一一五《周世宗紀二》、《金石萃編》卷一二一《中書侍郎景範碑》改。"五代無"順德"年號。《舊五代史考異》："碑文云：年五十有二。"《輯本舊史》之原輯者案語："景範神道碑以顯德三年十二月立，今尚存。扈載奉敕撰，孫崇望奉敕書，今在鄒平縣。"此《考異》中華書局本有校勘記："'景範神道碑以顯德三年十二月立'，'顯德'原作'順德'，據劉本、彭校、《舊五代史考異》卷四改。'扈載奉敕撰孫崇望奉敕書今在鄒平縣'，以上十六字原闕，據邵本校、《舊五代史考異》卷四補。"《輯本舊史》卷一一五《周世宗紀》顯德三年（956）十二月丁卯條："淄州奏，前中書侍郎、同平章事景範卒。"

史臣曰：夫以稽古之力，取秉鈞之位者，豈常人乎！然文紀躭於貨殖，裔孫傷於齷齪，則知全其德者鮮矣。如成績之文彩，玄錫之履行，景範之純厚，皆得謂之君子儒矣。以之爰立，何用不臧。《永樂大典》卷二千三百九十二。[1]

[1]《大典》卷二三九二“蘇”字韻“姓氏（三）”事目。

舊五代史　卷一二八

周書十九

列傳第八[1]

[1]按，本卷末無史論。

王朴

王朴，字文伯，東平人也。[1]父序，以朴貴，贈左諫議大夫。[2]朴幼警慧，好學善屬文。漢乾祐中，擢進士第，解褐授校書郎，依樞密使楊邠，[3]館於邠第。是時，漢室寖亂，大臣交惡，朴度其必危，因乞告東歸。未幾，李業輩作亂，[4]害邠等三族，凡遊其門下者，多被其禍，而朴獨免。國初，世宗鎮澶淵，朝廷以朴爲記室。[5]及世宗爲開封尹，拜右拾遺，充開封府推官。[6]

[1]東平：縣名。治所在今山東東平縣。

[2]序：人名。即王序，事迹不詳。　左諫議大夫：官名。隸門下省。唐代置左、右諫議大夫各四人，分隸門下省、中書省。掌

諫諭得失、侍從贊相。正四品下。

［3］乾祐：後漢高祖劉知遠、隱帝劉承祐年號（948—950）。北漢亦用此年號。　校書郎：官名。東漢始置，掌典校收藏於蘭臺的圖書典籍，亦稱校書郎中。唐秘書省及著作局皆置，正九品上；弘文館亦置，從九品上。　樞密使：官名。樞密院長官。唐代宗時始以宦官掌機密，至昭宗時借朱温之力盡誅宦官，始改以士人任樞密使。備顧問，參謀議，出納詔奏，權侔宰相。參見李全德《唐宋變革期樞密院研究》，國家圖書館出版社2009年版。　楊邠：人名。魏州冠氏（今山東冠縣）人。後漢時任樞密使、宰相。傳見本書卷一〇七、《新五代史》卷三〇。　依樞密使楊邠：《輯本舊史》之影庫本粘籤："樞密使，原本作'密區使'，今從《册府元龜》改正。"見《宋本册府》卷七九〇《總録部·知幾門二》。

［4］李業：人名。晉陽（今山西太原市）人。後漢高祖李皇后弟。隱帝時受信任，掌宫廷財務。傳見本書卷一〇七、《新五代史》卷一一。

［5］世宗：即後周世宗柴榮。邢州龍岡（今河北邢臺市）人。後周太祖郭威養子，顯德元年（954）繼郭威爲帝，廟號世宗。紀見本書卷一一四至卷一一九、《新五代史》卷一二。　澶淵：地名。位於今河南濮陽市西北。　記室：官名。東漢置，三公府至郡縣皆設此官，掌章表書記文檄等。後世因之。　朝廷以朴爲記室：《通鑑》卷二九〇廣順元年（951）二月丁酉條："以皇子天雄牙内都指揮使榮爲鎮寧節度使，選朝士爲之僚佐……校書郎王朴爲掌書記。"鎮寧爲澶州節度使軍號。

［6］開封尹：官名。即開封府尹。五代除後唐外均都汴州，升汴州爲開封府，置開封尹或知開封府事。執掌京師政務。從三品。　右拾遺：官名。唐武則天於垂拱元年（685）置拾遺，分左、右。左拾遺隸門下省，右拾遺隸中書省，與左、右補闕共掌諷諫，大事廷議，小事則上封事。從八品上。　推官：官名。唐始置，唐代後期節度、觀察、團練、防禦等使的屬官，掌推按刑獄。此外，度

支、鹽鐵等使也置推官。

世宗嗣位，授比部郎中，賜紫。[1]二年夏，世宗命朝廷文學之士二十餘人，各撰策論一首，以試其才。時朴獻《平邊策》，云：

唐失道而失吴、蜀，晋失道而失幽、并，[2]觀所以失之由，知所以平之術。當失之時，莫不君暗政亂，兵驕民困，近者姦於内，遠者叛於外，小不制而至於大，大不制而至於僭。[3]天下離心，人不用命，吴、蜀乘其亂而竊其號，幽、并乘其間而據其地。平之之術，在乎反唐、晋之失而已。必先進賢退不肖以清其時，用能去不能以審其材，恩信號令以結其心，賞功罰罪以盡其力，恭儉節用以豐其財，[4]徭役以時以阜其民。俟其倉廩實、器用備、人可用而舉之。彼方之民，知我政化大行，上下同心，力强財足，人安將和，[5]有必取之勢，則知彼情狀者願爲之間諜，知彼山川者願爲之先導。彼民與此民之心同，是與天意同，與天意同，則無不成之功。

[1]比部郎中：官名。唐、五代刑部比部司長官，掌管勾會内外賦斂、經費俸禄等。從五品上。　賜紫：皇帝頒賜紫色官服。唐代官員三品以上服紫。特殊情況下，京官散階未及三品者可以賜紫，以示尊寵。

[2]幽：州名。治所在今北京市。　并：州名。治所在今山西太原市。

[3]小不制而至於大，大不制而至於僭：《新五代史》卷三一《王朴傳》作“小不制而至于僭，大不制而至于濫”。

[4]恭儉節用以豐其財：中華書局本有校勘記：“‘財’，原作‘材’，據殿本、劉本、孔本、彭校、《新五代史》卷三一《王朴傳》、《通鑑》卷二九三改。”見《通鑑》卷二九二顯德二年（955）四月丙辰條，校勘記誤。

[5]人安將和：中華書局本有校勘記：“‘安’，原作‘知’，據《新五代史》卷三一《王朴傳》、《通鑑地理通釋》卷七引王朴《平邊策》改。”

攻取之道，從易者始。當今吴國，東至海，南至江，可撓之地二千里。從少備處先撓之，備東則撓西，備西則撓東，彼必奔走以救其弊。[1]奔走之間，可以知彼之虛實、衆之强弱，攻虛擊弱，則所向無前矣。勿大舉，但以輕兵撓之。[2]彼人怯弱，[3]知我師入其地，必大發以來應，數大發則必民困而國竭，一不大發則我獲其利，彼竭我利，則江北諸州，乃國家之所有也。既得江北，則用彼之民，揚我之兵，江之南亦不難而平之也。如此，則用力少而收功多，得吴，則桂、廣皆爲内臣，岷、蜀可飛書而召之；[4]如不至，則四面並進，席卷而蜀平矣。吴、蜀平，幽可望風而至。唯并必死之寇，不可以恩信誘，必須以强兵攻之，但亦不足以爲邊患，[5]可爲後圖，候其便則一削以平之。

[1]彼必奔走以救其弊：中華書局本有校勘記：“‘彼’字原闕，據《新五代史》卷三一《王朴傳》、《通鑑》卷二九二補。”今

據補。

[2]但以輕兵撓之：《輯本舊史》之影庫本粘籤：“撓之，原本作‘饒之’，今從《通鑑》改正。”見《通鑑》卷二九二。《新五代史》卷三一《王朴傳》亦作“撓之”。

[3]彼人怯弱：中華書局本有校勘記：“‘弱’字原闕，據《新五代史》卷三一《王朴傳》、《通鑑地理通釋》卷七引王朴《平邊策》補。”

[4]桂：州名。治所在今廣西桂林市。　廣：州名。治所在今廣東廣州市。　岷：水名。即岷水。此處指四川一帶。

[5]必須以强兵攻之，但亦不足以爲邊患：中華書局本有校勘記：“殿本作‘必須以强兵攻之，然其力已喪，不足以爲邊患’，孔本作‘必須以强兵攻，力已喪，不足以爲邊患’，《新五代史》卷三一《王朴傳》、《通鑑地理通釋》卷七引王朴《平邊策》作‘必須以强兵攻，力已竭，氣已喪，不足以爲邊患’。”

方今兵力精練，器用具備，群下知法，諸將用命，一稔之後，可以平邊，此歲夏秋，便可於沿邊貯納。臣書生也，不足以講大事，至於不達大體，不合機變，望陛下寬之。[1]

[1]望陛下寬之：《輯本舊史》之案語：“案：《東都事略》：時朴與徐台符、竇儀同議。”查《東都事略》，無王朴與徐台符之傳，卷三〇《竇儀傳》亦無此記載。《輯本舊史》卷一一五《周世宗紀二》顯德二年（955）四月條，《舊五代史考異》引《宋史·陶穀傳》：“乃命承旨徐台符已下二十餘人，各撰《爲君難爲臣不易論》《平邊策》以進，其略率以修文德、來遠人爲意，惟穀與竇儀、楊昭儉、王朴以封疆密邇江、淮，當用師取之。”見《宋史》卷二六九《陶穀傳》。

世宗覽之，愈重其器識。[1]未幾，遷左諫議大夫、知開封府事。

[1]世宗覽之，愈重其器識：《新五代史》卷三一《王朴傳》："其後宋興，平定四方，惟并獨後服，皆如朴言。"

初，世宗以英武自任，喜言天下事，常憤廣明之後，中土日蹙，值累朝多事，尚未克復，慨然有包舉天下之志。而居常計事者，多不諭其旨，唯朴神氣勁峻，性剛決有斷，凡所謀畫，動愜世宗之意，繇是急於登用。[1]尋拜左散騎常侍，充端明殿學士，知府如故。[2]是時，初廣京城，朴奉命經度，凡通衢委巷，廣袤之間，靡不由其心匠。及世宗南征，以朴爲東京副留守，[3]車駕還京，改户部侍郎、兼樞密副使。[4]未幾，遷樞密使、檢校太保。[5]頃之，丁内艱，尋起復授本官。[6]四年冬，世宗再幸淮甸，兼東京留守，京邑庶務，悉以便宜制之，比及還蹕，都下肅如也。[7]六年三月，世宗令樹斗門於汴口，[8]不踰時而歸朝。是日，朴方過前司空李穀之第，交談之頃，疾作而仆於座，遽以肩輿歸第，是夕而卒，時年四十五。[9]世宗聞之駭愕，即時幸其第，及柩前，以所執玉鉞卓地而慟者數四。贈賻之類，率有加等，優詔贈侍中。[10]

[1]廣明：唐僖宗李儇年號（880—881）。　"初，世宗以英武自任"至"繇是急於登用"：《新五代史》卷三一《王朴傳》："當時文士皆不欲上急於用武，以謂平定僭亂，在修文德以爲先。

惟翰林學士陶穀、竇儀，御史中丞楊昭儉與朴皆言用兵之策，朴謂江淮爲可先取。世宗雅已知朴，及見其議論偉然，益以爲奇，引與計議天下事，無不合，遂決意用之。”

[2]左散騎常侍：官名。門下省屬官。掌侍奉規諷，備顧問應對。正三品下。　端明殿學士：官名。後唐明宗始置，以翰林學士充任，負責誦讀四方書奏。　“尋拜左散騎常侍”至“知府如故”：《輯本舊史》卷一一五《周世宗紀二》顯德二年（955）十二月丙子條：“以左諫議大夫、權知開封府事王朴爲左散騎常侍，充端明殿學士，依前權知開封府事。”

[3]留守：官名。古代皇帝出巡或親征時指定親王或大臣留守京城，綜理國家軍事、行政、民事、財政等事務，稱京城留守。在陪都或軍事重鎮也常設留守，以地方長官兼任。副留守爲留守之貳。　以朴爲東京副留守：《輯本舊史》卷一一六《周世宗紀三》顯德三年正月辛丑條：“以宣徽南院使向訓爲權東京留守，以端明殿學士王朴爲副留守。”《通鑑》卷二九二繫此事於庚子日。

[4]户部侍郎：官名。尚書省户部次官。協助户部尚書掌天下田户、均輸、錢穀之政令。正四品下。　樞密副使：官名。樞密院副長官。　改户部侍郎、兼樞密副使：《輯本舊史》卷一一六《周世宗紀三》顯德三年九月丙午條：“以端明殿學士、左散騎常侍、權知開封府事王朴爲尚書户部侍郎，充樞密副使。”同書卷一一七《周世宗紀四》顯德四年二月甲戌條：“以樞密副使王朴爲權東京留守兼判開封府。”亦見《新五代史》卷一二《周世宗紀》。

[5]檢校太保：官名。爲散官或加官，以示恩寵，無實際執掌。　遷樞密使、檢校太保：《輯本舊史》卷一一七《周世宗紀四》顯德四年八月乙亥條：“以樞密副使、户部侍郎王朴爲樞密使、檢校太保。”《新五代史》卷三一《扈載傳》：“樞密使王朴尤重其才，薦於宰相李穀，久而不用，朴以問穀曰：‘扈載不爲舍人，何也？’穀曰：‘非不知其才，然載命薄，恐不能勝。’朴曰：‘公爲宰相，以進賢退不肖爲職，何言命邪？’已而，召拜知制誥。及爲學士，

居歲中病卒，年三十六。議者以穀能知人，而朴能薦士。”

［6］丁内艱：子遭母喪或承重孫遭祖母喪，稱丁内艱。　頃之，丁内艱，尋起復授本官：《輯本舊史》卷一一七《周世宗紀四》顯德四年九月甲申條：“宰臣王溥、樞密使王朴皆丁内艱，並起復舊位。”

［7］“四年冬”至“都下肅如也”：《舊五代史考異》：“案：《默記》引《閒談録》云：朴性剛烈，大臣藩鎮皆憚之。世宗收淮南，俾朴留守。時以街巷隘狹，例從展拆，朴怒厢校弛慢，于通衢中鞭背數十，其人忿然歎曰：‘宣補厢虞候，豈得便從決！’朴微聞之，命左右擒至，立斃于馬前。世宗聞之，笑謂近臣曰：‘此大愚人，去王朴面前誇宣補厢虞候，宜其死矣。’”見《默記》卷上。《輯本舊史·周世宗紀四》顯德四年十月己巳條：“以樞密使王朴爲權東京留守。”

［8］斗門：古代指堤、堰上所設的放水閘門，或橫截河渠，用以壅高水位的閘門。　汴口：汴渠通黄河之口，位於今河南滎陽市東北。五代後周顯德五年嘗加疏治，以通江、淮漕運。　世宗令樹斗門於汴口：明本《册府》卷四九七《邦計部·河渠門二》顯德六年：“二月丙子朔，命樞密使王朴往河陰縣，按行河堤，及修汴口水門。”

［9］司空：官名。與太尉、司徒並爲三公，唐後期、五代多爲大臣、勳貴加官。正一品。　李穀：人名。潁州汝陰（今安徽阜陽市）。五代後周宰相。傳見《宋史》卷二六二。　“是日”至“時年四十五”：《輯本舊史》之影庫本粘籤：“李穀，原本作‘李珏’，今從《通鑑》改正。”查《通鑑》，未見相關記載。《舊五代史考異》：“案：《默記》：王朴仕周世宗，制禮作樂，考定聲律，正星曆，修刑統，百廢俱起。又取三關，取淮南，皆朴爲謀。然事世宗纔四年耳，使假之壽考，安可量也。”見《默記》卷上。《輯本舊史》卷一一九《周世宗紀六》記其卒日在庚申。“四十五”，《新五代史》卷三一《王朴傳》作“五十四”。

[10]侍中：官名。秦始置。隋、唐前期爲門下省長官。唐後期多爲大臣加銜，不參與政務，實際職務由門下侍郎執行。正二品。“世宗聞之駭愕”至“優詔贈侍中”：《舊五代史考異》：“案《宋史·王侁傳》：朴卒，世宗幸其第，召見諸孤，以侁爲東頭供奉官。”“《默記》云：周世宗于禁中作功臣閣，畫當時大臣如李穀、鄭仁誨之屬。太祖即位，一日過功臣閣，風開半門，正與朴象相對，太祖望見，却立聳然，整御袍襟帶，磬折鞠躬。左右曰：‘陛下貴爲天子，彼前朝之臣，禮何過也？’太祖以手指御袍云：‘此人在，朕不得此袍著。’其敬畏如此。”見《宋史》卷二七四《王侁傳》、《默記》卷上。

朴性敏鋭，然傷於太剛，每稠人廣座之中，正色高談，無敢觸其鋒者，故時人雖服其機變而無恭懿之譽。[1]其筆述之外，多所該綜，至如星緯聲律，莫不畢殫其妙，所撰《大周欽天曆》及《律準》，並行於世。[2]《永樂大典》卷一萬八千一百二十三。[3]

[1]故時人雖服其機變而無恭懿之譽：中華書局本有校勘記：“‘機變’‘恭懿’，《册府》卷八七七作‘機辯’‘温克’。”

[2]《律準》：釐定音律的標準。　“其筆述之外”至“並行於世”：《新五代史》卷三一《王朴傳》：“顯德二年，詔朴校定大曆，乃削去近世符天流俗不經之學，設通、經、統三法，以歲軌離交朔望周變率策之數，步日月五星，爲《欽天曆》。”《輯本舊史》卷一一六《周世宗紀三》顯德三年（956）八月戊辰條：“端明殿學士王朴撰成新曆上之，命曰《顯德欽天曆》，上親爲制序，仍付司天監行用。”同書卷一一九《周世宗紀六》顯德六年正月條：“樞密使王朴詳定雅樂十二律旋相爲宫之法，並造律準，上之。詔尚書省集百官詳議，亦以爲可。語在《樂志》。”見《輯本舊史》卷

一四〇《曆志》、卷一四四《樂志上》、卷一四五《樂志下》。

［3］《大典》卷一八一二三“將”字韻“唐將（一五）”事目，與本傳無涉，應爲卷一八一三三“將”字韻“周將（二）”事目。孔本“二十三”正作“三十三”，中華書局本據改。《輯本舊史》引《五代史闕文》：“周顯德中，朴與魏仁浦俱爲樞密使。時太祖皇帝已掌禁兵，一日，有殿直乘馬誤衝太祖導從，太祖自詣密地，訴其無禮。仁浦令徽院勘詰，朴謂太祖曰：‘太尉名位雖高，未加使相。殿直，廷臣也，與太尉比肩事主，太尉況帶職，不宜如此。’太祖唯唯而出。臣謹按，朴之行事，傳於人口者甚衆，而史氏缺書。臣聞重修《太祖實録》，已於《李穀傳》中見朴遺事，今復補其大者。況太祖、太宗在位，每稱朴有上輔之器，朝列具聞。”

楊凝式

楊凝式，華陰人也。[1]父涉，唐末梁初，再登台席，罷相，守左僕射卒。[2]凝式體雖蕞眇，而精神穎悟，[3]富有文藻，大爲時輩所推。唐昭宗朝，登進士第，解褐授度支巡官，再遷祕書郎、直史館。[4]梁開平中，爲殿中侍御史、禮部員外郎。[5]三川守、齊王張宗奭見而嘉之，請以本官充留守巡官。[6]梁相趙光裔素重其才，奏爲集賢殿直學士，改考功員外郎。[7]

［1］華陰：縣名。治所在今陝西華陰市。　楊凝式，華陰人也：《舊五代史考異》：“案：《遊宦紀聞》載《凝式年譜》云：唐咸通十四年癸巳，凝式是年生，故題識多自稱癸巳人。又，《别傳》云：凝式，字景度。”見《遊宦紀聞》卷一〇。

［2］涉：人名。即楊涉。同州馮翊（今陝西大荔縣）人。唐宰

相楊收之孫，吏部尚書楊嚴之子。唐哀帝時拜中書侍郎、同中書門下平章事。傳見《新五代史》卷三五。　左僕射：官名。秦始置。隋、唐前期以左、右僕射佐尚書令總理六官，綱紀庶務；如不置尚書令，則總判省事，爲宰相之職。唐後期多爲大臣加銜。從二品。　父涉，唐末梁初，再登台席：《舊五代史考異》："案：《歐陽史·楊涉傳》云：祖收，父嚴。吴縝《纂誤》云：收與嚴乃兄弟，非父子也。又，《遊宦紀聞》載《楊氏家譜》云：唐修行楊氏，系出越公房，本出中山相結，次子繼生洛州刺史暉，暉生河間太守恩，恩生越恭公鈞，出居馮翊，至藏器徙潯陽。唐相楊收之父曰遺直，生四子，名皆從'又'，曰發、假、收、嚴，以四時爲義，故發之子名皆從'木'，假之子從'火'，收之子從'金'，嚴之子從'水'。嚴生涉，涉生凝式，而收乃藏器之兄、涉之伯也。《新五代史》記《唐六臣傳》乃以收爲涉之祖、嚴之父，非也。"見《五代史纂誤》卷中《唐六臣傳》、《遊宦紀聞》卷一〇。

[3]凝式體雖蕞眇，而精神穎悟：《舊五代史考異》："案：《宣和書譜》云：凝式形貌寢侻，然精神矍然，腰大于身。"見《宣和書譜》卷一九。

[4]唐昭宗：即唐昭宗李曄，888年至904年在位。紀見《舊唐書》卷二〇上、《新唐書》卷一〇。　度支巡官：官名。度支使屬官。地位在判官、推官之下，掌巡察及有關事務。　祕書郎：官名。魏晋始置。唐代掌經、史、子、集四部圖書經籍。從六品上。　直史館：官名。唐代天寶（742—756）以後，他官兼領史職者，稱爲史館修撰。初入史館者稱爲直館。元和六年（811）宰相裴垍建議：登朝官領史職者爲修撰，以官階高的一人判館事；而未登朝官均爲直館。

[5]開平：五代後梁太祖朱温年號（907—911）。　殿中侍御史：官名。三國魏始置。唐前期屬御史臺之殿院，掌宫門、庫藏及糾察殿庭供奉朝會儀式，及分掌左、右巡，負責京師治安、京畿軍兵。唐後期常爲外官所帶憲銜。從七品下。　禮部員外郎：官名。

尚書省禮部次官。佐禮部侍郎掌諸司事。從六品上。

[6]三川：唐中葉後，以劍南西川、劍南東川及山南西道三鎮合稱“三川”。　張宗奭：人名。原名張全義。濮州臨濮（今山東鄄城縣臨濮鎮）人。五代後梁至後唐將領。傳見本書卷六三、《新五代史》卷四五。　留守巡官：官名。留守屬官。地位在判官、推官之下，掌巡察及有關事務。

[7]趙光裔：人名。籍貫不詳。五代官員。事見本書本卷、卷三二，《新五代史》卷六五。　集賢殿直學士：官名。唐中葉置，位在集賢殿大學士之下。掌修書之事。　考功員外郎：官名。尚書省吏部考功司副長官。爲考功郎中的副職，協助考功郎中掌考察内外百官及功臣家傳、碑、頌、誄、謚等事。從六品上。

唐同光初，授比部郎中、知制誥。尋以心疾罷去，改給事中、史館修撰、判館事。[1]明宗即位，拜中書舍人，復以心疾不朝而罷。[2]長興中，歷右常侍、工户部二侍郎，[3]以舊恙免，改祕書監。[4]清泰初，遷兵部侍郎。[5]唐末帝按兵於覃懷，凝式在扈從之列，頗以心恙誼譁於軍砦，末帝以其才名，優容之，詔遣歸洛。[6]

[1]同光：五代後唐莊宗李存勗年號（923—926）。　知制誥：官名。掌起草皇帝的詔、誥之事，原爲中書舍人之職。唐開元末置學士院，翰林學士入院一年，則加知制誥銜，專掌任免宰相、册立太子、宣布征伐等特殊詔令，稱爲内制。而中書舍人所撰擬的詔敕稱爲外制。兩種官員總稱兩制。　給事中：官名。秦始置。隋唐以來，爲門下省屬官。掌讀署奏抄、駁正違失。正五品上。　史館修撰：官名。唐天寶以後，由他官兼領史職者，稱爲史館修撰。元和六年（811）宰相裴垍建議：登朝官領史職者爲修撰，以官階高的一人判館事。　“唐同光初”至“判館事”：《輯本舊史》卷三六

《唐明宗紀二》天成元年（926）七月己卯條："以比部郎中、知制誥楊凝式爲給事中，充史館修撰、判館事。"本傳繫於明宗即位前，誤。《宋本册府》卷四七五《臺省部·奏議門六》："楊凝式，爲給事中。天成元年十二月庚寅，奏：'舊制：臺省在西京，東都置留臺留省，及分司官屬。請依舊制，於西京置留台省，如本朝東都之制。'不報。"同書卷六〇八《學校部·刊校門》："後唐楊凝式，明宗天成初爲給事中。凝式請選通儒，校定三館圖書。"

[2]中書舍人：官名。中書省屬官。掌起草文書、呈遞奏章、傳宣詔命等。正五品上。

[3]長興：五代後唐明宗李嗣源年號（930—933）。　右常侍：官名。即右散騎常侍。中書省屬官。掌侍奉規諷，備顧問應對。正三品下。　工户部二侍郎：工部侍郎，官名。尚書省工部次官。協助尚書掌管百工、山澤、水土之政令，考其功以昭賞罰，總所統各司之事。正四品下。户部侍郎，官名。尚書省户部次官。協助户部尚書掌天下田户、均輸、錢穀之政令。正四品下。　歷右常侍、工户部二侍郎：《舊五代史考異》："案：《别傳》作工、禮、户三部侍郎。"《輯本舊史》卷四二《唐明宗紀八》長興二年（931）閏五月丁未條："以前中書舍人楊凝式爲左散騎常侍。"同書卷四三《唐明宗紀九》長興三年十一月乙亥條："以右散騎常侍楊凝式爲工部侍郎。"同書卷四六《唐末帝紀上》清泰元年（934）八月壬申條："以前工部侍郎楊凝式爲禮部侍郎。"同年十一月壬戌條："以禮部侍郎楊凝式爲户部侍郎。"

[4]祕書監：官名。秘書省長官。東漢始置，掌圖書秘記等。從三品。《輯本舊史》卷四七《唐末帝紀中》清泰二年五月甲寅條："以户部侍郎楊凝式爲秘書監。"本傳繫於明宗朝，誤。

[5]清泰：五代後唐末帝李從珂年號（934—936）。　兵部侍郎：官名。尚書省兵部次官。協助兵部尚書掌武官銓選、勳階、考課之政。正四品下。　清泰初，遷兵部侍郎：《輯本舊史》卷四七《唐末帝紀中》清泰二年十二月乙酉條："以前秘書監楊凝式爲兵部

侍郎。"《宋本册府》卷四一《帝王部·寬恕門》作"清泰元年"。

［6］唐末帝：即五代後唐末帝李從珂。又稱廢帝。鎮州平山（今河北平山縣）人。後唐明宗養子。明宗入洛陽，他率兵追隨，以功拜河中節度使，封潞王。紀見本書卷四六至卷四八、《新五代史》卷七。　覃懷：地名。位於今河南沁陽市。原作"懷覃"，本書卷四八作"及乎駐革輅於覃懷之日"，卷八八作"明公昔刺覃懷，與徹主客道至"，今據改。　洛：地名。即洛陽。今河南洛陽市。

晋天福初，改太子賓客，[1]尋以禮部尚書致仕，[2]閑居伊、洛之間，不以晝夜爲拘，[3]恣其狂逸，多所干忤。自居守以降，咸以俊才耆德，莫之責也。晋開運中，宰相桑維翰知其絶俸，艱於家食，奏除太子少保，分司於洛。[4]漢乾祐中，歷少傅、少師。[5]太祖總政，凝式候於軍門，且以年老不任庶事上訴，[6]太祖特爲奏免之。廣順中，表求致政，尋以右僕射得請。[7]顯德初，改左僕射，又改太子太保，並懸車。[8]元年冬，卒於洛陽，[9]年八十五。[10]詔贈太子太傅。[11]

［1］天福：五代後晋高祖石敬瑭年號（936—942）。出帝石重貴沿用至九年（944）。後漢高祖劉知遠繼位後沿用一年，稱天福十二年（947）。　太子賓客：官名。爲太子官屬。唐高宗顯慶元年（656）始置。掌侍從規諫、贊相禮儀。正三品。　改太子賓客：《輯本舊史》卷七六《晋高祖紀二》天福二年（937）九月庚申條："以前兵部侍郎楊凝式爲檢校兵部尚書、太子賓客。"

［2］禮部尚書：官名。尚書省禮部長官。掌禮儀、祭享、貢舉之政。正三品。　致仕：指古代高級官員退休。　尋以禮部尚書致

仕：《輯本舊史》卷七八《晉高祖紀四》天福四年十一月己丑條："以太子賓客楊凝式爲禮部尚書致仕。"

[3]不以晝夜爲拘：六字原無，據《宋本册府》卷八五五《總録部·縱逸門》補。

[4]開運：五代後晉出帝石重貴年號（944—946）。　桑維翰：人名。洛陽（今河南洛陽市）人。五代後唐進士，後晉宰相、樞密使。傳見本書卷八九、《新五代史》卷二九。　太子少保：官名。與太子少傅、太子少師合稱"三少"，唐後期、五代多爲大臣、勳貴加官。從二品。　"晉開運中"至"分司於洛"：《輯本舊史》之案語："案：《遊宦紀聞》引《楊凝式傳》所載仕梁、仕晉年月，皆與《薛史》異。"查《遊宦紀聞》卷一〇，與本傳同。《輯本舊史》卷八四《晉少帝紀四》開運三年（946）九月丙午條："以太子少保楊凝式爲太子少傅。"

[5]少傅：官名。即太子少傅，與少師、少保合稱"三少"，唐後期、五代多爲大臣、勳貴加官。從二品。　少師：官名。即太子少師，與少傅、少保合稱"三少"，唐後期、五代多爲大臣、勳貴加官。從二品。

[6]太祖：即五代後周開國皇帝郭威。邢州堯山（今河北隆堯縣）人。紀見本書卷一一〇至卷一一三、《新五代史》卷一一。"太祖總政"至"且以年老不任庶事上訴"：中華書局本有校勘記："殿本、孔本'總政'作'總兵'，'庶事'作'戎事'。"

[7]廣順：五代後周太祖郭威年號（951—953）。　右僕射：官名。秦始置。隋、唐前期以左、右僕射佐尚書令總理六官、綱紀庶務；如不置尚書令，則總判省事，爲宰相之職。唐後期多爲大臣加銜。從二品。　"廣順中"至"尋以右僕射得請"：《輯本舊史》卷一一一《周太祖紀二》廣順元年（951）二月辛亥條："以太子少傅楊凝式爲太子少師。"同書卷一一三《周太祖紀四》廣順三年六月甲寅條："以太子少師楊凝式爲尚書右僕射致仕。"

[8]顯德：五代後周太祖郭威年號（954）。世宗柴榮、恭帝柴

宗訓沿用（954—960）。　太子太保：官名。與太子太師、太子太傅統稱太子三師。隋唐以後多作加官或贈官。從一品。　懸車：致仕的别稱。　“顯德初”至“並懸車”：《輯本舊史》卷一一四《周世宗紀一》顯德元年（954）九月己亥條：“左僕射致仕楊凝式爲太子太保致仕。”

[9]元年冬，卒於洛陽：《輯本舊史》卷一一四記其事在顯德元年十月己酉。《宋本册府》卷七八四《總録部・壽考門》謂“以疾薨於第”。

[10]年八十五：《舊五代史考異》：“案：《别傳》作八十二。”見《遊宦紀聞》卷一〇。

[11]太子太傅：官名。與太子太師、太子太保統稱太子三師。隋唐以後多作加官或贈官。從一品。

凝式長於歌詩，善於筆札，洛川寺觀藍牆粉壁之上，題紀殆遍，時人以其縱誕，有“風子”之號焉。[1]《永樂大典》卷六千五十二。[2]

[1]有“風子”之號焉：《輯本舊史》引《五代史補》：“楊凝式父涉爲唐宰相。太祖之篡唐祚也，涉當送傳國璽，時凝式方冠，諫曰：‘大人爲宰相，而國家至此，不可謂之無過，而更手持天子印綬以付他人，保富貴，其如千載之後云云何？其宜辭免之。’時太祖恐唐室大臣不利於己，往往陰使人來探訪群議，縉紳之士，及禍甚衆，涉常不自保，忽聞凝式言，大駭曰：‘汝滅吾族！’於是神色沮喪者數日。凝式恐事泄，即日遂佯狂，時人謂之‘楊風子’也。”

[2]《大典》卷六〇五二“楊”字韻“姓氏（一二）”事目。《輯本舊史》之孔本案語：“案：《遊宦紀聞》載《楊凝式年譜》《家譜》《傳》，與正史多異同，今附録以備參考。其《年譜》云：

唐咸通十四年癸巳，凝式是年生，故題識多自稱癸巳人。唐天祐四年丁卯，是年夏，朱全忠簒唐，凝式諫其父唐相涉，宜辭押寶使。涉懼事泄，凝式自此遂佯狂，時年三十五。《五代史補》言時年方弱冠，誤也。晋天福四年己亥三月，有《洛陽風景四絶句》詩，年六十七。據詩云，'到此今經三紀春'，蓋自丁卯至己亥實三十年，則自全忠之簒，凝式即居洛矣。真迹今在西都唐故大聖善寺勝果院東壁，字畫尚完。亦有石刻，書側有畫象，亦當時畫。又廣愛寺西律院有壁題云'後歲六十九'，亦當是此年所題。此書凡兩壁，行草大小甚多，真迹今存，但多漫暗，故無石刻。天福六年辛丑，是年六月有天宫寺題名，稱太子賓客，時年六十九。真迹今在此寺東序，題維摩詰後。又吏部郎榮輯家有石刻一帖，無年，但云'太子賓客楊凝式暮春奉板輿至自真原'等語。其末云'清和之月復至'，當是此年前後也。天福七年壬寅，是年有《真定智大師詩》二首，時年七十，真迹在文潞公家，刻石在從事郎蘇太寧家。晋開運元年甲辰，是年歲在甲辰四月十五日，有《看花八韻》，時年七十二，題于洛陽一僧舍，書勝上云'維晋九載'。今刻石在湖州前殿中侍御史劉燾家。開運二年乙巳，是年五月，于天宫寺題壁《論維摩經》等語，八月再題'太子少保，時年七十三'，真迹今在此寺東序，並辛丑題同刻石。開運四年丁未，是年二月並七月，有《寄惠才大師左郎中詩》三首，稱'會同丁未歲'。會同即契丹入晋改元之號也，時年七十五，稱太子少傅。真迹在文潞公家，刻石在蘇太寧家。周廣順三年癸丑，是年于長壽寺華嚴東壁題名，時年八十一。後又題'院似禪心静'等二詩，稱'太子少師'，亦應此年真迹，今爲人移去，石刻亦不存，人或得舊本耳。又有與其從子侍御者家問二帖，後題'廣順癸丑歲孟夏月'，真迹在洛陽士人家。又有判宅契五十餘字，在洛陽故職方郎李氏家者刻之，無年，但稱'七月十六日，太子少師楊'草名，亦應是廣順中也。又《家譜》云：唐修行楊氏，系出越公房，本出中山相結，次子繼生洛州刺史暉，暉生河間太守恩，恩生越恭公鈞，出居馮翊，至藏器徙潯陽。

唐相楊收之父曰遺直，生四子，名皆從‘又’，曰發、假、收、嚴，以四時爲義，故發之諸子名皆從‘木’，假之子從‘火’，收之子從‘金’，嚴之子從‘水’。嚴生涉，涉生凝式，而收乃藏器之兄、涉之伯也。《新五代史記·唐六臣傳》乃以收爲涉之祖、嚴之父，非也。又《傳》云：楊凝式，字景度，隋越公素之後，唐相涉之子也。天姿警悟，工草隸，善屬文。昭宗時第進士，爲度支巡官，再遷祕書郎、直史館。梁開平中，爲殿中侍御史、禮部員外郎，去從西都張全義辟，爲留守巡官。梁相趙光裔器其才，奏爲集賢殿直學士，改考功員外郎。唐同光初，以比部郎中知制誥，改給事中、史館修撰、判館事。明宗立，拜中書舍人。長興中，歷右散騎常侍、工禮户三侍郎，後以疾免，改祕書監。清泰初，遷兵部侍郎，復以疾歸洛。晋天福中，遷太子賓客，尋除禮部尚書致仕。開運中，宰相桑維翰表起爲太子少保分司。漢乾祐中，歷少傅、少師。周廣順中，再請老，以尚書右僕射致仕，顯德初，改左僕射、太子太保。元年冬，薨於洛陽，年八十二，贈太子太傅。初，凝式父、祖，世顯於唐，至涉相哀帝，時方賊臣陵慢，王室殘蕩，賢人多罹患。涉受命，泣語凝式曰：‘世道方極，吾嬰網羅不能去，禍將及，且累汝。’朱全忠簒唐，涉當送傳國寶，凝式諫曰：‘尊爲宰相而國至此，不爲無過，乃更持天子印綬與人，雖保富貴，如千載史筆何！’時全忠恐唐室舊臣不利于已，往往陰訪群情，疑貳之間，及禍者甚衆。涉常不自保，忽聞凝式言，大驚曰：‘汝滅吾族矣。’凝式恐事泄，因佯狂，而涉以謙持，終免梁禍。凝式雖仕歷五代，以心疾閑居，故時人目以‘風子’。其筆迹遒放，宗師歐陽詢與顏真卿，而加以縱逸。既久居洛，多遨游佛道祠，遇山水勝概，輒留連賞詠。有垣牆圭缺處，顧視引筆，且吟且書，若與神會，率寶護之。其號或以姓名，或稱癸巳人，或稱楊虚白，或稱希維居士，或稱關西老農。其所題後，或真或草，或不可原詰。而論者謂其書，自顏中書後一人而已，其佯狂之迹甚著。卜第於尹居之側，遇入府，前輿後馬，猶以爲遲，乃杖策徒行，市人隨笑之。常迫冬，家人未挾纊。

會有故人過洛，贈以綿五十兩、絹百端。凝式悉留之修行尼舍，俾造襪以施崇德、普明兩寺飯僧。其家雖號寒啼飢，而凝式不屑屑也。留守聞其事，乃自製衣給米遺之。凝式笑謂家人曰：'我固知留守必見賙也。'每旦起將出，僕請所之，楊曰：'宜東游廣愛寺。'僕曰：'不若西游石壁寺。'凝式舉鞭曰：'姑游廣愛。'僕又以石壁爲請，凝式乃曰：'姑游石壁。'聞者撫掌。凝式詩什，亦多雜以恢諧。少從張全義辟，故作詩《紀全義之德》云：'洛陽風景實堪哀，昔日曾爲瓦子堆。不是我公重葺理，至今猶自一堆灰。'他類若此。石晉時，張從恩尹洛，凝式自汴還，時飛蝗蔽日，偶與之俱。凝式先以詩寄從恩曰：'押引蝗蟲到洛京，合消郡守遠相迎。'從恩弗怪也。然凝式詩句自佳，及至洛後，以詩贈從恩云。其題壁有：'院似禪心静，花如覺性圓。自然知了義，争肯學神仙？'清麗可喜也。尹洛者皆當時王公，凝式或傲然不以爲禮，尹亦以其耆俊狂直，不之責也。凝式本名家，既不遇時，而唐、梁之際，以節義自立，襟量宏廓，竟免五季之禍，以壽考終。洛陽諸佛宫書迹至多，本朝興國中，三川大寺刹率多頽圮，翰墨所存無幾，今有數壁存焉。士大夫家亦有愛其書帖，皆藏弆以爲清玩。世以凝式行書頗類顔魯公，故謂之顔、楊云。"見《遊宧紀聞》卷一〇。

薛仁謙

薛仁謙，字守訓，代居河東，近世徙家於汴，今爲浚儀人也。[1]父延魯，仕唐爲汝州長史，累贈吏部尚書。[2]仁謙謹厚廉恪，深通世務，梁鄴王羅紹威甚重之，[3]累署府職。唐莊宗即位於魏，授通事舍人，三聘于吴，[4]得使乎之體。遷衛尉少卿、引進副使，累加檢校兵部尚書。[5]長興中，轉客省使、鴻臚少卿，出爲建雄軍節度副使，進階光禄大夫、檢校左僕射，改光禄少卿。[6]晋天福初，授檢校司空、河中節度副使。[7]歸朝，爲衛尉、太僕二卿。[8]丁繼母憂，居喪制滿，授司農卿。[9]漢乾祐中，以本官致仕。周初，改太子賓客致仕，[10]仍加檢校司徒，[11]進封侯爵。顯德三年冬，以疾終，[12]年七十八。贈工部尚書。[13]

[1]河東：方鎮名。治所在太原（今山西太原市）。　汴：州名。治所在今河南開封市。　浚儀：縣名。治所在今河南開封市。

[2]延魯：人名。即薛延魯。事迹不詳。　汝州：州名。治所在今河南汝州市。　長史：官名。州府屬官。協助處理州府公務。正四品上至正六品上。　吏部尚書：官名。尚書省吏部長官，與二侍郎分掌六品以下文官選授、勳封、考課之政令。正三品。

[3]羅紹威：人名。魏州貴鄉（今河北大名縣）人。唐末軍閥。傳見本書卷一四、《新五代史》卷三九。

[4]唐莊宗：即五代後唐莊宗李存勗。沙陀部人。五代後唐建立者。紀見本書卷二七至卷三四、《新五代史》卷五。　魏：州名。治所在今河北大名縣。　通事舍人：官名。東晋始置。唐代爲中書省屬官，全稱中書通事舍人。掌殿前承宣通奏。從六品上。　三聘于吴：原本作“梁開平中聘于吴”。《宋本册府》卷六五三《奉使部·稱旨門》：“薛仁謙爲通事舍人，莊宗即位，三聘於吴，得使乎之體。”另見同書卷六五四《奉使部·恩獎門》。唐莊宗即位於同光元年（923）四月，遠在梁太祖開平（907—911）之後。兹據史實及《宋本册府》，“聘于吴”前删“梁開平中”四字，補“三”字。

[5]衛尉少卿：官名。北魏置，隋、唐、五代爲衛尉寺次官，協助衛尉卿掌供宫廷、祭祀、朝會之儀仗帷幕，通判本寺事務。從四品上。　引進副使：官名。五代置，引進司副長官。協助引進使

掌臣僚藩屬進奉禮物事宜。　檢校兵部尚書：官名。爲散官或加官，以示恩寵，無實際執掌。

[6]客省使：官名。客省長官。唐代宗時始置，五代沿置。掌接待四方奏計及外族使者。　鴻臚少卿：官名。鴻臚寺少卿簡稱。鴻臚寺副長官，協助鴻臚寺卿掌賓客及凶儀之事，領典客、司儀二署。從四品上。　建雄軍：方鎮名。後唐同光元年改建寧軍爲建雄軍。治所在晋州（今山西臨汾市）。　節度副使：官名。唐、五代方鎮屬官。位於行軍司馬之下、判官之上。　光禄大夫：官名。唐、五代文散官。從二品。　檢校左僕射：官名。爲散官或加官，以示恩寵，無實際執掌。　光禄少卿：官名。光禄寺副長官，協助光禄寺卿掌宫殿門户、帳幕器物、百官朝會膳食等。從四品上。

[7]檢校司空：官名。爲散官或加官，以示恩寵，無實際執掌。　河中：方鎮名。治所在河中府（今山西永濟市）。

[8]衛尉：官名。即衛尉卿。北魏置，隋、唐、五代爲衛尉寺長官。掌供宫廷、祭祀、朝會之儀仗帷幕，通判本寺事務。從三品。　太僕：官名。即太僕卿。漢代始置，太僕寺長官，掌御用車馬及國家畜牧事宜。從三品。　爲衛尉、太僕二卿：《輯本舊史》卷七八《晋高祖紀四》天福四年（939）四月壬申條："以河中節度副使薛仁謙爲衛尉卿。"同書卷八一《晋少帝紀一》天福八年二月丁丑條："以前太僕卿薛仁謙爲衛尉卿。"

[9]司農卿：官名。司農寺長官。佐司農卿掌管倉廩、籍田、苑囿諸事。從三品上。　授司農卿：《輯本舊史》卷一〇〇《漢高祖紀下》天福十二年閏七月乙丑條："以前衛尉卿薛仁謙爲司農卿。"此爲漢高祖朝事，本傳繫於晋朝，誤。

[10]改太子賓客致仕：《輯本舊史》卷一一一《周太祖紀二》廣順元年（951）三月丙子條："以司農卿致仕薛仁謙爲鴻臚卿，並依前致仕。"與本傳異。

[11]檢校司徒：官名。爲散官或加官，以示恩寵，無實際執掌。

［12］以疾終：《輯本舊史》卷一一六《周世宗紀三》顯德三年（956）十月癸酉條："太子賓客致仕薛仁謙卒。"

［13］工部尚書：官名。尚書省工部長官。掌百工、屯田、山澤之政令。正三品。

初，仁謙隨莊宗入汴也，有舊第爲梁朝六宅使李賓所據，[1]時賓遠適，而仁謙復得其第。或告云，賓之家屬厚藏金帛在其第内，仁謙立命賓親族盡出所藏而後入焉。論者美之。

［1］六宅使：官名。唐置十宅、六宅使，管理諸皇子宅出納事務。或總稱十六宅，後衹稱六宅使。　李賓：人名。籍貫不詳。五代將領。事見本書卷一三二。　有舊第爲梁朝六宅使李賓所據：《輯本舊史》之影庫本粘籤："李賓，原本作'李彬'，今從《册府元龜》改正。"見《宋本册府》卷八五〇《總録部・器量門》。

子居正，皇朝門下侍郎、平章事。[1]《永樂大典》卷二萬一千三百六十七。[2]

［1］居正：人名。即薛居正。開封浚儀（今河南開封市）人。五代、宋初大臣。傳見《宋史》卷二六四。　門下侍郎：官名。門下省次官，常加"同中書門下平章事"銜爲宰相。正二品。　平章事：官名。即同中書門下平章事，簡稱"同平章事"。唐代高宗以後，凡實際任宰相之職者，常在其本官後加同平章事的職銜，後成爲宰相專稱。後晋天福五年（940），升中書門下平章事爲正二品。　皇朝門下侍郎、平章事：《宋史》卷三《太祖本紀三》開寶六年（973）九月己巳條："薛居正爲門下侍郎、同平章政事。"

［2］《大典》卷二一三六七“薛”字韻“姓氏（六）”事目。

蕭愿

蕭愿，字惟恭，梁宰相頃之子也。[1]頃，明宗朝終於太子少保，[2]《唐書》有傳。初，愿之曾祖倣，唐僖宗朝入相，接客之次，愿爲兒童戲，效傳呼之聲。[3]倣謂客曰：“余豈敢以得位而喜，所幸奕世壽考，吾今又有曾孫在目前矣。”[4]愿弱冠舉進士第，解褐爲校書郎，改畿尉、直史館，監察、殿中侍御史，[5]遷比部員外、右司郎中、太常少卿。[6]明宗朝祀太微宫，[7]愿乘醉預公卿之列，爲御史所彈，左遷右贊善大夫。[8]未幾，授兵部郎中，[9]復金紫。丁内艱，服闋，自左司郎中拜右諫議大夫，歷給事中、右常侍、秘書監，[10]改太子賓客。廣順元年春卒。贈禮部尚書。[11]

［1］頃：人名。即蕭頃，京兆萬年（今陝西西安市長安區）人。五代後梁、後唐大臣。傳見本書卷五八。

［2］明宗：即五代後唐明宗李嗣源。沙陀部人。原名邈佶烈，李克用養子。926年至933年在位。紀見本書卷三五至卷四四、《新五代史》卷六。

［3］倣：人名。即蕭倣。咸通中任宰輔。傳見《舊唐書》卷一七二《蕭俛傳》附傳。　唐僖宗：即李儇。873年至888年在位。紀見《舊唐書》卷一九下、《新唐書》卷九。　愿爲兒童戲，效傳呼之聲：《太平御覽》卷三八三《人事部·壽老門》引《周史》作“愿爲兒童，効倣傳呼之聲”。

［4］“倣謂客曰”至“吾今又有曾孫在目前矣”：明本《册府》

卷八六六《總録部·貴盛門》："周蕭愿爲太子賓客。愿，梁昭明太子後，宋公瑀、太師嵩其祖也。父頃，梁貞明年爲相，唐明宗朝終太子少保。頃之父廩，事僖宗，歷給事中、京兆尹。廩之先曰倣，懿宗之輔相也。世有令名，一門七相。"《舊唐書》卷一九上《懿宗本紀》咸通十四年（873）四月條："以吏部侍郎蕭倣爲兵部侍郎、同平章事。"同書卷一九下《僖宗本紀》乾符元年（874）正月乙丑條："左僕射、門下侍郎、平章事蕭倣兼右僕射。"

［5］解褐：又作"釋褐"。除去布衣，换上官服。指初仕。　畿尉：官名。畿縣佐官，掌軍事、治安。唐代縣的級别分爲七等，畿縣是第二等。正九品下。　監察：即監察御史。唐代屬御史臺之察院，掌監察中央機構、州縣長官及祭祀、庫藏、軍旅等事。唐中期以後，亦作爲外官所帶之銜。正八品下。　殿中侍御史：官名。三國魏始置。唐前期屬御史臺之殿院，掌宫門、庫藏及糾察殿庭供奉朝會儀式，及分掌左、右巡，負責京師治安、京畿軍兵。唐後期常爲外官所帶憲銜。從七品下。

［6］比部員外：官名。唐、五代刑部比部司次官。協助比部郎中掌管勾會内外賦斂、經費俸禄等。從六品上。　右司郎中：官名。尚書右丞副貳，協掌尚書都省事務，監管兵、刑、工部諸司政務，舉稽違，署符目，知直宿，位在諸司郎中上。從五品上。　太常少卿：官名。太常寺次官。佐太常卿掌宗廟、祭祀、禮樂及教育等。正四品上。

［7］太微宫：廟名。唐天寶元年（742）於東都積善坊建玄元皇帝廟，次年更名太微宫。位於今河南洛陽市洛河南岸。

［8］御史：御史臺執掌監察官員的泛稱。　右贊善大夫：官名。即太子右贊善大夫。掌規諫太子過失、贊相禮儀等事。正五品。　左遷右贊善大夫：《輯本舊史》卷四〇《唐明宗紀六》天成四年（929）十月癸卯條："太常少卿蕭愿責授太子洗馬，奪緋。愿南郊行事，與祠官同飲，詰旦猶醉，不能行禮，爲御史所劾也。"所述愿責授之職，與本傳異。

[9]兵部郎中：官名。唐高祖改兵曹郎置，二人，一掌武官階品、衛府名數、校考、給告身之事；一掌軍籍、軍隊調遣名數、朝集、禄賜、告假等事。高宗、武則天、玄宗時，一度隨本部改名司戎大夫、夏官郎中、武部郎中。五代因之。從五品上。　授兵部郎中：《五代會要》卷四忌日條："後唐天成三年又八月九日敕：尚書兵部郎中蕭愿奏，每遇宗廟不樂之辰，宰臣到寺，百官立班，是日降使賜香，準案禁樂、斷屠宰、止刑罰者。"據前文所引《輯本舊史》，愿於天成四年（929）十月貶官，授兵部郎中在此之後，《五代會要》言天成三年八月愿任"兵部郎中"，或爲"太常少卿"之訛。

[10]左司郎中：官名。爲尚書左丞副貳，協掌尚書都省事務，監管吏、户、禮部諸司政務。位在諸司郎中上。從五品上。　右諫議大夫：官名。隸中書省。唐代置左、右諫議大夫各四人，分隸門下省、中書省。掌諫諭得失、侍從贊相。正四品下。　歷給事中、右常侍、秘書監：《輯本舊史》卷八〇《晋高祖紀六》天福七年（942）五月壬子條："給事中蕭愿爲右散騎常侍。"同書卷八二《晋少帝紀二》開運元年（944）六月戊辰條："以右散騎常侍蕭愿爲秘書監。"

[11]贈禮部尚書：《輯本舊史》卷一一一《周太祖紀二》廣順元年三月丙子條："故太子賓客蕭愿贈禮部尚書。"

愿性純謹，承事父母，未嘗不束帶而見。然性嗜酒無節，職事弛慢。爲兵部郎中日，常掌告身印，覃恩之次，頗怠職司，父頊爲吏部尚書，代愿視印篆，其散率如此。愿卒時年七十餘，其母猶在，[1]一門壽考，人罕及者。《永樂大典》卷五千二百二十五。[2]

[1]其母猶在：《宋本册府》卷七八四《總録部・壽考門》同。

《太平御覽》卷三八三《人事部·壽老門》引《周史》作“母猶在堂”。

［2］《大典》卷五二二五“蕭”字韻“姓氏（八）”事目。

盧損

盧損，其先范陽人也，近世任於嶺表。[1]父穎，[2]游宦於京師。損少學爲文，[3]梁開平初，舉進士，性頗剛介，以高情遠致自許。[4]與任贊、劉昌素、薛鈞、高總同年擢第，所在相詬，時人謂之“相罵榜”。[5]及任贊、劉昌素居要切之地，而損自異，不相親狎。時左丞李琪素薄劉昌素之爲人，[6]常善待損。琪有女弟眇，長年婚對不售，乃以妻損。損慕琪聲稱納之，[7]及琪爲輔相，致損仕進。梁貞明中，累遷至右司員外郎。[8]唐天成初，由兵部郎中、史館修撰轉諫議大夫。屢上書言事，詞理淺陋，不爲名流所知。[9]清泰中，盧文紀作相，密與損參議時政。[10]

［1］范陽：地名。位於今北京市。　嶺表：地區名。亦謂嶺外、嶺南。

［2］穎：人名。即盧穎。《全唐文》卷七九〇：“忽有范陽盧穎自蒲罷幕，寄居永樂。”

［3］損少學爲文：《宋本册府》卷八一一《總録部·遊學門》作“損少學文，隨父客汴、洛間”。

［4］以高情遠致自許：《宋本册府》卷九五四《總録部·寡學門》其後有“儕類之中，務欲自勝，然學涉不博，以此爲人士所薄”二十字。

[5]任贊：人名。籍貫不詳。五代後唐官員。事見本書卷四四。　劉昌素：人名。籍貫不詳。事見本書本卷。　薛鈞：人名。籍貫不詳。本書僅此一見。中華書局本有校勘記："《册府》卷九三九作'薛均'。"　高總：人名。籍貫不詳。本書僅此一見。　"與任贊"至"相駡榜"：亦見《宋本册府》卷九三九《總録部·譏誚門》。

[6]左丞：官名。尚書省佐貳官。唐中期以後，與尚書右丞實際主持尚書省日常政務，權任甚重。正四品上。後梁開平二年（908）改爲左司侍郎，後唐同光元年（923）復舊爲左丞。正四品。　李琪：人名。河西敦煌（今甘肅敦煌市）人。五代後梁、後唐官員。傳見本書卷五八、《新五代史》卷五四。

[7]損慕琪聲稱納之：《宋本册府》卷九四五《總録部·附勢門》"慕琪聲稱"後有"聞其眇"三字。

[8]貞明：五代後梁末帝朱友貞年號（915—921）。　右司員外郎：官名。右司郎中的副職。協掌尚書都省事務，監管兵、刑、工部諸司政務，舉稽違，署符目，知直宿，從六品上。

[9]天成：五代後唐明宗李嗣源年號（926—930）。　諫議大夫：官名。秦始置，掌朝政議論。隋唐仍置，有左、右諫議大夫四人，分屬門下、中書二省。掌諫諭得失，侍從贊相。唐後期、五代多以本官領他職。唐初爲正五品上，會昌二年（842）升爲正四品下。後晋天福五年（940）爲正四品，後周顯德五年（958）復改爲正五品上。　"唐天成初"至"不爲名流所知"：《宋本册府》卷五〇三《邦計部·屯田門》載天成二年（926）十二月盧損上言，同書卷一〇八《帝王部·朝會門二》、卷四七五《臺省部·奏議門六》載長興二年（931）十二月盧損奏議。

[10]盧文紀：人名。京兆萬年（今陝西西安市長安區）人。唐末進士，五代宰相。傳見本書卷一二七、《新五代史》卷五五。　"清泰中"至"密與損參議時政"：《輯本舊史》卷一二七《盧文紀傳》："文紀處經綸之地，無輔弼之謀，所論者愛憎朋黨之小

瑕，所糾者銓選擬掄之微纇。時有蜀人史在德爲太常丞，出入權要之門，評品朝士，多有譏彈，乃上章云：‘文武兩班，宜選能進用。見在軍都將校、朝廷士大夫，並請閱試澄汰，能者進用，否者黜退，不限名位高下。’疏下中書，文紀以爲非己，怒甚，召諫議大夫盧損爲覆狀，辭旨蕪漫，爲衆所嗤。”《宋本册府》卷三三五《宰輔部·不稱門》繫此事於清泰初。盧損於唐莊宗朝之仕宦經歷，本傳未載，現補於此。《輯本舊史》卷三二《唐莊宗紀六》同光二年（924）八月丁亥條：“中書門下侍郎奏：‘請差左丞崔沂、吏部尚書崔貽孫、給事中鄭韜光李光序、吏部員外郎盧損等，同詳定選司長定格、循資格、十道圖。’從之。”同年十一月壬寅條：“尚書左丞、判吏部尚書銓事崔沂貶麟州司馬，吏部侍郎崔貽孫貶朔州司馬，給事中鄭韜光貶寧州司馬，吏部員外盧損貶府州司户。時有選人吴延皓取亡叔告身故舊名求仕，事發，延皓付河南府處死，崔沂已下貶官。”

初，長興中，唐末帝鎮河中，損嘗爲加恩使副，及末帝即位，用爲御史中丞。[1]拜命之日，以自前憲司不能振舉綱領，俾風俗頽壞，乃大爲條奏，而有“平明放鑰，日出守端”之語，大爲士人嗤鄙。[2]有頃，誤詳赦書，失出罪人，停任。[3]晋天福中，復爲右散騎常侍，[4]轉秘書監，大失所望，即拜章辭位，乃授户部尚書致仕，退居潁川。時少保李鏻年將八十，善服氣導引，損以鏻遐壽有道術，酷慕之。仍以潁川逼於城市，乃卜居陽翟，誅茅種藥，山衣野服，逍遥於林圃之間，出則柴車鶴氅，自稱具茨山人。晚年與同輩五六人，於大隗山中疏泉鑿坯爲隱所，誓不復出山，久之，齒髮不衰，似有所得。[5]廣順三年秋卒，[6]時年八十餘。贈太子少傳。[7]《永樂大典》卷二千二百十二。[8]

[1]御史中丞：官名。如不置御史大夫，則爲御史臺長官。掌司法監察。正四品下。　“初，長興中”至“用爲御史中丞”：《輯本舊史》卷四六《唐末帝紀上》清泰元年（934）四月辛卯條：“以左諫議大夫盧損爲右散騎常侍。”同年八月丙申條：“御文明殿册皇后，命使攝太尉、宰臣盧文紀，使副攝司徒、右諫議大夫盧損詣皇后宮，行禮畢，恩賜有差。”同書卷四七《唐末帝紀中》清泰二年二月辛巳條：“以右諫議大夫盧損爲御史中丞。”唐末帝即位後，損先爲右散騎常侍、右諫議大夫，次年方任御史中丞，本傳未詳其事。

[2]“拜命之日”至“大爲士人嗤鄙”：《輯本舊史》卷四七《唐末帝紀中》清泰二年四月癸未條：“御史中丞盧損等進清泰元年以前十一年制敕，堪悠久施行者三百九十四道，編爲三十卷；其不中選者，各令所司封閉，不得行用。詔其新編敕如可施行，付御史臺頒行。”同年七月丙申條：“御史中丞盧損奏：‘準天成二年七月敕，每月首、十五日入閤，罷五日起居。臣以爲中旬排仗，有勞聖躬，請只以月首入閤，五日起居依舊。又準天成三年五月、長興二年七月敕，許諸州節度使帶使相歲薦僚屬五人，餘薦三人，防禦、團練使薦二人，今乞行釐革。又長興二年八月敕，州縣佐官差充馬步判官，仍同一任，乞行止絶，依舊衙前選補。’詔曰：‘今後藩臣帶使相許薦三人，餘薦二人，直屬京防禦、團練使薦一人，餘並從之。’”明本《册府》卷四七六《臺省部·奏議門七》載“清泰二年，御史中丞盧損上言五事”，内容甚詳，其中“平明放鑰，日出守端”作“寅初開鑰，日出排班”。《宋本册府》卷六三三《銓選部·條制門五》、卷六四二《貢舉部·條制門四》載御史中丞盧損清泰二年七月進言，同書卷六一三《刑法部·定律令門》載御史中丞盧損清泰三年四月進言。

［3］“有頃”至“停任”：《輯本舊史》卷四八《唐末帝紀下》清泰三年三月戊午條：“御史中丞盧損責授右贊善大夫，知雜侍御史韋棁責授太僕寺丞，侍御史魏遜責授太府寺主簿，侍御史王岳責授司農寺主簿。初，延州保安鎮將白文審聞兵興岐下，專殺郡人趙思謙等十餘人，已伏其罪，復下臺追繫推鞫，未竟。會去年五月十二日德音，除十惡五逆、放火殺人外並放。盧損輕易即破械釋文審，帝大怒，收文審誅之。臺司稱奉德音釋放，不得追領祇證。中書詰云，德音言‘不在追窮枝蔓’，無‘不得追領祇證’六字，擅改敕語。大理斷以失出罪人論，故有是命。”《宋本册府》卷五二一《憲官部·不稱門》、卷五二二《憲官部·譴讓門》載：“盧損，末帝清泰三年爲御史中丞。初，延州保安鎮將白文審，郡之劇賊。高行周作鎮時，差人往替，不受代。屬前年春擾亂，文審專殺郡人趙思謙等十餘人，後經赦放罪。去年春，思謙弟思誨詣闕訴兄之冤，帝亦素知文審之兇惡，密令本道捕之下獄，遣殿中少監張仁愿於鄜州置獄，推鞫文審伏殺十平人罪，未盡疑，乃追赴京師，連坐者二十八人，繫臺獄。方按鞫，屬五月十二日御札：‘自今年五月十二日已前，除五逆十惡、放火劫舍、持杖殺人外，並委長吏，如已得事情，或未見贓驗，不在追窮枝蔓，以所招疾速斷遣。’損爲人輕易，即破械釋文審。復奏，帝大怒，復收文審誅之。堂帖勘臺公文云：‘奉德音釋放，不得追領祇證。’中書詰狀云：‘御札云不在追窮枝蔓，無不得追領祇證六字，擅添改勑語。’詔責授右贊善大夫，知雜御史韋棁責授太僕寺丞，侍御史魏遜責授太府寺主簿，王岳責授司農寺主簿。”亦見《宋本册府》卷五一一《憲官部·不稱門》。

［4］晉天福中，復爲右散騎常侍：《輯本舊史》卷七六《晉高祖紀二》天福二年六月乙酉條：“右贊善大夫盧損改右散騎常侍，前有朝貶故也。”《通鑑》卷二八一天福三年（938）十一月丙午條：“以閩主昶爲閩國王，以左散騎常侍盧損爲册禮使，賜昶赭袍。”同書卷二八二天福四年二月條：“盧損至福州，閩主稱疾不

見，命弟繼恭主之。遣其禮部員外郎鄭元弼奉繼恭表隨損入貢。”損使閩事，另載明本《册府》卷二三三《僭僞部·矜大門》、卷六六四《奉使部·挫辱門》，《新五代史》卷六《八閩世家》，馬令《南唐書》卷一《先主書》、卷二八《滅國傳》。《册府》《通鑑》皆言損爲“左散騎常侍”，與本傳異。

［5］户部尚書：官名。尚書省户部長官。掌管全國土地、户籍、賦税、財政收支諸事。正三品。　潁川：地名。今河南許昌市。　李鏻：人名。唐朝宗室。五代大臣。傳見本書卷一〇八、《新五代史》卷五七。　陽翟：軍鎮名。治所在今河南禹州市。　大隗山：山名。位於今河南新密市東南。　“轉秘書監”至“似有所得”：亦見《宋本册府》卷七八四《總録部·壽考門》、卷八三六《總録部·養生門》。“損以鏻遐壽有道術”，“壽”字原闕，據以上兩卷《册府》補。“仍以潁川逼於城市”，《册府》無“於”。“誅茅種藥”，《册府》前有“立隱舍”三字。“林圃”，《册府》作“隱几”。“同輩”，《册府》作“同遊”。“於大隗山中”，《册府》作“於大隗山中古宫觀址”。“誓不復出山，久之，齒髮不衰，似有所得”，《册府》卷七八四作“誓不復出。山氣多寒，被病而卒，時年八十餘，齒髮不衰，而有壯容”，卷八三六作“誓不復出。山氣嚴寒，被病而卒，時年八十餘，齒髮不衰，而有壯容。損於修攝，似有所得”。

［6］廣順三年秋卒：《輯本舊史》卷一一一《周太祖紀二》廣順元年三月丙子條：“以户部尚書致仕盧損、左驍衛上將軍致仕李肅並爲太子少保……並依前致仕。”卷一一三《周太祖紀四》廣順三年（953）九月己卯條：“太子少保盧損卒。”

［7］太子少傅：官名。與太子少保、太子少師合稱“三少”，唐後期、五代多爲大臣、勳貴加官。從二品。

［8］《大典》卷二二一二“盧”字韻“姓氏（七）”事目。

王仁裕

王仁裕，字德輦，天水人。[1]少孤，不從師訓，唯以狗馬彈射爲務。年二十五，方有意就學。[2]一夕，夢割其腸胃，引西江水以浣之。又睹水中沙石皆有篆文，因取吞之。及寤，心意豁然，自是文性甚高。[3]而爲人儁秀，以文辭知名秦、隴間。秦帥辟爲秦州節度判官。秦州入於蜀，仁裕因事蜀爲中書舍人、翰林學士。[4]蜀亡入洛，復爲秦州戎判，秩滿歸田里。時王思同鎮興元，聞仁裕名，奏辟爲幕賓，尋改西京留守判官。[5]及思同敗，清泰帝素聞其名，召令隨駕入洛。沿路書詔，皆出仁裕之手。[6]爲汴州觀察判官。末帝清泰中，汴帥范延光：言其不可滯於賓佐，末帝亦知其有才，乃召爲司封員外，知制誥，充翰林學士。[7]

[1]天水：地名。位於今甘肅天水市。　“王仁裕”至“天水人”：《宋本册府》卷八九三《總録部·夢徵門二》。亦見《新五代史》卷五七《王仁裕傳》。

[2]“少孤”至“方有意就學”：《宋本册府》卷八九七《總録部·改過門》。

[3]西江：水名。四川錦江的别稱。　“一夕”至“自是文性甚高”：《宋本册府》卷八九三。

[4]秦、隴：秦嶺和隴山的並稱。指陝西、甘肅一帶。　秦州：州名。治所在今甘肅天水市。　節度判官：官名。唐末、五代藩鎮僚佐，位行軍司馬下。　翰林學士：官名。由南北朝始設之學士發展而來，唐玄宗改翰林供奉爲翰林學士，備顧問，代王言，掌拜免將相、號令征伐等詔令的起草。　“而爲人儁秀”至“翰林學

士"：《新五代史》卷五七《王仁裕傳》。

[5]王思同：人名。幽州（今北京市）人。五代後唐將領。傳見本書卷六五、《新五代史》卷三三。　興元：府名。治所在今陝西漢中市。　西京：指京兆府（今陝西西安市）。　留守判官：官名。留守司僚屬，分掌留守司各曹事，並協助留守通判陪都事。"蜀亡入洛"至"尋改西京留守判官"：《宋本册府》卷七二九《幕府部·辟署門四》。

[6]清泰帝：即五代後唐末帝李從珂。鎮州平山（今河北平山縣）人。本姓王，後唐明宗李嗣源擄其母魏氏，遂養爲己子。應順元年（934）四月，李從珂入洛陽即帝位。清泰三年（936）五月，石敬瑭謀反，以出賣燕雲十六州、自稱兒臣的條件求得契丹援助，石敬瑭攻入洛陽，廢帝自焚死，後唐亡。紀見本書卷四六至卷四八、《新五代史》卷七。　"及思同敗"至"皆出仁裕之手"：《宋本册府》卷七一八《幕府部·才學門》。《新五代史》卷五七《王仁裕傳》："廢帝舉兵鳳翔，思同戰敗，廢帝得仁裕，聞其名不殺，置之軍中。自廢帝起事，至其入立，馳檄諸鎮，詔書、告命皆仁裕爲之。"

[7]觀察判官：官名。唐肅宗以後置，五代沿置。觀察使屬官，參理田賦事，用觀察使印、署狀。　范延光：人名。鄴郡臨漳（今河北臨漳縣）人。五代後唐、後晉將領。傳見本書卷九七。　司封員外：官名。尚書省吏部司封司次官。佐長官郎中掌封爵、命婦、朝會及賜予等事。從六品上。　"爲汴州觀察判官"至"充翰林學士"：《宋本册府》卷五五〇《詞臣部·選任門》。《新五代史》卷五七《王仁裕傳》敘仁裕官職爲"以都官郎中充翰林學士"，與《册府》異。按《輯本舊史》卷七六《晉高祖紀二》天福二年（937）六月乙酉條："翰林學士、司封員外郎、知制誥王仁裕改都官郎中。"知仁裕唐末爲司封員外郎，至晉方爲都官郎中。

仕晉，爲司封郎中。[1]仁裕爲文之外，亦曉音律。天福五年八月戊申，宴群臣於永福殿，[2]樂奏黄鍾。仁裕曰：“音不純肅，聲不和振，其將有争者乎？”或問之：“奚知其然？”對曰：“夫樂有天地辰宿，有軌數形色，有陰陽逆順，有離合隱見。天數五，地數六，六五相合，十一月而生黄鍾。黄鍾者，同律之主，五音之元宫也。子寅卯巳未酉戌謂之羽；子寅辰午未酉亥謂之宫；子丑卯巳未申戌謂之角；子卯辰巳未酉戌謂之商。四者靡靡成章，峻而且厲，鄭衛之音，[3]此之謂也。雖高有所忽微，中有所闕漏，與夫推曆生律，以律合吕，九六之偶，旋相爲宫。三正生天地之美，七宗固陰陽之序者，於其通人神，宣歲功，生成軌儀之德，紀協長大之算，則精粗異矣。在乎審治亂，察盛衰，原性情，應形兆，則殊途而同歸也。三正者，一爲天，二爲地，三爲人。七宗者，黄鍾爲宫，太簇爲商，姑洗爲角，林鍾爲徵，南吕爲羽，應鍾爲變宫，蕤賓爲變徵。角爲木，商爲金，宫爲土，變徵爲日，變宫爲月，徵爲火，羽爲水。龍角、元龜、天豕、井候主乎角，平亢、河鼓、婁聚、輿鬼主乎商，天根、須女、庖俎、烏喙主乎宫，辰馬、陰虚、旄頭、天都主乎變徵，大火、丘封、天高、烏搏主乎變宫，龍尾、玄室、四兵、天倡主乎徵，天津、東壁、參代、輶車主乎羽。角之數六十有四，商之數七十有二，宫之數八十有一，變徵之數五十有六，變宫之數四十有二，徵之數五十有四，羽之數四十有八，極商之數九十，陽之數一百二十有八，陰之數一百一十有二，五音之數畢矣。神無形而有化，處乎聲數之間，故昭之以音，合之以算。音以定主，算以求象，觸於耳而徹於心，繇是而知也。夫何疑哉！”[4]已而兩軍校鬬昇龍門外，[5]聲聞於内，人以爲神。[6]

[1]司封郎中：官名。尚書省吏部司封司長官。掌封爵、命婦、朝會及賜予等事。從五品上。

[2]永福殿：五代宫殿名。位於今河南開封市。

[3]鄭衛之音：本指春秋戰國時鄭、衛兩國的地方音樂，因音調與雅樂不同，儒家據孔子“鄭聲淫”之説，把鄭衛之音看成淫靡之音。後以“鄭衛之音”作爲淫靡之樂或靡麗文風的代稱。

[4]“仕晋”至“夫何疑哉”：《宋本册府》卷八五七《總録部·知音門二》。《新五代史》卷五七《王仁裕傳》：“晋高祖入立，罷職爲郎中，歷司封左司郎中、諫議大夫。”《輯本舊史》卷八一《晋少帝紀一》天福八年三月癸卯條：“以左司郎中王仁裕爲右諫議大夫。”同書卷八二《晋少帝紀二》開運元年六月戊辰條：“以右諫議大夫王仁裕爲給事中。”同書卷八四《晋少帝紀四》開運二年(945) 五月壬子條：“以給事中王仁裕爲左散騎常侍。”

[5]昇龍門：五代城門。位於今河南開封市。

[6]“已而兩軍校鬬昇龍門外”至“人以爲神”：《新五代史》卷五七《王仁裕傳》。

仁裕有詩千餘首，勒成一百卷，目之曰《西江集》。蓋以嘗夢吞西江文石，遂以爲名焉。[1]

[1]“仁裕有詩千餘首”至“遂以爲名焉”：《宋本册府》卷八四一《總録部·文章門》。“千餘首”，《新五代史·王仁裕傳》作

"萬餘首"。按《西江集》百卷，千首即十首一卷，似少；萬首則百首一卷，似多，今姑仍其舊。《新五代史·王仁裕傳》："仁裕與和凝於五代時皆以文章知名，又嘗知貢舉，仁裕門生王溥，凝門生范質，皆至宰相，時稱其得人。"

漢高祖時，復爲翰林學士承旨，累遷户部尚書，罷爲兵部尚書、太子少保。[1]顯德三年卒，年七十七，贈太子少師。[2]

[1]漢高祖：五代後漢開國皇帝劉知遠，太原（今山西太原市）人，沙陀族。紀見本書卷九九、卷一〇〇及《新五代史》卷一〇。　翰林學士承旨：官名。爲翰林學士之首。掌拜免將相、號令征伐等詔令的起草。《舊唐書·職官志二·翰林院》："例置學士六人，内擇年深德重者一人爲承旨，所以獨承密命故也。"　太子少保：官名。與太子少傅、太子少師統稱太子三少。隋唐以後多作加官或贈官。從二品。　"漢高祖時"至"太子少保"：《新五代史》卷五七《王仁裕傳》。《輯本舊史》卷一〇〇《漢高祖紀下》天福十二年（947）六月壬申條："以左散騎常侍王仁裕爲户部侍郎，充翰林學士承旨。"同書卷一〇一《漢隱帝紀上》乾祐元年（948）四月甲午條："以翰林學士承旨、户部侍郎王仁裕爲户部尚書。"同書卷一〇三《漢隱帝紀下》乾祐三年四月戊子條："翰林學士承旨、户部尚書王仁裕罷職，守兵部尚書。"同書卷一一一《周太祖紀二》廣順元年（951）二月辛亥條："以兵部尚書王仁裕爲太子少保。"明本《册府》卷九七《帝王部·獎善門》："（顯德二年）四月，太子少保王仁裕進回文《金鏡銘》，上善之，賜帛百匹。九月，仁裕又以自制詩賦寫圖上進，賜銀器五十兩，衣著五十匹。"

[2]"顯德三年卒"至"贈太子少師"：《新五代史》卷五七《王仁裕傳》。《輯本舊史》卷一一六《周世宗紀三》顯德三年

(956）七月庚戌條："太子少保王仁裕卒。"

裴羽

裴羽，字用化，唐僖宗朝宰相贄之子也。[1]羽少以父任爲河南壽安尉。[2]入梁，遷御史臺主簿，改監察御史。[3]唐明宗時，爲吏部郎中，使于閩，遇颶風，飄至錢塘。[4]時安重誨用事，削奪吴越封爵，羽被留于錢塘。後吴越復通中國，[5]羽始得還。[6]晋初，累遷禮部侍郎、太常卿。[7]廣順初，爲左散騎常侍，卒。贈工部尚書。[8]羽之使閩也，正使陸崇卒于道，[9]羽載其喪還，歸其橐裝，時人義之。[10]《永樂大典》卷三千二百一。[11]

[1]贄：人名。即裴贄。絳州聞喜（今山西聞喜縣）人。唐末大臣。傳見《新唐書》卷一八二。

[2]河南：府名。治所在今河南洛陽市。　壽安：縣名。治所在今河南宜陽縣。　尉：官名。即縣尉。掌管一縣緝捕盜賊、按察奸宄之事。從八品下至從九品下不等。

[3]御史臺主簿：官名。御史臺屬官。掌印及受事發辰，監察臺中官員過失，兼掌官厨及黄卷。從七品下。　監察御史：官名。唐代屬御史臺之察院，掌監察中央機構、州縣長官及祭祀、庫藏、軍旅等事。唐中期以後，亦作爲外官所帶之銜。正八品下。

[4]吏部郎中：官名。尚書省吏部頭司吏部司長官。掌文官階品、朝集、禄賜，給其告身、假使以及選補流外官等事。《新唐書》記正五品上。　閩：五代十國之閩國。　錢塘：縣名。治所在今浙江杭州市。此處代指五代十國之吴越國。

[5]安重誨：人名。應州（今山西應縣）人。五代後唐大臣。

傳見本書卷六六、《新五代史》卷二四。　“時安重誨用事”至“後吴越復通中國”：中華書局本據殿本改爲“時安重誨用事，削奪吴越王封爵，羽被留于錢塘，經歲不得歸。後重誨死，吴越復通中國”。《通鑑》卷二七七長興元年（930）十月條：“錢鏐因朝廷册閩王使者裴羽還，附表引咎。”據《輯本舊史》卷四二《唐明宗紀八》，安重誨於長興二年閏五月被賜死，而裴羽長興元年十月已自吴越還。殿本爲孤證，且與史實不合，玆不取。

[6]羽始得還：《宋本册府》卷六五四《奉使部·恩獎門》：“周裴羽，初仕後唐，爲吏部郎中。末帝清泰年，再奉命閩州，還，賜金紫。遷太常少卿。”羽唐末帝朝亦曾使閩，本傳未言其事。

[7]禮部侍郎：官名。尚書省禮部次官。協助禮部尚書掌禮儀、祭享、貢舉之政。正四品下。　太常卿：官名。太常寺長官。掌祭祀禮儀等事。正三品。　累遷禮部侍郎、太常卿：《輯本舊史》卷七九《晋高祖紀五》天福五年（940）正月甲午條：“太常少卿裴羽奏：‘請追謚唐莊宗皇后劉氏爲神閔敬皇后，明宗皇后曹氏請追謚爲和武憲皇后，閔帝魯國夫人孔氏請追謚爲閔哀皇后。’從之。”同書卷八四《晋少帝紀四》開運三年（946）八月己未條：“以左諫議大夫裴羽爲給事中。”與本傳異。

[8]贈工部尚書：《舊五代史考異》：“案：《歐陽史》作户部尚書。”見《新五代史》卷五七《裴羽傳》。《輯本舊史》卷一一一《周太祖紀二》廣順元年（951）三月丙子條：“故散騎常侍裴羽贈户部尚書。”本傳“工部”疑爲“户部”之訛。

[9]陸崇：人名。籍貫不詳。五代大臣。事見本書本卷、卷三〇《唐莊宗紀四》、卷三六《唐明宗紀二》。　正使陸崇卒於道：“道”，劉本同，殿本作“吴越”。《輯本舊史》卷四一《唐明宗紀七》長興元年七月戊子條：“以右散騎常侍陸崇卒廢朝。崇爲福建册使，卒於明州，贈兵部尚書。”明州在吴越境内。

[10]時人義之：《宋本册府》卷八〇四《總録部·義門四》：“裴羽，後唐明宗朝在郎署，與右常侍陸崇使于閩，風飄不便，誤

適兩浙。時樞密使安重誨怒，絶錢氏朝貢，越人以兵守二使於館。崇頻有不遜之語，幾欲害之。經歲，崇以疾歿。羽得歸朝，又不許將崇靈柩泛海。羽謂錢鏐曰：‘崇奉君命，不獲生還，安得以海上之俗忌，不令歸葬，則寄死之所，豈無仁人哉！’繇是鏐厚加待遇，因託附表而旋復命闕庭，以錢氏之表達，重誨厲色而問曰：‘表有何言？’羽曰：‘遠方實封，不委其事。’及發函，乃引咎伏辜之詞也。明宗甚悦，復通朝貢。羽護崇之柩及資金，毫末無缺，悉付其家，士人稱之。後至左散騎常侍。”明本《册府》卷七九四《總録部·家法門》：“周裴羽爲左常侍。性謙恭静守，居家嚴肅，累將命於四方，不渝所履，頃在雒邑，其隣未嘗聞一日諠譁，故終身無玷，時論多之。”

［11］《大典》卷三二〇一“鱗”字韻“事韻”，誤。

段希堯

段希堯，河内人也。[1]祖約，定州户掾，[2]贈太常少卿。父昶，晋州神山縣令，[3]累贈太子少保。希堯少有器局，累歷州縣。唐天成中，爲衛州録事參軍，[4]會晋高祖作鎮于鄴，聞其勤幹，奏改洺州糾曹。[5]及晋祖鎮太原，辟爲從事。[6]清泰中，晋祖總戎於代北，一日軍亂，遽呼萬歲，晋高祖惑之。希堯曰：“夫兵猶火也，弗戢將自焚。”遽請戮其亂首，乃止。[7]

［1］河内：縣名。治所在今河南沁陽市。　河内人也：《舊五代史考異》：“案：《宋史·段思恭傳》作澤州晋城人。”見《宋史》卷二七〇《段思恭傳》。

［2］約：人名。即段約。事迹不詳。　定州：州名。治所在今

河北定州市。　户掾：州司户參軍事的别稱。

［3］昶：人名。即段昶。事迹不詳。　晋州：州名。治所在今山西臨汾市。　神山：縣名。治所在今山西浮山縣。　縣令：官名。爲縣的行政長官，掌治本縣。唐代之縣，分赤（京）、次赤、畿、次畿、望、緊、上、中、中下、下十等。縣令分六等，正五品上至從七品下。

［4］衛州：州名。治所在今河南衛輝市。　録事參軍：官名。州府屬官。總掌諸曹事務。官品爲從六品至從八品不等。

［5］晋高祖：五代後晋高祖石敬瑭。沙陀部人。五代後唐將領、後晋開國皇帝。紀見本書卷七五至卷八〇、《新五代史》卷八。　鄴：地名。即鄴都。治所在今河北大名縣。五代後唐同光元年（923）改魏州爲興唐府，建號東京。三年，改東京爲鄴都。　洺州：州名。治所在今河北邯鄲市永年區。　糾曹：府司録參軍與州録事參軍的别稱。

［6］太原：府名。治所在今山西太原市。此處指治所在太原（今山西太原市）的方鎮河東軍。　從事：泛指一般屬官。

［7］代北：方鎮名。治所在代州（今山西代縣）。　“清泰中”至“乃止”：《輯本舊史》卷四七《唐末帝紀中》清泰二年（935）七月丙申條：“石敬瑭奏，斬挾馬都指揮使李暉等三十六人，以謀亂故也。時敬瑭以兵屯忻州，一日，軍士喧譟，遽呼萬歲，乃斬暉等以止之。”另見《宋本册府》卷七一七《幕府部·智識門》、《通鑑》卷二七九清泰二年六月條。

明年，晋祖將舉義於太原，召賓佐謀之，希堯極言以拒之，晋祖以其純朴，弗之咎也。[1]晋祖龍飛，霸府舊僚皆至達官，唯希堯止授省郎而已。天福中，稍遷右諫議大夫，[2]尋命使於吴越。及乘舟泛海，風濤暴起，檝師僕從皆相顧失色，希堯謂左右曰：“吾平生履行，不欺暗室，昭昭天鑒，豈無祐乎！汝等但以吾爲托，必當無患。”言訖而風止，乃獲利涉。使迴，授萊州刺史、檢校尚書右僕射，未赴任，改懷州。[3]六年秋，移棣州刺史、兼榷鹽礬制置使。[4]少帝嗣位，[5]加檢校司空。開運中，歷户部、兵部侍郎。[6]漢初，遷吏部侍郎、判東西兩銓事。[7]國初，拜工部尚書。[8]世宗嗣位，轉禮部尚書。顯德三年夏，卒於洛陽，時年七十九。贈太子少保。

[1]“明年”至“弗之咎也”：《通鑑》卷二八〇天福元年(936)(清泰三年)五月甲午條。

[2]稍遷右諫議大夫：《輯本舊史》卷七六《晉高祖紀二》天福二年三月乙亥條：“以兵部郎中段希堯爲右諫議大夫。”

[3]萊州：州名。治所在今山東萊州市。　刺史：官名。州一級行政長官。漢武帝時始置，總掌考核官吏、勸課農桑、地方教化等事。唐中期以後，節度使、觀察使轄州而設，刺史爲其屬官，職任漸輕。從三品至正四品下。　檢校尚書右僕射：官名。按，檢校某某官，唐中後期逐漸確立，五代沿用。多作爲使府或方鎮僚佐秩階、升遷的階官，非正式官銜。參見賴瑞和《論唐代的檢校官制》，《漢學研究》2006年第24卷第1期。　懷州：州名。治所在今河南沁陽市。　“使迴”至“改懷州”：《輯本舊史》卷七九《晉高祖紀五》天福五年九月丁丑條：“以右諫議大夫段希堯爲萊州刺史。”同年十月甲辰條：“以新授萊州刺史段希堯爲懷州刺史。”

[4]棣州：州名。治所在今山東惠民縣。　榷鹽礬制置使：官名。負責管理地方鹽、礬事務。

[5]少帝：人名。即石重貴。沙陀部人。後晉高祖石敬瑭從子。紀見本書卷八一至卷八五、《新五代史》卷九。

[6]歷户部、兵部侍郎：《輯本舊史》卷八三《晋少帝紀三》開運元年九月乙酉條："以前棣州刺史段希堯爲户部侍郎。"同書卷八四《晋少帝紀四》開運二年（945）五月壬子條："以户部侍郎段希堯爲兵部侍郎。"

[7]吏部侍郎：官名。尚書省吏部次官。協助吏部尚書掌文選、勳封、考課之政。正四品上。　遷吏部侍郎：《新五代史》卷五七《段希堯傳》："出帝時，爲吏部侍郎，判東、西銓事。"謂希堯晋少帝朝已任吏部侍郎，與本傳異。另，《輯本舊史》卷一〇一《漢隱帝紀上》乾祐元年（948）三月壬戌條："以宰臣竇貞固爲山陵使，吏部侍郎段希堯爲副使，太常卿張昭爲禮儀使，兵部侍郎盧價爲鹵簿使，御史中丞邊蔚爲儀仗使。"《五代會要》卷一一蝗條："（乾祐）二年五月，博州奏，有蝝生，化爲蝶飛去。宋州奏，蝗一夕抱草而死。差官祭之，復命尚書吏部侍郎段希堯祭東嶽，太府卿劉皞祭中嶽，皆慮蝗螟故也。"　東西兩銓：官署名。吏部西銓、吏部東銓的省稱。負責官員銓選。　判東西兩銓事：《輯本舊史》之影庫本粘籤："東西兩銓，原本作'東西銓'，今從《五代會要》改正。"《五代會要》未見。

[8]拜工部尚書：《輯本舊史》卷一一一《周太祖紀二》廣順元年（951）二月辛亥條："以吏部侍郎段希堯爲工部尚書。"

子思恭，右諫議大夫。[1]《永樂大典》卷一萬六千三百一十。[2]

[1]子思恭，右諫議大夫：《宋史》卷二七〇《段思恭傳》："建隆二年，除開封令，遷金部郎中。乾德初，平蜀，通判眉州。""丁母憂，起復，俄召爲考功郎中，知泗州。會馮繼業自靈州舉宗來朝，帝以思恭代知州事。""久之，遷右諫議大夫，知揚州。"

[2]《大典》卷一六三一〇"判"字韻"書判"事目，誤。當

爲卷一六三七〇“段”字韻“姓氏（二）”事目。

司徒詡

司徒詡，字德普，清河郡人也。[1]父倫，本郡督郵，[2]以清白稱。詡少好讀書，通《五經》大義，弱冠應鄉舉，不第。唐明宗之鎮邢臺，[3]詡往謁之，甚見禮遇，命試吏於邯鄲，[4]歷永年、項城令，[5]皆有能名。長興初，唐末帝鎮河中，奏辟爲從事。未幾，徵拜左補闕、史館修撰。[6]秦王從榮之開府也，[7]朝廷以詡爲户部員外郎，[8]充河南府判官。[9]秦王遇害，以例貶寧州司馬。[10]清泰初，入爲兵部員外郎。

[1]清河郡：郡名。治所在今河北清河縣。

[2]倫：人名。即司徒倫。事迹不詳。　督郵：官名。始置於漢，爲郡守佐吏，掌督領稽察屬縣縣吏之職。

[3]邢臺：此處代指安國軍，治所在邢州（今河北邢臺市）。

[4]邯鄲：地名。治所在今河北邯鄲市。

[5]永年：縣名。治所在今河北邯鄲市永年區。　項城：縣名。治所在今河南項城市。

[6]左補闕：官名。唐代諫官。武則天時始置。分爲左、右，左補闕隸於門下省，右補闕隸於中書省。掌規諫諷諭，大事可以廷議，小事則上封奏。從七品上。

[7]從榮：人名。即李從榮。沙陀部人。五代後唐明宗李嗣源之次子。傳見本書卷五一、《新五代史》卷一五。

[8]户部員外郎：官名。即尚書省户部户部司郎中的副職。協助長官掌户口、土田、賦役、貢獻、優復、婚姻、繼嗣等事。從六

品上。

[9]河南府判官：河南府長官的佐吏，協理政事，或備差遣。

[10]寧州：州名。治所在今甘肅寧縣。　司馬：官名。州郡佐官，名義上紀綱衆務，通判列曹，品高俸厚，實際上無具體職事，多用以安置貶謫官員，或用作遷轉官階。上州從五品下，中州正六品下，下州從六品上。　以例貶寧州司馬：明本《册府》卷七一五《宫臣部·罪譴門》："王之遇害，例貶寧州，尋移相州司馬。"《輯本舊史》卷四四《唐明宗紀十》長興四年（933）十一月丁酉條："河南府判官司徒詡配寧州……並爲長流百姓……應長流人並除名。"詡貶寧州，實流爲百姓，非爲司馬，本傳誤。

晋祖踐祚，改刑部郎中，[1]充度支判官、樞密直學士，[2]由兵部郎中遷左諫議大夫、給事中，[3]充集賢殿學士、判院事，[4]轉左散騎常侍、工部侍郎，[5]歷知許、齊、亳三州事。[6]漢初，除禮部侍郎，[7]凡三主貢舉。自起部貳卿，不數年間，徧歷六曹，由吏部侍郎拜太子賓客。[8]世宗即位，授太常卿。[9]時世宗留意於雅樂，議欲考正其音，而詡爲足疾所苦，居多假告，遂命以本官致仕。[10]顯德六年夏，卒於洛陽之私第，[11]年六十有六。贈工部尚書。

[1]刑部郎中：官名。尚書省刑部頭司刑部司長官。掌司法及審覆大理寺及州府刑獄。從五品上"改刑部郎中"，《五代會要》卷九定格令條："晋天福三年六月，中書門下奏：'伏睹天福元年十一月敕節文，唐明宗朝敕命法制，仰所在遵行，不得改易。今諸司每有公事，見執清泰元年十月十四日編敕施行，稱明宗朝敕，除編集外，並已封鎖不行。臣等商量，望差官將編集及封鎖前後敕文，

並再詳定。其經久可行條件，别録奏聞。'從之。遂差左諫議大夫薛融、秘書監丞吕琦、尚書駕部員外郎知雜事劉皞、尚書刑部郎中司徒詡、大理正張仁瑑同參詳。至四年七月，薛融等上所詳定編敕三百六十八道，分爲三十一卷，令有司寫録，與格式參用。"《輯本舊史》卷七七《晉高祖紀三》天福三年（938）七月丙午條："差左諫議大夫薛融、秘書監吕琦、駕部員外郎兼侍御史知雜事劉皞、刑部郎中司徒詡、大理正張仁瑑，同共詳定唐明宗朝編敕。"

[2]度支判官：官名。唐始置，唐代後期節度、觀察、團練、防禦等使的屬官，掌推按刑獄。此外，度支、鹽鐵等使也置推官。樞密直學士：官名。五代後唐莊宗同光元年（923），改直崇政院置，選有政術、文學者充任。備顧問應對。　充度支判官、樞密直學士：《輯本舊史》卷七八《晉高祖紀四》天福四年四月甲申條："樞密院學士、尚書倉部郎中司徒詡，樞密院學士、尚書工部郎中顔衎，並落職守本官，樞密副使張從恩改宣徽使。初廢樞密院故也。"《通鑑》卷二八二天福四年四月甲申條："廢樞密院，以印付中書，院事皆委宰相分判。以副使張從恩爲宣徽使，直學士、倉部郎中司徒詡，工部郎中顔衎，並罷守本官。"倉部屬户部，本傳未載詡任倉部郎中事。

[3]由兵部郎中遷左諫議大夫、給事中：《輯本舊史》卷八〇《晉高祖紀六》天福七年閏三月丙戌條："以兵部郎中司徒詡爲右諫議大夫。"同書卷八一《晉少帝紀一》天福八年三月癸卯條："以左諫議大夫司徒詡爲給事中。"

[4]集賢殿學士：官名。唐中葉置，位在集賢殿大學士之下。掌修書之事。　充集賢殿學士、判院事：《輯本舊史》卷八二《晉少帝紀二》天福八年十月甲寅條："以給事中司徒詡充集賢殿學士，判院事。"

[5]轉左散騎常侍、工部侍郎：《輯本舊史》卷八三《晉少帝紀三》開運元年（944）八月甲辰條："給事中司徒詡改右散騎常侍。"同書卷八四《晉少帝紀四》開運二年十二月辛未條："以右散

騎常侍、集賢殿學士、判院事司徒詡爲工部侍郎，依前充職。”與本傳異。

[6]許：州名。治所在今河南許昌市。　齊：州名。治所在今山東濟南市。　亳：州名。治所在今安徽亳州市。

[7]除禮部侍郎：《輯本舊史》卷一〇一《漢隱帝紀上》乾祐元年（948）正月丙午條：“以工部侍郎司徒詡爲禮部侍郎。”《宋本册府》卷六〇四《學校部·奏議門三》：“漢司徒詡爲禮部侍郎，乾祐三年上言：‘臣聞致理之方，咸資稽古，多聞之道，詎捨群書。歷代已來，斯文不墜。石渠蓬閣，今則闕於芸編，百氏九流，在廣頒於搜訪。唐朝並開三館，皆貯百家，開元之朝，群書大備，離亂之後，散失頗多。臣請國家開獻書之路，凡天下文儒、衣冠舊族，有收得三館亡書，許投館進納，據卷帙多少，少則酬之以縑帛，多則酬之以官資，自然五六年間，庶幾粗備。’從之。”

[8]“自起部貳卿”至“由吏部侍郎拜太子賓客”：《輯本舊史》卷一一一《周太祖紀二》廣順元年（951）二月辛亥條：“以禮部侍郎司徒詡爲刑部侍郎。”同書卷一一二《周太祖紀三》廣順元年十月癸巳條：“以刑部侍郎司徒詡爲户部侍郎。”同書卷一一四《周世宗紀一》顯德元年（954）八月辛未條：“集賢殿學士、判院事司徒詡爲吏部侍郎。”同書卷一一五《周世宗紀二》顯德二年九月癸未條：“以吏部侍郎于德辰、司徒詡並爲太子賓客。”本傳將詡任吏部侍郎、太子賓客繫於周世宗即位前，誤。

[9]授太常卿：《輯本舊史》卷一一七《周世宗紀四》顯德四年八月丙辰條：“以太常卿田敏爲工部尚書，以太子賓客司徒詡爲太常卿。”

[10]遂命以本官致仕：《輯本舊史》卷一一八《周世宗紀五》顯德五年十月己丑條：“太常卿司徒詡以本官致仕。”《宋本册府》卷八九九《總録部·致政門》：“司徒詡，顯德末以太常卿致仕。帝以雅樂淪廢，議欲恢復正聲。詡年老多病，不能涖事，故有是命。”

[11]卒於洛陽之私第：《輯本舊史》卷一一九《周世宗紀六》

顯德六年五月丁卯條："西京奏，太常卿致仕司徒詡卒。"

詡善談論，性嗜酒，喜賓客，亦信浮屠之教。[1]漢乾祐中，嘗使於吴越，航海而往，至渤澥之中，睹水色如墨，[2]舟人曰："其下龍宫也。"詡因炷香興念曰："龍宫珍寶無用，俟迴棹之日，當以金篆佛書一帙，用伸贄獻。"洎復經其所，遂以經一函投於海中。俄聞梵唄絲竹之音，喧於船下，舟人云："此龍王來迎其經矣。"同舟百餘人皆聞之，無不歎訝焉。《永樂大典》卷二千一百二十八。[3]

[1]浮屠：亦稱浮圖，佛陀之異譯。可代指佛教、僧侣、佛塔等。

[2]渤澥：即渤海。　睹水色如墨：《輯本舊史》之影庫本粘籤："如墨，原作'如黑'，今從《册府元龜》改正。"《册府》未見。

[3]《大典》卷二一二八"僂"字等韻，誤。當爲卷二一六八"徒"字韻"姓氏"事目。

邊蔚

邊蔚，字得昇，[1]長安人。父操，華州下邽令，[2]累贈太子少師。蔚幼孤，篤學，有鄉里譽，從交辟，歷晋、陝、華三府從事。[3]唐莊宗之伐蜀，大軍出於華下，[4]時屬華方闕帥，蔚爲記室，詔令權領軍府事，供億軍儲，甚有幹濟之稱。及明宗入洛，遣李沖齎詔於關右，[5]盡誅閹官。沖性深刻，而華人有爲閹官所累者，沖欲盡戮之，蔚以理救護，獲免者甚衆。毛璋之鎮邠寧，奏爲廉判。[6]時璋爲麾下所惑，有跋扈之意。蔚因乘間極言，諭以逆順之理，璋即時遣妻子入貢。朝廷以蔚有贊畫之效，賜以金紫，[7]改許州戎判。晋天福初，自涇州戎幕徵拜虞部員外郎、鹽鐵判官，[8]歷開封、廣晋少尹。[9]晋少帝嗣位，拜左散騎常侍，判廣晋府事，[10]轉工、禮二部侍郎，[11]再知開封府事。開運初，出爲亳州防禦使，[12]爲政清肅，亳民感之。歲餘，入爲户部侍郎。[13]漢初，拜御史中丞，[14]轉兵部侍郎。[15]太祖受命，復知開封府事，遷太常卿，[16]後以足疾辭位。顯德二年冬，卒於家，[17]時年七十一。

[1]字得昇：中華書局本有校勘記："'得昇'，殿本作'德昇'。"

[2]長安：地名。即今陝西西安市。　操：人名。即邊操。事迹不詳。　華州：州名。治所在今陝西渭南市華州區。　下邽：縣名。治所在今陝西渭南市北下邽鎮東南。　父操，華州下邽令：《舊五代史考異》："案：《宋史》：邊珝，華州鄭人也。曾祖頡，石泉令。祖操，下邽令。父蔚，太常卿。"見《宋史》卷二七〇《邊珝傳》。

[3]晋：州名。治所在今山西臨汾市。　陜：州名。治所在今河南三門峽市陝州區。

[4]華下：即西嶽華山之下的華州。

[5]李沖：人名。籍貫不詳。房知温幕僚。本書僅此一見。遣李沖齎詔於關右：中華書局本有校勘記："'關右'，原作'闕右'，據殿本、孔本改。"

[6]毛璋：人名。滄州（今河北滄縣舊州鎮）人。五代後唐將領。傳見本書卷七三、《新五代史》卷二六。　邠寧：方鎮名。治所在今陝西彬縣。

[7]賜以金紫：明本《册府》卷七二二《幕府部·裨贊門》作“錫以三品章綬”。

[8]涇州：州名。治所在今甘肅涇川縣。　虞部員外郎：官名。唐、宋工部設虞部，其長官稱郎中，副長官稱員外郎，掌山澤苑囿、場冶薪炭等事。從六品上。　鹽鐵判官：官名。掌鹽鐵政務及税收。　“晋天福初”至“監鐵判官”：《宋本册府》卷七一七《幕府部·智識門》：“周邊蔚爲邠州李德琉從事。晋高祖建義入洛，德琉不即獻誠。蔚力勸曰：‘清泰運去，新主勃興，兩都衣冠歸之，大器在手矣。公宜表率西諸侯入覲，何持疑若此？稍稍達于外，則後悔無及矣。’德琉然之，乃馳使入貢。朝廷知蔚有其力，尋徵拜虞部員外郎。”《輯本舊史》卷四七《唐末帝紀中》清泰二年（935）三月丙辰條：“以右龍武統軍李德琉爲涇州節度使。”《册府》誤作“邠州”。

[9]廣晋：地名。五代後晋天福二年（937）改興唐府置，治元城、廣晋二縣（今河北大名縣）。後漢乾祐初改名大名府。　少尹：官名。爲府尹的副職，協助尹掌理行政事務。從四品下。

[10]“晋少帝嗣位”至“判廣晋府事”：《輯本舊史》卷八一《晋少帝紀一》天福七年七月丙午條：“以秘書少監兼廣晋少尹邊蔚爲右散騎常侍。”同卷天福八年二月甲戌條：“以皇弟檢校司徒重睿爲檢校太保、開封尹，年幼未出閤，差左散騎常侍邊蔚知府事。”蔚權知開封府事，非廣晋府，本傳誤。

[11]轉工、禮二部侍郎：劉本同，殿本作“轉工部左右侍郎”。《輯本舊史》卷八二《晋少帝紀二》天福八年十月己巳條：“以左散騎常侍、權知開封府事邊蔚爲工部侍郎，依前知府事。”同書卷八四《晋少帝紀四》開運二年（945）五月壬子條：“以工部侍郎邊蔚爲户部侍郎，依前權知開封府事。”蔚自天福八年十月至開

運二年五月任工部侍郎，此期間無改任禮部侍郎之記載，當以殿本爲近是。

［12］防禦使：官名。唐代始置，設有都防禦使、州防禦使兩種。常由刺史或觀察使兼任，實際上爲唐代後期州或方鎮的軍政長官。

［13］入爲户部侍郎：《輯本舊史》卷八四《晋少帝紀四》開運三年八月庚午條："以前亳州防禦使邊蔚爲户部侍郎。"

［14］拜御史中丞：《輯本舊史》卷一〇〇《漢高祖紀下》天福十二年七月己丑條："以户部侍郎邊蔚爲御史中丞。"《宋本册府》卷五一二《憲官部・選任門》："漢邊蔚，天福十二年爲御史中丞。時高祖幸東京，以將整朝倫，務求能者，至是有斯命焉。"《輯本舊史》卷一〇一《漢隱帝紀上》乾祐元年（948）三月壬戌條："以宰臣竇貞固爲山陵使，吏部侍郎段希堯爲副使，太常卿張昭爲禮儀使，兵部侍郎盧價爲鹵簿使，御史中丞邊蔚爲儀仗使。"

［15］轉兵部侍郎：《輯本舊史》卷一〇三《漢隱帝紀下》乾祐三年八月壬戌條："以兵部侍郎于德辰爲御史中丞，邊蔚爲兵部侍郎。"

［16］遷太常卿：《輯本舊史》卷一一一《周太祖紀二》廣順元年（951）二月辛亥條："以兵部侍郎邊蔚爲太常卿。"同年五月辛未條："太常卿邊蔚上追尊四廟謚議。"同月丙子條："太常卿邊蔚上太廟四室奠獻舞名。""追尊四廟謚議"，詳見明本《宋本册府》卷三一《帝王部・奉先門四》；"太廟四室奠獻舞名"，詳見《册府》卷五七〇《掌禮部・作樂門六》。《輯本舊史》卷一一一《周太祖紀二》廣順元年七月己丑條："是日，太常卿邊蔚奏，議改郊廟舞名，事具《樂志》。"見同書卷一四五《樂志下》，所上請改郊廟舞名奏疏，見《宋本册府》卷五七〇《掌禮部・作樂門六》。另，《輯本舊史》卷一四五《樂志下》："（廣順）六年春正月，樞密使王朴奉詔詳定雅樂十二律旋相爲宫之法，并造《律準》，上之。其奏疏略曰（下略）。世宗善之，詔尚書省集百官詳議。兵部尚書

張昭等議曰：‘……廣順中，太常卿邊蔚奉勑定前件祠祭朝會舞名、樂曲、歌詞，寺司合有簿籍，伏恐所定與新法曲調聲韻不協，請下太常寺檢詳校試。如或乖舛，請本寺依新法聲調，別撰樂章舞曲，令歌者誦習，永爲一代之法，以光六樂之書。’世宗覽奏，善之。”

[17]卒於家：《輯本舊史》卷一一五《周世宗紀二》顯德二年（955）十月己丑條：“前太常卿邊蔚卒。”

子玗、珝，俱仕皇朝爲省郎。[1]《永樂大典》卷四千七百二十。[2]

[1]子玗、珝，俱仕皇朝爲省郎："子玗"，中華書局本有校勘記："《宋史》卷二七〇《邊珝傳》同，《册府》（宋本）卷一五一、《續資治通鑑長編》卷四引《太祖實録》、《宋大詔令集》卷一六五令陶穀以下舉堪藩府通判官詔有'邊玗'，疑即其人。"《宋史》卷二七〇《邊珝傳》："建隆二年，（珝）兄玗自河南令入爲吏部員外郎，復以珝爲洛陽令。兄弟迭尹赤邑，時人榮之。乾德初，召爲倉部郎中……兄玗至金部郎中，弟玢右贊善大夫。"蔚尚有一子名玢，本傳未載。

[2]《大典》卷四七二〇"邊"字韻"姓氏"事目。

王敏

王敏，字待問，單州金鄉人。[1]性純直，少力學攻文，登進士第。後依杜重威，[2]凡歷數鎮從事。漢初，重威叛于鄴，時敏爲留守判官，嘗泣諫重威，懇請歸順。重威始雖不從，及其窮也，納敏之言，以其城降。[3]時魏之饑民十猶四五，咸保其餘生者，敏之力也。

入朝，拜侍御史。[4]世宗鎮澶淵，太祖以敏謹厚，遂命爲澶州節度判官。[5]及世宗尹正王畿，改開封少尹。世宗嗣位，命權知府事，[6]旋拜左諫議大夫、給事中，遷刑部侍郎。[7]敏嘗以子婿陳南金薦于曹州節度使李繼勳，[8]表爲記室，其後繼勳僨軍于壽春，[9]及歸闕而無待罪之禮，世宗以繼勳武臣，不之責也，因遷怒南金，謂其裨贊無狀，乃黜之。敏繇是連坐，遂免其官。[10]歲餘，復拜司農卿。[11]顯德四年秋，以疾卒。[12]《永樂大典》卷六千八百五十一。[13]

[1]單州：州名。治所在今山東單縣。　金鄉：縣名。治所在今山東金鄉縣。

[2]杜重威：人名。其先朔州（今山西朔州市朔城區）人，後徙居太原（今山西太原市）。五代後晋、後漢將領。傳見本書卷一〇九、《新五代史》卷五二。

[3]"漢初"至"以其城降"：《通鑑》卷二八七天福十二年（947）十月條："杜重威之叛，觀察判官金鄉王敏屢泣諫，不聽。及食竭力盡，甲戌，遣敏奉表出降。"

[4]侍御史：官名。秦始置。掌糾舉百官、推鞫獄訟。從六品下。　拜侍御史：明本《册府》卷七二二《幕府部·裨贊門》："漢王敏有文學，舉進士第，依杜重威，歷數鎮從事。重威在任，以黷貨爲務，每箕斂民賦，敏力止之，十亦行其一二，人甚嘉之。及重威鎮鄴，不以朝命爲事，多失人情，敏嘗勸之泣下。重威始則不從，及其窮也，納敏之言，翻然來降。時以敏深達逆順，有紓難之力，亦近代之良士也。高祖命以憲秩，獎其節義。"

[5]澶州：州名。唐、五代初，治所在今河南清豐縣。後晋天福四年，移治今河南濮陽縣。　遂命爲澶州節度判官：《通鑑》卷

二九〇廣順元年（951）二月丁酉條："以皇子天雄牙内都指揮使榮爲鎮寧節度使，選朝士爲之僚佐，以侍御史王敏爲節度判官。"鎮寧爲澶州節度使軍號。

［6］命權知府事：中華書局本有校勘記："'命'字原闕，據《永樂大典》卷六八五一引五代《薛史》補。"《輯本舊史》卷一一四《周世宗紀一》顯德元年（954）二月丁卯條："以中書令馮道充山陵使，太常卿田敏充禮儀使，兵部尚書張昭充鹵簿使，御史中丞張煦充儀仗使，開封少尹、權判府事王敏充橋道使。"

［7］刑部侍郎：官名。尚書省刑部次官。協助刑部尚書掌天下刑法及徒隸、勾覆、關禁之政令。正四品下。　遷刑部侍郎：《輯本舊史》卷一一五《周世宗紀二》顯德二年十月癸酉條："以給事中王敏爲工部侍郎。"王敏由給事中遷工部侍郎，非刑部侍郎，本傳誤。

［8］陳南金：人名。籍貫不詳。王敏之婿。事見本書本卷、卷一一六。　曹州：州名。治所在今山東曹縣西北。"曹州"，《輯本舊史》之影庫本粘籤："曹州，原作'洮州'，今從《通鑑》改正。"《大典》卷六八五一作"曹州"，非"洮州"。　節度使：官名。唐時在重要地區所設掌握一州或數州軍政、民政、財政的長官。　李繼勳：人名。大名元城（今河北大名縣）人。五代、宋初將領，屢立戰功。傳見《宋史》卷二五四。

［9］僨（fèn）軍：使軍隊覆敗。　壽春：縣名。治所在今安徽壽縣。

［10］遂免其官：中華書局本有校勘記："'免'原作'貶'，據殿本、孔本改。"《大典》卷六八五一作"逸"。《輯本舊史》卷一一六《周世宗紀三》顯德三年八月己卯條："工部侍郎王敏停任，坐薦子婿陳南金爲河陽記室也。"《宋本册府》卷九二五《總録部·譴累門》："王敏爲工部侍郎，世宗顯德三年八月詔敏停任。"作"免"近是。

［11］復拜司農卿：《輯本舊史》卷一一七《周世宗紀四》顯德

四年二月庚申條："以前工部侍郎王敏爲司農卿。"敏自停任至改官司農卿，前後僅半年，本傳謂"歲餘"，誤。

[12]以疾卒：《輯本舊史》卷一一七《周世宗紀四》顯德四年七月己酉條："司農卿王敏卒。"影庫本粘籤："己酉，以《長曆》推之，當作丁酉，今無别本可校，姑仍其舊。"

[13]《大典》卷六八五一"王"字韻"姓氏（三六）"事目。此卷現存。

今注本二十四史

舊五代史

一八

周書〔四〕承襲列傳

宋 薛居正等 撰

陳智超 紀雪娟 主持校注

中国社会科学出版社

舊五代史　卷一二九

周書二十

列傳第九[1]

[1]按，本卷末無史論。

常思

常思，字克恭，太原人也。[1]父仁岳，河東牙將，累贈太子太師。[2]唐莊宗之爲晋王也，[3]廣募勝兵，時思以趫悍應募，累從戎役，後爲長直都校，歷捧聖軍使。[4]晋初，遷六軍都虞候。[5]漢高祖出鎮并門，[6]奏以思從行，尋表爲河東牢城都指揮使，[7]以勤幹見稱。漢國初建，授檢校太保，遥領鄧州。[8]漢有天下，遷檢校太尉、昭義軍節度使。[9]乾祐初，[10]李守貞叛於河中，[11]太祖征之，[12]朝廷命思帥部兵以副焉。既而御衆無能，勒歸舊藩。[13]思在上黨凡五年，[14]無令譽可稱，唯以聚斂爲務。性又鄙吝，未嘗與賓佐有酒肴之會。嘗有從事欲求謁見者，[15]思覽刺而怒曰："彼必是來獵酒也。"命典客者飲而遣之，其鄙吝也如是。

［1］太原：府名。治所在今山西太原市。

［2］仁岳：人名。即常仁岳。事迹不詳。　河東：方鎮名。治所在太原（今山西太原市）。　牙將：官名。古代軍隊中的中低級軍官。　太子太師：官名。與太子太傅、太子太保統稱太子三師。隋唐以後多作加官或贈官。從一品。

［3］唐莊宗：即李存勗，小字亞子，沙陀部人，太原（今山西太原市）人。李克用之子，五代後唐開國皇帝。紀見本書卷二七至卷三四、《新五代史》卷四至卷五。

［4］長直都校：官名。五代統兵官。“長直”爲部隊番號。　捧聖軍使：低級軍職。“捧聖”爲部隊番號。

［5］六軍都虞候：官名。唐、五代方鎮高級軍官。

［6］漢高祖：即五代後漢開國皇帝劉知遠。太原（今山西太原市）人，沙陀族。紀見本書卷九九至卷一〇〇、《新五代史》卷一〇。　并門：指并州。位於今山西太原市。

［7］牢城都指揮使：官名。州鎮統兵官。

［8］檢校太保：官名。爲散官或加官，以示恩寵，無實際執掌。　遥領：雖居此官職，然實際上並不赴任。　鄧州：州名。治所在今河南鄧州市。　“漢國初建”至“遥領鄧州”：《輯本舊史》卷九九《漢高祖紀上》天福十二年（947）四月己未條：“以北京牢城都指揮使、壁州刺史常思爲鄧州節度使、檢校太傅兼權北京馬步軍都指揮使、三城巡檢使。”《新五代史》卷四九《常思傳》：“思起軍卒，未嘗有戰功，徒以幸會漢興，遂秉旄節。”

［9］檢校太尉：官名。爲散官或加官，以示恩寵，無實際執掌。　昭義軍：方鎮名。治所在潞州（今山西長治市）。　節度使：官名。唐時在重要地區所設掌握一州或數州軍事、民事、財政的長官。　遷檢校太尉、昭義軍節度使：《輯本舊史》之影庫本粘籤：

“太尉，原本脱‘尉’字，今據《歐陽史》增入。”檢《新五代史》原書，未見常思加檢校太尉之記載。《輯本舊史》卷一〇〇《漢高祖紀下》天福十二年閏七月己卯條：“鄧州節度使常思加檢校太尉，移鎮潞州。”潞州爲昭義軍節度使治所。

[10]乾祐：後漢高祖劉知遠、隱帝劉承祐年號（948—950）。北漢亦用此年號。　乾祐初：《輯本舊史》卷一〇一《漢隱帝紀上》乾祐元年（948）三月庚午條：“涇州節度使史懿、潞州節度使常思、同州節度使張彦威、延州節度使高允權，並依前檢校太尉，加同平章事。”

[11]李守貞：人名。河陽（今河南孟州市）人。五代後晋、後漢將領。傳見本書卷一〇九、《新五代史》卷五二。　河中：方鎮名。治所在河中府（今山西永濟市）。

[12]太祖：即後周太祖郭威。邢州堯山（今河北隆堯縣）人。五代時後周王朝的建立者。紀見本書卷一一〇至卷一一三、《新五代史》卷一一。

[13]勒歸舊藩：《輯本舊史》卷一〇一《漢隱帝紀上》乾祐元年八月壬午條：“命樞密使郭威赴河中府軍前，詔河府、永興、鳳翔行營諸軍，一禀威節制。時李守貞、王景崇、趙思綰連衡作叛，朝廷雖命白文珂、常思攻討河中，物議以二帥非守貞之敵，中外憂之，及是命之降，人情大愜。”《通鑑》卷二八八乾祐元年八月條：“自河中、永興、鳳翔三鎮拒命以來，朝廷繼遣諸將討之。昭義節度使常思屯潼關，白文珂屯同州，趙暉屯咸陽……壬午，以郭威爲西面軍前招慰安撫使，諸軍皆受威節度……於是威自陝州，白文珂及寧江節度使、侍衛步軍都指揮使劉詞自同州，常思自潼關，三道攻河中……己亥，至城下，揚旗伐鼓，踊躍詬譟，守貞視之失色。白文珂克西關城，柵於河西，常思柵於城南，威柵於城西。未幾，威以常思無將領才，先遣歸鎮。”《輯本舊史》卷一〇二《漢隱帝紀中》乾祐二年八月甲申條：“以陝州節度使、充河中一行兵馬都部署白文珂爲西京留守，加兼侍中；潞州節度使、充河中一行副都

署常思加檢校太師。”同書卷一〇三《漢隱帝紀下》乾祐三年三月條：“是月，鄴都留守高行周、兗州符彦卿、鄆州慕容彦超、西京留守白文珂、鎮州武行德、安州楊信、潞州常思、府州折從阮皆自鎮來朝，嘉慶節故也……甲子，西京留守白文珂、潞州常思、鎮州武行德並進邑封。”《通鑑》卷二八九乾祐三年十一月條：“初，隱帝遣供奉官押班陽曲張永德賜昭義節度使常思生辰物，永德，郭威之壻也，會楊邠等誅，密詔思殺永德。思素聞郭威多奇異，囚永德以觀變，及威克大梁，思乃釋永德而謝之。”

[14]上黨：即潞州。治所在今山西長治市。

[15]從事：泛指一般屬官。

太祖受命，就加平章事。[1]初，太祖微時，以季父待思，及即位，遣其妻入覲，太祖拜之如家人之禮，仍呼爲叔母，其恩顧如是。[2]廣順二年秋，思來朝，[3]加兼侍中，[4]移鎮宋州。[5]三年夏，詔赴闕，[6]改授平盧軍節度使。[7]思將赴鎮，奏太祖云：“臣在宋州，出放得絲十餘萬兩，[8]謹以券上進，[9]請行徵督。”太祖頷之，[10]尋詔本州折券以諭其民。[11]及到鎮，[12]未幾，染風痹之疾，上表請尋醫，既而舁疾歸洛。[13]顯德元年春卒，[14]年六十有九。贈中書令。[15]《永樂大典》卷六千八百一十二。[16]

[1]平章事：官名。全稱“同中書門下平章事”。唐高宗以後，凡實際任宰相之職者，常在其本官後加同平章事的職銜。後成爲宰相專稱。後晉天福五年（940），升中書門下平章事爲正二品。　就加平章事：《輯本舊史》卷一一〇《周太祖紀一》廣順元年（951）正月辛巳（十九）條：“鎮州武行德、晉州王晏、相州張彦成、潞州常思、邠州侯章並加兼侍中。”據上段注釋，常思於乾祐元年

(948）三月已加平章事。明本《册府》卷一六九《帝王部·納貢獻門》:“（廣順元年二月）己未，昭義常思貢錢三十萬，賀太子鎮澶州。又直進錢二千五百貫、布二千五百疋、粟七千石。”

[2]“初”至“其恩顧如是”:《新五代史》卷四九《常思傳》:“初，思微時，周太祖方少孤無依，食于思家，以思爲叔，後思與周太祖俱遭漢以取富貴。周太祖已即位，每呼思爲常叔，拜其妻，如家人禮。”《宋本册府》卷一七二《帝王部·求舊門二》:“（廣順元年）七月，昭義節度使常思上言曰：臣妻王氏入貢，蒙陛下致敬，臣惶恐無容自處。”

[3]廣順：五代後周太祖郭威年號（951—953)。　思來朝：明本《册府》卷一六九《帝王部·納貢獻門》:“（廣順二年）八月，昭義節度使常思來朝，獻絹三千疋、銀千兩、粟二萬斛、草三萬圍。”

[4]侍中：官名。秦始置。隋、唐前期爲門下省長官。唐後期多爲大臣加銜，不參與政務，實際職務由門下侍郎執行。正二品。加兼侍中：據上文注釋，常思於廣順元年正月已加兼侍中，本傳繫於二年，誤。

[5]宋州：州名。治所在今河南商丘市睢陽區。　移鎮宋州：《輯本舊史》卷一一二《周太祖紀三》廣順二年（952）八月庚子條:“潞州節度使常思移鎮宋州，相州節度使李筠移鎮潞州。”

[6]詔赴闕：明本《册府》卷一六九《帝王部·納貢獻門》:“（廣順三年）四月丙寅（十七)，宋州節度使常思入朝，獻縑、銀匹兩各二千五百，大絁綾五百疋。”

[7]平盧軍：方鎮名。治所在青州（今山東青州市)。　改授平盧軍節度使:《輯本舊史》卷一一三《周太祖紀四》廣順三年四月戊辰（十九）條:“宋州節度使常思移鎮青州，鳳翔節度使趙暉移鎮宋州。”青州爲平盧軍節度使治所。明本《册府》卷一六九《帝王部·納貢獻門》:“（廣順三年）五月甲申（初六)，宴于廣政殿。宋州常思獻上壽金酒器。”

［8］出放得絲十餘萬兩：中華書局本有校勘記："'出放'，原作'出鎮'，據本書卷一一三《周太祖紀四》、《册府》卷四五五改。"

［9］謹以券上進：中華書局本有校勘記："'券'字原闕，據《册府》卷四五五、《新五代史》卷四九《常思傳》補。按本卷下文：'尋詔本州折券以諭其民。'"

［10］太祖頷之：《輯本舊史》之影庫本粘籤："頷之，原本作'領之'，今從《歐陽史》改正。"見《新五代史》卷四九《常思傳》。

［11］尋詔本州折券以諭其民：《輯本舊史》卷一一三《周太祖紀四》廣順三年五月丁亥（初九）條："新授青州節度使常思在宋州日出放，得絲四萬一千四百兩，請徵入官。詔宋州給還人户契券，其絲不徵。"《新五代史》卷四九《常思傳》："又徙平盧，思因啓曰：'臣居宋，宋民負臣絲息十萬兩，願以券上進。'太祖頷之，即焚其券，詔宋州悉蠲除之。"《通鑑》卷二九一廣順三年四月條："丙寅，歸德節度使兼侍中常思入朝。戊辰，徙平盧節度使。將行，奏曰：'臣在宋州，舉絲四萬餘兩在民間，謹以上進，請徵之。'帝頷之。"所記各有異同，兹並録之。

［12］及到鎮：《輯本舊史》卷一一三《周太祖紀四》顯德元年（954）正月甲申條："青州常思進封萊國公。"本傳未載其事。

［13］洛：地名。即洛陽。今河南洛陽市。　既而舁疾歸洛：明本《册府》卷四八《帝王部·從人欲門》："顯德元年正月，青州節度使常思言被病，請罷鎮歸京尋醫，從之。"

［14］顯德：五代後周太祖郭威年號（954）。世宗柴榮、恭帝柴宗訓沿用（954—960）。　顯德元年春卒：《輯本舊史》卷一一四《周世宗紀一》顯德元年三月戊戌條："河南府上言，前青州節度使常思卒。"

［15］中書令：官名。漢武帝時始置，以宦官主中書，掌傳宣詔命等。隋、唐前期爲中書省長官，屬宰相之職；唐後期多爲授予元勳大臣的虚銜。正二品。

[16]《大典》卷六八一二“王”字韻“釋書”事目，誤。

翟光鄴

翟光鄴，字化基，濮州鄄城人。[1]父景珂，[2]倜儻有膽氣。梁貞明初，[3]唐莊宗始駐軍於河上，景珂率聚邑人守永定驛，[4]固守踰年，後爲北軍所攻，景珂戰殁，衆潰。光鄴時年十歲，爲明宗軍所俘，[5]以其穎悟，俾侍左右，字之曰永定。既冠，沈毅有謀，莅事寡過。

[1]濮州：州名。治所在今山東鄄城縣。　鄄城：縣名。治所在今山東鄄城縣。

[2]景珂：人名。即翟景珂。尋陽（今江西九江市）人，後家於鄄城（今山東鄄城縣）。唐末將領。傳見《册府》卷七六三《總録部·死節門》。

[3]貞明：五代後梁末帝朱友貞年號（915—921）。

[4]永定驛：地名。當位於今山東鄄城縣。

[5]明宗：即李嗣源。沙陀部人，應州金城（今山西應縣）人。李克用養子，逼宫李存勗後自立爲後唐皇帝。紀見本書卷三五至卷四四、《新五代史》卷六。

明宗即位，特深委遇，[1]累遷至皇城使、檢校司空。[2]長興中，樞密使安重誨得罪，[3]時光鄴與中官孟小僧頗有力焉。[4]居無何，出爲耀州團練使。[5]清泰初，入爲左監門衛大將軍。[6]晋天福中，歷棣、沂二州刺史，西京副留守。[7]開運初，授宣徽使。[8]楊光遠叛滅，青州平，除爲防禦使。[9]朝廷以兵亂之後，人物彫弊，故命光鄴理之。光鄴好聚書，重儒者，虛齋論議，唯求理道。時郡民喪亡十之六七，而招懷撫諭，視之如傷，故期月之間，流亡載輯。契丹入汴，僞命權知曹州。[10]李從益假號，[11]以光鄴明宗舊臣，署爲樞密使。[12]漢祖至汴，改左領衛大將軍。乾祐初，遷右金吾衛大將軍、充街使、檢校太保。[13]太祖踐阼，復授宣徽使、左千牛衛上將軍、檢校太傅。[14]數月，兼樞密副使。[15]會永興李洪信入朝，代知軍府事。[16]廣順二年十月，卒於長安，[17]時年四十六。

[1]特深委遇：中華書局本有校勘記："'特'，原作'時'，據殿本、《册府》卷九九改。"

[2]皇城使：官名。唐末始置，爲皇城司長官，一般由君主的親信充任，以拱衛皇城。　檢校司空：官名。爲散官或加官，以示恩寵，無實際執掌。

[3]長興：五代後唐明宗李嗣源年號（930—933）。　樞密使：官名。樞密院長官。唐代宗時始以宦官掌機密，至昭宗時借朱温之力盡誅宦官，始改以士人任樞密使。備顧問，參謀議，出納詔奏，權侔宰相。參見李全德《唐宋變革期樞密院研究》，國家圖書館出版社2009年版。　安重誨：人名。應州（今山西應縣）人。五代後唐大臣。傳見本書卷六六、《新五代史》卷二四。

[4]中官：即宦官。　孟小僧：人名。籍貫不詳。本書僅此一見。　時光鄴與中官孟小僧頗有力焉：《通鑑》卷二七七長興二年（931）五月條："皇城使翟光鄴素惡重誨，帝遣詣河中察之，曰：'重誨果有異志則誅之。'光鄴至河中，李從璋以甲士圍其第，自入見重誨，拜于庭下。重誨驚，降階答拜，從璋奮檛擊其首，妻張氏驚救，亦檛殺之。"

［5］耀州：州名。治所在今陝西銅川市耀州區。　團練使：官名。唐代中期以後，於不設節度使的地區設團練使，掌本區各州軍事。

［6］清泰：五代後唐末帝李從珂年號（934—936）。　左監門衛大將軍：官名。唐置，掌宫禁宿衛。唐代置十六衛，即左右衛、左右驍衛、左右武衛、左右威衛、左右領軍衛、左右金吾衛、左右監門衛、左右千牛衛，各置上將軍，從二品；大將軍，正三品；將軍，從三品。

［7］天福：五代後晋高祖石敬瑭年號（936—942）。出帝石重貴沿用至九年（944）。後漢高祖劉知遠繼位後沿用一年，稱天福十二年（947）。　棣：州名。治所在今山東惠民縣。　沂：州名。治所在今山東臨沂市。　刺史：官名。州一級行政長官。漢武帝時始置，總掌考核官吏、勸課農桑、地方教化等事。唐中期以後，節度使、觀察使轄州而設，刺史爲其屬官，職任漸輕。從三品至正四品下。　西京副留守：官名。西京留守副官。

［8］開運：後晋出帝年號（944—946）。　宣徽使：官名。唐始置。宣徽南院使、北院使通稱宣徽使。初用宦官，五代以後改用士人。通掌内諸司及三班内侍之名籍，郊祀、朝會、宴享供帳之儀，檢視内外進奉名物。詳見王永平《論唐代宣徽使》，《中國史研究》1995年第1期；王孫盈政《再論唐代的宣徽使》，《中華文史論叢》2018年第3期。　授宣徽使：《輯本舊史》卷八三《晋少帝紀三》開運元年（944）九月癸巳條："以前隴州防禦使翟光鄴爲宣徽北院使。"

［9］楊光遠：人名。沙陀部人。五代後唐、後晋將領。傳見本書卷九七、《新五代史》卷五一。　青州：州名。治所在今山東青州市。　防禦使：官名。唐代始置，設有都防禦使、州防禦使兩種。常由刺史或觀察使兼任，實際上爲唐代後期州或方鎮的軍政長官。　除爲防禦使：《輯本舊史》卷八三《晋少帝紀三》開運元年閏十二月癸巳條："以宣徽使翟光鄴爲青州防禦使。"

［10］契丹：古部族、政權名。公元4世紀中葉宇文部爲前燕攻破，始分離而成單獨的部落，自號契丹。唐貞觀中，置松漠都督府，以其首領爲都督。唐末强盛，916年迭剌部耶律阿保機建立契丹國（遼）。先後與五代、北宋並立，保大五年（1125）爲金所滅。參見張正明《契丹史略》，中華書局1979年版。　汴：州名。治所在今河南開封市。　曹州：州名。治所在今山東曹縣西北。

［11］李從益：人名。沙陀部人。五代後唐明宗李嗣源幼子。契丹蕭翰北歸，以其爲傀儡統治中原地區。傳見本書卷五一。《輯本舊史》之影庫本粘籤："從益，原本作'從蓋'，今從《通鑑》改正。"見《通鑑》卷二八七天福十二年（947）五月條。

［12］署爲樞密使：《宋本册府》卷七六六《總録部·攀附門二》："翟光鄴，晋末爲宣徽使。時虜犯闕，以後唐明宗少子許王從益爲曹州節度使，從益母淑妃王氏白於虜長，以從益未諳政術，請以光鄴代知州事，虜從之。及蕭翰推從益僣位，以光鄴爲樞密使。虜去，光鄴以高祖進兵汾水，請從益去號，稱梁王，仍馳表稱臣，論者賞之。"《通鑑》卷二八七天福十二年五月條："（李從益）乃用趙遠、翟光鄴策，稱梁王，知軍國事。遣使奉表稱臣迎帝（漢高祖），請早赴京師，仍出居私第。"胡注："從益本爵許王，以稱號於大梁，自稱梁王，是已建國更號矣。今既奉表迎漢，何爲又更國號！是當時議者禍之也。"

［13］左領衛大將軍：官名。唐置，掌宫禁宿衛。唐代十六衛之一。正三品。　右金吾衛大將軍：官名。唐置，掌宫禁宿衛。唐代十六衛之一。正三品。　街使：官名。分左、右職。掌京城街道治安，以及修橋種樹等事，常以金吾將軍充任，故亦稱金吾街使。
"漢祖至汴"至"檢校太保"：《宋本册府》卷七六六《總録部·攀附門二》："高祖入汴，加右領衛大將軍。"《新五代史》卷四九《翟光鄴傳》："漢高祖入京師，改右領軍衛大將軍、左金吾大將軍，充街使。"皆與本傳異。

［14］左千牛衛上將軍：官名。唐置，掌宫禁宿衛。唐代十六衛

之一。從二品。　檢校太傅：官名。爲散官或加官，以示恩寵，無實際執掌。　“太祖踐阼”至“檢校太傅”：《輯本舊史》卷一一一《周太祖紀二》廣順元年（951）二月癸巳條：“以右金吾大將軍、充街使翟光鄴爲左千牛衛上將軍，充宣徽北院使。”

[15]樞密副使：官名。樞密院副長官。　兼樞密副使：《輯本舊史》卷一一一《周太祖紀二》廣順元年六月丁巳條：“以宣徽北院使翟光鄴兼樞密副使。”

[16]永興：即永興軍。方鎮名。治所在京兆府（今陝西西安市）。　李洪信：人名。并州晋陽（今山西太原市）人。五代、宋初將領。傳見《宋史》卷二五二。　代知軍府事：《輯本舊史》卷一一二《周太祖紀三》廣順二年三月戊辰條：“詔宣徽北院使翟光鄴權知永興軍府事。”

[17]長安：地名。即今陝西西安市。　卒於長安：《輯本舊史》卷一一二《周太祖紀三》廣順二年十月乙未條：“永興軍奏，宣徽北院使、知軍府事翟光鄴卒。”《宋本册府》卷一四一《帝王部·念良臣門》：“周太祖時，翟光鄴權知京兆尹。光鄴卒，帝初聞訃至，慘然驚歎曰：‘天不助余爲治！賢良之臣，遽此奄忽，非獨余之不幸，亦民之不幸也，傷哉！’”京兆府爲永興軍節度使治所。

光鄴有器度，慎密敦厚，出於天然，喜愠不形於色。事繼母以孝聞，兄弟皆雍睦。雖食禄日久，家無餘財，任金吾日，假官屋數間，以蔽風雨，親族累重，糲食纔給，人不堪其憂，光鄴處之晏如也。賓朋至，則貰酒延之，談説終日，略無厭倦，士大夫多之。及權知京兆，[1]以寬静爲治，前政有煩苛之事，一切停罷，百姓便之。及病甚，召親隨於卧内，戒之曰：“氣絶之後，以屍歸洛，不得於此停留，慮煩軍府。”言訖而終。[2]京兆吏民如喪所親，[3]或有以漿酒遥奠者。[4]樞密使王峻素重光鄴，[5]且欲厚卹其家，爲之上請，故自終及葬，所賜賻賵幾數千計。詔贈太子少師。[6]光鄴膚革肥皙，善於攝養，故司天監趙延乂有袁、許之術，[7]嘗謂人曰："翟君外厚而内薄，雖貴而無壽。"果如其言。《永樂大典》卷二萬二千二百四十。[8]

［1］京兆：府名。治所在今陝西西安市。

［2］"及病甚"至"言訖而終"：《宋本册府》卷八九八《總録部・治命門》："周翟光鄴權知京兆尹，病甚，召判官張粲及巡檢使臣，以軍府事囑付之。又召親隨於卧内，誡之曰：'氣絶之後，以屍歸洛，不得於此停留，慮煩軍府。'言訖而終。"

［3］京兆吏民如喪所親：中華書局本有校勘記："'民'字原闕，據《册府》卷六八三補。"

［4］或有以漿酒遥奠者：《宋本册府》卷六八三《牧守部・遺愛門二》："周翟光鄴，廣順中，權知京兆府。既卒，吏民如喪所親，街衢父老相逢垂涕，或以漿酒遥奠者。將葬，部民詣府，乞留神柩，葬於雍土，仍請立祠，以時祭醊。府司以聞朝廷，不允其請。"

［5］王峻：人名。相州安陽（今河南安陽市）人。五代將領，後周時任樞密使兼宰相。傳見本書卷一三〇、《新五代史》卷五〇。

［6］太子少師：官名。與太子少傅、太子少保合稱"三少"，唐後期、五代多爲大臣、勳貴加官。從二品。

［7］司天監：官署名。其長官亦稱司天監，掌天文、曆法以及占候等事。參見趙貞《唐宋天文星占與帝王政治》，北京師範大學出版社2016年版。　趙延乂：人名。一作"趙延義"。秦州（今甘肅秦安縣）人。五代十國時前蜀大臣趙温珪之子。通術數。傳見本書卷一三一、《新五代史》卷五七。　袁、許：漢許負和唐袁天綱

的並稱。二人皆精相人之術。

[8]《大典》卷二二二四〇“翟”字韻“姓氏（二）”事目。

曹英

曹英，字德秀，舊名犯太祖廟諱，[1]故改焉。本常山真定人也。[2]父全武，事趙王王鎔爲列校，[3]英因得隸於鎔之帳下。及張文禮之亂，[4]唐莊宗奄有其地，乃録鎔之左右，署爲散指揮使。[5]明宗即位，英侍於仗下，問其祖考，英以實對，明宗曰："乃朕之舊也。"擢爲本班行首，每加顧遇。晉天福中，遷弩手軍使。[6]平張從賓於汜水，[7]以功授本軍都校。[8]漢初，改奉國軍主，加檢校司徒，兼康州刺史。[9]乾祐初，李守貞據河中叛，授行營步軍都校。[10]河中平，遷本軍廂主，領岳州防禦使。[11]隨太祖在魏，爲北面行營步軍都校，從平内難。[12]

[1]舊名犯太祖廟諱：中華書局本有校勘記："'太祖廟諱'，殿本作'今上御名'。"《通鑑》卷二九〇廣順元年（951）正月條："郭崇威更名崇，曹威更名英。"

[2]常山：即鎮州，治所在今河北正定縣。　真定：縣名。治所在今河北正定縣。爲鎮州州治。　本常山真定人也：中華書局本有校勘記："'真定'，原作'鎮定'，據《册府》卷一七二改。"《通鑑》卷二八九乾祐三年（950）十一月條亦作"真定曹威"。常山爲鎮州舊稱，真定縣爲鎮州治所，史書凡稱"鎮定"者，乃指鎮州、定州而言。

[3]全武：人名。即曹全武。事迹不詳。　王鎔：人名。回鶻

人。唐末、五代軍閥，朱温後封趙王。傳見本書卷五四、《新五代史》卷三九。　列校：指代諸校或校尉。

[4]張文禮：人名。燕（今河北北部、北京、天津一帶）人。五代後唐將領。傳見本書卷六二。

[5]散指揮使：殿前諸班之一。

[6]弩手軍使：官名。所部統兵將領。“弩手”爲部隊番號。

[7]張從賓：人名。籍貫不詳。五代後唐、後晋將領。傳見本書卷九七。《輯本舊史》之影庫本粘籤：“從賓，原本作‘從竇’，今從《通鑑》改正。”檢《通鑑》原書，無曹英平張從賓之記載。　汜水：縣名。治所在今河南滎陽市汜水鎮。

[8]都校：官名。禁軍統兵官。

[9]奉國：部隊番號。五代中央禁軍之一。　檢校司徒：官名。爲散官或加官，以示恩寵，無實際執掌。　康州：州名。治所在今廣東德慶縣。　兼康州刺史：《宋本册府》卷三八七《將帥部·褒異門一三》“兼”作“假”。

[10]行營步軍都校：官名。五代時設此官，爲步兵統兵官。

[11]廂主：官名。五代至北宋期間，對廂都指揮使的簡稱。　岳州：州名。治所在今湖南岳陽市。

[12]魏：州名。治所在今河北大名縣。　北面行營步軍都校：官名。部隊統兵官。　從平内難：《輯本舊史》卷一〇三《漢隱帝紀下》乾祐三年十一月丙子條：“是日，帝遣腹心齎密詔往澶州、鄴都，令澶州節度使李洪義誅侍衛步軍都指揮使王殷，令鄴都屯駐護聖左廂都指揮使郭崇、奉國左廂都指揮使曹英害樞密使郭威及宣徽使王峻。”同月丁丑條：“殷與洪義遣本州副使陳光穗齎所受密詔，馳至鄴都。郭威得之，即召王峻、郭崇、曹英及諸軍將校，至牙署視詔，兼告楊、史諸公冤枉之狀。於是將校等請威入朝，以除君側之惡，共安天下。”同月丙戌條：“奉國左廂都指揮使曹英爲侍衛步軍都指揮使。”

國初，以翊戴功授昭武節度使、檢校太傅、侍衛步軍都指揮使。[1]二年春，總兵討慕容彦超於兖州，[2]梯衝塹壘，頗有力焉。[3]夏五月，太祖親征，因併兵攻陷其城。及凱旋，領彰信軍節度使，典軍如故。[4]世宗嗣位，加同平章事，授成德軍節度使。[5]車駕自太原迴，加兼侍中。[6]顯德元年冬，卒於鎮，[7]時年四十九。制贈中書令。

[1]昭武：方鎮名。即昭武軍。治所在利州（今四川廣元市）。　侍衛步軍都指揮使：官名。皇帝侍衛親軍步軍司最高長官。　"國初"至"侍衛步軍都指揮使"：《輯本舊史》卷一一〇《周太祖紀一》廣順元年（951）正月辛巳條："以侍衛步軍都指揮使、岳州防禦使曹英爲利州節度使、檢校太傅，典軍如故。"《通鑑》卷二九〇廣順二年正月條胡注："昭武軍，利州，屬蜀，曹英遥領耳。"

[2]慕容彦超：人名。吐谷渾部人。五代後漢將領，後漢高祖劉知遠同母弟。傳見本書卷一三〇、《新五代史》卷五三。　兖州：州名。治所在今山東濟寧市兖州區。　總兵討慕容彦超於兖州：《輯本舊史》之影庫本粘籤："兖州，原本作'衮州'，今從《通鑑》改正。"見《通鑑》卷二九〇廣順二年正月條。

[3]頗有力焉：《輯本舊史》卷一一二《周太祖紀三》廣順二年正月甲子條："以侍衛步軍都指揮使曹英爲兖州行營都部署，以齊州防禦使史延韜爲副部署，以皇城使向訓爲兵馬都監，陳州防禦使藥元福爲馬步都虞候，率兵討慕容彦超。"《通鑑》卷二九〇廣順二年正月條："曹英等至兖州，設長圍。慕容彦超屢出戰，藥元福皆擊敗之，彦超不敢出。十餘日，長圍合，遂進攻。"同年四月條："帝以曹英等攻兖州久未克，乙卯，下詔親征。"

[4]彰信軍：方鎮名。治所在曹州（今山東曹縣西北）。　"及凱旋"至"典軍如故"：《輯本舊史》卷一一二《周太祖紀三》

廣順二年七月丁卯條："詔復升陳州、曹州爲節鎮。以侍衛馬軍都指揮使、洋州節度使郭崇爲陳州節度使，以侍衛步軍都指揮使曹英爲曹州節度使，並典軍如故。"廣順三年二月癸丑條："安州節度使李洪義、侍衛馬軍都指揮使郭崇、侍衛步軍都指揮使曹英，並加檢校太尉。"

[5]成德軍：方鎮名。治所在恒州（今河北正定縣）。　"世宗嗣位"至"授成德軍節度使"：《輯本舊史》卷一一三《周太祖紀四》廣順三年十一月庚寅條："鎮州節度使何福進奏乞朝覲，三奏，允之。詔侍衛步軍都指揮使曹英權知鎮州軍府事。"顯德元年（954）正月丙戌（十一）條："以曹州節度使兼侍衛步軍都指揮使曹英爲鎮州節度使，加同平章事。"鎮州爲成德軍節度使治所。周太祖崩於是月壬辰（十七），曹英獲任鎮州節度使，仍在太祖朝，本傳繫於世宗朝，誤。《宋本册府》卷八二〇《總録部·立祠門》："曹英爲成德軍節度使，英本貫鎮州，詔真定縣宜改台輔鄉爲衣錦鄉、鴻儒坊爲勳德里。"

[6]加兼侍中：《輯本舊史》卷一一四《周世宗紀一》顯德元年七月乙酉條："滄州李暉、貝州王饒、鎮州曹英，並加兼侍中。"

[7]卒於鎮：《輯本舊史》卷一一四《周世宗紀一》顯德元年十一月壬午條："鎮州節度使曹英卒。"

英性沈厚，謙恭有禮，雖衽席之際，[1]接對賓客，亦未嘗造次。及卒，搢紳之士亦皆惜之。《永樂大典》卷四千六百四十。[2]

[1]衽席：卧席。借指太平安居的生活。

[2]《大典》卷四六四〇"天"字韻"應天府（一一〇）"事目，誤。

李彦頵

李彦頵，字德循，[1]太原人也。本以商賈爲業，太祖鎮鄴，[2]置之左右，及即位，歷綾錦副使、榷易使。[3]世宗嗣位，以彦頵有舊，超授内客省使。[4]未幾，知相州軍府事，尋改延州兵馬留後。[5]到鎮，頗以殖貨爲意，窺圖牘利，侵漁蕃漢部人，群情大擾。會世宗南征，蕃部結聚，圍迫州城，彦頵閉壁自守，求援於鄰道，賴救兵至，乃解。[6]世宗不悦，徵赴京師，[7]然猶委曲庇護，竟不之責。尋爲西京水南巡檢使，[8]居無何，命權知泗州軍州事，[9]改滄州兩使留後。[10]彦頵到任，處置乖方，大爲物情所鄙。顯德六年秋，受代歸闕，遇疾而卒，[11]時年五十二。《永樂大典》卷一萬三百九十。[12]

[1]字德循：中華書局本有校勘記："'德循'，《册府》卷七六六'德脩'。"

[2]鄴：地名。即鄴都。治所在今河北大名縣。五代後唐同光元年（923），改魏州爲興唐府，建號東京，三年改東京爲鄴都。

[3]綾錦副使：官名。綾錦使副職。協助負責綾錦事務。　榷易使：官名。負責榷易事務。

[4]内客省使：官名。中書省所屬内客省長官。唐始置，五代沿置。

[5]相州：州名。治所在今河南安陽市。　延州：州名。治所在今陝西延安市。　兵馬留後：官名。唐、五代時，代行方鎮長官之職者稱留後。代行州兵馬使之職者，即爲兵馬留後。掌本州兵馬。　尋改延州兵馬留後：《輯本舊史》卷一一五《周世宗紀二》顯德二年（955）四月庚戌條："以内客省使李彦頵爲延州留後。"

［6］“到鎮”至“乃解”：《輯本舊史》卷一一六《周世宗紀三》顯德三年三月庚戌條：“延州留後李彦頵奏，蕃衆與部民爲亂，尋與兵司都監閻綰掩殺，獲其酋帥高鬧兒等十人，磔於市。彦頵本賈人也，貪而好利，蕃漢之民怨其侵刻，故至於是。”《通鑑》卷二九三顯德三年三月條：“彰武留後李彦頵，性貪虐，部民與羌、胡作亂，攻之。上召彦頵還朝。”延州爲彰武軍節度使治所。

［7］京師：即後周都城開封（今河南開封市）。

［8］西京：地名。治所在今河南洛陽市。　巡檢使：官名。五代始設巡檢於京師、陪都、重要的州及邊防重鎮。　尋爲西京水南巡檢使：《輯本舊史》之影庫本粘籤：“巡檢使，原本脱‘巡’字，今據文增入。”

［9］泗州：州名。治所在今江蘇泗洪縣東南，今已没入洪澤湖中。

［10］滄州：州名。治所在今河北滄縣舊州鎮。　留後：官名。原非正式命官，唐朝節度使入朝或宰相、親王遥領節度使不臨鎮則置。安史之亂後，節度使多以子弟或親信爲留後，以代行節度使職務，亦有軍士、叛將自立爲留後者。掌一州或數州軍政。北宋始爲朝廷正式命官。　改滄州兩使留後：《輯本舊史》卷一一八《周世宗紀五》顯德五年四月戊午條：“以前延州留後李彦頵爲滄州留後。”

［11］遇疾而卒：《輯本舊史》卷一二〇《周恭帝紀》顯德六年九月壬子條：“前滄州留後李彦頵卒。”

［12］《大典》卷一〇三九〇“李”字韻“姓氏（三五）”事目。

李暉

李暉，字順光，瀛州東城人。[1]弱冠，應募于龍驤軍。[2]漢祖領河東，暉請從，因得署爲河東牙將。漢有天下，授檢校司徒、大内皇城使。[3]未幾，遷宣徽南院使。[4]乾祐初，拜河陽節度使、檢校太傅。[5]

[1]瀛州：州名。治所在今河北河間市。　束城：縣名。治所在今河北河間市東北束城。

[2]龍驤軍：禁軍名。五代後梁置左右龍驤軍，後唐沿置。

[3]"漢有天下"至"大内皇城使"：《輯本舊史》卷一〇〇《漢高祖紀下》天福十二年（947）五月甲午條："以判太原府事劉崇爲北京留守，命皇子承訓、武德使李暉大内巡檢。"

[4]宣徽南院使：官名。唐始置。宣徽南院長官。初用宦官，五代以後改用士人。與宣徽北院使通掌内諸司及三班内侍之名籍，郊祀、朝會、宴享供帳之儀，檢視内外進奉名物。參見王永平《論唐代宣徽使》，《中國史研究》1995 年第 1 期；王孫盈政《再論唐代的宣徽使》，《中華文史論叢》2018 年第 3 期。　遷宣徽南院使：《輯本舊史》卷一〇一《漢隱帝紀上》乾祐元年（948）四月甲辰條："以宣徽北院使薛可言爲右金吾上將軍，以皇城使李暉爲宣徽南院使。"李暉任宣徽南院使，在漢隱帝朝，本傳繫於"乾祐初"之前，誤。

[5]河陽：方鎮名。全稱"河陽三城"。治所在孟州（今河南孟州市）。　拜河陽節度使、檢校太傅：《輯本舊史》卷一〇一《漢隱帝紀上》乾祐元年六月戊戌條："以河陽節度使武行德爲鎮州節度使，以宣徽南院使李暉爲河陽節度使。"同書卷一〇二《漢隱帝紀中》乾祐二年十月庚辰條："安州楊信、鄧州劉重進加檢校太師，河陽李暉加檢校太傅。"同書卷一〇三《漢隱帝紀下》乾祐三年四月戊辰條："相州郭謹、河陽李暉並進邑封。"

太祖登極，[1]加同平章事，尋移鎮滄州。[2]顯德元年，就加兼侍中。[3]二年秋，以世宗誕慶節來朝，改邠州節度使。[4]五年，移鎮鳳翔。[5]歲餘，卒於鎮。[6]優詔贈中書令。

[1]太祖登極：明本《册府》卷一二四《帝王部·修武備門》："（廣順元年）五月戊子，河陽李暉言：'奉詔，置水軍五百。'詔：'諸州於州兵内選勇壯，并家屬赴京師。'"

[2]尋移鎮滄州：《輯本舊史》卷一一一《周太祖紀二》廣順元年（951）八月壬子條："李暉移鎮滄州。"《宋本册府》卷九七七《外臣部·降附門》："是月（廣順三年七月），滄州李暉送契丹降人盧臺軍使張藏英等二百二十二人、馬二十三疋。"《輯本舊史》卷一一三《周太祖紀四》顯德元年（954）正月丙戌條："滄州李暉加檢校太尉。"

[3]就加兼侍中：《輯本舊史》卷一一四《周世宗紀一》顯德元年七月乙酉條："滄州李暉、貝州王饒、鎮州曹英，並加兼侍中。"

[4]邠州：州名。治所在今陝西彬縣。　改邠州節度使：《輯本舊史》卷一一五《周世宗紀二》顯德二年十一月辛亥條："以前滄州節度使李暉爲邠州節度使。"

[5]鳳翔：方鎮名。治所在鳳翔府（今陝西鳳翔縣）。　移鎮鳳翔：《輯本舊史》卷一一八《周世宗紀五》顯德五年十月丙戌條："邠州李暉移鎮鳳翔。"

[6]卒於鎮：《輯本舊史》卷一一九《周世宗紀六》顯德六年（959）六月戊寅條："鳳翔奏，節度使李暉卒。"李暉自顯德五年十月移鎮鳳翔，至次年六月卒，前後不足一年，本傳稱"歲餘"，不確。

暉之儀貌不及於常人，而位極將相，年登耳順，袁、許之術，夫何恃哉！然性貪鄙，而好小惠，以邀虚譽，故在河陽及滄州日，民皆詣闕請立碑以頌其美，[1]識者亦未之許也。《永樂大典》卷一萬三百九十。[2]

[1]民皆詣闕請立碑以頌其美：《宋本册府》卷八二〇《總録部·立祠門》："李暉，廣順初，爲滄州節度使。州民張鑒明等於黎陽山採石，欲爲暉立德政碑。暉出於軍校，前鎮河陽，部人已刊碑頌，及涖浮陽，又聞其政，不亦善乎。"

[2]《大典》卷一〇三九〇"李"字韻"姓氏（三五）"事目。

李建崇

李建崇，潞州人。[1]少從軍，善騎射。初事唐武皇，[2]爲鐵林都將，轉突騎、飛騎二軍使。[3]從莊宗攻常山，阿保機來援，[4]莊宗率親軍千騎，遇於滿城，[5]兵少，爲契丹所圍。時建崇爲親將，與契丹格鬬，自午至申，會李嗣昭騎至，[6]契丹乃解去。同光中，自龍武、捧聖都指揮使，出歷襄、秦、徐、雍都指揮使。[7]建崇性純厚，處身任遇，不能巧宦，以致久滯偏裨。明宗嘗掌牙兵，[8]與建崇共事，及即位，甚愍之，連授磁、沁二郡。[9]入晋，爲申州刺史。[10]天福七年冬，襄州安從進搆逆，率衆寇南陽。[11]時建崇領步騎千餘屯於葉縣，開封尹鄭王遣宣徽使張從恩、皇城使焦繼勳率在京諸軍，[12]會建崇軍拒賊。至湖陽縣之花山，[13]遇從進軍，建崇接戰，大敗之，以功授亳州團練使。[14]襄陽平，遷安州防禦使。[15]歷河陽、邢州兵馬留後。[16]漢初，入爲右衛大將軍。[17]年逾七十，神氣不衰。建崇始自代北事後唐武皇，[18]至是四十餘年，前後所掌兵，麾下部曲多至節鉞，零落殆盡，唯建崇雖位不及藩屏，而康强自適，以至期耄。太祖即位，授左監門衛上將軍。[19]廣順三年春，卒。[20]贈黔南節度使。[21]《永樂大典》卷一萬三百九十。[22]

[1]潞州：州名。治所在今山西長治市。

[2]唐武皇：人名。即李克用。沙陀族，生於神武川新城（一説今山西朔州市朔城區之梵王寺村，一説今山西應縣縣城，一説今山西懷仁縣之日中城）。五代後唐奠基者。紀見本書卷二五至卷二六、《新五代史》卷四。

[3]鐵林都將：官名。所部統兵將領。“鐵林”爲部隊番號。　突騎、飛騎二軍使：官名。所部統兵將領。“突騎”“飛騎”均爲部隊番號。

[4]阿保機：人名。姓耶律，契丹迭剌部人。唐末契丹族首領、遼開國太祖。紀見《遼史》卷一、卷二。

[5]滿城：縣名。治所在今河北保定市滿城區。

[6]李嗣昭：人名。汾州（今山西汾陽市）人。唐末、五代李克用義子、部將。傳見本書卷五二、《新五代史》卷三六。

[7]同光：後唐莊宗李存勗年號（923—926）。　龍武、捧聖都指揮使：官名。所部統兵將領。“龍武”“捧聖”均爲部隊番號。　襄：州名。治所在今湖北襄陽市。　秦：州名。治所在今甘肅秦安縣。　徐：州名。治所在今江蘇徐州市。　雍：地名。即京兆府，治所在今陝西西安市。　都指揮使：官名。唐末、五代藩鎮皆置都指揮使、指揮使，爲統兵將領。

[8]牙兵：五代時期藩鎮親兵，爲藩鎮軍隊中的精鋭部隊。參

見來可泓《五代十國牙兵制度初探》,《學術月刊》1995 年第 11 期。

[9]磁：州名。治所在今河北磁縣。　沁：州名。治所在今山西沁源縣。

[10]申州：州名。治所在今河南信陽市。

[11]安從進：人名。索葛部人。五代後唐、後晋將領。傳見本書卷九八、《新五代史》卷五一。　南陽：縣名。治所在今河南南陽市。　“天福七年冬”至“率衆寇南陽”：《輯本舊史》卷八〇《晋高祖紀六》天福六年（941）十一月丁丑條：“襄州安從進舉兵叛。”安從進實叛於天福六年冬，本傳作“天福七年冬”，誤。

[12]葉縣：縣名。治所在今河南葉縣。　開封尹：官名。即開封府尹。五代除後唐外均都汴州，升汴州爲開封府，置開封尹或知開封府事。執掌京師政務。從三品。　鄭王：即後晋出帝石重貴。石敬瑭從子。紀見本書卷八一至卷八五、《新五代史》卷九。　張從恩：人名。太原人。五代後晋外戚、將領。仕至宋初。傳見《宋史》卷二五四。　焦繼勳：人名。許州長社（今河南許昌市）人。五代、宋初將領。傳見《宋史》卷二六一。　皇城使焦繼勳率在京諸軍：《輯本舊史》之影庫本粘籤：“焦繼勳，原本作‘繼塤’，今從《通鑑》及《歐陽史》改正。”見《通鑑》卷二八二天福六年十一月條、《新五代史》卷五六《和凝傳》。

[13]湖陽縣：縣名。治所在今河南唐河縣南。　花山：地名。位於今河南唐河縣南六十里。

[14]亳州：州名。治所在今安徽亳州市。　以功授亳州團練使：中華書局本有校勘記：“‘使’字原闕，據殿本、劉本、孔本校、《册府》卷三六〇、卷三八七補。”

[15]安州：州名。治所在今湖北安陸市。

[16]邢州：州名。治所在今河北邢臺市。　歷河陽、邢州兵馬留後：《輯本舊史》卷八三《晋少帝紀三》開運元年（944）閏十二月癸巳條：“以前安州防禦使李建崇爲河陽兵馬留後。”開運二年正月甲寅條：“以河陽留後李建崇爲邢州留後。”

[17]右衛大將軍：官名。唐置，掌宫禁宿衛。唐代十六衛之一。正三品。

[18]代北：方鎮名。治所在代州（今山西代縣）。　建崇始自代北事後唐武皇："後唐"二字，據《宋本册府》卷七八四《總録部·壽考門》補。

[19]左監門衛上將軍：官名。唐置，掌宫禁宿衛。唐代十六衛之一。從二品。　授左監門衛上將軍：明本《册府》卷五五《帝王部·養老門》："周太祖廣順二年十一月，左監門衛上將軍李建崇、右神武大將軍安伸、左領軍將軍慕容業、右領衛將軍劉彦章，各賜紫㱚正錦袍、金塗銀束帶。建崇等皆年七十餘，太祖以舊將累爲刺史、留後，老居班列，故有是賜。仍令每日内殿起居，退就公食。"

[20]廣順三年春，卒：《輯本舊史》卷一一二《周太祖紀三》廣順三年（951）二月戊辰條："左監門上將軍李建崇卒。"

[21]黔南：方鎮名。治所在黔州（今重慶彭水縣）。

[22]《大典》卷一〇三九〇"李"字韻"姓氏（三五）"事目。

王重裔

王重裔，[1]陳州宛丘人。[2]父逵，[3]歷安、均、洺三州刺史，[4]因家於洺。重裔幼沈厚有勇，善騎射。年未及冠，事莊宗爲廳直，管契丹直。[5]從安汴、洛，累爲禁軍指揮使。[6]

[1]王重裔：《新五代史》卷五二《杜重威傳》、《通鑑》卷二八二天福六年（941）十二月條作"王重胤"，然《大典》卷六八五一引五代《薛史》列傳，《宋本册府》卷三七四《將帥部·忠門

五》、卷三八七《將帥部·褒異門一三》皆作“王重裔”，當爲《薛史》原本之舊，今不改。

[2]陳州：州名。治所在今河南淮陽縣。　宛丘：縣名。治所在今河南淮陽縣。

[3]逵：人名。即王逵。事迹不詳。中華書局本有校勘記：“‘逵’，原作‘達’，據《永樂大典》卷六八五一引五代《薛史》改。”

[4]均：州名。治所在今湖北丹江口市。　洺：州名。治所在今河北邯鄲市永年區。

[5]廳直：五代、北宋時，將領出入戰陣的隨身護衛，謂之廳直。　管契丹直：《宋本册府》卷三七四《將帥部·忠門五》：“周王重裔初仕後唐莊宗，爲廳直將，從征河上，管契丹直，帝有急難，力救解之。”

[6]從安汴、洛：中華書局本據邵本校改“安”爲“定”，因孤證，今改回。　禁軍指揮使：官名。唐後期、五代禁軍長官。

晋天福中，鎮州安重榮謀叛，[1]稱兵指闕，朝廷命杜重威率師拒之，賊陣於宗城東，晋之騎軍擊之，[2]再合不動。杜重威懼，謀欲抽退，重裔曰：“兵家忌退，但請公分麾下兵擊其兩翼，重裔爲公陷陣，當其中軍，彼必狼狽矣。”重威從之，重榮即時退蹙，遂敗。[3]以功遷護聖右廂都指揮使，領費州刺史。[4]

[1]鎮州：州名。治所在今河北正定縣。　安重榮：人名。朔州（今山西朔州市朔城區）人。五代後唐、後晋將領。傳見本書卷九八、《新五代史》卷五一。

[2]杜重威：人名。其先朔州（今山西朔州市朔城區）人，後徙居太原（今山西太原市）。五代後晋、後漢將領。傳見本書卷

一〇九、《新五代史》卷五二。　宗城：縣名。治所在今河北威縣。　晉之騎軍擊之：中華書局本有校勘記："原作'晉軍進擊之'，據孔本、《永樂大典》卷六八五一引五代《薛史》改。殿本作'晉遣騎軍擊之'。"

[3]"再合不動"至"遂敗"：《通鑑》卷二八二天福六年(941)十二月戊戌條："杜重威與安重榮遇於宗城西南，重榮爲偃月陳，官軍再擊之，不動，重威懼，欲退。指揮使宛丘王重胤曰：'兵家忌退。鎮之精兵盡在中軍，請公分鋭士擊其左右翼，重胤爲公以契丹直衝其中軍，彼必狼狽。'重威從之。鎮人陳稍却，趙彦之卷旗策馬來降。"

[4]護聖右廂都指揮使：官名。後晉天福六年七月，改奉德兩軍爲"護聖左右軍"。以都指揮使爲該軍首長，隸屬侍衛親軍。　費州：州名。治所在今貴州思南縣。

漢初，仍典禁軍。從征鄴都，爲先鋒都校，鄴都平，[1]遷深州刺史。[2]淮夷以李守貞故，數侵邊地，以重裔爲亳州防禦使，又令於徐州巡檢，兼知軍州，就加檢校太傅。太祖踐阼，加爵邑，改功臣。廣順元年夏，以疾卒，[3]年五十三。贈武信軍節度使。[4]《永樂大典》卷六千八百五十一。[5]

[1]先鋒都校：官名。所部統兵將領。先鋒，即先鋒部隊。　從征鄴都，爲先鋒都校，鄴都平：原本作"從征鄴都平"，缺文據《宋本册府》卷三八七《將帥部·褒異門一三》補。

[2]深州：州名。治所在今河北深州市。

[3]以疾卒：《輯本舊史》卷一一一《周太祖紀二》廣順元年(951)四月丙午條："亳州防禦使王重裔卒。"

[4]武信軍：方鎮名。治所在遂州（今四川遂寧市）。

[5]《大典》卷六八五一“王”字韻“姓氏（三六）”事目。此卷現存。

孫漢英

孫漢英，太原人也。父重進，事唐武皇、莊宗爲大將，賜姓，名存進，[1]《唐書》有傳。漢英少事戎伍，稍至都將，遷東面馬步軍都指揮使。[2]清泰初，興元節度使張虔釗失律於岐下，[3]遂以其地西臣於蜀，漢英兄漢韶，時爲洋州節度使，[4]因兹阻隔，亦送款於蜀，由是漢英與弟漢筠久之不調。[5]漢乾祐中，太祖西征蒲、雍，[6]以漢英戚里之分，奏於軍中指使。蒲、雍平，班師，隱帝以漢英爲絳州刺史、檢校司徒。[7]廣順元年冬，卒於都。[8]《永樂大典》卷一萬八千一百三十三。[9]

[1]重進：人名。即李存進。振武（今内蒙古和林格爾縣）人。本姓孫，名重進，李克用以之爲義兒軍使，賜姓名。五代後唐將領。傳見本書卷五三、《新五代史》卷三六。

[2]東面馬步軍都指揮使：官名。五代時藩鎮馬步軍之長官。五代軍隊編制，五百人爲一指揮，設指揮使、副指揮使；十指揮爲一軍，設都指揮使、副都指揮使。

[3]興元：府名。治所在今陝西漢中市。　張虔釗：人名。遼州（今山西左權縣）人。五代後唐、後蜀將領。傳見本書卷七四。《輯本舊史》之影庫本粘簽：“張虔釗，原本作‘虔佺’，今從《歐陽史》改正。”見《新五代史》卷六四《後蜀世家》。　岐下：岐山以下。此指鳳翔。

[4]漢韶：人名。即孫漢韶，太原（今山西太原市）人。後

唐、後蜀將領。事見本書卷五三、《新五代史》卷三六。又傳見孫漢韶墓誌（拓片刊《成都出土歷代墓銘券文圖録綜釋》，文物出版社 2012 年版）。　洋州：州名。治所在今陝西洋縣。

[5]漢筠：人名。即孫漢筠，太原（今山西太原市）人。事迹不詳。

[6]蒲：州名。唐開元八年（720）改蒲州爲河中府，因地處黄河中游而得名，其後名稱屢有改易。治所在今山西永濟市。

[7]隱帝：即後漢隱帝劉承祐。後漢高祖劉知遠次子。紀見本書卷一〇一至一〇三、《新五代史》卷一〇。　絳州：州名。治所在今山西新絳縣。

[8]卒於都：《輯本舊史》卷一一二《周太祖紀三》廣順元年（951）十月甲午條："絳州防禦使孫漢英卒。"

[9]《大典》卷一八一三三"將"字韻"後周將（二）"事目。

許遷

許遷，[1]鄆州人也。[2]初爲本州牙將，性剛褊。漢乾祐初，爲左屯衛將軍。[3]與少府監馬從斌同監造漢祖山陵法物，[4]節財省用，減數萬計。改左監門大將軍，[5]又加檢校司空。漢末，權知隰州。[6]

[1]許遷：《宋本册府》卷一六〇《帝王部·革弊門二》、《太平廣記》卷四七九《昆蟲七·蝻化》皆作"許敬遷"。

[2]鄆州：州名。治所在今山東東平縣。

[3]左屯衛將軍：官名。唐代置十六衛，至五代後周避郭威諱，左右威衛改左右屯衛。掌宫禁宿衛。從三品。　爲左屯衛將軍：《宋本册府》卷一六〇《帝王部·革弊門二》："天福十二年，左衛將軍許敬遷奏：'臣伏見天下鞍轡、器械，並取契丹樣裝飾，以爲

美好。安有中國之人，反效戎虜之俗？請下明詔毀棄，須依漢境舊儀。’敕曰：‘近年中華兆人浮薄，不依漢禮，却慕胡風，果致狂戎來侵諸夏。應有契丹樣鞍轡、器械、服裝等，並令逐處禁斷。’”《輯本舊史》卷一〇〇《漢高祖紀下》天福十二年（947）閏七月乙丑條：“禁造契丹樣鞍轡、器械、服裝。”可知許遷於乾祐前一年已爲左衛將軍，本傳不確。

[4]少府監：官名。少府監長官。隋初置，唐初廢，太宗時復置。掌百工技巧之事。從三品。　馬從斌：人名。籍貫不詳。五代後晋官員。事見本書卷七七。

[5]左監門大將軍：官名。即左監門衛大將軍。唐置，掌宫禁宿衛。正三品。　改左監門大將軍：《輯本舊史》卷一〇二《漢隱帝紀中》乾祐二年（949）五月己未條：“右監門大將軍許遷上言，奉使至博州博平縣界，覩蝝生彌亘數里，一夕並化爲蝶飛去。”言許遷“右監門大將軍”，與本傳異。《太平廣記》卷四七九《昆蟲七・蛹化》引《玉堂閒話》：“己酉年（即乾祐二年），將軍許敬遷奉命於東洲按夏苗，上言稱於陂野間，見有蛹生十數里，纔欲打捕，其蟲化爲白蛺蝶飛去。”

[6]隰州：州名。治所在今山西隰縣。

太祖踐阼，劉崇遣子鈞率兵寇平陽，路由於隰，賊衆攻城，城中兵少，遷感激指諭，士鬭兼倍，賊衆傷夷，尋自退去。[1]太祖降詔撫諭，正授隰州刺史。[2]遷切於除盜，嫉惡過當，或釘磔賊人，令部下臠割。誤斷不合死罪人，其家詣闕致訟，詔下開封府獄。[3]時陳觀爲知府，[4]素與遷不協，深劾其事，欲追遷對訟，太祖以事狀可原，但罷郡而已。遷既奉朝請，[5]因大詬陳觀，謂王峻曰：“相公執政，所與參議，宜求賢德。如陳觀者，爲儒無家行，[6]爲官多任情，苟知其微，屠沽兒耻與爲侣，況明公乎！”峻無以沮之。既而嬰疾，請告歸汶上而卒。[7]《永樂大典》卷一萬八千一百三十三。[8]

[1]劉崇：人名。即劉旻。太原（今山西太原市）人。後漢高祖劉知遠從弟。後漢時任太原尹，專制一方。後周代漢，他稱帝於太原，國號漢，史稱北漢。傳見本書卷一三五、《新五代史》卷七〇。　鈞：人名。即劉鈞，原名劉承鈞，太原（今山西太原市）人。沙陀族。五代十國北漢世祖劉旻次子，北漢第二任君主。傳見《新五代史》卷七〇。　平陽：地名。位於今山西臨汾市。　“太祖踐阼”至“尋自退去”：《通鑑》卷二九〇廣順元年（951）二月條：“戊戌，北漢兵五道攻晋州，節度使王晏閉城不出。劉承鈞以爲怯，蟻附登城，晏伏兵奮擊，北漢兵死傷者千餘人。承鈞遣副兵馬使安元寶焚晋州西城，元寶來降。承鈞乃移軍攻隰州，癸卯，隰州刺史許遷遣步軍都指揮使孫繼業迎擊北漢兵於長壽村，執其將程筠等，殺之。未幾，北漢兵攻州城，數日不克，死傷甚衆，乃引去。”《輯本舊史》卷一一一《周太祖紀二》廣順元年二月辛亥條：“隰州刺史許遷奏，河東賊軍劉筠自晋州引兵來攻州城，尋以州兵拒之，賊軍傷死者五百人，信宿遁去。”　“劉筠”當爲“程筠”之訛。

[2]正授隰州刺史：《宋本册府》卷六九四《牧守部·武功門二》：“周許遷爲隰州刺史，以太祖廣順元年十二月朝見，賜襲衣、金帶、銀鞍馬，獎守城之功也。”

[3]“遷切於除盜”至“詔下開封府獄”：《宋本册府》卷六九七《牧守部·酷虐門》：“許遷爲單州刺史，切於除盜，嫉惡過當，或釘磔賊人，令部下臠割。”同書卷九二〇《總録部·讎怨門二》：“周許遷爲單州刺史，誤斷不合死罪人，其家詣闕致訟，下開封府。”隰州在今山西隰縣，單州在今山東單縣。然本傳無許遷任單

州刺史之記載，疑有脱文。

［4］陳觀：人名，籍貫不詳。五代後晋至後周官員，仕後周爲知開封府事。事見本書本卷、卷一一二。《歐陽史》避私諱作“陳同”。中華書局本引影庫本粘籤：“陳觀，原本作‘陳觀’，今從《宋史》改正。”檢《宋史》原書，未見其事。《宋本册府》卷九二〇載其事甚詳。　知府：即知開封府事。主持開封府政務。

［5］奉朝請：奉朝廷召請參加朝會。通常爲皇帝賜予致仕官員、勳貴的榮寵。

［6］爲儒無家行：中華書局本有校勘記：“‘家行’，《册府》卷九二〇作‘士行’。”

［7］汶上：地名。位於今山東汶上縣。

［8］《大典》卷一八一三三“將”字韻“後周將（二）”事目。

趙鳳

趙鳳，[1]冀州棗强縣人，[2]幼讀書，舉童子。既長，遇亂，[3]凶豪多力，以殺人暴掠爲事，吏不能禁。安重榮鎮常山，招聚叛亡，鳳乃應募，[4]既而犯法當死，即破械踰獄，遁而獲免。天福中，趙延壽爲契丹鄉導，歲侵深、冀，鳳往依焉。[5]契丹主素聞其桀黠，署爲羽林軍使，累遷羽林都指揮使，常令將兵在邊，[6]貝、冀之民，[7]日罹其患。晋末，契丹入洛，鳳從至東京，授宿州防禦使。[8]漢祖即位，受代歸闕，尋授河陽行軍司馬。[9]乾祐初，入爲龍武將軍。[10]丁父憂，起復授右千牛衛大將軍。[11]漢末，都城變起，兵集之夜，無不剽之室，唯鳳里閭，兵不敢犯，人皆服其膽勇。[12]

[1]趙鳳：據劉德潤撰《大周故金紫光禄大夫檢校司徒使持節單州諸軍事單州刺史兼御史大夫上柱國天水郡開國侯食邑一千户趙公墓誌銘》（以下簡稱《趙鳳墓誌銘》），趙鳳字國祥，曾祖貞，祖素，父彦章。

[2]冀州：州名。治所在今河北衡水市冀州區。　棗强：縣名。治所在今河北棗强縣。

[3]遇亂：據《宋本册府》卷九四一《總録部·殘虐門》補。

[4]鳳乃應募：《趙鳳墓誌銘》："有晋闕統之年，去事鎮州節度使安鐵胡。"安重榮小字鐵胡，常山爲鎮州古稱。

[5]趙延壽：人名。常山（今河北正定縣）人。本姓劉，爲後唐將領趙德鈞養子。仕至後唐樞密使，遼朝幽州節度使、燕王。傳見本書卷九八。　"天福中"至"鳳往依焉"：中華書局本引《舊五代史考異》："案《宋史·荆罕儒傳》：罕儒少無賴，與趙鳳、張輦爲群盜，晋天福中，相率詣范陽，委贄燕王趙延壽，得掌兵權。"

[6]羽林軍使：官名。所部統兵將領。"羽林"爲部隊番號。"契丹主素聞其桀黠"至"常令將兵在邊"：《趙鳳墓誌銘》："公早藴沉機，未蒙録用，無以申其志，無以立其功，遂潛奔投北朝皇帝。起家銀青光禄大夫、檢校尚書右僕射兼御史大夫、柱國，充幽州關南巡檢都指揮使，量其材，當其任。因警巡有功，轉招收都指揮使。又加金紫光禄大夫、檢校司徒，餘如故。改充右羽林都指揮使，既遣管軍，將謀大用。"皆契丹所授官職。

[7]貝：州名。治所在今河北清河縣。　貝、冀之民：《輯本舊史》之影庫本粘籤："貝冀，原本作'俱冀'，今據文改正。"

[8]東京：地名。即今河南開封市。　宿州：州名。治所在今安徽宿州市。　"晋末"至"授宿州防禦使"：《趙鳳墓誌銘》："有晋負義，法駕南巡，爲東都部署使。至南朝，因除授宿州團練使，食邑三百户。"

[9]行軍司馬：官名。出征將領及節度使的屬官。掌軍籍符伍、號令印信，是藩鎮重要的軍政官員。

[10]龍武將軍：官名。即龍武軍統軍。唐代龍武軍統兵官。唐置六軍，分左、右羽林，左、右龍武，左、右神武等，即“北衙六軍”。興元元年（784），六軍各置統軍，以寵功勳臣。其品秩，《唐會要》卷七一、《舊唐書》卷一二記載爲“從二品”，《通鑑》卷二二九記載爲“從三品”。《趙鳳墓誌銘》：“月限已滿，得替還京，又授右龍武軍將軍，加食邑至七百户。”

[11]右千牛衛大將軍：官名。唐置，掌宫禁宿衛。正三品。丁父憂，起復授右千牛衛大將軍：《趙鳳墓誌銘》：“方居顯列，俄鐘外艱。相次又丁内艱，雖居苫塊之儀，可勝金革之事。奪情除授，起復雲麾將軍，餘如故，轉右千牛衛大將軍，加天水縣開國男。”父喪稱外艱，母喪稱内艱，趙鳳以丁母憂起復，本傳所言不確。

[12]“漢末”至“人皆服其膽勇”：《通鑑》卷二八九乾祐三年（950）十一月乙酉條：“諸軍大掠，通夕煙火四發……右千牛衛大將軍棗强趙鳳曰：‘郭侍中舉兵，欲誅君側之惡以安國家耳，而鼠輩敢爾，乃賊也，豈侍中意邪！’執弓矢，踞胡床，坐於巷首，掠者至，輒射殺之，里中皆賴以全。”

廣順初，用爲宋、亳、宿三州巡檢使。[1]鳳出於伏莽，尤知盜之隱伏，乃誘致盜魁於麾下，厚待之，每桴鼓之發，[2]無不擒捕，衆以爲能，然平民因捕盜而破家者多矣。鳳善事人，或使臣經由，靡不傾財厚奉，故得延譽而掩其醜迹。太祖聞其幹事，用爲單州刺史，既剛忿不仁，得位逾熾，刑獄之間，尤爲不道。[3]嘗抑奪人之妻女，又以進奉南郊爲名，率斂部民財貨，爲人所訟。[4]廣順三年十二月，詔削奪鳳在身官爵，尋令賜死。[5]《永樂大典》卷一萬六千九百九十一。[6]

［1］用爲宋、亳、宿三州巡檢使：《趙鳳墓誌銘》："奉宣差充宋、亳、宿、單、潁五州巡檢使，旋加天水縣開國侯，食邑一千户。"與本傳異。

［2］桴鼓：戰鼓或警鼓。

［3］單州：州名。治所在今山東單縣。　"用爲單州刺史"至"尤爲不道"：《宋本册府》卷六九九《牧守部·枉濫門》："周趙鳳爲單州刺史，鳳既剛忿不仁，得位逾熾，刑獄之間，猶爲不道。嘗斷殺賊丁鸞，而納其室。又民家女趙哥者，許嫁李誨，未成婚，鳳逼納之。母楊辭以女許嫁，不可。鳳叱之，與三縑，携之入第。楊號泣告訴，鳳怒，召李誨及行媒崔氏，并楊氏三人，俱決杖十五。經兩月餘，楊氏又號於州門，鳳出趙哥見楊，子母俱鞭臀十七，仍配趙哥爲州妓。又鳳妻兄劉遷納州民馮氏女爲妾，馮氏母詣州訟遷，鳳召遷與馮氏母，俱杖之。馮氏訴有娠，鳳鞭背十七，遞之外鎮。又成武縣僧智源弟子智佺竊智源錢十八千，告官勘鞫伏罪，其弟子誣師與尼姦，械繫智源六十餘日，須令伏姦，鞭脊十七，盡没其資財。又單州民張翰、張珪、姚誨等訴男張弘滋等被趙鳳巡捕時拷捶，令伏與賊通，納賂方免。"

［4］爲人所訟：《宋本册府》卷六九八《牧守部·失政門》："周趙鳳爲單州刺史，廣順三年十一月入朝。有本州民張州、僧智温等十餘人，捉鳳馬於皇城門，訟鳳在郡不道。敕遣通事舍人劉言、控鶴官二人監鳳下御史臺收繫。"

［5］尋令賜死：《輯本舊史》卷一一三《周太祖紀四》廣順三年（953）十二月壬子（初六）條："前單州刺史趙鳳賜死，坐爲民所訟故也。"《趙鳳墓誌銘》："於廣順三年十二月五日終於旅館，享年四十有一。有男五人：長曰咸雍，次曰咸明，並是左番殿直。次曰小字二十五，次曰霸孫，幼曰姪喜哥。"諱言趙鳳賜死事，然所記卒日，當得其實。

［6］《大典》卷一六九九一"趙"字韻"姓氏（七）"事目。

齊藏珍

齊藏珍，少歷内職，累遷諸衛將軍。[1]前後監押兵師在外，頗稱幹事，然險詖無行，殘忍辯給，無不畏其利口。廣順中，奉命滑州界巡護河隄，以弛慢致河決，除名，配沙門島。[2]

[1]内職：晚唐、五代時期皇帝試圖越過現有機構和機制，依靠自己身邊的謀士和辦事人員，直接處理政務軍機。這批謀士和辦事人員即“内職”，其中較有代表性的群體是諸使和“使臣”。詳見趙冬梅《文武之間：北宋武選官研究》，北京大學出版社 2010 年版，第 9 頁。　累遷諸衛將軍：《通鑑》卷二八七乾祐元年（948）正月條：“帝以趙匡贊、侯益與蜀兵共爲寇，患之。會回鶻入貢，訴稱爲党項所阻，乞兵應接。詔左衛大將軍王景崇、將軍齊藏珍將禁軍數千赴之，因使之經略關西……王景崇等至長安，聞蜀兵已入秦川，以兵少，發本道及趙匡贊牙兵千餘人同拒之。景崇恐匡贊牙兵亡逸，欲文其面，微露風旨，軍校趙思綰首請自文其面以帥下，景崇悦。齊藏珍竊言曰：‘思綰凶暴難制，不如殺之。’景崇不聽。”

[2]滑州：州名。治所在今河南滑縣。　奉命滑州界巡護河隄：明本《册府》卷四九七《邦計部·河渠門二》：“（廣順三年）五月，遣客省副使齊藏珍等三人簡視魚池、常樂驛、原武河堤。”　沙門島：地名。在今山東長島縣西北廟島，一說大黑山島。　“廣順中”至“配沙門島”：《輯本舊史》卷一一三《周太祖紀四》廣順三年（953）八月丙辰條：“内衣庫使齊藏珍除名，配沙門島。藏珍奉詔脩河，不於役所部轄，私至近縣止宿，及報隄防危急，安寢不動，遂致横流，故有是責。”

世宗在西班時，[1]與藏珍同列，每聆其談論，或剖判世務，似有可採。及即位，自流所徵還。[2]秦、鳳之役，[3]令監偏師。及淮上用兵，復委監護，與軍校何超領兵降下光州。[4]藏珍欺隱官物甚多，超以爲不可，藏珍曰："沙門島已有屋數間，不妨再去矣。"[5]其不畏法也如此。世宗既破紫金山砦，追吴寇至渦口，[6]因與藏珍言及克捷之狀。對曰："陛下神武之功，近代無比，於文德則未光。"世宗頷之。又問以揚州之事，對曰："揚州地實卑濕，食物例多腥腐，臣去歲在彼，人以鱓魚饋臣者，視其盤中虬屈，一如虵虺之狀，[7]假使鸛雀有知，亦應不食，豈況於人哉！"其敷奏大率多此類，聞者無不悚然。一日，又奏云："唐景思已爲刺史，[8]臣猶未蒙聖澤。"世宗俛而從之，時濠梁未下，即命爲濠州行州刺史。[9]及張永德與李重進有間言，藏珍嘗游説重進，[10]洎壽陽兵迴，[11]諸將中有以藏珍之言上奏者。世宗怒，急召赴闕。四年夏，以其冒稱檢校官罪，按其事而斃之，[12]蓋不欲暴其惡迹也。《永樂大典》卷一萬八千一百三十三。[13]

[1]西班：禁軍名。騎兵。隸殿前司。

[2]自流所徵還：《通鑑》卷二九二顯德二年（955）正月條："定難節度使李彝興以折德扆亦爲節度使，與己並列，耻之，塞路不通周使……乃遣供奉官齊藏珍齎詔書責之，彝興惶恐謝罪。"

[3]鳳：州名。治所在今陝西鳳縣。

[4]軍校：即牙校，爲低級武職。　何超：人名。籍貫不詳。後周將領。歷任光州刺史、軍校。事見本書本卷、卷一一六。　光

州：州名。治所在今河南潢川縣。　與軍校何超領兵降下光州：《通鑑》卷二九三顯德三年三月條："光、舒、黄招安巡檢使，行光州刺史何超，以安、隨、申、蔡四州兵數萬攻光州。丙申，超奏唐光州刺史張紹棄城走，都監張承翰以城降。丁酉，行舒州刺史郭令圖拔舒州，唐蘄州將李福殺其知州王承雋，舉州來降。遣六宅使齊藏珍攻黄州。"

[5]不妨再去矣：中華書局本有校勘記："'妨'，原作'失'，據殿本、孔本校改。影庫本批校：'妨'訛'失'。"

[6]紫金山：山名。又名八公山，位於今安徽壽縣東北，淮河南岸。　渦口：地名。渦水入淮河之處。位於今安徽懷遠縣東北。　追吴寇至渦口：《輯本舊史》之影庫本粘籤："渦口，原本作'桐口'，今從《通鑑》改正。"《通鑑》卷二九三顯德四年三月壬辰條："旦，帝軍于趙步，諸將擊唐紫金山寨，大破之，殺獲萬餘人，擒許文稹、邊鎬、楊守忠……是夜，宿鎮淮軍。（胡注：鎮淮軍，時置於渦口。）"

[7]揚州：州名。治所在今江蘇揚州市。　鱓魚：鱔魚。　虵虺：指蛇類。

[8]唐景思：人名。秦州（今甘肅天水市）人。五代藩鎮軍閥。傳見本書卷一二四、《新五代史》卷四九。

[9]濠梁：水名。又名石梁河，在今安徽鳳陽縣境内，東北流至臨淮關入淮河。　濠州：州名。治所在今安徽鳳陽縣。

[10]張永德：人名。并州陽曲（今山西陽曲縣）人。五代、宋初大將，頗受宋太祖、宋太宗信用。傳見《宋史》卷二五五。　李重進：人名。滄州（今河北滄縣舊州鎮）人。五代將領，後周太祖郭威外甥。傳見《宋史》卷四八四。　藏珍嘗游説重進：《宋史》卷四八四《李重進傳》："張永德屯下蔡，與重進不協，永德每宴將吏，多暴重進短，後乘醉謂重進有奸謀，將吏無不驚駭……李景知之，密令人齎蠟書誘重進，啗以厚利，重進表其事。時行濠州刺史齊藏珍亦説重進。"

[11]壽陽：縣名。治所在今山西壽陽縣。

[12]按其事而斃之：《輯本舊史》卷一一七《周世宗紀四》顯德四年六月丁巳條："前濠州刺史齊藏珍以罪棄市。"

[13]《大典》卷一八一三三"將"字韻"後周將（二）"事目。

王環

王環，本真定人。唐天成初，孟知祥鎮西川，[1]環往事之。[2]及知祥建號，環累典軍衛。[3]孟昶嗣位，環兼領左、右衛。[4]顯德二年秋，王師西伐，時環爲鳳州節度使。初，偏師傅其城下，爲環所敗，裨將胡立爲環所擒。[5]是冬，王師大集，急攻其城，蜀之援兵相次敗走。環聞之，守備愈堅，王師攻擊數月方克。城陷，環就擒。[6]及到闕，世宗以忠於所事，釋其罪，授右驍衛大將軍。[7]四年冬，世宗南征，環隨駕至泗州，遇疾而卒。[8]《永樂大典》卷一萬八千一百三十三。[9]

[1]天成：後唐明宗李嗣源年號（926—930）。　孟知祥：人名。邢州龍岡（今河北邢臺市）人。李克用女婿，五代十國後蜀開國皇帝。傳見本書卷一三六、《新五代史》卷六四。　西川：方鎮名。劍南西川的簡稱。治所在成都府（今四川成都市）。　孟知祥鎮西川：中華書局本有校勘記："'西川'，原作'西州'，據劉本、孔本、邵本、彭本改。"

[2]環往事之：《新五代史》卷五〇《王環傳》："以勇力事孟知祥爲御者。"

[3]環累典軍衛：中華書局本有校勘記："'累'字原厥，據殿

本、孔本補。”

［4］孟昶：人名。邢州龍岡（今河北邢臺市）人。孟知祥之子。五代後蜀皇帝，934年至965年在位。傳見本書卷一三八、《新五代史》卷六四。　左、右衛：禁軍名。唐置，掌宫禁宿衛。唐代置十六衛，即左右衛、左右驍衛、左右武衛、左右威衛、左右領軍衛、左右金吾衛、左右監門衛、左右千牛衛。各置上將軍，從二品；大將軍，正三品；將軍，從三品。　環兼領左、右衛：中華書局本有校勘記："殿本作'環常宿衛于中'，孔本作'環當衛於其中'。"

［5］裨將：指副將。　胡立：人名。五代後周將領。本書僅此一見。

［6］環就擒：《輯本舊史》卷一一五《周世宗紀二》顯德二年（955）十一月癸丑條："西南面行營都部署王景奏，收復鳳州，獲僞命節度使王環。"《通鑑》卷二九二作"十一月戊申"。

［7］右驍衛大將軍：官名。唐置，掌宫禁宿衛。正三品。"及到闕"至"授右驍衛大將軍"：《輯本舊史》卷一一五《周世宗紀二》顯德二年十二月辛卯條："西南面行營都部署王景，差人部送所獲僞鳳翔節度使王環至闕。詔釋之，仍賜鞍馬衣服，尋授右驍衛大將軍。"《通鑑》卷二九二顯德三年正月丙午條："以王環爲右驍衛大將軍，賞其不降也。"《新五代史》卷五〇《王環傳》："世宗召見環，歎曰：'三州已降，環獨堅守，吾數以書招之，而環不答，至於力屈就擒，雖不能死，亦忠其所事也，用之可勸事君者。'乃拜環右驍衛將軍。"明本《册府》卷一一八《帝王部·親征門三》："（顯德三年正月）壬寅，帝南幸。丙辰，至壽州城下。帝親率六師，圍其城數匝，號令之聲，振于原野……（二月）戊寅，命鄧州節度使侯章爲攻取賊水砦都部署，右驍衛大將軍王環副之。"《輯本舊史》卷一一六《周世宗紀三》顯德三年四月甲子條："以前鄧州節度使侯章爲壽州城下水砦都部署。"兩書所載月日不同。《通鑑》卷二九三顯德四年二月乙亥條："帝發大梁……命右驍衛大

將軍王環將水軍數千，自閔河沿潁入淮，唐人見之大驚。"《新五代史》卷五〇《王環傳》："環居軍中，未嘗有戰功。蜀卒與環俱擒者，世宗不殺，悉以從軍，後多南奔於（李）景，世宗待環益不疑。已而景將許文縝、邊鎬等皆被擒，世宗悉以爲將軍，與環等列第京師，歲時賜與甚厚。"明本《册府》卷一六七《帝王部·招懷門五》："（顯德四年）五月，賜許文縝、邊鎬、王環、周廷構、馮延魯、鄭牧、孫羽等宅地各數畝，又以材植緍錢等賜之，俾搆居第。八月，又賜許文縝等各絹三百疋、綿五百兩，俾備時服。"《輯本舊史》卷一一七《周世宗紀四》顯德四年八月甲戌條："賜左監門上將軍許文縝、右千牛上將軍邊鎬、右衛大將軍王環、衛尉卿周延構、太府卿馮延魯、太僕卿鄭牧、鴻臚卿孫羽、衛尉少卿鍾謨、工部郎中何幼沖各冬服絹二百匹，綿五百兩。文縝已下，皆吴、蜀之士也。"

[8]"四年冬"至"遇疾而卒"：《輯本舊史》卷一一七《周世宗紀四》顯德四年十一月乙巳條："至泗州。"同年十二月戊午條："帝自泗州率衆東下，命今上領兵行於南岸，與帝夾淮而進。"同書卷一一八《周世宗紀五》顯德五年正月癸未（初一）條："帝在楚州城下，從臣詣行宫稱賀。"同月乙酉（初三）條："降同州爲郡。右驍衛將軍王環卒。"《新五代史》卷五〇《王環傳》："遇疾，卒于泗州。"今合諸書所載觀之，環於顯德四年冬隨周世宗南征，遇疾，至次年元月，卒於泗州。

[9]《大典》卷一八一三三"將"字韻"後周將（二）"事目。

張彦超

張彦超，本沙陀部人也。素有郤克之疾，[1]時號爲"跛子"。初，以騎射事唐莊宗爲馬直軍使，[2]莊宗入汴，授神武指揮使。[3]明宗嘗以爲養子。天成中，擢授蔚州刺史。[4]素與晉高祖不協，屬其總戎於太原，遂舉其城投於契丹，即以爲雲州節度使。[5]契丹之南侵也，彦超率部衆，頗爲鎮、魏之患。及契丹入汴，遷侍衛馬軍都校，[6]尋授晉昌軍節度使。[7]漢高祖入洛，彦超飛表輸誠，移授保大軍節度使。[8]乾祐初，奉詔歸闕，止奉朝請而已。太祖自鄴入平内難，隱帝令彦超董騎軍爲拒。[9]劉子陂兵亂，彦超先謁見太祖。[10]廣順中，授神武統軍。[11]顯德三年冬，以疾終於第。[12]制贈太子太師。《永樂大典》卷五千三百六十。[13]

[1]郤克：人名。郤缺之子。春秋晉國大夫。奉命使齊，因跛脚被耻笑，後率兵聯魯國、衛國伐齊。

[2]馬直軍使：官名。所部統兵將領。“馬直”爲部隊番號。

[3]神武指揮使：官名。唐代神武軍統兵官。唐置六軍，分左、右羽林，左、右龍武，左、右神武等，即“北衙六軍”。多置都指揮使、指揮使，爲統兵將領。　授神武指揮使：《輯本舊史》之影庫本粘籤：“神武，原本作‘仲武’，今從《通鑑》改正。”檢《通鑑》原書，無張彦超任神武指揮使之記載。

[4]蔚州：州名。治所在今河北蔚縣。

[5]晉高祖：即後晉高祖石敬瑭。五代後晉建立者。紀見本書卷七五至卷八一、《新五代史》卷八。　雲州：州名。治所在今山西大同市。　“素與晉高祖不協”至“即以爲雲州節度使”：《通鑑》卷二七八長興三年（932）十一月條：“蔚州刺史張彦超本沙陀部人，嘗爲帝養子，與石敬瑭有隙，聞敬瑭爲總管，舉城附於契丹，契丹以爲大同節度使。”雲州爲大同軍節度使治所。

[6]侍衛馬軍都校：官名。所部統兵將領。

[7]晉昌軍：方鎮名。治所在京兆府（今陝西西安市）。五代

後晋改永平軍置晋昌軍，後漢改爲永興軍。　尋授晋昌軍節度使：《通鑑》卷二八六天福十二年（947）正月條："契丹主以前燕京留守劉晞爲西京留守……漢將張彦超爲雄武節度使。"又曰："晋昌節度使趙在禮入朝。"據《通鑑》，契丹以張彦超爲雄武軍節度使，此時之晋昌軍節度使乃趙在禮，與本傳異。

[8]保大軍：方鎮名。治所在鄜州（今陝西富縣）。　移授保大軍節度使：《輯本舊史》卷一〇〇《漢高祖紀下》天福十二年七月丙申條："以晋昌軍節度使張彦超爲鄜州節度使，加檢校太師。"鄜州爲保大軍節度使治所。

[9]隱帝令彦超董騎軍爲拒：《輯本舊史》卷一〇三《漢隱帝紀下》乾祐三年（950）十一月庚辰條："詔前開封尹侯益、前鄜州節度使張彦超、權侍衛馬軍都指揮使閻晋卿、鄭州防禦使吴虔裕等，率禁軍赴澶州守捉。"

[10]劉子陂：地名。位於今河南封丘縣南。　彦超先謁見太祖：《輯本舊史》卷一〇三《漢隱帝紀下》乾祐三年十一月甲申條："車駕復出，幸七里店軍營。王師陣於劉子陂，與鄴軍相望……（慕容）彦超輕脱，先擊北軍，郭威命何福進、王彦超、李筠等大合騎以乘之。彦超退却，死者百餘人，於是諸軍奪氣，稍稍奔於北軍。吴虔裕、張彦超等相繼而去，慕容彦超以部下十數騎奔兖州。"

[11]神武統軍：官名。唐代神武軍統兵官。唐置六軍，分左、右羽林，左、右龍武，左、右神武等，即"北衙六軍"。興元元年（784），六軍各置統軍，以寵功勳臣。其品秩，《唐會要》卷七一、《舊唐書》卷一二記載爲"從二品"，《通鑑》卷二二九記載爲"從三品"。　授神武統軍：《宋史》卷二五五《宋偓傳》："世宗征淮南，令偓與左龍武統軍趙贇、右神武統軍張彦超、前景州刺史劉建於壽州四面巡檢。"

[12]以疾終於第：《輯本舊史》卷一一六《周世宗紀三》顯德三年（956）十月戊子條："右神武統軍張彦超卒。"

［13］中華書局本有校勘記："檢《永樂大典目録》，卷五三六〇爲"朝"字韻"元朝儀（三）"事目，與本則内容不符，恐有誤記。疑出自卷六三五〇'張'字韻'姓氏二〇'。"當爲卷六三五〇。

張穎

張穎，太原人，[1]駙馬都尉永德之父也。[2]累爲藩郡列校，[3]由内職歷諸衛將軍。[4]國初，以戚里之故，[5]自華州行軍司馬歷郢、懷二州刺史，[6]遷安州防禦使。[7]穎性卞急峻刻，不容人之小過，雖左右親信，亦皆怨之。部曲曹澄有處女，[8]穎逼而娶之，澄遂與不逞之徒數人，同謀害穎，中夜挾刃入於寢門，執穎而殺之，[9]遂奔於金陵。[10]

［1］太原人：《舊五代史考異》："案：《東都事略·張永德傳》作并州陽曲人。"《宋史》卷二五五《張永德傳》同。

［2］駙馬都尉：漢武帝始置，魏、晋以後公主夫婿多加此稱號。從五品下。　駙馬都尉永德之父也：《舊五代史考異》："案：《宋史》列傳云：家世饒財，曾祖丕，尚氣節。後唐武皇鎮太原，急於用度，多嚴選富家子掌帑庫，或調度不給，即坐誅，没入貲産。丕爲之滿歲，府財有餘。宗人政當次補其任，率族屬泣拜，請丕濟其急，丕又爲代掌一年，鄉里服其義。"見《宋史》卷二五五《張永德傳》，張丕乃穎之祖父，永德之曾祖。

［3］累爲藩郡列校：《宋史》卷二五五《張永德傳》："周祖初爲侍衛吏，與穎善，乃以女妻永德。"

［4］由内職歷諸衛將軍：《輯本舊史》卷八七《石重乂傳》：

“（天福二年）冬十月，詔遣莊宅使張穎監護（重乂）喪事，葬於河南府萬安山。”

[5]以戚里之故：《舊五代史考異》：“案《東都事略》：周太祖即位，除永德左衛將軍、駙馬都尉，妻爲晋國公主。”見《東都事略》卷二一《張永德傳》。

[6]華州：州名。治所在今陝西渭南市華州區。　郢：州名。治所在今湖北鍾祥市。　懷：州名。治所在今河南沁陽市。

[7]遷安州防禦使：《舊五代史考異》：“案：《宋史》作事晋爲安州防禦使，與《薛史》異。”《宋史》卷二五五《張永德傳》：“父穎，事晋，至安州防禦使。”謂穎官至安州防禦使，非謂後晋時居此官，《考異》所言不確。

[8]部曲：其義有三説：一是古代軍隊的編制單位，後借指軍隊；二是古代豪門大族的私人軍隊，帶有人身依附性質；三是部屬、部下。　曹澄：人名。籍貫、事迹不詳。本書僅此一見。

[9]執穎而殺之：《輯本舊史》卷一一五《周世宗紀二》顯德二年（955）十二月辛未條：“安州奏，盜殺防禦使張穎。”

[10]金陵：地名。今江蘇南京市古稱。

世宗征淮南，以永德之故，命江南李景，令執澄等送行在。及至，世宗以澄等賜永德，俾甘心而戮之。[1]《永樂大典》卷六千三百五十二。[2]

[1]李景：即南唐元宗李璟。徐州（今江蘇徐州市）人。南唐烈祖李昪長子，南唐第二位皇帝。後削去帝號，改稱國主。傳見本書卷一三四、《新五代史》卷六二。　“世宗征淮南”至“俾甘心而戮之”：《宋史》卷二五五《張永德傳》：“（顯德）三年，世宗親征，至壽州城下，（劉）仁贍執澄等三人檻送行在，意求緩師，詔賜永德，俾其甘心。”謂曹澄等人乃劉仁贍所獻，與本傳異。

［2］《大典》卷六三五二“張”字韻“姓氏（二二）”事目。

劉仁贍

劉仁贍,[1]略通儒術，好兵書，在澤國甚有聲望。[2]吴主知之，累遷爲僞右監門衛將軍,[3]歷黄、袁二州刺史,[4]所至稱治。洎李景僭襲僞位，俾掌親軍，遷鄂州節度使。[5]居數年，復以兵柄任之，改壽州節度使。[6]

［1］劉仁贍：《大典》卷八九八〇引五代薛史《太祖皇帝紀》作“劉仁瞻”。

［2］“略通儒術”至“在澤國甚有聲望”：《新五代史》卷三二《劉仁贍傳》：“仁贍字守惠，彭城人也。父金，事楊行密，爲濠、滁二州刺史，以驍勇知名。仁贍爲將，輕財重士，法令嚴肅，少略通兵書。”陸游《南唐書》卷十《劉仁贍傳》：“劉仁贍，字守惠。父金，事吴武忠王，至爲濠州團練使。長子仁規，娶忠武王女，貴于其國……徙仁贍清淮軍節度使。”

［3］右監門衛將軍：官名。唐置，掌宫禁宿衛。從三品。　累遷爲僞右監門衛將軍：中華書局本有校勘記：“‘右’，《新五代史》卷三二《劉仁贍傳》、馬令《南唐書》卷一六作‘左’。”

［4］黄：州名。治所在今湖北黄岡市黄州區。　袁：州名。治所在今江西宜春市袁州區。

［5］鄂州：州名。治所在今湖北武漢市武昌區。　遷鄂州節度使：《通鑑》卷二九〇顯德元年（954）十月癸丑（十二）條：“唐武昌節度使劉仁贍帥戰艦二百取岳州，撫納降附，人忘其亡。”鄂州爲武昌軍節度使治所。

［6］壽州：州名。治所在今安徽壽縣。　改壽州節度使：《通鑑》卷二九二顯德二年十月條：“先是，每冬淮水淺涸，唐人常發

兵戍守，謂之‘把淺’，壽州監軍吴廷紹以爲疆埸無事，坐費資糧，悉罷之。清淮節度使劉仁贍上表固争，不能得。”壽州爲清淮軍節度使治所。

及王師渡淮，而仁贍固守甚堅。洎世宗駐蹕於其壘北，數道齊攻，填塹陷壁，晝夜不息，如是者累月。世宗臨城以諭之，而仁贍但遜詞以謝。[1]及車駕還京，命李重進總兵守之，復乘間陷我南砦。[2]自是圍之愈急，城中饑死者甚衆。三年冬，淮寇復來救援，列砦於紫金山，夾道相屬，纍然數十里，垂及壽壁，而重進兵幾不能支。[3]世宗患之，遂復議親征。車駕至壽春，命今上率師破紫金山之衆，擒其應援使陳承昭以獻。仁贍聞援兵既敗，計無所出，但扼吭浩歎而已。[4]會世宗以紫金山之捷，飛詔以諭之，時仁贍卧疾已亟，因翻然納款，而城内諸軍萬計，皆屏息以聽其命。[5]及見於行在，世宗撫之甚厚，賜與加等，復令入城養病，尋授天平軍節度使、兼中書令。制出之日，薨於其家，年五十八。世宗聞之，遣使弔祭，命内臣監護喪事，追封彭城郡王。[6]後以其子崇讚爲懷州刺史。[7]仁贍輕財重士，法令嚴肅，重圍之中，其子崇諫犯軍禁，[8]即令斬之，故能以一城之衆，連年拒守。逮其來降，而其下未敢竊議者，保其後嗣，抑有由焉。

［1］“及王師渡淮”至“而仁贍但遜詞以謝”：《通鑑》卷二九二顯德二年（955）十一月乙未條：“帝以李穀爲淮南道前軍行營都部署兼知廬、壽等行府事，以忠武節度使王彦超副之，督侍衛馬軍

都指揮使韓令坤等十二將以伐唐……唐人聞周兵將至而懼，劉仁贍神氣自若，部分守禦，無異平日，衆情稍安。唐主以神武統軍劉彦貞爲北面行營都部署，將兵二萬趣壽州，奉化節度使、同平章事皇甫暉爲應援使，常州團練使姚鳳爲應援都監，將兵三萬屯定遠。召鎮南節度使宋齊丘還金陵，謀國難，以翰林承旨、户部尚書殷崇義爲吏部尚書、知樞密院。”同書卷二九二顯德三年正月條：“庚子（初六），帝下詔親征淮南……壬寅（初八），帝發大梁……丁未（十三），帝至陳州，亟遣李重進引兵趣淮上……劉彦貞素驕貴，無才略，不習兵……其裨將咸師朗等皆勇而無謀，聞李穀退，喜，引兵直抵正陽，旌旗輜重數百里，劉仁贍及池州刺史張全約固止之。仁贍曰：‘公軍未至而敵人先遁，是畏公之威聲也，安用速戰！萬一失利，則大事去矣！’彦貞不從。既行，仁贍曰：‘果遇，必敗。’乃益兵乘城爲備。李重進渡淮，逆戰於正陽東，大破之，斬彦貞，生擒咸師朗等，斬首萬餘級，伏尸三十里，收軍資器械三十餘萬。是時江、淮久安，民不習戰，彦貞既敗，唐人大恐，張全約收餘衆奔壽州，劉仁贍表全約爲馬步左廂都指揮使。”同書卷二九三顯德三年三月庚戌（十七）條：“上遣中使以孫晟詣壽春城下，且招諭之。仁贍見晟，戎服拜於城上。晟謂仁贍曰：‘君受國厚恩，不可開門納寇。’”

[2]復乘間陷我南砦：《通鑑》卷二九三顯德三年六月條：“侍衛步軍都指揮使、彰信節度使李繼勳營於壽州城南，唐劉仁贍伺繼勳無備，出兵擊之，殺士卒數百人，焚其攻具。”

[3]“三年冬”至“而重進兵幾不能支”：《通鑑》卷二九三顯德四年正月條：“周兵圍壽春，連年未下，城中食盡。齊王景達自濠州遣應援使永安節度使許文稹、都軍使邊鎬、北面招討使朱元將兵數萬，泝淮救之，軍於紫金山，列十餘寨如連珠，與城中烽火晨夕相應，又築甬道抵壽春，欲運糧以饋之，綿亘數十里。將及壽春，李重進邀擊，大破之，死者五千人，奪其二寨。丁未（十九），重進以聞。戊申（二十），詔以來月幸淮上。劉仁贍請以邊鎬守城，

自帥衆決戰。齊王景達不許，仁贍憤邑成疾。其幼子崇諫夜泛舟渡淮北，爲小校所執，仁贍命腰斬之，左右莫敢救，監軍使周廷構哭於中門以救之，仁贍不許。廷構復使求救於夫人，夫人曰：'妾於崇諫非不愛也，然軍法不可私，名節不可虧，若貸之，則劉氏爲不忠之門，妾與公何面目見將士乎！'趣命斬之，然後成喪。將士皆感泣。"

［4］壽春：縣名。治所在今安徽壽縣。　陳承昭：人名。江表（今長江以南地區）人。五代、宋初將領。長於水戰。傳見《宋史》卷二六一。　"車駕至壽春"至"但扼吭浩歎而已"：《通鑑》卷二九三顯德四年三月條："己丑（初二）夜，帝渡淮，抵壽春城下。庚寅（初三）旦，躬擐甲胄，軍於紫金山南，命太祖皇帝擊唐先鋒寨及山北一寨，皆破之，斬獲三千餘級，斷其甬道，由是唐兵首尾不能相救。至暮，帝分兵守諸寨，還下蔡……壬辰（初五）旦，帝軍于趙步，諸將擊唐紫金山寨，大破之，殺獲萬餘人，擒許文稹、邊鎬、楊守忠……劉仁贍聞援兵敗，扼吭歎息。"另，《輯本舊史》卷一一七《周世宗紀四》顯德四年十二月辛酉條："至楚州西北，大破賊衆，水陸俱奔，有賊船數艘，順流而逸。帝率驍騎與今上追之數十里，今上擒賊大將僞保義軍節度使、江北都應援使陳承昭以獻。"《通鑑》卷二九三同。可知宋太祖擒陳承昭，在顯德四年十二月，彼時壽州已破，仁贍已卒，本傳繫於壽州城破之前，誤。

［5］"會世宗以紫金山之捷"至"皆屏息以聽其命"：《輯本舊史》卷一一七《周世宗紀四》顯德四年三月條："丙午（十九），壽州劉仁贍上表乞降，帝遣閤門使張保續入城慰撫。翌日，仁贍復令子崇讓上表請罪。戊申（二一），幸壽州城北，劉仁贍與將佐已下及兵士萬餘人出降，帝慰勞久之，恩賜有差。"與本傳同。《通鑑》卷二九三顯德四年三月條："庚子（十三），賜劉仁贍詔，使自擇禍福……甲辰（十七），帝耀兵于壽春城北。唐清淮節度使兼侍中劉仁贍病甚，不知人。丙午（十九），監軍使周廷構、營田副使

孫羽等作仁贍表，遣使奉之來降。丁未（二十），帝賜仁贍詔，遣閤門使萬年張保續入城宣諭，仁贍子崇讓復出謝罪。戊申（二一），帝大陳甲兵，受降於壽春城北，廷構等舁仁贍出城，仁贍臥不能起，帝慰勞賜賚，復令入城養疾。"《考異》："《實録》：'時仁贍臥疾已亟，遂翻然納款，而城内諸軍萬計，皆屏息以聽其命。'又曰：'仁贍輕財重士，法令嚴肅，故能以一城之衆連年拒守。逮其來降，而其下無敢竊議者，斯亦一時之名將也。'《歐陽史》：'三月，仁贍病甚，已不知人，其副使孫羽詐爲仁贍書，以城降。世宗命舁仁贍至帳前，嗟歎久之，賜以玉帶、御馬，復使入城養疾。是日，制曰：劉仁贍盡忠所事，抗節無虧，前代名臣，幾人可比，予之南伐，得爾爲多。乃拜仁贍檢校太尉兼中書令、天平軍節度使。仁贍不能受命而卒。世宗追封彭城郡王，以其子崇讚爲懷州刺史。李景聞仁贍卒，亦贈太師。'又曰：'仁贍既殺其子以自明矣，豈有垂死而變節者乎？今《周世宗實録》載仁贍降書，蓋其副使孫羽等所爲也。當世宗時，王環爲蜀守秦州，攻之久不下，其後力屈而降，世宗頗嗟其忠，然止以爲大將軍。視世宗待二人之薄厚而考其制書，乃知仁贍非降者也。'今從之。"《舊五代史考異》："是仁贍未嘗親納款于周也。《薛史》作翻然納款，蓋仍周實録原文，未及釐正。"仁贍未嘗降周，《新五代史》、《通鑑考異》諸書辨之甚明。

[6]天平軍：方鎮名。治所在鄆州（今山東東平縣）。 "及見於行在"至"追封彭城郡王"：《輯本舊史》卷一一七《周世宗紀四》顯德四年三月辛亥（二四）條："以僞命清淮軍節度使、檢校太尉、兼侍中劉仁贍爲特進、檢校太尉、兼中書令、鄆州節度使，以右羽林統軍楊信爲壽州節度使。是日，劉仁贍卒。"《通鑑》卷二九三顯德四年三月辛亥條："以劉仁贍爲天平節度使兼中書令，制辭略曰：'盡忠所事，抗節無虧，前代名臣，幾人堪比！朕之伐叛，得爾爲多。'是日，卒，追賜爵彭城郡王。唐主聞之，亦贈太師。帝復以清淮軍爲忠正軍，以旌仁贍之節，以右羽林統軍楊信爲忠正節度使、同平章事。"《新五代史》卷六二《南唐世家二》交

泰元年（顯德五年，958）條："周已罷兵，景乃贈劉仁贍太師。"據《新五代史》，李景追贈仁贍爲太師，當在顯德五年周罷兵以後，《通鑑》繫於追封彭城郡王之時，疑誤。

[7]崇讃：人名。即劉崇讃。五代後周官員，累爲郡守。事見本書本卷。

[8]崇諫：人名。即劉崇諫。事見本書本卷、《新五代史》卷三二。

崇讃仕周，累爲郡守。幼子崇諒，後自江南歸於本朝，亦位至省郎。[1]《永樂大典》卷九千九十六。[2]

[1]崇諒：人名。即劉崇諒。北宋官員。曾任江南進奉使、都官員外郎。《續資治通鑑長編》卷一三宋太祖開寶五年（972）二月壬戌條："以江南進奉使劉崇諒爲都官員外郎。崇諒，仁贍之子也。"

[2]《大典》卷九〇九六"劉"字韻"姓氏（二四）"事目。

舊五代史　卷一三〇

周書二十一

列傳第十[1]

[1]按，本卷末無史論。

王峻

王峻，字秀峰，相州安陽人也。[1]父豐，本郡樂營使。[2]峻幼慧黠善歌，梁貞明初，張筠鎮相州，[3]憐峻敏惠，遂畜之。及莊宗入魏州，[4]筠棄鎮南渡，以峻自隨。時租庸使趙巖訪筠於其第，筠召峻聲歌以侑酒，[5]巖悦，筠因以贈之，頗得親愛。梁亡，趙氏族滅，峻流落無依，寄食於符離陳氏之家。[6]久之彌窘，乃事三司使張延朗，[7]所給甚薄。

[1]相州：州名。治所在今河南安陽市。　安陽：縣名。治所在今河南安陽市。

[2]豐：人名。即王豐。相州安陽（今河南安陽市）人。王峻

之父，唐末樂官。事見《新五代史》卷五〇。　樂營使：唐置，樂工的領班。

[3]貞明：後梁末帝朱友貞年號（915—921）。　張筠：人名。海州（今江蘇連雲港市海州區）人。唐末及五代後梁、後唐將領。傳見本書卷九〇、《新五代史》卷四七。

[4]莊宗：即李存勗，小字亞子。沙陀部人，太原（今山西太原市）人。李克用之子，五代後唐開國皇帝。紀見本書卷二七至卷三四及《新五代史》卷四、卷五。　魏州：州名。治所在今河北大名縣。

[5]租庸使：官名。唐代爲主持催徵租庸地税的財政官員。五代後梁、後唐時，租庸使取代鹽鐵、度支、户部，爲中央財政長官。　趙巖：人名。陳州宛丘（今河南淮陽縣）人。唐忠武軍節度使趙犨之子。五代後梁大臣。事見本書卷一四、《新五代史》卷四二。

[6]符離：縣名。治所在今安徽宿州市埇橋區。

[7]三司使：官名。五代後唐明宗天成元年（926）將晚唐以來的户部、度支、鹽鐵三部合爲一職，設三司使統之。主管國家財政。　張延朗：人名。汴州（今河南開封市）人。五代後唐大臣，歷任三司使、宰相。傳見本書卷六九、《新五代史》卷二六。　乃事三司使張延朗：《輯本舊史》之影庫本粘籤："張延朗，原本脱'張'字，今從《通鑑》增入。"檢《通鑑》原書，未見王峻事張延朗之記載。《新五代史》卷五〇《王峻傳》："久之，事三司使張延朗，延朗不甚愛之。"

清泰末，[1]延朗誅，漢祖盡得延朗之資産僕從，[2]而峻在籍中，從歷數鎮，常爲典客。[3]漢祖踐阼，授客省使，[4]奉使荆南，留於襄、漢爲監軍，入爲内客省使。[5]及趙思綰作亂於永興，漢隱帝命郭從義討之，[6]以峻爲兵馬都監。[7]從義與峻不協，甚如水火。[8]未幾，改宣徽北院使。賊平，加檢校太傅，轉南院使。[9]

[1]清泰：五代後唐廢帝李從珂年號（934—936）。

[2]漢祖：即後漢開國皇帝劉知遠。太原（今山西太原市）人，沙陀族。紀見本書卷九九、卷一〇〇及《新五代史》卷一〇。

[3]典客：官名。亦稱客將。唐末、五代藩鎮負責接待使節、賓客、出使等外交職責的武官。詳見吴麗娱《試論晚唐五代的客將、客司與客省》，《中國史研究》2002 年第 4 期。　常爲典客：《輯本舊史》卷九九《漢高祖紀上》天福十二年（947）正月條："是月，帝遣牙將王峻奉表於契丹，契丹主賜詔褒美，呼帝爲兒。又賜木楞一。蕃法，貴重大臣方得此賜，亦猶漢儀賜几杖之比也。王峻持楞而歸，契丹望之皆避路。及峻至太原，帝知契丹政亂，乃議建號焉。"《新五代史》卷一〇《漢高祖本紀》："峻還，爲王言契丹必不能有中國，乃議建國。"

[4]客省使：官名。客省長官。唐代宗時始置，五代沿置。掌接待四方奏計及外族使者。

[5]荆南：方鎮名。治所在荆州（今湖北荆州市）。　襄：州名。治所在今湖北襄陽市。　漢：州名。治所在今四川廣漢市。　監軍：官名。爲臨時差遣，代表朝廷協理軍務、督察將帥。唐、五代時常以宦官爲監軍。　内客省使：官名。中書省所屬内客省長官。唐始置，五代沿置。

[6]趙思綰：人名。魏州（今河北大名縣）人。五代將領。傳見本書卷一〇九、《新五代史》卷五三。　永興：方鎮名。治所在京兆府（今陝西西安市）。　漢隱帝：即劉承祐。沙陀族。五代後漢末代君主。紀見本書卷一〇一至卷一〇三、《新五代史》卷一〇。　郭從義：人名。沙陀部人。五代、宋初大臣。傳見《宋史》卷二五二。

[7]兵馬都監：官名。唐代中葉命將出征，常以宦官爲監軍、都監。後爲臨時委任的統兵官，稱都監、兵馬都監。掌屯戍、邊防、訓練之政令。　以峻爲兵馬都監：《輯本舊史》卷一〇一《漢隱帝紀上》乾祐元年（948）四月甲午條："以客省使王峻爲西南面行營兵馬都監。"

[8]甚如水火：《通鑑》卷二八八乾祐元年八月條："自河中、永興、鳳翔三鎮拒命以來，朝廷繼遣諸將討之。昭義節度使常思屯潼關，白文珂屯同州，趙暉屯咸陽。惟郭從義、王峻置柵近長安，而二人相惡如水火，自春徂秋，皆相仗莫肯攻戰。帝患之，欲遣重臣臨督。壬午（初六），以郭威爲西面軍前招慰安撫使，諸軍皆受威節度。"

[9]宣徽北院使：官名。唐始置。宣徽北院的長官。初用宦官，五代以後改用士人。與宣徽南院使通掌内諸司及三班内侍之名籍，郊祀、朝會、宴享供帳之儀，檢視内外進奉名物。参見王永平《論唐代宣徽使》，《中國史研究》1995 年第 1 期；王孫盈政《再論唐代的宣徽使》，《中華文史論叢》2018 年第 3 期。　檢校太傅：官名。爲散官或加官，以示恩寵，無實際執掌。　南院使：官名。即宣徽南院長官。　"未幾"至"轉南院使"：《輯本舊史》卷一〇一《漢隱帝紀上》乾祐元年六月庚辰（初三）條："以内客省使王峻爲宣徽北院使，依前永興城下兵馬都監。"同年七月乙丑（十八）條："以宣徽北院使王峻爲宣徽南院使。"同書卷一〇二《漢隱帝紀中》乾祐二年七月丁巳（十六）條："永興都部署郭從義奏：新除華州留後趙思綰，自今月三日授華州留後，準詔赴任，三移行期，仍要鎧甲以給牙兵，及與之，竟不遵路。至九日夕，有部曲曹彦進告，思綰欲於十一日夜與同惡五百人奔南山入蜀。是日詰旦，再促上路，云俟夜進途。臣尋與王峻入城，分兵守四門，其趙思綰部下軍，各已執帶，遂至牙署，令趙思綰至則執之，與一行徒黨，並處置訖。"同年八月乙未（二四）條："宣徽南院使、永興行營兵馬都監王峻，宣徽北院使、河府行營兵馬都監吴虔裕，並加檢校太

傳。”王峻於乾祐元年七月已轉宣徽南院使，本傳繫於平叛之後，誤。

太祖鎮鄴，兼北面兵馬，[1]峻爲監軍，[2]留駐鄴城。隱帝蕭牆變起，峻亦爲群小所搆，舉家見害。[3]從太祖赴闕，綢繆帷幄，贊成大事，峻居首焉。[4]京師平定，受漢太后令，充樞密使。[5]太祖北征，至澶州，[6]爲諸軍擁迫，峻與王殷在京聞變，[7]乃遣侍衛馬軍都指揮使郭崇往宋州，[8]前申州刺史馬鐸往許州，[9]以防他變，二州安然，亦峻之謀也。[10]

[1]太祖：即後周太祖郭威。邢州堯山（今河北隆堯縣）人。五代後周王朝的建立者。紀見本書卷一一〇至卷一一三、《新五代史》卷一一。　鄴：地名。即鄴都。治所在今河北大名縣。五代後唐同光元年（923），改魏州爲興唐府，建號東京，三年改東京爲鄴都。

[2]峻爲監軍：《輯本舊史》卷一〇二《漢隱帝紀中》乾祐二年（949）十月丙戌條：“契丹陷貝州高老鎮，南至鄴都北境，又西北至南宮、堂陽，殺掠吏民。數州之地，大被其苦，藩郡守將，閉關自固。遣樞密使郭威率師巡邊，仍令宣徽使王峻參預軍事。”同書卷一一〇《周太祖紀一》：“（乾祐二年）十月，契丹入寇，前鋒至邢、洺、貝、魏，河北告急，帝受詔率師赴北邊，以宣徽南院使王峻爲監軍。其月十九日，帝至邢州，遣王峻前軍趨鎮、定。”

[3]舉家見害：《輯本舊史》卷一〇三《漢隱帝紀下》乾祐三年十一月丙子（十三）條：“帝遣腹心齎密詔往澶州、鄴都，令澶州節度使李洪義誅侍衛步軍都指揮使王殷，令鄴都屯駐護聖左廂都指揮使郭崇、奉國左廂都指揮使曹英害樞密使郭威及宣徽使王峻。”

同書卷一〇七《劉銖傳》："尋以銖權知開封府事，周太祖親族及王峻家，並爲銖所害。"

［4］"從太祖赴闕"至"峻居首焉"：《輯本舊史》卷一一〇《周太祖紀一》："（乾祐三年十一月十七日），既而王峻諭軍曰：'我得公（郭威）處分，俟平定京城，許爾等旬日剽掠。'衆皆踊躍。"

［5］漢太后：即五代後漢高祖劉知遠皇后。隱帝之母。晉陽（今山西太原市）人。傳見《新五代史》卷一八。　樞密使：官名。樞密院長官。唐代宗時始以宦官掌機密，至昭宗時借朱温之力盡誅宦官，始改以士人任樞密使。備顧問，參謀議，出納詔奏，權侔宰相。參見李全德《唐宋變革期樞密院研究》，國家圖書館出版社 2009 年版。

［6］澶州：州名。唐、五代初，治所在河南清豐縣。後晉天福四年（939），移治於今河南濮陽縣。

［7］王殷：人名。瀛州（今河北河間市）人。一作大名（今河北大名縣）人。五代將領。從郭威推翻後漢，後因功高震主爲郭威所殺。傳見本書卷一二四、《新五代史》卷五〇。

［8］侍衛馬軍都指揮使：官名。爲侍衛親軍馬軍司長官。後梁始置侍衛親軍，爲禁軍的一支，後唐沿置並成爲禁軍主力，下設馬軍、步軍。　郭崇：人名。應州金城（今山西應縣）人。五代、宋初將領。傳見《宋史》卷二五五。　宋州：州名。治所在今河南商丘市睢陽區。

［9］申州：州名。治所在今河南信陽市。　刺史：官名。州一級行政長官。漢武帝時始置，總掌考核官吏、勸課農桑、地方教化等事。唐中期以後，節度使、觀察使轄州而設，刺史爲其屬官，職任漸輕。從三品至正四品下。　馬鐸：人名。五代將領。事見《新五代史》卷一八。　許州：州名。治所在今河南許昌市。

［10］"京師平定"至"亦峻之謀也"：《輯本舊史》卷一〇三《漢隱帝紀下》乾祐三年十一月丙戌（二三）條："以宣徽南院使王峻爲樞密使。"同月辛卯（二八）條："河北諸州馳報，契丹深

入。太后誥曰……宜令樞密使郭威部署大軍，早謀掩擊，其軍國庶事，權委宰臣竇貞固、蘇禹珪、樞密使王峻等商量施行，在京馬步兵士，委王殷都大提舉。”同年十二月壬戌（二九）條：“奉太后誥，命樞密使、侍中郭威監國，中外庶事，並取監國處分。先是，樞密使王峻以湘陰公已在宋州，慮聞澶州之事，左右變生，遣侍衛馬軍指揮使郭崇率七百騎往衛之。”

太祖踐阼，加平章事，[1]尋兼右僕射、門下侍郎、平章事，監修國史。[2]時朝廷初建，四方多故，峻夙夜奉事，知無不爲，每侍太祖商榷軍事，未嘗不移時而退，甚有裨益。[3]然爲性輕躁，舉措率易，以天下之事爲己任，每有啓請，多自任情，太祖從而順之，則忻然而退；稍未允可，則應聲而愠，不遜之語隨事輒發。太祖素知其爲人，且以佐命之故，每優容之。峻年長於太祖二歲，太祖雖登大位，時以兄呼之，有時呼表字，不忘布衣之契也。峻以此益自負焉。

[1]平章事：官名。即“同中書門下平章事”。唐高宗以後，凡實際任宰相之職者，常在其本官後加同平章事的職銜。後成爲宰相專稱。後晋天福五年（940），升中書門下平章事爲正二品。　加平章事：《輯本舊史》卷一一〇《周太祖紀一》廣順元年（951）正月癸酉條：“樞密使、檢校太傅王峻加同平章事。”《通鑑》卷二九〇廣順元年正月條：“帝以蘇逢吉之第賜王峻，峻曰：‘是逢吉所以族李崧也！’辭而不處。”《宋本册府》卷五六《帝王部·節儉門》：“（廣順元年）二月，内出寶玉器數十，有茶籠、酒器、枕及金銀結鏤寶裝床几、飲食之具，碎之於殿庭。有一玉杯，累擲之不壞，樞密使王峻上請，太祖笑而賜之。”

[2]右僕射：官名。秦始置。隋、唐前期以左、右僕射佐尚書令總理六官，綱紀庶務，如不置尚書令，則總判省事，爲宰相之職。唐後期多爲大臣加銜。從二品。　門下侍郎：官名。門下省次官，常加“同中書門下平章事”銜爲宰相。正二品。　監修國史：官名。北齊始置史館，以宰相爲之。唐史館沿置，爲宰相兼職。“尋兼右僕射”至“監修國史”：《輯本舊史》卷一一一《周太祖紀二》廣順元年六月辛亥條：“以樞密使王峻爲尚書左僕射兼門下侍郎、同平章事，監修國史，充樞密使。”《通鑑》卷二九〇亦作“以樞密使、同平章事王峻爲左僕射兼門下侍郎”。明本《册府》卷三三八《宰輔部·專恣門》亦言王峻爲左僕射、平章事。皆與本傳所言“右僕射”異。

[3]“時朝廷初建”至“甚有裨益”：《輯本舊史》卷一一一《周太祖紀二》廣順元年七月丙子條：“幸宰臣王峻第。”同書卷一一二《周太祖紀三》廣順元年十月己丑條：“宰臣王峻獻唐張藴古《大寶箴》、謝偃《惟皇誡德賦》二圖。詔報曰……卿有佐命立國之勳，居代天調鼎之任，恒慮眇德，未及古人。於是採擬箴規，弼諧寡昧，披文閲理，懌意怡神，究爲君治國之源，審修己御人之要。帝王之道，盡在於兹，辭翰俱高，珠寶何貴！再三省覽，深用愧嘉。其所進圖，已令於行坐處張懸，所冀出入看讀，用爲鑒戒。”

廣順元年冬，劉崇與契丹圍晋州，[1]峻請行應援，太祖用爲行營都部署，[2]以徐州節度使王彦超爲副。[3]詔諸軍並取峻節度，許峻以便宜從事，軍行資用，仰給於官，隨行將吏，得自選擇。[4]將發之前，召宴於滋德殿，[5]太祖出女樂以寵之。奉辭之日，恩賜優厚，不拘常制。及發，太祖幸西莊，親臨宴餞，别賜御馬玉帶，執手而别。[6]峻至陝，[7]駐留數夕。劉崇攻晋州甚急，太祖憂其不守，[8]及議親征，取澤州路入，與峻會合，先令諭峻。峻遣驛騎馳奏，請車駕不行幸。時已降御札，行有日矣，會峻奏至，乃止。[9]

[1]劉崇：人名。即劉旻。太原（今山西太原市）人。後漢高祖劉知遠從弟。後漢時任太原尹，專制一方。後周代漢，他稱帝於太原，國號漢，史稱北漢。傳見本書卷一三五、《新五代史》卷七〇。　契丹：古部族、政權名。公元4世紀中葉宇文部爲前燕攻破，始分離而成單獨的部落，自號契丹。唐貞觀中，置松漠都督府，以其首領爲都督。唐末强盛，916年迭剌部耶律阿保機建立契丹國（遼）。先後與五代、北宋並立，保大五年（1125）爲金所滅。參見張正明《契丹史略》，中華書局1979年版。　晉州：州名。治所在今山西臨汾市。

[2]行營都部署：官名。凡行軍征討，挂帥率軍戰鬬，總管行營事務。

[3]徐州：州名。治所在今江蘇徐州市。　節度使：官名。唐時在重要地區所設掌握一州或數州軍、民、財政的長官。　王彦超：人名。大名臨清（今河北臨西縣）人。五代、宋初將領。傳見《宋史》卷二五五。　以徐州節度使王彦超爲副：《輯本舊史》卷一一一《周太祖紀二》廣順元年（951）八月壬子條："晉州王晏移鎮徐州……徐州王彦超移鎮晉州。"同書卷一一二《周太祖紀三》廣順元年十月丙午（十八）條："晉州巡檢王萬敢奏，河東劉崇入寇，營於州北。"同月丙辰（二八）條："詔樞密使王峻率兵援晉州。"同年十一月甲子條："以新晉州節度使王彦超爲晉絳行營馬軍都虞候。"劉崇圍晉州時，王彦超已任晉州節度使。

[4]隨行將吏，得自選擇：《輯本舊史》卷一一二《周太祖紀三》廣順元年十月丁巳（二九）條："以左衛將軍申師厚爲河西軍節度使、檢校太保。師厚素與王峻善，及峻貴，師厚羈旅無依，日

於峻馬前望塵而拜。會西涼請帥，帝令擇之，無欲去者，峻乃以師厚奏之，師厚亦欣然求往，尋自前鎮將授左衛將軍、檢校工部尚書。翌日，乃有涼州之命，賜旌節、駝馬、繒帛以遣之。”

[5]滋德殿：五代東京宮殿。位於今河南開封市。

[6]西莊：地名。其地不詳，疑位於開封城外。　“及發”至“執手而別”：《輯本舊史》卷一一二《周太祖紀三》廣順元年十一月乙丑（初七）條：“命王峻出征晉州，帝幸西莊以餞之。”

[7]陝：州名。治所在今河南三門峽市陝州區。

[8]太祖憂其不守：中華書局本有校勘記：“‘守’，原作‘可’，據邵本校、《册府》卷四三八改。”

[9]澤州：州名。治所在今山西澤州縣。　“及議親征”至“乃止”：《輯本舊史》卷一一二《周太祖紀三》廣順元年十二月戊子（初一）條：“詔以劉崇入寇，取當月三日暫幸西京。”同月庚寅（初三）條：“詔巡幸宜停。時王峻駐軍陝府，聞帝西巡，遣使馳奏，不勞車駕順動，帝乃止。”《新五代史》卷五〇《王峻傳》：“峻至陝州，留不進。太祖遣使者翟守素馳至陝州，諭峻欲親征。峻屏左右謂守素曰：‘晉州城堅不可近，而劉旻（即劉崇）兵鋭亦未可當，臣所以留此者，非怯也，蓋有待爾。且陛下新即位，四方藩鎮，未有威德以加之，豈宜輕舉！而兖州慕容彦超反迹已露，若陛下出汜水，則彦超入京師，陛下何以待之？’守素馳還，具道峻言。是時，太祖已下詔西幸，聞峻語，遽自提其耳曰：‘幾敗吾事！’乃止不行。”《輯本舊史》於傳末引《五代史闕文》，亦載此事。

峻軍既過絳郡，距平陽一舍，賊軍燔營，狼狽而遁。[1]峻入晉州，或請追賊，必有大利，峻猶豫久之，翼日，方遣騎軍襲賊，信宿而還。[2]向使峻極力追躡，則并、汾之孽，[3]無噍類矣。峻亦深耻無功，因計度增修平陽故城而迴。[4]時永興軍節度使李洪信,[5]漢室之密戚也，自太祖踐阼，恒有憂沮之意，而本城軍不滿千，峻出征至陝州，以救援晋州爲辭，抽起數百人，及劉崇北遁，又遣禁兵千餘人，屯於京兆,[6]洪信懼，遂請入朝。峻軍迴,[7]太祖厚加優賜。

[1]絳郡：即絳州。治所在今山西新絳縣。　平陽：地名。位於今山西臨汾市。　“峻軍既過絳郡”至“狼狽而遁”：《新五代史》卷五〇《王峻傳》：“峻軍出自絳州，前鋒報過蒙阬，峻喜，謂其屬曰：‘蒙阬，晋、絳之險也，旻不分兵扼之，使吾過此，可知其必敗也。’峻軍去晋州一舍，旻聞周兵大至，即解去。”《輯本舊史》卷一一二《周太祖紀三》廣順元年（951）十二月己酉（二二）條：“王峻奏，劉崇逃遁，王師已入晋州。”

[2]信宿：連宿兩夜。　“峻入晋州”至“信宿而還”：《通鑑》卷二九〇廣順元年十二月條：“峻入晋州，諸將請亟追之，峻猶豫未決。明日，乃遣行營馬軍都指揮使仇弘超、都排陳使藥元福、左厢排陳使陳思讓、康延沼將騎兵追之，及於霍邑，縱兵奮擊，北漢兵墜崖谷死者甚衆。霍邑道隘，延沼畏懦不急追，由是北漢兵得渡。藥元福曰：‘劉崇悉發其衆，挾胡騎而來，志吞晋、絳，今氣衰力憊，狼狽而遁，不乘此翦撲，必爲後患。’諸將不欲進，王峻復遣使止之，遂還。”

[3]并：州名。治所在今山西太原市。　汾：州名。治所在今山西汾陽市。

[4]因計度增修平陽故城而迴：《輯本舊史》卷一一二《周太祖紀三》廣順二年正月庚申（初三）條：“王峻奏，起近鎮丁夫二萬城晋州。”

[5]李洪信：人名。并州晋陽（今山西太原市）人。五代、宋初將領。傳見《宋史》卷二五二。

[6]京兆：府名。治所在今陝西西安市。

[7]峻軍迴：《通鑑》卷二九〇廣順二年正月壬申（十五）條："王峻自晋州還，入見。"

時慕容彦超叛於兖州，[1]已遣侍衛步軍都指揮使曹英、客省使向訓率兵攻之。[2]峻意欲自將兵討賊，累言於太祖曰："慕容劇賊，曹英不易與之敵耳。"太祖默然。[3]未幾親征，命峻爲隨駕一行都部署。破賊之日，峻督軍在城南，其衆先登，頗有得色。[4]從駕還京。[5]未幾，貢表乞解樞機，即時退歸私第。

[1]慕容彦超：人名。沙陀部人（一説"吐谷渾部人"）。五代後漢將領，後漢高祖劉知遠同母弟。傳見本書本卷、《新五代史》卷五三。《輯本舊史》之影庫本粘籤："彦超，原本作'彦紹'，今從《通鑑》改正。"　兖州：州名。治所在今山東濟寧市兖州區。

時慕容彦超叛於兖州：《通鑑》卷二九〇廣順二年（952）正月條："慕容彦超發鄉兵入城，引泗水注壕中，爲戰守之備；又多以旗幟授諸鎮將，令募群盜，剽掠鄰境，所在奏其反狀。甲子（初七），敕沂、密二州不復隸泰寧軍，以侍衛步軍都指揮使、昭武節度使曹英爲都部署，討彦超，齊州防禦使史延超爲副部署，皇城使河内向訓爲都監，陳州防禦使藥元福爲行營馬步都虞候。"

[2]侍衛步軍都指揮使：官名。五代時皇帝親軍侍衛步軍司之最高長官。　曹英：人名。常山真定（今河北正定縣）人。五代後唐至後周將領。傳見本書卷一二九。　向訓：人名。避後周恭帝諱，改名向拱。懷州河内（今河南沁陽市）人。五代、宋初將領。傳見《宋史》卷二五五。

[3]"峻意欲自將兵討賊"至"太祖默然"：《輯本舊史》卷一一四《周世宗紀一》："（廣順）二年正月，兖州慕容彦超反，帝累

表請征行，太祖嘉之。及曹英等東討，數月無功，太祖欲親征，召羣臣議其事。宰臣馮道奏以方當盛夏，車駕不宜衝冒。太祖曰：'寇不可翫，如朕不可行，當使澶州兒子擊賊，方辦吾事。'時樞密王峻意不欲帝將兵，故太祖親征。"

[4]"未幾親征"至"頗有得色"：《輯本舊史》卷一一二《周太祖紀三》廣順二年五月條："庚申，車駕發京師。戊辰，至兖州城下。乙亥，收復兖州，斬慕容彥超，夷其族。"

[5]從駕還京：《宋史》卷二五四《趙晁傳》："慕容彥超據兖州叛，以晁爲行營步軍都監。兖州平，轉作坊使。晁自以逮事霸府，復有軍功，而遷拜不滿所望，居常怏怏。時樞密使王峻秉政，晁疑其軋己。一日，使酒詣其第，毁峻，峻不之責。"

峻貪權利，多機數，好施小惠，喜人附己。太祖登極之初，務存謙抑，潛龍將佐，未甚進用。其後鄭仁誨、李重進、向訓等稍遷要職，[1]峻心忌之，至是求退，蓋偵太祖之意也。未陳請之前，多發外諸侯書以求保證，旬浹之内，諸道馳騎進納峻書，聞者驚駭其事。峻連貢三章，中使宣諭無虚日。[2]太祖嚴駕將幸其第，峻聞之，即馳馬入見，太祖慰勞久之，復令視事。[3]

[1]鄭仁誨：人名。晉陽（今山西太原市）人。後周太祖時樞密使、宰相。傳見本書卷一二三、《新五代史》卷三一。　李重進：人名。滄州（今河北滄縣舊州鎮）人。五代將領，後周太祖郭威外甥。傳見《宋史》卷四八四。

[2]中使：指宫中派出的使者，多爲宦官。　峻連貢三章，中使宣諭無虚日：《輯本舊史》卷一一二《周太祖紀三》廣順二年（952）八月乙酉條："樞密使王峻上章，請解樞衡，凡三上章，詔

不允。”

［3］“太祖嚴駕將幸其第”至“復令視事”：《新五代史》卷五〇《王峻傳》：“峻連章求解，因不視事，太祖遣近臣召之曰：‘卿若不出，吾當自往候卿。’峻曰：‘車駕若來，是致臣有不測也。’然殊無出意。樞密直學士陳同（《通鑑》卷二九〇作陳觀）與峻相善，太祖即遣同召峻。同還奏曰：‘峻意少解，然請陛下聲言嚴駕若將幸之，則峻必出矣。’太祖僶俛從之。峻聞太祖且來，遂馳入謁。”

峻又於本院之東，別建公署，廊廡聽事，高廣華侈。及土木之功畢，請太祖臨幸，[1]恩賜甚厚。其後内園新起小殿，峻視之，奏曰：“宫室已多，何用於此？”太祖曰：“樞密院舍宇不少，公更自興造何也？”峻慚默而退。

［1］請太祖臨幸：《輯本舊史》卷一一二《周太祖紀三》廣順二年（952）十月庚子條：“幸樞密院，王峻請之也。”另，《宋本册府》卷九五五《總録部·知舊門》：“張義爲監察御史，廣順二年十月，賜緋魚笏，王峻之奏也。義，唐三司使延朗之子也，峻嘗事延朗，故有是請。”《輯本舊史》卷一一二《周太祖紀三》廣順二年十一月壬戌條：“樞密使王峻亡妻崔氏追封趙國夫人，非故事也。”《通鑑》卷二九一廣順二年十二月條：“翰林學士徐台符請誅誣告李崧者葛延遇及李澄，馮道以爲屢更赦，不許。王峻嘉台符之義，白於帝，癸卯，收延遇、澄，誅之。”

時峻以前事趙巖，頗承寵愛，至是欲希贈官立碑。或謂峻曰：“趙巖以諂佞事君，破壞梁室，至今言者，無不切齒，苟如所欲，必貽物議。”乃止。巖姪崇勳，[1]居於陳郡，峻爲求官田宅以賜之，太祖亦從之。[2]

[1]崇勳：人名。即趙崇勳。事見明本《册府》卷八六五《總録部·報恩門》。《輯本舊史》之影庫本粘籤：“崇勳，原本作‘重勳’，今從《周太祖紀》改正。”見《輯本舊史》卷一一二《周太祖紀三》廣順三年（953）閏正月丙戌條。《大典》卷六八五一引《舊五代史·王峻傳》亦作“崇勳”。

[2]陳郡：即陳州。治所在今河南淮陽縣。　太祖亦從之：《輯本舊史》卷一一二《周太祖紀三》廣順三年閏正月丙戌條：“詔故梁租庸使趙巖姪崇勳，見居陳州，量賜繫官店宅，從王峻之請也。”

三年春，修利河堤，大興土功，峻受詔檢校。[1]既而世宗自澶州入覲，峻素憚世宗之聰明英果，聞其赴闕，即自河次歸朝。[2]居無何，邀求兼領青州，太祖不得已而授之。既受命，求暫赴任，奏借左藏綾絹萬匹，從之。[3]

[1]“三年春”至“峻受詔檢校”：《輯本舊史》卷一一二《周太祖紀三》廣順三年（953）正月辛未（二十）條：“詔樞密使王峻巡視河堤。峻請行，故從之。”

[2]世宗：即柴榮。邢州龍岡（今河北邢臺市）人。後周太祖郭威養子，顯德元年（954）繼郭威爲帝，廟號世宗。紀見本書卷一一四至卷一一九、《新五代史》卷一二。　“既而世宗自澶州入覲”至“即自河次歸朝”：《通鑑》卷二九一廣順三年閏正月條：“鎮寧節度使榮屢求入朝，峻忌其英烈，每沮止之。閏月，榮復求

入朝，會峻在河上，帝乃許之……丙申（十五），鎮寧節度使榮入朝。王峻聞榮入朝……遽自河上歸，戊戌（十七），至大梁。”《新五代史》卷一二《周世宗本紀》：“榮素爲樞密使王峻所忌，廣順三年正月來朝，不得留。”

[3]青州：州名。治所在今山東青州市。　左藏：官署名。即左藏庫。負責收納各地所輸財賦，以供官吏、軍兵俸給及賞賜等費用。　“居無何”至“從之”：《輯本舊史》卷一一二《周太祖紀三》廣順三年閏正月壬寅（二一）條：“以樞密使、尚書左僕射、同平章事、監修國史王峻兼青州節度使，餘如故。”

是歲，户部侍郎趙上交權知貢舉。[1]上交嘗詣峻，峻言及一童子，上交不達其旨，牓出之日，童子不第，峻銜之。及貢院申中書門下，取日過堂，[2]峻知印，判定過日。及上交引新及第人至中書，峻在政事堂厲聲曰：[3]“今歲選士不公，當須覆試。”諸相曰：“但緣已行指揮引過，[4]臨事不欲改移，況未敕下，覆試非晚。”峻愈怒，詬責上交，聲聞於外。少頃，竟令引過。及罷，上交詣本廳謝峻，峻又延之飲酌從容。翼日，峻奏上交知舉不公，請致之於法，太祖頷之而已。[5]

[1]户部侍郎：官名。尚書省户部次官。協助户部尚書掌天下田户、均輸、錢穀之政令。正四品下。　趙上交：人名。涿州范陽（今河北涿州市）人。五代、宋初大臣。本名遠，字上交，避後漢高祖劉知遠諱，遂以字爲名。傳見《宋史》卷二六二。　知貢舉：官名。唐始置，爲主持禮部會試的考官。　户部侍郎趙上交權知貢舉：《輯本舊史》之影庫本粘籤：“趙上交，原本作‘尚支’，今從《五代會要》及《通鑑》改正。”《大典》卷六八五一作“上交”。

［2］貢院：科舉考試的機構和場所。唐開元二十四年（736）始置禮部貢院，爲禮部主管省試的機構和場所。　中書門下：官署名。唐代以來爲宰相處理政務的機構。參見劉後濱《唐代中書門下體制研究——公文形態・政務運行與制度變遷》，齊魯書社 2004 年版。　過堂：唐代科舉考試後的一種謁見制度。禮部放榜後，及第進士須赴都堂謁見宰相，謂之過堂。

［3］政事堂：唐宋時宰相議事處。

［4］但緣已行指揮引過：中華書局本有校勘記："'引過'，原作'行過'，據《永樂大典》卷六八五一引五代《薛史》改。"

［5］"翼日"至"太祖頷之而已"：《舊五代史考異》："案《宋史・趙上交傳》：峻奏上交選士失實，貶商州司馬，朝議以爲太重，會峻貶乃止。"《輯本舊史》卷一一二《周太祖紀三》廣順三年（953）二月癸酉條："以户部侍郎、知貢舉趙上交爲太子詹事。是歲，新進士中有李觀者，不當策名，物議諠然。中書門下以觀所試詩賦失韻勾落姓名，故上交移官。"又，《宋本册府》卷一五四《帝王部・明罰門三》："（廣順三年）二月，敕鳳翔少尹桑能責授鄧州長史。能，故開封尹維翰之庶弟也……能幼稚流落，長於他族，不識文字，性格鄙俗。及維翰薨，諸子幼弱，能以維翰舊第得錢千緡，典貼與人。其宅本辛氏之業也，辛氏定年限，典貼與維翰。及年限滿，能出爲鳳翔少尹，辛氏乃詣維翰子坦贖之，坦辭以候取能旨，辛氏訴於官。樞密使王峻素知其事，深所不平，即追能證問，能具伏其罪，故貶逐之。"

又奏請以顔衎、陳觀代范質、李穀爲相。[1]太祖曰："進退宰輔，未可倉卒，待徐思之。"峻論列其事，奏對不遜。太祖未食，日將亭午，諍之不已。太祖曰："節假之内，未欲便行，已俟開假，即依所奏。"峻退至中書。是月，吏部選人過門下，[2]峻當其事，頗疑選部不公，其擬官選人落下者三十餘人。次日寒食時節，臣僚各歸私第。午時，宣召宰臣、樞密使，及入，幽峻於别所。太祖見馮道已下，[3]泣曰："峻凌朕頗甚，無禮太過，擬欲盡去左右臣僚，翦朕羽翼。朕兒在外，專意阻隔，暫令到闕，即懷怨望。豈有既總樞機，又兼宰相，堅求重鎮，尋亦授之，任其襟懷，尚未厭足，如此無君，誰能甘忍！"[4]即召翰林學士徐台符等草制。[5]其日，退朝宣制，[6]貶授商州司馬，[7]差供奉官蔣光遠援送赴商州。[8]未幾，死於貶所，[9]時廣順三年三月也。[10]

[1]顔衎：人名。曲阜（今山東曲阜市）人。五代、宋初大臣。傳見《宋史》卷二七〇。　陳觀：人名。籍貫不詳。五代後晋至後周官員，仕後周爲知開封府事。事見本書卷一一二、卷一二九。　范質：人名。大名宗城（今河北威縣）人。五代後周至北宋初年宰相。傳見《宋史》卷二四九。　李穀：人名。潁州汝陰（今安徽阜陽市）。五代後周宰相。傳見《宋史》卷二六二。　又奏請以顔衎、陳觀代范質、李穀爲相："顔衎"，中華書局本有校勘記："原作'顔慫'，據劉本、邵本校、《新五代史》卷五〇《王峻傳》、《通鑑》卷二九一、《宋史》卷二七〇《顔衎傳》改。"《舊五代史考異》："案：《歐陽史》作'顔衎、陳同'。"中華書局本有校勘記："'陳同'，原作'陳周'，據《新五代史》卷五〇《王峻傳》改。"《輯本舊史》卷一一三《周太祖紀四》、《通鑑》卷二九一皆作"陳觀"。本名陳觀，《新五代史》避私諱改爲陳同，《舊五代史考異》又誤爲陳周。

[2]選人：候選官員。唐制，凡以科舉、門蔭、雜色入流等資格参加吏部銓選官吏的人，通稱爲選人。

[3]馮道：人名。瀛州景城（今河北滄縣）人。五代時官拜宰

相，歷仕後唐、後晉、後漢、後周，亦曾臣事契丹。傳見本書卷一二六、《新五代史》卷五四。

［4］“泣曰”至“誰能甘忍”：《輯本舊史》之影庫本粘籤：“《通鑑》載責王峻詞云：孩撫朕躬，肉視群后。《薛史》不載，今附識于此。”見《通鑑》卷二九一廣順三年（953）二月甲子條。

［5］翰林學士：官名。由南北朝始設之學士發展而來，唐玄宗改翰林供奉爲翰林學士，備顧問，代王言，掌拜免將相、號令征伐等詔令的起草。　徐台符：人名。鎮州獲鹿（今河北石家莊市鹿泉區）人。五代大臣。傳見本書附録。

［6］退朝宣制：中華書局本有校勘記：“‘退’，原作‘追’，據殿本、劉本、邵本校改。”

［7］商州：州名。治所在今陝西商洛市商州區。　司馬：官名。州郡佐官，名義上紀綱衆務，通判列曹，品高俸厚，實際上無具體職事，多用以安置貶謫官員，或用作遷轉官階。上州從五品下，中州正六品下，下州從六品上。　貶授商州司馬：《通鑑》卷二九一廣順三年二月癸亥（十三）條：“帝亟召宰相、樞密使入，幽峻於別所。”同月甲子（十四）條：“貶峻商州司馬，制辭略曰：肉視群后，孩撫朕躬。”本傳將兩事繫於一日，與《通鑑》異。

［8］供奉官：官名。泛指侍奉皇帝左右的臣僚，亦爲東、西頭供奉官通稱。　蔣光遠：人名。籍貫不詳。本書僅此一見。

［9］死於貶所：《舊五代史考異》：“案：《通鑑》云：峻至商州，得腹疾，帝猶愍之，命其妻往視之，未幾而卒。”見《通鑑》卷二九一廣順三年二月甲子條。

［10］廣順：五代後周太祖郭威年號（951—953）。　時廣順三年三月也：《舊五代史考異》：“案：《五代春秋》作‘三月，誅王峻’，與《薛史》異。”檢《五代春秋》原書，諸本各異，或作“二月”，或作“三月”。又，《輯本舊史》卷一一三《周太祖紀四》廣順三年三月庚寅（十一）條：“端明殿學士、尚書兵部侍郎顏衎落職守本官……祕書監陳觀責授左贊善大夫，留司西京，坐王峻

黨也。"

初，峻降制除青州，有司製造旌節，[1]以備迎授。前一夕，其旄有聲甚異，[2]聞者駭之。主者曰："昔安重誨授河中節，[3]亦有此異焉。"又所居堂陛，忽然隱起如堆。又夢被官府追攝入司簿院，既寤，[4]心惡之，以是尤加狂躁。[5]

[1]旌節：皇帝賜給節度使的儀仗。唐代節度使給雙旌雙節，旌以專賞，節以專殺。

[2]旄：旄牛或旗杆頭上用旄牛尾做的裝飾。

[3]安重誨：人名。應州（今山西應縣）人。五代後唐大臣。傳見本書卷六六、《新五代史》卷二四。　河中：方鎮名。治所在河中府（今山西永濟市）。

[4]既寤：中華書局本有校勘記："'既'字原闕，據殿本、劉本、《永樂大典》卷六八五一引五代《薛史》、《册府》卷九五一補。"

[5]以是尤加狂躁：《宋本册府》卷九五一《總録部·咎徵門二》其後有"尋被誅死"四字。

峻才疏位重，輕躁寡謀，聽人穿鼻，既國權在手，而射利者曲爲指畫，乃啗餌虎臣，離間親舊，加以善則稱己，無禮於君，欲求無罪，其可得乎！[1]《永樂大典》卷一萬八千一百三十三。[2]

[1]"峻才疏位重"至"其可得乎"：《通鑑》卷二九四顯德六年（959）六月條："（周世宗）常言太祖養成王峻、王殷之惡，致

君臣之分不終，故群臣有過則面質責之，服則赦之，有功則厚賞之。”又，《宋史》卷二七〇《劇可久傳》：“周廣順初，改太僕卿，復爲大理卿。會鄭州民李思美妻詣御史臺，訴夫私鬻鹽，罪不至死，判官楊瑛置以大辟。有司攝治瑛，瑛具伏。可久斷瑛失入，減三等，徒二年半。宰相王峻欲殺瑛，召可久謂之曰：‘死者不可復生，瑛枉殺人，其可恕耶？’可久執議益堅，瑛得免死。”《宋本册府》卷六〇八《學校部·讎嫉門》：“周樊倫爲國子司業。太祖廣順末，尚書左丞田敏判國子監，獻印板九經書流行。而儒官素多是非，倫乃掇拾舛誤，訟於執政。又言敏擅用賣書錢千萬，請下吏訊詰。樞密使王峻素聞敏大儒，佐佑之，密訊其事，搆致無狀。然其書至今是非未息。”《新五代史》卷五〇《王峻傳》：“峻已被黜，太祖以峻監修國史，意其所書不實，因召史官取日曆讀之，史官以禁中事非外所知，懼以漏落得罪。峻貶後，李穀監修，因請命近臣録禁中事付史館，乃命樞密直學士就樞密院録送史館，自此始。”此三事難考具體時日，兹録之於傳末。

［2］《大典》卷一八一三三“將”字韻“後周將（二）”事目。又，“以前事趙巖”至“太祖領之而已”及“初峻降制除青州”至“其可得乎”兩段，載於《大典》卷六八五一“王”字韻“姓氏（三六）”事目，此卷現存。

慕容彦超[1]　附閻弘魯　崔周度

［1］《輯本舊史》之案語：“案：《慕容彦超傳》，《永樂大典》僅存三條，今補録《册府元龜》一條，以存大概。”《輯本舊史》所録《大典》三條，其中一條疑出自《册府》，另兩條當係《舊史》原文；今另據《御覽》《折獄龜鑑》所引輯録三條《舊史》原文，並以《册府》《新五代史》《通鑑》諸書補其殘缺。

慕容彦超，吐渾部人也。父亮，以彦超貴，累贈至三師。彦超即漢高祖之同産弟也，嘗冒姓閻氏，體黑面胡，故謂之閻崑崙。[1]

［1］吐渾部：亦稱吐谷渾部。部族名。源出鮮卑，後游牧於今甘肅、青海一帶。參見周偉洲編著《吐谷渾資料輯録》（增訂本），商務印書館 2017 年版。　亮：人名。即慕容亮。事迹不詳。　“慕容彦超”至“故謂之閻崑崙”：《御覽》卷三八二《人事部·醜丈夫門》引《周史》。“面胡”，《宋本册府》卷八三五《總録部·醜陋門》作“胡面”。《通鑑》卷二八四開運二年（945）正月壬子條：“彦超本吐谷渾也，與劉知遠同母。”

起家事唐明宗爲小豎，明宗即位，補供奉官。幼習騎射，既居近職，監臨奉使，熟於軍旅，稍遷軍職，漸至列校。[1]

［1］唐明宗：即五代後唐明宗李嗣源。沙陀部人。原名邈佶烈，李克用養子。926 年至 933 年在位。紀見本書卷三五至卷四四、《新五代史》卷六。　列校：指代諸校或校尉。　“起家事唐明宗爲小豎”至“漸至列校”：《宋本册府》卷八四六《總録部·善射門》。《新五代史》卷五三《慕容彦超傳》：“少事唐明宗爲軍校，累遷刺史。”

晉天福中，累授磁、單、濮、棣等州刺史。[1]志性輕脱，人面獸心，沿法爲姦，是爲常態。用酷虐爲氣勢，以陰狡爲聰明，故所至以貪苛聞，執事者不勝其苦。然搜摘盜賊，必窮隱伏，凶黠之輩，竄奔他境；而良善之民，横遭詿誤，破家陷獄者，不可勝紀。[2]爲濮州刺史，違法配斂，貸官麥造麴，俵配部民。及移典棣州，爲濮民所訟。詔下御史臺獄，彦超伏罪。漢祖鎮并門，[3]上章救解，朝廷不得已，曲法減死，配流房州。[4]

[1]天福：五代後晋高祖石敬瑭年號（936—942）。出帝石重貴沿用至九年（944）。後漢高祖劉知遠繼位後沿用一年，稱天福十二年（947）。　磁：州名。治所在今河北磁縣。　單：州名。治所在今山東單縣。　濮：州名。治所在今山東鄄城縣。　棣：州名。治所在今山東惠民縣。

[2]“晋天福中”至“不可勝紀”：《宋本册府》卷六九七《牧守部·酷虐門》。《新五代史》卷五三《慕容彦超傳》：“唐、晋之間，歷磁、單、濮、棣四州。”《宋本册府》卷六七八《牧守部·興利門》：“慕容彦超爲磁州刺史，地饒水田，則西門豹、史起所理漳滏十二磴之遺跡也。時以郡邑薦饑，溝渠堙塞，彦超日引己之親僕及郡衙散卒，出俸錢以給其食，自旦及夕，親令開鑿，期歲之間，民獲其惠。及以政聞於朝，遷領單州，百姓遮留於路。彦超始以代者未至，營渠不息。左右勸而止之，彦超曰：‘有未成功處與成之，何頓輟而不終其志也。’聞者嘉之。”《通鑑》卷二八四開運二年（945）正月壬子條：“契丹寇邢、洺、磁三州，殺掠殆盡，入鄴都境。壬子，張從恩、馬全節、安審琦悉以行營兵數萬，陳於相州安陽水之南。皇甫遇與濮州刺史慕容彦超將數千騎前覘契丹，至鄴縣，將渡漳水，遇契丹數萬，遇等且戰且却；至榆林店，契丹大至，二將謀曰：‘吾屬今走，死無遺矣！’乃止，布陳，自午至未，力戰百餘合，相殺傷甚衆……俄而契丹繼出新兵來戰，二將曰：‘吾屬勢不可走，以死報國耳。’日且暮，安陽諸將怪覘兵不還……有一騎白遇等爲虜數萬所圍；審琦即引騎兵出……踰水而進。契丹望見塵起，即解去。遇等乃得還，與諸將俱歸相州，軍中

皆服二將之勇。"

[3]并門：指并州。位於今山西太原市。

[4]房州：州名。治所在今湖北房縣。　"爲濮州刺史"至"配流房州"：《宋本册府》卷六九九《牧守部·譴讓門》。《輯本舊史》卷八四《晋少帝紀四》開運三年八月甲戌條："棣州刺史慕容彦超削奪在身官爵，房州安置，坐前任濮州擅出省倉麥及私賣官麴，準法處死，太原節度使劉知遠上表救之，故貸其死。"《通鑑》卷二八五開運三年八月甲戌條："濮州刺史慕容彦超坐違法科斂，擅取官麥五百斛造麴，賦與部民。李彦韜素與彦超有隙，發其事，罪應死。彦韜趣馮玉使殺之，劉知遠上表論救。李崧曰：'如彦超之罪，今天下藩侯皆有之。若盡其法，恐人人不自安。'甲戌，敕免彦超死，削官爵，流房州。"

漢祖即位，授澶州節度使、檢校太尉。[1]杜重威叛於鄴下，以鄆州節度使高行周爲行營都部署，[2]彦超爲副。兵至城下，二帥不協，杜重威之子婦即行周之息女也，行周用兵持重，彦超舉措輕躁，彦超欲速於攻城，行周以爲未可。彦超乃揚言，稱行周以愛女之故惜賊而不攻，行周忿之。漢祖聞其事，懼有他變，以是親征。及車駕至鄴，彦超數因事凌迫行周。行周不勝其憾，嘗一日至於行宫幕次，雨泣告於執政，又自掬糞茹於口中，聲氣甚厲，聞於御座。漢祖深知彦超之曲，遣近臣和解行周，亦召彦超於帳中責之，兼令首過於行周，行周稍解。[3]時彦超獨排群議，累請攻城。漢祖信之，乃親督諸軍四面齊進，損傷者萬餘人，死者千餘人。衆議無不歸罪於彦超，自是不復敢言攻城矣。[4]

[1]檢校太尉：官名。爲散官或加官，以示恩寵，無實際執掌。

[2]杜重威：人名。朔州（今山西朔州市朔城區）人。五代後晋重要軍政官員。傳見本書卷一〇九、《新五代史》卷五二。　鄴下：地名。鄴城的别稱。位於今河北臨漳縣西南鄴鎮。　鄆州：州名。治所在今山東東平縣。　高行周：人名。嬀州懷戎（今河北懷來縣）人。五代後唐至後周將領。傳見本書卷一二三、《新五代史》卷四八。

[3]“漢祖即位”至“行周稍解”：《御覽》卷三一八《兵部·攻圍門下》引《五代周史》。亦見《宋本册府》卷四五六《將帥部·不和門》。“又自掬糞茹於口中”，“茹”原作“茄”，據《宋本册府》卷四五六改。另，《册府》所引文字稍詳，且“杜重威”作“杜重暉”（當係避周太祖郭威諱改），“聞於御座”作“聞於至尊”，知其出自《周太祖實録》；而《御覽》所引，應爲《舊史》原文。《新五代史》卷五三《慕容彦超傳》：“契丹滅晋，漢高祖起太原，彦超自流所逃歸漢，拜鎮寧軍節度使。”《輯本舊史》卷九九《漢高祖紀上》天福十二年（947）四月甲戌條：“以前棣州刺史慕容彦超爲澶州節度使、檢校太保。”澶州爲鎮寧軍節度使治所。

[4]“時彦超獨排群議”至“自是不復敢言攻城矣”：《御覽》卷三一八《兵部·攻圍門下》引《五代周史》。亦見《宋本册府》卷四四五《將帥部·無謀門》，文字頗有異同，且《册府》有“從高祖圍杜重暉於鄴下”之語，益證《御覽》所引爲《舊史》原文。

後重威出降，高祖以行周爲天雄軍節度使，行周辭不敢受，高祖遣蘇逢吉諭之曰：“吾當爲爾徙彦超。”行周乃受。[1]徙彦超爲天平節度使。[2]

[1]天雄軍：方鎮名。治所在魏州（今河北大名縣）。　蘇逢吉：人名。長安（今陝西西安市）人。五代後漢宰相。傳見本書卷

一〇八、《新五代史》卷三〇。　“後重威出降”至“行周乃受”：《新五代史》卷五三《慕容彦超傳》。

[2]天平：方鎮名。治所在鄆州（今山東東平縣）。　徙彦超爲天平節度使：《通鑑》卷二八七天福十二年（947）十一月己卯條。《新五代史》卷五三《慕容彦超傳》誤作“而彦超徙鎮泰寧”。《輯本舊史》卷一〇〇《漢高祖紀下》天福十二年十一月己卯條：“以澶州節度使慕容彦超爲鄆州節度使、同平章事。”鄆州爲天平軍節度使治所。

彦超爲鄆帥日，置庫質錢。有姦民以僞銀二鋌質錢十萬，主吏久之乃覺。彦超陰教主吏夜穴庫牆，盡徙其金帛於他所，而以盜告。彦超即牓于市，使民自占所質以償之，民皆争以所質物自言。已而得質僞銀者，執之服罪。[1]

[1]“彦超爲鄆帥日”至“執之服罪”：《折獄龜鑑》卷七《譎盜門》引《五代書》本傳。

乾祐中，以關中平，加侍中。[1]遇隱帝誕辰，入朝。以在鎮不法，爲執政所責，尋授兖州節度使。[2]

[1]乾祐：後漢高祖劉知遠、隱帝劉承祐年號（948—950）。北漢亦用此年號。　關中：秦都咸陽（今陝西咸陽市東北），漢都長安（今陝西西安市西北），均在函谷關以西，因稱函谷關以西爲關中。　侍中：官名。秦始置。係列侯以下至郎中之加官，無定員，本丞相史（屬員），以其往來東廂奏事，故名。隋、唐前期爲門下省長官。唐後期多爲大臣加銜，不參與政務，實際職務由門下

侍郎執行。正二品。

[2]“乾祐中”至“尋授兖州節度使”：明本《册府》卷四五〇《將帥部·譴讓門》。《輯本舊史》卷一〇三《漢隱帝紀下》乾祐三年（950）三月甲子條：“鄆州慕容彦超移鎮兖州。”《輯本舊史》於傳末引《五代史補》：“慕容彦超素有鈎距。兖州有盜者，詐爲大官從人，跨驢于衢中，市羅十餘疋，價值既定，引物主詣一宅門，以驢付之，曰：‘此本宅使，汝且在此，吾爲汝上白于主以請值。’物主許之。既而聲跡悄然，物主怒其不出，叩門呼之，則空宅也。於是連叫‘賊’，巡司至，疑其詐，兼以驢收之詣府。彦超憫之，且曰：‘勿憂，吾爲汝擒此賊。’乃留物主府中，復戒厩卒高縶其驢，通宵不與水草，然後密召親信者，牽於通衢中放之，且曰：‘此盜者之驢耳，自昨日不與水草，其饑渴者甚矣，放之必奔歸家，但可躡蹤而觀之，盜無不獲也。’親信者如其言隨之，其驢果入一小巷，轉數曲，忽有兒戲於門側，視其驢，連呼曰：‘驢歸，驢歸。’盜者聞之，欣然出視，遂擒之。”見《五代史補》卷四慕容彦超擒盜條。

彦超鎮兖州，漢隱帝欲殺周太祖，召彦超，方食，釋匕箸而就道。周兵犯京師，隱帝出勞軍，太后使彦超衛帝，彦超曰：“北兵何能爲，當於陣上唱坐使歸營。”彦超敗，奔兖，隱帝遇弑。[1]《永樂大典》卷一萬七千三百八十三。[2]

[1]太后：即五代後漢高祖劉知遠皇后。隱帝之母。晉陽（今山西太原市）人。傳見《新五代史》卷一八。　“彦超鎮兖州”至“隱帝遇弑”：《新五代史》卷五三《慕容彦超傳》：“隱帝已殺史弘肇等，又遣人之魏殺周太祖及王峻等，懼事不果，召諸將入衛京師。使者至兖，彦超方食，釋匕箸而就道。周兵犯京師，開封尹

侯益謂隱帝曰：‘北兵之來，其家屬皆在京師，宜閉門以挫其鋭，遣其妻子登陴以招北兵，可使解甲。’彦超誚益曰：‘益老矣！此懦夫之計也。’隱帝乃遣彦超副益，將兵于北郊。”《御覽》卷九四五《蟲豸部·蟣蠓門》引《漢實録》：“周太祖軍至北郊，時慕容彦超自負沉勇，謂上曰：‘北來都將臣盡諳知，以臣觀之，蜉蝣蟣蠓耳。’”《輯本舊史》卷一〇三《漢隱帝紀下》乾祐三年（950）十一月條：“壬午，鄴軍至封丘。慕容彦超自鎮馳至，帝遂以軍旅之事委之。彦超謂帝曰：‘陛下勿憂，臣當生致其魁首。’彦超退，見聶文進，詢北來兵數及將校名氏，文進告之。彦超懼，曰：‘大是劇賊，不宜輕耳！’又遣袁㠖、劉重進、王知則等出師，以繼前軍。慕容彦超以大軍駐於七里郊，掘塹以自衛，都下率坊市出酒食以餉軍。癸未，車駕勞軍，即日還宫。翌日，慕容彦超揚言曰：‘官家宫中無事，明日再出，觀臣破賊。’甲申，車駕復出，幸七里店軍營。王師陣於劉子陂，與鄴軍相望……彦超輕脱，先擊北軍，郭威命何福進、王彦超、李筠等大合騎以乘之。彦超退却，死者百餘人，於是諸軍奪氣，稍稍奔於北軍。吴虔裕、張彦超等相繼而去，慕容彦超以部下十數騎奔兖州。”

［2］《大典》卷一七三八三“道”字韻“地理事韻（二）”事目。按，《輯本舊史》卷一五〇《郡縣志》據《大典》卷一七三八二輯録一則文字，其内容爲十道區劃，《大典》該卷係“道”字韻“地理事韻（一）”事目，可推知“地理事韻”下所録内容應與地理郡縣有關。本傳“彦超鎮兖州”至“隱帝遇弑”一則，其内容與地理郡縣無涉，疑清輯本所注《大典》出處有誤。

周太祖入立，彦超不自安。[1]遣使入貢，帝慮其疑懼，賜詔慰安之，曰：“令兄事已至此，言不欲繁，望弟扶持，同安億兆。”[2]又遣翰林學士魚崇諒往慰諭之，彦超心益疑懼。[3]聞徐州平，疑懼愈甚。乃招納亡命，畜聚薪糧，潛以書結北漢，吏獲其書以聞。又遣人詐爲商人求援於唐。帝遣通事舍人鄭好謙就申慰諭，與之爲誓。彦超益不自安，屢遣都押牙鄭麟詣闕，僞輸誠款，實覘機事。[4]

[1]周太祖入立，彦超不自安：《新五代史》卷五三《慕容彦超傳》。

[2]“遣使入貢”至“同安億兆”：《通鑑》卷二九〇廣順元年正月條。“令兄”，原作“今兄”，據胡注引《薛史》改。胡注：“漢祖，慕容彦超之兄也。‘今兄’，《薛史》作‘令兄’，當從之。”可知《舊史》本傳有周太祖賜詔事，且原文有“令兄”二字。《新五代史》卷五三《慕容彦超傳》：“數有所獻，太祖報以玉帶，又賜詔書安慰之，呼彦超爲弟而不名。”

[3]魚崇諒：人名。其先楚州山陽（今江蘇淮安市淮安區）人，後徙於陝。五代、宋初官員。傳見《宋史》卷二六九。《新五代史》作“魯崇諒”。　又遣翰林學士魚崇諒往慰諭之，彦超心益疑懼：《新五代史》卷五三《慕容彦超傳》。《輯本舊史》卷一一〇《周太祖紀一》廣順元年（951）正月己卯條：“兖州慕容彦超加兼中書令。”《通鑑》卷二九〇廣順元年三月壬戌條：“詔加泰寧節度使慕容彦超中書令，遣翰林學士魚崇諒詣兖州諭指。崇諒，即崇遠也。彦超上表謝。三月，壬戌朔，詔報之曰：‘向以前朝失德，少主用讒，倉猝之間，召卿赴闕，卿即奔馳應命，信宿至京，救國難而不顧身，聞君召而不俟駕；以至天亡漢祚，兵散梁郊，降將敗軍，相繼而至，卿即便回馬首，徑反龜陰；爲主爲時，有終有始。所謂危亂見忠臣之節，疾風知勁草之心，若使爲臣者皆能如兹，則有國者誰不欲用！所言朕潛龍河朔之際，平難浚郊之時，緣不奉示喻之言，亦不得差人至行闕。且事主之道，何必如斯！若或二三於漢朝，又安肯忠信於周室！以此爲懼，不亦過乎！卿但悉力推心，

安民體國，事朕之節，如事故君，不惟黎庶獲安，抑亦社稷是賴。但堅表率，未議替移。由衷之誠，言盡於此。’”

［4］通事舍人：官名。東晉始置。唐代爲中書省屬官，全稱中書通事舍人。掌殿前承宣通奏。從六品上。　鄭好謙：人名。籍貫不詳。事見《宋史》卷二五四。　都押牙：官名。“押牙”即“押衙”。唐、五代時期節度使辟署的屬官，有稱左、右都押衙或都押衙者。掌領方鎮儀仗侍衛、統率軍隊。參見劉安志《唐五代押牙（衙）考略》，武漢大學歷史系魏晋南北朝隋唐史研究室編《魏晋南北朝隋唐史資料》第16輯，武漢大學出版社1998年版。　鄭麟：人名。籍貫不詳。五代後唐方鎮官員。事見《新五代史》卷五三。　“聞徐州平”至“實覘機事”：《通鑑》卷二九〇廣順元年十二月丙申條。按，《新五代史》卷五三《慕容彦超傳》所述據兗叛周始末，前後次序多有錯亂，故相關事迹多採《通鑑》補輯，下同。《通鑑》卷二九〇廣順元年三月癸酉條：“王彦超奏克徐州，殺鞏廷美等。”

彦超進呈鄆州節度使高行周來書，其書意即行周毁讟太祖結連彦超之意。帝覽之，笑曰：“此必是彦超之詐也。”試令驗之，果然。其鄆州印元有缺，文不相接，其僞印即無闕處，帝尋令齎書示諭行周，行周上表謝恩。[1]《永樂大典》卷一萬八千四百十七。

［1］“彦超進呈鄆州節度使高行周來書”至“行周上表謝恩”：據《輯本舊史》所注，本條録自《大典》卷一八四一七，爲“謗”字韻，然文中無“謗”字。檢《宋本册府》，卷一四九《帝王部·辨謗門》亦録此條，文字全同。故此條當係《大典》録自《宋本册府》，清輯本誤以爲出自《舊史》，因《大典》卷一八四一七已佚，未詳其所注引書爲何，仍保留清輯本此條文字。“彦超進呈鄆

州節度使高行周來書”，其前原有“周太祖時”四字，係“條前語”性質，今刪之。“其僞印即無闕處”，中華書局本有校勘記：“‘僞’，原作‘爲’，據彭校、《册府》卷一四九改。”《新五代史》卷五三《慕容彥超傳》：“又爲高行周所與書以進，其辭皆指斥周過失，若欲共反者。太祖驗其印文僞，以書示行周。”《通鑑》卷二九〇廣順元年（951）十二月丙申條：“又獻天平節度使高行周書，其言皆謗毁朝廷與彥超相結之意，帝笑曰：‘此彥超之詐也！’以書示行周，行周上表謝恩。既而彥超反跡益露，丙申，遣閤門使張凝將兵赴鄆州巡檢以備之。”

彥超奏請入朝，帝知其詐，即許之。既而復稱境内多盜，未敢離鎮。[1]發鄉兵入城，引泗水注壕中，爲戰守之備；又多以旗幟授諸鎮將，令募群盜，剽掠鄰境，所在奏其反狀。[2]太祖乃遣侍衛步軍指揮使曹英、客省使向訓討之，彥超閉城自守。[3]

［1］“彥超奏請入朝”至“未敢離鎮”：《通鑑》卷二九〇廣順元年（951）十二月條。《輯本舊史》卷一一二《周太祖紀三》廣順元年十二月乙未條：“兖州慕容彥超上言，乞朝覲，詔允之。尋稱部内草寇起，不敢離鎮。”

［2］泗水：水名。位於山東省中部。源出山東泗水縣東蒙山南麓，古入淮河，今入運河。爲淮河下游第一大支流。 “發鄉兵入城”至“所在奏其反狀”：《通鑑》卷二九〇廣順二年正月甲子條。《輯本舊史》卷一一二周太祖紀三廣順元年十二月戊申條：“鄆州奏，慕容彥超據城反。”

［3］“太祖乃遣侍衛步軍指揮使曹英”至“彥超閉城自守”：《新五代史》卷五三《慕容彥超傳》。《輯本舊史》卷一一二《周太祖紀三》廣順二年正月甲子條：“以侍衛步軍都指揮使曹英爲兖州

行營都部署，以齊州防禦使史延韜爲副部署，以皇城使向訓爲兵馬都監，陳州防禦使藥元福爲馬步都虞候，率兵討慕容彦超。”向訓從討慕容彦超時之官職，《輯本舊史》卷一三〇《王峻傳》亦稱客省使，而《通鑑》卷二九〇廣順二年正月條、《宋史》卷二五五《向拱傳》稱皇城使。明本《册府》卷一六七《帝王部·招懷門五》：“廣順二年正月，賜兖州慕容彦超詔曰：‘朕與卿久敘兄弟，比無嫌隙，自前歲奔逃之後，尋時慰納如初，察憂疑則推以赤心，邀信誓則指之白日。留男不歸，大職欲已，只在舊藩，動必依從，斷無疑阻，何故執心不定，率意而行？聚草寇于城中，修戰具于衙内，發言不遜，舉事無常。差遣元隨主持鎮務，恣令殘害，任便誅求，率配之名，三四十件，搶拾事力，贍養姦兇，一境生靈，不勝其苦。南則結連淮寇，北則勾喚劉崇。早者差都押牙鄭麟口奏敷陳，乞移藩閫。朕推心嘉納，回詔允俞。昨上表請赴闕廷，朕亦一從卿意。復成欺侮，翻有指名。兼更僞詐鄆州書題，點染齊王勳德，且非奇計，何必如斯？近者東面諸侯相繼奏報，稱卿差點管内人户團並義營，欲議發軍攻取鄰道，衆情不服，闔境波逃，其百姓皆併力同心，殺却元隨鎮將，例各將家迴避，散投外界潛藏，或則保聚山林，就便構置寨栅，懼卿挾讎屠害，不保朝昏，懸望官軍救護爲主。朕爲人父母，能不痛心？弔伐之行，蓋不獲已。今差侍衛步軍都指揮使曹英等部領馬步大軍，問卿情狀。卿若能改心知過，束身歸朝，當許全生，待之如舊。朕或違信，是謂自欺；卿若拒張，便令攻取。今更飛此詔，始末指陳，冀卿静慮深思，庶幾轉禍爲福。言盡於此，卿其圖之！’”

明年五月，太祖親征。城破，彦超夫妻皆投井死。其子繼勳率其徒五百人出奔被擒，遂滅其族。[1]

[1]繼勳：人名。即慕容繼勳。慕容彦超之子。本書僅此一見。

“明年五月”至“遂滅其族”：《新五代史》卷五三《慕容彦超傳》。《輯本舊史》卷一一二《周太祖紀三》廣順二年（952）四月癸巳條：“制削奪慕容彦超在身官爵。”同年五月：“庚申，車駕發京師。戊辰，至兗州城下。乙亥，收復兗州，斬慕容彦超，夷其族。”明本《册府》卷一一八《帝王部·親征門三》：“五月乙亥旦，藥元福部下兵如羊馬城，遣奏帝。帝出宫督諸軍，繇是鼓譟而進，勇奮之勢不可遏。帝遣中使至南寨，促王峻進軍迫城。峻部下軍争登城壘，賊衆奔潰。官軍遂入，直抵牙門。慕容彦超親率其黨來抵官軍，官軍退却，緣城而出。會城北大軍已攀堞而入，彦超復結隊死戰，虎捷都指揮使杜珣、東西班都虞候薄令遷死之。少頃，城南諸軍復入，彦超勢窘，乃與妻投井而死。彦超長子繼勳與徒黨五百餘自東門奔，帝遣騎兵追之，王峻亦領親騎追及，盡殺之，生擒繼勳以獻。六師大掠城中，死者萬人，兗州平。”《輯本舊史》於傳末引《五代史補》：“慕容彦超之被圍也，乘城而望，見高祖親臨矢石，其勢不可當，退而憂之，因勉其麾下曰：‘汝等宜爲吾盡命，吾庫中金銀如山積，若全此城，吾盡以爲賜，汝等勿患富貴。’頃之，有卒私言曰：‘我知侍中銀皆鐵胎，得之何用?’於是諸軍聞之，稍稍解體，未幾城陷。及高祖之入也，有司閲其庫藏，其間銀鐵胎者果十有七八。初，彦超嘗令人開質庫，有以鐵胎銀質錢者，經年後，庫吏始覺，遂言之於彦超。初甚怒，頃之謂吏曰：‘此易致耳，汝宜僞劃庫牆，凡金銀器用暨縑帛等，速皆藏匿，仍亂撒其餘以爲賊踐後申明，吾當擒此輩矣。’庫吏如其教，於是彦超下令曰：‘吾爲使長典百姓，而又不謹，遭賊劃去，其過深矣。今恐百姓疑彦超隱其物，宜令三日内各投狀，明言質物色，自當倍償之，不爾者有過。’百姓以爲然，於是投狀相繼，翼日鐵胎銀主果出。於是擒之，置之深屋中，使教部曲輩晝夜造，用廣府庫，此銀是也。”見《五代史補》卷五慕容彦超鐵胎銀條。另引同書卷五高祖圍兗州夢文宣王條，因所記與慕容彦超關聯不大，兹删之。又，明本《册府》卷一六九《帝王部·納貢獻門》：廣順元年七月甲申，

“慕容彦超上章謝賜西京興教坊第一區，長男衙内指揮使繼勳遥領明州刺史，次男繼雲轉官，進絹千疋，絲三千兩，别進永壽節祝壽絹二千疋”，知彦超有子繼勳、繼雲。

先是，填星初至角、亢，占者曰：“角、亢，鄭分，兖州屬焉。”彦超即率軍府賓佐，步出州西門三十里致祭，迎於開元寺，塑像以事之，謂之“菩薩”，日至祈禱，又令民家竪黄旛以禳之。及城陷，彦超方在土星院燃香，急，乃馳去。[1]《永樂大典》卷七千八百五十八。[2]

[1]填星：又名鎮星，即土星。　角：星宿名。二十八宿中東宫蒼龍七宿的首宿。共兩星。星次屬壽星，分野主鄭地兖州。　亢：星宿名。二十八宿中東宫蒼龍七宿的第二宿。共四星。星次屬壽星，分野主鄭地兖州。　鄭分：鄭地分野。鄭指春秋戰國之鄭國。　開元寺：寺名。《唐會要》卷五〇載，開元“二十六年六月一日，敕每州各以郭下定形勝觀、寺，改以開元爲額”。此處爲位於兖州的開元寺。　“先是”至“乃馳去”：“角亢鄭分”，中華書局本有校勘記：“‘亢’字原闕，據《新五代史》卷五三《慕容彦超傳》及本卷上文補。按《開元占經》卷六四：‘角、亢，鄭之分野。’”《通鑑》卷二九〇廣順二年（952）五月乙亥條：“先是，術者紿彦超云：‘鎮星行至角、亢，角、亢兖州之分，其下有福。’彦超乃立祠而禱之，令民間皆立黄幡……乙亥，官軍克城，彦超方禱鎮星祠，帥衆力戰，不勝，乃焚鎮星祠，與妻赴井死。”

[2]《大典》卷七八五八“星”字韻“填星”事目。

閻弘魯者，後唐邢州節度使寶之子也。[1]寶，《唐書》有傳。弘魯事唐明宗、晋高祖，累歷事任。[2]家本魯中，洎告疾歸里。[3]慕容彦超初臨，禮待極厚。及謀大逆，以弘魯子希俊爲鎮寧軍節度副使在世宗幕下而惡之。[4]聞朝廷出兵隄防，即責弘魯曰："爾教兒捍我於朝，將覆吾族耶!"故罹其禍。

[1]邢州：州名。治所在今河北邢臺市。　寶：人名。即閻寶。鄆州（今山東東平縣）人。五代後梁、後唐將領。傳見本書卷五九、《新五代史》卷四四。　後唐邢州節度使寶之子也：《輯本舊史》卷二八《唐莊宗紀二》天祐十三年（916）八月條："邢州節度使閻寶請以城降，以忻州刺史、蕃漢副總管李存審爲邢州節度使，以閻寶爲西南面招討使，遥領天平軍節度使。"鄆州爲天平軍節度使治所。同書卷二九《唐莊宗紀三》天祐十九年四月己卯條："天平節度使閻寶卒。"閻寶仕後梁爲邢州節度使，仕後唐爲鄆州節度使（遥領），本傳所言不確。

[2]晋高祖：即後晋高祖石敬瑭。沙陀族。五代後唐將領，後晋開國皇帝。紀見本書卷七五至卷八〇、《新五代史》卷八。

[3]洎告疾歸里：《宋本册府》卷九三一《總録部·枉横門》："前陜州行軍司馬閻弘魯閑居在州。"可知弘魯歸家前，曾爲陜州行軍司馬。

[4]希俊：人名。即閻希俊。事迹不詳。本書僅此一見。　鎮寧軍：方鎮名。治所在澶州（今河南濮陽市）。　節度副使：官名。唐、五代方鎮屬官。位於行軍司馬之下、判官之上。

崔周度者，父光表，舉進士甲科，盧質節制横海，辟爲支使。[1]周度有文學，起家長蘆令，[2]登朝歷監察御史、右補闕，[3]以家在齊州，[4]欲謀葬事，懇求外任，除泰寧軍節度判官。[5]而性剛烈，又以嘗爲諫官，覩凶帥之不法，不忍坐視其弊，因極言以諫彦超，[6]故及斯禍。[7]

[1]光表：人名。即崔光表。事迹不詳。　盧質：人名。河南（今河南洛陽市）人。五代大臣。傳見本書卷九三、《新五代史》卷五六。　横海：方鎮名。治滄州（今河北滄縣舊州鎮）。　支使：官名。唐代節度使、觀察使等屬官，位副使、判官之下，推官之上。掌表奏書檄等。　"父光表"至"辟爲支使"：《安陽集》卷五〇《故尚書工部侍郎致仕贈工部尚書崔公（立）行狀》："本貫開封府鄢陵縣儀鳳鄉鳳凰里……曾祖諱光表，清河大房休之後十二世孫也，後唐同光初舉進士，爲天下第一，終右補闕、直史館。"

[2]長蘆：縣名。治所在今河北滄州市。　令：官名。爲縣的行政長官，掌治本縣。唐代之縣，分赤（京）、次赤、畿、次畿、望、緊、上、中、中下、下十等。縣令分六等，正五品上至從七品下。　起家長蘆令：《輯本舊史》之影庫本粘籤："長蘆，原本作'中蘆'，今從《歐陽史》改正。"《新五代史》卷六〇《職方考》："滄州長蘆、乾符，周廢入清池。"

[3]監察御史：官名。唐代屬御史臺之察院，掌監察中央機構、州縣長官及祭祀、庫藏、軍旅等事。唐中期以後，亦作爲外官所帶之銜。正八品下。　右補闕：官名。唐代諫官。武則天時始置。分爲左右，左補闕隸於門下省，右補闕隸於中書省。掌規諫諷諭，大事可以廷議，小事則上封奏。從七品上。

[4]齊州：州名。治所在今山東濟南市。

[5]泰寧軍：方鎮名。治所在兖州（今山東濟寧市兖州區）。　節度判官：官名。唐末、五代藩鎮僚佐，位行軍司馬下。

[6]因極言以諫彦超：《通鑑》卷二九〇廣順二年（952）正月條："初，彦超將反，判官崔周度諫曰：'魯，《詩》《書》之國，自伯禽以來，不能霸諸侯，然以禮義守之，可以長世。公於國家非有

私憾，胡爲自疑！況主上開諭勤至，苟撤備歸誠，則坐享太山之安矣。獨不見杜中令、安襄陽、李河中竟何所成乎！’彦超怒。”又，“公於國家非有私憾”至“則坐享太山之安矣”，《新五代史》卷五三《慕容彦超傳》作“今公英武，一代之豪傑也，若量力相時而動，可以保富貴終身”。

[7]故及斯禍：《宋本册府》卷九三一《總録部·枉横門》：“周崔周度爲青州（當作‘兗州’）慕容彦超判官，性儒緩而敢言事。彦超拒命，周度直言諫之，彦超大忿。及城中括率，械繫笞掠，比户銜冤。前陝州行軍司馬閻弘魯閑居在州，懼其鞭朴，盡以家財爲餉。彦超以弘魯所餉未盡，又欲崔周度得罪，乃令周度監括其家。周度謂弘魯曰：‘公命之吉凶，繫財之豐約，願無所吝。’弘魯令家僮吕暉與周度搜索斸掘，無孑遺矣。彦超又令牙將鄭麟持刃訊之，弘魯惶迫，拜其妻妾曰：‘願盡所有輸官。’家人告罄。周度白彦超曰：‘閻行軍泣拜妻孥，恐輸財不盡，此情可恕。’彦超不之信，弘魯夫婦並繫於獄。乳母趙氏於泥土中得金纏臂輸之，望救弘魯。彦超怒周度阿私，令軍將趙質切責，便令自行杖笞弘魯夫婦，以至肉爛而死，即斬周度於市。”亦見明本《册府》卷四四八《將帥部·殘酷門》、《新五代史》卷五三《慕容彦超傳》、《通鑑》卷二九〇廣順二年正月條。

太祖平兗州，詔曰：“閻弘魯、崔周度，死義之臣，禮加二等，所以滲漏澤而賁黄泉也。爾等貞節昭彰，正容肅厲，以從順爲己任，以立義作身謀，履此禍機，併罹冤横，宜伸贈典，以慰貞魂。弘魯可贈左驍衛大將軍，周度可贈祕書少監。”[1]《永樂大典》卷九千八百二。[2]

[1]左驍衛大將軍：官名。唐置，掌宫禁宿衛。唐代十六衛之一，正三品。 祕書少監：官名。唐承隋制，置秘書省，設秘書少

監二人協助秘書監工作。從四品上。　周度可贈祕書少監：《安陽集》卷五〇《故尚書工部侍郎致仕贈工部尚書崔公（立）行狀》："（崔周度子）汝礪，以父死節，尚幼，朝廷欲優其廩給，乃以爲左班殿直。後以家世儒者，恥從武弁之列，遂棄官歸鄢陵，安處先廬，不以榮利爲意。"

［2］《大典》卷九八〇二"閻"字韻"姓氏（一）"事目。

舊五代史　卷一三一

周書二十二

列傳第十一[1]

[1]按，本卷末無史論。

劉皞

劉皞，[1]字克明，晋丞相譙國公昫之弟也。[2]昫，《晋書》有傳。皞少離鄉里，唐天祐中，[3]梁將劉鄩襲太原，[4]軍至樂平，[5]時皞客於縣舍，爲鄩軍所俘。謝彦章見之，[6]知其儒者，待之以禮，謂其鄉人劉去非曰："爲君得一宗人。"[7]即令皞見之，去非詢其爵里，乃親族也，對泣久之，自是隨去非客於彦章門下。彦章得罪，去非爲郢州刺史，[8]皞隨之郡。

[1]劉皞：中華書局本有校勘記："原作'劉皡'，據殿本、孔本改。影庫本批校：'"皞"字疑應從日旁，與"昫"同。'梁漢顒墓誌（拓本刊洛陽市文物工作隊編《洛陽出土歷代墓誌輯繩》，中

國社會科學出版社 1991 年版）署‘門吏中大夫守秘書少監柱國賜紫金魚袋劉暭撰’。本書各處同。”《新五代史》卷五五《劉昫傳》：“昫爲人美風儀，與其兄晅、弟暭，皆以好學知名燕、薊之間。”正從日旁。下文均改“皡”爲“暭”，不一一出校。

［2］丞相：官名。秦漢始置，爲百官之長，輔佐皇帝綜理全國事務。　昫：人名。即劉昫。涿州歸義（今河北容城縣）人。五代大臣，曾任宰相、監修國史，領銜撰進《舊唐書》。傳見本書卷八九、《新五代史》卷五五。

［3］天祐：唐昭宗李曄開始使用的年號（904—907）。唐哀帝李柷沿用。唐亡後，河東李克用、李存勗仍稱天祐，沿用至天祐二十年（923）。五代十國其他政權亦有行此年號者，如南吴、吴越等。

［4］劉鄩：人名。密州安丘（今山東安丘市）人。唐末、五代將領。傳見本書卷二三、《新五代史》卷二二。　太原：府名。治所在今山西太原市。　梁將劉鄩襲太原：《輯本舊史》卷二八《唐莊宗紀二》天祐十二年（貞明元年，915）七月條：“是月，劉鄩潛師由黄澤西趨晉陽，至樂平而還，遂軍於宗城。”

［5］樂平：縣名。治所在今山西昔陽縣。

［6］謝彦章：人名。許州（今河南許昌市）人。後梁將領。傳見本書卷一六、《新五代史》卷二三。

［7］劉去非：人名。後改名“王保義”。幽州（今北京市）人。後梁將領。梁亡，歸附荆南高季興，遂改易姓名。爲荆南國主要謀臣，受到季興父子信任。事見本書卷一三三。

［8］郢州：州名。治所在今湖北鍾祥市。　刺史：官名。州一級行政長官。漢武帝時始置，總掌考核官吏、勸課農桑、地方教化等事。唐中期以後，節度使、觀察使轄州而設，刺史爲其屬官，職任漸輕。從三品至正四品下。　去非爲郢州刺史：《輯本舊史》之影庫本粘籤：“郢州，原本作‘因州’，今從《册府元龜》改正。”檢《册府》，未見劉去非爲郢州刺史之記載。《輯本舊史》卷九

《梁末帝紀中》貞明四年八月乙丑條："以左驍衛將軍劉去非爲郢州刺史。"劉去非即王保義，《輯本舊史》卷一三三《高從誨傳》中存其附傳。

莊宗平河洛，[1]去非以嘗從劉守奇歸梁，[2]深懼獲罪，乃棄郡投高季興於荆南，[3]晬累爲荆州攝官。[4]既而兄昫明宗朝爲學士，[5]遣人召歸。梁漢顒鎮鄧州，辟爲從事，[6]入爲監察御史，歷水部員外郎、史館修撰。[7]長興末，宰臣趙鳳鎮邢臺，表爲節度判官。[8]清泰初，入爲起居郎，[9]改駕部員外郎，兼侍御史知雜事。[10]移河南少尹、兵部郎中，[11]轉太府卿。[12]漢祖受命，用爲宗正卿。[13]周初，改衛尉卿。[14]

[1]莊宗：即李存勗。小字亞子，沙陀族，太原（今山西太原市）人。李克用之子。紀見本書卷二七至卷三四、《新五代史》卷四及卷五。

[2]劉守奇：人名。深州樂壽（今河北獻縣）人。唐末幽州節度使、燕王劉仁恭之子，劉守光之弟。唐末、五代將領。事見本書卷一三三。

[3]高季興：人名。原名高季昌，陝州硤石（今河南三門峽市）人。五代十國南平（荆南）開國君主。傳見本書卷一三三、《新五代史》卷六九。　荆南：方鎮名。治所在荆州（今湖北荆州市）。

[4]荆州：州名。治所在今湖北荆州市。　攝官：即兼官。五代時，州縣官多屬攝官。

[5]明宗：即李嗣源。沙陀部人。原名邈佶烈，李克用養子。五代後唐明宗，926 年至 933 年在位。紀見本書卷三五至卷四四、《新五代史》卷六。

［6］梁漢顒：人名。太原（今山西太原市）人。五代後唐將領。傳見本書卷八八。　鄧州：州名。治所在今河南鄧州市。　從事：泛指一般屬官。

［7］監察御史：官名。唐代屬御史臺之察院，掌監察中央機構、州縣長官及祭祀、庫藏、軍旅等事。唐中期以後，亦作爲外官所帶之銜。正八品下。　水部員外郎：官名。水部郎中的副職。從六品上。　史館修撰：官名。唐天寶以後，他官兼領史職者，稱史館修撰。

［8］長興：後唐明宗李嗣源年號（930—933）。　趙鳳：人名。幽州（今北京市）人。後唐明宗朝宰相。傳見本書卷六七、《新五代史》卷二八。　邢臺：此處代指安國軍，治所在邢州（今河北邢臺市）。　節度判官：官名。唐末、五代藩鎮僚佐，位行軍司馬下。

［9］清泰：五代後唐廢帝李從珂年號（934—936）。　起居郎：官名。唐代始置，屬門下省。與中書省起居舍人同掌起居注，記皇帝言行。從六品上。

［10］駕部員外郎：官名。唐代駕部郎中的副職。協助長官掌輿輦、車乘、傳驛、厩牧等事。從六品上。　侍御史知雜事：官名。唐置，以資深御史充任，總管御史臺庶務。五代沿置。　改駕部員外郎，兼侍御史知雜事：《宋本册府》卷五四七《諫諍部·直諫門一四》："周劉皡初仕後唐，爲駕部員外郎、知雜事。"明本《册府》卷四七六《臺省部·奏議門七》："劉皡爲駕部員外郎、知雜事，天福三年三月，上言曰：'藩侯郡牧，仗鉞分符，繫千里之慘舒，行一方之威福。自古選任，須擢賢明，近代統臨，爲酬勳績。將邦域之生聚，展將領之人情，識分者附正營私，黷貨者嚴刑廣取，諸頭剥削，多贍爪牙。自黄巢已來，僞梁之後，公署例皆隳壞，編户悉是凋殘。或不近邊陲，不屯師旅，無城郭郡邑，非控扼藩垣，試任廉能，且權管理，逐年屬州錢物，每季申省區分，支解有餘，罄竭供進，府庫漸足，黎庶稍蘇。縱有過愆，亦施懲責。言雖鄙近，望賜施行。'疏留中不出。"《輯本舊史》卷七七《晋高祖紀三》天福

三年（938）七月丙午條："差左諫議大夫薛融、祕書監吕琦、駕部員外郎兼侍御史知雜事劉皞、刑部郎中司徒詡、大理正張仁瑑，同共詳定唐明宗朝編敕。"

[11]河南：府名。治所在今河南洛陽市。　少尹：官名。唐、五代於三京、鳳翔等府均置少尹，爲尹的副職。協助尹通判列曹諸務。從四品下。　兵部郎中：官名。唐高祖改兵曹郎置，二人，一掌武官階品、衛府名數、校考、給告身之事；一掌軍籍、軍隊調遣名數、朝集、禄賜、告假等事。高宗、武則天、玄宗時，一度隨本部改名司戎大夫、夏官郎中、武部郎中。五代因之。從五品上。　移河南少尹、兵部郎中：《會要》卷一七侍御史條："（天福四年三月御史臺奏）尋以尚書駕部員外郎、兼侍御史知雜事劉皞爲河南少尹，自是無尚書郎知雜事者。"《宋本册府》卷五一七《憲官部·振舉門二》同。《輯本舊史》卷一四九《職官志》作"三年三月壬戌"。天福三年七月，劉皞尚兼侍御史知雜事（見上條注釋），其爲河南少尹，應在是月之後，故當以《會要》《册府》所載爲得其實。

[12]太府卿：官名。南朝梁始置。太府寺長官。掌國家財帛庫藏出納、關市税收等事。從三品。　轉太府卿：《輯本舊史》卷八四《晋少帝紀四》開運三年（946）五月庚寅條："以兵部郎中劉皞爲太府卿。"

[13]宗正卿：官名。秦始置宗正，南朝梁始有宗正卿之官。由宗室充任。掌皇族外戚屬籍。正三品。　用爲宗正卿：《輯本舊史》卷一〇一《漢隱帝紀上》乾祐元年（948）十二月壬午條："帝被衮冕御崇元殿，授六廟寶册，正使宰臣蘇禹珪及副使太府卿劉皞赴西京行禮。"《五代會要》卷一一蝗條："（乾祐）二年五月，博州奏，有蝝生，化爲蝶飛去。宋州奏，蝗一夕抱草而死。差官祭之。復命尚書吏部侍郎段希堯祭東岳，太府卿劉皞祭中嶽，皆慮蝗螟故也。"《輯本舊史》卷一〇二《漢隱帝紀中》乾祐二年十一月乙卯條："以大府卿劉皞爲宗正卿。"劉皞於漢隱帝朝方爲宗正卿，本傳繫於

高祖朝，誤。

[14]衛尉卿：官名。北魏置，隋、唐、五代爲衛尉寺長官。掌供宫廷、祭祀、朝會之儀仗帷幕，通判本寺事務。從三品。　改衛尉卿：《輯本舊史》卷一〇三《漢隱帝紀下》乾祐三年十一月乙酉條："於是詔擇日舉哀，命前宗正卿劉皞主喪。"同書卷一一一《周太祖紀二》廣順元年（951）二月己未條："以前宗正卿劉皞爲衛尉卿。"同年三月壬申條："以衛尉卿劉皞充漢隱帝山陵都部署。"同書卷一〇三《漢隱帝紀下》："以其年（廣順元年）八月二日，復遣前宗正卿劉皞護靈輴，備儀仗，葬于許州陽翟縣之潁陵，祔神主于高祖之寢宫。"

廣順元年冬十月，税居於東京，[1]夜夢鬼詫之曰："公於我塚上安牀，深不奉益。"皞問鬼姓氏，曰李丕文。皞曰："君言殊誤，[2]都城内豈可塚耶？"曰："塚本在野，張十八郎展城時圍入。"忽寤。又半月，復夢前鬼曰："公不相信，屈觀吾舍可乎？"即以手掊地，豁然見華第，花木叢萃，房廊雕焕，立皞於西廡。久之，見一團火如電，前來漸近，即前鬼也。引皞深入，出其孥，泣拜如有所託。皞問丕文鬼事，曰："冥司各有部屬，外不知也。"皞曰："余官何至？"再三不對，苦訊之，曰："齊王判官。"[3]皞曰："張令公爲齊王，[4]去世久矣。今鄆州高令公爲齊王，余方爲列卿，[5]豈復爲賓佐乎？"鬼曰："不知也。"皞既寤，欲掘而視之。既又告人曰：[6]"鬼雖見訴，其如吾税舍何？"乃止。

[1]廣順：五代後周太祖郭威年號（951—953）。　税居：指租賃房屋。　東京：地名。即今河南開封市。

[2]君言殊誤：中華書局本有校勘記："劉本作'君言殊誣'，孔本作'君有五通'。"

[3]判官：官名。爲長官的佐吏，協理政事，或備差遣。

[4]張令公：即張全義。後因犯諱，改名張宗奭。亦作"張言"。濮州臨濮（今山東鄄城縣）人。唐末、五代後梁、後唐將領。傳見本書卷六三、《新五代史》卷四五。

[5]鄆州：州名。治所在今山東東平縣。　高令公：即高行周。嬀州懷戎（今河北懷來縣）人。五代後唐至後周將領。傳見本書卷一二三、《新五代史》卷四八。

[6]既又告人曰：中華書局本有校勘記："'既'，殿本作'既而'。'人'，殿本、孔本作'同僚'。"

廣順二年春，朝廷以皞爲高麗册使。[1]三月，至鄆，節度使高行周以皞嗜酒，[2]留連累日，旦夕沉醉。其月二十三日，晨興櫛髮，狀如醉寐，男泳視之，[3]已卒矣。[4]時年六十一。其年八月，鄆帥齊王高行周亦夢鬼請齊王判官，得無是乎！皞從儒學，好聚書，嗜酒無儀檢，然衷抱無他，急於行義，士友以此多之。《永樂大典》卷九千九十八。[5]

[1]高麗：古國名。一爲高句麗。故地位於今中國東北地區及朝鮮半島北部。一爲王氏高麗。918年，後三國（即朝鮮新羅、後百濟、泰封）之一泰封國武將王建推翻其統治者弓裔，稱王，改國號高麗，都開京（今朝鮮開城）。漸合併新羅、後百濟，重新統一朝鮮半島。參見〔朝〕鄭麟趾等《高麗史》，西南師範大學出版社2014年版；楊軍《高句麗民族與國家的形成和演變》，中國社會科學出版社2006年版。　册使：即册禮使。官名。舉行册封典禮時

臨時設置的官職，册封儀式結束即罷。

[2]節度使：官名。唐時在重要地區所設掌握一州或數州軍事、民事、財政的長官。

[3]泳：人名。即劉泳。事迹不詳。

[4]“廣順二年春”至“已卒矣”：《舊五代史考異》：“案《太平廣記》云：銜命使吴越，路由鄆州，卒于郵亭。”見《太平廣記》卷三一四《神二四》劉皞條。《輯本舊史》卷一一二《周太祖紀三》廣順二年（952）四月甲午（初九）條：“高麗國册使、衛尉卿劉皞卒。”與本傳異。

[5]《大典》卷九〇九八“劉”字韻“姓氏（二六）”事目。

張沆

張沆，字太元，徐州人。[1]父嚴，本州牙將。[2]沆少力學，攻詞賦，登進士第。[3]唐明宗子秦王好文，[4]然童年疏率，動不由禮。每賓僚大集，手自出題，令面前賦詩，少不如意，則壞裂抵棄。沆初以刺謁，秦王屬合座客各爲《南湖廳記》，[5]因謂沆曰：“聞生名久矣，請爲此文。”沆不獲已，從之。及群士《記》成，獨取沆所爲勒之於石，繇是署爲河南府巡官。[6]秦王敗，勒歸鄉里。[7]

[1]徐州：州名。治所在今江蘇徐州市。

[2]嚴：人名。即張嚴。事迹不詳。　牙將：官名。古代軍隊中的中低級軍官。

[3]登進士第：《宋本册府》卷七一八《幕府部·才學門》：“周張沆，後唐明宗朝擢進士第。”

［4］秦王：即李從榮。沙陀部人。後唐明宗李嗣源次子。傳見本書卷五一、《新五代史》卷一五。

［5］秦王屬合座客各爲《南湖廳記》：《輯本舊史》之影庫本粘籤："南湖，原本作'南澗'，今從《册府元龜》改正。"見《宋本册府》卷七一八《幕府部·才學門》、卷七二九《幕府部·辟署門四》。

［6］巡官：官名。唐代節度使、觀察使、團練使、防禦使屬官，位判官、推官下。另有營田巡官、轉運巡官、館驛巡官等名目，皆因使而置。

［7］勒歸鄉里：《輯本舊史》卷四四《唐明宗紀十》長興四年（933）十一月丁酉條："河南府推官尹諲，六軍巡官董裔、張九思，河南府巡官張沆、李澣、江文蔚，並勒歸田里。"

晋初，桑維翰秉政，沆以文干進，用爲著作佐郎、集賢校理，遷右拾遺。[1]維翰出鎮，奏爲記室。[2]從維翰入朝，[3]授殿中侍御史。[4]歲餘，自侍御史改祠部員外郎、知制誥，[5]召入翰林爲學士。[6]維翰罷相，馮玉用事，[7]不欲沆居禁密，改右諫議大夫，[8]罷其職。漢祖至汴，轉右常侍，復用爲學士。[9]未幾，遷工部尚書充職。[10]明年，以營奉葬事求解職，改禮部尚書。及歸朝，復爲學士。[11]太祖以沆耳疾罷職，改刑部尚書。[12]廣順二年秋，命爲故齊王高行周册贈使，復命而卒。[13]贈太子少保。[14]

［1］桑維翰：人名。洛陽（今河南洛陽市）人。初爲石敬瑭節度掌書記，石敬瑭稱帝後出任翰林學士、知樞密院事等職。傳見本書卷八九、《新五代史》卷二九。　著作佐郎：官名。簡稱著作。

魏晋始置，爲著作郎之輔，掌編修國史。唐代隸秘書省著作局，置四人，協助著作郎撰擬文字，掌理局事。從六品上。　集賢校理：官名。唐玄宗時始置。掌校理集賢殿圖籍。　右拾遺：官名。唐武則天於垂拱元年（685）置拾遺，分左、右。左拾遺隸門下省，右拾遺隸中書省，與左、右補闕共掌諷諫，大事廷議，小事則上封事。從八品上。

［2］記室：官名。東漢置，三公府至郡縣皆設此官，掌章表書記文檄等。後世因之。

［3］從維翰入朝：中華書局本有校勘記："'維翰'，原作'維輸'，據殿本、劉本、孔本、邵本、彭本改。"此應爲形近之訛。

［4］殿中侍御史：官名。三國魏始置。唐前期屬御史臺之殿院，掌宫門、庫藏及糾察殿庭供奉朝會儀式，及分掌左、右巡，負責京師治安、京畿軍兵。唐後期常爲外官所帶憲銜。從七品下。

［5］祠部員外郎：官名。祠部郎中的副職。從六品上。　知制誥：官名。掌起草皇帝的詔、誥之事，原爲中書舍人之職。唐開元末置學士院，翰林學士入院一年，則加知制誥銜，專掌任免宰相、册立太子、宣布征伐等特殊詔令，稱爲内制。而中書舍人所撰擬的詔敕稱爲外制。兩種官員總稱兩制。

［6］召入翰林爲學士：《輯本舊史》卷八四《晋少帝紀四》開運二年（945）六月癸酉條："祠部員外郎、知制誥張沆本官充學士。"

［7］馮玉：人名。定州（今河北定州市）人。五代後晋外戚、宰相。傳見本書卷八九、《新五代史》卷五六。

［8］右諫議大夫：官名。唐置左右諫議大夫，左屬門下省，右屬中書省。掌諫諭得失、侍從贊相。正四品下。　改右諫議大夫：《輯本舊史》卷八五《晋少帝紀五》開運三年十月乙丑條："以翰林學士、祠部員外郎、知制誥張沆爲右諫議大夫。"

［9］漢祖：即後漢高祖劉知遠。太原（今山西太原市）人。其先西突厥沙陀部人。後唐、後晋將領，後漢開國皇帝。947 年至

948年在位。紀見本書卷九九至卷一〇〇、《新五代史》卷一〇。汴：州名。治所在今河南開封市。　右常侍：官名。即右散騎常侍。中書省屬官。掌侍奉規諷，備顧問應對。正三品下。　“漢祖至汴”至“復用爲學士”：《輯本舊史》卷一〇〇《漢高祖紀下》天福十二年（947）六月壬申條：“以右諫議大夫張沆爲左散騎常侍，充翰林學士。”此言“左散騎常侍”，與本傳異。

[10]工部尚書：官名。尚書省工部長官。掌百工、屯田、山澤之政令。正三品。　遷工部尚書充職：《輯本舊史》卷一〇一《漢隱帝紀上》乾祐元年（948）四月甲午條：“以翰林學士、左散騎常侍張沆爲工部尚書……依前充職。”

[11]禮部尚書：官名。尚書省禮部長官。掌禮儀、祭享、貢舉之政。正三品。　“明年”至“復爲學士”：《輯本舊史》卷一〇二《漢隱帝紀中》乾祐二年八月條：“癸巳，以翰林學士、工部尚書張沆爲禮部尚書。沆卜葬先人，以内署無例乞假，乃上章請解職，以赴葬事，遂落職以遣之。”同年十二月戊寅條：“以禮部尚書張沆復爲翰林學士。”

[12]刑部尚書：官名。尚書省刑部長官。掌天下刑法及徒隸、勾覆、關禁之政令。正三品。　改刑部尚書：《輯本舊史》卷一一一《周太祖紀二》廣順元年（951）二月辛亥條：“以翰林學士、禮部尚書張沆爲刑部尚書充職。”同書卷一一二《周太祖紀三》廣順二年八月甲申條：“翰林學士、刑部尚書張沆落職守本官。”據《周太祖紀》，張沆先改刑部尚書，後落職，本傳所載不確。

[13]復命而卒：《輯本舊史》卷一一二《周太祖紀三》廣順二年十一月乙丑條：“刑部尚書張沆卒。”

[14]太子少保：官名。與太子少傅、太子少師合稱“三少”，唐後期、五代多爲大臣、勳貴加官。從二品。

沆性儒雅，好釋氏，[1]雖久居禄位，家無餘財，死之日，圖書之外，唯使鄆之貲耳。嗣子尚幼，親友慮其耗散，上言於太祖，[2]乃令三司差人主葬，[3]餘資市邸舍，以贍其孤焉。[4]沆記覽文史，好徵求僻事，公家應用，時出一聯以炫奇筆，故不爲馮玉所重。雖有聵疾，猶出入金門，凡五六年。漢隱帝末年，楊、史遇害，[5]翼日，沆方知之，聽猶未審，忽問同僚曰："竊聞盜殺史公，其盜獲否？"是時京師恟懼之次，聞者笑之。有士人申光遜者，[6]與沆友善，沆未病時，夢沆手出小佛塔示光遜，視其上有詩十四字云："今生不見故人面，明月高高上翠樓。"光遜既寤，心惡之，俄聞沆卒。《永樂大典》卷六千三百五十。[7]

[1]釋氏：即佛教。

[2]太祖：即後周太祖郭威。邢州堯山（今河北隆堯縣）人。五代時後周王朝的建立者。紀見本書卷一一〇至卷一一三、《新五代史》卷一一。

[3]三司：官署名。五代後唐明宗天成元年（926）合鹽鐵、度支、户部爲一職，始稱三司，爲中央最高之理財機構。

[4]餘資市邸舍，以贍其孤焉：明本《册府》卷四六二《臺省部·清儉門》"餘資市邸舍"後有"僦税"二字。

[5]漢隱帝：即劉承祐。五代後漢高祖劉知遠次子。紀見本書卷一〇一至一〇三、《新五代史》卷一〇。　楊：即楊邠。魏州冠氏（今山東冠縣）人。五代後漢時任樞密使、宰相。傳見本書卷一〇七、《新五代史》卷三〇。　史：即史弘肇。人名。鄭州滎澤（今河南鄭州市）人。五代時後漢將領。傳見本書卷一〇七、《新五代史》卷三〇。

[6]申光遜：人名。籍貫不詳。本書僅此一見。

[7]《大典》卷六三五〇“張”字韻“姓氏（二〇）”事目。

張可復

張可復，字伯恭，德州平原人也。[1]父達，累贈户部侍郎。[2]可復略通儒術，少習吏事。梁末，薄遊於魏，鄴王羅紹威表爲安陽簿。[3]唐天成初，依晋公霍彦威於青州，[4]爲從事。晋公以其滑稽好避事，目爲“姦兔兒”。長興中入朝，拜監察御史，[5]六遷至兵部郎中，賜金紫。晋天福中，自西京留守判官入爲祕書少監，改左司郎中。[6]開運中，遷左諫議大夫。[7]漢乾祐初，湘陰公鎮徐方，[8]朝行中選可以倅戎者，[9]因授武寧軍節度副使、檢校禮部尚書。[10]及世宗鎮澶淵，改鎮寧軍節度行軍司馬。[11]三年，徵拜給事中。[12]世宗嗣位，以澶淵幕府之舊，拜右散騎常侍。顯德元年秋，以疾卒，[13]年七十三。制贈户部尚書。[14]

[1]德州：州名。治所在今山東德州市陵城區。　平原：縣名。治所在今山東平原縣。

[2]達：人名。即張達。事迹不詳。　户部侍郎：官名。尚書省户部次官。協助户部尚書掌天下田户、均輸、錢穀之政令。正四品下。

[3]魏：州名。又稱鄴都。治所在今河北大名縣。　羅紹威：人名。魏州貴鄉（今河北大名縣）人。唐末軍閥。傳見本書卷一四、《新五代史》卷三九。　安陽：縣名。治所在今河南安陽市。　簿：官名。漢代以後歷朝均置。唐代京城百司和地方官署，均設主簿。管理文書簿籍，參議本署政事，爲官署中重要佐官。其官階

品秩，因官署而不同。

［4］天成：後唐明宗李嗣源年號（926—930）。　霍彦威：人名。洺州曲周（今河北曲周縣）人。五代後梁將領霍存養子。後梁、後唐將領。傳見本書卷六四、《新五代史》卷四六。　青州：州名。治所在今山東青州市。　依晋公霍彦威於青州：《輯本舊史》之影庫本粘籤："霍彦威封晋國公，傳中稱爲'晋公'，殊失史體，今附識於此。"　《輯本舊史》卷三七《唐明宗紀三》天成元年（926）八月乙酉條："鄆州節度使霍彦威移鎮青州。"同書卷六四《霍彦威傳》："册贈太師、晋國公，謚曰忠武。"

［5］拜監察御史：《宋本册府》卷六一三《刑法部·定律令門五》："（長興二年）十二月，敕：國祚中興，皇綱再整，合頒公事，徧委群臣。先勑抄録六典法書，分爲二百四十卷，從朝至夕，自夏徂冬，御史臺官員等，或同切催驅，或遞專勘讀，校前王之舊制，布當代之明規。宜有獎酬，以勵勤恪……徐禹卿、張可復、王曉並賜緋魚袋。"

［6］天福：五代後晋高祖石敬瑭年號（936—942）。出帝石重貴沿用至九年（944）。後漢高祖劉知遠繼位後沿用一年，稱天福十二年（947）。　西京：地名。即今河南洛陽市。　留守判官：官名。留守司僚屬，分掌留守司各曹事，並協助留守通判陪都事。　祕書少監：官名。唐承隋制，置秘書省，設秘書少監二人協助秘書監工作。從四品上。　左司郎中：官名。爲尚書左丞副貳，協掌尚書都省事務，監管吏、户、禮部諸司政務。位在諸司郎中上。從五品上。

［7］開運：後晋出帝石重貴年號（944—946）。　左諫議大夫：官名。隸門下省。唐代置左、右諫議大夫各四人，分隸門下省、中書省。掌諫諭得失、侍從贊相。正四品下。

［8］乾祐：後漢高祖劉知遠、隱帝劉承祐年號（948—950）。北漢亦用此年號。　湘陰公：即劉贇。後漢宗室。後漢高祖劉知遠之侄，北漢世祖劉崇之子。傳見本書卷一〇五。　徐方：指徐州。

［9］朝行中選可以倅戎者：中華書局本有校勘記："'倅'，原作'從'，據《册府》卷七一六改。"見明本《册府》卷七一六《幕府部·選任門》。

［10］武寧軍：方鎮名。治所在徐州（今江蘇徐州市）。　節度副使：官名。唐、五代方鎮屬官。位於行軍司馬之下、判官之上。　檢校禮部尚書：官名。爲散官或加官，以示恩寵，無實際執掌。　因授武寧軍節度副使、檢校禮部尚書：明本《册府》卷七一六《幕府部·選任門》。

［11］世宗：即柴榮。邢州龍岡（今河北邢臺市）人。後周太祖郭威養子，顯德元年（954）繼郭威爲帝，廟號世宗。紀見本書卷一一四至卷一一九、《新五代史》卷一二。　澶淵：地名。位於今河南濮陽市西北。　鎮寧軍：方鎮名。治所在澶州（今河南濮陽市）。　行軍司馬：官名。出征將領及節度使的屬官。掌軍籍符伍、號令印信，是藩鎮重要的軍政官員。　改鎮寧軍節度行軍司馬：《輯本舊史》卷一一四《周世宗紀一》："廣順元年正月，太祖踐祚，帝懇求入覲，忽夢至河而不得渡，尋授澶州節度使、檢校太保，封太原郡侯。"澶州爲鎮寧軍節度使治所。

［12］給事中：官名。秦始置。隋唐以來，爲門下省屬官。掌讀署奏抄、駁正違失。正五品上。

［13］以疾卒：《輯本舊史》卷一一四《周世宗紀一》顯德元年七月戊寅條："右散騎常侍張可復卒。"

［14］户部尚書：官名。尚書省户部長官。掌管全國土地、户籍、賦税、財政收支諸事。正三品。

可復無他才，唯以謹愿保長年，加之迂懦，多爲同列輕俊者所侮，而累階至金紫，居三品之秩，亦其命耶！《永樂大典》卷六千三百五十。[1]

[1]《大典》卷六三五〇“張”字韻“姓氏（二〇）”事目。

于德辰

于德辰，字進明，元城人也。[1]幼敏悟，篤志好學，及射策文場，數上不調。後唐明宗鎮邢州，[2]德辰往謁焉。明宗見而器之，因得假官於屬邑。後繼歷州縣，歷仕晉、漢、周，官至贈工部尚書。《永樂大典》卷三千八百三十八。[3]

[1]元城：縣名。治所在今河北大名縣。

[2]邢州：州名。治所在今河北邢臺市。

[3]《大典》卷三八三八“官”字韻“事韻四”事目。所録《于德辰傳》過簡，應有殘缺。今據明本《册府》補輯一條。

爲兵部侍郎。[1]乾祐二年，上封九事。其一：“文武兩班，有年深不遷官，不改服色者，或遭喪闋而不追者，今遇聖朝，幸均渥澤。”其二：“每年貢舉，人數極多，登科者少。伏恐淹滯賢能，乞量增所放人數。”其三：“潭郡茶貨，只至襄州，[2]客旅竝不北來。請三司差清强官，于襄州自立茶務，收税買茶，足以贍國。”其四：“湖南見食嶺南鹽。[3]請置官綱於湖南，立務榷賣。”其五：“文武兩班，差使出入，所令部轄幹濟者，聊加酬獎。”其六：“河朔緣邊，豪俠丁壯，能抵拒契丹鬬戰者，[4]官中訪聞擢用。”其七：“臣伏見官禁牛皮，條流太重。每請甲科合要皮，請量於地畝上配納。若民間牛死損，亦從許貨賣其皮，價不得過錢五百。”其八：“昨山陵宜仗一行道路人户配米者，未納已納，竝請放免。”其九：“西道行營立功將卒，早宜賞勞。”不報。[5]

[1]兵部侍郎：官名。尚書省兵部次官。協助兵部尚書掌武官銓選、勳階、考課之政。正四品下。

[2]潭郡：即潭州。治所在今湖南長沙市。明本《册府》卷四七六《臺省部·奏議門七》作“潭郎茶貨，只至襄州”。　襄州：州名。治所在今湖北襄陽市。

[3]湖南：方鎮名。又稱武安軍節度。治所在潭州（今湖南長沙市）。　嶺南：地區名。亦謂嶺外、嶺表。指五嶺以南地區，故名。包括今廣東、廣西、海南及越南北部地區。

[4]河朔：古地區名。泛指黄河以北地區。　契丹：古部族、政權名。公元4世紀中葉宇文部爲前燕攻破，始分離而成單獨的部落，自號契丹。唐貞觀中，置松漠都督府，以其首領爲都督。唐末强盛，916年迭剌部耶律阿保機建立契丹國（遼）。先後與五代、北宋並立，保大五年（1125）爲金所滅。參見張正明《契丹史略》，中華書局1979年版。

[5]“爲兵部侍郎”至“不報”：明本《册府》卷四七六《臺省部·奏議門七》。《輯本舊史》卷一〇一《漢隱帝紀上》乾祐元年（948）三月戊午條：“以右諫議大夫于德辰爲兵部侍郎。”同書卷一〇三《漢隱帝紀下》乾祐三年八月壬戌條：“以兵部侍郎于德辰爲御史中丞。”卷一一一《周太祖紀二》廣順元年（951）七月戊辰條：“以御史中丞于德辰爲尚書右丞。”卷一一二《周太祖紀三》廣順二年八月甲申條：“以尚書右丞于德辰爲吏部侍郎。”卷一一五《周世宗紀二》顯德二年（955）九月癸未條：“以吏部侍郎于德辰、司徒詡並爲太子賓客。”卷一一六《周世宗紀三》顯德三年五月己未條：“太子賓客于德辰卒。”

王延

王延，字世美，鄚州長豐人也。[1]少爲儒，善詞賦，會鄉曲離亂，不獲從鄉薦，因客於浮陽，隨滄帥戴思遠入梁。[2]嘗以所爲賦謁梁相李琪，[3]琪覽之，欣然曰："此道近難其人，王生升我堂矣。"繇是人士稱之。尋薦爲即墨縣令，[4]歷徐、宋、鄆、青四鎮從事。[5]長興初，鄉人馮道、趙鳳在相位，擢拜左補闕。[6]踰年，以水部員外郎知制誥，[7]再遷中書舍人，[8]賜金紫。

[1]鄚州：州名。治所在今河北任丘市鄚州鎮。　長豐：縣名。治所在今河北任丘市長豐鎮。　鄚州長豐人：中華書局本有校勘記："'鄚州'，原作'鄭州'，據殿本、劉本、邵本校、《新五代史》卷五七《王延傳》、《册府》卷八五二改。按《新唐書》卷三九《地理志三》，鄚州有長豐縣。"

[2]浮陽：縣名。治所在今河北滄州市東南。　滄：州名。治所在今河北滄縣。　戴思遠：人名。籍貫不詳。後梁、後唐將領。傳見本書卷六四。

[3]李琪：人名。河西敦煌（今甘肅敦煌市）人。後梁、後唐官員。傳見本書卷五八、《新五代史》卷五四。

[4]即墨：縣名。治所在今山東青島市即墨區。　縣令：官名。爲縣的行政長官，掌治本縣。唐代之縣，分赤（京）、次赤、畿、次畿、望、緊、上、中、中下、下十等。縣令分六等，正五品上至從七品下。

[5]宋：州名。治所在今河南商丘市睢陽區。

[6]馮道：人名。瀛州景城（今河北滄縣）人。五代時官拜宰相，歷仕後唐、後晉、後漢、後周，亦曾臣服於契丹。傳見本書卷

一二六、《新五代史》卷五四。　左補闕：官名。唐代諫官。武則天時始置。分爲左右，左補闕隸於門下省，右補闕隸於中書省。掌規諫諷諭，大事可以廷議，小事則上封奏。從七品上。　擢拜左補闕："左補闕"，中華書局本有校勘記："'左'，《册府》卷九五五、《新五代史》卷五七《王延傳》同，《永樂大典》卷六八五〇引《五代薛史》作'右'。"《大典》卷六八五〇引《五代薛史·王延傳》作"右補闕"。《宋本册府》卷四七五《臺省部·奏議門六》："王延爲左補闕，長興元年十二月，奏：'一縣之内所管鄉村，而有割屬鎮務者，轉爲煩擾，益困生民，請直屬縣司，鎮務唯司賊盜。'從之。"同書卷九五五《總録部·知舊門》亦作"左補闕"。

[7]以水部員外郎知制誥：中華書局本有校勘記："'郎'字，據殿本、《永樂大典》卷六八五〇引《五代薛史》、《册府》卷九五五補。"

[8]中書舍人：官名。中書省屬官。掌起草文書、呈遞奏章、傳宣詔命等。正五品上。　再遷中書舍人：《宋本册府》卷九五五《總録部·知舊門》作"就改郎中，正拜中書舍人"，較本傳詳審。《輯本舊史》卷四五《唐閔帝紀》長興四年（933）十二月丁巳條："以左僕射、平章事馮道爲山陵使，户部尚書韓彦惲爲副，中書舍人王延爲判官。"

清泰末，以本官權知貢舉。[1]時有舉子崔頎者，[2]故相協之子也。[3]協素與吏部尚書盧文紀不睦，[4]及延將入貢院，謁見，[5]文紀謂延曰："舍人以謹重聞於時，所以去冬老夫在相位時，與諸相首以長者聞奏，用掌文衡。然貢闈取士，頗多面目。説者云：'越人善泅，生子方晬，乳母浮之水上。或駭然止之，乳母曰，其父善泅，子必無溺。'今若以名下取士，即此類也。舍人當求實才，以副公望。”延退而謂人曰：“盧公之言，蓋爲崔頎也。縱與其父不悦，致意何至此耶!”來春，以頎登甲科。

[1]知貢舉：官名。唐始置，爲主持禮部會試的考官。

[2]崔頎：人名。清河（今河北清河縣）人。崔協之子。事見本書本卷《王延傳》。　時有舉子崔頎者：《輯本舊史》之影庫本粘籤："崔頎，原本作'崔欣'，今據《册府元龜》改正。"見明本《册府》卷六五一《貢舉部·清正門》。檢《大典》卷六八五〇，原文實作"崔頎"。

[3]協：人名。即崔協。清河（今河北清河縣）崔氏族人。唐末進士，五代後梁、後唐官員，仕至宰相。傳見本書卷五八。

[4]吏部尚書：官名。尚書省吏部最高長官，與二侍郎分掌六品以下文官選授、勳封、考課之政令。正三品。　盧文紀：人名。京兆萬年（今陝西西安市長安區）人。唐末進士，五代大臣。傳見本書卷一二七、《新五代史》卷五五。

[5]謁見：中華書局本有校勘記："以上二字原闕，據《永樂大典》卷六八五〇引《五代薛史》補。《御覽》卷二二二引《五代史·周史》、《册府》卷六五一敘其事作'見舊相吏部尚書盧文紀'。"

其年，改御史中丞。[1]歲滿，轉尚書右丞。[2]奉使兩浙，[3]吴人深重之。復命，授吏部侍郎，[4]改尚書左丞，[5]拜太常卿，歷工、禮、刑三尚書，[6]以疾求分司西洛，[7]授太子少保。既而連月請告，爲留臺所糾，改少傅致仕。[8]廣順二年冬卒，[9]時年七十三。

[1]御史中丞：官名。如不置御史大夫，則爲御史臺長官。掌

司法監察。正四品下。　改御史中丞：《輯本舊史》卷七六《晋高祖紀二》天福二年（937）五月戊寅條："以中書舍人、權知貢舉王延爲御史中丞。"

［2］尚書右丞：官名。尚書省佐貳官。唐中期以後，與尚書左丞實際主持尚書省日常政務，權任甚重。後梁開平二年（908）改爲右司侍郎，後唐同光元年（923）復舊爲右丞。唐時爲正四品下，後唐長興元年（930）升爲正四品。　轉尚書右丞：《輯本舊史》卷七七《晋高祖紀三》天福三年七月庚戌條："御史中丞王延改尚書右丞。"《宋本册府》卷六一八《刑法部·平允門》："王延，末帝清泰末爲御史中丞，臺中經年，處決平允，轉尚書右丞。"此爲晋高祖朝事，《册府》繫於唐末帝朝，誤。

［3］兩浙：地區名。浙東、浙西的合稱。泛指今浙江全省及江蘇南部一角。

［4］吏部侍郎：官名。尚書省吏部次官。協助吏部尚書掌文選、勳封、考課之政。正四品上。　授吏部侍郎：《輯本舊史》卷七八《晋高祖紀四》天福四年十一月丁丑條："尚書右丞王延改吏部侍郎。"

［5］尚書左丞：官名。尚書省佐貳官。唐中期以後，與尚書右丞實際主持尚書省日常政務，權任甚重。正四品上。後梁開平二年（908）改爲左司侍郎，後唐同光元年（923）復舊爲左丞。正四品。　改尚書左丞：《輯本舊史》卷八一《晋少帝紀一》天福八年五月辛卯條："以吏部侍郎王延爲尚書右丞。"

［6］歷工、禮、刑三尚書：《輯本舊史》卷八三《晋少帝紀三》開運元年（944）閏十二月己丑條："以工部尚書竇貞固爲禮部尚書，太常卿王延爲工部尚書。"同書卷八四《晋少帝紀四》開運三年七月壬辰條："以禮部尚書王延爲刑部尚書。"

［7］以疾求分司西洛：中華書局本有校勘記："劉本、《大典》（膠卷）卷六八五一同。殿本句上有'周初'二字。"據《輯本舊史》卷八四《晋少帝紀四》開運三年九月丙午條"以刑部尚書王延爲太子少保"，知此猶後晋朝事，故殿本"周初"二字，顯係校

刻者誤增。

[8]少傅：官名。即太子少傅，與少師、少保合稱“三少”，唐後期、五代多爲大臣、勳貴加官。從二品。　致仕：指古代高級官員退休。　改少傅致仕：《舊五代史考異》：“案：《歐陽史》作以太子少保致仕。”《輯本舊史》卷一〇二《漢隱帝紀中》乾祐二年（949）八月壬午條：“西京留臺侍御史趙礪彈奏，太子太保（當作‘少保’）王延、太子洗馬張季凝等，自去年五月後來，每稱請假，俱是不任拜起。詔延等宜以本官致仕。”同書卷一一一《周太祖紀二》廣順元年（951）三月丙子條：“以太子少保致仕王延爲太子少傅，並依前致仕。”王延爲留臺所糾，以太子少保致仕，乃漢隱帝朝事；至周太祖朝，又以太子少傅致仕。本傳所載不確。

[9]廣順二年冬卒：《輯本舊史》卷一一二《周太祖紀三》廣順二年十二月戊戌條：“太子少傅致仕王延卒。”《新五代史》卷五七《王延傳》：“延爲人重然諾，與其弟規相友愛，五代之際，稱其家法焉。”

子億，仕皇朝爲殿中丞。[1]《永樂大典》卷六千八百五十。[2]

[1]億：人名。即王億。事迹不詳。　殿中丞：官名。殿中省佐貳官。協助殿中監、少監處理本省日常事務，兼勾檢稽失、省署抄目。從五品上。

[2]《大典》卷六八五〇“王”字韻“姓氏（三五）”事目。此卷現存。

申文炳

申文炳，字國華，洛陽人也。父鄂，唐左千牛衛將軍。[1]文炳，長興中進士擢第，釋褐忠正軍節度推官，[2]歷孟、懷支使，[3]鄆城、陝縣二邑宰，[4]自澶州觀察判官入爲右補闕。[5]晋開運初，授虞部員外知制誥，轉金部郎中充職。[6]廣順中，召爲學士，遷中書舍人、知貢舉。[7]顯德五年秋，以疾解職，授左散騎常侍。[8]六年秋，卒於家，[9]時年五十。

[1]鄂：人名。即申鄂。事迹不詳。　左千牛衛將軍：官名。唐置，掌宫禁宿衛。唐代置十六衛，即左右衛、左右驍衛、左右武衛、左右威衛、左右領軍衛、左右金吾衛、左右監門衛、左右千牛衛，各置上將軍，從二品；大將軍，正三品；將軍，從三品。中華書局本有校勘記："'左'，申鄂墓誌（拓片刊《秦晋豫新出墓誌蒐佚》）作'右'。"

[2]釋褐：易粗布衣而服官服，指代做官。　忠正軍：方鎮名。治所在壽州（今安徽壽縣）。　節度推官：官名。唐肅宗以後置，五代沿置。爲節度使屬官，位次於判官、掌書記。掌理刑案之事。　釋褐忠正軍節度推官：中華書局本有校勘記："'忠正軍'，原作'中正軍'，據邵本校改。張珽墓誌（拓片刊《秦晋豫新出墓誌蒐佚續編》）署：'忠正軍節度推官、將仕郎、試秘書省校書郎申文炳撰。'按本書卷三九《唐明宗紀五》：'（天成三年十月）詔升壽州爲忠正軍。'"壽州爲吴轄境，後唐所置節度使等官，均爲遥領。

[3]孟：州名。治所在今河南孟州市。　懷：州名。治所在今河南沁陽市。　支使：官名。唐代節度使、觀察使等屬官，位副使、判官之下，推官之上。掌表奏書檄等。

[4]鄆城：縣名。治所在今山東鄆城縣。　陝縣：縣名。治所在今河南三門峽市西陝縣老城。　邑宰：縣令的别稱。

[5]澶州：州名。唐大曆七年（772）移治今河南清豐縣，後晋天福四年（939）移治今河南濮陽縣。　觀察判官：官名。唐肅

宗以後置，五代沿置。觀察使屬官，參理田賦事，用觀察使印、署狀。　右補闕：官名。唐代諫官。武則天時始置。分爲左右，左補闕隸於門下省，右補闕隸於中書省。掌規諫諷諭，大事可以廷議，小事則上封奏。從七品上。

[6]虞部員外：官名。即虞部員外郎。唐、宋工部設虞部，其長官稱郎中，副長官稱員外郎，掌山澤苑囿、場冶薪炭等事。從五品上。　金部郎中：官名。掌天下庫藏財帛出納之事，頒其節制，司其簿領。從五品上。

[7]“廣順中”至“知貢舉”：《宋本册府》卷六四四《貢舉部·考試門二》：“（廣順）三年五月，敕：‘進策獻書人，宜令翰林學士申文炳如樞密院引試，定優劣聞奏。’”《舊五代史考異》：“案《玉壺清話》云：李慶，顯德中舉進士，工詩，有云：‘醉輕浮世事，老重故鄉人。’樞密王朴以此一聯薦于申文炳。文炳知貢舉，遂爲第三人。”見《玉壺清話》卷七，原文“李慶”實作“李度”，《宋史》卷四四〇《李度傳》亦載此事。

[8]顯德：五代後周太祖郭威年號（954）。世宗柴榮、恭帝柴宗訓沿用（954—960）。　左散騎常侍：官名。門下省屬官。掌侍奉規諷，備顧問應對。正三品下。　授左散騎常侍：《輯本舊史》卷一一九《周世宗紀六》顯德六年（959）正月己卯條：“以翰林學士、中書舍人申文炳爲左散騎常侍。”

[9]卒於家：《輯本舊史》卷一二〇《周恭帝紀》顯德六年七月辛亥條：“左散騎常侍申文炳卒。”

文炳爲文典雅，有訓誥之風。執性紓緩，待縉紳以禮，中年而卒，人皆惜之。[1]《永樂大典》卷二千九百二十。[2]

[1]人皆惜之：“人”字原闕，據劉本補。

[2]《大典》卷二九二〇“申”字韻“姓氏（二）”事目。

扈載[1]

[1]《輯本舊史》之案語：“案：《扈載傳》，原本殘闕，今兼採《册府元龜》以存大概。”《輯本舊史》於《扈載傳》下附列《劉衮傳》，並據《册府》輯録一則文字。今案《輯本舊史》卷一〇八《劉鼎傳》，其末尾曰：“子衮，登進士第，文彩遒儁，仕周爲左拾遺、直史館，早卒。”《劉鼎傳》録自《大典》卷九〇九九“劉”字韻“姓氏（二七）”事目，首尾完整。可見劉衮事迹實附見於其父《劉鼎傳》中，不應别爲《扈載傳》附傳，清輯本誤輯，今予以删除。

扈載，字仲熙，北燕人也。[1]少好學，善屬文，賦頌碑贊尤其所長。廣順初，隨計於貢部，文價爲一時之最，是歲昇高等。[2]拜校書郎，直史館，再遷監察御史。其爲文章，以辭多自喜。常次歷代有國廢興治亂之跡爲《運源賦》，甚詳。[3]

[1]北燕：此處指今河北、北京一帶。據《宋史》卷二六九《扈蒙傳》，蒙爲幽州安次（今河北廊坊市安次區）人，載爲蒙從弟。　“扈載”至“北燕人也”：《新五代史》卷三一《扈載傳》。

[2]“少好學”至“是歲昇高等”：《宋本册府》卷八四一《總録部·文章門五》。

[3]校書郎：官名。東漢始置，掌典校收藏於蘭臺的圖書典籍，亦稱校書郎中。唐秘書省及著作局皆置，正九品上；弘文館亦置，從九品上。　直史館：官名。唐天寶以後，他官兼領史職者，稱史

館修撰。初入史館者稱爲直館。元和六年（811）宰相裴垍建議：登朝官領史職者爲修撰，以官階高的一人判館事；未登朝官均爲直館。　“拜校書郎”至“甚詳”：《新五代史》卷三一《扈載傳》。

載因游相國寺，[1]見庭竹可愛，作《碧鮮賦》題其壁。世宗聞之，遣小黄門就壁録之，覽而稱善，因拜水部員外郎、知制誥。遷翰林學士，賜緋。[2]而載已病，不能謝，居百餘日，乃力疾入直學士院。世宗憐之，賜告還第，遣太醫視疾。《永樂大典》卷一萬四千八百二十七。[3]

[1]相國寺：一名大相國寺。著名的佛教寺院。位於今河南開封市内。

[2]翰林學士：官名。由南北朝始設之學士發展而來，唐玄宗改翰林供奉爲翰林學士，備顧問，代王言。掌拜免將相、號令征伐等詔令的起草。　賜緋：輿服制度。皇帝頒賜緋色官服。唐代五品、四品官服緋。後世或沿用此制，品級不盡相同。

[3]《大典》卷一四八二七“賦”字韻“賦題（二）”事目。中華書局本有校勘記：“按此則文字與《新五代史》卷三一《扈載傳》略同，疑係清人誤輯。”此事亦見明本《册府》卷四〇《帝王部・好文門》：“周世宗時，扈載初爲監察御史，嘗遊相國寺僧院，覩其庭竹，翠色可愛，乃抒《碧鮮賦》，留題於其院。帝聞之，命黄門就其院録之以進。俄拜兵部員外郎、知制誥。”又見《宋本册府》卷五五〇《詞臣部・恩奬門》：“扈載爲水部員外郎、知制誥，從駕南征迴，召爲翰林學士，賜緋。時載卧病，不能朝謝者數月。一日，乃力疾就直。帝軫其羸恭，賜告歸第，仍降太醫視疾。其寵遇也如此。”　《輯本舊史》卷一一六《周世宗紀三》顯德三年（956）六月丁卯條：“以水部員外郎知制誥扈載、度支員外郎王著，

並本官充翰林學士。”《舊五代史考異》:“案:載以賦受知,據《宋史·李穀傳》則載之遷官,當由王朴薦之。”《輯本舊史》之殿本注:“案:《宋史·李穀傳》:扈載以文章馳名,樞密使王朴薦令知制誥,除書未下,朴詣中書言之,穀曰:‘斯人命薄,慮不克享耳。’朴曰:‘公在衡石之地,當以材進人,何得言命而遺才哉。’遂知制誥,遷翰林學士。未幾卒。世謂朴能薦士,穀能知人。”見《宋史》卷二六二。

年三十六卒。載始自解褐至終纔四年,而與劉衮皆有才無命,時論惜之。[1]

[1]解褐:又作“釋褐”。除去布衣,换上官服。指初仕。劉衮:人名。彭城(今江蘇徐州市)人。有文采,與扈載齊名。事見本書卷一〇八。　“年三十六卒”至“時論惜之”:《宋本册府》卷九三一《總録部·短命門》。

賈緯

賈緯,真定獲鹿人也。[1]少苦學爲文,唐末舉進士不第,遇亂歸河朔,本府累署參軍、邑宰。[2]唐天成中,范延光鎮真定,[3]表授趙州軍事判官,遷石邑縣令。[4]緯屬文之外,勤於撰述,以唐代諸帝實録,自武宗已下,[5]闕而不紀,乃採掇近代傳聞之事,及諸家小説,第其年月,編爲《唐年補録》,凡六十五卷,識者賞之。[6]

[1]真定:鎮州的舊稱。治所在今河北正定縣。　獲鹿:縣名。

治所在今河北石家莊市鹿泉區。　真定獲鹿人也：《舊五代史考異》："案宋祁《景文集·賈令君墓誌銘》：賈氏自唐司空魏國公耽，世貫滄州南皮，子孫稍稍徙真定。五世祖諒，高祖瑾。曾祖處士諱初，有至性，疾世方亂，守鄉里，不肯事四方。祖諱緯。"見《景文集》卷五九《賈令公（注）墓誌》。

［2］參軍：官名。掌參謀軍務。

［3］范延光：人名。鄴郡臨漳（今河北臨漳縣）人。五代後唐、後晋將領。傳見本書卷九七、《新五代史》卷五一。　范延光鎮真定："真定"，原作"定州"。《宋本册府》卷七二九《幕府部·辟署門四》："范延光鎮真定，表授趙州軍事判官。"據改。《輯本舊史》之劉本案語："按：延光未嘗蒞定，當是鎮州之誤。"《輯本舊史》卷三九《唐明宗紀五》天成三年（928）四月戊寅條："以樞密使、權知鎮州軍府事、檢校太保范延光爲鎮州節度使兼北面水陸轉運使。"知范延光所鎮之地，確係鎮州而非定州。真定爲鎮州舊稱。

［4］趙州：州名。治所在今河北趙縣。　軍事判官：官名。唐中期節度使、觀察使及設團練使、防禦使之州皆置爲幕職，由各使自行辟舉。五代後唐明宗時設刺史之州亦改防禦判官而置，不得兼録事參軍。　石邑：縣名。治所在今河北石家莊市。

［5］武宗：即唐武宗李炎，又名李瀍。840 年至 846 年在位。紀見《舊唐書》卷一八上、《新唐書》卷八。

［6］"緯屬文之外"至"識者賞之"：中華書局本引《舊五代史考異》："案《景文集》：緯博學善詞章，論議明鋭，一時諸儒皆屈。唐自武宗後，史録亡散，君掇拾殘餘，爲《唐年補録》數十萬言，敘成敗事甚悉，書顯于時。"檢《賈令公墓誌》原文，"唐年補録"實作"唐季補録"。《新五代史》卷五七《賈緯傳》："當唐之末，王室微弱，諸侯强盛，征伐擅出，天下多事，故緯所論次多所闕誤。而喪亂之際，事迹粗存，亦有補於史氏。"

晋天福中，入爲監察御史，改太常博士。[1]緯常以史才自負，鋭於編述，不樂曲臺之任，[2]乃陳情於相座。又與監修國史趙瑩詩曰：[3]“滿朝唯我相，秉柄無親讎。三年司大董，[4]最切是編修。史才不易得，勤勤處處求。愚從年始立，東觀思優游。[5]昔時人未許，今來虚白頭。春臺與秋閣，往往興歸愁。信運北闕下，不繫如虚舟。綿蕝非所好，一日疑三秋。何當適所願，便如昇瀛洲。”[6]未幾，轉屯田員外郎，[7]改起居郎、史館修撰。

[1]太常博士：官名。掌撰五禮儀注。大禮時，導引乘輿，贊相祭祀，定誄謚以及守陵廟等。從七品上。　改太常博士：《宋本册府》卷五九六《掌禮部·謚法門二》：“安元信爲昭義軍節度、澤潞等州觀察處置等使，卒贈太師。太常博士賈緯議謚曰：‘叨居禮職，式考儒經，德雖以百行相成，謚乃取一善爲定。公經邦緯俗，積行累功，宜立總名，用彰殊烈。案謚法，事君盡節曰忠，體和居中曰懿。《左傳》曰：公家之事，知無不爲，忠也。《春秋正義》曰：保己精粹，立行純厚，懿也。公抑揚事任，周旋盛明，嘗險阻艱難，秉温良恭儉，或宣風千里，有負襁之民，或布政百城，致隨軒之雨，道光群后，功著歷朝。凡士大夫，歎開幕之芙蕖久謝，無賢不肖，感成蹊之桃李空存。焕彼緹緗，豐諸碑版，今被實録，非讓古人。事君既有忠規，爲臣足以御衆，復彰懿行，從政備焉。前代所高，斯謚爲當。今請謚曰忠懿。’從之。”

[2]曲臺：即太常博士。

[3]監修國史：官名。北齊始置於史館，以宰相爲之。唐宋史館沿置，爲宰相兼職。唐制，宰相四人中，首相兼太清宫使，次三相依次兼弘文館大學士、監修國史、集賢殿大學士。　趙瑩：人名。華州華陰（今陝西華陰市）人。五代後晋宰相。傳見本書卷八

九、《新五代史》卷五六。

［4］三年司大董：《輯本舊史》之影庫本粘籤："'大董'二字，詳其文義，當是用《左傳》'董史掌典籍'之意，但稱爲'大董'，究未審所出，今無可復證，姑仍其舊。"《左傳》宣公二年："大史書曰'趙盾弑其君'，以示於朝。孔子曰：董狐，古之良史也，書法不隱。"據此，"大董"即"大史董狐"之省稱，影庫本粘籤所釋不確。

［5］東觀：指代宫中著述及藏書之處。　東觀思優游：《輯本舊史》之影庫本粘籤："東觀，原本作'東望'，今據文改正。"

［6］瀛洲：指古代中國神話傳説中的東海仙山。

［7］屯田員外郎：官名。屯田郎中的副職。與郎中共掌屯田政令等。從六品上。

又謂瑩曰："《唐史》一百三十卷，止於代宗，[1]已下十餘朝未有正史，請與同職修之。"瑩以其言上奏，晋祖然之，謂李崧曰："賈緯欲修《唐史》，如何？"[2]對曰："臣每見史官輩言，唐朝近百年來無實録，既無根本，安能編紀。"緯聞崧言，頗怒，面責崧沮己。崧曰："與公鄉人，理須相惜，此事非細，安敢輕言。"緯與宰臣論説不已。明年春，勑修《唐史》，緯在籍中。[3]月餘，丁内艱，歸真定。[4]

［1］代宗：即唐代宗李豫。762 年至 779 年在位。紀見《舊唐書》卷一一、《新唐書》卷六。

［2］晋祖：即後晋高祖石敬瑭。沙陀族人。五代後唐將領、後晋開國皇帝。紀見本書卷七五至卷八〇、《新五代史》卷八。　李崧：人名。深州饒陽（今河北饒陽縣）人。五代後晋宰相，歷仕後

唐至後漢。傳見本書卷一〇八、《新五代史》卷五七。

［3］"明年春"至"緯在籍中"：《輯本舊史》卷七九《晉高祖紀五》天福六年（941）二月己亥（初九）條："詔户部侍郎張昭遠、起居郎賈緯、秘書少監趙熙、吏部郎中鄭受益、左司員外郎李爲光等同修《唐史》，仍以宰臣趙瑩監修。"同月戊申（十八）條："起居郎賈緯以所撰《唐年補録》六十五卷上之，帝覽之嘉歎，賜以器幣，仍付史館。"《宋本册府》卷五五七《國史部·採撰門三》："天福六年二月己酉（十九），緯奏曰：'伏覩國史館，唐高祖至代宗，已有紀傳，德宗至文宗，亦存實録，武宗至濟陰廢帝凡六代，唯有《武宗實録》一卷，餘皆闕落。臣今採訪遺文及耆舊傳説，編成六十五卷，目爲《唐年補遺録》，以備將來史官修述。臣聞裴子野之修《宋略》，爰在梁時；姚思廉之纂《陳書》，乃於唐世。咸因喪墜，是有研尋。皇帝陛下與日齊明，固天縱聖，華山歸馬，崇文之道已行，虎殿延儒，質疑之論斯啓。一昨聿宣綸誥，精擇史官，以李氏又終，想唐年遺事，雖追名上號，其制相沿，而創法定儀，於文或異，恐謡俗之訛變，致信實以湮沉，將緝亡書，以修墜典。臣久居職分，深恥闕遺，今録淺聞，别陳短序，伏冀特迴睿鑒，俯念愚衷。芸閣蓬山，誠莫裨於良直，蹄涔掬土，願少效於高深。請下有司，用資取證。'上覽之嘉歎，賜器皿幣帛。"《五代會要》卷一八前代史條"唐年補遺録"作"唐朝補遺録"。

［4］"月餘"至"歸真定"：《輯本舊史》卷七九《晉高祖紀五》天福六年四月辛丑條："宰臣、監修國史趙瑩奏：'奉詔差張昭遠等五人同修《唐史》，内起居郎賈緯丁憂去官，請以刑部侍郎吕琦、侍御史尹拙同與編修。'又奏：'史館所闕唐朝實録，請下敕購求。'並從之。"

開運初，服闋，復起居郎、修撰如故，尋以本官知制誥。[1]緯長於記注，應用文筆，未能過人，而議論剛强，儕類不平之，因目之爲“賈鐵嘴”。開運中，累遷中書舍人。[2]

[1]尋以本官知制誥：《輯本舊史》卷八三《晋少帝紀三》開運元年十月甲寅條：“以起居郎、知制誥賈緯爲户部郎中、知制誥。”賈緯實以户部郎中知制誥，本傳謂以本官（起居郎）知制誥，誤。

[2]累遷中書舍人：中華書局本引《舊五代史考異》：“案：王珪《華陽集·賈文元墓誌銘》作曾祖緯，晋中書舍人，《宋史·賈昌朝傳》因之。然緯實終于周，非終于晋也。宋祁《景文集》又作漢、周間中書舍人。據此傳，緯仕漢、周，未嘗再爲舍人，疑《景文集》誤。”見《華陽集》卷五六《賈昌朝墓誌銘》（昌朝謚文元）、《宋史》卷二八五《賈琰傳》（非《賈昌朝傳》）。

虜陷京師，[1]隨虜至真定，[2]諸將逐麻答，[3]後與公卿還朝，授左諫議大夫。緯以久次綸閣，比望丞郎之拜，及遷諫署，觖望彌甚。[4]蘇逢吉監修國史，[5]以緯頻投文字，甚知之，尋充史館修撰，判館事。乾祐中，受詔與王伸、竇儼修晋高祖、少帝、漢高祖三朝實録。[6]緯以筆削爲己任，然而褒貶任情，記注不實。[7]晋宰相桑維翰執政日，[8]薄緯之爲人，不甚見禮，緯深銜之。及敘《維翰傳》，稱維翰“身没之後，有白金八千鋌，他物稱是”。[9]翰林學士徐台符，[10]緯邑人也，與緯相善，謂緯曰：“切聞吾友書桑魏公白金之數，不亦多乎！但以十目所覩，不可厚誣。”緯不得已，改爲白金數千鋌。

[1]虜陷京師：原作“契丹入京師”，據明本《册府》卷四八一《臺省部·輕躁門》改。

[2]隨虜至真定：原作“隨契丹至真定”，據明本《册府》卷四八一《臺省部·輕躁門》改。

[3]麻答：人名。即耶律拔里得。契丹人。遼初皇室，遼太宗耶律德光堂弟。傳見《遼史》卷七六。參見鄧廣銘（署名鄺又銘）《遼史兵衛志“御帳親軍”“大首領部族軍”兩事目考源》，《北京大學學報》1956年第2期。　諸將逐麻答：此五字原闕，據明本《册府》卷四八一《臺省部·輕躁門》補。

[4]綸閣：中書省的代稱。爲代皇帝撰擬制誥之處。　丞郎：唐時尚書省左右丞和六部侍郎的總稱。　諫署：諫官官署。

[5]蘇逢吉：人名。長安（今陝西西安市）人。五代後漢宰相。傳見本書卷一〇八、《新五代史》卷三〇。

[6]王伸：人名。籍貫不詳。五代大臣，史官。事見本書卷一〇二、卷一一三。　竇儼：人名。薊州漁陽（今天津市薊州區）人。五代、宋初大臣。傳見《宋史》卷二六三。　少帝：即後晋少帝石重貴。沙陀部人。後晋高祖石敬瑭從子。紀見本書卷八一至卷八五、《新五代史》卷九。　晋高祖、少帝、漢高祖三朝實録：“漢高祖三朝實録”，原作“漢高祖實録”，據《太平御覽》卷六〇四《文部·史傳門》下引《周書》、《宋本册府》卷五六二《國史部·不實門》改。《輯本舊史》卷一〇二《漢隱帝紀中》乾祐二年（949）二月庚子條：“詔左諫議大夫賈緯等修撰《高祖實録》。”同年十月癸未條：“監修國史蘇逢吉、史官賈緯以所撰《高祖實録》二十卷上之。”同年十二月戊寅條：“司徒、門下侍郎、平章事竇貞固奏，請修晋朝實録，詔史官賈緯、竇儼、王伸等修撰。”

[7]褒貶任情，記注不實：原作“褒貶之際，憎愛任情”，據《太平御覽》卷六〇四《文部·史傳門下》、《宋本册府》卷五六二《國史部·不實門》改。

[8]晋宰相桑維翰執政日：“宰”字原闕，據《太平御覽》卷

六〇四《文部·史傳門下》、《宋本册府》卷五六二《國史部·不實門》補。

[9]稱維翰：三字原闕，據《太平御覽》卷六〇四《文部·史傳門下》、《宋本册府》卷五六二《國史部·不實門》補。

[10]徐台符：人名。鎮州獲鹿（今河北石家莊市鹿泉區）人。五代時期大臣。傳見本書附録。

緯以撰述之勞，每詣宰執，懇祈遷轉，遇内難不果。太祖即位，改給事中，[1]判館如故。先是，竇貞固奏請修晋朝實録，既竟，亦望陞擢。[2]貞固猶在相位，乃上疏抗論除拜不平。[3]既而以所撰日曆示監修王峻，[4]皆媒孽貞固及蘇禹珪之短，[5]歷詆朝士之先達者。峻惡之，謂同列曰："賈給事家有士子，亦要門閥無玷，今滿朝並遭非毁，教士子何以進身！"乃於太祖前言之，出爲平盧軍行軍司馬。[6]時符彦卿鎮青州，[7]以緯文士，厚禮之。緯妻以緯左遷，駭惋傷離，病留於京師。緯書候之曰："勉醫藥，來春與子同歸獲鹿。"廣順二年春，緯卒。及訃至，妻一慟而終，果雙柩北歸，聞者歎之。

[1]改給事中：《輯本舊史》之影庫本粘籤："給事，原本作'紀事'，今據文改正。"

[2]竇貞固：人名。同州白水（今陝西白水縣）人。五代後唐至宋初大臣，後唐進士，後漢宰相。傳見《宋史》卷二六二。"先是"至"亦望陞擢"：《輯本舊史》卷一一一《周太祖紀二》廣順元年（951）七月壬申條："史官賈緯等以所撰《晋高祖實録》三十卷、《少帝實録》二十卷上之。"

[3]乃上疏抗論除拜不平：明本《册府》卷四八一《臺省部·

輕躁門》："廣順初，（賈緯）爲給事中，上言曰：'臣久塵西掖，近綴東臺，既居封駁之官，兼處編修之職，凡關聞見，合補聰明，苟避事不言，是上孤至聖。臣聞無偏無黨，王道蕩蕩；無黨無偏，王道平平。前書所載，言之者誠，千古大君，恐有毫髮之私也。臣覩陛下降赦後普行恩敕，武臣之内，咸協舊規，文史之中，未符通論。臣竊見改轉朝官，自太子少保、尚書丞、郎内，例超秩次，仍峻户封，唯兩省侍從、卿監之官及員外郎、贊、洗等依資昇進者，不過數人，餘並止於一階，或自右入左，上下都不畫一。臣伏思階勳爵邑，至爲重事，當以德以勞次第而進，雖遇慶澤，不可妄加。況官者代天理物，國家公器，雖有親昵，無得輕授。故曰：官不必備，唯其人。若才稱其官，常時當有顯議，能不副職，宜便無宜濫昇。以公器而爲普恩，以普恩而有差等，一厚一薄，何疏何親？臣不敢封還制書，以阻成命，欲乞陛下顯詢故事，爰下有司，不次超拜者，必徵殊美，以第進秩者，須守常規，望明庭再與僉諧，願陛下曲留省察。兼有前朝非爲執政見排，左授官秩者，及在官無累，或丁憂已滿，未蒙敘遷，各許進狀，以自申明。或顯見於蹤疏，幸特頒於制命，或期效用，不致沉埋。則免使得路者自伐自矜，結恩私室，失意者愈嗟愈歎，流怨公朝。光陛下聖明之規，表陛下均平之德，將恢至理，以致太和。'時中書議朝臣加恩，以漢隱帝三年之内，稀有改轉，故商量西班上將軍、統軍、金吾及東班三署久次不遷者，因加溥澤，依資序進。其餘月限合替者，只加三階，階已高，敘勳、進爵邑，示普恩而已。時李穀、魚崇諒、趙上交改爲丞郎，故遞轉數人，用其員闕。緯切於進用，謂當路者有私，尤恨竇貞固、蘇禹珪，每發論，形于顔色。太祖召見，又奏漢朝遷改不平，有員外郎盧振者，自殿中侍御史超十資授左司員外郎，太祖驚訝久之。殿中平轉中行員外郎，令授前行，超一資，今云十資，蓋罔上以求媚也。"

［4］王峻：人名。相州安陽（今河南安陽市）人。五代將領，後周時任樞密使兼宰相。傳見本書卷一三〇、《新五代史》卷五〇。

既而以所撰日曆示監修王峻：《新五代史》卷五七《賈緯傳》："是時，宰相王峻監修國史，緯書日曆，多言當時大臣過失。"

[5]蘇禹珪：人名。高密（今山東高密市）人。劉知遠爲河東節度時的屬官，後漢初任宰相。傳見本書卷一二七。

[6]平盧軍：方鎮名。治所在青州（今山東青州市）。　出爲平盧軍行軍司馬：明本《册府》卷四八一《臺省部·譴責門》："周賈緯，太祖時爲給事中，史館脩撰。廣順元年十月，貶爲平盧軍節度行軍司馬，檢校禮部尚書。"所載較本傳詳審。青州爲平盧軍節度使治所。

[7]符彦卿：人名。陳州宛丘（今河南淮陽縣）人。五代後周、宋初將領。後周世宗宣懿皇后、宋太宗懿德皇后，皆符彦卿之女。傳見《宋史》卷二五一。

緯有集三十卷，目曰《草堂集》，並所撰《唐年補録》六十五卷，皆傳於世。[1]《永樂大典》卷一萬一千七百十四。[2]

[1]"緯有集三十卷"至"皆傳於世"：《宋史》卷二〇三《藝文志二》載"賈緯《備史》六卷"。《通鑑》卷二六六開平元年（907）五月條《考異》，引"賈緯《備史》"所載李克用會阿保機事。《直齋書録解題》卷五："賈氏《備史》六卷，漢諫議大夫賈緯撰。敘石晋禍亂，每一事爲一詩係之。"本傳未載此書。又，《宋史》卷二八五《賈琰傳》："琰字季華，晋中書舍人、給事中緯之子也。以蔭授臨淄、雍丘主簿，歷通判澧州。太宗尹京，奏以爲開封府推官，加左贊善大夫。及即位，超拜左正議大夫、樞密直學士。未幾，擢三司副使。太平興國二年，卒。琰風神峻整，有吏幹，佐太宗居幕府凡五年，勤於所職。昆弟五人，琰最幼，及琰歷官而諸兄相繼死。琰拊循孤幼，聚族凡百口，分給衣食，庭無間言，士大

夫以此稱之。”録之以見賈緯諸子之大略。

[2]《大典》卷一一七一四“賈”字韻“姓氏（四）”事目。

趙延乂

趙延乂，[1]字子英，秦州人。[2]曾祖省躬，以明術數爲通州司馬，[3]遇亂避地於蜀。祖師古，黔中經略判官。[4]父温珪，仕蜀爲司天監。[5]温珪長於袁、許之術，兼之推步。[6]王建時，[7]深蒙寵待，延問得失，事微差跌，即被詰讓。臨終謂其子曰：“技術雖是世業，吾仕蜀已來，幾由技術而死，爾輩能以他途致身，亦良圖也。”延乂少以家法仕蜀，由廕爲奉禮部翰林待詔。蜀亡入洛，[8]時年三十。天成中，得蜀舊職。

[1]趙延乂：中華書局本作“趙延義”，有校勘記：“殿本、劉本、孔本校、邵本校、本書卷一二九《翟光鄴傳》改。本書各處同。《影庫本批校》云：趙延義，‘義’應作‘乂’。《舊五代史考異》卷四：‘案：《歐陽史》作趙延義。’”《大典》卷八九八〇引《舊五代史·周太祖紀》，《輯本舊史》卷七九、卷一〇三、卷一〇六、卷一一二、卷一一三、卷一二九、卷一四〇，明本《册府》卷一〇四、《宋本册府》卷一八〇，《新五代史》卷三〇，《通鑑》卷二七九、卷二八七、卷二八九，皆作“趙延乂”。《輯本舊史》卷四八，《新五代史》卷二七、卷五七，明本《册府》卷九三五，作“趙延義”，且除《新五代史》卷五七《趙延義傳》外，其餘所載，皆爲一事。今統改爲“趙延乂”。

[2]秦州：州名。治所在今甘肅天水市。

[3]省躬：人名。即趙省躬。秦州（今甘肅天水市）人。趙延

乂曾祖。事見《新五代史》卷五七。　通州：州名。治所在今江蘇南通市。　司馬：官名。州郡佐官，名義上紀綱衆務，通判列曹，品高俸厚，實際上無具體職事，多用以安置貶謫官員，或用作遷轉官階。上州從五品下，中州正六品下，下州從六品上。

[4]師古：即趙師古。秦州（今甘肅天水市）人。趙延乂祖父。事見《新五代史》卷五七。　黔中：方鎮名。治所在黔州(今重慶彭水苗族土家族自治縣)。

[5]温珪：即趙温珪。秦州（今甘肅天水市）人。趙延乂父親。事見《新五代史》卷五七。　司天監：官（署）名。其長官稱司天監，掌天文、曆法以及占候等事。參見趙貞《唐宋天文星占與帝王政治》，北京師範大學出版社 2016 年版。

[6]袁、許：漢許負和唐袁天綱的並稱。二人皆精相人之術。　推步：占卜方術的一種。

[7]王建：人名。許州舞陽（今河南舞陽縣）人。唐末軍閥、五代十國前蜀開國皇帝。傳見本書卷一三六、《新五代史》卷六三。

[8]禮部翰林待詔：官名。唐初置翰林院，凡文學之士及學有專長者，均待詔值日於翰林院。唐玄宗時稱翰林待詔，掌批答表疏等事。　洛：地名。即河南府，治所在今河南洛陽市。

延乂世爲星官，兼通三式，[1]尤長於袁、許之鑒。清泰中，嘗與樞密直學士吕琦同宿於内廷，琦因從容密問國家運祚，延乂曰："來年厄會之期，俟過别論。"琦詰之不已，延乂曰："保邦在刑政，保祚在福德。在刑政則術士不敢言，奈際會諸公，罕有卓絶福德者，下官實有恤緯之憯。"[2]其年，兼衛尉少卿。[3]

[1]星官：官名。唐、五代司天監官員或以星曆技術待詔官員之别稱。　三式：星占術語。指太一式、遁甲式和六壬式。《唐六

典》卷一四："太卜令掌卜筮之法，以占邦家動用之事……凡式，占辨三式之同異。"注："一曰雷公（遁甲）式；二曰太一式，並禁私家畜；三曰六壬式，士庶通用之。"

[2]樞密直學士：官名。五代後唐莊宗同光元年（923），改直崇政院置，選有政術、文學者充任。備顧問應對。　吕琦：人名。幽州安次（今河北廊坊市）人。五代後唐、後晉官員。傳見本書卷九二、《新五代史》卷五六。　"清泰中"至"下官實有恤緯之僣"：《通鑑》卷二七九清泰二年（935）六月條："帝好咨訪外事，常命端明殿學士李專美、翰林學士李崧、知制誥吕琦、薛文遇、翰林天文（胡注：居翰林院以候天文者也）趙延乂等更直於中興殿庭，與語或至夜分。"

[3]衛尉少卿：官名。北魏置，隋、唐、五代爲衛尉寺次官，協助衛尉卿掌供宫廷、祭祀、朝會之儀仗帷幕，通判本寺事務。從四品上。　兼衛尉少卿：《輯本舊史》卷四八《唐末帝紀下》清泰三年五月條："翌日，欲移石敬瑭於鄆州，房暠等堅言不可，司天監趙延義亦言星辰失度，尤宜安静，由是稍緩其事。"延乂於後晉天福六年方升任司天監，《唐末帝紀》所載官職不確。

晉天福中，代馬重績爲司天監。[1]契丹入京師，隨至鎮州。[2]時契丹將麻荅爲帥，會漢高祖定兩京，控鶴都將李筠與諸校密謀劫庫兵，[3]逐契丹，猶豫未決，謀於延乂，因假以術數贊成之。[4]契丹既去，還京師，官秩如舊。[5]

[1]馬重績：人名。其先出於北狄。傳見本書卷九六、《新五代史》卷五七。　代馬重績爲司天監：《輯本舊史》卷一四〇《曆志》："及晉祖肇位，司天監馬重績始造新曆，奉表上之……晉高祖命司天少監趙仁錡、張文皓，秋官正徐皓，天文參謀趙延乂、杜

昇、杜崇龜等，以新曆與《宣明》《崇玄》考覈得失，俾有司奉而行之，因賜號《調元曆》，仍命翰林學士承旨和凝撰序。”《宋史》卷七六《律曆志九・皇祐圭表》：“今司天監圭表乃石晋時天文參謀趙延乂所建，表既欹傾，圭亦墊陷，其於天度無所取正。”《輯本舊史》卷七九《晋高祖紀五》天福六年（941）六月丙申條：“以前衛尉卿趙延乂爲司天監。”

[2]鎮州：州名。治所在今河北正定縣。

[3]兩京：時以開封府爲東京、河南府爲西京，合稱兩京，分别指今河南開封市和洛陽市。　控鶴都將：官名。所部統兵將領。“控鶴”爲禁軍番號。　李筠：人名。籍貫不詳。五代後晋將領。事見本書本卷。

[4]“時契丹將麻答爲帥”至“因假以術數贊成之”：《輯本舊史》卷一〇六《白再榮傳》：“李筠、何福進相率殺契丹帥麻答……諸軍以再榮名次在諸校之右，乃請權知留後事……奉國厢主王饒懼爲再榮所并，乃據東門樓，以兵自衛，僞稱足疾，不敢見再榮。司天監趙延乂俱與之善，乃來往解釋，遂無相忌之意。”

[5]官秩如舊：《宋本册府》卷一八〇《帝王部・濫賞門》：“漢高祖以晋天福十二年即位，時司天監趙延乂、冬官正吴正己、徐延浩等進來年曆日，賜器皿繒帛有差。”《通鑑》卷二八九乾祐三年（950）閏五月條：“宫中數有怪。癸巳，大風，發屋拔木，吹鄭門扉起，十餘步而落，震死者六七人，水深平地尺餘。帝召司天監趙延乂，問以禳祈之術，對曰：‘臣之業在天文時日，禳祈非所習也。然王者欲弭災異，莫如脩德。’延乂歸，帝遣中使問：‘如何爲脩德？’延乂對：‘請讀《貞觀政要》而法之。’”《新五代史》卷三〇《李業傳》：“時天下旱、蝗，黄河決溢，京師大風拔木，壞城門，宫中數見怪物投瓦石、撼門扉。隱帝召司天趙延乂問禳除之法，延乂對曰：‘臣職天象日時，察其變動，以考順逆吉凶而已，禳除之事，非臣所知也。然臣所聞，殆山魈也。’”所載略異。

廣順初，加檢校司徒，[1]本官如故，太祖數召對焉。[2]延乂善交遊，達機變，兼有技術，見者歡心。二年，授太府卿，判司天監事。[3]其年夏初，火犯靈臺，延乂自言星官所忌，又言身命宮災併，[4]未幾其子卒，尋又妻卒，俄而延乂嬰疾，故人省之，舉手曰："多謝諸親，死災不可逭也。"尋卒，[5]年五十八。贈光禄卿。[6]《永樂大典》卷一萬六千九百九十一。[7]

[1]檢校司徒：官名。爲散官或加官，以示恩寵，無實際執掌。

[2]太祖數召對焉：《輯本舊史》之案語："案《歐陽史》：周太祖自魏以兵入京師，召延義問：'漢祚短促者，天數耶?'延義言：'王者撫天下，當以仁恩德澤，而漢淫酷，刑法枉濫，天下稱冤，此其所以亡也。'是時，太祖方以兵圍蘇逢吉、劉銖第，欲誅其族，聞延乂言悚然，因貸其族，二家獲全。"見《新五代史》卷五七《趙延義傳》，原文"漢淫酷，刑法枉濫"實作"漢法深酷，刑罰枉濫"。

[3]"二年"至"判司天監事"：《輯本舊史》卷一一二《周太祖紀三》廣順二年（952）九月庚午條："以司天監趙延乂爲太府卿兼判司天監事。"同書卷一二九《翟光鄴傳》："廣順二年十月，（翟光鄴）卒於長安，時年四十六……光鄴膚革肥皙，善於攝養，故司天監趙延乂有袁、許之術，嘗謂人曰：'翟君外厚而内薄，雖貴而無壽。'果如其言。"

[4]又言身命宮災併：中華書局本有校勘記："'宮'，原作'官'，據殿本、劉本改。"

[5]尋卒：《輯本舊史》卷一一三《周太祖紀四》廣順三年七月庚寅條："太府卿、判司天監趙延乂卒。"

[6]光禄卿：官名。南朝梁天監七年（508）改光禄勳置，隋

唐沿置。掌宮殿門户、帳幕器物、百官朝會膳食等。從三品。

[7]《大典》卷一六九九一“趙”字韻“姓氏（七）”事目。

沈遘

沈遘，字期遠，睢陽人也。[1]父振，貝州永濟令，[2]累贈左諫議大夫。遘幼孤，以苦學爲志。弱冠登進士第，釋褐除校書郎，由御史臺主簿拜監察御史，凡五遷，[3]至金部郎中，充三司判官。[4]廣順中，以本官知制誥。世宗嗣位，擢爲翰林院學士，歲滿，拜中書舍人充職。[5]顯德三年夏，以扈從南征，因而遇疾，歸及京而卒。

[1]睢陽：地名。宋州古稱。治所在今河南商丘市睢陽區。

[2]振：人名。即沈振。事迹不詳。　貝州：州名。治所在今河北清河縣。　永濟：縣名。治所在今山東冠縣北館陶。

[3]凡五遷：《輯本舊史》卷九〇《馬全節傳》：“開運元年秋，(馬全節）授鄴都留守。全節始拜鄴都，以元城是桑梓之邑，具白襴詣縣庭謁拜，縣令沈遘逡巡避之，不敢當禮。全節曰：‘父母之鄉，自合致敬，勿讓之也。’州里榮之。”

[4]三司判官：官名。爲三司使的佐吏，協理政事，或備差遣。

[5]拜中書舍人充職：《輯本舊史》之影庫本粘籤：“中書，原本作‘中試’，今據文改正。”

遘爲人謙和，勤於接下，每文士投贄，必擇其賢者而譽之，故當時後進之士多歸焉。《永樂大典》卷一萬二千一百五十六。[1]

［1］《大典》卷一二一五六“沈”字韻“姓氏（三）”事目。

李知損

李知損，字化機，大梁人也。[1]少輕薄，利口無行。梁朝時，以牋刺篇詠出入於内臣之門，[2]繇是浪得虚譽，時人目之爲“李羅隱”。後累爲藩鎮從事，入朝拜左補闕，[3]歷刑兵二員外、度支判官、右司郎中。[4]坐受榷鹽使王景遇厚賂，[5]謫於均州。[6]漢初歸朝，除右司郎中、兼侍御史知雜事。

［1］大梁：地名。位於今河南開封市。

［2］牋刺：古代下官呈報上級官吏之文書、名帖。“牋刺”，中華書局有校勘記：“原作‘牒刺’，據《册府》卷九五四改。”

［3］入朝拜左補闕：《宋本册府》卷四九四《邦計部・山澤門二》：“（天福）二年九月，左補闕李知損上章曰：……臣近聞衆議，云國家將變鹽法，有司即欲宣行。竊知以諸道所糶賣鹽，令逐處更添一倍，委州司量其屋宇，均配城内户人，每歲勒兩限俵鹽，隨二税納價。言之雖易，作之極難，此法若行，甚非穩便……尋有旨，寢其事。”

［4］度支判官：官名。唐始置，唐代後期節度、觀察、團練、防禦等使的屬官，掌推按刑獄。此外，度支、鹽鐵等使也置推官。右司郎中：官名。尚書右丞副貳，協掌尚書都省事務，監管兵、刑、工部諸司政務，舉稽違，署符目，知直宿，位在諸司郎中上。從五品上。　歷刑兵二員外、度支判官、右司郎中：《宋本册府》卷五四七《諫諍部・直諫門一四》：“李知損爲刑部員外郎，天福二年十一月，上言：……臣昨晚於相國寺内忽覩聚衆殺病瘦馬，或説

奉聖旨宣賜，臣愚昧，所見竊有感傷……伏望明敕所司，應有病馬，散令宣賜，要者任便餵養，顯示不殺之恩……帝嘉而納之，錫以束帛。”同書卷九二三《總録部·不孝門》：“楊仁澤，前爲鄜州三川縣主簿。仁澤在父憂制内求官，爲大理寺所奏。詳斷官大理正韓保裔與詳覆官刑部員外郎李知損斷曰：‘伏以楊仁澤父喪未滿，釋服求官，人子何堪違律如此！宜從追毁，以贖典刑。餘望依大理寺斷。’可之。”《輯本舊史》卷七八《晋高祖紀四》天福四年正月（939）乙卯條：“左諫議大夫曹國珍上言：‘請於内外臣僚之中，選才略之士，聚《唐六典》《前後會要》《禮閣新儀》《大中統類》、律令格式等，精詳纂集，俾無漏落，别爲書一部，目爲大晋政統。’從之。其詳議官，宜差太子少師梁文矩、左散騎常侍張允、大理卿張澄、國子祭酒唐汭、大理少卿高鴻漸、國子司業田敏、禮部郎中吕咸休、司勳員外郎劉濤、刑部員外郎李知損、監察御史郭延升等一十九人充。文矩等咸曰：‘改前代禮樂刑憲爲大晋政統，則堯典、舜典當以晋典革名。’”同年十月庚戌條：“閩王王昶、威武軍節度使王繼恭遣僚佐林思、鄭元弼等朝貢，致書於宰執，無人臣之禮。帝怒，詔令不受所貢，應諸州綱運，並令林思、鄭元弼等押歸本道。既而兵部員外郎李知損上疏，請禁錮使人，籍没綱運。可之，收林思等下獄。”

[5]榷鹽使：官名。唐德宗時置，掌安邑、解縣兩鹽池事務。詳見齊濤《論唐代榷鹽制度》，《山東大學學報》1989年第4期。　王景遇：人名。籍貫不詳。五代官員。事見本書卷八四。

[6]均州：州名。治所在今湖北丹江口市。　謫於均州：《輯本舊史》卷八四《晋少帝紀四》開運三年（946）正月丁未條：“右司郎中李知損貶均州司户，員外置，馳驛發遣，坐前任度支判官日與解縣榷鹽使王景遇交游借貸故也。”

廣順中，拜右諫議大夫。時王峻爲樞密使，[1]知損以與峻有舊，遂詣峻求使於江、浙，峻爲上言。太祖素聞知損所爲，甚難之。峻曰："此人如或辱命，譴之可也。"太祖重違其請，遂可之。知損既受命，大恣其荒誕之意，遂假貲於人，廣備行李。及即路，所經州郡，無不强貸。又移書於青州符彦卿，借錢百萬。及在郵亭，行止穢雜。王峻聞而復奏之，乃責授棣州司馬。[2]

[1]樞密使：官名。樞密院長官，五代時以士人爲之，備顧問，參謀議，出納詔奏，權侔宰相。參見李全德《唐宋變革期樞密院研究》，國家圖書館出版社2009年版。

[2]棣州：州名。治所在今山東惠民縣。　"知損既受命"至"乃責授棣州司馬"：《輯本舊史》卷一一二《周太祖紀三》廣順三年（953）正月丁卯條："兩浙弔祭使、左諫議大夫李知損責授登州司馬（影庫本粘籤：登州，原本脱'登'字，今從李知損本傳增入），員外置，仍令所在馳驛放遣。知損銜命江、浙，所經藩郡，皆强貸於侯伯，爲青州知州張凝所奏，故有是命。"明本《册府》卷四八一《臺省部·輕躁門》作"責授棣州司馬"。《周太祖紀》之"登州"，當屬原輯者之訛。明本《册府》卷六六四《奉使部·辱命門》："周李損（應爲'李知損'）爲諫議大夫，太祖廣順三年正月，命使兩浙。損受命之後，過備行李，務極華楚，在朝親識及前任侯伯，皆詣之，强有假貸。衆憚其利口兇率，僶俛應副。或有告王峻者，峻召損，深責之，損拜謝而去。又陳啓事，願改前過，仍有詛誓之語，峻稍解。然損亦如故。有賣玉帶者，邀價千緡，應聲取之，約以使迴償價，遂帶之即路。所經州府，無不强貸，遣人齎書青州，借錢千緡，屬符彦卿移鎮天平，遇之於路，獻詩遊説，懇求借貸。彦卿辭以移任，千祈不已，終借三百緡。及至青州，又於知州張凝借貸，及在郵驛，行止穢雜，張凝具事以聞。太祖謂王峻曰：'李損所爲如此，争堪更至海外？'峻乃請行貶逐。

尋改太府少卿李玭爲兩浙弔祭使，以代李損（應爲‘李知損’），主客郎中盧振爲兩浙起復副使。”

世宗即位，切於求人，素聞知損狂狷，好上封事，謂有可采，且欲聞外事，即命徵還，遽與復資。數月之間，日貢章疏，多斥讟貴近，自謀進取，又上章求爲過海使。世宗因發怒，仍以其醜行日彰，故命除名，配沙門島。[1]知損將行，謂所親曰：“余嘗遇善相者，言我三逐之後，[2]當入居相位，[3]余自此而三矣，子姑待我。”後歲餘，卒於海中，其庸誕也如此。[4]《永樂大典》卷一萬三百九十。[5]

[1]沙門島：地名。在今山東長島縣西北廟島，一說大黑山島。配沙門島：《輯本舊史》卷一一五《周世宗紀二》顯德二年(955)十月丁丑條：“右諫議大夫李知損配流沙門島，坐妄貢章疏，斥讟貴近，及求使兩浙故也。”

[2]言我三逐之後：《輯本舊史》之影庫本粘籤：“三逐，原本作‘三遂’，今據文改正。”宋本《册府》卷九二四《總録部·詐僞門》正作“三逐”。

[3]當入居相位：“入”字原闕，據《册府》卷九二四《總録部·詐僞門》補。

[4]其庸誕也如此：《輯本舊史》引《五代史補》：“李知損，官至諫議大夫，好輕薄，時人謂之‘李羅隱’。至於親友間往還簡牘，往往引里巷常談，謂之偶對。常有朝士奉使回，以土物爲贈，其意猶望却回。知損覺之，且遺書謝之曰：‘在小子一時間却擬送去，恐大官兩羅裹更不將來。’乾祐中，奉使鄭州，時宋彦筠爲節度使。彦筠小字忙兒，因宴會，彦筠酒酣，輒問曰：‘衆人何爲號

足下爲“羅隱”?’對曰：‘下官平素好爲詩，其格致大抵如羅隱，故人爲號。’彦筠曰：‘不然，蓋爲足下輕薄如羅隱耳。’知損大怒，厲聲曰：‘只如令公，人皆謂之宋忙兒，未必便能放牛。’滿座皆笑。”見《五代史補》卷四李知損輕薄條。

[5]《大典》卷一〇三九〇“李”字韻“姓氏（三五）”事目。

孫晟

孫晟，本名鳳。[1]性陰賊，好姦謀。少爲道士，工詩，於廬山簡寂觀畫唐詩人賈島像，[2]懸於屋壁，以禮事之。觀主以爲妖妄，執杖驅出之，大爲時輩所嗤。改儒服，謁唐莊宗於鎮州，授祕書省著作佐郎。[3]天成初，朱守殷據夷門叛，[4]時晟爲幕賓，贊成其事。[5]是時晟常擐甲露刃，以十數騎自隨，巡行於市，多所屠害，汴人爲之切齒。城陷，朱氏被誅，晟乃匿跡更名，棄其妻子，亡命於陳、宋間。[6]

[1]孫晟，本名鳳：《輯本舊史》之案語：“案《南唐書》云：孫忌，高密人，一名鳳，又名晟，少舉進士。”見陸游《南唐書》卷一一《孫忌傳》，下同。《新五代史》卷三三《孫晟傳》：“孫晟，初名鳳，又名忌，密州人也。”馬令《南唐書》卷一六《孫晟傳》同。《通鑑》卷二七六天成二年（927）十月條作“孫晟”，並附《考異》：“《江南録》作‘孫忌’。今從王溥《周世宗實録》。”

[2]簡寂觀：道觀名。位於今江西廬山市。　賈島：人名。范陽（今河北涿州市）人。唐代詩人。傳見《新唐書》卷一七六。

[3]授祕書省著作佐郎：中華書局本有校勘記：“‘著作佐郎’，

原作‘著作郎’，據殿本、孔本、《册府》卷七三〇、《新五代史》卷三三《孫晟傳》改。”另，《輯本舊史》之案語：“案《南唐書》云：豆盧革爲相，雅知忌，辟爲判官。”檢《南唐書》原文，“辟爲判官”下有“遷著作郎”等語。

[4]朱守殷：人名。籍貫不詳。五代後唐將領。傳見本書卷七四、《新五代史》卷五一。　夷門：地名。原指戰國魏都大梁城東門，故址在今河南開封城内東北隅。夷門位於夷山，夷山因山勢平夷而得名，故門亦以山爲名。此處代指開封。

[5]“天成初”至“贊成其事”：《通鑑》卷二七六天成二年十月條：“民間訛言帝欲自擊吴，又云欲制置東方諸侯。宣武節度使、檢校侍中朱守殷疑懼，判官高密孫晟勸守殷反，守殷遂乘城拒守。”汴州爲宣武軍節度使治所，夷門爲汴州别稱。

[6]陳：州名。治所在今河南淮陽縣。　“城陷”至“亡命於陳、宋間”：《輯本舊史》之案語：“案《歐陽史》云：‘安重誨惡晟，以爲教守殷反者晟也，畫其像購之，不可得，遂族其家。晟奔於吴。’與《薛史》微有詳略，皆言晟因朱守殷事牽連而亡命也。《南唐書》則云：‘天成中，與高輦同事秦王從榮，從榮敗，忌亡命至正陽。未及渡，追騎奄至，亦疑其狀偉異，睨之。忌不顧，坐淮岸，捫敝衣齧蝨，追者乃捨去。’是又以晟爲秦王賓客而出亡也。與《五代史》異。”

會同惡者送之過淮，吴人方納叛亡，即以僞官授之。[1]晟亦微有詞翰，李昪僞尊楊溥爲讓皇之册文，[2]即晟之詞也，故江南尤重之。[3]二十年間，累歷僞任，財貨邸第，頗適其意。[4]晟以家妓甚衆，每食不設食几，令衆妓各執一食器，周侍於其側，謂之“肉臺盤”，其自養稱愜也如是。

[1]即以僞官授之：《通鑑》卷二七六天成二年（927）十月己丑條："帝至大梁，四面進攻，吏民縋城出降者甚衆。守殷知事不濟，盡殺其族，引頸命左右斬之。乘城者望見乘輿，相帥開門降。孫晟奔吴，徐知誥客之。"同書卷二七七長興三年（932）二月條："吴徐知誥作禮賢院於府舍，聚圖書，延士大夫，與孫晟及海陵陳覺談議時事。"

[2]李昪（biàn）：人名。徐州（今江蘇徐州市）人。五代十國南唐建立者。傳見本書卷一三四、《新五代史》卷六二。　楊溥：五代十國吴國皇帝，後禪位於徐知誥。傳見本書卷一三四、《新五代史》卷六一。　李昪僞尊楊溥爲讓皇之册文：中華書局本有校勘記："'楊溥'，原作'楊浦'，據劉本、邵本校、彭校改。按本書卷一三四有《楊溥傳》。"

[3]故江南尤重之：《新五代史》卷三三《孫晟傳》："晟爲人口吃，遇人不能道寒暄，已而坐定，談辯鋒生，聽者忘倦。昪尤愛之，引與計議，多合意。"

[4]"二十年間"至"頗適其意"：《通鑑》卷二八三天福八年（943）二月條："（馮）延巳嘗戲謂中書侍郎孫晟曰：'公有何能，爲中書郎？'晟曰：'晟，山東鄙儒，文章不如公，談諧不如公，諂詐不如公。然主上使公與齊王遊處，蓋欲以仁義輔導之也，豈但爲聲色狗馬之友邪！晟誠無能，公之能，適足爲國家之禍耳。'……庚午，（李昪）疾亟，太醫吴廷裕遣親信召齊王璟入侍疾……是夕，殂……孫晟恐馮延巳等用事，欲稱遺詔令太后臨朝稱制。翰林學士李貽業曰：'先帝嘗云：婦人預政，亂之本也。安肯自爲厲階！此必近習姦人之詐也。且嗣君春秋已長，明德著聞，公何得遽爲亡國之言！若果宣行，吾必對百官毀之。'晟懼而止。"開運元年（944）正月條："唐主於宫中作高樓，召侍臣觀之，衆皆歎美。蕭儼曰：'恨樓下無井。'唐主問其故。對曰：'以此不及景陽樓耳。'唐主怒，貶於舒州，觀察使孫晟遣兵防之，儼曰：'儼以諫諍得罪，非有他志。昔顧命之際，君幾危社稷，其罪顧不重於儼乎？今日反

見防邪！'晟慙懼，遽罷之。"《輯本舊史》之案語："案《玉壺清話》載：忌爲舒州觀察，有二卒白晝持刃求害忌，忌諭以禍福，解金帶與之，使遁去。《南唐書》云：忌爲舒州節度使，治軍嚴，有歸化卒二人，正晝挺白刃入府，求忌殺之。入自西門，吏士倉卒莫能禦。適忌閒行在東門，聞亂，得民家馬乘之，奔桐城。叛卒不得忌，乃殺都押衙李建崇而逸。忌坐貶光禄卿。考孫晟在舒州事，不見五代正史，故傳聞多失實。"《通鑑》卷二九〇廣順元年（951）三月條："唐以楚王希蕚爲天策上將軍、武安武平静江寧遠節度使兼中書令、楚王，以右僕射孫忌、客省使姚鳳爲册禮使。"廣順二年三月條："唐主以太弟太保、昭義節度使馮延巳爲左僕射，前鎮海節度使徐景運爲中書侍郎，及右僕射孫晟皆同平章事。既宣制，户部尚書常夢錫衆中大言曰：'白麻甚佳，但不及江文蔚疏耳！'晟素輕延巳，謂人曰：'金盃玉盌，乃貯狗矢乎！'"同書卷二九一廣順二年十月條："左僕射同平章事馮延巳、右僕射同平章事孫晟上表請罪，皆釋之。晟陳請不已，乃與延巳皆罷守本官。"

顯德三年春，王師下廣陵，江左驚窘，李景僞署晟爲司空，[1]令奉貢於行在。[2]世宗遣右常侍劉悦伴之，[3]賜與甚厚。洎隨駕到闕，舍於都亭驛，禮遇殊優。每召見，飲之醇醴，問以江南事，晟但言："吴畏陛下之神武，唯以北面爲求，保無二也。"先是，張永德守下蔡，素與李重進不協，[4]每宴將校，多暴其短。一日，永德乘醉，乃大言重進潛畜姦謀，當時將校無不驚駭，繇是人情大擾。後密遣親信乘驛上言，世宗不聽，亦不介意。一日，重進自壽陽去其部從，[5]直詣永德帳下，宴飲終日而去，自此人情稍安。時李景覘而知之，因密令人齎蠟書遺重進，勸爲不軌，重進以其蠟書進呈，世宗覽之，皆斥譖反間之言。世宗怒晟前言失實，因急召侍衛都虞候韓通，[6]令收晟下獄，與其從者百餘人皆誅之。[7]翌日，宰臣上謁，世宗親諭之，始知其事實。議者以晟昔搆禍於梁民，今伏法於梁獄，報應之道，豈徒然哉！

[1]廣陵：縣名。治所在今江蘇揚州市。　李景：即南唐元宗李璟，徐州彭城（今江蘇徐州市）人。南唐烈祖李昪長子，南唐第二位皇帝。後因受後周威脅，削去帝號，改稱國主。傳見本書卷一三四、《新五代史》卷六二。　司空：官名。與太尉、司徒並爲三公，唐後期、五代多爲大臣、勳貴加官。正一品。

[2]行在：即行在所。指帝王行幸所在之地。　"顯德三年春"至"令奉貢於行在"：《輯本舊史》卷一一六《周世宗紀三》顯德三年（956）三月丙午條："江南國主李景遣其臣僞司空孫晟、僞禮部尚書王崇質等奉表來上，仍進金一千兩，銀十萬兩，羅綺二千匹，又進賞給將士茶絹金銀羅帛等。"《通鑑》卷二九三顯德三年三月條："晟謂馮延巳曰：'此行當在左相，晟若辭之，則負先帝。'既行，知不免，中夜，歎息謂崇質曰：'君家百口，宜自爲謀。吾思之熟矣，終不負永陵一培土，餘無所知！'……丙午，孫晟等至上所。庚戌，上遣中使以孫晟詣壽春城下，且招諭之。仁贍見晟，戎服拜於城上。晟謂仁贍曰：'君受國厚恩，不可開門納寇。'上聞之，甚怒，晟曰：'臣爲唐宰相，豈可教節度使外叛邪！'上乃釋之。"

[3]劉悦：人名。籍貫不詳。五代後周官員。事見本書本卷、卷一一一。

[4]張永德：人名。并州陽曲（今山西陽曲縣）人。五代、宋初大將，頗受宋太祖、宋太宗信用。傳見《宋史》卷二五五。　下蔡：縣名。治所在今安徽鳳臺縣。　李重進：人名。滄州（今河北

滄縣舊州鎮）人。五代後周將領。北宋建立後起兵反叛，兵敗身死。傳見《宋史》卷四八四。

[5]壽陽：縣名。治所在今山西壽陽縣。

[6]侍衛都虞候：官名。即侍衛親軍都虞候。五代時期侍衛親軍的高級統率官，判六軍諸衛事。　韓通：人名。太原（今山西太原市）人。五代後漢、後周、宋初將領。傳見《宋史》卷四八四。

[7]"洎隨駕到闕"至"與其從者百餘人皆誅之"：《通鑑》卷二九三顯德三年十月條："初，唐使者孫晟、鍾謨從帝至大梁，帝待之甚厚，每朝會，班於中書省官之後。時召見，飲以醇酒，問以唐事，晟但言'唐主畏陛下神武，事陛下無二心。'及得唐蠟書，帝大怒，召晟，責以所對不實。晟正色抗辭，請死而已。問以唐虛實，默不對。十一月，乙巳，帝命都承旨曹翰送晟於右軍巡院，更以帝意問之，翰與之飲酒數行，從容問之，晟終不言。翰乃謂曰：'有敕，賜相公死。'晟神色怡然，索袍笏，整衣冠，南向拜曰：'臣謹以死報國。'乃就刑。并從者百餘人皆殺之，貶鍾謨耀州司馬。既而帝憐晟忠節，悔殺之，召謨，拜衛尉少卿。"《輯本舊史》之案語："案《南唐書》云：世宗命都承旨曹翰護至右軍巡院，猶飲之酒，數酌，翰起曰：'相公得罪，賜自盡。'忌怡然整衣索笏，東南望再拜曰：'臣受恩深，謹以死謝。'從者二百人，亦皆誅死於東相國寺。"

晟性慷慨，常感李景之厚遇，誓死以報之。[1]及將下獄，世宗令近臣問以江南可取之狀，晟默然不對。臨刑之際，整其衣冠，南望金陵再拜而言曰："臣惟以死謝。"遂伏誅。[2]《永樂大典》卷三千五十一。[3]

[1]"晟性慷慨"至"誓死以報之"：《輯本舊史》之案語："案《釣磯立談》云：晟將命周朝，自知不免，私謂副使王崇質

曰：‘吾思之熟矣，終不忍負永陵一抔土，餘非所知也。’”

[2]金陵：地名。今江蘇南京市古稱。　遂伏誅：《新五代史》卷六二《南唐世家二》李景交泰元年（顯德五年，958）：“初，孫晟使于周，留不遣，而世宗問晟江南虚實，不對，世宗怒，殺晟。周已罷兵，景乃贈劉仁贍太師，追封晟魯國公。”

[3]《大典》卷三〇五一爲“親”字韻“事韻”，誤。當爲卷三五六一“孫”字韻“姓氏（八）”事目。

劉遂凝[1]

[1]劉遂凝：《輯本舊史》卷二三《劉鄩傳》云“子遂凝、遂雍别有傳”，知《舊史》有《劉遂凝傳》，今據增。

劉遂凝，密州安丘縣人也。[1]父鄩，[2]歷仕唐、梁，至河東道招討使。[3]唐長興二年三月，明宗拜遂凝檢校户部尚書、右監門衛將軍。[4]夏州李仁福卒，其子彝超自立而邀旄節。[5]明宗遣安從進代之，[6]彝超不受代。以兵攻之，久不克。[7]時遂凝爲隰州刺史。長興四年，遂凝至京師，明宗問所陳密事，奏曰：“臣所部與綏、銀二州接境，[8]二州漢户約五千，自聞國家攻討夏州，皆藏竄山險。請除二州刺史，各與二三百人爲衙隊，令其到郡招撫，則不戰而下兩州矣。”帝問左右：“其言如何？”范延光奏曰：“綏、銀户民，朝廷常加撫育，緣與部落雜處，其心翻覆多端。昨聞安從進初至蘆關，[9]蕃酋望風歸附，尋加存撫，各令放歸。及上馬登山，未行百步，反襲從進騎從七十餘人，幾至不濟。奈何刺史牙隊一二百人制彼狡虜，適足爲虜嗤也。況國家之患，正在夏州。即平，綏、銀自然景附。如夏州未拔，王師自當退舍，何以能守綏、銀？遂凝之説非也。”遂凝不能對，良久又奏曰：“臣聞李仁福有二子，彝超乃次子也，長子彝殷爲夏州留後，[10]彝超徵詔赴闕，則諸蕃歸心矣。臣請以百騎自入夏州。”延光心知其不可，以遂凝恃内助之恩，恐併沮其謀則生怨望，乃止。翌日，帝又謂延光曰：“遂凝之行可乎？”延光奏曰：“王師進取之謀，計度已定，遂凝請立彝殷，兼將百騎入夏州，事固不可。設令虜執吾使，一遂凝不足惜，所惜朝廷事體也。臣等商量，不請遂凝輕行。”乃止。[11]末帝至河陽，[12]心憚北行，召宰相、樞密使議進取方略，盧文紀希帝旨，言：“國家根本，太半在河南。胡兵倏來忽往，不能久留；晋安大寨甚固，[13]況已發三道兵救之。河陽天下津要，車駕宜留此鎮撫南北，且遣近臣往督戰，苟不能解圍，進亦未晚。”張延朗欲因事令趙延壽得解樞務，[14]因曰：“文紀言是也。”末帝訪於餘人，無敢異言者。澤州刺史劉遂凝，[15]潛自通於石敬瑭，表稱車駕不可踰太行。[16]

[1]密州：州名。治所在今山東諸城市。　安丘縣：縣名。治所在今山東安丘市。

[2]鄩：人名。即劉鄩。密州安丘（今山東安丘市）人。唐末、五代將領。傳見本書卷二三、《新五代史》卷二二。

[3]河東道：道名。唐貞觀元年（627）置，爲唐貞觀十道、開元十五道之一。轄境相當今山西全省、河北省西北部、内蒙古興

和縣與察哈爾右翼前旗一帶。開元二十一年（733）置河東道採訪處置使，治所在蒲州（今山西永濟市西南蒲州鎮）。乾元元年（758）廢，但作爲地理區劃名稱，仍沿用至五代。　招討使：官名。唐貞元始置。戰時任命，兵罷則省。常以大臣、將帥或地方軍政長官兼任。掌招撫、討伐等事務。　“劉遂凝”至“至河東道招討使”：劉遂凝籍貫及家世，據《輯本舊史》卷二三《劉鄩傳》、《新五代史》卷二二《劉鄩傳》酌補。

［4］檢校户部尚書：官名。爲散官或加官，以示恩寵，無實際執掌。　右監門衛將軍：官名。唐置，掌宫禁宿衛。唐置十六衛之一，從三品。　唐長興二年三月，明宗拜遂凝檢校户部尚書、右監門衛將軍：《宋本册府》卷一七二《帝王部·求舊門二》。

［5］夏州：州名。治所在朔方縣（今陝西靖邊縣）。　李仁福：人名。党項拓跋族人。五代党項首領。傳見本書卷一三二、《新五代史》卷四〇。　彝超：人名。即李彝超。党項族。五代軍閥。李仁福之子。傳見本書卷一三二。

［6］安從進：人名。索葛部人。五代後唐、後晋將領。傳見本書卷九八、《新五代史》卷五一。

［7］“夏州李仁福卒”至“久不克”：《新五代史》卷五一《范延光傳》。

［8］隰州：州名。治所在今山西隰縣。　綏：州名。治所在今陝西綏德縣。　銀：州名。治所在今陝西榆林市横山區。　臣所部與綏、銀二州接境：《宋本册府》卷三八九《將帥部·請行門》作“臣所部興綏、銀二州接境”，“興”字當作“與”。

［9］蘆關：關隘名。位於今陝西延安市安塞區北。

［10］彝殷：人名。即李彝殷。党項族。李仁福長子。　留後：官名。原非正式命官，唐朝節度使入朝或宰相、親王遥領節度使不臨鎮則置。安史之亂後，節度使多以子弟或親信爲留後，以代行節度使職務，亦有軍士、叛將自立爲留後者。掌一州或數州軍政。北宋始爲朝廷正式命官。

［11］“時遂凝爲隰州刺史”至“乃止”：《宋本册府》卷三八九《將帥部·請行門》。明本《册府》卷九九四《外臣部·備禦門七》載，長興四年（929），“四月己亥，隰州刺史劉遂凝至，帝問所陳密事，奏曰：‘臣所部與綏、銀二州接境，二州漢户約五千，自聞國家攻討夏州，皆藏竄山險。請除二州刺史，各與二三百人爲衙隊，令其到郡招撫，則不戰而下兩州矣。’帝問左右：‘其言如何？’范延光奏曰：‘綏、銀户民，朝廷嘗加撫育，緣與部落雜處，其心翻覆多端。昨聞安從進初至盧關，蕃酋望風歸附，尋加存撫，各令放歸。及上馬登山，未及百步，反襲從進騎從士十餘人，幾至不濟。奈何以刺史衙隊一二百人制彼狡虜，適足爲虜嗤也。況國家之患，正在夏州。夏州即平，綏、銀自然景附。如夏州未拔，王師自當退舍，何以能守綏、銀？遂凝之説非也。’遂凝不能對，良久又奏曰：‘臣聞李仁福有二子，彝超乃次子也，長子彝殷爲夏州留後，彝超徵詔赴闕，則諸蕃歸心矣。臣請以百騎自入夏州。’延光心知其不可，以遂凝恃内助之恩，恐併沮其謀則生怨望，乃止。翼日，帝又謂延光曰：‘遂凝之行可乎？’延光奏曰：‘王師進取之謀，計度已定，遂凝請立彝殷，兼將百騎入夏州，事固不可。設令虜執吾使，一遂凝不足惜，所惜朝廷事體也。臣等商量，不許遂凝輕行。’乃止”。其事亦見《新五代史》卷五一《范延光傳》。

［12］末帝：即後唐末帝李從珂。鎮州平山（今河北平山縣）人。紀見本書卷四六至卷四八、《新五代史》卷七。　河陽：方鎮名。全稱“河陽三城”。治所在孟州（今河南孟州市）。

［13］晋安：地名。亦名晋安鄉。位於今山西太原市晋祠鎮南。

［14］張延朗：人名。汴州（今河南開封市）人。五代後唐大臣，歷任三司使、宰相。傳見本書卷六九、《新五代史》卷二六。　趙延壽：人名。本姓劉，恒山（今河北正定縣）人。後唐明宗李嗣源女婿，後降契丹，引導契丹攻滅後晋。傳見《遼史》卷七六。

［15］澤州：州名。治所在今山西澤州縣。

［16］太行：即太行山。　“末帝至河陽”至“表稱車駕不可

踰太行”：《通鑑》卷二八〇天福元年（即後唐清泰三年，936）九月庚戌條，“末帝”原作“帝”，據《舊史》體例改。

晋天福中，遂凝歷華州節度使、右龍武統軍、左驍衛上將軍。[1]漢天福十二年二月，唐王淑妃與郇公李從益居洛陽，淑妃詣大梁會禮。契丹主見而拜之曰：“吾嫂也。”遂凝因淑妃求節鉞，契丹主以從益爲許王、威信節度使，遂凝爲安遠節度使。[2]乾祐三年，爲左武衛上將軍。[3]周廣順元年，爲左神武統軍。[4]

[1]華州：州名。治所在今陝西渭南市華州區。　右龍武統軍：官名。唐代右龍武軍統兵官。唐置六軍，分左、右羽林，左、右龍武，左、右神武等，即“北衙六軍”。興元元年（784），六軍各置統軍，以寵功勳臣。其品秩，《唐會要》卷七一、《舊唐書》卷一二記載爲“從二品”，《通鑑》卷二二九記載爲“從三品”。　左驍衛上將軍：官名。唐置，掌宫禁宿衛。從二品。　晋天福中，遂凝歷華州節度使、右龍武統軍、左驍衛上將軍：《輯本舊史》卷七八《晋高祖紀四》天福四年（939）四月己卯條：“以華州節度使劉遂凝爲右龍武統軍。”同書卷八一天福七年十二月乙丑條：“以右龍武統軍劉遂凝爲左驍衛上將軍。”遂凝在華州時曾厚贈鄭遨（字雲叟），辟薛居正爲從事，史有記載。《宋本册府》卷八〇五《總録部·高潔門》鄭雲叟條：“華下連帥劉遂凝嘗以貨貝遺之，一無留者。”明本“華下”作“華州”。《新五代史》卷三四《鄭遨傳》：“節度使劉遂凝數以寶貨遺之，遨一不受。”《宋史》卷二六四《薛居正傳》：“晋天福中，華帥劉遂凝辟爲從事。遂凝兄遂清領邦計，奏署鹽鐵巡官。”

[2]王淑妃：後唐明宗妃嬪。傳見本書卷五一、《新五代史》卷一五。　李從益：人名。沙陀部人。後唐明宗李嗣源幼子。契丹

蕭翰北歸，以其爲傀儡統治中原地區。傳見本書卷五一。　威信：方鎮名。據《新五代史》卷六〇《職方考》："後晉開運二年置威信軍於曹州治所在曹州，漢初軍廢，周廣順二年復置，改名彰信軍。"　安遠：方鎮名。治所在安州（今湖北安陸市）。　"漢天福十二年二月"至"遂凝爲安遠節度使"：《通鑑》卷二八六天福十二年二月條。王淑妃事，見《新五代史》卷二二《劉鄩傳》："鄩妾王氏有美色，鄩卒後，入明宗宫中，是爲王淑妃。明宗晚年，淑妃用事，鄩二子皆被恩寵。"

[3]左武衛上將軍：官名。唐置，掌宫禁宿衛。從二品。　乾祐三年，爲左武衛上將軍：《輯本舊史》卷一〇三《漢隱帝紀下》乾祐三年（950）二月乙未條："以前安州節度使劉遂凝爲左武衛上將軍。"

[4]左神武統軍：官名。唐代右龍武軍統兵官。唐置六軍，分左、右羽林，左、右龍武，左、右神武等，即"北衙六軍"。興元元年（784），六軍各置統軍，以寵功勳臣。其品秩，《唐會要》卷七一、《舊唐書》卷一二記載爲"從二品"，《通鑑》卷二二九記載爲"從三品"。　周廣順元年，爲左神武統軍：《輯本舊史》卷一一一《周太祖紀二》廣順元年（951）二月己亥條："以左武衛上將軍劉遂凝爲左神武統軍。"遂凝不知所終。

舊五代史　卷一三二

承襲列傳第一[1]

[1]承襲列傳第一：中華書局本沿《輯本舊史》“承襲”作“世襲”，並有校勘記：“‘世襲’，《通鑑》卷二九二《考異》引《薛史》、《通曆》卷一五作‘承襲’。本書各處同。”見《通鑑》卷二九二顯德三年（956）二月條《考異》及《通曆》卷一五所附《五代承襲傳》。司馬光在《通鑑》及其《考異》中多處引用及參考薛居正《五代史》作爲依據，《通曆》亦可參考，故改。卷一三三同。本卷末闕史論。

李茂貞　子從曮　從昶　從弟茂勳

李茂貞，本姓宋，名文通，深州博野人。[1]祖鐸，[2]父端。[3]唐乾符中，[4]鎮州有博野軍，[5]宿衛京師，屯於奉天，[6]文通時隸本軍爲市巡，累遷至隊長。[7]黄巢犯闕，[8]博野軍留於鳳翔，[9]時鄭畋理兵於岐下，[10]畋遣文通以本軍敗尚讓之衆於龍尾坡，[11]以功爲神策軍指揮使。[12]朱玫之亂，[13]唐僖宗再幸興元，[14]文通扈蹕山南，[15]論功第一，遷檢校太保、同平章事、[16]洋蓬壁等州節度使，[17]賜姓，名茂貞，[18]僖宗親爲製字曰正臣。[19]光啓二年，[20]王行瑜殺朱玫於京師，[21]李昌符擁兵於岐下，[22]詔茂貞與陳佩等討之。[23]三年，誅昌符，[24]車駕還京，以茂貞爲鳳翔節度使，[25]加檢校太尉、兼侍中、隴西郡王。[26]

[1]深州：州名。治所在今河北深州市。　博野：縣名。治所在今河北蠡縣。　“李茂貞”至“深州博野人”：《通鑑》卷二五九景福二年（893）十月條《考異》引《續寶運録》：“李茂貞，先朝封爲太子，本姓宋，洋州牧，先祖討昭義劉從諫有功，子孫爵賞不絶。”

[2]鐸：薛光序撰《大唐秦王謚曰忠敬墓誌銘》作“鐔”。

[3]端：人名。即宋端。本書僅此一見。

[4]乾符：唐僖宗李儇年號（874—879）。

[5]鎮州：州名。治所在今河北正定縣。

[6]奉天：縣名。治所在今陝西乾縣。

[7]“唐乾符中”至“累遷至隊長”：《宋本册府》卷九五三《總録部·困辱門》：“少去鄉里，客奉天，爲市吏，數爲鎮將所辱。”同書卷三六〇《將帥部·立功門一三》：“唐末隸博野軍征伐，立戰功，繇是軍中知名，漸爲裨校。”

[8]黄巢：人名。曹州冤句（今山東菏澤市）人。唐末農民起義領袖。傳見《舊唐書》卷二〇〇下、《新唐書》卷二二五下。

[9]鳳翔：府名。治所在今陝西鳳翔縣。

[10]鄭畋：人名。滎陽（今河南滎陽市）人。唐末宰相、軍閥。傳見《舊唐書》卷一七八、《新唐書》卷一八五。《輯本舊史》之庫本粘籤：“鄭畋，原本作‘鄭攻’，今從《新唐書》改正。”見《新唐書》卷一八五《鄭畋傳》。　岐下：地名。即鳳翔。

[11]尚讓：人名。籍貫不詳。黄巢部將，後被時溥所殺。事見《舊唐書》卷二〇〇下、《新唐書》卷二二五下。　龍尾坡：地名。位於今陝西岐山縣東。

[12]神策軍指揮使：官名。神策軍，唐後期禁軍之一，以宦官

爲統帥，並由其控制的軍隊。天寶十三載（754），唐王朝爲防吐蕃内擾而設。唐朝末年，神策軍大都卷入宦官集團與朝官的鬥争，唐亡即廢。指揮使爲統兵將領。 以功爲神策軍指揮使：《舊唐書》卷一九下《僖宗紀》中和元年（881）三月條："黄巢遣大將林言、尚讓率衆數萬寇鳳翔，鄭畋率師逆擊，大敗賊衆於龍尾陂。"《通鑑》卷二五四所記年月同。《舊唐書》卷二〇〇下《黄巢傳》繫此事於中和元年二月。《宋本册府》卷三六〇《將帥部·立功門一三》："黄巢之寇關輔也，僖宗幸蜀，賊將王璠、尚讓屢肆凶鋒，文通以宿衛軍留鳳翔，與連帥鄭畋大破尚讓于龍尾陂，追奔至於奉天。賊平，輿駕還京，録功，以文通爲神策軍指揮使、檢校太保。"《新唐書》卷二〇八《田令孜傳》："始，右神策統軍宋文通爲諸軍所疾，令孜因事召見，欲殺之。既見，乃欣然更養爲子，名彦賓，即李茂貞也。"《通鑑》卷二五九景福二年十月條《考異》引《續寶運録》："茂貞先中和年中，投判軍容使田令孜作養男，姓田名彦賓，蓋趨其勢也。"李茂貞曾爲田令孜養子，改名田彦賓，本傳未載其事。

[13]朱玫：人名。邠州（今陝西彬縣）人。唐末軍閥。傳見《舊唐書》卷一七五、《新唐書》卷二二四下。

[14]唐僖宗：即李儇，873 年至 888 年在位。紀見《舊唐書》卷一九下、《新唐書》卷九。 興元：府名。治所在今陝西漢中市。 唐僖宗再幸興元：《新唐書》卷九《僖宗紀》光啓二年（886）正月癸巳條："朱玫叛，寇鳳翔。"同年三月丙申條："次興元。"興元府爲山南西道節度使治所。

[15]山南：方鎮名。即山南東道。治所在襄州（今湖北襄陽市）。 文通扈蹕山南：《舊唐書》卷一九下《僖宗紀》光啓二年六月條："時朱玫遣將王行瑜率邠寧、河西之師五萬屯鳳州，保鑾都將李鋋、李茂貞、陳珮等抗之於大唐峰。"《通鑑》卷二五六光啓二年七月條："王行瑜進攻興州，感義節度使楊晟棄鎮走，據文州，詔保鑾都將李鋋、扈蹕都將李茂貞、陳佩屯大唐峯以拒之。"

所載各有異同。

[16]檢校太保：官名。爲散官或加官，以示恩寵，無實際執掌。　同平章事：即“同中書門下平章事”的簡稱。唐高宗以後，凡實際任宰相之職者，常在其本官後加同平章事的職銜。後成爲宰相專稱。

[17]洋：州名。治所在今陝西洋縣。　蓬：州名。治所在今四川儀隴縣。　壁：州名。治所在今四川通江縣。　節度使：官名。唐時在重要地區所設掌握一州或數州軍、民、財政的長官。

[18]“論功第一”至“名茂貞”：《舊唐書》卷一九下《僖宗紀》光啓三年正月乙亥條：“扈蹕都頭李茂貞爲檢校尚書左僕射、洋州刺史、武定軍節度使。”《新五代史》卷四〇《李茂貞傳》：“茂貞以功自扈蹕都頭拜武定軍節度使，賜以姓名。”據《新唐書》卷六七《方鎮表四》，光啓元年，置武定軍節度使，治洋州；光化元年（898），蓬、壁二州始隸武定軍節度。李茂貞拜武定軍節度使時，轄境尚無蓬、壁二州，本傳誤。

[19]僖宗親爲製字曰正臣：《輯本舊史》之影庫本粘籤：“正臣，原本作‘尹臣’，今從《歐陽史》改正。”《新五代史》未載其事。《宋本册府》卷八二五《總録部·名字門二》作“正臣”。

[20]光啓：唐僖宗李儇年號（885—888）。中華書局本有校勘記：“‘光啓’，原作‘光化’，據殿本、劉本、邵本改。按《通鑑》卷二五六繫其事於唐僖宗光啓二年，光化爲昭宗年號。”見《通鑑》卷二五六光啓二年十二月甲寅條。

[21]王行瑜：人名。邠州（今陝西彬縣）人。唐末軍閥。傳見《舊唐書》卷一七五、《新唐書》卷二二四下。

[22]李昌符：人名。籍貫不詳。唐末、五代軍閥。事見《舊唐書》卷一九下、本書卷二五。

[23]陳佩：人名。籍貫不詳。事見本書本卷。　詔茂貞與陳佩等討之：《新唐書》卷九《僖宗紀》光啓三年六月條：“己酉，鳳翔節度使李昌符反。庚戌，犯大安門，不克，奔于隴州。壬子，武定

軍節度使李茂貞爲隴州招討使。”

［24］誅昌符：《舊唐書》卷一九下《僖宗紀》光啓三年七月壬申條：“隴州刺史薛知籌以城降李茂貞，遂拔隴州，斬李昌符、昌仁等，傳首獻于行在。”

［25］以茂貞爲鳳翔節度使：《舊唐書》卷一九下《僖宗紀》光啓三年七月丙子條：“制以武定軍節度使、檢校尚書左僕射，兼洋州刺史、御史大夫、上柱國、隴西郡公、食邑一千五百户李茂貞檢校司空、同平章事，兼鳳翔尹、鳳翔隴右節度等使。”

［26］侍中：官名。秦始置。隋、唐前期爲門下省長官。唐後期多爲大臣加銜，不參與政務，實際職務由門下侍郎執行。正二品。

加檢校太尉、兼侍中、隴西郡王：《通鑑》卷二五七文德元年五月條：“加鳳翔節度使李茂貞檢校侍中。”《新五代史》卷四〇《李茂貞傳》：“大順元年，封隴西郡王。”李茂貞封王在唐昭宗朝，非僖宗朝，本傳誤。

大順二年，[1]觀軍容使楊復恭得罪，[2]奔山南，與楊守亮據興元叛，[3]茂貞與王行瑜討平之。[4]詔以宰相徐彦若鎮興元，[5]茂貞違詔，表其假子繼徽爲留後，[6]堅請旄鉞，[7]昭宗不得已而授之。[8]自是茂貞恃勳恣横，擅兵窺伺，頗干朝政，始萌問鼎之志矣。既而逐涇原節度使張球、[9]洋州節度使楊守忠、[10]鳳州刺史滿存，[11]皆奪據其地，奏請子弟爲牧伯，[12]朝廷不能制。大臣奏議言其過者，茂貞即上章論列，辭旨不遜，姦邪者因之附麗，遂成朋黨，朝政於是隳焉。

［1］大順：唐昭宗李曄年號（890—891）。

［2］觀軍容使：官名。唐朝始設，負責監視出征將帥之高級軍

職，多以掌權宦官擔任。　楊復恭：人名。閩（今福建）人。唐末宦官首領。傳見《舊唐書》卷一八四、《新唐書》卷二〇八。

[3]楊守亮：人名。曹州（今山東菏澤市）人。唐末軍閥。傳見《新唐書》卷一八六。　“大順二年”至“與楊守亮據興元叛”：《通鑑》卷二五八大順二年（891）十月乙酉條：“楊復恭居第近玉山營，假子守信爲玉山軍使，數往省之。或告復恭與守信謀反，乙酉，上御安喜樓，陳兵自衛，命天威都將李順節、神策軍使李守節將兵攻其第。張綰帥家衆拒戰，守信引兵助之，順節等不能克。”同月丙戌條：“守信與復恭挈其族自通化門出，趣興元，永安都頭權安追之，擒張綰，斬之。復恭至興元，楊守亮、楊守忠、楊守貞及綿州刺史楊守厚同舉兵拒朝廷，以討李順節爲名。”

[4]茂貞與王行瑜討平之：《通鑑》卷二五九景福元年（892）正月丙寅條：“鳳翔李茂貞、静難王行瑜、鎮國韓建、同州王行約、秦州李茂莊五節度使上言：楊守亮容匿叛臣楊復恭，請出軍討之，乞加茂貞山南西道招討使。朝議以茂貞得山南，不可復制，下詔和解之，皆不聽。”同年二月戊寅條：“李茂貞、王行瑜擅舉兵擊興元。茂貞表求招討使不已，遺杜讓能、西門君遂書，陵蔑朝廷。上意不能容，御延英，召宰相、諫官議之。時宦官有陰與二鎮相表裏者，宰相相顧不敢言，上不悦。給事中牛徽曰：‘先朝多難，茂貞誠有翼衛之功；諸楊阻兵，亟出攻討，其志亦在疾惡，但不當不俟詔命耳。比聞兵過山南，殺傷至多。陛下儻不以招討使授之，使用國法約束，則山南之民盡矣！’上曰：‘此言是也。’乃以茂貞爲山南西道招討使。”同年八月辛丑條：“李茂貞攻拔興元，楊復恭、楊守亮、楊守信、楊守貞、楊守忠、滿存奔閬州。”《考異》曰：“《舊紀》：‘景福元年十一月辛丑，鳳翔、邠寧之衆攻興元，陷之，節度使楊守亮、前中尉楊復恭、判官李巨川突圍而遁。十二月，辛未，華州刺史韓建奏於乾元縣遇興元散兵，擊敗之，斬楊守亮、楊復恭，傳首。’《實録》：‘乾寧元年七月，鳳翔、邠寧之兵攻興元，陷之，楊守亮、楊復恭突圍而遁。’《新紀》：‘景福元年八月，茂貞寇

興元，守亮、滿存奔閬州。乾寧元年七月，茂貞陷閬州，八月，守亮伏誅。’《新·復恭傳》：‘景福元年，茂貞攻興元，破其城，復恭、守亮、守信奔閬州。’《十國紀年·蜀史》：‘景福元年十月，行瑜、茂貞表守亮招納叛臣，請討之。感義節度使滿存救守亮，爲茂貞所敗，奔興元。十一月，邠、岐攻陷興元，楊復恭帥守亮、守貞、守忠、滿存同奔閬州。十二月，壬午，華洪敗守亮等於州。’按《實録》，景福二年正月移茂貞山南，於時守亮不應猶在山南。今年月從《新紀》，事則參取諸書。”見《舊唐書》卷二〇上《昭宗紀》，《新唐書》卷一〇《昭宗紀》、卷二〇八《楊復恭傳》。李茂貞平興元在景福元年，本傳繫於大順二年，誤。

[5]徐彦若：人名。新鄭（今河南新鄭市）人。唐末宰相、軍閥。傳見《舊唐書》卷一七九、《新唐書》卷一一三。

[6]繼徽：人名。即楊崇本。籍貫不詳。李茂貞義子。唐末、五代軍閥。傳見本書卷一三、《新五代史》卷四〇。 留後：官名。唐五代節度使多以子弟或親信爲留後，以代行節度使職務，亦有軍士、叛將自立爲留後者。掌一州或數州軍政。 表其假子繼徽爲留後：中華書局本有校勘記：“繼徽”，《通鑑》卷二五九《考異》引薛居正《五代史·茂貞傳》同，《新五代史》卷四〇《李茂貞傳》、《通鑑》卷二五九、《新唐書》卷二〇八《楊復恭傳》作“繼密”。《文苑英華》卷四五八有授李繼密山南西道節度使。見《通鑑》卷二五九景福元年七月己巳條《考異》、《舊唐書》卷二〇上景福元年十一月辛丑條、《新五代史》卷四〇《李茂貞傳》、《通鑑》卷二五九景福元年八月辛丑。李繼徽即楊崇本，李繼密即王萬弘。《輯本舊史》卷一三《楊崇本傳》：“唐光化中，茂貞表爲邠州節度使。”《通鑑》卷二六一光化元年（898）五月條：“以武定節度使李繼密爲山南西道節度使。”《新唐書》卷二〇天復二年（902）八月辛丑條：“王建陷興元，山南西道節度使王萬弘叛附于建。”據史實，當以“繼密”爲是，本《傳》誤。

[7]旄鉞：亦稱節鉞、節旄。此處代指節度使。

［8］昭宗：即唐昭宗李曄，888 年至 904 年在位。紀見《舊唐書》卷二〇上、《新唐書》卷一〇。

［9］涇原：方鎮名。治所在今甘肅平涼市。　張球：人名。籍貫不詳。事見本書本卷。　既而逐涇原節度使張球：《通鑑》卷二五九景福元年七月己巳條《考異》引薛居正《五代史·李茂貞傳》同。中華書局本有校勘記："'逐'，原作'遂'，據殿本、劉本、孔本、邵本、彭本、《通鑑》卷二五九《考異》引薛居正《五代史·茂貞傳》、《册府》卷四五四改。"又，《輯本舊史》之影庫本粘籤："張球，原本作'張璋'，今從《通鑑》改正。"

［10］楊守忠：人名。籍貫不詳。唐末軍閥。事見《新唐書》卷一〇、卷一八六。

［11］鳳州：州名。治所在今陝西鳳縣。　刺史：官名。漢武帝始置。州一級行政長官，總掌考核官吏、勸課農桑、地方教化等事。唐中期以後，節度、觀察使轄州而設，刺史爲其屬官，職任漸輕。　滿存：人名。籍貫不詳。唐末軍閥。事見《新唐書》卷一八六。

［12］牧伯：指州郡長官。　奏請子弟爲牧伯：《通鑑》卷二五九景福元年七月己巳條："李茂貞克鳳州，感義節度使滿存奔興元。茂貞又取興、洋二州，皆表其子弟鎮之。"《新唐書》卷一〇《昭宗紀》同。此事在李茂貞平興元之前，本傳繫於其後，誤。

昭宗性英俊，不任其逼，欲加討伐。乾寧初，命宰臣杜讓能調發軍旅，[1]師未越境，爲茂貞所敗。茂貞乘勝進屯三橋，[2]京師大震，士庶奔散，天子乃誅中尉西門重遂、[3]李周潼等謝之。[4]茂貞嚴兵不解，勢將指闕，抗言讓能之罪，誅之方罷。[5]及韋昭度、李谿爲相，[6]茂貞聽崔昭緯之邪説，[7]復沮其事，表昭度等無相業，不可置之台司，恐亂天下。詔報曰："軍旅之事，吾則與藩臣圖之，朝廷命相，出自朕懷。”[8]又請授王珙河中節度使，[9]詔報曰：“太原表先至，[10]已許王珂，不可追改。”[11]乾寧二年五月，茂貞與王行瑜、韓建稱兵入覲，[12]京師震恐，天子御樓待之，抗表請殺宰相韋昭度、李谿以謝天下，移王珙於河中。[13]既還，留其假子繼鵬宿衛，即閻珪也。[14]

[1]杜讓能：人名。京兆（今陝西西安市）人。唐僖宗朝宰相。傳見《舊唐書》卷一七七、《新唐書》卷九六。　“昭宗性英俊”至“命宰臣杜讓能調發軍旅”：《新五代史》卷四〇《李茂貞傳》：“茂貞表其子繼密權知興元軍府事，昭宗乃徙茂貞山南西道節度使，以宰相徐彥若鎮鳳翔。茂貞不奉詔，上表自論曰：‘但慮軍情忽變，戎馬難羈。徒令甸服生靈，因兹受弊；未審乘輿播越，自此何之？’昭宗以茂貞表辭不遜，不能忍，以問宰相杜讓能。讓能以謂：‘茂貞地大兵彊，而唐力未可以致討；鳳翔又近京師，易以自危而難於後悔，佗日雖欲誅晁錯以謝諸侯，恐不能也。’昭宗怒曰：‘吾不能孱孱坐受凌弱！’乃責讓能治兵，而以覃王嗣周爲京西招討使。令下，京師市人皆知不可，相與聚承天門，遮宰相，請無舉兵，争投瓦石擊宰相，宰相下輿而走，亡其堂印，人情大恐，昭宗意益堅。”

[2]三橋：地名。位於今陝西西安市西北三橋鎮。

[3]中尉：官名。指神策軍中尉。唐德宗朝以後，左、右神策軍各置護軍中尉一人，由宦官充任，統領禁軍。　西門重遂：人名。籍貫不詳。唐末宦官。事見《新唐書》卷三〇八。中華書局本有校勘記：“《新唐書》卷一〇《昭宗紀》、卷五〇《兵志》，《册府》卷九一、卷一七八同，殿本、劉本、《通鑑》卷二五九作‘西門君遂’。”見《通鑑》卷二五九景福二年（893）九月條。

[4]李周潼：人名。籍貫不詳。唐末宦官。事見《舊唐書》卷

二〇上。

［5］“茂貞嚴兵不解”至“誅之方罷”：《舊唐書》卷二〇上《昭宗紀》景福二年九月條：“乙亥，覃王率扈駕五十四軍進攻岐陽，屯于興平。李茂貞以兵逆戰，屯于盩厔。壬午，岐軍進迫興平，王師自潰。茂貞乘勝逼京師，進屯三橋。甲申，昭宗御安福門，斬觀軍容使西門君遂、内樞密使李周潼，遣中使賜茂貞詔，令收兵歸鎮。茂貞陳兵臨皋驛，數宰臣杜讓能之罪，請誅之。制貶太尉、平章事、晋國公杜讓能爲雷州司户。”同年十月條：“乙未，賜杜讓能自盡，其弟户部侍郎弘徽坐讓能賜死。”《新唐書》卷一〇《昭宗本紀》、《通鑑》卷二五九繫年月同，惟“昭宗御安福門”云云繫於乙酉。本《傳》繫於乾寧初，誤。《新五代史》卷四〇《李茂貞傳》：“茂貞素與讓能有隙，因曰：‘謀舉兵者非兩樞密，乃讓能也。’陳兵臨皋驛，請殺讓能。讓能曰：‘臣故先言之矣，惟殺臣可以紓國難。’昭宗泣下沾襟，貶讓能雷州司户參軍，賜死，茂貞乃罷兵。”又，《舊唐書》卷二〇上《昭宗紀》景福二年十一月條：“制以鳳翔節度使李茂貞守中書令，進封秦王，兼興元尹、山南西道節度使。”本《傳》未載李茂貞封秦王事。

［6］韋昭度：人名。京兆杜陵（今陝西西安市）人。唐末大臣，官拜宰相。傳見《舊唐書》卷一七九、《新唐書》卷一八五。　李谿：人名。又作“李磎”。江夏（今湖北武漢市）人。唐末宰相。傳見《舊唐書》卷一五七、《新唐書》卷一四六。中華書局本有校勘記：“《新五代史》卷四〇《李茂貞傳》、《舊唐書》卷二〇上《昭宗紀》、《新唐書》卷一〇《昭宗紀》作‘李磎’。按《舊唐書》卷一五七、《新唐書》卷一四六有《李磎傳》。本卷下一處同。”按，“李谿”，《通曆》卷一五、《通鑑》卷二六〇乾寧二年（895）二月條同，今不改。

［7］崔昭緯：人名。清河（今河北清河縣）人。唐末宰相。傳見《舊唐書》卷一七九、《新唐書》卷二二三下。

［8］“茂貞聽崔昭緯之邪説”至“出自朕懷”：《通鑑》卷二六

〇乾寧二年二月條："上重李谿文學，乙未，復以谿爲户部侍郎、同平章事……崔昭緯與李茂貞、王行瑜深相結，得天子過失，朝廷機事，悉以告之。邠寧節度副使崔鋋，昭緯之族也，李谿再入相，昭緯使鋋告行瑜曰：'曏者尚書令之命已行矣，而韋昭度沮之，今又引李谿爲同列，相與熒惑聖聽，恐復有杜太尉之事。'行瑜乃與茂貞表稱谿姦邪，昭度無相業，宜罷居散秩。上報曰：'軍旅之事，朕則與藩鎮圖之；至於命相，當出朕懷。'行瑜等論列不已，三月，谿復罷爲太子少師。"

[9]王珙：人名。太原祁（今山西祁縣）人。王重盈之子。唐末、五代軍閥。事見本書卷一四。　河中：方鎮名。治所在河中府（今山西永濟市）。

[10]太原：府名。治所在今山西太原市。此處代指河東李克用勢力。

[11]王珂：人名。王重榮兄王重簡之子，出繼王重榮。唐末、五代軍閥。傳見《舊唐書》卷一八二、《新唐書》卷一八七、本書卷一四、《新五代史》卷四二。　"又請授王珙河中節度使"至"不可追改"：《舊唐書》卷二〇上《昭宗紀》乾寧二年三月條："太原李克用上章言王重榮有功於國，其子珂宜承襲，請賜節鉞。邠州王行瑜、鳳翔李茂貞、華州韓建各上章，言珂螟蛉，不宜纘襲，請以王珂爲陜州，王珙爲河中。天子以先允克用之奏，久之不下。"

[12]韓建：人名。許州長社（今河南許昌市）人。唐末、五代軍閥。傳見本書卷一五、《新五代史》卷四〇。

[13]"乾寧二年五月"至"移王珙於河中"：《舊唐書》卷二〇上《昭宗紀》乾寧二年五月條："甲子，李茂貞、王行瑜、韓建等各率精甲數千人入覲，京師大恐，人皆亡竄，吏不能止。昭宗御安福門以俟之，三帥既至，拜舞樓下，昭宗臨軒自諭之曰：'卿等藩侯，宜存臣節，稱兵入朝，不由奏請，意在何也？'茂貞、行瑜汗流洽背，不能對，唯韓建陳敘入覲之由。上並召升樓，賜之卮

酒，宴之於同文殿。茂貞、行瑜極言南北司相傾，深蠹時政，請誅其太甚者。乃貶宰相韋昭度、李磎，尋殺之於都亭驛，殺内官數人而去。王行瑜留弟行約，茂貞留假子閻圭，各以兵二千人宿衛。時三帥同謀廢昭宗立吉王，聞太原起軍乃止，留兵宿衛而還。"《通鑑》卷二六〇乾寧二年五月條："上與三帥宴，三帥奏稱：'南、北司互有朋黨，墮紊朝政。韋昭度討西川失策，李谿作相，不合衆心，請誅之。'上未之許。是日，行瑜等殺昭度、谿於都亭驛，又殺樞密使康尚弼及宦官數人。又言：'王珂、王珙嫡庶不分，請除王珙河中，徙王行約於陝，王珂於同州。'上皆許之。"所載互有異同。

［14］繼鵬：人名。即李繼鵬。籍貫不詳。本名閻珪，李茂貞養子。事見本書卷二六、《通鑑》卷二六〇。　閻珪：中華書局本有校勘記："《通鑑》卷二六〇同，《舊唐書》卷二〇上《昭宗紀》、《新五代史》卷四《唐本紀》、《御覽》卷一一六引《唐書》作'閻圭'。"《通曆》卷一五亦作"閻珪"。

時後唐武皇上表，[1]請討三鎮以寧關輔。[2]是歲七月，太原之師至河中，繼鵬與中尉景宣之子繼晟迫車駕幸鳳翔，[3]昭宗曰："太原軍未至，鑾輿不可輒動，朕與諸王固守大内，卿等安輯京師；如太原實至，吾可以方略制之。"繼鵬與景宣、中尉駱全瓘因燔燒東市，[4]中夜大譟。[5]昭宗登承天門樓避亂，[6]令捧日都將李雲守樓下，[7]繼鵬率衆攻雲。昭宗憑軒慰諭，繼鵬彎弧大呼，矢拂御衣，中樓桷。侍臣掖昭宗下樓還宮，繼鵬即縱火攻宮門。昭宗召諸王謀其所向，李雲奏曰："事急矣，請且幸臣營。"雲乃與扈蹕都將李君慶衛昭宗出啓夏門，[8]駐華嚴寺。晡晚，出幸南山之莎城，[9]駐於石門山之佛寺。[10]是月，武皇至渭北，[11]遣副使王環奉表行在。[12]昭宗以武皇爲行營都統，[13]進討邠、岐。[14]茂貞懼，斬繼鵬、繼晟，上表待罪，昭宗原之。武皇奏曰：[15]“不誅茂貞，關輔無由寧謐。”時附茂貞者奏云：“若太原盡殄邠、岐，必入關輔，京師憂未艾也。”乃詔武皇與茂貞和。及行瑜誅，武皇班師，茂貞怨望，驕横如故。[16]

[1]後唐武皇：即後唐太祖李克用，謚號武皇。沙陀部人，生於神武川新城（一説是今山西朔州市朔城區之梵王寺村，一説是今山西應縣縣城，一説在今山西懷仁縣之日中城）。唐末軍閥，後唐太祖。紀見本書卷二五。

[2]關輔：地區名。關中和三輔（京兆尹、左馮翊、右扶風）的合稱，指今陝西關中地區。　請討三鎮以寧關輔：《輯本舊史》卷二六《唐武皇紀下》乾寧二年（895）六月條：“武皇率蕃漢之師自晋陽趨三輔，討鳳翔李茂貞、邠州王行瑜、華州韓建之亂……武皇遂舉兵表三帥之罪，復移檄三鎮，三鎮大懼。”

[3]景宣：人名。即劉景宣。籍貫不詳。唐末宦官。事見《通鑑》卷二五八至卷二六〇。　繼晟：人名。事見本書本卷。

[4]駱全瓘：人名。籍貫不詳。唐末宦官。事見《舊唐書》卷一八四。

[5]“是歲七月”至“中夜大譟”：《舊唐書》卷二〇上《昭宗紀》乾寧二年七月條：“丙辰朔，李克用舉軍渡河，以討王行瑜、李茂貞、韓建等稱兵詣闕之罪。庚申，同州節度使王行實棄郡入京師，謂兩軍中尉駱全瓘、劉景宣曰：‘沙陀十萬至矣！請奉車駕幸邠州，且有城守。’時景宣附鳳翔，癸亥夜，閻圭與劉景宣子繼晟、同州王行實縱火剽東市，請上出幸。”較本傳詳審。

[6]承天門：唐長安宫城的正南門，也是太極宫的正門。位於

今陝西西安市。

［7］捧日：部隊番號。　都將：官名。所部將領。　李雲：人名。又作“李筠”。籍貫不詳。唐末將領。事見本書本卷、《舊唐書》卷二〇上。李雲，《通曆》卷一五同。《輯本舊史》之案語：“《新唐書》及《通鑑》俱作李筠，《薛史·韓建傳》亦作李筠，惟此傳作李雲。”見《新唐書》卷一〇《昭宗本紀》、卷五〇《兵志》，《通鑑》卷二六〇乾寧二年七月條，《輯本舊史》卷一五《韓建傳》。《舊唐書》卷二〇上《昭宗紀》乾寧二年七月條亦作“李筠”。

［8］李君慶：人名。又作“李君實”。籍貫不詳。事見本書本卷、《舊唐書》卷二〇上。“李君慶”，中華書局本有校勘記：“《舊唐書》卷二〇上《昭宗紀》、《新唐書》卷五〇《兵志》作‘李君實’，《通鑑》卷二六〇作‘李居實’。按本書卷二六《唐武皇紀下》有李君慶，係李克用部將。”《通曆》卷一五亦作“李君慶”。　啓夏門：城門名。位於今陝西西安市東南。

［9］南山：山名。即終南山。位於今陝西西安市。　莎城：地名。位於今陝西西安市東南。

［10］石門山：山名。今地不詳。

［11］渭北：即渭河以北地區。　武皇至渭北：《舊唐書》卷二〇上《昭宗紀》乾寧二年八月條：“乙酉朔，延王至河中，克用已發前鋒至渭北，又令史儼率五百騎赴行在侍衛。”《輯本舊史》卷二六《唐武皇紀下》同。本傳繫於七月，誤。

［12］王瓌：人名。籍貫不詳。李克用部將。事見本書本卷。“王瓌”，劉本、彭本作“王環”。《輯本舊史》卷二六《唐武皇紀下》、《通鑑》卷二六〇作“判官王瓌”。　行在：“行在所”的簡稱。指古代帝王所在的地方。後以此專指皇帝所到的地方。

［13］行營都統：官名。唐末設諸道行營都統，作爲各道出征兵士的統帥。

［14］邠：州名。治所在今陝西彬縣。　岐：封國名。時鳳翔節

度使李茂貞爲岐王，劫持唐昭宗至其所在，故稱。

［15］奏：據《通曆》卷一五補。

［16］“時附茂貞者奏云”至“驕横如故”：《通鑑》卷二六〇乾寧二年八月條：“己丑，克用進軍渭橋，遣其將李存貞爲前鋒；辛卯，拔永壽，又遣史儼將三千騎詣石門侍衛。癸巳，遣李存信、李存審會保大節度使李思孝攻王行瑜梨園寨，擒其將王令陶等，獻於行在……李茂貞懼，斬李繼鵬，傳首行在，上表請罪，且遣使求和於克用。上復遣延王戒丕、丹王允諭克用，令且赦茂貞，併力討行瑜，俟其殄平，當更與卿議之……癸卯，以李克用爲邠寧四面行營都招討使。”同年九月條：“李克用急攻梨園，王行瑜求救於李茂貞，茂貞遣兵萬人屯龍泉鎮，自將兵三萬屯咸陽之旁。克用請詔茂貞歸鎮，仍削奪其官爵，欲分兵討之。上以茂貞自誅繼鵬，前已赦宥，不可復削奪誅討，但詔歸鎮，仍令克用與之和解。”同年十月條：“王行瑜以精甲五千守龍泉寨，李克用攻之；李茂貞以兵五千救之，營於鎮西。”同年十一月條：“丁卯，行瑜挈族棄城走。克用入邠州，封府庫，撫居人，命指揮使高爽權巡撫軍城，奏趣蘇文建赴鎮。行瑜走至慶州境，部下斬行瑜，傳首。”同年十二月條：“李克用遣掌書記李襲吉入謝恩，密言於上曰：‘比年以來，關輔不寧，乘此勝勢，遂取鳳翔，一勞永逸，時不可失。臣屯軍渭北，專俟進止。’上謀於貴近，或曰：‘茂貞復滅，則沙陀大盛，朝廷危矣！’上乃賜克用詔，褒其忠款，而言：‘不臣之狀，行瑜爲甚。自朕出幸以來，茂貞、韓建自知其罪，不忘國恩，職貢相繼，且當休兵息民。’克用奉詔而止。既而私於詔使曰：‘觀朝廷之意，似疑克用有異心也。然不去茂貞，關中無安寧之日。’……克用既去，李茂貞驕横如故，河西州縣多爲茂貞所據，以其將胡敬璋爲河西節度使。”李克用諫昭宗誅李茂貞，在王行瑜伏誅之後，本傳所言不確。

明年五月，制授茂貞東川節度使。[1]仍命通王、覃王治禁軍於闕下，[2]如茂貞違詔，即討之。茂貞懼，將赴鎮。王師至興平，[3]夜自驚潰，茂貞因出乘之，官軍大敗。[4]車駕倉卒出幸華州，[5]茂貞之衆因犯京師，焚燒宮闕，大掠坊市而去，自此長安大内盡爲丘墟矣。[6]四年，昭宗復命宰臣孫偓統軍進討，[7]韓建諫止，令茂貞上章請雪。[8]光化中，[9]加茂貞尚書令、岐王，[10]令其子繼筠以兵宿衛。[11]

[1]東川：方鎮名。治所在梓州（今四川三臺縣）。中華書局本有校勘記："'東川'，《新唐書》卷一〇《昭宗紀》、《通鑑》卷二六一作'西川'。"　制授茂貞東川節度使：《通鑑》卷二六〇乾寧三年（896）六月條《考異》："按實録、新、舊紀諸書，茂貞未嘗除東川，《薛史》誤。"

[2]通王：封爵名。即李滋。唐末宗室。傳見《新唐書》卷八二。　覃王：人名。即李嗣周。唐宗室，唐順宗子李經後人。事見《通鑑》卷二五九。《輯本舊史》之影庫本粘籤："覃王，原本作'潭王'，今從新、舊《唐書》改正。"見《舊唐書》卷二〇上《昭宗紀》、《新唐書》卷一〇《昭宗皇帝紀》。《通曆》卷一五亦作"覃王"。

[3]興平：縣名。治所在今陝西興平市。

[4]"茂貞懼"至"官軍大敗"：《通鑑》卷二六〇乾寧三年六月條："初，李克用屯渭北，李茂貞、韓建憚之，事朝廷禮甚恭。克用去，二鎮貢獻漸疏，表章驕慢。上自石門還，於神策兩軍之外，更置安聖、捧宸、保寧、宣化等軍，選補數萬人，使諸王將之；嗣延王戒丕、嗣覃王嗣周又自募麾下數千人。茂貞以爲欲討己，語多怨望，嫌隙日構。茂貞亦勒兵揚言欲詣闕訟冤；京師士民争亡匿山谷。上命通王滋及嗣周、戒丕分將諸軍以衛近畿，戒丕屯三橋。茂貞遂表言'延王無故稱兵討臣，臣今勒兵入朝請罪'。上

遽遣使告急於河東。丙寅，茂貞引兵逼京畿，覃王與戰於婁館，官軍敗績。”胡注：“婁館，蓋在京兆興平縣西。”《舊唐書》卷二〇上《昭宗紀》同。《通鑑》《舊唐書》所記李茂貞與朝廷起釁之由，王師敗績之歷程，皆與本傳異。

[5]華州：州名。治所在今陝西渭南市華州區。

[6]“車駕倉卒出幸華州”至“自此長安大内盡爲丘墟矣”：《舊唐書》卷二〇上《昭宗紀》乾寧三年七月條：“壬辰，岐軍逼京師，諸王率禁兵奉車駕將幸太原。癸巳，次渭北。華州韓建遣子充奉表起居，請駐蹕華州，乃授建京畿都指揮、安撫制置、催促諸道綱運等使……丙申，駐蹕華州，以衙城爲行宫。時岐軍犯京師，宫室廛閭，鞠爲灰燼，自中和已來葺構之功，掃地盡矣。”

[7]孫偓：人名。武邑（今河北武邑縣）人。唐末宰相。傳見《新唐書》卷一八三。

[8]“四年”至“令茂貞上章請雪”：《舊唐書》卷二〇上《昭宗紀》乾寧三年十月條：“壬子，制以兵部侍郎、平章事孫偓爲中書侍郎，充鳳翔行營招討使。甲寅，偓於驛舍會諸將，以議進軍。戊午，李茂貞上表章請罪，願改事君之禮，繼修職貢，仍獻錢十五萬，助修京闕。韓建左右之，師遂不行。”《通鑑》卷二六〇同。本《傳》繫於乾寧四年，誤。《通鑑》卷二六一乾寧四年六月條：“乙卯，以茂貞爲西川節度使。以覃王嗣周爲鳳翔節度使……覃王赴鎮，李茂貞不受代，圍覃王於奉天。”同年七月條：“韓建移書李茂貞；茂貞解奉天之圍，覃王歸華州。”同年八月條：“上欲幸奉天親討李茂貞，令宰相議之；宰相切諫，乃止。”同年九月條：“以彰義節度使張璉爲鳳翔西北行營招討使，以討李茂貞。復以王建爲西川節度使、同平章事。加義武節度使王郜同平章事。削奪新西川節度使李茂貞官爵，復姓名宋文通。”光化元年正月條：“上下詔罪己息兵，復李茂貞姓名官爵，應諸道討鳳翔兵皆罷之。”同年二月條：“復以李茂貞爲鳳翔節度使。”本傳未載其事。

[9]光化：唐昭宗李曄年號（898—901）。

[10]尚書令：官名。秦始置。隋、唐前期爲尚書省長官，與中書令、侍中並爲宰相。唐後期多爲大臣加銜，不參與政務。正二品。

[11]繼筠：人名。即李繼筠。深州博野（今河北蠡縣）人。李茂貞族子。事見《新唐書》卷一八三、卷二〇八。　“光化中”至“令其子繼筠以兵宿衛”：《通鑑》卷二六二天復元年（光化四年）正月條：“鳳翔、彰義節度使李茂貞來朝；加茂貞守尚書令，兼侍中，進爵岐王……李茂貞辭還鎮。崔胤以宦官典兵，終爲肘腋之患，欲以外兵制之，諷茂貞留兵三千於京師，充宿衛，以茂貞假子繼筠將之。”所繫年月與本傳異。《廿二史考異》卷六三《五代史三》：“加拜茂貞尚書令，封岐王。此事不著年月，據《通鑑》則天復元年正月事也。今考《舊唐書·昭宗紀》，景福元年以岐王李茂貞爲興元尹、山南西道節度等使，是茂貞之封岐王已久，至景福二年十一月制以鳳翔節度使李茂貞守中書令，進封秦王，則已由岐而進王秦矣，不應至是始封岐王也。”

天復元年十月，[1]梁祖攻同、華，[2]勢逼京師。十一月六日，繼筠與中尉韓全誨劫昭宗幸鳳翔，[3]茂貞遂與全誨矯詔徵兵天下，將討梁祖。[4]宰相崔胤召梁祖引四鎮之兵屯岐下，[5]重溝複壘圍守。三年，茂貞山南諸州盡爲王建所陷，[6]涇、原、秦、隴、邠、鄜、延、夏皆降於汴。[7]茂貞獨據孤城，内外援絶，乃請車駕還京，求和於汴，[8]即斬韓全誨等二十人首級送於梁祖。[9]自是兵力殫盡，垂翅不振，懼梁祖復討，請落尚書令，許之。[10]

[1]天復：唐昭宗李曄年號（901—904）。

［2］同：州名。治所在今陝西大荔縣。

［3］韓全誨：人名。籍貫不詳。唐末宦官。傳見《新唐書》卷二〇八。

［4］“天復元年十月”至“將討梁祖”：《舊唐書》卷二〇上《昭宗紀》天復元年（901）十月戊戌條：“全忠引四鎮之師七萬赴河中，京師聞之大恐，豪民皆亡竄山谷。”同年十一月壬子（初四）條：“中尉韓全誨與鳳翔護駕都將李繼誨奉車駕出幸鳳翔。”《新唐書》卷一〇《昭宗皇帝紀》、《通鑑》卷二六二所記月日同，《通鑑》“李繼誨”作“李繼筠”。唐昭宗幸鳳翔，在十一月初四，本《傳》誤。

［5］崔胤：人名。清河武城（今山東武城縣）人。唐末宰相。傳見《舊唐書》卷一七七、《新唐書》卷二二三下。　四鎮：指朱温所統宣武、宣義、天平、護國四方鎮。

［6］王建：人名。許州舞陽（今河南舞陽縣）人。唐末軍閥、前蜀開國皇帝。傳見本書卷一三六、《新五代史》卷六三。

［7］涇：州名。治所在今甘肅涇川縣。　原：州名。治所在今甘肅鎮原縣。　秦：州名。治所在今甘肅天水市。　隴：州名。治所在今陝西隴縣。　鄜：州名。治所在今陝西富縣。　延：州名。治所在今陝西延安市。　夏：州名。治所在今陝西靖邊縣。

［8］“茂貞獨據孤城”至“求和於汴”：《新五代史》卷四〇《李茂貞傳》：“梁軍圍之逾年，茂貞每戰輒敗，閉壁不敢出。城中薪食俱盡，自冬涉春，雨雪不止，民凍餓死者日以千數。米斗直錢七千，至燒人屎煮尸而食，父自食其子，人有争其肉者，曰：‘此吾子也，汝安得而食之！’人肉斤直錢百，狗肉斤直錢五百，父甘食其子，而人肉賤於狗。天子於宫中設小磨，遣宫人自屑豆麥以供御，自後宫、諸王十六宅，凍餒而死者日三四。城中人相與邀遮茂貞，求路以爲生，茂貞窮急，謀以天子與梁以爲解。昭宗謂茂貞曰：‘朕與六宫皆一日食粥，一日食不托，安能不與梁和乎？’”

［9］即斬韓全誨等二十人首級送於梁祖：《通鑑》卷二六三天

復三年正月己酉條："又遣使囊全誨等二十餘人首以示全忠。"《考異》："《舊紀》：'丁巳，蔣玄暉與中使押送全誨等二十人首級，告諭四鎮兵士回鑾之期。'《新紀》：'正月，戊申，殺全誨等。'《唐太祖紀年録》：'正月，甲辰，鳳翔李茂貞殺其子繼筠、觀軍容韓全誨、張彦弘、樞密使袁易簡、周敬容等二十二人，皆斬首囊盛，押領出城，以示朱温。'《金鑾記》：'六日，誅全誨等。'《唐年補録》：'正月，癸卯，賜朱全忠詔。'《唐補紀》云：'天復三年，二月，誅全誨等八人。'其全誨等伏誅日，今從《金鑾記》《實録》《新紀》。按《金鑾記》《唐年補録》《唐實録》《後唐紀年録》載六日所誅宦官名，可見者全誨等四人，處廷等十六人，而《金鑾記》云，'是夜處置内官一十九人'。《唐年補録》云，'全誨以下二十二人首級'。《紀年録》云，'殺全誨等二十二人'。《北夢瑣言》亦云'二十二人首'。《新傳》云：'繼筠、繼誨、彦弼皆伏誅。是夜，誅内諸司使韋處廷等二十二人。'若並繼筠等數之，則多一人；若只數宦官，則少二人；若如《金鑾記》，是夜又誅十九人，則多一人。或者二人名不見歟?"事見《舊唐書》卷二〇上《昭宗紀》、《新唐書》卷一〇《昭宗皇帝紀》。

[10]"自是兵力殫盡"至"許之"：《舊唐書》卷二〇上《昭宗紀》天復三年五月條："制鳳翔隴右四鎮北庭行軍、彰義軍節度、涇原渭武觀察處置押蕃落等使、開府儀同三司、守尚書令、兼侍中、鳳翔尹、上柱國、秦王李茂貞可檢校太師、守中書令。初，茂貞凌弱王室，朝廷姑息，加尚書令，及是全忠方守太尉，茂貞懼，乞罷尚書令故也。"《舊五代史考異》："案：《九國志·李彦琦傳》，彦琦本姓楊氏，鳳翔李茂貞委以心腹之任，易姓李氏，齒于諸子。後昭宗西幸，梁祖迎駕，攻逼岐下者累年，及昭宗東還，長圍方解。大軍之後，府庫空竭，彦琦請使甘州以通回鶻，往復二載，美玉、名馬相繼而至，所獲萬計，茂貞賴之。"見《九國志》卷七《李彦琦傳》。

及梁祖建號,[1]茂貞與王建會兵於太原，志圖興復，竟無成功。[2]茂貞疆土危蹙,[3]不遂僭竊之志，但開岐王府,[4]署天官,[5]目妻爲皇后,[6]鳴鞘掌扇，宣詞令，一如王者之制，然尚行昭宗之正朔焉。[7]茂貞鼠形，多智數，軍旅之事，一經耳目，無忘之者。性至寬，有部將符道昭者,[8]人或告其謀變，茂貞親至其家，去其爪牙，熟寢經宿而還。軍士有鬬而訴者，茂貞曰："喫令公一椀不托,[9]與爾和解。"遂致上下服之。尤善事母，母終，茂貞哀毁幾滅性，聞者嘉之。但御軍整衆，都無紀律，當食則造庖厨，往往席地而坐，内外持管鑰者，亦呼爲司空、太保,[10]與夫細柳、大樹之威名，蓋相遠矣。

[1]及梁祖建號:《輯本舊史》卷二六《唐武皇紀下》天祐四年（907）四月條:"天子禪位於汴帥，奉天子爲濟陰王，改元爲開平，國號大梁。"

[2]"茂貞與王建會兵於太原"至"竟無成功":《輯本舊史》卷二七《唐莊宗紀一》天祐五年（開平二年，908）六月條:"鳳翔李茂貞、邠州楊崇本合西川王建之師五萬，以攻長安，遣使會兵於帝，帝遣張承業率師赴之。"《通鑑》卷二六六開平二年六月條:"蜀主遣將將兵會岐兵五萬攻雍州，晋張承業亦將兵應之。六月，壬寅，以劉知俊爲西路行營都招討使以拒之……丙辰，劉知俊及佑國節度使王重師大破岐兵于幕谷，晋、蜀兵皆引歸。"胡注:"梁受禪，改京兆府爲雍州大安府。"

[3]茂貞疆土危蹙:《通鑑》卷二六九貞明二年（916）條:"是歲，慶州叛附于岐，岐將李繼陟據之。詔以左龍虎統軍賀瓌爲西面行營馬步都指揮使，將兵討之，破岐兵，下寧、衍二州。"《考

異》："《薛史·賀瓌傳》：'貞明二年慶州叛，爲李繼陟所據，帝命左龍虎統軍賀瓌爲西面行營馬步軍都指揮使兼諸軍都虞候，與張筠破涇、鳳之衆三萬，下寧、衍二州。'此非小事，而《末帝紀》《李茂貞傳》皆無，惟《瓌傳》有之，今以爲據。"

[4]但開岐王府：《廿二史考異》卷六三《五代史三》："今鳳翔法門寺有碑，題云：'《大唐秦王重修法門寺塔廟記》。天祐十九年二月，禮部郎中薛昌序撰文。'蓋茂貞稱制時所立。稱茂貞爲秦王，不云岐王，然則唐亡以後，茂貞自稱秦王，可證也。岐者，一州之名，秦者，大國之號。茂貞在昭宗朝已封秦王，必不舍秦而稱岐。且同時吴、晋、燕、趙諸鎮，皆取大國名，茂貞何故輒自貶降，必不然矣。"

[5]天官：泛指百官。

[6]目妻爲皇后：《通鑑》卷二六六開平元年四月條胡注："李茂貞自爲岐王，而妻稱皇后，妻之貴踰於其夫矣。卒伍之雄，乘時竊號，私立名字以相署置，豈可與之言禮乎哉！"《廿二史考異》卷六三《五代史三》："當云'王后'，蓋取戰國及漢初諸侯王妻稱'后'之例。胡三省謂'妻之貴踰於其夫'者，妄也。"

[7]然尚行昭宗之正朔焉：《五代十國方鎮年表》："按昭宗在位凡七次改元，岐行何年號，《舊史》語焉不詳。《通鑑》卷二六六開平元年四月削李克用官爵下云：'是時惟河東、鳳翔、淮南稱天祐，西川稱天復年號；餘皆稟梁正朔。'此後所出紀年書，皆主其説。今以《大唐秦王重修法門寺塔廟記》考之，此説似可商榷。《廟記》稱塔立於天祐十九年二月，天祐十九年者，歲在壬午，梁末帝龍德二年也。《廟記》敘前事有天復十二年、天復十三年、天復十四年、天復十九年、天復二十年，至壬午歲乃改稱天祐。則是茂貞先自用天復年號，至壬午歲，晋王李存勗未建尊號而有指日滅梁之勢，茂貞不敢自異，始改稱天祐也。《廟記》爲時人之作，尤可徵信，故從之。"

[8]符道昭：人名。蔡州（今河南汝南縣）人。唐末、五代後

梁將領。傳見本書卷二一、《新五代史》卷二一。

[9]不托：亦作“餺飥”。指湯餅或湯麵。《輯本舊史》之影庫本粘籤：“不托，《通鑑》作‘餺飥’，蓋當時俗語聲之轉也，今仍其舊。”

[10]司空：官名。與太尉、司徒並爲三公，唐後期、五代時多爲大臣、勳貴加官。正一品。　太保：官名。與太師、太傅合稱三師，唐後期、五代時多爲大臣、勳貴加官。正一品。

及莊宗平梁，[1]茂貞自爲季父，以書賀之。[2]及聞莊宗入洛，懼不自安，方上表稱臣，[3]尋遣其子繼曮來朝。[4]詔茂貞仍舊官，進封秦王，所賜詔敕不名。[5]又以茂貞宿望耆老，特加優禮。[6]及疾篤，遣中使賜醫藥問訊。同光二年夏四月薨，[7]年六十九。謚曰忠敬。[8]子從曮嗣。[9]《永樂大典》卷一萬三百九十。[10]

[1]莊宗：人名。即李存勗。沙陀部人。後唐開國皇帝。紀見本書卷二七至卷三四、《新五代史》卷四至卷五。

[2]以書賀之：《輯本舊史》卷三〇《唐莊宗紀四》同光元年(923)十一月壬寅條：“鳳翔節度使、秦王李茂貞遣使賀收復天下。”

[3]方上表稱臣：《輯本舊史》卷三一《唐莊宗紀五》同光二年正月癸丑條：“鳳翔節度使、秦王李茂貞上表，請行藩臣之禮，帝優報之。”

[4]繼曮：即從曮。傳見本書本卷。

[5]“詔茂貞仍舊官”至“所賜詔敕不名”：《輯本舊史》卷三一《唐莊宗紀五》同光二年二月辛巳條：“以開府儀同三司、守尚書令、秦王李茂貞依前封秦王，餘如故，仍賜不拜、不名。”《通

鑑》卷二七三同光二年二月辛巳條："進岐王爵爲秦王，仍不名、不拜。"《考異》："茂貞改封秦王，《薛史》無的確年月。《實録》，同光元年十一月壬寅，已稱'秦王茂貞遣使賀收復'，自後皆稱秦王。至二年辛巳制，'秦王李茂貞可封秦王'，豈有秦王封秦王之理！必是至是時始自岐王封秦王也。"《廿二史考異》卷六三《五代史三》："予謂茂貞在唐昭宗時已封秦王，《實録》所書本不誤，温公以意改之，却非其實。何也？茂貞，唐之舊藩，與河東均附屬籍。其上箋莊宗，猶以季父行自處，儼然敵國之禮，至是始上表稱臣，乃因其舊封授之，錫以册命。上云'秦王'者，茂貞自稱，下云'秦王'者，莊宗所命，於文義何嫌？"《輯本舊史·唐莊宗紀》"依前封秦王"云云，語義甚明，《通鑑考異》所辨不確。

[6]特加優禮：中華書局本有校勘記："'特'，原作'持'，據殿本、劉本、孔本、邵本、彭本、《通鑑》卷二七三改。"

[7]同光：後唐莊宗李存勗年號（923—926）。　同光二年夏四月薨："夏四月薨"，《通曆》卷一五作"疾薨"。薛光序撰《大唐秦王謚曰忠敬墓誌銘》："同光二年甲申歲四月十一日（己卯）薨於鳳翔府私第。"

[8]謚曰忠敬：《輯本舊史》卷三二《唐莊宗紀六》同光二年十月乙亥條："故守太師、尚書令、秦王李茂貞追封秦王，賜謚曰忠敬。"

[9]子從曮嗣：從曮，即上文所言繼曮。《通鑑》卷二七五天成元年（926）九月壬午條："賜李繼曮名從曮。"又，魚崇遠撰《晋故秦國賢德太夫人墓誌銘》："今鳳翔節度使秦王，即夫人長子也。故忠武節度使從昶、前邠州行軍司馬從昭、前鳳翔衙内都指揮使繼暐，皆子也。"秦國賢德太夫人劉氏，鳳州防禦判官劉岳女，李茂貞妻，卒於天福八年十月。"從昭"，據下文《李從曮傳》《李從昶傳》，當作"從照"。茂貞有子從曮、從昶、從照、繼暐。

[10]《大典》卷一〇三九〇"李"字韻"姓氏（三五）"事目。

從曮，[1]茂貞之長子也。未冠，授諮議參軍，[2]賜緋魚袋，[3]尋遷領彭州副使、鳳翔衙内都指揮使。[4]天復中，自秦王府行軍司馬、[5]檢校太傅出爲涇州兩使留後。[6]茂貞尋承制加開府儀同三司、[7]檢校太尉、兼侍中、四鎮北庭行軍、彰義軍節度使。[8]及唐莊宗平梁，茂貞令從曮入覲，制加從曮兼中書令。[9]俄而茂貞薨，遺奏權知鳳翔軍府事，詔起復，[10]授鳳翔節度、管内觀察處置等使。

[1]從曮：李從曮，本名李繼曮，唐莊宗朝或稱李曮，明宗朝賜名李從曮。

[2]諮議參軍：官名。也稱諮議參軍事。晋代始置。爲親王府僚屬。掌陪侍左右，參謀庶事。正五品上。

[3]賜緋：輿服制度。皇帝頒賜緋色官服。唐代五品、四品官服緋。後世或沿用此制，品級不盡相同。　魚袋：唐制，五品以上官員發給魚符，上刻官員姓名，以爲憑信，因爲裝在袋内，故稱爲“魚袋”。

[4]彭州：州名。治所在今四川彭州市。　衙内都指揮使：官名。節度使府衙内部隊統兵將領。

[5]行軍司馬：官名。出征將領及節度使的屬官。掌軍籍符伍、號令印信，是藩鎮重要的軍政官員。

[6]兩使留後：官名。即節度觀察留後。唐五代時，代行方鎮長官之職者稱留後。代節度使、觀察使之職者，即爲節度觀察留後。掌一州或數州軍政。

[7]承制：《輯本舊史》之影庫本粘籤：“承制，原本作‘承嗣’，今據文改正。”　開府儀同三司：官名。魏晋始置，隋唐時爲散官之最高官階。多授功勳重臣。從一品。

[8]四鎮：指安西都護府，包含龜兹、疏勒、于闐、焉耆（或碎葉）四鎮，治所在龜兹（今新疆庫車縣東）。　北庭：唐代北庭都護府的簡稱。治所在金滿州（今新疆吉木薩爾縣）。　彰義軍：方鎮名。治所在涇州（今甘肅涇川縣）。

[9]中書令：官名。漢代始置，隋、唐前期爲中書省長官，屬宰相之職；唐後期多爲授予元勳大臣的虚銜。正二品。　"及唐莊宗平梁"至"制加從曮兼中書令"：《通鑑》卷二七三同光二年（924）正月條："岐王聞帝入洛，内不自安，遣其子行軍司馬、彰義節度使兼侍中繼曮入貢，始上表稱臣。帝以其前朝耆舊，與太祖比肩，特加優禮，每賜詔但稱岐王而不名。庚戌，加繼曮中書令，遣還……李繼曮見唐甲兵之盛，歸，語岐王，岐王益懼，癸丑，表請正藩臣之禮；優詔不許。"《輯本舊史》卷三一《唐莊宗紀五》同光二年正月庚戌條："以涇原節度使、充秦王府諸道行軍司馬、開府儀同三司、檢校太尉、兼侍中李從曮爲檢校太尉、兼中書令，依前涇原軍節度使，充秦王府諸道行軍司馬。"彰義爲涇原節度使軍號，涇州爲涇原節度使治所。

[10]起復：父母喪未滿或革職官員重被起用。　詔起復：《輯本舊史》卷三二《唐莊宗紀六》同光二年五月壬戌條："以權知鳳翔軍府事、涇州節度使李曮爲起復雲麾將軍、右金吾大將軍同正，依前檢校太尉、兼中書令，充鳳翔節度使。"

三年九月，以魏王繼岌伐蜀，[1]詔充供軍轉運應接使。[2]四年正月，蜀平，繼岌命部署王衍一行東下，[3]至岐，監軍使柴重厚不與符印，[4]促令赴闕。[5]從曮至華下，[6]聞内難歸鎮。明宗詔誅重厚，[7]從曮以軍民不擾，重厚之力也，不以前事爲隙，上表論救，事雖不允，時議嘉之。天成元年五月，[8]制落起復，[9]加檢校太師。[10]其年九月，敕曰："李從曮等世聯宗屬，[11]任重藩宣，慶善有稱，忠勤甚著。既預維城之列，宜新定體之文，是降寵光，以隆敦敘，俾煥承家之美，貴從猶子之規，[12]宜於'曮''昶''照'上改稱'從'。"[13]

[1]繼岌：人名。即李繼岌。後唐莊宗長子。傳見本書卷五一、《新五代史》卷一四。

[2]供軍轉運應接使：官名。五代轉運使的一種。於戰時設置，或由軍中將領充任，或以地方文臣充任，負責軍需物資的籌集、調運、供給。　詔充供軍轉運應接使：《輯本舊史》卷三三《唐莊宗紀七》同光三年（925）九月庚子條："鳳翔節度使李曮充供軍轉運應接等使。"《北夢瑣言》卷二〇忍欲復禮條："唐鳳翔李曮令公，收蜀充饋運使，於蜀城東門外下營。魏王與郭侍中入居蜀宮，玉帛子女，它人無復見矣。中令寂寞無以遣，適潁川陳昭符仕蜀，累剖竹符，早在岐山，微有階緣，而得候謁，因求一美人以獻之。有蕭夫人者，乃蜀先主之寵愛也，曾賜與鳳翔歸降指揮使王胡（原注：忘其名），賜名丞弇。王胡乃岐王賜姓，連'彥'字。卒後，蕭氏寡而無子，其容態明悟，國人具聞。陳致媒氏，誘之而獻。抱衾之夕，中令於窗隙中窺之，歎其妍妙，乃詰所來。左右方以王胡爲對，中令止之曰：'王胡背恩投蜀，誠不可容。然其向來，吾之子姪矣。此事不可。'遽令約迴。時有知者，皆重中令少年而忍欲復禮，誠貴達人難事。潁川每爲愚話之。"

[3]王衍：人名。許州舞陽（今河南舞陽縣）人。王建幼子，五代十國前蜀皇帝。傳見本書卷一三六、《新五代史》卷六三。　繼岌命部署王衍一行東下：《通鑑》卷二七五天成元年（926）正月庚申條："魏王繼岌遣李繼曮、李嚴部送王衍及其宗族百官數千人詣洛陽。"

[4]監軍使：官名。爲臨時差遣，代表朝廷協理軍務，督察將帥。五代時常以宦官爲監軍。　柴重厚：人名。籍貫不詳。五代將

領。本書僅此一見。

［5］“至岐”至“促令赴闕”：《通鑑》卷二七五天成元年二月戊戌條：“李繼曮至鳳翔，監軍使柴重厚不以符印與之，促令詣闕。”

［6］華下：華山脚下，指華州。

［7］明宗：即李嗣源。沙陀部人。原名邈佶烈，李克用養子。五代後唐明宗，926年至933年在位。紀見《舊五代史》卷三五至卷四四、《新五代史》卷六。　明宗詔誅重厚：《通鑑》卷二七五天成元年六月條：“李繼曮至華州，聞洛中亂，復歸鳳翔；帝爲之誅柴重厚。”

［8］天成：後唐明宗李嗣源年號（926—930）。

［9］制：帝王命令的一種。唐制，凡行大賞罰，授大官爵，釐革舊政，赦宥慮囚，皆用制書。由中書舍人起草擬定。禮儀等級較高。　落：取消。

［10］加檢校太師：《輯本舊史》卷三六《唐明宗紀二》天成元年六月壬子條：“鳳翔節度使、檢校太尉、兼中書令李從曮加檢校太師、兼中書令。”時間與本傳異。

［11］李從曮等：《輯本舊史》卷三七《唐明宗紀三》天成元年九月辛巳條引詔書作“鳳翔節度使李曮”。下文既言賜名從曮，此處徑稱“從曮”，與文義不合，恐爲史臣潤色語句之誤，故不予改正。

［12］貴從猶子之親：中華書局本有校勘記：“‘親’，原作‘規’，據本書卷三七《唐明宗紀》三改。”

［13］宜於“曮”“昶”“照”上改稱“從”：《通鑑》卷二七五天成元年九月壬午條：“賜李繼曮名從曮。”《輯本舊史》卷三八《唐明宗紀四》天成二年九月乙丑條：“夏州節度使李仁福、鳳翔節度使李從曮、朔方節度使韓洙，並加食邑，改賜功臣。”

自長興元年,[1]明宗有事於南郊,[2]從曮入覲，禮畢，移鎮汴州。[3]四年，復入覲，改天平軍節度使。[4]及唐末帝起兵於岐下,[5]盡取從曮家財器仗，以助軍須。[6]末帝發離岐城,[7]吏民扣馬，乞以從曮爲帥，末帝許之。清泰初,[8]即以從曮復爲鳳翔節度使，仍封秦國公。[9]晋高祖登極,[10]繼封岐王、秦王,[11]累食邑至一萬五千户，食實封一千五百户。[12]少帝嗣位,[13]加守太保。[14]開運三年冬,[15]卒於鎮,[16]年四十九。

[1]長興：後唐明宗李嗣源年號（930—933）。

[2]有事於南郊：南郊代指南面郊區之祭天場所（圜丘），亦指祭天之禮（郊天）。古人用“郊”“南郊”“有事於南郊”指代在南郊之圜丘舉行的郊天典禮。

[3]汴州：州名。治所在今河南開封市。　移鎮汴州：《輯本舊史》卷四一《唐明宗紀七》長興元年（930）三月壬申條：“鳳翔節度使李從曮進封岐國公，移鎮汴州。”本《傳》失載封岐國公事。

[4]天平軍：方鎮名。治所在鄆州（今山東東平縣）。　改天平軍節度使：《輯本舊史》卷四四《唐明宗紀十》長興四年十一月乙酉條：“以前汴州節度使李從曮爲鄆州節度使。”鄆州爲天平軍節度使治所。

[5]唐末帝：即後唐末帝李從珂。又稱廢帝。鎮州（今河北正定縣）人。後唐明宗養子，明宗入洛陽，他率兵追隨，以功拜河中節度使，封潞王。紀見本書卷四六至卷四八、《新五代史》卷七。

[6]以助軍須：中華書局本有校勘記：“‘須’，原作‘頒’，據殿本、劉本、孔本、邵本、彭本改。”

[7]岐城：地名。指鳳翔。

[8]清泰：五代後唐廢帝李從珂年號（934—936）。

[9]“清泰初”至“仍封秦國公”：《輯本舊史》卷四六《唐末帝紀上》清泰元年（934）五月庚戌條：“鄆州節度使李從曮爲鳳翔節度使。”同年七月丁未條：“鳳翔節度使李從曮封西平王。”與本傳異。

[10]晋高祖：即後晋高祖石敬瑭。沙陀部人。五代後唐將領、後晋開國皇帝。紀見本書卷七五至卷八〇、《新五代史》卷八。

[11]繼封岐王、秦王：《輯本舊史》卷七六《晋高祖紀二》天福二年（937）正月條：“鳳翔節度使、兼中書令、西平王李從曮加食邑實封。”同年五月壬申條：“鳳翔節度使、檢校太師、兼中書令、西平王李從曮進封岐王。”同書卷七七《晋高祖紀三》天福三年四月戊子條：“鳳翔節度使、檢校太師、兼中書令、岐王李從曮進封秦王。”《通鑑》卷二八一天福三年條：“鳳翔節度使李從曮，厚文士而薄武人，愛農民而嚴士卒，由是將士怨之。會發兵戍西邊，既出郊，作亂，突門入城，剽掠於市。從曮發帳下兵擊之，亂兵敗，東走，欲自訴於朝廷，至華州，鎮國節度使張彦澤邀擊，盡誅之。”

[12]食邑：即封地、封邑。食邑之名，蓋取受封者不之國，僅食其租税之意。　食實封：實際享用封户的租賦。

[13]少帝：即後晋少帝石重貴。沙陀部人。後晋高祖石敬瑭從子。紀見本書卷八一至卷八五、《新五代史》卷九。

[14]加守太保：《輯本舊史》卷八一《晋少帝紀一》天福七年七月乙巳條：“鳳翔節度使李從曮加守太保。”

[15]開運：後晋出帝石重貴年號（944—946）。

[16]卒於鎮：《輯本舊史》卷八五《晋少帝紀五》開運三年（946）十月丙戌條：“鳳翔節度使秦王李從曮薨，輟朝，贈尚書令。”

從曮少敏悟，善筆札，性柔和，無節操。當莊宗新有天下，因入覲，獻寶裝針珥於皇后宮，時以爲佞。但進退閑雅，慕士大夫之所爲，有請謁者，無賢不肖皆盡其敬。鎮於岐山，[1]前後二紀，[2]每花繁月朗，必陳勝會以賞之，客有困於酒者，雖吐茵墮幘而無厭色。左右或有過，未嘗笞責。先人汧、隴之間，[3]有田千頃，竹千畝，恐奪民利，不令理之，致岐陽父老再陳借寇之言，[4]良有以也。[5]

[1]岐山：山名。因山有兩岐而得名。位於今陝西岐山縣南。

[2]紀：十二年爲一紀。

[3]汧：地名。位於今陝西隴縣東南。

[4]岐陽：縣名。治所在今陝西岐山縣。　致岐陽父老再陳借寇之言：《輯本舊史》之影庫本粘籤："借寇，原本作'借冠'，詳其文義，當是用《後漢書·寇恂傳》願復借寇君一年之事，今改正。"

[5]良有以也：《輯本舊史》傳末引《五代史補》："李曮，岐王之子，昆仲間第六，官至中書令，世謂之'六令公'。性情好戲，爲鳳翔節度，因生辰，隣道持賀禮，使畢至。有魏博使少年如美婦人，秦鳳使矬陋且多髯，二人坐又相接，而魏使在下，曮因曰：'二使車一妍一醜，何不相嘲以爲樂事。'魏博使恃少俊，先起曰：'今日不幸與水草大王接席。'秦鳳使徐起應曰：'水草大王不敢承命，然吾子容貌如此，又坐次相接，得非水草大王夫人耶？'在坐皆笑。"

子永吉，[1]歷數鎮行軍司馬。[2]《永樂大典》卷一萬三百九十。[3]

[1]子永吉：許九言撰《故鳳翔節度使秦王贈尚書令李公楚國夫人高平朱氏墓誌銘》："有子一十三人：曰永熙、永吉、永義、永忠、永幹、永粲、永嗣、永浩、永勝、永嵩、永固、永載、永濟……大周顯德五年歲次戊午正月日，用大禮葬於岐山縣鳳棲鄉，祔秦王之新塋也。"朱氏爲朱友謙長女、從曮之妻，卒於乾祐二年(949)。

[2]歷數鎮行軍司馬：《新五代史》卷三〇《蘇逢吉傳》："鳳翔李永吉初朝京師，逢吉以永吉故秦王從曮子，家世王侯，當有奇貨，使人告永吉，許以一州，而求其先王玉帶，永吉以無爲解，逢吉乃使人市一玉帶，直數千緡，責永吉償之；前客省使王筠自晋末使楚，至是還，逢吉意筠得楚王重賂，遣人求之，許以一州，筠怏怏，以其橐裝之半獻之。而皆不得州。"

[3]《大典》卷一〇三九〇"李"字韻"姓氏（三五）"事目。

從昶，[1]茂貞之第二子也。[2]十餘歲，署本道中軍使。[3]後唐同光中，茂貞疾，從昶年十五，遣代兄從曮爲涇州兩使留後，朝廷尋加節制。[4]天成中，明宗即位，改鎮三峯，[5]累官至檢校太保。會郊天大禮，表請入覲，以恩加檢校太傅。俄有代歸闕，授左驍衛上將軍，[6]改右龍武統軍。[7]未幾，出鎮許田，[8]在鎮三年。清泰中，復入爲右龍武統軍，[9]再遷左龍武統軍。[10]晋天福三年冬，[11]卒於官，[12]時年四十，[13]贈太尉。[14]

[1]從昶：李從昶，本名李繼昶，唐明宗朝賜名李從昶。

[2]茂貞之第二子也：《宋本册府》卷七八六《總録部·多能門》："晋李從昶，秦王茂貞之第三子也。"與本傳異。薛光序撰《大唐秦王謚曰忠敬墓誌銘》："長男，見任鳳翔隴州節度觀察處置

等使，兼鳳翔尹，檢校太尉，兼中書令。次男，見任彰義軍節度觀察營田等使，檢校太傅。”彰義爲涇原節度使軍號，涇州爲涇原節度使治所，據下文，從昶代兄從曮爲涇州兩使留後，朝廷尋命爲節度使，故從昶乃茂貞次子無疑。

[3]中軍使：官名。五代時期統兵將領。

[4]朝廷尋加節制：《輯本舊史》卷三二《唐莊宗紀六》同光三年（925）五月戊午條：“以鳳州衙内馬步軍都指揮使李繼昶爲涇州節度使、檢校太傅。”

[5]三峯：華州代稱。　改鎮三峯：《輯本舊史》卷四〇《唐明宗紀六》天成四年七月丙戌條：“涇州節度使李從昶移鎮華州。”

[6]左驍衛上將軍：官名。唐置，掌宫禁宿衛。唐代十六衛之一。從二品。　授左驍衛上將軍：《輯本舊史》卷四三《唐明宗紀九》長興三年（932）二月庚午條：“以前華州節度使李從昶爲左驍衛大將軍。”同年十月庚申條：“幸至德宫，因幸石敬瑭、李從昶、李從敏之第。”同書卷四四《唐明宗紀十》長興四年六月丁巳條：“以右驍衛上將軍李從昶爲左龍武統軍，以前邢州節度使高允韜爲右龍武統軍。”

[7]右龍武統軍：官名。唐置六軍，分左、右羽林，左、右龍武，左、右神武，即“北衙六軍”。興元元年（784），六軍各置統軍，以寵勳臣。五代沿之。其品秩，《唐會要》卷七一、《舊唐書》卷一二記載爲“從二品”；《通鑑》卷二二九記載爲“從三品”。《輯本舊史》之影庫本粘籤：“統軍，原本作‘維軍’，今從《通鑑》改正。”檢《通鑑》全書，未見李從昶事。

[8]許田：許州舊稱。　出鎮許田：《輯本舊史》卷四四《唐明宗紀十》長興四年八月丁巳條：“以右龍武統軍李從昶爲許州節度使。”

[9]復入爲右龍武統軍：《輯本舊史》卷四七《唐末帝紀中》清泰二年（935）六月丙戌條：“以前許州節度使李從昶爲右龍武統軍。”

[10]再遷左龍武統軍：《輯本舊史》卷四八《唐末帝紀下》清泰三年閏十一月辛酉條："以右龍武統軍李從昶爲左龍武統軍。"

[11]天福：五代後晋高祖石敬瑭年號（936—942）。出帝石重貴沿用至九年（944）。後漢高祖劉知遠繼位後沿用一年，稱天福十二年（947）。

[12]卒於官：《輯本舊史》卷七七《晋高祖紀三》天福三年十二月戊子（十五）條："龍武統軍李從昶卒，輟朝一日，贈太尉。"

[13]時年四十："四十"，似應作"三十"。本傳稱"同光中，茂貞疾，從昶年十五，遣代兄從曮爲涇州兩使留後"，據前《李從曮傳》校證，此爲同光二年（924）事，是時從昶年十五；至天福三年十二月十五日（938年1月8日）卒，從昶虛齡年三十。

[14]太尉：官名。與司徒、司空並爲三公，唐後期、五代時多爲大臣、勳貴加官。正一品。

從昶生於紈綺，少習華侈，以逸遊讌樂爲務，而音律圖畫無不通之。然性好談笑，喜接賓客，以文翰爲賞，曾無虛日。復篤信釋氏，時岐下有僧曰阿闍梨，通五天竺語，[1]爲士人所歸。從昶延於公舍，久而彌敬，每以偈問答，動合玄旨，深得桑門之秘要焉。[2]從昶凡歷三鎮，無尤政可褒，無苛法可貶，人用安之，亦將門之令嗣也。

[1]阿闍梨：人名。本書僅此一見。　五天竺：指古印度。

[2]桑門：沙門。　"從昶延於公舍"至"深得桑門之秘要焉"：中華書局本有校勘記："以上二十七字原闕，據《永樂大典》卷八七八二引《五代史·李從昶傳》補。"

弟從照，[1]歷隴州刺史、諸衛大將軍，卒。《永樂大典》卷一萬三百九十。[2]

[1]弟從照：中華書局本有校勘記："李茂貞妻劉氏墓誌（拓片刊《五代李茂貞夫婦墓》）記其有子名從昭，或即此人。"

[2]《大典》卷一〇三九〇"李"字韻"姓氏（三五）"事目。

茂勳，茂貞之從弟也。唐末，爲鳳翔都將，茂貞表爲鄜州節度使，累官至兼侍中。梁祖之圍鳳翔也，茂勳兵屯岐山，梁祖以羸師誘之，命孔勍潛率勁兵襲下鄜州，[1]盡俘其家，茂勳遂歸於梁，改名周彝，署元帥府行軍司馬。[2]開平中，爲河陽節度使，[3]從梁祖伐鎮州，圍棗强縣，[4]時有一民縋城而出，茂勳納之而不疑。一日，其民竊發，以木檐擊茂勳，踣於地，賴左右救至僅免。[5]居無何，遷金吾上將軍，[6]副王瓚將兵於景店，[7]瓚令分屯西寨，莊宗擊而敗之，降爲左衛上將軍。逾年，以太子太傅致仕。同光中，復名茂勳。天成初，以疾卒於洛陽。[8]《永樂大典》卷一萬三百九十。[9]

[1]孔勍：人名。兗州（今山東濟寧市兗州區）人。唐末、五代藩鎮軍閥。傳見本書卷六四。

[2]"唐末"至"署元帥府行軍司馬"：《通鑑》卷二六三天復二年（902）八月條："保大節度使李茂勳將兵屯三原，救李茂貞；朱全忠遣其將康懷貞、孔勍擊之，茂勳遁去。"鄜州爲保大軍節度使治所。同年十一月條："癸卯朔，保大節度使李茂勳帥其衆萬餘人救鳳翔，屯於城北阪上，與城中舉烽相應……朱全忠遣其將孔

勍、李暉將兵乘虚襲鄜、坊；壬子，拔坊州。甲寅，大雪，汴軍冒之夕進，五鼓，抵鄜州城下。鄜人不爲備，汴軍入城，城中兵尚八千人，格鬭至午，鄜人始敗，擒留守李繼瑭。勍撫存李茂勳及將士之家，按堵無擾，命李暉權知軍府事。茂勳聞之，引兵遁去。”同年十二月條：“李茂勳遣使請降於朱全忠，更名周彝。”又，同書卷二六五天祐三年（906）四月條：“朱全忠營於魏州城東數旬，將北巡行營，會天雄牙將史仁遇作亂，聚衆數萬據高唐，自稱留後，天雄巡内諸縣多應之。全忠移軍入城，遣使召行營兵還攻高唐，至歷亭，魏兵在行營者作亂，與仁遇相應。元帥府左司馬李周彝、右司馬苻道昭擊之，所殺殆半，進攻高唐，克之，城中兵民無少長皆死。擒史仁遇，鋸殺之。”同年十月條：“（劉）仁恭遣都揮使李溥將兵三萬詣晋陽，克用遣其將周德威、李嗣昭將兵與之共攻潞州。”十二月條：“朱全忠分步騎數萬，遣行軍司馬李周彝將之，自河陽救潞州。”

[3]河陽：方鎮名。全稱“河陽三城”。治所在孟州（今河南孟州市）。

[4]鎮州：州名。治所在今河北正定縣。　棗强：縣名。治所在今河北棗强縣。　圍棗强縣：《輯本舊史》卷二八《唐莊宗紀二》天祐九年（乾化二年，912）二月條：“庚戌朔，梁祖大舉河南之衆以援守光，以陝州節度使楊師厚爲招討使，河陽李周彝爲副；青州賀德倫爲應接使，鄆州袁象先爲副。甲子，梁祖自洛陽趨魏州，遣楊師厚、李周彝攻鎮州之棗强，命賀德倫攻蓨縣。”

[5]“時有一民縋城而出”至“賴左右救至僅免”：《舊五代史考異》：“案：《通鑑考異》引《唐餘録》云，棗强民欲擊梁祖，誤中茂勳。蓋傳聞之異詞也，附識於此。”《通鑑》卷二六八乾化二年三月條：“棗强城小而堅，趙人聚精兵數千人守之，師厚急攻之，數日不下，城壞復脩，死傷者以萬數。城中矢石將竭，謀出降，有一卒奮曰：‘賊自柏鄉喪敗已來，視我鎮人裂眥，今往歸之，如自投虎狼之口耳。困窮如此，何用身爲！我請獨往試之。’夜，縋城出，詣梁軍詐降，李周彝召問城中之備，對曰：‘非半月未易下

也。’因謀曰：‘某既歸命，願得一劍，效死先登，取守城將首。’周彝不許，使荷擔從軍。卒得間舉擔擊周彝首，踣地，左右救至，得免。”《考異》：“《莊宗實録》：‘頃之，周彝晝寢，左右未至，其人抽擔擊周彝首，踣於地，求兵仗不獲。周彝大呼，左右救至，獲免。卒睆周彝曰：吾比欲剸刃於朱温之腹，非圖爾也，誤矣。’《編遺録》云：‘時有一百姓來投軍中，李周彝收於部伍間，謂周彝曰：“請賜一劍，願先登以收其牆。”未許間，忽然抽茶擔子揮擊周彝，頭上中擔，幾仆于地。左右擒之，元是棗强邑中遣來詐降，本意欲窺算招討使楊師厚，斯人不能辨，乃誤中周彝。’按此卒從周彝請劍，周彝不許而令負擔，豈不知周彝非温也。又帝王與將帥居處侍衛不同，豈容不識而誤中之！若本欲殺楊師厚，則似近之。今既可疑，皆不取。”《舊五代史考異》所引不確，兹並録《通鑑》及《考異》全文，以見諸書所載之異同。

[6]金吾上將軍：官名。即金吾衛上將軍。唐置，掌宫禁宿衛。十六衛之一。從二品。　遷金吾上將軍：《輯本舊史》卷九《梁末帝紀中》貞明三年十二月庚申條：“以左金吾衛上將軍李周彝權兼左街使。”

[7]王瓚：人名。太原祁（今山西祁縣）人。唐河中節度使王重盈之子。五代後梁將領，官至開封尹。傳見本書卷五九。　景店：地名。位於今山東鄄城縣。

[8]以疾卒於洛陽：《輯本舊史》卷三九《唐明宗紀五》天成三年七月乙卯條：“以太子少保李茂勳卒輟朝。”天成前後共五年，三年不當云“天成初”，本傳誤。

[9]《大典》卷一〇三九〇“李”字韻“姓氏（三五）”事目。

高萬興　子允韜

高萬興，河西人。[1]祖君佐，鄜延節度判官。[2]父懷遷，都押衙。[3]萬興與弟萬金俱有武幹，[4]効用於本軍。河西自王行瑜敗後，[5]郡邑皆爲李茂貞之所强據，以其將胡敬璋爲節度使，[6]萬興爲敬璋騎將，昆弟俱有戰功。邠州節度使楊崇本者，茂貞之假子也，號李繼徽。梁祖既弑昭宗，[7]茂貞、繼徽與西川王建之師會於岐陽，[8]以圖興復，皆陳兵關輔，梁祖遣將王重師守雍州、[9]劉知俊守同州以拒之。[10]天祐五年冬，敬璋卒，[11]崇本以其愛將劉萬子爲鄜延帥，[12]萬子以兇暴而失士心。又崇本爲汴人所攻。[13]六年二月，萬子葬敬璋，將佐皆集於葬所，萬興、萬金因會縱兵攻萬子，殺之，歸款於汴。[14]梁祖以萬興爲鄜延招撫使，[15]與劉知俊合兵攻收鄜、坊、丹、延等州，[16]梁祖乃分四州爲二鎮，以萬興、萬金皆爲帥。及萬金卒，梁祖以萬興兼彰武、保大兩鎮，[17]累加至太師、中書令，封北平王。[18]莊宗定河洛，[19]萬興來朝，預郊禮陪位，既還鎮，復以舊爵授之。[20]同光三年十二月，[21]卒於位，以其子允韜權典留後。《永樂大典》卷五千五百三十八。[22]

[1]河西：方鎮名。治所在涼州（今甘肅武威市）。

[2]君佐：人名。即高君佐。本書僅此一見。　節度判官：官名。唐末、五代藩鎮僚佐，位行軍司馬下。

[3]懷遷：人名。即高懷遷。本書僅此一見。　都押衙：官名。“押衙”即“押牙”。唐五代時期開府建衙的高官辟署的屬官，有稱左、右都押衙或都押衙者。掌領儀仗侍衛等。參見劉安志《唐五代押牙（衙）考略》，武漢大學歷史系魏晋南北朝隋唐史研究室編《魏晋南北朝隋唐史資料》第16輯，武漢大學出版社1998年版。

［4］萬金：人名。即高萬金。延州（今陝西延安市）人。高萬興之弟。事見本書本卷。

［5］河西自王行瑜敗後：《舊唐書》卷二〇上《昭宗紀》乾寧二年（912）十一月壬寅條：“王行瑜與其妻子部曲五百餘人潰圍出奔，至慶州，行瑜爲部下所殺，并其家二百口，並詣行營乞降。李克用遣牙將閻鍔獻于京師。”《輯本舊史》卷二六《唐武皇紀下》、《通鑑》卷二六〇繫此事於十一月丁巳。

［6］胡敬璋：人名。籍貫不詳。李茂貞部將。事見本書本卷。　以其將胡敬璋爲節度使：《通鑑》卷二六〇乾寧二年十二月條：“克用既去，李茂貞驕横如故，河西州縣多爲茂貞所據，以其將胡敬璋爲河西節度使。”

［7］梁祖既弑昭宗：《舊唐書》卷二〇上《昭宗紀》天祐元年八月壬寅條：“夜，朱全忠令左龍武統軍朱友恭、右龍武統軍氏叔琮、樞密使蔣玄暉弑昭宗於椒殿。”

［8］西川：方鎮名。治所在成都（今四川成都市）。　茂貞、繼徽與西川王建之師會於岐陽：《輯本舊史》卷二七《唐莊宗紀一》天祐五年（908）六月條：“鳳翔李茂貞、邠州楊崇本合西川王建之師五萬，以攻長安，遣使會兵於帝。”

［9］王重師：人名。潁州長社（今河南許昌市）人。後梁將領。傳見本書卷一九、《新五代史》卷二二。　雍州：州名。治所在今陝西西安市。

［10］劉知俊：人名。徐州沛縣（今江蘇沛縣）人。唐末、五代軍閥。傳見本書卷一三、《新五代史》卷四四。　同州：州名。治所在今陝西大荔縣。

［11］天祐：唐昭宗李曄開始使用的年號（904）。唐哀帝李柷即位後沿用（904—907）。唐亡後，河東李克用、李存勗仍稱天祐，沿用至天祐二十年（923）。五代其他政權亦有行此年號者，如南吴、吴越等，使用時間長短不等。　敬璋卒：中華書局本有校勘記：“‘卒’，原作‘平’，據殿本、劉本、《通鑑》卷二六七改。

《舊五代史考異》卷五：‘案“卒”原本訛“平”，今據文改正。’”

［12］劉萬子：人名。籍貫不詳。五代將領。事見本書本卷。

［13］又崇本爲汴人所攻：《輯本舊史》之影庫本粘籤：“崇本爲汴人所攻，以上下文義求之，疑有舛誤。考《册府元龜》所引《薛史》與《永樂大典》同，今無别本可校，姑仍其舊。”

［14］“萬子葬敬璋”至“歸款於汴”：《新五代史》卷四〇《高萬興傳》：“梁開平二年，葬於州南，萬子在會，其將許從實殺萬子，自爲延州刺史。是時，萬興兄弟皆將兵戍境上，聞萬子死，以其部下數千人降梁。”《通鑑》卷二六七開平三年（909）二月條：“保塞節度使劉萬子暴虐，失衆心，且謀貳於梁，李繼徽使延州牙將李延實圖之。延實因萬子葬胡敬璋，攻而殺之，遂據延州。馬軍都指揮使河西高萬興與其弟萬金聞變，以其衆數千人詣劉知俊降。”

［15］鄜延：《輯本舊史》之影庫本粘籤：“鄜延，原本脱‘延’字，今據《通鑑》增入。”　招撫使：官名。掌招撫征伐之事。係臨時設置之統兵官。

［16］坊：州名。治所在今陝西黄陵縣。　丹：州名。治所在今陝西宜川縣。

［17］彰武：即彰武軍，方鎮名。治所在延州（今陝西延安市）。　保大：即保大軍，方鎮名。治所在鄜州（今陝西富縣）。

［18］“及萬金卒”至“封北平王”：《輯本舊史》卷九《梁末帝紀中》貞明四年（918）四月癸亥條：“以延州忠義軍節度使、太原西面招討應接使、檢校太師、兼中書令、渤海王高萬興兼鄜、延兩道都制置使，餘如故。時萬興弟鄜州節度使萬金卒，故有是命。”《新五代史》卷四〇《高萬興傳》：“梁太祖兵屯河中，遣同州劉知俊以兵應萬興，攻丹州，執其刺史崔公實。進攻延州，執許從實。鄜州李彦容、坊州李彦昱皆棄城走。梁太祖乃以萬興爲延州刺史、忠義軍節度使，以牛存節爲保大軍節度使。已而劉知俊叛，乃徙存節守同州，以萬金爲保大軍節度使。萬興累遷檢校太師兼中書令，

渤海郡王。貞明四年，萬金卒，乃以萬興爲鄜延節度使，進封延安郡王，徙封北平王。”

[19]河洛：地區名。黄河與洛水交匯地區。

[20]復以舊爵授之：《輯本舊史》卷三〇《唐莊宗紀四》同光元年（923）十一月辛酉條：“以鄜延兩鎮節度使、檢校太師、兼中書令、北平王高萬興依前鄜、延節度使，仍封北平王。”

[21]同光三年十二月：中華書局本有校勘記：“本書卷三三《唐莊宗紀》七、《通鑑》卷二七四繫其事於閏十二月。”

[22]《大典》卷五五三八“高”字韻“姓氏（六）”事目。

允韜，字審機。初仕梁朝，起家授同州别駕，[1]尋加檢校右僕射，改金紫光禄大夫、檢校司空，[2]充保大軍内外馬步軍指揮使。[3]唐同光中，檢校太保，[4]充保大軍兩使留後。萬興卒，[5]允韜自理所奔喪。天成初，起復檢校太傅，充延州節度使。[6]長興元年，移鎮邢州，[7]頃之，爲右龍武統軍，[8]未幾，授滑州節度使。[9]清泰二年八月，卒於任，[10]年四十二。詔贈太師。《永樂大典》卷五千五百三十八。[11]

[1]别駕：官名。漢置，全稱爲别駕從事史，爲刺史佐吏。唐朝曾改爲長史，後二者並存。

[2]金紫光禄大夫：官名。本兩漢光禄大夫。魏晋以後，光禄大夫之位重者，加金章紫綬，因稱金紫光禄大夫。北周、隋時爲散官。唐貞觀後列入文散官。正三品。

[3]馬步軍指揮使：官名。所在州軍統兵將領。

[4]檢校太保：《輯本舊史》卷三一《唐莊宗紀五》同光二年（924）正月戊申條：“以知保大軍軍州事高允韜爲檢校太保。”

[5]萬興卒：《輯本舊史》卷三三《唐莊宗紀七》同光三年閏十二月庚子條："彰武、保大等節度使高萬興卒。"《通鑑》卷二七四同。

[6]充延州節度使：《輯本舊史》卷三六《唐明宗紀二》天成元年（926）六月戊申條："以延州留後高允韜爲延州節度使。"

[7]邢州：州名。治所在今河北邢臺市。　移鎮邢州：《輯本舊史》卷四一《唐明宗紀七》長興元年（930）三月甲戌條："延州節度使高允韜移鎮邢州。"

[8]爲右龍武統軍：《輯本舊史》卷四四《唐明宗紀十》長興四年六月丁巳條："以前邢州節度使高允韜爲右龍武統軍。"

[9]滑州：州名。治所在今河南滑縣。此處代指義成軍。

[10]卒於任：《輯本舊史》卷四七《唐末帝紀中》清泰二年（935）八月庚午條："滑州節度使高允韜卒。"

[11]《大典》卷五五三八"高"字韻"姓氏（六）"事目。

韓遜　子洙

韓遜，本靈州之列校也。[1]會唐季之亂，因據有其地，朝廷乃授以節鉞。[2]梁初，累加檢校太尉、同平章事。開平中，梁將劉知俊自同州叛歸鳳翔，[3]李茂貞以地褊不能容，乃借兵以窺靈武，[4]且圖牧圉之地。知俊乃帥邠、岐、秦、涇之師數萬攻遜於靈州，遜極力以拒之，久之，知俊遁去。[5]梁祖嘉之，自是累加官至中書令，封潁川郡王。[6]遜亦善於爲理，部民請立生祠堂於其地，梁祖許之，仍詔禮部侍郎薛廷珪撰文以賜之，[7]其廟至今在焉。貞明初，[8]遜卒於鎮。[9]《永樂大典》卷一萬八千一百二十七。[10]

［1］靈州：州名。治所在今寧夏吴忠市。

［2］朝廷乃授以節鉞：《新五代史》卷四〇《韓遜傳》："初爲靈武軍校，當唐末之亂，據有靈鹽，唐即以爲節度使，而史失不録，不見其事。梁開平三年，封朔方節度使韓遜爲潁川王，始見於史。"

［3］梁將劉知俊自同州叛歸鳳翔：《輯本舊史》卷二七《唐莊宗紀一》天祐六年（909）七月條："邠、岐二帥及梁之叛將劉知俊俱遣使來告，將大舉以伐靈、夏，兼收關輔，請出兵晋絳，以張兵勢。"按唐天祐六年即梁開平三年。

［4］靈武：郡名。治所在今寧夏吴忠市。乾元元年（758），改名靈州。

［5］"知俊乃帥邠、岐、秦、涇之師數萬攻遜於靈州"至"知俊遁去"：《通鑑》卷二六七開平三年（909）："岐王欲取靈州以處劉知俊，且以爲牧馬之地，使知俊自將兵攻之。朔方節度使韓遜告急；詔鎮國節度使康懷貞、感化節度使寇彦卿將兵攻邠寧以救之。懷貞等所向皆捷，克寧、衍二州，拔慶州南城，刺史李彦廣出降。遊兵侵掠至涇州之境，劉知俊聞之，十二月，己丑，解靈州圍，引兵還。"

［6］自是累加官至中書令，封潁川郡王：《輯本舊史》卷四《梁太祖紀四》開平三年三月丙戌條："以朔方節度使、兼中書令韓遜爲潁川王。"

［7］禮部侍郎：官名。尚書省禮部次官。協助禮部尚書掌禮儀、祭享、貢舉之政。正四品下。　薛廷珪：人名。祖籍河東（今山西永濟市）。五代大臣。傳見本書卷六八。

［8］貞明：後梁末帝朱友貞年號（915—921）。

［9］遜卒於鎮：《通鑑》卷二六九乾化四年（914）五月條："朔方節度使兼中書令潁川王韓遜卒。"

［10］《大典》卷一八一二七"將"字韻"後梁將（三）"事目。

洙，遜之子也。遜卒，三軍推爲留後，梁末帝聞之，起復正授靈武節度使、特進、檢校太傅、同平章事。[1]貞明四年春，靈武將軍尚貽敏等上言，[2]洙已服闋，乞落起復。梁末帝令中書商量，[3]宰臣奏曰："舊例，藩鎮落起復，如先人已是一品階，即與加爵；如未是一品階，即合加階。"乃授洙開府儀同三司。[4]唐莊宗、明宗累加官爵。天成四年夏，洙卒，[5]朝廷以其弟澄爲朔方軍節度觀察留後。[6]是歲，有列校李賓作亂，[7]部内不安，乃遣使上表請帥於朝廷，[8]明宗命前磁州刺史康福爲朔方河西等軍節度、靈威雄警涼等州觀察處置、度支温池榷税等使，[9]仍遣福領兵萬人赴鎮，其後靈武遂受代焉。《永樂大典》卷三千六百七十五。[10]

[1]特進：官名。西漢末期始置，授給列侯中地位較特殊者。隋唐時期，特進爲散官，授給有聲望的文武官員。正二品。　"遜卒"至"同平章事"：《通鑑》卷二六九乾化四年五月條："朔方節度使兼中書令、潁川王韓遜卒，軍中推其子洙爲留後。癸丑，詔以洙爲節度使。"《輯本舊史》卷八《梁末帝紀上》乾化四年五月癸丑條："朔方軍留後、檢校司徒韓洙起復，授朔方軍節度使、檢校太保。"

[2]尚貽敏：人名。籍貫不詳。本書僅此一見。

[3]中書：官署名。"中書門下"的簡稱。唐代以來爲宰相處理政務的機構。參見劉後濱《唐代中書門下體制研究——公文形態·政務運行與制度變遷》，齊魯書社2004年版。

[4]乃授洙開府儀同三司：《輯本舊史》卷九《梁末帝紀中》貞明四年四月己未條："靈武節度使韓洙落起復，授開府儀同三司，依前檢校太傅、同平章事。"

［5］洙卒：《輯本舊史》卷三九《唐明宗紀五》天成三年（928）七月壬子條："以朔方節度使韓洙卒廢朝。"

［6］澄：人名。即韓澄。事見本書本卷。　弟澄：《輯本舊史》之影庫本粘籤："弟澄，原本作'第登'，今從《歐陽史》改正。"見《新五代史》卷四六《康福傳》。　朔方軍：方鎮名。治所在靈州（今寧夏吴忠市）。　朝廷以其弟澄爲朔方軍節度觀察留後：《輯本舊史》卷四〇《唐明宗紀六》天成四年六月辛亥條："以權知朔方軍留後、定難軍都知兵馬使韓澄爲朔方留後。"

［7］李賓：人名。亦作"李匡賓""李從賓"。本傳避宋太祖諱，作"李賓"。籍貫不詳。五代將領。事見本書本卷。　有列校李賓作亂：《通鑑》卷二七六天成四年九月條："定遠軍使李匡賓聚黨據保静鎮作亂，朔方不安。"

［8］乃遣使上表請帥於朝廷：中華書局本有校勘記："'帥'，原作'師'，據殿本、劉本、邵本校改。按本書卷四〇《唐明宗紀》六：'（天成四年十月）時朔方將吏請帥於朝廷，故命（康）福往鎮之。'"《通鑑》卷二七六天成四年十月丁酉條："韓澄遣使齎絹表，乞朝廷命帥。"

［9］磁州：州名。治所在今河北磁縣。　康福：人名。蔚州（今河北蔚縣）人。傳見本書卷九一、《新五代史》卷四六。　河西：方鎮名。治所在涼州（今甘肅武威市）。　威：州名。治所在今寧夏中寧縣鳴沙鎮。　雄：州名。治所在今寧夏中寧縣西北。　警：州名。治所在今寧夏平羅縣西南。　涼：州名。治所在今甘肅武威市。　温池：縣名。位於今寧夏鹽池縣西南。　明宗命前磁州刺史康福爲朔方河西等軍節度、靈威雄警涼等州觀察處置、度支温池榷税等使：《通鑑》卷二七六天成四年十月戊戌條："以福爲朔方、河西節度使。"

［10］《大典》卷三六七五"韓"字韻"姓氏（一一）"事目。

李仁福　子彝超　彝興

李仁福，世爲夏州牙將，本拓拔氏之族也。[1]唐乾符中，有拓拔思恭，[2]爲夏州節度使，[3]廣明之亂，[4]唐僖宗在蜀，詔以思恭爲京城西北收復都統，[5]預破黄巢有功，僖宗賜姓，故仁福亦以李爲氏。思恭卒，弟思諫繼之。[6]梁開平元年，授思諫檢校太尉、兼侍中。二年，思諫卒，三軍立其子彝昌爲留後，[7]尋起復，正授旄鉞。三年春，牙將高宗益等作亂，[8]彝昌遇害，時仁福爲蕃部指揮使，本州軍吏迎立仁福爲帥。其年四月，梁祖降制授仁福檢校司空，充定難軍節度使。[9]未幾，後唐武皇遣大將周德威會邠、鳳之師五萬同攻夏州，[10]仁福固守月餘，[11]梁援軍至，德威遁去，梁祖喜之，超授檢校太保、同平章事。[12]仁福自梁貞明、龍德及後唐同光中，累官至檢校太師、兼中書令，封朔方王。[13]長興四年三月，卒於鎮。其年追封虢王。子彝超嗣。[14]《永樂大典》卷一萬八千一百三十三。[15]

[1]夏州：州名。治所在今陝西靖邊縣。　本拓拔氏之族也：中華書局本有校勘記："《通曆》卷一五、《册府》卷四三六同，《通鑑》卷二六七《考異》引《薛史》'拓拔氏'上有'党項'二字。"

[2]拓拔思恭：人名。又名李思恭。党項族。唐末將領、党項拓跋族首領。傳見《新唐書》卷二二一上。《舊五代史考異》："案：《歐陽史》作思敬。"《通鑑》卷二五四中和元年（881）三月條："宥州刺史拓跋思恭，本党項羌也，糾合夷、夏兵會鄜延節度使李

孝昌於鄜州，同盟討賊。”《考異》曰：“歐陽修《五代史》作‘拓跋思敬’，意謂《薛史》避國諱耳。按《舊唐書》《實録》皆作‘思恭’。《實録》：‘天復二年九月，武定軍節度使李思敬以城降王建。思敬本姓拓跋，鄜夏節度使思恭、保大節度使思孝之弟也。思孝致仕，以思敬爲保大留後，遂升節度，又徙武定軍。’《新唐書·党項傳》曰：‘思恭爲定難節度使，卒，弟思諫代爲節度。思孝爲保大節度，以老，薦弟思敬爲保大留後，俄爲節度。’然則思恭、思敬乃是兩人。思敬後附李茂貞，或賜國姓，故更姓李。修合以爲一人，誤也。”見《新五代史》卷四〇《李茂貞傳》、《舊唐書》卷一九下《僖宗紀》、《新唐書》卷二二一上《黨項傳》。

[3]爲夏州節度使：《通鑑》卷二五四中和元年四月戊寅條：“以拓跋思恭權知夏綏節度使。”

[4]廣明之亂：廣明元年（880）底，黄巢起義軍攻下潼關，進入長安，唐僖宗逃入四川。

[5]詔以思恭爲京城西北收復都統：《通鑑》卷二五四中和二年正月辛亥條：“又以王處存、李孝昌、拓跋思恭爲京城東北西面都統。”

[6]思諫：人名。即李思諫。党項族。唐末軍閥。拓拔思恭之弟。事見本書本卷、《新唐書》卷二二一上。

[7]彝昌：人名。即李彝昌。党項族。唐末軍閥。李思諫之子。事見本書本卷。　三軍立其子彝昌爲留後：《通鑑》卷二六七開平二年（908）十一月條：“定難節度使李思諫卒；甲戌，其子彝昌自爲留後。”

[8]高宗益：人名。籍貫不詳。李彝昌部將。本書僅此一見。

[9]定難軍：方鎮名。治所在夏州（今陝西靖邊縣）。　“其年四月”至“充定難軍節度使”：《通鑑》卷二六七開平四年三月條：“夏州都指揮使高宗益作亂，殺節度使李彝昌。將吏共誅宗益，推彝昌族父蕃漢都指揮使李仁福爲帥，癸丑，仁福以聞。夏，四月，甲子，以仁福爲定難節度使。”《考異》曰：“《薛史》，仁福本

党項拓跋氏。唐末，拓跋思恭以破黄巢功賜姓，故仁福之族亦姓李。《歐陽史》云：‘不知其於思諫爲親疏也。’按仁福諸子皆連‘彝’字，則於彝昌必父行也。按李仁福子孫强盛，遂爲宋朝西邊之禍，所謂西夏也。”見《新五代史》卷四〇《李茂貞傳》。

[10]周德威：人名。朔州馬邑（今山西朔州市朔城區東北）人。唐末、五代河東將領。傳見本書卷五六、《新五代史》卷二五。

[11]“未幾”至“仁福固守月餘”：《通鑑》卷二六七開平四年七月條：“岐王與邠、涇二帥各遣使告晋，請合兵攻定難節度使李仁福；晋王遣振武節度使周德威將兵會之，合五萬衆圍夏州，仁福嬰城拒守。”

[12]太保：《輯本舊史》之影庫本粘籤：“太保，原本脱‘保’字，今據《歐陽史》增入。”見《新五代史》卷七《唐愍帝紀》等，均作“檢校太保”。

[13]累官至檢校太師、兼中書令，封朔方王：《輯本舊史》卷八《唐末帝紀上》乾化二年（912）三月壬戌條：“以夏州節度使、檢校太尉、同平章事李仁福爲檢校太師，進封隴西郡王。”同書卷三一《唐莊宗紀五》同光二年（924）四月己丑條：“以夏州節度使李仁福依前檢校太師、兼中書令、夏州節度使，封朔方王。”

[14]“長興四年三月”至“子彝超嗣”：《輯本舊史》卷四四《唐明宗紀十》長興四年（933）三月己卯條：“延州節度使安從進奏：夏州節度使李仁福卒，其子彝超自爲留後。”同書卷一三二《李彝超傳》：“仁福卒，三軍立爲帥，矯爲仁福奏云：‘臣疾已甚，已委彝超權知軍州事，乞降真命。’”明本《册府》卷四三九《將帥部·要君門》：“周李仁福爲夏州節度使。後唐明宗長慶四年三月，遣押衙賈師温奏事，稱疾甚，以次子彝超權知軍州事，乞降正命。”《通鑑》卷二七八長興四年二月戊午條：“定難節度使李仁福卒；庚申，軍中立其子彝超爲留後。”同年三月癸未條：“以其子彝超爲彰武留後。”追封虢王，《輯本舊史》卷四四《唐明宗紀十》長興四年五月辛丑條：“故夏州節度使、朔方郡王李仁福追封

號王。”

［15］《大典》卷一八一三三“將”字韻“後周將（二）”事目。

彝超，仁福之次子也。歷本州左都押牙、防遏使。[1]仁福卒，三軍立爲帥，矯爲仁福奏云：“臣疾已甚，已委彝超權知軍州事，乞降真命。”[2]明宗聞之，遂以彝超爲延州留後，以延帥安從進爲夏州留後。[3]朝廷慮不從命，詔邠州節度使藥彦稠、宮苑使安重益等率師援送從進赴鎮，[4]仍降詔諭之云：

［1］左都押牙：官名。“押牙”即“押衙”。唐五代時期節度使辟署的屬官，有稱左、右都押衙或都押衙者。掌領方鎮儀仗侍衛、統率軍隊。参見劉安志《唐、五代押牙（衙）考略》，武漢大學歷史系魏晋南北朝隋唐史研究室編《魏晋南北朝隋唐史資料》第16輯，武漢大學出版社1998年版。　防遏使：官名。另有鎮遏使。軍鎮統兵官。掌軍鎮防守工作。

［2］“仁福卒”至“乞降真命”：《輯本舊史》卷四四《唐明宗紀十》長興四年（933）三月己卯條：“延州節度使安從進奏，夏州節度使李仁福卒，其子彝超自稱留後。”同書卷一三二《李仁福傳》同。明本《册府》卷四三九《將帥部·要君門》：“周李仁福爲夏州節度使。後唐明宗長慶四年三月，遣押衙賈師温奏事，稱疾甚，以次子彝超權知軍州事，乞降正命。”《通鑑》卷二七八長興四年二月戊午條：“定難節度使李仁福卒；庚申，軍中立其子彝超爲留後。”同年三月癸未條：“以其子彝超爲彰武留後。”

［3］安從進：人名。粟特人。五代藩鎮軍閥。傳見本書卷九八、《新五代史》卷五一。

［4］藥彦稠：人名。沙陀部人。五代後唐將領。傳見本書卷六

六、《新五代史》卷二七。 宫苑使：官名。唐始置，以宦官充任，五代改用士人。掌京師地區宫苑和宫苑所屬的莊田管理事務。 安重益：人名。籍貫不詳。五代宦官。事見本書本卷。中華書局本有校勘記："原作'安從益'，據本書卷四四《唐明宗紀十》，《册府》卷一六六、卷九九四，《通鑑》卷二七八改。 詔邠州節度使藥彦稠、宫苑使安重益等率師援送從進赴鎮：《輯本舊史》卷四四《唐明宗紀十》長興四年三月戊子條："以夏州左都押衙、四州防遏使李彝超爲延州留後，仍命邠州節度使藥彦稠、宫苑使安重益帥師授送從進赴鎮。"

近據西北藩鎮奏，定難軍節度使李仁福薨。朕以仁福自分戎閫，遠鎮塞垣，威惠俱行，忠孝兼著。當本朝播越之後，及先皇興復之初，爰及眇躬，益全大節，統臨有術，遠邇咸安。委仗方深，凋殞何速，忽窺所奏，[1]深愴予懷。不朽之功，既存於社稷；有後之慶，宜及於子孫。但以彼藩地處窮邊，每資經略，厥子年纔弱冠，[2]未歷艱難，或虧駕御之方，定啓姦邪之便。其李彝超已除延州節度觀察留後，便勒赴任。但夏、銀、綏、宥等州，[3]最居邊遠，久屬亂離，多染夷狄之風，少識朝廷之命，既乍當於移易，宜普示於渥恩。應夏、銀、綏、宥等州管内，罪無輕重，常赦所不原者，并公私債負、殘欠税物，一切並放；兼自刺史、指揮使、押衙已下，皆勒依舊，各與改轉官資。

[1]忽窺所奏：中華書局本有校勘記："'奏'，原作'秦'，據殿本、劉本、孔本、邵本、彭本、《册府》卷一六六改。"見《宋

本册府》卷一六六《帝王部·招痕門四》天成四年二月丁亥條。

[2]厥子年纔弱冠：《輯本舊史》之影庫本粘籤："年纔弱冠，原本脱'纔'字，今從《册府元龜》增入。"

[3]銀：州名。治所在今陝西榆林市横山區。 綏：州名。治所在今陝西綏德縣。 宥：州名。治所在今内蒙古鄂托克前旗東南城川古城。

朕自總萬幾，惟弘一德，内安華夏，外撫戎夷，先既懷之以恩，後必示之以信。且如李從曮之守岐、隴，[1]疆土極寬；高允韜之鎮鄜、延，[2]甲兵亦衆。咸能識時知變，舉族歸朝。從曮則見鎮大梁，允韜則尋除鉅鹿，[3]次及昆仲，並建節旄，下至將僚，悉分符竹。又若王都之貪上谷，[4]李賓之吝朔方，或則結搆契丹，偷延旦夕；或則依憑党項，[5]竊據山河。不禀除移，唯謀旅拒，纔興討伐，已見覆亡。何必廣引古今，方明利害；祇陳近事，聊諭將來。彼或要覆族之殃，則王都、李賓足爲鑒戒；彼或要全身之福，則允韜、從曮可作規繩。朕設兩途，爾宜自擇。或慮將校之内，親要之間，幸彼幼沖，恣其熒惑，遂成騷動，致累生靈。今特差邠州節度使藥彦稠部領馬步兵士五萬人騎，送安從進赴任，從命者秋毫勿犯，違命者全族必誅，先令後行，有犯無赦云。

[1]李從曮：人名。李茂貞長子。傳見本書本卷。

[2]高允韜：人名。高萬興之子。傳見本書本卷。

[3]鉅鹿：縣名。治所在今河北巨鹿縣。

[4]王都：人名。中山陘邑（今河北定州市）人。本姓劉，後爲義武軍節度使王處直之養子。五代軍閥。傳見本書卷五四。　上谷：郡名。唐改爲易州。治所在今河北易縣。《輯本舊史》之影庫本粘籤："上谷，原本作'上客'，今據文改正。"

[5]党項：部族名。源出羌族，時活躍於今甘肅東部、寧夏、陝西北部一帶。參見湯開建《党項西夏史探微》，商務印書館2013年版。

其年夏四月，彝超上言："奉詔授延州留後，已迎受恩命，緣三軍百姓擁隔，未放赴任。"[1]明宗遣閤門使蘇繼顔齎詔促之。[2]五月，安從進領軍至城下，彝超不受代，從進駐軍以攻之。秋七月，彝超昆仲登城謂從進曰："孤弱小鎮，不勞王師攻取，虛煩國家餉運，得之不武，爲僕聞天子，乞容改圖。"時又四面党項部族萬餘騎，薄其糧運，而野無芻牧，關輔之人，運斗粟束藁，[3]動計數千，窮民泣血，無所控訴，復爲蕃部殺掠，死者甚衆。明宗聞之，乃命班師。彝超亦上表謝罪，乃授彝超檢校司徒，充定難軍節度使，[4]既而修貢如初。清泰二年，[5]卒於鎮。弟彝興襲其位。[6]《永樂大典》卷一萬八千一百三十三。[7]

[1]"彝超上言"至"未放赴任"：《通鑑》卷二七八長興四年夏四月條："彝超上言，爲軍士百姓擁留，未得赴鎮，詔遣使趣之。"

[2]閤門使：官名。唐代中期始置，掌供朝會、贊引百官。初以宦官充任，五代改用武階。　蘇繼顔：人名。籍貫不詳。五代官

員。事見本書卷四四、卷四七、卷七七。中華書局本有校勘記："原作'蘇繼彦'，據本書卷四四《唐明宗紀十》，《册府》卷四三九、卷四六六改。"

[3]束藁：《輯本舊史》之影庫本粘籤："束藁，原本作'束膏'，今據文改正。"

[4]"彝超亦上表謝罪"至"充定難軍節度使"：《通鑑》卷二七八長興四年十月條："權知夏州事李彝超上表謝罪，求昭雪；壬戌，以彝超爲定難節度使。"

[5]清泰二年：中華書局本有校勘記："何德璘墓誌（拓片刊《中國藏西夏文獻》第十八册）云：'清泰元年，今府主紹位'。今府主蓋指李彝興，則李彝超當卒於清泰元年。"

[6]弟彝興襲其位：《輯本舊史》卷四七《唐末帝紀中》清泰二年三月辛丑條："以夏州行軍司馬李彝殷爲本州節度使，兄彝超卒故也。"

[7]《大典》卷一八一三三"將"字韻"後周將（二）"事目。

彝興，本名彝殷，皇朝受命之初，[1]以犯廟諱故改之。彝超既卒，時彝興爲夏州行軍司馬，三軍推爲留後，唐末帝聞之，正授定難軍節度使。[2]晋天福初，加檢校太尉、同平章事。少帝嗣位，加檢校太師。八年秋，彝興弟綏州刺史彝敏與其黨作亂，爲彝興所逐，[3]彝敏奔延州，彝興押送到闕，骨肉二百餘口，朝廷以彝興之故，縶送本道斬之。[4]開運元年春，詔以彝興爲契丹西南面招討使。[5]漢乾祐元年春，加兼侍中。[6]是歲，李守貞叛於河中，[7]潛使人搆之，彝興爲之出師，駐於延州之北境，既而聞守貞被圍，乃收軍而退。[8]周顯德中，[9]累加至守太傅、兼中書令，封西平王。[10]皇朝建隆元年春，[11]制加守太尉，始改名彝興。乾德五年秋，[12]卒於鎮。制贈太師，追封夏王。子光叡繼其位，其後事具皇朝日曆。《永樂大典》卷一萬八千一百三十三。[13]

［1］皇朝受命之初：中華書局本有校勘記："'皇朝'，原作'宋'，據殿本改。"

［2］"彝超既卒"至"正授定難軍節度使"：《輯本舊史》卷四七《唐末帝紀中》清泰二年三月辛丑條："以夏州行軍司馬李彝殷爲本州節度使，兄彝超卒故也。"

［3］彝敏：人名。即李彝敏。李彝興之弟。事見本書本卷。　爲彝興所逐：中華書局本有校勘記："'逐'，原作'遂'，據殿本、劉本、孔本、邵本校、彭本改。"

［4］"彝敏奔延州"至"縶送本道斬之"：《輯本舊史》卷八二《晉少帝紀二》天福八年（943）九月條："戊子……延州奏，綏州刺史李彝敏抛棄郡城，與弟彝俊等五人將骨肉二百七十口來投，當州押送赴闕，稱與兄夏州節度使彝殷偶起猜嫌，互相攻伐故也……甲午，夏州李彝殷奏：'衙内都指揮使拓拔崇斌等五人作亂，當時收擒處斬訖。相次綏州刺史李彝敏擅將兵士，直抵城門，尋差人掩殺，彝敏知事不濟，與弟五人將家南走。'詔：'李彝敏潛結凶黨，顯恣逆謀，骨肉之間，尚興屠害，照臨之内，難以含容，送夏州處斬。'"

［5］契丹：古部族、政權名。公元四世紀中葉宇文部爲前燕攻破，始分離而成單獨的部落，自號契丹。唐貞觀中，置松漠都督府，以其首領爲都督。唐末强盛，916年迭剌部耶律阿保機建立契丹國（遼）。先後與五代、北宋並立，保大五年（1125）爲金所滅。參見張正明《契丹史略》，中華書局1979年版。　招討使：官名。唐始置。戰時任命，兵罷則省。常以大臣、將帥或地方軍政長

官兼任。掌招撫討伐等事務。　詔以彝興爲契丹西南面招討使：《通鑑》卷二八四開運元年（944）二月壬子條："以彝殷爲契丹西南面招討使。"

［6］乾祐：後漢高祖劉知遠、隱帝劉承祐年號（948—950）。北漢亦用此年號。　加兼侍中：《輯本舊史》卷一〇一《漢隱帝紀上》乾祐元年（948）三月丙寅條："夏州節度使、檢校太師、同平章事李彝殷，並加兼侍中。"

［7］李守貞叛於河中：《輯本舊史》卷一〇一《漢隱帝紀上》乾祐元年三月條："西道諸州奏，河中李守貞謀叛，發兵據潼關。"

［8］"彝興爲之出師"至"乃收軍而退"：《輯本舊史》卷一〇一《漢隱帝紀上》乾祐元年十月甲辰條："延州奏，夏州李彝殷先出兵臨州境，欲應接李守貞，今却抽退。"

［9］顯德：五代後周太祖郭威年號（954）。世宗柴榮、恭帝柴宗訓沿用（954—960）。

［10］封西平王：《輯本舊史》卷一一三《周太祖紀四》顯德元年正月庚辰條："夏州李彝興進封西平王。"

［11］建隆：宋太祖趙匡胤年號（960—963）。

［12］乾德：宋太祖趙匡胤年號（963—968）。

［13］《大典》卷一八一三三"將"字韻"後周將（二）"事目。

舊五代史　卷一三三

承襲列傳第二[1]

[1]本卷各傳次序，清輯本按荆南高氏、湖南馬氏、吴越錢氏編排，今據《通曆》卷一五，將其次序調整爲吴越錢氏、湖南馬氏、荆南高氏。據清輯本自注，《高保勗傳》録自《大典》卷五五三九，卷末"史臣曰"一段録自《大典》卷五五三八，此兩卷《大典》均爲"高"字韻"姓氏"事目，僅相距一卷，《高保勗傳》與"史臣曰"或出自同一卷《大典》，其中一處誤注卷數。考《大典》收録《舊五代史》列傳之體例，多將各卷之"史臣曰"連同該卷最後一人傳記一併抄録，更可證高氏諸傳應列於本卷最後。

錢鏐　子元瓘　元瓘子佐　倧　俶

錢鏐，杭州臨安縣人。[1]少拳勇，喜任俠，以解仇報怨爲事。唐乾符中，事於潛鎮將董昌爲部校。[2]屬天下喪亂，黄巢寇嶺表，[3]江、淮之盜賊羣聚，大者攻州郡，小者剽閭里。董昌聚衆，恣横於杭越之間，[4]杭州八縣，每縣召募千人爲一都，時謂之"杭州八都"，以遏黄巢之衝要。時有劉漢宏者，[5]聚徒據越州，自稱節度使，[6]攻收鄰郡。唐僖宗在蜀，詔董昌討伐，昌以軍政委鏐，率八都之士進攻越州，誅漢宏。[7]江、浙平，董昌爲浙東節度使、[8]越州刺史，表鏐代己爲杭州刺史。[9]潤州牙將薛朗逐其節度使周寶，[10]自稱留後。[11]鏐迴戈攻潤州，[12]擒薛朗。[13]

[1]杭州：州名。治所在今浙江杭州市。　臨安縣：縣名。治所在今浙江杭州市臨安區。　杭州臨安縣人：《新五代史》卷六七《錢鏐傳》："錢鏐字具美，杭州臨安人也。臨安里中有大木，鏐幼時與羣兒戲木下，鏐坐大石指麾羣兒爲隊伍，號令頗有法，羣兒皆憚之。及壯，無賴，不喜事生業，以販鹽爲盜。縣録事鍾起有子數人，與鏐飲博，起嘗禁其諸子，諸子多竊從之游。豫章人有善術者，望牛斗間有王氣。牛斗，錢塘分也，因遊錢塘。占之在臨安，乃之臨安，以相法隱市中，陰求其人。起與術者善，術者私謂起曰：'占君縣有貴人，求之市中不可得，視君之相貴矣，然不足當之。'起乃爲置酒，悉召賢豪爲會，陰令術者徧視之，皆不足當。術者過起家，鏐適從外來，見起，反走，術者望見之，大驚曰：'此真貴人也。'起笑曰：'此吾旁舍錢生爾。'術者召鏐至，熟視之，顧起曰：'君之貴者，因此人也。'乃慰鏐曰：'子骨法非常，願自愛。'因與起訣曰：'吾求其人者，非有所欲也，直欲質吾術爾。'明日乃去。起始縱其子等與鏐遊，時時貸其窮乏。"

[2]乾符：唐僖宗李儇年號（874—879）。　於潛：縣名。治所在今浙江杭州市臨安區於潛鎮。《輯本舊史》之影庫本粘籤："於潛，原本作'烏潛'，今從《新唐書》改正。"見《新唐書》卷四一《地理志五》。　董昌：人名。杭州臨安（今浙江杭州市）人。五代十國方鎮將領。傳見《新唐書》卷二二五下。

[3]黄巢：人名。曹州冤句（今山東菏澤市）人。唐末農民起義領袖。傳見《舊唐書》卷二〇〇下、《新唐書》卷二二五下。　嶺表：地區名。亦謂嶺外、嶺南。指五嶺以南地區，故名。包括今廣東、廣西、海南及越南北部地區。　黄巢寇嶺表：《舊唐書》卷

一九下《僖宗紀》廣明元年（880）三月條："賊悉衆欲寇襄陽……巨容發伏擊之，賊大潰而走……黄巢、尚讓以餘衆徒濟江……賊遂率舟軍東下，攻鄂州，陷其郛。全晸救至，賊遂轉戰江西，陷江西饒、信、杭、衢、宣、歙、池等十五州。"

[4]越：州名。治所在今浙江紹興市。

[5]劉漢宏：人名。籍貫不詳。五代十國藩鎮軍閥。傳見《新唐書》卷一九〇。

[6]節度使：官名。唐時在重要地區所設掌握一州或數州軍、民、財政的長官。　"時有劉漢宏者"至"自稱節度使"：《舊唐書》卷一九下《僖宗紀》中和元年（881）春正月庚戌條："以宿州刺史劉漢宏爲越州刺史、鎮東軍節度、浙江東道觀察處置等使。"

[7]"唐僖宗在蜀"至"誅漢宏"：此句原置於"自稱留後"後，錢鏐攻劉漢宏事在光啓二年（886）冬，薛朗等逐周寶自稱留後事，在光啓三年春。故移於此。《通鑑》卷二五六光啓二年十一月丙戌條："錢鏐克越州，劉漢宏奔台州。"《考異》曰："實録，漢宏被殺在董昌除浙東前。據范坰《吴越備史》，漢宏敗走至十二月死皆有日，今從之。"《通鑑》卷二五六光啓二年十二月條："台州刺史杜雄誘劉漢宏，執送董昌，斬之。昌徙鎮越州，自稱知浙東軍府事，以錢鏐知杭州事。"胡注："廣明元年，劉漢宏得浙東，至是而亡。"《考異》曰："《十國紀年》：'十二月，丙午，杜雄執漢宏。'按十二月丙子朔，無丙午。《紀年》誤。"《新唐書》卷一九〇《劉漢宏傳》光啓二年條："杜雄饗其軍，皆醉，執漢宏以見董昌……昌命鏐斬之。"《舊唐書》卷一九下《僖宗紀》光啓三年二月乙巳條："潤州牙將劉浩、度支使薛朗同謀逐其帥周寶，劉浩自稱留後。"《通鑑》卷二五六光啓三年三月條："寶醉，方寢，浩帥其黨作亂，攻府舍而焚之……癸巳，迎薛朗入府，推爲留後。"

[8]浙東：方鎮名。浙江東道的簡稱。治所在越州（今浙江紹興市）。

[9]刺史：官名。漢武帝時始置。州一級行政長官，總掌考覈

官吏、勸課農桑、地方教化等事。唐中期以後，節度、觀察使轄州而設，刺史爲其屬官，職任漸輕。從三品至正四品下。　江、浙平，董昌爲浙東節度使、越州刺史，表鏐代己爲杭州刺史：此句原置於“擒薛朗”後。董昌拜節度、錢鏐拜刺史事在光啓三年春，擒薛朗事在光啓三年冬，故移於此。《舊唐書》卷一九下《僖宗紀》光啓元年三月條：“杭州刺史董昌大敗劉漢宏之衆，進攻越、婺、台、明等州，下之。遂以昌爲越州刺史、鎮東軍節度、浙江東道觀察等使，以杭州大將錢鏐爲杭州刺史。”《通鑑》卷二五六光啓三年正月辛巳條：“以董昌爲浙東觀察使，錢鏐爲杭州刺史。”今從《通鑑》。《通鑑》卷二五七光啓三年十二月條：“錢鏐以杜稜爲常州制置使。命阮結等進攻潤州，丙申，克之；劉浩走，擒薛朗以歸。”胡注：“光啓三年，劉浩逐周寶而奉薛朗，至是而敗。又，自是而後，楊行密、孫儒之兵迭争常、潤，二州之民死於兵荒，其存者什無一二矣。”《考異》曰：“《吴越備史》：‘明年，正月丙寅，克潤州，斬薛朗。’按朗斬於杭州，必不同在一日。今從《十國紀年》。”

［10］潤州：州名。治所在今江蘇鎮江市。　牙將：官名。古代軍隊中的中低級軍官。　薛朗：人名。籍貫不詳。五代十國藩鎮將領。事見本書本卷。　周寶：人名。平州盧龍（今河北盧龍縣）人。唐末五代十國藩鎮軍閥。傳見《新唐書》卷一八六。

［11］留後：官名。唐五代節度使多以子弟或親信爲留後，以代行節度使職務，亦有軍士、叛將自立爲留後者。掌一州或數州軍政。

［12］鏐迴戈攻潤州：“鏐”字原無，據文意補。

［13］擒薛朗：《新五代史》卷六七《錢鏐傳》：“唐乾符二年，浙西裨將王郢作亂，石鑑鎮將董昌募鄉兵討賊，表鏐偏將，擊郢破之。是時，黄巢衆已數千，攻掠浙東，至臨安，鏐曰：‘今鎮兵少而賊兵多，難以力禦，宜出奇兵邀之。’乃與勁卒二十人伏山谷中，巢先鋒度險皆單騎，鏐伏弩射殺其將，巢兵亂，鏐引勁卒蹂之，斬首數百級。鏐曰：‘此可一用爾，大衆至何可敵邪！’乃引兵趨八百

里，八百里，地名也，告道旁媪曰：‘後有問者，告曰：“臨安兵屯八百里矣。”’巢衆至，聞媪語，不知其地名，曰：‘嚮十餘卒不可敵，況八百里乎！’遂急引兵過。都統高駢聞巢不敢犯臨安，壯之，召董昌與鏐俱至廣陵。久之，駢無討賊意，昌等不見用，辭還，駢表昌杭州刺史。是時，天下已亂，昌乃團諸縣兵爲八都，以鏐爲都指揮使、成及爲靖江都將。中和二年，越州觀察使劉漢宏與昌有隙，漢宏遣其弟漢宥、都虞候辛約，屯兵西陵。鏐率八都兵渡江，竊敵軍號，斫其營，營中驚擾，因焚之，漢宥等皆走。漢宏復遣將黄珪、何肅屯諸暨、蕭山，鏐皆攻破之。與漢宏遇，戰，大敗之，殺何肅、辛約。漢宏易服持膾刀以遯，追者及之，漢宏曰：‘我宰夫也。’舉刀示之，乃免。四年，僖宗遣中使焦居璠爲杭、越通和使，詔昌及漢宏罷兵，皆不奉詔。漢宏遣其將朱褒、韓公玫、施堅實等以舟兵屯望海。鏐出平水，成及夜率奇兵破褒等於曹娥埭，進屯豐山，施堅實等降，遂攻破越州。漢宏走台州，台州刺史執漢宏送於鏐，斬于會稽，族其家。鏐乃奏昌代漢宏，而自居杭州。光啓三年，拜鏐左衛大將軍、杭州刺史，昌越州觀察使。是歲，畢師鐸囚高駢，淮南大亂，六合鎮將徐約攻取蘇州。潤州牙將劉浩逐其帥周寶，寶奔常州，浩推度支催勘官薛朗爲帥。鏐遣都將成及、杜稜等攻常州，取周寶以歸，鏐具軍禮郊迎，館寶於樟亭，寶病卒。稜等進攻潤州，逐劉浩，執薛朗，剖其心以祭寶。然後遣其弟銶攻徐約，約敗走入海，追殺之。”

唐景福中，[1]朝廷以李鋋爲浙江西道鎮海軍節度使。[2]時孫儒、楊行密交亂，[3]淮海煙塵數千里，鏐常率師以爲防捍。孫儒據宣州，[4]不敢侵江浙，由是鏐勳名日著。久之，李鋋終不至治所，朝廷以鏐爲鎮海軍節度，仍移潤州軍額於杭州爲治所，[5]又立威勝軍於越州，以董昌爲節度使。[6]昌漸驕貴，自言身應符讖，又爲祆人王百藝所誑,[7]僭稱尊號，乃於越州自稱羅平國王，年號大聖，僞命鏐爲兩浙都將。鏐不受命，以狀聞，唐昭宗命鏐討昌。[8]乾寧三年,[9]鏐率浙西將士破越州，擒昌以獻,[10]朝廷嘉其功，賜鏐鐵券,[11]又除宰臣王摶爲威勝軍節度使。[12]而兩浙士庶拜章，請以鏐兼杭、越二鎮，朝廷不能制，因而授之，改威勝軍爲鎮東，鏐乃兼鎮海、鎮東兩藩節制。[13]鏐既兼兩鎮，精兵三萬，而楊行密連歲興戎，攻蘇、湖、[14]潤等州，欲兼并兩浙，累爲鏐所敗，亦爲行密侵盜數州，而鏐所部止一十三州而已。天復中,[15]鏐大將許再思、徐綰叛,[16]引宣州節度使田頵謀襲杭州。[17]田頵等率師掩至城下，鏐激厲軍士，一戰敗之，生擒徐綰，田頵遁走。[18]

[1]景福：唐昭宗李曄年號（892—893）。

[2]李鋋：人名。籍貫不詳。唐末、五代將領。事見《舊唐書》卷一九下，《通鑑》卷二五四中和元年（881）三月甲寅、六月條，卷二五六中和二年三月、七月、九月條，卷二五九景福二年（893）閏（五）月條。　浙江西道：方鎮名。唐乾元元年（758）置，建中二年（781）建號鎮海軍。　鎮海軍：方鎮名。治所在潤州（今江蘇鎮江市）。　唐景福中，朝廷以李鋋爲浙江西道鎮海軍節度使：《舊唐書》卷二〇上《昭宗紀》景福二年三月庚子條：“制以……耀德都頭李鋋爲潤州刺史、鎮海軍節度使……並加特進、同平章事。各令赴鎮，並落軍權。”《通鑑》卷二五九景福二年閏五月條：“以……耀德都頭李鋋爲鎮海軍節度使。”

[3]孫儒：人名。河南府（今河南洛陽市）人。唐末軍閥。傳見《新唐書》卷一八八。　楊行密：人名。廬州合淝（今安徽合肥市）人。唐末軍閥，後被追爲吳國太祖。傳見本書卷一三四、

《新五代史》卷六一。

[4]宣州：州名。治所在今安徽宣城市。

[5]朝廷以鏐爲鎮海軍節度，仍移潤州軍額於杭州爲治所：《通鑑》卷二五九景福二年九月丁卯條："以錢鏐爲鎮海節度使。"胡注曰："升杭州武勝防禦使爲鎮海節度使。唐本置鎮海軍於潤州，今以命錢鏐於杭州，至光化元年，鏐遂請徙軍於杭州。"《考異》曰："今年五月，以李鋋爲鎮海節度使，令赴鎮。今復除鏐者，按是時安仁義已據潤州，又孫惟晟除荆南，時成汭已據荆南，二人安得赴鎮！蓋但欲罷其軍權，其實不至鎮而返耳。《實録》云，仍徙鎮海軍額於杭州。按《吴越備史》，是歲鏐初除鎮海節度使，猶領潤州刺史，至光化元年，始移鎮海軍於杭州。《實録》誤也。"

[6]以董昌爲節度使：中華書局本有校勘記："'以'字原闕，據《通曆》卷一五、《新五代史》卷六七《吴越世家》補。"

[7]王百藝：人名。籍貫不詳。本書僅此一見。

[8]唐昭宗：李曄，888 年至 904 年在位。紀見《舊唐書》卷二〇上、《新唐書》卷一〇。　"昌漸驕貴"至"唐昭宗命鏐討昌"：《舊唐書》卷二〇上《昭宗紀》乾寧二年（895）三月條："浙東節度使董昌僭號稱羅平國，年稱大聖，用婺州刺史蔣瓌爲宰相，仍僞署官員。鎮海軍節度使錢鏐請以本軍進討，從之。"

[9]乾寧：唐昭宗李曄年號（894—898）。

[10]乾寧三年，鏐率浙西將士破越州，擒昌以獻："乾寧三年"原作"乾寧四年"。《舊唐書》卷二〇上《昭宗紀》乾寧三年四月壬午條："鎮海軍節度使錢鏐攻越州，下之，斬董昌，平浙東。"《通鑑》卷二六〇乾寧三年（896）五月條："甲午，夜，顧全武急攻越州，乙未旦，克其外郭，董昌猶據牙城拒之。戊戌，鏐遣昌故將駱團紿昌云：'奉詔，令大王致仕歸臨安。'昌乃送牌印，出居清道坊。己亥，全武遣武勇都監使吴璋以舟載昌如杭州，至小江南，斬之，并其家三百餘人，宰相李邈、蔣瓌以下百餘人。昌在圍城中，貪吝日甚，口率民間錢帛，減戰士糧。及城破，庫有雜貨五百

間，倉有糧三百萬斛。錢鏐傳昌首於京師，散金帛以賞將士，開倉以振貧乏。”今據改。

[11]鐵券：皇帝頒賜給功臣的鐵製詔令文書，功臣本人及後世如有犯罪，以此券爲證，即可推念其功而予以赦減。

[12]王摶：人名。咸陽（今陝西咸陽市）人。唐末宰相。傳見《新唐書》卷一一六。中華書局本有校勘記：“‘王摶’，原作‘王溥’，據孔本、《舊唐書》卷二〇上《昭宗紀》、《新唐書》卷六三《宰相表》下、卷一一六《王摶傳》、《通鑑》卷二六〇、《唐大詔令集》卷五四《王摶威勝軍節度平章事制》改。”　又除宰臣王摶爲威勝軍節度使：中華書局本有校勘記：“《舊唐書》卷二〇上《昭宗紀》、《新唐書》卷六三《宰相表》下、《通鑑》卷二六〇、《唐大詔令集》卷五四《王摶威勝軍節度平章事制》皆繫其事於乾寧三年。”

[13]“而兩浙士庶拜章”至“鏐乃兼鎮海、鎮東兩藩節制”：《通鑑》卷二六〇乾寧三年十月條：“錢鏐令兩浙吏民上表，請以鏐兼領浙東；朝廷不得已，復以王摶爲吏部尚書、同平章事，以鏐爲鎮海、威勝兩軍節度使。丙子，更名威勝曰鎮東軍。”《通鑑》卷二六一乾寧四年六月己酉條：“錢鏐如越州，受鎮東節鉞。”

[14]蘇：州名。治所在今江蘇蘇州市。　湖：州名。治所在今浙江湖州市。

[15]天復：唐昭宗李曄年號（901—904）。

[16]許再思：人名。籍貫不詳。五代十國藩鎮將領。事見本書本卷。　徐綰：人名。籍貫不詳。五代十國藩鎮將領。事見本書本卷。《輯本舊史》之影庫本粘籤：“徐綰，原本作‘徐綬’，今從《九國志》改正。”見《九國志》卷三《田頵傳》。　天復中，鏐大將許再思、徐綰叛：《通鑑》卷二六三天復二年（902）八月條：“甲戌，鏐臨饗諸將，綰謀殺鏐於座，不果，稱疾先出。鏐怪之，丁亥，命綰將所部兵先還杭州。及外城，縱兵焚掠。武勇左都指揮使許再思以迎候兵與之合，進逼牙城。”

［17］田頵：人名。盧州合淝（今安徽合肥市）人。五代十國藩鎮軍閥，後爲楊行密所殺。傳見《新唐書》卷一八九、本書卷一七。

［18］田頵遁走：《新五代史》卷六七《錢鏐傳》："昭宗拜鏐杭州防禦使。是時，楊行密、孫儒争淮南，與鏐戰蘇、常間。久之，儒爲行密所殺，行密據淮南，取潤州，鏐亦取蘇、常。唐升越州威勝軍，以董昌爲節度使，封隴西郡王；杭州武勝軍，拜鏐都團練使，以成及爲副使。及字弘濟，與鏐同事攻討，謀多出於及，而鏐以女妻及子仁琇。鏐乃以杜稜、阮結、顧全武等爲將校，沈崧、皮光業、林鼎、羅隱爲賓客。景福二年，拜鏐鎮海軍節度使、潤州刺史。乾寧元年，加同中書門下平章事。二年，越州董昌反。昌素愚，不能決事，臨民訟，以骰子擲之，而勝者爲直。妖人應智王温、巫韓媪等，以妖言惑昌，獻鳥獸爲符瑞。牙將倪德儒謂昌曰：'曩時謡言有羅平鳥主越人禍福，民間多圖其形禱祠之，視王書名與圖類。'因出圖以示昌，昌大悦，乃自稱皇帝，國號羅平，改元順天，分其兵爲兩軍，中軍衣黄，外軍衣白，銘其衣曰'歸義'。副使黄竭切戒昌以爲不可，昌大怒，使人斬竭，持其首至，罵曰：'此賊負我好聖，明時三公不肯作，乃自求死邪！'投之圊中。昌乃以書告鏐，鏐以昌反狀聞。昭宗下詔削昌官爵，封鏐彭城郡王，浙江東道招討使。鏐曰：'董氏於吾有恩，不可遽伐。'以兵三萬屯迎恩門，遣其客沈滂諭昌使改過。昌以錢二百萬犒軍，執應智等送軍中，自請待罪，鏐乃還兵。昌復拒命，遣其將陳郁、崔温等屯香嚴、石侯，乞兵於楊行密，行密遣安仁義救昌。鏐遣顧全武攻昌，斬崔温。昌所用諸將徐珣、湯臼、袁邠皆庸人，不知兵，遇全武輒敗。昌兄子真，驍勇善戰，全武等攻之，逾年不能克。真與其裨將刺羽有隙，羽譖之，昌殺真，兵乃敗。全武執昌歸杭州，行至西小江，昌顧左右曰：'吾與錢公俱起鄉里，吾嘗爲大將，今何面復見之乎！'左右相對泣下，因瞋目大呼，投水死。昭宗以宰相王溥鎮越州，溥請授鏐，乃改威勝軍爲鎮東軍，拜鏐鎮海、鎮東軍節度

使、加檢校太尉、中書令，賜鐵券，恕九死。鏐如越州受命，還治錢塘，號越州爲‘東府’。光化元年，移鎮海軍於杭州，加鏐檢校太師，改鏐鄉里曰廣義鄉勳貴里，鏐素所居營曰衣錦營。婺州刺史王壇叛附于淮南，楊行密遣其將康儒應壇，因攻睦州。鏐遣其弟銶敗儒於軒渚，壇奔宣州，昭宗詔鏐圖形凌煙閣，升衣錦營爲衣錦城、石鑑山曰衣錦山、大官山曰功臣山。鏐游衣錦城，宴故老，山林皆覆以錦，號其幼所嘗戲大木曰‘衣錦將軍’。天復二年，封鏐越王。鏐巡衣錦城，武勇右都指揮使徐綰與左都指揮使許再思叛，焚掠城郭，攻内城，鏐子傳瑛及其將馬綽、陳爲等閉門拒之。鏐歸，至北郭門不得入。成及代鏐與綰戰，斬首百餘級，綰屯龍興寺。鏐微服踰城而入，遣馬綽、王榮、杜建徽等分屯諸門，使顧全武備東府，全武曰：‘東府不足慮，可慮者淮南爾，綰急，必召淮兵至，患不細矣。楊公大丈夫，今以難告，必能閔我。’鏐以爲然。全武曰：‘獨行，事必不濟，請擇諸公子可行者。’鏐曰：‘吾嘗欲以元璙婚楊氏。’乃使隨全武如廣陵。綰果召田頵於宣州，全武等至廣陵，行密以女妻元璙，亟召頵還。頵取鏐錢百萬，質鏐子元瓘而歸。天祐元年，封鏐吴王，鏐建功臣堂，立碑紀功，列賓佐將校名氏於碑陰者五百人。四年，升衣錦城爲安國衣錦軍。”

鏐於臨安故里興造第舍，窮極壯麗，歲時遊於里中，車徒雄盛，萬夫羅列。其父寬每聞鏐至，[1]走竄避之，鏐即徒步訪寬，請言其故。寬曰：“吾家世田漁爲事，未嘗有貴達如此，爾今爲十三州主，三面受敵，與人争利，恐禍及吾家，所以不忍見汝。”鏐泣謝之。

[1]寬：人名。即錢寬。錢鏐之父。事見本書本卷。

鏐於唐昭宗朝，位至太師、中書令、[1]本郡王，食邑二萬户。[2]梁祖革命，[3]以鏐爲尚父、吴越國王。[4]梁末帝時，[5]加諸道兵馬元帥。[6]同光中，[7]爲天下兵馬都元帥、尚父、守尚書令，封吴越國王，[8]賜玉册、金印。初，莊宗至洛陽，[9]鏐厚陳貢奉，求爲國王。及玉册詔下，有司詳議，羣臣咸言："玉簡金字，唯至尊一人，錢鏐人臣，不可。又本朝以來，除四夷遠藩，羈縻册拜，或有國王之號，而九州之内亦無此事。"郭崇韜尤不容其僭，[10]而樞密承旨段徊姦倖用事，[11]能移崇韜之意，曲爲鏐陳情，崇韜僶俛從之。[12]鏐乃以鎮海、鎮東軍節度使名目授其子元瓘，[13]自稱吴越國王，命所居曰宫殿，府署曰朝廷，其參佐稱臣，僭大朝百僚之號，但不改年號而已。[14]僞行制册，加封爵於新羅、渤海，[15]海中夷落亦皆遣使行封册焉。

[1]太師：官名。與太傅、太保合稱三師，唐後期、五代時多爲大臣、勳貴加官。正一品。　中書令：官名。漢代始置，隋、唐前期爲中書省長官，屬宰相之職；唐後期多爲授予元勳大臣的虚銜。正二品。　鏐於唐昭宗朝，位至太師、中書令：《舊唐書》卷二〇上《昭宗紀》乾寧三年（896）四月條："鎮海軍節度使錢鏐攻越州，下之，斬董昌，平浙東。制加錢鏐檢校太尉、中書令。"

[2]食邑：即封地、封邑。食邑之名，蓋取受封者不之國，僅食其租稅之意。

[3]梁祖革命：《輯本舊史》卷二六《唐武皇紀下》天祐四年（907）四月條："天子禪位於汴帥，奉天子爲濟陰王，改元爲開平，國號大梁。"

[4]尚父：初爲周武王對吕尚（即世所謂姜子牙）的尊稱。後

多用於尊禮元勳大臣的稱號。　吴越國王：中華書局本有校勘記："本書卷三《梁太祖紀三》、《新五代史》卷六七《吴越世家》、《通鑑》卷二六六、《吴越備史》卷一、《全唐文》卷八四七《梁啓聖匡運同德功臣淮南鎮海鎮東等軍節度使淮南浙江東西等道觀察處置營田招討安撫兼鹽鐵制置發運等使開府儀同三司尚父守尚書令揚杭越等州大都督府長史上柱國吴越王錢公生祠堂碑》作'吴越王'。按《通鑑》卷二七二：'（同光元年）梁主遣兵部侍郎崔協等册命吴越王鏐爲吴越國王'，《吴越備史》卷一略同。本卷下文亦云'莊宗至洛陽，鏐厚陳貢奉，求爲國王'。"明本《册府》卷一九六《閏位部·封建門》開平元年（907）五月條："兩浙節度使錢鏐進封吴越王。"《新五代史》卷六七《錢鏐傳》："梁太祖即位，封鏐吴越王兼淮南節度使。客有勸鏐拒梁命者，鏐笑曰：'吾豈失爲孫仲謀邪！'遂受之。太祖嘗問吴越進奏吏曰：'錢鏐平生有所好乎？'吏曰：'好玉帶、名馬。'太祖笑曰：'真英雄也。'乃以玉帶一匣、打毬御馬十匹賜之。江西危全諷等爲楊渥所敗，信州危仔倡奔於鏐，鏐惡其姓，改曰元。開平二年，加鏐守中書令，改臨安縣爲安國縣，廣義鄉爲衣錦鄉。三年，加守太保。楊渥將周本、陳章圍蘇州，鏐遣其弟鋸、鏢救之。淮兵爲水栅環城，以銅鈴繫網沈水中，斷潛行者。水軍卒司馬福，多智而善水行，乃先以巨竹觸網，淮人聞鈴聲遂舉網，福乃過，入城中，其出也亦然。乃取其軍號，内外夾攻，號令相應，淮人以爲神，遂大敗之，本等走，擒其將閭丘直、何明等。四年，鏐游衣錦軍，作《還鄉歌》曰：'三節還鄉兮掛錦衣，父老遠來相追隨。牛斗無孛人無欺，吴越一王駟馬歸。'乾化元年，加鏐守尚書令，兼淮南、宣潤等道四面行營都統。立生祠於衣錦軍。鏐弟鏢居湖州，擅殺戍將潘長，懼罪奔于淮南。二年，梁郢王友珪立，册尊鏐尚父。"

[5]梁末帝：人名。即後梁末帝朱友貞，913年至923年在位。紀見本書卷八至卷一〇、《新五代史》卷三。

[6]諸道兵馬元帥：官名。唐末臨時設置的高級軍事指揮官。

加諸道兵馬元帥：《輯本舊史》卷八《梁末帝紀上》貞明二年（916）七月壬戌條："以淮南鎮海鎮東等軍節度使、充淮南宣潤等道四面行營都統、開府儀同三司、尚父、守尚書令、吴越王錢鏐爲諸道兵馬元帥，餘如故。"《新五代史》卷六七《錢鏐傳》："末帝貞明三年，加鏐天下兵馬都元帥，開府置官屬。四年，楊隆演取虔州，鏐始由海路入貢京師。龍德元年，賜鏐詔書不名。"

[7]同光：後唐莊宗李存勗年號（923—926）。　同光中：中華書局本有校勘記："'中'，原作'申'，據殿本、劉本、孔本、邵本、彭本改。"

[8]天下兵馬都元帥：官名。唐代朝廷有重大軍事行動，則置，統率天下軍隊。　尚書令：官名。秦始置。隋、唐前期爲尚書省長官，與中書令、侍中並爲宰相。因以李世民爲之，後皆不授，唐高宗廢其職。唐後期以李適、郭子儀有功而特授此職，爲大臣榮銜，不參與政務。五代因之。唐時爲正二品，後梁開平三年（909）升爲正一品。　"同光中"至"封吴越國王"：《輯本舊史》卷三二《唐莊宗記六》同光二年（924）冬十月壬午條："以天下兵馬都元帥、尚父、守尚書令、吴越國王錢鏐可依前天下兵馬都元帥、尚父、守尚書令，吴越國王。"

[9]莊宗：即後唐莊宗李存勗。五代後唐王朝的建立者。紀見本書卷二七至卷三四、《新五代史》卷四至卷五。　洛陽：地名。位於今河南洛陽市。

[10]郭崇韜：人名。代州雁門（今山西代縣）人。五代後唐大臣。傳見本書卷五七、《新五代史》卷二四。

[11]樞密承旨：官名。五代設樞密院承旨和樞密院副承旨，以各衛將軍擔任。主管樞密院承旨司之事。　段徊：人名。籍貫不詳。五代後唐官員。事見本書卷三二、卷三三。

[12]"初，莊宗至洛陽"至"崇韜僶俛從之"：《輯本舊史》卷三二《唐莊宗紀六》同光三年六月丁丑條："詔吴越王錢鏐將行册禮，準禮文合用竹册，宜令所司修製玉册。時郭崇韜秉政，以爲

不可，樞密承旨段徊贊其事，故有是命。”《輯本舊史》卷三六《唐明宗紀二》天成元年（926）五月壬午條：“尚父、吴越國王錢鏐遣使進金器五百兩、銀萬兩、綾萬疋謝恩，賜玉册、金印。初，同光季年，鏐上疏密求玉册、金印，郭崇韜進議以爲不可，而樞密承旨段徊受其重賂，贊成其事，莊宗即允其請，至是故有貢謝。”

［13］元瓘：人名。即錢元瓘。祖籍臨安（今浙江杭州市臨安區）。錢鏐之子。五代十國吴越國國主，932 年至 941 年在位。傳見本書本卷、《新五代史》卷六七。　鏐乃以鎮海、鎮東軍節度使名目授其子元瓘：《輯本舊史》卷三九《唐明宗紀五》天成三年閏八月丁未條：“兩浙節度觀察留後、清海軍節度使、檢校太師、兼中書令錢元瓘可杭州、越州大都督府長史，充鎮東、鎮海等軍節度使。”

［14］“自稱吴越國王”至“但不改年號而已”：《通鑑》卷二七五天成元年十二月條：“是歲，吴越王鏐以中國喪亂，朝命不通，改元寶正；其後復通中國，乃諱而不稱。”《考異》曰：“閻自若《唐末汎聞録》云：‘同光四年，京師亂，朝命斷絶，鏐遂僭大號，改元保正；明年，明宗錫命至，乃去號，復用唐正朔。’《紀年通譜》云：‘鏐雖外勤貢奉，而陰爲僭竊，私改年號於其國。其後子孫奉中朝正朔，漸諱改元事。及錢俶納土，凡其境内有石刻僞號者，悉使人交午鑿滅之。惟今杭州西湖落星山塔院中有鏐封此山爲壽星寶石山僞詔，刻之於石，雖經鑱毁，其文尚可讀，後題云“寶正六年，歲在辛卯”，明宗長興二年也；其元年即天成元年也。好事者或傳曰“保正”，非也。’余公綽《閩王事迹》云：‘同光元年春，梁策錢鏐爲尚父；來年改寶正元年。永隆三年吴越世宗文穆王薨。’林仁志《王氏啓運圖》云：‘同光元年，梁封浙東尚父爲吴越國王，尋自改元寶正。長興三年，吴越武肅王崩，子世皇嗣。永隆二年，吴越世皇崩，子成宗嗣。’公綽、仁志所記年歲差繆，然可見錢氏改元及廟號，故兼載焉。至今兩浙民間猶謂錢鏐爲錢太祖。今參取諸書爲據。”

[15]新羅：朝鮮古國。4 世紀以後逐漸强大。936 年爲王氏高麗所取代。傳見本書卷一三八、《新五代史》卷七四。　渤海：古國名。武周聖曆元年（698），粟末靺鞨首領大祚榮建立政權。先天二年（713），唐朝册封大祚榮爲渤海郡王，其國遂以渤海爲名。傳見本書卷一三八、《新五代史》卷七四。

明宗即位之初，[1]安重誨用事，[2]鏐嘗與重誨書，云“吴越國王謹致書于某官執事”，不敘暄涼，重誨怒其無禮。屬供奉官烏昭遇使於兩浙，[3]每以朝廷事私於吴人，仍目鏐爲殿下，自稱臣，謁鏐行舞蹈之禮。及迴，使副韓玫具述其事，[4]重誨因削鏐元帥、尚父、國王之號，以太師致仕。[5]久之，其子元瓘等上表陳敘。時淮寇攻逼荆南，[6]明宗疑其同惡，因降詔詰之，元瓘等復遣使自淮南間道上表，[7]云：

[1]明宗：即五代後唐明宗李嗣源。沙陀部人。原名邈佶烈，李克用養子。926 年至 933 年在位。紀見本書卷三五至卷四四、《新五代史》卷六。

[2]安重誨：人名。應州（今山西應縣）人。五代後唐大臣。傳見本書卷六六、《新五代史》卷二四。

[3]供奉官：官名。泛指侍奉皇帝左右的臣僚，亦爲東、西頭供奉官統稱。　烏昭遇：人名。籍貫不詳。五代後唐供奉官。傳見本書附録。《輯本舊史》之影庫本粘籤：“烏昭遇，原本作‘馬昭遇’，考《歐陽史》《通鑑》《十國春秋》俱作‘烏’，今改正。”見《新五代史》卷二四《安重誨傳》、《通鑑》卷二七六天成四年（929）九月條、《十國春秋》卷七八《吴越武肅王世家下》。　屬供奉官烏昭遇使於兩浙：《通鑑》卷二七六天成四年九月條：“帝遣

供奉官烏昭遇、韓玫使吴越。"《考異》曰："《吴越備史》、《十國紀年》皆云'監門衛上將軍'，蓋借官耳。今從《實録》等諸書。"

[4]韓玫：人名。籍貫不詳。五代後唐官員。事見本書本卷。

[5]"屬供奉官烏昭遇"至"以太師致仕"：《輯本舊史》卷四〇《唐明宗紀六》天成四年九月癸巳條："制天下兵馬元帥、尚父、吴越國王錢鏐可落元帥、尚父、吴越國王，授太師致仕，責無禮也。先是，上將軍烏昭遇使於兩浙，以朝廷事私於吴人，仍目鏐爲殿下，自稱臣，謁鏐行拜蹈之禮。及迴，使副劉玫具述其事，故停削鏐官爵，令致仕。烏昭遇下御史臺，尋賜自盡。後有自浙中使還者，言昭遇無臣鏐之事，爲玫所誣，人頗以爲冤。"

[6]荆南：又稱南平。五代十國之一。後梁開平元年（907）朱温命高季興爲荆南節度使，梁末帝時封季興爲渤海王。同光二年（924）受後唐封爲南平王。

[7]淮南：今淮河以南、長江以北地區。時屬楊吴境内。

竊念臣父天下兵馬都元帥、吴越國王臣鏐，爰自乾符之歲，便立功勞；至於天復之初，已封茅土。[1]兩殄稽山之僭僞，[2]頻叨鳳詔之褒崇，賜鐵券而礪岳帶河，藏清廟而銘鐘鏤鼎。歷事列聖，竭誠累朝，罄臣節以無虧，荷君恩而益重。楚茅吴柚，常居羣后之先；赤豹黄羆，不在諸方之後。雲臺寫像，盟府書勳，[3]戮力本朝，一心體國。常誡臣兄弟曰："汝等諸子，須記斯言：老父起自諸都，早平多難，素推忠勇，實効辛勤，遂蒙聖主之疇庸，獲忝真王之列壤，恒積滿盈之懼，豫懷燕翼之憂。蓋以恩禮殊尤，寵榮亢極，名品既逾於五等，春秋將及於八旬，不諱之談，爾當静聽。而況手殲妖亂，親覩興亡，豈宜自爲厲階，更尋覆轍。老身猶健，且作國王之呼；嗣子承家，但守藩臣之分。”臣等鯉庭灑袂，[4]雁序書紳，[5]中心藏之，敬聞命矣。

[1]茅土：指王、侯的封爵。

[2]稽山：山名。即會稽山。位於今浙江紹興市。

[3]雲臺：臺名。東漢明帝時，畫鄧禹等二十八將於南宫雲臺。後泛指紀念功臣之所。　盟府：周代收藏盟書、封爵勳策的機構。

[4]鯉庭：《論語·季氏》：“（孔子）嘗獨立，鯉趨而過庭。曰：‘學《詩》乎?’對曰：‘未也。’‘不學《詩》，無以言。’鯉退而學《詩》。”後以鯉庭比喻接受父訓。《輯本舊史》之影庫本粘籤：“鯉庭，原本作‘鼇庭’，今據文改正。”

[5]雁序：比喻兄弟關係。　書紳：《論語·衛靈公》：“子張書諸紳。”宋邢昺疏：“紳，大帶也。子張以孔子之言，書之紳帶，意其佩服無忽忘也。”指把重要的話或事，寫在衣服的大帶上以示不忘。

頃以濟陰歸邸，梁苑稱尊，[1]所在英雄，遞相倣斆，互起投龜之詬，皆興逐鹿之謀，唯臣父王，未嘗隨例。從微至著，悉蒙天子之絲綸；啓土封王，自守諸侯之土宇。乙酉歲，伏蒙莊宗皇帝遥降玉册、金印，恩加曲阜營丘，[2]顯自大朝，來封小國，遂有强名之改補，實無干紀之包藏。兼使人徐筠等進貢之時，[3]禮儀有失，尚蒙赦宥，未置典刑，敢不投杖責躬，負荆請罪。且爽爲臣之禮，誠乖事上之儀，夙夜包羞，寢食俱廢，捧詔而神魂戰慄，拜章而芒刺交并。

[1]濟陰：地名。位於今山東曹縣。代指唐哀帝李柷。　梁苑：地名。西漢梁孝王在梁都睢陽所建的東苑。代指朱温。

[2]曲阜：代指魯國。　營丘：代指齊國。

[3]徐筠：人名。籍貫不詳。吴越官員。本書僅此一見。

伏以皇帝陛下，濬哲文思，含弘光大，智周萬物，日闢四方，既容能改之非，許降自新之恕，將功補過，捨短從長，矧兹近代相持，豈足玄機遠料。且臣本道與淮南雖連疆畛，久結仇讎，交惡尋盟，十翻九覆，縱敵已逾於三紀，弭兵纔僅於數年，[1]諒非脣齒之邦，真謂腹心之疾。今奉詔書責問，合陳本末端由，布在衆多，寧煩覼縷，彼既人而無禮，此亦和而不同。近知侵軼荆門，[2]乖張事大，儻王師之問罪，願率衆以齊攻，必致先登，庶覩後効。横秋雕鶚，祇待指呼；躍匣蛟龍，誓平讎隙。今則訓齊樓櫓，淬礪戈鋋，決副天威，冀明臣節。伏以臣父王鏐，已於汎海，繼有飛章，陳父子之丹誠，高懸皎日；展君臣之大義，上指圓穹。其將修貢賦於梯航，混車書而表率，如虧奉職，自有陰誅。今春已具表章，未蒙便賜俞允，地遠而經年方達，天高而瀝懇難通。伏乞聖慈，曲行明命。凌霜益翠，始知松柏之心；異日成功，方顯忠貞之節。臣元瓘等無任感激祈恩戰懼依投之至。謹遣急脚，間道奉絹表陳乞奏謝以聞。

[1]弭兵：《輯本舊史》之影庫本粘籤："弭兵，原本作'弦兵'，今據文改正。"

[2]荆門：地名。位於今湖北荆門市。

明宗嘉之，乃降制復授鏐天下兵馬都元帥、尚父、吴越國王。[1]未幾，又詔賜上表不名。[2]

[1]"明宗嘉之"至"吴越國王"：《輯本舊史》卷四二《唐明宗紀八》長興二年（931）三月乙酉條："太師致仕錢鏐復授天下兵馬都元帥、尚父、吴越國王，以其子兩浙節度使元瓘等上表首罪，故有是命。"

[2]未幾，又詔賜上表不名：《輯本舊史》之原輯者案語："案《五代會要》載長興二年四月詔曰：周榮吕望，有尚父之稱；漢重蕭何，有不名之禮。錢鏐冠公侯之位，統吴越之封，宜示異恩，俾當縟禮，其錢鏐宜賜不名。"見《會要》卷一一《功臣》。《輯本舊史》卷四二《唐明宗紀八》長興二年四月辛卯條："詔錢鏐依舊賜不名。"

鏐在杭州垂四十年，窮奢極貴。[1]錢塘江舊日海潮逼州城，[2]鏐大庀工徒，鑿石填江，又平江中羅刹石，悉起臺榭，廣郡郭周三十里，邑屋之繁會，江山之雕麗，實江南之勝概也。鏐學書，好吟咏。江東有羅隱者，[3]有詩名，聞於海内，依鏐爲參佐，鏐嘗與隱唱和。隱好譏諷，嘗戲爲詩，言鏐微時騎牛操梃之事，鏐亦怡然不怒，其通恕也如此。鏐雖季年荒恣，然自唐朝，於梁室，莊宗中興以來，每來揚帆越海，貢奉無闕，故中朝亦以此善之。

[1]鏐在杭州垂四十年，窮奢極貴：《通鑑》卷二七二同光元年（923）二月條《考異》："《十國紀年》：'鏐功臣、諸子領節制，皆署而後請命。居室服御，窮極侈靡，末年荒恣尤甚。錢氏據兩浙逾八十年，外厚貢獻，内事奢僭，地狹民衆，賦斂苛暴，雞魚卵菜，纖悉收取。斗升之逋，罪至鞭背。每笞一人，則諸案吏各持其簿列於庭，先唱一簿，以所負多少爲數；笞已，次吏復唱而笞之，盡諸簿乃止，少者猶笞數十，多者至五百餘。訖于國除，人苦其政。'《吴越備史》稱：'鏐節儉，衣衾用紬布，常膳惟甆漆器，寢帳壞，恭穆夫人欲易以青繒，鏐不許。嘗歲除夜會子孫鼓琴，未數曲，止之，曰："聞者以我爲長夜之飲，"遂罷。'錢易《家話》稱：'鏐公宴不貳羹胾，衣必三澣然後易。'劉恕以爲錢元瓘子信撰《吴越備史》《備史遺事》《忠懿王勳業志》《戊申英政録》，弘倧子易撰《家話》，俶子惟演撰《錢氏慶系圖譜》《家王故事》《秦國王貢奉録》，故吴越五王行事失實尤多，虚美隱惡，甚於他國。按錢鏐起於貧賤，知民疾苦，必不至窮極侈靡，其奢汰暴斂之事蓋其孫所爲也。今從《家話》。"

[2]錢塘江：河流名。古稱浙江。流經今安徽東南部、浙江西北部。

[3]羅隱：人名。新城（今浙江杭州市富陽區新登鎮）人。五代十國吴越官員。傳見本書卷二四。

鏐以長興三年三月二十八日薨，[1]年八十一。制曰："故天下兵馬都元帥、尚父、吴越國王錢鏐，累朝元老，當代勳賢，位已極於人臣，名素高於簡册，贈典既無其官爵，易名宜示其優崇，宜令所司定謚，以王禮葬，仍賜神道碑。"[2]謚曰武肅。

[1]長興：後唐明宗李嗣源年號（930—933）。

[2]神道碑：立在墓道前記載死者事迹的石碑，亦指刻於神道碑上的碑文。

鏐初事董昌，時年甫壯室，性尚剛烈。時有儒士謁於主帥，已進刺矣，見鏐稍怠，鏐怒，投之羅刹江。[1]及典謁者將召，鏐詐云："客已拂衣去矣。"及爲帥時，有人獻詩云："一條江水檻前流。"鏐不悦，以爲譏己，尋害之。迨於晚歲，方愛人下士，留心理道，數十年間，時甚歸美。鏐尤恃崇盛，分兩浙爲數鎮，其節制署而後奏。左右前後皆兒孫甥姪，軒陛服飾，比於王者，兩浙里俗咸曰"海龍王"。梁開平中，[2]浙民上言，請爲鏐立生祠，梁太祖許之，令翰林學士李琪撰生祠堂碑以賜之。[3]至今蒸黎饗之，子孫保之，斯亦近代之名王也。《永樂大典》卷一萬八千一百二十五。[4]

[1]刺：名帖。　羅刹江：即錢塘江、浙江。

[2]開平：後梁太祖朱温年號（907—911）。

[3]翰林學士：官名。由南北朝始設之學士發展而來，唐玄宗改翰林供奉爲翰林學士，備顧問，代王言，掌拜免將相、號令征伐等詔令的起草。　李琪：人名。河西敦煌（今甘肅敦煌市）人。後梁、後唐官員。傳見本書卷五八、《新五代史》卷五四。《輯本舊史》之影庫本粘籤："李琪，原本作'李琦'，今從《通鑑》改正。"　"梁開平中"至"令翰林學士李琪撰生祠堂碑以賜之"：《宋本册府》卷八二〇《總録部·立祠門》："錢鏐爲吴越王，開平五年四月，杭州將吏耆老列狀，願爲鏐建生祠，以頌功德，太祖詔刑部侍郎李光嗣爲宣慰立祠堂使，仍令翰林學士李琪製碑文以賜之。"

[4]《大典》卷一八一二五“將”字韻“唐將（一七）”事目。

元瓘，[1]鏐第五子也。起家爲鹽鐵發運巡官，[2]表授尚書金部郎中，[3]賜金紫。[4]天復中，本州裨校許再思等爲亂，[5]構宣州節度使田頵，[6]頵令兵奄至，鏐擊敗再思，與頵通和。頵要盟於鏐，鏐徧召諸子問之曰：“誰能爲吾爲田氏之壻者？”例有難色，時元瓘年十六，進曰：“唯大王之命。”由是就親於宣州。[7]

[1]元瓘：中華書局本有校勘記：“句下《通曆》卷一五有‘字明寶’三字。”

[2]鹽鐵發運巡官：官名。鹽鐵使屬官。地位在判官、推官之下，掌巡察及有關事務。

[3]尚書金部郎中：官名。尚書省户部金部司長官。掌庫藏出納、權衡度量等。從五品上。

[4]賜金紫：包含賜金魚袋和賜紫。金魚袋，唐三品以上官員佩帶金魚袋，金飾魚形，用以盛放標志品級、身份的金魚符。賜紫，唐代官員三品以上服紫。特殊情況下，京官散階未及三品者可以賜紫，以示尊寵。

[5]天復中，本州裨校許再思等爲亂：《通鑑》卷二六三天復二年（902）八月丁亥條：“命綰將所部兵先還杭州。及外城，縱兵焚掠。武勇左都指揮使許再思以迎候兵與之合，進逼牙城。”

[6]構宣州節度使田頵：《通鑑》卷二六三天復二年九月條：“綰等果召田頵，頵引兵赴之。”

[7]“頵要盟於鏐”至“由是就親於宣州”：《通鑑》卷二六三天復二年十二月庚辰條：“頵將還，徵犒軍錢二十萬緡於錢鏐，且求鏐子爲質，將妻以女。鏐謂諸子：‘孰能爲田氏壻者？’莫對。鏐

欲遣幼子傳球，傳球不可。鏐怒，將殺之。次子傳瓘請行，吴夫人泣曰：‘奈何置兒虎口！’傳瓘曰：‘紓國家之難，安敢愛身！’再拜而出，鏐泣送之。”《新五代史》卷六七《錢元瓘傳》：“元瓘字明寶，少爲質於田頵。頵叛於吴，楊行密會越兵攻之，頵每戰敗歸，即欲殺元瓘，頵母嘗蔽護之。後頵將出，語左右曰：‘今日不勝，必斬錢郎。’是日頵戰死，元瓘得歸。”

唐天祐初，承制累遷檢校尚書左僕射、[1]内牙都指揮使，[2]數年之間，伐叛禦寇，大著勳績。梁貞明四年夏，[3]鏐大舉伐吴，以元瓘爲水戰諸軍都指揮使。[4]戰棹抵東洲，[5]吴人以舟師拒戰，元瓘爲火筏順風揚灰以坌之，[6]白晝如霧，吴師迷方，遂敗之，擒軍使彭彦章并軍校七十餘人，[7]得戰艦四百隻。[8]吴人知不可校，通好於鏐。以功奏授鎮海軍節度副使、[9]檢校司徒。梁末，遷清海軍節度使、檢校太傅、同平章事。[10]後唐同光初，加檢校太師、兼中書令、鎮東等軍節度觀察處置等使。[11]時鏐自爲天下兵馬都元帥、尚父、守尚書令、吴越國王，及鏐爲太師致仕，[12]元瓘累貢章疏，乞復舊號，唐明宗許之。[13]鏐既年高，欲立嗣，召諸子使各論功，皆讓於元瓘。[14]及鏐病，召將吏謂之曰：“余病不起，兒皆愚懦，恐不能爲爾帥，與爾輩決矣，帥當自擇。”將吏號泣言曰：“大令公有軍功，多賢行仁孝，已領兩鎮，王何苦言及此！”鏐曰：“此渠定堪否？”曰：“衆等願奉賢帥。”即出符鑰數篋於前，謂元瓘曰：“三軍言爾可奉，領取此物。”[15]鏐薨，遂襲父位。[16]

[1]天祐：唐昭宗李曄開始使用的年號（904）。唐哀帝李柷即位後沿用（904—907）。唐亡後，河東李克用、李存勗仍稱天祐，沿用至天祐二十年（923）。五代其他政權亦有行此年號者，如南吴、吴越等，使用時間長短不等。　承制：秉承皇帝旨意。有時非出自帝命，爲一種假藉的名義或政治待遇。兩晋、南北朝或後世權臣多有此種名義，以此得自行處置政務、任免官吏，雖稱“承制行事”，但不必取得皇帝同意。　檢校尚書左僕射：官名。尚書左僕射，隋唐宰相名號。檢校尚書左僕射爲散官或加官，以示恩寵，無實際執掌。中華書局本有校勘記：“‘左’，《吴越備史》卷二作‘右’。”

[2]内牙都指揮使：官名。又作内衙都指揮使。所部統兵將領。中華書局本有校勘記：“‘都’，原作‘將’，據殿本、《吴越備史》卷二改。‘内牙’下孔本空一字。”

[3]貞明：後梁末帝朱友貞年號（915—921）。

[4]水戰諸軍都指揮使：官名。所部統兵將領。　“梁貞明四年夏”至“爲水戰諸軍都指揮使”：《通鑑》卷二七〇貞明五年（919）三月條：“詔吴越王鏐大舉討淮南。鏐以節度副大使傳瓘爲諸軍都指揮使，帥戰艦五百艘，自東洲擊吴。”

[5]東洲：地名。位於今江蘇常州市武進區東南太湖之濱。

[6]坌（bèn）：飛揚灑落。

[7]軍使：官名。掌領本軍軍務，或兼理地方政務。　彭彦章：人名。籍貫不詳。唐末將領。本書僅此一見。《輯本舊史》之影庫本粘籤：“彭彦章，原本脱‘章’字，今從《九國志》增入。”

[8]“戰棹抵東洲”至“得戰艦四百隻”：《通鑑》卷二七〇貞明五年四月條：“錢傳瓘與彭彦章遇；傳瓘命每船皆載灰、豆及沙，乙巳，戰于狼山江。吴船乘風而進，傳瓘引舟避之，既過，自後隨之。吴回船與戰，傳瓘使順風揚灰，吴人不能開目；及船舷相接，傳瓘使散沙於己船而散豆於吴船，豆爲戰血所漬，吴人踐之皆僵仆。傳瓘因縱火焚吴船，吴兵大敗。彦章戰甚力，兵盡，繼之以

木，身被數十創，陳汾按兵不救；彦章知不免，遂自殺。傳瓘俘吴裨將七十人，斬首千餘級。”

[9]節度副使：官名。唐五代方鎮屬官。位在行軍司馬之下、判官之上。

[10]同平章事：官名。全稱“同中書門下平章事”。唐高宗以後，凡實際任宰相之職者，常在其本官後加同平章事的職銜。後成爲宰相專稱。或爲節度使加銜。後晋天福五年（940），升中書門下平章事爲正二品。

[11]觀察處置等使：官名。即觀察處置使。唐玄宗以後，採訪、觀察、都統等使加“處置”，賦予處理、决斷權。開元二十二年（734）初置採訪處置使，以御史中丞盧絢等爲之，乾元元年（758）改爲觀察處置使。

[12]及鏐爲太師致仕：《輯本舊史》卷四〇《唐明宗紀六》天成四年九月癸巳條：“制天下兵馬元帥、尚父、吴越國王錢鏐可落元帥、尚父、吴越國王，授太師致仕，責無禮也。先是，上將軍烏昭遇使於兩浙，以朝廷事私於吴人，仍目鏐爲殿下，自稱臣，謁鏐行拜蹈之禮。及迴，使副劉玫具述其事，故停削鏐官爵，令致仕。烏昭遇下御史臺，尋賜自盡。後有自浙中使還者，言昭遇無臣鏐之事，爲玫所誣，人頗以爲冤。”

[13]“元瓘累貢章疏”至“唐明宗許之”：《輯本舊史》卷四二《唐明宗紀八》長興二年三月乙酉條：“太師致仕錢鏐復授天下兵馬都元帥、尚父、吴越國王，以其子兩浙節度使元瓘等上表首罪，故有是命。”

[14]皆讓於元瓘：中華書局本有校勘記：“‘皆’，原作‘請’，據殿本、孔本、《通曆》卷一五、《册府》卷四三六改。”

[15]領取此物：中華書局本有校勘記：“‘物’字原闕，據《通曆》卷一五、《册府》卷四三六補。”今據補。

[16]鏐薨，遂襲父位：《通鑑》卷二七七長興三年三月條：“傳瓘既襲位，更名元瓘，兄弟名‘傳’者皆更爲‘元’。以遺命去國

儀，用藩鎮法；除民田荒絶者租税。命處州刺史曹仲達權知政事。置擇能院，掌選舉殿最，以浙西營田副使沈崧領之。”

唐長興四年，遣將作監李鍇起復元瓘官爵，[1]又命户部侍郎張文寶授兼中書令。[2]清泰初，[3]封吴王。二年，封越王。[4]天福元年，[5]賜金印。三年，封吴越國王。[6]四年，加天下兵馬元帥。[7]五年，授天下兵馬都元帥。[8]六年夏有疾，秋府署災，焚之一空，乃移於他所，其燄皆隨而發焉，元瓘因驚悸發狂，以是歲八月二十四日薨，年五十五歲。謚曰文穆。[9]元瓘幼聰敏，長於撫馭，臨戎十五年，決事神速，爲軍民所附，然奢僭營造，甚於其父，[10]故有回禄之災焉。[11]元瓘有詩千篇，編其尤者三百篇，命曰《錦樓集》，浙中人士皆傳之。子佐爲嗣。《永樂大典》卷四千六百九十二。[12]

[1]將作監：官名。秦代設將作少府，唐代改將作監，其長官即爲將作監。掌宫廷器物置辦及宫室修建事宜。從三品。　李鍇：人名。籍貫不詳。五代官員。事見本書卷八〇、卷八四。中華書局本有校勘記："原作'李鏻'，據《册府》卷四三六、《吴越備史》卷二、《全唐文》卷八五九《吴越文穆王錢元瓘碑銘》改。本書卷八〇《晋高祖紀》六有將作監李鍇。影庫本粘籤：'原本脱"李鏻"二字，今據《通鑑》增入。'按今檢《通鑑》未記此事。"

[2]户部侍郎：官名。尚書省户部次官。協助户部尚書掌天下田户、均輸、錢穀之政令。正四品下。　張文寶：人名。籍貫不詳。五代後唐官員。傳見本書卷六八。　中書令：中華書局本有校勘記："'中書令'，原作'尚書令'，據本書卷四四《唐明宗紀》十、《通鑑》卷二七八、《吴越備史》卷二、《全唐文》卷八五九

《吴越文穆王錢元瓘碑銘》改。《化度院陁羅尼經幢并記》（拓片刊《北京圖書館藏中國歷代石刻拓本匯編》第三十六册）末題：‘長興四年癸巳三月二十六日……守中書令錢元瓘記。’按本書卷七九《晋高祖紀》五，元瓘至天福五年方加尚書令。”

［3］清泰：五代後唐廢帝李從珂年號（934—936）。

［4］封越王：中華書局本有校勘記：“‘越王’，本書卷四五《唐閔帝紀》、《通鑑》卷二七八、《吴越備史》卷二作‘吴越王’。”

［5］天福：五代後晋高祖石敬瑭年號（936—942）。出帝石重貴沿用至九年（944）。後漢高祖劉知遠繼位後沿用一年，稱天福十二年（947）。

［6］“清泰初”至“封吴越國王”：《通鑑》卷二八一天福二年（937）十一月戊辰條：“詔加吴越王元瓘天下兵馬副元帥，進封吴越國王。”《考異》曰：“《實録》：‘天福二年十一月，加元瓘副元帥、國王，程遜等爲加恩使。四年十月丙午，以程遜没于海，廢朝，贈官。’《程遜傳》云：‘天福三年秋使吴越，使回溺死。’《元瓘傳》云：‘天福三年封吴越國王。’蓋二年冬制下，遜等以三年至杭州，不知溺死在何年，而晋朝以四年十月始聞之也。《吴越備史》：‘天福二年四月敕遣程遜等授王副元帥、國王。甲午，王即位，用建國之儀，如同光故事。是歲程遜還京，溺於海。’按元瓘初立，稱鏐遺命，止用藩鎮禮，明年明宗封吴王，應順初閔帝封吴越王，故以天福三年即王位，而《備史》以爲授元帥、國王然後即位，誤矣。”見《輯本舊史》卷九六《程遜傳》、同書卷一三三《錢元瓘傳》。

［7］四年：原作“五年”。《輯本舊史》卷七八《晋高祖紀四》、《通鑑》卷二八二均繫此事於天福四年八月己酉，據改。

［8］五年：原作“六年”。《輯本舊史》卷七九《晋高祖紀五》、《通鑑》卷二八二均繫此事於天福五年冬十月丁酉，據改。

［9］“六年夏有疾”至“謚曰文穆”：“六年”原作“其年”。

《輯本舊史》卷八〇《晋高祖紀六》天福六年十二月乙巳條："天下兵馬都元帥、守尚書令、吴越國王錢元瓘薨，廢朝三日，謚曰文穆。"《通鑑》卷二八二天福六年八月條："吴越文穆王元瓘寢疾……辛亥，元瓘卒。"今據改。

[10]"元瓘幼聰敏"至"甚於其父"：《新五代史》卷六七《錢元瓘傳》："王延政自立於建州，閩中大亂，元瓘遣其將仰詮、薛萬忠等攻之，逾年，大敗而歸。元瓘亦善撫將士，好儒學，善爲詩，使其國相沈崧置擇能院，選吴中文士録用之。然性尤奢僭，好治宫室。"

[11]回禄：傳説中的火神。

[12]《大典》卷四六九二"錢"字韻"姓氏（二）"事目。

佐，[1]字玄祐。[2]元瓘薨，遂襲其位。[3]晋天福末，制授檢校太師、兼中書令、吴越王，[4]仍篆玉爲册以賜之。前代玉册，册夷王有之，僞梁時欲厚於鏐，首爲式例，故因而不改。俄授開府儀同三司、守太尉。[5]時以建安爲淮寇所攻，[6]授東南面兵馬都元帥，[7]佐尋遣舟師進討，淮人大敗，以功加守太師。[8]漢高祖入汴，[9]佐首獻琛賮，[10]表率東道，漢祖嘉之，授諸道兵馬都元帥。佐居列土凡七年，[11]境内豐阜，父祖三世皆爲元帥，時以爲榮。漢初，以疾卒於位，[12]謚曰忠獻。

[1]佐：《輯本舊史》卷八〇《晋高祖紀六》、卷八一《晋少帝紀一》、卷一〇〇《漢高祖紀下》等，明本《册府》卷一六九《帝王部・納貢獻門》，皆作"弘佐"。作"佐"係宋史臣諱省。

[2]玄祐：《新五代史》卷六七《錢佐傳》作"祐"。據王彦坤《歷代避諱字彙典》，宋真宗大中祥符五年（1012）始諱"玄"字，

故《新五代史》諱省作“祐”。

[3]元瓘薨，遂襲其位：《輯本舊史》卷八〇《晋高祖紀六》天福六年（941）十二月乙巳條：“天下兵馬都元帥、守尚書令、吴越國王錢元瓘薨。”《通鑑》卷二八二天福六年八月辛亥條：“元瓘卒。”兩書所記時間不同，蓋因告喪之日期有差。

[4]晋天福末，制授檢校太師、兼中書令、吴越王：《輯本舊史》卷八〇《晋高祖紀六》天福六年十二月庚戌條：“以權知吴越國事錢弘佐爲起復鎮軍大將軍、檢校太師、兼中書令、杭州越州大都督、鎮海鎮東等軍節度使、封吴越國王。”又《通鑑》卷二八二天福六年九月庚申條：“弘佐即王位。”所記時間不同，蓋藩國自行决策與中央政府制命追認之日期有差。後晋用天福年號實共九年，六年似不當稱“天福末”。《新五代史》卷六七《錢佐傳》：“立時年十三，諸將皆少佐，佐初優容之，諸將稍不法，佐乃黜其大將章德安於明州、李文慶於睦州，殺内都監杜昭達、統軍使闞璠，由是國中皆畏恐。”《通鑑》卷二八二天福六年八月壬子條作“時年十四”。

[5]開府儀同三司：官名。魏晋始置，隋唐時爲散官之最高官階。多授功勳重臣。從一品。　太尉：官名。與司徒、司空並爲三公，唐後期、五代時多爲大臣、勳貴加官。正一品。　俄授開府儀同三司、守太尉：《輯本舊史》卷八一《晋少帝紀一》天福七年九月辛巳條：“兩浙節度使吴越國王錢弘佐、福建節度使王延羲，並加食邑，仍改賜功臣名號。”同書卷八三《晋少帝紀三》開運元年（944）十月壬寅條：“兩浙節度使、吴越國王錢弘佐加守太尉。”

[6]建安：地名。位於今福建建甌市。　時以建安爲淮寇所攻：《通鑑》卷二八三天福八年二月條：“閩富沙王延政稱帝於建州，國號大殷。”同書卷二八四開運元年二月條：“唐主以洪州營屯都虞候邊鎬爲行營招討諸軍都虞候，將兵從文徽伐殷。”同書卷二八五開運二年八月丁亥條：“唐先鋒橋道使上元王建封先登，遂克建州，閩主延政降。”

[7]授東南面兵馬都元帥：《輯本舊史》卷八四《晋少帝紀四》

開運二年十二月乙丑條："以兩浙節度使、吴越國王錢弘佐兼東南面兵馬都元帥。"

[8]以功加守太師：《輯本舊史》卷八四《晉少帝紀四》開運三年七月丙申條："兩浙節度使、吴越國王錢弘佐加守太師。"

[9]漢高祖：後漢開國皇帝劉知遠，太原（今山西太原市）人，沙陀部人。紀見本書卷九九至卷一〇〇及《新五代史》卷一〇。　漢高祖入汴：《輯本舊史》卷一〇〇《漢高祖紀下》天福十二年（947）六月甲子條："車駕至東京。"

[10]琛賮（jìn）：貢獻寶物。

[11]佐居列土凡七年：《新五代史》卷六七《錢佐傳》："立時年十三……開運四年，佐卒，年二十。"

[12]漢初，以疾卒於位：《輯本舊史》卷一〇〇《漢高祖紀下》天福十二年八月丙申條："以兩浙節度使、守太師、兼中書令吴越國王錢弘佐薨廢朝三日。"《通鑑》卷二八七天福十二年六月條："吴越忠獻王弘佐卒。遺令以丞相弘倧爲鎮海、鎮東節度使兼侍中。"兩書所記時間不同，蓋因告喪之日期有差。

佐幼好書，性温恭，能爲五七言詩，凡官屬遇雪月佳景，必同宴賞，由此士人歸心。其班品亦有丞相已下名籍，而禄給甚薄，罕能自濟，每朝廷降吏，則去其僞官，或與會則公府助以僕馬，處事齷齪，多如此類。然航海所入，歲貢百萬，王人一至，所遺至廣，故朝廷寵之，爲羣藩之冠。佐有子昱，年五歲，未任庶務，乃以其弟倧襲位。[1]《永樂大典》卷四千六百九十二。[2]

[1]倧：《輯本舊史》卷一〇一《漢隱帝紀上》作"錢弘倧"，亦宋史臣諱省。

[2]《大典》卷四六九二“錢”字韻“姓氏（二）”事目。

倧,[1]性明敏嚴毅，未立時，常以佐性寬善，疑掌兵權者難制，及代佐爲帥，以禮法繩下，宿將舊勳，不甚優禮。大將胡進思頗不平之,[2]乃密與親軍謀去倧。漢祖入汴之歲,[3]十二月，進思率甲士三百大譟，突入衙署，倧闔户以拒之，左右與之格鬬，盡爲進思所殺，遂遷倧於别館，以甲士援送，幽於衣錦軍,[4]立倧異母弟俶爲帥。[5]其年夏四月，進思疽發背而卒,[6]越人快之，以爲陰靈之誅逆也。《永樂大典》卷四千六百九十二。[7]

[1]倧：錢倧，《輯本舊史》卷一〇一《漢隱帝紀上》乾祐元年（948）四月戊子條作“錢弘倧”，作“倧”係宋史臣諱省。

[2]胡進思：人名。湖州（今浙江湖州市）人。吴越大臣、將領。廢錢倧而立錢俶。事見本書本卷。

[3]漢祖入汴之歲：《輯本舊史》卷一〇〇《漢高祖紀下》天福十二年（947）六月甲子條：“車駕至東京。”

[4]衣錦軍：中華書局本有校勘記：“‘衣錦軍’，原作‘錦軍’，據殿本、劉本、邵本校、彭校、《通鑑》卷二八七改。影庫本粘籤：‘錦軍，疑當作“衣錦軍”，考《册府元龜》引《薛史》亦作“錦軍”，今仍其舊。’按今檢《册府》未記此事。” “及代佐爲帥”至“幽於衣錦軍”：《新五代史》卷六七《錢俶傳》：“初，元瓘質於宣州，以胡進思、戴惲等自隨，元瓘立，用進思等爲大將。佐既年少，進思以舊將自待，甚見尊禮，及倧立，頗卑侮之，進思不能平。倧大閲兵於碧波亭，方第賞，進思前諫以賞太厚，倧怒擲筆水中曰：‘以物與軍士，吾豈私之，何見咎也。’進思大懼。

歲除，畫工獻《鍾馗擊鬼圖》，倧以詩題圖上，進思見之大悟，知倧將殺己。是夕擁衛兵廢倧，囚於義和院，迎俶立之，遷倧于東府。俶歷漢、周，襲封吴越國王，賜玉册、金印。”《通鑑》卷二八七天福十二年十二月庚戌條：“弘倧夜宴將吏，進思疑其圖己，與其黨謀作亂，帥親兵百人戎服執兵入見於天策堂，曰：‘老奴無罪，王何故圖之？’弘倧叱之不退，左右持兵者皆憤怒。弘倧猝愕不暇發言，趨入義和院。進思鎖其門，矯稱王命，告中外云：‘猝得風疾，傳位於同參相府事弘俶。’進思因帥諸將迎弘俶于私第，且召丞相元德昭。德昭至，立於簾外不拜，曰：‘俟見新君。’進思亟出褰簾，德昭乃拜。”

[5]立倧異母弟俶爲帥：《新五代史》卷六七《錢俶傳》：“俶字文德。佐卒，弟倧以次立。”

[6]其年夏四月，進思疽發背而卒：《通鑑》卷二八七乾祐元年（948）二月條：“進思屢請殺廢王弘倧以絶後患，弘俶不許。進思詐以王命密令薛温害之，温曰：‘僕受命之日，不聞此言，不敢妄發。’進思乃夜遣其黨方安二人踰垣而入，弘倧闔户拒之，大呼求救；温聞之，率衆而入，斃安等于庭中。入告弘俶，弘俶大驚，曰：‘全吾兄，汝之力也。’弘俶畏忌進思，曲意下之。進思亦内憂懼，未幾，疽發背卒。弘倧由是獲全。”

[7]《大典》卷四六九二“錢”字韻“姓氏（二）”事目。

俶，[1]元瓘之子，倧之異母弟也。倧既爲軍校所幽，時俶爲温州刺史，衆以無帥，遂迎立之，時漢乾祐元年正月十五日也。[2]其年八月，始授檢校太師、兼中書令，充鎮海鎮東等軍節度使、東南面兵馬都元帥。周廣順中，[3]累官至守尚書令、中書令、吴越國王。皇朝建隆初，復加天下兵馬大元帥。其後事具皇朝日曆。[4]《永樂大典》卷四千六百九十二。[5]

[1]俶：《輯本舊史》卷一〇一《漢隱帝紀上》乾祐元年(948）八月乙未等條作"弘俶"，作"俶"乃宋史臣諱省。《新五代史》卷六七《錢俶傳》："俶，字文德。"

[2]乾祐：後漢高祖劉知遠、隱帝劉承祐年號（948—950）。北漢亦用此年號。　"倧既爲軍校所幽"至"時漢乾祐元年正月十五日也"：《通鑑》卷二八七天福十二年（947）十二月庚戌條："弘倧夜宴將吏，進思疑其圖己，與其黨謀作亂，帥親兵百人戎服執兵入見於天策堂，曰：'老奴無罪，王何故圖之?'弘倧叱之不退，左右持兵者皆憤怒。弘倧猝愕不暇發言，趨入義和院。進思鎖其門，矯稱王命，告中外云：'猝得風疾，傳位於同參相府事弘俶。'進思因帥諸將迎弘俶于私第，且召丞相元德昭。德昭至，立於簾外不拜，曰：'俟見新君。'進思亟出褰簾，德昭乃拜。進思稱弘倧之命，承制授弘俶鎮海、鎮東節度使兼侍中。弘俶曰：'能全吾兄，乃敢承命。不然，當避賢路。'進思許之。弘俶始視事。"可知在乾祐元年正月十五日前，弘俶已視事。

[3]廣順：五代後周太祖郭威年號（951—953）。

[4]其後事具皇朝日曆：《新五代史》卷六七《錢俶傳》："世宗征淮南，詔俶攻常、宣二州以牽李景，俶治國中兵以待。景聞周師將大舉，乃遣使安撫，境上皆戒嚴。蘇州候吏陳滿不知景使，以謂朝廷已克諸州，遣使安撫矣，亟言於俶，請舉兵以應。俶相國吴程遽調兵以出。相國元德昭以爲王師必未渡淮，與程爭於俶前，不可奪。程等攻常州，果爲景將柴克宏所敗，程裨將邵可遷力戰，可遷子死馬前，猶戰不顧，程等僅以身免。周師渡淮，俶乃盡括國中丁民益兵，使邵可遷等以戰船四百艘、水軍萬七千人至于通州以會期。吴越自唐末有國，而楊行密、李昪據有江淮。吴越貢賦，朝廷遣使，皆由登、萊泛海，歲常飄溺其使。顯德四年，詔遣左諫議大夫尹日就、吏部郎中崔頌等使于俶，世宗諭之曰：'朕此行决平江北，卿等還當陸來也。'五年，王師征淮，正月克静海軍，而日就等果陸還。世宗已平淮南，遣使賜俶兵甲旗幟、槖駝羊馬。錢氏兼

有兩浙幾百年，其人比諸國號爲怯弱，而俗喜淫侈，偷生工巧，自鏐世常重斂其民以事奢僭，下至鷄魚卵鷇，必家至而日取。每笞一人以責其負，則諸案史各持其簿列于廷，凡一簿所負，唱其多少，量爲笞數，以次唱而笞之，少者猶積數十，多者至笞百餘，人尤不勝其苦。又多掠得嶺海商賈寶貨。當五代時，常貢奉中國不絶，及世宗平淮南，宋興，荆、楚諸國相次歸命，俶勢益孤，始傾其國以事貢獻。太祖皇帝時，俶嘗來朝，厚禮遣還國，俶喜，益以器服珍奇爲獻，不可勝數。太祖曰：'此吾帑中物爾，何用獻爲！'太平興國三年，詔俶來朝，俶舉族歸于京師，國除。其後事具國史。"

［5］《大典》卷四六九二"錢"字韻"姓氏（二）"事目。後有原輯者引《五代史補》："錢鏐封吴越國王後，大興府署，版築斤斧之聲，晝夜不絶，士卒怨嗟，或有中夜潛用白土大書於門曰：'没了期，侵早起，抵暮歸。'鏐一見欣然，遽命書吏亦以白土書數字於其側曰：'没了期，春衣纔罷又冬衣。'時人以爲神輔，自是怨嗟頓息矣。僧昭者，通於術數，居兩浙，大爲錢塘錢鏐所禮，謂之國師。一旦謁鏐，有宫中小兒嬉於側，墜下錢數十文，鏐見，謂之曰：'速收，慮人恐踏破汝錢。'昭師笑曰：'汝錢欲踏破，須是牛即可。'鏐喜，以爲社稷堅牢之義。後至曾孫俶，舉族入朝，因而國除。俶年屬丑爲牛，可謂牛踏錢而破矣。錢鏐末年患雙目，有醫人不知所從來，自云累世醫内外障眼，其術善於用針，無不效者。鏐聞，召而使覾之，醫人曰：'可治，然大王非常人，患殆天與之，若醫，是違天理也，恐無益於壽，幸思之。'鏐曰：'吾起自行伍，跨有方面，富貴足矣，但得兩眼見物，爲鬼不亦快乎！'既而下手，莫不應手豁然。鏐喜，所賜動以萬計，醫人皆辭不受。明年，鏐卒。僧契盈，閩中人。通内外學，性尤敏速。廣順初，遊戲錢塘，一旦，陪吴越王遊碧浪亭，時潮水初滿，舟楫輻輳，望之不見其首尾。王喜曰：'吴越地去京師三千餘里，而誰知一水之利有如此耶！'契盈對曰：'可謂三千里外一條水，十二時中兩度潮。'時人謂之佳對。時江南未通，兩浙貢賦自海路而至青州，故云三千里

也。”是違天理也，中華書局本有校勘記：“‘理’，原作‘地’，據《舊五代史考異》卷五、《五代史補》卷二改。‘吴越國地去京師三千餘里’，‘吴越國’，原作‘吴國’，據《五代史補》（四庫本）卷五改。按錢氏國號吴越。‘契盈對曰’，以上四字原闕，據《五代史補》（顧校）卷五補。按此四字係顧廣圻所校補，其下有批注云：‘《十國春秋》有此四字。’”

馬殷 子希聲 希範 希杲 系範母弟希廣 庶子希萼 子希崇 馬殷弟賨 存 附楊昭惲 劉言

馬殷，字霸圖，許州鄢陵人也。[1]少爲木工，及蔡賊秦宗權作亂，[2]始應募從軍。初，隨孫儒渡淮，[3]陷廣陵。[4]及儒敗於宣州，[5]殷隨别將劉建峯過江西，[6]連陷洪、鄂、潭、桂等州，[7]建峯盡有湖南之地，遂自爲潭帥。[8]頃之，建峯爲部下所殺，潭人推行軍司馬張佶爲帥。[9]時殷方統兵攻邵州，[10]佶曰：“吾才不及馬殷。”即牒殷付以軍府事。[11]殷自邵州旋軍，犒勞將士，誅害建峯者數十人，自爲留後。[12]久之，朝廷命爲湖南節度使，[13]遂有潭、衡七州之地。[14]

[1]許州：州名。治所在今河南許昌市。　鄢陵：縣名。治所在今河南鄢陵縣。　許州鄢陵人也：《輯本舊史》之原輯者案語：“《通鑑》作扶溝人，《歐陽史》從《薛史》。”《通鑑》卷二五六唐僖宗光啓二年（886）十二月條：“扶溝馬殷隸軍中，以材勇聞。”《新五代史》卷六六《馬殷傳》：“馬殷字霸圖，許州鄢陵人也。”

[2]蔡：州名。治所在今河南汝南縣。　秦宗權：人名。許州（今河南許昌市）人。唐末軍閥。傳見《舊唐書》卷二〇〇下、

《新唐書》卷二二五下。　及蔡賊秦宗權作亂：《舊唐書》卷一九下《僖宗紀》中和三年（883）六月條："初，賊……遣前鋒將孟楷攻蔡州，刺史秦宗權以兵逆戰，爲楷所敗，宗權勢窘，與賊通和……時黄巢與宗權合從，縱兵四掠，遠近皆罹其酷。"

［3］隨孫儒渡淮：《舊唐書》卷一九下《僖宗紀》光啓三年九月條："楊行密急攻廣陵，蔡賊秦宗權遣其將孫儒將兵三萬渡淮，争揚州。"

［4］廣陵：地名。位於今江蘇揚州市。　陷廣陵：《舊唐書》卷二〇上《昭宗紀》文德元年（888）四月壬午條："蔡賊孫儒陷揚州。"

［5］儒敗於宣州：《通鑑》卷二五九景福元年（892）六月條："行密聞儒疾瘧，戊寅，縱兵擊之。會大雨、晦冥，儒軍大敗，安仁義破儒五十餘寨，田頵擒儒於陳，斬之，傳首京師，儒衆多降於行密……丁酉，楊行密帥衆歸揚州。"《考異》曰："《十國紀年》，'行密過常州，謂左右曰："常州大城也，張訓以一劍下之，不亦壯哉！"'《舊紀》：'大順二年三月，淮南節度使孫儒爲宣州觀察使楊行密所殺。初，行密揚州失守，據宣州，孫儒以兵攻圍三年。是春，淮南大饑，軍中疫癘。是月，孫儒亦病，爲帳下所執，降行密；行密乃併孫儒之衆，復據廣陵。'薛居正《五代史·行密傳》曰：'大順元年，行密危蹙，出據宣州，儒復入揚州。二年，儒攻行密。屬江、淮疾疫，師人多死，儒亦卧病，爲部下所執，送於行密，殺之。行密自宣城長驅入于廣陵。'《唐補紀》：'大順二年六月，孫儒兵敗於宛陵城下，楊行密進首級於西京。'《吴録》曰：'景福元年，六月六日，太祖盡率諸將晨出擊儒，田頵臨陳擒儒以獻，斬儒於市，傳首京師。'《新紀》《實録》《十國紀年》皆據此。《舊紀》《薛史》《唐補紀》皆誤。"

［6］劉建峯：人名。亦作"劉建鋒"。蔡州朗山（今河南確山縣）人。唐末軍閥。傳見《新唐書》卷一九〇。　江西：道名。即江南西道，治所在洪州（今江西南昌市）。

[7]洪：州名。治所在今江西南昌市。　鄂：州名。治所在今湖北武漢市武昌區。　潭：州名。治所在今湖南長沙市。　桂：州名。治所在今廣西桂林市。中華書局本有校勘記："'桂'原作'柱'，據殿本、劉本、邵本、《通曆》卷一五改。"

[8]建峯：兩史作"建峯"，新、舊《唐書》、《通鑑》皆作"建鋒"。　湖南：方鎮名。又稱武安軍節度。治所在潭州（今湖南長沙市）。　建峯盡有湖南之地，遂自爲潭帥：《舊唐書》卷二〇上《昭宗紀》乾寧元年（894）五月條："蔡賊孫儒部將劉建鋒攻陷潭州，自稱湖南節度使。"

[9]行軍司馬：官名。出征將領及節度使的屬官。掌軍籍符伍，號令印信，是藩鎮重要的軍政官員。　張佶：人名。長安（今陝西西安市）人。五代十國藩鎮將領。傳見本書卷一七。

[10]邵州：州名。治所在今湖南邵陽市。

[11]"頃之"至"即牒殷付以軍府事"：《舊唐書》卷二〇上《昭宗紀》乾寧三年四月壬午條："湖南軍亂，殺其帥劉建鋒，三軍立其部將權知邵州刺史馬殷爲兵馬留後。"《通鑑》卷二六〇乾寧三年四月條："武安節度使劉建鋒既得志，嗜酒，不親政事。長直兵陳贍妻美，建鋒私之，贍袖鐵撾擊殺建鋒；諸將殺贍，迎行軍司馬張佶爲留後。佶將入府，馬忽踶齧，傷左髀。時馬殷攻邵州未下，佶謝諸將曰：'馬公勇而有謀，寬厚樂善，吾所不及，真乃主也。'乃以牒召之。"

[12]"殷自邵州旋軍"至"自爲留後"：《通鑑》卷二六〇乾寧三年五月條："馬殷至長沙，張佶肩輿入府，坐受殷拜謁，已，乃命殷升聽事，以留後讓之。"

[13]朝廷命爲湖南節度使：《通鑑》卷二六〇乾寧三年九月庚辰條："以湖南留後馬殷判湖南軍府事。"

[14]衡：州名。治所在今湖南衡陽市。　遂有潭、衡七州之地：《新五代史》卷六六《馬殷傳》："唐中和三年，蔡州秦宗權遣孫儒、劉建峯將兵萬人屬其弟宗衡，略地淮南，殷初爲儒裨將。宗

衡等攻楊行密於揚州，未克，梁兵方急攻宗權，宗權數召儒等，儒不欲還，宗衡屢趨之，儒怒，殺宗衡，自將其兵取高郵，遂逐行密。行密據宣州，儒以兵圍之，久不克，遣殷與建峯掠食旁縣。儒戰敗死，殷等無所歸，乃推建峯爲帥，殷爲先鋒，轉攻豫章，略虔、吉，有衆數萬。乾寧元年，入湖南，次醴陵。潭州刺史鄧處訥發邵州兵戍龍回關，建峯等至關，降其戍將蔣勛。建峯取勛鎧甲被先鋒兵，張其旗幟，直趨潭州，至東門，東門守者以爲關兵戍還，開門内之，遂殺處訥，建峯自稱留後。僖宗授建峯湖南節度使、殷爲馬步軍都指揮使。蔣勛求爲邵州刺史，建峯不與，勛率兵攻湘鄉，建峯遣殷擊勛於邵州。建峯庸人，不能帥其下，常與部曲飲酒讙呼。軍卒陳贍妻有色，建峯私之，贍怒，以鐵楇擊殺建峯。軍中推行軍司馬張佶爲帥，佶將入府，乘馬輒踶囓，傷佶髀。佶卧病，語諸將曰：‘吾非汝主也，馬公英勇，可共立之。’諸將乃共殺贍，磔其屍，遣姚彦章迎殷於邵州。殷至，佶乘肩輿入府，殷拜謁於廷中，佶召殷上，乃率將吏下，北面再拜，以位與之，時乾寧三年也。唐拜殷潭州刺史。殷遣其將秦彦暉、李瓊等攻連、邵、郴、衡、道、永六州，皆下之。桂管劉士政懼，遣其將陳可璠、王建武等率兵守全義嶺。殷遣使聘于士政，使者至境上，可璠等不納。殷怒，遣瓊等以兵七千攻之，擒可璠等及其兵二千餘人，悉坑之，遂圍桂管，虜士政，盡取其屬州。殷表瓊桂管觀察使。四年，拜殷武安軍節度使。初，孫儒敗於宣州，殷弟賨爲楊行密所執，行密收儒餘兵爲‘黑雲都’，以賨爲指揮使。賨從行密攻戰，數有功，爲人質重，未嘗自矜，行密愛之，問賨誰家子，賨曰：‘馬殷弟也。’行密大驚曰：‘汝兄貴矣，吾今歸汝可乎？’賨不對。他日又問之，賨謝曰：‘臣，孫儒敗卒也，幸公待以不死，非殺身不足報。湖南隣境，朝夕聞殷動静足矣，不願去也。’行密歎曰：‘昔吾愛子之貌，今吾得子之心矣。然勉爲吾合二國之懽，通商賈、易有無以相資，亦所以報我也！’乃厚禮遣賨歸。殷大喜，表賨節度副使。”

唐天復中，楊行密急攻江夏，[1]杜洪求援於荆南，成汭舉舟師援之。[2]時澧朗節度使雷彦恭乘汭出師，[3]襲取荆州，[4]載其寶貨，焚毁州城而去。彦恭東連行密，斷江嶺行商之路，殷與高季興合勢攻彦恭於澧朗。數年，擒之，盡有其地，乃以張佶爲朗州節度使，由是兵力雄盛。[5]

[1]江夏：縣名。治所在今湖北武漢市武昌區。　楊行密急攻江夏：《通鑑》卷二六四天復三年（903）夏四月條："王師範求救於淮南，乙未，楊行密遣其將王茂章以步騎七千救之。"

[2]杜洪：人名。江夏（今湖北武漢市）人。伶人出身，唐末、五代軍閥。傳見本書卷一七、《新唐書》卷一九〇。　荆南：方鎮名。治所在荆州（今湖北荆州市）。　成汭：人名。淮西（今安徽江淮地區）人。唐末、五代軍閥。傳見本書卷一七、《新唐書》卷一九〇。

[3]澧朗：方鎮名。即武貞軍。治所在朗州（今湖南常德市）。《輯本舊史》之影庫本粘籤："澧朗，原本作'澧閬'，今從《通鑑》改正。"　雷彦恭：人名。朗州武陵（今湖南常德市）洞蠻後裔。唐末、五代軍閥。事見本書本卷。

[4]荆州：州名。治所在今湖北荆州市。　時澧朗節度使雷彦恭乘汭出師，襲取荆州：《舊唐書》卷二〇上《昭宗紀》天復三年九月條："汴將楊師厚大敗青州軍於臨朐。荆南節度使成汭以舟師赴援鄂州，澧朗雷彦恭承虚襲陷江陵。汭軍士聞之潰歸，汭憤怒投水而死。"《新五代史》卷六六《馬殷傳》："行密遣將劉存等攻杜洪，圍鄂州，殷遣秦彦暉、許德勳以舟兵救之，已而杜洪敗死，存等遂攻殷。殷遣彦暉拒於上流，偏將黄璠以舟三百伏瀏陽口。存等屢戰不勝，乃致書於殷以求和，殷欲許之，彦暉曰：'淮人多詐，將怠我師，不可信。'急擊之，存等退走，黄璠以瀏陽舟截江合擊，

大敗之，劉存及陳知新戰死，彦暉取岳州。”

［5］“殷與高季興合勢攻彦恭於澧朗”至“由是兵力雄盛”：《新五代史》卷六六《馬殷傳》：“荆南高季昌以兵斷漢口，邀殷貢使，殷遣許德勳攻其沙頭，季昌求和，乃止。楊行密袁州刺史吕師周來奔。師周，勇健豪俠，頗通緯候、兵書，自言五世將家，懼不能免，常與酒徒聚飲，醉則起舞，悲歌慷慨泣下。行密聞之，疑其有異志，使人察其動静。師周益懼，謂其裨將綦毋章曰：‘吾與楚人爲敵境，吾常望其營上雲氣甚佳，未易敗也。吾聞馬公仁者，待士有禮，吾欲逃死於楚，可乎？’章曰：‘公自圖之，章舌可斷，語不泄也。’師周以兵獵境上，乃奔於楚，綦毋章縱其家屬隨之。殷聞師周至，大喜曰：‘吾方南圖嶺表，而得此人足矣。’以爲馬步軍都指揮使，率兵攻嶺南，取昭、賀、梧、蒙、龔、富等州。殷表師周昭州刺史。朗州雷彦恭召吴人攻平江，許德勳擊敗之。殷遣秦彦暉攻朗州，彦恭奔於吴，執其弟彦雄等七人送于梁。於是澧州向瓌、辰州宋鄴、溆州昌師益等率溪洞諸蠻皆附于殷。殷請升朗州爲永順軍，表張佶節度使。”同書卷四一《雷滿傳》：“開平元年，馬殷發兵攻彦恭，恃塹爲阻，逾年不能破。三年，彦恭奔于楊行密，馬殷擒其弟彦雄等七人送于梁，斬于汴市，彦恭卒於淮南，澧、朗遂入于楚。”以張佶爲朗州節度使一事，《輯本舊史》卷一七《張佶傳》繫於開平初。

殷於梁開平中，[1]爲時姑息，所求皆允，累官至守太師、兼中書令，封楚王。又上章請依唐秦王故事，乃加天策上將軍之號。[2]又請官位内添制置静江、武平、寧遠等軍事，[3]皆從之。既封楚王，仍請依唐諸王行臺故事，署置天官幕府，有文苑學士之號、知詔令之名，總制二十餘州，自署官吏，[4]征賦不供，民間採茶，並抑而買之。又自鑄鉛鐵錢，凡天下商賈所齎寶貨入其境者，祇以土産鉛鐵博易之無餘，遂致一方富盛，窮極奢侈，貢奉朝廷不過茶數萬斤而已，於中原賣茶之利，歲百萬計。[5]唐同光初，首脩職貢，復授太師、兼尚書令、楚王。[6]天成初，加守尚書令。[7]長興元年十一月十日，薨於位，時年七十八。[8]明宗聞之，廢朝三日，謚曰武穆。子希聲嗣。[9]

[1]梁開平中：原作“梁貞明中”，據《通鑑》卷二六六開平元年（907）四月辛未條改。“貞明”，《輯本舊史》之影庫本粘籤：“貞明，原本脱‘明’字，今據文增入。”

[2]唐秦王：即唐太宗李世民。隴西成紀（今甘肅秦安縣）人。626年至649年在位。紀見《舊唐書》卷二至卷三、《新唐書》卷二。　天策上將軍：官名。唐高祖武德四年（621）爲酬秦王李世民平洛陽大功而特置，掌全國征討軍事，開府置屬僚，九年省。五代後梁時，楚馬殷亦依此故事，拜天策上將軍。

[3]静江：方鎮名。治所在桂州（今廣西桂林市）。　武平：方鎮名。治所在朗州（今湖南常德市）。　寧遠：方鎮名。治所在容州（今廣西北流市）。

[4]“殷於梁開平中”至“自署官吏”：《通鑑》卷二六六開平元年四月辛未條：“以武安節度使馬殷爲楚王。”《通鑑》卷二六七開平四年六月條：“楚王殷求爲天策上將，詔加天策上將軍。殷始開天策府，以弟賓爲左相，存爲右相。”《新五代史》卷六六《馬殷傳》：“殷乃請依唐太宗故事，開天册府，置官屬。太祖拜殷天册上將軍，殷以其弟賓爲左相，存爲右相，廖光圖等十八人爲學士。末帝時，加殷武昌、静江、寧遠等軍節度使，洪、鄂四面行營都統。”

[5]“又自鑄鉛鐵錢”至“歲百萬計”：《通鑑》卷二七四同光三年（925）閏十二月條：“初，楚王殷既得湖南，不征商旅，由是

四方商旅輻湊。湖南地多鉛鐵，殷用軍都判官高郁策，鑄鉛鐵爲錢，商旅出境，無所用之，皆易他貨而去，故能以境内所餘之物易天下百貨，國以富饒。湖南民不事桑蠶，郁命民輸税者皆以帛代錢，未幾，民間機杼大盛。"

［6］"唐同光初"至"復授太師、兼尚書令、楚王"：《輯本舊史》卷三一《唐莊宗紀五》同光二年四月乙亥條："以天策上將軍、武安等軍節度使、守太師、中書令、楚王馬殷可依前守太師，兼尚書令。"

［7］天成：五代後唐明宗李嗣源年號（926—930）。　加守尚書令：《輯本舊史》卷三七《唐明宗紀三》天成元年（926）九月癸酉條："天策上將軍、湖南節度使、開府儀同三司、守太師、兼尚書令、楚王馬殷可檢校太師、守尚書令。"

［8］"長興元年十一月十日"至"時年七十八"：《舊五代史考異》："案：《歐陽史》作長興元年殷卒，年七十九。"《輯本舊史》卷四一《唐明宗紀七》長興元年十二月乙未："荆南奏，湖南節度使、楚國王馬殷薨。"《舊五代史考異》："案《五代春秋》：十二月，楚王殷薨。據《通鑑》，殷卒于十一月己巳，至十二月始奏聞耳。"見《通鑑》卷二七七長興元年十一月己巳條。"長興元年"，原作"長興二年"。據《通鑑》改。

［9］廢朝：又稱輟朝。古代帝王遇親喪或文武大臣病故，停止視朝數日，以示哀悼。　子希聲嗣：《輯本舊史》卷四一《唐明宗紀七》長興元年（930）十月辛亥條："以武安軍節度副使、洪鄂道行營副都統、檢校太尉馬希聲爲武安軍節度使，加兼侍中。時湖南馬殷奏，久病不任軍政，乞以男希聲爲帥，故有是命。"《新五代史》卷六六《馬殷傳》："唐莊宗滅梁，殷遣其子希範脩貢京師，上梁所授都統印。莊宗問洞庭廣狭，希範對曰：'車駕南巡，才堪飲馬爾。'莊宗嘉之。莊宗平蜀，殷大懼，表求致仕，莊宗下璽書慰勞之。明宗即位，遣使脩貢，并賀明年正月，荆南高季昌執其貢使史光憲。殷遣袁詮、王環等攻之，至其城下，季昌求和，乃止。殷

初兵力尚寡，與楊行密、成汭、劉龔等爲敵國，殷患之，問策於其將高郁，郁曰：'成汭地狹兵寡，不足爲吾患，而劉龔志在五管而已，楊行密，孫儒之仇，雖以萬金交之，不能得其懽心。然尊王仗順，霸者之業也，今宜内奉朝廷以求封爵而外誇隣敵，然後退脩兵農，畜力而有待爾。'於是殷始脩貢京師，然歲貢不過所産茶茗而已。乃自京師至襄、唐、郢、復等州置邸務以賣茶，其利十倍。郁又諷殷鑄鉛鐵錢，以十當銅錢一。又令民自造茶以通商旅，而收其算，歲入萬計。由是地大力完，數邀封爵。天成二年，請建行臺。明宗封殷楚國王，有司言無封國王禮，請如三公用竹册，乃遣尚書右丞李序持節以竹册封之。殷以潭州爲長沙府，建國承制，自置官屬，以其弟賨爲静江軍節度使，子希振武順軍節度使，次子希聲判内外諸軍事，姚彦章爲左相，許德勳爲右相，李鐸爲司徒，崔穎爲司空，拓拔常爲僕射，馬珙爲尚書，文武皆進位。謚其曾祖筠曰文肅、祖正曰莊穆、父元豐曰景莊，立三廟于長沙。長興元年，殷卒，年七十九，詔曰'馬殷官爵俱高，無以爲贈，謚曰武穆'而已。子希聲立。"

初，殷微時，隱隱見神人侍側，因默記其形像。[1]及貴，因謁衡山廟，[2]覩廟中神人塑像，宛如微時所見者。則知人之貴者，必有陰物護之，豈偶然哉。《永樂大典》卷一萬八千一百二十八。[3]

[1]默記：《輯本舊史》之影庫本粘籤："默記，原本作'默託'，今據文改正。"

[2]衡山：山名。位於今湖南衡山縣。

[3]《大典》卷一八一二八"將"字韻"後唐將（一）"事目。後有原輯者案語："以下原本殘闕。"

希聲，字若訥，[1]殷之次子也。殷初薨，長子希振當嗣立，時希聲以先爲副使，方握權，私遣其大將歐弘練矯父命，[2]請立爲帥，乃自稱留後。[3]立未周歲而卒，三軍立其弟希範爲帥。[4]

[1]字若訥：《新五代史》卷六六《楚世家》。

[2]歐弘練：人名。籍貫不詳。五代十國藩鎮將領。本書僅此一見。

[3]“殷之次子也”至“乃自稱留後”：明本《册府》卷九四三《總録部·不誼門》。《通鑑》卷二七六天成四年（929）三月條：“殷命其子武安節度副使、判長沙府希聲知政事，總録内外諸軍事，自是國政先歷希聲，乃聞于殷。”同卷同年八月條載：“初，楚王殷用都軍判官高郁爲謀主，國賴以富强，鄰國皆疾之。莊宗入洛，殷遣其子希範入貢，莊宗愛其警敏，曰：‘比聞馬氏當爲高郁所奪，今有子如此，郁安能得之！’高季興亦以流言間郁于殷，殷不聽，乃遣使遺節度副使、知政事希聲書，盛稱郁功名，願爲兄弟。使者言于希聲曰：‘高公常云“馬氏政事皆出高郁”，此子孫之憂也。’希聲信之。行軍司馬楊昭遂，希聲之妻族也，謀代郁任，日譖之於希聲。希聲屢言于殷，稱郁奢僭，且外交鄰藩，請誅之。殷曰：‘成吾功業，皆郁力也；汝勿爲此言！’希聲固請罷其兵柄，乃左遷郁行軍司馬。郁謂所親曰：‘亟營西山，吾將歸老。猘子漸大，能咋人矣。’希聲聞之，益怒，明日，矯以殷命殺郁於府舍，牓諭中外，誣郁謀叛，並誅其族黨。至暮，殷尚未知，是日，大霧，殷謂左右曰：‘吾昔從孫儒渡淮，每殺不辜，多致兹異。馬步院豈有冤死者乎？’明日，吏以郁死告，殷撫膺大慟曰：‘吾老耄，政非己出，使我勳舊横罹冤酷！’既而顧左右曰：‘吾亦何可久處此乎！’”《新五代史》卷六六《楚世家》：“希聲嘗聞梁太祖好食鷄，慕之，乃日烹五十鷄以供膳。葬殷上潢，希聲不哭泣，頓食鷄肉數

器而起，其禮部侍郎潘起譏之曰：‘昔阮籍居喪而食蒸豚，世豈乏賢邪？’”

[4]立未周歲而卒，三軍立其弟希範爲帥：《通曆》卷一五《承襲》。《新五代史》卷六六《楚世家》：“長興三年，希聲卒，追封衡陽王。”同書卷七一《十國世家年譜》徐無黨注：“馬氏，據《湖湘故事》《九國志》《運歷圖》並云，殷以長興元年卒，是歲，子希聲立，長興三年卒。而《五代舊史·殷列傳》云，殷長興二年卒，享年七十八，子希聲立，不周歲而卒；《明宗本紀》長興元年，書希聲除節度使，起復，三年八月，又書希聲卒。今據《九國志》殷以大中六年歲在壬申生，享年七十九。蓋自大中壬申至長興元年庚寅，實七十九年，爲得其實。而希聲，據《湖湘故事》《九國志》《運歷圖》皆以三年卒，與《明宗本紀》皆合，不疑。惟《舊史》書殷卒二年，及年七十八，希聲立不周歲卒爲繆爾。”《太平廣記》卷三一三馬希聲條引《北夢瑣言》：“希聲嗣父位，連年亢旱，祈禱不應。乃封閉南嶽司天王廟及境内神祠，竟亦不雨。其兄希振入諫之，飲酒至中夜而退，聞堂前諠譟，連召希振，復入，見希聲倒立於階下，衣裳不披，其首已碎。令親信舆上，以帛蒙首。翌日發喪，以弟希範嗣位。先是，大將周達自南嶽回，見江上雲霧中擁執希聲而去，秘不敢言，夕有物如黑幕突入空堂，即時而卒。”同書卷一二四《報應門》引《北夢瑣言》：“希聲在位多縱率，有賈客沈申者，常來往番禺間，廣主優待之，令如北中求寶帶。申於洛、汴間市得玉帶一，乃奇貨也。回由湘潭，希聲竊知之，召申詣衙，賜以酒食，抵夜送還店，預戒軍巡以犯夜戮之。湘人俱聞，莫不嗟憫。爾後常見此客爲祟，或在屋脊，或據欄檻，不常厥處。未久，希聲暴卒。其弟希範嗣立，以玉帶還廣人。”

希範，[1]字寶規，[2]殷第三子。少而温雅，稍涉文史，唐同光中，殷遣希範入貢。莊宗問洞庭廣狹，[3]希範對曰：“洞庭至狹，若車駕南巡，止可飲馬而已。”莊宗拊背嘉之。[4]

[1]希範：《輯本舊史》之案語：“案：此傳有闕文，《馬希廣》、《希蕚傳》全篇俱佚。”清輯本僅據《大典》輯録一則文字。今據《大典》《通曆》《册府》諸書補其殘缺。

[2]字寶規：《新五代史》卷六六《楚世家》。

[3]洞庭：湖名。位於今湖南北部、長江南岸。

[4]“殷第三子”至“莊宗拊背嘉之”：《大典》卷二二六一“湖”字韻“洞庭湖”事目引《五代薛史》列傳。《宋本册府》卷七七五《總録部·幼敏門三》：“後唐馬希範，湖南節度使殷之第三子，少而温雅，稍涉文史。開平中授著作佐郎、國子博士，俄改金紫光禄大夫、檢校右僕射，典湖南親軍。同光中，殷遣希範入貢，莊宗問洞庭廣狹，希範對曰：‘洞庭至狹，若車駕南巡，止可飲馬而已。’莊宗拊背嘉之，超授檢校太保、永州刺史。”《通鑑》卷二六七開平三年（909）七月條：“殷表玗爲郴州刺史，爲子希範娶其女。”

兄希聲卒，尋授武安軍節度使，封楚王。清泰中，以蠻人屢擾桂林，希範引兵築城於巴邱，[1]南徼憚之。[2]

[1]桂林：地名。位於今廣西桂林市。　巴邱：地名。位於今江西峽江縣中南。

[2]“兄希聲卒”至“南徼憚之”：《通曆》卷一五《承襲》。《通鑑》卷二七八長興四年（933）十二月條：“初，馬希聲、希範同日生，希聲母曰袁德妃，希範母曰陳氏。希範怨希聲先立不讓，及嗣位，不禮於袁德妃。希聲母弟希旺爲親從都指揮使，希範多譴責之；袁德妃請納希旺官爲道士，不許，解其軍職，使居竹屋草

門，不得預兄弟燕集。德妃卒，希旺憂憤而卒。”

晋天福中，授江南諸道都統，又加天策上將軍。谿州洞蠻彭士愁寇辰、澧二州，[1]希範討平之。士愁以五州乞盟，乃銘於銅柱。希範自言漢伏波將軍援之後，[2]故鑄銅柱以繼之。[3]《永樂大典》卷八千二百二十一。[4]

[1]谿州：州名。治所在今湖南永順縣。　洞蠻：中國古代對南方少數民族的聚居地的泛稱。　彭士愁：人名。亦作“彭士然”。事見本書卷本卷、卷七八、卷七九。　辰：州名。治所在今湖南沅陵縣。　澧：州名。治所在今湖南澧縣。

[2]漢伏波將軍援：即馬援。扶風茂陵（今陝西興平市）人。東漢初年將領。傳見《後漢書》卷二四。

[3]“谿州洞蠻彭士愁寇辰、澧二州”至“鑄銅柱以繼之”：亦見《通曆》卷一五《承襲》，其前尚有“晋天福三年”五字。《玉海》卷二五漢銅柱條引《五代史》：“晋天福五年，楚馬希範平羣蠻，自謂伏波之後，立銅柱於溪州。”注云：“高一丈二尺，入地六尺，銘誓狀於上。”《通鑑》卷二八〇天福元年（936）四月條：“静江節度使、同平章事馬希杲有善政，監軍裴仁煦譖之於楚王希範，言其收衆心，希範疑之。夏，四月，漢將孫德威侵蒙、桂二州，希範命其弟武安節度副使希廣權知軍府事，自將步騎五千如桂州。希杲懼，其母華夫人逆希範於全義嶺，謝曰：‘希杲爲治無狀，致寇戎入境，煩殿下親涉險阻，皆妾之罪也。願削封邑，灑掃掖庭，以贖希杲罪。’希範曰：‘吾久不見希杲，聞其治行尤異，故來省之，無他也。’漢兵自蒙州引去，徙希杲知朗州。”

[4]《大典》卷八二二一“明”字韻“金光明經（七）”事目，誤，應爲卷八二三一“盟”字韻“事韻”。

六年，襄州安從進反，[1]希範督樓船屯夏油。襄州平，加守太傅。七年，營天策府于潭州，開學館，貯書萬卷，私署十八學士。[2]册拜尚書令。開運三年，賜號尚父。[3]

［1］襄州：州名。治所在今湖北襄陽市。　安從進：人名。索葛部人。五代後唐、後晋將領。傳見本書卷九八、《新五代史》卷五一。

［2］“六年”至“私署十八學士”：《大典》卷一三四五二“士”字韻“十八學士”事目引《五代薛史》列傳。“希範”前原有“江南諸道都統天策上將軍馬”十二字，今删。《輯本舊史》卷八一《晋少帝紀一》天福七年（942）七月丁未條：“湖南節度使、楚王馬希範加守太傅。”《通鑑》卷二八三天福七年十月條：“希範作天策府，極棟宇之盛；户牖欄檻皆飾以金玉，塗壁用丹砂數十萬斤；地衣，春夏用角簟，秋冬用木綿。與子弟僚屬遊宴其間。”《五代史補》卷三：“（馬希範）擢從事有才行者，有若都統判官李鐸、静江府節度判官潘玘、武安軍節度判官拓拔坦、都統掌書記李皋、鎮南節度判官李莊、昭順軍節度判官徐牧、澧州觀察判官彭繼英、江南觀察判官廖圖、昭順軍觀察判官徐中雅、静江府掌書記鄧懿文、武平軍節度掌書記李松年、鎮南軍節度掌書記衛曮、昭順軍觀察支使彭繼勳、武平軍節度推官蕭銖、桂管觀察推官何仲舉、武安軍節度巡官孟玄暉、容管節度推官劉昭禹等十八人，並爲學士。其餘列校，自袁友恭、張少敵等各以次授任。”

［3］“册拜尚書令”至“賜號尚父”：《通曆》卷一五《承襲》。《輯本舊史》卷八一《晋少帝紀一》天福八年三月丁亥條：“天策上將軍、湖南節度使、楚王馬希範加守尚書令、兼中書令。”《通鑑》卷二八四開運二年七月條：“希範疑静江節度使兼侍中、知朗州希杲得人心，遣人伺之。希杲懼，稱疾求歸，不許；遣醫往視

疾，因毒殺之。”

漢高祖入汴，三年，薨，年四十九，謚曰文昭。[1]

［1］“漢高祖入汴”至“謚曰文昭”：《通曆》卷一五《承襲》。《輯本舊史》卷一〇〇《漢高祖紀下》天福十二年（開運四年，947）六月丁丑條：“以湖南節度使馬希範卒，輟視朝三日。”《新五代史》卷六六《楚世家》亦謂：“開運四年，希範卒。”《通鑑》卷二八七載希範卒於開運四年五月壬辰夜。《通曆》所引作“三年”，誤。

希範在鎮，嘗構一堂，號爲九龍殿，殿内實八龍，蓋謂己是一龍也。[1]

［1］“希範在鎮”至“蓋謂己是一龍也”：《通曆》卷一五《承襲》。明本《册府》卷四五四《將帥部·奢侈門》：“希範擅二十州之徵税，車輿、服玩、池館、第舍，頗事華靡，壁璫軒檻率以金銀爲飾。所造九龍殿，垂珠簾，繡幕帷，帶懸金香囊流蘇；盤中花果，金枝玉葉；妓房歌室，朝夕蘭薰。其子城門，構五鳳之狀，女牆之上起行樓。”《通鑑》卷二八三天福八年（943）十二月條：“楚地多産金銀，茶利尤厚，由是財貨豐殖。而楚王希範奢欲無厭，喜自誇大。爲長槍大槊，飾之以金，可執而不可用。募富民年少肥澤者八千人，爲銀槍都。宫室、園囿，服用之物，務窮侈靡。作九龍殿，刻沈香爲八龍，飾以金寶，長十餘丈，抱柱相向；希範居其中，自爲一龍，其襆頭脚長丈餘，以象龍角。用度不足，重爲賦斂。每遣使者行田，專以增頃畝爲功，民不勝租賦而逃。王曰：‘但令田在，何憂無穀！’命營田使鄧懿文籍逃田，募民耕藝出租。民捨故從新，僅能自存，自西徂東，各失其業。又聽人入財拜官，

以財多少爲官高卑之差。富商大賈，布在列位。外官還者，必責貢獻。民有罪，則富者輸財，强者爲兵，惟貧弱受刑。又置函，使人投匿名書相告訐，至有滅族者。是歲，用孔目官周陟議，令常税之外，大縣貢米二千斛，中千斛，小七百斛；無米者輸布帛。天策學士拓跋恒上書曰：‘殿下長深宫之中，藉已成之業，身不知稼穡之勞，耳不聞鼓鼙之音，馳騁遨遊，雕牆玉食。府庫盡矣，而浮費益甚；百姓困矣，而厚斂不息。今淮南爲仇讎之國，番禺懷吞噬之志，荆渚日圖窺伺，溪洞待我姑息。諺曰：‘足寒傷心，民怨傷國。’願罷輸米之令，誅周陟以謝郡縣，去不急之務，減興作之役，無令一旦禍敗，爲四方所笑。’王大怒。他日，恒請見，辭以晝寢。恒謂客將區弘練曰：‘王逞欲而愎諫，吾見其千口飄零無日矣。’王益怒，遂終身不復見之。”《五代史補》卷三馬希範奢侈條：“每僚吏謁見，將升殿，但覺丹砂之氣，藹然襲人，其費用也皆此類。初，教令既下，主者以丹砂非卒致之物，相顧憂色。居無何，東境山崩，湧出丹砂，委積如丘陵，於是收而用之。”同書同卷丁思僅諫馬希範起義兵條：“契丹南侵，聞其事，以爲希範非常人，遽使册爲尚父。希範得册，以爲契丹推奉，欣然當之矣。丁思僅素有才略，爲馬氏騎將。以希範受契丹册命，深恥之，因謂希範曰：‘今朝廷失守，正忠臣義士奮發之時，使馳檄四方，引軍直趨京師，驅契丹，天子反正，然後凱還，如此則齊桓、晋文不足數矣。時不可失，願大王急圖之。’希範本無遠略，加以興作府署未畢，不忍棄去，遂寢思僅之謀。思僅不勝其憤，謂所親曰：‘古人疾没世而名不稱，今遭逢擾攘，不能立功於天下，反顧戀數間屋子乎，誠可痛也！’自是思僅常快快。”

希杲，楚王希範之弟也。[1]高祖天福元年，静江節度使、同平章事馬希杲有善政，監軍裴仁煦譖之於楚王希範，言其收衆心，希範疑之。[2]夏四月，漢將孫德威侵蒙、桂二州，[3]希範命其弟武安節度副使希廣權知軍府事，自將步騎五千如桂州。希杲懼，其母華夫人逆希範於全義嶺，[4]謝曰："希杲爲治無狀，致寇戎入境，煩殿下親涉險阻，皆妾之罪也。願削封邑，灑掃掖庭，以贖希杲罪。"希範曰："吾久不見希杲，聞其治行尤異，故來省之，無他也。"漢兵自蒙州引去，徙希杲知朗州。[5]希範疑希杲得人心，遣人伺之。希杲懼，稱疾求歸，不許，遣醫往視疾，因毒殺之。[6]

[1]希杲，楚王希範之弟也：《輯本舊史》卷八一《晉少帝紀一》天福八年三月己丑條。《十國春秋》卷七一《馬希杲傳》："希杲，武穆王第□子也。"

[2]裴仁煦：人名。籍貫不詳。馬楚將領。事見《十國春秋》卷六八、卷七一。

[3]孫德威：人名。籍貫不詳。南漢將領。傳見《十國春秋》卷六三。　蒙：州名。治所在今廣西蒙山縣。

[4]全義嶺：山名。又稱越城嶺、始安嶺、臨源嶺。五嶺之一。位於今廣西全州縣、資源縣一帶。

[5]朗州：州名。治所在今湖南常德市。　"高祖天福元年"至"徙希杲知朗州"：《通鑑》卷二八〇天福元年三月、四月條。

[6]"希範疑希杲得人心"至"因毒殺之"：《通鑑》卷二八四開運二年七月條。《輯本舊史》卷八四《晉少帝紀四》開運二年八月戊子條："湖南奏，静江軍節度使希杲卒。"

希廣，字德丕，[1]希範之母弟。希範薨，希廣襲其位。[2]

[1]字德丕:《新五代史》卷六六《楚世家》。

[2]"希範之母弟"至"希廣襲其位":《通曆》卷一五《承襲》。《通鑑》卷二八〇天福元年(936)四月條:"漢將孫德威侵蒙、桂二州,希範命其弟武安節度副使希廣權知軍府事,自將步騎五千如桂州。"同書卷二八七天福十二年五月條:希廣性謹順,"希範愛之,使判内外諸司事。壬辰夜,希範卒,將佐議所立。都指揮使張少敵,都押牙袁友恭,以武平節度使知永州事希萼,於希範諸弟爲最長,請立之;長直都指揮使劉彦瑫、天策府學士李弘臯、鄧懿文、小門使楊滌皆欲立希廣。張少敵曰:'永州齒長而性剛,必不爲都尉之下明矣。必立都尉,當思長策以制永州,使帖然不動則可;不然,社稷危矣。'彦瑫等不從。天策府學士拓跋恒曰:'三十五郎雖判軍府之政,然三十郎居長,請遣使以禮讓之;不然,必起争端。'彦瑫等皆曰:'今日軍政在手,天與不取,使他人得之,異日吾輩安所自容乎!'希廣懦弱,不能自决;乙未,彦瑫等稱希範遺命,共立之。張少敵退而歎曰:'禍其始此乎!'與拓跋恒皆稱疾不出。"《五代史補》卷四:"馬希範卒,判官李臯以希範同母弟希廣爲天策府都尉,撫御尤非所長。大校張少敵憂之,建議請立希廣庶兄武陵帥希萼,且曰:'希萼處長負氣,觀其所爲,必不爲都尉之下,加之在武陵,九溪蠻通好,往來甚歡,若不得立,必引蠻軍爲亂,幸爲思之!'李臯忽怒曰:'汝輩何知!且先大王爲都尉,俱爲嫡嗣,不立之,却用老婢兒可乎?'少敵曰:'國家之事,不可拘以一途,變而能通,所以國長久也,何嫡庶之云乎。若明公必立都尉,當妙設方略以制武陵,使帖然不動乃可,不然,則社稷去矣。'臯愈怒,竟不從少敵之謀,少敵度無可奈何,遂辭不出。"

是時,希廣有庶兄希萼爲朗州節度使,怒希廣立不以長。[1]乾祐中,希廣、希萼交訴於朝廷,累降詔命和解之,而潛佑希廣。於是希萼怨望,乃依附淮夷,[2]未幾，率朗人及溪洞羣蠻向長沙，爲長沙軍所敗。[3]三年，希萼率朗軍攻陷潭州，縊殺希廣，其妻杖死於市。[4]

[1]“是時”至“怒希廣立不以長”：《通曆》卷一五《承襲》。《新五代史》卷六六《楚世家》：“希萼爲朗州節度使，希範之卒，希萼自朗州來奔喪。希廣將劉彦瑫謀曰：‘武陵之來，其意不善，宜出兵迎之，以備非常，使其解甲釋兵而後入。’張少敵、周廷誨曰：‘王能與之則已，不然宜早除之。’希廣泣曰：‘吾兄也，焉忍殺之，分國而治可也。’乃以兵迎希萼於砆石，止之於碧湘宫，厚賂以遣之，希萼憤然而去。”《通鑑》卷二八七天福十二年（947）八月條：“希廣庶弟天策左司馬希崇，性狡險，陰遺兄希萼書，言劉彦瑫違先王之命，廢長立少，以激怒之。希萼自永州來奔喪，乙巳，至趺石。彦瑫白希廣遣侍從都指揮使周廷誨等將水軍逆之，命永州將士皆釋甲而入，館希萼於碧湘宫，成服於其次，不聽入與希廣相見。希萼求還朗州，周廷誨勸希廣殺之。希廣曰：‘吾何忍殺兄，寧分潭、朗而治之。’乃厚贈希萼，遣還朗州。希崇常爲希萼詗希廣，語言動作，悉以告之，約爲内應。”

[2]淮夷：指南唐。

[3]“乾祐中”至“爲長沙軍所敗”：明本《册府》卷九四三《總録部・不誼門》。明本《册府》卷九五二《總録部・交構門》：“高從誨爲荆南節度使，乾祐元年遣人押送朗州馬希萼奏事官沈從進至京師，乞加恩命。希萼初與潭州馬希廣争立，希廣用歐弘練、張仲荀謀，厚賂朝廷，請不行朗州恩命。及從誨革面自新，又援引希萼，求通於朝。蓋欲離間潭、朗，成其覆亡之禍也。朝廷知其意，累降詔示諭，又詔希萼、希廣和解之。”《通鑑》卷二八八乾祐元年（948）九月壬子條：“賜希萼及楚王希廣詔書，諭以‘兄弟宜相輯睦，凡希萼所貢，當附希廣以聞’。希萼不從。”同書同卷乾祐二年八月條：“馬希萼悉調朗州丁壯爲鄉兵，造號静江軍，作戰

艦七百艘，將攻潭州，其妻苑氏諫曰：‘兄弟相攻，勝負皆爲人笑。’不聽，引兵趣長沙。馬希廣聞之曰：‘朗州，吾兄也，不可與争，當以國讓之而已。’劉彦瑫、李弘皋固争以爲不可，乃以岳州刺史王贇爲都部署戰棹指揮使，以彦瑫監其軍。己丑，大破希萼於僕射洲，獲其戰艦三百艘。贇追希萼，將及之，希廣遣使召之曰：‘勿傷吾兄！’贇引兵還。贇，環之子也。希萼自赤沙湖乘輕舟遁歸，苑氏泣曰：‘禍將至矣，余不忍見也。’赴井而死。”同卷同年十月丁亥條：“楚静江節度使馬希瞻以兄希萼、希廣交争，屢遣使諫止，不從；知終覆族，疽發於背，丁亥，卒。”

［4］“三年”至“其妻杖死於市”：《通曆》卷一五《承襲》。明本《册府》卷九四三《總録部·不誼門》：“三年，希萼大合羣蠻再攻長沙，陷希廣及其妻，皆杖死於市，左右用事者皆臠割而死。”《通鑑》卷二八九乾祐三年（950）十月條：“希廣以朗州與山蠻入寇，諸將屢敗，憂形於色。劉彦瑫言於希廣曰：‘朗州兵不滿萬，馬不滿千，都府精兵十萬，何憂不勝！願假臣兵萬餘人，戰艦百五十艘，徑入朗州縛取希萼，以解大王之憂。’王悦，以彦瑫爲戰棹都指揮使、朗州行營都統。彦瑫入朗州境，父老争以牛酒犒軍，曰：‘百姓不願從亂，望都府之兵久矣！’彦瑫厚賞之；戰艦過，則運竹木以斷其後。是日，馬希萼遣朗兵及蠻兵六千、戰艦百艘逆戰於湄州，彦瑫乘風縱火以焚其艦，頃之，風回，反自焚。彦瑫還走，江路已斷，士卒戰及溺死者數千人。希廣聞之，涕泣不知所爲。希廣平日罕頒賜，至是，大出金帛以取悦於士卒。或告天策左司馬希崇流言惑衆，反狀已明，請殺之。希廣曰：‘吾自害其弟，何以見先王於地下！’馬軍指揮使張暉將兵自他道擊朗州，至龍陽，聞彦瑫敗，退屯益陽。希萼又遣指揮使朱進忠等將兵三千急攻益陽，張暉紿其衆曰：‘我以麾下出賊後，汝輩留城中待我，相與合勢擊之。’既出，遂自竹頭市遁歸長沙。朗兵知城中無主，急擊之，士卒九千餘人皆死。”同卷同年十一月條：“希廣遣其僚屬孟駢説馬希萼曰：‘公忘父兄之讎，北面事唐，何異袁譚求救於曹公邪！’希

蕚將斬之，駢曰：‘古者兵交，使在其間，駢若愛死，安肯此來！駢之言非私於潭人，實爲公謀也。’乃釋之，使還報曰：‘大義絶矣，非地下不相見也！’朱進忠請希蕚自將兵取潭州，辛未，希蕚留其子光贊守朗州，悉發境内之兵趣長沙，自稱順天王。”同年十二月條：“初，蠻酋彭師暠降於楚……希廣獨憐之，以爲强弩指揮使，領辰州刺史，師暠常欲爲希廣死。及朱進忠與蠻兵合七千餘人至長沙，營於江西，師暠登城望之，言於希廣曰：‘朗人驟勝而驕，雜以蠻兵，攻之易破也。願假臣步卒三千，自巴溪渡江，出嶽麓之後，至水西，令許可瓊以戰艦渡江，腹背合擊，必破之。前軍敗，則其大軍自不敢輕進矣。’希廣將從之。時馬希蕚已遣間使以厚利啖許可瓊，許分湖南而治，可瓊有貳心，乃謂希廣曰：‘師暠與梅山諸蠻皆族類，安可信也！可瓊世爲楚將，必不負大王，希蕚竟何能爲！’希廣乃止。希蕚尋以戰艦四百餘艘泊江西。希廣命諸將皆受可瓊節度，日賜可瓊銀五百兩，希廣屢造其營計事。可瓊常閉壘，不使士卒知朗軍進退，希廣歎曰：‘真將軍也，吾何憂哉！’可瓊或夜乘單舸詐稱巡江，與希蕚會水西，約爲内應。一旦，彭師暠見可瓊，瞋目叱之，拂衣入見希廣曰：‘可瓊將叛國，人皆知之，請速除之，無貽後患。’希廣曰：‘可瓊，許侍中之子，豈有是邪！’師暠退，歎曰：‘王仁而不斷，敗亡可翹足俟也！’潭州大雪，平地四尺，潭、朗兩軍久不得戰。希廣信巫覡及僧語，塑鬼於江上，舉手以卻朗兵，又作大像于高樓，手指水西，怒目視之，命衆僧日夜誦經，希廣自衣僧服膜拜求福。甲辰，朗州步軍指揮使武陵何敬真等以蠻兵三千陳于楊柳橋，敬真望韓禮營旌旗紛錯，曰：‘彼衆已懼，擊之易破也。’朗人雷暉衣潭卒之服潛入禮寨，手劍擊禮，不中，軍中驚擾；敬真等乘其亂擊之，禮軍大潰，禮被創走，至家而卒。於是朗兵水陸急攻長沙，步軍指揮使吴宏、小門使楊滌相謂曰：‘以死報國，此其時矣！’各引兵出戰。宏出清泰門，戰不利；滌出長樂，戰自辰至午，朗兵小却；許可瓊、劉彦瑫按兵不救。滌士卒飢疲，退就食；彭師暠戰於城東北隅。蠻兵自城東縱火，城上人招許可瓊軍使救城，可瓊舉全軍降希萼，長沙遂陷。朗兵及蠻兵大掠三日，殺吏民，焚廬舍，自武穆王以來所營宫室，皆爲灰燼，所積寶貨，皆入蠻落。李彦温望見城中火起，自駝口引兵救之，朗人已據城拒戰。彦温攻清泰門，不克，與劉彦瑫各將千餘人奉文昭王及希廣諸子趣袁州，遂奔唐。張暉降於希萼。左司馬希崇帥將吏詣希萼勸進。吴宏戰血滿袖，見希萼曰：'不幸爲許可瓊所誤，今日死，不愧先王矣！'彭師暠投槊於地，大呼請死。希萼歎曰：'鐵石人也！'皆不殺。乙巳，希崇迎希萼入府視事，閉城，分捕希廣及掌書記李弘皋、弟弘節、都軍判官唐昭胤及鄧懿文、楊滌等，皆獲之。希萼謂希廣曰：'承父兄之業，豈無長幼乎？'希廣曰：'將吏見推，朝廷見命耳。'希萼皆囚之。丙午，希萼命内外巡檢侍衛指揮使劉賓禁止焚掠。丁未，希萼自稱天策上將軍、武安·武平·静江·寧遠等軍節度使、楚王。以希崇爲節度副使、判軍府事；湖南要職，悉以朗人爲之。臠食李弘皋、弘節、唐昭胤、楊滌，斬鄧懿文於市。戊申，希萼謂將吏曰：'希廣懦夫，爲左右所制耳，吾欲生之，可乎？'諸將皆不對。朱進忠嘗爲希廣所笞，對曰：'大王三年血戰，始得長沙，一國不容二主，他日必悔之。'戊申，賜希廣死。希廣臨刑，猶誦佛書；彭師暠葬之於瀏陽門外。"《五代史補》卷四："未幾，希萼果以武陵反，引九洞溪蠻，數路齊進，遂之長沙，縊希廣於郊外，而支解李皋。自是湖南大亂，未逾年而國滅，一如少敵之言。初，希萼之來也，希廣以全軍付親校許可瓊，使遂擊之。可瓊睹希萼衆盛，恐懼，夜送旗鼓乞降，希萼大喜，於是兼可瓊之衆，長驅而至。希廣素奉佛，聞之，計無所出，乃被緇衣，引群僧念'寶勝如來'，謂之禳災。頃之，府廨火起，人忽紛擾，猶念誦之聲未輟，其戇如此。少敵憂之，良有以也。先是，城中街道尚種槐，其柳即無十一二。至是内外一變皆種柳，無復槐矣。又居人夜間好織草鞋，似槌芒之聲，聞於郊野。俄有童謡云：'湖南城郭好長街，竟載柳樹不栽槐。百姓奔竄無一事，只是槌芒織草鞋。'人無長少皆誦之。未幾，國亂，百姓奔竄，死於溝壑者十有八九，至是議者始悟。蓋長街者，通内外之路也；槐者，爲言懷也；不栽槐，蓋兄弟不睦，以至國亡，失孔懷之義也；草鞋者，遠行所用，蓋百姓遠行奔竄之義也。”

周太祖登極，[1]遣陳思讓帥偏師至安、郢，[2]以圖進取，長沙陷，乃班師。[3]

[1]周太祖：即郭威。邢州堯山（今河北隆堯縣）人。五代時後周王朝的建立者。紀見本書卷一一〇至卷一一三、《新五代史》卷一一。

[2]陳思讓：人名。幽州盧龍（今河北盧龍縣）人。五代、宋初將領。傳見《宋史》卷二六一。　安：州名。治所在今湖北安陸市。　郢：州名。治所在今湖北鍾祥市。

[3]“周太祖登極”至“乃班師”：《通鑑》卷二九〇廣順元年（951）二月條胡注引《薛史》。《通鑑》正文載：“陳思讓未至湖南，馬希蕚已克長沙；思讓留屯郢州，敕召令還。”《宋史》卷二六一《陳思讓傳》：“漢初，移淄州，罷任歸朝。會淮南與朗州馬希蕚合兵淮南，攻湖南，馬希廣來乞師，旋屬内難，又周祖北征，乃分兵令思讓往郢州赴援，兵未渡而希廣敗。思讓留於郢。周祖即位，遣供奉官邢思進召思讓及所部兵還。”

希蕚，殷之庶子。初，殷將没，遺命諸子依伯仲叔季爲嗣，仍留一劍寘於祠堂，有違者，衆得斬之。希蕚於希廣兄也，怒希廣違先人之命，遂構鬩牆之怨。希蕚大舉朗軍攻潭州，拔之，自稱楚王、武安軍節度使。[1]

[1]“希蕚”至“自稱楚王、武安軍節度使”：《通曆》卷一五

《承襲》。《通鑑》卷二八九乾祐三年（950）十二月條："楚王希萼以子光贊爲武平留後，以何敬真爲朗州牙内都指揮使，將兵戍之。希萼召拓跋恒，欲用之，恒稱疾不起。"同書卷二九〇廣順元年（951）二月甲辰條："楚王希萼遣掌書記劉光輔入貢于唐。"同卷同年三月條："唐以楚王希萼爲天策上將軍、武安·武平·静江·寧遠節度使兼中書令、楚王；以右僕射孫忌、客省使姚鳳爲册禮使。"

先是，湖南當希範之世，擅二十州之征税。車輿、服玩、池館、第舍，頗事華靡。及希廣被攻之際，谿洞蠻軍縱兵發火，向時府署廨舍焚蕩俱盡，府庫所蓄皆爲蠻軍剽掠，所存空城而已。希萼但以得位自矜，殊無鵖鴞惜巢之意，又與所昵群小日夜縱酒。[1]軍中將校以其殘害骨肉，無心悔禍，上下不悦，終至於敗。[2]

［1］"先是"至"又與所昵群小日夜縱酒"：《通曆》卷一五《承襲》。明本《册府》卷四五二《將帥部·識闇門》："破城之後，谿洞蠻軍縱兵發火。向時府署廨舍，連闥洞房，焚蕩俱盡。積世府庫所畜，皆爲蠻兵剽掠，所存空城而已。希萼于灰燼中自稱主帥，但以得位自矜，殊無鵖鴞惜巢之意。與所昵群小狎遊，日夜縱酒歌呼。"

［2］"軍中將校以其殘害骨肉"至"終至於敗"：明本《册府》卷四五二《將帥部·識闇門》。《通鑑》卷二九〇廣順元年（951）三月條："希萼既得志，多思舊怨，殺戮無度，晝夜縱酒荒淫，悉以軍府事委馬希崇。希崇復多私曲，政刑紊亂。府庫既盡於亂兵，籍民財以賞賚士卒，或封其門而取之，士卒猶以不均怨望；雖朗州舊將佐從希萼來者，亦皆不悦，有離心。……小門使謝彦顒，本希萼家奴，以首面有寵於希萼，至與妻妾雜坐，恃恩專横。常肩隨希崇，或拊其背；希崇銜之。故事，府宴，小門使執兵在門外；希萼

使彦顒預坐，或居諸將之上，諸將皆恥之。希萼以府舍焚蕩，命朗州静江指揮使王逵、副使周行逢帥所部兵千餘人治之，執役甚勞，又無犒賜，士卒皆怨，竊言曰：‘囚免死則役作之。我輩從大王出萬死取湖南，何罪而囚役之！且大王終日酣歌，豈知我輩之勞苦乎！’逵、行逢聞之，相謂曰：‘衆怨深矣，不早爲計，禍及吾曹。’壬申旦，帥其衆各執長柯斧、白梃，逃歸朗州。時希萼醉未醒，左右不敢白；癸酉，始白之。希萼遣湖南指揮使唐師翥將千餘人追之，不及，直抵朗州；逵等乘其疲乏，伏兵縱擊，士卒死傷殆盡，師翥脱歸。逵等黜留後馬光贊，更以希萼兄子光惠知州事。光惠，希振之子也。尋奉光惠爲節度使，逵等與何敬真及諸軍指揮使張倣參决軍府事。希萼具以狀言於唐，唐主遣使以厚賞招諭之；逵等納其賞，縱其使，不答其詔，唐亦不敢詰也。”

一日，會將吏於府第，牙將陸孟俊率甲士爲亂，[1]執希萼送衡州安置。[2]時周廣順元年也。[3]

[1]陸孟俊：人名。籍貫不詳。五代十國藩鎮將領。本書僅此一見。

[2]衡州：州名。治所在今湖南衡陽市。

[3]“一日”至“時周廣順元年也”：《通曆》卷一五《承襲》。《通鑑》卷二九〇廣順元年（951）九月條：“希萼既克長沙，不賞許可瓊……遣馬步都指揮使徐威、左右軍馬步使陳敬遷、水軍都指揮使魯公綰、牙内侍衛指揮使陸孟俊帥部兵立寨于城西北隅，以備朗兵，不存撫役者，將卒皆怨怒，謀作亂。希崇知其謀，戊寅，希萼宴將吏，徐威等不預，希崇亦辭疾不至。威等使人先驅踶齧馬十餘入府，自帥其徒執斧斤、白梃，聲言縶馬，奄至座上，縱横擊人，顛踣滿地。希萼踰垣走，威等執囚之；執謝彦顒，自頂及踵銼之。立希崇爲武安留後，縱兵大掠。幽希萼於衡山縣。”

希崇，希蕚之弟。希蕚被執，衆推希崇爲帥。希蕚至衡州，本州都指揮使廖偃招合蠻獠，[1]復立希蕚爲楚王，求援於江南李景。[2]景遣信州校史邊鎬率衆東入，[3]希蕚乘湘流而下，合勢以迫長沙。希崇送符印乞降於鎬。潭人請邊鎬爲帥，鎬乃令人送希崇、希蕚與馬氏諸族於金陵。[4]李景以希蕚、希崇與族人并於揚州安置。數年，希蕚卒於金陵。[5]

[1]廖偃：人名。籍貫不詳。五代十國藩鎮將領。本書僅此一見。　蠻獠：古代對西南少數民族的蔑稱。

[2]李景：即南唐元宗。亦作"李璟"。徐州（今江蘇徐州市）人。南唐烈祖李昪長子，南唐第二位皇帝。後削去帝號，改稱國主。傳見本書卷一三四、《新五代史》卷六二。

[3]信州：州名。治所在今江西上饒市信州區。　邊鎬：人名。籍貫不詳。五代十國南唐將領。能征善戰，後周世宗南征時被俘。事見本書卷一一二。

[4]金陵：地名。中國古代對今江蘇南京市的代稱。

[5]"希崇"至"希蕚卒於金陵"：《通曆》卷一五《承襲》。明本《册府》卷二三一《僭僞部·征伐門》："會湖南馬希蕚爲牙將陸孟俊所廢，送於衡陽。三軍立馬希崇爲帥。希蕚至衡陽月餘，衡州都指揮使廖偃招合蠻獠，復立希蕚爲楚王，於縣署行府，據湘川上游，乃令人求援於景。景遣邊鎬率衆東入，希蕚乘湘流而下，合勢攻長沙，陷之。希蕚望吴人復立爲潭帥，潭人同恚希蕚，請邊鎬爲帥。鎬既稱帥，乃令希蕚、希崇入於金陵，馬氏諸族千餘人及豪族皆徙焉。"《五代史補》卷四："江南遣袁州刺史邊鎬乘其亂領兵來伐，希崇度不能敵，遂降。先是，長沙童謡云：'鞭打馬，走不暇。'未幾，果爲邊鎬所滅。"《通鑑》卷二九〇廣順元年（951）九月條："劉言聞希崇立，遣兵趣潭州，聲言討其篡奪之罪，壬午，

軍於益陽之西。希崇懼，癸未，發兵二千拒之，又遣使如朗州求和，請爲鄰藩。掌書記桂林李觀象説言曰：‘希萼舊將佐猶在長沙，此必不欲與公爲鄰；不若先檄希崇取其首，然後圖湖南，可兼有也。’言從之。希崇畏言，即斷都軍判官楊仲敏、掌書記劉光輔、牙内指揮使魏師進、都押牙黄勍等十餘人首，遣前辰陽縣令李翊齎送朗州；至則腐敗，言與王逵等皆以爲非仲敏等首，怒責翊，翊惶恐自殺。希崇既襲位，亦縱酒荒淫，爲政不公，語多矯妄，國人不附。初，馬希萼入長沙，彭師暠雖免死，猶杖背黜爲民；希崇以爲師暠必怨之，使送希萼於衡山，實欲師暠殺之，師暠曰：‘欲使我爲弑君之人乎！’奉事逾謹。丙戌，至衡山，衡山指揮使廖偃，匡圖之子也，與其季父節度巡官匡凝謀曰：‘吾家世受馬氏恩，今希萼長而被黜，必不免禍，盍相與輔之！’於是帥莊户及鄉人悉爲兵，與師暠共立希萼爲衡山王，以縣爲行府，斷江爲栅，編竹爲戰艦，以師暠爲武清節度使，召募徒衆，數日，至萬餘人，州縣多應之。遣判官劉虚己求援於唐。徐威等見希崇所爲，知必無成，又畏朗州、衡山之逼，恐一朝喪敗，俱及禍，欲殺希崇以自解。希崇微覺之，大懼，密遣客將范守牧奉表請兵于唐，唐主命邊鎬自袁州將兵萬人西趣長沙。”同卷同年十月條：“唐邊鎬引兵入醴陵。癸巳，楚王希崇遣使犒軍。壬寅，遣天策府學士拓跋恒奉牋詣鎬請降。恒歎曰：‘吾久不死，乃爲小兒送降狀！’癸卯，希崇帥弟侄迎鎬，望塵而拜，鎬下馬稱詔勞之。甲辰，希崇等從鎬入城，鎬舍於瀏陽門樓，湖南將吏畢賀，鎬皆厚賜之。時湖南饑饉，鎬大發馬氏倉粟賑之，楚人大悦。……馬希萼望唐人立己爲潭帥，而潭人惡希萼，共請邊鎬爲帥，唐主乃以鎬爲武安節度使。……唐邊鎬趣馬希崇帥其族入朝，馬氏聚族相泣，欲重賂鎬，奏乞留居長沙，鎬微哂曰：‘國家與公家世爲仇敵，殆六十年，然未嘗敢有意窺公之國。今公兄弟鬭鬩，困窮自歸，若復二三，恐有不測之憂。’希崇無以應，十一月，辛酉，與宗族及將佐千餘人號慟登舟，送者皆哭，響振川谷。”同年十二月條：“唐主以鎮南節度使兼中書令宋齊丘爲太傅；

以馬希萼爲江南西道觀察使，鎮洪州，仍賜爵楚王；以馬希崇爲永泰節度使，鎮舒州。湖南將吏，位高者拜刺史、將軍、卿監，卑者以次拜官。唐主嘉廖偃、彭師暠之忠，以偃爲左殿直軍使、萊州刺史，師暠爲殿直都虞候，賜予甚厚。湖南刺史皆入朝于唐，永州刺史王贇獨後至，唐主毒殺之。"同書卷二九一廣順二年十二月條："唐江西觀察使楚王馬希萼入朝，唐主留之，後數年，卒於金陵，謚曰恭孝。"

周顯德中，[1]世宗渡淮，希崇奉表至行在，[2]世宗許舉族入覲。希崇即時并家屬來朝，會世宗在渦口，[3]遂覲於行宫，賜予甚厚。希崇尋授列校、太尉。車駕歸京，其弟姪拜官者十餘人。顯德元年，卒於京師。[4]

[1]顯德：五代後周太祖郭威年號（954—960）。

[2]世宗：即柴榮。邢州龍岡（今河北邢臺市）人。後周太祖郭威養子，顯德元年（954）繼郭威爲帝，廟號世宗。紀見本書卷一一四、《新五代史》卷一二。　行在：即行在所。指帝王行幸所在之地。

[3]渦口：地名。渦水入淮河之處。位於今安徽懷遠縣東北。

[4]六年：宛委别藏本《通曆》作"元年"，據葉本改。"周顯德中"至"卒於京師"：《通曆》卷一五《承襲》。《新五代史》卷六六《楚世家》云："顯德三年，世宗征淮，下揚州，下詔撫安馬氏子孫。已而揚州復入于景，希崇率其兄弟十七人歸京師，拜右羽林統軍，希能左屯衛大將軍，希貫右千牛衛大將軍，希隱、希濬、希知、希朗皆爲節度行軍司馬。"明本《册府》卷一六七《帝王部·招懷門五》顯德三年四月條："是月，前湖南節度使馬希崇昆仲凡十有七人自揚州來見，賜衣物、鞍馬、錢帛各有差，賜以希崇爲左羽林統軍。"《輯本舊史》卷一一六《周世宗紀三》顯德

三年四月條："丁亥，車駕發濠州，幸渦口。己丑，以前湖南節度使馬希崇爲左羽林統軍。"同書卷一二〇《周恭帝紀》顯德六年十一月丙寅條："左羽林統軍馬希崇。"其下有原輯者案語云："案：原本有脱誤。"所脱當即希崇卒事。可知馬希崇卒於顯德六年。

馬賨，許州鄢陵人，[1]馬殷弟。性沈勇，事孫儒，爲百勝指揮使。[2]孫儒敗於宣州，賨爲楊行密所執，行密收儒餘兵馬"黑雲都"，以賨爲指揮使。賨從行密攻戰，數有功，爲人質重，未嘗自矜，行密愛之，問賨誰家子，賨曰："馬殷弟也。"行密大驚曰："汝兄貴矣，吾今歸汝可乎？"賨不對。他日又問之，賨謝曰："臣，孫儒敗卒也，幸公待以不死，非殺身不足報。湖南鄰境，朝夕聞殷動静足矣，不願去也。"行密歎曰："昔吾愛子之貌，今吾得子之心矣。然勉爲吾合二國之歡，通商賈、易有無以相資，亦所以報我也。"[3]

[1]馬賨，許州鄢陵人：《輯本舊史》卷一三三《馬殷傳》："馬殷，字霸圖，許州鄢陵人也。"賨爲殷之弟，故當與之同籍，據補。又《輯本舊史》引原輯者案語："《通鑑》作扶溝人，《歐陽史》從《薛史》。"見《通鑑》卷二五六光啓二年十二月條、《新五代史》卷六六《馬殷傳》。

[2]"馬殷弟"至"爲百勝指揮使"：《通鑑》卷二六五天祐元年十二月條。

[3]"孫儒敗於宣州"至"亦所以報我也"：《新五代史》卷六六《馬殷傳》。《新唐書》卷一九〇《劉建鋒傳》："（馬賨）夜卧，常有光怪。"今不取。

乾化元年十二月乙卯，以朗州留後馬賨爲永順節度使、同平章事。[1]同光二年四月癸巳，以静江軍節度使、扶風郡王賨爲檢校太師、兼中書令。[2]同光三年二月，馬賨貢方物。[3]明宗天成元年十月壬子，制："葉盟輔國功臣、静江軍節度使、桂管内觀察處置等使、開府儀同三司、檢校太師兼中書令、使持節桂州諸軍事、守桂州刺史、上柱國、扶風郡王、食邑六千户馬賨，可加食邑一千户，食實封一百户。"[4]長興二年正月，賨卒，廢朝，贈尚書令。[5]

[1]永順：方鎮名。治所在朗州（今湖南常德市）。　"乾化元年十二月乙卯"至"同平章事"：《通鑑》卷二六八乾化元年十二月乙卯條。

[2]"同光二年四月癸巳"至"兼中書令"：《輯本舊史》卷三一《唐莊宗紀五》同光二年四月癸巳條。

[3]同光三年二月，馬賨貢方物：明本《册府》卷一六九《帝王部·納貢獻門》。

[4]"明宗天成元年十月壬子"至"食實封一百户"：《宋本册府》卷一七八《帝王部·姑息門三》。

[5]"長興二年正月"至"贈尚書令"：《宋本册府》卷一七八。

馬存，許州鄢陵人，[1]馬殷之弟也。[2]同光二年九月乙卯，以前振武節度使、安北都護馬存可依前檢校太尉、兼侍中，充寧遠軍節度、容管觀察使。[3]長興四年六月壬申，永寧軍節度使、容州管内觀察使、檢校太尉、兼侍中存加食邑實封。[4]天福五年三月癸酉，容州節度使馬存卒。[5]

[1]馬存，許州鄢陵人：《輯本舊史》卷一三三《馬殷傳》："馬殷，字霸圖，許州鄢陵人也。"存爲殷之弟，故當與之同籍，據補。

[2]馬殷之弟也：《輯本舊史》卷三二《唐莊宗紀六》同光二年九月乙卯條。

[3]容管：方鎮名。治所在容州（今廣西容縣）。　"同光二年九月乙卯"至"容管觀察使"：《輯本舊史》卷三二《唐莊宗紀六》同光二年九月乙卯條。

[4]永寧軍：方鎮名。治所在容州（今廣西容縣）。"永寧軍"疑誤，應爲"寧遠軍"。　"長興四年六月壬申"至"兼侍中存加食邑實封"：《輯本舊史》卷四四《唐明宗紀六》長興四年六月壬申。

[5]天福五年三月癸酉，容州節度使馬存卒：《輯本舊史》卷七九《晋高祖紀五》天福五年三月癸酉。

馬氏自唐乾寧二年乙卯歲始有湖南之地，至周廣順元年辛亥歲爲江南所虜，凡五十七年而亡。[1]

[1]"馬氏自唐乾寧二年乙卯歲始有湖南之地"至"凡五十七年而亡"：《通曆》卷一五《承襲》。《新五代史》卷七一《十國世家年譜》徐無黨注："希蕚、希崇之亂，南唐盡遷馬氏之族歸于金陵。《五代舊史》云，時廣順元年也。而《運歷圖》云乾祐二年馬氏滅者，繆也。初，殷入湖南，掘地得石，讖云：'龍起頭，猪掉尾。'蓋殷以乾寧三年歲在丙辰，自立於湖南，至廣順元年辛亥而滅。《九國志》以乾祐三年爲辛亥，《湖湘故事》以顯德元年爲辛亥者，皆繆也。惟《五代舊史》得其實。"

楊昭惲，長沙人，父謐，事馬殷爲節度行軍司馬。謐仲女爲衡陽王夫人。[1]希聲襲位，昭惲遷衡州刺史。自以地連戚里，積財貨，建大第，二子爲牙内都將，少長豪富，任氣淩下，士大夫惡之。長沙兵亂，陸孟俊怒曰："楊氏怙寵滅義，爲國人所患久矣。"於是族滅楊氏。[2]

[1]衡陽王：即馬希聲。

[2]"楊昭惲"至"于是族滅楊氏"：《通鑑》卷二九三顯德三年（956）四月條胡注引《薛史》。《通鑑》卷二九三顯德三年四月條正文："韓令坤敗唐兵於城東，擒陸孟俊。初，孟俊之廢馬希萼立希崇也，滅故舒州刺史楊昭惲之族而取其財，楊氏有女美，獻於希崇。令坤入揚州，希崇以楊氏遺令坤，令坤嬖之。既獲孟俊，將械送帝所；楊氏在簾下，忽撫膺慟哭，令坤驚問之，對曰：'孟俊昔在潭州，殺妾家二百口，今日見之，請復其冤。'令坤乃殺之。"所云楊昭惲爲舒州刺史事，胡注曰："'舒'當作'衡'。"然據本書卷一三三《馬希聲傳》《希萼傳》，希聲襲位於長興元年（930），陸孟俊之亂在廣順元年（951），前後相隔二十一年，楊昭惲或先爲衡州刺史，再遷舒州刺史，亦未可知。

劉言，[1]本朗州之牙將也。初，馬氏舉族爲江南所俘，[2]朗州無帥，衆乃推列校馬光惠爲武平軍留後，[3]光惠署言爲副使。既而光惠躭荒僭侈，軍情不附，遂行廢黜，以言代光惠爲留後。[4]時周廣順二年秋也。言既立，北則遣使奉表於周太祖，東亦上章於江南李景，求正授旄鉞，[5]景未之許。時邊鎬據湖南，[6]潛遣人賫金帛說誘武陵谿洞諸蠻，欲合勢以攻朗州。會李景降僞詔，徵言赴金陵，言懼，不從僞命，以其年冬十月三日，與其節度副使王進逵、[7]行軍司馬何敬真、[8]都指揮使周行逢等同領舟師以襲潭州。[9]九日，攻拔益陽寨，[10]殺淮軍數千人。十三日，至潭州城下。是夕，邊鎬領其部衆棄城東走，[11]進逵、敬真遂入據其城。言乃遣牙將張崇嗣奉表於周太祖，[12]且言潭州兵戈之後，焚燒殆盡，乞移使府於朗州，從之。詔升朗州爲大都督府，在潭州之上。[13]

[1]劉言：《新五代史》卷六六《劉言傳》："劉言，吉州廬陵人也。"

[2]馬氏舉族爲江南所俘：《新五代史》卷六六《馬希廣傳》："景遣邊鎬入楚，盡遷馬氏之族于金陵，時周廣順元年也。"

[3]馬光惠：人名。籍貫不詳。五代十國藩鎮將領。事見本書本卷。　衆乃推列校馬光惠爲武平軍留後：《通鑑》卷二九〇廣順元年（951）三月條："楚王希萼既得志，多思舊怨，殺戮無度，晝夜縱酒荒淫……士卒皆怨……帥其衆各執長柯斧、白梃，逃歸朗州……希萼遣湖南指揮使唐師翥將千餘人追之，不及，直抵朗州；逵等乘其疲乏，伏兵縱擊，士卒死傷殆盡，師翥脱歸。逵等黜留後馬光贊，更以希萼兄子光惠知州事。"

[4]"既而光惠躭荒僭侈"至"以言代光惠爲留後"：《通鑑》卷二九〇廣順元年六月條："武平節度使馬光惠，愚懦嗜酒，不能服諸將；王逵、周行逢、何敬真謀以辰州刺史廬陵劉言驍勇得蠻夷心，欲迎以爲副使。言知逵等難制，曰：'不往，將攻我。'乃單騎赴之。既至，衆廢光惠，送于唐，推言權武平留後，表求旄節於唐，唐人未許；亦稱藩于周。"　《新五代史》卷六六《劉言傳》："王進逵，武陵人也。言，初事刺史彭玕，從玕奔楚，言事希範爲

辰州刺史。進逵少爲静江軍卒，事希萼爲指揮使。希萼攻希廣，以進逵爲先鋒，陷長沙。長沙遭亂殘毁，希萼使進逵以静江兵營緝之，兵皆愁怨，進逵因擁之，夜以長柯巨斧斫關，奔歸武陵。希萼方醉，不能省，明日遣將唐翥追之，及于武陵，翥戰大敗而還。進逵乃逐出留後馬光惠，迎言於辰州以爲帥，進逵自爲副。"

[5]正：中華書局本有校勘記："'正'原作'止'，據殿本、劉本、邵本校、彭校改。"　旄鉞：亦作"節鉞""節旄"。此處代指節度使。

[6]邊鎬：《輯本舊史》之影庫本粘籤："邊鎬，原本作'逮鎬'，今從《通鑑》改正。"《通鑑》卷二八四開運二年（945）七月條"唐邊鎬拔鐔州"等，均作"邊鎬"。

[7]王進逵：人名。即王逵。武陵（今湖南常德市）人。五代十國藩鎮軍閥。事見本書本卷。

[8]何敬真：人名。武陵（今湖南常德市）人。五代十國藩鎮將領。事見本書本卷。

[9]周行逢：人名。朗州武陵（今湖南常德市）人。五代藩鎮軍閥。傳見《新五代史》卷六六。

[10]益陽：縣名。治所在今湖南益陽市。

[11]"以其年冬十月三日"至"邊鎬領其部衆棄城東走"：《輯本舊史》卷一一二《周太祖紀三》廣順二年十一月丙辰條："荆南奏，朗州大將劉言以今年十月三日領兵趨長沙，十五日至潭州。淮南所署湖南節度使邊鎬、岳州刺史宋德權並棄城遁去。"《通鑑》卷二九一廣順二年十月條："逵等將兵分道趣長沙，以孫朗、曹進爲先鋒使，邊鎬遣指揮使郭再誠等將兵屯益陽以拒之。戊子，逵等克沅江，執都監劉承遇，裨將李師德帥衆五百降之。壬辰，逵等命軍士舉小舟自蔽，直造益陽，四面斧寨而入，遂克之，殺戍兵二千人。邊鎬告急於唐。甲午，逵等克橋口及湘陰，乙未，至潭州，邊鎬嬰城自守；救兵未至，城中兵少，丙申夜，鎬棄城走，吏民俱潰。"乙未即十二日。

［12］張崇嗣：人名。籍貫不詳。五代十國藩鎮將領。事見本書本卷。　言乃遣牙將張崇嗣奉表於周太祖：《輯本舊史》卷一一二《周太祖紀三》廣順二年十二月丙戌條："權武平軍留後劉言遣牙將張崇嗣入奏，於十月十三日，與節度副使王進逵、行軍司馬何敬貞、指揮使周行逢等，同共部領戰棹，攻收湖南。僞節度使邊鎬當夜出奔，王進逵等已入潭州。"

［13］"且言潭州兵戈之後"至"在潭州之上"：《輯本舊史》卷一一二《周太祖紀三》廣順三年正月乙卯條："武平軍兵馬留後劉言奏：'潭州兵戈之後，焚燒殆盡，乞移使府於武陵。'從之。詔升朗州爲大都督府，在潭州之上。"《通鑑》卷二九一廣順二年十二月條："劉言表稱潭州殘破，乞移使府治朗州，且請貢獻、賣茶，悉如馬氏故事；許之。"

廣順三年春正月，制以言爲檢校太師、同平章事、朗州大都督，[1]充武平軍節度使、制置武安静江等軍事。又以王進逵爲武安軍節度使、何敬真爲静江軍節度使，並檢校太尉。以周行逢領集州刺史，[2]充武安軍節度行軍司馬。[3]未幾，言遣何敬真帥軍南擊廣賊，敬真失律，奔歸潭州，爲王進逵所殺。[4]其年秋，進逵奏："劉言與淮賊通連，差指揮使鄭玟部領兵士，[5]欲併當道，鄭玟爲軍衆所執，奔入武陵，劉言尋爲諸軍所廢，臣已至朗州安撫訖。"周太祖詔劉言宜勒歸私第，[6]委王進逵取便安置。[7]言尋遇害，朝廷乃正授進逵朗州節制。[8]

［1］大都督：官名。三國時始設，戰時統領地方軍政大權，後漸成常設，位高而權重。從二品。

［2］集州：州名。治所在今四川南江縣。《輯本舊史》之影庫

本粘籤："集州，原本作'佳州'，今從《宋史》改正。"見《宋史》卷四八三《湖南周氏世家》。

[3]充武安軍節度行軍司馬：《輯本舊史》卷一一二《周太祖紀三》廣順三年（953）正月丙辰條："以武平軍節度使留後、檢校太尉劉言爲檢校太師、同平章事，行朗州大都督，充武平軍節度兼三司水陸轉運等使，制置武安、静江等軍事，進封彭城郡公。"

[4]"未幾"至"爲王進逵所殺"：《輯本舊史》卷一一二《周太祖紀三》廣順三年二月己巳條："朗州劉言奏，當道先遣行軍司馬何敬真率兵掩擊廣賊，行及潭州，部衆奔潰。湖南王進逵以敬真失律，已梟首訖。"

[5]鄭玟：人名。籍貫不詳。五代十國藩鎮將領。事見本書本卷。

[6]周太祖詔劉言宜勒歸私第：中華書局本有校勘記："'勒'原作'勤'，據殿本、劉本、邵本、彭本、本書卷一一三《周太祖紀四》、《通曆》卷一五改。"

[7]"其年秋"至"委王進逵取便安置"：《輯本舊史》卷一一三《周太祖紀四》廣順三年八月甲戌條："潭州王逵奏：'朗州劉言與淮賊通連，差指揮使鄭玟部領兵士，欲併當道。鄭玟爲軍衆所執，奔入武陵，劉言尋爲諸軍所廢，臣已至朗州安撫訖。'詔劉言勒歸私第，委王逵取便安置。"

[8]言尋遇害，朝廷乃正授進逵朗州節制：《通鑑》卷二九一廣順三年八月條："逵還長沙，以周行逢知朗州事，又遣潘叔嗣殺劉言於朗州。"《新五代史》卷六六《劉言傳》："周太祖皆從之，乃升朗州爲武平軍，在武安軍上，以言爲節度使，因以武安授進逵，進逵自以言己所迎立，不爲之下。言患之，二人始有隙，欲相圖。進逵謀曰：'言將可用者不過何景真、朱全琇爾，召而殺之，言可取也。'是時，劉晟取楚梧、桂、宜、蒙等州，進逵因白言召景真等會兵攻晟。言信之，遣景真、全琇往，至皆見殺。乃舉兵襲武陵，執言殺之，奉表京師，周太祖即以進逵爲武平軍節度使。"

《新五代史》卷六六《周行逢傳》：“進逵與劉言有隙，行逢爲畫謀策，襲殺言。進逵據武陵，行逢據潭州。”

顯德元年秋，制以武安軍節度副使周行逢爲鄂州節度使，[1]權知潭州軍府事，加檢校太尉。[2]三年春正月，世宗將伐淮甸，[3]詔進逵率兵入江南界。二月，進逵準詔而行，仍遣部將潘叔嗣領兵五千爲先鋒。[4]行及鄂州界，叔嗣迴戈以襲朗州。進逵聞之，倍道先入武陵，叔嗣遽攻其城，進逵敗，爲叔嗣所殺。遣人詣潭州，請周行逢爲帥，行逢至朗州，[5]斬叔嗣於市。[6]其年秋七月，制以行逢爲朗州大都督，充武平軍節度使，加兼侍中。[7]自是潭、朗之地，遂爲行逢所有。皇朝建隆初，就加中書令。四年，行逢卒，三軍立其子保權爲帥。未幾，朗軍亂，求救於朝廷。及王師平定荆、湖，保權入朝，由是湖湘之地盡爲王土矣。《永樂大典》卷九千九十九。[8]

[1]鄂州：《輯本舊史》之影庫本粘籤：“鄂州，原本作‘郁州’，今據《東都事略》改正。”見《東都事略》卷二四《周行逢傳》。

[2]權知潭州軍府事，加檢校太尉：《輯本舊史》卷一一四《周世宗紀一》顯德元年（954）九月甲戌條：“以武安軍節度副使、知潭州軍府事周行逢爲鄂州節度使、知潭州軍府事，加檢校太尉。”

[3]淮甸：指淮河流域。此處指南唐淮南。

[4]潘叔嗣：人名。籍貫不詳。五代十國藩鎮軍閥。後爲周行逢所殺。事見本書本卷。

[5]請周行逢爲帥，行逢至朗州：中華書局本有校勘記：“‘爲

帥行逢’四字原闕，據本書卷一一六《周世宗紀三》、《通曆》卷一五補。”

［6］“二月”至“斬叔嗣於市”：《輯本舊史》卷一一六《周世宗紀三》顯德三年二月條：“行逢至朗州，斬叔嗣於市。”《新五代史》卷六六《周行逢傳》：“潘叔嗣殺進逵，或勸其入武陵，叔嗣曰：‘吾殺進逵，救死而已，武陵非吾利也。’乃還岳州，遣其客將李簡率武陵人迎行逢於潭州。行逢入武陵，或請以潭州與叔嗣，行逢曰：‘叔嗣殺主帥，罪當死，以其迎我，未忍殺爾。若與武安，是吾使之殺王公也。’召以爲行軍司馬。叔嗣怒，稱疾不至，行逢怒曰：‘是又欲殺我矣。’乃陽以武安與之，召使至府受命，至則殺之。”《通鑑》卷二九二顯德三年二月條：“潘叔嗣屬將士而告之曰：‘吾事令公至矣，今乃信讒疑怒，軍還，必擊我，吾不能坐而待死，汝輩能與吾俱西乎？’衆憤怒，請行，叔嗣帥之西襲朗州。逵聞之，還軍追之，及於武陵城外，與叔嗣戰，逵敗死。”《考異》曰：“《湖湘故事》云：‘王逵奉詔伐吴，有蜜蜂無萬數集逵傘蓋。周行逢内喜，潛與潘叔嗣、張文表等謀曰：“我覩王公妖怪入傘，他時忽落别人之手，我輩處身何地！我等若三人同心，共保馬氏舊基，同取富貴，豈不是男兒哉！”叔嗣、文表聞行逢之言，已會深意，遂乃拜受此語，各散歸營。’《廣本》：‘逵命行營副使毛立爲袁州營統軍使，潘叔嗣、張文表爲前鋒。軍次醴陵，縣吏請具牛酒犒軍，立不許。叔嗣、文表因士卒之怒，縛立，送于行逢，以兵叛告逵。逵大懼，乘輕舟奔朗州，叔嗣追至朗州，殺之。’《湖湘故事》：‘逵連夜走歸朗州，去經數日，潘叔嗣始到潭州，既聞王逵走歸朗州，亦以舟棹倍程而趨，至朗州，殺之。’今按《世宗實録》：‘顯德三年二月丙寅，朗州王進逵言，領大軍入淮南界；庚寅，言入鄂州界，攻下長山寨。癸巳，荆南高保融言進逵自鄂州領兵復歸本道。’又云：‘潘叔嗣爲先鋒，行及鄂州，叔嗣回戈襲武陵，進逵聞之，倍道先入武陵，叔嗣攻其城，進逵敗走，爲叔嗣所殺。’又云：‘三月壬寅，進逵差牙將押送淮南將陳澤等。’蓋進逵未敗前奏事，三月始

逵行在，與《薛史·承襲傳》及湖南傳記略同。惟《湖湘故事》及丁璹《馬氏行事記》載逵攻袁州叔嗣叛事，曹衍云：‘逵三月至潭州。四月，叔嗣叛。’丁璹云：‘五月五日，叔嗣殺逵于朗州。’皆妄也。周行逢據湖南，仕進尚門蔭，衍屢獻文章，不得調，退居鄉里教授。及張文表叛，辟爲幕職，事敗，逃遁，會赦，乃敢出，窮困無以自進，採摭舊聞，撰《湖湘馬氏故事》二十卷，如京師獻之。太宗憫其窮且老，授將作監丞。衍本小人，言辭鄙俚，非有意著書，故敘事顛倒，前後自相違背，以無爲有，不可勝數。素怨周行逢，尤多誣毀，不欲行逢不預叔嗣之謀，乃妄造此説。凡載行逢罪惡之甚者，皆出於衍云。璹亦國初人，疑其説得於衍書，皆不可爲據。今從《十國紀年》。”《新五代史》卷六六《劉言傳》：“世宗征淮南，授進逵南面行營都統。進逵攻鄂州，過岳州，岳州刺史潘叔嗣，進逵故時同列，待進逵甚謹。進逵左右就叔嗣求賂，叔嗣不與，左右譏其短，進逵面罵之，叔嗣慚恨，語其下曰：‘進逵戰勝而還，吾無遺類矣。’進逵入鄂州，方攻下長山，叔嗣以兵襲武陵。進逵聞之，輕舟而歸，與叔嗣戰武陵城外，進逵敗，見殺。”王進逵之死，《輯本舊史》卷一一六《周世宗紀三》顯德三年二月癸巳條：“荆南上言，朗州節度使王進逵爲部將潘叔嗣所殺。”後有原輯者引《九國志·王逵傳》：“領衆逼宜春，道出長沙，耀兵金波亭，有蜜峰集繖蓋中，占者以爲不利，遂留長沙。令行營副使毛立領兵南下，以潘叔嗣、張文表爲前鋒。叔嗣怒，至澧陵擁衆而還。逵聞兵叛，乃乘輕舸奔歸武陵，叔嗣追殺之于朗州城外。”

[7]“其年秋七月”至“加兼侍中”：《輯本舊史》卷一一六《周世宗紀三》顯德三年七月辛卯條：“以武清軍節度使、知潭州軍府事周行逢爲朗州大都督、充武平軍節度使，加檢校太尉、兼侍中。”

[8]《大典》卷九〇九九“劉”字韻“姓氏（二七）”事目。

高季興　子從誨　從誨子保勗

高季興，字貽孫，陝州硤石人也。本名季昌，及後唐莊宗即位，[1]避其廟諱改焉。[2]幼隸於汴之賈人李七郎，梁祖以李七郎爲子，賜姓，名友讓。[3]梁祖嘗見季興於僕隸中，其耳面稍異，命友讓養之爲子。梁祖以季興爲牙將，漸能騎射。唐天復中，昭宗在岐下，梁祖圍鳳翔日久，[4]衆議欲班師，獨季興諫止之，語在《梁祖紀》中。[5]既而竟迎昭宗歸京，[6]以季興爲迎鑾毅勇功臣、檢校司空、[7]行宋州刺史。[8]從梁祖平青州，[9]改知宿州事，[10]遷潁州防禦使。[11]梁祖令復姓高氏，擢爲荆南兵馬留後。荆州自唐乾符之後，兵火互集，井邑不完，季興招葺離散，流民歸復，梁祖嘉之，乃授節鉞。[12]梁開平中，破雷彦恭於朗州，[13]加平章事。荆南舊無外壘，季興始城之，遂厚斂於民，招聚亡命，自後僭臣於吴、蜀，[14]梁氏稍不能制焉，因就封渤海王。[15]嘗攻襄州，爲孔勍所敗。[16]

[1]及後唐莊宗即位：《輯本舊史》卷二九《唐莊宗紀三》同光元年（923）四月己巳條："帝升壇，祭告昊天上帝，遂即皇帝位。"

[2]避其廟諱改焉：《通鑑》卷二七二同光元年十月條："荆南節度使高季昌聞帝滅梁，避唐廟諱，更名季興。"

[3]李七郎：即朱友讓。原名李七郎，爲汴州豪商，與朱温結交，被收爲義子，改名朱友讓。後收高季興爲義子。事見本書卷六二、本卷。　梁祖：即梁太祖朱温。宋州碭山（今安徽碭山縣）

人。後梁太祖。紀見本書卷一至卷七、《新五代史》卷一至卷二。

[4]岐下：即鳳翔。　鳳翔：《輯本舊史》之影庫本粘籤："鳳翔，原本作'龍翔'，今據《通鑑》改正。"　梁祖圍鳳翔：據《舊唐書》卷二〇上《昭宗紀》，自天復二年（902）六月丁亥至天復三年正月甲子。

[5]"衆議欲班師"至"語在《梁祖紀》中"：《新五代史》卷六九《高季興傳》："天復二年，梁兵攻鳳翔，李茂貞堅壁不出，太祖議欲收軍還河中，季興獨進曰：'天下豪傑窺此舉者一歲矣，今岐人已憊，破在旦夕，而大王之所慮者，閉壁以老我師，此可以誘致之也。'太祖壯其言，命季興募勇敢士，得騎士馬景，季興授以計，引見太祖。景曰：'此行無還理，願録其後嗣。'太祖惻然止之，景固請，乃行。景以數騎馳叩城門告曰：'梁兵將東，前鋒去矣。'岐人以爲然，開門出追梁軍。梁兵隨景後以進，殺其九千餘人，景死之。"《通鑑》卷二六三天復二年九月條同。"語在《梁祖紀》中"，《輯本舊史·梁太祖紀》未載。

[6]既而竟迎昭宗歸京：《舊唐書》卷二〇上《昭宗紀》天復三年正月甲子條："車駕出鳳翔，幸全忠軍。"《輯本舊史》卷二六《唐武皇紀下》同。

[7]檢校司空：中華書局本有校勘記："'司空'，原作'大司空'，據《通曆》卷一五改。按唐無大司空。"

[8]宋州：州名。治所在今河南商丘市睢陽區。

[9]青州：州名。治所在今山東青州市。　從梁祖平青州：《舊唐書》卷二〇上《昭宗紀》天復三年三月壬寅條："全忠引四鎮之兵征王師範。"同卷同年十一月丁酉條："王師範以青州降。"

[10]宿州：州名。治所在今安徽宿州市。

[11]潁州：州名。治所在今安徽阜陽市。　防禦使：官名。唐代始置，設有都防禦使、州防禦使兩種。常由刺史或觀察使兼任，實際上爲唐代後期州或方鎮的軍政長官。

[12]"擢爲荆南兵馬留後"至"乃授節鉞"：《通鑑》卷二六

六開平元年（907）五月癸未條："以權知荆南留後高季昌爲節度使。"《新五代史》卷六九《高季興傳》："當唐之末，襄州趙匡凝襲破雷彦恭于荆南，以其弟匡明爲留後。梁兵攻破襄州，匡凝奔于吴，匡明奔于蜀，乃以季興爲荆南節度觀察留後。開平元年，拜季興節度使。二年，加同中書門下平章事。荆南節度十州，當唐之末，爲諸道所侵，季興始至，江陵一城而已，兵火之後，井邑凋零。季興招緝綏撫，人士歸之，乃以倪可福、鮑唐爲將帥，梁震、司空薰、王保義等爲賓客。太祖崩，季興見梁日以衰弱，乃謀阻兵自固，治城隍，設樓櫓。以兵攻歸、峽，爲蜀將王宗壽所敗。又發兵聲言助梁擊晉，以侵襄州，爲孔勍所敗，乃絶貢賦累年。梁末帝優容之，封季興渤海王，賜以衮冕劍佩。貞明三年，始復脩貢。"

[13]梁開平中，破雷彦恭於朗州：《通鑑》卷二六六開平元年十月條："高季昌遣其將倪可福會楚將秦彦暉攻朗州，雷彦恭遣使乞降於淮南，且告急。"

[14]吴：指楊吴政權。　蜀：指前蜀。

[15]因就封渤海王：《通鑑》卷二六八乾化三年（913）八月條："賜高季昌爵勃海王。"

[16]孔勍：人名。兖州（今山東濟寧市兖州區）人。唐末、五代藩鎮軍閥。傳見本書卷六四。　嘗攻襄州，爲孔勍所敗：《通鑑》卷二六八乾化二年十二月條："高季昌出兵，聲言助梁伐晉，進攻襄州，山南東道節度使孔勍擊敗之。"

及莊宗定天下，季興來朝於洛陽，加兼中書令，時論多請留之，郭崇韜以方推信義於華夏，請放歸藩。季興促程而去，至襄州，酒酣，謂孔勍曰："是行有二錯：來朝一錯，放迴二錯。"[1]洎至荆南，[2]謂賓佐曰："新主百戰方得河南，對勳臣誇手抄《春秋》；又竪手指云：'我於指頭上得天下。'如此則功在一人，臣佐何有！且遊獵旬日不迴，中外之情，其何以堪，吾高枕無憂矣。”乃增築西面羅城，備禦敵之具。時梁朝舊軍多爲季興所誘，由是兵衆漸多，跋扈之志堅矣。明年，册拜南平王。[3]魏王繼岌平蜀，[4]盡遷其寶貨，[5]浮江而下，船至峽口，[6]會莊宗遇禍，[7]季興盡邀取之。[8]明宗即位，[9]復請夔、峽爲屬郡，初俞其請，[10]後朝廷除刺史，季興上言，稱已令子弟權知郡事，請不除刺史。[11]不臣之狀既形，詔削奪其官爵。[12]天成初，命西方鄴興師收復三州，[13]又遣襄州節度使劉訓總兵圍荊南，以問其罪，[14]屬霖潦，班師。[15]三年冬，季興病脚氣而卒。[16]其子從誨嗣立，累表謝罪，請修職貢。[17]由是復季興官爵，[18]謚曰武信。《永樂大典》卷一萬八千三百一十一。[19]

[1]“謂孔勍曰”至“放迴二錯”：中華書局本引《舊五代史考異》：“案：《歐陽史》作季興謂梁震語，與《薛史》作孔勍異。”見《新五代史》卷六九《高季興傳》。

[2]洎至荊南：《新五代史》卷六九《高季興傳》：“梁亡，唐莊宗入洛，下詔慰諭季興，司空薰等皆勸季興入朝京師，梁震以爲不可，曰：‘梁、唐世爲仇敵，夾河血戰垂二十年，今主上新滅梁。而大王梁室故臣，握彊兵，居重鎮，以身入朝，行爲虜爾。’季興不聽，留其二子，以騎士三百爲衛，朝于洛陽。莊宗果欲留之，郭崇韜諫曰：‘唐新滅梁得天下，方以大信示人，今四方諸侯相繼入貢，不過遣子弟將吏，而季興以身述職，爲諸侯率，宜加恩禮，以諷動來者。而反縻之，示天下以不廣，且絶四方内向之意，不可。’莊宗乃止，厚禮而遣之。莊宗嘗問季興曰：‘吾已滅梁，欲征吴、蜀，何者爲先？’季興曰：‘宜先蜀，臣請以本道兵先進。’莊宗大悦，以手拊其背，季興因命工繡其手迹於衣，歸以爲榮耀。季興已

去，莊宗心悔遣之，密詔襄州劉訓圖之。季興行至襄州，心動，夜斬關而出，已去，而詔書夜至。季興歸而謂梁震曰：‘不聽子言，幾不免。’”《通鑑》卷二七二同光元年（923）十二月條《考異》：“《五代史補》：‘季興行已浹旬，莊宗且悔，遽以急詔命襄州節度使劉訓伺便圖之，無何，季興至襄州，就館而心動，謂親吏曰：“梁先輩之言中矣。與其住而生，不若去而死。”遂棄輜重，與部曲數百人南走，至鳳林關，已昏黑，於是斬關而出。是夜三更，向之急詔果至，劉訓度其去遠不可及而止。’王舉《天下大定録》亦云：‘莊宗遣使追之不及。’按季興自疑，故斬關夜遁耳，未必莊宗追之也。今從《薛史》。”見《五代史補》卷四梁震裨讚。

[3]南平：《輯本舊史》之影庫本粘籤：“南平，原本作‘南興’，今據《十國春秋》改正。”　册拜南平王：《輯本舊史》卷三一《唐莊宗紀五》同光二年三月丙午條：“以荆南節度使、守中書令、渤海王高季興依前檢校太師、兼尚書令，封南平王。”《通鑑》卷二七三同。《新五代史》卷六九《高季興傳》繫此事於同光三年。

[4]魏王繼岌：人名。即李繼岌。沙陀部人。代州雁門（今山西代縣）人。後唐莊宗李存勗長子。曾率部攻滅前蜀，聞其父爲亂兵所殺後自縊身亡。傳見本書卷五一。　魏王繼岌平蜀：《輯本舊史》卷三三《唐莊宗紀七》同光三年十一月丙辰條：“蜀主王衍出降。”同書卷三四《唐莊宗紀八》同光四年正月甲子條：“魏王繼岌殺樞密使郭崇韜於西川，夷其族。”

[5]盡遷其寶貨：中華書局本有校勘記：“‘遷’，原作‘選’，據《通曆》卷一五改。按《通鑑》卷二七五敘其事作‘魏王繼岌遣押牙韓珙等部送蜀珍貨金帛四十萬’。”

[6]峽口：地名。即西陵峽口。位於今湖北宜昌市夷陵區西。

[7]會莊宗遇禍：《輯本舊史》卷三四《唐莊宗紀八》同光四年四月丁丑條：“從馬直指揮使郭從謙自本營率所部抽戈露刃，至興教門大呼，與黃甲兩軍引弓射興教門。帝聞其變，自宮中率諸王

近衛禦之，逐亂兵出門。既而焚興教門，緣城而入，登宫牆讙譟。帝御親軍格鬬，殺亂兵數百。俄而帝爲流矢所中，亭午，崩於絳霄殿之廡下，時年四十三。”

[8]季興盡邀取之：《新五代史》卷六九《高季興傳》：“魏王繼岌已破蜀，得蜀金帛四十餘萬，自峽而下，而莊宗之難作。季興聞京師有變，乃悉邀留蜀物，而殺其使者韓珙等十餘人。”

[9]明宗即位：《輯本舊史》卷三六《唐明宗紀二》天成元年（926）四月丙午條：“乃於柩前即皇帝位。”

[10]夔：州名。治所在今重慶奉節縣。　峽：州名。即硤州。治所在今湖北宜昌市夷陵區。　復請夔、峽爲屬郡、初俞其請：《輯本舊史》卷三六《唐明宗紀二》天成元年六月甲寅條：“荆南節度使高季興上言：‘夔、忠、萬三州，舊是當道屬郡，先被西川侵據，今乞却割隸本管。’詔可之，其夔州，僞蜀先曾建節，宜依舊除刺史。”《通鑑》卷二七五天成元年六月條：“高季興表求夔、忠、萬三州爲屬郡，詔許之。”胡注曰：“莊宗之伐蜀也，詔高季興自取夔、忠、萬三州爲巡屬；季興不能取。王衍既敗，三州歸唐，季興乃求爲巡屬，雖不許可也。爲季興不式王命、興兵致討張本。”《考異》曰：“《莊宗實録》云：‘王建於夔州置鎮江軍節度，以夔、忠、萬、施爲屬郡。雲安監有榷鹽之利，建升爲安州。上舉軍平蜀，詔季興自收元管屬郡。荆南軍未進，夔州連帥以州降繼岌。’《十國紀年·荆南史》：‘天成元年二月，王表請夔、忠、萬三州及雲安監隸本道；莊宗許之。詔命未下，莊宗遇弑。六月，王表求三州；明宗許之。’劉恕按，《莊宗實録》及《薛史·帝紀》，‘同光三年十一月庚戌，荆南高季興奏收復夔、忠等州’；曾顔《勃海行年記》云‘得夔、忠、萬等州’；《明宗實録》及《薛史·韋説傳》云：‘討西蜀，季興請攻峽内，先朝許之，如能得三州，俾爲屬郡。三川既定，季興無尺寸之功。’《莊宗實録》：‘同光四年三月丙寅，高季興請峽内夔、忠、萬等州割歸當道。’《明宗實録》：‘天成元年六月甲寅，高季興奏：“去冬先朝詔命攻取峽内屬郡，尋有施州官

吏知臣上峽，率先歸投，忠、萬、夔三州旦夕期於收復，被郭崇韜專將文字約臣回歸，方欲陳論，便值更變。”’此説頗近實，故從之。蓋三年十月，夔、忠、萬三州降於繼岌，十一月庚戌，季興奏請三州爲屬郡，《舊史》誤云奏收復也。《行年記》差繆最多，不可爲據。或者夔州雖自降於繼岌，季興表云收復三州，攘爲己功，亦無足怪。今從《明宗實録》。”見《輯本舊史》卷三三《唐莊宗紀七》、卷六七《韋説傳》。

［11］請不除刺史：《輯本舊史》卷三七《唐明宗紀三》天成元年八月己亥條：“荆南高季興上言，峽内三州，請朝廷不除刺史。”

［12］詔削奪其官爵：《輯本舊史》卷三八《唐明宗紀四》天成二年二月壬寅條：“制曰：‘荆南節度使、開府儀同三司、守太尉、兼尚書令、南平王高季興可削奪官爵。”

［13］西方鄴：人名。定州滿城（今河北保定市滿城區）人。五代後唐將領。傳見本書卷六一、《新五代史》卷二五。　天成初，命西方鄴興師收復三州：《輯本舊史》卷三八《唐明宗紀四》天成二年七月甲子條：“夔州刺史西方鄴奏，殺敗荆南賊軍，收峽内三州。”《舊五代史考異》：“案《通鑑》：六月，西方鄴敗荆南水軍于峽中，復取夔、忠、萬三州。《薛史》繫七月甲子，蓋以奏聞之日爲據。《歐陽史》與《薛史》同。”

［14］劉訓：人名。隰州永和（今山西永和縣）人。五代藩鎮將領。傳見本書卷六一。　又遣襄州節度使劉訓總兵圍荆南，以問其罪：《輯本舊史》卷三八《唐明宗紀四》天成二年二月壬寅條：“仍令襄州節度使劉訓充南面招討使、知荆南行府事，許州節度使夏魯奇爲副招討使，統蕃漢馬步四萬人進討，以其叛故也。”

［15］屬霖潦，班師：《新五代史》卷六九《高季興傳》：“初，唐兵伐蜀，季興請以本道兵自取夔、忠、萬、歸、峽等州，乃以季興爲峽路東南面招討使，而季興未嘗出兵。魏王已破蜀，而明宗入立，季興因請夔、忠等州爲屬郡，唐大臣以爲季興請自取之，而兵出無功，不與。季興屢請，雖不得已而與之，而唐猶自除刺史，季

興拒而不納。明宗乃以襄州劉訓爲招討使。攻之不克，而唐别將西方鄴克其夔、忠、萬三州，季興遂以荆、歸、峽三州臣于吴，吴册季興秦王。”

[16]季興病脚氣而卒：《輯本舊史》卷三九《唐明宗紀五》天成三年十一月壬午條：“房知温奏，荆南高季興卒。”《通鑑》卷二七六天成三年十二月條：“荆南節度使高季興寢疾，命其子行軍司馬、忠義節度使、同平章事從誨權知軍府事；丙辰，季興卒。”《考異》曰：“《唐明宗實録》：‘天成三年十一月壬午，房知温奏高季興卒。’《烈祖實録》亦云‘乾貞二年十一月，季興卒’。蓋傳聞之誤。按陶穀《季興神道碑》及《勃海行年記》，皆云‘十二月十五日卒’，今從之。”

[17]“其子從誨嗣立”至“請修職貢”：《輯本舊史》卷四〇《唐明宗紀六》天成四年五月丙申條：“襄州奏，荆南高從誨乞歸順。”同年六月丙辰條：“權知荆南軍府事高從誨上章首罪，乞修職貢，仍進銀三千兩贖罪。”《舊五代史考異》：“案：《通鑑》作庚申。”孔本案語：“案《通鑑》：庚申，高從誨自稱前荆南行軍司馬、歸州刺史，上表求内附。《薛史》作丙辰，與《通鑑》異。”

[18]由是復季興官爵：《輯本舊史》卷四〇《唐明宗紀六》天成四年十月己酉條：“制復故荆南節度使高季興官爵。”

[19]《大典》卷一八三一一“藏”字韻“大上一乘海空智藏經（四）”事目，誤。當爲卷一八一三〇，“將”字韻“後唐將（三）”事目。

從誨，[1]初仕梁，歷殿前控鶴都頭、[2]鞍轡庫副使、[3]左軍巡使、[4]如京使、[5]左千牛大將軍、[6]荆南牙内都指揮使，[7]領濠州刺史，[8]改歸州刺史，[9]累官至檢校太傅。初，季興之將叛也，從誨常泣諫之，季興不從。天成三年冬，季興薨，[10]從誨乃上表謝罪，復修職貢。[11]明宗嘉之，尋命起復，授荆南節度使、兼侍中。[12]長興三年，加檢校太尉。[13]應順中，封南平王。[14]清泰初，加檢校太師。晋天福中，加守中書令。六年，襄州安從進反，王師攻討，[15]從誨饋軍食以助焉，[16]詔書褒美。尋加守尚書令，從誨上章固讓，朝廷遣使敦勉，竟不受其命。時有術士言從誨年命有厄，宜退避寵禄故也。[17]及契丹入汴，[18]漢高祖起義於太原，間道遣使奉貢，密有祈請，言俟車駕定河汴，[19]願賜郢州爲屬郡，漢祖依違之。及入汴，從誨致貢，求踐前言，漢高祖不從。從誨怒，率州兵攻郢州，[20]旬日，爲刺史尹實所敗，[21]自是朝貢不至。從誨東通於吴，西通於蜀，皆利其供軍財貨而已。[22]末年，以鎮星在翼軫之分，[23]乃釋羅紈，衣布素，飲食節儉，以禳灾咎。尋令人祈託襄州安審琦，[24]請歸朝待罪，朝廷亦開納之。[25]漢乾祐元年冬十一月，以疾薨於位。[26]詔贈尚書令，謚曰文獻。[27]

[1]從誨：《新五代史》卷六九《高從誨傳》："從誨，字遵聖。"

[2]控鶴都頭：官名。唐末五代時，"都"爲指揮以下的軍事編制。《武經總要》卷二："凡五百人爲一指揮，其别有五都，都一百人，統以一營居之。"都的長官稱爲都頭。控鶴爲部隊番號。

[3]鞍轡庫副使：官名。協助鞍轡庫使掌御馬鞍轡。唐後期神策軍中置御鞍轡庫，五代置鞍轡庫使，副使爲其副職。

[4]左軍巡使：官名。唐末始置。五代後梁在開封府置左、右軍巡使，以牙校充任。掌京城内争鬥等事。

［5］如京使：官名。唐五代諸司使之一。如京使取《詩經·小雅·甫田》“如砥如京”之意，其職任相當於倉監督。

［6］左千牛大將軍：官名。即左千牛衛大將軍。唐置，掌宫禁宿衛。唐代置十六衛，即左右衛、左右驍衛、左右武衛、左右威衛、左右領軍衛、左右金吾衛、左右監門衛、左右千牛衛，各置上將軍，從二品；大將軍，正三品；將軍，從三品。

［7］牙内都指揮使：官名。即衙内都指揮使。唐、五代時期衙内指揮使爲節度使府衙内之牙將，統最親近衛兵，高一級的稱衙内都指揮使。

［8］濠州：州名。治所在今安徽鳳陽縣。　領濠州刺史：《輯本舊史》卷九《梁末帝紀中》貞明四年（914）五月甲戌條：“以荆南衙内馬步軍都指揮使、檢校司徒高從誨領濠州刺史。”

［9］歸州：州名。治所在今湖北秭歸縣。

［10］季興薨：《輯本舊史》卷三九《唐明宗紀五》天成三年（928）十一月壬午條：“房知温奏，荆南高季興卒。”《通鑑》卷二七六天成三年十二月條：“荆南節度使高季興寢疾，命其子行軍司馬、忠義節度使、同平章事從誨權知軍府事；丙辰，季興卒。”《考異》曰：“《唐明宗實録》：‘天成三年十一月壬午，房知温奏高季興卒。’《烈祖實録》亦云‘乾貞二年十一月，季興卒’。蓋傳聞之誤。按陶穀《季興神道碑》及《勃海行年記》，皆云‘十二月十五日卒’，今從之。”

［11］從誨乃上表謝罪，復修職貢：《輯本舊史》卷四〇《唐明宗紀六》天成四年五月丙申條：“襄州奏，荆南高從誨乞歸順。”同年六月丙辰條：“權知荆南軍府事高從誨上章首罪，乞修職貢，仍進銀三千兩贖罪。”《舊五代史考異》：“案：《通鑑》作庚申。”孔本案語：“案《通鑑》：庚申，高從誨自稱前荆南行軍司馬、歸州刺史，上表求内附。《薛史》作丙辰，與《通鑑》異。”《新五代史》卷六九《高從誨傳》：“季興卒，吴以從誨爲荆南節度使。從誨以父自絶于唐，懼復見討，乃遣使者聘于楚，楚王馬殷爲之請命于唐，

而從誨亦遣押衙劉知謙奉表自歸，進贖罪銀三千兩，明宗納之。”

［12］“明宗嘉之”至“兼侍中”：《輯本舊史》卷四〇《唐明宗紀六》天成四年七月甲申條：“以前荊南行軍司馬、檢校太傅高從誨起復，授檢校太傅、兼侍中，充荊南節度使。”

［13］加檢校太尉：《輯本舊史》卷四三《唐明宗紀九》長興三年（932）九月甲申條：“荊南節度使、檢校太傅、兼中書令高從誨加檢校太尉、兼中書令。”

［14］應順：後唐愍帝（閔帝）李從厚年號（934）。　封南平王：《輯本舊史》卷四五《唐閔帝紀》應順元年正月壬辰條：“荊南節度使、檢校太尉、兼中書令高從誨封南平王。”

［15］襄州安從進反，王師攻討：《輯本舊史》卷八〇《晉高祖紀六》天福六年（941）十一月丁丑條：“襄州安從進舉兵叛。”《新五代史》卷六九《高從誨傳》：“從誨爲人明敏，多權詐。晉高祖遣翰林學士陶穀爲從誨生辰國信使，從誨宴穀望沙樓，大陳戰艦于樓下，謂穀曰：‘吴、蜀不賓久矣，願脩武備，習水戰，以待師期。’穀還，具道其語，晉高祖大喜，復遣使賜以甲馬百匹。襄州安從進反，結從誨爲援，從誨外爲拒絶，陰與之通。晉師致討，從誨遣將李端以舟師爲應，從進誅，從誨求郢州爲屬郡，高祖不許。”

［16］從誨饋軍食以助焉：中華書局本有校勘記：“‘從誨’下《册府》卷三八七有‘起戰棹’三字。”

［17］退避：《輯本舊史》之影庫本粘籤：“退避，原本脱‘退’字，今從《册府元龜》改正。”　“尋加守尚書令”至“退避寵禄故也”：《輯本舊史》卷八一《晉少帝紀一》天福七年九月癸巳條：“荊南高從誨累表讓尚書令之命。”明本《册府》卷四〇九《將帥部·退讓門》：“高從誨，少帝時爲荊南節度使。從誨累表陳讓新命，時朝廷遣内班劉從貞傳宣，不令表辭。從貞馳奏云：‘臣到荊州南，具傳聖旨。從誨云：“臣有志，不願官崇，所奏非矯飾也。今再差人固讓，必望寢停。縱降使臣，不敢迎受。”’蓋從誨以術者言數運有災，宜避其尊寵故也。”

[18]及契丹入汴：中華書局本有校勘記："'入汴'，孔本校、《通曆》卷一五作'犯闕'。"

[19]河汴：指黄河、汴河。

[20]率州兵攻郢州：《輯本舊史》卷一〇一《漢隱帝紀上》乾祐元年四月壬午條："郢州刺史尹實奏，荆南起兵在境上，欲攻城。"

[21]尹實：人名。籍貫不詳。唐末、五代藩鎮軍閥。事見本書本卷、卷一〇一。

[22]"從誨東通於吴"至"皆利其供軍財貨而已"：《新五代史》卷六九《高從誨傳》："荆南地狹兵弱，介於吴、楚爲小國。自吴稱帝，而南漢、閩、楚皆奉梁正朔，歲時貢奉，皆假道荆南。季興、從誨常邀留其使者，掠取其物，而諸道以書責誚，或發兵加討，即復還之而無媿。其後南漢與閩、蜀皆稱帝，從誨所嚮稱臣，蓋利其賜予。俚俗語謂奪攘苟得無媿恥者爲'賴子'，猶言無賴也，故諸國皆目爲'高賴子'。"

[23]鎮星：星名，即土星。約二十八年行經黄道二十八宿一周天，每年經一宿，似輪流坐鎮，故名。星占家認爲，鎮星五行屬土，時令屬夏，方位屬中央，主宫庭。故鎮星必待四星有失而後動。

[24]安審琦：人名。沙陀部人。五代將領。歷仕後唐、後晋、後漢、後周。傳見本書卷一二三。

[25]請歸朝待罪，朝廷亦開納之：《輯本舊史》卷一〇一《漢隱帝紀上》乾祐元年（948）六月辛卯條："荆南節度使高從誨上表歸命。從誨嘗拒朝命，至是方遣牙將劉扶詣闕請罪。"

[26]以疾薨於位：《舊五代史考異》："案：《歐陽史》作十月。"見《新五代史》卷六九《高從誨傳》。《輯本舊史》卷一〇一《漢隱帝紀上》乾祐元年十一月辛酉條："荆南奏，節度使高從誨卒。"《通鑑》卷二八八乾祐元年十月條："荆南節度使南平文獻王高從誨寢疾，以其子節度副使保融判内外兵馬事。癸卯，從誨卒。"

[27]詔贈尚書令，謚曰文獻：《宋本册府》卷五九六《掌禮部·謚法門》："漢高從誨爲荆南節度使、南平王，乾祐二年卒。敕：'宜令太常定謚。'故事：臣下請謚，即故吏陳行狀，上考功，覆奏下，乃議謚。今降敕，新例也。"

子保融嗣，[1]位至荆南節度使、[2]守太傅、中書令，封南平王。[3]皇朝建隆元年秋卒，謚曰貞懿。

[1]子保融嗣：《新五代史》卷六九《高從誨傳》："子保融立。從誨十五子，長曰保勳，次保正，保融第三子也，不知其得立之因。"《新五代史》卷六九《高保融傳》："保融，字德長。從誨時，爲節度副使，兼峽州刺史。從誨卒，拜節度使。廣順元年，封渤海郡王。顯德元年，進封南平王。世宗征淮，保融遣指揮使魏璘率兵三千，出夏口以爲應。又遣客將劉扶奉牋南唐，勸其内附。李景稱臣，世宗得保融所與牋，大喜，賜以絹百匹。荆南自後唐以來，常數歲一貢京師，而中間兩絶。及世宗時，無歲不貢矣。保融以謂器械金帛，皆土地常産，不足以効誠節，乃遣其弟保紳來朝，世宗益嘉之。初，季興之鎮，梁以兵五千爲牙兵，衣食皆給於梁。至明宗時，歲給以鹽萬三千石，後不復給。及世宗平淮，故命泰州給之。保融性迂緩，無材能，而事無大小，皆委其弟保勗。其從叔從義謀爲亂，爲其徒高知訓所告，徙之松滋而殺之。宋興，保融懼，一歲之間三入貢。建隆元年，以疾卒，年四十一，贈太尉，謚曰貞懿。弟保勗立。"

[2]位至荆南節度使：《輯本舊史》卷一〇一《漢隱帝紀上》乾祐元年（948）十二月丁丑條："荆南節度副使、檢校太傅、行峽州刺史高保融起復，授荆南節度使、檢校太尉、同平章事、渤海郡侯。"

[3]封南平王：《輯本舊史》卷一一三《周太祖紀四》顯德元

年正月庚辰條："荆南高保融進封南平王。"

其諸將之倚任者，則有王保義。保義本姓劉，名去非，幽州人。[1]少爲縣吏，粗暴無行，習騎射，敢鬬擊。劉仁恭之子守奇善射，[2]唯去非許以爲能。守奇以兄守光奪父位，[3]亡入契丹，[4]又自契丹奔太原，去非皆從之。莊宗之伐燕也，[5]守奇從周德威引軍前進，[6]師次涿州，刺史姜行敢登陴固守，[7]去非呼行敢曰："河東小劉郎領軍來爲父除兇，爾何敢拒！"守奇免冑勞之，行敢遥拜，即開門迎降。[8]德威害其功，密告莊宗，言守奇心不可保。莊宗召守奇還計事，行次土門，[9]去非説守奇曰："公不施寸兵下涿郡，周公以得非己力，必有如簧之間，太原不宜往也。公家於梁，素有君臣之分，宜往依之，介福萬全矣。"守奇乃奔梁，[10]梁以守奇爲滄州留後，[11]以去非爲河陽行軍司馬。[12]時謝彦章移去非爲郢州刺史。[13]及莊宗平河、洛，[14]去非乃棄郡歸高季興，爲行軍司馬，仍改易姓名。自是季興父子倚爲腹心，凡守藩規畫，出兵方略，言必從之。乾祐元年夏，高從誨奏爲武泰軍節度留後，[15]依前荆南行軍司馬，加檢校太尉。[16]後卒於江陵。[17]《永樂大典》卷一萬八千一百一十一。[18]

[1]幽州：州名。治所在今北京市。

[2]劉仁恭：人名。深州樂壽（今河北獻縣）人。唐末、五代軍閥。傳見《新唐書》卷二一二。　守奇：人名。即劉守奇。深州樂壽（今河北獻縣）人。唐末幽州節度使、燕王劉仁恭之子，劉守

光之弟。唐末、五代將領。事見本書本卷。

[3]守光：人名。即劉守光。深州樂壽（今河北獻縣）人。幽州節度使劉仁恭之子。唐末、五代軍閥。後自稱大燕皇帝，年號應天。被後唐莊宗擊敗，俘後被斬。傳見本書卷一三五、《新五代史》卷三九。　守奇以兄守光奪父位：《輯本舊史》卷一三五《劉守光傳》天祐四年四月條："守光乃自爲幽州節度，令其部將李小喜、元行欽將兵攻大安山。仁恭遣兵拒戰，爲小喜所敗，乃擄仁恭歸幽州，囚於別室。"

[4]契丹：古部族、政權名。公元4世紀中葉宇文部爲前燕攻破，始分離而成單獨的部落，自號契丹。唐貞觀中，置松漠都督府，以其首領爲都督。唐末强盛，916年迭剌部耶律阿保機建立契丹國（遼）。先後與五代、北宋並立，保大五年（1125）爲金所滅。參見張正明《契丹史略》，中華書局1979年版。

[5]燕：封國名。指唐末河北方鎮盧龍軍。劉仁恭、劉守光父子先後爲盧龍節度使、燕王。　莊宗之伐燕也：《輯本舊史》卷二七《唐莊宗紀一》天祐八年（912）十二月甲子條："帝遣周德威、劉光濬、李嗣源及諸將率蕃漢之兵發晉陽，伐劉守光於幽州。"同書卷二八《唐莊宗紀二》天祐十年十二月條："癸酉，檀州燕樂縣人執劉守光并妻李氏祝氏、子繼祚以獻。己卯，帝下令班師，自雲、代而旋。"

[6]周德威：人名。朔州馬邑（今山西朔州市朔城區東北）人。唐末、五代河東將領。傳見本書卷五六、《新五代史》卷二五。

[7]涿州：州名。治所在今河北涿州市。　姜行敢：人名。籍貫不詳。五代劉仁恭部將。事見本書本卷。

[8]"守奇從周德威引軍前進"至"即開門迎降"：《輯本舊史》卷二七《唐莊宗紀一》天祐九年正月庚子條："次涿州，刺史劉知温以城歸順。德威進迫幽州，守光出兵拒戰，燕將王行方等以部下四百人來奔。"《通鑑》卷二六八乾化二年（912）正月戊子條："圍涿州。刺史劉知温城守，劉守奇之客劉去非大呼於城下，

謂知温曰：‘河東小劉郎來爲父討賊，何豫汝事而堅守邪？’守奇免胄勞之，知温拜於城上，遂降。”

［9］土門：關隘名。即井陘關。位於今河北井陘縣北井陘山上。

［10］“德威害其功”至“守奇乃奔梁”：《通鑑》卷二六八乾化二年正月條：“周德威疾守奇之功，譖諸晋王，王召之；守奇恐獲罪，與去非及進士趙鳳來奔。”

［11］滄州：州名。治所在今河北滄縣舊州鎮。　梁以守奇爲滄州留後：《輯本舊史》卷八《梁末帝紀上》乾化三年五月條：“師厚表請以萬進爲青州節度使，以劉守奇爲滄州節度使。”

［12］河陽：方鎮名。全稱“河陽三城”。治所在孟州（今河南孟州市）。

［13］謝彦章：人名。許州（今河南許昌市）人。五代後梁將領。傳見本書卷一六、《新五代史》卷二三。　時謝彦章移去非爲郢州刺史：《輯本舊史》卷九《梁末帝紀中》貞明四年（918）八月乙丑條：“以左驍衛將軍劉去非爲郢州刺史。”

［14］及莊宗平河、洛：《輯本舊史》卷三〇《唐莊宗紀四》同光元年（923）十月己卯條：“遲明，前軍至汴城，嗣源令左右捉生攻封丘門，梁開封尹王瓚請以城降。俄而帝與大軍繼至，王瓚迎帝自大梁門入。”

［15］武泰軍：方鎮名。治所在黔州（今重慶彭水苗族土家族自治縣）。

［16］“去非乃棄郡歸高季興”至“加檢校太尉”：《輯本舊史》卷七六《晋高祖紀二》天福二年（937）六月乙未條：“攝荆南節度行軍司馬、檢校太保、歸州刺史王保義加檢校太傅、知武泰軍節度觀察留後、充荆南行軍司馬兼沿淮巡檢使。”《輯本舊史》卷一〇二《漢隱帝紀中》乾祐二年（949）四月丙子條：“以荆南節度行軍司馬、武泰軍節度留後王保義爲檢校太尉，領武泰軍節度使，行軍如故。”按，高從誨卒於漢乾祐元年，《輯本舊史》卷一〇二《漢隱帝紀中》有誤。

[17]江陵：地名。荆州别稱，位於今湖北荆州市。

[18]《大典》卷一八一一一“將”字韻“唐將（三）”事目，誤。

保勗，季興之幼子也。[1]鍾愛尤甚，季興在世時，或因事盛怒，左右不敢竊視，唯保勗一見，季興則怒自解，故荆人目之爲“萬事休”。[2]皇朝建隆四年春卒。[3]是歲，荆門之地不爲高氏所有，則“萬事休”之言，蓋先兆也。《永樂大典》卷五千五百三十九。[4]

[1]保勗，季興之幼子也：中華書局本有校勘記：“《新五代史》卷六九《南平世家》、《宋史》卷四八三《荆南高氏世家》云其爲‘從誨第十子’，《續資治通鑑長編》卷一、《宋史》卷四八三《荆南高氏世家》皆云其爲保融弟。按從誨長子名保勳，次保正、保融，名内均有‘保’字，保勗當爲從誨子。”

[2]“季興在世時”至“故荆人目之爲‘萬事休’”：中華書局本有校勘記：“《續資治通鑑長編》卷一、《宋史》卷四八三《荆南高氏世家》、《隆平集》卷一二、《東都事略》卷二四皆記作高從誨事。”

[3]皇朝建隆四年春卒：《舊五代史考異》：“案：《歐陽史》作三年十一月。”《新五代史》卷六九《高保勗傳》：“保勗字省躬，從誨第十子也。保融卒，拜節度使。三年，保勗疾，謂其將梁延嗣曰：‘我疾遂不起，兄弟孰可付之後事者？’延嗣曰：‘公不念貞懿王乎？先王寢疾，以軍府付公，今先王子繼沖長矣。’保勗曰：‘子言是也。’即以繼沖判内外兵馬。十一月，保勗卒，年三十九，贈侍中。保融之子繼沖立。”

[4]《大典》卷五五三九“高”字韻“姓氏（七）”事目。後有原輯者引《五代史補》：“高季興，本陵州陝人。爲太祖裨將，

出爲郢州防禦使。時荆南成汭征鄂州，不利而卒，太祖命季興爲荆南留後。到未幾，會武陵土豪雷彦恭作亂，季興破之，遂以功授荆南節鉞。莊宗定天下，季興首入覲，因拜中書令，封南平王。初，季興嘗從梁太祖出征，引軍早發，至逆旅，未曉，有嫗秉燭迎門，具禮甚厚。季興疑而問之，對曰：‘妾適夢有人叩關，呼曰：“速起，速起，有裂土王來。”及起，盥嗽畢，秉燭開門，而君子奄至，得非所謂王者耶，所以不敢褻慢爾。’季興喜，及來荆南，竟至封王。高從誨，季興之庶子而處長，爲性寬厚，雖士人不如也。天成中，季興叛，從誨力諫之，不從。及季興卒，朝廷知從誨忠，使嗣，亦封南平王。初，季興之事梁也，每行軍，常以愛姬張氏自隨。一旦軍敗，攜之而竄，遇夜，悮入深澗中。時張氏方娠行遲，季興恐爲所累，俟其寢酣，以劍刺岸邊，欲壓殺之，然後馳去。既而岸欲崩，張氏且驚起，呼季興曰：‘妾適夢大山崩而壓妾身，有神人披金甲執戈以手托之，遂免。’季興聞之，謂必生貴子，遂挈之行，後生從誨。梁震，蜀郡人。有才略，登第後寓江陵，高季興素聞其名，欲任爲判官。震恥之，然難於拒，恐禍及，因謂季興曰：‘本山野鄙夫也，非有意於爵禄，若公不以孤陋，令陪軍中末議，但白衣從事可矣。’季興奇而許之，自是震出入門下，稱前進士而已。同光中，莊宗得天下，季興懼而入覲，時幕客皆贊成，震獨以爲不可，謂季興曰：‘大王本梁朝，與今上世稱讎敵，血戰二十年，卒爲今上所滅，神器大寶雖歸其手，恐餘怒未息，覩其舊將，得無加害之心，宜深慮焉。’季興不從。及至，莊宗果欲留之，樞密郭崇韜切諫，以爲不可：‘天下既定，四方諸侯雖相繼稱慶，然不過子弟與將吏耳，惟季興能躬自入覲，可謂尊奬王室者也。禮待不聞加等，反欲留縻之，何以來遠臣，恐此事一行，則天下解體矣。’莊宗遂令季興歸。行已浹旬，莊宗易慮，遽以詔命襄州節度劉訓伺便囚之。時季興至襄州，就館而心動，謂吏曰：‘吾方寸擾亂，得非朝廷使人追而殺吾耶！梁先輩之言中矣！與其住而生，不若去而死。’遂棄輜重，與部曲趫健者數百人南走。至鳳林關，已昏黑，於是斬關而去。既而是夜三更，向之急遞果至襄州，劉訓料其去遠不可追而止。自是季興怨憤，以兵襲取復州之監利、玉沙二縣，命震草奏，請以江爲界。震又曰：‘不可，若然則師必至矣，非大王之利也。’季興怒，卒使爲之。既而奏發，未幾，朝廷遣夏魯奇、房知温等領兵來伐。季興登城望之，見其兵少，喜，欲開城出戰。震復諫曰：‘大王何不思之甚耶！且朝廷禮樂征伐之所自出，兵雖小而勢實大，加以四方諸侯各以相吞噬爲志，但恨未見得其便耳。若大王不幸或得一戰勝，則朝廷徵兵於四方，其誰不欲仗順而起，以取大王之土地耶！如此則社稷休矣。爲大王計者，莫若致書於主帥，且以牛酒爲獻，然後上表自劾，如此則庶幾可保矣。不然，則非僕之所知也。’季興從之，果班師。震之裨贊，皆此類也。洎季興卒，子從誨繼立，震以從誨生於富貴，恐相知不深，遂辭居於龍山別業，自號處士。從誨見召，皆跨黄牛直抵廳事前下，呼從誨不以官閥，但朗君而已。末年尤好篇詠，與僧齊己友善，貽之詩曰：‘陳琳筆硯甘前席，角里煙霞憶共眠。’蓋以寫其高尚之趣也。”中華書局本有校勘記：“欲任爲判官，‘任’原作‘仕’，據殿本、劉本、孔本、彭本、《舊五代史考異》卷五、《五代史補》卷四改。貽之詩曰‘陳琳筆硯甘前席，角里烟霞憶共眠’，按《白蓮集》卷九，齋己《寄梁先輩》詩云‘陳琳筆硯甘前席，角里煙霞待共眠’。疑‘貽之詩曰’上有脱文。蓋以寫其高尚之趣也，‘寫’字原闕，據殿本、《舊五代史考異》卷五、《五代史補》卷四補。”

史臣曰：自唐末亂離，海内分割，荆、湖、江、浙，各據一方，翼子貽孫，多歷年所。夫如是者何也？蓋值諸夏多艱，王風不競故也。洎皇宋之撫運也，因朗、陵之肇亂，命王師以有征，一矢不亡，二方俱服。遂使瑶琨篠簜，[1]咸遵作貢之文；江、漢、濉、漳，盡鼓朝宗之浪。[2]夫如是者何也？蓋屬大統有歸，人寰允洽故也。唯錢氏之守杭、越，逾八十年，蓋事大勤王之節，與荆楚、湖湘不侔矣。《永樂大典》卷五千五百三十八。[3]

［1］瑶琨：語出《尚書·禹貢》："厥貢惟金三品，瑶、琨、篠簜。"孔傳："瑶、琨皆美玉。"後用以泛指美玉美石。　篠（xiǎo）簜（dàng）：篠，小竹。簜，大竹。

［2］濉：河流名。源自今安徽蕭縣，流入洪澤湖。　漳：河流名。有清漳水、濁漳水二源，均出今山西東南部，在河北南部邊境匯合後稱漳河。　朝宗：朝，古代諸侯於春天朝見天子。宗，諸侯於夏日朝見天子。朝宗後泛指臣下覲見君王。

［3］《大典》卷五五三八"高"字韻"姓氏（六）"事目，誤。當爲《大典》卷四六九二"錢"字韻"姓氏（二）"事目。

今注本二十四史

舊五代史

一九

僭僞列傳　外國列傳〔一〕

宋　薛居正等　撰

陳智超　紀雪娟　主持校注

中国社会科学出版社

舊五代史　卷一三四

僭僞列傳第一

楊行密　子渥　渭　溥

楊行密，廬州人。[1]少孤貧，有膂力，日行三百里。唐中和之亂，[2]天子幸蜀，郡將遣行密徒步奏事，如期而復。[3]光啓初，[4]秦宗權擾淮右，[5]頻寇廬、壽，郡將募能致戰擒賊者，計級賞之，行密以膽力應募，往必有獲，得補爲隊長。行密乃自募百餘人，皆虓勇無行者，殺都將，自權州兵，郡將即以符印付之而去，朝廷因正授行密廬州刺史。[6]

[1]廬州：州名。治所在今安徽合肥市。

[2]中和：唐僖宗李儇年號（881—885）。　中和之亂：指黄巢軍進入長安，唐僖宗逃往四川。

[3]郡將遣行密徒步奏事，如期而復：《輯本舊史》之原輯者案語："案《北夢瑣言》云：鄭綮嘗典廬州，楊行密爲本州步奏官。""鄭綮嘗典廬州"，中華書局本有校勘記："'廬州'二字原闕，據《北夢瑣言》卷七補。"

[4]光啓：唐僖宗李儇年號（885—888）。

[5]秦宗權：人名。許州（今河南許昌市）人。唐末軍閥。傳

見《舊唐書》卷二〇〇下、《新唐書》卷二二五下。　淮右：即淮西地區。

[6]都將：官名。唐五代時節度使屬將。　刺史：官名。漢武帝時始置。州一級行政長官。總掌考覈官吏、勸課農桑、地方教化等事。唐中期以後，節度、觀察使轄州而設，刺史爲其屬官，職任漸輕。從三品至正四品下。　朝廷因正授行密廬州刺史：《新唐書》卷一八八《楊行密傳》："楊行密字化源，廬州合淝人。少孤，與羣兒戲，常爲旗幟戰陣狀。年二十，亡入盜中，刺史鄭棨捕得，異其貌，曰：'而且富貴，何爲作賊？'縱之。與里人田頵、陶雅、劉威善。僖宗在蜀，刺史遣通章行在，日走三百里，如約而還。秦宗權寇廬、壽間，刺史募殺賊，差首級爲賞，行密以功補隊長。都將忌之，俾出戍。將行，都將問所乏，對曰：'我須公頭！'即斬之，自爲八營都知兵馬使。刺史走，淮南節度使高駢因表爲廬州刺史。乃以田頵爲八營都將，陶雅爲左衝山將，討定鄉盜。"亦見《新五代史》卷六一《楊行密傳》。《新唐書》卷一八八《楊行密傳》又載："駢將吕用之恐行密不可制，遣俞公楚以兵五千屯合淝，名討黄巢而陰圖之。行密擊殺公楚。秦宗權遣弟度淮取舒城，行密破走之。時張敖據壽州，許勍據滁州，與行密挐戰。又舒人陳儒攻刺史高澞，澞來告難，行密未能定。賊吴迴、李本逐澞，據其城，行密虜之，取舒州，爲勍所奪。光啓二年，張敖遣將魏虔攻廬州，大將李神福、田頵破之楮城。"

光啓三年，揚州節度使高駢失政，[1]委任妖人吕用之輩。[2]牙將畢師鐸懼爲用之所譖，[3]自高郵起兵以襲廣陵，[4]爲用之所却，乃乞師於宣州秦彦，[5]且言事克之日，願以揚州帥之。[6]彦先遣將秦稠以兵三千人助師鐸攻陷廣陵，[7]高駢遂署師鐸爲行軍司馬。[8]未幾，秦彦率大衆并家屬渡江，入揚州軍府，[9]自稱節度使。初，揚州未陷，吕用之詐爲高駢檄，徵兵於廬州，及城陷，行密以軍萬人奄至。畢師鐸之入廣陵也，吕用之出奔於外，至是委質於行密。[10]行密攻廣陵，營於大明寺，秦、畢出兵以攻行密之營，短兵纔接，行密僞遁，秦、畢之兵争入其栅，以取金帛，行密發伏兵以擊之，秦、畢大敗，退走其壁，自是不復出戰。[11]

[1]揚州：州名。治所在今江蘇揚州市。此處代指淮南。　節度使：官名。唐時在重要地區所設掌握一州或數州軍、民、財政的長官。　高駢：人名。幽州（今北京市）人。唐末軍閥。傳見《舊唐書》卷一八二、《新唐書》卷二二四下。

[2]吕用之：人名。籍貫不詳。事見本書本卷。

[3]畢師鐸：人名。曹州冤句（今山東菏澤市）人。唐末、五代將領。傳見《舊唐書》卷一八二。

[4]高郵：縣名。治所在今江蘇高郵市。　廣陵：地名。位於今江蘇揚州市。

[5]宣州：州名。治所在今安徽宣城市。　秦彦：人名。彭城徐州（今江蘇徐州市）人。唐末藩鎮將領。傳見《舊唐書》卷一八二。

[6]願以揚州帥之：中華書局本有校勘記："'帥'，彭校作'歸'。"

[7]秦稠：人名。籍貫不詳。唐末藩鎮將領。事見《舊唐書》卷一八二。

[8]行軍司馬：官名。出征將領及節度使的屬官。掌軍籍符伍，號令印信，是藩鎮重要的軍政官員。　高駢遂署師鐸爲行軍司馬：中華書局本有校勘記："'遂'字原闕，據《册府》卷二二三補。"

[9]入揚州軍府：中華書局本有校勘記："'入'下《册府》卷二二三有'據'字。"

［10］“初，揚州未陷”至“至是委質於行密”：《通鑑》卷二五七光啓三年（887）四月條：“畢師鐸之攻廣陵也，吕用之詐爲高駢牒，署廬州刺史楊行密行軍司馬，追兵入援。廬江人袁襲説行密曰：‘高公昏惑，用之姦邪，師鐸悖逆，凶德參會，而求兵於我，此天以淮南授明公也，趣赴之。’行密乃悉發廬州兵，復借兵於和州刺史孫端，合數千人赴之，五月，至天長。鄭漢章之從師鐸也，留其妻守淮口，用之帥衆攻之，旬日不克，漢章引兵救之。用之聞行密至天長，引兵歸之。”同年五月丙子條：“張神劍求貨於畢師鐸，師鐸報以俟秦司空之命，神劍怒，亦以其衆歸楊行密；及海陵鎮遏使高霸、曲溪人劉金、盱眙人賈令威悉以其衆屬焉，行密衆至萬七千人，張神劍運高郵糧以給之。”同月戊戌條：“楊行密帥諸軍抵廣陵城下，爲八寨以守之，秦彦閉城自守。”同年六月戊午條：“秦彦遣畢師鐸、秦稠將兵八千出城，西擊楊行密，稠敗死，士卒死者什七八。”同年七月癸未條：“淮南將吴苗帥其徒八千人踰城降楊行密。”同年八月條：“秦彦以張雄兵强，冀得其用，以僕射告身授雄，以尚書告身三通授裨將馮弘鐸等。廣陵人競以珠玉金繒詣雄軍貿食，通犀帶一，得米五升，錦衾一，得糠五升。雄軍既富，不復肯戰，未幾，復助楊行密。”

［11］“行密攻廣陵”至“自是不復出戰”：《通鑑》卷二五七光啓三年八月丁卯條：“彦悉出城中兵萬二千人，遣畢師鐸、鄭漢章將之，陳於城西，延袤數里，軍勢甚盛。行密安卧帳中，曰：‘賊近告我。’牙將李宗禮曰：‘衆寡不敵，宜堅壁自守，徐圖還師。’李濤怒曰：‘吾以順討逆，何論衆寡，大軍至此，去將安歸！濤願將所部爲前鋒，保爲公破之！’濤，趙州人也。行密乃積金帛麴米於一寨，使羸弱守之，多伏精兵於其旁，自將千餘人衝其陳。兵始交，行密陽不勝而走，廣陵兵追之，入空寨，争取金帛麴米，伏兵四起，廣陵衆亂，行密縱兵擊之，俘斬殆盡，積尸十里，溝瀆皆滿，師鐸、漢章單騎僅免。自是秦彦不復言出師矣。”

其年九月，秦、畢害高駢於幽所，少長皆死，同坎瘞於道院北垣下。[1]行密攻圍彌急，城中食盡，米斗四十千，居人相啗略盡。十月，城陷，秦、畢走東塘，[2]行密入廣陵，輦外寨之粟以食饑民，即日米價減至三千。[3]十一月，蔡賊孫儒以衆萬人自淮西奄至，[4]還據外寨，行密輜重牛羊軍食未入城者，皆爲儒所有。時秦、畢來自東塘，與儒軍合，自是西門之外，復爲敵境矣。[5]初，呂用之遇行密於天長，[6]紿行密曰：[7]"用之有白金五千鋌，瘞於所居之廡下，寇平之日，願備將士倡樓一醉之資。"至是，行密閱兵，用之在側，謂用之曰："僕射許此輩銀，何負心也！"遽命斬於三橋之下，夷其族。[8]

[1]坎：墓穴，墓坑。瘞（yì）：掩埋、埋葬。"其年九月"至"同坎瘞於道院北垣下"：《通鑑》卷二五七光啓三年（887）九月條："甲戌，（秦彥）命其將劉匡時殺駢，并其子弟甥姪無少長皆死，同坎瘞之。乙亥，楊行密聞之，帥士卒縞素向城大哭三日。"

[2]東塘：地名。位於今江蘇揚州市東。《輯本舊史》之影庫本粘籤："東塘，原本作'東唐'，今從《新唐書》改正。"

[3]"行密攻圍彌急"至"即日米價減至三千"：《通鑑》卷二五七光啓三年十月條："楊行密圍廣陵且半年，秦彥、畢師鐸大小數十戰，多不利；城中無食，米斗直錢五十緡，草根木實皆盡，以堇泥爲餅食之，餓死者太半。宣軍掠人詣肆賣之，驅縛屠割如羊豕，訖無一聲，積骸流血，滿於坊市。彥、師鐸無如之何，嚬蹙而已。外圍益急，彥、師鐸憂懣，殆無生意，相對抱膝，終日悄然。行密亦以城久不下，欲引還。己巳夜，大風雨，呂用之部將張審威

帥麾下士三百，晨，伏於西壕，俟守者易代，潛登城，啓關納其衆，守者皆不鬬而潰。先是，彦、師鐸信重尼奉仙，雖戰陳日時，賞罰輕重，皆取决焉。至是復咨於奉仙曰：'何以取濟？'奉仙曰：'走爲上策！'乃自開化門出奔東塘。行密帥諸軍合萬五千人入城，以梁纘不盡節於高氏，爲秦、畢用，斬於戟門之外；韓問聞之，赴井死。以高駢從孫愈攝副使，使改殯駢及其族。城中遺民纔數百家，飢羸非復人狀，行密輦西寨米以賑之。行密自稱淮南留後。"

[4]蔡：州名。治所在今河南汝南縣。　孫儒：人名。河南(今河南洛陽市)人。唐末軍閥。傳見《新唐書》卷一八八。　淮西：地區名。唐中後期指淮河以西及以南一帶。詳見楊文春《"淮西"地名考釋》，《首都師範大學學報》2013年第4期。

[5]時秦、畢來自東塘：中華書局本有校勘記："'畢'，原作'軍'，據殿本、劉本、彭校、《通曆》卷一五、《册府》卷二二三改。"　"十一月"至"復爲敵境矣"：《通鑑》卷二五七光啓三年十月條："秦宗權遣其弟宗衡將兵萬人渡淮，與楊行密争揚州，以孫儒爲副，張佶、劉建鋒、馬殷及宗權族弟彦暉皆從。十一月，辛未，抵廣陵城西，據行密故寨，行密輜重之未入城者，爲蔡人所得。秦彦、畢師鐸至東塘，張雄不納，將渡江趣宣州；宗衡召之，乃引兵還，與宗衡合。"同年十一月條："未幾，宗權召宗衡還蔡，拒朱全忠。孫儒知宗權勢不能久，稱疾不行。宗衡屢促之，儒怒，甲戌，與宗衡飲酒，坐中手刃之，傳首於全忠。宗衡將安仁義降於行密。仁義，本沙陀將也。行密悉以騎兵委之，列於田頵之上。"同月戊子條："高郵殘兵七百人潰圍而至，楊行密慮其爲變，分隸諸將，一夕盡阬之，明日，殺神劍於其第。楊行密恐孫儒乘勝取海陵，壬寅，命鎮遏使高霸帥其兵民悉歸府城，曰：'有違命者，族之。'於是數萬户棄資産、焚廬舍、挈老幼遷於廣陵。戊戌，霸與弟晤、部將余繞山、前常州刺史丁從實至廣陵，行密出郭迎之，與霸、晤約爲兄弟，置其將卒於法雲寺。"同年閏十一月條："楊行密欲遣高霸屯天長以拒孫儒，袁襲曰：'霸，高氏舊將，常挾兩端，

我勝則來，不勝則叛。今處之天長，是自絶其歸路也，不如殺之。’己酉，行密伏甲執霸及丁從實、余繞山，皆殺之。又遣千騎掩殺其黨於法雲寺，死者數千人。是日，大雪，寺外數坊地皆赤。高晧出走，明日，獲而殺之。”

[6]天長：縣名。治所在今安徽天長市。

[7]紿（dài）：欺騙。

[8]僕射：官名。秦始置。隋、唐前期以左、右僕射佐尚書令總理六官，綱紀庶務；如不置尚書令，則總判省事，爲宰相之職。唐後期多爲大臣加銜。從二品。　三橋：地名。位於今江蘇揚州市西南。　“初，吕用之遇行密於天長”至“夷其族”：《通鑑》卷二五七光啓三年閏十一月條：“吕用之之在天長也，紿楊行密曰：‘用之有銀五萬鋌，埋於所居，克城之日，願備麾下一醉之資。’庚戌，行密閲士卒，顧用之曰：‘僕射許此曹銀，何食言邪！’因牽下械繫，命田頵鞫之，云：‘與鄭杞、董瑾謀因中元夜，邀高駢至其第建黄籙齋，乘其入静，縊殺之，聲言上升。因令莫邪都帥諸軍推用之爲節度使。’是日，腰斬用之，怨家刳割立盡，并誅其族黨。軍士發其中堂，得桐人，書駢姓名於胸，桎梏而釘之。”亦見《宋本册府》卷九二二《總録部·妖妄門》吕用之條。

行密既有廣陵，遣使至大梁，[1]陳歸附之意。是時，梁祖兼領淮南，乃遣牙將張廷範使於淮南，[2]與行密結盟，尋遣行軍司馬李璠權知淮南留後，[3]令都將郭言以兵援送。[4]行密初則厚禮廷範，及聞李璠之行，悖然有拒命之意。廷範懼，易衣夜遁，遇梁祖於宋州，[5]備言行密不軌之心，酌其兵勢未可圖也，乃追李璠等還，[6]即表行密爲淮南留後。[7]

[1]大梁：地名。位於今河南開封市。

[2]張廷範：人名。清河（今河北清河縣）人。唐末大臣。傳見《新唐書》卷二二三下。

[3]李璠（fán）：人名。籍貫不詳。唐末將領。事見本書卷一。　留後：官名。唐五代節度使多以子弟或親信爲留後，以代行節度使職務，亦有軍士、叛將自立爲留後者。掌一州或數州軍政。

[4]郭言：人名。太原（今山西太原市）人。唐末將領。傳見本書卷二一。　“行密既有廣陵”至“令都將郭言以兵援送”：《通鑑》卷二五七光啓三年（887）閏十一月：“朱全忠遣內客將張廷範致朝命於楊行密，以行密爲淮南節度副使，又以宣武行軍司馬李璠爲淮南留後，遣牙將郭言將兵千人送之。感化節度使時溥自以於全忠爲先進，官爲都統，顧不得領淮南，而全忠得之，意甚恨望。全忠以書假道於溥，溥不許。璠至泗州，溥以兵襲之，郭言力戰得免而還。”　悖然有拒命之意，中華書局本有校勘記：“‘之’字原闕，據殿本、孔本、《册府》卷二二三補。”

[5]宋州：州名。治所在今河南商丘市睢陽區。

[6]乃追李璠等還：原輯者案語引《舊五代史考異》：“案《通鑑》：李璠至盱眙，行密發兵襲之，郭言力戰得免。與《薛史》異。”

[7]“廷範懼”至“即表行密爲淮南留後”：《通鑑》卷二五七文德元年（888）正月甲子條：“張廷範至廣陵，楊行密厚禮之。及聞李璠來爲留後，怒，有不受之色。廷範密使人白全忠，宜自以大軍赴鎮，全忠從之；至宋州，廷範自廣陵逃來，曰：‘行密未可圖也。’甲子，李璠至，言徐軍遮道，全忠乃止。”同年二月條：“朱全忠奏以楊行密爲淮南留後。”

文德元年正月，[1]孫儒殺秦彦、畢師鐸於高郵，引軍襲廣陵，下之，儒自稱節度使，行密收其衆歸於廬江。[2]十一月，梁祖遣大將龐師古自潁上渡淮，[3]討孫儒之亂，師古引兵深入淮甸，不利，還。[4]龍紀元年，[5]孫儒出攻宣州，行密乘虛襲據揚州，北通時溥，[6]孫儒引兵復攻行密。大順元年，[7]行密危蹙，率衆夜遁，出據宣州，儒復入揚州。二年，乃蒐練兵甲以攻行密，[8]屬江淮疾疫，師人多死，儒亦卧病，爲部下所執，送於行密，殺之。行密自宣城長驅入於廣陵，盡得孫儒之衆。[9]自光啓末高駢失守之後，行密與畢師鐸、秦彦、孫儒遞相窺圖，六七年中，兵戈競起，八州之内，鞠爲荒榛，圜幅數百里，人煙斷絶。行密既併孫儒，乃招合遺散，與民休息，政事寬閑，百姓便之，蒐兵練將，以圖霸道。[10]所得孫儒之衆，皆淮南之驍果也，[11]選五千人豢養於府第，厚其衣食，驅之即戰，靡不争先，甲冑皆以黑繒飾之，命曰“黑雲都”。[12]

[1]文德：唐僖宗李儇年號（888）。

[2]廬江：縣名。治所在今安徽廬江縣。　儒自稱節度使，行密收其衆歸於廬江：《通鑑》卷二五七文德元年（888）四月壬午條：“孫儒襲揚州，克之；楊行密出走，儒自稱淮南節度使。行密將奔海陵，袁襲勸歸廬州，再爲進取之計，從之。”

[3]龐師古：人名。曹州（今山東曹縣）人。唐末將領。傳見本書卷二一、《新五代史》卷二一。　潁上：縣名。治所在今安徽潁上縣。

[4]“梁祖遣大將龐師古自潁上渡淮”至“不利，還”：《通鑑》卷二五八大順元年（890）正月條：“汴將龐師古等衆號十萬。度淮，聲言救楊行密，攻下天長，壬子，下高郵。”同年二月條：“龐師古引兵深入淮南，己巳，與孫儒戰於陵亭，師古兵敗而還。”

《新五代史》卷一《梁太祖紀上》大順元年條："春，遣龐師古攻孫儒于淮南，大敗而還。"按二書皆繫此事於大順元年春，較《舊五代史》之文德元年冬晚二年，蓋《舊五代史》誤記。

[5]龍紀：唐昭宗李曄年號（889）。

[6]時溥：人名。徐州彭城（今江蘇徐州市）人。唐末軍閥，平定黄巢之亂後割據徐州。傳見《舊唐書》卷一八二、《新唐書》卷一八八。

[7]大順：唐昭宗李曄年號（890—891）。

[8]"行密危蹙"至"乃蒐練兵甲以攻行密"：《通鑑》卷二五八大順元年閏九月條："孫儒遣劉建鋒攻拔常州，殺行周，遂圍蘇州。"同卷大順二年正月條："孫儒盡舉淮、蔡之兵濟江，癸酉，自潤州轉戰而南，田頵、安仁義屢敗退，楊行密城戍皆望風奔潰。儒將李從立奄至宣州東溪，行密守備尚未固，衆心危懼，夜，使其將合肥臺濛將五百人屯溪西；濛使士卒傳呼，往返數四，從立以爲大衆繼至，遽引去。儒前軍至溧水，行密使都指揮使李神福拒之。神福陽退以示怯，儒軍不設備，神福夜帥精兵襲之，俘斬千人。"同年四月條："楊行密遣其將劉威、朱延壽將兵三萬擊孫儒於黄池，威等大敗。"同年七月條："朱全忠遣使與楊行密約共攻孫儒。儒恃其兵强，欲先滅行密，後敵全忠，移牒藩鎮，數行密、全忠之罪，且曰：'俟平宣、汴，當引兵入朝，除君側之惡。'於是悉焚揚州廬舍，盡驅丁壯及婦女渡江，殺老弱以充食。行密將張訓、李德誠潛入揚州，滅餘火，得穀數十萬斛以賑饑民。泗州刺史張諫貸數萬斛以給軍，訓以行密之命饋之，諫由是德行密。"同年八月乙未條："孫儒自蘇州出屯廣德，楊行密引兵拒之。儒圍其寨，行密將上蔡李簡帥百餘人力戰，破寨，拔行密出之。"同年十二月條："孫儒焚掠蘇、常，引兵逼宣州，錢鏐復遣兵據蘇州。儒屢破楊行密之兵，旌旗輜重亘百餘里。行密求救於錢鏐，鏐以兵食助之。"卷二五九景福元年（892）正月丙寅條："楊行密謂諸將曰：'孫儒之衆十倍於我，吾戰數不利，欲退保銅官，何如？'劉威、李神福曰：'儒掃

地遠來，利在速戰。宜屯據險要，堅壁清野以老其師，時出輕騎抄其饋餉，奪其俘掠。彼前不得戰，退無資糧，可坐擒也。’戴友規曰：‘儒與我相持數年，勝負略相當。今悉衆致死於我，我若望風棄城，正墮其計。淮南士民從公渡江及自儒軍來降者甚衆，公宜遣將先護送歸淮南，使復生業；儒軍聞淮南安堵，皆有思歸之心，人心既摇，安得不敗！’行密悦，從之。”同年二月丁亥條：“孫儒圍宣州。”

［9］宣城：縣名。治所在今安徽宣城市。　“屬江淮疾疫”至“盡得孫儒之衆”：《通鑑》卷二五九景福元年五月條：“楊行密屢敗孫儒兵，破其廣德營，張訓屯安吉，斷其糧道。儒食盡，士卒大疫，遣其將劉建鋒、馬殷分兵掠諸縣。六月，行密聞儒疾瘧，戊寅，縱兵擊之。會大雨、晦冥，儒軍大敗，安仁義破儒五十餘寨，田頵擒儒於陳，斬之，傳首京師，儒衆多降於行密。”六月丁酉條：“楊行密帥衆歸揚州。”《通鑑考異》曰：“《十國紀年》，‘行密過常州，謂左右曰：“常州大城也，張訓以一劍下之，不亦壯哉！”’《舊紀》：‘大順二年三月，淮南節度使孫儒爲宣州觀察使楊行密所殺。初，行密揚州失守，據宣州，孫儒以兵攻圍三年。是春，淮南大饑，軍中疫癘。是月，孫儒亦病，爲帳下所執，降行密；行密乃併孫儒之衆，復據廣陵。’薛居正《五代史·行密傳》曰：‘大順元年，行密危蹙，出據宣州，儒復入揚州。二年，儒攻行密。屬江、淮疾疫，師人多死，儒亦卧病，爲部下所執，送於行密，殺之。行密自宣城長驅入于廣陵。’《唐補紀》：‘大順二年六月，孫儒兵敗於宛陵城下，楊行密進首級於西京。’《吴録》曰：‘景福元年，六月六日，太祖盡率諸將晨出擊儒，田頵臨陳擒儒以獻，斬儒於市，傳首京師。’《新紀》《實録》《十國紀年》皆據此。《舊紀》《薛史》《唐補紀》皆誤。”見《舊唐書》卷二〇上《昭宗紀》、《十國春秋》卷一《吴太祖世家》。《新唐書》本紀未載録此事，卷一八八《孫儒傳》載，與《吴録》同。

［10］“行密既併孫儒”至“以圖霸道”：《通鑑》卷二五九景

福元年八月條："行密以用度不足，欲以茶鹽易民布帛，掌書記舒城高勗曰：'兵火之餘，十室九空，又漁利以困之，將復離叛。不若悉我所有易鄰道所無，足以給軍；選賢守令勸課農桑，數年之間，倉庫自實。'行密從之。田頵聞之曰：'賢者之言，其利遠哉！'行密馳射武伎，皆非所長，而寬簡有智略，善撫御將士，與同甘苦，推心待物，無所猜忌。嘗早出，從者斷馬鞦，取其金，行密知而不問，它日，復早出如故，人服其度量。淮南被兵六年，士民轉徙幾盡；行密初至，賜與將吏，帛不過數尺，錢不過數百；而能以勤儉足用，非公宴，未嘗舉樂。招撫流散，輕傜薄斂，未及數年，公私富庶，幾復承平之舊。"同卷景福二年八月丙辰條："楊行密遣田頵將宣州兵二萬攻歙州；歙州刺史裴樞城守，久不下。時諸將爲刺史者多貪暴，獨池州團練使陶雅寬厚得民，歙人曰：'得陶雅爲刺史，請聽命。'行密即以雅爲歙州刺史，歙人納之。雅盡禮見樞，送之還朝。"

[11]驍果：勇猛果敢之士。

[12]"選五千人豢養於府第"至"命曰'黑雲都'"：《新唐書》卷一八八《楊行密傳》："初，行密有鋭士五千，衣以黑繒黑甲，號'黑雲都'。又並盱眙、曲溪二屯，籍其士爲'黄頭軍'，以李神福爲左右黄頭都尉，兵鋭甚。"《通鑑》卷二五九景福元年八月條："孫儒降兵多蔡人，行密選其尤勇健者五千人，厚其稟賜，以皁衣蒙甲，號'黑雲都'，每戰，使之先登陷陳，四鄰畏之。"

乾寧二年，[1]行密盡有淮南之地，昭宗乃降制授行密淮南節度副大使、[2]知節度事、管内營田觀察處置等使、[3]開府儀同三司、檢校太傅、[4]同中書門下平章事、[5]兼揚州大都督府長史、[6]上柱國、[7]弘農郡王，[8]食邑三千户，食實封一百户。[9]

[1]乾寧：唐昭宗李曄年號（894—898）。

[2]制：帝王命令的一種。唐制，凡行大賞罰，授大官爵，釐革舊政，赦宥慮囚，皆用制書。由中書舍人起草擬定。禮儀等級較高。　節度副大使：官名。方鎮中僅次於節度使之使職，如持節，則位同於節度使。

[3]知節度事：官名。方鎮實際掌權者。　管内營田觀察處置等使：官品。掌方鎮内營田、觀察、處置等使職責。

[4]開府儀同三司：官名。魏晋始置，隋唐時爲散官之最高官階。多授功勳重臣。從一品。　檢校太傅：官名。爲散官或加官，以示恩寵，無實際執掌。

[5]同中書門下平章事：官名。唐高宗以後，凡實際任宰相之職者，常在其本官後加同平章事的職銜。後成爲宰相專稱。或爲節度使加銜。

[6]大都督府長史：官名。大都督府始設於三國時期。唐、五代時爲某些重要府州的軍政機構。長史爲實際統帥。從三品。中華書局本有校勘記："'督'字原闕，據殿本、劉本補。"

[7]上柱國：官名。北周武帝建德四年（575），置上柱國爲高級勳官。隋唐沿置。五代後唐明宗天成三年（928）詔，今後凡加勳，先自武騎尉經十二轉方授爲上柱國。正二品。

[8]"昭宗乃降制授行密淮南節度副大使"至"弘農郡王"：《新唐書》卷一八八《楊行密傳》："乾寧二年……詔拜行密淮南節度副大使，知節度事，檢校太傅、同中書門下平章事，封弘農郡王。"

[9]食邑：即封地、封邑。食邑之名，蓋取受封者不之國，僅食其租税之意。　食實封：實際享用封户的租賦。

四年，梁祖平兗、鄆，[1]朱瑾及沙陁將李承嗣、史儼等皆奔淮南，[2]行密待之優厚，任以爲將，瑾與承嗣皆位至方伯。[3]是歲，行密縱兵侵掠鄰部，兩浙錢鏐、[4]江西鍾傳、[5]鄂州杜洪皆遣使求救于梁。[6]梁祖遣朱友恭率步騎萬人渡江，[7]取便討伐。行密先令都將瞿章據黄州，[8]及梁師至，即棄郡南渡，固守武昌寨。行密遣將馬珣以精兵五千助之，[9]友恭與杜洪大破其衆，遂拔武昌寨，擒瞿章並淮軍三千餘人，獲馬五百疋，淮夷大恐。[10]八月，梁祖遣葛從周領步騎萬人自霍丘渡淮，[11]遣龐師古率大軍營於清口。[12]淮人決堰縱水，流潦大至。又令朱瑾率勁兵以襲汴軍，汴軍大敗，師古死之。葛從周聞師古之敗，自濠梁班師，至淠河，[13]爲淮人所乘，諸軍僅得北歸。[14]

[1]兖：州名。治所在今山東濟寧市兖州區。　鄆：州名。治所在今山東東平縣。

[2]朱瑾：人名。宋州下邑（今河南夏邑縣）人。唐末軍閥。傳見《新五代史》卷四二。　沙陁：即沙陀。古部族名。原意爲沙漠。沙陀部源出西突厥。隋文帝開皇二年（582），突厥汗國分裂爲東、西突厥。處月部爲西突厥所屬部落，朱邪是處月的别部。唐初，處月部居於大磧（今古爾班通古特沙漠），因稱沙陀突厥。唐中期時西突厥、處月部均已衰落，朱邪部遂自號沙陀，其首領以朱邪爲姓。其事詳見本書卷二五《唐武皇紀上》、《新唐書》卷二一八《沙陀傳》、《新五代史》卷四《唐莊宗紀上》末歐陽修考證。參見樊文禮《沙陀的族源及其早期歷史》，《民族研究》1999年第6期；袁本海《沙陀的形成及其與北方民族關係研究》，博士學位論文，中央民族大學，2010年。　李承嗣：人名。代州雁門（今山西代縣）人。唐末、五代將領。傳見本書卷五五。　史儼：人名。代州雁門（今山西代縣）人。李克用部將。傳見本書卷五五。

[3]瑾與承嗣皆位至方伯：原輯者案語《舊五代史考異》："案《九國志》：行密承制授朱瑾泰寧軍節度使，李承嗣振武軍節度使。此云位至方伯，似未明晰，附識於此。" "梁祖平兖、鄆"至"瑾與承嗣皆位至方伯"：《通鑑》卷二六一乾寧四年（897）正月條："朱瑾留大將康懷貞守兖州。與河東將史儼、李承嗣掠徐州之境以給軍食。全忠聞之，遣葛從周將兵襲兖州。懷貞聞鄆州已失守，汴兵奄至，遂降。二月，戊申，從周入兖州，獲瑾妻子。朱瑾還，無所歸，帥其衆趨沂州，刺史尹處賓不納，走保海州，爲汴兵所逼，與史儼、李承嗣擁州民渡淮，奔楊行密。行密逆之于高郵，表瑾領武寧節度使……淮南舊善水戰，不知騎射，及得河東、兖、鄆兵，軍聲大振。史儼、李承嗣皆河東驍將，李克用深惜之，遣使間道詣楊行密請之；行密許之，亦遣使詣克用脩好。"

[4]兩浙：地區名。浙東、浙西的合稱。泛指今浙江全省及江蘇南部一帶的區域。 錢鏐：人名。臨安（今浙江杭州市）人。五代十國吴越開國君主。傳見本書卷一三三、《新五代史》卷六七。

[5]江西：地區名。即江南西道，治所在洪州（今江西南昌市）。 鍾傳：人名。洪州高安（今江西高安市）人。唐末軍閥。傳見本書卷一七、《新唐書》卷一九〇、《新五代史》卷四一。

[6]鄂州：州名。治所在今湖北武漢市。此處代指武昌軍。 杜洪：人名。江夏（今湖北武漢市武昌區）人。伶人出身，唐末、五代軍閥。傳見本書卷一七、《新唐書》卷一九〇。

[7]朱友恭：人名。壽春（今安徽壽縣）人。本姓李，朱温養子。傳見本書卷一九、《新唐書》卷二二三下。

[8]瞿章：人名。籍貫不詳。唐末將領。事見本書卷一九、卷二〇。 黄州：州名。治所在今湖北黄岡市黄州區。

[9]馬珣：人名。籍貫不詳。唐末藩鎮將領。事見《新唐書》卷一八八。

[10]淮：地名。即淮南。今淮河以南、長江以北地區。 "行密縱兵侵掠鄰部"至"淮夷大恐"：《通鑑》卷二六一乾寧四年二

月條：“詔以楊行密爲江南諸道行營都統，以討武昌節度使杜洪。”同年四月條：“杜洪爲楊行密所攻，求救於朱全忠。全忠遣其將聶金掠泗州，朱友恭攻黄州。行密遣右黑雲都指揮使馬珣等救黄州。黄州刺史瞿章聞友恭至，棄城，擁衆南保武昌寨。癸亥，兩浙將顧全武等破淮南十八營，虜淮南將士魏約等三千人。淮南將田頵屯驛亭埭，兩浙兵乘勝逐之。甲戌，頵自湖州奔還，兩浙兵追敗之，頵衆死者千餘人。”同年五月條：“辛巳，朱友恭爲浮梁于樊港，進攻武昌寨，壬午，拔之，執瞿章，遂取黄州；馬珣等皆敗走。”

[11]葛從周：人名。濮州鄄城（今山東鄄城縣）人。唐末、五代將領。傳見本書卷一六、《新五代史》卷二一。　霍丘：縣名。治所在今安徽霍邱縣。

[12]清口：地名。原爲泗水入淮之口，位於今江蘇淮安市淮陰區。

[13]濠梁：河流名。又名石梁河，在今安徽鳳陽縣境内，東北流至臨淮關入淮河。中華書局本有校勘記：“原作‘濠梁’，據殿本、劉本、邵本校改。”　淠（pì）河：河流名。源出大别山，在今安徽壽縣注入淮河。

[14]“梁祖遣葛從周領步騎萬人自霍丘渡淮”至“諸軍僅得北歸”：《通鑑》卷二六一乾寧四年九月條：“朱全忠既得兖、鄆，甲兵益盛，乃大舉擊楊行密，遣龐師古以徐、宿、宋、滑之兵七萬壁清口，將趨揚州，葛從周以兖、鄆、曹、濮之兵壁安豐，將趨壽州，全忠自將屯宿州；淮南震恐。”同年十月條：“楊行密與朱瑾將兵三萬拒汴軍於楚州，别將張訓自漣水引兵會之，行密以爲前鋒。龐師古營於清口，或曰：‘營地汙下，不可久處。’不聽。師古恃衆輕敵，居常弈棊。朱瑾壅淮上流，欲灌之；或以告師古，師古以爲惑衆，斬之。十一月，癸酉，瑾與淮南將侯瓚將五千騎潛渡淮，用汴人旗幟，自北來趣其中軍，張訓踰栅而入；士卒蒼黄拒戰，淮水大至，汴軍駭亂。行密引大軍濟淮，與瑾等夾攻之，汴軍大敗，斬師古及將士首萬餘級，餘衆皆潰。葛從周營于壽州西北，壽州團練

使朱延壽擊破之，退屯濠州，聞師古敗，奔還。行密、瑾、延壽乘勝追之，及於淠水。從周半濟，淮南兵擊之，殺溺殆盡，從周走免。遏後都指揮使牛存節棄馬步鬬，諸軍稍得濟淮，凡四日不食，會大雪，汴卒緣道凍餒死，還者不滿千人。全忠聞敗，亦奔還。行密遺全忠書曰：'龐師古、葛從周，非敵也，公宜自來淮上決戰。'"同年十一月條："行密大會諸將，謂行軍副使李承嗣曰：'始吾欲先趣壽州，副使云不如先向清口，師古敗，從周自走，今果如所料。'賞之錢萬緡，表承嗣領鎮海節度使。行密待承嗣及史儼甚厚，第舍、姬妾，咸選其尤者賜之，故二人爲行密盡力，屢立功，竟卒於淮南。行密由是遂保據江、淮之間，全忠不能與之争。"《輯本舊史》卷二一《龐師古傳》所繫時日與《通鑑》稍異："乾寧四年八月，與葛從周分統大軍，渡淮以伐楊行密。十一月，師古寨於清口，寨地卑下，或請遷移，弗聽。俄有告淮人決上流者，曰：'水至矣。'師古怒其惑衆，斬之。須臾，我軍在淖中，莫能戰，而吴人襲焉，故及于敗，師古没於陣。"按本書卷一《梁太祖紀一》："葛從周行及濠梁，聞師古之敗，亦命班師。"又，《舊五代史》不載光化元年事，姑附於此。《通鑑》卷二六一光化元年（898）正月條："兩浙、江西、武昌、淄青各遣使詣闕，請以朱全忠爲都統，討楊行密；詔不許。"同年七月條："忠義節度使趙匡凝聞朱全忠有清口之敗，陰附於楊行密。全忠遣宿州刺史尉氏氏叔琮將兵伐之，丙申，拔唐州，擒隨州刺史趙匡璘，敗襄州兵於鄧城。"同年十一月條："衢州刺史陳岌請降于楊行密，錢鏐使顧全武討之。朱全忠以奉國節度使崔洪與楊行密交通，遣其將張存敬攻之；洪懼，請以弟都指揮使賢爲質，且言：'將士頑悍，不受節制，請遣二千人詣麾下從征伐。'全忠許之，召存敬還。"同年十二月條："楊行密遣成及歸兩浙以易魏約等，錢鏐許之。"《新唐書》卷一八八《楊行密傳》："光化元年，秦裴取鏐崑山鎮，顧全武圍之。行密諸將數敗，全武遂圍蘇州，臺濛固守，鏐自以舟師至。濛食盡，行密遣李簡、蔣勳迎之，敗全武兵，濛得還。後軍潰，裴援絶，全武勸其降。决水灌城，城壞，裴乃降。鏐喜，具千人食以待。既至，士不及百。鏐曰：‘軍寡，何拒之久？’裴曰：‘糧盡歸死，非僕素也。’初，成及之執，行密閲其室，唯圖書藥劑，將辟爲行軍司馬，固辭，引刀欲自刺，行密乃止，厚禮而歸之。鏐亦遣魏約等還。”

光化二年，行密遣大將張歸厚禦之而退。[1]天復三年，青州王師範叛，[2]乞師於淮南，行密遣將王景仁帥師二萬以援之，攻討密州。[3]七月，梁祖大破師範及景仁之衆，景仁遁還，追至輔唐，殺數千人，進取密州。[4]天祐元年十一月，淮人攻光州，[5]梁祖率軍抵霍丘，略地於廬、壽之境，淮人遁去。二年正月，進攻壽州，淮人閉壁不出，大掠而還。[6]是月，行密攻陷鄂州，擒節度使杜洪，戮於揚州市，梁之戍兵數千人亦陷焉。[7]其後，江西鍾傳、宣州田頵俱爲行密所併。[8]三年，行密以疾卒於廣陵。及其子渭僭號，僞追尊爲太祖武皇帝。[9]《永樂大典》卷六千五十一。[10]

[1]光化：唐昭宗李曄年號（898—901）。　行密：下有原輯者案語：“案：已下有闕文。”中華書局本有校勘記：“句下殿本、劉本有‘北侵’二字。”　遣大將張歸厚禦之而退：中華書局本有校勘記：“‘遣’字原闕，據殿本、劉本、孔本補。‘大將’二字原闕，據孔本補。”　光化二年，行密遣大將張歸厚禦之而退：《通鑑》卷二六一光化二年（899）正月條：“楊行密與朱瑾將兵數萬攻徐州，軍于吕梁，朱全忠遣騎將張歸厚救之……朱全忠遣崔賢還蔡州，發其兵兩千詣大梁。二月，蔡將崔景思等殺賢，劫崔洪，悉驅兵民渡淮奔楊行密。兵民稍稍遁歸，至廣陵者不滿二千人。”同年二月條：“朱全忠自將救徐州，楊行密聞之，引兵去；汴人追及之

於下邳，殺千餘人。”同年七月條：“朱全忠海州戍將陳漢賓請降于楊行密。淮海游弈使張訓以漢賓心未可知，與漣水防遏使廬江王綰將兵二千直趨海州，遂據其城。”《新五代史》卷六七《錢鏐傳》：“婺州刺史王壇叛附于淮南，楊行密遣其將康儒應壇，因攻睦州。鏐遣其弟銶敗儒於軒渚，壇奔宣州。”《通鑑》卷二六二繫此事於光化三年正月。

[2]天復：唐昭宗李曄年號（901—904）。　青州：州名。治所在今山東青州市。此處指平盧軍。　王師範：人名。青州（今山東青州市）人。唐末、五代軍閥。傳見本書卷一三、《新五代史》卷四二。

[3]王景仁：人名。合淝（今安徽合肥市）人。五代後梁將領。傳見本書卷二三、《新五代史》卷二三。　密州：州名。治所在今山東諸城市。

[4]“青州王師範叛”至“進取密州”：《通鑑》卷二六一光化二年九月條：“淄青節度使王師範以沂、密内叛，乞師於楊行密。冬，十月，行密遣海州刺史臺濛、副使王綰將兵助之，拔密州，歸於師範；將攻沂州，先使覘之，曰：‘城中皆偃旗息鼓。’綰曰：‘此必有備，而救兵近，不可擊也。’諸將曰：‘密已下矣，沂何能爲！’綰不能止，乃伏兵林中以待之。諸將攻沂州不克，救兵至，引退；州兵乘之，綰發伏擊敗之。”胡注：“當是時，朱全忠盡有河南一道之地，王師範亦附屬焉。若沂、密内叛，將安歸邪？又不乞師於全忠而乞師於楊行密，此事當考。”《輯本舊史》卷一三《王師範傳》：“天復元年冬，李茂貞劫遷車駕幸鳳翔，韓全誨矯詔加罪於太祖，令方鎮出師赴難。詔至青州，師範承詔泣下曰：‘吾輩爲天子藩籬，君父有難，略無奮力者，皆强兵自衛，縱賊如此，使上失守宗祧，危而不持，是誰之過，吾今日成敗以之！’乃發使通楊行密遣將劉鄩襲兗州，别將襲齊。”《輯本舊史》之原輯者案語：“案《新唐書》：全忠圍鳳翔，昭宗詔方鎮赴難，以師範附全忠，命楊行密部將朱瑾攻青州，且欲代爲平盧軍節度使。師範聞之，哭

曰：‘吾爲國守藩，君危不持，可乎？’乃與行密連盟。是師範之通行密，因其將謀見代而始遣使也。《歐陽史》作‘因乞兵于楊行密’，殊失事實，而《薛史》亦未詳載。”見《新唐書》卷一八七《王敬武傳》、《新五代史》卷四二《王師範傳》。亦見《册府》卷三七四《將帥部·忠門五》。《通鑑》卷二六四天復三年（903）三月條：“戊午，王師範弟師魯圍齊州，朱友寧引兵擊走之。師範遣兵益劉鄩軍，友寧擊取之。由是兖州援絶，葛從周引兵圍之。友寧進攻青州。戊辰，全忠引四鎮及魏博兵十萬繼之。”同年四月條：“王師範求救於淮南，乙未，楊行密遣其將王茂章以步騎七千救之，又遣别將將兵數萬攻宿州。全忠遣其將康懷英救宿州，淮南兵遁去。”《新五代史》卷二三《王景仁傳》：“初名茂章，少從楊行密起淮南。景仁爲將驍勇剛悍，質略無威儀，臨敵務以身先士卒，行密壯之。梁太祖遣子友寧攻王師範於青州，師範乞兵於行密，行密遣景仁以步騎七千救師範。師範以兵背城爲兩栅，友寧夜擊其一栅，栅中告急，趣景仁出戰，景仁按兵不動。友寧已破一栅，連戰不已。遲明，景仁度友寧兵已困，乃出戰，大敗之，遂斬友寧，以其首報行密。”

［5］天祐：唐昭宗李曄開始使用的年號（904）。唐哀帝李柷即位後沿用（904—907）。唐亡後，河東李克用、李存勗仍稱天祐，沿用至天祐二十年（923）。五代其他政權亦有行此年號者，如南吴、吴越等，使用時間長短不等。　光州：州名。治所在今河南潢川縣。

［6］壽：州名。治所在今安徽壽縣。　“淮人攻光州”至“大掠而還”：《通鑑》卷二六五天祐元年（904）十月條：“光州叛楊行密，降朱全忠，行密遣兵圍之，與鄂州皆告急於全忠。十一月，戊辰，全忠自將兵五萬自潁州濟淮，軍於霍丘，分兵救鄂州。淮南兵釋光州之圍還廣陵，按兵不出戰，全忠分命諸將大掠淮南以困之。”

［7］“行密攻陷鄂州”至“梁之戍兵數千人亦陷焉”：《通鑑》

卷二六五天祐二年正月條："朱全忠遣其將曹延祚將兵與杜洪共守鄂州，庚子，淮南將劉存攻拔之，執洪、延祚及汴兵千餘人送廣陵，悉誅之。行密以存爲鄂岳觀察使。"

[8]田頵：人名。廬州合淝（今安徽合肥市）人。五代十國藩鎮軍閥，後爲楊行密所殺。傳見本書卷一七、《新唐書》卷一八九。

江西鍾傳、宣州田頵俱爲行密所併：《輯本舊史》卷一七《杜洪傳》："鍾傳卒於江西，其子繼之，尋爲楊行密所敗，其地亦入于淮夷。"原輯者案語引《五代史補》繫此事於天祐三年。同卷《田頵傳》："行密乃先以公牒徵（朱）延壽，次悉兵攻宣城，頵戎力寡薄，棄壁走，不能越境，爲行密軍所得。"原輯者案語引《九國志》："十二月，頵出外州栅疾戰，橋陷馬墜，爲外軍所殺。"

[9]"三年"至"僞追尊爲太祖武皇帝"：《通鑑》卷二六五天祐二年十一月庚辰條："吴武忠王楊行密薨。"胡注："年五十四。"《通鑑考異》："《十國紀年注》《吴録》《唐烈祖實録》及吴史官王振撰《楊本紀》皆云'天祐二年十一月庚辰，行密卒'。敬翔《梁編遺録》云：'天祐三年三月，潁州獲河東諜者，言去年十一月持李克用絹書往淮南，十二月至揚州，方知楊行密已死。'與《莊宗功臣列傳·行密傳》所載略同。沈顔《行密神道碑》、殷文圭《行密墓誌》、游恭《渥墓誌》皆云'天祐三年丙寅，二月十三日丙申卒'，薛居正《五代史·行密傳》亦云'天祐三年卒'。行密之亡，嗣君幼弱，不由朝命承襲，或始死未敢發喪，赴以明年二月，疑沈顔等從而書之。《墓誌》云，十一月，吴王寢疾，付渥後事，授淮南使。或《本紀》等誤以此月爲行密卒。王振、沈顔、殷文圭、游恭皆仕吴，而記録差異，固不可考。今從《舊史》而存墓誌年月，以廣傳聞。"《新唐書》卷一八八《楊行密傳》："卒，年五十四。遺令穀葛爲衣，桐瓦爲棺。夜葬山谷，人不知所在。諸將謚曰武忠。"《新五代史》卷六一《楊隆演傳》："隆演，字鴻源，行密第二子也。初名瀛，又名渭……（十六年）夏四月，温奉玉册、寶綬尊隆演即吴王位。建宗廟、社稷，設百官如天子之制，改天祐十六

年爲武義元年，大赦境内，追尊行密孝武王，廟號太祖。”卷六一《楊溥傳》：“（順義七年）十一月庚戌，溥御文明殿即皇帝位，改元曰乾貞，大赦境内，追尊行密武皇帝。”

[10]《大典》卷六〇五一“楊”字韻“姓氏（一一）”事目。

渥，字奉天，行密長子也。行密卒，渥遂襲僞位，[1]自稱吴王，委軍政於大將張顥。[2]渥性猜忍，不能御下。[3]天祐五年六月，渥爲顥所殺，[4]顥將納款于梁，遂自稱留後，委别將徐温握兵權。[5]居無何，温復殺顥，立行密次子渭爲主。[6]及渭僭號，僞追尊爲景帝。[7]《永樂大典》卷六千五十一。[8]

[1]行密卒，渥遂襲僞位：《通鑑》卷二六五天祐二年（905）九月條：“楊行密長子宣州觀察使渥，素無令譽，軍府輕之。行密寢疾，命節度判官周隱召渥。隱性惷直，對曰：‘宣州司徒輕易信讒，喜擊毬飲酒，非保家之主；餘子皆幼，未能駕馭諸將。廬州刺史劉威，從王起細微，必不負王，不若使之權領軍府，俟諸子長以授之。’行密不應。左右牙指揮使徐温、張顥言於行密曰：‘王平生出萬死，冒矢石，爲子孫立基業，安可使他人有之！’行密曰：‘吾死瞑目矣！’……他日，將佐問疾，行密目留幕僚嚴可求；衆出，可求曰：‘王若不諱，如軍府何？’行密曰：‘吾命周隱召渥，今忍死待之。’可求與徐温詣隱，隱未出見，牒猶在案上，可求即與温取牒，遣使者如宣州召之。”同卷同年十月條：“楊渥至廣陵。辛丑，楊行密承制以渥爲淮南留後。”《通鑑》卷二六五天祐二年十一月庚辰條：“吴武忠王楊行密薨。將佐共請宣諭使李儼承制授楊渥淮南（揚州）節度使、東南諸道行營都統，兼侍中、弘農郡王。”《新唐書》卷一八八《楊行密傳》：“渥至，行密承制授檢校

太尉、同中書門下平章事、淮南節度留後。"

[2]張顥：人名。籍貫不詳。五代十國南吳大臣。事見本書本卷、《新唐書》卷一八八。

[3]渥性猜忍，不能御下：《通鑑》卷二六五天祐二年十二月條："楊渥之去宣州也，欲取其幄幕及親兵以行，觀察使王茂章不與，渥怒。既襲位，遣馬步都指揮使李簡等將兵襲之。"《新唐書》卷一八八《楊行密傳》："行密諗渥曰：'左衙都將張顥、王茂章、李遇皆怙亂，不得爲兒除之。'"《輯本舊史》卷二三《王景仁傳》："行密死，子渥自立，忌其勇悍，且有私憾，欲害之。景仁棄宛陵，以腹心百人歸吴越王錢鏐。"《新五代史》卷二三《王景仁傳》："渥已立，反求宣州故物，景仁惜不與，渥怒，以兵攻之。"《通鑑》卷二六六開平元年（907）正月條："淮南節度使兼侍中、東面諸道行營都統弘農郡王楊渥既得江西，驕侈益甚，謂節度判官周隱曰：'君賣人國家，何面復相見！'遂殺之。由是將佐皆不自安。黑雲都指揮使吕師周與副指揮使綦章將兵屯上高，師周與湖南戰，屢有功，渥忌之。師周懼，謀於綦章曰：'馬公寬厚，吾欲逃死焉，可乎？'章曰：'兹事君自圖之，吾舌可斷，不敢泄！'師周遂奔湖南，章縱其孥使逸去。"《新五代史》卷六六《馬殷傳》繫此事於楊行密之世，"綦章"作"綦毋章"。《通鑑》卷二六六開平元年正月條："渥居喪，晝夜酣飲作樂，然十圍之燭以擊毬，一燭費錢數萬。或單騎出遊，從者奔走道路，不知所之。左、右牙指揮使張顥、徐温泣諫，渥怒曰：'汝謂我不才，何不殺我自爲之！'二人懼。渥選壯士，號'東院馬軍'，廣署親信爲將吏；所署者恃勢驕横，陵蔑勳舊。顥、温潜謀作亂。渥父行密之世，有親軍數千營於牙城之内，渥遷出於外，以其地爲射場，顥、温由是無所憚。渥之鎮宣州也，命指揮使朱思勍、范思從、陳璠將親兵三千；及嗣位，召歸廣陵。顥、温使三將從秦裴擊江西，因戍洪州，誣以謀叛，命别將陳祐往誅之。祐間道兼行，六日至洪州，微服懷短兵徑入秦裴帳中，裴大驚，祐告之故，乃召思勍等飲酒，祐數思勍等

罪，執而斬之。渥聞三將死，益忌顥、温，欲誅之。丙戌，渥晨視事，顥、温帥牙兵二百，露刃直入庭中，渥曰：'爾果欲殺我邪?'對曰，'非敢然也，欲誅王左右亂政者耳!'因數渥親信十餘人之罪，曳下，以鐵檛擊殺之。謂之'兵諫'。諸將不與之同者，顥、温稍以法誅之，於是軍政悉歸二人，渥不能制。"《新五代史》卷六一《楊渥傳》所記稍異："初，渥之入廣陵也，留帳下兵三千于宣州，以其腹心陳璠、范遇將之。既入立，惡徐温典牙兵，召璠等爲東院馬軍以自衛。而温與左衙都指揮使張顥皆行密時舊將，又有立渥之功，共惡璠等侵其權。四年正月，渥視事，璠等侍側，温、顥擁牙兵入，拽璠等下，斬之，渥不能止，由是失政，而心憤未能發，温等益不自安。"《通鑑》卷二六六開平元年六月條："許玄應，弘農王之腹心也，常預政事，張顥、徐温因其敗，收斬之。"

[4]天祐五年六月，渥爲顥所殺：《新五代史》卷六一《楊渥傳》："五年五月，温、顥共遣盜入寢中殺渥，渥説羣盜能反殺温等者皆爲刺史。羣盜皆諾，惟紀祥不從，執渥縊殺之，時年二十三，謚曰景。"《通鑑》卷二六六開平二年五月條："淮南左牙指揮使張顥、右牙指揮使徐温專制軍政，弘農威王心不能平，欲去之而未能。二人不自安，共謀弑王，分其地以臣於梁。戊寅，顥遣其黨紀祥等弑王於寢室，詐云暴薨。"《通鑑考異》："《吴録》：'顥使紀祥、陳暉、黎璠、孫殷等執渥於寢室，弑之。'不言徐温，蓋徐鉉爲温諱耳。《薛史》因之。而《江南别録》有獨用左衙兵事。《歐陽史》云：'温、顥共遣盜殺渥，約分其地以臣於梁。'按温與顥分掌牙兵，温若不同謀，顥必不敢獨弑渥。今從《江南别録》。《十國紀年》：'張顥欲稱淮南留後，送款於梁，以淮南易蔡州節制。徐温曰："揚州距汴州往返僅三千里，軍府踰月無主必亂，不若有所立，然後圖之。"'按顥稱留後，則有主矣。今不取。"按《通鑑》卷二六六開平元年四月條："是時，惟河東、鳳翔、淮南稱'天祐'，西川稱'天復'年號；餘皆禀梁正朔，稱臣奉貢。蜀王與弘農王移檄諸道，云欲與岐王、晋王會兵興復唐室，卒無應者。"天祐五年

(908）即梁開平二年。

[5]徐温：人名。海州朐山（今江蘇連雲港市海州區）人。五代十國南吴大臣，南唐政權的實際奠基者。傳見《新五代史》卷六一。

[6]“居無何”至“立行密次子渭爲主”：《通鑑》卷二六六開平二年五月己卯條：“顥集將吏於府庭，夾道及庭中堂上各列白刃，令諸將悉去衛從然後入。顥厲聲問曰：‘嗣王已薨，軍府誰當主之？’三問，莫應，顥氣色益怒。幕僚嚴可求前密啓曰：‘軍府至大，四境多虞，非公主之不可；然今日則恐太速。’顥曰：‘何謂速也？’可求曰：‘劉威、陶雅、李遇、李簡皆先王之等夷，公今自立，此曹肯爲公下乎？不若立幼主輔之，諸將孰敢不從！’顥默然久之。可求因屏左右，急書一紙置袖中，麾同列詣使宅賀，衆莫測其所爲；既至，可求跪讀之，乃太夫人史氏教也。大要言：‘先王創業艱難，嗣王不幸早世，隆演次當立，諸將宜無負楊氏，善開導之。’辭旨明切。顥氣色皆沮，以其義正，不敢奪，遂奉威王弟隆演稱淮南留後、東面諸道行營都統。”《新五代史》卷六一《楊隆演傳》：“顥由此與温有隙，諷隆演出温潤州。可求謂温曰：‘今捨衙兵而出外郡，禍行至矣。’温患之，可求因説顥曰：‘公與徐温同受顧托，議者謂公奪其衙兵，是將殺之於外，信乎？’顥曰：‘事已行矣，安可止乎？’可求曰：‘甚易也。’明日，從顥與諸將造温，可求陽責温曰：‘古人不忘一飯之恩，況公楊氏三世之將，今幼嗣新立，多事之時，乃求居外以苟安乎？’温亦陽謝曰：‘公等見留，不願去也。’由是不行。行軍副使李承嗣與張顥善，覺可求有附温意，諷顥使客夜刺殺之，客刺可求不能中。明日，可求詣温，謀先殺顥，陰遣鍾章選壯士三十人，就衙堂斬顥，因以弑渥之罪歸之。温由是專政，隆演備位而已。”據此，則温殺顥在立渭之後。

[7]僞追尊爲景帝：《新五代史》卷六一《楊渥傳》：“溥僭號，追尊渥爲烈宗景皇帝，陵曰紹陵。”同卷《楊隆演傳》：“夏四月，温奉玉册、寶綬尊隆演即吴王位……改天祐十六年爲武義元年……

大赦境内，追尊行密孝武王，廟號太祖，渥景王，廟號烈祖。”同卷《楊溥傳》：順義七年（927）十一月庚戌，溥御文明殿即皇帝位……追尊渥景皇帝。

[8]《大典》卷六〇五一“楊”字韻“姓氏（一一）”事目。

渭，渥之弟也。[1]既立，政事咸委於徐温。時温爲鎮海軍節度、内外馬步軍都指揮使，[2]乃於上元縣置昇州，[3]盛開幕府，自握兵柄於上流，留其子知訓等於揚州，[4]居以秉政，[5]凡十餘年。[6]温乃册渭爲天子，國號大吴，改唐天祐十六年爲武義元年。[7]渭以温爲大丞相、都督中外諸軍事。[8]渭僭號凡三年而卒，僞謚爲惠帝。[9]《永樂大典》卷六千五十一。[10]

[1]渭，渥之弟也：原輯者案語引《舊五代史考異》：“案：《歐陽史》及《通鑑》皆作隆演，惟《薛史》作渭，詳見《通鑑考異》。”《通鑑》卷二六六開平二年（908）《考異》：“楊隆演字鴻源，行密第二子。《薛史》及路振《九國志》皆以隆演爲渭。”《新五代史》卷六一《楊隆演傳》：“隆演，字鴻源，行密第二子也。初名瀛，又名渭。”

[2]鎮海軍：方鎮名。治所在潤州（今江蘇鎮江市）。　馬步軍都指揮使：官名。五代時侍衛親軍長官，多爲皇帝親信。

[3]上元縣：縣名。治所在今江蘇南京市。

[4]知訓：人名。即徐知訓。海州朐山（今江蘇連雲港市海州區）人。徐温之子。曾藉徐温專權之勢欺侮吴主楊隆演，後爲朱瑾所殺。事見《新五代史》卷六一。　留其子知訓等於揚州：中華書局本有校勘記：“‘留’字原闕，據《通曆》卷一五、《新五代史》卷六一《吴世家》、《通鑑》卷二六九補。”

[5]居以秉政：中華書局本有校勘記："《通曆》卷一五作'居中秉政'。"

[6]"盛開幕府"至"凡十餘年"：《通鑑》卷二六六開平二年五月丁亥條："隆演以温爲左、右牙都指揮使，軍府事咸取决焉。"《新五代史》卷六一《楊隆演傳》："八年，徐温領昇州刺史，治舟師于金陵。宣州李遇自行密時爲大將，勳位已高，憤温用事，嘗曰：'徐温何人？吾猶未識，而驟至於此。'温聞之，怒，遣柴再用以兵送王壇代遇，且召之。遇疑不受命，再用圍之，隆演使客將何蕘諭遇使自歸。蕘因説曰：'公若欲反，可殺蕘以示衆，若本無心，何不隨蕘以出？'遇自以無反心，乃隨蕘出，温諷再用伺其出，殺之，並族其家。"《通鑑》卷二七〇貞明四年（918）六月條："吴内外馬步都軍使、昌化節度使、同平章事徐知訓，驕倨淫暴……知訓狎侮吴王，無復君臣之禮。嘗與王爲優，自爲參軍，使王爲蒼鶻，總角弊衣執帽以從。又嘗泛舟濁河，王先起，知訓以彈彈之。又嘗賞花於禪智寺，知訓使酒悖慢，王懼而泣，四座股栗；左右扶王登舟，知訓乘輕舟逐之，不及，以鐵撾殺王親吏。將佐無敢言者，父温皆不之知……平盧節度使、同平章事、諸道副都統朱瑾遣家妓通候問於知訓，知訓强欲私之，瑾已不平。知訓惡瑾位加己上，置静淮軍於泗州，出瑾爲静淮節度使，瑾益恨之，然外事知訓愈謹。瑾有所愛馬，冬貯於幄，夏貯於幬；寵妓有絶色；知訓過别瑾，瑾置酒，自捧觴，出寵妓使歌，以所愛馬爲壽，知訓大喜。瑾因延之中堂，伏壯士於户内，出妻陶氏拜之。知訓答拜，瑾以笏自後擊之踣地，呼壯士出斬之。瑾先繫二悍馬於廡下，將圖知訓，密令人解縱之，馬相蹄齧，聲甚厲，以是外人莫之聞。瑾提知訓首出，知訓從者數百人皆散走。瑾馳入府，以首示吴王曰：'僕已爲大王除害。'王懼，以衣障面，走入内，曰：'舅自爲之，我不敢知！'瑾曰：'婢子不足與成大事！'以知訓首擊柱，挺劍將出，子城使翟虔等已闔府門勒兵討之，乃自後踰城，墜而折足，顧追者曰：'吾爲萬人除害，以一身任患。'遂自剄。"亦見《新五代史》

卷四二《朱瑾傳》。

［7］武義：五代十國南吴高祖楊隆演年號（919—921）。

［8］“温乃册渭爲天子”至“都督中外諸軍事”：《新五代史》卷六一《楊隆演傳》：“温之徙鎮金陵也，以其養子知誥守潤州。嚴可求嘗謂温曰：‘二郎君非徐氏子，而推賢下士，人望頗歸，若不去之，恐爲後患。’温不能用其言。及知誥秉政，其語泄，知誥出可求于楚州，可求懼，詣金陵見温謀曰：‘唐亡於今十二年，而吴猶不敢改天祐，可謂不負唐矣。然吴所以征伐四方，而建基業者，常以興復爲辭。今聞河上之戰，梁兵屢絀，若李氏復興，其能屈節乎？宜於此時先建國以自立。’温深然之，因留可求不遣，方謀迫隆演僭號。”《通鑑》卷二七〇貞明四年十一月條：“初，吴徐温自以權重而位卑，説吴王曰：‘今大王與諸將皆爲節度使，雖有都統之名，不足相臨制；請建吴國，稱帝而治。’王不許。”同卷貞明五年三月條：“吴徐温帥將吏藩鎮請吴王稱帝，吴王不許。夏，四月，戊戌朔，即吴國王位。大赦，改元武義；建宗廟社稷，置百官，宫殿文物皆用天子禮。以金繼土，臘用丑。改謚武忠王曰孝武王，廟號太祖，威王曰景王，尊母爲太妃；以徐温爲大丞相、都督中外諸軍事、諸道都統、鎮海寧國節度使、守太尉兼中書令、東海郡王，以徐知誥爲左僕射、參政事兼知内外諸軍事，仍領江州團練使，以揚府左司馬王令謀爲内樞密使，營田副使嚴可求爲門下侍郎，鹽鐵判官駱知祥爲中書侍郎，前中書舍人盧擇爲吏部尚書兼太常卿，掌書記殷文圭爲翰林學士，館驛巡官游恭爲知制誥，前駕部員外郎楊迢爲給事中。”同卷同年七月丙戌條：“吴王立其弟濛爲廬江郡公，溥爲丹陽郡公，潯爲新安郡公，澈爲鄱陽郡公，子繼明爲廬陵郡公。”同年八月條：“吴徐温遣使以吴王書歸無錫之俘於吴越；吴越王鏐亦遣使請和於吴。自是吴國休兵息民，三十餘州民樂業者二十餘年。吴王及徐温屢遺吴越王鏐書，勸鏐自王其國；鏐不從。”

［9］渭僭號凡三年而卒：中華書局本有校勘記：“《新五代史》卷六一《吴世家》、《九國志》卷一皆云其卒於武義二年五月，稱

帝僅二年。"　僞謚爲惠帝：中華書局本有校勘記："'僞'字原闕，據《通曆》卷一五補。"　渭僭號凡三年而卒，僞謚爲惠帝：《通鑑》卷二七一後梁均王貞明六年四月條："吴宣王重厚恭恪，徐温父子專政，王未嘗有不平之意形於言色，温以是安之。及建國稱制，尤非所樂，多沈飲鮮食，遂成寢疾。"同卷同年五月："温自金陵入朝，議當爲嗣者。或希温意言曰：'蜀先主謂武侯："嗣子不才，君宜自取。"'温正色曰：'吾果有意取之，當在誅張顥之初，豈至今日邪！使楊氏無男，有女亦當立之。敢妄言者斬！'乃以王命迎丹楊公溥監國，徙溥兄濛爲舒州團練使。己丑，宣王殂。"《新五代史》卷六一《楊隆演傳》："（武義）二年五月，隆演卒。隆演少年嗣位，權在徐氏，及建國稱制，非其意，常怏怏，酣飲，稀復進食，遂至疾卒，年二十四，謚曰宣。弟溥立，僭號，追尊爲高祖宣皇帝，陵曰肅陵。"明本《册府》卷二一九《僭僞部·年號門》："至十六年，温册渭爲天子，改元武義（盡二年）。"據《通鑑》，楊渭自貞明五年僭號，逝於貞明六年，凡二年。《輯本舊史》本傳及卷一三四《李昪傳》皆謂楊渭自天祐十六年（919）僭號，逝於天祐十八年，凡三年。《新五代史》卷六一《楊溥傳》：順義七年（927）"十一月庚戌，溥御文明殿即皇帝位，改元曰乾貞，大赦境内，追尊……隆演宣皇帝"。

[10]《大典》卷六〇五一"楊"字韻"姓氏（一一）"事目。

溥，行密幼子也。初封丹陽王，渭卒，徐温乃推溥爲主，復僭僞號。[1]唐同光元年，莊宗平梁，[2]遷都於洛陽。十二月，溥遣使章景來朝，[3]稱"大吴國主致書上大唐皇帝"，其辭旨卑遜，有同牋表。[4]明年八月，又遣其司農卿盧蘋貢方物，[5]及獻貞簡太后珍玩，[6]莊宗命左藏庫使王居敏、[7]通事舍人張朗等以名馬報之。[8]郭崇韜之平西川也，[9]淮人大懼，將去僞號，稱藩於唐。時崇韜欲陳舟師下峽，爲平吴之策，會崇韜既誅，洛城有變，淮人聞之，比屋相慶。明宗纂嗣，[10]溥復遣使修好，安重誨奏曰："楊溥既不稱藩，無足與之抗禮，來偵國情，不如辭絶。"乃館其使，[11]不受所貢，遣之。唐天成二年十月，[12]徐温卒，追封爲齊王。[13]温之養子李昪代温佐輔，秉政數年，位至太尉、中書令、録尚書事，襲封齊王，僞加九錫。[14]晋天福二年，溥不得已遜位於昪。[15]昪遷溥於潤州，築丹陽宫以處之。溥自是服羽衣，習辟穀之術，年餘以幽死。[16]昪又遷其族於海陵，吴人謂其居爲永寧宫。[17]周顯德中，李景聞周師渡淮，慮楊氏爲變，使人盡殺之。[18]自唐大順二年，行密始有淮南之地，至溥遜位，凡四十七年而亡。[19]《永樂大典》卷六千五十一。[20]

［1］"初封丹陽王"至"復僭僞號"：《通鑑》卷二七〇貞明五年（919）七月丙戌條："吴王立其弟……溥爲丹陽郡公。"卷二七一貞明六年五月條："温自金陵入朝，議當爲嗣者。或希温意言曰：'蜀先主謂武侯："嗣子不才，君宜自取。"'温正色曰：'吾果有意取之，當在誅張顥之初，豈至今日邪！使楊氏無男，有女亦當立之。敢妄言者斬！'乃以王命迎丹楊公溥監國，徙溥兄濛爲舒州團練使。"《新五代史》卷六一《楊溥傳》："隆演卒，弟廬江公濛次當立，而徐氏秉政，不欲長君，乃立溥。"《通鑑》卷二七一貞明六年六月戊申條："溥即吴王位。尊母王氏曰太妃。"《新五代史》卷六一《楊溥傳》："七月，改昇州大都督府爲金陵府，拜徐温金陵尹。"《通鑑》卷二七一龍德元年（921）正月條："蜀主、吴主屢以書勸晋王稱帝，晋王以書示僚佐曰：'昔王太師亦嘗遺先王書，

勸以唐室已亡，宜自帝一方。先王語余云：“昔天子幸石門，吾發兵誅賊臣，當是之時，威振天下，吾若挾天子據關中，自作九錫禪文，誰能禁我！顧吾家世忠孝，立功帝室，誓死不爲耳。汝他日當務以復唐社稷爲心，慎勿效此曹所爲！”言猶在耳，此議非所敢聞也。’因泣。”同卷同年二月條：“吴改元順義。”同卷同年十月：“吴徐温勸吴王祀南郊，或曰：‘禮樂未備；且唐祀南郊，其費巨萬，今未能辦也。’温曰：‘安有王者而不事天乎！吾聞事天貴誠，多費何爲！唐每郊祀，啓南門，灌其樞用脂百斛。此乃季世奢泰之弊，又安足法乎！’甲子，吴王祀南郊，配以太祖。乙丑，大赦；加徐知誥同平章事，領江州觀察使。尋以江州爲奉化軍，以知誥領節度使。”吴王祀南郊，《新五代史》卷六一《楊溥傳》繫於十一月。《通鑑》卷二七二同光元年（923）五月條：“又遣使遺吴王書，告以已克鄆州，請同舉兵擊梁。五月，使者至吴，徐温欲持兩端，將舟師循海而北，助其勝者。嚴可求曰：‘若梁人邀我登陸爲援，何以拒之？’温乃止。”同年十月條：“吴人有告壽州團練使鍾泰章侵市官馬者，徐知誥以吴王之命，遣滁州刺史王稔巡霍丘，因代爲壽州團練使，以泰章爲饒州刺史。”

[2]同光：後唐莊宗李存勗年號（923—926）。 莊宗：即李存勗，小字亞子，沙陀部人，太原（今山西太原市）人。晋王李克用之子，後唐開國皇帝。紀見《舊五代史》卷二七至卷三四及《新五代史》卷四至卷五。

[3]章景：人名。籍貫不詳。五代十國藩鎮將領。事見本書本卷。

[4]“溥遣使章景來朝”至“有同箋表”：《輯本舊史》卷三〇《唐莊宗紀四》同光元年十二月戊寅條：“淮南楊溥遣使賀登極，稱‘大吴國主書上大唐皇帝’。”此條之下，殿本有原輯者案語：“《十國春秋·吴世家》云：唐以滅梁來告，始稱詔，我國不受，唐主隨易書，用敵國禮，曰‘大唐皇帝致書于吴國主’，王遣司農卿盧蘋獻金器二百兩、銀器三千兩、羅錦一千二百疋、龍腦香五斤、龍鳳

絲輟一百事于唐。又遣使張景報聘，稱‘大吴國主上書大唐皇帝’，辭禮如牋表。”明本《册府》卷二三二《僭僞部·稱藩門》繫此事於同光元年十一月。《通鑑》卷二七二同光元年十二月甲申條：“吴王復遣司農卿洛陽盧蘋來奉使，嚴可求豫料帝所問，教蘋應對，既至，皆如可求所料。蘋還，言唐主荒于游畋，嗇財拒諫，内外皆怨。”

［5］司農卿：官名。司農寺長官。掌管倉廩、籍田、苑囿諸事。從三品上。　盧蘋：人名。籍貫不詳。五代十國南吴官員。事見本書本卷。

［6］貞簡太后：即後唐莊宗生母曹太后。貞簡，謚號。傳見本書卷四九、《新五代史》卷一四。　“明年八月”至“及獻貞簡太后珍玩”：《輯本舊史》卷三二《唐莊宗紀六》同光二年八月癸未條：“淮南楊溥遣使貢方物。”明本《册府》卷二三二《僭僞部·稱藩門》：“二年八月甲申，復遣司農卿盧蘋獻方物，上皇太后金花、銀器、衣段等。”又載：“八月，遣使雷峴獻新茶。九月壬寅，以皇太妃喪，獻慰禮銀絹二千。九月癸丑，淮南使張彦鑄對於中興殿，賜分物。十月，以皇太后喪，遣使張瑑奉慰致禮。”按後唐代梁後數年，淮南貢獻極頻，附之於此。《輯本舊史》卷三一《唐莊宗紀五》同光二年三月丁巳條：“淮南楊溥遣使貢賀郊天禮物。”此條之下，原輯者案語引《舊五代史考異》：“案《十國春秋·吴世家》：王遣右衛上將軍許確進賀郊天銀二千兩、錦綺羅一千二百疋、細茶五百斤、象牙四株、犀角十株于唐。”亦見明本《册府》卷一六九《帝王部·納貢獻門》。明本《册府》卷二三二《僭僞部·稱藩門》：“二年三月壬子，又遣使來朝。四月丙寅，又遣使貢方物。丁丑，獻鵶山茶、含膏茶。己丑，上皇太后賀書，爲帝巡幸還宫。”《輯本舊史》卷三二《唐莊宗紀六》同光二年十二月戊子條：“淮南楊溥遣使貢獻。”明本《册府》卷一六九《帝王部·納貢獻門》：“十二月，淮南吴國主楊溥遣使王權進賀正金花銀器、錦絲千段、御衣、金器洎太后禮物。”《輯本舊史》卷三二《唐莊宗紀六》同

光三年三月壬子條："淮南楊溥遣使朝貢。" 同卷同年四月丙寅條："淮南楊溥遣使貢方物。" 同年五月壬辰條："淮南楊溥貢端午節物。" 同書卷三三《唐莊宗紀七》同光三年十月丁卯條："淮南楊溥遣使進慰禮。" 同卷同年閏十二月甲辰條："淮南楊溥遣使朝貢。" 明本《册府》卷二三二《僭僞部·稱藩門》："閏十二月甲辰，遣使貢長至賀禮。乙卯，遣使雷峴獻賀正禮幣金銀二千兩、羅錦千疋。"《輯本舊史》卷三四《唐莊宗紀八》同光四年二月丁酉條："淮南楊溥遣使賀平蜀。" 明本《册府》卷二三二《僭僞部·稱藩門》："四年貳月辛亥，遣右驍衛將軍蘇虔獻金花銀器、錦綺綾羅千段。"《輯本舊史》卷三四《唐莊宗紀八》同光四年二月辛亥條："淮南楊溥遣使貢方物。" 明本《册府》卷二三二《僭僞部·稱藩門》："四月庚子，明宗初即位，遣使楊殷進新茶。"《輯本舊史》卷三七《唐明宗紀三》天成元年十一月庚午條："淮南楊溥遣使貢獻，賀登極。" 明本《册府》卷一六九《帝王部·納貢獻門》："是月，淮南僞吴主楊溥遣使魯思鄙來賀帝登極，持銀千兩、金百兩、綾一千二百疋、茶三百觔。受之。"

[7]左藏庫使：官名。左藏庫負責收納各地所輸財賦，以供官吏、軍兵俸給及賞賜等費用。長官稱左藏庫使。　王居敏：人名。籍貫不詳。五代後唐官員。事見本書卷四四《唐明宗紀十》。

[8]通事舍人：官名。東晋始置。唐代時爲中書省屬官，全稱中書通事舍人。掌殿前承宣通奏。從六品上。　張朗：人名。籍貫不詳。五代後唐官員。本書僅此一見。

[9]郭崇韜：人名。代州雁門（今山西代縣）人。五代後唐大臣。傳見本書卷五七、《新五代史》卷二四。　西川：方鎮名。治所在成都（今四川成都市）。

[10]明宗：即李嗣源。沙陀部人。原名邈佶烈，李克用養子。五代後唐皇帝，926 年至 933 年在位。紀見本書卷三五至卷四四、《新五代史》卷六。

[11]安重誨：《輯本舊史》之影庫本粘籤："安重誨，原本作

‘仲誨’，今從《通鑑》及《歐陽史》改正。”　乃館其使：中華書局本有校勘記：“‘館’，《通曆》卷一五同，殿本、劉本作‘謝’。”

[12]天成：後唐明宗李嗣源年號（926—930）。

[13]徐溫卒，追封爲齊王：《輯本舊史》卷三八《唐明宗紀四》天成二年（927）四月丁酉條：“僞吴楊溥遣移署右威衛將軍雷現貢端午禮幣。”同年五月乙丑條：“僞吴楊溥貢新茶。”同年九月辛亥條：“僞吴楊溥遣使以應聖節貢獻。”《通鑑》卷二七六天成二年十月辛丑條：“辛丑，吴大丞相、都督中外諸軍事、諸道都統、鎮海寧國節度使兼中書令東海王徐溫卒……吴主贈溫齊王，謚曰忠武。”

[14]太尉：官名。與司徒、司空並爲三公，唐後期、五代時多爲大臣、勳貴加官。正一品。　中書令：官名。漢代始置，隋、唐前期爲中書省長官，屬宰相之職；唐後期多爲授予元勳大臣的虚銜。正二品。　録尚書事：官名。東漢始置。總領政務。魏晋以後，權重者爲之。　九錫：錫，通“賜”，意爲皇帝賜予大臣的九種物品，是對大臣最高的尊崇和禮遇。

[15]天福：五代後晋高祖石敬瑭年號（936—942）。出帝石重貴沿用至九年（944）。後漢高祖劉知遠繼位後沿用一年，稱天福十二年（947）。　“溫之養子李昪代溫佐輔”至“溥不得已遜位於昪”：《通鑑》卷二七六天成二年十一月丙子條：“吴主……以徐知詢爲諸道副都統、鎮海寧國節度使兼侍中，加徐知誥都督中外諸軍事。”《新五代史》卷六一《楊溥傳》：“（七年，）以徐知誥爲太尉兼侍中，拜溫子知詢輔國大將軍、金陵尹，治溫舊鎮。”《通鑑》卷二七七長興二年（931）二月條：“吴徐知誥欲以中書侍郎、内樞使宋齊丘爲相，齊丘自以資望素淺，欲以退讓爲高，謁歸洪州葬父，因入九華山，止於應天寺，啓求隱居；吴主下詔徵之，知誥亦以書招之，皆不至。知誥遣其子景通自入山敦諭，齊丘始還朝，除右僕射致仕，更命應天寺曰徵賢寺。”卷二七八長興四年五月條：“吴宋齊丘勸徐知誥徙吴主都金陵，知誥乃營宮城於金陵。”《通

鑑》卷二七八清泰元年（934）正月條："吴徐知誥别治私第於金陵，乙未，遷居私第，虚府舍以待吴主。"卷二七九清泰元年二月條："吴人多不欲遷都者，都押牙周宗言於徐知誥曰：'主上西遷，公復須東行，不惟勞費甚大，且違衆心。'丙子，吴主遣宋齊丘如金陵，諭知誥罷遷都。先是，知誥久有傳禪之志，以吴主無失德，恐衆心不悦，欲待嗣君；宋齊丘亦以爲然。一旦，知誥臨鏡鑷白髭，歎曰：'國家安而吾老矣，柰何？'周宗知其意，請如江都，微以傳禪諷吴主，且告齊丘。齊丘以宗先己，心疾之，遣使馳詣金陵，手書切諫，以爲天時人事未可；知誥愕然。後數日，齊丘至，請斬宗以謝吴主，乃黜宗爲池州副使。久之，節度副使李建勳、行軍司馬徐玠等屢陳知誥功業，宜早從民望，召宗復爲都押牙。知誥由是疏齊丘……吴主詔徐知誥還府舍。甲申，金陵大火；乙酉，又火。知誥疑有變，勒兵自衛。"金陵大火，《新五代史》卷六一《楊溥傳》繫於閏正月。《通鑑》卷二七九後唐潞王清泰元年十月條："吴主加徐知誥大丞相、尚父、嗣齊王、九錫；辭不受。"《新五代史》卷六一《楊溥傳》："（大和）七年九月，溥加尊號曰睿聖文明光孝應天弘道廣德皇帝，大赦，改元天祚。知誥進位太師、天下兵馬大元帥，封齊王。"《通鑑》卷二八〇後晋高祖天福元年（936）十一月癸巳條："吴主詔齊王徐知誥置百官，以金陵府爲西都。"同卷同年十二月條："徐知誥以鎮南節度使、太尉兼中書令李德誠、德勝節度使兼中書令周本位望隆重，欲使之帥衆推戴，本曰：'我受先王大恩，自徐温父子用事，恨不能救楊氏之危，又使我爲此，可乎！'其子弘祚强之，不得已與德誠帥諸將詣江都表吴主，陳知誥功德，請行册命；又詣金陵勸進。宋齊丘謂德誠之子建勳曰：'尊公，太祖元勳，今日掃地矣。'於是吴宫多妖，吴主曰：'吴祚其終乎！'左右曰：'此乃天意，非人事也。'"同書卷二八一後晋高祖天福二年二月戊子條："吴主使宜陽王璪如西都，册命齊王；王受册，赦境内。册王妃曰王后。"同卷同年八月條："是月，吴主下詔，禪位於齊。"同卷同年九月丙寅條："吴主命江夏王璘奉璽綬於齊。”同卷同年十月甲申條：“齊王誥即皇帝位於金陵，大赦，改元昇元，國號唐。”

［16］“昇遷溥於潤州”至“年餘以幽死”：《通鑑》卷二八一天福二年十月乙酉條：“（徐知誥）遣右丞相玠奉册詣吴主，稱受禪老臣誥謹拜稽首上皇帝尊號曰高尚思玄弘古讓皇，宫室、乘輿、服御皆如故，宗廟、正朔、徽章、服色悉從吴制。”《輯本舊史》卷一三四《李昇傳》作“高思元弘古讓皇”，《新五代史》卷六二《李昇傳》作“高尚思玄弘古讓皇帝”。《通鑑》卷二八一天福二年十月己丑條：“唐主表讓皇改東都宫殿名，皆取於仙經。讓皇常服羽衣，習辟穀術。”同月丙申條：“讓皇以唐主上表，致書辭之；唐主表謝而不改。”同月丁酉條：“加宋齊丘大司徒。齊丘雖爲左丞相，不預政事，心愠懟，聞制詞云‘布衣之交’，抗聲曰：‘臣爲布衣時，陛下爲刺史；今日爲天子，可以不用老臣矣。’還家請罪，唐主手詔謝之，亦不改命。久之，齊丘不知所出，乃更上書請遷讓皇於他州，及斥遠吴太子璉，絶其婚；唐主不從。”同卷天福三年四月條：“吴讓皇固辭舊宫，屢請徙居；李德誠等亦亟以爲言。五月，戊午，唐主改潤州牙城爲丹楊宫，以李建勳爲迎奉讓皇使。”同月壬戌條：“唐主以左宣威副統軍王輿爲鎮海留後，客省使公孫圭爲監軍使，親吏馬思讓爲丹楊宫使，徙讓皇居丹楊宫。”同年十一月辛丑條：“吴讓皇卒。唐主廢朝二十七日，追謚曰睿皇帝。”楊溥之死，《新五代史》卷六一《楊溥傳》繫於十二月。

［17］海陵：縣名。治所在今江蘇泰州市。　昇又遷其族於海陵，吴人謂其居爲永寧宫：《通鑑》卷二八二天福四年四月條：“唐人遷讓皇之族於泰州，號永寧宫，防衛甚嚴。康化節度使兼中書令楊珙稱疾，罷歸永寧宫。乙丑，以平盧節度使兼中書令楊璉爲康化節度使；璉固辭，請終喪，從之。”

［18］顯德：後周太祖郭威年號（954—960）。　慮楊氏爲變：中華書局本有校勘記：“‘楊氏’，原作‘其’，據殿本、孔本、《通曆》卷一五改。”　“周顯德中”至“使人盡殺之”：《通鑑》卷二

九二顯德三年（956）二月條："唐主遣園苑使尹延範如泰州，遷吴讓皇之族於潤州。延範以道路艱難，恐楊氏爲變，盡殺其男子六十人，還報，唐主怒，腰斬之。"《新五代史·楊溥傳》："顯德三年，世宗征淮南，下詔撫安楊氏子孫，而李景聞之，遣人盡殺其族。周先鋒都部署劉重進得其玉硯、馬腦碗、翡翠瓶以獻，楊氏遂絶。"與《通鑑》異，與本傳同。明本《册府》卷二一九《僭僞部·年號門》："楊浦，温之弟。渭卒，浦嗣僞位，改元順義（盡七年），又改乾貞（盡二年），又改太和（盡二年），又改天祚（盡二年），遜位於李昪。"

［19］"自唐大順二年"至"凡四十七年而亡"：明本《册府》卷二一九《僭僞部·姓繫門》與本傳同。《新五代史》卷六一《吴世家》傳論，徐無黨注："據《吴録》《運曆圖》《九國志》皆云行密以唐景福元年，再入揚州，至晋天福二年，爲李昪所篡，實四十六年。而《舊唐書》《舊五代史》皆云大順二年入揚州，至被篡，四十七年。《吴録》徐鉉等撰，《運曆圖》龔潁撰，二人皆江南故臣，所記宜得實。而唐末喪亂，中朝文字多差失，故今以鉉、潁所記爲定。"

［20］《大典》卷六〇五一"楊"字韻"姓氏（一一）"事目。《輯本舊史》後有原輯者引《五代史補》："楊行密常命宣州刺史田頵領兵圍錢塘，錢鏐危急，遣其子元璙修好於行密。元璙風神俊邁，行密見之甚喜，因以其女妻之，遽命頵罷兵。初，頵之圍城也，嘗遣使俟錢鏐起居，鏐厚待之。將行，復與之小飲，時羅隱、皮日休在坐，意以頵之師無能爲也，且欲譏之。於是日休爲令，取一字，四面被圍而不失其本音，因曰：'"其"字上加"艸"爲萁菜，下加"石"爲碁子，左加"玉"爲琪玉，右加"月"爲期會。'羅隱取'于'字上加'雨'爲舞雩，下加'皿'爲盤盂，左加'玉'爲玗玉，右加'邑'爲邘地。使者取'亡'字譏錢鏐必亡，然'亡'上加'艸'爲芒，下加'心'爲忘，右加'邑'爲邙，左加'心'爲忙，其令不通，合坐皆嘻笑之，使大慚而去。未

幾，頵果班師。先是，行密與鏐勢力相敵，其爲忿怒，雖水火之不若也。行密嘗命以大索爲錢貫，號曰‘穿錢眼’。鏐聞之，每歲命以大斧科柳，謂之‘斫楊頭’。至是，以元璙通婚，二境漸睦，穿眼、斫頭之論始止。”“然亡上加草爲芒”，中華書局本有校勘記：“‘加’字原闕，據殿本、《舊五代史考異》卷五、《五代史補》卷一補。”

李昪　子景

李昪，本海州人。[1]僞吴大丞相徐温之養子也。[2]温，字敦美，亦海州人。初從淮南節度使楊行密起兵於廬州，漸至軍校。唐末，青州王師範爲梁祖所圍，乞師於淮南，楊行密發兵赴之，温時爲小將，亦預其行。師次青之南鄙，師範已敗，淮兵大掠而還。昪時幼穉，[3]爲温所擄，温愛其惠黠，遂育爲己子，名曰知誥。[4]

[1]海州：州名。治所在今江蘇連雲港市海州區。

[2]本海州人，僞吴大丞相徐温之養子也：《新五代史》《通鑑》俱作“徐州人”。《新五代史》卷六二《李昪傳》：“李昪，字正倫，徐州人也。世本微賤，父榮，遇唐末之亂，不知其所終。昪少孤，流寓濠、泗間，楊行密攻濠州，得之，奇其狀貌，養以爲子。而楊氏諸子不能容，行密以乞徐温，乃冒姓徐氏，名知誥。”《通鑑》卷二六〇乾寧二年（895）三月條：“行密軍士掠得徐州人李氏之子，生八年矣，行密養以爲子，行密長子渥憎之；行密謂其將徐温曰：‘此兒質狀性識，頗異於人，吾度渥必不能容，今賜汝爲子。’”

[3]幼穉（zhì）：幼稚。

[4]名曰知誥：《通鑑》卷二六〇乾寧二年三月條："温名之曰知誥。知誥事温，勤孝過於諸子。嘗得罪於温，温笞而逐之；及歸，知誥迎拜於門。温問：'何故猶在此？'知誥泣對曰：'人子舍父母將何之！父怒而歸母，人情之常也。'温以是益愛之，使掌家事，家人無違言。及長，喜書善射，識度英偉。行密常謂温曰：'知誥俊傑，諸將子皆不及也。'"

天祐初，行密卒，其子渥嗣，會左衛都指揮使張顥殺渥，[1]欲歸命於梁。温謂顥曰："此去梁國，往復三千里，不月餘事不成，軍國未有主，無主將亂，不如有所立，徐圖其事。"顥然之，乃立渥弟渭爲帥。温尋殺顥，[2]渭僞授温常州刺史、檢校司徒。[3]温留廣陵，遣昇知州事。是歲，唐天祐五年也。七年，丁母憂，起復授檢校太尉、温州刺史，充本州團練觀察使。[4]八年，宣州叛，温與都將柴再用討平之，[5]加同中書平章事，[6]充淮南行軍司馬、内外馬步都指揮使、鎮海軍節度、浙江西道觀察等使。[7]十二年八月，温出鎮潤州，以其子知訓知政事，加温鎮海軍管内水陸馬步軍都軍使，兼寧國軍節度、宣歙池等州觀察使。[8]時昪爲温屬郡昇州刺史，乃大理郡廨，温表移其府於金陵，僞授昇州大都督府長史，[9]充鎮海軍節度副大使，[10]知節度事，以昪爲鎮海軍節度副使、行潤州刺史，[11]充本州團練使。十五年，知訓授淮南行軍副使、内外馬步軍都指揮使，[12]通判軍府事。居無何，知訓爲大將朱瑾所殺，温以昪代知政事。[13]明年，温册楊渭爲天子，僭稱大吴，改唐天祐十六年爲武義元年。[14]

[1]左衛都指揮使：官名。掌宫廷宿衛。中華書局本引影庫本粘籤："'左衛'，原本作'位衛'，今從《十國春秋》改正。"

[2]温尋殺顥：《新五代史》卷六一《徐温傳》："及行密病，平生舊將皆以戰守在外，而温居帳下，遂預立渥之功。及弑渥，又與張顥有隙，使鍾章殺之。章許諾，選壯士三十人，椎牛享之，刺血爲盟。温猶疑章不果，夜半使人探其意，陽謂曰：'温有老母，懼事不成，不如且止。'章曰：'言已出口，寧可已乎？'温乃安。明日，鍾章殺顥，温因盡殺紀祥等，歸弑渥之罪於顥，以其事入白渥母史氏。史氏悸而泣曰：'吾兒年幼，禍亂若此，得保百口以歸合淝，公之惠也。'"

[3]常州：州名。治所在今江蘇常州市。　檢校司徒：官名。爲散官或加官，以示恩寵，無實際執掌。

[4]團練觀察使：官名。兼掌團練、觀察使之職。唐代中期以後，於不設節度使的地區設團練使，掌本區各州軍事。觀察使掌一道州縣官的考績及民政。

[5]柴再用：人名。蔡州汝南（今河南汝南縣）人。楊行密麾下將領。事見《新五代史》卷六一。《輯本舊史》之影庫本粘籤："柴再用，原本脱'用'字，今從《九國志》增入。"　八年，宣州叛，温與都將柴再用討平之：《通鑑》卷二六八乾化二年（912）三月條："館驛使徐玠使於吴越，道過宣州，温使玠説遇入見新王，遇初許之；玠曰：'公不爾，人謂公反。'遇怒曰：'君言遇反，殺侍中者非反邪！'侍中，謂威王也。温怒，以淮南節度副使王檀爲宣州制置使，數遇不入朝之罪，遣都指揮使柴再用帥昇、潤、池、歙兵納檀於宣州，昇州副使徐知誥爲之副。遇不受代，再用攻宣州，踰月不克。"同卷同年五月條："李遇少子爲淮南牙將，遇最愛之，徐温執之，至宣州城下示之，其子啼號求生，遇由是不忍戰。温使典客何蕘入城，以吴王命説之曰：'公本志果反，請斬蕘以徇；不然，隨蕘納款。'遇乃開門請降，温使柴再用斬之，夷其族。於是諸將始畏温，莫敢違其命。徐知誥以功遷昇州刺史。知誥事温甚

謹，安於勞辱，或通夕不解帶，温以是特愛之，每謂諸子曰：‘汝輩事我能如知誥乎？’時諸州長吏多武夫，專以軍旅爲務，不恤民事；知誥在昇州，獨選用廉吏，脩明政教，招延四方士大夫，傾家貲無所愛。洪州進士宋齊丘，好縱横之術，謁知誥，知誥奇之，辟爲推官，與判官王令謀、參軍王翃專主謀議，以牙吏馬仁裕、周宗、曹悰爲腹心。”按乾化二年（912）即吴之天祐九年。

［6］同中書平章事：官名。即同中書門下平章事。唐高宗以後，凡實際任宰相之職者，常在其本官後加同平章事的職銜。後成爲宰相專稱。

［7］浙江西道：方鎮名。治所在杭州（今浙江杭州市）。

［8］都軍使：官名。所部統兵將領，位次於都指揮使。　寧國軍：方鎮名。治所在宣州（今安徽宣城市）。天復三年（903）廢，五代吴復置。　歙（shè）：州名。治所在今安徽歙縣。　池：州名。治所在今安徽池州市。

［9］温：中華書局本有校勘記：“‘温’字原闕，據彭校、《册府》卷二二三補。”

［10］節度副大使：中華書局本有校勘記：“‘度’，原作‘都’，據殿本、劉本、孔本校、邵本、彭校、《通曆》卷一五、《册府》卷二二三改。”

［11］節度副使：官名。唐五代方鎮屬官。位在行軍司馬之下、判官之上。　行潤州刺史：《輯本舊史》之影庫本粘籤：“潤州，原本作‘澗州’，今從《歐陽史》改正。”

［12］行軍副使：官名。當爲執掌部隊調度、作戰之軍事副官。

［13］“居無何”至“温以昇代知政事”：《通鑑》卷二六九貞明三年（917）四月條：“吴昇州刺史徐知誥治城市府舍甚盛。五月，徐温行部至昇州，愛其繁富。潤州司馬陳彦謙勸温徙鎮海軍治所於昇州，温從之，徙知誥爲潤州團練使。知誥求宣州，温不許，知誥不樂。宋齊丘密言於知誥曰：‘三郎驕縱，敗在朝夕。潤州去廣陵隔一水耳，此天授也。’知誥悦，即之官。三郎，謂温長子知

訓也。”同書卷二七〇貞明四年六月條：“知訓及弟知詢皆不禮於徐知誥，獨季弟知諫以兄禮事之。知訓嘗召兄弟飲，知誥不至，知訓怒曰：‘乞子不欲酒，欲劍乎！’又嘗與知誥飲，伏甲欲殺之，知諫躡知誥足，知誥陽起如厠，遁去，知訓以劍授左右刁彦能使追殺之；彦能馳騎及於中塗，舉劍示知誥而還，以不及告。”《新五代史》卷六二《李昪傳》所載稍異：“昪事徐温甚孝謹，温嘗罵其諸子不如昪，諸子頗不能容，而知訓尤甚，嘗召昪飲酒，伏劍士欲害之，行酒吏刁彦能覺之，酒至昪，以手爪掐之，昪悟起走，乃免。後昪自潤州入覲，知訓與飲於山光寺，又欲害之，徐知諫以其謀告昪，昪起遁去。知訓以劍授刁彦能，使追殺之，及於中塗而還，紿以不及，由是得免。後昪貴，以彦能爲撫州節度使。”《通鑑》卷二七〇貞明四年六月又載：“徐知誥在潤州聞難，用宋齊丘策，即日引兵濟江。瑾已死，因撫定軍府。時徐温諸子皆弱，温乃以知誥代知訓執吴政，沉朱瑾尸於雷塘而滅其族。”同年七月戊戌條：“吴徐温入朝于廣陵，疑諸將皆預朱瑾之謀，欲大行誅戮。徐知誥、嚴可求具陳徐知訓過惡，所以致禍之由，温怒稍解，乃命網瑾骨于雷塘而葬之，責知訓將佐不能匡救，皆抵罪；獨刁彦能屢有諫書，温賞之。戊戌，以知誥爲淮南節度行軍副使、内外馬步都軍副使、通判府事，兼江州團練使。以徐知諫權潤州團練事。温還鎮金陵，總吴朝大綱，自餘庶政，皆决於知誥。”同月又載：“知誥悉反知訓所爲，事吴王盡恭，接士大夫以謙，御衆以寬，約身以儉。以吴王之命，悉蠲天祐十三年以前逋税，餘俟豐年乃輸之。求賢才，納規諫，除奸猾，杜請託。於是士民翕然歸心，雖宿將悍夫無不悦服。先是，吴有丁口錢，又計畝輸錢，錢重物輕，民甚苦之。齊丘説知誥，以爲‘錢非耕桑所得，今使民輸錢，是教民棄本逐末也。請蠲丁口錢；自餘税悉輸穀帛，紬絹匹直千錢者當税三千。’或曰：‘如此，縣官歲失錢億萬計。’齊丘曰：‘安有民富而國家貧者邪！’知誥從之。由是江、淮間曠土盡闢，桑柘滿野，國以富强。知誥欲進用齊丘而徐温惡之，以爲殿直、軍判官。知誥每夜引齊丘於水亭屏語，常至夜分，或居高堂，悉去屏障，獨置大爐，相向坐，不言，以鐵筯畫灰爲字，隨以匙滅去之，故其所謀，人莫得而知也。”同卷同年十一月條：“嚴可求屢勸温以次子知詢代徐知誥知吴政，知誥與駱知祥謀，出可求爲楚州刺史。可求既受命，至金陵，見温，説之曰：‘吾奉唐正朔，常以興復爲辭。今朱、李方争，朱氏日衰，李氏日熾。一旦李氏有天下，吾能北面爲之臣乎？不若先建吴國以繫民望。’温大悦，復留可求參總庶政，使草具禮儀。知誥知可求不可去，乃以女妻其子續。”

[14]“明年”至“改唐天祐十六年爲武義元年”：《通鑑》卷二七〇貞明五年三月條：“吴徐温帥將吏藩鎮請吴王稱帝，吴王不許。夏，四月，戊戌朔，即吴國王位。大赦，改元武義；建宗廟社稷，置百官，宫殿文物皆用天子禮。以金繼土，臘用丑。改謚武忠王曰孝武王，廟號太祖，威王曰景王，尊母爲太妃；以徐温爲大丞相、都督中外諸軍事、諸道都統、鎮海寧國節度使，守太尉兼中書令、東海郡王，以徐知誥爲左僕射、參政事兼知内外諸軍事，仍領江州團練使。”

十八年，[1]渭死，温聞之，自金陵馳歸揚州，夜入廣陵，議有所立。或有希温旨，言及蜀先主遺命諸葛亮之事，[2]温厲聲曰：“若楊氏無男，有女當立矣，無得異議。”由是羣心乃定，遂迎丹陽王溥於潤州，以其年六月十八日即僞位，改元爲順義。[3]自是温父子愈盛，中外共專其國，楊氏主祭而已。温累官至竭忠定難建國功臣、大丞相、都督中外諸軍事、[4]諸道都統、鎮海寧國等軍節度、宣歙池等州管内營田觀察等使、開府儀同三司、守太師、中書令、金陵尹，封東海王，[5]食邑一萬户，實封五百户。僞順義七年改乾貞元年，[6]即後唐天成二年。其年十月二十三日，温卒，僞贈大元帥，追封齊王，謚曰忠武。[7]

［1］十八年：中華書局本有校勘記："《新五代史》卷六一《吴世家》、《九國志》卷一繫其事於武義二年五月，按武義二年即天祐十七年。"《通鑑》卷二七一貞明六年（920）五月己丑條同。

［2］蜀先主：即蜀漢開國君主劉備。涿郡涿縣（今河北涿州市）人。傳見《三國志》卷三二。　諸葛亮：字孔明，號卧龍。徐州瑯玡郡陽都（今山東沂南縣）人。三國時期著名政治家、軍事家。輔佐劉備在四川地區建立蜀漢政權。後積勞成疾而病逝。傳見《三國志》卷三五。

［3］順義：五代十國南吴睿帝楊溥年號（921—927）。

［4］大丞相：官名。授予功勳卓著者，非定制。　都督中外諸軍事：中華書局本有校勘記："'事'，原作'使'，據殿本、劉本、《册府》卷二一九及本卷上文改。"

［5］諸道都統：官名。總諸道兵馬專征伐之最高長官。　封東海王：中華書局本有校勘記："'封'字原闕，據《册府》卷二一九、卷二二三補。"

［6］乾貞：五代十國南吴睿帝楊溥年號（927—929）。

［7］大元帥：官名。即"天下兵馬大元帥"。總掌天下兵馬。爲特設超品之官職。　"温卒"至"謚曰忠武"：《通鑑》卷二七六天成二年（927）十月辛丑條："吴大丞相、都督中外諸軍事、諸道都統、鎮海寧國節度使兼中書令東海王徐温卒。初，温子行軍司馬、忠義節度使、同平章事知詢以其兄知誥非徐氏子，數請代之執吴政，温曰：'汝曹皆不如也。'嚴可求及行軍副使徐玠屢勸温以知詢代知誥，温以知誥孝謹，不忍也。陳夫人曰：'知誥自我家貧賤時養之，柰何富貴而棄之！'可求等言之不已。温欲帥諸藩鎮入朝，勸吴王稱帝，將行，有疾，乃遣知詢奉表勸進，因留代知誥執政。

知誥草表欲求洪州節度使，俟旦上之，是夕，温凶問至，乃止。知詢亟歸金陵。吴主贈温齊王，謚曰忠武。”

昪前夢温負登山，逾月温卒，[1]昪乃僞授輔政興邦功臣，知内外左右事、[2]開府儀同三司、守太尉、中書令、宣城公。昪自平朱瑾之亂，遂執吴政。天成四年，僞吴改大和元年，[3]是歲，昪出鎮金陵，[4]尋封東海王。[5]至清泰二年改天祚元年，[6]其年以金陵爲齊國，[7]封昪爲齊王，乃追謚温爲忠武王，廟號太祖。昪又進位太尉、録尚書事，留鎮金陵，以其子景總政於揚州。未幾，僞加昪九錫，建天子旌旗，改金陵爲西都，以揚州爲東都。昪開國依齊、梁故事，用徐玠爲齊國右丞相，宋齊丘爲左丞相，以爲謀主。[8]僞吴天祚三年，楊溥遜位於昪，國號大齊，改元爲昪元，[9]建都於金陵，時晋氏天福二年也。昪乃册楊溥爲讓皇，其册文曰“受禪老臣知誥，謹上册皇帝爲高尚思玄宏古讓皇”云。仍以其子遥領平盧軍節度使，遷於海陵。[10]

[1]逾月温卒：中華書局本有校勘記：“‘月’，殿本作‘年’。”

[2]知内外左右事：中華書局本有校勘記：“‘事’，《册府》卷二二三作‘軍’。”

[3]大和：五代十國南吴睿帝楊溥年號（929—935）。　僞吴改大和元年：中華書局本有校勘記：“‘大和’，原作‘太和’，據邵本、《新五代史》卷六一《吴世家》改。按王仁遇墓誌（拓片刊《北京圖書館藏中國歷代石刻拓本匯編》第三十六册）記其卒於吴大和七年六月，則當以‘大和’爲正。”

[4]是歲，昪出鎮金陵：中華書局本有校勘記：“《新五代史》

卷六二《南唐世家》、馬令《南唐書》卷一繫其事於大和三年。按《通鑑》卷二七七：‘（長興二年）癸亥，徐知誥至金陵’，長興二年即大和三年。”

［5］“天成四年”至“尋封東海王”：《通鑑》卷二七六天成四年（929）十月條：“吴諸道副都統、鎮海寧國節度使兼侍中徐知詢自以握兵據上流，意輕徐知誥，數與知誥争權，内相猜忌，知誥患之；内樞密使王令謀曰：‘公輔政日久，挾天子以令境内，誰敢不從！知詢年少，恩信未洽於人，無能爲也。’知詢待諸弟薄，諸弟皆怨之。徐玠知知詢不可輔，反持其短以附知誥。吴越王鏐遺知詢金玉鞍勒、器皿，皆飾以龍鳳；知詢不以爲嫌，乘用之。知詢典客周廷望説知詢曰：‘公誠能捐寶貨以結朝中勳舊，使皆歸心於公，則彼誰與處！”知詢從之，使廷望如江都諭意。廷望與知誥親吏周宗善，密輸款於知誥，亦以知誥陰謀告知詢。知詢召知誥詣金陵除父温喪，知誥稱吴主之命不許，周宗謂廷望曰：‘人言侍中有不臣七事，宜亟入謝！’廷望還，以告知詢。十一月，知詢入朝，知誥留知詢爲統軍，領鎮海節度使，遣右雄武都指揮使柯厚徵金陵兵還江都，知誥自是始專吴政。知詢責知誥曰：‘先王違世，兄爲人子，初不臨喪，可乎？’知誥曰：‘爾挺劍待我，我何敢往！爾爲人臣，畜乘輿服御物，亦可乎？”知詢又以廷望所言詰知誥，知誥曰：‘以爾所爲告我者，亦廷望也。’遂斬廷望。”同卷同年十二月條：“吴加徐知誥兼中書令，領寧國節度使。知誥召徐知詢飲，以金鍾酌酒賜之，曰：‘願弟壽千歲。’知詢疑有毒，引他器均之，跽獻知誥曰：‘願與兄各享五百歲。’知誥變色，左右顧，不肯受，知詢捧酒不退。左右莫知所爲，伶人申漸高徑前爲詼諧語，掠二酒合飲之，懷金鍾趨出，知誥密遣人以良藥解之，已腦潰而卒。”卷二七七長興元年十月丙辰條：“吴左僕射、同平章事嚴可求卒。徐知誥以其長子大將軍景通爲兵部尚書、參政事，知誥將出鎮金陵故也。”同卷長興二年（931）二月條：“吴徐知誥欲以中書侍郎、内樞使宋齊丘爲相，齊丘自以資望素淺，欲以退讓爲高，謁歸洪州葬父，因入

九華山，止于應天寺，啓求隱居；吴主下詔徵之，知誥亦以書招之，皆不至。知誥遣其子景通自入山敦諭，齊丘始還朝，除右僕射致仕，更命應天寺曰徵賢寺。”同年十一月乙未條：“吴中書令徐知誥表稱輔政歲久，請歸老金陵；乃以知誥爲鎮海、寧國節度使，鎮金陵，餘官如故，總録朝政如徐温故事。”同年十二月癸亥條：“徐知誥至金陵。”同卷長興三年二月條：“吴徐知誥作禮賢院於府舍，聚圖書，延士大夫，與孫晟及海陵陳覺談議時事。”卷二七八長興三年八月條：“吴徐知誥廣金陵城周圍二十里。”同卷同年十一月條：“吴以諸道都統徐知誥爲大丞相、太師，加領得勝節度使；知誥辭丞相、太師。”同卷長興四年五月條：“吴宋齊丘勸徐知誥徙吴主都金陵，知誥乃營宫城於金陵。”同卷同年九月條：“吴徐知誥以國中水火屢爲災，曰：‘兵民困苦，吾安可獨樂！’悉縱遣侍妓，取樂器焚之。”卷二七九清泰元年（934）二月條：“吴人多不欲遷都者，都押牙周宗言於徐知誥曰：‘主上西遷，公復須東行，不惟勞費甚大，且違衆心。’丙子，吴主遣宋齊丘如金陵，諭知誥罷遷都。先是，知誥久有傳禪之志，以吴主無失德，恐衆心不悦，欲待嗣君；宋齊丘亦以爲然。一旦，知誥臨鏡鑷白髭，歎曰：‘國家安而吾老矣，柰何？’周宗知其意，請如江都，微以傳禪諷吴主，且告齊丘。齊丘以宗先己，心疾之，遣使馳詣金陵，手書切諫，以爲天時人事未可；知誥愕然。後數日，齊丘至，請斬宗以謝吴主，乃黜宗爲池州副使。久之，節度副使李建勳、行軍司馬徐玠等屢陳知誥功業，宜早從民望，召宗復爲都押牙。知誥由是疏齊丘……吴主詔徐知誥還府舍。甲申，金陵大火；乙酉，又火。知誥疑有變，勒兵自衛。”同年六月條：“吴徐知誥將受禪，忌昭武節度使兼中書令臨川王濛，遣人告濛藏匿亡命，擅造兵器；丙子，降封歷陽公，幽于和州，命控鶴軍使王宏將兵二百衛之。”同卷同年七月條：“吴徐知誥召左僕射兼中書侍郎、同平章事宋齊丘還金陵，以爲諸道都統判官，加司空，於事皆無所關預，齊丘屢請退居，知誥以南園給之。”同卷同年十月條：“吴主加徐知誥大丞相、尚父、嗣齊王、九錫，辭不受。”同卷同年十一月條：“徐知誥召其子司徒、同平章事景通還金陵，爲鎮海寧國節度副大使、諸道副都統、判中外諸軍事；以次子牙内馬步都指揮使、海州團練使景遷爲左右軍都軍使、左僕射、參政事，留江都輔政。”

[6]清泰：五代後唐末帝李從珂年號（934—936）。　天祚：五代十國南吴睿帝楊溥年號（935—937）。《輯本舊史》之影庫本粘籤：“天祚，原本作‘天福’，今從《十國春秋》改正。”

[7]其年以金陵爲齊國：中華書局本有校勘記：“《新五代史》卷六二《南唐世家》繫其事於天祚三年。”

[8]徐玠：人名。彭城（今江蘇徐州市）人。五代十國時期南吴、南唐官員，官拜右丞相。事見本書本卷。　宋齊丘：人名。豫章（今江西南昌市）人，一説廬陵（今江西吉安市吉州區）人。久仕於南吴、南唐，官至宰執，後以政争失勢，爲李璟餓死於九華山中。事見本書本卷。　“至清泰二年改天祚元年”至“以爲謀主”：《通鑑》卷二七九清泰二年三月條：“吴加徐景遷同平章事、知左右軍事；徐知誥令尚書郎陳覺輔之，謂覺曰：‘吾少時與宋子嵩論議，好相詰難，或吾捨子嵩還家，或子嵩拂衣而起。子嵩攜衣笥望秦淮門欲去者數矣，吾常戒門者止之。吾今老矣，猶未徧達時事，況景遷年少當國，故屈吾子以誨之耳。’”同卷同年十月條：“吴加中書令徐知誥尚父、太師、大丞相、大元帥，進封齊王，備殊禮，以昇、潤、宣、池、歙、常、江、饒、信、海十州爲齊國；知誥辭尚父、丞相，殊禮不受。”卷二八〇天福元年（936）正月條：“吴徐知誥始建大元帥府，以幕職分判吏、户、禮、兵、刑、工部及鹽鐵。”同卷同年三月條：“吴徐知誥以其子副都統景通爲太尉、副元帥，都統判官宋齊丘、行軍司馬徐玠爲元帥府左右司馬。”同年四月條：“高從誨遣使奉牋於徐知誥，勸即帝位。”同年十一月癸巳條：“吴主詔齊王徐知誥置百官，以金陵府爲西都。”同年十二月條：“徐知誥以鎮南節度使、太尉兼中書令李德誠、德勝節度使兼中書令周本位望隆重，欲使之帥衆推戴，本曰：‘我受先王大恩，

自徐温父子用事，恨不能救楊氏之危，又使我爲此，可乎！’其子弘祚强之，不得已與德誠帥諸將詣江都表吴主，陳知誥功德，請行册命；又詣金陵勸進。宋齊丘謂德誠之子建勳曰：‘尊公，太祖元勳，今日掃地矣。’於是吴宫多妖，吴主曰：‘吴祚其終乎！’左右曰：此乃天意，非人事也。”卷二八一天福二年正月條：“吴太子璉納齊王知誥女爲妃。知誥始建太廟、社稷，改金陵爲江寧府，牙城曰宫城，廳堂曰殿；以左右司馬宋齊丘、徐玠爲左右丞相，馬步判官周宗、内樞判官黟人周廷玉爲内樞使。自餘百官皆如吴朝之制。置騎兵八軍，步兵九軍。”同年二月戊子條：“吴主使宜陽王璪如西都，册命齊王；王受册，赦境内。册王妃曰王后。”同年三月壬申條：“吴徐知誥立子景通爲王太子；固辭不受。追尊考忠武王温曰太祖武王，妣明德太妃李氏曰王太后。壬申，更名誥。”同年七月戊寅條：“吴同平章事王令謀如金陵勸徐誥受禪，誥讓不受。”

［9］昇元：五代十國南唐烈祖李昪年號（937—943）。

［10］高尚思玄宏古讓皇：中華書局本有校勘記：“‘尚’字原闕，據殿本、劉本、《新五代史》卷六二《南唐世家》、《通鑑》卷二八一補。”　“楊溥遜位於昪”至“遷於海陵”：《通鑑》卷二八一天福二年八月條：“吴司徒、門下侍郎、同平章事、内樞使、忠武節度使王令謀老病無齒，或勸之致仕，令謀曰：‘齊王大事未畢，吾何敢自安！’疾亟，力勸徐誥受禪。是月，吴主下詔，禪位於齊。李德誠等復詣金陵帥百官勸進，宋齊丘不署表。”同年九月丙寅條：“吴主命江夏王璘奉璽綬於齊。”同卷同年十月：“甲申，齊王誥即皇帝位於金陵，大赦，改元昇元，國號唐。追尊太祖武王曰武皇帝。乙酉，遣右丞相玠奉册詣吴主，稱受禪老臣誥謹拜稽首上皇帝尊號曰高尚思玄弘古讓皇，宫室、乘輿、服御皆如故，宗廟、正朔、徽章、服色悉從吴制。丁亥，立徐知證爲江王，徐知諤爲饒王。以吴太子璉領平盧節度使、兼中書令，封弘農公。”《輯本舊史》卷一三一《孫晟傳》：“李昪僞尊楊溥爲讓皇之册文，即晟之詞也。”《通鑑》卷二八一天福二年十月又載：“唐主宴群臣於天泉閣，

李德誠曰：‘陛下應天順人，惟宋齊丘不樂。’因出齊丘止德誠勸進書，唐主執書不視，曰：‘子嵩三十年舊交，必不相負。’齊丘頓首謝。己丑，唐主表讓皇改東都宫殿名，皆取於仙經。讓皇常服羽衣，習辟穀術。辛卯，吴宗室建安王珙等十二人皆降爵爲公，而加官增邑。丙申，以吴同平章事張延翰及門下侍郎張居詠、中書侍郎李建勳並同平章事。讓皇以唐主上表，致書辭之；唐主表謝而不改。丁酉，加宋齊丘大司徒。齊丘雖爲左丞相，不預政事，心慍懟，聞制詞云‘布衣之交’，抗聲曰：‘臣爲布衣時，陛下爲刺史；今日爲天子，可不用老臣矣。’還家請罪，唐主手詔謝之，亦不改命。久之，齊丘不知所出，乃更上書請遷讓皇於他州，及斥遠吴太子璉，絶其婚；唐主不從。乙巳，立王后宋氏爲皇后。戊申，以諸道都統、判元帥府事景通爲諸道副元帥、判六軍諸衛事、太尉、尚書令、吴王。”同年十一月條：“唐主賜楊璉妃號永興公主；妃聞人呼公主則流涕而辭。戊午，唐主立其子景遂爲吉王，景達爲壽陽公；以景遂爲侍中、東都留守、江都尹，帥留司百官赴東都。”

昪自云唐玄宗第六子永王璘之裔。[1]唐天寶末，[2]安禄山連陷兩京，[3]玄宗幸蜀，詔以璘爲山南、嶺南、黔中、江南四道節度採訪等使。[4]璘至廣陵，大募兵甲，有窺圖江左之意，[5]後爲官軍所敗，死於大庾嶺北，[6]故昪指之以爲遠祖。因還姓李氏，始改名昪，國號大唐，尊徐温爲義祖。[7]昪僭位凡七年，子景立。[8]《永樂大典》卷一萬三百九十一。[9]

[1]唐玄宗：即李隆基。唐睿宗李旦第三子。紀見《舊唐書》卷八至卷九及《新唐書》卷五。　永王璘：即李璘。唐玄宗第十六子。以謀反罪被殺。傳見《舊唐書》卷一〇七、《新唐書》卷

八二。

[2]天寶：唐玄宗李隆基年號（742—756）。

[3]安禄山：人名。營州柳城（今遼寧朝陽市）人。與史思明聯合發動安史之亂，後被其子安慶緒謀殺。傳見《舊唐書》卷二〇〇上、《新唐書》卷一五〇上。　兩京：指東都洛陽和西都長安。

[4]山南：此處指山南東道。唐開元二十一年（733）分山南道置，爲十五道之一。治所在襄州（今湖北襄陽市）。　嶺南：道名。貞觀元年（627）置，爲十道之一。治所在廣州（今廣東廣州市）。　黔中：道名。唐開元二十一年分江南道西部置，爲十五道之一。治所在黔州（今重慶彭水苗族土家族自治縣）。　江南：道名。貞觀元年置，爲十道之一。唐開元二十一年分爲江南東道、江南西道和黔中道。　節度採訪等使：官名。兼領節度、採訪等使職。唐玄宗時於十道各置採訪處置使，掌本道民政。唐肅宗時改爲觀察處置使。

[5]江左：地區名。又稱江東。本指今安徽蕪湖市、江蘇南京市間長江以東地區。有時泛指江南地區。

[6]大庾嶺：山名。又名東嶠山、梅嶺、涼熱山。位於今江西大余縣、廣東南雄市交界處。

[7]“故昪指之以爲遠祖”至“尊徐温爲義祖”：《通鑑》卷二八一天福三年（938）九月壬戌條：“唐太府卿趙可封請唐主復姓李，立唐宗廟。”同書卷二八二天福四年正月條：“唐羣臣江王知證等累表請唐主復姓李，立唐宗廟，乙丑，唐主許之。羣臣又請上尊號，唐主曰：‘尊號虚美，且非古。’遂不受。其後子孫皆踵其法，不受尊號，又不以外戚輔政，宦者不得預事，皆他國所不及也。”同年二月乙亥條：“改太祖廟號曰義祖。”同月庚寅條：“唐主更名昪。”二月條又載：“詔百官議二祚合享禮。辛卯，宋齊丘等議以義祖居七室之東。唐主命居高祖於西室，太宗次之，義祖又次之，皆爲不祧之主。羣臣言：‘義祖諸侯，不宜與高祖、太宗同享，請於

太廟正殿後别建廟祀之。’帝曰：‘吾自幼託身義祖，曏非義祖有功於吴，朕安能啓此中興之業？’羣臣乃不敢言。唐主欲祖吴王恪，或曰：‘恪誅死，不若祖鄭王元懿。’唐主命有司考二王苗裔，以吴王孫禕有功，禕子峴爲宰相，遂祖吴王，云自峴五世至父榮。其名率皆有司所撰。唐主又以歷十九帝、三百年，疑十世太少。有司曰：‘三十年爲世，陛下生於文德，已五十年矣。’遂從之。”同年三月庚戌條：“唐主追尊吴王恪爲定宗孝静皇帝，自曾祖以下皆追尊廟號及謚。”《新五代史》卷六二《李昪傳》：“徐氏諸子請昪復姓，昪謙抑不敢忘徐氏恩，下其議百官，百官皆請，然後復姓李氏，改名曰昪。自言唐憲宗子建王恪生超，超生志，爲徐州判司；志生榮。乃自以爲建王四世孫，改國號曰唐。立唐高祖、太宗廟，追尊四代祖恪爲孝静皇帝，廟號定宗；曾祖超爲孝平皇帝，廟號成宗；祖志孝安皇帝，廟號惠宗；考榮孝德皇帝，廟號慶宗。”《通鑑》卷二八二天福四年四月條：“唐江王知證等請亦姓李，不許。”

[8]昪僭位凡七年，子景立：《通鑑》卷二八二天福四年五月條：“唐主將立齊王璟爲太子，固辭；乃以爲諸道兵馬大元帥、判六軍諸衛、守太尉、録尚書事、昇揚二州牧。”同書卷二八二天福五年七月丁巳條：“唐主立齊王璟爲太子，兼大元帥，録尚書事。”同年九月條：“唐齊王璟固辭太子；九月，乙丑，唐主許之，詔中外致牋如太子禮。”同年十月：“術士孫智永以四星聚斗，分野有災，勸唐主巡東都，乙巳，唐主命齊王璟監國。”同卷天福八年二月條：“唐主嘗夢吞靈丹，旦而方士史守沖獻丹方，以爲神而餌之，浸成躁急。左右諫，不聽。嘗以藥賜李建勳，建勳曰：‘臣餌之數日，已覺躁熱，況多餌乎！’唐主曰：‘朕服之久矣。’群臣奏事，往往暴怒；然或有正色論辯中理者，亦斂容慰謝而從之。……會疽發背，祕不令人知，密令醫治之，聽政如故。庚午，疾亟，太醫吴廷裕遣親信召齊王璟入侍疾。唐主謂璟曰：‘吾餌金石，始欲益壽，乃更傷生，汝宜戒之！’是夕，殂。祕不發喪，下制：‘以齊王監國，大赦。’”《新五代史》卷六二《李昪傳》：“（昇元）七年，昪

卒，年五十六，謚曰光文肅武孝高皇帝，廟號烈祖，陵曰永陵。子景立。"《通鑑》卷二八二天福六年六月條："唐主自以專權取吴，尤忌宰相權重，以右僕射兼中書侍郎、同平章事李建勳執政歲久，欲罷之。會建勳上疏言事，意其留中；既而唐主下有司施行。建勳自知事挾愛憎，密取所奏改之；秋，七月，戊辰，罷建勳歸私第……吴越府署火，宫室府庫幾盡。吴越王元瓘驚懼，發狂疾，唐人争勸唐主乘弊取之，唐主曰：'柰何利人之災！'遣使唁之，且賙其乏。"同年十一月條："唐主性節儉，常躡蒲屨，盥頮用鐵盎，暑則寢於青葛帷，左右使令惟老醜宫人，服飾粗略。死國事者皆給禄三年。分遣使者按行民田，以肥瘠定其税，民間稱其平允。自是江、淮調兵興役及他賦斂，皆以税錢爲率，至今用之。唐主勤於聽政，以夜繼晝，還自江都，不復宴樂；頗傷躁急，内侍王紹顔上書，以爲'今春以來，羣臣獲罪者衆，中外疑懼。'唐主手詔釋其所以然，令紹顔告諭中外。"同書卷二八三天福七年八月條："唐主自爲吴相，興利除害，變更舊法甚多。及即位，命法官及尚書删定爲《昪元條》三十卷；庚寅，行之。"

[9]《大典》卷一〇三九一"李"字韻"姓氏（三六）"事目。

景，本名璟，及將臣于周，以犯廟諱，故改之。昪之長子也，[1]昪卒，乃襲僞位，改元爲保大。[2]以仲弟遂爲皇太弟，季弟達爲齊王，仍於父柩前設盟約，兄弟相繼。[3]景僭號之後，屬中原多事，北土亂離，雄據一方，行餘一紀。其地東暨衢、婺，[4]南及五嶺，西至湖湘，北據長淮，[5]凡三十餘州，廣袤數千里，盡爲其所有，近代僭竊之地，最爲强盛。[6]又嘗遣使私賂北戎，俾爲中國之患，自固偷安之計。[7]

［1］昪之長子也：《輯本舊史》之原輯者案語："案《釣磯立談》云：烈祖一日晝寢，夢一黄龍出殿之西楹，矯首内向，如窺伺狀。烈祖驚起，使人偵之，顧見玄宗方倚楹而立，遣人候上動静，於是立嫡之意遂决。"

［2］保大：五代十國南唐中主李璟年號（943—957）。中華書局本有校勘記："'保大'，原作'保太'，據殿本、劉本、彭校、《通曆》卷一五、《册府》卷二一九、《新五代史》卷六二《南唐世家》、《通鑑》卷二八三改。"《通鑑》卷二八一天福二年（937）十一月乙卯條："唐吴王景通更名璟。"

［3］"景"至"兄弟相繼"：《通鑑》卷二八三天福八年二月條："（李昪）會疽發背，祕不令人知，密令醫治之，聽政如故。庚午，疾亟，太醫吴廷裕遣親信召齊王璟入侍疾。唐主謂璟曰：'吾餌金石，始欲益壽，乃更傷生，汝宜戒之！'是夕，殂。祕不發喪，下制：'以齊王監國，大赦。'"同年三月條："唐元宗即位，大赦，改元保大。祕書郎韓熙載請俟踰年改元，不從。尊皇后曰皇太后，立妃鍾氏爲皇后。唐主未聽政，馮延巳屢入白事，一日至數四。唐主曰：'書記有常職，何爲如是其煩也！'唐主爲人謙謹，初即位，不名大臣，數延公卿論政體，李建勳謂人曰：'主上寬仁大度，優於先帝；但性習未定，苟旁無正人，但恐不能守先帝之業耳。'唐主以鎮南節度使宋齊丘爲太保兼中書令，奉化節度使周宗爲侍中。唐主以齊丘、宗先朝勳舊，故順人望召爲相，政事皆自决之。徙壽王景遂爲燕王，宣城王景達爲鄂王。初，唐主爲齊王，知政事，每有過失，常夢錫常直言規正；始雖忿懟，終以諒直多之。及即位，許以爲翰林學士，齊丘之黨疾之，坐封駁制書，貶池州判官……宋齊丘待陳覺素厚，唐主亦以覺爲有才，遂委任之。馮延巳、延魯、魏岑，雖齊邸舊僚，皆依附覺，與休寧查文徽更相汲引，侵蠹政事，唐人謂覺等爲'五鬼'。延魯自禮部員外郎遷中書舍人、勤政殿學士，江州觀察使杜昌業聞之，歎曰：'國家所以驅駕羣臣，在官爵而已。若一言稱旨，遽躋通顯，後有立功者，何以賞之！'未

幾，唐主以岑及文徽皆爲樞密副使。岑即得志，會覺遭母喪，岑即暴揚覺過惡，擯斥之。”

［4］衢：州名。治所在今浙江衢州市。　婺：州名。治所在今浙江金華市婺城區。

［5］五嶺：今湖南、江西和廣東、廣西邊境上大庾、騎田、都龐、萌渚、越城五嶺的總稱。　湖湘：洞庭湖和湘江地帶，指今湖南地區。　長淮：指淮河地區。

［6］强盛：中華書局本有校勘記：“‘强盛’，原作‘疆盛’，據殿本、劉本、邵本、《通曆》卷一五改。影庫本批校：‘“彊”訛“疆”。’”

［7］又嘗遣使私賂北戎，俾爲中國之患，自固偷安之計：《輯本舊史》之原輯者案語：“案《南唐書》云：契丹遣二使來告曰：‘晉少主逆命背約，自貽廢黜，吾主欲與唐繼先世之好，將册君爲中原主。’嗣主曰：‘孤守江、淮，社稷已固，與梁、宋阻隔。若爾主不忘先好，惠賜行人，受賜多矣，其他不敢拜命之辱。’”見馬令《南唐書》卷三《嗣主書》，繫此事於保大五年（即天福十二年，947）正月辛卯。　“景僭號之後”至“自固偷安之計”：《通鑑》卷二八六天福十二年正月條：“唐主遣使賀契丹滅晉，且請詣長安脩復諸陵。契丹不許，而遣使報之。晉密州刺史皇甫暉，棣州刺史王建，皆避契丹，帥衆奔唐；淮北賊帥多請命於唐。唐虞部員外郎韓熙載上疏，以爲：‘陛下恢復祖業，今也其時。若虜主北歸，中原有主，則未易圖也。’時方連兵福州，未暇北顧；唐人皆以爲恨，唐主亦悔之。”卷二八七天福十二年六月條：“唐主聞契丹主德光卒，蕭翰棄大梁去，下詔曰：‘乃眷中原，本朝故地。’以左右衛聖統軍、忠武節度使李金全爲北面行營招討使，議經略北方。聞帝已入大梁，遂不敢出兵。”卷二九〇廣順二年（952）二月條：“唐自烈祖以來，常遣使泛海與契丹相結，欲與之共制中國，更相饋遺，約爲兄弟。然契丹利其貨，徒以虚語往來，實不爲唐用也。”

周顯德二年冬，世宗始議南征，[1]以宰臣李穀爲前軍都部署。[2]是冬，周師圍壽春。[3]三年春，世宗親征淮甸，大敗淮寇於正陽，遂進攻壽州。[4]尋又今上敗何延錫於渦口，[5]擒皇甫暉於滁州。[6]景聞之大懼，遣其臣鍾謨、李德明等奉表於世宗，[7]乞爲附庸之國，仍歲貢百萬之數，又進金銀器幣及犒軍牛酒。未幾，又遣其臣孫晟、王崇質等奉表修貢，[8]且言："景願割濠、壽、泗、楚、光、海等六州之地，[9]隸於大朝，乞罷攻討。"世宗未之許。[10]時李德明等見周師急攻壽春，慮不能保，乃奏云："寬臣等五日之誅，容臣等自往江南，取本國表章，舉江北諸州，盡獻於大朝。"世宗許其行。久之，德明等不至，乃權議迴鑾，惟留偏師數千圍守壽春而已。[11]

[1]顯德：後周太祖郭威年號（954—960）。　世宗：後周皇帝柴榮，邢州堯山（今河北隆堯縣）人。後周太祖郭威養子。紀見本書卷一一四至卷一一九、《新五代史》卷一二。

[2]李穀：人名。潁州汝陰（今安徽阜陽市）人。後周宰相。傳見《宋史》卷二六二。　都部署：官名。五代後唐始置，爲臨時委任的大軍區統帥。掌管屯戍、攻防等事務。

[3]壽春：地名。位於今安徽壽縣。　"周顯德二年冬"至"周師圍壽春"：《通鑑》卷二九二顯德二年（955）六月丁未條："蜀主遣間使如北漢及唐，欲與之俱出兵以制周，北漢主、唐主皆許之。"同年十月、十一月條："唐主性和柔，好文章，而喜人佞己，由是諂諛之臣多進用，政事日亂。即克建州，破湖南，益驕，有吞天下之志。李守貞、慕容彦超之叛，皆爲之出師，遥爲聲援。又遣使自海道通契丹及北漢，約共圖中國；值中國多事，未暇與之

校。先是，每冬淮水淺涸，唐人常發兵戍守，謂之‘把淺’。壽州監軍吴廷紹以爲疆埸無事，坐費資糧，悉罷之；清淮節度使劉仁贍上表固争，不能得。十一月，乙未朔，帝以李穀爲淮南道前軍行營都部署兼知廬、壽等行府事，以忠武節度使王彦超副之，督侍衛馬軍都指揮使韓令坤等十二將以伐唐……唐主以神武統軍劉彦貞爲北面行營都部署，將兵二萬趣壽州，奉化節度使、同平章事皇甫暉爲應援使，常州團練使姚鳳爲應援都監，將兵三萬屯定遠。召鎮南節度使宋齊丘還金陵，謀國難，以翰林承旨、户部尚書殷崇義爲吏部尚書、知樞密院。”

［4］正陽：地名。位於今安徽壽縣西南、淮河南岸正陽關。　壽州：州名。治所在今安徽壽縣。

［5］何延錫：人名。籍貫不詳。五代十國南唐將領。事見本書卷一一六、本卷。　渦口：地名。渦水入淮河之處。位於今安徽懷遠縣東北。

［6］皇甫暉：人名。魏州（今河北大名縣）人，五代藩鎮將領。傳見本書附録、《新五代史》卷四九。　滁州：州名。治所在今安徽滁州市。《輯本舊史》之影庫本粘籤：“滁州，原本作‘涂州’，今從《歐陽史》改正。”　“世宗親征淮甸”至“擒皇甫暉於滁州”：《通鑑》卷二九二顯德三年（956）正月條：“劉彦貞素驕貴，無才略，不習兵，所歷藩鎮，專爲貪暴，積財巨億，以賂權要，由是魏岑等争譽之，以爲治民如龔、黄，用兵如韓、彭，故周師至，唐主首用之……（世宗）詔以武平節度使兼中書令王逵爲南面行營都統，使攻唐之鄂州……唐主聞湖南兵將至，命武昌節度使何敬洙徙民入城，爲固守之計；敬洙不從，使除地爲戰場，曰：‘敵至，則與軍民俱死於此耳！’唐主善之。”《輯本舊史》卷一一六《周世宗紀三》顯德三年二月壬申條：“今上奏，破淮賊萬五千人於清流山，乘勝攻下滁州，擒僞命江州節度使、充行營應援使皇甫暉，常州團練使、充應援都監姚鳳以獻。”此條下原輯者案語引《舊五代史考異》：“案王銍《默記》：李景聞世宗親至淮上，而滁州

其控扼，且援壽州，命大將皇甫暉、監軍姚鳳提兵十萬扼其地。太祖以周師數千與暉遇于清流關隘路，周師大敗，暉整全師入憩滁州城下，會翊日再出。太祖兵聚關下，其虞暉兵再至，聞諸村人，云有鎮州趙學究在村中教學，多智計，村民有争訟者，多請以决曲直。太祖往訪之，學究曰：‘我有奇計，所謂因敗爲勝，轉禍爲福。今關下有徑路，人無行者，雖牌軍亦不知之，乃山之背也，可以直抵城下。方值西澗水大漲之時，彼必謂我既敗之後，無敢躡其後者，誠能由山背小路率兵浮西澗水至城下，斬關而入，可以得志。’太祖大喜，且命學究以指其路。學究亦不辭，而遣人前導，即下令誓師，夜從小徑行，三軍跨馬浮西澗以迫城，暉果不爲備。奪門以入，暉始聞之，率親兵擐甲與太祖巷戰，三縱而三擒之，遂下滁州。”

[7]鍾謨：人名。會稽（今浙江紹興市）人。五代十國南唐官員。事見本書本卷。　李德明：人名。五代十國南唐官員。事見本書卷一一六、本卷。

[8]孫晟：人名。又名孫忌、孫鳳。高密（今山東高密市）人，一説齊郡（今山東濟南市）人。五代十國南唐大臣。傳見本書卷一三一。　王崇質：人名。籍貫不詳。五代十國南唐大臣。事見本書卷一一六。

[9]濠：州名。治所在今安徽鳳陽縣。　泗：州名。治所在今江蘇泗洪縣東南。　楚：州名。治所在今江蘇淮安市。　光：州名。治所在今河南潢川縣。　海：州名。治所在今江蘇連雲港市海州區。

[10]“景聞之大懼”至“世宗未之許”：《通鑑》卷二九二顯德三年二月條：“唐主遣泗州牙將王知朗齎書抵徐州，稱：‘唐皇帝奉書大周皇帝，請息兵脩好，願以兄事帝，歲輸貨財以助軍費。’甲戌，徐州以聞；帝不答。”明本《册府》卷一一八《帝王部·親征門三》：“二月甲戌，徐州遣牙將王喦押泗州牙校王知朗齎江南國主李景書一函來，上書云：‘唐皇帝奉書於大周皇帝。’不答。”《輯

本舊史》卷一一六《周世宗紀三》顯德三年二月甲戌條："江南國主李景遣泗州牙將王知朗齎書一函至滁州，本州以聞，書稱唐皇帝奉書于大周皇帝，其略云：'願陳兄事，永奉鄰歡，設或俯鑒遠圖，下交小國，悉班卒乘，俾乂蒼黔，慶鷄犬之相聞，奉瓊瑶以爲好，必當歲陳山澤之利，少助軍旅之須。虔俟報章，以聽高命，道塗朝坦，禮幣夕行'云。書奏不答。"馬令《南唐書》卷三《嗣主書》、卷一六《孫晟傳》亦作"遣泗州牙將王知朗至滁州"，與《輯本舊史》卷一一六同。《通鑑》卷二九二顯德三年二月條："唐主兵屢敗，懼亡，乃遣翰林學士户部侍郎鍾謨、工部侍郎文理院學士李德明奉表稱臣，來請平，獻御服、湯藥及金器千兩，銀器五千兩，繒錦二千匹，犒軍牛五百頭，酒二千斛，壬午，至壽州城下。謨、德明素辯口，上知其欲遊説，盛陳甲兵而見之，曰：'爾主自謂唐室苗裔，宜知禮義，異於他國。與朕止隔一水，未嘗遣一介脩好，惟泛海通契丹，捨華事夷，禮義安在？且汝欲説我令罷兵邪？我非六國愚主，豈汝口舌所能移邪！可歸語汝主：亟來見朕，再拜謝過，則無事矣。不然，朕欲觀金陵城，借府庫以勞軍，汝君臣得無悔乎！'謨、德明戰栗不敢言。吴越王弘俶遣兵屯境上以俟周命。蘇州營田指揮使陳滿言於丞相吴程曰：'周師南征，唐舉國驚擾，常州無備，易取也。'會唐主有詔撫安江陰吏民，滿告程云：'周詔書已至。'程爲之言於弘俶，請亟發兵從其策。丞相元德昭曰：'唐大國，未可輕也。若我入唐境而周師不至，誰與并力，能無危乎！請姑俟之。'程固争，以爲時不可失，弘俶卒從程議。癸未，遣程督衢州刺史鮑脩讓、中直都指揮使羅晟趣常州……唐主遣園苑使尹延範如泰州，遷吴讓皇之族於潤州。延範以道路艱難，恐楊氏爲變，盡殺其男子六十人，還報，唐主怒，腰斬之。"《輯本舊史》卷一三四《楊溥傳》、《新五代史》卷六一《楊溥傳》均作李景聞周師渡淮，慮楊氏爲變，使人盡殺其族，與《通鑑》異。《通鑑》卷二九二顯德三年二月條："唐主遣人以蠟丸求救於契丹。壬辰，静安軍使何繼筠獲而獻之。"同書卷二九三顯德三年三月條："唐主復以右僕射孫晟爲司空，遣與禮部尚書王崇質奉表入見，稱：‘自天祐以來，海内分崩，或跨據一方，或遷革異代，臣紹襲先業，奄有江表，顧以瞻烏未定，附鳳何從！今天命有歸，聲教遠被，願比兩浙、湖南，仰奉正朔，謹守土疆，乞收薄伐之威，赦其後服之罪，首於下國，俾作外臣，則柔遠之德，云誰不服！’又獻金千兩，銀十萬兩，羅綺二千匹……秦、鳳之平也，上赦所俘蜀兵以隸軍籍，從征淮南，復亡降於唐。癸卯，唐主表獻百五十人；上悉命斬之……唐主使李德明、孫晟言於上，請去帝號，割壽、濠、泗、楚、光、海六州之地。仍歲輸金帛百萬以求罷兵。上以淮南之地已半爲周有，諸將捷奏日至，欲盡得江北之地，不許。”《輯本舊史》卷一一六《周世宗紀三》顯德三年三月庚子條：“江南國主李景表送先隔過朝廷兵士一百五十人至行在。其軍即蜀軍也，秦、鳳之役，爲王師所擒，配隸諸軍，及渡淮，輒復南逸。帝怒其奔竄，盡戮之。”同月丙午條：“江南國主李景遣其臣僞司空孫晟、僞禮部尚書王崇質等奉表來上，仍進金一千兩、銀十萬兩、羅綺二千匹，又進賞給將士茶絹金銀羅帛等。”同月辛亥條：“賜江南李景書曰：‘……但以淮南部内，已定六州，廬、壽、濠、黄，大軍悉集，指期剋日，拉朽焚枯，其餘數城，非足介意。必若盡淮甸之土地，爲大國之隄封，猶是遠圖，豈同迷復。如此則江南吏卒，悉遣放還，江北軍民，並當留住，免違物類之性，俾安鄉土之情。至於削去尊稱，願輸臣禮，非無故事，實有前規。蕭詧奉周，不失附庸之道；孫權事魏，自同藩國之儀。古也雖然，今則不取，但存帝號，何爽歲寒。儻堅事大之心，終不迫人於險，事資真慤，辭匪枝游，俟諸郡之悉來，即大軍之立罷……’”案以上諸條，《通鑑》與《輯本舊史》所繫時日均異，且事件先後順序不同。孫晟與王崇質奉表入見之事，明本《册府》卷二三二《僭僞部·稱藩門》繫於二月丙午，且詳載奉表内容。

［11］“時李德明等見周師急攻壽春”至“惟留偏師數千圍守壽春而已”：《輯本舊史》卷一一六《周世宗紀三》顯德三年三月

條："初，李景遣鍾謨、李德明奉表至行闕，使人面奏云：'本國主願割壽、濠、泗、楚、光、海六州之地，歸於大朝。'帝志在盡取江北諸郡，不允其請。使人見王師急攻壽陽，李德明奏曰：'願陛下寬臣數日之誅，容臣自往江南，取本國表，盡獻江北之地。'帝許之，乃令李德明、王崇質齎此書以賜李景。"《通鑑》卷二九三顯德三年三月庚戌條："德明見周兵日進，奏稱：'唐主不知陛下兵力如此之盛，願寬臣五日之誅，得歸白唐主，盡獻江北之地。'上乃許之。晟因奏遣王崇質與德明俱歸。上遣供奉官安弘道送德明等歸金陵，賜唐主書，其略曰：'但存帝號，何爽歲寒！儻堅事大之心，終不迫人於險。'又曰：'俟諸郡之悉來，即大軍之立罷。言盡於此，更不煩云；苟曰未然，請從兹絶。'又賜其將相書，使熟議而來。唐主復上表謝。李德明盛稱上威德及甲兵之强，勸唐主割江北之地；唐主不悦。宋齊丘以割地爲無益；德明輕佻，言多過實，國人亦不之信。樞密使陳覺、副使李徵古素惡德明與孫晟，使王崇質異其言，因譖德明於唐主曰：'德明賣國求利。'唐主大怒，斬德明於市。"明本《册府》卷二三二《僭僞部·稱藩門》："三月己未，景以王崇質等歸國，復遣使奉表來上，表云：'臣叨居舊邦，獲嗣先業。聖人有作，曾無先見之明；王祭弗供，果致後時之責。六龍電邁，萬騎雲屯，舉國震驚，群臣惴悚，遂馳下使，徑詣行宫，乞停薄伐之師，請預外臣之籍。天聽懸邈，聖問未回，通宵九驚，一食三歎，由是繼飛密表，再遣行人，敘江河羡海之心，指葵藿向陽之意。皇帝陛下自天生德，命世應期，含容每法於方輿，亭育不遺於下國。先令副介，密導宸慈，綸吉優隆，乾文炳焕。仰認懷來之道，喜則可知；深惟事大之言，服之無斁。"《輯本舊史》卷一一六《周世宗紀三》顯德三年四月辛未條："揚州奏，江南大破兩浙軍於常州。初，兩浙錢俶承詔遣部將率兵攻常州，爲江南大將陸孟俊所敗，將佐陷没者甚衆，李景亦以表聞。"同月丁丑條："揚州韓令坤破江南賊軍於州東境，獲大將陸孟俊。今上表大破江南軍於六合，斬首五千級。時李景乘常州之捷，遣陸孟俊領兵迫泰州，王師不守，韓令坤欲棄揚州而迴。帝怒，急遣殿前都指揮使張永德帥親兵往援之，又命今上領步騎二千人屯於六合。俄而陸孟俊領其徒自海陵抵揚州，令坤迎擊，敗之，生擒孟俊。李景遣其弟齊王達率大衆由瓜步濟江，距六合一舍而設栅。居數日，乃棄栅來迫官軍。今上麾兵以擊之，賊軍大敗，餘衆赴江溺死者不可勝紀。"同年八月戊辰條："殿前都指揮使張永德奏，破淮賊于下蔡。先是，江南李景以王師猶在壽州，遣其將林仁肇、郭廷謂率水陸軍至下蔡，欲奪浮梁，以舟實薪芻，乘風縱火，永德禦之。有頃，風勢倒指，賊衆稍却，因爲官軍所敗。"《通鑑》卷二九三顯德三年十月條："張永德與李重進不相悦，永德密表重進有二心，帝不之信。時二將各擁重兵，衆心憂恐。重進一日單騎詣永德營，從容宴飲，謂永德曰：'吾與公幸以肺附俱爲將帥，奚相疑若此之深邪？'永德意乃解，衆心亦安。唐主聞之，以蠟丸遺重進，誘以厚利，其書皆謗毁及反間之語；重進奏之。"同年："是歲，唐主……遣兵部郎中陳處堯持重幣浮海詣契丹乞兵；契丹不能爲之出兵，而留處堯不遣。"

四年春，世宗再駕南征。三月，大敗江南援軍於紫金山，尋下壽州，乃命班師。[1]是歲冬十月，世宗復臨淮甸，連下濠、泗二郡，進攻楚州。明年春正月，[2]拔之，遂移幸揚州，駐大軍於迎鑾，將議濟江。[3]景聞之，自謂亡在朝夕，乃謀欲傳位其世子，使稱藩於周。遣其臣陳覺奉表陳情，[4]且順世宗之旨焉。覺至，世宗召對於御幄。是時，江北諸州，唯廬、舒、蘄、黄四郡未下，[5]世宗因謂覺曰："江南國主若能以江北之地盡歸於我，則朕亦不至窮兵黷武。"覺聞命忻然，即遣人過江取景表，以廬、舒、蘄、黄等四州來上，乞畫江爲界，仍歲貢地征數十萬。世宗許之，乃還京。[6]自是景始行大朝正朔，上章稱“唐國主臣景”，累遣使修貢，亦不失外臣之禮焉。[7]

[1]紫金山：山名。又名八公山，位於今安徽壽縣東北，淮河南岸。　“四年春”至“乃命班師”：《輯本舊史》卷一一七《周世宗紀四》顯德四年（957）春正月丁未條：“淮南道招討使李重進奏，破淮賊五千人于壽州北。先是，李景遣其弟僞齊王達率全軍來援壽州，達留駐濠州，遣其將許文縝、邊鎬、朱元領兵數萬，泝淮而上，至紫金山，設十餘砦，與城内烽火相應。又築夾道數里，將抵壽春，爲運糧之路，至是爲重進所敗。”《通鑑》卷二九三顯德四年三月條：“三月，己丑夜，帝渡淮，抵壽春城下。庚寅旦，躬擐甲冑，軍于紫金山南，命太祖皇帝擊唐先鋒寨及山北一寨，皆破之，斬獲三千餘級，斷其甬道，由是唐兵首尾不能相救。至暮，帝分兵守諸寨，還下蔡……帝慮其餘衆沿流東潰，遽命虎捷左厢都指揮使趙晁將水軍數千沿淮而下。壬辰旦，帝軍于趙步，諸將擊唐紫金山寨，大破之，殺獲萬餘人，擒許文稹、邊鎬、楊守忠。餘衆果沿淮東走，帝自趙步將騎數百循北岸追之，諸將以步騎循南岸追之，水軍自中流而下，唐兵戰溺死及降者殆四萬人，獲船艦糧仗以十萬數。晡時，帝馳至荆山洪，距趙步二百餘里。是夜，宿鎮淮軍，癸酉，從官始至……甲午，發近縣丁夫城鎮淮軍，爲二城，夾淮水，徙下蔡浮梁於其間，扼濠、壽應援之路。會淮水漲，唐濠州都監彭城郭廷謂以水軍泝淮，欲掩不備，焚浮梁；右龍武統軍趙匡贊覘知之，伏兵邀擊，破之。唐齊王景達及陳覺皆自濠州奔歸金陵，惟静江指揮使陳德誠全軍而還……己亥，上自鎮淮軍復如下蔡。庚子，賜劉仁贍詔，使自擇禍福。唐主議自督諸將拒周……既而竟不敢自行。甲辰，帝耀兵于壽春城北……戊申，帝大陳甲兵，受降于壽春城北……庚戌，徙壽州治下蔡，赦州境死罪以下。州民

受唐文書聚山林者，並召令復業，勿問罪；有嘗爲其殺傷者，毋得讎訟。曏日政令有不便於民者，令本州條奏……詔開壽州倉振飢民。丙辰，帝北還。"

［2］明年春正月：《輯本舊史》之原輯者案語："案《南唐書》：正月，改元交泰。"見馬令《南唐書》卷四《嗣主書》。陸游《南唐書》卷二《元宗紀》繫此事於三月，《通鑑》卷二九四繫於三月丁亥。

［3］迎鑾：地名。位於今江蘇儀徵市。　將議濟江：中華書局本有校勘記："'江'原作'北'，據殿本、劉本、邵本校、《通曆》卷一五、《宋史》卷四七八《南唐李氏世家》改。"　"明年春正月"至"將議濟江"：《輯本舊史》卷一一七《周世宗紀四》顯德四年十一月："癸巳，帝親率諸軍攻濠州，奪關城，破水砦，賊衆大敗，焚戰艦七十餘艘，斬首二千級，進軍攻羊馬城。丙申夜，僞濠州團練使郭廷謂上表陳情，且言家在江南，欲遣人禀命于李景，從之。"同年十二月乙卯條："泗州守將范再遇以其城降。"《通鑑》卷二九三顯德四年十二月條："郭廷謂使者自金陵還，知唐不能救，命録事參軍鄱陽李延鄒草降表。延鄒責以忠義，廷謂以兵臨之，延鄒擲筆曰：'大丈夫終不負國爲叛臣作降表！'廷謂斬之，舉濠州降，得兵萬人，糧數萬斛。唐主賞李延鄒之子以官。"

［4］陳覺：人名。揚州海陵（今江蘇泰州市）人。五代十國南唐大臣，率軍與後周交戰而敗，後爲李璟所殺。事見本書卷一一八、本卷。

［5］舒：州名。治所在今安徽潛山縣。　蘄：州名。治所在今湖北蘄春縣。　黄：州名。治所在今湖北黄岡市黄州區。

［6］"景聞之"至"乃還京"：《輯本舊史》卷一一七《周世宗紀四》顯德四年十二月丙寅條："江南李景遣兵驅擄揚州士庶渡江，焚其州郭而去。"《通鑑》卷二九四顯德五年三月條："唐太弟景遂前後凡十表辭位，且言：'今國危不能扶，請出就藩鎮。燕王弘冀嫡長有軍功，宜爲嗣，謹奏上太弟寶册。'齊王景達亦以敗軍

辭元帥。唐主乃立景遂爲晋王，加天策上將軍、江南西道兵馬元帥、洪州大督都、太尉、尚書令，以景達爲浙西道元帥、潤州大都督。景達以浙西方用兵，固辭，改撫州大都督。立弘冀爲太子，參决庶政……唐主聞上在江上，恐遂南渡，又恥降號稱藩，乃遣兵部侍郎陳覺奉表，請傳位於太子弘冀，使聽命於中國。時淮南惟廬、舒、蘄、黄未下。丙申，覺至迎鑾，見周兵之盛，白上，請遣人渡江取表，獻四州之地，畫江爲境，以求息兵，辭指甚哀。上曰：'朕本興師止取江北，爾主能舉國内附，朕復何求！'覺拜謝而退。”亦見明本《册府》卷二〇《帝王部·功業門二》、卷一一八《帝王部·親征門三》。《通鑑》卷二九四顯德五年三月條：“丁酉，覺請遣其屬閤門承旨劉承遇如金陵，上賜唐主書，稱'皇帝恭問江南國主'，慰納之……唐主復遣劉承遇奉表稱唐國主，請獻江北四州，歲輸貢物十萬……上賜唐主書，諭以：'緣江諸軍及兩浙、湖南、荆南兵並當罷歸，其廬、蘄、黄三道，亦令斂兵近外。俟彼將士及家屬皆就道，可遣人召將校以城邑付之。江中舟艦有須往來者，並令就北岸引之。'”《輯本舊史》卷一一八《周世宗紀五》、《通鑑》卷二九四、明本《册府》卷一一八《帝王部·親征門三》繫此事於三月己亥。

［7］“自是景始行大朝正朔”至“亦不失外臣之禮焉”：明本《册府》卷二三二《僭僞部·稱藩門》：“五年三月丙午，景遣其臣僞宰相馮延巳、僞給事中田霖奉表，進銀一十萬兩、絹一十萬疋、錢一十萬貫、茶五十萬斤、米三十萬石。表云：'……今既六師返旆，萬乘還京，合申解甲之儀，粗表克庭之實，但以自經保境，今已累年，供給既繁，困虚頗甚，曾無厚幣可達深誠。然又思内附已來，聖慈益厚，雖在照臨之下，有如骨肉之恩，縱悉力以貢輸，終厚顔於微鮮。今有少物色以備宣給軍士，謹遣左僕射、平章事臣馮延巳、給事中臣田霖部署上進。'延巳因稱李景命，進納漢陽、汶川二縣。是二縣在大江之北，元隸鄂州，景以既畫江爲界，故歸於我。”亦見《輯本舊史》卷一一八《周世宗紀五》顯德五年三月丙

午條，但無進納漢陽、汶川之記載。明本《册府》卷二三二《僭僞部·稱藩門》："辛亥，景遣其臣僞臨汝郡公徐遼、僞客省使尚全恭奉表來上買宴錢二百萬……時景又選伶官五十人，各賫樂器，與遼偕至，且言來獻壽觴。"《輯本舊史》卷一一八《周世宗紀五》顯德五年三月辛亥條亦載。《輯本舊史》卷一一八《周世宗紀五》顯德五年四月癸丑條："宴從臣及江南進奉使馮延巳等於行宫，徐遼代李景捧壽觴以獻，進金酒器、御衣、犀帶、金銀、錦綺、鞍馬等。"亦見明本《册府》卷一一一《帝王部·宴享門三》、卷二三二《僭僞部·稱藩門》。明本《册府》卷二三二《僭僞部·稱藩門》："五月戊子，景遣僞供奉官傅滌奉表起居，仍進細茶五百斤、清酒百瓶。"《通鑑》卷二九四顯德五年五月辛卯條："唐主避周諱，更名景，下令去帝號，稱國主，凡天子儀制皆有降損，去年號，用周正朔，仍告於太廟。左僕射、同平章事馮延巳罷爲太子太傅，門下侍郎、同平章事嚴續罷爲少傅，樞密使、兵部侍郎陳覺罷守本官。初，馮延巳以取中原之策説唐主，由是有寵。延巳嘗笑烈祖戢兵爲齷齪，曰：'安陸所喪纔數千兵，爲之輟食咨嗟者旬日，此田舍翁識量耳，安足與成大事！豈如今上暴師數萬於外，而擊毬宴樂無異平日，真英主也！'延巳與其黨談論，常以天下爲己任，更相唱和。翰林學士常夢錫屢言延巳等浮誕，不可信；唐主不聽，夢錫曰：'奸言似忠，陛下不悟，國必亡矣！'及臣服於周，延巳之黨相與言，有謂周爲大朝者，夢錫大笑曰：'諸公常欲致君堯、舜，何意今日自爲小朝邪！'衆默然。"明本《册府》卷二三二《僭僞部·稱藩門》："五月己亥，侍御使李重進自淮南差人上言，李景令人賫牛酒來犒師。"《通鑑》卷二九四顯德五年五月條："自唐主内附，帝止因其使者賜書，未嘗遣使至其國。己酉，始命太僕卿馮延魯、衛尉少卿鍾謨使於唐，賜以御衣、玉帶等及犒軍帛十萬，并今年《欽天曆》。"亦見明本《册府》卷一六七《帝王部·招懷門五》。《通鑑》卷二九四顯德五年五月："劉承遇之還自金陵也，唐主使陳覺白帝，以江南無鹵田，願得海陵監南屬以贍軍。帝曰：

‘海陵在江北，難以交居，當别有處分。’至是，詔歲支鹽三十萬斛以給江南，所俘獲江南士卒，稍稍歸之。”明本《册府》卷二三二《僭僞部·稱藩門》：八月辛丑，“太府卿馮延魯、衛尉少卿鍾謨自江南使迴，奉李景手表來上。手表者，蓋景親書，以表其虔懇也……又貢謝賜欽天曆及歲候曆日表各一函，又表乞賜史館書目。”《通鑑》卷二九四顯德五年八月辛丑條：“唐主復令謨白帝，欲傳位太子。”同年九月條：“丁巳……唐主復遣吏部尚書、知樞密院殷崇義來賀天清節。”章注：“乙十一行本‘唐’上有‘己未，先遣謨還，賜書諭以未可傳位之意’十六字；孔本同；張校同；退齋校同。”《輯本舊史》卷一一八《周世宗紀五》顯德五年九月丁巳條：“以太府卿馮延魯爲刑部侍郎，以衛尉少卿鍾謨爲給事中，並放歸江南。時延魯、鍾謨自江南復命，李景復奏欲傳位於其世子弘冀，帝亦以書答之。”同月壬申條：“天清節，羣臣詣廣德殿上壽。江南進奉使商崇儀代李景捧壽觴以獻。”明本《册府》卷二《帝王部·誕聖門》繫此次天清節於九月壬子。明本《册府》卷二三二《僭僞部·稱藩門》：“十月乙巳，遣其臣僞屯田郎中龔慎儀進賀冬銀器二千兩、錦綺綾絹共五百疋。”《通鑑》卷二九四顯德五年十一月乙丑條：“唐主復遣禮部侍郎鍾謨入見。”同年十二月條：“唐主欲誅齊丘等，復遣謨入稟於帝。帝以異國之臣，無所可否。己亥，唐主命知樞密院殷崇義草詔暴齊丘、覺、徵古罪惡，聽齊丘歸九華山舊隱，官爵悉如故；覺責授國子博士，宣州安置；徵古削奪官爵，賜自盡；黨與皆不問。遣使告於周。”明本《册府》卷二三二《僭僞部·稱藩門》：“十二月癸卯，遣其臣僞工部郎中楊元鼎進賀正銀三千兩、錦綺綾絹一千疋。”《通鑑》卷二九四顯德六年六月條：“唐清源節度使留從效遣使入貢，請置進奏院于京師，直隸中朝。詔報以‘江南近服，方務綏懷，卿久奉金陵，未可改圖。若置邸上都，與彼抗衡，受而有之，罪在於朕。卿遠脩職貢，足表忠勤，勉事舊君，且宜如故。如此，則於卿篤始終之義，於朕盡柔遠之宜，惟乃通方，諒達予意’。”《輯本舊史》卷一一九《周世宗紀六》繫此事於顯德六年五月壬子。《通鑑》卷二九四顯德六年六月條："唐主遣其子紀公從善與鍾謨俱入貢，上問謨曰：'江南亦治兵，脩守備乎？'對曰：'既臣事大國，不敢復爾。'上曰：'不然，曏時則爲仇敵，今日則爲一家，吾與汝國大義已定，保無他虞；然人生難期，至于後世，則事不可知。歸語汝主：可及吾時完城郭，繕甲兵，據守要害，爲子孫計。'謨歸，以告唐主。唐主乃城金陵，凡諸州城之不完者葺之，戍兵少者益之。"同年七月條："唐主以金陵去周境纔隔一水，洪州險固居上游，集羣臣議徙都之。羣臣多不欲徙，惟樞密副使、給事中唐鎬勸之，乃命經營豫章爲都城之制。唐自淮上用兵及割江北，臣事於周，歲時貢獻，府藏空竭，錢益少，物價騰貴。禮部侍郎鍾謨請鑄大錢，一當五十，中書舍人韓熙載請鑄鐵錢；唐主始皆不從，謨陳請不已，乃從之。是月，始鑄當十大錢，文曰'永通泉貨'，又鑄當二錢，文曰'唐國通寶'，與開元錢並行。"同年九月條："唐禮部侍郎、知尚書省事鍾謨數奉使入周，傳世宗命於唐主，世宗及唐主皆厚待之，恃此驕橫於其國，三省之事皆預焉。"《輯本舊史》卷一二〇《周恭帝紀》顯德六年十月辛丑條："江南國主李景來告，世子弘冀卒，遣御厨使張延範充弔祭使。"《通鑑》卷二九四顯德六年十二月條："端明殿學士、兵部侍郎竇儀使於唐，天雨雪，唐主欲受詔於廡下。儀曰：'使者奉詔而來，不敢失舊禮。若雪霑服，請俟他日。'唐主乃拜詔於庭。"《新五代史》卷六二《李景傳》："世宗使人謂景曰：'吾與江南，大義已定，然慮後世不能容汝，可及吾世修城隍、治要害爲子孫計。'景因營緝諸城，謀遷其都于洪州，羣臣皆不欲遷，惟樞密使唐鎬贊之，乃升洪州爲南昌，建南都。建隆二年，留太子從嘉監國，景遷于南都。而洪州迫隘，宮府營廨，皆不能容，羣臣日夕思歸，景悔怒不已。"

皇朝建隆二年夏，景以疾卒於金陵，時年四十六。[1]以其子煜襲僞位,[2]其後事具皇家日曆。《永樂大典》卷一萬三百九十一。[3]

[1]“皇朝建隆二年夏”至“時年四十六”:《宋史》卷一《宋太祖紀一》建隆二年(961)八月甲辰條:“南唐主李景死,子煜嗣,遣使請追尊帝號,從之。”《新五代史》卷六二《李景傳》:“六月,景卒,年六十四。從嘉嗣立,以喪歸金陵,遣使入朝,願復景帝號,太祖皇帝許之,乃謚曰明道崇德文宣孝皇帝,廟號元宗,陵曰順陵。”

[2]煜:即李煜。人名。即南唐後主。李景第六子。傳見《新五代史》卷六二、《宋史》卷四七八。

[3]《大典》卷一〇三九一“李”字韻“姓氏(三六)”事目。《輯本舊史》引《五代史補》:“李昪,本爲徐溫所養,溫殺張鎬,權出於己,自稱大丞相、中書令、都統。及出居金陵,以嫡子知訓爲丞相,昪爲潤州節度。昪始爲宣州,忽得潤州,甚怏怏,將白溫辭之。宋齊丘素與昪善,因謂昪曰:“知訓驕倨,不可大用,殆必有損足焚巢之患。宣州去江都遠,難爲應,潤州方隔一水爾,有急則可以立功,慎勿辭也。”昪聞之釋然,遂行,至潤州,未幾,知訓果爲朱瑾所殺。是夜,江都亂,火光亘天,昪望之曰:“宋公之言中矣。”遂引軍渡江,盡誅朱瑾之黨。後解甲去備,以待徐溫。溫至,且喜且怒,謂昪曰:“猶幸汝在潤州,不然吾家大事將去矣。汝於兄弟中有大功者耶!”即日用昪爲左僕射,知政事,以代知訓。昪善於撫御,内外之心翕然而歸之,故徐溫卒未幾而江南遂爲昪所有。先是,江南童謡云:“東海鯉魚飛上天。”東海即徐之望也,李者鯉也,蓋言李昪一旦自溫家起而爲君爾。初,昪既蓄異志,且欲諷動僚屬。雪天大會,酒酣,出一令,須借雪取古人名,仍詞理通貫。時齊丘、徐融在坐,昪舉杯爲令曰:“雪下紛紛,便是白起。”齊丘曰:“着屐過街,必須雍齒。”融意欲挫昪等,遽曰:“明朝日

出，争奈蕭何。”昪大怒，是夜收融投于江，自是與謀者惟齊丘而已。宋齊丘，豫章人。父嘗在鍾傳幕下，齊丘素落魄，父卒，家計蕩盡，已在窮悴，朝夕不能度。時姚洞天爲淮南騎將，素好士，齊丘欲謁之，且囊空無備紙筆之費，計無所出，但於逆旅杜門而坐，如此殆數日。鄰房有散樂女尚幼，問齊丘曰："秀才何以數日不出?"齊丘以實告，女歎曰："此甚小事，秀才何吝一言相示耶!"乃惠以數緡。齊丘用市紙筆，爲詩詠以投洞天，其略曰："某學武無成，攻文失志，歲華蹭蹬，身事蹉跎。胸中之萬仞青山，壓低氣宇；頭上之一輪紅日，燒盡風雲。加以天步凌遲，皇綱廢絶，四海淵黑，中原血紅。挹飛蒼走黄之辨，有出鬼没神之機。"洞天怒其言大，不即接見。齊丘窘急，乃更其啓，翼日復至，其略曰："有生不如無生，爲人不若爲鬼。"又云："其爲誠懇萬端，只爲饑寒兩字。"洞天始憫之，漸加以拯救。徐温聞其名，召至門下。及昪之有江南也，齊丘以佐命功，遂至將相，乃上表以散樂女爲妻，以報宿惠，許之。韓熙載仕江南，官至諸行侍郎。晚年不羈，女僕百人，每延請賓客，而先令女僕與之相見，或調戲，或毆擊，或加以争奪靴笏，無不曲盡，然後熙載始緩步而出，習以爲常。復有醫人及燒煉僧數輩，每來無不升堂入室，與女僕等雜處。僞主知之，雖怒，以其大臣，不欲直指其過，因命待詔畫爲圖以賜之，使其自愧，而熙載視之安然。沈彬，宜春人。能爲歌，詩格高逸，應進士不第，遂游長沙。會武穆方霸，彬獻頌德詩云：'金翅動身摩日月，銀河轉浪洗乾坤。'武穆覽而壯之，欲辟之在幕府，以其有足疾，遂止。彬由是往來衡、湘間，自稱進士。邊鎬之下湖南也，後主聞其名，召歸金陵，令爲縣宰，彬辭不就，遂授金部郎中致仕，年八十九。初，彬既致仕，營别業於鍾山，庭有古柏可百餘尺，一旦爲迅雷所擊，仆於地，自成四片。彬視之欣然，謂子庭瑞曰：'此天所以賜吾也，汝宜成之。'庭瑞曰：'雷擊之木，恐非祥，不宜爲棺。'彬怒曰：'吾命汝，安得違之耶!'庭瑞懼，遂如教，卒竟用此棺。及葬，掘地未及丈餘，又得石槨，上有篆文四字云'沈彬之槨’，其制度大小與棺正相稱，遂葬之，時人異焉。僧謙光，金陵人也。素有才辨，江南國主以國師禮之。然無羈檢，飲酒如常，國主無以禁制，而又於諸肉中尤嗜鵝、鼈。國主常以從容語及釋氏果報，且問曰：‘吾師莫有志願否？寡人固欲聞之。’謙光對曰：‘老僧無他願，但得鵝生四隻腿，鼈長兩重裙足矣。’國主大笑。顯德中，政亂，國主猶晏然不以介意。一旦，因賞花，命謙光賦詩，因爲所諷詩云：‘擁衲對芳叢，由來事不同。鬢從今日白，花似去年紅。艷冶隨朝露，馨香逐曉風。何須對零落，然後始知空。’”“張顥”，中華書局本有校勘記：“原作‘張鎬’，據殿本、劉本、《新五代史》卷六一《吴世家》及本卷正文改。影庫本粘簽：‘張鎬，《通鑑》作張顥，考《五代史補》前後俱作“鎬”，今姑仍其舊。’”“吾師莫有志願否寡人固欲聞之謙光對曰”，中華書局本有校勘記：“以上十七字原闕，據《五代史補》卷五補。”

王審知[1]　子延鈞　延鈞子昶　子延羲　延政

［1］《輯本舊史》之影庫本粘籤：“《王審知傳》，《永樂大典》僅存一條，今考《册府元龜》所引《薛史》，考其事蹟，前後排比成篇，謹附識于此。”今檢清輯本所云録自《大典》之一則，實爲《通鑑》原文，當係《大典》編者誤注出處。今據《通曆》《册府》諸書重做輯補。

王審知，字信通，光州固始人。[1]父恁，世爲農民。[2]唐廣明中，黄巢犯闕，[3]江淮盜賊蜂起，有賊帥王緒者，[4]自稱將軍，陷固始縣。審知兄潮，[5]時爲縣佐，緒署爲軍正。蔡賊秦宗權以緒爲光州刺史，尋遣兵攻緒。緒率衆渡江，所在剽掠，自南康轉至閩中，入臨汀，[6]自稱刺史。緒多疑忌，部將有出己之右者皆誅之。潮與豪首數輩共殺緒，其衆求帥，乃刑牲歃血爲盟，植劍於前，祝曰："拜此劍動者爲將軍。"至潮拜，劍躍於地，衆以爲神異，即奉潮爲帥。時泉州刺史廖彦若爲政貪暴，[7]軍民苦之，聞潮爲理所整肅，耆老乃奉牛酒，遮道請留。潮因引兵圍彦若，歲餘克之。又平狼山賊帥薛蘊，[8]兵鋒日盛。唐光啓二年，福建觀察使陳巖表潮爲泉州刺史。[9]大順中，巖卒，子壻范暉自稱留後，[10]潮遣審知將兵攻之。踰年，城中食盡，乃斬暉而降，由是盡有閩嶺五州之地。[11]潮即表其事，昭宗因建威武軍於福州，以潮爲節度、福建管内觀察使，命審知爲副。[12]

[1]固始：縣名。治所在今河南固始縣。　"王審知"至"光州固始人"：《通曆》卷一五《僭僞・王審知》。明本《册府》卷二二〇《僭僞部・形貌門》："閩王審知，身長七尺六寸，紫色方口隆準。"

[2]父恁，世爲農民：明本《册府》卷二一九《僭僞部・姓系門》。

[3]廣明：唐僖宗李儇年號（880—881）。　黄巢：人名。曹州冤句（今山東菏澤市）人。唐末農民起義領袖。傳見《舊唐書》卷二〇〇下、《新唐書》卷二二五下。

[4]王緒：人名。壽州（今安徽壽縣）人。唐末、五代方鎮軍閥。事見本書本卷。

[5]潮：人名。即王潮。光州固始（今河南固始縣）人。唐末軍閥。傳見《新唐書》卷一九〇。

[6]南康：縣名。治所在今江西贛州市南康區。　閩中：地名。

位於今福建福州市。　臨汀：地名。即汀州。治所在今福建長汀縣。

[7]泉州：州名。治所在今福建泉州市。　廖彦若：人名。籍貫不詳。唐末、五代藩鎮軍閥。事見本書本卷。

[8]狼山：地名。今地不詳。　薛蘊：人名。籍貫不詳。唐末、五代藩鎮軍閥。事見本書本卷。

[9]福建：方鎮名。治所在福州（今福建福州市）。　陳巖：人名。汀州（今福建長汀縣）人。唐末、五代藩鎮軍閥。事見本書本卷。

[10]范暉：人名。籍貫不詳。唐末、五代藩鎮軍閥。事見本書本卷。

[11]閩嶺：嶺爲南嶺，代指嶺南的南漢政權。閩嶺泛指今福建、嶺南地區。

[12]命審知爲副："命"字原闕，今據《通曆》卷一五《僭僞·王審知》、明本《册府》卷二一九《僭僞部·姓系門》補。"唐廣明中"至"命審知爲副"：明本《册府》卷二二三《僭僞部·勳伐門三》。按，此則中"唐廣明中"至"緒署爲軍正"、"潮與豪首數輩共殺緒"至"即奉潮爲帥"、"唐光啓二年"至"命審知爲副"三小段，亦見《通曆》卷一五《僭僞·王審知》，文字僅稍有不同，《通曆》卷一五《僭僞·王審知》可信據《舊五代史》節録而成，故本則當係《舊五代史》原文，兹予以輯録。《舊五代史考異》："案：《王審知德政碑》作詔授潮節度，累加檢校右僕射，無審知爲副事。"

乾寧中，潮卒，審知遂繼兄位，封琅邪王。梁開平中，封閩王。[1]是時，楊氏據江、[2]淮，故閩中與中國隔越，審知每歲遣使朝貢，泛海至登、萊抵岸，[3]往復頗有風水之患，漂溺者十四五。[4]莊宗即位，遣使奉貢，制加功臣，進爵邑。[5]

［1］封琅邪王：《新五代史》卷六八《閩世家》同，明本《册府》卷二一九《僭僞部·姓系門》、卷二三二《僭僞部·稱藩門》作“封琅邪郡王”。　開平：後梁太祖朱温年號（907—911）。梁開平中，封閩王：原作“梁封閩王”，據明本《册府》卷二一九《僭僞部·姓系門》補“開平中”三字。　“乾寧中”至“封閩王”：《通曆》卷一五《僭僞·王審知》。明本《册府》卷二三二《僭僞部·稱藩門》：“唐末，爲威武軍節度、福建觀察使，累遷檢校太保，封琅琊郡王。梁朝開國，累加中書令，封閩王。”《舊五代史考異》：“案：《王審知德政碑》云：潮付公以戎旅，仍具表奏，尋加刑部尚書、威武軍留後，俄授金紫光禄大夫、右僕射、本軍節度使。又改光禄大夫、檢校司空、轉特進、檢校司徒。又轉檢校太保、琅邪郡王，食邑四千户，食實封一百户。”按，《輯本舊史》卷一三四《王審知傳》據《大典》卷一四五三六輯録下列文字：“審知爲觀察副使，有過，潮猶加捶撻，審知無怨色。潮寢疾，舍其子延興、延虹、延豐、延休，命審知知軍府事。十二月丁未，潮薨，審知以讓其兄審邽，審邽以審知有功，辭不受。審知自稱福建留後，表於朝廷。”今檢其文，實見於《通鑑》卷二六一乾寧四年十二月丁未條，《通鑑》此條“其兄”後多“泉州刺史”四字，其餘文字全同，且“十二月丁未”之表述與《舊五代史》列傳體例尤其不合，當係《大典》編者誤注出處，兹不再輯入正文。《舊五代史考異》：“案：《王審知德政碑》作仲兄審邦，此作審邽，當以碑爲正。”《宋本册府》卷八九四《總録部·謡言門》：“先是，閩中有童謡云：‘潮水來，巖頭没；潮水去，矢口出。’‘矢口’，‘知’字也。果陳巖死，王潮代之；潮死，審知繼位。”同書卷一九六《閏位部·封建門》：開平三年（909）四月“福建節度使王審知封閩王”。《通鑑》卷二六七繫於開平三年四月庚子。

[2]楊氏：指楊行密南吴政權。

[3]登：州名。治所在今山東蓬萊市。　萊：州名。治所在今山東萊州市。

[4]“是時”至“漂溺者十四五”：明本《册府》卷二三二《僭僞部·稱藩門》。

[5]“莊宗即位”至“進爵邑”：《通曆》卷一五《僭僞·王審知》。明本《册府》卷一六九《帝王部·納貢獻門》：同光二年（924）二月，“福建節度使王審知遣使奉貢”。《輯本舊史》卷三二《唐莊宗紀六》同光二年五月丙午條：“以福建節度使、閩王王審知依前檢校太師、守中書令、福建節度使。”

審知起自隴畝間，以至富貴，每以節儉自處，選任良吏，省刑惜費，輕徭薄斂，與民休息，三十年間，一境晏然。[1]

[1]“審知起自隴畝間”至“一境晏然”：《通曆》卷一五《僭僞·王審知》。亦見明本《册府》卷二二九《僭僞部·政治門》，文字全同。

同光元年十二月，卒。[1]子延翰嗣。延翰驕恣不法，尋爲弟延鈞所殺。及延鈞僭號，僞追尊審知爲武皇帝。[2]

[1]同光元年十二月，卒：《新五代史》卷七一《十國世家年譜》徐無黨注引《五代舊史·王審知傳》。《新五代史》卷六八《閩世家》：“審知同光三年卒，年六十四，謚曰忠懿。”《王審知墓志》：“同光三年十二月十二日，薨于威武軍之使宅。”可知審知實

卒於同光三年（925），《舊五代史》誤。《輯本舊史》卷三四《唐莊宗紀八》同光四年二月庚子條："福建節度副使王延翰奏，節度使王審知委權知軍府事。"同月癸丑條："湖南馬殷奏，福建節度使王審知疾甚，副使王延翰已權知軍府事，請降旌節。"所記當爲奏到之日期。

［2］"子延翰嗣"至"僞追尊審知爲武皇帝"：《通曆》卷一五《僭僞·王審知》。《新五代史》卷六八《閩世家》："延翰，字子逸，審知長子也。同光四年，唐拜延翰節度使。是歲，莊宗遇弑，中國多故，延翰乃取司馬遷《史記》閩越王無諸傳示其將吏曰：'閩，自古王國也，吾今不王，何待之有？'於是軍府將吏上書勸進。十月，延翰建國稱王，而猶稟唐正朔。延翰爲人長大，美皙如玉，其妻崔氏陋而淫，延翰不能制。審知喪未期，徹其几筵，又多選良家子爲妾。崔氏性妬，良家子之美者，輒幽之別室，繫以大械，刻木爲人手以擊頰，又以鐵錐刺之，一歲中死者八十四人。崔氏後病，見以爲祟而卒。"《輯本舊史》卷三四《唐莊宗紀八》同光四年三月辛亥條："以威武軍節度副使、福建管內都指揮使、檢校太傅、守江州刺史王延翰爲福建節度使，依前檢校太傅。"辛亥，《通鑑》卷二七四天成元年（926）作辛酉，是年三月丁巳朔，有"辛酉"無"辛亥"，《舊五代史》誤。《通鑑》卷二七五天成元年十月條："昭武節度使、同平章事王延翰，驕淫殘暴，己丑，自稱大閩國王。立宮殿，置百官，威儀文物皆倣天子之制，羣下稱之曰殿下。赦境内，追尊其父審知曰昭武王。"同卷同年十二月條："閩王延翰蔑棄兄弟，襲位纔踰月，出其弟延鈞爲泉州刺史。延翰多取民女以充後庭，採擇不已。延鈞上書極諫，延翰怒，由是有隙。父審知養子延稟爲建州刺史，延翰與書使之採擇，延稟復書不遜，亦有隙。十二月，延稟、延鈞合兵襲福州。延稟順流先至，福州指揮使陳陶帥衆拒之，兵敗，陶自殺。是夜，延稟帥壯士百餘人趣西門，梯城而入，執守門者，發庫取兵仗。及寢門，延翰驚匿別室；辛卯旦，延稟執之，暴其罪惡，且稱延翰與妻崔氏共弑先王，告諭

吏民，斬於紫宸門外。是日，延鈞至城南，延稟開門納之，推延鈞爲威武留後。”《新五代史》卷六八《閩世家》：“（王延鈞）追謚審知爲昭武孝皇帝，廟號太祖。”按，《新五代史》卷六八《閩世家》有王延翰傳記，然延翰自襲位至見殺僅一年，敘事較簡，今依《通曆》，以其事迹附見於《審知傳》中，當得《舊五代史》之實。

延鈞，審知次子。[1]襲位，封閩王。[2]唐長興三年，[3]上言乞封吴越國王，請授尚書令，[4]朝廷不報，延鈞遂絶朝貢。[5]

［1］審知次子：原作“審知第二子”，且爲小字，據明本《册府》卷二一九《僭僞部·年號門》改。

［2］封閩王：原作“封閔王”，據明本《册府》卷二一九《僭僞部·年號門》、卷二二四《僭僞部·宗族門》、卷二三二《僭僞部·稱藩門》改。 “延鈞”至“封閩王”：《通曆》卷一五《僭僞·王延鈞》。《輯本舊史》卷三八《唐明宗紀四》天成二年（927）五月癸丑條：“以福建留後、檢校太傅、舒州刺史王延鈞爲檢校太師、守中書令，充福建節度使、瑯琊郡王。”同書卷三九《唐明宗紀五》天成三年七月戊辰條：“詔福建節度使王延鈞可依前檢校太師、守中書令，進封閩王。”《新五代史》卷六八《閩世家》：“延鈞立，更名鏻……初，延稟與鏻之謀殺延翰也，延稟之兵先至，已執延翰而殺之，明日鏻兵始至，延稟自以養子，推鏻而立之。延稟還建州，鏻餞于郊，延稟臨訣謂鏻曰：‘善繼先志，毋煩老兄復來！’鏻銜之。長興二年，延稟率兵擊鏻，攻其西門，使其子繼雄轉海攻其南門，鏻遣王仁達拒之。仁達伏甲舟中，僞立白幟請降，繼雄信之，登舟，伏兵發，刺殺之，梟其首西門，其兵見之皆潰去，延稟見執。鏻誚之曰：‘予不能繼先志，果煩老兄復來。’延稟不能對，遂殺之。延稟子繼昇守建州，聞敗，奔于錢塘。”明

本《册府》卷二二四《僭僞部·宗族門》:“延鈞初封閩王，表兄延禀爲建州節度使，累官至中書令。頃之，延禀以軍州委長子繼雄，退居别第。”

［3］長興：後唐明宗李嗣源年號（930—933）。

［4］上言乞封吴越國王：明本《册府》卷二一九《僭僞部·年號門》作“上言吴越國王錢鏐薨，乞封爲吴越王”。　尚書令：官名。秦始置。隋、唐前期爲尚書省長官，與中書令、侍中並爲宰相。因以李世民爲之，後皆不授，唐高宗廢其職。唐後期以李適、郭子儀有功而特授此職，爲大臣榮銜，不參與政務。五代因之。唐時爲正二品，後梁開平三年（909）升爲正一品。

［5］“唐長興三年”至“延鈞遂絶朝貢”：《通曆》卷一五《僭僞·王延鈞》。《輯本舊史》卷四三《唐明宗紀九》長興三年（932）六月乙未條：“福建節度使王延鈞進絹表云：‘吴越王錢鏐薨，乞封臣爲吴越王。湖南馬殷官是尚書令，殷薨，請授臣尚書令。’不報。”

未幾，乃自稱帝，國號大閩，[1]僞改元龍啓，[2]然猶稱藩於朝廷。[3]

［1］大閩：原作“大閔”，據明本《册府》卷二一九《僭僞部·年號門》、卷二三二《僭僞部·稱藩門》改。

［2］龍啓：閩惠宗王延鈞年號（933—934）。

［3］稱藩於朝廷：原作“稱藩”，據明本《册府》卷二三二《僭僞部·稱藩門》補。　“未幾”至“然猶稱藩於朝廷”：《通曆》卷一五《僭僞·王延鈞》。《新五代史》卷六八《閩世家》：“鏻好鬼神、道家之説，道士陳守元以左道見信，建寶皇宫以居之。守元謂鏻曰：‘寶皇命王少避其位，後當爲六十年天子。’鏻欣然遜位，命其子繼鵬權主府事。既而復位，遣守元問寶皇：‘六十年後

將安歸？’守元傳寶皇語曰：‘六十年後，當爲大羅仙人。’鏻乃即皇帝位，受册於寶皇，以黄龍見真封宅，改元爲龍啓，國號閩。追謚審知爲昭武孝皇帝，廟號太祖，立五廟，置百官，以福州爲長樂府。”《通鑑》卷二七八繫其事於長興四年（933）正月，並云：“以其僚屬李敏爲左僕射、門下侍郎，其子節度副使繼鵬爲右僕射、中書侍郎，並同平章事；以親吏吴勗爲樞密使。唐册禮使裴傑、程侃適至海門，閩王以傑爲如京使；侃固求北還，不許。閩主自以國小地僻，常謹事四鄰，由是境内差安。”

在僞位十二年。唐清泰二年，爲其臣李仿所殺，[1]僞謚爲惠帝。[2]

［1］李仿：人名。籍貫不詳。五代十國閩國大臣。事見《新五代史》卷六八。

［2］“在僞位十二年”至“僞謚爲惠帝”：《通曆》卷一五《僭僞・王延鈞》。《新五代史》卷六八《閩世家》：“閩地狹，國用不足，以中軍使薛文傑爲國計使。文傑多察民間陰事，致富人以罪，而籍没其貲以佐用，閩人皆怨。又薦妖巫徐彦，曰：‘陛下左右多姦臣，不質諸鬼神，將爲亂。’鏻使彦視鬼於宫中……鏻妻早卒，繼室金氏賢而不見答。審知婢金鳳，姓陳氏，鏻嬖之，遂立以爲后。初，鏻有嬖吏歸守明者，以色見倖，號歸郎，鏻後得風疾，陳氏與歸郎奸。又有百工院使李可殷，因歸郎以通陳氏。鏻命錦工作九龍帳，國人歌曰：‘誰謂九龍帳，惟貯一歸郎？’鏻婢春鷰有色，其子繼鵬蒸之，鏻已病，繼鵬因陳氏以求春鷰，鏻怏怏與之。其次子繼韜怒，謀殺繼鵬，繼鵬懼，與皇城使李倣圖之。是歲十月，鏻饗軍於大酺殿，坐中昏然，言見延禀來，倣以爲鏻病已甚，乃令壯士先殺李可殷于家。明日晨朝，鏻無恙，問倣殺可殷何罪，倣懼而出，與繼鵬率皇城衛士而入。鏻聞鼓譟聲，走匿九龍帳中，

衛士刺之不殂，宫人不忍其苦，爲絶之。繼韜及陳后、歸郎皆爲倣所殺。鏻立十年見殺，謚曰惠皇帝，廟號太宗。”《通鑑》卷二七九清泰二年（935）十月條：“可殷嘗譖皇城使李倣於閩主，后族陳匡勝無禮於福王繼鵬，倣及繼鵬皆恨之。閩主疾甚，繼鵬有喜色。倣以閩主爲必不起，冬，十月，己卯，使壯士數人持白梃擊李可殷，殺之，中外震驚。庚辰，閩主疾少間，陳后訴之。閩主力疾視朝，詰可殷死狀，倣懼而出，俄頃，引部兵鼓譟入宫。閩主聞變，匿於九龍帳下，亂兵刺之而出。閩主宛轉未絶，宫人不忍其苦，爲絶之。倣與繼鵬殺陳后、陳守恩、陳匡勝、歸守明及繼鵬弟繼韜；繼韜素與繼鵬相惡故也。辛巳，繼鵬稱皇太后令監國，是日，即皇帝位。更名昶。謚其父曰齊肅明孝皇帝，廟號惠宗。”所記與《新五代史》頗異，兹並録之。《新五代史》卷七一《十國世家年譜》徐無黨注：“鏻本名延鈞，《五代舊史》本傳云，在位十二年。《九國志》云，在位十一年。《閩王列傳》《紀年通譜》皆云在位十年。蓋鏻以天成元年殺延翰自立，是歲丙戌，至清泰二年乙未，實十年而卒，與《閩王列傳》合，而《舊史》《九國志》皆繆也。鏻以清泰二年改元永和，是歲見殺，而《舊史》《九國志》《運歷圖》皆無永和之號，又《運歷圖》書鏻見殺在天福元年丙申者，皆繆也。”

昶，延鈞子。李仿既殺延鈞，國人立昶爲嗣。昶遂殺李仿，朝廷因授昶福建節度使。昶在鎮，僭稱僞號，改元通文。[1]天福三年，晋祖下制封昶爲閩國王，子繼恭封臨海郡王。[2]

[1]通文：閩康宗王繼鵬年號（936—939）。　改元通文：原作“改元文通”，據明本《册府》卷二一九《僭僞部·年號門》、《新五代史》卷六八《閩世家》、《通鑑》卷二八〇天福元年（936）

三月條改。

[2]“昶”至“子繼恭封臨海郡王”：《通曆》卷一五《僭僞·王昶》。《新五代史》卷六八《閩世家》：“繼鵬，鏻長子也。既立，更名昶，改元通文，以李倣判六軍諸衛事。倣有弒君之罪，既立昶，而心常自疑，多養死士以爲備。昶患之，因大享軍，伏甲擒倣殺之，梟其首于市。倣部曲千人叛，燒啓聖門，奪倣首，奔於錢塘。晋天福二年，昶遣使朝貢京師，高祖遣散騎常侍盧損册昶閩王，拜其子繼恭臨海郡王。”中華書局本《新五代史》有校勘記：“《通鑑》卷二八一云繼恭係其弟。按《王延鈞妻劉華墓誌》記繼恭爲繼鵬弟。”可知繼恭實爲昶弟，《舊五代史》誤作昶子，《新五代史》因之。《輯本舊史》卷四八《唐末帝紀下》清泰三年（936）三月辛丑條：“權知福建節度使王昶奏，節度使王延鈞以去年十月十四日卒。是時延鈞父子雖僭竊於閩嶺，猶稱藩於朝廷，故有是奏。”《通鑑》卷二八〇天福元年三月條：“閩主昶改元通文，立賢妃李氏爲皇后，尊皇太后曰太皇太后。”《輯本舊史》卷七七《晋高祖紀三》天福三年十一月丙午條：“封閩王昶爲閩國王，加食邑一萬五千户。”明本《册府》卷二三二《僭僞部·稱藩門》：“晋天福三年，遣使貢奉至闕，止稱閩王，其子繼恭稱節度使，晋祖乃下制封昶爲閩國王。”

昶性殘忍多忌，諸父諸兄誅滅殆盡。遣僚佐鄭元弼來朝貢，[1]昶致書於執政，晋祖省之，不悦。李知損奏請禁錮來人，[2]籍没綱運，晋祖可其奏。是歲，福建軍亂，僞閤門使連重遇殺昶與繼恭於府署，[3]孩稚皆死焉。[4]延羲立，謚昶曰康宗。[5]

[1]鄭元弼：人名。仙游（今福建仙游縣）人。五代十國閩國官員。事見本書本卷。

［2］李知損：人名。大梁（今河南開封市北）人。五代十國官員。傳見本書卷一三一。

［3］閤門使：官名。唐代中期始置，掌供朝會、贊引百官。初以宦官充任，五代改用武階。　連重遇：人名。籍貫不詳。五代十國閩國將領。與朱文進先後殺閩康宗王繼鵬、閩景宗王延羲，繼而擁立朱文進，後被部將林仁翰所殺。事見本書本卷。

［4］"昶性殘忍多忌"至"孩稚皆死焉"：《通曆》卷一五《僭僞·王昶》。《新五代史》卷六八《閩世家》："昶亦好巫，拜道士譚紫霄爲正一先生，又拜陳守元爲天師，而妖人林興以巫見幸，事無大小，興輒以寶皇語命之而後行……三年夏，虹見其宫中，林興傳神言：'此宗室將爲亂之兆也。'乃命興率壯士殺審知子延武、延望及其子五人。後興事敗，亦被殺。"《通鑑》卷二八二天福四年（939）四月條："閩主忌其叔父前建州刺史延武、户部尚書延望才名，巫者林興與延武有怨，托鬼神語云：'延武、延望將爲變。'閩主不復詰，使興帥壯士就第殺之，並其五子。"王昶殺戮宗室事，《新五代史》繫於天福三年，《通鑑》繫於天福四年。《輯本舊史》卷七八《晋高祖紀四》天福四年十月庚戌條："閩王王昶、威武軍節度使王繼恭遣僚佐林思、鄭元弼等朝貢，致書於宰執，無人臣之禮。帝怒，詔令不受所貢，應諸州綱運，並令林思、鄭元弼等押歸本道。既而兵部員外郎李知損上疏，請禁錮使人，籍没綱運，可之，收林思等下獄。"《新五代史》卷六八《閩世家》："而昶愈惑亂，立父婢春鷰爲淑妃，後立以爲皇后。又遣醫人陳究以空名堂牒賣官。昶弟繼嚴判六軍諸衛事，昶疑而罷之，代以季弟繼鏞，而募勇士爲宸衛都以自衛，其賜予給賞，獨厚於佗軍。控鶴都將連重遇、拱宸都將朱文進，皆以此怒激其軍。是歲夏，術者言昶宫中當有災，昶徙南宫避災，而宫中火，昶疑重遇軍士縱火。内學士陳郯素以便佞爲昶所親信，昶以火事語之，郯反以告重遇。重遇懼，夜率衛士縱火焚南宫，昶挾愛姬、子弟、黄門衛士斬關而出，宿于野次。重遇迎延羲立之。延羲令其子繼業率兵襲昶，及之；射殺數

人，昶知不免，擲弓于地，繼業執而殺之，及其妻、子皆死無遺類。”《輯本舊史》卷七九《晋高祖紀五》天福五年正月癸酉條：“湖南奏，閩人殺王昶，夷其族，王延羲因民之欲而定之。”

[5]延羲立，謚昶曰康宗：《新五代史》卷六八《閩世家》。《通鑑》卷二八二天福四年七月條：“（王延羲）謚閩主曰聖神英睿文明廣武應道大弘孝皇帝，廟號康宗。”所記王昶謚號與《新五代史》異。

福州城中有王霸壇、煉丹井，壇旁有皂莢木，久枯，一旦忽生枝葉。井中有白龜浮出，掘地得石銘，有“王霸裔孫”之文，昶以爲己應之，於壇側建寶皇宮。[1]

[1]“福州城中有王霸壇”至“於壇側建寶皇宮”：《通鑑》卷二七七長興二年（931）六月條胡注引《舊五代史》。按，《新五代史》卷六八《閩世家》、《通鑑》卷二七七長興二年六月條正文皆言寶皇宮爲王延鈞所建，與胡注所引《舊五代史》異。《新五代史》卷六八《閩世家》：“（陳）守元教昶起三清臺三層，以黄金數千斤鑄寶皇及元始天尊、太上老君像，日焚龍腦、薰陸諸香數斤，作樂于臺下，晝夜聲不輟，云如此可求大還丹。”《通鑑》卷二八一天福二年（937）四月條：“閩主作紫微宫，飾以水晶，土木之盛倍於寶皇宮。又遣使散詣諸州，伺人隱慝。”

延羲，審知少子。連重遇既殺昶，迎立延羲爲主，僞改元永隆。[1]在僞位六年，爲朱文進等所殺。[2]謚曰景宗。[3]

[1]永隆：閩景宗王延羲年號（939—943）。

［2］朱文進：人名。五代十國閩國將領。與連重遇先後殺閩康宗王繼鵬、閩景宗王延羲而自立，曾爲後晋出帝册爲閩國王，後被部將林仁翰所殺。事見本書卷八三《晋少帝紀三》。　“延羲”至“爲朱文進等所殺”：《通曆》卷一五《僭僞·王延羲》。其書“爲朱文進等所殺”下，另有小注“晋天福七年”五字。《新五代史》卷六八《閩世家》：“延羲，審知少子也。既立，更名曦，遣使者朝貢于晋，改元永隆。鑄大鐵錢，以一當十……曦弟延政爲建州節度使，封富沙王，自曦立，不叶，數舉兵相攻，曦由此惡其宗室，多以事誅之……曦性既淫虐，而妻李氏悍而酗酒，賢妃尚氏有色而寵。李仁遇，曦甥也，以色嬖之，用以爲相。曦常爲牛飲，羣臣侍酒，醉而不勝，有訴及私棄酒者輒殺之。諸子繼柔棄酒，并殺其贊者一人。連重遇殺昶，懼爲國人所討，與朱文進連姻以自固。曦心疑之，常以語誚重遇等，重遇等流涕自辨。李氏妬尚妃之寵，欲圖曦而立其子亞澄，乃使人謂重遇等曰：‘上心不平於二公，奈何？’重遇等懼。六年三月，曦出遊，醉歸，重遇等遣壯士拉於馬上而殺之。”《通鑑》卷二八二天福四年（939）七月條：“延羲自稱威武節度使、閩國王，更名曦，改元永隆，赦繫囚，頒賚中外。以宸衛弑閩主赴於鄰國；謚閩主曰聖神英睿文明廣武應道大弘孝皇帝，廟號康宗。遣商人間道奉表稱藩于晋；然其在國，置百官皆如天子之制。以太子太傅致仕李真爲司空兼中書侍郎、同平章事。”《考異》曰：“《十國紀年》，通文四年，延羲自稱威武節度使，改元永隆，即晋天福四年也。《周世宗實録》《薛史》《唐餘録》《南唐烈祖實録》《吴越備史》及《運曆圖》《紀年通譜》皆同。惟《閩中啓運圖》：‘通文四年己亥，閏七月，延羲立，明年庚子，改元永隆，五年甲辰，被弑。’”《輯本舊史》卷七九《晋高祖紀五》天福五年七月戊寅條：“福州王延羲遣商人間路貢表自述。”同年十月癸卯條：“湖南上言：福建王延羲與弟延政互起干戈，内相侵伐。”同年十一月甲申條：“制授閩國王延羲檢校太師、兼中書令、福州威武軍節度使，封閩國王。”《通鑑》卷二八二天福六年七月條：“閩主

曦自稱大閩皇，領威武節度使，與王延政治兵相攻，互有勝負，福、建之間，暴骨如莽。”同年十月條：“曦即皇帝位；王延政自稱兵馬元帥。閩同平章事李敏卒。”《輯本舊史》卷八〇《晋高祖紀六》天福六年十一月條：“丁未……福州王延羲遣使貢方物……壬申，遣給事中李式、考功郎中張鑄持節册閩國王王延羲。”《通鑑》卷二八三天福七年正月條：“曦立皇后李氏，同平章事真之女也；嗜酒剛愎，曦寵而憚之。”天福八年三月條：“曦納金吾使尚保殷之女，立爲賢妃。妃有殊色，曦嬖之；醉中，妃所欲殺則殺之，所欲宥則宥之。”同書卷二八四開運元年三月乙酉條：“會后父李真有疾，乙酉，曦如真第問疾。文進、重遇使拱宸馬步使錢達弑曦於馬上。”所言王延羲被殺事，與《新五代史·閩世家》異。

[3]謚曰景宗：《新五代史》卷六八《閩世家》。《通鑑》卷二八四開運元年三月條：“葬閩主曦，謚曰睿文廣武明聖元德隆道大孝皇帝，廟號景宗。”所記王延羲謚號與《新五代史》異。

文進遂自據其位，間道送欵於朝，封閩王。[1]

[1]“文進遂自據其位”至“封閩王”：《通曆》卷一五《僭僞·王延羲》。《通鑑》卷二八四開運元年（944）三月條：“（朱文進、連重遇）召百官集朝堂，告之曰：‘太祖昭武皇帝，光啓閩國，今子孫淫虐，荒墜厥緒。天厭王氏，宜更擇有德者立之。’衆莫敢言。重遇乃推文進升殿，被衮冕，帥羣臣北面再拜稱臣。文進自稱閩主，悉收王氏宗族延喜以下少長五十餘人，皆殺之……以重遇總六軍……禮部尚書、判三司鄭元弼抗辭不屈，黜歸田里，將奔建州，文進殺之。文進下令，出宫人，罷營造，以反曦之政。殷主延政遣統軍使吴成義將兵討文進，不克。文進加樞密使鮑思潤同平章事，以羽林統軍使黄紹頗爲泉州刺史，左軍使程文緯爲漳州刺史。汀州刺史同安許文稹，舉郡降之。”《輯本舊史》卷八三《晋少帝

紀三》開運元年八月條："壬寅，閩王王延羲爲其下連重遇、朱文進所害，衆推文進知留後事，稱天福年號，間道以聞……癸丑，以威武軍兵馬留後、權知閩國事朱文進爲檢校太傅、福州威武軍節度使，知閩國事。"所記八月壬寅，當爲奏到之日。同年十二月癸丑條："福州節度使朱文進加同平章事，封閩國王。"

延政，亦審知子。聞延羲篡立，亦自稱帝於建州，[1]國號大殷，改元天德。[2]朱文進黨連重遇梟文進首送建安，延政遣其將黄仁諷，[3]授從子繼昌爲福州留守。仁諷既至，與福州列校李仁達殺繼昌。[4]仁達欲自立，懼衆不附，以雪峯寺僧卓儼明示衆曰："此非常人也。"被以衮冕，率諸將吏北面而臣之。已而又殺儼明，[5]遂自立。朝廷因以仁達爲福建節度使，知閩國事。[6]

[1]建州：州名。治所在今福建建甌市。

[2]天德：閩末王王延政年號（943—945）。　"延政"至"改元天德"：《通曆》卷一五《僭僞·王延政》。明本《册府》卷二一九《僭僞部·姓系門》："（王延羲）兄延政，自稱帝於建州。晋開運三年，爲李景所滅。"《新五代史》卷六八《閩世家》、《輯本舊史》卷七九《晋高祖紀五》天福五年（940）十月癸卯條、《通鑑》卷二八二天福五年正月條皆云王延政爲延羲之弟，與《册府》異。《新五代史》卷六八《閩世家》："延政，審知子也。曦立，爲淫虐，延政數貽書諫之。曦怒，遣杜建崇監其軍，延政逐之，曦乃舉兵攻延政，爲延政所敗。延政乃以建州建國稱殷，改元天德。"《通鑑》卷二八三天福八年二月條："閩富沙王延政稱帝於建州，國號大殷，大赦，改元天德。以將樂縣爲鏞州，延平鎮爲鐔州。立皇后張氏。以節度判官潘承祐爲吏部尚書，節度巡官建陽楊

思恭爲兵部尚書。未幾，以承祐同平章事，思恭遷僕射，録軍國事。延政服赭袍視事，然牙参及接鄰國使者，猶如藩鎮禮。殷國小民貧，軍旅不息。楊思恭以善聚斂得幸，增田畝山澤之税，至於魚鹽蔬果，無不倍征，國人謂之‘楊剥皮’。”同卷開運元年（944）正月條：“殷鑄天德通寶大鐵錢，一當百。唐主遣使遺閩主曦及殷主延政書，責以兄弟尋戈。曦復書，引周公誅管、蔡，唐太宗誅建成、元吉爲比。延政復書，斥唐主奪楊氏國。唐主怒，遂與殷絶。”

[3]建安：地名。位於今福建建甌市。　黄仁諷：人名。籍貫不詳。五代十國閩國將領。事見本書本卷。

[4]李仁達：人名。光州（今河南潢川縣）人。五代十國藩鎮軍閥。事見《新五代史》卷六二、卷六八。　“朱文進黨連重遇梟文進首送建安”至“與福州列校李仁達殺繼昌”：《通曆》卷一五《僭僞・王延政》。本則中兩處“仁諷”，宛委别藏本《通曆》均作“仁調”，鐵琴銅劍樓藏鈔本上一處作“仁調”，下一處作“仁諷”，兹據《通鑑》卷二八四開運元年十二月條統改爲“仁諷”。《新五代史》卷六八《閩世家》：“（朱文進）以黄紹頗守泉州，程贇守漳州，許文縝守汀州，稱晋年號，時開運元年也。泉州軍將留從効詐其州人曰：‘富沙王兵收福州矣，吾屬世爲王氏臣，安能交臂而事賊乎？’州人共殺紹頗，迎王繼勳爲刺史，漳州聞之，亦殺贇，迎王繼成爲刺史，皆王氏之諸子也。文縝懼，以汀州降于延政。延政已得三州，重遇亦殺文進，傳首建州以自歸。福州裨將林仁翰又殺重遇，謀迎延政都福州。是時，南唐李景聞閩亂，發兵攻之，延政遣其從子繼昌守福州。而南唐兵方急攻延政，福州將李仁達謂其徒曰：‘唐兵攻建州，富沙王不能自保，其能有此土也？’乃擒繼昌殺之。”《通鑑》卷二八四開運元年十二月條：“朱文進聞黄紹頗死，大懼，以重賞募兵二萬，遣統軍使林守諒、内客省使李廷鍔將之攻泉州，鉦鼓相聞五百里。殷主延政遣大將軍杜進將兵二萬救泉州，留從效開門與福州兵戰，大破之，斬守諒，執廷鍔。延政遣統軍使吴成義帥戰艦千艘攻福州，朱文進遣子弟爲質於吴越以

求救……唐主以洪州營屯都虞候邊鎬爲行營招討諸軍都虞候，將兵從（查）文徽伐殷。文徽自建陽進屯蓋竹，聞漳、泉、汀三州皆降於殷，殷將張漢卿自鏞州將兵八千將至，文徽懼，退保建陽。臧循屯邵武，邵武民導殷兵襲破循軍，執循送建州斬之……殷吴成義聞有唐兵，詐使人告福州吏民曰：'唐助我討賊臣，大兵今至矣。'福人益懼。乙未，朱文進遣同平章事李光準等奉國寶於殷。丁酉，福州南廊承旨林仁翰謂其徒曰：'吾曹世事王氏，今受制賊臣，富沙王至，何面見之！'帥其徒三十人被甲趣連重遇第，重遇方嚴兵自衛，三十人者望之，稍稍遁去。仁翰執槊直前刺重遇，殺之，斬其首以示衆曰：'富沙王且至，汝輩族矣！今重遇已死，何不亟取文進以贖罪！'衆踴躍從之，遂斬文進，迎吴成義入城，函二首送建州。"言朱文進爲林仁翰所殺，與《通曆》引《舊五代史》、《新五代史·閩世家》異。《通鑑》卷二八四開運二年正月條："閩之故臣共迎殷主延政，請歸福州，改國號曰閩。延政以方有唐兵，未暇徙都，以從子門下侍郎、同平章事繼昌都督南都内外諸軍事，鎮福州；以飛捷指揮使黄仁諷爲鎮遏使，將兵衛之……發南都侍衛及兩軍甲士萬五千人，詣建州以拒唐。"同卷同年三月條："王繼昌闇弱嗜酒，不恤將士，將士多怨。仁達潛入福州，説黄仁諷曰：'今唐兵乘勝，建州孤危。富沙王不能保建州，安能保福州！昔王潮兄弟，光山布衣耳，取福建如反掌。況吾輩乘此機會，自圖富貴，何患不如彼乎！'仁諷然之。是夕，仁達等引甲士突入府舍，殺繼昌及吴成義。"

［5］"仁達欲自立"至"已而又殺儼明"：《新五代史》卷六八《閩世家》。"仁達"二字原無，據文義補。《通鑑》卷二八四開運二年三月條："（李）仁達欲自立，恐衆心未服，以雪峰寺僧卓巖明素爲衆所重，乃言：'此僧目重瞳子，手垂過膝，真天子也。'相與迎之。己亥，立爲帝，解去衲衣，被以衮冕，帥將吏北面拜之。然猶稱天福十年，遣使奉表稱藩於晉。"《考異》曰："《閩録》《啓運圖》《啓國實録》《江南録》作'巖明'，《閩中實録》《閩王列傳》

《九國志》《薛史》《唐餘録》《王審知傳》《吴越備史》作‘儼明’。按《啓運圖》，巖明本名偃，爲僧名體明，即位改巖明；今從之。《江南録》云：‘繼昌爲裨將王延諷所殺，旬日，故内臣李義殺諷，立巖明爲主。’今從《十國紀年》。”可知《舊五代史》中記有卓儼明事，兹據《新五代史》補録相關文字。《通鑑》卷二八四開運二年五月丁巳條：“李仁達大閲戰士，請卓巖明臨視。仁達陰教軍士突前登階，刺殺巖明。仁達陽驚，狼狽而走；軍士共執仁達，使居巖明之坐。”

[6]“遂自立”至“知閩國事”：《通曆》卷一五《僭僞・王延政》。《新五代史》卷六八《閩世家》：“（李仁達）乃自立，送款于李景，景以仁達爲威武軍節度使，更其名曰弘義。”《通鑑》卷二八四開運二年五月條：“（李）仁達乃自稱威武留後，用保大年號，奉表稱藩於唐；亦遣使入貢於晋……唐以仁達爲威武節度使、同平章事，賜名弘義，編之屬籍。弘義又遣使脩好於吴越。”《輯本舊史》卷八四《晋少帝紀四》開運三年九月甲午條：“以權知威武軍節度使李弘達爲檢校太尉、同平章事，充福建節度使，知閩國事。”據《通鑑》，李仁達，南唐賜名李弘義，叛南唐後更名李弘達，稱臣吴越後更名李達，吴越又賜名李孺贇。

後江南李景遣其將邊鎬帥師攻建安，[1]延政乞降，鎬使人送金陵，時晋開運三年也。[2]後吴人僞封延政爲光山王，俾奉其祀焉。[3]

[1]邊鎬：人名。籍貫不詳。五代十國南唐將領。事見本書卷一一二。

[2]開運：後晋出帝石重貴年號（944—946）。

[3]“後江南李景遣其將邊鎬帥師攻建安”至“俾奉其祀焉”：《通曆》卷一五《僭僞・王延政》。《新五代史》卷六八《閩世家》：

“景兵攻破建州，遷延政族於金陵，封鄱陽王。是歲，景保大四年也。”《通鑑》卷二八四開運二年（945）七月條：“延政遣使奉表稱臣於吴越，請爲附庸以求救。”同書卷二八五開運二年八月丁亥條：“唐先鋒橋道使上元王建封先登，遂克建州，閩主延政降。”云王延政於開運二年降南唐，與《通曆》卷一五引《舊五代史》、《新五代史·閩世家》異。據下文注釋引《新五代史·閩世家》徐無黨注，《通鑑》或據《江南録》書開運二年，誤。《通鑑》卷二八五開運二年十月條：“王延政至金陵，唐主以爲羽林大將軍。斬楊思恭以謝建人。”同書卷二八七天福十二年（947）載：“是歲，唐主以羽林大將軍王延政爲安化節度使鄱陽王，鎮饒州。”同書卷二九〇廣順元年（951）載：“是歲，唐主以安化節度使、鄱陽王王延政爲山南西道節度使，更賜爵光山王。”同書卷二九三顯德三年三月條：“馬希崇及王延政之子繼沂皆在揚州，詔撫存之。”

始，王氏以唐光啓丙午歲據有閩越，時有異僧言：“騎馬來，騎馬去。”至開運丙午歲，果絶。[1]

[1]“始”至“果絶”：《通曆》卷一五《僭僞·王延政》。《新五代史》卷六八《閩世家》徐無黨注：“晋開運三年丙午，南唐保大四年也。是歲，李景兵破建州，王氏滅。《江南録》云：‘保大三年，虜王氏之族，遷于金陵。’謬也。據王潮實以唐景福元年入福州，拜觀察使，而後人紀録者，乃用‘騎馬來，騎馬去’之讖以爲據，遂以王潮光啓二年歲在丙午拜泉州刺史爲始年，至保大四年，歲復在丙午而滅，故爲六十一年。然其奄有閩國，則當自景福元年爲始，實五十五年也。今諸家記其國滅丙午是也。其始年則牽於讖書，繆矣。惟《江南録》又差其末年也。”

後李仁達以福州歸兩浙，汀、建爲江南所有，漳、泉爲留從效所據，閩嶺五州自此分割矣。[1]

[1]“後李仁達以福州歸兩浙”至“閩嶺五州自此分割矣”：《通曆》卷一五《僭僞·王延政》。《新五代史》卷六八《閩世家》：“留從効聞延政降唐，執王繼勳送于金陵，李景以泉州爲清源軍，以從効爲節度使。景已破延政，遣人召李仁達入朝，仁達不從，遂降于吴越。而留從効亦逐景守兵，據泉、漳二州，景猶封從効晋江王。周世宗時，從効遣牙將蔡仲興爲商人，間道至京師，求置邸内屬。是時，世宗與李景畫江爲界，遂不納，從効仍臣于南唐。其後事具國史。”

王氏凡二世七王，通六十一年而亡。[1]

[1]王氏凡二世七王，通六十一年而亡：《通曆》卷一五《僭僞·王延政》。“六十一年”，原作“六十年”。今按，上文既有“騎馬來，騎馬去”之説，據其注釋所引《新五代史》卷六八《閩世家》徐無黨注，此處當作“六十一年”，故補“一”字。

史臣曰：昔唐祚横流，異方割據，行密以高材捷足啓之於前，李昪以履霜堅冰得之於後，以僞易僞，逾六十年。洎有周興薄伐之師，皇上示懷柔之德，而乃走梯航而入貢，奉正朔以來庭，如是則長江之險，又何足以恃哉！審知僻據一隅，僅將數世，始則可方於吴芮，終則竊効於尉佗，[1]與夫穴蜂井蛙，亦何相遠哉！五紀之亡，蓋其幸也。《永樂大典》卷六千八百四十八。[2]

[1]吴芮：人名。漢初功臣，被封長沙王。傳見《漢書》卷三

四。　尉佗：人名。漢初南越武帝。傳見《史記》卷一一三。

［2］《大典》卷六八四八“王”字韻“姓氏（三三）”事目。按，《大典》卷六八五〇“王”字韻“姓氏（三五）”今尚存，其中録有《新五代史·王景仁傳》全文，而傳末另據《五代薛史》録“史臣曰”史論一則。據此推知，《大典》卷六八四八中應録有閩王審知至王延政諸人之傳，其全文皆出自《新五代史》，僅於傳末附載《舊五代史》“史臣曰”至“蓋其幸也”一段史論。

舊五代史　卷一三五

僭僞列傳第二

劉守光

劉守光，深州樂壽人也。[1]其父仁恭，[2]初隨父晟客於范陽，[3]晟以軍吏補新興鎮將，[4]事節度使李可舉。[5]仁恭幼多智機，數陳力於軍中。李全忠之攻易定也，[6]别將于晏圍易州，[7]累月不能拔，仁恭穴地道以陷之，軍中號曰"劉窟頭"，稍遷裨校。仁恭志大氣豪，自言嘗夢大佛幡出於指端，或云年四十九當領旄節。[8]此言頗泄，燕帥李匡威惡之，[9]不欲令典軍，改爲府掾，出爲景城令。[10]屬瀛州軍亂，殺郡守，仁恭募白丁千人討平之，匡威壯其才，復使爲帳中爪牙，令將兵戍蔚州。[11]兵士以過期不代，思歸流怨，會李匡儔奪兄位，[12]戍軍擁仁恭爲帥，欲攻幽州，比至居庸關，[13]爲府兵所敗，仁恭挈族奔於太原。[14]武皇遇之甚厚，[15]賜田宅以處之，出爲壽陽鎮將，從征吐渾。[16]仁恭數進畫於蓋寓，言幽州可圖之狀，[17]願得步騎萬人，即指期可取，武皇從之。洎仁恭舉兵，屢不剋捷。

［1］深州：州名。治所在今河北深州市。　樂壽：縣名。治所在今河北獻縣。

［2］仁恭：人名。即劉仁恭。深州（今河北深州市）人。唐末、五代軍閥。傳見《新唐書》卷二一二。

［3］晟：人名。即劉晟。劉仁恭之父。事見本書本卷。　范陽：地名。位於今河北涿州市。

［4］新興：地名。位於今河北定州市。

［5］節度使：官名。唐時在重要地區所設掌握一州或數州軍、民、財政的長官。　李可舉：人名。回鶻阿不思族人。唐幽州節度使李茂勳之子。襲父位爲唐幽州節度使，累官至檢校太尉。傳見《舊唐書》卷一八〇。《輯本舊史》之影庫本粘籤："李可舉，原本作'斯舉'，今從《新唐書》改正。"見《新唐書》卷二一二《劉守光傳》。

［6］李全忠：人名。范陽（今河北涿州市）人。唐末軍閥。傳見《舊唐書》卷一八〇、《新唐書》卷二一二。　易：州名。治所在今河北易縣。　定：州名。治所在今河北定州市。

［7］于晏：人名。籍貫不詳。本書僅此一見。

［8］旄節：亦作"髦節""毛節"。使臣所持之信物。以竹爲柄，以牦牛尾爲垂飾。　"仁恭志大氣豪"至"或云年四十九當領旄節"：《宋本册府》卷八九三《總録部·夢徵門二》："劉仁恭爲幽州節度使。仁恭微時，曾夢佛幡於手指飛出。或占曰：'君年四十九，必有旌幡之貴。'後如其夢。"

［9］燕帥：指幽州盧龍節度使。　李匡威：人名。范陽（今河北涿州市）人。幽州節度使李全忠之子，襲父位爲節度使。唐末軍閥。傳見《舊唐書》卷一八〇、《新唐書》卷二一二。

［10］景城：縣名。治所在今河北滄縣。

［11］瀛州：州名。治所在今河北河間市。　蔚州：州名。治所在今河北蔚縣。

［12］李匡儔：人名。新、舊《唐書》作"李匡籌"。范陽（今

河北涿州市）人。幽州節度使李全忠之子、李匡威之弟。唐末軍閥。傳見《舊唐書》卷一八〇、《新唐書》卷二一二。

[13]居庸關：關隘名。位於今北京市昌平區西北。

[14]太原：府名。治所在今山西太原市。

[15]武皇：即後唐太祖李克用，謚號武皇。沙陀部人，生於神武川新城（一説是今山西朔州市朔城區之梵王寺村，一説是今山西應縣縣城，一説在今山西懷仁縣之日中城）。唐末軍閥，後唐太祖。紀見本書卷二五至卷二六。

[16]壽陽：縣名。治所在今山西壽陽縣。　吐渾：部族名。吐谷渾的省稱。源出鮮卑，後遊牧於今甘肅、青海一帶。參見周偉洲《吐谷渾資料輯録（增訂本）》，商務印書館 2017 年版。

[17]蓋寓：人名。蔚州（今河北蔚縣）人。唐末、五代李克用部將。傳見本書卷五五。　幽州：州名。治所在今北京市。

唐乾寧元年十一月，[1]武皇親征匡儔。十二月，破燕軍於威塞，進拔嬀州，[2]收居庸。二十六日，匡儔棄城而遁，武皇令李存審與仁恭入城撫勞，[3]封府庫，即以仁恭爲幽州節度使，留腹心燕留德等十餘人分典軍政，[4]武皇乃還。二年七月，武皇討王行瑜，師於渭北，[5]上章請授仁恭節鉞。九月，天子以仁恭爲檢校司空、幽州盧龍軍節度使。[6]三年，羅弘信背盟，[7]武皇遣李存信攻魏州，[8]徵兵於燕，仁恭託以契丹入寇，[9]俟敵退聽命。四年七月，武皇聞兖、鄆俱陷，[10]復徵兵於仁恭，數月之間，使車結轍，仁恭辭旨不遜。武皇以書讓之，[11]仁恭覽書嫚駡，拘其使人，晋之戍兵在燕者皆拘之，[12]復以厚利誘晋之驍將，由是亡命者衆矣。八月，武皇討仁恭。九月五日，次安塞軍。[13]九日，渡木瓜澗，[14]大爲燕軍所敗，死傷大半。既而仁恭告捷於梁祖，[15]梁祖聞之喜，因表仁恭加平章事。[16]仁恭又遣使於武皇，自陳邊將擅興之罪，武皇以書報之。[17]仁恭既絶於晉，恒懼討伐，募兵練衆，常無虚月。

[1]乾寧：唐昭宗李曄年號（894—898）。

[2]威塞：方鎮名。治所在新州（今河北涿鹿縣）。　嬀州：州名。治所在今河北懷來縣東南。

[3]李存審：人名。陳州宛丘（今河南淮陽縣）人。原姓符名存。五代後唐將領。傳見本書卷五六、《新五代史》卷二五。

[4]燕留德：人名。籍貫不詳。晋王李克用親信。事見本書本卷。中華書局本有校勘記："《新五代史》卷三九《劉守光傳》作'燕留得'。"《輯本舊史》卷二六《唐武皇紀下》乾寧二年（895）二月條亦作"燕留德"。

[5]王行瑜：人名。邠州（今陝西彬縣）人。唐末軍閥。傳見《舊唐書》卷一七五、《新唐書》卷二二四下。　渭北：即渭河以北地區。

[6]檢校司空：官名。爲散官或加官，以示恩寵加此官，無實際執掌。司空，與太尉、司徒並爲三公。　盧龍軍：方鎮名。治所在幽州（今北京市）。

[7]羅弘信：人名。魏州貴鄉（今河北大名縣）人。唐末、五代軍閥。傳見《舊唐書》卷一八一、《新唐書》卷二一〇。

[8]李存信：人名。本姓張。回鶻人。唐末、五代後唐將領。傳見本書卷三六、《舊五代史》卷五三。　魏州：州名。治所在今河北大名縣。

[9]契丹：古部族、政權名。公元4世紀中葉宇文部爲前燕攻破，始分離而成單獨的部落，自號契丹。唐貞觀中，置松漠都督府，以其首領爲都督。唐末强盛，916年迭剌部耶律阿保機建立契

丹國（遼）。先後與五代、北宋並立，保大五年（1125）爲金所滅。參見張正明《契丹史略》，中華書局1979年版。

［10］兖：州名。治所在今山東濟寧市兖州區。　鄆：州名。治所在今山東東平縣。

［11］武皇以書讓之：中華書局本有校勘記："《通曆》卷一五作'武皇微以書讓之'。"

［12］晋：封國名。時河東節度使李克用爲晋王，故稱。

［13］安塞軍：地名。位於今河北蔚縣東。

［14］木瓜㵎：地名。位於今河北淶源縣東南。《輯本舊史》之影庫本粘籤："原本作'木梳㵎'，考《通鑑》《歐陽史》及《薛史·唐武皇紀》俱作'木瓜'，今改正。"

［15］梁祖：即梁太祖朱温。宋州碭山（今安徽碭山縣）人。五代後梁太祖。紀見本書卷一至卷七、《新五代史》卷一至卷二。

［16］平章事：官名。全稱"同中書門下平章事"。唐高宗以後，凡實際任宰相之職者，常在其本官後加同平章事的職銜。後成爲宰相專稱。或爲節度使加銜。後晋天福五年（940），升中書門下平章事爲正二品。

［17］"九月五日"至"武皇以書報之"：《輯本舊史·唐武皇紀下》乾寧四年九月辛巳條："燕軍已擊武皇軍寨，武皇乘醉擊賊，燕軍披靡。時步兵望賊而退，爲燕軍所乘，大敗於木瓜㵎，俄而大風雨震電，燕軍解去，武皇方醒。"同月甲午條："師次代州，劉仁恭遣使謝罪於武皇，武皇亦以書報之，自此有檄十餘返。"亦見《通曆》卷一五《僭僞·劉守光傳》乾寧四年九月辛巳條，《通鑑》卷二六一乾寧四年九月丁丑、辛巳條及十月庚申條。《新五代史》無"木瓜㵎"之記載。

光化元年三月，令其長子守文襲滄州，[1]盧彦威委城而遁，[2]遂兼有滄、景、德三郡，以守文爲留後，[3]請節鉞於朝。昭宗怒其擅興，[4]不時與之。會中使至范陽，仁恭私之曰："旄節吾自有，但要長安本色耳，何以累章見阻，爲吾言之。"其悖戾如此。仁恭兵鋒益盛，每戰多捷，以爲天贊，遂有吞噬河朔之志。[5]

[1]光化：唐昭宗李曄年號（898—901）。　守文：人名。即劉守文。深州（今河北深州市）人。唐末盧龍節度使劉仁恭長子。唐末軍閥。後梁開平三年（909），被其弟劉守光殺死。事見本書卷二、卷四、卷九八，《新五代史》卷五六、卷七二。中華書局本有校勘記："'守文'二字原闕，據《通曆》卷一五、《新五代史》卷三九《劉守光傳》、《新唐書》卷二一二《劉仁恭傳》、《通鑑》卷二六一補。"見《通曆》卷一五《僭僞·劉守光傳》光化元年（898）條、《通鑑》卷二六一光化元年三月條。劉仁恭長子爲守文，次子爲守光。此既明言"長子"，故"守文"二字亦可不補。　滄州：州名。治所在今河北滄縣舊州鎮。

[2]盧彥威：人名。籍貫不詳。五代軍閥。事見《舊唐書》卷一九下至卷二〇下。

[3]景：州名。治所在今河北東光縣。　德：州名。治所在今山東德州市陵城區。　留後：官名。唐、五代節度使多以子弟或親信爲留後，以代行節度使職務，亦有軍士、叛將自立爲留後者。掌一州或數州軍政。

[4]昭宗：即唐昭宗李曄，888年至904年在位。紀見《舊唐書》卷二〇上、《新唐書》卷一〇。

[5]河朔：古地區名。泛指黄河以北地區。

二年正月，仁恭率幽、滄步騎十萬，號三十萬，將兼併魏博、鎮、定。[1]師次貝州，一鼓而拔，無少長皆屠之，清水爲之不流。[2]羅紹威求援於汴，[3]汴將李思安、葛從周赴之，思安屯内黄。[4]仁恭兵圍魏州，聞汴軍在内黄，戒其子守文曰："李思安怯懦，汝之智勇，比之十倍，當先殄此鼠輩，次擒紹威。"守文與單可及率漁陽精甲五萬，[5]夾清水而上。思安設伏於内黄清水之左，袁象先設伏於内黄清水之右。[6]思安逆戰於繁陽城，[7]僞不勝，徐退，燕人追躡，至於内黄，思安步兵成列，迴擊之。燕人將引退，左右伏兵發，燕軍大敗。臨陣斬單可及，守文單騎僅免，五萬之衆無生還者。時葛從周率邢洺之衆入魏州，與賀德倫、李暉出擊賊營。[8]是夜，仁恭燒營遁走，汴人長驅追擊，自魏至長河數百里，[9]殭屍蔽地，敗旗折戟，纍纍於路。鎮人又邀擊於東境，燕軍復敗。仁恭自是垂翅不振者累年。汴人乘勝攻滄州，仁恭率師援之，營於乾寧軍。[10]汴將氏叔琮逆戰，燕軍逗撓，退保瓦橋，[11]乃卑辭厚禮乞師於晉，武皇遣兵逼邢洺以應之。三年十月，汴人陷瀛、鄚二州，[12]晋將周德威將兵出飛狐，[13]仁恭復脩好於晋。[14]

[1]魏博：方鎮名。唐廣德元年（763）所置河北三鎮之一。治所在魏州（今河北大名縣）。開平元年（907）號天雄軍。五代後梁乾化二年（912）爲梁所併。　鎮：州名。治所在今河北正定縣。　定：州名。治所在今河北定州市。

[2]貝州：州名。治所在今河北清河縣。　清水：河流名。濟水自巨野澤以下，"因水色清深"，别名清河。位於今山東境内。

[3]羅紹威：人名。魏州貴鄉（今河北大名縣）人。唐末、五

代軍閥。傳見本書卷一四、《新五代史》卷三九。　汴：州名。治所在今河南開封市。

［4］李思安：人名。河南陳留（今河南開封市陳留鎮）人。後梁將領。傳見本書卷一九。　葛從周：人名。濮州鄄城（今山東鄄城縣）人。唐末、五代將領。傳見本書卷一六、《新五代史》卷二一。　内黄：縣名。治所在今河南内黄縣。

［5］單可及：人名。籍貫不詳。唐末五代將領。事見本書本卷、卷二。　漁陽：縣名。治所在今天津薊州區。

［6］袁象先：人名。宋州下邑（今河南夏邑縣）人。五代後梁將領，後投後唐。傳見本書卷五九、《新五代史》卷四五。

［7］繁陽：縣名。治所在今河南内黄縣西北。《輯本舊史》之影庫本粘籤："'繁陽'，原本作'鄱陽'，今從《通鑑》改正。"見《通鑑》卷二六一光化二年（899）三月丁未條。

［8］邢洺：方鎮名。治所在邢州（今河北邢臺市）。　賀德倫：人名。後梁將領。其先係河西部落人，後居滑州（今河南滑縣）。傳見本書卷二一、《新五代史》卷四四。　李暉：人名。籍貫不詳。唐末將領。事見本書本卷。

［9］長河：縣名。治所在今山東德州市。

［10］乾寧軍：方鎮名。治所在永安縣（今河北青縣）。

［11］氏叔琮：人名。河南尉氏（今河南尉氏縣）人。唐末將領。傳見本書卷一九、《新五代史》卷四三。　瓦橋：關名。位於今河北雄縣。

［12］三年：《輯本舊史》原無"三年"二字，則下文諸事蒙上文似爲二年事。但以下三事均發生於三年，故補。　鄚：州名。治所在今河北任丘市鄚州鎮。《舊五代史考異》："'鄚'，原本訛'鄭'，今據《歐陽史》改正。"《新五代史》卷三九《劉守光傳》作"漠"，中華書局本《新五代史》有校勘記："'漠'，《舊五代史》卷一三五《劉守光傳》作'鄚'，《舊五代史》卷二《梁太祖紀二》、卷二〇《張存敬傳》作'莫'。按《舊五代史》卷一五〇

《郡縣志》，河北道有莫州，莫州即鄚州。”此處所引《梁太祖紀》非録自《大典》，乃録自《宋本册府》卷一八七《閏位部·勳業門五》，繫於光化三年十一月條。《輯本舊史》所謂《郡縣志》（應稱《地理志》）所引之《大典》卷一七三八二，爲“道”字韻“地理”事韻。

［13］周德威：人名。朔州馬邑（今山西朔州市朔城區東北）人。唐末、五代河東將領。傳見本書卷五六、《新五代史》卷二五。飛狐：古道名。北起今山西大同市，南抵今河北定州市。

［14］“三年十月”至“仁恭復脩好於晋”：《輯本舊史》卷二六《唐武皇紀下》光化三年十月條：“汴人乘勝寇鎮、定，鎮、定懼，皆納賂於汴。是時，周德威與燕軍劉守光敗汴人二萬於望都，聞定州王郜來奔，乃班師。”《通鑑》卷二六二光化三年十月條：“劉仁恭遣其子守光將兵救定州，軍於易水之上。全忠遣張存敬襲之，殺六萬餘人。”《册府》卷一八七《閏位部·勳業門五》繫此事於十一月。《通鑑》卷二六四天復三年（903）十二月條：“契丹王阿保機遣其妻兄阿鉢將萬騎寇渝關，仁恭遣其子守光戍平州，守光僞與之和，設幄犒饗於城外，酒酣，伏兵執之以入。虜衆大哭，契丹以重賂請於仁恭，然後歸之。”此事亦見《輯本舊史》卷九八《蕭翰傳》、卷一三七《契丹傳》，《宋本册府》卷三六七《將帥部·機略門七》劉仁恭、劉守光條。

天祐三年七月，梁祖自將兵攻滄州，營於長蘆。[1]仁恭師徒屢喪，乃酷法盡發部内男子十五已上、七十已下，各自備兵糧以從軍，閭里爲之一空。部内男子無貴賤，並黥其面，文曰“定霸都”，士人黥其臂，文曰“一心事主”。繇是燕薊人士例多黥涅，或伏竄而免。仁恭閲衆，得二十萬，進至瓦橋，汴人深溝高壘以攻滄州，内外阻絶，仁恭不能合戰，城中大饑，人相篡啖，析骸而爨，丸土而食，轉死骨立者十之六七。自七月至十月，仁恭遣使求援於晉，前後百餘輩，武皇乃徵兵於燕，仁恭遣都將李溥夏侯景、[2]監軍張居翰、[3]書記馬郁等，[4]以兵三萬來會。十二月，合晉師以攻潞州，降丁會，[5]乃解滄州之圍。[6]

[1]天祐：唐昭宗李曄開始使用的年號（904）。唐哀帝李柷即位後沿用（904—907）。唐亡後，河東李克用、李存勗仍稱天祐，沿用至天祐二十年（923）。五代其他政權亦有行此年號者，如南吴、吴越等，使用時間長短不等。　長蘆：縣名。治所在今河北滄州市。

[2]李溥：人名。籍貫不詳。劉仁恭部將。事見本書本卷、卷二六。　夏侯景：人名。籍貫不詳。劉仁恭部將。事見本書本卷、卷二六。

[3]監軍：官名。爲臨時差遣，代表朝廷協理軍務，督察將帥。五代時常以宦官爲監軍。　張居翰：人名。籍貫不詳。唐末五代宦官。傳見本書卷七二、《新五代史》卷三八。

[4]書記：官名。即掌書記。唐五代方鎮僚屬，位在判官下。掌表奏書檄、文辭之事。　馬郁：人名。祖籍范陽（今河北涿州市）。五代官員。傳見本書卷七一。《舊五代史考異》："原本作'馬都'，今據《薛史》列傳改正。"見《輯本舊史》卷七二《張居翰傳》，又見卷二六《唐武皇紀下》天祐二年（905）九月條。此事尚可參考《宋本册府》卷七一八《幕府部·才學門》馬郁條。

[5]潞州：州名。治所在今山西長治市。　丁會：人名。壽春（今安徽壽縣）人。唐末將領。傳見本書卷五九、《新五代史》卷四四。

[6]"天祐三年七月"至"乃解滄州之圍"：《輯本舊史》卷六七《趙鳳傳》："唐天祐中，燕帥劉守光盡率部内丁夫爲軍伍，而黥

其面，爲儒者患之。”卷八八《張希崇傳》：“天祐中，劉守光爲燕帥，性慘酷，不喜儒士，希崇乃擲筆以自效，守光納之，漸升爲裨將。”

是時，天子播遷，中原多故，仁恭嘯傲薊門，[1]志意盈滿，師道士王若訥，[2]祈長生羽化之道。幽州西有名山曰大安山，[3]仁恭乃於其上盛飾館宇，僭擬宫掖，聚室女艷婦，窮極侈麗。又招聚緇黄，[4]合仙丹，講求法要。又以墐泥作錢，令部内行使，盡斂銅錢於大安山巔，[5]鑿穴以藏之，藏畢即殺匠石以滅其口。[6]又禁江表茶商，[7]自擷山中草葉爲茶，以邀厚利。改山名爲大恩山。仁恭有嬖妾曰羅氏，美姿色，其子守光烝之，[8]事洩，仁恭怒，笞守光，謫而不齒。

[1]薊門：地名。位於今北京市昌平區。

[2]王若訥：人名。唐末、五代方士，擅長生之術。事見本書卷五四、本卷。

[3]大安山：地名。位於今北京市房山區。

[4]緇黄：僧人與道士。因僧侣穿黑衣，道士戴黄冠，故稱爲“緇黄”。《輯本舊史》之影庫本粘籤：“‘招聚緇黄’句原本作‘紫黄’，今改正。”“緇黄”指僧道，“紫黄”在此處無解。此爲音近之訛。

[5]盡斂銅錢於大安山巔：《舊五代史考異》：“‘銅錢’，原本作‘銅鏄’，引用錯謬，今據《歐陽史》改正。”見《新五代史》卷三九《劉守光傳》，云“悉斂銅錢，鑿山而藏之”。

[6]藏畢即殺匠石以滅其口：《舊五代史考異》：“案《莊子》，石乃匠者之名，詞家引用泛作工匠解者非，乃紀事之文，亦沿其

誤，殊乖史體，今姑仍原文而駁正於此。”見《莊子·人間世》。《新五代史·劉守光傳》接上文云“已而殺其工以滅口，後人皆莫知其處”。《宋本册府》卷九二二《總録部·妖妄門二》：“自仁恭父子敗後，往往有上言者知錢處所，皆無所得。”

[7]江表：指長江以南地區。

[8]烝：爲上淫之義，即與長輩女性通奸。

四年四月，汴將李思安以急兵攻幽州，營於石子河，[1]仁恭在大安山，城中無備，守光自外帥兵來援，登城拒守。汴軍既退，守光乃自爲幽州節度，令其部將李小喜、元行欽將兵攻大安山。[2]仁恭遣兵拒戰，爲小喜所敗，乃擄仁恭歸幽州，囚於別室。仁恭左右，迨至婢媵，與守光不協者畢誅之。[3]其兄守文在滄州，聞父被囚，聚兵大哭，諭之曰：“‘哀哀父母，生我劬勞。’自古豈有子讎父者，吾家生此梟獍，吾生不如死！”即率滄、德之師討之。守光逆戰於雞蘇，[4]爲守文所敗。既而守文詐悲，[5]單馬立於陣場，泣諭於衆曰：“勿殺吾弟！”時守光驍將元行欽識之，被擒，滄兵失帥自潰。守光乃縶兄於別室，圍以叢棘，乘勝進攻滄州。[6]滄州賓佐孫鶴、吕兗已推守文子延祚爲帥，[7]守光攜守文於城下，攻圍累月。城中乏食，米斗直三萬，人首一級亦直十千，軍士食人，百姓食墐土，[8]驢馬相遇，食其鬃尾，士人出入，多爲强者屠殺。久之，延祚力窮，以城降於守光，守文尋亦遇害。[9]

[1]石子河：地名。今地不詳。

［2］李小喜：人名。籍貫不詳。劉守光部將。事見本書卷二八、本卷。　元行欽：人名。幽州（今北京市）人。五代後唐將領。傳見本書卷七〇、《新五代史》卷二五。

［3］“四年四月”至“與守光不協者畢誅之”：《通鑑》卷二六六繫此事於開平元年（907）四月己酉條。同年七月甲午條：“劉守光既囚其父，自稱盧龍留後，遣使請命。秋，七月，甲午，以守光爲盧龍節度使、同平章事。”

［4］雞蘇：地名。位於今天津市薊州區。

［5］既而守文詐悲：《輯本舊史》之影庫本粘籤：“‘詐悲’二字，與上下文義似有複互，考《册府元龜》引《薛史》與《永樂大典》同，今仍其舊。”

［6］“其兄守文在滄州”至“乘勝進攻滄州”《通鑑》卷二六六開平元年十一月甲申條：“義昌節度使劉守文聞其弟守光幽其父，集將吏大哭曰：‘不意吾家生此梟獍！吾生不如死，誓與諸君討之！’乃發兵擊守光，互有勝負。”《宋本册府》卷一九七《閏位部·納貢獻門》開平二年正月癸酉條：“幽州劉守文進海東鷹鶻、蕃馬、氈罽、方物。”卷一九六《閏位部·封建門》開平二年五月條：“封義昌軍節度使劉守文加中書令，封大彭王；盧龍軍節度使劉守光封河澗郡王。”《通鑑》卷二六七開平二年十一月丁亥條：“劉守文舉滄德兵攻幽州，劉守光求救於晋，晋王遣兵五千助之。丁亥，守文兵至盧臺軍，爲守光所敗；又戰玉田，亦敗。守文乃還。”《宋本册府》卷一九七開平三年四月條：“幽州節度使劉守光進蕃中生異馬一匹，鞍後毛長五寸，名烏龍。”《通鑑》卷二六七開平三年五月條：“劉守文頻年攻劉守光不克，乃大發兵，以重賂招契丹、吐谷渾之衆，合四萬屯薊州。守光逆戰於雞蘇，爲守文所敗。守文單馬立於陳前，泣謂其衆曰：‘勿殺吾弟！’守光將元行欽識之，直前擒之，滄德兵皆潰。守光囚之别室，桍以蘽棘，乘勝進攻滄州。”該條胡注：“按《薛史·梁紀》，是年劉守光上言，於薊州西與兄守文戰，生禽守文。蓋即雞蘇也。”

[7]孫鶴：人名。籍貫不詳。劉守文部將。事見本書本卷。　吕兖：人名。幽州安次（今河北廊坊市）人。劉守文部將。事見本書卷九二。　延祚：人名。即劉延祚。深州（今河北深州市）人。劉守文之子。事見本書本卷。

[8]墐土："墐"通"堇"。亦稱"堇泥""堇塊"，即黏土。

[9]"滄州賓佐孫鶴"至"守文尋亦遇害"：《通鑑》卷二六七開平三年六月條："劉守光遣使上表告捷，且言'俟滄德事畢，爲陛下掃平并寇。'亦致書晋王，云欲與之同破僞梁。"同年七月甲子條："以劉守光爲燕王。"同年九月戊申條："劉守光奏遣其子中軍兵馬使繼威安撫滄州吏民。戊申，以繼威爲義昌留後。"同年十二月條："劉守光圍滄州久不下，執劉守文至城下示之，猶固守。城中食盡，民食堇泥，軍士食人，驢馬相噉騣尾。吕兖選男女羸弱者，飼以麴麫而烹之，以給軍食，謂之宰殺務。"《宋本册府》卷一九六《閏位部·封建門》開平三年七月條："進封幽州節度使河澗郡王劉守光爲燕王。"明本《册府》卷九四三《總録部·不誼門》劉守文條："守光既得志，父兄雖結託於我，而以狀告梁祖曰：'……昨者，兄守文遽於明時，擅興兵革，堅貯吞并之志，全無友愛之情，誑惑宸聰，即言迎侍，勾牽戎虜，元逞他圖。兄之行藏，臣實所諳悉，當於此際，備見狡謀，必知要當道之土疆，爲朝廷之患害，累曾申奏，莫不丁寧。今者既破賊軍，足以細驗前事。昨於陣上所殺契丹兵馬絶多，及寨内收得契丹與往來文字不少。今又捉得自來與臣兄謀事人道士褚玄嗣、學院使鄭緒等，皆言兄本計謀極大，妄動絶深，不唯窺取其一方，實亦將圖於大事。苟非臣親當戰陣，手執干戈，大掃羣兇，生擒戎首，則滄州得志，蕃衆轉狂，合勢連衡，爲患非細。固不是臣自矜小捷，妄有飾詞，其褚方嗣等分析文狀，謹同封進。'其褚玄嗣文狀，多述守文結搆、説誘幽州將士，及會契丹窺筭幽州城池，皆是自相魚肉。又言如守文得志，必謀亂中原，以迎侍爲名，實欲并吞燕薊。又滄州皷角門東有誓衆碑一所，其辭'願破梁國，却興唐朝'。及見幽州歸向朝廷，遂拆却

碑樓，其碑坑於樓下，文字見在。又守文所遣男延祚入質，不是親兒。又守文令褚玄嗣將琉璃水精金銀等器、錦綵與契丹將領，約取幽州後别圖富貴，其契丹少君遂差使還書，願與守文勑命，守文乃言得契丹下大夫所贊也。梁祖覽之大噱。守光復置書於莊宗，言同破僞梁事。”《通鑑》卷二六七開平四年正月乙未條：“劉延祚力盡出降。時劉繼威尚幼，守光使大將張萬進、周知裕輔之鎮滄州，以延祚及其將佐歸幽州，族吕兖而釋孫鶴。”同月丙午條：“劉守光爲其父仁恭請致仕，丙午，以仁恭爲太師，致仕。守光尋使人潛殺其兄守文，歸罪於殺者而誅之。”同年八月條：“以劉守光兼義昌節度使。”

守光性本庸昧，以父兄失勢，謂天所助，淫虐滋甚。每刑人必以鐵籠盛之，薪火四逼，又爲鐵刷剷剔人面。嘗衣赭黄袍，顧謂將吏曰：“當今海内四分五裂，吾欲南面以朝天下，諸君以爲何如？”賓佐有孫鶴者，[1]骨鯁方略之士也，率先對曰：“王西有并、汾之患，[2]北有契丹之虞，乘時覬釁，專待薄人，彼若結黨連衡，侵我疆埸，地形雖險，勢不可支，甲兵雖多，守恐不暇，縱能却敵，未免生憂。王但拊士愛民，補兵完賦，義聲馳於天下，諸侯自然推戴。今若恃兵與險，未見良圖。”守光不悦。及梁軍據深、冀，[3]王鎔乞師於守光，[4]孫鶴勸守光出援軍以圖霸業，守光不從。[5]及莊宗有柏鄉之捷，[6]守光謀攻易定，諷動鎮人，欲爲河朔元帥。莊宗乃與鎮州節度使王鎔、易定節度使王處直、[7]昭義節度使李嗣昭、[8]振武節度使周德威、[9]天德軍節度使宋瑶，[10]同遣使奉册，推守光爲尚父，[11]以稔其惡。守光不悟，謂藩鎮畏己，仍以諸鎮狀送梁祖，言："臣被晉王等推臣爲尚父，堅辭不獲，又難拒違。臣竊料所宜，不如陛下與臣河北道都統，[12]則并、鎮之叛，不足平殄矣。"梁祖知其詐，優答之。仍命閤門使王瞳、[13]供奉官史彦羣等使於燕，[14]册守光爲河北道採訪使。[15]

[1]賓佐有孫鶴者：《輯本舊史》之影庫本粘籤："上文已云滄州賓佐孫鶴，此又云賓佐有孫鶴者，前後語氣，似覺參差。蓋孫鶴自滄州城破，即歸于守光，《薛史》兼採諸家傳録，未及改從畫一也，謹附識于此。"

[2]并、汾：此處代指河東李克用、李存勗父子。

[3]深：州名。治所在今河北深州市。　冀：州名。治所在今河北衡水市冀州區。

[4]王鎔：人名。回鶻人。唐末、五代軍閥，朱温後封趙王。傳見本書卷五四、《新五代史》卷三九。

[5]"及梁軍據深、冀"至"守光不從"：《通鑑》卷二六七梁太祖開平四年（910）十一月條："上疑趙王鎔貳於晉，且欲因鄴王紹威卒除移鎮、定。會燕王守光發兵屯淶水，欲侵定州，上遣供奉官杜廷隱、丁延徽監魏博兵三千分屯深、冀，聲言恐燕兵南寇，助趙守禦；又云分兵就食……梁人有亡奔真定，以其謀告鎔者，鎔大懼，又不敢先自絶；但遣使詣洛陽，訴稱'燕兵已還，與定州講和如故，深、冀民見魏博兵入，奔走驚駭，乞召兵還。'上遣使詣真定慰諭之。未幾，廷隱等閉門盡殺趙戍兵，乘城拒守。鎔始命石公立攻之，不克，乃遣使求援于燕、晉……鎔使者至幽州，燕王守光方獵，幕僚孫鶴馳詣野謂守光曰：'趙人來乞師，此天欲成王之功業也。'守光曰：'何故？'對曰：'比常患其與朱温膠固。温之志非盡吞河朔不已，今彼自爲讎敵，王若與之并力破梁，則鎮、定皆斂衽而朝燕矣。王不出師，但恐晉人先我矣。'守光曰：'王鎔數負

約，今使之與梁自相弊，吾可以坐承其利，又何救焉!’趙使者交錯於路，守光竟不爲出兵。自是鎮、定復稱唐天祐年號，復以武順爲成德軍。”

[6]莊宗：即後唐莊宗李存勗。五代後唐王朝的建立者。紀見本書卷二七至卷三四、《新五代史》卷四至卷五。　柏鄉：縣名。治所在今河北柏鄉縣。

[7]王處直：人名。京兆萬年（今陝西西安市長安區）人。唐末軍閥。傳見本書卷五四、《新五代史》卷三九。

[8]昭義：方鎮名。治所在潞州（今山西長治市）。　李嗣昭：人名。汾州（今山西汾陽市）人。唐末、五代李克用義子、部將。傳見本書卷五二、《新五代史》卷三六。

[9]振武：方鎮名。後梁貞明二年（916）以前，治所位於單于都護府城（今内蒙古和林格爾縣）。貞明二年單于都護府城爲契丹占據。此後至後唐清泰三年（936），治所位於朔州（今山西朔州市朔城區）。後晋時隨燕雲十六州割予契丹，改名順義軍。

[10]天德軍：方鎮名。治天德軍城（今内蒙古烏拉特前旗烏梁素海土城子）。　宋瑶：人名。籍貫不詳。五代軍閥。事見《遼史》卷二。《輯本舊史》之影庫本粘籤：“宋瑶，原本作‘守瑶’，今從《通鑑》改正。”

[11]尚父：初爲周武王對吕尚（即世所謂姜子牙）的尊稱。後多用於尊禮元勳大臣的稱號。

[12]河北道：道名。唐貞觀十道、開元十五道之一。唐貞觀元年（627）始置，轄境相當今北京、天津二市，河北全境，遼寧省大部分地區及河南、山東兩省古黄河以北地區。　都統：官名。唐末設此職，作爲各道出征兵士的統帥。

[13]閤門使：官名。唐代中期始置，掌供朝會、贊引百官。初以宦官充任，五代改用武階。　王曈：人名。籍貫不詳。五代官員。事見本書本卷。中華書局本有校勘記：“原作‘王瞳’，據殿本、《新五代史》卷三九《劉守光傳》、《通鑑》卷二六八、《通鑑》

卷二六八《考異》引《莊宗列傳·劉守光傳》、《編遺録》改。本卷下一處同。”見《通鑑》卷二六八乾化元年（911）六月條。

［14］供奉官：官名。泛指侍奉皇帝左右的臣僚，亦爲東、西頭供奉官通稱。　史彦羣：人名。籍貫不詳。五代官員。事見本書本卷。中華書局本有校勘記：“原作‘史彦璋’，據《通鑑》卷二六八《考異》引《薛史》改。按《通鑑考異》：‘《莊宗列傳·劉守光傳》云：“朱温命僞閤門使王瞳、供奉官史彦章等使燕，册守光爲河北道採訪使。”……《朱温傳》亦云“史彦章”，《莊宗實録》作“史彦璋”。《編遺録》《薛史》皆作“史彦羣”，今從之。’本卷下一處同。”見《通鑑》卷二六八乾化元年六月條。《通鑑》亦作“史彦羣”。

［15］採訪使：官名。唐玄宗時於十道各置採訪處置使，掌本道民政。唐肅宗時改爲觀察處置使。　“及莊宗有柏鄉之捷”至“册守光爲河北道採訪使”：《通鑑》卷二六七乾化元年二月壬申條：“盧龍、義昌節度使兼中書令燕王守光既克滄州，自謂得天助，淫虐滋甚。每刑人，必置諸鐵籠，以火逼之；又爲鐵刷刷人面。聞梁兵敗於柏鄉，使人謂趙王鎔及王處直曰：‘聞二鎮與晋王破梁兵，舉軍南下，僕亦有精騎三萬，欲自將之爲諸公啓行。然四鎮連兵，必有盟主，僕若至彼，何以處之？’鎔患之，遣使告於晋王，晋王笑曰：‘趙人告急，守光不能出一卒以救之；及吾成功，乃復欲以兵威離間二鎮，愚莫甚焉！’諸將曰：‘雲、代與燕接境，彼若擾我城戍，動摇人情，吾千里出征，緩急難應，此亦腹心之患也。不若先取守光，然後可以專意南討。’王曰：‘善！’會楊師厚自磁、相引兵救邢、魏，壬申，晋解圍去；師厚追之，逾漳水而還，邢州圍亦解。”《輯本舊史》卷二七《唐莊宗紀一》天祐八年（911）三月己丑條：“鎮、定州各遣使言幽州劉守光凶僭之狀，請推爲尚父，以稔其惡。”同月乙未條：“帝至晋陽宫，召監軍張承業諸將等議幽州之事，乃遣牙將戴漢超齎墨制并六鎮書，推劉守光爲尚書令、尚父，守光由是凶熾日甚，遂邀六鎮奉册。”同年五月條：“六鎮使至

幽，梁使亦集。”此條之下有《舊五代史考異》：“案《通鑑考異》引《莊宗實録》云：三月己丑，鎮州遣押衙劉光業至，言劉守光凶淫縱毒，欲自尊大，請稔其惡以咎之，推爲尚父。乙未，上至晉陽宫，召張承業諸將等議討燕之謀，諸將亦云宜稔其惡。上令押衙戴漢超持墨制及六鎮書如幽州，其辭曰：‘天祐八年三月二十七日，天德軍節度使宋瑶、振武節度使周德威、昭義節度使李嗣昭、易定節度使王處直、鎮州節度使王鎔、河東節度使尚書令晉王謹奉册進盧龍横海等軍節度、檢校太尉、中書令、燕王爲尚書令、尚父。’五月，六鎮使至，汴使亦集。六月，守光令有司定尚父、採訪使儀則。”見《通鑑》卷二六八乾化元年六月乙卯條《考異》。

六月，梁使至，守光令所司定尚父採訪使儀注，所司取唐朝册太尉禮以示之。[1]守光曰：“此儀注中何無郊天改元之事？”[2]梁使曰：“尚父雖尊，猶是人臣。”守光怒，投於地，謂將吏曰：“方今天下鼎沸，英雄角逐。朱公創號於夷門，[3]楊渭假名於淮海，[4]王建自尊於巴蜀，[5]茂貞矯制於岐陽，[6]皆因茅土之封，自假帝王之制，然兵虚力寡，疆埸多虞。我大燕地方二千里，帶甲三十萬，東有魚鹽之饒，北有塞馬之利，我南面稱帝，誰如我何！今爲尚父，孰當帝者？公等促具帝者之儀，予且爲河朔天子。”燕之將吏竊議，以爲不可。守光置斧鑕於庭，令將佐曰：“今三方協贊，予難重違，擇日而帝矣。從我者賞，横議者誅。”孫鶴對曰：“滄州破敗，僕乃罪人，大王寬容，乃至今日，不敢阿旨，以誤家國，苟聽臣言，死且無悔。”守光大怒，推之伏鑕，令軍士割其肉生噉之。鶴大呼曰：“百日之外，必有急兵矣！”守光命窒其口，寸斬之，有識爲之嗟惋。[7]乃悉召部内官吏，教習朝儀，邊人既非素習，舉措失容，相顧誚笑。八月十三日，守光僭號大燕皇帝，改年曰應天。以梁使王瞳、判官齊涉爲宰相，[8]史彦羣爲御史大夫。[9]僞册之日，契丹陷平州。[10]莊宗聞之大笑，監軍張承業曰：[11]“惡不積不足以滅身，老氏所謂‘將欲取之，[12]必先與之’，今守光狂蹶，請遣使省問，以觀其釁。”十月，莊宗令太原少尹李承勳往使。[13]承勳至，守光怒不稱臣，械之於獄。[14]

[1]六月：中華書局本有校勘記：“《通鑑》卷二六八《考異》引《莊宗實録》繫其事於天祐八年六月。”《通鑑》卷二六八乾化元年（911）六月乙卯條追述：“守光命僚屬草尚父、採訪使受册儀。”該條《考異》引《莊宗實録》云：“六月，守光令有司定尚父、採訪使儀則。”　太尉：官名。與司徒、司空並爲三公，唐後期、五代時多爲大臣、勳貴加官。正一品。

[2]郊天：指祭天之禮（郊天）。古人常用“郊”“南郊”“有事於南郊”指代在南郊之圜丘舉行的郊天典禮。

[3]朱公：即朱温。　夷門：地名。原指戰國魏都大梁城東門，故址在今河南開封城内東北隅。夷門位於夷山，夷山因山勢平夷而得名，故門亦以山爲名。此處代指開封。

[4]楊渭：人名。即楊隆演。廬州合淝（今安徽合肥市）人。楊行密之子，楊渥之弟。五代十國吴國國主。908年至920年在位。傳見《新五代史》卷六一。　淮海：地名。指揚州。

[5]王建：人名。許州舞陽（今河南舞陽縣）人。唐末軍閥、前蜀開國皇帝。傳見本書卷一三六、《新五代史》卷六三。

[6]茂貞：人名。即李茂貞。深州博野（今河北蠡縣）人。唐

末、五代軍閥。傳見本書卷一三二、《新五代史》卷四〇。　岐陽：縣名。治所在今陝西岐山縣。

[7]“燕之將吏竊議”至“有識爲之嗟惋”：《通鑑》卷二六八繫此事於乾化元年八月庚申條。

[8]判官：官名。唐五代方鎮僚屬，位在行軍司馬下。分掌使衙内各曹事，並協助使職官員通判衙事。　齊涉：人名。籍貫不詳。劉守光僚屬。本書僅此一見。

[9]御史大夫：官名。秦始置，與丞相、太尉合稱三公。至唐代，在御史中丞之上設御史大夫一人，爲御史臺長官，專掌監察、執法。正三品。　“八月十三日”至“史彦羣爲御史大夫”：《通鑑》卷二六八、《輯本舊史》卷二七《唐莊宗紀一》均繫此事於天祐八年（即梁乾化元年，911）八月甲子，該年八月壬子朔，甲子正爲十三日。

[10]平州：州名。治所在今河北盧龍縣。

[11]張承業：人名。同州（今陝西大荔縣）人。唐末五代宦官，河東監軍。傳見本書卷七二、《新五代史》卷三八。

[12]老氏：即老子。傳見《史記》卷六三。

[13]少尹：官名。唐、五代於三京、鳳翔等府均置少尹，爲尹的副職。協助尹通判列曹諸務。從四品下。　李承勳：人名。籍貫不詳。李克用、李存勗部將。傳見本書卷五六。

[14]“莊宗聞之大笑”至“械之於獄”：《通鑑》卷二六八乾化元年十月辛亥條：“晋王聞燕主守光稱帝，大笑曰：‘俟彼卜年，吾當問其鼎矣。’張承業請遣使致賀以驕之，晋王遣太原少尹李承勳往。承勳至幽州，用鄰藩通使之禮。燕之典客者曰：‘吾王帝矣，公當稱臣庭見。’承勳曰：‘吾受命於唐朝爲太原少尹，燕王自可臣其境内，豈可臣他國之使乎！’守光怒，囚之數日，出而問之曰：‘臣我乎？’承勳曰：‘燕王能臣我王，則我請爲臣；不然，有死而已！’守光竟不能屈。”《輯本舊史》卷二七《唐莊宗紀一》天祐八年十月條：“幽州劉守光殺帝之行人李承勳，忿其不行朝禮也。”同

書卷五五《李承勳傳》:“會王師討守光，承勳竟歿於燕。”明本《册府》卷六六一《奉使部·守節門》李承勳條與《李承勳傳》同。

十二月，莊宗遣周德威出飛狐，會鎮、定之師以討之。德威攻圍歷年，屬郡皆下。守光堅保幽州，求援於梁，北誘契丹，救終不至。[1]十年十月，守光遣使持幣馬見德威乞降，又乘城呼曰:“予俟晋王至即出城。”[2]十一月，莊宗親征。二十三日，至幽州，單騎臨城，召守光曰:“丈夫成敗，須決所向，公將何如?”守光曰:“某俎上肉耳!”莊宗愍之，折弓爲盟，許其保全。守光辭以佗日，莊宗乃令諸軍攻之。二十四日，四面畢攻，莊宗登燕太子墓觀之。[3]俄而數騎執仁恭并其孥來獻，檀州遊奕將李彦暉於燕樂縣獲守光，[4]并妻李氏、祝氏，男繼珣、繼方、繼祚等來獻。[5]初，守光城破後，攜其妻子將走關南依劉守奇。[6]沿路寒瘡足踵，經日不食。至燕樂縣，匿於坑谷，令妻祝氏乞食於田父張師造家。[7]師造怪婦人異狀，[8]詰之，遂俱擒焉。莊宗方宴府第，引仁恭、守光至席，父子號泣謝罪，莊宗慰撫之曰:“往事不復言，人誰無過，改之爲貴。”乃歸之傳舍。是月己卯，晋人執守光及仁恭，露布表其罪，驅以班師。[9]

[1]“十二月”至“救終不至”:《輯本舊史》卷二七《唐莊宗紀一》天祐八年(911)十二月甲子條:“帝遣周德威、劉光濬、李嗣源及諸將率蕃漢之兵發晋陽，伐劉守光於幽州。”同書卷二八

《唐莊宗紀二》天祐九年正月庚辰條："周德威等自飛狐東下。"同月丙戌條："會鎮、定之師進營祁溝。"明本《册府》卷三四七《將帥部·佐命門八》、《輯本舊史》卷五六《周德威傳》同繫於天祐八年十二月。《新五代史》卷三九《劉守光傳》則略言於乾化二年(即天祐九年，912)。《輯本舊史》卷二八《唐莊宗紀二》天祐九年正月庚子條："次涿州，刺史劉知温以城歸順。德威進迫幽州，守光出兵拒戰，燕將王行方等以部下四百人來奔。"劉知温降，《通鑑》卷二六八繫於乾化二年正月戊子條。又《通鑑》卷二六八乾化二年正月丁酉條："德威至幽州城下，守光來求救。"《輯本舊史》卷五六《周德威傳》："（天祐九年）五月七日，劉守光令驍將單廷珪督精甲萬人出戰，德威遇於龍頭崗。初，廷珪謂左右曰：'今日擒周陽五。'既臨陣，見德威，廷珪單騎持槍，窮追德威，垂及，德威側身避之，廷珪少退，德威奮檛擊墜其馬，生獲廷珪，賊黨大敗，斬首三千級，獲大將李山海等五十二人。十二日，德威自涿州進軍良鄉、大城。守光既失廷珪，自是奪氣。德威之師，屢收諸郡，降者相繼。"《通鑑》卷二六八乾化二年五月甲申條："燕主守光遣其將單廷珪將精兵萬人出戰，與周德威遇於龍頭岡。廷珪曰：'今日必擒周楊五以獻。'楊五者，德威小名也。既戰，見德威於陳，援槍單騎逐之，槍及德威背，德威側身避之，奮檛反擊廷珪墜馬，生擒，置於軍門。燕兵退走，德威引騎乘之，燕兵大敗，斬首三千級。"《輯本舊史》卷二八《唐莊宗紀二》天祐九年五月乙卯條："周德威大破燕軍於羊頭岡，擒大將單廷珪，斬首五千餘級。德威自涿州進軍于幽州，營于城下。"同年十月庚申條："周德威報劉守光三遣使乞和，不報。"中華書局本有校勘記："十月乙亥朔，無庚申。十一月乙巳朔，庚申爲十六日，庚申上疑脱'十一月'三字。"《通鑑》卷二六八乾化三年三月條："燕主守光命大將元行欽將騎七千，牧馬於山北，募山北兵以應契丹；又以騎將高行珪爲武州刺史，以爲外援。晉李嗣源分兵徇山後八軍，皆下之；晉王以其弟存矩爲新州刺史總之。以燕納降軍使盧文進爲裨將。李嗣源進攻武州，高行珪以城降。元行欽聞之，引兵攻行珪；行珪使其弟行周質於晋軍以求救，李嗣源引兵救之，行欽解圍去。嗣源與行周追至廣邊軍，凡八戰，行欽力屈而降；嗣源愛其驍勇，養以爲子。”高行珪降，《輯本舊史》卷二八《唐莊宗紀二》繫於三月丙寅。《新五代史》卷四八《高行周傳（行珪附）》：“仁恭被囚，守光立，以行珪爲武州刺史。其後守光背晋，晋兵攻之。守光將元行欽牧馬山後，聞守光且見圍，即率所牧馬赴援，而麾下兵叛于道，推行欽爲幽州留後，行欽曰：‘吾所憚者行珪也。’乃遣人之懷戎，得行珪子縶之。兵過武州，招行珪曰：‘守光可取而代也。當從我行，不然，且殺公子。’行珪謝曰：‘與君俱劉公將，而忍叛之？吾當爲劉氏也，尚何顧吾子耶！’行欽即以兵圍行珪。”亦見《宋本册府》卷四〇〇《將帥部·固守門二》。《通鑑》卷二六八乾化三年四月壬辰條：“晋周德威進軍逼幽州南門，壬辰，燕主守光遣使致書於德威以請和，語甚卑而哀。德威曰：‘大燕皇帝尚未郊天，何雌伏如是邪！予受命討有罪者。結盟繼好，非所聞也。’不答書。守光懼，復遣人祈哀，德威乃以聞於晋王。”同年六月辛卯條：“燕主守光遣使詣張承業，請以城降；承業以其無信，不許。”《輯本舊史》卷二八《唐莊宗紀二》天祐十年七月條：“承業與德威率千騎至幽州西，守光遣人持信箭一隻，乞修和好。承業曰：‘燕帥當令子弟一人爲質則可。’”《通鑑》卷二六八乾化三年九月甲辰條：“燕主守光引兵夜出，復取順州。”

［2］“十年十月”至“予俟晋王至即出城”：《輯本舊史》卷二八《唐莊宗紀二》天祐十年十月己巳條：“守光帥七百騎、步軍五千夜入檀州。”同月庚午條：“周德威自涿州將兵躡之。”同月壬申條：“守光自檀州南山而遁，德威追及，大敗之，獲大將李劉、張景紹及將吏八百五十人，馬一百五十匹。守光得百餘騎遁入山谷，德威急馳，扼其城門，守光惟與親將李小喜等七騎奔入燕城。”《通鑑》卷二六八乾化三年十月庚午條：“周德威自涿州引兵邀擊，大破之。守光以百餘騎逃歸幽州，其將卒降者相繼。”《輯本舊史》

卷二八《唐莊宗紀二》天祐十年十月己丑條："守光遣牙將劉化脩、周遵業等以書幣哀祈德威。"《新五代史》卷三九《劉守光傳》："守光益窘，乃獻絹千匹、銀千兩、錦百段，遣其將周遵業謂德威曰：'吾王以情告公，富貴成敗，人之常理；録功宥過，霸者之事也。守光去歲妄自尊崇，本不能爲朱温下耳，豈意大國暴師經年，幸少寬之。'德威不許。"《輯本舊史》卷二八《唐莊宗紀二》天祐十年十月庚寅條："守光乘城以病告，復令人獻自乘馬玉鞍勒易德威所乘馬而去。俄而劉光濬擒送守光僞殿直二十五人於軍門，守光又乘城謂德威曰：'予俟晋王至，即泥首俟命。'祈德威即馳驛以聞。"

［3］燕太子：即燕太子丹。派荆軻刺殺秦王嬴政，失敗後被燕王所殺，函首至秦。事見《史記》卷三四、卷八六。

［4］檀州：州名。治所在今北京市密雲區。　李彦暉：人名。籍貫不詳。李存勗部將。本書僅此一見。　燕樂：縣名。治所在今北京市密雲區。

［5］繼珣、繼方、繼祚：人名。即劉繼珣、劉繼方、劉繼祚。皆爲劉守光子。本書僅此一見。

［6］關南：當指榆關（今山海關）以南。當時劉守奇在平州。　劉守奇：人名。深州樂壽（今河北獻縣）人。唐末幽州節度使、燕王劉仁恭之子，劉守光之弟。唐末、五代將領。事見本書本卷。

［7］張師造：《輯本舊史》之影庫本粘籤："'張師造'，原本作'師迨'，今從《通鑑》改正。"見《通鑑》卷二六九乾化三年十二月癸酉條。

［8］師造怪婦人異狀：《輯本舊史》原無"師造"二字，中華書局本有校勘記："《通鑑》卷二六九敘其事作'師造怪婦人異狀'。"但未補，今據補。

［9］露布：不封口文書。常指捷報等。　"十一月"至"驅以班師"：《通鑑》卷二六八乾化三年十一月甲辰、辛酉、壬戌、癸亥諸條："盧龍巡屬皆入于晋，燕主守光獨守幽州城，求援於契丹；

契丹以其無信，竟不救。守光屢請降於晋，晋人疑其詐，終不許……甲辰，晋王以監軍張承業權知軍府事，自詣幽州，辛酉，單騎抵城下，謂守光曰：‘朱温簒逆，余本與公合河朔五鎮之兵興復唐祚。公謀之不臧，乃效彼狂僭。鎮、定二帥皆俛首事公，而公曾不之恤，是以有今日之役。丈夫成敗須决所向，公將何如？’守光曰：‘今日俎上肉耳，惟王所裁。’王憫之，與折弓矢爲誓，曰：‘但出相見，保無他也。’守光辭以他日。先是，守光愛將李小喜多贊成守光之惡。言聽計從，權傾境内。至是，守光將出降，小喜止之。是夕，小喜踰城詣晋軍，且言城中力竭。壬戌，晋王督諸軍四面攻城，克之，擒劉仁恭及其妻妾，守光帥妻子亡去。癸亥，晋王入幽州。”同書卷二六九乾化三年十二月癸酉條：“燕主守光將奔滄州就劉守奇，涉寒，足腫，且迷失道。至燕樂之境，晝匿阬谷，數日不食，令妻祝氏乞食於田父張師造家，師造怪婦人異狀，詰知守光處，并其三子擒之。癸酉，晋王方宴，將吏擒守光適至，王語之曰：‘主人何避客之深邪！’并仁恭置之館舍，以器服膳飲賜之。”同月庚辰、甲申、丙戌諸條：“晋王欲自雲、代歸，趙王鎔及王處直請由中山、真定趣井陘，王從之。庚辰，晋王發幽州，劉仁恭父子皆荷校於露布之下。守光父母唾其面而駡之曰：‘逆賊，破我家至此！’守光俛首而已。甲申，至定州……舍于關城。丙戌，晋王與王處直謁北嶽廟。是日，至行唐。”

十一年正月，至晋陽，[1]仁恭父子荷校於露布之下，父母唾面駡守光曰：“逆賊，破家如是！”守光俯首不顧。自范陽至晋陽，涉千餘里，所在聚觀，呼守光爲“劉黑子”，略無愧色。莊宗以仁恭、守光徇於都城，即告南宫七廟，[2]禮畢，守光與李小喜、鄭藏斐、劉延卿及其二妻皆伏誅。[3]李小喜者，本晋之小校，先奔於燕，守光以爲愛將。守光雖凶淫出於天性，然而稔惡侈毒，抑亦小喜贊成。守光將敗，前一日來降。守光將死，大呼曰："臣之悞計，小喜熒惑故也，若罪人不死，臣必訴於地下。"莊宗急召小喜至，令證辯。小喜瞋目叱守光曰："囚父殺兄，烝淫骨肉，亦我教耶!"莊宗怒小喜失禮，先斬之。守光慟哭曰："王將定天下，臣精於騎，何不且留指使。"二妻讓之曰："皇帝，事勢及此，生不如死!"即延頸就戮。守光猶哀訴不已。既誅，命判官司馬揆備轊櫝祭醊，[4]瘞於城西三里龍山下。[5]令副使盧汝弼、李存霸拘送仁恭至代州，[6]於武皇靈前刺心血以祭，誅於雁門山下。[7]自仁恭乾寧二年春入幽州，至天祐十年，父子相承，十九年而滅。《永樂大典》卷九千九十九。[8]

[1]晋陽：縣名。治所在今山西太原市。

[2]范陽：《輯本舊史》之影庫本粘籤："范陽，原本作'樊陽'，今從《歐陽史》改正。"查《新五代史》，未見此記載。五代無"樊陽"。　七廟：帝王宗廟。中國古代禮制中"四親"之廟、"二祧"之廟以及"始祖"之廟；《禮記・王制》亦有"天子七廟，三昭三穆，與太祖之廟而七"之説。後泛指王朝社稷。

[3]鄭藏斐、劉延卿：人名。劉守光部將。本書僅此一見。

[4]司馬揆：人名。籍貫不詳。五代後唐官員。事見本書本卷、卷三二、卷七一。　轊（wèi）櫝（dú）：棺柩。　祭醊（zhuì）：祭祀。

[5]龍山：山名。位於今山西太原市西南。　"十一年正月"至"瘞於城西三里龍山下"：《輯本舊史》卷二八《唐莊宗紀二》天祐十一年（914）正月戊戌條："王鎔以履新之日，與其子昭祚、昭誨奉觴上壽置宴。鎔啓曰：'燕主劉太師頃爲鄰國，今欲挹其風

儀，可乎？'帝即命主者破械，引仁恭、守光至，與之同宴，鎔饋以衣被飲食。"《通鑑》卷二六九乾化四年（914）正月壬子條："晋王以練紼劉仁恭父子，凱歌入于晋陽。"同月丙辰條："獻于太廟，自臨斬劉守光。"同卷貞明二年條："初，燕人苦劉守光殘虐，軍士多歸於契丹。及守光被圍於幽州，其北邊士民多爲契丹所掠，契丹日益强大。""劉守光末年衰困，遣參軍韓延徽求援於契丹，契丹主怒其不拜，留之，使牧馬於野。"《輯本舊史》卷一三七《契丹傳》："劉守光末年苛慘，軍士亡叛皆入契丹。"

[6]盧汝弼：人名。范陽（今河北涿州市）盧氏族人，家於河中蒲州（今山西永濟市）。唐代詩人盧綸之孫。唐代進士，唐、五代後唐官員。傳見本書卷六〇。　李存霸：人名。沙陀部人。李克用子，五代軍閥。傳見本書卷五一、《新五代史》卷一四。　代州：州名。治所在今山西代縣。

[7]雁門山：山名。一名句注山。位於今山西代縣西北。

[8]九千九十九：原作"九千九百九"，《大典》卷九九〇九"嚴"字韻"華嚴經（九六）"事目，與本傳無涉。應爲《大典》卷九〇九九"劉"字韻"姓氏（二七）"事目，中華書局本有校勘記，但未改。今改。本卷劉陟、劉玢、劉晟、劉鋹、劉崇各卷均同此誤，現一一改正，不再出校勘記。

劉陟　子玢　晟　晟子鋹

劉陟，即劉龑，初名陟。其先彭城人，[1]祖仁安，[2]仕唐爲潮州長史，因家嶺表。[3]父謙，[4]素有才識。唐咸通中，宰相韋宙出鎮南海，[5]謙時爲牙校，職級甚卑，然氣貌殊常，宙以猶女妻之。妻以非其類，堅止之，宙曰："此人非常流也，他日我子孫或可依之。"謙後果以軍功拜封州刺史、兼賀水鎮使，[6]甚有稱譽。[7]

[1]彭城：縣名。治所在今江蘇徐州市。

[2]祖仁安：中華書局本有校勘記："'仁安'，《通曆》卷一五、《册府》卷二一九、《隆平集》卷一二、《宋史》卷四八一《南漢劉氏世家》同，《新五代史》卷六五《南漢世家》、《通鑑》卷二七〇、《九國志》卷九、《東都事略》卷二三作'安仁'。《劉隱女劉華墓誌》（拓片刊《文物》一九七五年第一期）：'曾祖諱安。'"見明本《册府》卷二一九《僭僞部・姓系門》。《新五代史》卷六五《劉隱傳》："劉隱，其祖安仁，上蔡人也，後徙閩中，商賈南海，因家焉。"同卷《劉龑傳》："追尊安仁文皇帝。"《通鑑》卷二七〇貞明三年（917）八月癸巳條："清海、建武節度使劉巖即皇帝位於番禺，國號大越，大赦，改元乾亨……追尊祖安仁曰太祖文皇帝，父謙曰代祖聖武皇帝，兄隱曰烈宗襄皇帝。"

[3]潮州：州名。治所在今廣東潮州市。　長史：官名。州府屬官。協助處理州府公務。正四品上至正六品上。　嶺表：地區名。亦謂嶺外、嶺南。指五嶺以南地區，故名。包括今廣東、廣西、海南及越南北部地區。

[4]謙：即劉隱之父劉謙。事見本書本卷。

[5]咸通：唐懿宗李漼年號（860—874）。　韋宙：人名。京兆萬年（今陝西西安市長安區）人。唐末宰相。傳見《新唐書》卷一九七。　南海：地名。位於今廣東廣州市。

[6]封州：州名。治所在今廣東封開縣。　刺史：官名。漢武帝時始置。州一級行政長官，總掌考覈官吏、勸課農桑、地方教化等事。唐中期以後，節度、觀察使轄州而設，刺史爲其屬官，職任漸輕。從三品至正四品下。　賀水：水名。一名封溪水，又曰開江，爲西江支流。在今廣東封開縣入西江。《輯本舊史》之影庫本粘籤："原本作'架水'，今從《十國春秋》改正。"見《十國春

秋》卷五八《南漢一·烈宗世家》。但《十國春秋》爲清人吴任臣所作，本傳下條即有“賀水諸將”“復領賀水鎮”等語，何爲引《十國春秋》！

［7］“父謙”至“甚有稱譽”：《通鑑》卷二五五中和三年（883）六月辛丑條：“初，上蔡人劉謙爲嶺南小校，節度使韋宙奇其器，以兄女妻之。謙擊羣盜，屢有功。辛丑，以謙爲封州刺史。”《新五代史》卷六五：“父謙，爲廣州牙將。唐乾符五年，黄巢攻破廣州，去略湖、湘間，廣州表謙封州刺史、賀江鎮遏使，以禦梧、桂以西。歲餘，有兵萬人，戰艦百餘艘。謙三子，曰隱、台、巖。”

謙之長子曰隱，[1]即韋氏女所生也，幼而奇特。及謙卒，賀水諸將有無賴者，幸變作亂，隱定計誅之。連帥劉崇龜聞其才，署爲右都校，[2]復領賀水鎮，俄奏兼封州刺史，用法清肅，威望頗振。[3]唐昭宗以嗣薛王知柔石門扈蹕功，授清海軍節度使。[4]詔下，有府之牙將盧琚、譚玘謀不稟朝命，[5]隱舉部兵誅琚、玘以聞。知柔至，深德之，辟爲行軍司馬，委以兵賦。[6]唐昭宗命宰相徐彦若代知柔，[7]復署前職。彦若在鎮二年，臨薨，手表奏隱爲兩使留後，[8]昭宗未之許，命宰相崔遠爲節度使。[9]遠行及江陵，[10]聞嶺表多盜，懼隱違詔，遲留不進，會遠復入相，乃詔以隱爲留後，然久未即真。及梁祖爲元帥，隱遣使持重賂以求保薦，梁祖即表其事，遂降旄節。[11]梁開平初，恩寵殊厚，遷檢校太尉、兼侍中，[12]封大彭郡王。梁祖郊禋禮畢，加檢校太師、兼中書令，[13]又命兼領安南都護，充清海静海兩軍節度使，[14]進封南海王。開平四年三月卒。[15]

［1］謙之長子曰隱：《舊五代史考異》："梁開平初，封大彭郡王。梁祖郊禋禮畢，進封南海王。"進封南海王，中華書局本有校勘記："以上五字原闕，據殿本考證、劉本考證補。"

［2］連帥：唐朝多指觀察使、按察使。　劉崇龜：人名。滑州胙城縣（今河南延津縣）人。唐末官員、藝術家。事見本書本卷。　右都校：官名。爲千人統兵官。

［3］"及謙卒"至"威望頗振"：《通鑑》卷二五九乾寧元年（894）條："封州刺史劉謙卒，子隱居喪於賀江，土民百餘人謀亂，隱一夕盡誅之。嶺南節度使劉崇龜召補右都押牙兼賀水鎮使；未幾，表爲封州刺史。"《新五代史》卷六五《劉隱傳》："謙卒，廣州表隱代謙封州刺史。"

［4］知柔：人名。唐朝宗室。傳見《新唐書》卷八一。　石門：地名。位於今陝西三原縣。　清海軍：方鎮名。治所在廣州（今廣東廣州市）。

［5］盧琚：人名。唐末、五代藩鎮軍閥。事見本書本卷。　譚玘：人名。唐末、五代藩鎮軍閥。事見本書本卷。《新五代史》作"覃玘"，《通鑑》作"譚弘玘"。《新五代史》卷六五："乾寧中，節度使劉崇龜死，嗣薛王知柔代爲帥，行至湖南，廣州將盧琚、覃玘作亂，知柔不敢進。隱以封州兵攻殺琚、玘，迎知柔，知柔辟隱行軍司馬。其後徐彥若代知柔，表隱節度副使，委以軍政。"《通鑑》卷二六〇乾寧三年條："清海節度使薛王知柔行至湖南，廣州牙將盧琚、譚弘玘據境拒之，使弘玘守端州。弘玘結封州刺史劉隱，許妻以女。隱僞許之，託言親迎，伏甲舟中，夜入端州，斬弘玘；遂襲廣州，斬琚。具軍容迎知柔入視事。知柔表隱爲行軍司馬。"

［6］"唐昭宗以嗣薛王知柔石門扈蹕功"至"委以兵賦"：亦見明本《册府》卷二二三《僭僞部·勳伐門三》。《通鑑》卷二六一光化元年（898）條："韶州刺史曾衮舉兵攻廣州，州將王瓌帥戰艦應之；清海行軍司馬劉隱一戰破之。韶州將劉潼復據湞、浛，隱

討斬之。”

［7］徐彦若：人名。唐末、五代官員，藩鎮軍閥。傳見《舊唐書》卷一七九。

［8］兩使：節度使、觀察使合稱“兩使”。

［9］崔遠：人名。博陵安平（今河北安平縣）人。唐昭宗朝宰相。傳見《舊唐書》卷一七七、《新唐書》卷一八二。

［10］江陵：地名。荆州别稱，位於今湖北荆州市。

［11］“彦若在鎮二年”至“遂降旄節”：《新五代史》卷四一《盧光稠傳》、《譚全播傳》：“是時，劉巖起南海，擊走（盧）光睦，以兵數萬攻虔州。光稠大懼，謂全播曰：‘虔、潮皆公取之，今日非公不能守也。’全播曰：‘吾知劉巖易與爾！’乃選精兵萬人，伏山谷中，陽治戰地於城南，告巖戰期。以老弱五千出戰，戰酣，僞北。巖急追之，伏兵發，巖遂大敗。”卷六五《南漢世家》：“（徐）彦若卒，軍中推隱爲留後。天祐二年，拜隱節度使。”《通鑑》卷二六二天復元年（901）條：“清海節度使徐彦若薨，遺表薦行軍司馬劉隱權留後。”同書卷二六三天復二年條：“是歲，虔州刺史盧光稠攻嶺南，陷韶州，使其子延昌守之，進圍潮州。清海劉隱發兵擊走之，乘勝進攻韶州。隱弟陟以爲延昌有虔州之援，未可遽取；隱不從，遂圍韶州。會江漲，餽運不繼，光稠自虔州引兵救之；其將譚全播伏精兵萬人於山谷，以羸弱挑戰，大破隱于城南，隱奔還。”同書卷二六五天祐元年條：“初，清海節度使徐彦若遺表薦副使劉隱權留後，朝廷以兵部尚書崔遠爲清海節度使。遠至江陵，聞嶺南多盜，且畏隱不受代，不敢前，朝廷召遠還。隱遣使以重賂結朱全忠，乃奏以隱爲清海節度使。”同卷天祐二年（905）三月甲申條：“加清海節度使劉隱同平章事。”明本《册府》卷一六九《帝王部·納貢獻門》唐昭宗天祐元年十二月條：“廣州劉隱進佛哲國、訶陵國、羅越國所貢香藥。”

［12］開平：五代後梁太祖朱温年號（907—911）。　檢校太尉：官名。爲散官或加官，以示恩寵加此官，無實際執掌。太尉，

與司徒、司空並爲三公。　侍中：官名。秦始置。隋、唐前期爲門下省長官。唐後期多爲大臣加銜，不參與政務，實際職務由門下侍郎執行。正二品。

[13]中書令：官名。漢代始置，隋、唐前期爲中書省長官，屬宰相之職；唐後期多爲授予元勳大臣的虚銜。正二品。

[14]安南都護：官名。唐代所設安南都護府長官，負責管理今中國南疆及中南半島北部部分地區之軍民政務。　静海：方鎮名。治所在交州（今廣東廣州市番禺區）。

[15]"梁開平初"至"開平四年三月卒"：《輯本舊史》之原輯者案語："《東都事略》不載隱封南海王，《宋史》不載隱封大彭郡王，與《薛史》互有詳略。考《五代會要》，劉隱進封南海王在開平四年。"見《會要》卷一一封建條梁開平四年（910）四月記事。《宋本册府》卷一九六《閏位部·封建門》梁太祖開平三年四月條："廣州節度使劉隱封南平王。"《會要》卷一一同。明本《册府》卷二一〇《閏位部·延賞門》梁太祖開平五年（即乾化元年，911）五月甲申條："諸道節度使錢鏐、張宗奭、馬殷、王審知、劉隱，各賜一子六品正員官。"《新五代史》卷六五："梁開平元年，加檢校太尉、兼侍中。二年，兼静海軍節度、安南都護。三年，加檢校太師、兼中書令，封南平王。隱父子起封州，遭世多故，數有功於嶺南，遂有南海。隱復好賢士。是時，天下已亂，中朝士人以嶺外最遠，可以避地，多遊焉。唐世名臣謫死南方者往往有子孫，或當時仕宦遭亂不得還者，皆客嶺表。王定保、倪曙、劉濬、李衡、周傑、楊洞潛、趙光胤（應爲趙光裔）之徒，隱皆招禮之。定保容管巡官，曙唐太學博士，濬崇望之子，以避亂往；衡德裕之孫，唐右補闕，以奉使往：皆辟置幕府，待以賓客。傑善星曆，唐司農少卿，因避亂往，隱數問以災變，傑恥以星術事人，常稱疾不起，隱亦客之。洞潛初爲邕管巡官，秩滿客南海，隱常師事之，後以爲節度副使，及龑僭號，爲陳吉凶禮法。爲國制度，略有次序，皆用此數人焉。乾化元年，進封隱南海王。是歲卒，年三十八。弟

龑立。”《通鑑》卷二六六開平元年五月己卯條：“加清海節度使劉隱、威武節度王審知兼侍中，仍以隱爲大彭王。”同書卷二六七開平二年九月條：“荆南節度使高季昌遣兵屯漢口，絶楚朝貢之路；楚王殷遣其將許德勳將水軍擊之，至沙頭，季昌懼而請和。殷又遣步軍都指揮使吕師周將兵擊嶺南，與清海節度使劉隱十餘戰，取昭、賀、梧、蒙、龔、富六州。”同年十月辛酉條：“以劉隱爲清海、静海節度使，以膳部郎中趙光裔、右補闕李殷衡充官告使，隱皆留之。”同卷開平三年四月庚子條：“以劉隱爲南平王。”

陟，隱之弟也，[1]隱卒，代據其位。及梁末帝嗣位，[2]務行姑息之政，乃盡以隱之官爵授陟。[3]先是，邕州葉廣略、[4]容州龐巨源，[5]或自擅兵賦，數侵廣之西鄙，陟舉兵討之，邕、容皆敗，因附庸於陟。又交州土豪曲承美亦專據其地，[6]送款於梁，因正授旄鉞。陟不平之，遣將李知順伐之，[7]執承美以獻，陟自是盡有嶺表之地。[8]及聞錢鏐册封吴越王，[9]陟恥稱南海之號，乃嘆曰：“中原多故，誰爲真主，安能萬里梯航而事僞庭乎！”梁貞明三年八月，陟乃僭號於廣州，國號大漢，僞改元爲乾亨。[10]明年，僭行郊禮，赦其境内，及改名巖。[11]陟僭位之後，廣聚南海珠璣，西通黔蜀，得其珍玩，窮奢極侈，娱僭一方，與嶺北諸藩歲時交聘。及聞莊宗平梁，遣僞宫苑使何詞來聘，[12]稱“大漢國主致書上大唐皇帝”，莊宗召見於鄴宫，[13]問南海事狀，且言本國已發使臣，大陳物貢，期今秋即至。初，陟聞莊宗兵威甚盛，故令何詞來視虚實，時朝政已紊，莊宗亦不能以道制禦遠方，南海貢亦不至，自是與中國遂絶。[14]

[1]陟，隱之弟也：《新五代史》卷六五《劉隱傳》："謙三子，曰隱、台、巖。"《劉龑傳》："龑，初名巖，謙庶子也。其母段氏生龑於外舍，謙妻韋氏素妬，聞之怒，拔劍而出，命持龑至，將殺之，及見而悸，劍輒墮地，良久曰：'此非常兒也！'後三日，卒殺段氏，養龑爲己子。及長，善騎射，身長七尺，垂手過膝。"

[2]梁末帝：即朱友貞，朱温第四子，殺其兄朱友珪而自立。爲李存勗大軍包圍後自殺身死，後梁由是滅亡。紀見本書卷八至卷一〇、《新五代史》卷三。

[3]"隱卒"至"乃盡以隱之官爵授陟"：《新五代史》卷六五："隱爲行軍司馬，龑亦辟薛王府諮議參軍。隱鎮南海，龑爲副使。隱卒，龑代立。"《通鑑》卷二六八乾化元年（911）五月甲辰條："以清海留後劉巖爲節度使。巖多延中國士人置於幕府，出爲刺史，刺史無武人。"

[4]邕州：州名。治所在今廣西南寧市。　葉廣略：人名。籍貫不詳。五代軍閥。事見本書本卷。

[5]容州：州名。治所在今廣西北流市。　龐巨源：人名。籍貫不詳。五代軍閥。事見本書本卷。中華書局本有校勘記："'龐巨源'，《隆平集》卷一二同，《新五代史》卷六五《南漢世家》、《通鑑》卷二六七、《九國志》卷一一、《東都事略》卷二三作'龐巨昭'。"

[6]交州：州名。治所在今廣東廣州市番禺區。　曲承美：人名。曲顥之子。安南鴻州（今越南海陽寧江縣）人。五代十國藩鎮軍閥。事見本書本卷。

[7]李知順：人名。籍貫不詳。五代十國藩鎮將領。本書僅此一見。

[8]"先是"至"陟自是盡有嶺表之地"：《通鑑》卷二六七開平四年（910）條："寧遠節度使龐巨昭、高州防禦使劉昌魯，皆唐官也。黃巢之寇嶺南也，巨昭爲容管觀察使，昌魯爲高州刺史，帥羣蠻據險以拒之，巢衆不敢入境。唐嘉其功，置寧遠軍於容州，以

巨昭爲節度使，以昌魯爲高州防禦使。及劉隱據嶺南，二州不從；隱遣弟巖攻高州，昌魯大破之，又攻容州，亦不克。昌魯自度終非隱敵，是歲，致書請自歸於楚。”同書卷二六八乾化元年三月丁亥條：“清海、静海節度使兼中書令南平襄王劉隱病亟，表其弟節度副使巖權知留後；丁亥卒。巖襲位。”同年十二月丙辰條：“鎮南留後盧延昌遊獵無度，百勝軍指揮使黎球殺之，自立；將殺譚全播，全播稱疾請老，乃免。丙辰，以球爲虔州防禦使。未幾，球卒，牙將李彦圖代知州事，全播愈稱疾篤。劉巖聞全播病，發兵攻韶州，破之，刺史廖爽奔楚，楚王殷表爲永州刺史。”同月癸亥條：“以静江行軍司馬姚彦章爲寧遠節度副使，權知容州，從楚王殷之請也。劉巖遣兵攻容州，殷遣都指揮使許德勳以桂州兵救之；彦章不能守，乃遷容州士民及其府藏奔長沙，巖遂取容管及高州。”同卷乾化三年十月條：“嶺南節度使劉巖求婚於楚，楚王許以女妻之。”同書卷二六九貞明元年（915）八月條：“劉巖逆婦于楚，楚王殷遣永順節度使存送之。”《新五代史·劉龑傳》：“乾化二年，除清海節度使，檢校太保、同平章事。三年，加檢校太傅。末帝即位，悉以隱官爵授龑，龑封南海王……隱攻韶州，龑曰：‘韶州所賴者光稠，擊之，虔人必應，應則首尾受敵，此不宜直攻而可以計取。’隱不聽，果敗而歸，因盡以兵事付龑。龑悉平諸寨，遂殺昌魯等，更置刺史，卒出兵攻敗盧氏，取潮、韶。又西與馬殷争容、桂，殷取桂管，虜士政；龑取容管，逐巨昭，又取邕管。”又：“隱、龑自梁初受封爵，稟正朔而已。”

［9］錢鏐：人名。臨安（今浙江杭州市）人。五代十國吴越開國君主。傳見本書卷一三三、《新五代史》卷六七。

［10］貞明：五代後梁末帝朱友貞年號（915—921）。　乾亨：五代十國南漢高祖劉龑年號（917—925）。

［11］“及聞錢鏐册封吴越王”至“及改名巖”：《輯本舊史》卷九《梁末帝紀中》貞明五年九月丙寅條：“制削奪廣州節度使、南平王劉巖在身官爵，以其將謀僭號故也。仍詔天下兵馬元帥錢鏐

指揮攻討。”《新五代史·劉龑傳》:“貞明三年，龑即皇帝位，國號大越，改元曰乾亨。追尊安仁文皇帝，謙聖武皇帝，隱襄皇帝，立三廟。置百官，以楊洞潛爲兵部侍郎，李衡禮部侍郎，倪曙工部侍郎，趙光胤兵部尚書，皆平章事。光胤自以唐甲族，耻事僞國，常怏怏思歸。龑乃習爲光胤手書，遣使間道至洛陽，召其二子損、益并其家屬皆至。光胤驚喜，爲盡心焉。”同卷:“(乾亨)二年，祀天南郊，大赦境内，改國號漢。龑初欲僭號，憚王定保不從，遣定保使荆南，及還，懼其非己，使倪曙勞之，告以建國。定保曰:‘建國當有制度，吾入南門，清海軍額猶在，四方其不取笑乎!’龑笑曰:‘吾備定保久矣，而不思此，宜其譏也。’三年，册越國夫人馬氏爲皇后。馬氏，楚王殷女也。四年，春，置選部貢舉，放進士、明經十餘人，如唐故事，歲以爲常。七年(應爲九年)，唐莊宗入汴，龑懼，遣宫苑使何詞入詢中國虚實，稱大漢國主致書大唐皇帝。詞還，言唐必亂，不足憂，龑大喜。又性好夸大，嶺北商賈至南海者，多召之，使升宫殿，示以珠玉之富。自言家本咸秦，耻王蠻夷，呼唐天子爲‘洛州刺史’。是歲，雲南驃信鄭旻遣使致朱鬃白馬以求婚，使者自稱皇親母弟、清容布燮兼理、賜金錦袍虎綾紋攀金裝刀、封歸仁慶侯、食邑一千户、持節鄭昭淳。昭淳好學有文辭，龑與游宴賦詩，龑及群臣皆不能逮，遂以隱女增城縣主妻旻。八年，作南宫，王定保獻《南宫七奇賦》以美之。龑初名巖，又更曰陟。”《通鑑》卷二六九貞明元年條:“是歲，清海、建武節度使兼中書令劉巖，以吴越王鏐爲國王而己獨爲南平王，表求封南越王及加都統，帝不許。巖謂僚屬曰:‘今中國紛紛，孰爲天子!安能梯航萬里，遠事僞庭乎!自是貢使遂絶。”同書卷二七〇貞明三年八月癸巳條:“清海、建武節度使劉巖即皇帝位於番禺，國號大越，大赦，改元乾亨。以梁使趙光裔爲兵部尚書，節度副使楊洞潛爲兵部侍郎，節度判官李殷衡爲禮部侍郎，並同平章事。建三廟，追尊祖安仁曰太祖文皇帝，父謙曰代祖聖武皇帝，兄隱曰烈宗襄皇帝，以廣州爲興王府。”同卷貞明五年九月丙寅條:“詔削劉巖官爵，命吴越王鏐討之。”

［12］宫苑使：官名。唐始置，以宦官充任，五代改用士人。掌京師地區宫苑和宫苑所屬的莊田。《輯本舊史》之影庫本粘籤：“宫苑，原本作‘宫萱’，今從《十國春秋》改正。”見《十國春秋》卷五八《南漢一·高祖本紀》，但《十國春秋》爲清人吴任臣撰。《新五代史》卷六五《劉龑傳》乾亨七年（923）條即載“唐莊宗入汴，龑懼，遣宫苑使何詞入詢中國虚實”，可以爲據。　何詞：人名。籍貫不詳。五代十國南漢官員。事見本書本卷。

［13］鄴宫：宫殿名。位於今河北大名縣。

［14］“及聞莊宗平梁”至“自是與中國遂絶”：《輯本舊史》卷三二《唐莊宗紀六》同光三年（925）二月甲申條：“廣南劉巖遣使奉書於帝，稱‘大漢國王致書上大唐皇帝’。”

唐同光三年冬，白龍見於南海，改僞乾亨九年爲白龍元年，[1]陟又改名龔，以符龍之瑞也。白龍四年春，又改大有元年。[2]是歲，陟僭行籍田之禮。陟之季年，有梵僧善占算之術，謂陟不利名龔，他年慮有此姓敗事，陟又改名龑。“龑”讀爲“儼”，古文無此字，蓋妄撰也。[3]

［1］同光：後唐莊宗李存勗年號（923—926）。　九年：中華書局本有校勘記：“‘九年’原作‘元年’，據《通曆》卷一五、《册府》卷二一九、《新五代史》卷六五《南漢世家》改。”見《通曆》卷一五《僭僞·劉陟》、明本《册府》卷二一九《僭僞部·年號門》。　白龍：南漢高祖劉龑年號（925—928）。

［2］大有：南漢高祖劉龑年號（928—942）。

［3］“唐同光三年冬”至“蓋妄撰也”：《新五代史》卷六五《劉龑傳》乾亨九年（925）條：“白龍見南宫三清殿，改元曰白龍，

又更名龑，以應龍見之祥。有胡僧言：‘讖書：“滅劉氏者，龑也。”’龑乃採《周易》‘飛龍在天’之義爲‘龑’字，音‘儼’，以名焉。（白龍）四年，楚人以舟師攻封州，封州兵敗於賀江，龑懼，以《周易》筮之，遇大有，遂赦境内，改元曰大有。遣將蘇章以神弩軍三千救封州，章以兩鐵索沈賀江中，爲巨輪於岸上，築隄以隱之，因輕舟迎戰，陽敗而奔，楚人逐之，章舉巨輪挽索鎖楚舟，以彊弩夾江射之，盡殺楚人。（大有）三年，遣將李守鄘、梁克貞攻交趾，擒曲承美等。承美至南海，龑登儀鳳樓受俘，謂承美曰：‘公常以我爲僞廷，今反面縛，何也？’承美頓首伏罪，乃赦之。承美，顥子也。克貞又攻占城，掠其寶貨而歸。四年，愛州楊廷藝叛，攻交州刺史李進，進遁歸。龑遣承旨程寶攻廷藝，寶戰死。五年，封子耀樞邕王，龜圖康王，洪度秦王，洪熙晋王，洪昌越王，洪弼齊王，洪雅韶王，洪澤鎮王，洪操萬王，洪杲循王，洪暐息王，洪邈高王，洪簡同王，洪建益王，洪濟辨王，洪道貴王，洪昭宜王，洪政通王，洪益定王。九年，遣將軍孫德晟攻象州，不克。十年，交州牙將皎公羨殺楊廷藝自立，廷藝故將吴權攻交州，公羨來乞師。龑封洪操交王，出兵白藤以攻之。龑以兵駐海門，權已殺公羨，逆戰海口，植鐵橛海中，權兵乘潮而進，洪操逐之，潮退舟還，轢橛者皆覆，洪操戰死，龑收餘衆而還。”

陟性雖聰辯，然好行苛虐，至有炮烙、刳剔、截舌、灌鼻之刑，一方之民，若據爐炭。惟厚自奉養，廣務華靡，末年起玉堂珠殿，飾以金碧翠羽，嶺北行商，或至其國，皆召而示之，誇其壯麗。每對北人自言家本咸秦，恥爲蠻夷之主。又呼中國帝王爲“洛州刺史”，其妄自尊大，皆此類也。晋天福七年夏四月，[1]陟以疾卒，凡僭號二十六年，年五十四。僞謚爲天皇大帝，廟號高祖，陵曰康陵。子玢嗣。《永樂大典》卷九千九十九。

［1］天福：五代後晋高祖石敬瑭年號（936—942）。出帝石重貴沿用至九年（944）。後漢高祖劉知遠繼位後沿用一年，稱天福十二年（947）。

玢，陟長子也。初封賓王，又封秦王。陟卒，遂襲僞位，僞號光天。[1]玢性庸昧，僣位之後，大恣荒淫。尋爲其弟晟等所弑，[2]在位一年，僞謚爲殤帝。[3]《永樂大典》卷九千九十九。

［1］遂襲僞位：中華書局本有校勘記："'僞'字原闕，據《通曆》卷一五補。"　光天：南漢殤帝劉玢年號（942—943）。

［2］尋爲其弟晟等所弑：中華書局本有校勘記："'等'字原闕，據殿本、孔本、《通曆》卷一五補。按本卷下文：'晟因與其弟僞越王昌等同謀弑玢。'"本卷下文爲《劉晟附傳》。

［3］"玢，陟長子也"至"僞謚爲殤帝"：《新五代史》卷六五《劉玢傳》："玢，初名洪度，封秦王。龑子耀樞、龜圖皆早死，玢次當立。龑病卧寢中，召右僕射王翻與語，呼洪度、洪熙小字曰：'壽、儔雖長，然皆不足任吾事，惟洪昌類我，吾欲立之。奈何吾子孫不肖，後世如鼠入牛角，勢當漸小爾！'因泣下歔欷。翻爲龑謀，出洪度以邕州，洪熙容州，然後立洪昌爲太子。議已定，崇文使蕭益入問疾，龑以告之，益諫曰：'少者得立，長者争之，禍始此矣！'由是洪度卒得立。更名玢，改元曰光天，尊母趙昭儀爲皇太妃，以晋王洪熙輔政。玢立，果不能任事。龑在殯，召伶人作樂，飲酒宫中，裸男女以爲樂，或衣墨縗與倡女夜行，出入民家。由是山海間盜賊競起。妖人張遇賢，自稱中天八國王，攻陷循州。玢遣越王洪昌、循王洪杲攻之，遇賢圍洪昌等於錢帛館，裨將萬景

忻、陳道庠力戰，挾二王潰圍而走。玢莫能省，嶺東皆亂。洪熙日益進聲妓誘玢爲荒恣。玢亦頗疑諸弟圖己，敕宦官守宫門，入者皆露索。洪熙、洪杲、洪昌陰遣陳道庠養勇士劉思潮、譚令禋、林少彊少良、何昌廷等，習爲角觝以獻玢。玢宴長春宫以閱之，玢醉起，道庠與思潮等隨至寢門拉殺之，盡殺其左右。玢立二年，年二十四，謚曰殤。弟晟立。”

晟，陟第二子也。僞封勤王，又封晋王。玢之立也，多行淫虐，人皆惡之，晟因與其弟僞越王昌等同謀弑玢，自立爲帝，改元爲應乾，又改爲乾和。[1]晟率性荒暴，得志之後，專以威刑御下，多誅滅舊臣及其昆仲，數年之間，宗族殆盡。[2]又造生地獄，凡湯鑊、鐵床之類，無不備焉。人有小過，咸被其苦。[3]及湖南馬氏昆弟尋戈，[4]晟因其釁，遣兵攻桂林管内諸郡及郴、連、梧、賀等州，[5]皆克之，自此全有南越之地。[6]周顯德五年秋八月，[7]晟以疾卒，僞謚曰文武光聖明孝皇帝，廟號中宗，陵曰昭陵。是歲，晟以六月望夜宴于甘泉宫，是夕月有蝕之，測在牛女之度，[8]晟自覽占書，既而投之於地，曰：‘自古誰能不死乎！’[9]因縱長夜之飲，[10]至是而卒。[11]《永樂大典》卷九千九百九。

[1]應乾：南漢中宗劉晟年號（943）。　乾和：南漢中宗劉晟年號（943—958）。　“晟，陟第二子也”至“又改爲乾和”：《新五代史》卷六五《劉晟傳》：“晟，初名洪熙，封晋王。既弑玢，遂自立，改元曰應乾，以洪昌爲兵馬元帥，知政事，洪杲副元帥，劉思潮等封功臣。”

[2]宗族殆盡：中華書局本有校勘記：“‘宗族’，《通曆》卷一

五作‘宗屬’。”

［3］“晟率性荒暴”至“咸被其苦”：《新五代史·劉晟傳》：“晟既殺兄，立不順，懼衆不伏，乃益峻刑法以威衆。已而洪杲屢請討賊，陰勸晟誅思潮等以止外議。晟大怒，使使者夜召洪杲。洪杲知不免，乃留使者，入具沐浴，詣佛前祝曰：‘洪杲誤念，來生王宫，今見殺矣！後世當生民家，以免屠害。’涕泣與家人訣别，然後赴召，至則殺之。冬，晟祀天南郊，改元曰乾和，群臣上尊號曰大聖文武大明至道大光孝皇帝。二年夏，遣洪昌祠襄帝陵於海曲，至昌華宫，晟使盜刺殺之。晟自殺洪杲，由是與諸弟有隙，而洪昌最賢，龑素所欲立者，晟尤忌之，故先及害。鎮王洪澤居邕州，有善政，是歲鳳皇見邕州，晟怒，使人酖殺之。而諸弟相次見殺。三年，殺其弟洪雅，又殺劉思潮等五人。思潮等死，陳道庠懼不自安，其友鄧伸以荀悦《漢紀》遺之，道庠莫能曉，伸罵曰：‘憨獠！韓信誅而彭越醢，皆在此書矣！’道庠悟，益懼。晟聞之大怒，以道庠、伸下獄，皆斬之於市，夷其族。以右僕射王翻爲英州刺史，使人殺之於路。五年，晟弟洪弼、洪道、洪益、洪濟、洪簡、洪建、洪暐、洪昭，同日皆見殺。”《通鑑》卷二八五開運三年（946）九月壬辰條：“漢劉思潮等既死，陳道庠内不自安。特進鄧伸遺之《漢紀》，道庠問其故。伸曰：‘憨獠！此書有誅韓信、醢彭越事，宜審讀之！’漢主聞之，族道庠及伸。”同書卷二八七天福十二年（947）八月條：“南漢主恐諸弟與其子争國，殺齊王弘弼、貴王弘道、定王弘益、辨王弘濟、同王弘簡、益王弘建、恩王弘偉、宜王弘照，盡殺其男，納其女充後宫。”乾和五年即天福十二年。

［4］湖南馬氏：即五代十國南楚馬氏。

［5］桂林：地名。位於今廣西桂林市。　郴：州名。治所在今湖南郴州市。明本《册府》卷二三一《僭僞部·征伐門》作“柳”。　連：州名。治所在今廣東連州市。　梧：州名。治所在今廣西梧州市。　賀：州名。治所在今廣西賀州市。　郴、連、梧、

賀等州：《輯本舊史》之影庫本粘籤："原本脱'連'字，今據《歐陽史》增入。"

［6］南越：指今中國湖南南部、廣西、廣東等地區以及越南北部一帶。　"及湖南馬氏昆弟尋戈"至"自此全有南越之地"：《新五代史·劉晟傳》："六年，遣工部郎中、知制誥鍾允章聘楚以求婚，楚不許。允章還，晟曰："馬公復能經略南土乎？"是時，馬希廣新立，希萼起兵武陵，湖南大亂，允章具言楚可攻之狀。晟乃遣巨象指揮使吴珣、内侍吴懷恩攻賀州，已克之，楚人來救，珣鑿大穽於城下，覆箔於上，以土傅之，楚兵迫城，悉陷穽中，死者數千，楚人皆走。珣等攻桂州及連、宜、嚴、梧、蒙五州，皆克之。掠全州而還。九年冬，又遣内侍潘崇徹攻郴州，李景兵亦在，與崇徹遇，戰，大敗景兵於宜章，遂取郴州。晟益得志，遣巨艦指揮使暨彦贇以兵入海，掠商人金帛作離宫遊獵，故時劉氏有南宫、大明、昌華、甘泉、玩華、秀華、玉清、太微諸宫，凡數百，不可悉紀。宦者林延遇、宫人盧瓊仙，内外專恣爲殺戮，晟不復省。常夜飲大醉，以瓜置伶人尚玉樓項，拔劍斬之以試劍，因并斬其首。明日酒醒，復召玉樓侍飲，左右白已殺之，晟歎息而已。十年，湖南王進逵以兵五萬率谿洞蠻攻郴州，潘崇徹敗進逵於蠔石，斬首萬餘級。十一年，晟病甚，封其子繼興衛王，璇興桂王，慶興荆王，保興祥王，崇興梅王。十二年，晟親耕藉田。交州吴昌濬遣使稱臣，求節鉞。昌濬者，權子也。權自龑時據交州，龑遣洪操攻之，洪操戰死，遂棄不復攻。權死，子昌岌立，昌岌卒，弟昌濬立，始稱臣於晟。晟遣給事中李璵以旌節招之，璵至白州，濬使人止璵曰：'海賊爲亂，道路不通。'璵不果行。晟殺其弟洪邈。十三年，又殺其弟洪政，於是龑之諸子盡矣。顯德三年，世宗平江北，晟始惶恐，遣使脩貢於京師，爲楚人所隔，使者不得行，晟憂形於色。又嘗自言知星，末年，月食牛女間，出書占之，歎曰：'吾當之矣！'因爲長夜之飲。"同書卷六二《南唐世家二·李景傳》保大十年（952）條："廣州劉晟乘楚之亂，取桂管，景遣將軍張巒出兵争之，

不克。”同書卷六六《楚世家六·劉言傳》周廣順三年（953）條：“是時，劉晟取楚梧、桂、宜、蒙等州，進逵因白言召（何）景真等會兵攻晟。言信之，遣景真、(朱）全琇往，至皆見殺。”

[7]顯德：後周太祖郭威年號（954—960)。後周世宗柴榮與恭帝柴宗訓繼位均未改元。

[8]測在牛女之度：中華書局本有校勘記：“‘度’字原係空格，據殿本補。劉本、彭本作‘域’，邵本校作‘分’。影庫本批校：‘“度”字補而未填。’”

[9]自古誰能不死乎：中華書局本有校勘記：“殿本、孔本作‘自古豈有長存者乎’。”

[10]因縱長夜之飲：中華書局本有校勘記：“‘因’字原闕，據殿本補。”

[11]“周顯德五年秋八月”至“至是而卒”：《新五代史·劉晟傳》：“十六年，卜葬域於城北，運甓爲壙，晟親臨視之。是秋卒，年三十九，謚曰文武光聖明孝皇帝，廟號中宗，陵曰昭陵。子鋹立。”

鋹，晟長子也。僞封衛王。[1]晟卒，乃襲僞位，時年十七，改元爲大寶。[2]鋹性庸懦，不能治其國，政事咸委於閹官，復有宫人具冠帶、預職官、理外事者，由是綱紀大壞。[3]先是，廣州法性寺有菩提樹一株，高一百四十尺，大十圍，傳云蕭梁時西域僧真諦之所手植，[4]蓋四百餘年矣。皇朝乾德五年夏，[5]爲大風所拔。是歲秋，鋹之寢室屢爲雷震，識者知其必亡。[6]皇朝開寶三年夏，[7]王師始議南征。四年二月五日，王師壓廣州，鋹盡焚其府庫，將赴火而死。既而不能引决，尋爲王師所擒，舉族遷於京師。皇上赦而不誅，仍賜爵爲恩敉佚，其後事具皇家日曆。[8]陟始自梁貞明三年僭號，歷三世四主，至皇朝開寶四年，凡五十五年而亡。[9]《永樂大典》卷九千九十九。

[1]僞封衛王：《輯本舊史》之影庫本粘籤："衛王，原本作'僞王'，今從《十國春秋》改正。"見《十國春秋》卷六〇《南漢三·後主本紀》。

[2]大寶：南漢後主劉鋹年號（958—971）。　"鋹，晟長子也"至"改元爲大寶"：《新五代史》卷六五《劉鋹傳》："鋹，初名繼興，封衛王。晟卒，以長子立，改元曰大寶。"《通鑑》卷二九四顯德五年（958）八月辛巳條："南漢中宗殂，長子繼興即帝位，更名鋹，改元大寶。鋹年十六，國事皆決於宦官玉清宫使龔澄樞及女侍中盧瓊仙等，臺省官備位而已。"

[3]"鋹性庸懦"至"由是綱紀大壞"：《新五代史·劉鋹傳》："晟性剛忌，不能任臣下，而獨任其嬖倖宦官、宫婢延遇、瓊仙等。至鋹尤愚，以謂羣臣皆自有家室，顧子孫，不能盡忠，惟宦者親近可任，遂委其政於宦者龔澄樞、陳延壽等，至其羣臣有欲用者，皆閹然後用。澄樞等既專政，鋹乃與宫婢波斯女等淫戲後宫，不復出省事。延壽又引女巫樊胡子，自言玉皇降胡子身。鋹於内殿設帳幄，陳寶貝，胡子冠遠遊冠，衣紫霞裾，坐帳中宣禍福，呼鋹爲太子皇帝，國事皆決於胡子，盧瓊仙、龔澄樞等爭附之。胡子乃爲鋹言：'澄樞等皆上天使來輔太子，有罪不可問。'尚書左丞鍾允章參政事，深嫉之，數請誅宦官，宦官皆仄目。二年，鋹祀天南郊，前三日，允章與禮官登壇，四顧指麾，宦者許彦真望見之曰：'此謀反爾！'乃拔劍升壇，允章迎叱之，彦真馳走，告允章反。鋹下允章獄，遣禮部尚書薛用丕治之。允章與用丕有舊，因泣下曰：'吾今無罪，自誣以死固無恨，然吾二子皆幼，不知父冤，俟其長，公可告之。'彦真聞之，罵曰：'反賊欲使而子報仇邪？'復入白鋹，

并捕二子繫獄，遂族誅之。陳延壽謂鋹曰：‘先帝所以得傳陛下者，由盡殺群弟也。’勸鋹稍誅去諸王。鋹以爲然，殺其弟桂王璇興。是歲，建隆元年也。鋹將邵廷琄言於鋹曰：‘漢乘唐亂，居此五十年，幸中國有故，干戈不及，而漢益驕於無事，今兵不識旗鼓，而人主不知存亡。夫天下亂久矣，亂久而治，自然之勢也。今聞真主已出，必將盡有海内，其勢非一天下不能已。’勸鋹修兵爲備，不然，悉珍寶奉中國，遣使以通好。鋹懵然莫以爲慮，惡廷琄言直，深恨之。四年，芝菌生宫中，野獸觸寢門，苑中羊吐珠，井旁石自立，行百餘步而仆，樊胡子皆以符瑞諷群臣入賀。五年，鋹以宦者李托養女爲貴妃，專寵。托爲内太師，居中專政。許彦真既殺鍾允章，惡龔澄樞等居己上，謀殺之。澄樞使人告彦真反，族誅之。七年，王師南伐，克郴州，晟所遣將暨彦贇與其刺史陸光圖皆戰死，餘衆退保韶州。鋹始思廷琄言，遣廷琄以舟兵出洸口抗王師。會王師退舍，廷琄訓士卒，修戰備，嶺人倚以爲良將。有譖者投無名書言廷琄反，鋹遣使者賜死；士卒排軍門見使者，訴廷琄無反狀，不能救，爲立祠於洸口。八年，交州吴昌文卒，其佐吕處玶與峰州刺史喬知祐争立，交趾大亂，驩州丁璉舉兵擊破之，鋹授璉交州節度。”自“至鋹尤愚”至“皆閹然後用”一段及“尚書左丞鍾允章參政事”至“遂族誅之”一段，亦見《通鑑》卷二九四顯德六年（959）十一月壬寅、辛亥條。

［4］蕭梁：即南朝梁朝。蕭衍於 502 年建立，557 年被陳霸先陳朝取代。　真諦：人名。南朝梁僧人。本書僅此一見。

［5］乾德：宋太祖趙匡胤年號（963—968）。

［6］“先是”至“識者知其必亡”：《新五代史》卷六五：“九年，南海民妻生子兩首四臂。是時，太祖皇帝詔李煜諭鋹使稱臣，鋹怒，囚煜使者龔慎儀。”大寶九年爲宋乾德四年（966）。

［7］開寶：宋太祖趙匡胤年號（968—976）。

［8］“皇朝開寶三年夏”至“其後事具皇家日曆”：《新五代史·劉鋹傳》：“十三年，詔潭州防禦使潘美出師，師次白霞。鋹遣

龔澄樞守賀州、郭崇岳守桂州、李托守韶州以備。是歲秋，潘美平賀州，十月平昭州，又平桂州，十一月平連州。鋹喜曰：‘昭、桂、連、賀，本屬湖南，今北師取之，足矣，其不復南也。’其愚如此。十二月平韶州。開寶四年正月，平英、雄二州，鋹將潘崇徹先降。師次瀧頭，鋹遣使請和，求緩師。二月，師度馬逕，鋹遣其右僕射蕭漼奉表降。漼行，鋹惶迫，復令整兵拒命。美等進師，鋹遣其弟祥王保興率文武詣美軍降，不納。龔澄樞、李托等謀曰："北師之來，利吾國寶貨爾，焚爲空城，師不能駐，當自還也。"乃盡焚其府庫、宮殿。鋹以海舶十餘，悉載珍寶、嬪御，將入海，宦官樂範竊其舟以逃歸。師次白田，鋹素衣白馬以降。獻俘京師，赦鋹爲左千牛衛大將軍，封恩赦侯。其後事具國史。"

[9]"陟始自梁貞明三年僭號"至"凡五十五年而亡"：《新五代史》卷六五注："隱興滅年世，諸書皆同。蓋自唐天祐二年隱爲廣州節度使，至皇朝開寶四年國滅，凡六十七年。《舊五代史》以梁貞明三年龔僭號爲始，故曰五十五年爾。"

劉崇

劉崇，太原人，漢高祖之從弟也。[1]少無賴，好陸博意錢之戲。[2]弱冠隸河東軍。[3]唐長興中，遷虢州軍校。[4]漢祖鎮并汾，奏爲河東步軍都指揮使。[5]逾年，授麟州刺史，復爲河東馬步軍都指揮使兼三城巡檢使，[6]遥領泗州防禦使。[7]漢祖起義於河東，以崇爲特進、[8]檢校太尉、行太原尹。[9]是歲五月，漢祖南行，以崇爲北京留守，[10]尋加同平章事。[11]隱帝嗣位，[12]加檢校太師、兼侍中。乾祐二年九月，加兼中書令。[13]時漢隱帝以幼年在位，政在大臣，崇亦招募亡命，繕完兵甲，爲自全之計，朝廷命令，多不禀行，徵斂一方，略無虚日，人甚苦之。[14]三年十一月，隱帝遇害，朝廷議立崇之子徐州節度使贇爲主，會周太祖爲軍衆所推，[15]降封贇爲湘陰公。崇乃遣牙將李𧦬奉書求贇歸藩，會贇已死，唯以優辭答之。[16]

[1]漢高祖：後漢開國皇帝劉知遠。太原（今山西太原市）人，沙陀部人。紀見本書卷九九至卷一〇〇及《新五代史》卷一〇。　劉崇，太原人，漢高祖之從弟也：《新五代史》卷七〇《劉旻傳》："漢高祖母弟也。初名崇，爲人美鬚髯，目重瞳子。"

[2]陸博：亦作"六博""六簙"。一種賭博游戲。　意錢：一種賭博游戲。

[3]河東：方鎮名。治所在太原（今山西太原市）。

[4]長興：後唐明宗李嗣源年號（930—933）。　虢州：州名。治所在今河南靈寶市。

[5]步軍都指揮使：官名。五代時藩鎮步軍之長官。五代軍隊編制，五百人爲一指揮，設指揮使、副指揮使；十指揮爲一軍，設都指揮使、副都指揮使。

[6]麟州：州名。治所在今陝西神木縣。　三城巡檢使：官名。五代始置，設於京師、陪都、重要的州及邊防重鎮。《輯本舊史》之影庫本粘籤："三城，原本作'三成'，今據《通鑑》改正。"查《通鑑》有關劉崇各條，未見。

[7]遥領：雖居此官職，然實際上並不赴任。　泗州：州名。治所在今江蘇泗洪縣東南。　防禦使：官名。唐代始置，設有都防禦使、州防禦使兩種。常由刺史或觀察使兼任，實際上爲唐代後期州或方鎮的軍政長官。

[8]特進：官名。西漢末期始置，授給列侯中地位較特殊者。隋唐時期，特進爲散官，授給有聲望的文武官員。正二品。

[9]太原尹：官名。唐開元十一年（723）改并州爲太原府，治所在今山西太原市。太原尹總其政務。從三品。　“漢祖起義於河東”至“行太原尹”：《輯本舊史》卷九九《漢高祖紀上》天福十二年（947）三月庚戌條：“帝以北京馬步軍都指揮使、泗州防禦使、檢校太保劉崇爲太原尹、檢校太尉。”

[10]北京：即太原府。治所在今山西太原市。　留守：官名。古代皇帝出巡或親征時指定親王或大臣留守京城，綜理國家軍事、行政、民事、財政等事務，稱京城留守。在陪都或軍事重鎮也常設留守，以地方長官兼任。

[11]“是歲五月”至“尋加同平章事”：《輯本舊史》卷一〇〇《漢高祖紀下》天福十二年五月甲午條：“以判太原府事劉崇爲北京留守。”同年六月壬申條：“北京留守劉崇加同平章事。”

[12]隱帝：即後漢隱帝劉承祐。後漢高祖劉知遠次子。紀見本書卷一〇一至卷一〇三、《新五代史》卷一〇。

[13]乾祐：後漢高祖劉知遠、隱帝劉承祐年號（948—950）。北漢亦用此年號。　“隱帝嗣位”至“加兼中書令”：《輯本舊史》卷一〇一《漢隱帝紀上》乾祐元年三月丙辰條：“北京留守、檢校太尉、同平章事劉崇……加檢校太師、兼侍中。”同書卷一〇二《漢隱帝紀中》乾祐二年（949）九月乙卯條：“北京劉崇加兼中書令。”《通鑑》卷二八八乾祐二年九月乙卯條：“加河東節度使劉崇兼中書令。”

[14]“時漢隱帝以幼年在位”至“人甚苦之”：《新五代史》卷七〇：“隱帝少，政在大臣，周太祖爲樞密使，新討三叛，立大功，而與旻素有隙，旻頗不自安，謂判官鄭珙曰：‘主上幼弱，政在權臣，而吾與郭公不叶，時事如何？’珙曰：‘漢政將亂矣！晋陽兵雄天下，而地形險固，十州征賦足以自給。公爲宗室，不以此時爲計，後必爲人所制。’旻曰：‘子言乃吾意也。’乃罷上供征賦，收豪傑，籍丁民以益兵。”

[15]徐州：州名。治所在今江蘇徐州市。　周太祖：五代後周

開國皇帝郭威。邢州堯山（今河北隆堯縣）人。紀見本書卷一一〇至卷一一三、《新五代史》卷一一。

[16]李晉（biàn）：人名。籍貫不詳。五代後漢將領。事見本書本卷。　"三年十一月"至"唯以優辭答之"：《新五代史》卷七〇："三年，周太祖起魏，隱帝遇弑，旻乃謀舉兵。周太祖之自魏入也，反狀已白，而漢大臣不即推尊之，故未敢即立，乃白漢太后，立旻子贇爲漢嗣，遣宰相馮道迎贇于徐州。當是時，人皆知太祖之非實意也，旻獨喜曰：'吾兒爲帝矣，何患！'乃罷兵，遣人至京師。周太祖少賤，黥其頸上爲飛雀，世謂之'郭雀兒'。太祖見旻使者，具道所以立贇之意，因自指其頸以示使者曰：'自古豈有雕青天子？幸公無以我爲疑。'旻喜，益信以爲然。太原少尹李驤曰：'郭公舉兵犯順，其勢不能爲漢臣，必不爲劉氏立後。'因勸旻以兵下太行，控孟津以俟變，庶幾贇得立，贇立而罷兵可也。旻大罵曰：'驤腐儒，欲離間我父子！'命左右牽出斬之。驤臨刑歎曰：'吾爲愚人畫計，死誠宜矣！然吾妻病，不可獨存，願與之俱死。'旻聞之，即并戮其妻于市，以其事白漢，以明無佗。已而周太祖果代漢，降封贇湘陰公。旻遣牙將李晉奉書周太祖，求贇歸太原，而贇已死。旻慟哭，爲李驤立祠，歲時祠之。"《輯本舊史》卷一一〇《周太祖紀一》廣順元年（951）正月癸酉條："北京留守劉崇遣押牙鞏廷美致書，求劉贇歸藩。帝報曰：'朕在澶州之時，軍情推戴之際，先差來直省李光美備見，必想具言，而況遐邇所聞，在後盡當知悉。湘陰公比在宋州駐泊，見令般取赴京，但勿憂疑，必令得所。惟公在彼，固請安心，若能同力扶持，別無顧慮，即當便封王爵，永鎮北門，鐵券丹書，必無愛惜。其諸情素，並令來人口宣。'"亦見《通鑑》卷二九〇廣順元年正月癸酉條。

周廣順元年正月，[1]崇僭號於河東，稱漢，改名旻，仍以乾祐爲年號，署其子承鈞爲侍衛親軍都指揮使、[2]

太原尹，以判官鄭珙、趙華爲宰相，[3]副使李瓌、代州刺史張暉爲腹心，[4]尋遣承鈞率兵攻晋、隰二州，[5]不克而退。[6]九月，崇自領兵由陰地關寇晋州，乞師於契丹，契丹以五萬騎助之，合兵以攻平陽，又分兵寇昭義。[7]周太祖遣樞密使王峻等率大軍以援晋絳，[8]崇聞周師至，遂焚營而遁。是歲，晋絳大雪，崇駐軍六十餘日，邊民走險自固，兵無所掠，士有饑色，比至太原，十亡三四。二年二月，崇遣兵三千餘衆寇府州，爲折德扆所破，[9]其所部岢嵐軍爲德扆所取。[10]崇自僭稱之後，[11]以重幣求援於契丹，[12]仍稱姪以事之，契丹僞册崇爲英武皇帝。[13]及周世宗嗣位，[14]崇復乞師於契丹，以圖入寇，契丹遣將楊衮合勢大舉，來迫潞州。[15]

[1]廣順：五代後周太祖郭威年號（951—953）。

[2]承鈞：人名。即劉承鈞。劉旻次子，五代十國北漢君主。傳見本書本卷、《新五代史》卷七〇。　侍衛親軍都指揮使：官名。五代時侍衛親軍長官。多爲皇帝親信。

[3]鄭珙：人名。籍貫不詳。官至後漢宰相，後出使契丹飲酒而亡。事見本書本卷。中華書局本有校勘記："原作'鄭拱'，據劉本、《新五代史》卷七〇《東漢世家》、《通鑑》卷二九〇、《宋史》卷四八二《北漢劉氏世家》改。"　趙華：人名。籍貫不詳。五代十國北漢官員。事見本書本卷。

[4]李瓌：人名。籍貫不詳。北漢官員。本書僅此一見。　代州：州名。治所在今山西代縣。　張暉：人名。籍貫不詳。北漢官員。本書僅此一見。　"周廣順元年正月"至"代州刺史張暉爲腹心"：《新五代史》卷七〇《劉旻傳》："周廣順元年正月戊寅即皇帝位于太原，以子承鈞爲太原尹，判官鄭珙、趙華爲宰相，都押

銜陳光裕爲宣徽使，遣通事舍人李𧦬間行使於契丹。”《通鑑》卷二九〇廣順元年（951）正月戊寅條：“殺湘陰公（劉贇）於宋州。是日，劉崇即皇帝位於晋陽，仍用乾祐年號，所有者并、汾、忻、代、嵐、憲、隆、蔚、沁、遼、麟、石十二州之地。以節度判官鄭珙爲中書侍郎，觀察判官滎陽趙華爲户部侍郎，並同平章事。以次子承鈞爲侍衛親軍都指揮使、太原尹，以節度副使李存瓌爲代州防禦使，裨將武安張元徽爲馬步軍都指揮使，陳光裕爲宣徽使。北漢主謂李存瓌、張元徽曰：‘朕以高祖之業一朝墜地，今日位號，不得已而稱之。顧我是何天子，汝曹是何節度使邪！’由是不建宗廟，祭祀如家人，宰相月俸止百緡，節度使止三十緡，自餘薄有資給而已，故其國中少廉吏。”參見明本《册府》卷六六《帝王部·發號令門五》廣順元年正月丙戌條周太祖敕書。

[5]晋：州名。治所在今山西臨汾市。　隰：州名。治所在今山西隰縣。

[6]尋遣承鈞率兵攻晋、隰二州，不克而退：《輯本舊史》卷一一一《周太祖紀二》廣順元年二月丙午條：“晋州王晏奏，河東劉崇遣僞招討使劉鈞、副招討使白截海，率步騎萬餘人來攻州城，以今月五日五道齊攻，率州兵拒之，賊軍傷死甚衆。”《通鑑》卷二九〇廣順元年正月丁亥條：“初，契丹主北歸，横海節度使潘聿撚棄鎮隨之，契丹主以聿撚爲西南路招討使。及北漢主立，契丹主使聿撚遺劉承鈞書；北漢主使承鈞復書，稱：‘本朝淪亡，紹襲帝位，欲循晋室故事，求援北朝。’契丹主大喜。北漢主發兵屯陰地、黄澤、團柏。丁亥，以承鈞爲招討使，與副招討使白從暉、都監李存瓌將步騎萬人寇晋州。”同年二月戊戌條：“北漢兵五道攻晋州，節度使王晏閉城不出。劉承鈞以爲怯，蟻附登城；晏伏兵奮擊，北漢兵死傷者千餘人。承鈞遣副兵馬使安元寶焚晋州西城，元寶來降。承鈞乃移軍攻隰州。”同月癸卯條：“隰州刺史許遷遣步軍都指揮使孫繼業迎擊北漢兵於長壽村，執其將程筠等，殺之。未幾，北漢兵攻州城，數日不克，死傷甚衆，乃引去。”同月丁巳條：“北漢

主遣通事舍人李䛒使于契丹，乞兵爲援。”同年四月條：“契丹主遣使如北漢，告以周使田敏來，約歲輸錢十萬緡。北漢主使鄭珙以厚賂謝契丹，自稱‘姪皇帝致書於叔天授皇帝’，請行册禮。”同年六月條：“契丹遣燕王述軋等册命北漢主爲大漢神武皇帝，妃爲皇后。北漢主更名旻。”同年七月條：“北漢主遣翰林學士博興衛融等詣契丹謝册禮，且請兵。”《宋史》卷二五二《王景傳》：“廣順元年，劉崇侵晋州，晏閉關不出，設伏城上。并人以爲怯，競攀堞而登，晏麾伏兵擊之，顛死者甚衆，遂焚橋遁。遣漢倫追北數十里，斬首百餘級。”

[7]陰地關：關隘名。位於今山西靈石縣西南。　契丹：古部族、政權名。公元4世紀中葉宇文部爲前燕攻破，始分離而成單獨的部落，自號契丹。唐貞觀中，置松漠都督府，以其首領爲都督。唐末强盛，916年迭剌部耶律阿保機建立契丹國（遼）。先後與五代、北宋並立，保大五年（1125）爲金所滅。參見張正明《契丹史略》，中華書局1979年版。　契丹以五萬騎助之：“五萬”原作“五千”，據《新五代史·劉旻傳》、《通鑑》卷二九〇廣順元年十月丁未條、《契丹國志》卷五《穆宗天順皇帝》、《十國春秋》卷一〇四《北漢一·世祖本紀》改。　平陽：地名。位於今山西臨汾市。　昭義：方鎮名。治所在潞州（今山西長治市）。

[8]樞密使：官名。樞密院長官。五代時以士人爲之，備顧問，參謀議，出納詔奏，權侔宰相。參見李全德《唐宋變革期樞密院研究》，國家圖書館出版社2009年版。　王峻：人名。相州安陽（今河南安陽市）人。五代後漢、後周將領。傳見本書卷一三〇、《新五代史》卷五〇。　絳：州名。治所在今山西新絳縣。

[9]府州：州名。治所在今陝西府谷縣。　折德扆：人名。府州（今陝西府谷縣）人。其家世居雲中，是控扼西北邊陲的地方豪强。傳見《宋史》卷二五三。《輯本舊史》之影庫本粘籤：“德扆，原本作‘德扆’，今從《歐陽史》改正。”

[10]岢嵐軍：地名。治所在今山西岢嵐縣。　“九月”至

“其所部岢嵐軍爲德扆所取”：《新五代史·劉旻傳》：“旻遣樞密直學士王得中聘于述律，求兵以攻周。述律遣蕭禹厥率兵五萬助旻。旻出陰地攻晋州，爲王峻所敗。是歲大寒，旻軍凍餒，亡失過半。明年，又攻府州，爲折德扆所敗，德扆因取岢嵐軍。”《輯本舊史》卷一一二《周太祖紀三》廣順元年十月丙午條：“晋州巡檢王萬敢奏，河東劉崇入寇，營於州北。”同月辛亥條：“潞州奏，河東賊軍寇境。”同月丙辰條：“詔樞密使王峻率兵援晋州。”同年十二月戊子條：“詔以劉崇入寇，取當月三日暫幸西京。”同月己酉條：“王峻奏，劉崇逃遁，王師已入晋州。”《通鑑》卷二九〇廣順元年九月癸亥條：“北漢主遣招討使李存瓌將兵自團柏入寇。契丹欲引兵會之，與酋長議於九十九泉。諸部皆不欲南寇，契丹主强之，癸亥，行至新州之西火神淀，燕王述軋及偉王之子太寧王漚僧作亂，弑契丹主而立述軋。契丹主德光之子齊王述律逃入南山，諸部奉述律以攻述軋、漚僧，殺之，并其族黨。立述律爲帝，改元應曆。自火神淀入幽州，遣使告于北漢。北漢主遣樞密直學士上黨王得中如契丹，賀即位，復以叔父事之，請兵以擊晋州。”同年十月丁未條：“契丹遣彰國節度使蕭禹厥將奚、契丹五萬會北漢兵入寇；北漢主自將兵二萬自陰地關寇晋州。”同年十二月乙巳條：“北漢主攻晋州，久不克。會大雪，民相聚保山寨，野無所掠，軍乏食。契丹思歸，聞王峻至蒙阬，燒營夜遁。峻入晋州，諸將請亟追之，峻猶豫未決。明日，乃遣行營馬軍都指揮使仇弘超、都排陳使藥元福、左廂排陳使陳思讓、康延沼將騎兵追之，及於霍邑，縱兵奮擊，北漢兵墜崖谷死者甚衆。霍邑道隘，延沼畏懦不急追，由是北漢兵得渡。藥元福曰：‘劉崇悉發其衆，挾胡騎而來，志吞晋、絳。今氣衰力憊，狼狽而遁。不乘此翦撲，必爲後患。’諸將不欲進，王峻復遣使止之，遂還。契丹比至晋陽，士馬什喪三四。蕭禹厥恥無功，釘大酋長一人於市，旬餘而斬之。北漢主始息意於進取。北漢土瘠民貧，内供軍國，外奉契丹，賦繁役重，民不聊生，逃入周境者甚衆。”同卷廣順二年二月庚子條：“北漢遣兵寇府州，防禦使折德扆敗之，殺二千餘人。二月，庚子，德扆奏攻拔北漢岢嵐軍，以兵戍之。”

[11]崇自僭稱之後：中華書局本有校勘記：“‘僭稱’，《通曆》卷一五作‘僭竊’。”

[12]以重幣求援於契丹：中華書局本有校勘記：“‘契丹’下《通曆》卷一五有‘述律’二字。”

[13]契丹僞册崇爲英武皇帝：中華書局本有校勘記：“‘契丹’，《通曆》卷一五作‘述律’。‘英武’，《通曆》卷一五同，《新五代史》卷七〇《東漢世家》、《通鑑》卷二九〇、《遼史》卷五《世宗紀》、《宋史》卷四八二《北漢劉氏世家》、《劉繼文墓誌》（拓片刊《遼寧省博物館藏碑誌精粹》）作‘神武’。” “崇自僭稱之後”至“契丹僞册崇爲英武皇帝”：《新五代史·劉旻傳》：“契丹永康王兀欲與旻約爲父子之國，旻乃遣宰相鄭珙致書兀欲，稱姪皇帝，以叔父事之而已。兀欲遣燕王述軋、政事令高勳以册尊旻爲大漢神武皇帝，並册旻妻爲皇后。”

[14]周世宗：即柴榮。邢州龍岡（今河北邢臺市）人。後周太祖郭威養子，顯德元年（954）繼郭威爲帝，廟號世宗。紀見本書卷一一四、《新五代史》卷一二。

[15]潞州：州名。治所在今山西長治市。 “及周世宗嗣位”至“來迫潞州”：《輯本舊史》卷一一四《周世宗紀一》顯德元年二月庚戌條：“潞州奏，河東劉崇與契丹大將軍楊袞舉兵南指。”《新五代史·劉旻傳》：“周太祖崩，旻聞之喜，遣使乞兵于契丹。契丹遣楊袞將鐵馬萬騎及奚諸部兵五六萬人，號稱十萬以助旻。旻以張元徽爲先鋒，自將騎兵三萬攻潞州。潞州李筠遣穆令鈞以步騎三千拒元徽于太平驛，元徽擊敗之，遂圍潞州。”《通鑑》卷二九一顯德元年二月條：“北漢主聞太祖晏駕，甚喜，謀大舉入寇，遣使請兵于契丹。二月，契丹遣其武定節度使、政事令楊袞將萬餘騎如晉陽。北漢主自將兵三萬，以義成節度使白從暉爲行軍都部署，武寧節度使張元徽爲前鋒都指揮使，與契丹自團柏南趣潞州。”

顯德元年三月，周世宗親征，與崇戰於高平，[1]大敗之。崇與親騎十數人踰山而遁，中夜迷懵，不知所適，劫村民使爲鄉導，誤趨晋州路，行百餘里方覺。崇怒，殺鄉導者，得佗路而去，乃易名號，被毛褐、張樺笠而行。至沁州，[2]與從者三五騎止於郊舍，寒餒尤甚，潛令告僞刺史李廷誨，[3]廷誨饋盤飡、解衣裘而與之。每至屬邑，縣吏奉食，匕箸未舉，聞周師至，即蒼黄而去。崇年老力憊，伏於馬上，日夜奔竄，僅能支持。距太原一舍，其子承鈞夜以兵百人迎之而入。及周師臨城下，崇氣慴，自固閉壘不出。月餘，世宗乃旋軍。[4]

［1］高平：縣名。治所在今山西高平市。

［2］沁州：州名。治所在今山西沁源縣。

［3］李廷誨：人名。籍貫不詳。五代十國北漢官員。事見本書本卷。

［4］“顯德元年三月”至“世宗乃旋軍”：《輯本舊史》卷一一四《周世宗紀一》顯德元年（954）三月丁丑條：“潞州奏，河東劉崇入寇，兵馬監押穆令均部下兵士爲賊軍所襲，官軍不利。”《新五代史》卷七〇《劉旻傳》：“是時，世宗新即位，以謂旻幸周有大喪，而天子新立，必不能出兵，宜自將以擊其不意。自宰相馮道等多言不可，世宗意甚鋭。顯德元年三月親征，甲午，戰于高平，李重進、白重贊將左，樊愛能、何徽將右，向訓、史彦超居中軍，張永德以禁兵衛蹕。旻亦列爲三陣，張元徽居東偏，楊衮居西偏，旻居其中。衮望周師，謂旻曰：‘勍敵也，未可輕動。’旻奮髯曰：‘時不可失，無妄言也！’衮怒而去。旻號令東偏先進，王得中叩馬諫曰：‘南風甚急，非北軍之利也，宜少待之。’旻怒曰：‘老措大，毋妄沮吾軍！’即麾元徽，元徽擊周右軍，兵始交，愛能、徽退走，

其騎軍亂，步卒數千棄甲叛降元徽，呼萬歲聲振川谷。世宗大駭，躬督戰士，士皆奮命争先，而風勢愈盛，旻自麾赤幟收軍，軍不可遏，旻遂敗。日暮，旻收餘兵萬人阻澗而止。是時，周之後軍，劉詞將之，在後未至，而世宗鋭於速戰。戰已勝，詞軍繼至，因乘勝追擊之，旻又大敗，輜重器甲、乘輿服禦物皆爲周師所獲。旻獨乘契丹黄騮，自鵰窠嶺間道馳去，夜失道山谷間，得村民爲鄉導，誤趨平陽，得佗道以歸，而張元徽戰歿于陣。楊衮怒旻，按兵西偏不戰，故獨全軍而返。旻歸，爲黄騮治厩，飾以金銀，食以三品料，號‘自在將軍’。”《通鑑》卷二九一顯德元年三月癸巳條：“癸巳，前鋒與北漢軍遇，擊之，北漢兵却；帝慮其遁去，趣諸軍亟進。北漢主以中軍陳於巴公原，張元徽軍其東，楊衮軍其西，衆頗嚴整。時河陽節度使劉詞將後軍未至，衆心危懼，而帝志氣益鋭，命白重進與侍衛馬步都虞候李重進將左軍居西，樊愛能、何徽將右軍居東，向訓、史彦超將精騎居中央，殿前都指揮使張永德將禁兵衛帝。帝介馬自臨陳督戰。北漢主見周軍少，悔召契丹，謂諸將曰：‘吾自用漢軍可破也，何必契丹！今日不惟克周，亦可使契丹心服。’諸將皆以爲然。楊衮策馬前望周軍，退謂北漢主曰：‘勍敵也，未可輕進！’北漢主奮頷曰：‘時不可失，請公勿言，試觀我戰。’衮默然不悦。時東北風方盛，俄而忽轉南風，北漢副樞密使王延嗣使司天監李義白北漢主云：‘時可戰矣。’北漢主從之。樞密直學士王得中扣馬諫曰：‘義可斬也！風勢如此，豈助我者邪！’北漢主曰：‘吾計已决，老書生勿妄言，且斬汝！’麾東軍先進，張元徽將千騎擊周右軍。合戰未幾，樊愛能、何徽引騎兵先遁，右軍潰；步兵千餘人解甲呼萬歲，降于北漢。帝見軍勢危，自引親兵犯矢石督戰。太祖皇帝時爲宿衛將，謂同列曰：‘主危如此，吾屬何得不致死！’又謂張永德曰：‘賊氣驕，力戰可破也！公麾下多能左射者，請引兵乘高出爲左翼，我引兵爲右翼以擊之。國家安危，在此一舉！’永德從之，各將二千人進戰。太祖皇帝身先士卒，馳犯其鋒，士卒死戰，無不一當百，北漢兵披靡。内殿直夏津馬仁瑀謂衆曰：‘使乘輿受敵，安用我輩！’躍馬引弓大呼，連斃數十人，士氣益振。殿前右番行首馬全乂言於帝曰：‘賊勢極矣，將爲我擒，願陛下按轡勿動，徐觀諸將破之。’即引數百騎進陷陳。北漢主知帝自臨陳，褒賞張元徽，趣使乘勝進兵。元徽前略陳，馬倒，爲周兵所殺。元徽，北漢之驍將也，北軍由是奪氣。時南風益盛，周兵争奮，北漢兵大敗，北漢主自舉赤幟以收兵，不能止。楊衮畏周兵之强，不敢救，且恨北漢主之語，全軍而退。樊愛能、何徽引數千騎南走，控弦露刃，剽掠輜重，役徒驚走，失亡甚多。帝遣近臣及親軍校追諭止之，莫肯奉詔，使者或爲軍士所殺，揚言：‘契丹大至，官軍敗績，餘衆已降虜矣。’劉詞遇愛能等於塗，愛能等止之，詞不從，引兵而北。時北漢主尚有餘衆萬餘人，阻澗而陳，薄暮，詞至，復與諸軍擊之，北漢兵又敗，殺王延嗣，追至高平，僵尸滿山谷，委棄御物及輜重、器械、雜畜不可勝紀……北漢主自高平被褐戴笠，乘契丹所贈黄騮，帥百餘騎由雕窠嶺遁歸，宵迷，俘村民爲導，誤之晋州，行百餘里，乃覺之，殺導者；晝夜北走，所至，得食未舉筯，或傳周兵至，輒蒼黄而去。北漢主衰老力憊，伏於馬上，晝夜馳驟，殆不能支，僅得入晋陽。”同書卷二九二顯德元年五月條：“北漢主憂憤成疾，悉以國事委其子侍衛都指揮使承鈞。”同年七月條：“初，帝與北漢主相拒于高平，命前澤州刺史李彦崇將兵守江豬嶺，遏北漢主歸路；彦崇聞樊愛能等南遁，引兵退，北漢主果自其路遁去。”

顯德二年十一月，崇以病死，其子承鈞襲僞位。[1]鈞之事跡，具皇家日曆。《永樂大典》卷九千九十九。

[1]“顯德二年十一月”至“其子承鈞襲僞位”：《輯本舊史》卷一一五《周世宗紀二》顯德二年（955）十一月己未條：“邢州奏，河東劉崇死。”此句《輯本舊史》之原輯者案語：“《通鑑》作

顯德元年十一月，北漢主殂，遣使告於契丹。《考異》引王保衡《見聞要録》《劉繼顒神道碑》爲據，疑《薛史》作二年爲誤。今考《遼史·穆宗紀》，應曆五年十一月，漢主崇殂。應曆五年即周廣順二年也，與《薛史》合，蓋《薛史》《遼史》皆以實録爲據也。《五代春秋》亦作二年。"參見《通鑑》卷二九二顯德元年十一月條及《考異》。

史臣曰：守光逆天反道，從古所無，迨至臨刑，尚求免死，非唯惡之極也，抑亦愚之甚也。劉晟據南極以稱雄，屬中原之多事，洎乎奕世，遇我昌朝，力憊而亡，不泯其嗣，亦其幸也。劉崇以亡國之餘，竊僞王之號，多見其不知量也。今元惡雖斃，遺孽尚存，勢蹙民殘，不亡何待！《永樂大典》卷九千九十九。

舊五代史　卷一三六

僭僞列傳第三

王建[1]　子衍　養子宗弼　宗壽

[1]王建：《輯本舊史》之影庫本粘籤："《王建傳》，《永樂大典》闕佚。今考《册府元龜·僭僞門》所引《薛史》，於王建事迹頗具首尾，今次第連綴，仍標明《册府元龜》卷數，以資考覈焉。謹附識于此。"

王建，字光圖，陳州項城人也。[1]父慶，里之豪右。[2]建爲人隆眉廣顙，狀貌偉然。少無賴，以屠牛、盜驢、販私鹽爲事，里人謂之"賊王八"。[3]身長七尺。少與晋暉輩以剽盜爲事，被重罪，繫許昌，[4]而獄吏縱之使去。武當僧處洪謂曰：[5]"子骨相異常，貴不可言，何自陷爲盜？"建感其言，因隸軍於忠武，[6]而節度使杜審權拔爲列校。[7]

[1]陳州：州名。治所在今河南淮陽縣。　項城：縣名。治所在今河南沈丘縣。

[2]"王建字光圖"至"里之豪右"：明本《册府》卷二一九《僭僞部·姓系門》。《新五代史》卷六三《前蜀世家》稱其爲"許

州舞陽人”，《通鑑》卷二五四中和元年（881）五月條同。《蜀檮杌》卷上云：“其先潁川郾城人。”

［3］“建爲人隆眉廣顙”至“里人謂之‘賊王八’”：《新五代史》卷六三《前蜀世家》。明本《册府》卷二二〇《僭僞部·形貌門》“隆眉廣顙”下有“龍睛虎視”四字。明本《册府》卷二二〇《僭僞部·才藝門》云其“機畧拳勇，出於流輩”。

［4］晋暉：人名。許州（今河南許昌市）人。五代十國藩鎮將領。事見本書本卷、《舊唐書》卷一九下。　許昌：地名。位於今河南許昌市。

［5］武當：地名。位於今湖北丹江口市西北。　處洪：人名。唐末僧人。本書僅此一見。

［6］忠武：方鎮名。貞元十年（794）以陳許節度使爲忠武軍，治所在許州（今河南許昌市）。天復元年（901）移治陳州（今河南淮陽縣）。

［7］節度使：官名。唐時在重要地區所設掌握一州或數州軍、民、財政的長官。　杜審權：人名。京兆（今陝西西安市）人。唐懿宗朝宰相。傳見《舊唐書》卷一七七、《新唐書》卷九六。　“身長七尺”至“而節度使杜審權拔爲列校”：《蜀檮杌》卷上。明本《册府》卷二二〇《僭僞部·形貌門》：“嘗於武當山遇僧處，嘗謂建曰：‘子骨相甚貴，何不從軍，自求豹變，而乃區區爲盜，掇賊之號？’”《太平廣記》卷二二四《相四·僧處弘》引《北夢瑣言》云：“僧處弘習禪於武當山，王建微時販鹺於均、房間，仍行小竊，號曰賊王八。處弘見而勉之曰：‘子他日位極人臣，何不從戎。别圖功業，而夜遊晝伏，沾賊之號乎？’建感之，投忠武軍。後建在蜀，弘擁門徒入蜀。爲搆精舍以安之，即弘覺禪院也。”

咸通中，從討王仙芝有功。[1]所乘馬死，剖之，得一小蛇於心間，私自異之。[2]秦宗權據蔡州，[3]懸重賞以募之，建始自行間得補軍候。[4]廣明中，黄巢陷長安，僖宗幸蜀。[5]時梁祖爲巢將，領衆攻襄、鄧，[6]宗權遣小校鹿晏弘從監軍楊復光率師攻之，[7]建亦預行。是歲，復光入援京師。明年，破賊，收京城。初，復光以忠武軍八千人立爲八都，晏弘與建各一都校也。復光死，晏弘率八都迎扈行在，[8]至山南，[9]乃攻剽金、商諸郡縣，[10]得兵數萬，進逼興元，[11]節度使牛叢棄城而去，[12]晏弘因自爲留後，[13]以建等爲屬郡刺史，[14]不令之任。俄而晏弘正授節旄，[15]恐部下謀己，多行忍虐，繇是部衆離心。建與别將韓建友善，[16]晏弘益猜二建，僞待之厚，引入臥内。二建懼，夜登城慰守陴者，因月下共謀所向，謂韓建曰："僕射甘言厚德，意疑我也，禍難無日矣，早宜擇利而行。"韓曰："善。"因率三千人趨行在，僖宗嘉之，賜與巨萬。分其兵爲五都，仍以舊校主之，即晋暉、李師泰、張造與二建也，[17]因號曰"隨駕五都"，田令孜皆録爲假子。[18]及僖宗還宫，建等分典神策軍，[19]皆遥領刺史。[20]

[1]咸通：唐懿宗李漼年號（860—874）。　咸通中：據《通曆》卷一五《僭僞·王建》補。　王仙芝：人名。濮州（今山東鄄城縣）人。唐末農民軍領袖。事見《舊唐書》卷一九下，《新唐書》卷九。

[2]"咸通中"至"私自異之"：《蜀檮杌》卷上。《新五代史》卷六三《前蜀世家》云："後爲忠武軍卒，稍遷隊將。"

[3]秦宗權：人名。許州（今河南許昌市）人。唐末軍閥。傳見《舊唐書》卷二〇〇下、《新唐書》卷二二五下。　蔡州：州

名。治所在今河南汝南縣。

[4]軍候：官名。低級武官。

[5]廣明：唐僖宗李儇年號（880—881）。　黄巢：人名。曹州冤句（今山東菏澤市）人。唐末農民起義領袖。傳見《舊唐書》卷二〇〇下、《新唐書》卷二二五下。　長安：地名。位於今陝西西安市。　僖宗：即唐僖宗李儇，873 年至 888 年在位。紀見《舊唐書》卷一九下、《新唐書》卷九。　蜀：地區名。指今四川。

[6]梁祖：即五代後梁太祖朱温。宋州碭山（今安徽碭山縣）人。紀見本書卷一至卷七、《新五代史》卷一至卷二。　襄：州名。治所在今湖北襄陽市。　鄧：州名。治所在今河南鄧州市。

[7]鹿晏弘：人名。籍貫不詳。唐末軍閥。事見《舊唐書》卷一九下。　監軍：官名。爲臨時差遣，代表朝廷協理軍務，督察將帥。五代時常以宦官爲監軍。　楊復光：人名。閩（今福建福州市）人。唐末、五代軍閥。傳見《舊唐書》卷一八四、《新唐書》卷二〇七。

[8]行在："行在所"的簡稱。指古代帝王所在的地方。後以此專指皇帝所到的地方。

[9]山南：方鎮名。即山南東道。治所在襄州（今湖北襄陽市）。

[10]金：州名。治所在今陝西安康市。　商：州名。治所在今陝西商洛市商州區。

[11]興元：府名。治所在今陝西漢中市。

[12]牛叢：人名。一作"牛勗"。籍貫不詳。唐末軍閥。事見《舊唐書》卷一九上、《新唐書》卷二二二中。

[13]留後：官名。唐、五代節度使多以子弟或親信爲留後，以代行節度使職務，亦有軍士、叛將自立爲留後者。掌一州或數州軍政。

[14]刺史：官名。漢武帝時始置。州一級行政長官，總掌考覈官吏、勸課農桑、地方教化等事。唐中期以後，節度、觀察使轄州而設，刺史爲其屬官，職任漸輕。從三品至正四品下。

[15]節旄：亦作“節髦”。古代符節上所飾的旄牛尾。此處代指節度使。

[16]韓建：人名。許州長社（今河南許昌市）人。唐末、五代軍閥。傳見本書卷一五、《新五代史》卷四〇。

[17]李師泰：人名。籍貫不詳。唐末將領。事見《通鑑》卷二五六。　張造：人名。籍貫不詳。唐末將領。事見《通鑑》卷二五六。

[18]田令孜：人名。本姓陳。蜀人。唐末宦官。傳見《舊唐書》卷一八四、《新唐書》卷二〇八。

[19]神策軍：唐後期禁軍之一，以宦官爲統帥，並由其控制的軍隊。天寶十三載（754），唐王朝爲防吐蕃内擾而設。唐朝末年，神策軍大都卷入宦官集團與朝官的鬬争，唐亡即廢。

[20]“秦宗權據蔡州”至“皆遥領刺史”：明本《册府》卷二二三《僭僞部·勳伐門三》。廣明僅一年，不當言“中”。《通鑑》卷二五四中和元年（881）五月條云：“時秦宗權據蔡州，不從巢命，復光將忠武兵三千詣蔡州，説宗權同舉兵討巢。宗權遣其將王淑將兵三千從復光擊鄧州，逗留不進，復光斬之，併其軍，分忠武八千人爲八都，遣牙將鹿晏弘、晋暉、王建、韓建、張造、李師泰、龐從等八人將之。”

光啓元年，[1]令孜與河中王重榮有隙，[2]移鎮易、定，[3]重榮遂舉兵向闕。二年正月，僖宗再幸興元，以建爲清道使，[4]負玉璽以從。至當塗驛，而邠寧李昌符、朱玫等遣人焚棧道，[5]建翼僖宗過於煙焰中。夜宿阪下，僖宗枕建膝而寢，賜以金券。[6]至褒中，以建遥領壁州刺史。[7]三月，遣王建帥部兵戍三泉。[8]令孜懼禍，求爲西川監軍，[9]以楊復恭代爲觀軍容使。[10]復恭慮建不附己，出爲利州防禦使。[11]

[1]光啓：唐僖宗李儇年號（885—888）。

[2]河中：方鎮名。治所在河中府（今山西永濟市）。　王重榮：人名。太原祁（今山西祁縣）人。唐末、五代軍閥。傳見《舊唐書》卷一八二、《新唐書》卷一八七。

[3]易：州名。治所在今河北易縣。　定：州名。治所在今河北定州市。

[4]清道使：官名。中國古代皇帝出巡時的侍從官，多掌禮儀之職。

[5]邠甯：方鎮名。治所在邠州（今陝西彬縣）。　李昌符：人名。籍貫不詳。唐末軍閥，接替其兄李昌言任鳳翔軍節度使。事見《舊唐書》卷一九下、《通鑑》卷二五六。　朱玫：人名。邠州（今陝西彬縣）人。唐末軍閥。傳見《舊唐書》卷一七五、《新唐書》卷二二四下。

[6]金券：即鐵券。皇帝頒賜給功臣的鐵製詔令文書，功臣本人及後世如有犯罪，以此券爲證，即可推念其功而予以赦減。

[7]褒中：縣名。治所在今陝西勉縣褒城鎮東。　壁州：州名。治所在今四川通江縣。　“光啓元年”至“以建遥領壁州刺史”：《蜀檮杌》卷上，亦見《新五代史》卷六三《前蜀世家》、《通鑑》卷二五六光啓二年（886）正月條。

[8]三泉：地名。位於今重慶市南川區。　遣王建帥部兵戍三泉：《通鑑》卷二五六光啓二年三月條。

[9]西川：方鎮名。治所在成都（今四川成都市）。

[10]楊復恭：人名。閩（今福建福州市）人。唐末宦官、將領，與李克用相善。傳見《舊唐書》卷一八四、《新唐書》卷二〇八。　觀軍容使：官名。唐朝始設，負責監視出征將帥之高級軍職，多以掌權宦官擔任。

[11]利州：州名。治所在今四川廣元市利州區。　防禦使：官名。唐代始置，設有都防禦使、州防禦使兩種。常由刺史或觀察使兼任，實際上爲唐代後期州或方鎮的軍政長官。　“令孜懼禍”至“出爲利州防禦使”：《蜀檮杌》卷上。《通鑑》卷二五六光啓二年四月條，“田令孜自知不爲天下所容，乃薦樞密使楊復恭爲左神策中尉、觀軍容使，自除西川監軍使，往依陳敬瑄。復恭斥令孜之黨，出王建爲利州刺史。”明本《册府》卷二二三《僭僞部·勳伐門三》：“光啓初，從僖宗再幸興元，令孜懼逼，求爲西川監軍，楊復恭代爲觀軍容使。建等素爲令孜所厚，復恭懼不附己，乃出五將爲郡守，以建爲壁州刺史。”《舊唐書》卷一九下《僖宗紀》：“田令孜以建等楊復光故將，薄之，皆授諸衛將軍，惟以王建爲壁州刺史。”《新五代史·前蜀世家》：“復恭出建爲壁州刺史。”又云：“又攻利州，利州刺史王珙棄城走。”則是王建爲壁州刺史，非利州防禦使、刺史。

天子還京，復恭以楊守亮鎮興元，尤畏建侵己，屢召之。[1]前龍州司倉周庠說建曰：[2]“唐祚將終，藩鎮互相吞噬，皆無雄才遠略，不能戡濟多難。公勇而有謀，得士卒心，立大功者非公而誰！然葭萌四戰之地，[3]難以久安。閬州地僻人富，[4]楊茂實，陳、田之腹心，[5]不脩職貢，若表其罪，興兵討之，可不戰而擒也。”建從之。[6]因招合谿洞豪猾，[7]有衆八千，寇閬州，陷之，復攻利州，刺史王珙棄城而去。[8]建播剽二郡，所至殺掠，守亮不能制。[9]部將張虔裕說建曰：[10]“公乘天子微弱，專據方州，若唐室復興，公無種矣。宜遣使奉表天子，杖大義以行師，蔑不濟矣。”部將綦毋諫復説建養士愛民以觀天下之變。建從之。[11]東川節度使顧彦朗，[12]初於關輔破賊時與建相聞，[13]每遣人勞問，分貨幣軍食以給之，故建不侵梓、遂。[14]

［1］楊守亮：人名。曹州（今山東菏澤市）人。唐末軍閥。傳見《新唐書》卷一八六。　“天子還京”至“屢召之”：明本《册府》卷二二三《僭僞部·勳伐門三》。

［2］龍州：州名。治所在今四川平武縣南壩鎮。　司倉：官名。即司倉參軍事。掌租調、倉庫等事。　周庠：人名。籍貫不詳。唐末官員。本書僅此一見。

［3］葭萌：地名。位於今四川廣元市西南。

［4］閬州：州名。治所在今四川閬中市。

［5］楊茂實：人名。籍貫不詳。唐末軍閥。事見《通鑑》卷二五六。　陳：即陳敬瑄。蜀（今四川）人。時爲西川節度使。傳見《新唐書》卷二二四下。　田：即田令孜。

［6］“前龍州司倉周庠説建曰”至“建從之”：《通鑑》卷二五六光啓三年（887）三月條。

［7］谿洞：亦作“溪峒”。中國古代對南方少數民族聚居地的泛稱。

［8］王珙：人名。太原祁縣（今山西祁縣）人。唐末、五代軍閥。傳見《新唐書》卷一八七。

［9］“因招合谿洞豪猾”至“守亮不能制”：明本《册府》卷二二三《僭僞部·勳伐門三》。《蜀檮杌》卷上云：光啓二年十月“駕還，楊守亮鎮興元，屢召建。建疑其圖己，遂招豪猾八千，攻陷閬州，殺楊行遷，入據其城，自稱刺史”。按僖宗還京在光啓三年三月，非二年十月。

［10］張虔裕：人名。籍貫不詳。王建部將。事見《通鑑》卷二五六。

［11］綦毋諫：人名。籍貫不詳。王建部將。事見《通鑑》卷

二五六、卷二五七。　“部將張虔裕説建曰”至“建從之”：《通鑑》卷二五六光啓三年三月條。

[12]東川：方鎮名。治所在梓州（今四川三臺縣）。　顧彦朗：人名。丰州（今内蒙古五原縣）人。唐末、五代軍閥。傳見《新唐書》卷一八六。明本《册府》卷二二三作“顧彦郎”，當誤。下文如引《册府》作正文時，即改正，不一一説明。

[13]關輔：地區名。關中和三輔（京兆尹、左馮翊、右扶風）的合稱，指今陝西關中地區。

[14]梓：州名。治所在今四川三臺縣。　遂：州名。治所在今四川遂寧市。　“東川節度使顧彦朗”至“故建不侵梓、遂”：明本《册府》卷二二三。

西川節度使陳敬瑄憂其膠固，謀於監軍田令孜，曰：“王八，吾子也，彼無他腸，作賊山南，[1]實進退無歸故也。吾馳咫尺之書，可以坐置麾下。”即飛書招建。建大喜，遣使謂彦朗曰：“監軍阿父遣信見招，僕欲詣成都省阿父，[2]因依陳太師得一大郡，是所願也。”即之梓州見彦朗，留家寄東川，選精甲三千之成都。[3]行次鹿頭，[4]或謂敬瑄曰：“建，今之劇賊，鴟視狼顧，專謀人國邑，儻其即至，公以何等處之？彼建雄心，終不居人之下。公如以將校遇之，是養虎自貽其患也。”敬瑄懼，乃遣人止建，遽脩城守。建怒，遂據漢州，[5]領輕兵至成都。敬瑄讓之曰：“若何爲者，而犯吾疆理？”建軍吏報曰：“閬州司徒比寄東川，而軍容太師使者繼召，今復拒絶，何也？司徒不惜改轅而東，來北省太師，反爲拒絶，慮顧梓州復相嫌間，謂我何心故也。使我來報，且欲寄食漢州，公勿復疑。”居浹旬，建盡取東川之衆，設梯衝攻成都，三日不克而退，復保漢州。月餘，大剽蜀土，進逼彭州，[6]百道攻之，敬瑄出兵來援，建解圍，縱兵大掠，十一州皆罹其毒，民不聊生。[7]

[1]山南：方鎮名。此處指山南西道。唐開元二十一年（733）分山南道置，爲十五道之一。治所在梁州（今陝西漢中市）。

[2]成都：府名。治所在今四川成都市。

[3]東川：方鎮名。治所在梓州（今四川三臺縣）。　三千：《新五代史》卷六三《前蜀世家》、《通鑑》卷二五七光啓三年（887）閏十一月條作“二千”。

[4]鹿頭：地名。有鹿頭關。位於今四川德陽市北鹿頭灣。唐築，與白馬關西東相對。唐代不但爲劍州（治今四川劍閣縣）、綿州（治今四川綿陽市）西南入成都之門户，且爲梓州（今四川三臺縣）西入成都必經之地，故爲東西兩川交通要隘、成都北面門户。

[5]漢州：州名。治所在今四川廣漢市。

[6]彭州：州名。治所在今四川彭州市。

[7]“西川節度使陳敬瑄憂其膠固”至“民不聊生”：明本《册府》卷二二三《僭僞部·勳伐門三》，但《册府》誤“陳敬瑄”爲“陳敬宣”，誤“顧彦朗”爲“顧彦郎”。下文如引《册府》作正文時，即改正，不一一説明。《通鑑》卷二五七繫此事於光啓三年閏十一月條。《蜀檮杌》卷上云：“陳敬瑄叛於成都，慮建與東川顧彦朗膠固爲患，頗憂之。令孜曰：‘建，吾子也，可折簡召之。’遂與建書曰：‘中原多故，惟三蜀可以偷安。陳公恢廓無疑，同建大事，吾父子輔之，無不可也。’建大喜，領兵趨成都。”《通鑑》卷二五七光啓三年閏十一月條：“敬瑄遣使讓之，對曰：‘十軍阿父召我來，及門而拒之，重爲顧公所疑，進退無歸矣。’田令孜登樓慰諭之，建與諸將於清遠橋上髡髮羅拜，曰：‘今既無歸，且辭阿

父作賊矣！’顧彦朗以其弟彦暉爲漢州刺史，發兵助建，急攻成都，三日不克而退，還屯漢州。”《新五代史》卷六三《前蜀世家》云：“行至鹿頭關，敬瑄悔召建，使人止之。建大怒，擊破鹿頭關，取漢州。彦朗聞之，出兵助建，軍於學射。敬瑄遣將句惟立逆建，建擊敗之，遂攻彭州。敬瑄遣眉州刺史山行章將兵五萬屯新繁，建又擊敗之，虜獲萬餘人，横屍四十里。敬瑄發兵七萬益行章，與建相持濛陽、新都百餘日。”

建以成都尚强，退無所掠，欲罷兵，周庠、綦毋諫以爲不可，庠曰：“邛州城塹完固，[1]食支數年，可據之以爲根本。”建曰：“吾在軍中久，觀用兵者不倚天子之重，則衆心易離；不若疏敬瑄之罪，表請朝廷，命大臣爲帥而佐之，則功庶可成。”乃使庠草表，請討敬瑄以贖罪，因求邛州。[2]建軍勢日盛，復攻成都，敬瑄患之，顧彦朗亦懼侵己。昭宗即位，[3]彦朗表請雪建，擇大臣爲蜀帥，移敬瑄他鎮。乃詔宰臣韋昭度鎮蜀，以代敬瑄。[4]王建軍新都，時綿竹土豪何義陽、安仁費師懃等所在擁兵自保，[5]衆或萬人，少者千人；建遣王宗瑶説之，[6]皆帥衆附於建，給其資糧，建軍復振。[7]敬瑄不受代，天子怒，命顧彦朗、楊守亮討之。時昭度以建爲牙内都校，董其部兵。[8]

[1]邛（qióng）州：州名。治所在今四川邛崃市。

[2]“建以成都尚强”至“因求邛州”：《通鑑》卷二五七文德元年（888）五月條。

[3]昭宗：即唐昭宗李曄，888年至904年在位。紀見《舊唐書》卷二〇上、《新唐書》卷一〇。

[4]韋昭度：人名。京兆（今陝西西安市）人。唐末宰相。傳見《舊唐書》卷一七九、《新唐書》卷一八五。　“建軍勢日盛”至“以代敬瑄”：明本《册府》卷二二三《僭僞部·勳伐門三》。《新五代史》卷六三《前蜀世家》、《通鑑》卷二五七繫此事于文德元年六月。

[5]新都：縣名。治所在今四川成都市新都區。　綿竹：縣名。治所在今四川綿竹市。　何義陽：人名。綿竹人。事見本書本卷。　安仁：縣名。治所在今四川大邑縣安仁鎮。　費師懃：人名。安仁人。事見本書本卷。

[6]王宗瑶：人名。王建義子。事見《通鑑》卷二五七、卷二五九、卷二六〇、卷二六九。

[7]“王建軍新都”至“建軍復振”：《通鑑》卷二五七文德元年六月條。

[8]牙内都校：官名。唐末五代藩鎮衙内之牙將。　“敬瑄不受代”至“董其部兵”：明本《册府》卷二二三。

初，感義節度使楊晟既失興、鳳，[1]走據文、龍、成、茂四州。[2]王建攻西川，田令孜以晟已之故將，假威戎軍節度使，[3]使守彭州。王建攻彭州，陳敬瑄眉州刺史山行章將兵五萬壁新繁以救之。[4]龍紀元年正月戊申，[5]王建大破山行章於新繁，殺獲近萬人，行章僅以身免。楊晟懼，徙屯三交，行章屯蒙陽，與建相持。[6]十二月甲子，王建敗山行章及西川騎將宋行能於廣都；[7]行能奔還成都，行章退守眉州。壬申，行章請降於建。[8]

[1]感義：方鎮名。治所在鳳州（今陝西鳳縣）。　楊晟：人

名。籍貫不詳。唐末軍閥。傳見《新唐書》卷一八六。　興：州名。治所在今陝西略陽縣。　鳳：州名。治所在今陝西鳳縣。

[2]文：州名。治所在今甘肅文縣。　成：州名。治所在今甘肅成縣。　茂：州名。治所在今四川茂縣。

[3]威戎軍：方鎮名。治所在彭州（今四川彭州市）。

[4]眉州：州名。治所在今四川眉山市。　山行章：人名。籍貫不詳。唐末、五代軍閥。事見本書本卷。　新繁：縣名。治所在今四川成都市新都區。　“初”至“陳敬瑄眉州刺史山行章將兵五萬壁新繁以救之”：《通鑑》卷二五七文德元年（888）十二月條。

[5]龍紀：唐昭宗李曄年號（889）。

[6]三交：縣名。治所在今四川若爾蓋縣東。　蒙陽：縣名。治所在今四川雅安市西北。　“龍紀元年正月戊申”至“與建相持”：《通鑑》卷二五八龍紀元年（889）正月戊申條。

[7]宋行能：人名。籍貫不詳。唐末將領。事見本書本卷。　廣都：縣名。治所在今四川成都市。

[8]“十二月甲子”至“行章請降於建”：《通鑑》卷二五八龍紀元年十二月甲子、壬申條。

大順元年正月壬寅，[1]王建攻邛州，陳敬瑄遣其大將彭城楊儒將兵三千助刺史毛湘守之，[2]湘出戰，屢敗。楊儒登城，見建兵盛，歎曰：“唐祚盡矣，王公治衆，嚴而不殘，殆可以庇民乎！”遂帥所部出降。建養以爲子，更其姓名曰王宗儒。乙巳，建留永平節度判官張琳爲邛南招安使，[3]引兵還成都。韋昭度營於唐橋，王建營於東閶門外；[4]建事昭度甚謹。辛亥，簡州將杜有遷執刺史員虔嵩降於建，[5]建以有遷知州事。[6]二月己未，資州將侯元綽執刺史楊戡降於王建，[7]建以元綽知州事。[8]四月乙丑，陳敬瑄遣蜀州刺史任從海將兵二萬救邛州，[9]戰敗，欲以蜀州降建；敬瑄殺之，以徐公鉥代爲蜀州刺史。[10]丙寅，嘉州刺史朱實舉州降于建。[11]丙子，棘道土豪文武堅執戎州刺史謝承恩降于建。[12]六月丁巳，茂州刺史李繼昌帥衆救成都，[13]己未，王建擊斬之。辛酉，資簡都制置應援使謝從本殺雅州刺史張承簡，舉城降建。[14]八月建退屯漢州。[15]九月，邛州刺史毛湘，本田令孜親吏，建攻之急，食盡，救兵不至。湘謂都知兵馬使任可知曰：[16]"吾不忍負田軍容，吏民何罪！爾可持吾頭歸王建。"乃沐浴以俟刃。可知斬湘及二子降於建，士民皆泣。甲戌，建持永平旌節入邛州，以節度判官張琳知留後。繕完城隍，撫安夷獠，經營蜀、雅。[17]十月，癸未朔，建引兵還成都，蜀州將李行周逐徐公鉥，[18]舉城降建。[19]

[1]大順：唐昭宗李曄年號（890—891）。

[2]彭城：地名。位於今江蘇徐州市。　楊儒：人名。籍貫不詳。唐末將領。事見《通鑑》卷二五八。　毛湘：人名。籍貫不詳。唐末將領。事見《通鑑》卷二五八。

[3]永平：方鎮名。治所在邛州（今四川邛崍市）。　節度判官：官名。唐末、五代藩鎮僚佐，位行軍司馬下。　張琳：人名。許州（今河南許昌市）人。唐末將領。事見《通鑑》卷二五八。　邛南：方鎮名。即永平軍。治所在邛州。　招安使：官名。掌招安。

[4]唐橋：橋名。位於今四川成都市。　東閶門：城門名。位於今四川成都市。

[5]簡州：州名。治所在今四川簡陽市。　杜有遷：人名。籍

貫不詳。唐末將領。事見《通鑑》卷二五八。　員虔嵩：人名。籍貫不詳。唐末將領。事見《通鑑》卷二五八。

［6］"大順元年正月壬寅"至"建以有遷知州事"：《通鑑》卷二五八大順元年（890）正月諸條。

［7］資州：州名。治所在今四川資中縣。　侯元綽：人名。籍貫不詳。唐末將領。事見《通鑑》卷二五八。　楊戡：人名。籍貫不詳。唐末將領。事見《通鑑》卷二五八。

［8］"二月己未"至"建以元綽知州事"：《通鑑》卷二五八大順元年二月條。

［9］蜀州：州名。治所在今四川崇州市。　任從海：人名。籍貫不詳。唐末將領。事見《通鑑》卷二五八。

［10］徐公鉥：人名。籍貫不詳。唐末將領。事見《通鑑》卷二五八。

［11］嘉州：州名。治所在今四川樂山市市中區。　朱實：人名。籍貫不詳。唐末將領。事見《通鑑》卷二五八。

［12］僰（bó）道：縣名。治所在今四川宜賓市。　文武堅：人名。籍貫不詳。唐末將領。事見《通鑑》卷二五八。　戎州：州名。治所在今四川宜賓市。　謝承恩：人名。籍貫不詳。唐末將領。事見《通鑑》卷二五八。　"四月乙丑"至"僰道土豪文武堅執戎州刺史謝承恩降于建"：《通鑑》卷二五八大順元年四月諸條。

［13］茂州：州名。治所在今四川茂縣。　李繼昌：人名。籍貫不詳。唐末將領。事見《通鑑》卷二五八。

［14］都制置應援使：官名。掌隨軍救援。臨時設置，事罷則免。　謝從本：人名。籍貫不詳。唐末將領。事見《通鑑》卷二五八。　雅州：州名。治所在今四川雅安市。　張承簡：人名。籍貫不詳。唐末將領。事見《通鑑》卷二五八。　"六月丁巳"至"舉城降建"：《通鑑》卷二五八大順元年六月條。

［15］八月建退屯漢州：《通鑑》卷二五八大順元年八月條。

[16]都知兵馬使：官名。唐五代方鎮自置之部隊統率官，稱兵馬使，其權尤重者稱兵馬大使或都知兵馬使。掌兵馬訓練、指揮。任可知：人名。籍貫不詳。唐末將領。事見《通鑑》卷二五八。

[17]“九月”至“經營蜀、雅”：《通鑑》卷二五八大順元年九月條。

[18]李行周：人名。籍貫不詳。唐末將領。事見《通鑑》卷二五八。

[19]“十月”至“舉城降建”：《通鑑》卷二五八大順元年十月條。

二年二月，韋昭度將諸道兵十餘萬討陳敬瑄，三年不能克，餽運不繼，朝議欲息兵。三月，乙亥，制復敬瑄官爵，[1]令顧彦朗、王建各帥衆歸鎮。[2]四月，王建見罷兵制書，曰：“大功垂成，柰何棄之!”謀於周庠，庠勸建請韋公還朝，獨攻成都，克而有之。建表稱：“陳敬瑄、田令孜罪不可赦，願畢命以圖成功。”[3]及王師無功，建謂昭度曰：“相公興數萬之衆，討賊未效，餉運交不相屬。近聞遷洛陽以來，藩鎮相噬，朝廷姑息不暇，與其勞師以事蠻方，不如從而赦之，且以兵威靖中原，是國之本也。相公盍歸朝覲，與主上畫之。”昭度持疑未決。一日，建陰令軍士於行府門外擒昭度親吏，臠而食之，建徐啟昭度曰：“蓋軍士乏食，以至於是耶。”昭度大懼，遂留符節與建，即日東還。纔出劍門，[4]建即嚴兵守門，不納東師。[5]建急攻成都，環城烽塹亘五十里。有狗屠王鷂，[6]請詐得罪亡入城說之，使上下離心，建遣之。鷂入見陳敬瑄、田令孜，則言“建兵疲食盡，將遁矣”，出則鬻茶於市，陰爲吏民稱建英武，兵勢强盛；由是敬瑄等懈於守備而衆心危懼。建又遣其將京兆鄭渥詐降以覘之，[7]敬瑄以爲將，使乘城，既而復以詐得歸。建由是悉知城中虚實，以渥爲親從都指揮使，[8]更姓名曰王宗渥。[9]八月，王建攻陳敬瑄益急，敬瑄出戰輒敗，巡内州縣率爲建所取。威戎節度使楊晟時饋之食，建以兵據新都，彭州道絶。敬瑄出，慰勉士卒，皆不應。[10]

[1]制：帝王命令的一種。唐制，凡行大賞罰，授大官爵，釐革舊政，赦宥慮囚，皆用制書。由中書舍人起草擬定。禮儀等級較高。

[2]“二年二月”至“令顧彦朗、王建各帥衆歸鎮”：《通鑑》卷二五八大順二年（891）二月條。

[3]“四月”至“願畢命以圖成功”：《通鑑》卷二五八大順二年四月條。

[4]劍門：地名。即劍門關。位於今四川劍閣縣。素爲出入四川盆地之咽喉要道。

[5]“及王師無功”至“不納東師”：明本《册府》卷二二三《僭僞部·勳伐門三》。

[6]王鷂：人名。籍貫不詳。事見《通鑑》卷二五八。

[7]京兆：府名。治所在今陝西西安市。　鄭渥：人名。又名王宗渥。籍貫不詳。唐末將領。事見《通鑑》卷二五八。

[8]親從都指揮使：官名。唐末親從部隊長官。

[9]“建急攻成都”至“更姓名曰王宗渥”：《通鑑》卷二五八大順二年四月條。

[10]“八月”至“皆不應”：《通鑑》卷二五八大順二年八

月條。

田令孜登城謂建曰："老夫與八哥相厚，太師久以知聞，有何嫌恨，如是困我之甚耶。"建曰："軍容父子之恩，心何敢忘，但天子付以兵柄，太師孤絶朝廷故也。苟太師悉心改圖，何福如之。"又曰："吾欲與八哥軍中相款如何？"曰："父子之義，何嫌也。"是夜，令孜攜蜀帥符印入建軍授建。建泣謝曰："太師初心太過，致有今日相戾，既此推心，一切如舊。"翌日，敬瑄啟關迎建，以蜀帥讓之，建乃自稱留後，表陳其事。[1]八月，先是，建常誘其將士曰："成都城中繁盛如花錦，一朝得之，金帛子女恣汝曹所取，節度使與汝曹迭日爲之耳！"敬瑄開門迎建。建署其將張勍爲馬步斬斫使，[2]使先入城。乃謂將士曰："吾與汝曹三年百戰，今始得城，汝曹不憂不富貴，慎勿焚掠坊市。吾已委張勍護之矣，彼幸執而白我，我猶得赦之；若先斬而後白，吾亦不能救也！"既而士卒有犯令者，勍執百餘人，皆捶其胸而殺之，積屍於市，衆莫敢犯。故時人謂勍爲"張打胸"。[3]

[1]"田令孜登城謂建曰"至"表陳其事"：明本《册府》卷二二三《僭僞部·勳伐門三》。

[2]張勍：人名。籍貫不詳。唐末將領。事見《通鑑》卷二五八。　馬步斬斫使：官名。王建臨時設置，爲先鋒，亦掌軍紀處罰。

[3]"八月"至"故時人謂勍爲'張打胸'"：《通鑑》卷二五

八大順二年八月條。

癸卯，建入城，自稱西川留後。小校韓武數於使廳上馬，牙司止之，[1]武怒曰："司徒許我迭日爲節度使；上馬何爲！"建密遣人刺殺之。初，陳敬瑄之拒朝命也，田令孜欲盜其軍政，謂敬瑄曰："三兄尊重，軍務煩勞，不若盡以相付，日具記事咨呈，兄但高居自逸而已。"敬瑄素無智能，忻然許之。自是軍事皆不由己，以至於亡。建表敬瑄子陶爲雅州刺史，使隨陶之官，明年，罷歸，寓居新津，[2]以一縣租賦贍之。建分遣士卒就食諸州，更文武堅姓名曰王宗阮，謝從本曰王宗本。陳敬瑄將佐有器幹者，建皆禮而用之。[3]十月，唐以建爲檢校司徒、成都尹、劍南西川節度副大使、[4]知節度事、管內觀察處置雲南八國招撫等使。[5]建既得西川，留心政事，容納直言，好施樂士，用人各盡其才，謙恭儉素；然多忌好殺，諸將有功名者，多因事誅之。[6]

[1]韓武：人名。籍貫不詳。唐末將領。事見《通鑑》卷二五八。　牙司：節度使衙所屬官吏。

[2]新津：縣名。治所在今四川新津縣東。

[3]"癸卯"至"建皆禮而用之"：《通鑑》卷二五八大順二年（891）八月條。《舊唐書》卷二〇上《昭宗紀》：龍紀元年（889）"五月壬辰朔，漢州刺史王建陷成都府，遷陳敬宣於雅州，建自稱西川兵馬留後。復用田令孜爲監軍"。明本《册府》卷二二三《僭僞部·勳伐門三》："移敬宣於雅州安置，仍以其子爲刺史。既行，建令人殺之於路，令孜仍舊監軍事。數月，或告令孜通鳳翔書問，下獄餓死。"

［4］成都尹：官名。成都地方最高行政長官。從三品。　節度副大使：官名。方鎮中僅次於節度使之使職，如持節，則位同於節度使。

［5］觀察處置使：官名。即觀察使之全稱。唐代後期出現的地方軍政長官。唐玄宗開元二十一年（733）置十五道採訪使，唐肅宗乾元元年（758）改爲觀察使。無旌節，地位低於節度使。掌一道州縣官的考績及民政。　雲南八國：即“雲南”和“西山八國”的合稱，泛指西川南邊和西邊的少數民族諸部。詳見劉復生《“雲南八國”辨析——兼談北宋與大理國的關係》，《四川大學學報》2002年第6期。　“十月”至“管内觀察處置雲南八國招撫等使”：《新五代史》卷六三《前蜀世家》。

［6］“建既得西川”至“多因事誅之”：《通鑑》卷二五八大順二年十月條。

建雄猜多機略，意嘗難測，既有蜀土，復欲窺伺東川，又以彦朗婚姻之舊，未果行。會彦朗卒，弟彦暉代爲梓帥，交情稍怠。[1]唐遣宦者宗道弼賜彦暉東川旌節，[2]綿州刺史常厚執道弼以攻梓州，建遣李簡、王宗滌等討厚。[3]自彦朗死，建欲圖並東川而未有以發，及李簡等討厚，戒曰：“兵已破厚，彦暉必出犒師，即與俱來，無煩吾再舉也。”簡等擊厚，敗之鐘陽，[4]厚走還綿州，以唐旌節還道弼而出之。彦暉已得節，辭疾不出犒軍。[5]

［1］彦暉：人名。即顧彦暉。顧彦朗之弟，丰州（今内蒙古五原縣）人。唐末、五代軍閥。事見本書本卷。　“建雄猜多機略”至“交情稍怠”：明本《册府》卷二二三《僭僞部・勳伐門三》。

[2]宗道弼：中華書局本《新五代史》有校勘記云，《通鑑》卷二五八作“宋道弼”，且《舊唐書》《新唐書》《通鑑》《册府》數見“宋道弼”，其曾任神策右軍中尉。另《唐重修内侍省碑》（拓片刊《考古與文物》1983年第4期）記“内樞密使廣平宋公道弼”。

[3]綿州：州名。治所在今四川綿陽市。　常厚：人名。籍貫不詳。唐末、五代軍閥。本書僅此一見。　李簡：人名。籍貫不詳。唐末、五代軍閥。事見本書本卷。　王宗滌：人名。本名華洪。籍貫不詳。唐末、五代藩鎮將領。事見《通鑑》卷二六一及本書本卷。

[4]鐘陽：地名。位於今四川綿陽市北。

[5]“唐遣宦者宗道弼賜彦暉東川旌節”至“辭疾不出犒軍”：《新五代史》卷六三《前蜀世家》。《通鑑》卷二五八大順二年（891）十二月條：“以顧彦暉爲東川節度使，遣中使宋道弼賜旌節。楊守亮使楊守厚囚道弼，奪旌節，發兵攻梓州。癸卯，彦暉求救於王建；甲辰，建遣其將華洪、李簡、王宗侃、王宗弼救東川。建密謂諸將曰：‘爾等破賊，彦暉必犒師，汝曹於行營報宴，因而執之，無煩再舉。’宗侃破守厚七砦，守厚走歸綿州。彦暉具犒禮，諸將報宴，宗弼以建謀告之，彦暉乃以疾辭。”

李茂貞乘其有間，[1]密構彦暉，因與茂貞連盟，關征疆吏之間，與蜀人得失。大順末，建出師攻梓州，彦暉求援於鳳翔，[2]李茂貞出師援之，建即圍解。自是秦、川交惡者累年。後建大起蜀軍，敗岐、[3]梓之兵於利州，彦暉懼，乞和，請與岐人絶，許之。景福中，山南之師寇東川，彦暉求援於建，建出兵赴之，大敗興元之衆。[4]五月丙子，王建陷彭州，威戎軍節度使楊晟死之。[5]乾寧二年，[6]建遣王宗滌攻之。十二月，宗滌敗彦暉於楸林，斬其將羅璋，[7]遂圍梓州。三年五月，昭宗遣宦者袁易簡詔建罷兵，[8]建收兵還成都。黔南節度使王肇以其地降于建。[9]四年，宗滌復攻東川，别遣王宗侃、宗阮等出峽，取渝、瀘州。[10]五月，建自將攻東川，昭宗遣諫議大夫李洵、[11]判官韋莊宣諭兩川，[12]詔建罷兵。建不奉詔，乃責授建南州刺史，以郯王爲鳳翔節度使，[13]徙李茂貞代建爲西川節度使。茂貞拒命，乃復建官爵。冬十月，建攻破梓州，彦暉自殺。彦暉將顧彦瑶顧城已危，[14]謂諸將吏曰："事公當生死以之。"指其所佩賓鐵劍曰："事急而有叛者，當齒此劍。"及城將破，彦瑶與彦暉召集將吏飲酒，遂與之俱死。建以王宗滌爲東川留後，唐即以宗滌爲節度使，於是并有兩川之地。[15]

[1]李茂貞：人名。深州博野（今河北蠡縣）人。唐末、五代軍閥。傳見本書卷一三二、《新五代史》卷四〇。

[2]鳳翔：方鎮名。治所在鳳翔府（今陝西鳳翔縣）。

[3]岐：封國名。時鳳翔節度使李茂貞爲岐王，故稱。

[4]景福：唐昭宗李曄年號（892—893）。　"李茂貞乘其有間"至"大敗興元之衆"：明本《册府》卷二二三《僭僞部·勳伐門三》。

[5]五月丙子，王建陷彭州，威戎軍節度使楊晟死之：《新唐書》卷一〇《昭宗紀》乾寧元年（894）條。

[6]乾寧：唐昭宗李曄年號（894—898）。

[7]楸林：地名。位於今四川三臺縣東北。　羅璋：人名。籍貫不詳。唐末、五代藩鎮將領。本書僅此一見。

[8]袁易簡：人名。籍貫不詳。唐末宦官。官至樞密使，後爲

李茂貞所殺。事見《舊唐書》卷一七七、卷一八四。

[9]黔南：方鎮名。治所在黔州（今重慶市彭水苗族土家族自治縣）。　王肇：人名。籍貫不詳。唐末、五代軍閥。本書僅此一見。

[10]王宗侃：人名。許州（今河南許昌市）人，一説雅州（今四川雅安市）人。王建養子，唐末、五代藩鎮將領。事見本書本卷。　渝：州名。治所在今重慶市。　瀘：州名。治所在今四川瀘州市江陽區。

[11]諫議大夫：官名。秦始置，掌朝政議論。隋、唐仍置，有左、右諫議大夫各四人，分屬門下、中書二省。掌諫諭得失，侍從贊相。唐後期、五代多以本官領他職。正四品下。　李洵：人名。籍貫不詳。唐末官員。事見本書本卷。

[12]判官：官名。唐五代方鎮僚屬，位在行軍司馬下。分掌使衙内各曹事，並協助使職官員通判衙事。　韋莊：人名。長安杜陵（今陝西西安市）人。唐末五代知名文人，高級官員。事見本書本卷。

[13]南州：州名。治所在今重慶市南川區。　郯王：人名。即李嗣周。唐宗室，唐順宗子李經後人。事見《通鑑》卷二五九。

[14]顧彦瑶：中華書局本《新五代史》有校勘記云，《通鑑》卷二六一作“顧瑶”。按錢大昕《廿二史考異》卷六六：“按《唐書·顧彦暉傳》，瑶爲彦暉養子，且單名瑶，無‘彦’字。”

[15]“乾寧二年”至“於是并有兩川之地”：《新五代史》卷六三《前蜀世家》。明本《册府》卷二二三後有“自此軍鋒益熾”六字。

光化三年七月乙卯，[1]制忠烈衛聖鎮國功臣、劍南西川節度副大使、知節度事、管内營田觀察處置統押近界諸蠻兼西山八國雲南安撫制置等使、[2]開府儀同三司、檢校太尉、中書令、[3]成都尹、上柱國、[4]琅邪郡王、食邑三千户、實封一百户王建可兼劍南東川、[5]武信軍兩道都指揮制置等使，[6]加食邑一千户，餘如故。時建攻下梓州顧彦暉，兼有東川洋、果、閬等州故也。[7]是時，鳳翔李茂貞兼據梁、洋、秦、隴，數以兵侵建。[8]天復初，李茂貞、韓全誨劫遷車駕在鳳翔，[9]梁祖攻圍歷年。建外脩好於汴，[10]指茂貞罪狀，又陰與茂貞間使往來，且言堅壁勿和，許以出師赴援，因分命諸軍攻取興元。比及梁祖解圍茂貞，山南諸州皆爲建所有，因自置守將。及茂貞垂翅，天子遷洛陽，建復攻茂貞之秦、隴等州，茂貞削弱不能守。或勸建因取鳳翔，建曰："此言失策，吾所得已多，不俟復增岐下。[11]茂貞雖常才，然名望宿素，[12]與朱公力争不足，守境有餘。韓生所謂'入爲扞蔽，出爲席藉'是也。[13]適宜援而固之，爲吾盾鹵耳。"[14]

[1]光化：唐昭宗李曄年號（898—901）。

[2]統押近界諸蠻使：官名。負責羈縻西南地區邊地部族。　安撫制置使：官名。唐後期臨時差遣官，爲地方用兵時控制當地秩序而設。

[3]開府儀同三司：官名。魏晋始置，隋唐時爲散官之最高官階。多授功勳重臣。從一品。　檢校太尉：官名。爲散官或加官，以示恩寵，無實際執掌。　中書令：官名。漢代始置，隋、唐前期爲中書省長官，屬宰相之職；唐後期多爲授予元勳大臣的虚銜。正二品。

[4]上柱國：官名。北周武帝建德四年（575），置上柱國爲高級勳官。隋唐沿置。五代後唐明宗天成三年（928）詔，其後凡加

勳，先自武騎尉經十二轉方授爲上柱國。正二品。

[5]食邑：即封地、封邑。食邑之名，蓋取受封者不之國，僅食其租税之意。　實封：古代名義上封賜給功臣貴戚食邑的户數與實際封賞數往往不符，實際上賜與的封户叫實封。

[6]武信軍：方鎮名。治所在遂州（今四川遂寧市）。

[7]洋：州名。治所在今陜西洋縣。　果：州名。治所在今四川巴中市恩陽區。　"光化三年七月乙卯"至"兼有東川洋、果、閬等州故也"：《舊唐書》卷二〇上《昭宗紀》光化三年（900）七月條。

[8]秦：州名。治所在今甘肅秦安縣。　隴：州名。治所在今陜西隴縣。　是時，鳳翔李茂貞兼據梁、洋、秦、隴，數以兵侵建：《新五代史》卷六三《前蜀世家》。

[9]天復：唐昭宗李曄年號（901—904）。　韓全誨：人名。籍貫不詳。唐末、五代宦官。傳見《新唐書》卷二〇八。

[10]汴：即開封。代指朱温。

[11]岐：即岐山。位於今陜西岐山縣。

[12]宿素：明本《册府》卷二二三《僭僞部·勳伐門三》作"宿素"。

[13]韓生：即韓非。　入爲扞蔽，出爲席藉：語出《韓非子·存韓》。

[14]"天復初"至"爲吾盾鹵耳"：明本《册府》卷二二三《僭僞部·勳伐門三》。《新五代史》卷六三《前蜀世家》："天復元年，梁太祖兵誅宦者。宦者韓全誨等劫天子幸鳳翔，梁兵圍之，茂貞閉城拒守經年，力窘，求與梁和。建間遣人聘茂貞，許以出兵爲援，勸其堅壁勿和。遣王宗滌將兵五萬，聲言迎駕，以攻興元，執其節度使李繼業，而武定節度使拓拔思敬遂以其地降于建，於是并有山南西道。"

三年，昭宗還長安，建奉表貢茶布等十萬。八月，封建司徒、蜀王。[1]及梁祖將謀强禪，建與諸藩同謀興復，乃令其將康晏率兵三萬會於鳳翔，數與汴將王重師戰，[2]不利而還。趙匡凝之失荆、襄也，[3]弟明以其奴奔蜀，[4]建因得夔、峽、忠、萬等州。[5]四年，唐遷都洛陽，改元天祐，[6]建與唐隔絶而不知，故仍稱天復。六年，又取歸州，於是並有三峽。[7]七年，梁滅唐，遣使者諭建，建拒而不納。建因馳檄四方，會兵討梁，四方知其非誠實，皆不應。[8]

[1]司徒：官名。與太尉、司空並爲三公，唐後期、五代時多爲大臣、勳貴加官。正一品。　“三年”至“封建司徒、蜀王”：《蜀檮杌》卷上。

[2]康晏：人名。籍貫不詳。王建部將。事見本書本卷。　王重師：人名。潁州長社（今河南許昌市）人。後梁將領。傳見本書卷一九、《新五代史》卷二二。

[3]趙匡凝：人名。蔡州（今河南汝南縣）人。趙德諲之子，唐末軍閥。傳見本書卷一七、《新五代史》卷四一。　荆、襄：方鎮名。即山南東道，治所在襄州（今湖北襄陽市）。

[4]明：人名。即趙匡明。蔡州（今河南汝南縣）人。唐末將領。事見本書卷二。

[5]夔：州名。治所在今重慶奉節縣。　峽：州名。治所在今湖北宜昌市夷陵區。　忠：州名。治所在今重慶忠縣。　萬：州名。治所在今重慶市萬州區。　“及梁祖將謀强禪”至“建因得夔、峽、忠、萬等州”：明本《册府》卷二二三《僭僞部·勳伐門三》。

[6]天祐：唐昭宗李曄開始使用的年號（904）。唐哀帝李柷即位後沿用（904—907）。唐亡後，河東李克用、李存勗仍稱天祐，

沿用至天祐二十年（923）。五代其他政權亦有行此年號者，如南吴、吴越等，使用時間長短不等。

[7]歸州：州名。治所在今湖北秭歸縣。　三峽：長江三峽。或即瞿塘峽、巫峽和西陵峽。

[8]"四年"至"皆不應"：《新五代史》卷六三《前蜀世家》。《蜀檮杌》卷上："朱全忠弑昭宗，建率將吏百姓舉哀制服。"《輯本舊史》卷二六《唐武皇紀下》天祐四年（907）四月條："天子禪位於汴帥，奉天子爲濟陰王，改元爲開平，國號大梁。是歲，四川王建遣使至，勸武皇各王一方，俟破賊之後，訪唐朝宗室以嗣帝位，然後各歸藩守，武皇不從。"

及梁祖開國，蜀人請建行劉備故事，建自帝於成都。[1]封其諸子爲王，以王宗佶爲中書令，[2]韋莊爲左散騎常侍、判中書門下事，[3]唐襲爲樞密使，[4]鄭騫爲御史中丞，[5]張格、王鍇皆爲翰林學士，[6]周博雅爲成都尹。[7]蜀恃險而富，當唐之末，士人多欲依建以避亂。建雖起盜賊，而爲人多智詐，善待士，故其僭號，所用皆唐名臣世族：莊，見素之孫；格，濬之子也。[8]建謂左右曰："吾爲神策軍將時，宿衛禁中，見天子夜召學士，出入無間，恩禮親厚如寮友，非將相可比也。"故建待格等恩禮尤異，其餘宋玭等百餘人，並見信用。[9]十月，下僞詔，改堂宇廳館爲宫殿。其略曰："帝君之居，上應辰象，朝貢臻集，華夷會同。宫闕殿閣之深嚴，臺省府寺之宏壯，須分名號，以正觀瞻。況我肇啟丕圖，頻有喜瑞，允協上元之貺，式光萬世之基。至於厨廊之標題，倉庫之曹烈，並宜從革，用永維新。"[10]

[1]劉備：人名。蜀漢開國君主。涿郡涿縣（今河北涿州市）人。傳見《三國志》卷三二。　“及梁祖開國”至“建自帝於成都”：明本《册府》卷二二三《僭僞部·勳伐門三》。《新五代史》卷六三《前蜀世家》：“是歲正月，巨人見青城山。六月，鳳凰見萬歲縣，黄龍見嘉陽江，而諸州皆言甘露、白鹿、白雀、龜、龍之瑞。秋九月己亥，建乃即皇帝位。”《蜀檮杌》卷上云：“昭宗遇弑，梁祖即位，遣使宣諭。興元節度王宗綰馳驛白建。建謀興復，（韋）莊以兵者大事，不可倉卒而行，乃爲建答宗綰教，其略曰：‘吾家受主上恩有年矣，衣衿之上，宸翰如新，墨詔之中，淚痕猶在。犬馬猶能報主，而況人之臣子乎！自去年二月車駕東還，連貢二十表，而絶無一使之報，天地阻隔，叫呼何及！聞上至谷水，臣僚及宫妃千餘人，皆爲汴州所害。及至洛，果遭弑逆。自聞此詔，五内糜潰。今兩川鋭旅，誓雪國耻，不知來使何以宣諭，示此告敕，令自决進退。’梁使遂還。梁祖遣使通好，以建爲兄。莊得書，笑曰：‘此神堯驕李密之意也。’建之開國，制度號令，刑政禮樂，皆莊所定。”

[2]王宗佶：人名。籍貫不詳。王建養子。唐末、五代軍閥。事見本書本卷。

[3]左散騎常侍：官名。門下省屬官。掌侍奉規諷，備顧問應對。正三品下。　中書門下：官署名。唐代以來爲宰相處理政務的機構。參見劉後濱《唐代中書門下體制研究——公文形態·政務運行與制度變遷》，齊魯書社2004年版。

[4]唐襲：人名。閬州（今四川閬中市）人，王建親信、前蜀高級官員。後爲王元膺所殺。事見本書本卷。　樞密使：官名。樞密院長官。五代時以士人爲之，備顧問，參謀議，出納詔奏，權侔宰相。參見李全德《唐宋變革期樞密院研究》，國家圖書館出版社2009年版。

[5]鄭騫：人名。籍貫不詳。前蜀高級官員。事見本書本卷。　御史中丞：官名。如不置御史大夫，則爲御史臺長官。掌司法監

察。正四品下。

[6]張格：人名。宿州符離（今安徽宿州市埇橋區）人。前蜀高級官員。傳見本書卷七一。　王鍇：人名。籍貫不詳。前蜀高級官員。事見本書本卷。　翰林學士：官名。由南北朝始設之學士發展而來。唐玄宗改翰林供奉爲翰林學士，備顧問，代王言，掌拜免將相、號令征伐等詔令的起草。

[7]周博雅：人名。籍貫不詳。前蜀官員。本書僅此一見。

[8]見素：人名。即韋見素。京兆萬年（今陝西西安市長安區）人。唐末高級官員，官拜宰相。傳見《舊唐書》卷一〇八。　濬：人名。即張濬。籍貫不詳。唐末高級官員。事見《舊唐書》卷二〇上《昭宗紀》。

[9]宋玭：人名。籍貫不詳。前蜀官員。本書僅此一見。　"封其諸子爲王"至"並見信用"：《新五代史》卷六三《前蜀世家》。

[10]"十月"至"用永維新"：《蜀檮杌》卷上。

武成元年正月，祀天南郊，大赦，改元，以王宗佶爲太師。[1]宗佶本姓甘氏，建爲忠武軍卒時掠得之，養以爲子，後以軍功累遷武信軍節度使。後建所生子元懿等稍長，宗佶以養子心不自安，與鄭騫等謀，求爲大司馬，[2]總六軍，開元帥府，凡軍事便宜行而後聞。建以宗佶創業功多，優容之。唐襲本以舞僮見寵於建，宗佶尤易之，後爲樞密使，猶名呼襲，襲雖内恨，而外奉宗佶愈謹。建聞之，怒曰："宗佶名呼我樞密使，是將反也。"宗佶求大司馬，章三上，建以問襲，襲因激怒建曰："宗佶功臣，其威望可以服人心，陛下宜即與之。"建心益疑。宗佶入奏事，自請不已，建叱衛士撲殺之，并賜簣死。六月，以遂王宗懿爲皇太子。[3]建加尊號英武睿聖皇帝。七月，騶虞見武定。[4]

[1]武成：前蜀高祖王建年號（908—910）。　南郊：意爲都城南面之郊。代指南面郊區之祭天場所（圜丘），亦指祭天之禮（郊天）。古人用"郊""南郊""有事於南郊"指代在南郊之圜丘舉行的郊天典禮。　太師：官名。與太傅、太保合稱三師，唐後期、五代時多爲大臣、勳貴加官。正一品。

[2]大司馬：官名。相傳西周始設，西漢武帝時罷太尉而置大司馬，掌軍政。後屢有廢設，漸成高級武將之加官，以示尊崇。一品。

[3]宗懿：人名。後更名元膺。王建次子，曾獲封太子，因與唐襲政争引發兵亂而被殺。事見本書本卷。

[4]騶虞：中國古代神話傳説中的一種靈獸，以性情"仁""義"而著稱。其現身常被視爲祥瑞之兆。詳見嚴國榮、劉昌安《"騶虞"考辨》，《西北大學學報》2004年第6期；王春陽、周國林《"騶虞"考》，《古籍整理研究學刊》2014年第1期。　武定：方鎮名。治所在洋州（今陝西洋縣）。　"武成元年正月"至"騶虞見武定"：《新五代史》卷六三《前蜀世家》。《蜀檮杌》卷上："十月，講武星宿山，步騎三十萬。遂宴於行宫，謂左右曰：'得一二人如韓信而將之，中原不足平也。'宗佶跪曰：'臣雖不才，自顧可驅策。'兵部郎中張扶進曰：'陛下雄才大略，尚不能得岐隴尺寸之土，宗佶小子狂妄，願陛下無以中原爲意。'宗佶憾之，諭庖人置藥而毒殺之。扶字子持，廣都人。博學善文，凡書奏箋檄皆屬之。贈諫議大夫。制封諸子爲王。建十一子，馬姬生宗仁，白姬生宗懿，宋姬生宗輅，陳姬生宗智、宗特，喬姬生宗傑，褚姬生宗鼎、宗澤、宗平，徐姬生宗衍。撲殺晉國公王宗佶。宗佶本姓甘氏，建未有子，録爲養子，以戰功累遷中書令。恃位隆功高，所爲

不法，連上表求爲太子。建勉諭令出，而不肯去，言詞其悖，因叱衛士撲殺之。”

二年，頒《永昌曆》。廣都嘉禾合穗。[1] 三年六月，下詔勸農桑曰：“昔劉先主入蜀，武侯勸其閉關息民，[2] 十年而後舉兵，震摇關内。朕以猥眇，托於人上，爰念蒸民久罹干戈之苦，而不暇力於農桑之業。今國家漸寧，民用休息，其郡守縣令務在惠綏，無侵無擾，使我赤子，樂於南畝，而有《豳風·七月》之詠焉。”[3] 八月，有龍五十見洵陽水中。[4] 十月，麟見壁州。[5] 十二月，大赦，改明年爲永平元年。[6] 岐王李茂貞自爲梁所圍，而山南入於蜀，地狹勢孤，遂與建和，以其子娶建女，因求山南故地。建怒，不與，以王宗侃爲北路都統，宗祐、宗賀、唐襲爲三面招討使以攻岐。[7] 戰於青泥，宗侃敗績，退保西縣，[8] 爲茂貞兵所圍。建自將擊之，岐兵敗，解去，建至興元而還。加尊號曰英武睿聖光孝皇帝。[9]

[1]《永昌曆》：又名《武成永昌曆》。五代十國前蜀武成二年（909）頒行於其境内之曆法。前蜀亡而旋廢。　廣都：縣名。治所在今四川成都市。　嘉禾：指一莖多穗的禾。古人以爲祥瑞。　二年，頒《永昌曆》。廣都嘉禾合穗：《新五代史》卷六三《前蜀世家》。

[2] 武侯：即諸葛亮。字孔明，號卧龍。徐州瑯玡郡陽都（今山東沂南縣）人。三國時期著名政治家、軍事家。輔佐劉備在四川地區建立蜀漢政權。後積勞成疾而病逝。傳見《三國志》卷三五。

[3]“三年六月”至“而有《豳風·七月》之詠焉”：《蜀檮

杌》卷上。

[4]洵陽：縣名。治所在今陝西旬陽縣。

[5]壁州：州名。治所在今四川通江縣。

[6]永平：前蜀高祖王建年號（911—915）。

[7]都統：官名。南北朝時期前秦始設之武官，掌領兵作戰。 宗祐：人名。當爲王建之子，前蜀將領。本書僅此一見。 宗賀：人名。當爲王建之子，前蜀將領。本書僅此一見。 招討使：官名。唐貞元時始置。戰時任命，兵罷則省。常以大臣、將帥或地方軍政長官兼任。掌招撫討伐等事務。

[8]青泥：地名。位於今甘肅徽縣。 西縣：舊縣名。治所在今陝西勉縣西。

[9]“八月”至“加尊號曰英武睿聖光孝皇帝”：《新五代史》卷六三《前蜀世家》。

永平元年十一月，周德權卒。[1]二年正月，贈張魯扶義公，[2]諸葛亮安國王。二月朔，遊龍華禪院，召僧貫休，[3]命坐，賜茶藥彩段，仍令口誦近詩。時諸王貴戚皆賜坐，貫休欲諷之，因誦公子行曰：“錦衣鮮華手擎鶻，閒行氣貌多輕忽。艱難稼穡總不知，五帝三王是何物。”建稱善，貴倖皆怨之。[4]三月，詔平章事張格專編纂開國以來《實録》。獲玉以爲國寶，其文曰：“有德承天，其祚永昌。”[5]五月，梁遣光禄卿盧玭來聘，[6]推建爲兄，其印文曰“大梁入蜀之印”。宰相張格曰：“唐故事，奉使四夷，其印曰‘大唐入某國之印’，今梁已兄事陛下，奈何卑我如夷狄？”建怒，欲殺梁使者，格曰：“此梁有司之過爾，不可以絶兩國之歡。”已而梁太祖崩，建遣將作監李紘吊之，[7]遂刻其印文曰“大蜀入梁之印”。劍州木連理。[8]六月，麟見文州。[9]十二月，黄龍見富義江。[10]

[1]周德權：人名。汝南（今河南汝南縣）人。前蜀官員。事見《蜀檮杌》卷上。

[2]張魯：人名。沛國豐（今江蘇豐縣）人。東漢末年軍閥，割據漢中。傳見《三國志》卷八。

[3]貫休：人名。前蜀僧人。事見本書本卷。

[4]“永平元年十一月”至“貴倖皆怨之”：《蜀檮杌》卷上。

[5]“三月”至“其祚永昌”：《蜀檮杌》卷上。《新五代史》卷六三《前蜀世家》記其事：“初，田令孜之爲監軍也，盜唐傳國璽入於蜀而埋之，二月，尚食使歐陽柔治令孜故第，穿地而得之，以獻。”

[6]光禄卿：官名。南朝梁天監七年（508）改光禄勳置，隋唐沿置。掌宫殿門户、帳幕器物、百官朝會膳食等。從三品。　盧玭：人名。籍貫不詳。後梁官員。事見本書本卷。

[7]將作監：官名。秦代設將作少府，唐代改將作監，其長官即爲將作監。掌宫廷器物置辦及宫室修建事宜。從三品。　李紘：人名。籍貫不詳。前蜀官員。本書僅此一見。

[8]劍州：州名。治所在今四川劍閣縣。　木連理：不同樹木的樹枝長在一起，常被視爲祥瑞之兆。

[9]文州：州名。治所在今甘肅文縣。

[10]“五月”至“黄龍見富義江”：《新五代史》卷六三《前蜀世家》。

三年正月，麟見永泰。[1]五月，騶虞見壁山，[2]有二鹿隨之。秋七月，皇太子元膺殺太子少保唐襲。[3]元膺，建次子也，初名宗懿，後更名宗坦，建得銅牌子於什倣，[4]有文二十餘字，建以爲符讖，因取之以名諸子，故又更曰元膺。元膺爲人猳喙齲齒，[5]多材藝，能射錢中孔，嘗自抱畫球擲馬上，馳而射之，無不中。年十七，爲皇太子，判六軍，創天武神機營，[6]開永和府，置官屬。建以元膺年少任重，以記事戒之，令"一切學朕所爲，則可以保國"。又命道士廣成先生杜光庭爲之師。[7]唐襲，建之嬖也，元膺易之，屢謔於朝，建懼其交惡，乃罷襲樞密使，出爲興元節度使。已而襲罷歸，元膺廷疏其過失，建益不悦。是月七夕，元膺召諸王大臣置酒，而集王宗翰、樞密使潘峭、翰林學士毛文錫不至，[8]元膺怒曰："集王不來，峭與文錫教之耳。"明日，元膺白建峭及文錫離間語。建怒，將罪之。元膺出而襲入，建以問之，襲曰："太子謀作亂，欲召諸將、諸王以兵錮之，然後舉事爾。"建疑之，襲請召營兵入衛。元膺初不爲備，聞襲召兵，以爲誅己，乃與伶人安悉香、軍將喻全殊率天武兵自衛，遣人擒峭及文錫而笞之，幽於其家。召大將徐瑶、常謙率兵出拒襲，[9]與襲戰神武門，襲中流矢，墜馬死。建遣王宗賀以兵討之，元膺兵敗皆潰去，元膺匿躍龍池檻中。明日，出而丐食，蜀人識之，以告，建遣宗翰招諭之，宗翰未至，爲衛兵所殺。建乃立其幼子鄭王宗衍爲太子。[10]白龍見邛州江。[11]

[1]永泰：縣名。治所在今四川鹽亭縣。

[2]壁山：縣名。治所在今重慶市璧山區。

[3]太子少保：官名。與太子少師、太子少傅統稱太子三少。

隋唐以後多作加官或贈官。從二品。

[4]什仿：縣名。即什邡。治所在今四川什邡市。

[5]猳喙齲齒：形容牙齒外露。

[6]判六軍：官名。即判六軍諸衛事。沿唐代舊制，置六軍諸衛，以判六軍諸衛事爲禁軍六軍與諸衛的最高統帥。　天武神機營：部隊番號。本書僅此一見。

[7]杜光庭：人名。處州縉云（今浙江縉雲縣）人，一説長安（今陝西西安市）人。唐末、五代道士、官員。事見本書本卷。

[8]集王宗翰：人名。即王宗翰。籍貫不詳。王建養子，前蜀將領。事見本書本卷。　潘峭：人名。籍貫不詳。前蜀官員。本書僅此一見。　毛文錫：人名。高陽（今河北高陽縣）人，一作南陽（今河南南陽市）人。五代十國官員、文人。事見本書本卷。

[9]伶人：古代對戲曲藝人的稱呼。　安悉香：人名。籍貫不詳。前蜀宫廷藝人。本書僅此一見。　喻全殊：人名。籍貫不詳。前蜀軍官。本書僅此一見。　徐瑶：人名。籍貫不詳。前蜀軍官。本書僅此一見。　常謙：人名。籍貫不詳。前蜀軍官。本書僅此一見。

[10]宗衍：人名。王建之子。事見本書本卷。

[11]“三年正月”至“白龍見邛州江”：《新五代史》卷六三《前蜀世家》。

四年二月，以太子衍判内外六軍事。[1]詔以東宫爲崇賢府，凡文學道德之士，得以延納訪問。重陽，建出遊寶曆寺，妃后皆從。其日，宫女四人逃匿，搜尋不獲。明日得之，乃寺僧誘之，藏於民家，與僧二十二人同斬于龜化橋。[2]荆南高季昌侵蜀巫山，[3]遣嘉王宗壽敗之於瞿唐。[4]八月，殺黔南節度使王宗訓。[5]冬，南蠻攻掠界上，建遣夔王宗範擊敗之於大渡河。[6]麟見昌州。[7]

五年，起壽昌殿於龍興宫，畫建像於壁。又起扶天閣，畫諸功臣像。十一月，大火，焚其宫室。遣王宗儔等攻岐，取其秦、鳳、階、成四州，[8]至大散關。[9]梁將劉知俊奔鳳翔，[10]李茂貞以爲大將，稍侵建之東川。建出兵拒戰，爲知俊所敗，興、鳳皆没焉。[11]後知俊自岐奔蜀，建厚禮之，任爲上將，令擊茂貞，復收興、鳳二州。茂貞登陴自守，知俊修兵攻其屬郡，茂貞之秦、隴、階、涇皆陷於蜀。[12]十二月，御大安門，受秦、鳳、階、成之俘。大赦，改元通正。[13]時大霖雨，禱於奇相之祠。[14]

[1]判内外六軍事：官名。唐代置六軍諸衛，以判六軍諸衛事，爲禁軍六軍與諸衛的最高統帥。

[2]"四年二月"至"與僧二十二人同斬于龜化橋"：《蜀檮杌》卷上。

[3]荆南：即五代十國之南平國。　高季昌：人名。陝州硤石（今河南三門峽市陝州區）人。五代十國南平（荆南）開國君主。傳見本書卷一三三、《新五代史》卷六九。　巫山：縣名。治所在今重慶巫山縣。

[4]嘉王宗壽：人名。即王宗壽。許州（今河南許昌市）人。五代十國前蜀高祖王建養子，封嘉王。事見《新五代史》卷六三。　瞿唐：地名。位於今重慶巫山縣。

[5]王宗訓：人名。王建養子，前蜀官員。事見本書本卷。

[6]宗範：人名。即王宗範。王建養子，前蜀官員。事見本書本卷。　大渡河：水名。古名渽水、涐水、沬水、羊山江（陽山江）、銅河、中鎮水。位於今四川西部，爲岷江最大支流。

[7]昌州：州名。治所在今重慶大足區。

[8]王宗儔（chóu）：人名。王建養子，前蜀官員。事見本書本卷。　階：州名。治所在今甘肅康縣西。　成：州名。治所在今甘肅成縣。

[9]大散關：關隘名。位於今陝西寶鷄市大散嶺上。　“荆南高季昌侵蜀巫山”至“至大散關”：《新五代史》卷六三《前蜀世家》。

[10]劉知俊：人名。徐州沛縣（今江蘇沛縣）人。唐末、五代將領。先後隸時溥、朱温、李茂貞、王建。傳見本書卷一三、《新五代史》卷四四。

[11]“梁將劉知俊奔鳳翔”至“興、鳳皆没焉”：明本《册府》卷二三四《僭僞部・兵敗門》。

[12]“後知俊自岐奔蜀”至“茂貞之秦、隴、階、涇皆陷於蜀”：明本《册府》卷二三一《僭僞部・征伐門》。

[13]通正：前蜀高祖王建年號（916）。

[14]“十二月”至“禱於奇相之祠”：《蜀檮杌》卷上。

通正元年，遣王宗綰等率兵十二萬出大散關攻岐，[1]取隴州。八月，起文思殿，以清資五品正員官購群書以實之，以内樞密使毛文錫爲文思殿大學士。[2]黄龍見大昌池。十月，大赦。十二月，又改明年元曰天漢，國號漢。[3]天漢元年正月，封張飛爲靈應王，鄧艾爲彰順王，張儀爲昌化王。[4]五月，祀黄帝於南郊。[5]翌日，祀地祇於方丘。[6]六月，賜百官飛雪丸。十一月，祀昊天上帝於圜丘。[7]大風拔木，幕幄皆裂。[8]殺劉知俊。十二月，大赦，改明年元曰光天，復國號蜀。[9]

[1]王宗綰：人名。籍貫不詳。王建養子，前蜀官員。本書僅

此一見。

［2］清資：泛指中古時期“清流”士族所任之清貴官職。　正員官：即“職有常守”“位有常員”之職事官的别稱。　内樞密使：官名。唐玄宗時以宦官爲中使，掌上傳下達，憲宗時正式稱樞密使。

［3］天漢：前蜀高祖王建年號（917）。　“通正元年”至“國號漢”：《新五代史》卷六三《前蜀世家》。

［4］張飛：人名。涿郡（今河北涿州市）人。三國蜀漢將領。傳見《三國志》卷三六。　鄧艾：人名。義陽棘陽（今河南南陽市）人。三國曹魏將領。率兵滅亡蜀漢。傳見《三國志》卷二八。　張儀：人名。魏國人。戰國縱横家。傳見《史記》卷七〇。

［5］黄帝：遠古傳説人物。傳見《史記》卷一。

［6］地祇：地神。　方丘：祭地場所。圜丘祭天，方丘祭地。

［7］昊天上帝：昊天爲天之總神。上帝爲南郊所祭受命帝。《周禮·春官·大宗伯》：“以禋祀祀昊天上帝。”鄭玄注：“昊天上帝，冬至於圜丘所祀天皇大帝。”　圜丘：又名圓丘。古代帝王祭天的祭壇。《周禮·春官·大司樂》：“冬日至，於地上之圜丘奏之。”賈公彦疏：“案《爾雅》：土之高者曰丘。取自然之丘。圜者，象天圜。”

［8］“天漢元年正月”至“幕幄皆裂”：《蜀檮杌》卷上。

［9］光天：前蜀高祖王建年號（918）。　“殺劉知俊”至“復國號蜀”：《新五代史》卷六三《前蜀世家》。

光天二年四月，[1]有狐嘷於寢室，鵂鶹鳴於帳中，鵜鶘集於摩訶池。[2]建因感疾甚篤，召大臣賜坐，示手書曰：“朕比遭亂離，以干戈定秦蜀，賴卿等忠勤夾輔，遂正名號，撫有神器。兢兢業業，懼不負荷，幸托天地之靈，廟社之貺，方隅底定，民黎樂康，二氣協暢，五穀豐稔。然以萬機之大，不免勤勞於夙夜，感此疾恙，藥石弗救。太子雖幼有賢德，然次不當立，卿等固請於外，后妃亦甚篤愛，朕不能違，立爲儲貳。勉力輔戴，無墜我邦家之休！”又謂曰：“太子若不克荷，但置之別宮，選立賢者，慎勿害之。徐氏兄弟但優與俸禄，[3]以豐其家，勿令掌兵，以速其禍。”詔太子入侍疾。六月，建薨，年七十二。僞謚神武聖文孝德明惠皇帝，廟號高祖，葬永陵。[4]建晚年多内寵，賢妃徐氏與妹淑妃，皆以色進，專房用事，交結宦者唐文扆等於與外政，[5]建年老昏耄，文扆判六軍，事無大小，皆決文扆。及建疾，以兵入宿衛，謀盡去建故將。故將聞建疾，皆不得入見，久之，宗弼等排闥入，言文扆欲爲變，乃殺之。建因以老將大臣多許昌故人，必不爲太子用，思擇人未得而疾亟，乃以宦者宋光嗣爲樞密使判六軍而建卒。[6]太子立，去“宗”名“衍”。[7]

[1]光天二年：《新五代史》卷六三《前蜀世家》作“光天元年”。《蜀檮杌》以上年改元爲元年，《新五代史》稱明年改元，故有“元”“二”之別，實則一年也（918）。

[2]鵂（xiū）鶹（liú）：貓頭鷹的別稱。　鶢（yuán）鶋（jū）：一種海鳥。性好鳴。

[3]徐氏：王建有賢妃、淑妃徐氏姐妹。賢妃爲前蜀後主王衍之母。

[4]“光天二年四月”至“葬永陵”：《蜀檮杌》卷上。

[5]唐文扆：人名。籍貫不詳。前蜀宮廷宦官，趁王建年老神衰而干預朝政。事見本書本卷。

[6]宋光嗣：人名。籍貫不詳。前蜀宮廷宦官。王衍時一度大

權在握，後爲王衍所殺。事見本書本卷。

［7］“建晚年多内寵”至“去‘宗’名‘衍’”：《新五代史》卷六三《前蜀世家》。

衍，建之幼子也。[1]衍自童年即能屬文，甚有才思，尤能爲艷歌。或有所著，蜀人皆傳誦焉。[2]建卒，衍襲僞位，改元乾德。[3]封建子宗壽爲嘉王，宗弼爲六軍使。又有宗勳、宗儼、宗昱。[4]六年十二月，改明年爲咸康。[5]秋九月，衍奉其母、徐妃同遊於青城山，[6]駐於上清宫。時宫人皆衣道服，頂金蓮花冠，衣畫雲霞，望之若神仙，及侍宴，酒酣，皆免冠而退，則其髻髽然。又構怡神亭，以佞臣韓昭等爲狎客，雜以婦人，以恣荒宴，或自旦至暮，繼之以燭。僞嘉王宗壽侍宴，因以社稷國政爲言，言發涕流，至於再三。同宴佞臣潘在迎等並奏衍云：[7]“嘉王好酒悲。”因翻恣諧謔，取笑而罷。自是忠正之臣結舌矣。[8]

［1］衍，建之幼子也：《大典》卷三一九三“臣”字韻“事韻三”事目。

［2］“衍自童年即能屬文”至“蜀人皆傳誦焉”：明本《册府》卷二二八《僭僞部·好文門》。

［3］建卒，衍襲僞位，改元乾德：《大典》卷三一九三。《輯本舊史》卷六一《安重霸傳》：“蜀後主王衍，幼年襲位，其政多僻。宦官王承休居中用事，與成都尹韓昭内外相結，專採擇聲色，以固寵幸。武臣宿將，居常切齒。”　乾德：前蜀後主王衍年號（919—924）。

［4］“封建子宗壽爲嘉王”至“又有宗勳、宗儼、宗昱”：明

本《册府》卷二二四《僭僞部·宗族門》。

[5]咸康：前蜀後主王衍年號（925）。

[6]青城山：山名。位於今四川都江堰市。

[7]潘在迎：《輯本舊史》之影庫本粘籤："在迎，原本作'在凝'，今從《九國志》改正。"見《九國志》卷六《前蜀》。

[8]"六年十二月"至"自是忠正之臣結舌矣"：《大典》卷三一九三。亦見明本《册府》卷二一九《僭僞部·年號門》。

時中國多故，衍得以自安。唐莊宗平梁，遣使告捷於蜀。蜀人恟懼，[1]致禮復命，稱"大蜀國主致書上大唐皇帝"。詞理稍抗，莊宗不能容，遣客省使李嚴報聘，[2]且市宫中珍玩，蜀人皆禁而不出。衍既沖騃，[3]軍國之政，咸委於人。有王宗弼者，爲六軍使，總外任；宋光嗣者，爲樞密使，總内任。洎嚴至蜀，光嗣等曲宴，因言中國近事，嚴亦引近事折之，語在嚴傳。光嗣等聞嚴辯對，畏而奇之。及嚴使還，奏莊宗曰："王衍騃童耳，宗弼等總其兵柄，但益家財，不卹民事。君臣上下，唯務窮奢。其舊勳故老，棄而不任，蠻蜑之人，痛深瘡痏。以臣料之，大兵一臨，望風瓦解。"莊宗深然之，遂蒐兵括馬，有平蜀之志。[4]

[1]蜀人恟懼：明本《册府》卷二三二《僭僞部·稱藩門》作"蜀人惱懼"。

[2]客省使：官名。唐代宗時始置，五代沿置。客省長官，掌接待四方奏計及外族使者。

[3]沖騃（sì）：年幼無知。

[4]"時中國多故"至"有平蜀之志"：《大典》卷六八四九

“王”字韻“姓氏（三四）”事目。亦見明本《册府》卷二三二、卷二三三《僭僞部·矜大門》。《輯本舊史》卷二九《唐莊宗紀三》天祐十八年（921）正月條：“淮南楊溥、西川王衍皆遣使致書，勸帝嗣唐帝位，帝不從。”同書卷三一《唐莊宗紀五》同光二年（924）正月壬子條：“蜀主王衍致書於帝，稱有詐爲天使，馳報收復汴州者，詔捕之，不獲。”同書卷三二《唐莊宗紀六》同光二年七月戊午條：“西川王衍遣僞署户部侍郎歐陽彬來朝貢，稱‘大蜀皇帝上書大唐皇帝’。”同書卷三三《唐莊宗紀七》同光三年八月戊辰條：“客省使李嚴使蜀回。初，帝令往市蜀中珍玩，蜀法嚴峻，不許奇貨東出，其許市者謂之‘入草物’。嚴不獲珍貨，歸而奏之。帝大怒曰：‘物歸中夏者命之曰“入草”，王衍寧免爲入草之人耶！’由是伐蜀之意鋭矣。”《宋本册府》卷六五六《奉使部·立功門》後唐李嚴條：嚴使於蜀，“時王衍專據，坤維部曲離心，知其必可取。使還，具奏蜀主之狀，興師之日，必有成功”。

唐師未起時，僞東川節度使宋光葆獻計於衍云：[1]“唐國兵强，不早爲謀，後將焉救。請於嘉州沿江造戰艦五百艘，募水軍五千，自江下峽，臣以東師出襄、鄧，水陸俱進，東北沿邊嚴兵據險，南師出江陵，利則進取，否則退保硤口。[2]又選三蜀驍壯三萬，急攻岐、雍，東據河潼，北招契丹，[3]啗以美利，見可則進，否則據散關以固吾圉，事縱不捷，亦攻敵人之心矣。”衍不從。[4]

[1]宋光葆：中華書局本有校勘記：“原作‘宋承葆’，據本書卷三三《唐莊宗紀》七、《册府》卷一二三、《通鑑》卷二七三改。”見《輯本舊史》卷三三《唐莊宗紀七》同光三年（925）九

月詔書、十月己丑條，《通鑑》卷二七三同光二年四月己巳條、同光三年十月戊子條，明本《册府》卷一二三《帝王部·征討門三》唐莊宗同光三年九月制。

［2］硤口：地名。即西陵峽口。位於今湖北宜昌市夷陵區西。

［3］雍：地名。即京兆府，治所在今陝西西安市。　河潼：黄河和潼關。　契丹：古部族、政權名。公元4世紀中葉宇文部爲前燕攻破，始分離而成單獨的部落，自號契丹。唐貞觀中，置松漠都督府，以其首領爲都督。唐末强盛，916年迭剌部耶律阿保機建立契丹國（遼）。先後與五代、北宋並立，保大五年（1125）爲金所滅。參見張正明《契丹史略》，中華書局1979年版。

［4］“唐師未起時”至“衍不從”：《大典》卷六八四九“王”字韻“姓氏（三四）”事目。

唐同光三年九月十日，莊宗下制伐蜀。命興聖宫使魏王繼岌爲都統，[1]樞密使郭崇韜爲行營都招討。[2]其月十八日，魏王統闕下諸軍發洛陽。[3]

［1］興聖宫：宫殿名。位於今河北大名縣。

［2］行營都招討：官名。即行營都招討使。五代時掌一方招撫討伐等事務。戰時任命，兵罷則省。常以大臣、將帥或地方軍政長官兼任。

［3］“唐同光三年九月十日”至“魏王統闕下諸軍發洛陽”：《大典》卷六八四九“王”字韻“姓氏（三四）”事目。《輯本舊史》卷三三《唐莊宗紀七》同光三年（925）九月乙未條：“制封第三子鄴都留守、興聖宫使、檢校太尉、同平章事、判六軍諸衛事繼岌爲魏王。”同月庚子條：“是日，命大舉伐蜀。”此條以下録莊宗詔書，言伐蜀之原因、諸將任命情况及進發時間（九月十八日）。今不録詔書原文。同月辛丑條：“授魏王繼岌諸道行營都統，餘如

故。繼岌既受都統之命，以梁漢顒充中軍馬步都虞候兼馬步軍都指揮使，張廷蘊爲中軍步軍都指揮使，牛景章充中軍左廂馬軍都指揮使，沈斌充中軍右廂馬軍都指揮使，卓瓌充中軍左廂步軍都指揮使，王贇充中軍右廂步軍都指揮使，供奉官李從襲充中軍馬步軍都監，高品李廷安、吕知柔充魏王衙通謁。詔工部尚書任圜、翰林學士李愚参魏王軍事。”同月戊申條：“魏王繼岌、樞密使侍中郭崇韜進發西征。”同年十月戊寅條：“西征之師入大散關，僞命鳳州節度使王承捷、故鎮屯駐指揮使唐景思次第迎降，得兵一萬二千、軍儲四十萬。又下三泉，得軍儲三十餘萬。自是師無匱乏，軍聲大振。”同月辛巳條：“僞興州刺史王承鑒、成州刺史王承朴棄城遁去，康延孝大破蜀軍於三泉。時王衍將幸秦州，以其軍五萬屯於利州。聞我師至，遣步騎三萬逆戰於三泉，延孝與李嚴以勁騎三千擊之，蜀軍大敗，斬首五千級，餘衆奔潰。王衍聞敗，自利州奔歸成都，斷吉柏津浮梁而去。”同月己丑條：“魏王繼岌至興州，僞東川節度使宋光葆以梓、綿、劍、龍、普五州來降，武定軍使王承肇以洋、蓬、壁三州來降，興元節度使王宗威以梁、開、通、渠、麟五州來降，階州刺史王承岳納符印請命，秦州節度使王承休棄城自扶州路奔於西川。”

十一月二十一日，魏王至德陽，[1]衍報云：“比與將校謀歸國，僞樞密使宋光嗣、景潤澄，南北院宣徽使李周輅、歐陽晃等四人異謀熒惑，臣各已處斬，今送納首級。”[2]是日，衍上表曰：“臣衍先人建，久在坤維，受先朝寵澤，一開土宇，將四十年。頃以梁孽興災，洪圖板蕩，不可助逆，遂乃從權，勉徇衆情，止王三蜀，固非獲已，未有所歸。臣輒紹鎡基，且安生聚。臣衍誠惶誠恐，伏惟皇帝陛下，嗣堯舜之業，陳湯武之師，廓定寰區，削平凶逆，梯航垂集，文軌渾同。臣方議改圖，便期納款，遽聞王師致討，實抱驚危。今則將千里之封疆，盡爲王土；冀萬家之臣妾，皆沐皇恩。必當輿櫬乞降，負荆請命。伏惟皇帝陛下，迴照臨之造，施覆幬之仁，别示哀矜，以安反側。儻墳塋而獲祀，實存没以知歸，臣無任望恩虔禱之至。乙酉年十一月日，[3]臣王衍上表。”其月二十七日，魏王至成都北五里昇仙橋，僞百官班於橋下，衍乘行輿至，素衣白馬，牽羊，草索系首，面縛銜璧，輿櫬而後。[4]魏王下馬受其璧，崇韜釋其縛，及燔其櫬，衍率僞百官東北舞蹈謝恩。禮畢，拜，魏王、崇韜、李嚴皆答拜。二十八日，王師入成都，自起師至入蜀城，凡七十五日。[5]

[1]德陽：縣名。治所在今四川德陽市。

[2]“衍報云”至“今送納首級”：《輯本舊史》之原輯者案語：“案《蜀檮杌》：皇太子開崇賢府，募兵以拒唐師。”

[3]乙酉年十一月日：中華書局本有校勘記：“‘乙酉’原作‘己酉’，據《册府》卷四二七改。按同光三年爲乙酉年。”又《輯本舊史》之原輯者案語：“以下原本殘闕。”

[4]輿櫬：把棺材裝在車子上，表示有罪當死或就死之意。素衣、牽羊，草索繫首、肉袒、銜璧、輿櫬，都是古代請求投降的具體儀節。

[5]“十一月二十一日”至“凡七十五日”：《大典》卷六八四九“王”字韻“姓氏（三四）”事目。《輯本舊史》卷三三《唐莊宗紀七》同光三年（925）十一月辛丑條：“辛丑，魏王過利州，帝賜王衍詔，諭以禍福。”同月甲辰條：“魏王至劍州，僞武信軍節度使王宗壽以遂、合、渝、瀘、忠五州來降。”同月丁未條：“康延

孝、李嚴至漢州，王衍遣人送牛酒請降，李嚴遂先入成都。”同月己酉條：“魏王至綿州，王衍遣使上牋歸命。”其上牋原文，見明本《册府》卷四二七《將帥部·受降門》，今從略。

莊宗召衍入洛，賜衍詔曰：“固當列土而封，必不薄人于險，三辰在上，[1]一言不欺！”衍捧詔，忻然就道，率其宗族及僞宰相王鍇、張格、庾傳素、許寂、翰林學士李昊等，[2]及諸將佐家族數千人以東。同光四年四月，行至秦川驛，莊宗用伶人景進計，遣宦者向延嗣誅其族。[3]衍母徐氏臨刑呼曰：“吾兒以一國迎降，反以爲戮，信義俱棄，吾知其禍不旋踵矣！”衍妾劉氏，鬒髮如雲而有色，[4]行刑者將免之，劉氏曰：“家國喪亡，義不受辱！”遂就死。[5]

[1]三辰：中國古代對日、月、星的稱謂。

[2]庾傳素：人名。籍貫不詳。前蜀官員。事見本書本卷。　許寂：人名。籍貫不詳。前蜀官員。傳見本書卷七一。　李昊：人名。籍貫不詳。前蜀、後蜀官員。事見本書本卷。

[3]秦川驛：驛名。在今陝西西安市西北。　景進：人名。籍貫不詳。五代後唐莊宗朝伶官。傳見《新五代史》卷三七。　向延嗣：人名。籍貫不詳。後唐宦官。事見《通鑑》卷二七四。

[4]鬒（zhěn）髮如雲：長髮秀美，形容人物美麗。

[5]“莊宗召衍入洛”至“遂就死”：《新五代史》卷六三《前蜀世家》。《輯本舊史》卷三四《唐莊宗紀八》同光四年（926）正月壬戌條：“西川王衍父子及僞署將相官吏，除已行刑憲外，一切釋放。”參見明本《册府》卷九二《帝王部·赦宥門》莊宗制。《輯本舊史》卷三四《唐莊宗紀八》同光四年二月辛亥條：“西京

上言，客省使李嚴押蜀主王衍至本府。”明本《册府》卷一二《帝王部·告功門》：“有司奏僞蜀主王衍到闕日，准禮差官告太微宫、太廟、太稷、武成王廟。從之。”《輯本舊史》卷三四《唐莊宗紀八》同光四年三月甲子條：“元行欽請車駕幸汴州，帝將發京師，遣中官向延嗣馳詔所在誅蜀主王衍。仍夷其族。”同書卷三六《唐明宗紀二》天成元年（926）五月丁丑條：天成元年五月“丁丑，西都衙内指揮使張籛進納僞蜀主王衍犀玉帶各二條、馬一百五十匹。初，莊宗遣中官向延嗣就長安之殺王衍也，旋屬蕭牆之禍，延嗣藏竄，不知所之，而衍之資裝妓樂並爲籛所有，復懼事泄，故聊有此獻。”同書卷三九《唐明宗紀五》天成三年七月乙巳條：“詔故僞蜀主王衍追封順正公，以諸侯禮葬。”《輯本舊史》於《王衍傳》後録《五代史補》：“王建在許下時，尤不逞，嘗坐事遭徒，但無杖痕爾。及據蜀，得馬涓爲從事，涓好詆訐，建恐爲所譏，因問曰：‘竊聞外議，以吾曾遭徒刑，有之乎？’涓對曰：‘有之。’建恃無杖痕，且對衆，因袒背以示涓曰：‘請足下試看，有遭杖責而肌肉如是耶？’涓知其詐，乃撫背而嘆曰：‘大奇，當時何處得此好膏藥來。’賓佐皆失色，而涓晏然。王建之僭號也，惟翰林學士最承恩顧，侍臣或諫其禮過，建曰：‘蓋汝輩未之見也。且吾在神策軍時，主内門魚鑰，見唐朝諸帝待翰林學士，雖交友不若也。今我恩顧，比當時才有百分之一爾，何謂之過當耶！’論者多之。杜光庭，長安人。應《九經》舉不第。時長安有潘尊師者，道術甚高，僖宗所重。光庭素所希慕，數遊其門。當僖宗之幸蜀也，觀蜀中道門牢落，思得名士以主張之。駕回詔潘尊師使於兩街，求其可者。尊師奏曰：‘臣觀兩街之衆，道聽塗説，一時之俊即有之，至於掌教之士，恐未合應聖旨。臣於科場中識《九經》杜光庭，其人性簡而氣清，量寬而識遠，且困於風塵，思欲脱屣名利久矣。以臣愚思之，非光庭不可。’僖宗召而問之，一見大悦，遂令披戴，仍賜紫衣，號曰廣成先生，即日馳驛遣之。及王建據蜀，待之愈厚，又號爲天師。光庭嘗以《道》《德》二經注者雖多，皆未能演暢其旨，因著

《廣成義》八十卷，他術稱是，識者多之。”

王宗弼，許人也。本姓魏，名弘夫，建録爲養子。[1]景福元年，（王建）遂攻顧彦暉。彦暉請救于楊守亮，遣楊子彦戍梓，[2]執建大將宗弼，彦暉責曰：“王公何以見討？君爲大將，不諫云何？”宗弼謝罪，即解縛，使就館，帟幕衾服皆具，更養爲子，改名琛。[3]建攻顧彦暉，宗弼常以建語泄之彦暉者。[4]乾寧四年十月，建攻梓州益急。庚申，顧彦暉聚其宗族及假子共飲，遣王宗弼自歸于建。[5]

[1]許：州名。治所在今河南許昌市。　許人也：據《通鑑》卷二五七光啓三年（887）十一月條補。　“王宗弼”至“建録爲養子”：《新五代史》卷六三《王宗弼傳》。

[2]楊子彦：人名。籍貫不詳。唐末將領。本書僅此一見。

[3]帟幕：帳幕。　衾（qīn）：被子。　“景福元年”至“改名琛”：《新唐書》卷一八六《顧彦暉傳》。《通鑑》卷二六〇繫此事於乾寧二年（895）。

[4]建攻顧彦暉，宗弼常以建語泄之彦暉者：《新五代史》卷六三《王宗弼傳》。《通鑑》卷二五八大順二年十二月條：“癸卯，彦暉求救於王建；甲辰，建遣其將華洪、李簡、王宗侃、王宗弼救東川。建密謂諸將曰：‘爾等破賊，彦暉必犒師，汝曹於行營報宴，因而執之，無煩再舉。’宗侃破守厚七砦，守厚走歸綿州。彦暉具犒禮，諸將報宴，宗弼以建謀告之，彦暉乃以疾辭。”

[5]“乾寧四年十月”至“遣王宗弼自歸于建”：《通鑑》卷二六一乾寧四年十月條。《新五代史》卷六三《王宗弼傳》：“建待之如初。”

貞明四年五月，[1]蜀主自永平末得疾，昏瞀，至是增劇；以北面行營招討使兼中書令王宗弼沉静有謀，五月，召還，以爲馬步都指揮使。[2]召大臣入寢殿，告之曰："太子仁弱，朕不能違諸公之請，踰次而立之；若其不堪大業，可置諸别宫，幸勿殺之。但王氏子弟，諸公擇而輔之。徐妃兄弟，止可優其禄位，慎勿使之掌兵預政，以全其宗族。"内飛龍使唐文扆久典禁兵，[3]參預機密，欲去諸大臣，遣人守宫門；王宗弼等三十餘人日至朝堂，不得入見，文扆屢以蜀主之命慰撫之，伺蜀主殂，即作難。遣其黨内皇城使潘在迎偵察外事，[4]在迎以其謀告宗弼等；宗弼等排闥入，言文扆之罪，以天册府掌書記崔延昌權判六軍事，[5]召太子入侍疾。辛丑，以宋光嗣爲内樞密使，與兼中書令王宗弼、宗瑶、宗綰、宗夔並受遺詔輔政。[6]七月，壬申朔，蜀主以兼中書令王宗弼爲鉅鹿王。蜀主不親政事，内外遷除皆出於王宗弼。宗弼納賄多私，上下咨怨。[7]

[1]貞明：後梁末帝朱友貞年號（915—921）。

[2]行營招討使：官名。唐始置。戰時任命，兵罷則省。常以大臣、將帥或地方軍政長官兼任。掌招撫討伐等事務。　馬步都指揮使：官名。五代時侍衛親軍之長官。多爲皇帝親信。

[3]内飛龍使：官名。唐代掌閑厩御馬之内使。五代沿置。

[4]皇城使：官名。唐末始置，爲皇城司的長官，一般爲君主的親信充任，以拱衛皇城。　潘在迎：人名。籍貫不詳。前蜀官員。事見本書本卷。

[5]天册府：官署名。即"天策府"。唐武德四年（621）唐高

祖李淵因李世民功高而爲其專設，位在王公之上，可自置官署。後世多有模仿。乾化四年（914），王建曾開設天策府。　掌書記：官名。唐制，唐、五代節度、觀察等使所屬均有掌書記一職，位在副使、判官之下，掌表奏書檄。遼節度使亦置。　崔延昌：人名。籍貫不詳。前蜀官員。事見本書本卷。

[6]宗夔：人名。即王宗夔。籍貫不詳。當爲王建義子。事見本書本卷。　“貞明四年五月”至“與兼中書令王宗弼、宗瑶、宗綰、宗夔並受遺詔輔政”：《通鑑》卷二七〇貞明四年（918）五月條。

[7]“七月”至“上下咨怨”：《通鑑》卷二七〇貞明四年七月條。

同光二年九月，[1]蜀前山南節度使兼中書令王宗儔以蜀主失德，與王宗弼謀廢立，宗弼猶豫未决。庚戌，宗儔憂憤而卒。宗弼謂樞密使宋光嗣、景潤澄等曰：[2]“宗儔教我殺爾曹，今日無患矣。”光嗣輩俯伏泣謝。宗弼子承班聞之，謂人曰：“吾家難乎免矣。”[3]三年九月，蜀安重霸勸王承休請蜀主東遊秦州。[4]承休到官，即毁府署，作行宫，大興力役，强取民間女子教歌舞，圖形遺韓昭，[5]使言於蜀主；又獻花木圖，盛稱秦州山川土風之美。蜀主將如秦州，群臣諫者甚衆，皆不聽；王宗弼上表諫，蜀主投其表於地；太后涕泣不食，止之，亦不能得。[6]十月己卯，蜀主至利州，威武敗卒奔還，[7]始信唐兵之來。王宗弼、宋光嗣言於蜀主曰：“東川、山南兵力尚完，陛下但以大軍扼利州，唐人安敢懸兵深入！”從之。以隨駕清道指揮使王宗勳、王宗儼、兼侍中王宗昱爲三招討，[8]將兵三萬逆戰。從駕兵自綿、漢至深渡，[9]千里相屬，皆怨憤，曰：“龍武軍糧賜倍於他軍，他軍安能禦敵!”蜀主聞王宗勳等敗，自利州倍道西走，斷桔柏津浮梁；[10]命中書令、判六軍諸衛事王宗弼將大軍守利州，且令斬王宗勳等三招討。郭崇韜遺王宗弼等書，[11]爲陳利害；李紹琛未至利州，[12]宗弼棄城引兵西歸。王宗勳等三招討追及宗弼於白芀，[13]宗弼懷中探詔書示之曰：“宋光嗣令我殺爾曹。”因相持而泣，遂合謀送款於唐。[14]

[1]同光：後唐莊宗李存勗年號（923—926）。

[2]景潤澄：人名。籍貫不詳。前蜀宦官。事見本書本卷。

[3]“同光二年九月”至“吾家難乎免矣”：《通鑑》卷二七三同光二年（924）九月條。

[4]安重霸：人名。雲州（今山西大同市）人。唐末、五代將領。傳見本書卷六一、《新五代史》卷四六。　王承休：人名。籍貫不詳。前蜀宦官。事見本書本卷。

[5]韓昭：人名。籍貫不詳。前蜀官員。事見本書本卷。

[6]“三年九月”至“亦不能得”：《通鑑》卷二七三同光三年九月條。

[7]威武：堡寨名。即威武城。前蜀王建構築。位於今陝西鳳縣東北。

[8]清道指揮使：官名。中國古代皇帝出巡時的侍從官，多掌禮儀之職。　王宗勳：人名。籍貫不詳。王建養子，前蜀官員。事見本書本卷。　王宗儼：人名。籍貫不詳。王建養子，前蜀官員。事見本書本卷。　侍中：官名。秦始置。隋、唐前期爲門下省長官。唐後期多爲大臣加銜，不參與政務，實際職務由門下侍郎執行。正二品。　王宗昱：人名。籍貫不詳。王建養子，前蜀官員。

事見本書本卷。

[9]深渡：渡口名。位於今四川廣元市東北大小漫山間的嘉陵江。

[10]桔柏津：渡口名。位於今四川廣元市西南昭化鎮北白龍江注入嘉陵江處。

[11]郭崇韜：人名。代州雁門（今山西代縣）人。五代後唐大臣。傳見本書卷五七、《新五代史》卷二四。

[12]李紹琛：人名。即康延孝。代北（今山西代縣）人。五代後唐將領。傳見本書卷七四、《新五代史》卷四四。

[13]白芀（tiáo）：地名。位於今四川金堂縣白芀鎮。

[14]"十月己卯"至"遂合謀送款於唐"：《通鑑》卷二七三同光三年十月條。《新五代史》卷六三《前蜀世家》："衍留王宗弼守綿谷，遣王宗勳、宗儼、宗昱率兵以拒唐師。宗勳等至三泉，望風退走。衍詔宗弼誅宗勳等，宗弼反與宗勳等合謀，送款於唐師。"

十一月，王宗弼至成都，登大玄門，嚴兵自衛。蜀主及太后自往勞之，宗弼驕慢無復臣禮。乙巳，劫遷蜀主及太后後宮諸王於西宮，收其璽綬，[1]使親吏於義興門邀取內庫金帛，悉歸其家。其子承涓杖劍入宮，取蜀主寵姬數人以歸。丙午，宗弼自稱權西川兵馬留後。宗弼遣使以幣馬牛酒勞軍，且以蜀主書遺李嚴曰：[2]"公來吾即降。"或謂嚴："公首建伐蜀之策，蜀人怨公深入骨髓，不可往。"嚴不從，欣然馳入成都，撫諭吏民，告以大軍繼至。蜀君臣後宮皆慟哭。蜀主引嚴見太后，以母妻爲托。宗弼猶乘城爲守備，嚴悉命撤去樓櫓。王宗弼稱蜀君臣久欲歸命，而內樞密使宋光嗣、景潤澄、宣徽使李周輅、歐陽晃熒惑蜀主，[3]皆斬之，函首送繼岌。[4]又責文思殿大學士、禮部尚書、[5]成都尹韓昭佞諛，梟於金馬坊門。内外馬步都指揮使兼中書令徐延瓊、[6]果州團練使潘在迎、[7]嘉州刺史顧在珣及諸貴戚皆惶恐，[8]傾其家金帛妓妾以賂宗弼，僅得免死。凡素所不快者，宗弼皆殺之。辛亥，繼岌至德陽。宗弼遣使奉箋，稱已遷蜀主於西第，安撫軍城，以俟王師。又使其子承班以蜀主後宫及珍玩賂繼岌及郭崇韜，求西川節度使，繼岌曰："此皆我家物，奚以獻爲！"[9]

[1]璽綬：天子印章及組綬。借指印璽。

[2]李嚴：人名。幽州（今北京市）人。五代後唐官員。後爲孟知祥所殺。傳見本書卷七〇、《新五代史》卷二六。

[3]宣徽使：官名。唐後期置。宣徽院的長官，初用宦官，五代以後改用士人。掌内諸司及三班内侍之名籍，郊祀、朝會、宴享供帳之儀，應内外進奉，悉檢視名物，用其印。　李周輅：人名。籍貫不詳。前蜀官員。事見本書本卷。　歐陽晃：人名。籍貫不詳。前蜀官員。事見本書本卷。

[4]繼岌：人名。即李繼岌。後唐莊宗長子。傳見本書卷五一、《新五代史》卷一四。

[5]禮部尚書：官名。尚書省禮部主官。掌禮儀、祭享、貢舉之政。正三品。

[6]徐延瓊：人名。籍貫不詳。前蜀官員。事見本書本卷。

[7]果州：州名。治所在今四川南充市。　團練使：官名。唐代中期以後，於不設節度使的地區設團練使，掌本區各州軍事。

[8]顧在珣：人名。籍貫不詳。前蜀官員。事見本書本卷。

[9]"十一月"至"奚以獻爲"：《通鑑》卷二七四同光三年（925）十一月條。《輯本舊史》卷三三《唐莊宗紀七》同光三年十

一月條：“僞六軍使王宗弼報，王衍舉家遷於西宅，宗弼權稱西川兵馬留後；又報僞樞密使宋光嗣景潤澄、宣徽使李周輅歐陽晃同有異謀，惑亂蜀主，已梟斬訖。’”明本《册府》卷四二七《將帥部·受降門》：同光三年“十一月辛亥，魏王軍到德陽。僞蜀六軍使王宗弼遣使顏守倫上箋云：‘蜀主王衍，已出府第，舉家遷於西宅。王宗弼權稱西川兵馬留後，安撫軍城，以候王師。’又言：‘宗弼欲至漢州，迎奉天軍。’其僞六軍印，沿發遣公事，且留未納。翌日，宗弼又遣人奉箋言：‘昨蜀主與將校同議款，其僞樞密使宋光嗣、景淵澄、南院宣徽使周輅、北院宣徽使歐陽晃等四人同出異謀，惑亂蜀主。臣當時梟首以徇，謹令送納。’”《新五代史》卷六三《前蜀世家》：“而宗弼亦自綿谷馳歸，登太玄門，收成都尹韓昭、宦者宋光嗣、景潤澄、歐陽晃等殺之，函首送於繼岌。衍即上表乞降，宗弼遷衍於天啓宫。”同書卷一四《李繼岌傳》：“及破蜀，蜀之貴臣大將，自王宗弼已下，皆争以蜀寶貨、妓樂奉崇韜父子，而魏王所得，匹馬、束帛、唾壺、麈柄而已。”

十二月，王宗弼之自爲西川留後也，賂崇韜求爲節度使，崇韜陽許之，既而久未得，乃帥蜀人列狀見繼岌，請留崇韜鎮蜀。從襲等因謂繼岌曰：“郭公父子專横，今又使蜀人請己爲帥，其志難測，王不可不爲之備。”繼岌謂崇韜曰：“主上倚侍中如山嶽，不可離廟堂，豈肯棄元老於蠻夷之域乎！且此非餘之所敢知也，請諸人詣闕自陳。”由是繼岌與崇韜互相疑。會宋光葆自梓州來，[1]訴王宗弼誣殺宋光嗣等；又，崇韜徵犒軍錢數萬緡於宗弼，宗弼靳之，士卒怨怒，夜，縱火諠噪。崇韜欲誅宗弼以自明，己巳，白繼岌收宗弼及王宗勳、王宗渥，皆數其不忠之罪，族誅之，籍没其家。蜀人争食宗弼之肉。[2]

[1]宋光葆：人名。籍貫不詳。前蜀宦官。事見本書本卷。

[2]“十二月”至“蜀人争食宗弼之肉”：《通鑑》卷二七四同光三年（925）十二月條。又見《輯本舊史》卷五七《郭崇韜傳》、《新五代史》卷二四《郭崇韜傳》。《新五代史》卷五《唐莊宗紀下》繫此事於同光三年十一月。

宗壽，許州民家子也。建以同姓，録之爲子。宗壽好學，工琴奕，爲人恬退，喜道家之術。[1]得一古鐵鏡，下有篆文十二字。忽照見一青衣小兒坐酒樓上，令人訪之。青衣隨至，曰：“吾失此百年矣，此神物也，終當化去，不若還我。”宗壽出而與之。”青衣剖腹，納鏡而去。小兒傳辟穀吐納之術。[2]事建時爲鎮江軍節度使，[3]衍既立，宗壽爲太子太保奉朝請，[4]以鍊丹養氣自娱。衍爲淫亂，獨宗壽常切諫之。後爲武信軍節度使。[5]

[1]“宗壽”至“喜道家之術”：《新五代史》卷六三《前蜀世家》。《蜀檮杌》逸文古鏡條云：“宗壽，建之族子。”《通鑑》卷二六七開平四年（910）十一月條：“初，唐末宦官典兵者多養軍中壯士爲子以自强，由是諸將亦傚之。而蜀主尤多，惟宗懿等九人及宗特、宗平真其子；宗裕、宗鐬、宗壽皆其族人。”

[2]“得一古鐵鏡”至“小兒傳辟穀吐納之術”：《蜀檮杌》逸文古鏡條。

[3]鎮江軍：方鎮名。治所在夔州（今重慶奉節縣）。

[4]太子太保：官名。與太子太師、太子太傅統稱太子三師。隋唐以後多作加官或贈官。從一品。　奉朝請：奉朝廷召請參加朝

會。通常爲皇帝賜予致仕官員、勳貴的榮寵。

［5］“事建時爲鎮江軍節度使”至“後爲武信軍節度使”：《新五代史》卷六三《前蜀世家》。《通鑑》卷二六七開平四年十一月條：“封嘉王。”

乾化四年正月，高季昌以蜀夔、萬、忠、涪四州舊隸荆南，[1]興兵取之，先以水軍攻夔州。時鎮江節度使兼侍中嘉王宗壽鎮忠州，夔州刺史王成先請甲，[2]宗壽但以白布袍給之。成先帥之逆戰，季昌縱火船焚蜀浮橋，招討副使張武舉鐵絙拒之，[3]船不得進。會風反，荆南兵焚溺死者甚衆。季昌乘戰艦，蒙以牛革，飛石中之，折其尾，季昌易小舟而遁。荆南兵大敗，俘斬五千級。成先密遣人奏宗壽不給甲之狀，宗壽獲之，召成先，斬之。[4]十一月，乙巳，南詔寇黎州，[5]蜀主以夔王宗範、兼中書令宗播、[6]嘉王宗壽爲三招討以擊之。丙辰，敗之於潘倉嶂，斬其酋長趙嵯政等；[7]壬戌，又敗之於山口城；[8]十二月，乙亥，破其武侯嶺十三寨；[9]辛巳，又敗之於大渡河，俘斬數萬級，蠻争走渡水，橋絶，溺死者數萬人。宗範等將作浮梁濟大渡河攻之，蜀主召之令還。[10]

［1］乾化：五代後梁太祖朱温年號（911—912）。末帝朱友貞沿用（913—915）。　涪：州名。治所在今重慶涪陵區。

［2］王成先：人名。籍貫不詳。前蜀將領。事見本書本卷。

［3］張武：人名。籍貫不詳。前蜀將領。事見本書本卷。　絙（gēng）：大繩索。

[4]“乾化四年正月”至“斬之”:《通鑑》卷二六九乾化四年(914)正月條。

[5]南詔：唐五代以烏蠻爲主體的政權。位於今雲南、貴州一帶。傳見《新五代史》卷七四。

[6]宗播：人名。即王宗播。當爲王建義子。前蜀將領。事見《通鑑》卷二六八、卷二七〇。

[7]潘倉嶂：地名。位於今四川漢源縣北。　趙嵯政：人名。南詔將領。本書僅此一見。

[8]山口城：地名。位於今四川漢源縣北。

[9]武侯嶺：山名。即今四川漢源縣以北之大相嶺。

[10]“十一月”至“蜀主召之令還”:《通鑑》卷二六九乾化四年十一月、十二月條。《輯本舊史》卷一三六《王衍傳》:“秋九月，衍奉其母、徐妃同遊於青城山，駐於上清宫。時宫人皆衣道服，頂金蓮花冠，衣畫雲霞，望之若神仙，及侍宴，酒酣，皆免冠而退，則其髻髽然。又構怡神亭，以佞臣韓昭等爲狎客，雜以婦人，以恣荒宴，或自旦至暮，繼之以燭。僞嘉王宗壽侍宴，因以社稷國政爲言，言發涕流，至於再三。同宴佞臣潘在迎等並奏衍云:‘嘉王好酒悲。’因翻恣諧謔，取笑而罷。自是忠正之臣結舌矣。”

唐師伐蜀，所在迎降，魏王嘗以書招之,[1]獨宗壽不降。聞衍已銜璧，大慟，從衍東遷，至岐陽,[2]以賂賂守者，得入見衍，衍泣下沾襟，曰:“早從王言，豈有今日。”衍死，宗壽走澠池，聞莊宗遇弑，亡入熊耳山。[3]天成二年,[4]出詣京師，上書求衍宗族葬之。明宗嘉其忠，以爲保義軍行軍司馬。[5]封衍順正公，許以諸侯禮葬之。宗壽得王氏十八喪，葬之長安南三趙村。[6]

［1］魏王：即李繼岌。

［2］銜璧：中國古代一國統治者主動投降之稱。　岐陽：縣名。治所在今陝西岐山縣。

［3］澠池：縣名。治所在今河南澠池縣。　莊宗：即後唐莊宗李存勗。五代後唐王朝的建立者。紀見本書卷二七至卷三四、《新五代史》卷四至卷五。　熊耳山：山名。位於今河南西北部、秦嶺東段。

［4］天成：後唐明宗李嗣源年號（926—930）。

［5］明宗：即五代後唐明宗李嗣源。沙陀部人。原名邈佶烈，李克用養子。926年至933年在位。紀見本書卷三五至卷四四、《新五代史》卷六。　保義軍：方鎮名。治所在陝州（今河南三門峽市陝州區）。　行軍司馬：官名。出征將領及節度使的屬官。掌軍籍符伍，號令印信，是藩鎮重要的軍政官員。

［6］三趙村：地名。位於今陝西西安市郊。　“唐師伐蜀”至“葬之長安南三趙村”：《新五代史》卷六三《前蜀世家》。

孟知祥[1]　子昶

［1］《輯本舊史》之原輯者案語：“《薛史·孟知祥傳》，《永樂大典》原闕，今採《册府元龜·僭僞部》以存梗概。”

孟知祥，字保裔，邢州龍岡人也。[1]祖察，父道，世爲郡校；伯父方立，終於邢洺節度使。[2]其叔父遷，當唐之末，據邢、洺、磁三州，[3]爲晋所虜。晋王以遷守澤潞，[4]梁兵攻晋，遷以澤潞降梁。知祥父道，獨留事晋而不顯。[5]知祥以咸通十五年甲午歲四月二十一日生，有火光照室，鄰里皆異之。有僧見而撫曰：“此五臺山靈也。”[6]幼温厚，知書樂善，武皇深器之，以其弟克讓女妻之，即瓊華長公主。[7]以爲左教練使。[8]天祐五年，莊宗嗣晋王位，改馬步軍教練使。[9]

［1］保裔：《新五代史》卷六四《後蜀世家》、《十國春秋》卷四八、《蜀檮杌》卷下、明本《册府》卷三〇二《外戚部·委任門》均作“保胤”，《九國志》卷七（清刻本）作“保允”。按：宋太祖諱“匡胤”，故諸書或改“胤”爲“允”“裔”，或略去“胤”字最末一筆，均屬避諱之例。清雍正帝諱“胤禛”，故清刻本亦未還原。今從《册府》卷二一九原文，不作更改。　邢州：州名。治所在今河北邢臺市。　龍岡：縣名。治所在今河北邢臺市。

［2］方立：人名。即孟方立。邢州平鄉（今河北平鄉縣）人。唐末將領。傳見本書卷六二、《新唐書》卷一八七、《新五代史》卷四二。　邢洺：方鎮名。治所在邢州（今河北邢臺市）。　“孟知祥”至“終於邢洺節度使”：明本《册府》卷二一九《僭僞部·姓系門》。《輯本舊史》卷二五《唐武皇紀上》龍紀元年（889）六月：“孟方立恚恨，飲鴆而死。三軍立其姪遷爲留後。”此句《輯本舊史》之原輯者案語：“《舊唐書·昭宗紀》、《歐陽史·莊宗紀》，皆以孟遷爲方立之弟，《新唐書·孟方立傳》作方立之子，《薛史·武皇紀》又作方立之姪，未詳孰是。”按：孟方立，《新五代史》卷四二、《新唐書》卷一八七、《輯本舊史》卷六二有傳。考《舊唐書》卷二〇上《昭宗紀》、《新唐書》卷一〇《昭宗紀》及卷一八七《孟方立傳》、《新五代史》卷四《唐莊宗紀上》及卷四二《孟方立傳》、《通鑑》卷二五八，並云遷爲方立之弟。《通鑑考異》亦云：“新、舊《紀》、《實録》、《薛史·方立傳》皆云立其弟遷，唯《太祖紀年録》及《薛史·武皇紀》云立其姪遷，恐誤。”此原輯者案語云“《新唐書·孟方立傳》作方立之子”誤，《輯本舊史·唐武皇紀》疑誤。

[3]遷：人名。即孟遷。邢州平鄉（今河北平鄉縣）人。唐末將領。傳見《新唐書》卷一八七。　洺：州名。治所在今河北邯鄲市永年區。　磁：州名。治所在今河北磁縣。

[4]晋王：即李克用。沙陀部人。生於神武川新城（一説是今山西朔州市朔城區之梵王寺村，一説是今山西應縣縣城，一説在今山西懷仁縣之日中城）。唐末軍閥，後唐太祖。紀見本書卷二五至卷二六，事見《新五代史》卷四。　澤潞：方鎮名。治所在潞州（今山西長治市）。

[5]“其叔父遷”至“獨留事晋而不顯”：《新五代史》卷六四《後蜀世家》。

[6]咸通：唐懿宗李漼年號（860—874）。　五臺山：山名。位於今山西五臺縣。　“知祥以咸通十五年甲午歲四月二十一日生”至“此五臺山靈也”：《蜀檮杌》卷下。

[7]武皇：即李克用。　克讓：人名。即李克讓。李克用之弟。唐末與黄巢軍作戰時敗死。傳見本書卷五〇、《新五代史》卷一四。　“幼温厚”至“即瓊華長公主”：明本《册府》卷三〇二《外戚部·委任門》。同書卷三〇〇《外戚部·選尚門》云：“明宗即位，封瓊華長公主。”

[8]左教練使：官名。唐末、五代方鎮軍將。分左、右兩員，多選善兵法武藝者，掌軍事訓練。　以爲左教練使：《新五代史》卷六四《後蜀世家》。《蜀檮杌》卷下：“弱冠，補太原衙内都指揮使。李克用鎮太原，妻以其弟克讓之女，累遷親衛軍使。”

[9]教練使：官名。唐、五代方鎮使府軍將，選善兵法武藝者充任，掌教練兵法及武藝，亦或領兵出戰。“天祐五年”至“改馬步軍教練使”：《蜀檮杌》卷下。

乾化二年三月戊申，周德威遣裨將李存暉等攻瓦橋關，[1]其將吏及莫州刺史李嚴皆降。[2]嚴，幽州人也，涉獵書傳，晋王使傅其子繼岌，嚴固辭。晋王怒，將斬之，教練使孟知祥徒跣入諫曰："强敵未滅，大王豈宜以一怒戮嚮義之士乎！"乃免之。[3]出知嵐州，召爲中門使。[4]莊宗與梁祖夾河頓兵，知祥參謀應變，事無留滯。[5]莊宗平定魏博，知祥與李紹宏俱掌機要。[6]俄而幽州失帥，上令紹宏權知幽州軍府事。孟知祥地居右戚，[7]兼要密之任。事難責重，切於辭避，嘗於上前保薦郭崇韜，言有剖繁治劇之能，堪委腹心之任。故上召至以爲副中門使，以副知祥。[8]崇韜倜儻有智略，臨事敢决，王寵待日隆。先是，中門使吴珪、張虔厚相繼獲罪，[9]及紹宏出幽州，知祥懼禍，稱疾辭位，王乃以知祥爲河東馬步都虞候，自是崇韜專典機密。[10]

[1]周德威：人名。朔州馬邑（今山西朔州市朔城區東北）人。唐末、五代河東將領。傳見本書卷五六、《新五代史》卷二五。　李存暉：人名。籍貫不詳。唐末、五代將領。事見《通鑑》卷二六八。　瓦橋關：唐置。位於今河北雄縣。五代後晋初地入契丹。後周顯德六年（959）收復，建爲雄州。與益津、淤口合稱三關。

[2]莫州：州名。治所在今河北任丘市鄚州鎮。

[3]"乾化二年三月戊申"至"乃免之"：《通鑑》卷二六八乾化二年（912）三月條。乾化二年（912）爲天祐九年。

[4]嵐州：州名。治所在今山西嵐縣。　中門使：官名。五代時晋王李存勗所置，爲節度使屬官。職掌同於朝廷之樞密使。

[5]"出知嵐州"至"事無留滯"：《蜀檮杌》卷下。

[6]魏博：方鎮名。治所在魏州貴鄉縣（今河北大名縣）。李紹宏：人名。又作"馬紹宏"。籍貫不詳。後唐莊宗近臣。傳見本書卷七二。

[7]右戚：皇家貴戚。

[8]“莊宗平定魏博”至“以副知祥”：《宋本册府》卷八二八《總録部·論薦門》，又見《新五代史》卷六四《後蜀世家》、《通鑑》卷二七〇貞明五年（919）三月條。

[9]吴珪：人名。一作“吴珙”。籍貫不詳。五代後唐官員。事見本書卷二七。　張虔厚：人名。籍貫不詳。五代後唐將領。事見本書卷五七。

[10]河東：方鎮名。治所在太原（今山西太原市）。　馬步都虞候：官名。方鎮統兵官。　“崇韜倜儻有智略”至“自是崇韜專典機密”：《通鑑》卷二七〇貞明五年三月條，參見《新五代史》卷六四《後蜀世家》、《宋本册府》卷三〇九《宰輔部·佐命門》郭崇韜條、《輯本舊史》卷五七《郭崇韜傳》。

同光三年九月，大舉伐蜀，以郭崇韜爲招討使。奉辭之日，崇韜奏曰：“臣以非才，謬當戎事。若西川平定之後，陛下擇帥，如信厚善謀，事君有節，則孟知祥有焉。望以蜀帥授之。”十二月，制以知祥檢校太傅、同平章事、成都尹、充劍南西川節度副大使、知節度事。[1]閏十二月己丑，知祥自太原奉詔馳騎入洛。莊宗以知祥戚里之重，預戒所司出内府供帳珍玩奇絶者，别設宫居以宴之。酒酣，追思平昔事，因曰：“吾輩老矣，繼岌乳臭兒，今年代父破賊，平定西川，慰喜之外，復增悲耳。吾憶先帝棄代時，疆境爲賊所侵，僅保一隅之地。豈知今日君臨天下，奇珍異器，畢萃吾府。卿爲吾姻，可得而言。”因指閱珠玉器服以示知祥，又曰：“蜀土奢華富盛，不異吾宫。以卿戚里忠賢，慎乃相付，卿其勉之。”因令中使王允平就賜節鉞、官誥。[2]及孟知祥將行，帝語之曰："聞郭崇韜有異志，卿到，爲朕誅之。"知祥曰："崇韜，國之勳舊，不宜有此。俟臣至蜀察之，苟無他志則遣還。"帝許之。壬子，知祥發洛陽。帝尋復遣衣甲庫使馬彦珪馳詣成都觀崇韜去就，[3]如奉詔班師則已，若有遷延跋扈之狀，則與繼岌圖之。彦珪見皇后，説之曰："臣見向延嗣言蜀中事勢憂在朝夕，今上當斷不斷，夫成敗之機，間不容髮，安能緩急稟命於三千里外乎！"皇后復言於帝，帝曰："傳聞之言，未知虚實，豈可遽爾果决！"皇后不得請，退，自爲教與繼岌，令殺崇韜。知祥行至石壕，[4]彦珪夜叩門宣詔，促知祥赴鎮，知祥竊歎曰："亂將作矣！"乃晝夜兼行。明年正月戊辰，孟知祥至成都。時新殺郭崇韜，人情未安，知祥慰撫吏民，犒賜將卒，去留帖然。[5]

[1]"同光三年九月"至"知節度事"：明本《册府》卷三〇二《外戚部·委任門》。參見《通鑑》卷二七三同光三年（925）九月條、《宋本册府》卷八六五《總録部·報恩門》郭崇韜條。

[2]中使：指宫中派出的使者，多爲宦官。　王允平：人名。籍貫不詳。五代後唐官員。事見本書卷五七。　節鉞：亦稱旄鉞、節旄。代指節度使。　官誥：任職文書。　"閏十二月己丑"至"官誥"：明本《册府》卷三〇三《外戚部·褒寵門》。參見《新五代史》卷六四《後蜀世家》。

[3]衣甲庫使：官名。掌軍器衣甲。　馬彦珪：人名。籍貫不詳。後唐宦官。事見《通鑑》卷二七四。

[4]石壕：地名。亦作"石濠"，位於今河南三門峽市。

[5]"及孟知祥將行"至"去留帖然"：《通鑑》卷二七四同光三年閏十二月條、天成元年（926）正月。參見《蜀檮杌》卷下。

初，蜀人擊拂，[1]以初入爲孟，又王氏宫殿，皆題匠人孟得姓名。及知祥至，人以爲先兆。時魏王尚駐於府舍，知祥乃館於徐延瓊之第。延瓊即衍之舅，衍嘗幸其第，悦其華麗，於壁上書孟字以戲之，蓋蜀中以孟爲不佳故也。延瓊以紅紗籠之，知祥見而笑曰："竦狂覇豎，亦預知我代，知我居此耶。"[2]

[1]擊拂：一種球類運動。《鑒誡録》卷一："蜀人競以擊拂之間妙絶者於呼頭入爲孟入，或云此毬子，從太原將來。"又《宋史·郭從義傳》："從義喜擊毬，嘗侍太祖於便殿，命擊之。從義易衣跨驢馳驟殿庭，周旋擊拂，曲盡其妙。"

[2]"初，蜀人擊拂"至"知我居此耶"：《蜀檮杌》卷下。

天成元年二月丙申，魏王繼岌至泥溪，[1]紹琛至劍州遣人白繼岌云："河中將士號哭不止，欲爲亂。"丁酉，紹琛自劍州擁兵西還，自稱西川節度、三川制置等使，移檄成都，稱奉詔代孟知祥，招諭蜀人，三日間衆至五萬。己亥，魏王繼岌至利州，李紹琛遣人斷桔柏津。繼岌聞之，以任圜爲副招討使，將步騎七千，與都指揮使梁漢顒、監軍李延安追討之。[2]甲寅，董璋將兵二萬屯綿州，[3]會任圜討李紹琛。帝遣中使崔延琛至成都，[4]遇紹琛軍，紿之曰："吾奉詔召孟郎，公若緩兵，自當得蜀。"既至成都，勸孟知祥爲戰守備。知祥浚壕樹栅，遣馬步都指揮使李仁罕將四萬人，驍鋭指揮使李延厚將二千人討紹琛。[5]

[1]泥溪：地名。位於今四川屏山縣。

[2]任圜：人名。京兆三原（今陝西三原縣）人。五代後唐將領、大臣。傳見本書卷六七、《新五代史》卷二八。　都指揮使：官名。五代時統兵長官。五代軍隊編制，五百人爲一指揮，設指揮使、副指揮使；十指揮爲一軍，設都指揮使、副都指揮使。　梁漢顒：人名。太原（今山西太原市）人。五代後唐將領。傳見本書卷八八。　李延安：人名。籍貫不詳。五代後唐宦官。事見本書本卷、卷六七。

[3]董璋：人名。籍貫不詳。五代後梁、後唐將領。傳見本書卷六二、《新五代史》卷五一。

[4]崔延琛：人名。籍貫不詳。五代後唐宦官。事見本書本卷。

[5]李仁罕：人名。陳留（今河南開封市陳留鎮）人。後唐、後蜀將領。後爲孟昶所殺。事見《通鑑》卷二七七。　驍鋭指揮使：官名。所部統兵官。"驍鋭"爲部隊番號。　李延厚：人名。籍貫不詳。後唐、後蜀將領。事見《通鑑》卷二七四、卷二七九。"天成元年二月丙申"至"驍鋭指揮使李延厚將二千人討紹琛"：《通鑑》卷二七四天成元年（926）二月條。天成元年爲同光四年。按是時尚未改元。

三月，漢州無城塹，樹木爲栅。乙丑，任圜進攻其栅，縱火焚之，李紹琛引兵出戰於金雁橋，[1]兵敗，與十餘騎奔綿竹，追擒之。孟知祥自至漢州犒軍，與任圜、董璋置酒高會，引李紹琛檻車至座中，知祥自酌大卮飲之，謂曰："公已擁節旄，又有平蜀之功，何患不富貴，而求入此檻車邪！"紹琛曰："郭侍中佐命功第一，兵不血刃取兩川，一旦無罪族誅；如紹琛輩安保首領！以此不敢歸朝耳。"魏王繼岌既獲紹琛，乃引兵倍道而東。孟知祥獲陝虢都指揮使汝陰李肇、河中都指揮使千乘侯弘實，以肇爲牙内馬步都指揮使，弘實副之。[2]蜀中群盜猶未息，知祥擇廉吏使治州縣，蠲除橫賦，安集流散，下寬大之令，與民更始。遣左廂都指揮使趙廷隱、右廂都指揮使張業將兵分討群盜，悉誅之。[3]

[1]金雁橋：橋名。位於今四川廣漢市北鴨子河上。

[2]李肇：人名。汝陰（今安徽阜陽市）人。五代後唐、後蜀將領。事見本書卷四四、《新五代史》卷六四。　侯弘實：人名。千乘（今山東廣饒縣）人。五代後唐、後蜀將領。事見《新五代史》卷六四。

[3]趙廷隱：人名。天水（今甘肅天水市）人。後蜀將領。事見本書本卷。　“三月”至“悉誅之”：《通鑑》卷二七四天成元年三月條，孟、李問答，可參《輯本舊史》卷七四《康延孝傳》。

莊宗崩，魏王繼岌死，明宗入立。[1]六月戊申，加孟知祥兼侍中。[2]（七月）孟知祥陰有據蜀之志，閱庫中，得鎧甲二十萬，置左右牙等兵十六營，凡萬六千人，營於牙城内外。（八月）初，郭崇韜以蜀騎兵分左、右驍衛等六營，凡三千人；步兵分左、右寧遠等二十營，凡二萬四千人。庚寅，孟知祥增置左、右衝山等六營，凡六千人，營於羅城内外；[3]又置義寧等二十營，凡萬六千人，分戍管内州縣就食；又置左、右牢城四營，凡四千人，分戍成都境内。九月，壬戌，孟知祥置左、右飛棹兵六營，凡六千人，分戍濱江諸州，習水戰以備夔、峽。[4]

[1]“莊宗崩”至“明宗入立”:《新五代史》卷六四《後蜀世家四》。

[2]六月戊申，加孟知祥兼侍中：《通鑑》卷二七五天成元年(926)六月戊申條。《輯本舊史》卷三六《唐明宗紀二》尚稱加“檢校太傅”，按此前孟知祥亦爲檢校太傅，無需再加。《蜀檮杌》卷下繫於十月。

[3]羅城：古代爲加强防守，在城墻外加建的凸出形小城圈。

[4]“孟知祥陰有據蜀之志”至“習水戰以備夔、峽”:《通鑑》卷二七五天成元年七月、八月、九月條。《新五代史》卷六四《後蜀世家》:“知祥乃訓練兵甲，陰有王蜀之志。益置義勝、定遠、驍鋭、義寧、飛棹等軍七萬餘人，命李仁罕、趙廷隱、張業等分將之。”軍名、數量與《通鑑》不同。

初，魏王繼岌、郭崇韜率蜀中富民輸犒賞錢五百萬緡，聽以金銀繒帛充，晝夜督責，有自殺者，給軍之餘，猶二百萬緡。至是，任圜判三司，知成都富饒，遣鹽鐵判官、[1]太僕卿趙季良爲孟知祥官告國信兼三川都制置轉運使。[2]（十月）甲辰，季良至成都。蜀人欲皆不與，知祥曰：“府庫他人所聚，輸之可也。州縣租税，以贍鎮兵十萬，决不可得。”季良但發庫物，不敢復言制置轉運職事矣。[3]安重誨專權用事，[4]以知祥莊宗舊識，方據大藩，慮久而難制，潛欲圖之。是時，客省使李嚴以嘗使於蜀，洞知其利病，因獻謀於重誨，請以己爲西川監軍，庶效方略，以制知祥，朝廷可之。[5]己酉，以嚴爲西川都監，文思使太原朱弘昭爲東川副使。[6]李嚴母賢明，謂嚴曰：“汝前啟滅蜀之謀，今日再往，必以死報蜀人矣。”[7]

［1］三司：官署名。五代後唐明宗天成元年（926）合鹽鐵、度支、户部爲一職，始稱三司，爲中央最高之理財機構。　鹽鐵判官：官名。掌鹽鐵政務及税收。

［2］太僕卿：官名。漢代始置，太僕寺長官，掌御用車馬及國家畜牧事宜。從三品。　趙季良：人名。濟陰（今山東曹縣）人，後蜀孟知祥親信大臣，後又擁立孟昶繼位。事見本書本卷。　官告國信：即加封孟知祥爲侍中的文書憑證。　三川：唐中葉後，以劍南西川、劍南東川及山南西道三鎮合稱“三川”。　都制置轉運使：官名。兼顧制置使、轉運使職責。制置使爲唐後期臨時差遣官，爲地方用兵時控制當地秩序而設。轉運使負責籌措、供應軍馬所需糧草。

［3］“初”至“不敢復言制置轉運職事矣”：《通鑑》卷二七五天成元年（926）十月條，又見《新五代史》卷六四《後蜀世家》。

［4］安重誨：人名。應州（今山西應縣）人。五代後唐大臣。傳見本書卷六六、《新五代史》卷二四。

［5］“安重誨專權用事”至“朝廷可之”：明本《册府》卷二二七《僭僞部・謀略門》。

［6］都監：官名。唐代中葉命將出征，常以宦官爲監軍、都監。後爲臨時委任的統兵官，稱都監、兵馬都監。掌屯戍、邊防、訓練之政令。　文思使：官名。文思院長官。掌造宫廷所需之物。唐代置文思院，以宦官爲文思使。五代後梁時改文思院爲乾文院，文思使改稱乾文院使。後唐時復舊。　朱弘昭：人名。太原（今山西太原市）人。五代後唐明宗朝樞密使、宰相。傳見本書卷六六、《新五代史》卷二七。

［7］“己酉”至“必以死報蜀人矣”：《通鑑》卷二七五天成元

年十月己酉條。

二年正月，孟知祥聞李嚴來監其軍，惡之；或請奏止之，知祥曰："何必然，吾有以待之。"遣吏至綿、劍迎候。會武信節度使李紹文卒，[1]知祥自言嘗受密詔許便宜從事，壬戌，以西川節度副使、内外馬步軍都指揮使李敬周爲遂州留後，[2]趣之上道，然後表聞。嚴先遣使至成都，知祥自以於嚴有舊恩，冀其懼而自回，乃盛陳甲兵以示之，嚴不以爲意。孟知祥禮遇李嚴甚厚，一日謁知祥，知祥謂曰："公前奉使王衍，歸而請兵伐蜀，莊宗用公言，遂致兩國俱亡。今公復來，蜀人懼矣。且天下皆廢監軍，公獨來監吾軍，何也?"嚴惶怖求哀，知祥曰："衆怒不可遏也。"遂揖下，斬之。又召左厢馬步都虞候丁知俊，[3]知俊大懼，知祥指嚴尸謂曰："昔嚴奉使，汝爲之副，然則故人也，爲我瘞之。"[4]

[1]李紹文：人名。鄆州（今山東東平縣）人。唐末、五代將領。傳見本書卷五九。

[2]李敬周：人名。避後晋高祖石敬瑭諱改名李周。邢州内丘（今河北内丘縣）人。五代後唐、後晋將領。傳見本書卷九一、《新五代史》卷四七。

[3]丁知俊：人名。籍貫不詳。五代後唐官員。事見本書本卷。

[4]"二年正月"至"爲我瘞之"：《通鑑》卷二七五天成二年（927）正月條。明本《册府》卷二二七《僭僞部·謀略門》："及嚴至蜀，知祥延揖甚至，徐謂嚴曰：'都監前因奉使請兵伐蜀，遂使東西兩朝俱至破滅，三川之人，其怨已深。今既復來，人情大駭，固奉爲不暇也。'即遣人緝下階，斬於階前。"《輯本舊史》卷

三八《唐明宗紀四》天成二年二月壬辰條："知祥奏，泗州防禦使、充西川兵馬都監李嚴，扇摇軍衆，尋已處斬。"亦見《宋本册府》卷四四九《將帥部·專殺門》。

初，知祥鎮蜀，遣人迎其家屬于太原，行至鳳翔，鳳翔節度使李從曮聞知祥殺李嚴，[1]以爲知祥反矣，遂留之。明宗既不能詰，而猶欲以恩信懷之，乃遣客省使李仁矩慰諭知祥，[2]并送瓊華公主及其子昶等歸之。[3]四月丙申，至成都。鹽鐵判官趙季良與孟知祥有舊，知祥奏留季良爲副使。朝廷不得已，丁酉，以季良爲西川節度副使。李昊歸蜀，知祥以爲觀察推官。[4]十二月戊寅，知祥發民丁二十萬脩成都城。[5]

[1]李從曮：人名。深州博野（今河北蠡縣）人。李茂貞長子，唐末、五代軍閥。傳見本書卷一三二。

[2]李仁矩：人名。籍貫不詳。五代後唐將領。傳見本書卷七〇、《新五代史》卷二六。

[3]"初，知祥鎮蜀"至"并送瓊華公主及其子昶等歸之"：《新五代史》卷六四《後蜀世家四》。《通鑑》卷二七五天成二年（927）四月條："先是，孟知祥遣牙内指揮使文水武漳迎其妻瓊華長公主及子仁贊於晋陽，及鳳翔，李從曮聞知祥殺李嚴，止之，以聞，帝聽其歸蜀。"

[4]觀察推官：官名。唐肅宗以後置，五代沿置。觀察使屬官。掌理刑案之事。　"四月丙申"至"知祥以爲觀察推官"：《通鑑》卷二七五天成二年四月條。《新五代史》卷六四《後蜀世家》："知祥因請趙季良爲節度副使，事無大小，皆與參决。"

[5]十二月戊寅，知祥發民丁二十萬脩成都城：《通鑑》卷二

七六天成二年十二月條。

三年三月，孟知祥屢與董璋爭鹽利，璋誘商旅販東川鹽入西川，知祥患之，乃於漢州置三場重征之，歲得錢七萬緡，商旅不復之東川。[1]唐徙季良爲果州團練使，以何瓚爲節度副使。[2]知祥得制書匿之，表留季良，不許。乃遣其將雷廷魯至京師論請，[3]明宗不得已而從之。是時，瓚行至緜谷，[4]懼不敢進，知祥乃奏瓚爲行軍司馬。是歲，唐師伐荆南，詔知祥以兵下峽，知祥遣毛重威率兵三千戍夔州。[5]已而荆南高季興死，其子從誨請命，[6]知祥請罷戍兵，不許。知祥諷重威以兵鼓譟，潰而歸，唐以詔書劾重威，知祥奏請無劾，由是唐大臣益以知祥爲必反。[7]

[1]“三年三月”至“商旅不復之東川”：《通鑑》卷二七六天成三年（928）三月條。

[2]何瓚：人名。閩（今福建福州市）人。五代後唐官員。傳見《新五代史》卷二八。

[3]雷廷魯：人名。籍貫不詳。孟知祥部將。本書僅此一見。

[4]緜谷：地名。位於今四川廣元市利州區。

[5]毛重威：人名。籍貫不詳。孟知祥部將。本書僅此一見。

[6]高季興：人名。原名高季昌，陝州硤石（今河南三門峽市）人。五代十國南平（即荆南）開國君主。傳見本書卷一三三、《新五代史》卷六九。　從誨：即五代十國南平國君高從誨。陝州硤石（今河南三門峽市）人。高季興之子。傳見本書卷一三三、《新五代史》卷六九。

[7]“唐徙季良爲果州團練使”至“由是唐大臣益以知祥爲必

反”:《新五代史》卷六四《後蜀世家四》。《通鑑》卷二七六天成三年六月條:“先是,詔發西川兵戍夔州,孟知祥遣左廂邊指揮使毛重威將三千人往。頃之,知祥奏:‘夔、忠、萬三州已平,請召戍兵還,以省饋運。’帝不許。知祥陰使人誘之,重威帥其衆鼓譟逃歸;帝命按其罪,知祥請而免之。”

九月癸巳,西川右都押牙孟容弟爲資州稅官,[1]坐自盜抵死,觀察判官馮瑑、中門副使王處回爲之請,[2]孟知祥曰:“雖吾弟犯法,亦不可貸,況他人乎!”先是,西川常發芻糧饋峽路,孟知祥辭以本道兵自多,難以奉他鎮,詔不許,屢督之。十月甲寅,知祥奏稱財力乏,不奉詔。[3]

[1]右都押牙:官名。“押牙”即“押衙”。唐、五代時期節度使辟署的屬官。有稱左、右都押衙或都押衙者。掌領方鎮儀仗侍衛、統率軍隊。參見劉安志《唐五代押牙(衙)考略》,武漢大學歷史系魏晉南北朝隋唐史研究室編《魏晉南北朝隋唐史資料》第16輯,武漢大學出版社1998年版。　孟容弟:人名。本書僅此一見。

[2]觀察判官:官名。唐肅宗以後置,五代沿置。觀察使屬官,參理田賦事,用觀察使印、署狀。　馮瑑:人名。籍貫不詳。後蜀官員。本書僅此一見。　王處回:人名。籍貫不詳。後蜀大臣。事見本書本卷。

[3]“九月癸巳”至“不奉詔”:《通鑑》卷二七六天成四年(929)九月、十月條。

四年,明宗將有事于南郊,[1]遣李仁矩責知祥助禮錢一百萬緡。知祥覺唐謀欲困己，辭不肯出。久之，請獻五十萬而已。初，魏王繼岌東歸，留精兵五千戍蜀。自安重誨疑知祥有異志，聽言事者，用己所親信分守兩川管内諸州，每除守將，則以精兵爲其牙隊，多者二三千，少者不下五百人，以備緩急。是歲，以夏魯奇爲武信軍節度使；[2]分東川之閬州爲保寧軍，以李仁矩爲節度使；又以武虔裕爲緜州刺史。[3]仁矩與東川董璋有隙，而虔裕，重誨表兄，由是璋與知祥皆懼，以謂唐將致討。自璋鎮東川，未嘗與知祥通問，於是璋始遣人求婚以自結。而知祥心恨璋，欲不許，以問趙季良，季良以爲宜合從以拒唐，知祥乃許。於是連表請罷還唐所遣節度使、刺史等。明宗優詔慰諭之。[4]知祥慮唐軍驟至，與遂、閬兵合，則勢不可支吾，遂與璋協謀，令璋以本部軍先取閬州，知祥遣大將軍李仁罕、趙廷隱率軍圍遂州。[5]

[1]有事于南郊：南郊意爲都城南面之郊。代指南面郊區之祭天場所（圜丘），亦指祭天之禮（郊天）。古人用“郊”“南郊”“有事於南郊”指代在南郊之圜丘舉行的郊天典禮。

[2]夏魯奇：人名。青州（今山東青州市）人。後唐將領。傳見本書卷七〇、《新五代史》卷三三。

[3]武虔裕：人名。籍貫不詳。後唐將領。事見本書本卷。

[4]“四年”至“明宗優詔慰諭之”：《新五代史》卷六四《後蜀世家四》。《輯本舊史》卷四〇《唐明宗紀六》天成四年（929）七月壬辰條：“詔取來年二月二十一日有事於南郊。”

[5]“知祥慮唐軍驟至”至“趙廷隱率軍圍遂州”：明本《册府》卷二二七《僭僞部·謀略門》。

長興元年正月，[1]董璋遣兵築七寨於劍門。辛巳，孟知祥遣趙季良如梓州脩好。二月，乙未朔，趙季良還成都，謂孟知祥曰："董公貪殘好勝，志大謀短，終爲西川之患。"都指揮使李仁罕、張業欲置宴召知祥，[2]先二日，有尼告二將謀以宴日害知祥；知祥詰之，無狀，丁酉，推始言者軍校都延昌、王行本，[3]腰斬之。戊戌，就宴，盡去左右，獨詣仁罕第；仁罕叩頭流涕曰："老兵惟盡死以報德。"由是諸將皆親附而服之。壬子，孟知祥、董璋同上表言："兩川聞朝廷於閬中建節，綿、遂益兵，無不憂恐。"上以詔書慰諭之。[4]明宗有事於南郊，加拜知祥中書令。[5]五月，孟知祥累表請割雲安等十三鹽監隸西川，以鹽直贍寧江屯兵，[6]辛卯，許之。[7]

[1]長興：後唐明宗李嗣源年號（930—933）。

[2]張業：據中華書局本《新五代史》有校勘記，浙江本作"張鄴"，本書卷四四《唐明宗紀十》作"張知業"，《册府》卷一七八作"張知鄴"。籍貫不詳。後蜀將領。事見本書本卷、《新五代史》卷六四。

[3]都延昌、王行本：人名。籍貫不詳。孟知祥屬下低級軍官。本書僅此一見。

[4]"長興元年正月"至"上以詔書慰諭之"：《通鑑》卷二七七長興元年（930）正月、二月條。

[5]明宗有事於南郊，加拜知祥中書令：《新五代史》卷六四《後蜀世家》，又見《蜀檮杌》卷下。《通鑑》卷二七六繫此事於四月。

[6]雲安：鹽監名。唐順宗時置。位於今重慶市雲陽縣雲安鎮。寧江：方鎮名。治所在夔州（今重慶奉節縣）。

［7］“五月”至“許之”：《通鑑》卷二七七長興元年五月條。

初，知祥與璋俱有異志，而安重誨信言事者，以璋盡忠於國，獨知祥可疑，重誨猶欲倚璋以圖知祥。是歲九月，董璋先反。[1]癸亥，西川進奏官蘇願白孟知祥云：[2]“朝廷欲大發兵討兩川。”知祥謀於副使趙季良，季良請以東川兵先取遂、閬，然後併兵守劍門，則大軍雖來，吾無内顧之憂矣。知祥從之，遣使約董璋同舉兵。璋移檄利、閬、遂三鎮，數其離間朝廷，引兵擊閬州。[3]是月應聖節，[4]知祥開宴，東北望再拜，俯伏嗚咽，泣下沾襟，士卒皆爲之歔欷。明日，遂舉兵反。是秋，明宗改封瓊華公主爲福慶長公主，有司言前世公主受封，皆未出降，無遣使就藩册命之儀。詔有司草具新儀，乃遣秘書監劉岳爲册使。[5]岳行至鳳翔，聞知祥反，乃旋。[6]庚午，知祥以都指揮使李仁罕爲行營都部署，[7]漢州刺史趙廷隱副之，簡州刺史張業爲先鋒指揮使，將兵三萬攻遂州；别將牙内都指揮使侯弘實、先登指揮使孟思恭將兵四千會璋攻閬州。[8]東川兵至閬州，諸將皆曰：“董璋久蓄反謀，以金帛啖其士卒，鋭氣不可當，宜深溝高壘以挫之，不過旬日，大軍至，賊自走矣。”李仁矩曰：“蜀兵懦弱，安能當我精卒！”遂出戰，兵未交而潰歸。董璋晝夜攻之，庚辰，城陷，殺仁矩，滅其族。[9]

［1］“初，知祥與璋俱有異志”至“董璋先反”：《新五代史》卷六四《後蜀世家四》。

［2］進奏官：官名。唐、五代藩鎮皆置邸於京師，爲駐京城的辦事機構。唐肅宗、代宗時稱上都留後院，大曆十二年（777）改稱上都進奏院。五代時，州郡不隸藩鎮者，亦置邸京師。以進奏官主其事，掌傳送文書、情報，主持本鎮、州郡進奉。　蘇願：人名。籍貫不詳。五代後唐官員，孟知祥屬官。事見《通鑑》卷二七七。

［3］“癸亥”至“引兵擊閬州”：《通鑑》卷二七七長興元年（930）九月條。

［4］應聖節：後唐明宗以其誕生日（九月初九日）爲應聖節。

［5］秘書監：官名。秘書省長官。掌圖書秘記等。從三品。　劉岳：人名。洛陽（今河南洛陽市）人。五代後唐官員。傳見本書卷六八、《新五代史》卷五五。

［6］“是月應聖節”至“乃旋”：《新五代史》卷六四《後蜀世家四》。

［7］行營都部署：官名。凡行軍征討，掛帥率軍戰鬥，總管行營事務。

［8］孟思恭：人名。籍貫不詳。後蜀將領。事見本書本卷。

［9］“庚午”至“滅其族”：《通鑑》卷二七七長興元年九月條。

十月癸巳，李仁罕圍遂州，夏魯奇嬰城固守；孟知祥命都押牙高敬柔帥資州義軍二萬人築長城環之。[1]魯奇遣馬軍都指揮使康文通出戰，[2]文通聞閬州陷，遂以其衆降於仁罕。戊戌，董璋引兵趣利州，遇雨，糧運不繼，還閬州。知祥聞之，驚曰：“比破閬中，正欲徑取利州，其帥不武，必望風遁去。吾獲其倉廩，據漫天之險，北軍終不能西救武信。今董公僻處閬州，遠棄劍閣，非計也。”欲遣兵三千助守劍門；璋固辭曰：“此已有備。”孟知祥以故蜀鎮江節度使張武爲峽路行營招收討伐使，將水軍趣夔州，以左飛棹指揮使袁彦超副之。[3]十一月乙亥，詔削孟知祥官爵。己卯，董璋遣使至成都告急。知祥聞劍門失守，大懼，曰：“董公果誤我！”庚辰，遣牙内都指揮使李肇將兵五千赴之，[4]戒之曰：“爾倍道兼行，先據劍州，北軍無能爲也。”又遣使詣遂州，令趙廷隱將萬人會屯劍州。又遣故蜀永平節度使李筠將兵四千趣龍州，[5]守要害。時天寒，士卒恐懼，觀望不進，廷隱流涕諭之曰：“今北軍勢盛，汝曹不力戰却敵，則妻子皆爲人有矣。”衆心乃奮。先是，西川牙内指揮使太谷龐福誠、[6]昭信指揮使謝鍠屯來蘇村，[7]聞劍門失守，相謂曰：“使北軍更得劍州，則二蜀勢危矣。”遽引部兵千餘人間道趣劍州。始至，官軍萬餘人自北山大下，會日暮，二人謀曰：“衆寡不敵，逮明則吾屬無遺矣。”福誠夜引兵數百升北山，大譟於官軍營後，鍠帥餘衆操短兵自其前急擊之；官軍大驚，空營遁去，復保劍門，十餘日不出。孟知祥聞之，喜曰：“吾始謂弘贄等克劍門，[8]徑據劍州，堅守其城，或引兵直趣梓州，董公必棄閬奔還；我軍失援，亦須解遂州之圍。如此則内外受敵，兩川震動，勢可憂危；今乃焚毁劍州，運糧東歸劍門，頓兵不進，吾事濟矣。”官軍分道趣文州，將襲龍州，爲西川定遠指揮使潘福超、義勝都頭太原沙延祚所敗。[9]甲申，張武卒於渝州；知祥命袁彦超代將其兵。朱偓將至涪州，武泰節度使楊漢賓棄黔南，[10]奔忠州；偓追至豐都，[11]還取涪州。知祥以成都支使崔善權武泰留後。[12]董璋遣前陵州刺史王暉將兵三千會李肇等分屯劍州南山。[13]

[1]高敬柔：人名。籍貫不詳。後蜀將領。事見本書本卷。

[2]康文通：人名。籍貫不詳。五代後唐將領。事見本書本卷。

[3]峽路：指三峽以西地區。　飛棹：部隊番號。孟知祥麾下軍隊。　袁彦超：人名。籍貫不詳。後蜀將領。事見本書本卷。

[4]牙内都指揮使：官名。即衙内都指揮使。唐、五代時期衙内指揮使爲節度使府衙内之牙將，統最親近衛兵，高一級的稱衙内都指揮使。

[5]李筠：人名。籍貫不詳。前蜀、後蜀將領。事見本書本卷。

[6]太谷：縣名。治所在今山西太谷縣。　龐福誠：人名。太谷人。後蜀將領。事見本書本卷。

[7]昭信：部隊番號。　謝鍠：人名。籍貫不詳。後蜀將領。事見本書本卷。　來蘇村：地名。《通鑑》卷二七七胡注："《九域志》：蓬州儀隴縣有來蘇鎮，即其地。"

[8]弘贄：人名。即王弘贄。籍貫不詳。五代後唐將領。傳見《新五代史》卷四八。

[9]定遠：部隊番號。　潘福超：人名。籍貫不詳。後蜀將領。事見本書本卷。　義勝：部隊番號。　都頭：官名。唐末五代時，"都"爲指揮以下的軍事編制。《武經總要》卷二："凡五百人爲一指揮，其别有五都，都一百人，統以一營居之。"都的長官稱爲都頭。　沙延祚：人名。籍貫不詳。後蜀將領。事見本書本卷。

[10]朱偓：人名。籍貫不詳。後蜀將領。事見本書本卷。　武泰：方鎮名。治所在黔州（今重慶彭水苗族土家族自治縣）。　楊漢賓：人名。籍貫不詳。五代後唐、後晋將領。事見《通鑑》卷二七七、卷二八〇。

[11]豐都：縣名。治所在今重慶市豐都縣。

[12]支使：官名。唐五代節度使、觀察使等下屬官員中有支使，其職掌與書記同。位在副使、判官之下，推官之上。掌表奏書檄等。　崔善：人名。籍貫不詳。後蜀官員。事見本書本卷。

[13]陵州：州名。治所在今四川仁壽縣。　王暉：人名。籍貫不詳。五代後唐、後蜀將領。事見《通鑑》卷二七七。　"十月癸巳"至"董璋遣前陵州刺史王暉將兵三千會李肇等分屯劍州南山"：《通鑑》卷二七七長興元年（930）九月條。《新五代史》卷六四《後蜀世家》："明宗下詔削奪知祥官爵，命天雄軍節度使石敬瑭爲都招討使，夏魯奇爲副。知祥遣李仁罕、張業、趙廷隱將兵三萬人會璋攻遂州，别遣侯弘實將四千人助璋守東川，又遣張武下峽取渝州。唐師攻劍門，殺璋守兵三千人，遂入劍門。璋來告急，知祥大駭，遣廷隱分兵萬人以東，已而聞唐軍止劍州不進，喜曰：'使唐軍急趨東川，則遂州解圍，吾勢沮而兩川摇矣。今其不進，吾知易與爾。'十二月，敬瑭及廷隱戰于劍門，唐師大敗。張武已取渝州，武病卒，其副將袁彦超代將其軍，又取黔州。"

二年正月壬戌，孟知祥奉表謝。庚午，李仁罕陷遂州，夏魯奇自殺。癸酉，石敬瑭復引兵至劍州，[1]屯于北山。孟知祥梟夏魯奇首以示之。魯奇二子從敬瑭在軍中，泣請往取其首葬之，敬瑭曰："知祥長者，必葬而父，豈不愈於身首異處乎！"既而知祥果收葬之。敬瑭與趙廷隱戰不利，復還劍門。二月己丑朔，石敬瑭以遂、閬既陷，糧運不繼，燒營北歸。軍前以告孟知祥，知祥匿其書，謂趙季良曰："北軍漸進，柰何？"季良曰："不過綿州，必遁。"知祥問其故，曰："我逸彼勞，彼懸軍千里，糧盡，能無遁乎！"知祥大笑，以書示之。

兩川兵追石敬瑭至利州，壬辰，昭武節度使李彥琦棄城走；[2]甲午，兩川兵入利州。孟知祥以趙廷隱爲昭武留後，廷隱遣使密言於知祥曰："董璋多詐，可與同憂，不可與共樂，他日必爲公患。因其至劍州勞軍，請圖之。并兩川之衆，可以得志於天下。"知祥不許。璋入廷隱營，留宿而去。廷隱歎曰："不從吾謀，禍難未已!"庚子，孟知祥以武信留後李仁罕爲峽路行營招討使，使將水軍東略地。[3]

[1]石敬瑭：人名。沙陀部人。五代後唐將領、後晉開國皇帝。紀見本書卷七五至卷八〇、《新五代史》卷八。

[2]昭武：方鎮名。治所在利州（今四川廣元市）。　李彥琦：人名。籍貫不詳。五代後唐、後晉將領。事見本書本卷、卷七六。

[3]"二年正月壬戌"至"使將水軍東略地"：《通鑑》卷二七七長興二年（931）正月、二月條。《新五代史》卷六四《後蜀世家》："二年正月，李仁罕克遂州，夏魯奇死之，知祥以仁罕爲武信軍留後，遣人馳魯奇首示敬瑭軍，敬瑭乃班師。利州李彥珂聞唐軍敗，東歸，乃棄城走，知祥以趙廷隱爲昭武軍留後。李仁罕進攻夔州，刺史安崇阮棄城走，以趙季良爲留後。"

五月，昭武留後趙廷隱自成都赴利州，踰月，請兵進取興元及秦、鳳；孟知祥以兵疲民困，不許。[1]是時，唐軍涉險，以餉道爲艱，自潼關以西，民苦轉饋，每費一石不能致一斗，道路嗟怨，而敬瑭軍既旋，所在守將又皆棄城走。明宗憂之，以責安重誨。重誨懼，遽自請行，而重誨亦以被讒得罪死。明宗謂致知祥等反由重誨失策，及重誨死，乃遣西川進奏官蘇愿、進奉軍將杜紹本西歸招論知祥，具言知祥家屬在京師者皆無恙。[2]十一月癸巳，蘇愿至成都，孟知祥聞甥姝在朝廷者皆無恙，[3]遣使告董璋，欲與之俱上表謝罪。璋怒曰："孟公親戚皆完，固宜歸附；璋已族滅，尚何謝爲！詔書皆在蘇愿腹中，劉澄安得豫聞，[4]璋豈不知邪！"由是復爲怨敵。乙未，李仁罕自夔州引兵還成都。十二月，昭武留後趙廷隱白孟知祥以利州城塹已完，頃在劍州與牙内都指揮使李肇同功，願以昭武讓肇，知祥褒諭，不許；廷隱三讓，癸酉，知祥召廷隱還成都，以肇代之。[5]

[1]"五月"至"不許"：《通鑑》卷二七七長興二年（931）五月條。

[2]進奉軍將：官員。當爲進奏官之副職。　杜紹本：人名。籍貫不詳。後蜀官員。本書僅此一見。　"是時"至"具言知祥家屬在京師者皆無恙"：《新五代史》卷六四《後蜀世家四》。

[3]姝（zhí）：同"侄"。

[4]劉澄：人名。籍貫不詳。五代後唐將領，董璋屬官。事見本書卷六二。

[5]"十一月癸巳"至"以肇代之"：《通鑑》卷二七七長興二年十一月、十二月條。

三年正月，乙未，孟知祥妻福慶長公主卒。孟知祥以朝廷恩意優厚，而董璋塞綿州路，不聽遣使入謝，與節度副使趙季良等謀，欲發使自峽江上表，[1]掌書記李昊曰："公不與東川謀而獨遣使，則異日負約之責在我矣。”乃復遣使語之，璋不從。二月，趙季良與諸將議遣昭武都監太原高彦儔將兵攻取壁州，[2]以絶山南兵轉入山後諸州者；孟知祥謀於僚佐，李昊曰：“朝廷遣蘇愿等西歸，未嘗報謝，今遣兵侵軼，公若不顧墳墓、甥姪，則不若傳檄舉兵直取梁、洋，安用壁州乎！”知祥乃止。季良由是惡昊。孟知祥三遣使説董璋，以主上加禮於兩川，苟不奉表謝罪，恐復致討；璋不從。三月，辛丑，遣李昊詣梓州，極論利害，璋見昊，詬怒，不許。昊還，言於知祥曰：“璋不通謀議，且有窺西川之志，公宜備之。”[3]

[1]峽江：亦名鎖江。指今重慶、湖北間長江三峽河段。

[2]高彦儔：人名。太原（今山西太原市）人。後蜀將領。傳見《宋史》卷四七九。

[3]“三年正月”至“公宜備之”：《通鑑》卷二七七長興三年（932）正月至三月條。

四月，東川節度使董璋會諸將謀襲成都，皆曰必克；前陵州刺史王暉曰：“劍南萬里，成都爲大，時方盛夏，師出無名，必無成功。”璋不從。孟知祥聞之，遣馬軍都指揮使潘仁嗣將三千人詣漢州詗之。[1]璋入境，破白楊林鎮，執戍將武弘禮，[2]聲勢甚盛，知祥憂之，趙季良曰：“璋爲人勇而無恩，士卒不附，城守則難克，野戰則成擒矣。今不守巢穴，公之利也。璋用兵精鋭皆在前鋒，公宜以羸兵誘之，以勁兵待之，始雖小衄，後必大捷。璋素有威名，今舉兵暴至，人心危懼，公當自出禦之，以强衆心。”趙廷隱以季良言爲然，曰：“璋輕而無謀，舉兵必敗，當爲公擒之。”辛巳，以廷隱爲行營馬步軍都部署，將三萬人拒之。[3]

［1］潘仁嗣：人名。籍貫不詳。孟知祥部將。事見《通鑑》卷二七四、卷二七七。　詗（xiòng）：偵察。

［2］白楊林鎮：地名。位於今四川廣漢市東和興鎮。　武弘禮：人名。籍貫不詳。孟知祥部將。本書僅此一見。

［3］“四月”至“將三萬人拒之”：《通鑑》卷二七七長興三年（932）四月條。

五月，壬午朔，廷隱入辭。董璋檄書至，又有遺季良、廷隱及李肇書，誣之云，季良、廷隱與己通謀，召己令來。知祥以書授廷隱，廷隱不視，投之於地，曰：“不過爲反間，欲令公殺副使與廷隱耳。”再拜而行。知祥曰：“事必濟矣。肇素不知書，視之，曰：“璋教我反耳。”囚其使者，然亦擁衆爲自全計。璋兵至漢州，潘仁嗣與戰于赤水，大敗，爲璋所擒，璋遂克漢州。[1]知祥親帥其衆與趙廷隱等逆戰於金雁橋，璋軍大敗。[2]是夕，知祥宿雒縣。[3]命李昊草牓諭東川吏民，及草書勞問璋，且言將如梓州詢負約之由，請見伐之罪。乙酉，知祥會廷隱於赤水，遂西還，命廷隱將兵攻梓州。璋至梓州，肩輿而入，王暉迎問曰：“太尉全軍出征，今還者無十人，何也？”璋涕泣不能對。至府第，方食，暉與璋從子牙内都虞候延浩帥兵三百大譟而入。[4]璋引妻子登城，子光嗣自殺。[5]璋至北門樓，呼指揮使潘稠使討亂兵，[6]稠引十卒登城，斬璋首，及取光嗣首以授王暉，暉舉城迎降。趙廷隱入梓州，封府庫以待知祥。李肇聞璋敗，始斬其使以聞。丙戌，知祥入成都，丁亥，復將兵八千如梓州。至新都，趙廷隱獻董璋首。己丑，發玄武，[7]趙廷隱帥東川將吏來迎。[8]

[1]赤水：河流名。《通鑑》卷二七七胡注："赤水在漢州東南。"　"五月"至"璋遂克漢州"：《通鑑》卷二七七長興三年(932)五月條。

[2]知祥親帥其衆與趙廷隱等逆戰於金雁橋，璋軍大敗：《通鑑》卷二七七胡注："金雁橋在漢州雒縣東雁江之上，俗傳曾有金雁，故名。"　知祥親帥其衆與趙廷隱等逆戰於金雁橋，璋軍大敗：《通鑑》卷二七七長興三年五月甲申條胡注引《薛史》。《通鑑》此條："癸未，知祥留趙季良、高敬柔守成都，自將兵八千趣漢州，至彌牟鎮，趙廷隱陳於鎮北。甲申，遲明，廷隱陳於雞蹤橋，義勝定遠都知兵馬使張公鐸陳於其後。俄而璋望西川兵盛，退陳於武侯廟下，璋帳下驍卒大譟曰：'日中曝我輩何爲！'璋乃上馬。前鋒始交，東川右廂馬步都指揮使張守進降於知祥，言'璋兵盡此，無復後繼，當急擊之。'知祥登高冢督戰，左明義指揮使毛重威、左衝山指揮使李瑭守雞蹤橋，皆爲東川兵所殺；趙廷隱三戰不利，牙内都指揮副使侯弘實兵亦却，知祥懼，以馬箠指後陳。張公鐸帥衆大呼而進，東川兵大敗，死者數千人，擒東川中都指揮使元瓌、牙内副指揮使董光演等八十餘人。璋拊膺曰：'親兵皆盡，吾何依乎！'與數騎遁去，餘衆七千人降，復得潘仁嗣。知祥引兵追璋至五侯津，東川馬步都指揮使元瓌降。西川兵入漢州府第，求璋不得，士卒争璋軍資，故璋走得免。趙廷隱追至赤水，又降其卒三千人。"

[3]雒縣：縣名。治所在今四川廣漢市。

[4]延浩：人名。即董延浩。籍貫不詳。董璋部將。事見本書

本卷。

［5］光嗣：人名。即董光嗣。董璋之子。事見本書本卷。

［6］潘稠：人名。籍貫不詳。董璋部將。事見本書本卷。

［7］玄武：縣名。治所在今四川中江縣。

［8］“是夕”至“趙廷隱帥東川將吏來迎”：《通鑑》卷二七七長興三年五月條。《新五代史》卷六四《後蜀世家》：“而璋先襲破知祥漢州，知祥遣趙廷隱率兵三萬，自將擊之，陣鷄距橋。知祥得璋降卒，衣以錦袍，使持書招降璋，璋曰：‘事已及此，不可悔也。’璋軍士皆譟曰：‘徒曝我於日中，何不速戰？’璋即麾軍以戰。兵始交，璋偏將張守進來降，知祥乘之，璋遂大敗，走。過金雁橋，麾其子光嗣使降，以保家族，光嗣哭曰：‘自古豈有殺父以求生者乎，寧俱就死！’因與璋俱走。知祥遣趙廷隱追之，不及，璋走至梓州見殺，光嗣自縊死，知祥遂并有東川。然自璋死，知祥卒不遣使謝唐。”

壬辰，孟知祥有疾，癸巳，疾甚，中門副使王處回侍左右，庖人進食，必空器而出，以安衆心。李仁罕自遂州來，趙廷隱迎于板橋；仁罕不稱東川之功，侵侮廷隱，廷隱大怒。乙未，知祥疾瘳；丁酉，入梓州。戊戌，犒賞將士，既罷，知祥謂李仁罕、趙廷隱曰：“二將誰當鎮此？”仁罕曰：“令公再與蜀州，亦行耳。”廷隱不對。知祥愕然，退，命李昊草牒，俟二將有所推則命一人爲留後，昊曰：“昔梁祖、莊宗皆兼領四鎮，今二將不讓，惟公自領之爲便耳。公宜亟還府，更與趙僕射議之。”孟知祥命李仁罕歸遂州，留趙廷隱東川巡檢，[1]以李昊行梓州軍府事。昊曰：“二虎方争，僕不敢受命，願從公還。”乃以都押牙王彦銖爲東川監押。[2]癸卯，知祥至成都，趙廷隱尋亦引兵西還。知祥謂李昊曰："吾得東川，爲患益深。"昊請其故，知祥曰："自吾發梓州，得仁罕七狀，皆云'公宜自領東川，不然諸將不服。'廷隱言'本不敢當東川，因仁罕不讓，遂有争心耳。'君爲我曉廷隱，復以閬州爲保寧軍，益以果、蓬、渠、開四州，[3]往鎮之。吾自領東川，以絶仁罕之望。"廷隱猶不平，請與仁罕鬬，勝者爲東川；昊深解之，乃受命。[4]

[1]巡檢：官名。又稱"巡檢使"。五代始設巡檢，設於京師、陪都、重要的州及邊防重鎮。

[2]王彦銖：人名。籍貫不詳。後蜀將領。本書僅此一見。　監押：即都監。

[3]蓬：州名。治所在今四川營山縣安固鄉。　渠：州名。治所在今四川渠縣。　開：州名。治所在今重慶市開州區。

[4]"壬辰"至"乃受命"：《通鑑》卷二七七長興三年（932）五月條。

六月，以廷隱爲保寧留後。戊午，趙季良帥將吏請知祥兼鎮東川，許之。季良等又請知祥稱王，權行制書，賞功臣，不許。董璋之攻知祥也，山南西道節度使王思同以聞，范延光言於上曰：[1]"若兩川並於一賊，撫衆守險，則取之益難，宜及其交争，早圖之。"上命思同以興元之兵密規進取。未幾，聞璋敗死，延光曰："知祥雖據全蜀，然士卒皆東方人，知祥恐其思歸爲變，亦欲倚朝廷之重以威其衆，陛下不屈意撫之，彼則無從自新。”上曰：“知祥吾故人，爲人離間至此，何屈意之有！”乃遣供奉官李瓌賜知祥詔曰：[2]“董璋狐狼，自貽族滅。卿丘園親戚皆保安全，所宜成家世之美名，守君臣之大節。”[3]

[1]山南西道：方鎮名。治所在梁州（今陝西漢中市）。　王思同：人名。幽州（今北京市）人。後唐將領。傳見本書卷六五、《新五代史》卷三三。　范延光：人名。鄴郡臨漳（今河北臨漳縣）人。五代後唐、後晉將領。傳見本書卷九七。

[2]李瓌：人名。即李存瓌。爲避後唐莊宗李存勖諱而稱李瓌。五代後唐官員。事見本書本卷、卷四三。

[3]“六月”至“守君臣之大節”：《通鑑》卷二七七長興三年（932）六月條。亦見《輯本舊史》卷四三《唐明宗紀九》，《新五代史》卷六四《後蜀世家》略同。《宋本册府》卷一七八《帝王部·姑息門三》載此對話甚詳，可參看。

七月庚寅，李存瓌至成都，孟知祥拜泣受詔。乙未，孟知祥遣李存瓌還，上表謝罪，且告福慶公主之喪。自是復稱藩，然益驕倨矣。八月甲子，孟知祥令李昊爲武泰趙季良等五留後草表，請以知祥爲蜀王，行墨制，仍自求旌節，昊曰：“比者諸將攻取方鎮，即有其地，今又自求節鉞及明公封爵，然則輕重之權皆在羣下矣；借使明公自請，豈不可邪！”知祥大悟，更令昊爲己草表，請行墨制，補兩川刺史已下；又表請以季良等五留後爲節度使。知祥命其子仁贊攝行軍司馬，兼都總轄兩川牙内馬步都軍事。[1]九月，瓌自蜀還，得知祥表，請除趙季良等爲五鎮節度，其餘刺史已下，得自除授。又請封蜀王，且言福慶公主已卒。明宗爲之發哀，遣閣門使劉政恩充西川宣諭使。[2]政恩復命，知祥始遣其將朱滉來朝。[3]

[1]仁贊：人名。即孟昶。　“七月庚寅”至“兼都總轄兩川牙内馬步都軍事”：《通鑑》卷二七八長興三年（932）七月、八月條。《新五代史》卷六四《後蜀世家》：“知祥兼據兩川，以趙季良爲武泰軍留後、李仁罕武信軍留後、趙廷隱保寧軍留後、張業寧江軍留後、李肇昭武軍留後。季良等因請知祥稱王，以墨制行事，議未決而瓌至蜀，知祥見瓌倨慢。”

[2]閣門使：官名。唐末置，掌管供奉乘輿、朝會游幸、大宴引贊、引接親王宰相百僚藩國朝見、糾彈失儀等。　劉政恩：人名。籍貫不詳。後唐官員。本書僅此一見。　宣諭使：官名。掌奉使宣諭朝廷旨意。

[3]朱滉：人名。籍貫不詳。孟知祥部屬。事見本書本卷。“九月”至“知祥始遣其將朱滉來朝”：《新五代史》卷六四《後蜀世家四》。《蜀檮杌》卷下：“三年，長公主薨，朝廷遣使來歸賻册，贈晋國雍順長公主。六月，進封蜀王。承制行賞，諸將進秩有差。九月，葬長公主於星宿山。”《宋本册府》卷一七八《帝王部・姑息門三》詳載詔書，可參看。

四年二月癸亥，制以知祥檢校太尉兼中書令，行成都尹、劍南東西兩川節度，管内觀察處置統押近界諸蠻兼西山八國雲南安撫制置等使。[1]命修王建墓，禁樵採。[2]戊申，孟知祥墨制以趙季良等爲五鎮節度使。癸亥，以孟知祥爲東西川節度使、蜀王。三月乙酉，始下制除趙季良等爲五鎮節度使。[3]宴府僚於王氏宣華苑，因謂左右曰：“使衍不荒於政，有賢臣輔之，繼岌小子豈能遽取耶？”趙季良曰：“亦天時也，不有所廢，君何以興？”知祥大喜。[4]

[1]“四年二月癸亥”至“管内觀察處置統押近界諸蠻兼西山八國雲南安撫制置等使”：《新五代史》卷六四《後蜀世家四》，亦見《輯本舊史》卷四四《唐明宗紀十》，《宋本册府》卷一七八《帝王部·姑息門三》。

[2]命修王建墓，禁樵採：《蜀檮杌》卷下。

[3]“戊申”至“始下制除趙季良等爲五鎮節度使”：《通鑑》卷二七八長興四年（933）二月、三月條，亦見《輯本舊史》卷四四《唐明宗紀十》。

[4]“宴府僚於王氏宣華苑”至“知祥大喜”：《蜀檮杌》卷下。

帝以工部尚書盧文紀、[1]禮部郎中吕琦爲蜀王册禮使，[2]并賜蜀王一品朝服。知祥自作九旒冕，[3]九章衣，車服旌旗皆擬王者。八月，乙巳朔，文紀等至成都。戊申，知祥服衮冕，備儀衛詣驛，降階北面受册，升玉輅，至府門，乘步輦以歸。[4]九月，立三廟。十一月，明宗崩，制服大臨。[5]十二月，孟知祥聞明宗殂，謂僚佐曰：“宋王幼弱，爲政者皆胥史小人，其亂可坐俟也。”[6]

[1]工部尚書：官名。尚書省工部主官。掌百工、屯田、山澤之政令。正三品。　盧文紀：人名。京兆萬年（今陝西西安市長安

區）人。唐末進士，五代宰相。傳見本書卷一二七、《新五代史》卷五五。

[2]禮部郎中：官名。尚書省禮部頭司禮部司長官。掌禮樂、學校、衣冠、符印、表疏、圖書、册命、祥瑞、鋪設，及百官、宫人喪葬贈賻之數。從五品上。　吕琦：人名。幽州安次（今河北廊坊市）人。五代後唐、後晋官員。傳見本書卷九二、《新五代史》卷五六。　册禮使：官名。舉行册封典禮時臨時設置的官職，册封儀式結束即罷。

[3]旒：皇帝或王禮帽前後的玉串。

[4]衮冕：衮服和冠冕。皇帝、王公大臣的禮服。參見閻步克《服周之冕——〈周禮〉六冕禮制的興衰變異》，中華書局2009年版。　玉輅：帝王所乘之車，以珠玉爲飾。　"帝以工部尚書盧文紀"至"乘步輦以歸"：《通鑑》卷二七八長興四年（933）八月條。

[5]制服：喪服。　大臨：聚哭告哀。　"九月"至"制服大臨"：《蜀檮杌》卷下。

[6]宋王：即後唐閔帝李從厚。明宗李嗣源第三子。紀見本書卷四五、《新五代史》卷七。　"十二月"至"其亂可坐俟也"：《通鑑》卷二七八長興四年十二月條。

知祥專制劍南，動多姑息。初，奏李肇而下五人分諸州爲五帥，請朝廷降使。及韋勳至成都，不甚禮待，聊以貢奉。[1]黄龍見犍爲，[2]白鵲集玉局苑，白龜游宣華苑。季良上表陳符瑞，率百官勸進。知祥曰："德薄不足辱天命，以蜀王而老於是，孤足矣。"季良曰："將士大夫盡節效忠於殿下，止望攀鱗附翼，今不正大統，無以足軍民推戴之心。"閏正月二十八日，遂僭即位。其日大風晝暝。以季良守司空平章事，李仁罕爲衛聖諸軍馬步軍指揮使，趙廷隱、張業爲左右匡聖步軍都指揮使。[3]二月，癸酉，蜀主以武泰節度使趙季良爲司空兼門下侍郎、同平章事，領節度使如故。以中門使王處回爲樞密使。[4]李昊爲翰林學士。[5]

[1]韋勳：人名。籍貫不詳。五代後唐、後晋、後周官員。事見本書卷七七、卷七八、卷一一一、卷一一二等卷。　“知祥專制劍南”至“聊以貢奉”：《宋本册府》卷一七九《帝王部·姑息門四》。

[2]犍爲：縣名。治所在今四川彭山縣東。

[3]衛聖：部隊番號。　匡聖：部隊番號。　“黄龍見犍爲”至“趙廷隱、張業爲左右匡聖步軍都指揮使”：《蜀檮杌》卷下。

[4]門下侍郎：官名。門下省副長官。唐後期三省長官漸爲榮銜，中書、門下侍郎却因參議朝政而職位漸重，常常用爲以“同三品”或“同平章事”任宰相者的本官。正三品。　“二月”至“以中門使王處回爲樞密使”：《通鑑》卷二七九清泰元年（934）二月條。

[5]李昊爲翰林學士：《新五代史》卷六四《後蜀世家四》。

三月，追尊曾祖佚爲孝元皇帝，廟號太祖；祖察爲孝景皇帝，廟號世祖；考巇爲孝武皇帝，廟號顯宗。遣宗使持書至洛，稱大蜀皇帝。四月，受玉寶、玉册，[1]追册長公主爲皇后，册夫人李氏爲貴妃。御得賢門，大赦，改元明德。[2]唐潞王舉兵於鳳翔，愍帝遣王思同等討之，思同兵潰。[3]山南西道節度使張虔釗之討鳳翔也，[4]留武定節度使孫漢韶守興元。[5]虔釗既敗，奔歸興元，與漢韶舉兩鎮之地降于蜀；蜀主命奉鑾肅衛馬步都指揮使、昭武節度使李肇將兵五千還利州，右匡聖馬步都指揮使、寧江節度使張業將兵一萬屯大漫天以迎之。[6]

[1]玉寶：即玉璽。　玉册：帝王祭祀或上尊號所用。用玉製成。

[2]明德：後蜀高祖孟知祥與後蜀後主孟昶共用之年號（934—937）。　“三月”至“改元明德”：《蜀檮杌》卷下。

[3]潞王：即後唐廢帝李從珂，又稱末帝。鎮州平山（今河北平山縣）人。本姓王氏，爲後唐明宗養子，改名從珂。清泰元年(934）率軍東攻洛陽，廢黜愍帝，自立爲帝。清泰三年，石敬瑭與契丹合兵攻陷洛陽，自焚而死。紀見本書卷四六至卷四八、《新五代史》卷七。　唐潞王舉兵於鳳翔，愍帝遣王思同等討之，思同兵潰：《新五代史》卷六四《後蜀世家四》。然其繫於三月。末帝即位在四月，故從《通鑑》改。

[4]張虔釗：人名。遼州（今山西左權縣）人。後唐、後蜀將領。傳見本書卷七四。

[5]孫漢韶：人名。太原（今山西太原市）人。後唐、後蜀將領。傳見《孫漢韶墓志》(拓片刊《成都出土歷代墓銘券文圖録綜釋》，文物出版社 2012 年版）。

[6]大漫天：山名。位於今四川廣元市東北。　“山南西道節度使張虔釗之討鳳翔也”至“寧江節度使張業將兵一萬屯大漫天以迎之”：《通鑑》卷二七九清泰元年四月條。

六月，往大慈寺避暑，觀明皇、僖宗御容，宴群臣於華嚴閣下。[1]張虔釗等至成都，知祥宴勞之，虔釗奉觴起爲壽，知祥手緩不能舉觴，遂病，以其子昶爲皇太子監國。[2]

［1］明皇：即唐玄宗李隆基。712 年至 756 年在位。紀見《舊唐書》卷八至卷九及《新唐書》卷五。　僖宗：即李儇。873 年至 888 年在位。紀見《舊唐書》卷一九下、《新唐書》卷九。　“六月”至“宴群臣於華嚴閣下”：《蜀檮杌》卷下。

［2］監國：代表皇帝行使權力稱監國。軍國大事全權處置。“張虔釗等至成都”至“以其子昶爲皇太子監國”：《新五代史》卷六四《後蜀世家四》。《輯本舊史》卷四六《唐末帝紀上》清泰元年（934）七月癸卯條：“鳳翔進僞蜀孟知祥來書，稱‘大蜀皇帝獻書于大唐皇帝’，且言‘見迫羣情，以今年四月十二日即皇帝位’云，帝不答。”《蜀檮杌》卷下繫孟昶監國事於七夕後，與本條“六月”不同，作“是月寢疾，命子昶監國。”

七夕，與宫人乞巧於丹霞樓。[1]是月寢疾，命子昶監國。季良召術士周仲明問知祥壽。[2]仲明曰：“上合爲真王，食蜀中二十年禄，既登九五，於壽無益。”季良曰：“可爲金縢乎？”[3]曰：“此天數也，非人力可爲。”季良又問：“子孫壽何如？”曰：“二紀外有真人出，天下一統爾。”季良默然。[4]蜀主得風疾踰年，至是增劇；甲子，立子東川節度使、同平章事、親衛馬步都指揮使仁贊爲太子，仍監國。召司空、同平章事趙季良、武信節度使李仁罕、保寧節度使趙廷隱、樞密使王處回、捧聖控鶴都指揮使張公鐸、奉鑾肅衛指揮副使侯弘實受遺詔輔政。[5]是夕殂，秘不發喪。[6]年六十一，僞謚文武聖德英烈明孝皇帝，廟號高祖，葬和陵。初，有丐者自號醋頭，手攜一燈檠，所至處卓之，呼曰："不得登，燈便倒。"至是人以爲應。知祥好學問，性寬厚，撫民以仁惠，馭卒以恩威，接士大夫以禮。薨之日，蜀人甚哀之。[7]

[1]乞巧：相傳農曆七月七日爲牽牛、織女二星相會之期，舊俗婦女此夕必備陳瓜果、鮮花、胭脂於庭中向天祭拜，以期擁有姣美的面貌；並對月引綫穿針，以期雙手靈巧，長於刺綉織布，稱爲"乞巧"。

[2]周仲明：人名。籍貫不詳。後蜀術士。事見本書本卷。

[3]金縢：語出《尚書·周書·金縢》。周武王病重，周公旦祈禱自己代替武王死去。此處借指祈壽。

[4]"七夕"至"季良默然"：《蜀檮杌》卷下。

[5]捧聖控鶴：部隊番號。　張公鐸：人名。太原樂平（今山西昔陽縣）人。後蜀將領。事見本書卷六二、本卷。

[6]"蜀主得風疾踰年"至"秘不發喪"：《通鑑》卷二七九清泰元年（934）七月條。《蜀檮杌》卷下："二十六日薨。"

[7]"年六十一"至"蜀人甚哀之"：《蜀檮杌》卷下。《通鑑》卷二七九清泰元年十二月甲申條："蜀葬文武聖德英烈明孝皇帝于和陵，廟號高祖。"

昶，知祥之第三子也。[1]母李氏，本莊宗之嬪御，以賜知祥。唐天祐十六年歲在己卯十一月十四日，生昶於太原。及知祥鎮蜀，昶與其母從知祥妻瓊華長公主同入於蜀。[2]知祥僭號，僞册爲皇太子。知祥卒，遂襲其僞位，時年十六，尚稱明德元年。及僞明德四年冬，僞詔改明年爲廣政元年，是歲即晋天福三年也。[3]僞廣政十三年，僞上尊號爲睿文英武仁聖明孝皇帝。[4]皇朝乾德三年春，王師平蜀，詔昶舉族赴闕，賜甲第於京師，迨其臣下賜賚甚厚，尋册封楚王。[5]是歲秋，卒於東京，時年四十七。事具皇家日曆。[6]自知祥同光三年丙戌歲入蜀，父子相繼，凡四十年而亡。[7]《永樂大典》卷一萬三千一百六十一。[8]

[1]昶，知祥之第三子也：《輯本舊史》之原輯者案語："《宋朝事實》云：昶，初名仁贊。《揮麈餘話》云：昶，字保元。"

[2]"母李氏"至"昶與其母從知祥妻瓊華長公主同入於蜀"：《輯本舊史》之原輯者案語："《花蕊夫人宫詞》云：'法雲寺裏中元節，又是官家降誕辰。'是昶以七月十五爲生辰也，與《薛史》異。"

[3]廣政：後蜀後主孟昶年號（938—965）。　天福：五代後晉高祖石敬瑭年號（936—942）。出帝石重貴沿用至九年（944）。後漢高祖劉知遠繼位後沿用一年，稱天福十二年（947）。　"知祥僭號"至"是歲即晋天福三年也"：《新五代史》卷六四《後蜀世家》："知祥爲兩川節度使，昶爲行軍司馬。知祥僭號，以昶爲東川節度使、同中書門下平章事。知祥病，昶監國。知祥已卒而祕未發，王處回夜過趙季良，相對泣涕不已，季良正色曰：'今彊侯握兵，專伺時變，當速立嗣君以絶非望，泣無益也。'處回遂與季良立昶，而後發喪。昶立，不改元，仍稱明德，至五年始改元曰廣政。明德三年三月，熒惑犯積尸，昶以謂積尸，蜀分也，懼，欲禳之，以問司天少監胡韞。韞曰：'按十二次，起井五度至柳八度，爲鶉首之次，鶉首，秦分也，蜀雖屬秦，乃極南之表爾。前世火入鬼，其應在秦。晋咸和九年三月，火犯積尸，四月，雍州刺史郭權見殺。義熙四年，火犯鬼，明年，雍州刺史朱齡石見殺。而蜀皆無事。'乃止。昶好打毬走馬，又爲方士房中之術，多採良家子以充

後宫。樞密副使韓保貞切諫，昶大悟，即日出之，賜保貞金數斤。有上書者，言臺省官當擇清流，昶歎曰：‘何不言擇其人而任之？’左右請以其言詰上書者，昶曰：‘吾見唐太宗初即位，獄吏孫伏伽上書言事，皆見嘉納，奈何勸我拒諫耶！’然昶年少不親政事，而將相大臣皆知祥故人，知祥寬厚，多優縱之，及其事昶，益驕蹇，多踰法度，務廣第宅，奪人良田，發其墳墓，而李仁罕、張業尤甚。昶即位數月，執仁罕殺之，并族其家。是時，李肇自鎮來朝，杖而入見，稱疾不拜，及聞仁罕死，遽釋杖而拜。”《輯本舊史》卷四六《唐末帝紀上》清泰元年（934）八月辛未條：“荆南奏，僞蜀孟知祥卒，其子昶嗣僞位。”亦見明本《册府》卷二一九《僭僞部·年號門》。

[4]僞廣政十三年，僞上尊號爲睿文英武仁聖明孝皇帝：《新五代史·後蜀世家》：“廣政九年，趙季良卒，張業益用事。業，仁罕甥也。仁罕被誅時，業方掌禁兵，昶懼其反，乃用以爲相，業兼判度支，置獄于家，務以酷法厚斂蜀人，蜀人大怨。十一年，昶與匡聖指揮使安思謙謀，執而殺之。王處回、趙廷隱相次致仕，由是故將舊臣殆盡。昶始親政事，於朝堂置匭以通下情。是時，契丹滅晋，漢高祖起於太原，中國多故，雄武軍節度使何建以秦、成、階三州附于蜀，昶因遣孫漢韶攻下鳳州，於是悉有王衍故地。漢將趙思綰據永興、王景崇據鳳翔反，皆送款于昶。昶遣張虔釗出大散關，何建出隴右，李廷珪出子午谷，以應思綰。昶相毋昭裔切諫，以爲不可，然昶志欲窺關中甚鋭，乃遣安思謙益兵以東。已而漢誅思綰、景崇，虔釗等皆罷歸，而思謙恥於無功，多殺士卒以威衆。昶與翰林使王藻謀殺思謙，而邊吏有急奏，藻不以時聞，輒啓其封，昶怒之。其殺思謙也，藻方侍側，因并擒藻斬之。十二年，置吏部三銓、禮部貢舉。十三年，昶加號睿文英武仁聖明孝皇帝。封子玄喆秦王，判六軍事；次子玄珏褒王；弟仁毅夔王、仁贄雅王、仁裕嘉王。十八年，周世宗伐蜀，攻自秦州。昶以韓繼勳爲雄武軍節度，聞周師來伐，歎曰：“繼勳豈足以當周兵邪！”客省使趙季札

請行，乃以季札爲秦州監軍使。季札行至德陽，聞周兵至，遽馳還奏事。昶問之，季札惶懼不能道一言，昶怒殺之，乃遣高彦儔、李廷珪出堂倉以拒周師。彦儔大敗，走青泥，於是秦、成、階、鳳復入于周。昶懼，分遣使者聘於南唐、東漢，以張形勢。二十年，世宗以所得蜀俘歸之，昶亦歸所獲周將胡立于京師，因寓書于世宗，世宗怒昶無臣禮，不答。"《輯本舊史》卷一一七《周世宗紀四》顯德四年（957）八月癸未條："前濮州刺史胡立自僞蜀迴，蜀主孟昶寓書於帝，其末云：'昶昔在齠齔，即離并都，亦承皇帝鳳起晋陽，龍興汾水，合敘鄉關之分，以陳玉帛之歡。儻蒙惠以嘉音，佇望專馳信使，謹因胡立行次，聊陳感謝披述'云。初，王師之伐秦、鳳也，以立爲排陣使，既而爲蜀所擒。及秦、鳳平，得降軍數千人，其後帝念其懷土，悉放歸蜀，至是蜀人知感，故歸立於我。昶本生於太原，故其書意願與帝推鄉里之分，帝怒其抗禮，不答。"《新五代史·後蜀世家》："二十一年，周兵伐南唐，取淮南十四州，諸國皆懼。荆南高保融以書招昶使歸周，昶以前嘗致書世宗不答，乃止。昶幼子玄寶，生七歲而卒，太常言無服之殤無贈典。昶問李昊，昊曰：'昔唐德宗皇子評，生四歲而卒，贈揚州大都督，封肅王，此故事也。'昶乃贈玄寶青州大都督，追封遂王。二十五年，立秦王玄喆爲皇太子。昶幸晋、漢之際，中國多故，而據險一方，君臣務爲奢侈以自娱，至於溺器，皆以七寶裝之。宋興，已下荆、潭，昶益懼，遣大程官孫遇以蠟丸書間行東漢，約出兵以撓中國，遇爲邊吏所得。太祖皇帝遂詔伐蜀，遣王全斌、崔彦進等出鳳州，劉光乂、曹彬等出歸州；詔八作司度右掖門南，臨汴水爲昶治第一區，凡五百餘間，供帳什物皆具，以待昶。昶遣王昭遠、趙彦韜等拒命。昭遠，成都人也，年十三，事東郭禪師智諲爲童子。知祥嘗飯僧於府，昭遠執巾履從智諲以入，知祥見之，愛其惠黠。時昶方就學，即命昭遠給事左右，而見親狎。昶立，以爲捲簾使。樞密使王處回致仕，昶以樞密使權重難制，乃以昭遠爲通奏使、知樞密使事，然事無大小，一以委之，府庫金帛恣其所取不問。昶母李太后常爲昶言昭遠不可用，昶不聽。昭遠好讀兵書，以方略自許。兵始發成都，昶遣李昊等餞之，昭遠手執鐵如意，指揮軍事，自比諸葛亮，酒酣，謂昊曰："吾之是行，何止克敵，當領此二三萬雕面惡少兒，取中原如反掌爾！"昶又遣子玄喆率精兵數萬守劍門。玄喆輦其愛姬，攜樂器、伶人數十以從，蜀人見者皆竊笑。全斌至三泉，遇昭遠，擊敗之。昭遠焚吉柏江浮橋，退守劍門。軍頭向韜得蜀降卒，言：'來蘇小路，出劍門南清彊店，與大路合。'全斌遣偏將史延德分兵出來蘇，北擊劍門，與全斌夾攻之，昭遠、彦韜敗走，皆見擒。玄喆聞昭遠等敗，亦逃歸。"

[5]乾德：宋太祖趙匡胤年號（963—968）。　"皇朝乾德三年春"至"尋册封楚王"：《新五代史·後蜀世家》："劉光乂攻夔州，守將高彦儔戰敗，閉牙城拒守，判官羅濟勸其走，彦儔曰：'吾昔不能守秦川，今又奔北，雖人主不殺我，我何面目見蜀人乎！'又勸其降，彦儔不許，乃自焚死。而蜀兵所在奔潰，將帥多被擒獲。昶問計於左右，老將石頵以謂東兵遠來，勢不能久，宜聚兵堅守以敝之。昶歎曰：'吾與先君以温衣美食養士四十年，一旦臨敵，不能爲吾東向放一箭，雖欲堅壁，誰與吾守者邪！'乃命李昊草表以降，時乾德三年正月也。自興師至昶降，凡六十六日。初，昊事王衍爲翰林學士，衍之亡也，昊爲草降表，至是又草焉，蜀人夜表其門曰'世脩降表李家'，當時傳以爲笑。"

[6]"是歲秋"至"事具皇家日曆"：《新五代史·後蜀世家》："昶至京師，拜檢校太師兼中書令，封秦國公，七日而卒，追封楚王。其母李氏，爲人明辯，甚見優禮，詔書呼爲'國母'，嘗召見勞之曰：'母善自愛，無戚戚思蜀，佗日當送母歸。'李氏曰：'妾家本太原，儻得歸老故鄉，不勝大願。'是時，劉鈞尚在。太祖大喜曰：'俟平劉鈞，當如母願。'昶之卒也，李氏不哭，以酒酹地祝曰：'汝不能死社稷，苟生以取羞。吾所以忍死者，以汝在也。吾今何用生爲！'因不食而卒。其餘事具國史。"

[7]自知祥同光三年丙戌歲入蜀，父子相繼，凡四十年而亡：

《新五代史》卷六四《後蜀世家》有注:“知祥興滅年數甚明，諸書皆同，蓋自同光三年乙酉入蜀，至皇朝乾德三年乙丑國滅，凡四十一年。惟《舊五代史》云同光三年丙戌，至乾德三年乙丑，四十年者，繆也。”

［8］《大典》卷一三一六一“孟”字韵“姓氏”事目。

史臣曰：昔張孟陽爲《劍閣銘》云:[1]“惟蜀之門，作固作鎮，世濁則逆，道清斯順。”是知自古坤維之地，遇亂代則閉之而不通，逢興運則取之如俯拾。然唐氏之入蜀也，兵力雖勝，帝道猶昏，故數年間得之復失。及皇上之平蜀也，煦之以堯日，和之以舜風，故比户之民，悦而從化。且夫王衍之遭季世也，則赤族於秦川；孟昶之遇明代也，則受封于楚甸。雖俱爲亡國之主，何幸與不幸相去之遠也。《永樂大典》卷一萬三千一百六十一。[2]

［1］張孟陽：人名。即西晋張載，字孟陽。文學家。傳見《晋書》卷五五。

［2］《大典》卷一三一六一“孟”字韻“姓氏”事目。

舊五代史　卷一三七

外國列傳第一

契丹[1]

[1]《契丹傳》，《輯本舊史》原注録自《大典》卷四五五八“天”字韻“應天府（二七）”事目，誤。中華書局本有校勘記：“檢《永樂大典目録》，卷四五五八爲‘天’字韻，與本則内容不符，恐有誤記。陳垣《舊五代史輯本引書卷數多誤例》謂應作卷四三五八‘丹’字韻‘契丹’。”但未改。今據改。應爲形近之訛。全文記事止於耶律德光卒。後永康王兀欲諸事，採《新五代史》卷七三《四夷附録》文，並加校證，以備參考。

契丹者，古匈奴之種也。[1]代居遼澤之中，潢水南岸，南距榆關一千一百里，[2]榆關南距幽州七百里，本鮮卑之舊地也。[3]其風土人物，世代君長，前史載之詳矣。

[1]匈奴：部族、政權名。西周、春秋時稱獫狁、戎狄。戰國時游牧於燕、趙、秦以北地區。秦漢之際，匈奴冒頓單于統一各部，擊敗東胡、月氏，勢力强盛，建立起匈奴政權。漢和帝時，遣

大將軍竇憲率軍擊敗北匈奴，迫使其部分西遷，越過中亞後到達歐洲，留居漠北的餘部匯入鮮卑部落。南匈奴屯居朔方、五原、雲中（今内蒙古境内）等郡，東漢末分爲五部。兩晋十六國時匈奴族先後在黄河流域建立漢（前趙）、夏、北涼等國，經過南北朝時代北方的民族大融合，逐漸在歷史上消失。參見陳序經《匈奴史稿》，中國人民大學出版社 2007 年版。

［2］潢水：水名。即今内蒙古東部西拉木倫河。契丹族的發祥地。《遼史》卷三二《營衛志中》："契丹之先，曰奇首可汗……潢河之西，土河之北，奇首可汗故壤也。"土河即今内蒙古東部老哈河。　榆關：關隘名。即今山海關。位於今河北秦皇島市。

［3］幽州：州名。治所在今北京市。　鮮卑：部族名。東胡的一支。秦漢時，遊牧於今内蒙古西拉木倫河及洮兒河之間，附於匈奴。東漢永元元年（89），北匈奴西遷，鮮卑各部漸入據匈奴故地。東漢桓帝時，首領檀石槐在大漠南北建立部落大聯盟，分爲東、中、西三部。魏晋南北朝時，其分支段、慕容、乞伏、宇文、拓跋等部，曾先後在東北、華北、西北建立政權。原居今内蒙古呼倫貝爾市的拓跋部建立北魏王朝，統一北方。内遷的鮮卑人漸與漢人及其他族人相融合。參見田餘慶《拓跋史探》（修訂本），生活·讀書·新知三聯書店 2011 年版。　"契丹者"至"本鮮卑之舊地也"：《新五代史》卷七二《四夷附録一》："契丹自後魏以來，名見中國。或曰與庫莫奚同類而異種。其居曰梟羅箇没里。没里者，河也。是謂黄水之南，黄龍之北，得鮮卑之故地，故又以爲鮮卑之遺種。當唐之世，其地北接室韋，東隣高麗，西界奚國，而南至營州。"《會要》卷二九契丹條："契丹，本鮮卑之種也，居遼澤之中，潢水之南。遼澤去榆關一千一百二十里，榆關去幽州七百一十四里。其地東南接海，東際遼河，西北包冷陘，北界松陘。山川東西三千里。地多松柳，澤饒蒲葦。"明本《册府》卷九五八《外臣部·國邑門二》："契丹國，居黄水之南，黄莫龍之北數百里。後魏時，爲高麗所侵，部落萬餘口求内附，止於白貔河，其後爲突厥所

逼，又以萬家寄於高麗。隋開皇中，背高麗率衆内附，高祖安置於渴奚那頡之北。部落漸衆，遂北徙，逐水草。當遼西正北二百里，依託訖臣水而居，東西亘五百里，南北三百里。分爲十部，兵多者三千，少者千餘。其南者爲契丹，在北者號室韋。一説其國在鮮卑之東故地，距高麗，西至奚，北鄰靺鞨，南接營州，延袤二千里，勝兵萬餘人，分爲八部。又云：古匈奴之種，代居遼澤之中，潢水南崖，南距渝關千一百里，渝關南距幽州七百里，本鮮卑之舊地也。後唐天祐末，其酋阿保機乃僭稱皇帝，署中國官號，爲城郭宫室之制於漠北，距幽州三千里，名其邑曰‘西樓邑’。屋門皆東向，如車帳之法。城南别作一城，以實漢人，名曰‘漢城’。”

唐咸通末，其王曰習爾之，[1]疆土稍大，累來朝貢。光啓中，其王欽德者，[2]乘中原多故，北邊無備，遂蠶食諸郡，達靼、奚、室韋之屬，[3]咸被驅役，族帳寖盛，有時入寇。劉仁恭鎮幽州，素知契丹軍勢情僞，選將練兵，乘秋深入，踰摘星嶺討之，[4]霜降秋暮，即燔塞下野草以困之，馬多飢死，即以良馬賂仁恭，以市牧地。[5]仁恭季年荒恣，出居大安山，[6]契丹背盟，數來寇鈔。時劉守光戍平州，[7]契丹舍利王子率萬騎攻之，[8]守光僞與之和，張幄幕於城外以享之，部族就席，伏甲起，擒舍利王子入城。部族聚哭，請納馬五千以贖之，不許，欽德乞盟納賂以求之，自是十餘年不能犯塞。

[1]咸通：唐懿宗李漼年號（860—874）。　習爾之：人名。又作“習爾”，號“鮮質可汗”。契丹遥輦氏部落聯盟首領。唐懿宗咸通年間在位，時契丹益强，發動對奚戰爭。《新唐書》卷二一九載其咸通中曾遣使於唐朝。“習爾之”，中華書局本有校勘記：

“原作‘薩勒札’，注云：‘舊作“習爾之”，今改正。’按此係輯録《舊五代史》時所改，今恢復原文。”

［2］光啓：唐僖宗李儇年號（885—888）。　欽德：人名。契丹遥輦氏部落聯盟末代首領，稱“痕德堇可汗”。約於唐僖宗光啓元年後執政。憑藉契丹逐漸强大的軍事力量，乘中原藩鎮之亂，逐漸蠶食周鄰韃靼、奚、室韋等部落，南下攻掠幽、薊等地。天復三年（903）十一月，牧地被唐幽州節度使劉仁恭焚燒，被迫向唐獻馬請盟。旋背盟南下，遣阿鉢（耶律阿保機妻兄）將萬騎攻渝關（位於今河北秦皇島市撫寧區）。天祐三年十二月（907 年初）卒。翌年正月阿保機稱帝。至此，長達一個半世紀，歷經九世的遥輦氏部落聯盟時代宣告結束，爲耶律氏建立的國家所取代。“欽德”，中華書局本有校勘記：“原作‘沁丹’，注云：‘舊作“欽德”，今改正。’按此係輯録《舊五代史》時所改，今恢復原文。”

［3］達靼：部族名。其名始見於唐開元二十年（732）突厥文《闕特勤碑》。唐末活躍於陰山一帶。參見白玉冬《九姓達靼游牧王國史研究（8—11 世紀）》，中國社會科學出版社 2017 年版。　奚：部族名。又稱“庫莫奚”。源出鮮卑宇文部。隋代以後簡稱“奚”。先後附屬唐朝、後突厥汗國、回鶻汗國。唐末爲契丹所役屬，部分奚人西遷媯州（今河北懷來縣）北山，遂有東、西奚之分。遼建國後，以奚王府治理奚人，奚六部各設節度使。參見畢德廣《奚族文化研究》，科學出版社 2016 年版。　室韋：部族名。又作失韋、失圍，一説即鮮卑的别譯。源出東胡，北魏時始見記載。南北朝時分爲五部，至隋唐時漸分爲三十餘部。曾附屬於突厥汗國，唐代東突厥汗國、後突厥汗國、回鶻汗國衰亡後，大量室韋人遷入蒙古高原，遼金時遍佈大漠南北。中唐以後，文獻上又把室韋稱作“達怛”。參見張久和《原蒙古人的歷史：室韋—達怛研究》，高等教育出版社 1998 年版。

［4］劉仁恭：人名。深州（今河北深州市）人。唐末、五代軍閥，時爲幽州節度使。傳見《新唐書》卷二一二。　素知契丹軍勢

情僞：中華書局本有校勘記："'勢'字原闕，據《册府》卷三六七補。"見《宋本册府》卷三六七《將帥部·機略門七》。　摘星嶺：地名。又名思鄉嶺、辭鄉嶺、德勝嶺、望雲嶺。即今河北灤平縣西南十八盤嶺。爲遼時出古北口赴中京驛路必經之地。

[5]馬多飢死：中華書局本有校勘記："《册府》卷三六七同，《新五代史》卷七二《四夷附録》、《通鑑》卷二六四敘其事作'契丹馬多飢死'。"　"劉仁恭鎮幽州"至"以市牧地"：見《通鑑》卷二六四天復三年（903）條。《新五代史》卷七二《四夷附録一》："某部大人遥輦次立，時劉仁恭據有幽州，數出兵摘星嶺攻之，每歲秋霜落，則燒其野草，契丹馬多飢死，即以良馬賂仁恭求市牧地，請聽盟約甚謹。"

[6]大安山：山名。位於今北京房山區西北。

[7]劉守光：人名。深州樂壽（今河北獻縣）人。唐末、五代幽州節度使劉仁恭之子。劉守光囚父自立，後號大燕皇帝，爲晋王李存勗俘殺。傳見本書卷一三五、《新五代史》卷三九。　平州：州名。治所在今河北盧龍縣。

[8]舍利王子：人名。舍利原爲官稱，此以官稱（或專名）代人名。《資治通鑑考異》曰："薛居正《五代史》及《莊宗列傳》皆云：'光啓中，守光禽舍利王子，其王欽德以重賂贖之。'按是時仁恭猶未得幽州也。今從《薛史·蕭翰傳》及王皡《唐餘録》。""舍利"，中華書局本有校勘記："原作'錫利'，注云：'舊作"舍利"，今改正。'按此係輯録《舊五代史》時所改，今恢復原文。"

及欽德政衰，有別部長耶律阿保機，最推雄勁，族帳漸盛，遂代欽德爲主。[1]先是，契丹之先大賀氏有勝兵四萬，分爲八部，每部皆號大人，内推一人爲主，建旗鼓以尊之，每三年第其名以代之。[2]及阿保機爲主，乃怙强恃勇，不受諸族之代，遂自稱國王。[3]

[1]耶律阿保機：人名。契丹迭剌部人。唐末契丹族首領、遼開國太祖。紀見《遼史》卷一、卷二。　“及欽德政衰”至“遂代欽德爲主”：“長”，中華書局本有校勘記：“《册府》卷九五六、卷九六七，《武經總要前集》卷一六下作‘酋長’。”見《宋本册府》卷九五六《外臣部・種族門》契丹條、卷九六七《外臣部・繼襲門二》契丹條。《宋本册府》卷九五六：“昭宗時，其王欽德政衰，有别部酋長耶律阿保機者，最推雄勁，族帳漸盛，代欽德爲王。”《新五代史》卷七二《四夷附録一》：“八部之人以爲遥輦不任事，選於其衆，以阿保機代之。”

[2]“先是”至“每三年第其名以代之”：《新五代史》卷七二《四夷附録一》：“其部族之大者曰大賀氏，後分爲八部，其一曰但利皆部，二曰乙室活部，三曰實活部，四曰納尾部，五曰頻没部，六曰内會雞部，七曰集解部，八曰奚嗢部。部之長號大人，而常推一大人建旗鼓以統八部。至其歲久，或其國有災疾而畜牧衰，則八部聚議，以旗鼓立其次而代之。被代者以爲約本如此，不敢争。”中華書局本《新五代史》校勘記：“‘但利皆’，原作‘但皆利’，據宗文本、《通鑑》卷二六六胡注引《歐史》改。宋丙本作‘但利皆’，按《五代會要》卷二九、《遼史》卷三七《地理志》作‘旦利皆’。”《會要》卷二九契丹條：“其族本姓大賀氏，後分爲八部：一曰旦利皆部，二曰乙室活部，三曰實活部，四曰納尾部，五曰頻没部，六曰内會雞部，七曰集解部，八曰奚嗢部。管縣四十一。每部有刺史，每縣有令。酋長號契丹王。唐制，兼松漠府都督，幽州置松漠府長史一人監之。其後諸姓不常。唐會昌中，幽州節度使張仲武表其王屈戍，請賜印篆爲‘奉國契丹之印’。朝廷從之。其八族長皆號曰大人，稱刺史，内推一人爲王，建旗鼓以尊之。每三年，第其名以代之。”

[3]“及阿保機爲主”至“遂自稱國王”：《新五代史》卷七二《四夷附録一》：“漢人教阿保機曰：‘中國之王無代立者。’由是阿保機益以威制諸部而不肯代。其立九年，諸部以其久不代，共責誚

之。阿保機不得已，傳其旗鼓，而謂諸部曰：‘吾立九年，所得漢人多矣，吾欲自爲一部以治漢城，可乎？’諸部許之。漢城在炭山東南灤河上，有鹽鐵之利，乃後魏滑鹽縣也。其地可植五穀，阿保機率漢人耕種，爲治城郭邑屋廛市如幽州制度，漢人安之，不復思歸。阿保機知衆可用，用其妻述律策，使人告諸部大人曰：‘我有鹽池，諸部所食。然諸部知食鹽之利，而不知鹽有主人，可乎？當來犒我。’諸部以爲然，共以牛酒會鹽池。阿保機伏兵其旁，酒酣伏發，盡殺諸部大人，遂立，不復代。”亦見《會要》契丹條、《宋本册府》卷一〇〇〇《外臣部·强盛門》。

天祐四年，大寇雲中，後唐武皇遣使連和，[1]因與之面會於雲中東城，大具享禮，延入帳中，約爲兄弟，謂之曰：“唐室爲賊所篡，吾欲今冬大舉，弟可以精騎二萬，同收汴、洛。”[2]阿保機許之，賜與甚厚，留馬三千匹以答貺。左右咸勸武皇可乘間擄之，武皇曰：“逆賊未殄，不可失信於夷狄，自亡之道也。”乃盡禮遣之。[3]及梁祖建號，[4]阿保機亦遣使送名馬、女口、貂皮等求封册。梁祖與之書曰：“朕今天下皆平，唯有太原未伏，卿能長驅精甲，徑至新莊，[5]爲我翦彼寇讎，與爾便行封册。”莊宗初嗣世，亦遣使告哀，賂以金繒，求騎軍以救潞州，[6]契丹答其使曰：“我與先王爲兄弟，兒即吾兒也，寧有父不助子耶！”許出師，會潞平而止。[7]

[1]天祐：唐昭宗李曄開始使用的年號（904）。唐哀帝李柷即位後沿用（904—907）。唐亡後，河東李克用、李存勗仍稱天祐，沿用至天祐二十年（923）。五代其他政權亦有行此年號者，如南

吴、吴越等，使用時間長短不等。　雲中：縣名。治所在今山西大同市。　武皇：人名。即李克用。沙陀族，生於神武川新城（一説今山西朔州市朔城區之梵王寺村，一説今山西應縣縣城，一説今山西懷仁縣之日中城）。五代後唐奠基者。紀見本書卷二五至卷二六。

[2]汴：州名。治所在今河南開封市。　洛：地名。即洛陽。位於今河南洛陽市。

[3]不可失信於夷狄："夷狄"，《輯本舊史》原作"部落"。中華書局本有校勘記："'部落'，《册府》卷九八〇、《通鑑》卷二六六作'夷狄'。"但未回改。見《宋本册府》卷九八〇《外臣部·通好門》，《通鑑》卷二六六開平元年（907）五月丁丑條。此因輯者忌清諱而改，今據《册府》及《通鑑》回改。　"天祐四年"至"乃盡禮遣之"：《新五代史》卷七二《四夷附録一》："梁將篡唐，晋王李克用使人聘于契丹，阿保機以兵三十萬會克用於雲州東城。置酒，酒酣，握手約爲兄弟。克用贈以金帛甚厚，期共舉兵擊梁。阿保機遺晋馬千匹。""千匹"，中華書局本《新五代史》校勘記："《舊五代史》卷一三七《契丹傳》、《通鑑》卷二六六、《契丹國志》卷一作'三千匹'。"見《通鑑》卷二六六開平元年五月丁丑條。

[4]梁祖：即朱温。宋州碭山（今安徽碭山縣）人。後梁開國皇帝。紀見本書卷一至卷七、《新五代史》卷一至卷二。

[5]女口：中華書局本有校勘記："原作'女樂'，據殿本、孔本、《册府》卷九九九改。"見《宋本册府》卷九九九《外臣部·請求門》。　太原：府名。治所在今山西太原市。代指李克用一方。　新莊：地名。位於今山西高平市河西鎮新莊村。

[6]莊宗：即李存勗。代北沙陀部人，後唐開國皇帝。紀見本書卷二七至卷三四、《新五代史》卷四至卷五。　潞州：州名。治所在今山西長治市。

[7]契丹答其使曰：中華書局本有校勘記："'契丹'二字原闕，據《通鑑》卷二六六《考異》引《薛史·契丹傳》補。"　兒即吾

兒也：《舊五代史考異》："《契丹國志》作'吾朝定兒也'，與《薛史》異。"中華書局本有校勘記："'朝'字原闕，據《契丹國志》卷一補。按《契丹國志》卷一：'朝定，猶華言朋友也。'"

"及梁祖建號"至"會潞平而止"：《新五代史》卷七二《四夷附録一》："阿保機既歸而背約，遣使者袍笏梅老聘梁。梁遣太府卿高頃、軍將郎公遠等報聘。逾年，頃還，阿保機遣使者解里隨頃，以良馬、貂裘、朝霞錦聘梁，奉表稱臣，以求封册。梁復遣公遠及司農卿渾特以詔書報勞，别以記事賜之，約共舉兵滅晋，然後封册爲甥舅之國，又使以子弟三百騎入衛京師。克用聞之，大恨。是歲克用病，臨卒，以一箭屬莊宗，期必滅契丹。渾特等至契丹，阿保機不能如約，梁亦未嘗封册。而終梁之世，契丹使者四至。"《會要》卷二九契丹條："梁開平元年四月，遣其首領袍笏梅老等來貢方物。至二年二月，其主阿保機又遣使來貢良馬。五月，又遣使解里貢細馬十匹，金花鞍轡，貂鼠皮裘并冠；男口一，年十歲，名曰蘇；女口一，年十一歲，名曰譬。其妻述律氏貢朝霞錦。前國王欽德并其大臣皆有貢獻。太祖命司農卿渾特、右千牛衛將軍郎公遠充使，就本國宣諭。三年閏八月，又遣首領葛禄來貢方物。太祖御文明殿，召葛禄等五十人張讌，賜金帛等有差。至五年四月，又遣使實柳梅老來朝貢。"《宋本册府》卷九七二《外臣部・朝貢門五》梁太祖開平元年（907）四月條："契丹首領袍笏梅老來朝，貢方物。"同年五月條："契丹首領袍笏、課哥梅老等來朝。契丹久不通中華，聞帝威聲，乃率所部來貢，三數年間，頻獻名馬方物。"二年二月條："契丹王阿保機遣使貢良馬、方物。"同年五月條："契丹國王阿保機遣使進良馬十匹、金花鞍轡、貂鼠皮、頭冠并裘，男口一，名蘇，年十歲，女口一，名譬，年十二。契丹王妻亦不進良馬一匹，朝霞錦、金花頭冠、麝香，前國王欽德亦進馬，其國中節級各差使進獻，共三十一人，表六封。"三年閏八月條："鴻臚寺引進契丹阿保機差首領葛鹿等進金渡鐵甲、金渡銀甲，及水精玉裝鞍轡等物，馬一百匹。其阿保機母、妻各進雲霞錦一疋。"開平五年四月條："契丹王阿保機遣使實柳梅老朝貢。"乾化二年（911）十月條："契丹蜀括梅老等朝貢。"卷九七六《外臣部·褒異門三》梁太祖開平三年八月戊寅條："御文殿，召契丹朝貢使昌鹿等五十人對見，群臣以遠蕃朝貢，稱賀罷，賜昌鹿以下酒食於客省，賚銀帛有差。"《新五代史》載梁世契丹使者四至，《會要》載五至，《册府》載六至。

劉守光末年苛慘，軍士亡叛皆入契丹。洎周德威攻圍幽州。燕之軍民多爲寇所掠，既盡得燕中人士，教之文法，由是漸盛。[1]十三年八月，阿保機率諸部號稱百萬，自麟、勝陷振武，長驅雲、朔，北邊大擾。[2]莊宗赴援於代北，虜衆方退。[3]十四年，新州大將盧文進爲衆所迫，殺新州團練使李存矩於祁溝關，返攻新、武。[4]周德威以衆擊之，文進不利，乃奔於契丹，引其衆陷新州。周德威率兵三萬以討之，敵騎援新州，德威爲敵所敗，殺傷殆盡，契丹乘勝攻幽州。是時，或言契丹三十萬，或言五十萬，幽薊之北，所在敵騎皆滿。[5]莊宗遣明宗與李存審、閻寶將兵救幽州，遂解其圍，語在《莊宗紀》中。[6]

[1]周德威：人名。朔州馬邑（今山西朔州市朔城區東北）人。唐末、五代河東將領。傳見本書卷五六、《新五代史》卷二五。　教之文法：中華書局本有校勘記："'教'原作'歸'，據殿本、孔本校、《册府》卷一〇〇〇改。"見《宋本册府》卷一〇〇〇《外臣部·强盛門》。　"劉守光末年苛慘"至"由是漸盛"：《新五代史》卷七二《四夷附録一》："是時，劉守光暴虐，幽、涿之人多亡入契丹。阿保機乘間入塞，攻陷城邑，俘其人民，依唐州縣置

城以居之。”

［2］麟：州名。治所在今陝西神木縣。　勝：州名。治所在今内蒙古准格爾旗。　振武：方鎮名。後梁貞明二年（916）以前，治所位於單于都護府城（今内蒙古和林格爾縣）。貞明二年（916），單于都護府城爲契丹占據。此後至後唐清泰三年（936），治所位於朔州（今山西朔州市朔城區）。後晋隨燕雲十六州割予契丹，改名順義軍。　雲：州名。治所在今山西大同市。　朔：州名。治所在今山西朔州市朔城區。

［3］代：州名。治所在今山西代縣。　莊宗赴援於代北虜衆方退：中華書局本有校勘記：“‘北’字原闕，據《册府》卷九八七補。”見《宋本册府》卷九八七《外臣部·征討門六》。虜衆，中華書局本緣《輯本舊史》作“敵衆”，乃忌清諱改，現據《册府》回改。

［4］新州：州名。治所在今河北涿鹿縣。　盧文進：人名。范陽（今河北涿州市）人。五代後唐、後晋、吴國、南唐將領。傳見本書卷九七、《新五代史》卷四八。　團練使：官名。唐代中期以後，於不設節度使的地區設團練使，掌本區各州軍事。　李存矩：人名。沙陀部人。唐末、五代將領。後唐莊宗李存勗之弟。傳見本書附録。　祁溝關：關隘名。又名岐溝關。在今河北涿州市西南三十里岐溝村。　武：州名。治所在今河北張家口市宣化區。

［5］幽薊：地區名。即今河北北部、北京、天津一帶。

［6］明宗：即李嗣源。沙陀部人。原名邈佶烈，李克用養子，926年至933年在位。紀見本書卷三五至卷四四、《新五代史》卷六。　李存審：人名。陳州宛丘（今河南淮陽縣）人。原姓符，名存。李克用義子，五代後唐將領。傳見本書卷五六、《新五代史》卷二五。　閻寶：人名。鄆州（今山東東平縣）人。五代後梁、後唐將領。傳見本書卷五九、《新五代史》卷四四。　“十三年八月”至“語在莊宗紀中”：《輯本舊史》卷二八《唐莊宗紀二》天祐十三年（916）八月條：“是月，契丹入蔚州，振武節度使李嗣本

陷於契丹。"《輯本舊史》之原輯者案語："《歐陽史》及《通鑑》俱從《薛史》作蔚州。《遼史·太祖紀》：神册元年（916）八月，拔朔州，擒節度使李嗣本。與《薛史》異。"見《遼史》卷一《太祖紀上》神册元年八月條。天祐十三年（916）與神册元年爲同一年。《輯本舊史》卷二八同年九月條："時契丹犯塞，帝領親軍北征，至代州北，聞蔚州陷，乃班師。"《輯本舊史》之原輯者案語："《遼史·太祖紀》：十一月，攻蔚、新、武、嬀、儒五州，自代北至河曲，踰陰山，盡有其地。其圍蔚州，敵樓無故自壞，衆軍大譟，乘之，不踰時而破，蓋由朔州進破蔚州也。《通鑑》作晋王自將兵救雲州，契丹聞之，引去。與《薛史》異。"《輯本舊史》卷二八天祐十四年二月甲午條："新州將盧文進殺節度使李存矩，叛入契丹，遂引契丹之衆寇新州。"又："契丹攻新州甚急，刺史安金全棄城而遁，契丹以文進部將劉殷爲刺史。帝命周德威率兵三萬攻之，營於城東。俄而文進引契丹大至，德威拔營而歸，因爲契丹追躡，師徒多喪。契丹乘勝寇幽州。是時，言契丹者，或云五十萬，或云百萬，漁陽以北，山谷之間，氈車毳幕，羊馬彌漫。盧文進招誘幽州亡命之人，教契丹爲攻城之具，飛梯、衝車之類，畢陳於城下。鑿地道，起土山，四面攻城，半月之間，機變百端。城中隨機以應之，僅得保全，軍民困弊，上下恐懼。德威間道馳使以聞，帝憂形於色，召諸將會議。時李存審請急救燕、薊，且曰：'我若猶豫未行，但恐城中生事。'李嗣源曰：'願假臣突騎五千，以破契丹。'閻寶曰：'但當蒐選鋭兵，控制山險，强弓勁弩，設伏待之。'帝曰：'吾有三將，無復憂矣！'""劉殷"，明本《册府》卷四四三《將帥部·敗衄門三》周德威條作"劉殷壽"。《輯本舊史》卷二八同年四月條："命李嗣源率師赴援，次於淶水，又遣閻寶率師夜過祁溝，俘擒而還。周德威遣人告李嗣源曰：'契丹三十萬，馬牛不知其數，近日所食羊馬過半，阿保機責讓盧文進，深悔其來。契丹勝兵散布射獵，阿保機帳前不滿萬人，宜夜出奇兵，掩其不備。'嗣源具以事聞。"《輯本舊史》之原輯者案語："《遼史·太祖紀》：四月，圍幽州，不克。六月乙巳，望城中有氣如烟火狀，上曰：'未可攻也。'以大暑霖潦，班師，留盧國用守之。是契丹主已於六月退師矣，《薛史》及《通鑑》皆不載。"見《遼史》卷一《太祖紀上》神册二年四月、六月諸條。《輯本舊史》卷二八同年七月辛未條："帝遣李存審領軍與嗣源會於易州，步騎凡七萬。於是三將同謀，銜枚束甲，尋澗谷而行，直抵幽州。"同年八月甲午條："自易州北循山而行，李嗣源率三千騎爲前鋒。"同月庚子條："循大房嶺而東，距幽州六十里。契丹萬騎遽至，存審、嗣源極力以拒之，契丹大敗，委棄毳幕、氈廬、弓矢、羊馬不可勝紀，進軍追討，俘斬萬計。"同月辛丑條："大軍入幽州，德威見諸將，握手流涕。翌日，獻捷於鄴。"同年九月條："班師。帝授存審檢校太傅，嗣源檢校太保，閻寶加同平章事。"《新五代史》卷七二《四夷附録一》唐莊宗天祐十三年條："阿保機攻晉蔚州，執其振武節度使李嗣本。是時，莊宗已得魏博，方南向與梁争天下，遣李存矩發山北兵。存矩至祁溝關，兵叛，擁偏將盧文進擊殺存矩，亡入契丹。契丹攻破新州，以文進部將劉殷守之。莊宗遣周德威擊殷，而文進引契丹數十萬大至，德威懼，引軍去，爲契丹追及，大敗之。德威走幽州，契丹圍之。幽、薊之間，虜騎遍滿山谷，所得漢人，以長繩連頭繫之於木，漢人夜多自解逃去。文進又教契丹爲火車、地道、起土山以攻城。城中鎔銅鐵汁揮之，中者輒爛墮。德威拒守百餘日，莊宗遣李嗣源、閻寶、李存審等救之。契丹數爲嗣源等所敗，乃解去。"明本《册府》卷二〇《帝王部·功業門二》唐明宗天祐十四年四月條："契丹阿保機率衆三十萬攻幽州，周德威間使告急，莊宗命帝與李存審、閻保率軍赴援，帝爲前鋒。距幽州兩舍，虜騎當谷口而陣，帝與末帝舞撾奮擊，萬衆披靡，挾其酋帥而還。虜衆大敗，勢如席卷，委棄鎧仗羊馬殆不勝紀。是日，解圍。"《宋本册府》卷四五《帝王部·謀略門》明宗條："天祐十四年四月，契丹阿保機率衆二十萬攻幽州，周德威間使告急。莊宗召諸將議進趨之計，諸將咸言：'虜勢不能持久，野無所掠，食盡自還，然後踵而擊之可也。’帝奏曰：‘德威盡忠於國家，孤城被攻，危亡在即，不宜更待虜衰，願假臣突騎五千爲前鋒以援之。’莊宗曰：‘公言是也。’即命帝與李存審、閻寶率軍赴援。帝爲前鋒，會軍於易州，步騎七萬，三將謀進，存審曰：‘契丹合戰，唯使騎軍，弓良矢勁，其鋒難敵。我師合戰，唯使步兵，若於平原廣野之中，卒遇其衆，彼若以騎軍十萬馳突，我師欲戰不能，退則被逐，則我屬無遺類矣。’帝曰：‘彼賊騎以馬上爲生，不須營壘。我今步騎之行，須有次舍禦備輜重資糧，一宿不爨，則士有饑色。若平原之中，卒遇賊軍，被掠輜重資糧，則我不戰而自亡矣。不如銜枚束甲，尋澗谷而直行抵幽州，與德威合勢，如賊警覺，據險枝梧，此計之上也。’”明本《册府》卷三四七《將帥部·佐命門八》李存璋天祐十三年條：“秋，契丹寇蔚州，陷之，阿保機遣使馳木書求賂，存璋斬其使。虜逼雲州，存璋拒守。”亦見《宋本册府》卷四〇〇《將帥部·固守門二》。明本《册府》卷三四七《將帥部·佐命門八》郭崇韜條：“天祐十八年，契丹引衆至新樂，王師大恐，諸將咸請退還魏州。莊宗猶豫未决，崇韜曰：‘阿保機爲王郁所誘，本利貨財，非敦鄰好，苟前鋒小衄，遁走必矣。況我新破汴寇，威振北蕃，乘此驅攘，往無不捷。且事之濟否，亦有天命。’莊宗從之，王師果捷。”《宋本册府》卷九九四《外臣部·備禦門七》後唐莊宗條最詳。

十八年十月，鎮州大將張文禮弑其帥王鎔，[1]莊宗討之，時定州王處直與文禮合謀，[2]遣威塞軍使王郁復引契丹爲援。[3]十二月，阿保機傾塞入寇，攻圍幽州，李紹宏以兵城守。[4]契丹長驅陷涿郡，執刺史李嗣弼。[5]進攻易、定，至新樂，[6]渡沙河，王郁遣使告急。[7]時莊宗在鎮州行營，聞前鋒報曰“敵渡沙河”，軍中咸恐，議者請權釋鎮州之圍以避之。莊宗曰：“霸王舉事，自有天道，契丹其如我何！國初，突厥入寇，至於渭北，高祖欲棄長安，遷都樊、鄧，[8]太宗曰：[9]‘獫狁孔熾，自古有之，未聞遷移都邑。霍去病，[10]漢廷將帥，猶且志滅匈奴，況帝王應運，而欲移都避寇哉！’文皇雄武，[11]不數年俘二突厥爲衛士。今吾以數萬之衆安集山東，王德明厮養小人，[12]阿保機生長邊地，豈有退避之理，吾何面視蒼生哉！爾曹但駕馬同行，看吾破敵。”莊宗親御鐵騎五千，至新城北，[13]遇契丹前鋒萬騎，莊宗精甲自桑林突出，光明照日，諸部愕然緩退，莊宗分二廣以乘之，敵騎散退。時沙河微冰，其馬多陷，阿保機退保望都。[14]是夜，莊宗次定州，翌日出戰，遇奚長秃餒五千騎，[15]莊宗親軍千騎與之鬬，爲敵所圍，外救不及，莊宗挺馬奮躍，出入數四，酣戰不解。李嗣昭聞其急也，[16]灑泣而往，攻破敵陣，掖莊宗而歸。時契丹值大雪，野無所掠，馬無芻草，凍死者相望於路。阿保機召盧文進，以手指天謂之曰：“天未令我到此。”乃引衆北去。莊宗率精兵騎躡其後，每經阿保機野宿之所，布秸在地，方而環之，雖去，無一莖亂者，莊宗謂左右曰：“蕃人法令如是，豈中國所及！”莊宗至幽州，發二百騎偵之，皆爲契丹所獲，莊宗乃還。[17]

[1]鎮州：州名。治所在今河北正定縣。　張文禮：人名。燕（今河北北部）人。後唐將領。傳見本書卷六二。　王鎔：人名。回鶻人。唐末、五代軍閥，朱温後封趙王。傳見本書卷五四、《新五代史》卷三九。

[2]定州：州名。治所在今河北定州市。　王處直：人名。京

兆萬年（今陝西西安市長安區）人。唐末、五代軍閥。傳見本書卷五四、《新五代史》卷三九。

［3］威塞軍：據中華書局本有校勘記，本書卷三二《唐莊宗本紀六》："（同光二年七月庚申）升新州爲威塞軍節度使，以媯、儒、武等州爲屬郡。"《通鑑》卷二七三："（同光二年七月）庚申，置威塞軍於新州。"　王郁：人名。京兆萬年（今陝西西安市長安區）人。唐義武軍節度使王處直之子，李克用之婿。五代、遼將領。傳見《遼史》卷七五。　"十八年十月"至"遣威塞軍使王郁復引契丹爲援"：《新五代史》卷七二《四夷附録一》："莊宗討張文禮，圍鎮州。定州王處直懼鎮且亡，晋兵必并擊己，遣其子郁説契丹，使入塞以牽晋兵。郁謂阿保機曰：'臣父處直使布愚款曰：故趙王王鎔，王趙六世，鎮州金城湯池，金帛山積，燕姬趙女，羅綺盈廷。張文禮得之而爲晋所攻，懼死不暇，故皆留以待皇帝。'阿保機大喜。其妻述律不肯，曰：'我有羊馬之富，西樓足以娱樂，今捨此而遠赴人之急，我聞晋兵强天下，且戰有勝敗，後悔何追？'阿保機躍然曰：'張文禮有金玉百萬，留待皇后，可共取之。'於是空國入寇。郁之召契丹也，定人皆以爲後患不可召，而處直不聽。郁已去，處直爲其子都所廢。"《宋本册府》卷九八七《外臣部·征討門六》唐莊宗天祐十九年（922）正月甲午條注："初，都説保機曰：'子父使我以情告王，鎮州金城湯池，玉帛山積，燕姬趙女，充牣其中，俟君一到，不屬佗人，如不時至，必爲晋人所有。'保機躍馬務進，其妻曰：'我有牛馬，娱樂西樓，足可以榮育兒孫，何更遠離鄉土？我聞晋人無敵，兵强天下。事一不測，後悔何追！'保機曰：'張文禮有金玉百萬，留待皇后，當率騎同取，非有他患。'遂傾部落而來。"此條之（王）都應爲（王）郁之誤。

［4］李紹宏：人名。又作馬紹宏。籍貫不詳。後唐莊宗近臣。傳見本書卷七二。

［5］涿郡：即涿州。治所在今河北涿州市。　刺史：官名。州一級行政長官。漢武帝時始置，總掌考核官吏、勸課農桑、地方教

化等事。唐中期以後，節度使、觀察使轄州而設，刺史爲其屬官，職任漸輕。從三品至正四品下。　李嗣弼：人名。李克用從父弟李克修長子。五代將領。傳見本書卷五〇。

［6］易：州名。治所在今河北易縣。　新樂：縣名。治所在今河北新樂市。

［7］沙河：水名。源於今山西靈丘縣太白山南麓，流經河北阜平、曲陽、新樂、定州、安國等地，在安國市與磁河匯合。　王都：人名。原名劉雲郎。中山陘邑（今河北定州市）人。妖人李應之養子，後送與王處直，改姓名爲王都。後爲義武軍節度使。傳見本書卷五四、《新五代史》卷三九。　“十二月”至“王都遣使告急”：“王都遣使告急”，中華書局本有校勘記：“‘王都’原作‘王郁’，據本書卷二九《唐莊宗紀三》、《册府》卷九八七、《通鑑》卷二七一、《契丹國志》卷一改。按王處直養子名都，孽子名郁，時處直遣郁召契丹犯塞，都劫處直，自爲留後。契丹攻定州，王都告急于晉。”《宋本册府》卷九九四《外臣部·征討門六》唐莊宗天祐十八年（921）十二月條：“契丹阿保機寇幽州，節度使李紹宏帥士固守，契丹引衆而南攻涿州，圍逼十餘日，陷之。契丹寇定州，王都遣使告急，御親軍赴之。”《通鑑》卷二七一龍德元年十月條：“初，義武節度使兼中書令王處直未有子，妖人李應之得小兒劉雲郎於陘邑，以遺處直曰：‘是兒有貴相。’使養爲子，名之曰都。及壯，便佞多詐，處直愛之，置新軍，使典之。處直有孽子郁，無寵，奔晉，晉王克用以女妻之，累遷至新州團練使。餘子皆幼；處直以都爲節度副大使，欲以爲嗣。及晉王存勗討張文禮，處直以平日鎮、定相爲脣齒，恐鎮亡而定孤，固諫，以爲方禦梁寇，宜且赦文禮。晉王答以文禮弑君，義不可赦；又潛引梁兵，恐於易定亦不利。處直患之，以新州地鄰契丹，乃潛遣人語郁，使賂契丹，召令犯塞，務以解鎮州之圍；其將佐多諫，不聽。郁素疾都冒繼其宗，乃邀處直求爲嗣，處直許之。軍府之人皆不欲召契丹，都亦慮郁奪其處，乃陰與書吏和昭訓謀劫處直。會處直與張文禮使者

宴於城東，暮歸，都以新軍數百伏於府第，大譟劫之，曰：‘將士不欲以城召契丹，請令公歸西第。’乃并其妻妾幽之西第。盡殺處直子孫在中山及將佐之爲處直腹心者。都自爲留後，具以狀白晋王；晋王因以都代處直。”參見《輯本舊史》卷五四《王處直附王都王郁傳》。《新五代史》卷七二《四夷附録一》：“阿保機攻幽州不克，又攻涿州，陷之。聞處直廢而都立，遂攻中山，渡沙河。都告急於莊宗。”

[8]突厥：部族名。6至8世紀活躍於北亞和中亞，稱雄於漠北、西域。隋文帝開皇二年（582），突厥汗國分裂爲東、西突厥。唐中期以後西突厥、東突厥均已衰落。　渭北：即渭河以北地區。　高祖：即李淵。唐朝建立者。618年至626年在位。紀見《舊唐書》卷一、《新唐書》卷一。　長安：地名。即今陝西西安市。　樊：地名。位於今湖北襄陽市樊城區。　鄧：州名。治所在今河南鄧州市。

[9]太宗：即唐代第二位皇帝李世民。隴西成紀（今甘肅秦安縣）人。626年至649年在位。通過“玄武門之變”掌權。在位期間，虚心納諫，文治武功，開創“貞觀之治”。紀見《舊唐書》卷二至卷三、《新唐書》卷二。

[10]霍去病：人名。河東郡平陽（今山西臨汾市西南）人。漢代與匈奴作戰的著名將領。傳見《漢書》卷五五。

[11]文皇：指唐太宗李世民。

[12]山東：與關中相對，指華山或崤山以東地區。　王德明：人名。即張文禮。張文禮被王鎔收爲義子後，賜姓王，名德明。　“阿保機生長邊地”至“看吾破敵”：中華書局本有校勘記：“‘邊地’，孔本校作‘賤類’。‘破敵’，孔本校作‘破虜’。《册府》卷九八七敘其事云：‘阿保機湩酪賤類，唯利是求，犯難而來，其强易弱，一逢挫敗，奔走無路。爾曹輩但箠馬同行，看吾破賊。’”

[13]新城：地名。位於今河北無極縣。

[14]望都：縣名。治所在今河北望都縣。

［15］秃餒：人名。奚人。契丹將領。事見《通鑑》卷二七六。遇奚長秃餒五千騎：中華書局本有校勘記："'奚長'，孔本校、《通鑑》卷二七一作'奚酋'。"見《通鑑》卷二七一龍德二年（922）正月戊戌條。

［16］李嗣昭：人名。汾州（今山西汾陽市）人。唐末、五代李克用義子、部將。傳見本書卷五二、《新五代史》卷三六。

［17］野無所掠，馬無芻草：中華書局本有校勘記："孔本校作'虜無所掠馬無野草'。" "時莊宗在鎮州行營"至"莊宗乃還"：明本《册府》卷九八七《外臣部·征討門六》唐莊宗條："天祐十九年正月甲午，帝御親軍五千進擊契丹。至新城南，探報契丹前鋒三千騎宿於新樂，渡沙河而南矣。帝令前鋒偵契丹所至，報云：'渡沙河矣。'軍中相顧失色，咸欲釋鎮州之圍，班師于魏，以（避）契丹，俟其還塞，再議進軍。諸將上言曰：'今北戎舉國入寇，我師既寡，難與争鋒。又聞汴賊内侵，鄴中危急，儻有差跌，吾何所歸？宜且旋師魏州，徐圖勝負。'帝曰：'古者霸王舉事，自有天道。漢祖不亡於冒頓，周宣詎伏於玁戎？時事在吾，此於無患。且武德中突利、頡利二可汗率衆三十餘萬侵寇關内，高祖欲燔棄長安，徙居樊鄧。文皇帝諫曰：儉狁孔熾，作患中華，自古有之，非獨今也。周、漢並有兹患，未聞遷移都邑。霍去病，漢庭之將帥耳，猶且志滅匈奴。若聽臣微效，不數年之間，必係單于之頸。自後頡利二可汗部落束身闕下，爲宿衛之人。今吾以數萬之衆，底定山東，張文禮厮僕小人，非吾所敵；阿保機湩酪賤類，唯利是求，犯難而來，其强易弱，一逢挫敗，奔走無路。爾曹輩但箠馬同行，看吾破賊。'帝乃率鐵騎五千，精甲曜日，至新城。比半出桑林，契丹萬餘騎遽見我軍，惶駭而退。帝乃分軍爲二廣乘之，躡數千里，獲其大將一人，即機之子，其衆益恐。時沙河冰薄，橋道甚狹，虜騎軍無行次，相踐而過，陷溺人馬。帝際脱追襲，宿于新樂。阿保機車帳方在定州，敗兵夜至，拔族而遁，保于望都。帝軍次定州，王都迎謁，言詞懇切。是夜宿于開元寺。翌日，帝引軍

趨望都，契丹逆戰，帝身先騎士，馳擊數四，虜騎退而結陣，我徒兵陣於水次。俄而，帝與李嗣昭躍馬交戰，賊騎大潰。俘斬數千級，獲其酋長數十，追擊至於易州，所獲氈車毳幕羊馬不可勝紀。時自正月朔，雪平地五尺，賊芻粟已竭，人馬踣死於積雪中，纍纍不絕。帝乘勝追襲，至幽州而還。"注："時獲賊中人言：阿保機之來，蓋取信於王都。既遇挫敗，狼狽而旋。保機縶王都責讓，自是不聽其謀。妻亦讓保機曰：'聽狂口，貪貨財，稱其敗也。'保機大慙。"明本《册府》卷三四七《將帥部·佐命門八》李嗣昭條："冬，契丹三十萬奄至，嗣昭從莊宗擊虜於新城。阿保機在望都，莊宗深入，親與虜鬭，虜騎圍之數十重，良久不解。嗣昭號泣赴之，引三百騎橫擊虜圍，馳突出没者數十合。虜退，翼莊宗而還。"

天祐末，阿保機乃僭稱皇帝，署中國官號。其俗舊隨畜牧，素無邑屋，得燕人所教，乃爲城郭宫室之制于漠北，距幽州三千里，名其邑曰西樓邑，屋門皆東向，如車帳之法。城南别作一城，以實漢人，名曰漢城，城中有佛寺三，僧尼千人。其國人號阿保機爲天皇王。[1]同光中，阿保機深著亂華之志，欲收兵大舉，慮渤海踵其後。三年，舉其衆討渤海之遼東，令秃餒、盧文進據營、平等州，擾我燕薊。[2]

[1]西樓邑：地名。泛指遼朝上京（皇都、臨潢府）。參見陳曉偉《捺鉢與行國政治中心論——遼初"四樓"問題真相發覆》，《歷史研究》2016年第6期。 "天祐末"至"其國人號阿保機爲天皇王"："阿保機乃僭稱皇帝"，中華書局本有校勘記："'自稱'，孔本校，《册府》卷九五八、卷九六七作'僭稱'。"但未改。見明本《册府》卷九五八《外臣部·國邑門二》契丹國條、《宋本册

府》卷九六七《外臣部·繼襲門》。今據改。《會要》卷二九契丹條："其後僭稱帝號，以妻述律氏爲皇后，燕人韓延徽爲宰相，法令嚴明，諸部皆畏伏之。"《新五代史》卷七二《四夷附録一》："當阿保機時，有韓延徽者，幽州人也，爲劉守光參軍，守光遣延徽聘于契丹。延徽見阿保機不拜，阿保機怒，留之不遣，使牧羊馬。久之，知其材，召與語，奇之，遂用以爲謀主。阿保機攻党項、室韋，服諸小國，皆延徽謀也。延徽後逃歸，事莊宗，莊宗客將王緘譖之，延徽懼，求歸幽州省其母。行過常山，匿王德明家。居數月，德明問其所向，延徽曰：'吾欲復走契丹。'德明以爲不可，延徽曰：'阿保機失我，如喪兩目而折手足，今復得我，必喜。'乃復走契丹。阿保機見之，果大喜，以謂自天而下。阿保機僭號，以延徽爲相，號'政事令'，契丹謂之'崇文令公'，後卒於虜。"又："契丹比佗夷狄尤頑傲，父母死，以不哭爲勇，載其尸深山，置大木上，後三歲往取其骨焚之，酹而呪曰：'夏時向陽食，冬時向陰食，使我射獵，猪鹿多得。'其風俗與奚、靺鞨頗同。至阿保機，稍并服旁諸小國，而多用漢人，漢人教之以隸書之半增損之，作文字數千，以代刻木之約。又制婚嫁，置官號。乃僭稱皇帝，自號天皇王。以其所居横帳地名爲姓，曰世里。世里，譯者謂之耶律。名年曰天贊。以其所居爲上京，起樓其間，號西樓，又於其東千里起東樓，北三百里起北樓，南木葉山起南樓，往來射獵四樓之間。契丹好鬼而貴日，每月朔旦，東向而拜日，其大會聚、視國事，皆以東向爲尊，四樓門屋皆東向。"

[2]同光：五代後唐莊宗李存勗年號（923—926）。 渤海：古國名。武周聖曆元年（698），粟末靺鞨首領大祚榮建立政權。先天二年（713），唐朝册封大祚榮爲渤海郡王，其國遂以渤海爲名。傳見本書卷一三八、《新五代史》卷七四。 營：州名。治所在今遼寧朝陽市。 平：州名。治所在今河北盧龍縣。 "同光中"至"擾我燕薊"："阿保機深著亂華之志"，中華書局本有校勘記："'闢地'，孔本校、《册府》卷六六〇作'亂華'。"見《宋本册府》卷

六六〇《奉使部·敏辯門二》。今據改。《新五代史》卷七二《四夷附録一》:“契丹雖無所得而歸，然自此頗有窺中國之志，患女真、渤海等在其後，欲擊渤海，懼中國乘其虛，乃遣使聘唐以通好。同光之間，使者再至。”《會要》卷二九契丹條:“後唐同光二年三月，阿保機率所部入寇新城。其年七月，又率兵東攻渤海國。至九月，爲鄰部室韋、女真、迴鶻所侵。十二月，又入寇嵐州。三年二月，復入寇幽州，爲王師所敗，俘其首領衢多等。其年五月，又遣使拽鹿孟等來貢方物。四年正月，阿保機將復寇渤海國，又遣梅老鞋里已下三十七人貢馬三十匹，詐修和好。”《宋本册府》卷六六〇《奉使部·敏辯門二》姚坤條:“先是，契丹阿保機深貯亂華之志，欲收兵大興，慮渤海踵其後，一年，舉軍衆討渤海之遼東，令禿餒、盧文進據營、平等州，擾我燕薊。”“大興”爲“大舉”之誤，“一年”爲“三年”之誤。同書卷九七二《外臣部·朝貢門五》唐同光三年五月條:“契丹阿保機遣使拽鹿孟貢方物。”卷九八七《外臣部·征討門六》唐莊宗同光二年(925)正月條:“契丹寇瓦橋關。”注:“是月，契丹還。”同年五月條:“幽州上言:契丹阿保機將寇河朔。”同年十二月條:“契丹寇幽州。”同光三年正月條:“李嗣源上言:於涿州東南殺敗契丹，生擒首領三十人，遣人告捷。是月，嗣源送所獲契丹俘囚首領衢多等八人，斬於應天門外。”同書卷九九四《外臣部·備禦門七》唐莊宗同光二年三月條:“鎮州奏契丹將犯塞，乃令李紹斌、李從珂部署馬軍分道備之，蕃漢内外馬步軍副總官李嗣源領諸軍屯於邢州。”卷九九八《外臣部·姦詐門》唐莊宗同光四年正月戊寅條:“阿保機遣使梅老鞋里已下三十七人，貢馬三十匹。時阿保機將寇渤海，僞修好於我，慮乘虛掩擊故也。”

明宗初纂嗣，遣供奉官姚坤奉書告哀，[1]至西樓邑，屬阿保機在渤海，又徑至慎州，崎嶇萬里。[2]既至，謁見阿保機，延入穹廬，阿保機身長九尺，被錦袍，大帶垂後，與妻對榻引見坤。坤未致命，阿保機先問曰："聞爾漢土河南、河北各有一天子，信乎？"坤曰："河南天子，今年四月一日洛陽軍變，今凶問至矣。河北總管令公，比爲魏州軍亂，[3]先帝詔令除討，既聞内難，軍衆離心，及京城無主，上下堅册令公，請主社稷，今已順人望登帝位矣。"阿保機號咷，聲淚俱發，曰："我與河東先世約爲兄弟，河南天子吾兒也。[4]近聞漢地兵亂，點得甲馬五萬騎，比欲自往洛陽救助我兒，又緣渤海未下，我兒果致如此，冤哉！"泣下不能已。又謂坤曰："今漢土天子，初聞洛陽有難，何不急救，致令及此。"[5]坤曰："非不急切，地遠阻隔不及也。"又曰："我兒既殂，當合取我商量，安得自立！"坤曰："吾皇將兵二十年，位至大總管，所部精兵三十萬，衆口一心，堅相推戴，違之則立見禍生，非不知稟天皇王意旨，無奈人心何。"[6]其子突欲在側，謂坤曰："漢使勿多談。"[7]因引左氏牽牛蹊田之説以折坤，[8]坤曰："應天順人，不同匹夫之義，祇如天皇王初領國事，豈是强取之耶！"阿保機因曰："理當如此，我漢國兒子致有此難，我知之矣。聞此兒有宫婢二千，樂官千人，終日放鷹走狗，躭酒嗜色，不惜人民，任使不肖，致得天下皆怒。我自聞如斯，常憂傾覆，一月前已有人來報，知我兒有事，我便舉家斷酒，解放鷹犬，休罷樂官。我亦有諸部家樂千人，非公宴未嘗妄舉。我若所爲似我兒，亦應不能持久矣，從此願以爲戒。"[9]又曰："漢國兒與我雖父子，亦曾彼此讎敵，俱有惡心，與爾今天子彼此無惡，足得歡好。[10]爾先復命，我續將馬三萬騎至幽、鎮以南，與爾家天子面爲盟約，我要幽州，令漢兒把捉，更不復侵入漢界。"[11]又問："漢家收得西川，信不？"[12]坤曰："去年九月出兵，十一月十六日收下東、西川，得兵馬二十萬，金帛無算。皇帝初即位，未辦送來，續當遣使至矣。"阿保機忻然曰："聞西川有劍閣，兵馬從何過得？"[13]坤曰："川路雖險，然先朝收復河南，有精兵四十萬，良馬十萬騎，但通人行處，便能去得，視劍閣如平地耳。"阿保機善漢語，謂坤曰："吾解漢語，歷口不敢言，懼部人效我，令兵士怯弱故也。"坤至止三日，阿保機病傷寒。一夕，大星殞於其帳前，俄而卒於扶餘城，時天成元年七月二十七日也。[14]其妻述律氏自率衆護其喪歸西樓，坤亦從行，得報而還。[15]既而述律氏立其次子德光爲渠帥，以總國事，尋遣使告哀，明宗爲之輟朝。[16]明年正月，葬阿保機於木葉山，僞謚曰"大聖皇帝"。[17]

[1]供奉官：官名。泛指侍奉皇帝左右的臣僚，亦爲東、西頭供奉官通稱。　姚坤：人名。籍貫不詳。五代後唐官員。事見本書本卷。　遣供奉官姚坤奉書告哀：《舊五代史考異》："《通鑑考異》引《莊宗實録》作'苗坤'。"　"苗坤"，中華書局本有校勘記："《通鑑》卷二七五《考異》引《漢高祖實録》作'苗紳'。"見《通鑑》卷二七五天成元年（926）七月條。該條《考異》繼曰"今從《莊宗列傳》"。《通鑑》正文均作"姚坤"。《宋本册府》卷六六〇《奉使部·敏辯門二》、卷九八〇《外臣部·通好門》均

作“遣坤齎空函告哀”。

[2]慎州：羈縻州。唐朝始置。隸於營州，領粟末靺鞨烏素固部落。萬歲通天年間，營州陷於契丹，因以南遷淄、青州之境，神龍初僑治良鄉之都鄉城（今北京房山區西南）。後廢。

[3]總管：官名。即“蕃漢内外馬步軍總管”。五代後唐置，爲蕃漢馬步軍總指揮官。後唐明宗曾爲總管，此處指代後唐明宗。魏州：州名。治所在今河北大名縣。

[4]河東：方鎮名。治所在太原（今山西太原市）。

[5]何不急救：中華書局本有校勘記：“‘何’字原闕，據《册府》卷六六〇補。”

[6]大總管：官名。即“蕃漢内外馬步軍總管”。五代後唐置，爲蕃漢馬步軍總指揮官。

[7]突欲：人名。本名耶律倍，小名突欲。遼太祖耶律阿保機長子，封東丹王。其弟耶律德光即位，是爲遼太宗。突欲憤而降五代後唐，明宗賜名李贊華。傳見《遼史》卷七二。

[8]左氏：即左丘明。　牽牛蹊田：《左傳》宣公十一年：“牽牛以蹊人之田，而奪之牛。牽牛以蹊者信有罪矣，而奪之牛，罰已重矣。”後以“牽牛蹊田”喻指罰罪過當。

[9]從此願以爲戒：中華書局本有校勘記：“‘從此願’，孔本、《册府》卷六六〇作‘自此得’。”

[10]亦曾彼此讎敵：中華書局本有校勘記：“‘讎敵’，《册府》卷六六〇、卷九八〇作‘讎掣’。”　與爾今天子彼此無惡：中華書局本有校勘記：“‘彼此’二字原闕，據《册府》卷六六〇、卷九八〇補。”

[11]我續將馬三萬騎至幽、鎮以南：中華書局本有校勘記：“‘三’字原闕，據《册府》卷六六〇、卷九八〇補。《新五代史》卷七二《四夷附録》敘其事云：‘吾以甲馬三萬，會新天子幽、鎮之間。’”

[12]西川：方鎮名。治所在成都府（今四川成都市）。　漢家

收得西川：中華書局本有校勘記："'家'字原闕，據《册府》卷六六〇補。"

[13]劍閣：即劍門關。位於今四川劍閣縣劍門鎮北大劍山口。　聞西川有劍閣：中華書局本有校勘記："'川'字原闕，據劉本、彭校、《册府》卷六六〇補。"

[14]扶餘城：渤海國城名。位於今吉林農安縣。　天成：五代後唐明宗李嗣源年號（926—930）。　時天成元年七月二十七日也：《宋本册府》卷九七二《外臣部·朝貢門五》唐明宗天成元年（926）七月條："七月，契丹國王遣梅老、里述骨之進内官一人、馬二匹、地衣、真珠裝、金釧、金釵等。"

[15]述律氏：人名。指耶律阿保機皇后述律氏。傳見《遼史》卷七一。

[16]德光：人名。即遼太宗耶律德光。契丹族。遼太祖耶律阿保機次子。927年至947年在位。紀見《遼史》卷三至卷四。　輟朝：又稱廢朝。古代帝王遇親喪或文武大臣病故，停止視朝數日，以示哀悼。

[17]木葉山：山名。關於木葉山的具體地址，目前學界尚有争議。詳見劉浦江《契丹族的歷史記憶——以"青牛白馬"説爲中心》，《漆俠先生紀念文集》，河北大學出版社2002年版。關於木葉山的地望問題，長期以來存在着很大争議。迄今爲止，大致有以下四種觀點：（1）主張應在今西拉木倫河與老哈河匯流處去尋找木葉山；（2）認爲木葉山是西拉木倫河與少冷河匯流處的海金山（今屬内蒙古翁牛特旗白音他拉鄉）；（3）認爲木葉山即遼祖州祖陵所在之山；（4）認爲木葉山即内蒙古阿魯科爾沁旗南面的天山。　"其妻述律氏自率衆護其喪歸西樓"至"僞謚曰'大聖皇帝'"：《會要》卷二九契丹條天成元年七月載："其月二十七日，阿保機得疾而死，尋葬阿保機於西樓，僞謚大聖皇帝。"同年十月："遣使設骨餒來告哀，明宗輟其月十九日朝參以禮之。其月，僞平州守將領幽州節度使盧文進率户口兵馬車帳來降。"《新五代史》卷七二

《四夷附録一》："葬阿保機木葉山，諡曰大聖皇帝，後更其名曰億。"《册府》卷九八〇唐明宗天成元年九月條："幽州趙德鈞奏：先差軍將陳繼威使契丹部内，今使還得狀，稱今年七月二十日至渤海界扶餘府，契丹族帳在府城東南隅。繼威既至，求見不通，竊問漢兒，言契丹王阿保機已得疾。其月二十七日，阿保機身死。八月三日，隨阿保機靈柩發離扶餘城。十三日至烏州，契丹王妻始受却當府所持書信。二十七日至龍州，契丹王妻令繼威歸本道，仍遣捺括梅老押馬三匹充答信同來。繼威見契丹部族商量來年正月葬阿保機於木葉山下，兼差近位阿思没姑餒持信，與先入蕃天使供奉官姚坤同來赴闕告哀。兼聞契丹部内取此月十九日一齊舉哀，朝廷及當府前後所差人使，繼威來時見處分，候到西樓日，即並放歸。"同年十月辛丑條："契丹告哀使没骨餒見，言契丹國王阿保機今年七月二十七日薨。敕曰：'朕以近纘皇圖，恭脩帝道，務安夷夏，貴洽雍熙。契丹王世豫歡盟，禮交聘問，遽聞凶訃，倍軫悲懷，可輟今月十九日朝參。'"

阿保機凡三子，皆雄偉。長曰人皇王突欲，即東丹王也；[1]次曰元帥太子，即德光也；幼曰安端少君。[2]德光本名耀屈之，後慕中華文字，遂改焉。[3]唐天成初，阿保機死，其母令德光權主牙帳，令少子安端少君往渤海國代突欲。突欲將立，而德光素爲部族所服，又其母亦常鍾愛，故因而立之。明宗時，德光遣使梅老等三十餘人來修好，又遣使爲父求碑石，明宗許之，賜與甚厚，并賜其母瓔珞錦綵。[4]自是山北安静，蕃漢不相侵擾。

[1]長曰人皇王突欲，即東丹王也：《會要》卷二九契丹條：

“天成元年七月，攻渤海國扶餘城，下之，命其長子突欲爲國主，號東丹王。”《新五代史》卷七二《四夷附録一》：“阿保機攻渤海，取其扶餘一城，以爲東丹國，以其長子人皇王突欲爲東丹王。”

［2］安端少君：人名。即耶律安端。耶律阿保機之弟，非阿保機幼子。遼大同元年（947）四月，太宗耶律德光卒，耶律安端擁耶律阮繼位，與淳欽皇太后兵戰泰德泉，大勝。九月，封明王，或作偉王，主持東丹國。事見《遼史》卷六四《皇子表》。《新五代史》言“母述律”，誤。

［3］德光本名耀屈之：中華書局本有校勘記：“耀屈之，原作‘耀衢芝’，注云：‘舊作“耀屈之”，今改正。’按此係輯録本書時所改，今恢復原文。”

［4］梅老：官名。遥輦時有官稱“梅録”，也作“梅落”“梅老”，此即回鶻的“媚禄”“密禄”，不同時期不同民族轉寫方式不同，職掌也有變化，或總兵爲指揮官，或爲“皇家總管”。參見李桂芝《遼金簡史》，福建人民出版社 1996 年版，第 19 至 20 頁。

“明宗時”至“並賜其母瓔珞錦綵”：《新五代史》卷七二《四夷附録一》：“德光立三年，改元曰天顯，遣使者以名馬聘唐，并求碑石爲阿保機刻銘。明宗厚禮之，遣飛勝指揮使安念德報聘。”《會要》卷二九契丹條：“天成二年十一月，又遣使梅老等二十餘人朝貢，兼申和好之意。明宗命飛勝指揮使安念德齎錦綺綾羅及金花銀器、寶裝酒器等賜之。又賜其母述律氏繡被一張，并寶裝瓔珞。”《宋本册府》卷九七二《外臣部·朝貢門五》唐明宗天成二年（927）九月：“契丹差梅老没骨已下進奉。”卷九七六《外臣部·褒異門三》唐明宗天成二年九月條：“契丹差梅老滑骨已下進奉，各有頒賜。”同卷天成三年正月己酉條：“契丹王阿保機妻差使送前振武副使劉在到行闕，賜在金錢帛、銀器、金帶、鋪陳、氈褥甚厚。甲子，契丹使秃汭悲梅老已下五十人進奉，仍各賜錦衣、銀帶、束帛有差。宣散指揮使奔托山押國信賜契丹王妻。契丹指揮使郭知瓊歸國，錫賚加等。”同年十月甲子條：“差春州刺史米海金押國信賜契丹王，及迴使梅老秀里等辭，賜物有差。”同書卷九八〇《外臣部·通好門》唐明宗天成二年十一月條：“契丹使梅老等三十餘人見，傳本土願和好之意，帝謂侍臣曰：‘宜保邊鄙，以安疲民，朕豈辭降志耶？彼既求和，足得懷柔矣。’”卷九九九《外臣部·互市門》唐明宗天成二年八月條：“新州奏：‘得契丹書，乞盟互市。’翌日付中書宣示百官。”同卷《外臣部·請求門》唐明宗天成二年十月條：“幽州奏：契丹王差人持書求碑石，欲爲其父表其葬所。”

三年，德光僞改爲天顯元年。[1]是歲，定州王都作亂，求援於契丹，德光遂陷平州，遣秃餒以騎五千援都於中山，招討使王晏球破之於曲陽，秃餒走保賊城。[2]其年七月，又遣惕隱率七千騎救定州，王晏球逆戰於唐河北，大破之。幽州趙德鈞以生兵接於要路，生擒惕隱等首領五十餘人，獻於闕下。[3]明年，王都平，擒秃餒及餘衆，斬之。自是契丹大挫，數年不敢窺邊。[4]嘗遣使捺括梅里來求秃餒骸骨，明宗怒其詐，斬之。[5]長興二年，東丹王突欲在闕下，其母繼發使申報，朝廷亦優容之。[6]

[1]天顯：遼太祖耶律阿保機年號（926—927），耶律德光即位後沿用（927—938）。　三年，德光僞改爲天顯元年：《會要》卷二九契丹條：“天成三年正月，復入寇，陷平州而去。”《宋本册府》卷九七二《外臣部·朝貢門五》唐明宗天成三年（928）正月條：“契丹使秃納梅老已下五十人進奉。”同年閏八月條：“契丹使梅老季，吐蕃、迴紇等使各貢舉。”同書卷九八〇《外臣部·通好門》唐明宗天成三年正月己酉條：“契丹王阿保機妻差使送前振武副使劉在金到行闕。賜在金錢帛、銀器、金帶、鋪陳、氈褥甚厚。”

［2］王都：《輯本舊史》之影庫本粘籤："原本作'王郁'，今從《通鑑》改正。"見《通鑑》卷二七六天成三年四月癸巳、庚子、壬寅等條。　中山：地名。此處代指唐末河北方鎮義武軍（治所在定州）。　遣秃餒以騎五千援都於中山：中華書局本有校勘記："'遣'字原闕，據《册府》卷九八七、《新五代史》卷七二《四夷附録》補。"見《宋本册府》卷九八七《外臣部·征討門》。　招討使：官名。唐始置。戰時任命，兵罷則省。常以大臣、將帥或地方軍政長官兼任。掌招撫、討伐等事務。　王晏球：人名。洛陽（今河南洛陽市）人。五代將領。傳見本書卷六四、《新五代史》卷四六。　曲陽：縣名。治所在今河北曲陽縣。　"是歲"至"秃餒走保賊城"：《新五代史》卷七二《四夷附録一》："定州王都反，唐遣王晏球討之。都以蠟丸書走契丹求援，德光遣秃餒、荝剌等以騎五千救都，都及秃餒擊晏球於曲陽，爲晏球所敗。"《會要》卷二九契丹條："天成三年五月，定州節度使王都叛命，潛相連搆。其主德光遣首領秃餒率雜虜數千騎入定州。"《宋本册府》卷九八七《外臣部·征討門六》唐明宗天成三年四月條："定州王都作亂，求援於契丹，耶律德光遂陷平州，遣秃餒以騎五千援都於中山。北面行營招討使王晏球破之於曲陽，秃餒走保賊城。"同年六月條："幽州趙德鈞奏：殺契丹百餘人於幽州之東，奪馬六百匹。是月，詔王晏球攻取定州。"

［3］趙德鈞：人名。幽州（今北京市）人。初爲幽州節度使劉守光部將，再爲後唐將領，最後投降遼國。傳見本書卷九八。　惕隱：官名。出自契丹語。遼朝惕隱主要分爲兩類：中央惕隱掌管皇族教化和皇族户籍；地方惕隱，即遼朝在各部族及屬國屬部設置的惕隱，各部族的惕隱配合部族節度使管理部族事務，屬國屬部惕隱一般爲該部酋長。參見鞠賀《遼朝惕隱研究》，《西北民族大學學報》2019年第1期。　唐河：水名。古稱滱水。爲大清河支流。源出今山西渾源縣東南，曲折向東流入河北中部白洋淀。　"其年七月"至"獻於闕下"：《新五代史》卷七二《四夷附録一》："德光

又遣惕隱赫邈益禿餒以騎七千，晏球又敗之于唐河。赫邈與數騎返走，至幽州，爲趙德鈞所執，而晏球攻破定州，擒禿餒、荝剌，皆送京師。明宗斬禿餒等六百餘人，而赦赫邈，選其壯健者五十餘人爲'契丹直'。"《會要》卷二九契丹條："天成三年七月，又遣首領惕㥄等率七千餘騎來援，尋爲行營招討使王晏球等逆戰，破之，勦戮甚衆，餘黨復爲幽州節度使趙德鈞襲之，殺獲殆盡，擒其首領惕㥄等。其月，王晏球等又獲契丹絹書二封來進。明宗命宣示群臣，莫有識其文字者。契丹本無文記，唯刻本爲信，漢人陷番者以隸書之半，就加增減，撰爲胡書，同光之後，稍稍有之。其年八月，幽州部送所獲番將惕㥄已下六百餘人至京師，明宗皆赦之，選其尤壯健者立爲契丹直，其首領皆賜姓吉。時言事者以爲胡人悖戾，不可置於君側。俄而有首領吉趙實自京遁歸，奪船過河，至深州，捕獲斬之。至其年閏八月，僞平州刺史張希崇來降。"明本《册府》卷一七〇《帝王部·來遠門》唐明宗天成三年十一月條："以契丹僞署平州刺史、光禄大夫、檢校太保張希崇爲汝州刺史，加檢校太傅。隨行官員二十四人各依資授諸道官。"《宋本册府》卷九八七唐明宗天成三年七月條："契丹遣惕隱率七千騎救定州，招討使王晏球逆戰於唐河，大破之。幽州趙德鈞以生兵接於要路，生擒首領惕隱等五十餘人，接殺皆盡。契丹强盛僅三十年，雄據北戎，諸蕃鼠伏，屢爲邊患，漢兵嘗憚之，前後戰争，罕得其利。是役也，曲陽之敗已失下騎；唐河之陣，兵號七千，潰敗之後，溝渠之溢，官軍襲殺，人不暇食。秋雨繼降，泥濘莫進，人饑馬乏，散投村落，所在村人，持白挺毆之。德鈞生兵接於要路，惟奇峰嶺北有棄馬潛遁脱者數十，餘無噍類。帝致書諭其本國，皇威大振。是月，殿直崔處納押契丹僞平州刺史羽厥律以下一百七十人至，内十七人有骨肉識認，餘分於兩橋斬之。閏八月，幽州趙德鈞獻俘於行闕，蕃將惕隱等五十人留於親衛，鮮卑六百人皆斬之。"

［4］"明年"至"數年不敢窺邊"：《會要》卷二九契丹條："天成四年二月，定州行營招討使王晏球擒禿餒等二千餘人獻於闕

下，悉命戮之。”《册府》卷九八七亦繫此事於唐明宗天成四年二月。

[5]捺括梅里：人名。契丹使者。事見本書卷四〇。　嘗遣使捺括梅里來求秃餒骸骨，明宗怒其詐，斬之：《會要》卷二九契丹條：“長興三年三月，禮賓使梁進德自契丹報聘迴，稱其王請放莿剌舍利還本國。又謂去年十二月十二日，其王帳前有大星晝隕，聲若雷震。其月，又遣使鐵葛羅卿進馬三十匹，亦求莿剌歸國故也。五月，鐵葛羅卿迴，明宗欲放莿剌等令歸，大臣争之未決。會幽州節度使趙德鈞上表論奏，及易州刺史楊檀皆言不可遣，其事乃止。仍遣莿骨舍利隨其使歸，不欲全阻其請也。其年七月，又遣使都督述禄進馬三十匹。”《新五代史》卷七二《四夷附録一》：“契丹自阿保機時侵滅諸國，稱雄北方。及救王都，爲王晏球所敗，喪其萬騎，又失赫邈等，皆名將，而述律尤思念突欲，由是卑辭厚幣數遣使聘中國，因求歸赫邈、莿剌等，唐輒斬其使而不報。當此之時，中國之威幾振。”《宋本册府》卷九七二《外臣部・朝貢門五》唐明宗天成四年四月條：“契丹差使捺括梅里等朝貢。”長興二年(931)八月條：“契丹遣使邪姑兒朝貢。”長興三年正月條：“契丹遣使拽骨等來朝。”同年二月條：“契丹穆順義，先是遣還本國，迴進馬三疋及方物藥。”同年三月條：“契丹遣使都督起阿鉢等一百一十人進馬一百疋及方物……又契丹遣使鐵葛羅卿獻馬三十疋。”同年九月條：“契丹國遣使都督述禄卿進馬四十疋。”長興四年五月條：“契丹遣使朝貢。”《宋本册府》卷九八〇《外臣部・通好門》唐明宗長興三年五月己亥條：“契丹朝貢使迭羅卿辭歸蕃，迭羅卿之來求歸莿剌。帝初欲遣之，大臣争之未決。會幽州趙德均鈞狀奏，及楊檀皆言其不可遣，帝意方解，仍曰：‘鮮卑脩好，朕意在息邊患，若所求俱不遣，虜即有詞。其莿骨舍利，朕欲放還，冀不全阻其請。’執政不敢復争，乃遣從虜使歸蕃。”明本《册府》卷九九四《外臣部・備禦門七》唐明宗長興三年四月庚申條：“契丹朝貢使鐵葛羅卿辭歸本部，帝顧謂侍臣曰：‘契丹遣使求歸薊剌，

其事如何？’侍臣對曰：‘蓟剌之來，此爲我患，到今邊患弭息，蓋緣此輩受擒。若縱其歸，則復生吾敵，固不可從其請也。’帝曰：‘苟欲和戎修好，不可慮及此也。’帝意欲歸之。會冀州刺史楊檀罷都。檀素部洛人，尤諳邊事，帝召檀以蓟剌事謀之。奏曰：‘此輩初附王都，謀危社稷，陛下寬慈，貸其生命，苟若歸之，必復正南放箭，既知中國事情，爲患深矣。’帝曰：‘其實如此。非卿，吾幾誤計矣。’”

[6]長興：後唐明宗李嗣源年號（930—933）。“長興二年”至“朝廷亦優容之”：《新五代史》卷七二《四夷附録一》：“突欲不得立，長興元年，自扶餘泛海奔于唐。明宗因賜其姓爲東丹，而更其名曰慕華。以其來自遼東，乃以瑞州爲懷化軍，拜慕華懷化軍節度、瑞慎等州觀察處置等使。其部曲五人皆賜姓名，罕只曰罕友通，穆葛曰穆順義，撒羅曰羅賓德，易密曰易師仁，蓋禮曰蓋來賓，以爲歸化、歸德將軍郎將。又賜前所獲赫邈姓名曰狄懷惠，扭列曰列知恩，蓟剌曰原知感，福郎曰服懷造，竭失訖曰乙懷宥。其餘爲‘契丹直’者，皆賜姓名。二年，更賜突欲姓李，更其名曰贊華。三年，以贊華爲義成軍節度使。”《會要》卷二九契丹條：“長興元年十一月，契丹渤海國東丹王突欲率番官四十餘人，馬百匹，自登州泛海内附。明宗御文明殿召對，及其部曲，慰勞久之。賜以衣冠、金玉帶、鞍馬、錦綵、器物等。突欲進本國印三面，命宣示宰臣。其年十二月，中書門下奏：‘契丹國東丹王突欲，遠泛滄溟，來歸皇化，請賜姓名，仍准番官入朝例安排。謹按四夷入朝番官，有懷德、懷化、歸德、歸化等將軍，中郎將名號，又本朝賜新羅、渤海兩番國王官，初自檢校司空至太保，今突欲是阿保機之子，請比新羅、渤海王例施行。’敕：‘渤海國王、人皇王突欲，契丹先收渤海國改爲東丹，其突欲宜賜姓東丹，名慕華，授光禄大夫、檢校太保、安東都護、兼御史大夫、上柱國、渤海郡開國公，食邑一千五百户，充懷化軍節度、瑞慎等州觀察處置押番落等使。’（注：長興二年九月，復賜姓李，名贊華。三年五月，授滑州節度使，爲廢

帝所殺。）二年，其契丹王母述律氏以其子突欲歸國，遣使朝貢。明宗深慰納之。”明本《册府》卷一七〇《帝王部·來遠門》唐明宗長興二年正月條：“東丹王突欲率衆自渤海國内附。上御文明殿對突欲及其部曲慰勞久之，賜鞍馬、衣服、金玉帶、錦綵、器物。又大將軍、副將軍已下分物有差。宰臣率百寮稱賀。”同年二月條：“幸東丹王突欲之第，賜突欲絹三百疋。至晚還宫。”同年三月辛酉條：“中書門下奏：‘東丹王突欲遠泛滄波，來歸皇化，既服冠帶，難無姓名。兼惕隱等頃以力助王都，罪同禿餒，爰從必死，並獲再生。每預入朝，各宜授氏，庶使族編姓譜，世荷聖恩。况符前代之規，永慰遠人之款。自突欲已下請别賜姓名，仍准本朝蕃官入朝例安排。’敕旨付中書門下商量聞奏。宰臣按四夷入朝蕃官例有懷德、懷化、歸德、歸化等將軍、中郎將名號。又本朝賜新羅、渤海兩蕃國王官，初自檢校司空至太保。今突欲是阿保機之子，且類渤海國之王，念自遠夷，宜加異渥，冀顯賓王之道，以旌航海之思。其惕隱、赫邈已下，始自朋凶，不可同等。古者保姓授氏，有以因官，有以所居所掌，有因歸化，特賜姓名。敕旨突欲宜賜姓東丹，名慕華，乃授光禄大夫、檢校太保、安東都護兼御史大夫、上柱國、渤海郡開國公，食邑一千五百户，充懷化軍節度，瑞慎等州觀察處置押蕃落等使。其從慕華歸國部曲罕只宜賜姓罕，名支通；穆葛宜賜姓穆，名順義；撒羅宜賜姓羅，名實德；易密宜賜姓易，名師德；蓋禮宜賜姓蓋，名來賓。仍授罕只等五人歸化、歸德小將軍、中郎將。先助禿餒擒獲蕃官惕隱官蕃名赫邈，宜賜姓狄，名懷惠；相公官蕃名擔列，宜賜姓列，名知恩。仍並授銀青階檢校散騎常侍。舍利官蕃名莿剌，宜賜姓原，名知感；福郎宜賜姓服，名懷造；奚三副使竭失訖宜賜姓乞，名懷有。三人並授銀青階檢校、太子賓客。”同年九月條：“敕懷化軍節度使東丹慕華宜賜姓李，名贊華，仍改封隴西郡開國公。兼應有先配在諸軍契丹直等，並宜賜姓名。”長興三年四月癸亥條：“以懷化軍節度使李贊華爲滑州節度使。初，帝欲以贊華爲藩鎮。范延光奏以爲不可。帝曰：‘吾與其先人約爲兄弟，故贊華來附。吾老矣，儻後世有守文之主，則此輩招之亦不來矣。’由是，近臣不能抗議。”同卷晋高祖天福元年（936）十二月條：“詔封故東丹王李贊華爲燕王，令前單州刺史李肅部歸葬本國。”《宋本册府》卷九七二《外臣部·朝貢門五》唐明宗長興二年正月條：“東丹王突欲進馬十疋、氈帳及諸方物，又進本國印三面，宣示宰臣。”卷九八〇《外臣部·通好門》長興四年條：“東丹王突欲賜姓李氏，名贊華，出鎮滑州，以莊宗夫人夏氏嫁之。”卷九九七《外臣部·技術門》：“契丹東丹王歸中國，明宗賜姓名贊華，尤好畫及燒金煉汞之術，始泛海歸朝，載書數千卷自隨。樞密使趙延壽每求假異書及醫經，皆中國無者。”卷九九七《外臣部·殘忍門》：“契丹東丹王歸中國，明宗賜姓李，名贊華。嚴刻馭下，姬僕小有過者，即挑目火灼，妻夏氏畏其慘毒，竟離婚爲尼。又好飲人血，左右姬媵多刺其臂以吮之。”

長興末，契丹迫雲州，明宗命晋高祖爲河東節度使、兼北面蕃漢總管。[1]清泰三年，晋高祖爲張敬達等攻圍甚急，遣指揮使何福賫表乞師，願爲臣子。[2]德光白其母曰：“兒昨夢太原石郎發使到國，今果至矣，事符天意，必須赴之。”德光乃自率五萬騎由雁門至晋陽，即日大破敬達之衆於城下。[3]尋册晋高祖爲大晋皇帝，約爲父子之國，割幽州管内及新、武、雲、應、朔州之地以賂之，仍每歲許輸帛三十萬。[4]時幽州趙德鈞屯兵於團柏谷，[5]遣使至幕帳，求立己爲帝，以石氏世襲太原，德光對使指帳前一石曰：“我已許石郎爲父子之盟，石爛可改矣。”楊光遠等殺張敬達降於契丹，[6]德光戲謂光遠等曰：“汝輩大是惡漢兒，不用鹽酪，食却一萬匹戰馬。”光遠等大慚。晋高祖南行，德光自送至潞州。

時趙德鈞、趙延壽自潞州出降於契丹，德光鎖之，令隨牙帳。[7]晉高祖入洛，尋遣宰相趙瑩致謝於契丹。天福三年，又遣宰臣馮道、左僕射劉昫等持節册德光及其母氏徽號，賫鹵簿、儀仗、法服、車輅於本國行禮。德光大悦，尋遣使奉晉高祖爲英武明義皇帝。[8]

[1]晉高祖：即後晉高祖石敬瑭。五代後晉王朝的建立者。紀見本書卷七五至卷八〇、《新五代史》卷八。　節度使：官名。唐時在重要地區所設掌握一州或數州軍事、民事、財政的長官。　北面蕃漢總管：官名。即“蕃漢内外馬步軍總管”。五代後唐置，爲蕃漢馬步軍總指揮官。　“長興末”至“明宗命晉高祖爲河東節度使、兼北面蕃漢總管”：《宋本册府》卷九七二《外臣部·朝貢門五》唐閔帝應順元年（934）正月條：“契丹遣都督没辣來朝，獻馬四百、駝十、羊二千。先是，遣供奉官四方璟入契丹復命，故有是獻。”“四”爲“西”字之誤，見《宋本册府》卷九八〇《外臣部·通好門》。《宋本册府》卷九八〇繫此事於此月乙亥日，“没辣”作“没辣干”，“四方璟”作“西方璟”。明本《册府》卷九八七《外臣部·征討門六》唐末帝清泰元年（934）十二月條：“北面招討使、河東節度使石敬塘送擒獲契丹首領來海金等至京師。”

[2]清泰：五代後唐廢帝李從珂年號（934—936）。　張敬達：人名。代州（今山西代縣）人。五代後唐將領。傳見本書卷七〇、《新五代史》卷三三。　指揮使：官名。唐末、五代軍隊多置都指揮使、指揮使，爲統兵將領。　何福：人名。籍貫不詳。五代後唐、後晉時人，石敬瑭心腹。事見本書卷七四。

[3]雁門：山名。位於今山西代縣西北。山頂有雁門關。　晉陽：城名。治所在今山西太原市晉源區。

[4]應：州名。治所在今山西應縣。　朔州：州名。治所在今山西朔州市朔城區。　“清泰三年”至“仍每歲許輸帛三十萬”：

“兒昨夢太原石郎發使到國”，《舊五代史考異》：“《契丹國志》作太宗夢見真武，使之救晋，與《薛史》微異。”見《契丹國志》卷二引《紀異録》。《會要》卷二九契丹條：“清泰三年五月，晋高祖起義於太原。九月，官軍集於城下，晋乃間道發使，召德光爲援。是月，德光率部落五萬餘騎至太原城下，尋敗招討使張敬德、楊光遠之兵，降晋安大砦。”《新五代史》卷七二《四夷附録一》：“德光事其母甚謹，常侍立其側，國事必告而後行。石敬瑭反，唐遣張敬達等討之。敬瑭遣使求救於德光。德光白其母曰：‘吾嘗夢石郎召我，而使者果至，豈非天邪！’母召胡巫問吉凶，巫言吉，乃許。是歲九月，契丹出雁門，車騎連亘數十里，將至太原，遣人謂敬瑭曰：‘吾爲爾今日破敵可乎？’敬瑭報曰：‘皇帝赴難，要在成功，不在速，大兵遠來，而唐軍甚盛，願少待之。’使者未至，而兵已交。敬達大敗。敬瑭夜出北門見德光，約爲父子，問曰：‘大兵遠來，戰速而勝者，何也？’德光曰：‘吾謂唐兵能守雁門而扼諸險要，則事未可知。今兵長驅深入而無阻，吾知大事必濟。且吾兵多難久，宜以神速破之。此其所以勝也。’敬達敗，退保晋安寨，德光圍之。唐遣趙德鈞、延壽救敬達，而德鈞父子按兵團柏谷不救。德光謂敬瑭曰：‘吾三千里赴義，義當徹頭。’乃築壇晋城南，立敬瑭爲皇帝，自解衣冠被之，册曰：‘咨爾子晋王，予視爾猶子，爾視予猶父。’已而楊光遠殺張敬達降晋，晋高祖自太原入洛陽，德光送至潞州，趙德鈞、延壽出降。德光謂晋高祖曰：‘大事已成。吾命大相温從爾渡河，吾亦留此，俟爾入洛而後北。’臨訣，執手嘘欷，脱白貂裘以衣高祖，遺以良馬二十匹，戰馬千二百匹，戒曰：‘子子孫孫無相忘！’時天顯九年也。”《宋本册府》卷九八〇《外臣部·通好門》繫此事於晋高祖天福元年（936）閏十一月甲戌日。明本《册府》卷四四三《將帥部·敗衄門三》張敬達條：“清泰三年九月敬達奏：‘此月十五日，與契丹戰于太原城下，王師敗績。’時契丹主自率部族來援太原，高行周、符彦卿率左右廂騎軍出鬬，蕃軍引退。巳時後，蕃軍復成列。張敬達、楊光遠、安審琦等陣於賊西北，倚山横陣。諸將奮擊，蕃軍屢却。至晡，我騎軍將移陣，蕃軍如山而進，王師大敗，投兵仗相籍而死者山積。是夕，收拾餘衆，保於晋祠南晋安寨。蕃軍塹而圍之。自是，音問阻絶，朝廷大怒。”同書卷九八七《外臣部・征討門六》繫此事於唐末帝清泰三年九月甲辰條。

[5]團柏谷：地名。位於今山西祁縣，太原與上黨地區間交通要道。

[6]楊光遠：人名。沙陀部人。五代後唐、後晋將領。傳見本書卷九七、《新五代史》卷五一。

[7]趙延壽：人名。常山（今河北正定縣）人，本姓劉，爲五代後唐將領趙德鈞養子。仕至後唐樞密使，遼朝幽州節度使、燕王。傳見本書卷九八。　“時趙德鈞、趙延壽自潞州出降於契丹”至“令隨牙帳”：《新五代史》卷七二《四夷附録一》：“高祖已入洛，德光乃北，執趙德鈞、延壽以歸。德鈞，幽州人也，事劉守光、守文爲軍校，莊宗伐燕得之，賜姓名曰李紹斌。其子延壽，本姓劉氏，常山人也，其父邧爲蓨縣令，劉守文攻破蓨縣，德鈞得延壽并其母种氏而納之，因以延壽爲子。延壽爲人，姿質妍柔，稍涉書史，明宗以女妻之，號興平公主。莊、明之世，德鈞鎮幽州十餘年，以延壽故尤見信任。延壽，明宗時爲樞密使，罷。至廢帝立，復以爲樞密使。晋高祖起太原，廢帝遣延壽將兵討之。而德鈞亦請以鎮兵討賊，廢帝察其有異志，使自飛狐出擊其後，而德鈞南出吴兒，會延壽於西唐，延壽因以兵屬之。廢帝以德鈞爲諸道行營都統，延壽爲太原南面招討使。德鈞爲延壽求鎮州節度使。廢帝怒曰：‘德鈞父子握强兵，求大鎮，苟能敗契丹而破太原，雖代予亦可。若翫寇要君，但恐犬兔俱斃。’因遣使者趣德鈞等進軍。德鈞陰遣人聘德光，求立己爲帝。德光指穹廬前巨石謂德鈞使者曰：‘吾已許石郎矣。石爛，可改也。’德光至潞州，鎖德鈞父子而去。德光母述律見之，問曰：‘汝父子自求爲天子何邪？’德鈞慚不能對，悉以田宅之籍獻之。述律問何在，曰：‘幽州。’述律曰：‘幽

州屬我矣，何獻之爲？’明年，德鈞死，德光以延壽爲幽州節度使，封燕王。”

［8］趙瑩：人名。華州華陰（今陝西華陰市）人。五代後晋宰相。傳見本書卷八九、《新五代史》卷五六。　馮道：人名。瀛州景城（今河北滄縣）人。五代時官拜宰相，歷仕後唐、後晋、後漢、後周，亦曾臣事契丹。傳見本書卷一二六、《新五代史》卷五四。　左僕射：官名。秦始置。隋、唐前期以左、右僕射佐尚書令總理六官，綱紀庶務；如不置尚書令，則總判省事，爲宰相之職。唐後期多爲大臣加銜。從二品。　劉昫（xù）：人名。涿州歸義（今河北容城縣）人。五代大臣，曾任宰相、監修國史，領銜撰進《舊唐書》。傳見本書卷八九、《新五代史》卷五五。　“晋高祖入洛”至“尋遣使奉晋高祖爲英武明義皇帝”：《新五代史》卷七二《四夷附録一》：“晋高祖每遣使聘問，奉表稱臣，歲輸絹三十萬匹，其餘寶玉珍異，下至中國飲食諸物，使者相屬於道，無虛日。德光約高祖不稱臣，更表爲書，稱‘兒皇帝’，如家人禮。德光遣中書令韓熲奉册高祖爲英武明義皇帝。高祖復遣趙瑩、馮道等以太常鹵簿奉册德光及其母尊號。終其世，奉之甚謹。”“歲輸絹三十萬匹”，《會要》卷二九契丹條天福元年十一月云“約歲輸絹十三萬匹”。又云：“天福二年二月，德光遣使子解里、舍利梅老來聘。三年十月，又遣使來上尊號曰英武明義。晋祖繼命宰臣馮道、趙瑩、劉昫等齎寶貨珍幣，歲時進貢不絶。德光亦遣名王已下來。”《宋本册府》卷九八〇《外臣部·通好門》晋高祖天福二年二月條：“契丹太子解里舍利梅老等到闕見。”四月條：“契丹宫苑使李可與到闕見。”同書卷九七二《外臣部·朝貢門》天福二年六月條：“契丹使夷離卑進馬二百疋、人参、貂鼠皮、走馬、木椀等物。”卷九八〇天福三年八月戊寅條：“以左僕射劉昫爲契丹册禮使，左散騎常侍韋勳爲使副，給事中盧重册契丹太后使，賜贈帛器皿有差。”同年九月庚申條：“契丹使跌跌廷信押鞍轡馬往洛京，般取後唐公主。”同月丙寅條：“趙延壽進馬二匹謝恩，放燕國長公主歸幽州。”同年

十月條："契丹遣梅里賫書到闕賀范延光歸明。"同月戊寅條："契丹命使以寶册上帝徽號曰英武明義。左右金吾、六軍儀仗、兵部法物、太常鼓吹、殿中省傘扇等，並出城迎，引至崇元殿前陳列。帝受徽號畢，御殿受百官賀。"同書卷九七二天福四年九月條："契丹使粘木孤來獻牛、馬、犬、腊顛騍十駟。"卷九八〇同年十月條："契丹使近臣崔廷勳領兵交戍於雲丘之北，帝遣中官李威以昊赴上酎遣而勞之。"同年十一月戊子條："契丹遣遥折來使，因聘吴越。"天福五年四月甲子條："契丹使興化王來聘。"卷九七二同年十月條："契丹使舍利來聘，致馬百匹，及玉轡、鏤鞍、氈裘、弧矢、組繡、橐鞬等。"卷九八〇同年十月條："契丹使舍利來聘，致馬百匹，及玉鞍、狐裘等。"

是歲，契丹改天顯十一年爲會同元年，以趙延壽爲樞密使，升幽州爲南京，以趙思温爲南京留守，[1]既而德光請晋高祖不稱臣，不上表，來往緘題止用家人禮，但云"兒皇帝"。晋祖厚賫金帛以謝之。晋祖奉契丹甚至，歲時問遺，慶弔之禮，必令優厚。每敵使至，即於别殿致敬。德光每有邀請，小不如意，則來譴責，晋祖每屈己以奉之，終晋祖世，略無釁隙。[2]

[1]會同：遼太宗耶律德光年號（938—947）。　樞密使：官名。樞密院長官。唐代宗時始以宦官掌機密，至昭宗時借朱温之力盡誅宦官，始改以士人任樞密使。備顧問，參謀議，出納詔奏，權侔宰相。參見李全德《唐宋變革期樞密院研究》，國家圖書館出版社 2009 年版。　趙思温：人名。盧龍（今河北盧龍縣）人。原爲五代後唐將領，官至平州刺史，兼平、營、薊三州都指揮使。後降遼，從伐渤海，爲漢軍團練使。遼太宗時，以功擢檢校太保，歷任

保静、盧龍、臨海軍節度使。傳見《遼史》卷七六。　留守：官名。古代皇帝出巡或親征時指定親王或大臣留守京城，綜理國家軍事、行政、民事、財政等事務，稱京城留守。在陪都或軍事重鎮也常設留守，以地方長官兼任。　“是歲”至“以趙思温爲南京留守”：《新五代史》卷七二《四夷附録一》言：“契丹當莊宗、明宗時攻陷營、平二州，及已立晉，又得雁門以北幽州節度管内，合一十六州。乃以幽州爲燕京，改天顯十一年爲會同元年，更其國號大遼，置百官，皆依中國，參用中國之人。”

［2］“既而德光請晉高祖不稱臣”至“略無釁隙”：《會要》卷二九契丹條：“天福六年六月，鎮州節度使安重榮執契丹使拽剌等，以輕騎掠幽州之南界。高祖累遣中使齎詔開諭，以契丹有助王之功，不欲負其宿約，而重榮奸險肆志，竟誅拽剌等，馳檄天下，言契丹之罪惡，與襄州節度使安從進連謀不軌。高祖命杜重威率兵討之，至貝州宗城縣相遇，重榮之衆大敗。天福七年正月二日，收復鎮州，斬重榮首，漆之，送於契丹。四月，高祖不豫。六月，高祖崩，少帝嗣立。八月，遣使郎五來致弔，兼獻衣服鞍馬等。十月，又遣使大卿已下二十六人來聘，以高祖山陵有日致祭故也。”《宋本册府》卷九八〇《外臣部·通好門》晉高祖天福六年（941）四月己未條：“契丹使述括來聘。”同年九月條：“遣供奉官李延業以時果送於契丹。”同年十一月條：“契丹遣使楊通事與供奉官李仁廓同到闕。”天福七年正月庚午條：“契丹遣使達剌已下三十六人來聘。”同書卷九七二《外臣部·朝貢門》天福七年二月條：“契丹遣使大卿已下三十一人來聘，獻馬及方物。”卷九八〇天福七年三月乙卯條：“契丹通事高模翰來聘。”同年閏三月條：“遣殿直馬延理，内班王延斌送櫻桃於契丹。”六月辛酉條：“契丹遣達剌干來使。”同月癸亥條：“遣殿直張延杲使於契丹。”晉少帝天福八年八月條：“宣喚契丹王母使舍利共一十二人宴於崇德殿。”卷九七二晉少帝天福八年七月壬午條：“契丹迴圖使喬榮通、郝在殷到闕，各進馬一疋。”

及少帝嗣位，[1]遣使入契丹，德光以少帝不先承禀，擅即尊位，所賫文字，略去臣禮，大怒，形于責讓，朝廷使去，即加譴辱。會契丹迴圖使喬榮北歸，[2]侍衛親軍都指揮使景延廣謂榮曰：[3]"先朝是契丹所立，嗣君乃中國自册，稱孫可矣，稱臣未可。中國自有十萬口横磨劍，[4]要戰即來！"榮至本國，具言其事，德光大怒，會青州楊光遠叛，[5]遣使搆之。明年冬，德光率諸部南下。開運元年春，陷祁州，直抵大河，少帝幸澶州以禦之。[6]其年三月，德光敗於陽城，[7]棄其車帳，乘一橐駝馳奔至幽州。因怒其失律，自大首領已下各杖數百，唯趙延壽免焉。[8]是時，契丹連歲入寇，晋氏疲於奔命，邊民被苦，幾無寧日。晋相桑維翰勸少帝求和於契丹，以紓國難，少帝許之，乃遣使奉表稱臣，卑辭首過。使迴，德光報曰："但使桑維翰、景延廣自來，并割鎮定與我，則可通和也。"朝廷知其不可，乃止。[9]時契丹諸部頻年出征，蕃國君臣稍厭兵革，德光母嘗謂蕃漢臣僚曰："南朝漢兒争得一向卧耶！自古及今，惟聞漢來和蕃，不聞蕃去和漢，待伊漢兒的當迴心，則我亦不惜通好也。"

[1]少帝：人名。即石重貴。沙陀部人。後晋高祖石敬瑭從子。紀見本書卷八一至卷八五、《新五代史》卷九。

[2]迴圖使：官名。《通鑑》卷二八三天福八年（943）九月戊子條胡注："凡外國與中國貿易者，置回圖務，猶今之回易場也。""迴圖使"，中華書局本有校勘記："原作'迴國使'，據劉本，彭校，《册府》卷四四六、卷九七二改。"　喬榮：人名。籍貫不詳。

契丹使者。事見本書卷八八。　會契丹迴圖使喬榮北歸：《契丹國志》卷二云："先是，河陽牙將喬榮從趙延壽入遼，遼帝以爲回圖使……置邸大梁。至是，景延廣説晋帝囚榮于獄，凡遼國販易在晋境者皆殺之，奪其貨。大臣皆言遼國不可負，乃釋榮，慰賜而遣之。"事亦見《遼史》卷四《太宗下》會同五年（942）七月條，《契丹國志》卷二太宗會同七年（即天福九年）九月條。明本《册府》卷四四六《將帥部·生事門》景延廣條載："少帝即位……延廣乃奏令契丹回圖使喬榮告戎王曰：'先帝則北朝所立，今上則中國自册。爲鄰爲孫則可，無稱臣之禮。'且言：'晋朝有十萬口横磨劍。翁若要戰則早來，他日不禁孫子，則取笑天下，當成後悔矣。'"此事亦見《通鑑》卷二八三天福八年九月戊子條。《宋本册府》卷九七二《外臣部·朝貢門五》載："少帝天福八年七月壬午，契丹迴圖使喬榮通、郝在殷到闕，各進馬一疋。"

[3]侍衛親軍都指揮使：官名。五代時侍衛親軍長官。多由皇帝親信擔任。　景延廣：人名。陝州（今河南三門峽市陝州區）人。五代後晋將領。傳見本書卷八八、《新五代史》卷二九。

[4]中國自有十萬口横磨劍：《輯本舊史》之影庫本粘籤："横磨劍，原本作'磨横劍'，今從《通鑑》改正。"見《通鑑》卷二八三天福八年九月戊子條。

[5]青州：州名。治所在今山東青州市。

[6]開運：後晋出帝石重貴年號（944—946）。"開運元年春"，中華書局本有校勘記："本卷下文所敘契丹陷祁州、少帝幸澶州及德光敗於陽城事，本書卷八三《晋少帝紀三》、《新五代史》卷九《晋本紀》、《通鑑》卷二八四皆繫於開運二年二、三月間。"　祁州：州名。治所在今河北無極縣。　大河：即黄河。　澶州：州名。唐、五代初，治所在今河南清豐縣。後晋天福四年（939），移治於今河南濮陽縣。

[7]陽城：地名。位於今河北保定市清苑區陽城鎮。五代營壘之地。

［8］“開運元年春”至“唯趙延壽免焉”：《新五代史》卷七二《四夷附録一》：“開運元年春，德光傾國南寇，分其衆爲三：西出雁門，攻并、代，劉知遠擊敗之于秀容；東至于河，陷博州，以應光遠；德光與延壽南，攻陷貝州。德光屯元城，兵及黎陽。晋出帝親征，遣李守貞等東馳馬家渡，擊敗契丹。而德光與晋相距于河，月餘，聞馬家渡兵敗，乃引衆擊晋，戰于戚城。德光臨陣，望見晋軍旗幟光明，而士馬嚴整，有懼色，謂其左右曰：‘楊光遠言晋家兵馬半已餓死，何其盛也！’兵既交，殺傷相半，陣間斷箭遺鏃，布厚寸餘。日暮，德光引去，分其兵爲二，一出滄州，一出深州以歸。二年正月，德光復傾國入寇，圍鎮州，分兵攻下鼓城等九縣。杜重威守鎮州，閉壁不敢出。契丹南掠邢、洺、磁，至于安陽河，千里之内，焚剽殆盡。契丹見大桑木，駡曰：‘吾知紫披襖出自汝身，吾豈容汝活邪！’束薪於木而焚之。是時，出帝病，不能出征，遣張從恩、安審琦、皇甫遇等禦之。遇前渡漳水，遇契丹，戰于榆林，幾爲所虜。審琦從後救之，契丹望見塵起，謂救兵至，引去。而從恩畏怯，不敢追，亦引兵南走黎陽。契丹已北，而出帝疾少間，乃下詔親征，軍于澶州，遣杜重威等北伐。契丹歸至古北，聞晋軍且至，即復引而南，及重威戰于陽城、衛村。晋軍飢渴，鑿井輒壞，絞泥汁而飲。德光坐奚車中，呼其衆曰：‘晋軍盡在此矣，可生擒之，然後平定天下。’會天大風，晋軍奮死擊之，契丹大敗。德光喪車，騎一白橐駝而走。至幽州，其首領大將各笞數百，獨趙延壽免焉。”《會要》卷二九契丹條：“天福九年正月，德光遣趙延壽、趙延照等率兵五萬入寇貝州。少帝發兵屯守澶州。初，青州節度使楊光遠搆逆謀，乃繕治城隍，蓄聚芻粟，爲跋扈之計。屬歲不稔，餓殍相繼，朝廷以廪帑虚竭，軍用不給，仍發使郡縣，括借民家資財、斛斗，海内嗷嗷，不堪其命。光遠遂以重利誘德光入寇，又以趙延壽等皆中原人士，常有思歸之意，冀群兇盜國，晋祚不濟，則大福在己。其月，德光自河間率諸部兵入犯甘陵，陷之，巡檢使吴巒投井而死。河北大擾。少帝駐蹕澶州，命宋州節度使高行

周等將兵以禦之。三月，德光自領雜虜十餘萬來攻戚城，官軍拒之而退。又以趙延壽行魏博節度使，改封魏王，以延壽門人高融爲節度副使，統步奚及燕軍數萬營於南樂。四月，又陷德州、博州。其年十二月，德光又率衆南下，攻圍鎮州諸邑，皆陷之。開運二年二月，前鋒至邢州，鎮州節度使杜重威差人間道告急。少帝欲親率大軍渡河決戰。乃命鄆州節度使張從恩等將兵合諸將之師屯於邢州。時德光之衆已及魏府，建牙於元氏，從恩等引軍而退。其月，又陷祁州，刺史沈斌死之。至三月，德光退，杜重威等率兵攻契丹之泰州，下之。迴及陽城，爲德光精騎所圍，諸將等決力死戰，德光大敗。"明本《册府》卷四四三《將帥部・敗衄門三》沈斌條："契丹入寇，自鎮州回，以羸兵驅牛羊過其城下，斌乃出州兵以擊之。契丹以精騎剗其門邀之，州兵陷賊。"《宋本册府》卷九八七《外臣部・征討門六》晉少帝天福九年條："定州節度使馬全節戰契丹於北平，擒千餘人而斬之。"

[9]桑維翰：人名。洛陽（今河南洛陽市）人。五代後唐進士，後晉宰相、樞密使。傳見本書卷八九、《新五代史》卷二九。

"是時，契丹連歲入寇"至"朝廷知其不可，乃止"：《新五代史》卷七二《四夷附録一》："是時，天下旱蝗，晉人苦兵，乃遣開封府軍將張暉假供奉官聘于契丹，奉表稱臣，以脩和好……晉亦不復遣使，然數以書招趙延壽。延壽見晉衰而天下亂，嘗有意窺中國，而德光亦嘗許延壽滅晉而立之。延壽得晉書，僞爲好辭報晉，言身陷虜思歸，約晉發兵爲應。而德光將高牟翰亦詐以瀛州降晉，晉君臣皆喜。"

三年，樂壽監軍王巒繼有密奏，苦言瀛、鄚可取之狀。[1]十月，少帝遣杜重威、李守貞等率兵經略。[2]十一月，蕃將高牟翰敗晉師於瀛州之北，梁漢璋死之。[3]契丹主聞晉既出兵，自率諸部由易、定抵鎮州，杜重威等自瀛州西趨常山，至中渡橋，敵已至矣，兩軍隔滹水而砦焉。[4]十二月十日，杜重威率諸軍降於契丹，語在《晉少帝紀》中。[5]十二日，德光入鎮州，大犒將士。十四日，自鎮州南行，中渡降軍所釋甲仗百萬計，並令於鎮州收貯；戰馬數萬匹，長驅而北。命張彦澤領二千騎先趨東京，遣重威部轄降兵取邢、相路前進。[6]晉少帝遣子延煦、延寶奉降表於契丹，並傳國寶一紐至牙帳。[7]明年春正月朔日，德光至汴北，文武百官迎於路。是日入宫，至昏復出，次於赤崗。五日，僞制降晉少帝爲負義侯，於黄龍府安置。七日，德光復自赤崗入居於大内，分命使臣於京城及往諸道括借錢帛。[8]僞命以李崧爲西廳樞密使，以馮道爲太傅，以左僕射和凝及北來翰林學士承旨張礪爲宰相。[9]二月朔日，德光服漢法服，坐崇元殿受蕃漢朝賀，[10]僞制大赦天下，改晉國爲大遼國。以趙延壽爲大丞相，兼政事令，充樞密使、兼中京留守。[11]降東京爲防禦州，尋復爲宣武軍。[12]

[1]樂壽：縣名。治所在今河北獻縣。　監軍：官名。爲臨時差遣，代表朝廷協理軍務、督察將帥。唐、五代時常以宦官爲監軍。因督察多路兵馬，故稱“都監”或“都都監”。　王巒：人名。籍貫、事跡不詳。事見本書卷一一五。　瀛：州名。治所在今河北河間市。　鄚（mào）：州名。治所在今河北任丘市鄚州鎮。

[2]杜重威：人名。朔州（今山西朔州市朔城區）人。五代後晉重要軍政官員。傳見本書卷一〇九、《新五代史》卷五二。　李守貞：人名。河陽（今河南孟州市）人。五代藩鎮軍閥。傳見本書卷一〇九、《新五代史》卷五二。　十月，少帝遣杜重威、李守貞

等率兵經略：《新五代史》卷七二《四夷附録一》開運三年（946）七月條："遣杜重威、李守貞、張彦澤等出兵，爲延壽應。兵趨瀛州，牟翰空城而去。晉軍至城下，見城門皆啓，疑有伏兵，不敢入。遣梁漢璋追牟翰及之，漢璋戰死。重威等軍屯武强。"時間與《輯本舊史》異。

[3]高牟翰：人名。《遼史》作"高模翰"。渤海族人。遼朝將領。傳見《遼史》卷七六。　梁漢璋：人名。應州（今山西應縣）人。五代後唐、後晉將領。傳見本書卷九五。

[4]常山：即鎮州，治所在今河北正定縣。　中渡：地名。滹沱河渡口。位於今河北正定縣。　滹水：即滹沱河，河流名。發源於今山西繁峙縣，東流入今河北省，過正定縣，向東流入渤海。

[5]"十二月十日"至"語在《晉少帝紀》中"：《新五代史》卷七二《四夷附録一》："德光聞晉出兵，乃入寇鎮州。重威西屯中渡，與德光夾水而軍。德光分兵，並西山出晉軍後，攻破欒城縣，縣有騎軍千人，皆降於虜。德光每獲晉人，刺其面，文曰'奉敕不殺'，縱以南歸。重威等被圍糧絶，遂舉軍降。德光喜，謂趙延壽曰：'所得漢兒皆與爾。'因以龍鳳赭袍賜之，使衣以撫晉軍，亦以赭袍賜重威。"《會要》卷二九契丹條："開運三年八月，契丹所部瀛州刺史僞言納款，少帝復命杜重威等率大軍迎降。十一月，迴及鎮州之東垣渡，與番相遇。十二月六日，遣前鋒奪橋，爲番軍所敗。其月十日，杜重威等以軍降於德光，命相州節度使張彦澤率漢騎二千先入京城。"

[6]張彦澤：人名。突厥人，徙居太原（今山西太原市）。五代後晉將領，投降於契丹。傳見本書卷九八、《新五代史》卷五二。　東京：地名。即今河南開封市。　邢：州名。治所在今河北邢臺市。　相：州名。治所在今河南安陽市。

[7]延煦、延寶：人名。即石延煦、石延寶，後晉出帝之子。傳見《新五代史》卷一七。　晉少帝遣子延煦、延寶奉降表於契丹，並傳國寶一紐至牙帳：《新五代史》卷七二《四夷附録一》：

“晋出帝與太后爲降表，自陳過咎。德光遣解里以手詔賜帝曰：‘孫兒但勿憂，管取一喫飯處。’德光將至京師，有司請以法駕奉迎，德光曰：‘吾躬擐甲胄，以定中原，太常之儀，不暇顧也。’止而不用。出帝與太后出郊奉迎，德光辭不見，曰：‘豈有兩天子相見于道路邪！’”

[8]赤崗：地名。今名霍赤岡。位於今河南開封市東北。　黄龍府：府名。治所在今吉林農安縣。　“明年春正月朔日”至“分命使臣於京城及往諸道括借錢帛”：《新五代史》卷七二《四夷附録一》言：“四年正月丁亥朔旦，晋文武百官班于都城北，望帝拜辭，素服紗帽以待。德光被甲衣貂帽，立馬于高岡，百官俯伏待罪。德光入自封丘門，登城樓，遣通事宣言諭衆曰：‘我亦人也，可無懼。我本無心至此，漢兵引我來爾。’遂入晋宫，宫中嬪妓迎謁，皆不顧，夕出宿於赤岡。”又同月：“癸巳，入居晋宫，以契丹守諸門，門廡殿廷皆磔犬掛皮，以爲厭勝。甲午，德光胡服視朝于廣政殿。乙未，被中國冠服，百官常參，起居如晋儀，而氈裘左衽，胡馬奚車，羅列階陛，晋人俛首不敢仰視。”《會要》卷二九契丹條開運四年：“尋降授少帝檢校太尉、負義侯，令挈其族及將相近臣等於契丹黄龍府安置。”

[9]李崧：人名。深州饒陽（今河北饒陽縣）人。後晋宰相，歷仕後唐至後漢。傳見本書卷一〇八、《新五代史》卷五七。　太傅：官名。與太師、太保並爲三師。唐後期、五代多爲大臣、勳貴加官。正一品。　和凝：人名。鄆州須昌（今山東東平縣）人。五代後晋宰相。傳見本書卷一二七、《新五代史》卷五六。　翰林學士承旨：官名。爲翰林學士之首。掌拜免將相、號令征伐等詔令的起草。《舊唐書》卷四三《職官志二》翰林院條載：“例置學士六人，内擇年深德重者一人爲承旨，所以獨承密命故也。”　張礪：人名。籍貫不詳。五代後唐翰林學士。後入契丹，爲翰林學士。傳見本書卷九八。張礪，《輯本舊史》之影庫本粘籤：“原本作‘章礪’，今從《歐陽史》改正。”　“僞命以李崧爲西廳樞密使”至

“以左僕射和凝及北來翰林學士承旨張礪爲宰相”：《新五代史》卷七二《四夷附録一》：“德光嘗許趙延壽滅晋而立以爲帝，故契丹擊晋，延壽常爲先鋒，虜掠所得，悉以奉德光及其母述律。德光已滅晋而無立延壽意，延壽不敢自言，因李崧以求爲皇太子。德光曰：‘吾於燕王無所愛惜，雖我皮肉，可爲燕王用者，吾可割也。吾聞皇太子是天子之子，燕王豈得爲之？’乃命與之遷秩。翰林學士張礪進擬延壽中京留守、大丞相、録尚書事、都督中外諸軍事。德光索筆，塗其‘録尚書事、都督中外諸軍事’，止以爲中京留守、大丞相，而延壽前爲樞密使、封燕王皆如故。又以礪爲右僕射兼門下侍郎、同中書門下平章事，與故晋相和凝並爲宰相。礪，明宗時翰林學士，晋高祖起太原，唐廢帝遣礪督趙延壽進軍於團柏谷，已而延壽爲德光所鎖，并礪遷于契丹。德光重其文學，仍以爲翰林學士。礪常思歸，逃至境上，爲追者所得，德光責之，礪曰：‘臣本漢人，衣服飲食言語不同，今思歸而不得，生不如死。’德光顧其通事高唐英曰：‘吾戒爾輩善待此人，致其逃去，過在爾也。’因笞唐英一百而待礪如故，其愛之如此。德光將視朝，有司給延壽貂蟬冠，礪三品冠服，延壽與礪皆不肯服。而延壽别爲王者冠以自異。礪曰：‘吾在上國時，晋遣馮道奉册北朝，道賫二貂冠，其一宰相韓延徽冠之，其一命我冠之。今其可降服邪！’卒冠貂蟬以朝。”

［10］崇元殿：五代後梁開平元年（907）改汴京正殿爲崇元殿。位於今河南開封市。

［11］中京：地名。契丹謂鎮州也。《會要》卷二九契丹條開運四年二月：“德光僞降赦，改國號大遼，稱會同十年，升鎮州爲中京，以燕王趙延壽爲大丞相、中京留守。”

［12］宣武軍：方鎮名。唐舊鎮，治所在汴州（今河南開封市）。後梁開平元年升汴州爲東京開封府。開平三年置宣武軍於宋州（今河南商丘市睢陽區）。後唐同光元年（923）改宋州宣武軍爲歸德軍，廢東京開封府，重建宣武軍於汴州。後晋天福三年（938），改宣武軍爲東京開封府。　“二月朔日”至“尋復爲宣武

軍”：《新五代史》卷七二《四夷附録一》開運四年：“二月丁巳朔，金吾六軍、殿中省仗、太常樂舞陳于廷，德光冠通天冠，服絳紗袍，執大珪以視朝，大赦，改晋國爲大遼國，開運四年爲會同十年。”

十五日，漢高祖建號于晋陽，[1]德光聞之，削奪漢祖官爵。是月，晋州、潞州並歸河東。[2]時盜賊所在群起，攻劫州郡，斷澶州浮梁。契丹大恐，沿河諸藩鎮並以腹心鎮之。[3]三月朔日，德光坐崇元殿，行入閤之禮，覩漢家儀法之盛，大悦。[4]以蕃大將蕭翰爲汴州節度使。[5]十七日，德光北還。初離東京，宿于赤岡，有大聲如雷，起於牙帳之下。契丹自黎陽濟河，次湯陰縣界，有一崗，土人謂之愁死崗。德光憩于其上，謂宣徽使高勳曰："我在上國，以打圍食肉爲樂，自及漢地，每每不快，我若得歸本土，死亦無恨。"[6]勳退而謂人曰："其語偷，殆將死矣。"時賊帥梁暉據相州，德光親率諸部以攻之。[7]四月四日，屠其城而去。德光聞河陽軍亂，[8]謂蕃漢臣僚曰："我有三失：殺上國兵士，打草穀，一失也；天下括錢，二失也；不尋遣節度使歸藩，三失也。"十六日，次于欒城縣殺胡林之側，[9]時德光已得寒熱疾數日矣，命部人齎酒脯，禱于得疾之地。十八日晡時，有大星落於穹廬之前，若迸火而散。德光見之，西望而唾，連呼曰："劉知遠滅，劉知遠滅！"是月二十一日卒，時年四十六，主契丹凡二十二年。契丹人破其屍，摘去腸胃，以鹽沃之，載而北去，漢人目之爲"帝羓"焉。[10]《永樂大典》卷四千三百五十八。[11]

[1]漢高祖：即後漢高祖劉知遠。沙陀部人，後世居於太原。五代後唐、後晋將領，後漢開國皇帝。紀見本書卷九九至卷一〇〇、《新五代史》卷一〇。

[2]晋州：州名。治所在今山西臨汾市。

[3]“時盜賊所在群起”至“沿河諸藩鎮並以腹心鎮之”：《新五代史》卷七二《四夷附録一》：“德光已滅晋，遣其部族酋豪及其通事爲諸州鎮刺史、節度使，括借天下錢帛以賞軍。胡兵人馬不給糧草，遣數千騎分出四野，劫掠人民，號爲‘打草穀’，東西二三千里之間，民被其毒，遠近怨嗟。漢高祖起太原，所在州鎮多殺契丹守將歸漢，德光大懼。”

[4]“三月朔日”至“大悦”：《新五代史》卷七二《四夷附録一》開運四年（947）：“三月丙戌朔，德光服靴、袍，御崇元殿，百官入閤，德光大悦，顧其左右曰：‘漢家儀物，其盛如此。我得於此殿坐，豈非真天子邪！’其母述律遣人賫書及阿保機明殿書賜德光。明殿，若中國陵寢下宫之制，其國君死，葬，則於其墓側起屋，謂之明殿，置官屬職司，歲時奉表起居如事生，置明殿學士一人掌答書詔，每國有大慶弔，學士以先君之命爲書以賜國君，其書常曰‘報兒皇帝’云。”

[5]蕭翰：人名。契丹族。一名“敵烈”，原名“小漢”。遼初將領，述律太后之侄，太宗耶律德光妻之兄。傳見《遼史》卷一三〇。　以蕃大將蕭翰爲汴州節度使：《新五代史》卷七二《四夷附録一》：“又時已熱，乃以蕭翰爲宣武軍節度使。翰，契丹之大族，其號阿鉢，翰之妹亦嫁德光，而阿鉢本無姓氏，契丹呼翰爲國舅，及將以爲節度使，李崧爲製姓名曰蕭翰，於是始姓蕭。”

[6]黎陽：縣名。治所在今河南浚縣。　湯陰：縣名。治所在今河南湯陰縣東。　愁死崗：地名。位於今河南安陽市西南。　宣徽使：官名。唐始置。宣徽南院使、北院使通稱宣徽使。初用宦官，五代以後改用士人。通掌内諸司及三班内侍之名籍，郊祀、朝會、宴享供帳之儀，檢視内外進奉名物。參見王永平《論唐代宣徽

使》,《中國史研究》1995 年第 1 期;王孫盈政《再論唐代的宣徽使》,《中華文史論叢》2018 年第 3 期。　高勳:人名。河南(今河南洛陽市)人。五代後晋北平王高信韜之子。原爲後晋閤門使,會同九年(946)與杜重威降遼。傳見《遼史》卷八五。

[7]梁暉:人名。磁州滏陽(今河北磁縣)人。五代河朔地區酋豪。曾率兵奪相州,後爲契丹主耶律德光攻滅。事見本書卷九九。

[8]河陽:縣名。治所在今河南孟州市。

[9]欒城縣:縣名。治所在今河北石家莊市欒城區。　殺胡林:地名。又名殺虎林。在今河北石家莊市欒城區西北乏馬村。

[10]帝羓(bā):羓,經過加工的大塊乾肉。帝羓,指耶律德光的乾尸。　"十七日,德光北還"至"漢人目之爲'帝羓'焉":《新五代史》卷七二《四夷附録一》:"德光已留翰守汴,乃北歸,以晋内諸司伎術、宫女、諸軍將卒數千人從。自黎陽渡河,行至湯陰,登愁死岡,謂其宣徽使高勳曰:'我在上國,以打圍食肉爲樂,自入中國,心常不快,若得復吾本土,死亦無恨。'勳退而謂人曰:'虜將死矣。'相州梁暉殺契丹守將,閉城距守。德光引兵攻破之,城中男子無少長皆屠之,婦女悉驅以北。後漢以王繼弘鎮相州,得髑髏十數萬枚,爲大冢葬之。德光至臨洺,見其井邑荒殘,笑謂晋人曰:'致中國至此,皆燕王爲罪首。'又顧張礪曰:'爾亦有力焉。'德光行至欒城,得疾,卒于殺胡林。契丹破其腹,去其腸胃,實之以鹽,載而北,晋人謂之'帝羓'焉。永康王兀欲立,謚德光爲嗣聖皇帝,號阿保機爲太祖,德光爲太宗。"《會要》卷二九契丹條:"三月,德光自京率衆北歸,至四月十八日,死於欒城。其年五月,宣遺制,以永康王兀欲襲其僞位。"

[11]《永樂大典》卷四千三百五十八:"三百",《輯本舊史》原作"五百",中華書局本有校勘記:"檢《永樂大典目録》,卷四五五八爲'天'字韻,與本則内容不符,恐有誤記。陳垣《舊五代史輯本引書卷數多誤例》謂應作卷四三五八'丹'字韻'契

丹’。”但未改，今據改。

兀欲，[1]東丹王突欲子也。突欲奔于唐，兀欲留不從，號永康王。契丹好飲人血，突欲左右姬妾，多刺其臂吮之，其小過輒挑目、刲灼，不勝其毒。然喜賓客，好飲酒，工畫，頗知書。其自契丹歸中國，載書數千卷，樞密使趙延壽每假其異書、醫經，皆中國所無者。明宗時，自滑州朝京師，遥領武信軍節度使，[2]食其俸，賜甲第一區，宫女數人。契丹兵助晋于太原，唐廢帝遣宦者秦繼旻、皇城使李彦紳殺突欲于其第。[3]晋高祖追封突欲爲燕王。[4]

[1]兀欲：人名。即遼世宗耶律阮。契丹族。遼太祖耶律阿保機孫，人皇王耶律倍長子，遼朝第三代皇帝。紀見《遼史》卷五。

[2]滑州：州名。治所在今河南滑縣。　武信軍：方鎮名。治所在遂州（今四川遂寧市）。　遥領武信軍節度使：中華書局本有校勘記：“‘武信’，《通鑑》卷二七八作‘昭信’。本書卷四四《唐明宗紀十》、《遼史》卷七二《義宗傳》敘其事皆作‘虔州節度使’。按昭信軍治虔州，武信軍治遂州。”《通鑑》卷二七八長興四年（933）九月庚子條：“以前義成節度使李贊華爲昭信節度使，留洛陽食其俸。”

[3]唐廢帝：即五代後唐廢帝李從珂。鎮州平山（今河北平山縣）人。本姓王，後唐明宗李嗣源擄其母魏氏，遂養爲己子。應順元年（934）四月，李從珂入洛陽即帝位。清泰三年（936）五月，石敬瑭謀反，以出賣燕雲十六州、自稱兒臣的條件求得契丹援助，石敬瑭攻入洛陽，廢帝自焚死，後唐亡。紀見本書卷四六至卷四八、《新五代史》卷七。　秦繼旻：人名。籍貫不詳。五代後唐宦

官。本書僅此一見。　皇城使：官名。唐末始置，爲皇城司的長官，一般由君主的親信充任，以拱衛皇城。　李彦紳：人名。籍貫不詳。五代後唐官員。本書僅此一見。

［4］“兀欲”至“晋高祖追封突欲爲燕王”：《新五代史》卷七三《四夷附録二》。

德光滅晋，兀欲從至京師。德光殺繼旻、彦紳，籍其家貲，悉以賜兀欲。德光死欒城，兀欲與趙延壽及諸大將等俱入鎮州。延壽自稱權知軍國事，遣人求鎮州管鑰于兀欲，兀欲不與。延壽左右曰：“契丹大人聚而謀者詾詾，必有變，宜備之。今中國之兵，猶有萬人，可以擊虜；不然，事必不成。”延壽猶豫不决。兀欲妻，延壽以爲妹，五月朔旦，兀欲召延壽及張礪、李崧、馮道等置酒，酒數行，兀欲謂延壽曰：“妹自上國來，當一見之。”延壽欣然與兀欲俱入。食頃，兀欲出坐，笑謂礪等曰：“燕王謀反，鎖之矣。諸君可無慮也。”又曰：“先帝在汴州與我運算子一莖，許我知南朝軍國事，昨聞寢疾，無遺命，燕王安得自擅邪？”礪等罷去。兀欲召延壽廷立而詰之，延壽不能對。乃遣人監之，而籍其家貲。兀欲宣德光遺制曰：“永康王，大聖皇帝之嫡孫，人皇王之長子，可於中京即皇帝位。”中京，契丹謂鎮州也。遣使者告哀於諸鎮。蕭翰聞德光死，棄汴州而北，至鎮州，兀欲已去。翰以騎圍張礪宅，執礪而責曰：“汝教先帝勿用胡人爲節度使，何也？”礪對不屈，翰鎖之。是夕，礪卒。

兀欲爲人儁偉，亦工畫，能飲酒，好禮士，德光嘗賜以絹數千匹，兀欲散之，一日而盡。兀欲已立，先遣人報其祖母述律。述律怒曰："我兒平晋取天下，有大功業，其子在我側者當立，而人皇王背我歸中國，其子豈得立邪？"乃率兵逆兀欲，將廢之。兀欲留其將麻荅守鎮州，[1]晋諸將相隨德光在鎮州者皆留之而去。以翰林學士徐台符、李澣從行，與其祖母述律相距于石橋。[2]述律所將兵多亡歸兀欲。兀欲乃幽述律於祖州。[3]祖州，阿保機墓所也。[4]

[1]麻荅：人名。即耶律拔里得。契丹人。遼初皇室，遼太宗耶律德光堂弟。傳見《遼史》卷七六。參見鄧廣銘（署名鄺又銘）《〈遼史·兵衛志〉中"御帳親軍""大首領部族軍"兩事目考源》，《北京大學學報》（人文科學版）1956年第2期。

[2]徐台符：人名。真定獲鹿（今河北石家莊市鹿泉區）人。歷仕五代後唐、後晋，後被契丹挾而北行。後漢隱帝時自幽州逃歸，又仕後周。傳見本書附録。　李澣：人名。京兆萬年（今陝西西安市長安區）人。歷仕五代後唐、後晋，後與徐台符被契丹挾而北行，在遼任宣政殿學士、禮部尚書等職。傳見《遼史》卷一〇三、《宋史》卷二六二。　石橋：地名。又名沙河石橋。位於今内蒙古巴林左旗西南。

[3]祖州：州名。治所在今内蒙古巴林左旗西南石房子村古城。

[4]"德光滅晋"至"阿保機墓所也"：《新五代史》卷七三《四夷附録二》。《會要》卷二九契丹條晋少帝開運四年（即遼會同十年，947）五月："宣遺志，以永康王兀欲襲其僞位。兀欲自以猶子，不當嗣位，且不奉祖母之命，其諸部首領，素畏述律氏之酷法，復以阿保機死於渤海國，被殺者百人，今德光没于漢地，慮必獲罪如前，同謀以其月二十一日領部族歸國。述律氏拒於石橋，其

衆悉降於兀欲。命送述律氏於阿保機明殿以幽之。僞改會同十年爲天禄元年，自稱天授皇帝。"

述律爲人多智而忍。阿保機死，悉召從行大將等妻，謂曰："我今爲寡婦矣，汝等豈宜有夫。"乃殺其大將百餘人，曰："可往從先帝。"左右有過者，多送木葉山，殺於阿保機墓隧中，曰："爲我見先帝于地下。"大將趙思温，本中國人也，以材勇爲阿保機所寵，述律後以事怒之，使送木葉山，思温辭不肯行。述律曰："爾，先帝親信，安得不往見之？"思温對曰："親莫如后，后何不行？"述律曰："我本欲從先帝于地下，以子幼，國中多故，未能也。然可斷吾一臂以送之。"左右切諫之，乃斷其一腕，而釋思温不殺。初，德光之擊晋也，述律常非之，曰："吾國用一漢人爲主，可乎？"德光曰："不可也。"述律曰："然則汝得中國不能有，後必有禍，悔無及矣。"德光死，載其尸歸，述律不哭而撫其尸曰："待我國中人畜如故，然後葬汝。"已而兀欲囚之，後死于木葉山。

兀欲更名阮，號天授皇帝，改元曰天禄。[1]是歲八月，葬德光於木葉山，遣人至鎮州召馮道、和凝等會葬。使者至鎮州，鎮州軍亂，大將白再榮等逐出麻荅。[2]據定州，已而悉其衆以北。麻荅者，德光之從弟也。德光滅晋，以爲邢州節度使。兀欲立，命守鎮州。麻荅尤酷虐，多略中國人，剥面，抉目，拔髮，斷腕而殺之，出入常以鉗鑿挑割之具自隨，寢處前後掛人肝、脛、手、足，言笑自若，鎮、定之人不勝其毒。麻荅已去，馮道等乃南歸。[3]

[1]天禄：遼世宗耶律阮年號（947—951）。

[2]白再榮：籍貫不詳。五代節度使、將領。傳見本書卷一〇六、《新五代史》卷四八。“白再榮”，中華書局本《新五代史》校勘記：“原作‘白再锜’。”

[3]“述律爲人多智而忍”至“馮道等乃南歸”：《新五代史》卷七三《四夷附録第二》。“兀欲更名阮”，《宋本册府》卷九九七《外臣部·技術門》云“兀欲更名聿”。《遼史》卷五《世宗紀》作“阮”。“據定州”，中華書局本《新五代史》校勘記：“本書卷一〇〇《漢高祖紀下》敘其事云：‘麻答與河陽節度使崔廷勳、洛京留守劉晞，並奔定州。’《通鑑》卷二八七略同。‘據’上疑有脱字。”

漢乾祐元年，兀欲率萬騎攻邢州，陷内丘。[1]契丹入寇，常以馬嘶爲候。其來也，馬不甚嘶鳴，[2]而矛戟夜有光，又月食，虜衆皆懼，以爲凶，雖破内丘而人馬傷死者太半。兀欲立五年，會諸部酋長，復謀入寇，諸部大人皆不欲，兀欲彊之。燕王述軋與太寧王嘔里僧等率兵殺兀欲於火神淀。[3]德光子齊王述律聞亂，走南山。[4]契丹擊殺述軋、嘔里僧，而迎述律以立。[5]

[1]乾祐：五代後漢高祖劉知遠及隱帝劉承祐年號（948—950）。北漢亦用此年號。　漢乾祐元年：《新五代史》中華書局本有校勘記：“本書卷一〇三《漢隱帝紀下》、《五代會要》卷二九、《通鑑》卷二八九繫其事於乾祐三年。”《會要》卷二九契丹條：“漢乾祐三年十一月，兀欲率騎數萬南寇，陷邢州之内丘縣、深州

之饒陽縣。”《宋本册府》卷九八七《外臣部·征討門六》漢隱帝乾祐二年（949）十一月條：“契丹入寇，前軍至貝州，陷高老鎮千餘家，乃西北至南宫堂陽，剽虜人畜，諸鎮守閉關自固。時高行周以重名鎮鄴，而諸屯戍甲兵雲布，帝慮行周年高，避事緩急，疏於應變。時周太祖爲樞密使，帝乃召於内殿，謂之曰：‘國祚初基，先皇厭代，冲人嗣襲，政教未孚，而守貞之徒，連結方面，僞竪未誅，憂不暇食。卿受託孤之寄，率伐叛之師。俾其落角摧牙，夷兇盪寇，實卿之力也。樞機雖重，在朕面前，獵犺内侵，實憂境上。夫兵機不可預授，權道全在臨時，苟非良將主謀，安能却敵？卿可更爲朕河朔之行，則予無北顧之憂矣。’對曰：‘臣受顧託之重，處將相之地，安敢憚於赴蹈？唯陛下指使。’帝曰：‘卿速撰行，無使虜塵滋蔓！’翌日，賜玉帶、名馬、金鞍、戎裝、器仗、雜綵、銀器，仍宣供奉官趙延希等二十人、殿直都知張盛等二十八人、樞密院承旨張（闕名）等五人、前汾州刺史白文遇、隨州刺史康延詔、房州刺史李彦崇、均州刺史曹奉金、天文趙修己、醫官顧師珙等從行，仍令宣徽南院使王峻參與軍事。”注：“十二月，深、冀、易等州契丹退。”　内丘：縣名。治所在今河北内丘縣。

[2]馬不甚嘶鳴：《新五代史》中華書局本有校勘記：“‘甚’字原闕，據宗文本、《類要》卷三六《北狄》引《五代史》補。”

[3]述軋：人名。又作耶律牒蠟。遼將領。傳見《遼史》卷一一三。　嘔里僧：人名。又名漚僧、額哩森、烏辛、耶律察割。契丹族。耶律安端之子。傳見《遼史》卷一一二。　火神淀：地名。位於今河北涿鹿縣西。“火神淀”，《新五代史》中華書局本有校勘記：“原作‘大神淀’，據宋丙本、宗文本、《通鑑》卷二九〇、《契丹國志·契丹國九主年譜》改。按《遼史》卷三七《地理志一》有火神淀，《通鑑》卷二九〇胡注引宋白曰：‘火神淀在新州西。’”

[4]述律：人名。即遼穆宗耶律璟，951年至969年在位。遼太宗耶律德光之子。紀見《遼史》卷六。　南山：山名。位於今河

北霸州市東。

［5］“漢乾祐元年”至“而迎述律以立”：《新五代史》卷七三《四夷附録二》。《會要》卷二九契丹條：“周廣順元年九月，兀欲爲部下太寧王、燕王述軋所殺，述律勒所部兵誅太寧王、述軋。述律自立，號天順皇帝，改名明，僞稱應歷元年。”亦見《宋本册府》卷九六七《外臣部·繼襲門二》契丹條。

述律立，改元應曆，號天順皇帝，後更名璟。述律有疾，不能近婦人，左右給事，多以宦者。然畋獵好飲酒，不恤國事，每酣飲，自夜至旦，晝則常睡，國人謂之“睡王”。[1]

［1］應曆：遼穆宗耶律璟年號（951—969）。 “述律立”至“國人謂之‘睡王’”：《新五代史》卷七三《四夷附録二》。《遼史》卷六《穆宗上》云，諱璟，天禄五年九月癸亥，世宗遇害。丁卯，即皇帝位，改元應曆。

初，兀欲常遣使聘漢，使者至中國而周太祖入立。[1]太祖復遣將軍朱憲報聘，[2]憲還而兀欲死。述律立，遂不復南寇。顯德六年夏，世宗北伐，[3]以保大軍節度使田景咸爲淤口關部署，[4]右神武統軍李洪信爲合流口部署，[5]前鳳翔節度使王晏爲益津關部署，[6]侍衛親軍馬步都虞候韓通爲陸路都部署。[7]世宗自乾寧軍御龍舟，艛船戰艦，首尾數十里，至益津關，[8]降其守將，而河路漸狹，舟不能進，乃捨舟陸行。瓦橋淤口關、瀛莫州守將皆迎降。[9]方下令進攻幽州，世宗遇疾，乃置雄州於瓦橋關、霸州於益津關而還。[10]周師下三關、瀛、莫，兵不血刃。[11]述律聞之，謂其國人曰："此本漢地，今以還漢，又何惜耶?"述律後爲庖者因其醉而殺之。[12]

[1]周太祖：即五代後周太祖郭威。邢州堯山（今河北隆堯縣）人。後周建立者。951年至954年在位。紀見本書卷一一〇至卷一一三、《新五代史》卷一一。

[2]朱憲：人名。籍貫不詳。五代後周將領。事見本書卷一一〇、卷一一一。

[3]顯德：五代後周太祖郭威年號（954）。世宗柴榮、恭帝柴宗訓沿用（954—960）。　世宗：即五代後周世宗柴榮。邢州龍岡（今河北邢臺市）人。後周太祖郭威養子，顯德元年繼郭威爲帝。954年至959年在位。紀見本書卷一一四至卷一一九、《新五代史》卷一二。

[4]保大軍：方鎮名。治所在鄜州（今陝西富縣）。　田景咸：人名。太原（今山西太原市）人。歷仕五代後漢、後周及北宋。傳見《宋史》卷二六一。　淤口關：關隘名。位於今河北霸州市。　部署：官名。爲臨時委任的軍區統帥。掌管行營屯戍、攻防等事務。

[5]右神武統軍：官名。唐代右神武軍統兵官。唐置六軍，分左右羽林、左右龍武、左右神武等，即"北衙六軍"。興元元年(784)，六軍各置統軍，以寵功勳臣。其品秩，《唐會要》卷七一、《舊唐書》卷一二記載爲"從二品"，《通鑑》卷二二九記載爲"從三品"。　李洪信：人名。并州晉陽（今山西太原市）人。五代、宋初將領。傳見《宋史》卷二五二。　合流口：地名。當位於今河北北部、天津一帶。

[6]鳳翔：方鎮名。治所在鳳翔府（今陝西鳳翔縣）。　王晏：

人名。徐州滕（今山東滕州市）人。五代、宋初將領。傳見《宋史》卷二五二。　益津關：關隘名。位於今河北霸州市。

[7]侍衛親軍馬步都虞候：官名。唐、五代方鎮高級軍官。韓通：人名。太原（今山西太原市）人。五代後漢、後周、宋初將領。傳見《宋史》卷四八四。

[8]乾寧軍：方鎮名。治所在永安縣（今河北青縣）。

[9]莫州：州名。治所在今河北任丘市。

[10]雄州：州名。治所在今河北雄縣。　瓦橋關：關隘名。位於今河北雄縣。　霸州：州名。治所在河北霸州市。

[11]"顯德六年夏"至"兵不血刃"：明本《册府》卷二〇《帝王部·功業門二》："周世宗顯德六年三月，帝幸乾寧軍，大治舟師，以備北伐。四月丁酉，帝御龍舟，率内六軍鳴鼓棹順流而北。自關之西，河路漸溢，水不能勝舟，帝捨舟入于瓦橋關。僞莫州刺史劉信上表歸順。五月乙巳朔，侍衛軍使李重進已下諸將相帥師而至。是日，僞瀛州刺史高彦輝上表歸順。關南平，凡得州五、縣十七、户一萬八千三百六十一。是行也，王師數萬，不發一矢，而虜界城邑皆迎刃而下。"《宋本册府》卷九八七《外臣部·征討門》周世宗顯德六年（959）四月條："大治舟師，以備北伐，分命諸將沿流設備，以前鄜州節度使田景咸爲淤口部署，以右神武統軍李洪信爲合流口部署，以前鳳翔節度使王晏爲益津關一路都部署，侍衛馬軍都指揮使韓令坤副焉，以侍衛馬步都虞候韓通爲陸路都部署，殿前都虞候石守信副焉。"同卷："恭帝即位初，北面兵馬都部署韓令坤奏：敗契丹五百騎於霸州北。"

[12]"初，兀欲常遣使聘漢"至"述律後爲庖者因其醉而殺之"：《新五代史》卷七三《四夷附録二》。《會要》卷二九契丹條："周廣順元年正月，太祖命左千牛衛將軍朱憲往修和好，兀欲亦遣使裹骨支報命，獻良馬四匹。太祖復命尚書左丞田敏、供奉官蔣光遂銜命往聘。至其年四月，田敏等迴，兀欲遣使實六獻碧玉金鍍銀裹鞍轡，并馬四十匹。其月，太祖又命左金吾將軍姚漢英、右神武

將軍華光裔往使。”明本《册府》卷一七〇《帝王部·來遠門》周太祖廣順二年（952）七月戊寅條：“以契丹長慶宫提轄使、户部郎中韓僚爲鄜州延慶縣令；契丹虞部員外郎胡嶠爲汝州魯山縣令，並以其歸化故也。”同年十二月條：“補契丹武州刺史石越爲南府知兵馬使；張延煦爲許州都知兵馬使。”《宋本册府》卷九八〇《外臣部·通好門》周太祖廣順元年二月丁未條：“左千牛衛將軍朱憲使於契丹復命，契丹王兀欲復遣使裊骨支伴送朱憲歸京師，又賀我登極，兼獻良馬一駟，仍達蕃情，云兩地通歡，近因晋祖議和好之理，爲遠大之謀。”同年五月己巳條：“遣左金吾將軍姚漢英、右神武將軍華光裔使於契丹，辭，各賜襲衣銀帶絹綵三百疋，銀器五十兩；契丹入朝使大卿賜重錦五疋，衣着三百疋，銀器百兩，别賜衣着五十疋，馬價衣着一百五十疋，副使賜有差，曳剌五人各賜中錦一疋，衣着五十疋，仍遣供奉官李誦押援兵防送至樂壽。”同年八月條：“契丹遣幽州教練使曹繼筠護送宰相趙瑩喪柩至其家。先是，開運末，虜陷京城，瑩與馮玉、李彦韜俱遷於北塞，未幾卒，至是方歸喪柩。”卷九八七《外臣部·征討門》周太祖廣順二年九月條：“鎮州何福進言：契丹寇深、冀。遣龍捷都指揮使劉成誨、兵馬監押慕延釗、本州衙内指揮使何繼筠率兵拒之，至武强縣，奪下老小千餘口，賊軍遁去。”卷九九八《外臣部·姦詐門》：“契丹永康王兀欲，自漢末遣使寓書於漢少帝，會漢室有蕭墻之亂。周太祖登極時，邢州節度使劉詞馳送虜使至闕，周太祖覽其書，欲因便以和之。廣順元年正月，遣將軍朱憲伴送虜使歸國，仍遺兀欲金器玉帶，以結其意。二月，朱憲迴，兀欲復遣使來賀，兼獻良馬。朝廷尋遣尚書左丞田敏報命，仍厚其禮。既而兀欲留我行人將軍姚漢英、華光裔，不令復命，繇是復絶。”“述律立遂不復南寇”，《會要》卷二九契丹條：“顯德元年春，太原劉崇將圖南寇，述律使番將楊衮率虜騎萬餘以助之。三月，世宗親征，與崇戰於潞州高平縣之南原，崇軍大敗，番衆棄甲而遁。二年三月，命許州節度使王彦超等築壘於李晏口，與番兵數千騎戰於安平縣之南，敗之。”《宋本册府》卷九八七《外臣部·征討門六》周世宗顯德元年五月條："符彦卿上言：逐契丹過忻口北，殺蕃軍二千餘衆，大軍已還忻州，從官稱賀。"

嗚呼！自古夷狄服叛，雖不繫中國之盛衰，而中國之制夷狄則必因其彊弱。予讀周《日曆》，見世宗取瀛、莫，定三關，兵不血刃，而史官譏其以王者之師，馳千里而襲人，輕萬乘之重於萑葦之間，以僥倖一勝。夫兵法，决機因勢，有不可失之時。世宗南平淮甸，北伐契丹，乘其勝威，擊其昏殆，世徒見周師之出何速，而不知述律有可取之機也。是時，述律以謂周之所取，皆漢故地，不足顧也。然則十四州之故地，皆可指麾而取矣。不幸世宗遇疾，功志不就。然瀛、莫、三關，遂得復爲中國之人，而十四州之俗，至今陷於夷狄。彼其爲志豈不可惜，而其功不亦壯哉！夫兵之變化屈伸，豈區區守常談者所可識也！

初，蕭翰聞德光死，北歸，有同州郃陽縣令胡嶠爲翰掌書記，[1]隨入契丹。而翰妻争妬，告翰謀反，翰見殺，嶠無所依，居虜中七年。當周廣順三年，[2]亡歸中國，略能道其所見。云："自幽州西北入居庸關，明日，又西北入石門關，[3]關路崖狹，一夫可以當百，此中國控扼契丹之險也。又三日，至可汗州，南望五臺山，[4]其一峯最高者，東臺也。又三日，至新武州，西北行五十里有雞鳴山，[5]云唐太宗北伐，聞雞鳴于此，因以名山。明日，入永定關北，此唐故關也。又四日，至歸化州。[6]又三日，登天嶺，[7]嶺東西連亘，有路北下，四顧冥然，黄雲白草，不可窮極。契丹謂嶠曰：'此辭鄉嶺也，可一南望而爲永訣。'同行者皆慟哭，往往絶而復蘇。又行三四日，至黑榆林，[8]時七月，寒如深冬。又明日，入斜谷，[9]谷長五十里，高崖峻谷，仰不見日，而寒尤甚。已出谷，得平地，氣稍温。又行二日，渡湟水。又明日，渡黑水。[10]又二日，至湯城淀，[11]地氣最温，契丹若大寒，則就温于此。其水泉清冷，草軟如茸，可藉以寢。而多異花，記其二種：一曰旱金，大如掌，金色爍人；一曰青囊，如中國金燈，而色類藍可愛。又二日，至儀坤州，渡麝香河。[12]自幽州至此無里候，其所向不知爲南北。又二日，至赤崖。[13]翰與兀欲相及，遂及述律戰于沙河。[14]述律兵敗而北，兀欲追至獨樹渡，遂囚述律于撲馬山。[15]又行三日，遂至上京，所謂西樓也。[16]西樓有邑屋市肆，交易無錢而用布。有綾錦諸工作、宦者、翰林、伎術、教坊、角觝、秀才、僧尼、道士等，皆中國人，而并、汾、幽、薊之人尤多。[17]自上京東去四十里，至真珠寨，[18]始食菜。明日，東行，地勢漸高，西望平地松林鬱然數十里。遂入平川，多草木，始食西瓜，云契丹破回紇得此種，[19]以牛糞覆棚而種，大如中國冬瓜而味甘。又東行，至裊潭，[20]始有柳，而水草豐美，有息雞草尤美，而本大，馬食不過十本而飽。自裊潭入大山，行十餘日而出，過一大林，長二三里，皆蕪荑，枝葉有芒刺如箭羽，其地皆無草。兀欲時卓帳于此，會諸部人葬德光。自此西南行，日六十里，行七日，至大山門，兩高山相去一里，而長松豐草，珍禽野卉，有屋室碑石，曰‘陵所’也。兀欲入祭，諸部大人惟執祭器者得入。入而門闔。明日開門，曰‘抛盞’，禮畢。問其禮，皆祕不肯言。”嶠所目見囚述律、葬德光等事，與中國所記差異。[21]

[1]同州：州名。治所在今陝西大荔縣。　郃陽：縣名。治所在今陝西合陽縣東南。　縣令：官名。爲縣的行政長官，掌治本縣。唐代之縣，分赤（京）、次赤、畿、次畿、望、緊、上、中、中下、下十等。縣令分六等，正五品上至從七品下。　胡嶠：人名。籍貫不詳。五代後晋官員。後爲遼蕭翰掌書記。隨其入契丹，居復州（治所在今遼寧瓦房店市）。後歸故里，著《陷虜記》。事見《宋史》卷二〇三。　掌書記：官名。唐、五代節度、觀察等使所屬均有掌書記一職，位在副使、判官之下，掌表奏書檄。遼亦置節度使。

[2]廣順：五代後周太祖郭威年號（951—953）。

[3]居庸關：關隘名。位於今北京昌平區。　石門關：關隘名。位於今北京延慶區東南八達嶺。

[4]可汗州：州名。五代時契丹改嬀州置，治所在懷來縣（今河北懷來縣東南）。　五臺山：山名。即小五臺山。位於今河北蔚縣、涿鹿縣交界處。

[5]新武州：州名。疑爲新州，契丹改稱奉聖州，位於今河北涿鹿縣西南。　雞鳴山：山名。位於今河北張家口市東南。

[6]永定關：關隘名。位於今北京延慶區三堡村附近。　歸化州：州名。唐光啓中置，治所在文德縣（今河北張家口市宣化區）。後改名毅州，五代後唐復名武州。後晋割與契丹，改名歸化州。

[7]天嶺：地名。位於今河北赤城縣獨石城北偏嶺。

[8]黑榆林：地名。位於獨石口北元上都故址（今内蒙古錫林郭勒盟正藍旗）以西之榆木山。參見賈敬顔《五代宋金元人邊疆行

記十三種疏證稿》，中華書局 2004 年版。

［9］斜谷：地名。當爲今閃電河（即上都河，灤河上游）與吐力根河（閃電河支流）中間之某一峽谷區。參見賈敬顔《五代宋金元人邊疆行記十三種疏證稿》。

［10］湟水：水名。即“潢河”異書，今之西拉木倫河。此似指其上源。　黑水：水名。即今之查干木倫河。此似指其下游。

［11］湯城淀：地名。位於黑河以西、潢河源頭諸山之地。參見賈敬顔《五代宋金元人邊疆行記十三種疏證稿》。

［12］儀坤州：名。遼初置，屬上京道。治所在今内蒙古敖漢旗東北五十家子村城址。參見《中國行政區劃通史·遼金卷》，復旦大學出版社 2012 年版。　麝香河：水名。今地不詳。賈敬顔認爲，或以廣興元河爲麝香河。參見賈敬顔《五代宋金元人邊疆行記十三種疏證稿》。

［13］赤崖：地名。赤崖當在赤崖館附近，位於今内蒙古巴林左旗。

［14］沙河：地名。似爲潢河石橋，位於今内蒙古翁牛特旗西北巴林橋附近。

［15］獨樹渡：渡口名。當位於今内蒙古翁牛特旗西北巴林橋附近。　撲馬山：山名。即今内蒙古巴林左旗西南石房子村西南阿保機陵山。

［16］上京：京名。契丹會同元年（938）改皇都爲上京臨潢府，位於今内蒙古巴林左旗（林東鎮）南波羅城（上京城遺址）。　西樓：地名。泛指遼朝上京（皇都、臨潢府），參見陳曉偉《捺鉢與行國政治中心論——遼初“四樓”問題真相發覆》，《歷史研究》2016 年第 6 期。

［17］并：州名。治所在今山西太原市。　汾：州名。治所在今山西汾陽市。　薊：州名。治所在今天津薊州區。

［18］真珠寨：地名。當位於今内蒙古巴林左旗東南。

［19］平川：賈敬顔考證當屬今烏力吉木倫河與西拉木倫河中間

之曠野。參見賈敬顔《五代宋金元人邊疆行記十三種疏證稿》。回紇：部族、政權名。又作回鶻。原係突厥鐵勒部的一支。唐天寶三載（744）建立回鶻汗國，8 世紀末 9 世紀初，回鶻與吐蕃争奪北庭和安西並最終取勝，統治西域。9 世紀中葉，回鶻汗國瓦解。參見楊蕤《回鶻時代：10—13 世紀陸上絲綢之路貿易研究》，中國社會科學出版社 2015 年版。

[20] 裹潭：水名。位於今内蒙古開魯縣西北之塔拉干泡子(今他拉干水庫)。

[21] “嗚呼”至“與中國所記差異”：《新五代史》卷七三《四夷附録第二》。“入永定關北”，中華書局本《新五代史》校勘記：“宗文本作‘入永定關’。”《契丹國志》卷二五亦有“北”字。

已而翰得罪被鎖，嶠與部曲東之福州。[1] 福州，翰所治也。嶠等東行，過一山，名十三山，[2] 云此西南去幽州二千里。又東行，數日，過衛州，[3] 有居人三十餘家，蓋契丹所虜中國衛州人，築城而居之。嶠至福州而契丹多憐嶠，教其逃歸，嶠因得其諸國種類遠近，云：“距契丹國東至于海，有鐵甸，[4] 其族野居皮帳，而人剛勇。其地少草木，水鹹濁，色如血，澄之久而後可飲。又東，女真，[5] 善射，多牛、鹿、野狗。其人無定居，行以牛負物，遇雨則張革爲屋。常作鹿鳴，呼鹿而射之，食其生肉。能釀糜爲酒，醉則縛之而睡，醒而後解，不然，則殺人。又東南，渤海，又東，遼國，皆與契丹略同。其南海曲，[6] 有魚鹽之利。又南，奚，與契丹略同，而人好殺戮。又南，至于榆關矣，西南至儒州，[7] 皆故漢地。西則突厥、回紇。西北至嫗厥律，[8] 其人長大，髦頭，酋長全其髮，盛以紫囊。地苦寒，水出大魚，契丹仰食。又多黑、白、黄貂鼠皮，北方諸國皆仰足。其人最勇，隣國不敢侵。又其西，轄戛，[9]又其北，單于突厥，皆與嫗厥律略同。又北，黑車子，[10]善作車帳，其人知孝義，地貧無所産。云契丹之先，常役回紇，後背之走黑車子，始學作車帳。又北，牛蹄突厥，人身牛足，其地尤寒，水曰瓠𤬏河，[11]夏秋冰厚二尺，春冬冰徹底，常燒器銷冰乃得飲。東北，至韈劫子，[12]其人髦首，披布爲衣，不鞍而騎，大弓長箭，尤善射，遇人輒殺而生食其肉，契丹等國皆畏之。契丹五騎遇一韈劫子，則皆散走。其國三面皆室韋，一曰室韋，二曰黄頭室韋，三曰獸室韋。其地多銅、鐵、金、銀，其人工巧，銅鐵諸器皆精好，善織毛錦。地尤寒，馬溺至地成冰堆。又北，狗國，[13]人身狗首，長毛不衣，手捕猛獸，語爲犬嘷，其妻皆人，能漢語，生男爲狗、女爲人，自相婚嫁，穴居食生，而妻女人食。云嘗有中國人至其國，其妻憐之，使逃歸，與其筯十餘隻，教其每走十餘里遺一筯，狗夫追之，見其家物，必銜而歸，則不能追矣。”其説如此。又曰：“契丹嘗選百里馬二十匹，遣十人齎乾麨北行，窮其所見。其人自黑車子，歷牛蹄國以北，行一年，經四十三城，居人多以木皮爲屋，其語言無譯者，不知其國地、山川、部族名號。其地氣，遇平地則温和，山林則寒冽。至三十三城，得一人，能鐵甸語，其言頗可解，云地名頡利烏于邪堰。云‘自此以北，龍蛇猛獸、魑魅群行，不可往矣’。其人乃還。此北荒之極也。”

契丹謂嶠曰："夷狄之人豈能勝中國？然晋所以敗者，主暗而臣不忠。"因具道諸國事，曰："子歸悉以語漢人，使漢人努力事其主，無爲夷狄所虜，吾國非人境也。"嶠歸，録以爲《陷虜記》云。[14]

[1]部曲：遼對奴隸、農奴的稱謂。　福州：州名。治所在今内蒙古庫倫旗南先進蘇木一帶。

[2]十三山：山名。位於今遼寧凌海市東北。

[3]衛州：州名。治所在今遼寧阜新縣北舊廟鎮他不郎營子古城址。

[4]鐵甸：部族名。又作鐵離、鐵驪。原爲黑水靺鞨之鐵利部，後被渤海兼并。遼天顯元年（926）渤海亡後，遣使向遼納貢，始稱鐵驪。後逐漸成爲金代女真的一部分。

[5]女真：部族名。源自肅慎部，五代時始稱女真。分布於今松花江、黑龍江下游，東至海。參見孫進己、孫泓《女真民族史》，廣西師範大學出版社2010年版。

[6]海曲：地名。當爲今之遼東灣與渤海灣。

[7]儒州：州名。治所在今北京延慶區。

[8]嫗厥律：部族名。又作烏古、烏古里、烏骨里、烏虎里、於厥、於厥里、於骨里、羽厥、羽厥里等。與敵烈同爲遼代兩大强部。遼保大四年（金天會二年，1124）降金。參見〔日〕津田左右吉著，王國維譯載《遼代烏古敵烈考》，《王國維遺書》（14），上海古籍書店1983年版。

[9]轄戛：部族名。漢稱堅昆、鬲昆，南北朝稱結骨，唐稱黠戛斯，突厥碑文作Qyrqyr。居於今葉尼塞河上流流域，以畜牧農耕爲生。文字與突厥同。唐貞觀二十二年（648）遣使内附，唐朝以其地置堅昆都督府，隸燕然都護府。乾元中爲回鶻所破，然常與大食、吐蕃、葛邏禄相依仗。開成五年（840）擊敗回鶻，迫其西遷。

大中元年（847）唐朝册封其首領爲英武誠明可汗。大順元年（890）發兵助唐平李克用之亂。13世紀降於蒙古。參見岑仲勉《突厥集史》，中華書局2004年版。

［10］黑車子：古代東北民族。即“黑車子室韋”。爲室韋諸部之一。

［11］牛蹄突厥：古代北方民族。當與突厥人有某種聯繫。活動地區當在大興安嶺以北。　瓠瓜河：水名。當位於大興安嶺地區。

［12］韈劫子：中國古代北方部落名。參見賈敬顔《五代宋金元人邊疆行記十三種疏證稿》。

［13］狗國：此所指乃東西伯利亞、黑龍江下游極邊之地與韃靼海峽及鄂霍次克海東西瀕海區域，猶有母權遺風，且以狗爲駕挽之土著部落、部族。參見賈敬顔《五代宋金元人邊疆行記十三種疏證稿》引〔法〕伯希和《馬可·波羅札記》一書中的Femeles island of woman條對中國西北、東北兩個女人國之解説。下文牛蹄國亦同。

［14］“已而翰得罪被鎖”至“録以爲《陷虜記》云”：《新五代史》卷七三《四夷附録二》。此段後有《新五代史》原注：“契丹年號，諸家所記，舛謬非一，莫可考正，惟嘗見於中國者可據也。據耶律德光《立晋高祖册文》云：‘惟天顯九年，歲次丙申。’是歲，乃晋天福元年。推而上之，得唐天成三年戊子，爲天顯元年。按《契丹附録》，德光與唐明宗同年而立，立三年改元天顯，與此正合矣。又據開運四年德光滅晋入汴，肆赦，稱會同十年。推而上之，得天福三年爲會同元年，是天顯盡十年，而十一年改爲會同矣。惟此二者，其據甚明，餘皆不足考也。《附録》所載夷狄年號，多略不書，蓋無所用，故不必備也。”

今注本二十四史

舊五代史

二〇

外國列傳〔二〕 志〔一〕

宋 薛居正等 撰

陳智超 紀雪娟 主持校注

中国社会科学出版社

舊五代史　卷一三八

外國列傳第二

吐蕃[1]

[1]傳末有《輯本舊史》之原輯者案語：“此傳多與《歐陽史》同，疑《永樂大典》傳寫之誤也。今無可復考，姑仍其舊。”《新五代史》卷七四《四夷附録三》有《吐蕃傳》，與此傳互有差異。與其説《大典》傳寫時誤録《新五代史·吐蕃傳》作《舊五代史·吐蕃傳》，不如説《新五代史·吐蕃傳》在《舊史》基礎上有增删改動。諸書“吐蕃”或作“吐番”，今照録原文。

吐蕃，本漢西羌之地，[1]或云南涼禿髮利鹿孤之後，[2]其子孫以禿髮爲國號，語訛爲吐蕃。國人號其主爲贊普，[3]置大論、小論以理國事。[4]其俗隨畜牧，無常居，然亦有城郭，都城號邏些城。[5]不知節候，以麥熟爲歲首。

[1]西羌之地：泛指今西藏及甘、青、川、滇各藏族聚居地區。

本漢西羌之地：《會要》卷三〇吐番條：“在長安西八千里，本漢西羌之地。”明本《册府》卷九五八《外臣部·國邑門二》吐番條："在長安之西八千里，本漢西羌地也。後魏神瑞初，南涼秃髮樊尼率衆西奔，濟黄河，逾積石，於羌中建國，開地千里，以秃髮爲國號，語訛謂之吐蕃。其後子孫繁昌，又侵伐不息，土宇漸廣。唐高宗時，吐蕃盡收羊同、党項及諸羌之地，東與涼、松、茂、巂等州相接，南至婆羅門西，又攻陷龜兹、疏勒四鎮，北抵突厥，地方萬餘里。自漢魏以來，西戎之盛未之有也。"

[2]南涼：十六國之一。東晋隆安元年（397）河西鮮卑族秃髮烏孤自稱西平王，建都西平（今青海西寧市），史稱南涼。義熙十年（414）爲西秦所滅。　秃髮利鹿孤：人名。十六國時南涼國君。秃髮烏孤之弟。399年至402年在位。謚號"康王"。

[3]國人號其主爲贊普：《會要》卷三〇作"國人號其王爲普贊"。

[4]置大論、小論以理國事：《會要》卷三〇："置大論、小論以統理國事。無文紀，刻木爲約。其國王與臣下一年一小盟，三年一大盟。"

[5]邏些城：都城名。又作邏娑。故址在今西藏拉薩市。　然亦有城郭，都城號邏些城：《會要》卷三〇："然亦有城郭，都城號邏些城。屋皆平頭，貴人處於大氈帳，謂之排廬。"

唐時屢爲邊患。[1]初，唐分天下爲十道，[2]河西、隴右三十三州，[3]涼州最爲大鎮。[4]天寶置八監，[5]牧馬三十萬，又置都護以控制之。[6]安禄山之亂，[7]肅宗在靈武，[8]悉召河西戍卒收復兩京，[9]吐蕃乘虚取河西、隴右，華人百萬皆陷于吐蕃。開成時，[10]朝廷嘗遣使至西域，見甘、涼、瓜、沙等州城邑如故，[11]陷吐蕃之人見唐使者旌節，夾道迎呼，涕泣曰："皇帝猶念陷蕃生靈否？"其人皆天寶中陷吐蕃者子孫，其語言小訛，而衣服未改。[12]

[1]唐時屢爲邊患：《會要》卷三〇吐番條："唐貞觀中常來朝貢，自後吞併諸番，兵力日盛，屢爲邊患，河西、隴右之地，悉爲所取。至大中初，其國亂，朝廷復得六關之地。至唐室末，又爲侵據。"

[2]唐分天下爲十道：貞觀元年（627）二月，唐太宗併全國州縣，分爲十道，即關内道、河南道、河東道、河北道、山南道、隴右道、淮南道、江南道、劍南道、嶺南道。廢郡爲州，每道轄若干州。

[3]河西：唐睿宗景雲二年（711），從隴右道分置河西道，置節度、支度、營田等使。治所在涼州（今甘肅武威市）。統涼、甘、肅、伊、西、瓜、沙七州。位於今甘肅武威市以西和新疆東北部等地。後入吐蕃，被廢。　隴右：因在隴山之右（西），故名。位於今甘肅隴山、六盤山以西，青海省青海湖以東及新疆東部地區。開元元年（713）置隴右節度使，治所在鄯州（今青海樂都縣）。領臨洮、河源、莫門、寧塞、積石五軍及秦、河、渭、鄯、蘭、武、洮、岷、廓、疊、宕等州。乾元元年（758）被廢。

[4]涼州：州名。治所在今甘肅武威市。

[5]天寶：唐玄宗李隆基年號（742—756）。　八監：唐初爲防禦，在西北地方發展養馬事業，由太僕張萬歲掌管，自貞觀至麟德年間，馬有七十萬六千匹，分爲八坊、四十八監，各置使以管領之。八坊爲保樂、甘露、南普閏、北普閏、岐陽、太平、宜禄、安定。募民耕種坊内之田，以供芻秣。八坊之馬分爲四十八監，每監的馬數不等，凡馬五千匹爲上監，三千匹以上爲中監，一千匹以上爲下監。

[6]都護：官名。唐朝自唐太宗至武則天，先後置安西、安北、單于、北庭等六個大都護府。每府大都護 1 人，從二品；副大都護

2人，從三品；都護，正三品；副都護，從四品。都護掌統諸蕃撫慰、征討、敘功、罰過，總判府事。《會要》卷三〇注："唐分天下爲十道，河西、隴右三十三州，涼州最爲大鎮……其西復置安西都護府，距長安八千里，羈縻西番三十國，軍鎮監務大小三百餘，戍守之兵，皆取涼州節度。"

[7]安禄山：人名。原名軋犖山。唐營州柳城（今遼寧朝陽市）雜胡。幽州節度使張守珪以其驍勇善戰，養爲義子，因功任平盧兵馬使、營州都督等職。後取得玄宗、楊貴妃重視，身兼平盧、范陽、河東三節度使。天寶十四載（755），以討楊國忠爲名，發動叛亂。南下攻陷洛陽，次年正月稱帝，國號燕，改元聖武。至德二載（757）春，爲其子慶緒殺死。傳見《舊唐書》卷二〇〇上、《新唐書》卷二二五上。

[8]肅宗：即唐肅宗李亨。唐玄宗之子。756年至761年在位。天寶十四載爆發安史之亂，次年叛軍攻占潼關，唐玄宗逃往四川，肅宗在靈武即皇帝位，遥尊唐玄宗爲太上皇。爲收復長安、洛陽，平定藩鎮的叛亂，肅宗借兵回紇。至德二載收復長安、洛陽，三載迎玄宗歸長安。寶應元年（762），李輔國、程元振發動事變，殺死張皇后和越王係等，擁立太子李豫，肅宗憂驚而死。紀見《舊唐書》卷一〇、《新唐書》卷六。　靈武：郡名。治所在今寧夏吴忠市。

[9]收復兩京：指代收復長安、洛陽。

[10]開成：唐文宗李昂年號（836—840）。

[11]甘：州名。治所在今甘肅張掖市。　瓜：州名。治所在今甘肅瓜州縣。　沙：州名。治所在今甘肅敦煌市。

[12]"開成時"至"而衣服未改"：《會要》卷三〇注與本傳多同，並云："當時已經再世，雖語言小訛，而衣服未改。至今涼州漢户，猶稱上代是鄆州戍卒，每帥守闕，則請命于朝廷。"

至五代時，吐蕃已微弱，回鶻、党項諸羌夷分侵其地，[1]而不有其人民。值中國衰亂，不能撫有，惟甘、涼、瓜、沙四州常自通於中國。甘州爲回鶻牙，[2]而涼、瓜、沙三州將吏猶稱唐官，數來請命。自梁太祖時，[3]常以靈武節度使兼領河西節度，而觀察甘、肅、威等州，[4]然雖有其名，而涼州自立守將。唐長興四年，[5]涼州留後孫超遣大將拓拔承謙及僧、道士、耆老楊通信等至京師，[6]明宗拜孫超節度使。[7]清泰元年，[8]留後李文謙來請命。[9]後數年，涼州人逐出文謙，靈武馮暉遣牙將吴繼興代文謙爲留後，[10]是時天福七年。[11]明年，晋高祖遣涇州押牙陳延暉齎詔書安撫涼州，[12]涼州人共劫留延暉，立以爲刺史。[13]至漢隱帝時，[14]涼州留後折逋嘉施來請命，[15]漢即以爲節度使。嘉施，土豪也。周廣順二年，[16]嘉施遣人市馬京師。是時，樞密使王峻用事，[17]峻故人申師厚者，[18]少起盜賊，爲兖州牙將，[19]與峻相友善，後峻貴，師厚弊衣蓬首，日候峻出，拜馬前，[20]訴以飢寒，峻未有以發。而嘉施等來請帥，峻即建言："涼州深入夷狄，中國未嘗命吏，請帥，募率府供奉官能往者。"[21]月餘，無應募者，乃奏起師厚爲左衛將軍，[22]已而拜河西節度使。師厚至涼州，奏薦押蕃副使崔虎心、[23]陽妃谷首領沈念般等及中國留人子孫王廷翰、温崇樂、劉少英爲將吏，[24]又自安國鎮至涼州，[25]立三州以控扼諸羌，用其酋豪爲刺史。然涼州夷夏雜處，師厚小人，不能撫有。至世宗時，師厚留其子而逃歸，涼州遂絶於中國。獨瓜、沙二州，終五代常來。

［1］回鶻：又稱回紇。古部族名。原係突厥鐵勒部的一支。唐天寶三載（744）建立回鶻汗國，9世紀中葉，回鶻汗國瓦解。其中一支爲甘州回鶻。11世紀初，甘州回鶻爲西夏所滅。參見楊蕤《回鶻時代：10—13世紀陸上絲綢之路貿易研究》，中國社會科學出版社2015年版。　党項：部族名。源出羌族，時活躍於今甘肅東部、寧夏、陝西北部一帶。參見湯開建《党項西夏史探微》，商務印書館2013年版。

［2］甘州爲回鶻牙：《輯本舊史》“牙”後有“帳”字。《舊五代史考異》：“原本脱‘帳’字，今據《歐陽史》增入。”查《新五代史》卷七四《吐蕃傳》《于闐傳》，均云“甘州，回鶻牙也”，無“帳”字。本卷《回鶻傳》亦云：“本牙在天德西北娑陵水上。”據刪“帳”字。

［3］梁太祖：人名。即朱温。宋州碭山（今安徽碭山縣）人。後梁太祖。紀見本書卷一至卷七、《新五代史》卷一至卷二。

［4］節度使：官名。唐時在重要地區所設掌握一州或數州軍政、民政、財政的長官。　肅：州名。治所在今甘肅酒泉市。　威：州名。治所在今甘肅環縣。

［5］長興：後唐明宗李嗣源年號（930—933）。

［6］留後：官名。唐、五代節度使多以子弟或親信爲留後，以代行節度使職務，亦有軍士、叛將自立爲留後者。掌一州或數州軍政。　孫超：人名。涼州留後。事見本書本卷。　拓拔承謙：人名。籍貫不詳。孫超部將。事見本書本卷。　楊通信：人名。籍貫、事迹不詳。事見本書本卷。

［7］明宗：即李嗣源。沙陀部人。原名邈佶烈，李克用養子。五代後唐明宗，926年至933年在位。紀見本書卷三五至卷四四、《新五代史》卷六。　“唐長興四年”至“明宗拜孫超節度使”：

《新五代史》卷七四："唐長興四年，涼州留後孫超遣大將拓拔承謙及僧、道士、耆老楊通信等至京師求旌節。明宗問孫超世家，承謙曰：'吐蕃陷涼州，張掖人張義朝募兵擊走吐蕃，唐因以義朝爲節度使，發鄆州兵二千五百人戍之。唐亡，天下亂，涼州以東爲突厥、党項所隔，鄆兵遂留不得返。今涼州漢人皆其戍人子孫也。'明宗乃拜孫超節度使。"

[8]清泰：五代後唐廢帝李從珂年號（934—936）。

[9]李文謙：人名。籍貫不詳。西涼府留後。天福六年（941）自焚而亡。事見本書卷八〇。

[10]馮暉：人名。魏州（今河北大名縣）人。五代後唐至後周將領。傳見本書卷一二五、《新五代史》卷四九。　牙將：官名。古代軍隊中的中低級軍官。　吴繼興：人名。籍貫不詳。本書僅此一見。中華書局本有校勘記："《新五代史》卷七四《四夷附録》作'吴繼勳'。"

[11]天福：五代後晋高祖石敬瑭年號（936—942）。出帝石重貴沿用至九年（944）。後漢高祖劉知遠繼位後沿用一年，稱天福十二年（947）。

[12]晋高祖：即後晋高祖石敬瑭。沙陀部人。五代後唐將領、後晋開國皇帝。紀見本書卷七五至卷八〇、《新五代史》卷八。　涇州：州名。治所在今甘肅涇川縣。　押牙：官名。即"押衙"。唐、五代時期節度使辟署的屬官。掌領方鎮儀仗侍衛。參見劉安志《唐五代押牙（衙）考略》，武漢大學歷史系魏晋南北朝隋唐史研究室編《魏晋南北朝隋唐史資料》第16輯，武漢大學出版社1998年版。　陳延暉：人名。籍貫不詳。後晋時曾任涇州押牙、西涼府節度使。事見本書卷八〇。

[13]刺史：官名。漢武帝時始置。州一級行政長官。總掌考核官吏、勸課農桑、地方教化等事。唐中期以後，節度使、觀察使轄州而設，刺史爲其屬官，職任漸輕。從三品至正四品下。　"是時天福七年"至"立以爲刺史"：中華書局本有校勘記："本書卷八〇

《晉高祖紀六》、《册府》卷九八〇、《通鑑》卷二八二皆繫李文謙自焚事於天福六年二月。又據本書卷八〇《晉高祖紀六》，晉高祖崩於天福七年六月。”文謙自焚之時，見《輯本舊史》卷八〇天福六年七月壬戌條涇州奏、《宋本册府》卷九八〇《外臣部·通好門》天福六年七月壬戌條涇州奏、《通鑑》卷二八二天福六年二月條。此段《輯本舊史》及《新五代史》記載多誤。李文謙既已自焚於天福六年二月，晉高祖又已崩於天福七年六月，何能於天福七年之明年遣陳延暉。陳爲一押牙，何需由帝親自派遣？《輯本舊史》卷八〇天福七年二月己亥條載：“涇州奏，差押牙陳延暉齎敕書往西涼府，本府都指揮使等請以陳延暉爲節度使。”爲得其實。

[14]漢隱帝：即後漢隱帝劉承祐。後漢高祖劉知遠次子。948年至950年在位。紀見本書卷一〇一至一〇三、《新五代史》卷一〇。

[15]折逋嘉施：人名。涼州留後。事見本書卷一〇二。

[16]廣順：五代後周太祖郭威年號（951—953）。

[17]樞密使：官名。樞密院長官。五代時以士人爲之，備顧問，參謀議，出納詔奏，權侔宰相。參見李全德《唐宋變革期樞密院研究》，國家圖書館出版社2009年版。　王峻：人名。相州安陽（今河南安陽市）人。五代後漢、後周將領。傳見本書卷一三〇、《新五代史》卷五〇。

[18]申師厚：人名。籍貫不詳。曾任左衛將軍、河西軍節度使、檢校太保。傳見本書附録。

[19]兖州：州名。治所在今山東濟寧市兖州區。

[20]拜馬前：中華書局本有校勘記：“‘拜’字原闕，據《新五代史》卷七四《四夷附録》補。按本書卷一一二《周太祖紀三》敘其事云：‘師厚羈旅無依，日于峻馬前望塵而拜。’”見本書卷一一二《周太祖紀三》廣順元年（951）十月丁巳條。

[21]請帥，募率府供奉官能往者：《輯本舊史》“率府”原作“府率”。中華書局本有校勘記：“劉本、《新五代史》卷七四《四

夷附録》作‘請募率府率供奉官能往者’。按《通鑑》卷二九〇敘其事云：‘帝以絶域非人所欲，募率府供奉官願行者。’”見《通鑑》卷二九〇廣順元年十月丁巳條，據乙正。

[22]左衛將軍：官名。爲左衛副長官，佐左衛大將軍統領宫廷禁衛法令，以督其屬隊仗，而總諸曹之事。從三品。

[23]押蕃副使：官名。押蕃使副長官。唐開元二十年（732）以朔方節度使增領押諸蕃部落使。五代後唐、後晋沿置。監管轄區内少數民族政權事宜。中華書局本有校勘記：“‘押蕃副使’，原作‘押衙副使’，據《新五代史》卷七四《四夷附録》改。《五代會要》卷三〇作‘押番副使’。”見《會要》卷三〇吐番條。　崔虎心：人名。籍貫不詳。事見《新五代史》卷七四。

[24]陽妃谷：地名。又作陽暉谷。即今甘肅武威市青嘴喇嘛灣。唐屬涼州。　沈念般：人名。籍貫不詳。事見《新五代史》卷七四。　王廷翰、温崇樂、劉少英：中國留人子孫。中華書局本有校勘記：“‘王廷翰’、‘温崇樂’，《册府》卷一七〇作‘王庭瀚’、‘温崇業’。”見明本《册府》卷一七〇《帝王部·來遠門》周廣順二年九月丁丑條，但作“王庭澣”而非“王庭瀚”。

[25]安國鎮：地名。位於今甘肅平涼市西北安國鄉。

沙州，梁開平中有節度使張奉，[1]自號“金山白衣天子”。至唐莊宗時，[2]回鶻來朝，沙州留後曹義金亦遣使附回鶻以來，[3]莊宗拜義金爲歸義軍節度使、瓜沙等州觀察處置等使。[4]晋天福五年，義金卒，子元德立。[5]至七年，沙州曹元忠、瓜州曹元深皆遣使來。[6]周世宗時，[7]又以元忠爲歸義軍節度使，元恭爲瓜州團練使。[8]其所貢硇砂、羚羊角、波斯錦、安西白氎、金星礬、胡同律、大鵬砂、毦褐、玉團，[9]皆因其來者以名見，而其卒立、世次，史皆失其紀。[10]

[1]開平：後梁太祖朱温年號（907—911）。　張奉：人名。又作張承奉。沙州（今甘肅敦煌市西）人。唐昭宗光化三年（900），被唐封爲歸義軍節度使。天祐年間建西漢金山國，自號西漢金山國白帝、聖文神武白帝、聖文神武天子、白衣王、白衣天子、拓西金山王。後降格改制，由天子之國降爲侯郡國，建敦煌國。自號聖文神武王、敦煌國天王。約於後梁乾化四年（914）卒。事見《舊唐書》卷二〇上。

[2]唐莊宗：人名。即李存勗。代北沙陀部人，後唐開國皇帝。紀見本書卷二七至卷三四、《新五代史》卷四至卷五。

[3]曹義金：人名。又作曹議金。沙州（今甘肅敦煌市西）人。後梁乾化四年後掌政瓜、沙，自稱節度兵馬留後。後唐莊宗授爲沙州刺史、歸義軍節度使、瓜沙等州觀察處置使、檢校司空。在位時，於莫高窟西千佛洞、安西榆林窟多有增修。事見《敦煌文書》P.4638、S.4276、P.3805、P.2047、P.4291、P.3556、P.2074、P.2838。

[4]歸義軍：唐晚期至北宋前期以沙州爲中心的漢人地方政權。唐廷封張議潮爲歸義軍節度使。子孫相繼傳至張承奉，自稱“白衣天子”，建號“西漢金山國”。至五代後梁乾化三年，張承奉死，歸義軍政權轉入長史曹議金之手。曹氏子孫相承，傳至曹賢順，至宋仁宗景祐三年（1036），爲西夏元昊所滅。河西遂被西夏占領，直至蒙古滅夏（1227），元朝統一。　觀察處置等使：官名。即觀察使之全稱。唐代後期初設的地方軍政長官。唐玄宗開元二十一年（733）置十五道採訪使，唐肅宗乾元元年（758）改爲觀察使。無旌節，地位低於節度使。掌一道州縣官的考績及民政。

[5]元德：人名。即曹元德。沙州（今甘肅敦煌市西）人。歸義軍節度使曹議金長子。五代時期歸義軍節度使。改變歸義軍政權

對甘州回鶻政權的依附地位，由“父子之國”而爲“兄弟之邦”。事見《敦煌文書》P. 3556、P. 4291、P. 2992、P. 2033。

［6］曹元忠：人名。沙州（今甘肅敦煌市西）人。曹議金第三子，元德、元深之弟。五代時期歸義軍節度使。事見《敦煌文書》P. 3388、S. 4398、S. 2687、P. 3879。參見榮新江《歸義軍史研究——唐宋時代敦煌歷史考索》，上海古籍出版社 2015 年版。　曹元深：人名。沙州（今甘肅敦煌市西）人。曹議金次子，元德之弟。五代時期歸義軍節度使。事見《敦煌文書》P. 4046。參見榮新江《歸義軍史研究——唐宋時代敦煌歷史考索》。

［7］周世宗：即柴榮。邢州龍岡（今河北邢臺市）人。後周太祖郭威養子，顯德元年（954）繼郭威爲帝，廟號世宗。紀見本書卷一一四、《新五代史》卷一二。

［8］元恭：人名。即曹延恭。事見《續資治通鑑長編》卷三、《宋史》卷四九〇。中華書局本有校勘記：“‘元恭’，《新五代史》卷七四《四夷附録》、《册府》卷一七〇同。《續資治通鑑長編》卷三：‘（建隆三年正月丙子）加……元忠子延敬爲瓜州防禦使，賜名延恭。’按敦煌榆林窟第七窟供養人題記、莫高窟第四百四十四窟供養人題記、第四百五十四窟供養人題記及 P. 3827 和 P. 3660 背面《太平興國四年四月歸義軍曹延禄牒》作‘延恭’。延恭有弟名延禄，兄弟名皆有‘延’字。”宋太祖祖父名敬，賜延敬名延恭，乃避諱改名。　團練使：官名。唐代中期以後，於不設節度使的地區設團練使，掌本區各州軍事。

［9］“其所貢硇砂”至“玉團”：中華書局本有校勘記：“‘胡同律’三字原闕，據孔本校補。《新五代史》卷七四《四夷附録》作‘胡桐律’。”又：“‘毦褐’，原作‘旄褐’，據《新五代史》卷七四《四夷附録》改。”

［10］“沙州”至“史皆失其紀”：關於五代時沙州史事，《册府》中有相關記載。明本《册府》卷一六九《帝王部·納貢獻門》後唐莊宗同光四年（926）正月條：“沙州節度使曹義全進謝賜旌節

官誥玉鞍馬二、玉團硇砂、散玉鞍轡、鉸具、安西白氎、胡錦、雄黄、波斯國紅地松樹、毦褐胡桐、淚金星礜大鴛沙。”同年二月條：“沙州曹義全進和市馬百匹、羚羊角、硇砂、氂牛尾，又進皇后白玉符、金青符、白玉獅子指環、金剛杵。”此卷《册府》誤“曹義金”爲“曹義全”，以下所引各卷不誤。卷一七〇《帝王部·來遠門》唐莊宗同光二年五月條：“以權知歸義軍節度兵馬留後、金紫光禄大夫、檢校尚書左僕射、守沙州長史兼御史大夫、上柱國曹義金爲檢校司空、守沙州刺史、充歸義軍節度、瓜沙等觀察處置管内營田押蕃落等使。瓜、沙與吐蕃雜居，自帝行郊禮，義金間道貢方物，乞受西邊都護，故有是命。”同卷周世宗顯德二年正月條：“沙州留後曹元忠、知瓜州軍州事曹元恭各遣使進方物。以元忠爲歸義軍節度使、檢校太保、同平章。以元恭爲瓜州團練使。仍各鑄印以賜之，皆旌其來王之意也。”《宋本册府》卷九七二《外臣部·朝貢門五》唐莊宗同光二年四月條：“沙州曹義（闕‘金’字）進玉三團、硇砂、羚羊角、波斯錦、茸褐、白氎、牛黄、金星礬等。”同卷唐明宗長興元年（930）十二月條：“沙州曹義金進馬四百疋、玉一團。”長興三年正月條：“沙州進馬七十五疋、玉三十六團。”同卷唐閔帝應順元年（934）正月條：“沙州、瓜州遣牙將各以方物朝貢。”同卷唐廢帝清泰二年七月條：“沙州刺史曹義金、涼州留後李文謙各獻馬三疋。”《宋本册府》卷九七六《外臣部·褒異門三》唐閔帝應順元年閏正月條：“瓜州入貢牙將唐進、沙州入貢梁行通、回鶻朝貢安摩訶等辭，各賜錦袍銀帶物有差。”

而吐蕃不見於梁世。[1]唐天成三年，[2]回鶻王仁喻來朝，[3]吐蕃亦遣使附以來，自此數至中國。明宗嘗御端明殿見其使者，[4]問其牙帳所居，曰：“西去涇州二千里。”明宗賜以虎皮，人一張，皆披以拜，委身宛轉，落其氈帽，髮亂如蓬，明宗及左右皆大笑。[5]至漢隱帝時猶來朝，後遂不復至，史亦失其君世云。[6]《永樂大典》卷四千二百五十七。[7]

[1]而吐蕃不見於梁世：此説有誤。《會要》卷三〇吐番條："梁開平二年正月，遣使朝貢。二月，以吐番入朝使嗢末首領杜論悉伽、杜論心爲左領軍衛將軍同正。嗢末蘇、論乞禄爲右領軍衛將軍同正。乾化元年十一月，又遣使來朝，召對於朝元殿，賜金帛等遣之。"《宋本册府》卷九七二《外臣部·朝貢門五》梁太祖開平二年（908）正月條："吐蕃遣使嗢來朝貢。"乾化元年（911）十二月條："帝御朝元殿，以迴鶻、吐蕃二大國首領入覲故也。扇開，所司道二首領與傔從等一百二十二人，伏拜庭下，即各以其君長所上表及方物等陳而獻焉。"卷九七六《外臣部·褒異門三》梁太祖乾化元年十一月丙午條："吐蕃温末首領杜論没悉伽、杜論心並左領軍衛將軍同正，温末蘇、論乞禄論右領軍衛將軍同正。"

[2]天成：後唐明宗李嗣源年號（926—930）。

[3]仁喻：人名。又作仁裕。五代甘州回鶻可汗。本名阿咄欲。後唐同光二年（924），兄仁美卒後，權知國事，稱權知可汗。天成三年（928）被後唐明宗册封爲順化可汗。後晋天福四年（939），被後晋高祖册封爲奉化可汗。事見本書卷三九。

[4]端明殿：宫殿名。位於五代後唐都城洛陽（今河南洛陽市）。

[5]"唐天成三年"至"明宗及左右皆大笑"：《會要》卷三〇吐蕃條："後唐天成二年十一月，遣使野利延孫等入貢，并番僧四人，持番書二封，人莫識其字。三年正月，以入朝使野利延孫等六人並爲歸德將軍。其年九月，又遣使朝貢，以入朝使閻、薛、羅等三人並爲歸德司戈。十二月，又以入朝使薛竭、薛王子撥邅爲歸德郎將，首領十人並爲歸化司戈。四年九月，西涼府番官撥心等來朝。十月，首領掇里忙、布藺邅等來朝，並授歸德司戈。長興三年

二月，又遣使朝貢。三月，以朝貢使、左厢首領野利閭心爲歸德大將軍，右厢首領籛心爲歸化郎將軍，中厢首領李讀等並爲歸德司候，重云都督、對兒六、突兒雞等並爲歸德司陛。其年七月，復遣使入朝，引對於端明殿。問本番牙帳去京師遠近。對曰：‘在涇州西二千里。’四年十一月，遣使來貢，召對於内殿，賜以金帛，仍各賜虎皮一張。”又：“晋天福四年十月，罷延族大首領聶褒郎、彝磨標、昌訶、尤羅祇褒等率其屬朝貢。”明本《册府》卷九七二《外臣部·朝貢門五》唐明宗天成二年十二月條：“迴鶻西界吐蕃發使野利延孫等入貢蕃僧四人，持蕃書兩封，文字未詳。”天成三年閏八月：“吐蕃、迴紇等使各貢舉。”同年九月：“吐蕃遣使朝貢。”同年十一月：“党項、吐蕃相次朝貢。”天成四年九月：“吐蕃首領撥里忙、布蘭氈等並來朝。”長興元年（930）四月：“吐蕃首領干撥葛進犛牛二頭。”同年九月：“河西蕃官姚東山、吐蕃首領王滿儒等進駝馬。”長興三年正月：“渤海、迴鶻順化可汗等吐蕃各遣使朝貢。”同年二月：“吐蕃遣首領野利閭心等朝貢。”同年八月：“吐蕃遣使朝貢，見於端明殿。帝問本蕃牙帳去京師遠近，對曰：‘涇州西二千里。比年阻大水，朝貢後時。’”長興四年十一月：“吐蕃遣使來貢。”晋高祖天福四年十月條：“罷延族吐蕃大首聶褒郎、彝磨摽、昌訶、兀羅只褒等率屬朝貢。”卷九七六《外臣部·褒異門三》唐明宗天成三年正月戊辰條：“敕以吐蕃野利延孫等六人並可懷遠將軍。”同年九月甲申：“吐蕃、回紇入貢使放還蕃，賜錦衣繒帛有差。”同月壬辰：“吐蕃使閻薩羅等三人並可歸化司義。”同年十二月壬戌：“吐蕃孼王子撥氈可歸德郎將，首領十人，並授懷化司戈。”

［6］“至漢隱帝時猶來朝”至“史亦失其君世云”：《會要》卷三〇吐蕃條：“周廣順二年九月，河西節度使申師厚奏：‘吐番首領折逋支等請加恩命。’其月敕：‘以吐番左厢押番副使折逋支、右厢崔虎心並授銀青光禄大夫、檢校工部尚書。陽妃谷大首領沈念般授懷化大將軍。左厢大首領籛千悶篤爲歸德大將軍。没林葛、于凝

盧、伴遭、折逋窮羅並爲懷化大將軍。右廂大首領鹿悉迦、阿羅岳騷奴並爲歸德大將軍。沈念般、粃與龍、文温光積並爲懷化大將軍。中廂首領岳阿、西安九十並爲懷化大將軍。’又奏：‘自涇州安國鎮至西涼府沿路，三處控扼，各立州名，欲補大首領爲刺史。又管州界部落大首領三十餘人，各賜空名告身。’並從之。”明本《册府》卷一七〇《帝王部·來遠門》繫此事於周太祖廣順二年九月丁丑日。

[7]《大典》卷四二五七“蕃”字韻“吐蕃（四）”事目。

吐谷渾[1]

[1]《通鑑》卷二五九乾寧元年（894）六月條《考異》引《薛史·吐谷渾傳》，可證《輯本舊史》原有《吐谷渾傳》，今據增。

吐渾，本號吐谷渾，或曰乞伏乾歸之苗裔。[1]自後魏以來，名見中國，居於青海之上。[2]當唐至德中，[3]爲吐蕃所攻，部族分散，其内附者，唐處之河西。其大姓有慕容、拓拔、赫連等族。[4]

[1]乞伏乾歸：人名。鮮卑族。十六國時西秦國君。388年至412年在位。傳見《晉書》卷一二五。

[2]後魏：即北魏。統治時期爲386年至534年，鮮卑人拓跋珪建立，後分裂爲東魏和西魏。

[3]至德：唐肅宗李亨年號（756—758）。

[4]“吐渾”至“赫連等族”：《新五代史》卷七四《吐谷渾傳》。

唐咸通中，[1]酋長有赫連鐸者，[2]從太原節度使康承訓平徐方有功，[3]朝廷授振武節度使，[4]復盜據雲中。[5]後唐太祖逐之，[6]乃歸幽州李匡儔。[7]乾寧元年十月，[8]討李匡儔，師次新城，[9]邊兵願從者衆。[10]鐸等來歸，命笞而釋之。[11]其部族散居蔚州界，[12]互爲君長，其氏不常。有白承福者，[13]自同光初代爲都督，[14]依中山北石門爲栅，[15]莊宗賜其額爲寧朔、奉化兩府，[16]以都督爲節度使，仍賜承福姓李，名紹魯。其畜牧就善水草，丁壯常數千人，羊馬生息，入市中土，朝廷常存恤之。[17]

[1]咸通：唐懿宗李漼年號（860—874）。

[2]赫連鐸：人名。唐末代北吐谷渾首領。咸通九年（868）隨唐軍鎮壓龐勳起義，勢力漸强。乾符五年（878），襲占沙陀李國昌父子所據之振武（治所在今内蒙古和林格爾縣西北）、雲州（今山西大同市）。與李國昌父子争奪代北，官至雲州刺史、大同軍防禦使，守雲州十餘年。後爲李克用擒殺。事見《舊唐書》卷一九下、本書卷二五、《新五代史》卷四。

[3]太原：府名。治所在今山西太原市。　康承訓：人名。靈州（今寧夏靈武市）人。唐朝將領。事見《舊唐書》卷一九上。　徐方：地名。代指徐州（今江蘇徐州市）。康承訓於咸通九年任徐泗行營都招討使，率沙陀兵擊敗龐勳起義軍，大破徐州。

[4]振武：方鎮名。治所在金河縣（今内蒙古和林格爾縣）。

[5]雲中：縣名。治所在今山西大同市。　“唐咸通中”至“復盜據雲中”：《會要》卷二八吐渾條。《新五代史》卷七四《吐谷渾傳》：“懿宗時，首領赫連鐸爲陰山府都督，與討龐勛，以功拜大同軍節度使。”大同爲雲州節度使軍號，振武爲朔州節度使軍號，

雲中爲雲州舊稱，《新五代史》所記與《會要》異。

[6]後唐太祖：人名。即李克用。沙陀部人，生於神武川新城（一説是今山西朔州市朔城區之梵王寺村，一説是今山西應縣縣城，一説在今山西懷仁縣之日中城）。唐末軍閥，受封晋王。五代後唐太祖。紀見本書卷二五、卷二六，《新五代史》卷四。

[7]幽州：州名。治所在今北京市。　李匡儔：人名。范陽（今北京市）人。幽州節度使李全忠之子、李匡威之弟。唐末軍閥。傳見《舊唐書》卷一八〇、《新唐書》卷二一二。"李匡儔"原作"李匡籌"，檢新、舊《唐書》作"李匡籌"，《輯本舊史》《新五代史》皆作"李匡儔"，《通鑑》作"李匡籌"，今從《輯本舊史》《新五代史》統改。　後唐太祖逐之，乃歸幽州李匡儔：《會要》卷二八。《輯本舊史》卷二五《唐武皇紀上》大順二年（890）七月條："武皇進軍柳會，赫連鐸力屈食盡，奔於吐渾部，遂歸幽州，雲州平。"

[8]乾寧：唐昭宗李曄年號（894—898）。

[9]新城：地名。位於今河北無極縣。

[10]"乾寧元年十月"至"邊兵願從者衆"：《通鑑》卷二五九乾寧元年（894）六月條《考異》引《唐太祖紀年録》。

[11]鐸等來歸，命笞而釋之：《通鑑》卷二五九乾寧元年六月條《考異》引《薛史·吐谷渾傳》。《通鑑》卷二五九乾寧元年六月條："李克用大破吐谷渾，殺赫連鐸，擒白義誠。"與《輯本舊史》異。

[12]蔚州：州名。治所在今河北蔚縣。

[13]白承福：人名。吐谷渾族。五代時北吐谷渾首領。後唐同光元年（923），被莊宗任爲寧朔、奉化兩府都督，賜姓名爲李紹魯。事見《新五代史》卷七四。

[14]同光：後唐莊宗李存勗年號（923—926）。

[15]中山北石門：地名。位於今河北蔚縣南。

[16]寧朔：又稱吐渾寧朔府。原爲羈縻州府。寧朔、奉化二府

以中山北石門（在今太行山北段）爲柵，遊牧於今河北西北、山西北部一帶。　奉化：羈縻州府名。

［17］“其部族散居蔚州界”至“朝廷常存恤之”：《會要》卷二八。

天成三年二月，其都督李紹魯等遣使進馬一百二十疋，[1]明宗嘉之，賜紹魯竭忠建策興復功臣、金紫光禄大夫、檢校太保。[2]十一月壬午，吐渾使念九來。[3]至四年八月，其首領念公山來朝貢。[4]其年十月，别部首領薛萬堆進狀，[5]乞授嵐州刺史。[6]明宗在藩時，常與萬堆有舊，欲許之。樞密使安重誨力諫乃止。[7]至長興元年三月，竟以萬堆爲嵐州刺史，仍賜名萬通。清泰三年二月，以寧朔、奉化兩府留後白可久超授檢校司徒[8]，副使赫連海龍檢校尚書左僕射，[9]兩府大夫李鐵匱檢校尚書右僕射。[10]

［1］李紹魯：即白承福。

［2］金紫光禄大夫：官名。本兩漢光禄大夫。魏晋以後，光禄大夫之位重者加金章紫綬，因稱金紫光禄大夫。北周、隋爲散官。唐貞觀後列入文散官。正三品。　檢校太保：官名。爲散官或加官，以示恩寵，無實際執掌。太保，與太師、太傅合稱三師。“天成三年二月”至“檢校太保”：《會要》卷二八吐渾條。《新五代史》卷六《唐明宗紀》作“二月辛巳，吐渾都督李紹虜來”。

［3］念九：人名。吐渾使者。事見《新五代史》卷六。　十一月壬午，吐渾使念九來：《新五代史》卷六《唐本紀》。

［4］念公山：人名。吐渾首領。事見本書卷四〇。

［5］薛萬堆：人名。吐渾首領。事見明本《册府》卷九六七

《外臣部·繼襲門二》。

［6］嵐州：州名。治所在今山西嵐縣。

［7］安重誨：人名。應州（今山西應縣）人。五代後唐大臣。傳見本書卷六六、《新五代史》卷二四。

［8］白可久：人名。白承福部下將領。事見《新五代史》卷七四。　檢校司徒：官名。爲散官或加官，以示恩寵，無實際執掌。司徒，與太尉、司空並爲三公。

［9］赫連海龍：人名。白承福部下將領。事見《新五代史》卷七四。　檢校尚書左僕射：官名。爲散官或加官，以示恩寵，無實際執掌。

［10］李鐵匱：人名。白承福部下將領。《新五代史》卷七四作“白鐵匱”，本書疑誤。　檢校尚書右僕射：官名。爲散官或加官，以示恩寵加此官，無實際執掌。　“至四年八月”至“兩府大夫李鐵匱檢校尚書右僕射”：《會要》卷二八。“四年八月”，《新五代史》卷六記其日在丁未。“清泰三年二月”至“超授檢校司徒”，《輯本舊史》卷四八《唐末帝紀下》作“二月戊辰，吐渾寧朔、奉化兩府留後李可久加檢校司徒。可久本姓白氏，前朝賜姓”。《宋本册府》卷九七六《外臣部·褒異門三》天成四年（929）二月戊辰條：“可久、海龍、鐵匱，皆吐渾白姓赫連部落，前朝賜姓。”

晋天福元年，高祖以契丹有助立之功，[1]割雁門已北及幽州之地以賂之，[2]由是吐渾部族皆隸於契丹。其後苦契丹之虐政，部族皆怨之，復爲鎮州節度使安重榮所誘，[3]乃背契丹，率車帳、羊馬，取五臺路歸國。[4]契丹大怒，以朝廷招納叛亡，遣使責讓。至六年正月，晋高祖命供奉官張澄等率兵二千搜索并、鎮、忻、代四州山谷吐渾，[5]還其舊地，然亦以契丹誅求無厭，心不平之，命漢高祖出鎮太原，[6]潛加慰撫。其年五月，其大首領白承福及麾下念虎里、赫連功德等來朝。[7]九月，又遣首領白可久來朝。[8]

[1]契丹：古部族、政權名。公元4世紀中葉宇文部爲前燕攻破，始分離而成單獨的部落，自號契丹。唐貞觀中，置松漠都督府，以其首領爲都督。唐末强盛，916年迭剌部耶律阿保機建立契丹國（遼）。先後與五代、北宋並立，保大五年（1125）爲金所滅。參見張正明《契丹史略》，中華書局1979年版。

[2]雁門：地名。位於今山西代縣西北。

[3]鎮州：州名。治所在今河北正定縣。　安重榮：人名。朔州（今山西朔州市朔城區）人。五代後唐、後晋將領。傳見本書卷九八、《新五代史》卷五一。

[4]五臺：山名。位於今山西五臺縣。

[5]張澄：人名。籍貫不詳。五代後晋官員。事見《通鑑》卷二八二。　并：州名。治所在今山西太原市。　忻：州名。治所在今山西忻州市。　代：州名。治所在今山西代縣。

[6]漢高祖：人名。即劉知遠。沙陀部人，後世居於太原。五代後唐、後晋將領，後漢高祖。917年至948年在位。紀見《舊五代史》卷九九至卷一〇〇、《新五代史》卷一〇。

[7]念虎里、赫連功德：人名。白承福部下將領。

[8]“晋天福元年”至“又遣首領白可久來朝”：《會要》卷二八吐渾條。《輯本舊史》卷七九《晋高祖紀五》天福六年（941）五月甲戌條：“北京遣牙將劉從以吐渾大首領白承福、念龎里、赫連功德來朝。”《新五代史》卷八《晋本紀》：天福六年九月，“丁丑，吐渾使白可久來”；七年，“六月丙辰，吐渾使念醜漢來”。《通鑑》卷二八二天福六年九月條：“劉知遠遣親將郭威以詔指説吐谷渾酋長白承福，令去安重榮歸朝廷，許以節鉞。威還，謂知遠

曰：‘虜惟利是嗜，安鐵胡止以袍袴賂之；今欲其來，莫若重賂乃可致耳。’知遠從之，且使謂承福曰：‘朝廷已割爾曹隸契丹，爾曹當自安部落；今乃南來助安重榮爲逆，重榮已爲天下所棄，朝夕敗亡，爾曹宜早從化，勿俟臨之以兵，南北無歸，悔無及矣。’承福懼，冬，十月，帥其衆歸于知遠。知遠處之太原東山及嵐、石之間，表承福領大同節度使，收其精騎以隸麾下。”

少主嗣位，絶契丹之好，數召其酋長入朝，厚加宴賜，每大讌會，皆命列坐於勛臣之次。至開運中，[1]捍虜於澶州，[2]召承福等率其部衆從行，屬歲多暑熱，部下多死，復遣歸太原，移帳於嵐、石州界。[3]然承福馭下無法，多干軍令。其族白可久，名在承福之亞，因牧馬率本帳北遁，契丹授以官爵，復遣潛誘承福。承福亦思叛去，事未果，漢高祖知之，乃以兵環其部族，擒承福與其族白鐵匱、赫連海龍等五家，[4]凡四百有餘人，伏誅。籍其牛馬，命別部長王義宗統其餘屬。[5]吐渾遂微，不復見。[6]

[1]開運：後晋出帝石重貴年號（944—946）。

[2]澶州：州名。唐、五代初，治所在河南清豐縣。後晋天福四年（939），移治於今河南濮陽縣。

[3]石：州名。治所在今山西吕梁市離石區。

[4]白鐵匱：即李鐵匱。

[5]王義宗：人名。五代吐谷渾别部首領。後晋開運三年（946），官吐谷渾節度使。後漢天福十二年（947），加封檢校太尉、沁州刺史。事見本書卷九九、卷一〇〇。　“少主嗣位”至“命别部長王義宗統其餘屬”：《會要》卷二八吐渾條。《新五代史》卷七四

本傳："劉知遠稍侵辱之，承福謀復亡出塞，知遠以兵圍其族，殺承福及其大姓赫連海龍、白可久、白鐵匱等。"《通鑑》卷二八五開運三年八月條："部落多犯法，劉知遠無所縱捨；部落知朝廷微弱，且畏知遠之嚴，謀相與遁歸故地。有白可久者，位亞承福，帥所部先亡歸契丹，契丹用爲雲州觀察使，以誘承福。知遠與郭威謀曰：'今天下多事，置此屬於太原，乃腹心之疾也，不如去之。'承福家甚富，飼馬用銀槽。威勸知遠誅之，收其貨以贍軍。知遠密表：'吐谷渾反覆難保，請遷於内地。'帝遣使發其部落千九百人，分置河陽及諸州。知遠遣威誘承福等入居太原城中，因誣承福等五族謀叛，以兵圍而殺之，合四百口，籍没其家貲。"所記皆與《會要》異。《輯本舊史》卷九九《漢高祖紀上》記誅吐渾白承福等五族在開運三年五月。

[6]吐渾遂微，不復見：《新五代史》卷七四《吐谷渾傳》。

初，唐以承福之族爲熟吐渾。長興中，又有生吐渾杜每兒來朝貢。[1]每兒，不知其國地、部族。至漢乾祐二年，[2]又有吐渾何戛剌來朝貢，[3]不知爲生、熟吐渾。蓋皆微，不足考録。[4]

[1]杜每兒：人名。籍貫不詳。五代生吐谷渾朝貢使者。

[2]乾祐：後漢高祖劉知遠、隱帝劉承祐年號（948—950）。北漢亦用此年號。

[3]何戛剌：人名。籍貫不詳。五代吐谷渾朝貢使者。

[4]"初"至"不足考録"：《新五代史》卷七四《吐谷渾傳》。

回鶻

回鶻，其先匈奴之種也。[1]後魏時，號爲鐵勒，亦名回紇。[2]唐元和四年，[3]本國可汗遣使上言，改爲回鶻，義取迴旋搏擊，如鶻之迅捷也。[4]本牙在天德西北娑陵水上，[5]距京師八千餘里。[6]唐天寶中，安禄山犯闕，有助國討賊之功，累朝尚主，自號“天驕”，大爲唐朝之患。會昌初，[7]其國爲黠戛斯所侵，[8]部族擾亂，乃移帳至天德、振武間。時爲石雄、劉沔所襲，[9]破之，復爲幽州節度使張仲武所攻，[10]餘衆西奔，歸于吐蕃，吐蕃處之甘州，由是族帳微弱。其後時通中國，世以中國爲舅，朝廷每賜書詔，亦常以甥呼之。[11]

[1]匈奴：部族名、政權名。西周、春秋時稱獫狁、戎狄。戰國時游牧於燕、趙、秦以北地區。秦漢之際，匈奴冒頓單于統一各部，擊敗東胡、月氏，勢力强盛，建立起匈奴政權。漢和帝時，遣大將軍竇憲率軍擊敗北匈奴，迫使其部分西遷，越過中亞後到達歐洲，留居漠北的餘部匯入鮮卑部落。南匈奴屯居朔方、五原、雲中（今内蒙古境内）等郡，東漢末分爲五部。兩晋十六國時匈奴族先後在黄河流域建立漢（前趙）、夏、北涼等國，經過南北朝時代北方的民族大融合，逐漸在歷史上消失。參見陳序經《匈奴史稿》，中國人民大學出版社 2007 年版。

[2]鐵勒：部族名。又作敕勒、高車、丁零。北周至隋唐的史書中指廣義的突厥各部。參見段連勤《丁零、高車與鐵勒》，廣西師範大學出版社 2006 年版。　“回鶻”至“亦名回紇”：“回鶻”之“回”，諸書用字不一，《册府》《會要》多用“迴”或“廻”字，《輯本舊史》《新五代史》多用“回”字。今將“廻”統一爲“迴”，與“回”字并據文録之。《宋本册府》卷九五六《外臣部·種族門》：“迴紇，其先匈奴之裔也。在後魏時，號爲鐵勒部落，後謂之特勒。特勒始有僕骨、同羅、韋紇、拔也古、覆羅，並號俟

斤。後稱迴紇。有時健俟斤死，其子曰菩薩，部落以爲賢而立之。迴紇之盛，繇菩薩之興焉。”明本《册府》卷九五八《外臣部·國邑門二》：“迴紇之先，匈奴之裔也。後魏時號爲鐵勒部落。其衆微小，依託高車，臣屬突厥，隋時謂之特勒。在薛延陀北境，居婆陵水側，去長安六千九百里。隨逐水草，勝兵五萬人，口十萬。”

[3]元和：唐憲宗李純年號（806—820）。

[4]“唐元和四年”至“如鶻之迅捷也”：明本《册府》卷九五八：“唐貞觀中，以迴紇部爲瀚海府，開元中漸盛。保烏德健山南西城一千七百里，西城即漢之高闕塞也。西城北去磧石三百里，有十一都督。元和中，可汗遣使改爲迴鶻，義取迴旋捷如鶻也。”《宋本册府》卷九六七《外臣部·繼襲門》迴紇貞元五年（789）：“改‘紇’爲‘鶻’，從其請也。”

[5]天德：方鎮名。治所在永濟栅（今内蒙古烏拉特前旗）。 娑陵水：水名。又作仙俄河、仙萼河。突厥文碑作Salanga。即今蒙古國境之色楞格河。“娑陵水”，中華書局本有校勘記：“原作‘婆陵水’，據孔本、《新五代史》卷七四《四夷附録》、《五代會要》卷二八改。按磨延啜碑北面第二行、東面第三行、東面第四行、西面第五行皆有此地名，拉丁文轉寫爲Säläŋä。”明本《册府》卷九五八“娑”亦誤作“婆”。

[6]本牙在天德西北娑陵水上，距京師八千餘里：《會要》卷二八迴鶻條云：“距長安六千九百里。”

[7]會昌：唐武宗李炎年號（841—846）。

[8]黠戛斯：古族名。又作紇扢斯。鐵勒諸部之一。貞觀二十二年（648），黠戛斯首領失鉢屈阿棧入唐，唐以其部爲堅昆都督府。9世紀30年代末，乘回鶻汗國遭受自然災害、發生内亂之際，一舉滅之。回鶻西遷，黠戛斯代之統有漠北。大順元年（890），派兵助唐廷討李克用。契丹稱之爲轄戛斯，設轄戛斯大王府於其地。

[9]石雄：人名。徐州（今江蘇徐州市）人。唐代將領。傳見《舊唐書》卷一六一、《新唐書》卷一七一。 劉沔：人名。徐州

彭城（今江蘇徐州市）人。唐代將領。傳見《舊唐書》卷一六一、《新唐書》卷一七一。

[10]張仲武：人名。范陽（今北京市西南）人。唐代將領。傳見《舊唐書》卷一八〇、《新唐書》卷二一二。

[11]“時爲石雄、劉沔所襲”至“亦常以甥呼之”：《新五代史》卷七四《回鶻傳》：“吐蕃已陷河西、隴右，乃以回鶻散處之。當五代之際，有居甘州、西州者嘗見中國，而甘州回鶻數至，猶呼中國爲舅，中國答以詔書亦呼爲甥。”

梁乾化元年十一月，[1]遣都督周易言等入朝進貢，[2]太祖御朝元殿引對，[3]以易言爲右監門衛大將軍同正，[4]以石壽兒、石論思並爲右千牛衛將軍同正，[5]仍以左監門衛上將軍楊沼充押領回鶻還蕃使，[6]通事舍人仇玄通爲判官，[7]厚賜繒帛，放令歸國，又賜其入朝僧凝盧、宜李思、宜延籛等紫衣。[8]

[1]乾化：五代後梁太祖朱温年號（911—912）。後梁末帝朱友貞沿用（913—915）。

[2]都督：回鶻部落首領和軍官的稱號。鄂爾渾突厥文碑銘寫作 Tutuq 或 Totoq，爲漢語辭彙“都督”的借詞。　周易言：人名。籍貫不詳。甘州回鶻都督。事見本書本卷。

[3]朝元殿：後梁都城開封府（今河南開封市）宮殿名。

[4]右監門衛大將軍：官名。唐置，掌宮禁宿衛。唐代置十六衛，即左右衛、左右驍衛、左右武衛、左右威衛、左右領軍衛、左右金吾衛、左右監門衛、左右千牛衛，各置上將軍，從二品；大將軍，正三品；將軍，從三品。　同正：同正員省稱。係屬編外官，待遇同正員。

[5]石壽兒、石論思：人名。皆周易言下屬。本書僅此一見。

右千牛衛將軍：官名。唐置十六衛之一。掌宫禁宿衛。從三品。

［6］左監門衛上將軍：官名。唐置十六衛之一。掌宫禁宿衛。從二品。中華書局本有校勘記："'上'字原闕，據《新五代史》卷七四《四夷附録》、《册府》卷九八〇、《五代會要》卷二八補。"《輯本舊史》之原輯者案語："《五代會要》：以易言爲右監門衛大將軍同正，弟略麥之、石論思並爲左千牛衛將軍同正，李屋珠、安鹽山並爲右千牛衛將軍同正，仍以左監門衛上將軍楊沼爲左驍衛上將軍，充押領迴鶻還番使。"見《會要》卷二八迴鶻條，"安鹽山"作"安鹽上"。　楊沼：人名。籍貫不詳。事見本書本卷。

［7］通事舍人：官名。東晋始置。唐代爲中書省屬官，全稱中書通事舍人。掌殿前承宣通奏。從六品上。　仇玄通：人名。籍貫、事跡不詳。本書僅此一見。

［8］凝盧、宜李思、宜延籛：人名。回鶻僧人。本書僅此一見。

"梁乾化元年十一月"至"宜延籛等紫衣"：《新五代史》卷七四《回鶻傳》："梁乾化元年，遣都督周易言等來，而史不見其君長名號。"《宋本册府》卷九七二《外臣部·朝貢門五》梁太祖開平三年（909）五月條："賜迴紇朝貢使阿福引分物。"乾化元年（911）十二月條："帝御朝元殿，以迴鶻、吐蕃二大國首領入覲故也。扇開，所司道二首領與傔從等一百二十二人伏拜庭下，即各以其君長所上表及方物等陳而獻焉。"乾化二年十一月條："迴鶻遣都督周易言等入朝進貢。"卷九七六《外臣部·褒異門三》梁太祖乾化元年十一月丙午條："以迴鶻都督周易言爲右監門大將軍同正，地略李麥之、石壽兒、石論斯並左千牛衛將軍同正，李屋、列殊、安鹽山並右千牛將軍同正。"同月癸未條："迴鶻入朝僧凝盧、宜李思、宜延錢等並賜紫衣還蕃。"卷九八〇《外臣部·通好門》梁太祖乾化元年條："鄜州以迴紇可汗所與書來上，制以左監門衛上將軍楊沼爲右驍衛上將軍，押領迴紇等還蕃。又河中奏迴紇宣論使楊沼押領二蕃酋長一百二十人歸本國事。"

後唐同光二年四月，[1]其本國權知可汗仁美遣都督李引釋迦、副使田鐵林、都監楊福安等共六十六人來貢方物，并獻善馬九匹。[2]莊宗召對於文明殿，[3]乃命司農卿鄭續、將作少監何延嗣持節册仁美爲英義可汗。[4]至其年十一月，仁美卒，其弟狄銀嗣立，[5]遣都督安千等來朝貢。[6]狄銀卒，阿咄欲立，[7]亦遣使來貢名馬。[8]天成三年二月，其權知可汗仁裕遣都督李阿山等一百二十人入貢，[9]明宗召對於崇元殿，[10]賜物有差。其年三月，命使册仁裕爲順化可汗。[11]四年，又遣都督掣撥等五人來朝，[12]授掣撥等懷化司戈，遣命還蕃。[13]長興元年十二月，遣使翟未思三十餘人，[14]進馬八十匹、玉一團。[15]四年七月，復遣都督李未等三十人來朝，[16]進白鶻一聯，明宗召對於廣壽殿，[17]厚加錫賚，仍命解放其鶻。清泰二年七月，遣都督陳福海已下七十八人，[18]進馬三百六十匹、玉二十團。八月，敕回鶻朝貢使、密録都督陳福海可懷化郎將，[19]副使達奚相温可懷化司階，[20]監使屈密録阿撥可歸德司戈，[21]判官安均可懷化司戈。[22]

[1]同光：後唐莊宗李存勗年號（923—926）。

[2]仁美：人名。即藥羅葛仁美。爲甘州回鶻首任可汗，尊號烏母主可汗（Ormuzd），後唐封賜英義可汗。事見《新五代史》卷七四《四夷附録三》。　李引釋迦、田鐵林、楊福安：人名。仁美屬下，回鶻使者。本書僅此一見。“田鐵林”，中華書局本有校勘記：“原作‘鐵林’，據《五代會要》卷二八、《册府》卷九七二改。”見《會要》卷二八迴鶻條。

［3］文明殿：宮殿名。位於今河南洛陽市。爲五代洛陽宮城的正殿，大朝會、大册拜等禮儀活動在此舉行。

［4］司農卿：官名。唐司農寺長官。掌國家之農耕、倉儲以及宫廷百官供應。從三品。　鄭續：人名。籍貫不詳。後唐官員。曾任司農卿、太僕卿、鴻臚卿。事見本書卷三九、卷四三。　將作少監：官名。秦代設將作少府，唐代改將作監，其長官即爲將作監。掌宫廷器物置辦及宫室修建事宜。從四品下。　何延嗣：人名。籍貫不詳。後唐官員。本書僅此一見。

［5］狄銀：人名。甘州回鶻人。仁美之弟。約 920 年前後，天睦可汗死，仁美可汗繼位。但狄銀勢力强盛，甘州内亂争權，狄銀終在後唐同光二年（924）十一月繼仁美爲回鶻可汗。事見《新五代史》卷七四。

［6］安千：人名。回鶻都督、使者。事見《新五代史》卷五。中華書局本有校勘記："'安千'，《五代會要》卷二八同，《新五代史》卷五《唐本紀》、卷七四《四夷附録》、《五代會要》（四庫本）卷二八作'安千想'。"

［7］阿咄欲：人名。即下文所説的仁裕。

［8］"後唐同光二年四月"至"亦遣使來貢名馬"："并獻善馬九匹"，《輯本舊史》之原輯者案語："《歐陽史》作貢玉、馬。"《新五代史》卷七四《四夷附録三》："貢玉、馬，自稱'權知可汗'。""狄銀卒"，《輯本舊史》之原輯者案語："《歐陽史》：同光四年，狄銀卒。"《新五代史》卷七四《四夷附録三》："阿咄欲，不知其爲狄銀親疏，亦不知其立卒；而仁裕訖五代常來朝貢，史亦失其紀。其地出玉、犛、緑野馬、獨峯駝、白貂鼠、羚羊角、硇砂、膃肭臍、金剛鑽、紅鹽、罽㲪、騊駼之革。其地宜白麥、青麳麥、黄麻、葱韭、胡荽，以橐駝耕而種。其可汗常樓居，妻號天公主，其國相號媚禄都督。見可汗，則去帽被髮而入以爲禮。婦人總髮爲髻，高五六寸，以紅絹囊之；既嫁，則加氈帽。又有別族號龍家，其俗與回紇小異。"《宋本册府》卷九七二《外臣部・朝貢門

五》唐莊宗同光二年四月條："迴鶻都督李引釋迦、副使田鐵林、都監楊福安等六十六人陳方物，稱本國權知可汗仁美在甘州差貢善馬九匹，白玉一團。"同光四年正月條："迴鶻可汗阿咄欲遣都督程郡明貢馬。"

[9]仁裕：人名。一作仁喻，本名阿咄欲。甘州回鶻英義可汗仁美之弟。繼位爲甘州回鶻可汗。事見《新五代史》卷七四。　李阿山：人名。回鶻使者。事見本書本卷，《新五代史》卷六、卷七四。

[10]崇元殿：宫殿名。五代後梁開平元年（907）改汴京正殿爲崇元殿。位於今河南開封市。

[11]"天成三年二月"至"命使册仁裕爲順化可汗"：《新五代史》卷七四繫此事於天成二年（927），但卷六《唐本紀》繫於天成三年二月戊戌，《會要》卷二八及《册府》亦繫於天成三年。疑《新五代史》誤。《宋本册府》卷九七二《外臣部·朝貢門五》唐明宗天成三年二月條："迴鶻權知可汗仁裕遣都督李阿山等十八人入貢。"同年十二月條："迴鶻差使朝貢。"卷九七六《外臣部·褒異門三》唐明宗天成三年五月辛未條："回鶻使辭於便殿，賜賚有差。"九月甲申條："回紇入貢使放還蕃，賜錦衣繒帛有差。"同月壬辰條："回紇使羅婆都督可歸化司階。"天成四年正月壬辰條："回鶻入朝使掣撥都督等五人，並可懷化司戈。"

[12]掣撥：人名。回鶻使者。事見本書本卷。

[13]懷化司戈：蕃酋官名。司戈有懷化、順化、安德等名。皆由外國朝貢受官者充之。司戈爲將軍、大將軍屬官。從八品下。"四年"至"遣命還蕃"：《會要》卷二八繫於此年正月。《宋本册府》卷九七二《外臣部·朝貢門五》後唐閔帝應順元年（934）正月條："迴鶻可汗仁美遣使獻故可汗仁裕遺留貢物、鞍馬、器械；仁美獻馬二、團玉、鞦轡、硇砂、羚羊角、波斯寶緤、玉帶。"

[14]翟未思：人名。回鶻使者。本書僅此一見。中華書局本有校勘記："'翟未思'，《新五代史》卷六《唐本紀》作'翟末斯'，

《五代會要》卷二八作‘翟來思’。”

［15］“長興元年十二月”至“玉一團”：明本《册府》卷九七二唐明宗長興元年（930）五月條：“迴鶻孽栗祖等來朝貢，迴鶻國使安黑連來朝貢，又迴鶻可汗仁裕遣使來貢方物。”此條《宋本册府》作“二月”，因上文已有二月及四月，故從明本《册府》。又明本《册府》卷九七二長興二年十二月條：“西涼府及迴鶻使安末思，渤海使文成角並來朝貢。”長興三年正月條：“渤海、迴鶻順化可汗等、吐蕃各遣使朝貢。”

［16］四年七月，復遣都督李未等三十人來朝：中華書局本有校勘記：“‘李未’，邵本、《五代會要》卷二八、《册府》卷九七二、《新五代史》卷六《唐本紀》作‘李末’。‘三十人’，《册府》卷九七二作‘三十一人’。”明本《册府》卷九七二長興四年七月條：“迴鶻都督李末等三十一人進白鶻一聯，敕禮賓使解緤放之。”

［17］廣壽殿：宮殿名。位於今河南洛陽市。

［18］陳福海：人名。回鶻都督、使者。事見本書本卷。

［19］可懷化郎將：蕃酋官名。郎將有可懷化、懷忠、武安等名。皆由外國朝貢受官者充之。

［20］達奚相温：人名。“相温”又譯作厮温、撒温、索温、左温、詳穩，其原音爲 Sagun，爲回紇汗國統率兵馬的軍官稱號，實際上是漢文“將軍”的突厥文和回鶻文音譯。參見楊若薇《契丹王朝政治軍事制度研究》，中國社會科學出版社 1991 年版。　可懷化司階：官名。唐時授歸唐少數民族政權首領“懷化大將軍”“懷化將軍”之職，分隸諸衛。司階爲將軍、大將軍屬官。正六品下。

［21］阿撥：人名。回鶻使者。本書僅此一見。　可歸德司戈：唐時授歸唐少數民族政權首領“歸德大將軍”“歸德將軍”之職，分隸諸衛。

［22］安均：人名。回鶻使者。本書僅此一見。　可懷化司戈：唐時授歸唐少數民族政權首領“懷化大將軍”“懷化將軍”之職，分隸諸衛。　“清泰二年七月”至“判官安均可懷化司戈”：明本

《册府》卷一七〇《帝王部·來遠門》唐末帝清泰元年（934）正月條："回紇李突安而下十人先在京，放還本部。"清泰二年七月條："詔邠、涇、鄜、耀四州出州兵應接回鶻。時回鶻朝貢多爲河西雜虜剽掠，故有是命。及回，又詔邠州節度使康福遣將軍牛知柔率禁兵援送至靈武，虜之爲患者，隨便討之。"《宋本册府》卷九七二唐廢帝清泰二年六月條："詔邠、涇、鄜、耀四州兵應接迴鶻出州入貢。"同年七月條："迴鶻可汗仁美遣都督陳福海而下七十八人獻馬三百六十疋，玉二十團，白氎、斜褐、犛牛尾、禄野馬皮、野駝峰。"

晉天福三年十月，遣使都督李萬金等朝貢，[1]以萬金爲歸義大將軍，監使雷福德爲順化將軍。[2]四年三月，又遣都督拽里敦來朝，[3]兼貢方物。其月，命衛尉卿邢德昭持節就册爲奉化可汗。[4]五年正月，遣都督石海金等來貢良馬百駟，[5]并白玉團、白玉鞍轡等，謝其封册。[6]

[1]李萬金：人名。回鶻使者。事見本書卷七七。中華書局本有校勘記："'李萬金'，原作'李萬全'，據本書卷七七《晉高祖紀三》、《册府》卷九七二、卷九七六（宋本）、《新五代史》卷八《晉本紀》改。本卷下一處同。"見《輯本舊史》卷七七《晉高祖紀三》天福三年（938）十二月戊寅條，《宋本册府》卷九七二《外臣部·朝貢門五》晉天福三年七月條，卷九七六《外臣部·褒異門三》晉天福三年十一月條，《新五代史》卷八《晉本紀》天福三年九月己未條。

[2]雷福德：人名。回鶻使者。事見本書卷七七。

[3]拽里敦：人名。回鶻使者。事見《新五代史》卷八。

[4]衛尉卿：官名。東漢始置，衛尉寺長官，掌器械文物，總

武庫、武器、守宫三署。從三品。　邢德昭：人名。後晋官員。曾任太僕卿。事見本書卷七七。

［5］石海金：人名。回鶻使者。事見本書本卷。

［6］“晋天福三年十月”至“謝其封册”：《輯本舊史》之原輯者案語：“《歐陽史》：晋高祖時，又加册命。阿咄欲，不知其爲狄銀親疏，亦不知其立卒。而仁裕訖五代常來朝貢，史亦失其紀。”見《新五代史》卷七四《四夷附録三》。《册府》卷九七二晋高祖天福三年三月條：“迴鶻可汗王仁美進野馬、獨峰駝、玉轡頭、大鵬砂、硇砂、膃肭臍、金剛鑽、羚羊角、白貂鼠皮、安西絲、白氎布、犛牛尾、野駝峰等物。”同年十月條：“迴鶻遣使都督李萬金等朝貢。”天福四年三月條：“迴鶻都督拽里敦來朝，可汗仁美貢鏤劍琈玉、良馬百駟、瑶柭、寶轡、舟鹽、罽氎、玉狻猊、白貂鼠、犛牛之尾、騊駼之革。”天福五年正月條：“迴鶻可汗仁美遣都督石海金來朝，貢良馬百駟，白玉百團，謝册命也。”晋少帝天福七年條：“迴鶻都督來朝，獻馬三百疋，玉百團，玉帶一。”開運二年二月條：“迴鶻可汗進玉團、獅子、玉鞍、硇砂、紅鹽、野駝峰、安西白氎、膃肭臍、大鵬砂、羚羊角、犛牛尾、貂鼠等物。”卷九八〇《外臣部·通好門》晋高祖天福五年十一月條：“迴紇可汗仁美遣使貢良馬白玉，謝册命也。”

漢乾祐元年五月，遣使李屋等入朝貢馬并白玉、藥物等。[1]七月，以入朝使李屋爲歸德大將軍，副使安鐵山、監使末相温爲歸德將軍，[2]判官翟毛哥爲懷化將軍。[3]

［1］李屋：人名。回鶻使者。事見本書本卷。

［2］安鐵山、末相温：人名。回鶻使者。事見本書本卷。

［3］翟毛哥：人名。回鶻使者。事見本書本卷。　“漢乾祐元

年五月”至“判官翟毛哥爲懷化將軍”：《宋本册府》卷九七二《外臣部·朝貢門五》漢隱帝乾祐元年（948）五月條：“迴鶻可汗遣使入貢，獻馬一百二十疋，玉鞍轡、玉團七十三，白氎百二十七，貂鼠皮二百三十六，氂牛尾一百四十八，玉鞊韢三百三十四，又羚羊角、硇砂、諸藥。”

周廣順元年二月，遣使并摩尼貢玉團七十有七，白氎、貂皮、氂牛尾、藥物等。先是，晋、漢已來，回鶻每至京師，禁民以私市易，[1]其所有寶貨皆鬻之入官，民間市易者罪之。至是，周太祖命除去舊法，[2]每回鶻來者，聽私下交易，官中不得禁詰，由是玉之價直十損七八。[3]顯德六年二月，又遣使朝貢，獻玉并硇砂等物，皆不納，所入馬量給價錢。時世宗以玉雖稱寶，無益國用，故因而却之。[4]《永樂大典》卷二萬一千一百九十九。[5]

[1]禁民以私市易：中華書局本有校勘記：“‘民’下原有‘衷’字，據殿本、《五代會要》卷二八删。”《會要》卷二八迴鶻條作“私下市易者罪之”。

[2]周太祖：即郭威。邢州堯山（今河北隆堯縣）人。五代後周王朝的建立者，即後周太祖。紀見《舊五代史》卷一一〇至卷一一三、《新五代史》卷一一。

[3]“周廣順元年二月”至“由是玉之價直十損七八”：《宋本册府》卷九七二《外臣部·朝貢門五》周太祖廣順元年（934）二月條：“西州迴鶻遣都督來朝，貢玉大小六團、一團碧琥魄九斤，白氎布一千三百二十九段，白褐二百八十段，珊瑚六樹，白貂鼠皮二千六百三十二，黑貂鼠皮二百五十，青貂鼠皮五百三，舊貂鼠襖子四，白玉環子、碧玉環子各一，鐵鏡二，玉帶銙具六十九，玉帶

一，諸香藥稱是。迴鶻遣使摩尼貢玉團七十七，白氎段三百五十，青及黑貂鼠皮共二十八，玉帶、玉鞍轡鉸具各一副，犛牛尾四百二十四，大琥魄二十顆，紅鹽三百斤，胡桐律三百九十斤，硇砂二千一百斤，餘藥物在數外。”廣順二年三月條："迴鶻遣使每與難支、使副骨迪歷等十二人來朝，貢玉團三，珊瑚樹二十，琥魄五十斤，貂鼠皮、毛褐、白氎岑、皮靴等。”廣順三年正月條："迴鶻入朝使獨呈相溫貢白氎段七百七十，玉團一，珊瑚片七十。”

[4]顯德：五代後周太祖郭威年號（954）。世宗柴榮、恭帝柴宗訓沿用（954—960）。　"顯德六年二月"至"故因而却之"：《宋本册府》卷九七二周世宗顯德元年（954）二月條："迴鶻朝貢使以寶玉上進。"同年五月："迴鶻朝貢使因難狄略進方物。"顯德三年二月："迴鶻遣使貢方物。"顯德六年二月："迴鶻使貢方物。"

[5]《大典》卷二一一九九"鶻"字韻"回鶻（二）"事目。

高麗[1]

[1]《輯本舊史》之影庫本粘籤："《高麗傳》，《永樂大典》原本有闕佚，今姑存其舊。"

高麗，本扶餘之别種。[1]在遼東之東千里。[2]南與朝鮮、濊貊，[3]東與沃沮，[4]北與夫餘接。地方二千里，户三萬。多大山深谷，無原澤，人隨山谷以爲居。[5]

[1]夫餘：古族名。亦作梟餘、不與、符婁。西漢時亦稱其所建政權爲夫餘。位於今松花江中游平原上，南至遼寧北境，北至松花江中游，東至吉林省吉林市，西至吉林市洮南縣。漢時强盛，挹婁受其役屬。晋至南北朝時，屢遭鮮卑慕容氏和高句麗襲擊，漸衰。北魏太和年間，居地爲勿吉人所占，部民分散遷徙無常。　高

麗，本扶餘之別種：《大典》卷四四四一“鮮”字韻“朝鮮國（三）”事目。

[2]遼東：泛指遼河以東地區。

[3]朝鮮：古國名。又稱“衛滿朝鮮”。漢武帝元封二年（前109）擊朝鮮，在其領域内設樂浪、玄菟、真番和臨屯四郡，衛氏朝鮮滅亡，其地列入漢朝郡縣。　濊（huì）貊（mò）：古族名。依濊水而居，故名。濊水，位於今遼寧鳳城市以東。

[4]沃沮：源出濊貊。有東沃沮和北沃沮之分。漢初臣屬衛滿朝鮮。漢武帝元封二年（前109）擊朝鮮，次年在其境設玄菟郡，治沃沮城（今朝鮮咸興市附近）。東漢時役屬於高句驪。東沃沮分布於今朝鮮咸鏡道濱日本海之狹長地帶，北沃沮約轄今圖們江北琿春、汪清、延吉、和龍等地。

[5]“在遼東之東千里”至“人隨山谷以爲居”：明本《册府》卷九五七《外臣部·國邑門》高句麗條。

漢初，其王高朱蒙死，子如栗立。[1]如栗死，子莫來立。[2]漢武既滅朝鮮，以高句麗爲縣。[3]王莽更名下句麗侯。[4]後漢建武八年，遣使朝貢，光武復其王號。[5]裔孫宫，建光元年死，子遂成立。[6]遂成死，子伯固立。[7]伯固死，有二子，長子拔奇，小子伊夷摸。[8]拔奇不肖，國人便立伊夷摸爲王。伊夷摸死，子位宫立。[9]始位宫曾祖宫，生而目開能視，國人惡之，及長，凶虐，國以殘破。及位宫，亦生而視人。高麗呼相似爲“位”，以爲似其曾祖宫，故名位宫。其後，位宫玄孫乙弗利立。[10]乙弗利死，子釗立，釗爲百濟所殺。[11]至後魏太武時，[12]釗曾孫璉遣詣安東，[13]奉表貢方物。封璉爲遼東郡公、高句麗王。太和十五年，[14]璉死，年百餘歲。

孫雲立。[15]神龜中，雲死，世子安立。[16]安死，子延立。[17]延死，子成立。[18]成死，子湯立。[19]周武帝封湯爲遼東王，隋高祖改封高麗王。[20]湯死，子元嗣。[21]唐高祖武德二年，元弟建武遣使朝貢。[22]貞觀十六年，西部大人蓋蘇文殺建武，立其弟大陽予藏爲王。[23]十七年，太宗封藏爲遼東郡王。[24]儀鳳中，[25]改朝鮮王。永淳初，[26]藏卒。垂拱二年，封藏孫寶元爲朝鮮郡王。[27]聖曆元年，改爲忠誠國王。[28]其國都平壤城，即漢樂浪郡之故地，[29]在京師東四千餘里。東渡海至于新羅，[30]西北渡遼水至于營州，[31]南渡海至于百濟，北至靺鞨，[32]東西三千一百里，南北二千里。[33]其官大者號大對盧，比一品，總知國事，三年一代。若稱職者不拘年限。對盧已下，官總十二級。外置州縣六十餘，大城置傉薩一人，比都督；小城置道使一人，比刺史；其下各有僚佐，分曹掌事。其王以白羅爲冠，白皮小帶，咸以金飾。唐貞觀末，太宗伐之不能下。至總章初，高宗命李勣率軍征之，[34]遂拔其城，分其地爲郡縣。及唐之末年，中原多事，其國遂自立君長，前王姓高氏。唐同光、天成中，累遣使朝貢。[35]

[1]高朱蒙：人名。高句麗國創建者。後世追封謚號東明聖王。事見《魏書》卷一〇〇《高句麗傳》、朝鮮《三國史記》。　如栗：人名。高朱蒙之子。高句麗第二世王，《魏書》言其爲閭達之子，高句麗第三世王。

[2]莫來：人名。如栗之子。征夫餘，夫餘大敗，遂統屬焉。事見《魏書》卷一〇〇。

［3］漢武：即漢武帝劉徹。前140年至前87年在位。紀見《漢書》卷六。

［4］王莽：人名。元城（今河北大名縣）人。新莽王朝建立者，西漢末年代漢建“新”，後被農民起義軍所殺。傳見《漢書》卷九九。

［5］建武：東漢光武帝劉秀年號（25—56）。　光武：即東漢光武帝劉秀。東漢王朝建立者，25年至57年在位。紀見《後漢書》卷一。

［6］宮：人名。莫來遠代子孫。生而開目能視，國人惡之。及長兇虐，國以殘破。事見《魏書》卷一〇〇。　建光：東漢安帝劉祜年號（121—122）。　遂成：人名。宮之子。高句麗國第七世王。漢延熹八年（165）十月，民不堪其無道，下屬答夫起而殺之。謚號“次大王”。

［7］伯固：人名。遂成之子。高句麗國第八世王。遂成被殺後繼位。建寧二年（169），玄菟太守耿臨討之，斬首數百級，伯固降服，乞屬玄菟。漢光和二年十二月（180年初）卒，謚號“新大王”。事見《後漢書》卷八五《東夷列傳》。

［8］拔奇：人名。伯固之子。建安中，公孫康出軍擊之，破其國，焚燒邑落。拔奇降康，伊夷摸更作新國，後拔奇遂往遼東，有子留高句麗國。事見《三國志》卷三〇《烏丸鮮卑東夷傳第三十》。　伊夷摸：人名。伯固之子。高句麗國第九世王。拔奇不肖，國人便共立伊夷模爲王。建安時期曾被公孫康擊敗，焚毀聚落，遂遷地重新立國。謚號“故國川王”。事見《三國志》卷三〇《烏丸鮮卑東夷傳第三十》。

［9］位宮：人名。伊夷摸之子。高句麗國第十世王。名延優，因似太祖大王宮生而開眼能視人，故又名位宮。三國魏太和元年（227）五月卒，葬於山上陵，謚號“山上王”。事見《三國志》卷三〇《烏丸鮮卑東夷傳第三十》。

［10］乙弗利：人名。位宮玄孫。高句麗國第十五世王。屢破玄

菟，縱兵在玄菟城内屠殺。晉大興元年（318）、二年，頻與鮮卑慕容廆戰於遼東，廆不能制。晉咸和五年（330），遣使後趙石勒，獻楛矢。葬美川之原，謚號“美川王”。

［11］釗：人名。又名斯由，乙弗利之子。高句麗國第十六世王。值鮮卑慕容氏鼎盛，雙方抗争益烈。晉永和十一年（355），向慕容氏朝貢、納質，受前燕王慕容儁册封爲征東大將軍、營州刺史、樂浪郡公。後屢與百濟争戰，爲流矢所中。是月死。葬於故國之原，謚號“故國原王”。　百濟：朝鮮古國。此處指後百濟。892年，新羅國將領甄萱叛亂，900年稱王，建立百濟國，史稱後百濟。936年，爲高麗所滅。

［12］太武：即後魏太武帝拓跋燾。424年至452年在位。即位後，用漢族士人，改定律令，於太延五年（439）統一北方。後被宦官宗愛殺死。紀見《北史》卷二。

［13］璉：人名。又名巨連。高句麗國第二十世王。屢受中原諸王朝册封，特别重視與北魏交往，多次遣使朝貢。於北魏始光四年（427）遷都平壤，與百濟繼續争戰，屢敗新羅。在位凡79年，謚號“長壽王”。　安東：即安東都護府，唐六大都護府之一。總章元年（668）置，治所在平壤城（今朝鮮平壤市）。

［14］太和：北魏孝文帝拓跋宏年號（477—499）。

［15］雲：人名。璉之孫。

［16］神龜：北魏孝明帝拓跋詡年號（518—520）。　安：人名。雲之子。

［17］延：人名。安之子。

［18］成：人名。延之子。

［19］湯：人名。成之子。隋文帝賜湯璽書，湯得書惶恐，將奉表陳謝，會病卒。事見《隋書》卷八一《東夷傳》。

［20］周武帝：即北周武帝宇文邕。561年至578年在位。紀見《北史》卷一〇。　隋高祖：即隋文帝楊堅。隋朝開國皇帝，581年至604年在位。紀見《隋書》卷一至卷二。

［21］元：人名。隋時高麗國王。590 年至 618 年在位。事見《隋書》卷八一《東夷傳》。

［22］唐高祖：即李淵。唐朝建立者。618 年至 626 年在位。紀見《舊唐書》卷一、《新唐書》卷一。　武德：唐高宗李淵年號（618—626）。　建武：人名。朝鮮高麗國王。618 年至 642 年在位。事見《舊唐書》卷一九九上《高麗傳》。

［23］貞觀：唐太宗李世民年號（627—649）。　蓋蘇文：人名。貞觀十六年（642）計殺國王高建武，立建武侄藏爲王，自任莫離支執掌國政。執政時擊退唐太宗親征，又在高宗時多次擊敗唐軍。事見《舊唐書》卷一九九上、《新唐書》卷二二〇。　藏：人名。建武弟之子。唐時高麗王。642 年至 668 年在位。被蓋蘇文立爲王。國政操於蓋蘇文之手。總章元年（668）唐平高麗後授任司平太常伯。儀鳳中封朝鮮王鎮其本土，因與靺鞨謀叛配流邛州。永淳中卒。事見《舊唐書》卷一九九上、《新唐書》卷二二〇。

［24］太宗：即唐代第二位皇帝李世民。隴西成紀（今甘肅秦安縣）人。626 年至 649 年在位。通過“玄武門之變”掌權。在位期間，虛心納諫，文治武功，開創“貞觀之治”。紀見《舊唐書》卷二至卷三、《新唐書》卷二。

［25］儀鳳：唐高宗李治年號（676—679）。

［26］永淳：唐高宗李治年號（682—683）。

［27］垂拱：武則天年號（685—688）。　寶元：人名。藏之孫。事見《舊唐書》卷一九九上、《新唐書》卷二二〇。

［28］聖曆：武則天年號（698—700）。　“漢初”至“改爲忠誠國王”：明本《册府》卷九六六《外臣部·繼襲門》高句麗條。

［29］樂浪郡：古郡名。西漢元封三年（前 108）置，治朝鮮縣（今朝鮮平壤市南）。轄境約當今朝鮮平安南道、黄海南北道、江原北道等全部和咸鏡南道、江原南道、京畿道等部分地。東漢以後轄境縮小。西晋末地入高句麗。

［30］新羅：朝鮮古國。4 世紀以後逐漸强大。935 年爲王氏高

麗所取代。傳見本書本卷、《新五代史》卷七四。

［31］遼水：河流名。即今遼河。位於今遼寧中部。　營州：州名。治所在今遼寧朝陽市。

［32］靺鞨：古族名。源出肅慎、挹婁。北魏時稱勿吉，隋唐時稱靺鞨。分布在今吉林長白山以北，松花江、牡丹江流域及黑龍江中下游，東至海。《隋書·東夷傳·靺鞨》記，凡七種，粟末、伯咄、安車骨、拂涅、號室、黑水、白山七部。黑水部尤爲勁健。唐時黑水靺鞨分十六部，開元十年（722）黑水靺鞨酋長倪屬利稽入朝，唐玄宗命爲勃利州刺史。開元十三年置黑水軍，次年置黑水府，仍以其首領爲都督。粟末靺鞨自萬歲通天以後改稱渤海。參見馬一虹《靺鞨、渤海與周邊國家、部族關係史研究》，中國社會科學出版社 2011 年版。

［33］“其國都平壤城”至“南北二千里”：明本《册府》卷九五七：“其國，漢之玄菟郡也。其地東至新羅，西度遼水二千里，南接百濟，北鄰靺鞨千餘里地。平壤城，即漢樂浪之故地，東西六里，南臨浿水，城内惟積倉儲器械備，寇賊至日，方入固守。王則别爲宅於其側，不常居之。其外有城及漢城，亦别都也。復有遼東、玄菟等數十城，皆置官司，以相統攝。平壤城，亦曰長安城，東六里，隨山屈曲，南臨浿水。復有國内城、漢城，並其都會之所，國中呼爲三京。唐貞觀五年，高麗又發其國衆築長城，東北自夫餘城，西南至海，千有餘里。”

［34］總章：唐高宗李治年號（668—670）。　高宗：即唐高宗李治。649 年至 683 年在位。唐太宗之子。紀見《舊唐書》卷四至卷五、《新唐書》卷三。　李勣：人名。曹州離狐（山東東明縣）人。唐代大將，曾破東突厥、高句麗。傳見《舊唐書》卷六七、《新唐書》卷九三。

［35］“其國都平壤城”至“累遣使朝貢”：《大典》卷四四四一“鮮”字韻“朝鮮國（三）”事目。“官總十二級”，中華書局本有校勘記：“‘十二級’，《五代會要》卷三〇、《舊唐書》卷一九

九上《高麗傳》、《御覽》卷七八三引《唐書》同,《通鑑》卷一九八胡注引《薛史》作'十一級'。"見《會要》卷三〇高麗條,《通鑑》卷一九八貞觀十九年(645)六月丁巳條胡注引《薛史》。"外置州縣六十餘",中華書局本有校勘記:"'十'字原闕,據《通鑑》卷一九八胡注引《薛史》、《五代會要》卷三〇、《舊唐書》卷一九九上《高麗傳》補。'外置',《通鑑》卷一九八胡注引《薛史》作'列置',《五代會要》卷三〇作'置外'。""小城置道使一人",中華書局本有校勘記:"'道使',《五代會要》卷三〇、《舊唐書》卷一九九上《高麗傳》、《御覽》卷七八三引《唐書》同,《通鑑》卷一九八胡注引《薛史》作'運使'。"

唐莊宗同光三年十一月丁未,高麗國遣使韋仲貢方物。[1]天成四年八月己未,高麗國王王建遣使廣平侍郎張棻等五十二人來朝,[2]貢銀香獅子香爐、金裝鈒鏤、雲星刀劍、馬突、金銀鷹韜、韜鞲鈴、錦罽腰、白紵、白氎、頭髮、人參、香油、銀鏤剪刀、鉗鈦、松子等。[3]長興三年三月,高麗國遣使大相王儒朝貢。[4]五月,制權知高麗事王建,可特進、檢校太保,使持節玄菟州都督、上柱國,封高麗國王,充大義軍使。[5]六月,甲寅,封王建爲高麗國王,大義軍使。[6]七月,詔特進、檢校太保、使持節玄菟州都督、上柱國、高麗國王建妻河東柳氏,可封河東郡夫人。高麗入朝使太相王儒奏請也。[7]清泰元年八月,青州言高麗入貢使金吉船至岸。[8]二年十月,高麗國王王建遣使入朝貢方物。十二月,高麗遣使禮賓卿邢順等來朝貢。[9]三年正月庚午,以高麗朝貢使王子太相王規檢校尚書右僕射,[10]副使廣評侍郎崔儒試將作監，[11]其節級三十餘人並授司戈、司階。[12]

[1]韋伸：人名。高麗使者。本書僅此一見。　唐莊宗同光三年十一月丁未，高麗國遣使韋伸貢方物：《宋本册府》卷九七二《外臣部·朝貢門五》。“十一月”，《册府》原作“十月”。《輯本舊史》卷三三《唐莊宗紀七》同光三年（925）及《新五代史》卷五《唐本紀》同光三年均繫於十一月丁未。十月庚申朔，無丁未。十一月庚寅朔，丁未爲十八日。今改。

[2]王建：人名。朝鮮王氏高麗開國國王，廟號太祖。參見〔朝〕鄭麟趾等《高麗史》卷一，西南師範大學出版社 2014 年版。　廣平侍郎：高麗王朝官名。應爲廣評侍郎。廣評省（仿唐尚書省）副長官，協助廣評侍中總領百官。詳見龔延明《高麗國初與唐宋官制之比較——關於唐宋官制對高麗官制影響研究之一》，《韓國研究》第 1 輯，浙江大學出版社 1994 年版，第 124 頁。　張芬：人名。高麗使者。《新五代史》卷六作“張彬”。

[3]“天成四年八月己未”至“松子等”：《宋本册府》卷九七二《外臣部·朝貢門五》。“己未”，據《輯本舊史》卷四〇《唐明宗紀六》及《新五代史》卷六《唐本紀》增。

[4]王儒：人名。高麗使者。事見本書本卷。　長興三年三月，高麗國遣使大相王儒朝貢：《宋本册府》卷九七二《外臣部·朝貢門五》。

[5]特進：官名。西漢末期始置，授給列侯中地位較特殊者。隋唐時期，特進爲文散官，授給有聲望的文官。正二品。　玄菟州：唐渤海國置，屬新城州都督府。治所在玄菟城（今遼寧瀋陽市東上柏官屯）。　“五月”至“充大義軍使”：明本《册府》卷九六五《外臣部·册封門》。

[6]六月，甲寅，封王建爲高麗國王，大義軍使：《新五代史》卷六《唐本紀》長興三年（932）六月甲寅條。《輯本舊史》卷四

三《唐明宗紀九》長興三年六月甲寅：“以權知高麗國事王建爲檢校太保，封高麗國王。”同年七月戊子條：“正衙命使册高麗國王王建。”

[7]“七月”至“高麗入朝使太相王儒奏請也”：《宋本册府》卷九七六《外臣部·褒異門三》。

[8]青州：州名。治所在今山東青州市。　金吉：人名。高麗使者。本書僅此一見。

[9]禮賓卿：高麗官名。　邢順：人名。高麗使者。事見《五代會要》卷三〇高麗。　“清泰元年八月”至“高麗遣使禮賓卿邢順等來朝貢”：《宋本册府》卷九七二《外臣部·朝貢門五》。

[10]王規：人名。高麗使者。本書僅此一見。

[11]崔儒：人名。高麗使者。本書僅此一見。　將作監：官名。秦代設將作少府，唐代改將作監，其長官即爲將作監。掌宫廷器物置辦及宫室修建事宜。從三品。

[12]司階：蕃酋官名。司階有保和、保順等名。皆由外國朝貢受官者充之。　“三年正月庚午”至“司階”：明本《册府》卷九七六《外臣部·褒異門三》。

晋高祖天福三年八月，青州王建立奏：“高麗國宿衛質子王仁翟乞放歸鄉里。”可之。[1]四年九月，高麗王王建使廣評侍郎邢順等九十二人以方物來朝。[2]六年六月丙午，高麗國王王建加開府儀同三司、檢校太師，食邑一萬户。[3]八月甲寅，遣光禄卿張澄、國子博士謝攀使高麗行册禮。[4]八年九月，高麗遣使王子太相王申一等來朝貢。[5]十一月辛丑，高麗使其廣評侍郎金仁逢來。[6]開運二年冬十月丁丑，高麗使其廣評侍郎韓玄珪、禮賓卿金廉等來。[7]戊子，高麗使其兵部侍郎劉崇珪、内軍卿朴藝言來。[8]建卒，子武嗣。[9]十一月戊戌，封王武爲高麗國王。[10]武，勇而多力，能伸屈鐵鈎。[11]漢乾祐末，武卒，子昭立。[12]

[1]王建立：人名。遼州榆社（今山西榆社縣）人。五代後唐、後晋大臣。傳見本書卷九一、《新五代史》卷四六。　王仁翟：人名。朝鮮人。五代後晋時入中原爲質子。事見本書卷七七。　“晋高祖天福三年八月”至“可之”：《宋本册府》卷九九六《外臣部·納質門》。亦見《輯本舊史》卷七七《晋高祖紀三》天福三年（938）八月戊戌條。

[2]四年九月，高麗王王建使廣評侍郎邢順等九十二人以方物來朝：《宋本册府》卷九七二《外臣部·朝貢門五》。亦見《輯本舊史》卷七八《晋高祖紀四》天福四年九月丙戌條，《新五代史》卷八《晋本紀》天福四年九月丙戌條。

[3]開府儀同三司：官名。魏晋始置，隋唐時爲散官之最高官階。多授功勳重臣。從一品。　檢校太師：官名。爲散官或加官，以示恩寵，無實際執掌。　食邑：即采邑，官員可以收其賦税自用的封地。　“六年六月丙午”至“食邑一萬户”：《輯本舊史》卷七九《晋高祖紀五》天福六年六月丙午條。

[4]光禄卿：官名。南朝梁天監七年（508）改光禄勳置，隋唐沿置。掌宫殿門户、帳幕器物、百官朝會膳食等。從三品。　張澄：人名。籍貫不詳。五代後晋官員。事見《通鑑》卷二八二。　國子博士：官名。唐代國子監國子學置五員，分别掌教《周禮》《儀禮》《禮記》《毛詩》《春秋左氏傳》五經。正五品上。　謝攀：人名。籍貫不詳。五代後晋官員。事見本書卷八〇。　“八月甲寅”至“國子博士謝攀使高麗行册禮”：《輯本舊史》卷八〇《晋高祖紀六》天福六年八月甲寅條。

[5]王申一：人名。高麗使者。本書僅此一見。　八年九月，

高麗遣使王子太相王申一等來朝貢：《宋本册府》卷九七二《外臣部・朝貢門五》。《新五代史》卷九《晋本紀》："天福八年十二月甲寅，高麗使太相來。"《會要》卷三〇高麗條作"八年十二月，復遣王子大相王申一等來"。

[6]金仁逢：人名。高麗使者。本書僅此一見。　十一月辛丑，高麗使其廣評侍郎金仁逢來：《新五代史》卷九《晋本紀》天福八年十一月辛丑條。《輯本舊史》卷八二《晋少帝紀二》天福八年十一月辛丑條云："高麗遣使朝貢。"

[7]韓玄珪：人名。高麗使者。本書僅此一見。　金廉：人名。高麗使者。本書僅此一見。

[8]兵部侍郎：官名。尚書省兵部次官。協助兵部尚書掌武官銓選、勳階、考課之政。正四品下。　劉崇珪：人名。高麗官員、使者。事見《新五代史》卷九。　内軍卿：高麗官名。　朴藝言：人名。高麗官員、使者。事見《新五代史》卷九。　"開運二年冬十月丁丑"至"内軍卿朴藝言來"：《新五代史》卷九《晋本紀》開運二年（945）十月丁丑條。《輯本舊史》卷八四《晋少帝紀》開運二年十月丁丑條云："高麗遣使貢方物。"《册府》卷九七二開運二年十月條："高麗遣使廣評侍郎韓元圭等來朝貢。"

[9]武：人名。即王武，高麗太祖王建之子。高麗國王，廟號惠宗。　建卒，子武嗣：明本《册府》卷九六六《外臣部・繼襲門》。

[10]十一月戊戌，封王武爲高麗國王：《新五代史》卷九《晋本紀》開運二年十一月戊戌條。《輯本舊史》卷八四《晋少帝紀四》開運二年十一月戊戌條："以權知高麗國事王武爲檢校太保、使持節玄菟州都督，充大義軍使，封高麗國王。十二月庚辰，命使册高麗國王王武。"

[11]武，勇而多力，能伸屈鐵鈎：《宋本册府》卷九九七《外臣部・勇鷙門》。

[12]昭：人名。即王昭。朝鮮王氏高麗國王，定宗王堯之弟。乾祐二年（949）受禪即位，廣順三年（953）被後周册封爲高麗國

王。廟號光宗。參見〔朝〕鄭麟趾等《高麗史》卷二。　漢乾祐末，武卒，子昭立：明本《册府》卷九六六《外臣部·繼襲門》。

周太祖廣順二年正月，高麗權知國事王昭遣廣平侍郎徐逢等九十七人來朝貢。[1]七月，高麗僧思泰獻方物。[2]秋九月乙丑，太僕少卿王演使于高麗。[3]世宗顯德二年十月，高麗國遣王子太相王融來貢方物。[4]十一月，高麗復遣本國廣評侍郎荀質來貢方物，稱賀登極。[5]五年秋七月乙酉，水部員外郎韓彦卿市銅於高麗。[6]六年正月壬子，高麗國王王昭遣其臣王子佐丞王兢、佐尹皇甫魏光等，來進名馬及織成衣襖、弓劍、器甲等，賜兢等龍衣、銀帶、器幣有差。[7]恭帝顯德六年八月，高麗國遣使朝貢，兼進《别序孝經》一卷、《越王孝經新義》八卷、《皇靈孝經》一卷、《孝經雌圖》二卷。[8]九月丙寅，左驍衛大將軍戴交使于高麗。[9]周顯德六年，高麗遣使貢紫、白水晶各二千顆。[10]

[1]徐逢：人名。高麗使者。本書僅此一見。　周太祖廣順二年正月，高麗權知國事王昭遣廣平侍郎徐逢等九十七人來朝貢：《宋本册府》卷九七二《外臣部·朝貢門五》。《册府》誤“王昭”爲“王詔”。亦見《輯本舊史》卷一一二《周太祖紀三》廣順二年（952）正月庚午條，《新五代史》卷一一《周本紀》廣順二年正月庚午條。《輯本舊史》卷一一二廣順二年二月癸巳條：“以權知高麗國事王昭爲高麗國王。”同年四月甲午條：“高麗國册使、衛尉卿劉皡卒。”

[2]思泰：人名。高麗僧人、使者。本書僅此一見。　七月，高麗僧思泰獻方物：《宋本册府》卷九七二《外臣部·朝貢門五》。

［3］王演：人名。籍貫不詳。後周大臣，卒於顯德年間。事見明本《册府》卷一四〇《帝王部·旌表門四》。　秋九月乙丑，太僕少卿王演使于高麗：《新五代史》卷一一廣順二年九月乙丑條。

［4］王融：人名。高麗王子。參見陳俊達《〈新五代史〉校正一則》，《黑河學院學報》2016年第6期。　世宗顯德二年十月，高麗國遣王子太相王融來貢方物：《宋本册府》卷九七二《外臣部·朝貢門五》。原繫於顯德元年（954），今據《輯本舊史》卷一一五《周世宗紀二》顯德二年十月戊寅條、《新五代史》卷一二《周本紀》顯德二年十月戊寅條改。

［5］荀質：人名。高麗使者。事見《宋本册府》卷九六五《外臣部·封册門三》。　"十一月"至"稱賀登極"：《宋本册府》卷九七二《外臣部·朝貢門五》。《輯本舊史》卷一一五顯德二年十一月己亥條："高麗國王王昭加開府儀同三司、檢校太尉，依前使持節玄菟州都督、大義軍使，王如故。"

［6］水部員外郎：官名。水部郎中的副職。從六品上。　韓彦卿：人名。籍貫不限。事見《新五代史》卷七四《四夷附録三》。　五年秋七月乙酉，水部員外郎韓彦卿市銅於高麗：《新五代史》卷一二顯德五年七月乙酉條。

［7］王兢：人名。高麗使者。事見《宋本册府》卷九七二《外臣部·朝貢門五》。　皇甫魏光：人名。高麗使者。事見《宋本册府》卷九七二《外臣部·朝貢門五》。　"六年正月壬子"至"器幣有差"：《宋本册府》卷九七六《外臣部·褒異門三》。亦見《輯本舊史》卷一一九《周世宗紀六》顯德六年正月壬子條，《宋本册府》卷九七二《外臣部·朝貢門五》及《新五代史》卷一二顯德六年正月條。

［8］恭帝：即柴宗訓。柴榮第四子，五代後周末代君主。紀見本書卷一二〇、《新五代史》卷一一。　"恭帝顯德六年八月"至"《孝經雌圖》二卷"：《宋本册府》卷九七二《外臣部·朝貢門五》。亦見《輯本舊史》卷一二〇《周恭帝紀》顯德六年八月壬寅

條及《新五代史》卷一二顯德六年八月壬寅條。《舊五代史考異》："《文昌雜録》云：《別序》者，記孔子所生及弟子從學之事。《新義》者，以越王爲問目，釋疏文之意。《皇靈》者，止説延年避災之事及符文，乃道書也。《雌圖》者，止説日之環暈，星之彗孛，亦非奇書。"《輯本舊史》卷一二〇顯德六年九月乙卯條："九月乙卯，高麗王王昭加檢校太師，食邑三千户。"

[9]左驍衛大將軍：官名。唐置，掌宫禁宿衛。唐代置十六衛，即左右衛、左右驍衛、左右武衛、左右威衛、左右領軍衛、左右金吾衛、左右監門衛、左右千牛衛。各置上將軍，從二品；大將軍，正三品；將軍，從三品。　戴交：人名。五代、宋初大臣。事見本書卷八七。　九月丙寅，左驍衛大將軍戴交使于高麗：《新五代史》卷一二顯德六年九月丙寅條。

[10]周顯德六年，高麗遣使貢紫、白水晶各二千顆：《大典》卷八五三〇"晶"字韻"事韻"，應爲"水晶"事目。中華書局本有校勘記："'各'字原闕，據《册府》卷九七二、《五代會要》卷三〇補。"《會要》卷三〇高麗條："其年十一月，遣使貢銅五萬斤，紫、白水精各二千顆。"《册府》卷九七二："恭帝顯德六年十一月，高麗復遣使貢銅五萬斤，紫、白水精各二千顆。"《新五代史》卷一二顯德六年十一月壬寅條："高麗遣使者來。"

渤海靺鞨[1]

[1]《輯本舊史》之影庫本粘籤："渤海靺鞨諸傳，原本殘闕，今無可採補，姑仍其舊。"

靺鞨者，肅慎之苗裔也。[1]邑落俱有酋長，不相總一，凡有七種：其一號粟末部，與高麗相接，勝兵數千，多驍武，每寇高麗中；其二曰泊咄部，在粟末之北，勝兵七千；其三曰安車骨部，在泊咄東北；其四曰拂涅部，在泊咄東；其五曰號室部，在拂涅東；其六曰黑水部，在安車骨西北；其七曰白山部，在粟末東南。[2]所居多依山水。其俗相與耦耕。土多粟麥穄。水氣鹹，生鹽於木皮之上。其畜多豬，嚼米爲酒，飲之亦醉。婦人服布，男子衣豬狗皮。俗以溺洗手面，於諸夷最爲不潔。其俗淫而妬，其妻外淫，人有告其夫者，夫輒殺妻，殺而後悔，必殺告者，繇是姦淫之事終不發揚。人皆射獵爲業，角弓長三尺，箭長尺有二寸，常以八九月造毒藥，傅矢以射禽獸，中者立死。[3]

[1]肅慎：古族名。周至西漢稱肅慎，東漢稱挹婁，北魏時稱勿吉，隋唐時稱靺鞨。挹婁分布在今長白山北，松花江、黑龍江中下游，東濱大海。

[2]“靺鞨者”至“在粟末東南”：《宋本册府》卷九五六《外臣部·種族門》。

[3]“所居多依山水”至“中者立死”：明本《册府》卷九五九《外臣部·土風門》。

渤海，本號靺鞨，高麗之别種也。唐高宗滅高麗，徙其人散處中國，置安東都護府於平壤以統治之。[1]武后時，[2]契丹攻北邊，高麗别種大乞乞仲象與靺鞨酋長乞四比羽走遼東，[3]分王高麗故地，武后遣將擊殺乞四比羽，而乞乞仲象亦病死。仲象子祚榮立，[4]因并有比羽之衆，其衆四十萬人，據挹婁，臣于唐。[5]聖曆中，高麗别種大祚榮自立爲振國王。先天二年，册拜渤海郡王，仍以其所統爲忽汗州，加授忽汗州都督。[6]開元中，[7]高麗滅，祚榮家屬東保桂婁之故地，據東牟山築城居之。[8]祚榮驍勇，善用兵，靺鞨之衆及高麗餘燼，稍稍歸之。[9]其俗呼其王爲可毒夫，對面呼“聖王”，牋奏呼“基下”。父曰老王，母曰太妃，妻曰貴妃，長子曰副王，諸子曰王子。世以大氏爲酋長。[10]

[1]安東都護府：唐六大都護府之一。總章元年（668）置，治所在平壤城（今朝鮮平壤市）。

[2]武后：即唐高宗皇后、武周皇帝武曌（武則天）。并州文水（今山西文水縣東）人。690年至705年在位。紀見《舊唐書》卷六、《新唐書》卷四。

[3]大乞乞仲象：人名。又作舍利乞乞仲象、乞乞仲象。唐代營州（今遼寧朝陽市）地區粟末靺鞨酋長。渤海始祖大祚榮之父，一説與大祚榮爲一人。因不堪唐營州都督趙翽欺壓，隨契丹首領李盡忠於萬歲通天元年（696）舉兵殺趙翽。遭唐軍鎮壓，遂與另一靺鞨首領乞四比羽各率衆渡今遼河東逃。唐武后爲促兩人歸順，以共擊李盡忠，封比羽爲許國公，封其爲震國公。比羽不受命，被唐軍追斬，仲象在亡奔中亦死。子祚榮代統其衆，旋又併比羽餘部，於聖曆元年（698）在以今吉林省敦化市爲中心的牡丹江中上游一帶，建立震國（後改渤海國）。事見《新唐書》卷二一九。　乞四比羽：人名。又作乞昆羽。唐代靺鞨首領。武后萬歲通天元年，乘契丹首領松漠都督李盡忠舉兵反唐之機，同粟末靺鞨首領大乞乞仲象起兵響應，率衆東度遼水，保太白山之東北，阻奥婁河，樹壁自固。拒受武后所封許國公。後被唐右玉鈐衛大將軍李楷固等擊殺。事見《新唐書》卷二一九。

[4]祚榮：人名。即大祚榮。唐渤海國國王。698年至719年在位。原爲粟末靺鞨首領，驍勇善用兵。高宗時，徙居營州（今遼

寧朝陽市)。後契丹破營州，他率部衆東奔至今牡丹江上游一帶。聖曆元年（698）建立政權，稱振國（亦稱震國）。開元元年（713）玄宗以其部置忽汗州，以其爲都督，封渤海郡王，從此其轄區便以“渤海”爲號。事見《舊唐書》卷一九九下、《新唐書》卷二一九。

［5］挹婁：古族名。靺鞨之舊稱。參見前注。 “渤海”至“臣于唐”：《新五代史》卷七四《四夷附録三》。

［6］“聖曆中”至“加授忽汗州都督”：《宋本册府》卷九六七《外臣部·繼襲門二》。

［7］開元：唐玄宗李隆基年號（713—741）。

［8］桂婁：部族名。高句麗族五部之一。後亦稱内部或黄部。唐總章元年（668）高麗國亡，諸王皆由其部人爲之。 東牟山：山名。即今吉林省敦化市南長白山北坡之六頂山。爲唐渤海靺鞨大氏的根據地。

［9］“開元中”至“稍稍歸之”：《宋本册府》卷九五六《外臣部·種族門》。

［10］“其俗呼王爲可毒夫”至“世以大氏爲酋長”：《大典》卷二〇〇五四“俗”字韻“風俗十二諸夷風俗”事目。 “對面呼‘聖王’，牋奏呼‘基下’”，中華書局本有校勘記：“‘王’字原闕，據《册府》卷九六二、《五代會要》卷三〇、《新唐書》卷二一九《渤海傳》補。‘奏’，《册府》卷九六二、《五代會要》卷三〇作‘表’。”見《會要》卷三〇渤海條、明本《册府》卷九六二《外臣部·官號門》渤海國條。

開元七年，祚榮卒，玄宗遣使册立其嫡子桂婁郡王大武藝襲父爲左驍衛大將軍、渤海王、忽汗州都督、九姓燕然都督。[1]十四年，黑水靺鞨遣使來朝，武藝謂其屬曰：“黑水途經我境，[2]始可歸唐，今不言而行，必與大唐通謀，腹背攻我也。”遂遣母弟大門藝發兵以擊黑水。[3]門藝以充質子至京師，不欲構怨，乃曰：“黑水歸唐而擊之，是背唐也。唐國人衆兵强，萬倍於我，一朝結怨，但恐自滅取亡。昔高麗全盛之時，兵三十餘萬，抗敵唐家，不事賓伏，唐兵一臨，掃盪俱盡。今日渤海之衆，數倍小於高麗，乃欲違背唐家，事必不可。”武藝不從，固違之。門藝又上書諫，武藝怒，遣其從兄大壹夏代門藝統兵，[4]命左右殺門藝。門藝聞之，遂間道來奔。詔授左驍衛將軍。[5]後武藝遣使朝貢上表，極言門藝罪狀，請殺之。玄宗遣使往安撫，報武藝曰：“門藝遠來歸投義，不可殺。今流向嶺南，[6]已遣去訖。”乃留其使馬文軌，[7]别遣使報之。俄有泄其事者，武藝又上書曰：“大國示人以信，豈有欺誑之理？今聞門藝不向嶺南，伏請殺之。”繇是責鴻臚少卿李道邃、源復以不能督察官屬，[8]致有漏泄。出道邃曹州刺史，[9]復爲澤州刺史；[10]遣門藝暫往嶺南，以信之。二十年，武藝率海賊攻登州，殺刺史韋俊。[11]詔門藝往幽州徵兵以討之，仍令新羅發十萬人應接。屬山阻寒雪，竟無功而還。武藝懷怨不已，密遣使至東都厚賂刺客，[12]遮門藝於天津橋，[13]格之不死。詔河南府捕獲其賊，[14]盡殺之。[15]二十五年，武藝病死，其子欽茂嗣立，[16]詔襲其父官爵。寶應元年，[17]進封國王。欽茂卒，其子嵩璘嗣。[18]貞元十一年二月，[19]令内常侍殷志瞻將册書册爲渤海王、忽汗州都督。[20]元和四年，嵩璘卒，子元瑜嗣。[21]元瑜卒，弟言義權知國務。[22]八年正月，封言義爲國王。十三年，遣使告哀。詔以知國務大仁秀爲國王[23]。太和五年，仁秀卒，以權知國務大彝震爲國王。[24]梁開平元年，其王曰大諲譔。[25]

[1]大武藝：人名。大祚榮嫡子，繼大祚榮爲唐渤海國國王。719年至737年在位。　“開元七年”至“九姓燕然都督”：明本《册府》卷九六七《外臣部·繼襲門二》渤海靺鞨條。

[2]黑水靺鞨：部族名。隋唐時靺鞨七大部之一，居於今黑龍江中下游。傳見本書本卷、《新五代史》卷七四。

[3]大門藝：人名。大武藝母弟，唐渤海國宗室、大臣。事見《舊唐書》卷一九九下。

[4]大壹夏：人名。大武藝從兄，渤海國宗室、大臣。事見《舊唐書》卷一九九下。

[5]左驍衛將軍：官名。唐置十六衛之一，掌宫禁宿衛。從三品。

[6]嶺南：地區名。亦謂嶺外、嶺表。指五嶺以南地區，故名。包括今廣東、廣西、海南及越南北部地區。

[7]馬文軌：人名。渤海大臣、使者。事見《舊唐書》卷一九九下。

[8]鴻臚少卿：官名。鴻臚寺少卿簡稱。鴻臚寺副長官。協助鴻臚寺卿掌賓客及凶儀之事，領典客、司儀二署。從四品上。　李道邃：人名。事見《舊唐書》卷一九九下、《新唐書》卷二一九。　源復：人名。籍貫不詳。唐代大臣。事見《舊唐書》卷一九九下、《新唐書》卷二一九。

[9]曹州：州名。治所在今山東曹縣西北。

[10]澤州：州名。治所在今山西澤州縣。

[11]登州：州名。治所在今山東蓬萊市。　韋俊：人名。籍貫不詳。登州刺史。事見《舊唐書》卷一九九下、《新唐書》卷五。

［12］東都：即洛陽，在今河南洛陽市。唐顯慶二年（657）以洛陽爲東都。武后光宅元年（684）改稱神都，神龍元年（705）復稱東都。天寶元年（742）改稱東京，上元二年（761）停京號，次年復稱東都。

［13］天津橋：洛陽橋名。位於今河南洛陽市。

［14］河南府：府名。治所在今河南洛陽市。

［15］“十四年”至“盡殺之”：《宋本册府》卷一〇〇〇《外臣部・讎怨門》。

［16］欽茂：人名。即大欽茂，大武藝之子，762年進封唐渤海國國王。事見《舊唐書》卷一九九下。

［17］寶應：唐肅宗李亨年號（762），唐代宗李豫沿用（762—763）。

［18］嵩璘：人名。即大嵩璘，大欽茂之子，795年册爲唐渤海國國王。事見《舊唐書》卷一九九下。

［19］貞元：唐德宗李适年號（785—805）。

［20］内常侍：官名。内侍省屬官，通判内侍省事。正五品下。　殷志贍：人名。籍貫不詳。唐代官員。事見明本《册府》卷九六五《外臣部・封册門三》。

［21］元和：唐憲宗李純年號（806—820）。　元瑜：人名。即大元瑜，大嵩璘之子，809年繼位唐渤海國國王。事見《舊唐書》卷一九九下。

［22］言義：人名。即大言義，大元瑜弟，812年進封唐渤海國國王。事見《舊唐書》卷一五。

［23］大仁秀：人名。818年進封唐渤海國國王。事見《舊唐書》卷一九九下。

［24］太和：唐文宗李昂年號（827—835）。　大彝震：人名。831年進封唐渤海國國王。事見《舊唐書》卷一九九下。

［25］大諲譔：人名。唐渤海第十五代王（即末王）。906年至926年在位。曾多次遣使朝五代後梁、後唐，並遣使朝契丹、日本。

遼天顯元年（926），契丹攻克扶餘，進圍渤海上京，大諲譔出降，其國被改爲東丹，凡百有三城皆被占，渤海亡。事見《新五代史》卷五。　“二十五年”至“其王曰大諲撰”：明本《册府》卷九六七《外臣部·繼襲門》。

梁太祖開平元年五月，渤海王子大昭順貢海東物産。[1]二年春正月丁酉，渤海遣使者來。[2]三年三月，渤海王大諲譔差其相大誠諤朝貢，[3]進兒女口及物、貂鼠皮、熊皮等。[4]乾化元年八月，渤海國遣使朝賀，且獻方物。[5]二年五月，渤海王大諲譔差王子大光贊景帝表，并進方物。[6]

[1]大昭順：人名。渤海王子、大臣、使者。事見《新五代史》卷二。　梁太祖開平元年五月，渤海王子大昭順貢海東物産：《宋本册府》卷九七二《外臣部·朝貢門五》。《新五代史》卷二《梁本紀二》繫於戊寅日。

[2]二年春正月丁酉，渤海遣使者來：《新五代史》卷二開平二年（908）正月丁酉條。

[3]大誠諤：人名。渤海大臣、使者。本書僅此一見。

[4]“三年三月”至“熊皮等”：《宋本册府》卷九七二《外臣部·朝貢門五》。《新五代史》卷二繫於辛未日。

[5]“乾化元年八月”至“且獻方物”：《宋本册府》卷九七二《外臣部·朝貢門五》。《新五代史》卷二繫於戊辰日。

[6]大光贊：人名。渤海王子、大臣、使者。本書僅此一見。“二年五月”至“並進方物”：《宋本册府》卷九七二《外臣部·朝貢門五》。《新五代史》卷二繫於丁亥日。

唐莊宗同光二年正月，渤海王子大禹謨來朝貢。[1]五月，渤海國王大諲譔遣使姪元讓貢方物。[2]三年二月，渤海國王大諲譔遣使裴璆貢人參、松子、昆布、黄明細布、貂鼠皮被一、褥六、髮、靴、革、奴子二。[3]明宗天成元年四月，渤海國王大諲譔遣使大陳林等一百一十六人朝貢，進兒口、女口各三人，人參、昆布、白附子及虎皮等。[4]七月，渤海國使大昭佐等六人朝貢。[5]四年五月，渤海遣使高正詞入朝貢方物。[6]長興二年十二月，渤海使文成角並來朝貢。[7]三年正月，渤海遣使朝貢。[8]廢帝清泰二年十一月，渤海遣使列周道入朝貢方物。[9]

[1]大禹謨：人名。渤海國王子、大臣、使者。事見《新五代史》卷五。　唐莊宗同光二年正月，渤海王子大禹謨來朝貢：《宋本册府》卷九七二《外臣部·朝貢門五》。《輯本舊史》卷三一《唐莊宗紀五》、《新五代史》卷五《唐本紀五》均繫於乙卯日。

[2]元讓：人名。渤海國王大諲譔之姪，渤海使者。事見《新五代史》卷五。　五月，渤海國王大諲譔遣使姪元讓貢方物：《宋本册府》卷九七二《外臣部·朝貢門五》。《輯本舊史》卷三二《唐莊宗紀六》、《新五代史》卷五繫於丙辰日。《輯本舊史》卷三二同光二年（924）七月壬戌條："幽州奏，契丹阿保機東攻渤海。"此句《輯本舊史》之原輯者案語："案《遼史·太祖紀》：天贊三年五月，渤海殺其刺史張秀實而掠其民。於東攻渤海之事，闕而不載。考《五代會要》，同光二年七月，契丹東攻渤海國，與《薛史》同。"同年九月癸卯條："幽州上言，契丹阿保機自渤海國迴軍。"

[3]裴璆：人名。渤海使者。本書僅此一見。　"三年二月"至"奴子二"：《宋本册府》卷九七二《外臣部·朝貢門五》。《輯

本舊史》卷三二、《新五代史》卷五繫於辛巳日。《輯本舊史》卷三四《唐莊宗紀八》同光四年正月戊午條："契丹寇渤海。"同月丙寅條："契丹寇女真、渤海。"同書卷一三七《契丹傳》："同光中，阿保機深著闢地之志，欲收兵大舉，慮渤海踵其後。三年，舉其衆討渤海之遼東，令秃餒、盧文進據營、平等州，擾我燕薊。"

[4]大陳林：人名。渤海國使者。《五代會要》卷三〇渤海條載，"天成元年四月，遣使大陳林等一百十六人來朝貢"。　"明宗天成元年四月"至"白附子及虎皮等"：《宋本册府》卷九七二《外臣部・朝貢門五》。《輯本舊史》卷三六《唐明宗紀二》繫於乙卯日，《新五代史》卷六《唐本紀六》繫於甲寅日。

[5]大昭佐：人名。渤海國使者。事見《新五代史》卷六。《五代會要》卷三〇渤海條載，天成元年（926）"七月，遣使大昭佐等六人朝貢"。　七月，渤海國使大昭佐等六人朝貢：《宋本册府》卷九七二《外臣部・朝貢門五》。《輯本舊史》卷三六、《新五代史》卷六繫於庚申日。《輯本舊史》卷三七《唐明宗紀三》天成元年十一月戊午條："青州奏，得登州狀申，契丹先攻逼渤海國，自阿保機身死，雖已抽退，尚留兵馬在渤海扶餘城，今渤海王弟領兵馬攻圍扶餘城内契丹次。"

[6]高正詞：人名。渤海國使者。事見《新五代史》卷六。　四年五月，渤海遣使高正詞入朝貢方物：《宋本册府》卷九七二《外臣部・朝貢門五》。《輯本舊史》卷四二《唐明宗紀八》長興二年（931）正月壬申條："契丹東丹王突欲自渤海國率衆到闕，帝慰勞久之，錫賚加等，百僚稱賀。"同年三月辛酉條："詔渤海國人皇王突欲宜賜姓東丹，名慕華，仍授檢校太保、安東都護，充懷化軍節度、瑞慎等州觀察等使。"

[7]文成角：人名。渤海國使者。事見《新五代史》卷六。　長興二年十二月，渤海使文成角並來朝貢：《宋本册府》卷九七二《外臣部・朝貢門五》。《新五代史》卷六《唐本紀六》繫於辛未日。

[8]三年正月，渤海遣使朝貢：《宋本册府》卷九七二《外臣

部・朝貢門五》。《新五代史》卷六繫於己酉日。

［9］廢帝：即後唐廢帝李從珂。鎮州平山（今河北平山縣）人。本姓王，後唐明宗李嗣源擄其母魏氏，遂養爲己子。應順元年（934）四月，李從珂入洛陽即帝位。清泰三年（936）五月，石敬瑭謀反，廢帝自焚死，後唐亡。紀見本書卷四六至卷四八、《新五代史》卷七。　列周道：人名。渤海國使者。事見《新五代史》卷七。　廢帝清泰二年十一月，渤海遣使列周道入朝貢方物：《宋本册府》卷九七二《外臣部・朝貢門五》。《輯本舊史》卷四七《唐末帝紀中》亦繫於十一月，《新五代史》卷七《唐本紀七》繫於九月乙卯，《會要》卷三〇渤海靺鞨條繫於十二月。

黑水靺鞨

靺鞨，蓋肅慎之地，後魏爲勿吉，在京師東北六千餘里，東至於海，西接突厥，南界高麗，北鄰室韋。[1]其國凡爲數十部，各有酋帥，而黑水靺鞨最處北方，尤稱勁健。[2]其俗皆編髮。性凶悍，無憂戚，貴壯而賤老。俗無文字，兵器有角弓、楛矢。[3]唐開元十年三月，安東都督薛泰請於黑水靺鞨内置黑水軍，以最大部落爲黑水府，以其首領爲都督，仍置黑水府長史一員，就其部落監領之。[4]後唐同光二年九月，遣使兀兒來朝。[5]以兀兒爲懷化中郎將，遣還蕃。[6]三年五月，黑水胡獨鹿遣使朝貢。[7]天成四年八月，遣使骨至來朝，[8]兼貢方物，以骨至爲歸德司戈，遣還蕃。長興元年二月，其首領兀兒復遣使朝貢。二年五月，青州奏，黑水兀兒部至登州賣馬。三年二月，青州奏，黑水桃李花狀申，[9]父胡獨鹿卒，所有敕賜朱記，未敢行使。[10]

［1］突厥：部族名。6 至 8 世紀活躍於北亞和中亞，稱雄於漠北、西域。隋文帝開皇二年（582），突厥汗國分裂爲東、西突厥。唐中期時西突厥、東突厥均已衰落。此處的突厥當爲其某一餘部。　室韋：古族名。又作失韋、失圍，一説即鮮卑的别譯。北魏時始見記載。源出東胡，與契丹同類，在南爲契丹，在北號室韋。南北朝時分爲五部，至隋唐時漸分爲三十餘部。曾附屬於突厥汗國，唐代東突厥汗國、後突厥汗國、回鶻汗國衰亡後，大量室韋人遷入蒙古高原，遼金時遍布大漠南北。中唐以後，文獻上又把室韋稱作"達怛"。參見張久和《原蒙古人的歷史：室韋—達怛研究》，高等教育出版社 1998 年版。

［2］"靺鞨"至"尤稱勁健"：《會要》卷三〇黑水靺鞨條。"其國凡爲數十部"，《新五代史》卷七四《四夷附録三》云"其衆分爲數十部"。

［3］楛矢：古代的一種兵器，以楛木爲杆，故名。　"其俗皆編髮"至"楛矢"：《輯本舊史》卷一三八《黑水靺鞨傳》，録自《大典》卷二一一二七"聿"字韻"事韻"事目等，與本傳内容無涉，出處存疑。

［4］薛泰：人名。籍貫不詳。唐代將領。事見《舊唐書》卷一九九下。　黑水府：唐羈縻都督府。開元十三年（725）置黑水軍於黑水靺鞨地。次年更置黑水都督府，任命當地部族首領爲都督和所領諸州刺史，並派遣内地官吏前往任長史之職。轄境相當今黑龍江中下游地區。　長史：官名。都督、刺史的副職。協助處理州府公務。正四品上至正六品上。

［5］兀兒：人名。黑水靺鞨某部首領。漢籍中有時以此爲部名。五代後唐同光二年（924）、長興元年（930）遣使或親自來朝。事見《新五代史》卷六。

[6]懷化中郎將：蕃酋官名。郎將有懷化、懷忠、武安等名。皆有外國朝貢受官者充之。

[7]胡獨鹿：人名。黑水靺鞨某部首領。事見《新五代史》卷七四。

[8]骨至：人名。黑水靺鞨使者，事見《新五代史》卷七四。

[9]桃李花：人名。黑水靺鞨某部首領。胡獨鹿之子。事見《新五代史》卷七四。

[10]“唐開元十年三月”至“未敢行使”：《會要》卷三〇黑水靺鞨條。《新五代史》卷七四《四夷附録三》：“兀兒、胡獨鹿若其兩部酋長，各以使來。而其部族、世次、立卒，史皆失其紀。”

新羅

新羅，本辰韓種也。[1]其國在高麗東南，居漢時樂浪之地，或稱斯羅，其王本百濟人，自海逃入新羅，遂王其國。一説本弁韓之苗裔也。[2]新羅國，在百濟東南五十餘里，漢時樂浪之地。東及南方阻大海，西接百濟，北鄰高麗，地東西千里，南北二千里，有城邑村落，王之所居曰金城，周七八里。[3]其官有十七等：其一曰伊罰干，貴如相國，次伊尺干，次迎干，次破彌干，次大阿尺干，次阿干，次阿尺干，次乙吉干，次沙咄干，次及伏干，次大奈摩干，次奈摩，次大舍，次小舍，次吉士，次大烏，次小烏，次造位。外有郡縣。[4]其國俗重元日，相慶賀，每以是日拜日月之神。婦人以髮繞頭，用綵及珠爲飾，髮甚鬒美。[5]其大族曰金氏、朴氏，自唐高祖時封金真爲樂浪郡王，其後世常爲君長。[6]

[1]辰韓：部族名。三韓之一。各有若干部落。

[2]弁韓：部族名。三韓之一。各有若干部落。 "新羅"至"一説本弁韓之苗裔也"：《宋本册府》卷九五六《外臣部·種族門》。

[3]"新羅國"至"周七八里"：明本《册府》卷九五七《外臣部·國邑門》。

[4]"其官有十七等"至"外有郡縣"：明本《册府》卷九六二《外臣部·官號門》。"次迎干"，據《北史·新羅傳》補；"次阿干"，《北史·新羅傳》無此三字；"次奈摩"，據《北史·新羅傳》補。按，"十七等"之數，《北史》同，《册府》載十六種。

[5]"其國俗重元日"至"髮甚鬢美"：《大典》卷六二一〇"庠"字韻"事韻、詩文"。此事目與條文内容無關，《輯本舊史》所注《大典》卷數有誤。"其國俗重元日"，中華書局本有校勘記："'元日'，原作'九日'，據殿本、孔本、《五代會要》卷三〇、《舊唐書》卷一九九《新羅傳》改。""每以是日拜日月之神"，中華書局本有校勘記："'是日'原作'是月'，據《五代會要》卷三〇、《舊唐書》卷一九九上《新羅傳》、《新唐書》卷二二〇《新羅傳》改。"見《會要》卷三〇新羅條。

[6]金真：人名。新羅國王。本書僅此一見。 "其大族曰金氏"至"其後世常爲君長"：《新五代史》卷七四《四夷附録三》。

唐莊宗同光元年十一月，新羅國王金朴英遣倉部侍郎金樂、録事參軍金幼卿朝貢，[1]賜物有差。二年正月，新羅王朴英並本國泉州節度使王逢規遣使朝貢。[2]六月，新羅遣使朝散大夫、倉部侍郎、賜紫金岳來朝貢。[3]天成二年二月，新羅國使兵部侍郎張芬等來朝貢。[4]四月，新羅國康州遣使林彦朝貢。[5]四年正月，青州於登州岸得風飄到新羅船，進其寶貨。[6]長興三年四月，新羅國權知本國王金溥遣使執事侍郎金朏貢方物。[7]自晉已後不復至。[8]

[1]金朴英：人名。新羅國王。事見《新五代史》卷五。　倉部侍郎：新羅職官名。　金樂：人名。新羅國大臣、使者。事見《新五代史》卷五。　録事參軍：新羅職官名。　金幼卿：人名。新羅國大臣、使者。事見《新五代史》卷五。

[2]泉州：州名。新羅國地名。《五代會要》卷三〇作“康州”。　王逢規：人名。新羅國節度使。事見《宋本册府》卷九七二《外臣部·朝貢門五》。

[3]朝散大夫：新羅職官名。　金岳：人名。新羅國大臣、使者。事見《宋本册府》卷九七二《外臣部·朝貢門五》。

[4]張芬：人名。新羅國大臣、使者。事見《新五代史》卷六。

[5]康州：州名。新羅國地名。初稱“康州”，後又多次更名爲“晉州”。治所在今韓國慶尚南道晉州市。　林彦：人名。新羅國大臣、使者。事見《新五代史》卷五。　“唐莊宗同光元年十一月”至“新羅國康州遣使林彦朝貢”：《宋本册府》卷九七二《外臣部·朝貢門五》。亦見《輯本舊史》卷三〇《唐莊宗紀四》同光元年（923）十一月戊午條，卷三一《唐莊宗紀五》同光二年正月庚戌條，卷三八《唐明宗紀四》天成二年二月壬午條、四月辛巳條，《新五代史》卷五《唐本紀五》同光元年十一月戊午條、卷六《唐本紀六》天成二年二月壬午條。“四月”，《輯本舊史》作“四月辛巳”，《新五代史》作“三月壬子”。

[6]“四年正月”至“進其寶貨”：明本《册府》卷一六九《帝王部·納貢獻門》。

［7］金溥：人名。新羅國王。事見本書卷四三。　執事侍郎：新羅職官名。　金朏：人名。新羅國大臣、使者。事見《新五代史》卷五。　“長興三年四月”至“金朏貢方物”：《宋本册府》卷九七二《外臣部·朝貢門五》。《新五代史》卷六繫於“四月庚申”。

［8］自晋已後不復至：《新五代史》卷七四《四夷附録三》。

党項

党項，其俗皆土著，居有棟宇，織毛罽以覆之。[1]尚武，其人多壽，至百五十、六十歲，不事生業，好爲盜賊。党項自同光以後，大姓之强者各自來朝貢。[2]明宗時，詔沿邊置場市馬，諸夷皆入市中國，有回鶻、党項馬最多。明宗招懷遠人，馬來無駑壯皆集，而所售過常直，往來館給，道路倍費。其每至京師，明宗爲御殿見之，勞以酒食，既醉，連袂歌呼，道其土風以爲樂，去又厚以賜賚，歲耗百萬計。唐大臣皆患之，數以爲言，乃詔吏就邊場售馬給直，止其來朝，而党項利其所得，來不可止。其在靈、慶之間者，[3]數犯邊爲盜。自河西回鶻朝貢中國，道其部落，輒邀劫之，執其使者，賣之他族，以易牛馬。明宗遣靈武康福、邠州藥彦稠等出兵討之，[4]福等擊破阿埋、韋悉、褒勒、强賴、埋厮骨尾，[5]及其大首領連香、李八薩王，[6]都統悉那、埋摩，侍御乞埋、嵬悉逋等族。[7]殺數千人，獲其牛羊鉅萬計及其所劫外國寶玉等，悉以賜軍士，由是党項之患稍息。其他諸族，散處沿邊界上甚衆，然皆無國邑君長，故莫得而紀次云。[8]《永樂大典》卷一萬八千二百八十五。[9]

［1］“党項”至“織毛罽以覆之”：《新五代史》卷七四《四夷附録三》：“党項，西羌之遺種。其國在《禹貢》析支之地，東至松州，西接葉護，南界春桑，北鄰吐渾，有地三千餘里，無城邑而有室屋，以毛罽覆之。其人喜盜竊而多壽，往往百五六十歲。其大姓有細封氏、費聽氏、折氏、野利氏，拓跋氏爲最彊。唐德宗時，党項諸部相率内附，居慶州者號東山部落，居夏州者號平夏部落。部有大姓而無君長，不相統一，散處邠寧、鄜延、靈武、河西，東至麟府之間。”《會要》卷二九党項羌條：“一姓之中，復分爲小部落。有細封氏、費聽氏、析利氏、頗超氏、野辭氏、房當氏、米禽氏、拓拔氏，而拓拔氏最爲强族。”又：“自唐寶應、貞元之後，皆率部族内附，居慶州者號東山部落，居夏州者號平夏部落，會昌初，命三使以統之。”注：“在邠寧、延州界者，命侍御史崔君會主之。在夏州者，命侍御史李鄠主之。在靈武、麟、勝州者，命侍御史鄭賀主之。”

［2］党項自同光以後，大姓之强者各自來朝貢：《會要》卷二九唐莊宗同光二年（924）二月條：“遣使朝貢。”同年十二月條：“其首領簿備香來貢良馬。”

［3］靈：州名。治所在今寧夏吴忠市。　慶：州名。治所在今甘肅慶城縣。

［4］靈武：郡名。治所在今寧夏吴忠市。唐乾元元年（758），改名靈州。此處代指治所在靈州的方鎮朔方軍。　康福：人名。蔚（今河北蔚縣）人。五代後唐、後晋將領。傳見本書卷九一、《新五代史》卷四六。　邠州：州名。治所在今陝西彬縣。　藥彦稠：人名。沙陀部人。五代後唐將領。傳見本書卷六六、《新五代史》卷二七。

[5]阿埋、韋悉、褒勒、强賴、埋厮骨尾：係族姓或人名，不很清晰。蘇乾英《〈舊五代史·党項傳〉族性蕃名考》（《復旦學報》1985年第1期）一文嘗作考證：阿埋，蕃名；韋悉，羌族姓，除指該族首領外，亦指該族其他成員；褒勒爲人名，褒氏係高車姓氏；强賴爲人名，强氏係氐族姓氏；埋厮骨尾，蕃人名。這些人亦見於明本《册府》卷九八七《外臣部·征討門六》："誅党項河埋三族，韋悉褒勒、强賴、埋厮骨尾各一族，屈悉堡三族，計十族，得七百餘人。"以及《五代會要》卷二九："誅党項阿埋三族，韋悉、褒勒、强賴、埋厮骨尾、屈悉保等七族，七百餘人。"

[6]連香、李八薩王：蕃人名。其中，連氏係鮮卑族姓氏，李氏爲唐朝賜予拓跋氏的姓氏。參見蘇乾英《〈舊五代史·党項傳〉族性蕃名考》。

[7]悉那、埋摩：人名。党項將領。　侍御：党項官名。　乞埋、嵬悉逋：蕃人名。其中，乞氏與嵬氏皆爲羌族姓氏。蕃部首領。參見蘇乾英《〈舊五代史·党項傳〉族性蕃名考》。　侍御乞埋、嵬悉逋等族：中華書局本有校勘記："'族'，《五代會要》卷二九敘其事作'六人'，《册府》卷三九八敘其事作'六十人'。"

[8]"明宗時"至"故莫得而紀次云"：中華書局本有校勘記："按此段文字與《新五代史》卷七四《四夷附録》同，疑誤輯《新五代史》。""馬來無駑壯皆集"，中華書局本有校勘記："'集'，《新五代史》卷七四《四夷附録》作'售'。""而所售過常直"，中華書局本有校勘記："'售'，孔本、《新五代史》卷七四《四夷附録》作'讎'。"《會要》卷二九天成二年（927）九月條："河西党項如連山等來朝貢，進馬四十匹。"天成四年四月條："敕：'沿邊置場買馬，不許蕃部至闕下。'自上御極已來，党項之衆競赴都下賣馬，常賜食於禁廷，醉則連袂歌其土風。凡將到馬無駑良，並云上進國家，雖約其價直以給之，然計其館給賜賚，每年不下五六十萬貫。大臣以爲耗蠹中原，無甚於此。因降敕止之。雖有是命，竟不能行。"同年九月條："首領折遇明等來貢方物。"同年十月條：

“首領來有行來朝，進馬四十匹。上御中興殿閱所進馬。樞密使安重誨奏曰：‘吐渾、党項近日相次進馬，皆給價直，對見之時，別賜繒帛，計其所費，不啻倍價。請止之。’上曰：‘國家常苦馬不足，每差綱收市，今番言自來，何費之有？外番朝貢，中國錫賜，朝廷常事，不可以止。’自此番部羊馬，不絕於路。”明本《册府》卷一七〇《帝王部·來遠門》繫此事於九月甲戌日。《會要》卷二九長興元年（930）正月條：“其首領來朝貢，授萬德懷化司戈。”同年十二月條：“以党項折家族五顛都知兵馬使折之正爲檢校尚書右僕射。簿備家族都督簿備撒羅檢校工部尚書。”長興二年正月條：“首領折七移等進駞馬。”同年十二月條：“遣首領來獻所奪得契丹旗號並馬等。”長興三年正月條：“以西路党項部族劫掠使臣及外域進奉，命邠州節度使藥彦稠、靈武節度使康福等率步騎七千，往方渠鎮已來討其叛命者。”同年二月條：“行營邠州節度使藥彦稠等奏，誅党項阿埋三族、韋悉、褒勒、强賴、埋厮骨尾、屈悉保等七族七百餘人，又率兵自牛兒族入白魚谷，追及背叛黨白馬、慮家六族，客户三族，獲大首領連香李八薩王、都統悉郙埋摩、侍御乞埋嵬悉逋等六人，兼黨類二千餘人，獲馬牛羊數千計。至晚，師還野次。其地無水，軍士方渴，俄有風雲自東而起，是夜初更降雪一尺，軍中以爲神助。上令告捷使史萬山宣諭軍中，所獲牛羊等物，各令士卒自取，勿得收斂以進奉爲名。”周廣順二年（952）六月條：“以府州党項泥也六族防禦使歸化將軍泥香王子、又泥也大首領拓拔山並爲歸德將軍。”廣順三年二月條：“慶州刺史郭彦欽奏党項野雞族掠奪商旅，請出兵討之。時彦欽黷貨嗜其利，以州北野雞族多羊馬，作法擾之，番情獷悍，屢不從順，乃誣奏之。太祖遣中使齎詔撫諭，部族既苦彦欽虐政，不時報命，遂詔邠州節度使折從阮合寧州刺史張建武兵進討之。建武勇于立功，徑趨野雞族，追擊殺數十百人。有喜王族、折思族、殺牛族彼無猜貳，聞官軍討伐，竟來餉餽，官軍利其財貨，皆劫掠之。諸族乃相聚。官軍至包山負險之地，逆戰敗之，投崖谷死者甚衆。折從阮保兵而退。太祖怒彦欽，勒歸私第，左遷建武爲率府率，命前解州刺史鄭元昭爲慶州刺史以招撫之。”明本《册府》卷一七〇周太祖廣順三年十一月條：“延州党項首領吴怡磨五十三人並授懷化郎將。”《宋本册府》卷九七二《外臣部・朝貢門五》唐莊宗同光二年二月條：“党項遣使朝貢。”同年十一月條：“党項進白驢。”同年十二月條：“党項薄備香來貢良馬，其妻韓氏進駝馬。”明宗天成二年九月條：“河西党項如連山等來朝，共進馬四十疋。”天成三年十一月條：“党項、吐蕃相次朝貢。”天成四年八月條：“党項折遇明等來貢方物。”同年九月條：“党項折文通進馬。”同年十月條：“党項首領來有行進馬四十疋。”長興二年正月條：“河西党項折七移等進駝馬。”同年十一月條：“党項、韃怛、阿屬朱並來朝貢。”同年十二月條：“党項首領來進所奪得契丹旗并馬。”廢帝清泰二年（935）四月條：“新州言党項拓跋黑連欲入朝貢奉。從之。”卷九八七《外臣部・征討門六》唐明宗長興三年正月條：“遣邠州節度使藥彦稠、靈武節度使康福等率步騎七千往方渠鎮討党項之叛命者。”同年二月條：“康福奏：賀蘭山下蕃部數百帳，順命者撫之，其背叛者見除討次，所獲駝馬牛羊數千計。是月，藥彦稠奏：誅党項河埋三族，韋悉、褒勒、强賴、埋斯骨尾各一族，屈悉保三族，計十族，得七百餘人，黑玉一團。”同年七月條：“靈武奏：夏州党項七百騎侵擾，當道出師逆戰，敗之，生擒首領以下五十騎，追至賀蘭山下，掩擊之。”

[9]《大典》卷一八二八五“項”字韻“姓氏”事目，似爲卷一八二八三“項”字韻“項國”事目之誤。

昆明部落[1]

[1]《輯本舊史》之影庫本粘籤：“《昆明傳》，《永樂大典》全篇已佚，僅存數語，今姑仍其舊。”

昆明部落，在黔州西南三千里，[1]山路險阻，住止高欄，亦有羊馬。其俗椎髻、跣足，酋長披虎皮，下者披氈。[2]後唐天成二年八月，昆明大鬼主羅殿王、普露静王九部落各差使若士等，[3]隨牂牁清州八郡刺史宋朝化等一百五十三人來朝，[4]共進草豆蔻二萬顆，朱沙五百兩，黄蠟二百斤。[5]

[1]黔州：州名。治所在今重慶彭水苗族土家族自治縣。

[2]“昆明部落”至“下者披氈”：《會要》卷三〇昆明國條。

[3]羅殿王：人名。或作羅甸王。貴州水西地區彝族酋邦首領被賜或自稱之封號。蜀漢建興三年（225）貴州水西彝族酋首火濟（亦作濟火，妥阿哲）被諸葛亮封爲羅甸王，並於慕俄格（今貴州大方縣）建立政權。唐代又因其故地而封爲羅甸王，治今貴州貞豐縣羅王亭。　普露静王：人名。貴州水西地區彝族酋邦首領被賜或自稱之封號。　若士：人名。昆明部落使者。本書僅此一見。

[4]牂（zāng）牁（kē）：地名。位於今貴州境内。傳見《新五代史》卷七四。　清州：州名。唐置，爲羈縻州。治所在今貴州清鎮市西南。　宋朝化：人名。牂牁使者。事見《新五代史》卷七四。

[5]“後唐天成二年八月”至“黄蠟二百斤”：《宋本册府》卷九七二《外臣部·朝貢門五》。《會要》卷三〇昆明國條略簡。

于闐

于闐國，在且末西北。[1]去玉門、陽關三百餘里。[2]王治西城，去長安九千六百七十里，[3]户三千三百，口萬九千三百，勝兵二千四百人。東北至都護治所三千九百四十七里，南與婼羌接，北與姑墨接。[4]一説：去洛陽萬一千七百里，東去鄯善千五百里，南去女國三千里，西去朱俱波千里，北去龜兹千四百里，東北去瓜州二千八百里。[5]又云：在葱嶺之北二百里，南帶葱嶺，與婆羅門接，相去三千餘里，所都城方八九里，南與吐番接，西北至疏勒二千餘里。[6]國城之東有曰白玉河，西有緑玉河，次西有烏玉河，其源同出昆侖山，去國西一千三百餘里。[7]多玉石。又云地多有水潦、沙石。氣温，宜稻、麥、蒲桃。有水出玉，名曰玉河。國人善鑄銅器。其治曰西山城，有屋室、市井。果蓏、菜蔬與中國等。尤信佛法。王所居室，加以朱畫。王冠金幘，如金胡公帽，與妻並坐接客。國中婦人皆辮髮，衣裘、袴。其人恭敬，相見則跪，其跪則一膝至地。書則以木爲筆札，以玉爲印，國人得書，載於首而後開札。一説城南五十里有贊摩寺者，云是羅漢比丘盧旃所造，石上有辟支佛徒跣之跡。[8]于闐西五百里，有比摩寺，云是老子化胡成佛之所。[9]俗無禮義，多賊盜，淫縱。王錦帽金鼠冠，妻戴金花，其王髮不令人見，俗云若見王髮年必儉。土多麻、麥、粟、稻、五果，多園林。[10]其俗好事祆神。[11]有輔侯、左右將、左右騎君、東西城長、譯長各一人。[12]五代亂世，中國多故，不能撫來四夷。其嘗自通于中國者，僅以名見，其君世、終始，皆不可知。[13]

[1]且末：西域古國名。又作左末國、沮末國。漢時王治且末城，位於今新疆且末縣西南。屬西域都護府。東漢、三國時，併於

鄯善。後復立。北魏時屬吐谷渾。隋大業五年（609）置且末郡於此。唐時名播仙鎮。　于闐國，在且末西北：明本《册府》卷九六〇《外臣部・土風門二》。

［2］玉門：關隘名。即玉門關，位於今甘肅敦煌市西北戈壁灘。　陽關：關隘名。故址在今甘肅敦煌市西南古董灘附近。

［3］長安：地名。即今陝西西安市。

［4］婼羌：西域古國名。位於今新疆若羌縣境内。　姑墨：西域古國名。位於今新疆温宿縣、阿克蘇市一帶。

［5］洛陽：地名。即今河南洛陽市。　鄯善：西域古國名。本樓蘭國，西漢元鳳四年（前77）改名。都扜泥城（今新疆若羌縣東北）。北周時滅於吐谷渾。　女國：又作東女國，亦名蘇伐剌拏瞿咀羅。位於今西藏阿里地區一帶。以射獵爲業，唐時屢見記載。　朱俱波：西域古國名。故址在今新疆葉城縣西南山中，後遷至葉城縣城。　龜兹：西域古國名。漢通西域後，屬西域都護府。故址在今新疆庫車縣境内。

［6］葱嶺：古代爲帕米爾高原和昆侖山、喀喇昆侖山西部諸山的總稱。位於今新疆西南。　婆羅門：古印度的别稱。　吐番：青藏高原地區的藏族部落政權。自7世紀至9世紀，共歷九主，二百餘年。參見才讓《吐蕃史稿》，人民出版社2010年版。　疏勒：西域古國名。位於今新疆喀什市一帶。兩漢時先後屬西域都護和西域長史。三國時屬魏，晋册封其王。南北朝時屬北魏。唐時稱佉沙、伽師祇離，屬安西都護府，爲安西四鎮之一。

［7］昆侖山：山名。西起帕米爾高原東部，横貫新疆、西藏間，東延入青海境。　“去玉門”至“去國西一千三百餘里”：明本《册府》卷九五七《外臣部・國邑門》。

［8］贊摩寺：古代新疆著名佛教寺院。又稱欔摩寺、匝摩寺、利刹寺、毗盧折那伽藍。遺址在今新疆和田市區東南買里克阿瓦提。　丘比盧旃：人名。亦作毗盧遮那、毗盧舍、毗盧旃。迦濕彌羅（今喀什米爾）人。相傳爲西漢時僧人，隨同商胡來到于闐國，

傳播佛教，並建造了于闐國的第一座佛寺。佛教於是在于闐國興起。

[9]比摩寺：古代新疆著名佛教寺院。又稱欐摩寺、匝摩寺、利刹寺、毗盧折那伽藍。遺址位於今新疆和田市區東南買里克阿瓦提。

[10]“多玉石”至“多園林”：明本《册府》卷九六〇。

[11]其俗好事祆神：《輯本舊史》云録自《大典》卷八五二〇“青”字韻“青州府（三）”事目，與本卷無涉，應爲誤記。中華書局本有校勘記：“‘祆神’，原作‘妖神’，據《五代會要》卷二九、《舊唐書》卷一九八《于闐傳》改。”《會要》卷二九于闐條作“祆神”。

[12]“有輔侯”至“譯長各一人”：明本《册府》卷九六二《外臣部·官號門》。

[13]“五代亂世”至“皆不可知”：《新五代史》卷七四《于闐傳》。

晋高祖天福二年十一月，于闐國僧曼哥羅贊常羅賜紫，號昭梵大師。[1]三年，于闐國王李聖天遣使者馬繼榮來貢紅鹽、鬱金、氂牛尾、玉、氎等，[2]晋遣供奉官張匡鄴假鴻臚卿，[3]彰武軍節度判官高居誨爲判官，[4]册聖天爲大寶于闐國王。是歲冬十二月，匡鄴等自靈州行二歲至于闐，至七年冬乃還。而居誨頗記其往復所見山川諸國，而不能道聖天世次也。居誨記曰：“自靈州過黄河，行三十里，始涉沙入党項界，曰細腰沙、神點沙。[5]至三公沙，宿月支都督帳。[6]自此沙行四百餘里，至黑堡沙，沙尤廣，遂登沙嶺。[7]沙嶺，党項牙也，其酋曰捻崖天子。[8]渡白亭河至涼州，[9]自涼州西行五百里至甘州。甘州，回鶻牙也。其南，山百餘里，漢小月支之故地也，有别族號鹿角山沙陀，云朱耶氏之遺族也。[10]自甘州西，始涉磧，磧無水，載水以行。甘州人教晉使者作馬蹄木澀，木澀四竅，馬蹄亦鑿四竅而綴之，駝蹄則包以氂皮乃可行。西北五百里至肅州，渡金河，西百里出天門關，又西百里出玉門關，經吐蕃界。[11]吐蕃男子冠中國帽，婦人辮髪，戴瑟瑟珠，云珠之好者，一珠易一良馬。西至瓜州、沙州，二州多中國人，聞晉使者來，其刺史曹元深等郊迎，問使者天子起居。瓜州南十里鳴沙山，云冬夏殷殷有聲如雷，云《禹貢》流沙也。[12]又東南十里三危山，云三苗之所竄也。[13]其西，渡都鄉河曰陽關。[14]沙州西曰仲雲族，其牙帳居胡盧磧。[15]云仲雲者，小月支之遺種也，其人勇而好戰，瓜、沙之人皆憚之。胡盧磧，漢明帝時征匈奴，屯田於吾盧，[16]蓋其地也。地無水而嘗寒多雪，每天暖雪銷，乃得水。匡鄴等西行入仲雲界，至大屯城，[17]仲雲遣宰相四人、都督三十七人候晉使者，匡鄴等以詔書慰諭之，皆東向拜。自仲雲界西，始涉醎磧，無水，掘地得濕沙，人置之胸以止渴。又西，渡陷河，伐檉置水中乃渡，[18]不然則陷。又西，至紺州。[19]紺州，于闐所置也，在沙州西南，云去京師九千五百里矣。又行二日至安軍州，[20]遂至于闐。聖天衣冠如中國，其殿皆東向，曰金册殿，有樓曰七鳳樓。以蒲桃爲酒，又有紫酒、青酒，不知其所釀，而味尤美。其食，粳沃以蜜，粟沃以酪。其衣，布帛。有園圃花木。俗喜鬼神而好佛。聖天居處，嘗以紫衣僧五十人列侍，其年號同慶二十九年。[21]其國東南曰銀州、盧州、湄州，其南千三百里曰玉州，[22]云漢張騫所窮河源出于闐，[23]而山多玉者，此山也。其河源所出，至于闐分爲三：東曰白玉河，西曰緑玉河，又西曰烏玉河。三河皆有玉而色異，每歲秋水涸，國王撈玉于河，然後國人得撈玉。"自靈州渡黄河至于闐，往往見吐蕃族帳，而于闐常與吐蕃相攻劫。匡鄴等至于闐，聖天頗責誚之，以邀誓約，匡鄴等還，聖天又遣都督劉再昇獻玉千斤及玉印、降魔杵等。[24]十月，制曰："于闐國王李聖天，境控西陲，心馳北闕。頃屬前朝多事，久阻來庭。今當寶曆開基，乃勤述職。請備屬籍，宜降册封。將引來遠之恩，俾樂無爲之化。宜册封爲大寶于闐國王。仍令所司擇日備禮册命。"以供奉官張光鄴充使。[25]十二月，授于闐國進奉使、檢校太尉馬繼榮鎮國大將軍，副使黄門將軍、國子少監張再通試衛尉卿，監使殿頭承旨、通事舍人吴順規試將作少監。[26]

[1]曼哥羅贊常羅：人名。于闐國僧人。本書僅此一見。"晋高祖天福二年十一月"至"號昭梵大師"：明本《册府》卷五二《帝王部·崇釋氏門二》。

[2]李聖天：人名。出身於于闐王族尉遲氏。于闐國王。事見《新五代史》卷七四。參見張廣達、榮新江《于闐史叢考》（增訂本），中國人民大學出版社 2008 年版。　馬繼榮：人名。于闐國使者。事見《新五代史》卷八。

[3]供奉官：官名。泛指侍奉皇帝左右的臣僚，亦爲東、西頭

供奉官通稱。　張匡鄴：人名。籍貫不詳。五代後晋出使西域的使者。天福三年（938），奉命册封于闐王李聖天，往返歷時四年。

［4］彰武軍：方鎮名。治所在延州（今陝西延安市）。　節度判官：官名。唐、五代方鎮僚屬，位在行軍司馬下。分掌使衙内各曹事，並協助節度使通判衙事。　高居誨：人名。籍貫不詳。五代後晋出使西域的使者。天福三年（938），奉命與供奉官張匡鄴册封于闐王李聖天，歸朝後寫有《使于闐記》，詳記靈州至于闐的沿途見聞，爲研究絲綢之路的重要文獻。

［5］細腰沙：古沙漠名。位於今内蒙古阿拉善盟騰格里沙漠内，爲五代、北宋初絲路東段靈州道所經沙磧之一。　神點沙：古沙漠名。位於今内蒙古阿拉善盟騰格里沙漠内，爲五代、北宋初絲路東段靈州道所經沙磧之一。中華書局本有校勘記云，浙江本、《書蔡氏傳旁通》卷二引《五代史》、《通考》卷三三七作“神樹沙”。

［6］三公沙：古沙漠名。位於今内蒙古阿拉善盟騰格里沙漠内，爲五代、北宋初絲路東段靈州道所經沙磧之一。　月支：西域古國名，又作月氏。其衆先居今甘肅敦煌市與青海祁連山之間。漢文帝時被匈奴驅趕，遷至今新疆伊犁河上游，稱大月氏；其餘不能去者入祁連山區，稱小月氏。唐龍朔元年（661）置月支都督府，治所在阿緩城（今阿富汗東北部之昆都士）。8 世紀廢。

［7］黑堡沙：古沙漠名。位於今内蒙古阿拉善盟騰格里沙漠内，爲五代、北宋初絲路東段靈州道所經沙磧之一。　沙嶺：古沙漠名。位於今内蒙古阿拉善盟騰格里沙漠内，爲五代、北宋初絲路東段靈州道所經沙磧之一。

［8］捻崖天子：人名。党項酋長。

［9］白亭河：水名。位於今甘肅民勤縣東北。

［10］朱耶氏：沙陀部族姓氏。

［11］金河：水名。位於今甘肅酒泉市。　天門關：關隘名。位於今甘肅嘉峪關西黑山下，爲古代肅州至瓜州道關隘之一。

［12］鳴沙山：地名。位於今甘肅敦煌市。　《禹貢》：古代區

域地理著作，也是我國現存最古的地理文獻之一。作者不詳。

[13]三危山：山名。位於今甘肅敦煌市東南。　三苗：古族名。亦稱有苗、苗氏。其主要活動範圍據《史記》卷一《五帝本紀》載在江淮、荆州。舜時，三苗作亂，一部分被遷至三危（甘肅敦煌市一帶）。

[14]都鄉河：水名。位於今甘肅敦煌市。

[15]仲雲族：古代西北民族名。又譯作衆熨、種榅、重雲。一説爲西突厥處月部落發展而成的，一説爲小月氏的一支。　胡盧磧：地名。位於今新疆若羌縣東北。

[16]漢明帝：即東漢明帝劉莊。57年至75年在位。東漢光武帝劉秀之子。在位期間，於永平十六年（73）派遣竇固、耿忠等分四路出擊侵擾北邊的北匈奴勢力，並於次年復置西域都護。紀見《後漢書》卷二。　吾盧：地名。位於今新疆哈密市西北。

[17]大屯城：西域古城名。又作伊循城。位於今新疆若羌縣米蘭鎮東。

[18]陷河：西域河流名。指且末河。今名車爾臣河。　檉：檉柳，又名紅柳或三春柳。

[19]紺州：地名。又作"扜彌"。位於今新疆于田縣克里雅河東古拘彌城遺址。

[20]安軍州：地名。五代時于闐國置，治所在今新疆于田縣東北。

[21]同慶：于闐王李聖天年號（912—940）。

[22]銀州：西域地名。五代于闐國置。治所在今新疆和田市南庫馬提古城。　盧州：西域地名。五代于闐國置。治所在今新疆民豐縣南沙吾則克鄉。　湄州：西域地名。五代于闐國置。治所在今新疆于田縣南。　玉州：西域地名。五代于闐國置。治所在今新疆和田市西二十里約特干遺址。

[23]張騫：人名。西漢漢中成固（今陝西城固縣）人。兩次出使西域，使西域諸國與漢通好。傳見《漢書》卷六一。

[24]劉再昇：人名。于闐大臣、使者。事見《新五代史》卷九。　“三年”至“降魔杵等”：《新五代史》卷七四《于闐傳》。《宋本册府》卷九七二《外臣部·朝貢門五》記天福三年九月于闐國王李聖天遣使馬繼榮進玉團等物。《輯本舊史》卷七七《晋高祖紀三》繫於該月乙丑日，云：“于闐國王楊仁美遣使貢方物。”此句中華書局本有校勘記，云《册府》《新五代史》《宋史》皆云國王名李聖天，但未作判斷。《新五代史》卷八《晋本紀》繫此事於該月己未日，未言國王之名。

[25]張光鄴：人名。籍貫不詳。五代後晋出使西域的使者。事見《新五代史》卷八。　“十月”至“以供奉官張光鄴充使”：明本《册府》卷九六五《外臣部·封册門三》。亦見《輯本舊史》卷七七、《新五代史》卷八。

[26]鎮國大將軍：官名。作爲授予蕃國君主、官員、使者的榮譽稱號。　黄門將軍：官名。作爲授予蕃國君主、官員、使者的榮譽稱號。　國子少監：官名。唐五代無國子少監，此當作爲授予蕃國君主、官員、使者的榮譽稱號。　張再通：人名。于闐使者。事見本書卷七七。　監使：官名。監督、陪同使者的官員，爲臨時差遣。　殿頭承旨：官名。爲内侍官稱，當爲殿頭之長。　通事舍人：官名。東晋始置。唐代爲中書省屬官，全稱中書通事舍人。掌殿前承宣通奏。從六品上。　吴順規：人名。籍貫不詳。五代後晋官員。事見本書卷七七。　“十二月”至“通事舍人吴順規試將作少監”：《宋本册府》卷九七六《外臣部·褒異門三》。“十二月”原作“十一月”，據《輯本舊史》卷七七天福三年十二月戊寅條改。《輯本舊史》卷八一《晋少帝紀一》天福七年十二月丙子條：“于闐、迴鶻皆遣使貢方物。”同卷天福八年正月乙巳條：“于闐、回鶻入朝使劉再成等並授懷化大將軍、將軍、郎將，放還蕃。”“劉再成”，《新五代史》卷九《晋本紀》、卷七四《四夷附録三》作“劉再昇”。

漢高祖天福十二年六月，于闐遣使者來。[1]隱帝乾祐元年五月，于闐國遣使朝貢。[2]七月，以于闐入朝使王知鐸檢校司空，副使張文達檢校右僕射，監使劉行立檢校兵部尚書，判官秦元保檢校左僕射，並放還蕃。[3]

[1]漢高祖天福十二年六月，于闐遣使者來：《新五代史》卷一〇《漢本紀》。

[2]隱帝乾祐元年五月，于闐國遣使朝貢：《宋本册府》卷九七二《外臣部·朝貢門五》。

[3]王知鐸：人名。于闐使者。事見《新五代史》卷七四。　檢校司空：官名。爲散官或加官，以示恩寵，無實際執掌。司空，與太尉、司徒並爲三公。　張文達：人名。于闐使者。本書僅此一見。　檢校右僕射：官名。爲散官或加官，以示恩寵，無實際執掌。　劉行立：人名。于闐使者。本書僅此一見。　檢校兵部尚書：官名。爲散官或加官，以示恩寵，無實際執掌。　秦元保：人名。于闐使者。本書僅此一見。　"七月"至"並放還蕃"：《宋本册府》卷九七六《外臣部·褒異門三》。

占城[1]

[1]《輯本舊史》之原輯者案語："《占城傳》，《永樂大典》全篇已佚，僅存數語，今姑仍其舊。"

占城國，在中華西南，其地東西七百里，南北三千里，東暨海，西雲南，南真臘國，北驩州。[1]界東北暨兩浙，海程三十日。[2]本地鳥之大者有孔雀。[3]其人俗與大食同。[4]其乘，象、馬；其食，稻米、水兕、山羊；

鳥獸之奇，犀、孔雀。自前世未嘗通中國。[5]

[1]雲南：古地區名。唐開元末以後的南詔、五代後唐時長和國、兩宋時大理國諸政權及其區域，統稱雲南。位於今雲南、貴州、四川南部一帶。　真臘國：古國名。又稱吉蔑。本扶南屬國。唐貞觀初，滅扶南。都伊奢那城。至聖曆中，數遣使通好於唐。神龍後，分爲水真臘與陸真臘兩部。後臣屬於室利佛逝的夏連特拉王朝。貞元十八年（802）獨立，重新統一，定都吴哥，史稱吴哥王朝。　驩州：州名。隋開皇十八年（598）改德州置，治所在九德縣（今越南義静省榮市）。

[2]“占城國”至“海程三十日”：明本《册府》卷九五七《外臣部·國邑門》。《新五代史》卷七四《四夷附録三·占城傳》略同。

[3]本地鳥之大者有孔雀：《輯本舊史》云録自《大典》卷八四三九“平”字韻“太平府（三）”事目，與本傳無涉，應爲誤記。

[4]大食：古國名。唐以來對阿拉伯帝國的稱呼。唐永徽二年（651），滅波斯薩珊王朝。遣使來唐。龍朔元年（661）建立阿拉伯帝國倭馬亞王朝，都城在今敘利亞首都大馬士革，唐稱爲白衣大食。先後破波斯、拂菻（東羅馬帝國），西域康、石等國皆臣之。天寶九載（750），阿布·阿拔斯推翻白衣大食，都巴格達，唐稱爲黑衣大食（即阿拔斯王朝），中亞諸國爲其所攻。次年，唐將高仙芝率軍與之戰於怛邏斯城（今哈薩克斯坦江布爾城），唐軍大敗。後唐與大食往來不絶。

[5]“其人俗與大食同”至“自前世未嘗通中國”：《新五代史》卷七四《四夷附録三·占城傳》。

周世宗顯德五年九月，占城國王釋利因德漫遣其臣莆訶散等來貢方物，[1]中有灑衣薔薇水一十五瑠璃瓶，言出自西域，凡鮮華之衣，以此水灑之，則不黦而復，郁烈之香，連歲不歇。又進猛火油八十四琉璃瓶，是油得水而愈熾，彼國凡水戰則用之。六年六月，占城國進奉使莆訶散以雲龍形通犀帶一條，菩薩石一片上進。[2]占城國遣使朝貢，所貢表文于貝多葉，簡以香木，其言譯之方諭其意。[3]十一月壬戌，占城國進奉使蒲河散、金婆羅等辭，各賜分物有差，仍令齎金銀器千兩、繒采十段，及細甲、名馬、銀鞍勒等，就賜本國主釋利因。[4]

[1]釋利因德漫：人名。占城國王。事見《新五代史》卷七四、本書卷一一八。　莆訶散：人名。占城使者。事見《新五代史》卷一二。

[2]“周世宗顯德五年九月”至“菩薩石一片上進”：《宋本册府》卷九七二《外臣部・朝貢門五》。《新五代史》卷一二《周本紀》顯德五年（958）九月：“占城國王釋利因德縵使莆訶散來。”六年六月：“戊子，占城使莆訶散來。”卷七四《四夷附録三・占城傳》：“顯德五年，其國王因德漫遣使者莆訶散來。”

[3]“占城國遣使朝貢”至“其言譯之方諭其意”：《宋本册府》卷九九六《外臣部・鞮譯門》。

[4]金婆羅：人名。占城使者。本書僅此一見。　“十一月壬戌”至“就賜本國主釋利因”：《宋本册府》卷九七六《外臣部・褒異門三》。

牂牁蠻[1]

[1]《輯本舊史》之影庫本粘籤：“《牂牁蠻傳》，《永樂大典》

全篇已佚，僅存數語，今姑仍其舊。”

牂牁蠻，其地北去兖州一百五十里，[1]東至辰州二千四百里，[2]南至交州一千五百里，[3]西至昆明九百里。[4]無城郭，散居村落。[5]其國法，劫盜者三倍還贓，殺人者出牛馬三十頭乃得贖死，[6]以納死家。地多雨潦。俗好巫鬼禁忌，寡畜產，又無蠶桑，故其郡最貧。句町縣有桄榔木，[7]可以爲麵，百姓資之。又云土氣鬱熱，多霖雨，稻粟再熟。無徭役，惟征戰之時，乃相屯聚。刻木爲契。風俗、物産略與東謝同。[8]唐高祖武德三年，牂牁蠻首領謝龍羽遣使朝貢。[9]授牂州刺史，封夜郎公。開元十年，大酋謝元齊死，[10]詔立其孫嘉藝襲其官封。[11]二十五年，大酋長趙君道來朝貢。[12]貞元七年，授其酋長趙主俗官。[13]至天成二年嘗一至，其使者曰清州八郡刺史宋朝化，冠帶如中國，貢草豆蔻二萬箇、朱砂五百兩、蠟二百斤。[14]

[1]兖州：《舊唐書》記牂牁蠻，並據《通典》卷一八七、《新唐書》卷四三下《地理志》改“充州”。充州，治所在今貴州石阡縣南。

[2]辰州：州名。治所在今湖南沅陵縣。

[3]交州：州名。治所在今越南河内市。

[4]昆明：地名。位於今雲南境内。傳見《新五代史》卷七四。

[5]“牂牁蠻”至“散居村落”：《會要》卷三〇牂牁蠻。

[6]“其國法”至“殺人者出牛馬三十頭乃得贖死”：《大典》卷五一五〇“元”字韻“改元（三）”事目，與本傳無涉，恐有

誤記。亦見明本《册府》卷九六〇《外臣部·土風門二》。

[7]句町縣：縣名。西漢武帝時置。治所在今雲南廣南縣南。一説治所在今雲南通海縣東北古城。兩漢屬牂牱郡。三國蜀至南朝齊屬興古郡。南朝梁末廢。

[8]東謝：唐代對分布在牂牱東部少數民族的總稱。因其首領謝氏而得名。西晋時謝氏官爲牂牱太守，所統東部居民稱東謝，分布在今貴州三都、台江、榕江和貴陽一帶。　“以納死家”至“物産略與東謝同”：明本《册府》卷九六〇《外臣部·土風門二》。有注：“桄榔木，外皮有毛，似栟櫚而散生。其木剛，作鋋鋤，利如鐵，中石更利，惟中蕉根乃致敗耳。皮中有似擣稻米片，又似麥麵，中作餅餌。《廣志》曰：‘桄榔樹，大四五圍，長五六丈，洪直，旁無枝條，其顛生葉，不過數十，似棕葉。破其木，肌堅難傷，入數寸，得麵赤黄，蜜徵可食者也。’”《新五代史》卷七四《四夷附録三·牂牱蠻傳》：“在辰州西千五百里，以耕植爲生，而無城郭聚落，有所攻擊，則相屯聚。刻木爲契。其首領姓謝氏，其名見於唐。”

[9]謝龍羽：人名。牂牱蠻首領。事見《舊唐書》卷一九七。　唐高祖武德三年，牂牱蠻首領謝龍羽遣使朝貢：《宋本册府》卷九七〇《外臣部·朝貢門三》。

[10]謝元齊：人名。牂牱蠻大酋長。事見《舊唐書》卷一九七。

[11]嘉藝：人名。牂牱蠻大酋長。事見《舊唐書》卷一九七。

[12]趙君道：人名。牂牱蠻大酋長。事見《舊唐書》卷一九七。

[13]趙主俗：人名。牂牱蠻大酋長。事見《舊唐書》卷一九七。　“授牂州刺史”至“授其酋長趙主俗官”：明本《册府》卷九六六《外臣部·繼襲門》。

[14]“至天成二年嘗一至”至“蠟二百斤”：《新五代史》卷七四《四夷附録三·牂牱蠻傳》。

舊五代史　卷一三九

禮志上[1]

[1]《輯本舊史》之案語："《禮志序》,《永樂大典》原闕。"

吉禮[1]

[1]此目名中華書局本無，據内容補。下同。

郊祀

梁開平二年正月，宰臣上表請郊天，謁太廟。[1]命有司擇日備儀，因先布告岳牧、方伯。[2]於是太常禮院選用四月二十四日有事于南郊。[3]壬寅，應郊祀大禮儀仗、車輅、鹵簿、法物、祭器、樂懸，各令所司修飾。[4]以河南尹張宗奭充都點集諸司法物使。[5]三月，帝以魏博、鎮定助修西都宫内，工役方興，禮容未備，其郊天謁廟宜於秋冬别選良日。[6]

[1]開平：五代後梁太祖朱温年號（907—911）。　郊天：即南郊祭天，又稱南郊。指在南郊之圜丘舉行的祭天典禮。　謁太廟：簡稱"謁廟"。自唐後期以來，皇帝郊祀天地前，需要謁太廟

告祭，合稱“郊廟祭祀”。參見〔日〕金子修一《古代中國與皇帝祭祀》，復旦大學出版社 2017 年版。

[2]擇日：選定舉行祭祀的良辰吉日。凡日期不固定的祭祀，於祭祀前都需行擇日之禮。　岳牧、方伯：泛指地方長官。典出《尚書·周官》：“唐虞稽古，建官唯百，内有百揆四嶽，外有州牧侯伯。”

[3]太常禮院：官署名。簡稱“禮院”。唐代太常寺有禮院，爲太常博士議禮之處。唐後期以來，禮院逐漸成爲朝廷禮儀事務的主管機構。

[4]儀仗：用於儀衛的兵仗等。　車輅：天子車駕。分爲大輅、玉輅、金輅、象輅、革輅、木輅等。　鹵簿：帝后出行時的儀仗隊。蔡邕《獨斷》卷下：“天子出，車駕次第謂之鹵簿。”　法物：帝王儀仗所用器物的統稱。《後漢書》卷一下《光武帝紀下》：“益州傳送公孫述瞽師、郊廟樂器、葆車、輿輦，於是法物始備。”李賢注：“法物，謂大駕鹵簿儀式也。”　樂懸：鐘、磬等樂器懸掛於架子上，稱爲樂懸。泛指陳設的樂器。

[5]河南尹：官名。唐開元元年（713）改洛州爲河南府，治所在今河南洛陽市。以河南府尹總其政務。從三品。　張宗奭：人名。濮州臨濮（今山東鄄城縣臨濮鎮）人。唐末、五代將領。傳見本書卷六三、《新五代史》卷四五。　都點集諸司法物使：官名。屬禮儀行事官，禮畢即罷。掌點集諸司法物。

[6]魏博：方鎮名。治所在魏州（今河北大名縣）。　鎮定：方鎮名。即“成德軍”。治所在鎮州（今河北正定縣）。　西都：地名。五代後梁開平元年（907）建都開封府，號東都，改唐東都河南府洛陽爲西都。　别選良日：“選”，《宋本册府》卷一九三《閏位部·崇祀門》作“撰”，據中華書局影印明本《册府》卷一九三《閏位部·崇祀門》改。　“梁開平二年正月”至“其郊天謁廟宜於秋冬别選良日”：本條《輯本舊史》原無，據《宋本册府》卷一九三《閏位部·崇祀門》補。

七月，詔曰：“祀祭之典，有國之大事也。如聞官吏慢於展敬，禮容牲饌有異精虔，宜令御史疏其條件以聞詳定。”禮儀使奏，得太常禮院狀，選用今年十一月己丑冬至有事于南郊。[1]奉勅：“西都宫内修造，尚未畢功，過此一冬方當絶手。宜令於來年正月内選日申奏。”[2]

[1]禮儀使：官名。有重大禮儀事務則臨時置使，事畢即罷。掌禮儀事務。　狀：政府公文的一種。多用於下級機關對上級機關的陳奏、呈報公事。

[2]“七月”至“宜令於來年正月内選日申奏”：本條《輯本舊史》原無，據《宋本册府》卷一九三《閏位部·崇祀門》補。

十一月，太常禮院奏，選用來年正月二十四日辛卯親拜南郊，可之。詔以左千牛衛上將軍胡規充南郊儀仗使，金吾衛將軍趙麓充車路法物使。[1]時以執儀仗、將軍輅皆武士，故分二將以董之。是月冬至，命宰臣祀昊天上帝于圜丘。[2]

[1]左千牛衛上將軍：官名。唐置，掌宫禁宿衛。唐代置十六衛，即左右衛、左右驍衛、左右武衛、左右威衛、左右領軍衛、左右金吾衛、左右監門衛、左右千牛衛。各置上將軍，從二品；大將軍，正三品；將軍，從三品。　胡規：人名。兖州（今山東濟寧市兖州區）人。唐末、五代將領。傳見本書卷一九。　南郊儀仗使：官名。皇帝親祀南郊時設置。事畢則罷。掌總儀仗事務。　趙麓：人名。籍貫不詳。五代後梁將領。事見本書卷九。　車路法物使：官名。屬禮儀行事官，禮畢即罷。掌車路、法物相關事務。

[2]昊天上帝：昊天爲天之總神。上帝爲南郊所祭受命帝。《周禮·春官·大宗伯》："以禋祀祀昊天上帝。"鄭玄注："昊天上帝，冬至於圜丘所祀天皇大帝。"　圜丘：帝王祭天的祭壇。又作"圓丘"。《周禮·春官·大司樂》："冬日至，於地上之圜丘奏之。"賈公彦疏："案《爾雅》：土之高者曰丘。取自然之丘者。圜象天圜。"　"十一月"至"命宰臣祀昊天上帝于圜丘"：本條《輯本舊史》原無，據《宋本册府》卷一九三《閏位部·崇祀門》補。《通考》卷七一《郊社考四》載："梁太祖開平二年十一月，自東京赴洛都行郊天禮，自石橋備儀仗至郊壇。"

三年正月辛卯，親祀昊天上帝于圜丘。[1]是日，降雪盈尺，及昇壇而止。[2]

[1]親祀：皇帝親自前往祭祀。自唐以來，郊祀等大禮的舉行分皇帝親祀、有司攝事兩種方式。親祀之禮特重。

[2]"三年正月辛卯"至"及昇壇而止"：此條《輯本舊史》原無，據《宋本册府》卷一九三《閏位部·崇祀門》補。《通考》卷七一《郊社考四》郊載"梁太祖南郊二"，其一爲開平三年(909)正月二十四日，"二十四日"即"辛卯"。此條亦見《輯本舊史》卷四《梁太祖紀四》引《大典》卷四三七六，但《大典》卷四三七六爲"檀"字韻，誤，應爲《大典》卷四三六七"壇"字韻"歷代郊壇（二）"事目。

三月，遣宰臣薛貽矩以孟夏雩祀昊天上帝，宰臣于兢薦饗太廟，並赴西都。[1]甲戌，車駕發西都。庚辰，至河中府，分命群臣告祭山川靈迹。[2]

[1]薛貽矩：人名。河東聞喜（今山西聞喜縣）人。唐末、五代後梁大臣。傳見本書卷一八、《新五代史》卷三五。　雩祀：祭天祈雨的典禮。每年孟夏擇日舉行，雩祀的場所或在南郊之圜丘，或於其旁另建雩壇。　于兢：人名。京兆高陵（今陝西西安市高陵區）人。唐宰相于志寧之後，五代後梁宰相。善畫牡丹。事見本書卷四、《新五代史》卷三。　薦饗太廟：至太廟向祖先祭獻。

[2]河中府：府名。治所在今山西永濟市。　“三月”至“分命群臣告祭山川靈迹”：此條《輯本舊史》原無，據《宋本册府》卷一九三《閏位部·崇祀門》補。

九月，詔曰：“秋冬之際，陰雨相仍，所司選日拜郊，或慮臨時妨事。宜令別更擇日聞奏。”是月，禮儀使奏：今據所司申奏晝日內十一月二日冬至，祀昊天上帝于圜丘。[1]今參詳十月十七日已後，入十一月節。十一月二日冬至，一陽生之辰，宜行親告之禮。從之。[2]

[1]畫日：原作“晝日”，晝日在此處無解。畫日則在唐、五代、宋之文獻中多次出現。如《五代會要》卷一六秘書省條載：“周顯德五年閏七月，秘書省奏：‘奉今年七月七日敕節文，刪集見行公事，送中書門下者。當省逐季準祠部牒到畫日，預先牒著作局修撰祝文，兼牒太常禮院詳定神名首尾。’”《輯本舊史》卷六〇《蘇循傳》：“莊宗將即位於魏州……張承業未欲莊宗即尊位，諸將賓僚無敢贊成者。及循至……泣而稱臣，莊宗大悦。翌日，又獻大筆三十管，曰‘畫日筆’，莊宗益喜。”《新五代史》卷三五《蘇循傳》略同。《宋會要輯稿》禮三之一：“太祖乾德元年十一月二十日，太常博士和峴言：‘今月十六日親祀南郊，合饗天地。準畫日，二十九日冬至祀昊天上帝……望依禮令，權停南至之祀。’詔可。”同書禮一四之一：“國朝凡大中小祠歲一百七……司天監於季前預

擇之，供報禮院看詳，牒祠部以聞，詔有司行焉，謂之畫日。”又如《長編》卷二〇二英宗治平元年（1064）九月丁丑條：“禮院奏：準畫日，孟冬薦饗太廟，改爲祫祭”等等，據改。

［2］“九月”至“從之”：此條《輯本舊史》原無，據《宋本册府》卷一九三《閏位部·崇祀門》補。

十一月癸巳朔，帝齋於内殿，不視朝。[1]甲午，日長至。[2]五更一點，自大内出，於文明殿受宰臣已下起居。[3]自五鳳樓出南郊，左右金吾、太常、兵部等司儀仗、法駕、鹵簿及左右内直、控鶴等引從赴壇，文武百官太保韓建已下班以俟至，帝昇壇告謝。[4]是歲降制：“國之大事，唯祀與戎。祭法所標，禮經尤重。其齋心必至，備物精臻，方感召於神祇，乃降通於福祐。近者所司祠祭，或聞官吏因循，虚破支供，動多虧闕。致陰陽之失序，仍水旱以爲災。每一念思，實多凜若。[5]宜加提舉，用復敬恭；須委元臣，以專重事。自今後，應在京四時大小祀及諸色祠祭，並委宰臣貽矩專判，躬親點檢，無令怠墮，有失典常。”[6]又詔以所率官寮俸錢脩文宣王廟，分一半脩武明王廟。[7]

［1］齋：祭祀前的齋戒。分爲散齋、致齋兩種。《開元禮》卷三載：“若散齋之日，晝理事如舊，夜宿止于家正寢，不得弔喪問疾，不判署刑殺文書，不決罰罪人，不作樂，不預穢惡之事。致齋唯祀事得行，其餘悉斷。”此指“致齋”。皇帝致齋時，不居正寢，而居於别殿。

［2］日長至：即冬至。冬至時，太陽直射南回歸綫，其日影子最長。“日長至”亦可指夏至，其日白晝最長。

［3］文明殿：宫殿名。五代後梁開平三年（909）以貞觀殿改名，爲洛陽宫城之前殿。故址在今河南洛陽市。　起居：群臣入内殿朝見皇帝。“起居”是一系列朝参儀節的總和，包括拜、舞蹈、問安起居。

［4］五鳳樓：樓名。唐始建，後梁太祖朱温重修。位於今河南洛陽市。　左右金吾：即左右金吾衛，爲皇帝儀仗隊成員。掌宫禁宿衛、京城巡警、大禮儀仗等。此指由左右金吾衛充當的儀仗隊，即“金吾仗衛”。　太常：官署名。西漢始置太常，後代沿置。掌宗廟祭祀禮樂及教育等。此指太常鹵簿。鹵簿，指帝后出行時的儀仗隊。　兵部：官署名。爲尚書省六部之一，統兵部、職方、駕部、庫部四司，掌管全國武官選用和兵籍、武器、軍令等政。此指兵部之駕部負責的天子法駕。　内直：部隊番號。爲五代禁軍之一部。分左右。　控鶴：部隊番號。爲五代禁軍之一部。　引從：引導跟從。　太保：官名。與太師、太傅並爲三師。唐後期、五代多爲大臣、勳貴加官。正一品。　韓建：人名。許州長社（今河南許昌市）人。唐末、五代軍閥。傳見本書卷一五、《新五代史》卷四〇。　班：班次、班序。官員參與朝會時所在班列次序。

［5］實多凛若：“實”，《宋本册府》原作“空”，據明本《册府》改。

［6］大小祀：唐代以來，祭祀分爲大祀、中祀、小祀三等，稱爲“三祀”。“大小祀”泛指所有祭祀。　諸色祠祭：不列入三祀的其他祭祀。

［7］文宣王廟：即孔廟。唐玄宗開元二十七年（739）八月，追贈孔子爲文宣王。　武明王廟：即武廟。武明王即武成王。唐肅宗上元元年（760），追尊太公望（吕尚）爲武成王。唐哀帝天祐二年（905）九月，敕改武成王爲武明王。　“十一月癸巳朔”至“分一半修武明王廟”：《輯本舊史》原無，據《宋本册府》卷一九三《閏位部·崇祀門》補。《通考》卷七一《郊社考四·郊》載：“梁太祖南郊二。”其一爲開平三年十一月二日，“二日”即“甲午”。

四年八月，車駕西征，次于陝，命宰臣杜曉祭華岳并禱。[1]

[1]次：出行所居止的處所。　陝：府名。即陝府、陝州。治所在今河南三門峽市陝州區。　杜曉：人名。京兆杜陵（今陝西西安市）人。祖、父皆爲唐宰相。傳見本書卷一八、《新五代史》卷三五。　華岳：即華山。華山爲五嶽中的西嶽，故稱華嶽。“岳”通“嶽”。　“四年八月”至“命宰臣杜曉祭華岳并禱”：本條《輯本舊史》原無，據明本《册府》卷一九三《閏位部·崇祀門》補。

九月丁亥朔，車駕幸陝府，命宰臣于兢赴西都祀昊天上帝于圜丘。[1]

[1]“九月丁亥朔”至“命宰臣于兢赴西都祀昊天上帝于圜丘”：本條《輯本舊史》原無，據明本《册府》卷一九三《閏位部·崇祀門》補。

乾化元年北巡，迴次孟州，命散騎常侍孫騭、右諫議大夫張衍、光禄卿李翼各齎香合祝板，告祭于孟津之望祠。[1]

[1]乾化：五代後梁太祖朱温年號（911—913）。　孟州：州名。治所在今河南孟州市。　散騎常侍：官名。門下省屬官。掌侍奉規諷，備顧問應對。《新唐書》記正三品下。　孫騭：人名。滑臺（今河南滑縣）人。唐末、五代後梁大臣。傳見本書卷二四。　右諫議大夫：官名。唐置左右諫議大夫，左屬門下省，右屬中書

省。掌諫諭得失，侍從贊相。正四品下。　張衍：人名。張宗奭之子。唐末、五代後梁大臣。傳見本書卷二四。　光禄卿：官名。南朝梁天監七年（508）改光禄勳置，隋唐沿置。掌宫殿門户、帳幕器物、百官朝會膳食等。從三品。　李翼：人名。籍貫不詳。五代後梁官員。事見本書卷九。　香合：即香盒，盛香之盒。　祝板：又作“祝版”。祭祀時用於粘貼祝文的方板。　孟津：地名。位於今河南孟津縣會盟鎮，黄河中下游分界點、重要渡口。　望祠：在特定地點設置的舉行望祭的祠廟。望祭爲君臣遥望祝祭之禮。《尚書·舜典》：“望於山川。”孔傳：“九州名山大川，五嶽四瀆之屬，皆一時望祭之。”　“乾化元年北巡”至“告祭于孟津之望祠”：本條《輯本舊史》原無，據明本《册府》卷一九三《閏位部·崇祀門》補。

二年正月庚辰，有司以南郊上辛祈穀，命丞相趙光逢攝太尉行事。[1]

[1]上辛：每月上旬的“辛”日。此特指正月上旬的辛日。《禮記·郊特牲》：“郊之用辛也”，鄭玄注：“用辛日者，凡爲人君，當齋戒自新耳。”　祈穀：帝王祭天大禮，祈求五穀豐登。《禮記·月令》載，孟春之月“天子乃以元日，祈穀於上帝”，鄭玄注：“謂以上辛郊祭天也。”　趙光逢：人名。京兆奉天（今陝西乾縣）人。五代後梁大臣。傳見本書卷五八、《新五代史》卷三五。　太尉：官名。與司徒、司空並爲三公，唐後期、五代多爲大臣、勳貴加官。正一品。　“二年正月庚辰”至“命丞相趙光逢攝太尉行事”：本條《輯本舊史》原無，據明本《册府》卷一九三《閏位部·崇祀門》補。

周廣順三年九月，太常禮院奏：“准敕定郊廟制度，洛陽郊壇在城南七里丙巳之地，圜丘四成，各高八尺一寸，下廣二十丈，再成廣十五丈，三成廣十丈，四成廣五丈。[1]十有二陛，每節十二等。[2]燎壇在泰壇之丙地，方一丈，高一丈二尺，開上南出户，方六尺。[3]請下所司修奉。”從之。[4]

[1]四成：四層、四重。

[2]十有二陛：即十二個登上圓壇的臺階，爲子、丑、寅、卯、辰、巳、午、未、申、酉、戌、亥十二陛。

[3]燎壇：焚燒犧牲玉幣等祭品的祭壇。燎，即焚燒柴薪、祭品，使煙氣上聞於天神。　泰壇：即祭天之圜丘壇。

[4]“周廣順三年九月”至“從之”：本條《輯本舊史》原無，據《會要》卷二《親拜郊·雜録》補。亦見《通考》卷七一《郊社考四·郊》。

宗廟

梁開平元年夏四月，太祖初受禪，乃立四廟於西京，從近古之制也。[1]

[1]太祖：即五代後梁開國皇帝朱温。宋州碭山（今安徽碭山縣）人。907年至913年在位。紀見本書卷一、《新五代史》卷一。　西京：即洛陽。《會要》卷二廟儀條、《宋本册府》卷一八九《閏位部·奉先門》亦作“西京”，《通考》卷九三《宗廟考三·天子宗廟》作“京師”。

唐同光二年六月，太常禮院奏：[1]“國家興建之初，已於北都置廟，今克復天下，遷都洛陽，却復本朝宗廟。[2]按禮無二廟之文，其北都宗廟請廢。”乃下尚書省集議。[3]禮部尚書王正言等奏議曰：[4]“伏以都邑之制，宗廟爲先。[5]今卜洛居尊，開基御宇，事當師古，神必依人。[6]北都先置宗廟，不宜並設。況每年朝享，禮有常規，時日既同，神何所據。[7]竊聞近例，亦有從權。[8]如神主已修，迎之藏於夾室；[9]若廟宇已崇，虚之以爲恒制。昔齊桓公之廟二主，禮無明文，古者師行，亦無遷於廟主。[10]昔天后之崇鞏洛，禮謂非宜；[11]漢皇之戀豐滕，事無所法。[12]況本朝故事，禮院具明，洛邑舊都，嵩丘正位，豈宜遠宮闕之居，建祖宗之廟。[13]事非可久，理在從長。其北都宗廟，請准太常禮院申奏停廢。”從之。

[1]同光：五代後唐莊宗李存勗年號（923—926）。　六月：《會要》卷二廟儀條記爲“六月十日”，《輯本舊史》卷三二《唐莊宗紀六》將此事繫於六月丁丑，亦即“六月十日”。

[2]北都：指五代後唐的北都太原。《新五代史》卷五《莊宗紀》載，同光元年（923）“十一月乙巳，復北都爲鎮州，太原爲北都”。《輯本舊史》卷三二《唐莊宗紀六》、《宋本册府》卷五九三《掌禮部·奏議門》均作“北京”；本條下文之“北都”，《宋本册府》卷五九三均作“北京”。

[3]尚書省集議：集議的一種。尚書省召集百官討論相關國家政務，商定後寫成“議狀”，上奏皇帝裁斷。集議是漢唐決策制度的重要組成部分。參見〔日〕渡邊信一郎《天空の玉座——中國古代帝國の朝政と儀禮》，柏書房1996年版。

[4]禮部尚書：官名。尚書省禮部主官。掌禮儀、祭享、貢舉

之政。正三品。　王正言：人名。鄆州（今山東東平縣）人。五代後唐官員。傳見本書卷二一。

［5］都邑之制，宗廟爲先：中華書局本有校勘記："'都邑'，《册府》卷五九三、《五代會要》卷二作'宫室'。按《禮記·曲禮下》：'君子將營宫室，宗廟爲先'。"

［6］今卜洛居尊：《宋本册府》卷五九三作"陛下卜洛居尊"。

［7］朝享：泛指宗廟四時之祭。

［8］竊聞近例："竊聞"，《宋本册府》卷五九三作"常聞"；"近例"，《會要》卷二作"古道"。　亦有從權：《宋本册府》卷五九三作"禮有從權"。

［9］神主：也稱神位、版位、靈位，供奉的牌位。　夾室：指房與堂之間的屋室。古人稱堂上隔東西堂之墻爲序，序之外謂之東堂、西堂，東西堂與東西房之間謂之夾室。學界對夾室説法不一，有人認爲東西堂就是東西夾，有人認爲東西房就是東西夾。此"夾室"當指堂與廟之間的屋室。

［10］昔齊桓公之廟二主："昔"，《輯本舊史》原作"若"，據《會要》卷二、《宋本册府》卷五九三改。齊桓公，春秋時齊國國君。姓姜，名小白。公元前685年至前643年在位。卒謚桓。傳見《史記·齊太公世家》。

［11］天后：即武則天。文水（今山西文水縣）人。唐高宗的皇后，武周皇帝。紀見《舊唐書》卷六《則天皇后本紀》、《新唐書》卷四《則天順聖武皇后本紀》。　鞏洛：地區名。指今河南洛陽市一帶。武周政權定都洛陽。

［12］漢皇：即漢高祖劉邦。沛縣豐邑（今江蘇豐縣）人。西漢王朝建立者。廟號太祖，謚高皇帝。紀見《史記》卷八。　豐滕：地區名。今江蘇徐州市一帶。劉邦爲沛縣人，沛縣有豐邑，古滕國亦在附近。《輯本舊史》之影庫本粘籤："豐、滕，原本作'封藤'，今從《漢書》改正。"

［13］嵩丘：即嵩山。

天成元年，中書舍人馬縞奏曰：[1]“伏見漢、晋已來，諸侯王宗室承襲帝統，除七廟之外，皆别追尊親廟。[2]漢光武皇帝立先四代於南陽，其後桓帝已下，亦皆上考前修，追崇先代。[3]乞依兩漢故事，别立親廟。”[4]詔下尚書省，集百官定議。[5]禮部尚書蕭頃等議曰：[6]“伏見方册所載，聖概所存，將達蘋藻之誠，宜有粢梲之制。[7]臣等集議，其追尊位號及建廟都邑，乞特降制命，依馬縞所議。”

[1]天成：五代後唐明宗李嗣源年號（926—930）。　中書舍人：官名。中書省屬官。掌起草文書、呈遞奏章、傳宣詔命等。正五品上。　馬縞：人名。籍貫不詳。五代後梁、後唐官員、學者。傳見本書卷七一、《新五代史》卷四三。

[2]七廟：中國古代禮制中，天子七廟，即“四親”之廟、“二祧”之廟以及“始祖”之廟；《禮記·王制》亦有“天子七廟，三昭三穆，與太祖之廟而七”之説。　親廟：皇帝的高、曾、祖、父四廟爲親廟，四代以上“親盡”。《會要》卷二廟儀條作“私親”，《宋本册府》卷五九三《掌禮部·奏議門》、《新五代史》卷五五《馬縞傳》作“親廟”。

[3]光武皇帝：即劉秀。南陽郡蔡陽（今湖北棗陽市）人。東漢王朝建立者。紀見《後漢書》卷一。　南陽：郡名。指漢代的南陽郡，治所在今河南南陽市。　桓帝：即東漢桓帝劉志。漢章帝曾孫，蠡吾侯劉翼之子。本初元年（146）漢質帝死，梁太后與梁冀迎立劉志爲帝。公元146年至167年在位。紀見《後漢書》卷七。《宋本册府》卷五九三作“安帝”。

[4]别立親廟：《宋本册府》卷五九三其下有“於便地”三字。

[5]詔下尚書省：“尚書省”，《宋本册府》卷五九三作“南宫”。

［6］蕭頃：人名。京兆萬年（今陝西西安市長安區）人。五代後梁、後唐大臣。傳見本書卷五八。

［7］蘋藻：用於祭祀的兩種水草。語出《詩·召南·采蘋》："於以采蘋，南澗之濱；於以采藻，於彼行潦。"　宜有楶梲之制："有"，《會要》卷二、《宋本册府》卷五九三俱作"新"。"楶（jié）梲（tuō）"，指木建築之柱頭斗拱與梁上短柱。

其年八月，太常禮院奏："莊宗神主以此月十日祔廟，七室之内，合有祧遷。"[1]中書門下奏議，請祧懿祖一室。[2]後下百僚集議，禮部尚書蕭頃等奏，請從中書所奏。從之。[3]

［1］莊宗：即五代後唐莊宗李存勗。沙陀部人。五代後唐建立者。923年至926年在位。紀見本書卷二七至卷三四、《新五代史》卷五。　祔廟：祭禮名。簡稱"祔"。《儀禮·既夕禮》："明日以其班祔。"鄭玄注："祔，猶屬也。"行祔廟禮以將帝王神主牌位附屬於太廟。　七室：即七廟。五代後唐莊宗時所立七廟，爲高祖李淵、太宗李世民、懿宗李漼、昭宗李曄、懿祖朱邪執宜、獻祖朱邪赤心、太祖李克用。莊宗去世後，祧遷懿祖朱邪執宜，七廟爲高祖、太宗、懿宗、昭宗、獻祖、太祖、莊宗。　祧（tiāo）遷：古代帝王家廟中祖先的神主，除始祖外，世數遠的要依次遷於祧廟中合祭。

［2］中書門下：官署名。唐代以來爲宰相處理政務的機構。參見劉後濱《唐代中書門下體制研究——公文形態·政務運行與制度變遷》，齊魯書社2004年版。　懿祖一室：《宋本册府》卷五九三作"懿祖皇帝室"。

［3］後下百僚集議：《宋本册府》卷五九三作"復下百寮集議於尚書省"。　"其年八月"至"從之"：《輯本舊史》此條原在天

成二年（927）條後，《輯本舊史》卷三七《唐明宗紀三》作天成元年八月“丁亥，莊宗神主祔廟，有司請祧懿祖室，從之”；《宋本册府》卷五九三《掌禮部·奏議門》亦將此事繫於“天成元年八月”，可見“其年八月”應爲“天成元年八月”，故將此條移至“天成二年”條前。

二年，中書門下又奏：[1]“伏以兩漢以諸侯王入繼帝統，則必易名上謚，廣孝稱皇，載於諸王故事，孝德皇、孝仁皇、孝元皇是也。[2]伏乞聖慈，俯從人願，許取皇而薦號，兼上謚以尊名，改置園陵，仍增兵衛。”[3]遂詔太常禮院定其儀制焉。太常博士王丕等引漢桓帝入嗣，尊其祖河間孝王曰孝穆皇帝、父蠡吾侯曰孝崇皇帝爲例，請付太常卿定謚。[4]刑部侍郎、權判太常卿馬縞復議曰：[5]“伏准兩漢故事，以諸侯王宗室入承帝統，則必追尊父祖，修樹園陵。西漢宣帝、東漢光武，孝饗之道，故事具存。自安帝入嗣，遂有皇太后令，别崇謚法，追曰某皇，所謂孝穆、孝崇之類是也。[6]前代惟孫皓自烏程侯繼嗣，追封父和爲文皇帝，事出非常，不堪垂訓。[7]今據禮院狀，漢安帝以下，若據本紀，又不見‘帝’字。伏以謚法‘德象天地曰帝’。伏緣禮院已曾奏聞，難將兩漢故事，便述尊名，請詔百官集議。”時右僕射李琪等議曰：[8]“伏覩歷代已來，宗廟成制，繼襲無異，沿革或殊。馬縞所奏，禮有按據，乞下制命，令馬縞虔依典册，以述尊名。”[9]

[1]二年：《輯本舊史》“二年”前原有“天成”二字，中華書

局本有校勘記："殿本、《五代會要》卷二無'天成'二字。"依本書體例，前文已有天成元年（926）記事，應删"天成"二字，故删。

[2]載於諸王故事："諸王"，《會要》卷二廟儀條作"諸侯"，《宋本册府》卷五九三亦作"諸王"。　孝德皇：即劉慶。東漢章帝劉炟之子，漢安帝劉祜之父。原爲清河王，安帝即位，追封爲孝德皇。事見《後漢書》卷五。　孝仁皇：即劉萇。東漢靈帝之父。漢靈帝即位，追尊爲孝仁皇。事見《後漢書》卷八。　孝元皇：即劉淑。東漢靈帝之祖。原爲解瀆亭侯。漢靈帝即位，追尊爲孝元皇。事見《後漢書》卷八。

[3]園陵：帝王的墓園與陵墓。

[4]太常博士：官名。掌撰五禮儀注。大禮時，導引乘輿，贊相祭祀，定誄謚以及守陵廟等。從七品上。　王丕：人名。籍貫不詳。五代後唐官員，時任太常博士。事見本書本卷。　河間孝王：即劉開。東漢章帝劉炟之子，桓帝劉志之祖父。原爲河間王，謚"孝"。桓帝即位，追尊爲孝穆皇帝。事見《後漢書》卷七。　父蠡吾侯：中華書局本有校勘記："'父'字原闕，據《五代會要》卷二、《後漢書》卷七《桓帝紀》補。"今從。《宋本册府》卷五九三亦無"父"字。蠡吾侯即劉翼。東漢章帝劉炟之孫，桓帝劉志之父。桓帝即位，追尊爲孝崇皇帝。事見《後漢書》卷七。"蠡吾"，《舊五代史考異》："案：原本訛'蠡愚'，今據《後漢書》改正。"　太常卿：官名。太常寺長官。掌祭祀禮儀等事。正三品。

[5]刑部侍郎：官名。尚書省刑部次官。協助刑部尚書掌天下刑法及徒隸、勾覆、關禁之政令。正四品下。

[6]安帝：即東漢安帝劉祜。漢章帝劉炟之孫。106 年至 125 年在位。紀見《後漢書》卷五。　所謂孝穆、孝崇之類是也："孝穆孝崇"，《輯本舊史》原作"孝德孝穆"，《會要》卷二同，但《後漢書》卷七《孝桓帝紀》作"孝穆孝崇"，《新五代史》卷五五《馬縞傳》亦同，據改。

[7]孫皓：人名。即三國吴末帝孫皓。吴郡富春（今浙江杭州市富陽區）人。孫權之孫，孫和之子。264 年至 280 年在位。傳見《三國志》卷四八。　和：人名。即孫和。孫權之子，孫皓之父。孫皓即位後，尊孫和爲文皇帝。傳見《三國志》卷五九。　不堪垂訓：《會要》卷二作“不堪效順”，《宋本册府》卷五九三同《輯本舊史》，《新五代史》卷五五《馬縞傳》作“不可以爲法”。

[8]右僕射：官名。秦始置。隋、唐前期，以左、右僕射佐尚書令總理六官、綱紀庶務；如不置尚書令，則總判省事，爲宰相之職。唐後期多爲大臣加銜。從二品。　李琪：人名。河西敦煌（今甘肅敦煌市）人。五代後梁、後唐官員。傳見本書卷五八、《新五代史》卷五四。

[9]禮有按據：《宋本册府》卷五九三同。《會要》卷二作“誠有經據”。

時明宗意欲兼加“帝”字，乃下詔曰：“朕聞開國承家，得以制禮作樂，故三皇不相襲，五帝不相沿，隨代創規，於禮無爽。[1]矧或情關祖禰，事繫烝嘗。[2]且追謚追尊，稱皇與帝，既有減增之字，合陳褒貶之辭。大約二名俱爲尊稱。若三皇之代故不可加‘帝’，五帝之代不可言‘皇’。爰自秦朝，便兼二號。[3]至若玄元皇帝，事隔千祀，宗追一源，猶顯册於鴻名，豈須遵於漢典。[4]況朕居九五之位，爲億兆之尊，不可總二名於眇躬，惜一字於先代，苟隨執議，何表孝誠。可委宰臣與百官詳定，集兩班於中書，逐班各陳所見。”唯李琪等請於祖禰二室先加“帝”字。宰臣合衆議奏曰：“恭以朝廷之重，宗廟爲先，事繫承祧，義符致美。且聖朝追尊之日，即引漢氏舊儀，在漢氏封崇之時，復依何代故事？理關凝滯，未叶聖謨；[5]道合變通，方爲民則。且王者功成治定，制禮作樂，正朔服色，尚有改更，尊祖奉先，何妨沿革。若應州必立别廟，即地遠上都。[6]今據開元中追尊臯陶爲德明皇帝，涼武昭王爲興聖皇帝，皆立廟於京都。[7]臣等商量，所議追尊四廟，望依御札，並加皇帝之號，兼請於洛京立廟。"[8]敕："宜於應州舊宅立廟，餘依所奏。"

[1]朕聞開國承家：中華書局本有校勘記："'聞'字原闕，據《册府》卷三一、卷五九三，《五代會要》卷二補。"　隨代創規：《會要》卷二作"隨代創制"，《宋本册府》卷五九三同《輯本舊史》。　於禮無爽：中華書局本有校勘記："'禮'，殿本、孔本、《册府》卷三一、卷五九三，《五代會要》卷二作'理'。"

[2]祖禰：祖父與父親的合稱。　烝嘗：冬祭曰烝，秋祭曰嘗。泛指宗廟祭祀。

[3]便兼二號：《會要》卷二、《宋本册府》卷五九三俱作"便兼其號"。

[4]玄元皇帝：即老子。唐奉老子爲始祖，於高宗乾封元年（666）二月追號爲"太上玄元皇帝"，此後屢有加封。　千祀：千年、千載。一祀爲一年。

[5]未叶聖謨：《會要》卷二作"未協聖謨"，《宋本册府》卷五九三作"未曰聖謨"。

[6]應州：州名。治所在今山西應縣。《輯本舊史》之影庫本粘籤："應州，原本作'慮州'，今從《五代會要》改正。"見《會要》卷二。《輯本舊史》卷三八《唐明宗紀四》、《宋本册府》卷五九三亦作"應州"，《輯本舊史》卷三八將此事繫於天成二年（927）十二月丙午。

[7]開元：唐玄宗李隆基年號（713—741）。　臯陶：人名。

傳説中東夷族的首領，虞舜的大臣。事見《史記》卷一、卷二。涼武昭王：即李暠。隴西狄道（今甘肅臨洮縣）人。十六國時期西涼國的建立者，400年至417年在位。傳見《魏書》卷九九。

[8]御札：又作“御劄”。皇帝手劄、手詔。

應順元年正月，中書門下奏：[1]“太常以大行山陵畢祔廟。[2]今太廟見饗七室，高祖、太宗、懿宗、昭宗、獻祖、太祖、莊宗，大行升祔，禮合祧遷獻祖，請下尚書省集議。”[3]太子少傅盧質等議曰：[4]“臣等以親盡從祧，垂於舊典，疑事無質，素有明文。頃莊宗皇帝再造寰區，復隆宗廟，追三祖於先遠，復四室於本朝，式遇祧遷，旋成沿革。[5]及莊宗升祔，以懿祖從祧，蓋非嗣立之君，所以先遷其室。光武滅新之後，始有追尊之儀，比祇在於南陽，元不歸於太廟，引事且疏於故實，此時須稟於新規。[6]將來升祔先廟，次合祧遷獻祖，既協隨時之義，又符變禮之文。”從之。時議者以懿祖賜姓於懿宗，以支庶繫大宗例，宜以懿祖爲始祖，次昭宗可也，不必祖神堯而宗太宗。[7]若依漢光武，則宜於代州立獻祖而下親廟，其唐廟依舊禮行之可也，而議謚者忘咸通之懿宗，又稱懿祖，父子俱“懿”，於理可乎！[8]將朱耶三世與唐室四廟連敘昭穆，非禮之甚也。[9]議祧者不知受氏於唐懿宗而祧之，今又及獻祖。以禮論之，始祧昭宗，次祧獻祖可也，而懿祖如唐景皇帝，豈可祧乎？[10]

[1]應順：五代後唐愍帝（閔帝）李從厚年號（934）。

[2]太常：此處指太常寺。官署名。北齊始置，掌禮樂祭祀活動。隋、唐兩代下設郊廟、太廟、諸陵、太樂、鼓吹、太醫、太卜、廩犧等八署，長官爲太常寺卿，正三品。唐高宗龍朔年間曾改稱奉常，武則天光宅年間又曾稱爲司禮，後均復舊。歷代沿置。　大行：即“大行皇帝”，古代對已死而停棺未葬的皇帝的諱稱。“大行”意爲一去不復返。　山陵：古代帝王墳墓的代稱。

[3]大行升祔：《宋本册府》卷五九四《掌禮部·奏議門》作“今明宗升祔”。

[4]太子少傅：官名。與太子少保、太子少師合稱三少，唐後期、五代多爲大臣、勳貴加官。從二品。　盧質：人名。河南（今河南洛陽市）人。五代大臣。傳見本書卷九三、《新五代史》卷五六。

[5]先遠：《會要》卷二廟儀條作“先代”。　三祖：《宋本册府》卷五九四作“三宗”。

[6]比祇在於南陽：中華書局本有校勘記：“‘比’，原作‘此’，據殿本、劉本、孔本、《五代會要》卷二改。”　新：朝代名。王莽所建。西漢平帝年幼即位，太皇太后侄王莽以大司馬大將軍執掌朝政。平帝死後，莽立兩歲的劉嬰，號曰孺子，自稱“攝皇帝”。公元9年，王莽代漢自立，改國號爲“新”，史稱“新莽”。　此時須禀於新規：“此時”，《會要》卷二作“臣等”；“須禀於新規”，中華書局本有校勘記：“‘新規’，原作‘所規’，據《册府》卷五九四、《五代會要》卷二改。”

[7]時議者以懿祖賜姓於懿宗：“時議者”，《輯本舊史》原無“者”字，據《會要》卷二補。　以支庶繫大宗例：中華書局本有校勘記：“‘大宗’，原作‘太宗’，據劉本、《五代會要》卷二改。”　宜以懿祖爲始祖：中華書局本有校勘記：“‘懿祖’，原作‘祖’，據《五代會要》卷二、《册府》（明本）卷五九四改。”　神堯：即李淵。唐朝建立者。廟號高祖。謚神堯大聖大光孝皇帝。618年至626年在位。紀見《舊唐書》卷一、《新唐書》卷一。

[8]代州：州名。治所在今山西代縣。　咸通：唐懿宗李漼年號（860—874）。《輯本舊史》之影庫本粘籤："'咸通'，原本作'感通'，今據《新唐書》改正。"見《新唐書》卷九《懿宗本紀》,《會要》卷二亦作"咸通"。

[9]朱耶：即朱邪。西突厥部族名，世居沙陀。唐憲宗時自號沙陀，而以朱邪爲複姓。歸唐後朱邪赤心以功賜姓李，名國昌。　昭穆：宗廟、墓地排列之次序。始祖居中，左右位次按父昭子穆世次排列。其二世、四世、六世等位於左，爲"昭"；三世、五世、七世位於右，爲"穆"。

[10]景皇帝：即李虎。代北武川（今内蒙古武川縣）人。西魏將領。唐高祖李淵的祖父。唐朝建立後，追謚爲景皇帝，廟號太祖。事見《舊唐書》卷一、《新唐書》卷一三。

晉天福二年正月，中書門下奏：[1]"皇帝到京，未立宗廟，望令所司速具制度典禮以聞。"從之。二月，太常博士段顒議曰：[2]"夫宗廟之制，歷代爲難，須考禮經，旁求故實。[3]謹按《尚書·舜典》曰：'正月上日，受終於文祖。'此是堯之廟也，猶未載其數。又按《郊祀録》曰：夏立五廟，商立六廟，周立七廟。[4]漢初，立祖宗廟於郡國，共計一百六十七所。後漢光武中興後，别立六廟。魏明帝初立親廟四，後重議，依周法立七廟。[5]晉武帝受禪，初立六廟，後復立七廟。[6]宋武帝初立六廟，齊朝亦立六廟。[7]隋文帝受命，初立親廟四，至大業元年，煬帝欲遵周法，議立七廟。[8]次屬傳禪於唐，武德元年六月四日，始立四廟於長安，至貞觀九年，命有司詳議廟制，遂立七廟，至開元十一年後，創立九廟。[9]又按《禮記·喪服小記》曰：'王者禘其祖之所自出，以其祖配之，而立四廟。’鄭玄注云：‘高祖以下至禰四世，即親盡也，更立始祖爲不遷之廟，共五廟也。’[10]又按《禮記·祭法》及《王制》《孔子家語》《春秋穀梁傳》並云：‘天子七廟，諸侯五廟，大夫三廟，士一廟。此是降殺以兩之義。’[11]又按《尚書·咸有一德》曰：‘七世之廟，可以觀德。”又按《疑義》云：天子立七廟，或四廟，蓋有其義也。如四廟者，從禰至高祖已上親盡，故有四廟之理。’[12]又立七廟者，緣自古聖王，祖有功，宗有德，更封立始祖，即於四親廟之外，或祖功宗德，不拘定數，所以有五廟、六廟，或七廟、九廟，欲後代子孫觀其功德，故《尚書》云‘七世之廟，可以觀德’矣。[13]又按周舍論云：[14]‘自江左已來，晋、宋、齊、梁相承，多立七廟。’今臣等參詳，唯立七廟、四廟，即並通其理。[15]伏緣宗廟事大，不敢執以一理定之，故檢七廟、四廟二件之文，參酌厥禮，俱得其宜，他所論者，並皆勿取。[16]伏請下三省集百官詳議。”敕旨：“宜依。”

[1]天福：五代後晋高祖石敬瑭年號（936—942）。出帝石重貴沿用至九年（944）。後漢高祖劉知遠繼位後沿用一年，稱天福十二年（947）。　正月：《輯本舊史》卷七六《晋高祖紀二》繫此條於天福二年（937）正月庚申。

[2]二月：中華書局本有校勘記：“《五代會要》卷二同，《册府》卷五九四作‘三月’。按本書卷七六《晋高祖紀二》繫其事於三月。”見《輯本舊史》卷七六天福二年三月丙寅條。　段顒：人名。籍貫不詳。五代後唐、後晋官員。事見本書本卷。

[3]旁求故實：《輯本舊史》原作“以求故事”，據《宋本册府》卷五九四《掌禮部·奏議門》改。

[4]商立六廟：《宋本册府》“商”作“殷”，下同。《舊史》作“商”，當係避宋太祖之父趙弘殷諱。

[5]魏明帝：即曹叡。三國魏皇帝。魏文帝曹丕長子。226年至239年在位。紀見《三國志》卷三。

[6]晋武帝：即司馬炎。西晋開國皇帝。司馬懿之孫，司馬昭長子。265年至290年在位。紀見《晋書》卷三。

[7]宋武帝：即劉裕。彭城（今江蘇徐州市）人。南朝宋開國皇帝。420年至422年在位。紀見《宋書》卷一至卷三。

[8]隋文帝：即楊堅。出身弘農楊氏。北周大臣，隋朝開國皇帝，謚文帝，廟號高祖。581年至605年在位。紀見《隋書》卷一、卷二。　大業：隋煬帝楊廣的年號（605—617）。　煬帝：即隋煬帝楊廣。隋文帝楊堅之子。605年至617年在位。紀見《隋書》卷三、卷四。

[9]武德：唐高祖李淵年號（618—626）。　貞觀九年：中華書局本有校勘記：“‘九年’，原作‘元年’，據殿本、孔本、《册府》卷五九四、《五代會要》卷二改。按《舊唐書》卷二五《禮儀志五》：‘貞觀九年高祖崩，將行遷祔之禮，太宗命有司詳議廟制。’”

[10]即親盡也：親盡，《會要》卷二廟儀條作“親廟”。

[11]降殺以兩：禮制等級的遞減、削減，以二爲公差數。

[12]從禰至高祖已上親盡：中華書局本有校勘記：“‘上’，原作‘下’，據《册府》卷五九四、《五代會要》卷二改。”　四廟之理：《會要》卷二作“四廟之禮”。

[13]五廟：中華書局本有校勘記：“‘廟’字原闕，據《册府》卷五九四、《五代會要》卷二補。”　九廟：《會要》卷二無此二字。

[14]周捨：人名。汝南安城（今河南原陽縣）人。南朝齊、

梁時官員、學者。傳見《梁書》卷二五。《舊五代史考異》:"案:原本訛'周拾',今據《新唐書·禮志》改正。"《會要》卷二、《宋本册府》卷五九四亦作"周捨"。

[15]今臣等參詳:《會要》卷二、《宋本册府》卷五九四俱作"今顒等參詳"。　唯立七廟、四廟:《輯本舊史》原無"四廟"二字,中華書局本有校勘記:"'唯立七廟',句下《册府》卷五九四、《五代會要》(四庫本)卷二及本卷下文有'四廟'二字。"但未補,今據補。

[16]參酌厥禮:《輯本舊史》原無,據《會要》卷二補。

左僕射劉昫等議曰:[1]"臣等今月八日,伏奉敕命,於尚書省集議太常博士段顒所議宗廟事。伏以將敷至化,以達萬方,克致平和,必先宗廟。故《禮記·王制》云:'天子七廟,諸侯五廟,大夫三廟。'疏云:'周制之七廟者,太祖廟及文王、武王之祧,與親廟四。[2]太祖,后稷也。[3]商六廟,契及湯與二昭、二穆。[4]夏則五廟,無太祖,禹與二昭、二穆而已。[5]自夏及周,少不減五,多不過七。'又云:'天子七廟,皆據周也。有其人則七,無其人則五。若諸侯廟制,雖有其人,則不過五。此則天子、諸侯七、五之異明矣。'至於三代已後,魏、晉、宋、齊、隋及唐初,多立六廟或四廟,蓋於建國之始,不盈七廟之數也。今欲請立自高祖已下四親廟,其始祖一廟,未敢輕議,伏俟聖裁。"[6]

[1]左僕射劉昫等議:見《輯本舊史》卷七六天福二年(937)三月丙寅條,《宋本册府》卷五九四將此條亦繫於天福二年三月。

[2]周制之七廟者:"廟"字,《輯本舊史》原無,據《册

府》補。

[3]后稷：周人始祖。爲舜農官，封於邰，號后稷。

[4]契：商人始祖。佐夏禹治水有功，被舜任命爲掌管教化的司徒，封於商。　湯：商朝開國君主。滅夏立商。紀見《史記》卷三《殷本紀》。

[5]無太祖：中華書局本有校勘記："'無'字原闕，據《册府》卷五九四、《禮記·王制》鄭玄注補。"

[6]伏俟聖裁：伏俟，《會要》卷二作"伏候"。

御史中丞張昭遠奏議曰：[1]

臣前月中預都省集議宗廟事，伏見議狀，於親廟之外，請别立始祖一廟，近奉中書門下牒，再令百官於都省議定聞奏者。[2]

臣讀十四代史書，見二千年故事，觀諸家宗廟，都無始祖之稱，唯商、周二代，以稷、契爲太祖。《禮記》曰："天子七廟，三昭、三穆，與太祖之廟而七。"鄭玄注："此周制也。七者，太祖后稷及文王、武王與四親廟。"又曰："商人六廟，契及成湯與二昭、二穆也。夏后氏立五廟，不立太祖，唯禹與二昭、二穆而已。"據《王制》鄭玄所釋，即商、周以稷、契爲太祖，夏后氏無太祖，亦無追謚之廟。[3]自商、周以來，時更十代，皆於親廟之中，以有功者爲太祖，無追崇始祖之例。具引今古，即恐詞繁，事要證明，須陳梗概。漢以高祖父太上皇執嘉無社稷功，不立廟號，高帝自爲高祖。[4]魏以曹公相漢，垂三十年，始封於魏，故爲太祖。[5]晋以宣王輔魏有功，立爲高祖，以景帝始封於晋，故爲太祖。[6]宋氏先世，官閥卑微，雖追崇帝號，劉裕自爲高祖。南齊高帝之父，位至右將軍，生無封爵，不得爲太祖，高帝自爲太祖。[7]梁武帝父順之，佐佑齊室，封侯，位至領軍、丹陽尹，雖不受封於梁，亦爲太祖。[8]陳武帝父文讚，生無名位，以武帝功，梁室贈侍中，封義興公，及武帝即位，亦追爲太祖。[9]周閔帝以父泰相西魏，經營王業，始封於周，故爲太祖。[10]隋文帝父忠，輔周室有大功，始封於隋，故爲太祖。[11]唐高祖神堯祖父虎爲周八柱國，隋代追封唐公，故爲太祖。[12]唐末梁室朱氏有帝位，亦立四廟，朱公先世無名位，雖追册四廟，不立太祖，朱公自爲太祖。[13]此則前代追册太祖，不出親廟之成例也。

王者祖有功而宗有德，漢、魏之制，非有功德不得立爲祖宗，商、周受命，以稷、契有大功於唐、虞之際，故追尊爲太祖。自秦、漢之後，其禮不然，雖祖有功，仍須親廟。今亦粗言往例，以取證明。秦稱造父之後，不以造父爲始祖；[14]漢稱唐堯、劉累之後，不以堯、累爲始祖；[15]魏稱曹參之後，不以參爲始祖；[16]晋稱趙將司馬卬之後，不以卬爲始祖；[17]宋稱漢楚元王之後，不以元王爲始祖；[18]齊、梁皆稱蕭何之後，不以何爲始祖；[19]陳稱太丘長陳寔之後，不以寔爲始祖；[20]元魏稱李陵之後，不以陵爲始祖；[21]後周稱神農之後，不以神農爲始祖；

隋稱楊震之後，不以震爲始祖；[22]唐稱皋陶、老子之後，不以皋陶、老子爲始祖。[23]唯唐高宗則天武后臨朝，革唐稱周，便立七廟，仍追册周文王姬昌爲始祖，此蓋當時附麗之徒，不諳故實，武立姬廟，乖越已甚，曲臺之人，到今嗤誚。[24]臣遠觀秦、漢，下至周、隋，禮樂衣冠，聲明文物，未有如唐室之盛。武德議廟之初，英才間出，如温、魏、顔、虞通今古，封、蕭、薛、杜達禮儀，制度憲章，必有師法。[25]

夫追崇先王、先母之儀，起於周代，據史記及禮經云：[26]"武王纘太王、王季、文王之緒，一戎衣而有天下，尊爲天子，宗廟饗之。[27]周公成文、武之德，追王太王、王季，祀先公以天子之禮。"又曰："郊祀后稷以配天。"據此言之，周武雖祀七世，追爲王號者，但四世而已。故自東漢以來，有國之初，多崇四廟，從周制也。況商因夏禮，漢習秦儀，無勞博訪之文，宜約已成之制。請依隋、唐有國之初，創立四廟，推四世之中名位高者爲太祖。謹議以聞。

敕："宜令尚書省集百官，將前議狀與張昭遠所陳，速定奪聞奏。"[28]

[1]御史中丞：官名。如不置御史大夫，則爲御史臺長官。掌司法監察。正四品下。　張昭遠：人名。《會要》卷二作"張昭"，《輯本舊史》卷七六、《宋本册府》卷五九四俱作"張昭遠"，下同。張昭本名昭遠，《宋史》卷二六三言其"避漢祖（漢高祖劉知

遠）諱，止稱昭”。濮州范縣（今河南范縣）人。五代後唐至宋初官員。傳見《宋史》卷二六三。

［2］牒：文書名。上行文書的一種。　都省：尚書省的辦公機構。又稱都司、都臺、都堂。尚書省集議多在都省舉行，稱爲“都省集議”。

［3］夏后氏無太祖：中華書局本有校勘記：“‘氏’字原闕，據彭校、《册府》卷五九四、《五代會要》卷二補。”

［4］執嘉：即劉執嘉。漢高祖劉邦之父。漢初被封爲太上皇。《宋書》卷二七載，“漢高帝父曰劉執嘉”。

［5］曹公：指曹操。沛國譙（今安徽亳州市）人。漢末大臣，三國魏太祖。紀見《三國志》卷一。

［6］宣王：即司馬懿。温縣（今河南温縣）人。三國魏大臣。其子司馬昭封晋王後，追謚司馬懿爲“宣王”。其孫司馬炎稱帝，建立西晋後，追謚司馬懿爲宣皇帝，廟號高祖。紀見《晋書》卷一。《會要》卷二作“宣皇”。《册府》卷五九四亦作“宣王”。　景帝：即司馬師。三國魏大臣。司馬懿長子，司馬昭之兄。西晋建立後，被追謚爲景皇帝，廟號世宗。紀見《晋書》卷二。　始封於晋：《輯本舊史》之影庫本粘籤：“始封，原本作‘始討’，今據文改正。”《會要》卷二正作“始封”，《册府》卷五九四亦作“始封”。

［7］南齊高帝：即蕭道成。南蘭陵郡蘭陵縣（今江蘇常州市武進區）人。南朝宋的將領。南朝齊的開國皇帝，479年至482年在位。死後謚高帝，廟號太祖。紀見《南齊書》卷一、卷二。　右將軍：官名。始於戰國，秦漢時成爲正式軍事職官。漢代爲左、右、前、後四將軍之一。魏晋南北朝沿置。掌京師宿衛或外出征伐。三品。

［8］梁武帝：即南朝梁武帝蕭衍。南朝齊的宗室。中興元年（501）起兵，次年代齊建梁。502年至549年在位。死後謚武皇帝，廟號高祖。紀見《梁書》卷一至卷三。　順之：人名。即蕭順之。梁武帝蕭衍之父。南朝齊的宗室、大臣。蕭衍即位後，追謚爲文皇

帝，廟號太祖。事見《梁書》卷一。　佐佑齊室：佐佑，《會要》卷二作“左右”。　領軍：官名。漢末始置。魏晋時置領軍將軍、中領軍，統率禁軍。南北朝沿置。從二品。　丹陽尹：官名。丹陽郡的長官。西漢始置丹陽郡，治所在宛陵（今安徽宣城市），三國吴時移治建業（今江蘇南京市），吴、東晋與南朝宋齊梁陳均建都於此，設丹陽尹以治之。南朝陳時，丹陽尹秩中二千石，五品。

[9]陳武帝：即南朝陳的開國皇帝陳霸先。南朝梁的將領。吴興（今浙江長興縣）人。557年至559年在位。死後謚武皇帝，廟號高祖。紀見《陳書》卷一、卷二。　文讚：人名。即陳文讚。陳武帝陳霸先之父。陳朝建立後，追謚爲景帝，廟號太祖。事見《陳書》卷一。　侍中：官名。秦始置，西漢沿置。南朝宋文帝時掌機要，齊、梁、陳相沿，爲執政大臣。南朝梁時爲十二班。　封義興公：《輯本舊史》之影庫本粘籤：“‘義興’，原本作‘漾興’，今從《陳書》改正。”見《陳書》卷一《高祖本紀上》。

[10]周閔帝：即北周的開國皇帝宇文覺。代郡武川縣（今内蒙古武川縣）人，鮮卑族。由權臣宇文護擁立稱帝，代魏立周。在位一年（557），爲宇文護所廢及殺害。後謚爲孝閔皇帝。紀見《周書》卷三。　泰：人名。即宇文泰。周閔帝宇文覺之父。西魏的掌控者，北周建立後，追謚爲文皇帝，廟號太祖。紀見《周書》卷一、卷二。

[11]隋文帝父忠：中華書局本有校勘記：“‘父忠’二字原闕，據《册府》卷五九四補。”《會要》卷二亦無“父忠”二字。忠，即楊忠。出身弘農楊氏。北魏末年至西魏、北周時的將領。隋文帝楊堅之父。隋朝建立後，追謚爲武元皇帝，廟號太祖。傳見《周書》卷一九。

[12]八柱國：柱國爲官名。西魏大統十六年（550）前，八個重要勳臣被封爲柱國，即宇文泰、李虎、元欣、李弼、獨孤信、趙貴、于謹、侯莫陳崇，稱爲“八柱國”。

[13]朱公：指朱温。宋州碭山（今安徽碭山縣）人。五代後

梁太祖。紀見本書卷一、《新五代史》卷一。

［14］造父：人名。西周時擅御車、馴馬之人。事見《史記》卷四三。

［15］劉累：人名。相傳爲夏朝時人，爲夏王孔甲御龍。事見《史記》卷二。《舊五代史考異》："案：原本作'劉里'，今據《漢書》改正。"

［16］曹參：人名。沛（今江蘇沛縣）人。漢初大臣。傳見《史記》卷五四、《漢書》卷三九。

［17］司馬卬：人名。趙人。秦漢之際，被項羽封爲殷王，後降漢。事見《史記》卷七、卷八。

［18］楚元王：即劉交。漢高祖劉邦異母弟。漢高祖六年（前201），受封爲楚王。死後謚元。傳見《史記》卷二〇。

［19］蕭何：人名。沛縣豐邑（今江蘇豐縣）人。漢初大臣。傳見《史記》卷五三、《漢書》卷三九。　不以何爲始祖："何"前，《輯本舊史》原有"蕭"字，據《宋本册府》删。

［20］太丘長：官名。西漢置敬丘侯國，東漢明帝時改名太丘縣。太丘長爲其長官。秩千石。　陳寔：人名。潁川許縣（今河南許昌市）人。東漢官員、名士。傳見《後漢書》卷九二。

［21］李陵：人名。隴西成紀（今甘肅秦安縣）人。李廣之孫。漢武帝時的將領，後戰敗投降匈奴。傳見《史記》卷一〇九、《漢書》卷五四。

［22］楊震：人名。弘農華陰（今陝西華陰市）人。東漢名儒、官員。傳見《後漢書》卷八四。　不以震爲始祖："震"前，《輯本舊史》原有"楊"字，《會要》卷二同，據《宋本册府》删。

［23］皋陶：人名。傳説中東夷族的首領，虞舜的大臣。事見《史記》卷一、卷二。

［24］唐高宗：即李治。649年至683年在位。唐太宗之子。紀見《舊唐書》卷四至卷五、《新唐書》卷三。　便立七廟："便"，《輯本舊史》原作"又"，據《會要》卷二、《宋本册府》改。　姬

昌：人名。商末周族首領，受封西伯。周武王之父。周王朝建立後，追尊爲周文王。紀見《史記》卷四。　曲臺：本爲秦漢宫殿名。漢時爲天子射宫，置太常博士弟子。故自漢以來，有關禮制的著作，常以曲臺爲名。後常用於代指太常寺、太常禮院。

［25］温：指温大雅。祁（今山西祁縣）人。唐初學者、官員。傳見《舊唐書》卷六一、《新唐書》卷九一。　魏：指魏徵。一説曲陽（今河北曲陽縣）人，一説館陶（今河北館陶縣）人。唐初大臣，以直言敢諫而聞名。傳見《舊唐書》卷七一、《新唐書》卷九七。　顔：指顔師古。雍州萬年（今陝西西安市長安區）人。唐初學者、官員。傳見《舊唐書》卷七三、《新唐書》卷一九八。　虞：指虞世南。越州餘姚（今浙江慈溪市）人。唐初學者、官員。傳見《舊唐書》卷七二、《新唐書》卷一〇二。　封：指封倫，字德彝。渤海蓨縣（今河北景縣）人。唐初宰相。傳見《舊唐書》卷六三、《新唐書》卷一〇〇。　蕭：指蕭瑀。南蘭陵（今江蘇常州市武進區）人。南朝梁的宗室後人，唐初宰相。傳見《舊唐書》卷六三、《新唐書》卷一〇一。　薛：指薛收。蒲州汾陰（今山西萬榮縣）人。唐初大臣。傳見《舊唐書》卷七三、《新唐書》卷九八。　杜：指杜如晦。京兆杜陵（今陝西西安市）人。唐初宰相。傳見《舊唐書》卷六六、《新唐書》卷九六。

［26］夫追崇先王、先母之儀：《宋本册府》作“夫追先祖之儀”。

［27］武王：即姬發。西周開國君主。周文王姬昌之子。紀見《史記》卷四。　太王：即古公亶父。商末周族首領。周文王姬昌之祖。紀見《史記》卷四。　王季：即姬歷，又稱季歷、公季。商末周族首領。周文王姬昌之父。紀見《史記》卷四。

［28］速定奪聞奏：中華書局本有校勘記：“‘速’，原作‘連’，據孔本、彭校、《册府》卷五九四改。”

左僕射劉昫等再奏議曰："臣等今月十三日，再於尚書省集百官詳議。夫王者祖武宗文，郊天祀地，故有追崇之典，以申配饗之儀。切詳太常禮院議狀，唯立七廟、四廟，即並通其理，其他所論，並皆勿取。[1]七廟者，按《禮記·王制》曰：'天子七廟，三昭、三穆與太祖之廟而七。'鄭玄注云：'此周制也。'詳其《禮經》，即是周家七廟之定數。四廟者，謂高、曾、祖、禰四世也。按《周本紀》及《禮記大傳》皆曰：'武王即位，追王太王、王季、文王。以后稷爲堯稷官，故追尊爲太祖。'此即周武王初有天下，追尊四廟之明文也。故自漢、魏已降，迄於周、隋，創業之君，追謚不過四世，約周制也。[2]此禮行之已久，事在不疑。今參詳都省前議狀，請立四廟外，別引始祖，取裁未爲定議。續准敕，據御史中丞張昭遠奏，請創立四廟之外，無別封始祖之文。況國家禮樂刑名，皆依唐典，宗廟之制，須約舊章，請依唐朝追尊獻祖宣皇帝、懿祖光皇帝、太祖景皇帝、代祖元皇帝故事，追尊四廟爲定。"[3]從之。

[1]唯立七廟、四廟：《會要》卷二無"四廟"二字。

[2]追謚：《會要》卷二作"追尊"。

[3]獻祖宣皇帝：即李熙。唐高祖李淵的四代祖。　懿祖光皇帝：即李天賜。唐高祖李淵的曾祖。懿祖，《舊五代史考異》："案：原本作'義祖'，今從《新唐書》改正。"《會要》卷二亦作懿祖。　太祖景皇帝：即李虎。唐高祖李淵的祖父。　代祖元皇帝：即李昺。唐高祖李淵之父。代祖，《舊唐書》卷一、《新唐書》卷一皆作"世祖"，《唐會要》卷一《帝系》記載："世祖元皇帝諱昺，武

德元年（618）六月二十二日追尊元皇帝，廟號世祖，葬興寧陵。”當以“世祖”爲確，或因避唐太宗李世民諱，改“世”爲“代”。

七年七月，太常禮院奏：“國朝見饗四廟：靖祖、肅祖、睿祖、憲祖。[1]今大行皇帝將行升祔，按《會要》：[2]唐武德元年，立四廟於長安；貞觀九年，高祖神堯皇帝崩，命有司詳議廟制，議者以高祖神主并舊四室祔廟。[3]今先帝神主，請同唐高祖升祔。”[4]從之。

[1]四廟：五代後晋建立後所立四廟之主，爲靖祖孝安皇帝石璟、肅祖孝簡皇帝石郴、睿祖孝平皇帝石昱、憲祖孝元皇帝石紹雍。事見本書卷七五。

[2]今大行皇帝將行升祔：“大行皇帝”，《宋本册府》卷五九四《掌禮部·奏議門》作“高祖”。

[3]議者以高祖神主并舊四室祔廟：“議者”，《輯本舊史》原無“者”字，據《會要》卷二廟儀條補。

[4]今先帝神主：“先帝”，《會要》卷二作“先皇帝”。

漢天福十二年閏七月，時漢高祖已即位，尚仍天福之號，太常博士段顒奏議曰：[1]“伏以宗廟之制，歷代爲難，須按禮經，旁求故實，又緣禮貴隨時，損益不定。今參詳歷代故事，請立高、曾、祖、禰四廟，更上追遠祖光武皇帝爲始祖，百代不遷之廟，居東向之位，共爲五廟，庶符往例，又合禮經。”[2]詔尚書省集百官議。吏部尚書竇貞固等議云：[3]“按禮記王制云：‘天子七廟，諸侯五廟，大夫三廟。’疏云：‘周制之七廟者，太祖及文王、武王之祧，與親廟四。太祖，后稷也。’又云：‘天子七廟，皆據周也。有其人則七，無其人則五。’至於光武中興及歷代多立六廟或四廟，蓋建國之始，未盈七廟之數。又按《郊祀録》，王肅云：[4]‘德厚者流澤廣，天子可以事六代之義也。’今欲請立高祖已下四親廟。又自古聖王，祖有功，宗有德，即於四親廟之外，祖功宗德，不拘定數。今除四親廟外，更請上追高皇帝、光武皇帝，共立六廟。”從之。[5]

[1]漢天福十二年閏七月：《輯本舊史》卷一〇〇《漢高祖紀下》繫此事於十二年閏七月庚辰。　時漢高祖已即位，尚仍天福之號：《會要》卷二廟儀條、《宋本册府》卷五九四均無此句，《通考》卷九三《宗廟考三·天子宗廟》有“尚仍天福之號”語。

[2]請立高、曾、祖、禰四廟：“請”，《輯本舊史》原無，據《會要》卷二補。

[3]吏部尚書：官名。尚書省吏部最高長官，與二侍郎分掌六品以下文官選授、勳封、考課之政令。正三品。　竇貞固：人名。同州白水（今陝西白水縣）人。五代後唐至宋初大臣，後唐進士，後漢宰相。傳見《宋史》卷二六二。

[4]王肅：人名。東海郯縣（今山東郯城縣）人。三國魏經學家、大臣。漢司徒王朗之子、晋文帝司馬昭岳父。傳見《三國志》卷一三。

[5]“漢天福十二年閏七月”至“從之”：《輯本舊史》在此段正文後有案語：“案《文獻通考》：莊宗、明宗既捨其祖而祖唐之祖矣，及敬瑭、知遠崛起而登帝位，俱欲以華胄自詭，故於四親之外，必求所謂始祖而祖之。張昭之言，議正而詞偉矣。至漢初，則段顒、竇貞固之徒，曲爲諂附，乃至上祖高、光，以爲六廟云。”

見《通考》卷九三《宗廟考三》。

周廣順元年正月，中書門下奏：[1]“太常禮院議，合立太廟室數。若守文繼體，則魏、晋有七廟之文；若創業開基，則隋、唐有四廟之議。聖朝請依近禮，追謚四廟。[2]伏恐所議未同，請下百官集議。”太子太傅和凝等議：[3]“請據禮官議，立四親廟。”從之。[4]

[1]廣順：五代後周太祖郭威年號（951—953）。

[2]聖朝請依近禮：“近禮”，《會要》卷二廟儀條作“通禮”。

[3]太子太傅：官名。與太子太師、太子太保統稱太子三師。隋、唐以後多作加官或贈官。從一品。　和凝：人名。鄆州須昌（今山東東平縣）人。五代後晋宰相。傳見本書卷一二七、《新五代史》卷五六。　太子太傅和凝等議：《宋本册府》卷五九四《掌禮部·奏議門》將此事繫於二月。

[4]“周廣順元年正月”至“從之”：《輯本舊史》在此段正文後有案語：“案《五代會要》：和凝議曰：‘恭以肇啓洪圖，惟新黄屋。左宗廟而右社稷，率由舊章；崇祖禰而辨尊卑，載於前史。雖質文互變，義趣各殊，或觀損益之規，或繫興隆之始。陛下體元立極，本義祖仁，開變家成國之基，遵奉先思孝之道，合據禮官議，立四親廟，以叶前文。’從之。”見《會要》卷二廟儀條。

其年四月，中書門下奏：“太常禮院申，七月一日，皇帝御崇元殿，命使奉册四廟。[1]准舊儀，服衮冕即座，太尉引册案入，皇帝降座，引立於御座前，南向，中書令奉册案進，皇帝搢珪捧授，册使跪受，轉授舁册官，其進寶授寶儀如册案。[2]臣等參詳，至時請皇帝降階授冊。”[3]從之。

[1]崇元殿：殿名。五代後梁開平元年（907）改汴京正殿爲崇元殿。位於今河南開封市。　冊：文書名。屬命令體文書。凡皇帝上尊號、追謚，帝與皇后發訃告，立后妃，封親王、皇子、大長公主，拜三師、三公、三省長官等，用冊。行冊禮時，置冊於冊案上。　四廟：五代後周建國後所立四廟之主，爲信祖睿和皇帝郭璟、僖祖明憲皇帝郭諶、義祖翼順皇帝郭蘊、慶祖章肅皇帝郭簡。事見本書卷一一〇。

[2]服衮冕即座：中華書局本有校勘記：“‘衮’，原作‘兖’，據殿本、劉本及《會要》卷三改。”見《會要》卷三緣廟裁製條。　皇帝搢珪捧授，冊使跪受：《會要》卷三緣廟裁製條作“皇帝搢瓘推授，冊使跪受”，《宋本冊府》卷五九四作“皇帝搢珪捧授冊使，使跪受”。　寶：皇帝的璽印。

[3]至時請皇帝降階授冊：《宋本冊府》卷五九四無“授冊”二字。

三年九月，將有事於南郊，議於東京别建太廟。[1]時太常禮院言：“准洛京廟室一十五間，分爲四室，東西有夾室，四神門，每方屋一間，各三門，戟二十四，别有齋宫、神厨屋宇。[2]准禮，左宗廟，右社稷，在國城内，請下所司修奉。”從之。

[1]東京：即汴京開封府。位於今河南開封市。

[2]分爲四室：《會要》卷三廟制度條“分爲四室”前有“中”字。　東西有夾室：“東西”，《會要》卷三、《宋本冊府》卷五九四俱作“兩頭”。　四神門，每方屋一間，各三門，戟二十四：中

華書局本有校勘記："《册府》卷五九四作‘四神門每門屋三間每間一門戟二十四’，《五代會要》卷三作‘四神門每門屋三間每門戟二十四’。" 齋宫：皇帝行祭禮齋戒時的住宿處。 神厨：宗廟中存放、製作祭品之處。

其月，太常禮院奏："迎太廟社稷神主到京，其日未審皇帝親出郊外迎奉否？檢討故事，元無禮例，伏請召三省官集議。" 敕："宜令尚書省四品已上、中書門下五品已上同參議。" 司徒竇貞固、司空蘇禹珪等議：[1] "按吴主孫休即位，迎祖父神主於吴郡，入祔太廟，前一日出城野次，明日常服奉迎，此其例也。"[2] 遂署狀言車駕出城奉迎爲是，請下禮儀使草定儀注。至十月，禮儀使奏：[3] "太廟神主將至，前一日儀仗出城掌次，於西御莊東北設神主行廟幄幕，面南。[4] 其日放朝，群臣早出西門，皇帝常服出城，詣行宫，群臣起居畢，就次。神主將至，群臣班定，皇帝立於班前。神主至，太常卿請皇帝再拜，群臣俱拜。神主就行廟幄幕座，設常饌，群臣班於神幄前。[5] 侍中就次，請皇帝謁神主。既至，群臣再拜，皇帝進酒畢再拜，群臣俱拜。皇帝還幄，群臣先赴太廟門外立班，俟皇帝至，起居。俟神主至，群臣班於廟門外，皇帝立於班前，太常卿請皇帝再拜，群臣俱拜。皇帝還幄，群臣就次，宫闈令安神主於本室訖，群臣班於廟庭。[6] 太常卿請皇帝於四室奠饗，逐室皇帝再拜，群臣俱拜。四室祔饗畢，皇帝還宫。前件儀注，望付中書門下宣下。" 從之。

[1]司徒：官名。與太尉、司空並爲三公，唐後期、五代多爲大臣、勳貴加官。正一品。　司空：官名。與太尉、司徒並爲三公。唐後期、五代多爲大臣、勳貴加官。正一品。　蘇禹珪：人名。高密（今山東高密市）人。劉知遠爲河東節度使時的屬官，後漢初任宰相。後周仍居相位。傳見本書卷一二七。

[2]孫休：人名。吴郡富春（今浙江杭州市富陽區）人。孫權之子。三國吴的第三任皇帝，258 年至 264 年在位。傳見《三國志》卷四八。　吴郡：郡名。治所在今江蘇蘇州市。

[3]禮儀使：《輯本舊史》之影庫本粘籤："原本作'禮俊使'，今從《五代會要》改正。"見《會要》卷三緣廟裁製條。

[4]太廟神主將至：中華書局本有校勘記："'太廟'，原作'太祖'，據殿本、劉本、孔本、《五代會要》卷三改。"　前一日儀仗出城掌次：中華書局本有校勘記："'儀仗'，《五代會要》卷三作'禮儀使'。"　行廟：太廟神主遷移中，臨時設立的宗廟。　幄幕：帳篷、帷幕。

[5]神主就行廟幄幕座："幕座"，《會要》卷三作"幕坐"。

[6]宫闈令：官名。即太廟宫闈令。掌奉遷帝后神主牌，及灑掃太廟等事務。

顯德六年七月，詔：[1]"以大行皇帝山陵有期，神主將祔太廟，其廟殿室宇合添修否？"國子司業兼太常博士聶崇義奏議曰：[2]"奉敕，爲大行皇帝山陵有期，神主祔廟，恐殿室間數少，合重添修。今詣廟中相度，若是添修廟殿一間至兩間，並須移動諸神門及角樓宫牆仗舍，及堂殿正面檐栿階道亦須近東，省牲、立班位，直至齋宫，漸近迫窄。[3]今重拆廟殿，續更添修，不唯重勞，兼恐未便。竊見廟殿見虚東西二夾室，況未有祧遷之主，欲請不拆廟殿，更添間數，即便將夾室重安排六室位次。[4]所有動移神主，若准舊禮，於殿庭權設行廟幕殿，即恐雨水猶多，難於陳設。伏請權於太廟齋宮内奉安神主，至修奉畢日，庶爲宜稱。又，按《禮記》云：廟成則於中屋刲羊以釁之，夾室則用雞。[5]又，《大戴禮》及《通典》亦有夾室，察文觀義，乃是備廟之制。況新主祔廟，諸經有遷易之文，考古沿今，庶合通禮。伏請遞遷諸室，奉安大行皇帝神主，以符禮意。"敕："依《典禮》。"《永樂大典》卷一萬七千五十二。[6]

[1]顯德：五代後周太祖郭威年號（954），世宗柴榮、恭帝柴宗訓沿用至七年（960）。

[2]國子司業：官名。隋始置。國子監次官。佐祭酒掌監事。從四品下。　聶崇義：人名。河南洛陽（今河南洛陽市）人。五代後漢、後周至宋初禮學家、官員。傳見《宋史》卷四三一。

[3]若是添修廟殿一間至兩間：中華書局本有校勘記："'兩間'，《五代會要》卷三作'五間'。"見《會要》卷三廟制度條。　及堂殿正面檐栿階道亦須近東：中華書局本有校勘記："'近'字原闕，據《五代會要》卷三補。"　漸近迫窄："漸近"，《會要》卷三作"漸更"。

[4]況未有祧遷之主："未有"，《會要》卷三作"有未"。　即便將夾室重安排六室位次：《會要》卷三"夾室"後無"重"字。

[5]廟成則於中屋刲羊以釁之：《輯本舊史》之影庫本粘籤："刲羊，原本作'刈羊'，今據經文改正。"

[6]《大典》卷一七〇五二"廟"字韻"五代宗廟"事目。

禘祫

唐長興元年九月，太常禮院奏：[1]"來年四月孟夏，禘饗于太廟。[2]謹按《禮經》，三年一祫以孟冬，五年一禘以孟夏。[3]已毀未毀之主，並合食于太祖之廟，逐廟功臣，配饗于太廟之庭。[4]本朝寶應元年定禮，奉景皇帝爲始封之祖。[5]既廟號太祖，百代不遷，每遇禘祫，位居東向之尊，自代祖元皇帝、高祖、太宗已下，列聖子孫，各序昭穆，南北相向，合食于前。[6]聖朝中興，重修宗廟，今太廟見饗高祖、太宗、懿宗、昭宗、獻祖、太祖、莊宗七廟，太祖景皇帝在祧廟之數，不列廟饗。將來禘禮，若奉高祖居東向之尊，則禘饗不及于太祖、代祖；若以祧廟太祖居東向之位，則又違于禮意。今所司修奉祧廟神主及諸色法物已備，合預請參詳事須具狀申奏。"

[1]長興：五代後唐明宗李嗣源年號（930—933）。

[2]禘饗：祭禮名。即禘祭。皇帝祭祀祖先的大禮。與祫饗合稱"禘祫"。有"三年一祫，五年一禘"之説。

[3]三年一祫以孟冬，五年一禘以孟夏：中華書局本有校勘記："原作'三年一禘以孟冬五年一祫以孟夏'，據殿本、《册府》（明本）卷五九三改。按本卷上文：'來年四月孟夏，禘饗於太廟。'"《會要》卷三禘祫條作"三年一禘以孟夏，五年一祫以孟冬"，《宋本册府》卷五九三《掌禮部·奏議門》作"三年一祫以孟冬，五年一禘以孟夏"。《大唐開元禮》卷四〇《吉禮·祫享於太廟有司攝事·齋戒》云："宗廟三年一祫以孟冬"，卷四一《吉禮·皇帝禘享於太廟·齋戒》云："宗廟五年一禘以孟夏"。

[4]已毁未毁之主：宗廟制度中，親廟之數通常爲四，當今皇帝的祖先超過四代者爲“親盡”，其廟室當撤除、毁棄，其神主則移藏於太廟，是爲“已毁之主”。皇帝四代以内的祖先則爲“未毁之主”。　合食：合祭。　配饗：帝王祭祀祖先時，以功臣配祀、附祭於宗廟。　配饗于太廟之庭：中華書局本有校勘記：“‘太廟’，原作‘本朝’，據彭校、《册府》卷五九三改。殿本、劉本、孔本、《五代會要》卷三作‘本廟’”。

[5]寶應：唐代宗年號（762—763）。　本朝寶應元年定禮：“寶應”，《舊五代史考異》：“案：原本訛‘寶寧’。考《新唐書》，寶應係代宗年號，無所謂‘寶寧’者，今改正。”　奉景皇帝爲始封之祖：中華書局本有校勘記：“‘景皇帝’下原有‘高祖太宗’四字，據彭校、《册府》卷五九三、《五代會要》卷三删。”

[6]東向：宗廟神主坐西朝東，東向最尊，爲太祖之位。其下分列昭穆於太祖神位左右。

敕下尚書省集百官詳議。户部尚書韓彦惲等奏議曰：[1]“伏以本朝尊受命之祖景皇帝爲始封之君，百代不遷，長居廟食，自貞觀至于天祐，無所改更，聖祖神孫，左昭右穆。[2]自中興國祚，再議宗祊，以太祖景皇帝在祧廟之數，不列祖宗，欲尊太祖之位，將行東向之儀，爰命群臣，同議可否。伏詳本朝列聖之舊典，明皇定禮之新規，開元十年，特立九廟，子孫遵守，歷代無虧。[3]今既行定禮之規，又以祧太祖之室。[4]昔德宗朝，將行禘祫之禮，顔真卿議請奉獻祖神主居東向之位，景皇帝暫居昭穆之列，考之於貞元，則以爲誤，行之於今日，正得其禮。[5]今欲請每遇禘祫之歲，暫奉景皇帝居東向之尊，自元皇帝以下，敘列昭穆。”[6]從之。《永樂大

典》一萬五。（孔本）[7]

［1］户部尚書：官名。户部最高長官。掌管全國土地、户籍、賦税、財政收支諸事。正三品。　韓彦惲：人名。籍貫不詳。五代後唐大臣。事見本書卷三四、卷三八、卷三九、卷四四、卷四五、卷四六、卷四八。

［2］貞觀：唐太宗李世民的年號（627—649）。　天祐：唐昭宗李曄開始使用的年號（904）。唐哀帝李柷即位後沿用（904—907）。唐亡後，河東李克用、李存勗仍稱天祐，沿用至天祐二十年（923）。五代其他政權亦有行此年號者，如南吴、吴越等，使用時間長短不等。

［3］開元：唐玄宗李隆基年號（713—741）。　九廟：唐前期遵循四親廟、七廟的制度，唐玄宗時增至九廟，以避免祧遷毁廟之争。

［4］今既行定禮之規：中華書局本有校勘記："'定禮'，《册府》卷五九三、《五代會要》卷三作'七廟'。"

［5］德宗：即李适，唐代宗李豫長子，779 年至 805 年在位。紀見《舊唐書》卷一二、卷一三及《新唐書》卷七。　顔真卿：人名。京兆萬年（今陝西西安市長安區）人。唐代學者、官員。参與平定安史之亂。傳見《舊唐書》卷一二八、《新唐書》卷一五三。　請奉獻祖神主居東向之位：《輯本舊史》原無"神主"二字，《宋本册府》卷五九三作"請奉獻祖神主居東向之位"，今據補。　貞元：唐德宗李适年號（785—805）。

［6］暫奉景皇帝居東向之尊：《輯本舊史》之影庫本粘籤："東向，原本作'東白'，今從《五代會要》改正。"見《會要》卷三。

［7］一萬五：中華書局本有校勘記："檢《永樂大典目録》，卷一〇〇〇五爲'占'字韻'占法五十四觀梅數'，與本卷内容不符，恐有誤記。按本卷各則皆出自卷一七〇五二'廟'字韻'五

代宗廟’。”

周廣順三年九月，南郊禮儀使奏：[1]“郊祀所用珪璧制度，准禮，祀上帝以蒼璧，祀地祇以黄琮，祀五帝以珪、璋、琥、璜、琮，其玉各依本方正色，祀日月以珪璋，祀神州以兩珪有邸。[2]其用幣，天以蒼色，地以黄色，配帝以白色，日月、五帝各從本方之色，皆長一丈八尺。[3]其珪璧之狀，璧圓而琮八方，珪上鋭而下方，半珪曰璋，琥爲虎形，半璧曰璜，其珪、璧、琮、璜皆長一尺二寸。四珪有邸，邸，本也，珪著于璧而整肅也。[4]日月、星辰以珪璧，五寸，前件珪璧雖有圖樣，而長短之説或殊。按唐開元中，玄宗詔曰：‘祀神以玉，取其精潔，比來用珉，不可行也。[5]如或以玉難辦，寧小其制度以取其真。’今郊廟所修珪璧，量玉大小，不必皆從古制，伏請下所司修制。”從之。

[1]周廣順三年九月：《輯本舊史》此條原在廣順三年（953）冬十月條後，據時間順序改。　禮儀使奏：中華書局本有校勘記：“‘奏’，原作‘奉’，據殿本、劉本、《册府》卷五九四、《五代會要》卷三改。”見《會要》卷三祭器條、《宋本册府》卷五九四《掌禮部·奏議門》。

[2]珪璧：用於祭祀、朝聘的玉器，以珪、璧爲代表，形成類型多樣、等級繁複的制度系統。　祀上帝：祭祀昊天上帝的禮儀。　蒼璧：祭祀天神所用的青色玉璧。色青，故稱“蒼”。圓形有孔，孔徑爲玉肉一半的稱璧。　祀地祇：祭祀皇地祇的禮儀。　黄琮（cóng）：祭祀地祇所用的黄色玉琮。外方内圓。　祀五帝：祭祀五方天帝的禮儀。此五帝爲東方青帝、南方赤帝、中央黄帝、西方

白帝、北方黑帝。　珪、璋、琥、璜、琮：皆爲祭祀所用的玉器。“珪”即圭，爲長形玉版。“璋”形如圭，《説文》云“半圭爲璋”。“琥”爲虎紋或伏虎形的玉器。“璜”是一種弧形玉器。　祀五帝以珪、璋、琥、璜、琮：亦見《會要》卷三。《宋本册府》卷五九四無“琮”字。　祀日月：祭祀日、月及星辰的禮儀。　祀神州：祭祀神州地祇的禮儀。　兩珪有邸：於圓璧上下琢出兩圭，圭璧相連，故曰“有邸”。“邸”即“柢”，即根也。《周禮·春官·典瑞》：“四圭有邸，以祀天，旅上帝。”鄭玄注云：“圭本著於璧，圭末四出也。”　祀神州以兩珪有邸：《輯本舊史》之影庫本粘籤：“有邸，原本作‘有郗’，今從經文改正。”亦見《會要》卷三。

[3]幣：用以祭祀或贈送賓客的束帛。

[4]珪著于璧而整肅也：中華書局本有校勘記：“‘整肅’，彭校、《册府》卷五九四、《五代會要》卷三作‘四出’。”見《會要》卷三、《册府》卷五九四。

[5]祀神以玉：《會要》卷三、《宋本册府》卷五九四作“禮神以玉”。　珉：似玉之美者。《説文》：“珉，石之美者。”

冬十月，禮儀使奏：[1]“郊廟祝文，禮例云：古者文字皆書于册，而有長短之差。魏、晋郊廟祝文書于册。唐初悉用祝版，惟陵廟用玉册，玄宗親祭郊廟，用玉爲册。德宗朝，博士陸淳議，准禮用祝版，祭已燔之，可其議。[2]貞元六年親祭，又用竹册，當司准開元禮，並用祝版。梁朝依禮行之，至明宗郊天，又用竹册。今詳酌禮例，祝版爲宜。”從之。

[1]冬十月：中華書局本有校勘記：“《五代會要》卷四、《册府》卷五九四繫其事於廣順三年九月。”見《會要》卷四緣祀裁製

條、《宋本册府》卷五九四《掌禮部·奏議門》。

[2]博士：此指太常博士。陸淳在唐德宗朝曾任太常博士。陸淳：人名。即陸質，本名淳，避唐憲宗諱改名質。吴郡（今江蘇蘇州市）人。唐德宗、順宗、憲宗時期的學者、官員。傳見《舊唐書》卷一八九下、《新唐書》卷一六八。

顯德二年秋八月，兵部尚書張昭上言：[1]“今月十二日，伏蒙宸慈召對，面奉聖旨：[2]‘每年祀祭，多用太牢，念其耕稼之勞，更備犧牲之用，比諸豢養，特可愍傷。’[3]令臣尋討故事，可以佗牲代否。[4]臣仰禀綸言，退尋禮籍，其三牲八簋之制，五禮六樂之文，著在典彝，迭相沿襲，累經朝代，無所改更。[5]臣聞古者燔黍捭豚，尚多質略，近則梁武麪牲竹脯，不可宗師，雖好生之德則然，於奉先之儀太劣。[6]蓋禮主于信，孝本因心，黍稷非馨，鬼神饗德，不必牲牢之巨細，籩豆之方圓，苟血祀長保于宗祧，而牲俎何須于繭栗。[7]但以國之大事，儒者久行，易以佗牢，恐未爲便。[8]以臣愚見，其南北郊、宗廟社稷、朝日夕月等大祠，如皇帝親行事，備三牲；如有司攝行事，則用少牢已下。[9]雖非舊典，貴減牲牛。”[10]

是時太常卿田敏又奏云：[11]臣奉聖旨爲祠祭用犢事。[12]今太僕寺供犢，一年四季都用犢二十二頭。[13]《唐會要》武德九年十月詔：[14]“祭祀之意，本以爲民，窮民事神，有乖正直，殺牛不如礿祭，明德即是馨香，望古推今，民神一揆。其祭圜丘、方澤、宗廟已外，並可止用少牢，用少牢者用特牲代。[15]時和年豐，然後克修常禮。”又按《會要》天寶六載正月十三日赦文：[16]“祭祀之典，犧牲所備，將有達於虔誠，蓋不資於廣殺。自今後每大祭祀，應用騂犢，宜令所司量減其數，仍永爲恒式。其年起請以舊料每年用犢二百一十二頭，今請減一百七十三頭，止用三十九頭，餘祠饗並停用犢。”[17]至上元二年九月二十一日赦文：[18]“國之大事，郊祀爲先，貴其至誠，不美多品。黍稷雖設，猶或非馨；牲牢空多，未爲能饗。圜丘、方澤，任依恒式，宗廟諸祠，臨時獻熟，用懷明德之馨，庶合西鄰之祭。其年起請昊天上帝、太廟各太牢一，餘祭並隨事市供。”若據天寶六載，自二百一十二頭減用三十九頭；據武德九年，每年用犢十頭，圜丘四，方澤一，宗廟五；[19]據上元二年起請祇昊天上帝、太廟，又無方澤，則九頭矣。今國家用牛，比開元、天寶則不多，比武德、上元則過其大半。案《會要》，太僕寺有牧監，掌孳課之事。[20]乞今後太僕寺養孳課牛，其犢遇祭昊天前三月養之滌宮，取其蕩滌清潔，餘祭則不養滌宮。[21]若臨時買牛，恐非典故。奉敕：“祭祀尚誠，祝史貴信，非誠與信，何以事神！礿祭重於殺牛，黍稷輕於明德，犧牲之數，具載典經。[22]前代以來，或有增損，宜採酌中之禮，且從貴少之文。起今後祭圜丘、方澤、社稷，並依舊用犢；其太廟及諸祠，宜准上元二年九月二十一日制，並不用犢。如皇帝親行事，則依常式。”

[1]顯德二年秋八月：《輯本舊史》此條原在顯德四年（957）夏四月條後，據時間順序改。　兵部尚書：官名。尚書省兵部主

官。掌兵衛、武選、車輦、甲械、厩牧之政令。正三品。

[2]宸慈：帝王的恩慈。

[3]太牢：盛牲的食器叫牢，大的叫太牢。太牢盛牛、羊、豕三牲，因之也把宴會和祭祀時並用牛、羊、豕三牲稱爲“太牢”。

[4]令臣尋討故事：中華書局本有校勘記：“‘尋討’，原作‘等討’，據彭校、《册府》卷五九四、《五代會要》卷三改。”見《會要》卷三牲牢條、《宋本册府》卷五九四《掌禮部·奏議門》。可以佗牲代否：《會要》卷三、《册府》卷五九四俱作“可以他牲代否”。

[5]三牲：即祭祀所用的牛、羊、豕。　八簋：簋爲祭祀宴享時，盛黍稷等實物所用的圓口圈足器。依禮制等級，帝王用八簋。《詩·小雅·伐木》：“於粲灑埽，陳饋八簋”，毛傳云：“圓曰簋，天子八簋。”

[6]燔黍捭豚：語出《禮記·禮運》：“夫禮之初，始諸飲食，其燔黍捭豚，汙尊而抔飲。”鄭玄注：“中古未有釜、甑，釋米捭肉，加於燒石之上而食之耳。”孔穎達疏：“燔黍者，以水洮釋黍米，加於燒石之上而燔之。捭豚者，捭析豚肉，加於燒石之上而熟之。”　麪牲竹脯：以麵製作三牲之形，以竹作肉脯之形，用於祭祀。“竹脯”，《會要》卷三同，《册府》卷五九四作“笋脯”。

[7]苟血祀長保于宗祧：“長保于宗祧”，《册府》卷五九四同，《會要》卷三作“常保於宗祧”。　而牲俎何須于繭栗：“牲俎”，《會要》卷三作“犧牲”。

[8]易以佗牢：“佗牢”，《會要》卷三、《册府》卷五九四作“他牢”。

[9]少牢：帝王祭祀或宴饗時，用羊、豕二牲，稱爲少牢。

[10]貴減牲牛：“牲牛”，《會要》卷三、《册府》卷五九四俱作“犧牛”。

[11]田敏：人名。淄州鄒平（今山東鄒平縣）人。五代、宋初大臣、學者。傳見《宋史》卷四三一。

[12]臣奉聖旨爲祠祭用犢事：中華書局本有校勘記："'祠'字原闕，據《册府》卷五九四、《五代會要》卷三補。"

[13]太僕寺：官署名。秦始置太僕，至南朝梁、陳與北齊時加寺字，稱太僕寺。掌車輦、馬、牛、畜産等事。歷代沿置。

[14]《唐會要》武德九年十月詔："武德九年十月"，《會要》卷三、《册府》卷五九四作"武德九年十月九日"。

[15]特牲：祭祀僅用一牲爲"特"，或豕或牛。

[16]天寶六載："天寶"爲唐玄宗李隆基年號（742—756）。天寶三載（744）正月朔，改"年"爲"載"。

[17]今請減一百七十三頭：中華書局本有校勘記："'一百七十三'，原作'一百六十三'，據殿本、劉本、彭校、《五代會要》卷三改。"《册府》卷五九四作"一百六十三頭"。

[18]上元：唐肅宗李亨年號（760—761）。

[19]圜丘四：中華書局本有校勘記："'四'字原闕，據《五代會要》卷三補。"

[21]太僕寺有牧監：《輯本舊史》之影庫本粘籤："牧監，原本作'特監'，今從《五代會要》改正。"見《會要》卷三，亦見《册府》卷五九四。

[21]滌宫：飼養祭祀所用牲畜之處。

[22]礿（yuè）祭：祭禮名。春日祭宗廟，稱礿祭。礿，薄也。春物始生，其祭尚薄。

四年夏四月，禮官、博士等准詔，議祭器、祭玉制度以聞。時國子祭酒尹拙引崔靈恩《三禮義宗》云：[1]"蒼璧所以祀天，其長十有二寸，蓋法天之十二時。"[2]又引《江都集禮》《白虎通》等諸書所説，云：[3]"璧皆外圓内方。"又云："黄琮所以祀地，其長十寸，以法地之數。[4]其琮外方内圓，八角而有好。"國子博士聶崇義以爲璧内外皆圓，其徑九寸。[5]又按阮氏、鄭玄圖皆云九寸，《周禮·玉人職》又有九寸之璧。[6]及引《爾雅》云："肉倍好謂之璧，好倍肉謂之瑗，肉好若一謂之環。"[7]郭璞注云："好，孔也；肉，邊也。"而不載尺寸之數。崇義又引《冬官·玉人》云"璧好三寸"，《爾雅》云"肉倍好謂之璧"，兩邊肉各三寸，通好共九寸，則其璧九寸明矣。崇義又云："黄琮八方以象地，每角各剡出一寸六分，共長八寸，厚一寸。按《周禮疏》及阮氏圖並無好。"又引《冬官·玉人》云：[8]"琮八角而無好。"崇義又云："琮璜珪璧，俱是祀天地之器，而《爾雅》唯言璧環瑗三者有好，其餘璜琮諸器，並不言之，則璜琮八角而無好明矣。"[9]太常卿田敏以下議，以爲尹拙所説雖有所據，而崇義援《周禮》正文，其理稍優，請從之。其諸祭器制度，亦多以崇義所議爲定。

[1]國子祭酒：官名。國子監長官。掌管學校。從三品。　尹拙：人名。汝陽（今河南汝南縣）人。歷仕五代後梁至後周。宋初致仕。傳見《宋史》卷四三一。　崔靈恩：人名。清河武城（今山東武城縣）人。南朝梁學者、官員。傳見《梁書》卷四八、《南史》卷七一。

[2]蒼璧所以祀天：《會要》卷三祭器條、《宋本册府》卷五九四《掌禮部·奏議門》俱作"蒼璧所以禮天"。

[3]江都集禮：中華書局本有校勘記："原作'江都集'，據《五代會要》卷三改。按《隋書》卷七六《潘徽傳》：'晋王廣……令（徽）與諸儒撰《江都集禮》一部。'"

[4]黄琮所以祀地：中華書局本有校勘記："'黄琮'，原作

‘璜琮’，據殿本、《册府》（宋本）卷五九四、《五代會要》卷三改。本卷下一處同。”“所以祀地”，《會要》卷三、《册府》卷五九四俱作“所以禮地”。

[5]聶崇義：中華書局本有校勘記：“原作‘聶從義’，據殿本、劉本、孔本、彭本、《册府》卷五九四、《五代會要》卷三及本卷上下文改。”今從。

[6]阮氏：即阮諶。陳留（今河南開封市）人。漢代學者、官員。著有《三禮圖》。事見《宋史》卷四三一。　鄭玄：人名。北海高密（今山東高密市）人。漢末經學家，遍注群經，亦著有《三禮圖》。傳見《後漢書》卷六五。

[7]肉倍好謂之璧：《輯本舊史》之影庫本粘籤：“倍好，原本作‘部好’，今從經文改正。”

[8]又引冬官玉人云：中華書局本有校勘記：“‘又’，原作‘人’，據殿本、劉本、孔本、彭本、《册府》卷五九四、《五代會要》卷三改。”

[9]俱是祀天地之器：《會要》卷三、《册府》卷五九四俱作“俱是禮天地之器”。

緣祀裁制

唐同光二年三月，祠部奏：[1]“本朝舊儀，太微宫每年五薦獻，其南郊壇每年四祠祭。[2]吏部申奏，請差中書門下攝太尉行事，其太廟及諸郊壇，並吏部差三品已上攝太尉行事。”[3]從之。至其年七月，中書門下奏：“據尚書祠部狀，每年太微宫五薦獻，南郊壇四祠祭，並宰相攝太尉行事，惟太廟時祭，獨遣庶僚，雖爲舊規，慮成闕禮。[4]臣等商量，今後太廟祠祭，亦望差宰臣行事。”從之。

[1]同光：五代後唐莊宗李存勗年號（923—926）。　祠部：官署名。即禮部祠部司。掌祠祀祭享、天文漏刻、巫術醫藥及僧尼道士等事。

[2]太微宫：唐玄宗天寶元年（742）於東都積善坊建玄元皇帝（老子）廟，次年更名太微宫。故址在今河南洛陽市。

[3]吏部：尚書省六部之一。掌六品以下文官選授、勳封、考課之政令。　中書門下：官署名。唐代以來爲宰相處理政務的機構。參見劉後濱《唐代中書門下體制研究——公文形態·政務運行與制度變遷》，齊魯書社2004年版。

[4]每年太微宫五薦獻：《輯本舊史》之影庫本粘籤："太微，原本作'太衛'，今從《新唐書》改正。"此條亦見《會要》卷四緣祀裁製條。

三年十一月，禮儀使奏："伏准《禮經》，喪三年不祭，惟祭天地社稷爲越紼行事，此古制也。[1]爰自漢文，益尊神器，務狥公絶私之義，行以日易月之制，事久相沿，禮從順變。[2]今園陵已畢，祥練既除，宗廟不可以乏享，神祇不可以廢祀，宜遵禮意，式展孝思。[3]伏請自貞簡太后升祔禮畢，應宗廟伎樂及群祀，並准舊施行。"[4]從之。

[1]惟祭天地社稷爲越紼行事：中華書局本有校勘記："'惟祭'二字原闕，據《册府》卷五九三補。按《禮記·王制》：'喪三年不祭，唯祭天地社稷爲越紼而行事'"見《宋本册府》卷五九三《掌禮部·奏議門二一》，《册府》"十一月"前漏"三年"二字。

亦見《會要》卷四緣祀裁製條。

［2］漢文：即西漢文帝劉恒。漢高帝劉邦第四子，漢惠帝劉盈異母弟。吕氏覆滅後，太尉周勃、丞相陳平等迎立爲帝。前 180 年至前 157 年在位。死後謚孝文皇帝，廟號太宗。紀見《史記》卷一〇、《漢書》卷四。　以日易月：依禮，子爲父服三年之喪，新君爲先帝亦當服三年（三十六個月或二十七個月）。漢文帝行“以日易月”之制，服喪三十六日或二十七日，即釋服終喪。歷代因之。

［3］祥練：“祥”指父母喪後滿周年之祭；“練”指父母喪後第十一個月改素服爲練服之祭。“祥練”代指一年左右的喪期，或對應的喪服。

［4］貞簡太后：指五代後唐莊宗生母曹太后。太原（今山西太原市）人。謚貞簡。傳見本書卷四九、《新五代史》卷一四。　應宗廟伎樂及群祀：中華書局本有校勘記：“‘伎樂’，原作‘使樂’，據本書卷三三《唐莊宗紀七》、《五代會要》卷四改。”見《會要》卷四緣祀裁製條。《輯本舊史》卷三三《唐莊宗紀七》繫此事於天成三年（928）十一月己丑。然該月庚寅朔，無己丑。按貞簡太后神主祔廟在戊申（十九日），則“己丑”應爲己酉（二十日）或癸丑（二十四日）之誤。

天成四年九月，太常寺奏：“伏見大祠則差宰臣行事，中祠則差諸寺卿監行事，小祠則委太祝、奉禮。[1]今後凡小祠，請差五品官行事。”[2]從之。

［1］伏見大祠則差宰臣行事：中華書局本有校勘記：“‘大祠’，原作‘大祀’，據殿本、本書卷四〇《唐明宗紀六》、《册府》卷五九三、《五代會要》卷三改。”《會要》卷三係誤注，應爲卷四緣祀裁製條。《輯本舊史》卷四〇《唐明宗紀六》繫於辛未（初五），

一本作辛巳（十五）。《宋本册府》卷五九三《掌禮部·奏議門》衹云九月。　中祠則差諸寺卿監行事：亦見《會要》卷四。“中祠”，《宋本册府》卷五九三作“中祀”。　太祝：官名。太常寺屬官，掌祝辭和祈禱等事。正九品上。　奉禮：官名。即太常寺奉禮郎。掌祭祀、供奉、安設壇位祭器及贊導禮儀等事。從九品上。

[2]今後凡小祠：中華書局本有校勘記：“‘小祠’，原作‘小事’，據殿本、本書卷四〇《唐明宗紀六》、《册府》（宋本）卷五九三、《五代會要》卷四改。”然中華書局本本書卷四〇校勘記云：“‘小祠’二字原闕，據本書卷一四三《禮志下》、《五代會要》卷四、《册府》（宋本）卷五九三補。”涉嫌互引同改，不當。

其年十月，中書門下奏：[1]“太微宫、太廟、南郊壇，宰臣行事宿齋，百官皆入白事。[2]伏以奉命行事，精誠齋宿，儻徧見于朝官，涉不虔於祠祭。[3]今後宰臣行事，文武兩班，望令並不得到宿齋處者。”奉敕宜依。

[1]其年十月：《會要》卷四緣祀裁製條作“其年十月二十七日”。

[2]宿齋：祭祀期間的齋戒、住宿。宰臣如有相關禮儀職事，則當宿齋。　百官皆入白事：中華書局本有校勘記：“‘入白事’，原作‘預人事’，據殿本、劉本、《五代會要》卷四改。”

[3]涉不虔於祠祭：中華書局本有校勘記：“‘虔於’，原作‘處於’，據殿本、劉本、《册府》卷五九三、《五代會要》卷四改。”見《宋本册府》卷五九三《掌禮部·奏議門三》。

其年十二月，中書門下奏：“今後宰臣致齋内，請不押班，不知印，不起居。[1]或遇國忌，應行事官受誓戒後，並不赴行香，並不奏覆刑殺公事。[2]及大祠致齋内，請不開宴。”從之。

[1]押班：朝會時的領班。　知印：掌管宰相印章並用印，有數名宰相則輪流知印。　不起居：《會要》卷四緣祀裁製條作“不赴内殿起居”。

[2]國忌：帝、后的忌日。　應行事官受誓戒後：“後”，《輯本舊史》原闕，據《會要》卷四補。　並不赴行香：“行香”，《會要》卷四作“行香拜”。　奏覆：上奏、覆核。

長興二年五月，尚書左丞崔居儉奏：[1]“大祠、中祠差官行事，皇帝雖不預祭，其日亦不視朝。[2]伏見車駕其日或出，于理不便。[3]今後請每遇大祠、中祠，車駕不出。”[4]從之。

[1]尚書左丞：官名。尚書省佐貳官。唐中期以後，與尚書右丞實際主持尚書省日常政務，權任甚重。正四品上。後梁開平二年（908）改爲左司侍郎，後唐同光元年（923）復舊爲左丞。正四品。　崔居儉：人名。清河（今河北清河縣）人。五代後梁至後晋官員。傳見本書附録、《新五代史》卷五五。《輯本舊史》原作“崔儉”，中華書局本有校勘記：“《五代會要》卷四作‘崔居儉’。《新五代史》卷五五有《崔居儉傳》。”但未改，今據改。見《會要》卷四緣祀裁製條。

[2]崔居儉奏：大祠、中祠差官行事：中華書局本有校勘記：“‘居’‘中祠’三字原闕，據《五代會要》卷四補。”　皇帝雖不預祭：“不預祭”，《會要》卷四作“不與祭”。　視朝：指天子臨朝聽政。時群臣皆列班行禮恭候，然後陳奏天下事。天子視政事之

繁簡，或每日視朝，或朔、望日視朝，或逢五日視朝等。

[3]于理不便：中華書局本有校勘記："'理'，《五代會要》卷四作'禮'。"《宋本册府》卷五九三《掌禮部·奏議門三》亦作"禮"。

[4]今後請每遇大祠、中祠：中華書局本有校勘記："'大祠中祠'，原作'大祀中祀'，據殿本、《五代會要》卷四改。"

四年二月，太常博士路航奏：[1]"比來小祠已上，公卿皆著祭服行事。近日唯郊廟、太微宫具祭服，五郊迎氣、日月諸祠，並衹常服行事，兼本司執事人等，皆著隨事衣裝，狼藉鞋履，便隨公卿升降于壇墠。[2]按《祠部令》，中祠以上，應齋郎等升壇行事者，並給潔服，事畢收納。[3]今後中祠已上，公卿請具祭服，執事升壇人並着履，具緋衣、幘子。[4]又，臣檢《禮閣新儀》，太微宫使卯時行事。近年依諸郊廟例，五更初便行事，今後請依舊以卯時。"從之。

[1]路航：人名。籍貫不詳。五代後晋官員。事見《新五代史》卷一七。

[2]五郊迎氣：在四立及先立秋十八日，於五郊迎時氣，祭五方帝。據《後漢書》卷九八《祭祀中》記載：迎時氣，五郊之兆。立春之日，迎春于東郊，祭青帝句芒。立夏之日，迎夏于南郊，祭赤帝祝融。先立秋十八日，迎黄靈于中兆，祭黄帝后土。立秋之日，迎秋于西郊，祭白帝蓐收。立冬之日，迎冬于北郊，祭黑帝玄冥。　壇墠：祭祀的場所。築土曰壇，除地曰墠。

[3]齋郎：官名。太常寺、宗正寺、鴻臚寺等機構的屬官。爲祭祀時執事之官。　並給潔服：亦見《宋本册府》卷五九三《掌

禮部・奏議門二一》。《會要》卷四緣祀裁製條作“並入給潔服”。

[4]公卿請具祭服：亦見明本《册府》卷五九三。《會要》卷四作“公卿請具祭服行事”。　執事升壇人並着履：中華書局本有校勘記：“‘履’字原闕，據《五代會要》卷四、《册府》卷五九三補。”　具緋衣、幘子：“具緋衣”，《舊五代史考異》：“案：原本作‘絳衣’，今據《五代會要》改正。”見《會要》卷四。亦見《册府》卷五九三。

清泰元年五月，中書門下奏：[1]“據太常禮院申，明宗聖德和武欽孝皇帝今月二十日祔廟，太尉合差宰臣攝行。緣馮道在假；[2]李愚十八日私忌，在致齋内；[3]今劉昫又奏見判三司事煩，請免祀事。[4]今與禮官參酌，諸私忌日，遇大朝會，入閤宣召，尚赴朝參。[5]今祔饗事大，忌日屬私，致齋日請比大朝會宣召例，差李愚行事。”[6]從之。《永樂大典》一萬七千五十二。(孔本)[7]

[1]清泰：五代後唐廢帝李從珂年號（934—936）。

[2]馮道：人名。瀛州景城（今河北滄州市西北）人。五代時官拜宰相，歷仕後唐至後周，亦曾臣事契丹。傳見本書卷一二六、《新五代史》卷五四。

[3]李愚：人名。渤海無棣（今山東慶雲縣）人。唐末進士，唐末、五代大臣。傳見本書卷六七、《新五代史》卷五四。

[4]劉昫：人名。涿州歸義（今河北容城縣）人。五代大臣，曾任宰相、監修國史，領銜撰進《舊唐書》。傳見本書卷八九、《新五代史》卷五五。　判三司：官名。通掌鹽鐵、度支、户部三個部門事務。地位高於三司使。

[5]大朝會：又稱受朝賀，於元正、冬至、五月朔舉行。大朝

會之日，有司排辦盛大的儀仗，在京文武百官以及地方官員在京者、藩國使人，共同向皇帝朝參、致賀、上壽，並以宴會結束典禮。如在五月朔，則禮儀稍簡。　入閤：即朔望入閤。“自正衙唤仗，由閤門而入”，故稱。唐代時，入閤於大明宫紫宸殿舉行。五代後唐時，於文明殿舉行。參見黄曉巍《唐大明宫入閤考》，《唐史論叢》第三十三輯，2021 年。

[6]致齋日請比大朝會宣召例：中華書局本有校勘記：“‘致齋日’，原作‘齋日’，據《五代會要》卷四、《册府》卷五九四改。”見《會要》卷四緣祀裁製條、《宋本册府》卷五九四《掌禮部·奏議門二二》。

[7]《大典》卷一七〇五二“廟”字韻“五代宗廟”事目。

晉開運三年六月，西京留司監祭使奏：[1]“以祠祭所定行事官，臨日或遇疾病，或奉詔赴闕，留司吏部郎中一人主判，有闕便依次第定名，庶無闕事。”[2]從之。[3]《永樂大典》卷一萬七千五十二。(孔本)[4]

[1]西京：即洛陽。　留司：唐、五代至宋，在陪都設留守司，簡稱“留司”。留守司也有一套行政班子，以留守爲最高長官。　監祭使：官名。唐朝以監察御史一人蒞祭祀，監閲牲牢，省器服，不敬則劾祭官。

[2]吏部郎中：官名。尚書省吏部頭司吏部司長官。掌文官階品、朝集、録賜，給其告身、假使以及選補流外官等事。從五品上。《新唐書》記正五品上。

[3]“西京留司監祭使奏”至“從之”《宋本册府》卷五九四《掌禮部·奏議門二二》在“或奉詔赴闕”後，尚有“留司稟敕已遲乞以”八字。

[4]《大典》卷一七〇五二“廟”字韻“五代宗廟”事目。

廟制度

唐天成三年十一月，太常定唐少帝爲昭宣光烈孝皇帝，廟號景宗。[1]博士吕朋龜奏：[2]“謹按禮經，臣不誄君，稱天以謚之，是以本朝故事，命太尉率百僚奉謚册告天于圜丘，迴讀于靈座前，並在七月之内，謚册入陵。若追尊定謚，命太尉讀謚册于太廟，藏册于本廟。伏以景宗皇帝，頃負沈冤，歲月深遠，園陵已修，不祔于廟，則景宗皇帝親在七廟之外。今聖朝申冤，追尊定謚，重新帝號，須撰禮儀。又，《禮》云：君不逾年不入宗廟。且漢之殤、沖、質，君臣已成，晋之惠、懷、愍，俱負艱難，皆不列廟食，止祀於園寢。[3]臣等切詳故實，欲請立景宗皇帝廟于園所，命使奉册書寶綬，上謚于廟，便奉太牢祀之，其四時委守令奉薦。[4]請下尚書省集三省官詳議施行。”左散騎常侍蕭希甫等議：[5]“請依禮院所奏。”奉敕：“宜令本州城内選地起廟。”乃于曹州立廟。[6]

[1]唐少帝：即唐哀帝李柷。唐昭宗之子。904 年至 907 年在位，年號天祐。爲朱温所殺。紀見《舊唐書》卷二〇下、《新唐書》卷一〇。

[2]吕朋龜：人名。籍貫不詳。五代後唐官員。事見本書本卷。

[3]殤：即東漢殤帝劉隆。漢和帝劉肇少子。元興元年（105）十二月辛未繼位，時出生僅百餘日。延平元年（106）八月辛亥去世，謚“孝殤皇帝”。紀見《後漢書》卷四。　沖：即東漢沖帝劉炳。漢順帝劉保之子。公元 143 年出生，建康元年（144）八月繼

位，永憙元年（145）正月初六去世。謚“孝沖皇帝”。紀見《後漢書》卷六。　質：即東漢質帝劉纘。漢章帝劉炟玄孫，渤海孝王劉鴻之子。永憙元年，漢沖帝劉炳去世，劉纘被迎立爲帝。本初元年（146），爲大將軍梁冀毒殺，年僅九歲，謚“孝質皇帝”。紀見《後漢書》卷六。　惠：即晋惠帝司馬衷。晋武帝司馬炎之子。290年至307年在位，期間遭逢“八王之亂”。紀見《晋書》卷四。　懷：即晋懷帝司馬熾。晋武帝司馬炎第二十五子，晋惠帝司馬衷異母弟。307年至311年在位，年號永嘉，期間遭逢“永嘉之亂”，被劉聰所俘。紀見《晋書》卷五。　愍：即晋愍帝司馬鄴。晋武帝司馬炎之孫，吴敬王司馬晏之子。313年至317年在位。前趙進攻長安，愍帝出降。紀見《晋書》卷五。

［4］其四時委守令奉薦：中華書局本有校勘記：“‘令’字原闕，據彭校、《册府》卷五九三、《五代會要》卷三補。”見《會要》卷三廟制度條、《宋本册府》卷五九三《掌禮部・奏議門二一》。

［5］左散騎常侍蕭希甫：中華書局本有校勘記：“‘左’，原作‘右’，據《五代會要》卷三改。按本書卷三九《唐明宗紀五》、《册府》卷六五，天成三年十一月至天成四年六月間，蕭希甫官左散騎常侍。”《輯本舊史》卷三九《唐明宗紀五》天成三年（928）四月壬寅條：“以左散騎常侍蕭希甫兼判大理卿事。”卷四〇《唐明宗紀六》天成四年二月辛酉條有《舊五代史考異》引《會要》卷五獻俘條，大理卿蕭希甫以逆賊王都首級獻於郊社。卷四一《唐明宗紀七》長興元年（930）正月丙子條：“其夕，右散騎常侍蕭希甫封狀申樞密，稱得河堰衙官狀，告本都將校二十餘人預謀不軌，至旦追問無狀，斬所告人。”同卷同年三月癸未條：“詔貶右散騎常侍、集賢殿學士、判院事蕭希甫爲嵐州司户參軍，仍馳驛發遣，坐誣告之罪也。”明本《册府》卷六五《帝王部・發號令門四》天成四年六月條載左散騎常侍蕭希甫有關刑獄事奏狀。可見蕭希甫在天成三年四月前已爲左散騎常侍，至長興元年（即天成五年）三月被貶，記載則有左有右（以左爲上）。《輯本舊史》之影庫本粘籤：

“希甫，原本作‘希溥’，今從《歐陽史》改正。”見《新五代史》卷二八《蕭希甫傳》，亦作“左散騎常侍”。

[6]于曹州立廟：《會要》卷三“于曹州立廟”前有“哀帝崩”三字。

四年五月，中書門下奏：“先據太常寺定少帝謚昭宣光烈孝皇帝，廟號景宗者。[1]伏以景宗生曾爲帝，饗乃承祧，既號景宗，合入宗廟，如不入宗廟，難以言宗。於理而論，祧一遠廟，安少帝神主于太廟，即昭穆序而宗祀正。今或且居别廟，即請不言景宗，但云昭宣光烈孝皇帝。兼册文内有‘基’字，是玄宗廟諱，雖尋常詔勑皆不迴避，少帝是繼世之孫，不欲斥列聖之諱，今改‘基’爲‘宗’字。”從之。[2]

[1]廟號景宗者：中華書局本有校勘記：“‘廟’字原闕，據本書卷四〇《唐明宗紀六》，《册府》卷五九三、卷五九六，《五代會要》卷三補。”見《會要》卷三廟制度條，《輯本舊史》卷四〇《唐明宗紀六》天成四年（929）五月乙酉條，《宋本册府》卷五九三《掌禮部·奏議門二一》、卷五九六《掌禮部·謬妄門》。

[2]今改‘基’爲‘宗’字。從之：《舊五代史考異》：“案《五代會要》：《風俗通》：陳孔璋云：‘尊卑有敘，桑祭哀敬，各有攸終，欲令言著而可遵，事施而不犯。’《禮》云：‘卒哭之後，宰執木鐸狥于宫，曰捨故而諱新。’故，謂毁廟之主也，恩遠屬絶，名不可諱。今昭宣上去玄宗十四世，奏改册文，非典故也。”見《會要》卷三廟制度條。

八月戊申，明宗服衮冕，御文明殿，追册昭宣光烈孝皇帝。[1]禮畢，册使兵部尚書盧質押册出應天門登車，鹵簿鼓吹前導，入都亭驛。[2]翌日，登車赴曹州。時議者以追尊則可，立之爲宗，不入太廟，深爲失禮。夫言宗者，功業纂于祖禰，德澤被于生民，發號申令可也。且輝王纂嗣之日，國命出于賊臣，君父銜冤，母后塗炭，遭罹放逐，鼎祚覆亡，追謚易名，當循故實。[3]如漢之沖、質，晋之閔、懷，但尊稱而無廟號；前代亡國者周赧、漢獻、魏陳留，亦不稱宗；[4]中興之追謚者孺子嬰，光武竟無追宗之典。[5]設如自我作古，酌于人情，則謂之爲“景宣光烈”，深不稱也。古之周景、漢景、周宣、漢宣，皆中興再造之主。[6]至如國朝，太祖曰景皇帝，以受命而有唐室，宣宗皇帝以隔代承運，皇綱復振故也。[7]今輝王亡國墜業，謂之“宣景”，得無謬乎！先是，太常既奏，下尚書省集議，雖有智者，依違不言。至是，既立爲景宗，陵號温陵，乃於曹州置廟，以時告享，仍以本州刺史以下爲三獻官。[8]後宰臣知其非，乃奏去廟號。

[1]追册昭宣光烈孝皇帝：《舊五代史考異》：“案：《歐陽史》作四年五月乙酉追謚，與是《志》定謚册廟月日俱不符。”見《新五代史》卷六《唐本紀六·明宗紀》。

[2]盧質：人名。河南（今河南洛陽市）人。五代大臣。傳見本書卷九三、《新五代史》卷五六。　應天門：洛陽宫城正南門。　鼓吹：大型器樂合奏。演奏的樂曲、演奏鼓吹樂的樂隊也稱鼓吹。　都亭驛：中華書局本有校勘記：“原作‘都停驛’，據殿本、《册府》卷三一改。”見明本《册府》卷三一《帝王部·奉光門

四》，但《輯本舊史》卷七九《晋高祖紀五》天福五年（940）九月戊子條云："改東京上源驛爲都亭驛。"

[3]輝王：即唐哀帝李柷。唐昭宗之子。本名李祚，受封輝王。朱温殺害唐昭宗後，立輝王爲帝，改名李柷。904年至907年在位。爲朱温所殺。紀見《舊唐書》卷二〇下、《新唐書》卷一〇。

[4]周赧：即周赧王姬延。周顯王之孫，周慎靚王之子。東周最後一位君主。前315年至前256年在位。紀見《史記》卷四。　漢獻：即東漢獻帝劉協。漢靈帝劉宏之子，漢少帝劉辯異母弟。東漢最後一位皇帝，189年至220年在位。紀見《後漢書》卷九。　魏陳留：即三國魏陳留王曹奂。魏武帝曹操之孫，燕王曹宇之子。曹魏最後一位皇帝，260年至265年在位。司馬炎篡魏建晋，降封曹奂爲陳留王。紀見《三國志》卷四。

[5]孺子嬰：即劉嬰。漢宣帝的玄孫、楚孝王劉囂的曾孫、廣戚侯劉顯之子。元始五年（5）漢平帝死後，王莽自稱"假皇帝"，於居攝元年（6）三月己丑，立劉嬰爲皇太子，號"孺子"。初始元年（8）十二月，王莽代漢立新，劉嬰被廢。事見《漢書》卷六九《王莽傳》。

[6]周景：即周景王姬貴。周靈王之子。公元前545年至前520年在位。紀見《史記》卷四。　漢景：即東漢景帝劉啓。漢文帝劉恒嫡長子。公元前157年至前141年在位。紀見《史記》卷一一、《漢書》卷五。　周宣：即周宣王姬静，一作姬靖。周厲王之子。公元前828年至前782年在位。紀見《史記》卷四。　漢宣：即漢宣帝劉詢。原名劉病已。漢武帝劉徹曾孫，戾太子劉據之孫，史皇孫劉進之子。前74年至前49年在位。紀見《漢書》卷八。

[7]宣宗皇帝：即唐宣宗李忱。唐憲宗李純第十三子，唐穆宗李恒異母弟。846年至859年在位。紀見《舊唐書》卷一八、《新唐書》卷八。

[8]於曹州置廟：《輯本舊史》之影庫本粘籤："曹州，原本作'趙州'，今據《五代會要》改正。"《會要》卷三廟制度條無此記

載。　刺史：官名。漢武帝時始置。州一級行政長官，總掌考核官吏、勸課農桑、地方教化等事。唐中期以後，節度使、觀察使轄州而設，刺史爲其屬官，職任漸輕。從三品至正四品下。　三獻官：祭祀過程中，陳列祭品以後要三次獻酒，即初獻、亞獻、終獻，合稱“三獻”，負責三獻的官員稱三獻官。

晉天福四年十一月，太常禮院奏：議立唐廟，引武德年故事，祀隋三帝。今請立近朝莊宗、明宗、閔帝三廟，庶合前規。[1]詔曰：“德莫盛于繼絶，禮莫重于奉先。莊宗立興復之功，明宗垂光大之業，逮乎閔帝，實繼本枝，然則丕緒洪源，皆尊唐室。繼周者須崇后稷，嗣漢者必奉高皇，將啓嚴祠，當崇茂典。[2]宜立唐高祖、太宗及莊宗、明宗、閔帝五廟。”

其月，太常禮院又奏：“唐廟制度，請以至德宫正殿隔爲五室，三分之，南去地四尺，以石爲埳，中容二主。[3]廟之南一屋三門，門戟二十有四；東西一屋一門，門無棨戟。[4]四仲之祭，一羊一豕，如其中祠，幣帛牲牢之類，光禄主之。[5]祠祝之文，不進不署。神厨之具，鴻臚督之。[6]五帝五后，凡十主，未遷者六，未立者四，未謚者三。高祖、太宗與其后曁莊宗、明宗，凡六主，在清化里之寢宫，祭前二日，以殿中繖扇二十，迎置新廟以享祀。[7]閔皇帝、莊宗明宗二后及魯國孔夫人神主四座，請修制祔廟，及三后請定謚法。”[8]從之。《永樂大典》卷一萬七千五十二。（孔本）[9]

[1]明宗：即五代後唐明宗李嗣源。沙陀部人。原名邈佶烈，

李克用養子。926年至933年在位。紀見本書卷三五至卷四四、《新五代史》卷六。　閔帝：即五代後唐閔帝李從厚。明宗李嗣源第三子。934年在位。紀見本書卷四五、《新五代史》卷七。

［2］高皇：即西漢太祖高皇帝劉邦。

［3］至德宫：宫殿名。五代後唐天成元年（926）築。位於今河南洛陽市。　埳（kǎn）：同“坎”，小坑。

［4］門戟：唐代官署之門插戟，數目依官階各有等差。　棨戟：繒衣或油漆的木戟。

［5］四仲：農曆四季中，每季第二個月的合稱，即仲春（二月）、仲夏（五月）、仲秋（八月）、仲冬（十一月）。　如其中祠：“中祠”，《會要》卷三廟制度條作“中祀”。　光禄：官署名。即光禄寺。掌膳食、帳幕器物、宫殿門户等事。

［6］鴻臚：官署名。即鴻臚寺。掌四夷朝貢、宴勞、給賜、送迎之事及國之凶儀、中都祠廟、道釋籍帳除附之禁令。

［7］高祖、太宗與其后暨莊宗、明宗，凡六主：“高祖”，中華書局本有校勘記：“原作‘高宗’，據殿本、《册府》卷五九四、《五代會要》卷三改。”見《宋本册府》卷五九四《掌禮部·奏議門二二》。“凡六主”，中華書局本有校勘記：“‘六’字原闕，據《册府》卷五九四、《五代會要》卷三補。殿本作‘其’。”　繖扇：即傘扇。　迎置新廟以享祀：中華書局本有校勘記：“‘以享祀’，劉本、彭本作‘以享禮’，《五代會要》卷三、《册府》卷五九四作‘以行享禮’。影庫本批校：‘享禮之禮字，當是祀字之訛。’”

［8］魯國孔夫人：即後唐閔帝李從厚的皇后孔氏。傳見本書卷四九、《新五代史》卷一五。

［9］《大典》卷一七〇五二“廟”字韻“五代宗廟”事目。

周廣順元年二月，[1]太常禮院上言：“准敕，遷漢廟入昇平宫。[2]其唐、晋兩朝，皆止五廟遷移，今漢七廟，未審總移，爲復祇移五廟？敕：宜准前敕，並移于昇平宫。其法物、神厨、齋院、祭服、祭器、饌料，皆依中祠例，用少牢，光禄等寺給；[3]其讀文太祝及奉禮郎，太常寺差。每仲饗，以漢宗子爲三獻。”從之。《永樂大典》卷一萬七千五十二。(孔本)[4]

[1]周廣順元年二月：中華書局本有校勘記：“句上孔本有‘時饗’二字。”

[2]漢廟：指後漢的宗廟。　昇平宫：宫名。位於今河南開封市。

[3]皆依中祠例：中華書局本有校勘記：“‘中祠’，原作‘中神’，據殿本、劉本、《册府》卷一七四改。影庫本粘籤：‘中神，原本作平神，今據《五代會要》改正。’按今檢《五代會要》卷三作‘中祀’。”見《會要》卷三廟制度條，亦見《宋本册府》卷一七四《帝王部·修廢門》。

[4]《大典》卷一七〇五二“廟”字韻“五代宗廟”事目。

舊五代史　卷一四〇

禮志下

賓禮[1]

[1]此目名《輯本舊史》原無，據内容補。本卷下同。

二王三恪

梁開平二年三月，以唐宗子鴻臚卿李嵷封萊國公，爲二王後。[1]四月，中書門下奏：[2]“萊國公李嵷合於西都選地，建立三廟，以備四仲祠祭。[3]每祭仍令度支供給祭料。”[4]從之。其年十二月，禮儀使奏：[5]“謹按唐朝以魏元氏子孫封韓國公，爲三恪；[6]以周宇文氏子孫封介國公、隋楊氏子孫封酅國公，爲二王後。今國家受禪，封唐李氏宗子李嵷爲萊國公。今請以介國公爲三恪，酅國公、萊國公爲二王後。”從之。[7]

[1]開平：五代後梁太祖朱温年號（907—911）。　鴻臚卿：官名。南朝梁武帝天監七年（508）改大鴻臚置，爲十二卿之一，

掌接待周邊少數民族賓客，朝會禮儀贊導等，九班。唐朝加掌喪葬禮儀。五代沿置。從三品。　李嵸：人名。唐朝宗室后裔。五代後梁所封萊國公。事見本書卷四。　二王後：中國古代新王朝建立後，封前兩朝的皇室後裔，給以爵位，使奉其先祀，示繼絶之意。參見謝元魯《隋唐五代的特殊貴族——二王三恪》，《中國史研究》1994 年第 2 期。

[2]中書門下：官署名。唐代以來爲宰相處理政務的機構。參見劉後濱《唐代中書門下體制研究——公文形態·政務運行與制度變遷》，齊魯書社 2004 年版。

[3]西都：即洛陽。位於今河南洛陽市。　四仲：農曆四季中，每季第二個月的合稱，即仲春（二月）、仲夏（五月）、仲秋（八月）、仲冬（十一月）。

[4]度支：財政官署。掌管天下租賦物産，歲計所出而支調之，故名。安史亂後，因軍事供應浩繁，以宰相爲度支使，由户部尚書、侍郎或他官兼領度支事務，稱度支使或判度支、知度支事，權任極重，與鹽鐵使、判户部或户部使合稱“三司”。　祭料：祭祀所用物料。

[5]禮儀使：官名。爲大禮五使之一。有重大禮儀事務則臨時置使，事畢即罷。掌禮儀事務。

[6]三恪：中國古代新王朝建立後，封前三朝的皇室後裔，給以爵位，使奉其先祀，示繼絶之意。通常是“二王”加前一朝爲“三恪”。

[7]“梁開平二年三月”至“從之”：《輯本舊史》原無，據《會要》卷五“二王三恪”條補，亦見明本《册府》卷二一一《閏位部·繼絶門》。

晋天福二年正月敕：[1]“周以杞、宋封夏、殷之後爲二王後，兼封舜之後爲三恪。唐以周、隋之後封公爲二王後，又封魏之後爲三恪。宜于唐朝宗屬中取一人封公世襲，兼隋之酅國公爲二王後，以後周介國公備三恪。其主祀及赴大朝會，委所司具典禮申奏。[2]其唐朝宗屬中舊在朝及諸道爲官者，各據資歷，考限滿日，從品秩序遷；已有出身，任令參選。"[3]

[1]天福：五代後晋高祖石敬瑭年號（936—942）。出帝石重貴沿用至九年（944）。後漢高祖劉知遠繼位後沿用一年，稱天福十二年（947）。

[2]大朝會：又稱受朝賀，於元正、冬至、五月朔舉行。大朝會之日，有司排辦盛大的儀仗，在京文武百官以及地方官員在京者、藩國使人，共同向皇帝朝參、致賀、上壽，並以宴會結束典禮。如在五月朔，則禮儀稍簡。

[3]"晋天福二年正月敕"至"任令參選"：《輯本舊史》原無，據《會要》卷五"二王三恪"條補，亦見《輯本舊史》卷七六《晋高祖紀二》天福二年（937）正月戊寅條，《宋本册府》卷一七三《帝王部·繼絶門》。

四年九月敕："周受龍圖，立夏、殷之祀；唐膺鳳曆，開酅、介之封。乃睠前朝，載稽舊典，宜闢土宇，俾奉宗祧。宜以郇國三千户封唐許王李從益爲郇國公，奉唐之祀，服色旌旗，一依舊制，以西京至德宫爲廟，牲幣器祭服悉從官給。"[1]

[1]李從益：人名。沙陀部人。五代後唐明宗李嗣源幼子。傳見本書卷五一。　至德宫：宫殿名。五代後唐天成元年（926）築。位於今河南洛陽市。　"四年九月敕"至"牲幣器祭服悉從官

給"：《輯本舊史》原無，據《會要》卷五"二王三恪"條補，亦見《輯本舊史》卷七八《晉高祖紀四》天福四年（939）九月癸未條、《宋本册府》卷一七三《帝王部·繼絶門》天福四年九月癸未條。

軍禮

講武

梁開平元年十月，駕幸繁臺講武。[1]二年七月，改爲講武臺。[2]

[1]繁臺：地名。又稱禹王臺、講武臺。位於今河南開封市。

[2]"梁開平元年十月"至"改爲講武臺"：《輯本舊史》原無，據《會要》卷四講武條補。《會要》於條末尚有小注："按《地理志》本西漢梁孝王所築，謂之吹臺。其後有繁氏居其側，故里人呼爲繁臺。""元年十月"條亦見《輯本舊史》卷三《梁太祖紀三》轉引《大典》卷一六八〇三"戰"字韻，"教戰"事目。明本《册府》卷二一四《閏位部·訓兵門》作"幸繁臺，因農隙以講武事"。《通鑒》卷二八七《後漢紀二》天福十二年（947）十一月丙辰條胡注引《薛史》曰："繁臺，即梁王吹臺，其後有繁氏居其側，里人乃以姓呼之。""二年七月"條亦見《宋本册府》卷一九六《閏位部·建都門》開平二年（908）七月甲午條。

乾化元年八月庚申，幸保寧殿，閱天興、控鶴兵事，軍使將校，各有賜。[1]丙子，閱四番將軍及親衛兵士於天津橋南，至龍門廣化寺。[2]戊寅，幸興安鞠場，大教閲，帝自指麾，無不踊抃，坐作進退，聲振宮掖。[3]

[1]乾化：五代後梁太祖朱温年號（911—912）。末帝朱友貞沿用（913—915）。　保寧殿：宮殿名。位於今河南洛陽市。　天興：部隊番號。爲五代後梁所置禁軍，分左右。　控鶴：部隊番號。唐末以來，皇帝宿衛部隊常以控鶴爲名。掌御前宿衛。

[2]天津橋：橋名。位於今河南洛陽市。　龍門：地名。位於今河南洛陽市。因兩山相對如闕，伊河從中流過，又名伊闕。唐以後習稱龍門。　廣化寺：寺名。位於今河南洛陽市。

[3]大教閲：古代軍禮。即“大閲”。用以檢閲部隊、炫耀武力。《左傳》桓公六年：“秋，大閲，簡車馬也。”《周禮·夏官·大司馬》：“中冬，教大閲。”西漢正式形成大閲禮，後世沿用。“乾化元年八月庚申”至“聲振宮掖”：《輯本舊史》原無，據明本《册府》卷二一四《閏位部·訓兵門》補。

十月，帝北征，駐蹕相州。[1]癸丑，閲武於州闉之南樓。丙子，帝御城東教場閲兵，諸軍都指揮、北面招討使、太尉楊師厚總領鐵馬步甲十萬，廣亘十數里陳焉。[2]士卒之雄鋭，部隊之嚴肅，旌旗之雜遝，戈甲之炤曜，屹若山嶽，勢動天地。帝甚悦焉，即命丞相洎文武從臣列侍賜食，逮晚方歸。[3]

[1]駐蹕：帝王出行時沿途停留暫住。　相州：州名。治所在今河南安陽市。

[2]都指揮：官名。即“都指揮使”。五代軍隊編制，五百人爲一指揮，設指揮使、副指揮使；十指揮爲一軍，設都指揮使、副

都指揮使。　招討使：官名。唐貞元年間始置。戰時任命，兵罷則省。常以大臣、將帥或地方軍政長官兼任。掌招撫討伐等事務。　太尉：官名。與司徒、司空並爲三公，唐後期、五代多爲大臣、勳貴加官。正一品。　楊師厚：人名。潁州斤溝（今安徽太和縣阮橋鎮斤溝村）人。唐末、五代將領。傳見本書卷二二、《新五代史》卷二三。

[3]“十月”至“逮晚方歸”：《輯本舊史》原無，據明本《册府》卷二一四《閏位部·訓兵門》補。

獻俘

唐天成四年二月，定州行營招討使王晏球來獻逆賊王都首級并俘馘。[1]上御咸安樓，立仗，百官就列，尚書兵部宣露布於樓前。[2]宣訖，尚書刑部侍郎張文寶奏曰：[3]“逆賊王都首級請付所司。”大理卿蕭希甫受之以出，獻于郊社。[4]其王都男并蕃將禿餒等，命磔於開封橋。[5]百官稱賀。[6]

[1]天成：五代後唐明宗李嗣源年號（926—930）。　定州：州名。治所在今河北定州市。　王晏球：人名。洛陽（今河南洛陽市）人。五代將領。傳見本書卷六四、《新五代史》卷四六。　王都：人名。中山陘邑（今河北定州市）人。本姓劉，後爲義武軍節度使王處直之養子。五代軍閥。傳見本書卷五四。　俘馘（guó）：泛指俘虜。馘，割取敵方戰死者左耳。

[2]咸安樓：開封宫城的門樓。位於今河南開封市。　立仗：排布、羅列朝會儀仗。　尚書兵部：官署名。爲尚書省六部之一，統兵部、職方、駕部、庫部四司，掌管全國武官選用和兵籍、武

器、軍令等政。　露布：指勝利報捷的文書。

[3]尚書刑部侍郎：官名。尚書省刑部次官。協助刑部尚書掌天下刑法及徒隸、勾覆、關禁之政令。正四品下。　張文寶：人名。唐昭宗朝諫議大夫張顗之子。五代後唐官員。傳見本書卷六八。

[4]大理卿：官名。大理寺長官。負責大理寺的具體事務，掌邦國折獄詳刑之事。從三品。　蕭希甫：人名。宋州（今河南商丘市睢陽區）人。五代後梁、後唐官員。傳見本書卷七一、《新五代史》卷二八。

[5]禿餒：人名。奚人。契丹將領。事見《通鑑》卷二七六。

[6]“唐天成四年二月”至“百官稱賀”：《輯本舊史》原無，據《會要》卷五獻俘條補。《輯本舊史》卷四〇《唐明宗紀六》天成四年（929）二月辛酉條載此事。

晋天福七年正月，鎮州行營招討使杜重威奏曰：[1]“二日收復鎮州，傳逆人安重榮首級來獻。”[2]上御乾明樓，仗衛如儀。[3]宣露布訖，大理寺受俘馘，付市狗之，百官稱賀。[4]命漆其首，傳于契丹。[5]

[1]鎮州：州名。治所在今河北正定縣。　杜重威：人名。其先朔州（今山西朔州市朔城區）人，後徙居太原。五代後晋、後漢將領。傳見本書卷一〇九、《新五代史》卷五二。

[2]安重榮：人名。朔州（今山西朔州市朔城區）人。五代後唐、後晋將領。傳見本書卷九八、《新五代史》卷五一。

[3]乾明樓：開封乾明門之城樓。位於今河南開封市。

[4]大理寺：官署名。掌邦國折獄詳刑之事。

[5]契丹：部族、政權名。公元4世紀中葉宇文部爲前燕攻破，始分離而成單獨的部落，自號契丹。唐貞觀中，置松漠都督府，以

其首領爲都督。唐末强盛，916 年迭剌部耶律阿保機建立契丹國（遼）。先後與五代、北宋並立，保大五年（1125）爲金所滅。參見張正明《契丹史略》，中華書局 1979 年版。　“晋天福七年正月”至“傳于契丹”：《輯本舊史》原無，據《會要》卷五獻俘條補。《輯本舊史》卷八〇《晋高祖紀六》天福七年（942）正月戊午條載此事，“大理寺受俘馘”作“大理卿受馘”。

其年九月，襄州行營都部署高行周等執逆賊安從進男宏受、判官王鼎、李光圖等四十四人來獻。[1]上御乾明門受俘。宣露布訖，百官稱賀，命徇於市。[2]

[1]襄州：州名。治所在今湖北襄陽市。　都部署：官名。五代後唐始置，爲臨時委任的大軍區、行營統帥。掌管屯戍、攻防等事務。　高行周：人名。幽州（今北京市）人。五代名將。傳見本書卷一二三、《新五代史》卷四八。　安從進：人名。索葛部人。五代後唐、後晋將領。傳見本書卷九八、《新五代史》卷五一。　宏受：人名。即安宏受。安從進之子。事見本書卷九八、《新五代史》卷五一。　判官：官名。即“節度判官”。唐末、五代藩鎮僚佐，位行軍司馬下。　王鼎：人名。籍貫不詳。五代後晋時的藩鎮官員。事見本書本卷。　李光圖：人名。籍貫不詳。五代後晋時的藩鎮官員。事見本書卷八〇。

[2]“其年九月”至“命徇於市”：《輯本舊史》原無，據《會要》卷五獻俘條補。《輯本舊史》卷八一《晋少帝紀一》天福七年（942）九月癸未條載此事。

漢乾祐二年七月，西面行營都部署露布，獻河中所獲逆賊李守貞首級并俘馘等。[1]上御明德門樓受俘，群臣稱賀。[2]

[1]乾祐：後漢高祖劉知遠、隱帝劉承祐年號（948—950）。北漢亦用此年號。　河中：府名。治所在今山西永濟市。　李守貞：人名。河陽（今河南孟州市）人。五代將領。傳見本書卷一〇九、《新五代史》卷五二。

[2]明德門：汴京宫城的南面中門。　"漢乾祐二年七月"至"群臣稱賀"：《輯本舊史》原無，據《會要》卷五獻俘條補。

三年正月，鳳翔節度使趙暉奏，請供奉官張銖押逆賊王景崇首級并同惡周璙至闕下獻俘。[1]命狥于六街，磔于西市。[2]

[1]鳳翔：方鎮名。治所在鳳翔府（今陝西鳳翔縣）。　節度使：官名。唐、五代時在重要地區所設掌握一州或數州軍政、民政、財政的長官。　趙暉：人名。澶州（今河南濮陽市）人。五代後唐至後周將領。傳見本書卷一二五。　供奉官：泛指侍奉皇帝左右的臣僚，亦爲東、西頭供奉官通稱。　張銖：人名。籍貫不詳。五代後漢官員。事見本書本卷。　王景崇：人名。邢州（今河北邢臺市）人。五代後漢時升任鳳翔節度使。後以反叛被殺。傳見本書附録、《新五代史》卷五三。　周璙：人名。《新五代史》卷五三作"周璨"。籍貫不詳。五代後漢時人。事見《新五代史》卷五三。　闕下獻俘：將士押送俘虜，至首都的宫城城樓之下，舉行獻俘禮儀。於皇帝而言，即是登上宫城城樓，接受將士獻俘之禮。

[2]"三年正月"至"磔于西市"：《輯本舊史》原無，據《會要》卷五獻俘條補。

嘉禮

婚

唐同光二年七月，太常禮院奏：[1]“按本朝舊儀，自一品至三品婚姻，得服衮冕、劍佩，衣九章。[2]今皇子興聖宮使繼岌，雖未封建，官是檢校太尉，合準一品婚姻施行。[3]其妃，準禮婦人從夫之爵，亦準一品命婦禮。[4]至親迎日，太常鹵簿、鼓吹前導，乘輅車，其妃花釵九枝，博鬢，褕翟衣九等。[5]其日平明，皇帝差官告親廟一室，宗正卿攝婚主行禮。[6]其夕親迎，興聖宮使乘輅車，鹵簿、鼓吹前導，至女氏之門，以結綵車御輪交車。”從之。[7]

[1]同光：五代後唐莊宗李存勗年號（923—926）。　太常禮院：官署名。簡稱“禮院”。唐代太常寺有禮院，爲太常博士議禮之處。唐後期以來，禮院逐漸成爲主管朝廷禮儀事務的機構。

[2]衮冕：衮服和冠冕。皇帝、王公大臣的禮服。參見閻步克《服周之冕——〈周禮〉六冕禮制的興衰變異》，中華書局 2009 年版。　劍佩：寶劍和佩飾。　九章：冕服上的九種圖案。冕服共十二章，帝后服十二章，隨著官員品級的遞降，冕服的章數也相應遞減。

[3]興聖宮使：官名。興聖宮的主管之官。興聖宮位於今河北大名縣。　繼岌：人名。即李繼岌。五代後唐莊宗長子，時封魏王。傳見本書卷五一、《新五代史》卷一四。　檢校太尉：官名。爲散官或加官，以示恩寵加此官，無實際執掌。太尉，與司徒、司空並爲三公。

[4]命婦：包括内命婦、外命婦。内命婦指内宫有封號、誥命的皇帝妃、嬪、世婦、女御等。外命婦指有封號、誥命的官員之妻。

[5]親迎：婚禮“六禮”儀節之一。即新婿親往女家迎娶新婦的儀式。　太常鹵簿：太常，即太常寺，掌宗廟祭祀禮樂及教育等。鹵簿，指帝后出行時的儀仗隊。蔡邕《獨斷》卷下：“天子出，車駕次第謂之鹵簿。”　鼓吹：大型器樂合奏。演奏的樂曲、演奏鼓吹樂的樂隊也稱鼓吹。　輅車：帝后車駕。分爲大輅、玉輅、金輅、象輅、革輅、木輅等。　博鬢：假髮的一種。鬢髮下垂至耳，抱住面頰，在鬢上簪金鈿、翠葉之類的貴重首飾。與一定髮髻、花釵、服飾相配，有等級之分。　褕翟：皇后車輿之一。因以雉羽相次連接、疊壓爲車飾而得名。唐、宋、金因隋制。

[6]宗正卿：官名。秦始置宗正，南朝梁始有宗正卿之官。由宗室充任。掌皇族外戚屬籍。正三品。

[7]“唐同光二年七月”至“從之”：《輯本舊史》原無，據《會要》卷二婚禮條補，亦見《宋本册府》卷五九三《掌禮部·奏議門二一》。

晉天福四年八月，中書門下奏：“據太常禮院定來年長安公主出降儀，太僕寺供厭翟二馬車，殿中省備團、方編扇各十六，行障三，座障三，傘一，大扇一，團大扇二。[1]今車、障、傘、扇是同光年皇后法物，欲修飾牙仗、厭翟車。[2]后以四馬，今權去二馬。”從之。[3]

[1]長安公主：五代後晉高祖石敬瑭之女，後晉將領楊承祚之妻。事見本書卷七六、卷七九。　出降：公主出嫁。又稱下降。帝王位尊，其女出嫁是貴人降臨臣家，故稱出降。　太僕寺：官署

名。秦始置太僕，至南朝梁、陳與北齊時加寺字，稱太僕寺。掌車輦、馬、牛、畜產等事。歷代沿置。　厭翟：皇后車輿之一。因以雉羽相次連接、疊壓爲車飾而得名。唐、宋因隋制。厭翟與重翟、安車、翟車、輦車合爲王后五輅。　殿中省：官署名。唐改隋殿内省爲殿中省。五代沿置。掌皇帝服御之事。　行障：可以移動的屏風。

[2]法物：帝王儀仗所用器物的統稱。《後漢書》卷一下《光武帝紀下》："益州傳送公孫述瞽師、郊廟樂器、葆車、輿輦，於是法物始備。"李賢注："法物，謂大駕鹵簿儀式也。"　牙仗：儀仗。"牙"通"衙"。

[3]"晋天福四年八月"至"從之"：《輯本舊史》原無，據《會要》卷二婚禮條補，亦見《宋本册府》卷五九四《掌禮部·奏議門二二》，《宋本册府》繫於八月乙巳。

五年二月，太常禮院奏："長安公主以三月出降。按唐德宗朝禮儀使顏真卿議，婚用誕馬，在禮無文。[1]《周禮》：'諸侯以璋聘女。'《禮》云：'玉以比德。'今請駙馬都尉加以璋，郡王之婿加元纁，以代用馬。[2]書函之禮，出自近代，事無正經，請廢之勿用。"詔曰："納采之時，主人再拜，使者不答，雖《開元禮》具載其儀，今宜答拜。[3]仍令鄭王重貴主其婚禮，中外不賀，餘依所奏。"[4]

[1]唐德宗：即李适。唐朝皇帝。唐代宗長子。779年至805年在位。紀見《舊唐書》卷一二、卷一三，《新唐書》卷七。　顏真卿：人名。京兆萬年（今陝西西安市長安區）人。唐代學者、官員。參與平定安史之亂。傳見《舊唐書》卷一二八、《新唐書》卷

一五三。　誕馬：儀仗隊中不施鞍轡的備用馬。

[2]駙馬都尉：官名。西漢武帝始置，魏晋以後，公主夫婿多加此稱號。從五品下。　璋：扁平板形玉器。　元纁：即“玄纁”。纁，絳色。紅黑色的幣帛。玄纁爲徵聘所用的贄禮。

[3]納采：婚禮儀節之一。男方備上采禮，去女家求婚。

[4]重貴：人名。即石重貴。沙陀部人。五代後晋高祖石敬瑭從子，後晋少帝。紀見本書卷八一至卷八五、《新五代史》卷九。“五年二月”至“餘依所奏”：《輯本舊史》原無，據《會要》卷二婚禮條補，亦見《宋本册府》卷五九四《掌禮部·奏議門二二》。

册命

梁開平元年八月敕：“朝廷之儀，封册爲重，用報勳烈，以隆恩榮，固合親臨，式光典禮。舊章久缺，自我復行。今後每封册大臣，宜令有司備臨軒之禮。”[1]

[1]臨軒：古時皇帝不坐正殿而在殿前平臺上接見臣屬，稱“臨軒”。軒，爲殿堂前檐下的平臺，因殿堂前檐之處兩邊有檻楯，如車之軒，故亦稱軒。　“梁開平元年八月敕”至“宜令有司備臨軒之禮”：本條爲《輯本舊史》卷三《梁太祖紀三》開平元年(907)八月條轉引《大典》卷一六七五一“宴”字韻。亦見《會要》卷四册命條、《宋本册府》卷一九一《閏位部·立法制門》。

唐同光二年二月，太常禮院奏：“準制，尚書令秦王李茂貞備禮册命，檢詳舊儀，無不帶節度使封册之命，宜準故襄州節度使趙匡凝封楚國例施行。[1]秦王受册，自備革輅一乘，載册犢車一乘，并本品鹵簿、鼓吹如儀。”[2]從之。[3]

[1]尚書令：官名。秦始置。隋、唐前期爲尚書省長官，與中書令、侍中並爲宰相。唐後期多爲大臣加銜，不參與政務。正二品。　趙匡凝：人名。蔡州（今河南汝南縣）人。趙德諲之子，唐末將領。傳見本書卷一七、《新五代史》卷四一。

[2]革輅：天子五輅之一。因以皮革爲飾而得名。周制革輅，張材爲車，無他飾，唯漆之，馬帶及馬鞅以絛絲爲飾，車設太白旗。爲天子戎事出征所乘，有時也封賜守衛邊疆的諸侯。此後各朝革輅略異，多爲皇帝巡狩及戎事時所乘。

[3]“唐同光二年二月”至“從之”：《輯本舊史》原無，據《會要》卷四册命條補，亦見《宋本册府》卷五九三《掌禮部·奏議門二一》。《册府》“二月”作“三月”，“趙匡凝”作“趙凝”，“楚國”作“楚王”。

三年六月，太常禮院奏：“吴越國王錢鏐將行册命，按禮文合用竹册。”[1]敕：“宜令有司修製玉册，俾稱元勳。”[2]

[1]吴越：五代十國之吴越國。後梁開平元年（907），封鎮海節度使錢鏐爲吴越王，領有今浙江之地及江蘇的一部分。北宋太平興國三年（978），錢俶向北宋納土，吴越亡。　錢鏐：人名。杭州臨安（今浙江杭州市臨安區）人。五代時期吴越國的建立者。傳見本書卷一三三、《新五代史》卷六七。

[2]“三年六月”至“俾稱元勳”：《輯本舊史》原無，據《會要》卷四册命條補，亦見《輯本舊史》卷三二《唐莊宗紀六》同光三年（925）六月丁丑條。《會要》此條後有小注：“議者以玉

册帝王所用，不合假諸人臣。蓋當時樞密院承旨段徊受錢鏐之賂，曲隨其請，樞密使郭崇韜不詳典禮故也。”

天成三年十一月己丑，中書奏：“舊制，凡降册命，至尊臨軒。伏自陛下纂襲，繼有封崇，但申節度之儀，尚缺臨軒之禮。今後或封册，請御正衙，雖勞萬乘之尊，冀重九天之命。如此則行之時禮備，受之者感深，寧唯轉耀于皇猷，實亦永標於青史。”從之。仍付所司。[1]

[1]“天成三年十一月己丑”至“仍付所司”：《輯本舊史》原無，據《會要》卷四册命條補，亦見《輯本舊史》卷三九《唐明宗紀五》、《宋本册府》卷五九三《掌禮部·奏議門二一》。天成三年（928）十一月壬申朔，《會要》原繫於十一月十八日，爲己丑。

清泰元年六月，[1]中書門下奏：“據太常禮院申，册拜王公，如在京城，所司備鹵簿車輅法物，皇帝臨軒行册禮；如在外鎮，正衙命使押册赴本道行禮。[2]車輅法物，故事不出都城，禮無明文。今奉制命幽州趙德鈞封北平王，青州房知温封東平王，皆備禮册命。[3]其合用車輅法物，在兵部、太常、太僕寺，請載往本州行禮後，送納本司。”[4]從之。[5]

[1]清泰：五代後唐廢帝李從珂年號（934—936）。

[2]正衙：即正殿。五代後唐時的正殿爲洛陽宫城中的文明殿（貞觀殿）。

［3］幽州：方鎮名。治所在幽州（今北京市）。　趙德鈞：人名。幽州（今北京市）人。初爲幽州節度使劉守光部將，再爲五代後唐將領，最後投降遼國。傳見本書卷九八。　青州：州名。治所在今山東青州市。　房知温：人名。兖州瑕丘（今山東濟寧市兖州區）人。五代後唐將領。傳見本書卷九一、《新五代史》卷四六。

［4］太常：官署名。即太常寺。掌禮樂祭祀活動。隋、唐時下設郊廟、太廟、諸陵、太樂、鼓吹、太醫、太卜、廪犧等八署。

［5］“清泰元年六月”至“從之”：《輯本舊史》原無，據《會要》卷四册命條補，亦見《宋本册府》卷五九四《掌禮部·奏議門二二》。

受朝賀

唐天成三年十月壬戌，中書奏：

冬至日，文武百寮詣東上閤門拜表稱賀儀注：[1]前一日，所司於閤門外量地之宜，設中書令捧表位、禮部郎中押表案位及文武常參官位，如常儀。[2]其日，文武百寮依時刻俱詣闕門外列班如式。次通事舍人贊引中書門下入就位，立定。[3]典儀曰‘再拜’，應在位官俱再拜訖。[4]禮官通事舍人引中書令詣捧表位。禮部郎中取表，授中書令跪受，復置於案。[5]前導至位。中書令搢笏捧表跪授，閤門使跪捧表側立，候中書令退，歸本班立定。[6]典儀曰“再拜”，應在位官俱再拜舞蹈，三稱萬歲，又再拜訖。[7]閤門使捧表以進。次閤門使宣答，出詣中書門下班前，曰“有敕”。典儀曰“再拜”，應在位官俱再拜。宣曰："履長之慶，與卿等同之。"宣訖，典儀曰"再拜"，應在位官俱再拜舞蹈，三稱萬歲，又再拜訖。相次退如常式。

右太常禮院狀，准禮例修撰如前。[8]案：開元八年，中書奏：[9]"冬至一陽生，萬物潛動，所以自古聖帝明王，皆此日朝萬國，觀雲物，禮之大者，莫踰是時。[10]其日祀圜丘，皆令攝官行事。[11]質明既畢，日出視朝，有國已來，更無改易。若親拜南郊，受朝須改。"因敕："自今已後，冬至受朝，永爲常式。"至永泰二年十一月詔：[12]"冬至，令有司祭南郊，于含元殿受朝賀。"[13]至建中二年敕：[14]"宜以冬至日受朝賀。"貞元四年，中書侍郎李泌奏：[15]"冬至受朝賀，請准元日中書令讀諸方表。"[16]敕旨："宜依。"

准《六典》，殿中侍御史，凡冬至、元正大朝賀升殿者。[17]伏以天運四時，節分二至，陰勝則臣道熾，陽盛則君德興。且一家之尊，祭先祖畢，受子孫之賀，豈萬國之主祀圜丘，止臣下之朝？宜按舊章，以光令節。冬至日望准本朝前後明敕處分。奉敕："宜依。"[18]

[1]東上閤門：唐大明宮之正殿（宣政殿）、内殿（紫宸殿）以東、西上閤門相連，閤門遂爲外朝、内朝之分界。因設閤門使，掌内外通報、宣旨。五代、宋相沿設置閤門、閤門使。　拜表稱賀：大朝會禮儀的一種特殊形態。百官向皇帝進賀表。逢元正、冬至當舉行大朝會之日，有詔不受朝賀，即行"拜表稱賀"儀。

［2］中書令：官名。漢代始置，隋、唐前期爲中書省長官，屬宰相之職，唐後期多爲授予元勳大臣的虚銜。正二品。　禮部郎中：官名。尚書省禮部頭司禮部司長官。掌禮樂、學校、衣冠、符印、表疏、圖書、册命、祥瑞、鋪設，及百官、宫人喪葬贈賻之數。從五品上。　常參官：唐制，文官五品以上及兩省供奉官、監察御史、員外郎、太常博士，每日朝參，稱爲常參官。

［3］通事舍人：官名。東晋始置。唐代爲中書省屬官，全稱中書通事舍人。掌殿前承宣通奏。從六品上。

［4］典儀：官名。爲禮儀行事官，掌殿上贊唱之節及殿廷版位次序。從九品。

［5］復置於案：《會要》此句後有小注："其案禮部令史二人對舁。"

［6］搢笏：插笏。笏指象牙所製的笏版。　閤門使：官名。唐代中期始置，掌供朝會、贊引百官。初以宦官充任，五代改用武階。

［7］舞蹈：臣僚對君主的朝參禮儀。典儀官贊"舞蹈"，臣僚做出有節奏的動作，司樂官以樂伴之。

［8］狀：政府公文的一種。多用於下級機關對上級機關的陳奏、呈報公事。

［9］開元：唐玄宗李隆基年號（713—741）。

［10］雲物：天象雲氣等天候。《周禮·春官·保章氏》："以五雲之物，辨吉凶水旱。"凡春分、秋分、夏至、冬至，有司即觀察雲物並記載下來。

［11］祀圜丘：即圜丘祭天典禮。

［12］永泰：唐代宗李豫年號（765—766）。

［13］含元殿：宫殿名。唐代大明宫的大殿。位於今陝西西安市。

［14］建中：唐德宗李适年號（780—783）。

［15］貞元：唐德宗李适年號（785—805）。　中書侍郎：官

名。中書省副長官。唐後期三省長官漸爲榮銜，中書侍郎、門下侍郎却因參議朝政而職位漸重，常常用爲以“同三品”或“同平章事”任宰相者的本官。正三品。　李泌：人名。其先遼東襄平（今遼寧遼陽市）人，後居京兆（今陝西西安市）。唐玄宗至唐德宗朝官員、學者。傳見《舊唐書》卷一三〇、《新唐書》卷一三九。

[16]諸方表：地方、藩國進獻的賀表。

[17]殿中侍御史：官名。三國魏始置。唐前期屬御史臺之殿院，掌宫門、庫藏及糾察殿庭供奉朝會儀式，及分掌左、右巡，負責京師治安、京畿軍兵。唐後期常爲外官所帶憲銜。從七品下。

[18]“唐天成三年十月壬戌”至“宜依”：《輯本舊史》原無，據《會要》卷五受朝賀條補。原作“十月二十一日”，天成三年（928）十月壬寅朔。故换算爲“壬戌”。

四年四月戊辰，中書門下奏：“五月一日入閤起居，准貞元七年四月二十八日敕：[1]‘昔者聖賢仰觀法象，因天地交會之次，爲父子相親之儀，沿襲成風，古今不易。王者制事，在于因人，酌其情而用中，順其俗以爲禮。咸覿之禮，既行父子之間；資事之情，豈隔君臣之際。自今後每年五月一日御宣政殿，與文武百寮相見。[2]京官九品已上，外官因朝奏在京者，並聽就列。宜令所司量定儀注，頒示天下，仍編禮式，永著常規者。’伏以本朝舊典，近代不行，方當開泰之朝，難曠會同之禮，宜興墜典，以耀明廷。五月一日，應在京九品以上官，及諸道進奉使，並准貞元七年敕，就位起居。[3]自此每年永爲常式者。”奉敕：“宜依。”[4]

[1]入閤：即朔望入閤。因舉行此朝會時，“自正衙唤仗，由

閤門而入"，故稱。唐代時，入閤於大明宮紫宸殿舉行。五代後唐時，於文明殿舉行。參見黄曉巍《唐大明宮入閤考》，《唐史論叢》第三十三輯，2021年。　起居：即"五日起居"。每月逢一逢五日舉行，一月六次。五代後唐明宗天成元年（926）創置。後唐時於洛陽中興殿舉行。所謂"五月一日入閤起居"，蓋因初一日既逢入閤，又逢起居。

[2]宣政殿：宫殿名。唐代大明宫之正殿。位於今陝西西安市。

[3]進奉使：地方派遣向朝廷進奉的使者。

[4]"四年四月戊辰"至"宜依"：《輯本舊史》原無，據《會要》卷五受朝賀條補。"四年四月戊辰中書門下奏五月一日入閤起居准貞元"，《會要》原作"又"，據《册府元龜》卷一〇八《帝王部・朝會第二》、本書卷四〇《唐明宗紀六》改。

晉天福四年十二月，太常禮院申："奉敕，約《開元禮》重定正旦朝會。"按《開元禮》，三品以上升殿，群官在下。請沿近禮，依内宴列坐。據《開元禮》，稱賀後皇帝戴通天冠，服絳紗袍；[1]百官朝服侍坐，解劍履于樂府之西北。[2]今京邑新造，殿廷隘狹，請皇帝冠烏紗巾，服赭黄袍；[3]百寮具公服。俟朝堂宏敞，即舉舊儀。二舞鼓吹《熊羆之樂》，工師樂器等事，因久廢不可卒備，請且設《九部樂》，用教坊伶人。"[4]詔曰："三品之官，尚書方得升殿，餘依所奏。"[5]

[1]通天冠：皇帝專用的禮冠，始於秦代。　絳紗袍：皇帝的朝服和禮服，有的朝代亦爲皇太子及親王之服。

[2]解劍履：臣子見君，需解劍脱履。如蒙皇帝特許不解劍履，即爲"劍履上殿"。

[3]烏紗巾：即烏紗帽。又稱唐巾。官吏所戴，於帝王爲常服。赭黄袍：天子袍服。因顔色赭黄，故稱。

[4]二舞：宫廷樂舞分文舞、武舞兩大類，用於祭祀天地、宗廟及朝會享宴。文舞執羽籥，武舞執干戚。　教坊伶人：隸屬於教坊的樂人。教坊，唐於京都置左右教坊，掌俳優雜技，以宦官爲教坊使。伶人，《國語・周語下》："鐘成，伶人告和。"韋昭注："伶人，樂人也。"

[5]"晋天福四年十二月"至"餘依所奏"：《輯本舊史》原無，據《會要》卷五受朝賀條補。

朔望朝參

梁開平元年十月，中書門下奏："請每月初入閤，望日延英聽政，永爲常式。"[1]從之。[2]

[1]延英聽政：又稱"延英奏對"。延英殿爲唐、五代、宋時皇宫常設之便殿，宰相以下在延英殿奏事，稱爲延英奏對、延英聽政。參見袁剛《延英奏對制度初探》，《北京大學學報》1989年第5期。

[2]"梁開平元年十月"至"從之"：《輯本舊史》原無，據《會要》卷五朔望朝參條補，亦見《宋本册府》卷一九七《閏位部・朝會門》。

唐天成元年五月戊午敕："今後宰臣文武百官，除常朝外，每五日一度入内起居。[1]其中書非時有急切公事請開延英，不在此限。"[2]

[1]常朝：泛指皇帝每日或每幾日御殿聽政的朝會。此處特指唐以來的“正衙常參”。參見《宋史》卷一一六《禮志·常朝》。

[2]開延英：相對於常規的“延英奏對”而言，“開延英”屬於非常規的奏對，包括宰相請對、皇帝召對兩種形式。　“唐天成元年五月戊午敕”至“不在此限”：《輯本舊史》原無，據《會要》卷五朔望朝參條補。

晉天福二年十一月，中書門下奏：“準唐貞元二年九月五日敕：‘文官充翰林學士及皇太子諸王侍讀，武官充禁軍職事，並不常朝參；[1]其在三館等諸職事者，並朝參訖，各歸所務’者，自累朝已來，文武在内廷充職兼判三司，或帶職額及六軍判官等，例不赴常朝。[2]元無正敕，準近敕，文武職事官未升朝者，按舊制並赴朔望朝參。其翰林學士、侍讀，三館諸執事官，望準元敕處分。其諸在内廷諸司使等，每受正官之時，來赴正衙謝後，不赴常朝；[3]大朝會，不離禁廷。位次三司職官，免常朝，唯赴大朝會。其京師未升朝官，祇赴朔望朝參；帶諸司職掌者，不準此例。文官除端明殿翰林學士、樞密院學士、中書省知制誥外，有兼官兼職者，仍各發遣本司公事。”[4]可之。[5]

[1]翰林學士：官名。由南北朝始設之學士發展而來，唐玄宗改翰林供奉爲翰林學士，備顧問、代王言。掌拜免將相、號令征伐等詔令的起草。　侍讀：官名。陪侍帝王、皇子、諸王讀書論學。此處特指東宫及諸王侍讀。

[2]三館：指弘文館、集賢館、史館。　判三司：官名。通掌鹽鐵、度支、户部三個部門事務。　判官：官名。爲長官的佐吏，

協理政事，或備差遣。

[3]諸司使：唐五代設置使、司以專掌某項事務，隨著使、司設置的增多，遂統稱諸司、諸司使。

[4]端明殿翰林學士：官名。即以翰林學士充任的端明殿學士。五代後唐明宗時始置，負責誦讀四方書奏。　樞密院學士：官名。即樞密直學士。五代後唐莊宗同光元年（923）改直崇政院置，選有政術文學者充任。備顧問應對。　中書省知制誥：官名。掌起草皇帝的詔、誥之事，原爲中書舍人之職。唐開元末置學士院，翰林學士入院一年，則加知制誥銜，專掌任免宰相、册立太子、宣布征伐等特殊詔令，稱爲内制。而中書舍人所撰擬的詔敕稱爲外制。兩種官員總稱兩制官。

[5]“晋天福二年十一月”至“可之”：本條《輯本舊史》原無，據《册府》卷一〇八《帝王部·朝會門》補。亦見本書卷七六《晋高祖紀二》。

其月，中書門下奏：“應供奉官、常參官朔望朝參。按《六典》，凡京百司有常參官，謂五品已上職事官、八品已上供奉官、員外郎、監察御史、太常博士。[1]諸司長官謂三品以上。若敕唤諸司長官及賜物者，太子賓客、尚書左右丞、諸司侍郎、中書門下五品以上官、御史中丞，並同長官例。[2]若别賜物，中書門下正三品准二品，四品准三品，五品准四品，同中書門下平章事並同中書門下正三品官。[3]按《會要》，侍中舊是正三品，大曆二年改爲正二品，中書令同。[4]今中書門下平章事，望同中書門下正二品。按《六典·禮部》，凡京百司文武職事，九品已上每朔望朝參，五品已上及供奉官、員外郎、監察御史、太常博士每日朝參。”從之。[5]

[1]員外郎：官名。尚書省六部二十四司的屬官，爲各司郎中的副職。協助郎中掌各司事務。從六品上。　監察御史：官名。屬御史臺之察院，掌監察中央機構、州縣長官及祭祀、庫藏、軍旅等事。唐中期以後，亦作爲外官所帶之銜。正八品下。　太常博士：官名。掌撰五禮儀注。大禮時，導引乘輿，贊相祭祀，定誄謚以及守陵廟等。從七品上。

[2]太子賓客：官名。爲太子官屬。唐高宗顯慶元年（656）始置。掌侍從規諫、贊相禮儀。正三品。　尚書左右丞：尚書左丞、右丞的合稱。左右丞爲尚書省佐貳官。唐中期以後，實際主持尚書省日常政務，權任甚重。正四品上。　御史中丞：官名。如不置御史大夫，則爲御史臺長官。掌司法監察。正四品下。

[3]中書門下平章事：官名。即"同中書門下平章事"。唐高宗以後，凡實際任宰相之職者，常在其本官後加同平章事的職銜。後成爲宰相專稱。後晋天福五年（940），升中書門下平章事爲正二品。

[4]侍中：官名。秦始置。隋、唐前期爲門下省長官。唐後期多爲大臣加銜，不參與政務，實際職務由門下侍郎執行。正二品。　大曆：唐代宗李豫年號（766—779）。

[5]"其月"至"從之"：《輯本舊史》原無，據《會要》卷五朔望朝參條補。

常朝

梁開平三年八月甲午，敕："朕以干戈尚熾，華夏未寧，宜循卑菲之言，用致雍熙之化，起八月一日，常朝不御金鑾、崇勳兩殿，只於便殿聽政。"[1]

[1]金鑾：宫殿名。五代後梁開平三年（909）正月，改思政

殿爲金鑾殿。位於今河南開封市。　崇勳：宮殿名。五代後唐時即有崇勳殿，後唐同光二年（924）改名中興殿。位於今河南洛陽市。

"三年八月甲午"至"只於便殿聽政"：《輯本舊史》原無，據明本《册府》卷一九七《閏位部·朝會門》補。

貞明中，中書門下奏：[1]"文武常參官自今月日連三日常朝訖。先准宣旨，每三日後放一日朝參者。右臣等商量，望准進止放今月日朝參，以便宜行訖。"[2]

[1]貞明：五代後梁末帝朱友貞年號（915—921）。

[2]"貞明中，中書門下奏"至"以便宜行訖"：《輯本舊史》原無，據《會要》卷六常朝條補。四庫所收《會要》於本段後有小注："檢年月日不獲。"

唐同光元年十二月，中書門下奏："每日常朝，百官皆拜，獨兩省官不拜。[1]准本朝故事，朝退于廊下賜食，謂之'廊餐'，百官遂有謝食拜，唯兩省官本省有厨，不赴廊餐，故不拜。伏自僖宗幸蜀迴，以多事之後，遂廢廊餐，百官拜儀，至今未改，將五十載，禮恐難停，唯兩省官獨尚不拜。[2]豈可終日趨朝，曾不一拜，獨于班列有所異同。若言官是近臣，於禮尤宜肅謹。起今後逐日常朝，宣'不坐'，除職事官押班不拜外，其兩省官與東西班並齊拜。"[3]從之。[4]

[1]兩省官：又稱"兩省班"。舉行朝會時，中書省、門下省的官員有單列的班次，横向排列於文武兩班之前。

[2]僖宗：即唐朝皇帝李儇，873年至888年在位。紀見《舊

唐書》卷一九下、《新唐書》卷九。

[3]東西班：文武百官分兩班縱向排列於殿庭，一左一右，合稱“東西班”，又稱“文武兩班”。

[4]“唐同光元年十二月”至“從之”：《輯本舊史》原無，據《會要》卷六常朝條補。

天成元年五月甲戌敕：“本朝舊日趨朝官置待漏院，候子城門開，便入立班。[1]如遇不坐，前一日晚便宣‘來日兩衙不坐’。[2]其日纔明，閤門立班，便宣‘不坐’。百官各退歸司。近年已來，雖遇不坐正殿，或是延英對宰臣，或是内殿親決機務，所司不循舊制，往往及辰巳之時，尚未放班，既日色已高，致人心咸倦。[3]今後若遇不坐日，未御内殿前，便令閤門使宣‘不坐’，放朝退班。”[4]

[1]待漏院：百官晨集等候，準備朝拜之所。

[2]不坐：唐末以來，舉行“正衙常參”的朝會時，皇帝並不臨朝，而是由宦官宣“皇帝不坐”，百官行禮後退出。

[3]内殿親決機務：皇帝不出御正殿受朝，而是御便殿、内殿，召見少數大臣，商議並處理政務。　辰巳之時：辰時相當於早上七點至九點，巳時相當於早上九點至十一點。早朝往往在卯時（早上五點至七點）開始。

[4]“天成元年五月甲戌敕”至“放朝退班”：《輯本舊史》原無，據《會要》卷六常朝條補。“甲戌”，《會要》原作“十九日”。

三年十二月，中書門下奏：“逐日常朝，宣‘奉敕不坐’，兩省官與東西兩班並拜，押班宰相不拜。或聞班行所論，承前日有廊餐，百官謝食，兩省即各有常厨，從來不拜。或云‘侍臣不拜’。檢尋故實，不見明規，百僚拜爲有廊餐，即承旨合宣‘有敕賜食’，供奉官不拜，亦恐非儀。且左右前後之臣，日面天顔，豈可不拜。臣等商量，今後常朝，押班宰相亦拜，通事舍人亦拜，閤門外放仗亦拜。”從之。[1]

[1]“三年十二月”至“從之”：《輯本舊史》原無，據《會要》卷六常朝條補。

晋開運元年十一月，尚書吏部侍郎張昭遠奏：[1]“文武常參官日於正衙立班，閤門使宣‘不坐’後，百僚俱拜。舊制唯押班宰相、押樓御史、通事舍人，各緣提舉贊揚，所以不隨庶官俱拜。[2]自唐天成末，議者不悉朝儀，遽違舊典，遂令押班之職，一例折腰，此則深忽禮文，殊乖故實。且宰臣居庶僚之首，御史持百職之綱，嚴肅禁廷，糾繩班列，慮于拜揖之際，或爽進退之宜，於是凝立静觀，檢其去就。若令旅拜旅揖，實恐非儀。況事要酌中，恭須近禮，人臣愛主，不在于斯。其通事舍人，職司贊導，比者兩班進退，皆相其儀，今則在文班、武班之前，居一品、二品之上，端笏齊拜，禮實未聞。其押班宰相、押樓御史、通事舍人，並請依天成三年已前禮例施行。”殿中侍御史賈玄珪奏：[3]“除押樓御史、通事舍人請依張昭遠奏，其宰臣押班，請依舊設拜。”從之。[4]

[1]尚書吏部侍郎：官名。尚書省吏部次官。協助吏部尚書掌文選、勳封、考課之政。正四品上。　張昭遠：人名。因避後漢高祖劉知遠諱，止稱張昭。濮州范縣（今河南范縣）人。五代後唐至宋初官員。傳見《宋史》卷二六三。

[2]押班：朝會時領班，管理百官朝會位次。初以監察御史押班，後由宰執負責。或御樓受朝，則有“押樓”之官，由御史充任。

[3]賈玄珪：人名。籍貫不詳。五代後晋官員。事見本書本卷。

[4]“晋開運元年十一月”至“從之”：《輯本舊史》原無，據《會要》卷六常朝條補。

凶禮

服紀

唐同光三年七月，貞簡皇太后遺令曰：[1]“皇帝以萬機至重，八表所尊，勿衣粗衰，勿居諒闇，三年之制，以日易月，過三日便親朝政。[2]皇后、諸妃及諸王、公主，並制齊衰本服，以日易月，十三日除。[3]中書門下、翰林學士、在朝文武百官、内諸使司，及諸道節度觀察防禦使、刺史、監軍，及前資官并寮佐官吏、士庶、僧道、百姓，並准本朝故事，降服施行，勿使過制。[4]皇帝釋服後，未御八音，勿廢群祀，勿斷屠宰，勿禁宴游，園陵喪制，皆從簡省。故申遺令，奉而行之。”其月，太常禮院奏：“案故事，中書門下、翰林學士、在朝文武百官、内諸使司供奉官已下，從成服三日，每日赴長壽宫朝臨，自後不臨。[5]其服，以日易月，三十日除。至小祥，合釋服。[6]每至月朔月望，小祥大祥，釋服日，未除服者縗服臨，已除服者則素服不臨，並赴長壽宫，先拜靈訖，移班近東，進名奉慰。[7]又准奏：故事，文武前資官及六品已下未升朝官并士庶等，各於本家素服一臨。禁衛諸軍使已下，各於本軍廳事素服一臨。[8]僧尼道士，各於本寺觀一臨。外命婦，各於本家素服朝臨三日。諸道節度、觀察、防禦、團練、刺史及寮佐等，聞哀後當日成服，三日改黲，十三日除。"[9]從之。[10]

[1]貞簡皇太后：指莊宗生母曹太后。太原（今山西太原市）人。謚貞簡。傳見本書卷四九、《新五代史》卷一四。

[2]粗衰：用粗麻布製成的喪服，有斬衰、齊衰兩種形式，是兩種最重的喪服等級。　諒闇：也作"亮陰""梁闇""凉陰"。初以諒闇爲天子、諸侯居喪之稱，有時也稱居喪之所爲諒闇。隋唐以後僅指爲皇帝居喪。　以日易月：依禮，子爲父服三年之喪，新君爲先帝亦當服三年（三十六個月或二十七個月）。漢文帝行"以日易月"之制，服喪三十六日或二十七日，即釋服終喪。歷代因之。

[3]齊衰：五等喪服之一。穿粗麻布包邊製成的喪服，服期是一年，稱爲"服周"。

[4]節度觀察防禦使：即節度使、觀察使、防禦使的合稱。三者皆爲唐後期方鎮或州的軍政長官。　刺史：官名。西漢武帝時始置。州一級行政長官，總掌考核官吏、勸課農桑、地方教化等事。唐中期以後，節度使、觀察使轄州而設，刺史爲其屬官，職任漸輕。從三品至正四品下。　監軍：官名。爲臨時差遣，代表朝廷協理軍務，督察將帥。五代時常以宦官爲監軍。　前資官：唐制，官

員任滿或因故解任而待選者，以任職經兩考以上爲“成資”，未經兩考者銓選時按前一任官資授官，稱爲“前資”。　降服：降低服等。

[5]長壽宫：宫名。位於今河南洛陽市。

[6]小祥：亦稱“練祭”。父母喪滿一周年的祭禮。

[7]大祥：父母喪滿兩周年的祭禮。

[8]軍使：官名。部隊統兵官。

[9]黲（cǎn）：灰黑色。此處指灰黑色的衣服。

[10]“唐同光三年七月”至“從之”：《輯本舊史》原無，據《會要》卷八服紀條補，亦見《通考》卷一二二《王禮考一七·國恤》。

清泰三年二月，太常禮院奏：“據尚書兵部侍郎馬縞上疏言：[1]‘古禮嫂叔無服，蓋推而遠之。案《五禮精義》，貞觀十四年，魏徵等議，親兄弟之妻請服小功五月。[2]今所司給假差謬爲大功九月。’[3]太常博士段顒稱：[4]‘自來給假，元依令式。若云違古，不獨嫂叔一條。舊爲親姨服小功，令式今服大功；爲親舅舊服小功，今服大功；妻父母緦服，今服小功；[5]爲女壻爲外甥緦服，今並服小功。此五條，在令式與古不同，未審依馬縞所奏爲復且依令式？’”

右贊善大夫趙咸乂議曰：[6]“臣聞三代之制，禮無降減之文；五服之容，喪有寧戚之義。此蓋聖人隨時設教，稱情立文，沿革不同，吉凶相交，或服由恩制，或喪以禮加。太宗文皇帝弘被至仁，推大其義，因覽同爨有緦之義，遂制嫂叔小功之服，列尊聖賢已爲故事，傳於令式，加以大功。今馬縞奏論以爲錯繆，況縞昔事本朝，暨至梁室，曾爲博士，累歷歲年，今始奏陳，未爲允當。謹按《儀禮》，凡制五服，或以名加，或以尊制，或推恩而有服，或引義而當喪。故嫂叔大功，良有以也。其如叔以嫂之子爲猶子，爲猶子之妻，叔服大功，今嫂氏猶子之母，安可服小功。若以名加，嫂豈疏於猶子之婦；若以尊制，嫂豈卑於猶子之妻。論恩則有生同骨肉之情，引義則有死同宅兆之理，若以推而遠之爲是，即令式兼無小功，既有稱情制宜之文，何止大功九月？請依令式，永作彝倫。"

敕下尚書省集議。[7]尚書左僕射劉昫等議曰：[8]"伏以嫂叔服小功五月，《開元禮》《會要》皆同，其令式正文内，元無喪服制度，只一本編在假寧令後，又不言奉敕編附年月。除此一條，又檢七八條令式，與《開元禮》相違者，所司行已多年，固難輕改。若當議事，須按舊章。今若鄙宣父之前經，紊周公之往制，隳太宗之故事，廢開元禮之禮文，而欲取差誤之近規，行編附之新意，稱制度且爲大典，言令式又非正文，若便改更，恐難經久。[9]臣等集議：嫂叔服并諸服紀，請依《開元禮》爲定，如要給假，即請下太常依《開元禮》内五服制度，録出一本，編附令文。"從之。[10]

[1]尚書兵部侍郎：官名。兵部副長官，與尚書分掌武官銓選、勳階、考課之政。正四品下。　馬縞：人名。籍貫不詳。五代後梁、後唐官員、學者。傳見本書卷七一、《新五代史》卷四三。

[2]貞觀：唐太宗李世民年號（627—649）。　魏徵：人名。一説曲陽（今河北曲陽縣）人，一説館陶（今河北館陶縣）人。

唐初大臣，以直言敢諫而聞名。傳見《舊唐書》卷七一、《新唐書》卷九七。　小功：五等喪服之一。用稍粗的熟麻布做成喪服，服期五個月。

[3]大功：五等喪服之一。重於小功，用粗的熟麻布製成喪服，服期九個月。

[4]段顒：人名。籍貫不詳。五代後唐、後晉官員。事見本書卷一三九。

[5]緦服：五等喪服之一。其服用疏織細麻布做成。服期三個月。

[6]右贊善大夫：官名。即太子右贊善大夫。掌規諫太子過失、贊相禮儀等事。正五品。　趙咸乂：人名。籍貫不詳。五代後唐官員。事見本書本卷。

[7]尚書省集議：集議的一種。尚書省召集百官討論相關國家政務，商定後寫成"議狀"，上奏皇帝裁斷。集議是漢唐決策制度的重要組成部分。參見〔日〕渡邊信一郎《天空の玉座——中國古代帝國の朝政と儀禮》，柏書房1996年版。

[8]尚書左僕射：官名。秦始置。隋、唐前期，以左、右僕射佐尚書令總理六官、綱紀庶務；如不置尚書令，則總判省事，爲宰相之職。唐後期多爲大臣加銜。從二品。　劉昫：人名。涿州歸義（今河北容城縣）人。五代大臣，曾任宰相、監修國史，領銜撰進《舊唐書》。傳見本書卷八九、《新五代史》卷五五。

[9]宣父：即孔子。《新唐書·禮樂志五》載，貞觀"十一年，詔尊孔子爲宣父，作廟於兖州"。

[10]"清泰三年二月"至"從之"：《輯本舊史》原無，據《會要》卷八服紀條補，亦見《宋本册府》卷五九四《掌禮部·奏議門二二》。

周廣順元年正月敕：[1]"漢高祖爲義帝舉喪，魏明帝正禪陵尊號，一時達禮，千古所稱。[2]況朕久事前朝，常參大政。雖遷虞事夏，見奪於群情；而四海九州，咸知予宿志。宜令所司擇日爲故主舉喪，仍備山陵葬禮。"[3]有司上言："皇帝爲故主舉喪日，服縞素、直領、深衣、腰絰等。[4]成服畢，祭奠，不視朝七日。[5]坊市禁音樂，文武内外臣寮成服後，每日赴太平宫臨，三日止，七日釋服。[6]至山陵啓攢塗日，仍服初服，送輴車出城，班辭釋服。"[7]從之。[8]

[1]廣順：五代後周太祖郭威年號（951—953）。

[2]漢高祖：即劉邦。沛縣豐邑（今江蘇豐縣）人。西漢王朝建立者。廟號太祖，謚高皇帝。紀見《史記》卷八。　義帝：即楚義帝熊心。秦二世二年（前208）項梁立爲楚懷王。三年，項羽自立爲西楚霸王，尊懷王爲義帝。漢高祖元年（前206），義帝爲項羽命人弑殺。事見《史記》卷七、卷八。　魏明帝：即曹叡。三國魏皇帝。魏文帝曹丕長子。226年至239年在位。紀見《三國志》卷三。　禪陵：漢獻帝劉協陵墓。位於今河南修武縣。

[3]山陵：古代帝王墳墓的代稱。

[4]縞素：用白絹製成的素色喪服。　深衣：上衣、下裳相連而合縫的一種長衣。　絰（dié）：服喪時繫在頭上與腰間的麻帶。

[5]祭奠：置供品於靈前或墓前祭祀。

[6]太平宫：宫殿名。位於今河南開封市。

[7]攢塗：即"欑塗"。聚木於棺的四周，以泥塗之，謂之欑塗。　輴（chūn）車：運載靈柩的車。

[8]"周廣順元年正月敕"至"從之"：《輯本舊史》原無，據《會要》卷八服紀條補，亦見《輯本舊史》卷一一〇《周太祖紀一》，《輯本舊史》作"正月辛未"。

喪葬

唐天成元年十二月庚戌，御史臺奏：[1]“京城坊市士庶工商之家，有婢僕自經投井、非理物故者，近年已來，凡是死亡，皆是臺司左右廵舉勘檢驗，施行已久，仍恐所差人吏及街市胥徒，同於民家因事邀頡。[2]臣詢訪故事，凡京城民庶之家死喪委府縣檢舉，軍家委軍巡，商旅委户部。[3]然諸司檢舉後，具事由申臺，其間或枉濫情故，臺司訪聞，即行舉勘。如是文武兩班官吏之家，即是臺司檢舉。臣請自今已後，並準故事施行者。”詔曰：“今後文武兩班及諸道商旅，凡有喪亡，即準臺司所奏施行。其坊市民庶、軍士之家，凡死喪及婢僕非理物故，依臺司奏，委府縣、軍巡同檢舉，仍不得縱其吏卒，於物故之家妄有邀頡。或恐暑月屍柩難停，若待申聞檢舉，縱無邀頡，亦須經時日。今後仰本家唤四鄰檢察，若無佗故，逐便葬埋。如後别聞枉濫，妄有保證，官中訪知，勘詰不虚，本户、鄰保並行科罪。如聞諸道州府，坊市死喪，取分巡院檢舉，頗致淹停，人多流怨，亦仰約京城事例處分。”[4]

[1]御史臺：官署名。爲中央監察機構。負責糾察、彈劾官員，肅正綱紀。

[2]近年已來：“年”原作“者”。在《輯本舊史》卷三七《唐明宗紀三》中，中華書局本據明本《册府》卷四七五、卷五一七，《五代會要》卷八改。今從。　左右巡：官署名。即左右軍巡院。五代於都城設左右軍巡院，掌巡警捕盜諸事。　舉勘檢驗：“驗”

字原闕。中華書局本據明本《册府》卷四七五、卷五一七補。今從。　因事邀頡："頡"原作"脅"。中華書局本據明本《册府》卷四七五、卷五一七改。今從。下同。　同於民家因事邀頡：中華書局本有校勘記並云："按《册府》卷九二載同光二年制：'僞朝已來恣爲掊斂……邀頡人户，分外誅求。''邀頡'謂阻截克扣。影庫本粘籤：'邀脅'，原本作'邀頡'，今從《册府元龜》改正。"

［3］户部：官署名。唐末五代稱鹽鐵、度支、户部爲三司，掌管統籌國家財政之事。户部掌户口、財賦等事務。

［4］"唐天成元年十二月庚戌"至"亦仰約京城事例處分"：《輯本舊史》原無，據《輯本舊史》卷三七《唐明宗紀三》補。亦見《會要》卷八喪葬條上、《宋本册府》卷四七五《臺省部·奏議門》。

二年六月，詔喪葬之家，送終之禮不得過度。[1]如過制度，不計尺寸事數，其假賃行人徒二年，喪葬之家即不問罪，仍付所司。[2]

［1］"二年六月"至"送終之禮不得過度"：《輯本舊史》原無。據《輯本舊史》卷三八《唐明宗紀四》補。

［2］假賃行：租賃喪葬用具的商户。　"如過制度"至"仍付所司"：《輯本舊史》原無。據《會要》卷八喪葬條上補。

長興元年十月己酉敕："太常禮院例，凡賻匹帛，言段不言端、匹，每二丈爲段，四丈爲匹，五丈爲端。[1]近日三司支遣，每段全支端匹，此後凡支賻贈匹帛，祇言合支多少段，庫司臨時併蹙丈尺給付，不得剩有支破。"[2]

[1]賻：贈給喪家辦理喪事的錢財。《公羊傳》隱公元年："車馬曰賵，貨財曰賻。"賻的意思是輔、助，助生送死。

[2]庫司：官署名。即倉庫管理機構。　支破：支離破碎。"長興元年十月己酉敕"至"不得剩有支破"：《輯本舊史》原無，據《會要》卷八喪葬條上補，亦見《輯本舊史》卷四一《唐明宗紀七》。

二年四月敕："朝臣居喪終制，委御史臺具姓名申奏。諸道賓從除喪後，合宣行恩命。州縣官纔授新命及到任一考前丁憂者，服闋日除官。"[1]其月五日，中書門下復奏："尚書都官員外郎、知制誥張昭遠丁母憂。[2]伏以大臣枕凷，有弔祭之恩；[3]群寮寢苫，無慰問之例。高下之位有間，君臣之事無偏。况卿士之甚多，有父母者極少，固於孝道上軫聖懷，張昭遠望量與恩賜。自此朝臣或有丁憂，亦乞頒賚。其狀尋已印出，今具官資等第，支給數目如後。文班左右常侍、諫議、給事、舍人、諸部尚書、太子賓客、諸寺大卿、監察御史、中丞、國子祭酒、詹事、左右丞、諸部侍郎，絹三十匹，布二十匹，粟、麥各二十五石。[4]起居、補闕、拾遺、侍御史、殿中監察御史、左右庶子、諸寺少卿、國子監司業、河南少尹、左右諭德、諸部郎中員外郎、太常博士，絹二十匹，布一十五匹，粟、麥各一十五石。[5]國子博士、五經博士、兩縣令、著作郎、太常、宗正、殿中丞、諸局奉御、大理寺、太子中允、洗馬、左右贊善、太子中舍、司天五官正，絹、布各一十五匹，粟、麥各一十石。[6]左右諸衛大將軍、左右諸衛將軍，絹二十匹，布一十五匹，粟、麥各一十五石。[7]左右率府副帥，絹、布各一十五匹，粟、麥各一十石。”[8]奉敕：“宜依。其張昭遠所支絹、布、粟、麥，仍依所定官資頒給。”[9]

[1]一考：唐、宋官員考課，一年爲一考。 丁憂：官員父母亡故，需辭去官職，守喪三年，是爲丁憂。 服闋：爲父母服三年之喪，期滿除服。

[2]尚書都官員外郎：官名。尚書省刑部都官司副長官。爲都官郎中的副職，協助都官郎中掌俘隸簿録，給衣糧醫藥，而理其訴免。從六品上。

[3]枕凷（kuài）：子女居父母之喪，頭枕土塊、身卧草墊以示哀痛。代指爲父母服喪。

[4]左右常侍：指左、右散騎常侍。分隸門下省、中書省。掌侍奉規諷，備顧問應對。正三品下。 諫議：指左、右諫議大夫。唐代置左、右諫議大夫各四人，分隸門下省、中書省。掌諫諭得失、侍從贊相。正四品下。 給事：官名。即給事中。秦始置。隋唐以來，爲門下省屬官。掌讀署奏抄，駁正違失。正五品上。 舍人：官名。即中書舍人。中書省屬官。掌起草文書、呈遞奏章、傳宣詔命等。正五品上。 諸部尚書：指尚書省六部尚書。爲尚書省六部的主官，掌所部事務。正三品。 諸寺大卿：寺監機構的長官爲“卿”。掌所司事務。正三品。 國子祭酒：官名。國子監長官。從三品。 詹事：官名。即太子詹事。掌領太子之詹事府，爲太子官屬之長。正三品。 諸部侍郎：尚書省六部的副長官。佐本部尚書處理本部事務。正四品下。

[5]起居：起居郎、起居舍人的合稱。起居郎隸門下省，起居舍人隸中書省。二者同掌起居注，記皇帝言行。從六品上。 補闕：左、右補闕的合稱。唐代諫官。武則天時始置。左補闕隸門下

省，右補闕隸中書省。掌規諫諷諭，大事可以廷議，小事則上封奏。從七品上。　拾遺：左、右拾遺的合稱。唐武則天於垂拱元年（685）置拾遺。左拾遺隸門下省，右拾遺隸中書省，與左、右補闕共掌諷諫，大事廷議，小事則上封事。從八品上。　左右庶子：太子府屬官。掌侍從太子左右，獻納啓奏，宣傳令言。正四品下。　諸寺少卿：諸寺監的副長官。通判本寺事務。從四品上。　國子監司業：官名。隋始置。國子監次官。佐祭酒掌監事。從四品下。　河南少尹：官名。河南次長官。唐、五代於三京、鳳翔等府均置少尹，爲尹的副職。協助尹通判列曹諸務。從四品下。　左右諭德：官名。東宮屬官，隸太子左、右春坊。掌侍從贊諭。正四品下。　諸部郎中員外郎：尚書省六部二十四司郎中、員外郎的合稱。郎中爲各司長官，從五品上；員外郎爲各司郎中的副職，從六品上。

［6］國子博士：官名。即國子監博士。掌教三品以上及國公子孫、從二品以上曾孫爲生者。正五品上。　五經博士：官名。國子監屬官。掌五經教授。《新唐書》記正五品上。　兩縣令：河南縣、洛陽縣爲五代後唐首都洛陽的附郭縣，其縣令爲京縣令，正五品上。　著作郎：官名。屬中書省，爲著作局長官。掌編修國史。從五品上。　太常：指太常丞。太常寺的佐官。從五品下。　宗正：指宗正丞。宗正寺的佐官。從五品下。　殿中丞：指殿中丞。殿中監的佐官。從五品上。　奉御：官名。唐代殿中省尚食、尚藥、尚衣、尚舍、尚乘、尚輦六局的主管官員，各置二至四人。品秩爲正、從五品不等。　大理寺：官署名。掌決正刑獄。　太子中允：官名。太子左春坊次官。佐太子左庶子掌侍從贊相，駁正啓奏，監省封題。正五品。　洗馬：官名。即太子洗馬。太子屬官。掌經籍，出入侍從。從五品。　左右贊善：官名。即左右贊善大夫，分屬東宮左右春坊。掌傳令、諷諫、贊禮儀。正五品上。　太子中舍：官名。與太子中庶子共掌東宮文翰，侍從規諫太子，糾正違闕，儐相威儀，綜典奏事文書，監督醫藥，檢奏吏直名册。佐太子右庶子侍從、獻納、啓奏。正五品下。　司天五官正：即司天監的

春官正、夏官正、秋官正、冬官正與中官正。掌候四方四時天文之變。正五品上。

[7]左右諸衛大將軍：唐代置十六衛，即左右衛、左右驍衛、左右武衛、左右威衛、左右領軍衛、左右金吾衛、左右監門衛、左右千牛衛，各置上將軍，從二品；大將軍，正三品；將軍，從三品。

[8]左右率府副帥："副帥"即"副率"。唐代東宮置十率，官署稱率府，長官爲率府率，副率爲副長官。

[9]"二年四月敕"至"仍依所定官資頒給"：《輯本舊史》原無，據《會要》卷八喪葬條上補，亦見明本《册府》卷六一《帝王部·立制度門》。

十二月己卯，御史臺奏："先奉敕，前守亳州譙縣主簿盧茂謙進策内一事。[1]竊見京城内偶遭凶喪者，身不居於爵禄，葬有礙於條流，須使鼈甲車殯送者，事雖該於往制，敕已著於前文。[2]或值炎鬱所拘，偶緣留駐，利便須期於時日，貧窮旋俟於告投，停日既多，塋園又遠，伏乞特付所司，别令詳定，權免鼈甲車送葬者。奉敕：'送葬之儀，雖防越制；令文之設，亦許便時。其或候歷炎天，事從遠日，停留既久，遷送有期，車中便苦于撼摇，陌上可量于凶穢。人情所病，物議僉同，宜在酌中，庶成惻隱。應喪葬自五品已下至庶人，自春夏秋，宜並許第等置轝，其餘儀式，一切仍舊。[3]兼喪車亦不全廢，如要令陳於靈輿之前，其轝大小制度及結絡遮蔽，所使匹帛顔色并擎舁人數次第，仍令御史臺詳核，據品秩等級，士庶高低，各定規制施行。兼空城内，舊制比無居人，近日許人户逐便居止，或有喪死，旋須遷送。其出時并舁遣次第，亦可穩便制置，務在得宜者。’今臺司准敕追到兩市葬作行人白望、李温等四十七人，責得狀稱：[4]一件，於梁開平年中，應京城海例不以高例，及庶人使錦繡車轝，並是行人自將狀於臺巡判押。一件，至同光三年中，有敕著斷錦繡，祇使常式素車轝。其轝，稍有力百姓之家，十二人至八人，魂車、虛喪車、小轝子不定人數。[5]或是貧下，四人至兩人。迴使素紫白絹帶額遮幃，轝上使白粉掃木珠節子，上使白絲，其引魂車、小轝子使結麻網幕。後至天成三年中有敕，條流庶人斷使轝，祇令别制造鼈甲車載，亦是紫油素物，至今行内見使者。今臺司按葬作行人李温等通到狀，并於令内及天成四年六月敕内詳，穩便制置，定到五品至八品升朝官，六品至九品不升朝官等，及庶人喪葬儀制，謹具逐件如後：

五品至六品升朝官，使二十人舁轝車，竿高七尺，長一丈三尺，闊五尺，以白絹全幅爲帶額，婦人以紫絹爲帶額，並畫雲氣，周迴遮蔽，上安白粉掃木珠節子二十道。魂車一，小香轝子一，並使結麻網幕。魌頭車一，輓歌八人，練布深衣，披、引、鐸、翣各一，不得著錦繡。[6]明器三十事，四神十二時在内，四神不得過一尺，餘不得過七寸。[7]園宅一，方三尺。其明器物，不得以金銀毛髮裝飾。共置八轝，内許兩箇紗籠，已上並不得使結絡錦繡裝飾。如事力不辦，任自取便。

七品至八品升朝官，使一十六人舁轝車，竿高七尺，長一丈三尺，闊五尺，以白絹全幅爲帶額，婦人以紫絹全幅爲帶額，周迴遮蔽，上安白粉掃木珠節子二十道。魂車、香轝子各一，並使結麻網幕。魌頭車一，明器二十事，以木爲之，四神十二時在内，四神不得過一尺，餘不得過七寸。不得使金銀雕鏤、帖毛髮裝飾。園宅一，方二尺五寸，共置六舁。輓歌一十六人，練布深衣，披、引、鐸、翣各一，已上並不得著錦繡結絡裝飾。如事力不辦，任從所便。

六品至九品不升朝官，使一十二人舁轝車，竿高六尺，長一丈一尺，闊四尺，以白絹全幅爲帶額，婦人以紫絹爲帶額，周迴遮蔽，上安白粉掃木珠節子一十六道。魂車一，香轝子一，並使結麻網幕。明器一十五事，並不得過七寸，以木爲之，不得使金銀雕鏤、帖毛髮裝飾，共置五轝。輓歌四人，練布深衣，鐸、翣各一，不得著錦繡及别有結絡裝飾。如事力不辦，任自取便。檢校兼試官並依此例。

庶人使八人舁轝車，竿高五尺五寸，長一丈，闊四尺，男子以白絹半幅爲帶額，婦人以紫絹半幅爲帶額，周迴遮蔽。魂車一，香轝子一，並使結麻網幕。明器一十四事，以木爲之，不得過五寸，共置五轝，不得使紗籠、金銀、帖毛髮裝飾。除此外，已上不得使結絡錦繡等物色，如人户事力不便，八人已下，任自取便。其喪轝車已准敕不全廢，任陳靈轝之前者。

已上每有喪葬，行人具所供行李單狀，申知臺巡，不使别給判狀。如所供賃不依狀内及踰制度，仍委兩巡御史勒驅使官與金吾司并門司所由，同加覺察。如有違犯，追勘行人。請依天成二年六月三十日敕文，行人徒二年，喪葬之家即不問罪者。皇城内近已降敕命指揮，每有喪葬，以色服蓋身，出城外任自逐便，如迴來不得立引魂旛子，却著孝衣入皇城内者。今請再降敕命，指揮皇城内此後每有人户喪葬，令至晚浄後取便出門，不得取内外諸色趨朝官。右謹具定到五品至八品升朝官、六品至九品不升朝官及檢校兼試官，并庶人喪葬儀制如。”

奉敕：“宜依。”[8]

[1]亳州：州名。治所在今安徽亳州市。　譙縣：縣名。治所在今安徽亳州市。　主簿：官名。縣衙佐官。掌管文書簿籍及監守印信。隨縣等級高低而品秩不同。　盧茂謙：人名。籍貫不詳。五代後唐官員。事見本書本卷。

[2]鼈甲車：靈車。顔之推《顔氏家訓·終制》：“載以鱉甲車，襯土而下，平地無墳。”

[3]轝（yú）：通“輿”。

[4]葬作行：喪葬業行業組織。參見崔世平《唐五代時期的凶肆與喪葬行業組織考論》，《暨南史學》第八輯，2013年。白望、李温爲洛陽的葬作行人。

[5]魂車：死者衣冠之車。像死者生時乘坐之形，供出喪時用。

[6]魌頭：打鬼驅疫時用的面具。　輓歌：追悼死者的哀歌，亦指送葬時的哀樂隊。　翣（shà）：殯車棺旁的羽扇裝飾。

[7]明器：陪葬器物。

[8]“十二月己卯”至“宜依”：《輯本舊史》原無，據《會要》卷九喪葬條下補。

四年五月庚子，御史中丞龍敏奏：[1]“京城士庶喪葬，近有起請條流，臣等參詳，恐未允當。伏見天成二年敕内，事節分明。凡有喪葬，行人須稟定規，據其官秩高卑，合使人數物色，先經本巡使判狀，自後別有更改，不令巡使判狀，祇遣行人具其則例申臺巡。今欲却勒行人，依舊先經兩巡使判狀，其品秩物色定制，不得輒違。別欲指揮行人，於喪葬之家，除已得本分工價錢外，保無内外邀難，乞覓文狀，送到臺巡，如有故違，必加懲責。”

敕：“從之。”[2]

[1]龍敏：人名。幽州永清（今河北永清縣）人。五代後唐、後晋大臣。傳見本書卷一〇八、《新五代史》卷五六。

[2]“四年五月庚子”至“從之”：《輯本舊史》原無，據《會要》卷九喪葬條下補。

應順元年三月敕：“今後藩侯帶平章事已上薨謝者，差官撰神道碑文宣示；[1]未帶平章事及刺史准令式合立碑者，其文任自製撰，不在奏聞限。”[2]

[1]神道碑：立於墓道前記載死者生平事跡的石碑。神道即墓道。

[2]“應順元年三月敕”至“不在奏聞限”：《輯本舊史》原無，據《會要》卷九喪葬條下補，亦見《輯本舊史》卷四五《唐閔帝紀》、明本《册府》卷六一《帝王部·立制度門》。

清泰二年十月，中書門下奏："奉長興二年四月五日敕：'朝臣居喪終制，委御史臺具名申奏，諸道幕府職事除喪後，宜行恩命，州縣官纔授官，及到任一考前丁憂服闋，並與除授。'依長定格，自有節文。[1]應州縣官新授及到任一考前丁憂服闋，准格取文解南曹磨勘，申中書門下，當與除授，不得經堂陳狀。"[2]從之。[3]

[1]長定格：官吏銓選的相關法規。

[2]南曹：官署名。唐吏部員外郎掌選院，因在尚書省之南，謂之南曹。

[3]"清泰二年十月"至"從之"：《輯本舊史》原無，據《會要》卷九喪葬條下補，亦見《宋本册府》卷六三三《銓選部·條制門》。

周廣順二年十一月丙子，詔曰："應内外文武臣僚、幕職、州縣官、舉選人等，今後有父母、祖父母亡殁未經遷葬者，其主家之長不得輒求仕進，所由司亦不得申舉解送。[1]如是卑幼在下者，不在此限。"[2]

[1]舉選人：舉人和選人。舉人爲由地方推薦，獲得參加科舉會試資格的人。選人爲候選補闕的官員。

[2]"周廣順二年十一月丙子"至"不在此限"：《輯本舊史》原無，據《宋本册府》卷五九《帝王部·興教化門》補；亦見《會要》卷九喪葬條下廣順三年十一月條及《輯本舊史》卷一一二《周太祖紀三》廣順二年（952）十一月丙子條。《會要》繫於廣順三年。

舊五代史　卷一四一

樂志上

古之王者，理定制禮，功成作樂，所以昭事天地，統和人神，歷代已來，舊章斯在。洎唐季之亂，咸、鎬爲墟；梁運雖興，《英》《莖》掃地。[1]莊宗起於朔野，經始霸圖，其所存者，不過邊部鄭聲而已，先王雅樂，殆將泯絶。[2]當同光、天成之際，或有事清廟，或祈祀泰壇，雖簨簴猶施，而宫商孰辨？[3]遂使磬襄、鼗武，入河漢而不歸；湯《濩》、舜《韶》，混陵谷而俱失。[4]洎晋高祖奄登大寶，思迪前規，爰詔有司，重興二舞。[5]旋屬烽火爲亂，明法罔修，漢祚幾何，無暇制作。[6]周顯德五年冬，將立歲仗，有司以崇牙樹羽，宿設於殿庭。[7]世宗因親臨樂懸，試其聲奏，見鐘磬之類，有設而不擊者，訊於工師，皆不能對。[8]世宗惻然，乃命翰林學士、判太常寺事竇儼參詳其制，又命樞密使王朴考正其聲。[9]朴乃用古累黍之法，以審其度，造成律準，其狀如琴而巨，凡設十三弦以定六律、六吕旋相爲宫之義。[10]世宗善之，申命百官議而行之。[11]今亦備紀於後，以志五代雅樂沿革之由焉。

[1]咸、鎬爲墟：唐末喪亂，都城如秦之咸陽、周之鎬京一樣淪爲廢墟。　《英》《莖》掃地：意爲雅樂敗壞。據《漢書·禮樂志》："昔黄帝作《咸池》，顓頊作《六莖》，帝嚳作《五英》，堯作《大章》，舜作《招》，禹作《夏》，湯作《濩》。"後以"英""莖"泛指先王雅樂。《招》即《韶》。

[2]莊宗：即五代後唐莊宗李存勗。李克用之子，後唐開國皇帝。923年至926年在位。紀見本書卷二七至卷三四、《新五代史》卷四至卷五。　鄭聲：春秋戰國時鄭國的音樂。《論語·衛靈公》："放鄭聲，遠佞人。鄭聲淫，佞人殆。"

[3]同光：五代後唐莊宗李存勗年號（923—926）。　天成：五代後唐明宗李嗣源年號（926—930）。　有事清廟：指在宗廟祭祀祖先。　祈祀泰壇：泰壇爲祭天之所。泛指祭祀天地神祇。　簨（sǔn）簴（jù）：即編鐘編磬。鐘磬的架稱簨虡，横爲簨，豎爲簴。編鐘一架也作一簴。　宫商：傳統樂理中的"五音"，爲宫、商、角、徵、羽。此處舉宫商以代指五音。

[4]磬襄、鼗（táo）武：即擊磬襄、播鼗武。傳説中的音樂家，分别名襄、武。事見《論語·微子》："太師摯適齊，亞飯干適楚，三飯繚適蔡，四飯缺適秦，鼓方叔入於河，播鼗武入於漢，少師陽、擊磬襄入於海。"

[5]晋高祖：即五代後晋高祖石敬瑭。沙陀部人。五代後唐將領、後晋開國皇帝。936年至942年在位。紀見本書卷七五至卷八〇、《新五代史》卷八。　二舞：宫廷樂舞分文舞、武舞兩大類，用於祭祀天地、宗廟及朝會享宴。

[6]明法罔修：中華書局本有校勘記："'明'上原有'聲'字，據殿本、劉本删。"

[7]顯德：五代後周太祖郭威年號（954）。世宗柴榮、恭帝柴宗訓沿用（954—960）。　歲仗：指正月初一日舉行元正大朝會時所立的儀仗。　崇牙樹羽：語出《詩·周頌·有瞽》："有瞽有瞽，在周之庭。設業設虡，崇牙樹羽。"

[8]世宗：即五代後周世宗柴榮。邢州龍岡（今河北邢臺市）人。郭威養子。954年至959年在位。紀見本書卷一一四至卷一一九、《新五代史》卷一二。　樂懸：鐘、磬等樂器懸掛於架子上，稱爲樂懸。泛指陳設的樂器。　工師：指樂工、樂師。

[9]翰林學士：官名。由南北朝始設之學士發展而來，唐玄宗改翰林供奉爲翰林學士，備顧問，代王言。掌拜免將相、號令征伐等詔令的起草。　判太常寺事：官名。太常寺長官。掌祭祀禮儀等事。　竇儼：人名。薊州漁陽（今天津市薊州區）人。五代、宋初大臣。傳見《宋史》卷二六三。　樞密使：官名。樞密院長官。五代時以士人爲之，備顧問，參謀議，出納詔奏，權侔宰相。參見李全德《唐宋變革期樞密院研究》，國家圖書館出版社2009年版。　王朴：人名。東平（今山東東平縣）人。五代後周大臣，官至樞密使。傳見本書卷一二八、《新五代史》卷三一。

[10]累黍之法：用黍粒來計量的方法。用一定的方式排列黍粒，作爲分、寸、尺的長度單位，以此確定律管的長度以定音。　六律、六吕：以竹管製成的定音器。樂律分陰陽各六，共十二樂律。六律即六陽律，六吕即六陰律。《周禮·春官·大師》："大師掌六律六同，以合陰陽之聲。陽聲：黄鐘、大蔟、姑洗、蕤賓、夷則、無射。陰聲：大吕、應鐘、南吕、函鐘、小吕、夾鐘。"

[11]"周顯德五年冬"至"申命百官議而行之"：《通鑑》卷二九四《後周紀五》世宗顯德六年正月條載："初，有司將立正仗，宿設樂縣於殿庭，帝觀之，見鍾磬有設而不擊者，問樂工，皆不能對。乃命竇儼討論古今，考正雅樂。王朴素曉音律，帝以樂事詢之，朴上疏，以爲：'禮以檢形，樂以治心；形順於外，心和於内，然而天下不治者未之有也。是以禮樂脩於上，萬國化於下，聖人之教不肅而成，其政不嚴而治，用此道也。夫樂生於人心而聲成於物，物聲既成，復能感人之心。昔黄帝吹九寸之管，得黄鍾正聲，半之爲清聲，倍之爲緩聲，三分損益之以生十二律。十二律旋相爲宫以生七調，爲一均。凡十二均、八十四調而大備。遭秦滅學，歷

代治樂者罕能用之。唐太宗之世，祖孝孫、張文收考正大樂，備八十四調。安、史之亂，器與工什亡八九；至于黄巢，蕩盡無遺。時有太常博士殷盈孫，按《考工記》，鑄鎛鍾十二，編鍾二百四十。處士蕭承訓校定石磬，今之在縣者是也。雖有鍾磬之狀，殊無相應之和，其鎛鍾不問音律，但循環而擊，編鍾、編磬徒懸而已。絲、竹、匏、土僅有七聲，名爲黄鍾之宫，其存者九曲。考之三曲協律，六曲參涉諸調。蓋樂之廢缺，無甚於今。陛下武功既著，垂意禮樂，以臣嘗學律吕，宣示古今樂録，命臣討論。臣謹如古法，以秬黍定尺，長九寸徑三分爲黄鍾之管，與今黄鍾之聲相應，因而推之，得十二律。以爲衆管互吹，用聲不便，乃作律準，十有三弦，其長九尺，皆應黄鍾之聲，以次設柱，爲十一律，及黄鍾清聲，旋用七律以爲一均。爲均之主者，宫也，徵、商、羽、角、變宫、變徵次焉。發其均主之聲，歸于本音之律，迭應不亂，乃成其調。凡八十一調。此法久絶，出臣獨見，乞集百官校其得失。詔從之，百官皆以爲然，乃行之。”

梁開平初，太祖受禪，始建宗廟，凡四室，每室有登歌、酌獻之舞：[1]

肅祖宣元皇帝室曰《大合之舞》。[2]

敬祖光獻皇帝室曰《象功之舞》。[3]

憲祖昭武皇帝室曰《來儀之舞》。[4]

烈祖文穆皇帝室曰《昭德之舞》。[5]

登歌樂章各一首。[6]

[1]開平：五代後梁太祖朱温年號（907—911）。　太祖：即五代後梁太祖朱温。宋州碭山（今安徽碭山縣）人。唐末軍閥、後梁開國皇帝。907年至913年在位。紀見本書卷一至卷七、《新五代

史》卷一。　宗廟：供奉皇帝祖宗神主牌位，帝王、太子等皇族祭祀祖宗的處所。此處所設宗廟即後梁的太廟。　登歌：古代祭典、大朝會以及宴饗時登堂而歌。　酌獻：酌酒設樂以祀天供神。登歌、酌獻時皆有相應的舞蹈。

[2]肅祖宣元皇帝：五代後梁太祖朱温的四世祖朱黯。廟號"肅祖"，謚號"宣元皇帝"。

[3]敬祖光獻皇帝：五代後梁太祖朱温的曾祖朱茂琳。廟號"敬祖"，謚號"光獻皇帝"。中華書局本有校勘記："'獻'，原作'憲'，據《五代會要》卷七、《册府》卷一八九改。按本書卷三《梁太祖紀三》：'皇曾祖宣惠王上謚曰光獻皇帝。'""光憲"，《會要》卷七廟樂條、《宋本册府》卷一八九《閏位部·奉先門》均作"光獻"，《册府》卷五七〇《掌禮部·作樂門六》作"光憲"。中華書局本所引《梁太祖紀三》之文，録自《册府》卷一八七，非録自《大典》，不能引以爲據。

[4]憲祖昭武皇帝：五代後梁太祖朱温的祖父朱信。廟號"憲祖"，謚號"昭武皇帝"。

[5]烈祖文穆皇帝室曰昭德之舞：烈祖文穆皇帝，即五代後梁太祖朱温的父親朱誠。廟號"烈祖"，謚號"文穆皇帝"。中華書局本有校勘記："'文穆'原作'文祖'，據殿本及《五代會要》卷七、《册府》卷五七〇改。"《册府》卷一八九《閏位部·奉先門》亦作"文穆"。昭德，《輯本舊史》之影庫本粘籤："昭德，原本作'曉往'，今據《五代會要》改正。"見《會要》卷七廟樂條。《册府》卷五七〇亦作"昭德"。

[6]登歌樂章各一首：《舊五代史考異》："案《五代會要》云：'太常少卿楊焕撰。'"見《會要》卷七。

二年春，梁祖將議郊禋，有司撰進樂名、舞名：[1]樂曰《慶和之樂》。

舞曰《崇德之舞》。[2]

皇帝行，奏《慶順》。

奠玉帛、登歌，奏《慶平》。[3]

迎俎，奏《慶肅》。[4]

酌獻，奏《慶熙》。

飲福酒，奏《慶隆》。[5]

送文舞、迎武舞，奏《慶融》。

亞獻，奏《慶和》。[6]

終獻，奏《慶休》。[7]

樂章各一首。

太廟迎神，舞名《開平》。

皇帝行、盥手、登歌、飲福酒、徹豆、送神，皆奏樂。[8]

樂章各一首。

[1]郊禋：即南郊祭天。在一系列祭天儀式之後，在燎壇上以柴火焚燒犧牲玉幣等祭品，煙氣升騰於天，故稱“郊禋”。

[2]舞曰《崇德之舞》：《輯本舊史》之影庫本粘籤：“崇德，原本作‘崇釋’，今據《五代會要》改正。”見《會要》卷七雅樂條。《宋本册府》卷五七〇《掌禮部·作樂門六》同《會要》。

[3]奠玉帛：將玉器、幣帛置放在案上以祀天。“帛”，《會要》卷七雅樂條同，《册府》卷五七〇作“幣”。

[4]迎俎：古代置肉的几、切肉用的砧板、祭祀和設宴時陳置牲口的器具，均稱俎。迎俎，指獻官迎俎以進獻於天。

[5]飲福酒：簡稱“飲福”。酒被進獻給天之後成爲“福酒”，祭祀完畢獻官飲下福酒，是爲“飲福”。

[6]亞獻：祭祀過程中，一般要在陳設祭品以後三次獻酒，即

初獻、亞獻、終獻。

［7］“亞獻”至“奏慶休”：《會要》卷七雅樂條載：“亞獻、終獻，奏慶休之曲。送神，奏慶和之曲。”《册府》卷五七〇載：“亞獻、終獻，奏《慶休》之曲。”

［8］徹豆：豆爲竹製的禮器，用於盛放肉或其他食品。徹豆是祭祀完成階段的一個環節。　皆奏樂：《輯本舊史》之影庫本粘籤：“奏樂，原本脱‘奏’字，今從《文獻通考》增入。”見《通考》卷一四三《樂考十六·樂歌》。

唐莊宗光聖神閔孝皇帝廟室酌獻，舞《武成之舞》。[1]

登歌樂章一首。[2]

明宗聖德和武欽孝皇帝廟室酌獻，舞《雍熙之舞》。[3]

登歌樂章一首。[4]

［1］舞《武成之舞》：“武成”,《舊五代史考異》：“原本脱‘成’字，今據《五代會要》增入。”見《會要》卷七廟樂條，《輯本舊史》卷三七《唐明宗紀三》天成元年（926）八月乙酉條、《宋本册府》卷五七〇《掌禮部·作樂門六》天成元年八月條、《通考》卷一二九《樂考二·歷代樂制》均作“成”。

［2］登歌樂章一首：《舊五代史考異》：“案《五代會要》云：尚書兵部侍郎崔君儉撰。”崔君儉爲崔居儉之誤。《會要》卷七廟樂條實作“居”，本不誤。

［3］明宗：即五代後唐明宗李嗣源。沙陀部人。原名邈佶烈，李克用養子。926 年至 933 年在位。紀見本書卷三五至卷四四、《新五代史》卷六。

［4］“明宗聖德和武欽孝皇帝廟室酌獻”至“登歌樂章一首”：

《舊五代史考異》:"案《五代會要》云:太常卿盧文紀撰。"見《會要》卷七廟樂條。

晋高祖聖文章武明德孝皇帝廟室酌獻,舞《咸和之舞》。

登歌樂章一首。[1]

[1]登歌樂章一首:《舊五代史考異》:"案《五代會要》云:太子賓客、判太常寺事趙光輔撰。"見《會要》卷七廟樂條。

漢文祖明元皇帝廟室酌獻,舞《靈長之舞》。[1]

德祖恭僖皇帝廟室酌獻,舞《積善之舞》。[2]

翼祖昭獻皇帝廟室酌獻,舞《顯仁之舞》。[3]

顯祖章聖皇帝廟室酌獻,舞《章慶之舞》。[4]

登歌樂章各一首。[5]

高祖睿文聖武昭肅孝皇帝廟室酌獻,舞《觀德之舞》。[6]

登歌樂章一首。

[1]漢文祖明元皇帝:五代後漢高祖劉知遠的四代祖劉湍。廟號"文祖"。謚號"明元皇帝"。事見本書卷九九。

[2]德祖恭僖皇帝:五代後漢高祖劉知遠的曾祖劉昂。廟號"德祖"。謚號"恭僖皇帝"。事見本書卷九九。

[3]翼祖昭獻皇帝:五代後漢高祖劉知遠的祖父劉僎。廟號"翼祖",謚號"昭獻皇帝"。事見本書卷九九。

[4]顯祖章聖皇帝:五代後漢高祖劉知遠之父劉琠。廟號"顯祖",謚號"章聖皇帝"。事見本書卷九九。

[5]“漢文祖明元皇帝廟室酌獻”至“登歌樂章各一首”:《舊五代史考異》:“案《五代會要》云:太常卿張昭撰。”見《會要》卷七廟樂條。

[6]高祖睿文聖武昭肅孝皇帝:五代後漢高祖劉知遠。沙陀部人,後世居於太原。五代後唐、後晉將領,後漢開國皇帝。947年至948年在位。廟號“高祖”,謚號“睿文聖武昭肅孝皇帝”。紀見本書卷九九至卷一〇〇、《新五代史》卷一〇。　酌獻:《輯本舊史》之影庫本粘籤:“酌獻,原本脱‘獻’字,今從《五代會要》增入。”見《會要》卷七廟樂條。

周信祖睿和皇帝廟室酌獻,舞《肅雍之舞》。[1]

僖祖明憲皇帝廟室酌獻,舞《章德之舞》。[2]

義祖翼順皇帝廟室酌獻,舞《善慶之舞》。[3]

慶祖章肅皇帝廟室酌獻,舞《觀成之舞》。[4]

登歌樂章各一首。

太祖聖神恭肅文武孝皇帝廟室酌獻,舞《明德之舞》。[5]

世宗睿武孝文皇帝廟室酌獻,舞《定功之舞》。[6]

登歌樂章各一首。[7]

[1]周信祖睿和皇帝:五代後周太祖郭威的四世祖郭璟。廟號“信祖”,謚號“睿和皇帝”。

[2]僖祖明憲皇帝:五代後周太祖郭威的曾祖郭諶。廟號“僖祖”,謚號“明憲皇帝”。中華書局本有校勘記:“‘僖祖’,原作‘僖宗’,據殿本、《五代會要》卷七、《册府》卷五七〇改。按本書卷一一〇《周太祖紀一》:‘曾祖諱諶。追尊爲明憲皇帝,廟號僖祖。’”見《會要》卷七廟樂條。

[3]義祖翼順皇帝：五代後周太祖郭威的祖父郭藴。廟號“義祖”，謚號“翼順皇帝”。

[4]慶祖章肅皇帝：五代後周太祖郭威的父親郭簡。廟號“慶祖”，謚號“章肅皇帝”。

[5]太祖聖神恭肅文武孝皇帝：五代後周太祖郭威。邢州堯山（今河北隆堯縣）人。五代後周開國皇帝。廟號“太祖”，謚號“聖神恭肅文武孝皇帝”。951年至954年在位。紀見本書卷一一〇至卷一一三、《新五代史》卷一一。　舞明德之舞：《輯本舊史》之影庫本粘籤：“明德，原本脱‘明’字，今從《五代會要》增入。”見《會要》卷七廟樂條。明本《册府》卷五七〇、《通考》卷一四五《樂考》亦作“明德”。

[6]世宗睿武孝文皇帝廟室酌獻，舞《定功之舞》：此條亦見《册府》卷五七〇，文字稍異。

[7]登歌樂章各一首：《舊五代史考異》：“案《五代會要》云：‘太祖廟室樂章，太常卿田敏撰。世宗廟室樂章，翰林學士、判太常寺事竇儼撰。’”見《會要》卷七廟樂條，“翰林學士”後有“中書舍人”四字。

樂章詞多不録。

右樂章

晋天福四年十二月，禮官奏：[1]“來歲正旦，王公上壽，皇帝舉酒，請奏《玄同之樂》；[2]再舉酒，奏《文同之樂》。”從之。[3]

[1]天福：五代後晋高祖石敬瑭年號（936—942）。出帝石重貴沿用至九年（944）。後漢高祖劉知遠繼位後沿用一年，稱天福十二年（947）。

［2］正旦：又稱“元正”“元旦”。即農曆正月初一日。　上壽：在大朝會禮儀之“會”的環節中，群臣依次向皇帝敬酒、祝壽。

［3］“晋天福四年十二月”至“從之”：《會要》卷七雅樂條，“來歲正旦王公上壽”作“正、至王公上壽”，“再舉酒，奏《文回之樂》”作“再拜受酒，皇帝三獻，皆奏《文同樂》”。《宋本册府》卷五七〇《掌禮部·作樂門六》十二月庚戌條甚詳，“再舉酒，奏《文同之樂》”作“再飲、三飲並奏《文同之樂》”。《輯本舊史》卷七八《晋高祖紀四》繫此事於該月庚戌（十四），“再舉酒奏文同之樂”作“再飲，奏文同之樂；三飲，奏同前”。

五年，始議重興二舞，詔曰：“正、冬二節，朝會舊儀，廢於離亂之時，興自和平之代。將期備物，全繫用心；須議擇人，同爲定制。其正冬朝會禮節、樂章、二舞行列等事宜，差太常卿崔棁、御史中丞竇貞固、刑部侍郎吕琦、禮部侍郎張允與太常寺官一一詳定。[1]禮從新意，道在舊章，庶知治世之和，漸見移風之善。”

［1］正冬朝會：元正大朝會、冬至大朝會的合稱。　太常卿：官名。西漢置太常，南朝梁始置太常卿，唐、五代沿置。太常寺長官。掌宗廟祭祀禮樂及教育等。正三品。　崔棁（zhuō）：人名。博陵安平（今河北安平縣）人。五代後梁進士，歷仕後梁、後唐、後晋。傳見本書卷九三、《新五代史》卷五五。　御史中丞：官名。如不置御史大夫，則爲御史臺長官。掌司法監察。正四品下。　竇貞固：人名。同州白水（今陝西白水縣）人。五代後唐至宋初大臣，後唐進士，後漢宰相。傳見《宋史》卷二六二。　刑部侍郎：官名。尚書省刑部次官。協助刑部尚書掌天下刑法及徒隸、勾覆、關禁之政令。正四品下。　吕琦：人名。幽州安次（今河北廊坊市）人。五代後唐、後晋官員。傳見本書卷九二、《新五代史》卷

五六。《輯本舊史》之影庫本粘籤："吕琦，原本作'吕嶇'，今從《歐陽史》改正。"《宋本册府》卷五七〇《掌禮部·作樂門六》、《會要》卷六論樂條上亦作"吕琦"。　禮部侍郎：官名。尚書省禮部次官。協助禮部尚書掌禮儀、祭享、貢舉之政。正四品下。張允：人名。鎮州束鹿（今河北辛集市）人。五代後唐至後漢官員。傳見本書卷一〇八、《新五代史》卷五七。　太常寺：官署名。掌禮樂、郊廟、社稷、祠祀之事。

其年秋，棁等具述制度上奏云：

"按《禮》云：'天子以德爲車，以樂爲御。'[1]'大樂與天地同和，大禮與天地同節。'[2]又曰：'安上治人，莫善於禮；移風易俗，莫善於樂。'[3]故《樂書·議舞》云：[4]'夫樂在耳曰聲，在目曰容。聲應乎耳，可以聽知；容藏於心，難以貌覩。故聖人假干戚羽旄，以表其容，發揚蹈厲，以見其意，聲容和合，則大樂備矣。[5]

又按《義鏡》，問：[6]'鼓吹十二按合於何所？'[7]答云：'《周禮》鼓人掌六鼓四金，漢朝乃有黄門鼓吹。'[8]崔豹《古今注》云：[9]因張騫使西域，得《摩訶兜勒》一曲。[10]李延年增之，分爲二十八曲。[11]梁置鼓吹清商令二人。[12]唐又有掆鼓、金鉦、大鼓、長鳴、歌簫、笳、笛，合爲鼓吹十二按，大享會則設於懸外。[13]此乃是設二舞及鼓吹十二按之由也。

今議一從令式，排列教習。文舞郎六十四人，分爲八佾，每佾八人。[14]左手執籥。《禮》云：'葦籥，伊耆氏之樂也。'[15]《周禮》有'籥師，教國子'。[16]爾雅曰：籥如笛，三孔而短，大者七孔，謂之篴。[17]歷代已來，文舞所用，凡用籥六十有四。右手執翟，《周禮》所謂羽舞也。[18]《書》云：‘舞干羽於兩階。’[19]翟，山雉也，以雉羽分析連攢而爲之。[20]二人執纛前引，數於舞人之外。舞人冠進賢冠，服黃紗袍，白紗中單，皂領褾，白練𧝓襠，白布大口袴，革帶，烏皮履，白布襪。[21]武舞郎六十四人，分爲八佾。左手執干。干，楯也，今之旁牌，所以翳身也，其色赤，中畫獸形，故謂之朱干。[22]《周禮》所謂兵舞，取其武象，用楯六十有四。[23]右手執戚。戚，斧也，上飾以玉，故謂之玉戚。[24]二人執旌前引，旌似旗而小，絳色，畫升龍。二人執鼗鼓，二人執鐸。[25]《周禮》有四金之奏，其三曰金鐸，以通鼓，形如大鈴，仰而振之。金錞二，每錞二人舉之，一人奏之。[26]《周禮》四金之奏，一曰金錞，以和鼓，銅鑄爲之，其色玄，其形圓，若椎，上大下小，高三尺六寸有六分，圍二尺四寸，上有伏虎之狀，旁有耳，獸形銜鐶。[27]二人執鐃以次之。[28]《周禮》四金之奏，二曰金鐃，以止鼓，如鈴無舌，搖柄以鳴之。[29]二人掌相在左，《禮》云：‘理亂以相。’制如小鼓，用皮爲表，實之以糠，撫之以節樂。二人掌雅在右，《禮》云：‘訊疾以雅。’以木爲之，狀如漆筩而弇口，大二圍，長五尺六寸，以羖皮鞔之，旁有二紐，髹畫，賓醉而出，以器築地，明行不失節。[30]武舞人服弁，平巾幘，金支緋絲布大袖，緋絲布裲襠，甲金飾，白練𧝓襠，錦騰蛇起梁帶，豹文大口布袴，烏皮鞾。[31]

工人二十，數於舞人之外。武弁朱褠，革帶，烏皮履，白練褴襠，白布襪。殿庭仍加鼓吹十二按。[32]《義鏡》云：'帝設氈桉，以氈爲牀也。'[33]今請制大牀十二，牀容九人，振作歌樂，其牀爲熊羆貙豹騰倚之狀以承之，象百獸率舞之意。分置於建鼓之外，各三桉，每桉羽葆鼓一，大鼓一，金錞一，歌二人，簫二人，笳二人。[34]十二桉，樂工百有八人，舞郎一百三十有二人，取年十五已上弱冠已下，容止端正者。其歌曲名號、樂章詞句，中書條奏，差官修撰。"[35]

從之。[36]

[1]天子以德爲車，以樂爲御：語出《禮記·禮運》。

[2]大樂與天地同和，大禮與天地同節：語出《禮記·樂記》。

[3]"安上治人"至"莫善於樂"：語出《孝經·廣要道章》"孔子曰"。原文作"移風易俗，莫善於樂；安上治民，莫善於禮"。

[4]《樂書·議舞》：《議舞》當爲《樂書》中的某一篇章。此《樂書》當爲五代以前的音樂理論書籍，今已佚。

[5]干戚羽旄：樂舞時所執之具。干，盾；戚，斧；羽，雉羽；旄，旄牛尾。　聲容和合：中華書局本有校勘記："'容'字原無，據殿本及《會要》卷六補。"見《會要》卷六論樂條上。《册府》卷五七〇亦無"容"字。

[6]義鏡：書名。今已佚。

[7]鼓吹：大型器樂合奏。演奏的樂曲、演奏鼓吹樂的樂隊也稱鼓吹。

[8]《周禮》鼓人掌六鼓四金：語出《周禮·地官司徒·鼓人》。原文爲"鼓人掌教六鼓四金之音聲"。　黄門鼓吹：官署名。

即黄門鼓吹署。漢置，掌燕樂舞蹈。有時亦以黄門鼓吹指代樂隊、音樂。

[9]崔豹《古今注》：崔豹所撰《古今注》。今已佚。

[10]張騫：人名。西漢漢中成固（今陝西城固縣）人。二次出使西域，使西域諸國與漢通好。傳見《漢書》卷六一。

[11]李延年：人名。中山（今河北定州市）人。西漢武帝時的樂師、外戚、官員。傳見《史記》卷一二五。

[12]鼓吹清商令：官名。掌鼓吹音樂。《晋書》卷二載，三國魏正元元年（254），“清商令令狐景諫帝，帝燒鐵炙之。太后遭合陽君喪，帝嬉樂自若。清商丞龐熙諫帝，帝勿聽。”則三國魏時已置清商令。

[13]㧠鼓：一種小鼓，奏樂時常先擊此鼓作爲前奏，引出大鼓。中華書局本有校勘記：“‘㧠鼓’原作‘堈鼓’，據《通鑑》卷一八九胡注引《薛史》改。”見《通鑑》卷一八九武德四年（621）七月甲子條胡注引薛居正史。　金鉦：或稱“丁寧”，形似鐘而狹長，有長柄，用時口向上，以槌敲擊。　長鳴：號筒。　歌簫：排簫。　笳：管樂器。與篳篥相似，又名胡笳。　大享會：大型祭祀、宴會典禮。

[14]八佾：古代天子專用樂舞。佾，舞列。《左傳》隱公五年杜預注：“天子用八，八八六十四人。”

[15]葦籥，伊耆氏之樂也：語出《禮記·明堂位》。

[16]籥師，教國子：語出《周禮·春官宗伯·籥師》。原文爲“籥師，掌教國子舞羽龡籥”。

[17]“籥如笛”至“謂之篞”：語出《爾雅·釋樂》。原文爲“大籥謂之産”，郭璞注曰：“籥如笛，三孔而短小。《廣雅》云：七孔其中謂之仲，小者謂之箹。”

[18]羽舞：《周禮·春官宗伯·樂師》：“凡舞，有帗舞，有羽舞，有皇舞，有旄舞，有干舞，有人舞。”

[19]舞干羽於兩階：語出《尚書·大禹謨》。

[20]連攢：《舊五代史考異》："案：原本訛'運攢'，今據《五代會要》改正。"見《會要》卷六論樂條上。《册府》卷五七〇亦作"連攢"。

[21]進賢冠：儒生、官員戴的黑布冠，以"進賢"爲名。　服黄紗袍，白紗中單：中單亦作"中禪"，是朝服、祭服的里衣。以單層白色紗羅製成，穿於外袍之下的"中衣"，故名。中華書局本有校勘記："'袍白紗'三字原闕，據《樂府詩集》卷五二引《五代史·樂志》、《五代會要》卷六、《册府》卷五七〇補。"見《會要》卷六論樂條上、《册府》卷五七〇。亦見《新五代史》卷五五《崔棁傳》。　皂領褾：黑色的衣領、衣袖、衣邊。　白練褴襠：以白色熟絹製成的大袖上襦。即袖子寬大的短衣。參見譚蟬雪《褴襠探析》，《敦煌研究》2006年第3期。　白布大口袴："袴"同"褲"。以白布製成，口沿寬大的褲子。　革帶：皮革製成的束衣帶。　烏皮履：履黑色皮革製成的鞋履。　白布襪：以白布製成的襪子。

[22]干，楯也：中華書局本有校勘記："'也'字原闕，據《五代會要》卷六、《册府》卷五七〇補。"見《會要》卷六論樂條上、《册府》卷五七〇。

[23]取其武象：中華書局本有校勘記："'其'字原闕，據《五代會要》卷六、《册府》卷五七〇補。"見《會要》卷六論樂條上、《册府》卷五七〇。

[24]戚，斧也："戚"，中華書局本有校勘記："此字原闕，據《五代會要》卷六、《册府》卷五七〇補。"見《會要》卷六論樂條上、《册府》卷五七〇。

[25]鼗鼓：有柄的小鼓。以木貫之，摇之作聲。　鐸：有柄、有舌的大鈴，振舌發聲。

[26]金錞（chún）：以青銅製作的筒狀樂器。形如圓筒，上大下小，頂上多爲虎形鈕，可懸掛，擊之而鳴。

[27]若椎：中華書局本有校勘記："'椎'原作'權'，據劉

本、《册府》卷五七〇改。《五代會要》卷六作‘碓頭’。”《册府》卷五七〇作“若椎”。

[28]鐃（náo）：銅質圓形的樂器。鄭玄注《周禮·鼓人》：“鐃如鈴無舌，有秉，執而鳴之，以止擊鼓。”

[29]以止鼓：中華書局本有校勘記：“‘止’原作‘上’，據殿本、劉本、《五代會要》卷六、《册府》卷五七〇改。”見《會要》卷六、《册府》卷五七〇。按《周禮·鼓人》云：“以金鐃止鼓。”

[30]大二圍：中華書局本有校勘記：“原作‘大二尺圍’，據《五代會要》卷六、《册府》卷五七〇改。按《周禮·笙師》注云：‘雅狀如漆筩而弇口，大二圍。’”今從。

[31]弁：冠帽的一種。用赤黑色布製作的叫爵弁，是文冠；白鹿皮製作的叫皮弁，是武冠。武舞人所服當爲皮弁。　平巾幘：亦稱“平上幘”，一種平頂頭巾。漢代興起，至魏晋時爲武官所戴。隋唐時亦爲武官公事通服，天子、皇太子乘馬則服之。後其用漸寬泛。歷代形制多有變化。　金支緋絲布大袖：以紅色絲綫織成，以金支爲飾，袖子寬大的舞服。金支是一種黄金飾品。中華書局本有校勘記：“‘布’字原闕，據《樂府詩集》卷五二引《五代史·樂志》、《册府》卷五七〇補。”亦見《新五代史》卷五五《崔棁傳》。《會要》卷六亦無“布”字。　裲襠：裲襠又稱襠服、兩當。《釋名·釋衣服》：“裲襠，其一當胸，其一當背也。”王念孫《釋名疏證補》：“今俗謂之背心，當背當心，亦兩當之義也。”裲襠的構造與現代的背心近似，一般分爲前後片，以布帛製成。肩部以皮制褡襻聯綴，腰間以皮帶係紮。　錦騰蛇起梁帶：以帶鐍爲端首的革製腰帶，以錦騰蛇爲飾。《新唐書·車服志》：“起梁帶之制：三品以上，玉梁寶鈿，五品以上，金梁寶鈿。”

[32]武弁朱褠：《舊五代史考異》：“案：原本‘褠’訛‘搆’，今據《五代會要》改正。”《會要》卷六作“韝”。《册府》卷五七〇亦作“褠”。

[33]帝設氈桉：中華書局本有校勘記：“‘帝’，《册府》卷

五七〇同，《五代會要》卷六作‘常’。”見《會要》卷六論樂條上。

［34］建鼓：樂器名。鼓的一種，用於祭祀、軍事。《儀禮·大射禮》：“建鼓在阼階西。”鄭玄注：“建猶樹也。以木貫而載之，樹之跗也。”《漢書》卷七七《何並傳》：顏師古曰：“建鼓，一名植鼓。建，立也。謂植木而旁懸鼓焉。縣有此鼓者，所以召集號令，爲開閉之時。”　羽葆鼓：以羽毛裝飾的鼓。　金錞一：“金錞”，《輯本舊史》之影庫本粘籤：“金錞，原本作‘金釦’，今從《五代會要》改正。”見《會要》卷六論樂條上、《新五代史》卷五五《崔棁傳》。《册府》卷五七〇亦作“錞”。

［35］中書：官署名。“中書門下”的簡稱。唐代以來爲宰相處理政務的機構。參見劉後濱《唐代中書門下體制研究——公文形態·政務運行與制度變遷》，齊魯書社2004年版。

［36］從之：《輯本舊史》之編者在此下以小注形式詳引《新五代史》卷五五《崔棁傳》。其可供校證者已在校勘記中引用，其餘不録。《高祖紀》天福五年（940）八月己亥條載：“詳定院以先奉詔詳定冬正朝會禮節、樂章、二舞行列等事上之，事具《樂志》。”本條所載即爲《高祖本紀》之詳述。

漢高祖受命之年，秋九月，太常卿張昭上疏，奏改一代樂名，其略曰：[1]昔周公相成王，制禮作樂，殿庭徧奏六代舞，所謂《雲門》《大咸》《大韶》《大夏》《大濩》《大武》也。周室既衰，王綱不振，諸樂多廢，唯大韶、大武二曲存焉。秦、漢以來，名爲二舞：文舞，韶也；武舞，武也。漢時改爲《文始》《五行之舞》，歷代因而不改。貞觀作樂之時，祖孝孫改隋文舞爲《治康之舞》，武舞爲《凱安之舞》。[2]貞觀中，有

《秦王破陣樂》《功成慶善樂》二舞，樂府又用爲二舞，是舞有四焉。前朝行用年深，不可遽廢，俟國家偃伯靈臺，即别召工師，更其節奏，今改其名，具書如左：[3]祖孝孫所定二舞名，文舞曰《治康之舞》，請改爲《治安之舞》；[4]武舞曰《凱安之舞》，請改爲《振德之舞》。貞觀中二舞名，文舞《功成慶善樂》，前朝名《九功舞》，請改爲《觀象之舞》；[5]武舞《秦王破陣樂》，前朝名爲《七德舞》，請改爲《講功之舞》。[6]其《治安》《振德》二舞，請依舊郊廟行用，以文舞降神，武舞送神。其《觀象》《講功》二舞，請依舊宴會行用。

[1]太常卿："太常卿"前原有"權"字。天福十二年（947）九月壬子朔，《輯本舊史》卷一〇〇《漢高祖紀下》天福十二年九月甲戌（二三）條亦載"權太常卿張昭上疏，奏改一代樂名"。但同卷同年同月九月丁卯（十六）條已載："以吏部侍郎、權判太常卿事張昭爲太常卿。"故此"權"字及卷一〇〇之九月甲戌條之"權"字均應删。《會要》卷七雅樂條作"判守太常寺"，亦無"權"字。中華書局本未删。　張昭：人名。原名張昭遠，五代後漢時避高祖劉知遠諱，去"遠"字。濮州范縣（今河南范縣）人。五代後唐至宋初官員。傳見《宋史》卷二六三。

[2]貞觀：唐太宗李世民的年號（627—649）。　祖孝孫：人名。幽州范陽（今河北涿州市）人。隋、唐初官員，博學曉曆算。傳見《舊唐書》卷七九。

[3]偃伯靈臺：中華書局本有校勘記："原作'偃武於靈臺'，據殿本、《册府》卷五七〇改。影庫本批校：'"偃武于靈臺"句，原本作"偃伯靈臺"，是，誤改作"偃武"，非。'"

[4]《治康之舞》：《輯本舊史》之影庫本粘籤："治康，原本

作‘治廣’，今從五代會要改正。”見《會要》卷七雅樂條。《册府》卷五七〇亦作“治康”。

[5]文舞《功成慶善樂》：中華書局本有校勘記：“‘文舞’原作‘文武’，據殿本、《五代會要》卷七、《册府》卷五七〇改。”見《會要》卷七雅樂條。

[6]武舞《秦王破陣樂》：中華書局本有校勘記：“‘武舞’二字原闕，據《册府》卷五七〇補。按《册府》卷二七：‘初太宗在藩，樂工爲《秦王破陣樂》，舞以歌用兵之妙，貞觀初以爲武舞。’”見明本《册府》卷二七《帝王部·孝德門》永徽二年（651）十一月辛酉條。亦見《會要》卷七雅樂條。

又請改《十二和樂》云：

昔周朝奏六代之樂，即今二舞之類是也。其賓祭常用，别有《九夏之樂》，即《肆夏》《皇夏》等是也。[1]梁武帝善音樂，改《九夏》爲《十二雅》，前朝祖孝孫改“雅”爲“和”，示不相沿也。[2]臣今改“和”爲“成”，取《韶》樂九成之義也。《十二成樂曲》名：祭天神奏《豫和之樂》，請改爲《禋成》；祭地祇奏《順和》，請改爲《順成》；祭宗廟奏《永和》，請改爲《裕成》；祭天地、宗廟，登歌奏《肅和》，請改爲《肅成》；皇帝臨軒奏《太和》，請改爲《政成》；[3]王公出入奏《舒和》，請改爲《弼成》；皇帝食舉及飲宴奏《休和》，請改爲《德成》；皇帝受朝、皇后入宫奏《正和》，請改爲《扆成》；皇太子軒懸出入奏《承和》，請改爲《胤成》；[4]元日、冬至皇帝禮會，登歌奏《昭和》，請改爲《慶成》；[5]郊廟俎入奏《雍和》，請改爲

《騂成》;[6]皇帝祭享、酌獻、讀祝文及飲福、受胙奏《壽和》，請改爲《壽成》。[7]

祖孝孫元定《十二和曲》，開元朝又奏《三和》，遂有《十五和》之名。[8]凡制作禮法，動依典故，梁置《十二雅》，蓋取十二天之成數，契八音十二律之變，輒益《三和》，有乖稽古。又緣祠祭所用，不可盡去，臣取其一焉。祭孔宣父、齊太公廟降神奏《宣和》，請改爲《師雅之樂》;[9]三公升殿、會訖下階履行奏《祴和》，請廢，同用《弼成》；享先農、耕籍田，奏《豐和》，請廢，同用《順成》。[10]

已上四舞、《十二成》《雅樂》等曲，今具録合用處所及樂章首數，一一條列在下。其歌詞文多不録。

[1]其賓祭常用：中華書局本有校勘記："'賓祭'，原作'兵祭'，據殿本、劉本、《五代會要》卷七、《册府》(宋本) 卷五七〇改。"見《會要》卷七雅樂條、《宋本册府》卷五七〇《掌禮部·作樂門六》天福十二年（947）九月條。

[2]梁武帝：即蕭衍。南蘭陵中都里（今江蘇丹陽市）人。南齊宗室，南朝梁開國皇帝。紀見《梁書》卷一至卷三。

[3]臨軒：古時皇帝不坐正殿而在殿前平臺上接見臣屬，稱"臨軒"。軒，爲殿堂前檐下的平臺，因殿堂前檐之處兩邊有檻楯，如車之軒，故亦稱軒。　請改爲政成：《輯本舊史》之影庫本粘籤："政成，原本作'征成'，今從《文獻通考》改正。"見《通考》卷一二九《樂考二·歷代樂制》，但《會要》卷七雅樂條、《册府》卷五七〇即作"政成"。《會要》卷七雅樂條"請改爲"均作"今改爲"。

[4]軒懸：亦作"軒縣"。鐘磬等樂器三面懸掛爲軒懸。古代

用樂制度規定，皇帝用宮懸（四面排列），太子用軒懸。

［5］元日、冬至皇帝禮會：即元正、冬至大朝會典禮。大朝會之日，有司排辦盛大的儀仗，在京文武百官以及地方官員在京者、藩國使人，共同向皇帝朝參、致賀、上壽，並以宴會結束典禮。

［6］俎入：即“迎俎”。

［7］祭享：陳設祭品，敬神供祖。　受胙：也稱享胙。將祭祀用的牲肉賜給三獻官以下貴族稱“賜胙”，三獻官以下貴族接受祭祀用的牲肉，稱“受胙”。

［8］開元：唐玄宗李隆基年號（713—741）。

［9］孔宣父：即孔子，此處指孔廟。《漢書》卷一二《平帝紀》載，元始元年（1）六月，“追謚孔子曰褒成宣尼公”。《漢書》卷九九《王莽傳下》顔師古注稱：“莽追謚孔子爲褒成宣尼公。”因稱孔子爲“宣父”。孔廟爲文廟。　齊太公廟：即武廟。唐肅宗時追封齊太公吕尚爲武成王，置武成廟而祀之。　請改爲師雅之樂：中華書局本有校勘記：“‘改’字原闕，據《五代會要》卷七、《宋本册府》卷五七〇補。”見《會要》卷七雅樂條、《册府》卷五七〇。

［10］享先農：祭祀農神。先農通常指神農或后稷。　耕籍田：春耕時天子親耕籍田，是表現重視農業生産的禮儀。中華書局本有校勘記：“‘田’字原闕，據《五代會要》卷七、《册府》卷五七〇補。”見《會要》卷七雅樂條，亦見《册府》卷五七〇。

舊五代史　卷一四二

樂志下

周廣順元年，太祖初即大位，惟新庶政，時太常卿邊蔚上疏請改舞名，其略云：[1]"前朝改祖孝孫所定二舞名，文舞曰《治安之舞》，武舞曰《振德之舞》，今請改《治安》爲《政和之舞》，《振德》爲《善勝之舞》。[2]前朝改貞觀中二舞名，文舞曰《觀象之舞》，武舞曰《講功之舞》，今請改《觀象》爲《崇德之舞》，《講功》爲《象成之舞》。[3]又議改《十二成》，今改爲《順》。[4]《十二順樂曲》名：祭天神奏《禋成》，請改爲《昭順之樂》；祭地祇奏《順成》，請改爲《寧順之樂》；祭宗廟奏《裕成》，請改爲《肅順之樂》；祭天地、宗廟，登歌奏《肅成》，今請改爲《感順之樂》；[5]皇帝臨軒奏《政成》，請改爲《治順之樂》；[6]王公出入奏《弼成》，請改爲《忠順之樂》；皇帝食舉奏《德成》，請改爲《康順之樂》；皇帝受朝、皇后入宫奏《扆成》，請改爲《雍順之樂》；皇太子軒懸出入奏《胤成》，請改爲《温順之樂》；[7]元日、冬至皇帝禮會，登歌奏《慶成》，請改爲《禮順之樂》；[8]郊廟俎入奏《騂成》，請改爲《禋順之樂》；[9]皇帝祭享、酌獻、讀祝及飲福、受胙奏《壽成》，請改爲《福順之樂》。[10]梁武帝改《九夏》爲《十二雅》，以協陽律、陰吕、十二管旋宫之義，祖孝孫改爲《十二和》。[11]開元中，乃益三和，前朝去二和，改一雅。[12]今去雅，只用《十二順》之曲。祭孔宣父、齊太公廟降神奏《師雅》，請同用《禮順之樂》；[13]三公升殿、會訖下階履行同用《弼成》，請同用《忠順之樂》；[14]享先農及籍田同用《順成》，請同用《寧順之樂》。"[15]曲詞文多不載。[16]

[1]廣順：五代後周太祖郭威年號（951—953）。　太祖：即五代後周太祖郭威。邢州堯山（今河北隆堯縣）人。五代後周開國皇帝。951年至954年在位。紀見本書卷一一〇至卷一一三、《新五代史》卷一一。　太常卿：官名。太常寺長官。西漢置太常，南朝梁始置太常卿。掌宗廟祭祀禮樂及教育等。正三品。　邊蔚：人名。長安（今陝西西安市）人。五代後唐至後周官員。傳見本書卷一二八。　時太常卿邊蔚上疏請改舞名：《輯本舊史》卷一一一《周太祖紀二》廣順元年（951）七月己丑條載："是日（二九），太常卿邊蔚奏，議改郊廟舞名，事具《樂志》。"

[2]祖孝孫：人名。幽州范陽（今河北涿州市）人。隋、唐初官員，博學曉曆算。傳見《舊唐書》卷七九。　二舞：宫廷樂舞分文舞、武舞兩大類，用於祭祀天地、宗廟及朝會享宴。文舞執羽籥，武舞執干戚。　前朝改祖孝孫所定二舞名："所定二舞名"，中華書局本有校勘記："原作'所更定十二成之名'，據《册府》卷五七〇改。《五代會要》卷七作"所定二舞'，殿本作'所定十二和之名'。"分見《會要》卷七雅樂條、《宋本册府》卷五七〇《掌禮部・作樂門六》。

[3]貞觀：唐太宗李世民的年號（627—649）。　講功爲象成

之舞:“象成”,《輯本舊史》之影庫本粘籤:“象成,原本作‘相成’,今據《五代會要》改正。”見《會要》卷七雅樂條。《册府》卷五七〇亦作“象成”。

[4]十二成:五代後漢樂名。唐樂爲“十二和”,後漢高祖劉知遠即位後,改“十二和”爲“十二成”。

[5]登歌:古代祭典、大朝會以及宴饗時登堂而歌。

[6]臨軒:古時皇帝不坐正殿而在殿前平臺上接見臣屬,稱“臨軒”。軒,爲殿堂前檐下的平臺,因殿堂前檐之處兩邊有檻楯,如車之軒,故亦稱軒。

[7]軒懸:亦作“軒縣”。鐘磬等樂器三面懸掛爲軒懸。古代用樂制度規定,皇帝用宫懸(四面排列),太子用軒懸。

[8]元日、冬至皇帝禮會:即元正、冬至大朝會典禮。大朝會之日,有司排辦盛大的儀仗,在京文武百官以及地方官員在京者、藩國使人,共同向皇帝朝參、致賀、上壽,並以宴會結束典禮。

[9]俎入:即“迎俎”。古代置肉的几、切肉用的砧板、祭祀和設宴時陳置牲口的器具,均稱俎。迎俎,指獻官迎俎以進獻於天。　請改爲禋順之樂:“禋順”,《輯本舊史》之影庫本粘籤:“禋順,原本作‘福順’,今從《五代會要》、《文獻通考》改正。”見《會要》卷七雅樂條、《通考》卷一二九《樂考二》。《册府》卷五七〇亦作“禋順”。

[10]祭享:陳設祭品,敬神供祖。　酌獻:酌酒設樂以祀天供神。　讀祝:朗讀祝版上所書祝辭。　飲福:酒被進獻給天之後成爲“福酒”,祭祀完畢獻官飲下福酒,是爲“飲福”。　受胙:也稱“享胙”。將祭祀用的牲肉賜給三獻官以下貴族稱“賜胙”,三獻官以下貴族接受祭祀用的牲肉,稱“受胙”。

[11]梁武帝:即南朝梁開國皇帝蕭衍。南蘭陵中都里(今江蘇丹陽市)人。南齊宗室。紀見《梁書》卷一至卷三。　陽律、陰吕:陽律、陰吕相對。樂律分陰陽各六,六律即六陽律,六吕即六陰律,共十二樂律。《周禮·春官·大師》:“大師掌六律六同,

以合陰陽之聲。陽聲：黄鐘、大蔟、姑洗、蕤賓、夷則、無射。陰聲：大吕、應鐘、南吕、函鐘、小吕、夾鐘。”

[12]開元：唐玄宗李隆基年號（713—741）。

[13]孔宣父：即孔子，此處指孔廟。《漢書》卷一二《平帝紀》載，元始元年（1）六月，“追謚孔子曰褒成宣尼公”。《漢書》卷九九《王莽傳下》顏師古注稱：“莽追謚孔子爲褒成宣尼公。”因稱孔子爲“宣父”。孔廟爲文廟。　齊太公廟：即武廟。唐肅宗時追封齊太公吕尚爲武成王，置武成廟而祀之。　降神：神從天而降。此指請神與迎神。　師雅：唐樂有“十二和”，開元中益三和，後漢去所益之二和，存一和，改稱“雅”，即此“師雅”是也。

[14]三公：太尉、司徒、司空爲三公，唐後期、五代多爲大臣、勳貴加官。正一品。　會訖下階履行：中華書局本有校勘記：“‘會訖’二字原闕，據本書卷一四四《樂志上》、《册府》卷五七〇、《五代會要》卷七補。”見本書卷一四一《樂志上》。

[15]享先農：祭祀農神。先農通常指神農或后稷。　籍田：春耕時天子親耕籍田，是表現重視農業生産的禮儀。　享先農及籍田同用順成，請同用寧順之樂：中華書局本有校勘記：“‘先農及’、‘順成請同用’八字原闕，據《册府》卷五七〇補。《五代會要》卷七略同。”

[16]曲詞文多不載：《輯本舊史》原輯者案語：“案《五代會要》：邊蔚請添召樂師，令在寺習樂。勅：‘太常寺見管兩京雅樂節級樂工共四十人外，更添六十人，内三十八人，宜抽教坊貼部樂官兼充，餘二十二人，宜令本寺照名充填。仍令三司定支春冬衣糧，月報聞奏。其舊管四十人，亦量添請。’”然此實爲《會要》卷七雜録條晋開運二年（945）十一月因太常丞劉涣之奏請所作之敕文；《册府》卷五七〇晋開運二年少帝因太常丞劉涣上表所作之敕文同。《輯本舊史》之案語誤晋之劉涣爲周之邊蔚；誤晋開運二年爲周廣順元年（951）。

世宗顯德元年即位，有司上太祖廟室酌獻，奏《明德之舞》。[1]

[1]世宗：即五代後周世宗柴榮。邢州龍岡（今河北邢臺市）人。郭威養子。954年至959年在位。紀見本書卷一一四至卷一一九、《新五代史》卷一二。　顯德：五代後周太祖郭威年號，世宗柴榮、恭帝柴宗訓沿用（954—960）。

五年六月，命中書舍人竇儼參詳太常雅樂。[1]十一月，翰林學士竇儼上疏論禮樂刑政之源，其一曰：[2]"請依《唐會要》所分門類，上自五帝，迄于聖朝，凡所施爲，悉命編次，凡關禮樂，無有闕漏，名之曰《大周通禮》，俾禮院掌之。"[3]其二曰：[4]"伏請命博通之士，上自五帝，迄於聖朝，凡樂章沿革，總次編録，繫於歷代樂録之後，永爲定式，名之曰《大周正樂》，俾樂寺掌之。依文教習，務在齊肅。"詔曰："竇儼所上封章，備陳政要，舉當今之急務，疾近世之因循，器識可嘉，辭理甚當，故能立事，無愧莅官。所請編集《大周通禮》《大周正樂》，宜依。仍令於内外職官前資前名中，選擇文學之士，同共編集，具名以聞。委儼總領其事。所須紙筆，下有司供給。"

[1]中書舍人：官名。中書省屬官。掌起草文書、呈遞奏章、傳宣詔命等。正五品上。　竇儼：人名。薊州漁陽（今天津市薊州區）人。五代、宋初大臣。傳見《宋史》卷二六三。　太常雅樂：宫廷中典禮及祭祀所用之音樂。由太常寺主管。

[2]翰林學士：官名。由南北朝始設之學士發展而來，唐玄宗改翰林供奉爲翰林學士，備顧問，代王言。掌拜免將相、號令征伐等詔令的起草。

[3]五帝：傳説中上古的五位帝王。《世本》《史記·五帝本紀》等書以黄帝、顓頊、帝嚳、唐堯、虞舜爲“五帝”；《禮記·月令》以太皞（伏犧）、炎帝（神農）、黄帝、少皞、顓頊爲“五帝”；《帝王世紀》以少昊（皞）、顓頊、高辛（帝嚳）、唐堯、虞舜爲“五帝”；《皇王大世》以伏犧、神農、黄帝、堯、舜爲“五帝”。　《大周通禮》：書名。與《大周正樂》皆爲五代後周竇儼撰。參見張文昌《制禮以教天下：唐宋禮書與國家社會》，臺大出版中心2012年版，第134—138頁。　禮院：官署名。唐代太常寺有禮院，爲太常博士議禮之處。唐後期以來，禮院逐漸成爲朝廷禮儀事務的主管機構。

[4]其二曰：中華書局本有校勘記：“‘二’原作‘三’，據《册府》卷五七〇改。”見《宋本册府》卷五七〇《掌禮部·作樂門六》。邊蔚之疏，衹有二條，並無其三。

六年春正月，樞密使王朴奉詔詳定雅樂十二律旋相爲宫之法，並造律準，上之。[1]其奏疏略曰：

“夫樂作於人心，成聲於物，聲氣既和，反感於人心者也。所假之物，大小有數。九者，成數也，是以黄帝吹九寸之管，得黄鍾之聲，爲樂之端也。半之，清聲也。倍之，緩聲也。三分其一以損益之，相生之聲也。十二變而復黄鍾，聲之總數也。[2]乃命之曰十二律。旋迭爲均，均有七調，合八十四調，播之於八音，著之於歌頌。[3]宗周而上，率由斯道，自秦而下，旋宫聲廢。洎東漢，雖有大予丞鮑鄴興之，人亡而音息，無嗣續之者。[4]漢至隋垂十代，凡數百年，所存者黄鍾之宫一調而已。[5]十二律中，唯用七聲，其餘五律，謂之啞鍾，蓋不用故也。唐太宗復古道，乃用祖孝孫、張文收考正雅樂，而旋宫八十四調復見於時，在懸之器，方無啞者。[6]安、史之亂，京都爲墟，器之與工，十不存一，所用歌奏，漸多紕繆。逮乎黄巢之餘，工器都盡，購募不獲，文記亦亡，集官詳酌，終不知其制度。[7]時有太常博士殷盈孫，按《周官·考工記》之文，鑄鎛鍾十二，編鍾二百四十。[8]處士蕭承訓校定石磬，今之在懸者是也。[9]雖有樂器之狀，殊無相應之和。逮乎朱梁、後唐，歷晋與漢，皆享國不遠，未暇及於禮樂。[10]以至於十二鎛鍾，不問聲律宫商，但循環而擊，編鍾、編磬徒懸而已。[11]絲、竹、匏、土，僅有七聲，作黄鍾之宫一調，亦不和備，其餘八十三調，於是乎泯絶，樂之缺壞，無甚於今。

陛下天縱文武，奄宅中區，思復三代之風，臨視樂懸，親自考聽，知其亡失，深動上心。乃命中書舍人竇儼參詳太常樂事，不踰月調品八音，粗加和會。[12]以臣嘗學律曆，宣示古今樂録，令臣討論，臣雖不敏，敢不奉詔。遂依周法，以秬黍校定尺度，長九寸，虚徑三分，爲黄鍾之管，與見在黄鍾之聲相應。[13]以上下相生之法推之，得十二律管。以爲衆管互吹，用聲不便，乃作律準，十三絃宣聲，長九尺張絃，各如黄鍾之聲。[14]以第八絃六尺，設柱爲林鍾；第三絃八尺，設柱爲太簇；第十絃五尺三寸四分，設柱爲南吕；第五絃七尺一寸三分，設柱爲姑洗；[15]第十二絃四尺七寸五分，設柱爲應鍾；第七絃六尺三寸三分，設柱爲蕤賓；第二絃八尺四寸四分，設柱爲大吕；第九絃五尺六寸三分，設柱爲夷則；[16]第四絃七尺五寸一分，設柱爲夾鍾；第十一絃五尺一分，設柱爲無射；第六絃六尺六寸八分，設柱爲中吕；[17]第十三絃四尺五寸，設柱爲黄鍾之清聲。十二律中，旋用七聲爲均，爲均之主者，宫也，徵、商、羽、角、變宫、變徵次焉。[18]發其均主之聲，歸乎本音之律，七聲迭應而不亂，乃成其調。均有七調，聲有十二均，合八十四調，歌奏之曲，由之出焉。

伏以旋宫之聲久絶，一日而補，出臣獨見，恐未詳悉，望下中書門下集百官及内外知音者較其得失，然後依調制曲。[19]八十四調，曲有數百，見存者九曲而已，皆謂之黄鍾之宫。今詳其音，數内三曲即是黄鍾宫聲，其餘六曲，錯雜諸調，蓋傳習之誤也。[20]唐初雖有旋宫之樂，至於用曲，多與禮文相違。既不敢用唐爲則，臣又懵學獨力，未能備究古今，亦望集多聞知禮文者，上本古曲，下順常道，定其義理。[21]於何月行何禮，合用何調何曲，聲數長短，幾變幾成，議定而制曲，方可久長行用。所補雅樂旋宫八十四調，并所定尺、所吹黄鍾管、所作律準，謹同上進。"[22]

[1]樞密使：官名。樞密院長官。五代時以士人爲之，備顧問，參謀議，出納詔奏，權侔宰相。參見李全德《唐宋變革期樞密院研究》，國家圖書館出版社2009年版。　王朴：人名。東平（今山東東平縣）人。五代後周大臣，官至樞密使。傳見本書卷一二八、

《新五代史》卷三一。　律準：五代後周王朴按古法所製標準樂器，當爲弦樂器，長九尺，有十三弦，用以核定音律。　“六年春正月”至“上之”：《輯本舊史》卷一一九《周世宗紀六》顯德六年（959）春正月載：“是月，樞密使王朴詳定雅樂十二律旋相爲宫之法，並造律準，上之。詔尚書省集百官詳議，亦以爲可。語在《樂志》。”

［2］聲之總數也：中華書局本有校勘記：“‘聲’字原闕，據《册府》卷五七〇、《五代會要》卷七補。”見《會要》卷七論樂條下、《宋本册府》卷五七〇《掌禮部·作樂門六》。

［3］八音：樂器的統稱。古代樂器通常以金、石、絲、竹、匏、土、革、木八種質材所製。《尚書·舜典》曰：“八音克諧，無相奪倫，神人以和。”　著之於歌頌：《會要》卷七論樂條下、《册府》卷五七〇在其下尚有“將以奉天地，事祖宗，和君臣，接賓旅，恢政教，厚風俗，以其功德之形容告於神明，俾百代之後，知邦國之所由興，風教之所由行者也。”但《會要》卷七在前“所由”下無“興風教之所由”六字。

［4］大予丞：官名。即大予樂丞。西漢太常的屬官有太樂令、丞，東漢改稱大予樂令、丞。大予丞爲大予樂令的副貳長官，助令掌伎樂。中華書局本有校勘記：“原作‘太子丞’，據《五代會要》卷七、《通鑑》卷二九四注改。”見《會要》卷七論樂條下、《通鑑》卷二九四《後周紀五》世宗顯德六年春正月癸丑條胡注。　鮑鄴：人名。籍貫不詳。東漢人，曾任待詔，掌律曆。事見《後漢書》卷一二。《舊五代史考異》：“案：原本訛“鮑節’，今據《五代會要》及《文獻通考》改正。”見《會要》卷七論樂條下，《通考》一三一《樂考四·歷代製造律吕》。　人亡而音息：中華書局本有校勘記：“‘音’原作‘政’，據《五代會要》卷七、《通鑑》卷二九四胡注改。”見《會要》卷七論樂條下、《通鑑》卷二九四《後周紀五》世宗顯德六年春正月癸丑條胡注。

［5］黄鍾：樂律名，爲十二律之陽聲之首。

［6］唐太宗復古道：《會要》卷七論樂條下及《册府》卷五七〇在“唐太宗”之下有“有知人之明善”六字。　張文收：人名。貝州（今河北清河縣）人。唐初音樂家，曾任協律郎、太子率更令。事見《舊唐書》卷二八、《新唐書》卷二一。

［7］黄巢：人名。曹州冤句（今山東菏澤市）人。唐末農民起義領袖。傳見《舊唐書》卷二〇〇下、《新唐書》卷二二五下。

［8］太常博士：官名。漢代始置。爲太常寺屬官。掌辨五禮，討論謚法，贊相導引。從七品上。　殷盈孫：人名。陳州（今河南淮陽縣）人。唐僖宗時太常博士。傳見《舊唐書》卷一六五、《新唐書》卷一六四。《輯本舊史》原作“商盈孫”，並有影庫本粘籤：“商盈孫，原本作文盈孫，今據《五代會要》改正。”中華書局本沿之。但《會要》卷七論樂條下實作“殷盈孫”，《通鑑》卷二九四《後周紀五》世宗顯德六年春正月癸丑條同《會要》，今據改。　鎛（bó）鍾：樂器名。鐘的一種。鎛，多爲青銅製作，形似鐘而口緣平，有鈕可以懸掛，以槌叩之而鳴。　編鍾：樂器名。爲編懸於同一鐘架上的一組銅鐘。其數有十二、十四、十六、二十四、二十八、三十二等不同説法，而以主十六枚者居多。

［9］處士：指居家不仕的士人。　蕭承訓：人名。籍貫不詳。唐末士人、音樂家。事見《舊唐書》卷二九、《新唐書》卷二一。　磬：樂器名。《爾雅·釋樂》邢昺疏：“磬，樂器名也，以玉石爲之。”以石爲之者稱石磬。

［10］朱梁：《會要》卷七論樂條下及《册府》卷五七〇均作“僞梁”。

［11］鎛鍾：中華書局本有校勘記：“原作‘鐘鎛’，據殿本、劉本、邵本、彭本、《册府》卷五七〇、《五代會要》卷七及本卷上文乙正。影庫本批校：‘“鎛鐘”訛作“鐘鎛”。’《舊五代史考異》卷五：‘案原本訛作“鐘鎛”，考《隋書·樂志》，宫懸各設十二鎛鐘於其辰位，則知“鐘鎛”之爲“鎛鐘”耳，今改正。’”見《會要》卷七論樂條下、《册府》卷五七〇。　宫商：傳統樂理中的

“五音”，爲宫、商、角、徵、羽。此處舉宫商以代指五音。

［12］粗加和會：粗，《册府》卷五七〇作“初”。

［13］遂依周法：中華書局本有校勘記：“‘依’原作‘以’，據《册府》卷五七〇、《五代會要》卷七、《通鑑》卷二九四胡注改。”見《會要》卷七論樂條下、《通鑑》卷二九四《後周紀五》世宗顯德六年春正月癸丑條胡注。　秬黍：《爾雅》曰：“秬，黑黍。”《説文》曰：“黍，禾屬而黏也。”此處指用黍粒來計量的方法。用一定的方式排列黍粒，作爲分、寸、尺的長度單位，以此確定律管的長度以定音。

［14］絃：同“弦”。

［15］第五絃七尺一寸三分：三分，《會要》卷七論樂條下作“二分”。《册府》卷五七〇同本志。

［16］第九絃五尺六寸三分：《輯本舊史》之影庫本粘籤：“第九絃，原本作‘第八絃’，今據《五代會要》、《文獻通考》改正。”《册府》卷五七〇、《通鑑》卷二九四《後周紀五》世宗顯德六年春正月癸丑條胡注亦作“第九絃”。

［17］第六絃六尺六寸八分：中華書局本有校勘記：“‘八分’，《五代會要》卷七作‘六分’。”《册府》卷五七〇、《通鑑》卷二九四《後周紀五》世宗顯德六年春正月癸丑條胡注均作“八分”。

［18］十二律中：律，《會要》卷七論樂條下及《册府》卷五七〇均作“聲”。　變宫：音階名。宫、商、角、徵、羽五音，加上變宫、變徵“二變”，合爲七音。

［19］望下中書門下集百官：“下中書門下”五字原無，據《會要》卷七論樂條下、《册府》卷五七〇補。中書門下爲唐代以來爲宰相處理政務的機構。參見劉後濱《唐代中書門下體制研究——公文形態·政務運行與制度變遷》，齊魯書社2004年版。

［20］數内三曲即是黄鍾宫聲：《輯本舊史》之影庫本粘籤：“數内三曲，原本作‘一曲’，今據《五代會要》改正。”見《會要》卷七論樂條下，《册府》卷五七〇亦作“三曲”。

[21]亦望集多聞知禮文者：禮文，《會要》卷七論樂條下作“禮樂”。　上本古曲：中華書局本有校勘記：“‘古曲’，《册府》卷五七〇、《五代會要》卷七均作‘古典’。”

[22]並所定尺：中華書局本有校勘記：“‘尺’字下《五代會要》卷七、《册府》卷五七〇有‘寸’字。”《會要》卷七有“寸”字，《册府》卷五七〇無。

世宗善之，詔尚書省集百官詳議。[1]兵部尚書張昭等議曰：[2]“昔帝鴻氏之制樂也，將以範圍天地，協和人神，候八節之風聲，測四時之正氣。[3]氣之清濁不可以筆授，聲之善否不可以口傳，故鳧氏鑄金，伶倫截竹，爲律吕相生之算，宫商正和之音。[4]乃播之於管絃，宣之於鐘石，然後覆載之情訢合，陰陽之氣和同，八風從律而不姧，五色成文而不亂。[5]空桑、孤竹之韻，足以禮神；[6]《雲門》《大夏》之容，無虧觀德。[7]然月律有旋宫之法，備於太師之職。[8]經秦滅學，雅道凌夷。漢初制氏所調，惟存鼓舞，旋宫十二均更用之法，世莫得聞。[9]漢元帝時，京房善易、别音，探求古義，以周官均法，每月更用五音，乃立準調，旋相爲宫，成六十調。[10]又以日法析爲三百六十，傳於樂府，而編懸復舊，律吕無差。遭漢中微，雅音淪缺，京房準法，屢有言者，事終不成。錢樂空記其名，沈重但條其説，六十律法，寂寥不傳。[11]梁武帝素精音律，自造四通十二笛，以鼓八音。[12]又引古五正、二變之音，旋相爲宫，得八十四調，與律準所調，音同數異。[13]侯景之亂，其音又絶。[14]隋朝初定雅樂，群黨沮議，歷載不成。而沛公鄭譯，因龜兹琵琶七音，以應月律，五正、二變，七調克諧，旋相爲宫，復爲八十四調。[15]工人萬寶常又減其絲數，稍令古淡。[16]隋高祖不重雅樂，令儒官集議。[17]博士何妥駁奏，其鄭、萬所奏八十四調並廢。[18]隋氏郊廟所奏，唯黄鍾一均，與五郊迎氣，雜用蕤賓，但七調而已；[19]其餘五鍾，懸而不作。三朝宴樂，用縵樂九部，迄於革命，未能改更。[20]唐太宗爰命舊工祖孝孫、張文收整比鄭譯、萬寶常所均七音八十四調，方得絲管並施，鍾石俱奏，七始之音復振，四廂之韻皆調。[21]自安、史亂離，咸秦盪覆。崇牙樹羽之器，掃地無餘；[22]戛擊搏拊之工，窮年不嗣。[23]郊廟所奏，何異南箕，波蕩不還，知音殆絶。

“臣等竊以音之所起，出自人心，夔、曠不能長存，人事不能常泰，人亡則音息，世亂則樂崩，若不深知禮樂之情，安能明制作之本。[24]陛下心苞萬化，學富三雍。觀兵耀武之功，已光鴻業；尊祖禮神之致，尤軫皇情。乃睠奉常，痛淪樂職，親閲四懸之器，思復九奏之音，爰命廷臣，重調鍾律。臣等據樞密使王朴條奏，採京房之準法，練梁武之通音，考鄭譯、寶常之七均，校孝孫、文收之九變，積黍累以審其度，聽聲詩以測其情，依權衡嘉量之前文，得備數和聲之大旨，施於鍾簴，足洽簫韶。[25]臣等今月十九日於太常寺集，命太樂令賈峻奏王朴新法黄鍾調七均，音律和諧，不相凌越。[26]其餘十一管諸調，望依新法教習，以備禮寺施用。[27]其五郊天地、宗廟、社稷、三朝大禮，合用十二管諸調，並載唐史、《開元禮》，近代常行。[28]廣順中，太常卿邊蔚奉勅定前件祠祭朝會舞名、樂曲、歌詞，寺司合有簿籍，伏恐所定與新法曲調聲韻不協，請下太常寺檢詳校試。如或乖舛，請本寺依新法聲調，別撰樂章舞曲，令歌者誦習，永爲一代之法，以光六樂之書。"[29]

[1]尚書省集百官詳議：集議的一種。尚書省召集百官討論相關國家政務，商定後上奏皇帝裁斷。集議是漢唐決策制度的重要組成部分。參見〔日〕渡邊信一郎《天空の玉座——中國古代帝國の朝政と儀禮》，柏書房 1996 年版。

[2]兵部尚書：官名。尚書省兵部主官。掌兵衛、武選、車輦、甲械、厩牧之政令。正三品。　張昭：人名。原名張昭遠，五代後漢時避高祖劉知遠諱，去"遠"字。濮州范縣（今河南范縣）人。五代後唐至宋初官員。傳見《宋史》卷二六三。

[3]帝鴻氏：傳説中上古帝王。一説即黃帝，《左傳》文公十八年"帝鴻氏有不才子"，杜預注："帝鴻，黃帝。"

[4]氣之清濁不可以筆授：中華書局本有校勘記："'氣'原作'器'，據《册府》卷五七〇、《五代會要》卷七、《通鑑》卷二九四胡注改。"見《會要》卷七論樂條下、《册府》卷五七〇、《通鑑》卷二九四《後周紀五》世宗顯德六年（959）春正月條胡注。　鳧氏鑄金：鳧氏，職官名。屬攻金之工。《周禮·考工記》："鳧氏爲鍾。"掌鑄鐘鼎之職。"金"，《會要》卷七論樂條下作"鍾"。　伶倫：傳説中黃帝的樂官，十二音律的發明者。　爲律吕相生之算：算，《册府》卷五七〇作"管"。

[5]八風：一説八方之風；一説二分、二至、四立這八個節氣各有其風。《通鑑》卷二九四胡注作"八氣"。　五色：青、赤、黃、白、黑五種色彩。中華書局本有校勘記："'五色'，《册府》卷

五七〇、《五代會要》卷七、《通鑑》卷二九四胡注作‘五聲’。”見《會要》卷七論樂條下、《册府》卷五七〇、《通鑑》卷二九四《後周紀五》世宗顯德六年春正月癸丑條胡注。

[6]空桑：代指琴瑟。《周官》曰：“古者弦空桑而爲瑟。”《漢書·禮樂志》引《景星》曰：“空桑琴瑟結信成。”顔師古注：“空桑，地名也，出善木，可爲琴瑟也。” 孤竹：指用孤生的竹子製作的管樂器。

[7]《雲門》：周公制禮作樂，作六代舞，即雲門、大咸、大韶、大夏、大濩、大武。“雲門”爲黄帝之舞，“大夏”爲夏禹之舞。

[8]然月律有旋宫之法：中華書局本有校勘記：“‘旋’，原作‘還’，據殿本、《五代會要》卷七、《通鑑》卷二九四胡注改。”見《會要》卷七論樂條下。 太師：西周時的大臣。《尚書·周官》曰：“立太師、太傅、太保，兹惟三公，論道經邦，燮理陰陽。”

[9]漢初制氏所調：《舊五代史考異》：“案：原本訛‘知氏’，今據《漢書》改正。”《會要》卷七論樂條下、《册府》卷五七〇、《通鑑》卷二九四《後周紀五》世宗顯德六年春正月癸丑條胡注亦作“制氏”。

[10]漢元帝：即劉奭。漢宣帝之子。公元前49年至前33年在位，廟號高宗。紀見《漢書》卷九。 京房：人名。本姓李，推律自定爲京氏。東郡頓丘（今河南清豐縣）人。西漢易學家、音律學家。傳見《漢書》卷七五。 探求古義：中華書局本有校勘記：“‘義’原作‘議’，據《册府》卷五七〇、《五代會要》卷七、《通鑑》卷二九四胡注改。”

[11]錢樂：中華書局本有校勘記：“‘錢樂’，原作‘錢褒’，據《册府》卷五七〇、《五代會要》卷七、《通鑑》卷二九四胡注改。按《隋書》卷一六《律曆志上》：‘宋錢樂之衍京房六十律，更增爲三百六十；梁博士沈重述其名數。’”錢樂即錢樂之，因與下句沈重對偶，故省稱錢樂。見《會要》卷七論樂條下、《通鑑》卷

二九四《後周紀五》世宗顯德六年春正月癸丑條胡注。　沈重：人名。吴興武康（今浙江湖州市）人。南朝梁、陳，北周，隋時經學家。傳見《周書》卷四五、《北史》卷八二。

[12]梁武帝：即蕭衍。南蘭陵中都里（今江蘇丹陽市）人。南齊宗室，南朝梁開國皇帝。紀見《梁書》卷一至卷三。　以鼓八音：中華書局本有校勘記："'鼓'，《五代會要》卷七、《通鑑》卷二九四胡注作'敘'，《册府》（宋本）作'飲'。"

[13]五正、二變：即宫、商、角、徵、羽五音，相對於變宫、變徵"二變"爲正音。

[14]侯景：人名。北魏六鎮之懷朔鎮（今内蒙古固陽縣）人。東魏、南朝梁將領。事散見《梁書》《陳書》《魏書》《北齊書》《周書》《南史》《北史》。

[15]鄭譯：人名。滎陽開封（今河南開封市）人。北周、隋代官員、音樂理論家。傳見《隋書》卷三八。　龜兹：西域國名。位於今新疆庫車縣一帶。龜兹國人擅長音樂歌舞。　琵琶：撥弦樂器。原作"批把""推手前曰批，引手却曰把"。

[16]萬寶常：人名。江南人。北齊、隋代樂户，音樂家，曾參與隋代定樂。傳見《隋書》卷七八。　稍令古淡：中華書局本有校勘記："'令'原作'全'，據《册府》卷五七〇、《五代會要》卷七、《通鑑》卷二九四胡注改。"見《會要》卷七論樂條下、《册府》卷五七〇、《通鑑》卷二九四《後周紀五》世宗顯德六年春正月癸丑條胡注。

[17]隋高祖：即楊堅。出身弘農楊氏。北周大臣，隋朝開國皇帝，謚文帝，廟號高祖。紀見《隋書》卷一、卷二。

[18]博士：官名。此處指國子博士。西晋始置，其後歷代沿置。國子監屬官。掌教授國子學生。　何妥：人名。西城（今陝西安康市）人。南朝梁至隋時官員。隋文帝時曾任國子博士。傳見《隋書》卷七五。

[19]隋氏郊廟所奏：隋氏，《會要》卷七論樂條下、《册府》

卷五七〇、通鑒卷二九四胡注均作“隋代”。　五郊迎氣：在四立及先立秋十八日，於五郊迎時氣，祭五方帝。《後漢書》卷九八《祭祀志中》載：“迎時氣，五郊之兆。……立春之日，迎春于東郊，祭青帝句芒。……立夏之日，迎夏于南郊，祭赤帝祝融。……先立秋十八日，迎黄靈于中兆，祭黄帝后土。……立秋之日，迎秋于西郊，祭白帝蓐收。……立冬之日，迎冬于北郊，祭黑帝玄冥。”

[20]縵樂：雜樂，與雅樂不同。《周禮·磬師》：“教縵樂、燕樂之鍾磬。凡祭祀奏縵樂。”鄭玄注：“縵讀爲縵錦之縵，謂雜聲之和樂者也。”　革命：政權鼎革易代。李唐代隋立國，革楊隋之命。

[21]爰命舊工：中華書局本有校勘記：“‘爰’原作‘受’，據《册府》卷五七〇、《五代會要》卷七、《通鑑》卷二九四胡注改。”見《會要》卷七論樂條下、《册府》卷五七〇、《通鑑》卷二九四《後周紀五》世宗顯德六年春正月癸丑條胡注。　方得絲管並施：“並施”，《册府》卷五七〇作“並懸”。　四廂之韻皆調：中華書局本有校勘記：“‘廂’原作“廟’，據《册府》卷五七〇、《五代會要》卷七、《通鑑》卷二九四胡注改。”見《會要》卷七論樂條下、《册府》卷五七〇、《通鑑》卷二九四《後周紀五》世宗顯德六年春正月癸丑條胡注。

[22]崇牙樹羽：語出《詩·周頌·有瞽》：“有瞽有瞽，在周之庭。設業設虡，崇牙樹羽。”崇牙，指鐘磬木架上的鋸齒。樹羽，崇牙上面裝飾的羽毛。

[23]戛擊搏拊：語出《尚書·皋陶謨》：“戛擊鳴球，搏拊琴瑟以詠。”戛，擊也，擊打樂器。搏拊，亦稱“拊搏”，單稱“拊”，以韋盛糠，形如鼓，以手拊拍之。

[24]夔：相傳爲上古舜帝時代主掌舞樂的樂師，其所作樂律能引發鳥獸相和。　曠：即師曠。相傳爲春秋時著名的音樂家。　夔、曠不能長存，人事不能常泰：中華書局本有校勘記：“‘不能長存人事’六字原闕，據《册府》卷五七〇、《五代會要》卷七、《通鑑》卷二九四胡注補。”《會要》卷七“長”作“常”。

［25］臣等據樞密使王朴條奏：《輯本舊史》原作“樞密使王朴”，中華書局本有校勘記：“《册府》卷五七〇、《五代會要》卷七、《通鑑》卷二九四胡注作‘臣等據樞密使王朴條奏’。”但未補，今據上述諸書補。　考鄭譯、竇常之七均：“竇常”，《輯本舊史》之影庫本粘籤：“竇常，原本作‘竇富’，今據《五代會要》改正。”見《會要》卷七論樂條下。《册府》卷五七〇、《通鑑》卷二九四《後周紀五》世宗顯德六年春正月癸丑條胡注亦作“竇常”。　積黍累以審其度，聽聲詩以測其情：《册府》卷五七〇及《通鑑》卷二九四胡注同。“積黍累”，《會要》卷七論樂條下作“積累黍”；“聲詩”，《會要》卷七論樂條下作“音詩”。　簴（jù）：懸掛鐘磬之木架。　簫韶：韶，舜樂名。《尚書·益稷》曰：“簫韶九成，鳳凰來儀。”

［26］太常寺：官署名。掌禮樂、郊廟、社稷、祠祀之事。　太樂令：官名。掌調鐘律，以供祭饗。從七品下。　賈峻：人名。籍貫不詳。五代後周官員。事見本書本卷。

［27］以備禮寺施用：中華書局本有校勘記：“‘施用’，原作‘視用’，據《册府》卷五七〇、《五代會要》卷七、《通鑑》卷二九四胡注改。”見《會要》卷七論樂條下、《册府》卷五七〇、《通鑑》卷二九四《後周紀五》世宗顯德六年春正月癸丑條胡注。

［28］《開元禮》：即《大唐開元禮》。唐玄宗時官修禮書，唐蕭嵩等奉敕撰。

［29］以光六樂之書：中華書局本有校勘記：“‘光’，原作‘先’，據殿本、劉本、邵本校、彭本、《册府》卷五七〇改。影庫本批校：‘以先六樂之書，“先”應作“光”。’”

世宗覽奏，善之。乃下詔曰：“禮樂之重，國家所先，近朝以來，雅音廢墜，雖時運之多故，亦官守之因循。遂使擊拊之音，空留梗概；旋相之法，莫究指歸。

樞密使王朴，博識古今，懸通律吕，討尋舊典，撰集新聲，定六代之正音，成一朝之盛事。[1]其王朴所奏旋宫之法，宜依張昭等議狀施行。[2]仍令有司，依調制曲，其間或有疑滯，更委王朴裁酌施行。”自是雅樂之音，稍克諧矣。

右雅樂製作。《永樂大典》卷二萬一千六百七十八。[3]

[1]討尋舊典：中華書局本有校勘記："'舊典'，原作'書典'，據殿本、《册府》卷五七〇改。" 定六代之正音：中華書局本有校勘記："'定'，《册府》卷五七〇作'復'。"

[2]其王朴所奏旋宫之法：之法，《册府》卷五七〇作"新詞"。 宜依張昭等議狀施行：中華書局本有校勘記："'施'字原闕，據《册府》卷五七〇補。"

[3]《大典》卷二一六七八"樂"字韻"五代樂"事目。

舊五代史　卷一四三

曆志[1]

[1]曆志：清輯本《舊五代史》（以下稱《輯本舊史》）之原輯者案語："五代修曆法，如晋馬重績《調元曆》、周王朴《欽天曆》，《五代會要》所載甚略，蓋因知曆者稀，莫能是正也。《薛史》載《欽天曆》用數，爲《歐陽史》所本，其字句異同，彼此可互證云。"唐末，社會動蕩，朝廷名存實亡，朱温代唐建立後梁（907—923），接續又有後唐（923—936）、後晋（936—946）、後漢（947—950）和後周（951—960）等短命王朝，以及907—979年間在中原周邊先後建立的十個地方政權，史稱"五代十國"。這裏所説的"薛史"（即《舊五代史》）的曆志，記述了五代時期的曆法沿革。新、舊《五代史》皆有曆志（《舊五代史》稱之爲曆志，《新五代史》則爲司天考），二者所記載的曆法沿革稍有區别，且可互相補充。其中王朴的《欽天曆》，《舊五代史》僅録其主要用數，《新五代史》的記載則相對完整。

在後梁和後唐時期，仍沿用唐代邊岡的《崇玄曆》，並以徐昂的《宣明曆》參用。直到後晋，司天監馬重績始造新曆。馬重績，字洞徽，少學數術，研明曆法。先仕後唐，入後晋，任太子右贊善大夫，遷司天監。後晋高祖天福三年（938），馬氏上《調元曆》，他在表文中指出後晋應有一部新的曆法，方顯一國之主治曆明時、受命理國的天意。馬重績的《調元曆》共計"新曆一部二十一卷，七章上下經二卷，算草八卷，立成十二卷。取唐天寶十四載乙未，立爲上元，以雨水正月朔爲歲首”。後晋高祖於是“命司天少監趙仁錡、張文皓、秋官正徐皓，天文參謀趙延乂、杜昇、杜崇龜等，以新曆與《宣明》《崇玄》考核得失”。趙仁錡等的核驗結果爲“皆合無舛”。“乃下詔頒行之，號《調元曆》”。從馬重績自己的表文所述來看，馬氏是以唐代曹士蔿的《符天曆》爲基礎，吸取《宣明》《崇玄》二曆的長處，而編成《調元曆》的。也就是説，經由馬重績的努力，曾“行於民間”的《符天》小曆，得以登堂入室，見用於朝廷，這是一件十分有意義的事情。古代曆家編制曆法必須先推求日、月、五星皆會合於甲子、夜半、朔旦、冬至的上元，“曆家之術，雖世多不同，而未始不本於此”。馬重績則指出，用上元積年法，“積歲彌多，差闊至甚”。這説明他對上元有深刻認識，且果斷地仿照《符天曆》在其《調元曆》中採用近距曆元法。但由於其曆法自身存在的差失（也或許因爲他不用在當時大多數人看來已成定法的上元積年法的因素），《調元曆》僅“行之五年，則差不可用，而復用《崇玄曆》”。馬重績《調元曆》的編制和檢驗，是經過了認真實測的。北宋周琮曾説：“今司天監圭表乃石晋時參謀趙延乂所建，表既欹傾，圭亦墊陷，其於天度無所取正。”趙延乂是受命考驗《調元曆》的主要人物之一，他所建立的圭表應該與考驗工作直接有關。這圭表的建成大約在馬重績製成《調元曆》之前。趙延乂圭表前後使用了 100 多年，其歷史功績當不可没。

後周太祖廣順（951—953）中，“國子博士王處訥，私撰《明玄曆》於家”。也許自認還不成熟，故藏而不露。大約十年以後，他纔編成《應天曆》。此間，在民間和一些自立爲王的地區，另有若干曆法在行用。“民間又有《萬分曆》，而蜀有《永昌曆》《正象曆》，南唐有《齊政曆》”。在十國中的其他地方政權也當各行其曆，但詳情已不可考。這些事實本身則説明政權與曆法之間存在着密切關係。有國者必行曆法以自重，這在中國古代已成爲天經地義的事情。

五代十國時期，最重要的曆法之作，當推王朴的《欽天曆》。王朴（906—959），字文伯，東平（今山東東平縣）人，後漢隱帝乾祐（948—950）中進士，任校書郎、開封府推官等。後周世宗年間，官至左諫議大夫知開封府事。“顯德二年，世宗以端明殿學士、左散騎常侍王朴明於曆數，乃命朴考而正之。”王朴經過一年多的測量布算，上表稱撰成“步日、步月、步星、步發斂爲四篇。合爲曆經一卷，曆十一卷，草三卷，顯德三年七政細行曆一卷，以爲《欽天曆》”。“世宗嘉之。詔司天監用之，以明年正月朔旦爲始。”其後，王朴更得到重用，曾負責擴建京城，歷任東京副留守、户部侍郎兼樞密副使、樞密使檢校太保、東京留守等要職，不幸於四十五歲即英年早逝。

古先哲王，受命而帝天下者，必先觀象以垂法，治曆以明時，使萬物服其化風，四海同其正朔，然後能允釐下土，欽若上天。故虞舜之紹唐堯，先齊七政；武王之得箕子，首敘九疇。皇極由是而允興，人時以之而不忒。歷代已降，何莫由斯。粤自軒黄，肇正天統，歲躔辛卯，曆法時成。故黄帝始用《辛卯曆》，顓頊次用《乙卯曆》，虞用《戊午曆》，夏用《丙寅曆》，商用《甲寅曆》，周用《丁巳曆》，魯用《庚子曆》，秦用《乙卯曆》。[1]漢用《太初曆》《四分曆》《三統曆》，[2]凡三本。魏用《黄初曆》《景初曆》，凡二本。晉用《元始曆》《合元萬分曆》，凡二本。宋用《大明曆》《元嘉曆》，[3]凡二本。齊用《天保曆》《同章曆》《正象曆》，凡三本。後魏用《興和曆》《正光曆》《正元曆》，[4]凡三本。梁用《大同曆》《乾象曆》《永昌曆》，凡三本。後周用《天和曆》《丙寅曆》《明玄曆》，凡三本。隋用《甲子曆》《開皇曆》《皇極曆》《大業曆》,[5]凡四本。唐用《戊寅曆》、《麟德曆》、《神龍曆》、《大衍曆》、元和《觀象曆》、長慶《宣明曆》、《寶應曆》、《正元曆》、景福《崇玄曆》,[6]凡九本。[7]

［1］“古先哲王”至“秦用《乙卯曆》”：按照傳統，《輯本舊史》曆志開篇即宏論曆法與帝王統治的關係——“皇極由是而允興，人時以之而不忒!”接着追溯曆法的起源，列舉了所謂的“古六曆”。據考證，古六曆爲《黄帝曆》《顓頊曆》《夏曆》《殷曆》《周曆》《魯曆》的合稱，乃從春秋戰國到秦朝時期制定的，並非黄帝、顓頊、夏禹等時代編訂的。其特點是以 $365\frac{1}{4}$ 日爲一回歸年（故又稱爲《四分曆》），$29\frac{499}{940}$ 日爲一朔望月，19 年 7 閏。古六曆的區别主要是曆元、施行地區和所用的歲首。各曆的歲首是：《黄帝》《周》《魯》三曆皆以子爲歲首（即以包含冬至的那个月份，今天農曆的十一月），《殷曆》以丑爲歲首，《夏曆》以寅爲歲首，《顓頊曆》以亥月爲歲首。古六曆的原文早已遺失，今皆衹留存一些片段資料。

［2］漢用《太初曆》：漢初沿用秦朝曆法（即《顓頊曆》），一直到漢武帝改曆（前 104）。武帝改曆時頒行鄧平等編制的《太初曆》，但《史記》卷二六《曆書》没有記載當時頒行的《太初曆》，所記乃是司馬遷自己編制的未頒行的《曆術甲子篇》。　《四分曆》：漢代所用《四分曆》當指東漢元和二年（85）時所頒編訢、李梵等編制的新四分曆法，一般稱作《後漢四分曆》。

［3］宋用《大明曆》：南朝宋大明六年（462），祖沖之編制成《大明曆》，但當時由於遭到權臣戴法興等的反對，並未頒行。直到梁武帝天監九年（510）經由祖沖之兒子祖暅的請求，纔修訂頒行。

［4］《正元曆》：對於此《正元曆》，《舊五代史考異》云："《玉海》作《正統》，《五代會要》作《正元》。"查《會要》卷一〇曆條作"正統"，《玉海》卷一〇《律曆·總歷代曆名》引薛居正撰《五代史·曆志》亦作"正統"，"正元"誤。中華書局本仍作"正元"，當據《會要》《玉海》改。其實，北魏朝頒行的曆法僅《正光》《興和》兩種，見諸《魏書》卷一〇七上《律曆志三上》記載但未行用的曆法還有公孫崇《景明曆》（500）、崔光《神龜曆》（518）和李業興《九宮曆》（547）。

［5］《皇極曆》：根據《隋書》卷一八《律曆志》記載，劉焯於隋開皇二十年（600）編制成《皇極曆》，但未被頒行，劉焯因此於大業四年（608）抱憾而終。所幸《隋書》卷一八《律曆志下》全文收録了該曆的曆經部分。

［6］《寶應曆》："寶應曆"，中華書局本有校勘記："'寶應'，《玉海》卷一〇引《五代史·曆志》作'寶應五紀'。按《新唐書》卷二五《曆志一》、卷二九《曆志五》記此曆，名亦作'寶應五紀'。"此《寶應曆》當指唐寶應（762—763）元年郭獻之編制的《五紀曆》，於寶應二年頒行，行用至建中四年（783）。　《正元曆》："正元曆"，中華書局本有校勘記："'正元'，《玉海》卷一〇引《五代史·曆志》作'建中正元'。按《新唐書》卷二五《曆志一》、卷二九《曆志五》記此曆名亦作'建中正元'。"此曆當是由唐代天文學家徐承嗣於建中四年編成，行用於784年至806年間。

［7］"漢用《太初曆》"至"凡九本"：《輯本舊史》用一大段文字來回顧秦漢以來曆法沿革的總體情況。這一段文字可冠以"曆法的意義及其起源與流變"這樣的標題。

洎梁氏之應運也，乘唐室陵遲之後，黄巢離亂之餘，衆職未修，三辰孰驗。故當時歲曆，猶用《宣明》《崇玄》二法，參而成之。及晉祖肇位，司天監馬重績始造新曆，奉表上之。云：“臣聞爲國者，正一氣之元，宣萬邦之命，爰資曆象以立章程。[1]長慶《宣明》，雖氣朔不渝，即星躔罕驗。景福《崇玄》，縱五曆甚正，[2]而年差一日。今以《宣明》氣朔，《崇玄》星緯，二曆相參，方得符合。自古諸曆，皆以天正十一月爲歲首，[3]循太古甲子爲上元，積歲彌多，差闊至甚。臣改法定元，創爲新曆一部二十一卷，[4]七章上下經二卷，算草八卷，立成十二卷。取唐天寶十四載乙未，立爲上元，[5]以雨水正月朔爲歲首。謹詣閤門上進。”晉高祖命司天少監趙仁錡、張文皓，秋官正徐皓，天文參謀趙延乂、杜昇、杜崇龜等，以新曆與《宣明》《崇玄》考覈得失，俾有司奉而行之，因賜號《調元曆》。仍命翰林學士承旨和凝撰序。[6]

[1]爰資曆象以立章程："爰資曆象"，中華書局本有校勘記："'象'字原闕，據《五代會要》卷一〇補。按本書卷九六《馬重績傳》、《新五代史》卷五七《馬重績傳》載其上奏云：'曆象，王者所以正一氣之元，宣萬邦之命。'"

[2]縱五曆甚正：《輯本舊史》之影庫本粘籤："五曆甚正疑當作'五緯'。考《五代會要》與《薛史》同，今姑仍其舊。"見《會要》卷一〇曆條。

[3]皆以天正十一月爲歲首："歲首"，《輯本舊史》之影庫本粘籤："原本闕'首'字，今據五代會要增入。"見《會要》卷一〇。

[4]二十一卷：《舊五代史考異》曰："《玉海》引《崇文總目》作二十卷。"見《會要》卷一〇《律曆·晋調元曆》。

[5]立爲上元：中華書局本有校勘記："'上元'原作'近元'，

據殿本，劉本，本書卷九六《馬重績傳》，《五代會要》卷一〇，《新五代史》卷五七《馬重績傳》、卷五八《司天考》改。影庫本批校：'立爲近元，應作'上元'。"今據改。

［6］"洎梁氏之應運也"至"仍命翰林學士承旨和凝撰序"：關於五代後梁代唐到後周世宗即位之間的曆法沿革，《輯本舊史》對初期用《宣明》《崇玄》二曆參校，以及《宣明》《崇玄》在氣朔和五星算法方面各自優勢，對馬重績編制《調元曆》以及馬重績進獻曆法的表文等有相對詳細的介紹。這些情節在《新五代史》中則一筆帶過，但《新五代史》對王處訥私撰《明玄曆》，以及其他政權使用的《永昌》《正象》《齊政》諸曆之介紹，《輯本舊史》闕略。二者互補。

其後數載，法度寖差。至周顯德二年，世宗以端明殿學士、左散騎常侍王朴明於曆算，乃命朴考而正之。朴奉詔歲餘，撰成《欽天曆》十五卷上之。表云：

臣聞聖人之作也，在乎識天人之變者也。人情之動，則可以言知之；天道之動，則當以數知之。數之爲用也，聖人以之觀天道焉。歲月日時，由斯而成；陰陽寒暑，由斯而節；四方之政，由斯而行。夫爲國家者，履端立極，必體其元；布政考績，必因其歲；禮動樂舉，必正其朔；三農百工，必授其時；五刑九伐，必順其氣；庶務有爲，必從其日月。[1]六籍宗之爲大典，百王執之爲要道。[2]是以聖人受命，必治曆數。故得五紀有常度，庶徵有常應，正朔行之於天下也。[3]

自唐而下，[4]凡歷數朝，亂日失天，垂將百載。天之曆數，汩陳而已矣。今陛下順考古道，寅畏上天，咨詢庶官，[5]振舉墜典。以臣薄游曲藝，嘗涉舊史，遂降述作之命，俾究推測之要。[6]雖非能者，敢不奉詔。乃包萬象以立法，齊七政以立元，測圭箭以候氣，審朓朒以定朔，明九道以步月，校遲疾以推星，考黄道之斜正，辨天勢之昇降，而交蝕詳焉。[7]

夫立天之道，曰陰與陽。陰陽各有數，合則化成矣。陽之策三十六，陰之策二十四。奇偶相命，兩陽三陰，同得七十二。同則陰陽之數合。七十二者，化成之數也。化成則謂之五行之數。五之，得期之數。[8]過者，謂之氣盈；不及，謂之朔虚。至於應變分用，無所不通，所謂包萬象矣，[9]故以七十二爲經法。經者常也，常用之法也。[10]百者，數之節也，[11]隨法進退，不失舊位，故謂之通法。以通法進經法，得七千二百，謂之統法。自元入經，先用此法，統曆之諸法也。以通法進統法，得七十二萬，氣朔之下，收分必盡，謂之全率。[12]以通法進全率，得七千二百萬，謂之大率，而元紀生焉。元者，歲月日時皆甲子，日月五星合在子正之宿，當盈縮、先後之中，所謂七政齊矣。[13]

古之植圭於陽城者，以其近洛故也，蓋尚慊其中，乃在洛之東偏。開元十二年，遣使天下候影，南距林邑國，北距横野軍，中得浚儀之岳臺，應南北弦，居地之中。皇家建國，定都於梁。[14]今樹圭置箭，測岳臺晷漏，以爲中數。晷漏正，則日之所至，氣之所應，得之矣。

[1]必從其日月："日月"，《輯本舊史》之影庫本粘籤："原本脱'月'字，今從《五代會要》增入。"見《會要》卷一〇曆條。

[2]六籍宗之爲大典，百王執之爲要道：《新五代史》無此句，或爲有意删節。

[3]"臣聞聖人之作也"至"正朔行之於天下也"：此段文字爲王朴上表的第一段，同樣是開篇即論述曆法與君王治理國家的關係。曆法是天道，皇權天授也是天道。這大概是中國古代曆家的學術取向，或者説是正史記載古代天學家之曆論應有的官樣文章。

[4]自唐而下：《新五代史》作"自唐之際"。考慮到下文"亂日失天，垂將百載"之語，《新五代史》的改動可取。

[5]咨詢庶官："庶官"，原作"度官"，依中華書局本據殿本、劉本及《五代會要》卷一〇、《新五代史》卷五八《司天考》改。

[6]"以臣薄游曲藝"至"俾究推測之要"：《新五代史》删去了這些文字。又，"俾究推測之要"的"推測"二字，中華書局本有校勘記："劉本同。殿本、《五代會要》卷一〇作'迎推'。影庫本批校：'案《會要》，"推測"應作"迎推"。'"

[7]"自唐而下"至"而交蝕詳焉"：此段總論《欽天曆》的緣起和編制一部曆法應該達到的目標。唐代末年，社會動蕩，到王朴受命編制新曆的五代後周世宗時，曆法荒而不治已有百年。世宗柴榮既已大治天下，必振舉墜典，所以有《欽天曆》之作。而王朴認爲編制曆法必須以法"包萬象"，求得日、月、五星共同起始的上元；測影候氣，推算日、月、五星的不均勻運動；考證天球坐標系統，以及黄道、白道等的升降斜直變化，精確推算日月交食。以下則分論要達到這些目標的具體做法，以及王朴認爲自己超越前代的若干創造。

[8]五之，得期之數：底本不誤，《會要》和沈校本等同底本

作“五之，得期之數”。但殿本、《新五代史》作“五行得期之數”。中華書局本指出，當從《五代會要》等作“五之，得期之數”。“期之數”是古曆的常用術語，這裏即指“三百六十”。

[9]所謂包萬象矣：《新五代史》無此句。或爲潤色文字而删節。

[10]經者常也，常用之法也：《新五代史》省略“常也”二字，考慮到此處緊接着“常用之法也”，《新五代史》或爲潤色文字而删。

[11]百者，數之節也：中華書局本有校勘記云，查沈校本《會要》卷一〇作“法”，抄本、殿本《會要》作“百”，《歐陽史》卷五八《司天考第一》亦作“百”。作“百”是。今從中華書局本。

[12]得七十二萬：“七十二萬”，中華書局本沿《輯本舊史》作“七千二百萬”，且引《輯本舊史》之原輯者案語：“下文以通法進全率，得大率七千二百萬，則此云七千二百萬者，乃大率之數，以言全率，蓋傳寫之訛。據統法七千二百，通法一百，以通法進統法，當云得七十二萬。”今據原輯者案語改正。

[13]歲月日時皆甲子：底本無“日”字，殿本作“歲日月時”。中華書局本據《會要》和《新五代史》補正爲“歲月日時”，今從中華書局本。

[14]皇家建國，定都於梁：《新五代史》作“大周建國，定都於汴”。《新五代史》的修改爲佳。從上述諸例可見，《新五代史》作者對王朴上表原文都進行了油色修改。下面我們將看到，對於算法的表述，《新五代史》的語言更加精煉準確，且篇幅大爲減少，這主要因爲新史作者劉羲叟身爲曆算名家的學養功力所致。

日月皆有盈縮。日盈月縮，則後中而朔；月盈日縮，則先中而朔。自古朓朒之法，率皆平行之數，入曆既有前次，而又衰稍不倫。《皇極》舊述，[1]則迂迴而難用，降及諸曆，則疏遠而多失。

今以月離朓朒，隨曆較定，日躔朓朒，臨用加減，所得者入離定日也。一日之中，分爲九限，逐限損益，衰稍有倫。朓朒之法，可謂審矣。[2]

赤道者，天之紘帶也，[3]其勢圓而平，紀宿度之常數焉。黄道者，日軌也。其半在赤道内，半在赤道外，去赤道極遠二十四度。當與赤道交，[4]則其勢斜；當去赤道遠，則其勢直。[5]當斜，則日行宜遲；當直，則日行宜速。故二分前後加其度，二至前後減其度。九道者，月軌也。其半在黄道内，半在黄道外，去黄道極遠六度。出黄道，謂之正交；入黄道，謂之中交。[6]若正交在秋分之宿，中交在春分之宿，則比黄道益斜。若正交在春分之宿，中交在秋分之宿，則比黄道反直。若正交、中交在二至之宿，則其勢差斜。故較去二至、二分遠近，以考斜正，乃得加減之數。[7]自古雖有九道之説，蓋亦知而未詳，空有祖述之文，全無推步之用。今以黄道一周，分爲八節，一節之中，分用九道，盡七十二道而復，使日月二軌，無所隱其斜正之勢焉。九道之法，所謂明矣。[8]

星之行也，近日而疾，遠日而遲，去日極遠，勢盡而留。自古諸曆，分段失實，隆降無準，今日行分尚多，次日便留。自留而退，唯用平行，仍以入段行度爲入曆之數，皆非本理，遂至乖戾。今校定逐日行分，積逐日行分以爲變段。於是自疾而漸遲，勢盡而留。自留而行，亦積微而後多。別立諸段變曆，以推變差，俾諸段變差，際會相合。星之遲疾，可得而知之矣。[9]

自古相傳，皆謂去交十五度以下，則日月有蝕。殊不知日月之相掩，與闇虚之所射，其理有異焉。今以日月徑度之大小，校去交之遠近，以黄道之斜正，天勢之升降，度仰視、旁視之分數，則交虧得其實矣。[10]

［1］《皇極》舊述：殿本、劉本皆同，但《五代會要》和《新五代史》作“皇極舊術”，或爲潤色修改。

［2］“日月皆有盈縮”至“可謂審矣”：此段專論日月運行不均匀改正算法問題，指出《皇極曆》最早引入了日月盈縮算法，但其舊法迂迴難用，致使後續曆法疏遠多失。王朴《欽天曆》新法取月亮的遲疾曆（相當於近點月）的長度爲 27.5546 日，將 1 日分爲 9 限，則 1 近點月共計分 248 限，即其月離表間距爲 0.1111 日。這比前代各曆的月離表以日爲間距精細很多。故曰“朓朒之法，可謂審矣”，是爲王朴自詡的第一項創新。中華書局本有校勘記：“‘可謂’原作‘所謂’，據《五代會要》卷一〇、《新五代史》卷五八《司天考》改。”今從改。

［3］天之紘帶也：“紘”字，《輯本舊史》作“弦”，中華書局本依《五代會要》和《新五代史》改爲“紘”。今從改。

［4］當與赤道交：殿本、劉本皆同，《五代會要》和《新五代史》此處作“當與赤道近”。或爲潤色修改，《新五代史》等修改爲佳。

［5］“赤道者”至“則其勢直”：論述中國古代天學中的赤道和黄道坐標系統。古代曆家認爲，赤道是“天之紘帶”，有相應的南北兩極，構成定位天體位置的坐標系。黄道則是太陽的運行軌道。但現代學者研究發現，中國古代曆法没有黄極概念，相應的黄

緯數值是沿赤經圈度量的，所以，古曆的黄道系統不構成嚴格意義上獨立的坐標系。

［6］“出黄道”至“謂之中交”：出黄道，當指由黄道内運行到黄道外。王朴在此明確説明“謂之正交”，也就是説“正交”相當於現代天文學的降交點。同理，入黄道，當指由黄道外運行到黄道内，此言“謂之中交”，則“中交”當爲升交點。關於黄白道相交而産生的位置關係，《授時曆議》的説明更爲清晰：“月道出入日道，不踰六度。其距赤道也，遠不過三十度，近不下十八度（參見下注 7）。出黄道外爲陽，入黄道内爲陰，陰陽一周，分爲四象。月當黄道爲正交，出黄道外六度爲半交，復當黄道爲中交，入黄道内六度爲半交，是爲四象。”據之，白道出入黄道及其相對的位置關係見圖 1，注意，中國古代坐標圖的南（或外或陽歷）在上方，而北（或内或陰歷）在下言，與今天圖示的上北下南正相反，故和今天的升、降對應須千萬小心。圖中（1）（2）（3）（4）表示白道與黄道相交而成的 4 個象限，《欽天曆》每象限的值爲 91. 3141 度。中華書局本有校勘記：“‘黄道’二字，《五代會要》卷一〇、《新五代史》卷五八《司天考》無。”

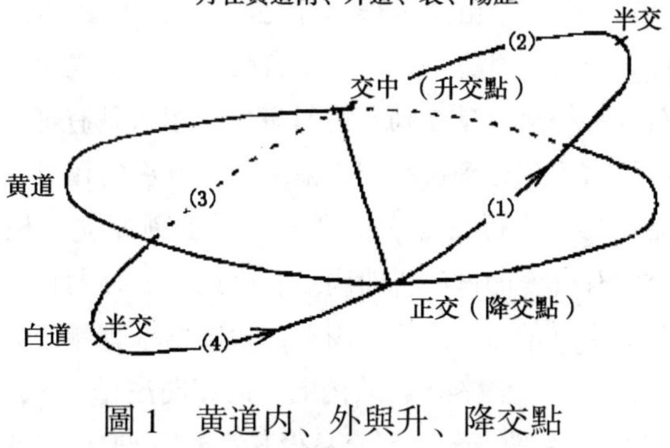

圖 1　黄道内、外與升、降交點

［7］“若正交在秋分之宿”至“乃得加減之數”：討論由於黄白交點的變化導致黄道與白道相對位置變化情況。黄赤交角約 23°

30′，黄白交角約 5°多。但因黄道和白道的交點變化較快，大約 19 年就可以變化一周。如果黄白升交點和春分點重合，此時白赤夾角就是兩者的疊加（即益斜）；黄白升交點和秋分點重合，此時白赤夾角就是兩者相互抵消（即反直）。所以白道與赤道的夾角約在 18°17′到 28°35′這个範圍内周期性變化（見圖 2）。

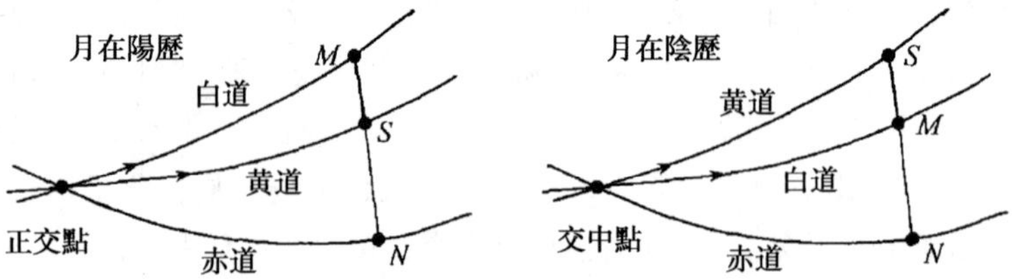

黄白道正交點在春分點白道益斜　　黄白道中交點在春分點白道反直

圖 2　黄白交點和黄赤交點重合示意圖

［8］“今以黄道一周”至“所謂明矣”：在本段前面對赤道、黄道和白道的分析基礎上，王朴指出自己的曆法又在“九道之法”即月亮運動計算問題上，通過分白道爲“七十二”段的新方法，超越了前人。這是《欽天曆》在算法上又一重大貢獻。

［9］“星之行也”至“可得而知之矣”：王朴在本段分析了關於五星不均匀運動的計算問題，指出自己所謂“别立諸段變曆”的第三項創新。王朴對行星運動不均匀變化的認識是有進步的，他主張行星視運動由疾到遲到留應該是漸進的，行星的逐日行分應該連續變化。這和當年一行在《大衍曆》中糾正劉焯《皇極曆》日躔改正在二分處有突變的做法異曲同工。因此，王朴對行星改正算法的發展是有重要貢獻的。至於其用“諸段變曆推算相應變差”的具體創新所在，請見今注本《新五代史》的相關注釋。

［10］“自古相傳”至“則交虧得其實矣”：王朴在此段又進一步指出自己的第四項創造，即關於視差對交食影響的新算法。王朴使用了所謂二次分段函數方法，“度仰視、旁視之分數”，成功地將

視差理論應用於日食起訖算法，從而解決了由日食的視食甚時刻推算視初虧和復圓這一難題。王朴還首創了分别設立日食與月食的食限做法，使得日月食食限的精度從此發生了一次飛越，也是一項十分重要的創新。

乃以一篇《步日》，一篇《步月》，一篇《步星》，[一篇《步發斂》，][1]以《卦候没滅》爲之下篇，都四篇。爲《曆經》一卷，《曆》十一卷，《草》三卷，《顯德三年七政細行曆》一卷。

臣檢討先代圖籍，今古曆書，皆無蝕神首尾之文，蓋天竺胡僧之祆説也。近自司天卜祝小術，不能舉其大體，遂爲等接之法。蓋從假用，以求徑捷，於是乎交有逆行之數。後學者不能詳知，便言曆有九曜，以爲注曆之恒式。今並削而去之。[2]

昔在唐堯，欽若昊天。陛下親降聖謨，考曆象日月星辰，唐堯之道也。其曆謹以"顯德欽天"爲名。天道玄遠，非微臣之所盡知。但竭兩端，以奉明詔。疏略乖謬，甘俟罪戾。

世宗覽之，親爲製序，仍付司天監行用，以來年正旦爲始，[3]自前諸曆並廢。[4]其《曆經》一卷，今聊紀於後，以備太史氏之周覽焉。《永樂大典》卷二萬八百一十七。[5]

[1]一篇《步星》："星"字下有原案："以下脱'一篇步發斂'五字。下云'以卦候没滅，爲之下篇'者，言爲《步發斂》之下篇。《歐陽史》約其文，稱'謹以《步日》《步月》《步星》《步發

斂》爲四篇'，是也。"今依原案在"一篇步星"之後補"一篇步發斂"五字，但《輯本舊史》的《步發斂篇》本全部缺失了，故所補該五字放在方括號内。

［2］"臣檢討先代圖籍"至"今並削而去之"：王朴在此段文字中申明他摒棄了"蝕神首尾之文"，并指出他從所謂的"卜祝小術"之中發現了"等接之法"，可以用此法來"求徑捷"。他還指出"九曜注曆"乃"後學者不能詳知"而"以爲注曆之恒式"，也被他一併删除。唐代以來，於七政之外又有四隱曜，號紫氣、月孛、羅睺、計都，謂之四餘。相傳出於西域天竺。曹士蔿曾作羅、計二隱曜立成曆，或即王朴所謂"卜祝小術"所指。蝕神首尾即羅睺、計都。一説日、月道兩環相交，正交曰天首，中交曰天尾，星家號爲蝕神。四餘之行皆均平而無遲疾，但氣、孛以順行入，羅、計以逆行入，故又曰"於是乎交有逆行之數"。總之，王朴在此表明了自己對"卜祝小術"的態度，乃去其糟粕吸取精華。

［3］以來年正旦爲始：《新五代史》作"以明年正月朔旦爲始"。此處將"正月朔旦（正月初一）"簡言爲"正旦"，這種簡化不可取，易致歧義。

［4］自前諸曆並廢：《舊五代史考異》在此處指出："《玉海》：《欽天》于朔分之下，立小分謂之秒。説者謂前代謂曆朔餘未有秒者。若可用秒，何待求日法以齊朔分也。"《欽天曆》有以"百"爲"法"，王朴在上表中曾曰："百者，數之節也，隨法進退，不失舊位。"《玉海》此批評是没有認識到以萬或百爲"法度"的便利。

［5］《大典》卷二八一〇七"曆"字韻"五代曆"事目。

《顯德欽天曆經》[1]

演紀上元甲子距今顯德三年丙辰，[2]積七千二百六十九萬八千四百五十二。[3]

欽天統法：[4]七千二百

欽天經法：七十二

欽天通法：一百

[1]《顯德欽天曆經》：《欽天曆》是五代時期最重要的曆法，但《輯本舊史》在前文申明“其曆經一卷，今聊紀於後”，即《輯本舊史》僅記載了《欽天曆》的相關用數（又叫曆法常數）。其實，《輯本舊史》不著録《欽天曆》的算法術文，是十分不恰當的，倘若没有《新五代史》的補作，一部有若干重要創新成就的曆法將不傳後世。當然，這或許是《薛史》本來的闕憾，而非輯本之過。

[2]距今顯德三年丙辰：即言《欽天曆》於五代後周世宗顯德三年（596）撰成，次年頒行。

[3]“演紀上元甲子”至“積七千二百六十九萬八千四百五十二”：《新五代史》卷五八《司天考一》作“積七千二百六十九萬八千四百五十二算外”。

[4]統法：與下文經法、通法，是《欽天曆》各種用數（常數）的分母，古曆傳統把分母叫做“法”或“法度”。《欽天曆》取通法爲100，對它的奇零小數計算帶來了諸多便利，使得奇零部分的計算往往可以“隨法進退，不失舊位”。

欽天步日躔術[1]

歲率：二百六十二萬九千七百六十四十

軌率：二百六十二萬九千八百四十四八十

朔率：二十一萬二千六百二十二十八

歲策：三百六十五，一千七百六十四十

軌策：三百六十五，一千八百四十四八十

歲中：一百八十二，[2]四千四百八十二十

軌中：一百八十二，四千五百二十二四十

朔策：二十九，三千八百二十二十八

氣策：一十五，一千五百七十三三十五

象策：七，二千七百五十五七

周紀：六十

歲差：八十四四十

辰則：六百，八刻二十四分[3]

[1]欽天步日躔術：此標題以下給出了《欽天曆》計算太陽運動所用的各項基本數據。其中，歲策＝歲率/統法，即回歸年長度，歲中＝歲策/2，氣策＝歲策/24，象策＝氣策/2。軌策＝軌率/統法，即周天度數，軌中＝軌策/2。朔策＝朔率/統法，即朔望月長度。歲差＝軌率−歲率；辰則＝統法/12，即一個時辰的日分值（1日含12個時辰，1日的日分值即統法7200）。又，1日＝100刻，從而1時辰＝$100/12=8\frac{24}{72}=8\frac{1}{3}$刻，即“八刻二十四分”。

[2]一百八十二：原本訛作“一百八十三”，中華書局本有校勘記：“《新五代史》卷五八《司天考》作‘一百八十二’。”今從改。

[3]八刻二十四分：《輯本舊史》之原輯者案語：“以上題稱《步日躔術》及後《步月離術》《步五星術》，合爲《曆經》四篇者之三，又皆僅列用數而不及推步。據《歐陽史》云：‘舊史亡其《步發斂》一篇，而在者三篇，簡略不完。’然則《薛史》原文固已闕矣。”言下之意是，《舊五代史》表文中雖然說了“都四篇”，但實際上《薛史》可能本來就衹著録了《欽天曆》這三篇，非輯本之闕。

欽天步月離術[1]

離率：一十九萬八千三百九十三九

交率：一十九萬五千九百三十七九十七　五十六

離策：二十七，[2]三千九百九十三九

交策：二十七，一千五百二十七九十七　五十六

望策：一十四，五千五百一十一十四

交中：一十三，四千三百六十三九十八[3]　七十八

離朔：一，七千二十七一十九

交朔：二，二千二百九十二三十[4]　四十四

中準：一千七百三十六

中限：四千七百八十

平離：九百六十三

程節：八百

[1]欽天步月離術：此標題以下給出了《欽天曆》計算月亮運動所需的各項基本數據。其中，離策=離率/統法，相當於今天天文學中的近點月長度，《欽天曆》近點月$=27\frac{3993\frac{9}{100}}{7200}$日。交策=交率/統法，即交點月長度，交點月$=27\frac{1527.9756}{7200}$日。交中=交策/2，望策=朔策/2，朔離=朔策-離策，交朔=朔策-交策。平離乃月亮每日平行分，月平行=平離/經法=13.375度/日。前注曾經指出，《欽天曆》的月離表構造有創新，1日分爲9限，即以0.1111日爲每限的間隔時長，其間隔時長的日分值即所謂的“程節”，$\frac{7200}{9}=800$。至於“中準”和“中限”則是交食算法中的食限和食分用

數，請參見今注本《新五代史》相關注釋。

［2］二十七：《輯本舊史》之影庫本作“一十七”。此句後有原案：“《歐陽史》作離策二十七，此云一十七，當是傳寫之訛。以統法除離率，得二十七日及餘分。”今據此改正。其中“離策”一詞，中華書局本有校勘記：“原作‘策離’，據新五代史卷五八《司天考》乙正。”

［3］四千三百：《輯本舊史》之影庫本作“四千四百”。此句後有原案曰：“四千四百，《歐陽史》作四千三百，據交策半之爲交中，當從《歐陽史》。”今據此改正。

［4］三十：《輯本舊史》之影庫本、殿本、劉本皆作“三十”，但《新五代史》作“三十二”。依算理推之當作“三十”，《輯本舊史》不誤，《新五代史》訛。

欽天步五星術[1]

歲星[2]

周率：二百八十七萬一千九百七十六六

變率：二十四萬二千二百一十五六十六

曆率：二百六十二萬九千七百六十一[3]七十八

周策：三百九十八，六千三百七十六六

曆中：一百八十二，四千四百八十八十九[4]

變段[5]	變日	變度	變曆[6]
晨見	一十七	三三十七	二二十四
順遲	二十五	二九	一二十九
退遲	一十四	一一十二	空二十八

退疾	二十七	四三十八	一三十七
後留	二十六三十二		
順疾	九十	一十六六十三	一十一一十三
順疾	九十	一十六六十三	一十一一十三
前留	二十六三十二		
退疾	二十七	四三十八	一三十七
退遲	一十四	一一十二	空二十八
順遲	二十五	二九	一二十九
夕伏	一十七	三三十七	二二十四

[1]欽天步五星術：此標題以下給出了《欽天曆》計算行星運動所需的各項基本數據。行星算法的基本數據，包括行星的基本常數和行星與太陽會合的動態周期表（即行星視運動的動態表），下文即分五星分別給出了這些常數和數表。其中，歲爲木，熒惑爲火，鎮爲土，太白爲金，辰爲水。

[2]歲星：其下所列數據的關係爲：周策＝周率/統法＝$398\frac{6376.06}{7200}=398.8843$日，歲星的周策即爲歲星的會合週期。曆中＝$\frac{曆率}{2\times 統法}$，即曆中是曆率換算成日數后的一半。變率的意義請參見今注本《新五代史》的相關注釋。

[3]七百六十一七十八："七百六十一"，《輯本舊史》之原輯者案語曰："《歐陽史》訛作九百六十六，非也。據曆率半之爲曆中。彼此互訂，此條足正《歐陽史》之訛。"

[4]八十九：《輯本舊史》之原輯者案語曰："《歐陽史》小分作八十九，此云九十六，非也。據曆中倍之爲曆率，倍九十六，適

得大分一，小分七十八。”其實，曆率/2 = $182\ \frac{4880.89}{7200}$。故原本此處的“九十六”當依《歐陽史》改正爲“八十九”。但原案語最後一句應爲“倍八十九，適得大分一，小分七十八”。

［5］變段：中華書局本有校勘記指出：“《欽天》步五星術所載歲星表的變段及其變日、變度和變曆數據的順序，各本同。據《歐陽史》卷五八《司天考第一》載此表變段順序爲：晨見、順疾、順遲、前留、退遲、退疾、退疾、退遲、後留、順遲、順疾、夕伏。變段下有關數據順序亦與之相對應。據術，《歐陽史》記載比較準確。”中華書局本所言極是，王朴在給世宗的表文中曾專門論述了對行星視運動規律的新認識：“星之行也，近日而疾，遠日而遲，去日極遠，勢盡而留。自古諸曆，分段失實，隆降無準，今日行分尚多，次日便留。”《輯本舊史》這種“退疾”或“順疾”之後緊接着就爲“留”的順序，正是王朴批評的情況，應爲傳抄失誤。

［6］變段、變日、變度、變曆：它們是行星視運動動態表的欄目名稱。“變段”就是爲了描述行星視運動的需要而將行星的一個會合週期分成若干段，“變日”則爲對應段的時間長度，“變度”即行星在相關時間段中的行度，“變曆”則是王朴的一項創新，即其表文所言“別立諸段變曆，以推變差，俾諸段變差，際會相合”。“變差”是《欽天曆》專門爲推算行星不均勻運動改正而設計的曆法項目。至於歲星動態表的“變段”爲什麼要分成晨見、順疾、順遲、前留、退遲、退疾、退疾、退遲、後留、順遲、順疾、夕伏 12 個時段，大概是因爲歲星視運動的特點所需。視運動是人站在地球上的觀測結果，當然，人們不可能在太陽上進行觀測，若真能從太陽上觀測的話，其結果則如圖 3 所示。而在地球上觀測行星運動，勢必會出現：伏、順行、留、逆行、留、順行、伏（見圖 4）。在順行和逆行時段中，古人還發現了行星運行有快有慢。

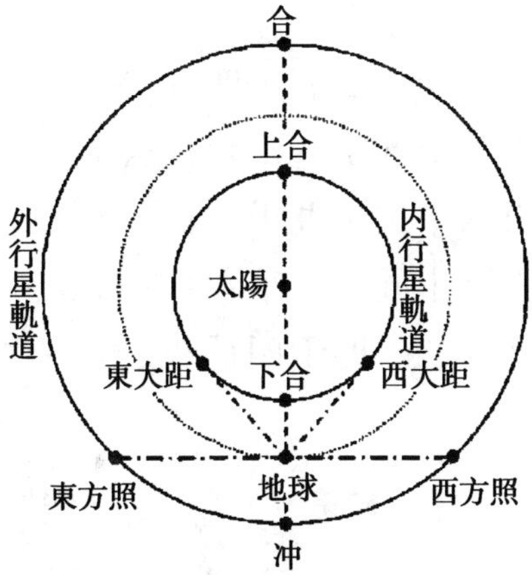

圖 3　行星會合運動示意圖

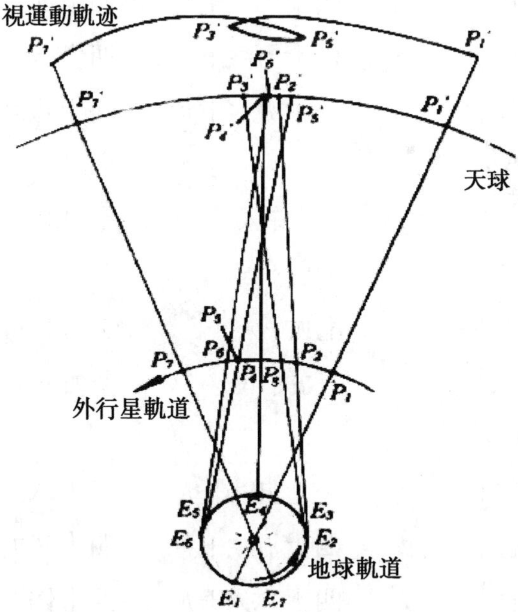

圖 4　外行星視運動軌跡示意圖

熒惑

周率：五百六十一萬五千四百二十二一十一

變率：二百九十八萬五千六百六十一七十一

曆率：二百六十二萬九千七百六十

周策：七百七十九，六千六百二十二一十一

曆中：百八十二，四千四百八十

變段	變日	變度	變曆
晨見	七十三	五十三六十八	五十五十八
順疾	七十三	五十一一	四十八三
次疾	七十一	四十六六十九	四十四一十七[1]
次遲	七十一	四十五三十三	四十二五十八
順遲	六十二	一十九二十九	一十八二十
前留	八六十九		
退遲	一十	一五十八	空四十四
退疾	二十一	七四十六	二四十
退疾	二十一	七四十六	二四十
退遲	一十	一五十八	空四十四[2]
後留	八六十九		
順遲	六十二	一十九二十九	一十八二十
次遲	七十一	四十五三十三	四十二五十八
次疾	七十一	四十六六十九	四十四一十七
順疾	七十三	五十一一	四十八三

夕伏	七十三	五十三六十八[3]	五十五十八

[1]四十四一十七："一十七"《輯本舊史》之影庫本誤作"一十六"，殿本不誤。《新五代史》作"一十七"，據算理推算當爲一十七，今改正。

[2]空四十四："四十四"《輯本舊史》之影庫本誤作"四十"，殿本不誤。據《新五代史》及算理應作"四十四"，當改正。

[3]五十三六十八："六十八"《輯本舊史》之影庫本誤作"六十六"，殿本不誤。據算理當改正。

鎮星

周率：二百七十二萬二千一百七十六九十

變率：九萬二千四百一十六五十

曆率：二百六十二萬九千七百五十九八十

周策：三百七十八，五百七十六九十

曆中：一百八十二，四千四百七十九九十

變段	變日	變度	變曆
晨見	一十九	二七	一一十四
順疾	六十五	六三十八	三五十一
順遲	一十九	空六十三	空三十五
前留	三十七三		
退遲	一十六	空四十三	空一十四
退疾	三十三	二三十五	空六十

退疾	三十三	二三十五	空六十
退遲	一十六	空四十三	空一十四
後留	三十七三		
順遲	一十九	空六十三	空三十五
順疾	六十五	六三十八	三五十一
夕伏	一十九	二七	一一十四

太白[1]

周率：四百二十萬四千一百四十三九十六

變率：四百二十萬四千一百四十三九十六

曆率：二百六十二萬九千七百五十五十六

周策：五百八十三，六千五百四十三九十六[2]

曆中：一百八十二，四千四百七十五二十八[3]

變段	變日	變度	變曆
夕見	四十二	五十三四十	五十一一十七
順疾	九十六	一百二十一五十七	一百一十六三十九
次疾	七十三	八十三十七	七十七一[4]
次遲	三十三	三十四一	三十二四十
順遲	二十四	一十一六十一	一十一二十四

前留	六六十九		
退遲	四	一二十二	空三十一
退疾	六	三六十五	一二十二
夕伏	七	四四十	一三十七
晨見	七	四四十	一三十七
退疾	六	三六十五	一二十二
退遲	四	一二十二	空三十一
後留	六六十九		
順遲	二十四	一十一六十一	一十一二十四
次遲	三十三	三十四一	三十二四十
次疾	七十三	八十三十七	七十七一[5]
順疾	九十六	一百二十一五十七	一百一十六三十九
晨伏	四十二	五十三四十	五十一一十七

[1]太白：太白即金星，是地内行星。地内行星的視運動有以下特點：當行星和太陽的黄經相等時，稱爲“合”（上合）。合以後，地内行星逐漸偏離太陽向東，太陽落山后，它出現在西方天空，故稱爲昏星。接下來它繼續向東偏離太陽，角距離一天天增加，當達到一定的角度不再增加時，稱爲東大距。東大距以後，它又一天天靠近太陽，衹要仍在太陽以東，還是昏星。當它的黄經再次和太陽黄經相等時，和太陽再次合（下合）。此時，它幾乎和太陽一起從東方升起，白天它淹没在太陽的光輝之中，傍晚又和太陽

一起下山，所以我們看不見它。之後，它便偏離太陽往西，先於太陽落山，傍晚看不見。但它會先於太陽升起，在黎明前的東方可以看到，故稱爲晨星。再接下來，它向西偏離太陽的角距離一天天增加，直到西大距爲止。爲了分清兩次合，把成爲昏星以前的那次合稱爲“上合”，另一次合稱爲“下合”。連續兩次上合或兩次下合的間隔時間叫作會合週期（見圖3）。在一個會合週期中，地内行星視運動可以簡單歸結爲：上合→東大距→下合→西大距→上合（看不見→昏星→看不見→晨星→看不見）。

[2] 五百八十三，六千五百四十三九十六：“九十六”下，《輯本舊史》之原輯者案語曰：“原本作周策五百八十三萬，考周率滿統法得周策五百八十三日及餘分，‘萬’字係衍文，《歐陽史》亦無‘萬’字，今删去。”

[3] 一百八十二，四千四百七十五二十八：“二十八”下，《輯本舊史》之原輯者案語曰：“原本作曆中一百八十二萬，考曆率半之滿統法得曆中一百八十二日及餘分，‘萬’字係衍文，《歐陽史》亦無‘萬’字，今删去。”

[4] 七十七一：《輯本舊史》之影庫本、殿本、劉本同。《永樂大典》卷七八五六作“七十七三”，《新五代史》作“七十七二”。

[5] 七十七一：《輯本舊史》之影庫本、殿本、劉本同。《永樂大典》卷七八五六作“七十七三”，《新五代史》作“七十七二”。

辰星

周率：八十三萬四千三百三十五五十二

變率：八十三萬四千三百三十五五十二

曆率：二百六十二萬九千七百六十四十四

周策：一百一十五，六千三百三十五五十二

曆中：一百八十二，四千四百八十二十二

變段	變日	變度	變曆
夕見	一十七	三十四一	二十九五十四
順疾	一十一	一十八二十四	一十六四
順遲	一十六[1]	一十一四十三	一十一十
前留	二六十八		
夕伏	一十一	六	二
晨見	一十一	六	二
後留	二六十八		
順遲	一十六[2]	一十一四十三	一十一十
順疾	一十一	一十八二十四	一十六四
晨伏	一十七	三十四一	二十九五十四

《永樂大典》卷二萬八百一十七。[3]

[1]一十六：《新五代史》此處作“一十六四十三”。

[2]一十六：《新五代史》此處作“一十六四十三”。

[3]《大典》卷二〇八一七“曆”字韻“五代曆”事目，中華書局本原將出處注於卷中“以備太史氏之周覽焉”後、“顯德欽天曆經”前，然現存《大典》卷七八五六“星”字韻“太白星”事目引“五代史太白”内容，屬《顯德欽天曆經》，中華書局本誤，出處應注於卷末，今據改。

舊五代史　卷一四四

天文志[1]

[1]《輯本舊史》之原輯者案："《薛史·天文志》序，《永樂大典》原闕，然其日食、星變諸門，事迹具存，較《歐陽史·司天考》爲詳備。今考《五代會要》所載星變、物異諸門，與《司天考》互有詳略。蓋五代典章散佚，各記所聞，未能畫一也。參考諸書，當以《薛史》爲得其實焉。"此段案語，爲邵晋涵等人所加。《輯本舊史》此志末僅注《大典》卷三二〇七爲"雲"字韻。按，應爲"雲氣"事目，其涵蓋之内容僅爲"雲氣"一子目。其餘各子目，"日食"應出自《大典》卷二〇〇九五至卷二〇〇九九"日"字韻"日蝕"事目，"月食"應出自《大典》卷二一四六九至卷二一四七〇"月"字韻"月蝕"事目，"月暈"應出自《大典》卷二一四七三"月"字韻"月暈"事目，"彗孛"應出自《大典》卷七八六三至卷七八六五"星"字韻"彗星"事目或卷七八六五"星"字韻"孛星"事目，"五星淩犯"或出自《大典》卷七八五二"星"字韻"五星"事目，"星晝見"或見於《大典》卷七八六七至卷七八七一"星"字韻"星變"事目，"流星"應見於《大典》卷七八六六"星"字韻"流星"事目。《輯本舊史·天文志》開頭没有綜述或序言，有人推爲佚失。

日食[1]

[1]日食：《舊五代史·天文志》，共分日食、月食、月暈、彗

孛、五星淩犯、星晝見、流星、雲氣共八個門類。每個門類下，又按年代先後，記録天象發生的過程，較少涉及占驗、禨祥。此處日食記録，自五代後梁乾化元年（911）至後周顯德五年（958），共24條。

梁太祖乾化元年，[1]正月丙戌朔，日有蝕之。時言事諸臣，多引漢高祖末年日蝕於歲首，太祖甚惡之，[2]於是素服避正殿，百官各守本司。是日，有司奏："雲初陰晦，事同不蝕。"百僚奉表稱賀。

[1]梁太祖乾化元年：中華書局本有校勘記："'元年'，原作'五年'，考乾化無五年，《通鑑》《歐陽史》俱作'元年'，今改正。"後梁太祖朱全忠於開元五年五月改元乾化，後世記事常通稱開平五年爲乾化元年。故今從中華書局本改。

[2]太祖甚惡之：該次日食，朝臣都引漢高祖劉邦末年時發生的日食爲據，加以闡發，導致梁太祖不安，遂做出素服避正殿之舉。

末帝龍德元年六月乙卯朔，日有蝕之。[1]

[1]末帝龍德元年六月乙卯朔，日有蝕之：《輯本舊史·天文志》原無，據《通鑑目録》卷二七補。且據現代天文推算，這是一次洛陽和開封可見的大食分日食（見張培瑜《三千五百年歷日天象》，大象出版社1997年版，第1024頁）。

三年，十月辛未朔，日有蝕之。[1]

［1］“三年”至“日有蝕之”：亦見《輯本舊史》卷一〇《梁末帝紀下》龍德三年（923）十月辛未條、《通鑑目録》卷二七。《新五代史》卷五九《司天考二》作“唐莊宗同光元年，十月辛未朔，日有蝕之”。亦見《輯本舊史》卷三〇《唐莊宗紀四》同光元年（923）十月辛未朔條。

三年，四月癸亥朔，時有司奏：“日蝕在卯，主歲大旱。”[1]

［1］“三年”至“主歲大旱”：《輯本舊史》卷三二《唐莊宗紀六》同光三年（925）四月癸亥朔條亦載是日“日有蝕之”。亦見《通鑑》卷二七三同光三年四月癸亥朔條及《通鑑目録》卷二七。但此次日食現代推算是不存在的。

明宗天成元年，八月乙酉朔，日有蝕之。[1]

［1］“明宗天成元年”至“日有蝕之”：亦見《輯本舊史》卷三七《唐明宗紀三》天成元年八月乙酉朔條、《新五代史》卷五九《司天考二》。《通鑑目録》卷二七作“八（月）乙酉朔，食二分，甚在辰初”。其實，此次日食亦不存在。

二年，八月己卯朔，日有蝕之。[1]

［1］“二年”至“日有蝕之”：亦見《輯本舊史》卷三八《唐明宗紀四》天成二年（927）八月己卯朔條、《新五代史》卷五九《司天考二》、《通鑑目録》卷二七引本志。

三年，二月丁丑朔，日食。其日陰雲不見，百官稱賀。[1]

［1］“三年”至“百官稱賀”：本條亦見《新五代史》卷五九《司天考二》、《通鑑目録》卷二七引本志。《輯本舊史》卷三九《唐明宗紀五》載：“二月丁丑朔，有司上言，太陽合虧，既而有雲不見，群官表賀。”

長興元年，六月癸巳朔，日食。其日陰冥不見，至夕大雨。[1]

［1］“長興元年”至“至夕大雨”：本條《新五代史》卷五九《司天考二》及《通鑑目録》卷二八引本志均衹記該日日食，未言“其日陰冥不見，至夕大雨”。

二年，十一月甲申朔，先是，司天奏：“朔日合蝕二分，伏緣所蝕微少，太陽光影相鑠，伏恐不辨虧闕，請其日不入閤，百官不守司。”[1]從之。

［1］請其日不入閤，百官不守司：百官不上朝，各自守候在自己的衙門内。“百官不守司”，《輯本舊史》原作“百官守司”，據《會要》卷一〇日蝕條改。《新五代史》卷五四《李琪傳》言“不能臨前殿，則御便殿見群臣，曰入閤”；《唐兩京城坊考》釋紫宸殿云“天子便殿也，不御宣政而御便殿曰‘入閤’”。可見，皇帝對日食的應對，“入閤”約略等於“避正殿”，而“避正殿”與“百官守司”是相連行爲。本條言“不入閤”，即“不避正殿”，百官也不當守司。亦可參下文天福四年（939）七月庚子條。《輯本舊

史》卷四二《唐明宗紀八》長興二年（931）十一月甲申朔條云“日有蝕之”。

晉高祖天福二年，正月乙卯，先是，司天奏：“正月二日，太陽虧蝕，宜避正殿，開諸營門，蓋藏兵器，半月不宜用軍。”[1]是日太陽虧，十分内食三分，在尾宿十七度。日出東方以帶蝕三分，漸生，至卯時復滿。[2]

[1]半月不宜用軍：由於發生了日食，爲不吉祥之兆，故在半個月内不用兵。

[2]“日出東方”至“至卯時復滿”：日出時帶食三分，卯時後圓。正月日出卯時，即日出後不久就復圓了。關於此次日蝕，諸家記載有三説。一説同本志，即本月甲寅朔，日蝕發生於乙卯（初二）。持此説者有《輯本舊史》卷七六《晉高祖紀二》天福二年（937）正月乙卯條、《通鑑》卷二八一天福二年正月乙卯條及該條《考異》所引之《實録》。第二説以該月乙卯爲朔日。持此説者有《會要》卷一〇日蝕條、《輯本舊史》卷七六原輯者案語提及之《五代春秋》、《通鑑》卷二八一《考異》所引現已失傳之《十國紀年》、《通鑑目録》卷二八所引之本志。第三説則有《新五代史》卷五九《司天考二》，祇言乙卯日蝕，不言其爲朔日或初二。

三年，正月戊申朔，司天先奏，其日日蝕，至是日不蝕，内外稱賀。[1]

[1]至是日不蝕，内外稱賀：司天監預報晉高祖天福三年（938）正月戊申朔日食，至時不食，朝臣却認爲陽盛陰退所致，故内外稱賀。但當年正月二日（己酉），實際有約7分（開封可見）

的大食分日食。《輯本舊史》卷七七《晉高祖紀三》天福三年正月己酉條："百官守司，以太史先奏日蝕故也，至是不虧，内外稱賀。"《通鑑目録》卷二八所引之本志作"正月戊申朔，食"。

四年，七月庚子朔，[1]時中書門下奏："謹按舊禮：日有變，天子素服避正殿，太史以所司救日於社，陳五兵、五鼓、五麾，東戟西矛，南弩北楯，[2]中央置鼓，服從其位，百職廢務，素服守司，[3]重列于庭，每等異位，向日而立，明復而止。今所司法物，咸不能具，去歲正旦日蝕，唯謹藏兵仗，皇帝避正殿素服，百官守司。今且欲依近禮施行。"從之。[4]

[1]四年，七月庚子朔：《輯本舊史》卷七八《晉高祖紀四》之天福四年（939）七月庚子朔條僅載"日有蝕之"。按：時用歷法推算，當爲"閏七月"，依現代天文回推，公元939年7月19日(天福四年閏七月庚午朔)，開封可見6.8分大食分日食。

[2]南弩：《輯本舊史》之影庫本粘籤："'南弩'，原本作'西弩'，今據《五代會要》改正。"見《會要》卷一〇日蝕條，上文已有"東戟西矛"，此處何能再有"西弩"。

[3]素服：《輯本舊史》原本作"素食"，中華書局本亦沿引之，但《會要》卷一〇日蝕條作"素服"，本條前文亦作"天子素服避正殿"，據改。

[4]從之：《新五代史》卷五九《司天考二》僅云"七月庚子朔，日有食之"。《通鑑目録》卷二八引本志云："七月庚子朔，食闕於北，極於東，復於東南，木盈而没。"對於預報的晉天福四年七月庚子朔日食，中書門下奏報，先言古代救日的具體措施和做法，復言今法物不具，建議不救日，衹需依去年正月日食的做法，

百官守候在司裏即可。此奏議得到了批準。

七年，四月甲寅朔，[1]避正殿不視朝，日蝕故也。是日百官守司，太陽不蝕，上表稱賀。

[1]四月甲寅朔：《輯本舊史》之影庫本粘籤："'甲寅朔'下原本疑有脱文，今無别本可考，姑仍其舊。"但《輯本舊史》卷八〇《晋高祖紀六》天福七年（942）四月"甲寅朔"下載："避正殿不視朝，日蝕故也。是日，太陽不虧，百官上表稱賀。"正可補其文義不全之處，據補。但此次日食記事實際并不存在。

八年，四月戊申朔，[1]日有蝕之。

[1]八年，四月戊申朔：中華書局本有校勘記："'八年四月'，原作'八月'，據本書卷八一《晋少帝紀一》、《五代會要》卷一〇、《新五代史》卷五九《司天考》、《通鑑》卷二八三改。按天福七年八月壬子朔，八年四月戊申朔。"是日，開封實際可見約7分的大食分日食。《會要》卷一〇日蝕條、《輯本舊史》卷八一《晋少帝紀一》天福八年（943）四月戊申條、《新五代史》卷五九《司天考二》、《通鑑》卷二八三天福八年四月戊申條及《通鑑目録》卷二九天福八年引本志均同。

少帝開運元年，九月庚午朔，日有蝕之。[1]

[1]"少帝開運元年"至"日有蝕之"：《會要》卷一〇日蝕條、《輯本舊史》卷八三《晋少帝紀三》開運元年（944）九月庚午朔條、《通鑑》卷二八四開運元年九月庚午朔條、《通鑑目録》

卷二九開運元年引本志均同。是日，開封可見約 3 分的小分日食。

二年，八月甲子朔，日有蝕之。[1]

[1]“二年”至“日有蝕之”：《會要》卷一〇日蝕條、《輯本舊史》卷八四《晋少帝紀四》開運二年（945）八月甲子朔條、《通鑑》卷二八五開運二年八月甲子朔條、《通鑑目録》卷二九開運二年引本志均同。是日，開封可見約 5 分日食。

三年，二月壬戌朔，[1]日有蝕之。

[1]二月壬戌朔：中華書局本有校勘記：“‘二月’，原作‘三月’，據本書卷八四《晋少帝紀四》、《五代會要》卷一〇、《新五代史》卷五九《司天考》、《通鑑》卷二八五改。按二月壬戌朔，三月壬辰朔。”實際上，公元 946 年 3 月 6 日（開運三年二月壬戌朔），開封可見 4 分小食日食。見《會要》卷一〇日蝕條、《輯本舊史》卷八四《晋少帝紀四》開運三年（946）二月壬戌朔條、《新五代史》卷五九《司天考二》開運三年二月壬戌朔條、《通鑑》卷二八五開運三年二月壬戌朔條、《通鑑目録》卷二九開運三年引本志。開運三年三月壬辰朔，該月亦無壬戌。

漢隱帝乾祐元年六月戊寅朔，日有蝕之。[1]

[1]漢隱帝乾祐元年六月戊寅朔，日有蝕之：《輯本舊史》原無，據《會要》卷一〇日蝕條、《新五代史》卷五九《司天考二》、《通鑑目録》卷二九乾祐元年（948）引本志補。亦見《輯本舊史》卷一〇一《漢隱帝紀上》乾祐元年六月戊寅朔條。

二年六月癸酉朔，日有蝕之。[1]

[1]二年六月癸酉朔，日有蝕之：《輯本舊史》原無，據《會要》卷一〇日蝕條、《新五代史》卷五九《司天考二》、《通鑑目録》卷二九乾祐二年（949）六月引本志補。亦見《輯本舊史》卷一〇二《漢隱帝紀中》乾祐二年六月癸酉朔條。

三年，十一月甲子朔，日有蝕之。[1]

[1]“三年”至“日有蝕之”：亦見《輯本舊史》卷一〇三《漢隱帝紀下》乾祐三年（950）十一月甲子朔條、《新五代史》卷五九《司天考二》、《通鑑目録》乾祐三年引本志。

周太祖廣順二年，四月丙戌朔，日有蝕之。[1]

[1]“周太祖廣順二年”至“日有蝕之”：亦見《會要》卷一〇日蝕條、《新五代史》卷五九《司天考二》、《通鑑目録》卷三〇引本志。《輯本舊史》卷一一二《周太祖紀三》廣順二年（952）夏四月丙戌朔條載：“日有食之，帝避正殿，百官守司。”

五年，五月辛巳朔，日有蝕之。[1]

[1]“五年”至“日有蝕之”：《輯本舊史》原無，據《通鑑目録》卷三〇引本志補。但此次日食開封不可見，僅大同約1分的小分食，肉眼當無分辨。

月食[1]

[1]月食：日爲衆陽之精，月爲衆陰之象，日爲君主，月爲女主，亦爲大臣之象。古人以爲，凡月食、月淩犯、月暈、月變色等，均爲女主、大臣有咎的示警。不過，月食發生的規率和産生的原因比日食容易認識，故早在《詩經》中，就有“彼月而食，則惟其常，此日而食，於何不藏”的説法。人們漸漸地不再過分關注月食對政治的影響，例如新、舊《唐書》就没有月食記録，這表明了當時人對月食認識的傾向。然而，人們對自然規律的認識是有反復的，新、舊《五代史》仍然有關於月食的記録，並且在短短近六十年的五代十國歷史中，就有十條月食記録。除此之外，與月亮有關的天象僅有月暈一條，月淩犯、月變色等則没有記録，由此可以看出當時的統治者和司天監官員對月象觀察的偏重視角。

梁太祖開平四年，十二月十四日夜，[1]先是，司天奏：“是日月食，不宜用兵。”時王景仁方總大軍北伐，追之不及。至五年正月二日，果爲後唐莊宗大敗於柏鄉。

[1]梁太祖開平四年，十二月十四日夜：《會要》卷一〇月蝕條誤十二月爲十一月。《新五代史》卷五九《司天考二》載“十二月庚午，月有食之”，未言庚午爲十四日。《通鑑目録》卷二六開平四年（910）引本志作“十二月庚午望，食”，誤庚午（十四日）爲望日。司天監奏月食不宜用兵，不聽，終於導致梁太祖大敗。《洛書》曰：“日月食，當用兵擊之。若安居，日月食不可出軍。日食之歲，不可以出軍。月食之月，不可以出軍。”後梁出軍違反了這一忌諱，最終導致失敗。

唐莊宗同光三年，三月戊申，[1]月食。九月甲辰，月食。

[1]三月戊申：《會要》卷一〇月蝕條作“五月戊申”，按是年三月、五月皆有戊申，三月戊申爲十六日，五月戊申爲十七日。《新五代史》卷五九《司天考二》作“三月戊申”，《通鑑目録》卷二七引本志作“三月戊申望，食”。九月甲辰條亦見《會要》《新五代史》及《通鑑目録》。

明宗天成三年，十二月乙卯，月食。[1]

[1]“明宗天成三年”至“月食”：亦見《新五代史》卷五九《司天考二》。《通鑑目録》卷二七引本志云：“十二月乙卯望，五鼓食。”天成三年（928）十二月壬寅朔，乙卯爲十四日。

四年，六月癸丑望，月食。十二月庚戌，月食。[1]

[1]“四年”至“十二月庚戌，月食”：亦見《新五代史》卷五九《司天考二》。《通鑑目録》卷二七引本志云：“六月癸丑望，食既在戌一度。十二月庚戌望，食既。”天成四年（929）六月戊戌朔，癸丑爲十六日；十二月丙申朔，庚戌爲十五日。

晉高祖天福二年，七月丙寅，月食。[1]

[1]“晉高祖天福二年”至“月食”：亦見《新五代史》卷五九《司天考二》。《通鑑目録》卷二八引本志云：“七月丙寅望，食在室二度。”天福二年（937）七月辛亥朔，丙寅爲十六日。

五年，十一月丁丑，月食鶉首之分。[1]

[1]月食鶉首之分：鶉首爲井宿和鬼宿，對應於關中秦分。《輯本舊史·天文志》月食部分記載了月食現象，除本條外，皆不云月食發生之天象位置，按例當删。中華書局本不删，今從。亦見《新五代史》卷五九《司天考二》、《通鑑目録》卷二八引本志。天福五年（940）十一月壬戌朔，丁丑爲十六日。

少帝開運元年，[1]三月戊子，月食。九月丙戌，月食。

[1]少帝開運元年：中華書局本有校勘記："'元年'，原作'二年'，據《五代會要》卷一〇、《新五代史》卷五九《司天考二》改。按開運二年三月丁酉朔，無戊子；九月甲午朔，無丙戌。開運元年三月癸酉朔，戊子爲十六日；九月庚午朔，丙戌爲十七日。"《通鑑目録》卷二九開運元年（944）引本志："三月戊子望，食；九月丙戌望，食。"

漢高祖天福十二年，十二月乙未，月食。[1]

[1]"漢高祖天福十二年"至"月食"：亦見《會要》卷一〇月蝕條、《新五代史》卷五九《司天考二》。《通鑑目録》引本志云："十二月乙未望，食七分，强起，四更四點在星四度。"天福十二年（947）十二月辛巳朔，乙未爲十五日。

周世宗顯德三年，正月戊申，月食。[1]

[1]“周世宗顯德三年”至“月食”：亦見《會要》卷一〇月蝕條。顯德三年（956）正月乙未朔，戊申爲十四日。《新五代史》卷五九《司天考二》載：“十二月癸酉，月有食之。”十二月己未朔，癸酉爲十五日。

五年，六月乙丑，月食。[1]十一月辛酉，[2]月食。

[1]六月乙丑，月食：《輯本舊史》原無。據《通鑑目録》卷三〇引本志補。《通鑑目録》引本志：“六月乙丑望，食在斗牛。”顯德五年（958）六月辛亥朔，乙丑爲十五日。

[2]十一月辛酉：《輯本舊史》原作“十一月辛未”。《會要》卷一〇月蝕條同。顯德五年十一月丁未朔，辛未爲二十五日，顯誤。該月辛酉爲十五日，故改。

月暈[1]

[1]月暈：因地球大氣不穩而導致的月亮周圍的光圈。

唐明宗天成元年，十一月丁丑，[1]月暈匝火、木。[2]

[1]十一月丁丑：《輯本舊史》原作“十一月”，中華書局本有校勘記：“《新五代史》卷五九《司天考》、《文獻通考》卷二八九作‘十一月丁丑’。”今據補。

[2]月暈匝火、木：出現月暈時，其光環將火星、木星也包圍在內。換句話説，是月犯火星、木星的天象記録。星占家認爲發生月暈，也是出現嚴重政治危機的預兆。《石氏占》曰：“月傍有氣，圓而周匝，黄白，名爲暈。”巫咸曰：“月之暈者，臣專權之象。”

彗孛[1]

[1]彗孛：五代六十年間，共見載六顆彗星，而且未見特大彗星，可見五代時的彗星並不算太特殊。彗星是有德者昌、無德者亡的奇異天象。是祛舊迎新的天象標志。故歷代天文志都很重視。

梁太祖乾化二年，四月甲戌夜，彗見於靈臺之西。[1]

[1]“梁太祖乾化二年”至“彗見於靈臺之西”：本條亦見《會要》卷一〇彗孛條。

唐明宗天成三年，十月庚午夜，西南有孛，長丈餘，東南指，在牛宿五度。[1]

[1]“唐明宗天成三年”至“在牛宿五度”：本條亦見《會要》卷一〇彗孛條。“在牛宿五度”，中華書局本有校勘記：“‘牛宿’，原作‘宿’，據《五代會要》卷一〇、《文獻通考》卷二八六改。殿本、劉本作‘牛’。影庫本粘籤：‘在宿五度，“宿”字上當有闕字，今無别本可考，姑仍其舊，附識于此。’”《會要》卷一〇彗孛條在“五度”後有“三夕不見”語。《輯本舊史》卷三九《唐明宗紀五》天成三年（928）十月庚午條：“夜，西南有彗星長丈餘，在牛星五度。”這條彗星記録較爲詳實，有年、月、日、時、方位和尾長，但未載對應的災變。實際上，帝位的更替、國家的改朝换代本就是災變之應。雖未載觀測時間，但由尾東指即可指其在傍晚。尾長丈餘，是五代時出現的三次大規模彗星記録之一。

末帝清泰三年，九月己丑，[1]彗出虛、危，長尺餘，形細微，經天壘、哭星。

[1]九月己丑：中華書局本有校勘記：“‘己丑’，原作‘乙丑’，據《五代會要》卷一〇、《文獻通考》卷二八六改。按是月丁亥朔，無乙丑，己丑爲初三。”《會要》卷一〇彗孛條在此條下尚有小注：“其年閏十一月，廢帝遇難於洛陽，晉高祖登基。”

晉高祖天福六年，九月壬午，[1]有彗星長丈餘。[2]

[1]九月壬午：《輯本舊史》原無“壬午”二字，中華書局本有校勘記：“《五代會要》卷一〇作‘九月壬午’。”今據補。

[2]彗星長丈餘：這是五代時出現的三大彗星之一。出現於天福六年（941）九月。雖未載災應，但其實是石敬瑭去位的應變之象。《會要》在此條下尚有小注：“其年十二月，安重榮連謀舉兵向闕，敗於宗城縣。”《新五代史》卷五九《司天考二》載：“壬子，彗出於西，掃天市垣。”是年九月戊午朔，無壬子，壬午爲二十五日。

八年，十月庚戌夜，有彗見於東方，西指，[1]尾長一丈，在角九度。[2]

[1]有彗見於東方，西指：這是五代時出現的三大彗星之一，尾西指，見在黎明。爲晉出帝失位之象。

[2]“八年”至“在角九度”：本條亦見《會要》卷一〇彗孛條，此條下尚有小注：“其年十二月，青州楊光遠叛命。”《新五代史》卷五九《司天考二》較簡。

周世宗顯德三年，[1]正月壬戌夜，有星孛於參角，[2]其芒指於東南。

[1]周世宗顯德三年：周世宗，《輯本舊史》原作"周太祖"，中華書局本有校勘記："'太祖'，《五代會要》卷一〇無，《文獻通考》卷二八六作'世宗'。按周太祖卒於顯德元年。"今據改。

[2]有星孛於參角：有彗星出現於參星上角。通常稱參星左右肩股。此處的參角，當指參星的肩角之上。"參角"，《文獻通考》作"參宿"。

五星淩犯[1]

[1]五星淩犯：五星即木、火、土、金、水五顆行星。淩犯指五星互相接近或與恒星接近。五星各有自己的本性，如土星爲福星、木星爲吉星、火星爲災星、金星爲兵星、水星爲刑罰之星等。正因爲其各有本性，當其出現在星座間時（守），對應社會就會顯現出各種結果。如土木守某星宿時，其對應分野有福得地，熒惑守心時帝王有咎。依據古代五星傳統的災變，共有五星守、五星犯、五星聚、五星變色等多種説法。本志僅載五星淩犯，不及其他，説明時人對五星聚、五星守、五星變色等災變天象較少關心。

梁太祖開平元年六月丁酉，熒惑犯積尸。[1]

[1]梁太祖開平元年六月丁酉，熒惑犯積尸：《輯本舊史》原無，據《通鑑目録》卷二六引本志補。

二年，正月乙亥，歲星犯月。四月辛丑，熒惑犯上將。[1]甲子，犯左執法。[2]

[1]四月辛丑，熒惑犯上將：《輯本舊史》原無，據《通鑑目録》卷二六引本志補。《新五代史》卷五九《司天考二》亦載："開平二年夏四月辛丑，熒惑犯上將。"

[2]甲子，犯左執法：《輯本舊史》原無，據《通鑑目録》卷二六引本志補。

乾化元年，十月，熒惑犯左執法。[1]

[1]"乾化元年"至"熒惑犯左執法"：《輯本舊史》原無，據《通鑑目録》卷二六引本志補。

二年，正月丙申，熒惑犯房第二星。[1]閏五月壬戌，熒惑犯心大星，[2]去心四度，順行。占曰：[3]"心爲帝王之星。"其年六月五日，帝崩。[4]

[1]"二年"至"熒惑犯房第二星"：《輯本舊史》原無，據《新五代史》卷五九《司天考二》、《通鑑目録》卷二六引本志補。

[2]閏五月壬戌，熒惑犯心大星："閏五月壬戌"，《輯本舊史》原作"五月壬戌"，《會要》卷一一五星淩犯條同。劉次沅《諸史天象記録考證》（中華書局2015年版）："閏五月壬戌，熒惑守心大星。按五月己卯朔，無壬戌。閏五月戊申朔，壬戌爲十五。"今據補。"犯心大星"抑或"守心大星"，且待更多證據，"犯"似更合情理。這裏涉及兩個概念和狀態：一是熒惑犯心宿大星（心宿二），犯者，二星相距一度之内；二是熒惑距離心宿距星四度，星宿距星爲星宿一。

[3]占曰：《會要》卷一一作“司天奏”。

[4]其年六月五日，帝崩：《通鑑》卷二六八載梁太祖遇弑於六月戊寅（初二）。

末帝貞明四年，十二月癸亥，鎮犯文昌、上將。[1]

[1]“末帝貞明四年”至“鎮犯文昌、上將”：《輯本舊史》原無，據《通鑑目録》卷二六引本志補。亦見《文獻通考》卷二八九《象緯考十二》月五星淩犯條。

唐莊宗同光二年，八月戊子，熒惑犯星。[1]十一月庚戌，犯上相。甲子，犯左執法。[2]

[1]熒惑犯星：熒惑犯七星宿。

[2]“十一月庚戌”至“犯左執法”：《輯本舊史》原無，據《通鑑目録》卷二七引本志補。

三年，三月丙申，熒惑犯上相。四月甲子，熒惑犯左執法。[1]六月丙寅，歲犯右執法。九月己亥，熒惑在江東，[2]犯第一星。丙辰，太白、歲相犯。[3]

[1]四月甲子，熒惑犯左執法：中華書局本有校勘記：“‘甲子’，原作‘甲申’，據《新五代史》卷五九《司天考》、《文獻通考》卷二八九改。據劉次沅《考證》，熒惑犯左執法在是月甲子。”見《文獻通考》卷二八九《象緯考十二》月五星淩犯條，除九月己亥條外，亦見《通鑑目録》卷二七引本志。

[2]熒惑在江東：無江東星，此處之江東，疑指尾宿中的天江

星之東側。中華書局本有校勘記："據劉次沅《考證》，是日熒惑在天江東。"

[3]丙辰，太白、歲相犯：《輯本舊史》案語："案《歐陽史》：九月丙辰，太白、歲相犯。《薛史》不載，疑有闕文。"據《新五代史》卷五九《司天考二》、《通鑑目録》卷二七引本志補。

明宗天成元年，四月庚戌，太白犯積尸。[1]八月癸卯，太白犯心大星。辛亥，熒惑犯上將。九月庚午，熒惑犯右執法。己卯，熒惑犯左執法。十月戊子，熒惑犯上相。十二月戊戌，[2]熒惑犯氐。

[1]四月庚戌，太白犯積尸：《輯本舊史》原無，據《新五代史》卷五九《司天考二》、《通鑑目録》卷二七引本志、《大典》卷七八五六"星"字韻"孛星"事目補。

[2]十二月戊戌：《輯本舊史》原無"戊戌"二字，中華書局本有校勘記："《新五代史》卷五九《司天考》作'十二月戊戌'。"今據補。

二年，正月甲戌，熒惑、歲相犯。[1]二月辛卯，熒惑犯鍵閉。三月己巳，熒惑犯上相。[2]六月辛丑，熒惑犯房。九月壬子，歲犯房。[3]

[1]二年，正月甲戌，熒惑、歲相犯：五代後唐莊宗、明宗年間，星占家經常預報或報告觀測到的五星犯左右執法、上相、相、上將等，其中尤以熒惑犯這些星座爲多。星占家著力關注這些天象的淩犯，是有政治原因的。五代時，君主與大臣的關係比較緊張，不時有篡奪帝位之事發生，這些篡權者，不是上相就是主將、左右

執法，即左右相。反映在星空間，也都集中在太微垣這個權力中心。必須指出，這些天象記録中的被犯星座有些是明確的，例如左執法、右執法、五諸侯等，有些則不够明確，如上將、上相、相等。在星座之名中，有東上相、東上將、西上相、西上將，在紫微垣中亦有相星之位，這些記録究竟實指哪一顆呢？由於五星與黄道的交角通常都在五度的範圍之内，故其淩犯的星座也當限於黄緯五、六度之内。由此可見，以上犯上相、上將的記録，當是指犯東上相、西上將，而不涉及東上將、西上相。同時，這裏的“熒惑、歲相犯”，也是指犯東上相，而不是指紫微垣中的相星。熒惑淩犯記録特别多的原因，也是由於它與政治鬥争的關係更爲密切，從而得到更多的關注。

［2］三月己巳，熒惑犯上相：《輯本舊史》原無“己巳”二字，中華書局本有校勘記：“‘三月’，《新五代史》卷五九《司天考》、《文獻通考》卷二八九作‘三月己巳’。‘上相’，據劉次沅《考證》，時熒惑在房上相東二度。上相，通常指太微東上相。房北第一、第二星也稱房上相、房次相。”今據補。

［3］“二年”至“歲犯房”：全條亦見《通鑑目録》卷二七引本志。

三年，正月壬申，太白、熒惑合於奎。閏八月癸卯，[1]熒惑犯上將。庚戌，太白犯右執法。[2]乙卯，熒惑犯右執法。庚午，太白犯右執法。九月庚辰，鎮、歲合於箕。辛巳，太白、熒惑合於軫。十一月乙未，太白犯鎮。[3]十二月壬寅，熒惑犯房，太白、歲相犯於斗。[4]

［1］閏八月癸卯：中華書局本有校勘記：“‘閏’字原闕，據《新五代史》卷五九《司天考》、《文獻通考》卷二八九補。按八月癸酉朔，無癸卯，閏八月癸卯朔。”

[2]庚戌，太白犯右執法：據《新五代史》卷五九《司天考二》、《通鑑目録》卷二七引本志補。“右執法”，《輯本舊史》原作“左執法”，中華書局本有校勘記：“‘左執法’，《新五代史》卷五九《司天考》作‘右執法’。據劉次沅《考證》，是日太白犯右執法。”今據改。

[3]十一月乙未，太白犯鎮：《輯本舊史》原無，據《新五代史》卷五九《司天考二》、《通鑑目録》卷二七引本志補。

[4]太白、歲相犯於斗：太白、歲星犯斗宿。全段除閏八月庚卯條外，亦見《通鑑目録》卷二七引本志。

四年，二月辛酉，熒惑、鎮合於斗。[1]三月壬辰，歲犯牛。九月丙子，熒惑入哭星。[2]

[1]二月辛酉，熒惑、鎮合於斗：《輯本舊史》原無。《新五代史》作：“月及火、土合於斗。”

[2]熒惑入哭星：必有死亡之事，纔會引起哭泣之聲。哭星在虚宿之内。全段見《新五代史》卷五九《司天考二》、《通鑑目録》卷二七引本志。

長興元年，六月乙卯，太白犯天罇。[1]十一月壬戌，熒惑犯氐。十二月丙辰，熒惑犯天江。[2]

[1]太白犯天罇：太白星淩犯了天罇星。天罇星與太尊星容易混淆。其實，這兩者的區别是明確的。天罇三顆星，是酒器之名，從其字形的偏旁也可看出其含義，位於井宿東北方。而太尊一顆星，“職比聖人”，分布在張宿靠近拱極圈附近。由此可知，此處太白犯天罇，就不能理解爲太尊。

[2]“長興元年”至“熒惑犯天江”：亦見《通鑑目録》卷二

八引本志。

二年，正月乙亥，太白犯羽林。四月甲寅，熒惑犯羽林。八月丁巳，[1]辰犯端門。十一月丙戌，太白犯鍵閉。[2]

[1]八月丁巳：《輯本舊史》原無“丁巳”二字，中華書局本有校勘記：“《新五代史》卷五九《司天考》、《文獻通考》卷二八九作‘八月丁巳’。”《通鑑目録》卷二八引本志同《新五代史》《文獻通考》，今據補。

[2]太白犯鍵閉：《輯本舊史》原無“閉”字，中華書局本有校勘記：“‘鍵’，《文獻通考》卷二八九作‘鍵閉’。”《通鑑目録》卷二八引本志亦作“鍵閉”，今據補。

三年，四月庚辰，熒惑犯積尸。九月庚寅，太白犯哭星。[1]十一月己亥，太白犯壁壘。[2]

[1]九月庚寅，太白犯哭星：中華書局本有校勘記：“據劉次沅《考證》，是時無此天象，太白犯哭星在當年十一月庚寅。”

[2]“三年”至“太白犯壁壘”：亦見《通鑑目録》卷二八引本志。

四年，八月己未，五鼓三籌，熒惑近天高星，歲星近司怪，太白近軒轅大星。九月辛巳，太白犯右執法。[1]

[1]九月辛巳，太白犯右執法：《輯本舊史》原無，但有案語：

"《歐陽史》：九月辛巳，太白犯右執法，《薛史》不載。"今據《新五代史》卷五九《司天考二》、《通鑑目録》卷二八引本志補。

末帝清泰元年，六月甲戌，太白犯右執法。[1]

[1]"末帝清泰元年"至"太白犯右執法"：亦見《通鑑目録》卷二八引本志。

晋高祖天福元年，[1]三月壬子，熒惑犯積尸。[2]

[1]晋高祖：《輯本舊史》原無"高祖"二字，中華書局本有校勘記："'晋'，殿本、孔本作'晋高祖'。"今據補。

[2]"晋高祖天福元年"至"熒惑犯積尸"：本條亦見《通鑑目録》卷二八引本志。

四年，四月辛巳，太白犯東井北河。[1]甲午，[2]太白犯五諸侯。[3]五月丁未，太白犯輿鬼中星。[4]

[1]太白犯東井北轅：諸本均作"東井、北轅"，東井即井宿範圍内的一個大星座，而北轅星則遠離黄道之北三十度，太白是不可能淩犯北轅星的。此"北轅"當爲"北河"之誤，則此句是説，太白於辛巳這一天犯了井宿中的北河星。

[2]甲午：中華書局本有校勘記："原作'甲申'，據《新五代史》卷五九《司天考》、《文獻通考》卷二八九改。據劉次沅《考證》，太白犯五諸侯在是月甲午。"

[3]太白犯五諸侯：五諸侯在北河北，同在東井宿内。由此也可證明北轅爲北河之誤。

［4］五月丁未，太白犯輿鬼中星：五月丁未，即四月甲申後二十三日，太白纔向東進入下一個星宿鬼宿。輿鬼中星，爲鬼宿中間的一顆星，古稱質量，又名積尸氣。古人認爲是一團呈白色粉絮狀的氣體，由於它在鬼宿之内，故稱積尸氣。經近代觀測，它實際是由衆多恒星組成的鬼宿疏散星團。依據中國星占思想，太白主兵，鬼宿與鬼魄有關，太白犯鬼宿或積尸氣，當必然與戰争導致大量兵員死喪有關。　“四年”至“太白犯輿鬼中星”：亦見《新五代史》卷五九《司天考二》、《通鑑目録》卷二八引本志、《大典》卷七八五六“星”字韻“太白星（一）”事目。

六年，八月辛卯，太白犯軒轅。[1]九月己卯，熒惑犯上將。[2]

［1］八月辛卯，太白犯軒轅：中華書局本有校勘記：“據劉次沅《考證》，太白犯軒轅在是月辛丑。按是月戊子朔，辛卯爲初四，辛丑爲十四日。”

［2］“六年”至“熒惑犯上將”：本條亦見《新五代史》卷五九《司天考二》、《通鑑目録》卷二八引本志。

八年，八月丙子，熒惑犯右掖。十月丙辰，熒惑犯進賢。[1]

［1］“八年”至“熒惑犯進賢”：本條亦見《新五代史》卷五九《司天考二》、《通鑑目録》卷二九引本志。

開運元年，二月壬戌，太白犯昴。己巳，熒惑犯天籥。[1]四月丁巳，太白犯五諸侯。七月甲申，太白犯東井。八月甲辰，熒惑入南斗。[2]十月壬戌，熒惑犯哭星。[3]十二月癸丑，太白犯辰。[4]

[1]“二月壬戌”至“熒惑犯天鑰”：亦見《新五代史》卷五九《司天考二》、《通鑑目録》卷二九引本志。

[2]“四月丁巳”至“熒惑入南斗”：亦見《新五代史》卷五九《司天考二》、《通鑑目録》卷二九引本志。中華書局本有校勘記：“據劉次沅《考證》，太白犯五諸侯在是月丁卯。按是月癸卯朔，丁巳爲十五日，丁卯爲二十五日。”

[3]十月壬戌，熒惑犯哭星：中華書局本有校勘記：“據劉次沅《考證》，熒惑犯哭星在是月壬子。按是月庚子朔，壬戌爲二十三日，壬子爲十三日。”《輯本舊史》之案語：“此條《歐陽史》不載。”《通鑑目録》亦不載。

[4]十二月癸丑，太白犯辰：太白犯辰，即太白犯水星。“十二月癸丑”，《輯本舊史》原無“癸丑”二字，中華書局本有校勘記：“《新五代史》卷五九《司天考》、《文獻通考》卷二九三下作‘十二月癸丑’。”《通鑑目録》卷二九引本志、《大典》卷七八五六同，今據補。

二年，七月庚戌，歲犯井鉞。[1]八月甲戌，歲犯東井。九月甲寅，太白犯南斗魁。十一月甲午朔，太白犯哭星。[2]

[1]七月庚戌，歲犯井鉞：《輯本舊史》原無，據《新五代史》卷五九《司天考二》、《通鑑目録》卷二九引本志補。

[2]“八月甲戌”至“太白犯哭星”：亦見《新五代史》及《通鑑目録》。

漢天福十二年，十月己丑，太白犯亢距星。[1]

［1］“漢天福十二年”至“太白犯亢距星”：亦見《新五代史》卷五九《司天考二》、《通鑑目録》卷二九引本志。

乾祐元年，八月己丑，[1]鎮星入太微西垣。戊戌，歲犯右執法。十月丁丑，歲犯左執法。[2]

［1］八月己丑：《新五代史》卷五九、《通鑑目録》卷二九皆作“八月乙酉”。但《新五代史》乾祐二年（949）又言，“鎮自元年八月己丑入太微垣，至是歲十一月辛亥而出”。本卷下條亦同。乾祐元年八月丁丑朔，乙酉初八、己丑十二。

［2］“乾祐元年”至“歲犯左執法”：本條亦見《新五代史》卷五九《司天考二》、《通鑑目録》卷二九引本志。

二年，九月壬寅，太白犯右執法。庚戌，太白犯鎮。辛酉，鎮犯右執法。[1]丁卯，太白犯歲。十一月辛亥，[2]鎮星始出太微之左掖門。自元年八月己丑，鎮星入太微垣，犯上將、左右執法、内屏、謁者，勾己往來，[3]凡四百四十三日方出左掖門。[4]

［1］辛酉，鎮犯右執法：《輯本舊史》原無，據《新五代史》卷五九《司天考二》、《通鑑目録》卷二九補。

［2］十一月辛亥：《輯本舊史》原無“辛亥”二字，中華書局本有校勘記：“《五代會要》卷一一、《新五代史》卷五九《司天考》、《文獻通考》卷二九三下作‘十一月辛亥’。按本書卷一〇三《漢隱帝紀下》繫其事於十一月十二日。是月庚子朔，十二日爲辛

亥。”此次鎮星入太微、犯太微持續時間俱明，何時出太微易於知曉，故今據《會要》等文獻及《通鑑目録》卷二九補。

[3]勾己往來：“勾己”，《輯本舊史》之案語：“原本作‘句已’，今從《歐陽史》改正。”見《新五代史》卷五九《司天考二》。另中華書局本有校勘記：“句下《新五代史》卷五九《司天考》有‘至是歲十一月辛亥而出’十字。”

[4]左掖門：《輯本舊史》原無“門”字，中華書局本同，據本條上文及《通鑑目録》卷二九補。　“自元年八月己丑”至“凡四百四十三日方出左掖門”：這是一條完整的土星觀測記録，自乾祐元年（948）八月己丑土星進入太微西垣起，到二年十一月土星出太微東垣之左掖門，計四百四十三日。其運行的路綫是，進入太微西垣之後，先犯西上將，再犯右執法和左執法，然後再犯内屏星和謁者星，然後發生留和作勾己往來運行，至第二年十一月，土星纔從太微東垣之左掖門出去。土星在恒星間的運動，在五星中是最緩慢的，大致一年纔運行一個星宿，故曰鎮星。自左掖門到右掖門，差不多一個星宿，可見文獻記載得十分準確。《黄帝占》曰：“太微，天子之宫。”南蕃兩星，東西列，其四星，爲右執法，西東星，爲左執法，廷尉尚書之象。兩執法之間太微天廷端門也，右執法西間，爲右掖門，左執法之東，爲左掖門。　“二年”至“凡四百四十三日方出左掖門”：本條亦見《新五代史》卷五九《司天考二》、《通鑑目録》卷二九引本志。

三年，六月乙卯，鎮犯左掖。七月甲申，熒惑犯司怪。八月癸卯，太白犯房。庚戌，太白犯心大星。十月辛酉，太白犯歲。[1]

[1]“三年”至“太白犯歲”：本條亦見《新五代史》卷五九《司天考二》、《通鑑目録》卷二九引本志。

周廣順元年，二月丁巳，歲犯咸池。[1]己未，熒惑犯五諸侯。三月甲子，歲守心。己卯，熒惑犯鬼。壬午，熒惑犯天尸。[2]四月甲午，歲犯鈎鈐。[3]

[1]咸池：咸池三星，在五車内。

[2]天尸：《石氏》曰“輿鬼”“一名天尸”。

[3]“周廣順元年”至“歲犯鈎鈐”：本條亦見《新五代史》卷五九《司天考二》；自“三月甲子”以下，亦見《通鑑目録》卷三〇引本志。“二月丁巳，歲犯咸池”，中華書局本有校勘記：“據劉次沅《考證》，是日歲犯東咸。”“四月甲午，歲犯鈎鈐”，中華書局本有校勘記：“據劉次沅《考證》，歲犯鈎鈐在是月甲辰。按是月壬辰朔，甲午爲初三，甲辰爲十三日。”

二年，七月乙丑，[1]熒惑犯井鉞。八月乙未，熒惑犯天罇。九月辛酉，熒惑犯鬼。庚辰，太白掩右執法。[2]十月壬辰，太白犯進賢。[3]

[1]七月乙丑：《輯本舊史》原無“乙丑”二字，中華書局本有校勘記：“‘七月’，《新五代史》卷五九《司天考》作‘七月乙丑’。”今據補。

[2]庚辰，太白掩右執法：“庚辰”，《輯本舊史》原作“庚戌”；“太白”，《輯本舊史》原作“熒惑”。中華書局本有校勘記：“《新五代史》卷五九《司天考》作‘庚辰，太白掩右執法’。按是月甲寅朔，無庚戌，庚辰爲二十七日。”今據改。

[3]“二年”至“太白犯進賢”：本條亦見《新五代史》卷五九《司天考二》、《通鑑目録》卷三〇引本志。

三年，四月乙丑，熒惑犯靈臺。[1]五月辛巳，[2]熒惑犯上將。丙申，熒惑犯右執法。[3]

[1]四月乙丑，熒惑犯靈臺：中華書局本有校勘記："據劉次沅《考證》，熒惑犯靈臺在是月乙亥。按是月庚戌朔，乙丑爲十六日，乙亥爲二十六日。"

[2]五月辛巳：中華書局本有校勘記："原作'五年'，據殿本、《新五代史》卷五九《司天考》改。《文獻通考》卷二八九作'五月'。按廣順無五年。"

[3]丙申，熒惑犯右執法：《輯本舊史》原無，據《新五代史》卷五九《司天考二》、《通鑑目録》卷三〇引本志補。 "三年"至"熒惑犯右執法"：本條亦見《新五代史》卷五九《司天考二》、《通鑑目録》卷三〇引本志。

顯德六年，六月壬辰，熒惑犯心大星。[1]庚子，熒惑與心大星合度，[2]光芒相射。先是，熒惑勾己于房、心間，凡數月，至是與心大星合度，是夜順行。

[1]六月壬辰，熒惑犯心大星：《輯本舊史》原無，據《通鑑目録》卷三〇引本志補。

[2]庚子，熒惑與心大星合度：中華書局本有校勘記："據劉次沅《考證》，熒惑與心大星合度在是月庚寅。按是月乙亥朔，庚子爲二十六日，庚寅爲十六日。"《會要》卷一一五星淩犯條作"六月十八日，熒惑與心大星合度，光芒相射"。後有小注："其月十九日，世宗崩。先，熒惑句己於房、心間，凡數月，至上（指世宗）臨崩之前一夕，與心大星合度，是夜順行。"六月壬辰爲十八日，癸巳爲十九日。

星晝見[1]

[1]星晝見：日出後，白天能看到星。古人認爲，這是與日爭明的凶兆，於君主不利。星晝見是本志特設的欄目，僅載金星和木星，在其他天文志中很少作爲單獨的一欄列出，由此可見本志作者對星晝見天象的重視。

唐同光三年，六月甲子，太白晝見。[1]己巳，太白晝見。

[1]太白晝見：金星是除日月外，全天最亮的天體，其光度可達到負 4.3 等。正是由於這個原因，曆代《天文志》中經常可以見到太白晝見、太白經天的記載。甘氏曰："太白晝見，天子有喪，天下更王，大亂，是謂經天，有亡國，百姓皆流亡。"又《荆州占》曰："太白晝見，名曰昭明，强國弱，弱國霸，兵大起，期不出年。"故太白晝見是一種非常嚴重的凶象，它是君主亡、天下更王、亡國、百姓流亡的徵兆。這對於五代時天下混亂局面尤其有現實意義，故引起君主們的特別重視。"六月甲子，太白晝見"，《輯本舊史》原無，據《新五代史》卷五九《司天考二》、《大典》卷七八五六"星"字韻"太白星"事目補。《大典》作"同光二年六月甲子太白晝見。己巳亦晝見"。據《新五代史》及本段下文"己巳"條，應爲同光三年（925），非二年，《大典》誤。

天成元年，七月庚申，太白晝見。[1]

[1]"天成元年"至"太白晝見"：本條亦見《新五代史》卷五九《司天考二》。

長興二年，五月癸亥，[1]歲星晝見。[2]閏五月乙巳，[3]歲星晝見。九月戊子，[4]太白晝見。

[1]五月癸亥：《輯本舊史》原作“五月己亥”，中華書局本有校勘記：“按是月戊午朔，無己亥。”《新五代史》卷五九《司天考二》作“癸亥”，癸亥爲初六日，今據改。

[2]歲星晝見：木星是全天少數幾個最亮的星體之一。其亮度除日月和金星外，爲全天最亮天體，可達負2.4等，比最亮的恒星天狼星還要亮。故它也可能呈現出星晝見的天象。“歲星晝見”，《新五代史》作“太白晝見”。

[3]閏五月乙巳：“乙巳”，《輯本舊史》原作“己巳”，中華書局本有校勘記：“‘己巳’，《文獻通考》卷二九三上同，《新五代史》卷五九《司天考》作‘乙巳’。按是月戊子朔，無己巳，乙巳爲十八日。”今據改。

[4]九月戊子：《輯本舊史》原作“八月戊子”，中華書局本有校勘記：“‘八月’，《文獻通考》卷二九三上同，《新五代史》卷五九《司天考》作‘九月’。按八月丙辰朔，無戊子，九月乙酉朔，戊子爲初四。”今據改。

三年，十月壬申，太白晝見。[1]

[1]“三年”至“太白晝見”：本條亦見《新五代史》卷五九《司天考二》。

四年，五月癸卯，太白晝見。[1]

[1]太白晝見：中華書局本有校勘記：“‘晝見’，《文獻通考》

卷二九三上同，《永樂大典》卷七八五六引《五代史》作‘經天’。”《大典》卷七八五六“星”字韻“太白星”事目。本條亦見《新五代史》卷五九《司天考二》。

清泰元年，五月己未，太白晝見。[1]

[1]“清泰元年”至“太白晝見”：本條亦見《新五代史》卷五九《司天考二》。

漢天福十二年，四月丙子，太白晝見。[1]

[1]“漢天福十二年”至“太白晝見”：本條亦見《新五代史》卷五九《司天考二》。中華書局本有校勘記：“‘漢’，《永樂大典》卷七八五六引《五代史》、《文獻通考》卷二九三上作‘漢高祖’。‘晝見’，《永樂大典》卷七八五六引《五代史》作‘經天’。”

乾祐二年，四月壬午，太白晝見。[1]

[1]“乾祐二年”至“太白晝見”：本條亦見《新五代史》卷五九《司天考二》。“太白晝見”，中華書局本有校勘記：“‘晝見’，《永樂大典》卷七八五六引《五代史》作‘經天’。”

周廣順二年，二月庚寅，太白經天。[1]

[1]太白經天：經天，是經過天頂的意思。由於金星是内行星，可在與太陽的最大視角不大於48°的星空見到它。但在日出以後，或日落之前，若也能見到它，情況就不同了，它可以超出這個範

圍，出現在更高的天空。甚至可以到達天頂，這便是所謂的太白經天，即看到太白出現在南方子午綫附近的特殊狀況。正是由於它奇異反常，古人纔將其與政治相聯繫，認爲是天下大亂、要改朝换代的象徵。太白經天，與太白晝見是有聯繫的。太白晝見，是太白經天的必要條件，但並不是太白晝見都能出現太白經天的現象。所謂晝見，是指日出後不久，或日落前不久同時看到太陽和金星出現在天空，這時的陽光還比較弱，看到金星的可能性也較大。當太陽距地平較高時，日光就更强烈了，看到金星的幾率也小了。因此，如果金星距日的夾角小於 40°時，即使晝見，金星也達不到經天的範圍。故太白經天是比晝見更少見的天象。本條亦見《新五代史》卷五九《司天考二》。

流星[1]

[1]流星：流星的出没，或伴有隕石的降落，是中國傳統異常天象觀測和記録的項目。流星有一般的散流星、火流星、流星群(雨)、隕石等不同的分類形態。孟康曰，流星"名曰使星"，"主兵事，使星主行事，以所出入宿占之"。又石氏曰，流星"是爲使星，所之國受福"。

梁乾化元年，十一月甲辰，東方有流星如數升器，出畢宿口，曳光三丈餘，有聲如雷。[1]

[1]"梁乾化元年"至"有聲如雷"：本條亦見《會要》卷一一流星條。

二年，九月丙戌夜二鼓初，[1]東北方有小流星入北斗魁滅。[2]至五鼓初，西北方次北有流星，狀如半升器，初小後大，速流入奎滅，[3]尾迹凝天，屈曲似雲而散，光明燭地。又東北有流星如大桃，出下台星，西北速流，至斗柄第三星旁滅。五鼓後至明，中天及四方有小流星百餘，流注交横。[4]

[1]二鼓初：中國古代以鐘鼓記時，自初昏至黎明，將其間時間均分爲五鼓或五更，又將每鼓或每更細分爲五點。每逢更鼓擊鼓，遇點敲鐘報時。故有幾更幾點記時之説。夜間的起迄時間，通常爲日落後二刻半爲昏，日出前二刻半爲晨，昏晨之間爲夜。

[2]有小流星入北斗魁滅：《會要》卷一一流星條作“有小星流入北斗魁滅”。

[3]速流入奎滅：入，《輯本舊史》原作“如”，據《會要》卷一一改。

[4]“二年”至“流注交横”：本條亦略見於《新五代史》卷五九《司天考二》，云“九月丙戌，衆星交流。丁亥，衆星交流而殞”。這是一條詳細的流星雨觀測記録，在同一夜中，既觀測到大的流星，“光明燭地”，又觀測到“小流星百餘，流注交横”，從發生的日期和流注的方位來看，它可能是一次金牛座流星雨的記録。

應順元年春，[1]二月辛未夜，有大星如五升器，流於東北，有聲如雷。

[1]應順：《舊五代史考異》：“案：原本訛‘廣順’，今據《歐陽史》改正。”《新五代史》卷五九《司天考二》作“應順元年二月丁酉，衆星流于西北”。應順爲五代後唐閔帝年號，廣順爲五代後周太祖年號，本條在長興後、清泰前，當爲應順，今據改。

清泰元年，九月辛丑夜，[1]五鼓初，有大星如五斗器，西南流，[2]尾迹長數丈，色赤，[3]移時盤屈如龍形，蹙縮如二鏵，相鬬而散。又一星稍小，東流，有尾迹，凝成白氣，食頃方散。

[1]清泰元年，九月辛丑夜：五代後唐閔帝應順元年（934）四月，末帝從珂篡位，改元清泰。清泰元年（934）與應順元年爲同一年，本條記事與上條記事在同一年。

[2]西南流：中華書局本有校勘記："原作'而南流'，據本書卷四六《唐末帝紀上》、《五代會要》卷一一、《文獻通考》卷二九一改。"

[3]色赤：中華書局本有校勘記："原作'亦赤色'，據《五代會要》卷一一、《文獻通考》卷二九一改。殿本作'赤色'。"《新五代史》卷五九《司天考二》作"九月辛丑，衆星交流"。從日期分析，本條記事可能與前所記同屬金牛座流星雨的另一次觀測記録。

晉天福三年，三月壬申夜，四鼓後，東方有大流星，狀如三升器，其色白，尾迹長尺餘，[1]屈曲流出河鼓星東三尺，流丈餘滅。[2]

[1]尾迹長尺餘：中華書局本有校勘記："'長尺餘'，《五代會要》卷一一、《文獻通考》卷二九一作'長二丈餘'。"《會要》卷一一流星條實作"尾迹長二尺餘"。

[2]流丈餘滅：中華書局本有校勘記："《五代會要》卷一一、《文獻通考》卷二九一作'東流丈餘滅'。"

周顯德元年，正月庚寅子夜後，[1]東北有大星墜，有聲如雷，牛馬震駭，六街鼓人方寐而驚，以爲曉鼓，乃齊伐鼓以應之，至曙方知之。三月，高平之役，戰之前夕，有大流星如日，流行數丈，墜於賊營之所。[2]

[1]子夜後：子夜，子時，夜晚23點至凌晨1點。子夜後，即1點以後。

[2]墜於賊營之所：據星占的觀念，凡有流星或隕石墜於軍營的地方，便是這支軍隊即將破敗的象徵。最爲典型的星占記事就是《宋書志》所載蜀後主建興十二年（234）諸葛亮率軍伐魏，有長星投亮營，三投再還，亮卒於軍，群帥交惡，多相誅戮。　“周顯德元年”至“墜於賊營之所”：《新五代史》卷五九《司天考二》云：“顯德元年正月庚寅，有大星墜，有聲如雷，牛馬皆逸，京城以爲曉鼓，皆伐鼓以應之。”

三年正月癸亥五鼓後，有大星出南斗，傣東北流丈餘滅。[1]

[1]“三年正月癸亥五鼓後”至“傣東北流丈餘滅”：《輯本舊史》原無，據《會要》卷一一流星條補。

雲氣[1]

[1]雲氣：雲氣是地球大氣現象，圍繞太陽的雲氣稱日暈，圍繞月亮的雲氣是月暈。另外還有單獨存在的怪雲等。這些屬於大氣現象的雲氣，本與政治無關，古人却將其與君主、女主和大臣相比附，形成了雲氣占。

梁開平二年，三月丁丑夜，月有蒼白暈，又有白氣如人形十餘，皆東向，出於暈内。[1]九月乙酉平旦，西方有氣如人形甚衆，皆若俯伏之狀，經刻乃散。[2]

[1]"梁開平二年"至"出於暈内"：此爲出現於月旁似人形的月暈。

[2]"九月乙酉"至"經刻乃散"：此爲出現於平旦西方的人形雲氣，與日月無關。

唐同光二年，日有背氣，凡十二。[1]

[1]日有背氣，凡十二：在日旁呈現十二條背氣。背氣，氣形之弧狀與日面相背，似反對狀，星占家附會爲有反叛之象。

三年，九月丁未夜，[1]遍天陰雲，北方有聲如雷，四面雞雉皆雊，俗謂之"天狗落"。[2]是月，司天監奏："自七月三日陰雲大雨，至九月十八日後方晴，三辰行度災祥，數日不見。"[3]閏十二月庚午，[4]日有黑氣，似日，交相錯磨，測在室十度。[5]是歲，日有背氣，凡十三。[6]

[1]九月丁未夜：中華書局本有校勘記："'夜'字原闕，據殿本、《五代會要》卷一一補。按本書卷三三《唐莊宗紀七》作'丁未夕'。"

[2]"北方有聲如雷"至"俗謂之'天狗落'"：天狗即通常所述的隕落至地形狀似狗的隕石，當屬隕星類天象，混雜於此。《會要》卷一一雜災變條，"天狗落"作"天狗墜"。

[3]三辰行度災祥，數日不見：此爲司天監的奏議，數日不見三辰，也作爲奏議的内容，可見天象奏議之頻繁。三辰行度，日、月、星謂之三辰。太陽、月亮和五星均有行度，故有此議。“三辰行度”，《輯本舊史》之影庫本粘籤：“行度，原本作‘在度’，今從《五代會要》改正。”檢《會要》，並無此條。

[4]閏十二月庚午：中華書局本有校勘記：“按是月己丑朔，無庚午。”疑爲庚寅（初二）、庚子（十二）或庚戌（二十二）之誤。

[5]“日有黑氣”至“測在室十度”：日旁有黑氣，如日狀，有與日争明争往之狀，故引爲異常天象。

[6]是歲，日有背氣，凡十三：《輯本舊史》原置於“九月丁未夜”條後、“是月”條前，《輯本舊史》卷三三《唐莊宗紀七》載此事於同光三年歲末，云“是歲，日傍有背氣，凡十三”，據移。

天成二年，十二月壬辰，西南有赤氣如火餤，約二千里。[1]占者云：“不出二年，其下當有大兵。”

[1]西南有赤氣如火餤，約二千里：形容此赤色雲氣之廣，按照星占的觀念，此爲兵雲之氣，爲有大兵出現之象。“有赤氣如火餤”，《輯本舊史》原作“有赤氣如火餤餤”，衍一“餤”字，中華書局本未删，今據《會要》卷一一雜災變條删。

長興三年，六月，司天監奏：“自月初至月終，每夜陰雲蔽天，不辨星月。”

應順元年，四月九日，白虹貫日，是時閔帝遇害。[1]

[1]白虹貫日，是時閔帝遇害：星占家常將白虹貫日與帝王有

災異相聯繫。《荆州占》曰："白虹貫日，臣殺主。"星占家引用的就是這條占辭。

晋天福初，高祖將建義於太原，日傍多有五色雲，[1]如蓮芰之狀。

[1]高祖將建義於太原，日傍多有五色雲：其義爲正當石敬瑭篡權之時，見日旁有五色雲吉兆，便在太原建都稱帝。五色雲，吉祥之狀，星占家多有附會。

二年，正月丙辰，[1]一鼓初，北方有赤氣，西至戌亥地，東北至丑地已來，南北闊三丈餘，[2]狀如火光。赤氣内見紫微宫共北斗諸星，其氣乍明乍暗。至三點後，内有白氣數條，[3]相次西行，直至三鼓後散。

[1]正月丙辰：《會要》卷一一雜災變條記爲"正月二日"，《輯本舊史》卷七六《晋高祖紀二》繫此事於乙卯。乙卯初二，丙辰初三。

[2]"西至戌亥地"至"南北闊三丈餘"：《輯本舊史》原作"向西至戌亥地，東北至丑地，已來向北，闊三丈餘"。《會要》卷一一作"西至戌亥地，東北至丑地，南北闊三丈餘"。據改。中華書局本未改。又《輯本舊史》卷七六記此事爲："是夜，有赤白氣相間，如耕壟竹林之狀，自亥至丑，生北濁，過中天，明滅不定，徧二十八宿，徹曙方散。"

[3]内有白氣數條：内有，《輯本舊史》原作"後有"，據《會要》卷一一改。

漢乾祐二年，十二月，日暈三重，上有背氣。[1]

[1]日暈三重，上有背氣：這是漢帝陷於困境和大臣背叛的天象。

周顯德三年，十二月庚午，白虹貫日，氣暈勾環。[1]《永樂大典》卷三千二百七。[2]

[1]白虹貫日，氣暈勾環：《新五代史》卷五九《司天考二》無"氣暈勾環"四字。

[2]《大典》卷三二〇七"雲"字韻"雲氣"事目。對應《輯本舊史·天文志》的内容，僅是最後之"雲氣"部分。

今注本二十四史

舊五代史

二一

志〔二〕

宋　薛居正等　撰
陳智超　紀雪娟　主持校注

中国社会科学出版社

舊五代史　卷一四五

五行志

昔武王克商，[1]以箕子歸，[2]作《洪範》。[3]其九疇之序，[4]一曰五行，[5]所以紀休咎之徵，[6]窮天人之際。故後之修史者，咸有其説焉。[7]蓋欲使後代帝王見災變而自省，責躬修德，崇仁補過，則禍消而福至，此大略也。[8]今故按五代之簡編，記五行之災沴，追爲此志，以示將來。其於京房之舊説，[9]劉向之緒言，[10]則前史敘之詳矣，此不復引以爲證焉。

[1]武王：即周武王姬發。西周第二任君主。公元前1046年，周武王通告諸侯，公開討伐商紂。商朝大軍主力此時正遠征東夷，無法及時回調，紂王只得臨時徵集奴隸和商都剩餘兵士一起，在牧野與周人及其盟軍對陣，結果商軍大敗，紂王在鹿臺自焚而死。

[2]箕子：人名。名胥餘，商王帝乙的弟弟，商紂的叔父，封於箕，故稱箕子，與微子、比干並稱“殷末三傑”。紂王無道，箕子苦心勸諫不聽，遂割髮裝瘋，被紂王囚禁。商朝覆滅後，箕子趁亂逃往箕山隱居，後又率領弟子及一批遺老故舊渡海至朝鮮，建立了“箕子侯國”，中國史籍一般將箕氏朝鮮視作古朝鮮的起始王朝。

[3]《洪範》：《尚書》篇名。洪，大也；範，法也，《洪範》首敘成書過程，謂上帝傳給大禹，後由箕子傳給周武王，係“天地

之大法”。近代以來學者對這種説法普遍表示懷疑，一般認爲《洪範》最初是商代的，中心思想也是商代的，在流傳的過程中吸收了西周至東周初年的不少思想，故其成書於戰國之世，不會早到春秋以前。參見劉起釪《〈洪範〉這篇統治大法的形成過程》，載氏著《古史續辨》，中國社會科學出版社 1991 年版。

[4]九疇：《洪範》提出的九項天賜神聖法則：“初一曰五行，次二曰敬用五事，次三曰農用八政，次四曰協用五紀，次五曰建用皇極，次六曰乂用三德，次七曰明用稽疑，次八曰念用庶徵，次九曰嚮用五福，威用六極。”其中“五行”是水、火、木、金、土；“五事”指貌、言、視、聽、思心五種行爲舉止和心理活動；“八政”是食、貨、祀、司空、司徒、司寇、賓、師；“五紀”是歲、月、日、星辰、曆數；“建用皇極”指君王須以中道建立天子之位；“三德”指正直、剛剋、柔剋三種品德；“稽疑”指由術者卜筮，預測吉凶；“庶徵”是雨、暘、燠、寒、風五種自然氣象；“五福”指壽、富、康寧、攸好德、考終命五種幸福之事；“六極”指凶短折、疾、憂、貧、惡、弱六種不幸。

[5]五行：《洪範》九疇中的第一項。指水、火、木、金、土，“水曰潤下，火曰炎上，木曰曲直，金曰從革，土爰稼穡。潤下作鹹，炎上作苦，曲直作酸，從革作辛，稼穡作甘”。潤下、炎上等是五行的屬性，鹹、苦、酸、辛、甘是由屬性派生出來的五味。《洪範》的五行是一種原始的、樸素的五行觀，不同於後世構成萬物基本元素的五行，也不是戰國秦漢神學化的五行。

[6]休咎之徵：《洪範》九疇中第八項是“念用庶徵”，“庶徵”又可分爲休徵和咎徵兩種。休徵即好的氣象，“曰肅，時雨若。曰乂，時暘若。曰晢，時燠若。曰謀，時寒若。曰聖，時風若”，“時”意味着順時而來，風調雨順。咎徵是壞的氣象，“曰狂，恒雨若。曰僭，恒暘若。曰豫，恒燠若。曰急，恒寒若。曰蒙，恒風若”，“恒”是經常的意思，意味着壞天氣時常光臨。

[7]按，《五行志》始自班固《漢書》，以《尚書·洪範》九疇

中的五行（木、火、土、金、水）、五事（貌、言、視、聽、思心）和皇極三大類來統攝各種災異現象，任何事物、現象，只要違背了五行、五事、皇極的原則，必爲災異。在此觀念基礎上，漢儒發展出了《洪範五行傳》，專門解説《洪範》，進而又衍生出不少對《洪範五行傳》的解説之書，如許商的《五行傳記》、劉向的《洪範五行傳論》、劉歆的《五行傳説》，等等。《漢書・五行志》是糅合了《洪範》原始感應説、古老的月令傳統、京房易學、漢代《春秋》學等諸多思想而成之先秦至於西漢末年的災異大全。後世史書遂沿用這一志書體例，但在具體的結構上又有變化。《漢書・五行志》五行、五事、皇極分述，不相統屬，《晋書・五行志》《隋書・五行志》的結構與之相同。《續漢書・五行志》將五行與五事併在一起，以五行統攝五事，固定以木—貌、金—言、火—視、水—聽、土—思的方式搭配，《宋書・五行志》《南齊書・五行志》《新唐書・五行志》均屬此種結構。就層級而言，《漢書・五行志》先引“經”（《洪範》），次引“傳”（《洪範五行傳》），再引“説”（漢儒對於《洪範五行傳》的各種解説），最後是具體實例，有四個層級。《續漢書・五行志》不引“經”而直接引《五行傳》，“傳曰”下的“説曰”時有時無，代之以具體的事例解釋，“説曰”不像《漢書》那樣專門作爲一項層級出現，而是成爲解説實例的依據。因此基本是兩層結構：傳（《洪範五行傳》）—事例，比起班固大大簡化。比較兩種體例結構，可以明顯感覺到，魏晋以後《五行傳》成了《五行志》最基本的理論來源。

[8]按，《晋書・五行志》概括其主旨：“綜而爲言，凡有三術。其一曰，君治以道，臣輔克忠，萬物咸遂其性，則和氣應，休徵效，國以安。二曰，君違其道，小人在位，衆庶失常，則乖氣應，咎徵效，國以亡。三曰，人君大臣見災異，退而自省，責躬修德，共禦補過，則消禍而福至。”

[9]京房：人名。東郡頓丘（今河南清豐縣西南）人。本姓李，字君明，推音律自定爲京氏。西漢元帝時爲郎、魏郡太守。治

易學，師從焦延壽，善言災異，撰有《京氏易傳》《周易章句》《易傳》《易占》《易妖占》《易飛候》《别對災異》《易説》《五星占》《風角要占》等，多亡佚。存世者唯有《京氏易傳》三卷，清人王保訓輯《京氏易》八卷。傳見《漢書》卷七五。

[10]劉向：人名。字子政，本名更生，西漢宗室，官至中壘校尉。成帝時主持校勘皇室藏書，撰《别録》。又撰有《洪範五行傳論》，闡述天人感應、陰陽五行理論。傳見《漢書》卷三六。

水淹風雨[1]

梁開平四年十月，[2]梁、宋、輝、亳水，[3]詔令本州開倉賑貸。十一月，大風，下詔曰："自朔至今，異風未息，宜命祈禱。"[4]

[1]按，本志的災異類目設置與其他《五行志》不同，既非《漢書·五行志》五行、五事、皇極分立的結構，也不是《續漢書·五行志》五行與五事搭配，與皇極並立的結構。此處"水淹"在《五行傳》中屬五行之"水不潤下"，"風"屬五事之"思心傳"，"雨"屬五事之"貌傳"，原本都是各自獨立、有特定指向的災異，本志却將它們置於一個類目下，顯然是倉促成書時對資料簡單同類歸併的結果，並不遵循特定的體例。

[2]開平：五代後梁太祖朱温年號（907—911）。《宋本册府》卷一九五《閏位部·惠民門》載此詔的頒布時間爲"開平四年十二月己巳"。

[3]梁、宋、輝、亳水：梁，州名。治所在今陝西漢中市。宋，州名。治所在今河南商丘市。輝，州名。治所在今山東單縣。亳，州名。治所在今安徽亳州市。中華書局本有校勘記："'梁宋輝亳'，《五代會要》卷一一作'青宋冀亳'，《文獻通考》卷二九六作'滑

宋許亳'。"見《會要》卷一一水溢條及《通考》卷二九六《物異考·水災》。《宋本册府》卷一九五《閏位部·惠民門》作"滑、宋、輝、亳等州水澇",當時梁州屬前蜀,梁州必誤。

[4]"十一月"至"宜命祈禱":按,《漢書·五行志》引"説"曰:"思心者,心思慮也,寄,寬也。孔子曰:'居上不寬,吾何以觀之哉!'言上不寬大包容臣下,則不能居聖位。貌言視聽,以心爲主,四者皆失,則區霿無識,故其咎霿也。雨旱寒奥,亦以風爲本,四氣皆亂,故其罰常風也。"“思心傳”對應咎徵“恒風”,所以風自然成爲雨、旱、寒、燠四種咎徵之本,四氣亂則有恒風之罰。"大風""大風拔樹"均是"恒風之罰"的一種。《輯本舊史》卷六《梁太祖紀六》引《大典》卷二六三二"災"字韻"弭災"事目及《宋本册府》卷一九三《閏位部·弭災門》均載下詔日爲戊戌(十二),"異風"均作"暴風",均云"差官分往祠所止風"。

唐同光二年七月,[1]汴州雍丘縣大雨風,[2]拔樹傷稼。曹州大水,[3]平地三尺。八月,河南大雨溢漫,[4]流入鄆州界。[5]十一月,[6]中書門下奏:"今年秋,天下州府多有水災,百姓所納秋税,請特放加耗。"[7]從之。

[1]同光:五代後唐莊宗李存勗年號(923—926)。

[2]汴州:州名。治所在今河南鄭州市。 雍丘縣:縣名。治所在今河南杞縣。

[3]曹州:州名。治所在今山東曹縣。

[4]河南大雨溢漫:中華書局本有校勘記:"殿本作'大雨河水溢漫'。按本書卷三二《唐莊宗紀六》:'(同光二年八月)宋州大水,鄆、曹等州大風雨。'"河南,《輯本舊史》原作"江南",江南大雨溢漫,何至越淮水而至鄆州或陳州?據《輯本舊史》卷三二

《唐莊宗紀八》，自同光二年（924）七月至十月，無陳州大水記載，但多次有曹州大雨，汴州大水，宋州大水，鄆、曹等州大風雨，汴、鄆二州奏大水等記載，鄆州不誤，但“江南”應爲“河南”之誤，故改，中華書局本未改。

[5]鄆州：州名。治所在今山東東平縣西北。　流入鄆州界：《輯本舊史》之影庫本粘籤：“鄆州，原本作‘陳州’，今從《五代會要》改正。”《會要》卷一一水溢條無此記載。

[6]十一月：中華書局本有校勘記：“《五代會要》卷一一作‘十二月’。”

[7]加耗：租税正額之外加收的損耗費。

三年六月至九月，大雨，江河崩決，壞民田。七月，洛水泛漲，壞天津橋，[1]漂近河廬舍，艤舟爲渡，[2]覆没者日有之。鄴都奏：[3]御河漲，於石灰窯口開故河道，以分水勢。鞏縣河堤破，[4]壞倉廒。八月，敕：“如聞天津橋未通往來，百官以舟檝濟渡，因兹傾覆，兼踣泥塗。自今文武百官，三日一趨朝，宰臣即每日中書視事。”

[1]天津橋：橋名。隋煬帝繼位，命宇文愷營建東都洛陽城，宇文愷以洛水象徵天上的銀河，宫城對應於天帝所居紫微宫，於大業三年（607），在洛水上用鐵鎖鈎連大船成一浮橋，與宫城南門相連，謂之天津橋，天津即天河渡口之義。隋末，天津橋被李密所焚，唐時重修，改建爲石橋。因洛水經常泛濫，天津橋也時壞時修，其具體位置頗有争議。2000 年，考古工作者在今洛陽橋西側 200 米處河床下發掘出了唐宋時期的石堰和橋墩，認定這就是天津橋的遺址。

[2]艤（yǐ）：使船靠岸。左思《蜀都賦》："艤輕舟。"劉逵注："應劭曰：'艤，正也。'一曰，南方俗謂正船迴濟處爲艤。"

[3]鄴都：地名。即鄴城，在今河北大名縣東南。五代後唐同光元年（923），改魏州爲興唐府，建號東京，三年改東京爲鄴都。天成四年（929）廢。

[4]鞏縣：縣名。治所在今河南鞏義市。

四年正月，敕："自京以東，[1]幅圓千里，水潦爲沴，[2]流亡漸多。宜自今月三日後，[3]避正殿，減常膳，徹樂省費，以答天譴。應去年經水災處鄉村，有不迨及逃移人户，[4]夏秋兩税及諸折科，[5]委逐處長吏切加點檢，[6]並與放免，仍一年内不得雜差遣。應在京及諸縣，有停貯斛斗，並令減價出糶，以濟公私，如不遵守，仰具聞奏。"

[1]自京以東：中華書局本有校勘記："'東'，原作'來'，據《五代會要》卷一一、《册府》卷九二改。"見《會要》卷一一水溢條、明本《册府》卷九二《帝王部·赦宥門》。

[2]沴（lì）：天地四時之氣不合而生的災害。《漢書·五行志》："氣相傷，謂之沴。沴猶臨莅，不和意也。"　"自京以東"至"水潦爲沴"：《輯本舊史》有案語"此句疑有脱誤"。此句語意完整無誤，案語誤。

[3]宜自今月三日後：中華書局本有校勘記："'今月'，原作'今年'，據《五代會要》卷一一、《册府》卷九二改。"又可據《輯本舊史》卷三四《唐莊宗紀八》同光四年（926）正月壬戌（初五）詔："自今三日後避正殿，減膳、撤樂，以答天譴。"

[4]有不迨及逃移人户：中華書局本有校勘記："'不迨'，原作

‘不給’，據孔本，《册府》卷九二、卷四九一改。《五代會要》卷一一作‘不逮。”見《宋本册府》卷四九一《邦計部·蠲復門》。

[5]折科：即折納，徵收賦税時，許以物折物、以物折錢或以錢折物，是一種權變的措施，但因爲折率時有變化，經常會導致變相增加税額。

[6]委逐處長吏切加點檢：中華書局本有校勘記：“‘逐處’，原作‘諸處’，據孔本、《五代會要》卷一一、《册府》卷九二改。”明本《册府》卷九二衹言“委長吏切加點檢”。

長興元年夏，[1]鄜州上言，[2]大水入城，居人溺死。

[1]長興：五代後唐明宗李嗣源年號（930—933）。

[2]鄜州：州名。治所在今陝西富縣。

二年六月壬戌，汴州上言，大雨，雷震文宣王廟講堂。[1]十一月壬子，鄆州上言，黄河暴漲，漂溺四千餘户。[2]

[1]文宣王廟：即孔廟。漢代開始尊崇孔子，但是否立廟祭祀，史無明載。東晉孝武帝太元十年（333），首次在官學内建置孔廟，爲廟學制之始，此後逐漸鋪開。至唐太宗貞觀初，詔令在全國各府州普設孔廟，全面推行廟學制。開元二十七年（739），唐玄宗加封孔子謚號文宣王，文宣王廟遂成爲孔廟的代稱。按，關於“雷震”，《漢書·五行志》云：“劉向以爲……於《易》，雷以二月出，其卦曰‘豫’，言萬物隨雷出地，皆逸豫也。以八月入，其卦曰‘歸妹’，言雷復歸。入地則孕毓根核，保藏蟄蟲，避盛陰之害；出地則養長華實，發揚隱伏，宣盛陽之德。入能除害，出能興利，人君之象也。是時，隱以弟桓幼，代而攝立。公子翬見隱居位已久，勸

之遂立。隱既不許，翬懼而易其辭，遂與桓共殺隱。天見其將然，故正月大雨水而雷電。是陽不閉陰，出涉危難而害萬物。”《漢志》此處是置於《貌傳》之“恒雨”下，用以解説“震電”。之後《續漢書》《宋書》《晋書》《南齊書》《隋書》《新唐書》之《五行志》多是“雷震”合稱並附屬於《聽傳》之“鼓妖”下，其中《南齊書·五行志》的解説大異，其引《傳》曰：“雷於天地爲長子，以其首長萬物，與之出入，故雷出萬物出，雷入萬物入。夫雷者人君之象，入則除害，出則興利。雷之微氣以正月出，其有聲者以二月出，以八月入，其餘微者以九月入。冬三月雷無出者，若是陽不閉陰，則出涉危難而害萬物也。”與《漢志》比較，二者雖然都是關於“雷”産生原理及災異表現的敘述，一些詞句並見，但《漢志》是以卦氣説解釋雷以二月出、八月入，《南齊書》的《傳》文則全不見，二者在時間節點以及發生原理上有很大差異。

［2］“二年六月壬戌”至“漂溺四千餘户”：中華書局本有校勘記：“按此則殿本、劉本繫於下文‘是月甲子’下，無‘二年’二字。”

三年四月，棣州上言，[1]水壞其城。是月己巳，[2]鄆州上言，黄河水溢岸，闊三十里，東流。五月丁亥，申州奏大水，[3]平地深七尺。是月戊申，襄州上言漢水溢入城，[4]壞民廬舍，又壞均州郛郭，[5]水深三丈，居民登山避水，仍畫圖以進。[6]六月甲子，[7]洛水溢，壞民廬舍。七月，諸州大水，宋、亳、潁尤甚。[8]宰臣奏曰：“今秋宋州管界，水災最盛，人户流亡，粟價暴貴。臣等商量，請於本州倉出斛斗，依時估出糶，[9]以救貧民。”從之。是月，秦州大水，[10]溺死窯谷内居民三十六人。夔州赤甲山崩，[11]大水漂溺居人。

[1]棣州：州名。治所在今山東惠民縣。

[2]是月己巳：中華書局本有校勘記："'是月'，原作'是日'，據殿本、劉本、孔本改。"

[3]申州：州名。治所在今河南信陽市浉河區。　申州奏大水：《輯本舊史》原無"奏"字，中華書局本有校勘記："'申州'下殿本、劉本有'奏'字。"但未補，今據補。

[4]襄州：州名，治所在今湖北襄陽市襄城區。　漢水溢入城：《輯本舊史》"溢"字原闕，據殿本、劉本補，中華書局本未補。

[5]均州：州名。治所在今湖北丹江口市。　郛郭：外城。《公羊傳》文公十五年："齊侯侵我西鄙，遂伐曹，入其郛。郛者何？恢郭也。"何休注："恢，大也。郭，城外大郭。"

[6]畫圖以進：兩漢以降，官方建立起祥瑞災異的奏報制度，各地長官、刺史、風俗巡使有職責將轄區内發生的祥瑞、災異及其他非常之事向上報告，吏民也可以通過上書言事的方式報告祥瑞災異，這些信息匯集到中央時要附圖，以便驗問真假。參見金霞《論兩漢魏晋南北朝時期祥瑞災異事務的管理》，《山東師範大學學報》2009年第2期。

[7]六月甲子：《輯本舊史》"六月"原作"是月"，若據上文即爲五月。中華書局本有校勘記："本書卷四三《唐明宗紀九》敘其事云：'（長興三年六月）甲子……洛水漲泛二丈，廬舍居民有溺死者。'按五月壬午朔，無甲子；六月壬子朔，甲子爲十三日。"但未改，今據改。

[8]潁：州名。治所在今安徽阜陽市。

[9]依時估出糶：中華書局本有校勘記："'估'字原闕，據《五代會要》卷一一、《册府》卷一〇六補。"見《會要》卷一一水溢條、明本《册府》卷一〇六《帝王部·惠民門》。《會要》"水災最盛"作"水災最甚"。

[10]秦州：州名。治所在今甘肅天水市。

[11]夔州：州名。治所在今重慶市奉節縣。　赤甲山：山名。

奉節縣境内有夔門，是瞿塘峽的西端入口，夔門兩側的高山，南曰白鹽山，北爲赤甲山，此山表面因富含氧化鐵而呈紅色，如人袒背，故得名。《舊五代史考異》："原本訛'求甲'，今據《五代會要》改正。"見《會要》卷一一山摧條。亦可據《輯本舊史》卷四三《唐明宗紀九》長興三年（932）七月己丑條。

清泰元年九月，[1]連雨害稼。詔曰："久雨不止，禮有祈禳，[2]禜都城門；三日不止，乃祈山川，告宗廟社稷。宜令太子賓客李延等禜諸城門，[3]太常卿李愲等告宗廟社稷。"[4]

[1]清泰：五代後唐末帝李從珂年號（934—936）。《輯本舊史》卷四六《唐末帝紀上》及《宋本册府》卷一四五《帝王部·弭災門》繫此詔於九月己亥。

[2]禮有祈禳：中華書局本有校勘記："'祈禳'，原作'所禳'，據殿本、劉本、《五代會要》卷一一、《册府》卷一四五改。"見《會要》卷一一水溢條、《宋本册府》卷一四五《帝王部·弭災門》。

[3]太子賓客：官名。唐始置。東宫太子屬官，掌侍從規諫、贊相禮儀。正三品。

[4]太常卿：官名。兩漢魏晋及南朝宋齊梁陳爲太常的尊稱，爲九卿之一，掌禮樂社稷、宗廟、陵寢等。北齊設太常寺長官，稱太常寺卿，掌陵廟、群祀、禮樂、儀制、天文、術數、衣冠之屬，三品。隋唐因之，唯職權分化，專掌祭祀、禮儀，皆正三品。此條，據《宋本册府》卷一四五可知尚有工部尚書崔居儉。

三年五月庚午，詔曰："時雨稍愆，頗傷農稼，分命朝臣祈禱。”居數日，以庶官禱請不虔，乃命宰臣盧文紀禱太微宫，姚顗崇道宫，馬裔孫請宫嵩嶽，又無雨。帝問宰臣愆伏之故。文紀等奏曰：“愆失之本，洪範有其説。若考校往代，理又相違。臣等思之，此蓋時數，若求於政失，則兵戰之氣生陰霖，擾攘之氣生蝗旱，稍近理也。自頃皇祚甫寧，徵求過當，雖宸念疚心，事不獲已，無足論其變沴也。”帝俛首而已。[1]

［1］“三年五月庚午”至“帝俛首而已”：《輯本舊史》原無，據《宋本册府》卷一四五《帝王部·弭災門三》唐末帝條清泰三年（936）五月庚午條補。

晋天福初，[1]高祖將建義於太原，[2]城中數處井泉暴溢。[3]

［1］天福：五代後晋高祖石敬瑭年號（936—942）。出帝石重貴沿用至九年（944）。後漢高祖劉知遠繼位後沿用一年，稱天福十二年（947）。

［2］高祖：即石敬瑭。五代後晋開國皇帝。936年至942年在位。紀見本書卷七五至卷八〇、《新五代史》卷八。　太原：府名。五代後唐河東節度使治所。後唐末帝李從珂繼位後，拜石敬瑭爲河東節度使，封趙國公。936年，石敬瑭起兵造反，受困於太原，以割讓燕雲十六州、做“兒皇帝”的條件得到契丹援助，滅亡後唐，建立後晋。

［3］城中數處井泉暴溢：此條前後所載均爲大水，從文義上説，是大水引起的地下水位上漲導致了“井泉暴溢”現象。類似情況亦見於《續漢書·五行志三》劉昭注引《東觀書》所記東漢建武八

年（32），“郡國比大水，涌泉盈溢”，時人以爲災異；東漢安帝永初元年（107）冬十月辛酉，“河南新城山水虩出，突壞民田，壞處泉水出，深三丈。是時司空周章等以鄧太后不立皇太子勝而立清河王子，故謀欲廢置。十一月，事覺，章等被誅”。當時人認爲水屬陰類，陰氣滿溢，預示小人專制擅權，故“涌水爲災”。據此邏輯，此條若爲災害，是對後唐而言，然其敘述主體却是石敬瑭，遂使文義出現反向。《南齊書·祥瑞志》載蕭道成建元元年（479），有司奏：“延陵令戴景度稱所領季子廟，舊有涌井二所，廟祝列云舊井北忽聞金石聲，即掘，深三尺，得沸泉。其東忽有聲錚錚，又掘得泉，沸涌若浪。”又載齊武帝蕭賾未繼位前駐扎在盆城時，“城内無水，欲鑿引江流，試掘井，得伏泉九處，皆涌出”。據此，此條“井泉暴溢”應看作是石敬瑭得天下的祥瑞。

四年七月，西京大水，[1]伊、洛、瀍、澗皆溢，[2]壞天津橋。八月，河決博平，[3]甘陵大水。[4]

[1]西京：即洛陽。唐高宗以洛陽爲東都，與長安（西京）並立。唐末長安遭受戰亂被毁，政治中心東移，五代後梁以開封府爲東都、洛陽爲西都；後唐恢復唐代的兩京建置；後晋、後漢、後周、北宋都以開封府爲東京，洛陽爲西京。

[2]伊：水名。即伊河，發源於熊耳山南麓的河南欒川縣，穿伊闕而入洛陽，流至偃師與洛水匯合。　洛：水名。洛水，發源於陝西洛南縣洛源鄉木岔溝，主河段位於洛陽，注入黄河。　瀍：水名。瀍河，在河南洛陽市境内，發源於河南孟津縣會瀍溝，故名，東流注入洛河。　澗：水名。澗水，發源於河南三門峽市陝州區觀音堂鎮，流入洛水。

[3]博平：縣名。治所在今山東高唐縣。

[4]甘陵：縣名。治所在今山東臨清縣。　“四年七月”至

“甘陵大水”：本條亦見《會要》卷一一水溢條。

六年九月，河決於滑州，[1]一概東流。居民登丘塚，爲水所隔。詔所在發舟檝以救之。兖州、濮州界皆爲水所漂溺，[2]命鴻臚少卿魏玭、將作少監郭廷讓、右領軍衛將軍安濬、右驍衛將軍田峻於滑、濮、澶、鄆四州，[3]檢河水所害稼，并撫問遭水百姓。[4]兖州又奏，河水東流，闊七十里。至七年三月，命宋州節度使安彦威率丁夫塞之。[5]河平，建碑立廟於河決之所。

[1]滑州：州名。治所在今河南滑縣。

[2]兖州：州名。治所在今山東兖州市。　濮州：州名。治所在今山東鄄城縣。

[3]鴻臚少卿：官名。鴻臚寺副長官。佐掌賓客及凶儀之事。從四品。　魏玭：人名。籍貫、生平不詳。事見本書卷八〇。　將作少監：官名。將作監副長官。佐掌邦國修建、土木工匠之政。從四品。　郭廷讓：人名。籍貫不詳。本書僅此一見。中華書局本有校勘記：“《五代會要》卷一一同，《册府》卷一六二、《五代會要》（四庫本）卷一一作‘霍廷讓’。”見《會要》卷一一水溢條，《宋本册府》卷一六二《帝王部·命使門》繫此事於天福六年十月丁亥朔。　右領軍衛將軍：官名。唐置，掌宫禁宿衛。唐代置十六衛，即左右衛、左右驍衛、左右武衛、左右威衛、左右領軍衛、左右金吾衛、左右監門衛、左右千牛衛，各置上將軍，從二品；大將軍，正三品；將軍，從三品。中華書局本有校勘記：“原作‘右金吾衛將軍’，據殿本、孔本改。《五代會要》卷二作‘右領衛將軍’，《册府》卷一六二作‘左領軍衛將軍’。”《會要》卷二無此記載，應爲《會要》卷一一水溢條。　安濬：人名。籍貫不詳。本書

僅此一見。　右驍衛將軍：官名。唐置十六衛之一。掌宫禁宿衛。從三品。　田峻：人名。籍貫、事跡不詳。本書僅此一見。　澶：州名。治所在今河南濮陽縣。

[4]并撫問遭水百姓：據《宋本册府》卷一六二可知，遣諸臣"檢河水所害稼，并撫問遭水百姓"時間爲六年十月丁亥朔。

[5]安彦威：人名。代州崞縣（今山西原平市）人。五代後唐、後晋節度使。傳見本書卷九一、《新五代史》卷四七。　命宋州節度使安彦威率丁夫塞之：明本《册府》卷四九七《邦計部·河渠門》載安彦威修河堤"給私財以犒民，民無散者，竟止其害"；《新五代史》卷四七《安彦威傳》則載彦威"出私錢募民治隄"。

開運元年六月，[1]黄河、洛河泛溢，壞堤堰，[2]鄭州原武、滎澤縣界河决。[3]

[1]開運：五代後晋出帝石重貴年號（944—946）。

[2]壞堤堰：中華書局本有校勘記："'壞'字原闕，據《五代會要》卷一一、《文獻通考》卷二九六補。"見《會要》卷一一水溢條、《通考》卷二九六《物異考二·水災》。

[3]鄭州：州名。治所在今河南鄭州市。　原武：縣名。治所在今河南原陽縣。　滎澤：縣名。治所在今河南鄭州市惠濟區。

周廣順二年七月，[1]暴風雨，京師水深二尺，壞牆屋不可勝計。諸州皆奏大雨，所在河渠泛溢害稼。[2]

[1]廣順：五代後周太祖郭威年號（951—953）。

[2]"周廣順二年七月"至"所在河渠泛溢害稼"：本條亦見《會要》卷一一水溢條。

三年六月，諸州大水，[1]襄州漢江漲溢入城，[2]城内水深一丈五尺，[3]倉庫漂盡，居人溺者甚聚。

[1]諸州大水：《輯本舊史》卷一一三《周太祖紀四》廣順三年六月條作“河南、河北諸州大水”。

[2]漢江：水名。古稱沔水，是長江的最大支流。發源於今陝西漢中市漢王山，流經陝西漢中市、安康市以及湖北十堰市，在今湖北武漢市注入長江。

[3]城内水深一丈五尺：中華書局本有校勘記：“‘一丈’二字原闕，據本書卷一一三《周太祖紀四》、《五代會要》卷一一補。”見《會要》卷一一水溢條、《輯本舊史》卷一一三《周太祖紀四》廣順三年六月條、《通考》卷二九六《物異考二·水災》。《會要》及《通考》云：“襄州漢江泛溢，壞羊馬城，大城城内水深一丈五尺。”

地震[1]

梁開平二年四月甲寅，地震。[2]

[1]地震：西漢以降，儒者多從天人感應的角度來解釋地震的成因，納入陰陽氣論或《洪範》五行災異説的體系中。《漢書·五行志》將地震歸入《洪範五行傳·思心傳》“金水木火沴土”一目下，與“土”搭配，引“説”曰：“凡思心傷者病土氣，土氣病則金木水火沴之，故曰‘時則有金木水火沴土’。不言‘惟’而獨曰‘時則有’者，非一衝氣所沴，明其異大也。”五行相沴是《洪範五行傳》的發明，打破了先秦以來五行並列相生、相勝的關係，將五行依方位對沖重新搭配。木金東西對沖相沴，火水南北對沖相沴，土居中爲五行之主，故土氣傷則四方金木水火之氣乘而沴之，

所引發的災異爲地變之極，如地震、山崩、地陷、川竭之類。

[2]梁開平二年四月甲寅，地震：《輯本舊史》原無，據《新五代史》卷五九《司天考二》補。

唐同光二年十一月，鎮州地震。[1]

[1]鎮州：州名。治所在今河北正定縣。《輯本舊史》之影庫本粘籤："鎮州，原本作'真州'，今從《五代會要》改正。"見《會要》卷一〇地震條。又，同光二年（924）十一月乙未朔，《輯本舊史》卷三二《唐莊宗紀六》同光二年十月戊午條載"是日（二四）鎮州地震"，《新五代史》卷五九《司天考二》則載"十一月丁巳（二三）地震"，兩者相差一日。

三年十月二十五日夜，[1]魏、博、徐、宿地大震。[2]

[1]十月：《輯本舊史》原作"十一月"，中華書局本有校勘記："本書卷三三《唐莊宗紀七》敘其事云：'（同光三年十一月戊戌）徐州、鄴都上言：十月二十五日夜，地大震。'"如中華書局本有校勘記所言，"十一月"應爲"十月"，亦見本書卷三四《唐莊宗紀八》同光四年正月癸亥（初六）條載："諸州上言，準宣，爲去年十月地震，集僧道起消災道場。"又同卷同年二月丙申（初九）載："上歲十月鄴地大震。"但中華書局本未改，今據上述諸條改。《新五代史》卷五九《司天考二》則載"三年十一月甲寅，地震"。同光三年（925）十月庚申朔，無甲寅；十一月庚寅朔，甲寅爲二十五日。

[2]魏：州名。治所在今河北大名縣。　博：州名。治所在今山東聊城市。　徐：州名。治所在今江蘇徐州市。　宿：州名。治所在今安徽宿州市。

天成三年七月，[1]鄭州地震。[2]

[1]天成：五代後唐明宗李嗣源年號（926—930）。　三年：中華書局本有校勘記："'三年'，《五代會要》卷一〇作'二年'。"

[2]鄭州地震：中華書局本有校勘記："'州'字原闕，據劉本、《五代會要》卷一〇補。"《新五代史》卷五九《司天考二》則載，天成二年十月癸未，地震；十一月辛未，地震；壬申，地震；十二月癸未，地震。十月癸未爲初五；十一月辛未爲二十四日，壬申爲二十五日；十二月癸未爲初六。

長興二年六月，太原地震，自二十五日子時至二十七日申時，[1]二十餘度。左補闕李詳上疏曰：[2]"臣聞天地之道，以簡易示人；鬼神之情，以禍福爲務。王者祥瑞至而不喜，災異見而輒驚，罔不寅畏上玄，思答天譴。臣聞北京地震，[3]日數稍多。臣曾覽國書，伏見高宗時，[4]晉州地震，[5]上謂群臣曰：'豈朕政教之不明，使晉州地震耶？'待中張行成奏曰：[6]'天陽也，地陰也，天陽君象，地陰臣象，君宜轉動，臣宜安静。今晉州地震，彌旬不休，將恐女謁任事，[7]臣下陰謀。且晉州是陛下本封，[8]今地震焉，尤彰其應。伏願深思遠慮，以杜未萌。'又，開元中，[9]秦州地震，尋差官宣慰，兼降使致祭山川，所損之家，委量事安置奏聞。伏惟陛下中興唐祚，起自晉陽，[10]地數震於帝鄉，理合思於天誡。況聖明御宇，于今六年，歲稔時康，人安俗阜。臣慮天意恐陛下忘創業艱難之時，有功成矜滿之意。伏望特委親信，兼選勳賢，且往北京慰安，密令巡察，[11]問黎民之疾苦，嚴山川之祭祀，然後鑒前朝得喪之本，採歷代聖哲之規，崇不諱之風，罷不急之務。”明宗深嘉之，[12]錫以三品章服。[13]

[1]自二十五日子時至二十七日申時：中華書局本有校勘記："'子時'，《五代會要》卷一〇作'未時'。"見《會要》卷一〇地震條。《新五代史》卷五九《司天考二》載："六月壬午，地震。"長興二年六月丁巳朔，壬午爲二十六日。

[2]左補闕：官名。唐始置。掌供奉諷諫，大事廷議，小則上封事。從七品。 李詳：人名。籍貫不詳。五代後唐明宗時任左補闕，後晉時歷任中書舍人、禮部侍郎、工部侍郎、刑部侍郎等。《會要》卷一〇，《輯本舊史》卷四八《唐末帝紀下》清泰三年（936）二月庚午條、卷八三《晉少帝紀三》開運元年（944）七月壬午條，明本《册府》卷一〇一《帝王部·納諫門》長興二年（931）十月條、卷四七六《臺省部·奏議門》作"李祥"；而《輯本舊史》卷四二《唐明宗紀八》長興二年十月辛酉條、卷七八《晉高祖紀四》天福四年九月丙申條，明本《册府》卷四八一《臺省部·輕燥門》等則作"李詳"，爲同一人。

[3]北京：地名。即太原。唐代以太原爲北都，玄宗天寶元年（742）升格爲北京。此後時有反復。

[4]高宗：即李治。唐朝第三位皇帝，650 年至 683 年在位。紀見《舊唐書》卷四至卷五、《新唐書》卷三。

[5]晉州：州名。治所在今山西臨汾市。

[6]侍中：官名。門下省長官，唐前期爲宰相。掌出納帝命、緝熙皇極，總典吏職，贊相禮儀，以和萬邦，以弼庶務。正三品。唐後期成爲榮銜，正二品。 張行成：人名。定州義豐縣（今河北安國市）人。唐高宗時宰相。傳見《舊唐書》卷七八、《新唐書》卷一〇四。

［7］女謁：女寵，引申爲通過有權勢的女子干求請託。此處指武則天。

［8］晋州是陛下本封：唐高宗李治繼位前受封晋王。

［9］開元：唐玄宗李隆基年號（713—741）。

［10］起自晋陽：五代後唐明宗李嗣源係太祖李克用養子，時李克用爲河東節度使，鎮晋陽（太原），與朱梁對峙，李嗣源隨侍左右，屢立戰功。後又輔佐晋王李存勗建立後唐、滅亡後梁。究其功業之始，故云"起自晋陽"。

［11］密令巡察：中華書局本有校勘記："'察'字原闕，據《五代會要》卷一〇、《册府》卷五四七補。"見《會要》卷一〇地震條、《宋本册府》卷五四七《諫諍部·直諫門》李詳條。

［12］明宗：即李嗣源。五代後唐第二位皇帝，926年至934年在位。紀見本書卷三五至卷四四、《新五代史》卷六。

［13］錫以三品章服：中華書局本有校勘記："'三品'，《五代會要》卷一〇、《册府》卷一〇一作'四品'，《册府》卷五四九作'五品'。"見《會要》卷一〇地震條、明本《册府》卷一〇一《帝王部·納諫門》長興二年十月條、《宋本册府》卷五四九《諫諍部·褒賞門》李詳條。

十一月，雄武軍上言，[1]洛陽地震。[2]

［1］雄武軍：方鎮名。治所在秦州（今甘肅天水市）。

［2］洛陽地震：雄武軍遠在秦州，如何能上奏洛陽地震？此條疑有脱訛。

三年八月，秦州地大震。[1]

［1］秦州地大震：中華書局本有校勘記："'大'字原闕，據殿

本、孔本補。”《輯本舊史》卷四三《唐明宗紀九》載：“長興三年九月乙巳，秦州地震。”

漢乾祐二年四月丁丑,[1]幽、定、滄、營、深、貝等州地震,[2]幽、定尤甚。

[1]乾祐：後漢高祖劉知遠、隱帝劉承祐年號（948—950）。北漢亦用此年號。

[2]幽：州名。治所在今北京市。　定：州名。治所在今河北定州市。　滄：州名。治所在今河北滄縣。　營：州名。治所在今遼寧朝陽市。　深：州名。治所在今河北衡水市。　貝：州名。治所在今河北清河縣。　幽、定、滄、營、深、貝等州地震：《輯本舊史》之影庫本粘籤：“深、貝，原本作‘清具’，今從《文獻通考》改正。”《通考》卷三〇一《物異考七・地震門》無五代地震記載。《輯本舊史》卷一〇二《漢隱帝紀中》乾祐二年四月條載：“是月，幽、定、滄、貝、深、冀等州地震。”幽、營兩州在遼境内。

周廣順三年十月，魏、邢、洺等州地震數日,[1]凡十餘度，魏州尤甚。

[1]邢：州名。治所在今河北邢臺市。　洺：州名。治所在今河北邯鄲市永年區。　魏、邢、洺等州地震數日：《輯本舊史》之影庫本粘籤：“邢、洺，原本作‘邢洛’，今從《文獻通考》改正。”其誤同上條校勘記，《會要》卷一〇地震條載該月“魏、邢、洺地震累日，凡十餘度。鄴都宮署内尤甚，屋瓦皆墮”，《輯本舊史》卷一一三《周太祖紀四》該月壬申（二十五日）條亦載“鄴都、邢、洺等州皆上言地震，鄴都尤甚”。

蟲魚禽獸[1]

梁龍德末，[2]許州進緑毛龜，[3]宫中造室以畜之，命之曰“龜堂”。識者以爲不祥之言。[4]

[1]蟲魚禽獸：“蟲魚禽獸”在《五行傳》中分屬於五事、皇極下的“孽”類，魏晋以後固定搭配是：《貌傳》“龜孽”，《言傳》“毛蟲之孽”，《視傳》“羽蟲之孽”，《聽傳》“魚孽”“介蟲之孽”，《思心傳》“蠃蟲之孽”，《皇極傳》“龍蛇之孽”。此處亦屬簡單歸類合併，並未遵循特定的《五行志》體例。

[2]龍德：五代後梁末帝朱友貞年號（921—923）。

[3]許州：州名。治所在今河南許昌市。

[4]“梁龍德末”至“識者以爲不祥之言”：本條亦見《輯本舊史》卷一〇《梁末帝紀下》龍德三年（923）十月戊寅條後所追溯前事。按，此條兼容《貌傳》“龜孽”與《言傳》“詩妖”兩目功能。龜者水居，陰謀之象，有甲，故亦具兵象；“龜堂”係“歸唐”之諧音，故云“不祥之言”。

唐天祐十八年二月，[1]張文禮叛於鎮州，[2]時野河水變，[3]其色如血，游魚多死，[4]浮於水上，識者知其必敗。

[1]天祐：唐昭宗李曄開始使用的年號（904）。唐哀帝李柷即位後沿用（904—907）。唐亡後，河東李克用、李存勗仍稱天祐，沿用至天祐二十年（923）。五代其他政權亦有行此年號者，如南吴、吴越等，使用時間長短不等。

[2]張文禮：人名。燕（今河北北部）人，五代後梁成德節度

留後。傳見本書卷六二。

[3]時野河水變：《輯本舊史》之影庫本原闕“河”字，中華書局本亦未補，今據劉本補。

[4]其色如血，游魚多死：此條前言水變色如血，屬《視傳》“赤眚赤祥”，後又言“游魚多死”，屬《聽傳》“魚孽”。《隋書·五行志》引《洪範五行傳》曰：“魚陰類也，下人象。又有鱗甲，兵之應也。”

十九年，定州王處直卒。[1]先是，處直自爲德政碑，[2]建樓於衙城内，言有龍見。人或覩之，[3]其狀乃黄么蜥蜴也，而不畏人。[4]處直以爲神異，造龍床以安之。又，城東麥田中，有群鵲數百，平地爲巢，[5]處直以爲己德所感，令人守之。[6]識者竊論曰：“蟲蛇陰物，比藏山澤，今據屋室，人不得而有也。[7]鵲巢於樹，固其所也；今止平地，失其所也。[8]南方爲火，火主禮，禮之壞則羽蟲失性，以文推之，上失其道，不安於位之兆也。”果爲其子都所廢。[9]

[1]王處直：人名。京兆萬年（今陝西西安市長安區）人。唐末五代義武軍節度使。傳見本書卷五四、《新五代史》卷三九。

[2]德政碑：古代碑刻的一種形制，撰文書丹以頌揚執政者的功績。早期有較爲嚴格的立碑流程，一般由吏民上請，經朝廷審核、批準後方可立碑。唐後期逐漸泛濫，藩鎮自行立碑者不乏其人。

[3]人或覩之：《輯本舊史》原闕“人”字，據《宋本册府》卷九五一《總録部·咎徵門》王處直條補。

[4]而不畏人：《輯本舊史》原闕，據《宋本册府》卷九五一

《總録部·咎徵門》補。

［5］有群鵲數百，平地爲巢：中華書局本有校勘記："'數百''爲巢'，《册府》卷九五一作'數十''共巢'。"

［6］令人守之：《輯本舊史》原闕，據《宋本册府》卷九五一《總録部·咎徵門》補。

［7］按，王處直德政碑樓中有蜥蜴，曲解成龍，以爲祥瑞。"識者"所論並不糾纏於龍的真僞，而是將焦點放在了"龍"的屬性上。《洪範五行傳》有"蛇龍，陰類"之説，陰者處下，寓意下人反叛。龍蛇既爲陰類，當潛伏淵底、山中，出入有時，今據人屋，"非其所處"，故爲異。

［8］"鵲巢於樹"至"失其所也"：中華書局本有校勘記："以上十六字原闕，據《册府》卷九五一補。"按，群鵲平地爲巢，王處直以爲是自己德政所化，是祥瑞。"識者"同樣是以"非其所處"來判定其爲災異。群鵲屬《視傳》"羽蟲之孽"，《視傳》與五行之"火不炎上"搭配，故"識者"從"群鵲"逆推至"火"性，進而推導出王處直失禮、失道，將招致"不安於位"之禍。

［9］其子都：即王都。中山陘邑（今河北定州市）人。本名劉雲郎，後爲王處直養子，殺王處直，代爲義武節度使。傳見本書卷五四。

應順元年閏正月丙寅辰時，[1]唐閔帝幸至德宫，[2]初出興教門，[3]有飛鳶自空而落，死於御前，是日，大風晦冥。

［1］應順：五代後唐愍帝（閔帝）李從厚年號（934）。

［2］唐閔帝：即五代後唐閔帝李從厚。934年在位。紀見本書卷四五、《新五代史》卷七。　至德宫：宫名。五代後唐天成元年（926）築。位於今河南洛陽市。

[3]興教門：城門名。唐五代洛陽城皇宫南面三門之一。

清泰元年十月辛未巳時，有雉金色，自南飛入中書，止於政事堂屋脊上，[1]吏驅之不去，良久又北飛。是日，民家得之。[2]

[1]止於政事堂屋脊上："屋脊上"，《輯本舊史》原作"之上"，據《會要》卷一一雜災變條改。《會要》此條下尚有小注："其月，僕射、平章事李愚罷相，守本官吏部尚書，劉昫罷相，守右僕射。"

[2]按，中書政事堂乃議政之所，雉本不當入其地，今雉飛南入中書，預示執政者不當居此位，故其月李愚、劉昫罷相。雉又北飛，民家得之，京房《易飛候》曰："野鳥入君室，其邑虚，君亡之他方。"似預示後唐之滅亡。

二年，鄴西李固鎮，[1]有大鼠與蛇鬭於橋下，鬭及日之申，[2]蛇不勝而死。[3]

[1]李固鎮：地名。即固鎮。位於今在河北武安市區西南部。

[2]鬭及日之申：中華書局本有校勘記："申"，原作"中"，據本書《晋高祖紀一》改。按本書卷七五《晋高祖紀一》下文云："後唐末帝果滅於申。"見《輯本舊史》卷七五《晋高祖紀一》追述晋高祖即位前之"徵兆"，其下尚有"行人觀者數百，識者志之，後唐末帝果滅於申"。後唐滅於清泰三年（936），爲丙申年。

[3]蛇不勝而死：《御覽》卷九三三《鱗介部五·蛇上》引《晋史》，"蛇不勝而死"後尚有"行人觀者志之，後唐果滅於申"。

三年三月戊午，有蛇鼠鬭於洛陽師子門外，[1]而鼠殺蛇。夏四月戊子，熊入市，[2]形如人，搏人。又一熊自老君廟南走向城，[3]會車駕幸近郊，從官射之而斃。[4]

[1]洛陽：地名。治所在今河南洛陽市。

[2]熊入市：《輯本舊史》卷四八《唐末帝紀下》清泰三年(936)四月條作"有熊入京城"。

[3]老君廟：廟名。位於今河南洛陽市西北。

[4]按，熊入市、熊入城均爲"野獸入邑"的敘述模式，屬《言傳》"毛蟲之孽"。在古人的觀念裏，城邑是人類聚居的地方，野獸應該活動於深山叢林，人與獸的活動範圍有着嚴格的界限。人類進山打獵或因爲其他原因闖入野獸的勢力範圍，是正常的；反過來，野獸要是闖入了人類的勢力範圍就是非常嚴重的事情了，預示了災禍即將降臨。故京房《易飛候》曰："野獸入邑，及至朝廷若道，上官府門，有大害，君亡。"

漢乾祐三年正月，有狐出明德樓，[1]獲之，比常狐毛長，腹别有二足。[2]

[1]有狐出明德樓：京房《易飛候》曰："狐入君室，室不居。"與上條"熊入市"屬同一類型。

[2]腹别有二足：此狐有六足，京房《易傳》曰："足多者，所任邪也；足少者，不勝任也。"

周廣順三年六月，河南、河北諸州旬日内無烏，[1]既而聚澤、潞之間山谷中，[2]集於林木，壓樹枝皆折。是年，人疾疫死者甚衆。至顯德元年，[3]河東劉崇爲周師所敗，[4]伏尸流血，故先萌其兆。[5]

[1]河南、河北諸州旬日内無烏：《輯本舊史》原無“河北”二字，中華書局本有校勘記：“‘河北’，《五代會要》卷一一、《文獻通考》卷三一二作‘河南河北’。”見《會要》卷一一雜災變條、《通考》卷三一二《物異考一八·羽蟲之異門》。又見《輯本舊史》卷一一三《周太祖紀四》廣順三年（953）六月條及《大典》卷二三四五“烏”字韻“烏集林木”事目，故在“河北”前補“河南”二字，中華書局本未補。

[2]澤：州名。治所在今山西澤州縣。　潞：州名。治所在今山西長治市。

[3]顯德：五代後周太祖郭威年號，世宗柴榮、恭帝柴宗訓沿用（954—960）。

[4]河東：方鎮名。治所在太原府（今山西太原市）。　劉崇：人名。即劉旻。太原（今山西太原市）人。五代後漢高祖劉知遠從弟。後漢時任太原尹，專制一方。後周代漢，劉崇稱帝於太原，國號漢，史稱北漢。傳見本書卷一三五、《新五代史》卷七〇。

[5]按，“烏集”屬《視傳》“羽蟲之孽”，又爲《聽傳》“黑祥”，乃視之不明、聽之不聰之罰。

顯德元年三月，潞州高平縣有鵲巢於縣郭之南平地，[1]巢中七八雛。

[1]高平縣：縣名。治所在今山西高平市。

蝗[1]

梁開平元年六月，許、陳、汝、蔡、潁五州蝝生，[2]有野禽群飛蔽空，食之皆盡。[3]

［1］蝗：蝗屬《聽傳》“介蟲之孽”，《漢書·五行志》引“説”曰：“介蟲孽者，謂小蟲有甲飛揚之類，陽氣所生也，於《春秋》爲螽，今謂之蝗，皆其類也。”

［2］陳：州名。治所在今河南淮陽縣。　汝：州名。治所在今河南汝州市。　蔡：州名。治所在今河南汝南縣。　蝝：蝗蟲的幼蟲。

［3］按，“飛鳥食蝗”是一種德政敘述模式，可以看作是“飛蝗出境”書寫模式的變體（參見孫正軍《中古良吏書寫的兩種模式》，《歷史研究》2014年第3期），此條的主旨已經不是災異，而是祥瑞了。

唐同光三年九月，鎮州奏，飛蝗害稼。

晉天福七年四月，山東、河南、關西諸郡蝗害稼，至八年四月，天下諸道州飛蝗害田，[1]食草木葉皆盡。詔州縣長吏捕蝗。華州節度使楊彦詢、雍州節度使趙瑩命百姓捕蝗一斗，[2]以禄粟一斗償之。[3]時蝗旱相繼，人民流移，饑者盈路，關西餓殍尤甚，死者十七八。朝廷以軍食不充，分命使臣諸道括粟麥，晉祚自兹衰矣。

［1］天下諸道州飛蝗害田：《輯本舊史》原闕“道”字，據《會要》卷一一蝗條補。

［2］華州：州名。治所在今陝西渭南市華州區。　楊彦詢：人名。河中寶鼎（今山西萬榮縣）人，五代後唐、後晋大臣，傳見本書卷九〇、《新五代史》卷四七。《舊五代史考異》：“案：原本作‘彦珣’，今從列傳改正。”《會要》卷一一亦作“彦詢”。　雍州：州名。治所在今陝西西安市。　趙瑩：人名。華州華陰（今陝西渭南市）人，五代後唐、後晋大臣，曾任宰相。傳見本書卷八九、

《新五代史》卷五六。

[3]以禄粟一斗償之：《輯本舊史》卷八九《趙瑩傳》作"給粟一斗"，同書卷九〇《楊彦詢傳》亦載以粟假貸事，但"禄粟"作"官粟"。

漢乾祐元年七月，青、鄆、兖、齊、濮、沂、密、邢、曹皆言蝝生。[1]開封府奏，[2]陽武、雍丘、襄邑等縣蝗，[3]開封尹侯益遣人以酒肴致祭，[4]尋爲鸜鵒食之皆盡。[5]敕禁羅弋鸜鵒，以其有吞蝗之異也。[6]

[1]青：州名。治所在今山東濰坊市。　齊：州名。治所在今山東濟南市。　濮：中華書局本有校勘記："原作'漢'，據殿本、劉本、《五代會要》卷一一、《文獻通考》卷三一四改。"見《會要》卷一一蝗條、《通考》卷三一四《物異考二〇・蝗蟲》。　沂：州名。治所在今山東臨沂市。　密：州名。治所在今山東諸城市。

[2]開封府：府名。五代後漢都城。治所在今河南開封市。

[3]陽武：縣名。治所在今河南原陽縣。　雍丘：縣名。治所在今河南杞縣。　襄邑：縣名。治所在今河南睢縣。

[4]開封尹：官名。即開封府尹。五代除後唐外均都汴州，升汴州爲開封府，置開封尹或知開封府事。執掌京師政務。從三品。　侯益：人名。汾州平遥（今山西平遥縣）人，五代後唐至後周大臣。傳見《宋史》卷二五四。

[5]鸜（qú）鵒（yù）：亦作鴝鵒。鳥名，即八哥。《春秋左傳正義》昭公二十五年："有鸜鵒來巢。"楊伯峻注："鸜同鴝，音劬。鸜鵒即今之八哥。"

[6]"開封府奏"至"以其有吞蝗之異也"：《御覽》卷九五〇《蟲豸部七・蝗》引《漢實録》略同。此條亦爲"飛鳥食蝗"的德政敘述模式。

二年五月，博州奏，有蝝生，化爲蝶飛去。[1]宋州奏，蝗一夕抱草而死，差官祭之。[2]

[1]博州奏，有蝝生，化爲蝶飛去：《御覽》卷九四五《蟲豸部二・蝴蝶》引《漢實録》："右監門衛大將軍許遷言：'臣奉命博州，至博平縣戴村，有蝝彌亘數里，一夕言並化蝶飛去。'"《輯本舊史》卷一〇二《漢隱帝紀中》乾祐二年（949）五月己未條與此略同。

[2]按，這兩條所記均係蝗災自然消除，在以往《五行志》對蝗的敘述模式中未見。

火

唐天成四年十一月，汝州火，燒羽林軍營五百餘間。先是，司天奏，[1]熒惑入羽林，[2]飭京師爲火備，至是果應。

[1]司天：官（署）名。即司天監。唐、五代司天監的長官即稱司天監，曾隨其官署改稱過太史令、秘書閣郎中、渾天監等。掌天文、曆法以及占候等事。參見趙貞《唐宋天文星占與帝王政治》，北京師範大學出版社2016年版。

[2]熒惑：星名。指火星。熒惑在古代是不祥的象徵，此處將"熒惑入羽林"直解爲"火入羽林"。

長興二年四月辛丑，汴州封禪寺門扉上欻然火起，[1]延燒近寺廬舍。[2]是月，衛州奏，[3]黎陽大火。[4]先是，下詔於諸道，令爲火備，至是驗之。[5]

[1]封禪寺：寺名。初建於北齊天保十年（559），名獨居寺。唐玄宗開元十七年（729）詔改爲封禪寺，宋太祖開寶三年（970）改爲開寶寺。遺址在爲河南開封市鐵塔公園。　歘（xū）然：亦作欻然，忽然、疾速貌。

[2]延燒近寺廬舍：《輯本舊史》原闕“寺廬”二字，據《通考》卷二九四《物異四·火滅門》補。

[3]衛州：州名。治所在今河南衛輝市。

[4]黎陽：縣名。治所在今河南浚縣。

[5]按，漢唐《五行志》編纂的基本原則是災異書寫，《春秋繁露》卷八《必仁且智》曰：“凡災異之本，盡生於國家之失。國家之失乃始萌芽，而天出災害以譴告之；譴告之而不知變，乃見怪異以驚駭之，驚駭之尚不知畏恐，其殃咎乃至。”故其書寫的邏輯是將災異視作預兆和警示。此條中既然已經先下詔各地令爲火備，再以汴州、衛州大火作爲驗證，其實與漢唐《五行志》的書寫邏輯不合。

三年十二月壬戌，懷州軍營内三處火光自起，[1]人至即滅，並不焚燒舍宇。明宗謂侍臣曰：“火妖乎？”[2]侍臣曰：“恐妖人造作，宜審詰之。”

[1]懷州：州名。治所在今河南沁陽市。

[2]火妖：“妖”是漢唐《五行志》的一個基本概念。《五行志》據《洪範五行傳》在“五事”“皇極”下設置了妖、孽、禍、痾、眚、祥、沴七類細目，《漢書·五行志》引“説”曰：“凡草物之類謂之妖。妖猶夭胎，言尚微。蟲豸之類謂之孽。孽則牙孽矣。及六畜，謂之禍，言其著也。及人，謂之痾。痾，病貌，言寖深也。甚則異物生，謂之眚。自外來，謂之祥。祥，猶禎也。氣相傷，謂之沴。沴猶臨莅，不和意也。”這七類雖有各自的名稱和使

用範圍，但並不是不可逾越的。漢唐時期經疏家認爲這七類“以積漸爲義”，“大旨皆是妖也”（參見《左傳》宣公十五年五月條）。所以，《五行志》裏的“妖”具有雙重性。一方面“妖”是通名，這七類均可稱作“妖”，如“惰略嘉禮不肅之妖”“言不從之妖”“金失其性而爲妖”“常燠赤祥之妖”“霿之妖”等等，顯示出“妖”概念的泛化。另一方面，“妖”又指代具體的災異，災異被以各種各樣的特定名稱分門别類納入一個龐大的闡釋體系中。此條就是將怪異的火災直接視爲“火妖”。

晋天福三年十一月，襄州奏，火燒居民千餘家。

九年春，左龍武統軍皇甫遇從少帝禦契丹於鄆州北，[1]將戰之夕，有火光熒熒然，生於牙竿之上。[2]

[1]左龍武統軍：官名。唐置，掌宫禁宿衛。唐初護衛宫禁者爲飛騎，唐太宗從飛騎中選拔驍勇之士組建成“百騎”，作爲騎從護衛。經武則天、唐中宗擴編爲“萬騎”，分爲左右營，置使以統之。開元二十七年（739），“萬騎”左右營改爲左右龍武軍。各置大將軍一人，正三品；將軍二人，從三品。　皇甫遇：人名。常山（今河北正定縣）人，五代後唐、後晋大臣。傳見本書卷九五、《新五代史》卷四七。　少帝：即五代後晋少帝石重貴。943 年至 946 年在位。紀見本書卷八一至卷八五、《新五代史》卷九。　契丹：古部族、政權名。公元 4 世紀中葉宇文部爲前燕攻破，始分離而成單獨的部落，自號契丹。唐貞觀中，置松漠都督府，以其首領爲都督。唐末强盛，916 年迭剌部耶律阿保機建立契丹國（遼）。先後與五代、北宋並立，保大五年（1125）爲金所滅。參見張正明《契丹史略》，中華書局 1979 年版。

[2]按，牙竿是軍隊中牙旗的旗竿，具發布信息、號令之功能。漢唐《五行志》所載與牙竿有關者，無不預示着戰敗，如《晋

書·五行志》："安帝元興元年正月丙子，會稽王世子元顯將討桓玄，建牙竿于揚州南門，其東者難立，良久乃正。近沴妖也。而元顯尋爲玄所擒。"《新唐書·五行志》："天寶十四載十二月，哥舒翰帥師守潼關，前軍啓行，牙門旗至坊門，觸落槍刃，衆以爲不祥。"戰前牙竿上有火光，其不祥之意明顯。但天福九年（944）皇甫遇在鄆州北津與契丹一役，其結果是契丹大敗，溺死者數千人，皇甫遇因功拜滑州節度使。事應與預兆不能相合，再次説明本志之編纂並未遵循漢唐《五行志》慣常的書寫模式。

周顯德五年四月，吴越王錢俶奏，[1]十九日夜，[2]杭州火，[3]焚燒府署殆盡。世宗命中使賫詔撫問。[4]

[1]吴越：政權名。五代十國時期十國之一。907年朱温册封錢鏐爲吴越王，923年，錢鏐正式建立吴越政權。978年，錢俶納土歸宋，吴越亡。　錢俶：人名。吴越第五位王，947年至978年在位。傳見本書卷一三三、《新五代史》卷六七。《輯本舊史》卷一〇一至卷一〇三《漢隱帝紀》作"錢弘俶"，卷一一一至卷一二〇《周太祖紀》《世宗紀》《恭帝紀》作"錢俶"，《通考》卷二九八《物異考四·火災門》亦作"錢弘俶"，《宋史》卷四八〇《世家三·吴越錢氏》云，錢俶"本名弘俶，以犯宣祖偏諱去之"。宋太祖父弘殷，宋建國後追尊爲帝，廟號宣祖。

[2]十九日夜："十九日"，中華書局本從《輯本舊史》作"十日"，《輯本舊史》卷一一八《周世宗紀五》顯德五年（958）四月丁丑（二六）條載："兩浙奏，四月十九日杭州火，廬舍府署延燒殆盡。"有火災日及上奏曰，故據改。

[3]杭州：州名。治所在今浙江杭州市。

[4]世宗：即五代後周世宗柴榮。955年至959年在位。紀見本書卷一一四至卷一一九、《新五代史》卷一二。

草木石冰[1]

梁開平元年春正月,[2]潞州軍前李思安奏,[3]壺關縣庶穰鄉村人因伐樹倒,[4]自分爲兩片，内有六字，皆如左書,[5]曰“天十四載石進”，乃圖其狀以進。梁祖異之,[6]命示百官，莫有詳其義者。及晋高祖即位，人以爲雖有國姓,[7]計其甲子則二十有九年矣。識者曰：“‘天’字取‘四’字中兩畫加之於傍，則‘丙’字也；‘四’字去中間兩畫加‘十’字，則‘申’字也。晋祖即位之年，乃丙申也。”[8]

[1]按，“草”屬《視傳》“草妖”，“木”“冰”屬五行之“木不曲直”，“石”屬五行之“金不從革”，此處亦屬簡單歸類合併，並未遵循特定的《五行志》體例。

[2]梁開平元年春正月：“元年”，《輯本舊史》原作“三年”，明本《册府》卷二一《帝王部·徵應門》晋高祖條繫於天祐四年(907)，《通鑑》記於卷二六六梁太祖開平元年（907）八月丁巳條，爲同一年。中華書局本有校勘記：“本書卷七五《晋高祖紀一》繫其事於唐天祐四年。按天祐四年即開平元年，至晋高祖即位正二十九年。”亦爲同一年，但中華書局本未改，今據上述諸書改。但《輯本舊史》卷一九《李思安傳》載，開平元年春，伐幽州。軍迴，率諸軍伐潞，累月不克。同書卷二六《唐武皇紀下》繫此事於該年五月，《通鑑》卷二六六繫此事於該年八月丁巳（十一），諸説不一，但春正月必誤。

[3]李思安：人名。河南陳留（今河南開封市陳留鎮）人，五代後梁大臣。傳見本書卷一九。

[4]壺關縣：縣名。治所在今山西壺關縣。　庶穰：《輯本舊

史》之影庫本粘籤："庶穰，原本作'康穰'，考《五代會要》作'庶穰'，《薛史·晋高祖紀》亦作'庶'，今改正。"《會要》無此記載。明本《册府》卷二一《帝王部·徵應門》亦作"庶穰"。

[5]左書：即隸書。

[6]梁祖：即五代後梁太祖朱温。907 年至 912 年在位。紀見本書卷一至卷七、《新五代史》卷一至卷二。

[7]國姓：後晋爲石敬瑭所建，故以"石"爲國姓。中華書局本有校勘記："'國姓'，原作'圖姓'，據《册府》卷二一改。"見明本《册府》卷二一《帝王部·徵應門》。

[8]按，此處使用拆字法來解釋"天十四載石進"，其基點在於"石"爲後晋國姓，故將"天十四"三字拆解並重新組合成"丙申"二字，以與後晋建立的時間相合。此異象對後梁而言屬災異，對後晋則屬祥瑞。

唐天祐五年，潞州長柳巷田家有殭桃樹，[1]伐已經年，[2]舊坎猶在，其仆木一朝屹然而起，行數十步，復於舊坎，其家駭異，倉皇散走。議者以漢昭帝時，上林仆木起生枝，時蟲蠹成文而宣帝興。[3]今木理成文，仆而重起，乃莊宗中興之兆也。[4]

[1]潞州：《輯本舊史》原闕，中華書局本因之，今據《御覽》卷九六七《果部四·桃》引《後唐史》補。

[2]伐已經年：中華書局本有校勘記："'伐已'二字原闕，據《御覽》卷九六七引《後唐史》、《册府》卷二一補。"見明本《册府》卷二一《帝王部·徵應門》後唐莊宗條。

[3]"議者以漢昭帝時"至"時蟲蠹成文而宣帝興"：此事見載於《漢書·五行志》："昭帝時，上林苑中大柳樹斷仆地，一朝起立，生枝葉，有蟲食其葉，成文字，曰'公孫病已立'。又昌邑王

國社有枯樹復生枝葉。眭孟以爲木陰類，下民象，當有故廢之家公孫氏從民間受命爲天子者。昭帝富於春秋，霍光秉政，以孟妖言，誅之。後昭帝崩，無子，徵昌邑王賀嗣位，狂亂失道，光廢之，更立昭帝兄衛太子之孫，是爲宣帝。帝本名病已。”

[4]莊宗：即五代後唐莊宗李存勗。923 年至 926 年在位，紀見本書卷二七至卷三四、《新五代史》卷五。　乃莊宗中興之兆也：明本《册府》卷二一作“亦李氏中興之符也”。按，此條所記爲“枯木復生”現象。漢唐時期對這一現象的解讀有截然相反的兩種説法。一種視之爲災異，京房《易傳》曰：“枯楊生稊，枯木復生，人君亡子。”這種解讀被《五行志》所接受，進而擴大，象徵不可久長、人君無子、國有大喪、後宫專恣、權臣執政等。另一種視之爲祥瑞，“復生”有更新、重獲生機之義，常被看作是善政、孝行乃至天命所歸、帝國中興的象征。尤其是在唐代，幾乎與“中興”劃上了等號。參見羅亮《草妖或祥瑞：“枯樹再生”與前蜀建國》，《中國史研究》2021 年第 1 期。故此條所載，實爲祥瑞。

同光元年冬十二月辛卯，亳州太清宫道士上言，[1]玄元皇帝殿前枯檜再生一枝，[2]畫圖以進。[3]

[1]亳州：《輯本舊史》之影庫本粘籤：“亳州，原本作‘濠州’，今從《五代會要》改正。”見《會要》卷一二觀條後之雜録條。《輯本舊史》卷三〇《唐莊宗紀四》、明本《册府》卷二五《帝王部·符瑞門》載此事更詳，亦作“亳州”。

[2]玄元皇帝：即老子李耳。唐朝奉老子爲始祖，666 年唐高宗李治追封老子爲“太上玄元皇帝”。

[3]按，此條所載亦是枯木復生，係五代後唐莊宗中興唐祚之祥瑞。

清泰末年，末帝先人墳側古佛刹中石像忽然摇動不已，[1]觀者咸訝焉。[2]

[1]末帝：即五代後唐末帝李從珂。934年至936年在位，紀見本書卷四六至卷四八、《新五代史》卷七。　先人墳：祖先的墳墓。李從珂本姓王，其母魏氏被後唐明宗李嗣源納爲妾時，李從珂已經十歲，被李嗣源收爲養子。稱“先人墳”而不稱陵，故並非後唐諸帝陵墓，而是李從珂本姓祖先墳墓。　墳側古佛刹：即墳寺。建造在墳墓旁邊的佛寺，一般是子孫爲供養、祭祀祖先所建，屬家廟性質，五代以後逐漸興盛，也稱“功德墳寺”。

[2]“清泰末年”至“觀者咸訝焉”：本條亦見《大典》卷一三〇八二“動”字韻“物自動”事目。按，劉歆有“金石同類”一説，與“石”相關的災異在漢唐《五行志》中都歸入“金不從革”，《洪範五行傳》曰：“好戰攻，輕百姓，飾城郭，侵邊境，則金不從革。”災異論認爲，“金”偏指兵械，與戰事相關；五行方位中金對應西方，代表肅殺之氣。故墳寺中石像摇動不已，預示着國本動摇，將有戰事，是後唐覆滅的先兆。

晉開運元年七月一日，少帝御明德門，[1]宣赦改元。是日，遇大雷雨，門内有井亭，亭有石盆，有走水槽，槽有龍首，其夕悉飄行數十步，而龍首斷焉。識者曰：“石，國姓也，此兆非祥，石氏其遷乎？其絶乎？”[2]

[1]明德門：城門名。東京（今河南開封市）城内宫城南面中門。

[2]“晉開運元年七月一日”至“其絶乎”：本條亦見《輯本舊史》卷八三《晉少帝紀三》開運元年七月辛未朔條：“是日宣赦

未畢，會大雷雨，匆遽而罷。時都下震死者數百人，明德門内震落石龍之首，識者以爲‘石’乃國姓，蓋不祥之甚也。”

二年正月，汴州封丘門外，[1]壕水東北隅水上有文，[2]若大樹花葉芬敷之狀，[3]相連數十株，宛若圖畫，傾都觀之。識者云：“唐景福中，[4]盧彦威鎮浮陽，[5]壕水有樹文亦如此，時有高尼辭郡人曰：‘此地當有兵難。’至光化元年，[6]其都果爲燕帥劉仁恭所陷。”[7]

[1]封丘門：城門名。五代後梁都城開封城北墻西門。位於今河南開封市。

[2]汴州封丘門外，壕水東北隅水上有文：《會要》卷一一雜災變條作“東京封邱門外石壕内有文”，《輯本舊史》卷八三《晉少帝紀三》開運二年正月條作“京城北壕春冰之上有文”。

[3]芬敷：芬，通“紛”；敷，鋪開、擴展。

[4]景福：唐昭宗李曄年號（892—894）。

[5]盧彦威：人名。籍貫不詳。五代軍閥。事見《通鑑》卷二六七。　鎮：中華書局本有校勘記：“‘鎮’字原闕，據《五代會要》卷一一補。”　浮陽：縣名，治所在今河北滄縣。《會要》卷一一作“滄州”。

[6]光化：唐昭宗李曄年號（898—901）。　至光化元年：《輯本舊史》原作“至光化中”，《通鑑》卷二六一繫此事於光化元年三月，光化前後有四年，元年不當言“中”，據改。中華書局本沿《輯本舊史》未改。

[7]劉仁恭：人名。深州（今河北深州市）人，唐末幽州節度使。光化元年正月，劉仁恭欲吞噬河朔，遣其子劉守文攻打滄州，盧彦威棄城而走，劉守文乃據之，自稱留後。傳見本書卷一三五、《新五代史》卷三九。

三年九月，大水，太原葭蘆茂盛，[1]最上一葉如旗狀，皆南指。十二月己丑，雨，木冰。[2]是月戊戌，霜霧大降，草木皆如冰。

[1]葭（jiā）蘆：即蘆葦。葭，初生的蘆葦，《詩·召南·騶虞》："彼茁者葭，壹發五豝。"毛傳："葭，蘆也。"

[2]雨，木冰：《洪範五行傳》曰："陰之盛而凝滯也。木者少陽，貴臣象也。將有害，則陰氣脅木，木先寒，故得雨而冰襲之。木冰一名介，介者兵之象也。""雨，木冰"一般預示貴臣作亂，人主身死。

漢乾祐元年八月，李守貞叛于河中，[1]境内蘆葉皆若旗旒之狀。[2]

[1]李守貞：人名。孟州河陽（今河南孟州市）人。五代後晋、後漢大臣。其爲河中節度使，後漢隱帝劉承祐繼位後，李守貞聯合鳳翔節度使王景崇、永興軍節度使趙思綰一起發動叛亂，自封爲秦王，乾祐二年（949）被樞密使郭威所敗，舉家自焚而死。傳見本書卷一〇九、《新五代史》卷五二。　河中：方鎮名。治所在河中府（今山西永濟市）。

[2]"漢乾祐元年八月"至"境内蘆葉皆若旗旒之狀"：中華書局本有校勘記："以上二十四字原闕，據殿本、劉本、孔本補。影庫本批校：'原本尚有"漢乾祐元年"一條，今脱去。'"

周廣順三年春，樞密使王峻遥鎮青州，[1]有司制旍節以備迎授。[2]前夕，其節有聲。主者曰："昔後唐長興中，安重誨授河中，[3]其節亦有聲，斯亦木之妖也。"[4]

《永樂大典》卷八千六百十九。[5]

[1]樞密使：官名。唐置，原爲宦官機構樞密院的主官，掌接受表奏及向中書門下傳達皇帝旨意。五代後梁時改由士人充任，備顧問、參謀議，其後漸被武臣所掌控，權侔宰相。　王峻：人名。相州（今河南安陽市）人。五代將領，後周樞密使、宰相。傳見本書卷一三〇、《新五代史》卷五〇。

[2]旄節：亦作“髦節”“毛節”。使臣所持之信物。以竹爲柄，以犛牛尾爲垂飾。

[3]安重誨：人名。應州（今山西應縣）人。五代後唐大臣。傳見本書卷一三〇、《新五代史》卷二四。

[4]“周廣順三年春”至“斯亦木之妖也”：本條亦見《輯本舊史》卷一三〇《王峻傳》及《宋本册府》卷九五一《總録部·咎徵門》。

[5]《永樂大典目録》卷八六一九“行”字韻“唐書五行志（二）”事目，卷八六二〇爲“行”字韻“宋史五行志”事目，應爲《大典目録》卷八六一九漏注“五代史五行志”事目。

舊五代史　卷一四六

食貨志[1]

[1]《輯本舊史》之案語："《薛史·食貨志序》，《永樂大典》原闕，卷中唯鹽法載之較詳，其田賦、雜税諸門，僅存大略，疑明初《薛史》已有殘闕也。今無可採補，姑存其舊。"

梁祖之開國也，屬黄巢大亂之餘，以夷門一鎮，外嚴烽候，内辟汙萊，厲以耕桑，薄其租賦，士雖苦戰，民則樂輸，二紀之間，俄成霸業。[1]及末帝與莊宗對壘於河上，河南之民，雖困於輦運，亦未至流亡，其義無他，蓋賦斂輕而丘園可戀故也。[2]及莊宗平定梁室，任吏人孔謙爲租庸使，峻法以剥下，厚斂以奉上，民産雖竭，軍食尚虧。[3]加之以兵革，因之以饑饉，不三四年，以致顛隕，其義無他，蓋賦役重而寰區失望故也。[4]

[1]黄巢：人名。曹州冤句（今山東菏澤市）人。唐末農民起義領袖。傳見《舊唐書》卷二〇〇下、《新唐書》卷二二五下。　大亂之餘："餘"原作"後"，中華書局本有校勘記："'後'，《容齋三筆》卷一〇引《舊史》作'餘'。"但未改，今據《容齋三筆》卷一〇朱梁輕賦條改。　夷門：地名。原指戰國魏都大梁城東門，故址在今河南開封城内東北隅。夷門位於夷山，夷山因山勢平夷而得名，故門亦以山爲名。此處代指以開封爲治所的宣武軍。　薄其

租賦：中華書局本有校勘記："'其'，原作'以'，據《容齋三筆》卷一〇引《舊史》改。"今從。

[2]末帝：即朱友貞。朱温第三子。鳳曆元年（913）殺其兄友珪自立。即位後連年與河東李存勗争戰，龍德三年（923），後唐軍陷洛陽，友貞自殺，後梁亡。紀見本書卷八至卷一〇、《新五代史》卷三。　莊宗：即李存勗。代北沙陀部人，後唐開國皇帝。紀見本書卷二七至卷三四、《新五代史》卷四至卷五。　河南：府名。治所在今河南洛陽市。

[3]孔謙：人名。魏州（今河北大名縣）人。後唐大臣，善聚斂錢財，爲李存勗籌畫軍需。傳見本書卷七三、《新五代史》卷二六。　租庸使：官名。唐代爲主持催徵租庸地税的財政官員。後梁、後唐時，租庸使取代鹽鐵、度支、户部，爲中央財政長官。

[4]"梁祖之開國也"至"失望故也"：《輯本舊史》之原輯者案語："以上見《容齋三筆》所引《薛史》，繹其文義，當係《食貨志序》，今録於卷首。"檢《文獻通考》卷三《田賦考三·歷代田賦之制》，亦從《容齋三筆》卷一〇朱梁輕賦條中全録上段文字。

租税[1]

[1]此目名《輯本舊史》原無，據内容補。下同。

梁開平元年，既受唐禪，兩税之法，咸因唐制。[1]

[1]開平：後梁太祖朱温年號（907—911）。　兩税：唐德宗朝以後，實行兩税法，分夏、秋兩次徵收土地税，是國家的基本税賦。　"梁開平"至"唐制"：此條《輯本舊史》原無，據明本《册府》卷四八八《邦計部·賦税門二》補。"梁開平元年"，明本

《册府》卷四八八原作“梁太祖開平元年”，爲符合本書之體例，省去“太祖”二字。下引《册府》及他書亦同。

唐同光二年二月己巳敕：[1]“歷代以來，除桑田正税外，只有茶、鹽、銅、鐵出山澤之利，有商税之名，其餘諸司，并無税額。[2]僞朝已來，通言雜税，有形之類，無税不加，爲弊頗深，興怨無已。[3]今則軍需尚重，國力未充，猶且權宜，未能全去。見檢天下桑田正税，除三司上供，既能無漏，則四方雜税，必可盡除。[4]仰所司速檢勘天下州府户口正額、墾田實數，待憑條理，以息煩苛。”[5]

[1]同光：後唐莊宗李存勗年號（923—926）。

[2]桑田正税：即夏秋兩税。“桑田”代指土地。“兩税”爲土地税，是國家基本賦税，故稱“正税”。　茶：指茶税、茶課。茶税始於唐德宗建中元年（780），歷代承之。　鹽：指鹽税、鹽課。唐初不收鹽税。唐先天元年（712）起徵。　山澤之利：對山林川澤産出的徵税。《墨子·尚賢中》：“收斂關市山林澤梁之利，以實官府”。此處指种茶煮鹽、銅鐵冶煉的官府專賣收入。

[3]雜税：泛指正税之外各種苛細的税收。

[4]三司：爲鹽鐵司、度支司、户部司的合稱。　上供：地方上交中央的税賦。唐憲宗時設上供之法，規定地方財賦分爲三份，一份上供中央，一份送節度使，一份留於各州，簡稱上供、送使、留州。　除：意爲免除、蠲免、放免。

[5]“唐同光”至“以息煩苛”：此條《輯本舊史》原無，據明本《册府》卷九二《帝王部·赦宥門十一》、卷四八八《邦計部·賦税門二》補。《輯本舊史》卷三一《唐莊宗紀五》同光二年

(924）二月己巳條載莊宗“親祀昊天上帝於圜丘，禮畢……還御五鳳樓宣制”。並録此制最後一句：“仰所司速檢勘天下州府户口正額、墾田實數，待憑條理，以息煩苛。”

三年二月甲子，[1]敕：“魏府小菉豆税，每畝減放三升。[2]城内店宅園圃，比來無税，頃因僞命，遂有配徵。[3]後來以所徵物色，添助軍人衣賜，將令通濟，宜示矜蠲。[4]今據緊慢去處，於見輸税絲上，每兩作三等，酌量納錢，貴與充本迴圖，收市軍人衣賜，其絲永與除放。”[5]

[1]三年二月甲子：“三年二月”前原有“唐同光”三字，據體例删。《輯本舊史》本志原無“甲子”二字，據《輯本舊史》卷三二《唐莊宗紀六》補。

[2]魏府：即魏州。唐五代方鎮魏博軍的治所。位於今河北大名縣。　小菉豆税：雜税的一種。以小緑豆的産出爲徵收對象。

[3]店宅園圃：指針對商店、家宅、果園、花圃等土地徵收的雜税。　配徵：以攤派、抑配的方式徵收財物。

[4]添助軍人衣賜：《輯本舊史》卷一四六《食貨志》原作“添助軍裝衣賜”，據明本《册府》卷四八八《邦計部·賦税門二》及《宋本册府》卷四九一《邦計部·蠲復門三》改。　矜蠲：意爲憐憫、免除。

[5]於見輸税絲上：中華書局本有校勘記：“‘輸’，原作‘輪’，據劉本、《册府》卷四八八、卷四九一、《五代會要》卷二五改。”見《會要》卷二五租税條。　貴與充本迴圖，收市軍人衣賜：《輯本舊史》卷一四六《食貨志》原作“收市軍裝衣賜”，據《宋本册府》卷四九一及明本《册府》卷四八八改“軍裝”爲“軍人”。中華書局本另有校勘記：“句上《五代會要》卷二五、《册

府》卷四八八、卷四九一有‘貴與充本迴圖’六字。”但未補，見《會要》卷二五租税條、明本《册府》卷四八八、《宋本册府》卷四九一，亦見《通考》卷三《田賦考三·歷代田賦之制》，今據補。　其絲永與除放：《輯本舊史》卷一四六《食貨志》“永”原作“仍”，中華書局本有校勘記：“‘仍’，《五代會要》卷二五同。本書卷三二《唐莊宗紀六》、《册府》卷四八八、卷四九一作‘永’”。但未改。《通考》卷三亦作“永”，今據改。

閏十二月，吏部尚書李琪上言：[1]“請賦税不以折納爲事，一切以本色輸官，又不以紐配爲名，止以正税加納。”[2]敕曰：“本朝徵科，唯配有兩税，至於折納，當不施爲。[3]宜依李琪所論，應逐税合納錢物、斛斗、鹽錢等，宜令租庸司指揮，並準元徵本色輸納，不得改更，若合有移改，即須具事由奏聞。”[4]

[1]吏部尚書：官名。尚書省吏部最高長官，與二侍郎分掌六品以下文官選授、勳封、考課之政令。正三品。　李琪：人名。河西敦煌（今甘肅敦煌市）人。後梁、後唐官員。傳見本書卷五八、《新五代史》卷五四。

[2]折納：折合交納。又稱“折徵”“折變”。唐初賦税多征實物，行兩税法後以錢穀定税。但在具體徵收時，因國家需要絹布等物，常以税錢折收絹布。官府掌握折變的定價權，常常藉機苛斂，加重民衆的負擔。　本色：相對於“折色”而言。民衆本應繳納的賦税形態爲“本色”，折變後應繳納的形態爲“折色”。　紐配：紐數而科配之。又稱“科配”“科索”。官府徵購民衆的物品或勞務，按照所需數額攤派，附加於正税之上徵收。實際上是一種苛捐雜税，蓋因官府常不足額支付，乃至完全不支付實際價格。　加納：指取消雜税的各種名目，明確説明在正税之上加若干數額、比

例徵收。

[3]徵科：徵收賦税。　至於折納："折納"，中華書局本改爲"折紐"，并有校勘記："'折紐'，原作'折納'，據《册府》卷四八八改。影庫本粘籤：折納，原作'折紐'，今據文改正。"《會要》卷二五租税條、《通考》卷三《田賦考三·歷代田賦之制》均作"折納"，今仍舊，但"折紐"亦可理解爲"折納、紐配"之簡稱。

[4]斛斗：斛斗皆爲量器，十斗爲一斛。此處代指以糧食交納的正税。　鹽錢：附加於正税交納的鹽税。　租庸司：官署名。爲五代後梁、後唐時的中央財政官署，長官爲租庸使。中華書局本有校勘記："'司'，原作'同'，據殿本、劉本、孔本、《册府》卷四八八改。《五代會要》卷二五作'使'。影庫本批校：'租庸司指揮'，'司'訛'同'。"《通考》卷三亦作"租庸使"。

天成元年四月甲寅，[1]敕："應納夏秋税，先有省耗，每斗一升，今後止納正税數，不量省耗。"[2]

[1]天成：後唐明宗李嗣源年號（926—930）。　元年四月甲寅：原無"甲寅"二字，據《輯本舊史》卷三六《唐明宗紀二》及明本《册府》卷九二《帝王部·赦宥門十一》補。

[2]夏秋税：《輯本舊史》卷三六《唐明宗紀二》載："秋夏税子，每斗先有省耗一升，今後祇納正數，其省耗宜停。"亦見《會要》卷二五租税條、明本《册府》卷九二及卷四八八《邦計部·賦税門二》、《通考》卷三《田賦考三·歷代田賦之制》。　省耗：正税的附加税。又稱"加耗""耗"。五代後梁與後唐時，夏秋兩税每石多收一斗，謂之省耗。徵收依據是，糧食在運送、存儲過程中的損耗，如被雀鼠偷食等，應由交税民衆負擔。

四年五月，户部奏：[1]“三京、鄴都、諸道州府，逐年所徵夏秋税租兼鹽、麴、折徵，諸般錢穀起徵，各視其地節候早晚，分立期限。”[2]其月敕：[3]“百姓今年夏苗，委人户自通供手狀，具頃畝多少，五家爲保，委無隱漏，攢連手狀，送於本州，本州具狀送省，州縣不得迭差人檢括。[4]如人户隱欺，許令保内陳告，其田並令倍徵。”[5]

[1]四年五月：《會要》卷二五租税條繫於四年五月五日（庚辰），並詳載各地起徵及納足之期限。明本《册府》卷四八八《邦計部·賦税門二》則繫於長興元年（930）二月制之後，亦載各地起徵及納足之期限。《通考》卷三《田賦考三·歷代田賦之制》亦繫於四年五月五日并詳載各地起徵及納足之期限，但置于長興二年條之後，蒙上條，易使人誤以爲該條爲長興四年五月事。 户部：官署名。唐末五代稱鹽鐵、度支、户部爲三司，掌管統籌國家財政之事。户部掌户口、財賦等事務。

[2]三京：唐代以長安、洛陽、太原並稱“三都”“三京”。 鄴都：地名。治所在今河北大名縣。五代後唐同光元年（923），改魏州爲興唐府，建號東京。三年，改東京爲鄴都。 麴（qū）：同“麯”，釀酒所用的酒麯。此指附加於正税交納的麴税。 起徵：夏秋兩税的徵收，設定了起徵及納足的期限。又因各地存在節候早晚的差異，允許微調。

[3]其月敕：《宋本册府》卷四九五《邦計部·田制門》作“四年夏詔”。

[4]手狀：又稱“手實”。民衆向官府呈報户口資産的文書，是政府編造户籍的根據。以户主名義呈報，由里正徵集，内容爲各户之家口、年紀、田地等項。 五家爲保：《宋本册府》卷四九五《邦計部·田制門》作“仍以五家爲保”。 攢連手狀，送於本州：

中華書局本有校勘記："'手'、'送於本州'五字原闕，據《册府》卷四九五補。"《會要》卷二五租税條亦無此五字。 本州具狀送省：《宋本册府》卷四九五作"本州具帳送省"。 檢括：清查隱漏的户口、田地。

[5]許令保内陳告：《輯本舊史》卷一四六《食貨志》原無"保内"二字，《會要》卷二五亦無，據《宋本册府》卷四九五補。 其田並令倍徵：中華書局本有校勘記："'並令倍'，原作'倍令并'，據《册府》卷四九五、《文獻通考》卷三乙正。按本書卷三五《唐明宗紀一》、《册府》卷四八八載此詔作'其田倍徵'。"《會要》卷二五亦作"倍令并徵"。 "其月敕"至"並令倍徵"：《會要》卷二五租税條多同。本書卷三五《唐明宗紀一》確有與此詔大致相同之教（非敕），其時在明宗即位前之同光四年（天成元年，926）四月丙申，故稱"教"，明本《册府》卷四八八《邦計部·賦税門二》所載者同本書卷三五《唐明宗紀一》。

長興元年三月敕：[1]"天下州府受納稈草，每束納錢一文足，一百束納拘子四莖，充積年供使，棗鍼一莖，充稕場院。[2]其草并柴蒿，一束納錢一文；其納絹、絁布、綾羅，每匹納錢一十二文足；[3]絲、綿、紬子、麻、皮等，每一十兩納耗半兩；[4]鞋每量納錢一文足；見錢每貫納七文足。[5]省庫收納上件前物，元條流見錢每貫納二文足，絲、綿、紬子每一百兩納耗一兩，其諸色匹段並無加耗。"[6]

[1]長興：後唐明宗李嗣源年號（930—933）。

[2]稈（gǎn）草：穀物之秸稈。 文足：足額交納。唐宋時期通行"省陌"，每一百文足額給付爲"足陌"，給付八十文或七

十七文爲“省陌”。“文足”表明按足陌標準徵收，“文省”則按省陌標準徵收。　稕（zhǔn）場院：官辦酒館。稕，酒招。

[3]絁（shī）布：粗厚似布的絲織品。

[4]綿：絲綿。用蠶絲加工而成的絮狀物。　紬（chóu）子：“紬”通“綢”。由較粗的蠶絲織成的絲織品。

[5]見錢：即現錢。指以現錢交納的正税。

[6]省庫：官府倉庫。“省”指尚書省户部。　條流：即條例。　“長興元年”至“並無加耗”：本條《輯本舊史》原無，據《會要》卷二五租税條後之雜録條、明本《册府》卷四八八《邦計部·賦税門二》、《通考》卷三《田賦考三·歷代田賦之制》補。明本《册府》條末有“此後並須依上件則例受納”一句。

二年閏五月敕：“今後諸州府所納稈草，每二十束别加耗一束，充場司耗折。其每束上舊納盤纏錢一文，仰官典同共繫署，一一分明上曆，至納遣了絶已來，公使不得輒將出外分張破使。”[1]

[1]盤纏錢：雜税的一種。盤纏是路費。徵收理由是，稈草由官府運輸，民衆免於自運，消耗盤纏，故需向官府交納盤纏錢。　官典：官名。爲各政府部門中的低級官吏。隨官勾檢文案。　繫署：繫銜、署名。　上曆：記録。　“二年閏五月”至“分張破使”：本條《輯本舊史》原無，據《會要》卷二五租税條後之雜録條及明本《册府》卷四八八《邦計部·賦税門二》補。

六月丙子，[1]敕：“委諸道觀察使，屬縣于每村定有力人户充村長。[2]與村人議，有力人户出剩田苗，補貧下不迨，肯者即具狀徵收，有辭者即排段檢括。[3]自今年起爲定額。有經災沴及逐年逋處，不在此限。”[4]

[1]六月丙子：“丙子”《輯本舊史》本志原無，據《輯本舊史》卷四二《唐明宗紀八》長興二年（931）六月丙子條補。

[2]觀察使：官名。唐代後期出現的地方軍政長官。唐玄宗開元二十一年（733）置十五道採訪使，唐肅宗乾元元年（758）改爲觀察使。無旌節，故地位低於節度使。掌一道州縣官的考績及民政。

[3]出剩：雜税的一種。名義上是爲防備損耗，或補貧下不迨，要求民衆向官府納糧時多交一定數量，稱爲出剩。　補貧下不迨：《會要》卷二五租税條、《通考》卷三《田賦考三·歷代田賦之制》作“補貧下不迨頃苗者”，《輯本舊史》卷四二《唐明宗紀八》、明本《册府》卷四八八《邦計部·賦税門二》作“補貧下不迨頃畝”。　有辭者即排段檢括：《輯本舊史》卷四二《唐明宗紀八》原作“有嗣者排改檢括”；“辭”，《會要》卷二五、明本《册府》卷四八八、《通考》卷三均作“詞”。

[4]災沴（lì）：自然災害。　逋（bū）：原意爲逃亡，引申爲拖欠。

三年十二月，三司奏請：“諸道上供税物，充兵士衣賜不足。其天下所納斛斗及錢，除支贍外，請依時估折納綾羅、絹帛。”[1]從之。[2]

[1]時估：官府向民户科配官需物品時，往往會按時下市價，確定科配、徵收的價格標準，稱爲“時估”。此處是以時估作爲折納的標準。中華書局本有校勘記：“‘估’字原闕，據明本《册府》卷四八八、《五代會要》（四庫本）卷二五補。”

[2]“三年”至“從之”：亦見《會要》卷二五租税條、明本

《册府》卷四八八《邦計部·賦税門二》。明本《册府》卷四八八繫此奏於三年三月，“其天下所納斛斗及錢”，“天下”後有“兩税”二字。

晉天福元年閏十一月，[1]敕：“應諸道州府所徵百姓正税斛、斗、錢、帛等，除關係省司文帳外，所在州府并不得衷私增添，紐配租物。”[2]

[1]天福：五代後晉高祖石敬瑭年號（936—942）。出帝石重貴沿用至九年（944）。後漢高祖劉知遠繼位後沿用一年，稱天福十二年（947）。

[2]關：關係、關聯。　係省司文帳：繫屬於尚書省户部或三司文書、籍帳中的賦税名目。　“晉天福”至“租物”：本條《輯本舊史》原無，據明本《册府》卷四八八《邦計部·賦税門二》補。“衷私”原作“裹私”，不成文，應爲形近之訛，今改。

四年正月，敕：“應諸道節度、刺史，不得擅加賦役，及於縣邑别立監徵。[1]所納田租，委人户自量自槩。”[2]

[1]節度：官名。即節度使。唐時在重要地區所設掌握一州或數州軍政、民政、財政的長官。　刺史：官名。漢武帝時始置。州一級行政長官，總掌考覈官吏、勸課農桑、地方教化等事。唐中期以後，節度使、觀察使轄州而設，刺史爲其屬官，職任漸輕。從三品至正四品下。　監徵：官名。監督縣鄉賦税徵收。

[2]自量自槩：交税時由民衆自行量取，避免官吏加徵。槩，量米粟時刮平斗斛的木板。《輯本舊史》之影庫本粘籤：“自量，原

本作‘自涼’，今從《五代會要》改正。”殿本：“槼，原本訛‘椝’，今據《五代會要》改正。”見《會要》卷二五租税條。

周廣順元年三月，[1]敕：“諸道州府牛皮，今後犯一張，本犯人徒三年，刺配重處色役；[2]本管節級、所由，杖九十。[3]兩張以上，本人處死；本管節級、所由，徒二年半，刺配重處色役，告事人賞錢五十千。[4]其人户有牛死者，其本户報告本地方所由、節級、鄰保人，仰當日内同檢驗過，令本主畫時剥皮，及申報本處官吏，限十日内須送納畢。[5]其筋骨不得隱落。”[6]

[1]廣順：五代後周太祖郭威年號（951—953）。

[2]刺配：在額上刺罪人姓名、所犯事由及發遣地名，發配往特定地區服役。　色役：諸色名目、各種各類的徭役。

[3]節級：唐宋時爲軍中的小校，後地方監獄亦置。不入品。　所由：唐時因胥吏與差役經辦具体事務，每事必經其手，因稱胥吏與差役爲所由。其後在地方多有設置，屬低級職役。

[4]告事人：告發檢舉之人。

[5]畫時：劃定時限。

[6]“周廣順”至“隱落”：本條《輯本舊史》原無，據《會要》卷二五租税條後之雜録條補，《會要》並載爲三月二十八日敕。該月癸丑朔，二十八日爲庚辰。

二年十一月，敕：“應天下人所納牛皮，令將逐年所納數，三分内減收二分，其一分于人户苗畝上配定，每秋夏苗共十頃，納連角牛皮一張，其黄牛納乾筋四兩，水牛半斤。犢牸皮不在納限。[1]其皮人户自詣本州送納，所司不得邀難。所有牛馬驢騾皮筋骨，今後官中更不禁斷，並許私家共使、買賣，祇不得將出化外敵疆，仍仰關津界首，子細覺察捕捉，所犯人必加深罪。[2]其州縣先置巡檢牛皮節級，及朝廷先降條法，一切停廢。”[3]

[1]犢犉（bó）：小牛和母牛。

[2]禁斷：禁止、斷絶。　關津界首：關隘、渡口等邊緣、交界之處。

[3]“二年”至“一切停廢”：本條《輯本舊史》原無，據《會要》卷二五租税條後之雜録條補，亦見於《輯本舊史》卷一一二《周太祖紀三》該月甲戌條、明本《册府》卷四八八《邦計部·賦税門二》、《通鑑》卷二九一廣順二年該月癸酉條、《通考》卷四《田賦考四·歷代田賦之制》。除《會要》外，各書并詳略不等交代此敕之背景，即累朝以來，用兵不息，繕治甲胄，尤需皮革，稍犯嚴條，皆抵極典，鄉縣以之生事，姦滑得以侵漁。明本《册府》條末尚有“其合分擘納黄牛、水牛皮筋處，其間有未盡事件，委所司取便處分，庶免編民犯禁，且使人户資家，既便公私，用除苛弊”。

顯德三年十月，宣三司指揮諸道州府，今後夏税，以六月一日起徵，秋税至十月一日起徵，永爲定制。[1]

[1]顯德：五代後周太祖郭威年號，世宗柴榮、恭帝柴宗訓沿用（954—960）。　“顯德”至“定制”：此條亦見《會要》卷二五租税條、明本《册府》卷四八八《邦計部·賦税門二》。

四年二月敕節文："諸道州府管内縣鎮，每年秋夏徵科了畢後，多是却追縣典上州會末文鈔，因兹科配斂掠，宜令今後秋夏徵科了足日，仰本州府但取倉場庫務納欠文鈔。[1]如無異同，不在更追官典。諸道州府管内縣鎮，每有追攝公事，自前多差衙前、使院職員及散從、步奏官，今後如是常程追攝公事，祗令府道望知後承受遞送，不得更差專人。[2]若要切公事及軍期，不在此限。"[3]

[1]諸道州府管内縣鎮：《會要》"縣"下衍"内"字，據《通考》删。《通考》卷四《田賦考四・歷代田賦之制》作"諸道州府所管屬縣"。　會：會計。財政核算。　文鈔：簡稱"鈔"，或作"抄"。民户繳納賦税後得到的官方文據。

[2]追攝：追捕、勾取。　衙前：役名。由衙校充當者爲"將吏衙前"，由押録充當者稱"押録衙前"，由里正充當者稱"里正衙前"，由富户充當者稱"鄉户衙前"。掌官物的押運和供應，主持場務、倉庫、館驛、河渡、綱運等。　使院：官署名。唐五代時方鎮、地方長官多帶"使"名，其官署遂稱使院。　散從：役名。主管追催税賦、迎送官員等公事。　步奏官：役名。主管追催税賦、迎送官員等公事。"祗令府道望知後承受遞送"，叢書集成本《會要》下闕三字，據四庫本《會要》補"望知後"。

[3]"四年二月"至"不在此限"：此條《輯本舊史》原無，據《會要》卷二五租税條後之雜録條、《通考》卷四《田賦考四・歷代田賦之制》補。

五年六月，敕："諸道州府應有商賈興販牛畜，不計黄牛、水牛，凡經過處，並不得抽税，如是貨賣處，祇仰據賣價每一千抽税錢二十，不得别有邀難。”[1]

[1]“五年六月”至“邀難”：本條《輯本舊史》原無，據《會要》卷二五租税條後之雜録條補。《會要》“六月”下原有“四日”，按《輯補舊五代史》體例删。該年六月辛亥朔，四日爲甲寅。

七月，賜諸道《均田圖》。[1]十月，命左散騎常侍艾穎等三十四人，于諸州檢定民租。[2]

[1]《均田圖》：書名。唐元積撰，一卷。五代後周顯德年間頒行天下，作爲均定兩税的指導文檔。　七月，賜諸道《均田圖》：詳見《會要》卷二五租税條，亦見《輯本舊史》卷一一八《周世宗紀五》該月丁亥條。

[2]左散騎常侍：官名。門下省屬官。掌侍奉規諷，備顧問應對。《新唐書》記正三品下。　艾穎：人名。籍貫不詳。五代後周、宋初官員。事見《宋史》卷一。　檢定民租：檢括民户、田地、租税。　十月，命左散騎常侍艾穎等三十四人，于諸州檢定民租：《會要》卷二五載賜諸道均田詔及命艾穎等于諸州檢定民租。亦見《輯本舊史》卷一一八《周世宗紀五》該月丁酉條載：“遣左散騎常侍艾穎等均定河南六十州税賦。”又見明本《册府》卷四八八《邦計部·賦税門二》、《宋本册府》卷四九五《邦計部·田制門》。《會要》卷二五詳載顯德五年（958）七月及十月世宗關於均田兩詔。七月詔中云：“近覽元積在同州時所上均田表，因令製素成圖，今賜《均田圖》一面。”十月，賜諸道均田詔云：“朕以干戈既弭，寰海漸寧，言念地徵，罕臻藝極，須議並行均定，所冀永適重輕。卿受任方隅，深窮治本，必能副寡昧平分之意，察鄉閭致弊之源，明示條章，用分寄任……今差使臣往彼檢括。”並有小注：“乃命左散騎常侍艾穎等三十四人于諸州檢定民租。”

六年春，諸道使臣回，總計檢到户二百三十萬九千八百一十二。[1]

[1]“六年春”至“八百一十二”：明本《册府》卷四八八《邦計部·賦税門二》、《宋本册府》卷四九五《邦計部·田制門》此條下尚有“定墾田一百八万五千八百三十四頃，淮南郡縣，不在此數”一句。

泉貨[1]

[1]此目名中華書局本無，據内容補。

唐同光二年二月，詔曰：“錢者，古之泉布，蓋取其流行天下，布散人間，無積滯則交易通，多貯藏則士農困。故西漢興改幣之制，立告緡之條，所以權蓄賈而防大姦也。[1]宜令所司散下州府，常須檢察，不得令富室分外收貯見錢，又禁工人銷鑄爲銅器，兼沿邊州鎮設法鈐轄，勿令商人般載出境。”[2]

[1]告緡：即告緡令。漢武帝時制定的關于賦税制度的法令。《漢書·張湯傳》：“排富商大賈，出告緡令”。《漢書·武帝紀》：“元鼎三年，令民告緡者以其半與之。”其法，令商賈自行估算財産，録於簿册，呈交官府，按緡納税。凡隱匿不報、少報者，經人告發查實後，没收隱匿者緡錢，一半奬予告發者。

[2]鈐轄：意爲管轄。　般載：意爲搬運、運載。　“唐同光”至“出境”：此條亦略見《輯本舊史》卷三一《唐莊宗紀五》二月己巳制、明本《册府》卷九二《帝王部·赦宥門》及卷五〇

一《邦計部·錢幣門》，爲同光二年（924）二月己巳南郊赦文之節文。"又禁工人銷鑄爲銅器"之"禁"字《輯本舊史》本志原無，據《輯本舊史·唐莊宗紀五》補，中華書局本未補。"勿令商人般載出境"，《輯本舊史·唐莊宗紀五》"般載"作"載錢"。

三月，知唐州晏騈安奏：[1]"市肆間點檢錢帛，内有錫鑞小錢，揀得不少，皆是江南綱商挾帶而來。"[2]詔曰："泉布之弊，雜以鉛錫，惟是江湖之外，盜鑄尤多，市肆之間，公行無畏，因是綱商挾帶，舟檝往來，换易好錢，藏貯富室，實爲蠹弊，須有條流。宜令京城、諸道，於坊市行使錢内點檢，雜惡鉛錫錢並宜禁斷。沿江州縣，每有舟船到岸，嚴加覺察，不許將雜鉛錫惡錢往來换易好錢，如有私載，並行收納。"[3]

[1]知唐州：官名。唐州的行政長官。唐州，治所在今河南唐河縣。參見閆建飛《唐後期五代宋初知州制的實施過程》，《文史》2019年第1期。《輯本舊史》之影庫本粘籤："唐州，原本作'康州'，今從《文獻通考》改正。"今檢《通考》無此條記載。明本《册府》卷五〇一《邦計部·錢幣門三》有載，作唐州。　晏騈安：人名。籍貫不詳。五代後唐官員。事見本書本卷《食貨志》。"晏騈安"，中華書局本有校勘記："《册府》卷五〇一作'騈晏平'。"

[2]錫鑞小錢：民間私鑄、盜鑄的銅錢，通常雜以鉛錫，直徑較小，品質較劣。　江南：即南唐。都城在今江蘇南京市，後爲北宋所滅。事見本書卷一三四、《新五代史》卷六二。　綱商：運銷大批貨物的商人。"綱"指綱運，十船爲綱。

[3]泉布之弊：中華書局本有校勘記："'泉'，原作'帛'；

‘弊’，原作‘幣’，據《五代會要》卷二七改。”見《會要》卷二七泉貨條。該條全載三月敕文。　於坊市行使錢内點檢：“坊市”作“行市”。

天成元年八月，中書門下奏：“訪聞近日諸道州府所賣銅器價貴，多是銷鎔見錢，以邀厚利。”[1]乃下詔曰：“宜令遍行曉告，如元舊係破損銅器及碎銅，即許鑄造器物。仍生銅器物，每斤價定二百文，熟銅器物，每斤四百文，如違省價，買賣之人，依盜鑄錢律文科斷。”[2]

[1]訪聞近日諸道州府所賣銅器價貴：中華書局本有校勘記：“‘銅’字原闕，據《五代會要》卷二七、《册府》卷五〇一補。”見《會要》卷二七泉貨條、明本《册府》卷五〇一《邦計部·錢幣門三》，及《通考》卷九《錢幣考二·歷代錢幣之制》。

[2]如元舊係破損銅器及碎銅即許鑄造器物：原作“如元舊係銅器及碎銅即許鑄造器物”，“係”下據《會要》及《册府》補“破損”二字。“即許鑄造器物”，中華書局本有校勘記：“‘物’字原闕，據《五代會要》卷二七、《册府》卷五〇一補。”　省價：官府所定的指導價。“省”指尚書省。　科斷：依法判決。　“仍生銅器物每斤價定二百文”至“依盜鑄錢律文科斷”：《輯本舊史》卷三七《唐明宗紀三》天成元年（926）八月乙巳條云：“禁鎔錢爲器，仍估定生銅器價斤二百，熟銅器斤四百，如違省價買賣者，以盜鑄錢論。”

十一月，敕：“諸道州府約勒見錢，素有條制，若全禁斷，實匪通規。[1]宜令遍指揮三京及諸道州府，其諸城門所出見錢，如五百已上，不得放出。如稍違犯，即準舊條指揮。其沿淮諸州縣鎮，亦準元降敕命處分。”[2]

[1]約勒見錢：限制、約束銅錢的流通。

[2]“十一月”至“處分”：此條《輯本舊史》原無，據《會要》卷二七泉貨條補，亦見明本《册府》卷五〇一《邦計部·錢幣門三》、《通考》卷九《錢幣考二·歷代錢幣之制》。《會要》原文“十一月”下有“六日”，天成元年十一月甲寅朔，六日爲己未。“宜令遍指揮三京及諸道州府”，《會要》誤“三京”爲“三司”，據《册府》改。

十二月，敕：“行使銅錢之内，如聞夾帶鐵鑞，若不嚴設條流，轉恐私家鑄造。應中外所使銅錢内，鐵鑞錢即宜毁棄，不得輒更有行用。如違，其所使錢，不計多少，並納入官，仍科深罪。”[1]

[1]“十二月”至“仍科深罪”：此條《輯本舊史》原無，據《會要》卷二七泉貨條補，亦見明本《册府》卷五〇一《邦計部·錢幣門三》。“不得輒更有行用”，叢書集成本《會要》“行”後無“用”字，據四庫本《會要》補。明本《册府》作“不得輒更有行使”。

二年七月，度支奏請牓示府州縣鎮軍民商旅，凡有買賣，並須使八十陌錢。[1]

[1]度支：財政官署。掌管天下租賦物産，歲計所出而支調之，

故名。安史亂後，因軍事供應浩繁，以宰相爲度支使，由户部尚書、侍郎或他官兼領度支事務，稱度支使或判度支、知度支事，權任極重，與鹽鐵使、判户部或户部使合稱“三司”。　八十陌錢：省陌的標準，以八十文給付一百文。實際生活中，常常會低於此數，故官府出榜約束。　“二年七月”至“八十陌錢”：《輯本舊史》卷一四六《食貨志》原將此條繫於同光二年（924），並置於同光二年二月條之前。“二年七月”，本志原作“唐同光二年”，中華書局本有校勘記：“《五代會要》卷二七、《册府》卷五〇一繫其事於天成二年。”詳見《會要》卷二七《泉貨》條及明本《册府》卷五〇一《邦計部·錢幣門三》。但中華書局本未改，《通考》卷九《錢幣考二·歷代錢幣之制》亦繫其事於天成二年，今據上述諸書改。“度支奏請牓示府州縣鎮”，中華書局本有校勘記：“‘奏’，原作‘造’，據殿本、《册府》卷五〇一、《五代會要》卷二七改”。《會要》條末尚有“奉敕：‘宜依度支所奏’”八字，明本《册府》卷五〇一有“從之”二字。《會要》繫此事於七月十二日，該月庚戌朔，十二日爲辛酉。

四年九月，敕：“先條流三京、諸道州府，不得於市使錢内夾帶鉛鐵錢，雖已約束，仍聞公然行使。今後有人於錢陌内捉到一文至兩文，所使錢不計多少，並納入官，所犯人準條流科罪。”[1]

[1]“四年九月”至“準條流科罪”：此條《輯本舊史》原無，據《會要》卷二七泉貨條補，亦見明本《册府》卷五〇一《邦計部·錢幣門三》、《通考》卷九《錢幣考二·歷代錢幣之制》。“夾帶鉛鐵錢”，明本《册府》卷五〇一作“夾帶鐵錫錢”。

清泰二年十二月，詔御史臺曉告中外，禁用鉛錢，如違犯，準條流處分。[1]

[1]清泰：五代後唐廢帝李從珂年號（934—936）。　御史臺：官署名。秦漢始置。古代國家的監察機構。掌糾察官吏違法，肅正朝廷綱紀。大事廷辯，小事奏彈。　“清泰二年”至“準條流處分”：本條亦見《會要》卷二七泉貨條，明本《册府》卷五〇一《邦計部·錢幣門三》。《輯本舊史》卷四七《唐末帝紀中》清泰二年（935）十二月戊辰條亦載“禁用鉛錢”。

晋天福三年三月，敕：“歷代鑄錢，濟時爲寶，久無監務，已絶增添。近來趨利之人，違法甚衆，銷鎔不已，毁蠹日滋。禁制未嚴，奸弊莫止，須行重法，以息濫源。宜令鹽鐵使禁止私下行造鑄寫銅器。”[1]

[1]鹽鐵使：官名。全稱爲諸道鹽鐵轉運使。爲鹽鐵司長官。鹽鐵與度支、户部合稱“三司”。主掌漕運及專賣事務。　鑄寫：即鑄瀉。意爲鑄造。　“晋天福”至“銅器”：此條《輯本舊史》原無，據《會要》卷二七泉貨條補，明本《册府》卷五〇一《邦計部·錢幣門三》更詳。“三月”，明本《册府》卷五〇一作“二月”。《輯本舊史》卷七七《晋高祖紀三》天福三年（938）三月丁丑條載：“詔禁止私下打造鑄瀉銅器。”

十一月，詔曰：“國家所資，泉貨爲重，銷蠹則甚，添鑄無聞。爰降條章，俾臻富庶。宜令三京、鄴都、諸道州府，無問公私，應有銅者，並許鑄錢。仍以‘天福元寶’爲文，左環讀之。委鹽鐵司鑄樣頒下諸道，令每一錢重二銖四，參十錢重一兩。[1]或慮諸色人接便將鉛鐵鑄造，雜亂銅錢，仍令三京、鄴都、諸道州府，依舊禁斷。尚慮逐處銅數不多，宜令諸道應有久廢銅冶處，許百姓取便開鍊，永遠爲主，官中不取課利。[2]其有生熟銅，仍許所在中賣入官，或任自鑄錢行用。[3]其餘許鑄外，不得輒便別鑄銅器。如有違犯者，並准三年三月敕條處分。"[4]

[1]鑄樣：樣錢，頒下各地作爲鑄錢的標準。　銖：計量單位，二十四銖等於舊制一兩。

[2]銅冶處：冶銅、鑄幣的場所。　課利：定額的賦税。

[3]中賣：生産者將茶鹽酒礬、礦石等禁榷物資出賣給官府或由官府發售。

[4]"十一月"至"敕條處分"：此條《輯本舊史》原無，據《會要》卷二七泉貨條補，亦見明本《册府》卷五〇一《邦計部·錢幣門三》、《通考》卷九《錢幣考二·歷代錢幣之制》。"不得輒便別鑄銅器"，叢書集成本《會要》"別"作"雜"。"並准三年三月敕條處分"，明本《册府》卷五〇一作"並准三年三月三十日敕條處分"。《輯本舊史》卷七七《晋高祖紀三》天福三年（938）十一月癸亥條："詔許天下私鑄錢，以'天福元寶'爲文。"

十二月，敕："先許鑄錢，仍每一錢重二銖四，參十錢重一兩。切慮逐處缺銅，難依先定銖兩，宜令天下無問公私，應有銅處，有鑄錢者，一任取便酌量輕重鑄造。因兹不得入鉛并鐵，及缺漏不堪久遠流行。仍委鹽鐵使明行曉示，餘准元敕指揮。仍付所司。"[1]

[1]"十二月"至"仍付所司"：此條《輯本舊史》本志原無，

據《會要》卷二七泉貨條補，亦見明本《册府》卷五〇一《邦計部·錢幣門三》、《通考》卷九《錢幣考二·歷代錢幣之制》。“宜令天下無問公私”至“一任取便酌量輕重鑄造”，亦見《輯本舊史》卷七七《晋高祖紀三》天福三年（938）十二月戊寅條。

四年七月，敕：“先令天下州府公私鑄錢，近聞以鉛錫相參，缺薄小弱，有違條制，不可久行。今後祇官鑄錢，私鑄錢下禁依舊法。”[1]

[1]“四年七月”至“禁依舊法”：此條《輯本舊史》本志原無，據《會要》卷二七泉貨條補，亦見《輯本舊史》卷七八《晋高祖紀四》天福四年（939）七月戊申條、明本《册府》卷五〇一《邦計部·錢幣門三》、《通考》卷九《錢幣考二·歷代錢幣之制》。

漢隱帝時，王章爲三司使，聚斂刻急。[1]舊制，錢出入皆以八十爲陌，章始令入者八十，出者七十七，謂之“省陌”。[2]

[1]漢隱帝：即後漢隱帝劉承祐。後漢高祖劉知遠次子。紀見本書卷一〇一至卷一〇三、《新五代史》卷一〇。　王章：人名。大名南樂（今河南南樂縣）人。五代後漢三司使、同平章事，以聚斂刻急著稱。傳見本書卷一〇七、《新五代史》卷三〇。　三司使：官名。五代後唐明宗天成元年（926）將晚唐以來的户部、度支、鹽鐵三部合爲一職，設三司使統之。主管國家財政。

[2]“漢隱帝時”至“謂之‘省陌’”：此條《輯本舊史》本志原無，據《通考》卷九《錢幣考二·歷代錢幣之制》補。亦見《輯本舊史》卷一〇七《王章傳》。

周廣順元年三月，敕："銅法，今後官中更不禁斷，一任興販，所有一色，即不得瀉破爲銅器貨賣，如有犯者，有人糾告捉獲，所犯人不計多少斤兩，並處死。其地分所由、節級，決脊杖十七放，鄰保人決臀杖十七放，其告事人給與賞錢一百貫文。"[1]

[1]決：判決。　"周廣順元年"至"一百貫文"："周廣順元年三月"，《輯本舊史》卷一四六《食貨志》原無"周"字，中華書局本有校勘記："句上殿本有'周'字。"但未補，今補。《舊五代史考異》："五代錢文，《薛史》惟於《晋本紀》載天福元寶錢文，餘俱從略。據《泉志》：有天成元寶錢，洪遵云：'徑九分，重三銖六參。'有漢通元寶錢，乾祐中所鑄也，洪遵云：'徑寸，重三銖六參。'有周通元寶錢，顯德中所鑄也，李孝美云：'徑寸，重五銖。'"亦見《輯本舊史》卷七七《晋高祖紀三》天福三年（938）十一月癸亥條，《泉志》卷三《正用品下》。"所有一色"，中華書局本有校勘記："'有'，原作'在'，據《册府》卷五〇一、《五代會要》卷二七改。'有'下《五代會要》卷二七有'錢'字。"見《會要》卷二七泉貨條。"即不得瀉破爲銅器貨賣"，中華書局本有校勘記："'貨賣'，原作'貸賣'，據殿本、劉本、《五代會要》卷二七、《册府》卷五〇一改。"見《會要》卷二七泉貨條、明本《册府》卷五〇一《邦計部・錢幣門三》。《會要》載此爲三年二十八日敕，該月壬戌朔，二十八日爲己丑。

顯德二年九月，[1]詔："禁一切銅器，其銅鏡今後官鑄造，於東京置場貨賣，許人收買，於諸處興販去。"[2]

[1]顯德二年九月：《輯本舊史》卷一四六《食貨志》原作

"晋天福二年"，中華書局本有校勘記："《五代會要》卷二七、《册府》卷五〇一繫其事於周顯德二年。"但未改。此詔詳載於《會要》卷二七泉貨條，及明本《册府》卷五〇一《邦計部·錢幣門三》，今據以移置於顯德二年九月。《輯本舊史》卷一一五《周世宗紀二》顯德二年（955）九月丙寅條載："詔禁天下銅器，始議立監鑄錢。"亦可證實及後置此條。

[2]於東京置場貨賣：《輯本舊史》之影庫本粘籤："置場，原本作'置常'，今據《五代會要》改正"。見《會要》卷二七泉貨條。

四年二月，宣命指揮："限外有人將銅器及銅於官場貨賣，支給價錢，如是隱藏及使用者，並准元敕科斷。其熟銅令每斤添及二百、生銅每斤添及一百五十收買。所有諸處山場野務採鍊淘沙到，舊例銅每二十兩爲一斤，今特與一十六兩爲一斤，給錢一百三十收買。兼知高麗多有銅貨，仍許青、登、萊州人户興販，如有將來中賣入官者，便仰給錢收買，即不得私下買賣。"[1]

[1]高麗：古國名。又稱高句麗。故地在今朝鮮半島北部。公元4世紀後强大，與新羅、百濟鼎足争雄。總章元年（668），爲唐所滅。公元918年，後三國（即朝鮮新羅、後百濟、泰封）之一泰封國武將王建推翻其統治者弓裔，稱王，改國號高麗，都開京（今朝鮮開城），史稱"王氏高麗"。漸合并新羅、後百濟，重新統一朝鮮半島。參見〔朝〕鄭麟趾等《高麗史》，西南師範大學出版社2014年版；楊軍《高句麗民族與國家的形成和演變》，中國社會科學出版社2006年版。　青：州名。治所在今山東青州市。　登：州名。治所在今山東蓬萊市。　萊：州名。治所在今山東萊州市。

“四年二月”至“不得私下買賣”：此條《輯本舊史》原無，據《會要》卷二七泉貨條補。《會要》原文“二月”下有“十一日”，該月己未朔，十一日爲己巳。

江南因唐舊制，饒州置永平監，歲鑄錢；[1]池州永寧監、建州永豐監，並歲鑄錢。[2]杭州置保興監鑄錢。[3]

[1]饒州：州名。治所在今江西鄱陽縣。　永平監：與永寧監、永豐監、保興監皆爲銅礦冶煉、鑄幣的機構。

[2]池州：州名。治所在今安徽池州市。　建州：州名。治所在今福建建甌市。

[3]杭州：州名。治所在今浙江杭州市。　“江南”至“鑄錢”：《舊五代史考異》：“案馬令《南唐書》：元宗鑄唐國錢，其文曰“唐國通寶”。又鑄大唐通寶錢，與唐國錢通用。”見馬令《南唐書》卷五《後主書》。

鹽[1]

[1]此目名中華書局本無，據内容補。

梁開平三年，制：“斷曹州煎小鹽糶貨。”[1]

[1]斷：禁止、禁斷。　曹州：州名。治所在今山東曹縣。　小鹽：以堿土、硝土爲原料，以水溶解其所含鹽分，過濾後熬成的小粒鹽。　糶：賣出。　“梁開平”至“糶貨”：此條《輯本舊史》原無，據《宋本册府》卷四九四《邦計部・山澤門二》補。

唐同光二年二月，詔曰："會計之重，鹹鹺居先，矧彼兩池，實有豐利。[1]頃自兵戈擾攘，民庶流離，既場務以隳殘，致程課之虧失。重兹葺理，須仗規模，將立事以成功，在從長而就便。宜令河中節度使冀王李繼麟兼充制置度支安邑、解縣兩池榷鹽使，便可制畫一條貫。"[2]所有合置官吏等，亦委自使選差。[3]

[1]會計：財政核算。此處借指財政收入。　鹹鹺：即鹽。借指鹽税。　兩池：安邑、解縣的鹽池。安邑縣，治所在今山西運城市。解縣，治所在今山西運城市解州鎮。

[2]河中：府名。治所在今山西永濟市蒲州鎮。　須仗規模：中華書局本有校勘記："'仗'，原作'伏'，據殿本、劉本、《册府》卷四九四改。"見《宋本册府》卷四九四《邦計部·山澤門二》。　李繼麟：人名。即朱友謙。許州（今河南許昌市）人。唐末、五代軍閥。傳見本書卷六三、《新五代史》卷四五。　制置度支安邑、解縣兩池榷鹽使：官名。掌安邑、解縣兩池的食鹽專賣事務。中華書局本有校勘記："'支'字原闕，據《册府》卷四九四補。"亦見《輯本舊史》卷三一《唐莊宗紀五》同光二年（924）二月己卯條。　畫一條貫：通行條例。"便可制畫一條貫"，《輯本舊史》卷一四六《食貨志》原作"便可制一一條貫"，中華書局本有校勘記："'置'字原闕，據《册府》卷四九四補。殿本、劉本作'仍委便制'。"不確，"一一條貫"應作"畫一條貫"，見《會要》卷二六《鹽鐵雜條上》所引長興四年（933）五月諸道鹽鐵轉運使奏。

[3]所有合置官吏等，亦委自使選差：據《宋本册府》卷四九四補。中華書局本在此條後沿《輯本舊史》，以小注形式，録《會要》卷二六《鹽》《鹽鐵雜條上》、卷二七《鹽鐵雜條下》近一千字，文長不録。

三年二月，敕："魏府每年所徵隨絲鹽錢，每兩與減放五文，逐年俵賣蠶鹽、食鹽、大鹽、甜次冷鹽，每斗與減五十，槃鹽與減三十。"[1]

[1]隨絲鹽錢：雜税的一種。指附加於絲税上的鹽税。　俵賣：發賣。"俵"意爲散發、分給。　蠶鹽：五代后唐實行食鹽配售，按養蚕人户配售，規定二月育蚕時配發鹽，六月新絲上市時納錢。食鹽附加於蠶絲配售的目的是保證鹽税收入。　大鹽：亦稱"解鹽""顆鹽"。山西解池所産之鹽。　"三年二月"至"與減三十"：《輯本舊史》本志原無，據《會要》卷二六鹽條補，亦見《輯本舊史》卷三二《唐莊宗紀六》同光三年（925）二月甲子條、《宋本册府》卷四九四《邦計部・山澤門二》、《通考》卷一五《征榷考二・鹽鐵》。"每兩與減放五文"，《輯本舊史》卷三二《唐莊宗紀六》作"每兩與減五十文"。

天成元年四月，敕："諸州府百姓合散蠶鹽，今後每年祇二月内一度俵散，依夏税限納錢。"[1]

[1]"天成元年"至"納錢"：本條《輯本舊史》原無，據《會要》卷二六鹽條補，亦見《通考》卷一五《征榷考二・鹽鐵》。

晋天福元年十一月制曰："鹽麴之利，軍府所須，儻不便於人户，宜别從於條制，所期濟衆，無患妨公，在京鹽貨，元是官場出糶，自今後，並不禁斷，一任人户取便糴易。仍下太原府，更不得開場糶貨。"[1]

[1]"晋天福"至"開場糶貨"：《輯本舊史》本志原無，據

《宋本册府》卷四九四《邦計部·山澤門二》補，亦見《輯本舊史》卷七六《晋高祖紀二》天福元年（936）十一月己亥條，《宋本册府》卷四九四“十一月”後有“九日”兩字，該月丙戌朔，九日爲甲午。《會要》卷二六鹽條載該敕節文云：“洛京管内逐年所配人户食鹽，起來年每斗減放十文。”

天福中，河南、河北諸州，除俵散蠶鹽徵錢外，每年末鹽界分場務，約糶錢一十七萬貫有餘。[1]言事者稱，雖得此錢，百姓多犯鹽法，請將上件食鹽錢於諸道州府計户，每户一貫至二百，爲五等配之，然後任人逐便興販，既不虧官，又益百姓。[2]朝廷行之，諸處場務亦且仍舊。俄而鹽貨頓賤，去出鹽遠處州縣，每斤不過二十文，近處不過一十文，掌事者又難驟改其法，奏請重制鹽場税，蓋欲絶其興販，歸利於官也。[3]

[1]河南：地區名。即河南道。唐貞觀十道、開元十五道之一。唐貞觀元年（627）置，轄境約當今山東、河南兩省黄河故道以南，江蘇、安徽兩省淮河以北地區。　河北：地區名。即河北道。唐貞觀十道、開元十五道之一。唐貞觀元年（627）置，轄境約當今北京、天津二市，河北省全境，遼寧省大部分地區及河南、山東兩省古黄河以北地區。　末鹽：亦稱“細鹽”。用煎熬之法製成的海鹽和井鹽的别稱。因其形如細末，故名。　界分：分界、分區。此指末鹽行銷的區域。　場務：鹽場、鹽務。

[2]五等：分民户爲一至五等，作爲抑配鹽税的標準。五代兩宋的户等通常即劃爲五等。　然後任人逐便興販：中華書局本有校勘記：“‘然後’，原作‘然徒’，據《五代會要》卷二六、《文獻通考》卷一五改。”見《會要》卷二六《鹽》條、《通考》卷一五

《征榷考二・鹽鐵》。

[3]歸利於官也：中華書局本有校勘記："'官'，原作'小官'，據本書卷八一《晋少帝紀一》、《五代會要》卷二六改。"見《會要》卷二六鹽條、《輯本舊史》卷八一《晋少帝紀一》天福七年（942）十一月辛丑條。

七年十一月，宣旨下三司：應有往來鹽貨悉税之，過税每斤七文，住税每斤十文。其諸道應有係屬州府鹽務，並令省司差人勾當。既而糶鹽雖多，而人户鹽錢又不放免，至今民甚苦之。[1]

[1]"七年十一月"至"民甚苦之"："七年十一月"，《輯本舊史》卷一四六《食貨志》原作"七年十二月"，據《會要》卷二六鹽條、《輯本舊史》卷八一《晋少帝紀一》天福七年（942）十一月辛丑條改。中華書局本未改。"其諸道應有係屬州府鹽務"，《輯本舊史》卷一四六《食貨志》原作"其諸道州府，應有屬州鹽務"，據《會要》改。中華書局本未改。《輯本舊史》段末有案語："按《五代會要》晋天福元年十一月，敕節文：'洛京管内逐年所配人户食鹽，起來年每斗減放十文。'"

周廣順二年八月，詔改鹽法，凡犯五斤已上者處死，煎鹹鹽犯一斤已上者處死。先是，漢法不計斤兩多少，並處極刑，至是始革之。[1]

[1]"周廣順"至"始革之"：此條繫時與記事，文獻有先後、繁簡之不同。"二年八月"，本志原作"元年九月"；《會要》卷二

七鹽鐵雜條下，繫於二年九月十八日，并作“犯鹽麴五斤以上，並決重杖一頓，處死。”《輯本舊史》卷一一二《周太祖紀三》，繫於二年八月癸丑（三十日），並作“詔改鹽麴法，鹽麴犯五斤以上以處死，煎鹻鹽者犯一斤已上處死”。《宋本册府》卷四九四《邦計部·山澤門二》，同一内容，其一繫於元年九月，内容與本志同，較簡；另一繫於二年九月十八日，與《會要》卷二七同，甚詳，稱“禁私鹽麴法”。今從本紀，因本紀記時較準確。

三年三月，詔曰：“青、白池務，素有定規，衹自近年，頗乖循守。[1]比來青鹽一石，抽税錢八百文足陌、鹽一斗；白鹽一石，抽税錢五百文、鹽五升。其後青鹽一石，抽錢一千、鹽一斗。訪聞更改已來，不便商販，蕃人漢户，求利艱難，宜與優饒，庶令存濟。今後每青鹽一石，依舊抽税錢八百文，以八十五爲陌，鹽一斗；白鹽一石，抽税錢五百，鹽五升。此外更不得别有邀求。訪聞邊上鎮鋪，於蕃漢户市易糶糴，私有抽税，今後一切止絶。如違，必加深罪，各令知委。”[2]

[1]三年：《宋本册府》卷四九四《邦計部·山澤門二》、明本《册府》卷五〇四《邦計部·開市門》同。《會要》卷二六鹽條、《通考》卷一五《征榷考二·鹽鐵》作“二年”。　青、白池務：機構名。又稱“青白榷税院”。位於慶州（今甘肅慶陽市），掌管青、白兩鹽池的生産、銷售及徵税。

[2]訪聞更改已來：中華書局本有校勘記：“‘訪聞’，原作‘訪問’，據殿本、劉本、孔本、《五代會要》卷二六、《册府》卷四九四、卷五〇四改。”見《會要》卷二六，《宋本册府》卷四九四、明本《册府》卷五〇四作“如聞”。　今後每青鹽一石：《會

要》卷二六鹽條及《通考》卷一五此句前有“宜令慶州榷鹽務”七字。“如違必加深罪各令知委”，據《宋本册府》卷四九四補。中華書局本在此條後沿《輯本舊史》，以小注形式，録《會要》卷二七鹽鐵雜條下及卷二六鹽條八百餘字，文長不録。

十二月敕：“諸州府并外縣鎮城内，其居人屋税鹽，今後不俵，其鹽錢亦不徵納。所有鄉村人户合請蠶鹽，所在州縣城鎮嚴切檢校，不得放入城門。”[1]

[1]“十二月敕”至“不得放入城門”：本條《輯本舊史》本志原無，據《會要》卷二六鹽條補，《輯本舊史》卷一一三《周太祖紀四》廣順三年（953）十二月甲寅條載：“詔諸道州府縣鎮城内人户，舊請蠶鹽徵價，起今後並停。”《宋本册府》卷四九四《邦計部・山澤門二》同《會要》，《通考》卷一五《征榷考二・鹽鐵》祇繫於三年，未言何月。

顯德元年十二月，世宗謂侍臣曰：[1]“朕覽食末鹽州郡，犯私鹽多於顆鹽界分，蓋卑濕之地，易爲刮鹹煎造，豈唯違我榷法，兼又污我好鹽。況末鹽煎鍊、般運費用，倍於顆鹽。今宜分割十餘州，令食顆鹽，不唯輦運省力，兼且少人犯禁。”自是曹、宋已西十餘州，皆盡食顆鹽。[2]

[1]世宗：即柴榮。邢州龍岡（今河北邢臺市）人。郭威養子，顯德元年（954）繼郭威爲帝，廟號世宗。紀見本書卷一一四至卷一一九、《新五代史》卷一二。

[2]宋：州名。治所在今河南商丘市睢陽區。　“顯德元年”

至“顆鹽”：本條亦見《會要》卷二六鹽條、《宋本册府》卷四九四《邦計部·山澤門二》。中華書局本在此條後沿《輯本舊史》，以小注形式，録《會要》卷二七鹽鐵雜條下及卷二六鹽鐵雜條上一千三百餘字，文長不録。

三年十月，敕：“漳河已北州府管界，元是官場糶鹽，今後除城郭草市内仍舊禁法，其鄉村並許鹽貨通商。[1]逐處有鹹鹵之地，一任人户煎鍊，興販則不得踰越漳河，入不通商地界。”[2]

[1]漳河：即今漳河。有清漳水（今清漳河）、濁漳水（今濁漳河）兩支上源，分别出自今山西長子縣和沁縣，二源至今河南林州市相合，流入河南安陽市北，下游河道屢有變化。　漳河已北州府管界：中華書局本有校勘記：“‘管’字原闕，據《五代會要》卷二六、《册府》卷四九四補。”見《會要》卷二六鹽條、《通考》卷一五《徵榷考二·鹽鐵》。《宋本册府》卷四九四《邦計部·山澤門二》，十月前缺“三年”二字蒙上文易使人誤以爲二年事。　官場：官辦鹽場。　草市：城郭之外或鄉村的定期集市。　鹽貨通商：任用人户生産、商人販運鹽貨，官府在生産、銷售各環節徵税。“並許鹽貨通商”，《會要》卷二六、《輯本舊史》卷一一六《周世宗紀三》顯德三年（956）十月己巳條、《宋本册府》卷四九四同，《通考》卷一五誤作“並不許鹽貨通商”。

[2]入不通商地界：中華書局本有校勘記：“‘商’，原作‘高’，據殿本、劉本、《五代會要》卷二六、《册府》卷四九四改。”亦見《通考》卷一五。《輯本舊史》在此條後以小注形式引《通考》卷一五：“（顯德）五年既取江北諸州，唐主奉表入貢，因白帝以江南無鹵田，願得海陵鹽監南屬以贍軍。帝曰：‘海陵在江北，難以交居，當别有處分。’乃詔歲支鹽三十萬斛以給江南，士

卒稍稍歸之。"

漕運[1]

[1]此目名中華書局本無，據内容補。

唐同光二年三月，敕："鄆州差兵二千，自黎陽開河以通漕運。"[1]

[1]鄆州：州名。治所在今山東東平縣。　黎陽：縣名。治所在今河南浚縣。　"唐同光"至"以通漕運"：此條《輯本舊史》原無，據明本《册府》卷四九八《邦計部·漕運門》補。

三年閏十二月，吏部尚書李琪上疏曰："臣伏思漢文帝時，欲人務農，乃募人入粟，得拜爵及贖罪，景帝亦如之。[1]後漢安帝時，水旱不足，三公奏請富人入粟，得封關内侯及公卿已下散官，本朝乾元中亦曾如此。[2]今陛下縱不欲入粟授官，願降明敕下諸道，合差百姓轉般之處，有能出力運官物到京者，五百石已上，白身授一初任州縣官。[3]有官者依資次遷授，次選者便與放選。[4]千石已上至萬石者，不拘文武，顯示賞酬，免令方春農人流散。此亦轉倉贍軍之一術也。"敕："李琪所論召募轉倉斛斗與官行賞，委租庸司下諸州府，有應募者奏聞施行。"[5]

[1]漢文帝：即漢文帝劉恒。漢高帝劉邦第四子，漢惠帝劉盈

異母弟。吕氏覆滅後，太尉周勃、丞相陳平等迎立爲帝。公元前180年至前157年在位。死後謚孝文皇帝，廟號太宗。紀見《史記》卷一〇、《漢書》卷四。　入粟：向官府輸納穀物，用以買官或贖罪。　景帝：即漢景帝劉啓。漢文帝劉恒嫡長子。前157年至前141年在位。　紀見《史記》卷一一、《漢書》卷五。

［2］後漢安帝：即漢安帝劉祜。漢章帝劉炟之孫。公元106年至125年在位。紀見《後漢書》卷五。　三公：東漢以太尉、司徒、司空爲三公。　乾元：唐肅宗李亨年號（758—760）。

［3］轉般：中轉搬運。　白身：無官職爵位的平民。

［4］資次：年資次序。　次選者：等候官闕的候補官員。　放選：免除候選。

［5］租庸司：官署名。五代時期的中央財政機構。　“三年”至“奏聞施行”：此條《輯本舊史》本志原無，據《會要》卷二七漕運條補，亦見《輯本舊史》卷五八《李琪傳》、《通考》卷二五《國用考三・漕運》。

天成元年四月，制曰：“先緣漕運京師，租庸司虜借私船，今既分兵就食，停於漕運。其諸河渡私船，并仰却付本主。如有滯留，許本主論告。”[1]

［1］“天成元年”至“許本主論告”：此條《輯本舊史》原無，據明本《册府》卷九二《帝王部・赦宥門一一》及卷四九八《邦計部・漕運門》補。

長興二年五月，敕：“應沿河船般倉，依北面轉運司船般倉例，每一石於數内與正銷破二升。”[1]

[1]船般倉：即轉般倉。漕運中途擇地設立的轉運倉庫。　轉運司：官署名。掌一方水陸轉運、賦税諸事。　正銷破：雜税的一種。以漕糧轉輸、搬運過程中存在損耗爲理由徵收。　“長興二年”至“銷破二升”：本條《輯本舊史》原無，據《會要》卷二七漕運條補，《會要》繫於五月三日，五月戊午朔，三日爲庚申；亦見明本《册府》卷四九八《邦計部·漕運門》，繫於閏五月三日，閏五月戊子朔，三日爲庚寅；又見《通考》卷二五《國用考三·漕運》，但止繫於長興二年（931），無月。

四年三月，三司奏：“洛河水運自洛口至京，往來牽船下卸，皆是水運牙官，每人管定四十石。[1]今洛岸至倉門稍遠，牙官運轉艱難，近日例多逃走。今欲於洛河北岸，别鑿一灣，引船直至倉門下卸，其工欲於諸軍傔人内差借。”[2]從之。尋命捧聖衛指揮使朱洪實鑿開河灣，至贍國倉門。[3]

[1]洛河：河流名。發源於今陜西藍田縣境内華山南麓，流經今河南洛陽市等地，於今河南鞏義市匯入黄河。　洛口：地名。位於今河南鞏義市。　牙官：低級武官。

[2]今洛岸至倉門稍遠：叢書集成本《會要》“門”作“口”。　傔人：隨從的差役。

[3]捧聖衛：部隊番號。爲五代禁軍的騎兵部隊，故又稱“捧聖馬軍”。　指揮使：官名。五代軍隊編制，五百人爲一指揮，設指揮使、副指揮使；十指揮爲一軍，設都指揮使、副都指揮使。　朱洪實：人名。即“朱弘實”。籍貫不詳。五代後唐將領，爲後唐明宗愛將，歷任捧聖指揮使、侍衛親軍馬軍都指揮使等職。傳見本書卷六六。　贍國倉：位於今河南洛陽市。　“四年三月”至“贍國倉門”：本條《輯本舊史》原無，據《會要》卷二七漕運條

補，《會要》繫於三月三日，三月丁丑朔，三日爲己卯；亦見明本《册府》卷四九八《邦計部·漕運門》，繫於二月；又見《通考》卷二五《國用考三·漕運》，亦繫於二月。“尋命捧聖”至本段末，叢書集成本《會要》作小字夾注。

周顯德二年正月，世宗謂侍臣曰：“轉輸之物，向來皆給斗耗，自晋、漢已來，不與支破。倉廩所納新物，尚除省耗，況水路所般，豈無損折，起今後每石宜與耗一斗。”[1]

[1]顯德二年正月：《通鑑》卷二九二繫於顯德二年（955）正月庚辰，并云：“自晋漢以來不給斗耗，綱吏多以虧欠抵死。” 倉廩所納新物：中華書局本有校勘記：“‘倉廩’，原作‘食廩’，據《五代會要》卷二七、《册府》卷四九八改。”見《會要》卷二七漕運條、明本《册府》卷四九八《邦計部·漕運門》，亦見《通考》卷二五《國用考三·漕運》，但止繫於顯德二年，無月。

二月，世宗曰：“今州戍兵，舊制沿江發運務差均、鄧兩州人户，自備舟船，水運糧鹽，供饋軍食。[1]近聞彼民頗甚勞弊，及令有司按本州税積，所納常賦，可以歲給軍儲。其水運舟船，并宜停廢。”[2]

[1]發運務：官署名。掌一地的物資調撥。 均：州名。治所在今湖北丹江口市。 鄧：州名。治所在今河南鄧州市。

[2]“二月”至“並宜停廢”：此條《輯本舊史》原無，據明本《册府》卷四九八《邦計部·漕運門》補，《册府》“二月”下

有“癸亥”二字。

四年四月，詔疏下汴水一派，北入於五丈河，又東北達於濟。[1]自是齊魯之舟楫，皆至京師。[2]

[1]汴水：水名。隋開通濟渠，因自滎陽至開封一段即原來的汴水，故唐、宋人遂將出自河至入淮之通濟渠東段全流統稱爲汴水或汴渠。　五丈河：水名。後周世宗柴榮疏汴水北入白溝（南濟水故道），東流入濟水，以通齊魯之漕。河床被展拓至五丈，俗稱“五丈河”。　濟：河流名。發源於今河南境内，經今山東入渤海。今黄河下游河道即濟水故道。

[2]“四年四月”至“皆至京師”：此條《輯本舊史》原無，據《會要》卷二七漕運條、明本《册府》卷四九八《邦計部·漕運門》補，亦見《通考》卷二五《國用考三·漕運》，但止繫於顯德四年（957），無月。

六年二月，命侍衛馬軍指揮使韓令坤自京東疏下汴水，入于蔡河，侍衛步軍都指揮使袁彦浚五丈河，以通漕運。[1]

[1]侍衛馬軍指揮使：官名。即侍衛馬軍都指揮使。五代時皇帝親軍侍衛馬軍司之最高長官。　韓令坤：人名。磁州武安（今河北武安市）人。五代、宋初將領。傳見《宋史》卷二五一。　蔡河：水名。又作蔡水、沙水。上承汴水，流經開封（今河南開封市）匯入淮河。　侍衛步軍都指揮使：官名。侍衛親軍步軍司最高長官。　袁彦：人名。河中河東（今山西永濟市）人。五代、宋初將領。傳見《宋史》卷二六一。　“六年二月”至“以通漕運”：

此條《輯本舊史》本志原無，據《會要》卷二七漕運條補，亦見明本《册府》卷四九八《邦計部·漕運門》、《通考》卷二五《國用考三·漕運》，止繫於六年，無月。《輯本舊史》卷一一九《周世宗紀六》："顯德六年二月庚辰，發徐、宿、宋、單等州丁夫數萬濬汴河。甲申，發滑、亳二州丁夫濬五丈河，東流於定陶，入於濟，以通青、鄆水運之路。又疏導蔡河，以通陳、潁水運之路。"

麴錢[1]

[1]此目名中華書局本無，據内容補。

梁開平三年十一月，敕："聽諸道州府百姓自造麴，官中不禁。"[1]

[1]"梁開平"至"官中不禁"：此條《輯本舊史》原無，據《會要》卷二六麴條補，亦見明本《册府》卷五〇四《邦計部·榷酤門》、《通考》卷一七《征榷考四·榷酤》。

唐天成三年七月，詔曰："應三京、鄴都、諸道州府鄉村人户，自今年七月後，於夏秋田苗上，每畝納麴錢五文足陌，一任百姓自造私麴，醖酒供家，其錢隨夏秋徵納。[1]其京都及諸道州府縣鎮坊界及關城草市内，應逐年買官麴酒户，便許自造麴，醖酒貨賣。[2]仍取天成二年正月至年終一年逐户計算都買麴錢數内，十分只納二分，以充榷酒錢，便從今年七月後，管數徵納。榷酒户外，其餘諸色人亦許私造酒麴供家，即不得衷私賣酒，如有故違，便即糾察，勒依中等酒户納榷。其坊村一任沽賣，不在納榷之限。其麴敕命到後，任便踏造。如賣麴酒户中，有去年曾買官麴，今年因事不便買麴任開店者，則與出落。如覩新敕，有情願開店投榷者，則不計舊户、新户，便令依見納錢等户例出榷。此後酒户中有無力開店賣酒者，亦許隨處陳狀，其舊納錢並宜停廢。應諸處麴務，亦仰十分減八分價錢出賣，不得更請官本踏造。"[3]時孔循以麴法殺一家於洛陽，或獻此議，以爲愛其人，便於國，故行之。[4]

[1]於夏秋田苗上：中華書局本有校勘記："'夏'，原作'是'，據《册府》卷五〇四、《五代會要》（四庫本）卷二六改。"見明本《册府》卷五〇四《邦計部·榷酤門》、《通鑑》卷二七六天成三年（928）七月條下胡注及本條下文。《會要》繫此事於十三日。　其錢隨夏秋徵納：上條胡注此下有"並不折色"四字。

[2]諸道州府縣鎮坊界及關城草市内："及關城草市"五字，據《會要》卷二六麴條、《通鑑》卷二七六天成三年七月條下胡注、《通考》卷一七《徵榷考四·榷酤》補。

[3]"其麴敕命到後"至"不得更請官本踏造"：據《會要》卷二六麴條補。

[4]孔循：人名。籍貫不詳。五代後唐大臣。傳見《新五代史》卷四三。　或獻此議：中華書局本有校勘記："'議'，原作'意'，據本書卷三九《唐明宗紀五》、《册府》卷五〇四改。"

長興元年二月，赦書節文："諸道州府人户，每秋苗一畝上，元徵麴錢五文，今後特放二文，止徵三文。"[1]

［1］“長興元年”至“只徵三文”：亦見《會要》卷二六麴條、《輯本舊史》卷四一《唐明宗紀七》長興元年（930）二月乙卯條。《通考》卷一七《徵榷考四·榷酤》作“特放三文，止徵二文”。

二年五月，詔曰：“酒醴所重，麴糵是須，緣賣價太高，禁條頗峻，士庶因斯而抵犯，刑名由是以滋彰。[1]爰行改革之文，庶息煩苛之政，各隨苗畝，量定稅錢。訪聞數年已來，雖犯法者稀，而傷民則甚。蓋以亂離日久，貧下户多，纔遇昇平，便勤稼穡，各務耕田鑿井，孰能枕麴藉糟，既隨例以均攤，遂抱虚而輸納，漸成彫敝，深可憫傷。況欲致豐財，必除時病，有利之事，方切施行，無名之求，尤宜廢罷，但得日新之理，何辭夕改之嫌。應三京、諸道苗畝上所徵麴錢等，便從今年夏並放。諸州府城郭内依舊禁麴，其麴官中自造，委逐州減舊價一半，於在城撲斷貨賣。除在城居人不得私造外，鄉村人户或要供家，一任私造。”敕下之日，人甚悦之。[2]《永樂大典》卷四千六百八十一。[3]

［1］二年五月：中華書局本沿《輯本舊史》原作“二年”，據《會要》卷二六麴條、《輯本舊史》卷四二《唐明宗紀八》、明本《册府》卷五〇四《邦計部·榷酤門》補。《輯本舊史》卷四二《唐明宗紀八》繫於長興二年（931）五月丁卯。　麴糵（niè）：即酒曲。

［2］纔遇昇平：《輯本舊史》之影庫本粘籤：“纔遇，原本作‘纔過’，今據文改正。”　應三京諸道苗畝上所徵麴錢等：中華書局本有校勘記：“‘三’，原作‘在’，據《五代會要》卷二六、《册府》卷五〇四改。‘諸道’下《五代會要》卷二六、《册府》卷

五〇四有‘州府’二字。”　諸州府城郭内依舊禁麴：據《輯本舊史》卷四二《唐明宗紀八》補。　於在城撲斷貨賣：中華書局本有校勘記：“‘貨賣’，原作‘貨買’，據孔本、《五代會要》卷二六、《册府》卷五〇四改。”“其麴官中自造”至“一任私造”，亦見《輯本舊史》卷四二《唐明宗紀八》。

［3］《大典》卷四六八一“錢”字韻應爲“麴錢”事目。此卷不存。

七月，三司奏：“諸道州府申論，先有敕命，許百姓造麴，不來官場收買。伏慮課額不迨，請準前麴法，鄉村百姓與在城條法一例指揮。”從之。仍據百姓已造到麴，務令送納入官，量支還麥本。[1]

［1］“七月”至“支還麥本”：此條《輯本舊史》本志原無，據《會要》卷二六麴條補，亦見《輯本舊史》卷四二《唐明宗紀八》七月乙未條、明本《册府》卷五〇四《邦計部・榷酤門》、《通考》卷一七《徵榷考四・榷酤》。“課額不迨”，《輯本舊史》卷四二《唐明宗紀八》作“課額不逮”。

周顯德四年七月，詔曰：“諸道州府麴務，今後一依往例，官中禁法賣麴，逐處先置都務，候敕到日，並仰停罷。據見在麴數，準備貨賣，兼據年計，合使麴數，依時蹋造，候人户將到價錢，據數給麴，不得賒賣抑配與人。其外酒場務，一切仍舊。應鄉村人户，今後並許自造米醋，及買糟造醋供食。仍許于本州縣界，就精美處酤賣，其酒麴條法依舊施行。”[1]《永樂大典》卷一萬四千九百八十。[2]

[1]周顯德四年七月：中華書局本有校勘記："句上殿本、《五代會要》卷二六、《册府》卷五〇四有'周'字。"但未補，見《會要》卷二六麴條、明本《册府》卷五〇四《邦計部·榷酤門》。今據補。　准備貨賣：中華書局本有校勘記："'貨賣'，原作'貨買'，據《五代會要》卷二六改。""其外酒場務"至"依舊施行"據《會要》卷二六補，亦略見明本《册府》卷五〇四。《會要》本條下尚有小注："先是，晋漢已來，諸道州府皆榷計麴額，置都務以沽酒，民間酒醋皆瀉薄。上知其弊，故命改法。"

[2]中華書局本有校勘記："檢《永樂大典目録》，卷一四九八〇爲'婦'字韻'醫書婦人證治五十七'，與本則内容不符，恐有誤記。疑出自卷一四九九〇爲'務'字韻'務名二'。"應爲"務"字韻"麴務"事目。此卷今亦不存。

舊五代史　卷一四七

刑法志[1]

[1]《輯本舊史》之案語："《刑法志序》,《永樂大典》原闕。"

定格令[1]

[1]此目名《輯本舊史》原無，據内容補。

梁太祖開平三年十一月,[1]詔太常卿李燕、御史司憲蕭頃、中書舍人張衮、户部侍郎崔沂、大理卿王鄯、刑部郎中崔誥,[2]共删定律令格式。[3]

[1]梁太祖：即朱温（後改名晃)。後梁開國君主，907 年至 912 年在位。紀見本書卷一至卷七、《新五代史》卷一至卷二。開平：後梁太祖朱温年號（907—911)。　十一月：《會要》卷九定格令條作“十月”。

[2]太常卿：官名。九寺之一太常寺之長官，掌祭祀禮樂等事務。正三品。　李燕：人名。後梁太常卿、吏部尚書，後唐光禄大夫、檢校尚書左僕射、行太常卿等。事見《舊唐書》卷二〇，本書卷三一、卷三二，明本《册府》卷五七〇《掌禮部・作樂門六》。御史司憲：官名。御史臺長官，相當於御史大夫（或副長官，如御史司憲解釋爲御史中丞時)。掌邦國刑憲、典章之政令，以肅正

朝列。據本書卷一四九《職官志·兩省》:"(後晉天福)七年五月,中書門下上言:'有司檢尋長興四年八月二十一日敕:準《官品令》……御史大夫從三品,會昌二年十二月陞爲正三品……'敕:'宜各準元敕處分,仍添入令文,永爲定制。'"中華書局本有校勘記:"'司憲'二字原闕,據《五代會要》卷九補。按《册府》卷五二二記蕭頃時爲'御史司憲'。《通鑑》卷二六七胡注:'梁置御史司憲。'《册府》卷六一三作'御史憲'。"見《會要》卷九定格令條、《宋本册府》卷五二二《憲官部·譴讓門》、《通鑑》卷二六七開平四年四月辛巳條胡注:"唐高宗以御史大夫爲大司憲,蓋以御史執法之官,故名之。梁置御史司憲,既曰御史,復曰司憲,蓋不考名官之義也。"　蕭頃:人名。京兆萬年(今陝西西安市長安區)人。後梁宰相,後唐太常卿。傳見本書卷五八。　中書舍人:官名。掌草擬詔敕、奏改制敕、奉表勞問册命、考課察冤、知貢舉等事務。正五品。　張衮:人名。後梁時歷中書舍人、兵部侍郎、御史司憲。事見本書卷三、卷九、卷一八。　户部侍郎:官名。尚書六部之一户部之副長官。佐户部尚書掌部事,負責土地、户口、錢穀、賦税之政。　崔沂(yí):人名。博陵安平(今河北安平市)人,一説博州(今山東聊城市)人,仕唐歷監察、補闕、諫議大夫,後梁御史司憲、太常卿,後唐左丞,判吏部尚書銓選司。爲人剛正守法。傳見本書卷六八。　大理卿:官名。亦稱大理寺卿,大理寺長官。掌邦國折獄祥刑之事。從三品。　王鄯(shàn):人名。後梁乾化元年(911)受遣出使安南。事見本書卷六。　刑部郎中:官名。刑部下屬四司的頭司長官,掌司法及審覆大理寺與州府刑獄。從五品上。　崔誥:人名。籍貫、事跡不詳。本書僅此一見。

[3]律令格式:承唐而來加以删改的四種法律形式,共同構成後梁的法律體系。《唐六典》卷六《尚書刑部·刑部郎中員外郎》載:"凡文法之名有四:一曰律,二曰令,三曰格,四曰式……凡律以正刑定罪,令以設範立制,格以禁違正邪,式以軌物程事"。

《新唐書》卷五六《刑法志》云："令者，尊卑貴賤之等數，國家之制度也；格者，百官有司之所常行之事也；式者，其所常守之法也。凡邦國之政，必從事於此三者。其有所違及人之爲惡而入於罪戾者，一斷以律。"律，即律典、刑律。令，國家組織方面的制度規定。格，律、令、式的追加法，可以修改、補充和變通律、令、式的規定，具有比律更高的效力。其立法淵源是皇帝的敕令，但敕令針對特定的人和事而頒佈，不具有普遍法律效力，只有經過整理編纂並由皇帝下令頒佈成爲"永格"後，才成爲具有普遍法律效力的法。中晚唐時，格的功能更向司法集中和轉化，如出現"格後敕"（制敕的編集），又如以司法刑獄爲中心的《開成格》，它們對五代時期的立法産生重要影響。式，主要圍繞律令的執行所規定的細則，以及百官諸司的辦事章程，也就是國家機關的公文程式和行政活動細則。

四年十二月，宰臣薛貽矩奏：[1]"太常卿李燕等重刊定《令》三十卷，[2]《式》二十卷，《格》一十卷，《律》併目録一十三卷，[3]《律疏》三十卷，[4]凡五部一十帙，共一百三卷。敕中書舍人李仁儉詣閤門奉進，[5]伏請目爲《大梁新定格式律令》，[6]仍頒下施行。"從之。[7]

[1]薛貽矩：人名。河東聞喜（今山西運城市）人。仕唐至御史大夫，後梁太祖即位，拜中書侍郎、平章事等。傳見本書卷一八、《新五代史》卷三五。

[2]太常卿李燕等重刊定《令》三十卷：中華書局本有校勘記："'令'上原有'律'字，據《五代會要》卷九、《册府》（宋本）卷六一三、《文獻通考》卷一六六删。"見《會要》卷九定格令條、《宋本册府》卷六一三《刑法部・定律令門五》、《通考》卷

一六六《刑考五·刑制》。按:"三十卷",明本《册府》卷六一三作"二十卷",疑誤。

[3]《律》併目録一十三卷:唐代《律》一般爲十二卷,無目録、條標。此處《律》諒有目録,宜單獨成卷。此種情況在後文的《同光刑律統類》一十三卷、《開成格》一十一卷、《大和格》五十一卷、《見管統類》一十三卷,以及《天福編敕》三十一卷、《大周刑統》二十一卷均類似。故稱"《律》併目録一十三卷"。中華書局本有校勘記:"'律'字原闕,據《五代會要》卷九、《册府》卷六一三、《文獻通考》卷一六六補。"

[4]《律疏》:猶如對經書、佛典的注解一樣,對"律"及"注"作解釋的文字也稱爲"義疏",簡稱爲"疏",如唐代對《永徽律》《開元律》的疏解就稱爲"律疏",與律文具有同等效力,所謂"斷獄者皆引疏分析之"。

[5]敕:皇帝的命令。《唐六典》卷九《中書省·中書令》下注説:"自魏晉已後因循,有册書、詔、敕,總名曰詔,皇朝因隋不改。"　李仁儉:人名。曾任唐户部郎中。事見《舊唐書》卷二〇下。本書僅此一見。　閤門:古代宫廷中的内門,進入閤門即進入内廷,故是聯繫外朝與皇帝居所的門。中華書局本1976年版作"閣門"。據永樂大典本《河南志·宋城闕古蹟》載:"次北文明殿。正衙殿也。唐之武成、宣政,又改貞觀。梁開平三年改文明。殿東南隅有鼓樓,西南隅有鐘樓。東西横門,曰左、右延福門。殿兩挾,曰東上、西上閣門。"注者按:"閣"當爲"閤"之誤。

[6]《大梁新定格式律令》:其名不稱"律令格式"而稱"格式律令",與唐開元之《格式律令事類》一脈相承,下文亦有"定州王都進納唐朝格式律令"。詳見下文《格式律令事類》。

[7]"《律疏》三十卷"至"從之":其下有《輯本舊史》之原注:"是時,大理卿李保殷進所撰《刑律總要》十二卷。"據上文,開平三年(909)十一月時大理卿是王鄯,而本書卷六《太祖紀第六》顯示乾化元年十二月的大理卿依舊爲王鄯,其間應未更换

人選。此處却説李保殷是大理卿，疑時間有誤。

唐莊宗同光元年十二月，[1]御史臺奏：[2]“當司、刑部、大理寺本朝法書，[3]自朱温僭逆，删改事條，或重貨財，輕入人命，或自狥枉過，[4]濫加刑罰。今見在三司收貯刑書，[5]並是僞廷删改者，兼僞廷先下諸道追取本朝法書焚毀，[6]或經兵火，所遺皆無舊本節目。只定州敕庫有本朝法書具在，[7]請敕定州節度使速寫副本進納，[8]庶刑法令式，[9]並合本朝舊制。”從之。未幾，定州王都進納唐朝《格式律令》，[10]凡二百八十六卷。

[1]唐莊宗：人名。即李存勗。西突厥沙陀部人。後唐開國之主，923年至926年在位。紀見本書卷二七至卷三四，《新五代史》卷四至卷五。　同光：後唐莊宗李存勗年號（923—926）。

[2]御史臺：官署名。中央監察機構，下設臺院、殿院、察院。掌糾察朝儀、彈劾官邪、勘鞫官府公事，參與重大疑案的審判活動。《會要》卷一七御史臺條言其：“事總朝綱，職司天憲。所管人吏色役最多，上至朝堂，次及班列，或在京勾檢公事，或外地推勘稽遲，監守狴牢，行遣案牘，或隨從出使，或祠祭監臨。”其審判職能較唐代有所擴張，立法權顯著加重，在修律編敕方面的作用有所增强。長官爲御史大夫，正三品。

[3]當司：本司。這裏指御史臺。　刑部：官署名。中央司法行政機構，審判覆核機關。唐代掌管司法政令，覆核大理寺流刑以下及州縣徒刑以上案件，兼管獄囚簿録、給養供應等事。《宋史》卷一九九《刑法志一》載五代時期“藩鎮跋扈，專殺爲威，朝廷姑息，率置不問，刑部按覆之職廢矣”。長官是刑部尚書，　大理寺：官署名。中央最高審判機關，負責審理中央百官犯罪以及京師

徒刑以上案件；重審刑部移送的地方死刑案件。但流、徒刑案件判決後須經刑部覆核，死刑案件判決後還須奏報皇帝批准。後唐長興四年（933）法寺内設議獄堂，《會要》卷一六大理寺條："天下州府有疑者，判官集議，尋常案款，則准法施行。"長官爲大理卿，從三品。　本朝：同光元年四月，李存勗滅梁稱帝，國號唐，以"中興"自況，稱梁爲"僞"（如後文有"僞廷""僞梁"等），以示自己是恢復和繼承唐朝的正統，故君臣上下常自稱本朝，但實際上李存勗並非唐朝皇室後裔。　法書：泛指法律。《舊唐書》卷一七七《劉瑑傳》："瑑精於法律，選大中以前二百四十四年制敕可行用者二千八百六十五條，分爲六百四十六門，議其輕重，别成一家法書，號《大中統類》，奏行用之。"

[4]狥：同"徇"。營求，偏私，曲從。

[5]三司：這裏指前述大理寺、刑部、御史臺。唐代大理寺卿、刑部侍郎、御史中丞會同審理重大案件，稱"三司推事"。

[6]道：唐太宗時因山川形便，分天下爲十道。唐玄宗時分十五道，至此，道擁有了固定的治所和常設機構。安史亂后，節度使所控之地亦皆以"道"稱呼，如《舊唐書》卷一四《憲宗紀上》記載元和二年（807）十二月乙卯，"史官李吉甫撰《元和國計簿》，總計天下方鎮凡四十八，管州府二百九十五……其鳳翔、鄜坊、邠寧、振武、涇原、銀夏、靈鹽、河東、易定、魏博、鎮冀、范陽、滄景、淮西、淄青十五道，凡七十一州，不申户口。每歲賦入倚辦，止於浙江東西、宣歙、淮南、江西、鄂岳、福建、湖南等八道，合四十九州。"五代的道沿襲唐後期的設置，與唐前期的道不同，是地方最高管轄單位，州府皆在其監督下。

[7]定州：州名。治所在今河北定州市。　敕庫：皇家府庫。此指定州節度使王都的府庫。922年，後唐莊宗追契丹之敵過定州，幸王都府第，王都將其女許爲皇子妻，遂爲皇親。自是其府庫亦爲敕庫。

[8]節度使：官名。唐睿宗景雲年間始有此號。玄宗天寶初，

沿邊置九節度使，總領軍旅民政，專誅殺，權傾一方。肅宗至德以後，天下用兵，中原刺史亦循其例。五代藩鎮割據，設置更多，廢置不常。　寫：即抄寫。由於印刷術未普及，法律以抄寫的方式傳播。

[9]庶：表希望。

[10]王都：人名。本姓劉，小字雲郎。中山陘邑（今河北定州市）人。王處直養子。好聚圖書，至三萬卷。及明宗嗣位，加中書令。後叛，兵敗自焚。傳見本書卷五四、《新五代史》卷三九。

二年二月，[1]刑部尚書盧質奏，[2]纂集《同光刑律統類》，[3]凡一十三卷，上之。

[1]《會要》此處爲“三年”，明本《册府》卷六一三《刑法部·定律令門五》與本書同爲“二年”。

[2]刑部尚書：官名。掌天下刑法及徒隸勾覆、關禁之政令。尚書、侍郎總其所屬刑部、都官、比部、司門四部職務而奉行其制命。正三品。　盧質：人名。河南（今河南洛陽市）人。歷仕唐、後唐、後晋。後唐進封開國公，又爲右僕射。及秦王得罪，奉詔權知河南府事。應順初，遷檢校太傅，正拜河南尹，後改太子少師。又晋太子太保。傳見本書卷九三、《新五代史》卷五六。中華書局本有校勘記：“原作‘盧價’，據彭校、《五代會要》卷九、《册府》卷六一三改。據盧價墓誌（拓片刊《中國歷史文物》2009年第2期），盧價後唐時僅官至監察御史。”

[3]《同光刑律統類》：後唐同光時期法典，宋初仍參用之。“刑律統類”簡稱“刑統”，最早可追溯至唐宣宗時期的《大中刑律統類》。五代至宋，“刑統”取代“律”，成爲主要的法典形式。它是以刑律爲主，將其他刑事的敕、令、格、式分門别類附載於律文之後彙編而成的法律，更具實用性，並對後世《大周刑統》《宋

刑統》的編纂具有重要影響。亦見《宋會要輯稿·刑法一》引《大典》卷一九〇二七“令”字韻“宋格令（一）”事目之《定格令門序》。

明宗天成元年九月，[1]御史大夫李琪奏：[2]“奉八月二十八日敕，以大理寺所奏見管四部法書内有《開元格》一卷、《開成格》一十一卷，[3]故大理卿楊遘所奏行僞梁格并目録一十一卷，[4]與《開成格》微有舛誤，未審祇依楊遘先奏施行，爲復别頒聖旨，令臣等重加商較刊定奏聞者。今莫若廢僞梁之新格，行本朝之舊章，遵而行之，違者抵罪。”[5]至其年十月二十一日，御史臺、刑部、大理寺奏：“奉九月二十八日敕：‘宜依李琪所奏，廢《僞梁格》，施行本朝格令者。’伏詳敕命，未該律令。[6]伏以開元朝與開成隔越七帝，年代既深，法制多異，且有重輕，律無二等，若將兩朝格文並行，伏慮重疊舛誤。況法者天下之大理，非一人之法，乃天下之法也，故爲一代不變之制。又準敕：‘立後格合破前格。’[7]若將《開元格》與《開成格》並行，實難檢舉。又有《大和格》五十一卷、《刑法要録》一十卷、《格式律令事類》四十卷、《大中刑法格後敕》六十卷，[8]共一百六十一卷，久不檢舉，伏請定其予奪。奉敕：‘宜令御史臺、刑部、大理寺同詳定一件格施行者。’今集衆商量，《開元格》多定條流公事，[9]《開成格》關於刑獄，今欲且使《開成格》。”從之。[10]

[1]明宗：即李嗣源（後改名亶）。五代後唐第二位皇帝，926

年至933年在位。紀見本書卷三五至卷四四、《新五代史》卷六。　天成：後唐明宗李嗣源年號（926—930）。　明宗天成元年九月：《會要》卷九定格令條原爲“天成元年九月二十八日”，據《輯本舊史》之體例增“明宗”二字，删“二十八日”四字。

［2］李琪：人名。河西敦煌（今甘肅敦煌市）人。後梁宰相，後唐歷太常卿、御史大夫、尚書右僕射，以太子少傅（本書卷五八《李琪傳》作“太子太傅”）致仕。傳見本書卷五八、《新五代史》卷五四。

［3］《開元格》：唐玄宗開元三年（715），黄門監盧懷慎等删定，共十卷，以尚書省二十四司爲篇目，具體規定了百官行政事務的行爲範圍、方式和處罰標準。因其後開元七年吏部尚書宋璟等重新删定舊格，故又稱《開元前格》，而稱宋璟等删定者爲《開元後格》，亦十卷。見《新唐書》卷五八《藝文志》。至二十五年，中書令李林甫又著《開元新格》，凡所損益數千條。天寶四載（745），又詔刑部尚書蕭炅稍復增損之。見《新唐書》卷五六《刑法志》。《宋本册府》卷六一三《刑法部·定律令門五》，“《開元格》一卷”作“《開元格》一十卷”。　《開成格》：即《開成詳定格》，一稱《刑法格》，已佚。唐後期的刑事單行法規，屬於散頒格。開成四年（839），刑部侍郎狄兼謩採開元二十六年以後至開成時制敕，删繁就簡，製成十卷，次年施行。《開成格》的内容體現出格的功能從原來的以行政公事爲主，向司法集中和轉化。其轉變與晚唐刑獄的逐漸嚴酷化密不可分。五代時沿用至後周《顯德刑統》頒佈。

［4］楊遘：人名。後唐歷衛尉卿、太僕卿、大理卿。事見本書卷三一、卷三二。　僞梁格：此格在《開成格》的基礎上編修而成，因此其内容仍以刑法爲主體，即前文後梁太常卿李燕等人在太祖開平四年（910）所定《大梁新定格式律令》的一部分。

［5］抵：至也，又當也。

［6］該：具備，完備。

［7］立後格合破前格：《宋本册府》卷六一三《刑法部・定律令門五》，“立後格合破前格”作“格文後敕合破前格”。

［8］《大和格》：即《大和格後敕》。大和四年（830）七月謝登纂，凡六十卷。大和七年奉敕删定爲五十卷。見《唐會要》卷三九定格令條、《舊唐書》卷五〇《刑法志》。又，《新唐書》卷五八《藝文志》載“《大和格後敕》四十卷、《格後敕》五十卷”。或有兩個版本。“《大和格》五十一卷”，《會要》卷九定格令條作“《大和格》五十二卷”，《宋本册府》卷六一三作“《大和格》五十一卷”，因“共一百六十一卷”，可知《會要》誤，今據《宋本册府》改。　《刑法要録》：《唐會要》卷三九定格令條載：唐敬宗寶曆二年十月，大理卿裴向，進前本寺丞盧紓所撰《刑法要録》十卷。應是法官個人編集，作爲司法時的參考文本，可見規模龐大的《格後敕》已不敷所用，編定專門性的刑法文本有强烈的現實需要。參見吴麗娱、趙晶《唐五代格、敕編纂之演變再探》，《中華文史論叢》2015年第2期。　《格式律令事類》：《舊唐書》卷五〇《刑法志》載：唐玄宗開元“二十二年，户部尚書李林甫又受詔改修格令。……又撰《格式律令事類》四十卷，以類相從，便於省覽。二十五年九月奏上，敕於尚書都省寫五十本，發使散於天下”。雖然“事類”與“刑統”都是將各種法律形式的條文按照一定分類標準進行彙集，但“刑統”是以律爲體系，有更强的刑法色彩，而“事類”則以格爲綱目。同時，“格式”在先“律令”在後的冠名法，也體現出這一階段對不同法律形式的重視程度有所變化。

《大中刑法格後敕》：即《大中刑法總要格後敕》。大中五年（851）四月，刑部侍郎劉瑑等奉敕修撰，六十卷。唐中後期格與敕並稱、並舉，最終形成對制敕的内容不做任何改動和增删的“格後敕”這一特殊立法形式。但到五代格後敕又被編敕所取代，是宋代編敕的前身。《舊唐書》卷五〇《刑法志》載其“起貞觀二年六月二十日，至大中五年四月十三日，凡二百二十四年雜敕，都計六百四十六門，二千一百六十五條”。據沈家本《歷代刑法考・律令四》考證：“劉瑑《大中刑法總要格後敕》，《舊志》與《藝文志》同，《會要》亦同，《舊紀》則曰《刑法統類》，新《傳》則曰《刑律統類》，舊《傳》則曰《大中統類》，遂與張戣之書相亂。《五代會要》後唐天成元年，御史臺、刑部、大理寺奏内所舉舊格敕有《大中刑法格後敕》六十卷，當即瑑書，但省去‘總要’二字耳。《舊志》‘六月二十日’，《會要》作‘二十八日’，或《志》文奪‘八’字。‘二十四年’，《舊紀》及《會要》作‘四十四年’，考貞觀二年戊子至大中五年辛未，實二百二十四年，《紀》及《會要》傳寫譌也。”《大中刑法統類》是大中七年五月，左衛率倉曹參軍張戣所進，十二卷，詳見後注。

[9]《開元格》多定條流公事：《宋本册府》卷六一三作“《開元格》多是條流公事”。

[10]“明宗天成元年九月”至“從之”：《輯本舊史》原無，據《會要》卷九定格令條補。

長興四年六月，[1]敕御史中丞龍敏、給事中張鵬、中書舍人盧導、尚書刑部侍郎任贊、大理卿李延範等詳定《大中統類》。[2]

[1]長興：後唐明宗李嗣源年號（930—933）。

[2]御史中丞：官名。御史臺副長官。輔佐御史大夫掌邦國刑憲、典章之政令，以肅正朝列。後唐多爲正五品，長興四年（933）後及後晋時爲正四品。　龍敏：人名。幽州永清（今河北廊坊市）人。後唐歷諫議大夫、御史中丞，累拜兵部侍郎、吏部侍郎，後晋歷尚書左丞、太常卿。傳見本書卷一〇八、《新五代史》卷五六。　給事中：官名。門下省屬官。掌侍從，讀署奏抄，駁正違失，分判省事。《舊唐書》卷四三《職官志二》載：“凡國之大獄，三司詳決，若刑名不當，輕重或失，則援法例退而裁之。……凡天下冤滯

未申及官吏刻害者，必聽其訟，與御史、中書舍人同計其事宜，而申理之。”正五品上。　張鵬：人名。歷仕後唐給事中、御史中丞、刑部侍郎，後晋天福二年（937）改兵部侍郎。事見本書卷四五、卷四七、卷七六。　盧導：人名。范陽（今河北涿州市）人。唐監察御史、右司郎中兼侍御史知雜事，後唐右諫議大夫、中書舍人、權知貢舉，後晋吏部侍郎。傳見本書卷九二、《新五代史》卷五四。

尚書刑部侍郎：官名。尚書省刑部副長官。掌律令、刑法、徒隸、按覆讞禁之政。下屬四司：刑部、都官、比部、司門。正四品下。　任贊：人名。籍貫不詳。歷後唐工部侍郎、左散騎常侍判大理卿事、户部侍郎、刑部侍郎、兵部侍郎等。事見《會要》卷一六、卷二三，本書卷三〇、卷三六、卷三九、卷四〇、卷四二、卷四四、卷五一、卷七八、卷一二六、卷一二八，明本《册府》卷三三七《宰輔部·徇私門》、卷四七五《臺省部·奏議門六》、卷六四一《貢舉部·條制門三》、卷八二〇《總録部·立祠門》、卷九三九《總録部·譏誚門》，《新五代史》卷一五、卷二八。　李延範：人名。籍貫不詳。後唐殿中監、大理卿、太子賓客，後晋歷太子賓客、司農卿。事見《會要》卷一一、卷一六、卷二五，本書卷七八，明本《册府》卷六三三《銓選部·條制門五》。　《大中統類》：又稱《大中刑律統類》《大中刑法統類》。《唐會要》卷三九《定格令》載：“至（大中）七年（853）五月，左衛率府倉曹參軍張戣，編集律令格式。條件相類者，一千二百五十條，分爲一百二十一門，號曰《刑法統類》。上之。”《新唐書》卷五六《刑法志》言其書是“以刑律分類爲門而附以格敕”，這與前述開元二十五年（737）《格式律令事類》以“尚書省二十四司總爲篇目”，即以格爲綱目的修纂體例不同，其十二卷的規模與《唐律》卷數一致，應該是以律篇爲綱目，再附入相關的令、式、格。這種以刑律爲綱的法典體例應當是張戣開創的。不過，《大中刑律統類》與《開成格》並行至五代末期，或可推知，《大中刑統》與《開成格》雖然都偏重刑事立法，但在内容上應該具有互補性。參見吴麗娱、趙晶

《唐五代格、敕編纂之演變再探》。五代相沿用至後周《顯德刑統》頒佈。在部分記載中與《大中刑法格後敕》有所混淆，詳見前注“《大中刑法格後敕》”。　“長興四年六月”至“大理卿李延範等詳定《大中統類》”：《輯本舊史》原無，據《會要》卷九定格令條補。

末帝清泰元年閏五月，[1]敕：“律令格式，《六典》凡關庶政，[2]盡有區分，久不舉明，遂至隳紊。[3]宜令京百司各於其間録出本司事，裁成卷軸，或粉壁寫在廨署，[4]本司官常宜省覽，以備顧問。自敕下至今累年，如聞諸司或以無廨宇處，並未書寫施行。令御史臺差兩巡使分巡百司，[5]取已寫、未寫司局以聞。如因事未辨處，與限五日，須抄録，依元敕指揮。[6]其諸道州縣，亦有《六典》内合行公事條件抄録粉壁，官吏長宜觀省。其律令格式事繁，昨已撮成四卷，州府差人抄録，以備檢尋。今後宜令御史臺，每至正初，[7]具録前後敕文，告示百司及諸州府，永爲常式。”[8]

[1]末帝：即李從珂，本姓王。明宗李嗣源養子，五代後唐末代皇帝，934年至936年在位。紀見本書卷四六至卷四八、《新五代史》卷七。　清泰：後唐末帝李從珂年號（934—936）。

[2]《六典》：即《大唐六典》。三十卷，題名“御撰，李林甫等奉敕注”。開元十年（722），中書舍人陸堅被旨修《六典》，唐玄宗手寫白麻紙凡六條，曰理典、教典、禮典、政典、刑典、事典，令以類相從，撰録以進。最終採取“以令式入六司，象《周禮》‘六官’之制，其沿革並入注”的方法修成，以唐代中央及地方各級機構的名稱、員品、職掌爲正文，以其自《周官》以來之沿

革爲注文，於開元二十七年（739）進上。關於《六典》的性質，學界多有争議，但可以確定其並非法典，不具備法律效力。此處則體現出“六典内合行公事條件”者在五代仍受重視。

[3]隳（huī）紊：敗壞紊亂。

[4]粉壁：本指白色牆壁。引申爲將法令、告示寫在粉刷成白色的牆壁上。　廨署：官署理事及供官府公人使用的房舍。　粉壁寫在廨署：這種形式可能受到唐代“廳壁記”的影響。

[5]兩巡使：官名。即左右巡使。唐朝御史臺置，以殿中侍御史爲之，左巡使掌糾察京城百官違失，右巡使掌糾察京城外官員違失。

[6]元敕：原先的詔令。　指揮：詔敕和命令的統稱。

[7]正初：正月初一。

[8]永爲常式：即將普通敕文（皇帝命令）上升爲具有普遍效力、可以長久適用的法律。敕文只是臨時處分，但當制敕標明“永格”“常式”時，可援引爲據。而“永格”“常式”之格後制敕，則可以改格。　“末帝清泰元年閏五月”至“永爲常式”：《輯本舊史》原無，據《宋本册府》卷六一三《刑法部·定律令門五》補。

二年四月，御史中丞盧損等進清泰元年已前十一年内制敕，[1]可久遠施行者凡三百九十四道，編爲三十卷；其不中選者，各令本司封閉，不得行用。敕付御史臺頒行。[2]

[1]盧損：人名。其先范陽（今河北涿州市）人，近世任於嶺表（即嶺南，今廣東、廣西、海南三省及越南北部地區）。後梁右司員外郎，後唐御史中丞，後晋右散騎常侍，轉秘書監。傳見本書卷一二八、《新五代史》卷五。

［2］可久遠施行者凡三百九十四道，編爲三十卷：此即所謂的《清泰編敕》。亦見上引《宋會要輯稿·刑法一》引《定格令門序》。“制敕……編爲三十卷”：即編敕，與散敕相對，是將經過整理、編撰的皇帝特定敕令上升爲具有普遍效力的法律。五代時期，在後周《顯德刑統》頒佈前，除後梁修訂律令格式外，其他各代在繼續適用唐後期立法如《開成格》《大中刑統》的同時，也陸續以“編敕”爲名，整理詔敕、頒佈法律，以取代“格後敕”。直至北宋前期，除《大周續編敕》明確限定以“刑法敕條”爲内容外，其他諸如《清泰編敕》《天福編敕》等應該繼承了格後敕綜合性立法的特點。另外，《清泰編敕》不僅是御史臺官員所進，而且敕付御史臺頒行，進一步反映出五代時期御史臺在立法方面的地位有所上升。　“二年四月”至“敕付御史臺頒行”：《輯本舊史》原無，據《會要》卷九定格令條補。亦見《輯本舊史》卷四七《唐末帝紀中》清泰二年四月癸未條、《宋本册府》卷六一三《刑法部·定律令門五》，《册府》將此條繫於三年四月。

晋高祖天福二年三月，[1]敕：“大理寺奏見管《統類》一十三卷、《編敕》三卷、《散敕》七十六道，[2]宜差侍御史李遐、刑部郎中鄭觀，[3]與本寺官員同爲參詳。今踏逐到静僧坊，[4]便欲删定再候進止者。[5]敕李遐改官，鄭觀去世，更俟差遣，[6]轉慮稽延。宜令大理寺，其合改正國號、廟諱等文字，[7]如是不動格條，不礙義理，便可集本寺官員檢尋改正。如或顯繫重輕，須要參議，别具聞奏。其御史臺、刑部所有法書合改正文字者，亦宜准此。”[8]

［1］晋高祖：即石敬瑭。後晋開國皇帝。936年至942年在位。

紀見本書卷七五至卷八〇、《新五代史》卷八。　天福：五代後晋高祖石敬瑭年號（936—942）。出帝石重貴沿用至九年（944）。後漢高祖劉知遠繼位後沿用一年，稱天福十二年（947）。

[2]見管《統類》：關於其指代，學界意見不一。《歷代刑法考·律令五》載："《大中刑法統類》，不言何人之書，晋天福二年大理寺見管《統類》一十二卷，與張戣之書卷數相符，是五季時張書實相沿行用，此時所詳定必亦張書也。"且此段史料常配合前文"長興四年六月……詳定《大中統類》"一段史料，用於證明《同光刑律統類》行用時間不長。但據《玉海》卷六六《詔令》記載，宋朝"國初用唐律令格式外，有後唐《同光刑律統類》……皆參用焉"。又《宋本册府》此處爲"一十三卷"，與《同光刑律統類》的卷數相符。基於五代目録成卷的現象較爲常見，不能僅憑卷數將《見管統類》鎖定爲十二卷加目録一卷的《大中刑法統類》，反而更可能是後唐十三卷的《同光刑律統類》。　《編敕》三卷：馬小紅認爲"三卷"應爲"三十卷"，見氏著《簡析五代的立法狀況》，《上海師範大學學報》2008年第2期。大概是因爲《清泰編敕》正好是三十卷，《天福編敕》也是三十卷（有記載三十一卷的，沈家本説一卷是目録，又説"此書多採後唐也"）。但《宋本册府》和明本《册府》都作"三卷"。　《散敕》：皇帝頒佈的單項法令，具有普遍的法律效力。

[3]侍御史：官名。御史臺屬官。掌糾舉百僚、推鞫獄訟。《唐六典》卷一三："其職有六：一曰奏彈，二曰三司，三曰西推，四曰東推，五曰贓贖，六曰理匭。"　李遐：人名。兖州（今山東濟寧市兖州區）人。天福二年（937）六月後晋西京留守判官（一説"東京留守判官"），兼委監西京左藏庫（一説"監左藏庫於洛陽"），會張從賓作亂，不從，爲其下所害。傳見本書卷九三。　鄭觀：人名。後梁監察御史，後晋刑部郎中。事見明本《册府》卷五二二《憲官部·譴讓門》。本書僅此一見。

[4]踏逐：尋訪，覓求。　静僧坊：地名。僧坊即僧舍。

[5]進止：指所奏之事或可或否。源於唐代典故，日輪清望官兩員於禁中，以待召對，故有“進止”之辭，即“進”“退”於殿内之謂。據唐人崔祐甫奏：“待制官候奏事官盡，然後趨出，於内廊賜食，待進止，至酉時放。”見《石林燕語》卷四。

[6]俟：等待。

[7]廟諱：已故帝王的名諱。

[8]“晋高祖天福二年三月”至“亦宜准此”：《輯本舊史》原無，據《宋本册府》卷六一三《刑法部·定律令門五》補。

三年六月，中書門下奏：[1]“伏覩天福元年十一月敕節文，[2]唐明宗朝敕命法制，仰所在遵行，不得改易。今諸司每有公事，見執清泰元年十月十四日編敕施行，稱明宗朝敕，除編集外，並已封鎖不行。臣等商量，望差官將編集及封鎖前後敕文，並再詳定。其經久可行條件，别録奏聞。”從之。遂差左諫議大夫薛融、祕書監丞吕琦、尚書駕部員外郎知雜事劉皞、尚書刑部郎中司徒詡、大理正張仁瑑同參詳。[3]至四年七月，薛融等上所詳定編敕三百六十八道，分爲三十一卷，[4]令有司寫録，與格式參用。[5]

[1]中書門下：官署名。即三省中的中書省、門下省。中書省是中樞決策和最高出令機關，長官爲中書令，正二品。門下省爲審核駁正中書政令的機關，長官爲侍中，正二品。後因互相牽制影響效率而設置中書、門下長官共同議事制度與辦公機構——政事堂。開元十年（722）鑄有“中書門下”專印，成爲宰相的聯合辦公機構。由於合署辦公，因此門下省的審核程式，多在共同議事中完成。

［2］節文：節録文字。

［3］左諫議大夫：官名。門下省屬官。掌諫諭得失、侍從贊相。明本《册府》卷四五七《臺省部·總序門》載，晋天福五年(940)，升左、右諫議大夫爲清望正四品。據本書卷一四九《職官志·兩省》："（後晋天福）七年五月，中書門下上言：'有司檢尋長興四年八月二十一日敕：準《官品令》……諫議大夫正五品，按《續會要》，會昌二年十二月陞爲正四品，以備中書門下四品之闕……'敕：'宜各準元敕處分，仍添入令文，永爲定制'。""周顯德五年六月，敕'諫議大夫宜依舊正五品上，仍班位在給事中之下'。"　薛融：人名。汾州平遥（今山西平遥縣）人。歷仕後唐、後晋，爲後晋吏部郎中兼侍御史知雜事、御史中丞、尚書右丞，分司西京。傳見本書卷九三、《新五代史》卷五六。　祕書監丞：官名。秘書監屬官。秘書監掌邦國經籍圖書之事，丞掌判省事。　吕琦：人名。幽州安次（今河北廊坊市）人。歷仕後唐殿中侍御史、樞密院直學士、端明殿學士、御史中丞等，後晋秘書監，刑部侍郎，累遷兵部侍郎，階至金紫光禄大夫，爵至開國子。傳見本書卷九二、《新五代史》卷五六。　尚書駕部員外郎知雜事：官名。駕部員外郎，官名，尚書兵部屬官。掌邦國之輿輦、車乘，及天下之傳、驛、厩、牧官私馬、牛、雜畜之簿籍，辨其出入闌逸之政令，司其名數。從六品上。"知雜事"爲"侍御史知雜事"的省稱。侍御史見上引"侍御史"條；知，主持，負責；雜事，御史臺内部之事。這裏是指尚書省駕部員外郎兼任侍御史知雜事。本書卷一四九《職官志》載："晋天福三年三月壬戌，御史臺奏：'按《六典》，侍御史掌糾舉百僚，推鞫獄訟，居上者判臺，知公廨雜事，次知西推、贓贖、三司受事，次知東推、理匭。'敕：'宜依舊制'。遂以駕部員外郎兼侍御史知雜事劉皡爲河南少尹，自是無省郎知雜者……開運二年八月，敕：'御史臺準前朝故事，以郎中、員外郎一人兼侍御史知雜事，近年停罷，獨委年深御史知雜。振舉之司，紀綱未峻，宜遵舊事，庶叶通規。宜却于郎署中選清慎强幹者兼侍御

史知雜事。’” 劉皞（hào）：人名。涿州（今河北涿州市）人。後晋宰相劉昫之弟。歷後唐監察御史、節度判官，後晋尚書駕部員外郎兼侍御史知雜事、河南少尹，後漢太府卿、宗正卿，後周衛尉卿。傳見本書卷一三一。 司徒詡：人名。清河郡（今河北清河縣）人。後唐户部員外郎，充河南府判官；後晋刑部郎中，充度支判官、樞密直學士，由兵部郎中遷左諫議大夫、給事中，充集賢殿學士判院事，歷知許、齊、亳三州事；後漢時遍歷六曹；後周世宗即位，授太常卿。傳見本書一二八。 大理正：官名。大理寺屬官。掌議獄、正科條，凡丞斷罪不當，則以法正之。從五品下。張仁瑑：人名。後唐、後晋大理正，後周左庶子、大理卿。事見《會要》卷一〇（原文爲“〔長興〕四年六月，大理正張仁彖奏”）、卷一六（原文爲“〔長興〕四年二月，大理正張仁彖奏”），本書卷七七、卷一一二，《册府》卷三三八《宰輔部·專恣門》、卷六一六《刑法部·議讞門三》、卷七〇七《令長部·貪黷門》，《通考》卷一六六《刑考門五》刑制條。

［4］所詳定編敕：指《天福編敕》。《歷代刑法考·律令五》“後晋天福編敕”條載：“《宋志》：《天福編敕》三十一卷。《崇文目》‘三十卷’。按：三十一卷與《會要》同，内一卷當是目録，《崇文目》作三十卷者不數目録也。石晋所行用唐法爲多，此書亦多採後唐也。”亦見上引《宋會要輯稿·刑法一》之一《定格令門序》。

［5］“三年六月”至“與格式參用”：《輯本舊史》原無，據《會要》卷九《定格令》條補，亦略見《輯本舊史》卷七七《晋高祖紀三》天福三年七月丙午條及卷七八《晋高祖紀四》天福四年七月戊申條，《宋本册府》卷六一三《刑法部·定律令門五》。

周太祖廣順元年六月，[1] 敕侍御史盧億、刑部員外郎曹匪躬、大理正段濤同議定重寫法書一百四十八卷。[2] 先是，漢隱帝末，[3] 因兵亂，法書亡失。至是大理奏重寫律令格式、《統類》、《編敕》，[4]凡改點畫及義理之悮字凡二百一十四。以晉、漢及國初事關刑法敕條，凡二十六件，分爲二卷，附於《編敕》，目爲《大周續編敕》，[5]命省、寺行用焉。[6]

[1]周太祖：郭威，本姓常，幼隨母改嫁郭氏。五代後周開國主。951年至953年在位。紀見本書卷一一〇至卷一一三、《新五代史》卷一一。　廣順：後周太祖郭威年號（951—953）。

[2]盧億：人名。懷州河内（今河南沁陽市）人。歷仕晉、漢、周、宋。后晉爲判官，後漢水部員外郎，充推官，後周爲侍御史，宋初遷少尹，以少府監致仕。傳見《宋史》卷二六四。　刑部員外郎：官名。尚書省刑部屬官。掌律法，按覆大理及天下奏讞，爲尚書、侍郎之貳。從六品上。　曹匪躬：人名。籍貫不詳。後周刑部員外郎，宋初兵部郎中監秦州税，乾德元年（963）坐不法棄市。事見《會要》卷一五、《長編》卷四、《宋史》卷二六四。　段濤：人名。籍貫不詳。後周官員。事見《宋史》卷二六四。

[3]漢隱帝：即劉承祐，五代後漢末代皇帝。948年至950年在位。紀見本書卷一〇一至卷一〇三、《新五代史》卷一〇。

[4]至是大理奏重寫律令格式、《統類》、《編敕》："統類"，《舊五代史考異》："案：原本訛'統數'，今據《文獻通考》改正。"見《通考》卷一六六《刑考門五》刑制顯德四年條。另據《宋本册府》卷六一三《刑法部·定律令門五》，確應改爲"統類"。

[5]《大周續編敕》：《歷代刑法考·律令五》"周續編敕"條按："《玉海》言宋初用周廣順類敕，當即此書。"《大周續編敕》的編纂僅限"事關刑法敕條"，與其他編敕綜合性立法的性質有所不同。"二十六件"，《會要》卷九定格令條作"一十六件"。

[6]省：指稱官司，如中書省、尚書省、門下省等。　寺：亦指各官署，如大理寺、太常寺、鴻臚寺等。　"凡改點畫及義理之

悞字凡二百一十四”至“命省、寺行用焉”：《舊五代史考異》：“案《宋史》：‘盧億，周初爲侍御史，漢末兵亂，法書亡失，至是，大理奏重寫律令格式、《統類》、《編敕》，乃詔億與刑部員外郎曹匪躬、大理正段濤同加議定舊本：以京兆府改同五府，開封、大名府改同河南府，長安、萬年改爲次赤縣，開封、浚儀、大名、元城改爲赤縣，又定東京諸門薰風等爲京城門，明德等爲皇城門，啓運等爲宮城門，昇龍等爲宮門，崇元等爲殿門；廟諱書不成文，凡改點畫及義理之誤字二百一十有四。又以晋、漢及周初事關刑法敕條者，分爲二卷，附《編敕》，目爲《大周續編敕》，詔行之。’”見《宋史》卷二六四《盧億傳》。“廟諱書不成文”，中華書局本作“廟諱書不成字”；“目爲”，《宋史》誤爲“自爲”。

二年二月，[1]中書門下奏：“准元年正月五日赦書節文，[2]今後應犯竊盜贓及和姦者，[3]並依晋天福元年已前條制施行。諸處犯罪人等，除反逆罪外，[4]其餘罪並不得籍没家産、誅及骨肉，[5]一依格令處分者。請再下明敕，頒示天下。”乃下詔曰：“赦書節文，明有釐革，切慮邊城遠郡，未得審詳，宜更申明，免至差誤。其盜賊，若是强盜，並准自來格條斷遣。其犯竊盜者，計贓絹滿三匹已上者，並集衆決殺，其絹以本處上估價爲定；不滿三匹者，等第決斷。[6]應有夫婦人被强姦者，男子決殺，婦人不坐；其犯和姦者，並准律科斷，[7]罪不至死；其餘姦私罪犯，准格律處分。應諸色罪人，[8]除謀反大逆外，其餘並不得誅殺骨肉、籍没家産。”先是，晋天福中敕，凡和姦者，男子婦人並處極法，至是始改從律文焉。

[1]二年：《會要》卷九定贓條作“三年”。

[2]赦書：減免刑罰的詔令。

[3]和姦：罪名。男女之間自願發生非婚姻性關係。其罪輕於强姦。《唐律》規定，和姦者，男女各徒一年半，有夫者徒二年。五代後晋時，凡和姦者，男女同處極法。

[4]反逆罪：《北齊律》“重罪十條”第一條即反逆罪，隋唐以後的“十惡”改爲謀反、謀大逆，即此處簡稱的反逆罪。謀反，指謀危社稷；謀大逆者，謂謀毁宗廟、山陵及宫闕。見《唐律疏議》卷一《名例律》十惡條。

[5]籍没：登記没收。《三國志》卷一一《王脩傳》：“太祖破鄴，籍没審配等家財物貲以萬數。”又如北朝諸律有謀反逆叛罪人家口貲産没官之制，隋煬帝時乃大行之，亦稱爲“籍没”。唐律多稱爲“没官”，有兩種情況，一爲没收罪人所取之贓物或所有之犯禁物入官，此種没官取決於被没物本身之性質，可稱爲一般没官；二爲没收罪人之家口資財入官，此種没官取決於罪人所犯罪之性質，可稱爲特殊没官。緣坐人之没官具有保安處分的性質，是五刑外的特殊主刑，而非附加刑。　家産：《會要》卷一〇刑法雜録條作“家貲”，《宋刑統》卷一七《賊盜律》謀反叛逆條作“家資”。

其餘罪並不得籍没家産：中華書局本有校勘記：“‘得’字原闕，據本書卷一一〇《周太祖紀一》，《五代會要》卷九、卷一〇，《册府》卷六一三補。”見《輯本舊史》卷一一〇《周太祖紀一》廣順元年（951）正月丁卯（初五）條所載即位制書，《會要》卷九定贓條、卷一〇刑法雜録條廣順元年正月五日赦節文，《宋本册府》卷六一三《刑法部·定律令門五》廣順二年二月條。

[6]“計贓絹滿三匹已上者”至“等第決斷”：“計贓科罪”是中國古代對財産性犯罪的一般量刑方法。此處對犯竊盜者，贓值判定在三匹絹的價值以上的，不按絞斬處死，而按唐代中期以降的處死方式之一當衆決杖處死。不滿三匹絹的，按照法律規定的情節處以不同的刑罰。此處沿襲了唐代的估贓方式。唐代計贓爲儘量求得

統一，一併折成絹之匹、尺爲計值單位。以絹匹物價評估贓值，如三匹是據犯罪地當時上等絹的價值估算贓物價值三匹絹。

[7]科斷：猶判決也。

[8]諸色：各種，各色。

世宗顯德四年五月，[1]中書門下奏："准宣，[2]法書行用多時，文意古質，條目繁細，使人難會，兼前後敕格，互换重疊，亦難詳定。[3]宜令中書門下並重删定，務從節要，所貴天下易爲詳究者。[4]伏以刑法者，御人之銜勒，[5]救弊之斧斤，故鞭扑不可一日弛之於家，[6]刑法不可一日廢之於國，雖堯、舜淳古之代，亦不能捨此而致理矣。今奉制旨删定律令，有以見聖君欽恤明罰敕法之意也。[7]竊以律令之書，政理之本，經聖賢之損益，爲古今之章程，歷代以來，謂之彝典。[8]今朝廷之所行用者，《律》一十二卷、《律疏》三十卷、《式》二十卷、《令》三十卷、《開成格》一十卷、《大中統類》一十二卷、後唐以來至漢末《編敕》三十二卷及皇朝制敕等，[9]折獄定刑，無出於此。律令則文辭古質，看覽者難以詳明；格敕則條目繁多，檢閱者或有疑誤。加之邊遠之地，貪猾之徒，緣此爲姦，寖以成弊。方屬盛明之運，宜伸畫一之規，所冀民不陷刑，吏知所守。臣等商量，望准聖旨施行，仍差侍御史知雜事張湜、太子右庶子劇可久、殿中侍御史率汀、職方郎中鄧守中、倉部郎中王瑩、司封員外郎賈玭、太常博士趙礪、國子博士李光贊、大理正蘇曉、太子中允王伸等一十人，[10]編集新格，勒成部帙。[11]律令之有難解者，就文訓釋；格敕之有繁雜者，隨事删除。止要諧理省文，[12]兼且直書易會。其中有輕重未當，便於古而不便於今，矛盾相違，可於此而不可於彼，盡宜改正，無或牽拘。[13]候編集畢日，委御史臺、尚書省四品以上及兩省五品以上官參詳可否，[14]送中書門下議定，奏取進止。"詔從之。自是湜等於都省集議删定，[15]仍令太官供膳。[16]

[1]世宗：柴榮。後周第二位皇帝。954年至959年在位。紀見本書卷一一四至卷一一九、《新五代史》卷一二。　顯德：後周太祖郭威、世宗柴榮年號（954—960）。

[2]宣：頒下詔令。

[3]亦難詳定：中華書局本有校勘記："'定'，《册府》卷六一三同，《五代會要》卷九、《文獻通考》卷一六六作'究'。"見《會要》卷九定格令條、《宋本册府》卷六一三《刑法部·定律令門五》、《通考》卷一六六《刑考五·刑制》。

[4]詳究：詳盡瞭解。究，推尋，深求。

[5]銜勒：馬勒和轡頭。爲控制馬的器具。《孔子家語·執轡》："夫德法者，御民之具，猶御馬之有銜勒也。"

[6]鞭扑：鞭杖，輕刑以示懲戒之意，具有教育意義。本句及下句出自《漢書》卷二三《刑法志》："鞭扑不可弛於家，刑罰不可廢於國，征伐不可偃於天下。用之有本末，行之有逆順耳。"

[7]欽恤：慎重，體恤。多對刑戮之事而言。語出於《尚書·舜典》："欽哉欽哉，惟刑之恤哉！"　明罰敕法：明確刑罰，整飭法令。《周易·噬嗑》："《象》曰：雷電，噬嗑，先王以明罰敕法。"

[8]彝（yí）典：常典也。

[9]《律》一十二卷：中華書局本有校勘記："'律'字原闕，據《五代會要》卷九、《文獻通考》卷一六六補。"　《開成格》

一十卷：《輯本舊史》之影庫本粘籤："開成，原本作'開武'，今從《文獻通考》改正。"見《通考》卷一六六《刑考五·刑制》，亦見《會要》卷九。　《編敕》三十二卷：《宋史》卷二七〇《劇可久傳》作"三十三卷"。

［10］張湜（shí）：人名。籍貫不詳。後周侍御史知雜事，宋初兵部郎中。事見本書卷一一七、《宋史》卷二七〇、《宋大詔令集》卷一六五。　太子右庶子：官名。太子右春坊長官，在東宫，職擬中書令。掌侍從、獻納、啓奏。正四品下。　劇可久：人名。涿州范陽（今河北涿州市）人。歷仕後唐徐州司法、大理評事、大理正，後晋大理少卿、大理卿，後周大理卿，宋初改光禄卿致仕。在廷尉四十年，用法平允，以仁恕稱。傳見《宋史》卷二七〇。　殿中侍御史：官名。御史臺屬官。掌殿庭供奉之儀式。凡兩京城内則分知左、右巡，各察其所巡之内有不法之事。從七品上。　率汀：人名。後周殿中侍御史，宋初司勳郎中、兵部郎中。事見本書卷一一七，《宋大詔令集》卷一六五，《宋史》卷二五一、卷四八三。　職方郎中：官名。兵部屬官。掌天下之地圖及城隍、鎮戍、烽候之數，辨其邦國、都鄙之遠邇及四夷之歸化者。從五品上。　鄧守中：人名。後漢開封令，後周職方郎中，宋初吏部郎中，坐試諸司吏書判考覆不當，貶秩爲員外郎。事見明本《册府》卷七〇四《令長部·廉儉門》、《宋大詔令集》卷一六五、《宋會要輯稿·職官六四》。　倉部郎中：官名。户部屬官。掌國之倉庾，受納租税，出給禄廪之事。從五品上。"倉部"，《舊五代史考異》："原本訛'藏部'，今據《新唐書·百官志》改正。"以上亦略見《輯本舊史》卷一一七《周世宗紀四》顯德四年（957）五月條。　王瑩：人名。籍貫不詳。本書僅此一見。　司封員外郎：官名。尚書吏部屬官。掌邦之封爵。從六品上。　賈玭：人名。滄州南皮（河北南皮縣）人。後晋天福進士，後周殿中侍御史、司封員外郎，宋初爲兵部郎中、刑部郎中，終水部員外郎、知浚儀縣。事見《會要》卷一七、《隆平集校證》卷一、《宋大詔令集》卷一六五、《宋史》卷

二六五。　太常博士：官名。太常寺屬官。掌撰五禮儀注、導引乘輿、贊相祭祀、定誄謚，及守祧廟等事。從七品上。　趙礪：人名。籍貫不詳。歷仕五代後晋、後漢、後周及宋。任後漢西京留臺侍御史，後周知雜侍御史、太常博士權知宿州軍州事，宋初宗正卿。事見本書卷一〇二、卷一一六、卷一一八、卷一二七，明本《册府》卷五二〇《憲官部·彈劾門三（下）》、卷六一九《刑法部·枉濫門》，《宋史》卷一、卷二六九。　國子博士：學官名。國子監屬官。掌教文武官三品已上及國公子孫、從二品已上曾孫之爲生者，五分其經以爲之業，求仕者上於監。正五品上。　李光贊：人名。籍貫不詳。後周國子博士，北宋太常博士。事見《隆平集》卷二、《長編》卷一〇。　蘇曉：人名。京兆武功（今陝西咸陽市）人。歷仕後唐、後漢、後周及宋。後周廣順初任大理正，以讞獄有功，遷大理少卿。宋初，詔與竇儀等詳定《刑統》《編敕》，權大理少卿事，拜右諫議大夫、判大理寺，後遷左諫議大夫。深文少恩，世人號爲酷吏。傳見《宋史》卷二七〇。　太子中允：官名。太子左春坊次官。職擬黄門侍郎，佐左庶子掌侍從贊相、駮正啓奏。正五品下。　王伸：人名。籍貫不詳。後晋、後漢史官，修撰晋朝《實録》、《漢高祖實録》，後周任左補闕，宋初任殿中侍御史、左補闕，後知永州。事見《會要》卷一八，本書卷一〇二、卷一一三，明本《册府》卷五五四《國史部·恩獎門》、卷五五七《國史部·採撰門三》，《長編》卷一，《郝經集校勘箋注》卷一二。

[11]勒：治，修成。　部帙：書籍的部次卷帙。

[12]諧理：《會要》卷九定格令條作“諳理”；《宋本册府》卷六一三作“諸理”。

[13]牽拘：受制，牽制。

[14]尚書省：官署名。皇帝之下國家最高行政官署，亦稱“尚書都省”，下有六部二十四曹司之政務機構，負責國家行政事務。　兩省：中書省和門下省的合稱。

[15]都省：尚書省別稱。

[16]太官：官署名。即太官署。掌供百官膳食。長官爲太官令。據《唐六典》卷一五《光禄寺》太官令條："凡朝會、燕饗，九品已上並供其膳食。"即編定法典需要時日，故令太官署負責提供膳食服務。

五年七月，中書門下奏："侍御史知雜事張湜等九人，奉詔編集刑書，悉有條貫，兵部尚書張昭等一十人，[1]參詳旨要，更加損益。臣質、臣溥據文評議，[2]備見精審。其所編集者，用律爲主；辭旨之有難解者，釋以疏意；義理之有易了者，略其疏文。式令之有附近者次之，格敕之有廢置者又次之。事有不便於今、該説未盡者，[3]别立新條於本條之下；其有文理深古、慮人疑惑者，别以朱字訓釋。至於朝廷之禁令，州縣之常科，各以類分，悉令編附。所冀發函展卷，綱目無遺，究本討源，刑政咸在。其所編集，勒成一部，别有目録，凡二十一卷。刑名之要，盡統於兹，目之爲《大周刑統》，[4]欲請頒行天下，[5]與《律疏》《令》《式》通行。其《刑法統類》《開成格》《編敕》等，採掇既盡，不在法司行使之限。自來有宣命指揮公事及三司臨時條法，[6]州縣見今施行，不在編集之數。應該京百司公事，逐司各有見行條件，望令本司删集，送中書門下詳議聞奏。"敕："宜依，仍頒行天下。"乃賜侍御史知雜事張湜等九人各銀器二十兩、雜綵三十匹，賞删定《刑統》之勞也。

[1]兵部尚書：官名。尚書省兵部長官。掌天下軍衛武官選授

之政令。凡軍師卒戍之籍，山川要害之圖，厩牧甲仗之數，悉以咨之。其屬有四：兵部、職方、駕部、庫部。尚書、侍郎總其職務而奉行其制命。正三品。　張昭：人名。即張昭遠。濮州范縣（今河南濮陽市）人。歷仕後唐、後晋、後漢、後周及宋。官任後唐監察御史，北京留守推官，加殿中侍御史、内供奉官，御史中丞；後周户部尚書、兵部尚書；宋初拜吏部尚書，封鄭國公，後改封陳國公。修有《同光實録》《莊宗實録》《明宗實録》《周祖實録》以及後梁郢王（朱友珪）、均帝（梁末帝朱友貞，曾封均王），後唐閔帝、廢帝，漢隱帝五朝實録，著有《嘉善集》《名臣事迹》等。傳見《宋史》卷二六三。《輯本舊史》卷八四《晋少帝紀四》之影庫本粘籤："考《宋史·張昭傳》：昭初名昭遠，漢避高祖諱去'遠'字。《薛史·晋紀》不宜預稱爲'張昭'，當傳寫脱落，今增入。"

[2]質：人名。即范質。大名宗城（今河北邢臺市）人。歷仕後唐、後晋、後漢、後周、北宋五朝。後晋監察御史，翰林學士加比部郎中、知制誥，後周、北宋宰相。傳見《宋史》卷二四九。　溥：人名。即王溥。并州祁縣（今山西祁縣）人。後漢乾祐中進士，於後周、北宋兩任宰相。著有《唐會要》及《五代會要》。傳見《宋史》卷二四九。

[3]事有不便於今：中華書局本有校勘記："'今'字原闕，據彭校、《册府》卷六一三補。"見《宋本册府》卷六一三《刑法部·定律令門五》。

[4]《大周刑統》：又稱《顯德刑統》。《歷代刑法考·律令五》《周刑統》條按："《顯德刑統》，《宋刑統》之所本也，其體例當與《宋刑統》無異。《宋刑統》一書今尚有鈔本，可以見《周刑統》之大略矣。"刑統之編纂體例至此已完備，爲《宋刑統》所沿用。《輯本舊史》卷一一八《周世宗紀五》載，顯德五年（958）七月"丙戌，中書門下新進删定《大周刑統》，奉敕班行天下"。亦見《册府》卷六一三，《宋會要輯稿·刑法一》之一《定格令門序》稱爲《顯德刑統》。

[5]欲請頒行天下：中華書局本有校勘記："'欲'，《册府》卷六一三同，《五代會要》卷九、《文獻通考》卷一六六作'伏'。"見《會要》卷九定格令條、《通考》卷一六六《刑考門五》刑制條。中華書局本本條末引原輯者案語："以下疑原本有闕佚。"

[6]三司：從下文緊接"州縣見今施行"來看，似指鹽鐵、度支、户部，而非前述大理寺、刑部、御史臺。

慎刑[1]

[1]此目名中華書局本無，據内容補。

唐同光二年六月己巳，[1]敕："應御史臺、河南府行臺、馬步司左右軍巡院，[2]見禁囚徒，據罪輕重，限十日内並須決遣申奏。仍委四京、諸道州府，[3]見禁囚徒，速宜疏決，[4]不得淹停，兼恐内外形勢官員私事寄禁，[5]切要止絶，俾無寃滯。"

[1]同光：後唐莊宗李存勗年號（923—926）。

[2]河南府：府名。治所在洛陽、河南二縣（今河南洛陽市）。　行臺：官署名。仿中央尚書省之制，酌減人員設置在地方的最高軍政機關，在政治、軍事諸方面具有重要作用。五代後唐天祐十一年（914）李存勗始建行臺，即以中央派出機關名義執行政務。　馬步司：官署名。亦稱馬步院。唐後期河東等諸鎮所置，負責治安和鞫訟刑獄，長官爲都虞侯，下屬有判官等，皆以牙校充任。五代時的藩鎮及諸州沿置，是宋代司理院的前身。　左右軍巡院：官署名。唐末已有。後梁開平三年（909）十月於洛陽置。掌巡查京城治安、刑獄。是侍衛親軍的下屬機構，分左、右軍，分别管轄洛陽

城北、城南，左、右軍巡使爲其長官。

[3]四京：後唐同光元年（923）四月以魏州爲東京興唐府，以太原爲西京，以鎮州爲北都。同年十二月改梁永平軍大安府復爲西京京兆府。本書卷三二《唐莊宗紀六》載同光三年三月“辛酉，詔本朝以雍州爲西京，洛州爲東都，并州爲北都。近以魏州爲東京，宜依舊以洛京爲東都，魏州改爲鄴都，與北都並爲次府”。

[4]速宜疏決：《輯本舊史》之影庫本粘籤：“疏決，原本作‘速決’，今從《册府元龜》改正。”見《宋本册府》卷一五一《帝王部·慎罰門》。疏決，清理判決。

[5]形勢官員：在位有權勢的官員。　私事寄禁：因私把未經審判的人暫時拘禁。寄禁，寄押、監禁。

三年五月己未，敕：[1]“在京及諸道州府，所禁罪人，如無大過，速令疏決，不得淹滯。”

[1]三年五月己未，敕：中華書局本有校勘記：“‘敕’字原闕，據殿本、劉本補。”本條亦見《輯本舊史》卷三二《唐莊宗紀六》同光三年（925）五月己未條。

六月甲申，[1]敕：“刑以秋冬，雖關惻隱，罪多連累，翻慮滯淹。若或十人之中，止爲一夫抵死，豈可以輕附重，禁錮逾時。言念哀矜，[2]又難全廢。其諸司囚徒，罪無輕重，並宜各委本司，據罪詳斷申奏，輕者即時疏理，重者候過立春，至秋分然後行法。如是事繫軍機，須行嚴令，或謀惡逆，或畜奸邪，[3]或行劫殺人，難於留滯，並不在此限。”[4]

［1］六月甲申："甲申"，《輯本舊史》原作"甲寅"，中華書局本有校勘記："'甲寅'，《册府》卷一五一同，按是月壬戌朔，無甲寅，《五代會要》卷一〇本月二十一日大理寺奏後載此詔。六月二十一日爲壬午，後二日爲甲申，'甲寅'疑爲'甲申'之訛。"但未改。《會要》卷一〇刑法雜録條載此語，今據改。《册府》卷六一三《刑法部·定律令門五》該條繫於同光二年，并非此處之同光三年。

［2］哀矜：哀憐，悲憫。

［3］畜：容留。

［4］"六月甲申"至"或行劫殺人，難於留滯，並不在此限"：立春後秋分前不決死刑，源自我國秋冬行刑的法律傳統。《唐令拾遺·獄官令》第九條甲："從立春至秋分，不得奏決死刑。"同條乙："若犯惡逆以上，及奴婢部曲殺主者，不拘此令。"《唐律疏議》卷三〇《斷獄》"立春後秋分前不決死刑"條："諸立春以後、秋分以前決死刑者，徒一年。其所犯雖不待時，若於斷屠月及禁殺日而決者，各杖六十。待時而違者加二等。"文後疏曰："若犯'惡逆'以上及奴婢、部曲殺主者，不拘此令。"

天成元年十一月庚申，敕："應天下州使繫囚，[1]除大辟罪以上，[2]委所在長吏，[3]速推勘決斷，不得傍追證對，[4]經過食宿之地，除當死刑外，並仰釋放，[5]兼不許懲治。"

［1］州使：州院、使院的簡稱。　繫囚：拘押在獄中的囚犯。

［2］大辟：死刑總稱。辟，罪也，刑也，誅也。

［3］長吏：官吏中俸禄高、職位尊的人。漢朝一般稱六百石以上的官吏爲長吏。然縣丞（尉）秩雖四百石至二百石，亦與縣令（長）並稱長吏。《唐律疏議》卷一一《職制》疏文："'在官長吏'

謂内外百司長官以下，臨統所部者。”即負主管責任的首長以下統轄監督所屬官吏者。宋朝亦爲州縣長官别稱。

[4]證對：證人證詞，對證。

[5]當：處斷。　仰：公文用語。上令下恭之辭。上行文表恭敬，下行文表命令。蓋承用已久，今公文中亦常用之。

二年春，左拾遺李同上言：[1]“天下繫囚，請委長吏逐旬親自引問，[2]質其罪狀真虚，[3]然後論之以法，庶無枉濫。”從之。

[1]左拾遺：官名。門下省屬官。掌供奉諷諫、扈從乘輿。從八品上。　李同：人名。籍貫不詳。後晉邠州節度使、東京留守。事見本書卷三八，明本《册府》卷一一八《帝王部·親征門三》、卷四七五《臺省部·奏議門六》。

[2]請委長吏逐旬親自引問：《輯本舊史》之影庫本粘籤：“逐旬，原本作‘逐均’，今據《册府元龜》改正。”見《宋本册府》卷一五一《帝王部·慎罰門》，“逐均”在此不成文。　引問：審問，訊問。

[3]質：辨别、覈實、驗證。

六月，大理少卿王鬱上言：[1]“凡決極刑，合三覆奏，[2]近年以來，全不守此。伏乞敕下所司，應在京有犯極刑者，令決前、決日各一覆奏。”[3]奉敕宜依。

[1]大理少卿：官名。大理寺副長官。其職掌，《歷代刑法考》載：“掌折獄詳刑，凡罪抵流死，皆上刑部，覆於中書門下，繫者五日一慮。”從四品上。　王鬱（yù）：人名。籍貫不詳。後唐大

理寺少卿、右庶子。事見本書卷三八，《會要》卷一〇（其名譌作“王爵”），明本《册府》卷四七五《臺省部·奏議門六》、卷六一三《刑法部·定律令門五》。

[2]三覆奏：即在處決死刑犯前，要將死刑案件向皇帝奏報三次，以請皇帝定奪。這是死刑判決已確定，在執行階段應否執行的制度。

[3]“伏乞敕下所司”至“決日各一覆奏”：據《會要》卷一〇刑法雜録條載：“（天成）二年六月十二日，大理少卿王爵奏：‘伏准貞觀五年八月二十一日敕：“極刑雖令即決，仍三覆奏；在京五覆奏，決前三奏，決日兩奏。惟犯惡逆者一覆奏。著於格令。”又准建中三年十一月十四日敕：“應決大辟罪，在京者宜令行決之司三覆奏，決前兩奏，決日一奏。”謹按斷獄諸死罪囚，不待覆奏報下而決者，流二千里。即奏執應決者，聽三日仍行刑。若限未滿而行刑者，徒一年。伏以人命至重，死不再生，近年以來，全不覆奏，或蒙赦宥，已被誅夷。伏乞敕下所司，應在京有犯極刑者，令決前、決日，各一覆奏，聽進止。有凶逆犯軍令者，亦許臨時一覆奏，應諸州府乞別降敕命指揮。’奉敕：‘宜依。’”按：“王爵”應爲“王鬱”。《輯本舊史》原作“伏乞今後前一日令各一覆奏”，中華書局本補改爲“伏乞今後決、前一日令各一覆奏”。有校勘記：“‘決’字原闕，據本書卷三八《唐明宗紀四》及本卷下文補。按《五代會要》卷一〇、《册府》卷六一三、《文獻通考》卷一六六作‘令決前、決日各一覆奏’。”據改補。

八月，西京奏：“奉近敕，在京犯極刑者，令決前、決日各一覆奏。[1]緣當府地遠，此後凡有極刑，不審准條疏覆奏。”[2]奉敕旨：“昨六月二十日所降敕文，祇爲應在洛京有犯極刑者覆奏，其諸道已降旨命，准舊例施行。今詳西京所奏，尚未明近敕，兼慮諸道有此疑惑，故令曉諭。”

[1]令決前、決日各一覆奏：後一“決”字，《輯本舊史》原誤作“一”，如作“一”，便無所謂“各一覆奏”，中華書局本據《輯本舊史》標點作“令決、前一日各一覆奏”。今據前條改。

[2]不審：不詳，不知。

十月辛丑，德音：[1]“爲政之要，切在無私；聽訟之方，唯期不濫。天下諸州府官員，如有善推疑獄及曾雪冤濫兼有異政者，當具姓名聞奏，别加甄奬。”[2]

[1]德音：有德者所發的言辭，即善言、教誨。後乃引申稱帝王的言辭爲德音。至唐宋時，詔敕之外，别有德音一體的恩詔。唐制：赦凡有四，一曰赦（又名常赦），二曰大赦，三曰曲赦，四曰德音。德音即特赦，係因特殊原因而對特定人之赦，所謂“非常之斷”。

[2]甄奬：考覈嘉奬。

三年十二月癸丑，諸州使數奏囚人死於獄中。奉敕：“朕以握圖纘位，[1]端己臨民，每於刑獄之間，倍軫憂勤之念，[2]慮多淹滯，累降指揮，儻一物以啣冤，[3]撫萬機而是愧。近聆數處申奏，囚人獄内身殂，事既不明，理難取證，將絶罔欺之弊，須頒條理之文。宜令今後凡有刑獄，切依准前敕命旋行斷遣，不得淹停。如有賊徒推尋反證，斷遣未聞，在獄疾病者，委隨處官吏當面録問，[4]令醫人看候，無致推司官吏别啓倖門。”[5]

[1]握圖：猶握符，謂膺天命而有天下。　纘（zuǎn）位：繼位。

[2]軫（zhěn）：痛，傷痛。

[3]啣（xián）冤：心懷冤屈。

[4]隨處：到處，不管什麼地方。　録問：爲減少囚犯淹停和疾病，沿襲前朝録囚之制而省察甄别囚人。《吏學指南》卷六《推鞫》："録問，音慮，思也，疑也，審其冤滯也。謂不限文案已成未成，必須審問者。"下文"慮問"同此意。

[5]推司：泛指地方上的審判機構。　倖門：僥倖之門。"三年十二月癸丑"至"無致推司官吏别啓倖門"：《輯本舊史》原無，據《宋本册府》卷一五一《帝王部·慎罰門》補。

長興元年二月，制曰："欲通和氣，[1]必在伸冤；將設公方，[2]實資獎善。[3]州縣官僚能雪冤獄活人生命者，許非時選，[4]仍加階超資注官，[5]與轉服色，[6]已著緋者與轉兼官。"[7]

[1]欲通和氣：希望政通人和，充滿祥和之氣。

[2]公方：謂光明正大的制度。

[3]資：憑藉，依託。

[4]許非時選：允許臨時銓選人才。

[5]加階超資：提升官階，超越資歷。　注官：經注擬選任之官。"注擬"是一種選官制度。唐朝科舉考試中應舉合格者及候補、候選的官員，由吏部依據其身、言、書、判、德行、才用、勞效，較其優劣而決定是否授予官職，稱爲注擬。五品以上官職由皇帝下詔任命，六品以下官職由吏部量才任用。五代沿襲之。

[6]轉服色：改變其官服顏色。服色，表示官員不同品階的官服色彩。唐貞觀之制，官員三品以上服紫，四品、五品服緋，六

品、七品服緑，八品、九品服青。中央高級職事官有散官不及三品者可賜紫，不及五品者可賜緋。地方官都督、刺史散官不及五品者可以借緋，離任則停。後唐同之。

[7]兼官：本官以外又任他官。唐朝以一職事又任另一職事者謂兼官。　“長興元年二月”至“已著緋者與轉兼官”：亦見《宋本册府》卷一五一《帝王部·慎罰門》。

二年二月辛亥，敕：“朕猥以眇躬，[1]薦承鴻業，念彼疲瘵，[2]勞於寐興。或慮官不得人，因成紊亂；或慮刑非其罪，遂至怨嗟。王化所興，獄訟爲本，[3]苟無訓勵，[4]必有滯淹。近日諸道百姓，或諸多違犯，或小可鬬争。官吏曲縱胥徒，[5]巧求瑕釁。[6]初則滋張節目，[7]作法拘囚；終則誅剥貨財，[8]市恩出拔。[9]外憑公道，内徇私情，[10]無理者轉務遷延，有理者却思退縮。積成訛弊，漸失紀綱。自今後切委逐處官吏州牧縣宰等，深體餘懷，各舉爾職。凡關推究，[11]速與剸裁。[12]如敢苟縱依違，[13]遂成枉濫，或經臺訴屈，或投匭申冤，[14]勘問不虚，其元推官典並當責罰，[15]其逐處觀察使、刺史，别議朝典。[16]宜令諸道州府，各依此處分，所管屬郡，委本道嚴切指揮。”

[1]猥：苟且。　眇躬：卑微之身。古代帝王自謙詞。

[2]疲瘵（zhài）：困乏病弱之人。

[3]王化所興，獄訟爲本：聖王的教化，以公正的司法獄訟爲根本。

[4]訓勵：教誨，勸勉。

[5]胥徒：古代官府中的小吏及差役。後泛指衙役。中華書局

本有校勘記："'胥徒'，孔本、《册府》卷一五一作'吏人'。"見《宋本册府》卷一五一《帝王部·慎罰門》。

[6]瑕衅：微小的事端。

[7]滋張：任意擴張。

[8]誅剥：索求，剥削。

[9]市恩：施恩惠於人以求取好感。　出拔：使囚犯脱罪。

[10]徇：《輯本舊史》原作"循"，據《宋本册府》卷一五一改。

[11]關：中華書局本有校勘記：原作'闕'，據《册府》卷一五一改。"

[12]剸（tuán）裁：裁决，决斷。剸，割，裁。

[13]苟縱：隨便放縱。苟，隨便，輕率。

[14]投匭（guǐ）：將訴狀投入匭内。《新唐書》卷四七《百官志二·門下省》載："武后垂拱二年，有魚保宗者，上書請置匭以受四方之書，乃鑄銅匭四，塗以方色，列於朝堂：青匭曰'延恩'，在東，告養人勸農之事者投之；丹匭曰'招諫'，在南，論時政得失者投之；白匭曰'申冤'，在西，陳抑屈者投之；黑匭曰'通玄'，在北，告天文、祕謀者投之。"後梁末帝貞明六年（920），"宗正卿朱守素上言：'請依前朝置匭院，令諫議大夫專判。'從之，乃以右諫議大夫鄭韜光充知匭使。"知匭使，後唐改稱匭函使。見本書卷一〇《梁末帝紀下》、卷七一《蕭希甫傳》。

[15]推官：官名。唐代始置，節度使、觀察使、團練使、防禦使置有推官，其後諸州府亦置推官，爲長官之佐。五代沿置。掌勘問刑獄訴訟。

[16]觀察使：官名。唐朝中葉以後，觀察處置使爲各地節度使之次官，或以節度使兼領，無節度使之州，即成爲無所不統的地方長官，權任甚重，謂之都府。　刺史：官名。地方州最高行政長官，品階在從三品到正四品下之間。

四月，前濮州録事參軍崔琮上言：[1]“諸道獄囚，恐不依法拷掠，[2]或不勝苦致斃，翻以病聞，請置病囚院，兼加醫藥。”中書覆云：“有罪當刑，仰天無恨；無病致斃，没地銜冤。燃死灰而必在至仁，[3]照覆盆而須資異鑑，[4]《書》著‘欽哉’之旨，[5]《禮》標‘侀也’之文，[6]因彰善於泣辜，[7]更推恩於扇暍。[8]所請置病囚院，[9]望依，仍委隨處長吏，專切經心。[10]或有病囚，當時遣醫人診候，治療後，據所犯輕重決斷。如敢故違，致病囚負屈身亡，本處官吏，並加嚴斷。兼每及夏至，五日一度，差人洗刷枷匣。”[11]

[1]濮州：地名。治所在今山東鄄城縣。　録事參軍：官名。唐初掌考覈文書簿籍、監守符印，糾彈州縣官員，中唐後總掌諸曹事務。親衛府、諸衛府亦置。官品爲從六品至從八品不等。　崔琮：人名。事迹不詳。本書僅此一見。《舊五代史考異》：“原本作‘崔瑽’，今據《册府元龜》改正。”見《宋本册府》卷四二《帝王部·仁慈門》。

[2]拷掠：鞭打。泛指刑訊。依法拷掠，按《唐律疏議》卷二九《斷獄律》“拷囚不得過三度”條：“諸拷囚不得過三度，數總不得過二百，杖罪以下不得過所犯之數。拷滿不承，取保放之。若拷過三度及杖外以他法拷掠者，杖一百；杖數過者，反坐所剩；以故致死者，徒二年。即有瘡病，不待差而拷者，亦杖一百；若決杖笞者，笞五十；以故致死者，徒一年半。若依法拷決，而邂逅致死者，勿論；仍令長官等勘驗，違者杖六十。”此外，杖的規格、受刑部位、每次行刑的間隔時間等，亦均有規定。

[3]燃死灰：喻使人死而復生。

[4]覆盆：倒置的盆内極爲黑暗，故謂黑暗之處爲覆盆。世亦

稱沈冤莫白爲覆盆之冤。中華書局本有校勘記："'覆盆'，原作'露盆'，據《册府》卷四二改。按《抱朴子辨問》：'是責三光不照覆盆之内也。'" 異鑑：明澈之鏡。比喻清明公正。

[5]欽哉：《尚書·舜典》："欽哉，欽哉，惟刑之恤哉！"意即舜告誡説："謹慎啊，謹慎啊，刑罰要慎重啊！"

[6]侀（xíng）也：《禮記·王制》："刑者，侀也；侀者，成也。一成而不可變，故君子盡心焉。"上刑是刑罰之刑，下侀是侀體之侀。以刑罰加人侀體，斷者不可續，死者不可生，故君子盡心以聽刑焉。

[7]泣辜：同情，哀憐罪人。亦曰泣罪。《説苑》卷一《君道》："禹出見罪人，下車，問而泣之。"《南齊書·竟陵文宣王子良傳》："禹泣辜表仁，菲食旌約，服翫果粽，足以致誠。"

[8]扇暍（yē）：傳説周武王曾替中暑的人扇風取涼。典出《淮南子》卷一八《人間訓》："武王蔭暍人於樾下，左擁而右扇之，而天下懷其德。"後因以扇暍爲頌揚德政之詞。

[9]所請：中華書局本有校勘記："原作'所謂'，據《册府》卷四二改。"

[10]專切：意思是專一切實，專誠懇切。

[11]枷：刑具名。套在罪犯脖子上的木制刑具。 匣：舊時獄卒虐待囚犯，把兩脚夾住鎖起。 兼每及夏至，五日一度，差人洗刷枷匣：此句《會要》卷一〇刑法雜録條作"兼每年自夏初至八月末已來，每五日一次，差人洗刷枷杻"，語意更完整。本條原在下"八月丁卯"條後，中華書局本未改，今據文改次序。"夏至"，中華書局本有校勘記："原作'官至'，據《册府》卷四二改。"

八月丁卯，敕："三京、諸道州府刑獄，[1]近日訪聞，[2]依前禁繫人，多不旋決，諸道宜令所在各委長吏，專切推窮，不得有滯淹。"

[1]三京：各朝三京不同。後唐的三京指東都河南府、西都京兆府、北都太原府。詳見前注“四京”。後晋、後漢則爲東京開封府、西京河南府、北京太原府。

[2]訪聞：中華書局本有校勘記：“原作‘訪問’，據殿本、《册府》卷一五一改。”見《宋本册府》卷一五一《帝王部·慎罰門》。

應順元年三月戊午，[1]詔：“應三京、諸道州府繫囚，據罪輕重，疾速斷遣。比來停滯，須奏取裁，不便區分，[2]故爲留滯。今後凡有刑獄，據理斷遣。如有敕推按，[3]理合奏聞，不在此限。”

[1]應順：後唐閔帝李從厚年號（934）。

[2]區分：處分、決斷。

[3]推按：推究詮議。與推案同。

清泰元年五月丁丑，詔：“在京諸獄及天下州府見繫罪人，正當暑毒之時，未免拘囚之苦，誠知負罪，特軫予懷。恐法吏生情，[1]滯於決斷。詔至，所在長吏親自慮問，據輕重疾速斷遣，無令淹滯。”[2]

[1]生情：出於私情。

[2]無令淹滯：中華書局本有校勘記：“‘令’字原闕，據《册府》卷一五一補。”見《宋本册府》卷一五一《帝王部·慎罰門》。

二年四月辛卯，詔曰：“運當昭泰，時屬樂康，思欲導和氣於雍熙，布休光於幽隱。將期恤物，必軫深仁。今以俯及蕤賓，[1]適兹炎毒，宜茂好生之德，俾敷在宥之文，[2]足以寬肺石之冤辭，[3]葉薰風之解愠，[4]庶遵時令，獲奉天心。宜令御史臺、河南府軍巡、諸道州府，[5]自五月一日已前見繫罪人，常赦不原及已見情狀之外，[6]悉令疾速斷遣，勿至淹停。"[7]

[1]蕤（ruí）賓：古樂十二律中之第七律。古人律曆相配，十二律與十二月相適應，謂之律應。蕤賓位於午，在五月，故代指農曆五月。

[2]敷：宣佈、傳佈。 在宥：寬恕。

[3]肺石：古代置於朝門外右側的赤色石塊，民有不平而無告者，得立於肺石鳴冤，向公府直陳其委屈。《唐六典》卷六《尚書刑部·刑部郎中員外郎》："凡有冤滯不申欲訴理者……聽撾登聞鼓。若惸、獨、老、幼不能自申者，乃立肺石之下。"注文："若身在禁繫者，親、識代立焉。立於石者，左監門衛奏聞。撾於鼓者，右監門衛奏聞。"

[4]葉（xié）薰風之解愠：葉，和洽，和諧。《史記》卷二四《樂書》："昔者舜作五弦之琴，以歌《南風》。"注引《南風》辭曰："南風之薰兮，可以解吾民之愠兮。"薰，香氣。愠，愁苦怨恨。又，《吕氏春秋·有始》："東南曰熏風。"高誘注："熏風，或作'景風'，巽氣所生，一曰清明風。"

[5]軍巡：左右軍巡院的簡稱。見上引左右軍巡院。

[6]常赦不原：亦稱常赦所不免。最早出自北齊孝昭皇帝建元年。據《唐律疏議》卷三〇《斷獄律》"赦前斷罪不當"條注："常赦所不免者，謂雖會赦，猶處死及流，若除名、免所居官及移鄉者。"一些性質嚴重之犯罪被列入"常赦不原"，在下達的赦令中，只要不專門提出對"常赦不原"之罪也一律赦免，就照例不予赦免。如"惡逆"及部曲、奴婢殺主之罪即屬"常赦不原"之罪。

常赦在範圍及刑罰幅度上低於大赦。

［7］“二年四月辛卯”至“勿至淹停”：《輯本舊史》原無，據《宋本册府》卷一五一《帝王部·慎罰門》補。

晋天福二年八月，敕下刑部、大理寺、御史臺及三京、諸道州府：“今後或有繫囚染疾者，並令逐處軍醫看候，於公廨錢内量支藥價，[1]或事輕者，仍許家人看候。”[2]

［1］公廨錢：隋唐時期爲供官府各種公用和充作官吏俸錢而設置的由官府經營商業和高利貸的本錢。又稱公廨本錢、食利本錢、息利本錢。隋初在京師和諸州官署都設有公廨錢，出貸經商，收利以供公用。唐武德元年（618）設置公廨本錢，以諸司令史掌管，每司九人，號捉錢令史。地方州縣和折衝府也設置公廨本錢，以典吏主之，以供佐史以下吏員的常食費用和各官員的俸料。

［2］“晋天福二年”至“仍許家人看候”：本條亦見《輯本舊史》卷七六《晋高祖紀二》天福二年（937）八月丙午條及《宋本册府》卷四二《帝王部·仁慈門》。“令逐處軍醫看候”，《高祖本紀》作“差醫工治療”，《宋本册府》作“令逐處醫博士及軍醫看候”。“事輕者，仍許家人看候”之後，《高祖本紀》尚有“合杖者俟損日決遣”，《宋本册府》尚有“所有罪犯，合據杖責，仍候痊損日科決”。

三年正月，敕：“應諸道州府刑獄，慮有淹延，宜令逐處應用禁繫人等，並仰各據罪戾詳事理疾速斷遣，[1]不得停滯，仍付所司。”[2]

[1]罪戾：罪過。

[2]“三年正月”至“仍付所司”：《輯本舊史》原無，據《宋本册府》卷一五一《帝王部·慎罰門》補。

三月庚午，[1]詳定院奏：[2]“前守洪洞縣主簿盧燦進策云：[3]‘伏以刑獄至重，朝廷所難，尚書省分職六司，[4]天下謂之會府。且諸道決獄，[5]若關人命，即刑部不合不知。欲請州府凡斷大辟罪人訖，逐季具有無申報刑部，仍具録案款事節，[6]并本判官、馬步都虞候、司法參軍、法直官、馬步司判官名銜申聞，[7]所貴或有案内情曲不圓，[8]刑部可行覆勘。如此則天下遵守法律，不敢輕易刑書，非唯免有銜冤，抑亦勸其立政者。’臣等參詳，伏以人命至重，國法須精，雖載舊章，更宜條理，誠爲允當，望賜施行。”從之。

[1]三月庚午：中華書局本原繫本條於天福四年（939）九月條後，並有校勘記：“《册府》卷一五一、《五代會要》卷一六繫其事於天福三年。”但未移前。見《會要》卷一六刑部條《宋本册府》卷一五一《帝王部·慎罰門》，據移前。

[2]詳定院：官署名。掌審查百官各上封事。依《通鑑》卷二八一天福三年二月條：“帝樂聞讜言，詔百官各上封事，命吏部尚書梁文矩等十人置詳定院以考之，無取者留中，可者行之。數月，應詔者無十人，乙未，復降御劄趣之。”

[3]守：暫代。唐代以低官階就任高職務稱“守”，反之稱“行”。　主簿：官名。這裏是縣主簿。掌付事勾稽，省署抄目，糺正非違，監印，給紙筆、雜用之事。其官階品秩，因官署而不同。　盧燦：人名。籍貫不詳。《會要》卷一六作“盧粲”，明本《册

府》卷一五一《帝王部·慎罰門》作“盧琛”。五代官員。本書僅此一見。

［4］六司：指吏、户、禮、兵、刑、工六部。

［5］且諸道決獄：中華書局本有校勘記：“‘道’字原闕，據殿本、孔本、《册府》卷一五一、《五代會要》卷一六補。”

［6］案款：罪人之口供。　事節：案情。　仍具録案款事節：中華書局本有校勘記：“‘具録’，原作‘俱録’，據殿本、劉本、《册府》卷一五一、《五代會要》卷一六改。”

［7］判官：官名。内外諸司、州縣衙分判曹事或諸事之官的總名。位次於長官、通判。節度、觀察、防禦諸使僚屬中亦置判官，分曹理事。　馬步都虞候：官名。唐朝後期河東諸鎮置於“馬步司”，以牙校充任，掌鞫訟刑獄。見前注“馬步司”。《會要》載：晋天福二年（937）二月敕：“諸道馬步都虞候，今後朝廷，更不差補，委逐州府於衙前大將中選久歷事任曉會刑獄者充，仍以三年爲限，不得於元隨職員中差補。其今日已前見在任者，如無罪犯，宜令終其月限，候將來得替。仰本道於衙前收管，不得赴闕。”　司法參軍：官名。即司法參軍事。唐高祖武德初改司法行書佐置，爲三都、六府法曹長官，一至二員，執法理獄，督捕盜賊，追贓查賄。　法直官：官名。節度使或副大使知節度事屬官，亦稱府院法直官。大理寺、刑部亦有法直官，前者負責檢選法律條文，以供斷案之用；後者負責記録各地申報死刑人數，檢查執行情況。　馬步司判官：官名。唐朝後期河東諸鎮於馬步司置獄，以牙校充判官，輔佐都虞候共掌鞫訟刑獄。

［8］所貴或有案内情曲不圓：中華書局本有校勘記：“‘貴’，原作‘責’，據殿本、孔本、《册府》卷一五一、《五代會要》卷一六改。影庫本批校：‘所責，原本係“所貴”，似較順。’”

五月，詔曰：“刑獄之難，古今所重，但關人命，實動天心，或有冤魂，則傷和氣。應諸道州府，凡有囚徒，據推勘到案款，一一盡理，子細檢律令格敕，其間或有疑者，准令文讞大理寺，亦疑，申尚書省，[1]省寺明有指歸，州府然後決遣。"[2]

[1]"五月"至"州府然後決遣"：該程式沿襲唐制。《唐令拾遺·獄官令》第三十五條："諸州府有疑獄不決者，讞大理寺；若大理仍疑，申尚書省。"

[2]決遣：判案有了結果而依法執行。　"五月"至"州府然後決遣"：此條亦見《宋本册府》卷一五一《帝王部·慎罰門》。

四年九月，相州節度使桑維翰奏：[1]"管内所獲賊人，從來籍没財産，云是鄴都舊例，[2]格律未見明文，請止之。"[3]敕："今後凡有賊人，准格律定罪，[4]不得没納家貲。天下諸州，准此處分。"

[1]相州：州名。治所在今河南安陽市。"相州"，《舊五代史考異》："原本訛'松州'，今據《通鑑》改正。"見《通鑑》卷二八二天福四年（939）閏七月壬申條。五代之松州在党項境内。桑維翰：人名。河南洛陽（今河南洛陽市）人。後晋宰相。傳見本書卷八九、《新五代史》卷二九。

[2]鄴都：地名。治所在今河北大名縣東北。後唐同光元年（923）升魏州爲東京，改爲興唐府，同光三年改東京爲鄴都。天成四年（929），復改鄴都爲魏州。後晋天福二年，改興唐府爲廣晋府，三年復以廣晋府爲鄴都。後漢乾祐元年（948），改廣晋府爲大名府，仍置鄴都。後周顯德元年（954）罷之。

[3]請止之：《輯本舊史》原無，據《輯本舊史》卷七八《晋

高祖紀四》天福四年九月辛巳條補。

[4]准格律定罪：《輯本舊史》原無“律”字，據《輯本舊史》卷七六《晋高祖紀四》及《宋本册府》卷六一三《刑法部·定律令門》補。

五年三月丙子，詔曰：“自大中六年已來，[1]剺耳稱冤，[2]決杖流配，[3]訴雖有理，不在申明。今後據其所陳，與爲勘斷，剺耳之罪，准律别科。”[4]

[1]大中：唐宣宗李忱年號，唐懿宗李漼即位沿用（847—860）。

[2]剺（lí）耳稱冤：剺，剥也，劃也。剺耳，即割耳。中國自古有當事人以“自殘”或“自毁傷”的形式直接將案件訴至最高統治者的做法。其形式除剺耳外，還有髠、剺面、釘手等。中華書局本有校勘記：“‘剺耳’，原作‘釐爾’，據殿本、《册府》卷一五一、《五代會要》卷一六改。本卷下文同。”中華書局本有校勘記有誤，“《五代會要》卷一六”應爲“《五代會要》卷一〇《刑法雜録》條”，又見《宋本册府》卷一五一《帝王部·慎罰門》。據改。

[3]決杖流配：決杖，處以杖刑。用棍棒擊打犯人的背、臀或腿部。流配，判處流刑的犯人，被押解到規定地點服苦役的刑罰。先杖後配，兼受兩刑。

[4]“五年三月丙子”至“准律别科”：《唐律疏議》卷二四《鬭訟律》“邀車駕撾鼓訴事不實”條：“諸邀車駕及撾登聞鼓若上表，以身事自理訴而不實者，杖八十；自毁傷者，杖一百。雖得實，而自毁傷者，笞五十。”

六年秋七月庚辰，詔曰：“政教所切，獄訟惟先，推窮須察於事情，斷遣必遵於條法，用弘欽恤，[1]以致和平。應三京、鄴都及諸道州府，見禁諸色人等，宜令逐處長吏，常切提撕，[2]疾速決遣，每務公當，勿使滯淹。”[3]

[1]弘：寬宥，寬和。

[2]提撕：本意爲拉扯、提引。引申爲提醒、振作。

[3]“六年秋七月庚辰”至“勿使滯淹”：亦見《宋本册府》卷一五一《帝王部·慎罰門》，“政教所切”作“政刑所切”，“諸道州府”下有“縣”字。

天福八年四月壬申，敕：“朕自臨寰宇，[1]思致和平，將以四海爲家，慮有一物失所。[2]每念狴牢之内，或多枉撓之人，[3]屬此炎蒸，倍宜軫憫，[4]冀絶滯淹之歎，用資欽恤之仁。應三京、鄴都及諸道州府，見禁罪人等，宜令逐處長吏，[5]嚴切指揮本推司及委本所判官，疾速結絶斷遣，不得淹延，及致冤濫，仍付所司。”

[1]天福八年四月壬申：“天福”爲晋高祖年號，晋少帝於天福七年（942）六月乙丑即位，並沿用“天福”年號。敕中之“朕”，爲少帝自稱。

[2]失所：失當，不能適得其所。

[3]枉撓：亦作枉橈，枉謂違法曲斷，橈謂有理不申，應重乃輕，應輕更重。

[4]軫憫：憐憫，哀憐。

[5]宜令逐處長吏：《輯本舊史》之影庫本粘籤：“逐處，原本作‘鹿處’，今從《册府元龜》改正。”見《宋本册府》卷一五一

《帝王部·慎罰門》。“鹿處”在此不成文。

開運二年五月壬戌,[1]殿中丞桑簡能上封事曰:[2]“伏以天地育萬物,廣博厚之恩;帝王牧黎元,[3]行寬大之令。是知恤刑緩獄,乃爲政之先;布德行惠,實愛民之本。今盛夏之月,農事方殷,是雷風長養之時,[4]乃動植蕃蕪之際。[5]宜順時令,以弘至仁。竊以諸道州府都郡縣,應見禁罪人,或有久在囹圄,稍滯區分,[6]胥吏舞文,[7]枝蔓乃衆。[8]捶楚之下,或陷無辜;縲絏之中,[9]莫能自理。苟一人拘繫,則數人營財,物用既殫,[10]功業亦罷。[11]若此之類,實繁有徒,[12]切恐官吏因循,寖成斯弊。伏乞降詔旨,令所在刑獄,委長吏親自録問量罪,疾速斷遣,務絶冤濫,勿得淹留,庶免虚禁平人,[13]妨奪農力,[14]冀召和氣,以慶明時。”敕曰:“囹圄之中,縲絏之苦,奸吏苟窮於枝蔓,平人用費於貨財,由兹滯淹,兼致屈塞。桑簡能體兹軫憫,專有敷陳,請長吏躬親,免獄官抑逼,深爲允當,宜再頒行。宜依。”[15]

[1]開運:後晋出帝石重貴年號(944—947)。

[2]殿中丞:官名。殿中省屬官。殿中省掌天子服御之事,丞掌判監事,兼勾檢稽失,省署抄目。　桑簡能:人名。事迹不詳。本書僅此一見。　封事:密封的奏章。古代臣下上奏機密之事,用皂囊封緘以防洩密,稱封事。同封章、封奏。

[3]牧:治理。　黎元:黎民,庶民。

[4]長養:生長,養育。

[5]動植蕃蕪：動植物滋長茂盛。蕃蕪，也作繁廡，蕃廡。

[6]稍：甚，頗。

[7]胥吏舞文：《輯本舊史》原作“胥吏侮文”，據《宋本册府》卷一五一《帝王部·慎罰門》改。

[8]枝蔓：指案件糾纏牽連。

[9]縲（léi）絏（xiè）：拘繫犯人的繩索。引申爲牢獄。同縲紲、纍紲。

[10]殫：盡。

[11]功業亦罷：《輯本舊史》原作“工業亦罷”，據《宋本册府》卷一五一改。

[12]實繁有徒：人數衆多。此語出自《尚書·仲虺之誥》。

[13]平人：百姓。無罪之人。

[14]妨奪：妨害，剥奪。此爲減損之意。

[15]“開運二年五月壬戌”至“宜依”：亦見《宋本册府》卷一五一。

十月甲子，祕書省著作郎邊玗上封事曰：[1]“臣聞從諫如流，人君之令範；極言無隱，臣子之常規。蓋欲表大國之任人，致萬邦之無事，前文備載，可舉而行。伏以皇帝陛下，德合上玄，[2]運膺下武，[3]旰食宵衣而軫念，[4]好生惡殺以推仁，凡措典刑，[5]固無冤枉。然以照臨之内，[6]州郡尤多，若不再具舉明，伏恐漸成奸弊。臣竊見諸道刑獄，前朝曾降敕文，凡是禁繫罪人，五日一度録問。[7]但以年月稍遠，漸致因循。或長吏事煩，不暇躬親點檢；或胥徒啓倖，妄要追領證明。慮有涉於淫刑，即恐傷於和氣。伏乞特降詔敕，自今後諸道並委長吏五日一度，當面同共録問，所冀處法者無恨，銜冤者獲伸。[8]俾令四海九州，咸歌聖德；五風十雨，[9]永致昌期。”敕曰：“人之命無以復生，國之刑不可濫舉。雖一成之典，務在公平；而三覆其詞，所宜詳審。凡居法吏，合究獄情。邊玕近陟周行，[10]俄陳讜議，[11]更彰欽恤，宜允申明。”

[1]祕書省著作郎：官名。秘書省著作局長官。掌修撰碑誌、祝文、祭文，與佐郎分判局事。從五品上。　邊玕（gān）：人名。華州鄭（今陝西渭南市華州區）人。五代、宋初官員。中華書局本有校勘記：“《册府》（宋本）卷一五一作‘邊玗’。按《續資治通鑑長編》卷四引《太祖實録》、《宋大詔令集》卷一六五《令陶穀以下舉堪蕃府通判官詔》有‘邊玗’。本卷下一處同。”見《長編》卷四乾德元年（963）六月庚戌條注引《實録》及《宋大詔令集》卷一六五。《輯本舊史》卷一二八其父《邊蔚傳》作“玕”，《宋本册府》卷一五一《帝王部·慎罰門》實作“玕”，不誤。

[2]上玄：天的别稱。

[3]膺：接受、繼承。　下武：謂後人能繼先祖者。下猶後也，武，繼也。

[4]旰（gàn）食宵衣：天色晚時纔吃飯，天未明而穿衣。比喻勤於政事。

[5]凡措典刑：《唐會要》卷三九《議刑輕重》：“然禁嚴則盗賊屏息，閭里皆安；政緩則攘竊盗行，平人受弊。定其取捨，在峻典刑。”中華書局本有校勘記：“‘凡’，《册府》（宋本）卷一五一同，《册府》（明本）卷一五一作‘幾’。”

[6]照臨：指帝王統治。

[7]五日一度録問：《唐六典》卷一八《大理寺》大理卿條：“若禁囚有推決未盡、留繫未結者，五日一慮。”

[8]銜冤者獲伸：《輯本舊史》之影庫本粘籤：“‘獲伸’，原本

作‘穫倍’，今從《册府元龜》改正。”見《宋本册府》卷一五一。

[9]五風十雨：即五日一風、十日一雨，意謂風調雨順。《論衡·是應》載：“風不鳴條，雨不破塊，五日一風，十日一雨，其盛茂者，致黄龍、騏驎、鳳皇。”

[10]陟（zhì）：登，升。　周行：《左傳·襄公十五年》：“詩曰：‘嗟我懷人，寘彼周行’，能官人也。王及公侯伯子男甸采衛大夫，各居其列，所謂周行也。”即賢人配其官位之意。

[11]讜（dǎng）議：公正、直言不諱的議論。

三年十一月丁未，左拾遺竇儼上疏曰：[1]“臣伏覩《名例律疏》云：[2]死刑二，[3]古先哲王，則天垂象，本欲生之，義期止殺，絞斬之坐，皆刑之極也。[4]又准天成三年閏八月二十三日敕，行極法日，宜不舉樂，減常膳；又《刑部式》，決重杖一頓處死，[5]以代極法，斯皆人君哀矜不捨之道也。竊以蚩尤爲五虐之科，[6]尚行鞭扑；漢祖約三章之法，[7]止有死刑。絞者筋骨相連，斬者頭頸異處，大辟之目，不出兩端，淫刑所興，近聞數等。蓋緣外地，不守通規，肆率情性，或以長釘貫簪人手足，[8]或以短刀臠割人肌膚，[9]乃至累朝半生半死，俾冤聲而上達，致和氣以有傷。將弘守位之仁，在峻惟行之令，[10]欲乞特下明敕，嚴加禁斷者。”敕曰：“文物方興，[11]刑罰須當，有罪宜從於正法，去邪漸契於古風。竇儼所貢奏章，實裨理道，宜依所奏，准律令施行。”

[1]竇儼：人名。薊州漁陽（今天津市薊州區）人。屢任史官。後晋天福進士，拜左拾遺，入後漢爲史館修撰，入後周拜翰林學士，判太常寺。宋初就轉禮部侍郎。傳見《宋史》二六三。

［2］《名例律疏》：指《名例律》的疏文。《名例律》相當於現代法典的總則部分。“名例”最早成篇於《北齊律》。《唐律疏議》卷一《名例律》：“名者，五刑之罪名；例者，五刑之體例。名訓爲命，例訓爲比，命諸篇之刑名，比諸篇之法例。但名因罪立，事由犯生，命名即刑應，比例即事表，故以《名例》爲首篇。”

［3］死刑二：中華書局本有校勘記：“原作‘死刑者’，據《册府》（宋本）卷一五一、《唐律疏議》卷一改。”

［4］“古先哲王”至“皆刑之極也”：這幾句話本於《唐律疏議》卷一《名例律》“死刑二”條疏議：“古先哲王，則天垂法，輔政助化，禁暴防姦，本欲生之，義期止殺。絞、斬之坐，刑之極也。”“則天垂象”，上引《唐律疏議》作“則天垂法”。此語應化用自《周易·繫辭上》：“是故天生神物，聖人則之；天地變化，聖人效之；天垂象，見吉凶，聖人象之；河出圖，洛出書，聖人則之。”《漢書·刑法志》亦有“則天象地”之語。意即效法上天顯示凶吉禍福的徵兆。

［5］決重杖一頓處死：中唐以降，杖刑地位突出。決重杖一頓處死屬於律外敕杖，又稱“決殺”“杖殺”“決痛杖一頓處死”，杖數無限，致死始畢。《宋刑統》卷一《名例律》“死刑二”條，“準《唐建中三年八月二十七日敕節文》：其十惡中惡逆以上四等罪，請准律用刑，其餘應合處絞、斬刑，自今以後，並決重杖一頓處死，以代極法。”另有一種敕杖稱“重杖一頓”“痛杖一頓”，杖數一般爲六十，杖不致死。

［6］五虐之科：五虐之刑意即五種嚴酷的刑罰：劓、刵、椓、黥、鞭。出自《尚書·吕刑》：“苗民弗用靈，制以刑，惟作五虐之刑曰法。殺戮無辜，爰始淫爲劓、刵、椓、黥，越兹麗刑并制，罔差有辭。”孔傳曰：“截人耳、鼻，椓陰，黥面，以加無辜，故曰五虐。”

［7］三章之法：見《漢書》卷二三《刑法志》：“漢興，高祖初入關，約法三章曰：‘殺人者死，傷人及盗抵罪。’”《史記》卷八

《高祖紀》略有不同：“與父老約，法三章耳：殺人者死，傷人及盜抵罪。”

[8]貫篸（zān）：穿插。篸，插住。

[9]臠割：分割。一小塊一小塊切割。

[10]惟行：專行、專一。 在峻惟行之令：中華書局本有校勘記：“劉本及《册府》卷一五一同。影庫本批校云：‘在峻惟行之令，“惟”疑當作“推”。’殿本作‘推’。”《宋本册府》同，明本《册府》作“惟刑”。

[11]文物：典章制度。

漢乾祐二年正月，[1]敕：“政貴寬易，刑尚哀矜，慮滋蔓之生奸，寔軫傷而是念。[2]今屬三元改候，[3]四序履端，[4]將冀和平，無如獄訟。應三京、鄴都、諸道州府見繫罪人，委逐處長吏躬親慮問，其於決斷，務在公平，但見其情，即爲具獄，[5]勿令率引，遂致淹停，無縱舞文，有傷和氣。”[6]

[1]乾祐：後漢高祖劉知遠、隱帝劉承祐年號（948—950）。北漢亦用此年號。

[2]寔（shí）：通“實”，實在。

[3]三元：陰曆之正月初一日，以其爲歲之元、時之元、月之元，故名。 候：時令。

[4]履端：意爲推算曆法，以定年曆的開始，相當於春夏秋冬四季之始。《輯本舊史》之影庫本粘籤：“原本作‘屢端’，今據文改正。”《宋本册府》卷一五一《帝王部·慎罰門》亦作“履端”。

[5]具獄：有關定案判刑的全部卷宗。

[6]“漢乾祐二年正月”至“有傷和氣”：亦見《宋本册府》卷一五一。

四月甲午，敕曰："月戒正陽，[1]候當小暑，乃挺重出輕之日，[2]是恤刑議獄之辰，有罪者速就勘窮，薄罰者晝時疏決，[3]用符時令，勿縱滯淹。三京、鄴都、諸道州府在獄見繫罪人，宜令所司疾速斷遣，無致淹滯枉濫。"[4]

[1]戒：通"届"。到。　正陽：農曆四月。

[2]挺重出輕：寬待重罪犯，釋放輕罪犯。《禮記·月令》："挺重囚，益其食。"鄭玄注："挺，猶寬也。"又曰："出輕繫。"鄭玄注："崇寬。"

[3]晝時：截止時間，限時。"晝時疏決"，意即整理因嚴寒酷暑、天候不順等原因而導致審理時限拖延的案件，推進審判程序，達到減刑乃至實質性恩赦的效果。

[4]"四月甲午"至"無致淹滯枉濫"：亦見《宋本册府》卷一五一《帝王部·慎罰門》。

五月辛未，敕："政化所先，獄訟攸切，[1]不唯枉撓，兼慮滯淹。適當長養之時，正屬熇蒸之候，[2]累行條貫，俾速施行，靡不丁寧，[3]未曾奏報，再頒告諭，無或因循。應三京、鄴都、諸道州府，詔至，宜具疏放已行未行申奏，無致逗留。"[4]

[1]攸切：攸關，急切，重視。

[2]熇（hè）蒸：熱氣升騰，喻指炎熱。

[3]丁寧：同"叮嚀"。囑咐。

[4]"五月辛未"至"無致逗留"：亦見《宋本册府》卷一五一《帝王部·慎罰門》。

周廣順元年五月壬戌朔，敕："朕肇啓丕基，[1]躬臨庶政，深慕泣辜之道，以弘恕物之心。今則方屬炎蒸，正當長養，黄沙縶縶，[2]宜矜非罪之人；丹筆重輕，切戒舞文之吏。凡有獄訟，不得淹延，務令囚絶拘留，刑無枉濫。冀叶雍熙之化，用符欽恤之情。應京都、諸道州府見禁人等，宜令逐處長吏，限敕到，應有獄囚，當面録問，事小者便須決遣，案未成者即嚴切指揮，疾速勘決，據罪詳斷疏放，勿令停滯，及致冤抑。庶召和氣，俾悦群心。"[3]

[1]丕基：巨大的基業。

[2]黄沙：指牢獄。《晋書》卷三《武帝紀》：太康五年（284）"六月，初置黄沙獄。"

[3]"周廣順元年五月壬戌朔"至"俾悦群心"：《輯本舊史》原無，據《宋本册府》卷一五一《帝王部・慎罰門》補。

二年四月壬辰，敕："朕以寡昧，[1]獲主黎元，將以召天地之和，每思去刑政之弊。寅恭于此，[2]宵旰爲勞。今以節及長嬴，[3]時臨暑熱，耕農之户，蠶麥將忙，宜於獄訟之間，特示憂勤之旨。應有刑獄，切慮淹滯。詔至，所有重輕縶囚，疾速勘鞫斷遣，無令冤抑。慮有淹延，若輕罪晝時決遣，其婚田争訟，務内勿治。[4]若事要定奪，即須疾速區分；若斷遣不平，許人糾告，官典必議徵斷。"[5]

[1]寡昧：謂知識淺陋，不明事理。

[2]寅恭：恭敬。

[3]長嬴：指夏季。

[4]務内勿治：務，農務。中國古代爲不妨礙農務，在一定期限内停止受理部分民事案件，稱爲“務限”。後文“入務”，即二月初一開始進入農忙季節不受理案件的階段。十月一日限過後可以開始受理案件，稱“務開”或“開務”。《宋刑統》卷一三《户婚律》“婚田入務”條：“準《雜令》，謂訴田宅、婚姻、債負，起十月一日，至三月三十日檢校，以外不合。若先有文案交相侵奪者，不在此例。”《宋會要輯稿·刑法三》田訟條：紹興二年（1132）三月十七日，兩浙轉運使上疏言：“準《紹興令》：‘諸鄉村以二月一日後爲入務，應訴田宅、婚姻、負債者，勿受理；十月一日爲務開。’竊詳上條入務不受理田宅等詞訴，爲恐追人理對，妨廢農業。”此制當沿襲自五代。

[5]官典：低級官吏。　“二年四月壬辰”至“官典必議徵斷”：《輯本舊史》原無，據《宋本册府》卷一五一《帝王部·慎罰門》補。

三年四月乙亥，敕：“朕以時當化育，氣屬炎蒸，乃思縲絏之人，是軫哀矜之念，慮其非所，[1]案鞫淹延，或枉濫窮屈而未得伸宣，或饑渴疾病而無所控告。以罪當刑者，唯彼自召，法不可移；非理受苦者，爲上不明，安得無慮。欽恤之道，夙宵靡寧。應諸道州府見繫罪人，宜令官吏疾速推鞫，[2]據輕重斷遣，[3]不得淹滯。仍令獄吏，灑掃牢獄，常令虚歇；[4]洗滌枷械，無令蚤虱；供給水漿，無令饑渴。如有疾患，令其家人看承；囚人無主，官差醫工診候，勿致病亡。循典法之成規，順長嬴之時令，俾無淹滯，以致治平。”又賜諸州詔曰：

“朕以敷政之勤，[5]惟刑是重，既未能化人於無罪，則不可爲上而失刑。況時當長嬴，事貴清適，念囹圄之閉固，復桎梏之拘縻，[6]處於炎蒸，何異焚灼。在州及所屬刑獄見繫罪人，卿可躬親録問，省略區分，于入務不行者，令俟務開繫；有理須伸者，速期疏決。俾皆平允，無至滯淹。又以獄吏逞任情之奸，囚人被非法之苦，宜加檢察，勿縱侵欺。常令浄掃獄房，洗刷枷匣，知其饑渴，供與水漿，有病者聽骨肉看承，無主者遣醫工救療，勿令非理致斃，[7]以致和氣有傷。卿忠幹分憂，仁明涖事，[8]必能奉詔，體我用心，睠委於兹，[9]興寐無已。餘從敕命處分。”

[1]非所：不是人能够正常生活的地方。指監獄、邊荒之地等。

[2]推鞫：審問囚犯、審理案件之謂。

[3]據輕重斷遣：《輯本舊史》原無“重”字，中華書局本有校勘記：“本書卷一四八《食貨志》、《册府》卷一四五、卷一五一及本卷上文敘事多用‘據輕重斷遣’或‘據輕重疾速斷遣’一語，‘輕’下疑脱‘重’字。”此校勘記有三誤。《輯本舊史·食貨志》在卷一四六而非卷一四八；所引者亦非該志正文而爲廣順三年（953）三月條《輯本舊史》所引之《會要》，見《會要》卷二七鹽鐵雜録條下廣順二年九月十八日敕。《宋本册府》卷一五一《帝王部·慎罰門》誤作“據經遣斷”，不能作證。《宋本册府》卷一四五《帝王部·弭災門三》開運三年（946）二月壬戌條云“并須據罪輕重疾速斷遣”，應補“重”字。

[4]常令虛歇：“常”，《輯本舊史》原作“當”，中華書局本有校勘記：“‘當’，《册府》卷一五一作‘常’。”但未改，今據改。

[5]敷政：施行政事。

[6]拘縻（mí）：拘禁。

[7]勿令非理致斃：《輯本舊史》之影庫本粘籤："'非理'，原本作'致理'，今據《册府元龜》改正。"見《宋本册府》卷一五一。

[8]蒞（lì）事：處理公務。

[9]睠委：即眷委，眷顧託付。

顯德元年十一月，帝謂侍臣曰："天下所奏獄訟，多追引支證，[1]甚致淹延，有及百餘日而未決者。其中有徒黨反告者，[2]劫主陳訴者，[3]及妄遭牽引者，慮獄吏作倖遲留，致生人休廢活業。[4]朕每念此，彌切疚懷。此後宜條貫所在藩郡，令選明幹僚吏，掌其訴訟。[5]如獄不滯留，人無枉撓，明具聞奏，量與甄獎。"

[1]多追引支證：中華書局本有校勘記："'支'字原闕，據《册府》（宋本）卷一五一補。"見《宋本册府》卷一五一《帝王部·慎罰門》。

[2]反告：先行控告。

[3]劫主：搶劫的主犯。劫主陳訴者，意爲搶劫的主犯反而控告同案犯或者被害人。

[4]活業：生計。

[5]掌其訴訟："掌"《輯本舊史》原作"當"，據《宋本册府》卷一五一改。中華書局本未校改。

二年四月五日，敕："應諸道見禁罪人，無家人供備喫食者，[1]每人逐日破官米二升，[2]不得信任獄子節級減消罪人口食。仍令不住供給水漿，掃灑獄内，每五日一度洗刷枷杻。如有病疾者，晝時差人看承醫療。”[3]

[1]喫（chī）：同“吃”。

[2]破：花費。

[3]“二年四月五日”至“晝時差人看承醫療”：《輯本舊史》原無，據《會要》卷一〇刑法雜録條補。

當贖[1]

[1]此目名中華書局本無，據内容補。　當贖：指官當與贖刑。官當，指以犯罪官員的官品等級折抵徒流刑罰，一般認爲始自拓跋魏、南朝陳。《唐律疏議》卷二《名例律》“官當”條：“諸犯私罪，以官當徒者，五品以上，一官當徒二年；九品以上，一官當徒一年。若犯公罪者，各加一年當。以官當流者，三流同比徒四年。其有二官，先以高者當，次以勳官當。行、守者，各以本品當，仍各解見任。若有餘罪及更犯者，聽以歷任之官當。其流内官而任流外職，犯罪以流内官當及贖徒年者，各解流外任。”贖，指贖刑，即判處刑罰但可以交納一定的錢財以代替或抵銷的制度。刑罰用贖的情況有多種，如本人有官爵者或是以其親屬之蔭而享有贖權，因恤刑而對老、幼、病、殘減輕刑罰可用贖，特定之過失犯罪用贖，證據不足而存疑用贖等。

内外官當贖之法，[1]梁、唐皆無定制，多示優容，或因時分輕重。晋天福六年五月，尚書刑部員外郎李象請：[2]“今後凡是散官，[3]不計高低，若犯罪不得當贖，亦不得上請。”[4]詳定院覆奏：“應内外文武官，有品官者自從品官法，無品官有散、試官者，[5]應内外帶職廷臣賓從、有功將校等，[6]並請同九品官例。[7]其京都軍巡使及諸道州府衙前職員，[8]内外雜任、鎮將等，[9]並請准律，[10]不得上請當贖。其巡司、馬步司判官，[11]雖有曾歷品官者，[12]亦請同流外職。[13]准律，杖罪以下，依決罰例，[14]徒罪以上，仍依當贖法。”至周顯德五年七月，新定《刑統》：“今後定罪，諸道行軍司馬、節度副使、副留守，[15]准從五品官例；諸道兩使判官、防禦團練副使，[16]准從六品官例；[17]節度掌書記、防團判官、兩蕃營田等使判官，[18]准從七品官例；諸道推巡及軍事判官，[19]准從八品官例；諸軍將校内諸司使、使副、供奉、殿直，臨時奏聽敕旨。”[20]由是内外品官當贖之法，始有定制焉。《永樂大典》卷八千二百九十。[21]

[1]内外官：内官指宫内男女事務官、内侍省官及妃嬪等，外官指相對於内官的朝廷官與地方官及屬外命婦的女官等。

[2]李象：人名。深州樂壽（河北獻縣）人。後唐天成中登進士第。後晋歷任刑部員外郎，駕部郎中。少帝開運年間，加朝議大夫，契丹入汴，爲盜所害。事見《會要》卷九，本書卷七九，明本《册府》卷四八三《邦計部·褒寵門》、卷六一七《刑法部·正直》、卷六四二《貢舉部·條制門四》、卷八五三《總録部·姻好門》、卷九三一《總録部·枉横門》。

[3]散官：指有官名而無實際執掌的官，與職事官相對而言。唐朝又分文武，爲加官或階官。文散官有開府儀同三司、特進、光禄大夫等，共九品二十九階。武散官有驃騎大將軍、輔國大將軍、鎮軍大將軍等，共九品四十五階。規定九品以上職事官皆帶散位，稱爲本品。散官與職事官品級並非一致。其授予依據門蔭、勳勞、年資逐級進敘。

［4］上請：法司無權直接裁決的一些案件，必須奏請皇帝敕決。據《唐律疏議》規定，其規格低於八議，其對象爲諸皇太子妃大功以上親，應議者期以上親及孫，五品以上之官（謂文武職事四品以下、散官三品以下、勳官及爵二品以下，五品以上），犯死罪可上請皇帝裁決，流罪以下例減一等。但“犯十惡，反逆緣坐，殺人，監守内奸、盜、略人、受財枉法者，不用此律”。其具體程式爲法司“條録請人所犯應死之坐”“應請之狀”及“録請人所犯準律合絞、合斬”，“不緣門下，别録奏請，聽敕”。

［5］試官：官制用語。指未經正式銓選而任用的官，始自唐天授年間。五代沿襲唐朝制度。《會要》作“無品官者，有散試官者”，《宋本册府》無“無品官”三字，《通考》卷一七一《刑考十上・贖刑》作“無品官有散試官者”，與此處相同。

［6］帶職：此處與宋代不同，是指身兼多種職事官的情況。《通鑑》卷二一六《唐紀三二》玄宗天寶十載（751）二月丙辰胡注：“黄琮曰：外官帶職，有憲銜，有檢校，憲銜自監察御史至御史大夫，檢校自國子祭酒至三公，唐及五代之制也。” 賓從：賓幕職的一種，指節度使所聘用的人士及辟用的幕僚，賓職又稱賓客、賓佐、幕賓、賓從，雖有一定的官職，但没有固定的職掌，隨時隨人而異。參見鄭學檬《五代十國史研究》，上海人民出版社1991年版。

［7］並請同九品官例：《輯本舊史》之影庫本粘籤：“請同，原本作‘請周’，今據文改正。”“請周”在此處不成文，《會要》卷一〇刑法雜録條天福四年（939）六月十五日詳定院覆奏有“請同九品官例”，且本條下文引《顯德刑統》，有准從五品官例等，今據改。

［8］衙前：節度使衙門使院胥佐的統稱。唐末五代，多由衙校充當，屬軍職，有都押衙、押衙、都虞侯等，多由節度使個人任命。 其京都軍巡使及諸道州府衙前職員：中華書局本有校勘記：“‘軍’，原作‘運’，據《册府》卷六一三、《五代會要》卷一〇、

《宋刑統》卷二引天福六年五月十五日敕節文改。按《五代會要》卷二四：‘（開平）三年十月置左右軍巡使。’”見《會要》卷一〇刑法雜録條，卷二四諸使雜録條、《宋本册府》卷六一三《刑法部・定律令門五》。

[9]内外雜任：内外，京内京外。雜任，不在流内九品三十階所謂官的行列，是位於流外官之下的各種低職級的吏員。雖然流外官和雜任均屬於吏，但前者發給告身，而後者没有。　鎮將：設置於節度使所轄的要衝之地或鎮，負責獄訟、捕賊、徵税等，多從節度使信賴的軍將中選任。

[10]並請准律：《唐律疏議》卷三〇《斷獄律》“斷罪應決配而收贖”條：“諸斷罪應決配之而聽收贖，應收贖而決配之，若應官當而不以官當及不應官當而以官當者，各依本罪減故、失一等。即品官任流外及雜任，於本司及監臨犯杖罪以下，依決罰例。”所謂“准律”，即准該律。

[11]其巡司、馬步司判官：巡司，一種爲前述之軍巡院，另一種爲諸州捕賊巡務之别稱，掌備警，緝盜賊。馬步司判官見前注。中華書局本有校勘記：“‘司判官’三字原闕，據《册府》卷六一三、《五代會要》卷一〇、《宋刑統》卷二引天福六年五月十五日敕節文補。”

[12]雖有曾歷品官者：中華書局本有校勘記：“‘官’字原闕，據《册府》卷六一三、《五代會要》卷一〇、《宋刑統》卷二引天福六年五月十五日敕節文補。”

[13]流外職：一品至九品的職官稱流内職，九品以下，即流内以外的官吏，稱流外職。流外職經考銓後，可遞升爲流内，稱爲“入流”。

[14]依決罰例：中華書局本有校勘記：“‘依’字原闕，據《册府》卷六一三、《五代會要》卷一〇、《宋刑統》卷二引天福六年五月十五日敕節文補。”

[15]行軍司馬：官名。唐、五代時爲節度使主要文職幕僚，負

責軍事事務。唐德宗至憲宗初年，常繼位爲節度使，文宗開成四年(839) 被停省，唐末又設，但此時恐爲虛職。後唐同光末至天成初漸爲實職。五代時期總體而言位在副使之上。　節度副使：官名。節度使高級文職幕僚。掌武事，職能與行軍司馬多有疊合。總體而言位行軍司馬下、判官上。　副留守：官名。留守副佐。留守是皇帝因出征、巡行而不在京都時臨時設置的負責軍政之最高長官。在陪都則是常置的官職。後周首都是東京開封府，陪都是西京河南府，大名府（鄴都）也因軍事上的重要性一度設置留守。

[16]兩使判官：官名。節度判官、觀察判官的合稱，爲節度使、觀察使僚佐，位次於節度副使、觀察副使。“判”爲“執行”之意，判官即執行官，常兼任其他文職幕僚，對屬州有監督權。節度判官分判倉、兵、騎、胄四曹事，多由藩鎮辟置。觀察判官爲唐肅宗以後置。　防禦團練副使：官名。即防禦副使、團練副使。諸道不設節度使者，多以團練使或防禦使（多設於邊地）總領軍務。防禦副使佐防禦使掌軍事防務。團練副使爲團練使副貳，掌軍務。

[17]准從六品官例：中華書局本有校勘記：“‘例’字原闕，據殿本、劉本、《五代會要》卷一〇、《宋刑統》卷二引顯德五年七月七日敕補。”

[18]節度掌書記：官名。唐朝後期置，爲節度使屬官，掌表奏、書檄、朝覲、聘問、慰薦、祭祀、祈祝之文及號令、升納之事。在五代藩鎮中常爲重要謀臣，地位在節度副使、行軍司馬、節度判官之下，推官、巡官之上。　防團判官：官名。即防禦判官與團練判官之合稱。防禦判官爲防禦使屬官，位於副使之下、推官之上。團練判官爲團練使的僚佐。位於副使之下、推官之上。中華書局本有校勘記：“‘防’字原闕，據劉本、《五代會要》卷一〇、《宋刑統》卷二引顯德五年七月七日敕補。《舊五代史考異》卷五：‘案疑作“團練判官”，考《五代會要》亦作“團判官”，蓋當時案牘之文，官名各從簡省，今姑仍其舊。’按防團判官謂防禦、團練判官。句上《宋刑統》卷二引顯德五年七月七日敕有‘支使’二

字。”　兩蕃：此處指兩蕃判官，於顯德五年（958）十二月省。營田：官名。唐朝有屯田之州置，掌軍屯。以後各道節度觀察使多兼度支、營田使。負責一道屯田、財賦事務的官員，多由觀察使兼任。　兩蕃營田等使判官：《會要》作“兩蕃營田等判官”，無“使”字。或認爲“使”和“判官”並列，都是准從六品，或准從七品，不可理解。因此本書此條的“使”字或爲衍字。

[19]推巡：官名。指推官、巡官。推官掌推鞫獄訟，偏司法；巡官掌巡察事務，偏財政。兩者均是節度使、觀察使、團練使、防禦使的輔佐幕僚。推官地位高於巡官。據本書卷七三《孔謙傳》，孔謙以國用不足奏“諸道判官員數過多，請只置節度、觀察、判官、書記、支使、推官各一員，留守置判官各一員，三京府置判官、推官，餘並罷俸錢”，故裁撤巡官。　軍事判官：官名。府州的僚佐。府州的衙門由負責一般行政的州院和負責軍事的軍院構成。軍事判官是負責軍院所屬軍事事務的文職官。

[20]内諸司使、使副：内諸司是與外諸司相對的稱呼，是負責皇帝身邊内廷職務的機構的總稱，使爲機構長官，使副爲副職。唐代由宦官擔任，名目繁多，如樞密使、宣徽使、客省使、莊宅使等，且多兼任監軍或領兵出征。五代内諸司使的職能範圍雖有擴大，實權却有削弱。天復三年（903）朱全忠殺滅宦官後，轉由外朝士人擔任。後唐莊宗時宦官再度被起用，故由宦官、朝臣共任，後繼續向外朝士人發展。入宋後使職呈現武官的階官化。　供奉：官名。唐高宗時始有“内供奉”名目，玄宗時供奉官之名始加於宦官，出現宣徽供奉官，屬加銜性質，職在爲皇帝“備顧問”。五代時，供奉官成爲屬於武人的專有官名，其常規職司是在皇帝身邊充當武官侍從，最重要的作用是奉命出使，使命多與軍事有關。　殿直：官名。即殿前承旨，五代後晋高祖天福五年（940）改。爲皇帝侍從官。掌傳宣皇帝詔命。北宋初，以供奉官、殿直、殿前承旨爲三班，設點檢三班公事，皆屬宣徽院。

[21]《大典》卷八二九〇“兵”字韻“兵制（一六）”事

目，元兵制，與本志内容無關，誤。

定贓[1]

[1]本目原無，據《會要》卷九定贓條補。　定贓：確定贓罪相關量刑數額標準。中國古代的“贓”，據《晋書》卷三〇《刑法志》引張斐《晋律注》爲“貨財之利謂之贓”，孫奭《律音義·名例第一》秉承這一觀點爲“凡貨財之利謂之贓”。

唐長興四年六月，准敕：“枉法贓十五匹絞，[1]准格加至二十匹。乃自喪亂已來，廉恥者少，舉律行令，誡人遠財。國家常切好生，[2]上下頗能知禁，犯既漸寡，法亦宜輕。起今後犯枉法贓者，宜准格文處分。贓名條内有以准加減及同字者并倍累贓，[3]並宜准律、令、格式處分。凡有告事者，除鹽麴條流外，[4]宜據輕重依理施行，不在格賞之限。”[5]

[1]枉法：指監主受財曲法。據《唐律疏議》卷一一《職制律》“監主受財枉法”條規定：“諸監臨主司受財而枉法者，一尺杖一百，一疋加一等，十五疋絞；無禄者，各減一等：枉法者二十疋絞，不枉法者四十疋加役流。”疏議曰：“謂統攝、案驗及行案主典之類，受有事人財而爲曲法處斷者。”

[2]常切：經常而不放鬆。

[3]贓名條内有以准加減及同字者并倍累贓：此句爲涉贓的財産類犯罪確定量刑數額之法。《唐律疏議》卷四《名例律》“以贓入罪”條規定：“在律，‘正贓’唯有六色：强盜、竊盜、枉法、不枉法、受所監臨及坐贓。自外諸條，皆約此六贓爲罪。”在相關財

產犯罪的法律規定中，凡出現“以此六贓論”及其加減刑等、“准此六贓論”及其加減刑等、“與此六贓同罪”者，在頻犯（包括累犯、一時犯數罪）的情況下，需要按累倍之法計算涉案數額，以得出量刑數額。《唐律疏議》卷六《名例律》“二罪從重”條：“即以贓致罪，頻犯者並累科；若罪法不等者，即以重贓併滿輕贓：各倍論。”注曰：“累，謂止累見發之贓。倍，謂二尺爲一尺。不等，謂以强盜、枉法等贓，併從竊盜、受所監臨之類。即監臨主司因事受財而同事共與，若一事頻受及於監守頻盜者，累而不倍。”

[4]鹽麴（qū）條流：“麴”同“曲”，指酒。條流，條例。自安史之亂以來，有鹽茶酒等專賣制度。此處指鹽酒專賣方面的禁止性規定，如《册府》卷四九四《邦計部·山澤門二》長興四年（933）五月七日，諸道鹽鐵轉運使針對私鹽侵奪榷糶課利問題，奏曰：“如違犯者，一兩已上至一斤買賣，人各決臀杖一十三。放一斤已上至三斤買賣，人各決臀杖十五。放三斤已上至五斤買賣，人各決脊杖十三。放五斤已上至十斤買賣，人各決脊杖十七。放十斤已上，不計多少買賣，人各決脊杖二十，處死。”

[5]格賞：懸賞所規定的報酬條件。　“唐長興四年六月”至“不在格賞之限”：《輯本舊史》原無，據《會要》卷九定贓條補。《會要》繫此條於長興四年六月十四日。

清泰元年九月，大理寺奏：“所用法書竊盜條，准建中年，[1]贓滿三匹已上決殺，不及三匹量情決杖。[2]本朝以量情之文不定，詔御史中丞龍敏等議。贓滿三匹，准舊法；一匹已上，決徒一年半；一匹已下，量罪以杖。大理寺又以量罪之文不定，申奏集寺重議。今議定贓滿一匹，徒二年半；不及一匹，徒一年半；不得財，杖七十。”[3]從之。[4]

[1]建中：唐德宗李适年號（780—783）。

[2]贓滿三匹已上決殺，不及三匹量情決杖：《唐會要》卷三九《議刑輕重》：“（大中）四年四月，請依建中三年三月二十四日敕，每有盜賊贓滿絹三疋已上決殺，如贓數不充，量情科處。”“量情科處”，《舊唐書》卷一八下《宣宗紀下》作“量請科放。”

[3]《宋本册府》卷六一三《刑法部·定律令門五》“贓滿三匹，準舊法”以下作：“一匹已上，脊杖十八；一匹已下，量罪決杖。詔集寺官議，議云：‘贓一匹，杖脊十八；不滿一匹，杖十五；不得財，杖臀十五。’從之。”兩者所載定贓標準不同。

[4]“清泰元年九月”至“從之”：《輯本舊史》原無，據《會要》卷九定贓條補，亦見《宋本册府》卷六一三。

二年五月，中書門下奏：“刺史位列公侯，縣令爲人父母，[1]衹合倍加乳哺，豈可自致瘡痍？一昨張宗胤，[2]胥吏訟論，合當極典，[3]法司援律，罪止徒流。臣聞立法稍嚴，則人不敢犯，其見行法律，望下所司更加斟酌。”御史臺、刑部、大理寺同奏議曰：“准律，枉法贓十五匹絞，天寶元載加至二十匹。[4]請今後枉法贓十五匹准律絞，不枉法贓准三十匹加役流。[5]受所監臨贓五十匹流二千里。[6]今請依《統類》，不枉法贓過三十匹，受所監臨贓過五十匹。”從之。[7]

[1]縣令：官名。掌縣内賦役、獄訟、上計等一切事務。正五品至從七品。

[2]張宗胤：人名。事迹不詳。本書僅此一見。《宋本册府》卷六一三《刑法部·定律令門五》作“張宗裔”。

[3]極典：死刑。

[4]天寶：唐玄宗李隆基年號（742—756）。

[5]不枉法：罪名。指監臨主司（統攝、案驗及行案主典之類），雖受有事人財，判斷不爲曲法。見《唐律疏議》卷一一《職制律》"監主受財枉法"條："不枉法者，一尺杖九十，二疋加一等，三十疋加役流。"　加役流：唐朝於常流之外，更有加役流。原本死刑，武德中改爲斷趾，貞觀六年（632）改爲加役流。謂常流唯役一年，此流役三年，故以加役名焉。"加役流"，《會要》原作"加徒流"，據《宋本册府》卷六一三改。

[6]受所監臨：罪名。指監臨之官不因公事，接受監臨内財物。《唐律疏議》卷一一《職制律》"受所監臨財物"條："諸監臨之官受所監臨財物者，一尺笞四十，一疋加一等；八疋徒一年，八疋加一等，五十疋流二千里。與者減五等，罪止杖一百。"

[7]"二年五月"至"從之"：《輯本舊史》原無，據《會要》卷九定贓條補。

晋天福五年十月，詔曰："朕自臨區夏，[1]每念生靈，惡殺爲心，實慈是務，凡於獄訟，常切哀矜。況時漸興文，[2]民皆知禁，宜伸輕典，用緩峻刑。今後竊盜贓滿五匹處死，三匹已上，決杖配流，以盜論者，依律文處分。"[3]

[1]區夏：華夏，中國。

[2]興文：振興文化。

[3]"晋天福五年十月"至"依律文處分"：《輯本舊史》原無，據《宋本册府》卷六一三《刑法部·定律令門五》補，亦略見《會要》卷九定贓條、《輯本舊史》卷七九《晋高祖紀五》天福五年（940）十月癸丑條。

漢天福十二年八月,[1]敕:"應天下凡關盜賊捉獲,不計贓物多少,按驗不虚,並宜處死。俾其重法,斯爲愛民。"小注:又《五代史志》云:"漢之濫刑也如是。"[2]

[1]天福:五代後晋高祖石敬瑭年號(936—942)。出帝石重貴沿用至九年(944)。後漢高祖劉知遠繼位後沿用一年,稱天福十二年(947)。

[2]漢之濫刑也如是:此句爲《宋本册府》卷六一三《刑法部·定律令門五》引《五代史志》之内容,《歐史》無《刑法志》,此《五代史志》必指《薛史》之志,可證《薛史》必有《刑法志》。"漢天福十二年八月"至"漢之濫刑也如是":《輯本舊史》原無,據《宋本册府》卷六一三補。亦見《會要》卷九定贓條、《輯本舊史》卷一〇〇《漢高祖紀下》天福十二年(947)八月丙申條。

徒流[1]

[1]本目原無,據《會要》卷九徒流人條補。

唐清泰三年二月,尚書刑部郎中李元龜奏:[1]"准《開成格》,應斷天下徒流人到所流處,本管晝時申御史臺,候年月滿日申奏,方得放還本貫。近年凡徒流人,所管雖奏,不申御史臺報大理寺,所以不知放還年月。望依格律處分。"從之。[2]

[1]李元龜:人名。籍貫不詳。後唐末帝時,爲刑部郎中。後

晉開運二年（945）七月，官左諫議大夫。天福六年（941），官兵部郎中，充天下兵馬都元帥並尚書令官告使。事見本書卷八四、《會要》卷一二、明本《册府》卷一四五《帝王部·弭災門三》、《十國春秋》卷七九。

［2］“唐清泰三年二月”至“從之”：《輯本舊史》原無，據《會要》卷九徒流人條補。

舊五代史　卷一四八

選舉志

按《唐典》，凡選授之制，天官卿掌之，[1]所以正權衡而進賢能也；凡貢舉之政，春官卿掌之，[2]所以覈文行而第儁秀也。洎梁氏以降，皆奉而行之，縱或小有釐革，亦不出其軌轍。今採其事，備紀於後，以志五代審官取士之方也。

[1]天官卿：即吏部尚書。吏部尚書比附《周禮》官稱，後世或用爲吏部尚書别名。《唐六典》卷二《尚書吏部》："吏部尚書一人，正三品。周之天官卿也。"《周禮·天官冢宰》："乃立天官冢宰……治官之屬：大宰卿一人。"本書卷一四九《職官志》："祖述五代之命官，以踵百王之垂範，或厘革升降，則謹而志之，俾後之爲天官卿者，得以觀焉。"

[2]春官卿：即禮部尚書。禮部尚書比附《周禮》官稱，後世或用作禮部尚書别名。《唐六典》卷四《尚書禮部》："禮部尚書一人，正三品。周之春官卿也。"《周禮·春官·宗伯》："乃立春官宗伯……禮官之屬：大宗伯，卿一人。"《舊唐書》卷八《玄宗紀上》："（開元二十四年）三月乙未，始移考功貢舉，遣禮部侍郎掌之。"

貢舉之政[1]

[1]此目名中華書局本無，據内容補。

梁開平元年七月，[1]敕："近年舉人，當秋薦之時，不親試者號爲'拔解'，[2]今後宜止絶。"

[1]開平：後梁太祖朱温年號（907—911）。　七月：《會要》卷二三緣舉雜録條同。《宋本册府》卷六四一《貢舉部·條制門三》作"六月"。

[2]拔解：《輯本舊史》之影庫本粘籤："拔解，原本作'祓解'，考《五代會要》《文獻通考》俱作'拔解'，今改正。"見《會要》卷二三、《通考》卷三〇《選舉考三·舉士》。《宋本册府》卷六四一亦作"拔解"。

四年十二月，[1]兵部尚書、權知貢舉姚洎奏：[2]"近代設文科、選胄子，[3]所以綱維名教，崇樹邦本也。今在朝公卿親屬、將相子孫，[4]有文行可取者，請許所在州府薦送，[5]以廣疏材之路。"[6]從之。[7]

[1]四年十二月：《輯本舊史》原作"四月"，中華書局本改作四年十二月，並有校勘記："'年十二'三字原闕，據《册府》卷六四一補。"見《宋本册府》卷六四一《貢舉部·條制門三》。《會要》卷二三緣舉雜録條開平元年（907）七月條下載"四月十一日，兵部尚書姚洎知貢舉奏"，文與本條同，但蒙上文，易使人誤解爲開平元年事，似爲四年十一月之誤。據明本《册府》卷二〇五《閏位部·巡幸門》，開平二年三月姚洎尚爲兵部侍郎（明本《册

府》誤姚洎爲姚泊)。《輯本舊史》卷八《梁末帝紀上》及《新五代史》卷三《梁末帝紀》，乾化三年（917）九月甲寅條均載以姚洎爲中書侍郎、平章事。

[2]兵部尚書：官名。尚書省兵部長官。掌兵衛、武選、車輦、甲械、厩牧之政令。正三品。　權知貢舉：官名。唐始置，爲主持禮部會試的考官。　姚洎：人名。籍貫不詳。後梁宰相。事見本書卷四、卷八。

[3]文科：《會要》卷二三同，《宋本册府》卷六四一作“詞科”。

[4]今在朝公卿親屬：中華書局本有校勘記：“‘朝’字原闕，據彭校、《册府》卷六四一補。”

[5]請許所在州府薦送：中華書局本有校勘記：“‘所’原作‘取’，據殿本、劉本、孔本、彭校、《五代會要》卷二三、《册府》卷六四一改。影庫本批校：‘請許取在州府薦送，“取”應作“所”。’”

[6]疏材之路：《會要》卷二三、《宋本册府》卷六四一作“毓材之義”。

[7]此條末有原輯者案語：“《文獻通考》：唐時知貢舉皆用禮部侍郎，梁開平中，始命兵部侍郎楊涉權知貢舉。此事《薛史》不載。”見《通考》卷三〇《選舉考三・舉士》。“開平中”，《通考》原文爲“乾化元年”，《宋本册府》卷六四一於乾化元年十二月載：“以尚書左僕射楊涉知禮部貢舉，非常例也。”

唐同光二年十月，中書奏，[1]請停舉、選一年。[2]敕：“舉、選二門，國朝之重事，但要精確，難議權停，宜准常例處分。”

[1]同光：後唐莊宗李存勗年號（923—926）。　中書：官署

名。“中書門下”的簡稱。唐代以來爲宰相處理政務的機構。參見劉後濱《唐代中書門下體制研究——公文形態·政務運行與制度變遷》，齊魯書社2004年版。

[2]舉、選：《宋本册府》卷六四一《貢舉部·條制門三》作“貢選”。

天成元年八月，[1]敕：“應三京、諸道，今年貢舉人，可依常年例取解，仍令隨處量事津送赴闕。”[2]

[1]天成：五代後唐明宗李嗣源年號（926—930）。

[2]可依常年例取解，仍令隨處量事津送赴闕：中華書局本有校勘記：“‘例’字原闕，據《五代會要》卷二三、《册府》卷六四一補。”“仍令隨處量事津送赴闕”，《宋本册府》卷六四一《貢舉部·條制門三》無“量事”二字。

五年二月九日，敕：“近年文士，輕視格條，就試時疏于帖經，[1]登第後恥于赴選。宜絶躁求之路，别開奬勸之門。其進士科已及第者，計選數年滿日，許令就中書陳狀，于都堂前各試本業詩賦判文。[2]其中才藝灼然可取者，便與除官，如或事業不甚精者，自許准添選。”

[1]帖經：科舉考試方法。唐明經、進士、明法、明書、明算各科，均試帖經。其法是將一段經文的前、後行貼住，只留出中間，再令考生填寫。唐代始以此法試士，後因應試者衆，所帖愈難，於是應試的士人，將難記之經總括編爲歌訣，熟誦以便記憶，稱爲帖括。唐時帖經被落，許以詩贖，稱爲贖帖，至宋代，進士科

應試者可撰文或賦一篇代替帖經也稱爲贖帖。熙寧四年（1071）罷明經科，進士科亦罷詩帖經。“帖經”，中華書局本引《舊五代史考異》“案：原本作‘帖括’，今據《五代會要》改正。”見《會要》卷二二進士條。

[2]進士科：科舉考試科目。隋始置，唐尤重此科。考試内容爲詩、賦及時務策五道、帖一大經。經策全通爲甲第；策通四、帖過四以上爲乙第。後以箴論表贊，代詩、賦、試策三道。初與明經科並重，安史之亂後地位迅速上升，成爲最受重視的科目，亦成爲官吏的主要來源。宋沿唐制，亦作爲科舉考試最重要之科目。考試内容有詩、賦、論、時務策、帖經及墨義等。其中詩、賦成績爲合格與否的關鍵。熙寧四年罷明經諸科，專以進士一科取士。進士科又罷試詩賦、帖經、墨義，衹試經義和論、策。　都堂：唐朝尚書省的辦公廳。唐朝尚書省，本來稱尚書都省，故其總辦公廳稱都堂。　判文：《會要》卷二二“判文”後有“等”字。

晋天福三年三月，[1]翰林學士承旨、兵部侍郎、權知貢舉崔棁奏：[2]“臣謬蒙眷渥，叨掌文衡，實憂庸懦之材，不副搜羅之旨，敢不揣摩頑鈍，杜絶阿私，上則顯陛下求賢，次則使平人得路。但以今年就舉，比常歲倍多，科目之中，兇豪甚聚。每駁牓出後，[3]則時有喧張，不自省循，但言屈塞，互相朋扇，各出言詞，或云主司不公，或云試官受賂，實慮上達聖聽，微臣無以自明，晝省夜思，臨深履薄。今臣欲請令舉人落第之後，或不甘心，任自投狀披陳，却請所試，與疏義對證，兼令其日一甲同共校量，若獨委試官，[4]恐未息詞理。儻是實負抑屈，則所司固難逭憲章；如其妄有陳論，則舉人乞痛加懲斷。冀此際免虚遭謗議，亦將來可久遠施行。儻蒙聖造允俞，伏乞降敕處分。”從之。

[1]天福：五代後晋高祖石敬瑭年號（936—942）。出帝石重貴沿用至九年（944）。後漢高祖劉知遠繼位後沿用一年，稱天福十二年（947）。

[2]翰林學士承旨：官名。爲翰林學士之首。掌拜免將相、號令征伐等詔令的起草。《舊唐書》卷四三《職官志二》翰林院條："例置學士六人，内擇年深德重者一人爲承旨，所以獨承密命故也。" 兵部侍郎：官名。尚書省兵部次官。協助兵部尚書掌武官銓選、勳階、考課之政。正四品下。 崔棁（zhuō）：人名。博陵安平（今河北安平縣）人。後梁進士，歷仕後梁、後唐、後晋。傳見本書卷九三、《新五代史》卷五五。

[3]駮牓：亦作"駮榜"。曉示落選斥退的榜文。

[4]獨委試官：中華書局本有校勘記："'試官'原作'試言'，據殿本、劉本、《册府》卷六四二改。"見《宋本册府》卷六四二《貢舉部·條制門四》。

天福五年三月，詔"及第舉人與主司選勝筵宴，及中書舍人靸鞋接見舉人；[1]兼兵部、禮部引人過堂之日，幕次酒食會客，悉宜廢之。"[2]

[1]中書舍人：官名。中書省屬官。掌起草文書、呈遞奏章、傳宣詔命等。正五品上。 靸鞋：無跟之鞋，即拖鞋。

[2]"天福五年三月"至"悉宜廢之"：《輯本舊史》卷七九《晋高祖紀五》載下詔時間爲三月戊寅，並在"及第舉人"前多"中書門下五品已上官於兩省上事，宰臣押角之禮"二十字。《宋本册府》卷六四二《貢舉部·條制門四》同本書。"兵部、禮部"以下，亦見《會要》卷一五兵部條。

四月，禮部侍郎張允奏曰：[1]“明君側席，雖切旁求；貢士觀光，豈宜濫進。竊窺前代，未設諸科，始以明經，[2]俾昇高第。自有《九經》、《五經》之後，及《三禮》、《三傳》已來，[3]孝廉之科，[4]遂因循而不廢，紳之士，亦緘默而無言，以至相承，未能改作。每歲明經一科，少至五百以上，多及一千有餘，舉人如是繁多，試官豈能精當。況此等多不究義，唯攻帖書，文理既不甚通，名第豈可妄與。且常年登科者不少，相次赴選者甚多，州縣之間，必無遺闕，[5]輦轂之下，須有稽留，怨嗟自此而興，謗讟因兹而起。但今廣場大啓，諸科並存，明經者悉包於《九經》、《五經》之中，無出於《三禮》、《三傳》之内，若無釐革，恐未便宜，其明經一科，伏請停廢。”又奏：“國家懸科待士，貴務搜揚；貴實求才，須除訛濫。童子每當就試，[6]止在念書，背經則雖似精詳，對卷則不能讀誦。及名成貢部，身返故鄉，但尅日以取官，更無心而習業，濫蠲徭役，虚占官名，其童子一科，亦請停廢。”敕明經、童子、宏詞、拔萃、明算、道舉、百篇等科並停。[7]

[1]禮部侍郎：官名。尚書省禮部次官。協助禮部尚書掌禮儀、祭享、貢舉之政。正四品下。　張允：人名。鎮州束鹿（今河北辛集市）人。五代後唐至後漢官員。傳見本書卷一〇八、《新五代史》卷五七。

[2]明經：科舉考試科目。漢代至南北朝時明經爲察舉的科目之一，隋亦以明經舉士，唐以明經爲科舉的常科。明經科中又析爲五經、三經、學究一經、三禮、三傳等。凡通三經以上者爲明經，

其要求低於秀才而高於進士。明經考試，先帖經然後口試（經問大義十條），答時務策三道，分爲甲乙丙丁四等録取。但自武德以後明經惟有丁第。熙寧四年（1071）罷廢。

[3]九經：九部儒家經典，即《周禮》《儀禮》《禮記》《左傳》《公羊傳》《穀梁傳》《易經》《尚書》《詩經》。唐代把《禮記》《左傳》作爲大經，《詩經》《周禮》《儀禮》作爲中經，《易經》《尚書》《公羊傳》《穀梁傳》作爲小經。　五經：五部儒家經典，即《詩經》《尚書》《禮記》《易經》《春秋》。　三禮：《周禮》《儀禮》《禮記》。　三傳：《左傳》《公羊傳》《穀梁傳》。

[4]孝廉：古代選拔官吏的科目。又作“孝廉舉”。原爲二科，漢武帝採納董仲舒建議，於元光元年（前134）初令郡國舉孝、廉各一人。其後多混同連稱，而爲一科，所舉也不限於孝者和廉吏。隋無孝廉之舉。唐初設。貞觀十八年（644），汴、鄜諸州所舉孝廉不能答太宗所問，其後遂不聞此科。寶應二年（763）恢復，定於《左傳》《公羊傳》《穀梁傳》《禮記》《周禮》《儀禮》《毛詩》《尚書》《周易》中，任通一經，問經義二十條，策三道，全通爲上第，付吏部授官；經義十條通七、策通二爲中第，予出身。建中元年（780）敕停。

[5]遺闕：中華書局本引影庫本粘籤：“遺闕，原本作‘貢闕’，今據文改正。”《宋本册府》卷六四二作“員闕”，明本《册府》作“貢闕”。

[6]童子：科舉考試科目。又稱“童子舉”。唐朝始有童子科，定十歲以下兒童能誦一經及《孝經》《論語》每卷誦文十通者，命官。宋代被列爲科舉項目。咸淳三年（1267）廢此科。

[7]宏詞：科舉考試科目。即博學宏詞科。屬制科。旨在選拔能文之士。　拔萃：科舉考試科目。唐代設置，屬於長才類科目。　明算：科舉考試科目。唐代設置，據《通典》卷一五《選舉三》記載，考明算科者須通《九章》《海島》《孫子》《五曹》《孫丘建》《夏侯陽》《周髀》《五經》《綴術》《緝古》諸經，以帖經的

方式考試，《九章》三帖，《五經》等七部各一帖，《綴術》六帖，《緝古》四帖；兼試問大義，皆通者爲及第。五代沿唐制或置或罷。道舉：科舉考試科目。此科惟設於唐玄宗時。據《通典》卷一五《選舉三》記載，開元二十九年（741）始於京師置崇玄館，諸州置道學。其生徒應舉，謂之道舉。舉送、課試與明經同。應道舉者試《老子》《莊子》《文子》《列子》，及第待遇同明經。　百篇：科舉考試科目。亦稱“百篇舉”。唐代設。試者一日内撰詩百篇即中選。北宋初未正式設科，有求試者即命試。《輯本舊史》卷七九《晉高祖紀五》天福五年（940）四月條載：“禮部侍郎張允奏，請廢明經、童子科，從之。因詔宏詞、拔萃、明算、道舉、百篇等科並停之。”《會要》卷二三童子條：“天福五年四月，禮部侍郎張允奏：‘童子一科，伏請停廢。’從之。”

天福七年五月，敕：“應諸色進策人等，皆抱材能，方來投獻，宜加明試，俾盡臧謀。起今後應進策條，中書奏覆，敕下，其進策人委門下省試策三道，[1]仍定上、中、下三等。如是元進策内有施行者，其所試策或上或中者，委門下省給與減選，或出身優牒。合格參選日，[2]其試策上者，委銓司超壹資注擬，[3]其試策中者，委銓司依資注擬。如是所試策或上或中，元進策條並不施行；[4]所試策下，元進策條内有施行者，[5]其本官並仰量與恩賜發遣。若或所試策下，所進策條並不施行，[6]便仰曉示發遣，不得再有投進。餘並准前後敕文處分。”[7]

[1]門下省：官署名。與中書省、尚書省並稱“三省”，爲隋唐最高政務機構。

［2］合格参選日：《會要》卷一三門下省條作“合格選目”。

［3］銓司：吏部的别稱。唐封演《封氏聞見記》卷三《銓曹》：“玄宗在東都，敕吏部置十銓……選人喧繁滿於省闥。明年，銓注復歸之吏部。”　注擬：唐代凡應試獲選者，先由尚書省登録，再經核審，然後按才擬定其官職，稱爲注擬。

［4］策條：《會要》卷一三作“策内”。

［5］策條内：《會要》卷一三作“策内”。

［6］策條：《會要》卷一三作“策内”。

［7］“天福七年五月”至“敕文處分”：此條亦見《宋本册府》卷六四四《貢舉部·考試門二》。

開運元年八月，[1]詔曰：“明經、童子之科，前代所設，蓋期取士，良謂通規。爰自近年，暫從停廢，損益之機未見，牢籠之義全虧。將闡斯文，宜依舊貫，庶臻至理，用廣旁求。其明經、童子二科，今後復置。”[2]

［1］開運：五代後晋出帝石重貴年號（944—946）。

［2］“開運元年八月”至“今後復置”：此條亦見《宋本册府》卷六四二《貢舉部·條制門四》。《輯本舊史》卷八三《晋少帝紀三》開運元年（944）八月乙巳條：“詔復置明經、童子二科。”《會要》卷二三童子條載：“開運元年八月，復童子科。”

閏十二月，[1]工部尚書、權知貢舉竇貞固奏：[2]“進士考試雜文及與諸科舉人入策，歷代已來，皆以三條燭盡爲限，長興二年，[3]改令晝試。伏以懸科取士，有國常規，沿革之道雖殊，公共之情難失。若使就試兩廊之下，[4]揮毫短景之中，視晷刻而惟畏稽遲，演詞藻而難求妍麗，未見觀光之美，但同款答之由，既非師古之規，恐失取人之道。今欲考試之時，准舊例以三條燭爲限。其進士并諸色舉貢人等，有懷藏書册入院者，舊例扶出，不令就試，近年以來，雖見懷藏，多是容縱。今欲振舉弛紊，明辨臧否，冀在必行，庶爲定式。”

[1]閏十二月：原作“十一月”，《輯本舊史》卷八三《晋少帝紀三》繫於開運元年（944）閏十二月乙酉條，云：“工部尚書、權知貢舉竇貞固奏：‘試進士諸科舉人入策，舊例夜試，以三條燭盡爲限，天成二年改令晝試，今欲依舊夜試。’從之。”據改。《宋本册府》卷六四二《貢舉部·條制門四》繫於十一月，又載：“十二月，敕禮部貢院：‘自前考試，進士皆以三條燭爲限，并諸色舉人等，有懷藏書册，不令就試。宜並准舊施行。’從竇貞固奏也。”

[2]工部尚書：官名。尚書省工部長官。掌百工、屯田、山澤之政令。正三品。　竇貞固：人名。同州白水（今陝西白水縣）人。五代後唐至宋初大臣，後唐進士，後漢宰相。傳見《宋史》卷二六二。

[3]長興：後唐明宗李嗣源年號（930—933）。

[4]兩廊之下：中華書局本引影庫本粘籤：“兩廊之下，原本脱‘下’字，今據《五代會要》增入。”《會要》無此記載。《宋本册府》卷六四二有“下”字。

漢乾祐二年，刑部侍郎邊歸讜上言：[1]“臣竊見每年貢舉人數甚，動引五舉、六舉，[2]多至二千、三千，既事業不精，即人文何取。請敕三京、鄴都、諸道州府長官，[3]合發諸色貢舉人文解者，並須精加考校，事業精研，即得解送，不得濫有舉送，冀塞濫進之門，開與能之路。”敕從之。其間條奏未盡處，下貢院録天福五年四月二十七日敕文，告諭天下，依元敕條件施行，如有固違，[4]其隨處考試官員，當准敕條處分。

[1]乾祐：後漢高祖劉知遠、隱帝劉承祐年號（948—950）。北漢亦用此年號。　刑部侍郎：官名。尚書省刑部次官。協助刑部尚書掌天下刑法及徒隸、勾覆、關禁之政令。正四品下。　邊歸讜：人名。幽州薊（今天津市薊州區）人。傳見《宋史》卷二六二。

[2]動引：《宋本册府》卷六四二《貢舉部·條制門四》作“動應”。

[3]鄴都：地名。治所在今河北大名縣。五代後唐同光元年（923），改魏州爲興唐府，建號東京，三年改東京爲鄴都。

[4]如有固違：《宋本册府》卷六四二作“如有故違”。

周廣順二年二月，[1]禮部侍郎趙上交奏：[2]“貢院諸科，今欲不試汎義，其口義五十道，改試墨義十道。”[3]從之。

[1]廣順：五代後周太祖郭威年號（951—953）。

[2]禮部侍郎：官名。尚書省禮部次官。協助禮部尚書掌禮儀、祭享、貢舉之政。正四品下。　趙上交：人名。涿州范陽（今河北涿州市）人。五代、宋初大臣。本名遠，字上交，避後漢高祖劉知遠諱，遂以字爲名。傳見《宋史》卷二六二。

[3]汎義：科舉考試方法。知貢舉主司從大經中“泛出問義”五通，在簾子下書寫在試紙上，令考生隔着簾子逐段向考官解説經義，評判標準是“不失疏注義理，通二通三”，即爲合格。參見金

瀅坤《中國科舉制度通史·隋唐五代卷》，上海人民出版社 2015 年版，第 148 頁。《舊五代史考異》："案：原本作'不汎試口義'，今從《册府元龜》改正。"見《宋本册府》卷六四二《貢舉部·條制門四》。《會要》卷二三科目雜録條同。據改。　口義：科舉考試方法。即口試。始於唐代。《新唐書》卷四四《選舉志上》言，明經科試士，"先帖文，然後口試經，問大義十條"。由主考官以經書爲據，與考生當面問答。考一經問大義，常數十條。口義的優點是較爲靈活，其不足是"對答之失，覆視無憑，黜退之中，流議遂起"（見明本《册府》卷六四〇《貢舉部·條制門二》）。　墨義：唐、宋科舉考試方法。即以書面問答形式回答經義。唐建中二年（781），中書舍人趙贊知貢舉，奏請將所答内容録於紙上，直書其義，不重修辭，以此爲憑，定其取捨，稱爲"墨義"。宋沿之，用以考試進士和諸科舉人。　今欲不試汎義，其口義五十道，改試墨義十道：中華書局本有校勘記："《五代會要》卷二三同，《册府》（宋本）卷六四二作'今欲不試泛義口義共十五道，改試墨義共一十道。'"明本《册府》同卷"一十道"作"十一道"。《會要》卷二三科目雜録條"改試墨義"下多"共"字。

三年正月，趙上交奏："進士元試詩賦各一首，帖經二十帖、對義五通，[1]今欲罷帖經、對義，別試雜文二首、試策一道。"[2]從之。

[1]趙上交：《輯本舊史》之影庫本粘籤："趙上交，原本脱'趙'字，今據《五代會要》增入。"見《會要》卷二二進士條，《會要》在"趙上交"前有"户部侍郎權知貢舉"八字。《舊五代史考異》："案：《宋史·趙上交傳》：廣順初，拜禮部侍郎，會將試貢士，上交申明條制，頗爲精密。始復餬名考校，擢扈載甲科，及取梁周翰、董淳之流，時稱得士。"　對義：科舉考試方法。即從

儒家經典中摘句爲題，令考生根據經義解題作文。

[2]雜文：科舉考試文體。唐代以箴、論、表、贊幾種文體考試士子，稱爲雜文。　策：科舉考試文體。唐代科舉考試策問沿採漢代“射策”的選士方法。秀才科試方略策五道，明經科試時務策三道，進士科試時務策五道，開元禮科、三傳科、史科等均試策三道。答策問的文體，唐初多重駢體，後漸用散文體。　“今欲罷帖經”至“試策一道”：《輯本舊史》卷一一二《周太祖紀三》載，廣順三年正月丁卯，“户部侍郎、權知貢舉趙上交奏：‘諸科舉人，欲等第各加對義場數，進士除詩賦外，别試雜文一場。’從之”。與此條所稱“罷帖經、對義”相反。

其年八月，刑部侍郎、權知貢舉徐台符奏：“請别試雜文外，其帖經、墨義，仍依元格。”[1]從之。

[1]徐台符：人名。鎮州獲鹿（今河北石家莊市鹿泉區）人。五代時期大臣。傳見本書附録。　别試雜文：《會要》卷二二進士條“雜文”後有“二首”二字。　墨義：《會要》作“對義”。

顯德二年五月，[1]禮部侍郎竇儀奏：[2]“請諸科舉人若合解不解、不合解而解者，監、試官爲首罪，勒停見任，舉送長官，奏聞取裁。監、試官如受賂，及今後進士如有倩人述作文字應舉者，許人言告，送本處色役，[3]永不進仕。”

[1]顯德：五代後周太祖郭威年號（954）。世宗柴榮、恭帝柴宗訓沿用（954—960）。　五月：中華書局本沿《輯本舊史》作“三月”，《會要》卷二二進士條、《宋本册府》卷六四二《貢舉

部·條制門四》均作“五月”，又據《輯本舊史》卷一一五《周世宗紀二》載，顯德二年（955）四月戊午，始以竇儀爲禮部侍郎，依前充職，故改作“五月”。

[2]竇儀：人名。薊州漁陽（今天津市薊州區）人。五代後晋至宋初大臣。傳見《宋史》卷二六三。

[3]色役：唐、五代時徭役名稱。源於南北朝時期，名稱始於唐。從中央到地方官府，甚至鄉、里最基層單位都役使色役，名目繁多。服役人員成分複雜，包括丁男以外的中男、殘疾人、工匠、品官子弟。最初色役户輪流應役，後改納實物或貨幣代役。五代沿襲。

選授之制[1]

[1]此目名中華書局本無，據内容補。

唐同光四年三月，中書門下奏議：“左拾遺王松、吏部員外郎李慎儀上疏，[1]以諸道州縣，皆是攝官，[2]誅剥生靈，漸不存濟。比者郭崇韜在中書日，[3]未詳本朝故事，妄被閑人獻疑，點檢選曹，曲生異議，[4]或告赤欠少，一事闕違，保内一人不來，五保即須並廢，文書一紙有誤，數任皆不勘詳。[5]其年選人及行事官一千二百五十餘員，[6]得官者才及數十，皆以渝濫爲名，盡被焚毁棄逐，[7]或斃踣於旅店，或號哭於道途。[8]以至二年已來，選人不敢赴集，銓曹無人可注，中書無人可除，去年闕近二千，授官不及六十。[9]臣等商量伏請特降敕文，宣布遐邇，明言往年制置，不自於宸衷，此日焦勞，特頒於睿澤。[10]望以中書條件及王松等所論事節，委銓司點檢，務在酌中，以爲定制。”從之。[11]時議者以銓注之弊，[12]非止一朝，搢紳之家，自無甄别，或有伯叔告赤，鬻於同姓之家，隨賂改更，因亂昭穆，[13]至有季父伯舅反拜姪甥者。郭崇韜疾惡太深，奏請釐革，豆盧革、韋説僶俛贊成。[14]或有親舊訊其事端者，革、説曰：“此郭漢子之意也。”及崇韜誅，韋説即教門人王松上疏奏論，故有此奏。識者非之。[15]

[1]左拾遺：官名。唐代門下省所屬諫官。掌規諫，薦舉人才。從八品上。　王松：人名。京兆（今陝西西安市）人。唐僖宗宰相王徽之子。五代後唐至後漢官員。傳見本書附録、《新五代史》卷五七。　吏部員外郎：官員。輔佐尚書、郎中掌考天下文吏之班秩階品。從六品。　李慎儀：人名。籍貫不詳。五代後唐、後晋官員。事見本書本卷、卷六七、卷七六、卷七九、卷八二、卷八四。　左拾遺王松、吏部員外郎李慎儀上疏：《宋本册府》卷六三二《銓選部·條制門四》載王、李兩人上疏於同光四年（926）二月，且云左拾遺爲李慎儀，吏部員外郎爲王松。

[2]攝官：即兼官。又稱權局、差攝。五代時，州縣官多屬攝官。

[3]郭崇韜：人名。代州雁門（今山西代縣）人。五代後唐大臣。傳見本書卷五七、《新五代史》卷二四。

[4]曲生異議：此句後，《宋本册府》卷六三二有“行矯枉過直之道，成欲益反損之文”等語。

[5]告赤：亦稱“告牒”“告劄”。即告身。委任官員的令文。　或告赤欠少，一事闕違：此處引文顛倒，並有闕文。《宋本册府》卷六三二載：“其選人凡關一事闕違，並是有涉踰濫；或告赤欠少，或文字參差：保内一人不來，五保皆須並廢；文書一紙有誤，數任皆不勘詳。且自天下亂離將五十載，無人不遇兵革，無處不遭焚

燒，性命脱免者尚或甚稀，文書保全者固應極少。”

[6]選人：唐、五代候選補闕的官員。　一千二百五十餘員：《宋本册府》卷六三二作“一千三百餘員”。

[7]盡被焚毀棄逐：此句後，《宋本册府》卷六三二有“遂令選人”四字。

[8]或號哭於道途：此句後，《宋本册府》卷六三二有“萬口一詞，同爲怨酷。臣等頃曾商議，堅確不迴”等語。

[9]授官不及六十：此句後，《宋本册府》卷六三二有“乃致諸道皆是攝官，朝廷之恩澤不行，縉紳之禄秩皆廢，銜冤負屈，不敢申陳，列局分曹，莫非僥倖。且攝官只自州府，多因賄賂而行，朝廷不知姓名，所司不考課績。皆無拘束，得恣貪殘。及有罪名，又不申奏，互相掩蔽，無迹追尋。遂使人户流移，州縣貧困，日甚一日，爲弊轉多。若不直具奏聞，别爲條例，不惟難息時病，兼且益亂國章”等語。　“以諸道州縣”至“授官不及六十”：以上爲韋説、豆盧革就王、李上疏，提請莊宗採取的措施及結果。

[10]伏請特降敕文：此句前，據《宋本册府》卷六三二補“臣等商量”四字。　往年制置：此句前據《宋本册府》卷六三二補“言”字。　特頒於睿澤：此句後，《宋本册府》卷六三二有“兼以選曹公事，情僞極多，中書條流，亦恐未盡”等語。

[11]王松等所論事節：此句後，《宋本册府》卷六三二有“並與新定選格，有輕重未盡處，並”等語。　務在酌中：此句前，《宋本册府》卷六三二有“但可以去其逾濫，革彼弊訛，不失本朝舊規，能成選曹永例者”等語。　以爲定制：此句後，《宋本册府》卷六三二有“别具起請條奏”六字。

[12]銓註：官吏的考選登録。

[13]昭穆：古代禮制中宗廟的排列次序。《周禮·春官·小宗伯》：“辨廟祧之昭穆。”鄭玄注：“父曰昭，子曰穆。”《禮祀·祭統》稱：“昭穆者，所以别父子遠近長幼親疏之序而無亂也。”

[14]豆盧革：人名。先世爲鮮卑慕容氏，後改豆盧氏。唐同州

刺史豆盧籍之孫，舒州刺史豆盧瓚之子。五代後唐宰相。傳見本書卷六七、《新五代史》卷二八。　韋説：人名。籍貫不詳。福建觀察使韋岫之子也。後唐宰相。傳見本書卷六七。

［15］“時議者”至“識者非之”：以上爲王松、李慎儀上疏之背景。王、李上疏在郭崇韜被殺之次月，實爲韋説所指使，目的在洗脱當年未能阻止郭崇韜急於除弊引發反彈之責任。據《輯本舊史》卷三四《唐莊宗紀八》正月甲子（初七）條：“魏王繼岌殺樞密使郭崇韜於西川，夷其族。”又據同書卷六七《韋説傳》：“莊宗定汴、洛，説與趙光胤同制拜平章事……時郭崇韜秉政，説等承順而已……初，或有言於崇韜，銓選逾濫，選人或取他人出身名銜，或取父兄資緒，與令史囊橐罔冒，崇韜乃條奏其事。其後郊天，行事官數千人，多有告敕僞濫，因定去留，塗毁告身者甚衆，選人號哭都門之外。議者亦以爲積弊累年，一旦澄汰太細，懼失維新含垢之意。時説與郭崇韜同列，不能執而止之，頗遭物議。説之親黨告之，説曰：‘此郭漢子之意也。’及崇韜得罪，説懼流言所鍾，乃令門人左拾遺王松、吏部員外郎李慎義等上疏，云：‘崇韜往日專權，不閑故實，塞仕進之門，非獎善之道。’疏下中書，説等覆奏，深詆崇韜，識者非之。”又據《宋本册府》卷六三二同卷天成四年（929）九月條注：“初，同光二年郊天（在二月己巳朔），諸寺監行事官千餘人，不先引驗，或以貨賂收補，及行事畢，銓注覆奏，率皆僞濫無憑。時樞密使郭崇韜在中書，宰臣豆盧革、韋説等，共議懲革，奏請焚毁塗抹其告敕。僞濫者伍百人，一時逃竄。其文書不足者，久駐京師，終無所得，皆相率慟哭而去。士人側目，以崇韜爲詞。然所行雖正，失於不先定格式引驗，俾仕進者真僞自判也。”本條内容重要，但本志剪裁不當，編排混亂，如無《册府》及《輯本舊史》之本紀、列傳校證，無從理解。

天成四年冬十月丙申，詔曰：“本朝一統之時，除嶺南、黔中去京地遠，[1]三年一降選補使，號爲南選外，其餘諸道及京百司諸色選人，每年動及數千，分爲三銓，[2]尚爲繁重。近代選人，每年不過數百，何必以一司公事，作三處官方。況有格條，各依資考，兼又明行敕命，務絶阿私，宜新公共之規，俾慎官常之要。其諸道選人，宜令三銓官員，都在省署子細磨勘，無違礙後，即據格同商量注擬，[3]連署申奏，仍不得踵前於私第注官，如此則人吏易可整齊，公事亦無遲滯。”

[1]嶺南：方鎮名。治所在今廣東廣州市。　黔中：方鎮名。治所在今重慶彭水苗族土家族自治縣。

[2]三銓：中華書局本有校勘記：“原作‘三選’，據《宋本册府》卷六三二改”。見《宋本册府》卷六三二《銓選部·條制門四》。

[3]即據格同商量注擬：《會要》卷二二雜處置條，“據格”作“具格”並有注文：“不分三銓注官，自此始也。”其後載其年十二月敕：“三銓公事，宜准近敕指揮，仍祇使吏部尚書銓印，並宜付中書門下，封送禮部權收管訖奏。”《輯本舊史》卷四〇《唐明宗紀六》：“天成四年冬十月丙申朔，併吏部三銓爲一銓，宜令本司官員同商量注擬，連署申奏，仍不得於私第注官。”

長興元年三月，敕：“凡是選人，皆有資考，每至赴調，必驗文書，或不具全，多稱失墜，將明本末，須示規程。其判成諸色選人，黄甲下後，[1]將歷任文書告赤連粘，[2]宜令南曹逐縫使印，[3]都於後面粘紙，[4]具前後歷任文書，[5]都計多少紙數，仍具年月日判成，授某官。”[6]蓋懼其分假於人故也。

[1]黄甲：科舉甲科及第者的名單用黄紙書，故名。

[2]告赤：《會要》卷二二雜處置條作"告身"。

[3]南曹：官署名。唐吏部員外郎掌選院，因在尚書省之南，謂之南曹。

[4]粘紙：《輯本舊史》之影庫本粘籤："粘紙，原本作'粮紙'，今據《册府元龜》改正。"見《宋本册府》卷六三三《銓選部·條制門五》，亦見《會要》卷二二。

[5]具前後歷任文書：中華書局本有校勘記："'具'原作'其'，據《五代會要》卷二二、《册府》卷六三三改。"

[6]仍具年月日判成，授某官：《會要》卷二二作"兼具年月日判成，授官去處繳尾訖，給付本人"。

其年十月，中書奏："吏部流内銓諸色選人，[1]先條流試判兩節，並委本官以優劣等第申奏。[2]文優者宜超一資注擬，其次者宜依資，更次者以同類官注擬，所以勵援毫之作，亦不掩歷任之勞。其或於理道全疏者，以人户少處州縣同類官中比擬。仍准元敕，業文者任徵引古今，不業文者但據公理判斷可否。不當，罪在有司。兼諸色選人，或有元通家狀，不實鄉里名號，將來赴選者，[3]並令改正，一一竪本貫屬鄉縣，兼有無出身，一奏一除官等，宜並不加選限。"[4]從之。

[1]流内銓：官署名。唐代置，爲吏部三銓之一，掌流内官銓選之事。五代沿置，或以他官主判。宋初沿置。"流内銓"，《會要》卷二二雜處置條作"流外銓"。

[2]並委本官以優劣等第申奏："以"字據《會要》卷二二補，中華書局本沿《輯本舊史》未補。

［3］“或有元通家狀”至“將來赴選者”：中華書局本有校勘記：“《五代會要》卷二二作‘或有元通家狀内鄉貫不實候將來赴選’。按《册府》（宋本）卷六三三‘家狀’下空闕。”

［4］兼有無出身：中華書局本有校勘記：“兼有無出身，‘有’字原闕，據《五代會要》卷二二補。”

應順元年閏正月丁卯，[1]中書門下奏：“準天成二年十二月敕，準長定格：[2]應經學出身人，一任三考，許入下縣令、下州録事參軍，亦入中下州録事參軍。[3]兩任四考，許入中下縣令、中州録事參軍；兩任五考，許入中縣令、上州録事參軍；兩任六考，許入上縣令及緊州録事參軍。[4]凡爲進取，皆有因依，或少年便受好官，或暮齒不離卑任。況孤貧舉士，或年四十，始得經學及第，八年合選，[5]方受一官，在任多不成三考，[6]第二選漸向蹉跎，有一生終不至令、録者，若無改革，何以發揚。自此經學出身，請一任兩考，許入中下縣令、下州録事參軍者。”詔曰：“參選之徒，艱辛不一，發身遲滯，到老卑低，宜優未達之人，顯示惟新之澤。其經學出身，一任兩考，元敕入下縣令、下州録事參軍，[7]起今後更許入中下縣令、中州下州録事參軍；[8]一任三考者，於人户多處州縣注擬，如於近敕條内，資敘無相當者，即準格循資考入官：其兩任四考者，準二任五考例入官，餘準格條處分。”

［1］應順：後唐閔帝李從厚年號（934）。　閏正月丁卯：中華書局本有校勘記：“‘閏’字原闕，據《五代會要》卷二一、《册

府》卷六三三補，按正月壬申朔，無丁卯，閏正月壬寅朔，丁卯爲二十六日。”見《會要》卷二一選事下條、《宋本册府》卷六三三《銓選部·條制門五》。

[2]準長定格：“準”，中華書局本沿《輯本舊史》無此字，據《會要》卷二一選事下條補。

[3]縣令：官名。縣的行政長官，掌治本縣。唐代之縣，分赤(京)、次赤、畿、次畿、望、緊、上、中、中下、下十等。縣令分六等，正五品上至從七品下。河南縣令爲京縣令，正五品上。　録事參軍：官名。州府屬官。總掌諸曹事務。官品爲從六品至從八品不等。

[4]兩任六考，許入上縣令及緊州録事參軍：中華書局本有校勘記：“句上《册府》卷六三三有‘兩任五考許入中縣令，上州録事參軍’十五字。”但未補，今據《册府》及上下文補此十五字。

[5]合選：《會要》卷二一作“赴調”。

[6]在任多不成三考：《會要》卷二一作“於一任之中，多不成三考”。《宋本册府》卷六三三作“於初任之中”。

[7]元敕入下縣令、下州録事參軍：中華書局本有校勘記：“‘下縣令’原作‘中下縣令’，據殿本、《五代會要》卷二一改。”

[8]“起今後”至“録事參軍”：中華書局本有校勘記：“‘中下縣令’，原作‘下縣令’，據殿本、劉本、《五代會要》卷二一改。‘中州下州録事參軍’，原作‘下州録事參軍’，據《五代會要》卷二一、《册府》卷六三三改。”

晋天福三年正月，詔曰：“舉選之流，苦辛備歷，或則耽書歲久，或則守事年深，小有違礙格條，例是不知式樣。[1]今則方求公器，宜被皇恩，所有選人等，宜令所司，除元駮放及落下事由外，如無違礙，並與施行。仍令所司遍下諸道，起今後文解差錯，[2]過在發解州府官史。[3]

［1］小：原作“少”，據《會要》卷二二雜處置條改。　式樣：《輯本舊史》之影庫本粘籤：“式樣，原本作‘設樣’，今據《五代會要》改正。”《會要》無此記載。《宋本册府》卷六三三《銓選部·條制門五》作“式樣”。

［2］今後文解差錯：《會要》卷二二作“今後選舉人文解差謬”。

［3］發解州府官吏：此句後，《會要》卷二二有“其選人、舉人，亦准格處分”十字。

漢乾祐二年八月，右拾遺高守瓊上言：[1]“仕宦年未三十，請不除授縣令。”因下詔曰：“起今後諸色選人，年及七十者宜注優散官；年少未歷資考者，不得注授縣令。”[2]其年十二月，中書門下奏：“應諸出選門官並歷任内曾升朝及使判官，今任却授令、録者，並依見任官選數赴集。”從之。

［1］右拾遺：官名。武則天於垂拱元年（685）置拾遺，分左、右。左拾遺隸門下省，右拾遺隸中書省，與左、右補闕共掌諷諫，大事廷議，小事則上封事。從八品上。　高守瓊：人名。籍貫不詳。五代官員。事見本書卷一〇二、《宋本册府》卷六三四《銓選部·條制門六》。

［2］“起今後”至“不得注授縣令”：中華書局本沿《輯本舊史》，“年及七十者”，無“及”字，據《會要》卷二二雜處置條、《輯本舊史》卷一〇二《漢隱帝紀中》乾祐二年（949）八月辛卯條，及《宋本册府》卷六三四補改。“注授縣令”，中華書局本沿

《輯本舊史》作“注授令録”，本有校勘記：“‘令録’，本書卷一〇二《漢隱帝紀中》、《五代會要》卷二二、《册府》卷六三四作‘縣令’。”但未改，今據上述諸書改。

周廣順元年二月，詔曰：“自前朝廷除官，銓司選授，當其用闕，皆稟舊規。近聞所得官人，或他事阻留，或染疾淹駐，始赴任者既過月限，後之官者遂失期程，以至相沿，漸成非次。是致新官參謝欲上，舊官考秩未終，待滿替移，動逾時月，凋殘一處，新舊二官，在迎送以爲勞，必公私之失緒。今後應諸道州府録事参軍、判司、縣令、主簿等，宜令本州府以到任月日旋具申奏及報吏部，此後中書及銓司，以到任月日用闕，永爲定制。”[1]

[1]判司：官名。唐代節度使、州郡等均置有判官，以分曹判事，稱判司。也用判司之名通稱州郡的佐官。　主簿：官名。漢代以後歷朝均置。唐代京城百司和地方官署，均設主簿。管理文書簿籍，參議本署政事，爲官署中重要佐官。其官階品秩，因官署而不同。　“周廣順元年”至“永爲定制”：本條亦見《宋本册府》卷六三四《銓選部·條制門六》。“皆稟舊規”，《册府》作“皆棄舊規”。

其年十月，[1]詔曰：“選部公事，比置三銓，所有員闕選人，[2]分在三處，每至注擬之際，資敘難得相當。況今年選人不多，宜令三銓公事，併爲一處，委本司長官、通判，同商量可否施行。”[3]

[1]其年十月：《輯本舊史》卷一一二《周太祖紀三》載此詔時間爲廣順元年（951）十月乙巳。

[2]員闕：《會要》卷二二雜處置條作“闕員”，《宋本册府》卷六三四《銓選部·條制門六》亦作“員闕”。

[3]通判：内外諸司、州縣衙以次官判列曹文書，謂通判官。即輔佐長官判司事者。 委本司長官、通判，同商量可否施行：《會要》卷二二作“委本司長官同共判署施行”。“同商量可否施行”後，《宋本册府》卷六三四尚有“所冀掄選得中，銓綜有序。其吏部尚書銓見闕，宜差禮部尚書王易權判”二十八字。

“今當開泰之期，宜軫單平之衆，自今後合格選人，歷任無違礙者，並仰吏部南曹判成，如文解差錯，不合式樣，罪在發解官吏。”[1] 《永樂大典》卷一萬六千七百八十三。[2]

[1]“今當開泰之期”至“罪在發解官吏”：本條中華書局本有校勘記：“據本書卷四三《唐明宗紀九》、《册府》卷六三三，此條唐長興三年正月敕。《五代會要》卷二二繫於長興三年五月，段前或有脱訛。”據《會要》卷二二雜處置條，此爲唐長興三年（932）五月敕文；據《輯本舊史》卷四三《唐明宗紀九》及《宋本册府》卷六三四《銓選部·條制門六》，此爲長興三年正月敕。不知爲何置於此處。

[2]《大典》卷一六七八三“選”字韻“五代銓選”事目。按《大典》凡例，“五代銓選”事目本應衹包括《舊五代史·選舉志》之銓選内容，但《輯本舊史·選舉志》已包括《序言》及五代舉、選之全部内容。

舊五代史　卷一四九

職官志

夫官非位無以分貴賤，位非品無以定高卑，是以歷代史官，咸有所紀，皆窮源而討本，期與世以作程。洎乎唐祚方隆，[1]玄宗在宥，[2]採累朝之故事，考衆職之遐源，申命才臣，著成《六典》，[3]其勳階之等級，品秩之重輕，則已備載於其中矣。故今之所撰，不敢相沿，祖述五代之命官，以踵百王之垂範，或釐革升降，則謹而志之，俾後之爲天官卿者，[4]得以觀焉。[5]

[1]洎乎唐祚方隆：《輯本舊史》之影庫本粘籤："方隆，原本作'方降'，今據《職官分紀》改正。"見《職官分紀》卷一。

[2]玄宗：即唐明皇李隆基。712 年至 756 年在位。紀見《舊唐書》卷八至卷九、《新唐書》卷五。

[3]《六典》：書名。即《唐六典》，亦稱《大唐六典》。中國現存最早的一部行政法典。唐玄宗命修書院編撰，舊題御撰，李林甫等注。唐開元十年（722）始撰，至二十六年書成。共三十卷。包括唐中央行政、財政、軍事、司法、監察、教育、禮賓、農林、水利等和地方行政管理體制及職官的選拔、任用、權責、考課等各個方面，可謂唐行政法規大全。

[4]天官卿：指吏部尚書。

[5]得以觀焉：《輯本舊史》之原輯者案語："《薛史·職官志》，本《唐六典》而紀其釐革，故載同光、天成之改制，皆稱後唐，所以别於《六典》也。"

梁開平三年三月，[1]詔升尚書令爲正一品。[2]按《唐六典》，尚書令正二品，[3]是時以將授趙王鎔此官，[4]故升之。

[1]開平：後梁太祖朱温年號（907—911）。

[2]尚書令：官名。秦始置。隋、唐前期爲尚書省長官，與中書令、侍中並爲宰相。唐後期多爲大臣加銜，不參與政務。正二品。

[3]尚書令正二品："尚書令"，中華書局本有校勘記："原作'尚書'，據劉本、《御覽》卷二一〇《職官部·尚書令》引《五代史·梁書》、《唐六典》卷一改。"

[4]趙王鎔：人名。即王鎔。回鶻人。唐末、五代軍閥，朱温後封趙王。傳見本書卷五四、《新五代史》卷三九。"趙王鎔"，中華書局本作"趙州王鎔"。據《輯本舊史》卷五四《王鎔傳》："（鎔）位至成德軍節度使、守太師、中書令、趙王，梁祖加尚書令。"《御覽》卷二一〇《職官部八·尚書令》引《五代史·梁書》作"趙王鎔"，《職官分紀》卷八《尚書令》引《五代職官志》亦作"趙王鎔"。王鎔封趙王，且成德軍節度使治所在鎮州，非趙州，作"趙州王鎔"誤。

後唐天成四年八月，[1]詔曰："朝廷每有將相恩命，準往例，諸道節度使帶平章事、兼侍中、中書令，[2]並列銜於敕牒後，[3]側書'使'字。今兩浙節度使錢鏐是元帥、尚父，[4]與使相名殊，[5]承前列銜，久未改正。湖南節度使馬殷，[6]先兼中書令之時，理宜齒於相位，今守太師、尚書令，[7]是南省官資，[8]不合列署敕尾。今後每署將相敕牒，宜落下錢鏐、馬殷官位，仍永爲常式。”

[1]天成：後唐明宗李嗣源年號（926—930）。

[2]節度使：官名。唐時在重要地區所設掌握一州或數州軍政、民政、財政的長官。　平章事：官名。即“同中書門下平章事”“同平章事”。唐高宗以後，凡實際任宰相之職者，常在其本官後加同平章事的職銜。後成爲宰相專稱。後晋天福五年（940），升中書門下平章事爲正二品。　侍中：官名。秦始置。隋、唐前期爲門下省長官。唐後期多爲大臣加銜，不參與政務，實際職務由門下侍郎執行。正二品。　中書令：官名。漢代始置，隋、唐前期爲中書省長官，屬宰相之職；唐後期多爲授予元勳大臣的虛銜。正二品。

[3]敕牒：委任官吏的任命文書，由尚書省承旨發出。

[4]兩浙：地區名。浙東、浙西的合稱。泛指今浙江全省及江蘇南部一角。　錢鏐：人名。杭州臨安（今浙江杭州市臨安區）人。五代時期吴越國的建立者。傳見本書卷一三三，世家見《新五代史》卷六七。　元帥：官名。此處指天下兵馬元帥。唐代朝廷若有重大軍事行動，則置此官，以統率天下軍隊。　尚父：初爲周武王對吕尚（即世所謂姜子牙）的尊稱。後多用於尊禮元勳大臣的稱號。

[5]使相：官名。唐朝後期，宰相常兼節度使，節度使亦常加宰相銜，皆稱使相。五代時，節度使多帶宰相銜，但不預朝廷政事。

[6]湖南：方鎮名。又稱武安軍節度。治所在潭州（今湖南長沙市）。　馬殷：人名。許州鄢陵（今河南鄢陵縣）人，一説上蔡（今河南上蔡縣）人。五代十國南楚開國君主。傳見本書卷一三三，

世家見《新五代史》卷六六。

[7]太師：官名。與太傅、太保合稱三師，唐後期、五代多爲大臣、勳貴加官。正一品。

[8]南省：官署名。唐代尚書省設在皇城正中，位居宮城之南。在中書、門下、尚書三省之中，尚書省的位置也在其他兩省之南，故通稱南省。

梁開平二年四月，改左右丞爲左右司侍郎，[1]避廟諱也。[2]至後唐同光元年十月，[3]復舊爲左右丞。

[1]左右丞：官名。即尚書左丞、尚書右丞。尚書省佐貳官。唐中期以後，尚書左右丞實際主持尚書省日常政務，權任甚重。左丞，正四品上。右丞，正四品下。　左右司侍郎：官名。即尚書左右丞。五代後梁開平二年（908）因避諱改，後唐同光元年（923）復名尚書左右丞。左丞，正四品上。右丞，正四品下。

[2]廟諱：梁太祖父名誠，城門郎改門局郎，城隍改牆隍等，均爲避其父嫌名，即音聲相近之字亦避。

[3]同光：後唐莊宗李存勗年號（923—926）。　十月：《御覽》卷二一三《職官部一一·右丞》引《五代史·後唐書》、《職官分紀》卷八《左右丞》引《五代職官志》同。《會要》卷一四左右丞條“十月”作“十一月”。

後唐長興元年九月，[1]詔曰：“臺轄之司，[2]官資並設，左右貂素來相類，[3]左右揆不至相懸，[4]以此比方，豈宜分別。自此宜升尚書右丞官品，與左丞並爲正四品。”

右都省。

[1]長興：後唐明宗李嗣源年號（930—933）。

[2]臺轄：尚書左、右丞别稱。

[3]左右貂：唐中書、門下兩省高級官員的代稱。唐制，中書省中書令、右散騎常侍，門下省侍中、左散騎常侍等均爲三品以上官，其冠皆飾以金蟬、珥貂。因此左散騎常侍與侍中被稱爲左貂；右散騎常侍與中書令被稱爲右貂，合稱左右貂。

[4]左右揆：左相、右相的别稱。《輯本舊史》之影庫本粘籤："原本作'右撥'，今從《五代會要》改正。"見《會要》卷一四左右丞條。　"後唐"至"正四品"：《御覽》卷二一三《職官部一一·右丞》引《五代史·後唐書》、《職官分紀》卷八《左右丞》引《五代職官志》同。

後唐長興四年九月，敕："馮贇有經邦之茂業，[1]宜進位於公台，但緣平章事字犯其父名，[2]不欲斥其家諱，可改同章事爲同中書門下二品。"[3]後至周顯德中，[4]樞密使吴廷祚亦加同中書門下二品，[5]避其諱也。[6]

[1]馮贇：人名。太原（今山西太原市）人。五代後唐明宗朝宰相、三司使。傳見本書附録、《新五代史》卷二七。

[2]但緣平章事字犯其父名：馮贇父名璋，見《新五代史》卷二七《馮贇傳》。

[3]同中書門下二品：《輯本舊史》卷四四《唐明宗紀十》長興四年九月戊子條誤作"同平章事中書門下同二品"，《會要》卷一三中書門下條、《輯本舊史》卷四五《唐閔帝紀》應順元年(934）正月戊子條均作"同中書門下二品"。

[4]顯德：五代後周太祖郭威年號，世宗柴榮、恭帝柴宗訓沿用（954—960）。

[5]樞密使：官名。樞密院長官，五代時以士人爲之，備顧問，

參謀議，出納詔奏，權侔宰相。參見李全德《唐宋變革期樞密院研究》，國家圖書館出版社 2009 年版。　吴廷祚：人名。并州太原（今山西太原市）人。後周、宋初將領。傳見《宋史》卷二五七。

[6]“後至周顯德中”至“避其諱也”：《輯本舊史》卷一二〇《周恭帝紀》顯德六年（959）八月甲午條，吴廷祚仍爲樞密使，爲相在宋初。《宋史》卷一《太祖紀一》記吴廷祚加“同中書門下二品”在建隆元年（960）二月乙亥，卷二五七《吴廷祚傳》稱“宋初，加同中書門下二品，以其父名璋，故避之”，《輯本舊史》繫於周顯德中，誤。

晋天福五年二月，[1]敕：“以門下侍郎、中書侍郎并爲清望正三品。”[2]

[1]天福：五代後晋高祖石敬瑭年號（936—942）。出帝石重貴沿用至九年（944）。後漢高祖劉知遠繼位後沿用一年，稱天福十二年（947）。

[2]門下侍郎：官名。門下省副長官。唐後期三省長官漸爲榮銜，中書侍郎、門下侍郎却因參議朝政而職位漸重，常常用爲以“同三品”或“同平章事”任宰相者的本官。正三品。　中書侍郎：官名。中書省副長官。唐後期三省長官漸爲榮銜，中書侍郎、門下侍郎却因參議朝政而職位漸重，常常用爲以“同三品”或“同平章事”任宰相者的本官。正三品。　清望：即清望官。唐代内、外三品以上官等之總名。《唐六典》卷二《尚書吏部・郎中》：“凡京師有……清望官。”原注：“謂内外三品已上官，及中書、黄門侍郎，尚書左、右丞，諸司侍郎，並太常少卿、秘書少監、太子少詹事，左、右庶子，左、右率及國子司業。”

九月，[1]詔曰：“《六典》云：中書舍人掌侍奉進奏，[2]參議表章，凡詔旨制敕璽書策命，[3]皆按故事起草進畫，既下，則署而行之。其禁有四：一曰漏泄，二曰稽緩，三曰違失，四曰忘誤，[4]所以重王命也。古昔已來，典實斯在，爰從近代，别創新名。今運屬興王，事從師古，俾仍舊貫，以耀前規。其翰林學士院公事，[5]宜並歸中書舍人。"[6]

[1]九月：中華書局本"九月"前有"晋天福五年"五字，並有校勘記："殿本無'晋天福五年'五字。"前條已書"晋天福五年"，殿本此條亦無此五字，據删。蘇易簡《續翰林志》卷上作五月，《會要》卷一三中書舍人條、《御覽》卷二二《職官部二〇·中書舍人》引《五代史·晋史》皆作"九月"。

[2]中書舍人：官名。中書省屬官。掌起草文書、呈遞奏章、傳宣詔命等。正五品上。

[3]璽書：官制用語。璽即印，書指文書、文件、信件。璽書即以印加封的文書信件。秦始皇以璽爲皇帝之印的專稱，故璽書便成爲皇帝詔書的代稱。　策命：亦稱"册命"。詔令文體的一種。帝王封立太子、皇后、王妃或諸王時所使用的命令文書。《六典》卷九中書舍人作"册命"。

[4]忘誤：《舊五代史考異》："《册府元龜》作'失誤'，考《五代會要》、《職官分紀》俱作'忘'，今仍其舊。"《册府》卷五五〇《詞臣部·總序》作"妄誤"，《舊五代史考異》誤。《會要》卷一三中書舍人條、《職官分紀》卷一五《翰林學士承旨》作"忘誤"，《御覽》卷二二二《職官部二〇·中書舍人》同。

[5]翰林學士院：官署名。又稱"學士院"。開元二十六年(738)唐玄宗改翰林供奉爲翰林學士，於翰林院之外，另置學士院，令翰林學士入直其中，直屬皇帝。掌起草任免將相等的機密詔令，並備皇帝咨詢。

[6]宜並歸中書舍人：蘇易簡《續翰林志》卷上此後尚有“從宰臣馮道之奏也。自是舍人晝直者當中書制，夜直者當内制”一句。“九月”全條亦見《大典》卷一〇一一五“旨”字韻“翰林學士承旨”事目。《大典》卷一〇一一五在此條後有“從宰相馮道奏也。自是舍人晝直者，當中書制；夜直者，當内制主”之語。

七年五月，[1]中書門下上言：“有司檢尋長興四年八月二十一日敕：準《官品令》，[2]侍中、中書令正三品，按《會要》，[3]大曆二年十一月陞爲正二品；[4]左右常侍從三品，[5]按《會要》，廣德二年五月陞爲正三品；[6]門下、中書侍郎正四品，大曆二年十一月陞爲正三品；諫議大夫正五品，[7]按《續會要》，[8]會昌二年十二月陞爲正四品，[9]以備中書、門下四品之闕；[10]御史大夫從三品，[11]會昌二年十二月陞爲正三品；御史中丞正五品，亦與大夫同時陞爲正四品。”敕：“宜各準元敕處分，仍添入令文，永爲定制。”又詔：“門下侍郎，班在常侍之下，俸禄同常侍。”[12]

[1]五月：《會要》卷一三門下侍郎條作“二月”，《輯本舊史》卷八〇《晋高祖紀六》、《資治通鑑》卷二八三天福七年二月與五月皆未載相關詔敕。

[2]《官品令》：唐令篇名，規定官員品級制度，包括流内文武職官、文武散官、勳官、封爵及流外官之品階等級。

[3]《會要》：書名。此處指唐蘇冕所撰《會要》。共四十卷。敘述唐高祖至德宗九朝政治、經濟、軍事、刑法、職官、天文、地理、文化等沿革損益情況。

[4]大曆：唐代宗李豫年號（766—779）。

［5］左右常侍：官名。即左右散騎常侍。分别是門下省、中書省屬官。掌侍奉規諷，備顧問應對。正三品下。

［6］廣德：唐代宗李豫年號（763—764）。

［7］諫議大夫：官名。秦始置，掌朝政議論。隋唐仍置，有左、右諫議大夫各四人，分屬門下、中書二省。掌諫諭得失，侍從贊相。唐後期、五代多以本官領他職。正四品下。

［8］續會要：書名。唐崔鉉監修，楊紹復、崔瑑、薛逢、鄭言等修撰。共四十卷。敘德宗至宣宗大中六年（852）事，以補蘇冕所撰《會要》。

［9］會昌：唐武宗李瀍年號（841—846）。

［10］以備中書、門下四品之闕：中華書局本有校勘記：“‘備’原作‘補’，據殿本、劉本、孔本、《唐會要》卷五五改。影庫本批校云：‘以備中書門下四品之闕，“備”訛“補”。’”

［11］御史大夫：官名。秦始置，與丞相、太尉合稱三公。至唐代，在御史中丞之上設御史大夫一人，爲御史臺長官，專掌監察、執法。正三品。

［12］“又詔”至“同常侍”：亦見《御覽》卷二二一《職官部一九·黄門侍郎》引《五代史·晋書》，無月。

周顯德五年六月，敕：“諫議大夫宜依舊正五品上，仍班位在給事中之下。”[1]按《唐典》，諫議大夫四員，正五品上，皆隸門下省，[2]班在給事中之下。至會昌二年十一月，[3]中書門下奏，陞爲正四品下，仍分爲左右，以備兩省四品之闕，故其班亦陞在給事中之上。近朝自諫議大夫拜給事中者，官雖序遷，位則降等，至是以其遷次不倫，故改正焉。[4]

右兩省。

［1］班位：官員上朝時列班的位次。　給事中：官名。秦始置。隋唐以來，爲門下省屬官。掌讀署奏抄，駁正違失。正五品上。

［2］門下省：官署名。與中書省、尚書省並稱“三省”，爲隋唐最高政務機關。

［3］至會昌二年十一月：中華書局本有校勘記：“‘十一月’，《御覽》卷二二三引《五代周書》、《五代會要》卷一三同，《唐會要》卷五五、本卷上文引《續會要》敘其事作‘十二月’。”

［4］至是以其遷次不倫：中華書局本有校勘記：“‘倫’原作‘備’，據《御覽》卷二二三引《五代史周書》、《五代會要》卷一三改。”見《會要》卷一三諫議大夫條。《御覽》卷二二三《職官部二一·諫議大夫》引《五代史·周書》亦作“倫”。

後唐清泰二年十一月，[1]制：“以前同州節度使、檢校太尉、同平章事馮道爲守司空。”[2]時議者曰：“自隋、唐以來，三公無職事，[3]自非親王不恒置，於宰臣爲加官，無單置者。”道在相位時帶司空，及罷鎮，未命官，議者不練故事，率意行之。及制出，言議紛然，或云便可綜中書門下事，或云須册拜開府。[4]及就列，無故事，乃不就朝堂敘班，臺官兩省官入就列，方入，宰臣退，踵後先退。劉昫又以罷相爲僕射，[5]出入就列，一與馮道同，議者非之。及晉天福中，[6]以李鏻爲司徒，[7]周廣順初，[8]以竇貞固爲司徒，[9]蘇禹珪爲司空，[10]遂以爲例，議者不復有云。[11]

右三公。

［1］清泰：五代後唐廢帝李從珂年號（934—936）。

［2］同州：方鎮名。治所在今陝西大荔縣。　檢校太尉：官名。

爲散官或加官，以示恩寵，無實際執掌。太尉，與司徒、司空並爲三公。　馮道：人名。瀛州景城（今河北滄縣）人。五代時官拜宰相，歷仕後唐、後晉、後漢、後周，亦曾臣服於契丹。傳見本書卷一二六、《新五代史》卷五四。　司空：官名。與太尉、司徒並爲三公。唐後期、五代多爲大臣、勳貴加官。正一品。

[3]三公：官名總稱。包括太尉、司徒、司空。正一品。

[4]開府：開建府署，辟置僚屬。

[5]劉昫：人名。涿州歸義（今河北容城縣）人。五代大臣，曾任宰相、監修國史，領銜撰進《舊唐書》。傳見本書卷八九、《新五代史》卷五五。

[6]天福：五代後晋高祖石敬瑭年號（936—942）。出帝石重貴沿用至九年（944）。後漢高祖劉知遠繼位後沿用一年，稱天福十二年（947）。

[7]李鏻：人名。唐朝宗室。五代大臣。傳見本書卷一〇八、《新五代史》卷五七。　司徒：官名。與太尉、司空並爲三公，唐後期、五代多爲大臣、勳貴加官。正一品。

[8]廣順：五代後周太祖郭威年號（951—953）。

[9]竇貞固：人名。同州白水（今陜西白水縣）人。後漢宰相。傳見《宋史》卷二六二。

[10]蘇禹珪：人名。高密（今山東高密市）人。劉知遠爲河東節度時的屬官，後漢初任宰相。傳見《舊五代史》卷一二七。

[11]“後唐清泰”至“不復有云”：《御覽》卷二〇八《職官部六·司空》引《五代史·唐書》、《職官分紀》卷二《三公》引《五代職官志》與此條略同。“自非親王不恒置”，《輯本舊史》之影庫本粘籤：“據《職官分紀》云：親王加三公三師，多兼官使。是單置者，即親王亦不能得其寵任也。今附識於此。”見《職官分紀》卷二《三公》。

後唐天成元年夏六月，以李琪爲御史大夫，[1]自後不復除。

[1]李琪：人名。河西敦煌（今甘肅敦煌市）人。後梁、後唐官員。傳見本書卷五八、《新五代史》卷五四。

其年冬十一月丙子，諸道進奏官上言：[1]“今月四日，中丞上事，[2]臣等禮合至臺，比期不越前規，依舊傳語，忽蒙處分通出，尋則再取指揮，要明審的。又蒙問：大夫相公上事日如何？臣等訴云：大夫曾爲宰相，進奏官伏事中書，事體之間，實爲舊吏。若以别官除授，合云傳語勞來，又堅令通出。臣等出身藩府，不會朝儀，拒命則恐有奏聞，遵禀則全隳則例，伏恐此後到臺參賀，儀則不定者。”詔曰：“御史臺是大朝執憲之司，[3]乃四海繩違之地，凡居中外，皆待整齊，[4]藩侯尚展于公參，邸吏豈宜於抗禮。[5]遽觀論列，可驗侮輕，但以喪亂孔多，紀綱隳紊，霜威掃地，風憲銷聲。今則景運惟新，皇圖重正，稍加提舉，漸止澆訛。宜令御史臺，凡關舊例，並須舉行，如不禀承，當行朝典。”時盧文紀初拜中丞，[6]領事於御史府，諸道進奏官來賀，文紀曰：“事例如何？”臺吏喬德威等言：[7]“朝廷在長安日，進奏官見大夫、中丞，如胥吏見長官之禮。及梁氏將革命，本朝微弱，諸藩强據，人主、大臣皆姑息邸吏，[8]時中丞上事，邸吏雖至，皆於客次傳語，[9]竟不相見。自經兵亂，便以爲常。”文紀令臺吏諭以舊儀相見，據案端簡，通名贊拜。邸吏輩既出，怒不自勝，相率於閤門求見,[10]騰口喧訴。明宗謂趙鳳曰:[11]“進奏官比外何官?”鳳對曰:“府縣發遞祇候之流也。”明宗曰:“乃吏役耳,安得慢吾法官。”乃下此詔。

[1]進奏官:官名。唐、五代藩鎮皆置邸於京師,爲駐京城的辦事機構。唐肅宗、代宗時稱上都留後院,大曆十二年(777)改稱上都進奏院。五代時,州郡不隸藩鎮者,亦置邸京師。以進奏官主其事,掌傳送文書、情報,主持本鎮、州郡進奉。

[2]中丞:官名。即御史中丞。如不置御史大夫,則爲御史臺長官。掌司法監察。正四品下。

[3]御史臺:官署名。秦漢始置。古代國家的監察機構。掌糾察官吏違法,肅正朝廷綱紀。大事廷辯,小事奏彈。

[4]皆待整齊:中華書局本有校勘記:“‘待’原作‘不’,據《永樂大典》卷二六〇六引《五代史職官志》、《册府》卷五一七改”。《大典》卷二六〇六爲“臺”字韻“御史臺”事目。

[5]邸吏豈宜於抗禮:“邸吏”,《輯本舊史》之影庫本粘籤:“原本作“邸員’,今考《五代會要》、《册府元龜》俱作‘吏’,今改正。”見《會要》卷一七御史中丞條、《宋本册府》卷五一七《憲官部·振舉門》。

[6]盧文紀:人名。京兆萬年(今陝西西安市長安區)人。唐末進士,五代宰相。傳見本書卷一二七、《新五代史》卷五五。

[7]喬德威:人名。籍貫不詳。唐末御史臺吏員。本書僅此一見。

[8]人主、大臣皆姑息邸吏:中華書局本有校勘記:“‘皆’字原闕,據《永樂大典》卷二六〇六引《五代史職官志》、《册府》卷五一七補。”

[9]客次:接待賓客的處所。

[10]便以爲常:《輯本舊史》之影庫本粘籤:“以爲常,原本脱

‘爲’字，今從《職官分紀》增入。”《職官分紀》並無相關内容。見《會要》卷一七御史中丞條。　閤門：唐代大明宫之正殿（宣政殿）、内殿（紫宸殿）以東、西上閤門相連，閤門遂爲外朝、内朝之分界。五代宫殿承唐制，亦設閤門。

[11]明宗：即李嗣源。沙陀部人，應州金城（今山西應縣）人。李克用養子，逼宫李存勗後自立爲後唐皇帝。紀見本書卷三五至卷四四、《新五代史》卷六。　趙鳳：人名。幽州（今北京市）人。後唐明宗朝宰相。傳見本書卷六七、《新五代史》卷二八。

晋天福三年三月壬戌，[1]御史臺奏：“按《六典》，侍御史掌糾舉百僚，[2]推鞫獄訟，居上者判臺，知公廨雜事，[3]次知西推、贓贖、三司受事，[4]次知東推、理匭。”[5]敕：“宜依舊制。”遂以駕部員外郎兼侍御史知雜事劉皞爲河南少尹，[6]自是無省郎知雜者。

[1]三年：中華書局本有校勘記：“《永樂大典》卷二六〇六引《五代史·職官志》、《職官分紀》卷一四引《五代史·百官志》同，《五代會要》卷一七、《册府》卷五一七作“四年’。”此條原在天福五年（940）二月條後，無論爲天福三年或四年，均在五年之前，故移前，並按本書體例，在“三年”前加“晋天福”字。

[2]侍御史：官名。秦始置。掌糾舉百官，推鞫獄訟。從六品下。

[3]公廨：此處指御史處理公務的衙署。

[4]西推：唐御史臺有知推侍御史兩員，分掌東西推鞫事務。所謂東西推，即將京城百司及諸州分成東西兩個部分，各以侍御史一人掌之。知西推的侍御史同時處理贓贖、三司受事時作爲御史臺的代表，號稱副端。知東推的侍御史，則兼任理匭使。凡有制敕以刑獄交付臺推者，推畢據實奏聞，若是尋常案件，推訖交付大理寺

斷案。知東、西推侍御史各一人與同知東、西推殿中侍御史各一人合稱四推御史。

[5]東推：唐代有知東推的侍御史，兼任理匭使。 理匭：唐武后垂拱二年（686）鑄銅匭四，塗以青、紅、白、黑色，列於朝堂，接受四方投書，以御史中丞、侍御史一人爲理匭使。玄宗天寶九年（750），以“匭”聲近“鬼”，改理匭使爲獻納使。

[6]駕部員外郎：官名。唐代駕部郎中的副職。協助長官掌輿輦、車乘、傳驛、厩牧等事。從六品上。 侍御史知雜事：官名。唐置，以資深御史充任，總管御史臺庶務。五代沿置。 劉皥：人名。涿州歸義（今河北容城縣）人。五代十國時期大臣。後晋宰相劉昫弟。傳見本書卷一三一。 少尹：官名。唐、五代於三京、鳳翔等府均置少尹，爲尹的副職。協助尹通判列曹諸務。從四品下。中華書局本有校勘記：“原作‘河南尹’，據《永樂大典》卷二六〇六引《五代史·職官志》《五代會要》卷一七、《册府》卷五一七改。”

五年二月，以御史中丞爲清望正四品。按《唐典》，御史中丞正五品上，今始陞之。[1]

[1]“五年”至“陞之”：此條原在“三年三月壬戌”條前，現移後，並按本書體例，删“五年”前“晋天福”三字，此條亦見《大典》卷二六〇六。

開運二年八月，[1]敕：“御史臺準前朝故事，以郎中、員外郎一人兼侍御史知雜事，[2]近年停罷，獨委年深御史知雜。振舉之司，[3]紀綱未峻，宜遵舊事庶叶通規。宜却于郎署中選清慎强幹者兼侍御史知雜事。”

右御史臺。

[1]開運：後晉出帝石重貴年號（944—947）。

[2]郎中、員外郎一人：《會要》卷一七侍御史條作“郎中、員外一員”。

[3]振舉之司：中華書局本有校勘記：“‘司’原作‘間’，據《永樂大典》卷二六〇六引《五代史職官志》、《五代會要》卷一七改。”

昔唐朝擇中官一人爲樞密使，[1]以出納帝命。[2]至梁開平元年五月，改樞密院爲崇政院，[3]始命敬翔爲院使，[4]仍置判官一人，[5]自後改置副使一人。[6]二年十一月置崇政院直學士二員，[7]選有政術文學者爲之，其後又改爲直崇政院。[8]

[1]中官：即宦官。

[2]“昔唐朝”至“出納帝命”：《輯本舊史》之原輯者案語：“《職官分紀》：唐樞密使與兩軍中尉謂之‘四貴’，天祐元年廢。項安世《家説》：唐於政事堂後列五房，有樞密房，以主曹務。則樞密之任，宰相主之，未始他付，其後寵任宦人，始以樞密歸之内侍。”對此條案語，中華書局本有校勘記：“‘項安世《家説》……歸之内侍’，以上四十九字原闕，據《舊五代史考異》補。”見《職官分紀》卷一二《樞密使》、《舊五代史考異》卷五。

[3]樞密院、崇政院：官署名。唐代宗曾設樞密使，以宦官充任。五代時，後梁設置崇政院，掌管軍國大政；後唐改稱樞密院，與中書分理朝政。

[4]敬翔：人名。同州馮翊（今陝西大荔縣）人。後梁大臣。

傳見本書卷一八、《新五代史》卷二一。

[5]判官：官名。此處指樞密院（崇政院）僚屬，輔助院使處理事務。

[6]副使：官名。樞密院（崇政院）副長官。

[7]崇政院直學士：官名。崇政院屬官，選有政術文學者充任。備顧問應對。

[8]直崇政院：《輯本舊史》之原輯者案語："原本作'直崇文院'，今從《五代會要》改正。"見《會要》卷二四樞密使條。

後唐同光元年十月，崇政院依舊爲樞密院，命宰臣郭崇韜兼樞密使，[1]亦置直院一人。[2]

[1]郭崇韜：人名。代州雁門（今山西代縣）人。五代後唐大臣。傳見本書卷五七、《新五代史》卷二四。

[2]亦置直院一人：《輯本舊史》之原輯者案語："《五代會要》作'亦置院使一人'，《石林燕語》作'改爲樞密院直學士'。"見《會要》卷二四樞密使條、《石林燕語》卷二。對此條案語中華書局本有校勘記："'《石林燕語》作改爲樞密院直學士'，以上十三字原闕，據殿本考證補。"《通鑑》卷二七五天成元年（926）五月甲戌條胡注引宋白語："同光二年，崇政院依舊爲樞密院，以宰臣兼使，置直院一人。"

晉天福四年四月，以樞密副使張從恩爲宣徽使，[1]權廢樞密院故也。先是，晉祖以宰臣桑維翰兼樞密使，[2]懇求免職，只在中書，遂以宣徽使劉處讓代之，[3]每有奏議，多不稱旨。其後處讓丁憂，[4]乃以樞密院印付中書門下，[5]故有是釐改也。

［1］張從恩：人名。太原人。五代後晋外戚、將領。仕至宋初。傳見《宋史》卷二五四。　宣徽使：官名。唐始置。宣徽南院使、北院使通稱宣徽使。初用宦官，五代以後改用士人。通掌内諸司及三班内侍之名籍，郊祀、朝會、宴享供帳之儀，檢視内外進奉名物。參見王永平《論唐代宣徽使》，《中國史研究》1995年第1期；王孫盈政《再論唐代的宣徽使》，《中華文史論叢》2018年第3期。

［2］桑維翰：人名。洛陽（今河南洛陽市）人。五代後唐進士，後晋宰相、樞密使。傳見本書卷八九、《新五代史》卷二九。

［3］劉處讓：人名。滄州（今河北滄縣舊州鎮）人。五代後唐、後晋將領。傳見本書卷九四、《新五代史》卷四七。

［4］丁憂：指遭父母之喪。

［5］乃以樞密院印付中書門下：中華書局本有校勘記："'院'字原闕，據《職官分紀》卷一二引《五代史》、《大事記續編》卷七五引《舊史職官志》、《五代會要》卷二四補。"

開運元年六月，敕依舊置樞密院，以宰臣桑維翰兼樞密使，從中書門下奏請也。[1]

［1］"開運元年"至"奏請也"：亦見《會要》卷二四《樞密使》條，"敕依舊置樞密院"下，《會要》卷二四尚有"其見在中書元係樞密院職司人吏，各勒仍舊。應合行公事，委本院奏取指揮"等語；"以宰臣桑維翰兼樞密使"後有小注："從中書門下奏請也。"

周顯德六年六月，命司徒平章事范質、禮部尚書平章事王溥並參知樞密院事。[1]

［1］范質：人名。大名宗城（今河北威縣）人。後周、宋初宰

相。傳見《宋史》卷二四九。　禮部尚書：官名。尚書省禮部主官。掌禮儀、祭享、貢舉之政。正三品。　王溥：人名。并州祁（今山西祁縣）人。後周、宋初宰相。傳見《宋史》卷二四九。

梁開平元年四月，始置建昌院，[1]以博王友文判院事，[2]以太祖在藩時，[3]四鎮所管兵車賦稅、諸色課利，按舊簿籍而主之。其年五月，中書門下奏請以判建昌院事爲建昌宮使，[4]仍以東京太祖潛龍舊宅爲宮也。二年二月，以侍中韓建判建昌宮事。[5]至十月，以尚書兵部侍郎李皎爲建昌宮副使。[6]三年九月，以門下侍郎平章事薛貽矩兼延資庫使，[7]判建昌宮事。[8]至四年十二月，以李振爲建昌宮副使。[9]乾化二年五月，[10]以門下侍郎平章事于兢兼延資庫使，[11]判建昌宮事。其年六月，廢建昌宮，以河南尹魏王張宗奭爲國計使，[12]凡天下金穀兵戎舊隸建昌宮者悉主之。至後唐同光四年二月，以吏部尚書李琪爲國計使。[13]自後廢其名額不置。

[1]建昌院：官署名。五代後梁置，掌四鎮所管兵車賦稅、諸色課利，按舊時簿籍施行。以判院事一人爲長官，不久改爲建昌宮使。乾化二年（912）罷。

[2]友文：人名。朱溫養子，後被朱友珪所殺。傳見本書卷一二、《新五代史》卷一三。

[3]太祖：即後梁太祖朱溫。宋州碭山（今安徽碭山縣）人。紀見《舊五代史》卷一至卷七、《新五代史》卷一至卷二。

[4]建昌宮使：官名。五代後梁開平元年（907）置建昌院，掌租賦等財政收入，以判院事爲長官。同年，改判建昌院事爲建昌宮使。乾化二年廢建昌宮，另置國計使管財政。

［5］二年二月：中華書局本有校勘記："'二月'，本書卷四《梁太祖紀四》同，《五代會要》卷二四作'三月'"。見《會要》卷二四建昌宫使條。但《輯本舊史·梁太祖紀四》二月條所載此事，非録自《大典》所引《舊史》，乃録自明本《册府》卷二〇五《閏位部巡幸門》，並云以韓建權判建昌宫事。　侍中：官名。秦始置。隋、唐前期爲門下省長官。唐後期多爲大臣加銜，不參與政務，實際職務由門下侍郎執行。正二品。　韓建：人名。許州長社（今河南許昌市）人。唐末、五代軍閥。傳見本書卷一五、《新五代史》卷四〇。中華書局本有校勘記："'韓建'二字原闕，據《五代會要》卷二四、《册府》卷四八三補。《舊五代史考異》卷五：'案原本有闕文。據《五代會要》，以侍中韓建判建昌宫事。'"見《會要》卷二四、《宋本册府》卷四八三《邦計部·總序》。

［6］尚書兵部侍郎：官名。尚書省兵部次官。協助兵部尚書掌武官銓選、勳階、考課之政。正四品下。　李皎：人名。籍貫不詳。五代後梁大臣，任兵部侍郎、工部尚書等職。事見本書卷四、卷七。

［7］薛貽矩：人名。河東聞喜（今山西聞喜縣）人。唐末、後梁大臣。傳見本書卷一八、《新五代史》卷三五。　延資庫使：官名。唐會昌五年（845）置備邊庫，收納度支、户部、鹽鐵三司錢物。大中三年（849）改名延資庫，先以度支郎中兼管，次年以宰相兼領。五代沿置。

［8］判建昌宫事：中華書局本有校勘記："'事'字原闕，據殿本、邵本校、《五代會要》卷二四、《册府》卷四八三補。"見《會要》卷二四、《宋本册府》卷四八三《邦計部·總序》。

［9］李振：人名。西州（今新疆吐魯番市）人。唐潞州節度使李抱真之曾孫。五代後梁大臣。傳見本書卷一八、《新五代史》卷四三。

［10］乾化：五代後梁太祖朱温年號（911—912）。末帝朱友貞沿用（913—915）。

[11]于兢：人名。京兆高陵（今陝西西安市高陵區）人。唐宰相于志寧之後，後梁宰相。善畫牡丹。事見本書卷四、《新五代史》卷三。

[12]河南尹：官名。唐開元元年（713）改洛州爲河南府，治所在今河南洛陽市，河南府尹總其政務。從三品。　張宗奭：人名。濮州臨濮（今山東鄄城縣臨濮鎮）人。唐末、五代將領。傳見本書卷六三、《新五代史》卷四五。　國計使：官名。五代始置，後梁、後唐及閩國皆有設置，掌財賦稅收、錢穀用度。

[13]吏部尚書：官名。尚書省吏部長官，與二侍郎分掌六品以下文官選授、勳封、考課之政令。正三品。

後唐同光元年十一月，以左監門衛將軍、判内侍省李紹宏兼内勾，[1]凡天下錢穀簿書，悉委裁遣。自是州縣供帳煩費，議者非之。又内勾之名，人以爲不祥之言。二年正月敕鹽鐵、度支、户部三司，[2]凡關錢物，並委租庸使管轄，[3]踵梁之舊制也。

[1]左監門衛將軍：官名。唐置，掌宫禁宿衛。唐代置十六衛，即左右衛、左右驍衛、左右武衛、左右威衛、左右領軍衛、左右金吾衛、左右監門衛、左右千牛衛，各置上將軍，從二品；大將軍，正三品；將軍，從三品。　判内侍省：官名。宦官機構内侍省之長官，掌管宫廷内部事務。　李紹宏：人名。籍貫不詳。後唐莊宗近臣。事見本書卷二九、卷三四、卷三五、卷五七。　内勾：官名。五代後唐置。掌覈實全國財賦，以宦者爲之。

[2]鹽鐵、度支、户部：官署名。唐末五代稱鹽鐵、度支、户部爲三司，其分則爲三個獨立部門，合則稱爲三司。三司掌管統籌國家財政之事。

[3]租庸使：官名。唐代爲主持催徵租庸地税的財政官員。五

代後梁、後唐時，租庸使取代鹽鐵、度支、户部，爲主管中央財政的長官。

天成元年四月，詔廢租庸院，依舊爲鹽鐵、户部、度支三司，委宰臣一人專判。

長興元年八月，以前許州節度使張延朗行工部尚書，[1]充三司使，[2]班在宣徽使之下。三司置使，自延朗始也。唐朝已來，户部、度支掌泉貨，鹽鐵特置使名，[3]户部、度支則尚書省本司郎中、侍郎判其事。天寶中，[4]楊慎矜、王鉷、楊國忠繼以聚貨之術，[5]媚上受寵，然皆守户部、度支本官，别帶使額，亦無所改作。下及劉晏、第五琦亦如舊制。[6]自後亦以宰臣各判一司，不置使額。乾符後，[7]天下兵興，隨處置租庸使以主調發，[8]兵罷則停。梁時乃置租庸使，專領天下泉貨。[9]莊宗中興，[10]秉政者不閑典故，踵梁朝故事，復置租庸使，以魏博故吏孔謙專使務。[11]歛怨於下，斵喪王室者，實租庸之弊故也。洎明宗嗣位，思革其弊，未及下車，乃詔削除使名，但命重臣一人判其事，曰判三司。[12]至是，延朗自許州入，再掌國計，白于樞密使，請置三司使名。[13]宣下中書議其事。宰臣以舊制覆奏，授延朗特進、行工部尚書，[14]充諸道鹽鐵、轉運等使，[15]兼判户部、度支事，從舊制也。明宗不從，竟以三司使爲名焉。[16]

[1]前：中華書局本有校勘記："'前'字原闕，據本書卷四一《唐明宗紀七》、《職官分紀》卷一三引《五代史》補。"　許州：

州名。此處代指治所在許州（今河南許昌市）的方鎮忠武軍。　張延朗：人名。汴州開封（今河南開封市）人。後唐三司使。傳見本書卷六九、《新五代史》卷二六。　工部尚書：官名。尚書省工部主官。掌百工、屯田、山澤之政令。正三品。中華書局本有校勘記："《新五代史》卷二六《張延朗傳》同，《職官分紀》卷一三引《五代史》、本書卷四一《唐明宗紀七》作'兵部尚書'。"

[2]三司使：官名。五代後唐明宗天成元年（926）將晚唐以來的户部、度支、鹽鐵三部合爲一職，設三司使統之。主管國家財政。

[3]鹽鐵特置使名：中華書局本有校勘記："'特'，原作'時'，據《五代會要》卷二四改。"

[4]天寶：唐玄宗李隆基年號（742—756）。

[5]楊慎矜：人名。長安（今陝西西安市）人。隋煬帝玄孫。唐玄宗時任御史中丞、充諸道鑄錢使，受李林甫、王鉷誣陷，以光復隋室罪被賜死。傳見《舊唐書》卷一〇五、《新唐書》卷一三四。　王鉷：太原祁（今山西祁縣）人。唐玄宗朝以善於興利得用，官至御史中丞。並身兼京和市和采、户口色役等二十餘使。後因恃寵用事，得罪被殺。傳見《舊唐書》卷一〇五、《新唐書》卷一三四。　楊國忠：人名。蒲州永樂（今山西永濟市）人。玄宗時因楊貴妃得寵，遂得以升遷。後代李林甫爲相，兼領四十余使，權傾天下。安禄山以討楊氏爲名發動叛亂，他隨玄宗逃至馬嵬驛，被隨行士兵所殺。傳見《舊唐書》卷一〇六、《新唐書》卷二〇六。

[6]劉晏：人名。曹州南華（今山東東明縣）人。唐代大臣，理財家，官至同中書門下平章事，後遭楊炎構陷被殺。傳見《舊唐書》卷一二三、《新唐書》卷一四九。　第五琦：人名。京兆長安（今陝西西安市）人。唐代大臣，理財家，官至同中書門下平章事。傳見《舊唐書》卷一二三、《新唐書》卷一四九。

[7]乾符：唐僖宗李儇年號（874—879）。

[8]隨處置租庸使以主調發：中華書局本有校勘記："'隨處'，

《五代會要》卷二四作‘隨’”。

[9]專領天下泉貨：中華書局本有校勘記：“‘領’字原闕，據《職官分紀》卷一三引《五代史》補。”

[10]莊宗：即後唐莊宗李存勗。沙陀部人。五代後唐王朝的建立者。紀見本書卷二七至卷三四、《新五代史》卷四至卷五。

[11]魏博：方鎮名。治所在魏州貴鄉縣（今河北大名縣）。孔謙：人名。魏州（今河北大名縣）人。後唐大臣，善聚斂錢財，爲李存勗籌劃軍需。傳見本書卷七三、《新五代史》卷二六。

[12]判三司：官名。通掌鹽鐵、度支、户部三個部門事務。地位高於三司使。

[13]請置三司使名：中華書局本有校勘記：“‘使’字原闕，據《職官分紀》卷一三引《五代史》、《册府》卷四八三補。”

[14]特進：官名。西漢末期始置，授給列侯中地位較特殊者。隋唐時期，特進爲散官，授給有聲望的文武官員。正二品。

[15]轉運：官名。即轉運使。唐、五代時期負責軍需物資的籌集、調運、供給。

[16]竟以三司使爲名焉：亦見《職官分紀》卷一三。《輯本舊史》卷四一《唐明宗紀七》長興元年（930）八月乙未條，中書覆奏後載明宗宣旨：“會計之司，國朝重事，將總成其事額，俾專委於近臣，貴便一時，何循往例，兼移内職，可示新規。張延朗可充三司使，班在宣徽使下。”

梁開平三年正月，[1]改思政殿爲金鑾殿，[2]至乾化元年五月，置大學士一員，[3]始命崇政院使敬翔爲之。前朝因金巒坡以爲門名，[4]與翰林院相接，[5]故爲學士者稱“金巒”焉。[6]梁氏因之以爲殿名，仍改“巒”爲“鑾”，從美名也。大學士與三館大學士同。[7]

[1]正月：《會要》卷一三《金鑾殿學士》條、《翰苑群書》卷八同，明本《册府》卷一九六《閏位部·建都門》作“二月”，《五代史記注》卷二出現兩次，一作“正月”、一作“二月”，今存疑。

[2]思政殿：宫殿名。位於今河南洛陽市。

[3]大學士：官名。即金鑾殿大學士。後梁開平三年（909）正月，改思政殿爲金鑾殿。乾化元年（911）正月，置大學士一員，命崇政院使敬翔擔任。同弘文、集賢、史館三館大學士，以示尊崇。參見杜文玉《五代十國制度研究》，人民出版社2006年版，第255頁。

[4]金巒坡：坡名。唐長安大明宫金鑾殿西側之坡，爲龍首山之支隴，隱起平地而坡陀靡迤。德宗時，於金巒坡西置東學士院。

[5]翰林院：官署名。唐初置，玄宗時用文人爲翰林待詔，撰擬文詞。開元末另設學士院，供職者稱翰林學士，爲親近皇帝的顧問官。

[6]金巒：《輯本舊史》之影庫本粘籤：“《通鑑》作‘鸞’，今考《五代會要》作‘巒’，與《薛史》同，已於《梁書·敬翔傳》加案聲明。”見《會要》卷一三、《輯本舊史》卷一八《敬翔傳》。《通鑑》未見相關記載。

[7]大學士與三館大學士同：《舊五代史考異》：“案《青箱雜記》：梁祖都汴，庶事草創，貞明中，始於今右長慶門東北，創小屋數十間爲三館，湫隘尤甚。又周廬徼道，咸出其間，衛士騶卒，朝夕喧雜，每受詔撰述，皆移他所。”

後唐天成元年五月，敕：“翰林學士、尚書户部侍郎、知制誥馮道，[1]翰林學士、中書舍人趙鳳，俱以本官充端明殿學士。”[2]非舊制也。[3]時明宗登位，每四方書奏，多令樞密使安重誨讀之，[4]不曉文義，於是孔循獻議，[5]始創端明殿學士之名，[6]命道等爲之。二年正月，敕："端明殿學士宜令班在翰林學士上，今後如有轉改，仍只於翰林學士内選任。"初置端明殿學士，名目如三館之例，[7]職在官下。趙鳳轉侍郎，遣人諷任圜移職在官上，[8]至今爲例。[9]

[1]翰林學士：官名。由南北朝始設之學士發展而來，唐玄宗改翰林供奉爲翰林學士，備顧問，代王言。掌拜免將相、號令征伐等詔令的起草。　知制誥：官名。掌起草皇帝的詔、誥之事，原爲中書舍人之職。唐開元末置學士院，翰林學士入院一年，則加知制誥銜，專掌任免宰相、册立太子、宣布征伐等特殊詔令，稱爲内制。而中書舍人所撰擬的詔敕稱爲外制。兩種官員總稱兩制官。

[2]端明殿學士：官名。後唐明宗朝始置，以翰林學士充任，負責誦讀四方書奏。

[3]非舊制也：中華書局本有校勘記："'制'原作'號'，據《五代會要》卷一三改。"

[4]安重誨：人名。應州（今山西應縣）人。五代後唐大臣。傳見本書卷六六、《新五代史》卷二四。

[5]孔循：人名。籍貫不詳。五代後唐大臣。傳見《新五代史》卷四三。

[6]創：《輯本舊史》原作"置"，據《會要》改。

[7]三館：官署合稱。唐代有史館、昭文館、集賢院，掌修史、藏書、校書之事。

[8]任圜：人名。京兆三原（今陝西三原縣）人。五代後唐將領、大臣。傳見本書卷六七、《新五代史》卷二八。

[9]"趙鳳轉侍郎"至"至今爲例"：《輯本舊史》之原輯者案語："《職官分紀》：晋天福五年，廢端明殿學士，開運元年，桑維翰爲樞密使，復奏置學士。"見《職官分紀》卷一五《端明殿學

士》，亦見《會要》。

同光元年四月，置護鑾書制學士，[1]以尚書倉部員外郎趙鳳爲之。[2]時莊宗初建號，故特立此名，非故事也。二年八月，[3]賜翰林學士承旨、户部尚書盧質論思匡佐功臣，亦非常例也。

[1]護鑾書制學士：官名。五代後唐莊宗同光元年（923）置，爲翰林院學士。因莊宗初建帝號，故特立此名。

[2]尚書倉部員外郎：官名。尚書倉部郎中的副職。從六品上。

[3]二年八月："八月"前原無"二年"。中華書局本有校勘記："'八月'，本書卷三二《唐莊宗紀六》、《五代會要》卷一三繫其事於同光二年八月。"《會要》卷一三翰林院條在"非故事也"與"八月"間尚有"二年七月，以侍省内給事楊彦珞充學士院使"句，而《輯本舊史》卷三二《唐莊宗紀六》明確繫此事於同光二年（924）八月甲戌，故補。

天成三年八月，敕："掌綸之任，擢才以居，或自初命而升，或自顯秩而授，蓋重厥職，靡繫其官，雖事分皆同，而行綴或異，誠由往日未有定規，議官位則上下不恒，論職次則後先未當，宜行顯命，以正近班。今後翰林學士入院，並以先後爲定，惟承旨一員，[1]出自朕意，不計官資先後，在學士之上，仍編入《翰林志》。"[2]

[1]承旨：官名。即翰林學士承旨。爲翰林學士之首。掌拜免將相、號令征伐等詔令的起草。《舊唐書·職官志二·翰林院》：

“例置學士六人，内擇年深德重者一人爲承旨，所以獨承密命故也。”

［2］“天成三年”至“翰林志”：亦見《大典》卷一〇一一五“旨”字韻，“翰林學士承旨”事目。“上下不恒”，《大典》作“上下不常”；“論職次則後先未當”，“未當”，《大典》作“爲當”。

晋天福二年十一月，敕：“新除翰林學士張昭遠，[1]早踐綸闈，[2]久司史筆，[3]曾居憲府，[4]累陟貳卿，[5]今既擢在禁林，[6]所宜别宣班序，其立位宜次崔棁。”[7]

［1］張昭遠：人名。滄州無棣（今山東慶雲縣）人。五代、宋朝官員。傳見《宋史》卷三二六。

［2］綸闈：指中書省。

［3］史筆：指史官。

［4］憲府：御史臺别稱。

［5］貳卿：侍郎的别稱。

［6］禁林：翰林院别稱。

［7］崔棁：人名。深州安平（今河北安平縣）人。五代大臣。傳見本書卷九三、《新五代史》卷五五。　“晋天福”至“崔棁”：“晋天福二年十一月”，《輯本舊史》原作“其年十一月”，中華書局本從之並有校勘記：“《職官分紀》卷一五引《五代職官志》同，《五代會要》卷一三繫其事於天福二年十一月。按本書卷七六《晋高祖紀二》：‘（天福二年十一月）以户部侍郎張昭遠守本官，充翰林學士，仍知制誥。’《舊五代考異》卷五：‘案《宋史·張昭傳》：晋天福二年，宰相桑維翰薦昭爲翰林學士。内署故事，以先後入爲次，不繫官序，特詔昭立位次承旨崔棁。據《宋史》則此敕當在晋天福中，《薛史》繫於唐天成三年後，疑原本有脱誤。’”但未改。張昭即張昭遠，因避漢高祖諱，名去“遠”字。今據《會要》卷

一三翰林院條、《輯本舊史》卷七六、《宋史》卷二六三《張昭傳》改。並按《輯補舊五代史》體例，改"其年"爲"晋天福二年"，另起一條。此條亦見《大典》卷一〇一一五。

開運元年六月，敕："翰林學士與中書舍人，舊分爲兩制，各置六員，偶自近年，權停内署，況司詔命，必在深嚴，將使從宜，却仍舊貫，宜復置翰林學士院。"[1]

[1]"開運元年六月"至"翰林學士院"：全條亦見《大典》卷一〇一一五"旨"字韻"翰林學士承旨"事目。《大典》在該條後有"蓋宰臣桑維翰秉政，將戾於道，故乃復焉。自此班秩再有倫矣"之語。"開運元年"前《輯本舊史》原有"晋"字，因前條已改正爲晋天福二年（937）十一月，故删。"舊分爲兩制"，中華書局本有校勘記："'舊'字原闕，據《五代會要》卷一三補。"

周顯德五年十一月，詔曰："翰林學士職係禁庭，地居親近，與班行而既異，在朝請以宜殊。起今後當直、下直學士，[1]並宜令逐日起居，[2]其當直學士，仍赴晚朝。"舊制，翰林院學士與常參官五日一度起居，[3]時世宗欲令朝夕謁見，[4]訪以時事，故有是詔。[5]

右内職。

[1]當直：即當值。　下直：指下班。

[2]起居：指每五日臣子隨宰相入内殿朝見皇帝。

[3]常參官：唐制，文官五品以上及兩省供奉官、監察御史、員外郎、太常博士，每日朝參，稱爲常參官。

[4]世宗：即後周皇帝柴榮，邢州堯山（今河北隆堯縣）人。後周太祖郭威養子。954年至959年在位。紀見本書卷一一四至卷一一九、《新五代史》卷一二。

[5]“周顯德”至“是詔”：全條亦見《大典》卷一〇一一五。

後唐天成三年五月，詔曰：“開府儀同三司，[1]階之極；太師，[2]官之極；封王，爵之極；上柱國，[3]勳之極。近代已來，文臣官階稍高，便授柱國，歲月未深，便轉上柱國；武資不計何人，初官便授上柱國。官爵非無次第，階勳備有等差，宜自此時，重修舊制。今後凡是加勳，先自武騎尉，[4]經十二轉方授上柱國，永作成規，不令踰越。”[5]雖有是命，竟不革前例。

右勳格。

[1]開府儀同三司：官名。曹魏始置，隋、唐時爲散官之最高官階，多授功勳重臣。從一品。

[2]太師：官名。與太傅、太保合稱三師，唐後期、五代多爲大臣、勳貴加官。正一品。

[3]上柱國：官名。北周武帝建德四年（575），置上柱國爲高級勳官。隋唐沿置。五代後唐明宗天成三年（928）詔，今後凡加勳，先自武騎尉經十二轉方授爲上柱國。正二品。

[4]勳之極：《輯本舊史》之影庫本粘籤：“原本作‘熏之極’，今據《職官分紀》改正。”見《職官分紀》卷四九。　武騎尉：勳官名。唐始置，秩爲第一轉。從七品上。

[5]“後唐”至“不令踰越”：《輯本舊史》卷三九《唐明宗紀五》天成三年（928）五月辛酉條亦載此詔，但衹有“上柱國，勳之極”以下内容。

後唐清泰二年秋九月庚申，尚書考功上言：[1]“今年五月，翰林學士承旨程遜所上封事内，[2]請自宰相、百執事、外鎮節度使、刺史，應係公事官，逐年書考，較其優劣。遂檢尋《唐書》、《六典》、《會要》考課，令書考第。”從之。時議者曰：“考績之法，唐堯、三代舊制。西漢以刺史六條察郡守，五曹尚書綜庶績，法尤精察，吏有檢繩。漢末亂離，舊章弛廢。魏武於軍中權制品第，[3]議吏清濁，用人按吏，頓爽前規。隋、唐已來，始著於令。漢代郡守，入爲三公，魏、晉之後，政在中書，左右僕射知政事，午前視禁中，午後視省中，三臺百職，無不統攝。以是論之，宰輔憑何較考。自天寶末，權置使務已後，庶事因循，尚書諸司，漸致有名無實，廢墜已久，未知憑何督責。”程遜所上，亦未詳本源，其時所司雖有舉明，大都諸官亦無考較之事。

右較考。

[1]尚書考功：官署名。即尚書省吏部考功司。掌考察全國文官的功過善惡，以及謚議等事。其長官爲考功郎中。

[2]翰林學士承旨程遜所上封事内：原無“承旨”二字。《輯本舊史》卷四六《唐末帝紀上》清泰元年（934）八月乙亥條載：“以翰林學士、户部侍郎、知制誥程遜爲學士承旨”，據補。程遜，人名。壽春（今安徽壽縣）人。曾召入翰林充學士，自兵部侍郎、承旨授太常卿。天福年間出使吴越，使還途中溺死。傳見本書卷九六。

[3]魏武：即曹操。沛國譙（今安徽亳縣）人。東漢末年政治家。漢獻帝時官至丞相，進爵魏王。曹丕稱帝后尊爲武皇帝。傳見《三國志》卷一。

梁開平元年四月，詔："開封府司録參軍及六曹掾屬，[1]宜各置一員，兩畿赤縣，置令、簿、尉各一員。"二年十月，省諸道州府六曹掾屬，只留户曹一員，通判六曹。[2]

[1]司録參軍：官名。唐以三京府及鳳翔、成都、河中、江陵、興元、興德六府的録事參軍爲司録參軍，都督府及諸州仍爲録事參軍。掌管各曹文書及糾察等事。

[2]"梁開平"至"通判六曹"：全條亦見《職官分紀》卷三八《司録參軍》引《五代職官志》、卷四一《司户參軍》引《五代職官志》。

後唐同光元年十一月，中書門下奏："諸寺監各請只置大卿監、少卿監、祭酒、司業各一員，[1]博士兩員，[2]其餘官屬並請權停。惟太常寺事關大禮，[3]大理寺事關刑法，[4]除太常博士外，[5]許更置丞一員。[6]其王府及東宫官屬、司天五官正、奉御之類，[7]凡不急司存，並請未議除授。其諸司郎中、員外郎，應有雙曹處，且置一員，[8]左右散騎常侍、諫議大夫、給事中、起居郎、起居舍人、補闕、拾遺，[9]各置一半。[10]三院御史仍委御史中丞條理申奏。[11]停罷朝官，仍各録名銜，[12]具罷任月日，留在中書，候見任官滿二十五箇月，並據資品，却與除官。"從之。

[1]"諸寺監"至"各一員"：《輯本舊史》原無"少卿監"，中華書局本有校勘記："以上三字原闕，據本書卷三〇《唐莊宗紀

四》、《五代會要》卷二〇補。”　大卿監、少卿監：唐代統稱各寺、監長官如光禄卿與少府監等爲大卿監，各寺、監副長官如光禄少卿與少府少卿等爲少卿監，總稱爲卿監。　祭酒：官名。即國子祭酒。國子監長官。主管全國教育事務。從三品。　司業：官名。即國子司業。國子監次官。佐國子祭酒掌全國教育事務。從四品下。

[2]博士：官名。自三國魏開始，博士分爲兩類：一是專掌禮儀的太常博士，一是掌訓教的諸博士，如五經博士、國子博士、太學博士等。自正五品至從九品不等。

[3]太常寺：官署名。北齊始置，掌禮樂祭祀活動。隋唐兩代下設郊廟、太廟、諸陵、太樂、鼓吹、太醫、太卜、廩犧等八署，長官爲太常寺卿，正三品。唐高宗龍朔年間曾改稱奉常，武則天光宅年間又曾稱爲司禮，後均復舊。歷代沿置。

[4]大理寺：官署名。唐代中央機構九寺之一。掌詳斷各地奏報獄案。

[5]太常博士：官名。掌撰五禮儀注。大禮時，導引乘輿，贊相祭祀，定誄謚以及守陵廟等。從七品上。

[6]丞：官名。即太常丞。太常卿佐官。從五品下。

[7]東宫官屬：中華書局本有校勘記：“‘官’字原闕，據本書卷三〇《唐莊宗紀四》、《五代會要》卷二〇補。”　司天五官正：官名。唐乾元三年（760）於司天臺置春、夏、秋、冬、中官正各一人，掌候四方四時天文之變，合稱五官正。元日、冬至、朔望朝會及大禮，各奏方事。正五品上。　奉御：官名。唐代殿中省六局長官。負責皇帝的衣食住行事務。品秩正五品下或從五品上。

[8]且置一員：中華書局本有校勘記：“‘置’原作‘署’，據本書卷三〇《唐莊宗紀四》、《五代會要》卷二〇改。”

[9]起居郎：官名。唐代始置，屬門下省。與中書省起居舍人同掌起居注，記皇帝言行。從六品上。　起居舍人：官名。唐代始置，屬中書省。與門下省起居郎同掌起居注，記皇帝言行。從六品

上。　補闕：官名。唐代諫官。武則天時始置。分爲左右，左補闕隸於門下省，右補闕隸於中書省。掌規諫諷諭，大事可以廷議，小事則上封奏。從七品上。　拾遺：官名。唐武則天於垂拱元年(685)置拾遺，分左右。左拾遺隸門下省，右拾遺隸中書省，與左右補闕共掌諷諫，大事廷議，小事則上封事。從八品上。

[10]各置一半：《輯本舊史》之影庫本粘籤："原本作'各貫一半'，今從《五代會要》改正。"見《會要》卷二〇。

[11]三院御史：中華書局本有校勘記："'御史'原作'侍御史'，據本書卷三〇《唐莊宗紀四》、《五代會要》卷二〇改。"

[12]仍各録名銜：中華書局本有校勘記："'銜'原作'氏'，據本書卷三〇《唐莊宗紀》四、《五代會要》卷二〇改。"

周顯德五年十二月，詔："兩京五府少尹、司録參軍，先各置兩員，起今後只置一員，六曹判司内只置户曹、法曹各一員，其餘曹官及諸州觀察支使、兩蕃判官並省。"[1]

右增減。

[1]"其餘"至"並省"：《輯本舊史》原無"曹官"及"觀察"四字，據《會要》卷二〇《中外加減官條》補。

梁開平元年五月，改御食使爲司膳使，[1]小馬坊使爲天驥使，[2]文思院使爲乾文院使，[3]同和院使爲儀鸞院使。[4]其年又改城門郎爲門局郎，[5]避廟諱也。唐同光元年十一月，依舊爲城門郎。[6]

[1]御食使：官名。唐末所置内諸司使之一，掌御膳。後梁開

平元年（907）改爲司膳使。

[2]小馬坊使：官名。唐置小馬坊，爲御馬諸厩之一，以小馬坊使主管。後梁時改小馬坊爲天驥坊，後唐復舊。長興元年（930）改稱右飛龍院，主官稱右飛龍使。

[3]文思院使：官名。文思院長官。掌造宫廷所需之物。唐代置文思院，以宦官爲文思院使。五代後梁時改文思院爲乾文院，文思使改稱乾文院使。後唐時復舊。

[4]同和院使：官名。唐朝内諸司使之一。掌供應皇帝祭祀、朝會、巡幸、宴享和内廷需用的幕帟、帷帳以及有關陳設之物。後梁太祖開平元年改爲儀鑾院使。

[5]城門郎：官名。唐門下省屬官。掌京城、皇城、宫殿諸門的啓開、關閉之政。從六品上。

[6]唐同光元年十一月，依舊爲城門郎："十一月"，《會要》卷一三《城門郎》條同。《輯本舊史》卷三〇《唐莊宗紀四》同光元年（923）十月丙戌條載："天下官名、府號及寺觀門額，曾經改易者，並復舊名。"梁太祖父名誠，嫌名亦避，故改城門郎爲門局郎。

後唐天成元年十一月，詔曰："雄武軍節度使官銜内，宜兼押蕃落使。"[1]二年七月，詔曰："頃因本朝親王遥領方鎮，[2]其在鎮者，遂云副大使知節度事，[3]但年代已深，相沿未改。今天下侯伯並正節旄，惟東、西兩川未落'副大使'字，宜令今後只言節度使。"

[1]雄武軍：方鎮名。治所在秦州（今甘肅天水市）。　押蕃落使：官名。亦稱押蕃使。掌安撫邊地少數民族。唐中期後常由邊地節度使兼任。　"後唐"至"押蕃落使"：《輯本舊史》之原輯者案語："《職官分紀》：長興元年，分飛龍院爲左右院，以小馬坊

爲右飛龍院。”見《職官分紀》卷三九《節度使》。但此案語内容與本條無涉。

[2]遥領方鎮：中華書局本有校勘記：“‘領方’二字原闕，據本書卷三八《唐明宗紀四》、《五代會要》卷二四補。”見《會要》卷二四雜録條、《輯本舊史》卷三八《唐明宗紀四》天成二年(927)七月戊辰條。

[3]副大使：官名。方鎮中僅次於節度使之使職，如持節，則位同於節度使。

晋天福五年四月丙午，詔曰：“承旨者，承時君之旨，非近侍重臣，無以稟朕命，宣予言。是以大朝會宰臣承旨，草制詔學士承旨，若無區别，何表等威。除翰林承旨外，殿前承旨宜改爲殿直，[1]密院承旨宜改爲承宣，[2]御史臺、三司、閤門、客省所有承旨，[3]並令别定其名。”[4]

[1]殿前承旨、殿直：官名。五代後晋改殿前承旨爲殿直，爲皇帝的侍從官。

[2]密院承旨、承宣：官名。五代後晋改密院承旨爲承宣，以各衛將軍擔任，主管樞密院承旨司之事。

[3]客省：官署名。掌接待四方奏計及外族使者。長官爲客省使。

[4]“晋天福”至“定其名”：此條亦見《大典》卷一〇一一五。“四月”，《會要》卷二四諸使雜録條同，《輯本舊史》卷七九《晋高祖紀五》作“六月”，《大典》作“五月”。

周廣順二年十二月，詔改左右威衛復爲屯衛，[1]避御名也。

右改制。

[1]左右威衛：官名。唐置，掌宫禁宿衛。唐代置十六衛，即左右衛、左右驍衛、左右武衛、左右威衛、左右領軍衛、左右金吾衛、左右監門衛、左右千牛衛，各置上將軍，從二品；大將軍，正三品；將軍，從三品。

後唐同光二年三月，中書門下奏："糾轄之任，時謂外臺，宰字之官，[1]古稱列爵，如非朝命，是廢國章。近日諸道多是各列官銜，便指州縣，請朝廷之正授，樹藩鎮之私恩，頗亂規程，宜加條制。自今後大鎮節度使，管三州已上者，每年許奏管内官三人；如管三州以下者，許奏管内官二人。仍須有課績尤異，方得上聞。若止於檢慎無瑕，科徵及限，是守常道，只得書考旌嘉，不得特有薦奏。其防禦使每年只許奏一人，[2]若無尤異，不得奏薦。刺史無奏薦之例，不得輒亂規程。"從之。[3]其年八月，中書奏："僞庭之時，諸藩参佐，皆從除授。請今後諸道除節度副使、兩使判官除授外，[4]其餘職員並諸州軍事判官，各任本處奏辟，[5]其軍事判官仍不在奏官之限。[6]所冀招延之禮，皆合於前規；簡辟之間，無聞於濫舉。"從之。

[1]宰字之官：《輯本舊史》之影庫本粘籤："原本作'宰寧'，今據《五代會要》改正。"《會要》卷二四諸使雜録條等均無此記載。

[2]防禦使：官名。唐代始置，設有都防禦使、州防禦使兩種。常由刺史或觀察使兼任，實際上爲唐代後期州或方鎮的軍政長官。

[3]從之：《輯本舊史》原無，據《會要》卷二四諸使雜録條、《輯本舊史》卷三一《唐莊宗紀五》同光二年（924）三月丙午條補。

[4]請今後諸道除節度副使，兩使判官除授外：《輯本舊史》"請"原作"自"，據《輯本舊史》卷三二改。

[5]各任本處奏辟："奏"，中華書局本有校勘記："原作'奉'，據殿本、劉本、本書卷三二《唐莊宗紀六》、《册府》卷六一改。"亦見《輯本舊史》卷三二《唐莊宗紀六》同光二年八月辛巳條、明本《册府》卷六一《帝王部·立制度門》。《會要》卷二五幕府條此句作"並任本道、本州各當辟舉"。

[6]軍事判官：官名。唐中期節度使、觀察使及設團練使、防禦使之州皆置爲幕職，由各使自行辟舉。五代後唐明宗時設刺史之州亦改防禦判官而置，不得兼録事參軍。

長興二年十一月，詔曰："闕員有限，人數常多，須以高低，定其等級。起今後兩使判官罷任後，[1]宜一年外與比擬；書記、支使、防禦團練判官等，[2]二年外與比擬；[3]推巡、防禦團練推官、軍事判官等，[4]並三年後與比擬。仍每遇除授，量與改轉官資，或階勳，或職資。[5]其有殊常勤績者，别議優陞。若有文學智術超邁羣倫，或爲衆所稱，或良知迥舉、察驗的實者，不拘年月之限。"

[1]兩使判官：節度判官、觀察判官連稱。

[2]書記：官名。即掌書記。唐、五代方鎮僚屬，位在判官下。

掌表奏書檄、文辭之事。 支使：官名。唐代節度使、觀察使等屬官，位副使、判官之下，推官之上。掌表奏書檄等。 防禦團練判官：官名。唐中期節度使、觀察使及設團練使、防禦使之州皆置爲幕職，由各使自行辟舉。五代後唐明宗時設刺史之州亦改防禦判官而置，不得兼録事參軍。

[3]二年外與比擬：中華書局本有校勘記："'與比擬'三字原闕，據《册府》卷六三三補。"

[4]推巡、防禦團練推官：官名。唐肅宗以後置，五代沿置。皆爲節度、觀察、團練、防禦等使的屬官。 軍事判官：官名。唐中期節度使、觀察使及設團練使、防禦使之州皆置爲幕職，由各使自行辟舉。五代後唐明宗時設刺史之州亦改防禦判官而置，不得兼録事參軍。

[5]或職資：中華書局本有校勘記："'職資'，本書卷四二《唐明宗紀八》、《册府》卷六三三、《五代會要》卷二五作'職次'。"

清泰二年八月，中書門下上言：[1]"前大卿監、五品陞朝官、西班將軍，[2]皆在任許滿二十五月，如銜替已經二十月，[3]即別任用。少卿監，舊例三任四任方入大卿監，五品，三任四任方入少卿監，今後並祇三任，逐任須月限滿無殿責者，便入此官。西班將軍，罷任一年許求官，舊例三任四任方入大將軍，今祇以三任爲限，三任大將軍方入上將軍，並須逐任滿月限，無殿責，或曾任金吾將軍、街使、藩鎮刺史，[4]特敕並不拘此例。諸道除兩使判官外，書記已下任自辟請。應朝官除外任，罷任後一年方許陳乞。諸道賓席未曾陞朝者，若官兼三院御史，即除中下縣令；兼大夫、中丞、秘書少監、郎中、員外郎，與清資初任陞朝官；[5]檢校官至尚書、常侍、祕書監、庶子，[6]陞朝便與少卿監。諸州防禦、團練判、推官，並請本州辟請，[7]中書不更除授。應出選門官帶三院御史供奉裏行及省銜，[8]罷任後周年，許陳乞。諸州别駕，[9]不除令録，仍守本官月限，得替後一年，許陳乞。長史、司馬，[10]因攝奏正，比未有官者送名。"[11]從之。

[1]中書門下：官署名。唐代以來爲宰相處理政務的機構。參見劉後濱《唐代中書門下體制研究——公文形態·政務運行與制度變遷》，齊魯書社 2004 年版。

[2]大卿監：中華書局本有校勘記："原作'大御監'，據《五代會要》卷一三、《册府》卷六三三改。"見《會要》卷一三起請雜録條、《册府》卷六三三《銓選部·條制門》。《會要》"大卿監"均作太卿監。　五品陞朝官：又稱朝官、常參官。常朝日可以朝見皇帝和參加朝廷宴坐的中、高級官員。唐代文官五品以上及兩省供奉官、監察御史、員外郎、太常博士，每天可以朝見皇帝，即陞朝官。　西班將軍：唐置十六衛掌宫禁宿衛，各置上將軍、大將軍、將軍。朝會時，文武依次排列於朝堂東西側，西班即爲武官諸將軍。

[3]衝替：指貶降官職。

[4]今祇以三任爲限：中華書局本有校勘記："'以三任爲限'五字原闕，據《五代會要》卷一三、《册府》卷六三三補。"　三任大將軍方入上將軍：中華書局本有校勘記："此十字原闕，據《五代會要》卷一三補。"　並須逐任滿月限無殿責：中華書局本有校勘記："'並須逐任滿月限'七字原闕，據《五代會要》卷一三、《册府》卷六三三補。"　"或曾任金吾將軍"：中華書局本有校勘記："'軍'字原闕，據《五代會要》卷一三、册府卷六三三

補。”　街使：官名。掌巡查京城六街。

[5]秘書少監：官名。唐承隋制，置秘書省，設秘書少監二人協助秘書監工作。從四品上。

[6]祕書監：官名。秘書省長官，掌圖書秘記等。從三品。　庶子：官名。即太子左右庶子。太子府屬官。掌侍從太子左右，獻納啓奏，宣傳令言。正四品下。

[7]並請本州辟請：中華書局本有校勘記："'辟請'，原作'辟諸'，據《五代會要》卷一三、《册府》卷六三三改。殿本作'奏辟'。"

[8]供奉裹行：官名。"供奉"即"内供奉"。唐武后長安二年（702）始置，是一種加銜。御史之資淺者，其銜内加"内供奉"字樣，有侍御史内供奉（或稱侍御史裹行使），殿中侍御史内供奉（又稱殿中裹行或殿中裹行使）；門下省的左補闕、左拾遺與中書省的右補闕、右拾遺其資淺者亦加"内供奉"字樣。上述諸内供奉，其設置員額不固定，但不得超過正員額數之半。

[9]别駕：官名。隋唐時期爲府、州上佐之一。名義上爲府、州長官副職，通判列曹事務，但實際上品秩雖高，卻無所職掌，多用以安排貶謫大臣。

[10]長史：官名。州府屬官。協助處理州府公務。正四品上至正六品上。　司馬：官名。即行軍司馬。方鎮屬官。掌軍籍符伍、號令印信，是藩鎮重要的軍政官員。

[11]比未有官者送名：中華書局本有校勘記："'比'字原闕，據《職官分紀》卷四〇引《五代職官志》、《五代會要》卷一三補。"

三年五月乙未，[1]詔曰："近以内外臣僚，出入迭處，稍均勞逸，免滯轉遷，應兩使判官、畿赤令長，[2]取郎中、員外、補闕、拾遺、三丞、五博、少列、宫僚，[3]選擇擢任，一則俾藩方侯伯，别耀賓階；次則致朝列人臣，備諳時政。今後或有滿闕，便宜依此施行。”

[1]三年五月乙未：《宋本册府》卷六三三《銓選部·條制門五》作“四月”。

[2]兩使判官：節度判官、觀察判官連稱。　畿赤令長：唐代京都城内的縣稱赤縣，三京郊外的縣稱畿縣，其下又有望縣、緊縣。此外又根據户口多寡分爲上、中、中下、下四等。凡列爲赤、畿、望、緊者，不限户數，均爲上等。縣的長官稱縣令。　應兩使判官畿赤令長：中華書局本有校勘記：“‘應兩使判官’，‘使’原作‘司’，據《五代會要》卷一三、《册府》卷六三三改。‘畿赤令長’，‘長’字原闕，據《五代會要》卷一三、《册府》卷六三三補。”

[3]三丞：宗正寺丞、太常寺丞、秘書監丞號稱“三丞”。　五博：國子監太學博士、博學博士、律學博士、宗學博士與太常寺博士的合稱。　少列：九寺五監及詹事府等副貳之總稱。　宫僚：太子官屬。

周廣順元年夏五月辛巳，詔：“朝廷設爵命官，求賢取士，或以資敘進，或以科級陞。至有白首窮經，方諧一第；半生守選，始遂一官。是以國無幸民，士不濫進。近年州郡奏薦，多無出身、前官，或因權勢書題，或是衷私請託，既難阻意，便授真恩。遂使躁求僥倖之徒，争遊捷徑；辛苦孤寒之士，盡泣窮途。將期激濁揚清，所宜循名責實。今後州府不得奏薦無前官及無出身人，如有奇才異行，越衆超羣，亦許具名以聞，便可隨表赴闕，當令有司考試，朕亦親自披詳，斷其否臧，俾之陞黜，庶使人不謬舉，野無遺才。”[1]

[1]“周廣順元年”至“野無遺才”：《宋本册府》卷六三四《銓選部·條制門六》載此條後尚有“冀廣得人，以資從政”八字。

顯德二年六月，詔：“兩京、諸道州府留守判官、兩使判官、少尹、防禦團練軍事判官，今後並不得奏薦；其防禦、團練、刺史州各置推官一員。”[1]

右釐革。

[1]“兩京、諸道州府”至“推官一員”：“兩京諸道州府”，中華書局本有校勘記：“‘道’原作‘州’，據殿本、孔本、本書卷一一五《周世宗紀二》、《五代會要》卷二五改。”見《會要》卷二五幕府條，亦見《輯本舊史》卷一一五《周世宗紀二》顯德二年（955）六月庚申條。在“今後並不得奏薦”後，兩書均有如隨郡或隨事已歷此職者不在此限或聽奏等語。

晋天福三年十一月，[1]起居郎殷鵬上言：[2]“竊聞《司封格式》，[3]内外文武臣僚纔陞朝籍者，無父母便與追封追贈，[4]父母在即未敘未封。以臣所見，誠爲不可。此則輕生者而重死者，棄今人而録故人，其榮有何？其理安在？又云，父母在，品秩及格者，即以封其母，不加其父，便加邑號，兼曰太君。遂令妻則旁若無夫，子則上若無父，豈有父則賤而母則貴，夫則卑而妻則尊？若謂其父未合加恩，安得其母受賜；若謂以子便合從貴，[5]曷得其父不先封？[6]伏以父尊母卑，天地之道，尊無二上，國、家同體。今母受封父無爵，[7]名教不順，莫大於兹。臣伏乞自今後文武臣僚，父母在，其父已有官爵者，[8]即敘進資品以及格式，或不任禄仕，即可授以致仕或同正官，所貴得以敘封妻室。即父母俱榮，孝子無不逮之感，閨門交映，聖君覃慶賞之恩。噫！荷陛下孝治之風，受陛下榮親之禄者，静而屈指，不過數人。陛下得以特議舉行，編爲令式，勸天下之爲善，令域中之望風，自然見前代之闕文，成我朝之盛典。況唐長興元年德音内一節：'應在朝中外臣僚，父母在，並與加恩。'司封不行明制，堅執前文；儻布新恩，兼合舊敕，庶使事君事父，恒遵一體之規；爲子爲臣，不失兩全之義。臣又聞《司封令式》，内外臣僚官階及五品已上者，即與封妻蔭子，固不分於清濁，但祇言其品秩。且諫議大夫、給事中、中書舍人，並是五品，贊善大夫、洗馬、中允、奉御等，[9]亦是五品。若論朝廷之委任，宰臣之擬掄，[10]出入之階資，中外之瞻望，則天壤相懸矣。及其敘封，乃爲一貫，相沿至此，其理甚非。[11]而况北省爲陛下侍從之臣，南宫掌陛下經綸之務，[12]憲臺執陛下紀綱之司，首冠羣僚，總爲三署，當職尤重，責望非輕。此則清列十年，不遂顯榮之願；彼則雜班兩任，便承封廕之恩。事不均平，理宜改革。伏乞自今後應諸司官及五品已上者，[13]即依舊制施行，應三署清望官及六品已上，便與封蔭。清濁既異，品秩宜升，仍下所司，議爲恒式。"從之。

［1］天福三年十一月：中華書局本有校勘記："'三年十一月'，《册府》卷四七六作'二年十二月'。"

［2］殷鵬：人名。魏州大名（今河北大名縣）人。後晋大臣。傳見本書卷八九。

［3］《司封格式》：唐吏部司封司格式。格爲皇帝臨時頒佈的各種單行敕令、指示的彙編，式爲規定的官署公文的程式。

［4］無父母便與追封追贈：中華書局本有校勘記："下一'追'字原闕，據《册府》卷四七六補。"

［5］若謂以子便合從貴：中華書局本有校勘記："'從'字原闕，據《册府》卷四七六補。"

［6］先封：《輯本舊史》之影庫本粘籤："先封，原本脱'封'字，今從《五代會要》增入。"

［7］今母受封父無爵：中華書局本有校勘記："'今母受封'，原作'今授封'，據《册府》卷四七六改。"

［8］其父已有官爵者：中華書局本有校勘記："'父'下原有'母'字，據《册府》卷四七六删。"

［9］贊善大夫：官名。即太子左右贊善大夫。掌規諫太子過失，贊相禮儀等事。正五品。　洗馬：官名。即太子洗馬。太子屬官。掌經籍，出入侍從。從五品。　中允：官名。即太子中允。掌侍從禮儀、駁正啓奏，並監約及通判坊局事；若庶子缺，則監封題，職擬黄門侍郎。正五品。

［10］宰臣之擬掄：中華書局本有校勘記："'擬掄'，原作'擬論'，據《册府》卷四七六改。"

［11］其理甚非：中華書局本有校勘記："'其理'二字原闕，據《册府》卷四七六補。"

［12］北省：指門下省、中書省。　南宫：即南省。指尚書省。

［13］伏乞自今後應諸司官及五品已上者：中華書局本有校勘記："'司'字原闕，據《册府》卷四七六補。"

漢乾祐元年七月，[1]詔："尚書省集議，内外臣僚，父在，母承子廕敘封追封，合加'太'字否以聞。"尚書省奏議曰："今詳前後敕條，凡母皆加'太'字，存殁並同。此即是父殁母存即敘封進封内加'太'字，母殁，追封亦加'太'字，故云存殁並同。若是父在，據敕格無載爲母加'太'字處。若以近敕，因子貴與父命官，父自有官，即妻從夫品，[2]可以封妻，父在不合以其子加母'太'字。若雖有因子之官，其品尚卑，未得廕妻，敘封亦不合用子廕之限。"[3]從之。

[1]乾祐：後漢高祖劉知遠、隱帝劉承祐年號（948—950）。北漢亦用此年號。

[2]即妻從夫品：《輯本舊史》之影庫本粘籤："夫品，原本作'夫石'，今從《五代會要》改正。"見《會要》卷一四司封條。"

[3]敘封亦不合用子廕之限：《輯本舊史》原無"敘封"二字，據《會要》卷一四補。

周顯德六年冬十二月壬辰，尚書兵部上言："本司廕補千牛、進馬，[1]在漢乾祐中散失敕文，自來只準《晋編敕》及堂帖施行。伏緣前後不同，請别降敕命。"詔曰："今後應廕補子孫，宜令逐品許補一人，直候轉品，方得更補，不得於本品内重疊收補。如是所補人有身故、除名、落藩、廢疾及應舉及第内，只許於本品内再補一人。太子進馬、太子千牛，不用收補。詹事依祭酒例施行。[2]兵部尚書、侍郎，舊例不許收補，宜許收補。致仕官歷任中曾任在朝文班三品、武班二品及丞郎給舍已上，[3]金吾大將軍、節度、防禦、團練、留後者，方得補廕。皇廕人，[4]其祖、父曾授著皇朝官秩，方得收補。應合收補人，須是本官親子孫，年貌合格，别無渝濫，方許施行。餘從舊例處分。”

右封廕。

[1]千牛：東宫武官名。即太子千牛。唐開元中改太子千牛備身、備身左右並爲太子千牛。分置於左右内率府，侍衛太子，各四十四人。從七品上。　進馬：雜任職名。唐置於太子僕寺，員額十一人。掌儀衛之馬，立於馬左，隨馬進退。《舊五代史考異》：“原本作‘進貝’，考《職官分紀》有太子進馬，‘貝’字係傳寫之訛，今改正。”

[2]詹事：官名。掌領太子、王府之詹事府，爲太子、王府官屬之長。正三品。

[3]給舍：《輯本舊史》之影庫本粘籤：“原本作‘給含’，考《職官分紀》，唐人稱給事中爲“給舍’，今改正。”

[4]皇廕人：《輯本舊史》之影庫本粘籤：“案《石林燕語》，五代大臣有累事數朝者，其前朝所得廕澤，及改事新朝，謂之‘皇廕’，今附識於此。”“案：五代大臣有改事新朝，所得廕澤尚可推恩及下者，蓋一時相沿之陋習也，謹附識於此。”

梁開平四年四月，敕：“諸州鎮使，官秩無高卑，並在縣令之下。”[1]其年九月，詔曰：“魏博管内刺史，比來州務，並委督郵，[2]遂使曹官擅其威權，州牧同於閑冗，俾循通制，宜塞異端，並宜依河南諸州例，刺史得以專達。”時議者曰：“唐朝憲宗時，[3]烏重胤爲滄州節度使，[4]嘗以河朔六十年能抗拒朝命者，[5]以奪刺史權與縣令職而自作威福耳。若二千石各得其柄，又有鎮兵，雖安、史挾奸，豈能據一墉而叛哉！遂奏以所管德、棣、景三州，[6]各還刺史職分，州兵並隸收管。是後雖幽、鎮、魏三道以河北舊風自相傳襲，[7]唯滄州一道，獨禀命受代，自重胤制置使然也。則梁氏之更張，正合其事矣。”

[1]“梁開平”至“之下”：亦見《宋本册府》卷一九一《閏位部·立法制門》。

[2]督郵：此處指藩鎮佐吏。

[3]憲宗：即李純，805年至820年在位。唐朝皇帝，唐德宗李适之孫、唐順宗李誦之子。紀見《舊唐書》卷一五、《新唐書》卷七。

[4]烏重胤：人名。張掖（今甘肅張掖市）人。唐後期將領。傳見《舊唐書》卷一六一、《新唐書》卷一七一。　滄州：州名。治所在今河北滄縣舊州鎮。此處指代方鎮横海軍。

[5]嘗以河朔六十年能抗拒朝命者：中華書局本有校勘記：“‘六十’，原作‘十六’，據《職官分紀》卷四〇引《五代職官志》、《御覽》卷二五五引《五代史梁書》、《册府》卷一九一、《舊唐書》卷一六一《烏重胤傳》乙正。”

[6]德：州名。治所在安德縣（今山東德州市陵城區）。　棣：州名。治所在今山東惠民縣。　景：州名。治所在今河北東光縣。

[7]幽：州名。治所在今北京市。此處指代方鎮范陽軍。　鎮：州名。治所在今河北正定縣。此處指代方鎮成德軍。　魏：州名。治所在今河北大名縣。此處指代方鎮魏博軍。

後唐長興二年閏五月，[1]詔曰：“要道纔行，則千岐共貫；宏綱一舉，則萬目畢張。前王之法制罔殊，百代之科條悉在，無煩改作，各有定規，守程式者心逸日休，率胸臆者心勞日拙。天垂萬象，星辰之分野靡差；地載羣倫，岳瀆之方隅不易。儻各司其局，則皆盡其心。且《律令》、《格式》、《六典》，凡關庶政，互有區分，久不舉行，遂至隳紊。宜準舊制，令百司各於其間録出本局公事，巨細抄寫，不得漏落纖毫，集成卷軸，仍粉壁書在公廳。[2]若未有廨署者，文書委官司主掌，仍每有新授官到，令自寫録一本披尋。或因顧問之時，應對須知次第，無容曠闕，每在執行，使庶僚則守法奉公，宰臣則提綱振領，必當彝倫攸敘。所謂至道不繁，何必期年，然後報政。宜令御史臺遍加告諭催促，限兩月内鈔録及粉壁書寫須畢，其間或有未可便行，及曾釐革事件，委逐司旋申中書門下，當更參酌，奏覆施行。”其年八月，敕：“今後大理寺官員，宜同臺省官例升進，[3]其法直官，[4]比禮直官任使。”[5]

[1]後唐長興二年閏五月：中華書局本有校勘記：“‘二年’，原作‘元年’，據殿本、孔本、本書卷四二《唐明宗紀八》、《五代會要》卷一〇、《册府》卷六六、卷一五五改。影庫本批校：‘長興元年，據原本應做二年。’‘正月’，本書卷四二《唐明宗紀八》、《五代會要》卷一〇、《册府》卷一五五作‘閏五月’。”但未改，今據改。

[2]粉壁：《輯本舊史》之影庫本粘籤：“原本作‘糊壁’，今從《册府元龜》改正。”見《册府》卷一五五《帝王部·督吏門》。

[3]臺省官：唐龍朔二年（662）以尚書省爲中臺、門下省爲

東臺、中書省爲西臺，稱三省爲“臺省”，三省官爲“臺省官”。

[4]法直官：官名。原爲唐後期節度使府院掌律令條文的幕僚。五代時法直官參預司法活動，並於大理寺置法直司，設法直官若干。

[5]禮直官：官名。負責禮儀等事。

應順元年春三月戊午，[1]宗正上言：[2]“故事，諸陵有令、丞各一員，近令、丞不俱置，便委本縣令兼之。緣河南、洛陽是京邑，恐兼令、丞不便。”詔特置陵臺令、丞各一員。[3]

右雜録。《永樂大典》卷三千七百九十五。[4]

[1]應順：後唐閔帝李從厚年號（934）。

[2]宗正：官署名。即宗正寺。爲掌管皇室親族屬籍的事務機關。

[3]陵臺令：官名。唐置，掌守陵墓，爲陵臺主官。從五品上。丞：官名。即陵臺丞。爲陵臺令之貳，與令共掌守衛陵墓。從七品下。

[4]《大典》卷三七九五“官”字韻“五代官”事目。

舊五代史　卷一五〇

地理志[1]

[1]地理志：《輯本舊史》原作"郡縣志"。中華書局本有校勘記："《通鑑》卷二六四《考異》引作'薛居正《五代史·地理志》'，卷二六九《考異》引作'《薛史·地理志》'，《通鑑》卷二六四、卷二六九、卷二九三胡注皆引作'薛史地理志'，疑當作'地理志'。"見《通鑑》卷二六四《唐紀八〇》昭宗天復三年（903）二月壬辰條《考異》引薛居正《五代史·地理志》，同卷昭宗天復三年七月壬子條胡注引《薛史·地理志》，《通鑑》卷二六九《後梁紀四》均王乾化四年（914）十二月癸未條胡注引《薛史·地理志》，同卷均王貞明二年（915）八月條《考異》引《薛史·地理志》，《通鑑》卷二九三《後周紀四》世宗顯德三年（956）五月丙申條胡注引《薛史·地理志》，可知《輯本舊史》原誤，應據改。據《大典》凡例正史之志，各從所重者收，如《天文志》入天文。《大典》如整體收入《舊五代史·地理志》，應在"地"字韻，今闕。又，《輯本舊史》之案語："《郡縣志序》，《永樂大典》原闕。"《地理志》應有序言，今亦闕。

河南道

西京河南府　滑州　許州　陝州　青州　兖州　宋州　陳州　曹州　亳州　鄭州　汝州　單州　濟州　濱

州　密州　潁州　濮州　蔡州　萊州

關西道

雍州京兆府　同州　華州　耀州　乾州　隴州　涇州　原州　鄜州　威州　衍州　武州　良州　府州　雄州　警州　延州　慶州

河東道

并州太原府　潞州　澤州　晋州　新州　武州　雲州　應州　絳州　慈州　隰州　遼州　沁州　解州　勝州　河中府　代州

河北道

魏州大名府　鎮州真定府　滄州　景州　德州　邢州　磁州　澶州　貝州　相州　泰州　雄州　幽州　新城縣　定州　博州　莫州　深州　瑞州　静安軍　慎州　霸州　冀州

劍南道

蜀州　漢州　彭州

江南道

黔州　處州　温州　婺州　湖州　秀州　全州　杭州　福州　台州　明州　虔州　蘇州　邵州　郴州　建州　道州　鄂州　潭州　信州　永州　岳州

淮南道

安州　廬州　楚州　壽州　天長縣　鎮淮軍

山南道

襄州　鄧州　唐州　復州　金州　忠州　萬州　夔州　利州　閬州　果州　朗州　集州　鳳州　商州　隨州　合州　雄勝軍　郢州

隴右道

秦州　成州　洮州

嶺南道

邕州　恩州　溥州　思唐州　潘州　桂州[1]

[1]《輯本舊史》之案語："以上見《永樂大典》卷一萬七千三百八十二。考《薛史》諸志之體，《郡縣志》當是以《開元十道

圖》爲本，惟載五代之改制，其仍唐舊制者則闕焉。《永樂大典》載《薛史》原文，疑有删節，今仍録於卷首，以存其舊。”《大典》卷一七三八二“道”字韻“地理事韻一”。

兩京

東京　開封府，[1]梁開平元年，[2]梁祖初開國，[3]升汴州爲開封府，[4]建名東京，元管開封、浚儀、陳留、雍丘、封丘、尉氏六縣，[5]至是割滑州之酸棗、長垣，鄭州之中牟、陽武，宋州之襄邑，曹州之戴邑，許州之扶溝、鄢陵，陳州之太康九縣隸焉。[6]後唐復降爲汴州，[7]以宣武軍爲額，[8]其陽武、長垣、扶溝、考城等四縣仍且隸汴州，其餘五縣却還本部。晉天福中，[9]復升爲東京，復以前五縣隸之，漢、周並因之。[10]

[1]東京：都城名。東漢、北周、隋、唐皆曾以洛陽爲東京，五代後梁代唐，升汴州爲開封府，建名東都（參見《輯本舊史》卷一）。治所在今河南開封市。後唐同光元年（923），“汴州開封府復爲宣武軍”。後晉天福三年（938），復爲東京。後漢、後周皆因之不改。　開封府：府名，都城。唐爲汴州，後梁開平元年（907）升爲開封府，建都於此。後唐改汴州，後晉、後漢、後周及北宋復升爲開封府，皆都於此，號東京。治所在今河南開封市。

[2]梁：朝代名，此處所指爲五代後梁（907—923）。　開平：後梁太祖朱温年號（907—911）。

[3]梁祖：即後梁太祖朱温，原爲黄巢部將，降唐後賜名朱全忠。宋州碭山（今安徽碭山縣）人。傳見本書卷一至卷七、《新五代史》卷一至卷二。

［4］汴州：州名。北周建德五年（576）改梁州置，隋大業三年（607）廢，義寧元年（617）復置。唐天寶初改陳留郡，乾元初復爲汴州。後梁升爲開封府，後唐復爲汴州，後晋復升爲開封府，後漢、後周同。治所在今河南開封市。

［5］開封：縣名。秦置，北魏廢復置。唐貞觀初廢，延和元年（712）復置，爲汴州（開封府）附郭縣。治所在今河南開封市。 浚儀：縣名。西漢置，西晋廢，北魏復置。爲汴州（開封府）附郭縣。治所在今河南開封市。 陳留：縣名。秦置，西晋廢，隋開皇六年（586）復置。治所在今河南開封市祥符區陳留鎮。 雍丘：縣名。戰國魏置，後晋天福二年（937）改爲杞縣，後漢復爲雍丘，金代復改爲杞縣。治所在今河南杞縣。 封丘：縣名。西漢置，北魏廢復置，北齊廢，隋開皇年間復置。治所在今河南封丘縣。 尉氏：縣名。秦置，北魏廢復置，北齊廢，隋開皇年間復置。治所在今河南尉氏縣。

［6］滑州、酸棗、長垣、鄭州、中牟、陽武、宋州、襄邑、曹州、扶溝、鄢陵、太康：下文有單獨條目，此處不詳細解釋。 戴邑：縣名。東漢改甾縣置考城縣，其後屢廢屢置，隋開皇十八年復置考城縣，五代後梁改名戴邑，後唐復名考城。治所在今河南民權縣東。

［7］唐：朝代名。此處所指爲五代後唐（923—937）。

［8］宣武軍：方鎮名。唐建中二年（781）置，治所在宋州（今河南商丘市睢陽區），興元元年（784）徙治汴州（今河南開封市）。後梁還治宋州，後唐改爲歸德軍。

［9］晋：朝代名，此處所指爲五代後晋（936—947）。 天福：五代後晋高祖石敬瑭年號（936—942）。出帝石重貴沿用至九年（944）。後漢高祖劉知遠繼位後沿用一年，稱天福十二年（947）。

［10］漢：朝代名，此處所指爲五代後漢（947—950）。 周：朝代名，此處所指爲五代後周（951—960）。 “東京”至段末：《御覽》卷一五八《州郡部四·河南道上》東京開封府。《輯本舊

史》卷三〇《唐莊宗紀四》同光元年十二月戊寅條載，“詔改……汴州開封府復爲宣武軍”；同書卷三一《唐莊宗紀五》同光二年二月甲戌條載：“詔曰：‘汴州元管開封、浚儀、封丘、雍丘、尉氏、陳留六縣，僞庭割許州鄢陵、扶溝，陳州太康，鄭州陽武、中牟，曹州考城等縣屬焉。其陽武、匡城、扶溝、考城四縣，宜令且隸汴州，餘還本部。’”同書卷七七《晋高祖紀三》天福三年十月庚辰條載：“汴州宜升爲東京，置開封府。……應舊置開封府時所管屬縣，並可仍舊割屬收管。”

西京　河南府，[1]天寶元年改東都爲東京。[2]梁開平初都汴州，廢西京爲雍州，仍改東京爲西京。唐同光元年復爲東都。[3]晋天福三年又都汴州，此爲西京。自漢、周皆因之。[4]

[1]西京：都城名。東漢、隋、唐皆曾以長安爲西京。五代後梁以開封爲東京，洛陽爲西京。後唐復改洛陽爲東都，後晋又改爲西京，後漢、後周及北宋因之。　河南府：府名。唐開元元年（713）改洛州置。治所在今河南洛陽市。

[2]天寶：唐玄宗李隆基年號（742—756）。　東都：都城名。唐高宗顯慶二年（657），“詔改洛陽宫爲東都”（《舊唐書》卷四《高宗紀》）。光宅元年（684），武則天“改東都爲神都”（《舊唐書》卷六《則天皇后紀》）。唐中宗神龍元年（705），“神都依舊爲東都”（《舊唐書》卷七《中宗睿宗紀》）。唐玄宗天寶元年（742），“東都爲東京”。後梁改爲西京。後唐復爲東都。後晋移都汴州，又改爲西京。後漢、後周、北宋皆因之。治所在今河南洛陽市西工區。

[3]同光：後唐莊宗李存勗年號（923—926）。

[4]“西京”至段末：《太平寰宇記》卷三《河南道三》河南

府一條，亦見《新五代史》卷六〇《職方考三》。《輯本舊史》卷七七《晉高祖紀三》載，天福三年十月庚辰，“洛京改爲西京”。

新安縣[1]唐天成二年二月，[2]昇爲次赤縣，以奉莊宗雍陵。[3]

[1]新安縣：縣名。戰國秦置，隋仁壽四年（604）廢，大業三年（607）改東垣縣復置。治所在今河南新安縣。

[2]天成：後唐明宗李嗣源年號（926—930）。

[3]莊宗雍陵：陵墓名。後唐莊宗李存勗之墓，後晉避諱改爲伊陵。約在今河南新安縣北冶鎮下板峪村附近的小浪底水庫中。“新安縣”至段末：據《會要》卷二〇州縣望條補。

唐長興三年，[1]中書門下奏：“據《十道圖》，舊制以王者所都之地爲上，本朝都長安，[2]遂以關内道爲上。[3]今宗廟宫闕，皆在洛陽，[4]請以河南道爲上，[5]關内道爲第二，河東道第三，[6]河北道第四，[7]劍南道第五，[8]江南道第六，[9]淮南道第七，[10]山南道第八，[11]隴右道第九，[12]嶺南道第十。”[13]從之。[14]

[1]長興：後唐明宗李嗣源年號（930—933）。

[2]長安：都城。西漢至隋唐歷代多建都於此，治所在今陝西西安市。

[3]關内道：唐貞觀元年（627）分天下爲十道，初爲監察區，治所不定。唐代中後期道與方鎮體系結合，逐漸轉化爲行政區。關内道爲都城所在，故以關内道爲上。開元二十一年（733），自關内道劃出京畿道，皆治於長安。後唐都洛陽，故此改以河南道爲上。

按：關内道何時改關西道，史無明文，《會要》卷一六殿中省條記後漢乾祐三年（950）八月敕："殿中省執擎儀仗，關西道色役人員，地里遐遥，分番勞擾。宜據姓名，并還州縣。"據此則更改時間當在後唐長興三年（932）至後漢乾祐三年之間。參見鄭慶寰《輯本〈舊五代史·地理志〉所收"十道"内容辨析》，《唐史論叢》2016年第2期。

［4］洛陽：都城。東漢至隋唐多都於此，五代後唐亦都於此。治所在今河南洛陽市。

［5］河南道：唐貞觀元年置，貞觀十道之一。開元年間劃出都畿道，治於洛陽，河南道治於汴州（今河南開封市）。

［6］河東道：唐貞觀元年置，貞觀十道之一。開元後治於蒲州（今山西永濟市西南蒲州鎮）。

［7］河北道：唐貞觀元年置，貞觀十道之一。開元後治於魏州（今河北大名縣）。

［8］劍南道：唐貞觀元年置，貞觀十道之一。開元後治於益州（今四川成都市）。

［9］江南道：唐貞觀元年置，貞觀十道之一。開元年間分爲江南東道和江南西道，江南東道治於蘇州（今江蘇蘇州市），江南西道治於洪州（今江西南昌市）。

［10］淮南道：唐貞觀元年置，貞觀十道之一。開元後治於揚州（今江蘇揚州市）。

［11］山南道：唐貞觀元年置，貞觀十道之一。開元年間分爲山東東道和山南西道，山南東道治於襄州（今湖北襄陽市襄城區），山南西道治於梁州（後改興元府，今陝西漢中市）。

［12］隴右道：唐貞觀元年置，貞觀十道之一。開元後治於鄯州（今青海海東市樂都區）。

［13］嶺南道：唐貞觀元年置，貞觀十道之一。開元後治於廣州（今廣東廣州市）。咸通三年（862）分爲嶺南東道和嶺南西道。嶺南東道治於廣州（今廣東廣州市），嶺南西道治於邕州（今廣西南

寧市江南區亭子街一帶)。

［14］“唐長興三年”至段末：《會要》卷二〇州縣分道改置條。亦見《輯本舊史》卷四三《唐明宗紀九》。

十道

河南道

滑州[1]唐光啓二年，[2]改爲宣義軍節度。[3]至唐同光元年，復爲義成軍。[4]

［1］滑州：州名。隋開皇十六年（596）改杞州置，大業二年（606）改兖州，三年改東郡。唐武德元年（618）復爲滑州，天寶元年改靈昌郡，乾元元年復爲滑州。治所在今河南滑縣東南城關鎮（2017年12月改城關街道）。

［2］光啓：唐僖宗李儇年號（885—888）。

［3］宣義軍：方鎮名。唐貞元元年（785）改永平軍爲義成軍，光啓二年（886）改宣義軍，後唐復名義成軍，北宋初廢。治滑州（今河南滑縣城關鎮）。

［4］義成軍：方鎮名。唐貞元元年以永平軍改，光啓二年改宣義軍，後唐同光元年（923）復改義成軍。北宋初廢。治所在今河南滑縣。　“滑州”至段末：《會要》卷二四諸道節度使軍額條。《輯本舊史》卷三〇《唐莊宗紀四》同光元年十二月戊寅條載，改“滑州宣義軍復爲義成軍”。《新五代史》卷六〇《職方考三》載：“唐故曰義成。以避梁王父諱改曰宣義。唐滅梁，復其故。”

酸棗縣、長垣縣[1]梁開平三年二月，割隸汴州。唐同光二年二月，酸棗縣却隸滑州，長垣縣却改爲匡城縣。[2]晋天福三年十月，酸棗縣却割隸開封府。[3]

［1］酸棗縣：縣名。戰國魏置縣，北齊廢。隋開皇年間復置，北宋政和年間改爲延津縣。治所在今河南延津縣小潭鄉東古墻、西古墻、南古墻村一帶。　長垣縣：縣名。秦置縣，北魏太平真君八年（447）廢，景明三年（502）復置。隋開皇十六年（596）改名匡城。後梁改稱長垣，後唐復改匡城。宋初改鶴丘，大中祥符二年（1009）復改長垣。治所在今河南長垣縣。

［2］匡城縣：縣名。隋開皇十六年改長垣縣置，後梁改匡城爲長垣，後唐復爲匡城，北宋初年避諱改爲鶴丘，大中祥符二年復改長垣。治所在今河南長垣縣。

［3］"酸棗縣"至段末：《會要》卷二〇州縣分道改置條，亦見《新五代史》卷六〇《職方考三》。

許州[1]梁開平二年，改爲匡國軍。[2]唐同光元年十月，復爲忠武軍。[3]

［1］許州：州名。北周大定元年（581）改鄭州置，隋大業間改潁川郡，唐武德四年（621）復爲許州。治所在今河南許昌市。

［2］匡國軍：方鎮名。後梁以忠武軍改，後唐時復舊，北宋初廢。治所在許州（今河南許昌市）。

［3］忠武軍：方鎮名。唐貞元十年（794）以陳許節度使爲忠武軍，治許州。天復元年（901）徙治陳州（今河南淮陽縣）。後梁以忠武軍改匡國軍，還治許州，後唐時復爲忠武軍，北宋初廢。治所在許州（今河南許昌市）。　"許州"至段末：《會要》卷二四諸道節度使軍額條。《輯本舊史》卷三〇《唐莊宗紀四》載同光元年（923）十二月戊寅，詔改"許州匡國軍復爲忠武軍"。《新五

代史》卷六〇《職方考三》載："唐故曰忠武。梁改曰匡國。唐滅梁，復曰忠武。"

扶溝縣、**鄢陵縣**[1]梁開平三年二月，割隸汴州。唐同光二年二月，鄢陵縣却隸許州。天成元年九月，扶溝縣却隸許州。晉天福三年十月，並割屬開封府。[2]

[1]扶溝縣：縣名。西漢置，西晋初廢，後復置。治所在今河南扶溝縣。　鄢陵縣：縣名。西漢置縣，北齊天保中廢，唐武德年間復置。治所在今河南鄢陵縣。

[2]"扶溝縣"至段末：《會要》卷二〇州縣分道改置條。《輯本舊史》卷三七《唐明宗紀三》天成元年（926）九月乙卯條載："詔汴州扶溝縣復隸許州。"

陜州[1]梁開平二年，改爲鎮國軍節度。[2]至唐同光三年，復爲保義軍。[3]

[1]陜州：州名。北魏太和十一年（487）置，十八年廢。東魏復置，隋大業初廢。唐武德元年（618）復置，天寶元年（758）改爲陜郡，乾元元年（758）復爲陜州。治所在今河南三門峽市陜州區。

[2]鎮國軍：方鎮名。後梁改保義軍爲鎮國軍，後唐復舊。治所在陜州（今河南三門峽市陜州區）。

[3]保義軍：方鎮名。唐龍紀元年（889）以陜虢節度使爲保義軍，後梁改鎮國軍，後唐復爲保義軍，北宋初廢。治陜州。"陜州"至段末：《會要》卷二四諸道節度使軍額條。《輯本舊史》卷三〇《莊宗紀四》載同光元年（923）十二月戊寅，改"陜府鎮

國軍復爲保義軍”。《新五代史》卷六〇《職方考三》載：“唐故曰保義，梁改曰鎮國，後唐復曰保義。”

青州[1]晋開運元年十二月，[2]降爲防禦州，與登、萊、淄三州並屬京，[3]以楊光遠叛命初平故也。[4]至漢天福十二年六月，[5]復舊爲平盧軍節度。[6]

[1]青州：州名。古九州之一，西漢十三刺史部之一，東漢後期開始成爲政區。南燕置青州，隋大業三年（607）改爲北海郡，唐復爲青州。天寶初改北海郡，乾元初復爲青州。治所在今山東青州市。

[2]開運：後晋出帝石重貴年號（944—946）。

[3]登：州名。唐武則天如意元年（692）置，天寶元年（742）改東牟郡，乾元元年（758）復改登州。治所在今山東蓬萊市。　萊：州名。隋開皇五年（585）置，大業初改爲東萊郡。唐武德四年（621）復爲萊州，天寶元年改東萊郡，乾元元年復爲萊州。治所在今山東萊州市。　淄：州名。隋開皇十六年置，大業初廢。唐武德元年復置，天寶元年改淄川郡，乾元元年復爲淄州。治所在今山東淄博市淄川區。

[4]楊光遠：人名。沙陀部人，五代將領。傳見本書卷九七、《新五代史》卷五一。

[5]天福：五代後晋高祖石敬瑭年號（936—942）。出帝石重貴沿用至九年（944）。後漢高祖劉知遠繼位後沿用一年，稱天福十二年（947）。

[6]平盧軍：方鎮名，唐開元七年（719）升平盧軍使置，治所在營州（今遼寧朝陽市）。上元二年（762）移治青州，號淄青平盧節度使。後梁復稱平盧，後晋廢，後漢復置，北宋初廢。治所在青州（今山東青州市）。　“青州”至段末：《會要》卷二四諸

道節度使軍額條。青州降爲防禦使額，亦見《輯本舊史》卷八三《晋少帝紀三》開運元年（944）閏十二月丙戌條。青州復爲節鎮，亦見《輯本舊史》卷一〇〇《漢高祖紀下》天福十二年（947）六月己巳條。

兖州[1]周廣順二年五月，[2]降爲防禦州，以慕容彦超叛命初平故也。[3]

[1]兖州：州名。古九州之一，西漢十三刺史部之一，東漢晚期成爲政區。隋大業二年（606）改爲魯州，唐武德五年（622）復爲兖州。治所在今山東濟寧市兖州區。

[2]廣順：後周太祖郭威年號（951—953）。

[3]慕容彦超：人名。沙陀部人。後漢高祖劉知遠異母弟。五代將領。傳見本書卷一三〇、《新五代史》卷五三。　“兖州”至段末：《會要》卷二四諸道節度使軍額條，亦見《輯本舊史》卷一一二《周太祖紀三》廣順二年（952）五月癸未條，作“詔兖州降爲防禦州，仍爲望州”。

宋州[1]梁開平三年五月，升爲宣武軍節度，[2]割亳、輝、潁三州隸之。[3]至唐同光元年，改爲歸德軍。[4]

[1]宋州：州名。隋開皇十六年（596）置，大業三年（608）改爲梁郡。唐武德四年（621）復爲宋州，天寶元年（742）改睢陽郡，乾元元年（758）復爲宋州。治所在今河南商丘市睢陽區。

[2]宣武軍：方鎮名。唐建中二年（781）置，治所在宋州，興元元年（784）徙治汴州。後梁還治宋州。後唐改爲歸德軍。治宋州（今河南商丘市睢陽區）。

[3]亳：州名。北周改南兖州置，隋大業三年改爲譙郡，唐武

德時復爲亳州，天寶元年又改譙郡，乾元元年復爲亳州。治所在今安徽亳州市譙城區。　輝：州名。唐光化二年（899）改單州置，治所在碭山縣（今安徽碭山縣），三年徙治單父縣（今山東單縣南）。後唐同光二年（924）復改單州。治所在今山東單縣南。　穎：州名。北魏孝昌年間置，北齊廢。唐武德六年（623）改信州爲潁州。治所在今安徽阜陽市。

[4]歸德軍：方鎮名，後梁徙宣武軍治宋州，後唐改爲歸德軍，北宋初廢。治所在宋州（今河南商丘市睢陽區）。　"宋州"至段末：《會要》卷二四諸道節度使軍額條，亦見《通鑑》卷二六七《後梁紀二》太祖開平四年（910）四月丁卯條胡注引《薛史》、《新五代史》卷六〇《職方考三》。《輯本舊史》卷三〇《唐莊宗紀四》同光元年十二月戊寅，改"宋州宣武軍爲歸德軍"。

襄邑縣[1]梁開平三年二月，割隸汴州。唐同光二年二月，却隸宋州。晋天福三年十月，復割隸開封府。[2]

[1]襄邑縣：縣名。秦置，南朝宋廢。北魏復置，北齊廢。隋開皇十六年（596）復置。治所在今河南睢縣。

[2]"襄邑縣"至段末：《會要》卷二〇州縣分道改置條。

陳州[1]晋開運二年十月，升爲鎮安軍節度。至漢天福十二年六月，降爲刺史。周廣順元年正月，升爲防禦州。二年七月，復升爲鎮安軍節度，[2]以潁州隸之。[3]

[1]陳州：州名。北周改信州置，隋大業初改爲淮陽郡，唐武德元年（618）改陳州，天寶元年（742）改淮陽郡，乾元元年（758）復改陳州。治所在今河南淮陽縣。

[2]鎮安軍：方鎮名。後晋開運二年（945）置，後漢降爲州。後周廣順二年（952）復置，北宋初廢。治陳州。

[3]“陳州”至段末：《會要》卷二四諸道節度使軍額條，亦見《新五代史》卷六〇《職方考三》。陳州升爲節鎮，以鎮安軍爲軍額，亦見《輯本舊史》卷八四《晋少帝紀四》開運二年十月癸巳條。陳州依舊爲郡，亦見《輯本舊史》卷一〇〇《漢高祖紀下》天福十二年（947）六月己巳條。陳州復升爲節鎮，亦見《輯本舊史》卷一一二《周太祖紀三》廣順二年七月丁卯條。《輯本舊史》卷八〇《晋高祖紀六》載，天福六年七月庚申，陳州曾升爲防禦使額。

太康縣[1]梁開平三年二月，割隸汴州。唐同光二年二月，復隸陳州。晋天福三年十月，却屬開封府。[2]

[1]太康縣：縣名。秦置陽夏縣，隋開皇七年（587）改爲太康縣。治所在今河南太康縣。

[2]“太康縣”至段末：《會要》卷二〇州縣分道改置條。

曹州[1]晋開運二年十月，升爲威信軍節度。[2]至漢天福十二年六月，降爲刺史。至周廣順二年七月，復升爲彰信軍節度，[3]以單州隸之。[4]

[1]曹州：州名。北周改西兖州置，隋大業初改濟陰郡，唐武德初復爲曹州，天寶元年（742）改濟陰郡，乾元元年（758）復爲曹州。治所在今山東曹縣西北六十里。

[2]威信軍：方鎮名。後晋開運二年（945）升曹州爲威信軍節度，後漢天福十二年（947）復爲曹州，後周升置彰信軍。治所

在曹州（今山東曹縣西北六十里）。

[3]彰信軍：方鎮名。後周升曹州置彰信軍。治曹州。

[4]“曹州”至段末：《會要》卷二四諸道節度使軍額條，亦見《新五代史》卷六〇《職方考三》。晉天福三年十月，曹州改爲防禦州，見《輯本舊史》卷七七《晉高祖紀三》十月庚辰條。曹州升爲節鎮，以威信軍爲軍額，亦見《輯本舊史》卷八四《晉少帝紀四》開運二年九月戊申條；曹州依舊爲郡，亦見同書卷一〇〇《漢高祖紀下》天福十二年六月己巳條；曹州復升爲節鎮，亦見同書卷一一二《周太祖紀三》廣順二年（952）七月丁卯條。

戴邑縣[1]梁開平三年二月，割隸汴州。唐同光二年二月，復爲考城縣。[2]

[1]戴邑縣：縣名。後梁改考城縣置，後唐復舊。治所在今河南民權縣東。

[2]考城縣：縣名，東漢章帝改甾縣置，西晉初廢，後復置。北齊廢，隋開皇十八年（598）復置。後梁改爲戴邑，後唐復名考城。治所在今河南民權縣東。　“戴邑縣”至段末：《會要》卷二〇州縣分道改置條。

亳州[1]梁開平二年升爲防禦州，唐爲團練州，晉復爲防禦州。[2]

[1]亳州：州名。北周改南兖州置亳州，隋大業三年（607）改爲譙郡，唐武德時復爲亳州，天寶元年（742）又改譙郡，乾元元年（758）復爲亳州。治所在今安徽亳州市譙城區。

[2]“亳州”至段末：《太平寰宇記》卷一二《河南道一二》亳州條。《輯本舊史》卷七八《晉高祖紀四》載，天福四年（939）

八月“壬子，升亳州爲防禦使額，依舊隸宋州”。

夷父縣[1]梁龍德元年三月壬寅，[2]改亳州焦夷縣爲夷父縣。[3]

[1]夷父縣：縣名。後梁龍德元年（921）改焦夷縣置，後唐復爲城父縣。治所在今安徽亳州市譙城區城父鎮。

[2]龍德：後梁末帝朱友貞年號（921—923）。

[3]焦夷縣：縣名。西漢置城父縣，唐末避朱全忠父諱改爲焦夷，後梁龍德元年又改爲夷父縣，後唐復爲城父縣。治所在今安徽亳州市譙城區城父鎮。 “夷父縣”至段末：《輯本舊史》卷一〇《梁末帝紀下》。《太平寰宇記》卷一二《河南道一二》亳州條載，城父縣，“唐末避梁王諱改爲焦夷。後唐同光元年復舊名”。

鄭州[1]

中牟縣、**陽武縣**[2]梁開平三年二月，割隸汴州。唐同光二年敕：“中牟縣却隸鄭州。”晉天福三年十月，中牟縣却割屬開封府。[3]

[1]鄭州：州名。隋開皇三年（583）改滎州置，大業三年（607）改滎陽郡。唐武德間復爲鄭州。治所在今河南鄭州市。

[2]中牟縣：縣名。西漢置，隋開皇初避諱改内牟，十八年改圃田縣。唐武德三年（620）復改中牟。治所在今河南中牟縣東。陽武縣：縣名。秦置縣。治所在今河南原陽縣。

[3]“鄭州”至段末：《會要》卷二〇州縣分道改置條。

汝州[1]梁開平四年改爲防禦州。[2]

[1]汝州：州名。隋大業二年（606）改伊州置，三年改襄城郡，唐貞觀八年（634）復置汝州。治所在今河南汝州市。

[2]“汝州”至段末：《太平寰宇記》卷八《河南道八》汝州條。

葉縣、襄城縣[1]唐同光二年十二月，租庸使奏：“二縣元屬汝州，今隸許州，伏緣最鄰京畿，户口全少，伏乞却割隸汝州。”從之。[2]

[1]葉縣：縣名。戰國楚置。南朝宋廢，北魏復置。治所在今河南葉縣葉邑鎮。　襄城縣：縣名。戰國楚置。治所在今河南襄城縣。

[2]“葉縣”至段末：《會要》卷二〇州縣分道改置條，亦見《新五代史》卷六〇《職方考三》。《輯本舊史》卷三二《唐莊宗紀六》載後唐同光三年（925）二月“辛未，許州上言：‘襄城、葉縣準敕割隸汝州，其扶溝等縣請却隸當州。’”

臨汝縣[1]周顯德三年三月廢。[2]

[1]臨汝縣：縣名。唐先天元年（912）置，後周顯德三年（956）廢。治所在今河南汝州市西北五十里臨汝鎮。

[2]顯德：後周太祖郭威、世宗柴榮、恭帝柴宗訓年號（954—960）。　“臨汝縣”至段末：《會要》卷二〇州縣分道改置條。

單州[1]本單父縣，[2]梁爲輝州，[3]唐同光二年復舊，隸宋州。周廣順中，割隸曹州。[4]

[1]單州：州名。唐光化二年（899）置輝州，治碭山縣（今安徽碭山縣）。《新唐書》卷三八《地理志二》："光化二年，朱全忠以碭山、虞城、單父、曹州之成武表置輝州。"次年徙治單父縣（《舊唐書》卷二〇上《昭宗紀》朱全忠奏："本貫宋州碭山縣，蒙恩升爲輝州，其地卑濕，難葺廬舍，請移輝州治所于單父縣。"從之。）後唐同光二年（924）改爲單州。治所在今山東單縣南。

[2]單父縣：縣名。秦置，西晋廢。隋開皇六年（586）復置。治所在今山東單縣。

[3]輝州：州名。治所在今山東單縣。按：唐光化二年置輝州，治碭山縣（今安徽碭山縣）。次年徙治單父縣（今山東單縣）。後唐同光二年復爲單州。

[4]"單州"至段末：《太平御覽》卷一五九《州郡部五》河南道中條。《輯本舊史》卷三二《唐莊宗紀六》同光二年六月己丑，"詔改輝州爲單州"；《通鑑》卷二八三《後晋紀四》齊王天福八年（943）十一月條胡注引薛居正《五代史》云："同光二年六月，改輝州爲單州。"《太平寰宇記》卷一四《河南道一四》單州載："朱梁開平初于單父縣置輝州。後唐同光二年改輝州爲單州。"《新五代史》卷六〇《職方考三》曰："唐末以宋州之碭山，梁太祖鄉里也，爲置輝州，已而徙治單父。後唐滅梁，改輝州爲單州。"

楚丘縣[1]梁開平四年四月，割隸宋州。[2]

[1]楚丘縣：縣名。隋開皇六年（586）改己氏縣置，明洪武初廢。治所在今山東曹縣安蔡樓鎮楚天集。

[2]"楚丘縣"至段末：《會要》卷二〇州縣分道改置條，亦見《新五代史》卷六〇《職方考三》。

碭山縣[1]唐同光二年二月敕："碭山縣，僞梁創爲輝州，併單州後，理所于輝州。今宜却屬單州，其輝州依舊爲碭山縣。"[2]

[1]碭山縣：縣名。隋開皇十八年（598）改安陽縣置，唐光化二年（899）爲輝州治，次年輝州徙治單父，碭山仍自爲縣。治所在今安徽碭山縣。

[2]"碭山縣"至段末：《會要》卷二〇州縣分道改置條。

濟州[1]周廣順二年九月，以鄆州鉅野升爲州，[2]其地望爲上，割兗州任城、中都，[3]單州金鄉等縣隸之。[4]至其年十二月，又割鄆州鄆城縣隸之。[5]中都縣却隸鄆州。[6]

[1]濟州：州名。後周廣順二年（952）分鄆州置。治所在今山東巨野縣。

[2]鄆州：州名。隋開皇十年（590）置，大業初改東平郡。唐武德初復改鄆州。治所初在萬安縣，唐貞觀中移治須昌縣。治所在今山東東平縣西北東平湖内。　鉅野：縣名。西漢置縣，北齊省。隋開皇十六年復置。治所在今山東巨野縣。

[3]兗州：州名。先秦九州之一，西漢爲十三刺史部之一，東漢末期成爲政區。隋大業二年改爲魯州，唐武德五年復爲兗州。治所在今山東濟寧市兗州區。　任城：縣名。秦置，南朝宋廢，北魏復置。治所在今山東濟寧市。　中都：縣名。唐天寶元年以平陸縣改，金貞元元年改爲汶陽縣。治所在今山東汶上縣。

[4]金鄉：縣名。東漢置，原治所在今山東嘉祥縣南四十里阿城埠，北魏移至今山東金鄉縣。

[5]鄆城：縣名。隋開皇十八年改萬安縣置，唐天祐二年(905）又改萬安縣，後唐復名鄆城，治所在今山東鄆城縣張營鎮一帶。參見山東地名研究所編《山東省地名志》第一卷，山東省地圖出版社 1999 年版，第 1607 頁。

[6]“濟州”至段末：《會要》卷二〇州縣分道改置條，《輯本舊史》卷一一二《周太祖紀三》載：“廣順二年十月己亥升鉅野縣爲濟州。”亦可參見《新五代史》卷六〇《職方考三》。《太平寰宇記》卷一四《河南道一四》濟州載爲：“周高祖廣順二年九月平兖州，迴至鉅野，因詔于此復置濟州，仍割兖州之任城金鄉、鄆州之中都等縣隸之，其年十二月又割鄆州鄆城縣隸之，中都却入鄆州。”

濱州[1]周顯德三年六月，以贍國軍升爲州，[2]其地望爲上，直屬京。割棣州勃海、蒲臺兩縣隸之。[3]

[1]濱州：州名。後周顯德三年（956）置。治所在今山東濱州市濱城區市中街道。

[2]贍國軍：軍名，準州級政區，屬鄆州天平軍節度使。參見李曉杰《中國行政區劃通史（五代十國卷）》，復旦大學出版社 2017 年版，第 1110 頁。唐垂拱四年（688）置渤海縣，後唐時在此置榷鹽務，後漢於渤海縣置贍國軍，後周顯德三年升爲濱州。

[3]棣州：州名。隋開皇六年（586）置，大業二年（606）改滄州，後又改渤海郡，唐武德四年復改棣州，尋廢。貞觀十七年(643）又置。治所初在今山東惠民縣辛店鎮先棣州村，五代初因河患徙治南舊州城（惠民縣清河鎮古城馬村）。　勃海：縣名，又作渤海。唐垂拱四年置。治所在今山東濱州市濱城區濱北街道。　蒲臺：縣名。隋開皇十六年置，唐貞觀六年廢，七年復置。治所在今山東濱州市濱城區市中街道。　“濱州”至段末：《會要》卷二〇州縣分道改置條，亦見《通鑑》卷二九四《後周紀五》世宗顯德

六年五月己酉條胡注引《薛史》、《新五代史》卷六〇《職方考三》。《輯本舊史》卷一一六《周世宗紀三》載，顯德三年六月“戊子，升贍國軍爲濱州”。

密州[1]

輔唐縣[2]梁開平二年，改爲安丘，[3]唐同光元年，復舊名。晋天福七年，改爲膠西，[4]避廟諱也。[5]

[1]密州：州名。隋開皇五年（585）改膠州置，大業初改高密郡。唐武德間改密州，天寶元年（742）又改高密郡，乾元元年（758）復改密州。治所在今山東諸城市。

[2]輔唐縣：縣名，唐乾元二年改安丘縣置，後梁改爲安丘。後唐復改爲輔唐。後晋改爲膠西。北宋復名安丘。治所在今山東安丘市。

[3]安丘：縣名。西漢置。北齊廢。隋大業二年（606）改牟山縣復置，唐乾元二年改輔唐縣，後梁開平二年（908）改安丘，後唐同光元年（923）復名輔唐，後晋天福七年（942）改爲膠西，宋初復名安丘。治所在今山東安丘市。

[4]膠西：縣名。後晋天福七年改輔唐縣置，宋初改名安丘。治所在今山東安丘市。按：後晋高祖名石敬瑭，唐、瑭同音避諱。

[5]“密州”至段末：《通鑑》卷二六四《唐紀八〇》昭宗天復三年（903）七月壬子條胡注引《薛史·地理志》。《會要》卷二〇州縣分道改置條載：“密州輔唐縣，梁開平二年八月，改爲安丘縣。後唐同光元年十月，後改爲輔唐縣。晋天福七年七月，改爲膠西縣，避國諱也。”

膠源縣[1]梁龍德元年三月壬寅，改密州漢諸縣爲膠源縣，[2]從中書舍人馬縞請也。[3]

[1]膠源縣：縣名。後梁龍德元年（921）改漢諸縣置，其沿革不詳。治所在今山東諸城市。

[2]漢諸縣：縣名。即唐密州治諸城縣。按此處不記諸城而曰漢諸，爲避諱故。《續山東考古録》卷一七《青州府下》載："朱温父名誠，縣兼犯姓名，故稱漢諸縣。"約後唐時復改爲諸城，治所在今山東諸城市。

[3]馬縞：人名。籍貫無考。五代大臣。傳見本書卷七一、《新五代史》卷五五。 "膠源縣"至段末：《輯本舊史》卷一〇《梁末帝紀下》。

潁州[1]漢初升爲防禦州，廣順二年復爲團練州。[2]

[1]潁州：州名。北魏孝昌三年（527）置，北齊廢。唐武德六年（623）改信州復置潁州。天寶初改爲汝陰郡，乾元初復爲潁州。治所在今安徽阜陽市。

[2]"潁州"至段末：《太平寰宇記》卷一一《河南道一一》潁州條。

濮州[1]

濮陽縣[2]晉天福三年十一月癸亥，割濮州濮陽縣隸澶州。[3]

[1]濮州：州名。隋開皇十六年（596）改濮陽郡置，大業初廢。唐武德四年（621）復置，天寶初改爲濮陽郡，乾元初復爲濮

州。治所在今山東鄄城縣舊城鎮。

[2]濮陽縣：縣名。秦置。原治所在今河南濮陽縣東南二十里高城村，後晋天福四年（939）徙治德勝城（今河南濮陽市東南五里）。

[3]澶州：州名。唐武德八年置，貞觀元年（627）廢，大曆七年（772）復置。原治所在頓丘縣（今河南清豐縣西南），後晋天福四年移治德勝城（今河南濮陽市東南五里），後周徙治今河南濮陽市。　"濮州"至段末：《輯本舊史》卷七七《晋高祖紀三》補。

蔡州[1]漢初升爲防禦州。[2]

[1]蔡州：州名。隋大業二年（606）改溱州置，三年改爲汝南郡。唐武德四年（621）改爲豫州，寶應元年（762）復改蔡州。治所在今河南汝南縣。

[2]"蔡州"至段末：據《太平寰宇記》卷一一《河南道一一》蔡州條。

萊州[1]晋天福五年十月甲辰，升爲防禦使額。[2]開運元年七月壬午，降爲刺史州。[3]

[1]萊州：州名。隋開皇五年（585）改光州置，大業初改東萊郡。唐武德四年（621）復爲萊州，天寶元年（742）改東萊郡，乾元元年（758）復爲萊州。治所在今山東萊州市。

[2]晋天福五年十月甲辰，升爲防禦使額：《輯本舊史》卷七九《晋高祖紀五》。

[3]開運元年七月壬午，降爲刺史州：《輯本舊史》卷八三《晋少帝紀三》。

關西道

雍州

京兆府[1]唐故上都,[2]昭宗遷洛,[3]廢爲佑國軍。[4]梁初改京兆府曰大安,[5]佑國軍曰永平。[6]唐滅梁，復爲西京。晉廢爲晉昌軍。[7]漢改曰永興,[8]周因之。[9]

[1]雍州：州名。《禹貢》九州之一，漢代初爲監察區，東漢後期逐漸轉化爲行政區，建安十八年（213）移治長安。隋大業間廢爲京兆郡，唐武德元年（618）復改雍州，開元元年（713）改爲京兆府。　京兆府：府名。唐開元元年改雍州置，後梁改爲大安府，後唐復爲京兆府。治所在今陝西西安市。

[2]唐：朝代名。此處指李淵所建之唐朝（618—907）。

[3]昭宗：皇帝名。即唐昭宗李曄，888 年至 904 年在位。洛：地名，即洛陽。唐昭宗天祐元年（904），被朱温脅迫遷都洛陽。

[4]佑國軍：方鎮名。唐文德元年（888）置，初治於河南府，天祐元年徙治京兆府。後梁改爲永平軍。治所在今陝西西安市。

[5]大安：府名。後梁改京兆府爲大安府，後唐復改爲京兆府。治所在今陝西西安市。

[6]永平：即永平軍。方鎮名。後梁改佑國軍置，後晉改爲晉昌軍，治所在今陝西西安市。

[7]晉昌軍：方鎮名。後晉改永平軍置，後漢改爲永興軍。治所在今陝西西安市。

[8]永興：即永興軍。方鎮名。後漢改晉昌軍置，後周因之。治所在今陝西西安市。

[9]“雍州京兆府”至段末：《新五代史》卷六〇《職方考三》。《輯本舊史》卷三〇《唐莊宗紀四》同光元年（923）十二月

載，“詔改僞梁永平軍大安府復爲西京京兆府”；同書卷七七《晋高祖紀三》天福三年（938）十月載：“雍京改爲晋昌軍。”《太平寰宇記》卷二五《關西道一》雍州一載：“朱梁開平元年都汴，改此爲佑國軍，府爲大安府；二年改爲永平軍。後唐同光初復爲西京京兆府。晋天福中改爲晋昌軍。漢乾祐初改爲永興軍，其京兆府仍舊。”

奉先縣[1]梁開平三年二月，割隸同州，唐同光三年二月，却隸京兆府。[2]

[1]奉先縣：縣名。唐開元四年（716）改蒲城縣置，以奉祀睿宗陵墓故名。北宋開寶四年（971）復名蒲城縣。

[2]“奉先縣”至段末：《會要》卷二〇州縣分道改置條。

武功縣、好畤縣[1]唐長興元年五月敕：“併臨等四鄉，却隸京兆府。”[2]

[1]武功縣：縣名。戰國秦置，北魏廢，北周復置。治所在今陝西武功縣西北武功鎮。　好畤縣：縣名。秦置縣，東漢廢。西晋元康中復置，北周時廢入漠西縣。隋開皇十八年（598），改漠西爲好畤，大業中復廢。唐武德二年（619）復置。治所在今陝西永壽縣店頭鎮好畤河村。

[2]“武功縣”至段末：《會要》卷二〇州縣分道改置條。《太平寰宇記》卷二七《關西道三》雍州三條載：“後唐同光中割屬鳳翔，長興元年却復京兆。”

萬年縣[1]梁開平元年改爲大年縣。[2]唐同光元年復舊名。[3]

[1]萬年縣：縣名。西漢置，隋改大興縣，唐武德元年（618）復名萬年。天寶七載（748）改爲咸寧，乾元元年（758）復名萬年，後梁改爲大年，後唐復名萬年。治所在今陜西西安市。

[2]大年縣：縣名。後梁開平元年（907）改萬年縣置，後唐復名萬年。治所在今陜西西安市。

[3]“萬年縣”至段末：《太平寰宇記》卷二五《關西道一》雍州一條。

長安縣[1]梁開平元年改爲大安縣。[2]唐同光三年復舊名。[3]

[1]長安縣：西漢置，後梁改大安，後唐復名長安。治所在今陜西西安市。

[2]大安縣：縣名。後梁改長安爲大安，後唐復名長安。治所在今陜西西安市。

[3]“長安縣”至段末：《太平寰宇記》卷二五《關西道一》雍州一條。

乾祐縣[1]漢乾祐二年又屬京兆，[2]便以年號名縣。[3]

[1]乾祐縣：縣名。後漢乾祐二年（949）改乾元縣置。治所在今陜西柞水縣。

[2]乾祐：後漢高祖劉知遠、隱帝劉承祐年號（948—950）。北漢亦用此年號。

[3]“乾祐縣”至段末：《太平寰宇記》卷二七《關西道三》

雍州三條。

同州[1]唐故曰匡國，[2]梁改曰忠武，[3]唐復曰匡國。[4]

[1]同州：州名。西魏改華州置，隋大業三年（607）廢，唐武德元年（618）復置。治所在今陝西大荔縣。

[2]匡國：即匡國軍。方鎮名。唐乾寧二年（895）升同州置匡國軍節度，天祐三年（906）廢。後梁復置，改名忠武軍，後唐復名匡國軍，北宋初廢。治所在同州（今陝西大荔縣）。

[3]忠武：即忠武軍。方鎮名。後梁置，後唐改爲匡國軍。治所在同州（今陝西大荔縣）。

[4]“同州”至段末：《新五代史》卷六〇《職方考三》。《太平寰宇記》卷二八《關西道四》同州條載：“本匡國軍節度使，梁改爲忠武軍。後唐同光初復舊。周顯德六年降爲刺史。”

郃陽縣[1]梁割隸河中府。[2]唐天成元年復舊。[3]

[1]郃陽縣：縣名。西漢置，唐屬同州。治所在今陝西合陽縣。

[2]河中府：府名。唐開元八年（720）升蒲州置，同年改蒲州。乾元三年（760）復置。治所在蒲州（今山西永濟市蒲州鎮）。

[3]“郃陽縣”至段末：《太平寰宇記》卷二八《關西道四》同州條。《輯本舊史》卷三六《唐明宗紀二》載，天成元年（926）七月甲子，詔割郃陽屬同州。

澄城縣[1]梁割屬河中府。唐同光三年復舊。[2]

[1]澄城縣：縣名。北魏太平真君七年（446）置。唐屬同州，後梁改屬河中府，後唐復屬同州。治所在今陝西澄城縣。

[2]“澄城縣”至段末：《太平寰宇記》卷二八《關西道四》同州條。

韓城縣[1]梁割屬河中府。唐天成元年復舊。[2]

[1]韓城縣：縣名。隋開皇十八年（598）置。唐屬同州，後梁改屬河中府，後唐復屬同州。治所在今陝西韓城市金城街道城古村。

[2]“韓城縣”至段末：《太平寰宇記》卷二八《關西道四》同州條。《輯本舊史》卷三六《唐明宗紀二》載，天成元年（555）七月甲子，詔割韓城屬同州。

華州[1]初爲感化軍，[2]至唐同光元年，改爲鎮國軍。[3]至周顯德元年八月，降爲刺史，直屬京。[4]

[1]華州：州名。西魏改東雍州置，隋大業初廢，唐初復置。有唐一代名稱變化複雜：垂拱元年（685）改爲太州，神龍元年（705）復；天寶元年（742）改華陰郡，乾元元年（758）復爲華州；上元元年（760）又改太州，寶應元年（762）復爲華州；乾寧四年（897）升德興府，光化三年（900）復爲華州。治所在今陝西渭南市華州區。

[2]感化軍：方鎮名。後梁置，後唐改爲鎮國軍。治所在華州（今陝西渭南市華州區）。

[3]鎮國軍：方鎮名。唐上元二年置，廣德元年（763）廢，光化元年復置，三年又廢。後梁復置，更名感化軍，後唐改爲鎮國軍，北宋初廢。治華州。

[4]“華州”至段末：《會要》卷二四諸道節度使軍額條。《輯本舊史》卷三〇《唐莊宗紀四》載同光元年（923）十二月戊寅，詔改“華州感化軍爲鎮國軍”；《輯本舊史》卷一一四《周世宗紀一》載，顯德元年（954）八月“己巳，華州鎮國軍宜停，依舊爲郡”。《通鑑》卷二六四《唐紀八〇》昭宗天復三年（903）二月壬辰條胡注引薛居正《五代史·地理志》：“華州，梁爲感化軍。”《新五代史》卷六〇《職方考三》曰：“華州，唐故曰鎮國，梁改曰感化，後唐復曰鎮國。”

洛南縣[1]唐同光三年六月，河中府奏：“韓城、郃陽、澄城縣，僞梁割屬當府。其澄城縣，今請却屬同州，韓城、郃陽縣且屬當府。”從之。天成元年七月敕：“韓城、郃陽二縣，却割隸同州。”[2]

[1]洛南縣：縣名。隋開皇五年（585）改拒陽縣置。治所在今陝西洛南縣。

[2]“洛南縣”至段末：《會要》卷二〇州縣分道改置條，亦見《新五代史》卷六〇《職方考三》。

渭南縣[1]周顯德三年，自京兆割隸華州。[2]

[1]渭南縣：縣名。十六國前秦置，後廢。西魏復置。治所在今陝西渭南市。

[2]“渭南縣”至段末：《太平寰宇記》卷二九《關西道五》華州條。《新五代史》卷六〇《職方考三》載：“故屬京兆，周改隸華州。”

耀州[1]梁貞明元年十二月，[2]改爲崇州，[3]升爲静勝軍節度。[4]至唐同光元年，改爲順義軍。[5]至二年三月，降爲團練州。至周顯德二年，降爲刺史，直屬京。[6]

［1］耀州：州名。唐天祐三年（906）置。後梁改稱崇州，後唐復改爲耀州。治所在今陝西銅川市耀州區。

［2］貞明：後梁末帝朱友貞年號（915—921）。

［3］崇州：州名。五代後梁改耀州置，後唐復爲耀州。治所在今陝西銅川市耀州區。

［4］静勝軍：方鎮名。唐天祐三年置義勝軍，後梁貞明元年（915）改爲静勝軍，後唐改爲順義軍。治所在耀州（今陝西銅川市耀州區）。

［5］順義軍：方鎮名。後唐同光元年（923）改静勝軍爲順義軍。治所在耀州（今陝西銅川市耀州區）。

［6］“耀州”至段末：《會要》卷二四諸道節度使軍額條。《太平御覽》卷一六四《州郡部一〇》關西道條載：“耀州，本京兆府華原縣，唐末李茂貞據鳳翔僭行墨制，建爲耀州。以義勝爲軍額，命温韜爲節度使。”亦見《新五代史》卷六〇《職方考三》。《輯本舊史》卷八《梁末帝紀上》載，李茂貞以華原爲耀州，貞明元年（915）十二月乙未，末帝詔升華原縣爲崇州静勝軍；同書卷三〇《唐莊宗紀四》載，同光元年十二月，“耀州静勝軍復爲順義軍”；同書卷三二《唐莊宗紀六》載，同光三年四月戊寅，“以耀州爲團練州，其順義軍額宜停”。

富平縣[1]唐同光初割屬耀州。[2]

［1］富平縣：縣名。秦置，初治在今寧夏吴忠市西南黄河東岸，東漢永和年間内遷至今陝西富平縣一帶。唐末屬鼎州，後梁屬裕

州，後唐改屬耀州。治所在今陝西富平縣東華街道舊縣村。

[2]“富平縣”至段末：《太平寰宇記》卷三一《關西道七》耀州條。

三原縣[1]唐割屬耀州。[2]

[1]三原縣：縣名。北魏太平真君七年（446）置。唐武德四年（621）廢，六年復置，貞觀元年（627）廢，又改華池縣爲三原縣，治所在今陝西三原縣魯橋鎮（據郭聲波《中國行政區劃通史·唐代卷》，復旦大學出版社 2017 年版，第 52 頁）。

[2]“三原縣”至段末：《太平寰宇記》卷三一《關西道七》耀州條。

雲陽縣[1]唐同光初割屬耀州。[2]

[1]雲陽縣：縣名。北魏太和十一年（487）置，唐貞觀元年（627）改名池陽，八年復名。治所在今陝西涇陽縣云陽鎮。

[2]“雲陽縣”至段末：《太平寰宇記》卷三一《關西道七》耀州條。

同官縣[1]梁開平三年三月，割隸同州。唐同光三年七月，割隸耀州。[2]

[1]同官縣：縣名。北周建德四年（575）改銅官縣置。治所在今陝西銅川市王益區王益街道高坪村附近（《銅川年鑒 2001》第 34 頁）。

[2]“同官縣”至段末：《會要》卷二〇州縣分道改置條，亦

見《新五代史》卷六〇《職方考三》。

美原縣[1]唐同光三年七月，割隸耀州。[2]

[1]美原縣：縣名。唐咸亨二年（671）置，天祐三年（906）置爲鼎州，後梁改爲裕州，後唐復爲美原縣。治所在今陝西富平縣美原鎮。

[2]“美原縣”至段末：《會要》卷二〇州縣分道改置條，亦見《新五代史》卷六〇《職方考三》。《輯本舊史》卷八《梁末帝紀上》載，李茂貞以美原爲鼎州，貞明元年（915）十二月乙未，末帝以美原縣爲裕州。

乾州[1]本唐之奉天縣也，[2]唐末李茂貞建之爲州。[3]後因之不改。[4]

[1]乾州：州名。唐乾寧元年（894）以奉天縣置乾州。治所在今陝西乾縣。

[2]奉天縣：縣名。唐文明元年（684）置。《元和郡縣志》卷一：“高宗天皇大帝乾陵所在，因名曰奉天。”乾寧元年爲乾州治。治所在今陝西乾縣。

[3]李茂貞：人名。深州博野（今河北蠡縣）人。本名宋文通，唐僖宗賜姓名李茂貞。唐末五代藩鎮，稱岐王。傳見本書卷一三二、《新五代史》卷四〇。

[4]“乾州”至段末：《太平御覽》卷一六四《州郡部一〇》關西道條，亦見《新五代史》卷六〇《職方考三》。《太平寰宇記》卷三一《關西道七》乾州條載：“本京兆奉天縣，唐末李茂貞建爲乾州。乾寧中，以覃王出鎮，建爲威勝軍，割奉天、好畤、武功、盩厔、醴泉等五縣，以隸焉。至莊宗同光年中改爲刺史，屬鳳翔，

其武功、醴泉二縣還京兆府，盩厔入鳳翔，只領奉天、好畤二縣。至明宗天成三年又割好畤還京兆府，只領奉天一縣。”

隴州[1]

汧陽縣、**汧源縣**、**吴山縣**[2]唐長興元年五月，依舊割隸隴州。[3]

[1]隴州：州名。西魏改東秦州置，北周廢後置，隋大業三年（607）廢。唐武德元年（618）改隴東郡復置，天寶元年（742）改汧陽郡，乾元元年（758）復改隴州。治所在今陝西隴縣。

[2]汧陽縣：縣名。北周天和五年（570）置縣，治所在今陝西千陽縣西北五里。　汧源縣：縣名。隋開皇五年（585）改汧陰縣置，爲隴州治所。治所在今陝西隴縣。　吴山縣：縣名。隋開皇十八年改長蛇縣置，大業中廢，義寧元年（617）復置。唐貞觀元年（627）復名吴山，上元二年（675）改名華山縣，後復舊名。治所在今陝西寶鷄市陳倉區縣功鎮。

[3]“隴州”至段末：《會要》卷二〇州縣分道改置條。

涇州[1]

平涼縣[2]唐清泰三年正月，[3]涇州奏：“平涼縣自吐蕃陷渭州，[4]權于平涼縣爲渭州理所，遂罷平涼縣。又有安國、耀武兩鎮，[5]兼屬平涼，其賦租節目，並無縣管。今請却置平涼縣，管安國、耀武兩鎮人户。”從之。[6]

[1]涇州：州名。北魏置，隋大業三年（607）改爲安定郡。唐初復名涇州，天寶元年（742）改安定郡，至德元載（756）改保定郡，乾元元年（758）復爲涇州。治所在今甘肅涇川縣北五里（涇河北岸）。

[2]平涼縣：縣名。北周置。唐末廢，後唐清泰三年（936）復置。治所在今甘肅平涼市（《中國歷史地圖集》第5册"唐時期·關内道"），一説唐時移治今市西三十五里（史爲樂《中國歷史地名大辭典》，中國社會科學出版社2017年版，第707頁）。

[3]清泰：後唐末帝李從珂年號（934—936）。

[4]渭州：州名。北魏置，原治所在今甘肅隴西縣東南五里。唐寶應年間陷於吐蕃，元和年間於平涼縣别置行渭州。《太平寰宇記》卷一五一載，元和三年（808），涇原節度使朱忠亮奏移行原州於臨涇縣，行渭州於平涼縣。廣明年間又陷於吐蕃，大中五年（851）收復，中和四年（884）於平涼縣復置渭州，廢平涼縣。後唐清泰三年，復立平涼縣，爲渭州附郭縣。治所在今甘肅平涼市。

[5]安國：鎮名，即唐胡谷堡。在今甘肅平涼市崆峒區安國鎮一帶。　耀武：鎮名。無考。

[6]"涇州"至段末：《會要》卷二〇州縣分道改置條。

原州[1]

臨涇縣[2]唐清泰三年二月，原州刺史翟建奏：[3]"本州自陷吐蕃，權于臨涇縣爲理所，臨涇元屬涇州，刺史只管捕盜，其人户即涇州管縣，既無屬縣，刺舉何施？伏乞割臨涇屬當州。"從之。[4]

[1]原州：州名。北魏置，隋大業間改平涼郡，唐初復爲原州。天寶元年（742）改平涼郡，乾元元年（758）復爲原州。治所原

在今寧夏固原市，安史亂後没入吐蕃，治所屢遷，廣明後治於臨涇縣。即今甘肅鎮原縣。

[2]臨涇縣：縣名。隋大業間改湫谷縣置，治所在今甘肅鎮原縣。原屬涇州，唐元和三年（808）權置原州於此。《太平寰宇記》卷一五一載，元和三年，涇原節度使朱忠亮奏移行原州於臨涇縣。後唐清泰三年（936）改屬原州。元初廢。

[3]翟建：人名。《新五代史》卷六《唐本紀第五》載，（同光四年）三月，“博州守將翟建自稱刺史”。餘無記載，未知是否同一人。待考。

[4]“臨涇縣”至段末：《會要》卷二〇州縣分道改置條，亦見《新五代史》卷六〇《職方考三》。

蕭關縣[1]周顯德五年廢入潘原縣。[2]

[1]蕭關縣：縣名。唐神龍間以他樓縣改置。治所在今寧夏海原縣李旺鎮北側。安史之亂後没入吐蕃。大中年間收復，置武州。中和年間復陷，與武州皆僑治於潘原縣。後周顯德五年（958）廢入潘原。

[2]潘原縣：縣名。唐天寶元年（742）以陰槃縣改。大曆年間省入良原縣，中和四年（884）復置，武州及蕭關縣僑於此。治所在今甘肅平涼市崆峒區四十鋪鎮曹灣村一帶。參見《中華人民共和國地名詞典——甘肅省》，商務印書館 1994 年版，第 109 頁。“蕭關縣”至段末：《太平寰宇記》卷三三《關西道九》原州條。

鄜州[1]

鄜城縣[2]梁開平三年四月，改爲昭化縣。[3]唐同光元年十月，復爲鄜城縣。[4]

[1]鄜州：州名。西魏改北華州置。隋大業中改鄜城郡，唐初復爲鄜州。天寶元年（742）改洛交郡，乾元元年（758）復爲鄜州。治所在今陝西富縣。

[2]鄜城縣：縣名。隋大業元年（605）改敷城縣置，唐末李茂貞建爲翟州，後梁開平三年（909）改爲禧州，又改其縣爲昭化縣（參見《太平寰宇記》卷三五）。後唐同光元年（923）復名鄜城縣。治所在今陝西洛川縣土基鎮鄜城村。

[3]昭化縣：縣名。後梁開平三年（909）改鄜城縣置，後唐復改爲鄜城縣。治所在今陝西洛川縣土基鎮鄜城村。

[4]“鄜州”至段末：《會要》卷二〇州縣分道改置條，亦見《太平寰宇記》卷三五《關西道一一》鄜州條、《新五代史》卷六〇《職方考三》。

咸寧縣[1]周顯德三年三月十日廢。[2]

[1]咸寧縣：縣名。隋開皇十八年（598）改太平縣置，屬丹州，後周顯德三年（956）廢。治所在今陝西宜川縣壺口鎮官莊村（據郭聲波《中國行政區劃通史·唐代卷》，復旦大學出版社2017年版，第98頁）。

[2]“咸寧縣”至段末：《會要》卷二〇州縣分道改置條。

威州[1]晋天福四年五月敕：“靈州方渠鎮宜升爲威州，[2]隸靈武，[3]仍割寧州木波、馬嶺二鎮隸之。”[4]周廣順二年三月改爲環州，[5]顯德四年九月，降爲通遠軍。[6]

[1]威州：州名。後晋天福四年（939）置，後周廣順二年

（952）因避諱改爲環州，後又降爲通遠軍。治所在今甘肅環縣。

［2］靈州：州名。北魏孝昌中置，隋大業三年（607）改靈武郡，唐武德元年（618）又改靈州。天寶元年（742）復爲靈武郡，乾元元年（758）又改靈州。治所在今寧夏吴忠市北。　方渠：鎮名。無考。

［3］靈武：此時無靈武之行政設置，此處當指駐於靈州的朔方節度使。

［4］寧州：州名。西魏改豳州置，隋大業間改北地郡，唐武德元年復爲寧州。天寶元年改彭原郡，乾元元年復爲寧州。治所在今甘肅寧縣。　木波：鎮名。今地無考。　馬嶺：鎮名。今地無考。

［5］環州：州名。後周廣順二年改威州置，顯德四年（957）降爲通遠軍，北宋復爲環州。治所在今甘肅環縣。

［6］通遠軍：軍名。準州級政區，屬靈州朔方節度使管轄（參見李曉杰《中國行政區劃通史（五代十國卷）》，復旦大學出版社2017年版，第1112頁）。後周顯德四年降環州爲通遠軍，北宋淳化五年（994）復爲環州。治所在今甘肅環縣。　“威州”至段末：《會要》卷二〇州縣分道改置條，亦見《通鑑》卷二八五《後晋紀六》齊王開運三年（946）六月條胡注引《薛史》、《新五代史》卷六〇《職方考三》。《會要》卷二四載：“晋天福四年五月，改舊威州爲清遠軍”，顯德二年七月，“廢環州爲通遠軍”；《輯本舊史》卷七八《晋高祖紀四》載，天福四年（939）五月乙巳，“升靈州方渠鎮爲威州，隸於靈武，改舊威州爲清邊軍”。

衍州[1]周顯德五年六月，廢爲定平鎮，[2]隸邠州。[3]

［1］衍州：州名。唐末以定平縣置衍州，後周顯德五年（958）廢。治所在今甘肅寧縣中村鎮政平村。

［2］定平鎮：當爲定平縣。縣名。唐武德二年（619）分定安

縣置，唐末爲衍州治。後周顯德五年屬邠州，尋屬寧州。元至元間省入寧州，治所在今甘肅寧縣中村鎮政平村。

[3]邠州：州名。唐開元十三年（725）改豳州置，天寶元年（742）改爲新平郡，乾元元年（758）復爲邠州。治所在今陝西彬縣。　“衍州”至段末：《會要》卷二〇州縣分道改置條。《輯本舊史》卷一一八《周世宗紀五》載，顯德五年閏七月“壬子，廢衍州爲定平縣”。

武州[1]周顯德五年六月，廢爲潘源縣，[2]隸渭州。[3]

[1]武州：州名。唐大中五年（851）置，原治在蕭關縣（今寧夏海原縣李旺鎮北一帶）。中和四年（884）僑治於潘原縣，治所在今甘肅平涼市崆峒區四十鋪鎮曹灣村一帶。參見《中華人民共和國地名詞典——甘肅省》，第109頁。

[2]潘源縣：縣名。當爲潘原縣。

[3]渭州：州名。北魏置，原治所在今甘肅隴西縣東南五里。唐寶應陷於吐蕃，元和間於平涼縣别置行渭州。《太平寰宇記》卷一五一載，元和三年（808），涇原節度使朱忠亮奏移行原州於臨涇縣，行渭州於平涼縣。廣明年間又陷於吐蕃，大中五年收復，中和四年於平涼縣復置渭州，廢平涼縣。後唐清泰三年（936），復立平涼縣，爲渭州附郭縣。治所在今甘肅平涼市。　“武州”至段末：《會要》卷二〇州縣分道改置條。《輯本舊史》卷一一八《世宗紀五》載，顯德五年（958）閏七月“壬子，廢武州爲潘原縣”。

府州[1]漢天福十二年，升爲永安軍節度。[2]至乾祐三年四月，降爲團練州。至周顯德元年五月，復舊軍額。[3]

［1］府州：州名。後梁乾化元年（911）置，金廢，元初復置，後又廢。治所在今陝西府谷縣。

［2］永安軍：方鎮名。後漢天福十二年（947）升府州置，乾祐三年（950）降，後周復置。治所在府州（今陝西府谷縣）。

［3］“府州”至段末：《會要》卷二四諸道節度使軍額條，詳見《太平寰宇記》卷三八《關西道一四》府州條。《通鑑》卷二八六《後漢紀一》高祖天福十二年四月甲子條胡注引《薛史》曰：“升府州爲永安軍，析振武之勝州并沿河五鎮以隸之。”《新五代史》卷六〇《職方考三》載：“府州，晋置永安軍，漢罷之，周復。”《輯本舊史》卷八二《晋少帝紀二》載，開運元年（944）六月戊午，“升府州爲團練使額”；同書卷九九《漢高祖紀上》載，天福十二年四月甲子，“升府州爲節鎮，加永安軍額”；同書卷一〇三《漢隱帝紀下》載，乾祐三年四月癸未，“府州永安軍額宜停，命降爲團練州”；同書卷一一四《周世宗紀一》載，顯德元年（954）五月辛丑，“升府州爲節鎮，以永安軍爲軍額”。

雄州［1］晋天福七年四月，降雄州爲昌化軍。［2］

［1］雄州：州名。唐中葉置，五代因之，後晋天福七年（942）降爲昌化軍。治所原在今寧夏中寧縣西北石空堡附近。《新唐書》卷三七《地理志一》：“在靈州西南一百八十里。中和元年徙治承天堡，爲行州。”

［2］昌化軍：軍名，縣級政區，屬靈州朔方軍節度使管轄（參見《中國行政區劃通史（五代十國卷）》，第1114頁）。後晋天福七年（942）降雄州爲昌化軍。治所在今寧夏中寧縣附近。　“雄州”至段末：《會要》卷二四軍條。《輯本舊史》卷八〇《晋高祖紀六》天福七年四月戊辰條載：“廢雄州爲昌化軍，其軍使委本道差補。”

警州[1]晋天福七年四月，降警州爲威肅軍。[2]

[1]警州：州名。唐景福元年（892）改定遠縣置，後晋降爲威肅軍。治所在今寧夏平羅縣姚伏鎮。

[2]威肅軍：軍名，縣級政區，屬靈州朔方軍節度使管轄（參見《中國行政區劃通史（五代十國卷）》，第1114頁）。後晋天福七年（942）降警州置，北宋廢爲定遠鎮。治所在今寧夏平羅縣姚伏鎮。 "警州"至段末：《會要》卷二四諸道節度使軍額條。《輯本舊史》卷八〇《晋高祖紀六》天福七年四月戊辰條載："廢……警州爲威肅軍，其軍使委本道差補。"

延州[1]唐同光元年十二月戊寅，詔改延州爲彰武軍。[2]

[1]延州：州名。西魏改東夏州置，隋大業三年（607）改延安郡。唐武德元年（618）復改延州，天寶元年（742）改延安郡，乾元元年（758）復爲延州。治所在今陝西延安市延河東岸。

[2]彰武軍：方鎮名。唐中和三年（883）在延州置保塞軍，光化元年（898）改寧塞軍，同年又改衛國軍。後梁改忠義軍，後唐改爲彰武軍。治所在延州（今陝西延安市延河東岸）。 "延州"至段末：《輯本舊史》卷三〇《唐莊宗紀四》同光元年（923）十二月戊寅條。

慶州[1]唐天成二年十一月庚申，詔升慶州爲防禦使。[2]

[1]慶州：州名。隋開皇十六年（596）置，大業三年（607）

改弘化郡，唐武德元年（618）復名慶州，天寶元年（742）改安化郡，至德元載（756）改順化郡，乾元元年（758）復爲慶州。治所在今甘肅慶城縣。

［2］“慶州”至段末：《輯本舊史》卷三八《唐明宗紀四》天成二年（927）十一月庚申條。《輯本舊史》誤“防禦使”爲“防禦所”，據《宋本册府》卷四九四《邦計部·山澤門二》改。

河東道

并州

太原府[1]唐建北都，其軍仍曰河東。[2]

［1］并州：州名。漢武帝時設并州刺史部，爲監察區。東漢時并州刺史駐太原郡晋陽縣，東漢後期逐漸轉化爲行政區。隋大業三年（607）罷州爲太原郡，唐武德元年（618）改爲并州，長壽元年條（692）升并州爲北都。開元十一年（723）升爲太原府。天寶元年（742）改北都爲北京，唐肅宗上元二年（761）罷北京，三年復北都。後唐同光元年（923）四月，升太原府爲西京，十一月又改爲北都。同光三年，改北都爲北京。治所在今山西太原市晋源區。

［2］河東：方鎮名。唐置。後唐同光元年，改稱西京留守，後迭爲北都留守、北京留守。治所在今山西太原市晋源區。　“并州太原府”至段末：《新五代史》卷六〇《職方考三》。《輯本舊史》卷三二《唐莊宗紀六》載，同光三年三月辛酉，詔本朝以并州爲北都。《太平寰宇記》卷四〇《河東道一》并州條載：“唐同光元年，莊宗即位于魏州，改太原爲西京，以鎮州爲北都；三年改太原爲北京。後爲僞漢所據。”

潞州[1]梁龍德三年,[2]改爲匡義軍節度,[3]以李繼韜歸順故也。[4]唐同光元年，復爲安義軍。[5]至長興元年三月,[6]復舊名昭義軍。[7]

[1]潞州：州名。北周時設。隋大業三年（607）改爲上黨郡。唐武德元年（618）改爲潞州，天寶元年（742）改爲上黨郡，乾元元年（758）復爲潞州。治所在今山西長治市。

[2]龍德：後梁末帝朱友貞年號（921—923）。

[3]匡義軍：方鎮名。本唐昭義軍。天祐十九年（922），晋王李存勗改昭義軍爲安義軍，屬後梁後改爲匡義軍。治所在今山西長治市。

[4]李繼韜：人名。汾州太谷（今山西晋中市太谷區）人，五代將領。傳見本書卷五二、《新五代史》卷三六。

[5]安義軍：方鎮名。後唐同光元年（923），復匡義軍爲安義軍。治所在今山西長治市。

[6]長興：後唐明宗李嗣源年號（930—933）。

[7]昭義軍：方鎮名。後唐長興元年（930），復安義軍爲昭義軍。治所在今山西長治市。　“潞州”至段末：《會要》卷二四諸道節度使軍額條，亦見《輯本舊史》卷一〇《梁末帝紀下》、《輯本舊史》卷三〇《唐莊宗紀四》、《太平寰宇記》卷四五《河東道六》潞州條。《新五代史》卷六〇《職方考三》載：“潞州，唐故曰昭義。梁末帝時屬梁，改曰匡義，歲餘，唐滅梁，改曰安義。晋復曰昭義。”

澤州[1]梁開平元年六月，割隸河陽,[2]四年二月，却隸潞州。[3]

[1]澤州：州名。東魏、北齊時爲建州，《隋書·地理志》謂

隋開皇初改爲澤州,《元和郡縣圖志》謂北周時改。大業三年(607)改爲長平郡,唐武德元年(618)復置澤州,天寶元年(742)改爲高平郡,乾元元年(758)復爲澤州。治所在今山西澤州縣。

[2]河陽:方鎮名。唐德宗建中二年(781)置河陽三城節度使。治所在今河南孟州市南。

[3]“澤州”至段末:《會要》卷二〇州縣分道改置條。

晉州[1]梁開平四年四月,升爲定昌軍節度,[2]以絳、沁二州隸之。[3]至唐同光元年,改爲建雄軍。[4]

[1]晉州:州名。北魏置,隋大業三年(607)改爲臨汾郡。唐武德元年(618)復爲晉州,天寶元年(742)改爲平陽郡,乾元元年(758)復爲晉州。治所在今山西臨汾市。

[2]定昌軍:方鎮名。後梁開平四年(910)置,治晉州,貞明三年(917)六月改爲建寧軍節度使,後唐同光元年(923)十二月,改建寧軍節度使爲建雄軍節度使,治所在今山西臨汾市。

[3]絳:州名。北周明帝時改東雍州爲絳州,大業三年改爲絳郡,唐武德元年復爲絳州,天寶元年改爲絳郡,乾元元年復爲絳州,治所在今山西新絳縣。　沁:州名。隋開皇十八年(598)置,大業初州廢,義寧元年(617)設義寧郡,唐武德元年改爲沁州,天寶元年改爲陽城郡,乾元元年復爲沁州。治所在今山西沁源縣。

[4]建雄軍:方鎮名。後唐同光元年十二月,改建寧軍節度使爲建雄軍節度使,治晉州,治所在今山西臨汾市。　“晉州”至段末:《會要》卷二四諸道節度使軍額條。《輯本舊史》卷三〇《唐莊宗紀四》載,同光元年十二月戊寅,改“晉州爲建雄軍”。《新五代史》卷六〇《職方考三》載:“晉州,故屬護國軍節度。梁開平四年置定昌軍,貞明三年改曰建寧。唐改曰建雄。”

新州[1]唐同光二年，升爲威塞軍節度，[2]以嬀、儒、武三州隸之。[3]

[1]新州：州名。唐僖宗光啓年間置，後晋天福三年（938）屬契丹。治所在今河北涿鹿縣。

[2]威塞軍：方鎮名。後唐莊宗同光二年（924），升幽州盧龍節度使所轄新州爲威塞軍節度使，後晋天福三年屬契丹。治新州（今河北涿鹿縣）。

[3]嬀：州名。唐武德七年（624）平高開道，改其燕州爲北燕州。貞觀八年（634），改爲嬀州，後晋天福三年屬契丹。治所在今河北懷來縣東南。　儒：州名。唐末置。後晋天福三年屬契丹。治所在今北京市延慶區。　武：州名。唐末置。後唐長興元年（930）四月改爲毅州，後晋天福三年屬契丹。治所在今河北張家口市宣化區。　"新州"至段末：《會要》卷二四諸道節度使軍額條。《輯本舊史》卷三二《唐莊宗紀六》載，同光二年七月庚申，"升新州爲威塞軍節度使，以嬀、儒、武等州爲屬郡"；但《新五代史》卷六〇《職方考三》載爲"唐同光元年置威塞軍"。

武州唐長興元年四月庚申，詔改新州管内武州爲毅州。[1]

[1]"武州"至段末：《輯本舊史》卷四一《唐明宗紀七》長興元年（930）四月庚申條補。

雲州[1]唐同光二年七月，復爲大同軍節度，[2]以應州隸之。[3]

[1]雲州：州名。唐初置，天寶元年（742）改爲雲中郡，乾元元年（758）復爲雲州，後晋天福三年（938）屬契丹，治所在今山西大同市。

[2]大同軍：方鎮名。天祐五年（908），晋王李克用析河東節度使置大同軍節度使，旋廢。天祐十二年復置，十九年又廢。同光元年（923）復置。後晋天福三年屬契丹。治雲州（今山西大同市）。

[3]"雲州"至段末：《會要》卷二四諸道節度使軍額條。《輯本舊史》卷三二《唐莊宗紀六》載，同光二年七月庚申，"以應州爲雲州屬郡"。

應州[1]唐天成元年七月，升爲彰國軍節度，[2]以興唐軍爲寰州以隸之。[3]

[1]應州：州名。唐天祐四年（904）置，後唐天成元年（926）在應州置彰國軍節度使，後晋天福三年（938）屬契丹，治所在今山西應縣。

[2]彰國軍：方鎮名。後唐天成元年置，後晋天福三年屬契丹，治應州（今山西應縣）。

[3]寰州：州名。後唐明宗天成元年置，後晋天福三年屬契丹，治所在今山西朔州市東北。　"應州"至段末：《會要》卷二四諸道節度使軍額條。《新五代史》卷六〇《職方考三》載："應州，故屬大同軍節度。唐明宗即位，以其應州人也，乃置彰國軍。"《輯本舊史》卷四一《唐明宗紀七》載，長興元年（930）四月庚申"詔改鳳翔管内應州爲匡州"。

絳州　梁開平四年四月，割隸晋州。唐同光二年六月，却割屬河中府。[1]晋天福五年正月辛卯，升絳州爲防禦州。[2]

[1]河中府：府名。北周明帝置蒲州，隋大業三年（607）改爲河東郡。唐武德元年（618）復爲蒲州，開元九年（721），升蒲州爲河中府，置中都。同年復爲蒲州，罷中都。天寶元年（742）改爲河東郡，乾元元年（758）復爲蒲州。治所在今山西永濟市蒲州鎮。　“絳州”至“却割屬河中府”：《會要》卷二〇州縣分道改置條。

[2]晉天福五年正月辛卯，升絳州爲防禦州：《輯本舊史》卷七九《高祖紀五》天福五年（940）正月辛卯條。

稷山縣[1]唐同光二年正月，割隸絳州。[2]

[1]稷山縣：縣名。北魏孝文帝時設縣，名爲高涼縣，屬高涼郡，隋開皇三年（583）郡廢，縣屬絳州，十八年改爲稷山縣。唐光化元年（898），改隸河中府。後唐同光二年（924），復屬絳州。治所在今山西稷山縣。

[2]“稷山縣”至段末：《會要》卷二〇州縣分道改置條，亦見《輯本舊史》卷三一《唐莊宗紀五》同光二年正月辛酉條、《太平寰宇記》卷四七《河東道八》絳州條、《新五代史》卷六〇《職方考三》。

慈州[1]唐同光二年六月，割隸晋州。[2]

[1]慈州：州名。東魏置南汾州，北周改爲汾州，北齊改爲南汾州，北周平齊後，改爲西汾州，旋改稱南汾州。隋開皇十六年（596）改爲耿州，後復爲汾州，大業初改爲文成郡。唐武德元年（618）改爲汾州，三年改爲南汾州，貞觀八年（634）改爲慈州，

天寶元年（742）改爲文成郡，乾元元年（758）復爲慈州。治所在今山西吉縣吉昌鎮。慈州原屬河東節度使，後唐同光二年，别屬晋州建雄軍節度使，故此處曰“割隸晋州”。

[2]“慈州”至段末：《會要》卷二〇州縣分道改置條。

仵城縣[1]周顯德三年三月降。[2]

[1]仵城縣：縣名。北魏置，本名京軍縣，孝文帝時改爲仵城（又作五城、伍城），屬五城郡。隋開皇三年（583）郡廢，屬南汾州（後改耿州、汾州與文成郡，唐時先後改爲汾州、南汾州、慈州、文成郡和慈州）。後周顯德三年（956）縣廢入吉鄉。治所在今山西吉縣吉昌鎮北。

[2]“仵城縣”至段末：《會要》卷二〇州縣分道改置條。《新五代史》卷六〇《職方考三》載：“慈州仵城、吕香，周廢。”

吕香縣[1]周顯德三年三月降。[2]

[1]吕香縣：縣名。北魏置，隋開皇十六年（596）省入仵城縣，義寧元年（617）又析仵城置平昌。貞觀元年（627），改爲吕香縣（隸屬州郡沿革與仵城同）。後周顯德三年（956）縣廢入鄉寧。治所在今山西鄉寧縣西南。

[2]“吕香縣”至段末：《會要》卷二〇州縣分道改置條。《新五代史》卷六〇《職方考三》載：“慈州仵城、吕香，周廢。”《太平寰宇記》卷四八《河東道九》慈州條載：“周顯德三年併入鄉寧縣。”

隰州[1]唐同光二年六月，割隸晋州。[2]

[1]隰州：州名。北魏太和八年（484）置，隋大業三年（607）改爲龍泉郡。唐武德元年（618）改爲隰州，天寶元年（742）改爲大寧郡，乾元元年（758）復爲隰州。治所在今山西隰縣。隰州原屬河東節度使，後唐同光二年（924），别屬晋州建雄軍節度使，故此處曰"割隸晋州"。

[2]"隰州"至段末：《會要》卷二〇州縣分道改置條。

遼州[1]梁開平三年，以兖州管内有沂州，[2]其儀州復爲遼州。[3]晋天福五年三月癸酉，割遼州爲昭義屬郡。[4]六年七月己巳，仍割遼州却隸河東。[5]

[1]遼州：州名。隋開皇十六年（596）置遼州，大業二年（606）省。唐武德三年（620）復置遼州，八年改爲箕州，先天元年（712）改爲儀州，天寶元年（742）改爲樂平郡，乾元元年（758）復爲儀州，中和三年（883）又改爲遼州，天復元年（901），朱全忠復改爲儀州。後梁開平三年（909）改爲遼州（按《輯本舊史》卷二六《武皇紀》，天復元年，遼州刺史張鄂以城降朱全忠，而晋王李克用旋即收復，所以此後兩次改名很可能係朱全忠一方爲之，而李克用很有可能收復之後仍沿用遼州舊名）。治所在今山西左權縣。

[2]沂州：州名。北魏莊帝置北徐州，北周武帝改置沂州，隋大業三年改爲瑯邪郡。武德二年入唐，復爲沂州，天寶元年改爲瑯邪郡，乾元元年復爲沂州。治所在今山東臨沂市。

[3]"遼州"至"其儀州復爲遼州"：《太平寰宇記》卷四四《河東道五》遼州條。《會要》卷二〇州縣分道改置條載："梁開平三年閏八月敕：'兖州管内已有沂州，其儀州改爲遼州。'"

[4]晋天福五年三月癸酉，割遼州爲昭義屬郡：《輯本舊史》卷七九《晋高祖紀五》。

[5]六年七月己巳，仍割遼州却隸河東：《輯本舊史》卷八〇《晋高祖紀六》。

沁州晋天福五年三月癸酉，割遼、沁二州爲昭義（治潞州）屬郡。六年七月己巳，仍割遼、沁二州却隸河東。[1]

[1]“沁州”至段末：據《輯本舊史》卷七九《晋高祖紀五》天福五年（940）三月癸酉條、同書卷八〇《晋高祖紀六》天福六年七月己巳條補。

解州[1]漢乾祐元年九月，升解縣爲州，割河中府聞喜、安邑、解三縣爲屬邑。[2]

[1]解州：州名。後漢乾祐元年（948）九月，析河中府解、聞喜、安邑三縣置解州。治所在今山西運城市鹽湖區解州鎮。聞喜縣，縣名。漢置，唐武德元年（618）屬絳州，天寶元年（742）隸絳郡，乾元元年（758）仍屬絳州，大和元年（827）改屬河中府。後漢乾祐元年别屬解州。治所在今山西聞喜縣。安邑縣，縣名。戰國魏置，秦漢屬河東郡，隋開皇三年（583）隸蒲州，十六年改屬虞州，大業三年（607）屬河東郡。唐武德元年復屬虞州，貞觀十七年（643）虞州廢，别屬蒲州。開元九年（721）屬河中府，同年旋復屬蒲州。天寶元年屬河東郡，至德二載（757）改縣名爲虞邑。乾元元年仍屬蒲州，三年别屬陝州，大曆四年（769）復縣名爲安邑，元和三年（808）復屬河中府。後漢乾祐元年别屬解州。治所在今山西運城市鹽湖區安邑街道。解縣，縣名。漢置，北魏改置南解縣，北周迭改爲綏化縣與虞鄉縣。隋開皇三年隸蒲

州，十六年改屬虞州，大業三年屬河東郡。唐武德元年復屬虞州，改爲解縣。貞觀十七年廢入蒲州虞鄉縣，二十二年復置解縣，屬蒲州，開元九年屬河中府，同年旋復屬蒲州。天寶元年屬河東郡，乾元元年還屬蒲州，乾元三年隸河中府。後漢乾祐元年置解州，爲州治。治所在今山西運城市鹽湖區解州鎮。

［2］"解州"至段末：《會要》卷二〇州縣分道改置條，亦見《新五代史》卷六〇《職方考三》。《輯本舊史》卷一〇一《漢隱帝紀上》載，乾祐元年九月壬申，"詔升河中府解縣爲解州"。

勝州唐清泰三年閏十一月丁巳，以岢嵐軍爲勝州。[1]

［1］岢嵐軍：軍名。本唐嵐谷縣，屬嵐州。後唐同光元年(923)，升嵐谷縣爲岢嵐軍，仍隸嵐州。《輯本舊史》中此次以岢嵐軍設置勝州，此後未見記載，北宋時仍爲岢嵐軍，所以勝州很可能在後晋時廢，仍爲岢嵐軍。治所在今山西岢嵐縣。　"勝州"至段末：《輯本舊史》卷四八《唐末帝紀下》。

河中府

稷山縣唐同光二年正月，割隸絳州。[1]

［1］"稷山縣"至段末：《會要》卷二〇州縣分道改置條，亦見《輯本舊史》卷三一《唐莊宗紀五》同光二年（924）正月辛酉條。

代州[1]周顯德元年五月丁丑，升爲節鎮，以静塞軍爲額。[2]

[1]代州：州名。本爲北周肆州，隋開皇五年（585），改爲代州，大業三年（607）改爲雁門郡。武德元年（618），劉武周改爲代州，唐仍之，天寶元年（742）改爲雁門郡，乾元元年（758）復爲代州。治所在今山西代縣。

[2]静塞軍：方鎮名。後周顯德元年（958）五月，在新得自北漢之代州置静塞軍節度使，旋復爲北漢所取，治代州（今山西代縣）。　“代州”至段末：《輯本舊史》卷一一四《周世宗紀一》。

河北道

魏州

大名府[1]唐同光元年升爲東京興唐府，三年改爲鄴都。晋天福初改爲廣晋府。漢乾祐元年改爲大名府。周顯德元年依舊爲天雄軍節度使，[2]其大名府額仍列在京兆府之下。[3]

[1]魏州：州名。北周大象二年（580）置，隋大業三年（607）改爲武陽郡，隋末李密改爲魏州，唐龍朔二年（662）改爲冀州都督府，咸亨三年（672）改爲魏州，天寶元年（742）改爲魏郡，平定安史之亂後，復爲魏州。後唐同光元年（923）四月，升爲東京興唐府，三年改東京留守爲鄴都留守，天成四年（929）降鄴都爲興唐府。後晋天福二年（937），改爲廣晋府。後晋乾祐元年（948）三月，改爲大名府。治所在今河北大名縣東北。

[2]天雄軍：方鎮名。唐廣德元年（763），置魏博等州都防禦使，同年升爲魏博節度使，二年改爲天雄軍節度使，同年復爲魏博

節度使，天祐元年（904）改爲天雄軍節度使。後唐同光元年四月，升爲東京留守，三年改爲鄴都留守。天成四年降鄴都留守爲興唐府，恢復天雄軍節度使。後晉天福三年，復升爲鄴都留守，開運二年（945）復爲天雄軍節度使。後周廣順元年（951），設鄴都留守，顯德元年（954）廢鄴都留守，復稱天雄軍節度使。治所在今河北大名縣東北。

［3］“魏州大名府”至段末：《太平寰宇記》卷五四《河北道三》魏州條。亦見《新五代史》卷六〇《職方考三》。《輯本舊史》卷二九《唐莊宗紀三》載，同光元年四月，“詔升魏州爲東京興唐府，改元城縣爲興唐縣，貴鄉縣爲廣晋縣”。同書卷七六《晋高祖紀二》載，天福二年九月乙丑，“改興唐府爲廣晋府，興唐縣爲廣晋縣”；同書卷八三《晋少帝紀三》載，開運二年四月丁亥（丁亥爲二十四日，一説爲己丑，二十二日），“詔鄴都依舊爲天雄軍”；同書卷一〇一《漢隱帝紀上》載，乾祐元年（948）三月丙寅“詔改廣晋府爲大名府”；同書卷一一三《周太祖紀四》載，顯德元年正月戊寅，“詔廢鄴都依舊爲天雄軍，大名府在京兆府之下”。

大名縣[1]唐改爲廣晋縣，漢乾祐初改爲大名。[2]

［1］大名縣：縣名。本爲貴鄉縣，東魏置，北周、隋唐仍之，後唐同光元年（923）四月，改爲廣晋縣。後晋乾祐元年（948）三月，改爲大名縣。治所在今河北大名縣東北。

［2］“大名縣”至段末：《太平寰宇記》卷五四《河北道三》魏州條。

元城縣[1]唐改爲興唐縣，晋復爲元城。[2]

［1］元城縣：縣名。本漢舊縣，北齊廢入貴鄉，隋開皇六年

(586) 復置，唐貞觀十七年（643）併入貴鄉，聖曆二年（699）復置元城縣，隸魏州，開元十三年（725）徙治郭下，與貴鄉縣同城而治。後唐同光元年（923）四月，改爲興唐縣。後晉天福二年(937) 復爲元城縣。治所在今河北大名縣東北。

［2］"元城縣"至段末：《太平寰宇記》卷五四《河北道三》魏州條。

鎮州[1]唐同光元年四月，改爲北京，至十一月，却復爲成德軍。[2]晋天福七年正月，改爲順國軍節度，改常山爲恒山郡，應軍額館驛帶常山名者，並改爲恒山，以安重榮叛命初平故也。至漢天福十二年八月，却并復爲成德軍。[3]

［1］鎮州：州名。北周置恒州，隋大業三年（607）改爲恒山郡，九年罷郡，義寧元年（617）復置。唐武德元年（618）改爲恒州，天寶元年（742）改爲常山郡，十五載改爲平山郡，至德二載（757）復爲常山郡，乾元元年（758）復爲恒州，元和十五年(820) 改爲鎮州。後唐同光元年（923）四月升爲北都真定府，十一月仍爲鎮州。後晋天福七年（942）正月改爲恒州。天福十二年八月，劉知遠復爲鎮州。治所在今河北正定縣。

［2］成德軍：方鎮名。唐寶應元年（762）改史氏所置之恒陽節度使爲成德軍節度使，建中三年（782）降爲恒冀都團練觀察使。興元元年（784）復升爲成德軍節度使，天祐二年（905）改爲武順軍節度使。後唐同光元年四月升爲北都真定府，十一月廢北都，仍爲成德軍節度使。後晋天福七年正月，改成德軍爲順國軍，天福十二年八月，劉知遠復順國軍爲成德軍。治鎮州，治所在今河北正定縣。　"鎮州"至"却復爲成德軍"：《會要》卷二〇州縣分道改置條，但"成德軍"誤爲"成德縣"，五代無成德縣，且節度使

駐所何故會降爲縣，今據《輯本舊史》卷二九《唐莊宗紀三》同光元年四月條、《太平寰宇記》卷六一《河北道一〇》鎮州條、《新五代史》卷六〇《職方考》改。

[3]“晋天福七年正月”至段末：《會要》卷二四諸道節度使軍額條，亦見《太平寰宇記》卷六一《河北道一〇》鎮州條、《新五代史》卷六〇《職方考三》。《輯本舊史》卷八〇《晋高祖紀六》載，天福七年正月“癸亥，改鎮州爲恒州，成德軍爲順國軍”；同書卷一〇〇《漢高祖紀下》載，天福十二年八月“辛卯，詔恒州復爲鎮州，順國軍復爲成德軍”。

行唐縣[1]梁開平二年改爲彰武縣，唐同光初復舊。晋改爲永昌縣，漢復舊名。[2]

[1]行唐縣：縣名。漢置南行唐縣，北魏改爲行唐縣。後梁開平二年（908）改爲彰武縣，後唐同光元年（923）復爲行唐縣，後晋天福元年（936）改爲永昌縣，後漢復爲行唐。治所在今河北行唐縣。

[2]“行唐縣”至段末：《太平寰宇記》卷六一《河北道一〇》鎮州條。

滄州，[1]梁乾化二年三月，改爲順化軍節度，[2]以張萬進歸順故也。至唐同光元年，改爲横海軍。[3]

[1]滄州：州名。隋大業三年（607），改滄州爲渤海郡，隋亡後復爲滄州，唐天寶元年（742）改爲景城郡，乾元元年復爲滄州。治所在今河北滄縣舊州鎮。

[2]順化軍：方鎮名。唐置。後梁乾化二年（912）三月，改義昌軍節度使爲順化軍節度使，天祐十三年（916），晋王改順化軍

節度使爲横海軍節度使。治滄州（今河北滄縣舊州鎮）。

［3］“滄州”至段末：《會要》卷二四諸道節度使軍額條。

長蘆縣、乾符縣[1]周顯德三年十月，併入清池縣。[2]

［1］長蘆縣：縣名。北周大象二年（580）置，隋初屬瀛洲，開皇十六年（596）爲景州治，大業三年（607）隸河間郡，唐屬滄州。開元十六年（728），徙治永濟渠東。治所在今河北滄州市運河區南陳屯鄉。　乾符縣：縣名。本隋魯城縣，隸渤海郡，唐乾符元年（875），改爲乾符縣，屬滄州。後周顯德三年，廢入清池縣。治所在今河北青縣東。

［2］“長蘆縣”至段末：《會要》卷二〇州縣分道改置條，亦見《新五代史》卷六〇《職方考三》。

無棣縣[1]周顯德五年，改爲保順軍。[2]

［1］無棣縣：縣名。隋代隸渤海郡，唐武德元年（618）屬滄州，貞觀元年（627）廢入陽信縣，八年析陽信復置無棣，仍屬滄州，天寶元年（742）改屬景城郡，乾元元年改隸滄州，大和二年（828）割屬棣州，後復屬滄州。治所在今山東慶雲縣常家鎮于家店村。參見郭聲波《中國行政區劃通史（唐代卷）》，復旦大學出版社 2012 年版，第 268 頁。

［2］“無棣縣”至段末：《會要》卷二〇州縣分道改置條。

弓高縣[1]周顯德六年二月，并入東光縣。[2]

[1]弓高縣：縣名。隋隸平原郡，唐武德元年（618）隸德州，四年割屬觀州爲州治，貞觀十七年（643）觀州廢，改屬滄州，天寶元年（742）改屬景城郡，乾元元年改隸滄州，貞元五年（789）割隸景州爲州治，長慶元年（821）廢景州，歸屬滄州，二年再立景州，弓高爲景州州治。大和四年（830），再廢景州，復隸滄州。景福元年又立景州，割弓高爲州治。後周顯德二年（955），景州廢爲定遠軍，弓高改屬滄州。六年二月，縣廢入東光。治所在今河北東光縣西北。

[2]"弓高縣"至段末：《會要》卷二〇州縣分道改置條。

景州[1]唐故治弓高。周顯德二年廢爲定遠軍，割其屬安陵縣屬德州，廢弓高縣入東光縣，爲定遠軍治所。[2]

[1]景州：州名。唐武德四年（621），析德州、冀州置觀州，治弓高，貞觀十七年（643）州廢。貞元五年（789），析滄州復置景州，治弓高。長慶元年（821）廢，二年復立，大和四年（830）廢，景福元年（892）又立。後周顯德三年（956），廢景州爲定遠軍。治所在今河北東光縣。

[2]"景州"至段末：《新五代史》卷六〇《職方考三》。《會要》卷二四軍條載於顯德二年六月，《輯本舊史》卷一一五《周世宗紀二》載於顯德二年六月辛酉。

德州[1]晋天福五年十一月，移就長河縣爲理所。[2]

[1]德州：州名。本隋平原郡，隋末李密改爲德州，唐天寶元年（742）改爲平原郡，上元元年（760）復爲德州，治安德縣，治所在今山東德州市陵城區。後晋天福五年（940）十一月，徙治

長河縣，治所在今山東德州市。

[2]“德州”至段末：《會要》卷二〇州縣分道改置條，亦見《輯本舊史》卷七九《晋高祖紀五》天福五年十一月癸未條，并云“大水故也”。

邢州[1]梁建保義軍，[2]唐同光元年改爲安國軍。[3]

[1]邢州：州名。隋開皇十六年（596）置，大業三年（607）改爲襄國郡。隋末李密改爲邢州，唐天寶元年（742）改爲巨鹿郡，後於寶應元年（762）改爲邢州。治所在今河北邢臺市。

[2]保義軍：方鎮名。後梁開平二年（908）置保義軍節度使，治邢州。後唐改爲安國軍節度使。治所在今河北邢臺市。

[3]“邢州”至段末：《通鑑》卷二六九《後梁紀四》均王貞明二年（916）八月條《考異》引《薛史·地理志》。《會要》卷二四諸道節度使軍額條載：“梁開平二年六月，建爲保義軍節度，割洺、惠二州隸之。至唐同光元年，改爲安國軍。”亦見《太平寰宇記》卷五九《河北道八》邢州條、《新五代史》卷六〇《職方考三》。

澶州[1]晋天福三年十一月初，升爲防禦，隸相州，移理所于德勝渡。至九年八月，升爲節度，號鎮寧軍，[2]以濮州隸之。[3]

[1]澶州：州名。唐武德二年（619）置，同年州廢。四年復置，貞觀元年（627）廢。大曆七年（772）復置，治頓丘縣，隸魏博節度使。後晋天福三年（938）十一月，將州治及附郭頓丘縣治所徙至德勝渡。治所在今河南濮陽市。

[2]鎮寧軍：方鎮名。後晋天福九年置，治澶州（今河南濮

陽市）。

［3］“澶州”至段末：《會要》卷二四諸道節度使軍額條，亦見《太平寰宇記》卷五七《河北道六》澶州條、《新五代史》卷六〇《職方考三》。《輯本舊史》卷七七《唐高祖紀三》載，天福三年十一月辛亥，“澶州仍升爲防禦州，移於德勝口爲治所”；同書卷八三《晋少帝紀三》載，開運元年（944）八月“癸亥，升澶州爲節鎮，以鎮寧爲軍額，割濮州爲屬郡”。天福九年（944）即開運元年，七月朔改元開運。

臨河縣[1]晋天福九年隸澶州。[2]

［1］臨河縣：縣名。隋開皇六年（586）置，屬衛州，十六年割屬黎州，大業二年（606）復屬衛州，三年改屬汲郡。隋末復屬衛州，唐武德二年（619）割隸黎州，貞觀十七年（643）黎州廢，別屬相州，天寶元年（742）屬鄴郡，寶應元年（762）屬相州。天祐三年（906），割隸魏州。後唐同光元年（923）四月，屬東京興唐府，三年改屬鄴都留守，天成四年（929）隸興唐府。後晋天福二年（937），改隸廣晋府，九年割屬澶州。

［2］“臨河縣”至段末：《太平寰宇記》卷五七《河北道六》澶州條。

貝州[1]晋天福三年十二月，升爲永清軍節度，[2]以博、冀二州隸之。至周顯德元年十月，降爲防禦州。[3]

［1］貝州：州名。北周建德六年（579）置，隋大業三年（607）改爲清河郡。隋末李密復爲貝州，唐天寶元年（742）改爲清河郡，後於寶應元年（762）復爲貝州。治所在今河北清河縣西北。

［2］永清軍：方鎮名。後晋天福三年（938）十二月，以鄴都留守所轄之貝、博二州與成德軍節度使所轄之冀州爲永清軍節度使，治貝州。後周顯德元年（954）十月廢。治所在今河北清河縣西北。

［3］“貝州”至段末：《會要》卷二四諸道節度使軍額條。《輯本舊史》卷七六《晋高祖紀二》載，天福二年七月辛酉，“升貝州爲防禦使額”；同書卷七七《晋高祖紀三》載，天福三年十一月辛亥，“升貝州爲永清軍，置節度觀察使，以博、冀二州爲屬郡”；同書卷一一四《周世宗紀一》載，顯德元年十月己酉，詔貝州依舊爲防禦州，其軍額停。

相州[1]梁貞明元年三月，魏博節度使楊師厚薨，乃割相州建節度，尋軍亂，以地歸唐莊宗，却爲屬郡，隸魏州。至晋天福三年十一月，復升爲彰德軍節度，[2]以澶、衛二州隸之。[3]

［1］相州：州名。北魏置，東魏改爲司州，北周復爲相州，隋大業三年（607）改稱魏郡。隋末李密復爲相州，唐天寶元年（742）改爲鄴郡，寶應元年（762）復爲相州。治所在今河南安陽市。

［2］彰德軍：方鎮名。後晋天福三年（938）十一月置，治相州（今河南安陽市）。

［3］“相州”至段末：《會要》卷二四諸道節度使軍額條。《輯本舊史》卷八《梁末帝紀上》貞明元年（915）三月載，“魏博節度使楊師厚薨，輟視朝三日……詔曰：其相州宜建節度爲昭德軍，以澶、衛兩州爲屬郡，以張筠爲相州節度使”。同書卷七七《晋高祖紀三》載，天福三年十一月辛亥，“升相州爲彰德軍，置節度觀察使，以澶、衛二州爲屬郡”。《新五代史》卷六〇《職方考三》

載："相州，故屬天雄軍節度。梁末帝分置昭德軍，而天雄軍亂，遂入于晉。莊宗滅梁，復屬天雄。晉高祖置彰德軍。"

永定縣[1]梁開平中改爲長平，唐同光初復爲永定。[2]

[1]永定縣：縣名。本隋堯城縣，唐天祐三年（906），避朱全忠父親嫌名，改爲永定縣。後梁開平三年（909）正月，改名長平縣。後唐同光元年（923）復稱永定縣。治所在今河南安陽市東。

[2]"永定縣"至段末：《太平寰宇記》卷五五河北道四相州條。

泰州[1]唐天成三年三月，升奉化軍爲泰州，以清苑縣爲理所。[2]至晉開運二年九月，移就滿城縣。[3]至周廣順二年二月，廢州，其滿城縣割隸易州。[4]

[1]泰州：州名。後唐天成三年（928）三月，升奉化軍爲泰州，割莫州清苑縣來屬，爲州治，治所在今河北保定市清苑區。清泰元年（934）州廢。後晉開運元年（944）攻取契丹之泰州，九月，州治徙至滿城縣，在今河北保定市滿城區。後周廣順二年（952）廢泰州，滿城縣別屬易州。

[2]清苑縣：縣名。本隋故縣，屬河間郡，唐武德元年（618）屬瀛州，景雲二年（711）別屬鄚州。治所在今河北保定市清苑區。

[3]滿城縣：縣名。本爲永樂縣，隋屬上谷郡，入唐屬易州。天寶元年（742），改爲滿城縣。治所在今河北保定市滿城區。

[4]易州：州名。隋開皇元年（581）置，大業三年（607）改爲上谷郡。唐武德元年改爲易州，天寶元年改爲上谷郡，乾元元年

(758) 改爲易州。治所在今河北易縣。　“泰州”至段末：《會要》卷二〇州縣分道改置條。《輯本舊史》卷八四《晉少帝紀四》載，開運二年九月“甲寅，移泰州理所於滿城縣”。

雄州[1]周顯德六年五月，以瓦橋關爲雄州，割容城、歸義二縣隸之。[2]地望爲中州，時初平關南故也。[3]

[1]雄州：州名。後周顯德六年（959）五月，以涿州瓦橋關置雄州，轄容城與歸義二縣，治歸義縣（今河北雄縣）。

[2]容城：縣名。本爲隋迺縣，屬上谷郡，唐武德元年（618）屬易州。聖曆二年（699）改名全忠縣，天寶元年（742）改爲容城縣。治所在今河北容城縣北。　歸義：縣名。唐武德五年割瀛州鄚縣置。治所在今河北雄縣西北。後周顯德六年，以從遼所奪回的歸義縣地置歸義縣，爲雄州治，治所在今河北雄縣。

[3]“雄州”至段末：《會要》卷二〇州縣分道改置條，亦見《輯本舊史》卷一一九《周世宗紀六》顯德六年五月己卯條、《太平寰宇記》卷六七《河北道一六》雄州條、《新五代史》卷六〇《職方考三》。

幽州[1]

[1]幽州：州名。漢武帝置幽州刺史部，東漢末逐漸成爲行政區劃。隋大業三年（607）改爲涿郡，唐武德元年（618）復爲幽州，天寶元年（742）改爲范陽郡，乾元元年（758）復爲幽州。後晉天福三年（938）屬契丹。治所在今北京市。

北平縣[1]唐長興三年八月，改爲燕平縣。[2]

[1]北平縣：縣名。本隋故縣，屬高陽郡，唐武德元年（618）隸定州。萬歲通天二年（697），改爲徇忠縣。神龍元年（705）又爲北平縣。後唐長興三年（932）改爲燕平縣。治所在今河北順平縣。

[2]“北平縣”至段末：《會要》卷二〇州縣分道改置條。

新城縣[1]唐天成四年，析范陽縣置。[2]

[1]新城縣：縣名。唐大和六年（832）析范陽縣置，屬涿州。治所在今河北新城縣東南。

[2]“新城縣”至段末：《太平寰宇記》卷七〇《河北道一九》涿州條。

定州[1]

[1]定州：州名。北魏皇始二年（397）置安州，天興三年（399）改爲定州。隋大業三年（607）改爲博陵郡，九年又改爲高陽郡。隋末復爲定州，唐天寶元年（742）改爲博陵郡，乾元元年（758）復爲定州。治所在今河北定州市。

唐縣[1]梁開平三年改爲中山縣，唐同光初復舊。晉改爲博陵縣，漢初復舊。[2]

[1]唐縣：縣名。本隋故縣，屬高陽郡。唐武德元年（618）屬定州。後梁開平三年（909）更名中山縣。後唐同光元年（923）復爲唐縣。後晉天福元年（936）改爲博陵縣。後漢初復爲唐縣。治所在今河北唐縣西南。

［2］“唐縣”至段末：《太平寰宇記》卷六二《河北道一一》定州條。

博州[1]

［1］博州：州名。唐武德四年（621）析魏州、莘州、貝州置，治聊城縣。天寶元年（742）改爲博平郡，寶應元年（762）復爲博州。治所在今山東聊城市東南。

武水縣[1]周顯德三年十月，併入聊城縣。[2]

［1］武水縣：縣名。本隋故縣，屬武陽郡，隋末屬魏州，武德四年（621）别屬博州。後周顯德三年（956）縣廢入聊城。治所在今山東聊城市西南。

［2］“武水縣”至段末：《會要》卷二〇州縣分道改置條，亦見《太平寰宇記》卷五四《河北道三》博州條、《新五代史》卷六〇《職方考》。

堂邑縣[1]晋改爲河清縣，後復舊。[2]

［1］堂邑縣：縣名。本隋故縣，屬武陽郡，隋末屬魏州，武德四年（621）别屬博州。後晋天福元年（936）十一月改爲河清縣，後漢初仍爲堂邑如舊。治所在今山東聊城市西北。

［2］“堂邑縣”至段末：《太平寰宇記》卷五四《河北道三》博州條。

高唐縣[1]梁開平二年改爲魚丘縣，唐同光初復舊。

晋改爲齊城縣，漢復舊。[2]

[1]高唐縣：縣名。本隋故縣，屬武陽郡，隋末屬魏州，唐武德四年（621）别屬博州。後梁開平二年（908）改爲魚丘縣，後唐同光元年（923）復爲高唐，後晋天福元年（936）十一月改爲齊城縣，後漢初仍爲高唐如舊。治所在今山東高唐縣。

[2]“高唐縣”至段末：《太平寰宇記》卷五四《河北道三》博州條。

莫州[1]

[1]莫州：州名。唐景雲二年（711），析瀛州與幽州置鄚州，開元十三年（725）改爲莫州。天寶元年（742）改爲文安郡，乾元元年（758）復爲莫州。後晋天福三年（938）入契丹，後周顯德六年（959）收復。治所在今河北任丘市鄚州鎮。

文安縣周顯德六年，因置霸州，割莫州之文安隸焉。[1]

[1]“文安縣”至段末：《太平寰宇記》卷六七《河北道一六》霸州條，亦見《新五代史》卷六〇《職方考三》。文安沿革見後。

深州[1]

[1]深州：州名。唐武德元年（618），竇建德置，治安平縣。四年入唐，徙治饒陽縣。貞觀十七年（643）州廢，先天二年（713）復置，天寶元年（742）改爲饒陽郡，乾元元年（758）復

稱深州。長慶元年（821）徙治於陸澤縣。治所在今河北深州市。

博野縣[1]周顯德四年五月，割隸定州。[2]

[1]博野縣：縣名。本隋舊縣，隸河間郡，唐武德元年（618）屬瀛州，四年別屬蒲州，五年別屬蠡州，八年州廢復屬蒲州，九年仍別屬蠡州。貞觀元年（627）州廢，屬瀛州。永泰元年（765）別屬深州，元和十年（817）還屬瀛州，景福二年（893）再次別屬深州。後周顯德四年（957）別屬定州。治所在今河北蠡縣。

[2]“博野縣”至段末：《會要》卷二〇州縣分道改置條，亦見《新五代史》卷六〇《職方考三》。

静安軍[1]周顯德二年三月，以李晏口爲静安軍。[2]

[1]静安軍：軍名。後周顯德二年（955）三月置，尋廢。治所在今河北深州市南。

[2]“静安軍”至段末：《會要》卷二四軍補，《會要》並有小注：“李晏口當契丹入寇之路，築城屯軍爲邊防，人甚賴之。”亦見《輯本舊史》卷一一五《周世宗紀二》顯德二年三月辛未條。

慎州　唐長興四年十一月庚辰，改慎州懷化軍爲昭化軍。[1]

[1]“慎州”至段末：《輯本舊史》卷四四《唐明宗紀十》。

霸州[1]晋天福初陷虜庭。周顯德六年收復，因置霸州并永清縣，仍割莫州之文安、瀛洲之大城二縣隸焉。[2]

[1]霸州：州名。後周顯德六年（959）於益津關置霸州及附郭永清縣。治所在今河北霸州市。

[2]瀛州：州名。北魏太和十一年（487）置，隋大業三年（607）改爲河間郡，唐武德元年（618），竇建德改爲瀛州，天寶元年（742）復爲河間郡，乾元元年（758）復爲瀛洲。治所在今河北河間市。　“霸州”至段末：《太平寰宇記》卷六七《河北道一六》霸州條。《輯本舊史》卷一一九《周世宗紀六》載，顯德六年五月己酉，“以益津關爲霸州”。

永清縣[1]周顯德六年收復三關，遂于益津關建霸州，仍置永清縣。[2]

[1]永清縣：縣名。後周顯德六年（959）於益津關置霸州及附郭永清縣。治所在今河北霸州市。

[2]“永清縣”至段末：《太平寰宇記》卷六七《河北道一六》霸州條。

文安縣[1]周改屬霸州。[2]

[1]文安縣：縣名。隋舊縣，屬河間郡，唐武德元年（618）屬瀛州，景雲二年（711）别屬鄚州。開元十三年（725）隸莫州，天寶元年（742）隸文安郡，乾元元年（758）復屬莫州，二年又隸文安郡，寶應二年（763）還隸莫州。後周顯德六年（959）置霸州，屬之。治所在今河北文安縣。

[2]“文安縣”至段末：《太平寰宇記》卷六七《河北道一六》

霸州條。

大城縣[1]周顯德六年割隸霸州。[2]

[1]大城縣：縣名。本爲隋平舒縣，屬河間郡，唐武德元年（618）屬瀛州。五代時改爲大城縣，後周顯德六年（959）别屬霸州。治所在今河北大城縣。

[2]“大城縣”至段末：《太平寰宇記》卷六七《河北道一六》霸州條。

冀州[1]晉開運元年四月丁巳，升爲防禦使額。[2]

[1]冀州：州名。《禹貢》九州之一。漢武帝置冀州刺史部，爲監察區，東漢後期逐漸成爲政區。隋大業三年（607）改冀州爲信都郡，唐武德元年（618）改爲冀州，治信都縣。龍朔二年（662）改爲魏州都督府，咸亨三年（672）復稱冀州。天寶元年（742）改爲信都郡，乾元元年（758）復爲冀州。治所在今河北冀州市。

[2]“冀州”至段末：《輯本舊史》卷八二《晉少帝紀二》。

劍南道

蜀州[1]

[1]蜀州：州名。唐垂拱二年（686）析益州置，治晉原縣，天寶元年（742）改爲唐安郡，至德二載（757），惡安氏姓名，改爲唐興郡，乾元元年（758）復爲蜀州。治所在今四川崇州市。

唐興縣[1]梁開平二年八月，改爲陶胡縣。唐同光元年十月，復爲唐興縣。[2]

[1]唐興縣：縣名。唐武德元年（618）析新津縣置唐隆縣，屬益州，垂拱二年（686）割屬蜀州，長壽二年（693）改爲武隆縣，神龍元年（705）復稱唐隆，先天元年（712）避唐玄宗諱改爲唐安縣，天寶元年（742）改隸唐安郡，至德二載（757），惡安氏姓名，改名爲唐興縣，乾元元年（758）復屬蜀州。治所在今四川崇州市東南。

[2]“唐興縣”至段末：《會要》卷二〇州縣分道改置條。

永康縣[1]僞蜀廣政十二年割郭信等八鄉，[2]就横渠鎮置徵税院，至十六年改爲永康縣，以便于民。[3]

[1]永康縣：縣名。後蜀廣政十六年（953），析青城縣置。治所在今四川崇州市西北。

[2]廣政：後蜀孟昶年號（938—965）。

[3]“永康縣”至段末：《太平寰宇記》卷七五劍南西道四蜀州條。

彭州[1]

[1]彭州：州名。唐武德三年（620）析益州置濛州，治九隴縣。貞觀二年（628）州廢入益州，垂拱二年（686）析益州置彭州，治九隴縣。天寶元年（742）改爲濛陽郡，乾元元年（758）復爲彭州。治所在今四川彭州市。

唐昌縣[1]梁開平二年八月，改爲歸化縣。唐同光元年，復爲唐昌縣。[2]

[1]唐昌縣：縣名。唐儀鳳二年（677），析郫、導江、九隴三縣之地置，屬益州。垂拱二年（686）割隸彭州，長壽二年（693）改爲周昌縣，神龍二年（706）復爲唐昌。天寶元年（742）屬濛陽郡，乾元元年（758）復屬彭州。治所在今四川成都市郫都區唐昌鎮。

[2]“唐昌縣”至段末：《會要》卷二〇州縣分道改置條。

江南道

處州[1]

[1]處州：州名。隋開皇九年（589）置處州，十二年改爲括州，大業三年（607）改爲永嘉郡。唐武德二年（619），沈法興改爲括州，天寶元年（742）改爲縉雲郡，乾元元年（758）復爲括州，大曆十四年（779）避德宗嫌名改爲處州。治所在今浙江麗水市東南。

松陽縣[1]梁開平四年五月，改爲長松縣。[2]

[1]松陽縣：縣名。隋屬永嘉縣，唐武德二年（619）屬括州，四年以該縣置松州，八年州廢復屬括州。天寶元年（742）屬縉雲郡，乾元元年（758）復屬括州，十四年屬處州。吴越天寶三年（910）改稱長松縣，後晋天福四年（939）改爲白龍縣。治所在今浙江松陽縣城西屏街道。參見郭聲波《中國行政區劃通史（唐代

卷）》，第516頁。

［2］“松陽縣”至段末：《會要》卷二〇州縣分道改置條，亦見《新五代史》卷六〇《職方考三》。

白龍縣 梁開平四年改爲長松縣，又改爲白龍縣。[1]

［1］“白龍縣”至段末：《太平寰宇記》卷九九《江南東道一一》處州條。

温州[1]晋天福四年五月，升爲静海軍節度，[2]從兩浙錢元瓘奏也。[3]

［1］温州：州名。唐武德五年（622），析括州置東嘉州，治永嘉縣，貞觀元年（627）州廢入括州。唐高宗上元二年（675）復析括州置温州，治永嘉縣。天寶元年（742）改爲永嘉郡，乾元元年（758）復爲温州。治所在今浙江温州市。

［2］静海軍：方鎮名。後晋天福四年（939）五月，析吴越之鎮東軍節度使所轄温州置。治所在今浙江温州市。

［3］錢元瓘：人名。吴越國君，錢鏐第五子。932年至941年在位。傳見本書卷一三三。 “温州”至段末：《會要》卷二四諸道節度使軍額條，亦見《輯本舊史》卷七八《晋高祖紀四》天福四年五月辛亥條、《太平寰宇記》卷九九《江南東道一一》温州條。

婺州[1]晋天福四年，昇爲武勝軍節度使。[2]

[1]婺州：州名。隋平陳後置婺州，大業三年（607）改爲東陽郡。唐武德二年（619），沈法興改爲婺州，天寶元年（742）改爲東陽郡，乾元元年（758）復爲婺州。後晋天福四年（939）九月，析越州鎮東軍節度使置武勝軍節度使，治婺州，治所在今浙江金華市。

[2]武勝軍：方鎮名。後晋天福四年九月，析越州鎮東軍節度使置武勝軍節度使，治婺州（今浙江金華市）。　“婺州”至段末：《太平寰宇記》卷九七《江南東道九》婺州條，亦見《輯本舊史》卷七八《晋高祖紀四》天福四年九月癸酉條。

湖州[1]周顯德六年二月，升爲宣德軍節度，[2]從兩浙錢弘俶奏也。[3]

[1]湖州：州名。隋仁壽年間置湖州，治烏程縣，大業初州廢。唐武德四年（621）復以烏程縣置湖州，天寶元年（742）改爲吴興郡，乾元元年（758）復爲湖州。治所在今浙江湖州市。

[2]宣德軍：方鎮名。後周顯德六年（959）二月，割杭州鎮海軍所轄湖州置宣德軍節度使。治所在今浙江湖州市。

[3]錢弘俶：人名。吴越國君，錢元瓘之子。948年至978年在位。傳見本書卷一三三。　“湖州”至段末：《會要》卷二四諸道節度使軍額條，亦見《輯本舊史》卷一一九《周世宗紀六》顯德六年二月丙戌條。

秀州[1]晋天福三年十月，兩浙錢元瓘奏，以杭州嘉興縣置州。[2]

[1]秀州：州名。後晋天福三年（938），吴越析杭州置秀州，治嘉興縣。治所在今浙江嘉興市。

[2]“秀州”至段末：《會要》卷二〇州縣分道改置條，亦見《輯本舊史》卷七七《晋高祖紀三》天福三年十月條、《新五代史》卷六〇《職方考三》。

全州[1]晋天福四年四月，湖南馬希範奏，以湘川縣置州，仍置清湘縣，并割灌陽縣隸之。[2]

[1]全州：州名。後晋天福四年（939）四月，析永州置全州，治湘川縣，改稱清湘縣。治所在今廣西全州縣。

[2]“全州”至段末：《會要》卷二〇州縣分道改置條，亦見《太平寰宇記》卷一一六《江南西道一四》全州條、《新五代史》卷六〇《職方考三》。《輯本舊史》卷七八《晋高祖紀四》天福四年四月戊子，“改湘川縣爲全州，從馬希範之奏也”。

清湘縣[1]唐時，節度使馬殷改爲清湘縣，以地扼桂嶺之路。晋天福四年割入全州。[2]

[1]清湘縣：縣名。本隋零陵郡湘源縣，唐武德元年（618）屬永州，後唐天成元年（757）改爲湘川縣，後晋天福四年（939）四月，改稱清湘縣，爲新置之全州州治。治所在今廣西全州縣西南。

[2]“清湘縣”至段末：《太平寰宇記》卷一一六《江南西道一四》全州條。

杭州[1]

[1]杭州：州名。隋平陳置杭州，大業三年（607）改爲餘杭

郡。唐武德二年（619），沈法興改爲杭州，天寶元年（742）改爲餘杭郡，乾元元年（758）復改爲杭州。吴越天寶元年（908），升杭州爲大都督府，又稱西府。治所在今浙江杭州市。

臨安縣[1]梁開平二年正月，改爲安國縣。[2]

［1］臨安縣：縣名。唐武德七年（624）析餘杭縣置臨水縣，别屬潛州，次年州廢，臨水縣廢入餘杭。垂拱四年（688），析餘杭、於潛復置臨安縣，屬杭州，天寶元年（742）屬餘杭郡，乾元元年復屬杭州。治所在今浙江杭州市臨安區錦北街道。参見郭聲波《中國行政區劃通史（唐代卷）》，第491頁。

［2］“臨安縣”至段末：《會要》卷二〇州縣分道改置條。

錢塘縣[1]晋天福初改爲錢江縣，尋復舊。[2]

［1］錢塘縣：縣名。本漢錢唐縣，隋代歷屬杭州、餘杭郡。唐武德元年（618）爲杭州治，四年改稱錢塘縣。天寶元年（742）爲餘杭郡治，乾元元年（758）復爲杭州治。治所在今浙江杭州市。

［2］“錢塘縣”至段末：《太平寰宇記》卷九三《江南東道五》杭州條。

昌化縣[1]梁改爲金昌縣，唐同光初復舊。晋改爲横山縣，後復舊。[2]

［1］昌化縣：縣名。武周萬歲通天元年（696），析杭州紫溪縣置武隆縣，聖曆元年（698）改爲武崇縣，三年廢入紫溪。長安四年（704）復析紫溪縣置武崇縣，屬杭州。神龍元年（705）改爲

唐山縣，天寶元年（742）屬餘杭郡，乾元元年（758）復隸杭州。大曆二年（767）廢入於潛縣，長慶元年（821）復析於潛縣置唐山縣，爲杭州屬縣。吴越天寶元年（908）八月，改爲吴昌縣，三年改稱金昌縣，寶大元年（924）復爲唐山縣。後晋天福七年（942），改唐山縣爲横山縣。治所在今浙江杭州臨安區昌化鎮。

［2］“昌化縣”至段末：《太平寰宇記》卷九三《江南東道五》杭州條。

福州［1］

［1］福州：州名。隋平陳後改豐州爲泉州，大業初改爲閩州，三年（607）改爲建安郡。唐武德二年（619），沈法興改爲建州，六年割所轄閩縣置泉州，景雲二年（711）改爲閩州，開元十三年（725）改爲福州，天寶元年（742）改爲長樂郡，乾元元年（758）復爲福州。閩龍啓元年（933），改福州爲長樂府，天德二年（944）正月以長樂府爲南都，三年三月南都長樂府復爲福州。治所在今福建福州市。

閩清縣［1］梁乾化元年十月，移就梅溪場置。［2］

［1］閩清縣：縣名。唐咸通二年（861），析福州侯官縣置梅溪縣，治梅溪場，後梁乾化元年（911）改爲閩清縣。治所在今福建閩清縣。

［2］“閩清縣”至段末：《會要》卷二〇州縣分道改置條，亦見《新五代史》卷六〇《職方考三》，云“王審知於梅溪場置”。

福唐縣［1］晋天福初改爲南臺縣，蓋以江名縣也，後復舊。[2]

[1]福唐縣：縣名。唐聖曆二年（699），析泉州長樂縣置萬安縣，景雲二年（711）屬閩州，開元十三年（725）屬福州，天寶元年（742）屬長樂郡，改爲福唐縣。乾元元年（758）復隸福州。治所在今福建福清市玉屏街道。參見郭聲波《中國行政區劃通史（唐代卷）》，第522頁。

[2]“福唐縣”至段末：《通鑑》卷二九三《後周紀四》世宗顯德三年（956）五月丙申條胡注引《薛史·地理志》。

台州[1]

[1]台州：州名。唐武德四年（621）割括州臨海縣置海州，次年改爲台州。天寶元年（742）改爲臨海郡，乾元元年（758）復爲台州。治所在今浙江台州市。

天台縣[1]唐上元二年改爲唐興縣，梁改爲天台縣，唐同光初復舊。晋天福初改爲台興縣。[2]

[1]天台縣：縣名。唐武德四年（621）析海州臨海縣置始豐縣，五年隸台州，八年廢入臨海縣。貞觀八年（634）復置始豐縣，隸台州。天寶元年（742）隸臨海郡，乾元元年（758）屬台州。吴越天寶元年（908），唐興縣改爲天台縣，寶大元年（924）復爲唐興縣，後晋天福二年（937）改爲台興縣。治所在今浙江天台縣。

[2]“天台縣”至段末：《太平寰宇記》卷九八《江南東道一〇》台州條補。

明州[1]

[1]明州：州名。唐武德四年（621）析越州置鄞州，治句章縣，八年州廢入越州，改句章縣爲鄮縣。開元二十六年（738），割越州置明州，治鄮縣。天寶元年（742）改爲餘姚郡，乾元元年（758）復爲明州。治所在今浙江寧波市。

望海縣[1]梁開平三年閏八月，兩浙奏置。[2]

[1]望海縣：縣名。吴越天寶二年（909），析鄮縣置望海縣，屬明州，尋改爲定海縣。治所在今浙江寧波市鎮海區。

[2]"望海縣"至段末：《會要》卷二〇州縣分道改置條，《新五代史》卷六〇《職方考三》云"錢鏐置"。

虔州[1]唐長興二年八月，升爲昭信軍節度。[2]

[1]虔州：州名。隋開皇九年（589）置虔州，大業三年（607）改爲南康郡。隋末林士弘復爲虔州。唐天寶元年（742），改爲南康郡，乾元元年（758）復爲虔州。治所在今江西贛州市。

[2]昭信軍：方鎮名。後唐長興二年（931）八月，升虔州爲昭信軍節度使，以武平軍節度使馬希振任，但虔州不在後唐與馬楚控制範圍内，應屬遥領。 "虔州"至段末：《會要》卷二四諸道節度使軍額條，亦見《輯本舊史》卷四二《唐明宗紀八》長興三年（932）八月辛酉（《輯本舊史》誤爲辛丑）條。

蘇州[1]唐同光三年升蘇州爲中吴軍。[2]

［1］蘇州：州名。隋平陳，改陳所置吴州爲蘇州，大業初復爲吴州，三年（607）改爲吴郡。唐武德二年（619），沈法興改爲蘇州。天寶元年（742）改爲吴郡，乾元元年（758）仍爲蘇州。吴越天寶元年（908）升蘇州爲中吴府（蘇州府），後梁貞明元年（915）復爲蘇州。治所在今江蘇蘇州市。

［2］中吴軍：方鎮名。後梁貞明元年（915），析杭州鎮海軍節度使置中吴軍節度使，治蘇州（今江蘇蘇州市）。　"蘇州"至段末：《通鑑》卷二七八《後唐紀七》明宗長興四年（933）七月丁亥條胡注引《薛史》補。

吴江縣［1］梁開平三年閏八月，兩浙奏，於吴松江置縣。［2］

［1］吴江縣：縣名。吴越天寶二年（909），析吴縣置吴江縣，屬中吴府（蘇州府），後梁貞明元年（915）隸蘇州。治所在今江蘇蘇州市吴江區。

［2］"吴江縣"至段末：《會要》卷二〇州縣分道改置條，亦見《太平寰宇記》卷九一《江南東道三》蘇州條，《新五代史》卷六〇《職方考三》云"錢鏐置"。

邵州［1］晉天福初改爲敏州，避廟諱。漢初仍舊。［2］

［1］邵州：州名。唐武德元年（618），蕭梁析潭州置建州，治邵陽縣，四年入唐，改爲南梁州。貞觀十年（636），改爲邵州。天寶元年（742）改爲邵陽郡，乾元元年（758）仍爲邵州。後晉天福三年（938）五月，改稱敏州，後漢天福十二年（947）仍爲邵州如舊。治所在今湖南邵陽市。

［2］"邵州"至段末：《太平寰宇記》卷一一五《江南西道一

三》邵州條。

郴州[1]晉天福初改爲敦州，避廟諱。漢初復舊名。[2]

[1]郴州：州名。隋平陳後置郴州，大業三年（607）改爲桂陽郡。唐武德元年（618），蕭梁復爲郴州，唐天寶元年（742）改爲桂陽郡，乾元元年（758）復爲郴州。後晉天福三年（938）五月改爲敦州，後漢天福十二年（947）仍爲郴州如舊。治所在今湖南郴州市。

[2]"郴州"至段末：《太平寰宇記》卷一一七《江南西道一五》郴州條。

郴縣[1]晉天福初改爲敦化，漢初復舊。[2]

[1]郴縣：縣名。本漢舊縣，隋代歷屬郴州、桂陽郡。唐武德元年（618）屬郴州，天寶元年（742）屬桂陽郡，乾元元年（758）屬郴州。後晉天福三年（938）五月改爲敦化縣，屬敦州，後漢天福十二年（947）仍爲郴縣，屬郴州如舊。治所在今湖南郴州市。

[2]"郴縣"至段末：《太平寰宇記》卷一一七《江南西道一五》郴州條。

建州[1]

[1]建州：州名。隋平陳後改豐州爲泉州，大業初改爲閩州，三年（607）改爲建安郡。唐武德二年（619），沈法興改爲建州，

四年，徙建州治所至建安縣，天寶元年（742）改爲建安郡，乾元元年（758）復爲建州。治所在今福建建甌市。中華書局本有校勘記："《通鑑》卷二八九胡注引《薛史》曰：'李景保大三年，以延平爲劍州，析建州之劍浦、汀州之沙縣隸焉。'按此則係《舊五代史》佚文，清人失輯，姑附於此。"

邵武縣[1]晉天福初改爲昭武縣，漢初復舊。[2]

[1]邵武縣：縣名。本爲孫吳所置，隋平陳後廢，開皇十二年（592）復置，屬建州，次年别屬撫州，大業三年（607）屬臨川郡。隋末屬撫州，唐武德七年（624）别屬建州，天寶元年（742）屬建安郡，乾元元年（758）屬建州。後晉天福初年改爲昭武縣，後漢初復爲邵武如舊。治所在今福建邵武市。

[2]"邵武縣"至段末：《太平寰宇記》卷一〇一《江南東道一三五》邵武軍條。

歸化縣[1]僞唐保大三年升爲場，[2]周顯德五年改爲縣，屬建州。[3]

[1]歸化縣：縣名。南唐保大三年（943）改歸化鎮爲歸化場，後周顯德五年（958）升爲歸化縣。治所在今福建泰寧縣。

[2]保大：五代南唐元宗李璟年號（943—957）。

[3]"歸化縣"至段末：《太平寰宇記》卷一〇一《江南東道一三五》邵武軍條。

道州[1]

[1]道州：州名。唐武德四年（621），析永州置營州，五年改爲南營州，貞觀八年（634）改爲道州，十七年州廢入永州。唐高宗上元二年（675）復析永州置道州，天寶元年（742）改爲江華郡，乾元元年（758）復爲道州。治所在今湖南道縣。

寧遠縣[1]梁改爲延昌縣，唐同光初復舊。晋天福初改爲延喜縣，後復舊。[2]

[1]寧遠縣：縣名。唐武德元年（618）置，屬永州，四年别屬營州，改爲唐興縣，五年屬南營州。貞觀八年（634）屬道州，十七年道州廢，復屬永州。唐高宗上元二年（675）又割屬道州，長壽二年（693）改爲武盛縣，神龍元年（705）復爲唐興縣。天寶元年（742）改爲延唐縣，隸江華郡。乾元元年（758）復屬道州。後梁開平元年（907），改稱延昌縣，後唐同光二年（924）復爲延唐縣，後晋天福七年（942）又改稱延喜縣，後漢天福十二年（947）仍爲延唐縣如舊。北宋乾德三年（965）改爲寧遠縣。所以此處“寧遠”，很可能是北宋追溯之語。治所在今湖南寧遠縣。

[2]“寧遠縣”至段末：《太平寰宇記》卷一一六《江南西道一四》道州條。

鄂州[1]

[1]鄂州：州名。隋平陳後改郢州爲鄂州，大業三年（607）改爲江夏郡。唐武德元年（618），蕭銑改爲鄂州，天寶元年（742）改爲江夏郡，乾元元年（758）復爲鄂州。治所在今湖北武漢市武昌區。

漢陽縣[1]顯德五年，以鄂州漢陽縣爲漢陽軍。[2]

[1]漢陽縣：縣名。隋開皇時期置漢津縣，屬復州，大業二年（606）改爲漢陽縣，三年屬沔陽郡。唐武德二年（619）取漢陽縣，隸沔州爲州治。天寶元年（742）屬漢陽郡，爲郡治，乾元元年（758）復屬沔州。建中二年（780）州廢，改屬黄州。四年又析置沔州，爲州治。寶曆二年（826），州廢，别屬鄂州。南唐交泰元年（958）三月，割屬後周。後周顯德五年（958），改漢陽縣爲漢陽軍。治所在今湖北武漢市漢陽區。

[2]“漢陽縣”至段末：《會要》卷二四軍條，亦見《新五代史》卷六〇《職方考三》。

信州[1]唐長興元年四月庚申，詔改信州爲晏州。[2]

[1]信州：州名。唐乾元元年（758）析饒州、衢州置，治上饒縣（今江西上饒市）。

[2]“信州”至段末：《輯本舊史》卷四一《唐明宗紀七》。

淮南道

安州[1]唐同光元年，改爲安遠軍節度。[2]至晋天福五年七月，降爲防禦使，所管新州割隸許州，以李金全叛命故也。[3]至漢天福十二年六月，復爲安遠軍節度。至周顯德元年十月，又降爲防禦州。[4]

[1]安州：州名。南朝梁置南司州，西魏置安州，北周改爲鄖州，隋大業三年（607）改爲安陸郡，隋末周法明改爲安州，入唐

後仍之，天寶元年（742）改爲安陸郡，乾元元年（758）復爲安州。治所在今湖北安陸市。

[2]安遠軍：方鎮名。本爲後梁宣威軍節度使，後唐同光元年（923）十二月改爲安遠軍節度使。後晋天福五年（940）廢，降安州爲防禦州。後漢天福十二年（947）六月復置安遠軍節度使。後周顯德元年（954）十月又廢。治所在今湖北安陸市。

[3]李金全：人名。其先出於吐谷渾族，早年爲後唐明宗李嗣源"小豎"，驍勇善戰，因功升遷。後晋時封安遠軍節度使，後投奔南唐。傳見本書卷九七、《新五代史》卷四八。

[4]"安州"至段末：《會要》卷二四諸道節度使軍額條。"復爲安遠軍節度"，原誤爲"復爲安懷軍節度"，據《輯本舊史》卷三〇《莊宗紀四》、《太平寰宇記》卷一三二《淮南道一〇》安州條、《新五代史》卷六〇《職方考三》改。《新五代史》在"唐改曰安遠"前有"梁置宣威軍"之語。"降安州爲防禦使額，以申州隸許州"，亦見《輯本舊史》卷七九《晋高祖紀五》天福五年七月甲子條；安州復爲節鎮，亦見同書卷一〇〇《漢高祖紀下》天福十二年六月己巳條；安州依舊爲防禦州，其軍額停，見同書卷一一四《周世宗紀一》顯德元年十月己酉條。

應城縣[1]梁開平元年爲國諱改爲應陽縣。唐同光元年復舊名。[2]

[1]應城縣：縣名。西魏置，隋大業二年（606）改爲應陽縣，唐武德四年（921）復爲應城，元和三年（808）省入雲夢縣，大和二年（828）析雲夢縣復置。後梁天祐二年（905）改爲應陽縣（據《舊唐書》卷二〇《昭宗紀》與《新唐書》卷四一《地理志五》），後唐同光元年（923）復爲應城縣。治所在今湖北應城縣。

[2]"應城縣"至段末：《太平寰宇記》卷一三二《淮南道

一〇》安州條。

廬州[1]唐爲昭順軍節度，周顯德五年改爲保信軍。[2]

[1]廬州：州名。本爲隋廬江郡，唐武德二年（619）改爲廬州，天寶元年（742）改爲廬江郡，乾元元年（758）復爲廬州。天祐十四年（917），吴王割揚州淮南節度使所領廬州置廬州都團練觀察使，治廬州。武義元年（919），升爲德勝軍節度使。南唐交泰元年（958）三月，廬州與舒州獻給後周，同年（後周顯德五年）三月，後周改南唐所獻德勝軍節度使爲保信軍節度使。治所在今安徽合肥市。

[2]"廬州"至段末：《太平寰宇記》卷一二六《淮南道四》廬州條。《輯本舊史》卷四二《唐明宗紀八》載，長興二年閏五月"癸巳（《輯本舊史》誤作癸丑），升廬州爲昭順軍"，《通鑑》卷二九三《後周紀四》世宗顯德四年（957）三月辛亥條胡注引《薛史》載爲"閏五月己丑"。《輯本舊史》卷一一八《周世宗紀五》載，顯德五年三月"壬寅，改廬州軍額爲保信軍"。

楚州[1]唐天成三年閏八月，升爲順化軍節度。[2]周顯德五年平淮南，降爲防禦州。[3]

[1]楚州：州名。隋開皇元年（581）置楚州，大業初州廢，隋末，李密置楚州，唐武德四年（621）歸唐，改爲東楚州，八年改爲楚州，天寶元年（742）改爲淮陰郡，乾元元年（758）復爲楚州。治所在今江蘇淮安市。

[2]順化軍：方鎮名。後唐天成三年（928）閏八月升楚州爲順化軍節度使，但楚州當時屬吴，故此次政區調整應屬於遥改。

"楚州"至"升爲順化軍節度"：《會要》卷二四諸道節度使軍額條，亦見《輯本舊史》卷三九《唐明宗紀五》天成三年閏八月乙卯條。

[3]周顯德五年平淮南，降爲防禦州：《太平寰宇記》卷一二四《淮南道二》楚州條。

壽州[1]唐天成三年十月，升爲忠正軍節度。[2]周顯德四年，移于潁州下蔡縣，[3]仍以下蔡縣爲倚郭，以舊壽州爲壽春縣。[4]

[1]壽州：州名。北魏置揚州。南朝梁改爲南豫州，東魏改爲揚州，南朝陳改爲豫州，北周改爲揚州，隋開皇九年（589）改爲壽州，大業初改州爲淮南郡。唐武德二年（619）改爲壽州，天寶元年（742）改爲壽春郡，乾元元年（758）復爲壽州。治所在今安徽壽縣。後周顯德四年（957），徙州治於下蔡，治所在今安徽鳳台縣。

[2]忠正軍：方鎮名。南唐在壽州設清淮軍節度使，治所在今安徽壽縣。後周顯德四年攻取壽州，改爲忠正軍節度使，治所在今安徽鳳台縣。　"壽州"至"升爲忠正軍節度"：《會要》卷二四諸道節度使軍額條，亦見《輯本舊史》卷三九《唐明宗紀五》天成三年（928）十月甲子條、《新五代史》卷六〇《職方考三》。《通鑑》卷二九三《後周紀四》世宗顯德四年三月辛亥條胡注引《薛史》載"唐明宗天成二年，詔昇壽州爲忠正軍"。

[3]下蔡縣：縣名。本隋舊縣，屬汝陰郡，唐武德二年屬信州，四年别屬渦州，八年改屬潁州。後周顯德四年三月，攻下南唐壽州，下蔡别屬之，徙壽州州治於下蔡。治所在今安徽鳳台縣。

[4]壽春縣：縣名。本隋舊縣，屬淮南郡，唐武德二年屬壽州，爲州治。治所在今安徽壽縣。　"周顯德四年"至段末：《會要》

卷二〇州縣分道改置條，亦見《輯本舊史》卷一一七《周世宗紀四》顯德四年三月庚戌條云："詔移壽州於下蔡，以故壽州爲壽春縣。"《太平寰宇記》卷一二九《淮南道七》壽州條載："唐天成三年爲順化軍節度。周顯德三年平淮南，降爲防禦州，舊理壽春縣，仍移于潁州之下蔡縣爲理所。"

盛唐縣[1]梁開平二年八月，改爲灊山縣。唐同光元年十月，復爲盛唐。[2]

[1]盛唐縣：縣名。南朝梁置岳安縣，隋開皇初改爲霍山縣，屬廬江郡。唐貞觀元年（627）改屬壽州，神功元年（697）改爲武昌縣，神龍元年（705）復爲霍山縣，開元二十七年（739）改爲盛唐縣。治所在今安徽六安市。

[2]"盛唐縣"至段末：《會要》卷二〇州縣分道改置條。《太平寰宇記》卷一二九《淮南道七》壽州條載爲六安縣，"梁改爲灊山縣，唐同光初復舊。晉天福中改爲來化縣，後復舊"。

天長縣[1]故屬揚州。南唐以天長爲軍，周復故。[2]

[1]天長縣：縣名。唐武德七年（624）析六合縣置石梁縣，貞觀元年（627）縣廢，天寶元年（742）置千秋縣，七載改爲天長縣，隸江都郡，乾元元年（758）復隸揚州。南唐昇元六年（942），於天長縣置建武軍，領天長一縣。中興元年（後周顯德五年，958）正月，升建武軍爲雄州，二月，後周攻占雄州，改爲天長軍。治所在今安徽天長市。

[2]"天長縣"至段末：《新五代史》卷六〇《職方考三》。

鎮淮軍[1]周顯德三年五月壬辰，以渦口爲鎮淮軍。[2]

[1]鎮淮軍：軍名。後周顯德三年（956）五月置。治所在今安徽蚌埠市西北。

[2]“鎮淮軍”至段末：《輯本舊史》卷一一六《周世宗紀三》。

山南道

襄州[1]晋天福七年，降爲防禦州，直屬京，所管均、房二州割隸鄧州，[2]以安從進叛命初平故也。[3]至漢天福十二年六月，復舊爲山南東道使。[4]

[1]襄州：州名。本爲南朝雍州，西魏改爲襄州，大業初改爲襄陽郡。唐武德二年（619）改爲襄州，天寶元年（742）改爲襄陽郡，乾元元年（758）復爲襄州。治所在今湖北襄陽市。

[2]均：州名。隋開皇三年（583）改北周豐州爲均州，治武當縣，大業初廢入淅陽郡。唐武德元年復置均州，治武當縣。天寶元年改爲武當郡，乾元元年復爲均州。治所在今湖北丹江口市均縣鎮東。　房：州名。北周置遷州，隋大業初改爲房州，三年改爲房陵郡。唐武德元年改爲遷州，貞觀十年（636）改爲後房州，天寶元年改爲房陵郡，乾元元年復爲房州。治所在今湖北房縣。

[3]安從進：人名。其先索葛部人。本爲後唐將領，清泰年間，李從珂任其爲山南東道節度使。後晋建立後，加同中書門下平章事，後起兵反晋，敗亡。傳見本書卷九八、《新五代史》卷五一。

[4]“襄州”至段末：《會要》卷二四諸道節度使軍額條，亦見《輯本舊史》卷八一《晋少帝紀一》天福七年（942）九月戊子條、同書卷一〇〇《漢高祖紀下》天福十二年六月己巳條、《新五

代史》卷六〇《職方考三》。

鄖縣[1]梁龍德元年，改鄖縣爲沿夏縣。[2]

[1]鄖縣：縣名。治所在今湖北宜城市。

[2]“鄖縣”至段末：《輯本舊史》卷一〇《梁末帝紀下》顯德元年（956）三月壬寅條。

樂鄉縣[1]周顯德六年二月，併入宜城。[2]

[1]樂鄉縣：縣名。東晋置，隋開皇三年（583）屬郢州，大業初改屬竟陵郡，唐武德二年（619）改屬都州，爲州治。貞觀八年（634），都州廢，改屬襄州。後周顯德六年（959）二月，併入宜城縣。治所在今湖北宜城市南。

[2]宜城：縣名。本爲率道縣，蕭梁所置，唐天寶七載（748）改爲宜城縣。治所在今湖北宜城市西北。　“樂城縣”至段末：《會要》卷二〇州縣分道改置條，亦見《新五代史》卷六〇《職方考三》。《太平寰宇記》卷一四五《山南東道四》襄州條作“周顯德二年併入宜城縣”。

鄧州[1]梁開平三年五月，升爲宣化軍節度，[2]割泌、隨、復、郢四州隸之，與襄州分江心爲界。至唐同光元年，改爲威勝軍。周廣順二年三月，改爲武勝軍，避諱也。[3]

[1]鄧州：州名。隋初爲荆州，治穰縣。開皇七年（587）改置鄧州，大業初州廢，分爲南陽、淯陽二郡。唐武德二年（619）

入唐，改爲鄧州，治穰縣。天寶元年（742）改爲南陽郡，乾元元年（758）復爲鄧州。治所在今河南鄧州市。

[2]宣化軍：方鎮名。後梁開平三年（909）五月，升山南東道節度使所領登州爲宣化軍節度使，轄原山南東道節度使所領泌、隨、復、郢四州。後唐同光元年（923）十二月，改爲威勝軍節度使。後周廣順二年（952）三月，改爲武勝軍節度使。治所在今河南鄧州市。

[3]“鄧州”至段末：《會要》卷二四諸道節度使軍額條，亦見《輯本舊史》卷三〇《唐莊宗紀四》同光元年十二月戊寅條。《新五代史》卷六〇《職方考三》載：“鄧州，故屬山南東道節度。梁破趙匡凝，分鄧州置宣化軍。唐改曰威勝，周改曰武勝。”

臨湍縣[1]漢乾祐元年正月，改爲臨瀨縣，避廟諱也。[2]

[1]臨湍縣：縣名。北魏置新城縣，後改爲臨湍，隋開皇初改回新城。唐武德二年（619）以此縣置酈州，八年州廢，改屬鄧州。後漢乾祐元年（948）正月，改爲臨瀨縣。治所在今河南内鄉縣東南。

[2]“臨湍縣”至段末：《會要》卷二〇州縣分道改置條，亦見《新五代史》卷六〇《職方考三》。

菊潭縣、向城縣[1]周顯德三年三月廢。[2]

[1]菊潭縣：縣名。隋開皇三年（583）置，屬鄧州。唐武德二年（619），以縣置弘州，四年州縣俱廢。開元二十四年（736），復置菊潭縣，屬鄧州。後周顯德三年（956）三月，廢入臨瀨。治所在今河南西峽縣丹水鎮石盆崗古城。參見郭聲波《中國行政區劃通史（唐代卷）》，第823頁。　向城縣：縣名。本隋舊縣，隸淯

陽郡。唐武德二年，屬北澧州。三年置淯州，爲州治。八年廢淯州，復屬北澧州，同年又改北澧州爲魯州，屬之，九年州廢，改屬鄧州。聖曆元年（698）改爲武清縣，神龍元年（705）復爲向城縣，天寶元年（742）屬南陽郡，乾元元年（758）仍屬鄧州。後周顯德三年廢。治所在今河南南召縣東南皇路店鎮。（參見史爲樂主編《中國歷史地名大辭典》（增訂本），中國社會科學出版社2017年版，第1092頁）

［2］“菊潭縣”至段末：《會要》卷二〇《州縣分道改置》補。《太平寰宇記》卷一四五《山南東道一》鄧州條作菊潭縣“周顯德五年併入臨瀨縣”，向城縣“周顯德三年廢入臨瀨”。

唐州[1]州城舊治比陽，[2]唐末移于泌陽。[3]梁改爲泌州，唐同光初復舊名。晉又改爲泌州。漢初復舊名。[4]

［1］唐州：州名。北魏置東荆州，西魏改爲淮州，隋開皇五年（585）改爲顯州，大業初改爲淮安郡。唐武德二年（619）改爲顯州，治比陽縣。貞觀九年（635）改爲唐州，天寶元年（742）改爲淮安郡，乾元元年（758）改爲唐州，天祐三年（906）改爲泌州，徙治泌陽縣。後唐同光元年（923）十月，復爲唐州。治所在今河南唐河縣。

［2］比陽：縣名。北魏陽平縣，隋開皇七年改爲饒良，大業初改爲比陽。治所在今河南泌陽縣。

［3］泌陽：縣名。北魏置。隋開皇三年屬昌州，大業初改屬春陵郡。唐武德二年復屬昌州，三年屬宛州，四年屬湖州。貞觀元年，州郡俱廢。開元十三年（725）復置，屬唐州。天寶元年，改爲泌陽縣，屬淮安郡，乾元元年屬唐州，天祐三年屬泌州，爲州治。治所在今河南唐河縣。

［4］“唐州”至段末：《太平寰宇記》卷一四二《山南東道一》

唐州條。《輯本舊史》卷八一《晉少帝紀一》載，天福七年九月戊子，“升泌州爲團練使額”。

慈丘縣[1]周顯德三年三月廢。[2]

［1］慈丘縣：縣名。北魏置江夏縣，屬江夏郡，隋開皇三年（583）廢江夏郡，縣屬淮州，十八年改爲慈丘縣。唐武德二年（619）屬顯州，貞觀九年（635）屬唐州，天寶元年（742）屬淮安郡，乾元元年（758）屬唐州，天祐三年（906）屬泌州。後周顯德三年（956），廢入比陽縣。治所在今河南泌陽縣東北。

［2］“慈丘縣”至段末：《會要》卷二〇州縣分道改置條，亦見《新五代史》卷六〇《職方考三》。

復州[1]梁乾化二年十一月，割隸荊南。唐天成二年五月，却隸襄州。晉天福五年七月，直屬京，升爲防禦。[2]

［1］復州：州名。北周時設置，大業初改爲沔州，三年（607）改爲沔陽郡。唐武德二年（619），蕭梁政權改爲復州，唐天寶元年（742）改爲竟陵郡，乾元元年（758）復爲復州。後晉天福元年（936）徙治景陵。治所在今湖北天門市。

［2］“復州”至段末：《會要》卷二〇州縣分道改置條。《輯本舊史》卷三二《唐莊宗紀六》載，同光二年（924）五月辛酉，“詔割復州爲荊南屬郡”；同書卷七九《晉高祖紀五》，天福五年八月辛丑，“升復、郢二郡爲防禦使額”。

景陵縣[1]本漢竟陵縣，晉天福初改爲景陵縣。[2]

[1]景陵縣：縣名。兩漢有竟陵縣，西魏廢入霄城，北周改爲竟陵，隋開皇三年（583）後屬復州，大業初改屬沔州，大業三年（607）改屬沔陽郡。唐武德二年（619）改屬復州，天寶元年（742）改屬竟陵郡，乾元元年（758）改屬復州。後晉天福元年（936）改爲景陵縣。治所在今湖北天門市。

[2]"景陵縣"至段末：《太平寰宇記》卷一四四《山南東道三》復州條，亦見《新五代史》卷六〇《職方考三》。

金州[1]晉天福四年五月，升爲懷德軍節度。[2]至漢天福十二年，復降爲防禦州。[3]

[1]金州：州名。本蕭梁南梁州，西魏改爲東梁州，後改爲金州。隋大業三年（607），改爲西城郡。唐武德元年（618）復爲金州，天寶元年（742）改爲安康郡，至德二載（757）改爲漢陰郡，乾元元年（758）復爲金州。治所在今陝西安康市。

[2]懷德軍：方鎮名。後晉天福四年（939），置懷德軍節度使，轄金州。開運元年（944）七月，節度使廢，金州降爲防禦州。治所在今陝西安康市。

[3]"金州"至段末：據《會要》卷二四諸道節度使軍額條。《新五代史》卷六〇《職方考三》載："唐末入於蜀，至晉高祖時，又置懷德軍，尋罷。"升金州爲節鎮，以懷德軍爲使額，亦見《輯本舊史》卷七八《晉高祖紀四》天福四年五月乙卯條。《輯本舊史》卷八三《晉少帝紀三》載，開運元年七月壬午，"降金州爲防禦州"。《太平寰宇記》卷一四一《山南西道九》金州條作"晉天福四年升爲懷德軍節度使，九年降爲防禦州"。

夔州[1]唐天成二年七月，升爲寧江軍節度。[2]

［1］夔州：州名。南朝蕭梁普通四年（523）六月置信州，隋大業三年（607）改爲巴東郡，唐武德元年（618）復爲信州，二年改爲夔州，天寶元年（742）改爲雲安郡，乾元元年（758）仍爲夔州。治所在今重慶市奉節縣東。

［2］寧江軍：方鎮名，後唐天成二年（927）七月，置寧江軍節度使，治夔州，轄夔、忠、萬三州，治所在今重慶市奉節縣東。"夔州"至段末：《會要》卷二四諸道節度使軍額條，亦見《輯本舊史》卷三八《唐明宗紀四》天成二年七月丙寅條。

利州［1］僞蜀改爲昭武節度，［2］唐平蜀因而不改。［3］

［1］利州：州名。北魏置益州。蕭梁改爲黎州，西周復爲益州，又改爲利州，隋大業三年（607）改爲義城郡。唐武德元年（618）復爲利州，天寶元年（742）改爲義昌郡，乾元元年（758）復爲利州。治所在今四川廣元市。

［2］昭武：方鎮名。唐乾寧四年（897）置，治利州，天復二年（902）罷鎮，三年改爲利州節度使，天祐三年（906）王建改爲利閬節度使，旋降爲利州都團練觀察使。前蜀通正元年（916）又置昭武軍節度使，仍置利州，治所在今四川廣元市。

［3］"利州"至段末：《太平寰宇記》卷一三五《山南西道三》利州條。

閬州［1］唐天成四年十月，升爲保寧軍節度。［2］

［1］閬州：州名。西魏廢帝三年（554），改南梁州爲隆州，隋大業三年（607）改爲巴西郡。唐武德元年（618）復爲隆州，先天元年（712）避玄宗諱改爲閬州，天寶元年（742）改爲閬中郡，乾元元年（758）仍爲閬州。治所在今四川閬中市。

[2]保寧軍：方鎮名。後唐天成四年（929）析昭武軍置，治閬州，治所在今四川閬中市。　“閬州”至段末：《會要》卷二四諸道節度使軍額條，亦見《輯本舊史》卷四〇《唐明宗紀六》天成四年十月辛亥條。

果州[1]唐天成二年五月，隸利州。[2]

[1]果州：州名。唐武德四年（621），析隆州置果州，治南充縣。天寶元年（742）改爲南充郡，乾元元年（758）仍爲果州。治所在今四川南充市。

[2]“果州”至段末：《會要》卷二〇州縣分道改置條。《輯本舊史》卷三八《唐明宗紀四》載，天成二年（727）五月癸亥，“割果州屬郡”。

朗州[1]唐同光元年，朗州武順軍復爲武貞軍。[2]

[1]朗州：州名。南朝梁置武州，隋平陳後，於開皇九年（589）改爲辰州，又改爲嵩州，十六年改爲朗州，大業三年（607）改爲武陵郡。唐武德二年（619）歸唐，改爲朗州，天寶元年（742）改爲武陵郡，乾元元年（758）仍爲朗州。治所在今湖南常德市。

[2]武貞軍：方鎮名。本爲唐武貞軍節度使，馬楚改爲永順軍節度使，又改爲武順軍，後唐同光元年（923）十二月，又改爲武貞軍。長興元年（930）前後，又復爲武平軍節度使。治朗州，治所在今湖南常德市。　“朗州”至段末：《輯本舊史》卷三〇《唐莊宗紀四》同光元年十二月戊寅條補。

鳳州[1]僞蜀升爲武興軍節度使，[2]唐長興三年，降爲防禦州。[3]

[1]鳳州：州名。西魏廢帝三年（554），改南岐州爲鳳州，隋大業三年（607）改爲河池郡，唐武德元年（618）復爲鳳州，天寶元年（742）改爲河池郡，乾元元年（758）仍爲鳳州。治所在今陝西鳳縣東北。

[2]武興軍：方鎮名。前蜀永平五年（915）置，治鳳州。後唐長興三年（732）降爲鳳州防禦使，後蜀置鳳州節度使，後改稱威武軍節度使。後周得此地後，廢節度使爲防禦使。治所在今陝西鳳縣東北。

[3]"鳳州"至段末：《太平寰宇記》卷一三四《山南西道二》鳳州條。"唐長興三年"原誤作"唐三年"，據《輯本舊史》卷四三《明宗紀九》長興三年七月己亥條改。

商州[1]

[1]商州：州名。本爲洛州，北周宣政元年（578）改爲商州，隋大業三年（607）改爲上洛郡。唐武德元年（618）復爲商州，天寶元年（742）改爲上洛郡，乾元元年（758）復爲商州。治所在今陝西商洛市商州區。

乾元縣[1]漢乾祐二年六月，改爲乾祐縣，割隸京兆。[2]

[1]乾元縣：縣名。本唐安業縣，置於萬歲通天元年（696），屬商州。乾元元年（758），改爲乾元縣，屬京兆府，同年還屬商州。後晋乾祐二年（949）六月，改爲乾祐縣，改隸京兆府。治所在今陝西柞水縣。

[2]"乾元縣"至段末：《會要》卷二〇州縣分道改置條，亦

見《輯本舊史》卷一〇二《漢隱帝紀中》乾祐二年六月丙申條、《新五代史》卷六〇《職方考三》。

隨州[1]

[1]隨州：州名。西魏置并州，廢帝三年（554）改爲隨州。隋大業三年（607）改爲漢東郡。唐武德二年（619）歸唐，改爲隨州，天寶元年（742）改爲漢東郡，乾元元年（758）復爲隨州。治所在今湖北隨州市。

唐城縣[1]梁改爲漢東縣，漢初復舊。[2]

[1]唐城：縣名。唐開元二十五年（737）析棗陽縣置，屬隨州。後晋天福元年（936）改爲漢東縣，後漢乾祐元年（948）復爲唐城縣。治所在今湖北隨州市西北。

[2]"唐城縣"至段末：《太平寰宇記》卷一四四《山南東道三》隨州條，《新五代史》卷六〇《職方考三》云："隨州唐城，梁改曰漢東，唐復舊，晋又改漢東，漢復舊。"

雄勝軍[1]鳳州固鎮之地，周顯德六年升爲雄勝軍。[2]

[1]雄勝軍：軍名。本爲鳳州固鎮，後周顯德六年（959）十一月，升鳳州固鎮爲雄武軍。治所在今甘肅徽縣。

[2]"雄勝軍"至段末：《通鑑》卷二六九《後梁紀四》均王乾化四年（914）十二月癸未條胡注引《薛史·地理志》，亦見《會要》卷二四軍條、《輯本舊史》卷一二〇《周恭帝紀》顯德六年十一月壬戌條、《新五代史》卷六〇《職方考三》顯德六年

(959) 十一月壬戌條。

郢州[1]晋天福五年，升爲防禦使額。[2]

[1]郢州：州名，北周武帝時置，隋大業三年（607）改爲竟陵郡。唐武德二年（619），蕭梁改爲郢州，四年入唐。貞觀元年(627)，州廢。十七年，復置郢州。天寶元年（742），改爲富水郡，乾元元年（758）復爲郢州。治所在今湖北京山市。

[2]“郢州”至段末：《輯本舊史》卷七九《晋高祖紀五》天福五年八月辛丑條。

隴右道

秦州[1]

天水縣、**隴城縣**[2]唐長興三年二月，秦州奏：“見管長道、成紀、清水三縣外，[3]有十一鎮，徵科並係鎮將。今請以歸化、怨水、五龍、黄土四鎮，就歸化鎮復置舊隴城縣。赤砂、染坊、夕陽、南台、鐵務五鎮，就赤砂鎮復置舊天水縣。其白石、大澤、良恭三鎮，割屬長道縣。”從之。[4]

[1]秦州：州名。三國魏初置，西晋復置。隋大業間改天水郡，唐初復名，寶應後陷於吐蕃，大中三年（849）收復。治所在今甘肅秦安縣西北。

[2]天水縣：縣名。唐初置，後廢，後唐長興三年（932）復置，治所在今甘肅天水市秦州區天水鎮。　隴城縣：縣名。北魏

置，西魏改略陽，隋開皇二年（582）改河陽，六年復爲隴城。唐末廢。後唐長興三年復置。治所在今甘肅天水市東三十五里。

[3]長道：縣名。西魏置，唐天寶末廢，咸通十三年（872）復置。治所在今甘肅西和縣長道鎮。　成紀：縣名。西漢置，北魏廢，北周復置。治所在今甘肅秦安縣西北三十里。　清水：縣名。西漢置，東漢廢，西晉復置。原治所在今甘肅清水縣西北。唐寶應元年（762）陷於吐蕃，建中四年在此有“清水會盟”，大中二年復歸唐，後唐長興年間移治上邽，治所在今甘肅天水市秦州區。

[4]“秦州”至段末：《會要》卷二〇州縣分道改置條。《新五代史》卷六〇《職方考三》載：“秦州天水、隴城，唐末廢，後唐復置。”《太平寰宇記》卷一五〇《隴右道一》秦州條載：隴城縣，“唐末廢，後唐長興三年于歸化鎮復置”；天水縣，“唐末廢。後唐長興三年于南冶鎮置”。

成州[1]梁開平初改爲汶州，[2]唐同光初復舊，仍于栗亭鎮置栗亭縣。[3]

[1]成州：州名。唐武德元年（618）置，天寶元年（742）改同谷郡，乾元元年（758）復爲萬州。寶應元年（762）没入吐蕃，貞元五年（789）復置。五代後梁改爲文（汶）州，後唐復名成州。治所在今甘肅成縣。按，《輯本舊史》卷三載，（開平元年）甲午，詔天下管屬及州縣官名犯廟諱者各宜改换，城門郎改爲門局郎，茂州改爲汶州，桂州慕化縣改爲歸化縣，潘州茂名縣改爲越裳縣。其記茂州改爲汶州，與此條不同。又按，成州時爲李茂貞“岐”政權所控制，並不服從朱梁號令，此次改名應爲遥改。參見周慶彰《後梁遥改汶州考》，《歷史地理》第二六輯，上海人民出版社 2012 年版。

[2]汶州：州名，即文州。後梁開平初改成州爲文州，後唐同

光時復名成州。治所在今甘肅成縣。

[3]栗亭鎮：鎮名。在今甘肅徽縣伏家鎮一帶。　栗亭縣：縣名。北魏正始中置，後廢爲栗亭鎮，後唐復置。治所在今甘肅徽縣伏家鎮。　“成州”至段末：《太平寰宇記》卷一五〇《隴右道一》成州條。

同谷縣、栗亭縣[1]後唐清泰三年六月，秦州奏：“階州元管將利、福津兩縣，[2]並無巡鎮。成州元管同谷縣，餘并是鎮，便係徵科。今欲取成州西南近便鎮分，併入同谷縣。其東界四鎮，别創一縣者。州西南有府城、長豐、魏平三鎮，其地東至泥陽鎮界二十五里，北至黄竹路、金砂鎮界五十里，南至興州界三十里，[3]西至白石鎮界一百一十里，西南至舊階州界砂地嶺四十五里，其三嶺管界併入同谷縣，廢其鎮額。州東界有勝仙、泥陽、金砂、栗亭四鎮，東至鳳州姜贍鎮界一十五里，[4]南至果州界二十里，[5]北至高橋界三十五里，西至同谷界三十五里，北至秦州界六十七里。欲併其四鎮地于栗亭縣，其徵科委縣司，捕盜委鎮司。”從之。[6]

[1]同谷縣：縣名。西魏改白石縣置，唐安史之亂後没入吐蕃，咸通十三年（872）復置。治所在今甘肅成縣。

[2]階州：州名。唐景福間改武州置。治所初在皋蘭鎮（今甘肅康縣西），後唐長興三年（932）移治福津縣（今甘肅隴南市武都區）。　將利：縣名。北周改安育縣置，原治所在今甘肅隴南市武都區。後唐長興年間治所移至今甘肅成縣鐔河鄉將利村一帶。參見李永康《康縣境内的八處縣治》，《康縣文史》第4輯，2018年，第153頁。文中爲成縣黄陳鄉將利村，查今行政區劃實爲成縣鐔河

鄉。 福津：縣名。西魏間置覆津縣，唐景福間改爲福津。治所原在今甘肅隴南市武都區東南，後唐長興三年徙治今甘肅隴南市武都區。

[3]興州：州名。西魏改東益州置，隋大業間改順政郡，唐初復改興州。天寶間又改順政郡，乾元元年（758）復爲興州。治所在今陝西略陽縣。

[4]鳳州：州名。西魏改南岐州置，隋大業間改河池郡，唐初復名鳳州，天寶間雙改河池郡，乾元初復改鳳州。治所在今陝西鳳縣鳳州鎮。

[5]果州：州名。唐武德間置，天寶元年（742）改南充郡，乾元元年（758）復爲果州，大曆六年（771）改爲充州，十年復爲果州。治所在今四川南充市。按此處記南至果州界二十里，成州以南至果州尚有利州、閬州等相隔，與實際距離不符，自階州至果州距離遠大於此。疑誤。從地理方位來看，其南當爲利州。

[6]“同谷縣”至段末：《會要》卷二〇州縣分道改置條。《太平寰宇記》卷一五〇《隴右道一》成州條載：“栗亭縣，本栗亭鎮地，後唐清泰三年六月於秦州奏置栗亭縣。”

洮州[1]唐長興四年，升爲保順軍節度。[2]

[1]洮州：州名。北周置，隋大業間改臨洮郡，唐初復爲洮州。開元十七年（729）廢，二十七年復置。天寶元年（742）改臨洮郡，乾元元年（758）復爲洮州。治所在今甘肅臨潭縣。安史亂後没入吐蕃。

[2]保順軍：方鎮名。後唐長興四年（933）升洮州置。治所在洮州（今甘肅臨潭縣）。按：此保順軍疑爲遥領，非實際設置。《宋史》卷八七《地理志四》：“洮州，唐末陷于吐蕃，號臨洮城。熙寧五年，詔以熙河洮岷通遠軍爲一路，時未得洮州。元符二年得

之，尋棄不守。大觀二年收復，改臨洮城仍舊爲洮州。”據此，則五代時洮州均没於吐蕃，後唐置保順軍節度，疑爲遥置羈縻。另有相關史料可證，《職官分紀》卷三九：“凡化外諸鎮節度使並兼觀察、處置等使……洮州保順軍，後唐長興四年升爲保順軍節度，國朝因其名。”《輯本舊史》卷七八：“（天福四年九月）己卯，遥領洮州保順軍節度使鮑君福加檢校太師兼侍中，判湖州諸軍事。”《讀史方輿紀要》卷六〇：“乾元初復曰洮州，後没於吐蕃，號臨洮城。後唐長興四年内附，置保順軍，置軍于洮州，兼領鄯州。尋復爲西番所據。”（《太平寰宇記》卷一五四《隴右道五》：“乾元元年復爲洮州，後唐長興四年，升爲保順軍節度。”） “洮州”至段末：《會要》卷二四諸道節度使軍額條，亦見《輯本舊史》卷四四《唐明宗紀一〇》。

嶺南道

邕州[1]晋天福七年七月，改爲誠州，[2]避廟諱。[3]

[1]邕州：州名。唐貞觀六年（632）改南晋州置，天寶元年（742）改朗寧郡，乾元元年（758）復爲邕州。後晋天福七年（942）改誠州，南漢復邕州。治所在今廣西南寧市江南區亭子街一帶。

[2]誠州：州名。後晋天福七年改邕州置，南漢復爲邕州。治所在今廣西南寧市江南區亭子街一帶。晋高祖名紹雍，“雍”“邕”同音而避諱。按邕州時爲南漢轄地，或爲虚改（參見劉茂真《南漢時邕州未改誠州》，《广西地方志》1997 年第 1 期）。亦可見《十國春秋》卷五九：（光天元年秋七月）“是月改邕州爲誠州，未幾復爲邕州。”《十國春秋》卷一一二：“邕州，舊爲邕州，領縣七。光天元年即晋天福七年也，改爲誠州，避廟諱。未幾復故。”

[3]“邕州”至段末：《會要》卷二〇州縣分道改置條。《太平寰宇記》卷一六六《嶺南道十》邕州條載：“晉天福七年改爲誠州，以避廟諱。漢初復舊。”

恩州[1]唐清泰元年昇爲防禦州。[2]

[1]恩州：州名。唐貞觀二十三年（649）置，天寶元年（742）改恩平郡，乾元元年（758）復爲恩州。治所在今廣東陽江市。

[2]“恩州”至段末：《太平寰宇記》卷一五八《嶺南道二》恩州條。

溥州[1]晉開運三年三月，升桂州全義縣爲州，[2]仍改全義縣爲德昌縣。[3]并割桂州臨川、廣明、義寧等三縣隸之。[4]從湖南馬希範奏也。[5]

[1]溥州：州名。後晉開運三年（946）升全義縣置，全義縣改爲德昌縣，爲溥州附郭。治所在今廣西興安縣。

[2]全義縣：縣名。唐大曆三年（768）以臨源縣改置，後晉開運三年，升全義縣爲溥州，改全義縣爲德昌縣。南漢復爲全義縣，北宋太平興國二年（977）改爲興安縣。治所在今廣西興安縣。

[3]德昌縣：縣名。後晉開運三年改全義縣置，南漢復爲全義縣。治所在今廣西興安縣。

[4]桂州：州名。南朝梁置，隋大業改始安郡。唐武德四年（621）復爲桂州，天寶元年（742）改始安郡，至德二載（584）改建陵郡，乾元元年（758）復爲桂州。治所在今廣西桂林市。臨川：縣名。按桂林附近無臨川縣，疑爲靈川之誤。按《中國歷史地名大辭典），歷史上臨川縣有三，分別在江西、海南、四川，廣

西無臨川。　廣明：縣名。唐末置，北宋初廢。治所在今廣西桂林市西北五通鎮東北。　義寧：縣名。後晋天福八年（943）置，治所在今廣西桂林市西北五通鎮。按：《十國春秋》卷六八："開運三年春三月，升桂州全義縣爲溥州，仍改全義縣爲德昌縣，並割桂州之靈川、廣明、義寧等三縣隸之，從王奏也。"卷一一二："溥州，晋開運三年，文昭王（馬希範）奏立溥州於全義縣，改縣名曰德昌，并割桂州廣明、義寧二縣隸之。"二者記載屬縣數量不一，未詳孰是。

[5]湖南：方鎮名。唐廣德二年（764）置湖南觀察使，中和三年（883）升欽化軍節度使，光啓元年（885）改武安軍節度使，通稱湖南。治所在潭州（今湖南長沙市）。　馬希範：人名。許州鄢陵（河南鄢陵縣）人，楚王馬殷子，繼其兄馬希聲爲楚文昭王。傳見本書卷一三三、《新五代史》卷六六。　"溥州"至段末：《會要》卷二〇州縣分道改置條，見《輯本舊史》卷八四《晋少帝紀四》開運三年二月丙子條，但較《會要》早一月。

潘州[1]

茂名縣[2]梁開平元年五月，改爲越裳縣。[3]至唐同光元年十月，復爲茂名縣。[4]

[1]潘州：州名。唐貞觀八年（634）改南宕州置，十七年廢，永徽元年（650）復置。天寶元年（742）改南潘郡，乾元元年（758）復爲潘州。治所在今廣東高州市。

[2]茂名縣：縣名。隋置，後梁開平元年（907）改爲越裳縣。治所在今廣東高州市。

[3]越裳縣：縣名。後梁開平元年改茂名爲越裳，後唐同光元年（南漢乾亨七年，923）復爲茂名。治所在今廣東高州市。

［4］“潘州”至段末：《會要》卷二〇州縣分道改置條。但《會要》“茂名”誤“茂明”，“越裳”誤“越常”，據《宋本册府》卷一八九《閏位部八·奉先門》改。《舊唐書》卷四一《地理志四》同《册府》。

桂州[1]

純化縣[2]梁開平元年五月，改爲歸化縣。[3]唐同光元年十月，復爲純化縣。[4]

［1］桂州：州名。南朝梁置，隋大業改始安郡。唐武德四年（621）復爲桂州，天寶元年改始安郡，至德二年（584）改建陵郡，乾元元年復爲桂州。治所在今廣西桂林市。

［2］純化縣：縣名。隋開皇十八年（598）以梁化縣改名，大業二年（606）廢。唐武德四年復置，永貞元年（805）避諱改爲慕化縣。後梁開平元年（907）改爲歸化縣，後唐同光元年（923）復爲慕化縣。北宋嘉祐六年（1061）廢。按：此處純化、慕化二名各處記載不一致。《輯本舊史》卷三《梁太祖紀三》：“（開平元年）甲午，詔天下管屬及州縣官名犯廟諱者各宜改换，城門郎改爲門局郎，茂州改爲汶州，桂州慕化縣改爲歸化縣，潘州茂名縣改爲越裳縣。”《太平寰宇記》卷一六二“慕化縣”：“梁開平元年復爲歸化縣，後唐同光初復爲慕化縣。”《宋史》卷九〇《地理志六》：“臨桂，緊，嘉祐六年廢慕化縣入焉。”據此，後唐時所復當爲慕化縣。治所在今廣西柳州市鹿寨縣中渡鎮一帶。

［3］歸化：縣名。後梁開平元年改慕化縣爲純化縣，後唐改復。治所在今廣西柳州市鹿寨縣中渡鎮一帶。

［4］“桂州”至段末：《會要》卷二〇州縣分道改置條。《太平寰宇記》卷一六二《嶺南道六》桂州條載：“唐武德四年復置純化

縣。永貞元年十二月改爲慕化縣，以避憲宗廟諱。梁開平元年復爲歸化縣。後唐同光初復爲慕化縣。”

義寧縣[1]晉天福八年析靈川縣歸義鄉爲場，[2]復昇爲義寧縣。[3]

[1]義寧縣：縣名。後晉天福八年（943）置，治所在今廣西桂林市西北五通鎮。

[2]靈川縣：縣名。唐龍朔二年（662）置，治所在今廣西桂林市靈川縣東北。　歸義鄉：鄉名。即義寧縣所在。

[3]“義寧縣”至段末：《太平寰宇記》卷一六二《嶺南道六》桂州條。

今注本二十四史

舊五代史

二二

附録

宋 薛居正等 撰

陳智超 紀雪娟 主持校注

中国社会科学出版社

舊五代史　附録一

不能確定位置之增傳與補傳

劉行琮

劉行琮，[1]乾化時爲後梁蔡州右廂指揮使。[2]蔡人久習叛逆，蔡州刺史張慎思又裒斂無狀，太祖追慎思至洛陽，[3]而久未命代。右廂指揮使行琮乘虚作亂，因縱火驅擁，爲渡淮計。順化軍指揮使王存儼誅行琮，[4]而撫遏其衆，都將鄭遵與其下奉存儼爲主，[5]而以衆情馳奏。時東京留守博王友文不先請，[6]遂討其亂。兵至鄢陵，[7]太祖聞之，曰："誅行琮，功也。然存儼方懼，若臨之以兵，蔡必速飛矣。"遂馳使還軍。乾化元年二月甲子，以存儼權知蔡州事，[8]蔡人安之。[9]

[1]劉行琮：籍貫、家世不詳。

[2]乾化：五代後梁太祖朱温年號（911—912），末帝朱友貞沿用（913—915）。　蔡州：州名。治所在今河南汝南縣。　右廂指揮使：官名。所部統兵將領。　乾化時爲後梁蔡州右廂指揮使：《輯本舊史》卷六《梁太祖紀六》乾化元年（911）二月條。

[3]刺史：官名。漢武帝時始置。州一級行政長官，總掌考核官吏、勸課農桑、地方教化等事。唐中期以後，節度、觀察使轄州

而設，刺史爲其屬官，職任漸輕。從三品至正四品下。　張慎思：人名。清河（今河北清河縣）人。後梁將領。傳見本書卷一五。　太祖：即後梁太祖朱温。宋州碭山（今安徽碭山縣）人。五代後梁太祖。紀見本書卷一至卷七、《新五代史》卷一至卷二。　洛陽：地名。即今河南洛陽市。

[4]順化軍：方鎮名。治所在楚州（今江蘇淮安市）。　指揮使：官名。唐末、五代軍隊、州軍多置都指揮使、指揮使，爲統兵將領。　王存儼：人名。籍貫、事跡不詳。本書僅此一見。　順化軍指揮使王存儼誅行琮：明本《册府》卷二一四《閏位部·權略門》載："開平五年二月，以蔡州順化軍指揮使王存儼權知軍州事。"

[5]都將：官名。唐、五代時節度使屬將。　鄭遵：人名。籍貫、事跡不詳。本書僅此一見。

[6]東京：地名。即今河南開封市。　留守：官名。古代皇帝出巡或親征時指定親王或大臣留守京城，綜理國家軍事、行政、民事、財政等事務，稱京城留守。在陪都或軍事重鎮也常設留守，以地方長官兼任。　友文：人名。朱温養子，後被朱友珪所殺。傳見本書卷一二、《新五代史》卷一三。

[7]鄢陵：縣名。治所在今河南鄢陵縣。

[8]存儼權知蔡州事：《通鑑》卷二六七後梁太祖乾化元年二月條。

[9]蔡人安之：《輯本舊史》卷六《梁太祖紀六》。

張源德

張源德者，不知其世家，或曰本晋人也。少事晋，無所稱。從李罕之以潞州叛晋降梁，罕之遣源德見梁太祖。太祖時，源德自金吾衛將軍爲蔡州刺史。[1]

[1]李罕之：人名。陳州項城（今河南沈丘縣）人。唐末、五代軍閥。傳見《新唐書》卷一八七、本書卷一五、《新五代史》卷四二。　潞州：州名。治所在今山西長治市。　金吾衛將軍：官名。唐置，掌宫禁宿衛。唐代置十六衛，即左右衛、左右驍衛、左右武衛、左右威衛、左右領軍衛、左右金吾衛、左右監門衛、左右千牛衛。各置上將軍，從二品；大將軍，正三品；將軍，從三品。　“張源德者”至“源德自金吾衛將軍爲蔡州刺史”：《新五代史》卷三三《張源德傳》。《宋本册府》卷四五《帝王部·謀略門》載魏人向唐莊宗進言云“源德比是吾人”，則源德或爲晋人。

梁貞明元年，[1]魏博節度使楊師厚卒，[2]末帝分魏、相等六州爲兩鎮，[3]懼魏軍不從，乃遣劉鄩將兵萬人，[4]屯于魏以虞變。魏軍果叛，迫其節度使賀德倫以魏、博二州降晋。[5]當是時，源德爲鄩守貝州。[6]

[1]貞明：後梁末帝朱友貞年號（915—921）。

[2]魏博：方鎮名。治所在魏州貴鄉縣（今河北大名縣）。　節度使：官名。唐時在重要地區所設掌握一州或數州軍事、民事、財政的長官。　楊師厚：人名。潁州斤溝（今安徽太和縣阮橋鎮斤溝村）人。唐末、五代將領。傳見本書卷二二、《新五代史》卷二三。

[3]末帝：即朱友貞。後梁皇帝。913年至923年在位。乾化三年（913）發動政變，誅殺朱友珪，即皇帝位。在位期間，對晋王李存勗的戰爭節節失利，河北諸州悉入於晋。魏博軍又迫節度使賀德倫降晋。加之戰事頻繁，賦役不止，民生凋敝。貞明六年（920），陳州（今河南淮陽縣）發生毋乙、董乙起義。龍德三年（923），後唐軍渡河進逼開封，末帝勢窮自殺。後梁遂亡。紀見本書卷八至卷一〇、《新五代史》卷三。　魏：州名。治所在今河北

大名縣。　相：州名。治所在今河南安陽市。

[4]劉鄩：人名。密州安丘（今山東安丘市）人。後梁將領。傳見本書卷二三、《新五代史》卷二二。

[5]賀德倫：人名。先世爲河西部落人，後居滑州（今河南滑縣）。五代後梁、後唐將領。傳見本書卷二一、《新五代史》卷四四。　博：州名。治所在今山東聊城市。

[6]貝州：州名。治所在今河北清河縣。　“梁貞明元年”至“源德爲鄩守貝州”：《新五代史》卷三三《張源德傳》。“貞明元年”，原作“貞明三年”，中華書局本《新五代史》有校勘記云：“本書卷三《梁本紀》、本書卷八《梁末帝紀上》、卷二三《劉鄩傳》、《通鑑》卷二六九皆繫其事於貞明元年。”但未改，今據上述諸書改。

張彥之以魏博歸晉也，[1]貝州刺史張源德不從，北結滄、德，[2]南連劉鄩以拒晉，數斷鎮、定糧道。[3]或説晉王：[4]“請先發兵萬人取源德，然後東兼滄景，[5]則海隅之地皆爲我有。”晉王曰：“不然。貝州城堅兵多，未易猝攻。德州隸於滄州而無備，若得而戍之，則滄、貝不得往來，二壘既孤，然後可取。”乃遣騎兵五百，晝夜兼行，襲德州。刺史不意晉兵至，踰城走，遂克之，以遼州守捉將馬通爲刺史。[6]八月，晉王遣李存審將兵五千擊貝州。[7]張源德有卒三千，每夕分出剽掠，州民苦之，請塹其城以安耕耘。存審乃發八縣丁夫塹而圍之。[8]

[1]張彥：人名。籍貫不詳。五代後梁軍校。事見本書卷八。

[2]滄：州名。治所在今河北滄縣舊州鎮。　德：州名。治所

在今山東德州市陵城區。

［3］鎮：州名。治所在今河北正定縣。　定：州名。治所在今河北定州市。

［4］晋王：指李存勗。代北沙陀部人。後唐開國皇帝。紀見本書卷二七至卷三四、《新五代史》卷四至卷五。

［5］滄景：方鎮名。即横海軍。治所在滄州（今河北滄縣舊州鎮）。

［6］遼州：州名。治所在今山西左權縣。　守捉將：官名。《新唐書》卷五〇《兵志》："唐初，兵之戍邊者，大曰軍，小曰守捉，曰城，曰鎮……武德至天寶以前邊防之制，其軍、城、鎮、守捉皆有使。"　馬通：人名。籍貫不詳。五代將領。事見本書本卷。

［7］李存審：人名。陳州宛丘（今河南淮陽縣）人。原姓符名存。五代後唐將領。傳見本書卷五六、《新五代史》卷二五。

［8］"張彦之以魏博歸晋也"至"存審乃發八縣丁夫塹而圍之"：《通鑑》卷二六九貞明元年（915）六月、八月條。《輯本舊史》卷二八《唐莊宗紀二》天祐十二年（915）六月條："是時，以貝州張源德據壘拒命，南通劉鄩，又與滄州首尾相應，聞德州無備，遣别將襲之，遂拔其城。命遼州將馬通爲德州刺史，以扼滄、貝之路。"同年八月條："八月，梁將賀瓌襲取澶州，帝遣李存審率兵五千攻貝州，因塹而圍之。"《宋本册府》卷四五《帝王部·謀略門》："既定魏州，梁將劉鄩據洹水而軍。魏人上言曰：'張源德擅據我貝州，源德比是吾人，事急必來歸我。貝州若下，北面無虞，可以東出兵師，徇地滄海，先收郡縣，控扼河津，不出半年，濱海以西皆爲吾土矣。'帝曰：'吾策則不然。貝州，魏之邊郡，壁壘完堅。張源德託附劉鄩，勢難卒解。昨投來者説，已又添軍，必若攻之，未見其可。德州是横海支郡，西接貝州，張源德每用軍機，又與滄帥共爲首尾。昨偵德州無備，可以輕騎取之。我若在彼駐軍，二賊自然勢解。滄州門外，是我戰場。待二豎各保孤城，然後乃圖進擊。'于是遣騎軍五百，晝夜兼行襲之。郡將不意我師至，

踰垣而遁，遂拔其城，以遼州守捉將馬通爲刺史。”明本《册府》卷三四七《將帥部·佐命門八》符存審條：天祐十二年，“八月，率師攻張源德於貝州”。《新五代史》卷三三《張源德傳》：“晋王入魏，諸將欲先擊貝州，晋王曰：‘貝城小而堅，攻之難卒下。且源德雖恃劉鄩之兵，然與滄州相首尾，今德州居其中而無備，不如先取之，則滄、貝之勢分而易圖也。’乃先襲破德州，然後以兵五千攻源德，源德堅守不下，晋軍塹而圍之。”

已而劉鄩大敗于故元城，[1]南走黎陽，[2]晋軍攻破洺州，[3]而衛州刺史來昭、[4]邢州節度使閻寶皆以城降晋，[5]磁州刺史靳昭、[6]相州張筠、[7]滄州戴思遠皆棄城走。[8]晋人圍貝州踰年，張源德聞河北諸州皆爲晋有，[9]欲降；謀於其衆，衆以窮而後降，恐不免死，不從；共殺源德，嬰城固守。城中食盡，噉人爲糧，乃謂晋將曰：“出降懼死，請擐甲執兵而降，事定而釋之。”晋將許之，其衆三千出降，既釋甲，圍而殺之，盡殪。晋王以毛璋爲貝州刺史。[10]

[1]元城：縣名。治所在今河北大名縣。

[2]黎陽：縣名。治所在今河南浚縣。

[3]洺州：州名。治所在今河北邯鄲市永年區。

[4]衛州：州名。治所在今河南衛輝市。　來昭：中華書局本《新五代史》校勘記云，本書卷二八、《新五代史》卷五、《通鑑》卷二六九俱作“米昭”。當是。米昭，後梁將領。事見本書卷二八、《新五代史》卷五。

[5]邢州：州名。治所在今河北邢臺市。　閻寶：人名。鄆州（今山東東平縣）人。後梁、後唐將領。傳見本書卷五九、《新五

代史》卷四四。

［6］磁州：州名。治所在今河北磁縣。　靳昭：人名。籍貫不詳。後梁將領，後被李存勗所殺。事見《新五代史》卷五。

［7］張筠：人名。海州（今江蘇連雲港市海州區）人。後梁、後唐軍閥。傳見本書卷九〇、《新五代史》卷四七。

［8］戴思遠：人名。籍貫不詳。後梁、後唐將領。傳見本書卷六四。　"已而劉鄩大敗于故元城"至"滄州戴思遠皆棄城走"：《新五代史》卷三三《張源德傳》。此事詳見《宋本册府》卷四五《帝王部·謀略門》、《通鑑》卷二六九貞明二年（916）二月壬寅條後。

［9］河北：即河北道。唐貞觀十道、開元十五道之一。開元以後治魏州（今河北大名縣）。轄境相當於今北京、天津、河北、遼寧大部，河南、山東古黄河以北地區。

［10］毛璋：人名。滄州（今河北滄縣舊州鎮）人。後唐將領。傳見本書卷七三、《新五代史》卷二六。　"晋人圍貝州踰年"至"晋王以毛璋爲貝州刺史"：《通鑑》卷二六九貞明二年九月條。《輯本舊史》卷八《梁末帝紀上》貞明二年九月條："晋人陷貝州。"《新五代史》卷三《梁末帝紀》貞明二年九月條："九月，晋人取滄州，横海軍節度使戴思遠奔于京師。晋人克貝州，守將張源德死之。"同書卷五《唐莊宗紀下》天祐十三年（916）八月條："八月，圍邢州，降其節度使閻寶。梁張筠棄相州、戴思遠棄滄州而逃，遂取二州，而貝州人殺梁守將張源德，以城降。"同書卷三三《張源德傳》："當此時，晋已先下全燕，而鎮、定皆附于晋，自河以北、山以東，四面千里，六鎮數十州之地皆歸晋，獨貝一州，圍之踰年不可下。源德守既堅，而貝人聞晋已盡有河北，城中食且盡，乃勸源德出降，源德不從，遂見殺。源德已死，貝人謀曰：'晋圍吾久，吾窮而後降，懼皆不免也。'乃告于晋曰：'吾欲被甲執兵而降，得赦而後釋之，如何？'晋軍許諾，貝人三千出降，已釋甲，晋兵四面圍而盡殺之。"其事亦見《輯本舊史》卷五六《符

存審傳》、《宋本册府》卷三六九《將帥部·攻取門二》符存審條。

張漢傑　從兄漢倫　漢融

張漢傑，末帝德妃之兄，歸霸之子也。[1]

[1]末帝：即朱友貞。朱温第三子。鳳曆元年（913）殺其兄友珪自立。即位後連年與河東李存勗争戰，龍德三年（923），後唐軍陷洛陽，友貞自殺，後梁亡。紀見《舊五代史》卷八至卷一〇、《新五代史》卷三。　德妃：人名。即張德妃。張歸霸之女。傳見本書卷一一。　歸霸：人名。即張歸霸。清河（今河北清河縣）人。後梁將領。傳見《舊五代史》卷一六、《新五代史》卷二二。　“張漢傑”至“歸霸之子也”：明本《册府》卷三〇六《外戚部·專恣門》。

貞明元年，康王友孜作亂，末帝由是疏忌宗室，專任趙巖及德妃兄弟漢鼎、漢傑、從兄弟漢倫、漢融，咸居近職，參預謀議，每出兵必使之監護。巖等依勢弄權，賣官鬻獄，離間舊將相，敬翔、李振雖爲執政，所言多不用。振每稱疾不預事，以避趙、張之族，政事日紊。[1]

[1]友孜：人名。即朱友孜，朱温第八子。傳見《舊五代史》卷一二、《新五代史》卷一三。“友孜”，《通鑑》及《會要》卷二諸王條作“友敬”，《輯本舊史》卷一二有《康王友孜傳》，《新五代史》卷一三有《康王友孜傳》，今從《舊五代史》改。　趙巖：人名。陳州宛丘（今河南淮陽縣）人。唐忠武軍節度使趙犨之子。

五代後梁大臣。事見《舊五代史》卷一四、《新五代史》卷四二。　漢鼎：人名。即張漢鼎。張歸霸之子。早亡。事見本書卷一六。　敬翔：人名。同州馮翊（今陝西大荔縣）人。唐末朱温謀士，後梁大臣。傳見《舊五代史》卷一八、《新五代史》卷二一。　李振：人名。西州（今新疆吐魯番市）人。祖、父在唐皆官郡守。五代後梁大臣。傳見《舊五代史》卷一八、《新五代史》卷四三。　“貞明元年”至“政事日紊”：《通鑑》卷二六九貞明元年（915）十月辛亥、壬子條。《新五代史·康王友孜傳》：“康王友孜，目重瞳子，嘗竊自負，以爲當爲天子。貞明元年，末帝德妃薨，將葬，友孜使刺客夜入寢中。末帝方寐，夢人害己，既寤，聞榻上寶劍鎗然有聲，躍起，抽劍曰：‘將有變邪！’乃索寢中，得刺客，手殺之，遂誅友孜。明日，謂趙巖、張漢傑曰：‘幾與卿輩不相見。’由此遂疎弱宗室，而信任趙、張，以至於敗亡。”

當貞明、龍德之際，漢傑昆仲分掌權要，藩鎮除拜多出其門，段凝因之遂竊兵柄。[1]

[1]龍德：後梁末帝朱友貞年號（921—923）。　段凝：人名。開封（今河南開封市）人。其妹爲朱温美人，因其妹而爲朱温親信。五代後梁將領，後投後唐。傳見《舊五代史》卷七三、《新五代史》卷四五。　“當貞明、龍德之際”至“段凝因之遂竊兵柄”：明本《册府》卷三〇六《外戚部·專恣門》，亦見《輯本舊史》卷一六《張歸霸傳》。

龍德元年夏四月，陳州刺史惠王友能反，舉兵趣大梁，[1]詔漢傑與陝州留後霍彦威、宣義節度使王彦章將兵討之。[2]友能至陳留，[3]兵敗，走還陳州，諸軍圍之。[4]

[1]陳州：州名。治所在今河南淮陽縣。　友能：人名。朱全昱之子。傳見《舊五代史》卷一二、《新五代史》卷一三。　大梁：地名。今河南開封市。

[2]陝州：州名。治所在今河南三門峽市陝州區。　留後：官名。唐五代節度册府使多以子弟或親信爲留後，以代行節度使職務，亦有軍士、叛將自立爲留後者。掌一州或數州軍政。　霍彦威：人名。洺州曲周（今河北曲周縣）人。五代後梁將領霍存養子。後梁、後唐將領。傳見《舊五代史》卷六四、《新五代史》卷四六。　宣義：方鎮名。治所在滑州（今河南滑縣）。　王彦章：人名。鄆州壽張（今山東梁山縣壽張集）人。後梁將領。傳見《舊五代史》卷二一、《新五代史》卷三二。

[3]陳留：縣名。治所在今河南開封市祥符區陳留鎮。

[4]“龍德元年夏四月”至“諸軍圍之”：《通鑑》卷二七一龍德元年（921）四月條。《輯本舊史》卷一〇《梁末帝紀下》龍德元年四月條：“夏四月，陳州刺史惠王友能反，舉兵向闕，帝命將出師逆擊，敗之。友能走保陳州。詔張漢傑率兵進討。”同年五月丁亥條：“丁亥，詔曰：‘郊禋大禮，舊有渥恩；御殿改元，比無賞給。今則不循舊例，别示特恩。其行營將士賞賚已給付本家，宜令招討使霍彦威、副招討使王彦章、陳州行營都指揮使張漢傑曉示諸軍知委。’”詔書亦見《宋本册府》卷一九七《閏位部·慶賜門》。

三年七月甲子，王彦章疾趙、張亂政，及爲招討使，謂所親曰：‘待我成功還，當盡誅姦臣以謝天下！’趙、張聞之，私相謂曰：‘我輩寧死於沙陀，不可爲彦章所殺。’相與協力傾之。段凝素疾彦章之能而諂附趙、張，在軍中與彦章動相違戾，百方沮橈之，惟恐其有功，潛伺彥章過失以聞於梁主。每捷奏至，趙、張悉歸功於凝，由是彥章功竟無成。及歸楊村，[1]梁主信讒，猶恐彥章旦夕成功難制，徵還大梁。使將兵會董璋攻澤州。[2]

[1]楊村：地名。位於今河南濮陽縣西南。

[2]董璋：人名。籍貫不詳。五代後梁、後唐將領。傳見《舊五代史》卷六二、《新五代史》卷五一。　澤州：州名。治所在今山西澤州縣。　“三年七月甲子”至“使將兵會董璋攻澤州”：《通鑑》卷二七二同光元年（923）七月甲子條。按，同光元年即梁末帝龍德三年，據改。

八月戊子，末帝命王彥章將保鑾騎士及他兵合萬人，屯兗、鄆之境，謀復鄆州，以漢傑監其軍。[1]初，末帝遣段凝監大軍於河上，敬翔、李振屢請罷之，末帝曰：‘凝未有過。’振曰：‘俟其有過，則社稷危矣。’至是，凝厚賂趙、張求爲招討使，翔、振力争以爲不可；趙、張主之，竟代王彥章爲北面招討使，於是宿將憤怒，士卒亦不服。[2]

[1]保鑾騎士：皇帝的護衛兵。皇帝的車駕叫鑾駕，故稱其衛士爲保鑾。　兗：州名。治所在今山東濟寧市兗州區。　鄆：州名。治所在今山東東平縣。

[2]北面招討使：官名。不常置，爲一路或數路地區統兵官。掌招撫、討伐等事。兵罷則省。　“八月戊子”至“士卒亦不服”：《通鑑》卷二七二同光元年（923）七月甲子條。按，同光元年即梁末帝龍德三年；“末帝”，原作“梁主”，據《舊史》體例

改。《宋本册府》卷四四三《將帥部·敗衄門三》條亦載張漢傑爲王彦章監軍事。

十月，晋主至鄆州，擒彦章、漢傑、曹州刺史李知節、裨將趙廷隱、劉嗣彬等二百餘人，斬首數千級。[1]

[1]曹州：州名。治所在今山東曹縣西北。　李知節：人名。籍貫不詳。五代將領。事件本書卷一〇、卷三〇。　趙廷隱：人名。天水（今甘肅天水市）人。五代十國後蜀將領。事見《新五代史》卷六四。　劉嗣彬：人名。徐州沛縣（今江蘇沛縣）人。劉知俊之族子。傳見《册府元龜》卷四三八《將帥部·奔亡》。"十月"至"斬首數千級"：《通鑑》卷二七二同光元年（923）十月壬申、癸酉、甲戌條，原作："壬申，帝以大軍自楊劉濟河。癸酉，至鄆州，中夜進軍踰汶，以李嗣源爲前鋒。甲戌旦，遇梁兵，一戰敗之，追至中都，圍其城。城無守備，少頃，梁兵潰圍出，追擊，破之。王彦章以數十騎走，龍武大將軍李紹奇單騎追之，識其聲，曰：'王鐵槍也!'拔稍刺之，彦章重傷，馬躓，遂擒之，并擒都監張漢傑、曹州刺史李知節、裨將趙廷隱、劉嗣彬等二百餘人，斬首數千級。"《輯本舊史》卷三〇《唐莊宗紀四》同光元年十月甲戌條："甲戌，帝攻之，中都素無城守，師既雲合，梁衆自潰。是日，擒梁將王彦章及都監張漢傑、趙廷隱、劉嗣彬、李知節、康文通、王山興等將吏二百餘人，斬馘二萬，奪馬千匹。"明本《册府》卷二〇《帝王部·功業門二》同光元年，"十月癸酉，莊宗親御六師至鄆州。是夜，命帝以騎軍爲前鋒大將繼進。詰朝，遇賊軍，一戰敗之，追至中都。俄而大圍合，城無所備，賊潰圍而出，擊之，大破，生擒大將王彦章及監軍張漢傑、趙廷隱等。"《新五代史》卷六《唐明宗紀》同光元年條："梁軍攻破德勝南栅，莊宗退保楊劉，王彦章急攻鄆州，莊宗悉軍救之，嗣源爲前鋒擊敗梁軍，

追至中都，擒彦章及梁監軍張漢傑。”

漢倫，漢傑之從兄也。[1]

[1]“漢倫漢傑之從兄也”：《通鑑》卷二六九貞明元年十月壬子條、明本《册府》卷三〇六《外戚部·專恣門》。

末帝遣漢倫馳騎追段凝軍，漢倫至滑州，墜馬傷足，復限水不能進。[1]段凝、杜晏球上言：“僞梁要人趙巖、趙鵠、張希逸、張漢倫、張漢傑、張漢融、朱珪等，竊弄威福，殘蠹羣生，不可不誅。”[2]詔曰：“其張漢傑昨于中都與王彦章同時俘獲，此際未詳行止，偶示哀矜。今既上將陳詞，羣情激怒，往日既彰於僭濫，此時難漏于網羅，宜置國刑，以塞羣論。除妻兒骨肉外，其他疎屬僕使，並從釋放。”是日，趙巖、張希逸、張漢傑、張漢倫、張漢融、朱珪、敬翔、李振及契丹撒剌阿撥等并其妻孥，皆斬於汴橋下。[3]

[1]滑州：州名。治所在今河南滑縣。　“末帝遣漢倫馳騎追段凝軍”至“復限水不能進”：《通鑑》卷二七二同光元年（923）十月丁丑條。《輯本舊史》卷一〇《梁末帝紀下》龍德三年（923）十月甲戌條：“甲戌，唐帝引師襲中都，王彦章兵潰，於是彦章與監軍張漢傑及趙廷隱、劉嗣彬、李知節、康文通、王山興等皆爲唐人所獲。翌日，彦章死于任城。帝聞中都之敗，唐軍長驅將至，遣張漢倫馳驛召段凝於河上，漢倫墜馬傷足，復限水潦，不能進。”

[2]杜晏球：人名。原名王宴球。後唐莊宗時賜名紹虔。洛陽（今河南洛陽市）人。少遇亂，汴人杜氏畜之爲子，因冒姓杜氏，

又名杜晏球。五代將領。傳見本書卷六四、《新五代史》卷四六。　趙鵠：人名。籍貫不詳。五代官員。事見本書卷二九、卷三〇。　張希逸：人名。籍貫不詳。後梁官員。事見本書卷九、卷三〇、卷五九。　朱珪：人名。籍貫不詳。五代後梁將領，時爲後梁檢校太傅、匡國軍節度觀察留後、行營諸軍馬步都虞候。傳見本書附録。　“段凝、杜晏球上言”至“不可不誅”：《通鑑》卷二七二同光元年十月丙戌條。

[3]中都：縣名。治所在今山東汶上縣。　契丹：古部族、政權名。公元四世紀中葉宇文部爲前燕攻破，始分離而成單獨的部落，自號契丹。唐貞觀中，置松漠都督府，以其首領爲都督。唐末强盛，916年迭剌部耶律阿保機建立契丹國（遼）。先後與五代、北宋並立，保大五年（1125）爲金所滅。參見張正明《契丹史略》，中華書局1979年版。　撒剌阿撥：人名。契丹人。又名剌葛。耶律阿保機之弟。謀亂於契丹，後奔晋。晋王厚遇之，養爲假子，任爲刺史。胡柳之戰，携妻子投於後梁。傳見本書附録。　“詔曰”至“皆斬於汴橋下”：《宋本册府》卷一五四《帝王部·明罰門三》。此事亦見《輯本舊史》卷三〇《唐莊宗紀四》同光元年十月丙戌條、卷五九《王瓚傳》，《宋本册府》卷九二七《總録部·讒佞門》段凝條，《新五代史》卷五《唐莊宗紀下》同光元年十月丙戌條。

漢融，歸霸弟歸弁之子也。[1]

[1]歸弁：人名。即張歸弁。清河人。唐末將領。傳見《舊五代史》卷一六。　“漢融，歸霸弟歸弁之子也”：《輯本舊史》卷一六《張歸弁傳》。明本《册府》卷三〇一《外戚部·封拜門》：“梁張歸霸者，末帝德妃之父也。歸霸子漢傑、漢倫、漢融，皆以外戚之故，咸居大任，掌大權。”

撒剌阿撥

撒剌阿撥，字率懶。[1]德祖之元子是爲太祖天皇帝，[2]次曰剌葛，[3]曰迭剌，[4]曰寅底石，[5]曰安端，[6]曰蘇。[7]撒剌阿撥爲惕隱，[8]討涅烈部，破之。[9]性愚險。破涅烈部而驕，與弟迭剌、安端等謀亂。事覺，按問，具伏，太祖令誓而捨之。太祖曰："汝謀此事，不過欲富貴爾。"出爲迭剌部夷離菫。[10]從太祖親征，統本部兵攻下平州。[11]復謀爲亂，誘群弟據西山以阻歸路，[12]太祖聞而避之，次赤水城。[13]剌葛詐降，復使神速焚明王樓，[14]大掠而去。至擘只、噶只二河，[15]與追兵戰，衆潰。及鴨里河，[16]女骨部人邀擊之，[17]剌葛輕騎遁去。至榆河，[18]先鋒敵魯生擒之。[19]太祖念其同氣，不忍加刑，杖而釋之。[20]神册二年南奔，[21]爲人所殺。[22]子賽寶、拔里、麻答。[23]

[1]撒剌阿撥，字率懶：《遼史》卷六四《皇子表》。撒剌阿撥，《遼史》作"剌葛""剌哥"不一。

[2]德祖：即遼德祖耶律撒剌的。遼太祖耶律阿保機之父。事見《遼史》卷一、卷二。　元子：長子。　太祖天皇帝：即遼太祖耶律阿保機。紀見《遼史》卷一、卷二。

[3]剌葛：即傳主撒剌阿撥。

[4]迭剌：人名。契丹人。遼太祖之弟。傳見《遼史》卷六四。

[5]寅底石：人名。契丹人。遼太祖之弟。傳見《遼史》卷六四。

[6]安端：人名。契丹人。遼太祖之弟。傳見《遼史》卷

六四。

［7］蘇：人名。契丹人。遼太祖之弟。傳見《遼史》卷六四。　“德祖之元子是爲太祖天皇帝”至“曰蘇”：《遼史》卷四五《百官志一》。

［8］惕隱：官名。“大内惕隱”的簡稱。掌皇族教化和户籍。參見鞠賀《遼朝惕隱研究》，《西北民族大學學報》2019 年第 1 期。　爲惕隱：《遼史》卷六四《皇子表》。《遼史》卷一《太祖本紀上》太祖二年（908）春正月：“辛巳，始置惕隱，典族屬，以皇弟撒剌爲之。”卷六九《部族表》太祖二年五月：“皇弟惕隱撒剌討烏丸及黑車子室韋。”

［9］涅烈部：部族名。契丹之一部。　討涅烈部，破之：《遼史》卷六四。

［10］迭剌部：部族名。耶律阿保機所屬契丹八部之一。　夷離堇：官名。契丹各部落首領稱謂。　“性愚險”至“出爲迭剌部夷離堇”：《遼史》卷六四。《遼史》卷一太祖五年五月：“皇弟剌葛、迭剌、寅底石、安端謀反。安端妻粘睦姑知之，以告，得實。上不忍加誅，乃與諸弟登山刑牲，告天地爲誓而赦其罪。出剌葛爲迭剌部夷離堇，封粘睦姑爲晋國夫人。”

［11］平州：州名。治所在今河北盧龍縣。　從太祖親征，統本部兵攻下平州：《遼史》卷六四。《遼史》卷一太祖六年七月：“命弟剌葛分兵攻平州。”

［12］西山：地名。今地不詳。

［13］赤水城：地名。今地不詳。

［14］神速：人名。契丹人。事見《遼史》卷一。　明王樓：樓名。位於遼上京臨潢府（今内蒙古巴林左旗）。

［15］譬只、喝只：河流名。今地不詳。“至譬只、喝只二河”，中華書局本有校勘記：“按《紀》太祖二年四月作培只河、柴河。”

［16］鴨里河：河流名。今地不詳。

［17］女骨部：契丹部落名。

［18］榆河：河流名。位於今内蒙古科爾沁右翼前旗西北。

［19］敵魯：人名。即蕭敵魯。遼朝大臣。傳見《遼史》卷七三。

［20］“復謀爲亂”至“杖而釋之”：《遼史》卷六四《皇子表》。《遼史》卷一太祖六年：“冬十月戊寅，剌葛破平州，還，復與迭剌、寅底石、安端等反。”同月：“壬辰，（太祖）還次北阿魯山，聞諸弟以兵阻道，引軍南趨十七濼。是日燔柴。翼日，次七渡河，諸弟各遣人謝罪。上猶矜憐，許以自新。”同卷太祖七年春正月：“甲寅，王師次赤水城，弟剌葛等乞降。上素服，乘赭白馬，以將軍耶律樂姑、轄剌僅阿鉢爲御，解兵器、肅侍衛以受之，因加慰諭。剌葛等引退，上復數遣使撫慰。”同年：“三月癸丑，次蘆水，弟迭剌哥圖爲奚王，與安端擁千餘騎而至，紿稱入覲。上怒曰：‘爾曹始謀逆亂，朕特恕之，使改過自新，尚爾反覆，將不利於朕！’遂拘之。以所部分隸諸軍。而剌葛引其衆至乙室堇淀，具天子旗鼓，將自立，皇太后陰遣人諭令避去。會弭姑乃、懷里陽言車駕且至，其衆驚潰，掠居民北走，上以兵追之。剌葛遣其黨寅底石引兵徑趨行宫，焚其輜重、廬帳，縱兵大殺。皇后急遣蜀古魯救之，僅得天子旗鼓而已。其黨神速姑復劫西樓，焚明王樓。上至土河，秣馬休兵，若不爲意。諸將請急追之，上曰：‘俟其遠遁，人各懷土。懷土既切，其心必離，我軍乘之，破之必矣！’盡以先所獲資畜分賜將士，留夷離畢直里姑總政務。”同年：“夏四月戊寅，北追剌葛。己卯，次彌里，問諸弟面木葉山射鬼箭厭禳，乃執叛人解里向彼，亦以其法厭之。至達里淀，選輕騎追及培只河，盡獲其黨輜重、生口。先遣室韋及吐渾酋長拔剌、迪里姑等五人分兵伏其前路，命北宰相迪里古爲先鋒進擊之。剌葛率兵逆戰，迪里古以輕兵薄之。其弟遏古只臨陣，射數十人斃，衆莫敢前。相拒至晡，衆乃潰。追至柴河，遂自焚其車乘廬帳而去。前遇拔剌、迪里姑等伏發，合擊，遂大敗之。剌葛奔潰，遺其所奪神帳於路，上見而拜奠之。所獲生口盡縱歸本土。其黨庫古只、磨朶皆面縛請罪。師次札

堵河，大雨暴漲。”同年：“五月癸丑，遣北宰相迪輦率驍騎先渡。甲寅，奏擒剌葛、涅里衮阿鉢於榆河，前北宰相蕭實魯、寅底石自剄不殊。遂以黑白羊祭天地。壬戌，剌葛、涅里衮阿鉢詣行在，以槀索自縛，牽羊望拜。上還至大嶺。時大軍久出，輜重不相屬，士卒煮馬駒、採野菜以爲食，孳畜道斃者十七八，物價十倍，器服資貨委棄于楚里河，狼籍數百里，因更剌葛名暴里。”同卷太祖八年春正月條：“首惡剌葛，其次迭剌哥，上猶弟之，不忍置法，杖而釋之。以寅底石、安端性本庸弱，爲剌葛所使，皆釋其罪。前于越赫底里子解里、剌葛妻轄剌已實預逆謀，命皆絞殺之。寅底石妻涅離脅從，安端妻粘睦姑嘗有忠告，並免。因謂左右曰：‘諸弟性雖敏黠，而蓄姦稔惡。嘗自矜有出人之智，安忍兇狠，谿壑可塞而貪黷無厭。求人之失，雖小而可恕，謂重如泰山；身行不義，雖入大惡，謂輕於鴻毛。昵比群小，謀及婦人，同惡相濟，以危國祚。雖欲不敗，其可得乎？北宰相實魯妻餘盧覩姑於國至親，一旦負朕，從於叛逆，未置之法而病死，此天誅也。解里自幼與朕常同寢食，眷遇之厚，冠於宗屬，亦與其父背大恩而從不軌，玆可恕乎！’”以上所引《遼史·太祖紀》，中華書局本有校勘記：“‘皇后急遣蜀古魯救之’，蜀古魯，《儀衛志》作曷古魯，是。”又：“‘問諸弟面木葉山射鬼箭厭禳’，馮家昇《遼史初校》云：‘問當作聞。’”《遼史》卷五六《儀衛志二》：“弔服：太祖叛弟剌哥等降，素服受之。”卷五八《儀衛志四》：“諸弟剌哥等叛，匀德實縱火焚行宮，皇后命曷古魯救之，止得天子旗鼓。”

[21]神册：遼太祖耶律阿保機年號（916—922）。　神册二年南奔：《遼史》卷六四《皇子表》。《遼史》卷一神册二年（917）六月條：“剌葛與其子賽保里叛入幽州。”《通鑑》卷二七〇梁均王貞明四年（918）十二月條：“初，契丹主之弟撒剌阿撥號北大王，謀作亂於其國。事覺，契丹主數之曰：‘汝與吾如手足，而汝興此心，我若殺汝，則與汝何異！’乃囚之期年而釋之。撒剌阿撥帥其衆奔晋，晋王厚遇之，養爲假子，任爲刺史；胡柳之戰，以其妻子

來奔。”

[22]爲人所殺：《遼史》卷六四。《輯本舊史》卷三〇《唐莊宗紀四》同光元年十月丙戌：“詔曰：‘……契丹撒剌阿撥，既棄其母，又背其兄。朕比重懷來，厚加恩渥，看同骨肉，錫以姓名，兼分符竹之榮，疊被頒宣之渥。而乃輒辜重惠，復背明廷，罔顧欺違，竄歸僞室，既同梟獍，難貸刑章，可并妻子同戮于市……’是日，趙巖、張希逸、張漢傑、張漢倫、張漢融、朱珪、敬翔、李振及契丹撒剌阿撥等，并其妻孥，皆斬於汴橋下。”

[23]子賽寶、拔里、麻答：《遼史》卷六六《皇族表》及《通鑑》卷二八七胡注。“賽寶”，前引《遼史》作“賽寶里”。“拔里”，《遼史》卷七六有傳，作“拔里得”。《遼史·皇族表》衹云撒剌阿撥二子，未見麻答。《通鑑》卷二八七漢高祖天福十二年（947）五月乙巳條胡注：“《薛史》曰：麻答，耶律德光之從弟；其父曰薩剌，阿保機時，自蕃中奔唐莊宗，尋奔梁，莊宗平梁，獲之，磔於市。”此句未見於《輯本舊史》。麻答事蹟，今散見《輯本舊史》《新五代史》《通鑑》《契丹國志》等書。

張希逸[1]

[1]張希逸：不知何許人也，其家世、事蹟無可輯補，今略輯其相關記載於下。《輯本舊史》卷九《梁末帝紀中》貞明四年（918）九月甲午條：“崇政院副使張希逸加金紫光禄大夫，行祕書少監。”同書卷三〇《唐莊宗紀四》同光元年（923）十月丙戌條：“是日，以梁將段凝上疏奏：‘梁朝權臣趙巖等，並助成虐政，結怨於人，聖政惟新，宜誅首惡。’……是日，趙巖、張希逸、張漢傑、張漢倫、張漢融、朱珪、敬翔、李振及契丹撒剌阿撥等，并其妻孥，皆斬於汴橋下。”同書卷五九《王瓚傳》：“居數日，段凝上疏奏：‘梁朝掌事權者趙巖等，並助成虐政，結怨於人，聖政惟新，

宜誅首惡，以謝天下。’於是張漢傑、張漢融、張漢倫、張希逸、趙縠、朱珪等並族誅，家財籍没。”《宋本册府》卷一五四《帝王部·明罰門三》：“後唐莊宗同光元年十月入汴州……趙巖、張希逸、張漢傑、張漢倫、張漢融、朱珪、敬翔、李振及契丹撒剌阿撥等并其妻孥，皆斬於汴橋下。”同書卷九二七《總録部·讒佞門》段凝條：“後唐段凝，初爲梁將，後降莊宗，莊宗以爲滑州兵馬留後。凝上疏奏：‘梁朝掌事權者趙巖等，並助成虐政，結怨於人，聖政惟新，宜誅首惡，以謝天下。’於是張漢傑、張漢融、張漢倫、張希逸、趙縠、朱珪等並族誅，家財籍没。”《通鑑》卷二七二後唐莊宗同光元年十月丙戌條：“段凝、杜晏球上言：‘僞梁要人趙巖、趙鵠、張希逸、張漢倫、張漢傑、張漢融、朱珪等，竊弄威福，殘蠹群生，不可不誅。’詔：‘敬翔、李振首佐朱温，共傾唐祚；契丹撒剌阿撥叛兄棄母，負恩背國，宜與巖等並族誅於市；自餘文武將吏一切不問。’”

朱珪

朱珪，貞明中爲行營馬步都虞候、曹州刺史。[1]晋王欲趣大梁，而梁軍扼其前，堅壁不戰百餘日。貞明四年十二月，晋王進兵，據梁軍十里而舍。初，北面行營招討使賀瓌善將步兵，[2]排陣使謝彦章善將騎兵，[3]瓌惡其與己齊名。一日，瓌與彦章治兵於野，瓌指一高地曰：“此可以立栅。”至是，晋軍適置栅於其上，瓌疑彦章與晋通謀。瓌屢欲戰，謂彦章曰：“主上悉以國兵授吾二人，社稷是賴。今强寇至吾門，而逗遛不戰，可乎！”彦章曰：“强寇憑陵，利在速戰。今深溝高壘，據其津要，彼安敢深入！若輕與之戰，萬一蹉跌，則大事去矣。"瓌益疑之，密譖之於帝，與珪謀。[4]珪與彥章有隙，乃誣彥章以爲將反。[5]因享士伏甲，殺彥章及濮州刺史孟審澄、別將侯温裕，[6]以謀叛聞。丁未，以珪爲匡國留後，[7]癸丑，又以爲平盧節度使兼行營馬步副指揮使以賞之。[8]

[1]行營馬步都虞候：官名。五代出征軍隊馬步軍統兵官，僅次於馬步軍都指揮使、副都指揮使。《輯本舊史》卷九《梁末帝紀中》貞明四年（918）十二月丁未、癸丑條作"行營諸軍馬步都虞候"，同書卷二三《賀瓌傳》作"諸軍都虞候"，明本《册府》卷四四〇《將帥部·忌害門》賀瓌條作"行營馬步軍都虞候"。　朱珪，貞明中爲行營馬步都虞候、曹州刺史：《通鑑》卷二七〇貞明四年十二月庚子朔條。朱珪，不知何許人也，其家世無可輯補。《輯本舊史》卷八《梁末帝紀上》乾化三年（913）六月十七日條載，諸將請末帝爲王，"帝乃遣人告趙巖、袁象先、傅暉、朱珪等"。

[2]行營招討使：官名。唐始置。戰時任命，兵罷則省。常以大臣、將帥或地方軍政長官兼任。掌招撫討伐等事務。　賀瓌：人名。濮陽（今河南濮陽市）人。後梁將領。傳見本書卷二三、《新五代史》卷二三。

[3]排陣使：官名。唐節度使所屬武官中有排陣使，五代後梁以後設於諸軍，爲先鋒之職。參見王軼英《中國古代排陣使述論》，《西北大學學報》2010年第6期。　謝彥章：人名。許州（今河南許昌市）人。後梁將領。傳見本書卷一六、《新五代史》卷二三。

[4]"晋王欲趣大梁"至"與珪謀"：《通鑑》卷二七〇後梁末帝貞明四年十二月庚子朔條。

[5]珪與彥章有隙，乃誣彥章以爲將反：《新五代史》卷二三《謝彥章傳》。

［6］濮州：州名。治所在今山東鄄城縣。　孟審澄：人名。籍貫不詳。後梁將領。事見本書卷九、卷一六、卷二三。　別將：官名。一般也作偏將代稱。唐軍設有別將一職，各折衝府亦設別將。　侯温裕：人名。籍貫不詳。五代後梁將領。事見本書卷九、卷一六、卷二三。

［7］匡國：方鎮名。乾寧二年（895）升同州爲匡國軍節度使，治所在同州（今陝西大荔縣）。

［8］平盧：方鎮名。治所在青州（今山東青州市）。　行營馬步副指揮使：官名。五代軍隊統兵官。　"因享士伏甲"至"又以爲平盧節度使兼行營馬步副指揮使以賞之"：《通鑑》卷二七〇後梁末帝貞明四年十二月丁未、癸丑條。《輯本舊史》卷九《梁末帝紀中》貞明四年十二月庚子、丁未、癸丑條："十二月庚子朔，晉王領軍迫行臺寨，距寨十里結營而止。北面招討使賀瓌殺許州節度使謝彦章、濮州刺史孟審澄、別將侯温裕等於軍，以謀叛聞，爲行營馬步都虞候朱珪搆之也。晉王聞之，喜曰：'彼將帥不和，亡無日矣。'丁未，以行營諸軍馬步都虞候、光禄大夫、檢校太保、曹州刺史朱珪爲檢校太傅，充匡國軍節度觀察留後，依前行營諸軍馬步都虞候。癸丑，詔曰：'行營諸軍馬步都虞候、匡國軍節度觀察留後朱珪，昨以寇戎未滅，兵革方嚴，所期朝夕之間，克弭烟塵之患，每於將帥，別注憂勞。而謝彦章、孟審澄、侯温裕忽搆異圖，將萌逆節，賴朱珪挺施貞節，密運沈機，果致梟擒，免資讎敵。特加異殊之命，用旌忠孝之謀，便委雄藩，俾荷隆渥。可檢校太傅，充平盧軍節度、淄青登萊等州觀察處置、押新羅渤海兩番等使、兼行營諸軍馬步軍副都指揮使，仍進封沛國郡開國侯。'"害謝彦章事，亦見《輯本舊史》卷一六《謝彦章傳》、卷二三《賀瓌傳》，明本《册府》卷三九三《將帥部·威名門二》謝彦章條、卷四四〇《將帥部·忌害門》賀瓌條，《宋本册府》卷四五六《將帥部·不和門》謝彦章條。

龍德三年冬十月，晉軍發中都，時城中尚有控鶴軍數千，朱珪請帥之出戰；梁主不從，命開封尹王瓚驅市人乘城爲備。[1]晉主入汴州，[2]段凝、杜晏球上言："僞梁要人趙巖、趙鵠、張希逸、張漢倫、張漢傑、張漢融、朱珪等，竊弄威福，殘蠹群生，不可不誅。"[3]詔曰："朱珪素聞狡蠹，唯務讒邪，鬬惑人情，枉害良善，將清内外，須切去除，況衆狀指陳，亦宜誅戮。"是日，趙巖、張希逸、張漢傑、張漢倫、張漢融、朱珪、敬翔、李振及契丹撒剌阿撥等并其妻孥，皆斬於汴橋下。[4]

[1]控鶴：後梁禁軍番號。　開封尹：官名。五代除後唐外均定都開封，因置開封府尹。執掌京師政務。從三品。　王瓚：人名。太原祁（今山西祁縣）人。唐河中節度使王重盈之子。五代後梁將領，官至開封尹。傳見本書卷五九。　"龍德三年冬十月"至"命開封尹王瓚驅市人乘城爲備"：《通鑑》卷二七二後唐莊宗同光元年（923）十月乙亥、丁丑條。《輯本舊史》卷一〇《梁末帝紀下》龍德三年十月甲戌條："甲戌，唐帝引師襲中都，王彦章兵潰，於是彦章與監軍張漢傑及趙廷隱、劉嗣彬、李知節、康文通、王山興等皆爲唐人所獲。翌日，彦章死于任城。帝聞中都之敗，唐軍長驅將至，遣張漢倫馳驛召段凝於河上，漢倫墜馬傷足，復限水潦，不能進。時禁軍尚有四千人，朱珪請以拒唐軍，帝不從，登建國門召開封尹王瓚，謂之曰：'段凝未至，社稷繫卿方略。'瓚即驅軍民登城爲備。"

[2]汴州：州名。治所在今河南開封市。　晉主入汴州：《宋本册府》卷一五四《帝王部・明罰門三》，原作"後唐莊宗同光元年十月入汴州"，據本書體例改。

［3］張漢傑：人名。清河（今河北清河縣）人。張歸霸之子。五代後梁將領。傳見本書附録、《新五代史》卷二二。　“段凝、杜晏球上言”至“不可不誅”：《通鑑》卷二七二後唐莊宗同光元年十月丙戌條。

［4］“詔曰”至“皆斬於汴橋下”：《宋本册府》卷一五四。《輯本舊史》卷三〇《唐莊宗紀四》同光元年十月丙戌條：“是日，以梁將段凝上疏奏：‘梁朝權臣趙巖等，並助成虐政，結怨於人，聖政惟新，宜誅首惡。’乃下詔曰：‘朱珪素聞狡蠹，唯務讒邪，鬬惑人情，枉害良善，將清内外，須切去除，況衆狀指陳，亦宜誅戮。’是日，趙巖、張希逸、張漢傑、張漢倫、張漢融、朱珪、敬翔、李振及契丹撒剌阿撥等，并其妻孥，皆斬於汴橋下。”同書卷五九《王瓚傳》：“居數日，段凝上疏奏：‘梁朝掌事權者趙巖等，並助成虐政，結怨於人，聖政惟新，宜誅首惡，以謝天下。’於是張漢傑、張漢融、張漢倫、張希逸、趙縠、朱珪等並族誅，家財籍没。”《宋本册府》卷九二七《總録部·讒佞門》段凝條：“後唐段凝，初爲梁將，後降莊宗，莊宗以爲滑州兵馬留後。凝上疏奏：‘梁朝掌事權者趙巖等，並助成虐政，結怨於人，聖政惟新，宜誅首惡，以謝天下。’於是張漢傑、張漢融、張漢倫、張希逸、趙縠、朱珪等並族誅，家財籍没。”《新五代史》卷五《唐莊宗紀下》同光元年十月丙戌條：“殺李振、趙巖、張漢傑、朱珪，滅其族。”

裴迪[1]

［1］《新輯會證》：“裴迪，清輯本未輯其傳。今檢《新五代史》卷四三有其傳，殿本考證云：‘案《歐陽史》有《裴迪》《韋震傳》，今原文已佚，無可採補。’案《册府元龜》有其事三則，應即本書佚文，清臣失察。謹據以補録其傳，得三百二十字。”

裴迪，字昇之，河東聞喜人也。[1]爲人明敏，善治財賦，精於簿書。唐司空裴璩判度支，[2]辟爲出使巡官。[3]都統王鐸鎮滑州，[4]奏迪汴、宋、鄆等州供軍院使。[5]鐸爲租庸使，[6]辟租庸招納使。[7]

[1]河東：方鎮名。治所在太原（今山西太原市）。　聞喜：縣名。治所在今山西聞喜縣。

[2]司空：官名。與太尉、司徒並爲三公，唐後期、五代多爲大臣、勳貴加官。正一品。　裴璩：人名。籍貫不詳。唐後期大臣。事見《通鑑》卷二五三、卷二五六。　度支：財政官署。掌管天下租賦物産，歲計所出而支調之，故名。安史亂後，因軍事供應浩繁，以宰相爲度支使，由户部尚書、侍郎或他官兼領度支事務，稱度支使或判度支、知度支事，權任極重，與鹽鐵使、判户部或户部使合稱“三司”。

[3]巡官：官名。鹽鐵使屬官。地位在判官、推官之下，掌巡察及有關事務。

[4]都統：官名。此處指諸道行營都統。唐末設此職，作爲各道出征兵士的統帥。　王鐸：人名。太原人。唐末軍閥，曾積極參與平定黄巢起義。傳見《新唐書》卷一八五。

[5]宋：州名。治所在今河南商丘市睢陽區。　供軍院使：官名。唐、五代置供軍院，掌供應出征軍隊的衣、糧等軍需給養。分南、北二院，南供軍院由度支掌管，負責輸送給養至軍前；北供軍院設於行營，負責分發給養。供軍院使當爲供軍院之長官。

[6]租庸使：官名。唐代爲主持催徵租庸地稅的財政官員。後梁、後唐時，租庸使取代鹽鐵、度支、户部，爲中央財政長官。

[7]租庸招納使：官名。租庸使屬官。負責催徵租庸地稅事宜。

“裴迪，字昇之”至“辟租庸招納使”：《新五代史》卷四三《裴迪傳》。

太祖至汴，延在賓席，恩禮甚優。厥後每統帥出征，咸命主留事。迪亦勤瘁夙夜，不失所委，累遷職至節度判官，[1]官至檢校僕射。光化初，[2]太祖牓於院曰："謬膺重委，總授三藩，軍機雖罄於拙謀，民政全繫於右席。節度裴判官詳明吏理，首冠賓筵，冰蘗不渝，始終如一，自此應諸州錢穀、刑獄等事，並請指揮。"乃徧報管内，咸遣知委。[3]

[1]節度判官：官名。唐末、五代藩鎮僚佐，位行軍司馬下。

[2]光化：唐昭宗李曄年號（898—901）。

[3]"太祖至汴"至"咸遣知委"：明本《册府》卷七一六《幕府部·倚任門》。同書卷二一一《閏位部·求舊門》："迪敏事慎言，達吏治，明籌筭。帝初建節旄於夷門，迪一謁見，如故知，乃辟爲從事。自是之後，歷三十年，委四鎮租賦、兵籍、帑廩、官吏、獄訟、賞罰、經費、運漕，事無巨細，皆得專之。帝每出師，即知軍州事，逮于二紀，不出梁之闤闠，甚有裨贊之道。"《新五代史》卷四三《裴迪傳》："梁太祖鎮宣武，辟節度判官。太祖用兵四方，常留迪以調兵賦。太祖乃牓院門，以兵事自處，而以貨財獄訟一切任迪。"

天復中，[1]太祖駐軍于岐下，[2]忽有青州健步苗公立者，[3]齎其帥王師範書問至府，[4]迪召之，詢以東事，微覺色動，因去左右，密徵其説，公立乃具述師範稱兵之狀。時太祖猶子友寧爲馬步軍指揮使，[5]迪不俟命，遽請友寧統在府諸軍至兗、鄆巡警，以示軍威。及昭宗還長安，[6]太祖歸梁邸，凡府僚並被命遷秩，兼錫功臣之號。迪獨轉官爲檢校司徒，[7]號寧鑾叶贊功臣。一日，賓佐集謁，太祖目迪曰："叶贊之名，唯司徒獨有之，他人莫及也。"其見重如此。[8]

［1］天復：唐昭宗李曄年號（901—904）。

［2］岐下：地名。岐山之下，代指鳳翔。

［3］青州：州名。治所在今山東青州市。　健步：或稱"健卒""急足"。指趕路送信的人。　苗公立：人名。籍貫不詳。王師範部下負責送信之人。本書僅此一見。

［4］王師範：人名。青州人。唐末、五代軍閥。傳見本書卷一三、《新五代史》卷四二。

［5］猶子：侄子。　友寧：人名。即朱友寧。朱温之侄，唐末、五代將領。傳見本書卷一二、《新五代史》卷一三。　馬步軍指揮使：官名。所部軍統兵將領。

［6］昭宗：即唐昭宗李曄，888 年至 904 年在位。紀見《舊唐書》卷二〇上、《新唐書》卷一〇。　長安：地名。即今陝西西安市。

［7］檢校司徒：官名。爲散官或加官，以示恩寵加此官，無實際執掌。

［8］"天復中"至"其見重如此"：明本《册府》卷七二一《幕府部·謀畫門二》。《新五代史》卷四三《裴迪傳》："太祖西攻岐，王師範謀襲汴，遣健卒苗公立持書至汴，陰伺虚實。迪召公立問東事，公立色動，乃屏人密詰之，具得其事。迪不暇啓，遣朱友寧以兵巡兖、鄆，以故師範雖竊發而事卒不成。太祖自岐還，將吏皆賜'迎鑾叶贊功臣'，將吏入見，太祖目迪曰：'叶贊之功，惟裴公有之，佗人不足當也。'"《續世説》卷五《賞譽類》裴迪條："裴迪，昭宗時爲梁祖賓席，轉檢校司徒，賜號迎鑾協贊功臣。一日，賓佐集謁，梁祖目迪曰：'協贊之名，惟司徒獨有之，它人濫處也。'其知重如此。"《通鑑》卷二六三唐昭宗天復三年（903）

正月丙午條："全忠留節度判官裴迪守大梁，師範遣走卒齎書至大梁，迪問以東方事，走卒色動。迪察其有變，屏人問之，走卒具以實告。迪不暇白全忠，亟請馬步都指揮使朱友寧將兵萬餘人東巡兗、鄆。友寧召葛從周於邢州，共攻師範。全忠聞變，亦分兵先歸，使友寧並將之。"裴迪與友寧討王師範事，亦見《輯本舊史》卷一二《安王友寧傳》、《宋本册府》卷二九一《宗室部·立功門二》安王友寧條。

唐末太常卿。[1]受禪之歲，拜尚書右僕射。[2]以户部尚書致仕。開平二年四月，迪復爲右僕射。[3]上章告老，爲司空致仕。[4]卒于家。[5]

[1]太常卿：官名。太常寺長官。掌祭祀禮儀等事。正三品。唐末太常卿：《宋本册府》卷八九九《總録部·致政門》。《新五代史》卷四三《裴迪傳》："迪入唐，累遷太常卿。"《文苑英華》卷四〇〇《中書制誥類二一》有薛廷珪授裴迪太僕卿、元鎬京兆少尹、盧玭國子司業等制。《舊唐書》卷二〇下《哀帝紀》天祐二年（905）二月壬子條："壬子，制以汝州刺史裴迪爲刑部尚書。"同年十一月戊辰條："戊辰，宰相已下於南郊壇習儀，而裴迪自大梁迴，言全忠怒蔣玄暉、張廷範、柳璨等謀延唐祚，而欲郊天改元。"同年十二月辛卯條："先是，北院宣徽使王殷使壽州行營，構蔣玄暉於全忠，全忠怒，急歸大梁。上令刑部尚書裴迪齎詔慰勞全忠，全忠忿恨，語極不遜，故行相國百揆之命以悦其心。蔣玄暉自至大梁陳訴，全忠怒猶不解。帝憂之。"《通鑑》卷二六五唐哀帝天祐二年十一月丙辰、丁卯、庚午條："先是，全忠急於傳禪，密使蔣玄暉等謀之。玄暉與柳璨等議：以魏、晋以來皆先封大國，加九錫、殊禮，然後受禪，當次第行之。乃先除全忠諸道元帥，以示有漸，仍以刑部尚書裴迪爲送官告使，全忠大怒。宣徽副使王殷、趙殷衡

疾玄暉權寵，欲得其處，因譖之於全忠曰：‘玄暉、璨等欲延唐祚，故逗遛其事以須變。’玄暉聞之懼，自至壽春，具言其狀。全忠曰：‘汝曹巧述閒事以沮我，借使我不受九錫，豈不能作天子邪！’玄暉曰：‘唐祚已盡，天命歸王，愚智皆知之。玄暉與柳璨等非敢有背德，但以今兹晋、燕、岐、蜀皆吾勍敵，王遽受禪，彼心未服，不可不曲盡義理，然後取之，欲爲王創萬代之業耳。’全忠叱之曰：‘奴果反矣！’玄暉惶遽辭歸，與璨議行九錫。時天子將郊祀，百官既習儀，裴迪自大梁還，言全忠怒曰：‘柳璨、蔣玄暉等欲延唐祚，乃郊天也。’璨等懼，庚午，敕改用來年正月上辛。”

［2］尚書右僕射：官名。秦始置。隋、唐前期以左、右僕射佐尚書令總理六官，綱紀庶務，如不置尚書令，則總判省事，爲宰相之職。唐後期多爲大臣加銜。從二品。　受禪之歲，拜尚書右僕射：《宋本册府》卷八九九《總録部·致政門》。

［3］户部尚書：官名。户部長官。掌管全國土地、户籍、賦税、財政收支諸事。正三品。　致仕：官員告老辭官。　開平：後梁太祖朱温年號（907—911）。　右僕射：官名。秦始置。隋、唐前期以左、右僕射佐尚書令總理六官，綱紀庶務，如不置尚書令，則總判省事，爲宰相之職。唐後期多爲大臣加銜。從二品。　以户部尚書致仕。開平二年四月，迪復爲右僕射：明本《册府》卷二一一《閏位部·求舊門》：“開平二年四月，以户部尚書致仕裴迪復爲右僕射……禪代之歲，命爲太常卿，屬年已耆耋，視聽昏塞，不任朝謁，遂請老，許之。期月復起，師長庶官焉。”《新五代史》卷四三《裴迪傳》：“太祖即位，召拜右僕射，居一歲告老，以司空致仕。”據此二則可知，裴迪曾先以户部尚書致仕後於開平二年四月起復，終以司空致仕，故改之。

［4］上章告老，爲司空致仕：《宋本册府》卷八九九《總録部·致政門》。

［5］卒于家：《新五代史》卷四三《裴迪傳》。

盧匪躬

盧匪躬，[1]嘗爲劉知俊同州觀察判官。[2]知俊反，不偕行，爲亂兵所害。開平三年八月，贈工部尚書。[3]

[1]盧匪躬：籍貫、家世不詳。

[2]劉知俊：人名。徐州沛縣（今江蘇沛縣）人。唐末、五代將領。先後隸時溥、朱温、李茂貞、王建。傳見本書卷一三、《新五代史》卷四四。　同州：州名。治所在今陜西大荔縣。　觀察判官：官名。唐肅宗以後置，五代沿置。觀察使屬官，參理田賦事，用觀察使印、署狀。

[3]工部尚書：官名。尚書省工部主官。掌百工、屯田、山澤之政令。正三品。　“嘗爲劉知俊同州觀察判官”至“贈工部尚書”：明本《册府》卷二一〇《閏位部・旌表門》原文爲：“開平三年八月，贈故同州觀察判官盧匪躬工部尚書……匪躬嘗爲劉知俊判官，知俊反，不偕行，爲亂兵所害。”

王班

王班，故河陽將，累以軍功爲郡守。[1]爲澤州刺史，素失人心，衆不爲用。[2]開平二年五月，周德威、李存璋乘勝進趣澤州，[3]攻圍甚急，堙溝攀堞，晝夜不息數日。班善於拒捍，懸重賞以激勇士，蕃賊之屍堆積於池隍，周回數里。于時，劉知俊自晉、絳引兵來救，賊衆乃遁。[4]

[1]王班：人名。籍貫不詳。故河陽將領，累以軍功爲郡守，

主留事於襄陽，被小將王求所殺。傳見本書附録。　河陽：縣名。治所在今河南孟州市。　王班，故河陽將，累以軍功爲郡守：明本《册府》卷二一〇《閏位部·旌表門》。

[2]爲澤州刺史，素失人心，衆不爲用：《通鑑》卷二六六後梁太祖開平二年（908）五月己巳條。

[3]周德威：人名。朔州馬邑（今山西朔州市朔城區東北）人。唐末、五代河東將領。傳見本書卷五六、《新五代史》卷二五。　李存璋：人名。雲中（今山西大同市）人。五代後唐將領。傳見本書卷五三、《新五代史》卷三六。　開平二年五月，周德威、李存璋乘勝進趣澤州：《通鑑》卷二六六後梁太祖開平二年五月己巳條。《宋本册府》卷四〇〇《將帥部·固守門二》："開平二年五月，蕃賊奔突澤州。"

[4]"攻圍甚急"至"賊衆乃遁"：《宋本册府》卷四〇〇。《輯本舊史》卷二七《唐莊宗紀一》天祐五年（908）五月條："是月，周德威乘勝攻澤州，刺史王班登城拒守，梁將劉知俊自晋、絳將兵赴援，德威退保高平。"《通鑑》卷二六六後梁太祖開平二年五月己巳條："周德威、李存璋乘勝進趣澤州，刺史王班素失人心，衆不爲用。龍虎統軍牛存節自西都將兵應接夾寨潰兵，至天井關，謂其衆曰：'澤州要害地，不可失也；雖無詔旨，當救之。'衆皆不欲，曰：'晋人勝氣方鋭，且衆寡不敵。'存節曰：'見危不救，非義也；畏敵强而避之，非勇也。'遂舉策引衆而前。至澤州，城中人已縱火諠譟，欲應晋王，班閉牙城自守，存節至，乃定。晋兵尋至，緣城穿地道攻之，存節晝夜拒戰，凡旬有三日；劉知俊自晋州引兵救之，德威焚攻具，退保高平。"

初，太祖召山南東道節度使楊師厚，[1]欲使督諸將攻潞州，以前兖海留後班爲留後，鎮襄州。[2]師厚屢爲班言牙兵王求等凶悍，[3]宜備之。班自恃左右有壯士，不以爲意，每衆辱之。開平三年七月戊寅，讁求戍西境，是夕，作亂，殺班，推都指揮使雍丘劉玘爲留後；[4]玘僞從之，明日，與指揮使王延順逃詣帝所。[5]亂兵奉平淮指揮使李洪爲留後，[6]附於蜀。未幾，房州刺史楊虔亦叛附于蜀。[7]八月，贈太保。[8]

[1]太祖：原作“帝”，據本書體例改。　山南東道：方鎮名。治所在襄州（今湖北襄陽市）。

[2]兖海：方鎮名。又稱沂海。治所在沂州（今山東臨沂市）。　襄州：州名。治所在今湖北襄陽市。

[3]牙兵：五代時期藩鎮親兵。參見來可泓《五代十國牙兵制度初探》，《學術月刊》1995 年第 11 期。　王求：人名。籍貫不詳。唐末將領。事見《通鑑》卷二六七。

[4]都指揮使：官名。唐末、五代軍隊多置都指揮使、指揮使，爲統兵將領。　雍丘：縣名。治所在今河南杞縣。　劉玘：人名。汴州雍丘（今河南杞縣）人。五代後梁、後唐將領。傳見本書卷六四、《新五代史》卷四五。

[5]王延順：人名。籍貫不詳。唐末將領。事見《通鑑》卷二六七。

[6]李洪：人名。籍貫不詳。事見本書卷四、卷五，《通鑑》卷二六七。

[7]房州：州名。治所在今湖北房縣。　楊虔：人名。籍貫不詳。事見本書卷五。　“初”至“房州刺史楊虔亦叛附于蜀”：《通鑑》卷二六七後梁太祖開平三年（909）七月戊寅條。《輯本舊史》卷六四《劉玘傳》：“開平中，襄帥王班爲帳下所害，亂軍推玘爲留後，玘詭從之，翌日受賀，衙庭享士，伏甲幕下，盡斬其亂將。”明本《册府》卷六九四《牧守部・武功門二》張敬方條：“張敬方，開平中爲均州刺史。時襄陽小將王求殺留後王班，間使

附于蜀。房州聞之，亦叛，敬方能完其郡，又移兵尅房陵。”《新五代史》卷二《梁太祖紀下》繫王班被殺於開平三年七月甲申：“甲申，襄州軍亂，殺其留後王班。”同書卷四五《劉玘傳》：“山南節度使王班爲亂軍所殺，亂軍推玘爲留後，玘僞許之，明日饗士于庭，伏甲幕中，酒半，擒爲亂者殺之。”王班被殺時官職，明本《册府》卷二一〇《閏位部·旌表門》作山東道節度使留後，《新五代史》卷四五《劉玘傳》作山南節度使，《通鑑》卷二六七則作山南東道節度留後。

[8]太保：官名。與太師、太傅並爲三師。唐後期、五代多爲大臣、勳貴加官。正一品。　八月，贈太保：明本《册府》卷二一〇《閏位部·旌表門》。

尹皓

尹皓，[1]爲夾馬指揮使。[2]開平元年，令於山北捉生。[3]先時并寇屢擾邊州，太祖欲擒俘以挫其勢，皓首出應召，遂獎而遣焉。[4]十一月甲申，皓攻晋江猪嶺寨，拔之。[5]二年十月，皓爲輝州刺史，以解晋州圍之功也。[6]

[1]尹皓：人名。籍貫不詳。後梁將領。傳見本書附録。

[2]夾馬指揮使：官名。所部統兵將領，“夾馬”爲部隊番號。　爲夾馬指揮使：《宋本册府》卷三八九《將帥部·請行門》。其官職，《通鑑》卷二六六後梁太祖開平元年（907）十一月甲申條同，《輯本舊史》卷四《梁太祖紀四》開平二年十月丙午條作“夾馬都指揮使”，明本《册府》卷二一〇《閏位部·明賞門》開平二年十月條作“左天武軍夾馬指揮使”。

［3］山北：地名。一般指終南、太華二山以北地區。　捉生：抓俘虜。

［4］“開平元年”至“遂獎而遣焉”：《宋本册府》卷三八九。

［5］江猪嶺寨：地名。位於今山西長子縣西。　十一月甲申，皓攻晋江猪嶺寨，拔之：《通鑑》卷二六六後梁太祖開平元年十一月甲申條。

［6］輝州：州名。治所在今安徽碭山縣。　二年十月，皓爲輝州刺史，以解晋州圍之功也：《宋本册府》卷二一〇《閏位部·明賞門》。《册府》原文：“梁太祖開平二年十月，以行營左厢步軍指揮使賀瓌爲左龍虎統軍，以左天武軍夾馬指揮使尹皓爲輝州刺史，以右天武都頭韓塘爲神捷指揮使，左天武第三都頭胡賞爲右神捷指揮使，仍賜帛有差，以解晋州圍之功也。”《輯本舊史》卷四《梁太祖紀四》開平二年十月條：“以尹皓部下五百人爲神捷軍。”同月丙午條：“丙午，御毬場殿，宣夾馬都指揮使尹皓、韓塘以下將士五百人，賜酒食。”解晋州之圍事，見《輯本舊史》卷二七《唐莊宗紀一》天祐五年（即梁開平二年）九月條：“九月，邠、岐、蜀三鎮復大舉攻長安，遣李嗣昭、周德威將兵三萬攻晋州以應之。德威與梁將尹皓戰于神山北，梁人大敗。是時，晋之騎將夏侯敬受以一軍奔于梁，德威乃退保隰州。”明本《册府》卷八《帝王部·創業門四》天祐五年：“九月，邠、岐、蜀三鎮復大舉攻長安，帝遣李嗣昭、周德威將兵三萬攻晋州以應之。三鎮攻長安，梁祖懼，自雒率親軍屯於陝州，令其將尹皓將兵赴援平陽，周德威與尹皓之師戰於神山北，梁人大敗。”

貞明元年八月，絳州刺史皓攻晋之隰州，又攻慈州，皆不克。[1]五年三月，皓爲華州節度使。[2]六年，河東道招討使劉鄩與皓攻取同州。[3]

［1］隰州：州名。治所在今山西隰縣。　慈州：州名。治所在今山西吉縣。　“貞明元年八月”至“皆不克”：《通鑑》卷二六九後梁末帝貞明元年（915）八月條。明本《册府》卷三八七《將帥部·褒異門一三》：“（天祐）十二年，從盟朱友謙於猗氏，授汾州刺史。汴將尹皓攻慈州，逆戰敗之。”尹皓攻州城事，《輯本舊史》卷五三《李存璋傳》《李存賢傳》亦有載。按天祐十二年即貞明元年。

［2］華州：州名。治所在今陝西渭南市華州區。　五年三月，皓爲華州節度使：明本《册府》卷四四〇《將帥部·忌害門》。“五年三月”原闕，按《輯本舊史》卷九《梁末帝紀中》載，貞明四年八月辛酉，以絳州刺史尹皓爲感化軍節度觀察留後，貞明五年三月己卯，以華州感化軍留後尹皓爲華州節度使，加檢校太保、同平章事，據補。《太平廣記》卷四二四《龍類七》引《玉堂閒話》：“朱梁尹皓鎮華州。夏將半，出城巡警。時蒲雍各有兵戈相持故也。因下馬，於荒地中得一物如石，又如卵，其色青黑，光滑可愛。命左右收之。又行三二十里，見村院佛堂。遂置於像前。其夜雷霆大震，猛雨如注，天火燒佛堂，而不損佛像。蓋龍卵也。院外柳樹數百株，皆倒植之。其卵已失。”

［3］六年，河東道招討使劉鄩與皓攻取同州：明本《册府》卷四四〇《將帥部·忌害門》。《輯本舊史》卷一〇《梁末帝紀下》貞明六年六月條：“六月，遣兗州節度使劉鄩、華州節度使尹皓、崇州節度使温昭圖、莊宅使段凝領軍攻同州。先是，河中朱友謙襲陷同州，節度使程全暉單騎奔京師。友謙以其子令德爲同州留後，表求節旄，不允。既而帝慮友謙怨望，遂命兼鎮同州。制命將下而友謙已叛，遣使求援於晉，故命將討之。”同書卷二九《唐莊宗紀三》天祐十七年（920）七月條：“秋七月，梁將劉鄩、尹皓寇同州。先是，河中節度使朱友謙取同州，以其子令德主留務，請梁主降節。梁主怒，不與，遂請旄節於帝。梁主乃遣劉鄩與華州節度使尹皓帥兵圍同州。友謙來告難，帝遣蕃漢總管李存審、昭義節度使

李嗣昭、代州刺史王建及率師赴援。”同年九月條：“九月，師至河中，朝至夕濟。梁人不意王師之至，望之大駭。明日約戰，與朱友謙謀。遲明，進軍距梁壘，梁人悉衆以出，蒲人在南，王師在北。騎軍既接，蒲人小却，李嗣昭以輕騎抗之，梁軍奔潰，追斬二千餘級。是夜，劉鄩收餘衆保營，自是閉壁不出。數日，鄩遂宵遁。王師追及於渭河，所棄兵仗輜重不可勝計。劉鄩、尹皓單騎獲免。未幾，鄩憂恚發病而卒。”《通鑑》卷二七一後梁末帝貞明六年六月丁巳條後：“帝以泰寧節度使劉鄩爲河東道招討使，帥感化節度使尹皓、静勝節度使温昭圖、莊宅使段凝攻同州。”同年七月條：“劉鄩等圍同州，朱友謙求救于晋；秋，七月，晋王遣李存審、李嗣昭、李建及、慈州刺史李存質將兵救之。”同卷龍德元年（921）五月丙戌條後：“初，劉鄩與朱友謙爲婚。鄩之受詔討友謙也，至陝州，先遣使移書，諭以禍福；待之月餘，友謙不從，然後進兵。尹皓、段凝素忌鄩，因譖之於帝曰：‘鄩逗遛養寇，俾俟援兵。’帝信之。鄩既敗歸，以疾請解兵柄，詔聽於西都就醫，密令留守張宗奭酖之，丁亥，卒。”討朱友謙事，亦見《輯本舊史》卷二三《劉鄩傳》、卷五三《李存璋傳》《李存賢傳》、卷五六《符存審傳》、卷六三《朱友謙傳》，《宋本册府》卷一六六《帝王部・招懷門四》，《新五代史》卷二二《劉鄩傳》等。《宋史》卷二六二《王易簡傳》：“華帥李保衡復辟從事。踰年，尹皓代保衡，易簡仍在幕府。會朱友謙以河中叛歸莊宗，攻華州甚急，城中危懼，咸請築月城以自固。皓恃勇不聽，下令曰：‘有敢復言者斬。’易簡固請，乃許。板築始畢，外城果壞，軍民賴之。會夜不能攻，友謙遂遁去。皓卒，易簡歸田里。”

韋震

韋震，字東卿，雍州萬年人也。爲人彊敏，有口辯。[1]仕唐爲右武衛將軍。歸于太祖，表爲揚州左司馬，[2]又表爲殿中監、蔡州四面都統判官。[3]初，申叢縛秦宗權，[4]折足而囚之，雖納款於太祖，欲自獻於長安以邀旄鉞。及姦謀不就，乃欲復奉宗權以接取其柄，爲其將郭璠所殺，[5]縶宗權送于太祖，即以璠爲留後。[6]太祖遣都統判官韋震奏事，且疏時溥之罪，[7]願委討伐，仍請降滄、兖二帥之命。[8]溥既以都統破黄巢功居第一，[9]又與兖鄆連衡，結中官爲内援，時宰之忌太祖者復佑之。左拾遺徐彦樞亦疏請所在斬宗權，[10]不必至京師陳獻俘之儀，蓋以時溥獻黄巢止函首故也。震往復論列於天子前，敢大言，亦能協附執政，所請事多允。[11]尋奏授檢校左僕射，充宣武節度副使。[12]

[1]雍州：州名。治所在今陝西西安市。　萬年：縣名。治所在今陝西西安市萬年區。　“韋震，字東卿”至“有口辯”：《新五代史》卷四三《韋震傳》。“爲人彊敏”前原有“初名肇”三字，因後文述及韋震改名緣由，故删。

[2]右武衛將軍：官名。唐置十六衛之一，掌宫禁宿衛。從三品。　揚州：州名。治所在今江蘇揚州市。　左司馬：官名。即行軍左司馬。與行軍右司馬同掌弼戎政，專器械、糧糒、軍籍。

[3]殿中監：官名。殿中省長官。掌宫廷供奉之事。從三品。“殿中監”三字，《宋本册府》卷七二九原闕，據《宋本册府》卷六五三《奉使部·稱旨門》補。　都統判官：官名。行營都統屬官。佐都統處理行營軍政事務。　“仕唐爲右武衛將軍”至“蔡州四面都統判官”：《宋本册府》卷七二九《幕府部·辟署門四》。

[4]申叢：人名。籍貫不詳。事見本書卷一、卷二〇。　秦宗權：人名。河南郡許州（今河南許昌市）人。唐末軍閥。傳見

《舊唐書》卷二〇〇下、《新唐書》卷二二五下。

[5]郭璠：人名。籍貫不詳。事見《新五代史》卷一、卷四三。

[6]“初，申叢縛秦宗權”至“即以璠爲留後”：《通鑑》卷二五八唐昭宗龍紀元年（889）正月壬子條《考異》引薛居正《五代史》，“秦宗權”原闕“秦”字，據《新五代史》卷四三《韋震傳》、《新唐書》卷一〇《昭宗紀》文德元年（888）十一月辛酉條補。申叢執宗權，《舊唐書》卷二〇上《昭宗紀》繫於文德元年十二月甲子朔條，《輯本舊史》卷二〇《劉捍傳》繫於文德元年十一月，《新五代史》卷一《梁太祖紀上》繫於龍紀元年正月，《新唐書》卷一〇《昭宗紀》繫於文德元年十一月辛酉，《通鑑》繫於文德元年十二月。《新五代史·韋震傳》：“申叢執秦宗權，欲送于太祖，又欲自獻於京師，又欲挾宗權奪其兵。太祖遣震入蔡州視之，叢遣騎兵三百迎震，欲殺之，震以計得免。還白太祖曰：‘叢不足慮，爲其謀者牙將裴涉，妄庸人也。’叢後果爲郭璠所殺。”

[7]時溥：人名。徐州彭城（今江蘇徐州市）人。唐末地方武裝割據，平定了黄巢之亂，後割據徐州。傳見《舊唐書》卷一八二、《新唐書》卷一八八。

[8]“太祖遣都統判官韋震奏事”至“仍請降滄、兖二帥之命”：《通鑑》卷二五八唐昭宗龍紀元年正月壬子條《考異》引薛居正《五代史》。《宋本册府》卷六五三：“時蔡將郭璠縶秦宗權送于太祖。太祖復請震奏事，且疏時溥之罪，願委討伐，仍請降滄、兖二師之命。”

[9]黄巢：人名。曹州冤句（今山東菏澤市）人。唐末農民起義領袖。傳見《舊唐書》卷二〇〇下、《新唐書》卷二二五下。

[10]左拾遺：官名。唐代門下省所屬諫官。掌規諫、薦舉人才。從八品上。　徐彦樞：人名。籍貫不詳。唐末、五代官員。事見《新五代史》卷四三。

[11]“溥既以都統破黄巢功居第一”至“所請事多允”：《宋

本册府》卷六五三。《新五代史》卷四三《韋震傳》："璠以宗權歸于太祖，太祖欲大其事，請獻俘于唐。唐以時溥破黄巢，獻馘而已，宗權不足俘，左拾遺徐彦樞亦疏請所在斬決。"

［12］檢校左僕射：官名。左僕射爲隋唐宰相名號。檢校左僕射爲散官或加官，以示恩寵，無實際執掌。　宣武：方鎮名。治所在汴州（今河南開封市）。　節度副使：官名。唐、五代方鎮屬官。位於行軍司馬之下、判官之上。　尋奏授檢校左僕射，充宣武節度副使：《宋本册府》卷七二九《幕府部·辟署門四》。《舊唐書》卷二〇上《昭宗紀》景福二年（893）六月條："幽州節度使李匡籌遣使檄王鎔，訊殺匡威之罪。二藩結怨，朱全忠遣判官韋震使幽州和解之。"

乾寧二年七月，[1]昭宗狩于石門，[2]震奉表由虢略山中間道奔問，[3]進獻于行在。[4]昭宗大悦，復命授檢校司徒。震本名肇，至是賜名震，太祖特爲制字，其優遇如此。[5]光化元年三月，太祖遣震入奏事，求兼鎮天平，朝廷未之許，震力争之。朝廷不得已，以太祖爲宣武、宣義、天平三鎮節度使。太祖以震爲天平留後。[6]昭宗還洛，震入爲河南尹、六軍諸衛副使。[7]以病痞，守太子太保致仕。[8]太祖受禪，改太子太傅。[9]末帝即位，加太師，卒。[10]

［1］乾寧：唐昭宗李曄年號（894—898）。　七月：明本《册府》卷七五九《總録部·忠門二》作"七月内"。

［2］石門：地名。位於今陝西三原縣。

［3］虢略：略，境界。虢略，指虢國的境界。位於今河南嵩縣西北。

［4］行在："行在所"的簡稱。指古代帝王所在的地方。後以此專指皇帝所到的地方。　"乾寧二年七月"至"進獻于行在"：《宋本册府》卷八二五《總録部·名字門二》。《新五代史》卷四三《韋震傳》："昭宗幸石門，太祖遣震由虢略間道奉表行在，昭宗賜其名震。"

［5］"昭宗大悦"至"其優遇如此"：明本《册府》卷七五九。《宋本册府》卷八二五："帝大悦，賜名震，太祖特爲制字。"

［6］太祖：原作"朱全忠""全忠"，《通鑑》卷二六一"太祖遣"後原有"副使萬年韋"五字，依本書體例删改。　天平：方鎮名。治所在鄆州（今山東東平縣）。　"光化元年三月"至"太祖以震爲天平留後"：《通鑑》卷二六一唐昭宗光化元年（898）三月己丑條後。《舊唐書》卷二〇上《昭宗紀》光化元年正月條："朱全忠遣判官韋震奏事，求兼領鄆州。"《宋本册府》卷一八七《閏位部·勳業門五》："（光化元年）三月，昭宗以帝兼領天平軍節度使，餘如故。"《新五代史》卷四三《韋震傳》："太祖已破兖、鄆，遂攻吴，大敗于清口。太祖懼諸鎮乘間圖己，乃諷杜洪、鍾傳、王師範、錢鏐等薦己爲元帥，且求兼領鄆州。昭宗初不許，震彊辯，敢大言，語數不遜，昭宗卒許梁以鄆州，太祖遂兼四鎮，表震鄆州留後。"

［7］河南尹：官名。唐開元元年（713）改洛州爲河南府，治所在今河南洛陽市。以河南府尹總其政務。從三品。　六軍諸衛副使：官名。後唐沿唐代舊制，置六軍、諸衛。以判六軍諸衛事爲禁軍六軍與諸衛的最高統帥，六軍諸衛副使爲其副貳。　昭宗遷洛，震入爲河南尹、六軍諸衛副使：《新五代史》卷四三《韋震傳》，《通鑑》卷二六四繫於唐昭宗天祐元年（904）四月戊申條。《輯本舊史》卷六三《張全義傳》："昭宗至洛陽，梁祖將圖禪代，慮全義心有異同，乃以判官韋震爲河南尹。"《舊唐書》卷二〇下《哀帝紀》天祐元年九月己巳條敕："權知河南尹韋震充橋道使。"同年十二月癸卯條："光禄大夫、檢校司徒、河東縣開國子、食邑五百户、

充山陵副使、權知河南尹、天平軍節度副使韋震權知鄆州軍州事。”《新唐書》卷一八七《李罕之傳》云：“全忠懼言異己，乃徙節天平，以韋震爲河南尹。”

[8]太子太保：官名。與太子太師、太子太傅統稱太子三師。隋唐以後多作加官或贈官。從一品。

[9]太子太傅：官名。與太子太師、太子太保統稱太子三師。隋唐以後多作加官或贈官。從一品。　“以病痞”至“改太子太傅”：《宋本册府》卷八九九《總録部·致政門》、《新五代史》卷四三《韋震傳》。

[10]末帝即位，加太師，卒：《新五代史·韋震傳》。

司空圖[1]

[1]《通鑑》卷二六五唐昭宗天祐二年（905）八月條云“圖，臨淮人也”，《宋本册府》卷七二九《幕府部·辟署門四》、卷八四一《總録部·文章門五》、卷八四三《總録部·知人門二》，明本《册府》卷八一三《總録部·退迹門》均有司空圖條，可證《舊五代史》有《司空圖傳》，今據增。

司空圖，字表聖，[1]臨淮人。[2]父輿，[3]有風幹。當大中時，盧弘正管鹽鐵，表爲安邑兩池榷鹽使。[4]先是，法疏闊，吏輕觸禁，輿爲立約數十條，莫不以爲宜。以勞再遷户部郎中。[5]

[1]司空圖，字表聖：《新唐書》卷一九四《司空圖傳》，亦見《舊唐書》卷一九〇下《司空圖傳》、《五代史闕文》司空圖條。

[2]臨淮：縣名。治所在今江蘇泗洪縣東南。　臨淮人：《通

鑑》卷二六五唐昭宗天祐二年（902）八月條。《舊唐書》卷一九〇下《司空圖傳》作“本臨淮人”，《五代史闕文》司空圖條作“自言泗州人”，《新唐書》卷一九四《司空圖傳》、《宣和書譜》卷九司空圖條作“河中虞鄉人”。按，《舊唐書》卷三八《地理志一》：“泗州中，隋下邳郡。武德四年，置泗州，領宿預、徐城、淮陽三縣……長安四年，置臨淮縣。開元二十三年，自宿預移治所於臨淮。天寶元年，改爲臨淮郡。乾元元年，復爲泗州……今領縣三：臨淮、漣水、徐城。”同書卷三九《地理志二》：“河中府，隋河東郡。武德元年，置蒲州，治桑泉縣，領河東、桑泉、猗氏、虞鄉四縣……開元八年，置中都，改蒲州爲河中府。”知臨淮爲泗州屬縣，虞鄉爲河中屬縣。《舊唐書》卷一九〇下《司空圖傳》云“圖有先人别墅在中條山之王官谷”。《通鑑》卷二六五唐昭宗天祐二年八月條“禮部員外郎知制誥司空圖棄官居虞鄉王官谷”，胡注：王官谷在虞鄉縣中條山。據此知，司空圖當爲臨淮人，晚年居虞鄉王官谷，故《舊唐書》作“本臨淮人”，《新唐書》作“河中虞鄉人”。

[3]輿：人名。即司空輿。司空圖之父。唐朝官員。事見《新唐書》卷五四、卷一七七。

[4]大中：唐宣宗李忱年號（847—860）。　盧弘正：人名。籍貫不詳。唐朝官員。事見《舊唐書》卷一九〇下。　安邑兩池榷鹽使：官名。掌安邑（今山西運城市東北）、解縣（今山西運城市西南）鹽池事務。

[5]户部郎中：官名。即尚書省户部頭司户部司郎中。掌户口、土田、賦役、貢獻、優復、婚姻、繼嗣等事。從五品上。　“父輿”至“以勞再遷户部郎中”：《新唐書·司空圖傳》。《舊唐書》卷一九〇下《司空圖傳》：“曾祖遂，密令。祖彖，水部郎中。父輿，精吏術。大中初，户部侍郎盧弘正領鹽鐵，奏輿爲安邑兩池榷鹽使、檢校司封郎中。先是，鹽法條例疏闊，吏多犯禁。輿乃特定新法十條奏之，至今以爲便。入朝爲司門員外郎，遷户部郎中，卒。”

圖，咸通末擢進士，[1]禮部侍郎王凝特所奬待，[2]俄而凝坐法貶商州，[3]圖感知己，往從之。凝起拜宣歙觀察使，[4]乃辟置幕府。召爲殿中侍御史，[5]不忍去凝府，臺劾，左遷光禄寺主簿，分司東都。[6]盧攜以故宰相居洛，[7]嘉圖節，常與游。攜還朝，過陝虢，[8]屬於觀察使盧渥曰：[9]"司空御史，高士也。"渥即表爲僚佐。會攜復執政，召拜禮部員外郎，[10]尋遷郎中。[11]

[1]咸通：唐懿宗李漼年號（860—874）。

[2]禮部侍郎：官名。尚書省禮部次官。協助禮部尚書掌禮儀、祭享、貢舉之政。正四品下。　王凝：人名。籍貫不詳。唐末官員。事見《舊唐書》卷一九〇下、《新唐書》卷一九四。

[3]商州：州名。治所在今陝西商洛市商州區。

[4]宣：州名。治所在今安徽宣城市。　歙：州名。治所在今安徽歙縣。　觀察使：官名。唐代後期出現的地方軍政長官。唐玄宗開元二十一年（733）置十五道採訪使，唐肅宗乾元元年（758）改爲觀察使。無旌節，地位低於節度使。掌一道州縣官的考績及民政。

[5]殿中侍御史：官名。三國魏始置。唐前期屬御史臺之殿院，掌宫門、庫藏及糾察殿庭供奉朝會儀式，及分掌左、右巡，負責京師治安、京畿軍兵。唐後期常爲外官所帶憲銜。從七品下。

[6]光禄寺主簿：官名。西漢始置。管理光禄寺文書簿籍，參議事務。正八品上。　分司：唐代職官制度之一。中央官員分在陪都執行職務的，稱爲分司。　東都：指洛陽（今河南洛陽市）。

[7]盧攜：人名。范陽（今河北涿州市）人。唐末宰相。傳見《舊唐書》卷一七八、《新唐書》卷一八四。

[8]陝虢：方鎮名。治所在陝州（今河南三門峽市陝州區），唐龍紀元年（889）改爲保義軍。

[9]盧渥：人名。籍貫不詳。唐末官員。事見《新唐書》卷二二三下。

[10]禮部員外郎：官名。尚書省禮部頭司禮部司副長官。從六品上。

[11]郎中：官名。此處指禮部郎中。尚書省禮部頭司禮部司長官。掌禮樂、學校等事。從五品上。　“圖，咸通末擢進士”至“尋遷郎中”：《新唐書》卷一九四《司空圖傳》。《舊唐書》卷一九〇下《司空圖傳》：“圖咸通十年登進士第，主司王凝於進士中尤奇之。凝左授商州刺史，圖請從之，凝加器重，洎廉問宣歙，辟爲上客。召拜殿中侍御史，以赴闕遲留，責授光禄寺主簿，分司東都。乾符六年，宰相盧攜罷免，以賓客分司，圖與之遊，攜嘉其高節，厚禮之。嘗過圖舍，手題于壁曰：‘姓氏司空貴，官班御史卑。老夫如且在，不用念屯奇。’明年，攜復入朝，路由陝虢，謂陝帥盧渥曰：‘司空御史，高士也，公其厚之。’渥即日奏爲賓佐。其年，攜復知政事，召圖爲禮部員外郎，賜緋魚袋，遷本司郎中。其年冬，巢賊犯京師，天子出幸，圖從之不及，乃退還河中。時故相王徽亦在蒲，待圖頗厚。數年，徽受詔鎮潞，乃表圖爲副使，徽不赴鎮而止。”《宋本册府》卷七二九《幕府部·辟署門四》：“圖咸通中登進士第。主司王凝於進士中尤奇之，凝廉問宣歙，爲上客，召拜殿中侍御史，以赴闕遲留，責授光禄寺主簿，分司東都。宰相盧攜罷免，以賓客分司，嘉其高節。攜入朝路，由分陝，謂陝帥盧渥曰：‘司空御史，高士也，公其厚之。’渥即日奏爲賓佐，後爲禮部郎中。”明本《册府》卷三二四《宰輔部·薦賢門》：“盧攜爲相，以司空圖爲禮部員外郎。先是，圖寓居洛下，會攜與鄭畋左遷太子賓客，分司皆厚遇之。及攜再入相，因有是命。”

黄巢陷長安，將奔，不得前。圖弟有奴段章者，[1]陷賊，執圖手曰：“我所主張將軍喜下士，可往見之，無虚死溝中。”圖不肯往，章泣下。遂奔咸陽，間關至河中。[2]僖宗次鳳翔，[3]即行在拜知制誥，遷中書舍人。[4]後狩寶鷄，[5]不獲從，又還河中。龍紀初，復拜舊官，以疾解。景福中，[6]拜諫議大夫，不赴。後再以户部侍郎召，[7]身謝闕下，數日即引去。昭宗在華，召拜兵部侍郎，[8]以足疾固自乞。會遷洛陽，柳璨希賊臣意，[9]誅天下才望，助喪王室，詔圖入朝，圖陽墮笏，趣意野耄。璨知無意於世，乃聽還。[10]

[1]段章：人名。籍貫不詳。本書僅此一見。

[2]咸陽：縣名。治所在今陝西咸陽市。　河中：府名。治所在今山西永濟市蒲州鎮。

[3]僖宗：即唐僖宗李儇。873年至888年在位。黄巢起義後，於廣明元年（880）占據長安，唐僖宗被迫奔蜀。紀見《舊唐書》卷一九下、《新唐書》卷九。　鳳翔：方鎮名。治所在鳳翔府（今陝西鳳翔縣）。

[4]知制誥：官名。掌起草皇帝詔、誥之事，原爲中書舍人之職。唐開元末置學士院，翰林學士入院一年，則加知制誥銜，專掌任免宰相、册立太子、宣布征伐等特殊詔令，稱爲内制。而中書舍人所撰擬的詔敕稱爲外制。兩種官員總稱兩制官。　中書舍人：官名。中書省屬官。掌起草文書、呈遞奏章、傳宣詔命等。正五品上。

[5]寶鷄：縣名。治所在今陝西寶鷄市陳倉區。

[6]龍紀：唐昭宗李曄年號（889）。　景福：唐昭宗李曄年號（892—893）。

[7]諫議大夫：官名。秦始置，掌朝政議論。隋、唐仍置，有左、右諫議大夫各四人，分屬門下、中書二省。掌諫諭得失、侍從

贊相。唐後期、五代多以本官領他職。正四品下。　户部侍郎：官名。尚書省户部次官。協助户部尚書掌天下田户、均輸、錢穀之政。正四品下。

［8］華：州名。治所在今陝西渭南市華州區。　兵部侍郎：官名。尚書省兵部次官。協助兵部尚書掌武官銓選、勳階、考課之政。正四品下。

［9］柳璨：人名。河東（今山西永濟市）人。唐末宰相、文學家、史學家。傳見《舊唐書》卷一七九、《新唐書》卷二二三下。

［10］“黄巢陷長安”至“乃聽還”：《新唐書》卷一九四《司空圖傳》。《舊唐書》卷二〇下《哀帝紀》天祐二年（905）八月壬寅條：敕：“前太中大夫、尚書兵部侍郎、賜紫金魚袋司空圖俊造登科，朱紫升籍，既養高以傲代，類移山而釣名。志樂漱流，心輕食禄。匪夷匪惠，難居公正之朝；載省載思，當徇幽棲之志。宜放還中條山。”同書卷一九〇下《司空圖傳》：“僖宗自蜀還，次鳳翔，召圖知制誥，尋正拜中書舍人。其年僖宗出幸寶雞，復從之不及，還退河中。龍紀初，復召拜舍人，未幾又以疾辭。河北亂，乃寓居華陰。景福中，又以諫議大夫徵。時朝廷微弱，紀綱大壞，圖自深惟出不如處，移疾不起。乾寧中，又以户部侍郎徵，一至闕廷致謝，數日乞還山，許之。昭宗在華，徵拜兵部侍郎，稱足疾不任趨拜，致章謝之而已。昭宗遷洛，鼎欲歸梁，柳璨希賊旨，陷害舊族，詔圖入朝。圖懼見誅，力疾至洛陽，謁見之日，墮笏失儀，旨趣極野。璨知不可屈，詔曰：‘司空圖俊造登科，朱紫升籍，既養高以傲代，類移山以釣名，心惟樂于漱流，仕非專於禄食。匪夷匪惠，難居公正之朝。載省載思，當徇棲衡之志。可放還山。’”《宋本册府》卷一七八《帝王部·姑息門三》：“（乾寧四年）九月癸酉，詔以太子太師盧知猷撰韓建德政碑文，前户部侍郎司空圖爲頌。建累表堅讓，從之。初，是歲春，華人表請爲建立碑，時建上第三表讓，至是，知猷與圖詞成，帝令琢其二碑。建又面奏，堅乞寢敕，其碑竟不立。”同書卷七二九《幕府部·辟署門四》：“故相

王徽鎮澤潞，乃表圖爲副使，徽不赴鎮而止。”同書卷八四三《總録部·知人門二》：“司空圖，爲兵部侍郎。姚顗少蠢敦厚，靡事容貌，任其自然，流輩未之重，唯圖深器之，以女妻焉。”明本《册府》卷八一三《總録部·退迹門》：“司空圖爲中書舍人，以疾辭，且欲於近縣將息，待愈再赴朝闕。昭宗知其勇退，從之。其後除諫議、户部侍郎，皆不起。自號‘知非子’，時人高之，竟善終于中條山。”《通鑑》卷二六五唐昭宗天祐二年八月條云：“初，禮部員外郎知制誥司空圖棄官居虞鄉王官谷，昭宗屢徵之，不起。柳璨以詔書徵之，圖懼，詣洛陽入見，陽爲衰野，墜笏失儀。璨乃復下詔，略曰：‘既養高以傲代，類移山以釣名。’又曰：‘匪夷匪惠，難居公正之朝。可放還山。’”

圖本居中條山王官谷，[1]有先人田，遂隱不出。作亭觀素室，悉圖唐興節士文人，名亭曰休休，作文以見志曰：“休，美也，既休而美具。故量才，一宜休；揣分，二宜休；耄而聵，三宜休；又少也墯，長也率，老也迂，三者非濟時用，則又宜休。”因自目爲耐辱居士。其言詭激不常，以免當時禍災云。豫爲冢棺，遇勝日，引客坐壙中賦詩，酌酒裴回。客或難之，圖曰：“君何不廣邪？生死一致，吾寧暫游此中哉！”每歲時，祠禱鼓舞，圖與閭里耆老相樂。王重榮父子雅重之，[2]數饋遺，弗受。嘗爲作碑，贈絹數千，圖置虞鄉市，[3]人得取之，一日盡。時寇盗所過殘暴，獨不入王官谷，士人依以避難。[4]

[1]中條山：山名。位於今山西西南部，黄河與涑水、沁河之間。

［2］王重榮：人名。太原祁（今山西祁縣）人。唐末、五代軍閥。傳見《舊唐書》卷一八二、《新唐書》卷一八七。

［3］虞鄉：縣名。治所在今山西永濟市。

［4］“圖本居中條山王官谷”至“士人依以避難”：《新唐書》卷一九四《司空圖傳》。《舊唐書》卷一九〇下《司空圖傳》：“圖有先人別墅在中條山之王官谷，泉石林亭，頗稱幽棲之趣。自考槃高卧，日與名僧高士遊詠其中。晚年爲文，尤事放達，嘗擬白居易《醉吟傳》爲《休休亭記》……圖既脱柳璨之禍還山，乃預爲壽藏終制。故人來者，引之壙中，賦詩對酌，人或難色，圖規之曰：‘達人大觀，幽顯一致，非止暫遊此中。公何不廣哉。’圖布衣鳩杖，出則以女家人鸞臺自隨。歲時村社雩祭祠禱，鼓舞會集，圖必造之，與野老同席，曾無傲色。王重榮父子兄弟尤重之，伏臘饋遺，不絶於途。”《宣和書譜》卷九司空圖條：“居中條山王官谷，名其亭曰休休，作文以見志，以謂量才一宜休，揣分二宜休，耄而聵三宜休。自號爲耐辱居士。其父輿，得徐浩真蹟一屏，題‘朔風動秋草，邊馬有歸心’，尤爲精絶。輿遂於其下記云：‘怒猊抉石，渴驥奔泉，可以視碧落矣。’因以戒圖曰：‘儒家之寶，莫踰此屏。’圖後爲之志曰：‘人之格狀或峻，則其心必勁，視其筆蹟可以見其人。’於是知圖之於書非淺淺者。及觀其《贈㬐光草書歌》，於行書尤妙知筆意。史復稱其志節凛凛，與秋霜争嚴，考其書抑又足見其高致云。今御府所藏行書二：《贈㬐光草書歌》《贈㬐光草書詩》。”《續世説》卷八《棲逸類》：“司空圖，唐昭宗時見紀綱大壞，深惟出不如處，乃稱疾不起。梁將篡唐，柳璨希賊旨陷害舊族，詔圖入朝，圖懼誅，力疾至洛陽，指趣極野，墜笏失儀，得放還山。圖墅在中條山王官谷，泉石林亭，頗稱幽棲之志。日與名僧高士游詠其中，作《休休亭記》，又爲《耐辱居士歌》題於東北楹。既脱柳璨之禍，乃預爲壽藏，故人來，引之壙中，賦詩飲酒曰：‘非止暫游此中也？’布衣鳩杖，出則以女僕鸞臺自隨。歲時村社雩賽祠禱，圖必造之，與野老同席，曾無傲色。”

太祖受禪，召爲禮部尚書，[1]不起。唐帝弑，圖聞，不食而卒，年七十二。圖無子，以甥爲嗣，嘗爲御史所劾，昭宗不責也。[2]晚年爲文，尤事曠達，嘗擬白居易《醉吟傳》爲《休休亭記》，[3]有文集三十卷。[4]

[1]禮部尚書：官名。尚書省禮部主官。掌禮儀、祭享、貢舉之政。正三品。

[2]“太祖受禪”至“昭宗不責也”：《新唐書》卷一九四《司空圖傳》。“太祖受禪”原作“朱全忠已篡”，“唐帝弑”原作“哀帝弑”，均據五代《梁史》義例改。《舊唐書》卷一九〇下《司空圖傳》：“唐祚亡之明年，聞輝王遇弑于濟陰，不懌而疾，數日卒，時年七十二。有文集三十卷。圖無子，以其甥荷爲嗣。荷官至永州刺史。以甥爲嗣，嘗爲御史所彈，昭宗不之責。”

[3]白居易：人名。祖籍太原（今山西太原市），後遷下邽（今陝西渭南市臨渭區）。中唐詩人、官員。傳見《新唐書》卷一一九。

[4]“晚年爲文”至“有文集三十卷”：《宋本册府》卷八四一《總録部·文章門五》。《新唐書》卷六〇《藝文志四》：“司空圖《一鳴集》三十卷。”《五代史闕文》司空圖條：“圖字表聖，自言泗州人，少有俊才。咸通中，一舉登進士第。雅好爲文，躁于進取，頗自矜伐，端士鄙之。初，從事使府，及登朝，驟歷清要。巢賊之亂，車駕播遷，圖有先人舊業在中條山，極林泉之美。圖自禮部員外郎，因避地焉，日以詩酒自娱。屬天下板蕩，士人多往依之，互相推奬，由是聲名藉甚。昭宗反正，以户部侍郎徵至京師。圖既負才慢世，謂已當爲宰輔，時要惡之，稍抑其鋭，圖憤憤謝病，復歸中條。與人書疏，不名官位，但稱知非子，又稱耐辱居士。其所居曰禎貽谿，谿上結茅屋，命曰休休亭，常自爲《記》云。”

李存矩

存矩，莊宗之諸弟也。[1]晉李嗣源分兵徇山後八軍，[2]皆下之；晉王以其弟存矩爲新州刺史總之，以燕納降軍使盧文進爲裨將。[3]晉王之弟、威塞軍防禦使存矩在新州，[4]驕惰不治，侍婢預政。晉王使募山北部落驍勇者及劉守光亡卒以益南討之軍；[5]又率其民出馬，民或鬻十牛易一戰馬，期會迫促，邊人嗟怨。存矩得五百騎，自部送之，以壽州刺史盧文進爲裨將。[6]行者皆憚遠役，存矩復不存恤。甲午，至祁溝關，小校宮彦璋與士卒謀曰：[7]"聞晉王與梁人確鬭，騎兵死傷不少。吾儕捐父母妻子，爲人客戰，千里送死，而使長復不矜恤，奈何？"衆曰："殺使長，擁盧將軍還新州，據城自守，其如我何！"因執兵大譟，趣傳舍，詰朝，存矩寢未起，就殺之。文進不能制，撫膺哭其尸曰："奴輩既害郎君，使我何面復見晉王！"因爲衆所擁，還新州，守將楊全章拒之；[8]又攻武州，[9]雁門以北都知防禦兵馬使李嗣肱擊敗之。[10]周德威亦遣兵追討，文進帥其衆奔契丹。晉王聞存矩不道以致亂，殺侍婢及幕僚數人。[11]

[1]莊宗：即後唐莊宗李存勗。沙陀部人。五代後唐王朝的建立者，923年至926年在位。紀見本書卷二七至卷三四、《新五代史》卷五。　存矩，莊宗之諸弟也：《李存矩傳》，《輯本舊史》原無。據諸書，存矩爲莊宗弟，故補此句。《輯本舊史》卷五一《通王存確傳》《雅王存紀傳》後有原輯者案語："《薛史》及《五代會要》皆止言莊宗有六弟。考《梁紀》，太祖有子廷鸞、落落；《盧

文進傳》莊宗又有弟存矩。《薛史·宗室傳》皆不載。”

[2]李嗣源：人名。沙陀部人。原名邈佶烈，李克用養子。五代後唐明宗，926年至933年在位。紀見本書卷三五至卷四四、《新五代史》卷六。

[3]新州：州名。治所在今河北涿鹿縣。　盧文進：人名。范陽（今河北涿州市）人。五代後唐將領，先後投降契丹、南唐等國。傳見本書卷九七、《新五代史》卷四八。　裨將：亦稱裨將軍。副將的統稱，相對主將而言。　“晋李嗣源分兵徇山後八軍”至“以燕納降軍使盧文進爲裨將”：《通鑑》卷二六八後梁太祖乾化三年（913）三月條。“新州刺史”，《輯本舊史》卷九七《盧文進傳》作“新州團練使”，卷二八《莊宗紀二》作“節度使”。《輯本舊史》卷三二《唐莊宗紀六》同光二年（924）七月庚申條：“升新州爲威塞軍節度使。”知“節度使”誤。今從《通鑑》。

[4]威塞軍：方鎮名。治所在新州（治今河北涿鹿縣）。　防禦使：官名。唐代始置，設有都防禦使、州防禦使兩種。常由刺史或觀察使兼任，實際上爲唐代後期州或方鎮的軍政長官。

[5]劉守光：人名。深州樂壽（今河北獻縣）人。唐末、五代幽州節度使劉仁恭之子。劉守光囚父自立，後號大燕皇帝，爲晋王李存勗俘殺。傳見本書卷一三五、《新五代史》卷三九。

[6]壽州：州名。治所在今安徽壽縣。

[7]祁溝關：關隘名。又名岐溝關。位於今河北涿州市西南。　宫彦璋：人名。籍貫不詳。五代將領。事見《通鑑》卷二六九。

[8]楊全章：人名。籍貫不詳。五代將領。事見《通鑑》卷二六九。

[9]武州：州名。治所在今河北張家口市宣化區。

[10]雁門：方鎮名。治所在代州（今山西代縣）。　都知防禦兵馬使：官名。唐、五代方鎮自置之部隊統率官，稱兵馬使，其權尤重者稱兵馬大使或都知兵馬使。掌兵馬訓練、指揮。　李嗣肱：人名。沙陀部人。李克修之子。五代後唐將領。傳見本書卷五〇、

《新五代史》卷一四。

［11］“晉王之弟”至“殺侍婢及幕僚數人”：《通鑑》卷二六九後梁末帝貞明二年（916）二月甲午條。此事亦見於《契丹國志》卷一神册二年（917）條、《輯本舊史》卷九七《盧文進傳》、《新五代史》卷四八《盧文進傳》。《輯本舊史》卷九七有原輯者案語：“案《遼史》：存矩取文進女爲側室，文進心常内愧，因與亂軍殺存矩。與《薛史》異。”事亦見《契丹國志》卷一八。明本《册府》卷四四三《將帥部·敗衄門三》周德威條：“新州偏將盧文進殺其帥李存矩，叛投契丹。”《宋本册府》卷九九六《外臣部·責讓門》後唐莊宗條云：“天祐十四年二月，新州偏將盧文進殺其帥李存矩，叛投契丹，寇我新州。”《輯本舊史》卷二八《唐莊宗紀二》天祐十四年二月：“是月甲午，新州將盧文進殺節度使李存矩，叛入契丹，遂引契丹之衆寇新州。存矩，帝之諸弟也，治民失政，御下無恩，故及於禍。”同書卷一三七《契丹傳》：“（天祐）十四年，新州大將盧文進爲衆所迫，殺新州團練使李存矩於祁溝關，返攻新、武。”《遼史》卷一《太祖紀上》神册二年二月條：“晉新州裨將盧文進殺節度使李存矩來降。”同書卷四一《地理志五》奉聖州武定軍條：“後唐置團練使，總山後八軍，莊宗以弟存矩爲之，軍亂，殺存矩于祁州，擁大將盧文進亡歸。”

李燕

（天祐元年九月己巳）兵部侍郎李燕充鹵簿使。[1]

［1］天祐：唐昭宗李曄開始使用的年號（904）。唐哀帝李柷即位後沿用（904—907）。唐亡後，河東李克用、李存勗仍稱天祐，沿用至天祐二十年（923）。五代其他政權亦有行此年號者，如南吴、吴越等，使用時間長短不等。　李燕：籍貫、生平不詳。　鹵

簿使：官名。掌帝后出行車駕儀仗。　兵部侍郎李燕充鹵簿使：《舊唐書》卷二〇下《哀帝紀》。

梁太祖開平三年十一月，詔太常卿李燕、御史憲蕭頃、中書舍人張衮、户部侍郎崔沂、大理卿王鄯、刑部郎中崔誥，[1]共删定律令格式。四年十二月，宰臣薛貽矩奏：[2]"太常卿李燕等重刊定律《令》三十卷、《式》二十卷、《格》一十卷、《律》并目録一十三卷、《律疏》三十卷，凡五部一十帙，共一百三卷，敕中書舍人李仁儉詣閤門奉進。[3]伏請目爲《大梁新定格式律令》，仍頒下施行。"從之。[4]

[1]御史憲：官名。即御史中丞。如不置御史大夫，則爲御史臺長官。掌司法監察。正四品下。　蕭頃：人名。京兆萬年（今陝西西安市長安區）人。後梁、後唐大臣。傳見本書卷五八。　張衮：人名。籍貫不詳。後梁大臣。事見本書卷三、卷五、卷一八。　崔沂：人名。博州（今山東聊城市）人。唐宰相崔鉉之子，後梁大臣。傳見本書卷六八。　大理卿：官名。爲大理寺長官。負責大理寺的具體事務，掌邦國折獄詳刑之事。從三品。　王鄯：人名。籍貫不詳。五代大臣。事見本書卷六、卷一四七。　刑部郎中：官名。尚書省刑部頭司刑部司長官。掌司法及審覆大理寺及州府刑獄。從五品上。　崔誥：人名。籍貫不詳。五代官員。曾任刑部郎中。事見本書卷一四七。

[2]薛貽矩：人名。河東聞喜（今山西聞喜縣）人。唐末、後梁大臣。傳見本書卷一八、《新五代史》卷三五。

[3]李仁儉：人名。籍貫不詳。曾任户部郎中。事見本書卷一四七、《舊唐書》卷二〇下。　重刊定律《令》三十卷：律，原本

作“到”,《輯本舊史》卷一四九《刑法志》作“律”，今從改。

［4］“梁太祖開平三年十一月”至“從之”:《宋本册府》卷六一三《刑法部·定律令門五》。《通鑑》卷二六七繫此事於該月癸酉日。亦見《會要》卷九《定格令》、《輯本舊史》卷一四七《刑法志》。

《謚議》，太常卿李燕撰。[1]

［1］《謚議》，太常卿李燕撰:《五代會要》卷一《帝號》之梁太祖。

後唐莊宗同光二年正月，將有事於南郊，光禄大夫、檢校尚書左僕射、行太常卿、充南郊禮儀使李燕進太廟登歌樂章洎舞名。[1]其懿祖昭烈皇帝室登歌酌獻曰《昭德》之舞，獻祖文皇帝室登歌酌獻曰《文明》之舞，太祖武皇帝失登歌酌獻曰《應天》之舞，昭宗皇帝室登歌酌獻曰《永平》之舞。從之。[2]

［1］同光：後唐莊宗李存勗年號（923—926）。　光禄大夫：官名。唐、五代散官。從三品。　檢校尚書左僕射：官名。尚書左僕射，隋唐宰相名號。檢校尚書左僕射爲散官或加官，以示恩寵，無實際執掌。　南郊禮儀使：官名。南郊祭祀臨時置使，掌禮儀事務，事畢即罷。

［2］“後唐莊宗同光二年正月”至“從之”:《宋本册府》卷五七〇《掌禮部·作樂門》。“太祖武皇帝室登歌酌獻曰《應天》之舞”，室，原本作“失”，明本《册府》作“室”，今從改。《輯本舊史》卷三一《唐莊宗紀五》繫此事於該月壬寅日。《輯本舊史》

同年二月癸卯條："以光禄大夫、檢校左仆射、行太常卿李燕爲特進、檢校司空，依前太常卿。"同書卷三二《唐莊宗紀六》同光二年（924）五月庚子條："太常卿李燕卒。"

薄文

（長興二年五月乙酉）以左金吾大將軍薄文爲晋州留後。[1]（四年五月壬寅條）以前晋州留後薄文爲本州節度使。（八月辛亥）以晋州節度使薄文卒廢朝。[2]

[1]長興：後唐明宗李嗣源年號（930—933）。　左金吾大將軍：官名。唐置十六衛之一，掌宫禁宿衛。正三品。　以左金吾大將軍薄文爲晋州留後：《輯本舊史》卷四二《唐明宗紀八》。薄文，籍貫不詳。

[2]以前晋州留後薄文爲本州節度使。以晋州節度使薄文卒廢朝：《輯本舊史》卷四四《唐明宗紀十》。

陳皋

（天成三年三月戊辰）以前彰國軍節度副使陳皋爲鳳州武興軍留後。[1]（天成四年五月丁亥）以鳳州武興軍留後陳皋爲武興軍節度使。[2]（長興元年八月庚戌）以前鳳州節度使陳皋爲右威衛上將軍。[3]（長興二年二月己酉）以右威衛上將軍陳皋爲洋州節度使。[4]（長興四年八月）明宗顧謂侍臣曰："前洋帥陳皋稱病，其乞致仕，信乎？"對曰："實然。"帝因愴然改容，良久，曰："陳皋昔爲健兒，從吾征伐，操戈擐甲，氣吞豺狼，今衰落如此。浮生壯健，都幾何時哉！"咄嗟久之。因令孟漢瓊往勞問。[5]（清泰元年七月庚申）太子少傅陳皋卒。[6]

[1]天成：後唐明宗李嗣源年號（926—930）。 彰國軍：方鎮名。治所在應州（今山西應縣）。 鳳州：州名。治所在今陝西鳳縣。 武興軍：方鎮名。蜀置武興軍於鳳州，割文、興二州隸之。 以前彰國軍節度副使陳皋爲鳳州武興軍留後：《輯本舊史》卷三九《唐明宗紀五》。

[2]以鳳州武興軍留後陳皋爲武興軍節度使：《輯本舊史》卷四〇《唐明宗紀六》。

[3]右威衛上將軍：官名。唐置十六衛之一，掌宫禁宿衛。從二品。 以前鳳州節度使陳皋爲右威衛上將軍：《輯本舊史》卷四一《唐明宗紀七》。

[4]洋州：州名。治所在今陝西洋縣。 以右威衛上將軍陳皋爲洋州節度使：《輯本舊史》卷四二《唐明宗紀八》。

[5]明宗：即五代後唐明宗李嗣源。 孟漢瓊：人名。籍貫不詳。五代後唐宦官，時任宣徽南院使。傳見本書卷七二。 "明宗顧謂侍臣曰"至"因令孟漢瓊往勞問"：《宋本册府》卷一三四《帝王部·念功門》。亦見《宋本册府》卷一七二《帝王部·求舊門二》，繫於長興四年（933）八月乙丑。"前洋帥陳皋稱病，其乞致仕"，卷一七二作"前洋帥陳皋稱病甚，乞致仕"；"氣吞豺狼"作"氣吞豺虎"。

[6]清泰：五代後唐末帝李從珂年號（934—936）。 太子少傅：官名。與太子少保、太子少師合稱"三少"，唐後期、五代多爲大臣、勳貴加官。從二品。 太子少傅陳皋卒：《輯本舊史》卷四六《唐末帝紀上》。

仇暉

（清泰三年二月辛巳）以前均州刺史仇暉爲左威衛上將軍。（七月癸丑）左衛上將軍仇暉卒。[1]

[1]均州：州名。治所在今湖北丹江口市。　左威衛上將軍：官名。唐置十六衛之一，掌宫禁宿衛。從二品。　以前均州刺史仇暉爲左威衛上將軍。左衛上將軍仇暉卒：《輯本舊史》卷四八《唐末帝紀下》。仇暉，籍貫不詳。

李宏元

（長興元年辛卯），以左衛上將軍李宏元卒廢朝，贈司徒。[1]

[1]左衛上將軍：官名。唐置十六衛之一，掌宫禁宿衛。從二品。　“長興元年辛卯”至“贈司徒”：《輯本舊史》卷四六《唐末帝紀上》。李宏元，籍貫不詳。

楊漢章

（天成三年十二月甲寅）帝幸開封府，[1]六宫從行，宴樂頒賜，至晚，幸康義誠、楊漢章私第，[2]賜捧聖三指揮絹千疋。[3]（四年四月丙辰）宣步軍指揮使楊漢章將步騎五千往雲朔巡邊。[4]楊漢章爲雲州節度使，天成四年，奏修築寰州城池。[5]（天福元年十一月）彰武節度使楊漢章無政，[6]失夷夏心，會括馬及義軍，漢章帥步騎數千人將赴軍期，閱之於野。（劉）景巖潛使人撓之曰：[7]“契丹强盛，汝曹有去無歸。”衆懼，殺漢章，奉景巖爲留後。唐主不獲已，丁酉，以景巖爲彰武留後。[8]

［1］帝：指後唐明宗李嗣源。　開封府：府名。治所在今河南開封市。

［2］康義誠：人名。沙陀部人。五代後唐將領。傳見本書卷六六、《新五代史》卷二七。

［3］捧聖：禁軍番號。　“帝幸開封府”至“賜捧聖三指揮絹千疋”：明本《册府》卷一一四《帝王部·巡幸門三》。《輯本舊史》卷三九《唐明宗紀五》天成三年（928）正月戊辰條：“以隨駕步軍都指揮使、潮州刺史楊漢章遥領寧國軍節度使。”

［4］步軍指揮使：官名。步軍統軍將領。　雲：州名。治所在今山西大同市。　宣步軍指揮使楊漢章將步騎五千往雲朔巡邊：明本《册府》卷九九四《外臣部·備禦門七》唐明宗條。《輯本舊史》卷四〇《唐明宗紀六》天成四年六月壬寅條：“夔州節度使楊漢章移鎮雲州。”中華書局本此條有校勘記：“此處‘夔州’疑當作‘宣州’。”

［5］寰州：州名，治所在今山西朔州市。　“楊漢章爲雲州節度使”至“奏修築寰州城池”：明本《册府》卷四一〇《將帥部·壁壘門》。《輯本舊史》卷四二《唐明宗紀八》長興二年（931）三月庚辰條：“以前雲州節度使楊漢章爲安州節度使。”同書卷四四《唐明宗紀十》長興四年十月戊辰條：“以前安州節度使楊漢章爲兖州節度使。”同書卷四七《唐末帝紀中》清泰二年（935）八月庚寅條：“以前兖州節度使楊漢章爲左神武統軍。”同書卷四八《唐末帝紀下》清泰三年三月甲辰條：“以右神武統軍楊漢章爲彰武軍節

度使。”

［6］彰武：方鎮名。治所在延州（今陝西延安市）。

［7］（劉）景巖：人名。延州（今陝西延安市）人。五代將領，家富於財，後爲孫婿高允權誣殺。傳見《新五代史》卷四七。

［8］“彰武節度使楊漢章無政”至“以景巖爲彰武留後”：《通鑑》卷二八〇後晋高祖天福元年（936）十一月丁酉條。《輯本舊史》卷四八清泰三年十一月丁酉條：“延州上言，節度使楊漢章爲部衆所殺。”《新五代史》卷四七《劉景巖傳》：“延州節度使楊漢章發鄉民赴京師，將行，景巖遣人激怒之，義兵亂，殺漢章，迎景巖爲留後。”

馮贇

馮贇者，亦太原人也。其父璋，事明宗爲閽者。[1]贇爲兒時，以通黠爲明宗所愛。明宗爲節度使，以贇爲進奏官。[2]明宗即位，即爲客省使、宣徽北院使。[3]

［1］太原：府名。治所在今山西太原市。　璋：人名。即馮璋。五代後唐明宗屬臣。事見《新五代史》卷二七。　閽者：守門人。“閽”意爲黄昏時宫門關閉。《禮記·祭統》載：“閽者，守門之賤者也。”

［2］進奏官：官名。唐、五代藩鎮皆置邸於京師，爲駐京城的辦事機構。唐肅宗、代宗時稱上都留後院，大曆十二年（777）改稱上都進奏院。五代時，州郡不隸藩鎮者，亦置邸京師。以進奏官主其事，掌傳送文書、情報，主持本鎮、州郡進奉。

［3］客省使：官名。客省長官。唐代宗時始置，五代沿置。掌接待四方奏計及外族使者。　宣徽北院使：官名。唐始置。宣徽北院的長官。初用宦官，五代以後改用士人。與宣徽南院使通掌内諸

司及三班内侍之名籍，郊祀、朝會、宴享供帳之儀，檢視内外進奉名物。參見王永平《論唐代宣徽使》，《中國史研究》1995 年第 1 期；王孫盈政《再論唐代的宣徽使》，《中華文史論叢》2018 年第 3 期。　“馮贇者”至“即爲客省使、宣徽北院使”：《新五代史》卷二七《馮贇傳》。《通鑑》卷二七六後唐明宗天成三年（928）十二月條：“（楊思權）又謂帝左右曰：‘君每譽弟而抑其兄，我輩豈不能助之邪！’其人懼，以告副留守馮贇，贇密奏之，帝召思權詣闕，以從榮故，亦弗之罪也。”

（長興元年十月）北京留守馮贇謝恩，[1]賜母衣服銀器。初，贇父在太原潛龍第爲家，老母出入第中，恩意頗厚。贇自宣徽使居守晉陽，[2]將之任，贇母辭於宫中，帝謂贇母曰：“吾輩老矣！贇昨來總角兒走吾前，今日便得氣力。吾頃在太原爲偏將，視節度使富貴極矣，彼時吾不敢准望將帥，今贇爲留守節度使耳！姥更宜内訓，撫我鄉里生民。”是日錫以金繒，及至任，每因中使往即慰問之。[3]

[1]北京：即太原府。治所在今山西太原市。

[2]晉陽：縣名。治所在今山西太原市。

[3]“北京留守馮贇謝恩”至“每因中使往即慰問之”：《宋本册府》卷一七二《帝王部・求舊門二》。同書卷一五八《帝王部・誡勵門三》繫此事於七月。《輯本舊史》卷三五《唐明宗紀一》天成元年（926）三月乙未條：“進奏官馮贇爲内客省使。”同書卷四一《唐明宗紀七》長興元年（930）七月甲子條：“以宣徽南院使、行右衛上將軍、判三司馮贇爲北京留守、太原尹。”《通鑑》卷二七六後唐明宗天成三年四月條：“以客省使太原馮贇爲（北都）副

留守。”明本《册府》卷九九四《外臣部·備禦門七》長興元年（930）七月條：“北京留守馮贇奏：‘諸蕃部三千餘帳近振武，請添兵控禦。’”

先是，以相堂爲使院，後以爲樂營，群吏簿籍無定居，又取太原縣爲軍營，縣寄治潛玄觀。[1]贇至，並詢舊制，復以相堂爲史院，太原歸舊縣，其餘觸類如之。[2]

[1]太原縣：縣名。治所在今山西太原市西南。　潛玄觀：觀名。位於今山西太原市。“玄”，《宋本册府》字跡不清，据明本《册府》補。

[2]“先是”至“其餘觸類如之”：《宋本册府》卷六八九《牧守部·革弊門》。

歷河東忠武節度使、三司使。[1]

[1]忠武：方鎮名。治所在陳州（今河南淮陽縣）。　三司使：官名。五代後唐明宗天成元年（926）將晚唐以來的户部、度支、鹽鐵三部合爲一職，設三司使統之。主管國家財政。　歷河東忠武節度使、三司使：《新五代史》卷二七《馮贇傳》。《輯本舊史》卷四四《唐明宗紀十》長興四年（933）九月戊子條：“宣徽南院使、判三司馮贇依前檢校太傅、同中書門下二品。”《通鑑》卷二七八後唐明宗長興四年九月庚寅條：“帝欲加宣徽使、判三司馮贇同平章事；贇父名章。執政誤引故事，庚寅，加贇同中書門下二品，充三司使。”同年十月庚申條：“以馮贇爲樞密使。”《新五代史》卷六《唐本紀》長興四年十月庚申條：“三司使馮贇爲樞密使。”

（長興）四年十月，帝問見管馬數，范延光奏曰：[1]“天下常支草粟者近五萬匹，見今西北諸藩部賣馬者往來如市，其郵傳之費，中估之價，曰四五千貫。以臣計之，國力十耗其七，馬無所使，財賦坐銷，朝廷將不濟。”馮贇奏曰：“金、商州每年上供絹不過六百疋，[2]臣給馬價，每日約支五千餘疋。臣等思惟無益之甚，乞陛下深悟其理。”帝曰：“卿等商略可否以聞？”延光等議，戒緣邊鎮戍蕃部賣馬，即擇其良壯給券，具數以聞，從之。十一月，朱弘昭、馮贇奏曰：[3]“臣等自蒙重委，計度國力盈虛，而支給常苦不足者，直以賞軍無算，買馬太多之弊也。若不早爲節限，後將難濟。宜嚴敕西北邊鎮守，此後請禁止其來。”[4]

[1]范延光：人名。鄴郡臨漳（今河北臨漳縣）人。五代後唐、後晋將領。傳見本書卷九七、《新五代史》卷五一。

[2]金：州名。治所在今陝西安康市。

[3]朱弘昭：人名。太原（今山西太原市）人。後唐明宗朝樞密使、宰相。傳見本書卷六六、《新五代史》卷二七。

[4]“（長興）四年十月”至“此後請禁止其來”：明本《册府》卷六二一《卿監部·監牧門》。《通鑑》卷二七八後唐明宗長興四年（933）十月乙卯條：“范延光、馮贇奏：‘西北諸胡賣馬者往來如織，日用絹無慮五千匹，計耗國用什之七，請委緣邊鎮戍擇諸胡所賣馬良者給券，具數以聞。’從之。”

應順元年正月爲中書令。[1]贇表讓，又面奏曰：“臣出自寒微，比無勞效，徒因際會，遂竊寵靈。今諸藩帥臣，中書元輔鮮有中令之拜者。臣等一旦並居此位，天下觀聽者安肯無言？臣竭血誠，期不奉詔。”上以其衷切，改授兼侍中，[2]進封郃國公。[3]

[1]應順：後唐愍帝（閔帝）李從厚年號（934）。　中書令：官名。漢代始置。隋、唐前期爲中書省長官，屬宰相之職；唐後期多爲授予元勳大臣的虚銜。正二品。

[2]侍中：官名。秦始置。隋、唐前期爲門下省長官。唐後期多爲大臣加銜，不參與政務，實際職務由門下侍郎執行。正二品。

[3]“應順元年正月爲中書令”至“進封郃國公”：明本《册府》卷三三一《宰輔部·退讓門二》。《輯本舊史》卷四五《唐閔帝紀》應順元年正月戊子條：“樞密使、檢校太尉、同中書門下二品馮贇並加兼中書令……樞密使馮贇表堅讓中書令，制改兼侍中，封郃國公。”《通鑑》卷二七八後唐末帝清泰元年（934）己丑條：“樞密使、同平章事朱弘昭，同中書門下二品馮贇，河東節度使兼侍中石敬瑭，並兼中書令。贇以超遷太過，堅辭不受；己丑，改兼侍中。”《輯本舊史》卷一四九《職官志·兩省》後唐長興四年（933）九月條：“敕：‘馮贇有經邦之茂業，宜進位于公台，但緣平章事字犯其父名，不欲斥其家諱，可改同平章事爲同中書門下二品。’”

贇與弘昭素猜忌潞王，[1]初，明宗不豫，潞王夫人繼入省視，及宫車變故，辭疾不來。西使者又伺得潞邸陰事，贇等不能長轡遠馭以制之，遂出李重吉於外，[2]延比丘於内，又移鎮太原，是時不除制書，惟以宣授而已，遂至於稱兵焉。[3]

[1]潞王：即李從珂。後唐末帝，又稱廢帝。鎮州平山（今河北平山縣）人。後唐明宗養子，明宗入洛陽，他率兵追隨，以功拜河中節度使，封潞王。紀見本書卷四六至卷四八、《新五代史》卷七。

[2]李重吉：人名。後唐廢帝長子。傳見本書卷五一、《新五代史》卷一六。

[3]“贇與弘昭素猜忌潞王”至“遂至於稱兵焉”：明本《册府》卷九三五《總録部・構患門》。

明宗大漸，聞秦王以兵入侍，[1]贇自第馳入皇城，與朱弘昭、康義誠等同誅秦王，語在《秦王傳》。明宗晏駕，閔帝自鄴至京師，[2]内外制置皆出弘昭與贇。[3]

[1]秦王：即李從榮。沙陀部人。後唐明宗李嗣源次子。傳見本書卷五一、《新五代史》卷一五。

[2]閔帝：即後唐愍帝李從厚。小名菩薩奴，明宗第三子。長興四年（933）十二月，李從厚即皇帝位，是爲後唐愍帝。　鄴：地名。治所在今河北大名縣。

[3]制：即“制書”。帝王命令的一種。唐制，凡行大賞罰，授大官爵，釐革舊政，赦宥慮囚，皆用制書。由中書舍人起草擬定。禮儀等級較高。　“明宗大漸”至“内外制置皆出弘昭與贇”：《宋本册府》卷九四二《總録部・禍敗門》。明本《册府》卷九三五《總録部・構患門》：“朱弘昭、馮贇並爲樞密。時秦王從榮屢宣忿言，執政大臣皆懼禍及。明宗疾篤，秦王知人情不附已，恐大事乖誤，與將吏謀以兵入侍，先制權臣，謂康義誠曰：‘予欲居中侍醫藥，何處宿止爲便？’對曰：‘子侍父疾，何向不可？’仍懷疑慮。十一月十九日令牙將馬延嗣謂贇曰：‘秦王明日入侍，公等止於何處？’贇跪對曰：‘奉詔。’二十日五鼓，馬延嗣復至贇第：

‘秦王言公等處事，所宜和允，各有家族，禍福頃刻。’贇復跪對，是日遂馳馬守右掖門，至廣壽殿門，見朱、康，具述延嗣語，又謂義誠曰：‘秦王言禍福頃刻，事即可知。此事宗社所繫，侍中勿顧慮也。’義誠未暇對，監門報秦王領兵在端門外，二人切告，義誠對曰：‘惟公所使！’孟漢瓊拂衣而言曰：‘諸君平時惟恨禄位不大，及危疑之際，便持兩端，非丈夫也！’乃至雍和殿奏曰：‘從榮謀大逆，陳兵在端門。’明宗愕然，問義誠不能游詞，言事實。明宗曰：‘爾圖之，勿驚動京師。’孟漢瓊率控鶴指揮李重吉、馬軍指揮朱洪實等拒戰。是日，誅之。遂令漢瓊自赴魏州迎愍帝。二十六日，明宗晏駕，月晦。帝至京師主喪，倉卒中内外制置皆出贇、弘昭。愍帝即位，贇、弘昭並典機密。”《通鑑》卷二七八後唐明宗長興四年（933）十一月條：“從榮自知不爲時論所與，恐不得爲嗣，與其黨謀，欲以兵入侍，先制權臣。辛卯，從榮遣都押牙馬處鈞謂朱弘昭、馮贇曰：‘吾欲帥牙兵入宫中侍疾，且備非常，當止於何所？’二人曰：‘王自擇之。’既而私於處鈞曰：‘主上萬福，王宜竭心忠孝，不可妄信人浮言。’從榮怒，復遣處鈞謂二人曰：‘公輩殊不愛家族邪？何敢拒我！’二人患之，入告王淑妃及宣徽使孟漢瓊，咸曰：‘兹事不得康義誠不可濟。’乃召義誠謀之，義誠竟無言，但曰：‘義誠將校耳，不敢預議，惟相公所使。’弘昭疑義誠不欲衆中言之，夜，邀至私第問之，其對如初。”《新五代史》卷七《唐本紀》應順元年（934）正月乙未條：“朱弘昭、馮贇獻錢助作山陵。”《輯本舊史》卷四五《唐閔帝紀》應順元年二月乙未條：“樞密使馮贇起復視事，時贇丁母憂也。”《通鑑》卷二七九後唐末帝清泰元年（934）二月己卯條：“朱弘昭、馮贇不欲石敬瑭久在太原，且欲召孟漢瓊，己卯，徙成德節度使范延光爲天雄節度使，代漢瓊；徙潞王從珂爲河東節度使，兼北都留守；徙石敬瑭爲成德節度使。皆不降制書，但各遣使臣持宣監送赴鎮。”

及潞王至陝，閔帝召弘昭不至，俄聞自致，安從進乃殺贇於其第。贇母初喪，棄屍於路，妻子俱伏法，惟小兒三歲，（贇故吏）守素匿之，遇赦獲全。[1]

[1]陝：州名。治所在今河南三門峽市陝州區。　安從進：人名。索葛部人。五代後唐、後晋將領。傳見本書卷九八、《新五代史》卷五一。　守素：人名。即張守素。籍貫不詳。五代後唐、後晋官員。事見本書卷七九。　"及潞王至陝"至"遇赦獲全"：《宋本册府》卷八〇四《總録部·義門四》張守素條。亦見卷九四二《總録部·禍敗門》。《輯本舊史》卷四五《唐閔帝紀》應順元年（934）三月戊辰條："安從進尋殺馮贇于其第。"《新五代史》卷七《唐本紀》應順元年三月丁卯條："京城巡檢使安從進叛，殺馮贇。"《通鑑》卷二七九後唐末帝清泰元年（934）三月戊辰條："安從進聞（朱）弘昭死，殺馮贇於第，滅其族。"《輯本舊史》卷四六《唐末帝紀上》應順元年四月戊子條："侍衛親軍都指揮使康義誠伏誅。是日，詔曰：樞密使朱弘昭、馮贇、宣徽南院使孟漢瓊、西京留守王思同、前邠州節度使藥彦稠，共相朋煽，妄舉干戈，互興離間之謀，幾構傾亡之禍，宜行顯戮，以快群情，仍削奪官爵云。"明本《册府》卷四二《帝王部·仁慈門》後唐末帝清泰元年九月庚戌："詔曰：'朱弘昭、馮道（應作贇）、孟漢瓊、康義誠、王思同、藥彦稠等，朕志切行仁，情唯念舊，雖顛覆，自貽其伊戚而愍傷，猶軫於予懷。宜降特恩，許其歸葬，其親屬骨肉及元隨職員，並放逐便，所在不得恐動。'"

漢高祖即位，贈弘昭尚書令、贇中書令。[1]

[1]漢高祖：即後漢開國皇帝劉知遠。太原（今山西太原市）人，沙陀族。紀見本書卷九九、卷一〇〇及《新五代史》卷一〇。

尚書令：官名。秦始置。隋、唐前期爲尚書省長官，與中書令、侍中並爲宰相。因以李世民爲之，後皆不授，唐高宗廢其職。唐後期以李適、郭子儀有功而特授此職，爲大臣榮銜，不參與政務。五代因之。唐時爲正二品，後梁開平三年（909）升爲正一品。　漢高祖即位，贈弘昭尚書令、贇中書令：《新五代史》卷二七《馮贇傳》。《輯本舊史》卷一〇〇《漢高祖紀下》天福十二年（947）閏七月丁卯條："（唐）故樞密使馮贇贈中書令。"

楊仁矩

（長興元年十二月丁未）二王後、秘書丞、酅國公楊仁矩卒，廢朝一日。[1]

[1]二王後：中國古代新王朝建立後封前朝的皇室後裔，給以爵位，以示敬重。參見謝元魯《隋唐五代的特殊貴族——二王三恪》，《中國史研究》1994年第2期。　秘書丞：官名。三國魏始置。秘書省長官。掌圖書文籍。從五品上。　二王後、秘書丞、酅國公楊仁矩卒，廢朝一日：《新五代史》卷六《唐本紀》。《輯本舊史》卷四〇《唐明宗紀六》天成四年（929）八月辛丑條："以前清河縣令、襲酅國公、食邑三千户楊仁矩爲秘書丞。"同書卷四一《唐明宗紀七》長興元年（930）十二月丁未條："以二王後、秘書丞、襲酅國公楊仁矩卒輟朝，贈工部郎中。"

高輅

（長興四年八月戊午）以祕書監高輅卒廢朝。[1]

[1]祕書監：官名。秘書省長官。東漢始置，掌圖書秘記等。從三品。　以祕書監高輅卒廢朝：《輯本舊史》卷四四《明宗紀十》。

趙敬怡

（天成三年五月辛酉）右衛上將軍趙敬怡爲樞密使。[1]（四年二月辛酉）趙敬怡薨。[2]

[1]右衛上將軍：官名。唐置十六衛之一，掌宮禁宿衛。從二品。　樞密使：官名。樞密院長官。唐代宗時始以宦官掌機密，至昭宗時借朱温之力盡誅宦官，始改以士人任樞密使。備顧問，參謀議，出納詔奏，權侔宰相。參見李全德《唐宋變革期樞密院研究》，國家圖書館出版社2009年版。　右衛上將軍趙敬怡爲樞密使：《新五代史》卷六《唐本紀》。《通鑑》卷二七六後唐明宗天成三年（928）五月辛酉條："以天雄節度副使趙敬怡爲樞密使。"《輯本舊史》卷三八《唐明宗紀四》天成二年八月壬午條："以鄴都副留守趙敬怡爲右衛上將軍、判興唐府事。"卷三九《唐明宗紀五》天成三年五月辛酉條："以天雄軍節度副使、判興唐府事趙敬怡爲樞密使。"卷四〇《唐明宗紀六》天成四年二月乙卯條："以樞密使趙敬怡權知汴州軍州事。"

[2]趙敬怡薨：《新五代史》卷六《唐本紀》。《通鑑》卷二七六後唐明宗天成四年二月條："樞密使趙敬怡卒。"《輯本舊史》卷四〇《唐明宗紀六》天成四年二月辛酉條："樞密使趙敬怡卒，贈太傅。"

王公儼

平盧監軍楊希望聞習爲明宗所召，[1]乃以兵圍習家屬，將殺之，指揮使王公儼素爲希望所信，[2]紿希望曰："内侍盡忠朝廷，誅反者家族，孰敢不效命！宜分兵守城，以虞外變，習家不足慮也。"希望信之，乃悉分其兵守城。公儼因擒希望斬之，習家屬由是獲免。而公儼宣言青人不便習之嚴急，不欲習復來，因自求爲節度使。明宗乃以霍彦威代習鎮平盧，拜公儼登州刺史，[3]公儼不時承命，彦威擒而殺之。[4]

[1]平盧：方鎮名。治所在青州（今山東青州市）。　監軍：官名。爲臨時差遣，代表朝廷協理軍務、督察將帥。唐、五代時常以宦官爲監軍。　楊希望：人名。籍貫不詳。五代後唐宦官。　習：人名。即符習。趙州（今河北趙縣）人。五代後唐將領。傳見本書卷五九、《新五代史》卷二六。

[2]王公儼：人名。籍貫不詳。五代後唐將領。事見本書卷三七、卷五九。

[3]登州：州名。治所在今山東蓬萊市。

[4]"平盧監軍楊希望聞習爲明宗所召"至"彦威擒而殺之"：《新五代史》卷二六《符習傳》。"霍彦威"，原作"房知温"，中華書局本有校勘記："本書卷六及《薛史》卷三七《唐明宗紀》，《通鑑》卷二七五均載：天成元年（926）八月，霍彦威代符習鎮平盧，殺王公儼。又按《薛史》卷四三《唐明宗紀》，房知温鎮平盧乃在長興三年。此處'房知温'當是'霍彦威'之誤。"但未改，今據改。《新五代史》卷六《唐本紀》天成元年八月丁未條："平盧軍節度使霍彦威殺其登州刺史王公儼。"《通鑑》卷二七五後唐明宗天成元年八月諸條："王公儼既殺楊希望，欲邀節鉞，揚言符習爲治嚴急，軍府衆情不願其還。習還，至齊州，公儼拒之，習不敢前。公儼又令將士上表請己爲帥，詔除登州刺史。公儼不時之官，託云軍情所留；帝乃徙天平節度使霍彦威爲平盧節度使，聚兵淄州，以

圖攻取，公儼懼，乙未，始之官。丁酉，彦威至青州，追擒之，并其族黨悉斬之。”《宋本册府》卷三六〇《將帥部·立功門一三》霍彦威條：“值青州王公儼拒命，（霍彦威）改平盧軍節度，擒公儼於膠水，盡斬其黨。”亦見明本《册府》卷四二三《將帥部·討逆門》霍彦威條，《輯本舊史》卷六四《霍彦威傳》。

高輦

後唐秦王從榮爲詩，與從事高輦等更相唱和，自謂章句獨步於一時，有詩千餘首，號曰《紫府集》。既受元帥之命。即令寮佐及四方遊士至者各試檄淮南書，陳已將廓清宇宙之意。[1]

[1]元帥：即天下兵馬大元帥。　“後唐秦王從榮爲詩”至“陳已將廓清宇宙之意”：明本《册府》卷二七〇《宗室部·文學門》秦王從容條。《通鑑》卷二七八後唐明宗長興三年（932）十月條：“秦王從榮喜爲詩，聚浮華之士高輦等於幕府，與相唱和，頗自矜伐。”同卷長興四年十一月丙申條：“執政共議從榮官屬之罪，馮道曰：‘從榮所親者高輦、劉陟、王説而已，任贊到官纔半月，王居敏、司徒詡在病告已半年，豈豫其謀！居敏尤爲從榮所惡，昨舉兵向闕之際，與輦、陟並轡而行，指日景曰：“來日及今，已誅王詹事矣。”自非與之同謀者，豈得一切誅之乎。’朱弘昭曰：‘使從榮得入光政門，贊等當如何任使，而吾輩猶有種乎！且首從差一等耳，今首已孥戮而從皆不問，主上能不以吾輩爲庇姦人乎！’馮贇力争之，始議流貶。時諮議高輦已伏誅。”《太平廣記》卷一八四《貢舉七》：“高輦應舉，夢雷電晦冥，有一小龍子在前，吐出一石子，輦得之，占者曰：‘雷電晦冥，變化之象；一石十科也，將來科第其十數矣！’及將放牓，有一吏持主文帖子至，問小吏姓

名，則曰：‘姓龍。’詢其名第高卑，則曰第十人。”《新五代史》卷一五《秦王從榮傳》：“是日，從榮自河南府擁兵千人以出。從榮寮屬甚衆，而正直之士多見惡，其尤所惡者劉贊、王居敏，而所昵者劉陟、高輦。從榮兵出，與陟、輦並轡耳語，行至天津橋南，指日景謂輦曰：‘明日而今，誅王居敏矣！’”卷二八《劉贊傳》：“已而秦王果敗死，唐大臣議王屬官當坐者，馮道曰：‘元帥判官任贊與秦王非素好，而在職不逾月，詹事王居敏及劉贊皆以正直爲王所惡，河南府判官司徒詡病告家居久，皆宜不與其謀。而諮議參軍高輦與王最厚，輦法當死，其餘可次第原減。’朱弘昭曰：‘諸公不知其意爾，使秦王得入光政門，當待贊等如何？吾徒復有家族邪！且法有首從，今秦王夫婦男女皆死，而贊等止其一身幸矣！’道等難之，而馮贇亦争不可，贊等乃免死。於是論高輦死，而任贊等十七人皆長流。”

范延策

范延策，幽州人，[1]少習詩書，累居賓職。同光時爲段凝掌書記。[2]天成初，擢爲安州副使節度使。[3]高行珪爲政貪猥，[4]延策强制之，既不能止，嘗因入奏獻策，條於闕下，皆述藩侯之弊，請敕從事當筵明諫，[5]諫之不從，又令諸校列班庭諍，行珪見敕，銜之轉深，及罷歸，又慮遺言。故因懷順兵叛，奏延策爲同謀，父子俱戮。[6]

[1]幽州：州名。治所在今北京市。

[2]掌書記：官名。唐、五代方鎮僚屬，位在判官下。掌表奏書檄、文辭之事。

［3］安州：州名。治所在今湖北安陸市。

［4］高行珪：幽州（今北京市）人。五代名將高思繼之侄。傳見本書卷一二三、《新五代史》卷四八。

［5］從事：泛指一般屬官。

［6］“范延策”至“父子俱戮”：《宋本册府》卷九三一《總録部·枉横門》。“詩書”，明本作“兵書”。《輯本舊史》卷六五《高行珪傳》：“行珪性貪鄙，短於爲政，在安州日，行事多不法。副使范延策者，幽州人也，性剛直，累爲賓職，及佐行珪，覩其貪猥，因强諫之。行珪不從，後延策因入奏，獻封章於闕下，事有三條：一請不禁過淮猪羊，而禁絲綿匹帛，以實中國；一請於山林要害置軍鎮，以絶寇盜；一述藩侯之弊，請敕從事明諫諍之，不從，令諸軍校列班延諍。行珪聞之，深銜之。後因戍兵作亂，誣奏延策與之同謀，父子俱戮於汴，聞者冤之。”《新五代史》卷四八《高行珪傳》：“行珪性貪鄙，所爲多不法，副使范延策爲人剛直，數規諫之，行珪不聽，銜之。已而戍兵有謀叛者，行珪先覺之，因潛徙庫兵于他所。戍兵叛，趨庫劫兵無所得，乃潰去，行珪追而殺之。因誣奏延策同反，并其子皆見殺，天下冤之。”

米君立

武寧節度使李紹真、忠武節度使李紹瓊、貝州刺史李紹英、齊州防禦使李紹虔、河陽節度使李紹奇、洺州刺史李紹能請各復舊姓名爲霍彦威、萇從簡、房知温、王晏球、夏魯奇、米君立，許之。[1]新授鄜州節度使米君立辭，帝誨之曰：“擢汝於行伍，令理吾民，勿以左右小輩妄裁政事，須與賓佐官吏商量。吾賞罰無私，汝宜聽之。”[2]

[1]武寧：方鎮名。唐元和二年（807）置，治所在徐州（今江蘇徐州市）。　李紹真：人名。即霍彦威。洺州曲周（今河北曲周縣）人。五代後梁將領霍存養子，後梁、後唐將領。傳見本書卷六四、《新五代史》卷四六。　李紹瓊：人名。即萇從簡。陳州（今河南淮陽縣）人。五代後唐、後晋將領。傳見本書卷九四、《新五代史》卷四七。　貝州：州名。治所在今河北清河縣西。　李紹英：人名。即房知温。兖州瑕丘（今山東濟寧市兖州區）人。五代後唐將領。傳見本書卷九一、《新五代史》卷四六。　齊州：州名。治所在今山東濟南市。　李紹虔：人名。即王晏球。又名杜晏球。籍貫不詳。五代將領。傳見本書卷六四。　河陽：方鎮名。治河陽（今河南孟州市）。　李紹奇：人名。即夏魯奇。青州（今山東青州市）人。五代後唐將領。傳見本書卷七〇、《新五代史》卷三三。　洺州：州名。治所在今河北永年縣。　李紹能：人名。即米君立。　“武寧節度使李紹真”至“許之”：《通鑑》卷二七五後唐明宗天成元年（926）五月丙辰條。米君立，籍貫、生平不詳。《輯本舊史》卷三六《唐明宗紀二》天成元年五月丙辰條：“洺州刺史李紹能等上言，前朝寵賜姓名，今乞還舊……詔並可之……李紹能復曰米君立。”同月戊午條：“以洺州刺史米君立爲邢州節度使。”

[2]鄜州：州名。治所在今陝西富縣。　“新授鄜州節度使米君立辭”至“汝宜聽之”：《宋本册府》卷一五八《帝王部·誡勵門三》後唐明宗條天成二年十一月。《輯本舊史》卷四一《唐明宗紀七》長興元年（930）十月癸巳條：“以鄜州節度使米君立卒廢朝。”

烏昭遇

烏昭遇，本僞梁之承旨，數使吴越。先是，以其數將命，故令使之。昭遇至彼，每以國情私於吴人，仍名吴越國王錢鏐爲殿下，[1]自稱臣，指兩地則云南朝北朝，及昭遇謁鏐，稱見拜蹈，如事至尊。副使韓玫數讓之，[2]昭遇對其人誚玫曰："昭遇事過五朝天子，四爲吴越使，時事數變，昭遇猶在，公輩何凝滯邪?"復陰許鏐陳奏所求之事。使回，玫具陳其事，故停削鏐官爵，令致仕。是日以烏昭遇下御史臺，[3]尋賜自盡。後有自杭州使還者，言昭遇無臣鏐事，皆玫誣搆，云玫恃安重誨之勢，[4]頗淩烏昭遇，嘗於杭州，既醉，以馬箠擊昭遇，鏐欲奏之，昭遇祈而乃止。及復命，翻誣昭遇。人頗以爲冤。[5]

[1]錢鏐：人名。臨安（今浙江杭州市）人。五代時期吴越國建立者。傳見本書卷一三三、《新五代史》卷六七。

[2]韓玫：人名。籍貫不詳。五代後唐官員。事見《新五代史》卷二四。

[3]御史臺：官署名。秦漢始置。古代國家的監察機構。掌糾察官吏違法、肅正朝廷綱紀。大事廷辯，小事奏彈。

[4]杭州：州名。治所在今浙江杭州市。　安重誨：人名。應州（今山西應縣）人。五代後唐大臣。傳見本書卷六六、《新五代史》卷二四。

[5]"烏昭遇"至"人頗以爲冤"：明本《册府》卷九三三《總録部·誣構門二》。《新五代史》卷六《唐本紀》天成四年(929)九月癸巳條："殺供奉官烏昭遇。"同書卷二四《安重誨傳》："錢鏐據有兩浙，號兼吴越而王，自梁及莊宗，常異其禮，以羈縻臣屬之而已。明宗即位，鏐遣使朝京師，寓書重誨，其禮慢，重誨怒，未有以發，乃遣其嬖吏韓玫、副供奉官烏昭遇復使於鏐，

而玫恃重誨勢，數淩辱昭遇，因醉使酒，以馬箠擊之。鏐欲奏其事，昭遇以爲辱國，固止之。及玫還，返譖於重誨曰：‘昭遇見鏐，舞蹈稱臣，而以朝廷事私告鏐。’昭遇坐死御史獄，乃下制削奪鏐官爵，以太師致仕，於是錢氏遂絶于唐矣。”《通鑑》卷二七六後唐明宗天成四年九月癸巳條：“吴越王鏐居其國好自大，朝廷使者曲意奉之則贈遺豐厚，不然則禮遇疏薄。嘗遺安重誨書，辭禮頗倨。帝遣供奉官烏昭遇、韓玫使吴越，昭遇與玫有隙，使還，玫奏：‘昭遇見鏐，稱臣拜舞，謂鏐爲殿下，及私以國事告鏐。’安重誨奏賜昭遇死。癸巳，制鏐以太師致仕，自餘官爵皆削之，凡吴越進奏官、使者、綱吏，令所在繫治之。鏐令子傳瓘等上表訟冤，皆不省。”《宋本册府》卷九九八《外臣部·通好門》後唐明宗天成二年四月：“復命左衛上將軍烏昭遇等再往使四川焉。”

趙頎

（天祐元年六月甲寅）前進士趙頎可秘書省校書郎、正字，從柳璨奏也。[1]

[1]秘書省：官署名。漢代設秘書監，晋代初置秘書寺，後改秘書省。隋唐沿置。以秘書監、秘書少監爲正副長官。掌古今經籍圖書、國史實録、天文曆數之事。　校書郎：官名。東漢始置，掌典校收藏於蘭臺的圖書典籍，亦稱校書郎中。唐秘書省及著作局皆置，正九品上；弘文館亦置，從九品上。　正字：官名。掌校讎典籍、文章刊正。正九品下。　前進士趙頎可秘書省校書郎正字，從柳璨奏也：《舊唐書》卷二〇上《唐昭宗紀》。《輯本舊史》卷三一《唐莊宗紀五》同光二年（924）三月丙辰條：“尚書户部侍郎、知貢舉趙頎卒，以中書舍人裴皞權知貢舉。”

朱守素

（貞明六年正月庚子）宗正卿朱守素上言："請依前朝置匭院，[1]令諫議大夫專判。"從之，乃以右諫議大夫鄭韜光充知匭使。[2]（天成三年正月甲寅）以國子祭酒朱守素卒廢朝。[3]

[1]宗正卿：官名。秦始置宗正，南朝梁始有宗正卿之官。由宗室充任。掌皇族外戚屬籍。正三品。　匭院：官署名。始置於武則天時期。掌受理四方投書及吏民申雪冤滯之事。

[2]鄭韜光：人名。洛京河清（今河南孟津縣）人。唐宣宗外孫，唐末、五代官員。傳見本書卷九二。　知匭使：官名。匭使院長官。　"宗正卿朱守素上言"至"乃以右諫議大夫鄭韜光充知匭使"：《輯本舊史》卷一〇《梁末帝紀下》。

[3]國子祭酒：官名。古代國子學或太學長官。晉武帝司馬炎始置。掌邦國儒學訓導之政令，領太學、國子學及國子監所屬各學。從三品。　以國子祭酒朱守素卒廢朝：《輯本舊史》卷三九《唐明宗紀五》。

李昭

唐李昭以尚書郎出爲蘇州刺史，朞歲以中書舍人召還，不拜，謂宰輔曰："省郎拜舍人，以知制誥爲次序，便由刺史玷綸闈，非敢聞命。"乃以兵部郎中，知制誥，翌歲，拜舍人，受之。[1]

[1]尚書郎：官名。即郎中。尚書省屬官。分曹處理政事。吏

部郎中正五品下，餘司郎中皆從五品上。　蘇州：州名。治所在今江蘇蘇州市。　兵部郎中：官名。唐高祖改兵曹郎置，二人，一掌武官階品、衛府名數、校考、給告身之事；一掌軍籍、軍隊調遣名數、朝集、禄賜、告假等事。高宗、武則天、玄宗時，一度隨本部改名司戎大夫、夏官郎中、武部郎中。五代因之。從五品上。“唐李昭以尚書郎出爲蘇州刺史”至“受之”：《御覽》卷二二二《職官部二〇》録《北夢瑣言》，云出自《五代史·漢史》。亦見明本《册府》卷五五一《詞臣部·識器門》。

韋寂

韋寂，字處默，（唐末）釋褐爲萬年尉。[1]同州夏陽令崔裔知爲循吏，辟鹽鐵巡官。[2]韓建留守西都，擢爲司法參軍，推鞫平允，建頗重之。[3]（後唐時）爲水部員外郎，判南曹，移浚儀令。[4]（仕梁）累遷吏部郎中，復判南曹。吏畏其明，人賞其正。[5]

[1]尉：官名。即縣尉，縣之佐官，掌軍事、治安。官階從八品下至從九品下不等。

[2]夏陽：縣名。治所在今陝西合陽縣。　崔裔：人名。籍貫、事跡不詳。　鹽鐵巡官：官名。巡官之一種。唐代節度使、觀察使、團練使、防禦使下皆置巡官，位判官、推官下，有營田巡官、轉運巡官、館驛巡官等名目。　“韋寂”至“辟鹽鐵巡官”：明本《册府》卷七二九《幕府部·闢署門》。

[3]韓建：人名。許州長社（今河南許昌市）人。唐末、五代軍閥。傳見本書卷一五、《新五代史》卷四〇。　司法參軍：官名。司法參軍事的省稱。管理司法，掌管審判、刑罰等事。　“韓建留

守西都”至“建頗重之”：明本《册府》卷六一八《刑法部·平允門》。《輯本舊史》卷三九《唐明宗紀五》天成三年（928）二月壬午條：“以光禄卿韋寂卒廢朝，贈禮部尚書。”

[4]水部員外郎：官名。水部郎中的副職。從六品上。　南曹：官署名。唐吏部員外郎掌選院，因在尚書省之南，謂之南曹。　浚儀：縣名。治所在今河南開封市。　爲水部員外郎，判南曹，移浚儀令：明本《册府》卷六三七《銓選部·公望門》。

[5]吏部郎中：官名。尚書省吏部頭司吏部司長官。掌文官階品、朝集、禄賜、給其告身、假使以及選補流外官等事。《新唐書》記正五品上。　“累遷吏部郎中”至“人賞其正”：明本《册府》卷四五九《臺省部·公正門》。

于鄴

（天成元年九月）都官員外郎于鄴奏請指揮不得書契券輒賣良人，從之。[1]于鄴天成中初除工部郎中。時盧文紀爲工部尚書，[2]鄴往公參，文紀以鄴名其父諱，不之見。或謂鄴曰：“南宫故事，[3]郎中入省，如本行尚書侍郎不容，公參何以有主？”鄴憂畏太過，一夕醉歸，雉經于室。[4]

[1]都官員外郎：官名。尚書省刑部尚書都官司副長官。協掌配役隸，簿録俘囚，以給衣糧藥療，以理訴競雪冤。從六品上。　都官員外郎于鄴奏請指揮不得書契券輒賣良人，從之：明本《册府》卷一六〇《帝王部·革弊門二》。亦見《輯本舊史》卷三七《唐明宗紀三》天成元年（926）九月癸亥條。

[2]盧文紀：人名。京兆萬年（今陝西西安市長安區）人。唐

末進士，五代宰相。傳見本書卷一二七、《新五代史》卷五五。

[3]南宫：即尚書省。

[4]“于鄴天成中初除工部郎中”至“雉經于室”：明本《册府》卷九〇九《總録部·憂懼門》。《輯本舊史》卷三九《唐明宗紀五》天成三年二月癸未條：“工部尚書盧文紀貶石州司馬，員外安置。文紀私諱‘業’，時新除于鄴爲工部郎中，舊例，僚屬名與長官諱同，或改其任。文紀素與宰相崔協有隙，故中書未議改官。于鄴授官之後，文紀自請連假。鄴尋就位，及差延州官告使副，未行，文紀參告，且言候鄴迴日終請換曹，鄴其夕自經而死，故文紀貶官。”《新五代史》卷五五《盧文紀傳》：“文紀素與宰相崔協有隙，協除工部郎中于鄴，文紀以鄴與其父名同音，大怒，鄴赴省參上，文紀不見之，因請連假。已而鄴奉使未行，文紀即出視事，鄴因醉忿自經死，文紀坐貶石州司馬。”

陳延福

陳延福爲房州刺史。少帝開運二年，爲民任行通所論，創置支計司，迴圖錢物，及改移市井未利，下御史臺鞫，云：“其支計迴圖，是本州舊事，改移市井充公家使用。”敕曰：“陳延福位居牧守，首被訟論，移市肆以創迴圖，已彰生事，假役夫而科採捕，猶驗擾人，但以稱贍本州，云承累政，雖除姦革擨，全昧經心，而案罪計贓未，明入己。聊從懲罰，用顯含洪，宜罰征馬十匹放。”[1]

[1]少帝：即後晋出帝石重貴。石敬瑭從子。紀見本書卷八一至卷八五、《新五代史》卷九。　開運：後晋出帝石重貴年號

(944—946)。　任行通：人名。籍貫、事跡不詳。　“陳延福爲房州刺史”至“宜罰征馬十四放”：明本《册府》卷六九九《牧守部·譴讓門》。《輯本舊史》卷四一《唐明宗紀七》長興元年(930)八月乙卯條：“以左監門衛上將軍陳延福卒廢朝。”

史彦瓊

後唐史彦瓊，本伶人也，莊宗同光末以彦瓊爲武德使。[1]在魏州時，有自貝州來者，言亂兵將犯都城。巡檢使孫鐸等急趨彦瓊之第，[2]告曰：“賊將至矣，請給鎧仗，登城拒守。”彦瓊曰：“今日賊至臨漳，[3]計程六日。晚至，爲備未晚。”孫鐸曰：“賊來寇我，必倍道兼行，一朝失機，悔將何及！請僕射率衆登陣，鐸請以勁兵千人伏於王莽河逆擊之。[4]賊既挫勢，須至離潰，然後可以剪除。如俟其兇徒傅於城下，必慮姦人内應，則事未可測也。”彦瓊曰：“但訓士守城，何須即戰。”時彦瓊疑孫鐸等有他志，故拒之。是夜三更，賊果攻北門，彦瓊時以部衆在北門樓，聞賊呼譟，即時驚潰。彦瓊單騎奔京師。[5]

[1]伶人：古代對戲曲藝人的稱呼。　武德使：官名。五代後唐置，爲武德司長官，亦帶職外任，權位極重。

[2]巡檢使：官名。五代始設巡檢於京師、陪都、重要的州及邊防重鎮。　孫鐸：人名。籍貫不詳。五代後唐將領。事見本書卷三四。

[3]臨漳：縣名。治所在今陝西西安市臨潼區。

[4]王莽河：河道名。東漢以後，對西漢時黄河自濮陽（今河

南濮陽市）以下故道的俗稱。因改徙於王莽時，故名。

［5］“後唐史彦瓊”至“彦瓊單騎奔京師”：明本《册府》卷四五二《將帥部·識闇門》。《通鑑》卷二七四後唐莊宗同光三年（925）十二月丙子條：“以户部尚書王正言爲興唐尹，知鄴都留守事。正言昏耄，帝以武德使史彦瓊爲鄴都監軍。彦瓊，本伶人也，有寵於帝。魏、博等六州軍旅金穀之政皆決於彦瓊，威福自恣，陵忽將佐，自正言以下皆諂事之。”同卷天成元年（926）二月諸條：“朱友謙子建徽爲澶州刺史，帝密敕鄴都監軍史彦瓊殺之。門者白留守王正言曰：‘史武德夜半馳馬出城，不言何往。’又訛言云：‘皇后以繼岌之死歸咎於帝，已弒帝矣，故急召彦瓊計事。’人情愈駭……壬辰晚，有自貝州來告軍亂將犯鄴都者，都巡檢使孫鐸等亟詣史彦瓊，請授甲乘城爲備。彦瓊疑鐸等有異志，曰：‘告者云今日賊至臨清，計程須六日晚方至，爲備未晚。’孫鐸曰：‘賊既作亂，必乘吾未備，晝夜倍道，安肯計程而行！請僕射帥衆乘城，鐸募勁兵千人伏於王莽河逆擊之，賊既勢挫，必當離散，然後可撲討也。必俟其至城下，萬一有姦人爲内應，則事危矣。’彦瓊曰：‘但嚴兵守城，何必逆戰！’是夜，賊前鋒攻北門，弓弩亂發。時彦瓊將部兵宿北門樓，聞賊呼聲，即時驚潰。彦瓊單騎奔洛陽……丙申，史彦瓊至洛陽……辛丑……李紹榮至鄴都，攻其南門，遣人以敕招諭之，趙在禮以羊酒犒師，拜於城上曰：‘將士思家擅歸，相公誠善爲敷奏，得免於死，敢不自新！’遂以敕徧諭軍士。史彦瓊戟手大罵曰：‘群死賊，城破萬段！’皇甫暉謂其衆曰：‘觀史武德之言，上不赦我矣。’因聚譟，掠敕書，手壞之，守陴拒戰，紹榮攻之不利，以狀聞，帝怒曰：‘克城之日，勿遺噍類！’大發諸軍討之。”《輯本舊史》卷三四《唐莊宗紀八》同光四年二月丙申條：“丙申，武德使史彦瓊自鄴馳報稱：‘今月六日，貝州屯駐兵士突入都城，剽劫坊市。’初，帝令魏博指揮使楊仁晸率兵戍瓦橋，至是代歸，有詔令駐於貝州。上歲天下大水，十月鄴地大震，自是居人或有亡去他郡者，每日族談巷語，云：‘城將亂矣！’人人恐悚，皆

不自安。十二月，以户部尚書王正言爲興唐尹、知留守事。正言年耄風病，事多忽忘，比無經治之才。武德使史彦瓊者，以伶官得幸，帝待以腹心之任，都府之中，威福自我，正言以下，皆脅肩低首，曲事不暇。由是政無統攝，姦人得以窺圖。洎郭崇韜伏誅，人未測其禍始，皆云：'崇韜已殺繼岌，自王西川，故盡誅郭氏。'先是，有密詔令史彦瓊殺朱友謙之子澶州刺史建徽。史彦瓊夜半出城，不言所往。詰旦，閽報正言曰：'史武德夜半馳馬而去，不知何往。'是日人情震駭，訛言云：'劉皇后以繼岌死於蜀，已行弑逆，帝已晏駕，故急徵彦瓊。'其言播於鄴市，貝州軍士有私寧親於都下者，掠此言傳於貝州。軍士皇甫暉等因夜聚蒱博不勝，遂作亂，劫都將楊仁晸曰：'我輩十有餘年爲國家効命，甲不離體，已至吞併天下，主上未垂恩澤，翻有猜嫌。防戍邊遠，經年離阻鄉國，及得代歸，去家咫尺，不令與家屬相見。今聞皇后弑逆，京邑已亂，將士各欲歸府寧親，請公同行。'仁晸曰：'汝等何謀之過耶！今英主在上，天下一家，從駕精兵不下百萬，西平巴蜀，威振華夷，公等各有家族，何事如此！'軍人乃抽戈露刃環仁晸曰：'三軍怨怒，咸欲謀反，苟不聽從，須至無禮。'仁晸曰：'吾非不知此，但丈夫舉事，須計萬全。'軍人即斬仁晸。裨將趙在禮聞軍亂，衣不及帶，將踰垣而遁，亂兵追及，白刃環之曰：'公能爲帥否？否則頭隨刃落！'在禮懼，即曰：'吾能爲之。'衆遂呼譟，中夜燔劫貝郡。詰旦，擁在禮趨臨清，剽永濟、館陶。五日晚，有自貝州來者，言亂兵將犯都城，都巡檢使孫鐸等急趨史彦瓊之第，告曰：'賊將至矣，請給鎧仗，登陴拒守。'彦瓊曰：'今日賊至臨清，計程六日方至，爲備未晚。'孫鐸曰：'賊來寇我，必倍道兼行，一朝失機，悔將何及！請僕射率衆登陴，鐸以勁兵千人伏于王莽河逆擊之，賊既挫勢，須至離潰，然後可以剪除。如俟其凶徒薄於城下，必慮奸人内應，則事未可測也。'彦瓊曰：'但訓士守城，何須即戰。'時彦瓊疑孫鐸等有他志，故拒之。是夜三更，賊果攻北門，彦瓊時以部衆在北門樓，聞賊呼譟，即時驚潰。彦瓊單騎奔京師。"

《新五代史》卷二八《張憲傳》:“初，明宗北伐契丹，取魏鎧仗以給軍，有細鎧五百，憲遂給之而不以聞。莊宗至魏，大怒，責憲馳自取之，左右諫之乃止。又問憲庫錢幾何，憲上庫簿有錢三萬緡，莊宗益怒，謂其嬖伶史彦瓊曰:‘我與群臣博，須錢十餘萬，而憲以故紙紿我。我未渡河時，庫錢常百萬緡，今復何在?’彦瓊爲憲解之，乃已。”

陶玘

陶玘者，同光末從元行欽軍於魏博，[1]充行營寨主。及人情有歸，玘以所部兵從明宗，至臨黄，署許州留後兼行營馬步使。[2]至白皋渡，[3]安重誨之從人争舟，玘斬之以徇，軍士畏之。[4]天成初爲鄧州留後，聚斂無節，贓污頗甚，爲所部縣令盛歸仁所訟，貶嵐州司户，後賜死。[5]

[1]元行欽：人名。幽州（今北京市）人。五代後唐將領。傳見本書卷七〇、《新五代史》卷二五。

[2]臨黄：縣名。治所在今河南范縣。　許州：州名。治所在今河南許昌市。　行營馬步使：官名。五代時期出征軍隊高級統兵官。

[3]白皋渡：渡口名。又名白高渡。位於今河南滑縣東北古黄河津渡處。

[4]“陶玘者”至“軍士畏之”：明本《册府》卷四〇一《將帥部·行軍法門》。明本《册府》卷六五《帝王部·發號令門四》後唐明宗天成二年（927）八月敕旨:“刑故無小，義絶惠姦，罪疑惟輕，事全誅意，聖賢明訓，今古通規。非法無以振其威，非恩無以流其澤。故有功不獎，何以激盡忠？有罪不刑，何以戒爲惡？二

者無失，庶務有成。朕統華夷，不求奢侈，臨食慮兵師之餒，授衣思黎庶之寒。仗中外勳賢，壯國家基址，熒惑應犯而自退，太陽蹔蝕而復圓。百果無不熟之方，五穀無不豐之處。顧唯寡德，何稱嘉祥？况保義軍節度使石敬塘、晋州留後安崇阮、洺州刺史張進、耀州團練使孫岳、寧州刺史高允瓌等杜絶誅求，尋加奬諭。陶玘輒爲聚歛，自掇愆尤。功過既分，黜陟有異，在朝備見，列國皆知。不貪者轉更無私，有過者必應自省。四方侯伯，皆朕忠臣；萬國人民，皆朕愛子。慘舒是繫，賞罰齊行，務德者雅合古賢，效尤者自干朝典。除鄧州見取責情罪諸色官員及豪州李鄴外，其諸道州府，如八月已前，或有偶違條制，干於國章者，諸色人並不得更有託訴。若或此後有違，許人上告，當勘情罪，必舉刑書。”《宋本册府》卷一五〇《帝王部·寬刑門》唐莊宗長興三年（932）十一月甲辰敕：“龍鶩、毛璋、陶玘、曹廷隱、成景弘等，或子或弟，本無相及之刑，尋示寬恩，各免連坐，止令州府別係職官。而聞收管已來，縻係之後，頗極窮困，宜放營生，仰逐處開落姓名，乃給公憑，放逐穩便。”明本《册府》卷一五八《帝王部·誡勵門三》唐明宗天成二年八月：“以鄧州連帥陶玘黷貨得罪，降詔諭天下云：‘夫有功不賞，何以激盡忠？有罪不刑，何以戒爲惡？二者不失，庶務有成。朕自統華夷，不求奢侈，臨食念兵師之餒，授衣思黎庶之寒。仗中外勳賢，爲國家基址。邇者熒惑應犯而自退，太陽暫蝕而還圓。百果無不熟之方，五穀無不豐之處。顧茲寡德，何稱嘉祥？惟陝府石敬瑭、晋州安崇阮、洺州張萬進、耀州孫岳等杜絶誅求，尋加奬賞。今陶玘與亳州李鄴，輙爲聚斂，自掇悔尤。功過既分，黜陟斯在，玘、鄴尋寘於法書。’”

［5］鄧州：州名。治所在今河南鄧州市。　盛歸仁：人名。籍貫不詳。本書僅此一見。　嵐州：州名。治所在今山西嵐縣。　司户：官名。即司户參軍。州級政府僚佐。掌本州屬縣之户籍、賦税、倉庫受納等事。　“天成初爲鄧州留後”至“後賜死”：明本《册府》卷四五五《將帥部·貪黷門》。《輯本舊史》卷三六《唐明

宗紀二》天成元年五月戊辰條："以許州留後陶玘爲鄧州留後。"《輯本舊史》卷三八《唐明宗紀四》天成二年八月條："鄧州留後陶玘貶嵐州司馬。"

成景弘

（天成三年七月）齊州防禦使曹廷隱、曹州刺史成景弘、弓高縣令王廷果、金鄉縣令夏侯景坐贓伏法之後恐論告不止，敕："八月一日已前罪犯一切不問。"[1]

[1]齊州：州名。治所在今山東濟南市。　曹廷隱：人名。魏州（今河北大名縣）人。五代後梁將領。傳見本書卷七一。　弓高：縣名。治所在今河北阜城縣。　王廷果：人名。籍貫、事跡不詳。　金鄉：縣名。治所在今山東金鄉縣。　夏侯景：人名。籍貫不詳。劉仁恭部將。事見本書卷一三五。　"齊州防禦使曹廷隱"至"八月一日已前罪犯一切不問"：明本《册府》卷六五《帝王部·發號令門四》。《宋本册府》卷一五〇《帝王部·寬刑門》長興三年（932）十一月甲辰敕："龍鷺、毛璋、陶玘、成景弘等，或子或弟，本無相及之刑，尋示寬恩，各免連坐，止令州府別係職官。而聞收管已來，縻係之後，頗極窮困，宜放營生，仰逐處開落姓名，乃給公憑，放逐穩便。"

石知訥

石知訥，本梁時之走吏也，以姦儉自進，漸厠簪組，夏魯奇辟爲河陽節判，[1]移任許州，亦佐之。及魯奇權知襄州，知訥爲殿中少監，[2]尚居于許下。朱守殷叛，[3]知訥走入勸魯奇棄其城而歸許州，漢上戍兵幾將爲亂。朝廷知之，詰其所自，魯奇沮之，而知訥貶憲州司户，尋與温韜同詔賜死。[4]

[1]簪組：官員的服飾。借指達官顯貴。　夏魯奇：人名。青州（今山東青州市）人。五代後唐將領。傳見本書卷七〇、《新五代史》卷三三。

[2]殿中少監：官名。殿中省副長官。掌天子服御，總領尚食、尚藥、尚衣、尚舍、尚乘、尚輦六局之官屬，備其禮物，供其職事。從四品。

[3]朱守殷：人名。籍貫不詳。五代後唐將領。傳見本書卷七四、《新五代史》卷五一。

[4]憲州：州名。治所在今山西婁煩縣。　温韜：人名。京兆華原（今陝西銅川市耀州區）人。唐末李茂貞部將，五代後梁、後唐將領。傳見本書卷七三、《新五代史》卷四〇。　“石知訥”至“尋與温韜同詔賜死”：明本《册府》卷九三八《總録部·奸佞門二》。《宋本册府》卷七二九《幕府部·辟署門四》同，明本同卷“河陽節判”作“河陽節度判官”。《輯本舊史》卷三九《唐明宗紀五》天成三年（928）四月癸巳條：“殿中少監石知訥貶憲州司户，坐扇惑軍鎮也。”同年九月乙未條：“詔德州流人温韜、遼州流人段凝、嵐州司户陶玘、憲州司户石知訥、原州司馬聶嶼，並宜賜死於本處，暴其宿惡而誅之也。”《全唐文》卷一〇七後唐明宗誅温韜等詔：“憲州司户石知訥，比居賓佐，合務参揮，當守殷閉據夷門，發文字扇摇戎帥。”

郭從謙

從馬直指揮使郭從謙，[1]本優人也，優名郭門高。

（天成元年二月甲辰）帝與梁相拒於得勝，[2]募勇士挑戰，從謙應募，俘斬而還，由是益有寵。帝選諸軍驍勇者爲親軍，分置四指揮，號從馬直；從謙，自軍使積功至指揮使。郭崇韜方用事，從謙以叔父事之，睦王存乂又以從謙爲假子。[3]及崇韜、存乂得罪，從謙數以私財饗從馬直諸校，對之流涕，言崇韜之冤。及王温作亂，[4]帝戲之曰："汝既負我附崇韜、存乂，又教王温反，欲何爲也？"從謙益懼。既退，陰謂諸校曰："主上以王温之故，俟鄴都平定，盡阬若曹。家之所有宜盡市酒肉，勿爲久計也。"由是親軍皆不自安。[5]

［1］從馬直指揮使：官名。五代後唐親軍將領。"從馬直"爲部隊番號。後唐明宗李嗣源創置。其兵丁選自諸軍驍勇敢戰者，没有額定兵員。平時宿衛，戰時隨駕親征。

［2］得勝：地名。亦名德勝，位於今河南濮陽市。原爲黄河渡口，晋軍築德勝南、北二城於此，遂爲城名。

［3］郭崇韜：人名。代州雁門（今山西代縣）人。五代後唐大臣。傳見本書卷五七、《新五代史》卷二四。　存乂：人名。即李存乂。李克用子，李存勗弟。同光三年（925）封睦王。後以郭崇韜之婿故爲莊宗李存勗所殺。傳見本書卷五一、《新五代史》卷一四。

［4］王温：人名。籍貫不詳。後唐士兵。事見本書卷三四。

［5］"從馬直指揮使郭從謙"至"由是親軍皆不自安"：《通鑑》卷二七四。

（四月丁亥）嚴辦將發，騎兵陳於宣仁門外，步兵陳於五鳳門外。[1]從馬直指揮使郭從謙不知睦王存乂已死，欲奉之以作亂，帥所部兵自營中露刃大呼，與黄甲兩軍攻興教門。[2]帝方食，聞變，帥諸王及近衛騎兵擊之，逐亂兵出門。時蕃漢馬步使朱守殷將騎兵在外，[3]帝遣中使急召之，欲與同擊賊；守殷不至，引兵憩於北邙茂林之下。[4]亂兵焚興教門，緣城而入，近臣宿將皆釋甲潛遁，獨散員都指揮使李彦卿及宿衛軍校何福進、王全斌等十餘人力戰。[5]俄而帝爲流矢所中，鷹坊人善友扶帝自門樓下，至絳霄殿廡下抽矢，[6]渴懣求水，皇后不自省視，遣宦者進酪。須臾，帝殂。[7]

[1]宣仁門：洛陽皇城東門。位於今河南洛陽市區内。　五鳳門：洛陽皇城南門。位於今河南洛陽市區内。

[2]興教門：洛陽皇宫南面三門之一。位於今河南洛陽市内。

[3]蕃漢馬步使：官名。即洛京内外蕃漢馬步使。總領洛陽駐軍。

[4]北邙：亦作北山、郟山、芒山。位於今河南洛陽市北。

[5]散員都指揮使：唐末、五代軍隊皆置都指揮使、指揮使，爲領兵將領。散員爲五代部隊番號。　李彦卿：人名。籍貫不詳。事見《通鑑》卷二七五。　何福進：人名。太原（今山西太原市）人。五代將領。傳見本書卷一二四。　王全斌：人名。并州太原人。五代、北宋將領。傳見《宋史》卷二五五。

[6]鷹坊：官署名。唐始置，爲五坊之一，以鷹坊奉御爲主官，掌養鷹以供皇帝狩獵之用。　善友：人名。籍貫不詳。後唐鷹坊人。事見《通鑑》卷二七五。　絳霄殿：後唐皇宫宫殿名。

[7]“嚴辦將發”至“帝殂”：《通鑑》卷二七五。《輯本舊史》卷三四《唐莊宗紀八》同光元年（923）四月丁丑條：“是日，車駕將發京師，從駕馬軍陳於宣仁門外，步兵陳於五鳳門外。帝内

殿食次，從馬直指揮使郭從謙自本營率所部抽戈露刃，至興教門大呼，與黄甲兩軍引弓射興教門。帝聞其變，自宫中率諸王、近衛禦之，逐亂兵出門。既而焚興教門，緣城而入，登宫牆讙譟，帝御親軍格鬬，殺亂兵數百。俄而帝爲流矢所中，亭午，崩於絳霄殿之廡下，時年四十三。”

二年二月丙午，以從馬直指揮使郭從謙爲景州刺史，尋令中使誅於郡，夷其族，以其首謀大逆弑莊宗也。[1]

[1]景州：州名。治所在今河北東光縣。　“二年二月丙午”至“以其首謀大逆弑莊宗也”：明本《册府》卷一五四《帝王部·明罰門三》。《通鑑》卷二七五後唐明宗天成二年（927）二月丙申條：“以從馬直指揮使郭從謙爲景州刺史，既至，遣使族誅之。”《輯本舊史》卷三八《唐明宗紀四》天成二年二月丙申條：“以從馬直指揮使郭從謙爲景州刺史，尋令中使誅之，夷其族，以其首謀大逆以弑莊宗也。”

李匡儔

（乾寧元年三月）冬，攻幽州，李匡儔棄城走，追至景城，見殺，以劉仁恭爲留後。[1]

[1]景城：縣名。治所在今河北滄縣。　劉仁恭：人名。深州（今河北深州市）人。唐末、五代軍閥。傳見《新唐書》卷二一二。　“冬”至“以劉仁恭爲留後”：《新五代史》卷四《唐本紀》。《輯本舊史》卷二六《唐武皇紀下》乾寧元年（894）十月

條：“武皇自晋陽率師伐幽州。初，李匡儔奪據兄位，燕人多不義之，安塞軍戍將劉仁恭挈族歸於武皇，武皇遇之甚厚。仁恭數進畫於蓋寓，言幽州可取之狀，願得兵一萬，指期平定。武皇方討李存孝於邢州，輟兵數千，欲納仁恭，不利而還。匡儔由是驕怠，數犯邊境，武皇怒，故率軍以討之。”此條中華書局本有校勘記：“‘李匡儔’，本書及《新五代史》各處同，《舊唐書》《新唐書》《通鑑》各處皆作‘李匡籌’。《通鑑》卷二五九《考異》：‘《唐太祖紀年録》作匡儔，今從新舊紀傳、《實録》。’本書各處同。”同年十二月諸條：“李匡儔命大將率步騎六萬救新州，武皇選精甲逆戰，燕軍大敗，斬首萬餘級，生獲將領百餘人，曳練徇於新州城下。是夜，新州降……甲寅，李匡儔攜其族棄城而遁，將之滄州，隨行輜車、臧獲、妓妾甚衆。滄帥盧彦威利其貨，以兵攻匡儔於景城，殺之，盡擄其衆。”《輯本舊史》卷四九《貞簡曹太后傳》：“武皇多内寵，乾寧初，平燕薊，得李匡儔妻張氏，姿色絶代，嬖幸無雙。時姬侍盈室，罕得進御，唯太后恩顧不衰。”

孟昇

（天成三年閏八月）孟昇爲滑州掌書記，匿母憂，大理寺斷流，[1]奉敕：“朕以允從人望，嗣守帝圖，政必究於化源，道每崇於德本，貴全國法，以正人倫。孟昇身被儒冠，職居賓幕，此資籌畫，以贊盤維，而乃都昧操修，但貪榮禄，匿母喪而不舉，爲人子以何堪？瀆污時風，敗傷名教，五刑是重，十惡難寬，雖遣投荒，無如去世。”孟昇賜自盡，觀察使、觀察判官、録事參軍失其糾察，各有殿罰。襄邑縣民周威，父爲人所殺，不雪父冤，有狀和解，奉敕處死。[2]

[1]大理寺：官署名。掌邦國折獄詳刑之事。

[2]襄邑：縣名。治所在今河南睢縣。　“孟昇爲滑州掌書記”至“奉敕處死”：《宋本册府》卷一五四《帝王部·明罰門三》。孟昇，籍貫不詳。“周威”，《輯本舊史》卷三九《唐明宗紀五》天成三年（928）閏八月己巳條作“聞威”：“滑州掌書記孟昇匿母服，大理寺斷處流，特敕孟昇賜自盡。觀察使、觀察判官、録事參軍失其糾察，各行殿罰。襄邑縣民聞威，父爲人所殺，不雪父冤，有狀和解，特敕處死。”

曹義金

曹義金，[1]（大中五年十一月）置歸義軍於沙州，以義潮爲節度使、十一州觀察使；又以義潮判官曹義金爲歸義軍長史。[2]（咸通十三年八月）歸義節度使張義潮薨，沙州長史曹義金代領軍府；制以義金爲歸義節度使。是後中原多故，朝命不及，回鶻陷甘州，自餘諸州隸歸義者多爲羌、胡所據。[3]唐莊宗時，回鶻來朝，沙州留後曹義金亦遣使附回鶻以來，莊宗拜義金爲歸義軍節度使，瓜、沙等州觀察處置等使。[4]晋天福五年，義金卒，子元德立。[5]

[1]曹義金：人名。又作曹議金。沙州（今甘肅敦煌市西）人，歸義軍節度使索勳婿，張議潮外孫婿。五代後梁乾化四年（914）後掌政瓜、沙，自稱節度兵馬留後。後唐莊宗授爲沙州刺史、歸義軍節度使、瓜沙等州觀察處置使、檢校司空。在位時，於莫高窟西千佛洞、安西榆林窟多有增修。事見敦煌文書 P. 4638、S. 4276、P. 3805、P. 2047、P. 4291、P. 3556、P. 2074、P. 2838。中

華書局本《輯本舊史》卷三二《唐莊宗紀六》有校勘記："《册府》卷四三六作'曹議金'。按《敦煌文書伯三》八〇五背面同光三年六月一日歸義軍節度使牒署'使檢校司空兼太保曹議金'，此件鈐'沙洲觀察處置使之印'，爲正式官文書，可知其名爲曹議金。本書各處同。"今各從原文。

[2]歸義軍：唐晚期至北宋前期以沙州爲中心的地方政權。唐廷封張議潮爲歸義軍節度使。子孫相繼傳至張承奉，自稱"白衣天子"，建號"西漢金山國"。至五代後梁乾化三年，曹議金取代張承奉掌握瓜沙政權，重新恢復了歸義軍藩鎮的建置。曹氏子孫相承，傳至曹賢順，至宋仁宗天聖八年（1030），曹賢順被沙州回鶻人所殺，其弟瓜州王曹賢惠東奔投降西夏，歸義軍政權徹底覆亡。　沙州：州名。治所在今甘肅敦煌市。　義潮：人名。即張義潮。又作張議潮、張義朝。唐沙州敦煌（今甘肅敦煌市）人。大中二年（848）張義潮率領沙州人民起義，驅逐吐蕃守將，自攝州事，並修治兵甲，且耕且戰，逐漸收復瓜、伊、西、甘、肅、蘭、鄯、河、岷、廓十州地。五年，遣使長安告捷，受命爲沙州防禦使。同年，再獻十一州圖籍，被任爲歸義軍節度使。咸通八年（867）入朝，留居長安。咸通十三年，卒。事見《舊唐書》卷一八下、卷一九上及《新唐書》卷八、卷九，敦煌文書 S. 6161A、S. 3329、S. 11564、S. 6161B、S. 6973、P. 2762《敕河西節度兵部尚書張公功德記抄》。　長史：官名。州府屬官。協助處理州府公務。正四品上至正六品上。　"置歸義軍於沙州"至"又以義潮判官曹義金爲歸義軍長史"：《通鑑》卷二四九唐宣宗大中五年（851）十一月條。

[3]回鶻：部族名。原係突厥鐵勒部的一支。唐天寶三載（744）建立回鶻汗國，9世紀中葉，回鶻汗國瓦解。其中一支爲甘州回鶻。11世紀初，甘州回鶻爲西夏所滅。參見楊蕤《回鶻時代：10—13世紀陸上絲綢之路貿易研究》，中國社會科學出版社2015年版。　甘州：州名。治所在今甘肅張掖市甘州區。　"歸義節度使張義潮薨"至"自餘諸州隸歸義者多爲羌、胡所據"：《通鑑》卷

二五二唐懿宗咸通十三年（872）八月條。《新唐書》卷二一六下《吐蕃傳下》咸通十三年條："沙州以長史曹義金領州務，遂授歸義節度使。後中原多故，王命不及，甘州爲回鶻所并，歸義諸城多没。"

[4]瓜：州名。治所在今甘肅瓜州縣東南鎮陽城。 "唐莊宗時"至"瓜、沙等州觀察處置等使"：《新五代史》卷七四《吐蕃傳》之沙州諸事。《輯本舊史》卷三二同光二年（924）五月乙丑條："以權知歸義軍留後曹義金爲歸義軍節度使、沙州刺史、檢校司空。"同書卷三九《唐明宗紀五》天成三年（928）五月辛亥條："沙州節度使曹義金加爵邑。"卷四二《唐明宗紀八》長興二年（931）正月丙子條："以沙州節度使曹義金兼中書令。"明本《册府》卷一六九《帝王部·納貢獻門》唐莊宗同光四年正月："沙州節度使曹義全進謝賜旌節官誥玉鞍馬二、玉團硇砂、散玉鞍轡、鉸具、安西白氎、胡錦、雄黄、波斯國紅地松樹、毦褐胡桐、淚金星舉大鵞沙。"此條"曹義金"誤作"曹義全"，下同。同年二月條："沙州曹義全進和市馬百匹、羚羊角、硇砂、犛牛尾。又進皇后白玉符、金青符、白玉獅子指環、金剛杵。"同書卷一七〇《帝王部·來遠門》："後唐莊宗同光二年五月，以權知歸義軍節度兵馬留後、金紫光禄大夫、檢校尚書左僕射、守沙州長史兼御史大夫、上柱國曹義金爲檢校司空、守沙州刺史、充歸義軍節度、瓜沙等觀察、處置管内營田押蕃落等使。瓜、沙與吐蕃雜居，自帝行郊禮，義金間道貢方物，乞受西邊都護，故有是命。"《宋本册府》卷九七二《外臣部·朝貢門五》唐莊宗同光二年四月："沙州曹義金進玉三團、硇砂、羚羊角、波斯錦、茸褐、白氎、牛黄、金星礬等。"同卷明宗長興元年十二月："沙州曹義金進馬四百疋，玉一團。"同卷閔帝應順元年（934）："沙州、瓜州遣牙將各以方物朝貢。"同卷廢帝清泰二年（935）七月："沙州刺史曹義金、涼州留後李文謙各獻馬三疋。"卷九八〇《外臣部·通好門》周太祖廣順二年（952）十月追述："沙州之陷蕃後，有張氏世爲州將。後唐同光中，長史

曹義金者遣使朝貢，靈武韓洙保薦之，乃授沙州刺史，充歸義軍節度使，瓜、沙等州處置使。”《通鑑》卷二七三後唐莊宗同光二年（924）五月乙丑條：“以權知歸義留後曹義金爲節度使。時瓜、沙與吐蕃雜居，義金遣使間道入貢，故命之。”胡注：“唐懿宗咸通八年，張義潮入朝，以族子惟深守歸義。十三年，惟深卒，以義金權知留後。自咸通十三年至是五十四年，蓋曹義金亦已老矣。”《新五代史》卷五《唐本紀》同光四年正月乙酉條：“沙洲曹義金遣使者來。”同書卷六《唐明宗紀》長興元年十二月丁巳條：“沙州曹義金遣使者來。”

[5]天福：五代後晋高祖石敬瑭年號（936—942）。出帝石重貴沿用至九年（944）。後漢高祖劉知遠繼位後沿用一年，稱天福十二年（947）。　元德：人名。即曹元德。沙州（今甘肅敦煌市西）人。歸義軍節度使曹議金長子。五代時期歸義軍節度使。改變歸義軍政權對甘州回鶻政權的依附地位，由“父子之國”而爲“兄弟之邦”。事見敦煌文書 P. 3556、P. 4291、P. 2992、P. 2033、S. 4245。　晋天福五年，義金卒，子元德立：《新五代史》卷七四。明本《册府》卷四三六《將帥部・繼襲門》：“晋曹議金爲歸義軍節度，瓜沙等州觀察等使。天福五年二月卒，以其子元德襲其位。”《輯本舊史》卷七九《晋高祖紀五》天福五年（940）二月丁酉條：“沙州歸義軍節度使曹義金卒，贈太師，以其子元德襲其位。”影庫本粘籤：“義金，原本作‘議金’，今從《歐陽史》改正。”今人姜亮夫有論文《瓜沙曹氏年表補正》（《浙江大學學報 1979 年第 1—2 期），賀世哲、孫修身有論文《〈瓜沙曹氏年表補正〉之補正》（《西北大學學報》1980 年第 1 期）再補正，可參見。

崔居儉

崔居儉，清河人也。[1]祖蠡、父蕘皆爲唐名臣。居儉美文辭，風骨清秀，少舉進士。梁貞明中，爲中書舍人、翰林學士、御史中丞。唐莊宗時，爲刑部侍郎、太常卿。[2]

[1]清河：縣名。治所在今河北清河縣。

[2]蠡：人名。即崔蠡。清河（今河北清河縣）人。崔居儉之祖。唐朝官員。傳見《舊唐書》卷一一七、《新唐書》卷一四四。　蕘：人名。即崔蕘。清河人。崔居儉之父。唐朝官員。傳見《舊唐書》卷一一七、《新唐書》卷一四四。原作"堯"，中華書局本據浙江本、宗文本、《通鑑》卷二七九改，今從。　"崔居儉"至"爲刑部侍郎、太常卿"：《新五代史》卷五五《崔居儉傳》。《輯本舊史》卷三〇《唐莊宗紀四》同光元年（923）十二月己巳條："以中書舍人崔居儉爲刑部侍郎，充史館修撰、判館事。"同書卷三三《唐莊宗紀七》同光三年七月壬子條："以刑部侍郎、史館修撰、判館事崔居儉爲御史中丞。"同書卷三六《唐明宗紀二》天成元年（926）六月己丑條："以御史中丞崔居儉爲兵部侍郎。"同書卷三八《唐明宗紀四》天成二年四月己丑條："以兵部侍郎崔居儉權知尚書左丞。"同書卷四〇《唐明宗紀六》天成四年五月壬辰條："以權知尚書右丞崔居儉爲尚書右丞。"同書卷四二《唐明宗紀八》長興二年（931）閏五月壬寅條："以尚書左丞崔居儉爲工部尚書。"同書卷四三《唐明宗紀九》長興三年十一月庚子條："以工部尚書崔居儉爲太常卿。"同書卷四四《唐明宗紀一〇》長興四年正月甲午條："正衙命使册故福慶長公主孟氏爲晋國雍順長公主，遣太常卿崔居儉赴西川行册禮。"《宋本册府》卷四七五《臺省部·奏議門六》："崔居儉，爲尚書左丞，天成三年五月，請於西京置分司官。"

崔氏自後魏、隋、唐與盧、鄭皆爲甲族，吉凶之事，各著家禮。至其後世子孫，專以門望自高，爲世所嫉。明宗崩，居儉以故事爲禮儀使，[1]居儉以祖諱蠡，辭不受，宰相馮道即徙居儉爲祕書監。居儉歷兵、吏部侍郎、尚書左丞、户部尚書。晋天福四年卒，年七十，贈右僕射。居儉拙於爲生，居顯官，衣常乏，死之日貧不能葬，聞者哀之。[2]

[1]禮儀使：官名。有重大禮儀事務則臨時置使，掌禮儀事務，事畢即停。

[2]吏部侍郎：官名。尚書省吏部次官。協助吏部尚書掌文選、勳封、考課之政。正四品上。　馮道：人名。瀛州景城（今河北滄縣）人。五代時官拜宰相，歷仕後唐、後晋、後漢、後周，亦曾臣服於契丹。傳見本書卷一二六、《新五代史》卷五四。　尚書左丞：官名。尚書省佐貳官。唐中期以後，與尚書右丞實際主持尚書省日常政務，權任甚重。正四品上。後梁開平二年（908）改爲左司侍郎，後唐同光元年（923）復舊爲左丞。正四品。　“崔氏自後魏”至“聞者哀之”：《新五代史》卷五五《崔居儉傳》。《輯本舊史》卷四五《唐閔帝紀》應順元年（934）正月丁丑條：“以太常卿崔居儉爲祕書監。”同書卷四六《唐末帝紀上》清泰元年（934）八月甲申條：“以祕書監崔居儉爲工部尚書。”同書卷四八《唐末帝紀下》清泰三年六月丙寅條：“遣工部尚書崔居儉奉宣憲皇太后寶册於寢宫。”同書卷七六《晋高祖紀二》天福二年（936）三月戊寅條：“以工部尚書崔居儉爲户部尚書。”同書卷七八《晋高祖紀四》天福四年五月壬子條：“户部尚書崔儉卒。”中華書局本此條有校勘記：“‘崔儉’，本書卷七六《晋高祖紀二》作‘崔居儉’。按《新五代史》卷五五有《崔居儉傳》。”《宋本册府》卷一四五《帝王部・弭災門》後唐末帝清泰元年九月：“工部尚書崔居儉告宗廟社稷。”同書卷六三三《銓選部・條制門五》唐末帝清泰二年三月：“工部尚書、判吏部尚書銓崔居儉奏：‘今年選人内，八十三人

無闕注擬，詞訴紛紜。蓋因近敕減選入仕者多門，雖可區分，難抑詞理。請下格式，取四月後合用員闕發遣。’中書門下奏：‘先以銓曹論員闕，遂却置户掾一員，諸州一百五十員，格式元送闕簿六百四十餘處。後又許超折資序，又堂帖令畿赤已上，雖擬議許開銓後除授，不合預請用四月後員闕，望於移省限内並須了絶，不得更令選人有詞。’詔曰：‘宜令從四月一日後至六月終員闕施行，餘依中書所奏。’（原注：崔居儉多藝，有士望。是時帝起義時，諸攀附入官者衆，皆付銓，三銓難其事，故盧文紀奏用居儉，冀察其綜覈之失，而近侍者素知其意而奏之，故不從所奏。）”同書卷八六三《總録部·名諱門》：“晋崔居儉仕後唐，爲太常卿。閔帝應順初，明宗山陵合爲禮儀使，居儉以祖諱蠡辭於執政，乃授祕書監。居儉訴於人曰：‘名諱有令式，在余何罪也？’”同書卷九五四《總録部·妄作門》：“晋崔居儉爲户部尚書。其先自後魏至唐推爲甲族。吉凶之事，自著家禮，與盧、鄭不同，但浮薄是務，淳儒惡之。”明本《册府》卷八一《帝王部·慶賜門三》後唐末帝清泰元年七月：“文武兩班崔居儉而下一百七十有一人，各轉階一級，或賜勳一轉，或進爵一等，示新恩也。”

何澤

何澤，廣州人。[1]梁貞明中，清海節度使劉陟薦其才，以進士擢第。[2]父鼎，唐末爲容管經略使。澤少好學，長於歌詩。[3]初仕後唐，同光中爲洛陽令。澤以莊宗出獵，屢踐民田。澤屏其從者，伏於叢薄中，截馬諫曰：“陛下未能一天下以休兵，而暴斂疲民，以給軍食。今田將熟，奈何恣佚游以害民稼？使官何以集其征賦？臣請賜死於此日，以悟陛下。”莊宗慰而遣之。[4]尋遷倉部郎中。[5]

[1]廣州：州名。治所在今廣東廣州市。

[2]清海：方鎮名。即清海軍節度使。治所在廣州（今廣東廣州市）。　劉陟：人名。籍貫不詳。五代後唐官員。事見本書卷四四。　“何澤”至“以進士擢第”：《通鑑》卷二七三後唐莊宗同光二年（924）九月癸卯條胡注引《薛史》。

[3]容管：方鎮名。治所在容州（今廣西容縣）。　經略使：官名。唐代置。爲邊防軍事長官。此處即容州管内經略使。主掌容州一帶諸州政令。　“父鼎”至“長於歌詩”：《新五代史》卷五六《何澤傳》。

[4]“初仕後唐”至“莊宗慰而遣之”：《職官分紀》（四庫本）卷四二《縣令門》“伏叢薄中諫獵”條注引《五代史》。亦見《宋本册府》卷五四九《諍諫部·褒賞門》、《新五代史》卷五六、《通鑑》卷二七三同光二年九月癸卯條。

[5]倉部郎中：官名。尚書省户部倉部司長官。掌天下軍儲，出納租税、禄糧、倉廪之事，以木契百，合諸司出給之數，以義倉、常平倉備凶年，平穀價。從五品上。　尋遷倉部郎中：《宋本册府》卷五四七《諫諍部·直諫門一四》。《唐摭言》卷九：“何澤，韶陽曲江人也。父鼎，容管經略，有文稱。澤，乾寧中，隨計至三峰行在，永樂崔公安潛，即澤之同年丈人也。聞澤來，乃以一絶振之曰：‘四十九年前及第，同年唯有老夫存。今日殷勤訪我子，穩將鬐鬣上龍門。’時主文與奪未分，又會相庭有所阻，（時崔相公胤恃權，即永樂猶子也。）因之敗於垂成。後漂泊關外。梁太祖受禪，澤假廣南幕職入貢，敕賜及第。”《太平廣記》卷一三三《録報應録》：“唐何澤者，容州人也，嘗攝廣州四會縣令。性豪横，唯以飲啖爲事，尤嗜鵝鴨。鄉胥里正，恒令供納。常豢養鵝鴨千百頭，日加烹殺。澤只有一子，愛憐特甚，嘗一日烹雙雞，爨湯以待

沸。其子似有鬼物撮置鑊中，一家驚駭，就出之，則與雙雞俱潰爛矣。”

明宗時，數上書言事。明宗幸汴州，又欲幸鄴，而人情不便，大臣屢言不聽；澤伏閤切諫，明宗嘉之，拜吏部郎中、史館修撰。澤外雖直言，而内實邪佞，嘗於内殿起居，班退，獨留，以笏叩額，北望而呼曰：“明主，明主！”聞者皆哂之。[1]

[1]吏部郎中：官名。尚書省吏部頭司吏部司長官。掌文官階品、朝集、禄賜，給其告身、假使以及選補流外官等事。《新唐書》記正五品上。　史館修撰：官名。北齊始置史館。唐初隸秘書省著作局。唐貞觀三年（629）移於禁中，隸門下省。修本朝史由史官負責，修前代史多由他官編纂，宰相監修，正式確立史館修史、宰相監修之制。開元二十五年（737），徙史館於中書省。天寶後，他官兼領史職者，謂之史館修撰，初入者爲直館。　“明宗時”至“聞者皆哂之”：《新五代史》卷五六《何澤傳》。《宋本册府》卷五四九《諫諍部·褒賞門》：“明宗天成三年，駕在汴水，欲幸鄴，人情不願。執政近侍進言，未從。澤因伏門切諫，竟罷其行。明宗心賞之，乃拜吏部郎中。”《輯本舊史》卷三九《唐明宗紀五》天成三年（928）二月癸未條：“以倉部郎中何澤爲吏部郎中，奬伏閤諫巡幸鄴都也。”同年十一月丙申條：“吏部郎中何澤奏：‘流外官請不試書判之類。’從之。”《御覽》卷二四七《職官部·太子侍讀門》：“《五代史·後唐史》曰：倉部郎中何澤上疏請置太子侍讀，敕旨：‘何澤早處班行，深明典制，固根本而别彰憂國，上封章而足表匡君，其所敷陳，實爲允當，特議施行。’”明本《册府》卷八七五《總録部·訟冤門四》：“晋何澤初仕後唐，同光中爲河南尹時。洛陽令羅貫爲樂人强占税户，譖於莊宗，下獄考掠，逼令招

罪。見害。天成二年，澤爲倉部郎中，因逢恩赦，上表昭雪，敕河南縣，是神州赤縣縣令。乃明庭籍：‘臣未審罪名，便當極法。不削不貶，不案不彰，困枯木於廣衢，抱沉冤而至死。衆人具見有耳。皆聞何澤，對宰洛陽，委其實狀。今此伸屈直貢，表章請雪，吞聲以旌幽壤。遂其冥冥下士，非玄恩以不知。蕩蕩無私，俾輿情而共感，宜加昭雪，兼賜贈官。’其子彧，文行可稱，便許録。”

五代之際，民苦於兵，往往因親疾以割股，或既喪而割乳廬墓，以規免州縣賦役。户部歲給蠲符，不可勝數，而課州縣出紙，號爲“蠲紙”。澤上書言其敝，明宗下詔悉廢户部蠲紙。[1]

[1]户部：官署名。主管全國田户、均輸、錢穀之政令。“五代之際”至“明宗下詔悉廢户部蠲紙”：《新五代史》卷五六《何澤傳》。《宋本册府》卷一六〇《帝王部·革弊門二》後唐明宗天成三年（928）閏八月：“吏部郎中何澤請廢户部蠲紙。奉敕：‘日月流行之處，王人億萬之家，既絶煩苛，無濫力役。唯忠孝二柄，可以旌表户門。若廣給蠲符，深爲弊事。昨者所爲地圖，方域逐閏重疊上供，州郡之中，皆須厚斂。而猶尋降誡束，並勒廢停。今此倖端，豈合更啓？逐年蠲紙宜令削去。’”

澤與宰相趙鳳有舊，數私于鳳，求爲給諫。[1]鳳薄其爲人，以爲太常少卿。[2]敕未出而澤先知之，即稱新官上章自訴。章下中書，鳳等言：“澤未拜命而稱新官，輕侮朝廷，請坐以法。”乃以太僕少卿致仕，[3]居于河陽。澤時年已七十，尚希仕進，即遣婢宜子詣匭上章言事，請立秦王爲皇太子。秦王素驕，多不軌，遂成其禍，由澤而始。晋高祖入立，[4]召爲太常少卿，以疾卒于家。[5]

［1］趙鳳：人名。幽州（今北京市）人。後唐明宗朝宰相。傳見本書卷六七、《新五代史》卷二八。　給諫：給事中與諫議大夫的合稱。

［2］太常少卿：官名。太常寺次官。佐太常卿掌宗廟、祭祀、禮樂及教育等。正四品上。

［3］太僕少卿：官名。太僕寺次官。協助太僕卿管理車輿厩牧，審計籍帳，通判本寺事務。從四品上。

［4］晋高祖：即後晋高祖石敬瑭。沙陀部人。五代後唐將領、後晋開國皇帝。紀見本書卷七五至八〇、《新五代史》卷八。

［5］“澤與宰相趙鳳有舊”至“以疾卒于家”：《新五代史》卷五六《何澤傳》。明本《册府》卷九三八《總録部·姦佞門二》：“何澤爲太僕少卿致仕。長興四年八月，自河陽遣婢宜子投匭上書，請立秦王從榮爲皇太子。澤前任吏部郎中，舊曾與宰相趙鳳使府同院爲判官，因是舊數泣告於鳳，求爲給諫。鳳怒其躁佞，除授秘書少監。堂吏有姓何者，私報澤，澤即稱新授秘書少監臣澤上章訴屈。大略云：‘臣伏尋近例，自郎中拜給諫者，即崔憓、張延雍，皆自郎官拜諫議。況臣在郎署，粗有勤勞，無罪左遷，有同排擯。’事下中書，宰臣執奏：‘何澤新命未下，便敢稱謂開天，不知澤何處授此官位？誣弄朝綱，法當不敬。’由是命太僕少卿致仕，退居河陽。澤性好内，侍婢十餘，凡公私請託，多令諸婢出入。至於掌閽待客，輒無形迹。既久退居，心常鬱鬱，年七十餘，求進未已。既見從榮位望隆盛，帝又多病，自素與執政私憾，欲報仇於一時。即令婢宜子詣闕，投匭上章，大略曰：‘立儲之事，人所難言。内外大臣，不忍輕議。臣所以冒死以聞。’又云：‘臣前在班行，不求致仕。乃是宰執抑臣屏退，所以不盡臣才。’明宗覽澤表，不悦，私謂近臣曰：‘群臣欲立儲君，吾自歸

河東養老。’雖然，不得已令大臣商議。大臣聞帝所言，不敢可否，即議加從榮大元帥之命。俄而致從榮不軌之變，由澤啓其釁端也。”亦見明本《册府》卷四八一《臺省部·輕躁門》，《宋本册府》卷九三六《總録部·躁競門》，《通鑑》卷二七八後唐明宗長興四年(933)八月壬戌、丁卯條。

孔昭序

孔昭序，爲給事中。[1]天成三年九月丁酉，上言曰：“伏見本朝儀制：北省官爲近侍之班，遂異常參之禮，所以百僚則曰拜，蓋云謝食；北省官不赴廊湌，[2]食於本署，故常朝不拜。况今耆舊，皆目覩躬行。伏望陛下順考古道，率由舊章，正立朝之常規，遵先王之定制。”[3]

[1]給事中：官名。秦始置。隋、唐以來，爲門下省屬官。掌讀署奏抄、駁正違失。正五品上。

[2]北省官：官名。指中書、門下官。沿唐舊稱，門下省、中書省稱爲北省，尚書省稱爲南省。

[3]“孔昭序，爲給事中”至“遵先王之定制”：《宋本册府》卷四七五《臺省部·奏議門六》。孔昭序，籍貫不詳。《輯本舊史》卷三八《唐明宗紀四》天成二年（927）八月辛巳條：“以右諫議大夫孔昭序爲給事中。”同書卷七六《晋高祖紀二》天福二年（937）二月壬寅條：“以左散騎常侍孔昭序爲太子賓客。”同年九月戊午條：“以太子賓客孔昭序爲工部尚書致仕。”同書卷一二七《馬裔孫傳》：“劉昫爲僕射，性剛，群情嫉之，乃共贊右常侍孔昭序論行香次第，言：‘常侍侍從之臣，行立合在僕射之前。’疏奏，下御史臺

定例。”亦見明本《册府》卷三三五《宰輔部·不稱門》、卷九三九《總録部·譏誚門》。《吴越備史》卷二應順元年（934）正月條：“閔帝改元，大赦，敕遣鞍轡庫使王延縞來宣告，仍賜國信，尋又遣散騎常侍孔昭序、駕部員外郎張鑄册王爲吴越王。”

劉頎

劉頎，爲鴻臚卿，留司洛下。[1]嘗於水南治第，有古墓在其下，因發之，其棺柩遺骸棄於洛水。俄而疾作，舉家相繼卒焉。[2]

[1]鴻臚卿：官名。秦稱典客，漢初改大行令，漢武帝時改大鴻臚，北齊置鴻臚寺，以鴻臚寺卿爲長官，後代沿置。掌四夷朝貢、宴飲賞賜、送迎外使等禮儀活動。從三品。

[2]洛水：即今洛河。　“劉頎”至“舉家相繼卒焉”：《宋本册府》卷九五一《總録部·咎徵門二》。劉頎，籍貫不詳。《輯本舊史》卷四八《唐末帝紀下》清泰三年（936）六月己巳條：“以西上閤門副使、少府監兼通事舍人劉頎爲鴻臚卿，職如故。”同書卷七六《晋高祖紀二》天福二年（937）六月乙酉條：“以祕書少監致仕劉頎爲鴻臚卿致仕。”同書卷七七天福三年三月戊午條：“鴻臚卿劉頎卒，贈太子賓客。”

聶延祚

後唐聶延祚爲少府監，明宗天成元年上言：“牌印舊體，不與朱記相參。伏自近年，亦歸當監鑄造。既須篆字，何異印文？伏乞下中書釐革。”[1]（天成二年十月甲辰）敕少府監聶延祚等以大駕巡幸，告祭神祠。[2]（長興三年七月丁酉）雲州節度使沙彥珣奏，桑遷謀應太原，遷報應州尹暉，謀逐殺沙彥珣，暉復部送遷至伏罪。遣太子賓客聶延祚宣賜彥珣、尹暉戎服、金帶、錢幣，及犒賞在城軍士。[3]

[1]少府監：官名。少府監長官。隋初置，唐初廢，太宗時復置。掌百工技巧之事。從三品。　“後唐聶延祚爲少府監”至“伏乞下中書釐革”：《宋本册府》卷六二〇《卿監部・舉職門》。聶延祚，籍貫不詳。

[2]敕少府監聶延祚等以大駕巡幸，告祭神祠：明本《册府》卷一一四《帝王部・巡幸門三》。《輯本舊史》卷四二《唐明宗紀八》長興二年（931）三月庚辰條：“以少府監聶延祚爲殿中監。”

[3]沙彥珣：人名。籍貫不詳。五代後唐將領。事見本書卷四七、卷四八。　桑遷：人名。籍貫不詳。事見本書卷四八。　應州：州名。治所在今山西應縣。　尹暉：人名。魏州大名（今河北大名縣）人。五代後唐、後晋將領。傳見本書卷八八。　太子賓客：官名。爲太子官屬。唐高宗顯慶元年（656）始置。掌侍從規諫、贊相禮儀。正三品。　“雲州節度使沙彥珣奏”至“及犒賞在城軍士”：明本《册府》卷一二八《帝王部・明賞門二》。《輯本舊史》卷四八《唐末帝紀下》清泰三年（936）七月乙巳條：“以衛尉卿聶延祚爲太子賓客。”同書卷八〇《晋高祖紀六》天福六年十一月甲寅條：“遣太子賓客聶延祚、吏部郎中盧撰持節册天下兵馬元帥、守尚書令、吴越國王錢元瓘。”同書卷八二《晋少帝紀二》天福八年（943）十二月乙丑條：“太子賓客聶延祚卒。”

王岯

（天福元年）以王岯爲將作監。[1]岯，河内人，[2]歷河陽度支使、鄴都河東少尹，與帝潛龍時有舊也。[3]

[1]將作監：官名。秦代設將作少府，唐代改將作監，其長官即爲將作監。掌宫廷器物置辦及宫室修建事宜。從三品。

[2]河内：縣名。治所在今河南沁陽市。

[3]度支使：官名。度支本爲户部的一司，唐中期以後特派大臣判度支，後來獨立於户部之外，稱度支使或知度支事，或稱勾當支使。與判户部及鹽鐵轉運使合稱三司。至五代後唐，合爲一職，稱三司使。　少尹：官名。唐、五代於三京、鳳翔等府均置少尹，爲尹的副職。協助尹通判列曹諸務。從四品下。　“以王岯爲將作監”至“與帝潛龍時有舊也”：《宋本册府》卷一七二《帝王部·求舊門二》。《輯本舊史》卷七六《晋高祖紀二》天福二年（937）九月乙亥條：“以將作監王岯爲太子賓客。”同年十一月丙辰條：“太子賓客王岯卒。”

于嶠

于嶠爲户部員外郎，[1]知制誥。天成二年，嶠上言請邊上兵士起置營田，敦趙充國、諸葛亮之術，[2]庶令且戰且耕，望致輕徭。三年，嶠又上言曰：“有國有家，既定君臨之位；無偏無黨，方明王者之心。苟少虧於同軌同文，則微損於盡善盡美。竊知河朔令録須俟本道薦揚，[3]朝廷就加真命。况今萬國諸侯，猶請行而貢職；豈使一方令長，獨端坐以邀官？未敦革故之風，深缺維新之化。覩兹闕政，敢貢直言。乞宣付中書，委於銓管，此後並從常調。”七月，嶠上言曰：“協和萬邦，明王所以安社稷；平章百姓，哲后所以懷黎民。將延七百載之洪基，須安億兆衆之黔首。臣幸遇聖明之代，敢傾愚直之誠。伏以朝廷先有指揮，今年不更通括苗畝，宣從特旨，頒作溥恩。且屬夏秋已來，霜雨頻降。在山川高土則必有豐年，想藪澤下田非無水瀰。脱或已作黄汙行潦，猶徵青苗地頭，不唯損邦國化風，兼恐傷天地和氣。儻或皇帝陛下念兹狂直，哀彼災祥，特於淹浸之田，別示優隆之澤。重委鄉村父老通括，不令州縣節級下鄉。如或檢驗不虚，即日蠲減租税。或有司以軍糧未濟，兵食是虞，即請却於山川之田，豐熟之地，或於麻鞋稈草、鹽鹽地頭，據其本分價錢，折納諸色斛斗。所謂公私俱濟，苦樂皆均，捨其短以從其長，將有餘而補不足。臣每因急務，方敢上言。前後所奏十件，有司未行一件。伏乞陛下念臣苦思，察臣盡心，或可施行，不令停滯。”[4]爲比部郎中，知制誥。天成四年四月丙午，上章以兩班有老病者，咸絶其俸，慮玷聖明，請各授致仕官仍加錫賚，以符尚齒之化。[5]祕書少監于嶠者，自莊宗時即與（趙）鳳俱爲翰林學士，[6]而嶠亦訐直敢言，與鳳素善。及鳳已貴，而嶠久不遷，自以材名在鳳上而不用，因與蕭希甫數非斥時政，[7]尤詆訾鳳，鳳心銜之，未有以發。而嶠與隣家争水竇，爲安重誨所怒，鳳即左遷嶠祕書少監。嶠因被酒往見鳳，鳳知其必不遜，乃辭以沐髮，嶠詬直吏，又溺於從者直廬而去。省吏白鳳，嶠溺於客次，且詬鳳。鳳以其事聞，明宗下詔奪嶠官，長流武州百姓，又流振武，[8]天下冤之。[9]

[1]户部員外郎：官名。户部郎中的副職。從六品上。

[2]趙充國：人名。隴西上邽（今甘肅天水市）人。西漢名將。傳見《漢書》卷六九。　諸葛亮：字孔明，號卧龍。徐州琅琊郡陽都（今山東沂南縣）人。三國時期著名政治家、軍事家。輔佐劉備在四川地區建立蜀漢政權。後積勞成疾而病逝。傳見《三國志》卷三五。

[3]河朔：古地區名。泛指黄河以北地區。

[4]“于嶠爲户部員外郎”至“不令停滯”：《宋本册府》卷五五三《詞臣部·獻替門二》。亦見同書卷五〇三《邦計部·屯田門》後唐明宗天成二年（927）八月。明本《册府》卷三三六《宰輔部·强很門》豆盧革條：“莊宗幸洛，車駕次汜水。翰林學士劉昫、趙鳳、于嶠等議：高祖太宗廟在洛北，請帝親行拜薦，庶天下知敬祖奉先之道。”

[5]比部郎中：官名。唐、五代刑部比部司長官，掌管勾會内外賦斂、經費俸禄等。從五品上。　“爲比部郎中”至“以符尚齒之化”：《宋本册府》卷四七五《臺省部·奏議門六》。

[6]祕書少監：官名。唐承隋制，置秘書省，設秘書少監二人協助秘書監工作。從四品上。　翰林學士：官名。由南北朝始設之學士發展而來，唐玄宗改翰林供奉爲翰林學士，備顧問，代王言，掌拜免將相、號令征伐等詔令的起草。

[7]蕭希甫：人名。宋州（今河南商丘市睢陽區）人。五代後梁、後唐官員。傳見本書卷七一、《新五代史》卷二八。

[8]振武：方鎮名。後梁貞明二年（916）以前，治所位於單于都護府城（今内蒙古和林格爾縣）。貞明二年，單于都護府城爲契丹占據。此後至後唐清泰三年（936），治所位於朔州（今山西朔

州市朔城區）。後晋隨燕雲十六州割予契丹，改名順義軍。

［9］“祕書少監于嶠者”至“天下冤之”：《新五代史》卷二八《趙鳳傳》。亦見明本《册府》卷四八一《臺省部·輕躁門》。《輯本舊史》卷三〇《唐莊宗紀四》同光元年（923）十一月丁巳條：“以左拾遺于嶠守本官，充翰林學士。”同書卷四〇《唐明宗紀六》天成四年（929）十一月癸未條：“祕書少監于嶠配振武長流百姓，永不齒任，爲宰臣趙鳳誣奏也。”同書卷七六《晋高祖紀二》天福二年（937）五月甲子條：“以虞部郎中、知制誥于嶠爲中書舍人。”明本《册府》卷九三九《總録部·譏誚門》馬胤孫條：“時知制誥于嶠與閣下諸舍人嘲曰：‘生前變治，曾不聞於上言；死後魂靈，但空聞其下語。’”

翟進宗

翟進宗，不知其何人也。初事唐，後事晋，爲淄州刺史。[1]楊光遠反，[2]以騎兵數百脅取至青州，進宗不屈，光遠遂殺進宗。出帝贈進宗左武衛上將軍。[3]及光遠平，曲赦青州。詔求進宗尸，加禮歸葬，葬事官給，以其子仁欽爲東頭供奉官。[4]

［1］淄州：州名。治所在今山東淄博市。

［2］楊光遠：人名。沙陀部人。五代後唐、後晋將領。傳見本書卷九七、《新五代史》卷五一。

［3］左武衛上將軍：官名。唐置，掌宫禁宿衛。唐代置十六衛之一，從二品。

［4］仁欽：人名。即翟仁欽。事迹不詳。　東頭供奉官：官名。泛指侍奉皇帝左右的臣僚，亦爲東、西頭供奉官通稱。　“翟進

宗”至“以其子仁欽爲東頭供奉官”：《新五代史》卷三三《翟進宗傳》。《輯本舊史》卷八二《晋少帝紀二》天福八年（943）十二月丁卯條：“淄州奏，青州節度使楊光遠反，遣兵士取淄州，刺史翟進宗入青州。”《通鑑》卷二八三後晋高祖天福八年十二月乙巳條：“楊光遠遣騎兵入淄州，刺史翟進宗歸于青州。”《宋本册府》卷一四〇《帝王部·旌表門四》晋少帝開運元年（944）：“敕曰：故淄州刺史翟進宗，不縠不德，訾兵叛予，陷爾厲階，力屈遇害。念兹忠瘁，實用疉傷。蜀主恕其黄權，魯公誅其卜國，皆非罪也。吾將贈之，用慰貞魂，宜頒漏澤，可贈左武衛上將軍。”明本《册府》卷九四《帝王部·赦宥門一三》晋少帝開運元年閏十二月乙酉：“制曰：……故淄州刺史翟進宗，清風凛物，貞骨淩秋。當光遠跋扈之初，被逆黨脅驅之際，而仗節守義，經死徇忠，終異叛徒，以及遇害。雖已行褒贈，而未稱朕懷。宜覃延賞之恩，仍示殊常之禮。其翟進宗靈櫬委本處類會本人骨肉加禮歸葬，葬事官給；其子仁欽可特授官資，補充東頭供奉官。”

李文謙

（清泰二年七月）涼州留後李文謙獻馬三十匹。[1]

[1]涼州：州名。治所在今甘肅武威市。　涼州留後李文謙獻馬三十匹：《宋本册府》卷九七二《外臣部·朝貢門五》。李文謙，籍貫、生平不詳。《輯本舊史》卷八〇《晋高祖紀六》天福六年（941）七月壬戌條：“涇州奏，西涼府留後李文謙今年二月四日閉宅門自焚，遣元入西涼府譯語官楊行實與來人齎三部族蕃書進之。”其中“楊行實”三字據《宋本册府》卷九八〇《外臣部·通好門》補。《通鑑》卷二八二繫此事於天福六年二月。《輯本舊史》卷一三八《吐蕃傳》：“清泰元年，留後李文謙來請命。後數年，涼州人

逐出文謙，靈武馮暉遣牙將吴繼興代文謙爲留後，是時天福七年。”此處所記有誤。

衛審峹

衛審峹，初仕後唐，爲河中都指揮使。康福除靈武節，[1]奉宣授送赴鎮，爲一行步軍都指揮使。破吐蕃於青堈峽，擊李賓於河西，[2]有功，授郢州刺史、檢校司空。[3]

[1]康福：人名。蔚（今河北蔚縣）人。五代後唐、後晉將領。傳見本書卷九一、《新五代史》卷四六。　靈武：郡名。治所在今寧夏吴忠市。乾元元年（758），改名靈州。此處代指治所在靈州的方鎮朔方軍。

[2]吐蕃：古代青藏高原地區的政權。自7至9世紀，共歷九主，二百餘年。參見才讓《吐蕃史稿》，人民出版社2010年版。　青堈峽：地名。亦作青岡嶺。位於今甘肅環縣西北。　李賓：人名。籍貫不詳。五代將領。事見本書卷一三二。

[3]郢州：州名。治所在今湖北鍾祥市。　檢校司空：官名。爲散官或加官，以示恩寵，無實際執掌。　“衛審峹”至“檢校司空”：《宋本册府》卷三六〇《將帥部·立功門一三》。《輯本舊史》卷八〇《晉高祖紀六》天福七年（942）五月己亥條：“左威衛上將軍衛審峹卒，贈太子少保。”《通鑑》卷二七六後唐明宗天成四年（929）十月戊戌條：“前磁州刺史康福，善胡語，上退朝，多召入便殿，訪以時事，福以胡語對；安重誨惡之，常戒之曰：‘康福，汝但妄奏事，會當斬汝！’福懼，求外補。重誨以靈州深入胡境，爲帥者多遇害，戊戌，以福爲朔方、河西節度使。福見上，涕泣辭之；上命重誨爲福更他鎮，重誨曰：‘福自刺史無功建節，尚復何

求！且成命已行，難以復改。’上不得已，謂福曰：‘重誨不肯，非朕意也。’福辭行，上遣將軍牛知柔、河中都指揮使衛審峹等將兵萬人衛送之。審峹，徐州人也。”同年十一月條：“康福行至方渠，羌胡出兵邀福，福擊走之；至青剛峽，遇吐蕃野利、大蟲二族數千帳，皆不覺唐兵至，福遣衛審峹掩擊，大破之，殺獲殆盡。由是威聲大振，遂進至靈州，自是朔方始受代。”

張薦明

晋高祖天福四年九月辛卯，召道士崇真大師張薦明，賜以繒帛。薦明，燕人也，少爲儒，遊學河朔，漁獵《莊》《老》，故性與道俱。其後雲衣星冠，奉自然之教。帝素尚玄元，御極之初，數數召見。帝問曰："道可以治世乎？"薦明對曰："道也者，妙萬物而爲言，摠兩儀而稱德。得之上者爲道，得之中者爲仁義，得之外者爲禮智信。外而失之，非人也。得其極者，尸居袵席之間以治天下，豈止乎世者也！"帝遂延入内殿，講老氏《道德經》。召宰臣馮道授卷而聽，道曰："道士講《老子》，僧人受戒，令文有之，不可輕也。"帝遂禮之爲師，益加崇重。嘗聞宫中奏時鼓，乃曰："陛下聞鼓聲乎？守一而已。夫絃匏金石，其聲十二；其黄鐘也，唯合於黄鐘。其不應者五十有九，出乎多門也。鼓之爲音也，奚其間然，無宫商無角徵，無羽無變，和而契之，其一故也。人能混成於心，則天地俱矣，何患世之不淳哉。"帝繇是虚心致静，尊道貴德。故每一召見，多所頒賜。天福五年十一月，賜張薦明號通玄先生，令以《道》《德》二經雕上印板，命學士和凝别撰新序，冠于卷首，俾頒行天下。[1]後不知其所終。[2]

[1]和凝：人名。鄆州須昌（今山東東平縣）人。歷仕後梁至後周，五代官員、詞人。傳見本書卷一二七、《新五代史》卷五六。　“晋高祖天福四年九月辛卯”至“俾頒行天下”：明本《册府》卷五四《帝王部·尚黄老門二》。“天福五年十一月”，《輯本舊史》卷七九《晋高祖紀五》繫於六月癸亥：“道士崇真大師張薦明賜號通玄先生。是時，帝好《道德經》，嘗召薦明講説其義，帝悦，有是命。尋令薦明以《道》《德》二經雕上印版，命學士和凝别撰新序，冠于卷首，俾頒行天下。”

[2]後不知其所終：《新五代史》卷三四《張薦明傳》。

王弘贄

王弘贄，不知其世家何人也。唐明宗時，爲合階二州刺史、右千牛衛將軍、衛州刺史。[1]（長興元年十一月）石敬瑭入散關，階州刺史王弘贄、瀘州刺史馮暉與前鋒馬步都虞候王思同、步軍都指揮使趙在禮引兵出人頭山後，過劍門之南，[2]還襲劍門，壬申，克之，殺東川兵三千人，獲都指揮使齊彦温，[3]據而守之。甲戌，弘贄等破劍州，[4]而大軍不繼，乃焚其廬舍，取其資糧，還保劍門。[5]

[1]合：州名。治所在今重慶市合川區。　階：州名。治所在今甘肅隴南市武都區。　右千牛衛將軍：官名。唐代置十六衛之一，掌宫禁宿衛。從三品。　“王弘贄”至“衛州刺史”：《新五

代史》卷四八《王弘贄傳》。

[2]散關：地名。即大散關。位於今陝西寶鷄市西南大散嶺上。秦嶺著名關隘之一。　瀘州：州名。治所在今四川瀘州市江陽區。　馮暉：人名。魏州（今河北大名縣）人。五代後唐至後周將領。傳見本書卷一二五、《新五代史》卷四九。　馬步都虞候：官名。五代侍衛親軍馬步軍統兵官，僅次於馬步軍都指揮使、副都指揮使。　王思同：人名。幽州（今北京市）人。唐末盧龍節度使劉仁恭外孫。五代後唐將領。傳見本書卷六五、《新五代史》卷三三。　步軍都指揮使：官名。五代時軍鎮統兵官，爲行軍臨時而設。　趙在禮：人名。涿州（今河北涿州市）人。五代後唐、後晋將領。傳見本書卷九〇、《新五代史》卷四六。　人頭山：山名。位於今四川廣元市西南。　劍門：關隘名。即劍門關。位於今四川劍閣縣北劍門鎮北大劍山口。

[3]東川：方鎮名。指劍南東川節度使，簡稱東川。至德二載（757）分劍南節度使東部地區置劍南東川節度使，治所在梓州（今四川三臺縣）。　齊彦温：人名。籍貫不詳。劍南東川節度使董璋部將。事見本書卷四一。

[4]劍州：州名。治所在今四川劍閣縣。

[5]“石敬瑭入散關”至“還保劍門”：《通鑑》卷二七七。《輯本舊史》卷四一《唐明宗紀七》：“（長興元年）九月乙丑，階州刺史王弘贄上言：‘一州主客户纔及千數，並無縣局，臣今檢括得新舊主客已及三千二百，欲依舊額立將利、福津二縣，請置令佐。’從之……十一月……辛巳，西面軍前奏，今月十三日，階州刺史王弘贄、瀘州刺史馮暉，自利州取山路出劍門關外倒下，殺敗董璋守關兵士三千人，收復劍州。”

（清泰元年四月庚午）未明，閔帝至衛州東數里，遇石敬瑭；帝大喜，問以社稷大計，敬瑭曰：“聞康義誠西討，何如？陛下何爲至此？”帝曰：“義誠亦叛去矣。”敬瑭俛首長歎數四，曰：“衛州刺史王弘贄，宿將習事，請與圖之。”乃往見弘贄問之，弘贄曰：“前代天子播遷多矣，然皆有將相、侍衛、府庫、法物，使群下有所瞻仰；今皆無之，獨以五十騎自隨，雖有忠義之心，將若之何？”敬瑭還，見帝於衛州驛，以弘贄之言告。（五月）王弘贄遷閔帝於州廨，帝遣弘贄之子殿直巒往鴆之。戊寅，巒至衛州謁見，閔帝問來故，不對。弘贄數進酒，閔帝知其有毒，不飲，巒縊殺之。[1]

[1]巒：人名。即王巒。籍貫不詳。王弘贄之子。事見本書卷四五。　“未明”至“巒縊殺之”：《通鑑》卷二七九。亦見《輯本舊史》卷四五《唐閔帝紀》應順元年（934）四月條。

（開運三年二月丙子）光禄卿致仕弘贄卒，贈太常卿。[1]

[1]光禄卿：官名。南朝梁天監七年（508）改光禄勳置，隋唐沿置。掌宫殿門户、帳幕器物、百官朝會膳食等。從三品。　光禄卿致仕弘贄卒，贈太常卿：《輯本舊史》卷八四《晋少帝紀四》。《新五代史》卷四八《王弘贄傳》：“贈太傅。”

韓昭裔

初，廢帝起於鳳翔，與共事者五人：節度判官韓昭裔、掌書記李專美、牙將宋審虔、客將房暠，而延朗爲孔目官。[1]初，愍帝即位，徙廢帝爲北京留守，不降制書，遣供奉官趙處愿促帝上道。[2]帝疑惑，召昭裔等計議，昭裔等皆勸帝反，由是事無大小，皆此五人謀之。帝既立，以昭裔爲左諫議大夫、端明殿學士。[3]久之，以昭裔爲樞密使。由是昭裔掌機密。當晉之將起，廢帝以昭裔爲中書侍郎、同中書門下平章事，[4]出爲河陽節度使，與審虔、文遇皆不知其所終。[5]

[1]李專美：人名。京兆萬年（今陜西西安市長安區）人。五代後梁、後唐、後晋官員。傳見本書卷九三。　宋審虔：人名。籍貫不詳。五代後唐官員。事見本書卷四八、《新五代史》卷二七。　房暠：人名。京兆長安（今陜西西安市）人。五代後唐、後晋大臣。傳見本書卷九六。　延朗：人名。即劉延朗。宋州虞城（今河南虞城縣）人。五代後唐大臣。傳見本書卷六九、《新五代史》卷二七。　孔目官：官名。唐玄宗開元五年（717）始於集賢殿置孔目官一人，掌檔案及圖書目録。後諸鎮節度使府皆置孔目官，掌管檔案及文書收發，綜理衆務，其職掌略似於諸州、府之録事參軍，爲幕府要職之一。

[2]趙處愿：人名。籍貫不詳。五代後唐官員。事見《新五代史》卷二七。

[3]左諫議大夫：官名。隸門下省。唐代置左、右諫議大夫各四人，分隸門下省、中書省。掌諫諭得失、侍從贊相。正四品下。　端明殿學士：官名。五代後唐天成元年（926）明宗初即位，每有四方書奏，多令樞密使安重誨進讀，重誨不曉文義。於是孔循獻議，設端明殿學士，命馮道等爲之，位在翰林學士之上。此後沿置。

[4]中書侍郎：官名。中書省副長官。唐後期三省長官漸爲榮銜，中書侍郎、門下侍郎却因參議朝政而職位漸重，常常用爲以

"同三品"或"同平章事"任宰相者的本官。正三品。　同中書門下平章事：官名。簡稱"同平章事"。唐代高宗以後，凡實際任宰相之職者，常在其本官後加同平章事的職銜，後成爲宰相專稱。後晋天福五年（940），升中書門下平章事爲正二品。

［5］文遇：人名。即薛文遇。籍貫不詳。五代後唐大臣。事見本書卷四八及《通鑑》卷二七九、卷二八〇。　"初"至"文遇皆不知其所終"：《新五代史》卷二七《劉延朗傳》。"韓昭胤"，《新五代史》原作"韓昭胤"，因避宋諱改。《輯本舊史》卷四六《唐末帝紀上》清泰元年（934）四月丁亥條："鳳翔節度判官韓昭胤爲左諫議大夫，充端明殿學士。"同月庚寅條："史館奏：'凡書詔及處分公事，臣下奏議，望令近臣録付當館。'詔端明殿學士韓昭胤、樞密直學士李專美録送。"同年五月丙午條："以端明殿學士韓昭胤爲樞密使。"同月戊午條："以樞密使、左諫議大夫韓昭胤爲刑部尚書，使如故。"同書卷四七《唐末帝紀中》清泰二年四月癸未條："以樞密使韓昭胤爲中書侍郎兼兵部尚書、平章事，充樞密使。"同年十二月壬申條："以中書侍郎兼兵部尚書、充樞密使韓昭胤爲檢校司空、同平章事，充河中節度使。"同書卷七六《晋高祖紀二》天福元年（936）閏十一月甲申條："制：'……宰臣馬胤孫、樞密使房暠、宣徽使李專美、河府節度使韓昭胤等四人，並令釋放。'"亦見明本《册府》卷九三《帝王部·赦宥門一二》、卷五五七《國史部·採撰門三》。同書卷七八《晋高祖紀四》天福四年四月丙戌條："以韓昭胤爲兵部尚書致仕……唐末帝之舊臣也。"同書卷一一一《周太祖紀二》廣順元年（951）三月丙子條："兵部尚書致仕韓昭胤爲尚書右僕射。"同書卷一一四《周世宗紀一》顯德元年九月己亥條："以右僕射致仕韓昭胤、左僕射致仕楊凝式並爲太子太保致仕。"《宋本册府》卷一四五《帝王部·弭災門三》唐末帝清泰元年六月丙子："詔内外差官祈雨。自去年秋不雨，冬無雪。帝初至至德宫，雨數寸。至是旱，京師暍死十數人。帝命韓昭胤開廣化寺三藏塔，是夕，雨三寸。"同書卷一五〇《帝王部·寬

刑門》唐末帝清泰元年七月："詔曰：'朕自中春釁生家國，長子重吉遽陷無辜，其供奉官楚祚乘幼主之猜嫌，徇賊臣之指使，纔聞差使，遽自請行，坐情過甚於仇讎，臨法不依於制度，恣加淩辱，隱奪資財，縱便致於族誅，亦未平於深耻。朕再惟大體，不欲極刑，抑沉痛於恩情，示好生於天道。且令遠斥，粗釋幽冤，宜配登州長流百姓，常知所在。其父西京副指揮使虔章放令自便，縱逢恩赦，不在齒録之限。'重吉，明宗時爲控鶴指揮使，鄂王時朱、馮忌嫉，出爲亳州團練使。重吉初不奉詔，弘昭令宋州節度使召赴州，令楚祚往害之。帝息嗣不多，併罹非禍，言發涕零。後知祚殺重吉時，詬辱笞掠，以責家財。時祚在外位，立令追攝，將加極刑。韓昭裔曰：'帝王天下君父，臣下皆爲赤子，論刑定罪，須合人心。楚祚承命，檢校家財，理須窮詰。若以此加法，懼失物情。今便族楚祚之門，亦逝者何救？臣受恩殊等，安敢惜言。'帝曰：'吾兒不可復得，殺一楚祚，何足與言！'帝性仁恕，終爲韓開釋，而祚免死。"卷一七二《帝王部·求舊門二》後唐明宗長興二年（931）三月："韓昭裔檢校户部員外郎、守太子左贊善大夫，仍賜紫金魚袋……帝在藩舊參佐也。"明本《册府》卷一八一《帝王部·無斷門》後唐廢帝清泰元年六月："三司使劉昫上言：'天下州郡，於天成二年括定税率，迨今八年。近有民於本道及詣闕訴田不均，乞檢視；累行蠲放，漸失賦租，請朝臣中選清强巡行檢視。'從之。昫奉詔，便欲曉諭。樞密使韓昭裔言：'俟更詳議。'其事不報。帝猶豫少決，皆此類也。"《通鑑》卷二七九後唐廢帝清泰元年七月乙卯條："帝欲殺楚匡祚，韓昭胤曰：'陛下爲天下父，天下之人皆陛下子，用法宜存至公。匡祚受詔檢校重吉家財，不得不爾。今族匡祚，無益死者，恐不厭衆心。'乙卯，長流匡祚於登州。"同卷清泰二年四月癸未條："加樞密使、刑部尚書韓昭胤中書侍郎、同平章事。"同年十二月壬申條："以中書侍郎、同平章事、充樞密使韓昭胤同平章事、充護國節度使。"同書卷二八二天福四年四月丙戌條："以韓昭胤爲兵部尚書……致仕。"

王緒

王緒，性姦猾，多心術。爲魏博杜重威從事，[1]聚斂無已。重威承詔攻安重榮於常山，[2]緒從之。城未下，獻謀於重威，率境内百姓地畝錢以備贍給。俄而城下，依前令督之。重威素貪黷，深重之。尋以他事忤意，乃薦於朝廷，授太常丞，家於營丘。[3]常致書於楊光遠。時緒有妾之兄以貧匱告緒，緒不爲賙給，又詬辱之，繇是挾隙，告與楊光遠連謀，每密書述朝廷機事。侍衛使景延廣收捕下獄，[4]奏斬於澶州北市。[5]

[1]杜重威：人名。其先朔州（今山西朔州市朔城區）人，後徙居太原（今山西太原市）。五代後晋、後漢將領。傳見本書卷一〇九、《新五代史》卷五二。

[2]安重榮：人名。朔州人。五代後唐、後晋將領。傳見本書卷九八、《新五代史》卷五一。　常山：即鎮州，治所在今河北正定縣。

[3]太常丞：官名。太常寺屬官。掌判寺事。凡大饗太廟，則修七祀於太廟西門之内。若祫享，則兼修配享功臣之禮。從五品上。　營丘：地名。位於今山東淄博市臨淄區西北臨淄故城。

[4]侍衛使：官名。五代禁軍將領。時有内外巡檢侍衛指揮使、牙（衙）内侍衛指揮使，又有侍衛親軍馬步軍都指揮使、侍衛馬軍都指揮使、侍衛步軍都指揮使等。　景延廣：人名。陝州（今河南三門峽市陝州區）人。五代後晋將領。傳見本書卷八八、《新五代史》卷二九。

[5]澶州：州名。唐、五代初，治所在河南清豐縣。後晋天福四年（939），移治於今河南濮陽縣。　“王緒”至“奏斬於澶州

北市”：明本《册府》卷九三五《總録部・構患門》。王緒，籍貫不詳。《輯本舊史》卷八二《晋少帝紀二》開運元年（944）三月條：“太常丞王緒棄市。緒家於青州，常致書於楊光遠。緒有妾之兄慊緒不爲賙給，遂告與光遠連謀，密書述朝廷機事，遂收捕斬之。”《宋本册府》卷九三一《總録部・枉横門》：“晋王緒爲太常丞。少帝時，因使德州迴，與景延廣有隙，則奏與楊光遠通謀，遣吏縶於麾下，鍛成其事。判官盧億累勸解，不從，尋有詔棄市。時甚冤之。”《通鑑》卷二八三後晋高祖天福八年條：“順國節度使杜威奏稱軍食不足，請如諸州例，許之。威用判官王緒謀，檢索殆盡，得百萬斛。威止奏三十萬斛，餘皆入其家。”

王彦璘

（天福三年六月丁丑）右監門衛上將軍王彦璘卒。[1]

[1]右監門衛上將軍：官名。唐置十六衛之一，掌宫禁宿衛。從二品。　右監門衛上將軍王彦璘卒：《輯本舊史》卷七七《晋高祖紀三》。王彦璘，籍貫、生平不詳。

韋濤

（韋）説子濤，官至尚書郎，坐其父廢。至晋天福初，濤爲尚書膳部員外郎，卒。[1]

[1]尚書膳部員外郎：官名。尚書省禮部膳部司郎官之一。爲郎中的副職，協助負責本司事務。從六品上。膳部掌管百官飲食餚饌及祭祀宴饗等方面的政令。　“説子濤”至“卒”：《新五代史》

卷二八《豆盧革傳》。《輯本舊史》卷三六《唐明宗紀二》天成元年（926）七月甲申條："詔曰：'……同州長春宫判官、朝請大夫、檢校尚書禮部郎中、賜紫金魚袋豆盧昪，將仕郎、守尚書屯田員外郎、崇文館學士、賜緋魚袋韋濤等，各因權勢，驟列班行，無才業以可稱，竊寵榮而斯久。比行貶謫，以塞尤違。朕以纂襲之初，含容是務，父既寬於後命，子宜示於特恩，並停見任。'"同書卷三七《唐明宗紀三》天成元年八月丁亥條："豆盧昪、韋濤仍削除自前所受官秩。"

楊漢賓

後唐楊漢賓前任爲黔南節度使，毆故開州刺史陵約男彦徽致損，[1]兼加拘縛，令人點檢彦徽家業、錢穀。法司勘鞫漢賓，款招情罪。大理少卿康澄詳斷曰："楊漢賓早列偏裨，曾分茅土。事若先於恕己，理不在於尤人。豈可忘姻婭之舊情，憑官資之威力，遽因毆擊，顯致訟論。自歸有過之門，須舉無偏之道，合該議減，亦舉律文。其漢賓前任黔南節度使，是三品使，關八議準律減一等，杖九十。準名例律，官少不盡其罪，餘罪收贖；罪少不盡其官，留官收贖。其楊漢賓所犯罪，杖九十，准律贖銅九斤，准格每斤納錢一百二十文。"從之。[2]會東川節度使董璋叛，攻城。漢賓棄城走，投忠州。[3]

[1]黔南：方鎮名。治所在黔州（今重慶市彭水縣）。　開州：州名。治所在今重慶市開州區。　陵約：人名。籍貫、事跡不詳。　彦徽：人名。籍貫、事跡不詳。

[2]大理少卿：官名。大理寺的副長官。協助大理卿負責本寺的具體事務。從四品上。　康澄：人名。籍貫不詳。五代後唐官員。事見本書卷四三。　“後唐楊漢賓前任爲黔南節度使”至“從之”：明本《册府》卷四五四《將帥部·豪横門》。楊漢賓，籍貫不詳。

[3]忠州：州名。治所在今重慶市忠縣。　會東川節度使董璋叛，攻城。漢賓棄城走，投忠州：明本《册府》卷四五〇《將帥部·失守門》。“董璋”，《册府》誤作“董卓”。《輯本舊史》卷三九《唐明宗紀五》天成三年（928）三月癸亥條：“以前鄭州刺史楊漢賓爲洋州武定軍留後。”同書卷四〇《唐明宗紀六》天成四年五月乙酉條：“以黔州留後楊漢賓爲本州節度使。”同書卷四二《唐明宗紀八》長興二年（931）六月乙酉條：“以前黔州節度使楊漢賓爲羽林統軍。”同書卷四七《唐末帝紀中》清泰二年（935）六月壬申條：“以新州節度使楊漢賓爲同州節度使。”同書卷七六《晋高祖紀二》天福元年十二月癸巳條：“同州小校門鐸殺節度使楊漢賓，燒劫州城。”《通鑑》卷二七七後唐明宗長興元年十一月甲申條：“朱偓將至涪州，武泰節度使楊漢賓棄黔南，奔忠州。偓追至豐都，還取涪州。”同書同卷長興二年三月辛酉條：“李仁罕至夔州，寧江節度使安崇阮棄鎮，與楊漢賓自均、房逃歸。”

王暉

（長興元年十一月甲申）董璋遣前陵州刺史王暉將兵三千，會李肇等，[1]分屯劍州南山。（十二月乙未）李肇、王暉陳于河橋。（長興三年四月乙丑）東川節度使董璋會諸將謀襲成都，[2]皆曰必克；前陵州刺史王暉曰：“劍南萬里，成都爲大，時方盛夏，師出無名，必無成功。”（五月乙酉）璋至梓州，[3]肩輿而入，王暉迎問曰：“太尉全軍出征，今還者無十人，何也？”璋涕泣不能對，至府第。方食。暉與璋從子牙内都虞候延浩帥兵三百大譟而入。[4]璋引妻子登城，子光嗣自殺，璋至北門樓，呼指揮使潘稠使討亂兵，[5]稠引十卒登城，斬璋首，及取光嗣首以授王暉，暉舉城迎降。[6]（天福二年七月丙辰）安州威和指揮使王暉聞范延光作亂，殺安遠節度使周瓌，[7]自領軍府，欲俟延光勝則附之，敗則渡江奔吴。帝遣右領軍上將軍李金全將千騎如安州巡檢，許赦王暉爲唐州刺史。[8]（八月）山南東道節度使安從進恐王暉奔吴，遣行軍司馬張朏將兵會復州兵於要路邀之。[9]暉大掠安州，將奔吴，部將胡進殺之。[10]八月，癸巳，以狀聞。（乙巳）赦張從賓、符彦饒、王暉之黨，[11]未伏誅者皆不問。[12]

[1]陵州：州名。治所在今四川仁壽縣。　李肇：人名。汝陰（今安徽阜陽市）人。五代後唐、後蜀將領。事見《新五代史》卷六四。

[2]成都：府名。治所在今四川成都市。

[3]梓州：州名。治所在今四川三臺縣。

[4]牙内都虞候：官名。唐末、五代藩鎮衙内之牙將。　延浩：人名。即董延浩。董璋從子。事見《通鑑》卷二七七。

[5]光嗣：人名。即董光嗣。董璋之子。事見《新五代史》卷六四。　潘稠：人名。籍貫不詳。事見《通鑑》卷二七七。

[6]“董璋遣前陵州刺史王暉將兵三千”至“暉舉城迎降”：《通鑑》卷二七七。王暉，籍貫不詳。《輯本舊史》卷四三《唐明宗紀九》長興三年（932）六月戊午條：“荆南奏：‘東川董璋領兵

至漢州，西川孟知祥出兵逆戰，璋大敗，得部下人二十餘，走入東川城，尋爲前陵州刺史王暉所殺，孟知祥已入梓州。’”同書卷六二《董璋傳》：“先是，前陵州刺史王暉爲璋所邀，寓於東川。至是因璋之敗，率衆以害之，傳其首於西川。”

［7］安遠：方鎮名。治所在安州（今湖北安陸市）。　周瓌：人名。亦作“周環”。晉陽（今山西太原市）人。五代將領。傳見本書卷九五。

［8］右領軍上將軍：官名。唐置十六衛之一，掌宫禁宿衛。從二品。　李金全：人名。吐谷渾族，早年爲五代後唐明宗李嗣源奴僕，驍勇善戰，因功升遷。後晉時封安遠軍節度使，後投奔南唐。傳見本書卷九七、《新五代史》卷四八。　唐州：州名。治所在今河南唐河縣。

［9］張朏：人名。籍貫不詳。安從進部將。事見本書卷九五。　復州：州名。治所在今湖北天門市。

［10］胡進：人名。籍貫不詳。五代將領。事見本書卷九五。

［11］張從賓：人名。籍貫不詳。五代後唐、後晉將領。傳見本書卷九七。　符彦饒：人名。陳州宛丘（今河南淮陽縣）人。符存審次子。五代後唐、後晉將領。傳見本書卷九一、《新五代史》卷二五。

［12］“安州威和指揮使王暉聞范延光作亂”至“未伏誅者皆不問”：《通鑑》卷二八一。《輯本舊史》卷七六《晉高祖紀二》天福二年（937）七月甲戌條：“安州軍亂，指揮使王暉害節度使周瓌於理所，遣右衛上將軍李金全領千騎赴安州。”此條有《舊五代史考異》：“王暉害周瓌，《五代春秋》《通鑑》俱不書日，《歐陽史》作丙子，《薛史》作甲戌，諸史所載俱異。”同年八月乙巳條：“詔：‘……應自張從賓作亂以來，有曾被張從賓及張延播脅從染污者，及符彦饒下隨身軍將等，兼安州王暉徒黨，除已誅戮外，並從釋放，一切不問。’”同書卷九五《周瓌傳》：“先是，威和指揮使王暉領部下兵屯於安陸，瓌至鎮，待之甚厚。俄聞范延光叛於魏博，

張從賓寇於汜水，暉以瓌高祖之元臣也，幸國朝方危，遂害瓌於理所，自總州事，以爲延光勝則附之，敗則渡江而遁，斯其計也。既而襄陽安從進遣行軍司馬張朏，會復州兵於要路以徼之，李金全承詔繼至，暉遂掠城中財帛士女，欲奔江南，尋爲其下所殺。”此條有《舊五代史考異》：“《歐陽史》作王暉南走，爲從進兵所殺，與《薛史》異。《通鑑》作暉時奔吳，部將胡進殺之，與《薛史》同。”同書卷九七《李金全傳》：“高祖即位之明年，安州屯將王暉殺節度使周瓌，詔遣金全以騎兵千人鎮撫其地。未及境，暉爲部下所殺。”

王謙

（天福二年三月己未）兖州李從温奏，節度副使王謙搆軍士作亂，尋已處置。[1]

[1]李從温：人名。代州崞縣（今山西原平市）人。後唐明宗李嗣源之侄。五代大臣、藩鎮軍閥。傳見本書卷八八。　“兖州李從温奏”至“尋已處置”：《輯本舊史》卷七六《晋高祖紀二》。王謙，籍貫、生平不詳。

張萬迪

張萬迪者，不知其何人也。初事唐，後事晋，爲登州刺史。楊光遠反，以騎兵百脅取二刺史至青州，萬迪聽命。及光遠平，曲赦青州，雖光遠子孫皆見慰釋，而獨不赦萬迪，暴其罪而斬之。[1]

[1]“張萬迪者”至“暴其罪而斬之”：《新五代史》卷三三

《翟進宗傳》附《張萬迪傳》。《輯本舊史》卷四八《唐末帝紀下》清泰三年（936）七月條：“彰聖指揮使張萬迪以部下五百騎叛入太原，詔誅家屬於懷州本營。”同書卷七五《晋高祖紀一》清泰三年八月條：“懷州彰德軍使張萬迪等各率千餘騎來降。”同書卷八三《晋少帝紀三》開運元年（944）閏十二月乙酉條：“前登州刺史張萬迪削奪官爵處斬。”明本《册府》卷九四《帝王部·赦宥門一三》後晋少帝開運元年閏十二月乙酉制曰：“……去順效逆，頗蠹人倫；濟惡助姦，難逃國典。前登州刺史張萬迪，恩隆郡寄，顯受朝恩，不能事君盡忠，輒敢從人於亂，備彰逆節，須舉明章。其張萬迪宜從别敕處分，尚在寬宥，特免族誅，其骨肉並從釋放。”

劉景巖　附熊皦

劉景巖，延州人也。其家素富，能以貲交游豪俊。事高萬金爲部曲，其後爲丹州刺史。晋高祖起兵太原，唐廢帝調民七户出一卒爲義兵。延州節度使楊漢章發鄉民赴京師，將行，景巖遣人激怒之，義兵亂，殺漢章，迎景巖爲留後。晋高祖即位，即拜景巖節度使。[1]

[1]延州：州名。治所在今陝西延安市。　高萬金：人名。延州（今陝西延安市）人。高萬興之弟。事見本書卷一三二《高萬興傳》、《新五代史》卷四〇。　丹州：州名。治所在今陝西宜川縣。　“劉景巖”至“即拜景巖節度使”：《新五代史》卷四七《劉景巖傳》。《宋本册府》卷八八三《總録部·形貌門》：“漢劉景巖，昂藏巨準，時人號爲大鼻。”同書卷九四五《總録部·巧宦門》：“漢劉景巖，初仕後唐，爲丹州刺史，家富於財，能交結豪右。”《輯本舊史》卷四八《唐末帝紀下》清泰三年（936）十一月

丁酉條："延州上言：節度使楊漢章爲部衆所殺。以前坊州刺史劉景巖爲延州留後。"同書卷七六《晋高祖紀二》天福二年（937）正月庚午條："延州節度使劉景巖……加食邑實封。"同書卷七九《晋高祖紀五》天福六年五月庚申條："延州節度使劉景巖爲邠州節度使。"同書卷八四《晋少帝紀四》開運二年六月癸酉條："以邠州節度使劉景巖爲陝州節度使。"同年十二月乙亥條："陝府節度使劉景巖來朝。"同卷開運三年（946）正月癸卯條："以陝州節度使劉景巖爲鄧州節度使。"《通鑑》卷二八〇後晋高祖天福元年十一月丁酉條："前坊州刺史劉景巖，延州人也，多財而喜俠，交結豪傑，家有丁夫兵仗，人服其强，勢傾州縣。彰武節度使楊漢章無政，失夷、夏心，會括馬及義軍，漢章帥步騎數千人將赴軍期，閲之于野。景巖潛使人撓之曰：'契丹强盛，汝曹有去無歸。'衆懼，殺漢章，奉景巖爲留後。唐主不獲已，丁酉，以景巖爲彰武留後。"明本《册府》卷一六九《帝王部·納貢獻門》晋少帝開運三年十月："太子太師致仕劉景巖進馬三十匹。"《宋本册府》卷一七九《帝王部·姑息門四》清泰三年十二月："劉景巖爲彰武軍節度留後。景巖，故河西鄜延帥高萬金之將校，累任至坊州刺史。家在延州，父子豪右，私家有丁夫兵仗，勢傾郡邑，邑人憚其强，多推服之。會楊漢章帥延州無政，失蕃漢之私。是時，有詔借括戰馬及壯丁，漢章以數千人將赴軍期，其兵仗鞍馬閲之於野，而便成行。景巖密令人撓之，言契丹在河東，丁壯有去無歸。衆心懼，殺漢章，乃以其衆至景巖墅，推爲留後。朝廷不獲已而命之。"

景巖從事熊皦，爲人多智，陰察景巖跋扈難制，懼其有異心，欲以利愚之，因語景巖，以謂邊地不可以久安，爲陳保名享利之策，言邠、涇多善田，[1]其利百倍，宜多市田射利以自厚。景巖信之，歲餘，其獲甚多。景巖使皦朝京師，皦乃言："景巖不宜在邊，可徙之内地。”乃移景巖邠州，皦入拜補闕，而景巖又徙鎮保義，居未幾，又徙武勝。[2]景巖乃悟皦爲賣已，遂誣奏皦隱己玉帶，皦坐貶商州上津令。皦懼景巖邀害之，道亡，匿山中。[3]

[1]邠：州名。治所在今陝西彬縣。　涇：州名。治所在今甘肅涇川縣。

[2]補闕：官名。唐武則天時始置。分爲左右，左補闕隸於門下省，右補闕隸於中書省。掌規諫諷諭，大事可以廷議，小事則上封奏。從七品上。　保義：方鎮名。龍紀元年（889）以陝虢節度使爲保義軍，治所在陝州（今河南三門峽市陝州區）。　武勝：方鎮名。治所在鄧州（今河南鄧州市）。

[3]上津：縣名。治所在今湖北鄖西縣上津鎮。　“景巖從事熊皦”至“匿山中”：《新五代史》卷四七《劉景巖傳》。明本《册府》卷七二二《幕府部·禆贊門》：“熊皦，閩人，多知數，邠州節度使劉景巖辟爲判官。景巖比以盜據延州，朝廷常姑息之。皦前入朝，言已説景巖肯移近地，遂降命改鎮。執政以爲皦有緩頰之力，乃賜以金紫。”同書卷九四九《總録部·亡命門》：“晋熊皦，以少帝開運三年謫授商州上津縣令。赴任，至白馬寺止宿，遇夜暗逃。皦，閩中人，爲詩甚工，以進士擢第。嘗爲延州劉景巖從事。景巖入移内地，皦有力焉。後景巖承詔休致，心甚不樂，前使皦送金帶遺宰臣馮玉，玉不受。皦時爲左補闕，雖云歸帶與景巖之來使，而不甚明。景巖以失意怨皦，因誣其隱帶以達玉。玉奏之，故有是謫。皦懼後命，遂竄。”《郡齋讀書志》卷四有熊皦《屠龍集》五卷，云：“熊皦，後唐清泰二年進士，爲延安劉景巖從事。天福中，説景巖歸朝，擢右司諫，坐累黜上津令。”

開運三年，景巖罷武勝，以太子太師致仕，[1]居華州。契丹犯京師，以周密鎮延州，[2]景巖乃還故里。而州人逐密，立高允權。[3]允權妻劉氏，景巖孫女也。景巖良田、甲第、僮僕甚盛，党項司家族畜牧近郊，尤富彊，景巖與之往來，允權頗患之。允權妻歲時歸省，景巖謂曰："高郎一縣令，而有此州，其可保乎?"允權益惡之，而心又利其田宅，乃誣其反而殺之，年八十餘。[4]

[1]太子太師：官名。與太子太傅、太子太保統稱太子三師。隋唐以後多作加官或贈官。從一品。

[2]周密：人名。應州神武川（今山西山陰縣）人。五代將領。傳見本書卷一二四。

[3]高允權：人名。延州（今陝西延安市）人。五代將領。傳見本書卷一二五。

[4]党項：部族名。源出羌族，時活躍於今甘肅東部、寧夏、陝西北部一帶。參見湯開建《党項西夏史探微》，商務印書館2013年版。　"開運三年"至"年八十餘"：《新五代史》卷四七《劉景巖傳》。《輯本舊史》卷八四《晉少帝紀四》開運三年（946）七月丙申條："以前鄧州節度使劉景巖爲太子太師致仕。"同書卷一〇一《漢隱帝紀上》乾祐元年（948）十二月辛卯條："延州節度使高允權奏，得都頭李彦、李遇等告：'太子太師致仕劉景巖與鄉軍指揮使高志，結集草寇，欲取臘辰竊圖州城。尋請使臣與指揮使李勳，聊將兵士巡檢偵邏，劉景巖果出兵闘敵，時即殺敗，其劉景巖尋獲斬之。'詔曰：'劉景巖年已衰暮，身處退閑，曾無止足之心，輒肆苞藏之毒，結集徒黨，窺伺藩垣。所賴上將輸忠，三軍協力，盡除醜類，克殄渠魁。其劉景巖次男前德州刺史行琮已行極法，長男渭州刺史行謙、孫男邢州馬軍指揮使崇勳特放。"同書卷一二五《高允權傳》："太子太師致仕劉景巖，允權妻之祖也，退老於州之

别墅。景巖舊事高氏爲牙校，亦嘗爲延帥，甚得民心。景巖以允權婚家後輩，心輕之。允權恒忌其强。是歲冬，盡殺景巖之家，收其家財萬計，以謀叛聞，朝廷不能辨。”《新五代史》卷一〇《漢本紀》乾祐元年十二月己卯條：“彰武軍節度使高允權殺太子太師致仕劉景巖。”

長子行琮，德州刺史，罷，留京師，亦被誅。次子行謙，允權婦翁也，爲奏言非劉氏子，遂免不誅。[1]

[1]“長子行琮”至“遂免不誅”：《新五代史》卷四七《劉景巖傳》。

高唐英

（天福十二年二月甲戌）契丹主聞帝即位，以通事耿崇美爲昭義節度使，高唐英爲彰德節度使，崔廷勳爲河陽節度使，[1]以控扼要害。（丁丑）滏陽賊帥梁暉，[2]有衆數百，送款晋陽求效用，帝許之。磁州刺史李穀密通表於帝，[3]令暉襲相州。暉偵知高唐英未至，相州積兵器，無守備，丁丑夜，遣壯士踰城入，啓關納其衆，殺契丹數百，其守將突圍走。暉據州自稱留後，表言其狀。（三月辛亥）契丹主將攻相州，梁暉請降；契丹主赦之，許以爲防禦使，暉疑其詐，復乘城拒守。（四月己未）未明，契丹主命蕃漢諸軍急攻相州，食時克之，悉殺城中男子，驅其婦女而北，胡人擲嬰孩於空中，舉刃接之，以爲樂。留高唐英守相州。唐英閱城中，遺民男女得七百餘人。其後節度使王繼弘斂城中髑髏瘞之,[4]凡得十餘萬。[5]（六月庚辰）初，契丹主德光命奉國都指揮使南宮王繼弘、都虞候樊暉以所部兵戍相州,[6]彰德節度使高唐英善待之。戍兵無鎧仗，唐英以鎧仗給之，倚信如親戚。唐英聞帝南下，舉鎮請降；使者未返，繼弘、暉殺唐英。繼弘自稱留後，遣使告云唐英反覆，詔以繼弘爲彰德留後。庚辰，以暉爲磁州刺史。安國節度使高奉明聞唐英死，心不自安，請於麻答，署馬步都指揮使劉鐸爲節度副使,[7]知軍府事，身歸恒州。[8]

[1]通事：官名。契丹（遼）建國後，置通事一職以處理漢人事務。《通鑑》卷二八一胡三省注："契丹置通事以主中國人，以知華俗、通華言者爲之。"　耿崇美：人名。籍貫不詳。契丹大將，時爲昭義節度使。事見《通鑑》卷二八六。　昭義：方鎮名。治所在潞州（今山西長治市）。　彰德：方鎮名。治所在相州（今河南安陽市）。　崔廷勳：人名。籍貫不詳。五代後晋將領。傳見本書卷九八。

[2]梁暉：人名。磁州滏陽（今河北磁縣）人。五代河朔地區酋豪。曾率兵奪相州，後爲契丹主耶律德光攻滅。事見本書卷九九。

[3]李穀：人名。潁州汝陰（今安徽阜陽市）人。後周宰相。傳見《宋史》卷二六二。

[4]王繼弘：人名。南宮（今河北南宮市）人。五代將領。傳見本書卷一二五。

[5]"契丹主聞帝即位"至"凡得十餘萬"：《通鑑》卷二八六。高唐英，籍貫不詳。

［6］德光：人名。即遼太宗耶律德光。契丹族。遼太祖耶律阿保機次子。927 年至 947 年在位。紀見《遼史》卷三至卷四。　奉國都指揮使：官名。奉國爲五代後晋禁軍名。唐末、五代軍隊皆置都指揮使、指揮使，爲領兵將領。　南宫：縣名。治所在今河南南宫市。　樊暉：人名。籍貫不詳。事見本書卷一二五。

［7］安國：方鎮名。治所在邢州（今河北邢臺市）。　高奉明：人名。籍貫不詳。契丹將領。事見本書卷一〇〇、《通鑑》卷二八七。　麻答：人名。即耶律拔里得。契丹人。遼初皇室，遼太宗耶律德光堂弟。傳見《遼史》卷七六。參見鄧廣銘（署名鄺又銘）《〈遼史·兵衛志〉“御帳親軍”“大首領部族軍”兩事目考源》，《北京大學學報》（人文科學）1956 年第 2 期。　劉鐸：人名。籍貫不詳。契丹將領，時爲安國軍節度副使、知邢州事。傳見本書本卷。

［8］恒州：州名。即鎮州。治所在今河北正定縣。　“初”至“身歸恒州”：《通鑑》卷二八七。《輯本舊史》卷九八《張礪傳》：“礪素耿直，嗜酒無檢。始陷契丹時，曾背契丹南歸，爲追騎所獲。契丹主怒曰：‘爾何捨我而去？’礪曰：‘礪，漢人也，衣服飲食與此不同，生不如死，請速就刃。’契丹主顧通事高唐英曰：‘我常戒爾輩善待此人，致其逃去，過在爾輩。’因笞唐英一百。”同書卷九九《漢高祖紀上》天福十二年（947）二月甲戌條：“高唐英爲相州節度使。”同年四月己未條：“契丹主先遣僞命相州節度使高唐英率兵討之。未幾，契丹主至城下，是月四日攻拔之，遂屠其城。翌日，契丹主北去，命高唐英鎮之。唐英閱城中遺民，得男女七百人而已。”同書卷一〇〇《漢高祖紀下》天福十二年六月條：“是月，契丹所命相州節度使高唐英爲屯駐指揮使王繼弘、樊暉所殺。”明本《册府》卷八《帝王部·創業門》漢高祖開運四年（947）正月：“邪律氏亦以帝觀望不動，生猜貳焉，即以虜通事高唐英領安陽，耿崇美領上黨，僞侍中崔廷勳赴河橋，且欲扼太原之衝也。”卷七五九《總録部·忠門二》梁暉條：“虜主先遣僞命相州節度使高唐英率兵討之，未幾，虜主至城下。”同書卷九四三《總録部·不誼門》王繼弘

條："周王繼弘，在晋爲奉國指揮使。虜陷中原，從虜主至相州，遂令以本軍戍守。虜主留高唐英爲相州節度使，唐英善待繼弘，每候其第，則升堂拜繼弘之母，贈遺甚厚，倚若戚親，又給與兵仗，略無猜忌。會虜主死，漢祖赴洛，唐英遣使歸漢。漢祖大悦，將厚待唐英。使未迴，繼弘與指揮使樊暉等共殺唐英，繼弘自稱留後，令判官張易奉表于漢祖。人或責以見利忘義。繼弘曰：'吾儕小人也，若不因利乘便，以求富貴，畢世以來，未可得志也。'及漢祖討杜重威，至德清軍，繼弘來朝，乃授節旄。"参見《輯本舊史》卷一二五《王繼弘傳》。《宋本册府》卷一六六《帝王部·招懷門四》漢隱帝乾祐二年（949）九月："未幾，（高奉明）聞高祖南渡，高唐英死於安陽，心不自安，乃請麻荅署馬部都指揮使，留鐸爲本州副使，尋令知軍府事，奉明歸於鎮州。"同書卷九九七《外臣部·殘忍門》："漢高祖初自汴北迴，陷相州，殺留後梁暉，遂屠其城。翌日北去，命高唐英鎮之。唐英閱城中遺民，得男女七百人而已。乾（祐）中，王繼弘鎮相州，於城中得髑髏十五萬。殺人之數，從可知也。"屠城者當爲契丹，非後漢高祖，此條表述有誤。

劉鐸

（天福十二年六月）安國節度使高奉明聞（高）唐英死，心不自安，請於麻荅，署馬步都指揮使劉鐸爲節度副使，知軍府事，身歸恒州。（閏七月）麻荅遣使督運於洺州，洺州防禦使薛懷讓聞帝入大梁，[1]殺其使者，舉州降。帝遣郭從義將兵萬人會懷讓攻劉鐸於邢州，[2]不克。鐸請兵於麻荅，麻荅遣其將楊安及前義武節度使李殷將千騎攻懷讓於洺州。[3]懷讓嬰城自守，安等縱兵大掠於邢、洺之境。（八月庚寅）劉鐸聞麻荅遁去，舉邢州降；懷讓詐云巡檢，引兵向邢州，鐸開門納之，懷讓殺鐸，以克復聞。朝廷知而不問。[4]

[1]薛懷讓：人名。祖先爲戎人，徙居太原（今山西太原市）。五代將領。傳見《宋史》卷二五四。

[2]郭從義：人名。沙陀部人。五代、宋初大臣。傳見《宋史》卷二五二。

[3]楊安：人名。籍貫不詳。契丹將領。事見本書卷一〇六。 義武：方鎮名。治所在定州（今河北定州市）。 李殷：人名。薊州（今天津市薊州區）人。五代後唐、後晋將領。傳見本書卷一〇六。

[4]"安國節度使高奉明聞唐英死"至"朝廷知而不問"：《通鑑》卷二八七。劉鐸，籍貫不詳。《輯本舊史》卷一〇〇《漢高祖紀下》天福十二年（947）八月己酉條："是日，薛懷讓奏，收復邢州，殺僞命節度副使、知州事劉鐸。初，懷讓爲洺州防禦使，契丹麻答發健步督洺州糧運，懷讓殺之以聞。帝遣郭從義與懷讓攻取邢州，蕃將楊衮來援鐸，懷讓拒之，不勝，退保洺州。敵騎掠其部，民大被其苦。會鎮州逐麻答，楊衮收兵而退，鐸乃上表請命。懷讓乘其無備，遣人紿鐸云：'奉詔襲契丹，請置頓於郡。'鐸開門迎之，即爲懷讓所害，時人冤之。鐸初受契丹，命爲邢州都指揮使，及永康王以高奉明爲節度使，麻答署鐸爲邢州副使兼都指揮使。帝至東京，奉明歸鎮州，令鐸知邢州事，至是遇害。"《新五代史》卷一〇《漢本紀》天福十二年八月丙申條："安國軍節度使薛懷讓殺契丹之將劉鐸，入于邢州。"

梁暉

漢梁暉，滏陽人，少爲盜。會契丹犯闕，暉收集徒黨，先入磁州，無所侵犯，遣使送款於高祖。暉偵知相州頗積餉，且無守備，遂以三月二十一日夜，與其徒踰垣而入，殺契丹十人，奪器用數萬計，遂據其城。虜主先遣僞命相州節度使高唐英率兵討之，未幾，虜主至城下。是月四日攻拔之，遂屠其城。[1]

［1］高唐英：人名。籍貫不詳。遼官員，後曾任相州節度使。傳見本書本附録。　“漢梁暉”至“遂屠其城”：明本《册府》卷七五九《總録部·忠門二》。“滏陽”原作“淦陽”，據《通鑑》卷二八六改。《輯本舊史》卷九九《漢高祖紀上》天福十二年（947）二月丁丑條：“磁州賊帥梁暉據相州。”同年四月乙未條：“是日，契丹主取相州，殺留後梁暉。”亦見同書卷一三七《契丹傳》。《新五代史》卷一〇《漢本紀》天福十二年二月：“磁州賊首梁暉取相州來歸。”同年四月：“契丹陷相州，殺梁暉。”《通鑑》卷二八六後漢高祖天福十二年二月丁丑條：“滏陽賊帥梁暉，有衆數百，送款晋陽求效用，帝許之。磁州刺史李穀密通表於帝，令暉襲相州。暉偵知高唐英未至，相州積兵器，無守備，丁丑夜，遣壯士踰城入，啓關納其衆，殺契丹數百，其守將突圍走。暉據州自稱留後，表言其狀。”同年三月辛亥條：“契丹主將攻相州，梁暉請降；契丹主赦之，許以爲防禦使，暉疑其詐，復乘城拒守。”同年四月己未條：“未明，契丹主命蕃漢諸軍急攻相州，食時克之，悉殺城中男子，驅其婦女而北，胡人擲嬰孩於空中，舉刃接之，以爲樂。留高唐英守相州。唐英閲城中，遺民男女得七百餘人。其後節度使王繼弘斂城中髑髏瘞之，凡得十餘萬。”

王瓊

（天福十二年二月癸未）鎮寧節度使邪律郎五，[1]性殘虐，澶州人苦之。賊帥王瓊帥其徒千餘人，夜襲據南城，北度浮航，縱兵大掠，圍郎五於牙城。契丹主聞之，甚懼，始遣天平節度使李守貞、天雄節度使杜重威還鎮，[2]由是無久留河南之意。遣兵救澶州；瓊退屯近郊，遣弟超奉表來求救。[3]癸未，帝厚賜超，遣還。瓊兵敗，爲契丹所殺。[4]

[1]鎮寧：方鎮名。治所在澶州（今河南濮陽市）。　邪律郎五：人名。即耶律郎五、耶律忠。傳見《遼史》卷一七。

[2]李守貞：人名。河陽（今河南孟州市）人。五代將領。傳見本書卷一〇九、《新五代史》卷五二。　天雄：方鎮名。治所在魏州（今河北大名縣）。

[3]超：王超。王瓊之弟。

[4]“鎮寧節度使邪律郎五”至“爲契丹所殺”：《通鑑》卷二八六。王瓊，籍貫不詳。《輯本舊史》卷九九《漢高祖紀上》天福十二年（947）二月癸未條：“澶州賊帥王瓊與其衆斷本州浮橋，瓊敗，死之。時契丹以族人朗五爲澶州節度使，契丹性貪虐，吏民苦之。瓊爲水運什長，乃搆夏津賊帥張乙，得千餘人，沿河而上，中夜竊發，自南城殺守將，絶浮航，入北城，朗五據牙城以拒之。數日，會契丹救至，瓊敗死焉。契丹主初聞其變也，懼甚，由是大河之南無久留之意，尋遣天雄軍節度使杜重威歸鎮。”

王益

（乾祐元年四月）時供奉官時知化、王益自鳳翔部署，前永興軍節度使趙贊部下牙兵趙思綰等三百餘人赴闕。三月二十四日，行次永興，思綰等作亂，突入府城，據城以叛。故命從義以討之。[1]

[1]時知化：人名。籍貫不詳。五代後漢供奉官。事見本書卷一〇一、卷一〇二。　永興軍：方鎮名。治所在京兆府（今陝西西安市）。　趙贊：人名。幽州薊（今北京市）人。五代後唐、遼朝將領趙延壽之子。五代後唐至宋初將領。傳見《宋史》卷二五四。　趙思綰：人名。魏州（今河北大名縣）人。五代將領。傳見本書卷一〇九、《新五代史》卷五三。　從義：人名。即郭從義。沙陀部人。五代、宋初大臣。傳見《宋史》卷二五二。　"時供奉官時知化"至"故命從義以討之"：明本《册府》卷一二三《帝王部·征討門三》漢隱帝條。亦見《輯本舊史》卷一〇一《漢隱帝紀上》乾祐元年（948）四月壬午條。王益，籍貫不詳。同書卷一〇二《漢隱帝紀中》乾祐二年七月丁卯條："郭從義奏，處斬前巡檢使喬守温，供奉官王益、時知化、任繼勳等。守温受高祖命巡檢京兆，會王益自鳳翔押送趙思綰等赴闕，行至京兆，守温迎益於郊外，思綰等突然作亂，遂據其城。及郭從義率兵攻討，令守温部署役夫。守温有愛姬陷在賊城，爲思綰所録，及收城，從義盡得思綰之婢僕，守温求其愛姬，從義雖與之，意有所慊，遂發前罪，密啓于郭威，請除之，與王益等併誅焉。"

王松

王松，父徽，爲唐僖宗宰相。松舉進士，後唐時，歷刑部郎中，唐末，從事方鎮。晉高祖鎮太原，辟松節度判官。晉高祖即位，拜右諫議大夫，累拜工部尚書。出帝北遷，蕭翰立許王從益於京師，以松爲左丞相。[1]漢高祖入洛，先遣人馳詔東京百官嘗授僞命者皆焚之，使勿自疑，由是御史臺悉斂百官僞敕焚之。松以手指其胸，引郭子儀自誚，[2]以語人曰："此乃二十四考中書令也。"聞者笑之。松子仁寶爲李守貞河中支使，[3]守貞反，松以子故上書自陳，高祖憐之，但使解職而已。松有田城東，歲時往來京師，以疾卒。[4]

[1]蕭翰：人名。契丹人。遼朝宰相蕭敵魯之子，述律太后之侄，太宗皇后之兄。遼初將領。傳見本書卷九八、《遼史》卷一一三。　從益：人名。即李從益。五代後唐明宗幼子，封許王。947年，契丹滅後晋，立從益爲中原皇帝，國號梁。旋即爲後漢高祖所殺。傳見本書卷五一、《新五代史》卷一五。　左丞相：官名。秦漢始置，爲百官之長，輔佐皇帝綜理全國事務。

[2]郭子儀：人名。華州鄭縣（今陝西渭南市華州區）人。唐代大將，平定安史之亂的功臣。傳見《舊唐書》卷一二〇。

[3]仁寶：人名。即王仁寶。王松之子。事見本書卷一〇二。　支使：官名。唐、五代節度使、觀察使等下屬官員中有支使，其職與掌書記同。位在副使、判官之下，推官之上。掌表奏書檄等。

[4]"王松"至"以疾卒"：《新五代史》卷五七《王松傳》。《輯本舊史》卷五一《許王從益傳》："從益於崇元殿見群官，蕭翰率部衆列拜於殿上，群官趨拜於殿下，乃僞署王松爲左丞相，趙上交爲右丞相，李式、翟光鄴爲樞密使，王景崇爲宣徽使，餘官各有署置。"《新五代史》卷一五《淑妃王氏傳》："德光北歸，留蕭翰守汴州。漢高祖起太原，翰欲北去，乃使人召從益，委以中國。從益子母逃於徽陵域中，以避使者，使者迫之以東，遂以從益權知南朝軍國事。從益御崇元殿，翰率契丹諸將拜殿上，晋群臣拜殿下。群臣入謁太妃，妃曰：'吾家子母孤弱，爲翰所迫，此豈福邪？禍行至矣！'乃以王松、趙上交爲左右丞相，李式、翟光鄴爲樞密使，燕將劉祚爲侍衛親軍都指揮使。翰留契丹兵千人屬祚而去。漢高祖

擁兵而南，從益遣人召高行周、武行德等爲拒，行周等皆不至，乃與王松謀以燕兵閉城自守。”《輯本舊史》卷六七《韋説傳》：“及崇韜得罪，説懼流言所鍾，乃令門人左拾遺王松、吏部員外郎李慎義等上疏云：‘崇韜往日專權，不閑故實，塞仕進之門，非獎善之道。’”同書卷一四八《選舉志》：“唐同光四年三月，中書門下奏議：‘左拾遺王松、吏部員外郎李慎儀上疏，以諸道州縣，皆是攝官，誅剥生靈，漸不存濟。比者郭崇韜在中書日，未詳本朝故事，妄被閑人獻疑，點檢選曹，曲生異議。或告赤欠少，一事闕違，保内一人不來，五保即須並廢；文書一紙有誤，數任皆不勘詳。其年選人及行事官一千二百五十餘員，得官者才及數十，皆以渝濫爲名，盡被焚毁棄逐，或斃踣於旅店，或號哭於道途。以至二年已來，選人不敢赴集，銓曹無人可注，中書無人可除。去年闕近二千，授官不及六十。伏請特降敕文，宣布遐邇，明往年制置，不自於宸衷；此日焦勞，特頒於睿澤。望以中書條件及王松等所論事節，委銓司點檢，務在酌中，以爲定制。’從之。時議者以銓注之弊，非止一朝，搢紳之家，自無甄别，或有伯叔告赤，鬻於同姓之家，隨賂改更，因亂昭穆，至有季父伯舅反拜姪甥者。郭崇韜疾惡太深，奏請釐革，豆盧革、韋説僶俛贊成。或有親舊訊其事端者，革、説曰：‘此郭漢子之意也。’及崇韜誅，韋説即教門人王松上疏奏論，故有此奏。識者非之。”王松上疏之事亦見明本《册府》卷三三五《宰輔部・自全門》，卷六三二《銓選部・條制門四》繫於同光四年（926）二月。《輯本舊史》卷七六《晉高祖紀二》天福二年（937）正月庚申條：“以前吏部郎中兼侍御史、知雜事王松爲左諫議大夫。”同月丙寅條：“以左諫議大夫王松判度支。”同年九月癸酉條：“以左諫議大夫、判度支王松爲尚書工部侍郎。”卷七七《晉高祖紀三》天福三年正月壬戌條：“工部侍郎、判度支王松改尚書刑部侍郎。”卷七八《晉高祖紀四》天福四年九月丙申條：“刑部侍郎王松改户部侍郎。”卷七九《晉高祖紀五》天福六年四月己亥條：“户部侍郎王松改御史中丞。”卷八〇《晉高祖紀六》天福六年十一月甲子條："以御史中丞王松爲尚書右丞。"卷八一《晋少帝紀一》天福八年五月辛卯條："以尚書右丞王松爲吏部侍郎。"卷八二《晋少帝紀二》開運元年（944）六月戊辰條："以門下侍郎王松爲左丞。"卷八三《晋少帝紀三》開運元年閏十二月己丑條："左丞王松爲太常卿。"卷八四《晋少帝紀四》開運二年五月壬子條："太常寺卿王松改工部尚書。"同年八月丙子條："以工部尚書王松權知貢舉。"同卷開運三年七月壬辰條："以工部尚書王松爲禮部尚書。"卷一〇二《漢隱帝紀中》乾祐二年（949）九月己酉條："禮部尚書、判吏部尚書銓事王松停見任，坐子仁寶爲李守貞從事也，尋卒於其家。"《宋本册府》卷一五四《帝王部·明罰門三》周太祖廣順三年（953）二月："（桑）維翰父珙有愛姬，生子歲餘，珙卒，姬求出，遂攜兒而去，兒即（桑）能也。其後莫知所之，及維翰貴，潛遣人求訪音問，微知在青州。會王松權知青州，時維翰鎮兖州，以誠託松，松至郡訪能，果得之於博興縣民家。能母適玄氏，能即爲玄氏子。松即送能至維翰所，維翰表其事。"卷六九八《牧守部·失政門》："漢王松，初仕晋，權知青州軍州事。松性坦率，不事邊幅，樂於歡宴，政事不治，人士譏之。"卷七一九《幕府部·清廉門》："漢王松，晋高祖鎮太原時，松爲節度判官，晋祖令監帑廩，以清苦見重。"卷九二五《總録部·譴累門》："漢王松爲禮部尚書。隱帝乾祐二年敕：'松事因有玷誠功，上章述避嫌之辭，形告退之意。其男仁寶，雖因除名，曾授僞官，一昨既翦，兇酋合從，俘執未明，死所乃漏，刑書路岐，雖限於山河，情愛且關於父子，便議連坐，恐失寬條，以爾朝列舊臣，班行宿德，累有退閑之請，宜弘軫惻之恩。特俾免官，用明減等，宜停見任。'"

史萬山

漢史萬山爲深州刺史。[1]乾祐三年春，虜大入寇，萬山城守有功。[2]虜退，周太祖遣索方進率騎七百屯深州，一日，虜數十騎侵周東門。萬山父子以虜不多，乃率牙兵百餘人襲虜。虜僞退十餘里而兵發，萬山血戰，急請救於方進。方進勒兵不出，萬山死之。[3]

[1]深州：州名。治所在今河北深州市。

[2]乾祐：後漢高祖劉知遠、隱帝劉承祐年號（948—950）。北漢亦用此年號。

[3]周太祖：五代後周開國皇帝郭威。邢州堯山（今河北隆堯縣）人。紀見本書卷一一〇至卷一一三、《新五代史》卷一一。索方進：人名。即索萬進。五代後周將領。事見本書卷一〇三、卷一一三。　“漢史萬山爲深州刺史”至“萬山死之”：明本《册府》卷四二五《將帥部·死事門二》。史萬山，籍貫不詳。《五代會要》卷二九党項羌條長興三年（932）二月：“上令告捷使史萬山宣諭軍中，所獲牛羊等物，各令士卒自取，勿得收斂以進奉爲名。”《輯本舊史》卷一〇三《漢隱帝紀下》乾祐三年（950）四月辛未條：“故深州刺史史萬山贈太傅。先是，契丹入邊，萬山城守，郭威遣索萬進率騎七百屯深州。一日，契丹數千騎迫州東門，萬山父子率兵百餘人襲之。契丹僞退十餘里而伏兵發，萬山血戰，急請救於萬進，萬進勒兵不出，萬山死之，契丹亦解去。時論以萬進爲罪，故加萬山贈典焉。”《遼史》卷五《世宗紀》天禄三年（949）十月條：“殺深州刺史史萬山，俘獲甚衆。”

謝攀

（天福六年八月）遣光禄卿張澄、國子博士謝攀使高麗行册禮。[1]

[1]張澄：人名。籍貫不詳。五代後晋官員。事見《通鑑》卷二八二。　高麗：朝鮮半島古國。即王氏高麗。918 年，後三國（即朝鮮新羅、後百濟、泰封）之一泰封國武將王建自立爲王，改國號爲高麗，935 年滅新羅，次年滅後百濟，再次統一朝鮮。參見〔朝〕鄭麟趾等《高麗史》，西南師範大學出版社 2014 年版。　遣光禄卿張澄、國子博士謝攀使高麗行册禮：明本《册府》卷九六五《外臣部·封册門三》晋高祖條。亦見《輯本舊史》卷八〇《晋高祖紀六》天福六年（941）八月甲寅條，《會要》卷三〇高麗條。謝攀，籍貫、生平不詳。《輯本舊史》卷一〇三《漢隱帝紀下》乾祐三年（950）六月癸卯條："太僕卿致仕謝攀卒，輟視朝一日。"

王景崇[1]

[1]王景崇，據《輯本舊史》卷五四《王鎔傳》，鎔之父亦名景崇，與本傳非同一人。

王景崇，邢州人也。爲人明敏巧辯，善事人。唐明宗鎮邢州，以爲牙將，其後嘗從明宗，隸麾下。明宗即位，拜通事舍人，[1]歷引進閤門使，[2]馳詔方鎮、監軍征伐，必用景崇。後事晋，累拜左金吾衛大將軍，常怏怏人主不能用其材。晋亡，蕭翰據京師，景崇厚賂其將高牟翰以求用。[3]已而翰北歸，許王從益居京師，用景崇爲宣徽使、監左藏庫。[4]

[1]通事舍人：官名。東晋始置。唐代爲中書省屬官，全稱中書通事舍人。掌殿前承宣通奏。從六品上。

[2]引進：官名。即引進使。五代後梁始置，爲引進司長官，

五代諸司使之一。掌臣僚及外國與少數民族進奉禮物諸事。　閤門使：官名。唐代始設，掌扈從乘輿、朝會禮儀、大宴引贊、引接朝見等事務。

[3]高牟翰：人名。《遼史》作“高模翰”。渤海族人。遼朝將領。傳見《遼史》卷七六。

[4]宣徽使：官名。唐始置。宣徽南院使、北院使通稱宣徽使。初用宦官，五代以後改用士人。通掌内諸司及三班内侍之名籍，郊祀、朝會、宴享供帳之儀，檢視内外進奉名物。詳見王永平《論唐代宣徽使》，《中國史研究》1995 年第 1 期；王孫盈政《再論唐代的宣徽使》，《中華文史論叢》2018 年第 3 期。　監左藏庫：官名。領左藏庫事。掌錢、帛、雜彩、天下賦税之出納。　“王景崇”至“用景崇爲宣徽使、監左藏庫”：《新五代史》卷五三《王景崇傳》。《輯本舊史》卷四六《唐末帝紀上》清泰元年（934）八月乙酉條：“以司農卿兼通事舍人、判四方館事王景崇爲鴻臚卿，依前通事舍人、判四方館。”同書卷四八《唐末帝紀下》清泰三年五月戊戌條：“以鴻臚卿兼通事舍人、判四方館王景崇爲衛尉卿，充引進使。”同書卷八〇《晉高祖紀六》天福六年（941）八月丁未條：“引進使、鴻臚卿王景崇爲客省使。”《通鑑》卷二八一天福二年正月丙辰條：“詔以前北面招收指揮使安重榮爲成德節度使，以祕瓊爲齊州防禦使，遣引進使王景崇諭瓊以利害。重榮與契丹將趙思温偕如鎮州，瓊不敢拒命。丙辰，重榮奏已視事。景崇，邢州人也。”同書卷二八七天福十二年五月壬寅條：“左金吾大將軍王景崇爲宣徽使。”《宋本册府》卷七六六《總録部・攀附門二》：“王景崇，邢州人，後唐明宗之鎮邢臺，景崇爲牙將。明宗以其明敏憐之，自後累鎮，皆自麾下。明宗踐阼，擢爲通事舍人，歷引進閤門使。晉末遷左金吾大將軍，充街使，常以時主用才不盡，憤然不樂。契丹蕭翰立許王李從益知軍國事，署爲宣徽使，監左藏庫。”明本《册府》卷八一《帝王部・慶賜門三》後晉少帝開運二年（945）正月：“宴青州立功將校於永福殿……都監王景崇……等各等第賜金

銀帶衣服匹段銀器等。”亦見卷一二八《帝王部·明賞門二》。

漢高祖起太原，景崇取庫金奔迎高祖，高祖至京師，拜景崇右衛大將軍，未之奇也。高祖攻鄴，景崇不得從，乃求留守起居表，詣行在見高祖，願留軍中效用，爲高祖畫攻戰之策，甚有辯，高祖乃奇其材。[1]

[1]漢高祖：即五代後漢高祖劉知遠。沙陀部人，後世居於太原。917年至948年在位。紀見本書卷九九至卷一〇〇、《新五代史》卷一〇。　“漢高祖起太原”至“高祖乃奇其材”：《新五代史》卷五三《王景崇傳》。《宋本册府》卷七六六《總録部·攀附門二》：“蕭翰歸蕃，景崇聞高祖起河東，南幸蒲、陝，乃私取庫金，請行迎奉。從益不能制，遇高祖于河洛，駕至汴，削其僞官，授右衛大將軍。”

是時，漢方新造，鳳翔侯益、永興趙贊皆嘗受命契丹，高祖立，益等内顧自疑，乃陰召蜀人爲助，高祖患之。及已破鄴，益等懼，皆請入朝。會回鶻入貢，言爲党項所隔不得通，願得漢兵爲援，高祖遣景崇以兵迎回鶻。景崇將行，高祖已疾，召入臥内，戒之曰：“益等已來，善矣，若猶遲疑，則以便宜圖之。”景崇行至陝，趙贊已東入朝，而蜀兵方寇南山，景崇擊破蜀兵，追至大散關而還。高祖乃詔景崇兼鳳翔巡檢使。[1]

[1]侯益：人名。汾州平遥（今山西平遥縣）人。五代後唐至宋初將領。傳見《宋史》卷二五四。　巡檢使：官名。五代始設巡檢於京師、陪都、重要的州及邊防重鎮。　“是時”至“高祖乃

詔景崇兼鳳翔巡檢使”：《新五代史》卷五三《王景崇傳》。《輯本舊史》卷一〇一《漢隱帝紀上》乾祐元年（948）二月壬辰條：“右衛大將軍王景崇奏：於大散關大敗蜀軍，俘斬三千人。初，契丹犯京師，侯益、趙贊皆受其命節制岐、蒲。聞高祖入洛，頗懷反仄。朝廷移贊於京兆，侯益與贊皆求援於蜀。蜀遣何建率軍出大散關以應之。至是，景崇糾合岐、雍、邠、涇之師以破之。”同月丙午條：“鳳翔巡檢使王景崇遣人送所獲僞蜀將校軍士四百三十八人至闕下，詔釋之，仍各賜衣服。”同年四月甲申條：“王景崇奏，趙思綰叛，見起兵攻討。”同年六月辛卯條：“永興兵馬都部署郭從義奏，得王景崇報，有兵自隴州來，欲投河中，追襲至鄜城。”《新五代史》卷一〇《漢本紀》乾祐元年二月壬辰條：“右衛大將軍、鳳翔巡檢使王景崇及蜀人戰于大散關，敗之。”同年七月乙亥條：“王景崇叛附于李守貞。”《通鑑》卷二八七後漢高祖乾祐元年正月條：“帝以趙匡贊、侯益與蜀兵共爲寇，患之。會回鶻入貢，訴稱爲党項所阻，乞兵應接。詔左衛大將軍王景崇、將軍齊藏珍將禁軍數千赴之，因使之經略關西。晋昌節度判官李恕，久在趙延壽幕下，延壽使之佐匡贊。匡贊將入蜀，恕諫曰：‘燕王入朝，豈所願哉！今漢家新得天下，方務招懷，若謝罪歸朝，必保富貴。入蜀非全計也，“蹄涔不容尺鯉”，公必悔之。’匡贊乃遣恕奉表請入朝。景崇等未行而恕至，帝問恕：‘匡贊何爲附蜀？’對曰：‘匡贊自以身受虜官，父在虜庭，恐陛下未之察，故附蜀求苟免耳。臣以爲國家必應存撫，故遣臣來祈哀。’帝曰：‘匡贊父子，本吾人也，不幸陷虜。今延壽方墜檻穽，吾何忍更害匡贊乎！’即聽其入朝。侯益亦請赴二月四日聖壽節上壽。景崇等將行，帝召入卧内，敕之曰：‘匡贊、益之心，皆未可知。汝至彼，彼已入朝，則勿問；若尚遷延顧望，當以便宜從事。’”同月丙子條：“王景崇等至長安，聞蜀兵已入秦川，以兵少，發本道及趙匡贊牙兵千餘人同拒之。景崇恐匡贊牙兵亡逸，欲文其面，微露風旨；軍校趙思綰，首請自文其面以帥下，景崇悦。齊藏珍竊言曰：‘思綰凶暴難制，不如殺之。’景崇不聽……蜀李廷珪將至長安，聞趙匡贊已入朝，欲引歸，王景崇邀之，敗廷珪於子午谷。張虔釗至寶雞，諸將議不協，按兵未進；侯益聞廷珪西還，因閉壁拒蜀兵，虔釗勢孤，引兵夜遁。景崇帥鳳翔、隴、邠、涇、鄜、坊之兵追敗蜀兵於散關，俘將卒四百人。”同年二月戊戌條：“詔以王景崇兼鳳翔巡檢使。景崇引兵至鳳翔，侯益尚未行，景崇以禁兵分守諸門。或勸景崇殺益，景崇以受先朝密旨，嗣主未之知，或疑於專殺，猶豫未決。益聞之，不告景崇而去，景崇悔，自訴。戊戌，益入朝，隱帝問：‘何故召蜀軍？’對曰：‘臣欲誘致而殺之。’帝哂之。”《宋本册府》卷三六〇《將帥部·立功門一三》：“王景崇爲右衛大將軍，乾祐元年春，鳳翔侯益、永興趙贊以受契丹僞署，引蜀軍至南山，詔委景崇以西面之事。景崇至雍，趙贊已入朝，遂部分雍軍破蜀寇於子午谷。糾合諸軍再破蜀軍於大散關。詔景崇爲鳳翔巡檢。”《宋史》卷二五四《侯益傳》：“景崇怒曰：‘子去，勿爲游説，吾將族爾。’益知不用渥言，即率數十騎奔入朝。”

景崇至鳳翔，侯益未有行意，而高祖崩，或勸景崇可速誅益，景崇念獨受命先帝而少主莫知，猶豫未決。益從事程渥，與景崇同鄉里，有舊，往説景崇曰：“吾與子爲故人，吾位不過賓佐，而子已貴矣，奈何欲以陰狡害人而取之乎？侯公父子爪牙數百，子毋妄發，禍行及矣！非吾，誰爲子言之。”於是景崇頗不欲殺益，益乃亡去，景崇大悔，失不殺之。[1]

[1]程渥：人名。籍貫不詳。五代後漢時人。事見《新五代史》卷五三。　“景崇至鳳翔”至“失不殺之”：《新五代史》卷五三《王景崇傳》。

益至京師，隱帝新立，史弘肇、楊邠等用事，[1]益乃厚賂邠等，陰以事中景崇。已而益拜開封尹，景崇心不自安，諷鳳翔將吏求己領府事。朝廷患之，拜景崇邠州留後，以趙暉爲鳳翔節度使。[2]景崇乃叛，盡殺侯益家屬，與趙思綰共推李守貞爲秦王，隱帝即以趙暉討之。景崇西招蜀人爲助，蜀兵至寶鷄，爲暉將藥元福、李彦從所敗。[3]暉攻鳳翔，塹而圍之，數以精兵挑戰，景崇不出。暉乃令千人潜之城南一舍，僞爲蜀兵旗幟，循南山而下，聲言蜀救兵至矣，須臾塵起，景崇以爲然，乃令數千人潰圍而出以爲應。暉設伏以待之，景崇兵大敗，由是不敢復出。[4]

[1]隱帝：即後漢隱帝劉承祐。後漢高祖劉知遠次子。紀見本書卷一〇一至卷一〇三、《新五代史》卷一〇。　史弘肇：人名。鄭州滎澤（今河南鄭州市）人。五代後漢將領。傳見本書卷一〇七、《新五代史》卷三〇。　楊邠：人名。魏州冠氏（今山東冠縣）人。後漢時任樞密使、宰相。傳見本書卷一〇七、《新五代史》卷三〇。

[2]趙暉：人名。澶州（今河南濮陽市）人。五代後唐至後周將領。傳見本書卷一二五。

[3]寶鷄：縣名。治所在今陝西寶鷄市。　藥元福：人名。晋陽（今山西太原市）人。五代後唐至宋初將領。傳見《宋史》卷二五四。　李彦從：人名。汾州孝義（今山西孝義市）人。五代後漢將領。傳見本書卷一〇六。

[4]“益至京師”至“由是不敢復出”：《新五代史》卷五三《王景崇傳》。《輯本舊史》卷一〇一《漢隱帝紀上》乾祐元年（948）七月乙亥條：“新授鳳翔節度使趙暉奏，與八作使王繼濤領

部下兵同赴鳳翔，時王景崇拒命故也。”同年九月戊申條：“侯益部曲王守筠自鳳翔來奔，言益家屬盡爲王景崇所害。”同月壬申條：“郭威奏，得郭從義報，今月十四日，鳳翔王景崇兵士離本城，尋遣監軍李彦從率兵襲至法門寺西，殺戮二千餘人。”同年十月戊寅條：“趙暉奏，破王景崇賊軍於鳳翔城下。”《通鑑》卷二八八後漢隱帝乾祐元年三月丙寅條：“侯益家富於財，厚賂執政及史弘肇等，由是大臣争譽之。丙寅，以益兼中書令，行開封尹……侯益盛毁景崇於朝，言其恣横。景崇聞益尹開封，知事已變，内不自安，且怨朝廷。會詔遣供奉官王益如鳳翔，徵趙匡贊牙兵詣闕，趙思綰等甚懼，景崇因以言激之。”同月甲戌條：“王景崇諷鳳翔吏民表景崇知軍府事，朝廷患之，甲戌，徙静難節度使王守恩爲永興節度使，徙保義節度使趙暉爲鳳翔節度使，並同平章事。以景崇爲邠州留後，令便道之官。”同年四月乙未條：“王景崇遷延不之邠州，閲集鳳翔丁壯，詐言討趙思綰，仍牒邠州會兵。”同月壬戌條：“王景崇遺蜀鳳州刺史徐彦書，求通互市。壬戌，蜀主使彦復書招之。”同年五月乙酉條：“王景崇遣使請降于蜀，亦受李守貞官爵。”同年七月乙亥條：“鳳翔節度使趙暉至長安，乙亥，表王景崇反狀益明，請進兵擊之。”同年八月己丑條：“以王景崇爲岐陽節度使、同平章事。”同年九月壬子條：“蜀兵援王景崇，軍于散關，趙暉遣都監李彦從襲擊破之，蜀兵遁去。”同月庚申條：“王景崇盡殺侯益家屬七十餘人。”同年十月條：“王景崇遣其子德讓，趙思綰遣其子懷乂，見蜀主于成都。”同月戊寅條：“景崇遣兵出西門，趙暉擊破之，遂取西關城。景崇退守大城；暉塹而圍之，數挑戰，不出。暉潛遣千餘人擐甲執兵，效蜀旗幟，循南山而下，令諸軍聲言：‘蜀兵至矣。’景崇果遣兵數千出迎之，暉設伏掩擊，盡殪之。自是景崇不復敢出。”同月丙申條：“王景崇遣前義成節度使酸棗李彦舜等逆蜀兵。”同年十二月壬午條：“王景崇累表告急於蜀，蜀主命安思謙再出兵救之。”明本《册府》卷九五《帝王部·赦宥門一四》後漢隱帝乾祐二年正月乙巳制：“鳳翔王景崇、永興趙思綰等，比與國家，素無讐釁，偶因疑懼，遂致叛違……其李守真、王景崇、趙思綰等，宜令逐處都部署分明曉諭。若能翻然順歸，朕並待之如初，當保始終，享其富貴，明申信誓，固無改移。其或不認推誠，堅欲拒命，便可應時攻擊，尅日盪平。”本書卷一二三《帝王部·征討門三》後漢隱帝乾祐元年七月：“鳳翔節度使王景崇拒命，不受代。詔新除鳳翔節度使趙暉充鳳翔行營都部署以討之。三年正月，王景崇平。”

明年，守貞、思綰相次皆敗，景崇客周璨謂景崇曰：“公能守此者，以有河中、京兆也。[1]今皆敗矣，何所恃乎？不如降也。”景崇曰：“誠累君等，然事急矣，吾欲爲萬有一得之計可乎？吾聞趙暉精兵皆在城北，今使公孫輦等燒城東門僞降，[2]吾以牙兵擊其城北兵，脱使不成而死，猶勝於束手也。”璨等皆然之。遲明，輦燒東門將降，而府中火起，景崇自焚矣，輦乃降暉。[3]

[1]周璨：人名。籍貫不詳。五代後漢時人。事見《新五代史》卷五三。　河中：此處代指河中節度使李守貞。　京兆：府名。治所在今陝西西安市。此處代指占據京兆府的趙思綰。

[2]公孫輦：人名。籍貫不詳。五代後漢時人。事見《新五代史》卷五三。

[3]“明年”至“輦乃降暉”：《新五代史》卷五三《王景崇傳》。《輯本舊史》卷一〇三《漢隱帝紀下》乾祐三年（950）正月己亥條：“鳳翔行營都部署趙暉奏，前月二十四日，收復鳳翔，逆賊王景崇舉族自燔而死。”《通鑑》卷二八八後漢隱帝乾祐二年十二月辛卯條：“趙暉急攻鳳翔，周璨謂王景崇曰：‘公曏與蒲、雍相表裏；今二鎮已平，蜀兒不足恃，不如降也。’景崇曰：‘善，吾更

思之。’後數日，外攻轉急。景崇謂其黨曰：‘事窮矣，吾欲爲急計。’乃謂其將公孫輦、張思練曰：‘趙暉精兵，多在城北，來日五鼓前，爾二人燒城東門詐降，勿令寇入，吾與周璨以牙兵出北門突暉軍，縱無成而死，猶勝束手。’皆曰：‘善。’”同月癸巳條：“未明，輦、思練燒東門請降，府牙火亦發；二將遣人詗之，景崇已與家人自焚矣。璨亦降。”明本《册府》卷四三五《將帥部·獻捷門二》：“漢隱帝乾祐元年二月，右衛大將軍王景崇奏：於大散關大敗蜀軍，俘斬三千人。初，北虜犯京師，侯益、趙贊皆受虜命，節制岐、蒲。聞高祖入洛，頗懷反仄。朝廷移贊於京兆，益與贊皆求援於蜀。蜀遣何建率軍出大散關以應之，至是景崇糾合岐、雍、邠、涇之師以破之，又遣人送所獲僞蜀將校軍士四百三十八人至闕下，詔釋之，仍各賜衣服。九月……永興行營都部署郭從義奏：‘今月十四日，鳳翔王景崇兵士離本城，尋遣監軍李彦從率兵追襲至法門寺西，殺戮二千餘人。’趙暉又奏：‘破王景崇賊軍於鳳翔城下。’二年正月，河中府軍前奏：‘今月四日夜，賊軍偷斫入西寨捕斬七百餘級。’時蜀軍自大散關來援王景崇……三年春正月，鳳翔行營都部署趙暉奏：‘前月二十四日收鳳翔，逆賊王景崇舉家自燔而死。請供奉官張銖押逆賊王景崇首級并同惡周璨至闕下獻俘馘。’命徇於六街，磔於兩市。”

葉仁魯

葉仁魯，[1]漢乾祐中授衛州刺史。部内多盜賊，仁魯每親自擒捕，隨意殺戮，濫死者衆。嘗有群賊，部民聚而追之，追至山林，不復見賊矣。仁魯至，盡執追者爲盜，悉斷其足筋，曝於林麓之下，宛轉號呼，數日而死。[2]

[1]葉仁魯：人名。籍貫不詳。後漢高祖劉知遠親將。後周時爲萊州刺史，因坐贓賜死。傳見本書附録。

[2]“漢乾祐中授衛州刺史”至“數日而死”：《宋本册府》卷六九七《牧守部・酷虐門》。《新五代史》卷三〇《蘇逢吉傳》：“是時，天下多盜，逢吉自草詔書下州縣，凡盜所居本家及鄰保皆族誅。或謂逢吉曰：‘爲盜族誅，已非王法，況鄰保乎！’逢吉恡以爲是，不得已，但去族誅而已。於是鄆州捕賊使者張令柔盡殺平陰縣十七村民數百人。衛州刺史葉仁魯聞部有盜，自帥兵捕之。時村民十數共逐盜，入于山中，盜皆散走。仁魯從後至，見民捕盜者，以爲賊，悉擒之，斷其脚筋，暴之山麓，宛轉號呼，累日而死。聞者不勝其寃，而逢吉以仁魯爲能，由是天下因盜殺人滋濫。”

爲萊州刺史，貪暴特甚，吏民不勝其苦。受代日，逭離本州。及爲部民所訟，下獄鞫之，仁魯伏罪，贓污狼籍。[1]

[1]萊州：州名。治所在今山東萊州市。　“爲萊州刺史”至“贓污狼藉”：《宋本册府》卷七〇〇《牧守部・貪黷門》。《輯本舊史》卷一一二《周太祖紀三》廣順三年（953）正月庚午條：“前萊州刺史葉仁魯賜死，坐爲民所訟故也。”《宋本册府》卷一四七《帝王部・恤下門二》：“廣順三年正月庚午，萊州刺吏葉仁魯犯贓法等斷處死，賜自盡。將死，太祖遣中使賜酒食，宣曰：‘汝自抵刑憲，國法如此。爾有老母，當遣存衈耳。’仁魯感恩泣下，尋死之。”又見《通鑑》卷二九一後周太祖廣順三年正月條。

申師厚

申師厚，少起盜賊，爲兖州牙將，與王峻相善。[1]洎太祖登極，師厚以峻爲樞密使兼輔相。每旭旦于峻馬首望塵而拜，訴羈旅，乞任使。久之，偶西涼請帥，[2]太祖詔宰臣擬議，訪諸率府率、供奉官之間，竟無願者，峻遂以師厚奏之。太祖曰："西涼陷在西戎，不欲强之，冀從人所欲。"峻問師厚曰："爾領一節制，可否？"師厚駭愕，亦不之信。峻以其事諭之，師厚欣然求往。乃奏起師厚爲左衛將軍，已而拜河西節度使。[3]翊日制下，不宣于朝，遽得環衛之任，俾鎮西涼，錫賚繒帛、駝馬、旌節以遣之。[4]廣順二年九月，[5]師厚奏薦蕃州將吏，請加恩命，從之。左厢押蕃副使折逋支、右厢崔亮心並授銀青光禄大夫、檢校工部、禮部尚書；[6]楊妃谷大首領沈念般授懷化大將軍；[7]左厢大首領籛于必篤爲歸德大將軍；[8]没林葛、于凝盧、伴氈、折逋窮羅並爲懷化大將軍；[9]右厢大首領鹿悉迦、阿羅岳騷奴並爲歸德大將軍；[10]劉念般、秕與龍、温光積並爲懷化大將軍、攝節度掌書記、守涼州姑臧令；[11]中厢首領岳阿、西安九十並爲懷化大將軍。[12]王庭瀚授監察御史裏行充河西軍節度掌書記、攝節度推官；[13]温崇業試秘書省校書郎充河西節度推官、攝録事參軍；[14]劉少英爲涼州録事參軍。[15]師厚又言："自涇州安國鎮至西涼府沿路，三處扼控，各立州名，欲補大首領爲刺史。又管州界部落大首領三十餘人，各望賜空名告身。"並從之。[16]

[1]王峻：人名。相州安陽（今河南安陽市）人。五代後漢、後周將領。傳見本書卷一三〇、《新五代史》卷五〇。

[2]西涼：府名。五代以涼州爲西涼府。治所在今甘肅武威市。時西涼府爲吐蕃部落占據。

[3]河西：方鎮名。治所在涼州（今甘肅武威市）。

[4]“少起盜賊”至“錫賚繒帛、駝馬、旌節以遣之”：《宋本册府》卷九五五《總録部·知舊門》。“少起盜賊”“乃奏起師厚爲左衛將軍已而拜河西節度使”，據《輯本舊史》卷一三八《外國列傳二·吐蕃傳》、《新五代史》卷七四《四夷附録三·吐蕃傳》補。《輯本舊史》卷一三八《吐蕃傳》：“周廣順二年，嘉施遣人市馬京師。是時樞密使王峻用事。峻故人申師厚者，少起盜賊，爲兗州牙將，與峻相友善，後峻貴，師厚弊衣蓬首，日候峻出，馬前訴以飢寒，峻未有以發。而嘉施等來請帥，峻即建言，涼州深入夷狄，中國未嘗命吏，請帥募府率供奉官能往者，月餘，無應募者，乃奏起師厚爲左衛將軍，已而拜河西節度使。”《輯本舊史》卷一一二《周太祖紀三》、《通鑑》卷二九〇將此事繫於廣順元年（951）十月，《宋史》卷四九二《外國八·吐蕃傳》繫於廣順三年。據下條，申師厚任河西節度使，至遲不晚於廣順二年九月。

[5]廣順：五代後周太祖郭威年號（951—953）。

[6]押蕃副使：官名。押蕃使副長官。唐開元二十年（732）以朔方節度使增領押諸蕃部落使。五代後唐、後晋沿置。監管轄區內少數民族政權事。原作“押衙副使”，中華書局本據浙江本改，今從。　折逋支：人名。少數民族首領。事見《通考》卷三三五。　崔亮心：人名。即崔虎心。籍貫不詳。事見本書卷一三八、《新五代史》卷七四。　銀青光禄大夫：官名。唐、五代散官。從三品。　檢校工部、禮部尚書：檢校工部尚書，官名。爲散官或加

官，以示恩寵，無實際執掌。檢校禮部尚書，官名。爲散官或加官，以示恩寵，無實際執掌。

[7]楊妃谷：地名。又作陽暉谷。即今甘肅武威市青嘴喇嘛灣。唐屬涼州。　沈念般：人名。籍貫不詳。事見本書卷一三八、《新五代史》卷七四。

[8]鏺于必篤：人名。少數民族首領。事跡不詳。

[9]没林葛、于凝盧、伴氈、折逋窮羅：皆爲少數民族首領。

[10]鹿悉迦、阿羅岳騷奴：皆爲少數民族首領。

[11]劉念般、秕與龍、温光積：皆爲少數民族首領。　姑臧：地名。位於今甘肅省武威市涼州區。

[12]岳阿、西安九十：皆爲少數民族首領。

[13]王庭瀚：人名。又作“王廷翰”。中國留人子孫。事見本書卷一三八、《新五代史》卷七四。

[14]温崇業：人名。又作“温崇樂”。中國留人子孫。事見本書卷一三八、《新五代史》卷七四。　秘書省校書郎：官名。東漢始置，掌典校收藏於蘭臺的圖書典籍，亦稱校書郎中。唐秘書省及著作局皆置，正九品上；弘文館亦置，從九品上。

[15]劉少英：人名。中國留人子孫。事見本書卷一三八、《新五代史》卷七四。

[16]“廣順二年九月”至“並從之”：明本《册府》卷一七〇《帝王部·來遠門》，又見《會要》卷三〇吐蕃條。“中厢首領”至“懷化大將軍”一句、“涇州”二字，據《會要》補。“崔亮心”，《會要》《輯本舊史·吐蕃傳》《新五代史·吐蕃傳》作“崔虎心”。“劉念般”，《會要》作“沈念般”，按沈念般已見上文，此處當作“劉念般”。“温光積”，《會要》作“文温光積”。“西涼府”原作“西涼州”，按《輯本舊史》《新五代史》中均無西涼州，然有西涼府記載，《續資治通鑑長編》卷二〇咸平元年（998）十一月條云“河西軍，即西涼府也”，可見此處當爲“西涼府”，據《會要》改。“管州界”原作“官界”，據《會要》改。《輯本舊

史·吐蕃傳》記此事云："師厚至涼州，奏薦押衙副使崔虎心、陽妃谷首領沈念般等，及中國留人子孫王廷翰、温崇樂、劉少英爲將吏，又自安國鎮至涼州，立三州以控扼諸羌，用其酋豪爲刺史。"

十一月，師厚進馬一百一十六匹，詔還其直。[1]顯德元年七月，師厚責授右監門衛率府副率。師厚在涼州歲餘，以所部艱食，蕃情反覆，奏乞入朝，尋留其子爲留後，不俟詔離任，故責之。[2]

[1]"十一月"至"詔還其直"：明本《册府》卷一六九《帝王部·納貢獻門》。

[2]顯德：五代後周太祖郭威年號（954）。世宗柴榮、恭帝柴宗訓沿用（954—960）。　右監門衛率府副率：官名。即"太子右監門率府副率"。掌諸門禁衛。凡財物、器用，出者有籍。　"顯德元年七月"至"故責之"：《輯本舊史》卷一一四《周世宗紀一》顯德元年（954）七月癸酉條。《輯本舊史》卷一三八《外國列傳二·吐蕃傳》："然涼州夷夏雜處，師厚小人，不能撫有。至世宗時，師厚留其子而逃歸，涼州遂絶於中國。獨瓜、沙二州，終五代常來。"

史佺

史佺。[1]漢天福十二年正月，契丹主以佺爲彰義節度使。[2]

[1]史佺：籍貫、家世不詳。

[2]彰義：方鎮名。治所在涇州（今甘肅涇川縣）。　佺爲彰

義節度使：《通鑑》卷二八六後晋高祖天福十二年（947）正月條。

廣順元年春二月己亥，以左領軍衛上將軍佺爲右衛上將軍。[1]

[1]《輯本舊史》卷一一一《周太祖紀二》廣順元年（951）春二月己亥條。

顯德六年八月甲午，以左武衛上將軍佺爲左金吾上將軍致仕。辛丑，左金吾上將軍致仕佺卒。[1]

[1]《輯本舊史》卷一二〇《周恭帝紀》顯德六年（959）八月甲午、辛丑條。

樊愛能

樊愛能，顯德元年正月壬辰，以龍捷左厢都指揮使、睦州防禦使愛能爲侍衛馬軍都指揮使、洋州節度使，加檢校太保。[1]三月丁丑，潞州奏，河東劉崇入寇，兵馬監押穆令均部下兵士爲賊軍所襲，[2]官軍不利。命宣徽使向訓、馬軍都指揮使愛能、步軍都指揮使何徽、滑州節度使白重贊、鄭州防禦使史彦超、前耀州團練使符彦能等，[3]領兵先赴澤州。[4]

[1]龍捷左厢都指揮使：官名。所部統兵將領。龍捷爲部隊番號。　睦州：州名。治所在今浙江建德市。　侍衛馬軍都指揮使：

官名。爲侍衛親軍馬軍司長官。後梁始置侍衛親軍，爲禁軍的一支，後唐沿置並成爲禁軍主力，下設馬軍、步軍。　檢校太保：官名。爲散官或加官，以示恩寵，無實際執掌。　“顯德元年正月壬辰”至“加檢校太保”：《輯本舊史》卷一一三《周太祖紀四》顯德元年（954）正月壬辰條。《通鑑》卷二九一後周太祖顯德元年正月壬辰條：“馬軍都指揮使樊愛能領武定節度使。”

[2]劉崇：人名。即劉旻。太原（今山西太原市）人。後漢高祖劉知遠從弟。後漢時任太原尹，專制一方。後周代漢，他稱帝於太原，國號漢，史稱北漢。傳見本書卷一三五、《新五代史》卷七〇。　兵馬監押：官名。軍隊統兵官，掌軍旅屯戍、營防、訓練之政令。　穆令均：人名。又作“穆令鈞”。籍貫不詳。五代將領。事見《通鑑》卷二九一、《宋史》卷四八四。

[3]向訓：人名。懷州河内（今河南沁陽市）人。五代、宋初將領。避周恭帝諱改名向拱。傳見《宋史》卷二五五。　何徽：人名。高平之戰中不戰而逃，後被周世宗處死，以正軍法。傳見本書本卷。　白重贊：人名。沙陀族，憲州樓煩（今山西婁煩縣）人。五代、宋初將領。傳見《宋史》卷二六一。　鄭州：州名。治所在今河南鄭州市。　史彦超：人名。雲州（今山西大同市）人。五代後周武將。傳見本書卷一二四、《新五代史》卷三三。　耀州：州名。治所在今陝西銅川市耀州區。　團練使：官名。唐代中期以後，於不設節度使的地區設團練使，掌本區各州軍政。　符彦能：人名。籍貫不詳。五代將領，歷任耀州團練使、澤州防禦使。事見本書卷一一四。

[4]“三月丁丑”至“領兵先赴澤州”：《輯本舊史》卷一一四《周世宗紀一》顯德元年三月丁丑條。

三月乙酉，世宗御戎服，親總六師出東都。[1]壬辰，次澤州。癸巳，前鋒與賊軍相遇。世宗慮其奔遁，促兵以擊之。乃命侍衛馬軍都指揮使愛能、步軍都指揮使何徽將右，居陣之東廂；世宗介馬觀陣，兩軍交鋒，未幾，愛能望賊而遁，東廂騎軍潰亂，步卒數萬皆解甲投賊，呼萬歲數聲。世宗覺勢危，乃自率親騎臨陣督戰。[2]諸將分兵追襲，勢若風雨，僵尸棄甲填滿山谷。己亥，宴從官於潞州之衙署。[3]即收愛能、徽及所部軍使以上七十餘人，責之曰："汝輩皆累朝宿將，非不能戰，今望風奔遁者，無他，正欲以朕爲奇貨，賣與劉崇耳!"[4]

[1]世宗：即柴榮。邢州龍岡（今河北邢臺市）人。郭威養子，五代後周君主。紀見本書卷一一四至卷一一九、《新五代史》卷一二。

[2]"三月乙酉"至"乃自率親騎臨陣督戰"：明本《册府》卷一一八《帝王部·親征門三》。

[3]"諸將分兵追襲"至"宴從官於潞州之衙署"：《宋本册府》卷五七《帝王部·英斷門》。

[4]"即收愛能"至"賣與劉崇耳"：《通鑑》卷二九一後周太祖顯德元年（954）三月條。

是日，誅愛能、何徽及諸軍將校監押使臣等共七十餘人，以高平陣見賊奔遁故也。[1]愛能暨徽皆自戎伍而爲列校，漢末太祖自鄴入平内難，各率部兵以從，及太祖踐祚，累加擢用，尋以愛能爲侍衛馬軍都校，[2]徽爲侍衛步軍都校，皆遥領節制，其寵遇委用非不至也。而姦猾爲性，臨事顧望，至是與劉崇對陣，愛能望賊而遁，徽所部兵未及成列，爲蹂踐而散。既伏誅，中外無不盛稱帝之英斷。自是驕將惰卒股慄而知懼矣。[3]四月戊申，命河陽節度使劉詞押步騎三千赴洺州，[4]皆愛能、何徽之部兵也。上以既誅其主，將不欲加罪於衆，乃遣詞押領，分屯於洺州。[5]

[1]高平：縣名。治所在今山西高平市。

[2]侍衛馬軍都校：官名。爲侍衛親軍馬軍司將領。後梁始置侍衛親軍，爲禁軍的一支，後唐沿置並成爲禁軍主力，下設馬軍、步軍。

[3]"是日"至"自是驕將惰卒股慄而知懼矣"：《宋本册府》卷五七《帝王部·英斷門》。

[4]劉詞：人名。元城（今河北大名縣）人。五代將領。傳見本書卷一二四、《新五代史》卷五〇。

[5]"四月戊申"至"分屯於洺州"：《宋本册府》卷四一《帝王部·寬恕門》。"洺州"，明本《册府》作"洛州"。

何徽

何徽，廣順元年十月，契丹遣彰國節度使蕭禹厥將奚、契丹五萬會北漢兵入寇。[1]時巡檢使王萬敢權知晋州，[2]與龍捷都指揮使史彦超、虎捷指揮使徽共拒之。[3]

[1]彰國：方鎮名。治所在應州（今山西應縣）。　蕭禹厥：人名。籍貫不詳。遼朝將領。事見《新五代史》卷七〇。　奚：中古時代居住在今中國東北地區的少數民族。傳見《舊唐書》卷一九九下、《新唐書》卷二一九。參見王凱《20世紀80年代以來奚族

研究綜述》,《東北史地》2011 年第 1 期;畢德廣《唐代奚族居地的變遷》,《中國歷史地理論叢》2014 年第 1 期;畢德廣《遼代奚境變遷考論》,《中國邊疆史地研究》2014 年第 3 期;王麗娟《奚族文獻史料探究》,《宋史研究論叢》2015 年第 2 期。

[2]王萬敢:人名。籍貫不詳。歷任密州刺史、晉州巡檢、防禦使。事見本書卷一〇三、卷一一二、卷一二四。

[3]虎捷指揮使:官名。所部統兵將領。虎捷爲部隊番號。“廣順元年十月”至“虎捷指揮使徽共拒之”:《通鑑》卷二九〇後周太祖廣順元年(951)十月丁未條。

二年二月戊子,虎捷第五軍指揮使、檢校司空、領秀州刺史徽加司徒,封太原縣男,食邑三百户。亦以固守晉州之功也。[1]

[1]秀州:州名。治所在今浙江嘉興市。 “二年二月戊子”至“亦以固守晉州之功也”:明本《册府》卷一二八《帝王部·明賞門二》。

三年六月,鄭州夫一千五百人脩原武河堤。宿州言遣虎捷廂主徽,率兵往靈河脩堤。[1]

[1]原武:縣名。治所在今河南原陽縣。 宿州:州名。治所在今安徽宿州市。 “三年六月”至“率兵往靈河脩堤”:明本《册府》卷四九七《邦計部·河渠門二》。

顯德元年正月壬辰,以虎捷左廂都指揮使、果州防禦使徽爲侍衛步軍都指揮使、利州節度使,加檢校太保。[1]

［1］果州：州名。治所在今四川南充市。　利州：州名。治所在今四川廣元市。　“顯德元年正月壬辰”至“加檢校太保”：《輯本舊史》卷一一三《周太祖紀四》顯德元年（954）正月壬辰條。

三月丁丑，潞州奏，河東劉崇入寇，兵馬監押穆令均部下兵士爲賊軍所襲，官軍不利。命宣徽使向訓、馬軍都指揮使樊愛能、步軍都指揮使徽、滑州節度使白重贊、鄭州防禦使史彦超、前耀州團練使符彦能等領兵先赴澤州。[1]癸巳，前鋒與賊軍相遇。乃命侍衛馬軍都指揮使樊愛能、步軍都指揮使徽將右，居陣之東廂。未幾，樊愛能望賊而遁，東廂騎軍潰亂，步卒數萬皆解甲投賊，呼萬歲數聲。世宗覺勢危，乃自率親騎臨陣督戰。[2]己亥，宴從官於潞州之衙署。是日，誅樊愛能、徽及諸將、軍較、監押使臣等共七十餘人，以高平地見賊奔遁故也。[3]

［1］樊愛能：人名。籍貫不詳。後周將領，高平之戰中不戰而逃，後被周世宗處死，以正軍法。傳見本書本卷。　“三月丁丑”至“前耀州團練使符彦能等領兵先赴澤州”：《輯本舊史》卷一一四《周世宗紀一》顯德元年（954）三月丁丑條。

［2］“癸巳”至“乃自率親騎臨陣督戰”：明本《册府》卷一一八《帝王部·親征門三》。《通曆》卷一五：“高平之役，兩軍既成列，賊騎來挑戰，愛能望風而退，何徽以徒兵陣於後，爲奔騎所突，即時潰亂，二將南走。”

[3]“己亥”至“以高平地見賊奔遁故也”:《宋本册府》卷五七《帝王部·英斷門》。

世宗欲誅樊愛能等以肅軍政，猶豫未決；晝卧行宫帳中，張永德侍側，[1]世宗以其事訪之，對曰:“愛能等素無大功，忝冒節鉞，望敵先逃，死未塞責。且陛下方欲削平四海，苟軍法不立，雖有熊羆之士，百萬之衆，安得而用之!”世宗擲枕於地，大呼稱善。即收愛能、徽及所部軍使以上七十餘人，責之曰:“汝輩皆累朝宿將，非不能戰，今望風奔遁者，無它，正欲以朕爲奇貨，賣與劉崇耳!”[2]世宗以徽有平陽守禦之功，欲貸其罪，竟不可，與愛能俱殺之，皆給槥車歸葬。[3]

[1]張永德：人名。并州陽曲（今山西陽曲縣）人。五代、宋初大將。頗受宋太祖、宋太宗信用。傳見《宋史》卷二五五。

[2]“世宗欲誅樊愛能等以肅軍政”至“賣與劉崇耳”:《通鑑》卷二九一後周世宗顯德元年（954）三月條，“晝卧行宫帳中”前有“己亥”。

[3]平陽：地名。位於今山西臨汾市。　“世宗以徽有平陽守禦之功”至“皆給槥車歸葬”:《輯本舊史》卷一一四《周世宗紀一》顯德元年三月條。

李蕚

李蕚，天福八年十二月癸丑，詔亳州蕚、懷州薛懷讓並赴闕，分命使臣諸州郡巡檢，以契丹入寇故也。[1]

[1]亳州：州名。治所在今安徽亳州市。　懷州：州名。治所在今河南沁陽市。　“天福八年十二月癸丑”至“以契丹入寇故也”：《輯本舊史》卷八二《晉少帝紀二》天福八年（943）十二月癸丑條。

九年正月丙申，虜以偏師寇黎陽，遣右武衛上將軍張彦澤、亳州防禦使蕚、坊州刺史陳思讓率勁騎三千拒之。[1]

[1]黎陽：縣名。治所在今河南浚縣。　右武衛上將軍：官名。唐置十六衛之一，掌宫禁宿衛。從二品。　張彦澤：人名。突厥人，徙居太原（今山西太原市）。五代後晋將領，後投降於契丹。傳見本書卷九八、《新五代史》卷五二。　陳思讓：人名。幽州盧龍（今河北盧龍縣）人。五代、宋初將領。傳見《宋史》卷二六一。　“九年正月丙申”至“坊州刺史陳思讓率勁騎三千拒之”：明本《册府》卷一一八《帝王部·親征門三》。

廣順三年正月，以兖州慕容彦超反狀已具，無以招懷，乃命侍衛步軍指揮使曹英爲都部署，起兵討之。仍以前棣州刺史蕚、坊州刺史靳霸、懷州刺史李萬超并佐營軍。[1]

[1]慕容彦超：人名。沙陀部人（一説“吐谷渾部人”）。五代後漢將領，後漢高祖劉知遠同母弟。傳見本書卷一三〇、《新五代史》卷五三。　曹英：人名。常山真定（今河北正定縣）人。五代後唐至後周將領。傳見本書卷一二九。　棣州：州名。治所在今山東惠民縣。　坊州：州名。治所在今陝西黄陵縣。　靳霸：人

名。籍貫不詳。五代將領。事見明本《册府》卷八一《帝王部·慶賜門》、卷一二八《帝王部·明賞門》。　李萬超：人名。并州太原（今山西太原市）人。五代、宋初將領。傳見《宋史》卷二六一。　“廣順三年正月”至“懷州刺史李萬超并佐營軍”：明本《册府》卷一二三《帝王部·征討門三》。

顯德五年秋七月癸未，以工部尚書田敏爲太子少保，[1]以刑部侍郎裴巽爲尚書左丞，[2]以左武衛上將軍薛懷讓爲太子太師，以右羽林大將軍蕚爲右千牛衛上將軍。自敏已下皆致仕。[3]

[1]田敏：人名。淄州鄒平（今山東鄒平縣）人。五代宋初大臣、學者。傳見《宋史》卷四三一。　太子少保：官名。與太子少傅、太子少師合稱“三少”，唐後期、五代多爲大臣、勳貴加官。從二品。

[2]刑部侍郎：官名。尚書省刑部次官。協助刑部尚書掌天下刑法及徒隸、勾覆、關禁之政令。正四品下。　裴巽：人名。籍貫不詳。後周官員，曾任左散騎常侍、御史中丞、刑部侍郎、尚書左丞。事見本書卷一一四、卷一一八。

[3]右羽林大將軍：官名。唐代右羽林軍統兵官。唐置六軍，分左、右羽林，左、右龍武，左、右神武等，即“北衙六軍”。從二品。《通鑑》卷二二九記載爲“從三品”。　右千牛衛上將軍：官名。唐置，掌宫禁宿衛。唐代置十六衛，即左右衛、左右驍衛、左右武衛、左右威衛、左右領軍衛、左右金吾衛、左右監門衛、左右千牛衛，各置上將軍，從二品；大將軍，正三品；將軍，從三品。　“顯德五年秋七月癸未”至“自敏已下皆致仕”：《輯本舊史》卷一一八《周世宗紀五》顯德五年（958）七月癸未條。

六年十二月甲午，西京奏，左屯衛上將軍致仕蕚卒。[1]

[1]左屯衛上將軍：官名。唐置十六衛之一，掌宫禁宿衛。從二品。左屯衛，隋置。唐龍朔二年（662）改名爲左威衛。五代後周廣順二年（952）復名左屯衛。宋代存其名而無職司。　“六年十二月甲午”至“左屯衛上將軍致仕蕚卒”：《輯本舊史》卷一二〇《周恭帝紀》顯德六年（959）十二月甲午條。

郭令圖

郭令圖，[1]廣順元年三月丙戌，以襄州節度副使令圖爲宗正卿。[2]

[1]郭令圖：籍貫、家世不詳。

[2]廣順元年三月丙戌，以襄州節度副使令圖爲宗正卿：《輯本舊史》卷一一一《周太祖紀二》廣順元年（951）三月丙戌條。

六月丙辰，西京奏，新授宗正卿令圖卒。[1]

[1]“六月丙辰”至“新授宗正卿令圖卒”：《輯本舊史》卷一一一《周太祖紀二》廣順元年（951）六月丙辰條。

皇甫暉

皇甫暉，魏州人也。爲魏軍卒，戍瓦橋關，歲滿當代歸，而留屯貝州，[1]爲魏博指揮使楊仁晸部兵。[2]同光四年二月，暉與其徒夜博不勝，因人情不安，遂作亂，劫仁晸曰："主上所以有天下，吾魏軍力也；魏軍甲不去體，馬不解鞍者十餘年，今天下已定，天子不念舊勞，更加猜忌。遠戍踰年，方喜代歸，去家咫尺，不使相見。今聞皇后弒逆，京師已亂，將士願與公俱歸，仍表聞朝廷。若天子萬福，興兵致討，以吾魏博兵力足以拒之，安知不更爲富貴之資乎！"[3]仁晸曰："汝等何謀之過耶。今英主在上，天下一家，從駕精兵不下百萬，西平巴蜀，威振華夷，公等各有家族，何事如此。"軍人乃抽戈露刃環仁晸曰："三軍怨怒，咸欲謀反，苟不聽從，須至無禮。"仁晸曰："吾非不知此，但丈夫舉事，須計萬全。"軍人即斬仁晸。[4]又劫小校，不從，又殺之。效節指揮使趙在禮聞亂，[5]衣不及帶，踰垣而走，暉追及，曳其足而下之，示以二首，在禮懼而從之。亂兵遂奉以爲帥，焚掠貝州。[6]暉擁甲士數百騎，大掠城中，至一民家，問其姓，曰："姓國。"暉曰："吾當破國。"遂盡殺之。又至一家，問其姓，曰："姓萬。"暉曰："殺萬家足矣。"又盡殺之。[7]入鄴都，都巡檢使孫鐸等拒戰不勝，亡去。趙在禮據宫城，署皇甫暉及軍校趙進爲馬步都指揮使，縱兵大掠。[8]是日，衆推在禮爲兵馬留後，草奏以聞。帝怒，命宋州節度使李紹榮率騎三千赴鄴都招撫，詔徵諸道之師進討。[9]

[1]瓦橋關：關名。唐置。位於今河北雄縣。五代後晋初地入契丹。後周顯德六年（959）收復，建爲雄州。與益津關、淤口關

合稱三關。　“皇甫暉”至“而留屯貝州”：《新五代史》卷四六《皇甫暉傳》。

［2］楊仁晸：人名。一作“楊仁晟”。籍貫不詳。唐末將領。事見本書卷九〇、《新五代史》卷四九《皇甫暉傳》。

［3］“爲魏博指揮使楊仁晸部兵”至“安知不更爲富貴之資乎”：《通鑑》卷二七四天成元年（926）二月條，又見《新五代史》卷四九《皇甫暉傳》。

［4］“仁晸曰”至“軍人即斬仁晸”：《輯本舊史》卷三四《唐莊宗紀八》同光四年（926）二月丙申條。

［5］效節指揮使：官名。所部統兵將領。“效節”爲部隊番號。

［6］“又劫小校”至“焚掠貝州”：《通鑑》卷二七四後唐明宗天成元年二月條，又見《新五代史》卷四九《皇甫暉傳》。

［7］“暉擁甲士數百騎”至“又盡殺之”：《新五代史》卷四九《皇甫暉傳》。

［8］趙進：人名。籍貫不詳。五代後唐將領。事見本書卷三四、卷九〇。　“入鄴都”至“縱兵大掠”：《通鑑》卷二七四後唐明宗天成元年二月條。“馬步都指揮使”，《輯本舊史》卷三四《唐莊宗紀八》作“都虞候、斬斫使”。

［9］宋州：州名。治所在今河南商丘市睢陽區。　李紹榮：人名。即元行欽。幽州（今北京市）人。五代後唐將領。傳見本書卷七〇、《新五代史》卷二五。　“是日”至“詔徵諸道之師進討”：《輯本舊史》卷三四《唐莊宗紀八》。“李紹榮”原作“元行欽”，按此時尚未復名，故仍作“李紹榮”。

李紹榮至鄴都，進攻南門，以詔書招諭城中，趙在禮獻羊酒勞軍，登城遥拜紹榮曰：“將士經年離隔父母，不取敕旨歸寧，上貽聖憂，追悔何及。儻公善爲敷奏，俾從涣汗，某等亦不敢不改過自新。”紹榮曰：“上以汝輩有社稷功，必行赦宥。”因以詔書諭之。[1]史彦瓊戟手大駡曰：“群死賊，城破萬段！”皇甫暉謂其衆曰：“觀史武德之言，上不赦我矣。”因聚噪，掠敕書，手壞之，守陴拒戰。紹榮攻之不利，以狀聞，帝怒曰：“克城之日，勿遺噍類！”大發諸軍討之。[2]紹榮屯澶州，分諸鎮兵爲五道，毀民車輪、門扉、屋椽爲筏，渡長慶河攻冠氏門，不克。[3]三月，李嗣源至鄴都，從馬直軍士張破敗作亂，[4]殺都將，焚營舍。詰旦，亂兵逼中軍，嗣源帥親軍拒戰，不能敵，亂兵益熾。因擁嗣源及李紹真等入城，城中不受外兵，皇甫暉逆擊張破敗，斬之，外兵皆潰。趙在禮帥諸校迎拜嗣源，泣謝曰：“將士輩負令公，敢不惟命是聽！”[5]明宗爲其所逼，霍彦威從入魏州，皇甫暉等尤忌彦威，欲殺之，彦威機辯開説，竟免。及出，彦威部下兵士獨全，衛護明宗至魏縣。[6]

[1]“李紹榮至鄴都”至“因以詔書諭之”：《輯本舊史》卷三四《唐莊宗紀八》同光四年（926）二月辛丑條。

[2]史彦瓊：人名。後唐莊宗時伶人。爲武德使，居鄴都，掌魏博六州之政。傳見本書附録、《新五代史》卷三七。　“史彦瓊戟手大駡曰”至“大發諸軍討之”：《通鑑》卷二七四後唐明宗天成元年（926）二月條。

[3]長慶河：河流名。流經鄴都（今河北大名縣）附近。　冠氏門：城門名。爲鄴都（今河北大名縣）城門。　“紹榮屯澶州”至“不克”：《新五代史》卷二五《元行欽傳》。

[4]從馬直：部隊番號。五代後唐親軍。後唐明宗李嗣源創置。其兵丁選自諸軍驍勇敢戰者，没有額定兵員。平時宿衛，戰時隨駕親征。　張破敗：人名。五代後唐侍衛親軍。後爲皇甫暉所殺。事

見本書卷三五、《通鑑》卷二七四。

［5］“三月”至“敢不惟命是聽”：《通鑑》卷二七四後唐明宗天成元年三月條，有節略。另見《輯本舊史》卷三四《唐莊宗紀八》、卷三五《唐明宗紀一》。

［6］魏縣：縣名。治所在今河北魏縣。　“明宗爲其所逼”至“衛護嗣源至魏縣”：《輯本舊史》卷六四《霍彦威傳》。“嗣源”原作“明宗”，按此時明宗尚未稱帝，故與上文《通鑑》劃一，稱嗣源。

天成元年五月，授趙在禮滑州節度使、檢校太保。制下，在禮密奏軍情，未欲除移，且乞更伺少頃，尋就改天雄軍兵馬留後、鄴都留守、興唐尹。[1]趙在禮之徙滑州，不之官，亦實爲其下所制。在禮欲自謀脱禍，陰遣腹心詣闕求移鎮。帝乃爲之除皇甫暉陳州刺史，趙進貝州刺史，徙在禮爲横海節度使。[2]

［1］“天成元年五月”至“興唐尹”：《輯本舊史》卷九〇《趙在禮傳》。

［2］横海：方鎮名。治所在滄州（今河北滄縣舊州鎮）。“趙在禮之徙滑州”至“徙在禮爲横海節度使”：《通鑑》卷二七五後唐明宗天成二年（927）三月條。《輯本舊史》卷九〇《趙在禮傳》：“既而在禮將皇甫暉、趙進等相次除郡赴任，在禮乃上表乞移旄節。”前後次序與《通鑑》不同。

晉天福中，以衛將軍居京師。在禮已秉旄節，罷鎮來朝，暉往候之曰：“與公俱起甘陵，[1]卒成大事，然由我發也，公今富貴，能恤我乎？不然，禍起坐中。”在禮懼，遽出器幣數千與之，而飲以酒，暉飲自若，不謝而去。[2]開運末，爲密州刺史。[3]戎虜犯闕，因掠其部民以奔至江南。江南即遣使具舟楫以迓之。行及秦淮，暉心不自安，因自投於水，沿流百餘步而不没，舟人拯之而免。後人或訊之，云："初落水如履一大石，欲求溺而不得，故獲免焉。"及至金陵，禮遇甚厚，僞署爲歙州刺史，後遷僞奉化軍節度使。[4]乾祐二年二月，淮北群盗多請命於唐，唐主遣神衛都虞候皇甫暉等將兵萬人出海、泗以招納之，蒙城鎮將咸師朗等降於暉。徐州將成德欽敗唐兵於峒峿鎮，俘斬六百級，暉等引歸。[5]

[1]甘陵：地名。指代貝州，治所在今河北清河縣。

[2]"晉天福中"至"不謝而去"：《新五代史》卷四九《皇甫暉傳》。

[3]密州：州名。治所在今山東諸城市。

[4]金陵：地名。今江蘇南京市古稱。　歙州：州名。治所在今安徽歙縣。　奉化軍：方鎮名。治所在江州（今江西九江市）。　"開運末"至"後遷僞奉化軍節度使"：明本《册府》卷四三八《將帥部・奔亡門》。《通鑑》卷二八六天福十二年（947）二月條："晉密州刺史皇甫暉，棣州刺史王建，皆避契丹，帥衆奔唐；淮北賊帥多請命於唐。"

[5]神衛都虞候：武官名。唐末、五代時期軍隊高級統兵官，　海：州名。治所在今江蘇連雲港市海州區。　泗：州名。治所在今江蘇盱眙縣。　蒙城：縣名。治所在今安徽蒙城縣。　咸師朗：人名。籍貫不詳。五代十國將領。事見《通鑑》卷二九〇、卷二九二。　徐州：州名。治所在今江蘇徐州市。　成德欽：人名。籍貫不詳。五代將領。事見《通鑑》卷二八八。　峒峿鎮：地名。位於

今江蘇宿遷市北峒峿鎮。　“乾祐二年二月”至“暉等引歸”：《通鑑》卷二八八後漢隱帝乾祐二年（949）二月條。《新五代史》卷六二《南唐世家》亦云：“是時，漢隱帝少，中國衰弱，淮北群盜多送款於景，景遣皇甫暉出海、泗諸州招納之。”

顯德二年十一月，周師伐淮。唐人聞周兵將至而懼，劉仁贍神氣自若，[1]部分守禦，無異平日，衆情稍安。唐主以神武統軍劉彦貞爲北面行營都部署，[2]將兵二萬趣壽州，奉化節度使、同平章事皇甫暉爲應援使，常州團練使姚鳳爲應援都監，[3]將兵三萬屯定遠。[4]是時江、淮久安，民不習戰，彦貞既敗，唐人大恐，張全約收餘衆奔壽州，劉仁贍表全約爲馬步左廂都指揮使。皇甫暉、姚鳳退保清流關。[5]顯德三年二月，上命今上倍道襲清流關。皇甫暉等陳於山下，方與前鋒戰，今上引兵出山後，暉等大驚，走入滁州，欲斷橋自守，今上躍馬麾兵涉水，直抵城下。暉曰：“人各爲其主，願容成列而戰。”今上笑而許之。暉整衆而出，今上擁馬頸突陳而入，大呼曰：“吾止取皇甫暉，他人非吾敵也！”手劍擊暉，中腦，生擒之，並擒姚鳳，遂克滁州。[6]今上縶送所獲皇甫暉、姚鳳至行在。[7]世宗召見之，暉曰：“臣力憊矣，欲暫坐。”及坐，又曰：“臣欲暫臥。”不俟命而臥，神色自若。世宗亦復容之。乃言曰：“臣非不盡忠於本國，實以甲兵勇怯不敵。臣早事晋朝，屢將兵與契丹相持，未如大朝此日甲馬之盛。昨者退守滁州，不謂天兵便能逾城攻取，如履平地。臣力所不加，故就擒耳。”因盛稱今上之武勇。世宗命釋之，賜衣服帶鞍馬。後數日，暉以金瘡尋卒於洛陽。暉本驍將，唐莊宗之基業因暉而敗焉，故暉有名於天下。[8]

[1]劉仁贍：人名。彭城（今江蘇徐州市）人。五代十國南唐將領。傳見本書卷一二九、《新五代史》卷三二。

[2]神武統軍：官名。唐、五代神武軍統兵官。唐置六軍，分左、右羽林，左、右龍武，左、右神武等，即“北衙六軍”。興元元年（784），六軍各置統軍，以寵功勳臣。其品秩，《唐會要》卷七一、《舊唐書》卷一二記載爲從二品，《通鑑》卷二二九記載爲從三品。 劉彥貞：人名。兖州中都（今山東汶上縣）人。五代十國南唐將領。事見《新五代史》卷六二。 北面行營都部署：官名。凡行軍征討，掛帥率軍戰鬥，總管行營事務。

[3]常州：州名。治所在今江蘇常州市。 姚鳳：人名。籍貫不詳。五代十國時期南唐將領，爲後周所擒。事見本書卷一一六《周世宗本紀》。

[4]定遠：縣名。治所在今安徽定遠縣。 “顯德二年十一月”至“將兵三萬屯定遠”：《通鑑》卷二九二後周世宗顯德二年（955）十一月條。“周師伐淮”，據《新五代史》卷四九《皇甫暉傳》增。

[5]張全約：人名。籍貫不詳。事見本書卷一一六。 馬步左厢都指揮使：五代軍隊編制，五百人爲一指揮，設指揮使、副指揮使；十指揮爲一軍，設都指揮使、副都指揮使。 清流關：地名。位於今安徽滁州市。

[6]滁州：州名。治所在今安徽滁州市。 “是時江、淮久安”至“遂克滁州”：《通鑑》卷二九二後周世宗顯德三年（956）正月、二月條。“今上”，原皆作“太祖皇帝”，依體例改。

[7]今上縶送所獲皇甫暉、姚鳳至行在：《輯本舊史》卷一一六《周世宗紀三》顯德三年二月條。

［8］“世宗召見之”至“故暉有名於天下”：《御覽》卷三二六《兵部·擒獲門》引《周史》。“今上”原作“太祖”，依體例改。

徐台符

徐台符，字光信，深州武强人。幼善屬文，唐同光中擢進士第，釋褐爲鎮定從事。[1]鎮州有市人劉方遇，[2]家富於財。方遇卒，無子。妻弟田令遵者，[3]幼爲方遇治財，善殖貨，劉族乃共推令遵爲方遇子，親族共立券書，以爲誓信。累年後，方遇二女取資於令遵不如意，乃訟令遵冒姓，奪父家財，李從敏令判官陸浣鞫其獄，[4]而殺令遵。令遵父謂臺訴冤，詔本州節度副使符蒙、掌書記台符鞫之，[5]備明姦狀。及詰二女，伏行賂於節度使趙環、代判高知柔、觀察判官陸浣，[6]並捕下獄，具服贓罪。[7]天福二年十二月，以監察御史徐台符爲尚書膳部員外郎、知制誥。[8]開運元年六月，復置翰林學士，以金部郎中、知制誥武强徐台符爲學士。[9]二年六月，爲中書舍人。[10]

［1］武强：縣名。治所在今河北武强縣。　釋褐：易粗布衣而服官服，指代做官。　鎮定：地名。正定古稱。正定，縣名，治所在今河北正定縣。　“徐台符”至“釋褐爲鎮定從事”：《宋本册府》卷七七五《總録部·幼敏門三》。《通鑑》卷二八四後晋少帝開運元年（944）六月戊辰條云“武强徐台符”。又《輯本舊史》卷一三一《賈緯傳》：“賈緯，真定獲鹿人也……翰林學士徐台符，緯邑人也。”未知孰是。

[2]劉方遇：人名。籍貫不詳。事見《北夢瑣言》卷二〇。

[3]田令遵：人名。籍貫不詳。事見《北夢瑣言》卷二〇。

[4]李從敏：人名。後唐明宗李嗣源之侄。傳見本書卷一二三、《新五代史》卷一五。 判官：官名。唐、五代方鎮僚屬，位在行軍司馬下。分掌使衙內各曹事，並協助使職官員通判衙事。 陸浣：人名。籍貫不詳。事見本書卷四四、卷一二三。

[5]符蒙：人名。籍貫不詳。後唐、後晋時曾任鎮州節度副使、右諫議大夫、給事中、禮部侍郎。事見本書卷七七、卷八一、卷八三。

[6]趙環：人名。籍貫不詳。事見本書卷一二三。 代判：官名。代替節度使管理文書、處理政務等事宜。參見劉喆《五代十國時期藩鎮制的變化及特點》，《唐史論叢》2015 年第 2 期。 高知柔：人名。籍貫不詳。事見本書卷四四。

[7]“鎮州有市人劉方遇”至“具服贓罪”：《輯本舊史》卷一二三《李從敏傳》。此事另見本書卷四四。

[8]監察御史：官名。唐代屬御史臺之察院，掌監察中央機構、州縣長官及祭祀、庫藏、軍旅等事。唐中期以後，亦作爲外官所帶之銜。正八品下。 “天福二年十二月”至“知制誥”：《輯本舊史》卷七六《晋高祖紀二》天福二年（937）十二月條。

[9]金部郎中：官名。掌天下庫藏財帛出納之事，頒其節制，司其簿領。從五品上。 “開運元年六月”至“知制誥武强徐台符爲學士”：《通鑑》卷二八四開運元年六月條，又見《輯本舊史》卷八二《晋少帝紀二》。前未見徐台符爲金部郎中，故書官名。

[10]二年六月，爲中書舍人：《輯本舊史》卷八四《晋少帝紀四》開運二年六月條。

契丹之陷中原也，台符從虜帳北至於薊門。[1]及戎人内潰，乃竄身南歸。初，台符所乘馬好嘶鳴，及自虜中回，常露宿於草中，雖胡騎連群經其左右，而台符馬若箝其口。然及行至漢地，即嘶鳴如故。時人以爲積善之所感也。[2]乾祐中，賈緯受詔與王伸、竇儼修漢高祖實録，[3]緯以筆削爲己任，然而褒貶之際，憎愛任情。晋相桑維翰執政日，[4]薄緯之爲人，不甚見禮，緯深銜之。及敘維翰《傳》："身没之後，有白金八千鋌，他物稱是。"台符，緯邑人也，與緯相善，謂緯曰："切聞吾友書桑魏公白金之數，不亦多乎。但以十目所睹，不可厚誣。"緯不得已，改爲白金數千鋌。[5]台符爲兵部尚書、翰林學士承旨，[6]與太子太傅李崧爲執友。[7]崧爲蘇逢吉、史弘肇所構。[8]乾祐三年秋，夢崧謂曰："予之冤横，得請於帝矣。"及蘇、史誅，並梟首於市，當崧所誅之地。[9]

[1]薊門：州名。指薊州。治所在今天津薊州區。

[2]"契丹之陷中原也"至"時人以爲積善之所感也"：《太平御覽》卷八九五《獸部·馬門》引《周史》，又見《册府》卷八一五《總録部·誠感門》。《通鑑》卷二八七天福十二年（947）五月條："初，契丹主阿保機卒於勃海，述律太后殺酋長及諸將凡數百人。契丹主德光復卒於境外，酋長諸將懼死，乃謀奉契丹主兀欲勒兵北歸。契丹主以安國節度使麻答爲中京留守，以前武州刺史高奉明爲安國節度使。晋文武官及士卒悉留於恒州，獨以翰林學士徐台符、李澣及後宫、宦者、教坊人自隨。"同書卷二八八乾祐元年（948）四月條："契丹主留晋翰林學士徐台符於幽州，台符逃歸。"徐台符被俘事又見《新五代史》卷七三《四夷附録二》兀欲條，逃歸事又見《輯本舊史》卷一〇一《漢隱帝紀上》。

[3]賈緯：人名。鎮州獲鹿（今河北石家莊市鹿泉區）人。五

代後唐至後周官員。傳見本書卷一三一、《新五代史》卷五七。王伸：人名。籍貫不詳。五代大臣，史官。事見本書卷一〇二、卷一一三、卷一三一。　竇儼：人名。薊州漁陽（今天津市薊州區）人。五代、宋初大臣。傳見《宋史》卷二六三。

[4]桑維翰：人名。洛陽（今河南洛陽市）人。初爲石敬瑭節度掌書記，石敬瑭稱帝後出任翰林學士、知樞密院事等職。傳見本書卷八九、《新五代史》卷二九。

[5]"乾祐中"至"改爲白金數千鋌"：《輯本舊史》卷一〇《賈緯傳》、《新五代史》卷五七《賈緯傳》。

[6]兵部尚書：官名。尚書省兵部長官。掌兵衛、武選、車輦、甲械、厩牧之政令。正三品。　翰林學士承旨：官名。爲翰林學士之首。掌拜免將相、號令征伐等詔令的起草。《舊唐書》卷四三《職官志二》翰林院條："例置學士六人，内擇年深德重者一人爲承旨，所以獨承密命故也。"

[7]李崧：人名。深州饒陽（今河北饒陽縣）人。後晋宰相，歷仕後唐至後漢。傳見本書卷一〇八、《新五代史》卷五七。

[8]蘇逢吉：人名。京兆長安（今陝西西安市）人。劉知遠爲河東節度時的屬官，後漢初任宰相。傳見本書卷一〇八、《新五代史》卷三〇。　史弘肇：人名。亦作史宏肇。鄭州滎澤（今河南鄭州市）人。五代時後漢將領。傳見本書卷一〇七、《新五代史》卷三〇。

[9]"台符爲兵部尚書"至"當崧所誅之地"：《宋本册府》卷八九三《總録部·夢徵門二》，又見《輯本舊史》卷一〇八《李崧傳》。徐台符爲兵部尚書、翰林學士承旨事，前史未見。

廣順二年八月，以中書舍人、史館修撰判館事徐台符爲禮部尚書，充翰林學士承旨。[1]時禮部侍郎於貢部或掌或否，邊光範拜官，[2]將及秋試，乃言於執政曰：

"單門偶進，何言名第。若他曹公事，光範不敢辭。若處文衡，校閱名賢，品藻優劣，非下走所能。"執政曰："公晋末爲翰林、樞密直學士，勿避事也。"及期，光範辭疾不出，乃以翰林學士承旨徐台符掌之，時論多其自知。[3]十二月，台符請誅誣告李崧者葛延遇及李澄，馮道以爲屢更赦，不許。王峻嘉台符之義，白於帝，癸卯，收延遇、澄，誅之。[4]

[1]"廣順二年八月"至"充翰林學士承旨"：《輯本舊史》卷一一二《周太祖紀三》廣順二年（952）八月條。按徐台符仕晋爲中書舍人，仕漢爲兵部尚書，又前皆未言史館修撰判館事，故書官名。

[2]邊光範：人名。并州陽曲（今山西太原市）人。歷仕五代後唐、後晋至宋代。傳見《宋史》卷二六二。

[3]樞密直學士：官名。五代後唐莊宗同光元年（923），改直崇政院置，選有政術、文學者充任。備顧問應對。　"時禮部侍郎於貢部或掌或否"至"時論多其自知"：《宋史》卷二六二《邊光範傳》。此條只言"周廣順初"，未詳何時，但言"翰林學士承旨徐台符"，又台符於廣順二年（952）八月已明確權知貢舉，故姑繫於此。

[4]葛延遇：人名。籍貫不詳。李崧之弟李嶼僕從。事見本書卷一〇八《李崧傳》。　李澄：人名。籍貫不詳。蘇逢吉下屬。事見本書卷一〇八、《新五代史》卷五七。　"十二月"至"誅之"：《通鑑》卷二九一廣順二年十二月條，又見《新五代史》卷五七《李崧傳》。《宋本册府》卷八〇四《總録部・義門四》："徐台符先與漢故太子太傅李崧爲執友。乾祐中，崧爲部曲葛延遇、李澄等誣告，族滅。廣順中，台符爲兵部侍郎，白於宰府，請誅延遇等。宰相馮道以延遇等已經赦宥，未之許也。時王峻執政，聞台符之言，

深加嘆服。因奏於太祖，遂誅延遇等。時人義之。”與《通鑑》《新五代史》互有詳略，尤其言徐台符爲兵部侍郎事，爲他史所無。

三年二月，吏部選人過門下，王峻當其事，頗疑選部不公，其擬官選人落下者三十餘人。次日寒食時節，臣僚各歸私第。午時，宣召宰臣、樞密使，及入，幽峻於别所。太祖見馮道已下，泣曰：“峻淩朕頗甚，無禮太過，擬欲盡去左右臣僚，翦朕羽翼。朕兒在外，專意阻隔，暫令到闕，即懷怨望。豈有既總樞機，又兼宰相，堅求重鎮，尋亦授之，任其襟懷，尚未厭足，如此無君，誰能甘忍!”即召翰林學士台符等草制。其日，退朝宣制，貶授商州司馬，差供奉官蔣光遠援送赴商州。[1]七月，以台符爲刑部侍郎充職。[2]八月，刑部侍郎、權知貢舉台符奏請：“試雜文二首外，其帖經、對義亦依元格。[3]却准元格帖律令各十五帖，對墨義二十道。”從之。[4]

[1]蔣光遠：人名。籍貫、事跡不詳。　“三年二月”至“差供奉官蔣光遠援送赴商州”：《輯本舊史》卷一三〇《王峻傳》。“三年二月”，據《輯本舊史》卷一一二《周太祖紀三》補。

[2]七月，以台符爲刑部侍郎充職：《輯本舊史》卷一一三《周太祖紀四》廣順三年（953）七月條。

[3]“八月”至“對義亦依元格”：《會要》卷二二進士條，又見《輯本舊史》卷一四八《選舉志》。

[4]“却准元格帖律令各十五帖”至“從之”：《會要》卷二三明法條。

是時，周世宗英武，樂延天下奇才，而尤禮文士，扈載與張昭、竇儼、陶穀、徐台符等俱被進用。[1]顯德二年四月，世宗臨軒顧謂宰臣曰："朕聽政之餘，思政教未敷，區宇未混，中宵輟寐，若納於隍。竊觀歷代君臣治國家，臨下事上之道，深爲不易。又念自唐晋失德之後，亂臣黠虜，僭竊暴慢者多。今中夏雖漸小康，吴、蜀、幽、并尚未平蕩。聲教有限，朕實疚懷。宜諭臣寮各述論策，宜尊經濟之略，副予求賢致理之志也。"於是命翰林學士台符已下二十餘人，各撰《爲君難爲臣不易論》《平邊策》各一首以進，帝皆親覽焉。[2]十二月，台符卒。[3]

[1]扈載：人名。幽州安次（今河北廊坊市）人。字仲熙。後周官員。傳見本書一三一、《新五代史》卷三一。　張昭：人名。世居濮州范縣（今河南范縣）。五代、宋初大臣。傳見《宋史》卷二六三。　陶穀：人名。邠州新平（今陝西彬縣）人。五代、宋初大臣。傳見《宋史》卷二六九。　"是時"至"徐台符等俱被進用"：《新五代史》卷三一《扈載傳》。"周世宗"原作"天子"，爲免與上文周太祖混淆，依文意改。

[2]"顯德二年四月"至"帝皆親覽焉"：明本《册府》卷一〇四《帝王部·訪問門》，又見《輯本舊史》卷一一五《周世宗紀二》、《新五代史》卷三一《王朴傳》、《宋史》卷二六九《陶穀傳》。

[3]十二月，台符卒：《輯本舊史》卷一一五《周世宗紀二》顯德二年（955）十二月辛未條。

錢鐸[1]

[1]錢鐸，吴越國王錢鏐之弟。《輯本舊史》卷七九《晋高祖紀五》天福五年（940）十一月甲申條："以恩州團練使錢鐸爲檢校太尉、同平章事，遥領楚州順化軍節度使。""錢鐸"，原作"錢驛"，中華書局本有校勘記："據劉本、本書卷八四《晋少帝紀四》、《十國春秋》卷八三改。"考諸史未見"錢驛"其人，《古今姓氏書辯證》卷九錢條載："宋吴越錢氏，杭州臨安人，鏐、鐸、銶、鋸、鏢。"另有《吴越備史》卷四乾祐三年（950）二月杜建徽條載："開平中，（徽）與武肅王弟鐸率師救姑蘇。"餘事不詳。《輯本舊史》卷八四《晋少帝紀四》開運二年（945）十一月戊申條："兩浙奏，順化軍節度使鐸卒。"

鮑君福

鮑君福，字慶臣，餘姚縣人。[1]祖興，父燦，俱不仕。少羈貧，性淳厚，沉默少語，有膽勇。餘姚有井，面闊丈餘，君福每醉必寢上，面無畏色，鄉黨異之。及從軍，以驍勇聞。初事劉漢宏，及鏐東討，乃率其黨來附，號曰"歸明都"。累從征討，有功，能馬上輪兩劍，望之若飛電。沉默少語，軍中謂之"鮑不鬧"。淮人寇三衢，以君福爲應援使，屬刺史陳章叛，[2]淮人入其城，楊行密令其將李元嗣監守君福，[3]署以郡職，君福不受。鏐聞之，恐其被害也，乃密與絹書，令其就職。君福竟拒之。一夕，與李元嗣飲，伺其醉而殺之，奔歸錢塘，授衢州刺史。[4]淮人屢寇其境，君福每擊破之，及罷歸，鏐勞之曰："公在郡數年，戰鬥而已，豈爲優賢邪?"因復遣之任。元瓘領清海軍節度，[5]辟爲副使、同平章事、兼侍中。天福五年卒，年七十七。[6]

[1]餘姚縣：縣名。治所在今浙江余姚市。

[2]陳章：人名。籍貫不詳。五代後梁將領。事見本書卷五六。

[3]楊行密：人名。廬州合淝（今安徽合肥市）人。唐末軍閥，五代十國吴國政權奠基者，後被追尊爲吴國太祖。傳見《新唐書》卷一八八、本書卷一三四、《新五代史》卷六一。　李元嗣：人名。籍貫不詳。楊行密部將。事見《十國春秋》卷八四。

[4]錢塘：縣名。治所在今浙江杭州市。此處代指吴越政權。　衢州：州名。治所在今浙江衢州市。

[5]元瓘：人名。即錢元瓘。祖籍臨安（今浙江杭州市）。錢鏐之子。五代十國吴越國國主，932年至941年在位。傳見本書卷一三三、《新五代史》卷六七。　清海軍：方鎮名。治所在廣州（今廣東廣州市）。

[6]"鮑君福"至"年七十七"：《九國志》卷五《鮑君福傳》。《吴越備史》卷二《鮑君福傳》："鮑君福，字慶成，餘姚縣人。祖興，父璨，俱不仕。少羈貧，性淳厚，有膽勇。餘姚有井，面廣丈餘，君福每恣臥其上，面無畏色……鄉黨異之。及從軍，以驍果稱。初事（劉）漢宏，及武肅王東討，乃與其黨歸降。號曰'向盟都'。累從征伐，有功。能馬上輪雙劍，入陣望之若飛電，沉默少語，軍中謂之'鮑鬧'，尋爲衢州應援指揮使。屬刺史陳章叛，淮人入其境，乃以淮帥命辟爲郡職，君福不納。武肅聞之，患其被害，乃密賜絹書使苟從之，因與賊徒李元嗣飲，伺其醉乃奔歸，尋授衢州刺史。淮將、信州刺史周本屢侵其境，君福每率數騎往逐之，本遁去。及將罷郡，武肅王勞曰：'比在任戰敵而已，未足爲副使優賀之道。'因復任之，凡三考。文穆王領清海軍節制，辟爲副使，

後遷湖州，復二考，累職鎮海軍節度副使、浙西行營司馬、奏授登州刺史、保大保順等軍節度使、檢校太尉、同平章事，兼侍中，終年七十七，敕謚曰忠壯。”《輯本舊史》卷四四《唐明宗紀十》長興四年（933）十一月：“庚辰，改慎州懷化軍爲昭化軍，升洮州爲保順軍。辛巳，以保大軍節度使、檢校太尉鮑君福爲保順軍節度、洮鄯等州觀察等使。”同書卷四八《唐末帝紀下》清泰三年（936）二月辛巳條：“保順軍節度使鮑君福加檢校太尉、同平章事。”同書卷七八《晋高祖紀四》天福四年（939）九月己卯條：“遥領洮州保順軍節度使鮑君福加檢校太師、兼侍中，判湖州諸軍事。”同書卷七九《晋高祖紀五》天福五年十二月壬辰條：“遥領洮州保順軍節度使檢校太尉、兼侍中、判湖州軍州事鮑君福卒，贈太傅。”

陸仁章

陸仁章，睦州人也。吴越王鏐嘗遊府園，見園卒仁章樹藝有智而志之。及蘇州被圍，使仁章通信入城，果得報而返。鏐以諸孫畜之，累遷兩府軍糧都監使，卒獲其用。[1]鏐卒，傳瓘與兄弟同幄行喪，[2]内牙指揮使仁章曰：“令公嗣先王霸業，將吏旦暮趨謁，當與諸公子異處。”乃命主者更設一幄，扶傳瓘居之，告將吏曰：“自今惟謁令公，禁諸公子從者無得妄入。”晝夜警衛，未嘗休息。鏐末年左右皆附傳瓘，獨仁章數以事犯之。至是，傳瓘勞之，仁章曰：“先王在位，仁章不知事令公，今日盡節，猶事先王也。”傳瓘嘉歎久之。内牙指揮使富陽劉仁杞及仁章久用事，[3]仁章性剛，仁杞好毁短人，皆爲衆所惡。一日，諸將共詣府門請誅之。元瓘使從子仁俊諭之曰：[4]“二將事先王久，吾方圖其功，汝曹乃欲逞私憾而殺之，可乎？吾爲汝王，汝當稟吾命；不然，吾當歸臨安以避賢路！”[5]衆懼而退。乃以仁章爲衢州刺史，仁杞爲湖州刺史。[6]中外有上書告訐者，元瓘皆置不問，由是將吏輯睦。[7]

[1]“陸仁章”至“卒獲其用”：《通鑑》卷二六七後梁太祖開平三年（909）四月淮南兵圍蘇州條。

[2]傳瓘：人名。即錢元瓘，祖籍臨安（今浙江杭州市）。錢鏐第五子。五代十國吴越國國主，932年至941年在位。傳見本書卷一三三、《新五代史》卷六七。

[3]〗富陽：地名。今浙江杭州市富陽區。　劉仁杞：人名。籍貫不詳。吴越國將領。事見《十國春秋》卷七九、卷八三、卷八六。

[4]仁俊：人名。即錢仁俊。吴越宗室。事見《十國春秋》卷八三。

[5]臨安：地名。位於今浙江杭州市。

[6]湖州：州名。治所在今浙江湖州市。

[7]“鏐卒”至“由是將吏輯睦”：《通鑑》卷二七七後唐明宗長興三年（934）二月傳瓘襲位條。其事亦見於《吴越備史》卷二。《輯本舊史》卷七八《晋高祖紀四》天福四年（939）五月丙寅條：“以鎮海軍衙内統軍、上直馬步軍都監、檢校太傅、睦州刺史陸仁章爲同平章事，遥領遂州武信軍節度使。”同書卷七九《晋高祖紀五》天福五年十一月壬戌條：“遥領遂州武信軍節度使、鎮海軍衙内統軍、檢校太傅、同平章事陸仁章卒，贈太子太傅。”“仁章”原作“仁璋”，據《通鑑》及《輯本舊史》卷七八改。

姚彦章

姚彦章，字繼徽，汝南人，[1]少倜儻，有武略。乾符中，[2]黄巢盜起，秦宗權召募豪俊，以彦章隸帳下。善用鐵槊，重百餘斤，每上馬盤辟，疾如旋風，觀者壯之。隨孫儒渡淮拔廣陵，[3]儒死宣城，隨劉建鋒入湖南，[4]領廳直軍，最被親信。及建鋒遇害，張佶傷髀，[5]不能視事，佶與彦章首議迎馬殷，遂遣彦章率所部逆馬殷於邵州。[6]殷初疑之，猶豫未即還，彦章入白殷曰："劉龍驤、張行軍與足下同功一體之人也，不幸龍驤有不測之禍，行軍以髀病廢，是天意人望歸於足下，何遽疑也？"殷釋然，遂令彦章統衆先歸。國内既定，翌日，殷至代立，以功遷長直都指揮使。[7]彦章建議平嶺北七州，薦李瓊爲游奕使。[8]桂州平，奏授静江軍行軍司馬，監軍府事。遷檢校工部尚書、横州刺史。[9]容南龐巨昭歸款，[10]彦章率兵迎之。遷寧遠軍節度副史、知容州事。殷建國，拜左相，遷昭順軍節度使。[11]清泰中，加兼侍中，卒。[12]

[1]汝南：縣名。治所在今河南汝南縣。

[2]乾符：唐僖宗李儇年號（874—879）。

[3]廣陵：地名。位於今江蘇揚州市。

[4]宣城：地名。位於今安徽宣城市。　劉建鋒：人名。蔡州朗山（今河南確山縣）人。唐末軍閥。傳見《新唐書》卷一九〇。據中華書局本有校勘記，本書卷一三三《馬殷傳》作"劉建峰"，《新唐書》卷一九〇《劉建鋒傳》作"劉建鋒"，並云以其字"鋭

端”推之，當以“鋒”爲是。

[5]張佶：人名。長安（今陝西西安市）人。五代十國藩鎮將領。傳見本書卷一七。

[6]邵州：州名。治所在今湖南邵陽市。

[7]長直都指揮使：官名。所部統兵將領。長直爲部隊番號。

[8]李瓊：人名。籍貫不詳。五代十國藩鎮將領。事見《新五代史》卷六六。　游奕使：使職名。唐中期以後用兵，兵多地廣者則置，主巡營、防遏事。

[9]横州：州名。治所在今廣西横縣。

[10]容南：即容州，州名。治所在今廣西容縣。　龐巨昭：人名。籍貫不詳。唐末、五代軍閥。事見《新五代史》卷六五。據中華書局本有校勘記，《通鑑》卷二六五、卷二六七，《東都事略》卷二三作“龐巨昭”，本書卷一三五《劉陟傳》、《隆平集》卷一二作“龐巨源”，《通鑑》卷二六七《考異》引《湖湘故事》、《新唐書》卷一九〇《劉建鋒傳》作“龐巨曦”。

[11]昭順軍：方鎮名。治所在廬州（今安徽合肥市）。

[12]“姚彦章”至“卒”：《九國志》卷一一《姚彦章傳》。《輯本舊史》卷四二《唐明宗紀八》長興二年（931）閏五月甲午條：“以衡州刺史姚彦章爲昭順軍節度使。”同書卷四四《唐明宗紀十》長興四年二月丁巳條：“以廬州節度使兼武安軍副使姚彦章爲檢校太尉、同平章事。”同書卷七八《晋高祖紀四》天福四年（939）五月乙巳條：“昭順軍節度使姚彦章卒。”

舊五代史　附録二

《舊五代史》諸版本序跋

進《舊五代史》表　永瑢等

多羅質郡王臣永瑢等謹奏，爲《舊五代史》編次成書恭呈御覽事。

臣等伏案薛居正等所修《五代史》，原由官撰，成自宋初，以一百五十卷之書，括八姓十三主之事，具有本末，可爲鑒觀。雖值一時風會之衰，體格尚沿於冗弱；而垂千古廢興之迹，異同足備夫參稽。故以楊大年之淹通，司馬光之精確，無不資其賅貫，據以編摩，求諸列朝正史之間，實亦劉昫舊書之比。乃徵唐事者並傳天福之本，而考五代者惟行歐陽之書，致此逸文，寖成墜簡。閲沉淪之已久，信顯晦之有時。

欽惟我皇上紹繹前聞，網羅羣典，發祕書而讎校，廣四庫之儲藏。欣覯遺篇，因裒散帙，首尾略備，篇目可尋。經呵護以偶存，知表章之有待，非當聖世，曷闡成編。臣等謹率同總纂官右春坊右庶子臣陸錫熊、翰林院侍讀臣紀昀，纂修官編修臣邵晋涵等，按代分排，隨文勘訂，彙諸家以蒐其放失，臚衆説以補其闕殘，復爲完書，可以繕寫。

竊惟五季雖屬閏朝，文獻足徵，治忽宜監。有《薛史》以綜事蹟之備，有《歐史》以昭筆削之嚴，相輔而行，偏廢不可。幸遭逢乎盛際，得焕發其幽光，所裨實多，先睹爲快。臣等已將《永樂大典》所録《舊五代史》，依目編輯，勒一百五十卷，謹分裝五十八册，各加考證、粘籤進呈。敬請刊諸祕殿，頒在學官。搜散佚於七百餘年，廣體裁於二十三史。著名山之録，允宜傳播於人間；儲乙夜之觀，冀稟折衷於睿鑒。惟慚疏陋，伏候指揮，謹奏。乾隆四十年七月

多羅質郡王臣永瑢

經筵日講起居注官武英殿大學士臣舒赫德

經筵日講起居注官文華殿大學士臣于敏中

工部尚書和碩額駙一等忠勇公臣福隆安

經筵講官協辦大學士吏部尚書臣程景伊

經筵講官户部尚書臣王際華

經筵講官禮部尚書臣蔡新

經筵講官兵部尚書臣嵇璜

經筵講官刑部尚書仍兼户部侍郎臣英廉

都察院左都御史臣張若溎

經筵講官吏部左侍郎臣曹秀先

户部右侍郎臣金簡

（録自影庫本《舊五代史》）

《舊五代史》提要 陸錫熊等

臣等謹案：《舊五代史》一百五十卷並目録二卷，宋司空同中書門下平章事薛居正等撰，考晁公武《讀書志》云：開寶中詔修梁唐晋漢周書，盧多遜、扈蒙、張澹、李昉、劉兼、李穆、李九齡同修，宰相薛居正等監修。《玉海》引《中興書目》云：開寶六年四月戊申詔修《五代史》，七年閏十月甲子書成，凡百五十卷，目録二卷，爲紀六十一、志十二、傳七十七，多據累朝實録及范質《五代通録》爲稿本。其後，歐陽修别録《五代史記》七十五卷藏於家。修殁後，官爲刊印，學者始不專習《薛史》，然二書猶並行於世。至金章宗泰和七年，詔學官止用《歐陽史》，於是《薛史》遂微。元明以來，罕有援引其書者，傳本亦漸就湮殁，惟明内府有之，見於《文淵閣書目》，故《永樂大典》多載其文，然割裂淆亂，已非居正等篇第之舊。

恭逢聖朝右文稽古，網羅放佚，零縑斷簡，皆次第編摩，臣等謹就《永樂大典》各韵中所引《薛史》，甄録條繫，排纂先後，檢其篇第，尚得十之八九。又考宋人書之徵引《薛史》者，每條採録，以補其闕，遂得依原書卷數勒成一編。晦而復彰，散而復聚，殆實有神物呵護以待時而出者，遭逢之幸，洵非偶然也。

歐陽修文章遠出居正等上，其筆削體例亦特謹嚴，然自宋時論二史者，即互有所主。司馬光作《通鑑》，胡三省作《通鑑注》，皆專據《薛史》而不取《歐史》。沈括、洪邁、王應麟輩，爲一代博洽之士，其所著述，於薛、歐二史亦多兼採，而未嘗有所軒輊。

蓋修所作，皆刊削《舊史》之文，意主斷制，不肯以紀載叢碎自貶其體，故其詞極工，而於情事或不能詳備。至居正等奉詔撰述本在宋初，其時秉筆之臣尚多逮事五代，見聞較近，紀傳皆首尾完具，可以徵信，故異同所在，較核事迹，往往以此書爲長。雖其文體平弱不免敘次煩冗之病，而遺文瑣事反藉以獲傳，寔足爲考古者參稽之助。又《歐史》止述《司天》《職方》二考，而諸志俱闕，凡禮樂職官之制度、選舉刑法之沿革，上承唐典下開宋制者，一概無徵，亦不及《薛史》諸志爲有裨於文獻。蓋二書繁簡，各有體裁，學識兼資，難於偏廢。昔修與宋祁所撰《新唐書》，事增文省，足以括劉眴《舊書》，而眴書仰荷皇上表章，今仍得列於正史，况是書文雖不及歐陽而事迹較備，又何可使隱没不彰哉！

謹考次舊文，釐爲《梁書》二十四卷、《唐書》五十卷、《晋書》二十四卷、《漢書》十一卷、《周書》二十二卷、《世襲列傳》二卷、《僭僞列傳》三卷、《外國列傳》二卷、《志》十二卷，共一百五十卷，别爲目録二卷，而搜羅排纂之意，則著於凡例，具列如左。乾隆四十年七月恭校上。

總纂官庶子臣陸錫熊

侍讀臣紀昀

纂修官編修臣邵晋涵

（録自百衲本《舊五代史》）

編定《舊五代史》凡例

一、《薛史》原書體例不可得見。今考其諸臣列傳，多云事見某書，或云某書有傳，知其於梁、唐、晋、漢、周斷代爲書，如陳壽《三國志》之體，故晁公武《讀書志》直稱爲詔修梁、唐、晋、漢、周書。今仍按代分編，以還其舊。

一、《薛史》本紀沿《舊唐書》帝紀之體，除授沿革，鉅纖畢書。惟分卷限制爲《永樂大典》所割裂，已不可考。詳核原文，有一年再紀元者，如上有同光元年春正月，下復書同光元年秋七月，知當於七月以後别爲一卷。蓋其體亦仿《舊唐書》，《通鑑》尚沿其例也。今釐定編次爲本紀六十一卷，與《玉海》所載卷數符合。

一、《薛史》本紀俱全，惟《梁太祖紀》原帙已闕，其散見各韻者，僅得六十八條。今據《册府元龜》諸書徵引《薛史》者，按條採掇，尚可薈萃。謹仿前人取《魏澹書》《高氏小史》補《北魏書》之例，按其年月，條繫件附，釐爲七卷。

一、五代諸臣，類多歷事數朝，首尾牽連，難於分析。歐陽脩《新史》以始終從一者入梁、唐、晋、漢、周臣傳，其兼涉數代者，則創立雜傳歸之，褒貶謹嚴，於史法最合。《薛史》僅分代立傳，而以專事一朝及更事數姓者參差錯列，賢否混淆，殊乖史體，此即其不及《歐史》之一端。因篇有論贊，總敘諸人，難以割裂更易，姑仍其舊，以備參考。得失所在，讀史者自能辨之。

一、后妃列傳，《永樂大典》中惟《周后妃傳》全帙具存，餘多殘闕。今採《五代會要》《通鑑》《契丹國志》《北夢瑣言》諸書以補其闕，用雙行分注，不使與本文相混也。

一、宗室列傳，《永樂大典》所載頗多脱闕。今並據《册府元龜》《通鑑》注諸書採補，其諸臣列傳中偶有闕文，亦仿此例。

一、諸臣列傳，其有史臣原論者，俱依論中次第排比；若原論已佚，則考其人之事蹟，以類分編。

一、《薛史》標目，如李茂貞等稱《世襲傳》，見於《永樂大典》原文；其楊行密等稱《僭僞傳》，則見於《通鑑考異》。今悉依仿編類，以還其舊。

一、《薛史》諸志，《永樂大典》内偶有殘闕。今俱採《太平御覽》所引《薛史》增補，仍節録《五代會要》諸書分注於下，用備參考。

一、凡紀傳中所載遼代人名、官名，今悉從《遼史索倫語解》改正。

一、《永樂大典》所載《薛史》原文，多有字句脱落、音義舛訛者。今據前代徵引《薛史》之書，如《通鑑考異》《通鑑注》《太平御覽》《太平廣記》《册府元龜》《玉海》《筆談》《容齋五筆》《青緗雜記》《職官分紀》《錦繡萬花谷》《藝文類聚》《記纂淵海》之類，皆爲參互校訂，庶臻詳備。

一、史家所紀事蹟，流傳互異，彼此各有舛互。今據新舊《唐書》《東都事略》《宋史》《遼史》《續通鑑長編》《五代春秋》《九國志》《十國春秋》及宋人説部、文集與五代碑碣尚存者，詳爲考核，各加案語，以資辨證。

一、陶岳《五代史補》、王禹偁《五代史闕文》，本以補《薛史》之闕，雖事多瑣碎，要爲有裨史學，故《通鑑》《歐陽史》亦多所取。今並仿裴松之《三國志注》體例，附見于後。

一、《薛史》與《歐史》時有不合，如《唐閔帝紀》，《薛史》作明宗第三子，而《歐史》作第五子，考《五代會要》《通鑑》並同《薛史》。又《歐史·唐家人傳》云：太祖有弟四人，曰克讓、克修、克恭、克寧，皆不知其父母名號。據《薛史·宗室傳》，則克讓爲仲弟，克寧爲季弟，克修爲從父弟、父曰德成，克恭爲諸弟，非皆不知其父母名號。又《晉家人傳》止書出帝立皇后馮氏，考《薛史》紀傳，馮氏未立之先，追册張氏爲皇后，而《歐史》不載。又張萬進賜名守進，故《薛史》本紀先書萬進，後書守進，《歐史》删去賜名一事，故前後遂如兩人。其餘年月之先後，官爵之遷授，每多互異。今悉爲辨證，詳加案語，以示折衷。

一、《歐史》改修，原據《薛史》爲本，其間有改易《薛史》之文而涉筆偶誤者。如章如愚《山堂考索》論《歐史》載梁遣人至京師，紀以爲朱友謙，傳以爲朱友諒；楊涉相梁，三仕三已，而歲月所具，紀載實異，至末年爲相，但書其罷，而了不知其所入歲月；唐明宗在位七年餘，而論贊以爲十年之類是也。有尚沿《薛史》之舊而未及刊改者。如吴縝《五代史纂誤》譏《歐史·杜曉傳》幅巾自廢不當云十餘年；《羅紹威傳》牙軍相繼不當云二百年之類是也。今並各加辨訂於本文之下，庶二史異同得失之故，讀者皆得以考見焉。

（録自影庫本《舊五代史》）

請照殿版各史例刊刻《舊五代史》奏章 紀昀等

謹奏：伏查《永樂大典》散片内所有薛居正等《五代史》一書，宋開寶中奉詔撰述，在歐陽脩《五代史》之前，文筆雖不及歐之嚴謹，而敘事頗爲詳核，其是非亦不詭于正，司馬光《通鑑》多採用之。當時稱爲舊《五代史》，與歐陽脩之本並行，自金章宗泰和間，始專以《歐史》列之學官，而《薛史》遂漸就湮没。兹者恭逢聖主，稽古右文，網羅遺佚，獲于零縑斷簡之中，蒐輯完備，實爲此書之萬幸。至此紀載該備，足資參考，于讀史者尤有裨益，自宜與劉昫《舊唐書》並傳，擬仍昔時之稱，標爲《舊五代史》，俾附二十三史之列，以垂久遠。謹將全書五十八本、校勘、發凡，一併裝訂，恭呈御覽，伏候訓示。前經臣王際華面奏，此書列之史册，洵足嘉惠藝林，請照殿版各史例刊刻，頒行海内，荷蒙聖恩俞鑒，恭候欽定發下，即交武英殿遵照辦理。再查諸史前俱有原進表文，此書原表久佚，謹另擬奏摺一通，隨書呈進，俟奉旨允准，即敬謹恭録，并奏摺同刊卷首，以符體式。再現在繕本，因係採葺成書，于每段下附注原書卷目，以便稽考。但各史俱無此例，刊刻時擬將各注悉行删去，俾與諸史畫一。其有必應核訂者，酌加案語，照各史例附考證于本卷之後，合併聲明。謹奉奏。乾隆四十九年十月恭校上。

總纂官臣紀昀

臣陸錫熊

臣孫士毅

總校官臣陸費墀

（録自文津閣本《舊五代史》）

《舊五代史》鈔本題跋　彭元瑞

《永樂大典》散篇緝成之書，以此爲最，以其注明《大典》卷數及採補書名、卷數，具知存闕章句，不没其實也。《四庫全書》本如此，後武英殿鐫本遂盡删之。曾屢争之總裁，不見聽，於是薛氏真面目不可尋究矣。幸鈔存此本，不可廢也。庚戌春芸楣記。

（録自彭校本《舊五代史》）

孔葒谷校薛居正《五代史》跋　章鈺

薛居正《五代史》從《永樂大典》輯出，後經武英殿刊時改動，已失邵二雲稿本面目，此熟在人口者也。壬子九月，羣碧樓收得邵本一帙，檢一百三十一卷、一百五十卷後觀款，知校勘出孔葒谷户部手。以官本對勘，知官本、稿本大别有三：

一、正文經官本改易也。如十卷“犬羊猾夏”改“邊裔狡逞”，九十五卷“腥膻”改“契丹”，九十八卷“虜母”改“國母”，一百七卷“契丹犯闕”改“去汴”，一百二十卷“東夷”改“高麗”，一百三十七卷“種落賤類”改“生長邊地”、“亂華”改“闢地”、“殺胡林”改“殺虎林”之類，不可枚舉。其尤關事實者，[1]如一百三十八卷“黑水靺鞨”下原作“俗皆辮髮，性凶悍”，改爲“俗尚質樸，性猛悍”，此皆館臣避忌太過，奮筆妄改使然。

一、正文之互有出入也。稿本無而官本有者，如二十一卷《賀德倫傳》全缺，六十三卷缺贊，六十七卷《趙鳳》缺兩節，七十一卷《淳于晏傳》全缺，七十三卷《聶嶼傳》缺一節，七十七卷卷尾缺七十七字，八十七卷《晋宗室贇傳》全缺，九十三卷《尹玉羽傳》缺兩節，九十六卷《孔崇弼傳》缺三節，九十八卷《張礪傳》缺三節並缺贊，一百二十八卷《裴羽傳》全缺，此必邵氏一人搜採未盡，經館臣復檢《大典》補入。稿本有而官本無者，如九十二卷《崔居儉傳》、九十六卷《鄭元素傳》二篇。案《居儉傳》即歐陽公《五代史》記本文，邵氏所誤收；[2]鄭傳則係官本脱漏，此爲薛氏全篇佚文，《大典》已燬，賴此而存，可謂至寶。至九十八卷《張礪傳》，稿本復據《册府元龜》補八十二字，官本脱去。[3]案邵氏於《大典》所缺《薛史》，均採《元龜》補入，例見第一卷《梁太祖紀下》，官本取彼舍此，未喻其故。[4]若九十一卷《安重威傳》、九十二卷《裴皞傳》，稿本下半均同《歐陽史》，官本則否，此又邵氏一時有未照處，經館臣復檢《大典》改正者也。

一、卷數、考證及所採各書經官本删削也。以稿本一百四十三卷注"《大典》卷一萬七千五十二三頁至四頁"諸條揣之，[5]意邵氏初稿并記《大典》卷數、頁數，以便覆檢，定本方去頁數，此則删除之未盡者，官本則於卷數及《元龜》卷數全行不取。[6]其考證異同語，稿本則隨文列入，官本另編考證爲卷，所收十之五六，其餘則出他手，非邵氏原文。邵氏略仿裴松之《三國志注》法，[7]收史部、説部等至七八十種之多，附注正文下，以備參考。官本或採或删，不甚明其去取之故。楊凝式及馬希範傳兩注，則删去殆將萬字，若邵氏所採

《五代通録》《東都事略》《文苑英華》《古今事類》《楊文公談苑》《儒林公議》《石林燕語》《厚德録》《張方平集》《花蕊宫詞》，則全行删去，失邵氏本意。

南昌彭氏注《歐陽史》，[8]蒐採富有，爲史注佳本，實邵氏之引其端也。惟孔户部校此書時，尚非據邵氏原稿，故第一卷校語云"案語有脱"，凡兩見；二十五卷注"案新考舊"四字顯有脱文，孔校亦未校補。邵位西批四庫目，云見廠肆鈔本，有讀易樓印記。是孔校外尚有傳鈔，恨無從蹤跡也。孝先舉債收書，以巨金得於日下，攜歸津上，未三日即借余校録。竭兩月之力，始克竣事，研玩所得，[9]撮陳大概如此。孝先邇將有遼海之游，瀕行又出宋本兩《漢書》，[10]借江安傅沅叔、保山吴偶能及余分校。通懷樂善，視流通古書之約，抑又過之。附書於後，用銘嘉貺。是年臘八，長洲章鈺記。

（録自孔葒谷校本《舊五代史》，又章鈺另有過録題記）

[1]其尤關事實者："事實"，章鈺過録題記作"考證"。

[2]邵氏所誤收：句下章鈺過録題記有"官本删去是也"六字。

[3]官本脱去："脱去"，章鈺過録題記作"不取"。

[4]未喻其故：章鈺過録題記作"殊未畫一"。

[5]一百四十三卷："三"字原缺，據章鈺過録題記補。

[6]官本則於卷數及《元龜》卷數全行不取："不取"，章鈺過録題記作"刊去"。

[7]邵氏略仿裴松之《三國志注》法："注法"，章鈺過録題記

作“例”。

［8］南昌彭氏注《歐陽史》：章鈺過録題記作“彭文勤注歐陽《五代史記》”。

［9］“是孔校外尚有傳鈔”至“研玩所得”：章鈺過録題記作“是邵氏稿本此本外尚有傳鈔，恨未之見，以資訂補也。竭兩月之力，對讀卒業”。

［10］瀕行又出宋本兩《漢書》：“行”，章鈺過録題記作“發”。“兩漢書”，章鈺過録題記作“班范書”。

孔葒谷校《舊五代史》跋　鄧邦述

余自耽典籍，即知大典本《薛五代史》稿本每條皆注所出，及武英殿刊行，始悉去之，惟聚珍版尚存真面，又惜其不易得也。夢想累年，未嘗一見。壬子之春，鬱華閣遺書盡出，其佳者大半爲完顔樸孫景賢所攫，餘則書友譚篤生錫慶與其友趙姓以賤價收之，庋廠肆一近巷中，邀余往觀。余時已貧不能自存，然結習故在，入叢殘中抽得此册，喜不忍釋，因與之約留三月，不能，然後與他人，篤生竟嘅許我。荏苒未幾，篤生病將死矣，則語其家封存以待，勿失信也。余自津沽鬻借，如約贖之。篤生在書估中號爲精覈，然獨於此書守皦日之盟，世之負然諾者，對之殆有媿矣。既歸，茗理立持去借校，觀其跋語，勘正之功，亦盡於是，而吾乃不得先一校讎，思之亦殊失笑，特記得此書之艱，與篤生之信、茗理之勤，爲藏書家一段故實，後千百年，必有能談之者。甲寅三月檢此，正闇永寶，記於六坡三潁之居。

書有孔葒谷圖記，又有黄小松司馬印，及其所得漢印鈐册中亦不少。小松與葒谷同時，或爲小松故物，未可知也。戊午端陽，羣碧主人再記。

（録自孔葒谷校本《舊五代史》）

重輯《舊五代史》原稿跋 陸心源

薛居正《舊五代史》一百五十卷，原本久佚。乾隆中，四庫館臣從《永樂大典》輯出。主其事者，餘姚邵二雲學士晋涵也。此本每册有"晋涵之印"朱文方印、"邵氏二雲"朱文方印，蓋即學士家底本也。其與官本不同者，每條皆注出處；其出《大典》及《册府元龜》者，皆注明某卷；出于《通鑑考異》及《通鑑注》者，皆注明某紀。卷一《太祖紀》第一下有小注云："案《薛史》本紀，《永樂大典》所載俱全，獨《梁太祖紀》原帙已散，見于各韵者，僅得六十八條，參以《通鑑注》所徵引者，又得二十一條，本末不具，未能綴輯成篇。《册府元龜》閏位部所録朱梁事蹟，皆本之《薛史》，原書首尾頗詳，按條採綴，尚可彙萃。謹依前人取《魏澹書》《高氏小史》補《北魏書》闕篇之例，採《册府元龜》梁太祖事，編年按日，次第編排，以補其闕，庶幾略存《薛史》之舊。仍于條下注原書卷第，以備參考焉。"案，此條今載官本凡例中，而删節過半。此外案語亦比官本爲多，雖半已採入考證，而此較詳。自元建康路刊十三史，有《歐史》，無《薛史》，而

《薛史》遂微。文淵閣書目著録《五代史》十部，其六部注“十册闕”，其四部或注“十四”，或注“十五”，或本“十六缺”。孰爲《歐史》，孰爲《薛史》，究莫能辨。此外，范氏天一閣、左氏《百川書志》、錢氏絳雲樓、毛氏汲古閣、董氏延賞齋各目，皆無其書。惟萬曆中連江陳第《世善堂書目》有《五代史》一百五十卷。至嘉慶中，陳氏書始出，杭州趙谷林兼金購求無所得。同治中，余權閩鹺，徧訪藏書家，亦無知之者。想閩地多蟲，飽蠹魚之腹久矣。

（録自陸心源《儀顧堂續跋》卷六）

影庫本《舊五代史》跋　熊羅宿

薛居正等《舊五代史》，元、明來傳本久絶。乾隆中，四庫館從《永樂大典》録出，其有闕佚，旁摭他書緝補之，標明出處，間附考訂，分注當條之下，閣本、傳鈔本並如此。嗣以列在學官，館臣取此本重加案語，籤附書眉，足成定本，交武英殿刊布。當事者輒將出處删去，因而塗改正文，牽就聯屬，竄易字句，强作解事；又裁截分注，節鈔案語，通名考證，移置卷末。聚珍鏤木，一再印造。後之席刻、陳刻、武昌局刻暨海上諸影印，靡不因此。傳鈔本迄未繡梓，定本則闃其無聞焉。

余曩於鄉曲獲見一本，朱絲黄帙，字畫謹嚴，粘籤甲乙，燦焉具備，審是武英舊物，亟購藏之。取勘衆本，屬在增删竄竊，并有明徵。一以參詳，愈覺大訓天球，莫名寶貴。惟此本孤存天壤，上下百餘歲，朔南數千里，風霜兵燹，歷劫幾何，流轉播棄，終歸完璧，非在在處處有神物護持，胡能有濟？長此以往，浸假酒誥俄空，樂經泯絶，心竊疚焉。

夫中書秘而古文興，曲臺删而《周官》作，金貨私行，漆書賄合，歧之中又有歧，類如此矣。是故子夏之《易》，更别於張弧；《素問》之篇，反多於太僕。今館臣定著之不傳，亦博士本經之亡失，空穴來風，如塗塗附，國師善僞，安必杜、劉、賈、馬之餘，更無有張霸、豐坊、蘇愉、枚賾相續起而僞之乎？烏乎！五季晦盲否塞，其事迹縱無與經典之尊，徒以數十年争民施奪，載在兹編，端緒棼如，即宋槧今存，仍艱董理，一誤再誤，何所持循？矧乃禍亂有由，率起於是非之相貿，十國紛更，誰司信讞，殷鑒不遠，來軫方遒，尤不能不核歸正塙，以懲前毖後耶！不揆綿薄，輒復掩卷旁皇，願書萬本，庶幾流布，無忘真面。方聞君子，倘幸其史闕之僅存，俾得有與於斯文之未喪，其於後死之義，或無愧焉。太歲辛酉夏四月，譯元熊羅宿謹識於京師之豐城南館。

（録自影庫本《舊五代史》附録）

影印内鈔《舊五代史》緣起 熊羅宿

彭文勤公《知聖道齋讀書》跋云:“《永樂大典》散篇輯成之書，以此爲最，以其注明《大典》卷數及採補書名、卷數，具知存闕章句，不没其實也。《四庫全書》本如此，後武英殿鐫本遂盡删之。曾屢争之總裁，不見聽，於是薛氏真面目不可尋究，後人引用多致誤矣。幸鈔存此本，不可廢也。”

今按殿刊本變亂原書，所在皆是。有任意删削者，卷六一《西方鄴傳》“鄴無如之何”句下删去“而明宗已及汴”六字，“還洛陽遇弑”句上删去“至汴西不得入”六字，卷九三《李專美傳》“雖行行捶楚”删作“雖行捶楚”，卷九六《李郁傳》後删去《鄭玄素傳》一篇，卷九八《張礪傳》末删去《册府元龜》所引八十餘字是也。有憑臆增附者，卷三《梁太祖紀》“浙西奏，道門威儀鄭章”句上添湊“封鎮東軍神祠爲崇福侯”十字，卷三八《明宗紀》“契丹遣使摩琳等來乞通和”等下添入“率其屬”三字，卷六七《趙鳳傳》“莊宗即位，拜中書舍人”句下横插“及入汴”云云八十字，卷七三《聶嶼傳》“珏懼，俾俱成名”句下增入

“漸爲拾遺”云云七十餘字是也。有顛倒竄易者，卷五《梁太祖紀》“己亥，以司門郎中羅廷規”云云改作“己亥，以羅周翰”云云，卷二四《李珽傳》“珽其夕爲亂兵所傷”改作“珽爲亂兵所傷其夕”，卷六一《安元信傳》“乃起謝元信”改作“元信乃起謝”，《安重霸傳》“重霸出秦州，以金帛賂羣羌”改作“重霸出秦州金帛，以賂羣羌”，卷六四《王晏球傳》“晏球隔門窺兵亂”，“兵亂”字互倒，卷九一《安彦威傳》“明宗愛之，及領諸鎮節鉞，彦威常爲牙將，以謹厚見信”改作“明宗愛之，累歷藩鎮，彦威常爲衙將，所至以謹厚見稱”，卷一四三《禮志》“太常定唐少帝爲昭宣光烈孝皇帝”改作“太常寺定議唐少帝謚”是也。又如卷三《梁太祖紀》“貽矩曰，殿下功德及人”，“殿”改“陛”；“自今後兩浙、福建、廣州、南安、邕、容等道使，到發許任一月”，“任”改“住”，“南安”改“安南”；卷一〇《梁末帝紀》“以都點檢諸司法物使”，“點檢”改“檢點”；卷一五《韓建傳》“路出南山”改“路出山南”；卷二七《莊宗紀》“遂入黎陽”，“入”改“攻”；卷三一《莊宗紀》“即具闕申送”，“闕”改“關”；卷三三《莊宗紀》“何怯由衷之説”，“怯”改“慊”；卷三七《明宗紀》“既任維城之列”，“任”改“在”，“列”改“例”，又“輪次轉對奏事”改“輪次轉奏封事”，“盧文進率户口歸明”，“明”改“順”；卷三九《明宗紀》“於秋苗上紉徵麴價”，“紉徵”改“徵納”；卷四二《明宗紀》“輪農器錢一文五分”，“文”改“錢”；卷五三《李存信傳》“公姑二矣”，“姑”改“始”；《李存賢傳》“所殘者存審耳”，“殘”改“存”；卷五五《蓋寓傳》“必佯佐其怒以責之”，“佯”改“併”；卷六〇《李襲吉傳》“盡反中年”，“反”改“及”；卷六三《張全義傳》“而不溺枉道”，“枉”改“左”；卷六六《康義誠傳》“以弓馬事秦王以自結”改作“以弓馬事秦王，冀自保全”；《宋令詢傳》“連殿大藩”，“殿”改“典”；卷六七《韋説傳》“接皇都弭難之初”，“接”改“藉”，“初”改“功”；卷八一《晋少帝紀》“河南府奏，飛蝗天下”，“河南府”改“開封府”；卷八八《史匡翰傳》“恐天下談者未有比”，“比”下添“類”字；卷八九《殷鵬傳》“所得除目”，“除”改“詞”；卷九〇《馬全節傳》“我爲廉察”，“爲”改“之”；《陸思鐸傳》“隨衆來降”，“隨衆”改“以例”；卷九四《高漢筠傳》“遂與連騎以還”改“漢筠促騎以還”；卷九八《安重榮傳》“聞昨奉宣頭”，“頭”改“諭”；卷二〇〇《漢隱帝紀》“以華州節度使郭從義奏”，“以”改“徙”；卷一八〇《李崧傳》“方權兵柄”，“權”改“握”；卷一一五《周世宗紀》“州府”改“府州”；卷一二三《高行周傳》“以北邊鄰契丹”，“鄰”改“陷”；卷一二九《齊藏珍傳》“不失再去矣”，“失”改“妨”；卷一三三《世襲傳》“老父起自諸都”改“父老起自諸都”；卷一四〇《曆志》“欽若上天”，“天”改“穹”，又“五之得朞之數”改“五行得期之數”，“百者數之節也”，“百”改“法”，“蓋尚慊其中”，“慊”改“嫌”，“使日月之軌”，“之”改“二”，“便言曆有九曜”改“便言曆者有九道”。此外以傖父之見，改爾雅之詞，據習俗所安，謂前文有誤，與夫戎王盡作契丹，編髮俱爲避易，武斷害理，未易更僕。

竊以爲五季徵文，《歐史》既不如《薛史》之真，是新、舊兩行，自必以舊書爲正。奈何幸蒐集於殘闕之餘，仍見厄於校刊之謬，豈非恨事！用特舉所藏武英殿原鈔正本，購機影印，務在纖悉不差，儼然法物，併將粘籤及批校各條，彙印附後，俾讀是書者得見文勤之所謂真面目焉。

（録自影庫本《舊五代史》附録）

嘉業堂刊本《舊五代史》跋　劉承幹

《舊五代史》一百五十卷、目録二卷，宋薛居正等撰。原書久佚，乾隆四十年，詔開四庫館，從《永樂大典》中輯録。間有殘闕，復取他書所引補之。此爲邵學士晋涵原輯本。晋涵，字二雲，餘姚人。乾隆辛卯二甲進士。歸部銓選，以大學士劉文正薦，奉特旨改庶吉士，充四庫館纂修，旋授職編修，歷官至翰林院侍讀學士。陽湖洪穉存太史嘗稱其史學本於劉蕺山、黄梨洲兩先生。此書乃其一手所勘定也，逐條之下，注明採取書名、卷數，後來諸家所輯已佚諸經傳注，悉用其例。四十九年，武英殿刊板，盡删去之。彭文勤公屢争于總裁，不見聽，薛氏真面目遂不可識。余於甬東盧氏抱經樓得其原輯本，亟以千金購歸付梓，行格悉遵殿本，俾得兩本對勘。學士纂輯之勤，不遂湮没，殆有默相之者。司馬遷《史記》實繼《春秋》而作，謙不敢自居，曰："余所謂述故事，整齊其世傳，非所謂作。"今觀《薛史》比次舊聞，紀傳首尾亦復完具，正所謂述，且由此可以進窺《歐史》筆削之意。後人以敍次繁冗少之，抑未知述與作之不同也。學士從散佚之餘，傍搜博採，整比之使歸條理，以復原書之舊，仍每條注明所採書名、卷數，亦述者所有事也。若删之，則讀者無所徵信矣。兹得學士原輯本刻之，以廣其傳。彭文勤公所屢争而不得者，一旦竟復舊觀，不獨讀者之幸，抑亦此書之幸也。乙丑仲春，吴興劉承幹謹跋。

（録自百衲本《舊五代史》）

百衲本《舊五代史》跋　張元濟

《宋史·太祖紀》："開寶六年四月戊申，詔修《五代史》。"《玉海》："是年四月二十五日，詔梁、後唐、晋、漢、周《五代史》，宜令參政薛居正監修，盧多遜、扈蒙、張澹、李穆、李昉等同修。至七年閏十月甲子，書成。凡百五十卷、目録二卷。其事凡記十四帝五十三年，爲紀六十一、志十二、傳七十七。"居正本傳則以監修《五代史》在開寶五年，王鳴盛已辨其誤。晁氏《讀書志》同修者尚有劉兼、李九齡二人，或刊本結銜如是也。其後歐陽脩以《薛史》繁猥失實，重加修定，藏於家。脩殁後，朝廷聞之，取以付國子監刊行。按《宋史·選舉志》，朱子議設諸經、子史、時務各科試士，諸史以《左傳》《國語》《史記》《兩漢》爲一科，《三國》、《晋書》、南北《史》爲一科，新舊《唐書》、《五代史》爲一科。唐書兼舉新舊，而五代史僅舉其一。維時《歐史》盛行，所指必非《薛史》。又《金史·選舉志》，學校以經史子課士，均指定當用之書。諸史則《史記》用裴駰注，《前漢書》用顔師古注，《後漢書》用李賢注，《三國志》用裴松之注，及唐太宗《晋書》、沈約《宋書》、蕭子顯《齊書》、姚思廉《梁書》《陳書》，魏收《後魏書》、李百藥《北齊書》、令狐德棻《周書》、魏徵《隋書》、新舊《唐書》、新舊《五代史》，皆國子監印之，授諸學校。至章宗泰和七年十一月癸酉，詔新定學令内削去薛居正《五代史》，止用歐陽脩所撰。按金泰和七年，當宋寧宗開禧三年，爲朱子歿後七年。竊意是時南朝先已擯廢《薛史》，北朝文化自知不逮，故起而從其後，自是其書遂微。元九路分刊十七史，明南北監兩刊二十一史，均不之及。《四庫總目》謂惟明内府有之，見於《文淵閣書目》。按《閣目》“字”字號第三橱存五代史十部，有册數，無卷數，不注新舊，使悉爲《薛史》，不應通行之《歐史》反無一存。且《薛史》刊本絶少，亦不應流傳如是之夥；如謂兼而有之，更不應一無區別，頗疑《總目》所言誤也。以余所知，明萬曆間連江陳一齋有是書，所記卷數與《玉海》合，見《世善堂書目》。清初黄太沖亦有之，見《南雷文定》附録吴任臣書，全謝山謂其已燬於火。陳氏所藏，陸存齋謂嘉慶時散出，趙谷林以兼金求之，不可得，則亦必化爲劫灰矣。

然余微聞有人曾見金承安四年南京路轉運司刊本，故輯印之始，雖選用嘉業堂劉氏所刻《大典》有注本，仍刊報蒐訪，冀有所獲。未幾，果有來告者，謂昔爲歙人汪允宗所藏，民國四年三月售於某書估，且出其貨書記相眎。允宗，余故人也，方其在日，絶未道及。然余讀其所記，謂所藏爲大定刊本，與上文所云承安微有不合，然相距不遠，或一爲鳩工之始，一爲蕆事之期。題“五代書”，不作“五代史”，較今本不特篇第異同甚多，即文字亦什增三四，且同時記所沽書凡七種，書名、版本均甚詳，知所言爲不虛。乃展轉追尋，歷有年所，迷離惝怳，莫可究詰。今諸史均將竣事，不得已，惟有仍用劉氏大典本，以觀厥成。

大典本者，餘姚邵晋涵取《永樂大典》所引《薛史》掇拾成文；不足，以《册府元龜》所引補之，均各記其所從出卷數；又不足，則取宋人所著如《太平御覽》《五代會要》《通鑑考異》等書凡數十種，或入正文，或作附注，亦一一載其來歷。四庫館臣復加參訂，書成奏進，敕許頒行。最先刊者，爲武英殿本，主其事者盡削其所注原輯卷數，彭元瑞力争不從，而《薛史》真面不可復見。且原文凡涉契丹之戎夷、蕃胡、寇賊、虜敵、僞僭、酋首、凶醜及犬羊、異類、腥膻、氊幕、編髮、左衽、犯闕、盜據、猾夏、亂華等字，無一不改，一再失真，尤涉誣衊，久已爲世詬病矣。同時有《四庫全書》寫本，近歲南昌熊氏據以景印，稍免於已上諸弊，然仍有所芟削。劉本得諸甬東抱經樓盧氏，疑亦當時傳録之本。所列附注凡一千三百七十條，彼此對校，殿本少於劉本者凡五百三十八條，庫本少於劉本者凡四百七十一條。雖殿本增於劉本者有三十九條，庫本亦三條，而以此方彼，總不能不以劉本爲較備。且劉本卷七一有《鄭元素傳》，庫本闕；卷九六有《淳于晏傳》，殿本又闕；卷九八《張礪傳》，文字亦視殿、庫二本爲詳。凡此皆足證劉本之彼善於此也。曩聞長洲章式之同年嘗迻録孔葓谷校邵氏稿本，馳書乞假，留案頭者數月，悉心讎校，亦有異同。劉本有而孔本無者三百八十一條，有而不全者二十三條，孔本有而劉本無者六十五條。式之謂邵氏所輯不免偶誤，館臣有所增補改正，然亦未必能出於劉本之上。所惜者劉氏校勘稍疏，間有譌奪。全書既成，當續輯校記，並取各本所增注文，別爲補編，以臻完美。然余終望金南京路轉運司刊本尚在人間，有出而與願讀者相見之一日也。海鹽張元濟。

（録自百衲本《舊五代史》）

舊五代史　附録三

陳垣《舊五代史》文稿

《舊五代史》作業題[1]

［1］本文係輔仁大學“清代史學考證法”課程作業題，時在20世紀30年代前期。

《薛史》輯本末卷《郡縣志》引《太平御覽》二條，見《御覽》何卷？尚有遺漏否？

《通鑑考異》及胡注天復三年兩引《薛史·地理志》，是《薛史》不名《郡縣志》也。此外《考異》及胡注尚有引《薛史·地理志》或《郡縣志》者否？試備舉以對。

《舊五代史》札記[1]

[1]本文約作於20世紀30年代中期，標題爲編者所加。

原本《薛史》，宋初見採於《册府元龜》，明初見採於《永樂大典》。惟《册府》引書，例不舉書名；《大典》引書，則舉書名：故乾隆時輯《薛史》，捨《册府》而取《大典》。然由《大典》所採，可證《册府》所採孰爲《薛史》。今《大典》既亡，又可由《册府》所採，以校今本《薛史》，所謂相得益彰也。

原本《薛史》{《册府元龜》
　　　　　　{《永樂大典》——輯本《薛史》

以《册府》校《薛史》計畫[1]

[1]本文約作於1936年。

以《册府》校《薛史》，係一種試作。

最難者要知《薛史》此文，見於《册府》何部何門。

次難者要知《册府》此文，見於《薛史》何卷何傳。

欲祛此二難，須先編四種目録。

第一種《薛史人名目録》：將《薛史》人名按姓編列，分注其見於各卷頁數。

欲成此目録，又須先點《薛史》一遍，將人名標出，並將本紀年月，誌於書眉。

次將全部人名，不論有傳無傳，按卷録出，記其所見頁數，爲第一種目録底稿。

第二種《薛史年月目録》：將《薛史》紀、志中年與月逐卷録出，注其頁數。此種目録編成較易。

第三種《册府五代事跡目録》：將《册府》全部五代事跡，按紀年或人名，逐卷録出。

第四種《薛史册府目録》：將《薛史》紀傳按年按

月按傳，彙注《册府》有關本年本人事跡之卷數於其下。

第五步工作：四種目録既成，即可按第四種目録，將《册府》各條檢出，與《薛史》核對。有則互注二書卷數於眉端，無則將目録下所注《册府》卷數取銷。此種工作，需時甚久。

第六步工作：《册府》所有，不見於紀，或見於傳，不見於此傳，或見於彼傳。應按第三種目録將《册府》未見《薛史》各條，因其年月或人名，利用第一、第二兩種目録以檢《薛史》，有則互注書眉，無則於第三種目録下注“輯本缺”三字。此種工作，需時亦久。

第七步工作：《薛史》眉端既全部注有《册府》卷數，即可按眉端所注，再將《册府》各條檢出，逐字校讎，依《薛史》之卷頁行數，作成校記。

《舊五代史》輯本發覆[1]

[1]本文於1937年10月完成，收入《勵耘書屋叢刻（第二集）》，北京師範大學出版社1981年據民國二十三年（1934）刊本影印。後又收入《陳垣全集（第七册）》，安徽大學出版社2009年版。全文約兩萬餘字。按，原文爲竪排，今改横排。故原文中表示行文位置的“右”字皆改爲“右（以上）”。

序

《舊五代史》輯本印行者有三本：一爲乾隆四十九年武英殿刊本。此本從《四庫全書》定本出，不注《永樂大典》卷數，遇廟諱則改字，如“玄”作“元”，“胤”作“允”，卷九十六删《南唐鄭玄素傳》，此其特徵也。南沙席氏、新會陳氏、武昌局、五洲同文局等各本，均由此出。老同文局本亦由此本重寫影印，其書口稱乾隆四年校刊者，估人之謬也。二爲民國十年豐城熊氏影印南昌彭氏藏本。此《四庫全書》初寫本也，每卷注《大典》卷數，廟諱缺筆而不改字，惟卷七十一脱《淳于晏傳》，此其特徵也。三爲民國十四年吴興劉氏刻甬東盧氏藏本。此本亦從四庫館原輯本出，大體與熊本同，其傳寫在殿本前，在熊本後，故《淳于晏傳》已補入，而《鄭玄素傳》未删，此其特徵也。最近涵芬樓百衲本即用劉本影印。

故老相傳，殿本《薛史》，曾經改竄。熊劉本出，余嘗以校殿本，字句果有異同，最著者熊劉本“戎王”二字，殿本悉改爲“契丹”或“契丹主”。又嘗以《册府元龜》校三本，異同之處尤多。其傳寫脱誤，廟諱改字，及率意改竄者，余别有校記。其最可注意者，爲“胡”“虜”“夷”“狄”等字，莫不改易或删除也。是不獨殿本然，熊劉本亦莫不然。初以爲《册府》引《薛史》時所改竄，然《册府》例不改舊文；又以爲《册府》所引有《薛史》與《實録》之殊，然《册府》數門同引一事者，其詞句多同，即有不同，而“胡”“虜”“夷”“狄”等字並不改避：知非關《册府》所引《實録》之殊也。更以《歐史》及《通鑑》諸書校之，往往有《歐史》《通鑑》與《册府》同，而與今輯本異者，知改竄實出自輯本。其改竄且不止一次，故有熊劉本與殿本之殊。凡所改三本皆同者，纂輯時所改者也。殿本與熊劉本異者，雕版時所改者也。殿本異而有挖補痕，或增删字句以就行款者，雕成後所改者也。第一次所改爲總纂及纂修官之事，占十之六；第二、第三次所改，爲總校及分校官之事，占十之四，然發縱指示者恐仍在總裁也。一百五十年來，學者承誦引據，以爲《薛史》真本如此，信奉不疑，而孰料其改竄至於如此。今特著其忌改之例，以發其覆。熊劉本與殿本同者不另著，著其異者。惜余所校未爲該備，其輯本有而《册府》無，及《册府》載而輯本删者，尚無從校之也，然即此已可例其餘矣。中華民國二十六年七月，新會陳垣識於北平南官坊口寓廬。

《舊五代史》輯本發覆卷一

忌虜第一

【卷三《梁太祖紀》】開平元年十月，先是帝欲親征河東，命朝臣赴洛都，至是緩其期。

《册府》卷一九七《朝會門》，作“帝欲親征北虜”。今改。劉本誤注《册府》卷一七九。

【十九梁《氏叔琮傳》】乃于軍中選壯士二人，深目虬鬚，貌如沙陀者，令就襄陵縣牧馬于道閒。蕃寇見之不疑，二人因雜其行閒，俄而伺隙各擒一人而來。

《册府》三六七《機略門》，“道閒”作“道周”，“各擒一人”作“各擒一虜”。

【二一梁《霍存傳》】復與晋軍戰于馬牢川，始入爲前鋒，出則後拒，晋不敢逼。

《册府》三四六《佐命門》，作“虜不敢逼”。凡此所謂“虜”，皆指沙陀。

【五二唐《李嗣昭傳》】契丹三十萬奄至，嗣昭從莊宗擊之。敵騎圍之數十重，良久不解。嗣昭號泣赴之，引三百騎横擊重圍，馳突出没者數十合，契丹退，翼莊宗而還。

《册府》三四七《佐命門》，作“嗣昭從莊宗擊虜於新城，阿保機在望都，莊宗深入，親與虜鬭，虜騎圍之數十重”。今删去數句，以避“虜”字。又“重圍”原作“虜圍”，“契丹退”原作“虜退”。此以後所謂“虜”，類指契丹。

【五六唐《符存審傳》】契丹犯燕薊，郭崇韜奏曰，汴寇未平，繼韜背叛，北邊捍禦，非存審不可。

《册府》三四七《佐命門》，作“北邊遮虜，非存審不可”。今改。此纂輯時所改者也。

【九五晋《皇甫遇傳》】父武，流寓太原，嘗爲遮塞軍使。

熊、劉本作“遮虜軍使”，當是《大典》引《薛史》原文。殿本改，有挖補痕，此雕成後所改者也。

【卷二五《唐武皇紀》】乾符六年，武皇以一軍南抵遮虜城。

此“遮虜”未改。

【六四唐《王晏球傳》】王都據定州，契丹遣托諾率騎千餘來援。晏球督厲軍士，令短兵擊賊。賊軍大敗于嘉山之下。俄而契丹首領特哩衮率勇騎五千至唐河，是時大雨，晏球出師逆戰，特哩衮復敗，追至易州，河水暴漲，所在陷没，俘獲二千騎而還。契丹遂弱。

《册府》三六〇《立功門》，作“契丹遣奚首領秃餒率虜千騎援都。晏球預督勵士卒以待之，及賊虜至，一戰敗於嘉山之下。俄而契丹首領惕隱率虜騎五千來援都，是時大雨，虜至唐河，晏球出師逆戰。與虜相遇，三戰，惕隱大敗，追至易州，河水暴漲，所在陷溺，獲虜二千騎而還。虜勢繇是援絶”。此文删改甚多，皆爲避“虜”字。

【六七唐《盧程傳》】豆盧革言及漢高臨廣武事，矢及於胸，紿云中足。程曰，此劉季失策。

《册府》三三六《强很門》，九四四《佻薄門》，均作“紿云虜中吾足”。《史記》《漢書》高祖紀本作“漢王傷胸，乃捫足曰，虜中吾指”。此“虜”指項羽，今亦删避。

【八二《晋少帝紀》】開運元年二月，博州刺史周儒以城降契丹。左武衛將軍蔡行遇率數百騎赴之，遇伏兵于葭葦中。行遇爲賊所執，鋒鏑重傷，不能乘馬，坐畚中舁至幕帳。

《册府》四四四《陷没門》，作“以城降虜”；又“幕帳”作“虜帳”。

【八四《晋少帝紀》末】行實自燕迴，得延壽書，且言久陷邊庭，願歸中國。

謂趙行實趙延壽也。《册府》九九八《姦詐門》，作“久陷虜庭”。《歐史·契丹傳》節此文，亦作“陷虜思歸”。

【八八晋《景延廣傳》】初高祖在位時，宣借楊光遠騎兵數百，延廣請下詔遣還，光遠由此忿延廣，怨朝廷，遣使汎海搆釁。

《册府》四四六《生事門》、九三五《搆患門》，均作“汎海搆虜”。“搆虜”謂勾結契丹，今改“搆釁”，失其義。又“遣還”，原作“追還”，今誤。

【又】少帝大駭，親率六師，進駐澶淵，延廣爲上將。

《册府》九三五《搆患門》，“澶淵”下尚有“虜攻張從恩於鄴下，又分衆濟汶陽黄河北津以趣榮丘，爲我騎將皇甫遇李守真挫其鋒，虜尋退，次攻澶淵”等數句。今删。

【八八晋《張希崇傳》】天成初，契丹平州節度使盧文進南歸，契丹主以希崇繼其任，遣腹心總邊騎三百以監之。希崇莅事數歲，契丹主漸加寵信。一日登郡樓，私自計曰，昔班仲升西戍，不敢擅還，以承詔故也，我今入關，斷在胸臆，何恬于不測之地而自滯耶。部曲皆泣下沾衣，且曰，明公欲全部曲南去，善則善矣，如敵衆何？希崇曰，俟明日首領至牙帳，則先擒之。契丹無統領，其黨必散。且平州去王帳千餘里，待報至徵兵，踰旬方及此，則我等已入漢界深矣。

《册府》四〇五《識略門》、八七九《計策門》，“邊騎”均作“虜騎”；“不測之地”均作“不測之虜”；“契丹無統領”均作“虜無統攝”；“王帳”均作“虜帳”，《歐史》《通鑑》亦作“虜帳”。惟“契丹主漸加寵信”，《册府》四〇五作“虜主”，八七九作“虜中”。“如敵衆何”，四〇五作“虜衆”，八七九作“虜卒”。《册府》二卷不同者，非一引《薛史》一採《實録》之殊，即傳寫有異也。

【八八晋《王庭允傳》】先是契丹欲以王處直之子威爲定州節度使，處直則庭允之叔祖也。處直爲養子都所篡時，威北走契丹，契丹納之。至是契丹遣使諭高祖，云欲使王威襲先人土地。

《册府》九九九《請求門》，作“威北走虜廷，虜納之，至是虜遣使”云云。今改。“王庭允”，《册府》作“王廷裔”，避宋諱；熊、劉本回改爲“王庭胤”，缺末筆；殿本改作“允”。

【八九晋《桑維翰傳》】維翰疏，契丹强盛，中華之精甲利兵，悉歸廬帳。

《册府》九九四《備禦門》，作“悉歸虜北”。

【九八晋《趙德鈞傳》】又于閻溝築壘，以戍兵守之，因名良鄉縣，以備寇鈔。又於幽州東築三河城，北接蘇州，頗爲形勝之要。

《册府》四一〇《壁壘門》，“以備寇鈔”，作“自是稍息虜寇”。又“三河城”句下，原有“以遏虜寇。三河接薊州，有漕運之利。初聚工興築，虜騎遮我糧舡，云此我疆界，安得設板築。德鈞以禮責之，出師將擊，虜乃退去。故城守堅完，到今爲形勝之要”云云，凡五十餘字。今悉删去。

【一一四《周世宗紀》】顯德元年二月，帝曰，劉崇幸我大喪，聞我新立，自謂良便，必發狂謀，謂天下可取，謂神器可圖，此際必來。

《册府》五七《英斷門》，“狂謀”下有“誑惑人心，勾誘北虜”二句。今删。

【一一五《周世宗紀》】顯德二年十一月，諭淮南州縣詔，幸數朝之多事，與北境以交通，厚啟兵端，誘爲邊患。

《册府》二三一《征討門》，作“與北虜而交通”，又作“厚啟戎心”。熊、劉本“北虜”改“北境”，與殿本同，此纂輯時所改者也。“戎心”，熊、劉本仍原文，殿本改“兵端”，此雕版時所改者也。

【一一九《周世宗紀》】顯德六年五月，王師數萬，不亡一矢，邊界城邑，皆望風而下。

《册府》四四《神武門》，一一八《親征門》，均作“虜界城邑，皆迎刃而下”。

【一二五周《馮暉傳》】乃上章自陳，且言未老可用，而制書見遺。詔報云，非制書忽忘，實以朔方重地，蕃部窺邊，非卿雄名，何以彈壓。

《册府》三二三《機略門》，作“雜虜窺邊”。

【一二七周《盧文紀傳》】兵革之後，宗社甫寧，以寇内侵，强臣在境。

《册府》三三五《不稱門》、三三六《識闇門》，均作“虜寇内侵”。

【一三七《契丹傳》】天祐十三年八月，安巴堅率諸部號稱百萬，自麟勝陷振武，長驅雲朔，北邊大擾。莊宗赴援于代，其衆方退。

《册府》九八七《征討門》，作“阿保機率諸部”；又作“莊宗赴援於代北，虜衆方退”。今删改。熊、劉本“虜衆”作“敵衆”，纂輯時改“敵衆”，雕版時又改“其衆”也。

“虜”改“敵”

【三五《唐明宗紀》】天祐十四年四月，周德威間使告急。諸將咸言敵勢不能持久，野無所掠，食盡自還，然後踵而擊之可也。帝奏曰，德威盡忠於國家，孤城被攻，危亡在即，不宜更待敵衰。

《册府》四五《謀略門》，“敵勢”作“虜勢”，“敵衰”作“虜衰”。《通鑑》同。

【五九唐《閻寶傳》】天祐十九年正月，契丹三十萬來援鎮州，前鋒至新樂，衆心憂之。寶見莊宗，指陳方略，軍情乃定。敵退，加檢校侍中。

《册府》三八七《褒異門》，“敵退”作“虜退”。

【八二《晉少帝紀》】開運元年正月，太原奏，與契丹戰于秀容，斬首三千級，生擒五百人，獲敵將一十七人，賊軍散入鵶鳴谷。

《册府》一一八《親征門》，作“與契丹偉王戰於秀容。獲其虜將一十七，奪得偉王金槍鐵甲及旗幡等，潰散賊軍入鵶鳴谷”。今删“偉王”等句，改“虜將”爲“敵將”。

【八三《晉少帝紀》】開運二年正月，王師與契丹相拒于相州北，安陽河上。知州符彦倫曰，此敵將走矣。乃出甲士五百于城北，張弓弩以待之，契丹果引去。

《册府》四二八《料敵門》，“此敵”作“此虜”，“契丹果引去”作“虜果引去”。

【八四《晉少帝紀》】開運三年八月，李守貞奏，大軍至望都縣，相次至長城北，遇敵千餘騎，轉鬬四十里，斬蕃將嘉哩相公。

《册府》九八七《征討門》，作“遇虜寇千餘騎”，又作“解里相公”。

【九四晉《李瓊傳》】時高祖從行至涿州，與敵相遇，高祖陷於圍中。瓊顧諸軍已退，密牽高祖鐵衣，指東而遁，至劉李河，爲敵所襲。

《册府》一七二《求舊門》，兩“敵”字均作“虜”。

【九五晉《郭璘傳》】開運中移領易州。契丹攻其郡，璘率勵士衆，同其甘苦，敵不能克。

《册府》四〇〇《固守門》、四二五《死事門》，均作“虜不能克”。

【一〇六漢《李彦從傳》】鎮州逐敵之際，請兵于朝廷。

《册府》四一四《赴援門》，作“鎮州逐虜之際”。

【一〇六漢《張鵬傳》】晉開運中，契丹迫澶州，鵬爲前鋒監押，奮身擊敵。

《册府》三九六《勇敢門》，作“奮身擊虜”。

【一〇九漢《杜重威傳》】會大風狂猛，軍情憤激，符彦卿、張彦澤等引軍四出，敵衆大潰。

《册府》四五三《怯懦門》，作“虜衆大潰”。

“虜騎”改“敵騎”

【二十梁《張存敬傳》】存敬引騎軍先犯敵將，諸軍翼之，敵騎大敗。

《册府》三四六《佐命門》、三九六《勇敢門》、四一四《赴援門》，均作“先犯虜騎，虜騎大敗”。

【二二梁《王檀傳》】乾化元年正月，王景仁與晋人戰于柏鄉。王師敗績，河朔大震，景仁與衆爲敵騎所追。

《册府》四一四《赴援門》，作“景仁餘衆爲虜騎所追”。此“虜騎”均指沙陀。

【三五《唐明宗紀》】天祐十四年八月，距幽州兩舍，敵騎復當谷口而陣。

《册府》二十《功業門》，“敵騎”作“虜騎”。此以後之“虜騎”，皆指契丹。

【九五晋《皇甫遇傳》】審琦已至安陽河，謂首將張從恩曰，皇甫遇等未至，必爲敵騎所圍，若不急救，則成擒矣。從恩曰，敵甚盛，無以枝梧，將軍獨往何益。審琦曰，成敗命也。遂率鐵騎北渡赴之。契丹見塵起，謂救軍併至，乃引去。

謂安審琦也。《册府》三七四《忠門》、三九六《勇敢門》，“敵騎”均作“虜騎”，“契丹見塵起”均作“虜見塵起”。惟“敵甚盛”，三七四作“虜原至衆”，三九六作“虜勢甚熾”。

【一〇八漢《龍敏傳》】夜冒敵騎，循山入大砦。

雖鐵障亦可衝踏，況敵騎乎。

《册府》四七七《謀畫門》，兩“敵騎”均作“虜騎”。《通鑑》同。

【一〇九漢《杜重威傳》】每敵騎數十，驅漢人千萬過城下，如入無人之境。

《册府》四五三《怯懦門》，“敵騎”作“虜騎”。《歐史》作“胡騎”。

【一一五《周世宗紀》】顯德二年三月，築壘于李晏口，以兵戍守。功未畢，契丹衆尋至，彦超等擊退之。及壘成，頗扼要害。自是敵騎雖至，不敢涉河。

謂王彦超也。《册府》九九四《備禦門》，作“功未畢而虜至”，又作“虜騎雖至，終不敢涉河”。

【一二七周《盧文紀傳》】敵騎倏往忽來，無利則去。

《册府》三三八《識闇門》，作“虜騎倏往忽來”。《通鑑》作“胡兵倏來忽往”。

“虜”改“契丹”

【五三唐《李存璋傳》】契丹逼雲州，存璋拒守。城中有古鐵車，乃鎔爲兵仗，以給軍士。敵退，以功加檢校太傅，大同軍節度使。

《册府》三四七《佐命門》，作“虜逼雲州”，“敵退”作“虜退”。四〇〇《固守門》，作“賊攻雲州”，“敵退”作“賊遂退”。

【七十唐《張敬達傳》】時以契丹率族帳自黑榆

林至，云借漢界水草。敬達每聚兵塞下，以遏其衝，契丹不敢南牧。

《册府》四二九《守邊門》，作“契丹率族帳自黑榆林𢷬制泊移至没越泊，云借漢界水草”；又作“虜竟不敢南牧”。今將兩地名删去，並改“虜”爲“契丹”。“𢷬制泊”，《通鑑注》引作“捺剌泊”。

【八八晋《景延廣傳》】天福八年十二月，契丹乃南牧。

《册府》四五四《豪横門》，作“北虜南攻”；九三五《搆患門》，作“虜乃南牧”。

【又】契丹既至城下，使人宣言曰一，景延廣唤我來相殺，何不急戰？及契丹退，延廣猶閉栅自固。士大夫曰，昔與契丹絶好，言何勇也；今契丹至若是，氣何憊也。

《册府》四五三《怯懦門》、九三五《搆患門》，“契丹”均作“虜”。“及契丹退”，《册府》四五三作“及虜退”，九三五作“虜既還”。

【八八晋《王庭允傳》】契丹深怒其見拒，使人復報曰，爾自諸侯爲天子，有何階級耶？高祖畏其滋蔓，則厚賂力拒其命，契丹怒稍息。

《册府》九九九《請求門》，作“王威深怒其見拒”。熊、劉本“王威”作“戎王”，殿本改“契丹”。又“契丹怒稍息”，《册府》作“虜忿稍息”。

【八九晋《桑維翰傳》】因思維翰在相時，累貢謀書，請與契丹和，慮契丹到京，窮究其事。

《通鑑考異》三十“殺桑維翰”條引《薛史》，作“請與虜和，慮戎主到京”。今改。熊、劉本“戎主”作“戎王”。

【九五晋《皇甫遇傳》】二年契丹南寇，從至澶州，戰于鄆州北津，契丹衆大敗。

開運二年也。《册府》三六〇《立功門》、三八七《褒異門》，“契丹”均作“虜”。

【又】三年，契丹率衆屯邯鄲，遇與安審琦、慕容彦超等禦之。遇將渡漳河，契丹前鋒大至。

《册府》三七四《忠門》、三九六《勇敢門》，均作“虜長率衆屯邯鄲，虜前鋒大至”。

【又】四年，契丹復至，從杜重威營滹水。重威送款于契丹，遇不預其議。及降，心不平之。時契丹欲遣遇先入汴，遇辭之。

《册府》三七四《忠門》，作“虜復至”，又作“時耶律氏欲遣遇先入汴”。今改。熊、劉本“耶律氏”作“戎王”。

【九五晋《王清傳》】九年春，契丹南牧，圍其城，清與張從恩守之。少帝飛蠟詔勉諭，錫之第宅。契丹退，以干城功，繼遷軍額。

天福九年也。《册府》三六〇《立功門》、四〇〇《固守門》，“契丹退”均作“虜退”。

【又】十一月，從杜重威收瀛州。聞契丹大至，重威率諸軍沿滹水而西，將保常山，及至中渡橋，契丹已屯于北岸。

《册府》四二五《死事門》，作“虜已屯於北岸”。

【又】清一擊獲其橋，契丹爲之小却。重威猶豫不進，密已貳于國矣。彦筠退走，清列陣北岸，嚴戒部曲。日暮，酣戰不息，契丹以生軍繼至，我軍無寸刃以益之。

謂宋彦筠也。《册府》四二五《死事門》，“契丹”均作“虜”。

【九五晋《梁漢璋傳》】詔以漢璋充北面馬軍都排陣使，遣收淤口關，與契丹騎五千相遇于浮陽之北界，苦戰竟日。

《册府》四二五《死事門》，作“與虜騎五千相遇”。

【一〇〇《漢高祖紀》】天福十二年，八月壬午朔，鎮州駐屯護聖左廂都指揮使白再筠等，逐契丹所命節度滿達勒，復其城。

《册府》九八七《征討門》，作“鎮州先屯騎將白再榮奏，逐出虜將麻答，復其城”。今改，又誤“榮”爲“筠”，熊、劉本不誤。

【一〇三《漢隱帝紀》】乾祐三年正月，故深州刺史史萬山贈太傅。先是契丹入邊，萬山城守。一日契丹數千騎迫州東門，萬山父子率兵百餘人襲之，僞退十餘里，而伏兵發，萬山死之。

《册府》四二五《死事門》，作“乾祐三年春，虜大入寇，萬山城守有功，虜退。一日虜數十騎侵州東門，萬山父子以虜不多，乃率牙兵百餘人襲虜，虜僞退十餘里而兵發，萬山死之"。凡六"虜"字，二改"契丹"，餘皆刪去，致文義不明。又"數十騎"誤"數千騎"。

【一〇六漢《劉在明傳》】高祖踐阼，授幽州道行營都部署。時契丹守中山，在明出師經略，契丹乃棄城而去。

《册府》三六〇《立功門》、三八七《褒異門》，"契丹"均作"虜"。

【一〇九漢《杜重威傳》】契丹主自古北口迴軍，追躡王師。重威等狼狽而旋，至陽城，爲契丹所困。

《册府》四五三《怯懦門》，"契丹"均作"虜"。

【一二五周《王饒傳》】漢祖建義于晋陽，尋克復諸夏，惟常山郡爲契丹所據。時饒在其郡，乃與李筠、白再榮之儔，承閒竊發，盡逐其黨。

《册府》三八七《褒異門》，作"常山郡爲虜所據"。

【一二六周《馮道傳》】契丹遣使加徽號于晋祖，晋祖亦獻徽號于契丹，謂道曰，此行非卿不可。

《册府》三二九《奉使門》，"契丹"均作"虜"。據《通鑑考異》，此爲《薛史》因《周世宗實録·馮道傳》之文。

【又】道在常山，見有中國士女爲契丹所俘者，出橐裝以贖之。

《册府》八六四《仁門》，"契丹"作"虜"。

【一二七周《盧文紀傳》】三年夏，晋祖引契丹拒命。

清泰三年也。《册府》三三六《識闇門》，作“晋祖引虜拒命”。

【一三一周《賈緯傳》】契丹入京師，隨契丹至真定，後與公卿還朝。

《册府》四八一《輕躁門》，作“虜陷京師，隨虜至真定，諸將逐麻答後，與公卿還朝”。今“虜”改“契丹”，並删“逐麻答”句。

【一三五《僭僞·劉崇傳》】及周世宗嗣位，崇復乞師于契丹，以圖入寇。契丹遣將楊兖合勢大舉，來迫潞州。

《册府》二三四《兵敗門》，作“崇乞師於虜，與虜將楊兖合勢大舉，來迫潞州”。今添改。“楊兖”疑應作“惕兖”，但《歐史》《通鑑》均作“楊衮”。

“北虜”改“契丹”

【七十唐《李嚴傳》】嚴曰，子言契丹之强盛，孰若僞梁？曰比梁差劣也。嚴曰，吾國視契丹如蚤虱耳。

《册府》六六〇《敏辯門》，作“子言虜之强盛，孰若僞梁？又曰吾國視北虜如蚤虱耳”。六五二《宣國威門》引此略殊，亦作“視北虜如蚤虱”。

【七三唐《段凝傳》】契丹寇幽州，命宣徽使李紹宏監護諸軍以禦契丹。凝與董璋戍瓦橋關，凝巧事紹宏，嘗乘閒奏凝蓋世奇才，可以大任。

《册府》九三八《姦佞門》，作“以禦北虜”；又“巧事紹宏”下復有“紹宏”二字。今脱。

【八八晋《景延廣傳》】遂罷兵權，出爲洛都留守，兼侍中。由是鬱鬱不得志，亦意契丹强盛，國家不濟，身將危矣。

《册府》四五四《奢侈門》，作“亦意北虜强盛”。

【八九晋《桑維翰傳》】高祖建義太原，首豫其謀，復遣爲書求援于契丹，果應之。俄以趙德鈞發使聘契丹，高祖懼其改謀，命維翰詣幕帳，述其始終利害之義，其約乃定。

《册府》六五五《智識門》，作“求援於北虜，虜果應之。俄以趙德鈞發使聘虜”。又“幕帳”作“虜帳”，“其約乃定”作“虜心乃定”。今悉改。

【九十晋《安元信傳》】俄聞契丹有約赴難，元信入説朗曰，張敬達雖圍太原，而兵尚未合，代郡當雁門之衝，敵至其何以禦。

謂張朗也。《册府》七九六《先見門》，作“北虜有約赴難”，又作“虜至其何以禦”。

【九五晋《翟璋傳》】高祖建義，割新州屬契丹。時契丹大軍歸國，遣璋于管内配率犒宴之資，須及十萬緡。山後地貧，民不堪命。始契丹以軟語撫璋，璋謂必得南歸，及委璋平叛奚，圍雲州，皆有功，故留之不遣。

《册府》四四四《陷没門》，作“割新州屬北虜”；又作“戎王以軟語撫璋”。熊、劉本仍作“戎王”，殿本改。

【一〇一《漢隱帝紀》】初契丹犯京師，侯益、趙贇皆受其命，節制岐蒲。

《册府》四三五《獻捷門》，作"北虜犯京師，侯益、趙贇皆受虜命"。

【一〇八漢《李崧傳》】先是長興三年冬，契丹入雲中。

《册府》一七二《求舊門》，作"北虜寇雲中"。

"虜主"改"契丹主"

【八九晋《趙瑩傳》】及契丹陷京城，契丹主遷少帝于北塞。

《册府》九五三《傷感門》，作"虜陷京城，虜主遷少帝於北塞"。

【九五晋《郭璘傳》】契丹主嘗謂左右曰，吾不畏一天下，乃爲此人所抑挫。重威降，契丹使通事耿崇美誘其民衆，璘不能制。

謂杜重威也。《册府》四二五《死事門》，作"虜主嘗謂左右，虜使通事耿崇美"。

【九九《漢高祖紀》】開運元年正月，契丹南下。契丹主以大軍直抵澶州，遣蕃將偉王率兵入雁門。《册府》八《創業門》，作"虜主以大車直抵澶州"。

【一〇七漢《史宏肇傳》】會王守恩以上黨求附，契丹主命大將耿崇美率衆登太行，欲取上黨。

《册府》三四七《佐命門》、四一四《赴援門》，

“契丹主”均作“虜主”。

【又】家僮詣宏肇上變，言曰契丹主之入汴也，趙延壽遣福殷齎玉枕陰遺淮南。

謂何福殷也。《册府》四四八《殘酷門》，“契丹主”作“虜主”。

【一〇八漢《龍敏傳》】敏奏曰，臣有一計，請以援兵從東丹王李贊華取幽州，路趨西樓，契丹主必有北顧之患。

《册府》四七七《謀畫門》，“契丹主”作“虜主”。

【一〇九漢《杜重威傳》】契丹主連年伐晋，重威但閉壁自守，部内城邑，相繼破陷。

《册府》四五三《怯懦門》，作“虜主連年入寇”。

【一〇九漢《李守貞傳》】開運元年春，敵衆犯澶魏，少帝幸澶州，契丹主遣滿達勒以奇兵由鄆州馬家口濟河。開運二年春，契丹主以全軍南下。

《册府》三六〇《立功門》，“敵衆”作“虜衆”，“契丹主”作“虜主”。熊、劉本“虜衆”改“契丹”，兩“虜主”亦改“契丹”，殿本改“契丹主”。

【一二五周《王繼宏傳》】爲奉國指揮使，從契丹主至相州，遂令以本軍戍守。契丹主留高唐英爲相州節度使，唐英善待繼宏。

《册府》九四三《不誼門》，“指揮使”下有“虜陷中原”句，今删。又兩“契丹主”原均作“虜主”。

《舊五代史》輯本發覆卷二

忌戎第二

【卷五九唐《張温傳》】同光初，契丹陷嬀儒檀順平薊六州，武州獨全。

《册府》卷三六〇《立功門》、四二九《守邊門》，“契丹”均作“北戎”。

【八三《晉少帝紀》】開運二年三月，杜威召諸將議曰，北主自來，實爲勍敵，若不血戰，吾輩何以求免。

杜威即杜重威。熊、劉本“北主”作“戎首”。“戎”字，熊、劉本不盡避也。卷五《梁太祖紀》，開平三年十一月戊戌制，外戎内夏。殿本亦不盡避。

【八八晉《張希崇傳》】先是靈州戍兵歲運糧，經五百里，有剽攘之患。

《册府》五〇三《屯田門》，作“先是州界與戎人交處，每歲以戍兵運糧”。今删改。“運糧”，熊、劉本誤“軍糧”。

【八九晉《桑維翰傳》】維翰疏契丹未可與争，契丹皆騎士，利在坦途，中國用徒兵，喜於隘險。

《册府》九九四《備禦門》，作“戎人皆騎士”。熊、劉本仍原文，殿本改。

【又】維翰使親黨受寵于少帝者，密致自薦曰，陛下欲制北方，以安天下，非維翰不可。

熊、劉本作“欲制北戎”，當是《大典》引《薛史》原文。殿本改。《通鑑》作“欲禦北狄”。

【九四晉《何建傳》】契丹入汴，其主遣人齎詔以賜建，建憤然。

熊、劉本作“戎王遣人齎詔以賜建”。

【九七晉《盧文進傳》】文進引契丹寇新州，自是北師數至。

熊、劉本作“戎師數至”。

【九八晉《趙德鈞傳》】末帝不悦，謂左右曰，趙德鈞父子堅要鎮州，苟能逐退蕃兵，要代予位，亦所甘心。

唐末帝也。《册府》四四六《觀望門》，作“苟能逐退蕃戎”。熊、劉本仍原文，殿本改。《通鑑》作“苟能却胡寇”。

【九八晉《趙延壽傳》】延壽乃導誘蕃軍，蠶食河朔。

熊、劉本作“導誘蕃戎”。

【一〇〇《漢高祖紀》】天福十二年五月，既而烏裕召蕃漢臣寮于鎮州牙署，矯其主遺詔，命烏裕嗣位。

烏裕，永康王兀欲也。熊、劉本改“鄂約”，殿本改“烏裕”。熊本作“矯戎王遺詔，命鄂約嗣位”；劉本脱“矯”字；殿本“戎王”改“其主”。

【一一〇《周太祖紀》】乾祐三年三月，時漢帝以北兵爲患，委帝以河朔之任。

熊、劉本“北兵”作“北戎”。

【一二四周《史彦超傳》】及朝廷遣樞密使王峻總兵爲援，敵兵宵遁。

《册府》四〇〇《固守門》，作“寇戎宵遁”。熊本仍原文，劉本作“戎寇”，殿本改“敵兵”。惟卷九《梁末帝紀》“貞明四年十二月詔，寇戎未滅”；卷十八《梁敬翔傳》“攘逐寇戎”。“寇戎”字未盡改。

【一二五周《馮暉傳》】桑維翰輔政，欲圖大舉，以制北方。

《册府》三二三《機略門》，作“以制北戎”。熊、劉本仍原文，殿本改。

【一二五周《孫方諫傳》】定州西北二百里有狼山，山上有堡，邊人賴之，以避剽掠之患。

《册府》九二二《妖妄門》，作“以避戎虜之患”。《通鑑》作“以避胡寇”。

【一二六周《馮道傳》】是歲三月隨契丹北行，與晋室公卿俱抵常山。俄而北主卒，永康王代統其衆。

開運四年三月也。《册府》八六四《仁門》，作“隨虜北行”。又“北主”，熊、劉本作“戎王”，殿本改。

【又】馮道長樂老自敘云，契丹據汴京，爲北主所制。

《册府》七七〇《自述門》，作“爲戎二主所制”。二主謂耶律德光、永康王兀欲也。熊、劉本作“戎主”，殿本改“北主”。

【一三四《僭僞·李景傳》】又嘗遣使私賂契丹，俾爲中國之患。

熊、劉本作“私賂北戎”，殿本改。大抵纂輯時“戎”字不盡避，故熊、劉本每與殿本異。

“戎王”改“契丹”

【四八《唐末帝紀》】清泰三年閏十一月，契丹立石敬瑭爲大晋皇帝。

此葉“契丹”，字凡六見，熊、劉本均作“戎王”，仍《大典》引《薛史》之文也。殿本悉改爲“契丹”。然卷四一《唐明宗紀》“長興元年四月戊午册，遐荒旋斃於戎王”。此戎王未改。

【八三《晋少帝紀》】開運二年正月，契丹在邯鄲聞之，即時北遁。三月，契丹率五萬餘騎，來勢極盛。

熊、劉本“契丹”均作“戎王”。

【八四《晋少帝紀》】開運三年九月，是月契丹瀛州刺史，詐爲書與樂壽將軍王巒，願以本城歸順，且言契丹已歸本國，若聞南夏有變，地遠阻水，雖欲奔命，無能及也。

【又】瀛州守將劉延祚受契丹之命，詐輸誠款，以誘我軍。

《册府》九九八《姦詐門》，作“戎王已歸本國”，“劉延祚受戎王之命”。熊、劉本仍原文，殿本改。《册府》又作“監軍王巒”“北遠阻水”。

【八五《晉少帝紀》】開運三年十一月，行次武强，聞契丹入寇。十二月，帝奉表于契丹主曰，孫臣某言。

按，是時耶律德光年四十五，石重貴年三十三。熊、劉本作“聞戎王入寇”，又作“帝奉表于戎主”。

【八八晉《景延廣傳》】朝廷遣使告哀契丹，無表致書，去臣稱孫。契丹怒，遣使來讓。延廣乃奏令契丹迴國使喬榮告契丹曰，先帝則北朝所立，今上則中國自策，爲鄰焉孫則可，無臣之理。由是與契丹立敵，干戈日尋。

《册府》四四六《生事門》、九三五《搆患門》，均作“告哀北虜，虜怒，與虜立敵”。今改。“迴國使”，“國”字誤，《册府》四四六作“迴圖使”，九三五作“圖運使”。“告契丹曰”，四四六作“告戎王”，九三五作“告耶律氏”。今殿本改“告契丹”，熊、劉本仍作“告戎王”。《册府》二卷不同者，一引《薛史》，一採《實録》也。

【八八晉《李彦韜傳》】及少帝北遷，契丹遷彦韜從行。

熊、劉本作“戎王遣彦韜從行”；殿本改“戎王”爲“契丹”，並誤“遣”爲“遷”。

【八九晉《桑維翰傳》】及契丹至中渡橋。契丹遣使遺太后書。少帝已受契丹撫慰之命。

熊、劉本“契丹”皆作“戎王”。

【九八晋《張彦澤傳》】彦澤爲契丹所啖，密已變矣，乃通款于契丹，請爲前導。

熊、劉本作“通款於戎王”，殿本改，有挖補痕。然下文“戎王知其衆怒，遂令棄市”，此“戎王”未改。

【一二四周《史懿傳》】契丹入中原。時四方征鎮爲契丹所召者，靡不麕至，惟懿堅壁拒命。

熊、劉本作“爲戎王所召者”。

【一二五周《王守恩傳》】潞州節度使張從恩懼契丹之盛，將朝于契丹。

《册府》四五五《貪黷門》，作“將朝于戎王”。熊、劉本仍原文，殿本改。

【一二五周《孫方諫傳》】潛通于契丹。契丹之入中原也，以方諫爲定州節度使。

熊、劉本作“戎王之入中原也”。

“戎王”改“契丹主”

【七十唐《張敬達傳》】末帝聞其歿也，愴慟久之。契丹主告其部曲，及漢之降者曰，爲臣當如此人。

《册府》四四四《陷没門》，作“戎王戒其部曲”；三七四《忠門》，作“虜主戒其部曲”。今改。熊、劉本仍作“戎王”。

【七五《晋高祖紀》】清泰三年，九月辛丑，是夜帝出北門見契丹主，契丹主執帝手曰，恨會面之晚，因論父子之義。

按，是時耶律德光年三十五，石敬瑭年四十五。熊、劉本作"是夜帝出北門與戎王相見，戎王執帝手曰"。殿本兩"戎王"改"契丹主"，溢二字，故删"與"字、"相"字，有挖補痕，此雕成後所改者也。

【又】清泰三年十一月，契丹主會帝於營中，曰我三千里赴義，事須必成。乃命築壇于晋陽城南，册帝爲大晋皇帝，契丹主解衣冠授焉。

熊、劉本作"戎王會帝於營，謂帝曰"云云，又作"戎王自解衣冠授焉"。殿本兩"戎王"改"契丹主"，故上句删"謂帝"二字，添"中"字，下句删"自"字，有挖補痕。

【又《紀》末】是日帝言於契丹主，願以雁門已北及幽州之地爲壽，仍約歲輸帛三十萬，契丹主許之。

熊、劉本作"是日帝言於戎王，願以雁門已北及幽州之地爲戎王壽，仍約歲輸帛三十萬，戎王許之"。殿本兩"戎王"改"契丹主"，故删一"戎王"，有挖補痕。

【七六《晋高祖紀》】開運元年閏十一月，契丹主舉酒謂帝曰，予遠來赴義，大事已成。

熊、劉本作"戎王舉酒言於帝曰"。殿本改"戎王"爲"契丹主"，故删"於"字。

【八五《晋少帝紀》末】渡遼水至黄龍府，即契丹主所命安置之地也。

熊、劉本作"此即戎王所命安置之地也"。殿本改"戎王"爲"契丹主"，故删"此"字，有挖補痕。

【八九晋《桑維翰傳》】即以衣帶加頸報契丹主，維翰自經而死。契丹主曰，我本無心害維翰。

熊、劉本作“即以衣帶加頸報戎王，云維翰自經而死。戎王報曰，我本無心害維翰”。殿本改“戎王”爲“契丹主”，故删“云”字，及下“報”字。“云”字删，文義欠明晰。

【九十晋《楊彦詢傳》】高祖慮契丹怒安重榮之殺行人也，移兵犯境，復命彦詢使焉。仍恐重榮要之，由滄州路以入。契丹主果怒重榮，彦詢具言非高祖本意。

《册府》六五二《達王命門》，作“由滄州路以入蕃，戎王果怒重榮”。熊、劉本仍原文。殿本改“戎王”爲“契丹主”，故删“蕃”字。

【九八晋《張彦澤傳》】勳往訴其冤，時契丹主已怒彦澤剽掠京城，遂令鎖之。

謂高勳也。熊、劉本作“勳訴冤於戎王，時戎王已怒彦澤剽掠京城”。殿本改，有挖補痕。同卷《趙延壽傳》，熊、劉本“戎王”凡十二見，文津閣寫本同，蓋原輯本如此。殿本一改“契丹”，餘改“契丹主”。

【一一二《周太祖紀》末】晋高祖受命，特製寶一座。開運末，契丹犯闕，少帝遣其子延煦齎送于契丹主。訝其非真，少帝上表具訴其事。及契丹北歸，齎以入蕃。

熊、劉本作“北戎犯闕，少帝遣其子延煦送於戎王，戎王訝其非真”，又作“戎王北歸”。《文獻通考》

百十五《璽印門》載此文，與熊、劉本同，惟“戎王”作“戎主”。今殿本改“北戎”爲“契丹”，又改“戎王”爲“契丹主”，删一“戎王”，添一“齎”字，而不知下文有“齎”字也。

【一二六周《馮道傳》】契丹入汴，道自襄鄧召入。契丹主從容問曰，天下百姓如何可救。

熊、劉本作“戎王因從容問曰”。殿本改“戎王”爲“契丹主”，遂删“因”字。總之，熊、劉本不避“戎王”；其避“戎王”者，皆殿本付雕時或雕成後所改者也。

忌胡第三

【卷五三唐《李漢韶傳》】會契丹侵北鄙，表令漢韶率師進討，既而大破契丹，以功加檢校右僕射。

《册府》卷三六〇《立功門》、三八七《褒異門》，均作“大破胡寇”。

【五三唐《李存賢傳》】時契丹强盛，城門之外，烽塵交警，一日數戰。存賢性忠謹周慎，晝夜戒嚴，不遑寢食。

《册府》四三一《勤戎事門》，作“城門之外，鞠爲胡貊，援軍自瓦橋關萬衆防衛，與胡騎一日數戰。存賢曉夕警備，廢寢與食”。今删改，避“胡貊”“胡騎”等字也。

【六一唐《安重霸傳》】重霸善悦人，好賂遺，時人目之爲俊。

《册府》九三九《譏誚門》，作“好賂遺君側，人目之爲傀胡”。

【九五晋《皇甫遇傳》】杜知敏已爲所獲，遇謂彦超曰，知敏蒼黄之中，以馬授我，義也，安可使陷于賊中。遂與彦超躍馬取知敏而還，敵騎壯之。

謂慕容彦超也。《册府》三七四《忠門》，作“杜知敏已爲虜所獲，安可使陷戎賊中”；三九六《勇敢門》，作“杜知敏已爲寇獲，安可使陷於寇中”。“敵騎壯之”，兩卷均作“胡騎”。

【九七晋《范延光傳》】延光國之姦臣，若不羈縻，必北出塞，南入吴。

熊、劉本作“必北走胡”。殿本改，有挖補痕。《歐史》亦作“北走胡”。

【九七晋《楊光遠傳》】因奏延光不家汴洛，出舍外藩，非南走淮夷，則北走契丹。

謂范延光也。《册府》一七九《姑息門》，作“南走淮，北走越”，惟四四九《專殺門》，四五五《貪黷門》，均作“北走胡虜”。

【一〇二《漢隱帝紀》】乾祐二年正月制，北挫諸蕃，斷其臂而折其脊。

《册府》九五《赦宥門》，作“北挫群胡”。

【一一五《周世宗紀》】顯德二年三月辛未，以李晏口爲静安軍。其軍南距冀州百里，北距深州三十里，夾胡盧河爲壘。先是貝冀之境，密邇北疆，居常敵騎涉河而南，馳突往來，洞無阻礙，北鄙之地，民不安居。帝乃按圖定策，遣許州節度使王彦超，曹州節度使韓通等領兵他徙。

《册府》九九四《備禦門》，作“辛未，改李晏口爲静安軍。先是河朔生靈，自晋漢已來，常爲契丹所困，每胡兵入寇，洞無藩籬。帝甚憫之，而言事者以爲梁冀之閒有胡盧河，東西横亘數百里，然其堤岸非峻，不能扼胡騎之奔突。帝乃按圓定策”云云。今“胡兵”“胡騎”悉删改。“密邇北疆”，熊、劉本作“戎疆”。

【一一九《周世宗紀》】顯德六年五月乙酉，是日先鋒都指揮使張藏英，破契丹數百騎于瓦橋關北，攻下固安縣。

《册府》四三五《獻捷門》，作“己酉，先鋒都指揮使張藏英上言，敗胡騎數百於瓦橋關北，兼攻下固安縣”。今改，“己酉”並誤作“乙酉”。

【一二五周《馮暉傳》】初張希崇鎮靈州，以久在蕃疆，頗究邊事。數年之間，侵盗並息。

《册府》三九七《懷撫門》，作“久在北蕃，頗究邊事，能駕御河西胡虜。數年之閒，侵盗並息”。今删“胡虜”句；“北蕃”，熊、劉本仍原文，殿本改“蕃疆”。

【一三〇周《慕容彦超傳》】彦超即漢高祖之同産弟也，嘗冒姓閻氏，體黑麻面，故謂之閻崑崙。

《册府》八三五《醜陋門》，作“體黑胡面”。《歐史》作“黑色胡髯”。又安重榮小字鐵胡，名犯周世宗諱，周人稱爲“安鐵胡”。《册府》九五一《咎徵門》，載安重榮爲鎮州節度使，“清泰中，董温琪爲鎮帥，於城門各鑄二鐵人，虬髯拱立，以抱其關，衆謂之鐵胡。重榮未舉兵前，東門忽隕一鐵人頭，不知其故，重榮心惡之”云云。此事亦載《歐史》，疑是《薛史》原文，被輯本删去。附識於此。

【一三七《契丹傳》】十六日次於欒城縣殺虎林之側，時德光已得寒熱疾數日矣，命部人齋酒脯禱於得疾之地。

開運四年四月十六日也。熊、劉本“殺虎林”作“殺胡林”，“命部人”作“命胡人”。殿本改。《歐史》《通鑑》均作“殺胡林”。

忌夷狄第四

【卷八九晋《桑維翰傳》】維翰疏，國家若與契丹相持，則必屯兵邊上。少則懼强敵之衆，固須堅壁以自全；多則患飛輓之勞，必須逐寇而速返。

《册府》卷九九四《備禦門》，作“少則懼夷狄之衆”。今“夷狄”改“强敵”。

【八九晋《趙瑩傳》】瑩初被疾，遣人祈告于契丹主，願歸骨於南朝，使羈魂幸復鄉里。契丹主閔而許之。及卒，遣其子易從家人數輩護喪而還，仍遣大將送至京師。周太祖感歎久之。

《册府》九四〇《患難門》，兩“契丹主”均作“虜主”；又作“太祖閔瑩死於異域，而知夷狄亦不能違物性，歸其喪柩，感歎久之”。今删“夷狄”等三句。

【九五晋《吴巒傳》】及契丹還塞，彦殉出城迎謁，尋爲所擄。時巒在城中，謂其衆曰，豈有禮義之人而臣于異姓乎。

謂沙彦珣也。《册府》七一一四《武功門》，作“豈有禮義之人而臣於夷狄乎”。《通鑑》引《薛史》亦作“夷狄”。

【九八晋《安重榮傳》】重榮嘗與北來蕃使並轡而行，指飛鳥射之，應弦而落。由是名振北方。

《册府》八四六《善射門》，作“名振北狄”。

【一二〇《周恭帝紀》】顯德六年七月，尚輦奉御金彦英，本高麗人也，奉使高麗，稱臣于其王，故及于罪。

《册府》六六四《辱命門》，作“本東夷人，奉使高麗，稱臣于夷王”。熊、劉本仍原文；殿本改，有挖補痕。

【一二三周《安叔千傳》】契丹入汴，百僚迎見于赤岡，契丹主登高岡駐馬，而撫諭漢官。叔千出班獨立，契丹主曰，爾是安没字否？俄授鎮國軍節度使。漢初遇代歸京，自以嘗附幕庭，居常愧惕。

《册府》九二三《不忠門》，“契丹入汴”，作“獯戎犯闕”；“契丹主”作“虜主”；“幕庭”作“虜庭”；“出班獨立”作“出班夷言”，熊、劉本改“出班效國語”，殿本改“出班獨立”，皆爲避“夷”字也。《歐史》仍作“出班夷言”，《通鑑》改“出班胡語”。

【一二五《馮暉傳》】及暉到鎮，大張宴席，酒肴豐備，部衆告醉。

《册府》三九七《懷撫門》，作“及暉到鎮，蕃部集慶，暉大張宴席”。今删“蕃部”句。又“部衆告醉”，原作“群夷告醉”，熊、劉本仍原文，殿本改。

【一三七《契丹傳》】左右咸勸武皇可乘間擄之，武皇曰，逆賊未殄，不可失信于部落。

《册府》九八〇《通好門》，作“不可失信於夷狄”。《通鑑》同。

忌犬戎第五

【卷六《梁太祖紀》】乾化元年六月丁巳詔，密通人使，潛結沙陀。

《册府》卷二一五《招懷門》，作“潛結犬戎”。

【十《梁末帝紀》】龍德元年五月丙戌制，北有邊裔狡逞之師。

熊、劉本作“北有犬戎猾夏之師”，當是《大典》引《薛史》原文；殿本改，有挖補痕。此“犬戎”指沙陀。

【一三三《世襲·馬希範傳》注引《五代史補》云】丁思僅以希範受契丹册命，深恥之，因謂希範曰，今朝廷失守，正忠臣義士奮發之時，使馳檄四方，引軍直趨京師，誅仇敵，天子反正，然後凱還，則齊桓晋文不足數矣。

《五代史補三》原作“誅犬戎”，熊、劉本作“驅契丹”，蓋纂輯時改“驅契丹”，付雕時又改“誅仇敵”也。此“犬戎”指契丹。“丁思僅”，《歐史》作“丁思覲”。

《舊五代史》輯本發覆卷三

忌蕃忌酋第六

【卷二三梁《王景仁傳》】時鎮定作逆，朋附沙陁。

《册府》卷四四三《敗衄門》，作“鎮州作逆，朋附蕃醜”。熊、劉本仍原文，殿本改。

【五七唐《郭崇韜傳》】新破汴寇，威振北地。

《册府》三〇九及三四七，兩《佐命門》均作“威振北蕃”。

【八五《晋少帝紀》末】並令隨帳上陘，陘即契丹避暑之地也。

熊、劉本作“陘即蕃王避暑之地也”，殿本改。惟卷七五《晋高祖紀》末，“何福輕騎求援北蕃，蕃主自將諸部赴之”。“蕃”字不盡避。

【一三四《僭僞·王延羲傳》注引《五代史補》徐寅事】時梁祖與太原武皇爲讎敵，武皇眇一目，而又出自沙陀部落，寅欲曲媚梁祖. 故詞及之，云一眼匈奴，望英威而膽落。

《五代史補二》原作“一眼蕃人”。

【二九《唐莊宗紀》】天祐十九年正月，李嗣昭躍馬奮擊。敵衆大潰，俘斬數千，追擊至易州。

《册府》九八七《征討門》，作“賊騎大潰，俘斬數千人，獲其酋長數十，追擊至於易州”。今删“酋長”句。

【三二《唐莊宗紀》】同光二年九月庚戌，有司自契丹至者，言女真、回鶻、黄頭室韋合勢侵契丹。

《册府》九九五《交侵門》，作“有自契丹部降者上言”；又“合勢侵契丹”下，有“召北部酋長禦捍”句。今删。

【三五《唐明宗紀》】天祐十四年八月，因挺身入于敵陣，以北語論之曰，爾輩非吾敵，吾當與天皇較力耳。舞撾奮擊，萬衆披靡，俄挾其隊帥而還。

熊、劉本作“以邊語論之”，“隊帥”作“酋帥”。《册府》二十《功業門》亦作“酋帥”。殿本改。

【九十晉《趙在禮傳》】及契丹入汴，自鎮赴闕。時契丹首領奚王伊喇等在洛下，在禮望塵致敬，首領等倨受其禮，加之凌辱，邀索貨財，在禮不勝其憤。行至鄭州，泊于逆旅，聞同州劉繼勳爲契丹所鏁，大驚。

《册府》九五三《困辱門》，“入汴”作“亂華”，“伊喇”作“拽剌”，又作“蕃酋等倨受其禮，劉繼勳爲虜所鏁”。今改。

【九八晉《蕭翰傳》】蕭翰者，契丹諸部之長也。

熊本作“契丹諸部之酋長也”，殿本删“酋”字，劉本誤“奠長”。六六《安重誨傳》“其先本北部豪長”，《通鑑》貞明二年注引作“北部酋豪”。

忌僞忌賊第七

【卷八五《晉少帝紀》】皇子延煦、延寶自帳中迴，得敵詔慰撫，帝表謝之。又契丹主下詔，應晉朝臣寮，一切仍舊。

熊、劉本“敵詔”及“契丹主下詔”，均作“僞詔”，仍《大典》引《薛史》之文也。殿本增“契丹主”三字，而行款不變，此纂輯時所改者也。“僞賊”之忌，專指契丹，契丹以外之“僞賊”不避。

【九七《晉盧文進傳》】文進遂奔契丹，命爲幽州兵馬留後。

熊、劉本“命”上有“僞”字，殿本删。

【九八《晉張彦澤傳》】彦澤與閤門使高勳不協。

《册府》四四八《殘酷門》，“閤門使”上有“僞”字。熊、劉本仍原文，殿本删。

【九八《晉崔廷勳傳》】幼陷北庭，歷仕至雲州節度使，官至侍中。

兩“至”字義複。熊、劉本作“幼陷契丹，歷僞命雲州節度使，官至侍中”。

【九九《漢高祖紀》】天福十二年二月，契丹因授暉陜州兵馬留後，暉等不受命。三月，丹州都指揮使高彦殉殺契丹所命刺史，據城歸命。

謂趙暉也。熊、劉本作“暉等不受僞命，高彦珣殺僞命刺史”。殿本前句删“僞”字，後句改爲“契丹所命”。

【又】四月，契丹主先遣相州節度使高唐英率兵討之，未幾，契丹主至城下，是月四日攻拔之，遂屠其城。

謂相州城也。《册府》七五九《忠門》，作“虜主先遣僞命相州節度使高唐英率兵討之，未幾虜主至城下”。熊、劉本“僞命”仍原文，殿本删。而同卷之“僞制”“僞命”亦有未删者。

【一〇〇《漢高祖紀》】天福十二年五月，契丹所署汴州節度使蕭翰，迎郇國公李從益至東京，請從益知南朝軍國事。

《册府》八《創業門》，作“僞汴州節度使蕭翰”。

【一二五周《趙暉傳》】及聞漢祖建義于并門，乃與部將王晏、侯章，戮力叶謀。逐契丹所命官屬。

《册府》三六〇《立功門》、七六六《攀附門》，均作“戮契丹僞命官屬”。

【一二六周《馮道傳》】契丹先留道與李崧、和凝及文武官等在常山，是歲閏七月二十九日，契丹有詔追崧，令選朝士十人赴木葉山行事，北帥滿達勒召道等至帳所。

開運四年閏七月也。《册府》九四〇《患難門》，作“虜先留馮道”，又作“虜有僞詔追崧”，今删改。熊、劉本“僞”字不删。又“北帥滿達勒”，《册府》作“虜帥解里”。滿達勒本名“麻答”，解里例改“嘉哩”，今以“解里”爲“麻答”，蓋採《通鑑注》宋白之説也。

【一三七《契丹傳》】五日宣制，降晋少帝爲負義侯。二月朔日，德光服漢法服，坐崇元殿，受蕃漢朝賀，宣制大赦天下，改晋國爲大遼國。

開運四年正月五日也。熊、劉本兩“宣制”均作“僞制”。

【三五《唐明宗紀》】天祐十四年四月，帝謂諸將曰，敵騎以馬上爲生，不須營壘。

《册府》四五《謀略門》，作“賊騎以馬上爲生”。

【八二《晋少帝紀》】開運元年二月，先鋒指揮使石公霸與契丹過于戚城之北，爲契丹所圍。高行周、符彦卿方息于林下，聞賊至，駭愕，督軍而進。

《册府》一一八《親征門》、一三六《慰勞門》、三九六《勇敢門》，均作“石公霸遇賊數萬騎於戚城之北，爲賊所圍”。今“賊”均改“契丹”，而下文之“賊至，駭愕”，亦未盡改也。

【八三《晋少帝紀》】開運二年正月，杜威告事勢危急。帝曰，北敵未平，固難安寢，當悉衆一戰，以救朔方生靈。

熊本作“此賊未平”，劉本作“北賊未平”，殿本改“北敵”。

【又】開運二年三月，時敵將趙延壽部曲來降，言契丹主昨至古北口。庚申，敵騎如墻而來，我步軍爲方陣以禦之，選勁騎擊敵，鬬二十餘合，南行十餘里，賊勢稍却。

熊、劉本“敵將”作“賊將”，“敵騎”作“賊騎”，“擊敵”作“擊賊”。殿本改，而下文之“賊勢稍却”，亦未盡改也。

【八四《晉少帝紀》】開運三年九月，張彦澤奏，破蕃人于定州界，斬首二十餘級。

熊、劉本作“破蕃賊于定州界”。

【一二四周《史彦超傳》】會劉崇與契丹入寇，攻圍州城月餘。彦超與何徵協力固拒，累挫敵鋒。

《册府》三八七《褒異門》、四〇〇《固守門》，均作“累挫賊鋒”。熊、劉本仍原文，殿本改。又“何徵”，《册府》作“何徽”，今誤。卷一一三《周太祖紀》、一一四《周世宗紀》，均作“何徽”。

忌犯闕第八

【卷九三《晉趙熙傳》】及契丹入汴，遣使於晉州。

熊、劉本作“契丹犯闕，僞旨遣使於晉州”，仍《大典》引《薛史》之文也。殿本改“犯闕”爲“入汴”，並删“僞旨”二字。“犯闕”之忌止限於契丹，黄巢“犯闕”不避。卷八八晉《李彦韜傳》“契丹犯闕，遷少帝於開封府”，契丹“犯闕”亦未盡改。

【九四晉《潘環傳》】契丹入汴，署劉晞爲西京留守。

熊、劉本作“戎王犯闕，僞署劉晞爲西京留守”。殿本删“僞”字，行款不變，此纂輯時所删者也。“契丹”二字有挖補痕，此雕成後所改者也。

【九四晋《方太傳》、一二五周《高允權傳》】契丹入汴。

熊、劉本均作“契丹犯闕”。

【九六晋《王瑜傳》】時契丹入中原前月餘。

熊、劉本作“時契丹來犯闕前月餘”，殿本改。按，“來”疑當作“未”。

【九九《漢高祖紀》】天福十二年四月，會契丹入汴，暉收集徒黨，先入磁州，無所侵犯。

謂梁暉也。《册府》七五九《忠門》，作“會契丹犯闕”。

【一〇六漢《白再榮傳》】晋末契丹入汴，明年契丹主北去，再榮從部帳至真定。其年閏七月晦，李筠、何福晋相率殺北帥滿達勒，據甲仗庫。

開運四年閏七月也。《册府》四四六《觀望門》、四五五《貪黷門》，均作“契丹犯闕，明年虜主北去，再榮從虜帳至真定。其年閏七月晦，李筠、何福進相率殺虜帥麻荅”。今改。熊、劉本“犯闕”仍原文，“虜帥”改“契丹帥”；“虜帳”，熊本删“虜”字，劉本改“部帳”。

【一〇七漢《王章傳》】是時契丹去汴之後，國家新造，物力未充。

《册府》三二九《任職門》、四八三《材略門》，均作“契丹犯闕之後”。熊、劉本仍原文，殿本改。

【一一〇《周太祖紀》】開運末，契丹入汴，晋帝北遷。

《册府》八《創業門》，作“契丹犯闕”。熊、劉本仍原文，殿本改。

【一一五《周世宗紀》】顯德二年五月，先是晋末契丹入晋，秦州節度使何建，以秦、成、階三州入蜀。

《册府》二十《功業門》、一二三《征討門》，均作“晋末契丹犯闕”。

忌漢第九

【卷一〇〇《漢高祖紀》】天福十二年閏七月，禁造契丹樣鞍轡器械服裝。

《册府》卷一六〇《革弊門》，作“天福十二年，左街將軍許敬遷奏，臣伏見天下鞍轡器械，並取契丹樣裝飾，以爲美好，安有中國之人反效戎虜之俗，請下明詔毀棄，須依漢境舊儀。勅曰，近年中華兆人浮薄，不依漢禮，却慕胡風，果致狂戎來侵諸夏，應有契丹樣鞍轡器械服裝等，並令逐處禁斷”。今删，因“漢境舊儀”“漢禮”等字刺目也。不刺目之“漢”字，如“唐漢”“蕃漢”，當然不避。

【一一〇《周太祖紀》】漢乾祐三年，集三軍將校諭之曰，予從微至著，輔佐國家，先皇登遐，親受顧託。

《册府》八《創業門》，作“予從微至著，披肝露膽，置立漢家宗社，先皇登遐，親受顧託”。今删“披肝露膽”二句，改爲“輔佐國家”，因“漢家宗社”四字刺目也。

【一二五周《王繼宏傳》】會契丹主死，漢祖趨洛，唐英遣使歸款，漢祖大悦。

謂高唐英也。《册府》九四三《不誼門》，作“會虜主死，唐英遣使歸漢”，今改。歸漢何以諱？乾隆三十二年五月初七日諭曰：據明瑞奏到李時升呈出永昌府檄緬甸文稿，中有數應歸漢一語，實屬舛謬。夫對遠人頌述朝廷，或稱天朝，或稱中國，乃一定之理。況我國家中外一統，即蠻荒亦無不知大清聲教，何忽撰此歸漢不經之語，妄行宣示，悖誕已極云云。歸漢之諱或以此。

【九八晋《張礪傳》】礪爲戎王翰林學士，開運末，與契丹居南松門之内。因密言曰，此人用法如此，豈能久處京師。

殿本無此文。熊、劉本引自《册府》七九六《先見門》，原作“與虜居南松門之内”；又作“此胡用法如此，豈能久處漢地”。熊、劉本不避“戎王”，然“漢地”二句，不敢不易。殿本全删去，劉本脱“門”字。

雜忌第十

敗衄　北朝　獫狁　引契丹　窮廬之長　腥膻　左衽　蕃寇　亂華　殊俗　戎虜盜國　湩酪賤類　編髪

【卷三九《唐明宗紀》】天成三年八月，幽州趙德鈞奏，于府西邀殺契丹敗黨數千人，生擒首領特哩衮及其屬凡五十餘人。是時官軍襲殺契丹，屬秋雨繼降，泥濘莫進，人饑馬乏，散投村落，所在村民持白挺毆殺之。脱者數十，餘無噍類。

《册府》卷四三五《獻捷門》、九八七《征討門》，“生擒首領惕隱等五十餘人下，有接殺皆盡，契丹强盛，僅三十年，雄據北戎，諸蕃鼠伏，屢爲邊患，漢兵常憚之”等七十餘字，今悉删去，不欲多言契丹敗衄也。

【七七《晋高祖紀》】天福三年十月，契丹命使以寶册上帝徽號。

《册府》十七《尊號門》，作“北朝命使以寶册上帝徽號”。據《通鑑考異》，此爲《薛史》因《晋高祖實録》之文。

【八十《晋高祖紀》】史臣曰，圖事之初，强鄰來援，契丹自兹而孔熾。

熊、劉本“强鄰來援”作“召戎爲援”，“契丹”作“獫狁”，仍《大典》引《薛史》之文也。殿本改。

【八九晋《馮玉傳》】張彦澤陷京城，軍士争湊其第，家財巨萬，一夕罄空。翌日，玉假蓋而出，猶繞指以諂彦澤，且請引送玉璽于契丹主，將利其復用。

《册府》三三九《邪佞門》，作“張彦澤引契丹陷京城”，又作“送玉璽於虜主”。今删引“契丹”三字，改“虜主”爲“契丹主”。引“契丹”何以諱？與“召戎爲援”之諱同。

【九二晋《王權傳》】天福中命權使于契丹，權以前世累爲將相，未嘗有奉使而稱陪臣者，謂人曰："我雖不才，年已耄矣，豈能遠使于契丹乎？"

《册府》四六〇《正直門》、八七七《剛門》，均作"未嘗有稱臣於戎虜者，豈能稽顙於窮廬之長乎"。《歐史》作"安能稽穎於穹廬"。《通鑑》作"安能向穹廬屈膝"。

【九五晋《沈贇傳》】贇登城呼曰，侍中父子誤計，陷于契丹，忍以氊幕之衆，殘害父母之邦，不自羞慙，反有德色。沈寶寧爲國家死，必不效汝所爲也。

侍中父子謂趙延壽。《册府》四二五《死事門》，作"侍中父子誤計，陷於腥膻，忍以犬羊之衆，殘害父母之邦"。《歐史》同。《通鑑》"腥膻"改"虜庭"。"贇"，《册府》《歐史》《通鑑》皆作"斌"；卷三十三《唐莊宗紀》，八十三《晋少帝紀》亦作"斌"。

【九六晋《王瑜傳》】父欽祚，刺舉義州。瑜歸寧至郡，會契丹據有中夏，何建以秦州歸蜀，瑜説欽祚曰，若不西走，當是契丹矣。

《册府》九四二《禍敗門》，作"會北戎盜據區夏"，又作"若不西走，當爲左衽矣"。熊、劉本作"當屬契丹"。

【一二四周《史彦超傳》】契丹營于忻代之閒，遥應賊勢。詔天雄軍節度使符彦卿率諸將屯忻州以拒之。彦卿襲契丹于忻口，彦超以先鋒軍追蕃兵。

《册府》一四〇《旌表門》、四四四《陷没門》，"蕃兵"均作"蕃寇"。熊、劉本仍原文，殿本改。

【一二五周《趙暉傳》】開運末，以部兵屯于陝，屬契丹入汴，慨然有憤激之意。

《册府》七六六《攀附門》，“契丹入汴”作“北戎亂華”。

【一二六周《馮道傳》】將達西樓，契丹主欲郊迎，其臣曰，天子無迎宰相之禮，因止焉。其名動遠俗也如此。

《册府》三二九《奉使門》，作“虜長欲自出迎道，虜之群僚曰”云云。今删改，“遠俗”作“殊俗”。熊、劉本仍原文，殿本改。

【一二七周《蘇禹珪傳》】開運末，契丹入汴，漢祖即位于晋陽。

《册府》三〇九《佐命門》，作“開運末，戎虜盜國”。

【一三七《契丹傳》】莊宗曰，今吾以數萬之衆，安集山東，王德明厮養小人，安巴堅生長邊地。

《册府》九八七《征討門》，作“張文禮厮僕小人，非吾所敵。阿保機湩酪賤類，唯利是求”。此段删改甚多，張文禮即王德明，“湩酪賤類”改“生長邊地”。

【又】同光中，安巴堅深著闢地之志，欲收兵大皋。

《册府》六六〇《敏辯門》，作“阿保機深貯亂華之志”。

【一三八《黑水靺鞨傳》】其俗尚質朴，性猛悍。

《册府》九五九《土風門》，作“俗皆編髪，性凶悍”。《五代會要》同。熊、劉本仍原文，殿本改。論曰：“有清起自黑水，明季典籍，類多指斥之詞，館臣有所忌諱，宜也。五代去清八百年，其所謂虜，在梁則指沙陀，在唐晋漢周則指契丹，與清何涉，何所庸其忌諱。雍正十一年四月曾諭内閣曰：朕覽本朝人刊寫書籍，凡遇胡虜夷狄等字，每作空白，或改易形聲，如以夷爲彝，以虜爲鹵之類，殊不可解。揣其意蓋爲本朝忌諱，避之以明其敬慎。不知此固背理犯義不敬之甚者也。嗣後臨文作字，及刊刻書籍，如仍蹈前轍，將此等字空白及更换者，照大不敬律治罪。乾隆四十二年十一月諭旨略同。館臣自應遵守。今《薛史》輯本之改竄，更甚於空白改寫，其敬慎耶，其不敬之甚者耶！抑以爲空白改寫，終留痕跡，不若逕將史文删改滅跡，可以免詔書之詰責耶！然亦安知後之人不能發其覆，豈非所謂欲蓋彌彰也。且輯佚之體，與撰述殊科。如李延壽之《南》《北史》，歐陽修之《新五代史》，自爲一書，則索虜島夷，隨意易之可也。今乃輯佚，何能輕易其詞？此義館臣豈不知，然而仍效昔人改竄中祕書之故智，欲以一手掩盡天下目者，其視清朝之心實與明季諸人無異也。不過一則陽斥之，一則陰指之而已。嗚呼！四庫館之開，清之據中國百三十年矣，士大夫之心理仍若此，此其故亦耐人尋思哉。”

附：《薛史》輯本避諱例

《薛史》輯本忌諱改竄，余已發其覆。輯本之避廟諱，亦有可得言者。大抵熊、劉本用缺筆法，殿本用改字法。易言之，即纂輯時用缺筆法，雕版時用改字法也。然熊、劉本亦有改字，殿本且有添改史文者，殊失輯佚之體。往余有《薛史》輯本避諱例，兹附刊如後。

【卷三《梁太祖紀》】開平元年四月，制東都宫殿門名額，正殿爲崇元殿，東殿爲元德殿。

《册府》卷一九六《建都門》，作“東殿爲玄德殿”。今三本皆作“元德殿”，熊、劉本並誤注《册府》卷一八六。

【七七《晋高祖紀》】天福三年十月，改東京諸門名額，北二門酸棗門、封邱門以元化、宣陽爲名。

《册府》十四《都邑門》，“元化”作“玄化”。熊、劉本仍原文，“玄”缺末筆。

【八〇《晋高祖紀》】天福七年閏三月，詔改鄴都北門爲元德門。

《册府》十四《都邑門》，“元德”作“玄德”。熊、劉本仍原文，殿本改，有挖補痕。

【三《梁太祖紀》】開平元年九月，浙西奏，道門威儀鄭章，宜賜號貞一大師，仍名元章。

《册府》一九四《崇釋老門》，作“仍名玄章”。今三本皆作“元章”。

【八九晋《趙瑩傳》】字元輝。

《册府》八九三《夢徵門》，作“字玄暉”。《歐傳》亦作“玄暉”。今三本皆作“元輝”。

【一四四《樂志》】天福四年十二月，禮官奏，正旦皇帝舉酒，請奏元同之樂。

《册府》五七〇《作樂門》，作"玄同之樂"。《五代會要》七同。今三本皆作"元同"，是熊、劉本亦有改字也。

右（以上）"玄"改"元"。

【三《梁太祖紀》】開平元年四月令，庶順昊穹之意。

《册府》一八二《名諱門》，作"庶順玄穹之意"。熊本仍原文，劉本、殿本改"昊穹"，熊、劉本並誤注《册府》卷二八二。

【三八《唐明宗紀》】天成二年正月制，荷上穹之睠祐。

《册府》三《名諱門》，作"荷玄穹之睠佑"。熊、劉本仍原文。

右（以上）"玄穹"改"昊穹"或"上穹"。

【三十《唐莊宗紀》】同光元年十二月，亳州太清宫道士上言，聖祖殿前古檜，萎瘁已久，再生一枝。又一四一《五行志》"太清宫道士上言，聖祖殿前枯檜，年久再生一枝"。

《册府》二五《符瑞門》，作"太清宫道士奏，聖祖玄元皇帝殿前枯檜再生枝"。《五代會要》十二同。熊、劉本《莊宗紀》仍原文，《五行志》删"聖祖"二字。殿本《紀》《志》均删"玄元皇帝"四字，遂改"枯檜"爲"古檜"，並添"萎瘁已久"及"年久"等字以足之，而不知其詞費也。

【三九《唐明宗紀》】天成三年正月，舊制遇二月十五日爲聖祖降聖節，應休假三日。

《册府》五四《尚黄老門》，作“二月十五日玄元皇帝降聖節，休假三日”。《五代會要》十二同。熊、劉本仍原文，殿本“玄元皇帝”改“聖祖”，遂添“爲”字、“應”字以足之，而不知詞與義俱失也。

【一四二《禮志》】天成二年詔，至若聖祖老君，事隔千祀。

《册府》三一《奉先門》注，作“至若玄元皇帝，事隔千祀”。熊、劉本仍原文。

右（以上）“玄元皇帝”改“聖祖”。

【二七《唐莊宗紀》】龍紀元年，從武皇校獵于三垂岡，岡上有明皇原廟在焉。

《册府》一四八《知子門》，作“玄宗原廟在焉”。熊、劉本仍原文。

【七七《晋高祖紀》】天福三年二月，中書上言，唐太宗二名並諱，明皇二名亦同。

《册府》三一《奉先門》，“明皇”作“玄宗”。熊、劉本仍原文。

【一三四《僭僞·李昇傳》】昇自云唐明皇第六子永王璘之裔，唐天寶末，安禄山連陷兩京，明皇幸蜀。

《册府》二一九《姓系門》，“明皇”均作“玄宗”。熊、劉本仍原文。

右（以上）“玄宗”改“明皇”。

【一四二《禮志》】晋天福二年二月，太常博士段顒等議廟制，凡數引鄭氏注。

《册府》五九四《奏議門》，均作"鄭玄注"。熊、劉本仍原文。

【一〇五漢《湘陰公贇傳》】有鳥紺趾黑尾。

《册府》九五一《咎徵門》，作"紺趾玄尾"。熊、劉本仍原文，殿本改，有挖補痕。

【一四四《樂志》】一曰金錞，以和鼓，銅鑄爲之，其色黑。

《册府》五七〇《作樂門》，作"其色玄"。熊、劉本仍原文，殿本改，有挖補痕。

右（以上）"鄭玄"改"鄭氏"，"玄色"改"黑色"。

【七七《晋高祖紀》天福三年七月注，引《五代會要》】唐貞觀十六年，太宗文皇帝所刻之璽，白玉爲螭首。

《五代會要》十三作"刻之玄璽"。今删"玄"字，添"所"字。劉本同，熊本無此注。《册府》六一《立制度門》，作"太宗刻受命玄璽"。

【十五梁《馮行襲傳》】刺史吕煜。

《册府》八七九《計策門》，作"刺史吕烽"。《歐史·行襲傳》亦作"吕燁"。熊本作"曄"缺末筆，劉本與殿本改"吕煜"。

右（以上）删"玄"字，"燁"改"煜"。

【一《梁太祖紀》】唐大順元年九月，帝廷責諸將敗軍之罪，斬李讜、李重允以徇。

《册府》二八七《勳業門》，作“李重裔”。熊、劉本作“李重胤”，“胤”缺末筆。

【十九梁《李重允傳》】

《册府》三六〇《立功門》、三八六《褒異門》、四三九《違命門》，均作“李重裔”。熊、劉本作“李重胤”。熊本注云“重胤原本作重裔”，蓋《薛史》沿避諱舊例，今改畫一；劉本注同，脱“胤”字。

【五八唐《趙光允傳》】

《册府》七八三《兄弟齊名門》、九〇九《憂懼門》，均作“趙光裔”。熊、劉本作“趙光胤”，注云，《薛史》原本避宋諱，稱“光胤”爲“光裔”，今改正。

右（以上）“裔”，熊、劉本回改“胤”，殿本改“允”。

【四八《唐末帝紀》】清泰三年三月，以翰林學士禮部侍郎馬裔孫爲中書侍郎，同平章事。

《册府》七四《命相門》，作“馬胤孫”。《歐紀》亦作“馬胤孫”。今三本皆作“馬裔孫”。

【一二七周《馬裔孫傳》】

《歐傳》作“馬胤孫”。《册府》三三五《不稱門》、八二一《崇釋教門》、八九三《夢徵門》、九三九《譏誚門》，均作“馬胤孫”；三三六《識闇門》、八四一《文章門》，作“馬裔孫”。今三本亦作“馬裔孫”。

【一二九周《王重裔傳》】

《册府》三七四《忠門》，作“王重裔”；三八七

《褒異門》，作"王重胤"。今三本亦作"王重裔"。不知其本名作"胤"耶？卷七六《晋紀》"馬允孫釋放"，七八《晋紀》"馬允孫致仕"，一一一《周紀》"王重允卒"，殿本何爲作"允"？以不回改爲是耶，李重胤、趙光胤二傳，又何爲回改？甚矣晝一之難也。

右（以上）"裔"未回改"胤"，亦未改"允"。

【一一四《周世宗紀》】顯德元年三月，以鐵騎第一軍都指揮使趙宏殷爲龍捷右廂都指揮使。

《册府》二一八《明賞門》，"趙"下注宣祖廟諱。《殿本考證》亦云"原本注宣祖廟諱四字"，今據《宋史》改作"宏殷"。熊、劉本案語同，但"宏"作"弘"，缺末筆。

【六《梁太祖紀》】乾化元年十二月，又命將作少監姜宏道爲朗州旌節官使副。

《册府》四一三《命使門》，作"姜弘道"。今三本皆作"宏道"。

【九二晋《姚顗傳》】祖宏慶，蘇州刺史。

《册府》八五三《姻好門》，作"祖弘度"。"慶""度"未知孰是，然原本必作"弘"。今三本皆作"宏"，是熊、劉本亦有改字也。

右（以上）"弘"改"宏"。

【一二四周《史懿傳》】本名犯太祖廟諱，故改焉。

《册府》八二五《名字門》與此同。劉本與《殿本考證》云："案本名二句，疑爲後人竄入，考懿名匡懿，避宋太祖御名，故去匡字；《薛史》成于開寶六年，不應豫稱爲太祖，或係宋人讀是書者附注于後，遂混入正文也。”熊本籤注同，並云“無别本可考，姑存其舊”云云。館臣誤認周太祖爲宋太祖也。懿本名威，此蓋《薛史》仍《周實録》之文。卷八三《晋紀》開運元年十一月，“以澶州節度使史威爲貝州節度使”。八四《晋紀》開運三年正月，“以前貝州節度使史威爲涇州節度使”。一〇〇《漢紀》天福十二年七月，“涇州節度使史威加檢校太尉”。一一四《周紀》顯德元年三月，“前涇州節度使史匡懿卒”。避周諱改“匡懿”，《薛史》又避宋諱。空“匡”字。館臣知其一不知其二，遂疑爲宋人讀是書者附注，又謂無别本可考，而不知《册府》引有此文也。

【一二九周《曹英傳》】舊名犯今上御名，故改焉。

《册府》八二五《名字門》，亦作“舊名犯太祖廟諱”。英亦本名威也。熊、劉本仍原文，歐本改爲“犯今上御名”。館臣蓋始終知宋有太祖，而忘周亦有太祖也。本傳屢言太祖，皆謂郭威，此《薛史》仍《周實録》之文，何得改爲“今上”？並正其誤於此。《通鑑》顯德元年注引《薛史》，曹威爲奉國軍主，即此人。

右（以上）誤解、誤改前代諱。

《舊五代史》輯本引書卷數多誤例[1]

[1]本文1937年完成舊稿，1958年11月重訂六稿，1963年5月重訂七稿。載於《文史》第三輯（1963年）。據原稿校覈。

四庫全書本《舊五代史》，號稱從《永樂大典》諸書輯出，初次定稿每條均注有所引《永樂大典》及《册府元龜》卷數，後來定本及武英殿刻本所引《大典》《册府》書名卷數盡行删去，讀者以爲憾，不知辦書者當時實有隱衷也。隱衷爲何？即所注引書卷數多誤，而《四庫》成書，期限迫促，無法覆檢，索性盡删之也。

近年熊氏羅宿、劉氏嘉業堂先後將《舊五代史》輯本初次定稿印出，涵芬樓百衲本《廿四史》復用劉本影印，此三本均注有引書卷數，《大典》八百十六條，《册府》三百條，學者善之。今《永樂大典》原書不全，而《目録》六十卷尚有連筠簃刻本；又《册府元龜》全書具在，試將熊、劉兩本所注引書卷數細爲覆覈，錯誤者竟達十之一二，開卷第一條引《大典》即誤：

卷一《梁太祖紀》本名温條，引《大典》八六八七，據《大典目録》係騰字及滕字韻，與名温何涉。

又卷一誕孩條，引《大典》一六〇一九，係旱字韻，與孩何涉。

又卷一星隕條，引《大典》三二七一，係軍字韻，與星何涉。

又卷一飛矢條，引《大典》二〇七一二，係易字韻，與矢何涉。

以上皆在第一卷，知其所引卷數有誤，而一時不知爲何誤者。有知其誤而並知爲何誤，可以改正者：

卷四《梁太祖紀》，四次引《大典》二六三〇，據目録係萊字韻，誤。應作二六三一，災字韻。

又卷四燃燈條，引《大典》六六六六，係江字韻，誤。應作八六六六，燈字韻。

又卷四昇壇條，引《大典》四三七六，係檀字韻，誤。應作四三七五，壇字韻。

又卷四奔凰翔條，引《大典》三五一三，係坤字韻，誤。應作三五一六，奔字韻。

又卷五祠嵩岳條，卷六分禱靈跡條，均引《大典》一五二一，係齊字韻，誤。應作二五二一，齋字韻。

《大典》五代漢高祖事跡有五卷，從一六一九八至一六二零二，大抵採自《舊五代史》。今輯本《漢高祖紀》併作二卷，自九九至一百，三次注出處，皆引《大典》一六〇九八。據《大典目録》一六〇九八係漢字韻漢宣帝事跡，與五代漢高祖何涉，亦可見當日館臣之粗略也。

《大典》凡二萬二千八百餘卷，書型特大，覆檢一次誠不易。《册府》不過千卷，且有刻本，覆檢不算甚難，但今輯本所注《册府》卷數亦多錯誤：

卷三《梁太祖紀》避諱條，引《册府》二八二，係《承襲門》，誤。應作一八二，《名諱門》。

又卷三制定殿門條，引《册府》一八六，係《勳業門》，誤。應作一九六，《建都門》。

又卷三搜訪賢良條，引《册府》二一〇，係《旌表》等門，誤。應作二一三，《求賢門》。

又卷三詔書給復賦租條，引《册府》一九四，係《崇儒》等門，誤。應作一九五，《恤征役門》。

《册府》以朱梁爲閏位，《閏位部》自一八二卷起，凡一八二卷以前，皆屬《帝王部》，與梁無涉，今輯本《梁本紀》引《册府》有在一八二卷之前者，如：

卷三《梁太祖紀》進百官衣條，引《册府》一六七，乃《帝王部・招懷門》，誤。應作一九七，《閏位部・納貢獻門》。

又卷三高季昌進瑞橘條，引《册府》一六九，乃《帝王部・納貢獻門》，誤。應作一九七，《閏位部・納貢獻門》。

又卷三赦逃亡條，引《册府》九五，乃《帝王部・赦宥門》，誤。應作一九五，《閏位部・仁愛門》。

又卷三廣南管内獲白鹿條，引《册府》一六九，乃《帝王部・納貢獻門》，誤。應作二〇二，《閏位部・祥瑞門》。

凡此皆可以常識斷其誤，而並知爲何誤者也。而當時輯書諸臣全不注意及此，迨至發見錯誤時，又未能一一覆覈，乃盡舉而删之，所謂因噎廢食也。以上緒論，以下分六例説明之。

一　引《大典》卷數誤例

輯本引《大典》卷數誤而又知爲何誤者，除上述各條外，尚有下列諸條。

卷一七《成汭傳》，巨蛇繞身條，引《大典》五九四〇，係車字韻，誤。應作五九五〇，蛇字韻。

卷二〇《寇彦卿傳》，兩次引《大典》一九三三〇，係寇字韻，《莊子·列禦寇》篇，誤。應作一九三三一，寇字韻，姓氏。

卷二五《唐武皇紀》，引《大典》一八一五五，係將字韻，宋將，誤。應作一八一二五，將字韻，唐將。

卷四六《唐末帝紀》，引《大典》一七七四，係書字韻，誤。應作七一七四，唐字韻，唐廢帝。

卷四九《夏皇后傳》，引《大典》一三五五二，《曹皇后魏皇后孔皇后傳》，引《大典》一三五五五，均係制字韻，誤。應作一三三五二，謚字韻，皇后謚。

卷五五《康君立傳》，引《大典》一八一一八，係將字韻，唐將，誤。應作一八一二八，將字韻，後唐將。

卷五九《丁會傳》，引《大典》一八一八九，係將字韻，元將，誤。應作一八一二九，將字韻，後唐將。

卷六五《李建及石君立高行珪傳》，卷六六《康義誠傳》，均引《大典》一八〇二九，係將字韻，鄭衛燕楚將，誤。應作一八一二九，後唐將。

卷六八《封舜卿傳》，請御前香條，引《大典》六〇三四，係陽字韻，誤。應作六六三四，香字韻。

卷七〇《元行欽姚洪傳》，均引《大典》一八一八九，係將字韻，元將，誤。應作一八一二九，後唐將。

卷八八《李從璋傳》，引《大典》一八一二〇，係將字韻，唐將，誤。應作一八一三〇，後晋將。

卷八九《殷鵬傳》，引《大典》二二〇六，係盧字韻，誤。應作三二〇六，殷字韻。

卷九〇《安重阮傳》，引《大典》一八三三一，係葬字韻，誤。應作一八一三一，將字韻，後晋將。

卷九四《祕瓊傳》，引《大典》一二八六六，係宋字韻，誤。應作一三八六六，祕字韻。

卷九五《皇甫遇傳》，引《大典》一八〇三一，係將字韻，吴越魏趙將，誤。應作一八一三一，後晋將。

卷九五《翟璋傳》，引《大典》二二三四〇，係責字韻，誤。應作二二二四〇，翟字韻。

卷九八《安徒進傳》，空名宣勅條，引《大典》二〇四七〇，係尺字韻，誤。應作二〇四七五，勅字韻。

卷九九、卷一〇〇《漢高祖紀》，三次引《大典》一六〇九八，係漢字韻，漢宣帝，誤。應作一六一九八，五代漢高祖。

卷一二三《安審暉安審信安叔千傳》，均引《大典》一八一四四，係將字韻，宋將，誤。應作一八一三二，後周將。

卷一二六《馮道傳》，三次引《大典》一七九三〇，係相字韻，宋相，誤。應作一七九一〇，五代相。

卷一二七《和凝傳》，引《大典》五七一〇，係渦字韻，誤。應作五七一八，和字韻。

卷一二八《王朴傳》，引《大典》一八一二三，係將字韻，唐將，誤。應作一八一三二，後周將。

卷一二八《司徒詡傳》，引《大典》二一二八，係婁字韻，誤。應作二一六八，徒字韻，司徒。

卷一三七《契丹傳》，引《大典》四五五八，係天字韻，誤。應作四三五八，丹字韻，契丹。

二　引《册府》卷數誤例

輯本引《册府》卷數誤，而又知爲何誤可以改正者，除緒論所述各條外，亦尚有下列諸條，惟輯本自《梁書太祖紀》後，引《册府》者無幾，未能盡《册府》之用也。

卷四《梁太祖紀》，帝御金祥殿條，引《册府》一九〇，係《姿表》等門，誤。應作一九七，《朝會》及《納貢獻門》。

卷四李嵸封萊國公條及立二王三恪條，均引《册府》二一二，係《招諫》等門，誤。應作二一一，《繼絶門》。

卷四詔裴迪復爲右僕射條，卷五念王重榮舊功下詔褒獎條，亦引《册府》二一二，《詔諫》等門，誤，應作二一一，《求舊門》。

卷四李存勗誘結北蕃條，引《册府》一一七，係《親征門》，誤。應作二一七，《交侵門》。

卷四賜僧法通等紫衣條，亦引《册府》一一七，《親征門》，誤。應作一九四，《崇釋老門》。

卷四以繁臺爲講武臺條，引《册府》一九五，係《惠民》等門，誤。應作一九六，《建都門》。

卷四獵畋於含耀門外條，引《册府》二〇九，係《欽□》等門，誤。應作二〇五，《畋遊門》。

卷四車駕發西都及駕巡朝邑條，均引《册府》二〇二，係《祥瑞門》，誤。應作二〇五，《巡幸門》。

卷五《梁太祖紀》，勅改乾文院爲文思院條，引《册府》一九九，係《命相》等門，誤。應作一九六，《建都門》。

卷五帝御朝元殿條，引《册府》二〇五，係《巡幸》等門，誤。應作一九七，《朝會門》。

卷五追贈常參官先世條，引《册府》二五〇，係《攻伐門》，誤。應作二一〇，《延賞門》。

卷五衡王友諒進瑞麥條，引《册府》二二〇，係《形貌》等門，誤。應作二〇二，《祥瑞門》。

卷五禁造假犀玉真珠條，引《册府》一九七，係《朝會》等門，誤。應作一九一，《政令門》。

卷六《梁太祖紀》，帝御朝元殿及畋於伊水條，引《册府》一七九，係《姑息門》，誤。應作一九七，《朝會門》，及二〇五，《畋遊門》。

卷六至榆林觀稼條，引《册府》二二〇，係《形貌》等門，誤。應作二〇五，《巡幸門》。

卷七《梁太祖紀》，丁亥復至貝州條，引《册府》二〇二，係《祥瑞門》，誤。應作二〇五，《巡幸門》。

卷七辛未宴於食殿條，引《册府》一七九，係《姑息門》，誤。應作一九七，《宴會門》。

卷七制加博王友文爲特進檢校太保條，引《册府》二六六，係《儀貌》等門，誤。應作二六九，《委任門》。

卷五一《李存乂傳》，歷鄜州刺史條，引《册府》二〇五，係《巡幸》《畋遊》等門，誤。應作二八一，《領鎮門》，歷鄜州節度使。

卷五一《李重吉傳》，詔贈太尉條，引《册府》二七五，《褒寵門》，誤。應作二七七，《褒寵門》。

卷一三一《扈載傳》，文價爲一時之冠條，引《册府》八四二，係《知人門》，誤。應作八四一，《文章門》。

又《扈載傳》附劉袞年二十八而卒條，引《册府》九三〇，係《傲慢》《不恭》等門，誤。應作九三一，《短命門》。

卷一三四《王延鈞傳》，仍稱藩於朝廷條，引《册府》二二二，係《勳伐門》，誤。應作二三二，《稱藩門》。

卷一三六《王建傳》，改元天漢又改元光天，子衍嗣條，引《册府》一一九，係《選將門》，誤。應作二一九，《姓系》及《年號門》。

卷一三六《孟知祥傳》，應順元年稱帝，改元明德條，引《册府》二二九，係《求納》《聽諫》等門，誤。應作二一九，《姓系》及《年號門》。

三　引《大典》卷數誤不知爲何誤例

輯本引《大典》卷數有知其誤而不知爲何誤者，緒論已言之，此等錯誤，多在《大典》各韻姓氏之中，但《大典》姓氏每占數卷或數十卷，僅據《目録》未見原書不能確定其在何卷也。

卷一三《蔣殷傳》，引《大典》一〇八三一，據《目録》係補字韻，誤。或應作一一八三一，蔣字韻。但《大典》蔣字韻姓氏有六卷，自一一八三〇至一一八三五，不知在何卷。

卷二四《杜荀鶴傳》，引《大典》一五七三〇，係論字韻，誤。或應作一四七三〇，杜字韻。但《大典》杜字韻姓氏有九卷，自一四七二五至一四七三三，不知在何卷。

卷五六《周德威傳》，引《大典》九九九七，係占字韻，誤。或應作八九九七，周字韻。但《大典》周字韻姓氏有廿七卷，自八九九〇至九〇一六，不知在何卷。

卷五八《趙光逢傳》，引《大典》一八九九一，係令字韻，誤。或應作一六九九一，趙字韻。但《大典》趙字韻姓氏有四十卷，自一六九八五至一七〇二四，不知在何卷。

卷五九《王瓚傳》，引《大典》六六八〇，係江字韻，鎮江府，誤。或應作六八六〇，王字韻。但《大典》王字韻姓氏有一〇二卷，自六八一六至六九一七，不知在何卷。

卷九一《王建立傳》，引《大典》六五三〇，係長字韻，誤。或應作六八八〇，王字韻。

卷九五《王清傳》，引《大典》六三五一，係張字韻，誤。或應作六八五一，王字韻。

卷五九《張溫傳》，引《大典》六六六〇，係江字韻，詩文，誤。或應作六三六〇，張字韻。但《大典》張字韻姓氏有六十五卷，自六三三一至六三九五，不知在何卷。

卷六五《張廷裕傳》，卷一二九《張彥超傳》，均引《大典》五三六〇，係朝字韻，誤。或應作六三六〇，張字韻。

卷七〇《張敬達傳》，引《大典》六六五一，係江字韻，江名，誤。或應作六三五一，張字韻。

卷六九《孫岳傳》，引《大典》三五九一，係榛字韻，誤。或應作三五七一，孫字韻。但《大典》孫字韻姓氏有廿五卷，自三五五四至三五七八，不知在何卷。

卷七四《楊彥溫傳》，兩引《大典》六三五一，係張字韻，誤。或應作六〇五一，楊字韻。但《大典》楊字韻姓氏有廿九卷，自六〇四一至六〇六九，不知在何卷。

卷九〇《李承約李德琉傳》，均引《大典》二〇四二〇，係稷字韻，誤。或應作一〇四二〇，李字韻。但《大典》李字韻姓氏有九十卷，自一〇三五六至一〇四四五，不知在何卷。

卷九四《李瓊傳》，引《大典》一〇三四〇，係里字韻，誤。或應作一〇三九〇，李字韻。

卷九二《吴承範傳》，引《大典》三三二一，係春字韻，誤。或應作二三二一，吴字韻。但《大典》吴字韻姓氏有十八卷，自二三一九至二三三六，不知在何卷。

卷九四《劉處讓傳》，引《大典》九九〇九，係嚴字韻，誤。或應作九〇九九，劉字韻。但《大典》劉字韻姓氏有五十九卷，自九〇七三至九一三一，不知在何卷。

卷一二八《段希堯傳》，引《大典》一六三一〇，係判字韻，誤。或應作一六三七〇，段字韻。但《大典》段字韻姓氏有三卷，自一六三六九至一六三七一，不知在何卷。

卷一三八《占城傳》，引《大典》八四三九，係平字韻，太平府，誤。據《目録》八一一六城字韻，有占城國。

卷一四七《刑法志》，引《大典》八二九〇，係兵字韻，元兵，誤。據《目録》七七六七刑字韻，有五代刑。

四　熊、劉兩本異而皆誤例

熊、劉兩本，均抄自輯本初次定稿，而兩本所注《大典》卷數，時有異同。有熊、劉兩本異而皆誤者：

卷二《梁太祖紀》，帝夢白龍條，熊本引《大典》一五二〇七，係歲字韻，誤。劉本作一五二七〇，係尉字韻，太尉，亦誤。

卷五九《李紹文傳》，熊本引《大典》一〇一八九，係史字韻，誤。劉本作一〇一九八，係齒字韻，亦誤。

卷六一《孫璋傳》，熊本兩次引《大典》三四六一，係渾字韻，誤。劉本作三萬四千四百六十三，萬字衍，三四六三係温字韻，誤；又一次作三四六二，係昆字韻，亦誤。

卷九一《張從訓傳》，熊本引《大典》五三六〇，係朝字韻，誤。劉本作五三七〇，堯字韻，亦誤。

卷九六《孟承誨傳》，熊本引《大典》一一一一三，係水字韻，劉本作一一一一二，亦水字韻，均與孟無涉。

卷一二七《蘇禹珪傳》，熊本引《大典》三三九二，係文字韻，誤。劉本作三三九三，文字韻，亦誤。

卷一三八《牂牁蠻傳》，熊本引《大典》五一五〇，係元字韻，改元。劉本作五一〇五，係專字韻，均與牂牱無涉。

五　熊、劉兩本異不知誰誤例

又有熊、劉兩本異而不知其孰誤者，熊本係用原抄本影印，劉本則由抄本重寫一次付刻，在未得《大典》原書對勘前，吾人寧信熊本所引爲少誤也。

卷一八《李振傳》，熊本引《大典》一〇三八六，係李字韻，劉本作一〇三八〇，亦李字韻，未知孰誤。

卷二一《李唐賓傳》，熊本引《大典》一〇三八八，係李字韻，劉本作一〇三六〇，亦李字韻，未知孰誤。

卷六七《李愚傳》，熊本引《大典》一〇三八九，係李字韻；劉本作一〇三九八，亦李字韻，未知孰誤。

卷六九《胡裝傳》，熊本引《大典》二二四二，係胡字韻；劉本作二二四三，亦胡字韻，未知孰誤。

卷一三四《李昪傳》，熊本引《大典》一〇三九一，係李字韻；劉本作一〇三九〇，亦李字韻，未知孰誤。

六　熊本不誤劉本誤例

應有熊本誤而劉本不誤者，但尚未發見。至於熊本不誤而劉本誤者，其數不少，此則後來刻書者之責，而非當日輯書諸臣之責也。

卷四《梁太祖紀》，白龍見條，熊本引《大典》五二〇，係龍字韻。劉本作五六〇，係庸字韻，中庯，誤。

卷七《梁太祖紀》，告諭百姓備淫雨條，熊本引《大典》二六三二，係災字韻，弭災。劉本作一六三二，係虞字韻，姓氏，誤。

又卷七帝泛九曲池條，熊本引《大典》一〇五二，係池字韻，池名。劉本作一五〇二，係圻字、崎字韻，誤。

卷一五《馮行襲傳》，熊本引《大典》四〇三，係馮字韻。劉本誤作四萬三。

卷一五《孫德昭傳》，熊本引《大典》一八一二六，係將字韻，後梁將。劉本作一八一四六，係將字韻，宋將，誤。

卷一七《成汭傳》，勤於惠養條，熊本引《大典》一一八二七，係養字韻。劉本作一一八一七，係若字韻，誤。又汭赧然而屈條，熊本引《大典》二一一二八，係屈字韻，劉本二萬誤作云萬。

卷一九《朱友恭傳》，熊本引《大典》二〇三一，係朱字韻。劉本誤作二十三十一。

卷二四《張儁傳》，熊本引《大典》六三五〇，係張字韻。劉本作六三二〇，係漳字韻，誤。

卷五〇《李嗣肱傳》，熊本引《大典》一八一二八，係將字韻，後唐將。劉本作一八一二六，係將字韻，後梁將，誤。

卷五三《李漢韶傳》，熊本引《大典》一八一二八，係將字韻，後唐將。劉本作一八〇二八，係將字韻，列國晋將，誤。

卷五六《符存審傳》，熊本引《大典》一八一二八，係將字韻，後唐將。劉本作一八二一八，係象字韻，誤。

卷六七《豆盧革傳》，熊本引《大典》二二一四，係盧字韻，姓氏。劉本作三二一四，係雲字韻，誤。

卷七一《藥縱之傳》，熊本引《大典》二一六一七，係藥字韻，姓氏。劉本作二一六七〇，係樂字韻，晋樂，誤。

卷七三《李鄴傳》，熊本兩次引《大典》一〇三八九，係李字韻。劉本删第二次。

卷七七《晋高祖紀》，熊本引《大典》一五六四三，係晋字韻，五代後晋高祖。劉本作一五六四二，係晋字韻，東晋總論，誤。

卷一〇七《閻晋卿傳》，熊本引《大典》一八一三二，係將字韻，五代後漢將。劉本作一八一三一，係將字韻，五代後晋將，誤。

卷一二七《景範傳》，熊本引《大典》一七九一一，係相字韻，後周相。劉本作一七九一〇，係相字韻，後梁相，誤。

卷一二八《楊凝式傳》，熊本引《大典》六〇五二，係楊字韻。劉本作六五一二，係莊字韻，誤。

卷一二九《趙凰傳》，熊本引《大典》一六九九一，係趙字韻。劉本作一五九九一，係韻字韻，詩，誤。

卷一三二《李彝興傳》，熊本引《大典》一八一三三，係將字韻，後周將。劉本作一八一三〇，係將字韻，後唐將，誤。

卷一四五《樂志》，熊本引《大典》二一六七八，係樂字韻，五代樂。劉本缺出處。

又卷三《梁太祖紀》，宰臣請每月初入閣條，熊本引《册府》一九七，係《朝會門》。劉本作一七九，係《姑息門》，誤。

卷一二《朱全昱傳》，授宋州節度使條，熊本引《册府》二八一，係《領鎮門》。劉本作二七七，係《褒寵門》，誤。

卷一二《朱友文傳》，嗜酒怠於爲政條，熊本引《册府》二九八，係《躭溺門》。劉本作二九六，係《追封門》，誤。

卷五一《李從榮傳》，充天下兵馬大元帥條，熊本引《册府》二九六，係《將兵門》。劉本作二九九，係《專恣》等門，誤。

卷七一《馬縞傳》，于事多遺忘條，熊本引《册府》九五四，係《寡學門》。劉本作九五五十四，誤。

卷一三四《王審知傳》末，《王延鈞附傳》前，熊本仍重注一次《册府》二一九，《姓系門》，劉本删之。

書經三寫，烏焉成馬，劉本引書卷數之錯誤，比熊本特多，本無足怪，惟吾人今日之所以能校出者，亦因其注有出處，倘並此而無之，則吾人又何由知其誤，故與其去之，毋寧留之。當時參預輯書者有彭元瑞，彭元瑞《知聖道齋讀書跋》云“《永樂大典》散篇輯成之書，以《舊五代史》爲最，以其注明《大典》卷數及採補書名卷數，不没其實也。後武英殿鐫本盡删之，曾屢争之，總裁不見聽”云云，總裁蓋懼主者發其覆耳，然留之終勝於去之也。

標點《五代史》問題[1]

［1］此文初作於 1960 年 9 月，曾四易其稿，於 1963 年 11 月交中華書局編輯部。

《舊五代史》輯本，今通行者有三種本子：一、武英殿本；二、熊氏羅宿影印本；三、劉氏嘉業堂刻本。熊本及劉刻底本爲初次定稿，殿本爲後來定稿。劉本雕板時又曾照殿本增補。三種本子之中，標點應用何種本子，有下列諸問題。

一　引書卷數問題

《舊五代史》輯本每條原引《永樂大典》及《册府元龜》卷數，殿本雕板時因其多誤而盡去之，讀者以爲撼。今熊、劉本引書卷數具在，但劉本比熊本多誤，故標點本引書卷數應依據熊本，明知其誤者改之，知其誤不知爲何誤者仍之。

二　附注問題

《舊五代史》輯本注有兩種：一、初次定稿之注，即熊、劉本注；二、後來定稿之注，即殿本注。此種注皆係修書時諸臣案語，或因字句異同，或因事有詳略，引他書作注。

熊本及劉刻底本之注多被殿本删去，如一卷熊、劉本有注四十餘段，殿本只删存二段。

又殿本注有爲熊本及劉刻底本所無者，劉本雕板時已照殿本補入，如二卷殿本有注四段爲熊本所無，劉本則已由殿本補入。間有漏者，亦在卷末補遺，如四卷末《五代會要》一條是，故三本之中，劉本注較備。

三　卷末考證問題

殿本《舊五代史》，每卷末均有考證若干條，此種考證，亦係修書時諸臣案語。

熊本每卷有浮籤案語，無考證，殿本爲與各史體例一律，在案語中抽出一部分作爲考證。

劉刻底本亦無考證，雕板時乃將殿本考證照抄一通，附刻各卷之末，其中多與注重出未及删芟，如一卷庚午、朱瑄等條是，標點本應將與注重出之考證清除之。或留考證删注，如八九卷《劉昫傳》及九七卷胡漢筠等條是。至於考證與注互有詳略不便删併者，應仍其舊，如八六卷《晋后妃傳》是。

四　劉本多誤問題

劉本注雖較備，但錯誤特多，如：

八二卷《晋少帝紀》注，引《東都事略·陶穀傳》一段，殿本已移前八一卷，劉本雕板時將八一卷之注補入，而未將八二卷之注删除，遂致兩注重出。

八五卷《晋少帝紀》注，引《遼史》以楊承信爲平盧軍節度使一段，劉本亦在本卷内重出。

九三卷《尹玉羽傳》，劉本第一段注與正文重出者三行，未及削去。

一三〇卷《王峻傳》殿本有注一段引《通鑑》，劉本錯簡在一二八卷《邊蔚傳》，又在考證末補之。

一三三卷《馬希範傳》注，採《五代史補》十四段，劉本中多闕字，未及填補，凡皆可見劉本刻書時之草率，然涵芬樓百衲本二十四史終採劉本，亦因其較備。如果標點用劉刻爲底本，而以熊本、殿本及《册府》等校正之，亦較爲方便。

五　譯名問題

《遼》《金》《元史》譯名，經乾隆時改譯，最爲紛亂，《舊五代史》輯本亦有之，且熊、劉本與殿本所改，又不盡一致，如三九卷秃餒，熊、劉本作塔納，殿本作託諾；四一卷突欲，熊、劉本作托允，殿本作托雲；九八卷兀欲，熊、劉本作鄂約，殿本作烏裕等，應一律恢復《薛史》原名。

六　補輯問題

《册府》所載五代時史料尚多，詔、勅、制、奏之文，輯本缺載者尤衆，有人主張補輯，但此等史料既未明著爲《薛史》原文，或爲修史時有意刊落，似不必復補。且標點與補輯不同，凡可以不動者即應不動，庶可保存四庫館輯本《薛史》之舊。至於補輯，乃另一回事。